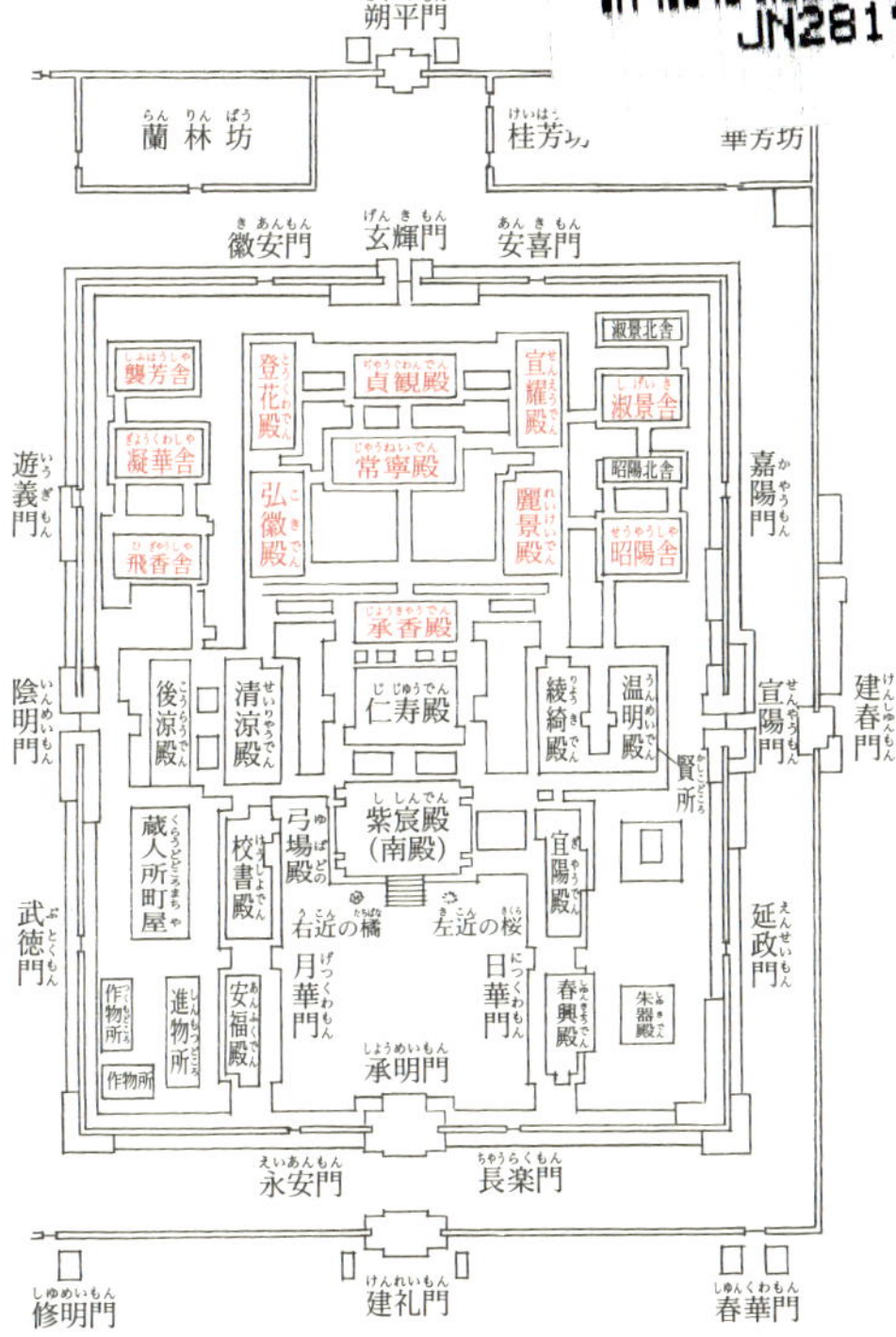

⑪ **刑部省** 訴訟の裁判、罪人の処罰など。

⑫ **大蔵省** 諸国からの租税の出納、銭貨・度量衡・物価の公定など。

⑬ **宮内省** 宮中や皇室関係の事務一切。

⑭ **弾正台** 令制における警察機関。

▼応天門と十二門

①応天門 ②朱雀門 ③皇嘉門 ④美福門 ⑤郁芳門 ⑥待賢門 ⑦陽明門 ⑧達智門 ⑨偉鑒門 ⑩安嘉門 ⑪殷富門 ⑫藻壁門 ⑬談天門

[内裏]

十七殿五舎とそのほかの若干の建物からなる。このうち、飛香舎・凝華舎・襲芳舎・昭陽舎・淑景舎の五舎と、常寧殿・貞観殿・宣耀殿・麗景殿・登花殿・弘徽殿・承香殿の七殿を合わせて「後宮」という。

紫宸殿 内裏の正殿。南殿とも。朝賀・公事を行う殿舎。のち、即位の大礼などの重要な儀式も行った。

清涼殿 天皇の日常の居所。また、四方拝・小朝拝・叙位・除目・御前の評定などの公事も行われた。

仁寿殿 天皇の日常の居所。のち、清涼殿がこれに替わり、宴や相撲などの御遊が行われた。

後涼殿 女御などの局がある。

三省堂

詳説古語辞典

秋山虔
渡辺実
［編］

編　者　秋山　虔（東京大学名誉教授）
　　　　渡辺　実（京都大学名誉教授）
編集委員　小町谷照彦（東京学芸大学名誉教授）
　　　　倉田　実（大妻女子大学教授）
　　　　菊地康人（東京大学教授）
　　　　井島正博（東京大学教授）

装　丁　三省堂デザイン室
ケース写真　源氏物語色紙絵（土佐光吉筆・京都国立博物館蔵）

王朝貴族邸の室礼(しつらい)

関白藤原忠実(ふじわらのただざね)の豪邸。かずかずの華麗な調度による室礼は、王朝貴族の耽美(たんび)的な生活を如実(にょじつ)に示している。（春日権現験記絵）

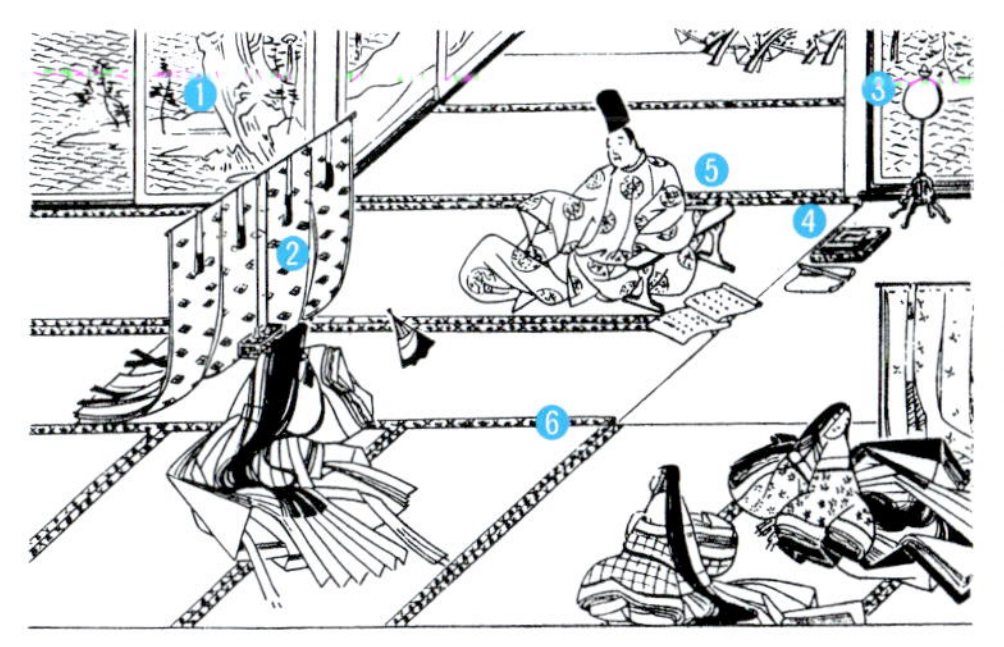

1. **大和絵**(やまとゑ)を描く**障子**(しやうじ)
2. 美しい採繡(さいしゆう)の**几帳**(きちやう)
3. 根古志(ねこじ)形の**鏡台**(きやうだい)
4. **蒔絵**(まきゑ)を施した**硯箱**(すずりばこ)
5. 装飾豊かな**脇息**(けふそく)
6. 畳をふちどる**高麗縁**(かうらいべり)

『源氏物語』の装束
——紋様と色

「玉鬘」の巻で、光源氏が女性たちの正月用の晴れ着をととのえる場面の描写から再現。
(写真提供　(財)宗教文化研究所風俗博物館)

紅梅のいと紋浮きたる葡萄染の御小袿、今様色のいとすぐれたるとはかの御料。

(訳)紅梅襲の模様がとてもよく浮いている(浮き織りの)葡萄染の上着と、現代風の実にみごとな袿は、かの方(=紫の上)の御装束。

「紅梅のいと紋浮きたる」の「紅梅」は紋様の形とも襲の色目とも取れるが、写真は後者の重ね袿の「紅梅重ねの匂ひ」となり、小袿の上紋は紅梅ではなく、窠と呼ぶ紋の中に唐花が配されている。色は紅色(薄紫色とも)の「葡萄染」で、「今様色」とあるのも紅梅色。紫の上を象徴する衣装。

紅梅重ねの匂ひ(紫の上)

紫の薄様(明石の君)

梅の折枝、蝶、鳥飛びちがひ、唐めいたる白き小袿に濃きが艶やかなる重ねて、明石の御方に。

(訳)梅の折り枝に、蝶や鳥が飛びちがっている模様の中国風の白い上着に濃い紫色の艶のある重ね袿を重ねて、明石の御方に。

小袿は、表の白地に、梅の折枝、蝶、鳥などが中国風に織り出され、裏は紫、白躑躅の重ねの色目になる。その下の重ね袿は、紫色がだんだん薄くなり最後が白となる薄様である。全体に白と高貴な色の紫からなり、この衣装が選ばれた明石の君に紫の上は嫉妬を感じている。

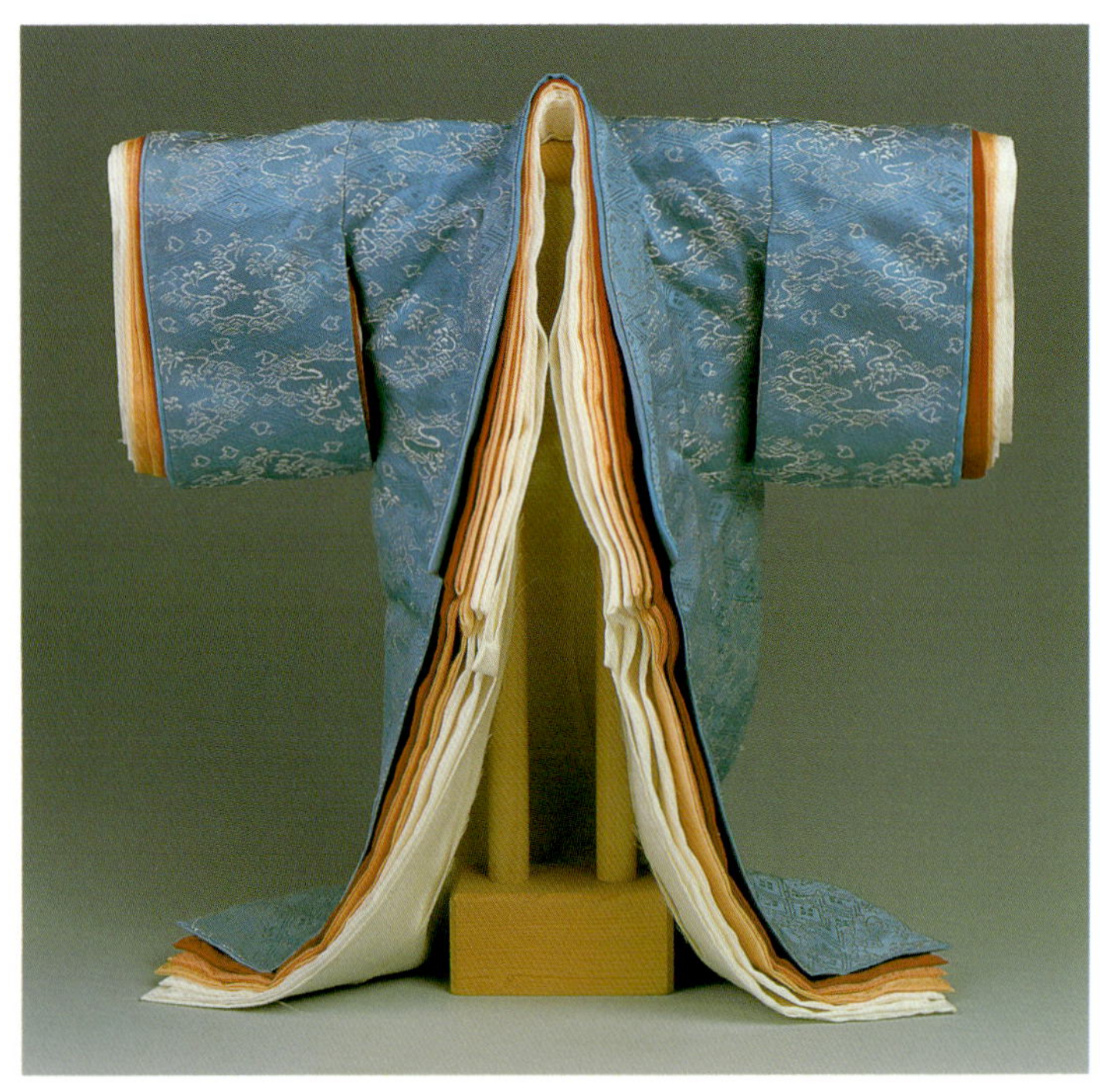

紅の薄様（花散里の君）

浅縹の海賦の織物、織りざまなまめきたれどにほひやかならぬに、いと濃き掻練具して夏の御方に。

（訳）淡い水色地に海浜の風景の織り物の、織りかたは優美であるが色のさほど目立たない上着に、非常に濃い紅の、練り絹の重ね袿をそろえて夏の御殿に住む花散里の君に。

「浅縹の海賦の織物」とは、薄い藍色の地に、砂浜、松、波などの海浜風景の紋様を織り出した織り物の上着の意。織り具合は優美だが色が目立たないので、添えられたのが「いと濃き掻練」で、これは、ごく濃い紅色の、練って柔らかくした絹地の重ね袿だろう。夏らしい紋様と色合いで、夏の御方の花散里にふさわしい。

空蟬の尼君に、青鈍の織物、いと心ばせあるを見つけたまひて、御料にある梔子の御衣、聴色なる添へたまひて。

(訳)空蟬の尼君には、青みがかったねずみ色の織り物のまことに趣味のいいのを見つけられて、ご自分の装束の中の梔子色の御衣の淡い黄色や紫色の重ね袿をお加えになって。

「青鈍の織物」は青みを帯びた鈍色(ねずみ色)の織り物の上着、「梔子の御衣」は梔子の実で染めた黄色の袿になり、これらの色は尼用である。上着の紋様は藤立湧と呼び、縦に並んだ二曲線間に藤を配したもの。重ね袿は黄色と薄紫の色合いである。なお「聴色(許し色)」は紫の上の衣装にあった「今様色」と同じ。

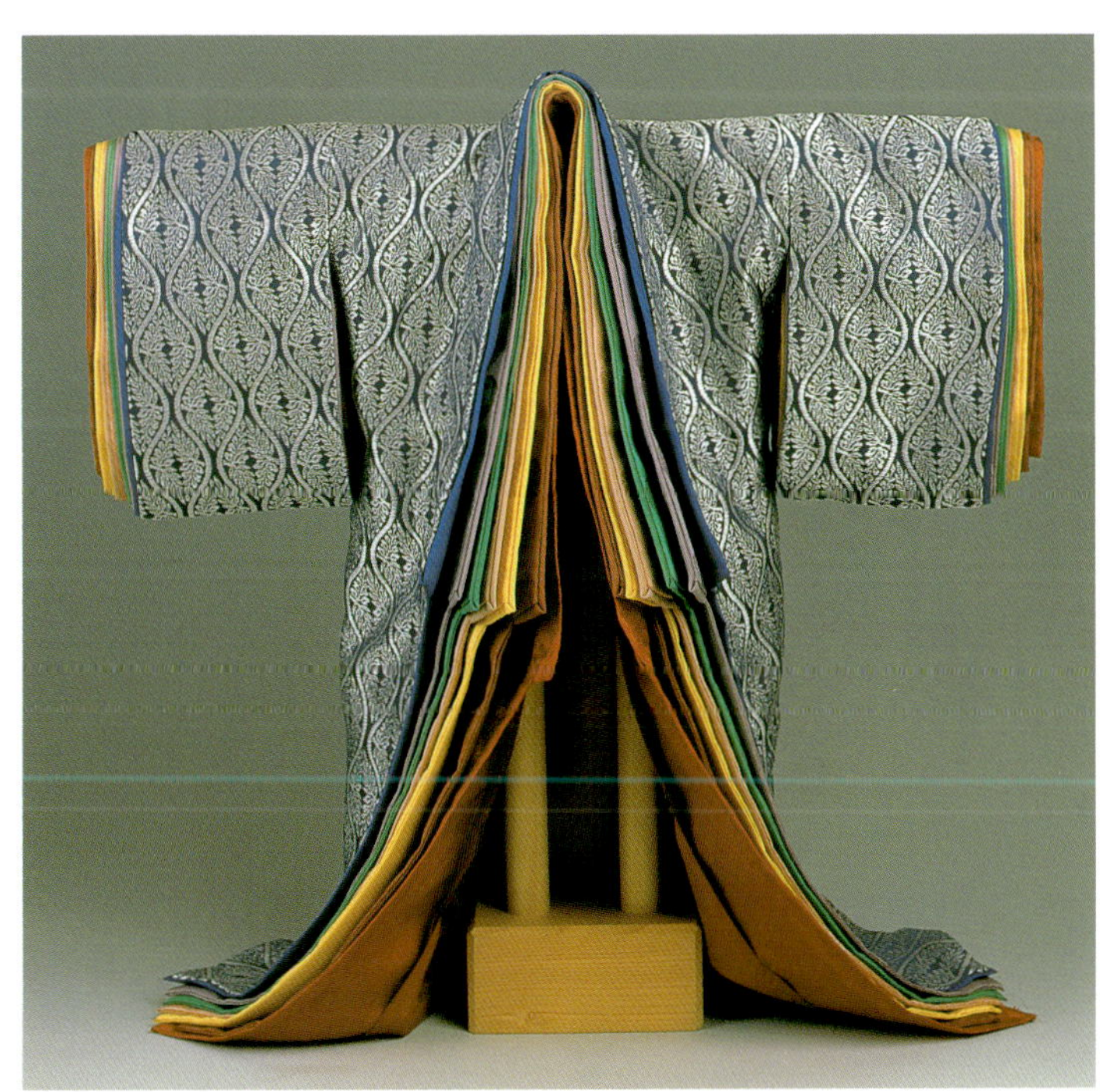

色々重ね(空蟬の君)

牛車彩々（ぎっしゃさいさい）

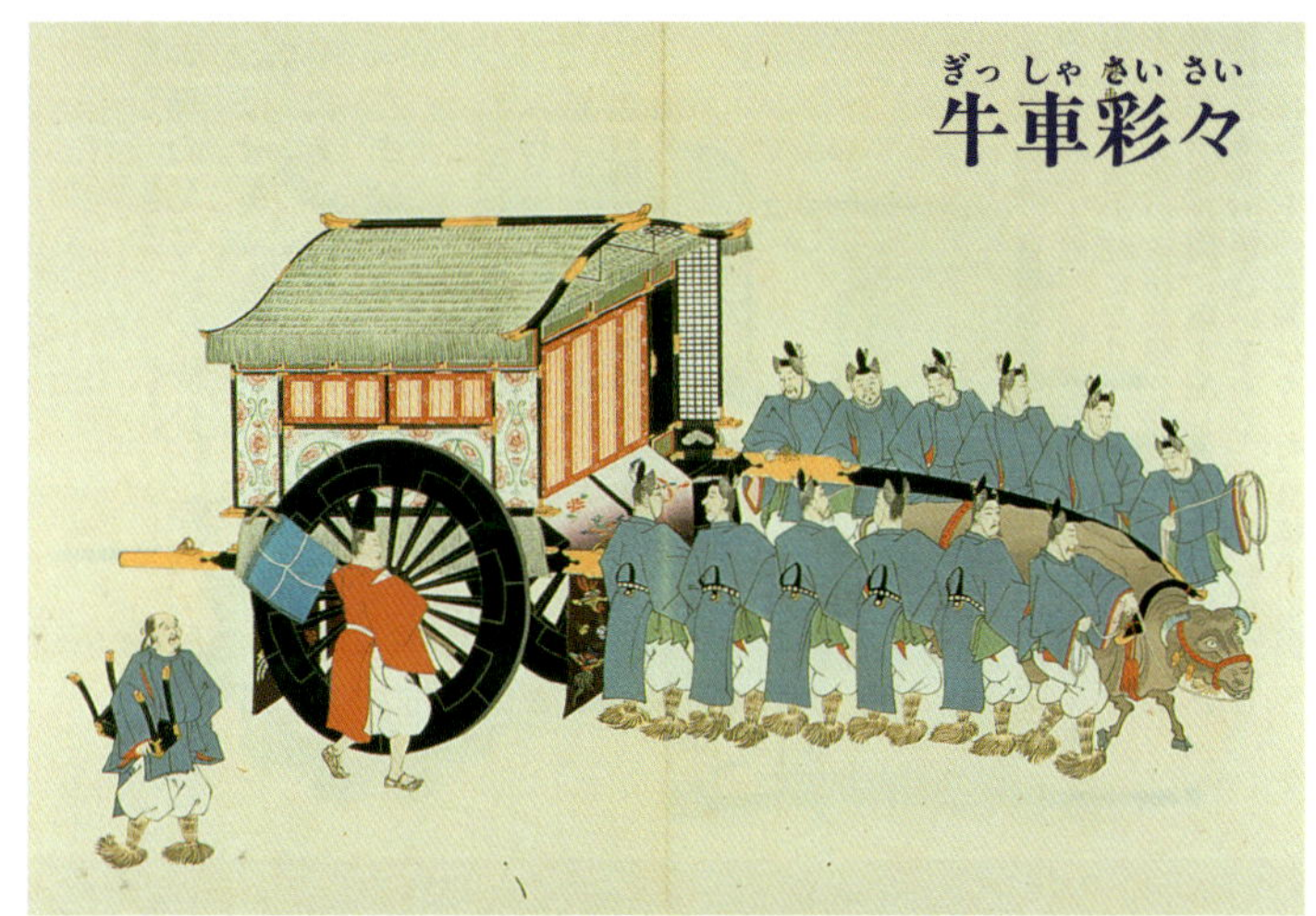

唐車（からぐるま）　唐廂車（からびさしぐるま）とも。屋根が唐棟（からむね）の破風（はふ）の形の車。屋形（やかた）は檳榔（びろう）で葺（ふ）き、廂などにも檳榔の葉を房にして垂らす。牛車中最大で、上皇（じょうこう）・皇后・東宮（とうぐう）・親王・摂関などが乗用。晴れの儀式では格式の高い唐車が列の先頭に立つ。

糸毛（いとげ）**の車**　絹の染糸を組緒（くみお）にして屋形を覆い、金銀の窠紋（かもん）で飾る車。廂の先端と腰に組緒をさばいた房を垂らす。物見はない。青糸毛は皇后・斎院用で東宮も使用、紫糸毛は更衣（こうい）・内侍（ないし）用、赤糸毛は賀茂（かも）の祭りの女性用。

半蔀車　網代車の一種で、物見窓を引き戸ではなく半蔀にした車。大将以上や高僧・女房なども乗用した。棟の上板や袖が白地で、袖には牡丹や杜若などの紋様をつける。

檳榔毛の車　檳榔(または菅)の葉を細かく割いて色染めしたものを編んで屋形を覆った車。物見がない。上皇以下四位以上、僧正・大僧都、女房などが乗用し、晴儀用の大型車でもある。

網代車(あじろぐるま)　竹や檜皮(ひわだ)で斜めに網代に組んで屋形を覆った中型の車。彩色や紋様を施し、物見がある。屋形全体が白地の白網代、袖(そで)だけ白地の袖白の車、棟(むね)と物見の上が白地の上白の車、家紋のつく文(もん)の車、八葉の紋の八葉の車などがある。

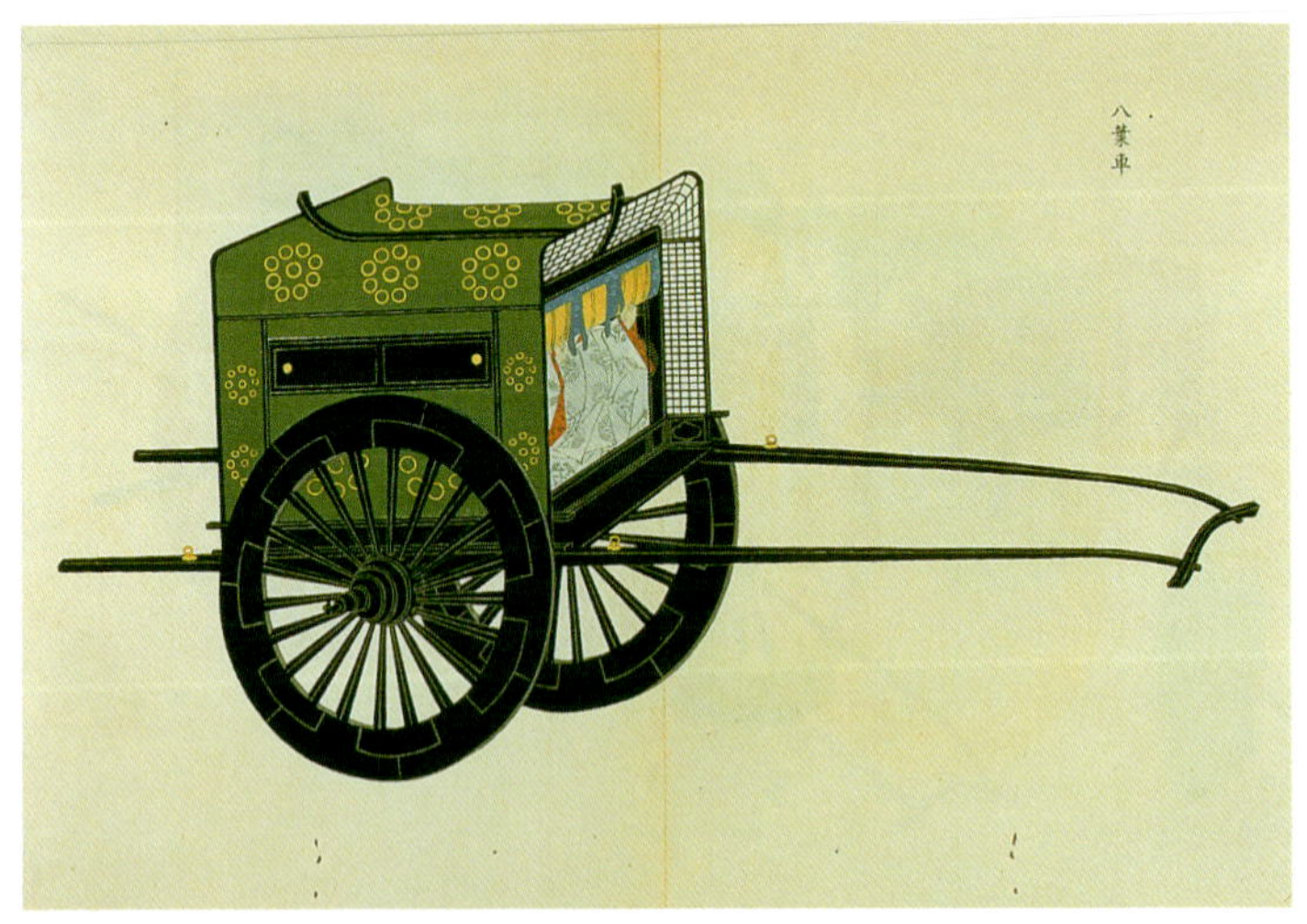

八葉(はちえふ)**の車**　網代車の一種で、屋形や袖(そで)などに黄色の八葉(八曜)の紋様をつけた車。紋様の大小により、大臣・公卿(くぎやう)・僧正などが乗用する大八葉車、弁・少納言以下の乗る小八葉車の別がある。また、物見窓にも、長物見と切物見とがある。

編者のことば

私たちはことばのなかに生まれてきて、ことばに抱かれ、育てられ、そのことばで他者と共有しうる思考や感情を培い、社会を構成する一員になりえたといえましょう。まさにことばなくして私たちは現実に生きられないのです。

そのことばは、私たちの生活形態のすべてがそうであるように、突如として創り出されたり発達したりするのではなく、遠い過去から時代時代を経て少しずつその姿かたちや意味を変えつつ、ひと続きに受け継がれて現在に至ったのです。文法の基本的な仕組みに変わりはなかったのでした。したがって、いわゆる「古文」を学ぶことは、外国語の学習とは違って、私たちの祖先である古人の生活や精神の世界を往き来する行為にほかならないでしょう。

古人の世界と往き来するということは、けっして現実に背を向けた回顧趣味になずむことではありません。私たちの生きている現在が、どのような過去の遺産を所有しているかを探知することです。その遺産は、好むと好まざるとにかかわりなく、未来への進路を強く規制する力をもつのです。たとえば、一人の人間がその人生のある時点である行動を選ぼうとするとき、それまで自分が歩んできた道と無関係に、まったく別の路線に移行したり飛躍したりすることができるでしょうか。ある発展があり成功があり得るとすれば、それまでに培ってきた力こそがそれを可能ならしめたというほかないのです。私たちの生きている現在にしても、過去から未来へと不断に動いていく歴史のなかの、取りはずしのきかないひとこまなのですから、未来を展望し拓いていくためには、過去において古人が何をどう感じ、考え、行動したのか、その営為のなかから智恵を探りあて汲みあげていくことがいかに大切であるかに思いをいたしたいものです。

ことに現在は地球が狭くなり、それぞれに固有の感性や思考法・表現法や価値体系を持つ諸外国、諸民族との接触、交流が加速しつつありますが、一方では高度の工業技術文明が発達し、多岐化した過剰な情報の洪水状態のなかで、私たちは行き着くところも見定めがたい不透明な日々を送り迎えているといえましょう。そうした在り様(ありよう)に対して、自己独自の存在性をどのようにして確証しうるのでしょうか。おのずからの欲求として、私たちの生かされている現在の由来が問いただされ、また未来に受け継がねばならぬ文化遺産への関心が高まりつつあるのだと考えられます。古典を真剣に享受したいという願望は、ほとんど大衆化しているといえましょう。そのような現況にかんがみて編集されたのが、この『三省堂詳説古語辞典』であります。

古人によって蓄積された文化遺産を正しく理解し評定し継承するためには、それ相応の学力が必要でありましょう。まさに高等学校における「古文」の学習においてこそ、その基礎が培われます。そのために役立つ最良の古語辞典はいかにあるべきかを編者一同は真剣に模索し研究し、永年にわたって教育の現場ですぐれた成果をあげてこられた諸氏の協力を得て、ここに現在考えられる最も適切と自認しうるこの古語辞典を完成させることができたのでありますが、単に高等学校における「古文」学習のために限らず、親しみやすい古典小百科事典としても、一般の読書人諸賢に最近の、そして正確な知識を提供しうるものと自負しております。

この古語辞典を手にされる方々が、これを座右の書として常用してくださることを念願するものであります。

平成十一年十月

編者

この辞典の編集方針と特色

一．基本方針

▼この辞典は、高等学校の古文学習の実際、および、大学入試の出題傾向をつぶさに調査・研究して、その対応に万全に役立つことを編集の基本方針として、全編を一貫した。

▼新たな視点に立った採録項目の精選、大切なところを詳しく解説する要点詳説、助詞・助動詞・敬語をはじめ文法関連面の重視、有職故実や背景知識の適切な説明ほか、ユーザーオリエンテッド（読者指向）の内容充実に努めた。

▼目にやさしい文字組みの追求、表解・表覧の活用、各種表示ラベルの工夫、色版の効果的使用、挿絵のワイド化など、視覚的に見やすくわかりやすい編集デザインに意を用いた。

二．特色

① 古文読解に必要十分な項目を精選

収録項目数は、全編を総合して**約四一、〇〇〇語**。上代から近世までの、学習に必要な一般古語、助詞・助動詞、複合語・連語、慣用語・成句および固有名詞、さらに、教科書・入試によく出る和歌・歌謡・俳句・狂歌・川柳を加えた。

② 学習のナビゲーターとなる項目重要度の三段階表示

教科書や副教材および大学入試等の頻出度を踏まえ、さらに古文読解上の重要度あるいは理解・習得の難度等をすりあわせて、次の**三段階のランク**を設定した。

最重要語（大文字・三行取り）　三一四
次重要語（大文字・二行取り）　一、二七八
一般語（一行取り）

③ 最重要語の徹底した「重点詳説」

最重要語には、その語のもともとの意味や語義の移り変わり、転義・派生義、あるいは類義語との対照、訳し方の上での注意などを枠囲みの「**アプローチ**」として掲げ、よりスムーズな理解のための導入とした。

それぞれの語義ブランチには、教科書・入試によく現れる代表的な文例を用例にあげ、現代語訳を付した。また、必要に応じて、類義語・対義語や語法・用法上の注意、語形・意味の変化、文法上の特記事項等を「**発展学習ファイル**」のラベルで載せた。（最重要語の項目詳細は九ページ「最重要語解説一覧」参照）

④ 主要助詞・助動詞の見やすくわかりよい「表覧表解」

最重要語のうち、七九の助詞・助動詞について、それぞれの全体像をつかんで整理しつつ学べる表覧表解形式を採り入れ、本文中に「**特別コーナー**」として別掲の形で組み入れた。

意味・訳語および典型的用例とその現代語訳に加えて、必要に応じ、「発展学習ファイル」欄で、文法上の注意事項・類義の助詞・助動詞との違いや語法・訳出上の注意・用例についての説明等々、理解を深める要点解説をほどこした。

⑤ まぎらわしい複合語・連語に「語構成」表

とりあげた複合語・連語のうち、助詞・助動詞の複合語および他の品詞と助詞・助動詞との複合語で、品詞分解がまぎらわしいもの二一二項目に「語構成」の表覧を設けて、その分解の実際を

具体的に示した。

⑥ 主要出典用例に、係結び・敬語・呼応・語構成ほか、訳読のキーワードとなる部分を「ポイント・ラベル」で掲示

『万葉集』『源氏物語』『枕草子』『徒然草』から『おくのほそ道』まで、教科書・入試によく採られる主要古典の用例には、「係結び」「副詞の呼応」「疑問語との呼応」「敬語」「語構成」「音便」のラベル表示で、つまずきがちな要点をきめこまかく示した。

なお、音便については、右の主要出典以外で、用例に現れる語形が見出し語の表示と違う音便形になっている場合には、そのつど指摘した。

⑦ 和歌・歌謡・俳句・川柳など一、二四〇余を見出し項目

百人一首を含めた**和歌八二五首**、**歌謡二四首**、**俳句三六五句**、**川柳二七句**のそれぞれに現代語訳をつけ、係結び・呼応・音便や季語などの掲示とともに、必要により、補注・修辞・背景知識等を「参考」欄に載せた。

なお、本文用例中の現代語訳つき和歌・俳句等と合わせて、巻末に「全訳 和歌・歌謡・俳句索引」を設けた。

⑧ ワンランク上の学力がつく「発展学習ファイル」五〇〇余

語義についての補説、類義語との違い、対義語との対照、語の用法、文法上の注意事項、語誌、位相（地位・階級・男女・年齢などによる言葉の違い）、修辞等々、語彙増殖や発展学習に役立つ知識について、簡潔で要を得た情報を示した。

⑨ 一歩踏み込んだコラム「古語深耕」「古典の世界」

「古語深耕」では、類義語のある重要語について、その意味・用法の比較対照により、いちだんと理解が深められる考究や、訳読のむずかしい心情語、古語特有の用法を持つ語、文芸理念を表す語などについて、明解な解説をした。

「古典の世界」は、知っておくべき有職故実、生活・装束・風俗・慣習・信仰などの背景知識について、重点的に述べた。なお、本文中にも随時ラベル表示をして挿入した。（項目の詳細については一二ページ「（コラム）『古語深耕』『古典の世界』項目一覧」参照）

⑩ 絵巻物の活写から描き起こした〝ライブ・イラスト〟

資料図版は、往古の絵巻物を下敷きに、古典の書かれた環境の中で見ることができるよう、専門イラストレーターが描き起こした。説明キャプションでは画面中に現れる事物と関連見出し項目との綿密な相互参照をはかった。

⑪ 付録に古典学習のための多角的な活用資料

優に「古典学習便覧」一冊に匹敵するページ数を当てて、表覧・地図・図解や俯瞰イラストなどの編集技術も駆使して、各種の古典関連資料・データを使いやすい形でまとめた。（項目の詳細は一三三七ページ「付録目次」参照）

この辞典の仕組みと使い方

一・見出し語の表記

(1) 見出し語は、歴史的かなづかいにより、太字のひらがなで示し、拗音・促音は小字とした。

(2) 歴史的かなづかいと現代かなづかいとが異なる語で、誤って引

きやすいと思われるものには、現代かなづかいによる見出し語も立てて、そのいちいちに正しい歴史的かなづかいを示した。また、字音かなづかいにも同じように掲示した。

あえず【敢えず】歴史的かなづかい「あへず」

いん…【尹…員…院…韻…】歴史的かなづかい「ゐん…」

(3)　「語構成」表を設けた複合語・連語は構成要素を「-」で区切って示した。接頭語・接尾語は、他の語成分に接する位置に「-」を付した。

いかが-は-せ-む【如何はせむ】

い-【斎】[接頭]　**-がま・し**[接尾シク型]

(4)　動詞・形容詞・助動詞・活用のある接尾語は原則として終止形で掲げ、助動詞を除いて、活用語は語幹と語尾の間を「・」で区切った。ただし、上一段・下一段活用動詞などの語幹と語尾との区別がないものについてはつけなかった。

あけくら・す【明け暮らす】[他サ四]

おぼめか・し【朧めかし】[形シク]

ゐる【率る】イル[他ワ上一]

(5)　形容動詞・サ変動詞の活用語尾を、次のように示した。

あだ[・なり]【徒】[形動ナリ]

がが[・たり]【峨峨】[形動タリ]

あない[・す]【案内】[名][名・他サ変]

(6)　主要な助動詞でまぎらわしい活用形については、終止形以外の活用形も見出し語に掲げた。

しか 過去の助動詞「き」の已然形。

ぬ 打消の助動詞「ず」の連体形。

め 推量の助動詞「む」の已然形。

(7)　和歌・歌謡・俳句・川柳は、第一句を見出し語にして掲げた。第一句のかな見出しが同じものは、それぞれ第二句まで示した。

(8)　人名は原則として姓名を本項目とし、名あるいは号で呼びならわされているものは、それをカラ見出しとして本項目に送った。

ばせう【芭蕉】バショウ[人名]「まつをばせう」に同じ。

二、見出し語の配列

(1)　見出し語の並べ方は、かな見出しの五十音順とした。

(2)　濁音・半濁音は清音の後、拗音・促音は直音の後とした。

(3)　かな見出しが同じ場合は、現代かなづかいによる見出しを先にし、つづいて次の品詞等の順に配列した。

接頭語→接尾語→名詞→代名詞→動詞→形容詞→形容動詞→連体詞→副詞→接続詞→感動詞→助動詞→助詞→連語（品詞表示のない項目）→地名→人名→作品名→枕詞→歌枕→和歌→歌謡→俳句→川柳

(4)　かな見出しも品詞も同じ場合は、【】内の漢字の字数順、同じ字数の場合は、第一字目の漢字の画数順。

(5)　二文節以上にわたる成句・慣用句・ことわざの類は、原則として、その冒頭部分相当の語の項目に、子項目として（）に包み、親項目に準じて五十音順に配列した。

三、見出し漢字・送りがなと読み方

(1)　見出し語のかなに相当する慣用的な漢字表記のうち、おもなものを【】の中に示した。複数の漢字表記がある場合は、より標準的なものから順に示した。

(2)　送りがなは、原則として「送り仮名の付け方」（内閣告示）により、ひらがな・歴史的かなづかいとした。

(3)　見出し語のかなづかいが現代かなづかいと異なるものには、見出し漢字の【　】の下に、現代かなづかいをカタカナ小文字で示した。なお、その表記と違う慣用的な読み方のあるものは（　）に入れて添えた。

あつか・ふ【扱ふ】アツカ(コ)ウ

四．品詞および活用

(1)　それぞれの語の品詞名は［　］の中に、八ページの「略語表」にもとづいて示した。

(2)　動詞には、自動詞・他動詞の別、活用の種類を「略語表」の表示で入れ、そのいちいちに活用表を載せた。

(3)　形容詞・形容動詞には、それぞれ、ク活用・シク活用、ナリ活用・タリ活用の別を示し、活用形を掲示した。

(4)　助動詞には、その活用の型を示すとともに、おもなものには活用表を添えた。活用表で、活用が認められない部分は○印とし、その活用形の用法に制限があるものは（　）で包んだ。

けり［過去の助動詞］

基本形	未然形	連用形	終止形	連体形	已然形	命令形
けり	（けら）	○	けり	ける	けれ	○

(5)　助詞は、左の六分類に従った。

格助詞・接続助詞・副助詞・係助詞・終助詞・間投助詞

(6)　普通名詞が同時に形容動詞の語幹およびサ変動詞の語幹となるものには、その品詞名、活用の語尾も示した。

あこぎ［・なり］【阿漕】［名・形動ナリ］
あさり［・す］【漁り】［名・他サ変］

(7)　連語・慣用句などには、とくに表示はしなかった。

五．語義解説および発展学習事項・補説

(1)　最重要語三一四項目については、それぞれのはじめに設けた枠囲みの「**アプローチ**」欄で、語の原義・語義の変遷・転義・派生義や類義語との違い、語法・用法などを箇条書き式に解説。その語の大本の意味・性格・機能などを大きく把握したうえで、次のステップへ進む仕組みとした。

あたら・し【惜し・可惜し】｛しから・しく(しかり)・し・しき(しかる)・しけれ・しかれ｝［形シク］

> **アプローチ**
> ▼正しく評価されないものに対して惜しむ意。
> ▼また、美しいもの・すぐれたものの本来の価値が十分に示されないことが残念の意。
> ▼失われていくことを惜しむ気持ちを表す。「惜(を)し」との語感の違いに注意。

(2)　語義解説は、原則として次の方針を採った。
・語の解説的記述＋現代語への言い換え語
・現代語への言い換え語

(3)　語の重要度に応じた重点解説を一貫した。とくに、各品詞の最重要語および助動詞・助詞とその複合語・敬語については、詳細かつわかりやすく解説することに努めた。

(4)　最重要語・次重要語の語義で、覚えておくべきもの、注意を要するものを太字で強調した。また、文法項目のほとんどには、その語の訳語を太字で示すようにした。

(5)　同一見出しで、次にあげるような場合には、㊀㊁…の番号で解説を分けた。

・漢字表記の違いで意味が異なる場合
・品詞が異なる場合
・その他文法的に相違がある場合

(6) 同一見出し語に語義が複数ある場合は、❶❷…の番号で分け、さらにその中を細分する場合は、㋐㋑…の記号を用いた。

(7) 解説に先だって、必要な語に、次のことがらについての簡潔な説明を《　》に入れて示した。

原義・基本義、用法、清濁の異同、音変化、語形の変化、語構成、代名詞の種類、別の言い方・書き方、位相・時代相、見出し語の部分的説明、その他

あか・す【飽かす】《動詞「飽く」の未然形＋使役の助動詞「す」》

あげおとり【上げ劣り】〔名〕《「上げ」は髪上げの意》

あぜ【何】〔副〕《上代東国方言》

あそん【朝臣】〔名〕《「あそみ」の変化形。中世以降「あっそん」とも》

あみだ【阿弥陀】〔名〕《梵語の音訳》

あやつ【彼奴】〔代名〕《他称の人称代名詞。第三者をののしっていう語》

(8) 語義の由来、語の接続、呼応関係、補足的説明などは（　）に包んで示した。

あきだ・る【飽き足る】〔自ラ四〕（多く下に打消の語を伴って）

あしがも【葦鴨】〔名〕（葦の生えている所に群がっていることから）

あながち【強ち】〔副〕（下に打消の語や反語などの表現を伴って）

(9) 見出し語として立項した和歌・歌謡・俳句・川柳には、通釈をほどこした。和歌の百人一首には、そのむね注記し、俳句には季語を明示した。枕詞・序詞・掛詞・縁語・歌枕などの修辞や補足説明は〈参考〉欄におさめた。

(10) 語誌、語義・用法についての変遷、語形の変化、文法関連の補足、類義語・同義語・対義語との対照など、発展知識を「発展学習ファイル」のラベルで随所にまとめた。

あわゆき【泡雪・沫雪】〔名〕泡のようにやわらかで、とけやすい雪。「あはゆき（淡雪）」とは別語。（季-冬）。例「沫雪のこのころ継ぎてかく降らば梅の初花散りか過ぎなむ」〈万葉・八・一六五一〉

発展学習ファイル 「あわゆき」は上代に用いられたが、中古になると、雪を「あはし（淡し）」という感覚でとらえた「**あはゆき**」が多く用いられるようになり、「あわゆき」は消滅していった。

(11) 助詞・助動詞の複合語やその他の品詞と助詞・助動詞との複合語でまぎらわしいものには、「語構成」表を次の形で載せ、品詞分解を図示した。

あ-べい「べし」の意味によってさまざまな意味になる。例「今ゆく末は、**あべい**やうもなし」〈更級〉訳これから先には、**あり**そうにもない。

語構成	あ	べい
	ラ変「あり」㊍	推「べし」㊍

＝「あるべき」がそれぞれ撥音便、イ音便となった「あんべい」の撥音無表記。

六．用例および最重要語・助詞・助動詞などの用例の現代語訳

(1) 用例文は例の記号をつけ、「　」で括って掲げた。それぞれの用例の出典は〈　〉に入れて添えた。

(2) 用例文中の読みのむずかしい語には読みがなをふり、また、原文をそこなわない範囲で、部分的にひらがなに改めたり、送りがなや句読点を補って、読みやすくした。

(3) 用例文中の見出し語相当部分け太字にした。見出し語が活用語の場合は、その語幹と語尾との間を「・」で区切った。

(4) 用例文の読解で、わかりにくいと思われる語句には、(=)の形で、簡潔な解説あるいは現代語訳を漢字カタカナまじりで挿入した。また、読解上必要な主語・目的語その他の語句を、〔 〕の中に漢字カタカナまじりで補った。

あげちら・す【上げ散らす】〔他サ四〕{さ・し・す・す・せ・せ}戸や格子などを急いで乱暴に上げる。例「〔女官ガ格子ヲ〕**上げ散ら・し**たるに、雪降りにけり」〈枕・宮にはじめてまゐりたる頃〉

あげす・う【上げ据う】〔他ワ下二〕{ゑ・ゑ・う・うる・うれ・ゑよ}ある所に上げてそこに置く。高い所に上げて、そこにいさせる。例「麻柱(あなひ)(=足場)に**あげ据・ゑ**られたり」〈竹取・燕の子安貝〉

(5) 最重要語、助詞・助動詞とその関連複合語の用例には、現代語訳を訳の記号で掲げ、その見出し語相当部分を太字とした。現代語訳文で、文脈をわかりやすくするための補足を( )および(=)に包んで漢字ひらがなまじりで示した。

あぢきな・し(アヂキナシ)〔形ク〕{から・く(かり)・し・き(かる)・けれ・かれ}
❶**道理にはずれていて、**(**自分の力では**)**どうにもならない。まともでない。**例「わが罪のほど恐ろしう、**あぢきな・き**ことに心をしめて」〈源氏・若紫〉訳(源氏は)自分の罪業(ごふ)の度合いが恐ろしく、**どうにもならない**こと(=藤壺(ふぢつぼ)への道ならぬ恋)に魂を奪われて。
(音便)「恐ろしう」は「恐ろしく」のウ音便。

(6) 最重要語・次重要語、助詞・助動詞とその関連複合語の主要出典用例、および和歌・俳句項目の歌句等に、「係結び」「敬語」「副詞の呼応」「疑問語との呼応」「語構成」など、読解上注意するべき点を赤色のラベルで示した。

おろ・す【下ろす】〔他サ四〕{さ・し・す・す・せ・せ}❶**上から下に動かす。下げる。**❷(「御髪(みぐし)おろす」「頭(かしら)おろす」などの形で)**剃髪(ていはつ)する。出家する。**例「むかし、男ありけり。わらはより仕うまつりける君、御髪(みぐし)**おろ・し**たまうてけり」〈伊勢・八五〉(音便)「たまう」は「たまひ」のウ音便。(敬語)「仕うまつりける」→「つかうまつる」。❸(風が)**吹きおろす。**例「三室山(みむろやま)**おろ・す**あらしのさびしきに」〈千載・秋下・三〇七〉❹(貴人の前から)**退出させる。さがらせる。**例「みな下屋(しもや)に**おろ・し**はべりぬるを、えやまかり下(お)りあへざらむ」〈源氏・帚木〉(係結び)「や→ざらむ(体)」。(副詞の呼応)「え→下りあへざらむ」。(敬語)「おろしはべり」→「はべり」、「まかり下りあへざらむ」→「まかる」。❺**退位させる。官位を下げる。**例「まことや七月九日、御門(みかど)をも**おろ・し**たてまつりき」〈増鏡・新島守〉❻**神仏の供物や、貴人の品物などを下げわたす。おさがりを頂戴する。**例「御前(おまへ)のをお

【略語表】

〈品詞ほか〉

略語	意味
〔名〕	名詞
〔代名〕	代名詞
〔自〕	自動詞
〔他〕	他動詞
〔補動〕	補助動詞
〔形〕	形容詞
〔形動〕	形容動詞
〔連体〕	連体詞
〔副〕	副詞
〔接〕	接続詞
〔感〕	感動詞
〔助動〕	助動詞
〔格助〕	格助詞
〔接助〕	接続助詞
〔副助〕	副助詞
〔係助〕	係助詞
〔終助〕	終助詞
〔間助〕	間投助詞
〔接頭〕	接頭語
〔接尾〕	接尾語

〈活用〉

略語	意味
〔四〕	四段活用
〔上一〕	上一段活用
〔上二〕	上二段活用
〔下一〕	下一段活用
〔下二〕	下二段活用
〔カ変〕	カ行変格活用
〔サ変〕	サ行変格活用
〔ナ変〕	ナ行変格活用
〔ラ変〕	ラ行変格活用
〔ク〕	ク活用
〔シク〕	シク活用
〔ナリ〕	ナリ活用
〔タリ〕	タリ活用
〔口語型〕	口語活用型
〔特活〕	特殊活用型

最重要語解説一覧

●最重要語三一四語について、原義・成り立ち・派生義などを「アプローチ」欄で解説。
●用例はすべて全訳付きとし、「発展学習ファイル」欄で、類義語・対義語等を掲示。

（コラム）「古語深耕」「古典の世界」項目一覧

古語深耕

古典の世界

◉本文中の「古典の世界」

歴史的かなづかい要覧

・歴史的かなづかいによる表記で、検索に迷いやすい語のおもなものの読みを、現代かなづかいによる五十音順配列で示した。
・表の第一段はカタカナによる現代かなづかいを、第二段は歴史的かなづかいを、第三段は相当漢字で古文によく現れるものを掲げた。第一段で、現代かなづかいと異なる発音が行われているもの、また、第二段で広く行われている別のかなづかいを(　)に包んで示した。
・**漢字の字音かなづかい**のおもなものについては、本文中の相当箇所に見出し語として収め、さらに、誤って検索しがちな箇所にも正しいかなづかいを示した。

【あ行】

(現代かなづかい)	(歴史的かなづかい)	(相当漢字)
アイ	あひ	合・相・間
	ある	藍
アイダ	あひだ	間
ア(オ)ウ	あふ	合・会・和・逢・敢・甕
アエ	あへ	敢・饗
アオ	あを	青・襖
アオイ	あふひ	葵
アオグ	あふぐ	仰・扇
アオル	あふる	煽
アガナ(ノ)ウ	あがなふ	贖
アキナイ	あきなひ	商
アキュウド	あきうど	商人
アゲツラ(ロ)ウ	あげつらふ	論
アザナ(ノ)ウ	あざなふ	糾
アジ	あぢ	味・鯵・鵤
アジサイ	あぢさゐ	紫陽花
アシラ(ロ)ウ	あしらふ	
アズキ	あづき	小豆
アズク	あづく	預
アズサ	あづさ	梓
アズマ	あづま	吾妻・東
アタイ	あたひ	直・価・値
アタ(ト)ウ	あたふ	与・能
アツラ(ロ)ウ	あつらふ	誂
アナズル	あなづる	侮
アヤウシ	あやふし	危
アラワス	あらはす	表・現・顕
アワ	あは	粟
アワイ	あはひ	間
アワシ	あはし	淡
アワス	あはす	合・醂
アワセ	あはせ	袷
アワツ	あわつ	慌
アワビ	あはび	鮑・鰒
アワレ	あはれ	哀・憐
イ	い	五・胆・斎・寝・睡
	ゐ	井・亥・居・猪・堰・藺
イイ	いひ	飯・謂
イウ	いふ	言
イエ	いへ	家
イエドモ	いへども	雖
イオ	いほ	五百・庵
	いを	魚
イオリ	いほり	庵・廬
イカズチ	いかづち	雷
イキオイ	いきほひ	勢
イキドオル	いきどほる	憤
イクエ	いくへ	幾重
イコウ	いこふ	憩
イサオ	いさを	功・勲
イサカイ	いさかひ	諍
イザナ(ノ)ウ	いざなふ	誘
イサヨイ	いさよひ	十六夜
イシズエ	いしずゑ	礎
イズ	いづ	出
イズク	いづく	何処
イズチ	いづち	何方
イズミ	いづみ	泉・和泉
イズレ	いづれ	何・孰
イタズラ	いたづら	徒
イタワル	いたはる	労
イチョウ	いちやう	公孫樹・
	(いてふ)	銀杏
イツワリ	いつはり	偽・詐
イド	ゐど	井戸
イトウ	いとふ	厭
イトオシ	いとほし	
イナカ	ゐなか	田舎
イナズマ	いなづま	稲妻
イニシエ	いにしへ	古
イヌイ	いぬゐ	乾・戌亥
イノコ	ゐのこ	猪・亥子
イノシシ	ゐのしし	猪
イヤ	いや	弥
	ゐや	礼・敬
イヤマ(モ)ウ	ゐやまふ	礼・敬
イラ(ロ)ウ	いらふ	応・答
イル	いる	入・射・煎・鋳・沃・炒
	ゐる	居・率
イワ	いは	石・岩・磐・巌
イワオ	いはほ	巌
イワク	いはく	曰
イワヤ	いはや	窟・岩屋
イワユル	いはゆる	所謂
イワンヤ	いはんや	況
ウイ	うひ	初
ウエ	うへ	上・表
	うゑ	飢・植
ウオ	うを	魚
ウカガ(ゴ)ウ	うかがふ	伺・窺
ウグイス	うぐひす	鶯
ウケイ	うけひ	祈・誓
ウケガ(ゴ)ウ	うけがふ	肯
ウケタマワル	うけたまはる	承
ウジ	うぢ	氏
ウシオ	うしほ	潮
ウシナ(ノ)ウ	うしなふ	失
ウズ	うづ	貴・珍・渦
ウズタカシ	うづたかし	堆
ウズム	うづむ	埋
ウズラ	うづら	鶉
ウタガ(ゴ)ウ	うたがふ	疑
ウチワ	うちは	団扇
ウッタ(ト)ウ	うったふ	訴
ウツロウ	うつろふ	映・移
ウツワ	うつは	器
ウナイ	うなゐ	髫・髫髪
ウナズク	うなづく	領
ウバ(ボ)ウ	うばふ	奪

ウヤマ(モ)ウ	うやまふ	敬
ウラナ(ノ)ウ	うらなふ	占・卜
ウルウ	うるふ	閏・潤
ウルオウ	うるほふ	潤
ウルワシ	うるはし	麗・美・愛
ウレ(リョ)ウ	うれふ	憂・愁
ウレワシ	うれはし	憂
ウワ	うは	上・表
ウワサ	うはさ	噂
エ	え	兄・江・枝・
		得・柄
	へ	上・重
	ゑ	餌
エイ	ゑひ	酔
エガク	ゑがく	画
エクボ	ゑくぼ	笑窪・靨
エグル	ゑぐる	抉・刳
エサ	ゑさ	餌
エム	ゑむ	笑
エラブ	ゑらぶ	選・択・撰
エル	ゑる	彫・鐫
オ	お	阿・御
	を	小・夫・男・
		尾・牡・峰・
		雄・緒
オイ	おい	老
	おひ	生・追・笈・
		負
	をひ	甥
オウ	おふ	生・追・逐・
		負・覆
オウギ	あふぎ	扇
オウチ	あふち	樗・楝
オウナ	おうな	媼・老女
オウミ	あふみ	近江
オオ	おほ	大・凡

オオイ	おほひ	庇・被・覆
オオウ	おほふ	被・蓋・覆
オオキイ	おほきい	大
オオシ	おほし	多
オオジ	おほぢ	祖父
オオトリ	おほとり	鴻・鳳
オオムネ	おほむね	概
オオヤケ	おほやけ	公
オオン	おほん	御
オカ	をか	丘・岡
オカシ	をかし	
オカス	をかす	犯・侵・冒
オガム	をがむ	拝
オギ	をぎ	荻
オケ	をけ	桶
オコ	をこ	痴・烏滸
オサ	をさ	長・筬
オサ(ソ)ウ	おさふ	抑・押
オサナシ	をさなし	幼
オサム	をさむ	収・治・修・
		納・蔵
オシ	をし	惜・愛
オジ	おぢ	怖
	をぢ	伯父・叔父
オシウ	をしふ	教
オシドリ	をしどり	鴛鴦
オシマズキ	おしまづき	几
オス	をす	牡・雄・食
オズ	おづ	怖
オソ	をそ	獺
オソウ	おそふ	襲
オソワル	おそはる	魘
オチ	をち	復・遠
オット	をっと	夫
オトコ	をとこ	男
オドシ	をどし	威・縅

オトズル	おとづる	訪
オトツイ	をとつひ	一昨日
オトメ	をとめ	乙女・少女
オトリ	をとり	囮
オドル	をどる	踊
オトロウ	おとろふ	衰
オナゴ	をなご	女子
オノ	をの	斧
オノコ	をのこ	男子
オノズカラ	おのづから	自
オノノク	をののく	戦・慄
オバ	をば	伯母・叔母
オミナ	おみな	媼
	をみな	女
オミナエシ	をみなへし	女郎花
オメク	をめく	喚
オモウ	おもふ	思・憶
オリ	をり	折・居・檻
オル	をる	折・居
オロチ	をろち	大蛇
オワス	おはす	御座・座
オワル	をはる	終・畢
オン	おん	御
オンナ	をんな	女

【か行】

カ	か	日・彼・香・
		蚊・鹿
カイ	かい	櫂
	かひ	交・貝・峡・
		匙・買・飼・
		甲斐
カイコ	かひこ	蚕
カイナ	かひな	肱・腕
カエス	かへす	反・返
カエッテ	かへって	却

カエデ	かへで	楓
カエル	かへる	反・返・帰・
		還・孵・蛙
ガエンズ	がへんず	肯
カオ	かほ	顔・貌
カオル	かをる	薫
カケイ	かけひ	筧
カゲロウ	かげろふ	陽炎・蜉蝣・
		蜻蛉
カジ	かぢ	舵・梶・楫・
		鍛冶・加持
カシワ	かしは	柏・槲
カスガイ	かすがひ	鎹
カズク	かづく	被・潜
カズサ	かづさ	上総
カズラ	かづら	葛・蔓・鬘
カゾウ	かぞふ	数
カタイ	かたゐ	乞丐・乞食
カタラ(ロ)ウ	かたらふ	語
カタワラ	かたはら	傍・側
カツエル	かつゑる	飢・餓
カツオ	かつを	鰹
カナエ	かなへ	鼎・釜
カナズ	かなづ	奏
カマ(モ)ウ	かまふ	構
カヨウ	かよふ	通
カレイ	かれひ	鮒・鰈
カワ	かは	川・皮・河・
		側・革
カワク	かわく	乾・渇
カワズ	かはづ	蛙
カワヤ	かはや	厠
カワラ	かはら	瓦・川原・
		河原
カワル	かはる	代・変・替
カンガ(ゴ)ウ	かんがふ	考・勘

キオイ　きほひ　競
キサイ　きさい　后
キズク　きづく　築
キズナ　きづな　絆・紲
キソウ　きそふ　競
キタ(ト)ウ　きたふ　鍛
キノウ　きのふ　昨日
キョウ　けふ　今日
キワ　きは　際
キワ(ハ)ダ　きはだ　黄蘗
キワム　きはむ　究・極・窮
キワメテ　きはめて　極
クイ　くひ　杙・杭
クウ　くふ　食
クジラ　くぢら　鯨
クズ　くず　葛
　くづ　屑
クズス　くづす　崩
クツガエス　くつがへす　覆
クモイ　くもゐ　雲居・雲井
クヨウ　くやう　供養
クライ　くらゐ　位
クルウ　くるふ　狂
クレナイ　くれなゐ　紅
クロウト　くろうと　玄人
クロウド　くらうど　蔵人
クワ　くは　桑・鍬
クワイ　くわゐ　慈姑
クワ(オ)ウ　くはふ　加・銜
クワシ　くはし　委・美・細・詳・精
クワダツ　くはだつ　企
クワワル　くははる　加
ケガライ　けがらひ　穢・汚
ケズル　けづる　削・梳
ケワイ　けはひ　気配・化粧

ケワシ　けはし　険・嶮
コイ　こひ　乞・恋・鯉・[illegible]
コウ　こふ　乞・恋・請
コウガイ　かうがい　笄
コウシ　かうし　格子
コウジ　かうじ　柑子
　こうぢ　小路
コウゾ　かうぞ　楮
コウバシ　かうばし　香・馥
コウブリ　かうぶり　冠
コウベ　かうべ　首・頭
コウムル　かうむる　被・蒙
コウモリ　かうもり　蝙蝠
コエ　こゑ　声
コオリ　こほり　氷・郡
コオル　こほる　氷・凍
コオロギ　こほろぎ　蟋蟀
コシラ(ロ)ウ　こしらふ　拵・誘
コズエ　こずゑ　梢
コトジ　ことぢ　琴柱
コワシ　こはし　強・恐

【さ行】

サイワイ　さいはひ　幸
サエ　さえ　冴
　さへ　障
サエズル　さへづる　囀
サオ　さを　竿・棹
サカイ　さかひ　界・境
サカズキ　さかづき　杯・盃
ササエ　ささへ　支
サズク　さづく　授
サブライ　さぶらひ　侍
サブラ(ロ)ウ　さぶらふ　侍・候
サムラ(ロ)ウ　さむらふ　侍・候

サラウ　さらふ　浚
サワ　さは　沢・多
サワグ　さわぐ　騒
サワヤカ　さはやか　爽
サワラ　さはら　椹
サワリ　さはり　触・障
ジ　ぢ　柱・路・爺
シイ　しひ　強・椎・誣・癈
シイタグ　しひたぐ　虐
シイテ　しひて　強
シウ　しふ　強・誣・癈
シエタグ　しへたぐ　虐
シオ　しほ　入・汐・塩・潮
シオニ　しをに　紫苑
シオラシ　しをらし
シオリ　しをり　栞・枝折・撓
シオル　しをる　枝折・萎
シキイ　しきゐ　敷居・閾
ジジ　ぢぢ　爺
シズ　しづ　賤・垂・静・倭文
シズカ　しづか　静
シズク　しづく　雫
シズム　しづむ　沈・鎮
シタ(ト)ウ　したふ　慕
シュウト　しうと　舅
シュウトメ　しうとめ　姑
ショウト　せうと　兄人
シワ　しわ　皺
シワガル　しはがる　嗄
シワス　しはす　師走
シワブク　しはぶく　咳
スウ　すふ　吸

スエ　すゑ　饐
　すゑ　末・季・据・陶
スオウ　すあを　素襖
スクウ　すくふ　抄・掬・救
スジ　すぢ　筋
スズ　すず　鈴・錫・篠
ズズ　ずず　誦
スナオ　すなほ　素直
スナワチ　すなはち　乃・即・則
スマ(モ)ウ　すまふ　住・争・辞
スモウ　すまう　相撲・角力
スワヤ　すはや
セイ　せゐ　所為
セワシ　せはし　忙
ソイ　そひ　沿・副・添
ソウ　さう　左右
　そふ　沿・副・添
ソウロウ　さうらふ　候
ソエ　そへ　沿・副・添
ソナワル　そなはる　備
ソロウ　そろふ　揃
ソワ　そは　岨

【た行】

タイ　たひ　鯛
タイラ　たひら　平
タウ　たふ　耐・堪
タエ　たえ　絶
　たへ　妙・拷・堪
タオヤカ　たをやか　嫋
タオル　たふる　仆・倒・斃
タガイ　たがひ　互・違
タグイ　たぐひ　比・類
タクワ(オ)ウ　たくはふ　貯・蓄
タズ　たづ　田鶴・鶴

タズキ	たづき	方便
タズサ(ソ)ウ	たづさふ	携
タズヌ	たづぬ	訪・尋
タタ(ト)ウ	たたふ	称・湛
タタズム	たたずむ	佇・彳
タダヨウ	ただよふ	漂
タトイ	たとひ	喩・譬・縦・仮令
タトウガミ	たたうがみ	畳紙
タトエ	たとへ	喩・譬・例
タマ(モ)ウ	たまふ	給・賜
タユウ	たいふ	大夫・太夫
タライ	たらひ	盥
タワク	たはく	戯
タワム	たわむ	撓
タワムル	たはむる	戯
タワヤスシ	たはやすし	容易
タワラ	たはら	俵
タワル	たはる	狂・戯
チイサシ	ちひさし	小
チカ(コ)ウ	ちかふ	誓
チガ(ゴ)ウ	ちがふ	交・違
チヂム	ちぢむ	縮
チョウズ	てうづ	手水
ツイ	つひ	終
ツイエ	つひえ	費・潰・弊
ツイジ	ついぢ	築地
ツイズ	ついづ	序・叙
ツイタチ	ついたち	朔日
ツイデ	ついで	次・序
ツイニ	つひに	遂・終
ツイヤス	つひやす	費・潰・弊
ツイユ	つひゆ	潰・弊
ツエ	つゑ	杖
ツカイ	つかひ	使・遣
ツガイ	つがひ	番
ツカ(コ)ウ	つかふ	支・仕・使・閊・遣
ツクエ	つくえ	机・案
ツクバ(ボ)ウ	つくばふ	踞・蹲
ツクロウ	つくろふ	繕
ツタ(ト)ウ	つたふ	伝
ツヅク	つづく	続
ツヅミ	つづみ	鼓
ツヅル	つづる	綴
ツドウ	つどふ	集
ツマズク	つまづく	躓
ツワモノ	つはもの	兵
テズカラ	てづから	手
テラ(ロ)ウ	てらふ	衒
トイ	とひ	問・樋
トウ	たう	薹
	とふ	問・訪
トウゲ	たうげ	峠
トウトシ	たふとし	尊・貴
トウブ	たうぶ	食・給・賜
トオ	とを	十
トオシ	とほし	遠
トオル	とほる	通・透・徹
トキワ	ときは	常磐・常盤
トコシエ	とこしへ	長・常
トズ	とづ	閉・綴
トドコオル	とどこほる	滞
トトノウ	ととのふ	調・整
トナ(ノ)ウ	となふ	称・唱・調
トノイ	とのゐ	宿直
トブラ(ロ)ウ	とぶらふ	弔・訪
トモエ	ともゑ	巴
トラワル	とらはる	囚・捕
【な行】		
ナイ	なゐ	地震
ナ(ノ)ウ	なふ	萎・綯
ナエ	なへ	苗
ナオ	なほ	尚・直・猶
ナオ(ノウ)シ	なほし	直・直衣
ナコウド	なかうど	媒
ナゴワシ	なごはし	和
ナジョウ	なでふ	
ナズ	なづ	撫
ナズキ	なづき	脳・髄
ナズム	なづむ	泥
ナズラ(ロ)ウ	なずらふ	準・准・擬
ナニワ	なには	浪速・浪華・難波
ナマズ	なまづ	鯰
ナメズル	なめづる	舐・嘗
ナラ(ロ)ウ	ならふ	習・倣・馴
ナラワシ	ならはし	習・慣
ナリワイ	なりはひ	生業
ナワ	なは	縄
ナワテ	なはて	畷・縄手
ナンジ	なむぢ	汝
ニイ	にひ	新
ニエ	にへ	牲・贄
ニオ	にほ	鳰
ニオイ	にほひ	匂
ニオウ	にほふ	匂・臭
ニギワ(オ)ウ	にぎはふ	賑
ニナ(ノ)ウ	になふ	担
ニワ	には	庭
ニワカ	にはか	俄
ニワトコ	にはとこ	接骨木
ニワトリ	にはとり	鶏
ヌウ	ぬふ	縫
ヌエ	ぬえ	鵼・鵺
ヌキンズ	ぬきんづ	抽・擢
ヌグウ	ぬぐふ	拭
ヌナワ	ぬなは	蓴
ネガイ	ねがひ	願
ネガ(ゴ)ウ	ねがふ	願
ネギラ(ロ)ウ	ねぎらふ	労・犒
ネジ	ねぢ	捻子・捩子
ネジク	ねぢく	拗
ネジレ	ねぢれ	捩
ネズ	ねづ	捻・捩
ネラ(ロ)ウ	ねらふ	狙
ノゴウ	のごふ	拭
ノタマ(モ)ウ	のたまふ	宣
ノロイ	のろひ	呪・詛
ノロウ	のろふ	呪・詛
【は行】		
バアイ	ばあひ	場合
ハイ	はひ	灰・這
ハイリ	はひり	這入
ハウ	はふ	這・延・匐
ハエ	はえ	生・映・栄
	はへ	蠅
ハジ	はぢ	恥・辱
ハジラ(ロ)ウ	はぢらふ	恥
ハズ	はず	筈・弭
	はづ	恥・羞
ハズス	はづす	外
ハダエ	はだへ	肌・膚
ハニュウ	はにふ	埴生
ハニワ	はにわ	埴輪
ハライ	はらひ	払・祓
ハラ(ロ)ウ	はらふ	払・祓
ヒイズ	ひいづ	秀
ヒイナ	ひひな	雛
ヒイラギ	ひひらぎ	柊
ヒエ	ひえ	冷・稗
ヒキイル	ひきゐる	率

ヒジ	ひぢ	肘・肱・泥
ヒシオ	ひしほ	醤・醢
ヒズム	ひづむ	歪
ヒタイ	ひたひ	額
ヒヅメ	ひづめ	蹄
ヒトエ	ひとへ	単・一重
ヒトエニ	ひとへに	偏
ヒノエ	ひのえ	丙
ヒュウガ	ひうが	日向
ヒョウ	ひょう	雹
ヒルガエス	ひるがへす	翻
ヒワ	ひは	鶸
ビワ	びは	枇杷・琵琶
ヒワダ	ひはだ	檜皮
ヒンガシ	ひむがし	東
フイゴウ	ふいがう	鞴
フエ	ふえ	笛・吭
フクロウ	ふくろふ	梟・鴞
フジ	ふぢ	藤
フルイ	ふるひ	震・篩
フルウ	ふるふ	振・震・篩
ヘツイ	へつひ	竈
ヘツラ(ロ)ウ	へつらふ	諂・諛
ホウキ	はうき	箒
ホウムル	はうむる	葬
ホエ	ほえ	吠
ホオ	ほほ	朴・頬
ホカウ	ほかふ	寿・祝
ホシイ	ほしひ	糒
ホジル	ほじる	穿
ホドライ	ほどらひ	程
ホノオ	ほのほ	炎・焔
ホホ(オ)エム	ほほゑむ	微笑

【ま行】

マイ	まひ	舞・幣
マイル	まゐる	参
マウ	まふ	舞
マエ	まへ	前
マガ(ゴ)ウ	まがふ	紛
マカズ	まかづ	罷
マギラワシ	まぎらはし	紛
マグワシ	まぐはし	目細
マジウ	まじふ	交・雑
マジワル	まじはる	交
マズ	まづ	先
マズシ	まづし	不味・貧
マツロウ	まつろふ	服・順
マツワル	まつはる	絡・纏
マトイ	まとひ	纏
	まとゐ	団居・円居
マトウ	まとふ	纏
マドウ	まどふ	迷・惑・償
マナカイ	まなかひ	目交・眼間
マヨウ	まよふ	迷
マロウト	まらうと	客人・賓
マワス	まはす	回・廻
ミエ	みえ	見・見栄・見得
ミオ	みを	水脈・澪
ミギワ	みぎは	水際・汀
ミサオ	みさを	水棹・操
ミズ	みづ	水・瑞
ミズウミ	みづうみ	湖
ミズカラ	みづから	自
ミズノエ	みづのえ	壬
ミズノト	みづのと	癸
ミズラ	みづら	鬢・角髪
ミソナワス	みそなはす	見行
ミミズク	みみづく	木菟
ムカ(コ)ウ	むかふ	向・迎・対
ムクイ	むくい	報・酬
ムスボオル	むすぼほる	結
ムツカシ	むつかし	難
メアワス	めあはす	妻合
メイ	めひ	姪
メオト	めをと	女夫・夫婦
メクワス	めくはす	眴
メシイ	めしひ	盲
メズ	めづ	愛
メズラシ	めづらし	珍
モウ	もふ	思
モウク	まうく	設・儲
モウス	まうす	申
モウズ	まうづ	参・詣
モエ	もえ	萌・燃
モジル	もぢる	捩
モズ	もず	百舌・鵙
モタイ	もたひ	瓮・甕
モチイル	もちゐる	用
モトイ	もとゐ	基
モトオル	もとほる	回・廻
モトヅク	もとづく	基
モミジ	もみぢ	紅葉・黄葉
モヤウ	もやふ	舫
モヨオス	もよほす	催
モラ(ロ)ウ	もらふ	貰

【や行】

ヤオラ	やをら	
ヤスラ(ロ)ウ	やすらふ	休
ヤトウ	やとふ	雇・傭
ヤマイ	やまひ	病
ヤラ(ロ)ウ	やらふ	遣
ヤワラグ	やはらぐ	和・柔
ユイ	ゆひ	結
ユウ	ゆふ	夕・木綿・結
ユウベ	ゆふべ	夕・昨夜
ユエ	ゆゑ	故
ユエン	ゆゑん	所以
ユオビカ	ゆほびか	
ユズ	ゆず	柚
	ゆづ	茹・煠
ユズル	ゆづる	譲
ヨイ	よひ	宵・酔
ヨウナシ	やうなし	益無
ヨウヤク	やうやく	漸
ヨジ	よぢ	攀・捩
ヨズ	よづ	攀・捩
ヨソオウ	よそほふ	装
ヨロイ	よろひ	甲・具・鎧
ヨロウ	よろふ	鎧
ヨロズ	よろづ	万
ヨロボウ	よろぼふ	蹌踉
ヨワイ	よはひ	齢
ヨワシ	よわし	弱

【ら・わ行】

ロウガワシ	らうがはし	乱
ロクドウ	ろくだう	六道
ワ	は	羽・把
ワキマ(モ)ウ	わきまふ	弁
ワザオギ	わざをぎ	俳優
ワザワイ	わざはひ	災・禍
ワズカ	わづか	僅
ワズライ	わづらひ	煩
ワズラワシ	わづらはし	煩
ワラ(ロ)ウ	わらふ	笑・嗤
ワラジ	わらぢ	草鞋
ワラワ	わらは	妾・童
ワレモコウ	われもかう	地楡・割木瓜・吾亦紅
ワロウダ	わらふだ	藁蓋・円座

あ【足】［名］《上代語》あし。例「**足**の音せず行かむ駒もが葛飾の真間の継ぎ橋止まず通はむ」〈万葉・一四・三三八七〉訳→〔和歌〕あのおとせず…

あ【案】［名］《「あん」の撥音無表記》考え。計画。

あ【畔】［名］田んぼと田んぼの境の盛り土。あぜ。

あ【吾・我】［代名］《自称の人称代名詞》わたし。例「**我**を待つと君が濡れけむあしひきの山のしづくにならましものを」〈万葉・二・一〇八〉訳→〔和歌〕あをまつと…

発展学習ファイル　主に上代に用いられた語。中古以降は単独では用いられず、「あが」の形で連体修飾する用法、「吾子」のように直接名詞に付く用法などに限られた。

あ【彼】［代名］❶《遠称の指示代名詞》あれ。あちら。例「**あ**はと見る淡路の島の」〈源氏・明石〉❷《他称の人称代名詞》あの人。彼。彼女。例「**あ**の書き置きし文を読みて」〈竹取・かぐや姫の昇天〉①②↕此・夫

発展学習ファイル　常に、格助詞「の」、係助詞「は」を伴って用いられる。

あ［感］❶《感動や驚き・悲しみを表す語》あっ。ああ。例「**あ**、慶ばしきかな」〈霊異記〉❷《人に呼びかける声》おい。例「主人**あ**といはば、郎等さと出づべき体になりけり」〈盛衰記・六〉

ああ［感］❶《驚き・喜び・悲しみを表す語》あら。まあ。例「〔若宮ガ〕いとねたきことにしたまひて、『**ああ**』とさいなむ（＝駄々ヲコネル）を」〈紫式部日記〉❷《呼びかけの声》おい。例「**ああ**これこれ」〈狂・粟田口〉❸《応答に用いる語》はい。例「いっそ死んでくれぬか。**ああ**死にましょと」〈浄・心中天の網島〉

ああしやごしや［感］あざ笑うときのはやしことば。いい気味だ。例「**ああしやごしや**こはあざわらふぞ」〈記・中・歌謡〉

あい…【会…・相…・間…・合い…・遇い…・逢い…】歴史的かなづかい「あひ…」

あい【藍】歴史的かなづかい「あゐ」

あい【愛】［名］❶《仏教語》激しい執着。愛執。例「**愛**に纏はること葛の旋るがごとし」〈性霊集〉❷肉親の間のいつくしみあう心。慈愛。例「**愛**は子に過ぎたりといふことなし」〈万葉・五・八〇三序〉❸男女の間の愛欲。例「女**愛**の心に堪へずして、東人を恋ひ悲しむで」〈今昔・一六・一四〉❹愛らしさ。あいきょう。❺愛玩すること。

あいあい・し【愛愛し】［形シク］｛しから・しく（しかり）・し・しき（しかる）・しけれ・しかれ｝❶あいきょうがある。かわいらしい。例「丹華の（＝赤クテ美シイ）口つき**愛愛しく**」〈盛衰記・一九〉❷あいそがよい。例「『先づこなたへ』と**あいあいしく**、やがて座敷へ請ひのぼすれば」〈里見八犬伝〉

あいぎゃう【愛敬】［名］

> **アプローチ**
> ▼仏教語としての「大切にして敬う」「親しみ敬う」意が原義。
> ▼中古では、仏教語の「愛形相」から転じたとされ、「姿・かたちがかわいらしく魅力がある」意、また、それから転じた「性格・振る舞い・ことばづかいなどがやさしく思いやりがある」意で多く用いられた。
> ▼室町時代ごろから清音で「あいきやう」とも。
> ▼現代語の「愛嬌」のもととなった。

❶**相手を大切にして、敬うこと。敬愛すること。**例「この芸とは、衆人**愛敬**を以て一座建立の寿福とせり」〈風姿花伝〉訳およそ芸というものは、まず人々に**敬愛されることが**、一座を成立させるうえで大事なことなのである。

❷**容姿がかわいらしく魅力的なこと。にこやかで、愛らしいこと。**例「かたち姿をかしげなり。**愛敬**めでたし」〈宇治拾遺・一〇・六〉訳顔かたちや姿が情味がある。**かわいらしくて魅力的**なのがすばらしい。

❸**性格・動作・ことばづかいなどが愛らしく、やさしみがあること。やさしい感じがすること。**例「ものうち言ひたる、聞きにくからず、**愛敬**ありて」〈徒然・一〉訳何かちょっとものをいっているのも、聞きぐるしくなく、**愛らしくやさしみがあって**。

〔**愛敬の始め**〕結婚のはじめ。新婚の祝い。例「げに、**愛敬のはじめ**は日選りして〔祝イノ餅ヲ〕聞こしめすべきことにこそ」〈源氏・葵〉

あいぎゃうおく・る【愛敬後る】［自ラ下二］｛れ・れ・る・るる・るれ・れよ｝（容姿・言動に）かわいらしさが欠ける。↕愛敬付く。例「**愛敬おくれたる**人の顔などを見ては、〔梨ノ花ノヨウダト〕たとひにいふも」〈枕・木の花は〉

あいぎゃうこぼ・る【愛敬こぼる】［自ラ下二］｛れ・れ・る・るる・るれ・れよ｝顔つき・言動などがとても愛らしく魅力があふれる。例「添ひ臥したまへるさま、うつくしうらうたげなり。**愛敬こぼるるやうにて**」〈源氏・紅葉賀〉

あいぎゃうづ・く【愛敬付く】［自カ四］｛か・き・く・く・け・け｝（容姿・言動に）愛らしさがそなわる。魅力がある。↕愛敬後る。例「夜深くうち出でたる声の、らうらうじう（＝洗練サレ）**愛敬づきたる**」〈枕・鳥は〉

あいげう［・す］【愛楽】［名・他サ変］（「楽」は願うの意）❶《仏教語》仏の教えを信じて、願い求めること。❷親しみ、愛好すること。例「人に**愛楽**せられずして衆にまじはるは恥なり」〈徒然・一三四〉

あいさ［感］神楽歌のはやしことばのひとつ。歌詞の終わりに用いられる。＝あいし

あいさつ【挨拶】［名］❶応対。応答。❷人と会ったときの儀礼的なことばや動作。❸紹介。あっせん。世話。❹仲裁。調停。とりなし。

あいし［感］「あいさ」に同じ。

あいしふ【愛執】［名］《仏教語》強く愛着すること。愛欲に心を奪われること。＝愛着

〔**愛執の罪**〕愛情に執着した罪業。強く愛着を抱いた罪。

あいしゃう［・す］【哀傷】一［名・自サ変］悲しみ嘆くこと。とくに、人の死を悲しみ悼むこと。二［名］和歌などの分類のひとつ。

あいしゃうか【哀傷歌】[名]和歌の内容による分類上の呼称のひとつ。人の死を悲しみいたむ歌。『古今和歌集』以下、勅撰集の部立のひとつで、『万葉集』での挽歌に相当する内容。

あい・す【愛す】[他サ変]{せ・し・す・する・すれ・せよ}❶愛する。大事にする。❷愛欲にふける。例「二人臥して愛・しつる顔よ」〈今昔・三一・一〇〉❸適当にあしらう。子供の機嫌をとる。例「よしよししばし愛・せよ」〈平家・九・二度之懸〉

あいぜん【愛染】[名]《仏教語》❶むさぼり愛し、それにおぼれること。煩悩。愛欲。❷「愛染明王」の略。❸《「愛染法」の略》真言宗で、健康・長命を愛染明王に祈る修法。

あいぜんみゃうわう【愛染明王】[名]《仏教語》愛欲をつかさどる明王。からだは赤く輝き、三つの目と六本の腕がある。顔は怒りの表情を示すが、敬愛の心で衆生を悟りに導く。近世、恋愛の神、遊女の守護神として信仰された。＝愛染②。
➡[古典参考図]主要仏像

あいそ[感]神楽歌のはやしことばのひとつ。歌詞の間に用いられる。例「しながとるや猪名の柴原あいそ飛びて来る鴫が」〈神楽歌〉

あいだ【間】歴史的かなづかい「あひだ」

あいたしこ【あ痛しこ】《近世語》ああ痛い。例「あいたあいたしこ横腹を踏みくさる。何者ぢゃ」〈浄・丹波与作〉

あいだちな・し[形ク]{から・く(かり)・し・き(かる)・けれ・かれ}《「あいたちなし」「あひだちなし」とも》❶かわいげがない。そっけない。冷淡だ。例「心よからずあいだちな・きものに思ひたまへる」〈源氏・夕霧〉❷遠慮がない。露骨である。例「あいだちな・くぞ愁へたまふ」〈源氏・宿木〉

あいだてな・し[形ク]{から・く(かり)・し・き(かる)・けれ・かれ}《近世語。「あいたてなし」「あひだてなし」とも》❶分別がない。道理にはずれている。例「あいたてな・しとも狂気とも笑はば笑へ」〈浄・職人鑑〉❷ぶしつけなさま。例「あいだてな・く二幅の前まで引きはづし」〈浮・沖津白浪〉❸度が過ぎている。むやみにかわいがる。例「嫁は父母のあいだてな・くそだてられし」〈浮・世間娘容気〉

あいたどころ【朝所】[名]《「あしたどころ」の変化形》「あいたんどころ」に同じ。

あいだ・る[自ラ下二]{れ・れ・る・るる・るれ・れよ}人に甘えるような、なよなよしたようすをする。例「なほいと若やかになまめき、あいだ・れてものしたまひし」〈源氏・柏木〉

あいたんどころ【朝所】[名]《「あしたどころ」の変化形。「あいたどころ」とも》太政官正庁の北東にあった建物で、参議以上の会食や政務に用いた。また、方違えなどで仮の御所となることもあった。例「職の御曹司を『方悪し』とて、宮のつかさの朝所に渡らせたまへり」〈枕・故殿の御服の頃〉

古典の世界 「朝所」は、『枕草子』によると、床が高く檜皮葺である当時の一般的な殿舎建築と異なり、床が低く瓦葺の建物であった。また、周囲に簀の子縁がなく、廂の間に格子や半蔀を設けず、簾が直接外に面していた。

あいぢゃく【愛着】[名]《仏教語》愛情に心がとらわれて離れなくなること。＝愛執

あいぢゃくじひしん【愛着慈悲心】[名]《仏教語》恩愛に執着する心が基になって起こる慈悲の心。仏道に入るための障害になるもの。

あいぢゃくしゃうじ【愛着生死】[名]《仏教語》苦しみの多いこの世が無常と悟らずに、生死を繰り返すこの世のことにとらわれている状態。

あいづかは・し【愛づかはし】[形シク]{しから・しく(しかり)・し・しき(しかる)・しけれ・しかれ}《「あいつかはし」とも》好感がもてる。魅力がある。例「御笛の音もあいつかは・しく、涼しきやうにぞおはしましける」〈今鏡〉

あいな《形容詞「あいなし」の語幹》（感動詞・間投助詞、また助詞「の」を伴って）不都合だ。不適当だ。例「〈宮仕エヲ勧メル手紙ヲ見テ〉笑ひたまふものから」〈源氏・行幸〉『あいなのことや』と〔玉鬘八〕

あいなう 形容詞「あいなし」の連用形「あいなく」のウ音便。

あいなうせう【壒嚢抄】[作品名]室町前期（一四四六ごろ成立）の事典。行誉著。儒・仏・神・有職故実・歴史・文学など多方面にわたり説明・考証を加えた百科事典。

あいな・し[形ク]{から・く(かり)・し・き(かる)・けれ・かれ}

アプローチ
▼自分の理解にあまったり、期待からはずれた物事に対する違和感・不快感を表し、納得がいかない、落ち着きが悪い、などが基本義。
▼文脈によって、あらずもがな、穏当を欠く、筋が通らない、無益だ、気にくわない、かわいげがない、など多様な意となる。
▼中古から「あいなし」「あひなし」の両形が並行して用いられた。
▼語源説として、「愛なし（＝かわいげがない）」「合ひなし（＝不調和だ）」「間はなし（＝関連性がない）」「敢へなし（＝こらえられない）」などがあるが、未詳。

❶（理由・関連がはっきりせず）**筋が通らない。いわれがない。不当である。** 例「まだきに騒ぎて、あいな・きもの恨みしたまふな」〈源氏・若菜・上〉 訳 早々に騒ぎ立てて、いわれもない恨みごとなどなさいますな。

❷（意味・価値がはっきりせず）**無益だ。無駄だ。意味もない。** 例「かかる所をわざと繕ふもあいな・きわざなり」〈源氏・松風〉 訳 こんな（仮住まいの）所を、わざわざ修繕するのも、無駄なことだ。

❸（期待からはずれていて）**気にくわない。つまらない。おもしろくない。興ざめだ。** 例「世に語り伝ふる事、まことはあいな・きにや、多くは皆虚言なり」〈徒然・七三〉 訳 世の中に語り伝えられていることは、事実はつまらないからだろうか、多くはだいたいつくりごとである。《係結び》「にや→（省略）」

❹（連用形「あいなく」を副詞的に用いて）**わけもなく。むやみに。ただもう。やたらと。** 例「頭中将を見たまふにも、あいな・く胸騒ぎて」〈源氏・夕顔〉 訳（源氏は）頭中将をご覧になるにつけても、ただもう胸がどきどきして。《敬語》「見たまふ」→「たまふ（四段）」

発展学習ファイル　(1)「あいなし」は散文に多く用いられ、和歌に用いられるのは、まれである。
(2)「あいなし」の語義①②にもっとも近い類義語として「あやなし」がある。

あいなだのみ【あいな頼み】［名］《形容詞「あいなし」の語幹＋名詞「頼み」》身のほどを超えた期待。一説に、当てにならない望み。例「過ぎにし方のやうなるあいなだのみの心おごりを」〈更級〉

あい・ぶ【歩ぶ】［自バ四］{ば・び・ぶ・ぶ・べ・べ}《「あゆぶ」の変化形》歩く。出かける。

あいべつりく【愛別離苦】［名］《仏教語》「八苦」のひとつ。肉親など愛する者と別れる苦しみ。

あいや［感］❶否定を表すことば。ああ、そうじゃない。いやいや。例「**あいや**、そうではないは、まっと(＝モット)見直せ」〈狂言記・柿売〉❷人の動作を軽く制することば。ちょっと待った。

あいら・し【愛らし】［形シク］{しから・しく(しかり)・し・しき(しかる)・しけれ・しかれ}かわいらしい。例「御目は細々として、**愛ら・しく**おはしますぞや」〈沙石集〉

あう【合う・会う・逢う・和う・敢う・饗う】歴史的かなづかい「あふ」

あうい・く【奥行く】［自カ四］{か・き・く・く・け・け}さらに奥に行く。例「**奥い・かむ**ことこそ、いとすさまじけれ」〈枕・五月の御精進のほど〉

あうう【奥羽】［地名］陸奥国と出羽国の両国を指す。いまの東北六県にあたる。

あうぎ【奥義】［名］学問・武術・芸能などの最も奥深く、簡単には身につけられない大切なことがら。

あうぎせう【奥儀抄・奥義抄】［作品名］平安後期の歌学書。藤原清輔著。平安朝歌学を集大成したものとして重要。

あうこ【襖袴】［名］六位以下の武官が闕腋の束帯を着るときにつける袴。

あうしう【奥州】［地名］「陸奥」の別名。勿来・白河の関以北の地を指し、いまの福島・宮城・岩手・青森の四県にあたる。

あうしゅくばい【鶯宿梅】［名］梅の木の名。「勅なればいともかしこし鶯の宿はと問はばいかが答へむ」〈拾遺・雑下・五三一〉訳→〈和歌〉ちょくなれば…の歌にまつわる故事に基づく名。

あうだ【箯輿】［名］《「あをだ」「あんだ」とも。「あみいた」の変化形》罪人などを乗せる粗末な輿。長方形の板を底に、竹で編んだ縁をつけた。

あうな・し【奥無し】［形ク］{から・く(かり)・し・き(かる)・けれ・かれ}考えに奥行きがない。軽率だ。あさはかだ。例「などかく**奥な・き**わざはさせさせたまふ」〈源氏・手習〉

あうむ【鸚鵡】［名］❶オウム。西域の霊鳥とされた。人のことばを巧みにまねるので、中古には「ことまなび」の別称をもつ。❷「鸚鵡の杯」の略。

〔**鸚鵡の杯**〕《「あうむのつき」とも》オウムガイ・アオガイなど、光沢のある美しい貝で作った杯。曲水の宴に用いた。＝鸚鵡②。（季－春）

あうむがへしぶんぶのふたみち【鸚鵡返文武二道】［作品名］江戸後期(一七八九刊行)の黄表紙。恋川春町作、北尾政美画。寛政の改革による武士や庶民の動揺を風刺した作品。

あうよ・る【奥寄る】［自ラ四］{ら・り・る・る・れ・れ}《「おうよる」とも》❶奥に寄る。例「**奥寄・り**て、三、四人さし集ひて」〈枕・宮にはじめてまゐりたる頃〉❷年をとる。例「齢などもあう**よ・り**にたべければ」〈蜻蛉・下〉❸古風である。例「御手の筋、ことに**奥よ・り**にたり」〈源氏・玉鬘〉

あうら【足占】［名］《「あしうら」とも》古代の民間の占いのひとつ。目標までの歩数が奇数か偶数かで、恋などの吉凶を占ったとされる。

あえ【饗】歴史的かなづかい「あへ」

あえか［・なり］［形動ナリ］{なら・なり(に)・なり・なる・なれ・なれ}なよなよとして頼りないさま。きゃしゃだ。例「あやしく世の人に似ず、**あえか・に**見えたまひしも」〈源氏・夕顔〉
〈参考〉若い女性の、優美で上品な美しさをいう場合が多い。

あえしらう 歴史的かなづかい「あへしらふ」

あえ・す【落す】［他サ四］{さ・し・す・す・せ・せ}《「あやす」の変化形》したたらす。たらす。例「血を**あえ・さ**んも、神慮のおそれあり」〈義経記・二〉

あえず【敢えず】歴史的かなづかい「あへず」

あえなし【敢え無し】歴史的かなづかい「あへなし」

あえもの【肖物】［名］似せたいもの。あやかりもの。

あお…【青…・襖…】歴史的かなづかい「あを…」

あおい【葵】歴史的かなづかい「あふひ」

あおと【足音】［名］《「あのと」とも》あしおと。

あか【赤】［名］❶赤の色。紅・緋・丹・朱などの色の総称。❷《女房詞》小豆。

あか【垢】［名］❶古くなった皮膚・汗・皮脂・ほこりなどが混じった汚れ。❷《「御垢に参る」の形で》貴人のあかを流す。例「金王丸太刀はいて御**垢**に参りたれば」〈平治・中〉❸けがれ。とくに、煩悩や俗念。❹能などで、芸の洗練がされていないところ。欠点。

あか【閼伽】［名］《梵語の音訳》❶《仏教語》仏に供えるもの。とくに水。また、それを入れる容器。＝閼伽の具。❷船乗りの忌み詞で、船底にたまる水。

〔**閼伽の具**〕「あか(閼伽)①」に同じ。

〔**閼伽の棚**〕「あかだな」に同じ。

〔**閼伽の花**〕仏前に供える閼伽の水に浮かべる花。ふつう「樒」を用いる。また、仏前に供える花。

〔**閼伽の水**〕仏前に供える水。＝閼伽水

あが【吾が・我が】㊀《代名詞「あ」＋格助詞「が」》❶（「が」は主格を示す）私が。私は。例「安眠も寝ずて**我が**恋ひ渡る」〈万葉・一五・三六三三〉❷（「が」は連体格を示す）私の。例「白たへの**我が**衣手を取り持ちて」〈万葉・一五・三七七八〉㊁［連体］私の。例「**あが**姫君」〈源氏・玉鬘〉

あかあか【赤赤】［名］《女房詞》小豆。＝赤

あかあか【明か明か・赤赤】［副］(多く「と」を伴って) ❶たいそう明るく。たいそう赤く。例「大殿油近く参らせて**あかあか**とあり」〈讃岐典侍日記〉❷すっきり。さっぱり。例「**あかあか**と胸あきぬる心地こし給ひながら」〈狭衣・二〉

〔俳句〕**あかあかと…**【あかあかと日はつれなくも秋の風】〈おくのほそ道・金沢・芭蕉〉訳明るく照りつける日は、秋になったのもそ知らぬふりで、旅行く私を残暑で苦しめるが、さすがに秋の風が目には見えぬ秋の訪れを感じさせる。（季－秋の風－秋）

あかいとをどし【赤糸縅】鎧の縅の名。

あ

「赤縅」のうち、赤色の組み糸を用いたもの。

あかいろ【赤色】[名]❶緋・紅・朱・蘇芳などの色の総称。また、染め色の名で、ややくすんだ赤色。服色では「禁色」のひとつ。❷織り色の名。縦糸は紫、横糸は赤。❸襲の色目の名。表裏とも赤。または、表は赤、裏は二藍。❹「赤色の袍」の略。

【**赤色の御衣**】「あかいろのはう」に同じ。

【**赤色の袍**】赤い色で染めた袍。上皇の平服であったが、天皇や摂政・関白も内宴などの際に着用した。＝赤色④・赤色の御衣

あかう【阿衡】[名]（「阿」は倚る、「衡」は平らかで、人民が頼み倚って公平を得る意）（中国の殷の時代、賢相伊尹が「阿衡」と称賛された故事から）天子を補佐する重臣。摂政と関白の別称。

あかう【明かう】（形容詞「明かし」の連用形「明かく」のウ音便）❶明るく。例「空はれて月いみじう**明かう**なりて」〈更級〉❷まだ明るいうちに。例「鳥羽へ**あかう**ぞ着き給ふ」〈平家・三・少将都帰〉

あかおまな【赤御魚】[名]（女房詞）（「おまな」は女房詞で魚のこと。身が赤いことから）鮭。

あがおもと【吾が御許】[名]女性を親しみ敬って呼ぶ語。あなたさま。例「**あがおもと**にこそおはしましけれ」〈源氏・玉鬘〉

〔和歌〕**あがおもの…**【**我が面の忘れむしだは国溢り嶺に立つ雲を見つつ偲はせ**】〈万葉・一四・三五一五・東歌〉訳私の顔を忘れそうなときには、故郷からあふれ出て山の峰に立ち昇る雲を見ながら私をしのんでください。〈参考〉「しだ」は時の意（上代東国方言）。

あかかう【赤香】[名]染め色の名。香色（黄色がかった赤色）の濃いもの。

あかかがち【赤酸漿】[名]（上代語）赤く熟したホオズキの実。

あかがしは【赤柏】[名]❶木の名。アカメガシワの別称。（季―秋）。❷（古く、カシワの葉に飯を盛ったところから）赤飯の別称。陰暦十一月一日が冬至にあたると、豊作の吉兆として赤飯をたいて祝う風習があった。（季―冬）

あがかに【足掻かに】[副]（上代語）足をばたばたさせて。例「足も**あがかに**嫉みたまひき」〈記・下〉

あかがはをどし【赤革縅】[名]鎧の縅の名。「赤縅」のうち、赤く染めた革を用いたもの。

あかがり【皹・皸】[名]あかぎれ。

あかぎ【赤木】[名]❶皮をはぎ取った木材。⇔黒木①。❷梅・紫檀・蘇芳など、赤い色をした木材の総称。

あがき【足掻き】[名]牛や馬などが地面を掻くように蹴って進むこと。また、その歩み。子供などのいたずら。例「青駒が**足掻き**を速み」〈万葉・二・一三六〉

【**足掻きの水**】牛馬の足掻きで飛び散る水。

あかきこころ【明かき心】[名]誠実な、偽りのない心。まごころ。

あかぎぬ【赤衣】[名]（「あかきぬ」とも）❶赤い色の絹織物。❷四位の官人が着る深緋と、五位の官人が着る浅緋の「位袍」。❸検非違使の下級役人や貴族の召し使いなどが着た赤色の「狩衣」。❹「軍荼利夜叉明王」の法を行うときに法師が着る赤色の法衣。

あかぎぬすがた【赤衣姿】[名]五位の官人が緋色の袍を着た姿。

あかきひと【赤き人】[名]（「袍」の色が緋色であることから）束帯姿の五位の官人。

あがきみ【吾が君】[代名]（対称の人称代名詞）友人や恋人などに親しみや敬愛の気持を込めて呼びかける語。あなた。例「**あが君**、生き出でたまへ」〈源氏・夕顔〉

あかく【明かく】「あかう」に同じ。

あが・く【足掻く】[自カ四]{か・き・く・く・け・け}❶牛馬などが、前足で地を掻くようにして進む。例「［牛ヲ］五六町こそ**あが・かせけれ**」〈平家・八・猫間〉❷手足を激しく動かしてもがく。❸気持ちがいらだつ。あくせくする。例「蔵の一軒も立てるやうにと**あが・いても**」〈浄・女殺油地獄〉（音便）「あがい」は「あがき」のイ音便。❹子供がいたずらをして暴れる。

あかくちば【赤朽ち葉】[名]染め色の名。朽ち葉色の赤色の強いもの。

あがこころ【吾が心・我が心】[枕詞]（心が清らかだ、明らかだ、また、心を尽くす意から）地名「明石」「清隅」「筑紫」にかかる。例「**我が心**明石の浦に船泊めて」〈万葉・一五・三六二七長歌〉

あかごま【赤駒】[名]赤味がかった茶色い毛の馬。

あかごめ【赤米】[名]（「あかよね」とも）中国渡来の、小粒で赤みを帯びた米。味は悪いが、炊くと倍に増えることから徳用とされた。＝赤・大唐米

あかざ【藜】[名]草の名。山野に自生し、若葉は食用。茎は干して杖とする。（季―夏）

【**藜の羹**】野草のアカザを実とした吸い物。粗末な食物のたとえ。

【**藜の杖**】アカザの茎で作った杖。老人がこれを常に用いると、中風にかからないという民間信仰があった。

あかざうし【赤冊子】[作品名]「さんざうし」に同じ。

あかし【明かし・灯】[名]ともしび。灯火。明かり。

あか・し【赤し】[形ク]{から・く(かり)・し・き(かる)・けれ・かれ}色が赤い。例「顔はいと**赤く**すりなして立てり」〈源氏・若紫〉

【**赤き稲**】穂先が赤く実った稲。「あか」は、本来「明」で、実った稲穂の黄金色も「赤き」といった。

あか・し【明かし】[形ク]{から・く(かり)・し・き(かる)・けれ・かれ}❶**明るい**。例「月もいとかぎりなく**明かく**いでたるを眺めて」〈大和・一六六〉❷**うそがない。誠実である。清らかだ。**例「**明かき**浄き直き誠の心をもって」〈続日本紀〉

あかし【明石】[作品名]『源氏物語』の十三番目の巻名。

あかし【明石】[歌枕]播磨国の地名。いまの兵庫県明石市。瀬戸内海に面し、古来、宿駅・港として栄えた。海岸一帯を「明石の浦」と呼び、「月」「波」「風」「千鳥」などの代表的景物や「ほのぼのと」「朝霧」「島隠る」の語が詠まれる。『源氏物語』明石巻の舞台としても有名。

あかしか・ぬ【明かしかぬ】[他ナ下二]{ね・ね・ぬ・ぬる・ぬれ・ねよ}一夜を過ごすことができない。例「ひとりし寝れば**明**

かしか・ねつも」〈拾遺・夏・一三五〉

あかしくら・す【明かし暮らす】〔自サ四〕{さ・し・す・す・せ・せ}夜を明かし日を過ごす。その日その日を過ごす。例「〔明石ノ君ハ〕上の空なる心地のみしつつ**明かし暮ら・す**を」〈源氏・薄雲〉

あかしのきみ【明石の君】〔人名〕『源氏物語』の登場人物。父は明石の入道。源氏と結婚し姫君を生む。

あかしのちゅうぐう【明石の中宮】〔人名〕『源氏物語』の登場人物。父は源氏、母は明石の君。紫の上の養女となり、東宮に入内。のちに皇太子となる第一皇子を出産。匂宮の母。

あかしのにふだう【明石の入道】〔人名〕『源氏物語』の登場人物。明石の君の父。須磨に退いた源氏を迎え、婿とする。

閼伽棚　堂内では衆僧による修法の最中。前庭に、閼伽棚と閼伽桶がしつらえられている。(石山寺縁起)

あかしは・つ【明かし果つ】〔他タ下二〕{て・て・つ・つる・つれ・てよ}すっかり明け果てるまで夜を過ごす。例「**明かしは・て**でぞ出でたまふ」〈源氏・藤裏葉〉

あかしぶみ【明かし文・証文】〔名〕神仏の前で誓いを述べるために書き記した文。願文。

あか・す【明かす】〔他サ四〕{さ・し・す・す・せ・せ}❶明るくする。例「漁る火は**明か・し**て灯せ大和島見む」〈万葉・一五・三六四八〉❷夜を明かす。↔暮らす。❸明らかにする。例「この殿(＝冬嗣)より次、さまざま**明か・し**たれば」〈大鏡・道長・上〉❹打ちあける。例「**明か・さ**んにつけても、らうがはしう(＝ウルサク)人言ひ伝へはべらむを」〈源氏・行幸〉

あか・す【飽かす】《動詞「飽く」の未然形＋使役の助動詞「す」》飽きさせる。満足させる。例「いで飲み**飽か・せ**奉らばや」〈今昔・二六・一七〉

あか・ず【飽かず・厭かず】❶**もの足りない。**例「**あか・ず**惜しと思はば、千年を過ぐすとも一夜の夢の心地こそせめ」〈徒然・七〉《係結び》「こそ→せめ㊁」。

語構成　あか　カ四「飽く」㊍　ず　打消「ず」

❷《副詞的に用いて》**いつまでも飽きることなく。かぎりなく。**例「もの心細げに里がちなるを、いよいよ**あか・ず**あはれなるものに思ほして」〈源氏・桐壺〉《敬語》「思ほして」→「おもほす」

〔**飽かず思ふ**〕不満に思う。物足りなく思う。残念に思う。例「心やいかがあらむと、**飽かず思・ひ**けれど」〈落窪・四〉

あかぞなへ【赤備へ】〔名〕軍隊の装備や武具をすべて赤色にすること。またその軍隊。

あかぞめゑもん【赤染衛門】〔人名〕(生没年未詳)平安中期の女流歌人。中古三十六歌仙のひとり。父の赤染時用が衛門府に勤めていたための名だが、実父を平兼盛とする伝承もある。人江匡衡の妻。藤原道長の正室・源倫子に仕え、和泉式部・清少納言らと和歌の贈答を交わした。『拾遺和歌集』以下に入集。家集『赤染衛門集』。

あかぞめゑもんしふ【赤染衛門集】〔作品名〕平安中期の私家和歌集。赤染衛門が自作を長久二年(一〇四一)から永承八年(一〇五三)までに藤原頼通の命により自撰したもの。

あがた【県】〔名〕❶大化の改新以前の朝廷の直轄地。また、国造の支配下の下級組織。❷平安時代の国司の任国。❸地方。いなか。

あがたありき【県歩き】〔名〕いなか回り。地方官勤務。

あかだな【閼伽棚】〔名〕仏前に供える水・花などを置く棚。＝閼伽の棚

あがたぬし【県主】〔名〕❶「県」を治める長官。❷「姓」のひとつ。孝徳天皇の時代に①が廃止され、姓として残ったもの。

あがたのゐど【県の井戸】〔名〕平安京の一条の北東、「洞院」の西の角にあった泉。当時、蛙や山吹の名所であった。

あかだま【赤玉・赤珠】〔名〕赤い色の玉。また、明るく輝いている玉。

あがたみ【県見】〔名〕いなか見物。

あがためし【県召し】〔名〕「県召しの除目」の略。↔司召し

〔**県召しの除目**〕国司などの地方官を任命した朝廷儀式。「春の除目」ともいう。陰暦正月十一日から三日間行われたが、正月下旬から二月にかけて行われることも多かった。＝県召し・春の県召し。↔司召し・司召しの除目。(季－春)

古典の世界　**官吏任命の「県召しの除目」**

「**除目**」とは、前任者を除き(＝除)、新任者を目録に載せる(＝目)という意で、官吏任命の宮中の重要な年中行事である。はじめ紫宸殿で、のちには清涼殿で行われるようになった。除目は春秋二回行われるが、県召しは春に行われるので、「**春の除目**」ともいう。また、秋に行われる中央官任命の「**司召しの除目**」に対して、「**外官の除目**」ともいう。「**県**」とは、地方の国、また天皇の御料地のことであり、その官人

である国司などを任ずる(召す)ので県召しという。通例は、正月十一日からの三日間である。第一夜には、「**申し文**」という請願書にもとづいて大臣らが審議し、第三日に任否が決定する。申し文には、年給・遷任・重任などの申請が書かれる。清少納言は『枕草子』の「書は」の中で、『史記』などと並んで「博士の申し文」をあげている。つまり、申し文自体も文章博士などが書く格調高い漢文で、『本朝文粋』にも収録されている。『枕草子』には、除目について受領階級(地方官)の者たちの寄せる期待や、任官できなかったときの悲哀が描かれている。

あかぢ【赤地】[名]赤色の織地。赤地の織物。例「〔那須与一〕かちに、**赤地の錦**をもっておほくび、はた袖いろへたる直垂に」〈平家・一一・那須与一〉

〔**赤地の錦**〕赤い地色の錦。

〔**赤地の錦の直垂**〕赤地の錦で作った「鎧直垂」。大将格の者が鎧の下に着けた。

あか・つ【頒つ・班つ】[他タ四]{た・ち・つ・つ・て・て}分ける。分配する。また、散らす。例「破子もて来ぬれば、さまざまあか・ちなどして」〈蜻蛉・中〉

あかつき【暁】[名]《「あかとき(明か時)」の変化形。上代では「あかとき」、中古以降では「あかつき」》夜明け前のまだ暗いころ。**夜明け前。未明。**例「暁の雨はおのづから木の葉吹く嵐に似たり」〈方丈記〉

> **古語深耕**　「あかつき」と「しののめ」「あけぼの」との違い
>
> 「**あかつき**」は宵・夜中・暁と、夜を三つに分けたうちのひとつで、夜中過ぎから夜明けまでを指し夜が明ける前のまだほんとうに暗いころを指していったが、後世には夜明け方近くを指していうようになった。「**しののめ**(東雲)」は夜明け方直前の東の空がわずかに明るくなるころ、「**あけぼの**」は空が薄明るくなるころをいい、夜が完全に明けきると、「**あした**(朝)」「**つとめて**」になる。⇨「あけぼの」「あした」〈古語深耕〉

〔**暁の別れ**〕通ってきた男性が夜明け前に女性と別れて帰ること。

あかつき【閼伽坏】[名]仏前に供える水を入れるための器。多く銅製。

あかつきおき【暁起き】[名]❶夜の明ける前に起きること。❷夜が明ける前に起きて勤行すること。例「なれきつる**暁おき**のかねのおとも」〈新後撰・雑中・一三五一〉

あかつきづくよ【暁月夜】[名]《古くは「あかときづくよ」》明け方になっても月の残っている空のようす。また、その月。有り明けの月。↔夕月夜 一①②

あかつきつゆ【暁露】[名]《古くは「あかときつゆ」》夜明けのころにおく露。

あかつきやみ【暁闇】[名]《古くは「あかときやみ」》夜明け前の、月のない闇のこと。陰暦の一日から十四日ころまでの暁をいう。↔宵闇

あかで【飽かで】《動詞「飽く」の未然形+打消の接続助詞「で」》❶満ち足りずに。もの足りなく。例「むすぶ手の雫に濁る山の井の**飽かで**も人に別れぬるかな」〈古今・離別・四〇四〉訳→〔和歌〕むすぶての…。❷飽きないで。例「**飽かで**こそ思はむ仲は離れなめ」〈古今・恋四・七一七〉

あかとき【暁】[名]「あかつき(暁)」に同じ。

あかときくたち【暁降ち】[名]《「あかときぐたち」とも》夜がすっかり更けて、明け方近くになったころ。↓「くたち」。例「今夜の**暁ぐたち**鳴く鶴の」〈万葉・一〇・二二六九〉

あかときづき【暁月】[名]明け方に見える月。

あかときづくよ【暁月夜】[名]「あかつきづくよ」に同じ。

あかときつゆ【暁露】[名]「あかつきつゆ」に同じ。

あかときやみ【暁闇】[名]「あかつきやみ」に同じ。

あかとり【垢取り】[名]❶女性が馬に乗る際、馬の汗などで装束が汚れるのを防ぐために、馬の背にかけて垂らした布。❷櫛の垢などを取る道具。

あか-なく-に【飽かなくに】❶(詠嘆を表して)あきたりないのになあ。例「我が船の梶はな引きそ大和より恋ひ来し心いまだ**飽かなくに**」〈万葉・七・一二二一〉❷(逆接を表して)まだなごり惜しいのに。例「**飽かなくにまだきも月の隠るるか**」〈古今・雑上・八八四〉訳→〔和歌〕あかなくに…

> **語構成**
> あか　カ四「飽く」㊀
> なく　打消「ず」・名詞化
> に　格助

〔和歌〕**あかなくに…【飽かなくにまだきも月の隠るるか山の端逃げて入れずもあらなむ】**〈古今・雑上・八八四・在原業平、伊勢・八二〉訳まだ満足していないのに、こんなにも早く月は隠れてしまうのか。山の端よ、逃げていって月を入れないでおくれ。〈参考〉業平が酒宴を催したとき、酔った惟喬親王が寝所へ入ろうとするのを引きとめた歌。

あがなひもののつかさ【贓贖司】[名]「あがひもののつかさ」に同じ。

あがな・ふ【贖ふ】[他ハ四]{は・ひ・ふ・ふ・へ・へ}❶金品を出して罪の償いをする。❷買う。例「妓女に深くなじみて、つひに**贖・ひ出だし**」〈雨月・吉備津の釜〉

あかにし【赤螺】[名]❶巻き貝の名。肉は食用。❷(①のさまが、財布の口を締めてなかなか開けないさまに似ていることから)けちな人をあざけっていう語。①②→「あがふ」

あかぬわかれ【飽かぬ別れ】《動詞「飽く」の未然形+打消の助動詞「ず」の連体形+名詞「別れ」》(飽き足りない別れの意から)別れたくない別れ。

あかね【茜】[名]❶草の名。根は緋色の染料とされるほか薬用とされる。(季-秋)。❷「茜色」の略。

あかねいろ【茜色】[名]「茜」の根から採った染料で染めた色。ややくすんだ赤。緋色。＝茜②

あかねさし【茜さし】[枕詞](太陽が照り輝く意から)「照る」にかかる。例「**あかねさし**照れる月夜にただに逢へりとも」〈万葉・四・五六五〉

あかねさす【茜さす】[枕詞]あかね色を発する意から

「紫」に、あかね色が照り映える意から「日」「昼」「君」にかかる。例「あかねさす日の暮れぬればすべをなみ」〈万葉・一二・二九〇一〉

〔和歌〕**あかねさす…**【あかねさす紫野(むらさきの)行き標野(しめの)行き野守(のもり)は見ずや君が袖(そで)振(ふ)る】〈万葉・一・二〇・額田王〉訳〔あかねさす〕紫草の栽培されている野を行き、標を張って仕切られている野を行き、あなたがそんなことをなさるのを、野守が見るではありませんか。あなたが大胆に私に袖をお振りになるのを。〈参考〉「標野」は一般の立入りを禁じた丘陵地。蒲生野(がもうの)(いまの琵琶湖(びわこ)東南安土町付近)で天智(てんじ)天皇が薬草狩りをしたときの歌。

あかは【明衣】[名]《「あかはとり」「めいい」とも》神事や儀式に用いる浄衣。＝清衣(きよきぬ)

あかはじ【赤櫨】[名]染め色の名。赤みの強い茶色。

あかはた【赤旗】[名]❶赤い色の旗。❷平氏の用いた旗。

あかはだ【赤肌】[名]❶皮がむけてしまい赤くなった肌。❷草木がなく、赤みを帯びて見える地肌。

あかばな【赤花・紅花】[名]❶染め色の名。紅花(べに)で染めた紫がかった薄い赤。❷絵の具の紅粉(べに)。❸襲(かさね)の色目の名。表は赤、裏は二藍(ふたあい)。

あがひ【贖ひ】アガイ[名]金や物を出して、罪を償うこと。償い。賠償。

あかひと【赤人】[人名]「やまべのあかひと」に同じ。

あかひも【赤紐】[名]大嘗会(だいじょうえ)・新嘗会(しんじょうえ)などの際に、公卿(くぎょう)・女官・舞人などが着る「小忌衣(をみごろも)」の右肩(舞人は左肩)に垂らした赤いひも。のちに、濃紫や蘇芳(すおう)色の絹に鳥や蝶(ちょう)を描いたものを用いた。

あかひもの【赤紐の】[枕詞]《「赤紐」が長い意から》「長し」にかかる。例「あかひものながくぞわれは神につかふる」〈新勅撰・神祇・五五〇〉

あがひもののつかさ【贓贖司】アガイモノノツカサ[名]《「あがなひもののつかさ」とも》「刑部省(ぎょうぶしょう)」に属する役所。盗品の没収や罰金の徴収などを担当した。

あかひる【明昼】[名]昼間。白昼。

あが・ふ【贖ふ】アガ(ゴ)ウ〔他ハ四〕{は・ひ・ふ・ふ・へ・へ}《古くは「あかふ」》❶供え物をして、罪を償う。例「この科(とが)は四巻経書き、供養してあが・はん」〈宇治拾遺・八・四〉❷買い求める。例「亀(かめ)の命を贖(あが)・ひて」〈霊異記〉

あかべうし【赤表紙】アカビョウシ[名]《近世語》「あかほん」に同じ。

あかほし【明星】[名]明け方の東の空に輝く金星。明けの明星(みょうじょう)。↔長庚(ゆふつづ)

あかほしの【明星の】[枕詞]《「あかぼしの」とも》(明けの明星のことから)「明く」、また同音の「飽く」にかかる。例「明星の明くる朝(あした)は」〈万葉・五・九〇四長歌〉

あがほとけ【吾が仏】[名]《「わがほとけ」とも》❶自分の信仰する仏や帰依(きえ)する僧を敬っていう語。❷転じて、私の大切に思うお方。その人への呼びかけに多く用いる。例「あが仏、何事思ひたまふぞ」〈竹取・かぐや姫の昇天〉

あかほん【赤本】[名]江戸時代に行われた「草双紙(くさぞうし)」のひとつ。童幼婦女向けの絵を主とした短編で、多く御伽(おとぎ)話を素材とする。享保(一七一六〜一七三六)ごろに流行し、その後、黒本・青本に移行した。＝赤表紙(あかべうし)

あかまがせき【赤間が関】[地名]長門国(ながとのくに)の地名。いまの山口県下関市。「赤馬関」とも表記し、「馬関(ばかん)」ともいわれる。

あか・む【赤む】㊀〔自マ四〕{ま・み・む・む・め・め}赤くなる。赤らむ。例「あさましきまであいなう、面(おもて)ぞ赤・むや」〈枕・宮にはじめてまゐりたる頃〉㊁〔他マ下二〕{め・め・む・むる・むれ・めよ}赤くする。赤らめる。例「怨(ゑん)じたまへば、顔うち赤・めてゐたり」〈源氏・帚木〉

あが・む【崇む】〔他マ下二〕{め・め・む・むる・むれ・めよ}❶尊び敬う。例「崇徳院(しゅとくゐん)を神とあが・め奉るべしとて」〈平家・一〇・三日平氏〉❷大切にする。例「高き親の家にあが・められかしづかれし人のむすめの」〈源氏・若菜・上〉

あかむらさき【赤紫】[名]やや赤みを帯びた紫。一説に、「浅紫」に同じとも。

あがめかしづ・く【崇め傅く】アガメカシズク〔他カ四〕{か・き・く・く・け・け}大切に世話をする。例「なほ人のあがめかしづ・きたまへらんに助けられてこそ」〈源氏・夕霧〉

あかも【赤裳】[名]赤い色の「裳(も)」。

あかもがさ【赤疱瘡】[名]麻疹(はしか)の古称。

あがもの【贖物】[名]《「あかもの」とも》❶祓(はら)えの際、罪を償うために神に供える物。❷罪や汚れなどを負わせて水に流す人形(ひとがた)。形代(かたしろ)。

あからか【・なり】【赤らか】〔形動ナリ〕{なら・なり(に)・なり・なる・なれ・なれ}赤みを帯びているさま。赤く鮮やかなさま。例「中将ノ君ハ」いと赤らか・に清げにておはして」〈落窪・二〉

あからがしは【赤ら柏】アカラガシワ[名]若葉の季節の赤みを帯びたカシワ。または、秋、赤く色づいたカシワ。一説に、「赤柏(あかがしは)」に同じともいう。

あからけ・し【赤らけし】〔形ク〕{から・く(かり)・し・き(かる)・けれ・かれ}赤みを帯びている。例「端(はつ)土に(＝上層ノ土)は肌(はだ)赤らけみ」〈記・中・歌謡〉

あからさま【・なり】〔形動ナリ〕{なら・なり(に)・なり・なる・なれ・なれ}

アプローチ

▼「あから」は、ふと目をほかへそらす意の「あからめ」の「あから」と同じく、またたきをする一瞬の意味がある。
▼そこから、急にちょっととか、ちょっと一時的に、ほんのしばらくの意が生じた。
▼「あからさまにも」の形で下に打消の語を伴う場合の意味は、まったく、かりそめにもの意になるので注意。
▼現代語のはっきりしている、露骨だの意は近世以降のもの。

❶急に。突然に。たちまち。例「逐(お)はれたるいかり猪(ゐ)、草中(くさなか)よりあからさま・に出(い)でて人を逐ふ」〈紀・雄略〉訳追われた獰猛(どうもう)なイノシシが、草むらから突然に出てきて人を追う。❷ちょっと。ほんのしばらく。一時的に。例「あからさま・に抱(いだ)きて遊ばし、愛(うつく)しむほどに」〈枕・愛しきもの〉訳ちょっと抱いてあやし、かわいがるうちに。❸(「あからさまにも」の形で下に打消の語を伴って)ほんの少しも。まったく。全然。例「大将の君は、二条院にだに、あからさま・にも渡りたまはず」〈源氏・

葵〉 訳 大将の君(＝源氏の君)は、二条院にさえ、ほんの少しもお越しなさらず。❹(近世以降の用法)**ありのままだ。明白だ。露骨だ。** 例「なべて鄙情(ひじやう)のをかしげなるあらましを、**あからさま**に書いつけたる道中の滑稽(こっけい)を」〈膝栗毛〉 訳 総じていなかの趣の風流なようすのおおよそを、**ありのままに**書きつけた道中のおかしさを。

発展学習ファイル 中古では、「あからさまに」の形で、「入(い)る」「出(い)づ」「行く」「参(まゐ)る」「まかづ」「渡る」など、出入・移動などの動作を修飾する用法が多い。

あから・し【悪し】[形シク]{しから・しく(しかり)・し・しき(しかる)・しけれ・しかれ}悲しみを痛切に感ずるさま。ひどい。例「憎し、**あから・し**と打ちも抓(つ)みもしたまへかし」〈蜻蛉・下〉

あからし・ぶ【悪しぶ】[自バ上二]{び・び・ぶ・ぶる・ぶれ・びよ}痛切に感じる。心から嘆き悲しむ。例「父母、**悪し・び**て、惆(たね)み哭(な)き悲しび」〈霊異記〉

あからしまかぜ【暴風】[名]《「あからしま」は、にわかに、急にの意》暴風。突風。疾風。

あからたちばな【赤ら橘】[名]よく熟して赤く照り輝いているタチバナの実。＝赤る橘

あからび【赤らび】[名]血色がよくなること。例「赤玉の御(み)**赤らびまし**」〈祝詞〉

あからひく【赤らひく】[枕詞]「日」「朝」「色ぐはし子」「肌」にかかる。例「**あからひく**朝行く君を待たば苦しも」〈万葉・一一・二三八九〉

あから・ぶ【明からぶ】[他バ下二]{べ・べ・ぶ・ぶる・ぶれ・べよ}心を晴らす。＝明(あき)らむ。例「山川の浄(きよ)き所をば誰(たれ)とともにかも見そなはし**あから・べ**給はむ」〈続日本紀〉

あからめ【[・す]】【傍目】[名・自サ変]❶目をそらすこと。わき見をすること。例「花の本(もと)には、ねぢ寄り立ち寄り、**あからめ**もせずまもりて」〈徒然・一三七〉❷他の異性に心を移すこと。浮気。例「もとのごとく**あからめ**もせで添ひゐにける」〈大和・一五七〉❸急に姿が見えなくなること。突然姿が消えること。例「わが宝の君はいづくに**あからめ・せ**させたまへるぞや」〈栄花・二〉

あからをとめ【赤ら乙女】(アカラオトメ)[名]血色のよい美しい少女。

あからをぶね【赤ら小舟】(アカラオブネ)[名]赤い色に塗った小さな船。この場合の赤い色には、魔除けの意味があったといわれる。

あかり【明かり】[名]❶物の見える明かるさ。光。❷灯火。ともしび。❸喪の期間が明けること。

あがり【上がり・揚がり・騰がり】[名]❶(地位・値段・音などが)高くなること。上昇すること。❷物事の終わり。❸できばえ。仕上がり。❹収益。収入。もうけ。❺地方から京へ行くこと。

〔**上(あ)がりを請(う)く**〕(近世語)値の安いときに買ったものを、値の上がったときに売って利益を得る。例「買へば**あがりをう・くる**を知りながら、金銀に余慶(よけい)なく」〈浮・日本永代蔵〉

あがり【殯】[名]死者のからだから魂が離れること。

あがりうま【上がり馬・騰がり馬】[名]前足を高くあげ、立ち上がり、跳ねる癖のある馬。跳ね馬。

あかりさうじ【明かり障子】(アカリソウジ)[名]《「あかりしゃうじ」とも》外の明かりを採り入れるために、紙を一重にはった障子。いまの障子と同じ。

あがりさわ・ぐ【上がり騒ぐ・騰がり騒ぐ】[自ガ四]{が・ぎ・ぐ・ぐ・げ・げ}(馬などが)跳ね上がって騒ぐ。勢いよく躍り上がって暴れる。例「馬の**騰がりさわ・ぐ**なども、いとおそろしう見ゆれば」〈枕・ころは、正月、三月〉

あかりしゃうじ【明かり障子】(アカリショウジ)[名]「あかりさうじ」に同じ。

あがりぜん【上がり膳】[名](近世語)客が食べ終えて下げた膳。また、神仏に供えた物を下げた膳。

あがりたるよ【上がりたる世】《動詞「上がる」の連用形＋完了の助動詞「たり」の連体形＋名詞「世」》遠い昔。大昔。＝上がりての世。例「時ならぬ霜雪を降らせ、雲雷(いかづち)を騒がしたる例(ためし)、**上がりたる世**にはありけり」〈源氏・若菜・下〉

あがりてのひと【上がりての人】さかのぼった時代の人。昔の人。

あがりふぢ【上がり藤】(アガリフジ)[名]紋所の名。二房の藤の花を上向きに抱き合わせて輪にした形の紋。↕下がり藤

あがりもの【上がり物】[名](近世語)❶神仏に供える物。社寺に寄進する物品。❷官に没収されたもの。

あか・る❸廃物。いらなくなった物。

あか・る【赤る】[自ラ四]{ら・り・る・る・れ・れ}❶(顔色などが)赤くなる。例「三栗(みつぐり)の中枝(なかつえ)のふほごもり**あか・れる**嬢子(をとめ)」〈紀・応神〉❷(果実などが)熟して色づく。例「島山に**赤・る**橘(たちばな)」〈万葉・一九・四二六六長歌〉

あか・る【明かる】[自ラ四]{ら・り・る・る・れ・れ}❶明るくなる。例「やうやう白くなりゆく山ぎは、すこし**明か・りて**」〈枕・春は、あけぼの〉〔注〕この用例を「赤る」とみる説もある。❷つやがあって美しい。例「御服(みそ)は**明か・る**たへ、照るたへ、和(にぎ)たへ、荒たへに」〈祝詞〉

あか・る【別る・離る・散る】[自ラ下二]{れ・れ・る・るる・るれ・れよ}別れ別れになる。分散する。例「いたく更けて、人々みな**あか・れ**たまひぬ」〈源氏・蛍〉

発展学習ファイル 「あかる」は集まったものが分散する意で、「**わかる**」は相手(単数)から離れる意。

あが・る【上がる・揚がる・騰がる】{ら・り・る・る・れ・れ}㊀[自ラ四]❶上の方へ行く。高くなる。❷位が進む。昇進する。例「皇太后宮に**あが・り**たまふ」〈大鏡・陽成院〉❸(技能などが)上達する。うまくなる。例「当座(たうざ)も似合はず、能も**上が・ら**ぬ相(さう)なり」〈風姿花伝〉❹時代をさかのぼる。例「**上が・り**てもかばかり幸(さい)ひあり」〈栄花・三〇〉❺(馬などが)跳ねる。例「やがて**あが・り**てなげけるに、てんさかさまに落ちて」〈古今著聞・五二五〉❻完成する。できあがる。❼風呂(ふろ)から出る。例「髪洗ひなんどして**あが・り**たまひぬ」〈平家・一〇・千手前〉❽心が高ぶる。のぼせる。例「気(け)や**上が・り**ぬらむ、ここちいと悪(あ)しうおぼえて」〈蜻蛉・中〉❾値段が高くなる。❿京都で、(内裏の位置する方角である)北へ向かう。↕下がる⑦。⓫雨がやむ。⓬止まる。終わる。⓭船から出る。例「千(せん)じゅといふ所にて船を**あが・れ**ば」〈おくのほそ道・旅立〉⓮地中から草などが生える。例「隣の藪(やぶ)から根をさいて見事な筍(たけのこ)が**上が・つた**」〈狂・竹の子〉(音便)「上がっ」は「上がり」の促音便。㊁[他ラ四]《「食ふ」「飲む」の尊敬語》召し上がる。例「朝晩王様の**あが・る**やうな、二の膳(ぜん)三の膳」〈浄・傾城酒呑童子〉

〔**上(あ)がりての世(よ)**〕「あがりたるよ」に同じ。

あかれ【別れ・離れ・散れ】[名]❶別々に離れて行く

こと。別離。退出。例「弘徽殿の御**あかれ**ならむと見たまへつる」〈源氏・花宴〉❷分散したあとの、それぞれの物。分派。例「明石の御**あかれ**の三つ」〈源氏・若菜・下〉

あかれあかれ【別れ別れ】[副]別々に。ばらばらに。例「男君たちの御母、皆**あかれあかれ**におはしましき」〈大鏡・為光〉

あかれち・る【別れ散る】[自ラ四]｛ら・り・る・る・れ・れ｝あちらこちらに散り散りになる。別れ別れになる。例「人々も、みな所どころ**あかれ散・りつつ**」〈源氏・宿木〉

あかゐ【閼伽井】[名]「閼伽の水」を汲む井戸。

あかをどし【赤縅】[名]鎧の縅の名。「赤糸縅」「赤革縅」の総称。「緋縅」に似ているが、より赤色が濃く、黒みがかっている。

あき【秋】[名]四季のひとつ。陰暦七月から九月まで。また、立秋から立冬の前までの称。

〔**秋かけて**〕秋になれば。秋になったら。例「降りにけり時雨は袖に**秋かけて**」〈新古今・恋四・一三三四〉

〔**秋片設けて**〕秋になろうとするころに。秋を待ち受けるころに。例「磯の間ゆ激つ山川絶えずあらばまたも相見む**秋かたまけて**」〈万葉・一五・三六一九〉

〔**秋さり来れば**〕秋になってきたら。

〔**秋闌く**〕秋が深まる。秋もたけなわになる。(季―秋)。例「もずのゐるまさきの末は**秋た・け**てわらやはげしき峰の松風」〈風雅・秋下・七〇三〉

〔**秋に秋添ふ**〕秋の寂しさにより寂しさがます。例「風の音は**秋に秋そ・ふ**心地こそすれ」〈後撰・雑四・一二九三〉

〔**秋の朝明**〕秋の夜明け。秋の明け方。

〔**秋の扇**〕❶秋になり不用になった扇。❷(漢の班婕妤が帝の愛を失ったわが身を秋の扇にたとえたことから)男の愛を失い捨てられた女。

〔**秋の限り**〕秋の最後の日。例「秋よりのちの**秋の限りを**」〈新古今・秋下・五五〇〉

〔**秋の来る方**〕(秋のやってくる方角。五行思想では秋は西にあたることから)陣(詰め所)が大内裏の西にあった「右衛門府」の別称。

〔**秋の心**〕《「愁」の字を二字に分けた語》秋のもの寂しさ。秋の感傷。

〔**秋の声**〕秋の情趣を感じさせる、風の音や砧を打つ音などの物音。(季―秋)

〔**秋の時雨**〕晩秋に降る時雨。時雨は、初冬のものであるのに早くも降ることをいう。

〔**秋の霜**〕《「秋霜」の訓読語》刀剣。秋の霜の鋭い冷たさを刃にたとえたことば》刀剣。刃の鋭い刀。例「御身は**秋の霜**の下に臥し」〈太平記・一一〉

〔**秋の調べ**〕秋に奏する楽の調子。平調。例「松の音は**秋のしらべ**に聞こゆなり」〈拾遺・物名・三七三〉

〔**秋の空**〕❶秋晴れの空。(季―秋)。❷(秋の天候が不安定なことから)人の心の変わりやすさのたとえ。

〔**秋の袂**〕秋のもの思いの涙に濡れたたもと。＝秋の袖

〔**秋の垂り穂**〕豊かに実って垂れ下がっている秋の稲穂。

〔**秋の契り**〕❶秋に会おうという、男女の約束。❷(「秋」に「飽き」をかけて)男女の愛情のさめること。

〔**秋の司召**〕在京の官吏を任命する儀式。「秋の除目」ともいう。

〔**秋の月**〕秋の夜の月。(季―秋)

〔**秋の隣**〕❶夏が終わろうとし、秋も間もない季節。(季―夏)。❷秋から冬に移る季節の変わりめ。

〔**秋の止まり**〕秋が行きつく果て。秋の終着点。例「みなとや**秋のとまり**なるらむ」〈古今・秋下・三一一〉訳→〔和歌〕としごとに…

〔**秋の七日**〕陰暦七月七日のこと。七夕。

〔**秋の錦**〕秋の美しい紅葉を錦の絹織物に見立てた語。(季―秋)。例「織り敷ける**秋の錦**に円居して刈り積む稲をよそにこそ見れ」〈宇津保・菊の宴〉

〔**秋の葉**〕❶秋の色づいた木の葉。紅葉。❷(秋の葉が散ってゆくことから)人のはかなさをたとえていう語。例「**秋の葉**の身も、朽ち果てね」〈謡・玉葛〉

〔**秋の果て**〕秋の末。秋の終わり。

〔**秋の穂**〕秋に実った稲穂。例「**秋の穂**をしのに押しなべ置く露の」〈万葉・一〇・二二五六〉

〔**秋の宮**〕《「秋宮(長秋宮の略)」の訓読語》❶皇后の御殿。❷皇后の別称。

〔**秋の百夜**〕秋の夜を百も重ねたほど長い夜。

〔**秋の雪**〕秋に降る雪。おもに山地や北国で立冬以前に降る雪。白菊・月光など秋の白いものをたとえていうことが多い。(季―秋)

〔**秋の夕暮れ**〕秋の夕暮れ時。もの寂しい秋の情趣を示す最高の境地として多く和歌に詠まれ、とくに、「三夕の歌」は有名。

〔**秋の夜**〕秋の長い夜。「長し」の序ともする。例「**秋の夜**のながき思ひは」〈古今・秋上・一九六〉

〔**秋の別れ**〕秋という季節との別れ。また、その別れを惜しむこと。(季―秋)

〔**秋より後の秋**〕《ふつうの秋のあとのもうひとつの秋の意》陰暦閏年の九月。

あき【安芸】[地名]旧国名。山陽道八か国のひとつ。いまの広島県西部にあたる。＝芸州

あき【阿騎】[地名]大和国の地名。いまの奈良県宇陀郡大宇陀町。付近の野を阿騎野といい、上代より狩猟地として有名。

あぎ【腭】[名]《「あぎと」とも》あごの古名。

あぎ【吾君】[代名]《上代語。「あぎみ」とも。対称の人称代名詞。相手に親しみを込めて呼ぶ語》あなた。例「いざ吾君野に蒜摘みに」〈紀・応神・歌謡〉

あきあ・ふ【開き合ふ】[自ハ四]｛は・ひ・ふ・ふ・へ・へ｝戸や障子などが同時に開く。例「障子の**開きあ・ひ**たるを見入れたまふ」〈源氏・常夏〉

あきうど【商人】[名]《「あきびと」のウ音便》「あきびと」に同じ。

あきかしは【秋柏】[枕詞]《秋の柏が露に濡れて潤う意から》地名「潤和川」にかかる。例「**秋柏**潤和川辺の篠の目の」〈万葉・一一・二四七八〉

あきかぜ【秋風】[名]❶秋に吹く風。❷「飽き」にかけて、男女間の愛情が冷めることにたとえる。例「秋風にあふ田の実こそ悲しけれ」〈古今・恋五・八二二〉

〔**秋風立つ**〕秋風が吹き始める。秋が始まることをいう。例「**秋風立・ち**ぬ宮城野の原」〈新古今・秋上・三〇〇〉訳→〔和歌〕あはれいかに…

〔和歌〕**あきかぜにあへずちりぬる…**【秋風に

あへず散りぬるもみぢ葉の行方定めぬ我ぞ悲しき】〈古今・秋下・二六六・よみ人しらず〉訳秋風に堪えきれずに散ってしまった紅葉のように、行方の知れぬわが身の上が悲しいことだ。〈参考〉上三句は、「行方定めぬ」を導く序詞。《係結び》「ぞ→悲しき㊍」

〔俳句〕**あきかぜに…【秋風に歩行いて逃げる蛍かな】**〈七番日記・一茶〉訳夏の間飛び交っていた蛍も、秋風のころになるとさすがに弱々しい。風に吹かれて逃げるようによたよた歩きまわっていることだ。（季―秋風―秋）

〔和歌〕**あきかぜにたなびくくもの…【秋風にたなびく雲の絶え間より漏れ出づる月の影のさやけさ】**〈新古今・秋上・四一三・藤原顕輔〉（百人一首・左京大夫顕輔）訳秋風に吹かれてたなびいている雲の切れ間から、もれ出てくる月の光の澄みきった明るさよ。

〔和歌〕**あきかぜにはつかりがねぞ…【秋風に初雁が音ぞ聞こゆなる誰が玉梓をかけて来つらむ】**〈古今・秋上・二〇七・紀友則〉訳秋風が吹くなか、初雁の声が聞こえてくる。いったいだれの手紙を携えて来たのだろうか。《係結び》「ぞ→聞こゆなる㊍」〈参考〉雁が手紙を運ぶというのは、捕らえられた蘇武が、雁の足に手紙をかけて放したところ、天子のもとに届き、帰郷できたという中国の故事による。

あきかぜの【秋風の】［枕詞］「山吹」「吹き上げ」「千江」などにかかる。例「秋風の千江の浦廻の」〈万葉・一一・二七二四〉

〔俳句〕**あきかぜやしらきのゆみに…【秋風や白木の弓に弦張らん】**〈あら野・去来〉訳秋風が吹き、気持ちも引きしまってきた。真新しい白木作りの弓に弦をぴんと張って的に向かうことにしよう。（季―秋風―秋）

〔俳句〕**あきかぜやむしりたがりし…【秋風やむしりたがりし赤い花】**〈おらが春・一茶〉訳亡くなった娘の墓参りに行くと秋風の中に赤い花が揺れている。娘が好み、しきりにむしりたがった赤い花だ。（季―秋風―秋）

〔俳句〕**あきかぜややぶもはたけも…【秋風や藪も畠も不破の関】**〈野ざらし紀行・芭蕉〉訳秋風が吹きすさんでいる。古歌に荒廃ぶりが詠まれた関屋は、板びさしどころか跡形もなく、眼前に広がる藪も畑も、いずれもが昔の不破の関の跡なのだ。（季―秋風―秋）〈参考〉「人住まぬ不破の関屋の板廂荒れにしのちはただ秋の風」〈新古今・雑中・一六〇一〉訳→〔和歌〕ひとすまぬ…を踏まえる。

あきがた【飽き方・厭き方】［名］飽き始める時分。例「深草にすみける女を、やうやう飽きがたにや思ひけむ」〈伊勢・一二三〉

あきがへし【商返し】［名］売買契約を解消して商品を返すこと。

あきき【秋葱】［名］秋のネギ。（季―秋）

〔和歌〕**あききぬと…【秋来ぬと目にはさやかに見えねども風の音にぞおどろかれぬる】**〈古今・秋上・一六九・藤原敏行〉訳秋がやってきたと、目にははっきりと見えないけれども、風の音によってふと気づかされた。《係結び》「ぞ→おどろかれぬる㊍」

〔俳句〕**あききぬと…【秋来ぬと目にさや豆のふとりかな】**〈俳諧袋・大江丸〉訳秋がやって来たと、さや豆の太り具合を見てはっきり感じたことだ。（季―秋来ぬ―秋）

あききの【秋葱の】［枕詞］（秋のネギにはひとつの皮に二本の茎が包まれているものがあることから）「ふたごもり」にかかる。例「秋葱の転双納」〈紀・仁賢〉

あきぎりの【秋霧の】［枕詞］霧が立つ意から「立つ」「立田山」などに、また霧のようすから「晴る」「おぼつかなし」「籬」などにかかる。例「秋霧の晴るる時なき心には」〈古今・恋二・五八〇〉

あきくさ【秋草】［名］秋に花の咲く草の総称。

あきくさの【秋草の】［枕詞］（草を結んで吉凶を占ったことから）「結ぶ」にかかる。例「秋草の結びし紐を」〈万葉・八・一六一三〉

あきさ【秋沙】［名］《「あいさ」とも》水鳥のアイサの古名。冬に渡来する。＝秋沙鴨

あきさ・ぶ【秋さぶ】［自バ上二］｛び・び・ぶ・ぶる・ぶれ・びよ｝秋めく。秋らしくなる。例「夕日さす外山の木末秋さびてふもとの小田も色づきにけり」〈風雅・秋中・五六九〉

〔和歌〕**あきさらば…【秋さらば見つつ偲へと妹が植ゑしやどのなでしこ咲きにけるかも】**〈万葉・三・四六四・大伴家持〉訳秋になったら、この花を見ながら私をしのんでねと、妻が植えた庭のナデシコ、その花がはやくも咲いたことだよ。

あきさりごろも【秋さり衣】［名］秋になって着る衣服。例「秋さり衣誰か取り見む」〈万葉・一〇・二〇三四〉

あきさ・る【秋去る】［自ラ四］｛ら・り・る・る・れ・れ｝《「さる」はその時になるの意》秋になる。（季―秋）。例「秋さ・れば置く白露にわが宿の」〈新古今・秋下・四六四〉

あきじこり【商じこり】［名］買い損ない。

あきしのげっせいしふ【秋篠月清集】［作品名］鎌倉前期（一二〇四成立）の私家集。六家集のひとつ。藤原良経自撰。歌数約千六百首。

あきしひ【明き盲・清盲】［名］《「あきじひ」とも》目は開いているが、視力がないこと。また、その人。

あきしりぐさ【秋知り草】［名］「萩」の別称。（季―秋）

〔俳句〕**あきすずし…【秋涼し手毎にむけや瓜茄子】**〈おくのほそ道・金沢・芭蕉〉訳草庵でのもてなしに残暑も忘れ、秋の涼しさが快い。皆さん、それぞれに皮をむいてこの野趣に富んだごちそうをいただきましょう、新鮮な瓜や茄子を。（季―秋涼し―秋）

あきた【秋田】［名］稲の実った秋の田。

あきた・し【飽きたし】［形ク］｛から・く(かり)・し・き(かる)・けれ・かれ｝《「あきいた(甚)し」の変化形。「いたし」は程度がはなはだしい意》飽き飽きする。例「いと飽きた・う生憎くなるを」〈狭衣・一〉《音便》「飽きたう」は「飽きたく」のウ音便。

あきたじゃうのすけ【秋田城の介】［名］奈良時代に蝦夷を鎮定するために置かれた、出羽国（いまの秋田県）の城主。はじめは出羽の国司が専任し、平安末期からは介（次官）が兼任した。

あきだ・る【飽き足る】［自ラ四］｛ら・り・る・る・れ・れ｝（多く下に打消の語を伴って）十分に満足する。満ち足りる。例「飽き足・らぬ日は今日にしありけり」〈万葉・五・八三六〉

〔和歌〕**あきちかう…**【**秋近う野はなりにけり白露の置ける草葉も色変はりゆく**】〈古今・物名・四四〇・紀友則〉訳秋近く野はなってきたなあ。白露が置いている草葉も色が変わってゆく。《音便》「近う」は「近く」のウ音便。

〔俳句〕**あきちかき…**【**秋近き心の寄るや四畳半**】〈鳥のみち・芭蕉〉訳物寂しく人恋しい秋が近くなってきた。かえってその狭さで、ここにいる人々の心が親しく寄り添いあうことだよ、四畳半は。(季―秋近し―夏)

あきづ【秋津・蜻蛉】[名]《中古以降は「あきつ」》トンボの古名。(季―秋)

あきつかみ【現つ神】[名]《「つ」は上代の格助詞。現世に姿を現している神の意》天皇の尊称。＝現御神

あきづきものがたり【秋月物語】[作品名]室町時代の御伽草子。作者未詳。女主人公の流浪と男君の捜索、二人の再会と幸福を描く。

あきづ・く【秋付く】[自カ四]{か・き・く・く・け・け}秋めく。秋らしくなる。例「こほろぎの鳴く声聞けば**秋付き**にけり」〈万葉・一〇・二一六〇〉

あきづしま【秋津島・秋津洲・蜻蛉島】《平安以降は「あきつしま」》一[名]《「あきづ」はトンボのこと。五穀豊穣にかかわるトンボの島の意》日本国または大和国の称。二[枕詞]《五穀豊穣にかかわるトンボの島の意で》「大和」にかかる。例「**あきづ島**大和の国は」〈万葉・一三・三二五〇長歌〉

あきつす【秋津洲】[名]《「秋津洲」の誤読から生まれた語》「あきづしま」に同じ。

あきつは【秋つ葉】[名]秋になり色づいた木の葉。

あきづば【蜻蛉羽】[名]《後世「あきつは」》トンボの羽。薄く透き通って美しい布のたとえに用いられる。例「あきづ羽の袖振る妹を」〈万葉・三・三七六〉

あきづひれ【蜻蛉領巾】[名]トンボの羽のように透けて見える薄い布でできたひれ。古代の女性の装身具の一種。

あきつみかみ【現つ御神】[名]《「つ」は上代の格助詞》「あきつかみ」に同じ。

あぎと[名]《「あぎ(アゴ)」の「門」の意》一【腭・腭門・顎・腮】あご。二【鰓】魚のえら。

〔俳句〕**あきととせ…**【**秋十とせ却って江戸を指す故郷**】〈野ざらし紀行・芭蕉〉訳江戸に出て、はや十年の秋を迎えた。いま、故郷伊賀を目指して旅立つ私には、かえって住みなれた江戸を故郷といいたくなるような名残惜しい気持ちがすることだ。(季―秋―秋)

あぎと・ふ[自ハ四]{は・ひ・ふ・ふ・へ・へ}❶魚が水面で口を開閉する。例「そこらの人の**あぎと・ふ**やうにすれば」〈蜻蛉・中〉❷幼児が片言でしゃべる。また、声を立てて笑う。例「始めて**あぎと・ひ**為したまひき」〈記・中〉

あきなひ【商ひ】[名]売買すること。商売。

あきなひぐち【商ひ口】[名]《近世語》商品を売りこむための巧みな口上。客に対する上手なものの言い方。

あきなり【秋成】[人名]「うへだあきなり」に同じ。

あきにあき・ぬ【開きに開きぬ】すっかり開いてしまった。例「立て籠めたる所の戸、すなはちただ**あきにあき・ぬ**」〈竹取・かぐや姫の昇天〉

〔和歌〕**あきのたのかりほのいほの…**【**秋の田のかりほの庵の苫を荒みわが衣手は露に濡れつつ**】〈後撰・秋中・三〇二・天智天皇〉《百人一首》訳秋の田を守るために作られた仮小屋の屋根をふいた苫の編み目があらいので、私の袖ではいつもいつも露にぬれているよ。〈参考〉「荒み」の「み」は、形容詞の語幹に付き、原因・理由を表す接尾語。

〔和歌〕**あきのたのほのうへにきらふ…**【**秋の田の穂の上に霧らふ朝霞いつへの方に我が恋止まむ**】〈万葉・二・八八・磐姫皇后〉訳秋の田の稲穂の上に立ちこめる朝霧、その霧のようにいったいいつになったら私のあなたへの恋の思いは消えるというのだろうか(立ちこめたまま消えそうにない)。〈参考〉「いつへ」の「へ」は、ここでは、ころの意。

〔和歌〕**あきののにおくしらつゆは…**【**秋の野に置く白露は玉なれや貫きかくる蜘蛛の糸すぢ**】〈古今・秋上・二二五・文屋朝康〉訳秋の野に置く白露は玉なのだろうか。いや、そうではないのに、まるで玉のように貫き通して草にかけている蜘蛛の糸すじであるよ。

〔和歌〕**あきののになまめきたてる…**【**秋の野になまめきたてる女郎花あなかしがまし花も一時**】〈古今・雑躰・一〇一六・遍昭〉訳秋の野に、色っぽい感じで競い合うように立っているオミナエシよ。ああ、やかましいことだ。花の盛りもほんのひとときだというのに。

〔和歌〕**あきののにひとまつむしの…**【**秋の野に人まつ虫の声すなり我かと行きていざとぶらはむ**】〈古今・秋上・二〇二・よみ人しらず〉訳秋の野に、人を待つという松虫の声が聞こえる。待っているのはこの私かと出かけていって、さあ訪ねてみよう。〈参考〉「人まつ虫の」の「まつ」は、「待つ」と「松」をかける。「声すなり」の「なり」は、推定の助動詞。

〔和歌〕**あきののにやどるたびびと…**【**安騎の野に宿る旅人うちなびき眠も寝らめやも古思ふに**】〈万葉・一・四六・柿本人麻呂〉訳この安騎の野に今宵野宿している旅人たちは、のびのびくつろいで安眠を取ったりしておられようか。この地の過去を懐かしく思い出すと。〈参考〉「やも」は反語の係助詞。

〔和歌〕**あきののの…**【**秋の野のみ草刈り葺き宿れりし宇治のみやこの仮廬し思ほゆ**】〈万葉・一・七・額田王〉訳秋の野の草を刈り、屋根に葺いて、旅宿りをした、宇治の宮どころの、あの仮の庵がしぜんと思い出される。

〔俳句〕**あきのひの…**【**秋の日の雨江戸に指折らん大井川**】〈野ざらし紀行・千里〉訳秋の一日、雨に降り込められ、大井川を前に川留めにあっているわれわれを、江戸では旅の日数を指折り数え、今日あたりは大井川を越えるころか、などとうわさしあっていることだろう。(季―秋―秋)

あきのみやじま【安芸の宮島】[地名]「みやじま」に同じ。

あきのよながものがたり【秋夜長物語】[作品名]南北朝時代の御伽草子。作者未詳。稚

児梅若への僧桂海の恋、山門・寺門の争い、梅若の自殺と桂海の遁世などを描く。

〔和歌〕**あきのよの…**【**秋の夜のほがらほがらと天の原照る月影に雁鳴きわたる**】〈賀茂翁家集・賀茂真淵〉訳秋の夜がほのぼのと晴れ渡って、大空に照る月の光の中に雁が鳴きながら渡っていく。（季-秋）

あきはぎ【秋萩】[名]秋、花が咲くころのハギ。

〔和歌〕**あきはきぬ…**【**秋は来ぬ年も半ばに過ぎぬとや荻吹く風のおどろかすらむ**】〈千載・秋上・二三〇・寂然〉訳秋は来た。今年も半ば過ぎてしまったと、荻を吹く風の音が気付かせるのだろうか。〈参考〉「荻」は、その葉ずれの音によって秋の到来を実感させるものとして詠まれる。

あきはぎの【秋萩の】[枕詞]（秋萩の枝がしなう意から）「しなふ」にかかる。例「秋萩のしなひにあるらむ妹が姿を」〈万葉・一〇・二二八四〉

あきは・つ【飽き果つ】[自タ下二]{て・て・つ・つる・つれ・てよ}飽き飽きする。すっかりいやになる。和歌では「秋果つ」にかけて詠まれることが多い。例「われあきは・てぬ常ならぬ世に」〈源氏・御法〉

あきびと【商人】[名]（「あきうど」「あきんど」とも）商いをする人。しょうにん。

〔俳句〕**あきふかき…**【**秋深き隣は何をする人ぞ**】〈笈日記・芭蕉〉訳秋も深まり、ひとりでいるとますます孤独が迫ってくる。薄い壁を隔てた隣の家では、何やらひそかな気配が感じられるだけである。はたして隣の人は、何をし、何をなりわいにして世を渡っている人であろうか。（季-秋深し-秋）

〔和歌〕**あきふくは…**【**秋吹くはいかなる色の風なれば身にしむばかりあはれなるらん**】〈詞花・秋・一〇九・和泉式部〉訳秋に吹くのは、いったいどのような色彩の風なので、身にしみるほど哀れに感じられるのだろうか。〈参考〉「しむ」は色に染まる意をかけ、「色」の縁語。

あきま【空き間・明き間】[名]透き間。例「あき間を射ねば手も負はず」〈平家・九・木曾最期〉

あぎみ【吾君】[代名]「あぎ（吾君）」に同じ。

あきみち[作品名]御伽草子。室町後期から江戸前期ごろ成立。主人公「あきみち」が親の敵を討つため、自分の妻を敵の妻として敵状を探らせ、本懐を遂げる話。

あきみ・つ【飽き満つ】[自タ四]{た・ち・つ・つ・て・て}❶満腹になる。例「飽き満・ちて、舟子どもは、腹鼓を打ちて」〈土佐〉❷十分満足する。例「家大きに富みて財に飽き満・ちたり」〈今昔・二一・二五〉

あきもの【商物】[名]（近世語）商品。商売。

あきやまの【秋山の】[枕詞]（秋の山が美しく紅葉する意から）「したふ（=紅葉スル）」「色なつかし」にかかる。例「秋山のしたへる妹」〈万葉・二・二一七長歌〉

〔和歌〕**あきやまの…**【**秋山の黄葉を繁み惑ひぬる妹を求めむ山道知らずも**】〈万葉・二・二〇八・柿本人麻呂〉訳秋山の色づいた木々の葉が茂っているので、山中に迷いこんでしまったあの子をさがし求めようとするその山道が分からないよ。〈参考〉妻が死んだことを認められず、近くの山に迷い込んだものとして詠む。

あきらか[・なり]【明らか】[形動ナリ]{なら・なり(に)・なり・なる・なれ・なれ}❶光が明るい。くもりがない。例「（朝廷ニ対シテ謹慎スベキ者ハ）明らか・なる月日の影をだに見ず」〈源氏・須磨〉❷はっきりしているようす。明白なようす。例「三史五経、道々しき方を明らか・に悟り明かさむ」〈源氏・帚木〉❸明朗なようす。晴れ晴れとしたようす。例「月ごろの御住まひよりは、こよなく明らか・に」〈源氏・明石〉❹道理に明るい。賢明である。例「明らか・ならん人のまどへる我等を見んこと、掌の上の物を見んが如し」〈徒然・一九四〉

〔明らかなる所〕極楽浄土。例「明らかなる所にて、また対面はありなむ」〈源氏・若菜・上〉

あきらけ・し【明らけし】[形ク]{から・く(かり)・し・き(かる)・けれ・かれ}❶曇りがない。例「あきらけ・き鏡にあへば過ぎにしも今ゆく末のことも見えけり」〈大鏡・後一条院〉❷輝かしい。隠れもない。例「磯城島の大和の国に明らけ・き名に負ふ伴の緒（=大伴ノ一族）」〈万葉・二〇・四四六六〉❸賢明だ。例「末の世の明らけ・き君として」〈源氏・若菜・上〉

あきら・む【明らむ】[他マ下二]{め・め・む・むる・むれ・めよ}❶十分に見きわめる。明らかにする。弁明する。例「いにしへより人の分きかねたることを、末の世に下れる人のえ明ら・めはつまじくこそ」〈源氏・若菜・下〉❷心を明るくする。晴れ晴れとさせる。例「陸奥の小田なる山に金ありと申したまへれ御心を明ら・めたまひ」〈万葉・一八・四〇九四長歌〉

あき・る【呆る・惘る】[自ラ下二]{れ・れ・る・るる・るれ・れよ}（意外な事態に）どうしていいか分からなくなる。途方に暮れる。例「いとあわたたしきにあき・れたる心地したまふ」〈源氏・夕顔〉〈参考〉現代の「あきれる」とは異なり、軽蔑の意はない。

あきれいた・し【呆れ甚し・呆れ痛し】[形ク]{から・く(かり)・し・き(かる)・けれ・かれ}（「いたし」は程度がはなはだしいの意）まったく途方にくれる。例「夢の心地して、あきれいた・くおぼゆれど」〈浜松中納言・四〉

あきれまど・ふ【呆れ惑ふ】[自ハ四]{は・ひ・ふ・ふ・へ・へ}驚き途方にくれる。驚きうろたえる。例「あさましげにあきれまど・ひたまへるを」〈源氏・総角〉

あきをさめ【秋収め】[名]秋の取り入れ。収穫。また、収穫の時期。（季-秋）

あく-【悪】[接頭]（人名または人に関する語に付いて）気性などが荒々しく乱暴である、勇猛である、などの意を表す。「悪源太義平」「悪僧」など。

あく【悪】[名]❶正義・道徳・良心などに反すること。↔善①。❷毒気。邪気。悪気。

あく【幄】[名]神事・儀式などのとき、参列者を入れるために臨時に設けた仮屋。屋根つきで周囲に幕を張りめぐらした。＝幄舎・幄の屋・揚げ張り

あく【灰汁】[名]灰を水に入れてできた、上澄みの液体。洗濯や染め物に用いる。

あ・く【開く・空く】㊀[自カ四]{か・き・く・く・け・け}❶（戸・障子など閉じていたものが）開く。通れるようになる。例「格子どもも、人はなくしてあ・きぬ」〈竹取・かぐや姫の昇天〉❷すきまや穴などができる。❸（官職などに）欠員ができる。例「この国来年あ・くべきにも」〈更級〉❹（禁止や制限の）期間が終わる。例「ものいみも今

日ぞ**あ・く**らんと思ふ日なれば」〈蜻蛉・中〉 二〔他カ下二〕{け・け・く・くる・くれ・けよ}（閉じているものを）開く。例「『この戸**あ・け**たまへ』とたたきけれど」〈伊勢・二四〉

あ・く【飽く・厭く】〔自カ四〕{か・き・く・く・け・け}❶**満足する。満ち足りる。**例「むすぶ手の雫に濁る山の井の**飽・か**でも人に別れぬるかな」〈古今・離別・四〇四〉訳→〔和歌〕むすぶての…。❷**飽きる。うんざりする。**例「魚は水に**飽・か**ず」〈方丈記〉

あ・く【明く】〔自カ下二〕{け・け・く・くる・くれ・けよ}❶夜が明ける。例「夜の**明・くる**ほどの久しさ」〈源氏・夕顔〉❷新しい年になる。例「**明・け**む年四十になりたまふ」〈源氏・藤裏葉〉

あ・ぐ【上ぐ・挙ぐ・揚ぐ】〔他ガ下二〕{げ・げ・ぐ・ぐる・ぐれ・げよ}❶高くする。かかげる。例「〔車ノ〕簾をさへ**上・げ**たまへれば」〈源氏・夕顔〉❷官位を高くする。例「後に陽明門院は又中宮とておはしますを、やがて皇后宮に**あ・げ**て」〈愚管抄〉❸垂れた髪を結う。例「くらべこしふりわけ髪も肩すぎぬ君ならずして誰か**あ・ぐ**べき」〈伊勢・二三〉訳→〔和歌〕くらべこし…。❹声を高く発する。例「秋風に声をほに**あ・げ**て来る舟は」〈古今・秋上・二一二〉❺名声を広める。例「日本一州に名を**あ・げ**」〈平家・六・入道死去〉❻完了する。終了する。例「屋形に火かけ、やき**あ・げ**て」〈平家・四・競〉❼ほめる。称賛する。例「一旦勝つ時は、人も思ひ**あ・げ**」〈風姿花伝〉❽都へ行かせる。例「京にとく**上・げ**たまひて」〈更級〉❾さしあげる。献上する。例「おつれのおかたへ**あ・げ**てくだんせ」〈膝栗毛〉❿没収する。盗む。例「あれが所から**あ・げ**て来やあがつて」〈浮世風呂〉⓫遊女・芸妓を招いて遊ぶ。

あくえん【悪縁】〔名〕❶《仏教語》前世の悪い行いからくる悪い因縁。❷前世からの因縁で思うままにならない人間関係。とくに、男女の仲をさしていう。

あくがら・す【憧らす】〔他サ四〕{さ・し・す・す・せ・せ}❶心がひかれる。とりこになる。例「やみこそ人は**あくがら・し**けれ」〈千載・春上・三〉❷行くえ知れずにさせる。さすらわせる。例「わが身をさしもあるまじきさまに**あくがら・し**たまふ」〈源氏・若菜・上〉

あくが・る【憧る】〔自ラ下二〕{れ・れ・る・るる・るれ・れよ}

> **アプローチ**
> ▼人間の心や魂が本来の場所から離れてさまよい歩く、が基本義。
> 「あく」と「かる」の複合語と見られるが、「あく」の語源は未詳。「かる」は離れる意。
> ▼中世以降、ある対象に心がひかれる意にも用いられ、「あこがる」の形も現れた。
> ▼これが現代語の「あこがれ」のもととなった。

❶**本来の場所から離れる。さまよい歩く。**例「いさよふ月に、ゆくりなく**あくが・れ**んことを、女は思ひやすらひ、とかくのたまふほど、にはかに雲がくれて、明けゆく空いとをかし」〈源氏・夕顔〉訳沈みそうでなかなか沈まない月に(誘われて)、ふいに**さまよい歩く**ことを、女(＝夕顔)はためらい、(源氏が)あれこれおっしゃっているうちに、突然月が雲の中に隠れて、夜がしだいに明けてゆく空のようすは、じつに美しい。《敬語》「とかくのたまふ」→「のたまふ」

❷**心や魂が人のからだから抜け出していく。遊離する。**例「かく参り来むともさらに思はぬを、もの思ふ人の魂は、げに**あくが・るる**ものになむありける」〈源氏・葵〉訳このように参上しようともまったく思いませんのに、もの思いをする者の魂は、なるほど**からだから抜け出していく**ものでした。《係結び》「なむ」→ありける㊍。《敬語》「参り来む」→「まるる(四段)」

❸**そわそわと他の事に心がひきつけられる。**例「『いかで人よりさきにきかむ』と待たれて、夜深くうち出でたる声の、らうらうじう愛敬づきたる、いみじう心**あくが・れ**、せむかたなし」〈枕・鳥は〉訳「ぜひとも他の人より早く(ホトトギスの初音を)聞こう」と心待ちにしていて、真夜中に鳴き出した声が、気品高く魅力があるのには、なんとも心が**高ぶって**、どうにもたまらない。《音便》「らうらうじう」は「らうらうじく」、「いみじう」は「いみじく」のウ音便。《副詞の呼応》「いかで」→「きかむ」

❹**心が離れる。疎遠になる。**例「うつし心なきをりをり多くものしたまひて、御仲も**あくが・れ**てほど経にけれど」〈源氏・真木柱〉訳(鬚黒大将の北の方は)正気を失われる折が多くていらっしゃって、ご夫婦の仲も**疎遠になった**まま、月日がたってしまったけれど。

古典の世界　平安文学には、本人の無意識のうちに、魂が肉体から遊離し、いわゆる「生き霊」となって、他人に取り付き、たたりをなすエピソードが語られている。古代日本人は、本人の意志とは無関係に、魂がからだからしばしば遊離するものであると考えていた。

あくがれあり・く【憧れ歩く】〔自カ四〕{か・き・く・く・け・け}ふらふらとさまよい歩く。例「〔魂ガ〕かの院の内に**あくがれ歩・か**ば、結びとどめたまへよ」〈源氏・柏木〉

あくがれい・づ【憧れ出づ】〔自ダ下二〕{で・で・づ・づる・づれ・でよ}あてもなくさまよい出る。例「なごりなく**あくがれ出・でぬる**に」〈浜松中納言・四〉

あくがれそ・む【憧れ初む】〔自マ下二〕{め・め・む・むる・むれ・めよ}心が奪われ、そわそわし始める。例「あやしきそぞろ心のつきて、**あくがれ初・め**にしを」〈宇津保・国譲・中〉

あくがれただよ・ふ【憧れ漂ふ】〔自ハ四〕{は・ひ・ふ・ふ・へ・へ}心がそわそわして落ち着かなくなる。思い焦がれてぼんやりする。例「静心なくのみ**あくがれ漂・ひ**たまへる御気色を」〈夜の寝覚〉

あくがれた・つ【憧れ立つ】〔自タ四〕{た・ち・つ・つ・て・て}熱中してのぼせ上がる。(心が)浮かれ出る。例「ながめわびあくがれた・ちぬ我が心」〈玉葉・秋下・六八二〉

あくがれは・つ【憧れ果つ】〔自タ下二〕{て・て・つ・つる・つれ・てよ}❶その場所へまったく寄りつかなくなってしまう。例「〔源氏ガ〕**あくがれは・て**させたまはむほど思ひたまふるこそ〔悲シイコトデゴザイマス〕」〈源氏・葵〉❷気もそぞろになってしまう。うわの空になる。例「心魂もあくがれ・はて」〈源氏・夕霧〉

あくがれまさ・る【憧れ勝る】〔自ラ四〕{ら・り・る・る・れ・れ}なおいっそう思い焦がれる。例「心の中ばかりは、ありしよりけに、**あくがれまさ・り**て」〈狭衣・三〉

あくがれまど・ふ【憧れ惑ふ】〔自ハ四〕{は・ひ・ふ・ふ・へ・へ}心がひどく乱れ冷静でなくなる。気もそぞろになる。例「心も**あくがれまど・ひ**て」〈源氏・若紫〉

あくがれよ・る【憧れ寄る】[自ラ四]{ら・り・る・る・れ・れ}（恋しい人のところへ）心がひかれ寄る。例「**あくがれ寄・る**らむところこそ、我ながらゆゆしけれど」〈夜の寝覚〉

あくき【悪鬼】[名]仏道を妨げたり、人にたたりを及ぼしたりする悪いもの。妖怪・怨霊・鬼神・羅刹・魑魅魍魎のたぐい。

あくぎゃう【悪行】[名]仏の教えに背く行い。人の道に背くような、悪い行い。

あくぎゃく【悪逆・悪虐】[名]❶上代、大宝律令の、「八逆」のひとつ。主君や親を殺す罪。❷人の道に背く、大きな悪事。❸いたずら。乱暴。

あくぎゃくぶたう[・なり]【悪逆無道】[名・形動ナリ]人の道に外れたひどい悪事をすること。例「親父入道相国の体をみるに、**悪逆無道・にし**て」〈平家・三・医師問答〉

あくぎん【悪銀】[名]《近世語》銅を多く混ぜた粗悪な銀貨。また、贋金などもいう。

あくごふ【悪業】[名]《仏教語》後世に報いを受けるべき悪い行い。↔善業

あくさう【悪相】[名]❶不吉な兆し。❷恐ろしい人相。凶悪な顔つき。

あくさふよりなが【悪左府頼長】[人名]「ふぢはらのよりなが」に同じ。

あくじ【悪事】[名]❶道徳や法に反する行為。❷不運。不吉なこと。

あくしゃう【悪性】一[名]《仏教語》悪心。生まれつきの悪い性質。二[名・形動口語型]《近世語》浮気。放蕩。身持ちが悪いようす。

あくしゃうもの【悪性者】[名]《近世語》酒におぼれたり、浮気をしたりする行いの悪い者。

あくしゅ【悪趣】[名]《仏教語》この世で悪事をなした者が死後に行く世界。地獄道・餓鬼道・畜生道などをいう。＝悪道①・悪しき道。↔善趣

あくしょ【悪所】[名]❶道の険しい所。難所。❷《近世語》遊里や芝居町。

あくしょおとし【悪所落とし】[名]乗馬して、険しい坂を下ること。または、その達人。

あくしょづかひ【悪所遣ひ】[名]《近世語》遊里などでの金の浪費。

あくしん【悪心】[名]悪事をたくらむ心。悪念。

あくせ【悪世】[名]仏法が廃れ、悪いことがまかり通る世の中。末世。

あくそう【悪僧】[名]《「悪」は、荒々しい・勇敢なの意》腕力が強く、武芸に達者な僧。荒法師。

あくぞもくぞ[名]《近世語。「あくたもくず」の変化形》欠点。悪口。＝あくぞうもくぞう・あくたもくた

あくた【芥】[名]役に立たない廃物。ごみ。かす。

あくだう【悪道】[名]❶《仏教語》仏の道に背いて、この世で悪事をなした者が死後に赴く世界。＝悪趣。❷悪い行い。酒や色におぼれること。

あくたび【芥火】[名]漁師が海岸で「芥」（ゴミクズ）を集めて焼く火。

あくたびの【芥火の】[枕詞]同音の繰り返しから「飽く」にかかる。例「**芥火の**あくとや人の訪れもせぬ」〈拾遺・恋五・九七六〉

あくたもくた【芥もくた】[名]「あくぞもくぞ」に同じ。

あぐち【開口】[名]《「あきぐち」の変化形》足袋や靴などの足をいれる口。

あくちもきれ・ず【あくちも切れず】《近世語》一人前でない年少者を軽んじていう語。乳臭い。例「**あくちも切れ・ぬ**小せがれども」〈浄・嫗山姥〉

あくにち【悪日】[名]陰陽道で、物事を行うのに凶とする日。また、運の悪い日。↔吉日

あぐ・ねる[自ナ下一]{ね・ね・ねる・ねる・ねれ・ねよ(ねろ)}《近世語》もてあます。いや気がさす。＝倦む。例「連れも**あぐ・ねる**焼酎の大生酔ひ」〈川柳・柳多留〉

あくねん【悪念】[名]悪いことをたくらむ心。悪心。また、仏道の妨げになるような思い。執念。

あくのざ【幄の座】[名]「幄」の中にもうけた座席。

あくのや【幄の屋】[名]「あく（幄）」に同じ。

あくば【悪馬】[名]「あくめ（悪馬）」に同じ。

あく・ぶ【欠ぶ】[自バ四]{ば・び・ぶ・ぶ・べ・べ}あくびをする。例「長やかにうち**あく・び**て」〈枕・懸想人にて来たるは〉

あくまで【飽くまで】[副]思う存分。どこまでも。とことん。→「あく（飽く）」。例「〔権中納言八〕**あくま**でかどかどしく」〈源氏・絵合〉

あぐま・ふ【足組まふ】[自ハ下二]{へ・へ・ふ・ふる・ふれ・へよ}《動詞「足組む」の未然形＋上代の反復・継続の助動詞「ふ」》足を組む。あぐらをかく。例「足を以て後よりあ**ぐま・へ**て」〈今昔・三・二四〉

あくみゃう【悪名】[名]悪いうわさ。悪評。

あぐ・む【倦む】[自マ四]{ま・み・む・む・め・め}《動詞「あきらむ」の変化形》うまくいかない事にいや気がさす。うんざりする。＝あぐねる。例「この大勢を見て敵もさすがにあ**ぐ・ん**でや思ひけん」〈太平記・八〉《音便》「あぐんで」は「あぐみて」の撥音便。

あぐ・む【足組む・趺む】[自マ四]{ま・み・む・む・め・め}足を組んで座る。例「剣の前に**趺・み**坐て」〈記・上〉

あくめ【悪馬】[名]《「あくば」とも》癇が強くて、なかなかてなづけることができない、性質の荒い馬。

あぐら【胡床・呉床】[名]《「足座」の意》❶奈良時代、貴人が座るための高く大きな座席。❷脚を交差させて上に皮や布を張った腰掛け。❸高い所に登るために材木を組んだ足場。❹足を組んで座ること。

あくらう【悪霊】[名]「あくりゃう」に同じ。

あぐらゐ【胡床居・呉床居】[名]「胡床①」に座ること。

あくりゃう【悪霊】[名]《「あくらう」とも》人にたたりをもたらす死霊や生き霊。

あくる【明くる】[連体]（日・月・年などの語に付いて）夜や年が明けての。次の。翌。

あくるあした【明くる朝】[名]翌朝。

あくるけふ【明くる今日】[名]明けて今日。＝明けの日

あくるつとめて【明くるつとめて】[名]翌日の早朝。

あくゎい【亜槐】[名]《槐（大臣）に亜ぐ意》「大納言」の唐名。＝亜相

〈俳句〉**あくをけの…**【灰汁桶の雫やみけりきりぎりす】〈猿蓑・凡兆〉訳灰汁桶から滴り落ちるしずくの音が間遠に聞こえていたが、いつの間にかそれもやんでしまった。いまはコオロギの声のみが、秋の夜更けの静寂の中にひときわ澄んで聞こえてくる。（季―

きりぎりす―秋〉

あけ【朱・緋・赤】[名]《「あか(赤)」の変化形》❶赤色。❷「あけ衣㊀」の略。

〔**朱の曾保船**〕「そほ」は塗料にした赤土》朱塗りの船。例「**あけのそほ船**沖を漕ぐ見ゆ」〈万葉・三・二七〇〉訳→〔和歌〕たびにして…

あけ【明け】[名]❶夜が明けること。❷日・月・年が改まること。

〔**明けの日**〕「あくるけふ」に同じ。

あげ[名]㊀【上げ】❶「上げ田」の略。❷着物の丈などが長すぎるときに、肩や腰の部分にひだをとって縫いあげること。また、そのひだ。㊁【揚げ】遊び客が、遊女などを「揚げ屋」に呼んで遊ぶこと。㊂【櫓】こたつのやぐら。

あけあは・す【開け合はす】[他サ下二]｛せ・せ・す・する・すれ・せよ｝戸を両方から開け放つ。例「中の塗籠の戸**開けあは・せて**渡りたまへる」〈源氏・夕霧〉

あげうた【上げ歌・挙げ歌】[名]❶古代歌謡のひとつ。❷謡曲の小段名。高い上の音で始め、低い下の音で終わる。❸平曲の曲節のひとつ。詞章に短歌が挿入されている場合の曲節。↕下げ歌

あげうま【上げ馬・揚げ馬】[名]神事などで、複数の馬が華麗な装束をつけて、馬場を疾走してみせること。また、流鏑馬などのときに、最後に走る馬。

あげおとり【上げ劣り】[名]《「上げ」は髪上げの意》「元服」で髪を結い上げたとき、以前よりも顔かたちが見劣りして見えること。↕上げ優り。例「きびはなるほどは、**あげ劣りや**と疑はしく」〈源氏・桐壺〉

あけがらす【明け烏】[名]明け方に鳴くカラス。また、その鳴き声。共寝した男女の明け方の別れの景物として用いられた。

あけがらす【あけ烏】[作品名]江戸中期(一七七三刊行)の俳諧撰集。一冊。几董編。『蕪村七部集』の第二集。蕪村一門の蕉風への復興を宣言した書。

あけ・く【明け来】[自カ変]｛こ・き・く・くる・くれ・こ(こよ)｝しだいに夜が明けてくる。朝になる。例「**明け・来れ**ば浦廻漕ぐらし梶の音聞こゆ」〈万葉・一五・三六六四〉

あげく【挙げ句・揚げ句】[名]❶連歌・俳諧の最後の七七の句。↕発句。❷物事の終わり。結局。

あけくら・す【明け暮らす】[他サ四]｛さ・し・す・す・せ・せ｝日々を送る。日々を過ごす。例「あさましうて**明け暮ら・さ**るるは月日なりけり」〈源氏・椎本〉

あけく・る【明け暮る】[自ラ下二]｛れ・れ・る・るる・るれ・れよ｝日々が過ぎる。例「**明け暮・るる**も知らずまどはれたまへど」〈源氏・早蕨〉

あけくれ【明け暮れ】㊀[名]夜明けと夕暮れ。朝晩。毎日。日常。㊁[副]明けても暮れても。いつも。例「**明け暮れ**見慣れたるかぐや姫をやりて」〈竹取・かぐや姫の昇天〉

あけぐれ【明け暗・明け闇】[名]夜明け前の、まだ薄暗い時分。

〔**明け暗の夢**〕夜明け方のまだ暗いころに見る夢。夢とも現実ともつかない出来事や体験のたとえとして用いられることが多い。例「〔紫ノ上ノ死ハ〕めづらかにいみじく、**明けぐれの夢**にまどひたまふほど、さらなりや」〈源氏・御法〉〔源氏タチガ〕

あげごし【上げ輿・肩輿】[名]轅を肩にかつぐ、貴人用の輿。白木のものは葬儀用。↕下げ輿

あけごろも【あけ衣】㊀[名]緋色の袍。五位の官人の服。転じて五位の人。㊁[枕詞]同音の繰り返しから「明け」にかかる。例「むばたまの今宵ばかりぞ**あけ衣**あけなば人を」〈後撰・雑一・一一二六〉

あげざま[・なり]【上げ様】[形動ナリ]｛なら・なり(に)・なり・なる・なれ・なれ｝上の方に突きあげるようにするさま。上向き。例「相模守の鎧の草摺はねあげ、**上げざま・に**三刀さす」〈太平記・三〇〉

あけさ・る【明けさる】[自ラ四]｛ら・り・る・る・れ・れ｝夜が明けていく。朝になってくる。例「**明けさ・れ**ば榛のさ枝に夕されば藤の繁みに」〈万葉・一九・四二〇七長歌〉

あげじとみ【上げ蔀】[名]上下二枚の「蔀」のうち、上半分を外側へあげて金具でとめるようにしたもの。↓「しとみ」「はじとみ」。➡図版「懸け盤」

あげず【上げず】(「…にあげず」の形で副詞的に用いて)…の間をおかないで。例「二三日に**あげず**御覧ぜぬ日なし」〈大和・一五三〉

あげす・う【上げ据う】[他ワ下二]｛ゑ・ゑ・う・うる・うれ・ゑよ｝ある所に上げてそこに置く。高い所に上げて、そこにいさせる。例「麻柱(=足場)に**あげ据・ゑられたり**」〈竹取・燕の子安貝〉

あけす・ぐ【明け過ぐ】[自ガ上二]｛ぎ・ぎ・ぐ・ぐる・ぐれ・ぎよ｝すっかり夜が明けてしまう。例「『**明け過・ぎぬ**』『あな、見ぐるし』などいはれて」〈枕・暁に帰らむ人は〉

あげせん【上げ銭・揚げ銭】[名]❶賃金。手数料。売り上げ金。❷遊女を呼んで遊ぶ代金。

あげた【上げ田・高田】[名]高いところに作った、水はけのよい田。=上げ㊀①

あげだたみ【上げ畳】[名]❶畳の上に重ねて敷いた畳。両面に表と縁をつけて、貴人の寝所や御座所に用いた。=御座。❷座敷の畳を上げて床下に抜けられるようになっている仕掛け。➡図版「国司」。

あけた・つ【明け立つ】[自タ四]｛た・ち・つ・つ・て・て｝夜が明ける。空が白んでくる。例「**明けた・てば**、川の方を見やりつつ」〈源氏・浮舟〉

あげちら・す【上げ散らす】[他サ四]｛さ・し・す・す・せ・せ｝戸や格子などを急いで乱暴に上げる。例「〔女官ガ格子ヲ〕**上げ散ら・し**たるに、雪降りにけり」〈枕・宮にはじめてまゐりたる頃〉

あげづかさ【上げ司】[名]官位が高くなること。昇進。

あけつげどり【明け告げ鳥】[名](夜明けを告げる鳥の意から)鶏の別称。

あげつち【上げ土・揚げ土】[名]塀など、高い所に積んだ土。また、堀などをさらって、道に盛り上げた土。

あげつらひ【論ひ】[名]論ずること。議論。

あげつら・ふ【論ふ】[他ハ四]｛は・ひ・ふ・ふ・へ・へ｝物事の是非・善悪を論じる。論争する。例「それ事は独断すべからず。必ず衆と**論・ふべし**」〈紀・推古〉

あげて【挙げて】[副]いちいち。すべて。残らず。例「心を悩ます事は、**あげて**計ふべからず」〈方丈記〉

〔和歌〕**あけぬとて…**【明けぬとて野べより山に入る鹿のあと吹き送る萩の下風】〈新古今・秋

上・三五一・源通光〉訳夜が明けたというので野辺から山へ帰ってゆく鹿、そのあとを慕うように吹き送る萩の下を吹く風よ。〈参考〉萩は鹿の花妻という伝統的発想にのっとっている。

〔和歌〕**あけぬれば…【明けぬれば暮るるものとは知りながらなほうらめしき朝ぼらけかな】**〈後拾遺・恋二・六七二・藤原道信〉《百人一首》訳夜が明けてしまうと、また日が暮れてあなたに会えると分かっていながら、やはり恨めしい夜明け方であることよ。

あけのこ・る【明け残る】［自ラ四］{ら・り・る・る・れ・れ}夜が明けたのちも、空にまだ月や星が残っている。例「あけ残る星の数ぞ消えゆく」〈風雅・雑中・一六二七〉

あけは・つ【明け果つ】［自タ下二］{て・て・つ・つる・つれ・てよ}夜がすっかり明ける。明けきる。例「明けは・てなば、はしたなかるべきにより、急ぎ出でたまひぬ」〈源氏・須磨〉

あけはな・る【明け離る・明け放る】［自ラ下二］{れ・れ・る・るる・るれ・れよ}夜がすっかり明ける。例「明けはな・るるままに、霧たち満ちたる空をかしきに」〈源氏・宿木〉

あげはのてふ【揚げ羽の蝶】［名］❶アゲハチョウ。（季－春）。❷紋所の名。①を図案化したもの。

〔和歌〕**あけばまた…【明けばまた越ゆべき山の峰なれや空ゆく月の末の白雲】**〈新古今・羈旅・九三九・藤原家隆〉訳夜が明けたなら、また越えて行かなければならない山の峰なのであろうか。空を渡ってゆく月の行く手はるかにかかっている白雲のあたりは。

あげばり【揚げ張り・幄】［名］「あく（幄）」に同じ。↔平張り

あけひろ・ぐ【開け広ぐ】［他ガ下二］{げ・げ・ぐ・ぐる・ぐれ・げよ}（門や戸を）広く開ける。広々と開け放す。例「御門を、今夜懶散と（＝ダラシナク）開けひろ・げて」〈枕・宮仕へ人の里なども〉

あけぼの【曙】［名］《「あけ」は「明け」、「ぼの」は「ほのか」などの「ほの」と同じ語源という》夜がほのぼのと明けようとし、物がしだいに見分けられるようになるころ。**夜明け方**。**夜明け**。↓「あかつき」。例「弥生も末の七日、あけぼのの空朧々として」〈おくのほそ道・旅立〉

古語深耕　「あけぼの」と「あかつき」「あした」との違い

「あけぼの」は「あかつき（暁）」と「あした（朝）」の間の時間帯を指す。夜を中心とした時間帯を区分する古語をその順に従って並べると、「ゆふべ（夕べ）」「よひ（宵）」「よなか（夜中）」「あかつき」「あけぼの」「あした」となる。さらに細かく区分すれば「あかつき」と「あけぼの」の間に「しののめ（東雲）」、「あけぼの」と「あした」の間に「あさぼらけ」が並ぶことになる。

なお、「あけぼの」は、時間的には「あかつき」の終わりの部分と重なり、「あけぼの」の終わりの時間は、「あさぼらけ」と重なるとされる。「あさぼらけ」は、「あけぼの」の後の日の出のころまでを指した。➡「あかつき」〈古語深耕〉

あけぼのぐさ【曙草】［名］「桜」の別称。

〔俳句〕**あけぼのや…【曙や白魚しろきこと一寸】**〈野ざらし紀行・芭蕉〉訳夜がほのかに明けてきた。その薄明かりの中で、白魚の透き通るばかりの白さが際立っているが、それは、まだ一寸ばかりの幼魚である。（季－白魚一寸－冬）〈参考〉白魚は春の季語だが、「一寸」の語により冬としたもの。

あげまき【揚げ巻・総角】［名］❶古代の男子の髪の結い方のひとつ。髪を左右に分け、両耳のところで束ねたもの。❷髪を①のように結う年ごろ。また、その少年。❸（「揚げ巻結び」の略）左右に輪を作り、房を垂らしたもの。御簾や文箱などの飾りとして用いた。↓図版「賀茂の祭り」。❹③を鎧の背につけた飾り房。↓［古典参考図］武装・武具〈1〉

あげまき【総角】［作品名］『源氏物語』の四十七番目の巻名。

あげまさり【上げ優り】［名］（「上げ」は髪上げの意）「元服」で髪を上げて結ったときに、以前よりも顔かたちがよく見えるようになること。↔上げ劣り

あげまり【上げ鞠】［名］蹴鞠の作法。鞠を相手の目よりもやや高く、木にも人にも当たらないようにする、むずかしい蹴り方。名人または貴人がつとめる。

あげみづ【揚げ水】［名］遠くから導いてきて、高所へあげるように仕掛けた水。

あけもてゆ・く【明けもて行く】［自カ四］{か・き・く・く・け・け}しだいに夜が明けてゆく。例「夜ひと夜、酒飲みし遊びて、夜明けもてゆ・くほどに」〈伊勢・八一〉

あげや【揚げ屋】［名］《近世語》遊里で「引き手茶屋」に待つ客が、「置き屋」から格式の高い遊女を呼んで飲食し、遊興するための店。

あけや・る【開け遣る】［他ラ四］{ら・り・る・る・れ・れ}開け放つ。例「翁、門をえ開けや・らねば」〈源氏・末摘花〉

あけゆ・く【明け行く】［自カ四］{か・き・く・く・け・け}❶しだいに夜が明けていく。例「明けゆ・く空はいといたう霞みて」〈源氏・若紫〉❷年が明けていく。例「かくて明けゆ・く空の気色、昨日に変はりたりとは見えねど」〈徒然・一九〉

あけらくゎんかう【朱楽菅江】［人名］（一七三八～一七九八）江戸中期の狂歌作者。本名は山崎景貫。四方赤良・唐衣橘洲と狂歌を始め、妻とともに朱楽連と称した。四方赤良と共撰の『万載狂歌集』、自撰の『故混馬鹿集』など。

あげわた・す【上げ渡す】［他サ四］{さ・し・す・す・せ・せ}❶（格子・蔀などを）一方から他方へかけて全部上げる。例「御格子ども上げわた・して」〈源氏・花宴〉❷地方から都へ送る。例「さるべき物（＝必要ナ物）は上げ渡・さむ」〈源氏・松風〉

あけわた・る【明け渡る】［自ラ四］{ら・り・る・る・れ・れ}夜がすっかり明けて、全体が明るくなる。例「あけわた・る小島の松の木のまより」〈風雅・雑中・一七二四〉

あげを【上げ緒・上げ緌】［名］冠のひも。冠が脱げないように髻に結んだもの。のちには形式化して「巾子」の根に縫いつけた。

あこ【下火】［名］《「あ」も「こ」も唐音》禅宗で、導師を勧める僧が棺に火をつける作法。偈を唱えながら火をつける。のちには、点火のしぐさだけになった。

あこ【吾子】㊀［名］《自分の子を親しんでいう語》わが

子。例「あこの御懸想人を奪はむとしたまひけるが」〈源氏・東屋〉 二［代名］❶《対称の人称代名詞。自分の子や、年少者を親しんで呼ぶ語》おまえ。例「あこは知らじな」〈源氏・帚木〉❷《自称の人称代名詞。中世以降子供が用いた》ぼく。あたい。

あご【網子】［名］《「あみこ」の変化形。「こ」は人の意》漁のときに網を引く人。

あこが・る【憧る】［自ラ下二］{れ・れ・る・るる・るれ・れよ}「あくがる」に同じ。

あこぎ［・なり］【阿漕】［名・形動ナリ］❶度重なること。しばしば。例「あこぎ・にも過ぎにしかたを思ひ出ぃでて」〈浄・丹波与作〉❷しつこいこと。厚かましいこと。例「かたじけない御情け、この上はあこぎながら」〈浄・堀川波鼓〉

あこぎ【阿漕】［人名］『落窪物語』の登場人物。道頼の通う手引きをし、典薬助の手から落窪の姫君を救出させた忠実な侍女。

あこぎがうら【阿漕が浦】［歌枕］伊勢国の地名。いまの三重県津市阿漕町の海岸一帯にあたる。伊勢神宮に供える魚をとるための禁漁区であったが、ある漁夫が禁を犯して密漁し、それが見つかって海に沈められたという伝説がある。謡曲「阿漕」で有名。

袙② 重ねの袙姿の女房二人が、柴垣越しに紅葉を観賞する。（扇面法華経冊子）

あこめ【袙・衵】［名］❶男性が「束帯」や「直衣」を着るときに、単衣と下襲の間に着た衣服。丈は短く、表は綾、裏は平絹で、色は表裏ともに紅が多い。❷女性が肌近く着た、丈の短い衣服。童女は「汗衫」の下に着た。＝袙衣

あこめあふぎ【袙扇】［名］貴婦人が正装の際に用いた扇。ヒノキや杉の薄板を色糸でとじて、その両端を飾りひもとして長く垂らしたもの。表面には絵を描いて、金銀の箔を散らしたりなどした。

あこめぎぬ【袙衣】［名］「あこめ②」に同じ。

あこめすがた【袙姿】［名］童女が上着を着ないで、「袙」だけを着ている姿。

あこやだま【阿古屋珠】［名］アコヤガイ（真珠貝）から取れる珠。真珠。＝阿古屋の珠・阿古屋

あこやのたま【阿古屋の珠】［名］「あこやだま」に同じ。

あこやのまつ【阿古屋の松】［歌枕］出羽国の地名。いまの山形県山形市千歳山にある松とされる。『平家物語』の「みちのくのあこ屋の松に木がくれていづべき月のいでもやらぬか」〈平家・二・阿古屋之松〉によって有名になった。

あごんぎゃう【阿含経】［名］《仏教語。「あごん」は梵語の音訳》❶釈迦の説いた教え。❷小乗仏教の教典。

あさ-【浅】［接頭］（名詞に付いて）❶浅い・低いの意を表す。「浅茅」など。❷薄いの意を表す。「浅緑」など。❸軽い・短いの意を表す。「浅漬け」など。

あさ【麻】［名］❶草の名。麻。茎の繊維が糸や布として用いられるほか、実は食用、種は薬用。（季－夏）。❷麻の繊維、またはそれで作った粗末な布や衣類。

〔麻の衣〕❶麻でできた粗末な着物。❷葬儀や喪中に着る白い麻の着物。①②＝麻の狭衣

〔麻の狭衣〕「あさのころも」に同じ。

〔麻の中の蓬〕《『荀子』からでた語》曲がりくねってのびるヨモギも、まっすぐにのびる麻の中では曲がることなく育つということから、人も、善人と交じわれば善人になるという意のことわざ。

あさ【朝】［名］夜が明けてから少しの間。⇨「あした」〈古語深耕〉

〔朝去らず〕《「去らず」は、離れて行かないの意から転じて、いつもの意》朝ごとに。毎朝。例「高座の三笠の山に朝去ら・ず雲居たなびき」〈万葉・三・三七二長歌〉

あさあけ【朝明け】［名］夜明け。＝朝明

あざあざ【鮮鮮】［副］くっきりと。鮮明に。例「大海の摺裳の、水の色はなやかに、あざあざとして」〈紫式部日記〉

あさあさ・し【浅浅し】［形シク］{しから・しく(しかり)・し・しき(しかる)・しけれ・しかれ}考えが浅い。軽々しい。例「いみじき事とても、あさあさ・しく散りぬれば、念なかりぬべし」〈古今著聞・四八六〉

あざあざ・し【鮮鮮し】［形シク］{しから・しく(しかり)・し・しき(しかる)・しけれ・しかれ}鮮やかである。はっきりしている。例「総じて神の御事を、あざあざ・しくは申さねども」〈謡・賀茂〉

あさあさと【浅浅と】［副］❶（深く考えずに）軽く。あっさりと。例「沈思せし句などをも、ただあさあさと見給はば」〈ささめごと〉❷（色や味わいなどが）うすく。うっすらと。例「雪のあさあさと降りそめし十一月三日」〈浮・好色一代男〉

あさあらし【朝嵐】［名］朝、強く吹く風。

あさい【朝寝】［名］《「い」は睡眠の意》あさね。

あさう【浅う】形容詞「あさし」の連用形「あさく」のウ音便。

あさか【浅香】［歌枕］摂津国の地名。いまの大阪市住吉区浅香町から堺市浅香山町にかけての地域。海に面し「浅香潟」の名で歌に詠まれた。

あさかう【朝講】［名］《仏教語》「あさざ（朝座）」に同じ。

あさかげ【朝影】［名］❶朝、鏡や水に映っている顔や姿。↔夕影。❷朝の日の光。＝朝日影。↔夕影。❸朝日に照らされてできる、細長い影。恋にやつれてやせ衰えた姿を形容する。例「朝影に我が身はな

りぬ」〈万葉・一二・三〇八五〉

あさがけ【朝駆け・朝懸け】[名]❶早朝、不意に敵陣を攻めること。＝朝込み。↕夜討ち①・夜駆け。❷(①をすればたやすく勝てることから)容易なことのたとえ。

あさかしは【朝柏】[枕詞](柏が朝露に濡れて潤う意から)地名「潤八川」にかかる。例「朝柏潤八川辺の篠の目の」〈万葉・一一・二七五四〉

あさがすみ【朝霞】㊀[名]朝に立つ霞。㊁[枕詞]霞がかすんで見えることから「ほのか」に、また「八重」「春日」「鹿火屋」にかかる。例「朝霞ほのかにだにや妹に逢はざらむ」〈万葉・一二・三〇三七〉

あさかのぬま【安積の沼】[歌枕]陸奥国の沼。いまの福島県郡山市安積山公園付近にあったとされる。沼に生える草「花かつみ」で有名。

あさかは【朝川】[名]朝渡る川。朝の川。例「人言を繁み言痛み己が世にいまだ渡らぬ朝川渡る」〈万葉・二・一一六〉訳→〔和歌〕ひとごとを…

あざかへ・す【糾返す】[他サ四]{さ・し・す・す・せ・せ}くり返し調べる。例「すべて二千首に及べるを、そこら(＝多ク)御覧じあざかへさせ給へれば」〈源家長日記〉

あさがほ【朝顔】[名]❶草の名。いまのアサガオ。(季―秋)。❷キキョウの古名。昼顔やムクゲの古名ともいう。(季―秋)。❸朝の寝起きの顔。例「寝くたれの朝顔も」〈枕・関白殿、二月二十一日に〉❹襲の色目の名。表・裏ともに縹色で、秋の着用。

あさがほ【朝顔】[作品名]『源氏物語』の二十番目の巻名。

〔俳句〕**あさがほに…**【朝顔に釣瓶とられてもらひ水】〈千代尼句集・千代尼〉訳早朝、水をくもうと井戸へ行くと、くみ桶に朝顔がからみついて花を咲かせている。切ってしまうのもかわいそうで、近所に水をもらいにいくことにしたよ。(季―朝顔―秋)

あさがほの【朝顔の】[枕詞](人目につくように咲く意から)「ほに咲き出づ」にかかる。例「朝顔のほには咲き出でぬ恋もするかも」〈万葉・一〇・二二七五〉

あさがほのひめぎみ【朝顔の姫君】[人名]『源氏物語』の登場人物。父は桃園式部卿の宮。賀茂の斎院を引退したあとも、源氏の求愛を拒み続けた。

〔俳句〕**あさがほやいちりんふかき…**【朝顔や一輪深き淵の色】〈自筆句帳・蕪村〉訳朝顔が可憐な花を咲かせている。ふとその中の一輪に目を留めると、そこには藍のごとしとたとえられる深い淵の色がたたえられていることだ。(季―朝顔―秋)

〔俳句〕**あさがほやひるはぢゃうおろす…**【蕣や昼は錠おろす門の垣】〈藤の実・芭蕉〉訳草庵の垣根に朝顔が花を咲かせているが、昼にはしぼんでしまう。私も人々との交わりを断つため、昼間は錠をおろし、門を閉ざして閑居している。(季―蕣―秋)

あさかみの【朝髪の】[枕詞](朝起きたばかりの髪が乱れていることから)「乱る」にかかる。例「朝髪の思ひ乱れてかくばかり」〈万葉・四・七二四〉

あさかやま【あさか山】[枕詞]同音の繰り返しから「浅し」にかかる。例「あさかやまあさくも人のおもひいるかな」〈続古今・雑下・一七七五〉

あさかやま【安積山】[歌枕]陸奥国の山。いまの福島県郡山市日和田町付近の小高い山を指す。葛城王と美しい娘の伝説による歌で有名。

〔和歌〕**あさかやま…**【安積山影さへ見ゆる山の井の浅き心を我が思はなくに】〈万葉・一六・三八〇七・陸奥国前采女〉訳安積山の姿までも映し出す山の湧き水、その湧き水のように浅い心では私はあなたを思ってはおりませんのに。

〈参考〉「安積山」は、いまの福島県郡山市の山。上三句までが序詞。平安時代には手習い(習字)の初めとしたと『古今和歌集』仮名序にある。

あさがら【麻幹・麻殻】[名]麻の皮をはいだあとの茎。盂蘭盆などの魂祭りの箸としたり、迎え火として焼いたりする。また、日本画の下絵を描く焼き筆や、火打ち石の火口にもする。

あさかり【朝狩り】[名](「あさがり」とも)朝のうちにする狩り。↕夕狩り

あさがれひ【朝餉】[名]❶天皇が「朝餉の間」でとる、日常の食事。正式な食事である「大床子の御膳」に対していう。❷「朝餉の間」の略。

あさがれひのつぼ【朝餉の壺】[名]「朝餉の間」の西側にある庭。

あさがれひのま【朝餉の間】[名]天皇が「朝餉」をとる清涼殿の西廂の部屋。＝朝餉②。➡図版「碁」、[古典参考図]清涼殿

あさぎ【浅葱・浅黄】[名](本来は「浅い葱の葉の色」のこと。のち転じて「浅黄」とも書く)❶緑がかった薄い青色。❷六位の官人が着る①の色の袍。また、それを着る官人。

あさきた【朝北】[名](「あさぎた」とも)朝に吹く北風。→「あさごち」

あさぎぬ【麻衣】[名](「あさごろも」とも)❶麻布で仕立てた粗末な衣服。❷喪中に着る白い麻の衣服。

あさぎよめ【朝浄め】[名]庭などを、朝、掃き清めること。朝の掃除。

あさぎり【朝霧】[名]朝方の霧。↕夕霧。(季―秋)

〔朝霧隠り〕朝霧に隠れて。例「明け闇の朝霧隠り鳴きて行く」〈万葉・一〇・二一二九〉

〔朝霧籠り〕朝霧につつまれて。例「暁の朝霧ごもり雁がねぞ鳴く」〈万葉・一五・三六六五〉

あさぎりの【朝霧の】[枕詞](朝霧が深く立ちこめることから「おほ(＝ホノカニ)」「惑ふ」「乱る」「消やすし」「八重」などにかかる。例「朝霧の凡に相見し人故に」〈万葉・四・五九九〉

〔和歌〕**あさぎりの…**【朝霧の絶え間絶え間に色見れば秋の花野もうつろひにけり】〈浦の汐貝・熊谷直好〉訳朝霧の切れ目切れ目から、野原を見ると、秋の野の花はすっかり色あせてしまったことよ。

あさくさ【浅草】[地名]武蔵国の地名。いまの東京都台東区浅草。奈良以来の由来を伝える浅草寺を中心とした地域。近世、浅草寺は庶民の信仰を集め、付近には新吉原などの遊興地や幕府の米蔵があり町人でにぎわった。

あさぐつ【浅沓】[名]公卿・殿上人などが履いた底の浅いくつ。桐の木をくり抜いて漆を塗り、内側には絹布を張った。もとは革製。↕深沓。➡[古典参考図]男子の服装〈1〉、冠物・装具

あさぐもり【朝曇り】[名]朝、空の曇っていること。

あさくら【朝倉】[歌枕]筑前国の地名。いまの福岡県朝倉郡朝倉町。斉明天皇が造営した宮殿「木の丸殿」があった。

〔和歌〕**あさくらや…【朝倉や木の丸殿にわれをれば名のりをしつつゆくはたが子ぞ】**〈新古今・雑中・一六八九・天智天皇〉訳朝倉の木の丸殿に私がいると、自分の名を告げながら行くのは、いったいどこの家の子か。
〈参考〉「朝倉」は、筑前国、いまの福岡県朝倉郡朝倉町。

あさけ【朝明】[名]《「朝明け」の略》明け方。

〔**朝明の姿**〕朝、出ていく人の姿。とくに夜明け方、女の家を出て帰って行く男の姿。

あさけ【朝食】[名]《「け」は食事の意。後世「あさげ」とも》朝の食事。

あさけぶり【朝煙】[名]朝、食事の支度や炭焼き・かわら焼きなどをするために立ち上る煙。

あざけり【嘲り】[名]ばかにして笑うこと。嘲笑。

あざけ・る【嘲る】{ら・り・る・る・れ・れ}一[自ラ四]声を上げ詩歌を吟ずる。例「月に**あざけ・り**、風に**あざけ・る**こと絶えず」〈後拾遺・序〉二[他ラ四]ばかにする。

あさこぎ【朝漕ぎ】[名]朝、船を漕ぎ出すこと。

あさこち【朝東風】[名]《「あさごち」とも》明け方の東風。（季—春）。→「あさきた」「こち（東風）」

あさごほり【朝氷・浅氷】一[名]朝にはる薄い氷。二[枕詞]（氷が解ける意から）「解く」にかかる。例「**朝氷**とくる間もなき君により」〈拾遺・恋二・七三九〉

あさごろも【麻衣】[名]「あさぎぬ」に同じ。

あさざ【莕菜】[名]《『万葉集』では「あざさ」》水草の名。夏、黄色い花をつける。若葉は食用。＝花蓴菜。（季—夏）

あさざ【朝座】[名]《仏教語》法華八講など、朝夕二度に分けて行われる法会のうち、朝行われるもの。＝朝講。↔夕座

あささぶらひ【朝侍ひ】[名]天皇の御所に、夜中から朝まで仕えること。

あささむ[・なり]【朝寒】[名・形動ナリ]《「あささざむ」とも》秋の朝方に寒さを感じること。（季—秋）。↔夜寒

あささ・る【朝さる】{ら・り・る・る・れ・れ}[自ラ四]《「さる」はその時が来る意》朝になる。↔夕さる。例「**朝さ・れば**妹が手に巻く鏡なす」〈万葉・一五・三六二七長歌〉

あさ・し【浅し】[形ク]{から・く(かり)・し・き(かる)・けれ・かれ}❶**底や奥までの距離が短い。浅い。**↔深し①。例「世の中の憂きたびごとに身を投げば深き谷こそ**浅・く**なりなめ」〈古今・雑躰・一〇六一〉〔注〕「なりなめ」の「なめ」は、完了の助動詞「ぬ」の未然形＋推量の助動詞「む」の已然形。❷**ある時期に入って間もない。初めのころである。**↔深し③。例「春**浅・き**篠の籬に風冴えて」〈山家集・中〉❸**色や香りが薄い。淡い。**↔深し④。例「ふぢのはな色の**あさ・く**もみゆるかな」〈大和・六一〉❹**情が薄い。思いやりや愛情が少ない。**↔深し⑥。例「とくと思ふ船悩ますはわがために水の心の**浅・き**なりけり」〈土佐〉❺**あさはかだ。軽率だ。**↔深し⑦。例「うちつけなる御言の葉になむ、**浅・う**思ひたまへなりぬる」〈源氏・柏木〉《音便》「浅う」は「浅く」のウ音便。《係結び》「なむ→なりぬる(体)」。《敬語》「思ひたまへなりぬる」→「たまふ(下二段)」〈発展学習ファイル(5)〉。❻**程度が少ない。度合いが弱い。**↔深し⑧。例「かうあながちなりける契りを思すにも、**浅・から**ずあはれなり」〈源氏・明石〉《音便》「かう」は「かく」のウ音便。《敬語》「思すにも」→「おぼす」。❼**位・身分が低い。**例「位**浅・く**何となき身のほど」〈源氏・梅枝〉

〔**浅き根差し**〕卑しい生いたち・素性。例「**浅き根ざし**ゆゑやいかがと」〈源氏・松風〉

あさじのはら【浅篠原】[名]丈の低い篠竹の生えている野原。

〔歌謡〕**あさじのはら…【浅小竹原腰なづむ空は行かず足よ行くな】**〈記・中〉訳丈の低い篠竹の生い茂った原は、腰にまつわりついて行き悩む。（白鳥のように）空を飛べず、足で歩いて行くことよ。

あさしほ【朝潮】[名]朝の満ち潮。↔夕潮

あさしほみち【朝潮満ち】[名]朝満ちてくる潮。

あさじめり【朝湿り】[名]朝、霞や霧などのために物がしめった状態になること。例「薄霧の籬の花の**朝じめり**秋は夕べとたれか言ひけん」〈新古今・秋上・三四〇〉訳→〔和歌〕うすぎりの…

あさしもの【朝霜の】[枕詞]（朝の霜は消えやすいところから）「消」に、また同音の「木」にかかる。例「**朝霜の**消易き命」〈万葉・七・一三七五〉

あさすずみ【朝涼み】[名]《「あさすず」とも》夏、朝方の涼しいころ。また、そのころ風に吹かれて涼むこと。（季—夏）。↔夕涼み

あさせ【浅瀬】[名]川の、浅くて流れの速い所。和歌では、恋愛の問題に深入りしないさまを形容する場合がある。

〔**浅瀬にあだ波**〕思慮の浅い者は、事に当たって落ち着きをなくし、ただ大騒ぎすること。「底ひなき淵やはさわぐ山川の**浅き瀬にこそあだ波**はたて」〈古今・恋四・七二二〉訳→〔和歌〕そこひなき…による。

あさだ【浅田】[名]底の浅い田。↔深田

あさだち【朝立ち】[名]朝早くに出発すること。↔夜立ち

あさだ・つ【朝立つ】{た・ち・つ・つ・て・て}[自タ四]朝早く旅立つ。例「群鳥の**朝立・ち**行けば」〈万葉・六・一〇四七長歌〉

あさぢ【浅茅】[名]（荒れ地に生える）丈の低いチガヤ。和歌では、荒廃した雰囲気を表し、相手の心変わりを暗示する詠まれ方が多い。

〔**浅茅が露**〕「浅茅」に置く露。

あさぢがつゆ【浅茅が露】[作品名]鎌倉中期の擬古物語。作者未詳。『無名草子』に載る「浅茅が原の尚侍」とは別作品か。

あさぢがはな【浅茅が花】[名]「浅茅」の花。

あさぢがはら【浅茅が原】[名]「浅茅」が生えた野原。荒れ果てた土地・庭などの形容として用いられることが多い。＝浅茅原一

あさぢがやど【浅茅が宿】[名]「浅茅」が生い茂っているような、荒れ果てた家。＝浅茅生の宿

あさぢはら【浅茅原】一[名]「あさぢがはら」に同じ。二[枕詞]音の相似から「つばらつばら」にかかる。

あ

例「浅茅原つばらつばらに物思へば」〈万葉・三・三三三〉

あさぢふ【浅茅生】[名]「浅茅」が生えている所。

あさぢふの【浅茅生の】[枕詞]（浅茅の生えている野の意から）「野」「小野」にかかる。例「浅茅生の小野の篠原忍ぶとも」〈古今・恋一・五〇五〉

〔和歌〕**あさぢふの…**【浅茅生の小野の篠原忍ぶれどあまりてなどか人の恋しき】〈後撰・恋一・五七七・源等〉《百人一首・参議等》訳チガヤが生い茂っている小野の篠原、そのしのではないが、これまで忍んできたけれども思いがあふれて、どうしてこんなにもあなたが恋しいのでしょうか。

〈参考〉「浅茅生の小野の篠原」は、「忍ぶれど」を導く序詞。

あさぢふのやど【浅茅生の宿】[名]「あさぢがやど」に同じ。

あさつき【浅葱】[名]ユリ科の多年草。ネギに似るが、ネギよりも細い。食用。（季-春）

あさづきよ【朝月夜】[名]「あさづくよ」に同じ。

あさづくひ【朝づく日】一[名]朝日。↕夕づく日　二[枕詞]「向かふ」にかかる。例「朝づく日向かひの山に月立てり見ゆ」〈万葉・七・一二九四旋頭歌〉

あさづくよ【朝月夜】[名]❶《「あさづきよ」とも。「つくよ」は「月」の意》明け方の月。❷月の残っている明け方。（季-秋）。①②↕夕月夜一①②

あさづまぶね【朝妻舟・浅妻舟】[名]琵琶湖の東岸の朝妻（いまの滋賀県米原町）と、南岸の大津との間を往来した渡し船。遊女がこの船に乗っていたことから、この名が付いたともいわれる。

あさつゆ【朝露】[名]朝、草木などに置く露。消えやすくてはかないもののたとえに用いる。

〔俳句〕**あさつゆに…**【朝露によごれて涼し瓜の泥】〈笈日記・芭蕉〉訳畑の瓜についた土が、朝露にぬれて黒々と汚れて見えるが、それがかえって涼しさを感じさせてくれることだよ。（季-涼し・瓜-夏）

あさつゆの【朝露の】[枕詞]朝露が消えやすいところから「消やすし」に、はかないところから「わが身」「命」に、置くところから「置く」にかかる。例「朝露の消易き我が身」〈万葉・一一・二六八九〉

あさて【麻手・麻布】[名]《「あさで」とも》麻、または麻布の別称。

あさて【明後日】[名]あさって。みょうごにち。

あさで【浅手】[名]軽い傷。＝薄手。↕深手

あさで【朝出】[名]朝早くから外出すること。

あさてこぶすま【麻手小衾】[名]麻布で作った掛け布団。

あさと【朝戸】[名]朝、起きて開ける戸。

あさとあけ【朝戸開け】[名]朝、戸を開ける時分。

あさどこ【朝床】[名]朝、まだ起き出さないでいる床。朝寝の床。

〔和歌〕**あさとこに…**【朝床に聞けば遥けし射水川朝漕ぎしつつ唱ふ舟人】〈万葉・一九・四一五〇・大伴家持〉訳朝の床の中で聞くと遠くはるかな感じだ、射水川を朝漕ぎながら歌う舟人の声が。

〈参考〉「射水川」は、いまの富山県西部高岡市周辺の小矢部川。

あさとで【朝戸出】[名]朝早く戸を開けて、出ていくこと。↕夜戸出

あさとりの【朝鳥の】[枕詞]「朝立ち」「通ふ」「音泣く」にかかる。例「朝鳥の通はす君が」〈万葉・二・一九六長歌〉

あさな【朝菜】[名]朝食の副食物。朝食のおかずにする、海藻や野菜などのこと。↕夕菜

あざな【字】[名]❶中国で、成人男子が実名の他につけた名。日本でもこの風習にならい、文人や学生がつけた。❷通称としてもつ名。あだな。

あさなあさな【朝な朝な】[副]毎朝毎朝。朝になるたびに。＝朝なさな。↕夜な夜な。例「朝な朝な召しつる土大根らにさぶらふ」〈徒然・六八〉

あさなぎ【朝凪】[名]朝方、海岸で、陸風から海風に変わる間、しばらく風が止んで波が静かになること。↕夕凪

あさなけに【朝な日に】[副]「あさにけに」に同じ。

あさなさな【朝なさな】[副]《「あさなあさな」の変化形》「あさなあさな」に同じ。

あざなは・る【糾はる】[自ラ四]{ら・り・る・る・れ・れ}「あざはる」に同じ。

あざな・ふ【糾ふ】[他ハ四]{は・ひ・ふ・ふ・へ・へ}《「あざふ」から派生した語か》二つのものを一つにより合わせる。縄などをよる。例「吉凶は糾はれる索の如しといへり」〈太平記・二九〉

あさなゆふな【朝な夕な】[副]毎朝毎晩。明け暮れ。いつも。例「伊勢の海人の朝な夕なにかづくてふ」〈古今・恋四・六八三〉

あさにけに【朝に日に】[副]朝に昼に。いつも。＝朝な日に。例「朝に日に常に見れども」〈万葉・三・三七七〉

あさねがみ【朝寝髪】[名]朝、寝起きのままの乱れた髪の毛。＝寝腐れ髪

〔和歌〕**あさねがみ…**【朝寝髪我はけづらじうつくしき人の手枕触れてしものを】〈拾遺・恋四・八四九・柿本人麻呂〉訳朝の寝起きの乱れた髪を、私はくしけずるまい。いとしいあの人の手枕が触れたものなのだから。

あさの【浅野】[名]草がまばらに生えている野原。

あさのは【麻の葉】[名]染め模様の名。麻の葉をかたどり、六角の形状に菱形を図案化した模様。子供の産着などに用いられた。

あさはか【[・なり]】【浅はか】[形動ナリ]{なら・なり(に)・なり・なる・なれ・なれ}❶（空間的に）浅い。奥行きがない。例「浅はかなる廂の軒はほどもなき（＝端近イ）心地すれば」〈源氏・夕霧〉❷考えが足りない。軽率だ。例「うちつけに、あさはか・なりとご覧ぜられぬべきついでなれど」〈源氏・若紫〉❸とるに足りない。例「あさはか・なることにかかづらひてだに」〈源氏・須磨〉❹内容に深みがない。例「今のあさはか・なる〔絵〕も昔の跡に辱なく（＝ヒケヲトラズ）」〈源氏・絵合〉

あさはふ・る【朝羽振る】朝、鳥が羽ばたくこと。その羽ばたきのように風や波が立つことのたとえ。↕夕羽振る。例「朝はふる風こそ寄せめ」〈万葉・二・一三一長歌〉訳→〔和歌〕いはみのうみ…

あざは・る【糾はる】[自ラ四]{ら・り・る・る・れ・れ}《「あざなはる」とも》からみ合う。まつわりつく。例「まさき葛たたきあざは・り」〈紀・継体・歌謡〉

あさひ【朝日】［名］朝の太陽。

あさひかげ【朝日影】［名］《「影」は光の意》朝の日の光。

あさひこ【朝日子】［名］《「子」は親しみを込める意味で付ける接尾語》朝日。

あさひさす【朝日さす】［枕詞］（朝日が美しく照る意から）「春日」「豊浦寺」にかかる。例「**朝日さす**春日の山に霞たなびく」〈万葉・一〇・一八四四〉

あさひなす【朝日なす】［枕詞］「まぐはし（＝美シイ）」にかかる。例「**朝日なす**まぐはしも夕日なすうらぐはしも」〈万葉・一三・三二三四長歌〉

あさひのしゃうぐん【朝日の将軍】［名］《朝日が昇るように栄える将軍の意》木曾義仲の称号。

あさひのみや【朝日の宮】［名］伊勢神宮の内宮。皇大神宮。

あさびらき【朝開き】［名］停泊していた船が、朝早くに出港すること。例「**朝開き**漕ぎ出て来れば」〈万葉・一五・三五九五〉

あさ・ふ【浅ふ】［自ハ下二］｛へ・へ・ふ・ふる・ふれ・へよ｝❶家柄や地位などが低い。例「まだ位なども**浅・へ**たるほどを」〈源氏・竹河〉❷浅はかで思慮が足りない。例「さやうに**あさ・へ**たることは、かへりて軽々しきもどかしさなどもたち出でて」〈源氏・幻〉

あさ・ぶ【浅ぶ】［他バ四］｛ば・び・ぶ・ぶ・べ・べ｝「あさむ（浅む）㊁」に同じ。

あざ・ふ【糾ふ・叉ふ】［他ハ下二］｛へ・へ・ふ・ふる・ふれ・へよ｝からみ合わせる。組み合わせる。例「筆を抛って手を叉・へ、座をなをし給ふとぞ見へし」〈太平記・四〉

あさぶすま【麻衾】［名］麻布で作った粗末な夜具。

あさぼらけ【朝朗け】［名］朝、ほのぼのと明るくなったころ。明け方。

〔和歌〕**あさぼらけありあけのつきと…**【朝ぼらけ有り明けの月と見るまでに吉野の里に降れる白雪】〈古今・冬・三三二・坂上是則〉《百人一首》訳ほのぼのと夜が明けそめるころ、有り明けの月が出ているると見間違えるほどに、吉野の里に降り積もっている白雪よ。

〔和歌〕**あさぼらけうぢのかはぎり…**【朝ぼらけ宇治の川霧たえだえにあらはれわたる瀬々の網代木】〈千載・冬・四二〇・藤原定頼〉《百人一首・権中納言定頼》訳夜がほのぼのと明けてゆくころ、宇治の川面に立ちこめた霧がとぎれとぎれになり、その絶え間から次々と姿を現してくるあちこちの瀬の網代木よ。

あさま［・なり］【浅ま】［形動ナリ］｛なら・なり（に）・なり・なる・なれ・なれ｝❶奥深くないようす。例「〔海八〕無下に**あさま・に**候ふ」〈平家・一一・勝浦〉❷あらわなようす。むきだしだ。例「忍ぶ姿も現はれて、**あさま・になりぬ**」〈謡・玉井〉❸思慮が足りないようす。浅はかだ。例「桜と置かば、却って、年の敵かな、といへる処**あさま・に**成りなん」〈去来抄〉❹見た目が悪いようす。粗末だ。例「よろづ**あさま・になりぬ**」〈浮・好色一代男〉

あさま・し

［形シク］｛しから・しく（しかり）・し・しき（しかる）・しけれ・しかれ｝

> **アプローチ**
> ▼動詞「あさむ」に対応する形容詞とする語原説があるが、未詳。
> ▼意外なことに出くわしたときの驚きの感情を表す。
> ▼もともとは、事の善悪には関係なかったが、期待を裏切るのは、悪い方が多かったため、おもに不快な驚きを表すようになった。
> ▼これが時代につれ、がっかりだ、興ざめだ、情けないなど、さらにマイナスの意味に用いられる。

❶**驚きあきれるばかりだ。意外だ。びっくりだ。**例「宮も**あさま・しかり**しを思し出づるだに、世とともの御もの思ひなるを」〈源氏・若紫〉訳（藤壺の）宮も、**驚きあきれるばかりであった**（源氏との密会）を、お思い出しになることさえ、一生の御悩みの種なのだから。《敬語》「思し出づる」→「おぼす」

❷（期待を裏切られて）**がっかりだ。あきれて興ざめだ。**例「『必ず来なむ』と思ふ人を、夜一夜起き明かし待ちて、暁がたに、いささかうち忘れて寝入りにけるに、烏の、いと近く『かか』と鳴くに、うち見開けたれば、昼になりにける、いみじう**あさま・し**」〈枕・あさましきもの〉訳「必ず来てくれるだろう」と思う人を、一晩じゅう眠らずに待っていて、明け方にちょっと忘れて寝込んだところ、烏がたいそう近くで「かあかあ」と鳴くので、目を開けてみると、もう昼になってしまっているのは、ひどく**がっかりする**。《音便》「いみじう」は「いみじく」のウ音便。

❸**情けない。嘆かわしい。見苦しい。**例「ひたすら世をむさぼる心のみ深く、もののあはれも知らずなりゆくなん、**あさま・しき**」〈徒然・七〉訳（年老いて）もっぱら俗世の欲に執着する気持ちばかりがはなはだしくて、細やかな情感も知らなくなってゆくのは、**情けない**。《係結び》「なん」→「あさましき㊍」

❹（連用形を副詞的に用いて）**驚くほどに。ひどく。はなはだしく。**例「**あさま・しく**、対面せで、月日の経にけること」〈伊勢・四六〉訳**驚くほどに**、お会いしないままに（こんなに）月日がたったこと。

発展学習ファイル　現代語の「あさましい」のさもしい、がつがつしているという意味は、③の延長上に生まれてくる。相手に備わっていると思われる、品性への期待が裏切られた驚きを、とくに表すのである。その芽生えは、③の『徒然草』用例にもすでに見えている。

〔**あさましくなる**〕（意外な事態となる意から）「死ぬ」を遠回しにいう語。例「三月二十日、終にいとあさましくな・らせ給ひぬ」〈増鏡・春の別れ〉

あさましう　形容詞「あさまし」の連用形「あさましく」のウ音便。

あさましが・る【浅ましがる】［自ラ四］｛ら・り・る・る・れ・れ｝《「がる」は接尾語》驚きあきれる。例「人々**あさましが・り**て、寄りて抱へたてまつれり」〈竹取・燕の子安貝〉

あさましげ［・なり］【浅ましげ】［形動ナリ］｛なら・なり（に）・なり・なる・なれ・なれ｝あきれるほどひどい外見だ。例「**あさましげ・なる**犬の、わびしげなるが」〈枕・上にさぶらふ御猫は〉

あさまだき【朝まだき】［副］夜がまだ明けきらないころ。朝早く。例「**朝まだき**嵐の山の寒ければ紅葉の」

の錦着ぬ人ぞなき」〈拾遺・秋・二一〇〉訳→〈和歌〉あさまだき…

〈和歌〉**あさまだき…【朝まだき嵐の山の寒ければ紅葉の錦着ぬ人ぞなき】**〈拾遺・秋・二一〇・藤原公任〉訳朝まだ早い、嵐山の辺りは、吹き下ろす嵐が寒いので、紅葉の錦を着ない人はいない。〈参考〉「嵐の山」は「嵐」の意をかける。

あさまつりごと【朝政・朝庁】[名]《「朝政」の訓読語》❶天皇が朝早くに政務をとること。また、朝廷の政務。❷多くの役人が朝早くから執務すること。

あさまもり【朝守り】[名]朝、宮廷の門を警護すること。

あさまやま【浅間山】[歌枕]信濃国と上野国（いまの長野県と群馬県）の境にある活火山。噴煙に燃える恋の思いをたとえるのに用いられた。

あさみ【浅み】[名]《「み」は接尾語》水の浅い所。

あさみあ・ふ【浅み合ふ】[自ハ四]{は・ひ・ふ・ふ・へ・へ}互いに驚きあきれる。例「『これ見よ。まことなりけり』とあさみ合・ひたり」〈宇治拾遺・一・一八〉

あさみぐさ【朝見草】[名]「松」の別称。

あさみけいさい【浅見絅斎】[人名]（一六五二〜一七一一）江戸中期の儒学者。名は安正。山崎闇斎門下で、儒学思想を継承発展させる。著書『靖献遺言』。

あさみち【浅道】[名]川などの、水が浅く、歩いて渡れる所。

あさみどり【浅緑】㊀[名]薄緑色。薄い萌葱色。六位の袍の色であることから、多く六位を指す。㊁[枕詞]（浅緑色のものの意から）「柳」「野辺」「糸」などにかかる。例「**浅緑**糸よりかけて」〈古今・春上・二七〉訳→〈和歌〉あさみどりいとよりかけて…

〈和歌〉**あさみどりいとよりかけて…【浅緑糸よりかけて白露を玉にもぬける春の柳か】**〈古今・春上・二七・遍昭〉訳浅緑色の糸を縒って懸けて、白露を玉として貫いている春の柳よ。

〈和歌〉**あさみどりはなもひとつに…【浅緑花もひとつにかすみつつおぼろに見ゆる春の夜の月】**〈新古今・春上・五六・菅原孝標女〉訳空は薄緑色に花も区別がつかず一様にかすんで、おぼろに見える春の夜の月よ。

あさみや【朝宮】[名]朝の宮殿。また、朝、出仕すること。↔夕宮

あさみわら・ふ【浅み笑ふ】[他ハ四]{は・ひ・ふ・ふ・へ・へ}《「あざみわらふ」とも》❶驚きあきれて笑う。例「**あさみ笑・ひ**、あざける者どももあり」〈更級〉❷ばかにして笑う。あざわらう。

あさ・む{ま・み・む・む・め・め}㊀[自マ四]驚きあきれる。びっくりする。驚嘆する。例「よろづの事につけてめで**あさ・み**」〈源氏・若菜・下〉㊁【浅む】[他マ四]軽蔑する。侮る。＝浅ぶ。例「これを見る人、嘲り**あさ・み**て」〈徒然・四一〉

あさ・む【諫む】[他マ下二]{め・め・む・むる・むれ・めよ}《動詞「いさむ」の変化形》いさめる。忠告する。例「遂に兄を**諫・むる**情有すか」〈紀・垂仁〉

あざむ・く{か・き・く・く・け・け}㊀【欺く】[他カ四]❶いつわる。だます。❷みくびる。例「かかる事よりして、人には**あざむ・かるる**ぞ」〈平家・一・殿下乗合〉❸それに劣らない。しのぐ。例「弓矢取ること、養由を**あざむ・く**ほどの上手なり」〈義経記・四〉㊁【嘯く】[自カ四]詩歌を吟じる。→「あざける」

あさむらさき【浅紫】[名]紫草で染めた薄い紫色。また、二位・三位の宮人の着る「袍」の色。

あさもよし【朝裳よし・麻裳よし】[枕詞]《「よし」は詠嘆の助詞》麻で作った裳が紀の国の名産であったところから地名「紀」、また同音を含む地名「城上」にかかる。例「**あさもよし**紀の川の辺の妹と背の山」〈万葉・七・一二〇九〉

あさもよひ【朝催ひ】[名]朝食の準備。また、朝食どき。

あざやか[（・なり）]**【鮮やか】**[形動ナリ]{なら・なり(に)・なり・なる・なれ・なれ}❶色や形・姿などが、周囲のものに対してくっきりと際だつようす。❷新しいようす。新鮮だ。例「**あざやか・なる**畳一枚うち敷きて」〈枕・七月ばかり〉❸性質や行動がてきぱきとしているようす。例「**あざやか・に**ゐなほりたまひて」〈源氏・総角〉

あざや・ぐ【鮮やぐ】㊀[自ガ四]{が・ぎ・ぐ・ぐ・げ・げ}❶色・形などがきわだつ。目立つ。例「侍従も、あやしき（＝粗末ナ）褶着たりしを、〔今日ハ〕**あざや・ぎたれ**ば」〈源氏・浮舟〉❷（新しすぎて）ごつごつした感じがする。例「白き単衣の、いと情なく（＝風情モナク）**あざや・ぎたる**に」〈源氏・手習〉❸（人の性質が）きつい。はっきりしている。例「**あざや・ぎたる**御心には、しづめがたし」〈源氏・少女〉㊁[他ガ下二]{げ・げ・ぐ・ぐる・ぐれ・げよ}鮮やかにする。例「宮たちの御衣ばかりをぞ、**あざや・げ**させたまひて」〈栄花・一三〉

あさゆふ【朝夕】[名]❶（副詞的にも用いて）朝と夕方。朝と晩。転じて、朝に晩に。いつも。❷朝夕の炊事・食事。転じて、毎日の暮らし。生計。

あさゆふすずみ【朝夕涼み】[名]夏の朝夕の涼しいとき。

あさよひ【朝宵】[名]朝と夕。朝晩。いつも。

あさらか[（・なり）]**【浅らか】**[形動ナリ]{なら・なり(に)・なり・なる・なれ・なれ}あっさりしたさま。浅い。薄い。例「**浅らか・に**相見し人に恋ふるころかも」〈万葉・一二・二九六六〉

あざらか[（・なり）]**【鮮らか】**[形動ナリ]{なら・なり(に)・なり・なる・なれ・なれ}（魚や肉などが）新鮮で生き生きしているさま。例「ある人、**あざらか・なる**物持て来たり」〈土佐〉

あざらけ・し【鮮らけし】[形ク]{から・く(かり)・し・き(かる)・けれ・かれ}（魚や肉などが）新鮮だ。例「**鮮らけ・き**鯔（＝ボラ）を八隻（＝匹）買ひて」〈霊異記〉

あさらのころも【浅らの衣】[名]薄い色で染めた衣服。多く「浅らかに」を導く序詞として用いられる。

あさり【浅り】[名]海や川の、水の浅い所。浅瀬。＝浅み

あさり[（・す）]**【漁り】**[名・他サ変]❶動物が餌を探すこと。例「夕なぎに**あさり・する**鶴」〈万葉・七・一一六五〉❷漁をすること。例「大宮人し**あさり・す**らしも」〈万葉・七・一一八八〉❸探ること。物色すること。例「盗人**あさり・す**べしなどこそ言ふめれ」〈栄花・四〉

あざり【阿闍梨】[名]「あじゃり」に同じ。

あさりあり・く【漁り歩く】[自カ四]{か・き・く・く・け・け}❶鳥や獣が餌を探し求めてあちこち動き回る。例「川づらに放ち馬どもの**あさりあり・く**」〈蜻蛉・中〉❷人が食物や物を探し回る。

あさ・る【漁る】[他ラ四]{ら・り・る・る・れ・れ}❶(動物が)えさを探し求める。例「草香江の入り江に**あさる**葦鶴のたづたづの」〈万葉・四・五七五〉❷(人が)魚貝などをとる。漁をする。例「伊勢島や潮干の潟に**あさり**ても」〈源氏・須磨〉❸探し求める。

あざ・る【狂る・戯る】㊀[自ラ四]{ら・り・る・る・れ・れ}騒ぐ。例「神のまにまにと立ち**あざり**」〈万葉・五・九〇四長歌〉㊁[自ラ下二]{れ・れ・る・るる・るれ・れよ}❶ふざける。無作法に振る舞う。例「**あざれ**たるもの覗きは、いと便なきことにするを」〈大鏡・道長・上〉❷くつろぐ。うちとける。例「**あざれ**たる袿姿にて」〈源氏・紅葉賀〉

あざ・る【鯘る】[自ラ下二]{れ・れ・る・るる・るれ・れよ}(魚肉などが)腐る。鮮度が落ちる。例「海人の苞苴(=贈リ物ノ魚)、かよふあひだに**鯘・れぬ**」〈紀・仁徳〉

あざれあ・ふ【戯れ合ふ】アザレア(オ)ウ[自ハ四]{は・ひ・ふ・ふ・へ・へ}ふざけ合う。だらしなく取り乱し騒ぐ。例「潮海のほとりにて**あざれあ・へり**」〈土佐〉

あざれあり・く【戯れ歩く】[自カ四]{か・き・く・く・け・け}ふざけ回る。なれなれしく振る舞う。例「かけて思ひよらぬさまにたゆまず**あざれ歩・けば**」〈源氏・夕顔〉

あざれかか・る【戯れ掛かる】[自ラ四]{ら・り・る・る・れ・れ}なれなれしくする。からかって相手の気を引く。例「『聞きはやすべき人のある時、手な残いたまひそ』など、いたく**あざれかか・れば**」〈源氏・帚木〉

あざれがま・し【戯れがまし】[形シク]{しから・しく(しかり)・し・しき(しかる)・しけれ・しかれ}ふざけているように見える。例「すきずきしうあざれがま・しき今様の人の」〈源氏・胡蝶〉

あざれがましう アザレガマシュウ 形容詞「あざれがまし」の連用形「あざれがましく」のウ音便。

あざれごと【戯れ言】[名]冗談。とりとめもない話。

あざれば・む【戯ればむ】[自マ四]{ま・み・む・む・め・め}《「ばむ」は接尾語》好色めいた、ふざけた振る舞いをする。例「みづからの**あざれば・み**たるかたくなしさをもて離れよ」〈源氏・初音〉

あざわら・ふ【あざ笑ふ】アザワラ(ロ)ウ[自ハ四]{は・ひ・ふ・ふ・へ・へ}❶大声で笑う。例「われ賢にうち**あざ笑・ひ**て語るを」〈源氏・手習〉❷あざけって笑う。

あさゐれうい【浅井了意】アサイリョウイ[人名](一?〜一六九一)江戸前期の仮名草子作者。浄土真宗大谷派の僧。著書に『堪忍記』『可笑記評判』『御伽婢子』など。

あし【足・脚】[名]❶動物のからだを動かしたり、支えたりする器官。❷歩くこと。例「少し**足**慣れたる人」〈源氏・玉鬘〉❸物の下部にあって、上を支えるもの。❹船の水中につかっている部分。喫水。例「潮干なれ共小船なり、**足**は浅し」〈義経記・四〉❺船の進み具合。❻(「雨のあし」「風のあし」の形で)雨の降るさま。風の吹くさま。例「雨の**脚**横ざまに、騒がしう吹きたるに」〈枕・風は〉

〔**足たゆく**〕《「たゆし」は疲れてだるいの意》歩き疲れて足がだるくなるほど頻繁に。例「かれなで海人の**足たゆく来る**」〈古今・恋三・六二三〉

〔**足の気**〕足の病気。脚気。

〔**足踏む**〕足で物を踏む。例「剣太刀両刃の利きに**足踏・み**て」〈万葉・一一・二四九八〉

〔**足を限りに**〕足の力の続く限り。=足をはかりに

〔**足を食はる**〕アシヲクワル わらじの緒などで足を傷つける。例「藁沓に**足を食は・れ**て」〈金葉・雑下・六五八詞書〉

〔**足を空**〕足が地に着かないさま。例「**足を空**に思ひ惑ふ人多かり」〈源氏・賢木〉

〔**足を空に惑ふ**〕アシヲソラニマドウ 足を空中に浮かしてあわてて走る。地に足がつく間もないほど、あわてふためいているようすをいう。例「ことことしくののしりて(=ワメイテ)、**足を空に惑・ふ**」〈徒然・一九〉

〔**足をはかりに**〕「あしをかぎりに」に同じ。

あし【葦・蘆】[名]《「よし」とも》草の名。「難波」の代表的な景物。(季-秋)

〔**葦の仮寝**〕(「刈り根」に「仮寝」をかけて)ちょっと寝ること、または旅寝。例「難波江の**あしのかりね**の一夜ゆゑ身をつくしてや恋ひわたるべき」〈千載・恋三・八〇七〉訳→〔和歌〕なにはえのあしのかりねの…

〔**葦の篠屋**〕葦をすき間なく葺いた小屋。

〔**葦の角**〕(角のような形をしていることから)葦の若芽。あしづの。=葦牙。(季-春)

〔**葦の節の間・蘆の節の間**〕(葦の節と節との間は短いことから)時間の短いことのたとえ。例「難波潟短き**蘆のふしの間**も逢はでこの世を過ぐしよとや」〈新古今・恋一・一〇四九〉訳→〔和歌〕なにはがたみじかきあしの…

〔**葦の迷ひ**〕アシノマヨイ 和歌で、「葦」と「足」をかけて、葦の生い茂る間で行き先に迷うこと。例「知らざりし**あしのまよひ**の鶴の音を」〈狭衣・二〉

〔**葦の丸屋**〕葦で屋根を葺いた粗末な小屋。=葦の屋。例「夕されば門田の稲葉おとづれて**葦のまろ屋**に秋風ぞ吹く」〈金葉・秋・一七三〉訳→〔和歌〕ゆふさればかどたのいなば…

〔**葦の矢**〕葦で作った矢。宮中で大晦日の日に行われた「鬼遣らひ(追儺)」の際に、桃の木の弓につがえて鬼を射るために用いた。→「ついな」

〔**葦の屋**〕「あしのまろや」に同じ。

あし【銭】[名](足で走り回るように世間に流通するということから)金銭。おあし。例「多くの**銭**を給ひて、数日に営み出だして」〈徒然・五一〉

あ・し【悪し】[形シク]{しから・しく(しかり)・し・しき(しかる)・しけれ・しかれ}

> **アプローチ** ▼他と比べてではなく、本質的に悪いこと。劣っているものに対する、否定的な評価・不快感・嫌悪感を表す。

❶(善悪・良否・吉凶・正邪などについて)悪い。不適当だ。例「よきも**あ・しき**も、世に経る人のありさまの、見るにも飽かず聞くにもあまることを、後の世にも言ひ伝へさせまほしきふしぶしを、心に籠めがたくて言ひおきはじめたるなり」〈源氏・蛍〉訳(物語というものは)よいも**悪い**も、この世に生きている人のありさまの、見ても見飽きることもなく、聞くにもそれだけではもの足りないことを、後世(の人々)にも語り伝えさせたい、そうしたいろいろな事柄を、心に収めていられなくて、いい残し始めたものなのです。

❷(性質・状態・状況について)**悪い**。**不快だ**。**不都**

合だ。 とくに、動詞の連用形を受けて、…することが嫌だ、…しにくい、意を表す。例「あをによし奈良の大路は行き良けどこの山道は行き**悪しかりけり**」〈万葉・一五・三七二八〉訳（あをによし）奈良の都大路は歩きやすいけれど、この山道は歩き**にくい**ではないか。〔注〕「あをによし」は「奈良」の枕詞。

❸（気分・体調について調子が）**悪い。すぐれない。機嫌が悪い。**「心地悪し」「気色悪し」などの形で用いられることが多い。例「穢き所の物きこしめしたれば、御心地**悪しからむ**ものぞ」〈竹取・かぐや姫の昇天〉訳（かぐや姫は）きたない所（＝人間世界）のものを、召し上がったから、ご気分は、**悪い**でしょうよ。《敬語》「きこしめしたれば」→「きこしめす」

❹（技術・品質・外見について）**劣っている。まずい。**（技術が）**下手だ。**（品質が）**粗末だ。**（見た目が）**醜い。見苦しい。ぶざまだ。** 例「年ごろ、不動尊の火焔を**悪しく**書きけるなり」〈宇治拾遺・三・六〉訳（絵仏師良秀は）長年の間、不動尊の（うしろの）炎を、**下手に**描いてきた。

❺（身分・境遇について）**卑しい。貧しい。不幸だ。** 例「よくてやあらむ、**あしくて**やあらむ、いにし所も知らず」〈伊勢・九六〉訳（姿をくらました女は）幸せでいるのか、**不幸で**いるのか、行ってしまった所も分からない。《係結び》「や→あらむ㊍」

❻（天気・気性について）**はげしい。荒々しい。荒れている。** 例「楫取りらの、『北風**悪し**』といへば、船出ださず」〈土佐〉訳船頭どもが、「北風が**荒い**」というので、出航しない。①〜⑥↔好し

発展学習ファイル　類義語「**わろし**」は、（あまり）よくないの意で、他と比べたときの相対的な判断であり、否定の意識も「あし」ほど強くない。

〔**悪しき道**〕（仏教語。「悪道」の訓読語）「あくしゅ（悪趣）」に同じ。

〔**悪しき物**〕害をなすもの。魔物。物の怪。

あじ…【味…・鶴…】歴史的かなづかい「あぢ…」

あじ【阿字】［名］《仏教語》「阿」という字の意。「阿」は梵語の第一字母を漢字で表したもの。密教では、この字が一切の根源であるとし、宇宙の万物は不生不滅であるという真理を示すものとして尊ぶ。

あしあらひ【足洗ひ】［名］足で踏んで、物を洗うこと。例「ふるかたびらの**あしあらひして**」〈拾玉集〉

あしう【悪しう】形容詞「あし」の連用形「あしく」のウ音便。

あしうら【足占】［名］「あうら」に同じ。

あじか【簣】［名］竹・葦・わらなどで編んで作った、籠状の入れ物。野菜・草・土などを運ぶのに用いる。

あしかがたかうじ【足利尊氏】［人名］（一三〇五〜一三五八）室町幕府初代将軍。初名は高氏。『新千載和歌集』を執奏したが、完成前に死去。

あしかがよしまさ【足利義政】［人名］（一四三六〜一四九〇）室町幕府八代将軍。後継問題で応仁の乱を招く。晩年、東山に隠棲、東山文化の中心となった。家集『慈照院殿義政公御集』。

あしかがよしみつ【足利義満】［人名］（一三五八〜一四〇八）室町幕府三代将軍。晩年、北山に金閣を営む。世阿弥を庇護し、二条良基に有職を学んだ。

あしかき【葦垣】［名］（「あしがき」とも）葦を編んで作った粗末な垣根。

あしかきの【葦垣の】［枕詞］葦垣は古くなりやすく乱れやすいところから「古る」「乱る」に、また「外」「間近」「吉野」にかかる。例「**葦垣の**古りにし里と」〈万葉・六・九二八 長歌〉

〔和歌〕**あしかきの…**【葦垣の隈処に立ちて我妹子が袖もしほほに泣きしそ思はゆ】〈万葉・二〇・四三五七・防人歌・刑部千国〉訳葦の垣の片隅に立って、いとしいあの子が袖も絞るばかりに泣いていたのが、しぜんと思い出される。〈参考〉「泣きしそ」の「そ」は係助詞。連体形「思はゆる」で結ぶのが本来でここは違例。

あしかせ【足枷】［名］（「あしかせ」「あしがし」とも）二枚の厚い板に、それぞれ半円の穴をあけ、罪人の足を前後から挟みこんで、自由に動けないようにした刑具。

あしかた【足形】［名］（「あしがた」とも）足跡。

あしがちる【葦が散る】［枕詞］（葦の花が散る難波の実景から）「難波」にかかる。例「**葦が散る**難波に年は経ぬべく思ほゆ」〈万葉・二〇・四三六二〉

あしがなへ【足鼎】［名］底に三本の足が付いた金属製の器。→「かなへ」

あしがに【葦蟹】［名］葦辺にすむカニ。

あしがね【足金】［名］太刀の鞘に付ける二か所の環型の金具。緒を通してつり下げる。＝足金物

あしかび【葦牙】［名］葦の芽。＝葦角・葦若

あしがも【葦鴨】［名］（葦の生えている所に群がっていることから）鴨の別称。（季―冬）

あしがもの【葦鴨の】［枕詞］（鴨が葦辺に群れる習性から）「うち群る」にかかる。例「**葦鴨の**うち群れてこそわれは来にけれ」〈土佐〉

あしがら【足柄】［歌枕］相模国の地名。いまの神奈川県足柄上郡にある金時山の北一帯。箱根の山に連なる足柄山は旧東海道が通り、金太郎（坂田金時）と山姥の伝説で有名。

あしがらをぶね【足柄小舟】［名］相模国（いまの神奈川県）の足柄山の木材で造られた舟。舟足が速いという。

あしかり【葦刈り】［名］葦を刈ること。また、その人。（季―秋）

あしかりをぶね【葦刈り小舟】［名］刈った葦を運ぶのに用いる舟。

あしがる【足軽】［名］鎌倉時代末ごろから現れた雑兵。室町以降は大名の常備兵として、戦時には歩兵となった。ふだんは雑役などに服し、弓組・槍組・鉄砲組などに属した。江戸時代には最下層の武士として位置づけられた。

あしぎぬ【絁】［名］（「悪し絹」の意）太い糸で織られた粗悪な絹織物。＝太絹

あしく【悪しく】［副］《形容詞「悪し」の連用形の副詞化》悪く。下手に。例「この燕の子安貝は、悪しくたばかりて取らせたまふなり」〈竹取・燕の子安貝〉

あしく・す【悪しくす】［他サ変］{せ・し・す・する・すれ・せよ}不快に思う。気分を害する。例「これに**悪しく・せられては**、この近き世界にはめぐらひなむや」〈源氏・玉鬘〉

あしくぶつ【阿閦仏】［名］《仏教語。「あしゅくぶつ」とも。「阿閦」は梵語の音訳で、不動・温和の

意》大日如来の教えを受け、東方に善快浄土を建てた仏。密教では金剛界五仏のひとつ。病人に姿をかえて光明皇后の信仰心を試したという。

あしげ【葦毛】［名］馬の毛色の名。白い毛に青や黒などの毛が混じったもの。

あしげ［・なり］【悪し気】［形動ナリ］（なら・なり（に）・なり・なる・なれ・なれ）いかにもよくないようす。見苦しいさま。みすぼらしく粗末に見えるさま。例「〔下衆タチガ〕**悪しげ・なる**柚や梨やなどをなつかしげにもたりて」〈蜻蛉・上〉

あしけひと【悪しけ人】《「悪しけ」は「悪しき」の上代東国方言》悪者。嫌な人。

あしこ【彼処】［代名］《遠称の指示代名詞。場所を指す語》あそこ。例「なほ、**あしこ**もとに〔ゴアイサツニ出マシニナッテ〕」〈源氏・宿木〉

あしこもと【彼処許】［代名］《遠称の指示代名詞。話し手・聞き手両者から離れた場所を指す語》あそこ。あの辺り。

あしざま［・なり］【悪し様】［形動ナリ］（なら・なり（に）・なり・なる・なれ・なれ）悪いようすだ。↔善様。例「いみじき吉相の夢も**あしざま・に**あはせつれば違ふ」〈大鏡・師輔〉

あししろ【足代】［名］❶高い所に登る足がかりにするため、材木などを組んでつくった足場。❷物事の基礎。準備。

あしじろのたち【足白太刀】［名］「足金」が銀で作られた太刀。

あしすだれ【葦簾】［名］葦で作ったすだれ。とくに「諒闇」で服喪中の天皇の仮屋には、鈍色の布で縁取ったものをかけた。

あしずり【足摺り】［名］嘆いたり怒ったりしてじだんだを踏むこと。例「**足摺り**をして泣けどもかひなし」〈伊勢・六〉

あしす・る【足摺る・足摩る】［自ラ四］（ら・り・る・る・れ・れ）悲しみや怒りで、じだんだを踏む。例「立ち躍り足す・り叫び伏し仰ぎ」〈万葉・五・九〇四長歌〉

あした【朝】［名］❶**あさ**。例「朝に死に夕べに生まるるならひ、ただ水の泡にぞ似たりける」〈方丈記〉《係結び》「ぞ↓似たりける㊍」。❷（前夜に何か事が起こったあとの）**翌朝**。**あくる朝**。例「野分の**朝**こそをかしけれ」〈徒然・一九〉《係結び》「こそ↓をかしけれ㊁」

> **古語深耕**　「あした」と「あかつき」「つとめて」「あさ」との違い
>
> 類義語としては「**あかつき**」「**つとめて**」「**あさ**」などがある。「**あかつき**」は夜が明ける前のまだほんとうに暗い時間帯をいい、「**つとめて**」は早朝を意味する。「**あさ**」は「**あした**」と同じ時間帯を指すが、中古では昼と夜のそれぞれを中心にした時間の区分があり、「**あさ**」「**ひる**」「**ゆふ**」と続く昼の始まりを表す「**あさ**」に対して、「**あした**」は「**ゆふべ**」「**よひ**」「**よなか**」「**あかつき**」「**あした**」と続く夜の終わりを表す語として用いられた。「**あした**」が「明日（翌日）」の意で用いられるのは近世以降で、「翌日」の意味の語としては、古くは「**あす**」が用いられた。➡「あかつき」〈古語深耕〉

〔**朝の霜**〕消えてなくなることの比喩に用いられる。朝に降りた霜。

〔**朝の露**〕❶朝露。朝、草や葉に置く露。❷人生の短く、はかないさまのたとえ。例「**朝の露**にことならぬ世を」〈源氏・夕顔〉

あしだ【足駄】［名］下駄の総称。歯の低い「平足駄」と、歯の高い「高足駄」があった。

あしだか［・なり］【足高】［形動ナリ］（なら・なり（に）・なり・なる・なれ・なれ）足が長いさま。例「鶏の雛の、**あし高・に**、白うをかしげに」〈枕・愛しきもの〉

あしだち【足立ち】［名］足場。足がかり。例「**足だち**のよからう方へは向かはん」〈平家・九・老馬〉

あしたづ【葦鶴・葦田鶴】［名］（葦の生えている水辺にいることから）鶴の別称。

あしたづの【葦鶴の・葦田鶴の】［枕詞］鶴が鳴く意から「音泣く」に、同音の繰り返しから「たづたづし（＝心細イ）」にかかる。例「**葦鶴の**音のみし泣かゆ」〈万葉・三・四五六〉

あしたどころ【朝所】［名］「あいたんどころ」に同じ。

あしたのしもの【朝の霜の】「おく」にかかる序詞。例「君に今朝**朝の霜の**おきていなば」〈古今・仮名序〉

あしたのはら【朝の原】［歌枕］大和国の地名。いまの奈良県北葛城郡王寺町から香芝市にかけての原。歌には付近の丘陵もふくめ「片岡の朝の原」と詠まれる。「明日」「今日」などと関連づけ、若菜摘みの初春や紅葉の秋の景物が詠まれた。

〔俳句〕**あしだはく…**【**足駄はく僧も見えたり花の雨**】〈笈の小文・杜国〉訳 多くの参拝者にまじって、高い歯の付いた下駄をはいた僧が歩いていくのが見える。ここ長谷寺は桜が咲き乱れ、その上に静かに春の雨が降り注いでいる。（季―花―春）

あしだま【足玉】［名］古代、足首につけた飾りの玉。

あしだまり【足溜まり】［名］❶いちじ足をとどめる所。また、根拠地。❷足をかける所。足がかり。例「甲の鉢を**足だまり**にして」〈太平記・三四〉

あしたゆふべ【朝夕べ】［名］朝夕。いつも。

あしつき【葦付き】［名］川の中の葦の茎や石の表面に付着する海苔のような藻。食用となる。

あしつ・く【足突く】［自カ四］（か・き・く・く・け・け）《近世語》つまずく。失敗する。例「悪うろたへ**足つ・く**など八方を睨めまはし」〈浄・今川了俊〉

あしづつ【葦筒】［名］葦の茎の内側についている薄い皮。薄いもののたとえに用いた。

あしづつの【葦筒の】［枕詞］（葦筒が薄いことから）「薄し」「一重」にかかる。例「**あしづつの**ひとへも君を我や隔つる」〈後撰・恋三・六三五〉

あしづの【葦角】［名］葦の芽。＝葦牙・葦若

あしづを【足津緒】［名］弦を琴に結びつけるためのひも。古くは四季折々に色を変えたが、のちに白・黄・緑・青の四色をよった組み糸を用いるようになった。

あしで【葦手】［名］「葦手書き」の略。

あしでがき【葦手書き】［名］平安時代に行われた仮名文字の絵画的書き方。戯れ書き。和歌などの文字を細長くくずし、水辺に群生した葦や岩や水鳥などを文字化して書いた技法。＝葦手

あしてかげ【足手影】［名］❶手足のかげかたち。お

もかげ。❷人でにぎわっている所。

あしなか【足半・足中】［名］走りやすくするために、足の裏の前半分の部分しかない短い草履。室町時代に、武士や僧などが用いた。

あしなが【足長】［名］足がきわめて長い、想像上の人間。→「てなが」

あしなへ【蹇へ・跛へ】［名］足に故障があり、歩行が不自由なこと。また、その人。

あしなみ【足並み】［名］人馬の行列などの足どりのそろい方。歩調。

あしなみに【足並みに】［副］一歩前進するごとに。例「**足並みに**、轡を浸して攻め戦ふ」〈謡・八島〉

あしな・る【足馴る】［自ラ下二］｛れ・れ・る・るる・るれ・れよ｝歩き慣れる。例「少し**足馴・れ**たる人は、疾く御堂に着きにけり」〈源氏・玉鬘〉

あしに【葦荷】［名］刈り取って束ねた葦の積み荷。

あしね【葦根】［名］葦の根。和歌では、表面に見えず、下に広がるものというイメージで用いられる。

あしねはふ【葦根はふ】［枕詞］（葦根は水底や水底の泥土の中をはうことから）「下」「憂き」にかかる。例「**葦根はふ**下にのみこそ沈みけれ」〈拾遺・雑下・五七二長歌〉

あしのねの【葦の根の】［枕詞］「ねもころ」「分く」「世」「夜」「短し」「憂き」にかかる。例「**葦の根の**ねもころ思ひて結びてし」〈万葉・七・一三二四〉

あしはや【・なり】【足速】［名・形動ナリ］（「あしばや」とも）❶歩く速度が速いこと。また、そういう人。❷船の速度が速いこと。＝足速

あしはやをぶね【足速小舟】［名］（「あしばやをぶね」とも）速度の速い小舟。

あしはら【葦原】［名］葦の生えている広い原。

〔**葦原の国**〕《葦の生い茂っている国の意》日本国の別称。

〔**葦原の中つ国**〕《天上の高天原と地下の黄泉の国との中間にある、葦の生い茂った国の意》日本国の別称。

〔**葦原の瑞穂の国**〕《葦の生い茂る広い原の中で、稲穂がみずみずしく実っている国の意》日本国の別称。

あしひ【葦火】［名］（後世では「あしび」。「あしふ」とも）干した葦を燃料としてたく火。

あしび【馬酔木】［名］（「あせび」「あせぼ」「あせみ」とも）木の名。葉に毒があり、馬や牛が食べると中毒を起こし、酔ったようになる。（季―春）

あしひきの　［枕詞］（のちに「あしびきの」とも）「山」「峰」などにかかる。例「**あしひきの**山の黄葉にしづくあひて散らむ山路を君が越えまく」〈万葉・一九・四二二五〉〔注〕「越えまく」は動詞「越ゆ」の未然形＋推量の助動詞「む」の名詞化したもの。

〔和歌〕**あしひきのやまがはのせの…**【あしひきの山川の瀬の鳴るなへに弓月が岳に雲立ち渡る】〈万葉・七・一〇八八・柿本人麻呂歌集〉訳〔あしひきの〕山川の瀬の音が鳴り高まってくるにつれて、弓月が岳に一面に雲がわき起こってくる。

〈参考〉「あしひきの」は「山」の枕詞。「なへ」は二つの事態が同時に生じていることを示す。「弓月が岳」は三輪山東北の巻向山の最高峰。

〔和歌〕**あしひきのやまどりのをの…**【あしひきの山鳥の尾のしだり尾のながながし夜をひとりかも寝む】〈拾遺・恋三・七七八・柿本人麻呂〉（百人一首）訳〔あしひきの〕山鳥の尾、その長く垂れさがった尾のように長い長い一夜を、私はひとり寂しく寝ることになるのだろうか。（係結び）「かも→寝む体」

〈参考〉「あしひきの」は、「山」の枕詞。上の句全体が、「ながながし」を導く序詞。

〔和歌〕**あしひきのやまのしづくに…**【あしひきの山のしづくに妹待つと我立ち濡れぬ山のしづくに】〈万葉・二・一〇七・大津皇子〉訳〔あしひきの〕山のしずくに、あなたを待とうと、私はたたずんでいて濡れてしまった。山のしずくに。

〈参考〉「あしひきの」は「山」の枕詞。

あしびなす【馬酔木なす】［枕詞］（馬酔木の花が一斉に咲き栄える意から）「栄ゆ」にかかる。例「**あしびなす**栄えし君が掘りし井の石井の水は飲めど飽かぬかも」〈万葉・七・一一二八〉

あしふ【葦火】［名］（「ふ」は「火」の意の上代東国方言）「あしひ」に同じ。

あしぶち【足斑】［名］膝から下の毛の色が、四本の足とも白い馬。

あしぶみ【足踏み】［名］（「あしふみ」とも）❶舞などでの足の運び方。足どり。❷足拍子。

あしべ【葦辺】［名］（「あしへ」とも）葦の生えている水のほとり。例「**葦辺**をさして鶴鳴き渡る」〈万葉・六・九一九〉訳→〔和歌〕わかのうらに…

〔和歌〕**あしへゆく…**【葦辺行く鴨の羽がひに霜降りて寒き夕へは大和し思ほゆ】〈万葉・一・六四・志貴皇子〉訳枯れた葦のほとりの水面を流れ行く鴨の羽と羽の重なり合った所に霜が降りて、寒い日暮れ時には妻の居る故郷大和がしぜんと思われる。

あじほんぷしゃう【阿字本不生】［名］（仏教語）密教の根本の教え。万物は不生不滅すなわち空であるという真理を、「阿」字（梵語の十二母音の第一字）が象徴しているとすること。

あしま【葦間】［名］葦の茂みの間。例「**葦間**より見ゆる長柄の橋柱」〈拾遺・雑上・四六八〉

あしまくら【葦枕】［名］葦の生えている水辺で旅寝すること。例「波かくる難波の里の**あしまくら**」〈夫木・雑一四〉

あしまゐり【足参り】［名］「みあしまゐり」に同じ。

あしみ・す【悪しみす】［他サ変］｛せ・し・す・する・すれ・せよ｝（形容詞「悪し」の語幹＋接尾語「み」＋動詞「す」）悪くする。例「翁人一人、専女一人、あるが中に心地悪しみ・して」〈土佐〉

あしもと【足下・足元】［名］❶足で立っている所。❷身近なところ。身の回り。❸足の運びぐあい。足つき。

あしや【葦屋】［名］葦で屋根を葺いた粗末な家。＝葦の丸屋

あしや【蘆屋・芦屋】［歌枕］摂津国の地名。いまの兵庫県芦屋市を中心とした地域。菟原処女をめぐる血沼壮士と菟原壮士との妻争い伝説で有名。＝蘆の屋

網代　宇治川に仕掛けた網代の梁に、大きな鯉がかかった。腹を割くと、中から、なんと院宣が現れた。所領争いの勝者が、誤ってその裁決書を川に落とし、鯉がのみこんだものらしい。（石山寺縁起）

あしゃう【亜相】［名］《「丞相（大臣）」に亜ぐ意》「大納言」の唐名。＝亜槐

あじゃら［名］《近世語》冗談。

あじゃり【阿闍梨】［名］《梵語の音訳。「あざり」とも》❶高徳の僧。❷密教で伝法灌頂（秘伝を伝授する儀式）を受けた僧。

あしゅくぶつ【阿閦仏】［名］「あしくぶつ」に同じ。

あしゆひ【足結ひ】［名］「あゆひ」に同じ。

あしゆひのくみ【足結ひの組み】机や、足付きの台の上にかけた「打ち敷き（＝敷物）」がとれないように、四隅を足に結び付ける組みひも。

あしゅら【阿修羅】［名］《仏教語。梵語の音訳》❶古代インドの鬼神。「あすら」とも。「八部衆」のひとつで、仏法の守護神。＝修羅。❷「阿修羅王」の略。❸「阿修羅界」「阿修羅道」の略。

あしゅらかい【阿修羅界】［名］《仏教語》「十界」のひとつ。阿修羅の住む、憤怒や闘争に明け暮れしている所。＝阿修羅③・阿修羅道・修羅界・修羅道

あしゅらだう【阿修羅道】［名］「あしゅらかい」に同じ。＝阿修羅③

あしゅらわう【阿修羅王】［名］《仏教語》阿修羅界の王。正法を滅ぼそうと、梵天や帝釈天と闘争する魔神。＝阿修羅②

あしよし【悪し善し】［名］悪いことと善いこと。悪と善。吉凶。

あしよわぐるま【足弱車】［名］車輪が弱くて進むのがのろい車。

あしらひ［名］《「あひしらひ」の変化形》❶取り扱い。もてなし。対応。応答。❷取り合わせ。

あじろ【網代】［名］《「あむじろ」とも。「あ」は網、「しろ」は代わり。網の代わりの意》❶漁具のひとつ。冬、川の瀬に竹などを編んだものを立てかけ、端に簀をつけて氷魚をとるのに用いた。（季-冬）。❷檜・竹などを薄く削り、縦横・斜めに編んだもの。垣根・天井・屏風などに用いた。❸「網代車」の略。

〔網代の魚〕「あじろのひを」に同じ。

〔網代の罪〕殺生罪のひとつ。網代を仕かけて魚を捕らえることで、仏法の殺生戒を犯した罪。

〔網代の氷魚〕網代の中に入った魚。逃げようとしても逃げられない状態のたとえ。＝網代の魚

あじろがさ【網代笠】［名］「網代②」で作った笠。おもに夏に用いた。

あじろぎ【網代木】［名］「網代①」を支えるため川の中に打つ杭。（季-冬）

あじろぐるま【網代車】［名］「牛車」の形態のひとつ。屋形を竹やヒノキの薄板で網代に組んだ車。四位・五位以下の人の常用の車で、大臣や大将・大納言たちは略式用として用いた。＝網代③。➡［口絵］牛車彩々

あじろごし【網代輿】［名］「手輿」の形態のひとつ。屋形を竹やヒノキの薄板で網代に組んだ輿。鎌倉時代以後、親王や摂関などの常用となった。

あじろひと【網代人】［名］「あじろもり」に同じ。

あじろびゃうぶ【網代屏風】［名］「網代②」を張った屏風。

あじろひろのり【足代弘訓】［人名］（一七八四～一八五六）江戸後期の国学者。伊勢の神官家に生まれた。本居春庭に師事。本居学派の中心的存在。著書に『海士の囀』『伊勢の家づと』など。

あじろもり【網代守り】［名］夜、かがり火をたいて、「網代①」の番をする人。＝網代人。（季-冬）

あしわか【葦若】［名］葦の芽。＝葦牙・葦角

あしわけ【葦分け】［名・形動ナリ］葦の生い茂っているところを舟などで分け進むこと。障害の多いことにたとえる。

あしわけをぶね【葦分け小舟】［名］葦の茂みを押し分けて進む小舟。障害の多いことにたとえる。

あしを【足緒】［名］❶鷹狩りのとき、鷹の足につなぐひも。❷太刀を腰に帯びるためのひも。

あす【明日】［名］あした。翌日。

〔明日知らぬ〕明日はどうなるか分からない。例「明日知らぬ我が身と思へど」〈古今・哀傷・八三八〉訳→〔和歌〕あすしらぬ…

〔明日の淵瀬〕（「世の中はなにか常なる飛鳥川

昨日の淵ぞ今日は瀬になる」〈古今・雑下・九三三〉 訳 →〔和歌〕よのなかはなにかつねなる…の和歌から）明日になったらどう変わるか、将来のことは分からない、というたとえ。

あ・す［他サ四］{さ・し・す・す・せ・せ}満たす。いっぱいにする。例「奉り来し御酒ぞあさず飲せ」〈記・中・歌謡〉

あ・す［自サ下二］{せ・せ・す・する・すれ・せよ} 一【浅す】（水が）浅くなる。涸れる。例「山はさけ海はあせなむ世なりとも」〈金槐集・下〉 訳 →〔和歌〕やまはさけ…。 二【褪す】❶（色などが）さめる。移ろい変化する。例「濃きむらさきの色しあせずは」〈源氏・桐壺〉 ❷衰える。例「わたつみとたのめし事もあせぬれば」〈後撰・恋三・六一八〉

あず【崩岸】［名］くずれやすく危険な岸。また、くずれたがけ。

あすか【明日香・飛鳥】［歌枕］大和国の地名。いまの奈良県高市郡明日香村を中心とする地域。「飛ぶ鳥の明日香」と呼ばれたことから、「飛鳥」の字をあてる。奈良以前は都が置かれ政治・文化の中心。

〔明日香の都〕古代、大和国の明日香地方に置かれた都の総称。允恭・顕宗両天皇、および推古から持統まで（孝徳・天智・弘文の三天皇を除く）の各天皇の都。

あすかがは【飛鳥川】［歌枕］大和国の川。いまの奈良県高市郡明日香村から大和川へ流れ込む川の呼称。洪水のたびに流れが変わり淵や瀬が定まらないことから、世の移り変わりの早さ、人の世の無常のたとえとされた。

〔飛鳥川の淵瀬〕（「世の中はなにか常なる飛鳥川昨日の淵ぞ今日は瀬になる」〈古今・雑下・九三三〉 訳 →〔和歌〕よのなかはなにかつねなる…の歌から）世の中は一定不変でないこと、変わりやすいことをたとえていう。

あすかのをかもとのみや【飛鳥の岡本宮】［名］舒明天皇・斉明天皇の皇居。奈良県高市郡明日香村岡の地（一説に同村の「雷丘」の東北部）にあったという。斉明天皇の皇居は「後の岡本宮」ともいう。

あずかる【与る・預かる】歴史的かなづかい「あづかる」

あすかゐけ【飛鳥井家】［名］『新古今和歌集』の撰者のひとり藤原雅経を祖とし、和歌・蹴鞠の二道で代々朝廷に仕えた家柄。家名は、邸宅近くにあった飛鳥井という井戸の名に由来する。

あすかゐのひめぎみ【飛鳥井姫君】［人名］『狭衣物語』の登場人物。主人公の狭衣の忍び妻となるが、乳母の策略により懐妊したまま行方不明となり、のち入水する。

あすかゐまさあり【飛鳥井雅有】［人名］（一二四一〜一三〇一）鎌倉中期の歌人・源氏学者。飛鳥井雅経の孫。家集『隣女和歌集』。

あすかゐまさつね【飛鳥井雅経】［人名］（一一七〇〜一二二一）平安後期から鎌倉前期の歌人。「藤原雅経」ともいう。飛鳥井流蹴鞠の祖。後鳥羽院歌壇の歌合わせ・百首歌に多数参加。『新古今和歌集』の撰者。家集『明日香井和歌集』。

あすかゐまさよ【飛鳥井雅世】［人名］（一三九〇〜一四五二）室町前期の歌人。父は雅縁。『新続古今和歌集』の撰者。

あすしらぬ…【明日知らぬ我が身と思へど暮れぬ間の今日は人こそ悲しかりけれ】〈古今・哀傷・八三八・紀貫之〉 訳 明日の命も分からないはかないわが身とは思うけれど、日が暮れない間の今日のうちは、亡くなったあの人のことが悲しく思われることだ。（係結び）「こそ→悲しかりけれ㊀」

あすとての【明日とての】明日何かが行われるという、その前日の。例「明日とての暮れには、院の御墓拝みたてまつりたまふとて」〈源氏・須磨〉

あすはひのき【明日は檜】［名］（明日は檜になろうの意）アスナロの別称。＝明日檜

あずま【東・東国・吾妻】歴史的かなづかい「あづま」

〔和歌〕**あすよりは…**【明日よりは春菜摘まむと標めし野に昨日も今日も雪は降りつつ】〈万葉・八・一四二七・山部赤人〉 訳 明日からは春菜を摘もう、と目印の縄を張っておいた野に、昨日も今日も雪は降りつづいて。

あすら【阿修羅】［名］「あしゅら」に同じ。

あせ【汗】［名］❶汗。❷（斎宮の忌み詞で）血。

〔汗あゆ〕汗がしたたり落ちる。例「天人は汗あゆる事なきに脇の下より汗あえきぬ」〈今昔・一・一〉

あせ【吾兄】［代名］（上代語。対称の人称代名詞。男性を親しんで呼ぶ語）あなた。多く「あせを」の形で、歌謡のはやしことばに用いる。例「尾津崎なる一つ松吾兄を（＝オ前ヨ）」〈記・中・歌謡〉

あぜ【何】［副］（上代東国方言）疑問・反語の意を表す。どうして。どのように。例「我が背なはあぜそも今夜よしろ来まさぬ」〈万葉・一四・三四六九〉

あぜか【何か】（上代東国方言。副詞「何」＋係助詞「か」）なぜか。どういうわけでか。例「あぜか絶えむと言ひし児ろはも」〈万葉・一四・三五一三〉

あせ・ぐ・む【汗ぐむ】［自マ四］{ま・み・む・む・め・め}（「ぐむ」は接尾語）汗ばむ。じっとり汗をかく。例「御馬の数つかまつりにければ、汗ぐみにけり」〈古今著聞・三六三〉

あぜくら【校倉】［名］（「あぜ」は交差させる意）古代建築様式のひとつ。断面が三角形の木材を井桁の形に組んで積み上げ、壁にした倉。高床式で通風・防湿にすぐれる。奈良時代に流行し、東大寺の正倉院はとくに有名。

あぜち【按察使】［名］（「あんさつし」とも）地方行政の監督・視察をつかさどる官職。奈良時代には諸国に置かれたが、平安時代には陸奥・出羽以外は大納言・中納言などの兼職となり、名義上のものになった。

あせとり【汗取り】［名］肌に直接着て汗をしみとらせ、上着に汗の付くのを防ぐ肌着。（季―夏）

あせは・つ【褪せ果つ】［自タ下二］{て・て・つ・つる・つれ・てよ}見る影もなくあせる。荒れ果てる。例「〔寺ナドガ〕かばかりあせ果てんとはおぼしてんや」〈徒然・二五〉

あせび【馬酔木】［名］「あしび」の別称。

あせみづ【汗水】［名・形動ナリ］びっしょりとぬれるほどの汗。汗だくなさま。（季―夏）

〔汗水になる〕流れるほど汗をかく。汗だくになる。例「新大納言は一間なる所に押し込められ、あせ水になりつつ」〈平家・二・小教訓〉

あせゆ・く【浅せ行く】［自カ四］{か・き・く・く・け・け}❶水などが減ってしだいに浅くなる。❷物事が悪い方へ変わっていく。例「何事もみな口惜しくあせゆく世の末なれ

ど」〈とりかへばや〉❸色が薄くなっていく。

あそ［名］男子を親しみ敬愛して呼ぶ語。おかた。例「内のあそ汝こそは世の長人」〈記・下・歌謡〉

あそうぎ【阿僧祇】［名］《仏教語。梵語の音訳》❶数え切れぬほど大きい数。❷「阿僧祇劫」の略。

あそうぎこふ【阿僧祇劫】［名］《仏教語。「劫」は、長い時間の意》無限に長い時間。＝阿僧祇

あそこ【彼処】［代名］《遠称の指示代名詞》あの所。あちら。「ここ」との対の形で用いられることが多い。

あそそに［副］《上代語》語義未詳。うすうすは、の意か。例「君はあるらむと**あそそに**はかつは知れども」〈万葉・四・五四三長歌〉

あそばか・す【遊ばかす】［他サ四］｛さ・し・す・す・せ・せ｝《「かす」は接尾語》遊ばせる。例「若君を**遊ばか・し**奉りつる程に」〈今昔・二七・二九〉

あそば・す【遊ばす】㊀《動詞「遊ぶ」の未然形＋上代の尊敬の助動詞「す」》「（管弦・狩猟などをして）遊ぶ」の意味の尊敬語。遊ぶ人（主語）を高める。**お遊びになる**。例「やすみしし我が大君の**遊ば・し**し猪の病み猪の唸き畏み」〈記・下・歌謡〉㊁［他サ四］｛さ・し・す・す・せ・せ｝（㊀が一語化したもの）いろいろな動作を表し、その動作をする人（主語）を高める尊敬語。（楽器を）**お弾きになる**。（詩歌を）**お詠みになる**。（文字を）**お書きになる**、など。例「**あそば・し**たる和歌は、いづれも人のくちにのらぬなく、優にこそうけたまはれな」〈大鏡・伊尹〉《敬語》「うけたまはれな」→「うけたまはれ（已）」。《係結び》「こそ→うけたまはれ（已）」。㊂［補動サ四］｛さ・し・す・す・せ・せ｝（多く「御」が上に付いた、いろいろな動詞の連用形に付いて）その動詞の主語を高める尊敬語。**お（ご）…になる**。例「過ぎつる六日の夜、御親父様御果て**あそば・しける**」〈浮・好色一代男〉

発展学習ファイル　㊁の「遊ばす」の表す動作の内容は、中古では管弦・詩歌・遊芸に関することに集中していたが、中世に入り、より広くさまざまな動作を表すようになり、「する」の意の尊敬語に変化していった。また中世以降、尊敬の助動詞「る」の付いた「**遊ばさる**」の形でも用いられた。㊂は近世以降の用法である。

あそび【遊び】［名］❶音楽・詩歌などを楽しむこと。とくに、管弦の遊び。例「夜更くるまで**遊び**をぞしたまふなる」〈源氏・桐壺〉❷神事としての歌舞・音楽。❸遊戯。遊興。慰みごと。❹「遊び女」の略。

あそびあか・す【遊び明かす】［他サ四］｛さ・し・す・す・せ・せ｝詩歌・管弦などをして夜を明かす。夜通し遊ぶ。例「夜もすがら**遊び明か・し**たまふ」〈源氏・胡蝶〉

あそびあり・く【遊び歩く】［自カ四］｛か・き・く・く・け・け｝あちらこちら遊び回る。例「その家の前の海のほとりに、**遊び歩・き**て」〈伊勢・八七〉

あそびがたき【遊び敵】［名］遊び相手。

あそびぐさ【遊び種】［名］遊び相手。遊び道具。

あそびくた・す【遊び朽たす】［自サ四］｛さ・し・す・す・せ・せ｝長く家を留守にして遊び回る。例「久しう音せざりつる。**遊びくた・し**つべかめり」〈宇津保・吹上・上〉

〈参考〉仙人の囲碁を見ていたきこりが、気づいてみると斧の柄は腐っており、家に帰るとひとりも見知った人はいなかった、という故事による。

あそびくら・す【遊び暮らす】［他サ四］｛さ・し・す・す・せ・せ｝遊んで一日じゅう過ごす。例「青柳をかづらにしつつ**遊び暮ら・さ**な」〈万葉・五・八二五〉

あそびごころ【遊び心】［名］音楽を好む心。

あそびたはぶ・る【遊び戯る】［自ラ下二］｛れ・れ・る・るる・るれ・れよ｝《「あそびたはむる」とも》遊び興じる。遊戯や音楽などをして慰めにする。例「かたはなるまで**遊び戯・れ**つつ暮らしたまふ」〈源氏・浮舟〉

あそびたはぶれ【遊び戯れ】［名］遊びふざけること。

あそびな・ぐ【遊び慰ぐ・遊び和ぐ】［自ガ上二］｛ぎ・ぎ・ぐ・ぐる・ぐれ・ぎよ｝遊んで心を慰める。気を晴らす。例「酒みづき**遊び和・ぐれ**ど」〈万葉・一八・四一〇六長歌〉

あそびなら・す【遊び慣らす・遊び馴らす】［他サ四］｛さ・し・す・す・せ・せ｝遊び慣れるようにする。音楽などの演奏をし慣れるようにする。＝遊び慣らはす。例「明け暮れ**遊び馴ら・し**たまひければ」〈源氏・若菜・下〉

あそびな・る【遊び慣る・遊び馴る】［自ラ下二］｛れ・れ・る・るる・るれ・れよ｝思うことをして人・物事などに親しむ。例「年ごろ**遊び馴・れ**し所のみ、思ひ出でらるることまさ

れば」〈源氏・少女〉

あそびののし・る【遊び罵る】［自ラ四］｛ら・り・る・る・れ・れ｝にぎやかに遊び騒ぐ。華やかな宴で歌舞音曲などを楽しむ。例「今年、男踏歌あるべければ、例の所どころ**遊びののし・り**たまふに」〈源氏・末摘花〉

あそびひろ・ぐ【遊び広ぐ】［他ガ下二］｛げ・げ・ぐ・ぐる・ぐれ・げよ｝遊び道具を広げて遊ぶ。例「ところせきまで**遊びひろ・げ**たまへり」〈源氏・紅葉賀〉

あそびめ【遊び女】［名］《「あそびをんな」とも》歌舞や音曲などで人の遊興の相手をした女性。遊女。＝浮かれ女・遊び者

あそびもの【遊び者】［名］「あそびめ」に同じ。

あそびもの【遊び物】［名］❶遊び道具。おもちゃ。❷楽器。例「〔和琴〕八〕多くの**遊び物**の音、拍子をととのへとりたる」〈源氏・常夏〉

あそびわざ【遊び業】［名］遊びごと。遊戯。例「遊びわざは、小弓。碁」〈枕・遊びわざは〉

あそびを【遊び男】［名］音楽を奏する人。楽人。例「あそびをの遊ぶを見むと」〈夫木・雑一七〉

〔歌謡〕**あそびをせんとや…【遊びをせんとや生まれけむ戯れせんとや生まれけん遊ぶこどもの声聞けば我が身さへこそ動がるれ】**〈梁塵秘抄・四句神歌〉訳遊びをしようとして、この世に生まれたのだろうか。戯れようとして、この世に生まれたのだろうか。遊ぶ子供の声を聞くと私のからださえもしぜんと揺れ動いてしまうよ。

あそびをんな【遊び女】［名］「あそびめ」に同じ。

あそ・ぶ【遊ぶ】［自バ四］［他バ四］｛ば・び・ぶ・ぶ・べ・べ｝

アプローチ　▼自分の思うままに楽しみ振る舞い、時を過ごす意で、その対象は、神楽・管弦歌舞・狩猟・散策・遊戯などさまざまである。
▼平安時代には、その対象は、おもに詩歌・管弦・舞いであった。

■一［自バ四］❶詩歌・管弦（音楽）・舞などを行って楽しむ。例「道方の少納言琵琶、いとめでたし。…ひとわたり遊・びて、琵琶弾きやみたるほどに」〈枕・御仏名のまたの日〉訳道方の少納言の琵琶は、実にすばらしい。…（楽曲の終わりまで）ひととおり演奏して、琵琶を弾き終えたときに。

❷遊山・行楽・狩猟などをして楽しむ。例「山川の清き川瀬に遊・べども奈良の都は忘れかねつも」〈万葉・一五・三六一八〉訳山の中を流れる川の、澄み切った美しい浅瀬で行楽を楽しんでいても、（故郷である）奈良の都は忘れることができなかったことだ。

❸（子供が）好きなことをして楽しむ。遊戯する。例「むかし、ゐなかわたらひしける人の子ども、井のもとにいでて遊・びけるを」〈伊勢・二三〉訳昔、地方回りをして生計を立てていた人の子供たちが、井戸のそばに姿を現して好きなことをして楽しんでいたが。

❹他の地を旅行する。各地を巡り歩く。例「あまねく諸国にあそ・びて、人をして法道を知らしめて」〈三宝絵詞〉訳（行基菩薩は）広く方々の国々を巡り歩いて、人々に、仏法の真理を理解させて。

❺動物が心のままに行動する。いかにも楽しそうに動き回る。例「白き鳥の、はしとあしと赤き、鴫の大きさなる、水の上に遊・びつつ魚を食ふ」〈伊勢・九〉訳白い鳥で、くちばしと脚とが赤い、シギほどの大きさである鳥が、水の上を楽しそうに動き回りながら、魚を食べている。

❻何もせず、ぶらぶらしている。例「いや、遊・んでさへ居れば、直りまする」〈狂言記・さし縄〉訳いえ、何もせず、ぶらぶらしてさえいれば、（手中風は）なおります。《音便》「遊んで」は「遊びて」の撥音便。

■二［他バ四］演奏する。例「物の師ども、ことにすぐれたるかぎり、双調吹きて、上に待ちとる御琴どもの調べ、いとはなやかに掻きたてて、安名尊遊・びたまふほど」〈源氏・胡蝶〉訳音楽の師匠たちのうち、とくにすぐれている者だけが、（管楽器で）双調の曲を吹いて、それを階上で待ち受けて合わせる弦楽器の調べも、実ににぎやかにかき鳴らして、安名尊（＝催馬楽の曲名）を演奏なさるときには。

あそぶいと【遊ぶ糸】［名］《「遊糸」の訓読語》かげろう。

あそみ【朝臣】［名］「八色の姓」の第二位。皇族から臣籍に下った人に与えられ、のちには皇子孫にも与えられた。

あそん【朝臣】［名］《「あそみ」の変化形。中世以降「あっそん」とも》❶五位以上の公卿の姓名に付ける敬称。㋐三位以上には姓の下に付けて名を記さない。また、自称にも用いる。㋑四位には名または姓名の下につける。「中納言源朝臣」など。㋒五位には姓と名の間につける。「業平朝臣」など。❷貴族の男子が相手を呼ぶ敬称。

あた【仇・敵・賊・寇】［名］《「あだ」とも》❶敵。自分に敵対する者。例「運に乗じて敵を砕く時、勇者にあらずといふ人なし」〈徒然・八〇〉❷害。❸恨み。例「なにのあたにか思ひけむ」〈伊勢・三一〉

〔仇の風〕逆風。例「仇の風吹きて、三つある船、二つはそこなはれぬ」〈宇津保・俊蔭〉

〔仇を鬼に作る〕恐ろしく悪い状態を設定するたとえ。例「いみじき仇を鬼につく・りたりとも、おろかに見棄つまじき人の御ありさまなり」〈源氏・浮舟〉

〔仇をなす〕恨みに思う。仕返しをする。例「あたをな・して嘆き悲しみける程に」〈今昔・二四・二〇〉

あた【咫】［名］古代の長さの単位。親指と中指（人差し指とも）を広げ、その両先端を結んだ長さ。

あだ【仇】［名］《近世語》「あた（仇）」に同じ。

あだ［・なり］【徒】［形動ナリ］｛なら・なり（に）・なり・なる・なれ・なれ｝

> **アプローチ**
> ▼実のない、むなしいさまが原義とされる。
> ▼そこから、たよりない、はかない、不誠実だ、いい加減だ、役に立たない、浮気だなどの意が生じた。
> ▼語幹の「あだ」は、不誠実・無駄の意で、「あだごころ」「あだごと」など、造語成分となる。

❶誠意がない。浮気なさま。例「あだ・なりと名にこそ立てれ桜花年にまれなる人も待ちけり」〈古今・春上・六二〉訳→〔和歌〕あだなりと…

❷はかない。かりそめなさま。例「露をなどあだ・なるものと思ひけむ我が身も草に置かぬばかりを」〈古今・哀傷・八六〇〉訳露をどうしてはかないものと思ったのだろう。わが身も露のように草の葉に置かないだけで、はかないことは同じだった。《疑問語との呼応》「など」→「思ひけむ体」

❸いい加減なさま。疎略なさま。例「御枕上に参らすべき祝ひの物にはべる。あなかしこ、あだ・にな」〈源氏・葵〉訳（この箱は）御枕もとへ差し上げるべき祝儀のものでございます。決して、疎略にしないでくださいよ。《敬語》「参らすべき祝ひの物にはべる」→「まゐらす」「はべり」。

❹無駄なさま。むなしいさま。例「倭歌の道は、ただまごころ少なく、あだ・なるすさみばかりと思ふ人もやあらむ」〈十六夜〉訳和歌の道は、ただもうまごころが少なく、無駄な気なぐさみに過ぎないと思う人もいるだろう。①〜④↔実

〔徒の戯れ〕うわついてまじめな心のないふざけ方。悪ふざけ。

〔徒の名〕浮気だという評判。

あだ［・なり／・たり］【婀娜】［形動ナリ］｛なら・なり（に）・なり・なる・なれ・なれ｝［形動タリ］｛たら・たり（と）・たり・たる・たれ・たれ｝❶しなやかでとても美しいさま。例「翡翠のかんざしは婀娜・とたをやかにして」〈謡・卒都婆小町〉❷女性の色っぽくなまめかしいさま。例「さういっても婀娜・な声だぜ」〈浮世床〉

あたあた【熱熱】［感］《「あつあつ」の変化形》熱さに耐えかねて発する悲鳴。熱い熱い。例「ただ宣ふ事としては、あたあたとばかりなり」〈平家・六・入道死去〉

あだあだ・し【徒徒し】［形シク］｛しから・しく（しかり）・し・しき（しかる）・しけれ・しかれ｝❶浮気っぽい。例「色めかしくあだあだ・しけれど」〈紫式部日記〉❷不誠実だ。例「ふみをあだあだ・しく散らす」〈風雅・恋三・一二九詞書〉①②↔忠実忠実し①

あだいのち【徒命】［名］生きてかいのない命。

あたか【安宅】［作品名］室町後期の謡曲。作者未詳。加賀（いまの石川県）の安宅の関で、山伏姿の義経一行が弁慶の知略によって困難を切り抜けるという筋。歌舞伎『勧進帳』の母胎となった。

あたかたき【仇敵】［名］憎い相手。かたき。

あたかのせき【安宅の関】［地名］加賀国の関所。いまの石川県小松市安宅町の梯川左岸にあった。謡曲「安宅」、歌舞伎「勧進帳」で有名。

あたかも【恰も・宛も】［副］（多く「如し」「似る」などの表現を伴って）まるで（…のようだ）。ちょうど。例「罪業の因縁は**宛も**万却を重ねたる巌に似たり」〈今昔・一七・二二〉

あだ・く【徒く】［自カ下二］{け・け・く・くる・くれ・けよ}うわつく。浮気っぽく振る舞う。例「うち**あだ・け**すきたる人の年積もりゆくままに」〈源氏・朝顔〉

あだくらべ【徒比べ】［名］はかなさを競い合うこと。また、男女が互いに相手を浮気だと思うこと。

あだけ【徒気】［名］浮気。好色。

あだげ［・なり］【徒げ】［形動ナリ］{なら・なり(に)・なり・なる・なれ・なれ}もろくはかなそうなようす。危げなようすだ。例「横ざまに寄せかけたる所の**あだげ・なる**に」〈宇治拾遺・三・一〉

あた・ける［自カ下一］{け・け・ける・ける・けれ・けよ(けろ)}《近世語》大騒ぎする。当たり散らす。乱暴する。例「例の生酔ひであた・けたかと思ひやした」〈浮世床〉

あだごころ【徒心】［名］浮気心。うわついた心。＝徒し心。↔忠実心

あたごしんかう【愛宕信仰】［名］京都愛宕山の愛宕神社に対する信仰。祭神は雷神で、防火・鎮火の守護神とされる。愛宕山伏によって、諸国に愛宕神社の祭神の勧請がなされた。

あだこと【徒言】［名］《「あだごと」とも》真心のないことば。うそ偽り。冗談。

あだこと【徒事】［名］《「あだごと」とも》❶ちょっとした戯れごと。つまらないこと。例「はかなき**あだ事**をも、まことの大事をも言ひあはせたるに」〈源氏・帚木〉❷色事。情事。①②↔忠実事

あたごはくさん【愛宕白山】［名］《「あたごびゃくさん」とも》山城国（いまの京都府）の愛宕権現と加賀国（いまの石川県）の白山権現の名にかけて誓うことば。固い決意を表す語。きっと。必ず。

あたごやま【愛宕山】［地名］山城国と丹波国の境の山。いまの京都市右京区嵯峨愛宕町にある。山頂の神社は防火・鎮火の神をまつり、愛宕大権現の名で知られる。

あだざくら【徒桜】［名］すぐに散ってしまう桜。はかないもののたとえとしていう。（季―春）

あだ・し［形シク］{しから・しく(しかり)・し・しき(しかる)・しけれ・しかれ}《「あたし」とも》㊀【他し・異し】別だ。違う。ほかのものだ。例「ほととぎす**他・し**時ゆは今こそ鳴かめ」〈万葉・一〇・一九四七〉〔注〕末尾の「め」は、上代では希求をも表す。㊁【徒し・空し】むなしい。うつろいやすい。

あだしごころ【徒し心】［名］「あだごころ」に同じ。

あだしことば【徒し言葉】［名］その場限りで実のないことば。あてにならないことば。

あだしちぎり【徒し契り】［名］（男女間の愛情について）その場限りのはかない約束。

あだしの【徒し野・化野・仇し野】［歌枕］山城国の地名。いまの京都市右京区嵯峨、愛宕山のふもと。また、その地にある墓所を指す。無常の世の中のたとえとされた。

あだしよ【徒し世】［名］はかない世の中。無常な世。

あだ・す［他サ四］{さ・し・す・す・せ・せ}荒らす。散らす。例「天雲をほろに踏み**あだ・し**鳴る神も」〈万葉・一九・四二三五〉

あたぜいば・る【あた贅張る】［自ラ四］{ら・り・る・る・れ・れ}《近世語。「あた」は接頭語》思い上がってひどくいばる。いばり散らす。例「えい**あた贅張・っ**た。聞きともない」〈浄・山崎与次兵衛寿の門松〉《音便》「あた贅張っ」は「あた贅張り」の促音便。

あたたか［・なり］【暖か】㊀［形動ナリ］{なら・なり(に)・なり・なる・なれ・なれ}温度がほどよいさま。暖かである。（季―春）。㊁［形動口語型］❶財産などが豊かなさま。例「身請けするほど内証が**暖か・で**」〈浄・博多小女郎波枕〉❷穏やかなさま。素直だ。例「銀も見ずに、**あたたか・に**請け取りをせうわいなあ」〈浄・生玉心中〉❸ずうずうしいさま。例「うぬらがやうなる不忠の臣、**あたたか・な**、用ひられんや」〈浄・吉野都女楠〉

あたたけ・し【暖けし】［形ク］{から・く(かり)・し・き(かる)・けれ・かれ}暖かい。例「しらぬひ筑紫の綿は身に着けていまだは着ねど暖けく見ゆ」〈万葉・三・三三六〉

あたたま・る【暖まる】［自ラ四］{ら・り・る・る・れ・れ}❶暖かくなる。❷《近世語》財政的に豊かになる。例「二十両に振りといふ金**あたたま・って**おいて」〈浄・義経千本桜〉《音便》「あたたまっ」は「あたたまり」の促音便。

あだたらまゆみ【安太多良真弓・安達太郎檀弓】［名］上代、陸奥国（いまの福島県）安達郡の安達太良山から産出する檀を用いて作った弓。＝安達の檀弓

あだちが（の）はら【安達が（の）原】［歌枕］陸奥国の原。いまの福島県安達郡安達太良山のふもと一帯。黒塚に鬼女が住むという伝説で有名。

あだちのまゆみ【安達の檀弓】［名］「あだたらまゆみ」に同じ。

あだな【徒名・仇名】［名］❶浮気だという評判。浮名。→「あだしな」。例「またも**あだ名**立ちぬべき御心のすさびなめり」〈源氏・夕顔〉語構成「すさびなめり」→「なめり」。❷うそつきだという評判。

あだなぐさ【徒名草・仇名草】［名］「桜」の別称。咲くとすぐに散ることから、移り気であるとしてこういう。浮気者をたとえていうこともある。（季―春）

あたな・ふ【仇なふ・寇なふ】［自ハ四］{は・ひ・ふ・ふ・へ・へ}害をなす。例「蝦夷数千、辺境に**寇な・ふ**」〈紀・敏達〉

あだなみ【徒波】［名］むやみに立ち騒ぐ波。変わりやすい人の心や態度、またむなしい色恋のうわさにたとえる。例「山川の浅き瀬にこそ**あだ波**はたて」〈古今・恋四・七二二〉訳→〔和歌〕そこひなき…

〔和歌〕**あだなりと…**【あだなりと名にこそ立てれ桜花年にまれなる人も待ちけり】〈古今・春上・六二・よみ人しらず、伊勢・一七〉訳桜の花は、散りやすくあてにならないと評判になっておりますが、一年のうちにたまにしかおいでにならない人のことを散らずに待っていたのですよ。《係結び》「こそ→立てれ㊁」

あだね【徒寝】［名］愛する人と離れてひとりむなしく

寝ること。ひとり寝。＝徒臥(あだぶし)

あだばな【徒花】[名]❶咲いても実を結ぶことのない花。❷はかなく散ってしまう花。とくに、桜のこと。

あたひ【価・値】アタイ[名]❶その物の価値に相当する代わりの物。値段。代価。❷値打ち。価値。〔価(あたひ)無(な)き宝(たから)〕アタイナキタカラ 評価のしようがないほど尊い宝。

あたひ【直】アタイ[名]上代の「姓(かばね)」のひとつ。多くは、大化の改新以前の国造(くにのみやつこ)に朝廷から与えられた。

あだびと【徒人】[名]❶移り気な人。浮気な人。❷風流を解する人。粋人。

あた・ふ【能ふ】アト(ド)ウ[自ハ四]{は・ひ・ふ・ふ・へ・へ}(多く下に打消の語を伴って)❶できる。かなう。例「翁(おきな)は泣き嘆く。あた・はぬことなり」〈竹取・かぐや姫の昇天〉❷納得できる。例「北の方、いとあた・はず思ひて」〈落窪・四〉❸相応する。ふさわしい。例「これ汝(なむぢ)が着物に能・はず」〈今昔・三一・一八〉①②③→「あたはず」

あだ・ふ【徒ふ】アダ(ド)ウ[自ハ下二]{へ・へ・ふ・ふる・ふれ・へよ}ふざける。戯れる。例「この君達(きんだち)のあだ・へし気色(けしき)は、然(さ)もしてむかしと思(おぼ)えければ」〈今昔・二八・四〉

あだぶし【徒臥し】[名]❶「あだね」に同じ。❷その場限りの情交。かりそめの契り。

あだへかく・す【徒へ隠す】アダエカクス[他サ四]{さ・し・す・す・せ・せ}ふざけて物を隠す。いたずらをする。例「すずろにかく〔手紙ヲ〕あだへ隠・して」〈源氏・夕霧〉

あたま【頭】[名]❶人や動物の首から上の部分。頭部。顔と区別する場合と、顔を含む場合がある。❷❸物事の初め。

あた・む【仇む・敵む】[他マ四]{ま・み・む・む・め・め}敵視する。憎む。例「一門にはあた・まれて平家にへつらひけるが」〈平家・七・主上都落〉

あだめ・く【婀娜めく・徒めく】[自カ四]{か・き・く・く・け・け}(「めく」は接尾語)なまめかしく見える。色っぽく振舞う。例「いみじうあだめ・いたる心ざまにて」〈源氏・紅葉賀〉《音便》「あだめい」は「あだめき」のイ音便。

あだもの【徒物】[名]はかないもの。例「命やは何ぞは露の〔ヨウニ〕あだものを」〈古今・恋二・六一五〉

あだや【徒矢】[名]的や敵に命中しない矢。むだ矢。

あたゆまひ アタユマイ[名]《上代語。「あた」は急の意》急病。

あたら【惜・可惜】《「あったら」とも》㊀[連体]惜しい。もったいない。例「あたら夜の月と花とを同じくはあはれ知れらん人に見せばや」〈後撰・春下・一〇三〉訳→〔和歌〕あたらよの…。㊁[副]惜しいことに。もったいないことに。例「花見にと群れつつ人の来るのみぞあたら桜のとがにはありける」〈山家集・上〉

あたら・し【惜し・可惜し】[形シク]{しから・しく(しかり)・し・しき(しかる)・しけれ・しかれ}

> アプローチ
> ▼正しく評価されないものに対して惜しむ意。
> ▼また、美しいもの・すぐれたものの本来の価値が十分に示されないことが残念の意。
> ▼失われていくことを惜しむ気持ちを表す。
> 「惜(を)し」との語感の違いに注意。

❶惜しい。もったいない。残念である。例「世の政(まつりごと)かしこくせさせたまひつべかりしかば、世間にいみじうあたら・しきことにぞ申すめりし」〈大鏡・師輔〉訳(九条殿は)天下の政治も立派にお執りになれるはずでしたから、世間では(亡くなられたことを)たいへん惜しいことだと申しておるようでした。《音便》「いみじう」は「いみじく」のウ音便。《係結び》「ぞ→申すめりし㊍」。《敬語》「せさせたまひ」→「させたまふ」、「申すめりし」→「まうす」

❷立派だ。すばらしい。例「姫君の御ありさま、盛りにととのひて、あたら・しうつくしげなり」〈源氏・梅枝〉訳姫君(＝雲居雁(くもいのかり))のごようすは、娘盛りにきれいになって、すばらしく、かわいらしい。《音便》「あたらしう」は「あたらしく」のウ音便。

あたら・し【新し】[形シク]{しから・しく(しかり)・し・しき(しかる)・しけれ・しかれ}《「あらたし」の変化形》発生や変化から間もないさま。新鮮だ。以前と違う。あたらしい。例「いたづらに今日や暮れなん新・しき春の始めは昔ながらに」〈後撰・哀傷・一三九六〉

あたらしう【惜しう】アタラシュウ 形容詞「あたらし」の連用形「あたらしく」のウ音便。

あたらしう【新しう】アタラシュウ 形容詞「あたらし」の連用形「あたらしく」のウ音便。

あたらし・ぶ【惜しぶ】[他バ上二]{び・び・ぶ・ぶる・ぶれ・びよ}惜しむ。惜しいと思う。

あたらひと【惜人】[名]そのままにしておくには惜しいほど立派な人。もったいない人。

あたらみ【惜身】[名]落ちぶれさせたり、死なせたり、出家させたりするには惜しい身。

あたらもの【惜物】[名]《形容詞「惜(あたら)し」の語幹＋名詞「物」》(単独、または「を」を伴って、感動詞的に)惜しむべきもの。もったいないこと。例「故少弐の孫(むまご)は、かたはなむあんなる。あたらものを」〈源氏・玉鬘〉

あたらよ【惜夜】[名]明けてしまうのが惜しい夜。すばらしい夜。例「明けまく惜しきあたらよを」〈万葉・九・一六九三〉

〔和歌〕**あたらよの…**【あたら夜の月と花とを同じくはあはれ知れらん人に見せばや】〈後撰・春下・一〇三・源信明〉訳見逃すのはもったいないこの夜の月と花とを、同じことなら情趣を解する人に見せたいものだ。

あたり【辺り】[名]❶その付近。近所。❷場所や人などを婉曲(えんきょく)に指す。例「はなやかなりしあたりも人住まぬ野らとなり」〈徒然・二五〉

〔辺(あた)りを払(はら)ふ〕アタリヲハラ(ロ)ウ ❶近くに寄せつけない。例「馬をも人をもあたりをはら・ってくひければ」〈平家・九・宇治川先陣〉《音便》「あたりをはらっ」は「あたりをはらひ」の促音便。❷(①から)まわりを威圧する。例「あたりをはら・ふ八重桜かな」〈散木集〉

あたり【当たり】[名]❶手に当たる感じ。感触。❷人への対応のしかた。扱い。❸仕返し。報復。例「さきに行綱(ゆきつな)に謀られたるあたりとぞいひける」〈宇治拾遺・五・五〉❹矢などが命中すること。商売や興行などが成功すること。❺目当て。思わく。例「〔衣服ノ〕うらに十のじとは何か、あたりのあることだな」〈膝栗毛〉

あたりあたり【辺り辺り】[名]あの辺り、この辺り。あちこち。

あたりさわ・ぐ【当たり騒ぐ】[自ガ四]{が・ぎ・ぐ・ぐ・げ・げ}物にぶつかったりつまずいたりして動揺する。例「ここかしこのものに**あたり騒・ぐ**ほどに」〈和泉式部日記〉

あたりび【当たり日】[名]ある事の起こる予定の日。とくに、「瘧(おこり)(マラリア)」の発作の起こる日。

あたりまど・ふ【当たり惑ふ】[自ハ四]{は・ひ・ふ・ふ・へ・へ}物などにぶつかっては、あわてうろたえる。例「上下ただ物にぞ**あたりまど・ふ**」〈増鏡・新島守〉

あたりまなこ[・なり]【当たり眼】《近世語》一[名]当たり散らす目つき。皮肉に当てつけるような目。二[名・形動ナリ]衝動的に行うさま。例「**あたり眼・に**万事を思ひ立ち」〈仮・浮世物語〉

あた・る【当たる】{ら・り・る・る・れ・れ}一[自ラ四]❶ぶつかる。触れる。❷命中する。的中する。❸出くわす。出会う。例「かく思ひかけぬ罪に**当た・り**侍るも」〈源氏・須磨〉❹相当する。値する。匹敵する。例「我が朝の城を見るにも、これには**あた・る**べくもあらず」〈今昔・一六・一五〉❺(時期・方角が)一致する。相当する。例「造らせたまふ御堂は、大覚寺の南に**当た・りて**」〈源氏・松風〉❻(風や日などを)受ける。身をさらす。例「御前の桜、露に色はまさらで、日などに**あた・り**てしぼみ」〈枕・関白殿、二月二十一日に〉❼匹敵する。応戦する。例「蜘手・輪違ひに、七八度が程ぞ**当た・り**ける」〈太平記・一〇〉❽待遇する。人に接する。例「その人のために太子、ねむごろに**当た・り**給ふ事有れども」〈今昔・三・一三〉❾担当する。従事する。例「童女の装束など、人々**当た・り**」〈栄花・三〉❿うまくゆく。例「**あた・ら**ぬ恋にやまふころかな」〈夫木・雑一四〉⓫はっと思い当たる。例「折からの、思ひかけぬ心地して、胸に**あた・り**けるにや」〈徒然・四一〉二[他ラ四]近世、商家などで使用された忌み詞。「磨る」「剃る」「摺る」などの意をもつ。使い果たしてしまう意の「耗る」と同音のため、避けて用いた。

あたるところ【当たる所】[名]出会った所。行き着いた所。

あだわざ【徒業】[名]❶実利的でないこと。無駄なこと。音楽などのすさびごとをいう。↔忠実業。❷浮気。色事。

あち【彼方】[代名]《遠称の指示代名詞。方向を示す語》あちら。あっち。↔此方①

あぢ【味】一[名]❶飲食物の味覚。味わい。❷物事がうまく運ぶことの妙味。おもしろさ。魅力。❸もののよしあし。❹色事。うまくやること。二[形動口語型]《近世語》❶手際のよいさま。うまくやるさま。❷趣のあるさま。おもしろみのあるさま。気が利いているさま。❸風変わりなさま。奇妙なさま。

あぢ【鶴】[名]トモエガモの古名。コガモ大の水鳥で、冬に渡来する。＝鶴鴨

あちかをし[枕詞]《「あぢかをし」とも》「ちか」の同音の地名「値嘉」にかかる。例「**あぢかをし**値嘉の岬より」〈万葉・五・八九四長歌〉

あぢきなう【味気無う】形容詞「あぢきなし」の連用形「あぢきなく」のウ音便。

あぢきな・し[形ク]{から・く(かり)・し・き(かる)・けれ・かれ}

> **アプローチ**
> ▼上代語「あづきなし」の変化形。
> ▼基本的な意は、通念や常識に反したものに対する違和感を表す。
> ▼また、そこからもたらされる不快感・虚脱感を表す。

❶**道理にはずれていて、(自分の力では)どうにもならない。まともでない。** 例「わが罪のほど恐ろしう、**あぢきな・き**ことに心をしめて」〈源氏・若紫〉訳(源氏は)自分の罪業の度合いが恐ろしく、**どうにもならないこと**(＝藤壺への道ならぬ恋)に魂を奪われて。《音便》「恐ろしう」は「恐ろしく」のウ音便。

❷**おもしろくない。つまらない。にがにがしい。** 例「唐土にも、かかる事の起こりにこそ、世も乱れあしかりけれと、やうやう、天の下にも、**あぢきな・う**人のもてなやみぐさになりて」〈源氏・桐壺〉訳中国でも、こうした(＝帝が身分の低い女性だけを愛する)事が原因になって、世の中が乱れ、ひどいことになったのだと、しだいに世間一般でも、**おもしろくなく**、人々のもてあましの種になって。《音便》「あぢきなう」は「あぢきなく」のウ音便。《係結び》「こそ→あしかりけれ㊀」。〔注〕「事の起こり」はひと続きの語で、原因の意。

❸**かいがない。無益だ。むなしい。** 例「すべて世に経ることかひなく、**あぢきな・き**ここち、いとするころなり」〈蜻蛉・中〉訳およそこの世に生きていることが無意味で、**むなしい**気持ちがいかにもするこのごろである。

> **古語深耕**　「あぢきなし」の用法と意味
>
> (1)『**万葉集』に現れる三例は、すべて「あづきなし」の形**…「なかなかに黙もあらましをあづきなく相見そめても我は恋ふるか」〈一二・二八九九〉訳なまじっか声をかけなければよかった。**ふがいなく**、会い始めてから、わたしは恋しく思うことだ)のように、いずれも恋のためにふぬけになってしまったことを自嘲するような場合に用いられている。
>
> (2)「**あぢきなし」は、恋に対する思うようにならない心情を表す場合によく用いられる**…『和泉式部集』の「待つ人は待てども見えで**あぢきなく**待たぬ人こそまづは見えけれ」訳待っている人は待っても来ないで、**にがにがしい**ことに、待ってもいない人がまっ先にやって来てしまうなんて)は、待つ人はなかなか来ないで、待ってもいない人がまずやってくるというちぐはぐさを詠んだものである。
>
> (3)**政情への不満の意に用いられることも多い**…後鳥羽院の「人もをし人もうらめし**あぢきなく**世を思ふゆゑにもの思ふ身は」〈続後撰・雑中・一二〇二〉訳→〔和歌〕ひとをもをし…)は、鎌倉幕府との政治問題に苦しんでいたころの詠で、政治への不満から、人に対して愛憎さまざまな気持ちを抱くというのである。

あちこち【彼方此方】[名]《代名詞「あち」と「こち」が複合した語》あちらこちら。ほうぼう。

あぢさはふ 〔枕詞〕「目」「夜昼知らず」にかかる。例「**あぢさはふ**夜昼知らずかぎろひの」〈万葉・九・一八〇四長歌〉

あぢはひ【味はひ】〔名〕❶味わうこと。味。❷趣。おもしろみ。例「この世の**あぢはひ**をだに知ることが難うこそあなれ」〈源氏・須磨〉語構成「難うこそあなれ」→「あなり」。❸食べ物。例「松の葉を**あぢはひ**にて過ぐすやうなるに」〈浜松中納言・三〉

あぢは・ふ【味はふ】〔他ハ四〕{は・ひ・ふ・ふ・へ・へ}❶食物の味を十分に感じとる。❷物事の趣や意味を深く吟味する。例「この歌は、あるがなかにおもしろければ、心とどめてよまず、腹に**あぢは・ひて**」〈伊勢・四四〉

あぢむら【鶴群】〔名〕鶴の群れ。(季―冬)

あぢむらの【鶴群の】〔枕詞〕(あじ鴨が群れて騒ぐ意から)「騒く」「通ふ」にかかる。例「**あぢ群の**騒ききほひて」〈万葉・二〇・四三六〇長歌〉

あちめ【阿知女】〔感〕神楽のときに唱えることば。神や精霊を呼び出すものといわれる。例「**あちめ**、おおおお、ししし」〈神楽歌〉

あぢよう【味良う】〔副〕《近世語。「あぢよく」のウ音便》うまく。上手に。例「俺が**あぢよう**いひ聞かせ」〈浄・夏祭浪花鑑〉

あ・つ【当つ】〔他タ下二〕{て・て・つ・つる・つれ・てよ}❶**触れさせる。あてがう。**例「手をつくりて額に**あ・て**つつ」〈源氏・葵〉❷**命中させる。**例「柳の葉を百たび**当・て**つべき舎人ども」〈源氏・若菜・下〉❸**負わせる。あてはめる。**例「汝らをさへ罪に**当・て**む」〈宇津保・俊蔭〉❹**割り当てる。分配する。**例「『阿修羅の食とせよ』と**当・て**られたり」〈宇津保・俊蔭〉❺**与える。**例「食物など**あ・て**て哀れめば」〈今昔・一五・四〉❻**位置づける。**例「利根川を前に**当・て**敵を待たん」〈太平記・一〇〉❼**推察する。推し量る。**例「大将の君の御通ひ所ここかしこと思し**あ・つる**に」〈源氏・葵〉《敬語》「思しあつる」→「おぼす」。❽(火や水・風・光などに)**あてる。さらす。**例「火に焚いて**あ・て**て申し候ふべし」〈謡・鉢木〉

あっ〔感〕❶感動したときに発する声。あっ。❷応答に用いることば。はいっ。はっ。例「**あっ**、さやうでござる」〈狂・鼻取相撲〉

あつあつ【厚厚】〔副〕厚手に。幾重にも。(草木などが)こんもりと。例「太き糸して**厚々**とこまかに強げにしたるを」〈宇治拾遺・八・三〉

あついた【厚板】〔名〕❶厚めの板。❷(「厚板織り」の略)縦に錬り糸、横には生糸を用い、地紋を織りだした厚地の絹織物。❸能楽装束の一種。鬼・天狗・武将などが着る。①②↔薄板

あついもの【羹】〔名〕「あつもの」に同じ。

あつう【暑う・熱う】形容詞「あつし」の連用形「あつく」のウ音便。

あつえふ【厚葉】〔名〕「あつやう」に同じ。↔薄葉

あつかは・し【暑かはし】〔形シク〕{しから・しく(しかり)・し・しき(しかる)・しけれ・しかれ}❶暑苦しいさま。例「この生絹だに、いと所狭く、**暑かは・しく**」〈枕・風は〉❷うるさい。わずらわしい。例「いとあまり**暑かは・しき**御もてなしなり」〈源氏・蛍〉

あつかひ【扱ひ】〔名〕❶(育児・看病などの)世話をすること。例「子ども**あつかひ**を、暇なく次々したまへば」〈源氏・若菜・下〉❷もてなすこと。例「守か、少将の**あつかひ**を、いかばかりめでたきことをせむと思ふに」〈源氏・東屋〉❸調停すること。仲裁すること。❹示談。

あつかひあり・く【扱ひ歩く】〔他カ四〕{か・き・く・く・け・け}物事がうまくいくように駆けめぐって世話をやく。例「いと思ふさまなる局し出でて据ゑなど、**扱ひ歩・く**」〈狭衣・四〉

あつかひおこな・ふ【扱ひ行ふ】〔他ハ四〕{は・ひ・ふ・ふ・へ・へ}世話をする。切り回す。例「この人ひとりのみ**あつかひ行・ふ**」〈源氏・夕霧〉

あつかひおも・ふ【扱ひ思ふ】〔他ハ四〕{は・ひ・ふ・ふ・へ・へ}世話をして、いつくしむ。例「昔、世づかぬほどを**あつかひ思・ひ**しさま」〈源氏・若菜・下〉

あつかひぐさ【扱ひ種】〔名〕❶面倒をみる対象。養育すべき子供など。❷話題。うわさのたね。

あつかひさわ・ぐ【扱ひ騒ぐ】〔他ガ四〕{が・ぎ・ぐ・ぐ・げ・げ}大騒ぎして世話をする。例「いたづらになさじと、見るかぎり**あつかひ騒・ぎ**けり」〈源氏・手習〉

あつかひし・る【扱ひ知る】〔他ラ四〕{ら・り・る・る・れ・れ}こまごまと面倒を見る。例「まめやかなることまでも**あつかひ知・ら**せたまふ」〈源氏・宿木〉

あつかひとぶら・ふ【扱ひ訪ふ】〔他ハ四〕{は・ひ・ふ・ふ・へ・へ}訪ねて行って世話をする。例「五十日になるまでも**あつかひとぶら・はん**」〈とりかへばや〉

あつかひなげ・く【扱ひ嘆く】〔他カ四〕{か・き・く・く・け・け}世話をしながら悲しく思う。例「あたりも離れず**あつかひ嘆・き**給へるは」〈とりかへばや〉

あつかひはぐく・む【扱ひ育む】〔他マ四〕{ま・み・む・む・め・め}愛情をもって世話をし育てる。養育する。例「姫君たちの御上までいたらぬことなく**扱ひはぐく・み**きこえ給ひて」〈とりかへばや〉

あつかひや・む【扱ひ止む】〔他マ下二〕{め・め・む・むる・むれ・めよ}介抱して病気を回復させる。例「一昨年の御心地このやうに**あつかひや・め**まゐらせたらん、何心地しなんとぞおぼゆる」〈讃岐典侍日記〉

あつか・ふ【熱かふ】〔自ハ四〕{は・ひ・ふ・ふ・へ・へ}❶(火などの)熱さにもだえ苦しむ。例「伊奘冉尊、火神軻遇突智を生まむとする時に、**あつか・ひ**なやむ」〈紀・神代・上〉❷悩み苦しむ。例「妃、床に臥して涕泣ち、**あつか・ひ**て」〈紀・継体〉

あつか・ふ【扱ふ】〔他ハ四〕{は・ひ・ふ・ふ・へ・へ}❶**世話をする。心配する。**例「まことに親めきて**あつか・ひ**たまふ」〈源氏・帚木〉❷**待遇する。もてなす。**例「いかで人めかしくも**あつか・ひ**なしたてまつらむ」〈源氏・総角〉《敬語》「あつかひなしたてまつらむ」→「たてまつる」。《副詞の呼応》「いかで→たてまつらむ」。❸**話題にする。うわさにする。**例「思ひの外なることかなと**あつか・ふ**めるを」〈源氏・紅葉賀〉❹**もてあます。**例「『多く取らむ』と騒ぐ者は、なかなかうちこぼし**あつか・ふ**ほどに」〈枕・なほめでたきこと〉❺**仲裁する。**例「〔回リノ人間ガ〕さまざま**あつか・へ**ども聞かず」〈浮・好色一代男〉

あつがみ【厚紙】〔名〕❶鳥の子紙の古名。＝厚様❷厚くはり合わせた紙。板目紙。帳簿の表紙などに用いる。

あづかり【預かり】[名]❶物事を引き受けること。❷留守番。❸平安時代の官職名。役所の事務を管理する。

あづかりどころ【預かり所】[名]中央にいる荘園領主に代わり、年貢の収納などを管理する役所。また、その役。

あづか・る【与る】[自ラ四]{ら・り・る・る・れ・れ}❶関与する。例「こはき(＝頑強ナ)もののけにあづか・りたる験者」〈枕・苦しげなるもの〉❷仲間になる。恩恵を受ける。例「西方浄土の来迎にあづか・らんとおぼしめし」〈平家・灌頂・六道之沙汰〉❸(目上の人から)いただく。例「今栄花を開き、官爵にあづか・る」〈今昔・三・四〇〉

あづか・る【預かる】[他ラ四]{ら・り・る・る・れ・れ}引き受けて管理する。例「中垣こそあれ、一つ家のやうなれば、望みてあづか・れるなり」〈土佐〉

あづき【小豆】[名]草の名。暗赤色の実を食用にする。小豆を交ぜて炊いた小豆粥を正月十五日に食べると一年中の邪気を払うとされた。

あづきがゆ【小豆粥】[名]小豆を混ぜて炊いたかゆ。陰暦一月十五日にこれを食べると、一年中の邪気を払うとされた。(季―春)

あづきな・し[形ク]{から・く(かり)・し・き(かる)・けれ・かれ}《上代語。中古では「あぢきなし」》どうにもならず自分で自分がいやになる気持ち。ふがいない。例「あづきな・く相見そめても我は恋ふるか」〈万葉・一二・二八九九〉➡「あぢきなし」

〔俳句〕**あつきひを…**【暑き日を海に入れたり最上川】〈おくのほそ道・酒田・芭蕉〉訳夕日が日本海に沈もうとしている。暑い一日を滔々とみなぎる水に浮かべ海に流し入れてしまったよ、最上川は。涼しい風が、最上川を渡ってくる。(季―暑き日―夏)

あづ・く【預く】[他カ下二]{け・け・く・くる・くれ・けよ}❶人にまかせる。預ける。例「妻の嫗にあづ・けてやしなはす」〈竹取・かぐや姫〉❷娘を男性にゆだねる。結婚させる。例「かつはまた片生ひならむことをば見隠し教へきこえつべからむ人のうしろやすからむに、預・けきこえばや」〈源氏・若菜・上〉

あつけ【暑気】[名]❶暑さ。暑気。❷暑さのために病気になること。暑気あたり。

あつご・ゆ【厚肥ゆ】[自ヤ下二]{え・え・ゆ・ゆる・ゆれ・えよ}厚くふくらむ。厚ぼったくなる。例「陸奥国紙の厚肥・えたるに」〈源氏・末摘花〉

あづさ【梓】[名]❶木の名。いまのヨグソミネバリ。古代では弓の良質な素材とされた。❷(中国ではアズサを版木としたことから)版木。❸(「梓巫女」が呪術に用いる)「梓弓」の略。❹「梓巫女」が梓弓を用いて行う呪術。❺「梓巫女」の略。

〔梓に懸く〕霊魂を呼び寄せる。例「生き霊死霊の境を梓にか・けさせ申さばや」〈謡・葵上〉

〔梓の杣〕《「杣」は木を植えて材木を取る山の意》アズサの生えている杣山。

〔梓の匠〕(「梓②」から)版木職人。

あづさみこ【梓巫女】[名]「梓弓」を鳴らして「口寄せ」をする巫女。＝梓⑤・市子

あづさゆみ【梓弓】㊀[名]❶梓の木で作った弓。例「あづさ弓ま弓つき弓年を経てわがせしがごとうるはしみせよ」〈伊勢・二四〉訳→あづさゆみまゆみつきゆみ…。❷「あづさ④」を行う時に用いられる弓。→「あづさみこ」。㊁[枕詞]❶(弓矢の各部の名称から)「本」「末」「弦」「矢」などにかかる。例「梓弓末は知らねど」〈万葉・一二・三一四九〉❷(弓を射る時の動作や、弓の状態から)「射る」「張る」「引く」「寄る」などにかかる。例「梓弓春山辺を越え来れば」〈古今・春下・一一五〉〔注〕「張る」と同音の「春」にかかる。❸(弓矢がたてる音から)「音」にかかる。例「梓弓音に聞きて言はむすべせむすべ知らに」〈万葉・二・二〇七長歌〉〔注〕「知らに」の「に」は、打消の助動詞「ず」の古い連用形。

古典の世界　弓は、古来から狩猟や戦闘の道具であると同時に、祭祀にも用いられる呪術的性格をもっていた。「鳴弦」や「鏑矢」の音が邪悪なものをしりぞけると考えられたことや、中世以降「梓弓」が用いられたこともこれと関係があると思われる。

〔和歌〕**あづさゆみはるたちしより…**【梓弓春立ちしより年月の射るがごとくも思ほゆるかな】〈古今・春下・一二七・凡河内躬恒〉訳春になってからというもの、年月がまるで弓で矢を射るようにすみやかに過ぎ去ってしまったように思われるよ。〈参考〉「梓弓」は「春」の枕詞。「射る」は「梓弓」の縁語。

〔和歌〕**あづさゆみはるになりなば…**【あづさゆみ春になりなば草のいほをとくでてきませあひたきものを】〈蓮の露・良寛〉訳〔あづさゆみ〕春になったならば草庵を早く出て来てください。お会いしたいものです。〈参考〉「あづさゆみ」は「春」の枕詞。「春」は「あづさゆみ」のかかる「張る」と「春」との掛詞。

〔和歌〕**あづさゆみひけどひかねど…**【あづさ弓引けど引かねど昔より心は君によりにしものを】〈伊勢・二四〉訳あずさ弓を引くように、あなたが私の気を引いても引かなくても、昔からずっと心はあなたに寄せておりましたのに。〈参考〉「あづさ弓」は「引く」の枕詞。

〔和歌〕**あづさゆみまゆみつきゆみ…**【あづさ弓ま弓つき弓年を経てわがせしがごとうるはしみせよ】〈伊勢・二四〉訳梓弓真弓槻弓の「つき」ではないが、年月を重ねて私があなたにしたように、新しい夫に誠実でいてください。〈参考〉初・二句は「つき弓」が年に続く序詞。

あつ・し【厚し】[形ク]{から・く(かり)・し・き(かる)・けれ・かれ}❶表から裏までの幅が大きい。↔薄し①。例「五重(ノ扇)はあまり厚・くなりて、(手)もとなど憎げなり」〈枕・なまめかしきもの〉❷(愛情や恩恵が)深い。例「賞罰はなはだしく恩顧あつ・きを先とす」〈方丈記〉

あつ・し【暑し・熱し】[形ク]{から・く(かり)・し・き(かる)・けれ・かれ}❶温度・気温などが高い。例「夏は、世に知らず暑・き」〈枕・冬は〉❷病気で熱がある。例「探りたてまつりたまへば、いと熱・くおはすれば」〈源氏・若菜・下〉

あつ・し【篤し】[形シク]{しから・しく(しかり)・し・しき(しかる)・しけれ・しかれ}《「あづし」とも》からだの具合が悪い。病弱だ。重病だ。例「いとあつ・しくなりゆき、もの心細げに里がちなるを」〈源氏・桐壺〉

あ

あつしう【篤しう】形容詞「あつし」の連用形「あつしく」のウ音便。

あつしさ【篤しさ】[名]病気がち。病気の重さ。例「年ごろ常の**あつしさ**になりたまへれば」〈源氏・桐壺〉

あつし・る【篤しる】[自ラ下二]{れ・れ・る・るる・るれ・れよ}(上代語)病気が重くなる。→「あつし(篤し)」。例「遘疾(あつし・れて)」〈紀・雄略〉

あっそん【朝臣】[名]「あそん」に同じ。

あつた【熱田】[地名]尾張国の地名。いまの愛知県名古屋市熱田区。東海道五十三次のひとつ。草薙剣を神体とする熱田神宮が有名。

あつたね【篤胤】[人名]「ひらたあつたね」に同じ。

あったら[連体・副](「あたら」の変化形)「あたら」に同じ。

あったらもの【あったら物・あったら者】[名](形容詞「惜し」の語幹「あたら」の変化形＋名詞「もの」)惜しいもの。

あづち【垜・垛】[名]弓の練習のとき、矢が飛び散るのを防ぐために的の後ろに作った土手。＝的所

あづち【安土】[地名]近江国の地名。いまの滋賀県蒲生郡安土町。織田信長が築いた安土城があった。

あつちじに【あつち死に】[名]跳ね回り苦しみながら死ぬこと。悶死。一説に、熱病でもだえ苦しんで死ぬこと。例「(清盛ハ)悶絶躃地して遂に**あつち死に**ぞし給ひける」〈平家・六・入道死去〉

あっぱれ[・なり]【天晴れ】[形動ナリ]{なら・なり(に)・なり・なる・なれ・なれ}(「の」を伴っても用いる)みごとだ。すばらしい。

あっぱれ【天晴れ】(「あはれ」の変化形)[感]❶感動して発することば。ああ。まあ。例「**あっぱれ**、これは斎藤別当であるござんめれ」〈平家・七・実盛〉❷(連体詞的に用いて)ほめたたえることば。ああ、みごとだ。例「**あっぱれ**文武二道の達者かな」〈平家・七・願書〉

あつびたひ【厚額】[名]額に当たる部分を高く作った冠。もとは位階の高い殿上人が用いたが、のちには、位階にかかわらず、元服した十六歳以上の男子に広く用いられた。↕薄額

あつびん【厚鬢】[名]江戸時代の男子の髪型のひとつ。月代を狭くそり、両鬢の髪をふっくらとさせ、髻を高く上げて結ったもの。＝後上がり

あづま【東・東国】[名]

❶都から見て東方の国々の総称。**東国**。例「**あづま**の方にすむべき国もとめにとてゆきけり」〈伊勢・九〉❷**鎌倉**。**鎌倉幕府**。京都から指していう語。例「**東**にて住む所は、月影の谷とぞいふなる」〈十六夜〉❸(「東琴」の略)**わが国古来の六弦の琴**。東遊び・神楽などに用いられた。大和琴・和琴ともいう。例「(源氏ハ)ものむつかしくおぼえたまひて、**あづま**をすが掻きて」〈源氏・若紫〉❹近世、上方から、とくに江戸を指していう語。**江戸**。

古語深耕　「あづま」の範囲

「**あづま**」の範囲については、(1)足柄山と碓氷峠から東の、いまの関東・東北地方、(2)遠江(静岡県)・信濃(長野県)から東の地方、(3)近江(滋賀県)にある逢坂山から東の地方を指すなどの説がある。時代や文献によって異なるが、平安時代では逢坂山の関を越えると東国とする例が多く見られる。「**鳥が鳴く**」は「**あづま**」にかかる枕詞であるが、それは都の人々にとっては東国のことばが鶏の鳴き声のように分かりにくいものとされたことからいい出されたという説もある。

「**あづま**」は、文化的に遅れた辺鄙な地方という感覚で、都の人々からは見下されていたようである。→「あづまえびす」「あづまごゑ」

〔東の主〕 鎌倉幕府の将軍。

あづま【吾妻】[名]私の妻。

あづまあそび【東遊び】[名]宮廷舞楽のひとつ。もとは東国の風俗歌に合わせて行われた舞踊であったが、平安時代に宮廷の舞楽に組み入れられ、神社の祭礼などでも行われるようになった。＝東舞

あづまうた【東歌】[名]古代の東国地方の歌。『万葉集』巻十四所載。遠江(いまの静岡県)以東の各国の歌を、国別(勘国歌)・内容別(未勘国歌)に配列する。東国方言の使用が目立つ。『古今和歌集』巻二十にも所載。

あづまうど【東人】[名]「あづまびと」に同じ。

あづまえびす【東夷】[名]「とうい③」に同じ。

あづまかがみ【吾妻鏡・東鑑】[作品名]鎌倉幕府編纂の歴史書。治承四年(一一八〇)から文永三年(一二六六)の鎌倉政権の歴史を変体漢文(東鑑体)によって編年体で叙述する。北条氏寄りの立場から記述される。

あづまかがみたい【東鑑体】[名]記録書・文書・日記などに用いられた変体漢文。鎌倉幕府の記録『吾妻鏡(東鑑)』の文体が代表的であることからの名称。純粋な漢文に用いられない語も多く、破格の配字も見られる。

あづまぎぬ【東絹】[名]東国産の粗末な絹。

あづまくだり【東下り】[名]京都から東国へ行くこと。中世では鎌倉に行くこと。＝海道下り

あづまごと【東琴】[名]「わごん」に同じ。

あづまごゑ【東声】[名]東国風の語や発音。東国なまり。

あづまぢ【東路】[名]京都から東国までの道筋。おもに東海道を指す。または東国地方。

〔東路の道の果て〕 東海道の果てである常陸国。

〔和歌〕**あづまぢの…**【東路の道の果てなる常陸帯のかごとばかりもあひみてしかな】〈古今六帖・五・紀友則〉訳東国の街道の果てにある常陸国(いまの茨城県)の常陸帯の鉸具ではないが、ほんの少しだけでもあなたに会いたいものだ。〈参考〉第三句まで「かごとばかり」を導く序詞。「かごと」に帯をとめる金具の「鉸具」と「かごと」をかける。

あづまびと【東人】[名](「あづまうど」とも)東国の人。また、いなか者を意味することもある。

あづままひ【東舞】[名]「あづまあそび」に同じ。

あづままろ【春満】[人名]「かだのあづままろ」に同じ。

あづまもんだふ【吾妻問答】[作品名]室町

あ

時代(一四六七ごろ成立)の連歌書。『角田川』『宗祇問答』『都鳥』『連歌之秘抄』などともいう。飯尾宗祇著。連歌の歴史、付け方、作法など二十五箇条について問答体で述べた作品。

あづまや【東屋・四阿】[名]❶四方の柱に屋根を葺き下ろしただけの家。❷催馬楽の曲名。

あづまや【東屋】[作品名]『源氏物語』の五十番目の巻名。

あづまわらは【東孺・東豎子】[名]宮中の内侍所の女官。行幸のときに、馬に乗り供をする。=姫大夫

あづまをとこ【東男】[名]❶《「あづまをのこ」とも》東国の男。多く、武骨で荒々しい者などの意を含む。❷江戸の男。威勢よくさっぱりとしている江戸っ子の気風をたたえていう語。①②↕京女

あづまをのこ【東男】[名]「あづまをとこ①」に同じ。

あづまをみな【東女】[名]東国の女。(都の人から差別されて)卑しい、いなかくさい女。

〔俳句〕**あつみ山や吹浦かけて夕涼み**〈おくのほそ道・酒田・芭蕉〉訳その名も暑さと縁のある温海山を遠くに望み、そこから涼しげな名の吹浦にかけて見わたしながら、夕涼みをすることだ。(季―夕涼み―夏)

あつもの【羹】[名]《「あついもの」とも。「熱物」の意》魚肉や野菜などを実として煮た熱い汁。吸い物。

あつもり【敦盛】[作品名]室町前期(一四三三ごろ成立)の謡曲。世阿弥作。『平家物語』などに見える平敦盛にまつわる話を能に仕立てたもの。

あつやう【厚様】[名]《「厚様紙」の略》鳥の子紙の厚いもの。=厚葉・厚紙。↕薄葉・薄様

あつらか[・なり]【厚らか】[形動ナリ]いかにも厚ぼったいさま。例「綿厚らか・なる〈着物ヲ〉、三つ引き重ねて」〈宇治拾遺・一・一八〉

あつら・ふ【誂ふ】[他ハ下二]《「あとらふ」の変化形か》❶頼む。依頼する。例「あるいはその門に詣りて、己が訟へをあつら・ふ」〈紀・天武・下〉❷頼んで作らせる。

あつらへ【誂へ】[名]頼んでさせること。また、そのもの。注文。依頼。

あつらへつ・く【誂へ付く】[他カ下二]注文をつけて思いどおりにさせる。例「吹く風にあつらへつ・くるものならばこの一本は避きよと言はまし」〈古今・春下・九九〉

あつ・る【暑る・熱る】[自ラ下二]暑さに苦しむ。例「あつ・れてせこがまどほなるらん」〈和泉式部集〉

あて【父】[名](「貴」の意から)父上。例「あては麿をば恋しとは思ひ給はぬか」〈栄花・三〉

あて【宛】[名]❶その人と名指すこと。名指し。❷割り当て。

あて【当て】[名]❶目当て。目的。見当。❷頼みとする目当て。頼り。❸物を打ったり切ったりするときに、下に当てるもの。❹金銭の抵当。質。

あて[・なり]【貴】[形動ナリ]❶身分が高い。高貴だ。例「世界の男、あて・なるも、賤しきも、いかでこのかぐや姫を得てしかな、見てしかなと」〈竹取・かぐや姫〉《副詞の呼応》「いかで→得てしかな・見てしかな」。❷上品だ。優雅だ。例「げにいといたう面痩せたまへれど、いとあて・にらうくし」〈源氏・若紫〉《音便》「いたう」は「いたく」のウ音便。①②↕賤し①③

発展学習ファイル 類義語に、上品ですばらしく理想的なさまを表す「いう(優)」、成熟した女性美を表す「えん(艶)」がある。➡「いう」〈古語深耕〉

古語深耕 **「あて」と「あてはか」「あてやか」との違い**

「あて」は身分の高さそのものの意と、そこからにじみ出る品格の優美さの意とがある。後者の場合も外見の美しさではなく、あくまで雰囲気の上品さをいう。しかし、気取った感じではない。繊細でおっとりした感じ、控え目な中に気品があることをいう。現代語の「あでやか」は豪華な美をいうが、これは近世以降に派生した意である。「あてはか」「あてやか」は身分の高さという意をもたない。品格美についても、「あて」の一段下で、上品なといった程度になる。

あてあて【宛宛】[名]それぞれに割り当てること。例「由ある受領などを選りて、宛々に〈工事ヲ〉もよほしたまふ」〈源氏・澪標〉

あておこな・ふ【宛て行ふ】[他ハ四]❶割り当てる。例「とかくせさすべきことをあておこな・ふとても」〈落窪・四〉❷土地・財産・品物などを授ける。例「常に仕うまつるものは、衣裳をさへこそ宛て行・はしめたよへ」〈大鏡・道長・上〉

あてがひ【宛行】[名]❶割り当てること。また、そのもの。❷心配り。思案。配慮。例「この宛てがひをよくよく心得べし」〈風姿花伝〉❸予想。当て推量。例「あぶなきあてがひなり」〈沙石集〉❹扶持。禄。生活費。

あてがひやう【宛行様】[名]見込みのつけ方。請け合い方。例「御房も勅勘の身で人を申し許さうど宣ふあてがひやうこそ、大きにまことしからね」〈平家・五・福原院宣〉

あてが・ふ【宛行ふ】[他ハ四]❶見つくろって割り当てる。分け与える。❷うまく合わせる。当てはめる。例「この分け目をばあてが・はずして、ただ幽玄にせんとばかり心得て」〈風姿花伝〉

あてこと【当て言】[名]《近世語》❶嫌み。当てこすり。❷遠回しにいうこと。例「命助けよといふあてこと」〈浄・山崎与次兵衛寿の門松〉

あてつ・く【当て付く】[他カ下二]割り当てて与える。あてがう。例「おほゐ子(=強力ノ女、高島ノ大井子)が田にはあてつ・けざりける時」〈古今著聞・三七七〉

あてど【当て所・宛て所】[名]❶当てる所。当てようとする所。例「太刀の当て所少しさがりたりければ」〈保元・中〉❷目的。心当たり。

あてはか[・なり]【貴はか】[形動ナリ]《「はか」は接尾語》上品だ。優美だ。=貴・貴やか。例「人がら

は、心うつくしく、**あてはか・なる**ことを好みて」〈伊勢・一六〉

発展学習ファイル 「**貴**」「**貴やか**」に比べて、やや上品さの度合いが劣るといわれる。⇨「あて」〈古語深耕〉

あてば・む【貴ばむ】［自マ四］｛ま・み・む・む・め・め｝《「ばむ」は接尾語》気品のあるように見える。高貴な感じがする。例「山のふもとなる家の、口惜しからぬ、**あてば・み**たるさまして」〈浜松中納言・一〉

あてびと【貴人】［名］高貴な人。品のよい人。

あて・ぶ【貴ぶ】［自バ上二］｛び・び・ぶ・ぶる・ぶれ・びよ｝《「ぶ」は接尾語》貴人らしく上品に振る舞う。例「若き君たちとて、すきずきしく**あて・び**てもおはしまさず」〈源氏・東屋〉

あてみや【貴宮】［人名］『宇津保物語』の登場人物。源正頼の九の君。主人公藤原仲忠ら十六名に求婚されたが結局、東宮に入内し藤壺と呼ばれ、第一皇子を生む。

あてやか［・なり］【貴やか】［形動ナリ］｛なら・なり(に)・なり・なる・なれ・なれ｝《「やか」は接尾語》高貴なさま。気品のあるさま。例「心ばへ(＝性格)など**あてやか・に**うつくしかりつることを見慣らひて」〈竹取・かぐや姫の昇天〉

発展学習ファイル 類義語に、育ちのよさからくる気品・優美さを表す「**あて**」、ほぼ同義の「**あてはか**」がある。⇨「あて」〈古語深耕〉

あと【後】［名］❶(空間的に)うしろの方。後方。❷(時間的に)うしろの方。以後。以前。↕先④㋐。❹死後。例「さらに後の**あと**の名をはぶくとても、たけきこともあらじ」〈源氏・明石〉❺家督を継ぐこと。後継者。

〔**後の名**〕死後に伝わる評判。後世の名。

あと【跡】［名］《「足処」の意》❶足。足もと。足の方。例「父母は枕の方に妻子どもはあとの方に囲み居て」〈万葉・五・八九二長歌〉訳↓〔和歌〕かぜまじり…。❷足で踏んだ所。足跡。例「雪にはおり立ちて**跡**つけなど」〈徒然・一三七〉❸(人の)往来。行き来の形跡。例「黒谷とかいふ方より歩く法師の**跡**のみ」〈源氏・手習〉❹形見。遺跡。痕跡。❺筆跡。筆で書いた文字。例「古めきたる黴くさながら、**跡**は消えず」〈源氏・橋姫〉❻前例。手本。様式。例「思ひあまり昔の**あと**をたづぬれど」〈源氏・蛍〉❼家督。後継者。例「清盛嫡男たるによってその**跡**をつぐ」〈平家・一・鱸〉

〔**跡の白波**〕『拾遺和歌集』の沙弥満誓の歌(『万葉集』の改作)「世の中を何にたとへむ朝ぼらけ漕ぎ行く舟の**跡の白波**」〈拾遺・哀傷・一三二七〉訳↓〔和歌〕よのなかをなににたとへむ…に基づく。舟の通った跡に立つ白波はすぐに消えてしまうことから、人の世の無常やはかなさにたとえられる。

〔**跡を隠す**〕行方をくらます。世を捨てて隠れる。例「日野山の奥に**跡を隠・し**てのち」〈方丈記〉

〔**跡を暗うなす**〕《「暗う」は「暗く」のウ音便》逃げて行方をくらます。＝跡を暗くす。例「いにしへの墨書きの上手ども**跡をくらうな・し**つべかめるは」〈源氏・絵合〉

〔**跡を暗くす**〕逃げ隠れて行方をくらます。語構成「べかめるは」→「べかめり」

〔**跡を暗く・して失せにけり**」〈今昔・一七・八〉

〔**跡を暗くす**〕逃げ失せる。行方をくらます。例「兼弘あとをくら・みて失せにけり」〈古今著聞・三五八〉

〔**跡を絶つ**〕男女の関係がなくなる。例「行く先を頼むやうにて**あとを絶・つ**気色ながら、恨めしきぞことわりなきや」〈夜の寝覚〉

〔**跡を絶ゆ**〕姿を消す。隠れる。例「深き山に**跡を絶・え**たる人」〈源氏・澪標〉

〔**跡を垂る**〕《「垂迹」の訓読語》❶「あとたる」に同じ。❷(別の所に)現れる。または住む。例「これも前の世に、この国に**跡をた・る**べき宿世こそありけめ」〈更級〉❸先人の行いをまねる。

〔**跡を訪ふ**〕亡くなった人の霊を弔う。また、仏事を行う。例「**跡を訪・ふ**道にや君は入りぬらん」〈山家集・中〉

〔**跡を踏む**〕先人の行跡を学び受け継ぐ。例「いかで昔の**あとをふ・まま**し」〈続拾遺・雑上・一二四六〉

あど［名］狂言で、主役(シテ)の相手をする脇役をいう。「アド」と表記する。人の話に調子を合わせて応答する意。「迎合」を語源とする。

あど［副］《上代東国方言。「など」や「いかに」に当たる》疑問・反語の意を表す。どうして。どのように。例「子持山若かへるてのもみつまで寝もと我は思ふ汝は**あど**か思ふ」〈万葉・一四・三四九四〉

〔**あど思へか**〕《上代東国方言》何と思ってか。いかに考えてか。例「**あど思へか**心悲しく夢に見えつる」〈万葉・一五・三六三九〉

あとあがり【後上がり】［名］「あつびん」に同じ。↕後下がり

あど・う・つ【あど打つ】［自タ四］｛た・ち・つ・つ・て・て｝相手に調子を合わせて受け答えする。あいづちを打つ。例「この侍、よくきかむと**あどう・つ**めりし」〈大鏡・序〉

あどがたり【あど語り】［名］相手に調子を合わせて語ること。あいづちを打つこと。＝あどう語り

あとかばね【後姓】［名］血筋を引いた人。子孫。後裔。

あどかも《上代東国方言。副詞「あど」＋係助詞「か」＋係助詞「も」》なんとまあ。どのようにか。例「我が背子を**あどかも**言はむ」〈万葉・一四・三三七九〉

あとさがり【後下がり】［名］江戸時代の男子の髪型のひとつ。鬢が後ろに下がるように月代をそって結ったもの。江戸前期に流行した。↕後上がり

あとしき【跡職・跡式】［名］《近世語》相続すべき家督や財産。また、それらを相続する人。＝跡目

あどせろとかも《副詞「あど」＋助動詞「す」の命令形「せよ」の変化形＋格助詞「と」＋係助詞「か」＋係助詞「も」》どうしろというつもりでか。例「高麗錦紐解き放けて寝るが上に**あどせろとかも**あやにかなしき」〈万葉・一四・三四六五〉

あとた・ゆ【跡絶ゆ】［自ヤ下二］｛え・え・ゆ・ゆる・ゆれ・えよ｝❶(人の)行き来が途絶える。❷行方不明になる。例「わが身も世に経るさまならず**跡絶・え**てやみなばや」〈源氏・若菜・下〉

あとた・る【跡垂る】［自ラ下二］｛れ・れ・る・るる・るれ・れよ｝《「垂迹」の訓読語》本地である仏が、衆生を救うために仮に神の姿になってこの世に現れる。＝跡を垂る。例「**跡垂・れ**し神にあふひのなかりせば何に頼みをかけて過ぎまし」〈新古今・神祇・一八九二〉

あとどころ【跡所】［名］《「あとところ」とも》足跡。遺跡。

あとと・ふ【跡訪ふ】アトトウ[自ハ四]{は・ひ・ふ・ふ・へ・へ} ❶行方・事跡などを尋ねる。例「浜千鳥のほかは、**跡と・ふ**ものもなかりけり」〈平家・三・有王〉 ❷冥福を祈って供養する。例「**跡と・ふ**わざも絶えぬれば、(故人ガ)いづれの人と名をだに知らず」〈徒然・三〇〉

あとと・む【跡求む】[自マ下二]{め・め・む・むる・むれ・めよ} ❶行方を尋ねる。例「千代の古道**跡と・めて**」〈新古今・雑中・一六四六〉 ❷先人の事跡を求める。古にならう。例「**あとと・めて**古きを慕ふ世ならなむ」〈新勅撰・雑二・一二五三〉

あとと・む【跡留む】[自マ下二]{め・め・む・むる・むれ・めよ}(「あととどむ」とも)出家せずに俗世間で生きる。例「この世に**跡と・む**べきにもあらず」〈源氏・真木柱〉

あとな・し【跡無し】[形ク]{から・く(かり)・し・き(かる)・けれ・かれ} ❶人の往来がない。例「**跡な・き**よりはあはれならまし」〈山家集・上〉 ❷跡形がない。むなしい。例「世の中を何に喩へむ朝開き漕ぎ去にし船の**跡な・き**ごとし」〈万葉・三・三五一〉 ❸根拠がない。例「犬の足(ヲ切ッテ鷹ノ餌ニシタコト)は**あとな・き**事なり」〈徒然・一二八〉

あどな・し[形ク]{から・く(かり)・し・き(かる)・けれ・かれ}あどけない。子供っぽい。たわいない。例「あからさまにも、**あどな・き**事をばすまじき事なり」〈古今著聞・六九六〉

あとなしごと【跡無し事】[名]根拠のないこと。とりとめもないこと。

あとなしびと【跡無し人】[名]宿なしの放浪者。放浪の人。＝跡無し者

あとなしもの【跡無し者】[名]「あとなしびと」に同じ。

あとはかな・し【跡はか無し】[形ク]{から・く(かり)・し・き(かる)・けれ・かれ} ❶手がかりがない。例「尋ねたまはむに**あとはかな・く**はあらねど、いづれとも知らで」〈源氏・花宴〉 ❷心細い。頼りない。例「わが身の、**あとはかな・き**ありさまを思ひ知るに」〈浜松中納言・五〉

あとばらや・む【後腹病む】《近世語》❶出産後、腹が痛む。❷一段落したあとまで、面倒が続く。例「**あと腹や・まず**に、仕切り銀(＝買イ主ガ荷主ニ払ウ金)のうち二貫目出して」〈浮・好色一代女〉

あとび【跡火】[名]葬式で、出棺の後に家の門前でたく火。送り火。
〔**跡火の火箸**〕火葬後の骨拾いの竹の箸。一説に、葬送や盂蘭盆の送り火をたくのに用いた火箸とする。使い物にならない物のたとえ。

あと・ふ【誂ふ・聘ふ】アトウ[他ハ下二]{へ・へ・ふ・ふる・ふれ・へよ} ❶結婚を申し込む。例「大泊瀬皇子、瑞歯別天皇の女等を**聘・へ**むと欲す」〈紀・安康〉 ❷誘う。例「武彦を盧城河に**あと・へ**率て」〈紀・雄略〉 ❸要求する。

あとふところ【跡懐・後懐】[名](実の親のあとに、その子を懐に抱いて育てる意から)実の親に代わって子を大切に育てること。例「いささかゆかり候ふあひだ(＝縁故ガゴザイマスノデ)**跡懐**でおほしたてて」〈平家・四・大衆揃〉

あとへ【脚辺】[名]足の方。↔枕辺

あとまくら【後枕・跡枕】[名]❶寝たときの足もとと枕もと。❷前後。あとさき。
〔**後枕も知らず**〕心が乱れて、前後の区別もつかないようす。例「**あと枕も知ら・ず**泣き嘆きて」〈狭衣・三〉

あとまくらべ【後枕辺・跡枕辺】[名]寝たときの、頭から足元(尾)までの長さ。例「**跡枕べ**は十四五丈もあるらむとおぼゆる大蛇にて」〈平家・八・緒環〉

あとめ【後目・跡目】[名]❶相続すべき家督や財産。また、それらを相続する人。＝跡式 ❷うしろ。跡。

あども・ふ【率ふ】アドモウ[他ハ四]{は・ひ・ふ・ふ・へ・へ}《上代語》伴う。引き連れる。例「夕潮の満ちのとどみにみ船子を**率・ひ**立てて呼び立てて」〈万葉・九・一七八〇長歌〉

あとら・ふ【誂ふ】アトラ(ロ)ウ[他ハ下二]{へ・へ・ふ・ふる・ふれ・へよ}(「あつらふ」とも)頼む。頼んで思いどおりにさせる。例「皇后に**誂・へて**曰く」〈紀・垂仁〉

あな[感]《強い感動がしぜんに声となって表れた語》強い感動を表す。ああ。例「『**あな**おそろし』とおどろきて」〈枕・大進生昌が家に〉
〔**あな憂**〕(「う」は形容詞「憂し」の語幹)ああいやだ。ああつらい。例「あはれとや言はむ**あな憂**とや言はむ」〈古今・雑下・九四三〉
〔**あな憎**〕《感動詞「あな」＋形容詞「にくし」の語幹》ああ憎らしい。例「**あな憎**とも聞き思ふべけれど」〈蜻蛉・下〉

あない[・す]【案内】《「あんない」の撥音無表記》一[名]❶**公文書の内容。草案。**例「頭弁して**案内**は(天皇ニ)奏せさせたまふめり」〈紫式部日記〉❷**事情。内情。子細。**例「かくと**案内**申して、かならずまゐりはべらむ」〈大鏡・花山院〉《敬語》「申して」→「まうす」、「まゐりはべらむ」→「まゐる(四段)」「はべり」。二[名・他サ変]❶**道案内すること。人をある所に導くこと。**例「一日**案内・す**」〈おくのほそ道・仙台〉❷**取り次ぎを頼むこと。来意を告げること。**例「よき男の、車とどめて、**案内・し**、問はせたる」〈枕・心ときめきするもの〉❸**事情や実情などを尋ねること。問いただすこと。**また、**通知。**例「宮の辺に**案内・し**にまゐらまほしけれど」〈枕・御前にて、人々とも〉《敬語》「まゐらまほしけれど」→「まゐる(四段)」。❹**客を招くこと。招待。**例「ものせらるることもなきに、**案内・する**もはばかり多かれど」〈大鏡・師伊〉

あないち【穴一】[名]地面に掘った小穴に約一メートル離れた所から銭・木の実・貝がら・小石などを投げ入れ、早く入った者が勝ちとなる子供の遊び。穴打ち。

あなうら【蹠・足裏】[名](「あ」は足の意。「な」は上代の格助詞)足の裏。
〔**蹠を結ぶ**〕両足を交差してあぐらをかく。例「蓮台に**蹠を結・ぶ**程なりけり」〈栄花・一八〉

あなかしこ(「かしこ」は形容詞「かしこし(畏し)」の語幹)❶ああ恐ろしい。ああ怖い。例「『少々の人は、え立てるまじき殿の内かな。**あなかしこあなかしこ**』と、後へざまにゐざり退きて」〈源氏・行幸〉❷ああ恐れ多い。例「(皮衣ヲ)『**あなかしこ**』とて、箱に入れたまひて」〈竹取・火鼠の皮衣〉❸《相手に呼びかける語》恐れ入りますが。例「**あなかしこ**。何かつきなきことも侍らず」〈宇津保・嵯峨の院〉❹(下に禁止表現を伴って)決して…するな。例「この事、**あなかしこ**人に披露すな」〈平家・五・咸陽宮〉❺《手紙の文末に添えて敬意を表す》かしこ。

あながち【[・なり]】【強ち】[形動ナリ]{なら・なり(に)・なり・なる・なれ・なれ}

アプローチ ▼語源は、「己勝ち」「孔穿ち」など諸説があって未詳。
▼相手のことをかまわず、自分勝手に、衝動的に行動するという意が原義といわれる。

❶**度を越しているようす。むやみに。** 例「あながち・に御前さらずもてなさせたまひしほどに」〈源氏・桐壺〉 訳（桐壺の帝は更衣を）**むやみに**おそばにおいてお離しにならないので。《敬語》「もてなさせたまひし」→「せたまふ」
❷**むりやりなさま。強引だ。自分勝手に。** 例「父おとどのあながち・にはべりしことなれば」〈大鏡・道長・上〉 訳 父の大臣（道隆公）が**むりやりに**なさったことですから。《敬語》「しはべりし」→「はべり」
❸**いちずに。ひたむきに。熱心だ。** 例「便りなかりける女の、清水にあながち・に参るありけり」〈宇治拾遺・二・七〉 訳 頼るものがなく貧しい女で、清水寺に**熱心に**お参りをするものがいた。《敬語》「あながちに参る」→「まゐる（四段）」
❹（下に打消の語を伴って）**必ずしも。いちがいに。** 例「前の斎宮と聞こえさすれば、あながち・に恐ろしかるべきことにもあらねど」〈栄花・三〉 訳 前の斎宮（以前伊勢神宮に仕えたことのある未婚の皇女）と申し上げるのだから、**必ずしも**おそればばかるべきことではないが。《敬語》「聞こえさすれば」→「きこえさす」

発展学習ファイル 強引に動く意の類義語に「**しひて**」があり、相手の気持ちやものの道理に近づける意の「**せめて**」がある。⇩「せめて」〈発展学習ファイル〉

あながち【強ち】[副]（下に打消の語や反語などの表現を伴って）**決して。必ずしも。** 例「範頼、義経が申し状、**あながち**御許容あるべからず」〈平家・一〇・首渡〉

あなかま（「ああ、うるさい」という意から転じ、人の話や周囲の騒ぎを制する表現となったもの）**しっ、静かに。声が高い。** 例「あなかま。ここになしと答へよ」〈蜻蛉・下〉

発展学習ファイル 「かま」は形容詞「かまし」の語幹とも、形容詞「かまびすし」と関係があるともいわれる。詠嘆の助詞「や」を伴い「あなかまや」の形でも多く用いられた。江戸時代には「あながま」と濁音化することもあった。

〔**あなかま給へ**〕（「あなかま」の敬語表現）静かにしてください。

あなぐ・る【探る】[他ラ四]{ら・り・る・る・れ・れ}探し求める。せんさくする。例「因りて山を**探・る**」〈紀・舒明〉

あなじ[名]（「じ」は風の意）北西の風。船乗りを苦しめる風。＝あなぜ。（季－冬）

〔和歌〕**あなじふく…**【あなじ吹く瀬戸の潮合ひに舟出してはやくぞ過ぐる佐屋形山を】〈後拾遺・羇旅・五三二・藤原通俊〉 訳 北西の風が吹く海峡の潮のちょうどよいときに船を出して、あっという間に過ぎてゆく、佐屋形山を。
〈参考〉「佐屋形山」は、福岡県の地名。「屋形」は、「船」の縁語。

あなずらわし【侮らわし】歴史的かなづかい「あなづらはし」

あなする【足末】[名]（足の末の意。「な」は上代の格助詞）❶足先。❷子孫。血統。

あなた【彼方】[代名]❶㋐（「かなた」とも。遠称の指示代名詞。遠い場所、過去・未来の時を指す語）**あちら。あちら側。あっち。向こう。むかし。将来。先。** 例「障子の**あなた**に人のけはひするを」〈源氏・帚木〉 ㋑（遠称の人称代名詞。対等または目上の人に対して、敬意をこめて用いる語）**あちらさま。むこうさま。あのお方。** 例「**あなた**にも御膳まゐる」〈枕・淑景舎〉《敬語》「御膳まゐる」→「まゐる（四段）」
❷（近世語。対称の人称代名詞。対等または目上の人に対して、敬意をこめて用いる語）**あなたさま。** 例「や、あなたは竹川様」〈伎・お染久松色読販〉

あなたおもて【彼方面】[名]あちら側。向こう側。例「**あなた面**ぞ恋しかりける」〈古今・雑上・八八三〉

あなたがた【彼方方・貴方方】一[名]あちら側。向こう側。例「宮の辺には、ただ**あなた方**にいひなして」〈枕・殿などのおはしまさで後〉 二[代名]（対称の人称代名詞）あなた方。あの方たち。

あなたこなた【彼方此方】[代名]（指示代名詞）あちらこちら。あれこれ。例「**あなたこなた**〔ノ局〕に住む人の子」〈枕・人映えするもの〉

あなたざま【彼方様】[名]あちらの方。向こうの方。例「大将の**あなたざま**のたよりに気色ばみたりけるにも」〈源氏・藤袴〉

あなたふと【安名尊】[名]催馬楽の曲名。祝宴などのめでたい席で歌われた。

あなづらは・し【侮らはし】[形シク]{しから・しく(しかり)・し・しき(しかる)・しけれ・しかれ}❶**見下してよい。軽く見てよい。** 例「わがかく劣りのさまにて、**侮らは・しく**思はれたりしを」〈源氏・蓬生〉 ❷**気を遣わなくてよい。遠慮がいらない。** ↔恥づかし②。例「けはひなつかしう、童にもあれば、少し**侮らは・し**くやおぼえけむ」〈宇津保・俊蔭〉

あなづらはしう【侮らはしう】形容詞「あなづらはし」の連用形「あなづらはしく」のウ音便。

あなづりごと【侮り事・侮り言】[名]ばかにしたような言いぐさ。軽蔑したようなこと。

あなづりそ・む【侮り初む】[他マ下二]{め・め・む・むる・むれ・めよ}最初から軽蔑する。例「かたへは目馴れて、**侮りそ・め**られにたる」〈源氏・竹河〉

あなづ・る【侮る】[他ラ四]{ら・り・る・る・れ・れ}（中世以降は「あなどる」）軽蔑する。例「ふつつかなる後ろ見まうけて、かく〔私ヲ〕**侮・り**たまふなめり」〈源氏・帚木〉
語構成「侮りたまふなめり」→「なめり」

あなど・る【侮る】[他ラ四]{ら・り・る・る・れ・れ}（中世以前は、「あなづる」とも）「あなづる」に同じ。

あななひ【麻柱】[名]高い所に登るための足場。

あなな・ふ[他ハ四]{は・ひ・ふ・ふ・へ・へ}補佐する。助ける。例「皇が朝を**あなな・ひ**扶け奉りて」〈続日本紀〉

あなに[感]（強い感動を表す語）ああ、ほんとうに。例「桜の花のにほひも**あなに**」〈万葉・八・一四二九長歌〉

あなにやし［感］《感動詞「あなに」＋間投助詞「や」＋強意の助詞「し」》ほんとうに、まあ。例「あなにやし、えをとこを（＝ヨイ男ヨ）」〈記・上〉

〔和歌〕**あなみにく…**【あな醜賢しらをすと酒飲まぬ人をよく見ば猿にかも似る】〈万葉・三・三四四・大伴旅人〉訳 ああ醜いことだ、分別くさいことをする、と酒を飲まない人をよく見たならば、猿に似ているではありませんか。《係結び》「かも→似る㊍」

あなや［感］《感動詞「あな」＋間投助詞「や」》強い驚きの叫び声。ああっ。あれえっ。例「〔女ガ〕『あなや』といひけれど、神鳴るさわぎに、〔男ハ〕え聞かざりけり」〈伊勢・六〉

あなゆ・む【足悩む】［自マ四］（ま・み・む・む・め・め）《「なゆむ」は「なやむ」の上代東国方言》難儀しながら歩く。例「足悩む駒の惜しけくもなし」〈万葉・一四・三五三三〉

あ・なり あるという。あるそうだ。あるようだ。例「駿河の国にあ・なる山の頂に」〈竹取・かぐや姫の昇天〉訳 駿河国（＝いまの静岡県）にあるという山（＝富士山）の頂上に。例「難きことにこそあ・なれ」〈竹取・石作の皇子〉訳（かぐや姫の要望は）難しいことであるようだ。《係結び》「こそ→あなれ㊁」

語構成　あ（ラ変「あり」㊍）＋なり（伝・推「なり」）＝「あるなり」の撥音便「あんなり」の撥音無表記。

あに【豈】［副］❶（下に打消の表現を伴って）決して（…ない）。例「我が恋にあにまさらじか沖つ島守」〈万葉・四・五九六〉❷（下に反語表現を伴って）どうして…だろうか（いや…ない）。例「下として上に逆ふる事、あに人臣の礼たらんや」〈平家・三・法印問答〉

発展学習ファイル　平安以降はおもに、漢文訓読文で②の意味で用いられ、和文では「などか」「まさに」などが用いられた。

あにおとと【兄弟】［名］《「おとと」は「おとうと」》兄と弟。きょうだい。はらから。

あにご【兄御】［名］《「ご」は接尾語》兄の敬称。兄上。＝兄御前。↔姉御。

あにごぜ【兄御前】［名］「あにご」に同じ。

あねおもと【姉御許】［名］姉を親しみ敬って呼ぶ語。姉上。

あねご【姉御】［名］《「ご」は接尾語》❶姉の敬称。姉上。＝姉御前。↔兄御。❷博徒の親分・兄貴分の妻、または女親分の敬称。姐御。あねさん。

あねごぜ【姉御前】［名］「あねご①」に同じ。

あねは【姉歯】［歌枕］陸奥国の地名。いまの宮城県栗原郡金成町。「姉歯の松」で有名。

〔和歌〕**あのおとせず…**【足の音せず行かむ駒もが葛飾の真間の継ぎ橋止まず通はむ】〈万葉・一四・三三八七・東歌〉訳 足音を立てず行くような馬が欲しい。葛飾の真間の継ぎ橋を絶えず通おう。〈参考〉「真間」はいまの千葉県市川市真間。

あのくたらさんみゃくさんぼだい【阿耨多羅三藐三菩提】［名］《仏教語。梵語の音訳》この上なくすぐれて正しく平等で円満なこと。無上最高の境地を悟った仏の知徳をたたえて唱えることば。

〔和歌〕**あのくたらさんみゃくさんぼだいの…**【阿耨多羅三藐三菩提の仏たちわが立つ杣に冥加あらせたまへ】〈新古今・釈教・一九二〇・伝教大師〉訳 最高の知恵をもっておられるみ仏たちよ、私が入り立つこの杣山に、ご加護をお与えください。《敬語》「あらせたまへ」→「せたまふ」〈参考〉伝教大師（最澄）が、比叡山の根本中堂を建立するときに詠んだ歌。

あのごと【案の如】《「あ」は「あん（案）」の撥音無表記》案の定。思ったとおり。

あのよ【彼の世】［名］死後の世界。後の世。来世。↔此の世

あは【粟】［名］草の名。五穀のひとつ。（季―秋）

あは【安房】［地名］旧国名。東海道十五か国のひとつ。いまの千葉県南部にあたる。＝房州

あは【阿波】［地名］旧国名。南海道六か国のひとつ。いまの徳島県。＝阿州

あはあは・し【淡淡し】［形シク］（しから・しく（しかり）・し・しき（しかる）・しけれ・しかれ）❶軽々しい。軽薄だ。例「あはあは・しう、わるきことに、いひ思ひたる男」〈枕・生ひ先なく〉《音便》「あはあはしう」は「あはあはしく」のウ音便。❷落ち着かない。不安定だ。例「あはあは・しき身のありさまを」〈堤中納言・思はぬ方にとまりする少将〉

あはあはしう【淡淡しう】形容詞「あはあはし」の連用形「あはあはしく」のウ音便。

あはうばらひ【阿呆払ひ】［名］《近世語》江戸時代、武士に対する刑罰のひとつ。両刀を取り上げ、裸にして追放する刑。

あはうみ【淡海】［名］《「あふみ」とも》淡水の海。湖。↔潮海

あばうらせつ【阿防羅刹・阿傍羅刹】［名］《仏教語。梵語の音訳》地獄で罪人を責め苦しめる獄卒。頭は牛・馬で、手と胴体は人間の形、足には牛・馬のような蹄がある。＝阿防

あば・く【発く・掘く】［他カ四］（か・き・く・く・け・け）《古くは「あはく」とも》❶土を掘って中の物を取り出す。❷他人の秘密をばらす。❸打ち払う。ずたずたに切りさく。例「剣をぬきてこれをあば・くに」〈古今著聞・六〇四〉

あば・く［自カ下二］（け・け・く・くる・くれ・けよ）《「あはく」とも》❶はげる。くずれ落ちる。例「塗れる金あば・け落つ」〈霊異記〉❷油断し気がゆるむ。例「うちとけ、あば・けたらん所へ」〈盛衰記・四二〉

あは・し【淡し】［形ク］（から・く（かり）・し・き（かる）・けれ・かれ）❶色・味などが薄い。↔濃し。❷情が薄い。あっさりしている。例「老いぬる人は、精神おとろへ、淡・く疎かにして」〈徒然・一七二〉❸軽薄だ。軽々しい。例「すこしあは・き方に寄りぬるは」〈源氏・澪標〉

あはしまの【粟島の】［枕詞］同音の繰り返しから「逢ふ」の未然形「逢は」にかかる。例「粟島の逢はぬものゆゑ」〈万葉・一二・三一六七〉

あは・す【合はす】［他サ下二］（せ・せ・す・する・すれ・せよ）❶ひとつにする。集める。例「同じく心をあは・せて、『この世界に、我と政事をし』」〈大鏡・道隆〉❷一致させる。調和させる。適合させる。例「〔門ハ〕身のほどにあは・せて侍るなり」〈枕・大進生昌が家に〉《敬語》「あはせて侍る」→「はべり」。❸結婚させる。例「女はこの男をと思ひつつ、親のあは・すれども聞かで」〈伊勢・二三〉❹音楽や楽器を合

わせる。**合奏する。** 例「いとよく**合は・せ**て、ただすこし掻き鳴らいたまふ」〈源氏・紅梅〉《音便》「掻き鳴らい」は「掻き鳴らし」のイ音便。❺**夢判断をする。夢で吉凶を占う。** 例「夢**あは・する**もの来たるに」〈蜻蛉・下〉❻**対抗させる。争わせる。** 例「竹取の翁に宇津保の俊蔭を**合は・せ**て争ふ」〈源氏・絵合〉❼（鷹狩りで）**獲物に向かって鷹を放つ。** 例「をちこちに鳥踏み立て白塗りの小鈴もゆらに**あは・せ**遣り」〈万葉・一九・四一五四長歌〉❽（動詞の連用形に付いて、また、「…にあはせ」の形で）**同時に…する。いっしょに…する。** 例「心ばへ知れる人、出づるに**あは・せ**て、かく言へり」〈蜻蛉・上〉

あはせ【袷】［名］裏地をつけた着物。近世は綿入れを脱いだあとの陰暦四月一日から五月四日まで、また、綿入れを着る前の九月一日から八日まで着る風習があった。＝袷の衣。↔単衣㊁。（季―夏）

あはせ【合はせ】［名］❶物と物とを比べ合わせること。→「うたあはせ」「かうあはせ」。＝物合はせ。❷副食物。おかず。❸男女を結婚させること。

あはせい・づ【合はせ出づ】［他ダ下二］{で・で・づ・づる・づれ・でよ}混ぜ合わせて作り出す。例「かかる薫き物の香は、え**合はせ出・で**たまはざりきかし」〈源氏・宿木〉

あはせいとな・む【合はせ営む】［他マ四］{ま・み・む・む・め・め}合わせることに熱中する。せっせと合わせ香を作る。例「朝夕のことわざに（＝朝夕ノ仕事ノヨウニシテ）**合はせいとな・み**」〈源氏・匂宮〉

あはせたきもの【合はせ薫き物】［名］数種の香を練り合わせ調製した香。＝練り香

あはせて【合はせて】（動詞「合はす」の連用形＋接続助詞「て」）（多く「にあはせて」の形で）それとともに。それと同時に。例「『返してけるか』とて、うち見たるに**合はせて**をめけば」〈枕・頭の中将の〉

あはせばかま【袷袴】［名］裏地をつけた袴。鎌倉以降常用となる。↔単袴①

あはそか［-なり］［形動ナリ］{なら・なり(に)・なり・なる・なれ・なれ}（「あは」は淡の意。「そか」は接尾語）軽々しいさま。いい加減なさま。例「（皆サンガゴ存ジノコトナノデ）**あはそか・に**申すべきにはべらず」〈大鏡・道長・下〉

あはたぐち【粟田口】［地名］山城国の地名。いまの京都市東山区粟田口町を中心とした地域。東海道と京都の出入り口。

あはた・つ【あは立つ】［自タ四］{た・ち・つ・つ・て・て}（雲などが）たくさんわき起こる。例「雲の**あはた・つ**山の麓に」〈古今・墨滅歌・一一〇五〉

あはぢ【淡路】［地名］旧国名。南海道六か国のひとつ。いまの兵庫県淡路島全島を指す。＝淡州

あはぢしま【淡路島】［歌枕］「あはぢ」に同じ。

〔和歌〕**あはぢしま…【淡路島かよふ千鳥の鳴く声に幾夜ねざめぬ須磨の関守】**〈金葉・冬・二七〇・源兼昌〉（百人一首）訳 淡路島から海を渡って通って来る千鳥のもの悲しげに鳴く声のために、幾晩目を覚ましたことか、須磨の関守は。

あはづ【粟津】［歌枕］近江国の地名。いまの滋賀県大津市東南部、瀬田川河口付近。「粟津の晴嵐」は近江八景のひとつ。木曾義仲の戦死地。「逢はず」「逢はで」をかける。

あはつか［-なり］［形動ナリ］{なら・なり(に)・なり・なる・なれ・なれ}思慮が足りないさま。間抜けなさま。例「『何事ぞ』など、**あはつか・に**さし仰ぎゐたらむは」〈源氏・帚木〉

あはつけう 形容詞「あはつけし」の連用形「あはつけく」のウ音便。

あはつけ・し［形ク］{から・く(かり)・し・き(かる)・けれ・かれ}❶軽率だ。あさはかだ。例「情けなく**あはつけ・き**人の心なりけり」〈源氏・夕霧〉❷軽薄だ。落ち着きに欠ける。例「**あはつけ・き**声ざまにのたまひ出づる言葉こはごはしく」〈源氏・常夏〉

あはつけびと【あはつけ人】［名］（形容詞「あはつけし」の語幹＋名詞「人」）無分別で思慮の浅い人。

あはなち【畔放ち】［名］「天つ罪」のひとつ。田の畔を壊し、水を流し出して干上がらせること。

あはなふ【逢はなふ】（「なふ」は上代東国方言の打消の助動詞）会わない。例「立ち別れ去にし夕より背ろに**逢はなふ**よ」〈万葉・一四・三三七五〉

あはに［副］語義未詳。たくさんの意か。例「降る雪は**あはに**な降りそ」〈万葉・二・二〇三〉

あはに【淡に】［副］はかなく。かりそめに。例「うは氷**あはに**結べるひもなれば」〈枕・宮の、五節出ださせたまふに〉

あはのへしだ【逢はのへ時】（上代東国方言。動詞「逢ふ」の未然形＋打消の助動詞「なふ」の連体形「なへ」の変化形＋名詞「時」）逢わない時。例「逢はしだも**逢はのへしだ**も汝にこそ寄され」〈万葉・一四・三四七八〉

あはひ【間】［名］❶**すきま。あいだ。** 例「伊勢、尾張の**あはひ**の海づらをゆくに」〈伊勢・七〉❷**あいだの距離。** 例「なほ扇の**あはひ**七段ばかりはあるらむとこそ見えたりけれ」〈平家・一一・那須与一〉《係結び》「こそ→見えたりけれ(已)」。❸**人と人との間柄。仲。** 例「劣らずもてかしづきたるは、あらまほしき御**あはひ**どもになん」〈源氏・桐壺〉《係結び》「なん→（省略）」。❹**都合。情勢。** 例「**あはひ**悪しければ、引くは常の習ひなり」〈平家・一一・逆櫓〉❺**色の取り合わせ。配合。** 例「はなやかならぬ御衣の**あはひ**なれど」〈夜の寝覚〉❻**配偶。取り合わせ。** 例「事うち合ひ、めやすき御**あはひ**と〔源氏八〕思ぼさる」〈源氏・藤裏葉〉《敬語》「思ぼさる」→「おぼす」

あはび【鮑・鰒】［名］貝の名。アワビ。古来、食料や儀式の肴・進物などに用いた。（季―夏）

〔**鮑の貝の片思ひ**〕（殻が一枚貝の片側だけのように見えるところから）片思いのたとえ。

あはびしらたま【鮑白玉・鰒白玉】［名］「あはびたま」に同じ。

あはびたま【鮑玉】［名］「鮑」の中から取れる真珠。＝鮑白玉

あはびむすび【鮑結び】［名］ひもの飾り結びのひとつ。中央に一つ、左右に二つの輪を作る結び方。

あはふ【粟生】［名］（「ふ」は草木の生えている所の意）アワ畑。

あは・む【淡む】［他マ下二］{め・め・む・むる・むれ・めよ}軽蔑する。非難する。例「『幼かりけり』と**あは・め**たまひて」〈源氏・空蟬〉

〔和歌〕**あはむひの…【逢はむ日の形見にせよとたわやめの思ひ乱れて縫へる衣そ】**〈万葉・一五・三七五三・狭野弟上娘子〉訳 ふたたび会える日までの

形見にしなさいと、か弱い女の私が思い悩んで織った着物です、これは。

あはや【足速】[名]《「あ」は足の意。「あしはや」とも》船の速度の速いこと。

あはや(アワヤ)[感]❶切迫して驚いたときに発することば。あれ。たいへんだ。例「あはや、西の手はやぶれにけるは」〈平家・九・越中前司最期〉❷安心して発することば。ああ。例「『あはや、宣旨下りぬ』とこそ申させたまひけれ」〈大鏡・道長・下〉

あはゆき【淡雪】(アワユキ)[名]❶消えやすい雪。春雪。(季―春)。例「淡雪のたまればかてに砕けつつ」〈古今・恋一・五五〇〉❷《「淡雪豆腐」の略》あんかけ豆腐。

あばら[・なり]【荒ら】[形動ナリ]{なら・なり(に)・なり・なる・なれ・なれ}❶(家などが)荒れているさま。❷手薄なさま。まばらなさま。例「心はたけく思へども、うしろあばらになりければ」〈平家・七・篠原合戦〉❸大ざっぱで粗雑なさま。例「八郎は、聞きつるに似ず、手こそあばら・なりけれ」〈保元・中〉

あば・る【荒る】[自ラ下二]{れ・れ・る・るる・るれ・れよ}(住居などが)荒れ果てる。例「男もあば・れたる家に、ただひとりながめて」〈堤中納言・はいずみ〉

あはれ[・なり](アワレ)[名][形動ナリ]

> **アプローチ**
> ▼上代の、心から感動したときに発する感動詞の「あはれ」から、中古になって、しみじみとした感動を表す形容動詞が生まれた。
> ▼主として、心から同情したり、心に深く愛情を感じたりする気持ちを表す。

一[名]❶**しみじみとした風情**。例「あはれ添へたる月影の、なまめかしうしめやかなるに、うちふるまひたまへるにほひ、似るものなくて」〈源氏・須磨〉訳しみじみとした風情を添えた月の光が優美でしっとりしていて、(源氏の)立ち居振る舞いの美しさは類なくて。《音便》「なまめかしう」は「なまめかしく」のウ音便。

❷**愛情。好意。人情**。例「昔かやうにあひ思し、あはれをも見せたまはましかばと」〈源氏・須磨〉訳ずっと以前にもこのようにあちら(=藤壺)からも(自分のことを)思ってくださり、愛情をお見せくださるのであったならば。《敬語》「あひ思し」→「おぼす」

❸**悲哀。寂しさ**。例「また越ゆべしともおぼえねば、いとどあはれのかずそひて」〈平家・一〇・海道下〉訳またふたたび越えることができるとも思われないので、いっそう寂しさがつのって。

二[形動ナリ]{なら・なり(に)・なり・なる・なれ・なれ}❶**しんみりとして趣深い。しみじみと風情がある**。例「二十余日の暁がたの月、いみじくあはれ・に、山の方はこぐらく」〈更級〉訳二十日すぎの明け方の月が、はなはだ趣深く、山の方はうす暗く。

❷**しみじみともの寂しい。悲しい**。例「門引き入るるより、けはひあはれ・なり」〈源氏・桐壺〉訳(牛車を)門の中にはいるなり、あたりのようすはしみじみともの寂しく感じられた。

❸**しみじみとやさしい。とても情愛深い**。例「見る人も、いとあはれ・に、忘るまじきさまにのみ語らふめれど」〈蜻蛉・上〉訳(私をそばで)見る人も、じつにしみじみとやさしく、ただもう忘れるようなことはしないというふうなことを話してくれるようだけれど。

❹**かわいい。いとしい。心ひかれる**。例「つれなき人よりは、なかなかあはれ・に思さるるとぞ」〈源氏・帚木〉訳冷たい人よりは、かえって(その弟を)いとしくお思いなさったとのこと。《係結び》「とぞ」→(省略)」。《敬語》「思さる」→「おぼす」

❺**気の毒だ。かわいそうだ**。例「命婦は、まだ大殿籠らせたまはざりけると、あはれ・に見たてまつる」〈源氏・桐壺〉訳命婦は、(帝が)まだおやすみなさらないでいらっしゃったのだと、お気の毒に拝見申し上げる。《敬語》「大殿籠らせたまはざりける」→「おほとのごもる」「せたまふ」、「見たてまつる」→「たてまつる」

❻**すぐれている。立派だ**。例「皇子もいとあはれ・なる句を作りたまへるを」〈源氏・桐壺〉訳若宮もとてもすぐれた詩句をお作りなさったのを。

> **古語深耕　「あはれ」と「をかし」との違い**
> 「あはれ」は「をかし」とともに平安の文学の美意識を代表する重要なことばである。「をかし」が知的で明るい感動を表すことばであるのに対し、「あはれ」は情的なしみじみとした感動を表すことばである。語史的には、はたからみて賛嘆、喜びの気持ちを表すことから始まり、喜びと悲しみのどちらの場合にも生まれてくる、しみじみとした情趣を表すようになる。『源氏物語』は「あはれ」を基調とし、人の心の奥深く内面の世界が表出されている。一方、『枕草子』は自然や季節の美しさ、人の心の動きなどを的確にとらえ、「をかし」の世界をみごとに描き出した。『源氏物語』を「あはれ」の文学、『枕草子』を「をかし」の文学というのはこのためである。

〔**あはれを掛く**〕(アワレヲカク)他人に対して同情を寄せる。かわいそうだと思う。例「(母君が)我に露あはれを掛・けば(コノ世ニモウ一度)立ちかへり共に消えよ(=イッショニ死ンデクダサイ)うきはなれなむ」〈落窪・一〉

〔**あはれを交はす**〕(アワレヲカワス)互いに深く思いを寄せ合う。愛情をもち合う。例「うちとけず(=人目ヲ忍ンデ)あはれをかは・したまふ御仲なれば」〈源氏・藤裏葉〉

あはれ(アワレ)[感]

《うれしいにつけ、悲しいにつけ、深く感動したときに用いられる》❶感嘆の心を表す。ああ(とてもいいなあ)。例「あはれ。あなおもしろ」〈古語拾遺〉❷愛着や思慕の気持ちを表す。ああ(いとしいよ)。例「後も隠み寝むその思ひ妻あはれ」〈記・下・歌謡〉❸同情・哀憐を表す。ああ(気の毒に)。例「家ならば妹が手まかむ草枕旅に臥やせるこの旅人あはれ」〈万葉・三・四一五〉❹嘆息を表す。ああ(いたはし)。例「あはれ、いと寒しや」〈源氏・夕顔〉

あばれ【暴れ】[名]❶暴れること。乱暴。❷《「暴れ食ひ」の略》度を過ごして食べること。暴食。

〔和歌〕**あはれいかに…**【あはれいかに草葉の

露のこぼるらん秋風立ちぬ宮城野の原】〈新古今・秋上・三〇〇・西行〉訳ああ、いまごろはどんなにか草葉に繁く置いた露がこぼれ散っていることであろうか。ここでも秋風が吹きはじめた。あの宮城野の原では。（疑問語との呼応）「いかに→こぼるらん㊍」

あはれが・る【憐れがる】アワレガル［他ラ四］{ら・り・る・る・れ・れ}（「がる」は接尾語）❶感動する。例「親王〔男ノ歌ヲ〕いといたうあはれが・りたまうて」〈伊勢・八五〉 ❷同情したり、愛着を示したりする。例「『げにさのみこそあれ』などあはれが・りきこえたまひて」〈源氏・野分〉

〔和歌〕**あはれしる…【哀れ知る友こそかたき世なりけれひとり雨聞く秋の夜すがら】**〈正徹物語・藤原為秀〉訳もののあわれ、情趣を理解する友は得がたい世の中であることよ。ひとりで雨音を聞いている秋の一晩じゅうには、そう思われるよ。

〔和歌〕**あはれとも…【あはれとも言ふべき人は思ほえで身のいたづらになりぬべきかな】**〈拾遺・恋五・九五〇・藤原伊尹〉（百人一首・謙徳公）訳私のことをかわいそうにといってくれそうな人は、ひとりも思い浮かばず、私はこのまま恋い焦がれて死んでしまいそうになったことだ。

あはれび【憐れび】アワレビ［名］いとしい、かわいそうだと思う気持ち。同情。慈悲。仁愛。

あはれ・ぶ【憐れぶ】アワレブ［他バ四］{ば・び・ぶ・ぶ・べ・べ}「あはれむ」に同じ。

あはれみ【憐れみ】アワレミ［名］いとしい。かわいそうだと思う気持ち。慈悲。

〔**憐れみを垂る**〕アワレミヲタル 情けをかける。同情する。例「ねがはくは憐れみをた・れさせおはしまして、故郷へかへし入れさせ給ひて」〈平家・二・康頼祝言〉

あはれ・む【憐れむ】アワレム［他マ四］{ま・み・む・む・め・め}❶賞美する。❷慈悲の心をかける。あわれむ。同情する。例「これも孝行のこころざしを冥顕あはれ・み給ふによってなり」〈平家・五・咸陽宮〉①②＝憐れぶ

あひ‐【相】アイ［接頭］（動詞に付いて）❶いっしょに、互いに、合わせてなどの意を表す。「相言ふ」「相思ふ」「相居る」など。❷語調を整えたり重みを加えたりする。例「香花並びに油を相構へて（＝前モッテ準備シテ）買ひ求めて」〈今昔・三・一五〉

あひ【間】アイ［名］❶物と物とのあいだ。中間。❷人と人との間。仲。❸酒の席で、ふたりが飲みあっている中に第三者が入って杯を受け、返杯すること。❹「間狂言」の略。❺（「間の宿」の略）街道宿場と宿場の中間にあって、旅人の休む茶店などのある小さな宿場。❻（「間駒」の略）将棋で、王手をかけられたときなどに相手の駒と自分の駒との間に別の駒を打つこと。また、その駒。❼（女房詞）間食。

〔**間の物**〕アイノモノ 土器の杯の大きさで、中型の三度入りと大型の五度入りの中間、つまり四度入りのもの。「四」の音が「死」に通ずるために避けた呼称。

〔**間の山節**〕アイノヤマブシ 俗曲の名。「間の山」で、お杉・お玉が簓をすり、三味線をひいて歌ったというもので、無常をうたったものが多い。伊勢節。

あひ【会ひ・合ひ・遇ひ・逢ひ】アイ［名］（おもに男女が）あうこと。対面。

〔**合ひに合ふ・会ひに会ふ**〕アイニアウ（アオウ）（「あふ」を重ねて、さらに強めた言い方）❶よく似ている。一致している。ぴったりだ。例「合ひに合・ひて物思ふ頃の我が袖に宿る月さへ濡るる顔なる」〈古今・恋五・七五六〉 ❷焦がれるような思いで会う。例「あひにあ・ひてまだむつ言もつきじ夜に」〈右京大夫集〉

あび【阿鼻】［名］「あびぢごく」に同じ。

あひあひ【相合ひ・相相】アイアイ［名］ふたり以上でひとつのものを所有したり使用したりすること。また、そのもの。共有。共有物。

あひあひかご【相合ひ駕籠】アイアイカゴ［名］（近世語）ふたりいっしょにひとつの駕籠に乗ること。また、その駕籠。多く、男女の場合に用いる。＝相駕籠

あひあ・ふ【相会ふ・相逢ふ】アイアウ（オウ）［自ハ四］{は・ひ・ふ・ふ・へ・へ}（「あひ」は接頭語）❶出会う。顔を合わせる。❷似合う。釣り合う。例「あひあ・ひにたる世の人のありさまを」〈源氏・東屋〉

あひい・ふ【相言ふ】アイイウ［自ハ四］{は・ひ・ふ・ふ・へ・へ}（「あひ」は接頭語）互いに語る。とくに、男女が睦言を交わす。例「むかし、男、色好みとしるしる、女をあひい・へりけり」〈伊勢・四二〉

あひおひ【相生ひ】アイオイ［名］❶ふたつ以上のものがいっしょに成長すること。❷ひとつの根からふたつの幹が生えること。

あひおひ【相生】アイオイ［作品名］「たかさご」に同じ。

あひおひまつ【相生松】アイオイマツ［作品名］「たかさご」に同じ。

〔和歌〕**あひおもはぬ…【相思はぬ人を思ふは大寺の餓鬼の後に額つくごとし】**〈万葉・四・六〇八・笠女郎〉訳私の思いに応えてくれない人を思うのは、大寺の餓鬼像の背面にぬかづいて拝むようなものです。

あひおもひぐさ【相思ひ草】アイオモイグサ［名］タバコの別称。＝思ひ草

あひおも・ふ【相思ふ】アイオモウ［他ハ四］{は・ひ・ふ・ふ・へ・へ}（「あひ」は接頭語）互いに思い合う。互いに慕い合う。例「あひ思・はで離れぬる人をとどめかね」〈伊勢・二四〉

あひがかり【相懸かり】アイガカリ［名］敵味方が双方同時に攻め合うこと。

あひかご【相駕籠】アイカゴ［名］（近世語）「あひあひかご」に同じ。

あひかた【合ひ方】アイカタ［名］❶能楽で、大鼓・小鼓・笛の囃子。囃子方。❷歌舞伎で、幕の開閉・人物の出入り・役者のしぐさやせりふなどにあわせて演奏する三味線音楽。

あひかたら・ふ【相語らふ】アイカタラ（ロ）ウ［他ハ四］{は・ひ・ふ・ふ・へ・へ}（「あひ」は接頭語）❶互いに語り合う。❷親しく交わる。例「ねむごろにあひ語ら・ひける友だちの」〈伊勢・一六〉 ❸男女が交際する。例「監の命婦、しのびてあひ語ら・ひけり」〈大和・六九〉 ❹仲間に引き入れる。例「自国・他国の軍勢を相語ら・ひ、七千余騎を率って」〈太平記・二〉

あひがたり【間語り】アイガタリ［名］能楽で、中入りに狂言方が登場してその曲の主題や由来、故事などを語ること。また、その役。

あひかまへて【相構へて】アイカマエテ［副］（「あひ」は接頭語）❶十分に注意して。用心して。例「盗人なめりと思ひ給へて、あひかまへて打ち伏せて候ひつるが」〈今昔・三・一五〉 ❷（下に禁止の語を伴って）必ず。決し

て。[例]「相かまへて、念仏おこたり給ふな」〈平家・一・祇王〉

あひぎ【間着】アイギ［名］上着と下着の間に着る服。

あびき【網引き】［名］網を引いて魚をとること。

あひきゃうげん【間狂言】アイキョウゲン［名］能楽で、能一番の中で狂言方が担当する部分、またはその役。二場物の能でシテが中入りしている間をつなぐ役割で登場するのが一般的。＝間④・能間

あひきゃく【相客】アイキャク［名］❶同じ家や店でいっしょになった客同士。❷宿屋などで、同じ部屋に泊まり合わせること。また、その客。

あひぐ・す【相具す】アイグス{せ・し・す・する・すれ・せよ}㊀［他サ変］連れ立つ。伴う。[例]「たちまちに相具・して京に返りて」〈今昔・一六・三三〉㊁［自サ変］夫婦となる。[例]「一人は七条修理大夫信隆卿に相具・し給へり」〈平家・一・吾身栄花〉

あひごと【会ひ言・逢ひ事】アイゴト［名］会って語らうこと。会うこと。

あひじゃくや【相借家】アイジャクヤ［名］《近世語》長屋建ての借家。また、その店子どうし。＝相店

あひしらひアイシライ［名］❶応対。接待。また、あいさつ。❷能楽で、役者が相手の演技に合わせて動くこと。❸能楽で、シテの演技に応じる相手役。ワキ・ツレなど。❹連歌で、前句と付句の取り合わせ。

あひしら・ふアイシラ（ロ）ウ［他ハ四］{は・ひ・ふ・ふ・へ・へ}「あへしらふ」に同じ。

あひし・る【相知る】アイシル［自ラ四］{ら・り・る・る・れ・れ}《「あひ」は接頭語》互いによく知っている。[例]「いと尊き老僧のあひ知・りてはべるに」〈源氏・夕顔〉

あひじるし【合ひ印】アイジルシ［名］❶戦場で、敵味方を区別するために、味方の笠などに付ける目印。❷取り紛れないよう、物につけておく目印。

あひずみ【相住み】アイズミ［名］同じ所にいっしょに住むこと。また、その人。＝相宿り

あひそ・ふ【相添ふ】アイソウ《「あひ」は接頭語》㊀［自ハ四］{は・ひ・ふ・ふ・へ・へ}いっしょに生活する。連れ添う。[例]「をばなむ親のごとくに、若くよりあひそ・ひてあるに」〈大和・一五六〉㊁［他ハ下二］{へ・へ・ふ・ふる・ふれ・へよ}伴う。添える。[例]「あひそ・ふる心ばかりは関なとどめそ」〈古今・離別・三六八〉

あひだ【間】アイダ［名］㊀❶（物と物との）あいだ。すきま。[例]「塩のひて候ふ時は、陸と島の間は馬の腹もつかり候はず」〈平家・一一・勝浦〉《敬語》「ひて候ふ」「つかり候はず」→「さうらふ」。❷（ある事の起きている一定の）期間。とき。うち。[例]「かかるあひだに、みな夜明けて」〈土佐〉❸絶え間。時間の切れ目。暇。[例]「大伴の三津の白波間なく」〈万葉・一一・二七三七〉❹間柄。仲。[例]「宮の間のことおぼつかなくなりはべりにければ」〈源氏・賢木〉《敬語》「なりはべり」→「はべり」。㊁《形式名詞化したものを接続助詞的に用いる》❶原因・理由を表す。…ので。…から。[例]「当家の身の上の事に候ふ間」〈平家・七・忠度都落〉《敬語》「事に候ふ」→「さうらふ」。❷前の叙述をあとの叙述に続ける。…ところ。…が。[例]「ともに世の政をせしめたまひしあひだ」〈大鏡・時平〉《敬語》「せしめたまひし」→「しめたまふ」。❸漠然とした時を表す。…ころ。[例]「この間病重くなりにけり」〈拾遺・哀傷・一三三詞書〉

あひたい［・す］【相対】アイタイ［名・自サ変］❶差し向かいで事を行うこと。[例]「これは筆に見えがたし。相対・しての口伝なり」〈風姿花伝〉❷合意。❸なれあい。ぐる。共謀。

あひたいじに【相対死に】アイタイジニ［名］「しんぢゅう④」に同じ。

あひたいづく【相対尽く】アイタイズク［名］《近世語。「づく」は接尾語》合意のうえで行うこと。

あひたう【相当】アイトウ［名］いっしょに当番すること。また、その相手。

あひたがひ［・なり］【相互ひ】アイタガイ［形動ナリ］{なら・なり(に)・なり・なる・なれ・なれ}お互いであるさま。互いに代わり合ってするさま。同じような状態・関係にあるさま。

あひたす・く【相助く】アイタスク［他カ下二］{け・け・く・くる・くれ・けよ}❶力を貸す。❷危機から救う。

あひだちな・しアイダチナシ［形ク］{から・く(かり)・し・き(かる)・けれ・かれ}「あいだちなし」に同じ。

あひだてな・しアイダテナシ［形ク］{から・く(かり)・し・き(かる)・けれ・かれ}「あいだてなし」に同じ。

あひだな・し【間なし】アイダナシ 絶え間がない。休みがない。ずっと。[例]「大伴の三津の白波間な・く我が恋ふらくを人の知らなく」〈万葉・一一・二七三七〉

あひたの・む【相頼む】アイタノム［他マ四］{ま・み・む・む・め・め}《「あひ」は接頭語》頼りにする。

あひだよ【間夜】アイダヨ［名］男女が会った夜と次に会う夜との間。会わない夜。

あびぢごく【阿鼻地獄】アビジゴク［名］《仏教語。「阿鼻」は梵語の音訳で絶え間のない意》八大地獄のひとつ。悪人が死後、絶え間なく剣山・釜ゆでなどの責め苦を受けるという地獄。＝阿鼻・無間地獄

あひづ【会津】アイヅ［地名］陸奥国の地名。いまの福島県西部、会津盆地を中心とした地域。「会津嶺」は磐梯山のこと。

あひつ・ぐ【相次ぐ・相継ぐ】アイツグ{が・ぎ・ぐ・ぐ・げ・げ}《「あひ」は接頭語》㊀［自ガ四］次から次へと続く。続いて起きる。順を追って続く。㊁［他ガ四］受け継ぐ。相続する。

あひづち【相鎚】アイヅチ［名］鍛冶などで、互いに打ち合わせる鎚。とくに、師の打つ鎚の合い間に弟子が打つ鎚。また、それを打つ者。

あひて【相手】アイテ［名］❶物事をいっしょにする人。相棒。❷競争者。

あひてもあは・ず【会ひても会はず・逢ひても逢はず】アイテモアワズ 男女が会っても交わらずに夜を明かすことをいう。[例]「逢ひても逢は・ぬやうなる心ばへにこそうちうそぶき口ずさびたまひしか」〈源氏・東屋〉

あひどの【相殿】アイドノ［名］同じ社殿に二柱以上の神をいっしょに祭ること。また、その社殿。

あひと・ふ【相訪ふ・相問ふ】アイトウ［他ハ四］{は・ひ・ふ・ふ・へ・へ}《「あひ」は接頭語》訪れる。[例]「言繁み（＝人ノウワサガ絶エナイノデ）相問・はなくに」〈万葉・一九・四二八二〉

あひとぶら・ふ【相訪ふ】アイトブラ（ロ）ウ{は・ひ・ふ・ふ・へ・へ}《「あひ」は接頭語》㊀［自ハ四］互いに話し合う。求愛し合う。[例]「相とぶら・ひ言成りしかば」〈万葉・九・一七四〇長歌〉㊁［他ハ四］訪れる。見舞う。[例]「夜半、暁にもあひとぶら・はん」〈源氏・夢浮橋〉

あひどり【相取り】[名]《「あひとり」とも》❶いっしょに事に当たること。❷共謀すること。共謀者。

あひな・し[形ク]｛から・く(かり)・し・き(かる)・けれ・かれ｝「あいなし」に同じ。

あひなめのまつり【相嘗の祭り】[名]「あひにへのまつり」に同じ。

あひな・る【逢ひ馴る】[自ラ下二]｛れ・れ・る・るる・るれ・れよ｝馴れ親しむ。夫婦として過ごす。例「年ごろ**あひ馴・れ**たる妻やうやう床はなれて」〈伊勢・一六〉

あひにあひて【合ひにあひて】❶ぴったり合って。例「**合ひにあひて**物思ふ頃の我が袖に宿る月さへ濡るる顔なる」〈古今・恋五・七五六〉❷会いたい一心で会って。やっと会えて。例「**あひにあひて**まだむつ言も尽きじ夜に」〈右京大夫集〉

あひにへのまつり【相嘗の祭り】[名]《「あひなめのまつり」「あひんべのまつり」とも》陰暦十一月の最初の卯の日に、新嘗会に先立って、天皇がその年の新穀を神々に供え、神とともに食べる儀式。

あひの・る【相乗る】[自ラ四]｛ら・り・る・る・れ・れ｝同じ乗り物にいっしょに乗る。例「女車に**あひ乗・り**ていでたりけり」〈伊勢・三九〉

あひびき【相引き】[名]❶戦いで敵・味方ともに退くこと。❷互いに弓を引き合うこと。

あひみ・す【相見す】[他サ下二]｛せ・せ・す・する・すれ・せよ｝会わせる。例「平らかに**あひ見・せ**たまへ」〈更級〉

〔和歌〕**あひみての…**【**逢ひ見ての後の心にくらぶれば昔はものを思はざりけり**】〈拾遺・恋二・七一〇・藤原敦忠〉《百人一首・権中納言敦忠》訳思いがかなってはじめて会ったあとの、この切ない心とくらべてみると、会う以前は、もの思いなどなかったも同然でしたよ。

〈参考〉『拾遺和歌集』では、第四句が「昔はものも」となっている。

あひ・みる【相見る・逢ひ見る】[他マ上一]｛み・み・みる・みる・みれ・みよ｝❶互いに顔を合わせる。対面する。例「昔の人を**相・見るごとし**」〈万葉・三・三〇九〉❷とくに、男女が会い、関係を結ぶ。例「**逢ひ・見**ての後の心にくらぶれば昔はものも思はざりけり」〈拾遺・恋二・七一〇〉訳→〔和歌〕あひみての…

あひむこ【相婿・相聟】[名]互いの妻が姉妹関係にある夫同士。↕相嫁

あひもの【相物】[名]（鮮魚と干魚の中間の物の意）塩魚の類。

あひやけ【相親家・相舅】[名]《近世語》婿と嫁の双方の親どうしが互いに相手を呼ぶことば。

あひやど【相宿・合ひ宿】[名]知らない人どうしが同じ宿屋や部屋に泊まり合わせること。また、その人。＝相宿り②

あひやどり【相宿り】[名]❶同じ家にいっしょに住むこと。＝相住み。❷「あひやど」に同じ。

あひよみ【相読み】[名]❶いっしょにものを読むこと。例「いざ、これへ寄らせませ。**相読みせう**」〈狂言記・文山立〉❷証人。

あびらうんけん【阿毘羅吽欠】[名]《仏教語。梵語の音訳。「阿毘羅吽欠莎婆訶」の略》大日如来に祈るときの呪文。この五字に万物の生成要素である地水火風空が示されており、これを唱えると、一切の行法が成就するという。

あひる【家鴨・鶩】[名]❶鳥の名。❷《近世語》不格好な人のたとえ。川柳では下女をあざけっていう。

あひ・ゐる【相居る】[自ワ上一]｛ゐ・ゐ・ゐる・ゐる・ゐれ・ゐよ｝いっしょにいる。同席する。例「便あしく狭き所にあまたあひ・居て、後のわざども営みあへる」〈徒然・三〇〉

あひんべのまつり【相嘗の祭り】[名]「あひにへのまつり」に同じ。

あ・ふ【合ふ・会ふ・逢ふ】[自ハ四][他ハ下二]

> **アプローチ**
> ▼二つ以上のものがいっしょになる意。
> ▼人間同士、人間と事物、事物同士などの、結ばれる関係によって、対面する、対抗する、結婚する、めぐり合う、調和するなど、さまざまな意味に用いられる。

一[自ハ四]｛は・ひ・ふ・ふ・へ・へ｝❶**ひとつになる。ぴったり重なる。**例「よる、目も**あ・は**ぬままに、嘆きあかしつつ、山づらをみれば、霧はげに麓をこめたり」〈蜻蛉・上〉訳夜、まぶたが**ひとつにならない**（＝眠れない）ままに、ずっと嘆き悲しみ続けて夜を明かして、山のおもてを見ると、霧はなるほどふもとに立ちこめている。

❷**釣り合う。似合う。適合する。**例「ひとの程に**あ・は**ねば、とがむるなり」〈土佐〉訳（その人の）身分に**似合わない**ので、気にとめるのである。

❸**対面する。偶然来合わせる。出くわす。**例「もの心細く、すずろなるめを見ることと思ふに、修行者**あ・ひたり**」〈伊勢・九〉訳なんとなく不安で、ひどい目にあうことだと思っていると、修行者が**偶然来合わせた**。

❹（事件などに）**遭遇する。**例「宮いとうれしろ頼もしと待ちうけたまひて、『ここらの齢に、まだかく騒がしき台風にこそ**あ・は**ざりつれ』と、ただわななきにわななきたまふ」〈源氏・野分〉訳大宮は（夕霧の訪問を）本当にうれしく頼もしいこととお迎えになって、「この年になるまで、まだこのような音の激しい台風には**遭遇し**ませんでした」と、ただ、ぶるぶるふるえにふるえておいでになる。《音便》「うれしろ」は「うれしく」のウ音便。

《係結び》「こそ→あはざりつれ㊁」

❺**よい時期にめぐり合わせる。**例「貫之らが、この世に同じく生まれて、この事の時に**逢・へ**るをなむよろこびぬる」〈古今・仮名序〉訳貫之らが、この世に等しく生をうけて、ちょうどこの事（＝『古今和歌集』の撰進）のときに**めぐり合わせ**たことを喜ばしく思った。《係結び》「なむ→よろこびぬる㊍」

❻**男女が契りを結ぶ。結婚する。**例「つひに本意のごとく**あ・ひ**にけり」〈伊勢・二三〉訳（幼なじみの男と女は）とうとうかねての望みどおり、**結婚した**。

❼**相争う。戦う。**例「香具山と耳梨山と**あ・ひ**し時立ちて見に来し印南国原」〈万葉・一・一四〉訳→〔和歌〕かぐやまと…

❽**採算がとれる。割に合う。**例「おまへの天窓はよっぽど大あたまだから、三割ましをかけねえきゃあ**合・ひ**ません」〈浮世床〉訳おまえの頭はずいぶん大頭だから、三割加えた代金をとらなければ**採算がとれ**ません。

❾（動詞の連用形に付いて）**皆…し合う。互いに…し合う。** 例「その河のほとりにむれゐて、思ひやれば、かぎりなく遠くも来にけるかな、とわびあ・へるに」〈伊勢・九〉 訳その河（＝隅田川）のそばにむらがって座って、（故郷である都に）思いをはせると、果てしなく遠くに来てしまったものよ、と（一行の人々が）**皆**つらく思って嘆き**合っ**ていると。

二［他ハ下二］｛へ・へ・ふ・ふる・ふれ・へよ｝**合わせる。混ぜ合わせる。いっしょにする。** 例「母刀自も玉にもがもや戴きてみづらの中に合・へ巻かまくも」〈万葉・二〇・四三七七〉 訳母上も、玉であってほしいなあ。（もし玉であったなら）頭にのせてみずらの中に**いっしょにして**巻こうものを。

発展学習ファイル　「あふ」は、ふつう、「…にあふ」「…とあふ」の形で用いられることが多いが、用例一③の場合は、相手の修行者が主語になっている。この「対者（が）会ふ」という表現は、その出会いが自らの意思を超えたもので、不意に「出くわす」の意に解する。

〔**会ふ期**〕アウゴ　男女の会う機会。例「などてかくあふごかたみになりにけむ」〈伊勢・二八〉

〔**会ふはかり無し・逢ふはかり無し**〕アウハカリナシ　《「はかり」はあての意》会うあてがない。例「逢ふはかりなくてのみ経る我が恋ひを」〈後撰・恋六・一〇一八〉

あ・ふ【敢ふ】ア(オ)ウ　一［自ハ下二］｛へ・へ・ふ・ふる・ふれ・へよ｝❶（ふつう、厳しい状況のもとで）堪える。もちこたえる。例「秋されば置く露霜にあ・へずして」〈万葉・一五・三六九九〉 ❷（多く、「あへなむ（ん）」の形で）かまわない。なんとか我慢できる。例「あが仏、京に出でたまはばこそあらめ、ここまではあ・へなん」〈源氏・手習〉 二［補動ハ下二］｛へ・へ・ふ・ふる・ふれ・へよ｝（最後まで、もちこたえるという意から）すっかり…する。完全に…しおわる。例「高円（＝高円山）の萩の下葉はもみちあ・へむかも」〈万葉・二〇・四二九六〉

あ・ふ【和ふ・韲ふ】ア(オ)ウ［他ハ下二］｛へ・へ・ふ・ふる・ふれ・へよ｝野菜などの食物を混ぜ合わせたり、調味料で味をつけたりする。

あ・ふ【饗ふ】ア(オ)ウ［他ハ下二］｛へ・へ・ふ・ふる・ふれ・へよ｝食事を振舞いもてなす。

あふ ウオ［感］「をう」に同じ。

あぶ【虻】［名］「あむ（虻）」の別称。

あ・ぶ【浴ぶ】［他バ上二］｛び・び・ぶ・ぶる・ぶれ・びよ｝「あむ、浴む）」に同じ。

あふぎ【扇】オウギ［名］❶あおいで風を起こす道具。古くは、折り畳み式でない団扇のことをいった。（季―夏）。❷紋所の名。①を図案化したもの。

古典の世界　①の扇には、檜の薄板を用いた「檜扇」と、竹骨の片面に紙を張った「蝙蝠扇」（単に「蝙蝠」ともいう）と二種あり、男女ともに用いる。檜扇はおもに儀式また冬用、蝙蝠扇はおもに夏用である。用途は、女性が顔を隠すときのほか、打ち鳴らして拍子を取る、人を呼ぶ、また、ものを載せて差し出す、和歌を書き付ける、恋人と取り交わす…など、王朝人の生活のさまざまな場面に及んでいる。

〔**扇を鳴らす**〕オウギヲナラス　❶扇を打ち鳴らして案内を請う。例「屏風の中をすこしひき開けて、扇を鳴らしたまへば」〈源氏・若紫〉 ❷扇で歌の拍子をとる。例「あるいは声歌をし、あるひは嘯を吹き、扇を鳴らしなどするに」〈竹取・石作の皇子〉

あふぎあはせ【扇合はせ】オウギアワセ［名］「物合はせ」のひとつ。競技者が左右に分かれ、あらかじめ用意した趣向を凝らした扇を出し合って、その優劣を競う遊び。

あふぎがみ【扇紙】オウギガミ［名］扇の骨に張る紙。扇の地紙。

あふぎちら・す【扇ぎ散らす】オウギチラス［他サ四］｛さ・し・す・す・せ・せ｝さかんに扇であおぐ。例「まづ扇して、こなたかなたあふぎ散ら・して」〈枕・にくきもの〉

あふぎづかひ【扇使ひ】オウギヅカイ［名］扇を使うこと。扇であおぐこと。扇で風を起こすこと。

あふぎながし【扇流し】オウギナガシ［名］❶金銀などで美しく飾った扇を川に流す遊び。京都の大堰川や江戸の隅田川で行われたものが有名。（季―夏）。❷扇が川を流れるさまを描いた模様。

あふぎひき【扇引き】オウギヒキ［名］❶扇に付けたひもをたぐって、美しいのを引き当てる遊び。❷江戸時代の遊戯。扇を親指と人差し指とで挟んで引き合う。

あふぎびゃうし【扇拍子】オウギビョウシ［名］語り物を語るときなどに扇で手のひらなどを打ち鳴らして、拍子を取ること。

あふぎをが・む【仰ぎ拝む】アオギオガム［他マ四］｛ま・み・む・む・め・め｝神仏や尊いものに対し）敬って拝礼する。例「世の人も仰ぎ拝・み奉るなりけり」〈古本説話集〉

あふ・ぐ【仰ぐ】アオグ｛が・ぎ・ぐ・ぐ・げ・げ｝一［自ガ四］上を向く。あおむく。例「立ち躍り足すり叫び伏し仰・ぎ」〈万葉・五・九〇四長歌〉 二［他ガ四］❶見上げる。例「手に取り持ちて天つ神仰・ぎ乞ひ禱のみ」〈万葉・五・九〇四長歌〉 ❷尊敬する。例「仰・ぎてこれを尊むべし」〈徒然・一二七〉 ❸目上の人に請い求める。例「瑞籬の下に明恩を仰・ぎ」〈平家・五・富士川〉

あふ・ぐ【扇ぐ】アオグ［他ガ四］｛が・ぎ・ぐ・ぐ・げ・げ｝（扇やせんすなどで）風を送る。例「汗におし漬して臥したまへり。乳母のうちあふ・ぎなどして」〈源氏・東屋〉

あぶくまがは【阿武隈川】アブクマガワ［歌枕］陸奥国の川。いまの福島県南部から北流して宮城県に入り太平洋に注ぐ。「逢ふ」とかける表現が多い。

あふご【朸】ア(オ)ウゴ［名］（「あふご」とも）物を担ぐ棒。てんびんぼう。和歌では多く、「会ふ期」にかける。例「人恋ふることを重荷と担ひもてあふごなきこそわびしかりけれ」〈古今・雑躰・一〇五八〉

〔和歌〕**あふことの…【逢ふことの絶えてしなくはなかなかに人をも身をも恨みざらまし】**〈拾遺・恋一・六七八・藤原朝忠〉《百人一首・中納言朝忠》 訳男女が逢うということがまったくないのならば、かえって相手のつれなさもわが身のつらさも恨みはしないであろうに。

〈参考〉「よし」は、反実仮想の助動詞。

〔和歌〕**あふことも…【逢ふこともなみだにうかぶ我が身には死なぬ薬も何にかはせむ】**〈竹取・かぐや姫の昇天〉 訳あなたに会うこともないので、悲しみの涙にひたっている私の身には、不死の薬も何の役に立とうか、役に立ちはしない。《係結び》「かは→せむ(体)」

〈参考〉「なみだ」の「なみ」は、「無み」の意をかける。「なみだ」と「うかぶ」は縁語。

あふさか【逢坂】オウサカ［歌枕］近江国の地名。いまの滋賀県大津市逢坂。京都との境に逢坂山があり、逢坂の関が置かれた。交通の要衝で、出会いと別れの場所。「逢ふ」とかける。

あふさかこえぬごんちゅうなごん【逢坂越えぬ権中納言】[作品名]『堤中納言物語』所収の短編物語。

〔和歌〕**あふさかのせきのいはかど…**【逢坂の関の岩角踏みならし山立ち出づる桐原の駒】〈拾遺・秋・一六九・藤原高遠〉訳逢坂の関のごつごつとした岩の角を、音を立てながら踏みしめ、霧が立ちこめる中を、山から立ち現れた桐原の馬よ。〈参考〉「桐原」は、信濃国(長野県)の地名(馬の産地)で、「霧」をかける。「立ち出づる」は、立ち現れる意に、霧が立つ意をかけ、「霧」の縁語となる。

〔和歌〕**あふさかのせきのしみづに…**【逢坂の関の清水に影見えて今や引くらん望月の駒】〈拾遺・秋・一七〇・紀貫之〉訳逢坂の関の清水に満月の光がさし、そこに姿を映して、いままさにひいているこ とだろう、望月の馬を。〈参考〉「望月」は、信濃国(長野県)の馬の産地。満月の意を連想させ、「影」は、その縁語。

〔和歌〕**あふさかのせきのせきかぜ…**【逢坂の関のせき風吹く声はむかし聞きしに変はらざりけり】〈更級・菅原孝標女〉訳逢坂の関の関を吹き渡る風の吹く音は、むかし聞いたのと変わらないことだ。

あふさきるさ【・なり】[形動ナリ]{なら・なり(に)・なり・なる・なれ・なれ}(「さ」は接尾語)❶行ったり来たりするさま。例「あふさきるさ・に月ぞさえたる」〈夫木・冬三〉❷一方がよければ他方がうまくいかないさま。例「あな言ひ知らずあふさきるさ・に」〈古今・雑躰・一〇六〇〉❸あれこれ思うこと。例「世のそしりをつつむに心の暇なく、あふさきるさ・に思ひ乱れ」〈徒然・三〉

あぶさは・ず【溢さはず】(動詞「溢す」の未然形＋上代の反復・継続の助動詞「ふ」の未然形＋打消の助動詞「ず」の連用形)余さず。残さず。例「四方の人をもあぶさは・ず恵みたまへば」〈万葉・一九・四二五四長歌〉

あふさわに[副]《上代語》軽はずみに。すぐさま。例「露の白玉あふさわに誰の人かも手に巻かむちふ」〈万葉・八・一五四七旋頭歌〉

あふじゃう【圧状】[名]❶人を脅して強制的に書かせた文書。❷(「往生」とも書く)無理やり承知させること。

あぶ・す【溢す】[他サ四]{さ・し・す・す・せ・せ}余す。残す。捨てる。例「さしも深き御心ざしなかりけるをだに、落としあぶ・さず取りしたためたまふ(＝オ世話ナサル)」〈源氏・玉鬘〉

あぶ・す【浴ぶす】㊀[他サ四]{さ・し・す・す・せ・せ}湯・水を身体に浴びせかける。注ぐ。＝浴むす。例「懐き上げて湯をあぶ・して見るにただ人と見えず」〈今昔・二・二六〉㊁[他サ下二]{せ・せ・す・する・すれ・せよ}人に責任を負わせる。転嫁させる。

あふせ【逢ふ瀬】[名]男女が二人だけでひそかに会う機会。和歌では川の「瀬」とかけて用いる。

あふち【楝・樗】[名]❶木の名。いまのセンダン。(季－夏)。❷襲の色目の名。表が薄紫、裏が青。表が紫で、裏が薄紫とも。夏の着用。❸色の名。薄紫。

〔和歌〕**あふちさく…**【あふち咲く外面の木陰露落ちて五月雨晴るる風わたるなり】〈新古今・夏・二三四・藤原忠良〉訳オウチの花が咲く戸外の木陰に露が落ち、五月雨が晴れて風が吹き渡っているようだ。

あぶつに【阿仏尼】[人名](一二二二?～一二八三)鎌倉中期の女流歌人。平度繁の養女となり、藤原為家の側室となる。冷泉為相・為守の母。日記『うたたね』、紀行『十六夜日記』など。『続古今和歌集』などに入集。

あふなあふな[副]身分にふさわしく。身の程をわきまえて。例「あふなあふな思ひ(＝恋)はすべしなぞへなくたかきいやしき苦しかりけり」〈伊勢・九三〉

あふのき【仰き】[名]あおむけ。

あふの・く【仰のく】㊀[自カ四]{か・き・く・く・け・け}あおむけになる。例「一つの猿、岩の上にあふの・き伏して」〈古今著聞・六九七〉㊁[他カ下二]{け・け・く・くる・くれ・けよ}(表の面を)上に向ける。あおむけにする。例「頸をかかんと甲を押しあふの・けて見れば」〈平家・九・敦盛最期〉

あふはう【押妨】[名]《「あふばう」とも》他人の領地に押し入って乱暴すること。例「入部の押妨をとどめよ」〈平家・一・俊寛沙汰 鵜川軍〉

あふひ【葵】[名]❶草の名。フタバアオイ。賀茂神社の祭りの日に、葉を冠や牛車などに付けて飾った。和歌では、「逢ふ日」をかけて詠むことが多い。(季－夏)。例「我こそや見ぬ人恋ふる病すれあふひならではやむ薬なし」〈拾遺・恋一・六六五〉❷襲の色目の名。表は薄青、裏は薄紫。陰暦四月の着用。❸①の葉を図案化した紋所の名。

あふひ【葵】[作品名]『源氏物語』の九番目の巻名。

あふひかつら【葵桂】[名]フタバアオイの葉を桂の枝にかけた飾り。賀茂の祭りに冠・烏帽子や牛車の簾などに挿す。＝葵鬘・葵。(季－夏)

あふひかづら【葵鬘】[名]「あふひかつら」に同じ。

あふひのうへ【葵の上】[人名]『源氏物語』の登場人物。左大臣の娘で、源氏の正室。夕霧出産時、六条御息所の生き霊に苦しめられ死去。

あふひまつり【葵祭り】[名]「かものまつり」に同じ。

あふまがとき【逢魔が時】[名]夕方の薄暗い時刻。たそがれ時。＝大禍時。

あふみ【近江】[地名]《「あはうみ(淡海)」の変化形。「近つ淡海(琵琶湖)」の意》旧国名。東山道十三か国のひとつ。いまの滋賀県。＝江州。

あぶみ【鐙】[名]《「足踏み」の意》馬の鞍から左右に垂れ下げた、乗り手が足をかけるための馬具。➡[古典参考図]武装・武具〈1〉

あぶみがしら【鐙頭】[名]後頭部が出張った頭。＝才槌頭。

あふみさるがく【近江猿楽】[名]室町時代、近江国(いまの滋賀県)の日吉神社を基盤として活動した猿楽座の総称。

あふみのうみ【近江の海・近江の湖】[歌枕]《「あふみのみ」とも》近江国の湖の意で、琵琶湖の古名。

〔和歌〕**あふみのうみ…**【近江の海夕波千鳥汝が鳴けば心もしのに古思ほゆ】〈万葉・三・二六六・柿本人麻呂〉訳近江の海の夕波千鳥よ。お前が鳴くと、心がしないたわんでしまうほどに昔のことがしのばれる。

あふみのすめらみこと【近江天皇】［人名］「てんぢてんわう」に同じ。

あふみのみふね【淡海三船】［人名］（七二二～七八五）奈良時代の漢詩人・漢学者。曾祖父は大友皇子、父は池辺王。鑑真の伝記『唐大和上東征伝』を著す。

あふみはっけい【近江八景】［地名］中国洞庭湖の瀟湘八景をまねて室町時代に選ばれた、近江国の八つの景勝地。いまの滋賀県琵琶湖沿岸にある。三井の晩鐘・石山の秋月・堅田の落雁・粟津の晴嵐・唐崎の夜雨・瀬田の夕照・矢橋の帰帆・比良の暮雪をいう。

あぶら【油・脂】［名］❶油脂類の総称。植物の種子などからしぼりとった油や動物の脂肪など。❷（火に油を注ぐとよく燃えるところから）おせじ。おだて。こびへつらい。❸人の骨折り。労力。

あぶらつき【油坏】［名］灯油を盛って灯心を入れ、火をともすのに用いる小さな皿。油皿。

あぶらづ・く【脂付く】［自カ四］{か・き・く・く・け・け}太って肉づきがよくなる。例「誠に手足・はだへなどのきよらに、肥えあぶらづ・きたらんは」〈徒然・八〉

あぶらひ【油火】［名］《のちに「あぶらび」とも》灯心を油に浸してつける明かり。灯火。ともしび。

あぶらむし【油虫】［名］❶ゴキブリの別称。（季―夏）❷人にたかって飲食・遊楽する者。また、遊郭のひやかし客や、銭を払わずに芝居などを見物する者。

あぶらわた【油綿】［名］香油を浸した綿。髪につやをだすために用いた。

あふり【障泥】［名］馬具の一種。馬の腹を覆い、馬の汗や泥などから乗り手の衣服を守るもの。敷物として用いる場合もある。➡［古典参考図］武装・武具〈1〉

あふりゃう［・す］【押領】［名・他サ変］❶兵を監督・統率すること。❷他人の領地・物を無理に奪い取ること。横領。略奪。

あふりゃうし【押領使】［名］各地域の暴徒の鎮圧などにあたる職名。諸国の国司・郡司で武芸に長じた者をあてた。

あふ・る【煽る】［他ラ四］{ら・り・る・る・れ・れ}❶風などが吹いて物を動かす。❷扇などで風を起こす。❸鐙で馬の脇腹をけり、速く走らせる。例「馬をいたく**あふ・り**ければ、馬狂ひて落ちぬ」〈宇治拾遺・三・二〉❹おだてる。

あぶ・る【溢る】［自ラ下二］{れ・れ・る・るる・るれ・れよ}《中世以降は「あふる」とも》❶いっぱいになってこぼれる。あふれ出る。❷（転じて）落ちぶれる。落ちこぼれる。例「いとかくまで落ち**あぶ・る**べき際とは思ひたまへざりしを」〈源氏・夢浮橋〉

あぶれもの【溢れ者・放浪者】［名］❶無法者。ならずもの。ごろつき。❷戦場を渡り歩いて戦争に臨時に加わり、乱暴を働く者。

あへ【饗】［名］飲食物によるもてなし。饗応。

あ-べい「べし」の意味によってさまざまな意味になる。例「今ゆく末は、**あべい**やうもなし」〈更級〉訳これから先には、**あり**そうにもない。

語構成　あ（ラ変「あり」体）＋べい（推「べし」体）
＝「あるべき」がそれぞれ撥音便、イ音便となった「あんべい」の撥音無表記。

あ-べか・めり ありそうに思われる、…であるにちがいないと思われるなど、「べし」の意味によってさまざまな意味になる。例「今の東宮を望み申すたぐひども**あべか・めれ**ど」〈栄花・一三〉訳（前の東宮の帯刀の中には）現東宮のもの（＝帯刀の地位）を望み申し上げる類の人々が**あるように思われる**けれども。《敬語》「望み申す」→「まうす」

語構成　あ（ラ変「あり」体）＋べか（推「べし」体）＋めり（推「めり」）
＝「あるべかるめり」の撥音便「あんべかんめり」の撥音無表記。

あ-べかり・けり あっただろう、あったにちがいないなど、「べし」の意味によってさまざまな意味になる。例「ものものしくもてなしたまはずは、あはつけきやうにも**あべかり・けり**」〈源氏・真木柱〉訳（帝が玉鬘を）重々しくもお扱いなさらなければ、きっと軽率だと思われてしまうようで**あったにちがいない**。

語構成　あ（ラ変「あり」体）＋べかり（推「べし」用）＋けり（過「けり」）
＝「あるべかりけり」の撥音便「あんべかりけり」の撥音無表記。

あ-べき「べし」の意味によってさまざまな意味になる。例「かくて**あべき**ほどばかりと思ふなり」〈蜻蛉・中〉訳このようにして**いることができる**間は（ここにいたい）と思っているのです。

語構成　あ（ラ変「あり」体）＋べき（推「べし」体）
＝「あるべき」の撥音便「あんべき」の撥音無表記。

あへ・く【喘く】［自カ四］{か・き・く・く・け・け}《中世以降は「あへぐ」》せわしなく呼吸する。あえぐ。例「いさなとり海路に出でて**あへ・き**つつ」〈万葉・三・三六六長歌〉

あ・べし ありそうだ、あることになっているなど、「べし」の意味によってさまざまな意味になる。例「そのころ、院の賭弓**あ・べし**とてさわぐ」〈蜻蛉・下〉訳そのころ、院の賭弓が**あることになっている**といって人々が騒いでいる。

語構成　あ（ラ変「あり」体）＋べし（推「べし」）
＝「あるべし」の撥音便「あんべし」の撥音無表記。

あへしらひ［名］応答。もてなし。＝あひしらひ。

あへしら・ふ［他ハ四］{は・ひ・ふ・ふ・へ・へ}《「あひしらふ」とも》❶返答する。受け答えする。例「もののつましきほどにて、ともかくも**あへしら・ひ**きこえたまはず」〈源氏・桐壺〉❷ほどよくもてなす。応接する。例「『などか、世の常のことにこそあれ。いとかうしもあるは、われをたのまぬなめり』なども**あへしら・ひ**」〈蜻蛉・上〉❸取り合わせる。あえる。例「切り大根、柚の汁して

あへしら・ひて」〈蜻蛉・上〉

あへ・ず【敢へず】❶堪えきれない。我慢できない。例「ちはやぶる神の斎垣に這ふ葛も秋にはあへず移ろひにけり」〈古今・秋下・二六二〉❷(他の動詞の連用形に付いて)㋐…できない。…しかねる。例「女御、せきあへ・ず悲しとおぼしたり」〈源氏・若菜・下〉㋑(…しきれず)間に合わない。十分に…できない。例「息もつぎあへ・ず語り興ずるぞかし」〈徒然・五六〉㋒(「もあへず」の形で)最後まで…しないうちに。…するとすぐに。例「聞きもあへ・ず、やがて都へはせ上り」〈平家・四・鼬之沙汰〉

語構成　あへ　八下二「敢ふ」㊥　ず　打消「ず」

あべたちばな【阿倍橘】[名]《もと「あへたちばな」とも》柑橘類の一種か。

あへて【敢へて】[副]《動詞「敢ふ」の連用形＋接続助詞「て」》❶(困難なことを押し切ってする意)強いて。進んで。例「今こそば舟棚打ちてあへて漕ぎ出め」〈万葉・一七・三九五六〉❷(下に打消の表現を伴って)まったく…ない。けっして…ない。例「この大宮へ御艶書あり。大宮敢へてきこしめしもいれず」〈平家・一・二代后〉《敬語》「きこしめしもいれず」→「きこしめす」

発展学習ファイル　②は漢文の「不敢」「敢不」の訓読から生まれた用法で、和語の動詞「敢ふ」の用法とは少し異なる。

あへなう【敢へ無う】形容詞「あへなし」の連用形「あへなく」のウ音便。

あへな・し【敢へ無し】[形ク]{から・く(かり)・し・き(かる)・けれ・かれ}《動詞「敢ふ」の連用形＋「無し」。こらえられない意》❶いまさら仕方がない。もうどうにもならない。例「あへな・く心細ければ、うちひそみぬかし」〈源氏・帚木〉❷がっかりだ。あっけない。張り合いがない。例「わが身行く方も知らずなりなば、誰も誰も、あへな・くいみじとしばしこそ思うたまはめ」〈源氏・浮舟〉《音便》「思う」は「思ひ」のウ音便。《敬語》「思うたまはめ」→「たまふ(四段)」《係結び》「こそ→思うたまはめ㊐」。

あへ・なむ【敢へなむ】やむをえないだろう。我慢しよう。例「色どり添へたまふな。赤からむは、あへな・む」〈源氏・末摘花〉

語構成　あへ　八下二「敢ふ」㊞　な　完「ぬ」㊥　む　推「む」

あへぬ・く【合へ貫く】[他カ四]{か・き・く・く・け・け}一緒にして貫き通す。例「ほととぎすいたくな鳴きそ汝が声を五月の玉にあへ貫・くまでに」〈万葉・八・一四六五〉

あべのさだたふ【安倍貞任】[人名](一〇一九～一〇六二)平安中期の豪族。父は頼時。前九年の役で源頼義を破ったが、後年、頼義に殺された。

あべのなかまろ【安倍仲麻呂】[人名](六九八～七七〇)「阿倍」とも書く。奈良時代の漢詩人。父は船守。遣唐留学生として渡唐し、鑑真を同行して帰朝しようとしたが遭難。唐に戻り玄宗に仕え、客死。

あへもの【和物・韲物】[名]野菜や魚介類を酢・みそ・ごまなどに混ぜ合わせて調理したもの。

あほしだ【逢ほ時・会ほ時】《上代東国方言。動詞「逢ふ」の連体形の東国方言「逢ほ」＋時の意の名詞「しだ」》会うとき。例「逢ほしだも逢はのへしだも汝にこそ寄されし」〈万葉・一四・三四七八〉

あま【天】[名]「あめ(天)」に同じ。

あま【尼】[名]❶出家して仏門に入った女性。比丘尼。＝尼法師。❷肩のあたりで切りそろえた尼の髪。また、同様に切りそろえた童女の髪。＝尼削ぎ。❸女を卑しめていう語。

〔尼に削ぐ〕「あまそぐ」に同じ。

あま【海人・海士・蜑】[名]❶漁業に従事する人。漁夫。漁師。＝海人。例「白波に秋の木の葉の浮かべるを海人の流せる舟かとぞ見る」〈古今・秋下・三〇一〉訳→〔和歌〕しらなみに…。❷海に潜って貝や海藻を採る女性。海女。例「蜑の潜きしに入るは、憂きわざなり」〈枕・うちとくまじきもの〉

〔海人の漁り〕「あまのいざりび」に同じ。

〔海人の漁り火〕漁夫が夜、漁をするときに船上でたくともし火。＝海人の漁り

〔海人の刈る藻〕漁夫が刈る海藻。和歌で、「乱る」を導く序詞に用いられる。例「海人の刈る藻に思ひ乱るる」〈古今・雑下・九三四〉

〔海人の子〕❶漁夫の子供。とくに娘。❷(船に住んで世を過ごす意から)遊女。

〔海人の囀り〕鳥がさえずるように、漁夫のことばが聞きとりにくいこと。例「鵜飼ひども召したるに、海人のさへづり思し出でらる」〈源氏・松風〉

〔海人の釣り舟〕漁夫が釣りをする舟。海の景物として歌に詠まれる。

〔海人の苫屋〕苫(スゲやカヤを編んだもの)で屋根を葺いた粗末な漁夫の小屋。

〔海人の小舟〕漁夫が漁のために乗る小舟。漁船。＝海人小舟

〔海人も釣りす〕枕の下は海人も釣りするほどにはなはだしい涙がたまる。独り寝を悲しみ涙のとめどないさまをいう。例「御前駆の声の遠くなるままに、海人も釣りすばかりになるも」〈源氏・宿木〉

あま【案摩】[名]雅楽の曲名のひとつ。冠に「巻纓」と「老い懸け」をし、笏を持ち、「案摩の面」をかぶって二人で舞う。

〔案摩の面〕❶雅楽の「案摩」の舞に用いる面。厚紙に目・鼻・口などを描いたもの。❷(模様が①に似ているところから)矢羽根の一種。上に山形、下に鱗形の黒い斑点のあるもの。

あまうち【雨打ち】[名]軒下の、雨だれが落ちる所。＝雨落ち

あまうへ【尼上】[名]尼の敬称。とくに、貴人の妻で、仏門に入った人。＝尼君

あまえいた・し【甘え甚し】[形ク]{から・く(かり)・し・き(かる)・けれ・かれ}甘え過ぎていて気がとがめる。気ままに振る舞い過ぎて気がとがめる。例「かくておはしますも、さすがに甘えいた・くやおぼされけん」〈栄花・四〉

あまおち【雨落ち】[名]❶「あまうち」に同じ。❷江戸時代の劇場で、舞台に最も近い客席。かぶりつき。

あまおほひ【雨覆ひ】[名]❶雨に濡れるのを防ぐ、布や油紙でできた覆い物。❷太刀の鞘の峰の方を覆う金具。❸和船の「垣立」の柱の上部の覆い。❹鳥の風切羽の根元を覆っている羽毛。

あ

あまがくれ【雨隠れ】［名］物陰に入って雨を避けること。雨宿り。

あまがけ・る【天翔る】［自ラ四］{ら・り・る・る・れ・れ}（「あまかける」とも）神や人の霊が天をかけ回る。例「久かたの天のみ空に**天翔り**見渡したまひ」〈万葉・五・八九四長歌〉

あまかぜ【雨風】［名］雨気を帯びた風。また、雨を伴って吹く風。

あまがたりうた【天語り歌】［名］古代歌謡の曲名。『古事記』の雄略天皇の条に見える「この三歌は、天語り歌なり」に基づく呼称。伊勢の海語部が物語化して語り伝えたという。＝天語歌

あまがつ【天児】［名］幼児の災難よけのお守りの一種。練り絹で縫い、綿などを中に入れて作る。ふりかかる災難を身代わりとして負わせた。

あまかは【雨皮】［名］（「あまがは」とも）❶雨に濡れないように車や輿を覆う布。表は油を塗った練り絹で、裏は白い生絹で作った。❷厚紙に桐油を塗った雨具。山伏などが用いた。

あまがほ【尼顔】［名］（尼は化粧しないことから）化粧しない顔。素顔。例「化粧したる人の中に**尼顔**にて交はれるに異ならず」〈無名抄〉

あまぎぬ【雨衣】［名］（「あまごろも」とも）雨や雪などで濡れないように着る衣。油をひいた白絹で作った。

あまぎみ【尼君・尼公】［名］高貴な女性で、尼になった人に対する敬称。＝尼上

あまぎら・す【天霧らす】［自サ四］{さ・し・す・す・せ・せ}空が一面に曇る。例「一目見し人に恋ふらく**天霧らし**降り来る雪の消ぬべく思ほゆ」〈万葉・一〇・二三四〇〉

あまぎら・ふ【天霧らふ】（上代語。動詞「天霧る」の未然形＋反復・継続の助動詞「ふ」）空一面が曇っている。例「さ雄鹿の妻呼ぶ秋は**天霧らふ**しぐれを疾みさにつらふ」〈万葉・六・一〇五三長歌〉

あまぎり【雨霧】［名］小雨が降っているように煙っている霧。

あまぎ・る【天霧る】［自ラ四］{ら・り・る・る・れ・れ}雲や霧がかかって空一面に曇る。例「梅の花それとも見えず久方の**天霧る**雪のなべて降れれば」〈古今・冬・三三四〉訳→〔和歌〕うめのはなそれともみえず…

あまくこん【甘九献】［名］（女房詞。「九献」は酒の意）甘酒。＝甘九文字

あまくさばん【天草版】［名］→付録「国語・国文法用語事典」

あまくさぼんいそほものがたり【天草本伊曽保物語】［作品名］安土桃山時代（一五九三刊行）のキリシタン文学書。編者未詳。イソップ寓話集を当時の口語体を用いて邦訳。ローマ字表記。

あまくさぼんへいけものがたり【天草本平家物語】［作品名］安土桃山時代（一五九二成立）のキリシタン文学書。不干ハビヤン口訳・編。『平家物語』の大略を四巻に抄出し、二人の人物の問答形式で構成。当時の口語を基調とし、ローマ字で表記。

あまくだりびと【天降り人】［名］天から地上に降りて来た人。天人。例「いづこなりし**天くだり人**ならむとこそ見ゆれ」〈枕・めでたきもの〉

あまくだ・る【天降る】［自ラ四］{ら・り・る・る・れ・れ}神などが天から地上に降りくる。例「葦原の瑞穂の国を**天降り**知らしめしける」〈万葉・一八・四〇九四長歌〉

あまくち【甘口】［名・形動口語型］（近世語）❶ことばや態度がやさしく穏やかなこと。また、巧みなこと。例「**甘口**にいやあ、付き上がりがして」〈伎・助六所縁江戸桜〉❷浅はかで愚かなこと。のろま。

あまくちねずみ【甘口鼠】［名］ハツカネズミの古名。

あまぐも【天雲】［名］（上代は「あまくも」）空の雲。雲。

あまくもじ【甘九文字】［名］「あまくこん」に同じ。

あまくもの【天雲の】［枕詞］（「あまぐもの」とも）「たゆたふ」「ゆくらゆくら」「たどきも知らず」「行く」「別れ」「よそ」「奥」などにかかる。例「**天雲の**たゆたふ心我が思はなくに」〈万葉・一一・二八一六〉

〔和歌〕**あまくもの…**【天雲のはるかなりつる桂川袖をひててもわたりぬるかな】〈土佐〉訳空の雲のようにはるか遠くであった桂川を、（いまやっと）袖をぬらして渡ったことだよ。〈参考〉「天雲の」は「はるか」の枕詞。

あまぐり【甘栗】［名］干して甘くした栗。かち栗。「大臣の大饗」のときに天皇から賜る。

あまぐりのつかひ【甘栗の使ひ】「大臣の大饗」の際、朝廷から贈られる甘栗などを大臣の家に持って来る勅使。六位の蔵人などが務めた。

あまけ【雨気】［名］雨が降ってきそうな空模様。

あまごぜ【尼御前】［名］（「尼御前」の略）尼に対する敬称。＝尼君

あまごとうた【天語歌】［名］「あまがたりうた」に同じ。

あまごひ【雨乞ひ】［名］日照りのとき、雨が降るように神仏に祈ること。（季－夏）

〔**雨乞ひの使ひ**〕雨乞いの祭りに、神泉苑（いまの京都市中京区）に勅使として遣わされた蔵人。（季－夏）

あまごもり【雨隠り・雨籠り】［名］雨のために外出できずに家にこもっていること。

あまごも・る【雨籠る・雨隠る】［自ラ四］{ら・り・る・る・れ・れ}雨に降られて、家に閉じこもる。例「**雨隠り**心いぶせみ（＝ウットウシイノデ）出で見れば」〈万葉・八・一五六八〉

あまごもる【雨隠る】［枕詞］地名「三笠」にかかる。例「**雨隠る**三笠の山を高みかも」〈万葉・六・九八〇〉

あまごろも【天衣】［名］天人の着る衣。天女の羽衣。

あまごろも【尼衣】［名］尼の着る法衣。

あまごろも【雨衣】㊀［名］「あまぎぬ」に同じ。㊁［枕詞］（同じ雨具の縁から）「田蓑」にかかる。例「**雨衣**田蓑の島に鶴鳴きわたる」〈古今・雑上・九一三〉

あまごろも【海人衣】［名］漁夫の着る衣服。

あまさうぞく【雨装束】［名］「あまよそひ」に同じ。

あまさかさま［・なり］【天逆様】［形動ナリ］{なら・なり(に)・なり・なる・なれ・なれ}道理が合わないさま。不合理なさま。正反対なさま。例「いかなる**あまさかさま**の仰せなりとも、たがへじ」〈古活字本平治・下〉

あまざかる【天離る】［枕詞］（「あまさかる」とも）空の彼方に遠く離れる意から「鄙」にかかる。例「**天離る**鄙治めにと大君の」〈万葉・一七・三九五七長歌〉

〈和歌〉**あまざかるひなにいつとせ…【天離る鄙に五年住まひつつ都のてぶり忘らえにけり】**〈万葉・五・八八〇・山上憶良〉訳都から離れたいなかに五年間住み続けて、都の風俗をすっかり忘れてしまった。
〈参考〉「天離る」は空遠く離れる意で「鄙」の枕詞。

〈和歌〉**あまざかるひなのながちゆ…【天離る鄙の長道ゆ恋ひ来れば明石の門より大和島見ゆ】**〈万葉・三・二五五・柿本人麻呂〉訳都から遠く離れたいなかの長い道のりを都を恋しくやって来ると、明石海峡から、故郷大和の山々が目に入る。
〈参考〉「天離る」は空遠く離れる意で「鄙」の枕詞。「ゆ」は経由を示す上代の格助詞。

あまざはり【雨障り】[名]雨に降られて外出できないこと。雨に邪魔されること。＝雨障み

あまさへ【剰へ】[副]《「あまっさへ」の促音無表記》そればかりか。余計に。さらに。例「あまさへ、うき恥の限りこそ見せつれ」〈落窪・四〉

あま・し【甘し】[形ク]{から・く(かり)・し・き(かる)・けれ・かれ}❶味が甘い。美味である。例「母のあま・き乳を捨てて我死なむか」〈霊異記〉❷塩気が薄い。❸(刃物などが)にぶい。切れ味が悪い。❹しまりがない。ゆるい。❺愛情におぼれやすい。❻ことばがうまい。

あましだり【雨滴り】[名]雨のしずく。雨だれ。

あま・す【余す】[他サ四]{さ・し・す・す・せ・せ}❶余らせる。残す。❷あふれさせる。こぼす。例「憐みとる蒲公茎短して乳をあま・せり」〈春風馬堤曲〉❸もてあます。扱いに困る。例「世にあま・されたるいたづら者」〈平家・一・禿髪〉

あまそぎ【尼削ぎ】[名]女児の髪型のひとつ。長く伸びるまでの間、尼のように肩や腰のあたりで裾をそろえて切る髪型。

あまそ・ぐ【尼削ぐ】[他ガ四]{が・ぎ・ぐ・ぐ・げ・げ}「尼削ぎ」にする。尼のように、髪を肩のあたりで切りそろえる。＝尼に削ぐ。例「いみじううつくしげに、尼削・ぎたる児どもの様にて」〈栄花・三七〉

あまそそぎ【雨注ぎ】[名]《古くは「あまそそき」》雨のしずく。雨だれ。

あまそそ・る【天聳る】[自ラ四]{ら・り・る・る・れ・れ}空に高くそびえ立つ。例「白雲の千重を押し別け天そそ・り高き立山冬夏と」〈万葉・一七・四〇〇三長歌〉

あまた【数多】[副]《動詞「あまる」「あます」などの語幹＋接尾語「た」の語という》❶たくさん。数多く。例「いづれの御時にか、女御、更衣あまたさぶらひたまひける中に」〈源氏・桐壺〉(係結び)「にか→(省略)」。(敬語)「さぶらひたまひける」→「さぶらふ」「たまふ(四段)」。❷(上代の用法として)程度のはなはだしいことを表す。たいへん。とても。例「草枕旅行く君を人目多み袖振らずしてあまた悔しも」〈万葉・一二・三一八四〉

発展学習ファイル
(1)名詞的に用いる場合もある。例「見送りに来る人あまたが中に」〈土佐〉訳見送りに来る人がたくさんある中で。
(2)「あまたたび」「あまた夜」「あまた返り」など、接頭語的な用法もある。
(3)「あまた」と同様の副詞に、「ここだ」「ここら」「そこば」「そこばく」「そこら」などがある。

あまたかへり【数多返り】[副]何度も。繰り返し。例「御文は、明くる日ごとに、あまた返りづつ奉らせたまふ」〈源氏・総角〉

あまたくだり【数多具・数多領】[名]《「くだり」は衣装などを数える語》幾そろいも。幾重ねも。例「(正月ノ御装束ノ支度ナド)あまたくだりいときよらにしたてたまへるを」〈源氏・少女〉

あまたたび【数多度】[副]何度も。

あまたとし【数多年】[名]長い年月。多くの年。

あまだむ【天飛む】[枕詞]地名「軽」にかかる。例「天飛む軽の嬢子」〈記・下・歌謡〉

あまたよ【数多夜】[名]多くの夜。例「能許の泊まりにあまた夜そ寝ぬる」〈万葉・一五・三六七三〉

あまたら・す【天足らす】《動詞「天足る」の未然形＋上代の尊敬の助動詞「す」》(天空いっぱいに)満ち足りていらっしゃる。例「天の原振り放け見れば大君の御寿は長く天足ら・したり」〈万葉・二・一四七〉

あまだり【雨垂り】[名]❶雨だれ。❷雨だれの落ちる所。＝雨打ち・雨落ち

あまた・る【天足る】[自ラ四]{ら・り・る・る・れ・れ}満ち足りている。→「あまたらす」

あまぢ【天路・天道】[名]❶天に昇る道。❷天上にあるという道。

あまちゃ【甘茶】[名]❶木の名。❷アマチャヅルの別称。❸アマチャまたはアマチャヅルの葉を乾燥したものを揉んで作ったもの。また、それを湯に浸したもの。甘みのある飲料。四月八日の「灌仏会」には、甘露に見立てて仏像に注ぐ。

あまつ【天つ・天津】《名詞「天」＋上代の格助詞「つ」》天空の。天にある。＝天の。↔国つ

【天つ星合ひ】七夕の夜に、牽牛と織女の二星が出会うこと。→「ほしあひ」。(季—秋)

あまついはさか【天つ磐境】[名]「天つ神」がおられる神聖な所。

あまつかぜ【天つ風】[名]空を吹く風。

〈和歌〉**あまつかぜ…【天つ風雲の通ひ路吹きとぢよをとめの姿しばしとどめむ】**〈古今・雑上・八七二・僧正遍昭〉(百人一首)訳大空の風よ、雲の中の通路を吹き閉ざしておくれ。美しい天女の姿を、もうしばらくこの地上にとどめておきたいから。
〈参考〉五節の舞姫を見て詠んだ歌。

あまつかみ【天つ神】[名]天上界の神。または地上に降りてきた神。↔国つ神

【天つ神の寿詞】大嘗祭に、天皇の聖代を祝福して、中臣氏が奏した祝いのことば。

あまつきつね【天つ狐】[名]天上にいる狐の意で、流星などの自然現象を妖怪にたとえたもの。

あまつきり【天つ霧】[名]空に立ちこめる霧。

あまつくに【天つ国】[名]天上の国。高天原。

あまっさへ【剰へ】[副]《「あまさへ」とも。「あまりさへ」の促音便》ある物事や状況に、なおさらはなはだしいものが付け加わるさまを表す。そればかりか。そのうえ。例「(京都カラ福原ヘノ遷都ガ急ニ決定サレテ)あまっさへ三日とさだめられたりしが、いま一日ひきあげて二日になりにけり」〈平家・五・都遷〉
〈参考〉否定的な意味合いを帯びて、ことをあろうに、なんとまあという意になる事もある。

あまつしるし【天つ印】[名]❶天上にある、越えてはならない境界線。天の川を指す。❷「天つ神」の子孫である証拠の品物。天皇の位のしるし。

あまつすがそ【天つ菅麻】[名]《神聖な菅麻の意》スゲを細く裂いたもので、けがれを払うための道具。

あまつそで【天つ袖】[名]天人の衣の袖。また、「五節(ごせち)の舞姫(まいひめ)」の袖。

あまつそら【天つ空】[名]❶天。空。❷空のように遠く離れた所。手の届かない所。例「ものぞ思ふ**天つ空**なる人を恋ふとて」〈古今・恋一・四八四〉訳→〔和歌〕ゆふぐれは…。❸宮中。また、天皇。例「身は下(しも)ながら言(こと)の葉(=和歌)を**天つ空**まで聞こえあげ」〈古今・雑躰・一〇〇三長歌〉❹落ち着かないさま。うわの空。例「我(あ)が心**天つ空**なり土は踏めども」〈万葉・一二・二八八七〉

あまつた・ふ【天伝ふ】(アマヅタ(トウ))[自ハ四]{は・ひ・ふ・ふ・へ・へ}空をめぐる。例「ひさかたの**天伝・ひ**来る雪じもの(=雪ノヨウニ)」〈万葉・三・二六一長歌〉

あまづたふ【天伝ふ】(アマヅタ(トウ))[枕詞]《天の道を伝わって日が動くことから》「日」「入り日」にかかる。例「**天伝ふ**日の暮れぬれば」〈万葉・一三・三二五八長歌〉

あまつつみ【天つ罪】[名]❶天上界で、「天つ神」に対して犯した罪。素戔嗚尊(すさのおのみこと)の犯した罪がその例。↕国つ罪。❷天罰。天皇(朝廷)の下す処罰

あまつつみ【雨障み】[名]雨に降られて外出できず、家に閉じこもっていること。=雨障(あまざは)り

あまつのりと【天つ祝詞】[名]祝詞の美称。神聖な祝詞。

あまつひ【天つ日】[名]太陽。

あまつひこ【天つ日高】[名]《「あまつひたか」とも》「天つ神」の子孫に対する尊称。天皇の尊称。

あまつひつぎ【天つ日嗣ぎ】[名]天つ神の系統を受け継ぐこと。皇位継承。=天(あま)の日嗣ぎ

あまつひれ【天つ領巾】[名]天女が首や肩にかける細長い布。=天領巾(あまひれ)

あまつほし【天つ星】[名]空の星。

あまつみおや【天つ御祖】[名]天皇の遠い先祖だという天上の神々。皇祖。

あまつみかど【天つ御門】[名]皇居の御門。転じて、皇居。例「ひさかたの**天つ御門**を恐(かしこ)くも定めたまひて」〈万葉・二・一九九長歌〉

あまつみそら【天つ御空】[名]《「御(み)」は美称》空。大空。=天つ空・天の御空

あまつみづ【天つ水】(アマツミズ)㊀[名]天上から降る水。雨。㊁[枕詞]《雨を待ち望む意から》「仰ぎて待つ」にかかる。例「**天つ水仰ぎて待つに**」〈万葉・二・一六七長歌〉

あまつやしろ【天つ社】[名]天つ神を祭る神社。↕国つ社

あまづら【甘葛】(アマズラ)[名]❶つる草の一種。アマチャヅルなどか。❷①を煮て作った甘味料。=味煎(みせん)

あまつをとめ【天つ少女】(アマツオトメ)[名]❶天女。=天少女(あまをとめ)。❷(天女のように見えることから)五節(ごせち)の舞姫。

あまてら・す【天照らす】《上代語。古くは「あまでらす」とも。動詞「天照る」の未然形+上代の尊敬の助動詞「す」》❶大空で輝いておられる。例「**天照ら・す**神の御代より」〈万葉・一八・四一二五長歌〉❷天下に君臨していらっしゃる。

あまてらすおほみかみ【天照大御神・天照大神】(アマテラスオオミカミ)[名]高天原(たかまのはら)の主神。伊奘諾尊(いざなぎのみこと)と伊奘冉尊(いざなみのみこと)の子で女神。弟の素戔嗚尊(すさのおのみこと)の乱行を怒って、天の岩屋戸(いわやど)に隠れた神話で有名。日の神と仰がれ、また、皇室の祖神として伊勢(いせ)神宮に祭られている。=天照御神(あまてるおほんかみ)

あまて・る【天照る】[自ラ四]{ら・り・る・る・れ・れ}空に輝く。大空に照り渡る。例「ひさかたの**天照・る**月は見つれども」〈万葉・一五・三六五〇〉

あまてるおほんかみ【天照御神】(アマテルオンカミ)[名]「あまてらすおほみかみ」に同じ。

あまてるや【天照るや】[枕詞]「日」にかかる。例「**天照るや**日の異(け)に干し」〈万葉・一六・三八八六長歌〉

あまと・ぶ【天飛ぶ】[自バ四]{ば・び・ぶ・ぶ・べ・べ}空を飛ぶ。例「ひさかたの**天飛・ぶ**雲にありてしか君を相見(あひみ)むおつる日なしに」〈万葉・一一・二六七六〉

あまとぶや【天飛ぶや】[枕詞]天を飛ぶ意から「雁(かり)」に、また同音の「軽」にかかる。例「**天飛ぶや**雁を使ひに得てしかも」〈万葉・一五・三六七六〉

〔和歌〕**あまとぶや…**【**天飛ぶや　軽(かる)の道は　我妹子(わぎもこ)が　里にしあれば　ねもころに　見まく欲(ほ)しけど　止(や)まず行(ゆ)かば　人目を多み　まねく行かば　人知りぬべみ　さね葛(かづら)　後(のち)も逢(あ)はむと　大船(おほぶね)の　思ひ頼みて　玉かぎる　磐垣淵(いはかきふち)の　隠(こも)りのみ　恋ひつつあるに　渡る日の　暮れぬるがごと　照る月の　雲隠(くもがく)るごと　沖(おき)つ藻(も)の　なびきし妹(いも)は　もみち葉(ば)の　過ぎて去(い)にきと　玉梓(たまづさ)の　使ひの言へば　梓弓(あづさゆみ)　音(おと)に聞きて　言はむすべ　せむすべ知らに　音のみを　聞きてあり得(え)ねば　我(あ)が恋ふる　千重(ちへ)の一重(ひとへ)も　慰(なぐさ)もる　心もありやと　我妹子が　止まず出(い)で見し　軽(かる)の市(いち)に　我(あ)が立ち聞けば　玉だすき　畝火(うねび)の山に　鳴く鳥の　声(こゑ)も聞こえず　玉桙(たまほこ)の　道行(ゆ)き人(びと)も　ひとりだに　似てし行かねば　すべをなみ　妹(いも)が名呼びて　袖(そで)ぞ振りつる**】〈万葉・二・二〇七長歌・柿本人麻呂〉訳天を飛ぶ雁(かり)ではないが軽の道筋の土地はいとしい妻のいる里なので、じっくりとよくよく見たいと思うけれど、休むことなく通って行ったなら人目が多いので、何度も通って行ったなら人が知ってしまうので、葛の蔓(つる)が別れてもいずれ絡みあうようにまたいつか逢おうと、頼りになる大船のように将来を頼みとして、〔たまかぎる〕岩で囲まれ隠れた川淵のようにひっそり思いを秘めて恋い慕い続けていたところ、空を渡る日が暮れてしまうように、夜空を照らす月が雲に隠れるように、沖の藻がなびくように私に寄り添い寝た妻は紅葉の葉が散るように亡くなってしまったと、〔たまづさの〕(二人の手紙をいつも運んでいる)使いの者がいうので、梓の弓の蔓が大きな音を立てるように大変な知らせを聞いて、いうべきことすべきことが分からないで、知らせだけを聞いてそのままでいるわけにはいかないので、私の恋しさの千分の一でもしずめる心があるだろうかと、いとしい妻が絶えず出て見ていた軽の道筋の市場に私がたたずんでじっと耳を澄ますと、たすきのような畝傍の山に鳴く鳥の声さえも聞こえないし、〔たまほこの〕道を行く人もたったひとり

も妻に似たようすでは行かないので、どうすることもできないで、いとしい妻の名を呼んで妻を追い求めてひたすらに袖を振り続けた。《係結び》「そ→振りつる(体)」〈参考〉「天飛ぶや」は地名「軽」の、「さね葛」は「後も逢ふ」の、「大船の」は「思ひ頼む」の、「玉かぎる」は「磐垣淵」の、「沖つ藻の」は「なびく」の、「もみち葉の」は「過ぐ」の、「玉梓の」は「使ひ」の、「梓弓」は「音」の、「玉だすき」は「畝傍」の、「玉桙の」は「道」の、それぞれ枕詞。「玉かぎる磐垣淵の」は「隠り」を導く序詞。

あまな・ふ【甘なふ】〔自ハ四〕{は・ひ・ふ・ふ・へ・へ}❶仲よくする。調和する。例「〔任那ト新羅ガ〕相疑ふことをあまな・はしめよ」〈紀・継体〉❷承知する。また、甘んずる。例「玖賀媛〔結婚ヲ〕あまな・はず」〈紀・仁徳〉

あまね・し【遍し・普し】〔形ク〕{から・く(かり)・し・き(かる)・けれ・かれ}広く行き渡っている。例「あまね・き御慈しみの波、八州のほかまで流れ」〈古今・仮名序〉

あまねは・す【遍はす】〔他サ四〕{さ・し・す・す・せ・せ}広く行き渡らせる。残す所なく他に及ぼす。

あまねは・る【遍はる】〔自ラ四〕{ら・り・る・る・れ・れ}広く行き渡る。残す所なく他に及ぶ。

あまの【天の】《「あめの」とも。名詞「天」＋格助詞「の」》天に関する事物に冠することば。宮廷に関する事物にも冠する。天上の。＝天つ

あまのいのち【天の命】〔名〕天から授かった命。天命。多く、命拾いすることにいう。

あまのいはくすぶね【天の磐樟船】〔名〕クスの木で造った堅固な船。神話では、伊奘諾・伊奘冉の子、蛭子を乗せて流したという。

あまのいはくら【天の磐座】〔名〕高天原にある、瓊瓊杵尊がいたという堅固な座席。

あまのいはと【天の岩戸・天の磐戸】〔名〕高天原の入り口にあるという堅固な戸。＝天の岩屋戸・天の戸

あまのいはふね【天の磐船】〔名〕天を飛行したという船。

あまのいはや【天の岩屋・天の石窟】〔名〕《「あめのいはや」とも》高天原にあるという、天照大神が素戔嗚尊の粗暴に怒ってこもったと伝えられる岩屋。

あまのいはやど【天の岩屋戸】〔名〕「あまのいはと」に同じ。

あまのうきはし【天の浮き橋】〔名〕《「あめのうきはし」とも》神代、天上界から地上に降りるとき、天空に浮いてかかるというはしご。＝天橋

あまのかぐやま【天の香具山】〔歌枕〕「かぐやま」に同じ。

あまのがは【天の川・天の河】〔名〕銀河。牽牛星(彦星)と織女星(織り姫)が年に一度この川を渡って会うという。(季－秋)
〔**天の川をかき流す**〕雄弁なさまのたとえ。例「ぬしののたぶ(＝オッシャル)ことも天の川をかき流すやうにはべれど」〈大鏡・道長・上〉

あまのがは【天野川】〔歌枕〕河内国の地名、または川。いまの大阪府枚方市禁野の別称。または付近を流れる川。近くに交野の渚の院がある。「天の川」に関連させて詠まれた。

〔和歌〕**あまのがは…**【天の川苗代水にせきくだせあま下ります神ならば神】〈金葉・雑下・六二五・能因〉訳天の川の水を堰き止めて、苗代水として地上に降らせてください。降臨する神様ならば(雨を降らせることもできるでしょう)、神様よ。〈参考〉「あま下ります」は、神が天から降る意の「天降る」と、「雨降る」とをかける。

あまのかはせ【天の川瀬・天の河瀬】〔名〕天の川の川瀬。

あまのかはぢ【天の川道・天の河路】〔名〕天の川を渡って行く川筋。

あまのかはづ【天の川津・天の河津】〔名〕天の川の船着き場。

あまのかはと【天の川門】〔名〕天の川の渡り場。

あまのかはら【天の河原】〔名〕❶「あまのやすのかはら」に同じ。❷天の川の河原。

〔俳句〕**あまのかほ…**【海士の顔先づ見らるるや芥子の花】〈笈の小文・芭蕉〉訳早朝の須磨の里では、みすぼらしい家から出てくる、日焼けした漁師の精悍な顔にまず目がひきつけられるよ。軒先には芥子の花が咲いている。(季－芥子の花－夏)

〔和歌〕**あまのかる…**【海人の刈る藻に住む虫のわれからと音をこそ泣かめ世をばうらみじ】〈古今・恋五・八〇七・藤原直子〉訳漁師が刈る海藻に住む虫のワレカラではないが、わが身の不幸はすべて我から、自分から招いたことと声を上げて泣きはしますが、こうなった二人の仲を恨みはいたしますまい。《係結び》「こそ→泣かめ(已)」〈参考〉初・二句は、「われから」を導く序詞。「われから」は、虫の名の「ワレカラ」と「我から」をかける。

あまのかるも【海人の刈藻】〔作品名〕平安末期の物語。作者・成立年未詳。悲恋の末、即身成仏する男主人公を軸に、貴族社会の恋愛模様を描く。

あまのさかて【天の逆手】〔名〕呪術、まじないのときに打つ手の打ち方。転じて、人を恨み、のろうときの手の打ち方。

あまのさかほこ【天の逆鉾】〔名〕神代にあったという神聖なほこの名。

あまのさぐめ【天の探女】〔名〕《「あめのさぐめ」とも》邪心をもち、他人の心を探り出す力をもった女神。天命に背いた天稚彦の責任追及のため、高天原から遣わされた雉を、そそのかして天稚彦に射殺させた。「天邪鬼」の語源といわれている。

あまのざこ【天の邪鬼】〔名〕「あまのじゃく」に同じ。

あまのじゃく【天の邪鬼】〔名〕《「あまのざこ」とも》❶わざと人に逆らう者。ひねくれ者。❷四天王や仁王の像が足の下に踏みつけている悪鬼。①②＝天の邪古

あまのじゃこ【天の邪古】〔名〕「あまのじゃく」に同じ。

あまのと【天の戸・天の門】〔名〕❶高天原の入り口にあるという堅固な戸。＝天の岩戸・天の岩屋戸。❷空の、太陽や月の渡る道。例「さ夜ふけて天の門わたる月影に」〈古今・恋三・六四〇〉❸天の川の渡し場。例「織女の天の門わたる今宵さへ」〈後

撰・秋上・三三八〉

あまのと【海の門】［名］陸と陸とに挟まれて、海の狭くなっている所。海峡。瀬戸。

〔和歌〕**あまのとを…**【**天の戸をおしあけがたの月見れば憂き人しもぞ恋しかりける**】〈新古今・恋四・一二六〇・よみ人しらず〉訳天の戸を押し開けるようにして明ける明け方の月を見ていると、つれないあの人のことがしきりに恋しく思われる。《係結び》「ぞ→恋しかりける体」〈参考〉「おしあけ」は、「押し開け」に「明け方」をかけ、「天の戸をおし」は、「あけ」を導く序詞となる。

あまのぬぼこ【天の瓊矛】［名］《「あめのぬぼこ」とも。「ぬ」は玉の意》玉で飾った美しいほこ。

あまのはごろも【天の羽衣】［名］❶天人が着る衣。これを着ると空を飛ぶことができる。＝天衣。❷天皇が大嘗祭・新嘗祭などで沐浴するときに着る湯帷子。

あまのはしだて【天の橋立】［歌枕］丹後国の地名。いまの京都府宮津市宮津湾の砂州。白砂青松の景勝地で日本三景のひとつ。

あまのはら【天の原】一［名］❶高天原と呼ばれる、日本神話の天上界のこと。❷広い空。例「天の原振り放け見れば渡る日の影も隠らひ」〈万葉・三・三一七長歌〉訳→〔和歌〕あめつちの…。二［枕詞］（空高くそびえているところから）「富士」にかかる。例「天の原富士の柴山」〈万葉・一四・三三五五〉

〔和歌〕**あまのはらふきすさみける…**【**天の原吹きすさみける秋風に走る雲あればたゆたふ雲あり**】〈楫取魚彦歌集・楫取魚彦〉訳広い大空を吹いたりやんだりする秋風に、走るように流れ行く雲もあれば、ぐずぐずと漂う雲もある。

〔和歌〕**あまのはらふじのけぶりの…**【**天の原富士の煙の春の色の霞になびくあけぼのの空**】〈新古今・春上・三三・慈円〉訳大空に立ちのぼる富士の煙が春らしい色の霞となってたなびいている夜明けごろの空よ。

〔和歌〕**あまのはらふりさけみれば…**【**天の原ふりさけ見れば春日なる三笠の山に出でし月かも**】〈古今・羇旅・四〇六・安倍仲麻呂〉《百人一首》訳大空をはるかに仰ぎ見ると、かつて春日の三笠山に出ていたのと同じ月が上ってくるよ。〈参考〉遣唐使として唐に渡った仲麻呂が、故郷をしのんで詠んだ望郷の歌。「三笠山」は、いまの奈良市東部の春日にある山。

あまのひつぎ【天の日嗣ぎ】［名］「あまつひつぎ」に同じ。

あまのぶちこま【天の斑駒】［名］《「あまのふちこま」とも》高天原にいるという、種々の毛色の入り混じった馬。

あまのみそら【天の御空】［名］「あまつみそら」に同じ。

あまのむらくものつるぎ【天の叢雲の剣】［名］「あめのむらくものつるぎ」に同じ。

あまのやすのかはら【天の安の河原】［名］《「あめのやすのかはら」とも》高天原にあるという「天の安の河」の河原。神々の会合する場所とされた。＝天の河原①

〔俳句〕**あまのやは…**【**海士の屋は小海老にまじるいとどかな**】〈猿蓑・芭蕉〉訳漁師の家の土間では、うちあけられた小海老の山にまじって、よく似たイトドがいることだよ。（季－いとど－秋）

〔俳句〕**あまのやや…**【**蜑の家や戸板を敷きて夕涼み**】〈おくのほそ道・象潟・低耳〉訳象潟の浜辺に点々とたつ土地の漁師たちの家。夕暮れ時になり、縁台がわりに雨戸の板を砂浜に敷いて夕涼みをしている。素朴で鄙びた状景だ。（季－夕涼み－夏）

あまはし【天橋】［名］天に昇るはしご。＝天の浮き橋

あまはせづかひ【天馳せ使ひ・海人馳せ使ひ】［名］神聖な走り使いをする者。一説に、「めま」は「海人部」という部族を指し、宮中の神事などで走り使いをした者の意とされる。

あまひ［名］語義未詳。もろく、はかないことの意か。例「天つ神御子の御寿は、木の花のあまひのみ坐さむ」〈記・上〉

あまびこ【天彦】［名］やまびこ。こだま。

あまびこ【雨彦・馬陸】［名］ヤスデの古名。銭虫。＝筬虫。（季－夏）

あまびこの【天彦の】［枕詞］「おと」にかかる。例「天彦のおとづれじとぞ今は思ふ」〈古今・雑下・九六三〉

あまびさしのくるま【雨庇の車】［名］「あままゆのくるま」に同じ。

あまびたひ【尼額】［名］「尼削ぎ」にして前髪を切った額。

あまびと【天人】［名］「あめひと」に同じ。

あまびと【海人・蜑人】［名］「あま（海人）①」に同じ。

あまひれ【天領巾】［名］「あまつひれ」に同じ。

あまぶね【海人舟・蜑舟】［名］漁夫の船。漁船。

あまほふし【尼法師】［名］出家して仏門に入った女性。尼僧。＝尼①

あまま【雨間】［名］雨の一時やんでいる間。

あままゆのくるま【雨眉の車】［名］《「眉」は、庇の意》「牛車」の形態のひとつ。屋形の屋根を弓形に造り、庇を出した車。上皇・親王・太政大臣・摂関などが用いた。＝雨庇の車

あまみだいどころ【尼御台所】［名］大臣・大将・将軍家などの正妻で、尼になった人の称。＝尼御台

あまみつつき【天満つ月】［名］満月。

あま・ゆ【甘ゆ】［自ヤ下二］《え・え・ゆ・ゆる・ゆれ・えよ》❶甘い香りや味がする。例「いとあま・えたる薫き物の香を」〈源氏・常夏〉❷甘える。いい気になる。❸照れる。恥ずかしがる。例「いとはしたなく言ひののしりければ、あま・えて出でにけり」〈栄花・五〉

あまよそひ【雨装ひ】［名］雨が降ったときの身支度。雨支度。＝雨装束

-あまり【余り】［接尾］《「まり」とも》❶（数詞に付いて）示した数よりいくらか多い意を表す。例「朱雀院の行幸は神無月の十日あまりなり」〈源氏・紅葉賀〉❷十以上の数を表す場合に、十の位と一の位との間に入れる語。「二十日あまり五日」

あまり［・なり］【余り】一［名］❶残り。余分。❷度を越えて…しすぎた結果。例「わりなくまつはさせたまふあまりに」〈源氏・桐壺〉二［形動ナリ］《なら・なり（に）・なり・なる・

ひどい。度が過ぎる。例「これかれ『いと情けなし、あまり・なり』などものすれば」〈蜻蛉・上〉

〔余りの心〕ことばとして表現されている以外に、自然とにじみ出た情趣。余情。歌論で用いる。

あまり【余り】［副］❶ひどく。あまりに。例「あまりはしたなきほどになれば、たち出でて」〈枕・七月ばかり〉❷（下に打消の語を伴って）それほど。たいして。例「いと**あまり**むつまじうもあらぬ客人の来て」〈枕・心ゆくもの〉

あまりごと【余り事】［名］余分なこと。過分なこと。例「**あまり事**をぞ思ひてのたまふ」〈源氏・真木柱〉

〔歌謡〕**あまりことばの…さにあれ見さいなう空行く雲の速さよ**【あまり言葉のかけたさにあれ見さいなう空行く雲の速さよ】〈閑吟集〉訳あまりにことばをかけたいものだから、あれ、ごらんよ、空を行く雲の速いことよ。

〈参考〉「さいなう」は軽い敬意を表す。

あまりさへ【剰へ】［副］その上さらに。＝剰へ。例「あくる年は、立ち直るべきかと思ふほどに、**あまりさへ**、疫癘（＝流行病）うちそひて」〈方丈記〉

あまりちゃ【余り茶】［名］《近世語》飲み残しの茶。茶筒に残っている茶。

あまりて【余りて】《動詞「余る」の連用形＋助詞「て」》あまりにも。…しても、しきれないで。例「浅茅生の小野の篠原忍ぶれど**あまりて**などか人の恋しき」〈後撰・恋一・五七七〉訳→〔和歌〕あさぢふの…

あまりべ【余り戸】［名］大宝令で、郡の中の五十戸を一つの「里」とした際、数に満たず余った戸。＝余る戸

あま・る【余る】［自ラ四］❶多すぎて残る。度を超える。❷度を超えてあふれ出す。例「忍びたまへど、〔涙ガ〕御袖より**あま・る**もところせうなん」〈源氏・須磨〉❸能力・限度を超える。例「一息に打たんとせば、手に**余・つ**て打たれぬ事あるべし」〈太平記・三〉〔音便〕「余っ」は「余り」の促音便。

あまをとめ【天少女】［名］「あまつをとめ①」に同じ。

あまをとめ【海人少女】［名］少女の海女。

あまをぶね【海人小船】㊀［名］漁夫が乗る小舟。㊁［枕詞］舟が「泊つ」（＝停泊スル）ということろから「はつ」に、「乗る」ところから「のり」にかかる。例「海人小舟泊瀬の山に降る雪の」〈万葉・一〇・二三四七〉

あまん・ず【甘んず】［他サ変］《「あまみす」の撥音便》満足して味わう。例「一たびは坐してまのあたり奇景を**あまん・ず**」〈おくのほそ道・跋〉

あみ【網】［名］糸や縄を編んで作った、魚や鳥などを捕らえる道具。

〔網にさす〕網でつかまえる。例「ひさかたの天行く月を**網にさ・し**」〈万葉・三・二四〇〉

〔網の目に風とまらず〕（風は網目を通り過ぎてしまうことから）無駄なこと、そのかいのないこと。＝網の目に風たまらず。例「**網の目に風もとまら・ぬ**浦に来てあまならなくに長ゐつるかな」〈和泉式部集〉

あみいた【編み板】［名］「あうだ」に同じ。

あみがさ【編み笠】［名］わら・スゲ・イグサなどで編んだ、頭にかぶる笠。（季―夏）

あみさ・す【網さす】鳥網を張る。例「ほととぎす鳴くと人告ぐ**網さ・さまし**を」〈万葉・一七・三九一八〉

あみ・す【浴みす】［他サ下二］（湯や水などを）からだにかける。入浴させる。＝浴むす・浴ぶす。例「大衆に**浴み・せむ**として」〈今昔・一九・三〉

あみだ【阿弥陀】［名］《梵語の音訳》❶西方浄土にいる教主、如来の名。一切の衆生を救う四十八の大願を立てたという。＝阿弥陀如来・阿弥陀仏・弥陀 ➡［古典参考図］主要仏像。❷「阿弥陀笠」の略。❸《「阿弥陀の光」「阿弥陀籤」の略》仏像の後光のように放射線状に線を引いて作ったくじ。

〔阿弥陀の聖〕阿弥陀の名号を唱え、念仏をすすめて歩くこと。また、それを行う僧。

あみだがう【阿弥陀号】［名］念仏行者や仏工・画工・能役者などが、名に続けてつけた「阿弥陀仏」「阿弥」「阿」などの称号。「世阿弥」などの類。＝阿号

あみだがさ【阿弥陀笠】［名］笠を後ろに傾け、その内側が阿弥陀仏の光背に見えるようにかぶること。また、そのようにかぶった笠。＝阿弥陀②

あみだきゃう【阿弥陀経】［名］《「仏説阿弥陀経」の略》仏教の経典。浄土三部経のひとつ。阿弥陀仏の浄土のようすを説き、念仏をすすめ、仏の名を唱える者は極楽浄土に往生できることを説く。

あみだにょらい【阿弥陀如来】［名］「あみだ①」に同じ。

あみだぶつ【阿弥陀仏】［名］「あみだ①」に同じ。＝弥陀仏

あみだほとけ【阿弥陀仏】［名］「あみだ①」に同じ。

あみど【編み戸】［名］竹・葦・薄板などを編んで作った粗末な戸。

あみとり【網取り】［名］網で鳥などを捕らえること。

あみどり【網鳥】［名］ホトトギスの別称。「ほととぎす聞けども飽かず網取りに捕りてなつけな離れず鳴くがね」〈万葉・一九・四一八二〉の「網取り」の誤解から生まれた語。

〔和歌〕**あみのうらに…**【あみの浦に船乗りすらむ娘子らが玉裳の裾に潮満つらむか】〈万葉・一・四〇・柿本人麻呂〉訳あみの浦で舟遊びをしているだろうおとめたちの美しい裳の裾に、いましも潮が満ち寄せているだろうか。

〈参考〉「あみの浦」はいまの鳥羽湾の西の浦。持統天皇が伊勢に行幸したとき都に留まった人麻呂が作った歌。

あみびと【網人】［名］網を引いて漁をする人。漁師。

あむ【虻】［名］虫の名。中古以降、「あぶ」に変化した。（季―春）

〔虻も取らず蜂も取らず〕ふたつのものを同時に取ろうとして、どちらもだめになること。

あ・む【浴む・沐む】［他マ上二］浴びる。＝浴ぶ。例「源実が筑紫へ湯**浴・みむ**とて」〈古今・離別・三八七詞書〉

あむじろ【網代】［名］「あじろ」に同じ。

あむ・す【浴むす】㊀［他サ四］湯や水などを浴びせかける。例「櫟津の檜橋より来む狐に

浴む・さむ」〈万葉・一六・三八二四〉訳→〔和歌〕さすなべに……。二[他サ下二]{せ・せ・す・する・すれ・せよ}一に同じ。例「念仏の僧に湯沸かして浴む・せ奉らん」〈宇治拾遺・一三・九〉一二＝浴みす・浴ぶす

あめ【天】[名]（「あま」とも）❶空。天空。⇔土（つち）・地（ち）①。❷「天つ神」のいる天上界。高天原（たかまのはら）。また、仏説の天上界。常世（とこよ）。⇔国（くに）①

あめ【雨】[名]大気中の水蒸気が冷えて水滴となって空から落ちてくるもの。また、涙のたとえ。例「まづいとせきがたき（＝セキトメガタイ）涙の雨のみ降りまされば」〈源氏・幻〉

〔**雨（あめ）の脚（あし）**〕（「雨脚（うきゃく）」の訓読語）❶しきりに雨が降り注ぐのが筋のように見えるもの。雨脚（あまあし）。❷ひっきりなしであることのたとえ。例「日に千（ち）たび御使ひ、ゆきかへるさまなど**雨の脚**よりもしげく」〈浜松中納言・五〉

〔**雨（あめ）の宮（みや）風（かぜ）の宮（みや）**〕（「雨の宮」は未詳で、「風の宮」は伊勢（いせ）神宮の末社）❶伊勢神宮の末社のうち、雨の神と風の神を祭った宮。❷（伊勢神宮は末社が多く賽銭（さいせん）などがかさむことから）出費がかさむこと。転じて、出費をねだる取り巻き連中のこと。

あめ【飴】[名]❶菓子のあめ。❷（「飴色（あめいろ）」の略）あめのような色。透明、または半透明な黄褐色。❸甘やかすこと。また、だますこと。

あめうじ【黄牛・飴牛】[名]（近世以降「あめうし」とも）飴色（黄褐色）の牛。上等の牛とされた。

〔**黄牛（あめうじ）に腹（はら）突（つ）かる**〕（角がなくておとなしい雌牛に、不意に腹を突かれるということから出たことわざ）意外な者から予想外の仕打ちを受ける。ばかにしていた相手にやりこめられる。

あめがした【天が下】[名]「あめのした」に同じ。

あめかぜ【雨風】[名]❶雨と風。雨まじりの風。❷（近世語）（雨も風もの意から）酒が好きでありながら、甘い菓子なども好きなこと。また、その人。両刀遣い。＝雨風胴乱（あめかぜどうらん）

あめかぜどうらん【雨風胴乱】[名]「あめかぜ②」に同じ。

あめ・く【叫く】[自カ四]{か・き・く・く・け・け}大声で騒ぐ。わめく。例「酒飲みて**あめ・き**、口をさぐり（＝イジリ）」〈枕・にくきもの〉

あめしづく【雨雫】（アメシズク）[名]❶雨のしずく。❷（下に「と」を付け副詞的に用いて）さめざめと泣くさまのたとえ。例「あめしづくと泣きて」〈古今著聞・一七〉

あめしら・す【天知らす】（名詞「天」＋動詞「知る」の未然形＋上代の尊敬の助動詞「す」）（天をお治めになる意から）昇天なさる。崩御なさる。例「ひさかたの**天知ら・し**ぬる君故（ゆゑ）に」〈万葉・二・二〇〇〉

あめつし【天地】[名]（上代東国方言）天と地。

あめつち【天地】[名]❶天と地。❷天と地の神。例「**天地**の堅めし国そ大和島根（やまとしまね）は」〈万葉・二〇・四四八七〉

〔**天地（あめつち）の詞（ことば）**〕平安初期の手習い詞。「あめつちほしそらやまかはみねたにくもきりむろこけひといぬうへすゑゆわさるおふせよえのえをなれゐて」の仮名四十八字からなり、伊呂波（いろは）歌や大為爾（たゐに）に先行して作られた。一般には、「天、地、星、空、山、河、峰、谷、雲、霧、室、苔、人、犬、上、末、硫黄、猿、生ふせよ、榎の枝を、馴れ居て」と解されているが、「おふせよ」以下を「負ふ、為よ、良箆（江野）、愛男、汝、堰（率（ゐ）て）」とする解もある。

〔**天地（あめつち）の袋（ふくろ）**〕新年に、幸福が多く取り入れられるように、上下を縫い合わせて作った祝いの袋。のち、袋の代わりに財布を作るようになった。

〔和歌〕**あめつちの…**【**天地の　分かれし時ゆ　神（かむ）さびて　高く貴（たふと）き　駿河（するが）なる　富士の高嶺（たかね）を　天（あま）の原（はら）　振（ふ）り放（さ）け見れば　渡る日の　影も隠（かく）らひ　照る月の　光も見えず　白雲（しらくも）も　い行（ゆ）きはばかり　時じくそ　雪は降りける　語り継（つ）ぎ　言ひ継ぎ行かむ　富士の高嶺は**】〈万葉・三・三一七長歌・山部赤人〉訳天と地とが分かれた神代（かみよ）の昔から、神々（こうごう）しく高く貴い、駿河国（するがのくに）にある富士の高嶺、その嶺を天空はるかに仰ぎ見ると、空を渡る太陽の光る姿も隠れたまま、照る月の光も見えず、白雲も行きとどこおり、いつということなくしきりに雪は降っている。永久に語り継ぎ、いい伝えてゆこう、この富士の高嶺のことは。

〔係結び〕「そ→降りける（体）」

あめの【天の】（名詞「天」＋格助詞「の」）「あまの」に同じ。

あめのうみ【天の海】[名]大空を海にたとえた語。海のような空。

〔和歌〕**あめのうみに…**【**天の海に　雲の波立ち　月の舟　星の林に　漕（こ）ぎ隠る見ゆ**】〈万葉・七・一〇六八・柿本人麻呂歌集〉訳空の海に雲の波が立ち、月の舟が星の林に漕ぎ隠れるのが見える。

〈参考〉天象のものを地上のものにたとえる。

あめのおきて【天の掟】[名]天にいる神の定めたきまり。宿命。

あめのおしで【天の印】[名]（大空に押した「押し手（＝印）」の意）月や天の川などのこと。

あめのした【天の下】[名]❶地上の国土。❷地上の世界。この世。❸（強調的修飾に用いて）無二。比類のないこと。例「かばかりの**天の下**の験者（げんざ）のおはしますには、え隠れたてまつらじ」〈源氏・手習〉①②③＝天が下

〔**天（あめ）の下（した）知（し）らしめす**〕（「知らしめす」は「知る」の尊敬語）天下を統治なさる。＝天の下知らす。例「つがの木のいや継ぎ継ぎに**天の下知らしめ・し**しを」〈万葉・一・二九長歌〉

〔**天（あめ）の下（した）知（し）らす**〕（「知らす」は「知る」の尊敬語）「あめのしたしらしめす」に同じ。

〔**天（あめ）の下（した）申（まう）す**〕（アメノシタモウス）（「申す」は「言ふ」の謙譲語。天下の政情を天皇に奏上し、朝政を執り行う意）天皇に代わって、大臣・大納言などが政治を執り行い申し上げる。例「やすみしし我（わ）が大君（おほきみ）の**天の下まう・し**たまへば」〈万葉・二・一九九長歌〉

〔**天（あめ）の下（した）を逆（さか）さまになす**〕天地をひっくりかえす。世の中が逆さまになる。現実にはあり得ないこと、なし得ないことのたとえ。例「**天の下をさかさまにな・し**ても、思うたまへ寄らざりし」〈源氏・須磨〉

〔**天（あめ）の下（した）を輔（たす）く**〕（「輔く」は補佐する意）天下の政治を補佐する。国政を手助けする。

あめのたるよ【天の足る夜】[名]満ち足りて過ごす夜。すばらしい一晩。例「夢（いめ）にだに逢ふと見えこそ

天の足る夜を」〈万葉・一三・三二八〇長歌〉

あめのひ【天の火】[名]天から降ってくる火。例「焼き滅ぼさむ天の火もがも」〈万葉・一五・三七二四〉訳→〔和歌〕きみがゆく…

〔俳句〕**あめのひや…**【雨の日や門提げて行くかきつばた】〈ひとつ橋・信徳〉訳朝から五月雨の降り続く日、ふとおもてに目をやると家の前を通り過ぎる人がいる。その手に提げられたカキツバタの花の濃い紫が、鮮やかな印象を残した。（季－かきつばた－夏）

あめのみかげ【天の御陰】[名]天皇の宮殿。＝日の御陰

あめのみかど【天の御門】[名]（天皇の宮殿の意から）朝廷や天皇の尊称。

あめのむらくものつるぎ【天の叢雲の剣】[名]《「あまのむらくものつるぎ」とも》三種の神器のひとつ。素戔嗚尊が出雲（いまの島根県）で八岐大蛇を退治したとき、その尾から出たという霊剣。現在、熱田神宮に祭られる。＝草薙の剣

あめひと【天人】[名]《「あまびと」とも》❶天上界の人。天人。❷天皇の統治下にある人。

あめまだら【飴斑・黄斑】[名]飴色（黄褐色）でまだらのある牛の毛。

あめもよに【雨もよに】[副]雨が降りしきる中に。→「ゆきもよに」。例「木幡の山のほども、雨もよにいと恐ろしげなれど」〈源氏・椎本〉

あめやま【天山】[名]❶（天や山ほど高いの意から）多大なこと。程度のはなはだしいこと。例「湛増は、平家の御恩を天山とかうむったれば」〈平家・四・源氏揃〉❷（副詞的に用いて）大いに。非常に。はなはだ。例「天山かたじけなくは候へども」〈仮・竹斎〉

あ・めり …であるとみえる。…であるようだ。…であるらしい。例「心ざしおろかならぬ人々にこそあ・めれ」〈竹取・石作の皇子〉訳（かぐや姫への）愛情が、いいかげんではない人々であるとみえる。（係結び）「こそ→あめれ㊀」。

語構成　あ＝ラ変「あり」㊍　めり＝推「めり」

＝「あるめり」の撥音便「あんめり」の撥音無表記。

あめわかみこ【天稚御子】[名]天から降りて来た若い神。天の使い。平安時代には、音楽の神と考えられていた。

あも【母】[名]《「母」の上代東国方言》母。↔父

あも【餅】[名]《「あんもち」の略。「あんも」の変化形。女性・児童が用いる語》もち。

あもしし【母父】[名]《「母父」の上代東国方言》母と父。両親。

あもとじ【阿母刀自・母刀自】[名]《「母刀自」の上代東国方言》「母」の敬称。母上。

あもりごと【天降言】[作品名]江戸中期（一七七二ごろ成立）の私家和歌集。田安宗武作。宗武の遺詠を後人が編集。万葉調のすぐれた和歌が多い。

あもりつく【天降りつく】[枕詞]（香具山は天から降り下ったという伝説から）「天の香具山」「神の香具山」にかかる。例「天降りつく天の香具山」〈万葉・三・二五七長歌〉

あも・る【天降る】[自ラ上二]{り・り・る・るる・るれ・りよ}《「あまくだる」とも。「あまおる」の変化形》❶天上から降り下る。例「葦原の瑞穂の国に手向けすと天降りましけむ」〈万葉・一三・三二二七長歌〉❷天皇がお出かけになる。行幸する。例「和射見が原の行宮に天降りいまして」〈万葉・二・一九九長歌〉

あや【文・彩・綾】[名]❶（木の木目・水の波紋・織物の紋様など）物の表面に現れる線の模様。とくに、斜線が交錯した模様。例「水の面に綾織り乱る春雨や」〈新古今・春上・六五〉〔注〕「あや」と「おる」「みだる」「はる」は縁語。❷筋道。道理。区別。例「などて寝られざらむ。もし、あややある」〈平中・二七〉❸（文章などの）表現の仕方。修辞。技巧。例「漢（＝漢詩文）にはその綾もあることとなり」〈三冊子〉❹ふしまわし。音楽の曲節。例「顔見ぬ先の声のあや」〈浄・平家女護島〉

あや【綾】[名]❶種々の模様を織りだした絹織物。＝綾織り・綾織物。❷美しさ。彩り。

あや[感]驚いたときに発する語。ああ。おお。例「〈弁慶ノ〉手並みのほどは見しかば、〔義経ハ〕あやと肝を消す」〈義経記・三〉

あやおり【綾織り】[名]❶「綾織物」の略。＝綾①。❷「綾①」を織ること。また、その人。❸曲芸のひとつ。数本の竹を投げ上げ、手玉にとる演技。

あやおりもの【綾織物】[名]いろいろな模様を織り出した絹織物。＝綾①・綾織り①

あやかき【綾垣・文垣】[名]室内を区切るのに用いた、綾絹で作った帳。

あやかし[名]❶船が難破しそうなときに現れるという海の怪物。舟幽霊。例「この御舟にはあやかしがついて候ふ」〈謡・船弁慶〉❷怪しいこと。また、奇怪なもの。亡霊。妖怪。❸愚か者。例「人の聞きて、われをあやかしといはん」〈醒睡笑〉❹能面の一種。怨霊を表す男面。「船弁慶」「碇潜」「錦木」などの後ジテに用いる。

あやかりもの[名]㊀【肖り者】あやかりたいほどの幸せ者。果報者。㊁【肖り物】あやかりたいような幸せなこと。うらやましいこと。

あやか・る【肖る】[自ラ四]{ら・り・る・る・れ・れ}❶影響を受けて変化する。例「あやか・りやすき人の心か」〈拾遺・雑恋・一二五一〉❷影響を受けて、それに似る。多く、幸せな人に似て、幸せになる。

あや・し【奇し・怪し・賤し】{しから・しく(しかり)・し・しき(しかる)・しけれ・しかれ}[形シク]

アプローチ
▼神秘的で理解できない、不思議なものへの、驚き・おそれの気持ちを表す。
▼さらに、より一般的に、常識では理解しにくいこと・合点がゆかないことを意味するようになったり、さらに、奇異であることへの不審・不安を意味するようになった。
▼理解しにくいこと・奇異なことは、多くの場合、嫌悪の対象であったため、もっぱら悪い意味を表すようになり、さらに、不都合だ、下賤だ、など、その傾向を強めていった。

一【奇し・怪し】❶神秘的だ。霊妙だ。例「こごしかも岩の神さびたまきはる幾代経にけむ立ちてゐて見れどもあや・し」〈万葉・一七・四〇〇三長歌〉訳（立山は）ごつごつと険しくて、岩は神々しく、どれほどの年代を経たことだろう、立って見ても座って見ても神秘的だ。〔注〕「たまきはる」は「幾代」の枕詞。❷奇異だ。ふつうでない。珍しい。例「その花の中に、あや・しき藤の花ありけり」〈伊勢・一〇一〉訳その（かめに挿した）花の中に、珍しい藤の花があった。❸疑わしい。不審だ。心配だ。例「『かた時』とのたまふに、あや・しくなりはべりぬ」〈竹取・かぐや姫の昇天〉訳（天人が）「わずかの間」とおっしゃったので、疑わしくなりました。《敬語》「のたまふに」→「のたまふ」、「なりはべりぬ」→「はべり」❹不都合だ。けしからん。例「遣り戸を荒くたてあくるも、いとあや・し」〈枕・にくきもの〉訳引き戸を荒っぽく開け閉めするのも、まったくけしからん。

二【賤し】❶みすぼらしい。粗末だ。例「あや・しの竹の編み戸の内より、いと若き男の、月影に色あひ定かならねど、つややかなる狩衣に、濃き指貫、いとゆゑづきたるさまにて」〈徒然・四四〉訳粗末な竹を編んだ戸の中から、ほんにまあ若い男が、月の光にどんな色かはっきりしないけれど、つやつやと光る狩衣に濃い紫色の指貫（＝袴）を、じつに洗練された姿に着こなして。❷身分が低い。卑しい。→「あや」「あやしむ」「あやしぶ」。例「やむごとなき御妻どもいと多く持ちたまひて、そのあまり、忍び忍び帝の御妻をさへあやまちたまひて、かくも騒がれたまふなる人は、まさにかくあや・しき山がつを心とどめたまひてむや」〈源氏・須磨〉訳身分の高い奥方たちをほんとにたくさんお持ちになって、それはかりでなく、人目を忍んでは帝のご夫人とまでも間違いを犯されて、これほど世間で騒がれていらっしゃるという人（＝源氏）が、どうしてこんなに卑しい田舎者（＝明石の君）をお心にとどめられるでしょうか。〔賤しの賤〕アヤシノシズ身分の低い者。賤しい者。

あやしう【奇しう・賤しう】アヤシュウ 形容詞「あやし」の連用形「あやしく」のウ音便。

あやしが・る【怪しがる】〔他ラ四〕{ら・り・る・る・れ・れ}《「がる」は接尾語》不思議に思う。不審に思う。例「あやしが・りて、寄りて見るに、筒の中光りたり」〈竹取・かぐや姫〉

あやしげ【・なり】〔形動ナリ〕{なら・なり(に)・なり・なる・なれ・なれ}《「げ」は接尾語》一【怪しげ】いかにも怪しいようす。例「会ふ者見る人あやしげ・に思ひて」〈蜻蛉・中〉二【賤しげ】いかにもみすぼらしいようす。例「いとあやしげ・なる下衆の小家なむある」〈更級〉

あやしば・む【怪しばむ】〔自マ四〕{ま・み・む・む・め・め}《「ばむ」は接尾語》怪しいようすをする。例「あやしば・うだる者の見えつる」〈平家・三・六代被斬〉

あやし・ぶ【怪しぶ】〔他バ四〕{ば・び・ぶ・ぶ・べ・べ}「あやしむ」に同じ。

あやしみ【怪しみ】〔名〕怪しいこと。不審。不思議。疑い。

あやし・む【怪しむ】一〔他マ四〕{ま・み・む・む・め・め}怪しいと思う。不思議に思う。例「うちうちにあやし・み思うたまふる人の御事にや」〈源氏・夢浮橋〉二〔他マ下二〕{め・め・む・むる・むれ・めよ}一に同じ。例「関守にあやし・められて、やうやうとして関をこす」〈おくのほそ道・尿前の関〉一二＝怪しぶ

あや・す【落す】〔他サ四〕{さ・し・す・す・せ・せ}血や汗などをしたたらせる。例「血をあや・して卒都婆によく塗りつけて」〈宇治拾遺・二・一〉

あやすぎ【綾杉】〔名〕木の名。サワラの変種。葉が杉に似ている。＝檜杉

あやつ【彼奴】〔代名〕《他称の人称代名詞。第三者をののしっていう語》あいつ。きゃつ。

あやつり【操り】〔名〕❶道具を巧みに操ること。操作。❷仕掛け。❸《「操り芝居」の略》三味線伴奏で浄瑠璃を語るのに合わせて、人形を動かす芝居。人形浄瑠璃。❹《「操り人形」の略》手や足を動かして遣う人形。また、「操り芝居」で用いる人形。

あやつ・る【操る】〔他ラ四〕{ら・り・る・る・れ・れ}❶物陰から糸を引いて人形などをつり動かす。❷楽器を弾く。例「水の音に流泉の曲（＝琵琶ノ秘曲）をあやつ・る」〈方丈記〉❸陰から人や物をうまく操作する。

あやな《形容詞「あやなし」の語幹》わけもなく。むなしい。例「あやな昔の人ぞ恋しき」〈続後撰・春上・五三〉

あやな・し【文無し】〔形ク〕{から・く(かり)・し・き(かる)・けれ・かれ}❶筋・理屈が通らない。わけが分からない。例「春の夜の闇はあやな・し梅の花色こそ見えね香やはかくるる」〈古今・春上・四一〉訳→〔和歌〕はるのよの…。❷取るに足らない。つまらない。些細な。例「などてあやな・きすさび事につけても、さ思はれたてまつりけむ」〈源氏・明石〉《疑問語との呼応》「などて」→「たてまつりけむ㊍」。《敬語》「思はれたてまつりけむ」→「たてまつる」。❸無意味だ。かいがない。無駄だ。例「思へどもあやな・しとのみ言はるれば夜の錦の心ちこそすれ」〈後撰・恋二・六三三〉

あやに〔副〕《「あや」は感動詞》驚くほど。むしょうに。たとえようもなく。例「くへ越しに麦食む小馬のはつはつに相見し児らしあやにかなしも（＝イトシイコトダ）」〈万葉・一四・三五三七〉

あやにく【・なり】〔形動ナリ〕{なら・なり(に)・なり・なる・なれ・なれ}《期待や予想に反して、失望したり落胆したりする気持ち》❶あいにくだ。都合が悪い。例「時雨といふばかりにもあらず、あやにく・にあるに、なほ出でむとす」〈蜻蛉・上〉❷程度がはなはだしいようす。あまりにもはげしい。例「（帝ノ）御心ざしあやにく・なりしぞかし」〈源氏・桐壺〉❸あまりにもきびしい。意地が悪い。例「帝の御おきて、きはめてあやにく・におはしませば」〈大鏡・時平〉《敬語》「あやにくにおはしませば」→「おはします」

あやにく〔副〕あいにく。折あしく。例「あやにく、しばしば雨が降り出したは、情けない」〈膝栗毛〉

あやにくが・る〔自ラ四〕{ら・り・る・る・れ・れ}《「がる」は接尾語》意地を張る。嫌がってだだをこねる。例「（福足君ハ舞ヲ習ウノヲ）あやにくが・りすまひたまへど」〈大鏡・道兼〉

あやにくごころ【あやにく心】〔名〕腹だたしい気持ち。意地悪な心。

あやにく・し【生憎し】〔形ク〕{から・く(かり)・し・き(かる)・けれ・かれ}間が悪く、困らされる。不都合だ。例「さも、あやにく・き目を見るかな」〈宇津保・楼の上・下〉

あやにくだ・つ［自タ四］｛た・ち・つ・つ・て・て｝《「だつ」は接尾語》我を張って人を困らせる。例「人の子の、四つ五つなるは、**あやにくだ・ち**て、もの取り散らし、そこなふを」〈枕・人映えするもの〉

あやにしき【綾錦】［名］❶綾と錦。ともに高級な美しい織物。❷美しい衣装や紅葉などのたとえ。

あやはとも【危はとも】《上代東国方言》語義未詳。危なくてもの意か。例「あずへ(＝断崖ノ上)から駒の行このす**危はとも**」〈万葉・一四・三五四一〉

あやはとり【漢織】［名］《「漢」は古代中国の呼称。「はとり」は「はたおり」の変化形》上代、中国から渡来した機織りの女性。→「くれはとり」

あやひがき【綾檜垣】［名］檜の皮や薄く削った板を交差させて編んだ垣根。檜垣。組み目の文様が綾のようになるのでいう。

あやふう【危ふう】形容詞「あやふし」の連用形「あやふく」のウ音便。

あやふが・る【危ふがる】［自ラ四］｛ら・り・る・る・れ・れ｝《「がる」は接尾語》危ないと思う。不安に思う。例「木のもとをひきゆるがすに、**あやふが・り**て」〈枕・正月十余日のほど〉

あやふぐさ【危ふ草】［名］語義未詳。崖などの危険な箇所に生える草をいうか。

あやふげ［・なり］【危ふげ】［形動ナリ］｛なら・なり(に)・なり・なる・なれ・なれ｝《「げ」は接尾語》いかにも危険そうなようす。（命が）危なそうなさま。例「そのままに起き上がりたまはず、**危ふげ・に**見えたまふを」〈源氏・葵〉

あやふ・し【危ふし】［形ク］｛から・く(かり)・し・き(かる)・けれ・かれ｝❶**あぶない。危険だ。**例「いや吹きに、いや立ちに、風波の**あやふ・けれ**ば」〈土佐〉❷**危険性がある。気にかかる。不安だ。**例「**あやふ・く**行く末うしろめたきに」〈源氏・早蕨〉

あやぶみ【危ぶみ】［名］危ぶむこと。心配すること。危惧。危険。

あやぶ・む【危ぶむ】㊀［他マ四］｛ま・み・む・む・め・め｝危ないと思う。心配する。㊁［他マ下二］｛め・め・む・むる・むれ・めよ｝危うくする。苦しめる。例「国家を**あやぶ・め**んとする者」〈平家・五・福原院宣〉

あやほかど【危ほかど】《「危ふけど」の上代東国方言》危ないけれど。例「あず(＝断崖)の上に駒を繋ぎて**危ほかど**」〈万葉・一四・三五三九〉

あやま【文間・綾間】［名］綾なす波の間。波のうねりの間。

あやまた・ず《動詞「あやまつ」の未然形＋打消の助動詞「ず」》❶約束や予想どおり。例「蓬萊の玉の枝を、一つの所**あやまた・ず**持ておはしませり」〈竹取・蓬萊の玉の枝〉❷正確に。間違いなく。例「**あやまた・ず**扇のかなめぎは一寸ばかりおいて、ひぃふっとぞ射きったる」〈平家・一一・那須与一〉

あやまち【過ち・誤ち】［名］❶**失敗。過失。しくじり。**❷とくに、男女間の道にはずれた関係。**まちがい。**例「かやうにて世の中の**過ち**はするぞかしと思ひて」〈源氏・花宴〉❸過失として非難される行為。**罪。とが。**例「何ばかりの**過ち**にてか、この渚に命をばきはめん」〈源氏・明石〉《係結び》「か→きはめん体」。❹**けが。負傷。**例「馬・車より落ちて、**あやまちしつ**」〈徒然・一七五〉

あやま・つ【誤つ・過つ】［他タ四］｛た・ち・つ・つ・て・て｝❶間違える。取り違える。例「み吉野の山辺に咲ける桜花雪かとのみぞ**あやま・たれ**ける」〈古今・春上・六〇〉❷罪を犯す。例「我は位に在りし時、**過・つ**ことなかりしかど」〈源氏・明石〉❸背く。例「故大納言の遺言**あやま・たず**」〈源氏・桐壺〉❹傷つける。殺す。例「この度は、我は**あやま・たれ**なんず」〈宇治拾遺・二・八〉

あやまり【誤り】［名］❶間違い。失敗。❷間違った行為。とくに男女間の道にはずれた行為。失策。例「いささかの事の**あやまり**もあらば、軽々しき譏りをや負はむ」〈源氏・梅枝〉❸正気でないこと。狂気。例「この人を思すゆかりの御心地の**あやまり**にこそはありけれ」〈源氏・蜻蛉〉❹心得違い。例「分を知らずして強ひて励むは、おのれが**誤り**なり」〈徒然・一三一〉

あやま・る【誤る】㊀［自ラ四］｛ら・り・る・る・れ・れ｝❶しそこなう。間違う。❷病で正気を失う。例「いとど御心地も**あやま・り**て、うちはへ臥しわづらひたまふ」〈源氏・真木柱〉㊁［他ラ四］❶約束などを違える。例「男、ちぎれることあ**やま・れ**る人に」〈伊勢・一二三〉❷欺き横領する。例「大分人の銀を**あやま・り**」〈浄・冥途の飛脚〉

あやま・る【謝る】［自ラ四］｛ら・り・る・る・れ・れ｝❶謝罪する。❷《近世語》閉口する。例「とかく素人は狂歌も落首も同じやうに心得るから、これにて**あやま・る**」〈浮世風呂〉

あや・む【怪む】［他マ下二］｛め・め・む・むる・むれ・めよ｝不思議に思う。怪しむ。例「草枕露しげしとや人は**あや・め**む」〈千載・恋三・八二三〉

あやむしろ【綾筵】［名］綾(模様)を織り出した敷物。寝具に用いる。（季－夏）

あやめ【文目】［名］❶綾織物の模様。色目。❷ものの色や形などの区別。違い。❸ものの道理。筋道。分別。

〔**文目も知らず**〕ものの道理・筋道も分からない。例「**あやめも知ら・ぬ**恋もするかな」〈古今・恋一・四六九〉訳→〈和歌〉ほととぎすなくやさつきの…

〔**文目も分かず**〕はっきり識別できない。分別がつかない。例「あらはれていとど浅くも見ゆるかな**あやめもわか・ず**泣かれける音の」〈源氏・蛍〉

あやめ【菖蒲】［名］《「さうぶ」「しゃうぶ」とも》❶草の名。葉が剣の形で、芳香をもつことから、邪気をはらうとされ、端午の節句には、軒や車に差した。また、根の長さを競う「根合はせ」が行われ、後世には葉を湯に入れる「菖蒲湯」なども行われた。和歌では多く「文目」をかける。＝菖蒲草。（季－夏）。❷草の名。ハナアヤメ。❸襲の色目の名。表は青で、裏は紅梅。陰暦五月の着用。❹陰暦五月の別称。

〔**菖蒲の鬘**〕ショウブで作ったかずら。陰暦五月五日、端午の節会のとき、邪気をはらうために男性は冠に、女性は髪に結びつけた。（季－夏）

〔**菖蒲の蔵人**〕陰暦五月五日の「端午の節会」に、下賜される菖蒲や薬玉を、親王や公卿に分けて配った「女蔵人」。

〔**菖蒲の節句**〕《軒や屋根をショウブで飾ったことから》端午の節句の別称。（季－夏）

〔菖蒲の枕〕陰暦五月五日の夜、邪気を払うためにショウブの葉を枕の下に敷くこと。

〔菖蒲葺く〕軒にショウブをさす。陰暦五月四日の端午の節句にそなえて行った。邪気を払うという。（季―夏）

あやめがたな【菖蒲刀】[名]「しゃうぶがたな」に同じ。

あやめぐさ【菖蒲草】㊀[名]「あやめ①」に同じ。（季―夏）。㊁[枕詞]同音の繰り返しから「あや」に、また根を賞するところから「ね」などにかかる。例「**あやめ草**あやなき身にも」〈拾遺・雑下・五七三長歌〉

〔俳句〕**あやめぐさ…**【**あやめ草足に結ばん草鞋の緒**】〈おくのほそ道・仙台・芭蕉〉訳端午の節句ではアヤメを軒にふき邪気を払うというが、旅にある私は、そのアヤメをせめて足に結びつけよう。そして、紺の染緒のわらじの風流をめでつつ、元気に旅を続けよう。（季―あやめ草―夏）

あやめざけ【菖蒲酒】[名]《「しゃうぶざけ」とも》ショウブの根や葉などを刻んで浸した酒。邪気を払い、万病に効くといわれ、陰暦五月五日の端午の節句に飲んだ。（季―夏）

あやゐがさ【綾藺笠】アヤイガサ[名]イグサで編んで、裏側に綾絹を張った笠。頂に髻を入れる突出部がある。武士が旅行・流鏑馬などのときにかぶった。⇩[古典参考図]冠物・装具

あゆ【鮎・香魚・年魚】[名]アユ科の魚。産卵後死ぬので年魚、また、香りのするところから香魚ともいう。「氷魚」はその稚魚。（季―夏）

〔鮎の鮨〕塩と酢に漬けた鮎の腹に飯を詰めて作った鮨。（季―夏）

あゆ【東風】[名]《上代北陸方言》東の風。＝東風の風

〔東風の風〕「あゆ（東風）」に同じ。

あ・ゆ【肖ゆ】[自ヤ下二]〔え・え・ゆ・ゆる・ゆれ・えよ〕似る。あやかる。例「〔織女ト牽牛ノ〕長き契りにぞ**あ・え**まし」〈源氏・帚木〉

あ・ゆ【落ゆ】[自ヤ下二]〔え・え・ゆ・ゆる・ゆれ・えよ〕❶こぼれ落ちる。散りこぼれる。例「五月を近み**あ・え**ぬがに花咲きにけり」〈万葉・八・一五〇七長歌〉❷（汗や血などが）したたり落ちる。例「すずろに汗**あ・ゆる**心ちぞする」〈枕・清涼殿の丑寅の角の〉

あゆか・す【揺かす】[他サ四]〔さ・し・す・す・せ・せ〕ゆり動かす。ゆるがす。例「かまへたるをし（＝ネズミ取リ）**あゆか・す**な鼠取るべく」〈拾遺・物名・四一〇〉

あゆ・く【揺く】[自カ四]〔か・き・く・く・け・け〕《「あよく」の変化形》ゆれ動く。ゆらぐ。例「雲まよひ星の**あゆ・く**と見えつるは蛍の空に飛ぶぞありける」〈拾遺・物名・四〇九〉

あゆこ【鮎子】[名]鮎の幼魚。一説に、鮎の愛称。＝若鮎

あゆちがた【年魚市潟】[歌枕]尾張国の潟。いまの愛知県名古屋市熱田区から南区へかけての海岸（いまは陸地）。

あゆひ【足結ひ】アユイ[名]《「あしゆひ」「あよひ」とも》活動しやすいように、袴を引き上げて、ひざのあたりで結んだひも。飾りとして、鈴や玉などを付けた。

あゆひせう【脚結抄】アユイショウ[作品名]江戸中期（一七七八刊行）の国語学書。富士谷成章作。脚結（助詞・助動詞・接尾語などの付属語類）を系統的に分類・解説した研究書。現在の文法研究の基礎を築いた。→「かざしせう」

あゆ・ふ【足結ふ】アユウ[自ハ四]〔は・ひ・ふ・ふ・へ・へ〕袴のひざ下あたりを「足結ひ」で結ぶ。例「**足結・ひ**出で濡れぬこの川の瀬に」〈万葉・七・一一一〇〉

あゆ・ぶ【歩ぶ】[自バ四]〔ば・び・ぶ・ぶ・べ・べ〕《「あゆむ」の変化形》歩く。行く。例「礼堂の方より**歩・び**出でたるを見れば」〈今昔・一九・一〉

あゆまひ【歩まひ】アユマイ[名]《動詞「歩む」の未然形＋反復・継続の助動詞「ふ」＝「あゆまふ」の名詞化》歩くようす。歩き方。例「面もち、**あゆまひ**、大臣といはむに足らひたまへり」〈源氏・行幸〉

あゆみ【歩み】[名]❶歩くこと。足のはこび。例「馬の**歩み**押へ留めよ」〈万葉・六・一〇〇二〉❷拝賀のために列をつくって練り歩くこと。行列。例「勧学院の衆ども**あゆみ**して参れる」〈紫式部日記〉❸「歩み板②」の略。

〔**歩みを運ぶ**〕❶出かける。足を運ぶ。例「年老い身つかれて**歩みを運・ぶ**といへども、その道堪へ難し」〈今昔・四・二五〉❷神仏などに参詣する。参拝に出かける。例「我が朝の貴賤上下〔那智権現へ〕**歩みをはこ・び**」〈平家・一〇・熊野参詣〉

あゆみあり・く【歩み歩く】[自カ四]〔か・き・く・く・け・け〕歩き回る。例「ただあゆみに**あゆみあり・く**こそ、をかしけれ」〈枕・虫は〉

あゆみいた【歩み板】[名]❶歩いて渡るために、物の上にかけ渡した板。❷船と船、また、船と岸の間にかけて人が渡る板。＝歩み③。❸歌舞伎の客席で、仮花道と本花道を結ぶ板敷きの道路。通路や舞台の延長としても用いられた。①②③＝歩みの板

あゆみかか・る【歩み掛かる・歩み懸かる】[自ラ四]〔ら・り・る・る・れ・れ〕歩き始める。歩き出す。例「相撲ども打ち群れて昨日のやうに**歩み懸か・り**たりければ」〈今昔・二三・二一〉

あゆみこう・ず【歩み困ず】[自サ変]〔ぜ・じ・ず・ずる・ずれ・ぜよ〕歩き疲れて、これ以上歩けない状態になる。例「**歩み困・じ**て、ただ垂りに垂りゐたるが」〈古本説話集〉

あゆみつ・る【歩み連る】[自ラ下二]〔れ・れ・る・るる・るれ・れよ〕連れだって歩く。例「二宮の侍ども、長ども**歩み連・れ**仕つまつれり」〈栄花・一九〉

あゆみのいた【歩みの板】「あゆみいた」に同じ。

あゆみわた・る【歩み渡る】[自ラ四]〔ら・り・る・る・れ・れ〕通り過ぎる。歩いて行く。例「〔中宮ノ〕御前を**歩み渡・り**て、西ざまにおはするを」〈源氏・蜻蛉〉

あゆ・む【歩む】[自マ四]〔ま・み・む・む・め・め〕歩く。＝歩ぶ。例「水の、深くはあらねど、人などの**歩む**に、はしりあがりたる」〈枕・五月ばかりなどに〉

発展学習ファイル　「**ありく**」が移動に重点を置くのに対し、「あゆむ」は歩く動作そのものに重点を置く。

あよ・く【揺く】[自カ四]〔か・き・く・く・け・け〕《上代語。「あゆく」とも》ゆれ動く。例「妹が心は**あよ・く**なめかも」〈万葉・二〇・四三九〇〉

あよ・ぶ【歩ぶ】[自バ四]〔ば・び・ぶ・ぶ・べ・べ〕《「あゆむ」の変化形》歩く。例「鬼は**あよ・び**帰りぬ」〈宇治拾遺・九・八〉

あよ・む【歩む】[自マ四]〔ま・み・む・む・め・め〕《「あゆむ」の変化形》歩く。例「橋がかりに**歩・み**止まりて」〈花鏡〉

荒海の障子　『枕草子』に、「生きたるものどものおそろしげなる」とある。（鳳闕見聞図説）

あら-【荒・粗】［接頭］❶勢いが激しい、勇ましいの意を表す。「荒行」「荒馬」「荒波」「荒御魂」など。❷人の手を加えていないの意を表す。「粗金」「粗玉」など。❸荒れている、人気がないの意を表す。「荒野」「荒小田」など。❹細かくない、目が粗いの意を表す。「粗垣」「粗籠」など。❺念入りでない、粗雑なの意を表す。「荒打ち」「荒栲」「粗栲」など。

あら-【現】［接頭］現実にいる、目に見える、この世に現れているの意を表す。「現人神」「現神」など。

あら-【新】［接頭］新しいの意を表す。「新田」「新手」「新身」「新仏」など。

あら［感］《驚いたり感動したりしたときに発する語》ああ。あら。例「あらたふと青葉若葉の日の光」〈おくのほそ道・日光〉訳→〔俳句〕あらたふと…

あらあら【荒荒】［副］荒っぽく。乱暴に。例「ただ今の者をば荒々と申して追っ帰して候ふ」〈謡・春栄〉

あらあら【粗粗】［副］ざっと。ほぼ。おおよそ。例「忍びて仏に申す事ども、あらあら聞こゆ」〈今昔・一九・一〉

あらあら［感］《驚いたとき発する語》ああ、ああ。例「『あらあら』といひて問ひ聞けば」〈今昔・三・一五〉

あらあら・し【荒荒し】［形シク］〔しから・しく(しかり)・し・しき(しかる)・しけれ・しかれ〕❶荒っぽい。激しい。例「風のやや荒々・しう吹きたるは」〈源氏・夕顔〉《音便》「荒々しう」は「荒々しく」のウ音便。❷ごつごつしている。例「大きなる木の根のいと荒々・しきに寄りゐて」〈源氏・手習〉

あらあら・し【粗粗し】［形シク］〔しから・しく(しかり)・し・しき(しかる)・しけれ・しかれ〕❶粗末だ。粗雑だ。例「網代屏風、何かのあらあら・しきなどは」〈源氏・東屋〉❷こまやかな心づかいが足りない。例「この〔東国出身ノ〕聖、声うちゆがみ、あらあら・しくて」〈徒然・一四一〉

あらあらしう【荒荒しう】形容詞「あらあらし」の連用形「あらあらしく」のウ音便。

あらいそじま【荒磯島】［名］《「ありそじま」とも》荒波の打ち寄せる島。

あらいそなみ【荒磯波】［名］「ありそなみ㊀」に同じ。

あらいみ【荒忌み・散斎み】［名］神事にあずかる者が事前に身を清めること。＝大忌み。↔真忌み

あらう【荒う】形容詞「あらし」の連用形「あらく」のウ音便。

あらうまのり【荒馬乗り】［名］あばれ馬をうまく乗りこなすこと。また、その人。

あらうみ【荒海】［名］《「あるみ」とも》波の荒い海。

あらうみのさうじ【荒海の障子】［名］《「あらうみのしゃうじ」とも》宮中の清涼殿の東の広廂の北端に立てた布張りの障子。表に手長・足長の怪物がいる荒海、裏に宇治の網代が描かれている。
➡［古典参考図］清涼殿

〔俳句〕**あらうみや…**【荒海や佐渡に横たふ天の河】〈おくのほそ道・越後路・芭蕉〉訳黒々とした日本海の荒海。その荒波が隔てるかなたには、かつて大罪朝敵の人々が遠流された佐渡島が横たわり、その上に銀河が白く横たわっている。（季－天の河－秋）

あらえびす【荒夷】［名］❶《都の人が東国人をさげすんで呼んだ語》荒々しい未開人。❷兵庫県西宮市にある日吉山王の末社である夷社の祭神。

あらか【殿】［名］《多く、尊敬の接頭語「御」を伴って》宮殿。御殿。例「出雲国の多芸志の小浜に天の御あらかを造りて」〈記・上〉

あらがき【荒垣】［名］❶目の粗い垣根。❷とくに、神社などの周囲に作った目の粗い垣根。

あらがきの【荒垣の】［枕詞］（垣が内と外とを隔てるところから）「よそ」「ほか」にかかる。例「荒垣の外にや我が見む」〈万葉・一一・二五六二〉

あらかじめ【予め】［副］前もって。かねてから。例「予め奇謀をめぐらして」〈平家・七・返牒〉

発展学習ファイル　平安以降、和文では「かねて」がおもに用いられる。

あらかね【粗金】［名］《「あらがね」とも》❶鉱山から採掘したままの、精錬していない金属。❷鉄。

あらかねの【粗金の】［枕詞］「つち」にかかる。例「あらかねの地にしては」〈古今・仮名序〉

あらかは【洗革】［名］「あらひかは①」に同じ。

あらがひ【諍ひ・争ひ】［名］❶言い争い。口論。❷賭け。勝負ごと。

あらがひかく・す【争ひ隠す】［他サ四］〔さ・し・す・す・せ・せ〕真相を隠して事実に反することを主張する。例「隠れあるべきことにもあらず、なかなかあらがひ隠・さんにあいなかるべし」〈源氏・夢浮橋〉

あらがひごと【諍ひ事】［名］❶争いごと。いさかい。❷賭けごと。

あらがひはる・く【争ひ晴るく】［他カ下二］〔け・け・く・くる・くれ・けよ〕言い争って疑いを晴らす。申し開きをする。弁明する。例「あらがひはる・けむ言の葉もなくて、ただうち泣きたまへるさま」〈源氏・夕霧〉

あらが・ふ【争ふ・諍ふ】［自ハ四］〔は・ひ・ふ・ふ・へ・へ〕❶いい争う。いい張る。反論する。否定する。例「〔身ニ覚エノ〕あることは、あらが・ふは、いとわびしくこそありけれ」〈枕・里にまかでたるに〉《係結び》「こそ→ありけれ㊁」。❷かけ事をする。かけ事で張り合う。例「かけ鳥なんどをあらが・うて、三つに二つは射おとす者で候ふ」〈平家・二・那須与一〉《音便》「あらがう」は「あらがひ」のウ音便。《敬

語》「者で候ふ」→「さうらふ」

あらがみ【荒神】[名]❶荒々しい神。❷霊験あらたかな神。

あらがみ【現神】[名]神が仮に人の姿となってこの世に現れたもの。天皇を尊んでいう。＝現人神①

あらかん【阿羅漢】[名]《梵語の音訳》小乗仏教の最高位の修行者。尊敬を受けるに値する人の意》小乗仏教の最高位の修行者。迷いや煩悩を断ち、最高の悟りを得た者。＝羅漢

あらき【殯・荒城】[名]上代、死者を埋葬するまで、遺体を仮に納めておくこと。また、その場所。＝殯

〔**殯の宮**〕《「もがりのみや」とも》「殯」のために造った仮の宮殿。

あらき【荒木・新木】[名]❶切り出したまま、加工を施していない木材。❷「荒木の弓」の略。

〔**荒木に弦を矧ぐ**〕強い弓に弦を張ったように、力が満ちあふれているさま。転じて、何事もたやすくやってのけるさま。

〔**荒木の弓**〕[名]「荒木①」で作った、強い弓。

あらき【新墾】[名]新しく開墾すること。また、その土地。

あらぎ【荒儀】[名]荒っぽいやり方。乱暴な振る舞い。例「為朝が計らひ、**荒儀なり**」〈保元・上〉

〔和歌〕**あらきかぜ…**【あらき風ふせぎしかげの枯れしより小萩がうへぞ静心なき】〈源氏・桐壺〉訳荒い風を防いでいた後ろだての木が枯れてしまってから、小さな萩のことが心配で心が落ち着きません。《係結び》「ぞ→静心なき体」

〈参考〉「かげ」は若君(＝源氏)の母である桐壺更衣、「小萩」は若君をたとえたもの。

あらきだ【新墾田】[名]新しく開墾した田。＝新田

あらきだもりたけ【荒木田守武】[人名]（一四七三〜一五四九）室町後期の連歌・俳諧作者。伊勢神宮の神官。父は守秀。独吟『秋津州千句』で伊勢神宮連歌壇の頂点を極めた。他に『守武随筆』『守武千句』など。

あら・く【散く】[自カ下二]｛け・け・く・くる・くれ・けよ｝散り散りになる。例「その軍ことごとに破れて逃げ**散・けぬ**」〈記・中〉

あらくま・し【荒くまし】[形シク]｛しから・しく(しかり)・し・しき(しかる)・しけれ・しかれ｝荒々しい。例「枝ざしなどは、いと手触れにくげに、**あらくま・しけれど**」〈枕・花の木ならぬは〉

あらくもし・い【荒くもしい】[形口語型]《「あらくまし」の変化形》荒々しい。例「この**あらくもし・い**松の木のやうな手を」〈狂・花子〉

あらげ[・なり]【荒気】[形動ナリ]｛なら・なり(に)・なり・なる・なれ・なれ｝《「げ」は接尾語》荒れ模様だ。例「海**荒げ・にて**、磯に雪降り」〈土佐〉

あらけな・し【荒けなし】[形ク]｛から・く(かり)・し・き(かる)・けれ・かれ｝《「なし」は程度がはなはだしい意》荒々しい。粗暴だ。乱暴だ。例「もののふの**あらけな・き**に捕らはれて」〈平家・二・重衡被斬〉

あらこ【荒籠・粗籠】[名]編み目の粗いかご。

あらごと【荒事】[名]歌舞伎で、超人的な鬼神や勇猛な武人を演じる主人公が化粧・扮装を誇張し、荒々しく力強い表現をする演出法。また、その劇。初代市川団十郎が創始者といわれ、江戸歌舞伎の特色のひとつとなった。↔和事

あらごとし【荒事師】[名]《近世語》歌舞伎で「荒事」を演じる役者。↔和事師

あらごも【荒薦・粗薦】[名]《「あらこも」とも》編み目の粗いむしろ。

〔和歌〕**あらざらむ…**【あらざらむこの世のほかの思ひ出にいまひとたびの逢ふこともがな】〈後拾遺・恋三・七六三・和泉式部〉《百人一首》訳生きてはいないでしょうが、この世のほかの来世への思い出として、もう一度あなたにお逢いしたいことです。

あらし【嵐】[名]激しい風。山から吹き下ろす強風。

あら・し【荒し】[形ク]｛から・く(かり)・し・き(かる)・けれ・かれ｝❶(波風・音などが)**荒々しい**。**激しい**。**厳しい**。例「**荒・き**風波にあはせず平らけく率て帰りませ」〈万葉・一九・四二四五長歌〉❷(気性・態度などが)**荒々しい**。**乱暴だ**。例「軒ばにしばしやすらひて、扇をあら・くつかはれければ」〈平家・五・富士川〉❸**荒廃している**。**荒れ果てている**。**荒涼としている**。例「旅寝やすらむ**荒・き**浜辺に」〈万葉・四・五〇〇〉❹**険しい**。**怖い**。例「磐国山を越えむ日は手向けよくせよ**荒・し**その道」〈万葉・四・五六七〉

あら・し【荒し・粗し】[形ク]｛から・く(かり)・し・き(かる)・けれ・かれ｝❶目が粗い。密でない。例「秋の田のかりほの庵の苫を**荒・み**」〈後撰・秋中・三〇二〉訳→〔和歌〕あきのたのかりほのいほの…。❷粗雑だ。例「**あら・き**言葉もいかなるも」〈梁塵秘抄〉

あ・らし《上代語》…であるようだ。…らしい。例「舟渡せをと呼ばへども聞こえず**あ・らし**」〈万葉・七・一二三八〉〔注〕「渡せを」の「を」は、強調を表す間投助詞。

発展学習ファイル　「あるらし」の変化形とする説のほかに、動詞「あり」が形容詞化したものともいわれる。実際には、推定の助動詞のように用いられているものが大半である。

語構成　あ｜ラ変「あり」体　らし｜推「らし」
＝「あるらし」の変化形。

あらしこ【荒し子】[名]❶夫役の仕事。❷武家の使用人の中で身分の低い者。

〔和歌〕**あらしふく…**【あらし吹く三室の山のもみぢ葉は竜田の川の錦なりけり】〈後拾遺・秋下・三六六・能因法師〉《百人一首》訳嵐が吹き散らす三室の山の美しいもみじ葉は、竜田の川を飾る錦となるのであったよ。

〈参考〉「三室の山」は、奈良県生駒郡にある山。「竜田の川」は、その東のふもとを流れる川。

〔俳句〕**あらしふく…**【嵐吹く草の中よりけふの月】〈樗良発句集・樗良〉訳強い風が吹き渡る草原。その彼方に、嵐にも動じぬ凜りとしたようすで中秋の名月が姿を現したことだ。（季―けふの月―秋）

あらしやま【嵐山】[歌枕]山城国の山。いまの京都市西京区、大堰川の西岸にある。紅葉と桜の名所。「嵐」や「有らじ」にかける。＝嵐の山

あらしを【荒し男】[名]勇敢な強い男。＝荒ち男

あら・す【生す・産す】[他サ四]｛さ・し・す・す・せ・せ｝生む。例「大泊瀬天皇を**生ら・します**」〈紀・允恭〉

あら・す【荒す】[他サ四]｛さ・し・す・す・せ・せ｝❶荒れたままにす

る。ほうっておく。例「わが、世にあらん限りだに、この院荒・さず」〈源氏・匂宮〉❷(整っているものを)そこなう。傷つける。

あらず 一《動詞「あり」の未然形＋打消の助動詞「ず」》存在しない。ない。例「いにしへありきあらずは知らねども」〈古今・賀・三五三〉 二[感](相手のことばを否定して)いや、そうではない。いいえ、なんでもない。例「『いかに』と人々聞こゆれば、『あらず』と言ひまぎらはしたまへり」〈栄花・五〉

あらすきかへ・す【荒鋤き返す】[他サ四]すきやくわで田を荒く掘り返す。また、「新鋤き返す」で、春になって新たに掘り返す意とも。例「新小田をあら鋤き返し返しても」〈古今・恋五・八一七〉

あらそひにく・む【争ひ憎む】[他マ四]言い争う。例「『我はさやは思ふ』など争ひ憎・み」〈徒然・一三〉

あらそひはてのちぎりき【争ひ果ての乳切木】《「乳切木」はけんかなどに用いる棒》争いごとがすんだあとに、棒を持って来ても効果がないように、時機に遅れて役に立たないことのたとえ。＝諍ひ果ての乳切木

あらそ・ふ【争ふ】[自ハ四]❶抵抗する。逆らう。例「ゆるぎの森にひとりは寝じと争・ふらむ」〈枕・鳥は〉❷互いに張り合う。優劣を競う。例「棟を並べ、甍を争・へる高き賤しき人の住まひは」〈方丈記〉❸言い争う。議論する。例「かくとりどりに争・ひ騒ぐ心ばへども」〈源氏・絵合〉

あらた[名]一【新田】新しく開墾した田。＝新墾田 二【荒田】荒れた田。長く耕していない田。

あらた[・なり]【灼た】[形動ナリ]はっきりと現れるさま。とくに、神仏の霊験・ご利益がいちじるしいさま。

〔灼たなる験〕神仏のあらたかな霊験。ご利益。例「仏の御中には、初瀬(＝長谷寺ノ観音)なむ、日本の中にはあらたなる験あらはしたまふ」〈源氏・玉鬘〉

あらた[・なり]【新た】[形動ナリ]新しいさま。例「冬過ぎて春し来たれば年月は新た・なれども人は古りゆく」〈万葉・一〇・一八八四〉

〔新たなる月〕(白楽天の詩句「三五夜中新月の色」から)鮮やかな月。とくに、陰暦八月十五夜の月。仲秋の月。

あらたあらたに【新た新たに】[副]常に新しくなって。新しくなるたびごとに。例「年月は新た新たに相見れど」〈万葉・二〇・四二九九〉

あらたか【新鷹】[名]巣立ちの後に捕らえたばかりの若鷹。人なれしていない、鷹狩り用の鷹。(季―秋)

あらた・し【新たし】[形シク]新しい。＝新し。例「新たしき年の初めに思ふどち い群れて居れば嬉しくもあるか」〈万葉・一九・四二八四〉

発展学習ファイル 平安以降、「ら」と「た」が入れかわって「あたらし」となった。

〔和歌〕**あらたしき…**【新たしき年の初めの初春の今日降る雪のいやしけ吉事】〈万葉・二〇・四五一六・大伴家持〉訳新しい年のはじめの初春の今日降る雪のように、ますます積み重なれ、めでたい事よ。

〈参考〉『万葉集』の最終巻末の歌。

あらだ・つ【荒立つ】一[自タ四](心や波風が)荒くなる。乱暴に振る舞う。例「鬼神も荒だ・つまじきけはひなれば」〈源氏・帚木〉二[他タ下二]荒立てる。怒らせる。例「このころ荒だ・てては、いみじきこと出で来なむ」〈源氏・真木柱〉

〔俳句〕**あらたふと…**【あらたふと青葉若葉の日の光】〈おくのほそ道・日光・芭蕉〉訳ああなんと尊いことよ。みずみずしい青葉・若葉が、荘厳な日の光にいっそう輝いていることだよ。(季―若葉―夏)

あらたへ【荒栲・粗栲・荒妙】[名]❶上代、織り目の粗い粗末な布。↔和栲。❷平安時代以降、麻の布。

あらたへの【荒栲の・荒妙の】[枕詞](多く藤で織ったところから)藤を含む地名「藤原」「藤井」「藤江」にかかる。例「荒たへの藤原が上に食す国を」〈万葉・一・五〇長歌〉

あらたま【粗玉・璞】[名]掘り出したままで、まだ磨いていない玉。

あらたまの【新玉の・荒玉の】
[枕詞]「年」「月」「来経」にかかる。平安以降は「年」にかかるのが一般的。例「あらたまの年立ちかへる朝より待たるるものは鶯の声」〈拾遺・春・五〉訳→〔和歌〕あらたまのとしたちかへる…

〔和歌〕**あらたまのとしたちかへる…**【あらたまの年立ちかへる朝より待たるるものは鶯の声】〈拾遺・春・五・素性〉訳(あらたまの)年が改まったその朝から、心待ちにされるものは、ウグイスの初声であるよ。

〈参考〉「あらたまの」は「年」の枕詞。

〔和歌〕**あらたまのとしのみとせを…**【あらたまの年の三年を待ちわびてただ今宵こそ新枕すれ】〈伊勢・二四〉訳(あらたまの)年にして三年もの間、あなたのお帰りを待っておりましたが、待ちくたびれて、ちょうど今夜別の人と初めて枕を交わすのです。《係結び》「こそ→にひまくらすれ(已)」

〈参考〉「あらたまの」は「年」の枕詞。

あらたま・る【改まる】[自ラ四]❶古いものから新しいものに変わる。別のものに変わる。例「さへづる春はものごとにあらたま・れども我ぞふりゆく」〈古今・春上・二八〉❷改善される。例「賤しく貧しき者も、高き世にあらたま・り」〈源氏・若菜・下〉

あらた・む【改む】一[他マ下二]❶新しくする。変更する。例「狩りの装ひなどにあらた・めたまふほどに」〈源氏・行幸〉❷正しくする。改善する。例「卒爾にして多年の非を改・むる事もあり」〈徒然・一五七〉❸取り調べる。正す。例「道具衣類、数あらた・め封付けん」〈浄・心中天の網島〉二[自マ下二]新しく変わる。改まる。例「月、海に映りて、昼の眺め、またあらた・む」〈おくのほそ道・松嶋〉

あらためいそ・ぐ【改め急ぐ】[他ガ四]新しく準備する。例「〔部屋ノ〕御しつらひ、よろづの儀式を改めいそ・ぎたまふ」〈源氏・真木柱〉

あらためかは・る【改め変はる】[自ラ四]変化する。改変する。例「昔の御心おきてのままに改めかは・ることなく」〈源氏・匂宮〉

あ

あらためくは・ふ【改め加ふ】[他ハ下二]｛へ・へ・ふ・ふる・ふれ・へよ｝新しく趣向を加える。さらに手を加える。例「かの昔の御髪上げの具、ゆゑあるさまに**改め加へて**」〈源氏・若菜・上〉

あらためしつら・ふ【改めしつらふ】[他ハ四]｛は・ひ・ふ・ふ・へ・へ｝室内の調度や装飾を新しいものに替える。模様替えをする。例「〔祖母ノ〕宮のおはしまし方を、**改めしつらひて**住みたまふ」〈源氏・藤裏葉〉

あらためつく・る【改め造る】[他ラ四]｛ら・り・る・る・れ・れ｝作り替える。改造する。改築する。例「里の殿は、修理職内匠寮に宣旨下りて、二なう**改め造らせたまふ**」〈源氏・桐壺〉

あらたよ[名]㊀【新た世・新た代】新しい天皇の治世。新しい世代。㊁【新た夜】毎日新しくやって来る夜。

あらち【新血】[名]多量の出血。とくに、出産時や切り傷などによる出血。

あらちを【荒ち男】[名]《「あらしを」の変化形》荒々しい男。勇敢な強い男。

あらづくり【粗造り・荒造り】[名]下ごしらえのまま
で、まだ仕上げていないこと。

あらて【新手・荒手】[名]まだ戦わない新しい軍勢。

あらてつがひ【荒手番ひ】[名]宮中で行われた射礼・騎射などの本番である「真手番ひ」に先立って行われた予行演習。→「てつがひ」「まてつがひ」

あらどこ【荒床】[名]荒れた寝床。もの寂しい寝床。

あらな【有らな】《動詞「あり」の未然形＋願望の終助詞「な」》ありたい。あってほしい。例「この世にある間は楽しくを**あらな**」〈万葉・三・三四九〉

あら-なく-に【有らなくに】❶ないのに。**ないことだなあ**。例「苦しくも降り来る雨か三輪の崎狭野の渡りに家も**あらなくに**」〈万葉・三・二六五〉訳→〈和歌〉くるしくも…。❷…でもないのに。…でもないことだなあ。例「馬ないたく打ちてな行きそ日並べて見ても我が行く志賀に**あらなくに**」〈万葉・三・二六三〉

> 語構成
> あら　ラ変「あり」㊌
> なく　打消「ず」・名詞化
> に　格助

発展学習ファイル　助動詞「ず」は、上代には四段型の活用があり、未然形「な」、連用形「に」、終止形「ぬ」の形が存在した。「なくに」は文の終わりや切れ目におかれて、逆接の気持ちを含む詠嘆を表す詞のように用いられる。

〔俳句〕**あらなにともなや…のふは過ぎてふくと汁**【あら何ともなやきのふは過ぎてふくと汁】〈江戸三吟・芭蕉〉訳ああ何の異常もなかったことだよ。昨日が過ぎて今日になっても。毒にあたることを心配して、恐る恐る食べた河豚汁であったけれども。（季―ふくと汁―冬）

あらなふ【有らなふ】《上代東国方言。「なふ」は打消の助動詞》あるわけではない。ない。例「対馬の嶺は下雲**あらなふ**」〈万葉・一四・三五一六〉

あらぬ[連体]《動詞「あり」の未然形＋打消の助動詞「ず」の連体形》❶別の。異なった。ほかの。例「女君は、**あらぬ**人なりけりと思ふに、あさましういみじけれど」〈源氏・浮舟〉《音便》「あさましう」は「あさましく」のウ音便。❷異常な。思いがけない。例「いとかく**あらぬ**さまに思ほしほれたる御気色の心苦しさに」〈源氏・幻〉《敬語》「思ほしほれたる」→「おぼす」。❸あってはならない。不都合な。とんでもない。例「今は昔、瓢太郎に**あらぬ**病のつきて」〈仮・浮世物語〉

〔**あらぬ急ぎ**〕ほかの急な用事や準備。意外な急用。例「**あらぬ急ぎ**先づ出で来て」〈徒然・一八九〉

〔**あらぬ様**〕❶ふつうと違っているようす。事実と違っているようす。例「御畳紙にいたう**あらぬさまに**書きかへたまひて」〈源氏・夕顔〉❷望ましくないようす。思いもよらない姿。例「**あらぬさま**なる御さまを悲しういみじきことを思ひながらも」〈源氏・蓬生〉

〔**あらぬ姿**〕（生きていたときとは）変わり果てた姿。死体。例「ちかくみし人々むなしくなりたるかずおほくて、**あらぬすがた**にわたさるる」〈右京大夫集〉

〔**あらぬ筋**〕別の方面。思いもよらない方面の事柄。例「うち絶えて（＝仏道ヲ全ク離レテ）余に経る身にはあらねども**あらぬすぢ**にも罪ぞ悲しき」〈新古今・雑下・一七五六〉

〔**あらぬ物**〕別のもの。それとは違ったもの。いままでのありさまとは変わったもの。例「〔犬ニ〕物食はせたれど、食はねば、**あらぬもの**（＝違ウ犬）にいひなしてやみぬる」〈枕・上にさぶらふ御猫は〉

〔**あらぬ世**〕別世界。あの世。後世。

あらの【荒野】[名]人けのない、もの寂しい荒れ野。＝荒野ら

あらの【阿羅野・曠野】[作品名]江戸前期（一六八九刊行）の俳諧撰集。山本荷兮編。芭蕉とその門人たちの俳諧集。百七十九人の発句七百三十五句と、歌仙（三十六句の連句）十巻を収める。『俳諧七部集』のひとつ。

あらのら【荒野ら】[名]《「ら」は接尾語》「あらの（＝荒野）」に同じ。

あらは【顕】[形動ナリ]｛なら・なり（に）・なり・なる・なれ・なれ｝㊀❶丸見えである。はっきり見える。例「高き所にて、ここかしこ、僧坊どもあらはに見おろさるる」〈源氏・若紫〉❷はっきりとしている。公然としている。例「げにと心寄るばかりあらはなる定めこそはべらざなれ」〈源氏・薄雲〉《係結び》「こそ」→「はべらざなれ㊉」。《敬語》「はべらざなれ」→「けり」。

> 語構成
> 「はべらざなれ」→「ざなり」。

❸露骨である。慎みがない。例「桐壺更衣のあらはにはかなくもてなされにし例もゆゆしう」〈源氏・桐壺〉《音便》「ゆゆしう」は「ゆゆしく」のウ音便。

㊁[名]人目につくこと。まる見え。例「人々、あらはをふともえ見つけぬなるべし」〈源氏・若菜・上〉《副詞の呼応》「え」→「見つけぬ」

あらばこ【荒筥】[名]平安時代、神事の供物・天皇の供御・献上品を納めた木箱。

あらばこそ【有らばこそ】《動詞「あり」の未然形＋接続助詞「ば」＋係助詞「こそ」》❶（多く下に推量の助動詞を伴って）「現実には…ない」という反語の意を表す。もし…があるなら。もし…であるなら。例「今は御装束が**あらばこそ**、御所にもさぶらはせ給はめ」〈平家・六・紅葉〉《係結

び》「こそ→給はめ㊀」。《敬語》「さぶらはせ給はめ」→「さぶらふ」「せたまふ」。❷（①から転じて）存在の強い否定を表す。**あるものか。あるわけがない。** 例「もとより勧進帳はあらばこそ」〈謡・安宅〉

あらはし・いづ【顕し出づ】[他ダ下二] 隠していたものを表面に出す。打ち明ける。例「『さは、これなりけり』と、もとの心（＝本心）を**あらはし出づ**べきにもはべらざりしかば」〈夜の寝覚〉

あらはしぎぬ【著し衣】[名]「あらはしごろも」に同じ。

あらはしごろも【著し衣】[名]《「あらはしぎぬ」とも。喪中であることを表す衣の意》喪服。

あらはしまう・す【顕し申す】[他サ四]《「顕し言ふ」の謙譲語》隠さずに洗いざらい申し上げる。例「**あらはし申す**べきやうを思ひめぐらして」〈源氏・行幸〉

あらは・す【現す・顕す・表す】[他サ四] ❶隠れていたものをあらわにする。はっきり示す。例「直面には（＝面ト向カッテハ）、いかでかは**あらはし**たまはむ」〈源氏・賢木〉❷仏像などを新しく造る。例「仏菩薩の像を**顕し**奉らむ」〈今昔・一九・三〇〉❸打ち明ける。口に出していう。例「恥なかめるを、さはれ**あらはし**てむと思ひて」〈蜻蛉・下〉❹書き記す。著述する。例「いにしへのことをもふでのあとに**あらはし**」〈続古今・序〉❺人に知らせる。例「跡しのぶ心をいかで**あらはさ**む」〈新後撰・雑下・一五三九〉

あらはひ【洗はひ】[名] 洗濯。

あらは・る【現る・顕る】[自ラ下二] ❶隠れていたものが表面化する。例「その後、経を開きて見奉るに、文字、本の如く**顕れ**給へり」〈今昔・七・一八〉❷人に知られる。例「**あらはるる**をも顧みず、口にまかせて言ひ散らすは」〈徒然・七三〉❸（神仏や物の怪などが）出現する。例「いささかも**現はれ**ざりつる物の怪調ぜられて」〈源氏・手習〉

あらはれい・づ【顕れ出づ】[自ダ下二] 姿を現す。出現する。例「さばかり生霊ガ**あらはれ出で**てののしる景色を」〈夜の寝覚〉

あらひかは【洗ひ革】[名]《「あらひがは」とも》❶白くさらしたままの鹿のなめし革。＝洗革。❷《「洗ひ革縅」の略》鎧の札を①でつづったもの。

あらひきぬ【洗ひ衣】[枕詞]（洗った衣に取り替える意から）地名「とりかひ川」にかかる。例「**洗ひ衣**取替川の川淀の」〈万葉・一二・三〇一九〉

あらひきよ・む【洗ひ清む】[他マ下二] 洗って清浄にする。例「手負ひ・死人どもを取り捨てさせ、血を**洗ひ清め**させ」〈太平記・四〇〉

あらひじり【荒聖】[名] 乱暴な僧。また、荒行（苛酷な修行）をする僧。

あらひた・つ【洗ひ立つ】[他タ下二]《「あらひだつ」とも。「たつ」は接尾語》繰り返し洗う。念入りに洗う。

あらひとがみ【現人神】[名] ❶人間の姿になってこの世に現れた神。天皇をいう。＝現神。❷霊験あらたかな神。とくに、住吉・北野などの神。

あら・びる【荒びる】[自バ上二]《「あらぶ」の変化形》乱暴に振る舞う。例「この心悪しき子の心**荒びる**は」〈祝詞〉

あら・ぶ【荒ぶ】[自バ上二] ❶乱暴する。荒々しく振る舞う。例「ことごとに**荒ぶる**蝦夷等を言向け」〈記・中〉❷荒廃する。例「東の夷の**荒ぶる**賊を」〈常陸国風土記〉❸情愛が薄れる。例「**荒ぶる**妹に恋ひつつぞ居る」〈万葉・一一・二八二二〉①②③↔和ぶ

あらぶるかみ【荒ぶる神】[名] 荒々しく振る舞う神。天皇の命令に従わない神。

あらほふし【荒法師】[名] 荒々しい僧。勇ましい僧。

あらまき【荒巻・苞苴】[名]（魚などを）葦・わら・竹の皮などで巻いて包んだもの。

あらまし ㊀[名] ❶**予期。期待。計画。予定。** 例「思ひつつ経にける年のかひやなきただ**あらまし**の夕暮れの空」〈新古今・恋一・一〇三二〉❷**だいたいのようす。概略。** 例「ちかぢか尋ねて、無事の**あらまし**をもきかせ申すべし」〈浮・好色一代男〉㊁[副]《「あらましに」とも》**だいたい。ひととおり。** 例「すでにその年の大晦日に、**あらましに**正月の用意をして」〈浮・世間胸算用〉

あらま・し【荒まし】[形シク] **荒々しい。激しい。険しい。** 例「いと**荒まし**き水の音、波の響きに」〈源氏・橋姫〉

発展学習ファイル 『源氏物語』特有のことばで、宇治十帖に集中する。他に形容動詞「**あらましげ**」もある。

あらましう【荒ましう】形容詞「あらまし」の連用形「あらましく」のウ音便。

あらましごと【あらまし事】[名] 予想されること。こうであったらと希望していること。仮想。例「ただ亡からむ後の**あらましごと**を、明け暮れ思ひつづけたまふに、もの心細くて」〈源氏・総角〉

あらま・す [他サ四]《中世に名詞「あらまし」を動詞として活用させた語》思いめぐらす。予期する。→「あらまし」。例「夕べの陽に子孫を愛して、栄ゆく末を見んまでの**あらまし**」〈徒然・七〉

あらまほ・し [形シク]《次項「あらまほし」が一語化したもの》**理想的だ。望ましい。好ましい。** 例「人は、かたち・ありさまのすぐれたらんこそ、**あらまほしかる**べけれ」〈徒然・一〉《係結び》「こそ→あらまほしかるべけれ㊂」

語構成　あら（ラ変「あり」㊀）＋まほし（願望「まほし」）

あら・まほし【有らまほし】 **そうあってほしい。そうありたい。あることが願わしい。** 例「少しのことにも、先達は**あらまほし**き事なり」〈徒然・五二〉

あらまほしう 形容詞「あらまほし」の連用形「あらまほしく」のウ音便。

あらまほしげ【・なり】[形動ナリ]《「げ」は接尾語》そうあってほしいようす。望ましいようす。例「千年も**あらまほしげなる**御ありさまなるや」〈能因本枕・清涼殿の丑寅の隅の〉

あらみさき [名] ㊀【荒御前】軍の先頭をきって進む荒々しい神。㊁【荒御裂】男女の仲を裂くというねたみ深い女神。

あらみたま【荒御魂】[名] 荒々しく、強い威力を

あ

発揮する神霊。勇猛な神霊。↔和御魂。

あらむしゃ【荒武者】[名]荒々しい武士。猛々しい武士。

あらもの【荒者】[名]荒々しい人。猛々しい人。

あらやま【荒山】[名]険しい山。人けがなくて寂しい山。

あらやまなか【荒山中】[名]人けのない寂しい山中。人里離れた山の中。

あらやまみち【荒山道】[名]険しい山道。人けのない寂しい山中の道。

あらゆる【所有】[連体]《動詞「あり」の未然形＋上代の助動詞「ゆ」の連体形》ある限りの。すべての。あらゆる。例「葦原の中つ国にあらゆるうつしき(＝現存スル)青人草(＝人民)の」〈記・上〉

あらら-[接頭]《「あらあら」の変化形。「あら」は「粗」の意》(名詞に付いて)まばらな、ばらばらなの意を表す。「あらら松原」「あらら松」など。

あららか[・なり][形動ナリ]{なら・なり(に)・なり・なる・なれ・なれ}㊀【荒らか】物事や人の性格・振る舞いが荒々しい。乱暴だ。例「荒らか・なるふるまひなど見るもゆゆしくおぼゆ」〈源氏・玉鬘〉㊁【粗らか】❶粗悪だ。例「ただあららか・なる東絹どもを、押しまろがして投げ出でつ」〈源氏・東屋〉❷簡略だ。大ざっぱだ。例「いとあららか・に記せり」〈増鏡・序〉

あららぎ【塔】[名]斎宮の忌み詞で、仏塔。

あららぎ【蘭】[名]❶ノビルの古名。❷イチイの古名。(季－春)

あられ【霰】[名]❶冬に水蒸気が氷結して降るもの。また、夏に降る雹をもいう。(季－冬)。❷「霰地」の略。

あられうつ【霰打つ】[枕詞]同音の繰り返しから地名「あられ松原」にかかる。例「霰打つ安良礼松原住吉の」〈万葉・一・六五〉

あられぢ【霰地】[名]織物などの模様の名。細かい石畳の模様を織り出したもの。＝霰②

あらればしり【あられ走り】[名]《歌舞の終わりに「よろづとせ、あられ」とはやしながら早足に退場することから》「踏歌」の別称。→「たふか」

あられふり【霰降り】[枕詞]「遠」「きしみ」「鹿島」にかかる。例「霰降り鹿島の神を祈りつつ」〈万葉・二〇・四三七〇〉

〔和歌〕**あられふる…**【あられふる交野の御野の狩ころも濡れぬ宿かす人しなければ】〈詞花・冬・一五三・藤原長能〉訳あられが降る交野の御野では狩衣がすっかり濡れてしまった。濡れない宿を貸してくれる人がいないので。

〈参考〉「御野」に「蓑」をかける。「濡れぬ」の「ぬ」は、完了の助動詞の終止形で、上の句からの続きでは、ここで言い切りになるが、打消の助動詞「ず」の連体形として次の「宿」へも続いている。

あらわ【顕】歴史的かなづかい「あらは」

あらゐはくせき【新井白石】[人名](一六五七～一七二五)江戸中期の儒学者・歴史家。父は正済。木下順庵門下の高弟として六代将軍家宣に仕え、七代家継も補佐した。著書『読史余論』『折たく柴の記』『蝦夷志』『東雅』など。

あらをだ【荒小田】[名]荒れたままの田。一説に「新小田」で、新しく開いた田。

あらをだを【荒小田を】[枕詞]《田をすき返す意から》「かへす」にかかる。例「荒小田をかへすがへすも花を見るべく」〈新古今・春上・八九〉

あり【蟻】[名]虫の名。アリ。(季－夏)

〔蟻の穴から堤も崩れる〕ささいな事から大事を起こすことのたとえ。

〔蟻の思ひも天に登る〕弱小な者でも、一念が強ければ望みが達せられることのたとえ。

〔蟻の熊野参り〕アリの行列を、熊野参りなどの人の長い列にたとえたもの。

〔蟻の門渡り〕❶アリが細い行列をつくって行くこと。❷陰部と肛門との間。

あ・り【有り・在り】{ら・り・り・る・れ・れ}㊀[自ラ変]❶存在する。ある。いる。例「いまはむかし、たけとりの翁といふものあ・りけり」〈竹取・かぐや姫〉❷生きている。生存する。例「名にしおはばいざ言問はむ都鳥我が思ふ人はあ・りやなしやと」〈古今・羈旅・四一一〉訳→〔和歌〕なにしおはばいざこととはむ…。❸住む。暮らす。例「京にはあ・らじ、あづまの方にすむべき国もとめにとてゆきけり」〈伊勢・九〉❹その場にいる。居合わせる。例「望月の明さを十合はせたるばかりにて、在・る人の毛の穴さへ見ゆるほどなり」〈竹取・かぐや姫の昇天〉❺(時が)たつ。経過する。例「さて、五六日あ・りてこの子率て参れり」→「まゐる(四段)」。❻備わっている。持っている。例「心に慈悲有・りて、身の才並びなし」〈今昔・一九・三〉❼(「世にあり」の形で)栄える。時めく。華やかに暮らす。例「我世にあ・りし時は、娘どもをば女御后とこそ思ひしか」〈平家・二・文之沙汰〉《係結び》「こそ→思ひしか㊇」。❽すぐれている。例「御供に声あ・る人してうたはせたまふ」〈源氏・若紫〉《敬語》「うたはせたまふ」→「たまふ(四段)」。❾(格助詞「と」を受けて)…という。…と書かれている。敬意を含む場合が多い。例「『あなかま、人に聞かすな。いとをかしげなる猫なり。飼はむ』とあ・るに」〈更級〉㊁[補動ラ変]❶(断定の助動詞「なり」「たり」の連用形「に」「と」に付いて)指定の意を表す。…である。例「世の中を憂しとやさしと思へども飛び立ちかねつ鳥にしあ・らねば」〈万葉・五・八九三〉訳→〔和歌〕よのなかをうしとやさしと…。❷(形容詞・形容動詞の連用形、助動詞「ず」「べし」の連用形などに付いて)状態を表す。…の状態である。例「つれもなくあ・るらむ人を片思ひに我は思へば苦しくもあるか」〈万葉・四・七一七〉❸(動詞の連用形、あるいはそれに助詞「て」「つつ」の付いた形に付いて)動作の継続や、結果の存続などを表す。…ている。…てある。例「かく鎖し籠めてあ・りとも、かの国の人来ば、みなあきなむとす」〈竹取・かぐや姫の昇天〉❹(漢語名詞、動詞の連用名詞形に付いて)尊敬の意を表す。お…になる。…なさる。例「かの清原の深養父が補陀落寺、小野の皇太后宮の旧跡を叡覧あ・って」〈平家・灌頂・大原御幸〉

《音便》「あっ」は「あり」の促音便。

〔有りき有らず〕《「き」は過去の助動詞、「ず」は打消の助動詞》あったか、なかったか。例「いにしへにありきあらずは知らねども」〈古今・賀・三五三〉

〔**有りとある**〕すべての。ありとあらゆる。＝有りとしある。例「我が家に**ありとある**人集めて」〈竹取・竜の頸の玉〉
〔**有りとしある**〕《「し」は強意の副助詞》「ありとある」に同じ。
〔**有りの件**〕前にあったこと。例「**ありの件**の事を申してけり」〈宇治拾遺・一〇・一〉
〔**有りのことごと**〕あるものすべて。残らず。例「布肩衣**有りのことごと**着襲へども」〈万葉・五・八九二長歌〉訳→〔和歌〕かぜまじり…
〔**有りの遊び**〕あるのになれて、ありがたさを感じないこと。いい加減に暮らすこと。＝有りの遊み。例「あるときは**ありのすさび**にかたらはで」〈古今六帖・五〉
〔**有りの遊み**〕「ありのすさび」に同じ。
〔**有りのまにまに**〕ありのままに。例「言問はば**ありのまにまに**都鳥」〈後拾遺・羇旅・五〇九〉
〔**有りも有らず**〕《「有らず」を強調した表現》似ても似つかない。例「六波羅の実検にさらすに、**ありもあら・ぬ**者の頸なりと申しける」〈太平記・七〉
〔**有りも付かず**〕落ち着かない。住み慣れない。例「**ありもつか・ず**いみじう物騒がしけれども」〈更級〉
〔**有りや無しや**〕生きているかいないか。無事かどうか。例「我が思ふ人は**ありやなしや**と」〈古今・羇旅・四一一〉訳→〔和歌〕なにしおはばいざこととはむ…

ありあけ【有り明け】[名]❶**陰暦の毎月十六日以降（とくに二十日以降）、月が空にまだ残っているままで夜が明けること。有り明け月のころ。**例「八月二十余日の**有り明け**なれば、空のけしきもあはれ少なからぬに」〈源氏・葵〉❷**陰暦の毎月十六日以降（とくに二十日以降）、夜が明けても、まだ空に残っている月。有り明け月。残月。**＝有り明け月夜・有り明けの月。（季—秋）。例「月は**有りあけ**にてひかりおさまれる物から、富士の峰幽かに見えて」〈おくのほそ道・旅立〉❸《「有り明け行灯」の略》**夜明けまでともしておく灯火。**例「**有り明け**の灯も消えた」〈浄・曾根崎心中〉

ありあけがた【有り明け方】[名]「有り明け①」のころ。まだ空に月が残っている夜明けのころ。

ありあけづくよ【有り明け月夜】[名]「ありあけ②」に同じ。

ありあけのつき【有り明けの月】「ありあけ②」に同じ。

〔和歌〕**ありあけのつきもあかしの…**【有り明けの月も明石の浦風に波ばかりこそよると見えしか】〈金葉・秋・二一六・平忠盛〉訳光がほのかなはずの有り明けの月も明るい明石では夜とも思えず、浦を吹く風に寄る波だけがやはり夜だと見えたよ。〈参考〉地名「明石」に「明し」をかけ、「よる」に「寄る」と「夜」をかけ、明石の月の明るさを強調する。

〔和歌〕**ありあけのつれなくみえし…**【有り明けのつれなく見えし別れより暁ばかり憂きものはなし】〈古今・恋三・六二五・壬生忠岑〉〈百人一首〉訳有り明けの月がそっけなく空にかかって見えた、逢えずに帰ったあの別れ以来、暁ほどつらいものはない。

ありあけのわかれ【在明の別】[作品名]平安末期の物語。作者・成立年未詳。『とりかへばや物語』の影響下に男装のヒロインを主人公とする。

〔俳句〕**ありあけや…**【有り明けや浅間の霧が膳をはふ】〈七番日記・一茶〉訳空にまだ明け方の月が残っているころ、早々と朝食の膳につく。浅間山の霧が窓から入りこんで、膳のまわりを流れるようにはいまわっていることだ。（季—有り明け・霧—秋）

ありあ・ふ【有り合ふ・在り合ふ】[自ハ四]{は・ひ・ふ・ふ・へ・へ}❶たまたまそこにある。たまたま居あわせる。例「子生める者ども、**在りあへる**」〈土佐〉❷出会う。例「夜行の夜などもおのづから**ありあ・ふらん**」〈栄花・八〉

ありあり[副]《動詞「あり」を重ねて副詞化したもの》あるがままに。また、はっきりと。明らかに。例「覚え悟らぬ事をも、さる事**ありあり**と言ひて」〈古事談〉

ありあり・し【有り有りし】[形シク]{しから・しく（しかり）・し・しき（しかる）・しけれ・しかれ}ありのまま。いかにも事実そのままらしい。例「心深く、大人のやうにおはすれば、『**ありありし**うは、よにのたまはじ』と思ぼす」〈宇津保・楼の上・下〉《音便》「ありありしう」は「ありありしく」のウ音便。

ありありて【在り在りて】❶このままでいて。生き長らえて。例「**ありありて**後も逢はむと」〈万葉・一三・三一一三〉❷あげくの果てに。例「**ありありて**、をこがましき名をとるべきかな」〈源氏・夕顔〉

あり・う【在り得・有り得】[自ア下二]{え・え・う・うる・うれ・えよ}生きていることができる。居ることができる。例「しましくもひとり**あり・うる**ものにあれや」〈万葉・一五・三六〇一〉

ありか【在り処・在り所】[名]所在。住所。

ありか【在り香】[名]《「ありが」とも》❶着物などに染み込んだ薫き物のよい香り。❷嫌なにおい。臭気。

ありかず【有り数】[名]❶その場に存在する人や物の数。❷人がこの世に生きる年数。

ありかた【有り形】[名]ありさま。ようす。実情。

ありがたう【有り難う】形容詞「ありがたし」の連用形「ありがたく」のウ音便。

ありがたげ【・なり】【有り難げ】[形動ナリ]{なら・なり（に）・なり・なる・なれ・なれ}《「げ」は接尾語》珍しく、まれであるさま。めったにないほど立派に見えるようす。例「世に**ありがたげ**なる御馬のさまなり」〈源氏・須磨〉

ありがた・し【有り難し】[形ク]{から・く（かり）・し・き（かる）・けれ・かれ}

> **アプローチ**
> ▼動詞「有り」＋接尾ク型「難し」で、有ることが難しい、つまり、めったにないの意が原義。
> ▼近世以降、めったにないことを尊ぶ気持ちから、現代語の「ありがとう」につながる感謝の意が生じた。

❶**珍しい。滅多にない。**例「**ありがた・き**もの。舅にほめらるる婿。また、姑に思はるる嫁の君」〈枕・ありがたきもの〉訳**滅多にないもの**。しゅうとにほめられる婿。また、しゅうとめに愛されるお嫁さん。❷**むずかしい。困難だ。ありえない。**例「さるべきついでなくては対面も**ありがた・けれ**ば、おぼつかなくてなむ」〈源氏・行幸〉訳しかるべき機会がなければお目にかかることも**むずかしい**でしょうから、気にかかっていて。《係結び》「なむ」→（省略）」

❸生きていくのがむずかしい。居づらい。 例「世の中は**ありがた・く**、むつかしげなるものかな」〈源氏・東屋〉 訳世の中は**生きてゆくのがむずかしく**、いかにもわずらわしいものだな。 **❹**(またとないくらい)**立派だ。たぐいまれだ。大した。** 例「『物は破れたる所ばかりを修理して用ゐる事ぞと、若き人に見習はせて、心づけんためなり』と申されける、いと**ありがた・かりけり**」〈徒然・一〇四〉 訳(松下禅尼は)「物は壊れたところだけを直して使うものだということを、若い人に見せて教えて、気づかせようとするためです」といわれた、それはまったく**大したことだった**。 **❺**(④のあまりにも立派であることを尊ぶ気持ちを示して)**もったいない。尊い。ありがたい。** 例「こととも愚かや、かかる世に住める民とて豊かなる、君の恵みぞ**ありがた・き**」〈謡・高砂〉 訳いうも愚かだ、こうした世の中に、住んでいる人々も豊かであるような、君主の慈しみは、**ありがたいものだ。**《敬語》「申されける」→「まうす」

発展学習ファイル　類義語に、身にあまる恩恵を受けて感謝にたえないという意の「**かたじけなし**」がある。

➡「かたじけなし」〈古語深耕〉

ありがたのよ【有り難の世】 その物や事がめったにない世の中。(つらくて)存在しにくい世の中。例「しばしのほどもありがたの世や」〈新古今・雑下・一八三七〉

〔俳句〕**ありがたや…【有難や雪をかをらす南谷】**〈おくのほそ道・出羽三山・芭蕉〉 訳霊地羽黒山のなんと尊くありがたいことよ。六月だというのに、折からの薫風が残雪の香りをかおらせる、この南谷に。(季―かをらす南＝南薫―夏)

〈参考〉「南谷」の「南」と「かをらす」で「南薫」(＝薫風)の意を込め、夏の季語としている。

ありがほ【・なり】【有り顔】〔名・形動ナリ〕**❶**いかにもありそうな顔つき・ようす。例「昔のすき心(＝浮気心)のなごり**あり顔・に**のたまひなすも本意なくなむ」〈源氏・澪標〉 **❷**いかにも本当らしい顔つき・ようす。例「『いとうつくしうおはす』と、**あり顔・に**聞こえなして」〈栄花・二七〉

ありがほ・し【在りが欲し】〔形シク〕〔しから・しく(しかり)・し・しき(しかる)・しけれ・しかれ〕《上代語。動詞「在り」の連用形＋格助詞「が」＋形容詞「欲し」》住んでいたい。例「百鳥の声なつかしき**ありが欲し**住み良き里の荒るらく惜しも」〈万葉・六・一〇五九長歌〉

ありかよは・す【有り通はす】《「有り通ふ」の尊敬語》たびたびお通いになる。例「さ婚ひにあり立たし、婚ひに**あり通は・せ**」〈記・上・歌謡〉

ありがよ・ふ【有り通ふ】〔自ハ四〕〔は・ひ・ふ・ふ・へ・へ〕《「ありかよふ」とも。「有り」は動詞の上について継続を表す》通い続ける。例「布勢の海の沖つ白波**あり通・ひ**いや年のはに見つつしのはむ」〈万葉・一七・三九九二〉

ありき【歩き】〔名〕出歩くこと。外出。

ありきぞめ【歩き初め】〔名〕幼児が歩き始めること。初めて外出すること。また、それを祝う儀式。

ありきちが・ふ【歩き交ふ】〔自ハ四〕〔は・ひ・ふ・ふ・へ・へ〕行き交う。例「脛を布の端して引きめぐらかしたるものども、**ありきちが・ひ**騒ぐめり」〈蜻蛉・上〉

ありきなら・ふ【歩き習ふ】〔自ハ四〕〔は・ひ・ふ・ふ・へ・へ〕あちこち出歩くことに慣れる。例「**歩き習・ひて**、逃げ隠れんと思ふものなめり」〈宇津保・俊蔭〉

ありきぬ【あり衣】〔名〕語義未詳。絹布、織布の転、鮮やかな衣など諸説ある。

ありきぬの【あり衣の】〔枕詞〕同音の繰り返しから「あり」に、衣を重ねる意から「三重」に、衣ずれの音から「さゐさゐ」に、絹布が貴重なことから「たから」にかかる。例「**あり衣の**さゐさゐしづみ」〈万葉・一四・三四八一〉

あり・く【歩く】〔自カ四〕〔か・き・く・く・け・け〕**❶**(人が)あちこち移動する。(歩き)回る。出かける。行く。例「参座しにとても、あまた所も**歩・き**たまはず」〈源氏・紅葉賀〉 訳(源氏は)参賀にお出ましになるといっても、そんなに方々にもお**出かけ**にならない。 **❷**(人間以外のものが)あちこち移動する。動き回る。例「七八日ばかりありて、我がはらのうちなる蛇**あり・き**て肝をはむ」〈蜻蛉・中〉 訳七、八日ほどたって、私の腹の中にいる蛇が**動き回って**肝を食べる。 **❸**(他の動詞の連用形に付いて)**あちこち…してある く。…して回る。** 例「ここかしこ尋ね**歩・きて**、『寅一つ』と申すなり」〈源氏・賢木〉 訳(宿直人が近衛府の上官を)あちらこちら尋ね**回って**、「寅一つ」(＝いまの午前四時ごろ)と、申すのが聞こえる。〔注〕「申すなり」の「なり」は伝聞・推定を表す助動詞。《敬語》「申すなり」→「まうす」 **❹**(他の動詞の連用形に付いて)**しきりに…して月日を過ごす。…し続ける。** 例「思ひてすみけるほどに、なくなりにければ、かぎりなく悲しくのみ思ひ**あり・く**ほどに」〈大和・一三〉 訳(藤原千兼と妻のとしこは)愛し合って暮らしているうちに、(としこが)亡くなったので、この上なく悲しいとばかり思い**続けている**ときに。

アプローチ
▼類義語の「あゆむ」が歩行する意であるのに対して、「ありく」は、歩行を含めて広く移動する意を表す。
▼上代文献や中古の漢文訓読資料では「あるく」が用いられ、中古・中世の仮名文学作品では「ありく」が用いられた。
▼近世では「あるく」が多く用いられた。

ありく【在り来】〔自カ変〕〔こ・き・く・くる・くれ・こ(こよ)〕同じ状態が変わらずに続く。例「白たへに雪は降り置きて古ゆ**あり・来**にければ」〈万葉・一七・四〇〇三長歌〉

ありぐる・し【有り苦し】〔形シク〕〔しから・しく(しかり)・し・しき(しかる)・しけれ・しかれ〕居るにたえない。生きて居にくい。例「中宮参らせ給ひて後は、いと**あり苦・しき**まで」〈狭衣・二〉

ありける〔連体〕《動詞「あり」の連用形＋過去の助動詞「けり」の連体形。その事柄が以前にあって、現在もなお存在している意》前からいた。以前の。例の。例「**ありける**女童なむ、この歌をよめる」〈土佐〉

ありこし【有り来し】以前にあった。例「今こそあれ我も昔は男山さかゆく時も**あり来し**ものを」〈古今・雑上・八八九〉

あり・こす【有りこす】《「こす」は希望を表す上代の助動詞》そのようにあってほしいと思う。例「しましくも

淀むことなく**あり・こせ**ぬかも」〈万葉・二・一二九〉

ありさま【有り様】[名]❶ようす。状態。例「月明かければ、いとよく〔家ノ〕**ありさま**見ゆ」〈土佐〉❷身分。境遇。事情。例「女、身の**ありさま**を思ふに、いとつきなくまばゆき心地して」〈源氏・帚木〉

ありさ・る【在り去る】[自ラ四]{ら・り・る・る・れ・れ}《「在り(時の存続)」＋「去る(時の経過)」の意》そのまま時が過ぎる。例「**ありさ・り**て後も逢はむと思へこそ(=イズレ会エルダロウト思エバコソ)」〈万葉・一七・三九三三〉

ありし【有りし・在りし】[連体]《動詞「あり」の連用形＋過去の助動詞「き」の連体形》(かつてあったの意から)❶以前の。昔の。生前の。例「**ありし**けはひよりはものものしくおぼゆれど」〈源氏・空蟬〉❷例の。あの。例「かの**ありし**猫をだに得てしがな」〈源氏・若菜・下〉

〔**有りし世・在りし世**〕❶過ぎ去った昔。以前。かつてある地位にあったり栄えていたりした時。例「〔朱雀院ハ〕限りなくあはれと思すにぞ、**ありし世**をとり返さまほしく思ほしける」〈源氏・絵合〉❷生きていた時。生前。例「**ありし世**にしばしも見ではなかりしを」〈新古今・哀傷・八四五〉

ありしながら【在りしながら】昔のまま。その時のまま。例「しきかへず**ありしながら**に草枕」〈大和・一四〇〉

ありしょ【在り処・在り所】[名]「ありどころ」に同じ。

ありしよりけに【有りしより異に】以前よりもいっそう。前よりも格段に。例「おほかたの御家居も**ありしよりけに**あさましけれど」〈源氏・蓬生〉

ありす・ぐ【在り過ぐ】[自ガ上二]{ぎ・ぎ・ぐ・ぐる・ぐれ・ぎよ}そのまま月日がたつ。例「あだなれど今日の命も**あり過・ぎぬ**」〈玉葉・雑三・二二四四〉

ありすぐ・す【在り過ぐす】[他サ四]{さ・し・す・す・せ・せ}そのまま年月を過ごす。ずっと生き長らえる。例「そのままに精進・いもゐ(=潔斎)をしつつ**あり過ぐ・し**」〈栄花・八〉

ありそ【荒磯】[名]《「あらいそ」の変化形》荒波の打ち寄せる岩の多い海岸。

ありそうみ【荒磯海】[名]荒磯の海辺。

ありそなみ【荒磯波】一[名]《「あらいそなみ」とも》岩の多い海岸に寄せる荒波。二[枕詞]同音の繰り返しから「あり」にかかる。例「**荒磯波**ありても見むと」〈万葉・一三・三二五三長歌〉

ありそのうみ【有磯の海・荒磯の海】[歌枕]越中国の海。いまの富山県高岡市から氷見市にかけての海。＝有磯海・ありそみ

ありそへ【荒磯辺】[名]荒磯のほとり。

ありそまつ【荒磯松】[名]《「ありそ」は「あらいそ」の変化形》荒磯に生えている松。

ありそみ【荒磯廻】[名]荒磯の周辺。荒磯をめぐること。また、荒磯の周辺。例「**荒磯廻**に我が衣手は濡れにけるかも」〈万葉・一二・三一六三〉

ありそ・む【有り初む】[自マ下二]{め・め・む・むる・むれ・めよ}(ある事実や状態などが)始まる。でき始める。例「我が心もて**ありそ・め**しことならねども」〈源氏・浮舟〉

ありそも【荒磯面】[名]《「も」は「面」の変化した語》荒磯の上。

ありた・つ【在り立つ】[自タ四]{た・ち・つ・つ・て・て}❶ずっと立ち続ける。例「島の崎々**あり立・てる**花橘を」〈万葉・一三・三二三九長歌〉❷何度も出掛ける。例「さ婚ひ(=求婚)に**あり立・たし**」〈記・上〉

ありちがた【在り千潟】[枕詞]同音の繰り返しから「あり」にかかる。例「**在り千潟**あり慰めて」〈万葉・一二・三一六一〉

ありつかは・し【在り付かはし】[形シク]{しから・しく(しかり)・し・しき(しかる)・しけれ・しかれ}感じがよい。欠点なく整っている。例「姿・有り様**ありつかは・しく**」〈住吉〉

ありつきがほ【有り付き顔】[名・形動ナリ]落ち着いた顔つき。ものなれたようす。例「〔宮仕エニ〕馴れたる人は、こよなく、なにごとにつけても**ありつき顔・に**」〈更級〉

ありつ・く【有り付く・在り付く】[自カ四]{か・き・く・く・け・け}❶住みつく。落ち着く。結婚する。例「この中将殿は御子四人持ち給ふ。三人は皆々**有りつ・き給ふ**」〈伽・鉢かづき〉❷(物事・場所に)慣れる。例「さる方に**ありつ・き**たりしあなた(=昔)の年ごろは」〈源氏・蓬生〉❸似合う。性に合う。例「**ありつ・か**ぬかやうの事は、所せうこそありけれ」〈浜松中納言・三〉❹ある身分に生まれつく。例「もとより**ありつ・き**たるさやうの並々の人は」〈源氏・蓬生〉❺《多く「世にありつく」の形で》生計をたてる。例「世に**ありつ・か**むことをかせぎいとなむ」〈唐物語〉

ありつ・ぐ【在り次ぐ・在り継ぐ】[自ガ四]{が・ぎ・ぐ・ぐ・げ・げ}続いている。次の位置にある。例「そこ(=アナタ)に**あり次・ぎ**ては、吏部の朝臣をこそは頼もしきことには」〈宇津保・蔵開・上〉

ありつづ・く【在り続く】[自カ四]{か・き・く・く・け・け}同じような状態が続く。例「かく**ありつづ・き**、〔夫・兼家ハ〕たえずはくれども、心のとくるよなきに」〈蜻蛉・上〉

ありつつも【有りつつも】このようにして。生き長らえて。例「玉葛絶ゆることなく**ありつつも**止まず通はむ」〈万葉・三・三二四長歌〉

あり‐つる【在りつる】[連体]先程の。前に出てきた。あの。例の。例「**ありつる**小袿を、〔源氏ハ〕さすがに御衣の下に引き入れて、大殿籠れり」〈源氏・空蟬〉

語構成　あり（ラ変「あり」用）＋つる（完「つ」体）

《敬語》「大殿籠れり」→「おほとのごもる」

発展学習ファイル　類義語「ありし」よりも現在に近い時をふりかえる場合に用いられる。

〔和歌〕**ありとあり…【蟻と蟻うなづきあひて何か事ありげに奔る西へ東へ】**〈志濃夫廼舎歌集・橘曙覧〉訳アリとアリは、うなずきあって何か大事なことがありそうに走り回るよ、西へ東へ。

ありどころ【在り処・在り所】[名]《「ありしょ」とも》ある場所。いる所。住所。

ありどほしのみゃうじん【蟻通しの明神】[名]大阪府泉佐野市にある神社。正式には蟻通神社。〈参考〉幾重にも曲がった玉に緒を通せという難題を出され、老父母の指図で蟻に糸をつけて通して難題を解決したことから、棄老の習慣が廃されたという故事で有名な神社。

ありなし［・なり］【有り無し】一［名］あることとないこと。無事でいるかどうかということ。例「やがて跡なくて絶えにしかば、世に**ありなし**を知らるる方なくて」〈浜松中納言・三〉 二［形動ナリ］｛なら・なり(に)・なり・なる・なれ・なれ｝❶あるかないか分からないほど、かすかなさま。例「小山田の庵にたく火の**ありなし・に**」〈千載・雑中・一〇九一〉❷あるかないか分からないほど、軽々しく扱うさま。例「殿様、我を**ありなし・に**あそばし」〈浮・好色一代女〉

ありなら・ふ【有り習ふ・在り慣らふ】アリナラ(ロ)ウ［自ハ四］｛は・ひ・ふ・ふ・へ・へ｝❶住みなれる。居ることが習慣になる。例「もとの妻なむもろともに**ありなら・ひ**にければ」〈大和・一四一〉❷日ごろからなれ親しむ。例「**ありなら・は**ぬ人は、ここにて、はかなきこともえせず」〈源氏・蜻蛉〉

ありな・る【有り馴る・在り馴る】［自ラ下二］｛れ・れ・る・るる・るれ・れよ｝日ごろからなれ親しんでいる。例「**ありな・れ**し契りも絶えて今さらに」〈栄花・三〇〉

ありにく・し【在りにくし】［形ク］｛から・く(かり)・し・き(かる)・けれ・かれ｝生きていくのがむずかしい。例「すべて、世の中の**ありにく・く**我が身と栖とのはかなくあだなるさま、またかくのごとし」〈方丈記〉

ありねよし【在り嶺よし】［枕詞］地名「対馬」にかかる。例「**ありねよし**対馬の渡り海中に」〈万葉・一・六二〉

ありのみ【有りの実】［名］「梨の実」の忌み詞。「梨」が「無し」に通じることを嫌ったため。(季―秋)

〈俳句〉**ありのみち…**【**蟻の道雲の峰より続きけん**】〈おらが春・一茶〉訳蟻の列が道のように延々と続いている。この列は峰のようにわきあがる入道雲からはるかに続いているのだろうか。(季―雲の峰―夏)

ありは・つ【在り果つ】［自タ下二］｛て・て・つ・つる・つれ・てよ｝❶いつまでも生き長らえる。例「世の中にえ**ありは・つ**まじきさまを、ほのめかして言はむ」〈源氏・浮舟〉❷いつまでも同じ状態を保ち続ける。例「さりとて、心にくくも**ありは・て**ず」〈紫式部日記〉

ありはらのなりひら【在原業平】アリワラノナリヒラ［人名］(八二五〜八八〇)平安前期の歌人。「在中将」「在五中将」ともいう。祖父は平城天皇、父は阿保親王。兄は行平。六歌仙・三十六歌仙のひとり。美貌で知られ歌才に秀でていたために、『伊勢物語』の主人公に擬せられた。

ありはらのもとかた【在原元方】アリワラノモトカタ［人名］(生没年未詳)平安前期の歌人。中古三十六歌仙のひとり。祖父は業平、父は棟梁。『古今和歌集』の巻頭歌の作者。

ありはらのゆきひら【在原行平】アリワラノユキヒラ［人名］(八一八〜八九三)平安前期の歌人。父は阿保親王、弟は業平。現存最古の歌合わせ「在民部卿家歌合」を主催。在原氏の私学の奨学院を創立。『古今和歌集』などに入集。

あり・ふ【在り経】［自ハ下二］｛へ・へ・ふ・ふる・ふれ・へよ｝生きて年月を送る。生き長らえる。例「こと騒がしきここちして**あり・ふる**うちに」〈蜻蛉・中〉

ありま【有間・有馬】［歌枕］摂津国の地名。いまの兵庫県神戸市北区有馬町。付近の山々を有間山という。古くから温泉地として有名。

ありますげ【有間菅・有馬菅】［枕詞］同音の繰り返しから「あり」にかかる。例「大君の御笠に縫へる**有間菅**ありつつ見れど事なき我妹」〈万葉・一一・二七五七〉

ありま・つ【在り待つ】［他タ四］｛た・ち・つ・つ・て・て｝そのままの状態でずっと待ち続ける。例「春日野に斎く三諸の梅の花栄えて**あり待・て**帰り来るまで」〈万葉・一九・四二四一〉

ありまのみこ【有間皇子】［人名］(六四〇〜六五八)飛鳥時代の歌人。父は孝徳天皇。謀反の罪で死刑になる。『万葉集』に二首入集。

〈和歌〉**ありまやま…**【**有馬山猪名の笹原風吹けばいでそよ人を忘れやはする**】〈後拾遺・恋二・七〇九・大弐三位〉《百人一首》訳有馬山に近い猪名の笹原に風が吹くと、笹原はそよと音を立てます。さあ、そのことですよ。あなたを忘れることなどありましょうか。《係結び》「やは→する㊍」
〈参考〉「有馬山」「猪名」は、ともに摂津国(いまの兵庫県)の地名。第三句までは「そよ」を導く序詞。

ありめぐ・る【在り巡る・在り廻る】［自ラ四］｛ら・り・る・る・れ・れ｝❶あちこちと回る。めぐり続ける。例「島伝ひ漕ぎ渡りて**ありめぐ・り**我が来るまでに」〈万葉・二〇・四四〇八長歌〉❷生き長らえる。例「世に片時も**あり廻・ら**せじとす」〈栄花・八〉

ありやう【有り様】アリヨウ［名］❶ありさま。ようす。❷ありのまま。本当のこと。実際。例「まづ篤昌が**ありやう**を承らん」〈宇治拾遺・四・一〇〉

ありよ・し【在り良し】［形ク］｛から・く(かり)・し・き(かる)・けれ・かれ｝住みよい。居心地がよい。例「いみじくここ(＝武蔵国)**ありよ・く**おぼゆ」〈更級〉

ありわた・る【在り渡る】［自ラ四］｛ら・り・る・る・れ・れ｝ずっと同じ状態で過ごす。例「男にもいはでのみ**ありわた・り**けれども」〈大和・一四一〉

ありわづら・ふ【在り煩ふ】アリワズラ(ロ)ウ［自ハ四］｛は・ひ・ふ・ふ・へ・へ｝生きていくのをつらく思う。生き長らえるのを思い悩む。例「いでや世に**ありわづら・ひ**、官位、人よりけ短し」〈栄花・八〉

ありわ・ぶ【在り侘ぶ】［自バ上二］｛び・び・ぶ・ぶる・ぶれ・びよ｝住みづらくなる。生きにくくなる。例「京に**ありわ・び**てあづまにいきけるに」〈伊勢・七〉

あ・る【生る・現る】［自ラ下二］｛れ・れ・る・るる・るれ・れよ｝《上代語》(神や天皇など神聖なものが)現れる。例「神代より**生・れ**継ぎ来れば」〈万葉・四・四八五長歌〉

あ・る【荒る】［自ラ下二］｛れ・れ・る・るる・るれ・れよ｝❶天候や風などが乱れたり荒れたりする。❷心がすさんだり、建物が荒れ果てたりする。例「もとより**荒・れ**たりし宮の内、いとど狐の住み処になりて」〈源氏・蓬生〉❸興ざめする。しらける。例「〔公卿・殿上人ガ〕さわがれければ、御遊(＝音楽)もはや**荒・れ**にけり」〈平家・五・文覚被流〉

あ・る【散る・離る】［自ラ下二］｛れ・れ・る・るる・るれ・れよ｝散る。離れる。例「〔足場二〕おどろおどろしく二十人の人ののぼりてはべれば、〔ツバメハ〕**あ・れ**て寄りまうで来ず」〈竹取・燕の子安貝〉

ある【或】［連体］《動詞「あり」の連体形。人や物事を漠然と指す語》ある。さる。

あるいは【或いは】《動詞「あり」の連体形＋上代の

間投助詞「い」＋係助詞「は」》㊀《代名詞的用法。主格を示す》あるものは。ある人は。ある時は。[例]「あるいは声歌をし、あるいは嘯を吹き」〈竹取・石作の皇子〉㊁［接］もしくは。または。[例]「枝の長さ七尺、或いは六尺」〈徒然・六六〉㊂［副］ひょっとすると。もしかすると。多分。おそらく。

あるかぎり【有る限り】［名・副］❶あるだけ全部。ありったけ。[例]「物語の多くさぶらふなる、あるかぎり見せたまへ」〈更級〉❷そこにいる人みな。全員。[例]「心魂なくて、あるかぎりまどふ」〈源氏・明石〉❸生きている限り。[例]「女親といふ人あるかぎりは」〈蜻蛉・上〉

あるかたち【有るかたち】（物事の）ありさま。実情。わけ。[例]「天皇、そのあるかたちを聞こしめして」〈紀・継体〉

あるがなかに【有るが中に】多くある中でとくに。[例]「この歌はあるがなかにおもしろければ」〈伊勢・四四〉

あるかなきか【有るか無きか】❶あるのかないのか分からないさま。はかないさま。[例]「なほものはかなきを思へば、あるかなきかの心地する」〈蜻蛉・上〉❷生きているのか死んでいるのか分からないさま。[例]「あるかなきかに消え入りつつものしたまふを」〈源氏・桐壺〉

あるき【歩き】［名］❶出歩くこと。あちこち歩き回ること。❷江戸時代、名主や町役人などの走り使いをした者。

あるきがみ【歩き神】［名］そぞろ歩きに誘惑する神。

あるきたが・ふ【歩き違ふ】㊀［自ハ四］{は・ひ・ふ・ふ・へ・へ}行き違う。[例]「東宮大夫公実のもとより、あるきたが・はであれ」〈散木集〉㊁［自ハ下二］{へ・へ・ふ・ふる・ふれ・へよ}〔一〕に同じ。[例]「人のもとへまかれけるにあるきたが・へたるよしをいひて」〈清輔集〉

あるじ［・す］㊀【主・主人】［名］❶主人。一家の長。主君。また、持ち主。↔客人。[例]「あるじに酒すすめられて」〈おくのほそ道・敦賀〉❷熟達している人。専門家。[例]「『さだかにも弁へ知らず』など言ひたるは、なほまことに、道の主とも覚えぬべし」〈徒然・一六八〉㊁【饗】［名・自サ変］（主人として）客をもてなすこと。ごちそうすること。接待。＝饗設け。[例]「方違へにいきたるに、あるじ・せぬ所」〈枕・すさまじきもの〉

あるじがた【主方】［名］主人がわ。[例]「中納言（＝薫）の、主方に住み馴れて」〈源氏・総角〉

あるじがほ［・なり］【主顔】［名・形動ナリ］主人らしい顔つき・ようす。主人ぶったさま。[例]「清水は宿のあるじ顔・なる」〈源氏・松風〉

あるじが・る【主がる】［自ラ四］{ら・り・る・る・れ・れ}《「がる」は接尾語》主人ぶる。主人顔をする。

あるじくゎんぱく【主関白】［名］家庭内で亭主が権力をにぎっていること。亭主関白。

あるじだ・つ【主だつ】［自タ四］{た・ち・つ・つ・て・て}《「だつ」は接尾語》主人らしく振る舞う。主人ぶる。[例]「暮れぬれば、御台まゐりなどして（＝御食事ノ膳ヲ差シ上ゲナドシテ）、帯刀あるじだ・ちてありく」〈落窪・二〉

あるじぶり【主ぶり・饗応】［名］客のもてなし方。接待のしかた。

あるじまう・く【饗設く】［自カ下二］{け・け・く・くる・くれ・けよ}主人となって客をもてなす。饗応する。[例]「その国に着きたまはむにあるじまう・けたまへ」〈落窪・四〉

あるじまうけ［・す］【饗設け】［名・自サ変］「あるじ㊁」に同じ。[例]「藤原良近といふをなむ、まらうどざねにて、その日はあるじまうけ・したりける」〈伊勢・一〇一〉

あるにしたが・ふ【有るに従ふ】❶成り行きのままにする。[例]「何事にも、あるに従・ひ心をたつる方もなく」〈源氏・椎本〉❷そこにあるものでする。[例]「衣冠より馬・車にいたるまで、あるにしたが・ひて用ゐよ」〈徒然・二〉

あるにもあら・ず【有るにもあらず】❶生きていても死んでいるのと同じようである。生きているかどうか分からないほどはかない。[例]「あるにもあら・ぬ身を知らずして」〈伊勢・六五〉❷正気を失ったさま。無我夢中である。[例]「おのおの、心も失せて、あるにもあら・ぬ気色なるに」〈十訓抄・一〉

あるは【或は】《動詞「あり」の連体形＋係助詞「は」》㊀（多く「あるは…、あるは…」の形で）二つ以上のものについて、それぞれの場合を並べて表す。あるものは。ある場合は。一方は…他方は…。[例]「あるは遠き所よりいまする人あり。あるはここながらそのいたづき限りなし」〈大和・一四七〉㊁［接］あるいは。もしくは。または。[例]「見つけて喜び睦れ、あるは上を恋ひたてまつりて愁へ泣きたまふを」〈源氏・夕霧〉《敬語》「恋ひたてまつりて」→「たてまつる」

〔和歌〕**あるはなく…**【あるはなくなきは数添ふ世の中にあはれいづれの日まで嘆かん】〈新古今・哀傷・八五〇・小野小町〉[訳]生きている人は亡くなり、亡くなった人はその数がふえていくこの世の中で、ああ、いつの日まで私は（命のはかなさを）嘆くことであろうか。

あるべうもな・し【有るべうもなし】《「あるべくもなし」のウ音便》とんでもない。もってのほかだ。[例]「官加階したる者の直垂で出仕せん事あるべうもな・かりけり」〈平家・八・猫間〉

あるべか・し【有るべかし】［形シク］{しから・しく(しかり)・し・しき(しかる)・しけれ・しかれ}《動詞「あり」の連体形＋推量の助動詞「べし」の「あるべし」の形容詞化》そうあるのがよい。理想的だ。適当だ。[例]「ものまめやかに、あるべか・しく書きたまひて」〈源氏・玉鬘〉

あるべき【有るべき】《動詞「あり」の連体形＋推量の助動詞「べし」の連体形》適当な。当然の。ふさわしい。[例]「あるべきさまを、右近聞こえ知らせ」〈源氏・玉鬘〉

〔**有るべき限り**〕この上もなく。できるだけ。[例]「人柄もあるべき限り整ひて」〈源氏・紅葉賀〉

ある・まじ【有るまじ】《動詞「あり」の連体形＋打消推量の助動詞「まじ」》❶あるはずがない。あってはならない。[例]「かかる折にも、ある・まじき恥もこそと心遣ひして」〈源氏・桐壺〉❷生きていられそうにない。[例]「この女見では世にある・まじき心地のしければ」〈竹取・石作の皇子〉

あるみ【荒海】［名］「あらうみ」に同じ。

あるものがほ［・なり］【有る物顔】［名・形動ナリ］もっともらしい顔つき。また、そのようす。＝有り顔。[例]「あるものがほ・に何思ふらん」〈玉葉・釈教・二六八八〉

あるやう【有る様】ヤウ［名］❶ありさま。ようす。例「旅の宿りのあるやうなど」〈源氏・総角〉❷わけ。事情。例「あるやうあるべき身にこそあめれ」〈源氏・常夏〉語構成「身にこそあめれ」→「あめり」

あれ【村】［名］（上代語）村。

あれ【生れ】［名］うまれ。氏素性。

あれ【阿礼】［名］賀茂の祭りに、神霊を招き寄せるために用いた榊の大きな枝。鈴や綾絹などを飾りつける。

あれ【我・吾】［代名］《自称の人称代名詞》わたし。例「我を除きて人はあらじと誇ろへど」〈万葉・五・八九二長歌〉訳→〔和歌〕かぜまじり…

発展学習ファイル　おもに上代で用いられた。中古以降は、「あれか人か」など、比較的用法が固定化し、中世以降は「われ」が多く用いられた。

〔**我かにもあらず**〕自分か他人かはっきりしないほど我を忘れてぼんやりしている。例「〔宮仕エニ〕立ち出づるほどの心地、**あれかにもあら・ず**、うつつともおぼえで」〈更級〉

〔**我か人か**〕自他の区別がつかないほど呆然としたようす。例「心地あきれて、**あれか人か**にてあれば」〈蜻蛉・中〉

〔**我にもあらず**〕我を忘れるほどうろたえる。夢中だ。例「ただ急がしに出だし立つれば、**あれにもあらぬ**ここちすれど」〈枕・宮にはじめてまゐりたる頃〉

あれ【彼】［代名］❶㋐《遠称の指示代名詞。話し手から遠く離れた事物・場所・時間を指す語》あれ。あそこ。あの日。あの時。例「**あれ**見せよ。やう、母」〈枕・人映えするもの〉㋑《中称の指示代名詞。相手、または相手側の事物・場所などを指す語》話し手から空間的・心理的にやや隔たった対象を指すことが多い。それ。そこ。例「**あれ**はいづくよりぞ」〈平家・六・入道死去〉❷㋐《対称の人称代名詞》あなた。例「**あれ**は何など走るぞ」〈今昔・二九・二九〉㋑《他称の人称代名詞。話し手から離れた所にいる人や、話題の人物を指す語》あの人。その人。例「**あれ**は誰そ」〈源氏・空蟬〉

〔**彼はいかに**〕予期しない事態に驚いたときに発することば。これは一体どうしたことだ。＝此は如何に。例「**あれはいかに**、仏御前と見奉るは。夢かうつつか」〈平家・一・祇王〉

あれ・く【生れ来】［自カ変］{こ・き・く・くる・くれ・こ(こよ)}神霊や天皇などが生まれて来る。出現する。例「ひさかたの天の原より**生れ・来**たる神の命」〈万葉・三・三七九長歌〉

あれた【荒れ田】［名］荒れている田。耕さずにうち捨ててある田。＝荒田

あれつ・ぐ【生れ継ぐ】［自ガ四］{が・ぎ・ぐ・ぐ・げ・げ}次々に生まれる。例「神代より**生れ継・ぎ**来れば人さはに国には満ちて」〈万葉・四・四八五長歌〉

あれてい【彼体】［名］《対象を卑しめていう語》あの程度。あんなざま。例「いかに鬼同丸などを、**あれてい**にはいましめ置き給ひたるぞ」〈古今著聞・三三五〉

あれど《動詞「あり」の已然形＋接続助詞「ど」》（「…はあれど」の形で）…はともかく。例「陸奥はいづくは**あれど**塩釜の」〈古今・東歌・一〇八八〉訳→〔和歌〕みちのくは…

あれども…はともかく。＝あれど。例「妹とありし時は**あれども**別れては」〈万葉・一五・三五九一〉

あればあら・る《「あらる」は動詞「あり」の未然形＋可能の助動詞「る」》生きていれば、なんとかやっていける。例「**あればあら・るる**憂き身なりけり」〈新続古今・哀傷・一五九二〉

あれはたそどき【彼は誰そ時】［名］「あれはたれどき」に同じ。

あれはたれどき【彼は誰時】［名］《「かはたれどき」とも。薄暗くて、あれはだれかと見定めにくいときの意》夕暮れ時。たそがれ時。＝彼は誰そ時・誰そ彼時

あれは・つ【散れ果つ】［自タ下二］{て・て・つ・つる・つれ・てよ}すっかり離れてしまう。まったく来なくなる。例「ここをば**散れは・て**じとなむ思ふを」〈源氏・早蕨〉

〔和歌〕**あれはもや…**【**我はもや安見児得たり皆人の得かてにすといふ安見児得たり**】〈万葉・二・九五・藤原鎌足〉訳私はまあ、安見児を手に入れた。この場の皆さんが手に入れられないといっている安見児を手に入れた。

〈参考〉臣下との結婚を禁じられていた、采女の「安見児」との結婚を許されての歌。

あれひき【阿礼引き】［名］《「あれびき」とも》賀茂の祭りのとき、参詣者が願い事の成就を祈り、「阿礼」に付けられた鈴をひき鳴らすこと。

あれまさ・る【荒れ増さる】［自ラ四］{ら・り・る・る・れ・れ}ますます荒れる。

あれま・す【生れます】［自サ四］{さ・し・す・す・せ・せ}《動詞「生る」の連用形＋尊敬の補助動詞「ます」》お生まれになる。例「橿原の聖の御代ゆ**生れま・し**し神のことごと」〈万葉・一・二九長歌〉訳→〔和歌〕たまだすき…

あれまど・ふ【荒れ惑ふ】アレマドウ［自ハ四］{は・ひ・ふ・ふ・へ・へ}荒れすさぶ。（家などが）ひどく荒れる。例「家のさまも言ひ知らず**荒れまど・ひて**」〈源氏・澪標〉

あれや【荒れ屋】［名］荒れ果てた家。あばら家。

あれゆ・く【荒れ行く】［自カ四］{か・き・く・く・け・け}しだいに荒れていく。荒れたままに年月を経る。例「なつきにし奈良の都の**荒れ行・けば**」〈万葉・六・一〇四九〉

あれら【彼等】［代名］《「ら」は接尾語。他称の人称代名詞》かれら。あの人たち。例「**あれら**も、世の中には、あるにやなきにや」〈宇津保・国譲・上〉

あれわた・る【荒れ渡る】［自ラ四］{ら・り・る・る・れ・れ}一面に荒れる。荒れ放題になる。例「踏みあけたる跡もなく、はるばると**荒れわた・り**て」〈源氏・末摘花〉

あれをとめ【阿礼少女】アレオトメ［名］賀茂神社の斎の皇女（斎院）の別称。

あろ【有ろ】《上代東国方言。動詞「あり」の連体形》ある。

あろかっせんものがたり【鴉鷺合戦物語】［作品名］室町時代（一四五六ごろ成立）の御伽草子。作者未詳。擬人化された鴉と鷺の合戦譚。一種の軍記のパロディー。

あろじ【主・主人】［名］《「あるじ」の古形か》主人。

あわ…【粟…・淡…】歴史的かなづかい「あは…」

あわ【泡・沫】［名］水に浮く泡。あぶく。はかないもののたとえに用いる。例「**泡**の消え入るやうにて亡せたまひぬ」〈源氏・柏木〉

あわい【間】歴史的かなづかい「あはひ」

あわし【淡し】歴史的かなづかい「あはし」

あわしほ【沫塩】[名]精製してある塩。食塩。↔堅塩

あわたた・し[形シク]{しから・しく(しかり)・し・しき(しかる)・しけれ・しかれ}(近世以降「あわただし」)❶落ち着かない。ばたばたしている。気ぜわしい。例「いとあわただ・しう〔タケノコヲ〕取り散らして食ひかなぐりなどしたまへば」〈源氏・横笛〉《音便》「あわたたしう」は「あわたたしく」のウ音便。❷急である。突然だ。にわかだ。例「よろづあわたた・しく思し立ちて、御裳着のこと思し急ぐさま」〈源氏・若菜・上〉《敬語》「思し立ちて」「思し急ぐ」→「おぼす」

あわたたしう 形容詞「あわたたし」の連用形「あわたたしく」のウ音便。

あわ・つ【慌つ】[自タ下二]{て・て・つ・つる・つれ・てよ}あわてる。うろたえる。例「幼き心地には、そこはかとなくあわ・てたる心地して」〈源氏・夢浮橋〉

あわつけし 歴史的かなづかい「あはつけし」

あわてさわ・ぐ【慌て騒ぐ】[自ガ四]{が・ぎ・ぐ・ぐ・げ・げ}あわてふためいて大騒ぎをする。

あわてた・つ【慌て立つ】[自タ四]{た・ち・つ・つ・て・て}あわただしいようすになる。例「去る程に洛中には、只今合戦有るべしとてあわて立・ちて」〈太平記・三七〉

あわてまど・ふ【慌て惑ふ】[自ハ四]{は・ひ・ふ・ふ・へ・へ}ひどくあわて、うろたえる。例「『あないみじ』とあわてまど・ひて、灯は取りやりつ」〈源氏・浮舟〉

あわゆき【泡雪・沫雪】[名]泡のようにやわらかで、とけやすい雪。「あはゆき(淡雪)」とは別語。(季―冬)。例「沫雪のこのころ継ぎてかく降らば梅の初花散りか過ぎなむ」〈万葉・八・一六五一〉

発展学習ファイル　「あわゆき」は上代に用いられたが、中古になると、雪を「あはし(淡し)」という感覚でとらえた「あはゆき」が多く用いられるようになり、「あわゆき」は消滅していった。

あわゆきの【沫雪の】[枕詞](沫雪が消えやすいところから)「消」にかかる。例「沫雪の消ぬべきものを」〈万葉・八・一六六二〉

〔和歌〕**あわゆきの…**【沫雪のほどろほどろに降り敷けば奈良の都し思ほゆるかも】〈万葉・八・一六三九・大伴旅人〉訳あわ雪がうっすらうっすらと降り積もると、奈良の都がしぜんと思われることよ。〈参考〉大宰府で旅人が都を思って作った歌。

あわれ 歴史的かなづかい「あはれ」

あわを【沫緒】[名]語義未詳。緩くよるひものより方の名か。一説に、ほどけやすく緩く結ぶひもの結び方の名とも。例「玉の緒を沫緒に搓りて結べらば」〈万葉・四・七六三〉

あゐ【藍】[名]❶草の名。秋に赤色の小花をつける。茎や葉から染料を採取する。❷①で染めた色。青より濃く、紺より淡い。

〔**藍より青し**〕『荀子』の「青は藍より出でて藍よりも青し」によることばで、師よりも弟子の方がすぐれていること。出藍の誉れ。

あゐかはをどし【藍革縅】[名]鎧の縅の名。藍で染めた鹿のなめし皮の縅。

あゐずり【藍摺り】[名]紙や布に、藍から取った染料で花鳥などの模様をすりつけたもの。＝青摺り・青草摺り

あを-【青】[接頭](名詞に付いて)未熟である、若い、身分の低いなどの意を表す。「青侍」「青道心」「青女房」「青男」など。

あを【青】[名]❶青の色。晴天の空の色。緑、藍を指していうこともある。❷馬の毛色。青毛。また、その色の馬をいう場合もある。

あを【襖】[名](「あう(襖)」の変化形)❶武官の礼服。位階によって色の規定があったので、「位襖」ともいう。＝闕腋②・闕腋の袍・脇明け。❷(「狩襖」の略)「狩衣」に裏をつけたもの。間に綿を入れることもあった。❸「袷」の衣。綿を入れて冬に用いる。＝襖子

あをあらし【青嵐】[名](「青嵐」の訓読語)初夏の青葉を吹き渡る風。＝青東風。(季―夏)

あをいとげのくるま【青糸毛の車】青色のより糸で車箱を飾った牛車。皇后・中宮・東宮・摂政・関白などの乗用とされた。

あをいろ【青色】[名]❶染め色や襲の色目の名。黄色を帯びた萌葱色。❷「青色の袍」の略。

〔**青色の上の衣**〕「あをいろのはう」に同じ。

〔**青色の袍**〕青色で染めた袍。天皇が略儀の際に着用したが、六位の蔵人などが賜って着ることもあった。＝青色②・青色の上の衣・麹塵の袍

あをいろすがた【青色姿】[名]天皇の日常着と同じ「青色の袍」を着た姿。→「あをいろのはう」

あをう【青う】形容詞「あをし」の連用形「あをく」のウ音便。

あをうま【青馬・白馬】[名]❶《上代語》「青毛」の馬。❷《平安以降》白い毛の馬。また、淡灰色の馬。＝青駒。また、「葦毛」の馬。❸「白馬の節会」の略。

あをうまのせちゑ【白馬の節会】陰暦正月七日に宮中で行われた年中行事。「五節会」のひとつ。天皇が紫宸殿で、左右の馬寮から南庭に引き出した白馬をご覧になり、その後に臣下に宴を賜る儀式。＝白馬③・七日の節会・七日の日の節会。(季―春)

古典の世界　「白馬の節会」の変遷

年の始めに、その年の邪気を払うために、白馬を見る風習は、『万葉集』に「水鳥の鴨の羽色の青馬を今日見る人は限りなしといふ」〈二〇・四四九四〉の歌があるので、奈良時代からすでに行われていたことが知られる。この歌にあるように、本来は青毛の馬(青みを帯びたつやのある黒馬)であったが、醍醐天皇のころから白馬(あるいは、葦毛の馬)に変わったという。

しかし白馬を用いるようになっても、「白馬」と書いて「あおうま」と読んだ。平安中期の歌人平兼盛の歌集に、「白馬」の題で「降る雪に色も変はらで引くものを誰が青馬と名付け初めけん」という歌も見える。白馬を用いるようになっても、歌の中では青い馬として詠まれることが多かった。

白馬の節会　左右馬寮の武官に引かれて、二頭の白馬が東から西の月華門へわたる。正面の紫宸殿上では、この後の宴の準備が整い、群臣たちが台盤で待つ。（図説宮中行事）

あをかき【青垣】[名]青々とした垣根。山が青垣のように連なっているさま。

あをかきやま【青垣山】[名]青々とした垣根のように連なっている山々。

あをがひ【青貝】[名]螺鈿の材料に用いるアワビ・夜光貝・オウム貝などの総称。殻を薄く種々の形にして、漆器にはめ込んで飾りとする。

あをきまなこ【青き眼】《「青眼」の訓読語。中国、晋の阮籍が、人を喜び迎えるとき、青い眼をし、気に入らないとき白い眼をしたという故事による》気に入った人の来訪を喜ぶさま。

あをくちば【青朽ち葉】[名]❶染め色の名。朽ち葉色の青みがかったもの。❷織り色の名。縦糸が青、横糸が黄色。❸襲の色目の名。表は青、裏は朽ち葉色。夏・秋に用いる。

あをくむ【青雲】[名]《上代東国方言》「あをくも」に同じ。

あをくも【青雲】[名]《「あをくむ」「あをぐも」とも》灰色の雲。青みを帯びて見える雲。

あをくもの【青雲の】[枕詞]白みがかった雲の色から地名の「白肩」に、また、雲の出る意から「出づ」にかかる。例「**青雲の**出で来我妹子」〈万葉・一四・三五一九〉

あをげ【青毛】[名]馬などの毛色の名。つやがあって青みを帯びて見える黒色のもの。＝青

あをこち【青東風】[名]「あをあらし」に同じ。

あをこま【青駒】[名]「あをうま①」に同じ。

あをさぎ【青鷺】[名]❶鳥の名。大形で、頭や腹は白、背と尾は灰青色。（季－夏）。❷馬の毛色の名。薄青。

〔**青鷺の駒**〕薄い青毛の馬。

あをざし【青挿し】[名]菓子の名。青麦のまだ成熟していないものを煎って粉にひき、糸のようによったもの。（季－夏）

あをさぶらひ【青侍】[名]《「あをざむらひ」とも》❶（六位の袍が青色であったことから）貴族に仕える六位の侍。❷《「あを」は接頭語》身分の低い若い侍。

あをざむらひ【青侍】[名]「あをさぶらひ」に同じ。

あをし【襖子】[名]「あを(襖)③」に同じ。

あを・し【青し】[形ク]{から・く(かり)・し・き(かる)・けれ・かれ}❶色が青い。いまの青・藍・緑などを中心にした広い範囲の色彩を指している。例「苔生ひたること、繁しく**青・し**」〈宇津保・吹上・上〉❷未熟だ。いたらない。考えや行動が幼稚だ。例「わしがやうな**青・い**者が」〈浮・傾城禁短気〉（音便）「青い」は「青き」のイ音便。

あをじ【青磁・青瓷】[名]「せいじ」に同じ。

あをすがやま【青菅山】[名]青々とスゲの生えた山。また、「菅」は「清」の当て字で、緑の茂る清々しい山の意という説もある。

あをすそご【青裾濃】[名]染色で、青色を、上は薄く裾にいくほど濃くなるように染めたもの。→「すそご」

あをずり【青摺り】[名]❶紙や絹に藍をすりつけて模様を染めたもの。＝藍摺り・青草摺り。❷「青摺りの衣」の略。

〔**青摺りの衣**〕白絹にヤマアイの葉などで青く模様を摺りつけた衣服。肩に赤紐をつけて、神事の際の「小忌衣」などとして用いられた。のちには、賀茂の臨時の祭りに舞人が着た袍をいう。＝青摺り

あをそ【青苧】[名]麻の茎の皮をはぎ、水にさらして細かく裂いたもの。越後布や奈良晒しの原料とする。＝真苧

あをだ【簣輿】[名]「あうだ」に同じ。

あをだうしん【青道心】[名]《「あを」は接頭語》❶いい加減な気持ちで起こした仏道修行のこころざし。＝俄道心・生道心。❷出家間もない仏道に疎い僧。＝今道心

あをぢ【青地】[名]地の部分が青色の織物。

あをつづら【青葛】[名]草の名。アオツヅラフジ。和歌では、つるを「繰る」ことから、同音の「暮る」「来る」「苦し」などを導く序詞となることが多い。例「**青つづら**人はくれども言伝てもなし」〈古今・恋

四・七四二〉

あをとざうしはなのにしきゑ【青砥稿花紅彩画】[作品名]江戸後期の歌舞伎。世話物。『白浪五人男』『弁天小僧』ともいう。河竹黙阿弥作。文久二年(一八六二)初演。悪党弁天小僧の女装白浪や日本駄右衛門をはじめとする五人男の捕り物などを見せ場とする。

あをなみ【青波】[名]青々とした波。

あをに【青丹】[名]〔「丹」は土の意〕❶青みがかった黒い土。❷岩緑青の古名。染料や顔料として用いる。❸染め色の名。濃い青色で染めた上から、さらに黄色で染めたもの。❹襲の色目の名。表裏とも③の色。

あをにきて【青和幣】[名]〔中世以降、「あをにぎて」〕神への供物とする麻の布。→「しらにきて」「にきて」

あをにび【青鈍】[名]〔「あをにぶ」とも〕❶染め色の名。縹色(藍色の一種)の青みがかったもの。仏事に関係する服や調度に多く用いる。❷襲の色目の名。表裏ともに、濃い縹色。

あをにぶ【青鈍】[名]「あをにび」に同じ。

あをにょうばう【青女房】[名]〔「あを」は接頭語〕年が若くて未熟な女官。また、身分の低い女官。＝青女③

あをによし【青丹よし】[枕詞]〔「青土よ」の意で、奈良で青土を産したことから〕「奈良」にかかる。「よ」も「し」も詠嘆の助詞。例「あをによし奈良の大路は行き良けど」〈万葉・一五・三七二八〉

〔和歌〕**あをによし…【あをによし奈良の都は咲く花の薫ふがごとく今盛りなり】**〈万葉・三・三二八・小野老〉訳〔あをによし〕奈良の都は、咲く花が美しく照り映えているように、いま真っ盛りである。

〈参考〉「あをによし」は「奈良」の枕詞。

あをねろ【青嶺ろ】[名]〔上代東国方言。「ろ」は接尾語〕木が青々とした山の峰。

あをのうれん【青暖簾】[名]紺染めののれん。近世上方の遊里で端女郎のいる店が用いた。また、それをかけた店。

あをば【青羽】[名]鳥の青い羽。

あをば【青葉】[名]青々とした葉。初夏のころの若葉。新緑。(季-夏)

〔**青葉の簾**〕陰暦四月一日に宮中で行われた「衣更へ」の儀式のときに、大内裏の南の隅にある二本の柳にかけた簾。

〔**青葉の山**〕青々とした山。青葉の生い茂っている山。

あをばかま【襖袴】[名]狩襖を着るときにはく袴。指貫に似ているが、幅が狭い。

あをはたの【青旗の】[枕詞]青い旗を青々と茂る樹木に見立てて地名「木幡」「葛城山」「忍坂山」にかかる。例「青旗の木幡の上を」〈万葉・二・一四八〉

あをばな【青花】[名]❶「露草」の別称。❷露草から採った染料。また、露草の花の汁を紙に吸収させて乾かしたもの。青花紙。

あをひえ【竹刀】[名]青竹で作った小刀。へその緒や金銀の箔を切る。

あをひとくさ【青人草】[名]〔人が生まれ増えるさまを草の繁茂にたとえた語〕人民。

あをび・る【青びる】[自ラ下二]{れ・れ・る・るる・るれ・れよ}青くなる。青ざめる。例「色あさましう**青び・れ**たる者どもの」〈宇治拾遺・一三・一〇〉

あをぶち【青淵】[名]深く水をたたえて青々と見える淵。

あをへど【青反吐】[名]激しく吐き散らした生々しいへど。

あをほん【青本】[名]「草双紙」のひとつ。表紙が青に近いもえぎ色であったことからいう。赤本について、黒本とともに延享(一七四四〜一七四八)から安永(一七七二〜一七八一)初期に流行。浄瑠璃・歌舞伎からの影響が著しい。

〔和歌〕**あをまつと…【我を待つと君が濡れけむあしひきの山のしづくにならましものを】**〈万葉・二・一〇八・石川郎女〉訳私を待ってあなたが濡れたという、その〔あしひきの〕山のしずくになりたかったものを。

〈参考〉「あしひきの」は「山」の枕詞。「まし」は反実仮想の助動詞。

あをみい・づ【青み出づ】[自ダ下二]{で・で・づ・づる・づれ・でよ}草木が青々と芽を出す。例「庭もやうやう**青み出・づる**若草見えわたり」〈源氏・柏木〉

あをみおとろ・ふ【青み衰ふ】[自ハ下二]{へ・へ・ふ・ふる・ふれ・へよ}顔色が悪く衰弱する。例「**青み衰・へ**たまへるしも、色は真青に白くうつくしげに」〈源氏・若菜・下〉

あをみそこな・ふ【青み損ふ】[自ハ四]{は・ひ・ふ・ふ・へ・へ}顔色が悪くやつれる。例「立ちぬる月より物聞こし召さで(＝何モ召シアガラズ)、いたく**青みそこな・は**れたまふ」〈源氏・若菜・下〉

あをみづら【青角髪】[枕詞]地名「依網」にかかる。例「**青みづら**依網の原に」〈万葉・七・一二八七旋頭歌〉

あをみなづき【青水無月】[名]〔青葉が茂る水無月の意〕陰暦六月。(季-夏)

あをみや・す【青み瘦す】[自サ下二]{せ・せ・す・する・すれ・せよ}顔色が青くなり、やせ衰える。例「いといたう**青み瘦・せ**て、あさましうはかなげにて」〈源氏・柏木〉

あをみわた・る【青み渡る】[自ラ四]{ら・り・る・る・れ・れ}一面に青々としている。例「御前の前栽の何となく**青みわた・れる**中に」〈源氏・紅葉賀〉

あを・む【青む】[自マ四]{ま・み・む・む・め・め}❶草木が芽吹いて青々とする。例「まこも草**あを・め**ば春の駒いばゆる」〈夫木・雑八〉❷青ざめる。青ばむ。例「**青・み**衰へたまへるしも」〈源氏・若菜・下〉

あをもみぢ【青紅葉】[名]❶楓のまだ紅葉していないもの。❷襲の色目の名。表は青、裏は朽ち葉色。秋に用いる。

あをやか【青やか・なり】[形動ナリ]{なら・なり(に)・なり・なる・なれ・なれ}〔「やか」は接尾語〕青々と鮮やかに見えるさま。例「七日。雪間の若菜摘み、**青やか・に**て」〈枕・ころは、正月、三月〉

あをやぎ【青柳】[名]〔「あをやなぎ」とも〕❶春、青々とした芽を出した柳。(季-春)❷襲の色目の名。表裏ともに萌黄色。また、表裏ともに濃い青とも、表は青で裏は薄青ともいう。春の着用。

〔青柳の糸〕青柳の枝を糸に見立てた語。

あをやぎの【青柳の】［枕詞］青柳の枝が細くて糸のようであるところから「いと」にかかる。また、青柳を鬘にかけるところから「かつら」にかける例もある。例「青柳のいとつれなくもなりゆくか」〈後撰・春中・六七〉

〔和歌〕**あをやぎのいとよりかくる…【青柳の糸よりかくる春しもぞ乱れて花のほころびにける】**〈古今・春上・二六・紀貫之〉訳青柳が糸を縒って懸けている春、そんな折も折、その糸で縫ってくださいといわんばかりに、衣が破れほころびるように、花が咲きほころんだことだ。《係結び》「ぞ→ほころびにける(体)」

〈参考〉「より」「かくる」「乱れ」「ほころび」は、「糸」の縁語。

〔和歌〕**あをやぎのはらろかはとに…【青楊の萌らろ川門に汝を待つと清水は汲まず立ち処平すも】**〈万葉・一四・三五四六・東歌〉訳青柳が芽吹いている川の渡し場であなたを待つといって、清水はくまずに、（行きつ戻りつして）足もとを踏みならしている。

〈参考〉「萌らろ」は「萌れる」、「清水」は「清水」の上代東国方言。

あをやなぎ【青柳】［名］「あをやぎ」に同じ。

あをやま【青山】［名］草木が青々と茂った山。

あをやまぶき【青山吹】［名］襲の色目の名。表は青、裏は黄。春に用いる。

あをわらは【青童】［名］《「あを」は接頭語》年若い少年・少女。とくに、高貴な人に仕える年少で未熟な召し使い。

あををんな【青女】［名］《「あを」は接頭語》❶宮仕えをしていない女性。❷若く世間慣れしていない女性。❸「あをにょうばう」に同じ。

あん【案】［名］❶文書の下書き。草案。❷考え。予想。工夫。例「いかにもして案をめぐらし、わが女房にせばやと思ひ」〈伽・一寸法師〉❸机。➡図版「夏越しの祓へ」

〔案に落つ〕思いどおりになる。計略どおりになる。例「人の推しはかる、案におつることもあらましかば」〈源氏・藤袴〉

〔案に違ふ〕考えと違う。予想と違う。例「案にたが・はず、くちなは（＝ヘビ）いでて」〈古今著聞・六九九〉

〔案の内〕考えどおり。予想どおり。例「平家をほろぼさんの案の内に候へども」〈平家・一〇・千手前〉

〔案の如く〕思ったとおり。果たして。例「案のごとく入り来たる人あり」〈宇治拾遺・一〇・二〉

〔案の外〕思いのほか。案に相違して。予想外。例「今日のうちに寄りて責めむこそ、彼奴は案の外にて迷はめ」〈今昔・二五・九〉

あんあみ【安阿弥】［人名］「くゎいけい」に同じ。

あんか【晏駕】［名］《「あんが」とも。「晏」は遅い、「駕」は乗り物の意》天皇や上皇がお亡くなりになること。崩御。天皇や上皇の死を忌んでいう婉曲表現。

あんき【安危】［名］《「あんぎ」とも》安泰であることと危険であること。興亡。例「四海（＝天下）の安危は掌の内に照らし（＝手ニトルヨウニ分カリ）」〈平家・八・名虎〉

あんぐう【行宮】［名］天皇が行幸のとき、その地に仮に設けられる住まい。＝行在所・仮宮

あんけつだう【暗穴道・闇穴道】［名］《仏教語》重罪人が通る暗闇の道。＝暗穴

あんけんさつ【暗剣殺】［名］陰陽道で、九星の方位の最凶のもの。これを犯すと死ぬという。

あんご【安居】［名］《仏教語。「雨期」の意の梵語の訳》僧が陰暦四月十五日より九十日間、一カ所にこもって修行すること。＝雨安居・夏安居・夏行・夏籠り。（季―夏）

あんざいしょ【行在所】［名］「あんぐう」に同じ。

あんさつし【按察使】［名］「あぜち」に同じ。

あんじさだ・む【案じ定む】［他マ下二］{め・め・む・むる・むれ・めよ}よく考えて決める。決断する。例「第一の事を案じ定めて、その外は思ひ捨てて、一事をはげむべし」〈徒然・一八八〉

あんじすま・す【案じ済ます】［他サ四］{さ・し・す・す・せ・せ}あらかじめよく考えておく。考え抜く。例「案じすま・したる事なれば、むかひさまにをどりかかりいだきてけり」〈古今著聞・四四一〉

あんじち【庵室】［名］《「あんじつ」とも》僧や尼などが世を捨てて住まう仮の住居。いおり。

あんじつ【庵室】［名］「あんじち」に同じ。

あんじゅ【案主】［名］《「あんず」とも》文書や記録を保管・作成する職の名称。平安・鎌倉時代、検非違使庁、摂関家・荘園の政所、鎌倉幕府政所などに設けられた。

あんしょうのぜんじ【暗証の禅師】［名］暗証（書物に学ばず座禅のみで悟ろうとすること）に徹して、教理に暗い禅宗を他宗があざけった呼び方。↔文字の法師

あんじ・ゐる【案じ居る】［自ワ上一］{ゐ・ゐ・ゐる・ゐる・ゐれ・ゐよ}考え続けている。思案している。例「頼む（＝信用スル）にもあらず、頼まずもあらで、案じ・ゐたる人あり」〈徒然・一九四〉

あん・ず【按ず】［他サ変］{ぜ・じ・ず・ずる・ずれ・ぜよ}❶琴などの奏法で、弦を押さえて音を上げる。例「なほ一たびも揺し按・ずる暇も心あわたたしければ」〈源氏・若菜・下〉❷手でなでる。とくに、刀の柄に手をかける。例「右の御手には御剣を按・じて」〈太平記・三二〉

あん・ず【案ず】［他サ変］{ぜ・じ・ず・ずる・ずれ・ぜよ}❶あれこれ考える。工夫する。例「（双六ハ）いづれの手かとく負けぬべきと案・じて」〈徒然・一一〇〉❷心配をする。気遣う。

あんそくかう【安息香】［名］《古くは「あんぞくかう」とも》❶木の名。東南アジア原産。❷①の樹皮から採取した樹脂。芳香があり、薬用や香料として用いられる。

あんだ【箯輿】［名］「あうだ」に同じ。

あんたる［連体］《近世語。「なんたる」の変化形》（驚きあきれて）なんという。例「こりゃあんたる因果（＝幸セ）ぼね」〈浄・平家女護島〉

あんぢ・す【安置す】［名・他サ変］《「あんち」とも》神仏の像や経典を据えてまつること。例「寺を造りて舎利を安置・し給ふべし」〈今昔・六・四〉

あんちん【安珍】［人名］謡曲・浄瑠璃の素材となった紀州道成寺の縁起伝説に登場する僧。熊野権現に参詣途中、清姫の家に宿泊、蛇身となった姫に恋慕される。

あんど［・す］【安堵】㊀［名・自サ変］❶その土地に安住すること。例「叔父をころしてけり。それより八幡（＝石清水八幡宮）にも**安堵・せ**ずなりて」〈古今著聞・三〉❷安心すること。例「上下**安堵・し**ておぼえし程に」〈平家・一二・大地震〉㊁［名・他サ変］中世、将軍や領主が武士や寺社の領地の所有権を公認すること。また、その証書。

あんどうひろしげ【安藤広重】［人名］（一七九七〜一八五八）江戸後期の画家。歌川豊広に入門して歌川広重と名乗った。錦絵の『東都名所』や『東海道五十三次』などによって名を成した。

あんとくてんわう【安徳天皇】［人名］（一一七八〜一一八五）第八十一代天皇。父は高倉天皇、母は平清盛の娘の徳子。壇の浦の合戦で清盛の妻の時子（二位の尼）と入水。

あんどん【行灯】［名］（「あんどう」とも。「行」は持ち運ぶの意）木や竹で組んだ枠に紙を張り、中に油皿を入れて火をともす照明器具。

あんない【案内】［名］「あない」に同じ。

あんないしゃ【案内者】［名］（「あんないじゃ」とも）❶その土地のようすにくわしい者。内部の事情をよく知っている者。例「敵は**案内者**、我等は無案内なり」〈平家・七・願書〉❷道案内をする者。先導者。

あん・なり あるという。あるそうだ。あるようだ。例「世の中に物語といふもののあ**ん・なる**を、いかで見ばやと思ひつつ」〈更級〉

語構成 あん ラ変「あり」体 なり 伝・推「なり」 ＝「あるなり」の撥音便。

発展学習ファイル 「あるなり」の撥音便とされるが、上代には「ありなり」の例があるので、「ありなり」が変化したものとする説もある。

あんのん［・なり］【安穏】［名・形動ナリ］「あんをん」に同じ。

あんばい【塩梅】［名］（「えんばい」とも）❶調理。味加減。❷物事の具合。とくに、体調。

あんぷ【安否】［名］（「あんぶ」とも）無事でいるかどうかということ。あんぴ。

あんふくでん【安福殿】［名］（「あんぷくでん」とも）内裏の殿舎のひとつ。承明門の内の西、紫宸殿の西南、校書殿の南にある殿舎。西廂に侍医の「宿直所」である「薬殿」があった。
↓［表見返し］内裏略図

あん-べい 「べし」の意味によってさまざまな意味になる。→「あべい」。例「そのあるさまの、たちまちにきらきらしき勢ひなど**あんべい**やうもなく」〈更級〉

語構成 あん ラ変「あり」体 べい 推「べし」体 ＝「あるべき」がそれぞれ撥音便、イ音便となった形。

あんぺい［・なり］【安平】［名・形動ナリ］（「あんべい」とも）❶安泰なようす。平穏なようす。❷たやすいさま。例「物がら**あんぺい・に**おぼえければ」〈古今著聞・六〇三〉❸取るに足りないさま。

あんべか・めり（動詞「あり」の連体形「ある」の撥音便＋推量の助動詞「べし」の連体形「べかる」の撥音便「べかん」の撥音無表記＋推量の助動詞「めり」）「べし」の意味によってさまざまな意味になる。→「あべかめり」。例「ひがひがしき心のたぐひやは、また世に**あんべか・める**」〈源氏・総角〉（係結び）「やは→あんべかめる体」

あん-べかり・けり 「べし」の意味によってさまざまな意味になる。→「あべかりけり」。例「思ひしことどもは、この世に**あんべかり・ける**ことどもなりや」〈更級〉

語構成 あん ラ変「あり」体 べかり 推「べし」用 けり 過「けり」 ＝「あるべかりけり」の撥音便。

あん-べき（動詞「あり」の連体形＋推量の助動詞「べし」の連体形＝「あるべき」の撥音便）「べし」の意味によってさまざまな意味になる。→「あべき」

あん・べし 「べし」の意味によってさまざまな意味になる。→「あべし」。例「いたく人にも見知られむにも、はばかり**あん・べければ**」〈更級〉

語構成 あん ラ変「あり」体 べし 推「べし」 ＝「あるべし」の撥音便。

あん・めり …であるようだ。…であるらしい。→「あめり」。例「大将のおとど、見給ひて、ただ今ののしる人にこそは**あん・めれ**」〈宇津保・祭の使〉

語構成 あん ラ変「あり」体 めり 推「めり」 ＝「あるめり」の撥音便。

あんやうかい【安養界】［名］「あんやうじゃうど」に同じ。

あんやうじゃうど【安養浄土】［名］（仏教語。「あんにゃうじゃうど」とも）阿弥陀仏の浄土である西方の極楽世界。極楽浄土。＝安養界・安養世界・安楽世界

あんやうせかい【安養世界】［名］（「あんにゃうせかい」とも）❶（仏教語）「あんやうじゃうど」に同じ。❷楽しむ場のたとえ。遊里。

あんら【菴羅】［名］（梵語の音訳）インドにある高木。マンゴー。花は多くつけるが実を結ぶことが少ないため、仏道を志す者は多いが成功する人は少ないということのたとえに用いられる。

あんらくあんさくでん【安楽庵策伝】［人名］（一五五四〜一六四二）安土桃山時代から江戸前期の僧・茶人。京都の誓願寺の住職。作品に笑話集『醒睡笑』。

あんらくせかい【安楽世界】［名］「あんやうじゃうど」に同じ。

あんろくざん【安禄山】［人名］（七〇五?〜七五七）中国、唐代の武将。七五五年に安史の乱を起こしたが、のち子の慶緒に殺された。

あんをん［・なり］【安穏】［名・形動ナリ］（「あんのん」とも）安らかで変わりがないこと。平穏無事なさま。安全。例「**安穏・に**都まで上りつくべし」〈平家・三・六代〉

い…【井…・亥…・位…・囲…・家…・居…・委…・威…・率…・猪…・韋…・堰…・違…・遺…・藺…】歴史的かなづかい「ゐ…」

い-［接頭］《上代語》動詞に付いて、語調を整えたり、意味を強めたりする。「い隠る」「い通ふ」など。

い-【斎】［接頭］《上代語》神事に関する名詞に付いて、汚れを清めた、神聖なものであるの意を表す。「斎垣」「斎串」「斎杭」など。

い【五】［名］《接頭語的に用いて数を表す》五つ。「五十」「五百」など。

い【糸・網・蜘糸】［名］クモの糸。また、クモの巣。

い【胆】［名］胆嚢。きも。

い【移】［名］令制で直属関係にない役所の間で取り交わされた公文書。平安時代にはほとんど「牒」の形式に代わった。＝移し文

い【異】［名・形動口語型］❶《仏教語》四相（万物の変遷のようす）のひとつ。この世に存在するものが変化し、衰えていくこと。❷他と違っていること。変わっているようす。

い【寝・眠・睡】［名］**眠ること。睡眠。** 例「心とけたる寝だに寝られずなむ、昼はながめ、夜は寝覚めがちなれば」〈源氏・空蟬〉《係結び》「なむ」→（省略）」

発展学習ファイル　この語は単独では用いられず、「寝を寝」「寝も寝」などの形で用いられるが、その場合はふつう下に打消の語を伴う。また、「安寝」「朝寝」「寝汚し」などの複合語を構成する。

〔**寝の寝らえず・眠の寝らえず**〕《「らえ」は上代の可能の助動詞「らゆ」の未然形》眠れない。例「妹を思ひ眠の寝らえぬに」〈万葉・一五・三六七八〉訳〔和歌〕→いもをおもひ…

〔**寝も寝らめやも**〕《名詞「寝」＋係助詞「も」＋動詞「寝」の終止形＋現在推量の助動詞「らむ」の已然形＋係助詞「やも」》寝ていられようか（いや寝ていられない）。例「眠も寝らめやも古思ふに」〈万葉・一・四六〉訳→〔和歌〕あきののにやどるたびと…

〔**寝も寝ず・眠も寝ず**〕眠りもしない。例「都にそ眠も寝ず恋ふる」〈万葉・九・一七八八〉

〔**寝も寝られず・眠も寝られず**〕眠ることもできない。例「うつぶし臥して、**寝も寝られず**」〈源氏・手習〉

〔**寝を寝・眠を寝**〕眠る。例「家思ふと**眠を寝**ず居れば」〈万葉・二〇・四四〇〇〉

い【五十】［名］《接頭語的に用いて数を表す》五十。また、数の多いこと。「**五十日**」「**五十瀬**」など。→「いそ（五十）」

い【汝】［代名］《対称の人称代名詞。相手を見下していう語》（格助詞「が」を伴って）おまえ。例「**いが**作り仕り奉る大殿の内には」〈記・中〉

い［助動］《室町以降の語》軽い敬意を含む要求・命令を表す。…**なさい**。→「さい［助動］」。例「ようこそおりゃったれ、まづこう通らい」〈狂・枕物狂ひ〉

〈接続〉四段動詞の未然形に付く。

い［終助］《室町以降の語》念を押したり、語調を強めたりする。…**よ**。…**わ**。例「さうであらふと思ふたい」〈狂言記・烏帽子折〉訳そうだろうと思ったよ。

い［間助］《上代語》上の語を強調する。例「在千潟あり慰めて行かめども家なる妹いおほほしみせむ」〈万葉・一二・三一六一〉訳（ありちがた）心を慰め続けて行こうと思うけれども家にいるほかでもない私の妻は気が晴れない状態でいることだろう。〔注〕「在千潟」は「あり」の枕詞。

〈接続〉体言、活用語の連体形に付く。

〈参考〉主語の下に付いた場合、格助詞とする説もある。

いあ・つ【射中つ・射当つ】［他タ下二］｛て・て・つ・つる・つれ・てよ｝矢を命中させる。例「それを**射あ・て**たまへらむ人に奉らむ」〈大和・一四七〉

いあ・ふ【射合ふ】［他ハ四］｛は・ひ・ふ・ふ・へ・へ｝矢を互いに射る。

いあらは・す【射顕す】［他サ四］｛さ・し・す・す・せ・せ｝弓を射て、相手の正体をつきとめる。例「明日の夜罷りて、必ず**射顕・し**て見せ奉らむ」〈今昔・二七・三四〉

いい…【飯…・言い…】歴史的かなづかい「いひ…」

いう【言う】歴史的かなづかい「いふ」

いう［［・なり］］【優】［形動ナリ］｛なら・なり（に）・なり・なる・なれ・なれ｝《漢語「優」を形容動詞化した語》❶**すぐれている。すばらしい。** 例「かぐや姫のかたち、優におはすなり」〈竹取・かぐや姫の昇天〉《敬語》「優におはす」→「おはす」。❷**優雅である。上品である。** 《敬語》「優にこそおはしましけれ」〈大鏡・伊尹〉《係結び》「こそ→おはしましけれ㊁」。❸**けなげである。殊勝である。** 例「み方の御勢は皆落ち候ふに、ただ一騎のこらせ給ひたるこそ優なれ」〈平家・七・実盛〉《係結び》「こそ→優なれ㊁」。《敬語》「落ち候ふ」→「さうらふ」、「のこらせ給ひ」→「せたまふ」。❹**やさしい。おだやかである。** 例「優に情けありける三蔵かな」〈徒然・八四〉

> 古語深耕　「いう」と「あて」「えん」との違い
>
> 美を表す語は多いが、「いう」は漢字で意味を理解するのが早い。「優秀」つまり秀れている、また、「優美」つまりやさしく穏やかな美しさということである。同じく「えん」も漢語で、「艶」の字のとおり「色」の美と把握するとよい。物なら色彩の豊かさ・明るさ、人事なら色恋めいた雰囲気を漂わせている感じ。色好みは『みやび』の要素だったので、「艶」はおしゃれで洗練されているさまにもなった。また、「あて」は「いう」の美に重なるが、身分の高さ、品格にあるときの、気品ある優美さをいう。

いうえん［［・なり］］【優艶】［名・形動ナリ］優美でめでやかなさま。

いうきょ【幽居】［名］俗世間を避け、ひきこもりもの静かな所で暮らすこと。その住まい。閑居。

いうくん【遊君】［名］宴席で、歌や舞を見せ、

い

遊興の相手をした女。遊女。＝遊び女・浮かれ女

いうげん［・なり］【幽玄】［名・形動ナリ］（「幽」はかすか、奥深いの意。「玄」は暗いの意）❶**奥深くはかり知れない。**例「あるは、事神異にあづかり、あるは、興幽玄に入る」〈古今・真名序〉❷**優美。優雅。深い味わいがあること。**例「詩歌にたくみに、糸竹に妙なるは幽玄の道」〈徒然・一二二〉❸**閑静。静かな落ち着いたさま。**例「しかるを幽玄・なる楼にうそぶきたるばかりをもて」〈一言芳談〉❹歌論・連歌論・能楽論における文芸の美的理念のひとつ。㋐**言外に余情があり、味わいのつきないさま。**例「かやうの列の歌は幽玄の境にはあらず」〈無名抄〉㋑**優艶な美しさ。**例「山の紅葉に秋の霧のかかれる風情を幽玄の姿とするなり」〈正徹物語〉㋒**やさしく上品な美しさ。**例「ただ美しく、柔和なる体、幽玄の本体なり」〈花鏡〉

古語深耕　「幽玄」の語義の深化と変容

「**幽玄**」ということばは、本来中国で、老荘思想や仏教思想と関連して「奥深い」とか「深遠な」という意味で用いられていた。日本でも当初は仏典の中で使用されたが、平安初期には①に挙げた『古今和歌集』真名序をはじめ、和歌の評語としての用例も現れ、後には歌合わせの判詞にも多く用いられるようになった。

とくに、藤原俊成は、「**艶**」「**あはれ**」「**やさし**」などの理念をも複合させた余情美としてとらえ、中世においては和歌・連歌・能楽などあらゆる芸術の中心理念となった。正徹（和歌）・心敬（連歌）・世阿弥（能楽）らは「**幽玄**」の美をさらに深化させていったが、正徹は華麗妖艶な美とし、心敬は閑寂で冷えさびた美とするなど、それぞれとらえ方には差がみられる。また、時代とともに意味内容も変化し、やがて近世に至ると、松尾芭蕉が提唱した「**さび**」に統合されていった。

いうげんたい【幽玄体】［名］（「いうげんてい」とも）歌体のひとつ。奥深く静寂な余情ある歌をいったが、のちには優艶な歌を意味するようになった。藤原定家の『毎月抄』などに説かれる十体のひとつ。幽玄様。

いうし【遊子】［名］家を出、他郷にいる人。旅人。

いうし【猶子】［名］（「いうじ」とも）❶兄弟姉妹の子供。甥・姪。❷養子。

いうしないしんわうけのきい【祐子内親王家紀伊】［人名］（生没年未詳）平安後期の女流歌人。「一宮紀伊」「紀伊」ともいう。祐子内親王に仕え、『後拾遺和歌集』などに入集。また『堀河院御時百首和歌』の作者。

いうしはうげん【遊子方言】［作品名］江戸中期（一七七〇ごろ刊行）の洒落本。田舎老人多田爺作。通人ぶる男とうぶな若者との遊里での滑稽な一幕を描く、洒落本の先駆的作品。

いうしょく【有職・有識】［名］「いうそく」に同じ。

〔俳句〕**いうぜんとして…**【**悠然として山を見る蛙かな**】〈おらが春・一茶〉訳いかにも悠然とした姿であの蛙は山を見上げていることだ。（季―蛙―春）

いうそう【遊僧】［名］（「ゆそう」とも）「延年の舞」などの遊芸をする僧。

いうそく［・なり］【有識・有職】（「いうそこ」「いうしき」「いうしょく」とも）**一**［名］❶**学識があること。学者。識者。物知り。**例「時の有職と天の下をなびかしたまへるさまことなめれば」〈源氏・賢木〉（音便）「ことなめれ」は「ことなるめれ」の撥音便「ことなんめれ」の撥音無表記。❷**音楽など諸芸にすぐれていること。芸能の名人。**例「心ことなりと世人に思はれたる有職のかぎりととのへさせたまへり」〈源氏・紅葉賀〉（敬語）「ととのへさせたまへり」→「させたまふ」。❸**朝廷・公家・武家の儀礼や行事などの作法に精通していること。また、その人。**例「今の内裏作り出だされて、有職の人々に見せられけるに、いづくも難なしとて」〈徒然・三三〉❹**才知・容貌・人柄などがすぐれた人。すてきな女性。美人。**例「いかでさる有識をば、ものげなき若人にてはとりこめられしぞ」〈大鏡・道長・下〉**二**［形動ナリ］｛なら・なり（に）・なり・なる・なれ・なれ｝**教養があるさま。物事によく精通しているさま。**例「おほよそ、何事にも有識・に、御心うるはしくおはしますことは」〈大鏡・実頼〉（敬語）「うるはしくおはします」→「おはします」

いうそくこじつ【有職故実・有識故実】［名］公家や武家の儀礼や行事などの先例や典拠となる故事。また、それを研究する学問。

いうちゃう［・なり］【優長】［名・形動ナリ］才能がすぐれ、物事に長じているさま。

いうぢょ【遊女】［名］❶宴席で歌舞などの芸を演じ、遊興の相手をした女。白拍子・傀儡など。＝遊び女・浮かれ女・遊君。❷室町以降の、公許となった「廓」（遊廓）におかれた女。＝女郎

いうねん【遊年】［名］「陰陽道」の八卦忌みのひとつで、その人の年齢によって、建築・移転・旅行・結婚などを忌み避けなくてはいけない方角。

いうひつ【右筆・祐筆】［名］❶筆をとって文を書くこと。❷文筆にたずさわる者。文官。❸武家の職名。書記。

いうゑん【幽遠】［名］（「ようをん」とも）正徹・心敬などの、中世期の歌論・連歌論に見られる語。奥深く崇高で、かすかなさまを示す歌を評していう。

いえ…【家…】歴史的かなづかい「いへ…」

いお【庵・廬・五百】歴史的かなづかい「いほ」

いお【魚】歴史的かなづかい「いを」

いおこ・す【射おこす】［他サ下二］｛せ・せ・す・する・すれ・せよ｝（矢を）こちらに向けて射かける。例「山の上よりゆゆしき鏑矢を射おこ・せければ」〈宇治拾遺・三・二〉

いおと・す【射落とす】［他サ四］｛さ・し・す・す・せ・せ｝矢を放って、ねらったものを落とす。

いおほ・す【射果す】［他サ下二］｛せ・せ・す・する・すれ・せよ｝ねらったとおりに矢を命中させる。例「射おほ・せ候はむ事、不定に候ふ」〈平家・一一・那須与一〉

いおり【庵・廬】歴史的かなづかい「いほり」

いか【以下・已下】［名］「いげ」に同じ。

いが・む【啀む・嚊む】[自マ四]{ま・み・む・む・め・め}❶獣がほえたてる。例「この犬五つの子の中に、一つを悪みて乳をのませずして、**いが・みくひければ**」〈沙石集〉❷くってかかる。例「早く屋敷を明け渡せと、**いが・みかかれば**」〈浄・仮名手本忠臣蔵〉

いかめ【厳め】[形動口語型]（「いかめな」「いかめの」の形で用いて）こわそうな。恐ろしそうな。例「あれにいかめの山伏が柿を盗うで食うてゐる」〈狂・柿山伏〉

いかめ・し【厳めし】[形シク]{しから・しく(しかり)・し・しき(しかる)・しけれ・しかれ}《「いか」は厳の意で、「いかし」とほぼ同じ意》❶威厳がある。厳粛だ。例「御経、仏など供養ぜさせたまひて、**いかめ・しく**尊くなんありける」〈源氏・蜻蛉〉《敬語》「供養ぜさせたまひて」→「たまふ(四段)」。《係結び》「なん→ありける㊍」。❷盛大だ。立派だ。例「父大臣の御勢ひ**いかめ・しかり**しなごり」〈源氏・宿木〉❸強い。激しい。厳しい。例「波いと**いかめ・しう**立ちきて」〈源氏・須磨〉《音便》「いかめしう」は「いかめしく」のウ音便。

いかめしう【厳めしう】形容詞「いかめし」の連用形「いかめしく」のウ音便。

いが・める【歪める】[他マ下二]{め・め・める・める・めれ・めよ(めろ)}《近世語。「ゆがめる」の変化形》❶曲げる。❷いためつける。❸盗む。例「銭二百取られた替はりに、胴乱をちょびといが・めてこました」〈伎・韓人漢文手管始〉

いかものづくり【怒物作り・厳物作り】[名]いかめしく、豪華に見えるようにこしらえた太刀。外装を覆輪（金属製の縁）で仕上げる。

いかももか【五十日百日】[名]生後五十日と百日。また、生後百十日にあたる日に、五十日の祝いと百日の祝いをかねて一度に行う祝い。

いかやう【・なり】【如何様】[形動ナリ]{なら・なり(に)・なり・なる・なれ・なれ}（多く下に推量の表現を伴って）どんなだ。どのようだ。例「そもそも、**いかやう・なる**心ざしあらむ人にかあはむと思ぼす」〈竹取・石作の皇子〉

いかよ・ふ【い通ふ】[自ハ四]{は・ひ・ふ・ふ・へ・へ}《「い」は強意の接頭語》通う。行き来する。

いからか・す【怒らかす】[他サ四]{さ・し・す・す・せ・せ}《「かす」は接尾語》「いからす」に同じ。

いから・す【怒らす】[他サ四]{さ・し・す・す・せ・せ}（目や声を）こわばらせる。いかついようすをする。＝怒らかす

いかり【怒り】[名]腹を立てること。怒ること。

いかり【碇・錨】[名]❶船をとめておくためのおもり。❷猫の首ひもに付けるいかり型のおもり。❸いかりを模様化したもの。❹「いかり①」を図案化した紋所の名。

いかりおろし【碇下ろし】[枕詞]同音の繰り返しから「いかなる」「いかに」にかかる。例「**いかり下ろし**いかなる人か物思はざらむ」〈万葉・一一・二四三六〉

いかりげ【怒り毛】[名]獣が怒って逆立てる毛。

いかりなは【碇縄・錨縄】[名]船のいかりに結び付ける縄。いかり綱。「いか」の繰り返しから「如何で」、縄を「繰る」ことから「苦し」を導く序詞としても用いられる。

いかりゐ【怒り猪】[名]怒って大暴れする猪。

いか・る【怒る】[自ラ四]{ら・り・る・る・れ・れ}❶おこる。腹を立てる。❷激しく荒々しく振る舞う。❸角ばってごつごつとする。例「荒海の**怒・れ**る魚のすがた」〈源氏・帚木〉

いか・る【い刈る】[他ラ四]{ら・り・る・る・れ・れ}《「い」は強意の接頭語》刈る。例「いと草がちに、**怒・れる**手の」〈源氏・常夏〉

いかるが【斑鳩・鵤】[名]アトリ科の鳥の古名。くちばしが大きく円錐形で黄色、頭・尾・翼は黒く、体色は灰色。（季―秋）

いかるが【斑鳩】[地名]大和国の地名。いまの奈良県生駒郡斑鳩町。七世紀初め、聖徳太子が斑鳩宮を造営し、法隆寺を建立した地。

いかん【如何】[副]《「いかに」の撥音便》どう。どのように。どうして。例「人のために(庵ヲ)作らず。ゆゑいかんとなれば」〈方丈記〉

いかんが【如何が】[副]《「いかにか」の撥音便》疑問・反語の意を表す。どうして…か。どうして…か、いや…ない。例「**いかんが**朝敵となれる人に同心(＝同意)をばし候ふべき」〈平家・四・競〉

いき…【域…】歴史的かなづかい「ゐき…」

いき【息】[名]❶呼吸。とくに吐き出す息。❷命。例「この人も、亡くなりたまへるさまながら、さすがに**息は通・ひて**おはしければ」〈源氏・夢浮橋〉

〔**息**（**は**）**通ふ**〕息をしている。生きている。

〔**息つく**〕息をつく。ほっとする。

〔**息の下**〕苦しげな息づかいでものを言うさま。例「『人に見せで、夜、この川に落とし入れたまひてよ』と、**息の下**に言ふ」〈源氏・手習〉

〔**息の緒に**〕命の限り。命をかけて。例「**息の緒に**我は思へど」〈万葉・一一・二三五九旋頭歌〉

〔**息も継ぎ敢へず**〕《名詞「息」＋係助詞「も」＋動詞「継ぐ」の連用形＋下二段動詞「敢ふ」の未然形＋打消の助動詞「ず」》息をつくひまもない。例「**息もつぎあへ・ず**語り興ずるぞかし」〈徒然・五六〉

〔**息を継ぐ**〕一息入れる。休息する。

〔**息を延ぶ**〕ほっとして気がゆるむ。心が落ち着く。例「この人(ノ来タノ)に**息をの・べ**たまひてぞ、悲しきことも思ぼされける」〈源氏・夕顔〉

〔**息を放つ**〕大きく息を吐き出す。例「時々そそと**息を放・つ**やうにして、集ひたる者どもの顔を見わたせば」〈宇治拾遺・二・九〉

いき【粋】[名・形動口語型]❶容姿、身なり、気風が洗練されてあか抜けていること。都会的で洗練されていること。❷人情の機微を巧みにとらえているさま。遊里の人情や遊びの裏面に通じているさま。↔野暮

古語深耕

上方の「粋」と江戸の「粋」

もともとは「気概」「意気込み」の意で用いられたことばだが、近世に至り、江戸の遊里で使われているうちに、②の意味が派生し、近世中期以降は町人社会の美的理念として定着した。上方で生まれた「粋」が江戸にもたらされたものが、同じ「粋」の字を用いても「いき」と読んだのは、「意気」と「張り」を尊ぶ江戸の土地柄によるものとみられる。容姿や身なり、態度などが洗練されていやみがなく、程よくさっぱりとした気風をいい、洒落本・人情本などでは、賛美の対象として多く描かれている。

いき【意気】[名]❶気立て。心情。気品。❷気概。気合。心意気。

いき【壱岐】[地名]旧国名。西海道十二か国のひとつ。いまの長崎県壱岐郡。壱岐島。＝壱州

いぎ【異議】[名]他と違う意見・議論。異論。
〔**異議に及ぶ**〕異論を唱える。不服を唱える。例「〔足利殿ハ〕叛逆の企ていよいよ深ければ、なかなかに**異議に及・ばず**」〈太平記・九〉

いきあか・る【行き別る】[自ラ下二]{れ・れ・る・るる・るれ・れよ}別れ去る。例「見捨てて**行きあか・れ**にけりと、つらくや思はむ」〈源氏・帚木〉

いきあが・る【生き上がる】[自ラ四]{ら・り・る・る・れ・れ}生き返る。よみがえる。例「この男打ち伏せられて絶入しけるが、**いきあが・り**て頭をさぐれば」〈沙石集〉

いきあ・ふ【行き逢ふ】[自ハ四]{は・ひ・ふ・ふ・へ・へ}《「ゆきあふ」とも》偶然ばったり会う。例「狩りし歩きけるにいきあ・ひて」〈伊勢・六三〉

いきいかず【生き生かず】生きるか死ぬか。生死。例「我が身の**生き生かず**は知らず、必ず彼をば射取り侍りなん」〈宇治拾遺・一三・一九〉

いきい・づ【生き出づ・息出づ】[自ダ下二]{で・で・づ・づる・づれ・でよ}❶息をふき返す。生き返る。＝生き上がる。↕死に入る。例「からうじて**生き出・で**たまへるに」〈竹取・燕の子安貝〉❷正気に戻る。例「『川尻といふ所近づきぬ』と言ふにぞ、すこし**生き出・づる**心地する」〈源氏・玉鬘〉

いきう・し【行き憂し】[形ク]{から・く(かり)・し・き(かる)・けれ・かれ}行くのがつらい。行きたくない。例「大方は**行きう・し**と言ひていざ帰りなむ」〈古今・離別・三八八〉

いきう・す【行き失す】[自サ下二]{せ・せ・す・する・すれ・せよ}行方知れずになる。行方不明になる。

いきかく・る【行き隠る】[自ラ下二]{れ・れ・る・るる・るれ・れよ}去って行方知れずになる。例「ほかへ**行き隠・れ**んとにやあらむ」〈源氏・蜻蛉〉

いきかた【意気方】[名]《近世語》気持ちのあり方。さっぱりとした心ばえ。心意気。

いきがたり【生き騙り】[名]《近世語。「いき」は接頭語》ずぶとい詐欺師。大うそつき。

いきかへ・る【生き返る】[自ラ四]{ら・り・る・る・れ・れ}よみがえる。蘇生する。

いきかよ・ふ【行き通ふ】[自ハ四]{は・ひ・ふ・ふ・へ・へ}《「ゆきかよふ」とも》行き来する。とくに、男が女のもとに通う。例「人の**いき通・ふ**べき所にもあらざりければ」〈伊勢・四〉

いきざし【息差し】[名]❶息づかい。呼吸。❷ようす。気配。例「あてにうつくしき**いきざし**の、見る目にたがはず」〈浜松中納言・五〉

いきしに【生き死に】[名]❶生きることと死ぬこと。生死。❷命をもかけるほど真剣な情熱。

いきす・ぐ【行き過ぐ】[自ガ上二]{ぎ・ぎ・ぐ・ぐる・ぐれ・ぎよ}《「ゆきすぐ」とも》通り過ぎる。例「からうじて**行き過・ぎ**て、走り井にて破子などものすとて」〈蜻蛉・中〉

いきすだま【生き霊】[名]《「いきずたま」とも》生きている人の魂がからだを離れ、他人にとりついてたたりをなすもの。生きている人の怨霊。＝生き霊

いぎたな・し【寝汚し】[形ク]{から・く(かり)・し・き(かる)・けれ・かれ}《名詞「寝」＋形容詞「汚し」》眠りをむさぼっている。ぐっすり眠りこんでいる。寝坊だ。↕寝聡し。例「**いぎたな・く**て出でたまふべき気色もなきよ」〈源氏・総角〉

いきだは・し【息だはし】[形シク]{しから・しく(しかり)・し・しき(しかる)・しけれ・しかれ}《「いきいたはし」の変化形》呼吸が苦しい。息ぎれがする。例「〔病気デ〕腹ふくれて**息だは・しき**とて、物いはるるも分明ならざりける」〈古今著聞・二九二〉

いきち・る【行き散る】[自ラ四]{ら・り・る・る・れ・れ}散り散りに去る。例「みな次々にしたがひて**行き散・り**ぬ」〈源氏・蓬生〉

いきづか・し【息衝かし】[形シク]{しから・しく(しかり)・し・しき(しかる)・しけれ・しかれ}ため息が出るような気持ちだ。嘆かわしい。例「**息づか・し**相別れなば」〈万葉・八・一四五四〉

いきづき【息衝き】[名]息をつくこと。ため息。

いきづきあま・る【息衝き余る】[自ラ四]{ら・り・る・る・れ・れ}ため息をついて嘆いても、まだ嘆ききれない。例「心には火さへ燃えつつ思ひ恋ひ**息づき余・り**」〈万葉・一七・四〇二二長歌〉

いきづきわた・る【息衝き渡る】[自ラ四]{ら・り・る・る・れ・れ}ため息をつきながら日々を嘆いて暮らす。例「隠り恋ひ**息づき渡・り**下思ひに嘆かふ我が背」〈万葉・一七・三九七三長歌〉

いきつ・く【行き着く】[自カ四]{か・き・く・く・け・け}《「ゆくつく」とも》❶目的地に着く。例「三月といふに武蔵の国に**行き着・き**て」〈更級〉❷《近世語》事が終わる。(財産・物などが)すっかりなくなる。尽き果てる。例「治兵衛身代**行きつ・い**ての金に詰まってなんどと」〈浄・心中天の網島〉❸《近世語》すっかりほれ込む。（音便）「行きつい」は「行きつき」のイ音便。

いきづく【意気尽く】[名]《近世語。「づく」は接尾語》意地を張り通すこと。義理を貫くこと。

いきづ・く【息衝く】[自カ四]{か・き・く・く・け・け}❶苦しそうに息をつく。あえぐ。例「鳰鳥の潜き**息づ・き**」〈記・中・歌謡〉❷ため息をつく。嘆く。例「夜はも**息づ・き**明かし」〈万葉・五・八九七長歌〉

いきづ・む【息詰む】[自マ四]{ま・み・む・む・め・め}息をつめてぐっと力む。いきむ。例「しとを**いきづ・ま**ば、一定もろともに〔オナラモ〕いでぬべくて」〈古今著聞・五四六〉

いきどほ・る【憤る】[自ラ四]{ら・り・る・る・れ・れ}❶心が晴れない。不平を抱く。例「**憤・る**心の内を思ひ延べ」〈万葉・一九・四二五四長歌〉❷怒る。腹を立てる。例「関白殿**いきどほ・り**申させたまひけるは」〈保元・上〉

いきどほろ・し【憤ろし】[形シク]{しから・しく(しかり)・し・しき(しかる)・しけれ・しかれ}心が晴れない。不満である。不安である。例「目にし見えねば**憤ろ・しも**」〈紀・神功〉

いきとま・る【生き止まる】[自ラ四]{ら・り・る・る・れ・れ}生き残る。生き延びる。例「うき宿世ある身にて、かく**生きとま・り**て」〈源氏・関屋〉

いきにょらい【生き如来】[名]「いきぼとけ①」に同じ。

いきの・ぶ【生き延ぶ】[自バ上二]{び・び・ぶ・ぶる・ぶれ・びよ}長生きする。生き延びる。例「し残したるを、さてうち置きたるは、面白く、**いきの・ぶる**わざなり」〈徒然・八二〉

いきのまつばら【生の松原】[歌枕]筑前国の松原。いまの福岡県福岡市、博多湾の海岸にある。「筑紫」とともに詠まれ、「行き」をかける。

いきはぎ【生き剝ぎ】[名]「天つ罪(古代の罪の分類)」のひとつ。生きた動物の皮をはぐこと。↓「あまつ

つみ」。＝生け剝ぎ

いきはだたち【生き膚断ち】[名]「国つ罪」のひとつ。生きた人の肌を切って傷つけること。↓「くにつつみ」。↕死に膚断ち

いきはな・る【行き離る】[自ラ下二]{れ・れ・る・るる・るれ・れよ}違った方に別れて行く。離れて行く。例「ふるきものどもの、さもえいき離・るまじきは」〈枕・すさまじきもの〉

いきはり【意気張り】[名]《近世語》意地を張ること。とくに、遊女が客に対して意地を貫き通すこと。

いきぶれ【行き触れ】[名]《「ゆきぶれ」とも》(死者などの)汚れたものに行き会って、その汚れを身に受けること。

いきぼとけ【生き仏】[名]❶この世に生きている仏。転じて、高徳の僧。＝生き如来。❷美人。

いきぼね【息骨】[名]「おとぼね」に同じ。

いきほひ【勢ひ】[名]❶威力。威勢。❷権力。権勢。❸盛んなようす。形勢。例「かの君は、ただ今大臣になりぬべき勢ひなれば」〈落窪・二〉

〔**勢ひ猛**〕勢力・権勢が盛んなさま。例「勢ひ猛の者になりにけり」〈竹取・かぐや姫〉

いきほ・ふ【勢ふ】[自ハ四]{は・ひ・ふ・ふ・へ・へ}❶勇み立つ。例「そのほどの有り様はもの騒がしきまで人多く勢・ひたり」〈更級〉❷時めく。栄える。例「いかめしく勢・ひたるをうらやみて」〈源氏・玉鬘〉

いきま・く【息巻く】[自カ四]{か・き・く・く・け・け}❶勢力を振るう。例「坊(＝東宮)のはじめの女御にていきまきたまひしかど」〈源氏・若菜・上〉❷気勢を上げる。力みかえる。例「『我に手向かひはしてむや』など息巻きて」〈今昔・二五・五〉❸いきりたつ。激しい口調で怒る。例「上人なほいきまきて、『何と言ふぞ非修非学の男』と、あららかに言ひて」〈徒然・一〇六〉

いきまじ・る【行き混じる】[自ラ四]{ら・り・る・る・れ・れ}さまざまなものが交じる。交錯する。例「そそけたる葦の生ひざまなど、難波の浦に通ひて、こなたかなたいきまじ・りて」〈源氏・梅枝〉

いきみ【生き身】[名]生きているからだ。生身。

いきみたま【生き御霊・生き身魂】[名]陰暦七月八日から十三日の間に、子供が父母に贈り物やごちそうをして長命を願う行事。＝生き盆。(季―秋)

いきめぐら・ふ【生き廻らふ】[自ハ四]{は・ひ・ふ・ふ・へ・へ}《動詞「生き廻る」の未然形＋上代の反復・継続の助動詞「ふ」》ずっと生き長らえる。例「〔源氏二〕後れたてまつりて生きめぐら・ふは」〈源氏・紅梅〉

いきめぐ・る【生き廻る】[自ラ四]{ら・り・る・る・れ・れ}生き長らえる。例「世の中に生き廻・りておはしまさむずる者となむ思しめしそ」〈今昔・二九・四〉

いきもてゆ・く【行きもて行く】[自カ四]{か・き・く・く・け・け}《「いきもていく」とも》どんどん行く。例「『はやく過ぎよ』といひて、いきもてゆ・く道も」〈枕・五月の御精進のほど〉

いきゃう【異香】[名]珍しいよい香り。「往生の証」とされた。

いぎゃう【[・なり]】【異形】[名・形動ナリ]ふつうと異なる姿。怪しい姿。

いぎゃうだう【易行道】[名]《仏教語》(修行が行いやすい意から)阿弥陀仏の「本願」にすがり、念仏さえ唱えれば極楽往生できるという教え。他力本願の法。↕難行道

いきりゃう【生き霊】[名]生きている人の魂がからだを離れて他人にとりつき、たたりをなすもの。＝生き霊。↕死霊

いき・る【熅る・熱る】[自ラ四]{ら・り・る・る・れ・れ}《近世語》❶ほてる。むし暑くなる。例「熱くいき・る事を除くと」〈三宝絵詞〉❷勢い込む。息巻く。例「上物の裏とぞいき・りける」〈浄・心中刃は氷の朔日〉

いき・る【射切る】[他ラ四]{ら・り・る・る・れ・れ}矢を当てて、物を切断する。例「扇のかなめぎは一寸ばかりおいて、ひいふっとぞ射き・ったる」〈平家・一一・那須与一〉《音便》「射きっ」は「射きり」の促音便。

いきわか・る【行き別る】[自ラ下二]{れ・れ・る・るる・るれ・れよ}別れ別れになる。離別する。例「行き別・るるほど、行くもとまるも、みな泣きなどす」〈更級〉

いく-【幾】[接頭](おもに名詞に付いて)物の数量・程度が不確定な意を表す。「幾年」「幾許」など。

いく-【生く】[接頭](名詞に付いて)褒めことばとして、生き生きとして生命と霊力が永久である意を表す。「生く大刀」「生く弓矢」など。

い・く【生く】㊀[自カ四]{か・き・く・く・け・け}[自カ上二]{き・き・く・くる・くれ・きよ}❶生きる。命を保つ。生き続ける。例「たとひ耳鼻こそ切れ失すとも、命ばかりはなどか生・きざらん」〈徒然・五三〉《疑問語との呼応》「などか」↓生きざらん㊤。《係結び》「こそ」↓(流れ)」。❷生き返る。蘇生する。例「経ること三日すなはち蘇めい・きたり」〈霊異記〉㊁[他カ下二]{け・け・く・くる・くれ・けよ}生かす。生き返させる。例「この人を生・けはてて見まほしう」〈源氏・手習〉《音便》「まほしう」は「まほしく」のウ音便。

発展学習ファイル ㊀の四段活用はおもに平安時代まで、鎌倉以降は上二段活用が主である。①の用例の「生き」も上二段活用である。

〔**生きての世**〕生きている世。この世。現世。例「生きての世死にての後の後の世も」〈大鏡・師尹〉

〔**生きとし生けるもの**〕《動詞「生く」の連用形＋格助詞「と」＋副助詞「し」＋「生く」の已然形＋完了の助動詞「り」の連体形＋名詞「もの」》この世に生を受けているものすべて。あらゆる生き物。例「生きとし生けるもの、いづれか歌を詠まざりける」〈古今・仮名序〉

〔**生ける甲斐**〕生きているという張り合い。生きがい。＝生ける験

〔**生ける仏の御国**〕《「み」は接頭語》この世の極楽浄土。すぐれていることをたとえていう表現。例「梅の香も御簾の内の〔薫き物ノ〕匂ひに吹き紛ひて、生ける仏の御国とおぼゆ」〈源氏・初音〉

い・く【行く・往く】[自カ四]{か・き・く・く・け・け}《「ゆく」とも》❶目的地へと進む。❷うまく事が運ぶ。❸納得できる。承知できる。

いくいく【幾幾】[副](「と」を伴って)いくつもいくつも。数知れず。例「折敷を、桶を、櫃などに入れて、いくいくと置きて」〈宇治拾遺・二・一〉

いくか【幾日】[名]何にち。いくにち。

いくかへり【幾返り】[副]いくたび。何回も。例「いくかへり咲き散る花を」〈新古今・恋一・一〇一七〉

い

いくくすり【生く薬】[名]不老不死の薬。

いくさ【軍】[名]❶矢を射ること。弓術。❷兵士。軍勢。❸戦い。合戦。

いくさがみ【軍神】[名]武運を守る神。

いくさだいしゃう【軍大将】イクサダイショウ[名]合戦のときに、主君の命を受けて一軍の指揮をとる武将。

いくさだち【軍立ち】[名]❶戦場に出発すること。出陣。❷戦い。攻撃。

いくさのきみ【将軍】[名]一軍を統率する将軍。

いくさのぎゃうじ【軍の行事】イクサノギョウジ[名]合戦の総司令官。総大将。

いくさひゃうぢゃう【軍評定】イクサヒョウジョウ[名]合戦の前にする作戦会議。

いくさぶぎゃう【軍奉行】イクサブギョウ[名]鎌倉・室町幕府の役職名。軍事を統括する総責任者。合戦のとき臨時におかれた。

いくさよばひ【軍呼ばひ】イクサヨバイ[名]戦場で戦う人々の喚声。おたけび。

いぐし【斎串】[名]《「い」は神聖なの意の接頭語》祭具に用いる神聖なくし。榊さかきの枝や小竹しので作る。神霊を招き、悪霊を払う。＝玉串たまぐし

いくしほ【幾入】イクシオ[名]《「しほ」は接尾語》何回も染料に浸すこと。どれほどの回数の染めかさね。

いくせ【幾瀬】㊀[名]いくつかの瀬。㊁[副]《程度がはなはだしいさまを表して》どれくらい多くの。例「去年の暮れから丸一年二年越しに音づれなく、それは**幾瀬**の物案じ」〈浄・夕霧阿波鳴渡〉

いくそ【幾十】[副]どれほど多く。数えきれないほど。例「**いくそ**の事どもかは変はりたる、そのほど推しはかるべし」〈栄花・八〉

いくそたび【幾十度】[副]何度となく。例「あしべこぐ棚なし小舟をぶね**いくそたび**ゆきかへるらむしる人もなみ」〈伊勢・九二〉

いくそばく【幾十許】[副]どれほど。数多く。例「たびたびの炎上にほろびたる家また**いくそばく**ぞ」〈方丈記〉

いくた【生田】[歌枕]摂津国せっつのくにの地名。いまの兵庫県神戸市中央区を中心とする地域。ここを流れる「生田川」は、菟原処女うないおとめが身を投げたという生田川伝説で有名。「生田の森」は生田神社境内の森で、源平合戦や南北朝時代の戦場。同音反復の序詞に用いたり、「生く」「行く」にかけたりする。

いくだ【幾だ】[副]《「だ」は接尾語》《下に打消の語を伴って》どれほど。いくら。例「ま玉手たまでの玉手さし交へさ寝し夜よの**いくだ**もあらねば」〈万葉・五・八〇四長歌〉

いくたままんく【生玉万句】[作品名]江戸前期（一六七三刊行）の俳諧撰集はいかいせんしゅう。井原西鶴さいかく編。当時無名の新人だった西鶴の初めての編著で、俳壇中央への進出を企てた作品。

〔俳句〕**いくたりか…**【**幾人か時雨しぐれかけぬく瀬田せたの橋はし**】〈猿蓑・丈草〉訳時雨が急に降り出した。雨具をもっていない旅人が何人か、あわてて瀬田の橋をかけぬけてゆく。（季―時雨―冬）

いくぢ【意気地】イクジ[名]《「いきぢ」の変化形》何かをやり通そうという気力・態度。意地。心の張り。

いくちとせ【幾千歳・幾千年】[名]どれほど長い歳月。何千年。

いくちよ【幾千代・幾千世】[名]どれほど長い年月。多くの年代。何千年。何千世代。

いくつ【幾つ】[名]《「つ」は接尾語》❶《物の数が》どのくらい。何個。❷《年齢が》どれくらい。何歳。

いくとせ【幾歳・幾年】[名]《「いくとし」とも》❶《いったい》どれくらいの年数。何年。❷多くの年数。何年もの間。長年。

いくの【生野】[歌枕]丹波国たんばのくにの地名。いまの京都府福知山市生野。「生く」「行く」などをかける。

いくは【的】[名]《「ゆくは」とも》弓のまと。

いくはうもん【郁芳門】イクホウモン[名]大内裏だいだいりの外部と通じる門。十四の門のうち、東側の四つの南端。「大炊寮おおいりょう」に近く大炊の御門ともいう。↓「表見返し」大内裏俯瞰図

いくばく【幾許】[副]《接頭語「いく」＋接尾語「ば」＋副詞を作る接尾語「く」》❶《不定の数量や程度を示す》**どれほど。どれくらい。**例「**いくばく**の田を作ればか時鳥ほととぎすしでの田長たおさを朝な朝な呼ぶ」〈古今・雑躰・一〇一三〉〔注〕ホトトギスは「シデノタヲサ」と鳴くと考えられていた。❷《否定や反語表現を伴って、数量や程度が少ないことを示す》《多く「いくばくも」の形で》**いくらでも…ない。たいして…ない。**例「柏木かしわぎ〔＝ガ〕過ぎたまひて**いくばく**も隔たらぬ心地ここちのみしはべる」〈源氏・橋姫〉（敬語）「しはべる」→「はべり」

〔**幾許いくばくもなし**〕どれほどの時もない。まもない。例「舎人とねりして〔＝石ヲ〕取りにつかはす。**いくばくもなく**て持て来ぬ」〈伊勢・七八〉

〔和歌〕**いくばくの…**【**いくばくのおとりまさりも見えぬ子の負おへる負はるるあはれなるかな**】〈草径集・大隈言道〉訳いくらの年齢差の区別も分からない子が背負い、背負われている。かわいそうになあ。

いくひ【斎杙・斎杭】イクイ[名]《「い」は神聖なの意の接頭語》神を祭るときに立てて、幣物へいもつをかける神聖な杭。

いくひ【生く日】[名]《「いく」は接頭語》吉日。神事や祭り・儀式のある日を祝う褒めことば。

〔**生いく日ひの足たる日ひ**〕生き生きと栄え、何事も満ち足りた日。

いくひさ【幾久さ】[名]《「いくびさ」とも。「ひさ」は「ひさひさ」の変化形》とても長い間。

いくひろ【幾尋】[名]《「尋」は長さの単位。両手を左右に広げた長さ》どれほどの長さ。どれほどの深さ。

いく・ふ【射くふ】イクウ[他ハ四]{は・ひ・ふ・ふ・へ・へ}矢を射る。例「西の門みかどの庭おほばに**射く・ふ**」〈紀・天武・下〉

いくほど【幾程】[副]《不定の数量や時間・程度を表して》どれくらい。どれほど。例「嵯峨さがの在家ざいけ**いく程**かあるべき」〈平家・六・小督〉

いくみだけ【い組み竹】[名]《「い」は強意の接頭語》こんもりと枝葉の組み合うように茂った竹。

いく・む【い組む・い隠む】[自マ四]{ま・み・む・む・め・め}《「い」は強意の接頭語》抱き合う。組み合う。例「い茂くみ竹たけ**い隠・み**は寝ず」〈記・下・歌謡〉

いく・む【射組む】[他マ四]{ま・み・む・む・め・め}互いに矢を射合う。例「今は**射組・み**なむと為するほどに」〈今昔・二五・三〉

衣冠① 下方、衣冠姿で床子に腰掛けて列座するのは、関白に供奉する公卿たち。唐庇の牛車の向こうには、弓を手にした武官がひかえる。車添ひ八名と、右手前の榻を持つ従者は、準備万端、関白の出発を待つ。（春日権現験記絵）

いくむすび【生く魂】［名］《「いく」は接頭語》万物を生み出す生き生きとした生命力。

いくめぐり【幾巡り・幾廻り】［名］何回。何周。いくど。いくかえり。

いくよ【幾代・幾世】［名］どれほどの年代。何代。とくに何代もの長い年月。

いくよろづよ【幾万世・幾万代】［名］どれほど長い年月。多くの年代。何万年。何万世代。

いくら【幾ら】［副］《「ら」は接尾語》❶（不定の数量や程度を表して）どれほど。例「**いくら**とも見えぬ紅葉の錦かな」〈詞花・秋・一三二〉❷（とくに、物の値段について）いくら。❸（数量の多いことを表して）いくらでも。非常に多く。例「王城にさしもたっとき霊仏霊社の**いくら**もましますをさしおいて」〈平家・二・徳大寺厳島詣〉

いくらばかり【幾らばかり】［副］《副詞「幾ら」＋副助詞「ばかり」》どのくらい。どれほど。例「**いくらばかり**の春をへぬらん」〈拾遺・賀・二七八〉

いくらも【幾らも】《「も」は係助詞》❶（下に肯定の語を伴って）たくさん。いくらでも。いくつも。例「さりぬべき（＝選バレテフサワシイ）歌**いくらも**ありけれども」〈平家・七・忠度都落〉❷（下に打消の語を伴って）それほど。たいして。そんなに。例「夢に**いくらも**まさらざりけり」〈古今・恋三・六四七〉訳→〔和歌〕むばたまの…

いくり【海石】［名］海の中の岩。暗礁。

いぐるみ【矰繳】［名］狩りの道具。矢に糸を付け、当たると獲物にからみつく仕掛けのもの。鳥や魚を捕るのに用いる。＝糸弓

いくゎん【衣冠】［名］❶衣服と冠。❷平安以降の男性貴族の略式正装。初めは宿直装束だったが、しだいに参内する際にも着られるようになり、束帯に準じて用いられた。袍は着るが、束帯とは違って半臂・下襲・袙は着ず、袴も表袴ではなく指貫をはいた。また、石帯もつけない。文官と武官の区別はない。→「そくたい」。➡［古典参考図］男子の服装〈2〉

いけ【池】［名］地面のくぼ地に水のたまった所。

〔**池の鏡**〕鏡のように影を映す池の水。鏡のような池の水面。

〔**池の心**〕❶池の中心。池の底。池の面積。❷池を人の心にたとえたもの。池。例「**池の心**にまかせて（＝池ノ水ニマカセテ）棹をさして参るを見れば」〈栄花・三三〉

いげ【以下・已下】［名］それより下。以下。↕以上。

いけながら【生けながら】《動詞「生く」の連用形＋接続助詞「ながら」》生かしたままで。例「雉子を生けながら捕らへて」〈宇治拾遺・四・七〉

いけにしごんすい【池西言水】［人名］（一六五〇〜一七二二）江戸前期の俳人。芭蕉らと新風を樹立。元禄期の俳壇の一重鎮となった。編著は『東日記』など。言水の追善集『海音集』が残る。

いけにへ【生け贄】［名］《「贄」は神に奉る供え物の意》❶生き物を生きたまま神にささげること。また、その供えられたもの。❷ほかの者のために、自分の身命を差し出すこと。犠牲。

いけのたいが【池大雅】［人名］（一七二三〜一七七六）江戸中期の画家・書家。土佐光芳に画を師事したが、のちには南画に興味を示し、与謝蕪村と合作で『十便十宜帖』などを作成した。

いけはぎ【生け剝ぎ】［名］「いきはぎ」に同じ。

いけは・つ【生け果つ】［他タ下二］《下二段動詞「生く」の連用形＋補助動詞「果つ」》すっかり命をよみがえらせる。元気を回復させる。例「この人を**生けは・て**て見まほしう惜しみて」〈源氏・手習〉

いけもの【活け物・生け物】［名］生け花。

いけん【・す】【意見・異見】［名・他サ変］❶考え。❷いさめること。忠告。

いけんふうじ【意見封事】［名］奈良・平安時代、勅命に応じて臣下が政治に関する意見を書き、密封して奉った書。

いこう【已講】歴史的かなづかい「いかう」

いこ・ぐ【い漕ぐ】［他ガ四］《「い」は強意の接頭語》船を漕ぐ。

い

いこ・ず【い掘ず】[他ザ]《「い」は接頭語》掘り起こす。例「去年の春**い掘・じ**て植ゑし我がやどの若木の梅は花咲きにけり」〈万葉・八・一四三〉
〈参考〉連用形の用例しか残っていないので、四段活用か上二段活用かは不明。

いこつ【医骨】[名]医学の心得。医者の経験。

いこ・ふ【息ふ・憩ふ】㊀[自ハ四]{は・ひ・ふ・ふ・へ・へ}休息する。例「〔子牛ハ〕**憩・ふ**ことなく追ひつかはれて」〈霊異記〉㊁[他ハ下二]{へ・へ・ふ・ふる・ふれ・へよ}休める。安定させる。例「国の政をも**息・へ**」〈今昔・二六・三八〉

いごふ【意業】[名]《仏教語》「三業(=身体・言語・精神の活動)」のひとつ。いっさいの心の働き。その善悪で、のちの報いが決まるという。

いこぼ・す【沃零す】[他サ四]{さ・し・す・す・せ・せ}《「沃」は注ぐ意の「沃る」の連用形》注ぐようにこぼれながら流れる。注ぎこぼす。例「厠に居たるける音は𣑊の水を**沃こぼ・す**やうなり」〈今昔・一九・三〉

いこまやま【生駒山】[歌枕]大和国の山。いまの奈良県生駒市と大阪府東大阪市の境にある。修験道の山で、大和から河内への交通路。「雲」や「雨」とともに詠まれる。

いこ・む【射込む】[他マ四]{ま・み・む・む・め・め}矢を突き通すように深く射る。例「右の小脇まで篦深に(=矢深く)ぐさと**射込・む**」〈太平記・三〉

いごもり【斎籠り・忌籠り】[名]汚れに触れないように、物忌みをして家に閉じこもること。

いこも・る【斎籠る・忌籠る】[自ラ四]{ら・り・る・る・れ・れ}《動詞「いみこもる」の変化形》汚れに触れないように、身を清めて家にこもる。例「ほととぎす卯月の忌みに**忌こも・る**を」〈山家集・上〉

いこよか【「・なり」】【岐嶷】[形動ナリ]{なら・なり(に)・なり・なる・なれ・なれ}《「いこ」は「厳か」と同じ語。「よか」は状態を表す接尾語「やか」の変化形》容姿が立派なようす。例「天皇、風姿**岐嶷・なり**」〈紀・綏靖〉

いさ【鯨】[名]「いさな」に同じ。

いさ㊀[感]相手の質問に対してことばを濁す場合に用いる語。**さあて。さあ。**例「『何の名ぞ、落窪は』と言へば、女いみじう恥づかしくて、『**いさ**』と、いらふ」〈落窪・一〉㊁[副]〈下に「知らず」などの語を伴って〉**さあどうだか**(知らない)。例「人は**いさ**心も知らず故里は花ぞ昔の香ににほひける」〈古今・春上・四二〉訳→〔和歌〕ひとはいさ…

〔**いさ知らず**〕《副詞「いさ」+動詞「知る」の未然形+打消の助動詞「ず」》さあどうだか知らない。分からない。例「さば、**いさ知らず**。な頼まれそ(=アテニナサラナイデクダサイ)」〈枕・殿などのおはしまさで後〉

〔**いさともいさや**〕《副詞「いさ」+格助詞「と」+係助詞「も」+副詞「いさ」+間投助詞「や」》まったく分からない。例「世の中は**いさともいさや**風の音は」〈後撰・雑四・一二九三〉

いざ[感]❶他人への勧誘を表す。**さあ。**例「二人ながら、**いざ**」〈枕・職の御曹司の西面の〉❷自分で行動する決意を表す。**さあ。**例「**いざ**、宿借りて散るまでは見む」〈古今・春上・六五〉

〔**いざ鎌倉**〕《謡曲「鉢の木」から出た語》(鎌倉時代の武士にとって鎌倉に事があれば国家の大事であったことから)さあ、一大事。

〔**いざ言問はむ**〕さあものを尋ねよう。例「名にしおはば**いざ言問はむ**都鳥我が思ふ人はありやなしやと」〈古今・羇旅・四一一〉訳→〔和歌〕なにしおはばいざこととはむ…

〔**いざさらば**〕さあ、それならば。よし、それでは。例「『**いざさらば**長田をきうたん』とて」〈平治・下〉

いさう【異相】[名]❶ふつうの人と違う人相・姿。❷能・狂言で、ふつうとは違った演じ方。=異風

いざうれ[感]《感動詞「いざ」+代名詞「うれ」》人を誘うときにいう語。さあ。例「**いざうれ**、これより土肥が承ってむかうたる播磨路へ」〈平家・九・一二之懸〉

いざかし《「かし」は終助詞》さあ行きましょう。さあ、ねえ。例「〔若紫ハ〕『**いざかし**、ねぶたきに』とのたまへば」〈源氏・若紫〉

いさかひ【諍ひ】[名]言い争い。口論。けんか。

〔**諍ひ果てての契り木**〕けんかの終わったあとに持ってきた棒切れの意で、時機を失って役に立たないことのたとえ。

いさか・ふ【諍ふ】[自ハ四]{は・ひ・ふ・ふ・へ・へ}口論する。言い争う。例「下ざまの人は、罵りあひ、**いさか・ひ**て、あさましくおそろし」〈徒然・一七五〉

いさか・ふ【叱ふ】[他ハ四]{は・ひ・ふ・ふ・へ・へ}しかる。例「客人の前には、犬をだにも**いさか・ふまじ**」〈十訓抄・七〉

いさきめぐ・る[自ラ四]{ら・り・る・る・れ・れ}《「い」は接頭語》波がくだけて、白い花が咲いたように打ち寄せる。例「白波の**いさきめぐ・れる**」〈万葉・六・九三二長歌〉

いさぎよ・し【潔し】[形ク]{から・く(かり)・し・き(かる)・けれ・かれ}❶清らかだ。清浄だ。例「**いさぎよ・き**空の気色をたのむかな」〈金葉・雑下・六二八〉❷心がきれいだ。潔白だ。例「**いさぎよ・き**人の心をわれ忘れめや」〈新古今・神祇・一八六三〉❸思い切りがよい。未練がない。❹勇ましい。小気味よい。

いさご【砂・砂子】[名]すな。=砂子・真砂

いさごぢ【砂路・砂子路】[名]砂地の道。=真砂路

〔和歌〕**いざこども…**【いざ子ども早く日本へ大伴の三津の浜松待ち恋ひぬらむ】〈万葉・一・六三・山上憶良〉訳さあ者どもよ、早く日本の地へ帰ろう。大伴の御津の浜辺の松もわれらの帰りを待ち焦がれているだろう。
〈参考〉「大伴の三津」は難波津の港。

いささ-[接頭]《名詞に付いて》小さな、わずかななどの意を表す。「いささ川」「いささ群竹」など。

いささか【「・なり」】【聊か】[形動ナリ]{なら・なり(に)・なり・なる・なれ・なれ}《物事の数量や程度が少ないさま》**ほんの少し。ちょっとした。**例「**いささか・なる**功徳を翁つくりけるによりて」〈竹取・かぐや姫の昇天〉

いささか【聊か】[副]❶**少しばかり。ほんのちょっと。**例「さるべき縁の**いささか**ありて」〈更級〉❷(多く打消の表現を伴って)**少しも…ない。**例「ほど経れど、**いささかうちとけたる御気色**もなく」〈源氏・真木柱〉

いささがは【いささ川】[名]「いさらがは」に同じ。

いささけ・し【聊けし】[形ク]{から・く(かり)・し・き(かる)・けれ・かれ}小さい。少ない。ささいである。例「いささけ・き事に縁ょりて隙(=不仲)あり」〈紀・雄略〉

いささけわざ【聊け業】[名]ささいなこと。ほんのちょっとしたこと。例「(贈リ物ノ返礼トシテ)いささけわざせさす」〈土佐〉

いざ-させ-たまへ【いざさせ給へ】(イザサセタマエ)人に行動を促す場合に用い、その人を高める尊敬語。さあ、いらっしゃい。さあ、お出ぃでください。さあ、…てください。例「敵定めて今は近付くらん。いざさせ給へ」〈太平記・六〉

語構成　いざ　感　／　させ　尊「さす」用　／　たまへ　補動ハ四「給ふ」命

いささむらたけ【いささ群竹】[名]わずかな竹の茂み。

いささめに[副]かりそめに。いい加減に。例「いささめに仮廬のためと作りけめやも」〈万葉・七・一三五五〉

〔俳句〕**いざさらば…**【いざさらば雪見にころぶ所まで】〈花摘・芭蕉〉訳さあそれでは、雪見にまいりましょう。転んでしまう所まで。(季-雪見-冬)

いざ・す【誘す】[他サ四]{さ・し・す・す・せ・せ}「さあ」といってさそう。例「いざ・せ小床に」〈万葉・一四・三四八四〉

いざ-たまへ【いざ給へ】(イザタマエ)人に行動を促す場合に用い、その人を高める尊敬語。さあ、いらっしゃい。さあ、…てください。例「君は、いざたまへ。もろともに見むよ」〈源氏・葵〉

語構成　いざ　感　／　たまへ　補動ハ四「給ふ」命

いさ・ちる[自タ上二]{ち・ち・ちる・ちる・ちれ・ちよ}《上代語。のち上二段化》激しく泣く。＝いさつ

いさ・つ[自タ上二]{ち・ち・つ・つる・つれ・ちよ}「いさちる」に同じ。

いざと・し【寝聡し】[形ク]{から・く(かり)・し・き(かる)・けれ・かれ}目が覚めやすい。↔寝汚し。例「乳母のいざと・きことなども語る」〈源氏・浮舟〉

いさとよ[感]❶さあねえ。しかしなあ。即答できずとりあえずこたえることば。例「いさとよ、それもいかがあらんずらん」〈義経記・七〉❷(いやになった気持ちを表して)いやもう。本当にまあ。例「いかさまにいさとよ月は照らすとも」〈拾遺愚草〉

いさな【鯨・勇魚】[名]《「いさ」とも。「な」は魚の意》クジラの古名。(季-冬)

いさなとり【鯨取り】[枕詞]《鯨を取る意から》「海」「浜」「灘」といった海にかかわる語にかかる。例「いさなとり海道に出ぃでて」〈万葉・一三・三三三五長歌〉

いざなひ・いづ【誘ひ出づ】(イザナイイズ)[他ダ下二]{で・で・づ・づる・づれ・でよ}人をさそって連れ出す。例「もろともに誘ひ出・でてみたまへば」〈源氏・総角〉

いざなひ・たつ【誘ひ立つ】(イザナイタツ)[他タ下二]{て・て・つ・つる・つれ・てよ}さそいすすめる。さそいうながす。例「いざなひた・てて、六条院へおはす」〈源氏・匂宮〉

いざなひ・とる【誘ひ取る】(イザナイトル)[他ラ四]{ら・り・る・る・れ・れ}さそって迎え入れる。例「いざなひ取・りてば、思ひも絶えなんや」〈源氏・常夏〉

いざな・ふ【誘ふ】(イザナ(ノ)ウ)[他ハ四]{は・ひ・ふ・ふ・へ・へ}《感動詞「いざ」＋接尾語「なふ」》さそう。伴う。連れ出す。例「(夫ガ)常陸(＝常陸国ノ国守)になりて下りしかば、かの帚木もいざな・はれにけり」〈源氏・関屋〉

いさは【斑葉】[名]植物の葉に白や黄の斑点や筋のできたもの。斑ふ入りの葉。鑑賞用に珍重された。

いさま・し【勇まし】[形シク]{しから・しく(しかり)・し・しき(しかる)・しけれ・しかれ}❶気乗りがする。例「朝夕君に仕へ家を顧みる営みのいさま・しからん」〈徒然・五八〉❷勇敢だ。

いさみ【勇み】[名]❶武功。❷気力。励み。また、勇気。❸侠気のあること。その者。勇み肌。

いさみのの・しる【勇み罵る】[自ラ四]{ら・り・る・る・れ・れ}勇み立ってときの声を上げる。例「津々山(＝山ノ名)の人々皆いさみののしって」〈太平記・三四〉《音便》「いさみののしっ」は「いさみののしり」の促音便。

いさ・む【勇む】一[自マ四]{ま・み・む・む・め・め}奮い立つ。気が立つ。例「勇・みたる猛き軍士とねぎたまひ」〈万葉・二〇・四三三一長歌〉二[他マ下二]{め・め・む・むる・むれ・めよ}元気づける。励ます。例「虎はうち伏して消え入るやうに見えしかば、十郎かれをいさ・めんとて」〈曾我・六〉

いさ・む[他マ下二]{め・め・む・むる・むれ・めよ}一【禁む】禁止する。制止する。例「神のいさ・むる道ならなくに」〈伊勢・七一〉二【諫む】忠告する。いましめる。例「『細道一つ残して皆畑に作り給へ』と諫・め侍りき」〈徒然・二二四〉

いさめ[名]一【禁め】差し止めること。禁制。二【諫め】いましめ。忠告。意見。

諫めの鼓《「諫鼓」の訓読》古代中国で、帝王尭が政治について民衆の意見を聞くために朝廷に置いた太鼓。意見があるときは、太鼓を打ち鳴らすことになっていたが、その善政によってひとりとして太鼓を打つ者がなかったという。

いさめ【寝覚め】[名]《「寝」は眠ること》眠りから目が覚めること。ねざめ。

いさめかへ・す【諫め返す】(イサメカエス)[他サ四]{さ・し・す・す・せ・せ}思いとどまるようにいって、もとへ返す。辞退する。断わる。例「にはかにて、え諫め返・し聞こえたまはず」〈源氏・若菜・上〉

いさや一[感]《感動詞「いさ」＋間投助詞「や」》はっきり答えられないときの返答のことば。さあねえ。いや、どうかなあ。例「御前にさぶらふ人々、『いさや、えこそ聞こえ定めね』と聞こえあへり」〈源氏・東屋〉二[副]不明や不審を表す。どうだか。さあ、どうか。例「人心いさや白浪高ければ」〈後撰・雑三・一二二四〉

いざや[感]《感動詞「いざ」＋間投助詞「や」》さあ。例「夜もふけぬ。いざや寝ねん」〈平家・九・小宰相身投〉

いさやがは【不知哉川】(イサヤガワ)[歌枕]近江国の川。いまの滋賀県彦根市西部から琵琶湖へ注ぐ大堀川。「いさ」を導く序詞に用いられる。

いさよひ(イサヨイ)[名]《中世以降「いざよひ」》一ぐずぐずして、はやく進まないこと。ためらい。たゆたうこと。二【十六夜】❶陰暦十六日の夜。また、その夜の月。❷陰暦八月十六日の月。(季-秋)

いざよひせいしん【十六夜清心】(イザヨイセイシン)[作品名]江戸後期の歌舞伎。河竹黙阿弥作。安政六年(一八五九)初演。正式題名『小袖曾我薊色縫』。黙阿弥の白浪物の代表作のひとつ。

いざよひにっき【十六夜日記】(イザヨイニッキ)[作品名]鎌倉中期(一二七九ごろ成立)の日記文学。阿仏尼作。夫藤原為家の死後、遺産の相続をめぐる訴訟のた

め、作者が鎌倉に下ったときの旅日記。題名は、京都を十月十六日に出発したことによる。

いさよひのつき【十六夜の月】《「いざよひのつき」とも》(満月の翌日は月の出が遅れて、日没後ためらうかのように昇ってくるところから)陰暦十六日の夜の月。(季–秋)

いさよ・ふ[自ハ四]{は・ひ・ふ・ふ・へ・へ}《中世以降「いざよふ」》ためらう。たゆたう。漂う。例「山の際にいさよ・ふ雲は」〈万葉・三・四二八〉

〔**いさよふ月**〕(山の端から)出ようか、あるいは沈もうかとためらっている月。

いさら-[接頭]《名詞に付いて》小さい、細いなどの意を表す。「いさら川」「いさら水」「いさら井」など。

いさらがは【いさら川】[名]《「いさら」は接頭語》細い流れの川。小川。多く、和歌で「いさ」を導く序詞に用いる。＝いささ川

いさらゐ【いさら井】[名]《「いさら」は接頭語》小さなわき水。水の少ない井戸。

いざり[・す]【漁り】[名・自サ変]《中世以降「いさり」》❶海で漁をすること。例「いざり・する海人の釣り船」〈万葉・一五・三六〇九〉❷「漁り火」の略。

いざりび【漁り火】[名]《「いざりひ」、また、中世以降「いさりび」》夜、魚をさそいよせるために漁船でたく火。＝漁り②

いざりびの【漁り火の】《「いざりひの」とも》[枕詞]火を「ほ」ともいうところから「ほ」に、また漁り火が遠くかすかに見える意から「ほのか」にかかる。例「いざり火のほのかに妹を見むよしもがも」〈万葉・一二・三一七〇〉

いざりぶね【漁り船】[名]《中世以降「いさりぶね」》魚をとる船。漁船。

いざ・る【漁る】[他ラ四]{ら・り・る・る・れ・れ}《中世以降「いさる」》漁をする。例「いざ・る火は明かして灯せ大和島見む」〈万葉・一五・三六四八〉

いざわ[感]人をさそうときに発することば。さあ。＝いざ・いざや。例「童どもいざわ出で見む」〈万葉・一三・三三四六長歌〉

いさを【功】[名]「いさをし(功し)」に同じ。

いさを【勇男】[名]勇気ある男。勇者。

いさをし【功・勲】[名]手柄。名誉。＝功を

いさを・し【功し・勲し】[形シク]{しから・しく(しかり)・し・しき(しかる)・しけれ・しかれ}❶勤勉である。例「正しくいさを・しき者を取りて充てよ」〈紀・孝徳〉❷功績がある。手柄がある。例「厚く野見宿禰の功・しきことを賞め給ひて」〈紀・垂仁〉❸勇ましい。雄々しい。例「いさを・しき心・速き足をいたして行くに」〈宇津保・俊蔭〉

いし【石】[名]❶(「いは」と区別して)小さい石。❷碁石。❸墓石。❹宝石。❺火打ち石。❻茶碗。

〔**石に立つ矢**〕(虎と思って射たら、石に矢が突き刺さったという中国の故事から)一念が強ければどんなこともできるたとえ。

〔**石の帯**〕「せきたい」に同じ。

〔**石の階**〕石段。石の階段。＝石階

〔**石の火**〕❶石を打ち合わせて出る火。切り火。すぐ消えることから、時間の短いこと、命のはかないことなどのたとえに用いられる。例「石の火にこの身をよせて世の中の常ならずなを思ひ知るかな」〈千五百番歌合〉❷石から出るという想像上の火。例「石の火に氷解く」〈宇津保・春日詣〉

〔**石を抱きて淵に入る**〕きわめて危険なことのたとえ。

いし【以次・已次】[名]地位や官位が上席の人に次ぐものであること。また、その人。次席。次位。

いし【医師】[名]❶医者。＝薬師 ❷令制の官名。医療をつかさどる。典薬寮のほか、大宰府など諸国にも置かれた。❸江戸幕府の職名。典薬頭・奥医師・養生所医師など。医療をつかさどる。

いし【倚子】[名]腰掛けの一種。背もたれと肘掛けのある四角四脚の腰掛け。天皇や貴人などが用いた。

〔**倚子の御座**〕「倚子」をすえて、天皇などの座とした所。

い・し【美し】[形シク]{しから・しく(しかり)・し・しき(しかる)・しけれ・しかれ}❶よい。すぐれている。例「懦く弱くしてい・しきなからむ」〈紀・綏靖〉❷上手だ。巧みだ。例「い・しくも置きたる物かな」〈去来抄〉❸殊勝だ。けなげだ。例「い・しくも宣ひたり」〈太平記・九〉❹程度がはなはだしい。例「さしもい・しかりつる湛海だにもかくなりにたり」〈義経記・三〉❺おいしい。美味だ。

〈参考〉⑤は多く女性によって用いられ、のちに「お」を冠して現代語の「おいしい」となった。

いしいし[名]《女房詞。形容詞「いし(美し)」を重ねた語》だんご。

いしいし【以次以次・已次已次】[副]《多く下に「と」を伴って》次々と。続々と。順々に。例「『御日おこりにならせたまふ』いしいしと申し」〈とはずがたり〉

いしう【美しう】形容詞「いし」の連用形「いしく」のウ音便。

いしうすげい【石臼芸】[名]《近世語》(「石臼」は何でも粉にひくが、できた粉が粗いことから)何でもできるが、これといってすぐれたもののないこと。また、その芸。＝石臼。↔茶臼芸①

いしうち【石打ち】[名]❶石を投げ合うこと。❷婚礼の晩に近所の者がその家に石を投げ込む風習。❸《「石打ちの羽」の略》鷹や鷲などの尾羽の両端の羽。矢羽として珍重された。

〔**石打ちの征矢**〕「石打ち③」を使った戦闘用の矢。

いしうら【石占】[名]古代の占いのひとつ。手にした石の数や、大小・軽重、あるいは、蹴った石の状態などから吉凶を定めたという。

いしかはごゑもん【石川五右衛門】[人名](生没年未詳)安土桃山時代の大泥坊。豊臣秀吉の命で釜ゆでにされ、のち浄瑠璃や歌舞伎の題材となった。

いしかはぢゃうざん【石川丈山】[人名](一五八三～一六七二)江戸前期の漢詩人。大坂夏の陣にも参加。詩論『詩法正義』を残す。

いしかはのいらつめ【石川郎女】[人名](生没年未詳)『万葉集』には最大限七名数えられ、すべて同一人物かどうか不明。

いしかはのまさもち【石川雅望】[人名](一七五三～一八三〇)江戸後期の国学者、狂歌・読本作者。狂名を「宿屋飯盛」と称した。著書『万代狂歌集』『源註余滴』や『雅言集覧』など。

〔和歌〕**いしかはや…【石川や瀬見の小川の清**

い

けれぱ月も流れを尋ねてぞすむ】〈新古今・神祇・一八九四・鴨長明〉訳石川の瀬見の小川が清らかなので、賀茂の神がこの流れを尋ねて住んだように、月もこの流れを尋ねて澄んだ影を宿している。《係結び》「ぞ→すむ体」

〈参考〉「石川や瀬見の小川」は、賀茂川の別名。「すむ」は、神がこの川のほとりに「住む」意と、月が川に映って、「澄む」意をかける。

いしがみ【石神】[名]民間信仰で神が宿るとして祭られた石。また、その神。

いしがめ【石亀】[名]淡水性のカメの総称。

〔**石亀の地団太**〕《近世語》身の程知らずに他人のまねをしてどんなにがんばってみても効果がないこと。＝鱓の歯軋り

いしき【石城・石槨】[名]古墳に棺を納めるための、上下四方を石で囲んだ岩屋。玄室。＝石城

いしきを・る【い敷き折る】[他ラ四]{ら・り・る・る・れ・れ}《上代語。「い」は接頭語》食物を盛るために木の葉を敷いて折り曲げる。

いし・く【い及く】[自カ四]{か・き・く・く・け・け}《上代語。「い」は接頭語》追いつく。およぶ。

いしこ・い[形口語型]《近世語》自慢げな人をののしる語。生意気だ。えらそうだ。

いしごき【石御器】[名]《近世語。「御器」は食器の意》茶碗の別称。

いしこづめ【石子詰め】[名]穴を掘って罪人を入れ、小石で埋め殺す刑罰。＝石子積

いしずゑ【礎】[名]《「石据ゑ」の意》❶建物の土台石。❷物事の基礎。物事を下から支える人。

いしたたき【石敲き・鶺鴒】[名]《尾を上下に振る習性から》セキレイ(小鳥の一種)の別名。(季‐秋)

いしだたみ【石畳・甃】[名]❶道路や庭で、方形の板石を敷き詰めた所。またその敷石。❷模様の名。色違いの方形を交互に並べたもの。

いしだばいがん【石田梅岩】[人名](一六八五‐一七四四)江戸中期の思想家。四十歳ごろに独自の人生哲学を樹立。これをのちに「心学」と称した。著書『都鄙問答』『斉家論』など。

いしたふや[枕詞]「海人馳せ使ひ」にかかる。例「いしたふや海人馳せ使ひ」〈記・上・歌謡〉

いしづき【石突き】[名]❶太刀の鞘の端末を包む金具。❷槍・なぎなたなどの柄の地面につく部分を包む金具。❸建物の土台を、石で突き固めること。❹きのこの根元の地中に入っている堅い部分。

いしつつ【石椎】[名]柄頭(手で握る部分の先端)を石でつくった剣。一説に、石器の剣、また、石槌のことども。

いしなご【石投・石子・擲石】[名]《「いしなげ」の変化形か》小石をまき、中のひとつを投げ上げ落ちる前に他の石をすくって、数を競う遊び。いまのお手玉に似る。＝石取

いしなどり【石取り・石投・擲石】[名]「いしなご」に同じ。

いしばし【石階】[名]石の階段。石段。＝石の階

いしはじき【石弾き・抛石】[名]❶上代の武器。大木を使って石をはじき飛ばす。後代の「石弓」。❷おはじき。碁石や小石を指ではじいて相手の石に当てて、数を競う。

いしばしやま【石橋山】[地名]相模国の山。いまの神奈川県小田原市石橋にある。源頼朝が挙兵し、平家軍と戦って敗れた所。

いしばしる【石走る】[枕詞](石の上を勢いよく水が流れる意から)「滝」にかかる。例「石走る滝なくもがな」〈古今・春上・三九〉

いしばひ【石灰】[名]❶生石灰と消石灰の総称。❷漆喰。また、漆喰塗りの壁。

いしばひのだん【石灰の壇】[名]天皇が沐浴後、伊勢神宮と内侍所を礼拝する場所。清涼殿の東廂の南隅にあり、板敷きと同じ高さに土を盛って石灰で固めてある。＝石灰の間。↓[古典参考図]清涼殿

いしばひのま【石灰の間】[名]「いしばひのだん」に同じ。

いしひじり【石聖】[名]俗事・人情に心を動かされないで、仏道に専念している僧。頑固な僧。

いしぶし【石伏・石斑魚】[名]淡水魚の名。いまのカジカ。小石の間の水底を這うようにして生活することからこの名がある。(季‐秋)

いしぶみ【石文・碑】[名]後世に伝えるべき事跡を彫り記して立てた石。石碑。

いしま【瓮】[名]陶器などにあるゆがみ・傷・くぼみ・割れ目。また、それらがあること。

〔和歌〕**いしまろに…**【石麻呂に我物申す夏痩せに良しといふものぞ鰻捕り喫せ】〈万葉・一六・三八五三・大伴家持〉訳石麻呂さんに私は謹んで申し上げます。夏痩せによいというものですぞ。ウナギを捕って召し上がれ。《敬語》「物申す」→「まうす」、「捕り喫せ」→「めす」

いしむら【石群】[名]たくさんの石。

いしゃう【衣裳・衣装】[名]《「衣」と「裳」の意から転じて》着物。衣服。

いじゃう[・す]【以上・已上】一[名]❶ある基準より上。↔以下。❷文書・書状の末尾に書く語。❸《「御目見以上」の略》江戸幕府の臣で将軍に謁見する資格をもつ者。↔以下。二[接]❶その結果。その後。例「親類みな梟(＝サラシ首)せられ、已上義朝一人にまかりなり候へば」〈古活字本平治・上〉❷合計。合わせて。例「新三位実清、已上三十二人」〈平家・三・公卿揃〉三[自サ変]{せ・し・す・する・すれ・せよ}高位・高度な技術に達する。例「已上して道はあるを」〈申楽談儀〉

いしゃうかた【衣裳方】[名]能や歌舞伎・舞踊などで衣装を担当する係。

いしゃうまく【衣裳幕】[名]花見などのとき、木々の間に渡した綱に女性の着物をかけ渡して幕としたもの。＝小袖幕

〔川柳〕**いしゃしうは…**【医者衆は辞世をほめて立たれけり】〈柳多留・二〉訳治療のかいもなく患者が亡くなった。お医者さまはばつの悪さをごまかすように、辞世の句をほめてお帰りになったことだ。

いしやま【石山】[歌枕]近江国の地名。いまの滋賀県大津市石山町。観音信仰で有名な石山寺がある。月の名所とされ、近江八景のひとつ。

いしやまでらえんぎ【石山寺縁起】[作品名]

い

鎌倉後期の縁起絵巻。石山寺の縁起と霊験譚（れいげんたん）の数々、紫式部の石山寺での『源氏物語』執筆の話などを載せる。

〔俳句〕**いしやまの…【石山の石より白し秋の風】**〈おくのほそ道・那谷・芭蕉〉訳那谷寺（なたでら）の境内は奇岩が重なる石山で、石や岩は日光や風雨に長年さらされて白い。その石よりも白い秋の風が、森厳（しんげん）とした寺を吹きわたる。（季―秋の風―秋）

いしやままうで【石山詣で】イシヤマモウデ〔名〕石山寺に参ること。とくに、陰暦十月甲子（きのえね）の日に石山寺に参詣（けい）すること。↓図版「下簾（したすだれ）」

いしゅ【意趣】〔名〕❶考え。意図。趣意。❷意地。❸恨み。遺恨。

いしゆみ【石弓・弩】〔名〕❶ばねの力で石をはじき飛ばす弓形の武器。古くは「石弾（いしはじき）」とも。❷城壁や崖（がけ）の上に石を支えておき、敵の頭上に落とす装置。

いしらまか・す【射白まかす】〔他サ四〕{す・せ・す・す・せ・せ}矢を激しく射て、敵の勢いをくじく。＝射白ます。例「寄せ手少し射しらまかされて」〈太平記・八〉

いしらま・す【射白ます】〔他サ四〕{さ・し・す・す・せ・せ}「いしらまかす」に同じ。

いしわりせった【石割り雪駄・石割り雪踏】〔名〕〔近世語〕裏皮のかかとに鉄片を付けた雪駄。

いしゐ【石井】イシイ〔名〕（「いはゐ」とも）岩間にわく清水のたまったところ。また、石で囲った井戸。

いず【出ず・伊豆】歴史的かなづかい「いづ」

いすか【鶍・交喙】〔名〕アトリ科の鳥。くちばしの先が上下交差しているのが特徴。羽色は雄が暗赤色、雌は黄緑色で、背はともに褐色。（季―秋）

〔鶍（いすか）の嘴（はし）〕物事が食い違って、意のままにならないたとえ。

いすか・し【佷し】〔形シク〕{しから・しく(しかり)・し・しき(しかる)・しけれ・しかれ}性質がねじけている。協調性がない。例「人と為（なり）傲（もとり）（＝傲慢（ごうまん）デ）佷・しくして」〈紀・継体〉

いずく【何処】歴史的かなづかい「いづく」

いすくはしイスクワシ〔枕詞〕「くぢら」にかかる。「くぢら」は「鯨」、一説に「鷹（くち）ら」とも。例「鴫（しぎ）は障（さや）らずいすくはし鯨障る」〈記・中・歌謡〉

いすく・む【射竦む】〔他マ下二〕{め・め・む・むる・むれ・めよ}矢を射て、敵をひるませる。

いずこ【何処】歴史的かなづかい「いづこ」

いずし【貽鮨・貽貝鮨】〔名〕イガイ（貝の一種）のすし。イガイの肉を重石（おもし）で押して貯蔵し、酸味が生じてから食べる。

いすずがは【五十鈴川】イスズガワ〔歌枕〕伊勢国（いせのくに）の川。いまの三重県伊勢市の伊勢神宮内宮（ないくう）を流れる御手洗川（みたらしがわ）。「神」「千歳（ちとせ）」「万代（よろづよ）」などの語とともに、賀や神祇（じんぎ）の歌に詠まれる。

いすす・く〔自カ四〕{か・き・く・く・け・け}うろたえる。例「その美人（をとめ）驚きて、立ち走りいすすきき」〈記・中〉

いずち【何方・何処】歴史的かなづかい「いづち」

いずみどの【泉殿】歴史的かなづかい「いづみどの」

いずら【何ら】歴史的かなづかい「いづら」

いずれ【何れ】歴史的かなづかい「いづれ」

いせ【五十瀬】〔名〕たくさんの瀬。

いせ【伊勢】〔地名〕旧国名。東海道十五か国のひとつ。三重県伊勢市を中心とする大部分。＝勢州（せいしゅう）。

〔伊勢（いせ）の浜荻（はまをぎ）〕イセノハマオギ ❶伊勢国（いまの三重県北部）の浜辺に生える荻（おぎ）。❷葦（あし）の別名。

いせ【伊勢】〔人名〕（生没年未詳）平安前期の女流歌人。三十六歌仙のひとり。「伊勢の御（ご）」ともいう。宇多天皇の中宮温子に仕える。『古今和歌集』などに入集。家集『伊勢集』。

いせおんど【伊勢音頭】〔名〕伊勢地方の民謡の総称。伊勢神宮遷座の際の木遣歌（きやりうた）や盆踊り歌、また、江戸中期に奥山桃雲が古市の遊里でうたわせたもの。＝川崎音頭

いせかう【伊勢講】イセコウ〔名〕〔近世語〕伊勢神宮参拝のための講。講仲間で金を出し合って費用をつくり、代表者を順番に決めて参拝する。

いせかぐら【伊勢神楽】〔名〕伊勢神宮へ奉納する神楽。太神楽（だいかぐら）。また太太神楽（だいだいかぐら）とも。

いせさだたけ【伊勢貞丈】〔人名〕（一七一七～一七八四）（「いせていじょう」とも）江戸中期の国学者・故実家。著書『安斎随筆』『貞丈雑記（ていじょうざっき）』など。

いせしふ【伊勢集】イセシュウ〔作品名〕平安時代の私家和歌集。伊勢作。他撰（たせん）。成立年未詳。『源氏物語』に似た「いづれの御時にかありけむ」という書き出しなど、物語的な詞書（ことばがき）をもつ点に特色がある。

いせのうみ【伊勢の海】〔歌枕〕伊勢国（いせのくに）の海。いまの伊勢湾。古くは、志摩半島とその近辺の海岸を中心とした地域を指した。「海人（あま）」や「海松布（みるめ）」などの景物が詠まれる。

〔和歌〕**いせのうみに…【伊勢の海に釣りする海人（あま）の浮子（うけ）なれや心一つを定めかねつる】**〈古今・恋一・五〇九・よみ人しらず〉訳私は、伊勢の海で釣りをしている漁師のうきなのだろうか。心ひとつを落ち着かせることができずにゆれ動いているよ。〈参考〉「や」は、疑問の係助詞。三句切れ。

〔和歌〕**いせのうみの…【伊勢の海の磯（いそ）もとどろに寄する波恐（かしこ）き人に恋ひ渡るかも】**〈万葉・四・六〇〇・笠女郎〉訳伊勢の海の磯をもとどろかしてうち寄せる波、その波のように恐れ多いお方に私は恋をし続けているのです。

いせのおほすけ【伊勢大輔】イセノオオスケ〔人名〕「いせのたいふ」に同じ。

いせのご【伊勢の御】〔人名〕「いせ」に同じ。

いせのたいふ【伊勢大輔】〔人名〕（生没年未詳）（「いせのおほすけ」とも）平安中期の女流歌人。一条天皇中宮彰子（しょうし）に仕える。三十六歌仙のひとり。『後拾遺和歌集』などに入集。家集『伊勢大輔集』。

いせは【伊勢派】〔名〕江戸時代の俳諧（はいかい）の流派。荒木田守武の流れをくむ伊勢地方の俳諧流派を総称していうが、一般的には岩田涼菟（りょうと）・中川乙由（おつゆう）を中心とする伊勢蕉門（しょうもん）を指す。江戸蕉門に対して、美濃（みの）の派とともに田舎（いなか）蕉門とも呼ばれた。

いせへいじ【伊勢瓶子】〔名〕伊勢で作られたとっくり。質が悪いため、酒を入れずに「酢がめ」として用いたという。

いせむしゃ【伊勢武者】〔名〕伊勢（いまの三重県）出身の武士。もとは「伊勢平氏」を指した。

いせものがたり【伊勢物語】〔作品名〕平安時代の歌物語。『在五（ざいご）が物語』『在五中将日記』ともいう。作者・成立年

未詳。在原業平の和歌を核としてできた原作（『古今和歌集』以前の成立か）に、段階的に章段・文辞が加わっていったと考えられている。業平らしい「男」の半生が、和歌の贈答を中心とした百二十五の章段によって叙述される。

いそ【五十】［名］《多く造語要素として名詞や動詞に付く》五十。また、数の多いこと。＝五十ぃ・ち

いそ［・なり］【磯】一［名］❶海や湖などの波打ち際で、岩の多い所。❷冠のへり。❸琵琶・和琴・箏の胴の側面。二［形動ナリ］{なら・なり(に)・なり・なる・なれ・なれ}《近世語。「富士は磯」の略》（富士山も、沖の深さに比べれば磯ぐらいのものだという意から）❶遠く及ばないようす。例「さても早業、古の田原藤太が勢田の橋はいそ・なり」〈浮・武道伝来記〉❷浅薄だ。未熟である。例「磯・なる色遊びは目緩くて」〈浮・男色大鑑〉

いそがく・る【磯隠る】一［自ラ四］{ら・り・る・る・れ・れ}海辺の岩陰に隠れる。人目につかない所に隠れる。例「潮さゐの波を恐み淡路島磯隠・り居て」〈万葉・三・三八八長歌〉二［自ラ下二］{れ・れ・る・るる・るれ・れよ}一に同じ。比喩的に人目を忍ぶ意に用いられる。例「磯がく・れける海人の心よ」〈源氏・行幸〉

いそかげ【石影】［名］《「いそ」は石・巌の意》水面に映る岩の姿。

いそが・し【忙し・急がし】［形シク］{しから・しく(しかり)・し・しき(しかる)・しけれ・しかれ}❶多忙である。忙しい。❷せきたてられているようで落ち着かない。気ぜわしい。例「〔気ノ長イ〕心の癖なれば、急が・しくもおぼえず」〈源氏・宿木〉

いそがした・つ【急がし立つ】［他タ下二］{て・て・つ・つる・つれ・てよ}せきたてる。いそがせる。例「よろしき日なりければ、急がした・てたまひて」〈源氏・澪標〉

いそが・す【急がす】［他サ四］{さ・し・す・す・せ・せ}急ぐようにせきたてる。例「『疾くやれ』と、いとど急が・して」〈枕・五月の御精進のほど〉

〔和歌〕**いそがずは…【急がずはぬれざらましを旅人のあとよりはるる野路の村雨】**〈慕景集・伝太田道灌〉訳急がなければぬれなかったろうに。旅人が行き過ぎたあとから晴れてゆく、野中の道のにわか雨であることよ。

いそがは・し【忙はし】［形シク］{しから・しく(しかり)・し・しき(しかる)・しけれ・しかれ}忙しそうだ。せわしい。例「走りていそがは・しく、ほれて忘れたる事、人皆かくのごとし」〈徒然・七五〉

いそがひ【磯貝】［名］二枚貝の貝殻が磯に打ち上げられ、一枚だけになって散らばっているもの。貝が離れ離れになっていることから、「片」または「片恋」を導く序詞をつくる。例「水くくる玉に交じれる磯貝の片恋のみに年は経につつ」〈万葉・一一・二七九六〉

いそがひの【磯貝の】［枕詞］（磯に打ち上げられた貝殻は片方ずつになっているものが多いことから）「片」などにかかる。例「磯貝の片恋のみに年は経につつ」〈万葉・一一・二七九六〉

いそぎ【急ぎ】［名］❶急ぐこと。急用。例「あらぬ急ぎ先づ出で来て、まぎれ暮らし」〈徒然・一八九〉❷準備。用意。支度。例「明くれば、御禊のいそぎ近くなりぬ」〈蜻蛉・上〉

いそぎあ・ふ【急ぎ合ふ】［自ハ四］{は・ひ・ふ・ふ・へ・へ}みんなが忙しく動く。みんなが準備し合う。例「年の暮れはてて、人ごとに急ぎあ・へるころ」〈徒然・一九〉

いそぎい・づ【急ぎ出づ】［自ダ下二］{で・で・づ・づる・づれ・でよ}急いで出かける。例「はしたなきほどにならぬさきにと、例の急ぎ出・でたまひて」〈源氏・夕顔〉

いそぎい・る【急ぎ入る】［自ラ四］{ら・り・る・る・れ・れ}急いで中へ入る。例「ことなる御逍遥などなくて、急ぎ入・りたまひぬ」〈源氏・明石〉

いそぎおも・ふ【急ぎ思ふ】［他ハ四］{は・ひ・ふ・ふ・へ・へ}早くしようと思う。例「心の中にこそ急ぎ思・へど」〈源氏・玉鬘〉

いそぎた・つ【急ぎ立つ】［自タ四］{た・ち・つ・つ・て・て}❶準備を始める。支度にかかる。例「北の方は人知れずいそぎた・ちて」〈源氏・東屋〉❷急いで出かける。例「とくいそぎ立・ちたらましかばと思ふ」〈和泉式部日記〉

いそぎは・つ【急ぎ果つ】［他タ下二］{て・て・つ・つる・つれ・てよ}準備し終わる。すっかり用意する。例「その物どもを、九月つごもりに、みな急ぎは・ててけり」〈大和・三〉

いそぎまさ・る【急ぎ勝る】［自ラ四］{ら・り・る・る・れ・れ}ますます急ぐ。より急ぐ。例「『いとつらくなむ』とあるを見れば、まいて急ぎまさ・りて」〈蜻蛉・中〉

いそ・ぐ【急ぐ】{が・ぎ・ぐ・ぐ・げ・げ}一［自ガ四］物事をすみやかに行う。早く終えようと努める。例「今宵みな急・ぎてとりはらひつつ」〈紫式部日記〉二［他ガ四］用意する。支度する。例「御はてのこと（＝法事）いそ・がせたまふ」〈源氏・総角〉

いそ・し【勤し】［形シク］{しから・しく(しかり)・し・しき(しかる)・しけれ・しかれ}勤勉だ。まじめに働く。例「いそ・しきわけと褒めむともあらず」〈万葉・四・七八〇〉

いそじ【五十】 歴史的かなづかい「いそぢ」

いそし・む【勤しむ】［自マ四］{ま・み・む・む・め・め}よく勤め励む。

いそぢ【五十】［名］《「ぢ」は接尾語》❶ごじゅう。❷五十年。五十歳。

［五十の賀・五十路の賀］（＝五十歳）の長寿を寿ぐ祝い。

いそな【磯菜】［名］磯に生える海藻。

〔和歌〕**いそのうへに…【磯の上に生ふるあしびを手折らめど見すべき君がありといはなくに】**〈万葉・二・一六六・大伯皇女〉訳岩のほとりに生えているあしびを折り取ろうとするけれど、見せるべき弟が生きているとはだれもいってくれないことだ。〈参考〉弟大津皇子の死に際して詠まれた歌。

いそのかみ【石上】［地名］大和国の地名。いまの奈良県天理市の布留町一帯。石上神宮がある。かつては石上寺もあった。

いそのかみ【石上】［枕詞］（石上の地に布留の地が含まれているところから）地名「布留」に、また同音の「古る」「降る」「振る」などにかかる。例「石上降るとも雨につつまめや」〈万葉・四・六六四〉

いそのかみささめごと【石上私淑言】［作品名］江戸中期（一七六三ごろ成立）の歌論書。本居宣長著。和歌に関する諸問題について問答体で述べたもの。和歌の本質は「もののあはれ」にあると説く。

いそのかみのやかつぐ【石上宅嗣】［人名］（七二九？～七八一）奈良時代の漢学者。『経国集』などに作品が残るほか、『万葉集』にも入集。

〔和歌〕**いそのさき…【磯の崎漕ぎ廻み行けば近江の海八十の湊に鶴さはに鳴く】**

〈万葉・三・二七三・高市黒人〉訳 磯の岬を漕ぎめぐってゆくと、近江の海に流れ込むたくさんの川の河口の港に鶴が群れ鳴き騒いでいる。

いそはく【争はく】《動詞「争ふ」の名詞化したもの》先を争って事を行うこと。競争すること。例「**いそはく**見れば神からならし」〈万葉・一・五〇長歌〉

いそば・ふ【い戯ふ】[自ハ四]{は・ひ・ふ・ふ・へ・へ}《上代語。「い」は接頭語》遊びたわむれる。＝お戯ふ

いそ・ふ【い副ふ・い添ふ】[自ハ四]{は・ひ・ふ・ふ・へ・へ}《上代語。「い」は接頭語》寄り添う。例「我が見し子にうたたけだに(＝思ウ存分)向かひをるかも**い添・ひ**をるかも」〈記・中・歌謡〉

いそ・ふ【争ふ】[他ハ四]{は・ひ・ふ・ふ・へ・へ}《上代語》先を争う。また先を争って勤め励む。

いそふり【磯振り】[名]磯に打ち寄せる荒波。

いそほものがたり【伊曾保物語】[作品名]江戸前期の仮名草子。訳者未詳。『イソップ物語』を漢字仮名交じりの文語体に翻訳したもので、「天草本」に対して「国字本」と呼ばれる。六十四話中、天草本との共通話は二十五話。

いそま【磯間】[名]「いそみ①」に同じ。

いそまくら【磯枕】[名]磯辺で石を枕に寝ること。和歌では七夕の二星(織女星・牽牛星)が天の河原で会うことをいう場合が多い。

いそまつ【磯松】[名]磯に生えている松。

いそまつの【磯松の】[枕詞]《磯辺に生える松が長生きで常緑であるところから》「常に」にかかる。例「**磯**松の常にいまさね今も見るごと」〈万葉・二〇・四四九八〉

いそみ【磯回・磯廻】[名]❶《「み」は曲がって入り込んでいる地形の意》入り江になっている磯。＝磯間 ❷磯をめぐり歩くこと。

いそめ・く【急めく】[自カ四]{か・き・く・く・け・け}《「めく」は接尾語》忙しそうに行動する。例「その(＝火事ノ)紛れにもゆゆしげに**いそめ・き**合はれけるに」〈弁内侍〉

いそもじ【急文字】[名]《女房詞》忙しいこと。

いそもと【磯本】[名]磯辺。磯の波打ちぎわ。

いそもの【磯物】[名]磯の周りでとれる小魚や海藻の類。

いそや【磯屋】[名]海辺の漁師などの住む家。＝磯屋形

いそやかた【磯屋形・磯館】[名]「いそや」に同じ。

いそろくでふ【異素六帖】[作品名]江戸中期(一七五七刊行)の洒落本。沢田東江作。『百人一首』や『唐詩選』の文句を遊里にちなんだ題に引き合わせて談じる人々を描いた作品。

いそわ【磯回・磯廻】[名]《『万葉集』の「磯廻」の誤読から派生した語とも》磯の入り江。

いそん・ず【射損ず】[他サ変]{ぜ・じ・ず・ずる・ずれ・ぜよ}矢を当てそこなう。

いた【板】[名]❶「板敷き」の略。❷《「俎板」の略》包丁を用いて魚などを調理するさい、台とする板。❸版木。❹《「板場」の略》板前。

いた【甚】[副]《「いと」「いち」と同じ語源》(程度のはなはだしいさまを表して)ひどく。はげしく。→「いたも」。例「**甚**泣かば人知りぬべし」〈記・下・歌謡〉

いたいけ【・なり】【幼気】[形動ナリ]{なら・なり(に)・なり・なる・なれ・なれ}《「痛い気」で、心が痛くなるようすの意》❶幼くいじらしいさま。❷(物が)小さくかわいらしいさま。例「いたいけ・なる物も得やらで遣はす」〈仮・仁勢物語〉

いたいけ・す[自サ変]{せ・し・す・する・すれ・せよ}かわいらしいようすをしている。例「**いたいけ・し**たる小女房、顔ばかりさしいだいて」〈平家・六・小督〉

いたう【甚う】[副]《「いたく」のウ音便》❶ひどく。非常に。はなはだしく。例「雨も**いたう**降りければ」〈伊勢・六〉❷(下に打消の語を伴って)それほど。たいして。例「まだ**いたう**更けぬに」〈源氏・夕顔〉

いたう【痛う・甚う】形容詞「いたし」の連用形「いたく」のウ音便。

いたか[名]乞食僧の一種。供養のため卒塔婆に経文を書いて川に流したり、経を読んで物や銭をもらった。

いたがき【板垣】[名]板で作った垣。板塀。

いたがね【板金・板銀】[名]中世末期から近世初期に、貨幣として用いられた、金属を板状に延ばしたもの。適当な重さに切って用いた。ばんきん。

いだか・ふ【抱かふ】[他ハ下二]{へ・へ・ふ・ふる・ふれ・へよ}抱きかかえる。例「嫗、塗籠の内に、かぐや姫を**抱か・へ**てをり」〈竹取・かぐや姫の昇天〉

いたが・る【甚がる・痛がる】[自ラ四]{ら・り・る・る・れ・れ}《形容詞「甚し」の語幹＋接尾語「がる」》❶感心したようすをする。例「これをのみ**いたが・り**、物をのみ食ひて、夜更けぬ」〈土佐〉❷痛いというようすをする。

いだきあつか・ふ【抱き扱ふ】[他ハ四]{は・ひ・ふ・ふ・へ・へ}抱いて面倒を見る。例「他ごとなく**抱き扱・ひ**、もてあそび聞こえたまひて」〈源氏・薄雲〉

いだきい・づ【抱き出づ】[他ダ下二]{で・で・づ・づる・づれ・でよ}❶抱いて外に出る。↔抱き入る。例「(帝ガ皇子ヲ)**抱き出・で**奉らせたまひて」〈源氏・紅葉賀〉❷産む。出産する。例「いとをかしき児をさへ**抱き出・で**たまへれば」〈源氏・真木柱〉

いだきい・る【抱き入る】[他ラ下二]{れ・れ・る・るる・るれ・れよ}腕で抱えて中に入れる。↔抱き出づ①。例「(稚児ヲ)**いだき入・れ**て見まく欲しくこそあれ」〈枕・稚児は〉

いだきおほ・す【抱き生ほす】[他サ四]{さ・し・す・す・せ・せ}抱いて養育する。かわいがって育てる。例「幼くより**抱き生ほ・させ**給ひけるとて」〈建春門院〉

いだきかしづ・く【抱き傅く】[他カ四]{か・き・く・く・け・け}抱いて大切に面倒を見る。例「(幼イ明石ノ姫君ヲ)得て**抱きかしづ・か**ばやと(紫ノ上ハ)おぼす」〈源氏・松風〉

いたく【甚く】[副]❶(程度が)はなはだしく。ひどく。非常に。例「風のよければ、楫取り**いたく**誇りて、『船に帆上げ』など、喜ぶ」〈土佐〉❷(下に打消や禁止を表す語を伴って)大して。それほど。あまり。例「ほととぎす**いたく**な鳴きそひとり居て眠の寝らえぬに聞けば苦しも」〈万葉・八・一四八四〉

いだ・く【抱く】[自カ四]{か・き・く・く・け・け}《古くは「うだく」》❶両腕で抱く。抱える。例「いと宮(＝弟宮)**いだ・き**たてまつらむ」〈紫式部日記〉❷囲む。擁する。例「任那を**いだ・き**守ること、懈り息むこと無し」〈紀・欽明〉❸心に考えをもつ。例「悲しびを**いだ・け**るなり」〈今昔・二・三〇〉

いたごし【板輿】[名]「手輿」の形態のひとつ。屋形の屋根と側面を白木の板で造り、前後に簾を下

げた輿(こし)。手輿の種類のうち最も簡単なもので、貴人や僧がちょっとした旅行などに用いた。

いた・し【痛し・甚し】［形ク］{から・く(かり)・し・き(かる)・けれ・かれ}

> **アプローチ**
> ▼程度がはなはだしいの意が原義と考えられる。
> ▼程度のはなはだしさが肉体的に現れた結果、痛いの意が生じた。精神的には苦痛である意が生じ、心が痛むほどにすばらしい、ひどい、という対義的な意も生じた。

❶**からだが痛みを感じるさま。痛い。**例「頭(かしら)いと**痛・く**て苦しくはべれば、いと無礼(むらい)にて聞こゆること」〈源氏・夕顔〉訳頭が**痛く**苦しゅうございますので、まことに失礼な有り様で申し上げることです。《敬語》「苦しくはべれば」→「はべり」、「無礼にて聞こゆる」→「きこゆ」

❷(心が)**苦しい。つらい。**例「秋といへば心ぞ**痛・き**うたて異(け)に花になぞへて見まく欲(ほ)りかも」〈万葉・二〇・四三〇七〉訳秋というとそれだけで心が**苦しい**。なぜかむしょうに(あなたのことを)(秋の)花になぞらえて逢(あ)いたく思うからでしょうか。《係結び》「ぞ→痛き㊍」

❸(心に痛みを感じるほどに)**かわいそうだ。いたわしい。**例「**いた・し**や、この御手よ。昔は上手にものしたまひけるを」〈源氏・行幸〉訳なんとお**いたわしい**ことか、この(大宮の)筆跡は。昔は上手でいらっしゃったのに。〔注〕「ものす」はさまざまの動詞の代用として使われる。この場合は「あり(いる)」の意。→「ものす」

❹(圧倒されて胸が痛むほどに)**すばらしい。立派である。感に堪えない。**例「かの国の前(さき)の守(かみ)、新発意(しぼち)の娘かしづきたる家いと**いた・し**かし」〈源氏・若紫〉訳その国(＝播磨国(はりまのくに))の前の国司で、最近出家した男が娘を大事に育てている屋敷はそれは**すばらしい**ものでございますよ。

❺(心に苦痛を感じさせるほど)**程度がはなはだしいさま。ひどい。激しい。**例「神奈備(かむなび)の磐瀬(いはせ)の社(もり)の呼子鳥(よぶこどり)**いた・く**な鳴きそ我(あ)が恋増さる」〈万葉・八・一四一九〉訳神のいます磐瀬の森の呼子鳥よ、**激しく**鳴かないでおくれ。(お前が鳴くと)私の恋心はいよいよ激しくなってしまうよ。《副詞の呼応》「な→鳴きそ」。〔注〕「呼子鳥」はいまのカッコウか。人を呼ぶような鳴き声で鳴く。

> **発展学習ファイル** ⑤の連用形の用法から、程度が大きいことを意味する副詞「**いたく**」が成立した。

いだしあこめ【出だし衵】［名］「いだしぎぬ①」に同じ。

いだしい・る【出だし入る】［他ラ下二］{れ・れ・る・るる・るれ・れよ}出入りさせる。例「たまさかにても、かからん人を**出だし入・れ**て見んにますことあらじ」〈源氏・紅葉賀〉

いだしうた【出だし歌】［名］五節(ごせち)の乱舞に歌い添えられる歌。

いだしうちき【出だし袿】［名］《「いだしうちぎ」とも》「いだしぎぬ①」に同じ。

いたじき【板敷き】［名］床が板張りの所。板の間。また、縁側、すのこ。＝板①

いだしぎぬ【出だし衣】［名］❶直衣(なほし)や狩衣(かりぎぬ)を着るときに、中に着る衵(あこめ)や袿(うちき)の美しい裾(すそ)を指貫(さしぬき)に着込めず、外に出すこと。また、その衣。男性の晴れの儀式の服装。＝出だし衵・出だし袿・出だし褄(づま)。❷女房装束の袖口(そでぐち)や裳(も)の褄(つま)などを、童(わらは)であれば袴と汗衫(かざみ)の裾を、寝殿の御簾(みす)や几帳(きちやう)の下、また牛車(ぎつしや)の後方の簾(すだれ)や下簾(したすだれ)の下から外に見えるように出すこと。また、その衣。中にいるのが女性であることを示し、装飾の美しさを競った。

> **古典の世界**　「出だし衣」の種類
>
> ①の意のほか、「**打ち出で**(打ち出だし)」「**押し出で**(押し出だし)」を指していう場合がある。すなわち、②のように女房や女(め)の童(わらは)など女子の衣の袖(そで)や褄(つま)を、御簾(みす)や几帳(きちやう)の下からのぞかせ、その色彩美をあらわす作法のことである。行幸(みゆき)、恒例・臨時の大饗(だいきやう)、五節(ごせち)、各種の祝儀など、宮中や権門の晴れがましい儀式や宴のときになされる。実際に女房などが着用しているものの一部を出す場合と、女房用の装束のみを配列する場合とがある。
>
> 出だし衣には、「打ち出だし」と「押し出だし」がある。儀式の際、寝殿の南面、東の対屋の廂(ひさし)の間などに、あたかも着飾った女房たちがそこに並んでいるように、衣の褄袖を御簾の下からうち出すところから「**打ち出だし**」といい、これが正式。それに対して、略儀のやり方は、袖褄全体を出さずに、袖だけを押し出すので「**押し出だし**」と称して区別している。また、牛車(ぎつしや)の簾(すだれ)や下簾(したすだれ)から裾(すそ)がこぼれ出して装飾とする場合をいうこともある。いずれも、女性の装束を際立たせる王朝の装飾美である。

いだしぐるま【出だし車】［名］女房たちが「いだしぎぬ②」をして乗った車。

いだしす・う【出だし据う】［他ワ下二］{ゑ・ゑ・う・うる・うれ・ゑよ}❶外に出して(その場所に)置く。外に出して座らせる。例「上(うへ)渡らせ給へば、みな**出だし据・ゑ**てまつりて」〈宇津保・国譲・下〉❷連れ出して、ある地位につかせる。例「いよいよおぼえなくて〔中(なか)ノ君ヲ〕**出だし据・ゑ**たまはむも憚(はば)かることいと多かり」〈源氏・総角〉

いだした・つ【出だし立つ】［他タ下二］{て・て・つ・つる・つれ・てよ}❶(用意して)送り出す。例「朝(あした)には狩りに**いだし・たて**てやり」〈伊勢・六九〉❷宮仕えに出す。山仕させる。例「かの遺言を違(たが)へじとばかりに**出だし立・て**はべりしを」〈源氏・桐壺〉❸歌い出す。例「頭中将(とうのちゆうじやう)、心づかひして**出だした・て**がたうす」〈源氏・篝火〉

いだしづま【出だし褄】［名］「いだしぎぬ①」に同じ。

いたじとみ【板蔀】［名］格子を付けず、板を打ち付けて作った蔀。

いだしぬ・く【出だし抜く】［他カ四］{か・き・く・く・け・け}相手の油断やすきを見て、追い越す。出し抜く。例「始めはゆゆしくはやりごちたりけれど、終(つひ)に**いだしぬ・かれ**にけり」〈十訓抄・七〉

い

いだしはな・つ【出だし放つ】[他タ四]{た・ち・つ・つ・て・て}❶出して放す。手放す。例「〔明石ノ〕入道も、さて〔妻子ヲ〕出だし放・たむはいとうしろめたう」〈源氏・澪標〉❷遠ざける。例「客人居のかりそめなる方に出だし放・ちたまへれば」〈源氏・総角〉

いたじめ【板締め】[名]室町以降に行われた染色法の一種。模様を彫った二枚の板の間に布をかたくはさみ付けて染める。他の部分が染まり、模様は白く浮き出る。

いだしや・る【出だし遣る】[他ラ四]{ら・り・る・る・れ・れ}送り出す。出してやる。例「このもとの女、あしと思へるけしきもなくて、いだしや・りければ」〈伊勢・二三〉

いた・す【致す】[他サ四]{さ・し・す・す・せ・せ}❶至らせる。もたらす。例「死罪・流刑、思ふさまに行ひ、世をも人をも憚られざりしが〔平家ヲ滅亡ニ〕いた・す所なり」〈平家・灌頂・女院死去〉❷(気持ちを)尽くす。(気持ちを)こめる。例「かくなにがしが心をいた・して仕うまつる御修法に」〈源氏・夕霧〉❸「する」の意の謙譲語。主語を低め、聞き手に対して丁重に述べ敬意を示す。行為の向かう先を高める働きはなく、しばしば、実際の働きは丁寧語に近い。いたします。例「私の鍋のあたりを、棒をもって打ち割らうといた・すほどに」〈狂・鍋八撥〉

発展学習ファイル　中古までは、①②の意で、漢文訓読文で多く用いられた。中世に入り一般化し、③の用法が生じた。

いだ・す【出だす】[他サ四]{さ・し・す・す・せ・せ}❶外に出す。例「帳の内よりもいだ・さず、いつき養ふ」〈竹取・かぐや姫〉❷差し出す。突き出す。提出する。例「さば、題出だ・さむ」〈枕・雨のうちはへ降るころ〉❸声に出す。いう。歌う。例「高砂を出だ・してうたふ」〈源氏・賢木〉❹感情を顔に出す。例「〔帝ハ〕思し憚りて、色にも出だ・させたまはずなりぬるを」〈源氏・桐壺〉〔敬語〕「思し憚りて」→「おぼす」、「出ださせたまはず」→「せたまふ」。❺描き出す。例「妻(=端)に月出だ・したる扇を忘れて」〈平家・一・鱸〉❻(動詞の連用形に付いて)動作を内から外に向けて行う。外に…する。例「寝おどろきて見出だ・すに」〈枕・七月ばかり〉❼(動詞の連用形に付いて)動作を始める。…し始める。例「神事に穢れありといふ事、近く人の言ひ出だ・せるなり」〈徒然・一九八〉

いたずら【徒ら】歴史的かなづかい「いたづら」

いただき【頂・戴き】[名]❶頭のてっぺん。❷山頂。❸物のてっぺん。❹「戴き餅」の略。

いただきもちひ【戴き餅】[名]平安時代、貴族の家で、正月初めの吉日に行われた儀式。子供の成長を祝い、幸福を祈って、父親または近親の者が、子供の頭の上に餅をあてて、祝言を唱えること。また、その餅。＝戴き④

いただ・く【頂く・戴く】{か・き・く・く・け・け}㊀[他カ四]❶頭に載せる。頂上に載せる。例「〔魚ヲ〕桶に入れて、女どもにいただ・かせて」〈宇治拾遺・一三・八〉❷あがめる。尊ぶ。例「石山の仏をも、弁のおもとをも、並べていただ・かまほしう思へど」〈源氏・真木柱〉〔音便〕「まほしう」は「まほしく」のウ音便。❸「もらう」「受ける」の意の謙譲語。「(AがBに)いただく」で、B(与えてくれる人)を高める。いただく。お受けする。例「訴訟のことありて永々在京つかまつるところに、安堵の御教書をいただ・き」〈狂・入間川〉❹「食べる」「飲む」の意の謙譲語。本来は、飲食物を与えてくれる人を高めて使われた。いただく。例「これは御前のお菓子、ありがたういただ・きや」〈浄・丹波与作〉㊁[補動カ四](動詞の連用形＋接続助詞「て」に付いて)「…てもらう」の意の謙譲語。「(AがBに)…ていただく」でB(…てくれる人)を高める。…(て)いただく。例「ちょっと来ていただ・かっしゃれ」〈滑・酩酊気質〉

発展学習ファイル　謙譲語の用法は室町末期ごろに生じたと考えられる。謙譲の補助動詞は、さらに江戸時代に入ってかなりたってから現れる。

いたた・す【い立たす】《接頭語「い」＋動詞「立つ」の未然形＋上代の尊敬の助動詞「す」》お立ちになる。例「我が背子がい立た・せりけむ厳橿(=神聖ナカシノ木)が本」〈万葉・一・九〉

いたち【鼬】[名]動物の名。イタチ。(季―冬)

〔鼬の無き間の貂誇り〕自分より強い者がいない所で、おおいにいばること。＝鼬の無き間の鼠

〔鼬の無き間の鼠〕「いたちのなきまのてんほこり」に同じ。

〔鼬の目陰〕(イタチは、前足を目の上にかざして人を見るということから)疑わしげに人を見ること。

〔鼬の道切り〕(イタチはある通路を横断すると、二度とその道を通らないということから)往来・交際・音信が途絶えること。

いた・つ【い立つ】[自タ四]{た・ち・つ・つ・て・て}《上代語。「い」は接頭語》立つ。例「この道を行く人ごとに行き寄りてい立・ち嘆かひ」〈万葉・九・一八〇一長歌〉

いた・つ【射立つ】[他タ下二]{て・て・つ・つる・つれ・てよ}❶矢を射て物に突き立てる。例「奥より白篦の大矢を一つ射立・てて」〈平家・一一・遠矢〉❷矢をさかんに射る。例「大勢に射立・てられ」〈太平記・一八〉

いたつかは・し【労かはし】[形シク]{しから・しく(しかり)・し・しき(しかる)・しけれ・しかれ}《中世以降「いたづかはし」「いたづがはし」》❶骨が折れる。ご苦労さまだ。例「いたづかは・しく外の楽しびを求め」〈徒然・九三〉❷煩わしい。

いたつき【労き・病き】[名]《後世は「いたづき」》❶苦労。心配。例「ここながらそのいたつきかぎりなし」〈大和・一四七〉❷病気。例「身にいたつきの入るも知らずて」〈古今・仮名序〉

いたつき【平題箭】[名]先端を平らに、または丸くした鋭くない矢じり。また、それを付けた矢。練習や遊技・競技に用いたという。

いたつきい・る【労き入る】[自ラ下二]{れ・れ・る・るる・るれ・れよ}骨を折る。力を尽くす。例「『殿のおほんいたつきい・れず、子の世、孫の世、うしろやすくておはしまさせむ』となむ聞こゆる」〈宇津保・祭の使〉

いたつ・く【労く・病く】{か・き・く・く・け・け}《後世は「いたづく」》㊀[自カ四]❶苦労する。気を遣う。例「とかうものすることなど、いたつ・く人多くて」〈蜻蛉・上〉❷病気になる。疲れる。例「筋力精神、一時にいたつ・きぬ」〈紀・雄略〉㊁[他カ四]大事にする。大切に世話する。例「かたじけなく思ひいたづ・きたてまつりしかど」〈源氏・若菜・上〉

いたづら［・す／・なり］【徒ら】（イタヅラ）［名・自サ変］［形動ナリ］

> **アプローチ** ▼努力に見合う結果が期待どおりには得られず、無駄であったと失望する意が原義。
> ▼中世以降、現代語の「いたずら」に通じる、悪ふざけの意が現れる。

一［形動ナリ］｛なら・なり（に）・なり・なる・なれ・なれ｝❶**何のかいもないさま。無駄だ。** 例「采女の袖吹き返す明日香風京を遠みいたづら・に吹く」〈万葉・一・五一〉 訳→〈和歌〉うねめの… ❷**むなしい。はかない。** 例「花の色は移りにけりないたづら・に我が身世にふるながめせしまに」〈古今・春下・一一三〉 訳→〈和歌〉はなのいろは… ❸**退屈だ。ひまだ。** 例「船も出ださで、いたづら・なれば」〈土佐〉 訳船も出さないで退屈なので。 ❹**ふざけるのが好きだ。たちが悪い。** 例「わごりょはいたづら・な人でおりゃる」〈狂・比丘貞〉 訳おまえさんはふざけるのが好きな人でいらっしゃる。

二［名・自サ変］❶**悪さ。悪ふざけ。** 例「きっと捕らへてござらぬによって、きゃつがいたづらを致しまする」〈狂・真奪〉 訳きちんと捕らえなさらないので、あいつが悪さをいたすのです。 ❷**不義。道にそむいた情事。** 例「いたづらはやめられぬ世の中に」〈浮・好色一代男〉 訳不義というものは、なかなかやめられない世の中に。

発展学習ファイル 「いたづら」は物自体は存在するが内在する可能性が発揮されない状態を表すのに対し、類義語「むなし」は物自体が存在しない状態を表す。

〔**徒らになす**〕（イタヅラニナス）❶無駄にする。例「多くの人の身をいたづらにな・してあはざなるかぐや姫は」〈竹取・かぐや姫の昇天〉 **語構成**「あはざなる」→「ざなり」。❷空しく死なせる。例「いたづらにな・さじと、見るかぎりあつかひ騒ぎけり」〈源氏・手習〉

〔**徒らになる**〕（イタヅラニナル）❶無駄になる。例「思ひは今はいたづらにな・りぬべらなり」〈古今・雑躰・一〇〇一長歌〉❷空しく死ぬ。例「さりともいたづらにな・りはてたまはじ」〈源氏・夕顔〉

いたづらごと【徒ら言】（イタヅラゴト）［名］**一**【徒ら言】無用のことば。無駄口。**二**【徒ら事】❶無駄な事柄。つまらないこと。❷浮ついたこと。みだらなこと。

いたづらじに【徒ら死に】（イタヅラジニ）［名］無駄に死ぬこと。犬死に。無駄死に。

いたづらね【徒ら寝】（イタヅラネ）［名］思い慕う人に会えずに寂しくひとり寝ること。＝徒ら臥し

いたづらびと【徒ら人】（イタヅラビト）［名］❶役に立たない人。必要とされない人。役職を離れた人。❷落ちぶれた人。不遇な人。❸死んでしまった人。

いたづらぶし【徒ら臥し】（イタヅラブシ）［名］「いたづらね」に同じ。

いたづらもの【徒ら者】（イタヅラモノ）［名］❶役に立たない人。無用の人。❷悪人。乱暴者。❸みだらな人。❹ネズミの別名。❺怠け者。

いたづらや【徒ら屋】（イタヅラヤ）［名］使っていない建物。空き屋。

いたで【痛手】［名］戦いで負った深い傷。深手。重傷。↕薄手

いたど・る【い辿る】［自ラ四］｛ら・り・る・る・れ・れ｝《上代語。「い」は接頭語》尋ねる。さぐる。

いたな・く【甚泣く】《「甚」は、ひどく、激しくの意の副詞》ひどく泣く。激しく泣く。例「天飛む軽の嬢女甚泣・かば人知りぬべし」〈記・下・歌謡〉

いたは・し【労し】（イタワシ）［形シク］｛しから・しく（しかり）・し・しき（しかる）・しけれ・しかれ｝《「いたはる」と同じ語根》❶**骨が折れる。苦労が多い。**（病気などで）苦しい。例「己が身し労は・しければ玉桙の道の隈廻に草手折り柴取り敷きて」〈万葉・五・八八六長歌〉❷**苦しいほど大切に思う。大事にしたい。** 例「誰が心いたは・しとかも直渡りけむ」〈万葉・一三・三三三五長歌〉❸**かわいそうだ。気の毒でつらい。** 例「まことに尋ねかねたるけしきいたは・しうおぼえて」〈平家・一〇・横笛〉

いたはしう【労しう】（イタワシュウ）形容詞「いたはし」の連用形「いたはしく」のウ音便。〈音便〉「いたはしう」は「いたはしく」のウ音便。

いたはり【労り】（イタワリ）［名］❶苦労。苦心。❷功績。手柄。❸ねぎらい。❹目をかけること。大切に扱うこと。世話。❺病気。

いたはりかしづ・く【労り傅く】（イタワリカシヅク）［他カ四］｛か・き・く・く・け・け｝大切に世話をする。丁重にもてなす。例「思ひよろこびはべりて、随分にいたはりかしづ・きはべりけるを」〈源氏・手習〉

いたはりどころ【労り所】（イタワリドコロ）［名］❶大切に取り扱うところ。世話するところ。世話人。❷心を用いるところ。同情の余地。❸からだの具合の悪いところ。病気。

いたはりのぞ・む【労り望む】（イタワリノゾム）［他マ四］｛ま・み・む・む・め・め｝自分の功労を申し立てて、それに応じた昇進やほうびを望む。例「君たちもいたはり望・みたまふことどもありて殿の御あたり離れたまはねば」〈源氏・葵〉

いたは・る【労る】（イタワル）｛ら・り・る・る・れ・れ｝**一**［自ラ四］❶**苦労する。骨を折る。** 例「設けのものなど労・りてし給へ」〈宇津保・俊蔭〉❷**病気になる。** 例「父にて候ひし者、労・る事侍りしかば、看病なんどして」〈沙石集〉**二**［他ラ四］❶**大切にする。丁重に扱う。** 例「常の使ひよりは、この人よくいたは・れ」〈伊勢・六九〉❷**かわいがる。面倒を見る。** 例「この牛をいたは・り飼ふほどに」〈宇治拾遺・一〇・五〉❸**病気を治す。からだをいたわる。** 例「かかる所にて、脚病労・らむ」〈宇津保・国譲・中〉

いたびさし【板廂・板庇】［名］板で作った粗末なひさし。例「人住まぬ不破の関屋の板廂」〈新古今・雑中・一六〇一〉 訳→〈和歌〉ひとすまぬ…

いたぶき【板葺き】［名］屋根を板で葺くこと。また、その屋根の小さな家。＝板屋

いたぶら・し【甚振らし】［形シク］｛しから・しく（しかり）・し・しき（しかる）・しけれ・しかれ｝気持ちが激しく動揺している。平静でない。例「いたぶら・しもよ昨夜ひとり寝て」〈万葉・一四・三五五〇〉

いたぶ・る【甚振る】｛ら・り・る・る・れ・れ｝《「甚」は形容詞「甚

し」の語幹）㊀[自ラ四]激しくゆれ動く。例「風を疾みいたぶる波の間なく」〈万葉・一一・二七三六〉㊁[他ラ四]ゆする。金品などをまきあげる。

いたま【板間】[名]❶板葺き屋根の、板と板とのすき間。❷板の間。

いたま・し【悼まし・傷まし】[形シク]{しから・しく(しかり)・し・しき(しかる)・しけれ・しかれ}❶心が痛むほどかわいそうだ。嘆かわしい。例「子無き人をばいたま・しき事とす」〈今昔・一・一五〉❷つらい。迷惑だ。例「いたま・しきかな不孝の罪をのがれんと思へば、君の御ためにすでに不忠の逆臣となりぬべし」〈平家・二・烽火之沙汰〉

いたましう【悼ましう・傷ましう】形容詞「いたまし」の連用形「いたましく」のウ音便。

いたま・しむ【痛ましむ・傷ましむ】（「痛む」の未然形＋使役の助動詞「しむ」）❶からだに痛みを感じさせる。例「（天照大神八）梭（＝機織リノ道具）をもて身を傷ま・しむ」〈紀・神代・上〉❷心に悲しみを感じさせる。例「身をやぶるよりも、心を傷ま・しむるは、人を害ふ事なほはなはだし」〈徒然・一二九〉

いた・む【痛む・傷む・悼む】㊀[自マ四]{ま・み・む・む・め・め}❶からだに苦痛を感じる。❷心に深い悲しみを感じる。心痛する。例「有間皇子自ら傷・みて松が枝を結ぶ歌二首」〈万葉・二・一四一題詞〉❸迷惑がる。苦痛に思う。例「いたういた・む人の、強ひられて少し飲みたるも、いとよし」〈徒然・一七五〉❹傷つく。例「ふたたび実なる木は、その根必ずいた・む」〈平家・二・烽火之沙汰〉❺損をする。㊁[他マ下二]{め・め・む・むる・むれ・めよ}心やからだに苦痛を感じさせる。苦しめる。例「生けるものを殺し、傷・め」〈徒然・一二八〉

いた・む【い回む】[自マ上二]{み・み・む・むる・むれ・みよ}（上代語。「い」は接頭語）めぐり行く。めぐる。

いためがは【撓め革】[名]膠を溶かした水に革を浸し、さらに打ち固めたもの。鎧や刀の鍔などに使われた。練り革。

いためじほ【炒め塩】[名]語義未詳。焼き塩の古称か。

いたも【甚も】[副]（上代語。「も」は助詞）（多く、「いたもすべなし」の形で）ひどく。どうにも。→「いた」。例「君に恋ひいたもすべなみ葦鶴の音のみし泣かゆ朝夕にして」〈万葉・三・四五六〉

いたもと【板元】[名]（近世語）❶調理場。料理場。❷料理人。板前。

いたや【板屋・板家】[名]❶板葺きの屋根。❷板葺きの屋根をもつ家。瓦葺きの家などに比べて質素で粗末。

〔**板屋のひま**〕（「ひま」は隙間の意）板屋根の隙間。板屋根の破れ目。

いたらぬところな・し【いたらぬ所なし】❶行かない所がない。例「いやしからぬすき者の、いたらぬところな・く、人に許されたる」〈堤中納言・はなだの女御〉❷非の打ちどころがない。例「いたらぬところな・しと聞きふるしたる手（＝筆跡）も」〈蜻蛉・上〉

いたり【至り】[名]❶心の働きが行き届く程度。思慮。❷学問・才能などの深さ。造詣。❸情趣の深さ。❹結果。極致。❺粋。

いたりたる【至りたる】[連体]（「至」の漢文訓読語）この上ない。極度の。極限の。例「至りたる上手の能をば、師によく習ひては似すべし」〈花鏡〉

いたりて【至りて】[副]（動詞「至る」の連用形＋接続助詞「て」）きわめて。例「至りて愚かなる人は、たまたま賢なる人を見て、これを憎む」〈徒然・八五〉

いたりふか・し【至り深し】[形ク]{から・く(かり)・し・き(かる)・けれ・かれ}❶注意深い。思慮深い。例「この君（＝夕霧）もいといたり深・き人なれば、思ひよることあらむかしと思す」〈源氏・横笛〉❷（学問などに）深く通じている。造詣が深い。例「言の葉、筆づかひなどは、人よりことになまめかしくいたり深・う見えたり」〈源氏・須磨〉❸趣深い。例「何のいたり深・き隈はなけれど」〈源氏・若紫〉

（**音便**）「いたり深う」は「いたり深く」のウ音便。

いたりれうり【至り料理】[名]（近世語）ぜいたくで、手のこんだ料理。

いた・る【至る】[自ラ四]{ら・り・る・る・れ・れ}❶行き着く。到達する。例「ま遠くの雲居に見ゆる妹が家にいつか至・らむ歩め我が駒」〈万葉・一四・三四四一〉❷限界に達する。極まる。例「まことにこれは徳至・りたる翁どもにてさぶらふ」〈大鏡・道長・下〉（**敬語**）「さぶらふ」→「さぶらふ」。❸広く行き届く。例「春の色の至・り至・らぬ里はあらじ」〈古今・春下・九三〉訳→（和歌）はるのいろの…。❹考えや思いなどが及ぶ。例「などかは女といはむからに、世にあることの公私につけて、むげに知らずいた・らずしもあらむ」〈源氏・帚木〉❺やって来る。（ある時期に）なる。例「命を終ふる期、忽ちに至・る」〈徒然・一〇八〉

いたわし【労し】歴史的かなづかい「いたはし」

いたわる【労る】歴史的かなづかい「いたはる」

いたゐ【板井】[名]板で囲んだ井戸。→「いはゐ」

いち-【逸】[接頭]（「いと」「いた」と同じ語根）程度のはなはだしい、すぐれているの意を表す。「逸足」「逸物」「いち著し」「いち早し」など。

いち【一】㊀[名]❶数の名。始まりの基本の数。❷物事のいちばん最初。例「一の皇子は、右大臣の女御の御腹にて」〈源氏・桐壺〉❸最もすぐれていること。最上。例「また、除目に、その年の一の国得たる人」〈枕・したり顔なるもの〉❹髻の、元結でくくった所から後ろに出た部分。㊁[副]いちばん。最も。＝いっち。例「心の上手に成りたるが一わろきなり」〈正徹物語〉

いち【市】[名]人が多く集まり、物の売買をする所。平城京・平安京では東西に市を置いた。

〔**市を為す**〕人が多く集まる。群れをなす。例「見物、市をな・す」〈今昔・一・九〉

いぢ【意地】[名]❶こころね。気性。❷自分の主張を押し通そうとする性質。強情。❸連歌で句を作るときの心の遣い方や働き。

いちあし【逸足】[名]馬などが速く走ること。早足。疾走。

いちいち【一一】㊀[名]❶ひとつひとつ。例「（数珠ヲ）一々にもとの主にぞくばりける」〈平家・二・一行阿闍梨之沙汰〉❷ひとりひとり。めいめい。例「一々にしやつばら射ころせ」〈平家・一一・逆櫓〉㊁[副]どれもこれも。ひとつ残らず。例「事の体一々にあらはれぬ」〈平家・六・祇園女御〉

いちう【一宇】[名]《「宇」は家・軒の意》ひとむねの家。寺の堂や塔のひとつ。

いちえふ【一葉】[名]❶一枚の木の葉。一枚の紙。❷一艘の小舟。転じて、頼りない小舟。例「一葉の船に棹さして」〈平家・一〇・維盛入水〉

いちが【一河】[名]同じ河。ひとつの河。

〔**一河の流れを汲む**〕見知らぬ者同士が同じ川の水を汲むのも前世の因縁によるものであるという仏教的なたとえ。→「いちじゅのかげにやどる」

いちかはだんじふらう【市川団十郎】[人名]歌舞伎役者。屋号成田屋。初代は荒事芸を確立し、二代は成田屋を江戸の宗家たらしめ、五代は俳人としても名を残し、七代は「歌舞伎十八番」の制定をするなど、みなそれぞれの時代を代表する人物である。

いちがんのうちにつく【一眼の中に尽く】一目で見わたすことができる。例「風景**一眼の中に尽き**て、南に鳥海天をささへ」〈おくのほそ道・象潟〉

いちぎ【一義】[名]❶ひとつの道理。根本の意義。❷一説。

いちぎ【一儀】[名]一つの事柄。例の件。あのこと。男女の交わりを遠回しにいう語。

いちぎ【一議】[名]❶一度の評議。一回の会議。❷ひとつの意見。異議。

いちぐ【一具】[名]（道具や衣服など）ひとそろい。ひと組。

いぢくねわる・い【意地くね悪い】[形口語型]《近世語》ひどく意地が悪い。心がひねくれている。

いちぐら【肆】[名]《「いちくら」とも。「肆」は店の意》市で取り引きする商品を並べておく所。また、品物の交換・売買をする場所。

いちげあんご【一夏安居】[名]《仏教語》僧が陰暦四月十六日から七月十五日までの九十日間、外出せずに修行すること。（季－夏）

いちげん【一見】[名]《近世語》初めて会うこと。とくに、遊里で客と遊女が初めて会うこと。

いちこ【市子・神子・巫子】[名]❶神事をつとめる斎女。神楽なども舞う。❷「あづさみこ」に同じ。

いちご【一期】[名]❶この世で生きている間。一生。生涯。例「**一期**が間の思ひ出一つあるべし」〈平家・一〇・請文〉❷**一生の最後**。**臨終**。

いちこつ【壱越】[名]❶音の名前。十二律のひとつ。西洋音階のD、五声音階の宮に近い。❷「壱越調」の略。

いちこつでう【壱越調】[名]《「いちこつてう」とも》雅楽の六調子のひとつ。十二律のうち「壱越」を主音とした音階。＝壱越②

いちごふしょかん【一業所感】[名]《仏教語》多くの人々が同一の「業」によって、同じ報いを受けること。

いちごまつだい【一期末代】[名]この世では一生涯、未来は永劫まで。例「こなた私とは、**一期末代**所帯が専ぢゃぞや」〈狂言記・釣女〉

いちごんはうだん【一言芳談】[作品名]鎌倉末期の法語集。編者・成立年未詳。現世否定主義に立脚し、往生を願う念仏者たちの言行を書き留める。

いちざ【一座】[名]❶第一の座席。首席。上座。❷同席すること。❸同席の人全員。❹説法や宴会などの一回の集まり。一席。❺連歌や俳諧を興行すること。また、そこで詠まれた作品。❻ひとつの興行をともに行う役者・芸人の一団。

〔**一座の宣旨**〕首座に着くことを許す宣旨。摂政・関白はこの宣旨を受け、官位に関係なく大臣より上座に着く。

いちし[名]野草の名。タデ科の多年草。いまのギシギシ。初夏に淡緑色の花を細長い円錐状につける。また、クサイチゴ、エゴノキともいう。

いちじ【一時】[名・副]わずかな時間。しばらく。いっとき。

いちじさんらい【一字三礼】[名]《仏教語》写経のとき、一字筆写するごとに三度礼拝すること。平安末期から鎌倉時代にかけての風習。

いちしちにち【一七日】[名]❶七日。七日間。祈禱などの期間の単位としていう。❷人が死んだ当日を入れて数えて、七日目。初七日。

いちじふさいじふ【一入再入】[名]《「入」は布を染料にひたす意》何度も染めること。また、染めた色の濃いこと。

いちじゅ【一樹】[名]一本の木。

〔**一樹の陰一河の流れも他生の縁**〕見知らぬ者同士が同じ木の下に宿ったり、同じ川の水を汲んで飲んだりすることも、前世からの因縁によるものだということ。

〔**一樹の陰に宿る**〕見知らぬ者同士が同じ木の陰に宿泊するのも前世の因縁によるものであるというたとえ。→「いちがのながれをくむ」

いちじょう【一定】歴史的かなづかい「いちぢゃう」

いちじょう【一乗】[名]《仏教語。唯一の乗り物の意。衆生を悟りに導き、成仏させる教えを乗り物にたとえる》すべてのものを悟りに赴かせる唯一の教え。とくに、法華経を指す。＝一乗の法

いちじょうののり【一乗の法】「いちじょう」に同じ。

いちしる・し【著し】[形ク]{から・く(かり)・し・き(かる)・けれ・かれ}《「いちしろし」「いちじるし」とも。「いち」ははなはだしい、「しるし」は明白である意》明白だ。はっきりと分かる。例「三笠山神の験のいちじる・く」〈金葉・雑上・五八二〉

発展学習ファイル　中世以降濁音化し、シク活用も用いられた。近世にも両様の活用がみられるが、やがてシク活用が一般化した。

いちしろ・し【著し】[形ク]{から・く(かり)・し・き(かる)・けれ・かれ}《上代語》「いちしるし」に同じ。

いちじん【一人】[名]（天下にただひとりの意から）天子。天皇。

いちだい【一代】[名]❶人の一生。生涯。❷天皇の在位期間。例「〈大嘗会〉御禊」〈更級〉❸家督を継いで、その家の家長となっている期間。例「わづかにその身**一代**の幸ひにて」〈平家・一〇・千手前〉

〔**一代の聖教**〕《仏教語》釈迦が、開悟から入滅までに説いた教え。＝一代の教法・一代説教・一代教

いちだいいちど【一代一度】[名]天皇が在位中

に行われるただ一度の行事。「大嘗会」がその例。

いちだいじ【一大事】[名]❶《仏教語》仏が衆生を済度するため、この世に現れる因縁。転じて、仏道の悟りを開くこと。❷重大な事件・事柄。

いちだう【一道】[名]学問・芸術などのひとつの専門の道さま。

いちだん【一段】㊀[名]❶(文章や楽曲などの)ひとつのまとまり、区切り。❷場面。㊁[形動口語型]ひときわすばらしいさま。

いちだん【一段】[副]ひときわ。いっそう。

いちぢ【市路・市道】[名]市へ通じる道路。市にある道。

いちぢゃう[・なり]【一定】[名・形動ナリ]確かにそれと定まっていること。確実であること。↔不定。例「往生は、一定と思へば一定、不定と思へば不定なり」〈徒然・三九〉

いちぢゃう【一定】[副]確かに。かならず。きっと。例「一定うたれぬと聞き給へども」〈平家・九・小宰相身投〉(敬語)「聞き給へども」→「たまふ(四段)」

いちぢん【一陣】[名]❶第一の陣。先陣。❷いちばんに敵陣に攻め入ること。先駆け。❸風などのひと吹き。

いちづ[・なり]【一途】[名・形動ナリ]ひとつの方針・事柄に向かっていくこと。ひとつに定まるさま。ひたむきなさま。例「『各の死罪に行はるべし』と評定一途に定まって」〈太平記・六〉

いちでう【一条】[名]本質的なつながりのあるもの。関連があること。同じ道理。ひとつながり。例「可・不可は一条なり」〈徒然・三八〉

いちでうおほぢ【一条大路】[地名]平城京・平安京の東西に通じる大路のひとつ。平安京の通りの名。平安京の一条大路は京域の北限をなし、いまの一条通りにほぼ相当する。洛中と洛外の境界でもある。

いちでうかねら【一条兼良】[人名](一四〇二―一四八一)《「いちでうかねよし」とも》室町中期の歌人・連歌作者・和学者・故実家。古典の注釈書『伊勢物語愚見抄』や『花鳥余情』、『歌林良材集』などの歌論書も残す。

いちでうてんわう【一条天皇】[人名](九八〇―一〇一一)第六十六代天皇。父は円融天皇、母は藤原兼家の娘の東三条院詮子。定子や彰子が入内した。

いちでうふゆら【一条冬良】[人名](一四六四―一五一四)《「いちでうふゆよし」とも》室町中期の歌人・連歌作者・故実家。父は一条兼良。『新撰菟玖波集』の序文を作成した。

いちどう[・す]【一同】[名・自サ変]同じであること。一致すること。例「面々の意見一同・せしかば」〈太平記・四〉

いちどうに【一同に】[副]いっせいに。そろって。例「すべて堂上堂下一同にあっと悦びあへる声、門外までどよみて」〈平家・三・御産〉

いちなか【市中】[名]町の中。市街の中。

いちなかは…【市中は物のにほひや夏の月】〔俳句〕〈猿蓑・凡兆〉訳昼の熱気いまだ冷めやらぬ町中は、さまざまなにおいも昼の喧噪の余韻を残している。ふと目を上げれば、そこには夏の月が別世界の趣で涼しげに輝いていることだ。(季―夏の月―夏)

いちなん【一男】[名]長男。

いちにち【一日】[名]❶一昼夜。❷起きてから寝るまで。❸その月の第一日目。

いちにちいちや【一日一夜】[名]一昼夜。まる一日。

いちにちぎゃう【一日経】[名]追善供養のために、多人数が集まって経典を一日で写し終えること。また、その経典。とくに、法華経が多い。

いちにちへんし【一日片時】[名]《「いちにちへんじ」とも》わずかの時間。ちょっとの間。

いちのたい【一の対】[名]《「たい」は、寝殿造りの「対の屋」》東の対の屋とその北に位置する対の屋。また、西の対の屋とその北に位置する対の屋。

いちにょ【一如】[名]《仏教語。「一」は絶対不二、「如」は不異の意》真理はただひとつで、平等無差別であること。

いちにん【一人】[名]❶ひとりの人。❷ある分野での第一人者。

いちにんたうぜん【一人当千】[名]ひとりで千人に当たるほどの力をもっていること。＝一騎当千

いちねん【一念】[名]❶《仏教語》一回念仏を唱えること。❷《仏教語》ひたすら仏を信心すること。例「行をば多念にとり、信をば一念にとるべきなり」〈古今著聞・六〉❸思いつめること。例「一念の毒蛇となって」〈謡・道成寺〉❹ほんの短い時間。瞬間。例「さらに一念も動ぜずして」〈太平記・一五〉

〔一念の念仏〕《仏教語》ひたすら心をこめた念仏。ひとたび唱えれば往生ができるという念仏。

いちねんさんぜん【一念三千】[名]《仏教語》天台宗の重要な教義。人の一瞬の心の中に、三千もの全宇宙の事象が含まれているということ。

いちねんじふねん【一念十念】[名]《仏教語》一度ないし十度、念仏すること。数にかかわらず、念仏を唱えれば極楽往生できるということ。

いちねんふしゃう【一念不生】[名]《仏教語》どのような瞬間にも、妄想を起こさない境地。

いちねんほっき【一念発起】[名]《仏教語》❶仏を信心し、悟りに向かう心を起こすこと。❷悪心を捨て、善心を起こすこと。

いちの【一の】❶最初の。第一の。一番目の。例「〈十五台ノウチノ〉一の御車は、唐車なり」〈枕・関白殿、二月二十一日に〉❷最上の。最もすぐれた。第一等の。例「その時、一の宝なりける鍛冶工匠六人を召しとりて」〈竹取・蓬萊の玉の枝〉

いちのいた【一の板】[名]鎧の草摺りや兜の錣などで、いちばん上に綴り合わせられている板。↓[古典参考図]武装・武具〈1〉

いちのおとど【一の大臣】[名]「いちのかみ(一の上)」に同じ。

いちのかみ【市正】[名]令制で「市司」の長官。東西の市に各ひとりいた。

いちのかみ【一の上】[名]左大臣の別名。左大臣

が欠員か摂政・関白を兼任している場合は、右大臣のことを指す。＝一の大臣(おとど・だいじん)

いちのきさき【一の后】[名]皇后の別名。

いちのきど【一の城戸】[名]最も外側にある城門。

いちのくに【一の国】[名]その年の「除目(ぢもく)」でいちばんよい任国。

いちのざえ【一の才】[名]最も得意とする技芸。例「琴(きん)弾かせたまふことなん**一の才**にて」〈源氏・絵合〉

いちのたい【一の対】[名]寝殿造りの対の屋のひとつ。東北の対に対しては東の対を、北の対に対しては西の対のことをいう。

いちのだいじん【一の大臣】[名]「いちのかみ(一の上)」に同じ。

いちのたに【一の谷】[地名]播磨国(はりまのくに)の地名。いまの兵庫県神戸市須磨(すま)区にある古戦場。寿永三年(一一八四)、源義経(よしつね)がこの地に陣をしく平家軍を、背後の鵯越(ひよどりごえ)から奇襲して敗走させた。

いちのたにふたばぐんき【一谷嫩軍記】[作品名]江戸中期(一七五一初演)の浄瑠璃(じょうるり)。並木宗輔(そうすけ)ら合作。『平家物語』などにみえる熊谷直実(くまがいなおざね)と平敦盛(あつもり)、岡部六弥太(ろくやた)と平忠度(ただのり)の二つの物語を題材とする。

いちのつかさ【市司】[名]京都内の市(いち)を監督する役所。物品の真偽、度量の軽重などを管理した。左京・右京にそれぞれ東市司・西市司があった。

いちのところ【一の所】[名]摂政・関白の別名。＝一の人

いちのひと【一の人】[名]❶摂政・関白の別称。太政大臣(だいじょうだいじん)を指す場合もある。＝一の所。❷第一にすぐれた人。

いちのふで【一の筆】[名]❶戦陣で一番首を取った手柄を、首帳(くびちょう)の最初に記されること。例「分どりあまたして、その日の高名の**一の筆**にぞつきにける」〈平家・一一・鶏合 壇浦合戦〉❷第一人者。筆頭。

いちのまつ【一の松】[名]能舞台の橋掛(はしが)かり前面の白州に植えられている三本の小松のうち、最も舞台に近い位置の松。また、その松に近い橋掛かり上の空間を指す場合もある。

いちのまひ【一の舞】(イチノマイ)[名]最初の舞。また、その演者。

いちのみこ【一の御子・一の皇子】[名]第一皇子。＝一の宮①

【**一の皇子(いちのみこ)の女御(にょうご)**】第一皇子の生母である女御。

いちのみや【一の宮】[名]❶第一皇子。または、第一皇女。＝一の御子(みこ)。❷その地域でいちばん格の高い神社。

いちのみやきい【一宮紀伊】[人名]「いうしないしんわうけのきい」に同じ。

いちのもの【一の物・一の者】[名]❶すぐれた物・人。例「古き世の**一の物**と名あるかぎりは、みな集ひまゐる」〈源氏・若菜・上〉❷最も気に入っている物・人。❸宮中の楽所(がくそ)の職階で、左楽・右楽のそれぞれ最上席。

いちのや【一の矢】[名]最初に射る矢。手に持つ二本の矢(一手(ひとて))のうち、先に射る矢。

いちのゐん【一の院】(イチノイン)[名]院が複数存在する場合、最初に院になった上皇を指す。中院・新院と区別する呼称。＝一院

いちばい【・す】【一倍】[名・自サ変]いまでいう二倍のこと。例「一年を経(ふ)るに、借(か)れる所の銭**一倍**しぬ」〈今昔・二四・三〉

いちばい【一倍】[副]《近世語》いっそう。ひとしお。例「人に言はれじ悟られじと**一倍**横柄(わうへい)そらさぬ顔」〈浄・女殺油地獄〉

いちはやう【いち早う】(イチハヨウ)形容詞「いちはやし」の連用形「いちはやく」のウ音便。

いちはや・し【いち早し】[形ク]{(から)・く(かり)・し・き(かる)・けれ・かれ}(「いち」ははなはだしいの意の接頭語)❶**すばやい。急だ。早すぎる。**例「いと、かく、にはかにあまるよろこびをなむ、**いちはや・き**心地(ここち)しはべる」〈源氏・若菜・上〉《敬語》「しはべる」→「はべり」。《係結び》「なむ」→心地しはべる(体)。❷**激しい。強烈だ。**例「昔人(むかしびと)は、かく**いちはや・き**みやびをなむしける」〈伊勢・一〉《係結び》「なむ」→しける(体)。❸**厳しい。容赦ない。恐ろしい。**例「后(きさき)の御心**いちはや・くて**、かたがた思(おぼ)しつめたることどもの報いせむと思すべかめり」〈源氏・賢木〉《敬語》「思しつめたる」「思すべかめり」→「おぼす」。語構成「思すべかめり」→「べかめり」

【**いち早(はや)き雅(みやび)**】情熱的で風流なこと。また、情熱をこめた風雅な振る舞い。例「昔人(むかしびと)は、かく**いちはやきみやび**をなむしける」〈伊勢・一〉

いちばん【一番】㊀[名]❶二人以上でひと組になること。ひとつがい。❷語り物・謡(うたい)物・能・狂言・歌舞伎(かぶき)などの一曲。例「〈鼓ヲ〉うたせて**一番**舞うたりけり」〈平家・一・祇王〉❸囲碁や将棋・相撲(すもう)などの一勝負。❹最もすぐれているもの。最大のもの。❺(順番で)最初。第一。㊁[副]試しに。例「なんでも**一ばん**縫って見せる気で」〈浮世床〉

いちばんて【一番手】[名]戦場で真っ先に繰り出す軍勢。

いちひ【石櫧・櫟】(イチイ)[名]木の名。イチイガシ。材質は堅く、建材や器材に用いられる。実は食用。(季―夏)

いちひと【一人】[名]第一人者。最も優れた人。

いちびと【市人】[名]市で物を売る人。商人。

〔俳句〕**いちびとよ…**【**市人よこの笠(かさ)売らう雪の傘**】〈野ざらし紀行・芭蕉〉訳市中(いちなか)で忙しく売り買いしている人々よ。私は今かぶっているこの笠を売ろう、美しい雪の積もったこの笠を。(季―雪―冬)

いちひめ【市姫】[名]市場・商人を守る女神。

いちぶ【一分・一歩】[名]❶長さの単位。一寸(約三センチメートル)の十分の一。→「ぶ(分・歩)」。❷江戸時代の貨幣の単位。一両の四分の一。❸(「一分金」の略)江戸時代の金貨のひとつ。形は長方形で、一両の四分の一に当たる。＝一分小判・小粒(こつぶ)。❹(「一分銀」の略)江戸時代の銀貨のひとつ。形は長方形で、一両の四分の一に当たる。

いちぶ【一分・史生】[名]国司の下級官人の「史生(ししやう)」の別称。

いちぶじまん【一分自慢】[名]《近世語》自分勝手に自慢すること。うぬぼれ。

いちぶつ【一仏】[名]《仏教語》一体の仏。とくに、阿弥陀仏。また、同一の仏。

いちぶつじゃうだう【一仏成道】[名]《仏教語》「一仏」が悟りをひらくと、人間や動物、山川や草木などすべてのものがみな等しく成仏できること。

いちぶつしんもんのうてな【一仏真門の台】[名]《仏教語》すべての衆生が成仏し、真の悟りを開く蓮台。

いちぶん【一分】[名]《近世語》❶自分自身。❷面目。❸同様。

いちぶんみせ【一分見世・一分店】[名]自分で経営する独立した店。

いちまい【一枚】[名]❶平たいもののひとつ。薄くて幅の広いもののひとつ。❷金貨や銀貨のひとつ。

いちまいかんばん【一枚看板】[名]❶上方歌舞伎で、外題（芝居の題名）や役者の名を書いた大きな飾り看板。❷歌舞伎などの一座の中で、中心的な役者。

いちまいきしゃう【一枚起請】[名]❶紙一枚のだけに書いた起請文（誓紙）。三枚起請や七枚起請などがある。❷建暦二年（一二一二）正月、法然が死を前に、念仏往生の要義を一枚紙に記し、門弟の源智に与えたというもの。一枚起請文。

いちまいだて【一枚楯】[名]一枚板で作った楯。

いちまき【一巻】[名]《近世語》❶絵巻物・書物などの一巻全部。❷物事の一部始終。いっさい。

いちまつもやう【市松模様】[名]地紋の一種。碁盤縞の格子を一つ置きに色違いに並べた模様。石畳。市松。江戸中期の歌舞伎役者佐野川市松が袴に用いてから流行したという。

いちみ【・す】【一味】㊀[名]《仏教語》仏の教えは、時により多様であるが、大海の塩味がどこでも同じであるように、根本は同一の趣旨であるということ。㊁[名・自サ変]味方すること。仲間。加勢。

〔**一味の雨**〕万物を平等に潤す雨。仏の教えが広く行き渡ることのたとえ。

いちみどうしん【一味同心】心をひとつにして協力すること。また、その人々。例「**一味同心**に僉議して、山へも奈良へも牒状をこそおくりけれ」〈平家・四・山門牒状〉

いちめ【市女】[名]市で物を商う女性。

いちめがさ【市女笠】[名]「市女」がかぶった笠。のちに、雨の日の外出や旅行の際には、貴族の女性も用いた。スゲやヒノキの薄板で編み、黒漆を塗った。➡［古典参考図］女子の服装〈3〉

いちめん【一面】[名]❶（「に」を伴い、副詞的に用いて）ひとつの物事の全部。全体。一度。例「太刀をぬいて**一面**にろってかかる」〈平家・一一・能登殿最期〉❷一方の側。片面。❸初めて出会うこと。一度だけの面会。❹仮面・鏡・硯・太鼓・琵琶など平らなもののひとつをいう語。

いちもう【一毛】[名]一本の毛。転じて、極めてわずかなもの。つまらないもの。例「（心ガ）ゆるくしてやはらかなる時は、**一毛**も損せず」〈徒然・二一一〉

いちもち【逸物】[名]「いちもつ（逸物）」に同じ。

いちもつ【逸物】[名]（「いちもち」とも）人物や馬・牛・鷹などで、特別にすぐれているもの。

いちもん【一文】[名]❶《近世語》穴あき銭一枚。一文銭。通貨の最小単位。一千文で一貫文。わずかな銭。つまらないもののたとえ。❷一つの文字。

いちもん【一門】[名]❶一族。一家。❷同じ宗派。同じ法門のもの。

いちもんじ【一文字】[名]❶ひとつの文字。一字。❷「一」という字。❸「一」の字のように、横に真っすぐなこと。一直線。例「**一文字**にざっとわたいて」〈平家・九・宇治川先陣〉❹「一文字笠」の略。❺表装した書画の上下に横一文字につける細長い布。

いちもんじがさ【一文字笠】[名]頂上が平らで、「一」の字のように見える笠。スゲなどを編んで作る。＝一文字④

いちもんふち【一文不知】[名]《近世語》文字一つ知らない愚かな者。＝一文不通

いちもんふつう【一文不通】[名]「いちもんふち」に同じ。

いちや【一夜】[名]❶ひと晩。❷ある夜。先夜。

いちゃ [名]若い女の呼称。子守・乳母・下女などに用いる。

いちゃう【銀杏・公孫樹】[名]❶木の名。イチョウ。葉は扇形で、秋に黄色く色づく。実は銀杏と呼ばれ、食用とされる。❷（「銀杏頭」の略）江戸時代の男性の髷の形のひとつ。❸イチョウの葉を図案化した紋所の名。

いちやけんげう【一夜検校】[名]《近世語》❶江戸時代、金千両を納めて急に最高位の検校を授けられた盲人。❷急に金持ちになった人。

いちやずし【一夜鮨】[名]アユなどの腹に飯を詰め、苞に入れ、火であぶり、ひと晩重しをしてつくった鮨。＝早鮨（季―夏）

いちやびゃくしゅ【一夜百首】[名]和歌などで、題を定めて、一夜で百首を詠むこと。

いちらく【一落】[名]❶一度落ちぶれること。一度衰えること。❷ひとつの事件。一件。また、一段落。

いちらふ【一﨟・一臘】[名]❶《仏教語。「﨟」は僧の出家受戒後の年数を表す》最も修行を積んだ僧。最長老。極﨟。❷役人の中で年功を積んだ人。古参の人。首席。

いちりき【一力】[名]自分ひとりの力。独力。自力。

いちりゃう【一両】[名]❶四匁二分を一として銀を勘定する単位。❷江戸時代の金貨の単位で、小判一枚の価格。一分の四倍、一朱の十六倍。

いちるい【一類】[名]❶同類。❷同族。一族。

いちれん【一蓮】[名]《仏教語》「一蓮托生」の略。

いちれんたくしゃう【一蓮托生】[名]❶《仏教語》死後、極楽浄土で同じ蓮華の花の上に生まれること。❷結果のよしあしにかかわらず、行動・運命を共にすること。①②＝一蓮

いちろく【一六】[名]❶ばくちや双六で、ふたつのさいころを振って、一と六の目が出ること。❷毎月、一と六のつく日。江戸時代、この日は休日・稽古日・会合の日などであった。＝一六日

いちろくしょうぶ【一六勝負】[名]❶ばくちで、さいころの目に一が出るか六が出るかを賭ける勝負。

❷運に任せた冒険的な勝負・試み。

いちゐん【一院】［名］「いちのゐん」に同じ。

いちゑん【一円】 一［名］ある地域の全体。二［副］❶全体。全部。おしなべて。ことごとく。❷（下に打消の語を伴って）少しも。まったく。全然。

いつ【厳・稜威】［名］《上代語》❶勢力が激しいこと。尊厳な力があること。❷神聖なこと。厳粛なこと。

〔**厳の道別き道別きて**〕激しい勢いで物を押し分けるようす。例「天の八重のたな雲を押し分けて、**いつのちわきちわきて**」〈記・上〉

いつ【何時】［代名］❶《不定称の指示代名詞。はっきり定まらない時を示す語》いつ。❷（多く下に格助詞「より」を伴って）いつも。ふだん。例「**いつ**よりも、殊に今日は尊く覚え侍りつる」〈徒然・一二五〉

〔**何時となく**〕いつでも。常に。例「御修法はいつとなく不断にせらるれば」〈源氏・柏木〉

〔**何時ともなし**〕いつということもない。いつも。例「乱り心地は**いつともなく**のみはべるが」〈源氏・若紫〉

〔**何時とも分かず**〕いつと区別することもない。いつも。例「夕月夜さすや岡辺の松の葉の**いつともわかぬ**恋もするかな」〈古今・恋一・四九〇〉

〔**何時のまさかも**〕《「まさか」は眼前・目前の意》どんなときも。どの瞬間も。例「言こそは**何時のまさか**も常忘らえね」〈万葉・一三・二九九六〉

〔**何時はあれど**〕いつもそうではあるが、とくに。例「ときわかぬ五葉の松の**いつはあれど**」〈雪玉集〉

〔**何時を何時とて**〕いつを定めの時と思って。例「**いつをいつとて**過ぐすなるらん」〈拾遺・哀傷・一三三五〉

い・つ【凍つ・冱つ】［自タ下二］{て・て・つ・つる・つれ・てよ}凍る。凍りつく。

いづ【何処】［代名］《上代東国方言。不定称の指示代名詞》どこ。

い・づ【出づ】{で・で・づ・づる・づれ・でよ} 一［自ダ下二］❶外に出る。出発する。例「嫗抱きてゐたるかぐや姫、外に出でぬ」〈竹取・かぐや姫の昇天〉❷姿を現す。出現する。例「二十日の夜の月出でにけり」〈土佐〉❸新たに生じる。例「かかる人も世に**出**でおはするものなりけり」〈源氏・桐壺〉❹（煩悩による迷いの境界などから）脱する。解脱する。例「必ず生死を**出**でんと思はんに」〈徒然・五八〉❺（動詞の連用形に付いて）…出る。…始める。例「金、銀、瑠璃色の水、山より流れいでたり」〈竹取・蓬萊の玉の枝〉 二［他ダ下二］❶外に現す。出す。例「色には**出**でじ人もこそ知れ」〈古今・春下・一〇四〉❷（「言に出づ」などの形で）口に出していう。例「朝霧の乱るる心言に**出**でて」〈万葉・一七・四〇〇八長歌〉❸（動詞の連用形に付いて）…出す。例「御衣をとりい**で**て着せむとす」〈竹取・かぐや姫の昇天〉

いづ【伊豆】［地名］旧国名。東海道十五か国のひとつ。いまの静岡県東部の伊豆半島と東京都の伊豆七島。＝豆州

いついつ【何時何時】❶日付をぼかした言い方。某月某日。❷ふだん。平素。例「当年は**いついつ**よりめでたう存じ」〈狂言記・松の精〉

いつか【五日】［名］❶五日間。❷月の五日目。とくに、陰暦五月五日の端午の節句。

〔**五日の節会**〕陰暦五月五日に宮中で行われた年中行事。天皇が武徳殿に出御して、群臣に菖蒲や薬玉を与え、宴を賜り、騎射や競べ馬が行われた。→「たんご（端午）」

いつか【何時か】 一《代名詞「何時」＋係助詞「か」》❶疑問の意を表す。いつ…か。例「五節は**いつか**内裏へ参る」〈源氏・少女〉❷反語の意を表す。いつ…か、いや…ない。例「**いつか**、若やかなる人など、さはしたりし」〈枕・にくきもの〉❸いつのまに…したのか。例「深く思ひそめつと言ひし事の葉は**何時か**秋風吹きて散りぬる」〈後撰・恋五・九三三〉 二［副］そのうち。いつのときか。例「**いつか**わが身のうへならんと、思ひしかば」〈平家・一・祇王〉

いっか【一荷】［名］てんびん棒の両端に品物をかけて、ひとりでかつげるだけの荷物。

いっかいそうじゃう【一階僧正】［名］決まった順序を経ないで、いきなり僧正の位に特進すること。また、その人。

いっかう【一更】［名］「五更」の一番目。いまの午後八時、およびその前後二時間。一説に、午後八時からあと二時間。＝初更・戌の刻

いっかう【一向】［形動口語型］《近世語》まったくひどい。全然だめだ。例「これは**一向・だ**。こんな櫛がつかはれるものか」〈浮世床〉

いっかう【一向】［副］❶いちずに。ひたすら。例「一向御一家の御上とこそ承り候へ」〈平家・二・西光被斬〉❷すべて。一切。例「大小事**一向**なんぢにこそいひあはせしか」〈平家・一〇・三日平氏〉❸（下に打消の語を伴って）全然。まったく。例「**一向**前がくらうて見えぬぞ」〈平家・八・瀬尾最期〉❹むしろ。いっそ。例「**一向**に重忠と刺し違へ死なんとは思ひしが」〈浄・出世景清〉❺本当に。まことに。例「いっかうよう染めてぢゃなあ」〈浮世風呂〉

いっかうしゅう【一向宗】［名］親鸞が創始した「浄土真宗」の別称。「一向（ひたすら）」に阿弥陀仏を念ずるのでいう。

いっかうせんじゅ【一向専修】［名］《仏教語》ただひたすら念仏を唱え、修行すること。

いっかく【一角】［名］《近世語》（長方形の形から）「一分金」の別称。

いっかけぢ【沃懸地】［名］「いかけぢ」に同じ。

いつかし【厳橿・斎橿】［名］《「いつ」は神聖なの意》神社などの神霊が宿ると信仰されているカシの木。神木のカシ。

いつか・し【厳し】［形シク］{（しから）・しく（しかり）・し・しき（しかる）・しけれ・しかれ}いかめしい。立派だ。荘厳だ。例「大極殿の**いつかし**かりし儀式に」〈源氏・澪標〉

いづかた【何方】［代名］❶《不定称の指示代名詞》㋐《方角や場所を指す語》どこ。どちら。例「いづかたへか去る」〈方丈記〉㋑《事物を指す語》どれ。どちら。例「**何方**をも捨てじと心に執り持ちては」〈徒然・一八八〉❷《不定称の人称代名詞》どなた。例「**いづ方**にもみな心寄せきこえたまへり」〈源氏・胡蝶〉

いっかな【如何な】《近世語。「いかな」を強調した語》一［連体］どのような。例「これは**いっかな**王様もどちらにせうと」〈浄・傾城八花形〉二［副］（下に打消の

い

語を伴って)どうしても。例「たとへ命はとらるるとも、箱は**いっかな**渡さじ」〈浄・松風村雨束帯鑑〉

いつかは【何時かは】《代名詞「何時」＋係助詞「か」＋係助詞「は」》❶疑問の意を表す。いつ…か。いつになったら…か。例「**いつかは**さる人の御ありさまをほのかにも見たてまつらん」〈源氏・明石〉❷反語の意を表す。いつ…か、いや…ない。例「君をのみ思ひこし路の白山は**いつかは**雪の消ゆる時ある」〈古今・雑下・九七九〉

いつが・る【い繋る】[自ラ四]{ら・り・る・る・れ・れ}《「い」は強意の接頭語》つながる。例「さぶるその児に紐の緒の**いつが・り**合ひて」〈万葉・一八・四一〇六長歌〉

いつき【斎き】[名]❶心身を清浄にして神に仕えること。また、その人。とくに斎宮・斎院を指す。❷神を祭る場所。❸「斎き女」の略。

いつき【斎槻】[名]神霊が宿ると信じられていたツキの木。一説に「五十槻」の意味で、枝葉の生い茂ったツキの意ともいう。

いっき【一紀】[名]《「紀」は古代中国で歳星(木星)が天を一周する周期》十二年。

いっき【一揆】[名]❶心をひとつにすること。❷血縁や地縁により結ばれた一団の軍兵。❸農民や宗教信者などが徒党を組んで蜂起し、為政者の圧政に対抗した運動。土一揆・一向一揆など。

いつきいは・ふ【斎き祝ふ】[他ハ四]{は・ひ・ふ・ふ・へ・へ}心身を清めて祈願する。忌み清める。例「しめはやし、**斎き祝・ひしし**るく」〈催馬楽〉

いっきう【一休】[人名](一三九四－一四八一)室町中期の臨済宗の僧。法名は宗純。父は後小松天皇と伝えられている。求道精神や批判精神に富み後世、『一休咄』や『一休諸国物語』の題材となった。

いつきかしづ・く【斎き傅く】[他カ四]{か・き・く・く・け・け}大切に世話をする。手厚く養い育てる。例「宮腹にひとり**いつきかしづ・き**たまふ」〈源氏・紅葉賀〉

いっきく【一掬】[名]《「掬」は両手ですくう意》ひとすくい。ひと握り。

いつきご【斎児】[名]《万葉仮名の「斎児」を「いつきご」と読んだもの》大切に守り育てている子供。＝斎ひ児

いつきす・う【斎き据う】[他ワ下二]{ゑ・ゑ・う・うる・うれ・ゑよ}大切にしてすえる。大事にもてなす。例「限りなく**いつきす・ゑ**たらむ姫宮も、かばかりこそはおはすべかめれ」〈源氏・総角〉

いっきたうぜん【一騎当千】[名]《「いっきたうせん」とも。「一人当千」から出た語。『太平記』以降に認められる語》一騎で千騎の敵に対抗できるほど強いこと。＝一人当千

語構成「おはすべかめれ」→「べかめり」

いつきた・つ【斎き立つ】[他タ下二]{て・て・つ・つる・つれ・てよ}大切にして養い育てる。例「春宮の女御の御ありさまのならびなく、**斎きた・て**たまへるかひがひしさも」〈源氏・鈴虫〉

いつきのみこ【斎きの皇女】[名]天皇即位に際し、伊勢神宮・賀茂神社に天皇の名代として遣わされた未婚の内親王。斎宮・斎院。＝斎きの宮④

いつきのみや【斎きの宮】[名]❶大嘗祭のときの「悠紀」「主基」の神殿の称。❷斎宮や斎院の御所。❸伊勢神宮。❹「いつきのみこ」に同じ。

いつきのみやのかみ【斎の宮の頭】[名]斎宮に関する諸事をつかさどる「斎宮寮」の長官。

いつきのゐん【斎きの院】[名]「さいゐん」に同じ。

いつきむすめ【斎き娘】[名]大切に養育している娘。

いつきめ【斎き女】[名]神に仕える少女。とくに、奈良の春日神社・京都の大原野神社に仕える者にいう。＝斎き③

いつきやしな・ふ【斎き養ふ】[他ハ四]{は・ひ・ふ・ふ・へ・へ}大切に養い育てる。例「帳の内よりも出ださず、**いつきやしな・ふ**」〈竹取・かぐや姫〉

いっきょう[「・なり」]【一興・逸興】[名・形動ナリ]❶少しばかりのおもしろさ。ちょっとした興趣。例「ただ当座の**逸興**を催すまでなれば」〈筑波問答〉❷風変わりなさま。奇抜なさま。例「不思議に思ひて見れば、**一興・なる**者にてありけり」〈伽・一寸法師〉❸(反語的に用いて)意外だ。驚きだ。例「これは**一興**、この子はいとしうござらぬか」〈浄・心中重井筒〉

いつ・く{か・き・く・く・け・け}一【斎く】[自カ四]神聖なものとして祭る。(神に)仕える。例「春日野に**斎・く**三諸の梅の花」〈万葉・一九・四二四一〉二【傅く】[他カ四]大切にする。大事に養育する。例「帳の内よりもいださず、**いつ・き**やしなふ」〈竹取・かぐや姫〉

発展学習ファイル 二の類義語に「**かしづく**」があるが、「いつく」は原義の意を引いて、神に仕えるような気持ちで恐る恐る養い世話するといった色合いが濃い。⇨「かしづく」〈古語深耕〉

いつ・く【射付く】[他カ下二]{け・け・く・くる・くれ・けよ}射当てる。または射通して刺し留める。

いつ・ぐ【い次ぐ・い継ぐ】[自ガ四]{が・ぎ・ぐ・ぐ・げ・げ}《上代語。「い」は接頭語》続く。引き続く。継ぐ。

いっく【一九】[人名]「じっぺんしゃいっく」に同じ。

いづく【何処】[代名]《不定称の指示代名詞「いづこ」の古形》どこ。どちら。例「**いづく**より来りしものぞ」〈万葉・五・八〇三長歌〉

〔**何処ともなく**〕「いづこともなく」に同じ。訳→〔和歌〕うりはめば…

〔**何処はあれど**〕他の所はとにかく。どこもよいが、その中でも。例「陸奥は**いづくはあれど**塩釜の」〈古今・東歌・一〇八八〉訳→〔和歌〕みちのくは…

いつくさのたなつもの【五種の穀】[名]《「五穀」の訓読語》「ごこく」に同じ。＝五つの種つもの

いつく・し【美し】[形シク]{しから・しく(しかり)・し・しき(しかる)・しけれ・しかれ}(容姿が整っていて)美しい。例「やむごとなく**いつく・しき**御ありさまなり」〈源氏・胡蝶〉

いつく・し【厳し】[形シク]{しから・しく(しかり)・し・しき(しかる)・しけれ・しかれ}❶**神の威光に満ちている**。例「そらみつ大和の国は皇神の**厳・しき**国」〈万葉・五・八九四長歌〉〔注〕「そらみつ」は「大和」の枕詞。❷**厳粛だ**。**威厳がある**。重々しい。例「内々の心ざし引く方よりも、**いつく・しく**かたじけなきものに思ひはぐくまむ人をおきて」〈源氏・若菜・下〉❸**厳しい**。**厳重だ**。例「いと**いつく・しく**はもてなしたまはず」〈源氏・匂宮〉

いつくしう【厳しう・美しう】形容詞「いつくし」の連用形「いつくしく」のウ音便。

いつくしま【厳島】[地名]安芸国の島。いまの広島県佐伯郡宮島町にある。中央の弥山のふ

い

もとには、平家一門の信仰が厚かった厳島神社がある。日本三景のひとつ。

いつくしみ【慈しみ】[名]《「いつくしび」とも》思いやること。慈愛。

いつく・す【い尽くす】[他サ四]{さ・し・す・す・せ・せ}《「い」は接頭語》尽くす。

〔和歌〕**いづくにかふなはてすらむ…**【いづくにか船泊てすらむ安礼の崎漕ぎ廻み行きし棚なし小船】〈万葉・一・五八・高市黒人〉訳 いまごろどこで舟泊りをしているだろう、安礼の崎を漕ぎめぐって行ったあの棚なし小舟は。《係結び》「か→船泊てすらむ(体)」

〈参考〉「棚なし小船」は舷につける横板のない小さな船。

〔和歌〕**いづくにかわがやどりせむ…**【いづくにか我が宿りせむ高島の勝野の原にこの日暮れなば】〈万葉・三・二七五・高市黒人〉訳 いったいどこに私の今晩の宿を取ろうか。高島の勝野の原でこの一日が暮れてしまったならば。《係結び》「か→宿りせむ(体)」

〈参考〉「高島の勝野の原」は、いまの琵琶湖西岸の北部、滋賀県高島郡高島町。

いづくへ【何処辺】(イズクエ)[名]《「辺」は辺りの意の接尾語》どの辺り。例「我が思ふ君は**いづく辺**に」〈万葉・一三・三二七七〉

いづくんぞ【焉んぞ・安んぞ】(イズクンゾ)[副]《漢文訓読語。「いづくにぞ」の撥音便》(推量の表現を伴って)多くは反語の意を表す。どうして…しようか(いや…ない)。例「漢徳縦ひ厭きたりとも、**安んぞ**新に諂諛せむ」〈本朝文粋〉

いっけ【一家】[名]❶一軒の家。❷一族。同族。例「この大納言殿、入道殿とは**一家**にて」〈栄花・二七〉

いっけん【一件】[名]❶ひとくだり。一条。❷ひとつの事柄。一事件。❸事実をありのままにいうのを避けていう語。例のこと。あのこと。

いっけん【一見】[名]❶一度見ること。ひととおり見ること。一覧。❷初対面。一見。

いづこ【何処】(イズコ)[代名]《不定称の指示代名詞。「こ」は場所を示す接尾語》**どこ。どちら。**例「『それは、**いづこ**のぞ』と問へば、『斎院より』といふに」〈枕・職の御曹司におはしますころ、西の廂に〉

〔**何処ともなく**〕(イズコトモナク)《「いづくともなく」とも》どこという定められた場所もなく。例「**いづこともなくて**おはする仏かなとうち見やりて過ぎぬ」〈更級〉

〔**何処を面にて**〕(イズコヲオモテニテ)何の面目あって。例「**いづこを面にて**かはまたも見えたてまつらん」〈源氏・賢木〉

〔**何処をはかと**〕(イズコヲハカト)「いづこをはかりと」に同じ。

〔**何処をはかりと**〕(イズコヲハカリト)どこを目標として。例「**いづこをはかりと**もおぼえざりければ」〈伊勢・二一〉

〔狂歌〕**いっこくを…**【一刻を千金づつにしめあげて六万両の春のあけぼの】〈蜀山百首・四方赤良〉訳「春宵一刻値千金(春の宵は一刻が千金に値する)」といった人がいたが、「一刻」を「千金」として計算すると、桜の時期の春のあけぼのの料金は積もり積もって六万両にもなることだ。

いっこん【一献】[名]❶酒宴の際に最初に出される肴。一献ごとに肴を変えて三杯の酒を飲むのが通例。❷簡略な酒宴。

いっこんぞめ【一斤染め】[名]紅花一斤(約六〇〇グラム)で絹一匹(約八メートル)を染めること。また、そうした手法で染められた絹。薄い紅染め。

いっさ【一茶】[人名]「こばやしいっさ」に同じ。

いっさい【一切】**一**[名]全部。すべて。**二**[副](下に打消の語を伴って)まったく。ひとつも。

いっさいきゃう【一切経】(イッサイキョウ)[名]《仏教語》仏教に関する経・律・論の三蔵と、その解釈書の章と疏を含む聖典、七千余巻の総称。大蔵経。

いっさいきゃうくやう【一切経供養】(イッサイキョウクヨウ)[名]《仏教語》一切経を書写して奉納し、供養する法会。

いっさいしゅじゃう【一切衆生】(イッサイシュジョウ)[名]《仏教語》この世に生を受けたすべてのもの。とくに、人類のすべて。

いっさう【一双】(イッソウ)[名]ふたつでひと組となるもの。一対。

いっし【一子】[名]子供ひとり。ひとりっ子。

いづし【何方】(イズシ)[代名]《上代東国方言。方角・場所を指す語》どちら。不定称の指示代名詞。

いつしか[・なり]【何時しか】[形動ナリ]{なら・なり(に)・なり・なる・なれ・なれ}適切な時期よりずっと早く物事が起こるさま。**早過ぎる。**例「鳥羽院五歳、近衛院三歳にて、践祚(＝即位)あり。かれをこそ、**いつしか・なり**と申ししに」〈平家・一・額打論〉《係結び》「こそ→(流れ)」。《敬語》「申しし」→「まうす」

いつしか【何時しか】[副]《代名詞「何時」＋強意の副助詞「し」＋係助詞「か」》「いつしかも」「いつしかと」の形になることも多い》❶(多く推量の表現を伴って)不定の時期を待ち遠しく思う気持ちを表す。**いつになったら。**例「春の花**いつしか**君と手折りかざさむ」〈万葉・一七・三九六六〉〔注〕病後の療養中に詠まれた歌。花を髪や頭にさすことで、その生命力を得ることができると信じられていた。❷(①から転じて)ある事態が一刻も早く実現してほしい気持ちを表す。**早く。**例「**いつしか**、梅咲かなむ」〈更級〉❸気づかぬうちに事態が実現してしまったという気持ちを表す。**いつのまにか。早くも。**もう。例「鶯ばかりぞいつしか音したるを」〈蜻蛉・下〉

発展学習ファイル　②の場合、希望・願望・命令・意志を表す語を伴う特徴がある。

いつしかと【何時しかと】《副詞「何時しか」＋格助詞「と」》❶いつになったらと待ち遠しく。早く…したい(してほしい)と。例「(帝ハ対面ヲ)**いつしかと**心もとながらせたまひて」〈源氏・桐壺〉❷思いがけなく早く。いつのまにか。早くも。例「**いつしかと**霞みわたれる梢どもの」〈源氏・末摘花〉

いつしかも【何時しかも】《副詞「何時しか」＋係助詞「も」。「何時しか」を強めた表現》いつになったら(…か)。すぐにも。また、いつの間にか。例「**何時しかも**京に率てたてまつりて」〈源氏・玉鬘〉

いっしに【一時に】[副]《「一時に」の漢音読み》

たちまちに。

いつしば【厳柴】[名]《「いつ」は接頭語》よく生い茂った雑木。

いつしばはら【厳柴原】[名]雑木の生い茂った原。「いつもいつも」の序詞に用いる。例「道の辺のいつ柴原のいつもいつも人の許さむ言をし待たむ」〈万葉・一一・二七七〇〉

いっしゃう【一生】[名]生きている間。終生。

いっしゃうしゃうじん【一生精進】[名]《仏教語》一生涯、仏道の修行に励むこと。

〔川柳〕**いっしゃうの…**【一生の御願ひを母は聞き飽きる】〈柳多留・一七〉訳 子供は何かあるたびに「一生のお願いだから」と手を合わせる。母親は何回耳にしたか、もうすっかり聞き飽きてしまったことだ。

いっしゃうふぼん【一生不犯】[名]《仏教語》終生、戒律を犯さず、女性と交わらないこと。また、その人。

いっしゅいっぺい【一種一瓶】[名]一種類の酒の肴と一本の酒。簡単な酒宴のこと。

いっしゅく[・す]【一縮】[名・他サ変]鎧のひとそろい。また、鎧を身に着けること。例「ただ一人鎧一縮・して、歩立ちに成りて」〈太平記・二六〉

いっしゅもの【一種物】[名]「いっすもの」に同じ。

いっしょ【一所】[名]❶ひとつの場所。一か所。❷同じ場所。例「これまで逃れくるは、汝と一所で死なんと思ふ為なり」〈平家・九・木曾最期〉❸ひとりの意の尊敬語。おひとり。例「小松殿の君達一所むかはせ給ひて」〈平家・八・太宰府落〉

いっしょけんめい【一所懸命】[名]❶武士が、賜った、ただ一か所の領地を頼りに生活すること。また、その領地。例「さしたる罪科とも覚えぬ事に一所懸命の地を没収せらる」〈太平記・三三〉❷命をかけて事にあたること。必死。命がけ。①②＝懸命

いっしん【一心】[名]❶心ひとつ。❷心をひとつのことに集中すること。専念。例「そこらの人の、同じ心に一心に念じたてまつるほどは」〈栄花・二六〉

いっしん【一身】[名]❶我が身ひとつ。自分ひとり。❷全身。

いっしんづく[・なり]【一心尽く】[名・形動ナリ]《近世語》ひたすらに心を尽くすこと。また、そのようす。

いっしんでん【一身田】[名]平安時代、朝廷から一代に限って給付された田地。租税を免除された。のちには私有地化し、地名として残る。

いっすい【一水】[名]一滴の水や酒。ほんのわずかな水や酒のたとえ。

いっすいのゆめ【一炊の夢】「かんたんのまくら」に同じ。

いっすもの【一種物】[名]《「いっしゅもの」とも》殿上人などがそれぞれ酒の肴を一種ずつ持ち寄って開いた宴会。平安時代盛んに行われた。

いっすん【一寸】[名]❶一尺の十分の一の長さ。約三センチメートル。❷少しの距離。わずかな時間。

〔**一寸先は闇**〕《近世語》将来は予知できないことのたとえ。

〔**一寸延びれば尋延びる**〕《近世語》目前の困難を乗り越えれば楽になることのたとえ。

いっすんのがれ【一寸逃れ・一寸遁れ】[名]《近世語》一時的にその場の責任を免れようとすること。

いっすんぼふし【一寸法師】[作品名]御伽草子。作者未詳。室町時代の成立か。身長が一寸(約三センチメートル)の一寸法師と呼ばれた男の子が、知恵によって成り上がる話。

いっせ【一世】[名]❶《仏教語》過去・現在・未来の「三世」のうちのひとつ。とくに、現世。❷一生。終生。❸父から子への一代。

〔**一世の源氏**〕天皇の子で臣下に降り、「源」の姓を賜った人。嵯峨天皇の子、源信に始まる。なお、親王の子の場合は二世の源氏という。

いっせい【一声】[名]❶㋐能・狂言で、囃子事。「一セイ」と記す。㋑能・狂言で、謡事。「一声」と記す。おもに高音域でうたわれる七五調の短い曲。❷歌舞伎で、下座音楽のひとつ。

いっせいちだい【一世一代】[名]❶生涯でただ一度の大きなこと。❷能や歌舞伎の役者が生涯に一度だけ、または一生の仕納めとして行う、最後の晴れ舞台。舞台納め。

いっせう【一笑】[名]笑うこと。笑わずにはいられないこと。笑い草。

いっせき【一跡】[名]❶家系。家督。跡目。❷全財産。身代。❸自己独特のもの。特有。持ち前。

いっせつ【一切】[副]〈下に打消の語を伴って〉まったく。すべて。いっさい。例「一切〔摂政ノ仲介モ〕用ゐ奉らず」〈平家・五・奈良炎上〉

いっせつたしゃう【一殺多生】[名]《仏教語》ひとりを犠牲にして多くの命を助けること。

いっせつな【一刹那】[名]《仏教語》一瞬の間。非常に短い時間。

いっせん【一銭】[名]❶貨幣の単位。一貫の千分の一。一文。❷わずかな金額のたとえ。

いっせんぎり【一銭斬り】[名]戦国時代の軍律。たとえ一銭でも盗んだ者は、斬首の刑に処した。

いっそく【一束】[名]❶ひとまとめ。ひとたば。❷こぶしひと握りの長さ。❸紙の十帖のたば。❹野菜や果物などの百個。

いっそくいっぽん【一束一本】[名]武家時代の礼物や献上物。杉原紙一束(十帖)と扇一本。

いっそくぎり【一束切り】[名]髻をひと握りぐらいの長さに切った、短い髪。

いったい【一体】[名]❶同一のもの。同一体。同類。❷仏像・彫刻などのひとつをいう語。❸《「いってい」とも》ひとつの様式。ひとつの風体。風趣。❹全体。すべて。

いったう【一刀】[名]❶一本の刀。❷刃物で一回切りつけること。ひとたち。

いったん【一旦】㊀[名]《「旦」は朝の意》❶ある朝。❷しばらくの間。一時。例「一旦の楽しみにほこって、後生を知らざらん事のかなしさに」〈平家・一・祇王〉㊁[副]❶一度。ひとたび。❷ひとまず。一応。例「一旦恥ぢ恐るることあれば」〈徒然・一二九〉

いっち[副]《近世語。「一」の促音便》第一に。最も。例「この中にていっち、上しろものを、じぶんの相方とさだめ」〈膝栗毛〉

いづち【何方・何処】《不定称の指示代名詞。「ち」は場所を示す接尾語》㊀[代名]どちら。どの方向。どの方面。どこ。例「清げなる郎等の細やかなるが、立て文持ちて急ぎ行くこそ、『いづちならむ』と、見ゆれ」〈枕・ものへいく道に〉《係結び》「こそ→見ゆれ㊁」。㊁[副]どちらへ。どこへ。どの方向へ。どの方面へ。例「さばかり思しのたまはせしさまざまの御遺言はいづちか消え失せにけん」〈源氏・須磨〉《係結び》「か→消え失せにけん㊍」。《敬語》「思しのたまはせし」→「おぼす」「のたまはす」

〔何方も何方も〕どこへでも。例「いづちもいづちも率て隠したてまつりて」〈源氏・若菜・下〉

いっちゃう【一張】[名]弓・琴・鼓・袈裟・幕などのひとつをいう語。

いっちゃくしゅ【一磔手・一搩手】[名]人の手の親指と中指をいっぱいに張り広げた長さ。持仏像や胎内仏の寸法を測る単位。約八寸(約二四センチメートル)。

いっちゅうぶし【一中節】[名]浄瑠璃の一流派。元禄(一六八八―一七〇四)末ごろ京都で都大夫一中が語り始めたもので、上品で重厚な曲風を特色とする。上方で行われていたが、のち江戸に移って流行。

いつつ【五つ】[名]❶数の名。五。❷第五番目。❸年齢の五歳。❹《「五つ時」の略》時刻の名。現在の午前八時ごろと、午後八時ごろに当たる。

〔五つの障り〕「ごしゃう(五障)」に同じ。

〔五つの種つもの〕「いつくさのたなつもの」に同じ。

〔五つのなにがし〕《仏教語》「五つの障り」をぼかした言い方。→「ごしゃう(五障)」

〔五つの濁り〕《仏教語》「ごぢょく」に同じ。

〔五つの六つ〕五の六倍。三十。

いづつ【井筒】歴史的かなづかい「ゐづつ」

いつつぎぬ【五つ衣】[名]女性の装束で「表着」と「単衣」との間に、「袿」を五枚重ねて着ること。＝五重の御衣②・重ね袿。➡[古典参考図]女子の服装〈1〉

いつつ・し[形シク]{しから・しく(しかり)・し・しき(しかる)・しけれ・しかれ}《「いづつし」とも》恐ろしい。一説に、驚き騒いであわてているさま。例「いづつ・しき事なく、平らけく安らけく」〈祝詞〉

いつつを【五つ緒】[名]「牛車」の簾の一種。簾の左右の縁と中央、またそれらの中間との計五か所に同じ革の風帯を垂らしたもの。また、その牛車。

いってう【一朝】[名]❶ある日の朝。例「一朝に旅に立つ」〈海道記〉❷(ひと朝の意から)少しの間。わずかな間。❸(ある朝の意から)あるとき。また、不意のとき。❹朝廷全体。また、朝廷に仕える人すべて。一国。

いってう【一調】[名]❶能楽で、演奏形式のひとつ。打楽器(小鼓・大鼓・太鼓)の奏者ひとりと謡い手ひとりとで、曲中のおもしろい部分を演奏すること。❷歌舞伎で、所作事や武将・大名の出入りの際に用いられる小鼓ひとつによる演奏。

いづてぶね【伊豆手船】[名]伊豆国で造られた船。

いってん【一天】[名]❶空一面。空全体。❷「一天下」の略。

〔一天の主〕天下を統治する君主。天皇。＝一天の君

〔一天の君〕「いってんのあるじ」に同じ。

いってん【一点】[名]❶点ひとつ。転じて、ごくわずかなこと。❷漏刻(水時計)で一時(約二時間)を四等分した、最初の刻点。最初の三十分。

いってんか【一天下】[名]《「いってんが」とも》天下全体。世の中全体。＝一天

いってんしかい【一天四海】[名]全世界。天下全体。

いってんばんじょう【一天万乗】[名]《「乗」は兵車の意》(天子は兵車を一万出す国土を有するという故事から)天子の位。また、天皇の尊称。

いっとう【一統】[名]❶ひとつにまとめること。統一。例「後に南朝の陳をうち平らげて、一統の世となれり」〈神皇正統記〉❷全体。総体。一同。

いっとき【一時】[名]❶時間の単位。いまの二時間。一刻。❷しばらくの間。ちょっとの間。❸同時。

いつは【五葉】[名]《「五葉の松」の略》「ごえふ」に同じ。

いっぱう【一方】[名]❶ふたつあるものの片方。❷ひとつの方向・方面。❸一方面の物事だけに専心すること。

いつばかり【何時ばかり】《代名詞「何時」＋副助詞「ばかり」》いつごろ。例「さても、いつばかり思したつべきにか」〈源氏・宿木〉

いっぱく【一白】[名]❶吉凶を占う「九星」のひとつ。星では水星、方向では北に配される。❷馬の足先に白いまだら模様のあるもの。

いつはた【五幡】[歌枕]《「いつばた」とも》越前国の地名。いまの福井県敦賀市にある。敦賀湾に面した高地で、交通の難所として知られる。

いつはり【偽り】[名]事実ではないこと。うそ。

いつはりかざ・る【偽り飾る】[他ラ四]{ら・り・る・る・れ・れ}うわべをよそおってごまかす。うわべをとりつくろう。例「偽りかざ・りて名を立てんとす」〈徒然・三〉

いつはりな・る【偽り馴る】[自ラ下二]{れ・れ・る・るる・るれ・れよ}うそをつくのが習慣になる。例「げにいつはりな・れたる人や、さまざまにさも酌みはべらむ」〈源氏・蛍〉

〔和歌〕**いつはりの…【いつはりのなき世なりせばいかばかり人の言の葉うれしからまし】**〈古今・恋四・七一二・よみ人しらず〉訳偽りというものがない世の中だったなら、どんなにかあの人のおことばがうれしく思われることだろうに。

いつは・る【偽る】㊀[自ラ四]{ら・り・る・る・れ・れ}❶事実や本心と違うことをいう。❷うわべをよそおう。例「汝偽・りて沙門(＝僧)と成りて」〈今昔・二・三四〉㊁[他ラ四]だます。欺く。例「ことを偽・りて、物を盗めるなり」〈宇津保・藤原の君〉

いっぴつ【一筆】[名]❶一本の筆。❷途中で墨つぎをせずに書くこと。❸ひとりで書くこと。同一人物の筆跡。❹短く書き記すこと。また、その文章。❺一通の書状。

いっぷく【一腹】[名]同じ母親から生まれること。同腹。

いっぷくいっしゃう【一腹一生】[名]同じ父母から生まれた兄弟姉妹。

いつへ【五重】[名]❶「袿」などを五枚重ねるこ

と。❷「五重の扇」の略。❸「五重の衣」の略。

〔五重の扇〕薄板八枚を一単位とするので、四十枚のものを指す。両端の板を薄様紙で五重に包み、色糸でとじた檜扇を指すとする説もある。＝五重②

〔五重の御衣〕❶五枚重ねの御袿。❷「いつつぎぬ」に同じ。

〔五重の衣〕五色の糸で模様を織り出した衣。一説に、袖口・褄の表裏に中陪三枚を加えて重ね縫いし、五枚重ね着したように見せた衣とも。＝五重③・五重襲②

いつへ【厳瓮】[名]《「いつ」は神聖、「へ」は壺の意》祭事で用いた土器。神酒を入れる神聖な壺。＝斎瓮

いづへ【何処】[代名]《不定称の指示代名詞》どちらの方向。どちら。例「いづへの山を鳴きか越ゆらむ」〈万葉・一九・四一九五〉

いつへがさね【五重襲】[名]❶「袿」などの衣を五枚重ねて着ること。❷「いつへのきぬ」に同じ。

いっぺん【一遍・一反】[名]❶一度。一回。❷ひととおり。一部始終。

いっぺん【一遍】[人名]（一二三九〜八九）鎌倉中期の僧。時宗の始祖。諸国を行脚し、「遊行上人」と呼ばれた。その生涯は『一遍上人絵伝』に伝えられ、法語は『一遍上人語録』などに残る。

いっぺんしゃうにんごろく【一遍上人語録】[作品名]江戸中期（一七六三刊行）の法語集。一海編。一遍の残したことば・和歌などを整理し編集した書。

いっぺんしゃうにんゑでん【一遍上人絵伝】[作品名]鎌倉後期の伝記絵巻。一遍の諸国遍歴・教化のようすを描き出す。鎌倉時代の庶民生活を知るための重要資料でもある。

いっぽん【一本】[名]❶書物の一冊。また、異本。別の本。❷細長いものひとつ。❸銭緡ひとつ。緡一本につないだ銭百枚で、一文銭で百文、四文銭で四百文をいう。❹仲間。ぐる。一味。

いっぽん【一品】[名]❶大宝令で定められた親王の位階の第一位。❷《仏教語》経典の中の一章段。

〔一品の宮〕一品の位階を授けられた親王。

いっぽんきゃう【一品経】[名]《仏教語》法華経二十八品を一品ずつ書写し、各一軸の巻物にしたもの。また、それを仏前で読誦すること。

いっぽんのごしょどころ【一本の御書所】宮中で、天皇の御覧に供するために、世間の書籍を別に一本書き写して納めて置いた所。

いつま【暇】[名]《上代東国方言。「いづま」とも》いとま。ひま。

いつまでぐさ【何時迄草・壁生草】[名]木の名。キヅタの別称。和歌では、「いつまで」の序詞となる。

いづみ【和泉】[地名]旧国名。畿内五か国のひとつ。いまの大阪府南部にあたる。＝泉州

いづみがは【泉川】[歌枕]山城国の川。いまの京都府相楽郡を流れる木津川。

いづみしきぶ【和泉式部】[人名]（生没年未詳）平安中期の女流歌人。中古三十六歌仙のひとり。父は大江雅致。橘道貞と結婚し、間に小式部が誕生。夫の赴任中に為尊親王（冷泉天皇第三皇子）より求愛され、親王死後はその弟の帥宮敦道親王からも求愛される。家集『和泉式部集』ほか、『拾遺和歌集』などに入集。

いづみしきぶ【和泉式部】[作品名]御伽草子。作者未詳。室町時代の成立か。息子の道明阿闍梨と契りを結んでしまった和泉式部が発心し、性空上人のもとで出家する物語。

いづみしきぶしふ【和泉式部集】[作品名]平安中期の私家和歌集。編者・成立年未詳。和泉式部の詠歌を後人がまとめた五種類の歌集の総称。そのうち、正集は約九百首を、続集は約六百五十首をそれぞれ収載する。

いづみしきぶにっき【和泉式部日記】[作品名]平安中期の日記文学。『和泉式部物語』ともいう。成立年未詳。和泉式部作（他作説もある）。長保五年（一〇〇三）から翌年にかけての和泉式部と帥宮敦道親王との交際を、和歌の贈答を中心に歌物語ふうに描き出す。

いづみしきぶものがたり【和泉式部物語】[作品名]「いづみしきぶにっき」に同じ。

いづみどの【泉殿】[名]邸宅内で、わき出る泉の上に造られた建物。泉の屋。

古典の世界 寝殿造りの邸宅で、池に面した建物のうち、一方を「泉殿」、他方を「釣殿」とする説は誤りで、ともに釣殿になる。

いづみりう【和泉流】[名]狂言の流派のひとつ。江戸初期、山脇和泉元宜が確立した。

いつも【厳藻】[名]《「いつ」は勢いの盛んな意を表す接頭語》よく茂った藻。一説に、葉の強い藻のこともいう。和歌では、同音反復で「いつも」を導く序詞となる。例「川の上のいつ藻の花のいつもいつも来ませ我が背子時じけめやも」〈万葉・四・四九一〉

いづも【出雲】[地名]旧国名。山陰道八か国のひとつ。いまの島根県東部にあたる。神話の舞台として知られる。＝雲州

〔出雲の神〕出雲大社の祭神である大国主命。一般には縁結びの神として信仰される。

いづもざき【出雲崎】[地名]越後国の地名。いまの新潟県三島郡出雲崎町。北陸街道の宿駅のひとつ。佐渡島へ渡る船の港がある。江戸後期の禅僧で歌人の良寛の出身地。

いつもじ【五文字】[名]和歌・連歌で、最初の五音節の句。また、単に五つの文字。

いつもとやなぎ【五本柳】[名]五本そろって生えている柳。和歌では、「いつもいつも」を導く序詞となる。例「我が門の五本柳いつもいつも母が恋ひすす業りましつしも」〈万葉・二〇・四三八六〉

いづものおくに【出雲阿国】[人名]（生没年未詳）安土桃山時代の女性芸能者。歌舞伎の創始者。出雲大社の巫女をしていたというが不明。

いづものくにふどき【出雲国風土記】[作品名]奈良前期（七三三成立）の地誌。出雲の国名の由来、各郡の特産品などを記す。現存する風土記のうち唯一完全なもの。

いづもむしろ【出雲筵】[名]出雲産の目の粗いむしろ。質の劣るものとされた。

いつも・る【い積もる】[自ラ四]《上代語。「い」は接頭語》積み重なる。例「道の隈(くま)い積も・るまでに」〈万葉・一・一七長歌〉訳→〈和歌〉うまさけ…

いづら【何ら】一[代名]《不定称の代名詞。「ら」は空間をおおまかに示す接尾語》**どこ。どの辺り。どちら辺。**存在する場所が完全に不明の時に用いる。例「くれなゐにほふはいづら」〈伊勢・一八〉 二[感] ❶促したり答えを求めたりする語。**さあさあ。どうだどうだ。どうした。**例「『いづら、大徳(だいとこ)たち、ここに』と呼ぶ」〈源氏・手習〉 ❷(「いづらは」の形で)**どうしたのだろう。どうなったのだろう。どこへうせたのだろう。**例「いづらは露のかかり所(＝涙ヲコボス場所)は」〈後撰・恋二・六〇九〉

いづれ【何れ】一[代名]《不定称の指示代名詞》❶(二つのものを比べてひとつを選ぶとき)どっち。どちら。いつ。だれ。例「花よりも人こそあだになりにけれいづれを先に恋ひむとか見し」〈伊勢・一〇九〉 ❷(多数のものや広い範囲の中からひとつを選ぶとき)どれ。どの。いつ。誰。例「いづれの御時(おほむとき)にか」〈源氏・桐壺〉 二[副]どちらにせよ。どうせ。例「いづれ奇麗には御ざらぬ」〈虎寛本狂・粟田口〉

〔何れ菖蒲(あやめ)か杜若(かきつばた)〕どちらもすぐれていて、優劣をつけがたいことのたとえ。

〔何れとなし〕どれがとくにということもない。同様にすぐれている。＝何れともなし。例「いづれとなくをかしき容貌(かたち)どもなれど」〈源氏・藤裏葉〉

〔何れともなし〕「いづれとなし」に同じ。

〔何れの御時(おほむとき)にか〕《「御時」は帝(みかど)の治世》どの帝の御代(みよ)であっただろうか。『源氏物語』の冒頭文で用いられて、のちの物語などに大きな影響を与えた。例「いづれの御時にかありけむ、大御息所(おほみやすどころ)ときこゆる御つぼねに、大和(やまと)に親ありける人さぶらひけり」〈歌仙歌集本伊勢集〉

いづれか【何れか】[代名詞]《代名詞「何れ」＋係助詞「か」》どちらが…か。どれが…か。例「いづれか狐(きつね)なるらんな」〈源氏・夕顔〉

〔何れか何(いづ)れ〕どちらがどちらか。例「いづれか〔姉デ〕いづれ〔ガ妹〕ならむとうちも置かず御覧じつつ」〈源氏・椎本〉

いづれも【何れも】[代名]《対称の人称代名詞。軽い敬意を含んで複数の人を指す語》どなたも。皆さん。例「いづれもはお気がつきますまい」〈浮・西鶴織留〉

いづれもさま【何れも様】[代名]《対称の人称代名詞》どちら様も。皆々様。「いづれも」より敬意が高い。例「これは何れも様、近頃(ちかごろ)御苦労に存じまする」〈虎寛本狂・右近左近〉

いて【射手】[名]❶弓を射る人。❷弓の名手。

〔射手(いて)の奏(そう)〕宮中で行われた「射礼(じゃらい)」「賭弓(のりゆみ)」「騎射(うまゆみ)」などの弓を射る儀式の際に、天皇に射手の姓名を奏上すること。

いで [感]❶希望・勧誘を表す。「いざ」に近い。**どうぞ。さあ。**例「いで君も書いたまへ」〈源氏・若紫〉《音便》「書い」は「書き」のイ音便。❷否定・反発を表す。**いや。**例「いで、およすけたる(＝オマセナ)ことは言はぬぞよき(体)」〈源氏・帚木〉《係結び》「ぞ」→よき(体)。❸感嘆を表す。**ほんとうに。いやもう。**例「いで、いとわるくこそおはしけれ」〈枕・大進生昌が家に〉《係結び》「こそ」→おはしけれ(已)。《敬語》「おはしけれ」→「おはす」

〔いでそよ〕《感動詞「いで」＋代名詞「そ」＋間投助詞「よ」》それ、そのことよ。例「いでそよ人を忘れやはする」〈後拾遺・恋二・七〇九〉訳→〈和歌〉ありまやま…

いで [接助]前を打ち消しながらあとに続ける。**…ないで。…ずに。**例「音もせいでお寝ょれお寝れ」〈閑吟集〉訳音をたてずにおやすみなさい、おやすみなさい。

〈接続〉動詞・助動詞の未然形に付く。

発展学習ファイル　室町以降に用いられた語。江戸時代は上方で多く用いられ、関東では「ないで」「ずに」が用いられた。

いであ・ふ【出で逢ふ】[自ハ四]❶出て対面する。例「御使(おほんつか)ひに、たけとりいであ・ひて」〈竹取・かぐや姫の昇天〉❷偶然出会う。例「そこにて知らぬをとこに出であ・ひ」〈紫式部日記〉❸出て立ち向かう。例「時の声を揚(あ)げたれども、敵なければ出であ・はず」〈太平記・六〉

いでいで [感]《感動詞「いで」を重ねて強調した語》❶(人をさそったり、自分自身を促したりする)さあさあ。例「いでいで、この持(も)給へらん物みせ給へ」〈宇津保・国譲・下〉❷(感動を表す)いやもう。まあまあ。例「いでいで、いといみじうめでたしや」〈大鏡・後一条院〉

いでいり【出で入り】[名]❶ではいり。❷立ち居振る舞い。身のこなし。❸もめごと。いざこざ。訴訟。

いでい・る【出で入る】[自ラ四]出入りする。出たり入ったりする。

いてう【異朝】[名]外国。異国。外国の朝廷。とくに、中国を指す。↔本朝

いでおはしま・す【出で在します・出で御座します】[自サ四]❶(「出で行く」の尊敬語)出ていらっしゃる。お出かけになる。お帰りになる。例「まづこの院を出でおはしま・しね」〈源氏・夕顔〉❷(「出で来(く)」の尊敬語)出ていらっしゃる。お生まれになる。例「若君のかう出でおはしま・したる御宿世(すくせ)の頼もしさに」〈源氏・松風〉

いでおは・す【出でおはす】[自サ変]①②＝出でおはす「いでおはします」に同じ。

いでがてに【出でがてに】[副]《動詞「出づ」の連用形＋補助動詞「かつ」の未然形＋打消の助動詞「ず」の連用形の古い形》出ることができずに。立ち去りにくく。例「出でがてに、たち返りつつやすらひたまふ」〈源氏・総角〉

〈参考〉「かて」は早く濁音化し、「がてに」という連語として意識されるようになった。

いてき【夷狄】[名](古代中国で、東方の異民族を「夷(えびす)」、北方の異民族を「狄(てき)」と呼んだことから)未開人。野蛮人。転じて、いなか。いなかの人。

いでぎえ【出で消え】[名]できばえが悪いこと。人前では見劣りのすること。↔出で映(ば)え

いできそ・ふ【出で来添ふ】[自ハ四]新しいことが起こって、ふえる。例「よろづに聞きにくかりぬべきことの出で来添・ひぬべきが」〈源氏・夕霧〉

いで・く【出で来】[自カ変]❶出て来る。↔入り来。例「童(わらは)のをかしげなる、出で・来(き)てうち招く」〈源氏・夕顔〉❷ある事態

が発生する。起こる。例「明王の御代に出で・来まじきことどもなり」〈宇津保・蔵開・中〉❸できあがる。例「寝たるよしにて、〔ボタ餅ガ〕出で・くるを待ちけるに」〈宇治拾遺・一・一二〉❹生まれる。例「姫宮一所(＝オヒトリ)出で・来させ給ひけり」〈平家・六・小督〉《敬語》「出で来させ給ひ」→「させたまふ」。❺(時や機会が)めぐりあう。例「風も吹かず、よき日出で・きて、漕ぎ行く」〈土佐〉❻自然に作り出される。産出する。例「かうやうのをりこそ、をかしき歌など出で・くるやうもあれ」〈源氏・賢木〉《音便》「かうやう」は「かくやう」のウ音便。《係結び》「こそ→あれ(已)」。❼(中世以降の用法)よくできる。例「今日は能よく出で・来べき、悪しく出で・来べき、瑞相あるべし」〈風姿花伝〉

いでさ・す【出でさす】[自サ四]{さ・し・す・す・せ・せ}(「さす」は接尾語)外へ出かかってやめる。例「内にも例の人々あれば、出でさ・いて入りぬ」〈更級〉《音便》「出でさい」は「出でさし」のイ音便。

いでしほ【出で潮】[名]月の出るころに満ちてくる潮。満ち潮。上げ潮。↔入り潮

いでたち【出で立ち】[名]❶旅立つこと。出発すること。❷物事の準備。❸装い。身なり。服装。❹世に出ること。出世すること。❺家を出た所。❻山などがそびえ立つようす。

いでたちいそぎ【出で立ち急ぎ】[名]〔「いそぎ」は支度の意〕❶出発の準備。旅の支度。❷死出の旅の用意。

いでた・つ【出で立つ】[自タ四]{た・ち・つ・つ・て・て}❶旅立つ。例「院の御物詣でにて出で立・ちたまふ」〈源氏・若菜・下〉❷物事の準備をする。例「ここを先途の戦ひと思へる気色顕れて、最後と出で立・つ人もあり」〈太平記・二九〉❸装う。例「物狂ひの出で立ち、似合ひたるやうに出で立・つべき事、是非なし」〈風姿花伝〉❹出仕する。出世する。例「宮仕へにと急ぎ出で立・ちはべりしことは」〈源氏・行幸〉《敬語》「出で立ちはべりし」→「はべり」。❺出て行って立つ。例「天の河原にいでた・ちてみそぎてましを」〈万葉・三・四二〇長歌〉❻そびえ立つ。例「いでた・てる富士の高嶺は」〈万葉・三・三一九長歌〉❼出てくる。出る。例「涙ともすれば出で立・つを」〈源氏・浮舟〉

いでちが・ふ【出で違ふ】[自ハ四]{は・ひ・ふ・ふ・へ・へ}❶出て行って、人とすれ違う。例「さまざまの事申して仰せごとうけ給はりて、出で違・ふ」〈建春門院〉❷入れ違いに出る。例「うしろの小門より出で違・ひければ」〈太平記・三六〉

いでつか・ふ【出で仕ふ】[自ハ下二]{へ・へ・ふ・ふる・ふれ・へよ}宮仕えにでる。例「白髪も恥ぢず出で仕・へけるをこそ、まことの聖にはしけれ」〈源氏・澪標〉

いではえ【出で映え】[名]できばえのよいこと。人前でいっそう見栄えのすること。↔出で消え

いではな・る【出で離る】[自ラ下二]{れ・れ・る・るる・るれ・れよ}(以前にいた所を)離れて出かける。例「ひとり出で離・れて、心を立てて、唐土高麗と」〈源氏・若菜・下〉

いではのべん【出羽弁】[人名](生没年未詳)平安中期の女流歌人。父は出羽守平季信。上東門院彰子に仕え、その後は後冷泉朝の後宮の女房として活躍。家集『出羽弁集』。

いでひろめ・く【出で広めく】[自カ四]{か・き・く・く・け・け}出て外に広まる。外部に表れて広がる。例「顕証にて出でひろめ・かばこそはあらめ」〈和泉式部日記〉

いてふ【銀杏・公孫樹】[名]「いちょう」の仮名遣いを誤ったもの。

いでまうで・く【出で参で来】[自カ変]{こ・き・く・くる・くれ・こ(こよ)}(「いでまゐでく」の変化形。「出で来く」の謙譲語)出てまいる。発生いたす。例「千の歌なりと、これよりなむ出でまうで・来まし」〈枕・五月の御精進のほど〉

いでまし【行幸・出で坐し】[名]天皇がお出かけになること。御幸。行幸。

〔行幸の宮〕行幸のときに宿所となる宮殿。行宮。

いでましどころ【行幸処】[名]行幸された場所。

いでまじら・ふ【出で交じらふ】[自ハ四]{は・ひ・ふ・ふ・へ・へ}世間に出て人と交際する。

いでま・す【出で座す】[自サ四]{さ・し・す・す・せ・せ}(動詞「出づ」の連用形＋補助動詞「座す」)❶「出づ」「行く」「来」の尊敬語。出る人、行く人、来る人(主語)を高める。いらっしゃる。おいでになる。例「講師、むまのはなむけしにいでま・せり」〈土佐〉❷「いる」の意の尊敬語。いる人(主語)を高める。いらっしゃる。おいでになる。例「父母が殿の後のももよ草百代いでま・せ我が来たるまで」〈万葉・二〇・四三二六〉

いでまど・ふ【出で惑ふ】[自ハ四]{は・ひ・ふ・ふ・へ・へ}やたらに出歩く。例「京・白川の人、鬼見にとて出で惑・ふ」〈徒然・五〇〉

いでむか・ふ【出で向かふ】[自ハ四]{は・ひ・ふ・ふ・へ・へ}❶出向いて行く。例「鶏が鳴く東男は出で向か・ひ顧みせずて」〈万葉・二〇・四三三一長歌〉❷出て行って対面する。例「ものよりおはすれば、まづ出でむか・ひて、あはれにうち語らひ」〈源氏・若紫〉

いでもの・す【出で物す】[自サ変]{せ・し・す・する・すれ・せよ}(「ものす」は、この場合、「来く」の婉曲的表現)現れてくる。生まれてくる。例「やむごとなき御方々にかかる人(＝源氏トノ間ニデキタ御子)出でもの・したまはば」〈源氏・薄雲〉

いでや[感](感動詞「いで」＋間投助詞「や」。「いで」の語感を強めたもの)❶いやはや。さてさて。まあまあ。例「いでや、安からぬ世をも見るかな」〈源氏・若菜・下〉❷いやいや。いや違う。例「いでや、それは、きらめけど、曇りやすくぞあるや」〈大鏡・後一条院〉

いでや・る【出で遣る】[自ラ四]{ら・り・る・る・れ・れ}ためらわずに出る。例「妻戸にもろともにゐておはして、え出でや・りたまはず」〈源氏・浮舟〉

発展学習ファイル　多く打消の助動詞「ず」を伴って「出で遣らず」の形で用いられる。

いでゆ【出で湯】[名]温泉。

いでわづら・ふ【出で煩ふ】[自ハ四]{は・ひ・ふ・ふ・へ・へ}出発しかねる。例「かくのみ出でわづら・ひつつ、人もとぶらひ尽きぬれば」〈蜻蛉・中〉

いでゐ【出で居】[名]❶(建物の中で外に近い所に)出て座ること。❷寝殿造りの母屋の外にある廂

間に設けられた接客用の部屋。客間。＝出で居の座①・出居。❸朝廷で賭弓や相撲など儀式で設ける座。転じて、その練習。＝出で居の座②

〔出で居の座〕❶「いでゐ②」に同じ。❷「いでゐ③」に同じ。

いで・ゐる【出で居る】[自ワ上一]{ゐ・ゐ・ゐる・ゐる・ゐれ・ゐよ}出て座る。例「七月十五日の月に**いで・ゐて**、せちに物思へる気色なり」〈竹取・かぐや姫の昇天〉↕入り居る

いと-[接頭]（名詞に付いて）幼い、いとけないの意を表す。「**いと姫君**」「**いと宮**」「**いと若君**」など。

いと【糸】[名]❶植物などの繊維を細くよったもの。❷糸状の細いもの。❸琴・琵琶など弦楽器の弦。また、弦楽器。❹《女房詞》納豆。

いと[副]

> **アプローチ**
> ▼形容詞・形容動詞・副詞など、状態を示す表現を修飾し、程度の並々でないことについて感嘆、あるいは批判の気持ちをこめて強調的に表現する語。
> ▼中古では、おもに和文の散文に用いられる。

❶程度が極限にあることへの感嘆の意を表す。じつに。**まったく**。**とても**。例「その里に、**いと**なまめいたる女はらからすみけり」〈伊勢・一〉訳その里に、たいそうみずみずしく美しい姉妹が住んでいた。《音便》「なまめい」は「なまめき」のイ音便。❷（下に打消の語を伴って）極端さを否定する意を表す。**それほど**。**たいして**。**あまり**。例「**いと**やむごとなき際にはあらぬが、すぐれて時めきたまふありけり」〈源氏・桐壺〉訳**それほど**尊い身分ではない方で、格別に帝のご寵愛を受けていらっしゃる方があった。❸詠嘆の気持ちを込めて強調する意を表す。**ほんとにまあ**。**まことに**。例「にはかに都遷り侍りき。**いと**思ひの外なりし事なり」〈方丈記〉訳突然都が（福原に）移りました。**まったく**予想外のことだった。《敬語》「遷り侍りき」→「はべり」

> **発展学習ファイル**　「いと」の表す程度のはなはだしさがさらに強調されると、副詞「**いとど**」、形容詞「**いとどし**」となる。

〔**いといたう**〕《「いといたく」のウ音便》「いといたく」に同じ。

〔**いといたく**〕とてもひどく。はなはだしく。例「八月十五日ばかりの月にいでゐて、かぐや姫、**いといたく**泣きたまふ」〈竹取・かぐや姫の昇天〉

〔**いと斯く**〕これほどまでに。例「わが心ながら、**いとかく**人にしむことはなきと」〈源氏・夕顔〉

〔**いとしも**〕《「しも」は副助詞》❶格別に。まったくもって。例「ことに**いとしも**ののかたがた得たる人は難し」〈紫式部日記〉❷（下に打消の語を伴って）そんなに。たいして。例「**いとしも**疎みきこえたまはず」〈源氏・常夏〉

〔**いとしもなし**〕《副詞「いと」＋副助詞「しも」＋形容詞「なし」》それほどのこともない。たいしたことでもない。例「**いとしもな・くて**、姫君ひと所ばかりとり出で給へりしままにてやみにき」〈増鏡・老のなみ〉

〔**いとせめて**〕非常に切迫して。痛切に。例「**いとせめて**恋しき時は」〈古今・恋二・五五四〉

いといと《「いと」を重ねて強めたもの》非常に。例「箏の御琴賜ひて、弾かせ給ふ。いづれも**いといと**めでたし」〈宇津保・吹上・下〉

いとう【厭う】歴史的かなづかい「いとふ」

いとうじんさい【伊藤仁斎】[人名]（一六二七〜一七〇五）江戸前期の儒学者。朱子学を批判し、古義学派を創始した。『論語』などの解釈書『論語古義』『孟子古義』を著し、京都堀河に塾「古義堂」を開いた。

いとうとうがい【伊藤東涯】[人名]（一六七〇〜一七三六）江戸中期の儒学者。父は伊藤仁斎。父の「古学」及び「古義塾」を継承し、仁斎の著述の刊行に努めた。

いとおし 歴史的かなづかい「いとほし」

いときな・し【幼きなし・稚きなし】[形ク]{から・く(かり)・し・き(かる)・けれ・かれ}「いとけなし」に同じ。

いとげ【糸毛】[名]❶「いとをどし」に同じ。❷「糸毛の車」の略。

〔**糸毛の車**〕「牛車」の形態のひとつ。屋形をさまざまな色糸で飾った車。青糸毛・紫糸毛・赤糸毛などがあり、おもに貴婦人が用いた。＝糸毛②。➡[口絵]牛車彩々

〔**糸毛の鎧・絲毛の冑**〕札を色染めの撚り糸や組み糸でつづった鎧。糸縅の鎧。

いとけなう【幼けなう・稚けなう】形容詞「いとけなし」の連用形「いとけなく」のウ音便。

いとけな・し【幼けなし・稚けなし】[形ク]{から・く(かり)・し・き(かる)・けれ・かれ}《「いときなし」とも》幼い。あどけない。例「いまだ**いとけな・き**心に、何事をか聞きわき給ふべきなれども」〈平家・二・阿古屋之松〉

いとこ【愛子】[名]親しい者への呼びかけの語。いとしい人。

いとこ【従兄弟・従姉妹】[名]父または母の兄弟姉妹の子。おじ・おばの子。

いどこ【何処・何所】[代名]《「いづこ」の変化形》不定称の指示代名詞。場所を指す語。どこ。例「『ここやいどこ』と、問ひければ」〈土佐〉

いとこせ【愛子夫】[名]いとしい夫。

いとこどち【従兄弟どち・従姉妹どち】[名]いとこ同士。

いとこやの【愛子やの】《「や」は間投助詞、「の」は格助詞》いとしい。親愛な。

いとざくら【糸桜】[名]シダレザクラの別称。（季－春）

いと・し【愛し】[形シク]{しから・しく(しかり)・し・しき(しかる)・しけれ・しかれ}《「いとほし」の変化形》❶かわいい。いとしい。❷かわいそうだ。気の毒だ。例「いと・しや、何も知らずか」〈浄・冥途の飛脚〉

いとしう【愛しう】形容詞「いとし」の連用形「いとしく」のウ音便。

いとしなげ[・なり]【愛しなげ】[形動ナリ]{なら・なり(に)・なり・なる・なれ・なれ}《近世語》かわいそうだ。ふびんだ。気の毒だ。例「**いとしなげ**・に兄貴に限ってみだらなこと言はうか」〈浄・桂川連理柵〉

いとしぼ・い【愛しぼい】[形口語型]《近世語》かわ

いそう。気の毒だ。例「やれやれいとしぼ・いこんだと涙こぼして」〈膝栗毛〉

いとしぼなげ【・なり】【愛しぼなげ】[形動ナリ]{なら・なり(に)・なり・なる・なれ・なれ}《近世語》かわいそうだ。例「いとしぼなげに紙治様と私が仲」〈浄・心中天の網島〉

いとすすき【糸薄】[名]ススキの一種で、葉・茎・穂が、いずれも細いもの。(季-秋)

いとすぢ【糸筋】[名]❶糸の筋。糸目。❷糸のように細いもの。❸琴・三味線などの弦。

〔和歌〕**いとせめて…**【いとせめて恋しき時はむばたまの夜の衣を返してぞ着る】〈古今・恋二・五五四・小野小町〉訳胸がしめつけられるように恋しいときは、せめて夢でなりとも会いたいと願って、〔むばたまの〕夜の衣を裏返しに着て寝ることだ。《係結び》「ぞ→着る体」

〈参考〉衣を裏返しに着て寝ると恋しい人を夢に見るという俗信をふまえる。

いとたけ【糸竹】[名]《「糸竹」の訓読語。「糸」は弦楽器、「竹」は管楽器》「しちく」に同じ。

いとづつみ【糸裏み・糸包み】[名]弓の一種。末弭から本弭までを細い麻の糸で巻き、その上から漆を塗り、さらに籐で一部を巻いたもの。

いとど【蟋蟀・竈馬】[名]虫の名。カマドウマの古名。エビコオロギ。(季-秋)

いとど [副]

アプローチ ▼副詞「いと」を重ねた「いといと」の変化形で、「いと」よりも、さらに程度のはなはだしさが増した意を表す。▼中古から中世にかけて多く和文で用いられ、漢文訓読文では「ますます」が用いられた。

❶さらにいっそう。いよいよもって。その上さらに。例「散ればこそいとど桜はめでたけれ憂き世になにか久しかるべき」〈伊勢・八二〉訳→〔和歌〕ちればこそ…。例「えさらぬことのみいとどかさなりて」〈徒然・五九〉訳どうしても避けられないことばかりがさらにいっそう重なって。《副詞の呼応》「え→さらぬ」❷そうでなくてさえ。ただでさえ。もとより。例「五月雨はいとどながめ暮らしたまふより外のことなくてさうざうしきに」〈源氏・幻〉訳五月雨のころはただでさえもの思いに沈んで日をお過ごしになる以外に、なすこともなくもの寂しいのに。

いとどころ【糸所】[名]「縫殿寮」に属して、端午の節句に天皇に奉る薬玉などを作った所。

いとど・し [形シク]{しから・しく(しかり)・し・しき(しかる)・しけれ・しかれ}❶いっそうはなはだしい。ますます激しい。例「内よりほのめく追ひ風も、いとど・しき御匂ひのたち添ひたれば」〈源氏・蛍〉❷そうでなくてもはなはだしい。ただでさえひどい。例「いとど・しく物思ふやどの荻の葉に秋と告げつる風のわびしさ」〈後撰・秋上・二二〇〉

いとどしう 形容詞「いとどし」の連用形「いとどしく」のウ音便。

〔和歌〕**いとどしくすぎゆくかたの…**【いとどしく過ぎゆく方の恋しきにうらやましくもかへる波かな】〈後撰・羇旅・一三五二・在原業平、伊勢・七〉訳そうでなくてもいっそう離れてゆく都の方が恋しく思われるのに、うらやましいことに、寄せてはまた帰ってゆく波であることよ。

〔和歌〕**いとどしくむしのねしげき…**【いとどしく虫の音しげき浅茅生に露おきそふる雲の上人】〈源氏・桐壺〉訳ただでさえ虫の鳴き声が多い草深いところであるのに、なおも涙の露を置き添える宮中の人であるよ。

〈参考〉亡くなった桐壺更衣の実家に天皇の使者(命婦)が見舞ったときの更衣の母の歌。

いとな・し [形ク]{から・く(かり)・し・き(かる)・けれ・かれ}忙しい。例「いとなく今日は花をこそ見れ」〈後拾遺・春上・一一〇〉

いとな・ぶ【営ぶ】[他バ四]{ば・び・ぶ・ぶ・べ・べ}「いとなむ」に同じ。

いとなみ【営み】[名]❶勤め。仏事。❷仕事。生業。❸準備。用意。

〔営みの火〕炊事などのために焚く火。

いとなみあ・ふ【営み合ふ】[他ハ四]{は・ひ・ふ・ふ・へ・へ}いっしょに事を行う。互いに行う。例「後のわざ(=死後ノ仏事)ども営みあ・へる、心あわたたし」〈徒然・三〇〉

いとなみいだ・す【営み出だす】[他サ四]{さ・し・す・す・せ・せ}作り出す。例「数日に〔水車ヲ〕営み出だ・してかけたりけるに」〈徒然・五一〉

いとなみい・づ【営み出づ】[他ダ下二]{で・で・づ・づる・づれ・でよ}作り出す。作り上げる。=営み出だす。例「風流の破子やうのもの、ねんごろに営み出・でて」〈徒然・五四〉

いとなみおも・ふ【営み思ふ】[他ハ四]{は・ひ・ふ・ふ・へ・へ}準備をしてあれこれと願う。例「渡らせたまはんことを営み思・ひたまへしに」〈源氏・蜻蛉〉

いとなみかしづ・く【営み傅く】[他カ四]{か・き・く・く・け・け}あれこれと手を尽くして大切に育てる。例「ただ今は、幼き御ほどに、罪なくおぼしなして、いとなみかしづ・き聞こえたまふ」〈源氏・桐壺〉

いとなみつかうまつ・る【営み仕う奉る】[自ラ四]{ら・り・る・る・れ・れ}《「仕う奉る」は謙譲語》お世話申し上げる。例「昔の御けはひにも劣らず、すべて限りもなく営み仕うまつ・りたまふ」〈源氏・蜻蛉〉

いとなみののし・る【営み罵る】[他ラ四]{ら・り・る・る・れ・れ}大騒ぎして用意を整える。例「女二の宮の御裳着、ただ、このころになりて、世の中響き、営みののし・る」〈源氏・宿木〉

いとなみひび・く【営み響く】[自カ四]{か・き・く・く・け・け}仕度を整えながら大騒ぎをする。例「いみじききよらを尽くして、天の下、営みひび・きて」〈夜の寝覚〉

いとなみま・つ【営み待つ】[他タ四]{た・ち・つ・つ・て・て}働いた成果をあてにして待つ。例「人の命ありと見るほども、下より消ゆること、雪のごとくなるうちに、営み待・つ事甚だ多し」〈徒然・一六六〉

いとな・む【営む】[他マ四]{ま・み・む・む・め・め}❶忙しく事を行う。いそしむ。例「人の国の事にかかづらひ営・みて」〈源氏・帚木〉❷作る。整える。例「老いたる蚕の繭をいとな・むがごとし」〈方丈記〉❸用意する。準備する。例「食ひ物、下人どもにも営・ませず」〈宇治拾遺・一五・九〉❹勤める。執り行う。例「一向後世菩提のつとめをいとな・み候はん」〈平家・二・小教訓〉《敬語》「いとなみ候はん」→「さうらふ」。①〜④＝営ぶ

〔和歌〕**いとによる…【糸によるものならなくに別れ路の心細くも思ほゆるかな】**〈古今・羇旅・四一五・紀貫之〉訳糸に縒り合わせる細い糸でもないのに、人々と別れて都をあとにしてゆくこの道は、なんとも心細く思われることよ。

いとのきて［副］《上代語。副詞「いと」＋動詞「除く」の連用形＋接続助詞「て」》とりわけて。いやがうえにも。例「いとのきて薄き眉根を」〈万葉・一三・二九〇三〉

いと・は・し【厭はし】［形シク］{しから・しく(しかり)・し・しき(しかる)・しけれ・しかれ}いやだ。うとましい。例「世の中思ぼしつづくるにいとど厭は・しくいみじければ」〈源氏・御法〉

いとはしう【厭はしう】形容詞「いとはし」の連用形「いとはしく」のウ音便。

いとはやも【いと早も】《副詞「いと」＋形容詞「早し」の語幹＋係助詞「も」》まったく早くも。非常に早く。例「いと早も鳴きぬる雁か」〈古今・秋上・二〇九〉

いとひ・い・づ【厭ひ出づ】［自ダ下二］{で・で・づ・づる・づれ・でよ}嫌って出て行く。例「同じ御垣にだにあらじと、深く厭ひ出・づる心ばへの」〈夜の寝覚〉

いとひがほ［・なり］【厭ひ顔】［名・形動ナリ］嫌がっている顔つき・ようす。例「〔ソノ客人ノ訪問ニ対シテ〕いとひ顔・にもこそ(＝嫌ガッテイルト思ワレテハ困ル)」〈源氏・末摘花〉

いとひす・つ【厭ひ捨つ・厭ひ棄つ】［他タ下二］{て・て・つ・つる・つれ・てよ}嫌って捨てる。例「世の中なべてはかなく、厭ひ棄・てまほしきこと」〈源氏・鈴虫〉

いとひそむ・く【厭ひ背く】［他カ四］{か・き・く・く・け・け}嫌って背を向ける。嫌に思って避ける。例「さまざまにつけて、厭ひそむ・くなるべし」〈増鏡・春の別れ〉

いとひはな・る【厭ひ離る】［自ラ下二］{れ・れ・る・るる・るれ・れよ}《仏教語。「厭離」の訓読語》物事を嫌って避ける。俗世間に愛想をつかして見限る。

いとひめぎみ【幼姫君】［名］いちばん末の姫君。または、幼い姫君とも。

いとひわ・ぶ【厭ひ侘ぶ】［他バ上二］{び・び・ぶ・ぶる・ぶれ・びよ}嫌に思って思い悩む。例「世を厭ひ侘・びて、きこえつるなり」〈狭衣・三〉

いとびん【糸鬢】［名］《近世語》江戸時代の男子の髪型の一種。頭部を耳近くまで広く剃り下げ、鬢を糸状に細く残して結ったもの。粋な奴・侠客・歌舞伎役者などに好まれた。＝剃り下げ

いとびんやっこ【糸鬢奴】［名］《近世語》糸鬢の髪型をした奴。また、その髪型。＝剃り下げ奴

いと・ふ【厭ふ】［他ハ四］{は・ひ・ふ・ふ・へ・へ}❶避けたいと思う。嫌だと思う。きらう。例「見てもまたまたも見まくの欲しければ馴るるを人は厭・ふべらなり」〈古今・恋・五・七五二〉❷世間を避ける。出家する。例「いづくにか世をば厭・はむ」〈古今・雑下・九四七〉《係結び》「か」→厭はむ(体)」。❸危険や障害などを避ける。例「霜雪の寒苦をいと・ふに心なし」〈笈の小文〉❹（「危険を厭ふ」ことから）いたわる。かばう。大事にする。例「客人をいと・ふ気になりますから」〈浮世風呂〉

〔和歌〕**【厭ふにはゆる心かな】**物事を嫌い、離れようと思えば思うほど、かえってその事にひかれてゆく。例「あやしくも厭ふにはゆる心かな」〈後撰・恋二・六〇八〉

いとほ・し［形シク］{しから・しく(しかり)・し・しき(しかる)・しけれ・しかれ}

> **アプローチ**
> ▼そうあってほしいと願う事態が実現されていないことをつらく思い、何とかしたいと思う気持ちを表す。
> ▼とくに自分より弱い存在について、かわいそうだ、いじらしい、という気持ちを表す。
> ▼動詞「いとふ(厭ふ)」、形容詞「いたはし(労はし)」との関連が考えられているが、未詳。

❶（自分の意に反することに対して）嫌だ。つらい。困った。例「人の上を難つけ、おとしめざまのこと言ふ人をば、いとほ・しきものにしたまへば」〈源氏・蛍〉訳（源氏は）他人の身の上にけちをつけ、さげすんだりするようなことをいう人を、困ったものと考えておられるので。

❷（自分より弱い存在に同情して）気の毒だ。身につまされてかわいそうだ。ふびんだ。例「かれをはしなう言ひけむこそ、いとほ・しけれ」〈枕・大進生昌が家に〉訳（清少納言たちが）あの男(＝生昌)をひどくやりこめたというのは、なんとも気の毒だこと。《音便》「はしたなう」は「はしたなく」のウ音便。《係結び》「こそ→いとほしけれ(已)」

❸（自分より弱い存在が）かわいい。いじらしい。いとしい。例「宮はいといとほ・しと思ほす中にも、男君の御かなしさはすぐれたまふにやあらん、かかる心のありけるも、うつくしう思さるるに」〈源氏・少女〉訳宮(＝大宮)は、ほんとにいじらしいとお思いになっている孫たちの中でも、男君(夕霧)のおかわいさがまさっていらっしゃるせいであろうか、こういう(恋)心が(夕霧に)あったことも、愛らしく思わずにはいらっしゃれないのに。《音便》「うつくしう」は「うつくしく」のウ音便。《係結び》「や→あらん(体)」。《敬語》「いとほしと思す」「思さるる」→「おぼす」

発展学習ファイル　(1)「いとほし」は「いとをし」「いとうし」、さらに「いとし」と変化し、現代語の「いとしい」「いとおしい」につながる。
(2)類義語に、他人のことで心を痛め、気の毒だと思うさまを表す「こころぐるし」がある。➡「こころぐるし」

いとほしう形容詞「いとほし」の連用形「いとほしく」のウ音便。

〈古語深耕〉

いとほしが・る［他ラ四］{ら・り・る・る・れ・れ}《「がる」は接尾語》気の毒に思う。ふびんに思う。例「このおはする人の、『家焼けたなり』とて、いとほしが・りて、賜ふなり」〈枕・僧都の御乳母のままなど〉

いとほしげ［・なり］［形動ナリ］{なら・なり(に)・なり・なる・なれ・なれ}《「げ」は接尾語》気の毒に感じられるようす。例「さらぬものの、見入れられぬなどぞ、いとほしげ・なる」〈枕・万づのことよりも、わびしげなる車に〉

いとほしさ［名］《「さ」は接尾語》気の毒であること。また、かわいく感じられること。

いとほしみ［名］かわいそうに思うこと。また、か

わいく思うこと。

いとほし・む〔他マ四〕{ま・み・む・む・め・め}かわいそうに思う。ふびんに思う。また、かわいいと思う。→「いとほし」

〔和歌〕**いとほしや…**【いとほしや見るに涙もとどまらず親もなき子の母をたづぬる】〈金槐集・下・源実朝〉訳ふびんなことだなあ。親もいなくなった子が母をさがしているよ。見ていると涙も止まらないよ。

いとま【暇】〔名〕❶**空いている時間。ひま。余裕。ゆとり。** 例「大方、〔五十歳ニナッタラ〕万のしわざはやめて、暇あるこそ、めやすく、あらまほしけれ」〈徒然・一五一〉《係結び》「こそ→あらまほしけれ㊀」。❷**休暇。休み。** 例「御息所、はかなき心地にわづらひて、まかでなんとしたまふを、暇さらにゆるさせたまはず」〈源氏・桐壺〉《敬語》「まかでなん」→「まかづ」、「ゆるさせたまはず」→「せたまふ」。❸**勤めをやめること。辞職。辞任。** 例「〔官位ヲ〕暇申して、よろづを捨てて、静かに籠りはべりて」〈宇津保・楼の上・上〉❹**喪に服すること。忌引き。** 例「おとども、御暇になり給ひぬれば」〈宇津保・国譲・上〉❺**別れ去ること。離別。死別。いとまごい。** 例「『さらば暇申して』とて、馬にうち乗り」〈平家・七・忠度都落〉《敬語》「申して」→「まうす」。❻**離婚。離縁。** 例「世帯やぶる時分、暇の状は取っておく」〈浮・好色五人女〉❼(物と物との間の)**すきま。絶え間。**

〔暇明く〕ひまができる。例「僧ども暇あ・くを待ちて」〈栄花・三〇〉

〔暇聞こゆ〕《「聞こゆ」は「言ふ」の謙譲語》いとまごいを申し上げる。例「忍びて、対の上に御暇聞こ・えて出でたまふ」〈源氏・蓬生〉

〔暇無く〕休む間もなく。絶え間なく。

〔暇無み〕《形容詞「暇無し」の語幹＋接尾語「み」》暇がないので。忙しいので。例「暇なみ来ざりし君にほととぎす」〈万葉・八・一四九八〉

〔暇の隙〕《同義語を二つ重ねた語》何もすることのない、ひまなとき。

〔暇申す〕《「申す」は「言ふ」の謙譲語》❶休暇を願い出る。❷別れのことばを申し上げる。

〔暇を取る〕妻や使用人が夫や主人に願い出て、縁を切る。暇をもらう。

いとまきのたち【糸巻きの太刀】〔名〕太刀拵えのひとつ。柄を平組みの糸で巻いたもの。➡〔古典参考図〕武装・武具〈3〉

いどま・し【挑まし】〔形シク〕{しから・しく(しかり)・し・しき(しかる)・しけれ・しかれ}競争心が強い。例「をとこもをんなもいどま・しきこともなきにうちとけ」〈紫式部日記〉

いとまぶみ【暇文】〔名〕《「けもん」とも》辞表。休職願い。例「脚病のわづらひてなむ、日ごろ暇文奉りて、参らず侍る」〈宇津保・嵯峨の院〉

いどみ【挑み】〔名〕競争。張り合うこと。

いどみあ・ふ【挑み合ふ】〔自ハ四〕{は・ひ・ふ・ふ・へ・へ}互いに競い合う。例「賭け物どもなど、いと二なくて(＝類ナク立派デ)、いどみあ・へり」〈源氏・賢木〉

いどみかは・す【挑み交はす】〔自サ四〕{さ・し・す・す・せ・せ}互いに競い合う。競争し合う。例「みな皆いどみかは・したまひしほど」〈源氏・若菜・上〉

いどみきしろ・ふ【挑み軋ろふ】〔自ハ四〕{は・ひ・ふ・ふ・へ・へ}張り合い争う。例「いづれも離れぬ御中に、いどみきしろ・ひ給ふほど」〈増鏡・北野の雪〉

いどみごころ【挑み心】〔名〕相手に対して張り合う心。負けまいとする気持ち。闘争心。

いどみごと【挑み事】〔名〕争い事。＝挑み業

いどみつく・す【挑み尽くす】〔自サ四〕{さ・し・す・す・せ・せ}せいいっぱい張り合う。例「そこばくいどみ尽く・したまへる人の御容貌ありさま」〈源氏・行幸〉

いどみつくろ・ふ【挑み繕ふ】〔他ハ四〕{は・ひ・ふ・ふ・へ・へ}互いに張り合って装う。例「めでたき女房、童、人に劣らじといどみつくろ・ひて」〈夜の寝覚〉

いどみどころ【挑み所】〔名〕競い合う場所。

いどみねん・ず【挑み念ず】〔他サ変〕{ぜ・じ・ず・ずる・ずれ・ぜよ}競い合って祈願する。例「〔碁ヲ〕打ちはてたまふ。御簾巻き上げて、人々みないどみ念・じきこゆ」〈源氏・竹河〉

いどみま・す【挑み増す】〔自サ四〕{さ・し・す・す・せ・せ}いちだんと競い争う。ますます激しく挑戦する。例「つねの年よりも、いどみま・したる聞こえあれば」〈紫式部日記〉

いとみや【幼宮】〔名〕幼い皇子・皇女。

いどみわざ【挑み業】〔名〕争い事。＝挑み事

いど・む【挑む】〔他マ四〕{ま・み・む・む・め・め}❶(一方が他に)競争をしかける。挑戦する。❷(お互いに)競争する。張り合う。例「物合はせ、何くれと挑・むことに勝ちたる」〈枕・嬉しきもの〉❸恋をしかける。言い寄る。例「なまいど・みて、ものなどいふ人のもとより」〈平中・一〉

いとも《副詞「いと」＋係助詞「も」》❶非常に。たいそう。例「仰せのことは、いとも尊し」〈竹取・竜の頸の玉〉❷(下に打消の語を伴って)㋐あまり。それほど。例「都の人のゆゆしげなるは、睡りて、いとも見ず」〈徒然・一三七〉㋑まったく。少しも。例「いともすべなみ八度袖振る」〈万葉・二〇・四三七九〉

いとゆふ【糸遊】〔名〕❶春の晴れた日、地面からゆらゆらと立ちのぼる暖かい空気。かげろう。(季―春)。❷「糸遊結び」の略。

いとゆふむすび【糸遊結び】〔名〕紐や色糸を花形に結んで、緒を垂らしたもの。几帳や唐衣・狩衣などの飾りとした。＝糸遊②

いとら・す【い取らす】《「い」は接頭語。「す」は上代の尊敬の助動詞》お取りになる。

いと・る【い取る・い捕る】〔他ラ四〕{ら・り・る・る・れ・れ}《上代語。「い」は接頭語》取る。捕らえる。

いと・る【射取る】〔他ラ四〕{ら・り・る・る・れ・れ}❶矢を的に射当てて、賭けた品を自分のものにする。例「柳の葉を百たび当てつべき舎人どものうけばりて射取・る」〈源氏・若菜・下〉❷矢で射て殺す。

いとをどし【糸縅】〔名〕鎧の縅の名。組み糸を用いたもので、糸の色により「赤糸縅」「黒糸縅」などという。＝糸毛①

いな【稲】〔名〕「いね」の古い形か。多く、「稲葉」「稲穂」などのように、他の語について稲に関するものであることを表す。

いな【異な】〔連体〕変な。妙な。例「異なことを外聞(＝名誉)にお召さりゃるなあ」〈狂・萩大名〉

いな【否】〔感〕❶《人の申し出を拒絶する語》いや。いいえ。例「見むと言はば否と言はめや」〈万葉・二〇・四四九七〉❷相手の問いに対する否定。いや。いいえ。例「否、いとうつくしかりき」〈宇津保・蔵開・下〉

〔否も諾も〕いやもおうも。

〔否をかも〕《感動詞「否」＋間投助詞「を」＋疑問の係助詞「かも」》違うのかなあ。例「筑波嶺に雪かも降らる**いなをかも**」〈万葉・一四・三三五一〉訳→〔和歌〕つくはねに…

いないな【否否】［感］《「いな」を重ねて強調した語》いやいや。いえいえ。例「『多しや』と聞こえ給へど『否、否』とてこぼさで参り給ふ」〈宇津保・蔵開・上〉

いなうしろ［枕詞］《「いなむしろ」と同じか》「川」にかかる。例「**いなうしろ**川に向き立ち」〈万葉・八・一五二〇長歌〉

いなおほせどり【稲負鳥】［名］「古今伝授」の「三鳥」のひとつ。秋にやってくる渡り鳥ということのほかは不明。古歌に多く詠まれる。（季—秋）。例「我が門に**稲負鳥**の鳴くなへに」〈古今・秋上・二〇八〉

いなかへじ【いな替へじ】一《感動詞「いな」＋動詞「替ふ」の未然形＋打消推量の助動詞「じ」》いいえ、決して譲りません。例「〔隆円ガ所有ノ琴ト東宮女御・原子所有ノ笙ノ笛ヲ交換シテホシイトイウ申シ出ニ、中宮ガ〕『**いな替へじ**』と、思しためるものを」〈枕・『無名』といふ琵琶の御琴を〉二［名］天皇御物の笙の名器の銘。『二中歴』の中では、「不々替」という記述がある。

いながら【稲幹・稲茎】［名］稲の茎。

いなき【稲城】［名］上代、敵の矢などを防ぐため、稲の束を高く積み重ねたもの。

いなき【稲置】［名］❶《「いなぎ」とも》飛鳥時代の地方官の名。県主の下位で、徴税に携わった。❷天武天皇時代に設けられた八色の姓の最下位。

いなきをとめ【稲置少女・稲置丁女】［名］《一説に「いなきをみな」とも》稲置姓を名乗る少女。または、稲を搗く娘。

いな・く【嘶く】［自カ四］{か・き・く・く・け・け}《「い」は馬の鳴き声を表す擬声語》馬が声高く鳴く。＝嘶ゆ

いなくき【稲茎】［名］《「いなぐき」とも》稲を刈り取ったあとに残る株。稲株。（季—秋）

いなごまろ【稲子麿】［名］イナゴの古名。

いな・す【往なす・去なす】［他サ四］{さ・し・す・す・せ・せ}［他サ下二］{せ・せ・す・する・すれ・せよ}❶行かせる。帰らせる。❷そしる。悪くいう。例「こりゃ、**いな・す**ないな・すな」〈伎・韓人漢文手管始〉❸離縁する。

いなせ【否諾】［名］《「せ」は「然」の変化形で、承諾の意》❶不承知と承知。否応。❷安否。消息。

いなだき【頂】［名］頭のてっぺん。いただき。

いなづま【稲妻】［名］《「稲の夫」の意。稲の開花のころ稲妻が多いことから、これにより稲が実るとされた》❶いなびかり。＝いなつるび。（季—秋）。❷きわめて短い時間。すばやい行動などのたとえ。

いなつるび［名］「いなづま①」に同じ。

〔和歌〕**いなといへどかたれかたれと詔らせこそ志斐いは奏せ強ひ語りと言ふ**〈万葉・三・二三七・志斐嫗〉訳いやだ、語りたくないというのに、語れ、語れとおっしゃるからこそ、わたくし志斐めはお話し申し上げるのに、それを無理強い語りなどとおっしゃいます。《敬語》「志斐いは奏せ」→「まうす」《係結び》「こそ→奏せ㊁」。

〔和歌〕**いなといへどしふるしひのが…**【否と言へど強ふる志斐のが強ひ語りこのころ聞かずて朕恋ひにけり】〈万葉・三・二三六・持統天皇〉訳いやだ、聞きたくないというのに、無理に聞かそうとする志斐婆さんの無理強い語り、このごろ聞かないので私は聞きたく思われます。〈参考〉「志斐の」は、格助詞「の」の後ろの体言（「嫗」など）が省略された形で、愛称を示す。

いなとよ【否とよ】［感］「いやとよ」に同じ。

いなのめの［枕詞］「明く」にかかる。例「**いなのめの**明けさりにけり舟出せむ妻」〈万葉・一〇・二〇二二〉

いなば【稲葉】［名］稲の葉。（季—秋）

いなば【因幡】［地名］旧国名。山陰道八か国のひとつ。いまの鳥取県東部にあたる。因幡の白うさぎ神話で知られる。＝因州

いなばのくも【稲葉の雲】一面に実った稲穂が風にそよぐようすを雲に見立てていう語。（季—秋）

いなばやま【因幡山】［歌枕］因幡国の山。いまの鳥取県岩美郡国府町にある。「松」を景物とし、「往なば」をかける。

いなびの【印南野】［歌枕］「いなみの」に同じ。

いな・ぶ【辞ぶ・否ぶ】一［他バ上二］{び・び・ぶ・ぶる・ぶれ・びよ}断る。承知しない。例「人のいふことは強うも**いな・び**ぬ御心にて」〈源氏・末摘花〉二［他バ四］{ば・び・ぶ・ぶ・べ・べ}一に同じ。例「蔵人、さだめてひとしきりは**辞・ば**むずらむと思ひつるに」〈今昔・三・三五〉

いなぶね【稲舟】［名］刈り取った稲を積んで運ぶ小舟。最上川のものが有名。（季—秋）

いなぶねの【稲舟の】❶同音の繰り返しで、「いな（否）」を、「稲舟」は軽い小舟なので「軽い」を導く序詞（一説に枕詞）。例「最上川上れば下る**稲舟の**」〈古今・東歌・一〇九二〉訳→〔和歌〕もがみがは…。❷（「稲舟の否にはあらずしばしばかり」という慣用表現から）承知したが、しばらく待ってほしいの意。また、「しばし」を導く序詞にも用いられる。例「消息いつかはしける女のもとより『**稲舟の**』といふことを」〈後撰・恋四・八三八詞書〉

いなみの【印南野】［歌枕］《「いなびの」とも》播磨国の野。いまの兵庫県加古川市から明石市にかけて広がる。「否」を導く。

いな・む【辞む・否む】［他マ四］{ま・み・む・む・め・め}ことわる。拒否する。例「尊恵**いな・み**申すべき事ならねば」〈平家・六・慈心房〉

いなむしろ【稲席・稲莚】一［名］❶稲わらで編んだむしろ。（季—秋）。❷稲が実って稲穂が倒れ伏したさまをむしろにたとえていう語。柳の枝葉の波打つさまにもいう。二［枕詞］「しく」「川」にかかる。例「**稲席**しきても君を見むよしもがも」〈万葉・一一・二六四三〉

いなむら【稲叢】［名］刈り取った稲を積み重ねたもの。（季—秋）

いなや【否や】一［感］《感動詞「否」＋間投助詞「や」》❶（拒否の気持ちを表す）いやいや。いやもう。例「**いなや**思はじ思ふかひなし」〈古今・雑躰・一〇三九〉❷（驚きを表す）おやまあ。これはこれは。例「いなや、こは誰そ」〈堤中納言・花桜折る少将〉二［副］❶（「…といなや」「…やいなや」の形で）どうであるか。❷…するとすぐ。…と同時に。

いなり【稲荷】［名］❶《「稲荷神社」の略》五穀の神、

宇迦之御魂大神を祭った社。総本社は京都市伏見区深草町稲荷山にあり、末社は全国に三万余を数える。伏見稲荷。❷〈稲荷の神の使いとされたことから〉狐の別名。

いなりやま【稲荷山】［歌枕］山城国の山。いまの京都市伏見区と山科区にまたがり、東山連峰の最南端にあたる。麓に伏見稲荷がある。

いにし【往にし・去にし】［連体］《動詞「往ぬ」の連用形＋過去の助動詞「き」の連体形。撥音便化して「いんじ」とも》過ぎ去った時を示すことば。去る。例「去にし年根こじて植ゑし我が宿の若木の梅は花咲きにけり」〈拾遺・雑春・一〇〇八〉

〔往にし頃〕先年。先ごろ。

〔往にし年・去にし年〕先年。先ごろ。

いにしへ【古】［名］《動詞「往ぬ」の連用形＋過去の助動詞「き」の連体形＋名詞「方へ」》❶遠く過ぎ去った時代。古い時代。遠い昔。ずっと昔。例「歌の道のみ、いにしへに変はらぬなどいふ事もあれど、いさや」〈徒然・一四〉❷過ぎ去った日々。昔。過去。以前。例「いにしへ見し人は、二三十人が中にわづかにひとりふたりなり」〈方丈記〉❸亡くなった人。故人。例「〔薫ヲ〕いにしへ（＝大君）の御代はりとなずらへきこえて」〈源氏・早蕨〉《敬語》「なずらへきこえて」→「きこゆ」

> **古語深耕** 「いにしへ」と「むかし」との違い
>
> 類義語に「**むかし**（昔）」がある。「**むかし**」も「**いにしへ**」も過去のことを指すのに用いるが、「**むかし**」には時間の経過の観念がなく、「**いま**」に対応する漠然とした過去の一時点（一時期）を意味するのに対して、「**いにしへ**」は「往にし方」の原義が示すとおり、時間の経過の意識が含まれている語である。「**いにしへ**」は平安以降は文語的表現となり、「**むかし**」と同じ意味で用いられた。

〔古の人〕❶昔の人。❷古風な人。例「母北の方なむいにしへの人のよしあるにて」〈源氏・桐壺〉

いにしへがたり【古語り】［名］昔の話。思い出話。または、昔話や古い物語。

いにしへざま【古様】［名］昔のようす。昔のこと。また、故人のようす。

〔和歌〕**いにしへの　しづのをだまき　繰りかへし　昔を今に　なすよしもがな**【いにしへのしづのをだまき…】〈伊勢・三二〉訳古代の織物である倭文の苧環ではないが、糸を繰りなおすように、昔のことをいまに取り戻すてだてがあるといいなあ。

〈参考〉初・二句は「繰りかへし」を導く序詞。

〔和歌〕**いにしへの　ななのさかしき　人たちも　欲りせしものは　酒にしあるらし**【古の七の賢しき人たちも欲りせしものは酒にしあるらし】〈万葉・三・三四〇・大伴旅人〉訳昔の七人の賢い人たちも欲しがったものは、まさしくこの酒であったらしい。

〔和歌〕**いにしへの　ならのみやこの　八重桜　けふ九重に　にほひぬるかな**【いにしへのならのみやこの…】〈詞花・春・二九・伊勢大輔〉（百人一首）訳昔の奈良の都で咲いた八重桜が、今日この九重の宮中で色美しく咲きほこっていることです。

〔和歌〕**いにしへの　ひとにわれあれや　楽浪の　古き京を　見れば悲しき**【いにしへのひとにわれあれや…】〈万葉・一・三二・高市黒人〉訳私は都の栄えた当時の昔の人であるのか、そんなことはないはずなのに、楽浪の、大津の宮の古びた廃墟を見ると、何ともいえず悲しい。

いにしへびと【古人】［名］《「いにしへひと」とも》昔なじみの人。旧知。以前親しかった人。

〔和歌〕**いにしへも　今も変はらぬ　世の中に　心の種を　残す言の葉**【古も今も変はらぬ世の中に心の種を残す言の葉】〈衆妙集・細川幽斎〉訳昔もいまも変わらないこの世に、人の心の種を残すことば（和歌の道）を伝えたいことだ。

〈参考〉第三句以下は、『古今和歌集』の仮名序「やまと歌は人の心を種としてよろづの言の葉とぞなれりける。世の中にある人は」を引用している。

いにしへをとこ【古男】［名］昔の男。

いぬ-【犬】［接頭］（名詞に付いて）❶人を軽蔑する意を表す。「犬侍」「犬神人」など。❷無駄な、役に立たないの意を表す。「犬死に」など。❸似ているが実際は本物ではないの意を表す。「犬ほほづき」「犬蓼」など。

いぬ【犬】［名］❶動物の名。イヌ。❷ひそかに人の秘密をかぎつけて知らせる間者。密偵。

いぬ【戌】［名］❶十二支の十一番目。❷方角の名。西北西。❸時刻の名。いまの午後八時ごろ。また、これを中心とした前後二時間。あるいは、午後八時からの二時間。＝一更・初更

い・ぬ【寝ぬ】［自ナ下二］｛ね・ね・ぬ・ぬる・ぬれ・ねよ｝寝る。眠る。例「ここはけしきある所なめり。ゆめ寝・ぬな」〈更級〉

語構成「所なめり」→「なめり」

い・ぬ【往ぬ・去ぬ】［自ナ変］｛な・に・ぬ・ぬる・ぬれ・ね｝

> **アプローチ**
>
> ▼その場所から、いなくなる、姿を消す意を表す。
>
> ▼その意味がもとで、時が過ぎる、死ぬなどの意にも用いられるようになった。
>
> ▼語源の同じ、「行く」は、その場を離れて目的地の方へ進む意を表し、類義語の「去る」は、移動する、進行する意を表す。

❶**去る。行く。行ってしまう。**例「むかし、男、初冠して、奈良の京春日の里に、しるよしして、狩りにい・にけり」〈伊勢・一〉訳昔、ある男が、元服して、奈良の都、春日の里に、土地を領有しているゆかりがあって、狩りに行った。

❷（時が）**過ぎ去る。経過する。**例「契りおきしさせもが露を命にてあはれ今年の秋もい・ぬめり」〈千載・雑上・一〇二六〉訳→〔和歌〕ちぎりおきし…

❸**この世を去る。死ぬ。**例「黄泉に待たむと隠り沼の下延へ置きてうち嘆き妹が去・ぬれば」〈万葉・九・一八〇九長歌〉訳黄泉の国（あの世）で待ちましょうと、〔こもりぬの〕心中に思いをこめて、嘆きつつ、処女がこの世を去ってしまったので。〔注〕「隠り沼の」は「下」の枕詞。

いぬあはせ【犬合はせ】［名］闘犬。＝犬食ひ

いぬゐ【戌亥・乾・犬居】歴史的かなづかい「いぬゐ」

いぬおふもの【犬追物】［名］騎射のひとつ。竹垣で囲んだ馬場に犬を放ち、三十六騎の射手が三組に分かれて弓でその犬を射る競技。平安後期から、騎射の練習として行われた。

いぬがしらのいと【犬頭の糸】［名］三河国（いまの愛知県）から夏の調として納めた純白の生糸。蚕を食べた白犬が鼻から糸を出したという伝承がある。＝犬頭白糸・犬の頭の糸

いぬかひ【犬飼ひ】［名］鷹狩りに用いる猟犬を飼育する人。➡［図版］「大臣の大饗」

いぬかひべ【犬飼部・犬養部】［名］上代、猟犬や屯倉の番犬を飼育した部。

いぬかひぼし【犬飼ひ星】［名］七夕の伝説に登場する「彦星」のこと。牽牛星。（季－秋）

いぬくひ【犬食ひ】［名］「いぬあはせ」に同じ。

いぬじにん【犬神人】［名］「いぬじんにん」に同じ。

いぬじま【犬島】［名］犬を追放した場所。一説に、平城天皇のとき、犬を放逐した備前国（いまの岡山県）の離れ小島ともいう。

いぬじもの【犬じもの】《「じもの」は、…のようなものの意の接尾語》□一［名］犬のようなもの。□二［副］犬のように。（犬のように）取るに足らないもの。例「犬じもの道に伏してや命過ぎなむ」〈万葉・五・八八六長歌〉

いぬじんにん【犬神人】［名］《「いぬじにん」とも》中世、京都の建仁寺門前に住んでいた「神人」と呼ばれる人々。沓や弓弦の製造を仕事としていたが、臨時に八坂神社の境内や祇園会のときの道路の清掃、市内や宮中の死屍の始末、また、必要に応じて武力も提供した。＝弦召

いぬつくばしふ【犬筑波集】［作品名］室町後期（一五二八ごろ成立）の俳諧撰集。『新撰犬筑波集』『誹諧連歌抄』ともいう。山崎宗鑑編か。俗語を多用し、時には下品ともいえる滑稽を追求する。初期の俳諧撰集として重要である。

いぬばしり【犬走り】［名］❶築地の外側の壁と溝との間にある狭く長い小道。❷《近世語》小走りにちょこちょこ走ること。

いぬはりこ【犬張り子】［名］犬の姿をかたどった張り子細工の置物。江戸時代に、子供の魔よけとして、安産のお守りや宮参りの贈り物に用いられた。

いぬひと【犬人】［名］（犬のほえ声をまねて宮廷を警備したことから）「隼人」の別名。

いぬふせぎ【犬防ぎ】［名］仏堂の内陣と外陣とを区切る、丈の低い格子。

いぬまくら【犬枕】［作品名］仮名草子。安土桃山時代（一五九六ごろ）成立か。作者未詳。『枕草子』の「物は尽くし」にならい、七十数項目にわたって「…な物」を列挙した作品。

いぬめ【犬目】［名］涙の出ない目。不人情な人のたとえ。

いぬやま【犬山】［名］犬を使って山野で狩りをすること。また、その人。

いぬる【往ぬる・去ぬる】［連体］《動詞「往ぬ」の連体形から》去る。この前の。例「去ぬる十余日のほどより、瘧病にわづらひはべるを」〈源氏・若紫〉

いぬゐ【犬居】［名］犬が座っているかっこう。しりもちをついた姿。また、はいつくばったかっこうとも。

いぬゐ【戌亥・乾】［名］方角の名。戌と亥の間。北西。

いね【稲】［名］草の名。五穀のひとつ。米はその実の称。（季－秋）

〔俳句〕**いねいねと…**【いねいねと人にいはれつ年の暮れ】〈猿蓑・路通〉訳門口に立って恵みを乞うても「向こうへ行け」「あっちへ行け」と疎んじられるばかり。寒々とした年の暮れであることだ。（季－年の暮－冬）

いねがてに【寝ねがてに】《古くは「いねかてに」。動詞「寝ぬ」の連用形＋補助動詞「かつ」の未然形＋打消の助動詞「ず」の上代の連用形「に」＝「いねかてに」の濁音化》寝ることができないで。→「かてに」「がてに」。例「秋萩の下葉色づく今よりやひとりある人の寝ねがてにする」〈古今・秋上・二二〇〉

いねかてぬ【寝ねかてぬ】《動詞「寝ぬ」の連用形＋補助動詞「かつ」の未然形＋打消の助動詞「ず」の連体形》寝ることができない。例「雄鹿の声を聞きつつ寝ねかてぬかも」〈万葉・一〇・二一四六〉

いねざま【寝ねざま】［名］《「ざま」は接尾語。ちょうどその時の意》寝ようとする時。例「いねざまには焼き味噌と号して鶏の玉子をととのへ」〈醒睡笑〉

〔和歌〕**いねつけば…**【稲搗けばかかる我が手を今夜もか殿の若子が取りて嘆かむ】〈万葉・一四・三四五九・東歌〉訳稲を搗くのでひび割れた私の手を、今夜もまたお屋敷の若様が手に取って嘆くでしょうか。《係結び》「か」→嘆かむ（体）」

いのこし【射遺し】［名］陰暦正月十七日の「射礼」に参加しなかった四衛府の官人に、翌日、建礼門外で弓を射させること。（季－春）

いのごふ【期剋ふ】［自ハ四］《は・ひ・ふ・ふ・へ・へ》威勢を示す。敵意を表す。おびやかす。例「ええ、しやごしや、こはいのごふぞ」〈記・中・歌謡〉

いのち【命】［名］❶生命。寿命。例「命尽きなんとするは、前の世の報いか、この世の犯しかと」〈源氏・明石〉❷生命の支え。命の綱。例「一人が持ちて出でたる価、一日が命にだに及ばずとぞ」〈方丈記〉《係結び》「とぞ」→（省略）」❸一生。生涯。例「貪る事のやまざるは、命を終ふる大事、今ここに来たれりと、たしかに知らざればなり」〈徒然・一三四〉❹運命。天命。例「年たけてまた越ゆべしと思ひきや命なりけりさやの中山」〈新古今・羇旅・九八七〉訳→〔和歌〕としたけて…。❺死。死期。臨終。例「いまや、今日やと待たるる命」〈蜻蛉・中〉

〔命生く〕❶生き長らえる。❷助かる。例「からき命生きたれど」〈徒然・八七〉①②↔命死ぬ

〔命死ぬ〕命が絶える。死ぬ。↔命生く

〔命過ぐ〕命が絶える。死ぬ。

〔命ぞ知らぬ〕《「ながらへん命ぞ知らぬ忘れじと思ふ心は身に添はりつつ」〈信明集〉による慣用句》どれほど長く生きていられるか分からないが、決してあなたのことは忘れない。例「『命ぞ知らぬ』など、なつかしくのたまふ」〈源氏・初音〉

〔命堪へず〕死ぬ。生きるのにたえられない。例「しばしばかりの命堪へ・ずは」〈拾遺・雑下・五七五〉

〔命と頼む〕生命の源とする。例「置く露を命

とたの・む蟬のはかなさ」〈後撰・夏・一九三〉

〔**命となら・む**〕命の支えとなるような。例「**命と**なら・ん言の葉もがな」〈千載・恋二・七三二〉

〔**命に向か・ふ**〕命をかける。命がけである。例「**命に向か・ふ**我が恋止まめ」〈万葉・三・二九七九〉

〔**命の後**〕生涯を終わったのち。死後。来世。

〔**命の水**〕人の寿命を、流水が行って戻らないはかなさにたとえていう語。

〔**命の待つ間**〕命の終わりを待つ間。また、人生の最期。

〔**命を限る**〕死ぬまで、ずっと続ける。例「今は**命を限・り**ける山籠りを」〈源氏・夕霧〉

〔**命を懸く**〕命がけで行う。例「長月に**命をか・くる**ほどぞはかなき」〈源氏・藤袴〉

〔**命を極む**〕❶死ぬ。例「何ばかりの過ちにてかこの渚に**命をきは・め**ん」〈源氏・明石〉❷命がけの目に遭う。死に直面する。例「今日かく**命をきは・め**、世にまたなき目の限りを見尽くしつ」〈源氏・明石〉

〔**命を継ぐ**〕命を保つ。例「ある時には、海の貝を取りて**命をつ・ぐ**」〈竹取・蓬萊の玉の枝〉

〔**命を譲る**〕自分自身を犠牲にする。例「守こそおろかに思ひなすとも、我は**命を譲・り**てかしづきて」〈源氏・東屋〉

いのちくらべ【命比べ】［名］❶長生きの競争。❷命の尽きるまでがんばること。

いのちごひ【命乞ひ】［名］❶長寿を祈ること。❷殺されるはずの人の助命嘆願。

いのちしょうぶ【命勝負】［名］命がけの勝負。

いのちしらず【命知らず】［名］❶生命の危機をかえりみないこと。また、そのような人。❷丈夫で長持ちする物。

〔和歌〕**いのちだに…【命だに心にかなふものならばなにか別れの悲しからまし】**〈古今・離別・三八七・白女〉訳せめて命だけでも心のままになり、生き長らえてお帰りを待つことができるものならば、どうしてこの別れが悲しいでしょうか、いや悲しくなどないでしょう。〈疑問語との呼応〉「なにか→悲しからまし㊍」

いのちなが【命長】［名］長生きをすること。また、長生きをした人。

いのちなり・けり【命なりけり】《名詞「命」＋断定の助動詞「なり」の連用形＋過去の助動詞「けり」》命があってのことだったのだ。例「年たけてまた越ゆべしと思ひきや**命なり・けり**さやの中山」〈新古今・羇旅・九八七〉訳→〔和歌〕としたけて…

いのちにて【命にて】生きる力として。例「今来むと言ひしばかりを**命にて**」〈後撰・雑四・一二五九〉

〔歌謡〕**いのちの…【命の全けむ人は畳薦平群の山の熊白檮が葉を髻華にさせその子】**〈記・中・倭建命〉訳命が無事である人は、（たたみこも）平群の山の大きいカシの葉を髪飾りにさしなさい、おまえたちよ。〈参考〉「畳薦」は「平群」の枕詞。「熊」は大きい意。倭建命が、故郷の大和国を思って詠んだ歌。

〔俳句〕**いのちふたつの…【命二つの中に生きたる桜かな】**〈野ざらし紀行・芭蕉〉訳命あって二十年ぶりに再会することができたあなたと私。二人の命の生のあかしのように、生き生きと桜が今を盛りと咲いているよ。（季―桜―春）

いのちみゃうが【命冥加】［名・形動ナリ］神仏のおかげで危ない命が助かること。命の運が強いこと。

いのり【祈り】［名］❶神仏に請い願うこと。❷怨霊をしずめたり、病気の回復・延命などを、僧や山伏に祈ってもらうこと。加持祈禱。例「今日はじむべき**いのり**ども、さるべき人々うけたまはれる、今宵より」〈源氏・桐壺〉〈敬語〉「うけたまはれる」→「うけたまはる」

いのりか・く【祈り掛く】［他カ下二］{け・け・く・くる・くれ・けよ}祈りをしかける。例「**祈りか・け**たる藤波の花」〈後拾遺・別・四六八〉

いのり・く【祈り来】［自カ変］{こ・き・く・くる・くれ・こ(こよ)}祈り続ける。例「**祈り・来る**風間と思ふをあやなくもかもめさへだに波と見ゆらむ」〈土佐〉

いのりつ・く【祈り付く】［他カ下二］{け・け・く・くる・くれ・けよ}祈禱によって、「物の怪」などを別のものに乗り移らせる。例「**祈りつ・け**給へりし人々に」〈夜の寝覚〉

いのりのし【祈りの師】［名］息災延命や怨霊降伏などのために、加持祈禱を行う僧。

いのりまど・ふ【祈り惑ふ】［他ハ四］{は・ひ・ふ・ふ・へ・へ}一心に祈る。例「中納言にかく絶えこもり、嘆きあつかひ**いのりまど・ひ**給ふさまなど」〈浜松中納言・五〉

いのりもの【祈り物】［名］幣・人形・解き縄など、祈禱に用いる道具。祈禱用品。

いの・る【祈る】［他ラ四］{ら・り・る・る・れ・れ}神仏にこいねがう。祈願する。

いは【岩・石・磐・巌】［名］❶（「石」と区別して）巨大な岩石。❷（もと岩石を使ったことから）碇。また、漁網のすそに付けるおもり。

〔**岩の懸け道**〕岩場を縫って行く険しい山道。崖道。

〔**岩のたむけ・岩の峠**〕岩が険しく切り立ったがけ。岩の断崖。

〔**岩の物言ふ**〕秘密などが思いもよらないところから漏れたり、うわさとなることのたとえ。

いは【家】［名］《「いへ」の上代東国方言》いえ。＝家。

いばえな・く【嘶え鳴く】［自カ四］{か・き・く・く・け・け}馬が大声で鳴く。いななく。例「捷陟（＝馬ノ名）**嘶え鳴・く**事なし」〈今昔・一・四〉

いはがき【岩垣】［名］《「いはかき」とも》❶岩石が垣根のように取り巻いている所。❷人の作った石垣。

いはかきしみづ【岩垣清水】［名］《「いはがきしみづ」とも》垣根のように取り巻いている岩の間から流れ出ている清水。

いはがきぬまの【岩垣沼の】「隠り」などの序詞。「岩垣沼」は垣根をしたように、岩石に囲まれた沼。例「青山の**岩垣沼の**水隠りに恋ひや渡らむ」〈万葉・一一・二七〇七〉

いはがきふちの【岩垣淵の】「隠り」などの序詞。「岩垣淵」は垣根をしたように、岩石に囲まれた淵。例「**岩垣淵の**隠りのみ恋ひつつあるに」〈万葉・二・二〇七長歌〉訳→〔和歌〕あまとぶや…

いはかきもみぢ【岩垣紅葉】［名］《「いはがき

もみぢ」とも》垣根のように取り囲んでいる岩の中の紅葉。または、岩壁に根ざしている紅葉。

いはがく・る【岩隠る】㊀［自ラ四］{ら・り・る・る・れ・れ}《上代語》(貴人を石の墓の「石城」に葬ったことから)お亡くなりになる。例「神さぶと**岩隠りま**す」〈万葉・二・一九九長歌〉㊁［自ラ下二］{れ・れ・る・るる・るれ・れよ}岩に隠れる。

いはがくれ【岩隠れ】［名］岩で隠れている所。いわかげ。

いはかど【石門・岩門】［名］石の門。石のように堅固な門。

いはがね【岩が根】［名］《「が」は格助詞》地中に根をおろしたような大きな岩。また、その岩の根もと。＝岩根

いはき【石木・岩木】［名］岩と木。非情なもののたとえ。＝木石

いはき【石城・岩城】［名］周りを石で囲んだ所。とくに、棺を納めるための石室をいう。＝石槨

いはき【磐城】［地名］旧国名。東山道十三か国のひとつ。いまの福島県東部および宮城県南部にあたる。明治元年(一八六八)に陸奥国を五か国に分けたときのひとつ。＝磐州

いはき・る【岩切る】激浪・激流が岩をけずる。例「小忌衣みもすそ川の早き瀬に**いはきる**波もたえぬ御代かな」〈夫木・雑六〉

いはく【言はく・曰く】［名］《近世語》理由。事情。いわれ。例「お道理お道理、**曰く**をご存じないゆゑ、ご不審の立つはず」〈浄・心中天の網島〉

いは・く【稚く】［自カ下二］{け・け・く・くる・くれ・けよ}幼稚である。子供っぽい。例「まだ**いはけ**たる御雛遊びなどのけはひの見ゆれば」〈源氏・蛍〉

発展学習ファイル　連用形「いはけ」以外の用例はみられない。また、かなづかいは「いはく」か「いわく」か不明である。

いはく【言はく・曰く】《動詞「言ふ」を名詞化したもの》いうこと。いうことには。いうよう。例「みづから心に問ひて**いはく**」〈方丈記〉

発展学習ファイル　会話文直前の「曰く」は、「曰く『…』」の形をとって、漢文訓読体の文章で多用される男性語。和文では「いふやう」が用いられた。

いはくえ【岩崩え】［名］《名詞「岩」＋動詞「崩ゆ」の連用形》岩がくずれること。また、その場所。

いはくすぶね【岩樟船・磐樟船】［名］クスノキでつくった頑丈な船。＝天の岩樟船

いはくだす【岩下す】［枕詞］(岩を落とすと恐ろしいところから)「畏し」にかかる。例「**岩下す**畏くとも吾養はむ」〈紀・仁徳・歌謡〉

いはぐみ【岩組み】［名］❶自然の岩が入り組んでいる所。❷庭園の石の配置。❸木や竹などに紙をはって作った岩。芝居の大道具。

いはくら【磐座】［名］神の御座所。＝天の磐座

いはくら【岩倉】［地名］山城国の地名。いまの京都市左京区岩倉町。寺社や貴族の邸宅が多くあった。

いはけな・し［形ク］{から・く(かり)・し・き(かる)・けれ・かれ}幼い。あどけない。幼稚だ。未熟だ。例「姫君は、**いはけなく**たまふほどに」〈源氏ノ〉御指貫の裾にかかりて慕ひきこえたまふ」〈源氏・薄雲〉《敬語》「慕ひきこえたまふ」→「きこえたまふ」

発展学習ファイル　類義語「いとけなし」が単に年が少ない意で幼いことを表すのに対し、「いはけなし」は年少である意とともに、幼くて頼りない、子供っぽいの意も表す。

いはさか【磐境】［名］天の神がいる神聖な所。＝天つ磐境

いはしみづ【石清水・岩清水】［名］❶岩の間からわくきれいな水。(季－夏)。❷「石清水八幡宮」の略。

いはしみづはちまんぐう【石清水八幡宮】［名］京都府八幡市男山にある神社。祭神は応神天皇・神功皇后・比売大神の三神。貞観元年(八五九)に神殿を造営し、翌年九州の宇佐八幡宮の神体を迎えてまつった。伊勢大神宮・賀茂神社とともに三社といわれ、鎌倉時代以降、源氏の氏神として武家の信仰を集めた。三月の臨時の祭りは、賀茂神社の「北祭り」に対して「南祭り」といわれ、八月の例祭「放生会」とともに有名。「男山八幡宮」とも。＝石清水

いはしみづものがたり【石清水物語】［作品名］鎌倉中期(一二四七ごろ成立)の擬古物語。作者未詳。伊予守の悲恋と遁世を、八幡大菩薩の霊験を絡めて描き出す。

いはしみづりんじまつり【石清水臨時祭り】［名］本祭りである陰暦八月の「放生会」に対していう石清水八幡宮の祭礼。朱雀天皇の天慶五年(九四二)に、平将門と藤原純友の乱の平定祈願がかなえられた礼としてはじまり、ほぼ隔年に陰暦三月の中の午の日(二回のときは、下の午の日)に行われた。賀茂神社の祭りを「北祭り」というのに対して、「南祭り」ともいう。

いはしろ【岩代】［地名］旧国名。東山道十三か国のひとつ。いまの福島県西部にあたる。明治元年(一八六八)に陸奥国を五か国に分けたときのひとつ。

いはしろ【磐代・岩代】［歌枕］紀伊国の地名。いまの和歌山県日高郡南部町岩代。

〔和歌〕**いはしろの…**【岩代の浜松が枝を引き結びま幸くあらばまたかへり見む】〈万葉・二・一四一・有間皇子〉訳岩代の浜辺の松の枝を丸く引き結んで願いを込める、もし万一願いのように無事であったなら、またこの地に立ち帰ってこの松を見よう。

いはず【言はず】❶(「と(も)いはず」「を(も)いはず」の形で)論ぜず。問題にしないで。(…にも)かかわらず。例「夜半、暁といはず御心に従へる者の、今宵しもさぶらはで」〈源氏・夕顔〉❷言うまでもなく。もちろんのこと。例「中宮おはしますとて、出だし車は言はず、乗りながら立てられたり」〈建春門院〉

いはせ【岩瀬・石瀬】［名］石の多い川の浅瀬。

いはせのもり【岩瀬の森】［歌枕］大和国の森。いまの奈良県生駒郡斑鳩町竜田にある。紅葉、ホトトギスの名所。

いはせもはて・ず【言はせも果てず】最後まで言わせもしないで。言うか言わないうちに。

いはそそ・く【岩注く・石注く】［他カ四］{か・き・く・く・け・け}岩に水流が激しく当たり、しぶきを上げる。例「**岩そそく**水よりほかにおとせねば心ひとつを澄ま

い

してぞ聞く」〈千載・雑中・一二三四〉

いはたけ【岩茸・石茸】[名]山奥の岩に生える地衣類の一種。キクラゲに似た形をしている。干して食用とする。（季-秋）。

いはたたみ【岩畳】[名]（「いはだたみ」とも）岩が多く重なっている所。

いは・つ【い泊つ】[自タ下二]{て・て・つ・つる・つれ・てよ}《上代語。「い」は接頭語》停泊する。

いはつつじ【岩躑躅】[名]岩の間に咲くツツジの総称。同音反復により、「言はつ」の序詞となることが多い。（季-春）。例「思ひ出づるときはの山の**岩つつじ**言はねばこそあれ恋しきものを」〈古今・恋一・四九五〉

いはつなの【石綱の】[枕詞]石綱（石に這う蔦）が這い延びてまたもとの所にもどるところから、「復ち返る（=若返ル）」にかかる。例「**石つなの**またをち返り」〈万葉・六・一〇四六〉

いはつぼ【岩壺】[名]❶岩のくぼみ。ほら穴。❷滝つぼ。

いはでおも・ふ【言はで思ふ】口には出さないが恋しく思っている。例「款冬の花びら、ただ一重を包ませたまへり。それに、**いはで思ふ**ぞと書かせたまへる」〈枕・殿などのおはしまさで後〉〈参考〉古歌「心には下行く水のわきかへり言はで思ふぞ言ふにまされる」〈古今六帖・五〉訳→〈和歌〉こころには…の引用による。

いはでしのぶ[作品名]鎌倉中期の擬古物語。作者未詳。貴族たちの悲恋が描かれる。

いはと【岩戸・磐戸】[名]❶岩の戸。❷棺を安置した石室の戸。

いはとかぐら【岩戸神楽】[名]❶天照大神が天の岩屋戸にこもったとき、その前で神々が奏したと伝えられる舞楽。❷歌舞伎の囃子のひとつで、荒事を演じるときに奏される。

いはとかしは[名]語義未詳。永久に変わらない意のたとえに用いられる。後世、吉野川に生育する植物とも、「いは（岩）と柏」として堅固な岩石の呼称とも。例「吉野川**いはとかしは**と常磐なす」〈万葉・七・一一三四〉

いはとこ【石床・磐床】[名]床のように表面が平らな岩。

いはとび【岩飛び】[名]《近世語》高い岩の上から直立姿勢で飛び込む術。見せ物でもあった。

いはなし【岩梨】[名]木の名。果実は食用。

いはなみ【岩波】[名]岩に打ち寄せる波。

いはぬいろ【言はぬ色】[名]くちなし色。濃い黄色。「梔子（=植物ノ名）」を「口無し」にかけて「言はぬ」としたもの。

いはね【岩根】[名]大きな岩。また、岩の根もと。=岩が根

〈和歌〉**いはのうへに…**【岩の上に旅寝をすればいと寒し苔の衣を我に貸さなん】〈後撰・雑三・一一九五・小野小町〉訳岩の上で旅寝をすると、とても寒い。岩の上の苔ではありませんが、あなたの苔の衣を私に貸してください。

〈参考〉「苔の衣」は、僧衣のこと。「岩」の縁でいう。

いはば【言はば】[副]《動詞「言ふ」の未然形+接続助詞「ば」》（多く下に「がごとし」「に異ならず」を伴って）言ってみれば。言うならば。たとえば。例「主と栖と無常を争ふさま、**いはば**あさがほの露に異ならず」〈方丈記〉

いはばし【石橋・岩橋】[名]（「いははし」とも）❶浅瀬に石を並べ川を渡れるようにしたもの。❷石の橋。❸（役の行者の命で、一言主の神は、葛城山と金峰山の間に岩橋を架けようとしたが、容貌の醜さを恥じ、夜だけ工事をしたので橋が完成しなかったという伝説から）男女の仲が途絶えることのたとえ。

いはばしの【石橋の・岩橋の】[枕詞]（飛び石の間隔の意から）「間」「近し」「遠し」にかかる。例「**石橋の**遠き心は思ほえぬかも」〈万葉・一一・二七〇一〉

いはばし・る【石走る】[自ラ四]{ら・り・る・る・れ・れ}水が岩の上を激しく流れる。例「**石走り**激ち流るる泊瀬川」〈万葉・六・九九一〉

いはばしる【石走る】[枕詞]「滝」「垂水」にかかる。また地名「淡海」にかかる。例「**石走る**近江の国の楽波の大津の宮に」〈万葉・一・二九長歌〉訳→〈和歌〉たまだすき…

〈和歌〉**いはばしる…**【石走る垂水の上のさわらびの萌え出づる春になりにけるかも】〈万葉・八・一四一八・志貴皇子〉訳岩に流れ落ちしぶきをあげる滝のほとりのサワラビが芽をふきだす春になったなあ。

〈参考〉「石走る」は「垂水」の枕詞。

いははな【岩端・岩鼻】[名]岩の突端。

〈俳句〉**いははなや…**【岩端やここにもひとり月の客】〈笈日記・去来〉訳名月の夜、月をめでる風流人は多かろうが、この岩頭にもひとり、月に浮かれ出た者がいますよ。（季-月の客-秋）

いはひ【祝ひ】[名]吉事があったことを喜ぶこと。また、そのための行事。

〔祝ひの杖〕「うづゑ」に同じ。

いはひ【斎ひ】[名]❶汚れを避け心身を清らかにして神を祭ること。❷神を祭る場所。また、祭る人。

〔斎ひの鏡〕神聖な鏡。神としてまつる鏡。

いはひうた【祝ひ歌】[名]『古今和歌集』仮名序に書かれた和歌の「六義」のひとつ。御代や人の長寿などを祝福する歌。

いはひご【斎ひ児】[名]大切に守り育てている子供。=斎児

いはひごと[名]一【祝ひ事】幸いを願い祝うこと。また、祝うべきこと。二【祝ひ言】幸いを祈願することば。

いはひづま【斎ひ妻】[名]夫の留守中、心身を清め夫の無事を祈って待つ妻。

いはびと【家人】[名]（「いへびと」の上代東国方言）家の人。

いはひべ【斎ひ瓮】[名]（「へ」は瓶・壺の意）酒を入れて神に供えるための器。=厳瓮

いはひもとほ・る【い這ひ回る】[自ラ四]{ら・り・る・る・れ・れ}（「い」は接頭語）腹ばいになって動き回る。はい回る。例「大殿（=宮殿）をふり放け見つつ鶉なす**い這ひもとほり**侍らへど」〈万葉・二・一九九長歌〉

いはひや【斎ひ矢】[名]忌み清めた神聖な矢。敵に当たることや、勝利を祈念して射る第一矢。

いは・ふ【い這ふ】[自ハ四]{は・ひ・ふ・ふ・へ・へ}《上代語。

「い」は接頭語》はう。腹ばう。例「あかねさす日のことごと鹿じもの い這ひ伏しつつ」〈万葉・二・一九九長歌〉

いは・ふ［他八四］〔は・ひ・ふ・ふ・へ・へ〕■一【斎ふ】❶忌みつつしんで、**幸福・安全を祈る**。**物忌みをする**。例「草枕旅行く君を斎・ふと思ひて」〈万葉・一九・四二六三〉〔注〕「草枕」は「旅」の枕詞。❷**守護する**。**加護する**。例「この我子を唐国へ遣る斎・へ神たち」〈万葉・一九・四二四〇〉❸（神聖なものとして）**祭る**。**大切にする**。例「そこにも大菩薩のしばらくおはしましし依りて宝殿を造りていは・ひ奉れり」〈今昔・一二・一〇〉■二【祝ふ】**幸せを祈る**。**祝福する**。例「春日野に若菜摘みつつ万代を祝・ふ心は神ぞ知るらむ」〈古今・賀・三五七〉

古語深耕　**「いはふ」の意味の変化**

「**いはふ**」は、奈良時代以前は、呪術を行うことを意味した。たとえば、①夫が旅や猟に出かけている間、家に残った妻が、櫛を使わず、家の中を掃かないで、夫の無事を祈る、②恋人からもらった衣を大切に保存して、再会を願う、など。これらは、思う人が触れた物を動かしたり変化させたりすると、思う人と自分との関係に変化が起こる、という考えに基づく。この用法から、一般的に吉事を求める、という意味に展開していき、右の『古今和歌集』の例に見られるような、幸せを祈る行為を意味する用法が生じ、さらに、**慶事を喜ぶ意味**にもなった。

いば・ふ【嘶ふ】［自八下二］〔へ・へ・ふ・ふる・ふれ・へよ〕《「いばゆ」の変化形》「いばゆ」に同じ。

いはふち【岩淵】［名］《「いはぶち」とも》岩に囲まれた淵。

いはふね【岩船・磐船】［名］《岩のように頑丈な船の意》神話に登場する、神が乗って空を飛ぶ船。

いは・へる【結はへる】［他八下二］〔へ・へ・へる・へる・へれ・へよ〕《「ゆはへる」の変化形》むすぶ。しばる。

いはほ【巌】［名］《「いは」は「岩」、「ほ」は「秀」で高く突き出ていて目につくものの意》空に高く突き出た大きな岩。＝巌ろ

〔**巌の中**〕深い岩山の中。または、山中の洞窟。俗世を離れた住みかとして、また、仏教では、死や因業を避ける場所とされる。

いはほすげ【巌菅】［名］大きな岩から生えているスゲ。

いはほなす【巌なす】［枕詞］巌（岩）は形を変えたりしないところから、「常磐」にかかる。例「**巌なす**常磐に坐せ貴き我が君」〈万葉・六・九八八〉

いはほろ【巌ろ】［名］《上代東国方言。「ろ」は接尾語》「いはほ」に同じ。

いはま【岩間】［名］岩と岩との間。

いはまく【言はまく】《動詞「言ふ」の未然形＋推量の助動詞「む」の名詞化したもの》ことばに出して言うこと。

いはまくも【言はまくも】《動詞「言ふ」の未然形＋推量の助動詞「む」の名詞化したもの＋係助詞「も」》口に出して言うのも。→「まく」。例「**言はまくも**ゆゆしくあらむと」〈万葉・六・九四八長歌〉

いは・まくら【岩枕・石枕】［名］岩や石を枕にすること。野宿。

いは・まし【言はまし】《動詞「言ふ」の未然形＋推量の助動詞「まし」》（…とでも）言いたい。例「『水晶の滝』などいは・ましやうにて」〈枕・十二月二十四日、宮の御仏名の〉

いはましごと【言はまし事】［名］《動詞「言ふ」の未然形＋推量の助動詞「まし」の連体形＋名詞「事」》言いたいこと。

いは・まほし【言はまほし】《動詞「言ふ」の未然形＋願望の助動詞「まほし」》言いたい。例「宮の御事のなほ**言は・まほしければ**」〈源氏・若菜・上〉

いはみ【石見】［地名］旧国名。山陰道八か国のひとつ。いまの島根県南西部にあたる。＝石州

〔和歌〕**いはみのうみ…**【石見の海　角の浦廻を　浦なしと　人こそ見らめ　潟なしと　人こそ見らめ　よしゑやし　浦はなくとも　よしゑやし　潟はなくとも　いさなとり　海辺をさして　にきたづの　荒磯の上に　か青く生ふる　玉藻沖つ藻　朝はふる　風こそ寄せめ　夕はふる　波こそ来寄れ　波のむた　か寄りかく寄る　玉藻なす　寄り寝し妹を　露霜の　置きてし来れば　この道の　八十隈ごとに　万度　かへり見すれど　いや遠に　里は離りぬ　いや高に　山も越え来ぬ　夏草の　思ひしなえて　偲ふらむ　妹が門見む　なびけこの山】〈万葉・二・一三一長歌・柿本人麻呂〉訳石見の海の角の浦あたりを、（船を寄せるのによい）浦がないと人は見るだろうが、（潮干狩りをするのによい）潟がないと人は見るだろうが、たとえ、よい浦はないにしても、たとえ、よい潟はないにしても、〔いさなとり〕この海辺を目ざしてにきたづの荒磯のあたりに青々と生える美しい藻、沖の藻に、朝に吹き立つ風が吹き寄せるだろう、夕べに揺れ立つ波が押し寄せるだろう、その波の動きに合わせ、あっちに寄り伏しこっちに寄り伏しする玉藻のように寄り添って寝たあの子を、〔つゆしもの〕置き去りにして来てしまったので、この行く道のたくさんの曲がり角ごとに、何度も振り返り見るけれど、いよいよ遠くにあの子の里は遠ざかってしまった。いよいよ高くに山も越えて来てしまった。夏草がしおれるようにしょんぼりとして私を恋いしのんでいるであろう、あの子の家の門が見たい。なびき倒れてしまえ、この山よ。《係結び》「人こそ→見らめ㊀」、「風こそ→寄せめ㊀」、「波こそ→来寄れ㊀」〈参考〉「いさなとり」は「海」の、「露霜の」は「置く」の、「夏草の」は「しなゆ」の、それぞれ枕詞。人麻呂が角（いまの島根県江津市都野津町あたり）の地に住む女性との別れを惜しんで作った長歌。

〔和歌〕**いはみのや…**【石見のや　高角山の　木の間より　我が振る袖を　妹見つらむか】〈万葉・二・一三二・柿本人麻呂〉訳石見の、高角山の木々の間から私が名残を惜しんで振る袖を、あの子は見ていてくれただろうか。

いは・む【聚む・満む】［自マ四］〔ま・み・む・む・め・め〕《上代語》たくさん集まる。

いはむかたな・し【言はむ方無し】《「いはんか

たなし」とも。動詞「言ふ」の未然形＋推量の助動詞「む」の連体形＋名詞「方」＋形容詞「無し」》言いようもない。この上ない。例「『霧やへだつる』とのたまはせしほど言はむ方な・く恋しく」〈源氏・須磨〉

いはむすべ【言はむ術】《「いはんすべ」とも。動詞「言ふ」の未然形＋推量の助動詞「む」の連体形＋名詞「術」》言いよう。ことばにする方法・仕方。

いはむや【況むや】［副］《もとは漢文訓読語。「いはんや」とも。動詞「言ふ」の未然形＋推量の助動詞「む」の終止形＋反語の係助詞「や」》ましてや。言うまでもなく。例「ことばもいひしらず、**いはむや**歌はよまざりければ」〈伊勢・一〇七〉

発展学習ファイル 下に「…むや」「…をや」などの表現を伴うことが多い。

いはむら【岩群】［名］岩の群れ。多くの岩。

いはもと【岩本】［名］岩の根もと。

いはや【岩屋】［名］岩の間にできた天然のほら穴。また、それを住居としたもの。

いはやと【岩屋戸】［名］《「いはやど」とも》ほら穴の入り口。

いば・ゆ【嘶ゆ】［自ヤ下二］{え・え・ゆ・ゆる・ゆれ・えよ}《「い」は擬声語で馬のいななく声》馬がいななく。＝嘶く・嘶ふ。例「風に当たりては**嘶・え**ぬべければなむ」〈源氏・須磨〉

いはゆる【所謂】［連体］《動詞「言ふ」の未然形＋上代の受身の助動詞「ゆ」の連体形》世間でよく言われているところの。いわゆる。また、例の。周知の。例「**いはゆる**あて宮ぞかし」〈宇津保・藤原の君〉

いばら【茨・荊】［名］《「うばら」「うまら」「むばら」とも》❶とげをもった小低木類の総称。❷野生のバラ。野バラ。（季―夏）

〔茨を逆茂木にした様〕酒が辛いことのたとえ。

いはら・ふ【射払ふ】［他ハ四］{は・ひ・ふ・ふ・へ・へ}矢を射ながら追い払う。例「ここにてかく**射払・ひ**て」〈宇治拾遺・三・二〉

いばり【尿】［名］小便。

いはれ【謂はれ】［名］《動詞「言ふ」の未然形＋受身の助動詞「る」の連用形》物事の由緒。理由。

いはれ【磐余】［歌枕］大和国の地名。いまの奈良県桜井市南部から香具山の東部。「磐余野」「磐余の池」の形で詠まれ、「言はれ」をかける。

いはれたり【言はれたり】《動詞「言ふ」の未然形＋尊敬の助動詞「る」の連用形＋完了の助動詞「たり」》（多く「さもいはれたり」の形で）おっしゃるとおりだ。もっともだ。例「翁『それ、さも**いはれたり**』といひて」〈竹取・火鼠の皮衣〉

いはれぬ【言はれぬ】《動詞「言ふ」の未然形＋可能の助動詞「る」の未然形＋打消の助動詞「ず」の連体形》❶道理に合わない。無理な。いわれのない。例「**いはれぬ**こと、なしたまひそ」〈竹取・かぐや姫の昇天〉❷よけいな。不必要な。例「耆婆（＝インドノ名医）でもいかぬ死病、**いはれぬ**気骨折らるる」〈浄・女殺油地獄〉

いはろ【家ろ】［名］《上代東国方言。「ろ」は接尾語》「いは（家）」に同じ。

〔和歌〕**いはろには…**【家ろには葦火焚けども住み良けを筑紫に至りて恋しけ思もはも】〈万葉・二〇・四四一九・防人歌・物部真根〉訳家では貧しい葦火を焚いても住み心地はよかったのを、筑紫に着いてから恋しく思われるだろう。

いはゐ【岩井・石井】［名］岩の間からわき出る水を井戸としたもの。また、石組みで囲った井戸。＝石井

〔岩井の水〕岩間からわき出る泉の水。または、周囲を岩石で囲んだ井戸の水。

いはゐつら【いはゐ蔓】［名］《「つら」はつる草の意。「いはゐ」は「岩居」か》語義未詳。つる草の一種か。一説にスベリヒユ・ミズハコベ・ジュンサイなどとも。

いはんかたな・し【言はん方無し】「いはむかたなし」に同じ。

いはんすべ【言はん術】「いはむすべ」に同じ。

いはんや【況んや】［副］「いはむや」に同じ。

いひ【家】［名］《上代東国方言》いえ。＝家・家ろ

いひ【飯】［名］米などを蒸したり煮たりしたもの。めし。ごはん。

古典の世界　**「飯」の種類と調理法**

「飯」には「強飯」と「姫飯（編糅）」とがあり、それを用いた「水飯」「湯漬け」「屯食」「乾飯」、また「粥」がある。

［**強飯**］米を甑で蒸したもので、いまのおこわにあたる。固くてねばらないので、椀や笥・土器、ときには椎の葉に盛って食べる。天皇の「大床子の御膳」は、通常、強飯を用いる。［**姫飯**］米を水で炊いたもので、いまのごはん・めしにあたる。「固粥」に同じ。［**水飯**］姫飯またはそれを干したものを冷水に漬け、柔らかくして食べるもの。夏の食べ物。［**湯漬け**］乾飯に湯をかけて食べる簡単な食事。［**屯食**］強飯を握り固めたもので、いまの握りめしにあたる。催し事の際、下仕えの者たちに賜う食べ物。［**乾飯**］姫飯を干し固めた携行用の食料で、湯や水でもどして食する。「乾し飯」と「乾飯」とがある。［**粥**］いまのごはんにあたる「固粥」と、汁のある「汁粥」とがある。

いひ【謂】［名］❶言うこと。❷いわれ。わけ。

いひ【楲・樋】［名］水量を調節する仕掛け。池などから水を引いた所に板で作った箱状のものを埋め、戸を開閉して水門とした。歌では多く「言ひ」にかける。

いひあか・す【言ひ明かす】［他サ四］{さ・し・す・す・せ・せ}語り明かす。例「暁まで**いひ明か・し**て、帰る」〈枕・成信の中将は、入道兵部卿宮の〉

いひあが・る【言ひ上がる】［自ラ四］{ら・り・る・る・れ・れ}しだいに声高になる。激しく言い張る。例「やがてただ言ひに**言ひあが・り**て」〈落窪・二〉

いひあさ・む【言ひあさむ】［自マ四］{ま・み・む・む・め・め}意外なことに驚きあきれて騒ぐ。例「『さも、珍らかなる御事ども多かる世かな』と**言ひあさ・み**けり」〈狭衣・三〉

いひあ・つ【言ひ当つ】［他タ下二］{て・て・つ・つる・つれ・てよ}（推しはかって）言って、適中させる。言い当てる。

いひあつか・ふ【言ひ扱ふ】［他ハ四］{は・ひ・ふ・ふ・へ・へ}

❶うわさをする。寸評する。❷助言する。例「またかの遺言は違(たが)へじと思ひたまへてただかく言ひあつか・ひはべるなり」〈源氏・夕霧〉

いひあつ・む【言ひ集む】イイアツム〔他マ下二〕{め・め・む・むる・むれ・めよ}あれこれと言う。みなで言う。例「言ひ集・めたる中にも、わがありさまのやうなるはなかりけりと見たまふ」〈源氏・蛍〉

いひあつら・ふ【言ひ誂ふ】イイアツラ(ロ)ウ〔他ハ下二〕{へ・へ・ふ・ふる・ふれ・へよ}言って頼む。してほしいことを相手に言う。依頼する。例「『御許(おもと)、これ、なほ、申し直させ給へ』など、言ひ誂・へて」〈狭衣・一〉

いひあは・す【言ひ合はす】イイアワス〔他サ下二〕{せ・せ・す・する・すれ・せよ}❶ともに語り合う。例「まめごとなどもいひ合は・せて、ゐたまへるに」〈枕・五月ばかり〉❷相談する。例「まことの大事をも言ひあは・せたるにかひなからず」〈源氏・帚木〉❸申し合わせる。口約束する。例「『おどして走らせて笑はん』と言ひ合は・せて」〈宇治拾遺・二・三〉

いひあ・ふ【言ひ合ふ】イイア(オ)ウ〔他ハ四〕{は・ひ・ふ・ふ・へ・へ}ある話題について何人かで話す。皆が一同に言う。

いひあ・ふ【言ひ敢ふ】イイア(オ)ウ〔他ハ下二〕{へ・へ・ふ・ふる・ふれ・へよ}《下に打消の語を伴って》(自分の意志を)はっきりと言い切る。終わりまで言う。例「『いかでか』なども言ひあ・へさせたまはず」〈源氏・浮舟〉

いひあやま・る【言ひ誤る】イイアヤマル〔他ラ四〕{ら・り・る・る・れ・れ}言い損なう。言い間違える。

いひあらが・ふ【言ひ争ふ】イイアラガ(ゴ)ウ〔他ハ四〕{は・ひ・ふ・ふ・へ・へ}人と張り合って言い争う。反論を言い立てる。例「人は、いかに、言ひあらが・ひ、さもあらぬことと言ふべきにかあらむ」〈源氏・夕霧〉

いひあらは・す【言ひ表す】イイアラワス〔他サ四〕{さ・し・す・す・せ・せ}❶打ち明ける。白状する。例「限(くま)なく言ひあらは・したまふ」〈源氏・葵〉❷ことばで表現する。

いひあり・く【言ひ歩く】イイアリク〔自カ四〕{か・き・く・く・け・け}あちこちに言って歩く。ことばをかける。例「中納言の、とざまかうざまに言ひ歩・きたまふも」〈源氏・総角〉

いひいそが・す【言ひ急がす】イイイソガス〔他サ四〕{さ・し・す・す・せ・せ}言って、せきたてる。

いひいだ・す【言ひ出だす】イイイダス〔他サ四〕{さ・し・す・す・せ・せ}❶内から外の人に向かって言う。または、取り次ぎに向かって言う。↔言ひ入(い)る①。例「『かく定かに宿りはある』と言ひ出だ・して侍(はべ)りければ」〈古今・春上・四二詞書〉❷ことばに表す。口に出して言う。＝言ひ出づ。例「そらごとをよくし馴(な)れたる口つきよりぞ言ひ出だ・すらむとおぼゆれど」〈源氏・蛍〉❸世に言い広める。

いひい・づ【言ひ出づ】イイイズ〔他ダ下二〕{で・で・づ・づる・づれ・でよ}口に出して言う。＝言ひ出だす。例「いかで心なさけあらむ男にあひ得てしがなと思へど、いひい・でむもたよりなさに」〈伊勢・六三〉

いひいひて【言ひ言ひて】イイイイテ 互いにあれこれ言って。繰り返し言って。言い続けて。例「とかくいひいひて、『波の立つなること』とうるへ、いひて」〈土佐〉

いひい・る【言ひ入る】イイイル〔他ラ下二〕{れ・れ・る・るる・るれ・れよ}❶外から内にいる人に向かって話しかける。取り次ぎで中にいる人に申し入れる。↔言ひ出(い)だす①。例「『参りたる人なんある』と言ひ入・れたり」〈源氏・夢浮橋〉❷言い聞かせる。言い含める。例「いとみそかにいひ入・るるを」〈枕・大蔵卿ばかり〉

いひいれ【言ひ入れ】イイイレ〔名〕《近世語》❶結婚の申し込み。❷結納。

いひうと・む【言ひ疎む】イイウトム〔他マ下二〕{め・め・む・むる・むれ・めよ}口に出していやがる。例「くまなくあやにくにおはするよしをのみ言ひうと・め給へど」〈浜松中納言・四〉

いひうら・む【言ひ恨む】イイウラム〔他マ上二〕{み・み・む・むる・むれ・みよ}恨みごとを言う。例「この男、文(ふみ)を取らせで帰りしこと、いみじくいひうら・みければ」〈平中・二五〉

いひおき・つ【言ひ掟つ】イイオキツ〔他タ下二〕{て・て・つ・つる・つれ・てよ}言って指図をする。命じる。言いつける。例「宿直人(とのゐびと)のことなど言ひおき・て侍(はべ)る」〈源氏・東屋〉

いひお・く【言ひ置く】イイオク〔他カ四〕{か・き・く・く・け・け}言い残す。例「『物ひとこといひ置・くべきことありけり』といひて、文(ふみ)書く」〈竹取・かぐや姫の昇天〉

いひおく・る【言ひ送る】イイオクル〔他ラ四〕{ら・り・る・る・れ・れ}言ってやる。言い伝える。例「餞別(むまのはなむけ)せむとて、『今日』と言ひ送・れりける時に」〈古今・雑下・九六九詞書〉

いひおこ・す【言ひおこす】イイオコス〔他サ下二〕{せ・せ・す・する・すれ・せよ}言って寄こす。言ってくる。↔言ひ遣(や)る。例「文も、『久しく聞こえさせねば』などばかり言ひおこ・せたる」〈徒然・一七〇〉

いひおと・す【言ひ落とす】イイオトス〔他サ四〕{さ・し・す・す・せ・せ}けなす。悪く言う。＝言ひくたす。例「右の頭(とう)をよくいひ落と・し給へば」〈栄花・三六〉

いひおど・す【言ひ威す】イイオドス〔他サ四〕{さ・し・す・す・せ・せ}ことばで相手を怖がらせる。口に出して威嚇(いかく)する。例「『幼き人のかかること言ひ伝ふるはいみじく忌むなるものを』と言ひおど・して」〈源氏・帚木〉

いひおどろ・く【言ひ驚く】イイオドロク〔自カ四〕{か・き・く・く・け・け}驚いて言う。例「『あれはなぞ、あれはなぞ』と、やすからずいひおどろ・き」〈更級〉

いひおほ・す【言ひ負す】イイオオス〔他サ下二〕{せ・せ・す・する・すれ・せよ}言って責めを負わせる。例「人の奥なき名をいひおほ・すべきならず」〈紫式部日記〉

いひおも・ふ【言ひ思ふ】イイオモウ〔他ハ四〕{は・ひ・ふ・ふ・へ・へ}口に出しても言い、また心にも思う。例「みな人々いひ思・ひつつにくみしを」〈紫式部日記〉

いひおもむ・く【言ひ赴く】イイオモムク〔他カ下二〕{け・け・く・くる・くれ・けよ}その気になるように言う。言って従わせる。説得する。例「同じくは、ねんごろにいひおもむ・けよ」〈堤中納言・ほどほどの懸想〉

いひかかづら・ふ【言ひかかづらふ】イイカカズラ(ロ)ウ〔自ハ四〕{は・ひ・ふ・ふ・へ・へ}❶言って関係をつける。言い寄る。例「とかく言ひかかづら・ひ出(い)でむも、わづらはしう」〈源氏・夕霧〉❷言い悩む。ことばに困る。例「〔カグヤ姫ハ〕耳にも聞き入れざりければ、〔石作ノ皇子ハ〕いひかかづら・ひて帰りぬ」〈竹取・石作の皇子〉

いひかか・る【言ひ掛かる】イイカカル〔自ラ四〕{ら・り・る・る・れ・れ}❶話しかける。言い寄る。例「うるさき戯(たは)れ言(ごと)いひかか・りたまふを、わづらはしきに」〈源氏・玉鬘〉❷意地になって言う。❸難癖をつける。

いひか・く【言ひ掛く】イイカク〔他カ下二〕{け・け・く・くる・くれ・けよ}❶話しかける。または、歌を詠みかける。例「草のとざしにさはりしもせじと言ひか・けて入(い)りぬ」〈源氏・若紫〉❷話の途中でやめる。言いさす。

いひかく・す【言ひ隠す】イイカクス［他サ四］{さ・し・す・す・せ・せ}言わずに隠す。包み隠して言わない。

いひかけ【言ひ掛け】イイカケ［名］❶言いがかり。❷なぞなぞの問いのことば。❸和歌などの修辞法のひとつ。一語にふたつの意味をもたせること。掛詞。

いひかた・む【言ひ固む】イイカタム［他マ下二］{め・め・む・むる・むれ・めよ}かたく口約束をする。例「言ひ固・めて起請して後、いくばくもなくて」〈宇治拾遺・二・一〉

いひかたら・ふ【言ひ語らふ】イイカタラ(ロ)ウ［他ハ四］{は・ひ・ふ・ふ・へ・へ}親しく語り合う。話し合う。例「かたみにいひかたら・ふ人、筑前に下りてのち」〈更級〉

いひかな・ふ【言ひ叶ふ】イイカナ(ノ)ウ［他ハ下二］{へ・へ・ふ・ふる・ふれ・へよ}上手に表現する。例「このごろの歌は、一ふしをかしく言ひかな・へたりと見ゆるはあれど」〈徒然・一四〉

いひかは・す【言ひ交はす】イイカワス［他サ四］{さ・し・す・す・せ・せ}❶言い合う。語り合う。話し合う。例「はかなごとどもを、心々に言ひかは・しつつ」〈源氏・胡蝶〉❷手紙・歌などをやりとりする。例「これよりもかれよりも、いひかは・したまひけるを」〈大和・三〉❸ことばで誓い合う。結婚の約束をする。例「ありしよりけにいひかは・して」〈伊勢・二〉

いひがひ【飯匙】イイガイ［名］飯を盛る道具。しゃもじ。

いひかへ・す【言ひ返す】イイカエス［他サ四］{さ・し・す・す・せ・せ}❶断りを言って、使いの者や物を返す。例「いと憎くて、言ひ返・しなどして、言(=消息)絶えて」〈蜻蛉・中〉❷ことばを返す。口答えをする。例「言ひ返・すべうもあらずあさまし」〈堤中納言・虫めづる姫君〉

いひかま・ふ【言ひ構ふ】イイカマ(モ)ウ［他ハ下二］{へ・へ・ふ・ふる・ふれ・へよ}言いつくろう。上手につくろって話す。例「かどかどしき人にて、とかく言ひ構・へて」〈源氏・浮舟〉

いひかよは・す【言ひ通はす】イイカヨワス［他サ四］{さ・し・す・す・せ・せ}手紙をやり取りする。話を交わす。例「かほかたち、身のざえすぐれたりければ、この国と日本に言ひ通は・さるる事ありけり」〈浜松中納言・一〉

いひかよ・ふ【言ひ通ふ】イイカヨウ［自ハ四］{は・ひ・ふ・ふ・へ・へ}ことばを交わし合う。手紙などをやり取りする。例「この姫君は、かく人疎き御癖なれば、睦ましくも言ひ通・ひたまはず」〈源氏・蓬生〉

いひきか・す【言ひ聞かす】イイキカス［他サ下二］{せ・せ・す・する・すれ・せよ}話して聞かせる。また、教えさとす。

いひき・す【言ひ期す】イイキス［他サ変］{せ・し・す・する・すれ・せよ}ことばで約束する。口約束する。例「殿上にていひ期・しつる本意もなくては」〈枕・五月ばかり〉

いひき・る【言ひ切る】イイキル［他ラ四］{ら・り・る・る・れ・れ}はっきり言って相手との関係を断つ。きっぱり断る。例「言ひ切・りつるよし言ひたるに」〈源氏・浮舟〉

いひ・く【言ひ来】イイク［他カ変］{こ・き・く・くる・くれ・こ(こよ)}言ってくる。言ってよこす。例「おのづからかかる貧しきあたりと思ひ侮りて言ひ・来ると」〈源氏・蓬生〉

いひくく・む【言ひ含む】イイククム［他マ下二］{め・め・む・むる・むれ・めよ}分かるようによく言って聞かせる。言い含める。

いひくた・す【言ひくたす】イイクタス［他サ四］{さ・し・す・す・せ・せ}悪く言う。けなす。例「このころ紅葉を言ひくた・さむは、竜田姫の思はんこともある」〈源氏・少女〉

いひくん・ず【言ひ屈ず】イイクンズ［他サ変］{ぜ・じ・ず・ずる・ずれ・ぜよ}《「くんず」は「くっす」の変化形》しょげ返って言う。力を落として話す。例「『夜のほどに、消えぬらむこと』と、いひ屈・ずれば」〈枕・職の御曹司におはしますころ、西の廂に〉

いひけ【飯笥】イイケ［名］飯を盛るうつわ。食器。

いひけ・つ【言ひ消つ】イイケツ［他タ四］{た・ち・つ・つ・て・て}❶否定する。打ち消す。例「わざとはなくて言ひ消・つさま、みやびかによし」〈源氏・松風〉❷言いかけて途中でやめる。例「所どころ言ひ消・ちて、いみじくものあはれと思ひたまへるけはひなど」〈源氏・早蕨〉《敬語》「思ひたまへる」→「たまふ(四段)」❸非難する。とがめる。例「痴にも見え、人にも言ひ消・たれ」〈徒然・一六七〉

いひけらく【言ひけらく】イイケラク《動詞「言ふ」の連用形＋過去の助動詞「けり」の名詞化したもの》言ったことには。例「そがいひけらく『昔、しばしありしところのなくひにぞあなる。あはれ』といひて」〈土佐〉語構成「なくひにぞあなる」→「あなり」

いひこしら・ふ【言ひ拵ふ】イイコシラ(ロ)ウ［他ハ下二］{へ・へ・ふ・ふる・ふれ・へよ}言いつくろう。言ってなだめる。例「和君、門を開けていひこしら・へよ」〈今昔・二六・八〉

いひごと【言ひ事】イイゴト［名］❶話題。❷口論。言い争い。❸言うこと。言い分。

〔和歌〕**いひこふと… 春の野にすみれつみつつ時を経にけり**【飯乞ふとわが来しかども春の野にすみれつみつつ時を経にけり】〈良寛歌集・良寛〉訳食物を求める托鉢に私は来たのだけれど、春の野でスミレを摘みながら長い時間を過ごしてしまったことだ。

いひささめ・く【言ひささめく】イイササメク［他カ四］{か・き・く・く・け・け}小声で話す。ひそひそ言う。こっそり相談する。例「おのづから、気色見る人々などは、安からず言ひささめ・くを」〈狭衣・三〉

いひさ・す【言ひさす】イイサス［他サ四］{さ・し・す・す・せ・せ}《「さす」は接尾語》言いかけてやめる。例「おのおの親ありければ、つつみていひさ・してやみにけり」〈伊勢・八六〉

いひさた【言ひ沙汰】イイサタ［名・自サ変］言い定め。相談。評議。

いひさだ・む【言ひ定む】イイサダム［他マ下二］{め・め・む・むる・むれ・めよ}口約束する。話し合って決定する。例「言ひ定・めたるやうに、すみやかに酒・くだ取りにやりて」〈宇治拾遺・二・一〉

いひさまた・ぐ【言ひ妨ぐ】イイサマタグ［他ガ下二］{げ・げ・ぐ・ぐる・ぐれ・げよ}口出しして邪魔をする。例「かの尼君おはしなば、かならず言ひさまた・げてん」〈源氏・手習〉

いひさわか・す【言ひ騒かす】イイサワカス［他サ四］{さ・し・す・す・せ・せ}《「いひさわがす」とも》言って騒がす。うるさくせきたてる。例「『なほとくとく参りなむ』と言ひ騒が・して」〈源氏・浮舟〉

いひさわ・ぐ【言ひ騒ぐ】イイサワグ［自ガ四］{が・ぎ・ぐ・ぐ・げ・げ}《古くは「いひさわく」》あれこれ言って騒ぐ。いろいろとうるさく言う。

いひしたた・む【言ひ認む】イイシタタム［他マ下二］{め・め・む・むる・むれ・めよ}慎重に配慮して言う。

いひしら・す【言ひ知らす】イイシラス［他サ下二］{せ・せ・す・する・すれ・せよ}言って知らせる。話して聞かせる。

いひしら・ず【言ひ知らず】イイシラズ《動詞「言ひ知る」の未然形＋打消の助動詞「ず」》❶言いようもない。例「など言ひ知ら・ぬ思ひ添ふらむ」〈古今・恋三・六三八〉❷例「いひ知ら・ずをかし言いようがないほどすばらしい。

げに、めでたく書きたまへるを見て」〈更級〉❸取るに足りない。例「九重の御殿の上をはじめて、言ひ知ら・ぬ民の住家まで」〈枕・節は〉

いひし・る【言ひ知る】［他ラ四］{ら・り・る・る・れ・れ}ものの言い方や、口のきき方を知っている。例「ことばもいひし・らず、いはむや歌はよまざりければ」〈伊勢・一〇七〉

いひしろ・ふ【言ひしろふ】［他ハ四］{は・ひ・ふ・ふ・へ・へ}《「しろふ」は互いに…し合う意の接尾語》❶互いに言い合う。取りざたする。例「かくいひしろ・ふほどに、院の御悩み重くならせ給ひて」〈増鏡・藤衣〉❷言い争う。口論する。例「言ひしろ・ひはべりしかど、まことには変はるべきこととも思ひたまへず」〈源氏・帚木〉

いひしを・る【言ひ責る】［他ラ四］{ら・り・る・る・れ・れ}言っていじめる。言ってこらしめる。例「くれなゐの涙に深き袖の色を浅緑とや言ひしを・るべき」〈源氏・少女〉

いひすぐし【言ひ過ぐし】［名］程度を越えて言うこと。言い過ぎること。言い過ごし。

いひすご・す【言ひ過ごす】［他サ四］{さ・し・す・す・せ・せ}言い過ぎる。例「ものあはれなる気色を見て、言ひすご・しもしつべくおぼえければ」〈浜松中納言・二〉

いひすさ・ぶ【言ひ荒ぶ】［自バ上二］{び・び・ぶ・ぶる・ぶれ・びよ}❶冗談半分に言う。ふざけて言ってからかう。例「『さらば袖ふれて見たまへ』など言ひすさ・ぶに」〈源氏・竹河〉❷言っておもしろがる。例「集まりて、いひすさ・びて、夜明けにければ、帰りにけり」〈平中・二九〉❸夢中で言い寄る。例「男、この二年ばかり、ものいひすさ・ぶる人ぞ、ありける」〈平中・四〉

発展学習ファイル 上二段活用は主として上代に見られ、中古以降四段活用も見られるようになった。②の例文は四段活用とも考えられる。→「すさぶ」

いひすす・む【言ひ進む】［他マ下二］{め・め・む・むる・むれ・めよ}意見を言う。進言する。

いひす・つ【言ひ捨つ】［他タ下二］{て・て・つ・つる・つれ・てよ}❶言いっ放しにする。例「『まかり入りぬ』と言ひ捨・てて」〈源氏・藤裏葉〉❷何気なく言う。例「昔の人は、ただ、いかに言ひ捨・てたることぐさも、皆いみじく聞こゆるにや」〈徒然・一四〉❸連歌・俳諧で、句を懐紙に記さないで、その場限りで詠む。

いひすべ・す【言ひ滑す】［他サ四］{さ・し・す・す・せ・せ}言いのがれをする。うっかり言う。例「あなづりにくきあたりなれば、えしも言ひすべ・したまはで」〈源氏・若菜・下〉

いひせた・む【言ひ責む】［他マ下二］{め・め・む・むる・むれ・めよ}言って責めたてる。＝言ひ責む。例「腹だちて『いひせた・めん』と思ひて」〈宇治拾遺・三・一六〉

いひそこな・ふ【言ひ損ふ】［他ハ四］{は・ひ・ふ・ふ・へ・へ}言い間違える。言ってはいけないことを言う。

いひそし・る【言ひ謗る】［他ラ四］{ら・り・る・る・れ・れ}悪く言う。言ってけなす。

いひそ・す【言ひそす】［他サ四］{さ・し・す・す・せ・せ}《「そす」は接尾語》言い過ぎる。ことばが過ぎる。例「われたけく言ひそ・しはべるに、すこしうち笑ひて」〈源氏・帚木〉

いひそそのか・す【言ひ唆かす】［他サ四］{さ・し・す・す・せ・せ}言ってその気になるようにすすめる。言ってせきたてる。

いひそそめ・く【言ひそそめく】［他カ四］{か・き・く・く・け・け}言い騒ぐ。落ち着かずざわざわとする。例「枝をつけ葉を添へ、何事も、つきづきしくとりつづけ言ひそそめ・くを」〈夜の寝覚〉

いひそ・む【言ひ初む】［他マ下二］{め・め・む・むる・むれ・めよ}❶言い出す。初めて口に出す。例「『ものなど啓せさせむ』とても、そのはじめいひそ・めてし人をたづね」〈枕・職の御曹司の西面の〉❷初めて異性に言い寄る。例「かくて少将言ひ初・めたまひてければ」〈落窪・一〉

いひた・つ【言ひ立つ】━［自タ四］{た・ち・つ・つ・て・て}❶話をしながら立っている。例「頭弁の、ものをいと久しういひ立・ちたまへれば」〈枕・職の御曹司の西面の〉❷言い出す。例「かく言ひた・ちてとどまりたらむ、いとをこならむ」〈落窪・三〉❸うわさになる。評判になる。例「『この岩のある故ぞ』と言ひ立・ちにけり」〈宇治拾遺・二・三〉━［他タ下二］{て・て・つ・つる・つれ・てよ}取りたてて言う。例「言ひ立・つればわろきによれる容貌を、いといたうもてつけて」〈源氏・空蟬〉

いひたづ・ぬ【言ひ尋ぬ】［他ナ下二］{ね・ね・ぬ・ぬる・ぬれ・ねよ}いろいろ言って探し求める。例「それのわたり知れる人に言ひ尋・ねて」〈源氏・玉鬘〉

いひたて【言ひ立て】［名］❶取り立てて強く言うこと。例「わごりょは何も言ひ立てにするほどの芸は見えぬが」〈狂・八幡の前〉❷口実。❸口上。

いひたはぶ・る【言ひ戯る】［自ラ下二］{れ・れ・る・るる・るれ・れよ}冗談を言う。ふざけて言う。例「中将、渡殿の戸口に人々のけはひするに寄りて、ものなど言ひ戯・るれど」〈源氏・野分〉

いひちが・ふ【言ひ違ふ】［自ハ四］{は・ひ・ふ・ふ・へ・へ}互いに言い合う。例「すきごと言ひちが・ひ、宰相の中将など、消息絶たれざれば」〈宇津保・国譲・上〉

いひちぎ・る【言ひ契る】［他ラ四］{ら・り・る・る・れ・れ}互いにことばにして約束する。例「ねむごろにいひちぎ・りける女の、ことざまになりにければ」〈伊勢・一二三〉

いひちら・す【言ひ散らす】［他サ四］{さ・し・す・す・せ・せ}❶言いふらす。言い広める。例「殿上人などにいひ散ら・して」〈紫式部日記〉❷わめき散らす。やたらに言う。

いひつかは・す【言ひ遣はす】［他サ四］{さ・し・す・す・せ・せ}《「言ひ遣る」の尊敬語》（目下の者に）文書や伝言で、言い送る。言っておやりになる。例「『死にかへり思ふ心は知りたまへりや』と〔源氏ハ軒端荻二〕言ひ遣は・す」〈源氏・夕顔〉

いひつか・ふ【言ひ使ふ】［他ハ四］{は・ひ・ふ・ふ・へ・へ}仕事などを言いつけて使う。例「この人、国（＝国司ノ役所）にかならずしもいひ使・ふ者にもあらざなり」〈土佐〉

いひつが・ふ【言ひ継がふ】《動詞「言ひ継ぐ」の未然形＋上代の反復・継続の助動詞「ふ」》次々と言い伝える。例「言霊の幸はふ国と語り継ぎ言ひ継が・ひけり」〈万葉・五・八九四長歌〉

語構成「あらざなり」→「ざなり」

いひつぎ【言ひ継ぎ・言ひ次ぎ】［名］❶語り伝えること。言い伝え。❷ことばを取り次ぐこと。伝言。または、その取り次ぎをする人。

いひつ・く【言ひ付く】━［自カ四］{か・き・く・く・け・け}❶言い寄る。言いかける。例「心かけて侍りけれど、言ひつ・かむ方もなく」〈後撰・恋三・六九〇詞書〉❷親しくなる。男と女が近づく。例「その武蔵なむ、後は返り事はして、いひつ・きにける」〈大和・一〇三〉━［他カ下二］{け・け・く・くる・くれ・けよ}❶頼む。託す。例「人々の消息も、いひつ・けて」〈大和・一六〉 ❷名付ける。呼びならわす。例「大宰相の君などいふ人、おばおとどなど言ひつ・け給ひ」〈栄花・一〇〉 ❸告げ口をする。例「人に恥ぢがましきこと、いひ付・けたり」〈枕・弘徽殿とは〉 ❹しかりつける。厳しく言う。例「目代殿なら、きっと言ひ付・けてくだされ」〈狂言記・牛馬〉 ❺言い慣れる。例「ここもとに言ひつ・けたることぐさ、ものの名など」〈徒然・七八〉

いひつ・ぐ【言ひ継ぐ】イイツグ［他ガ四］{が・ぎ・ぐ・ぐ・げ・げ} ❶言い伝える。例「語り継ぎ言ひ継・ぎ行かむ」〈万葉・三・三一七長歌〉 訳→〔和歌〕あめつちの…。 ❷取り次ぐ。

いひつ・ぐ【言ひ告ぐ】イイツグ［他ガ下二］{げ・げ・ぐ・ぐる・ぐれ・げよ} 告げる。告げ口をする。例「これもいひつ・がでやいでぬらむ」〈大和・一七一〉

いひつく・す【言ひ尽くす】イイツクス［他サ四］{さ・し・す・す・せ・せ} 十分に言い表す。例「祭り祓へ、修法など言ひつく・すべくもあらず」〈源氏・夕顔〉

いひつた・ふ【言ひ伝ふ】イイツタ(ト)ウ［他ハ下二］{へ・へ・ふ・ふる・ふれ・へよ} ❶のちのちまで語り伝える。例「その煙、いまだ雲の中へ立ちのぼるとぞ、いひ伝・へたる」〈竹取・かぐや姫の昇天〉 ❷取り次いで伝える。伝言する。例「つねに、ものいひつた・へさする人に」〈平中・二四〉

いひつ・つ【言ひ伝つ】イイツツ［他タ下二］{て・て・つ・つる・つれ・てよ} 言い伝える。語り伝える。

いひつづ・く【言ひ続く】イイツヅク［他カ下二］{け・け・く・くる・くれ・けよ} 続けざまに言う。例「『あからしとて、打ちもつみもしたまへかし』と言ひつづ・けらるれば」〈蜻蛉・下〉

いひつら・ぬ【言ひ連ぬ】イイツラヌ［他ナ下二］{ね・ね・ぬ・ぬる・ぬれ・ねよ} 続けて言い並べる。次から次へと言い表す。例「心に思ふ事をことばにまかせて言ひつら・ぬるならひなるがゆゑにこそ」〈千載・序〉

いひづら・ふ【言ひづらふ】イイズラ(ロ)ウ［他ハ四］{は・ひ・ふ・ふ・へ・へ} あれこれと言う。言い争う。例「言ひづら・ひありなみすれど」〈万葉・一三・三三〇〇長歌〉

いひとが・む【言ひ咎む】イイトガム［他マ下二］{め・め・む・むる・むれ・めよ} 人の過ちなどを取り上げて言い、非難する。なじる。例「真似うちするを聞かば、まして、いかにきびしくいひ咎・めむ」〈枕・宮仕へ人の里なども〉

いひとぢ・む【言ひ閉ぢむ】イイトジム［他マ下二］{め・め・む・むる・むれ・めよ} 断言する。言い切る。例「いひとぢ・めつることは、さてこそあらめ」〈枕・御方々、君達・殿上人など〉

いひととの・ふ【言ひ調ふ】イイトトノウ［他ハ下二］{へ・へ・ふ・ふる・ふれ・へよ} ことばを尽くして言い聞かせる。言い諭す。例「わづかなる下人をも言ひととの・へ」〈源氏・夕霧〉

いひとど・む【言ひ留む】イイトドム［他マ下二］{め・め・む・むる・むれ・めよ} ❶言って制止する。言って引き止める。また、呼び止める。例「車をかけむとしければ、この男なほしばしいひとど・めて」〈平中・二五〉 ❷物事のようすをことばで表現して、のちまで伝える。また、あることばを心にとどめさせる。例「心あらん人は、いかなる事の葉も、いひとど・めまほしきに」〈今鏡・志賀のみそぎ〉

いひとほ・る【言ひ通る】イイトオル［自ラ四］{ら・り・る・る・れ・れ} 弁舌が達者である。筋の通った話をする。例「世のすき者にて、ものよく言ひとほ・れるを」〈源氏・帚木〉

いひなが・す【言ひ流す】イイナガス［他サ四］{さ・し・す・す・せ・せ} ❶世間に言い広める。のちの世に言い伝える。例「あさき名をいひ流・しける河口は」〈源氏・藤裏葉〉 ❷言い捨てる。言い放つ。

いひなぐさ・む【言ひ慰む】イイナグサム ㊀［自マ四］{ま・み・む・む・め・め} 話をして慰められる。例「をかしきことも、世のはかなきことも、うらなく言ひ慰・まんこそうれしかるべきに」〈徒然・一二〉 ㊁［他マ下二］{め・め・む・むる・むれ・めよ} 話をして人を慰める。例「まことまことしき念ひ人のいひ慰・めたる」〈枕・頼もしきもの〉

いひなげ・く【言ひ嘆く】イイナゲク［自カ四］{か・き・く・く・け・け} ことばに出して嘆き悲しむ。例「『思ひ棄てきこえたまはじ』など言ひ嘆・く」〈源氏・玉鬘〉

いひなし【言ひ做し】イイナシ［名］❶それらしく言うこと。❷とりなし。

いひな・す【言ひ做す】イイナス［他サ四］{さ・し・す・す・せ・せ} ❶事実ではないことをそれらしく言う。言いつくろう。言いまぎらす。例「なまおそろしと思へるけしきを見て、ことごとにいひな・して」〈更級〉 ❷誇張して言う。ことさらに言いたてる。例「あるにも過ぎて、人は物を言ひな・すに」〈徒然・七三〉

いひなほ・す【言ひ直す】イイナオス［他サ四］{さ・し・す・す・せ・せ} 言い改める。また、別の表現に言い換える。

いひなやま・す【言ひ悩ます】イイナヤマス［他サ四］{さ・し・す・す・せ・せ} あれこれ言って、相手を苦しめたり、わずらわせたりする。言って閉口させる。

いひなら・ふ【言ひ慣らふ】イイナラ(ロ)ウ［他ハ四］{は・ひ・ふ・ふ・へ・へ} いつも言っている。例「源中納言にこそ〈娘ヲ縁付ケタイ〉と、とりどりに言ひなら・ふな」〈源氏・宿木〉

いひなら・ぶ【言ひ並ぶ】イイナラブ［他バ下二］{べ・べ・ぶ・ぶる・ぶれ・べよ} 同等のものとして言う。並び称する。例「その御方、かの細殿と、いひなら・ぶる御あたりもなく」〈紫式部日記〉

いひな・る【言ひ成る】イイナル［自ラ四］{ら・り・る・る・れ・れ} 話のなりゆきから言ってしまう。例「我も人も悪しう言ひな・りて、うち怨じて出づるになりぬ」〈蜻蛉・上〉

いひな・る【言ひ馴る】イイナル［他ラ下二］{れ・れ・る・るる・るれ・れよ} ❶言い慣れる。呼び慣れる。❷言い寄って慣れ親しむ。例「言多く言ひ馴・れたらむ方にぞなびかむかし」〈源氏・末摘花〉 ❸物言いが巧みである。

いひにく・む【言ひ憎む】イイニクム［他マ四］{ま・み・む・む・め・め} 口に出して非難する。例「『けしからぬわざしける人かな』と言ひにく・み」〈堤中納言・虫めづる姫君〉

いひのが・る【言ひ逃る】イイノガル［他ラ下二］{れ・れ・る・るる・るれ・れよ} 言いつくろってごまかし、責任のがれをする。その場しのぎの言い訳で免れる。＝言ひ抜ける

いひのの・る【言ひ罵る】イイノノシル［他ラ四］{ら・り・る・る・れ・れ} 騒がしく言う。例「御膳棚に沓置きて、いひののし・らるるを」〈枕・殿上の名対面こそ〉

いひはげま・す【言ひ励ます】イイハゲマス［他サ四］{さ・し・す・す・せ・せ} 激しい口調で責めるように言う。例「憎げなることどもを言ひはげま・しはべるに」〈源氏・帚木〉

いひはしたな・む【言ひはしたなむ】イイハシタナム［他マ下二］{め・め・む・むる・むれ・めよ} たしなめる。ことばで戒める。例「かしこに言ひはしたな・められて、苦し、わびしとおぼしけむだに、思ひやるにいみじくあはれなり」〈夜の寝覚〉

いひはじ・む【言ひ始む】イイハジム［他マ下二］{め・め・む・むる・むれ・めよ} ❶言い始める。❷男女が互いに言い寄り始める。例「からうして、たよりをたづねて、ものいひはじ・めてけり」〈平中・二七〉

いひは・つ【言ひ果つ】イイハツ〔他タ下二〕{て・て・つ・つる・つれ・てよ}はっきりと終わりまで言う。例「ひたぶるにそらごとと言ひはてむも、事の心違ひてなむありける」〈源氏・蛍〉

いひはづかし・む【言ひ辱む】イイハズカシム〔他マ下二〕{め・め・む・むる・むれ・めよ}恥をかかせるようなことを言って相手をはずかしめる。からかう。例「いときなき子をすかし、おどし、**言ひはづかしめ**て興ずる事あり」〈徒然・一二九〉

いひはな・つ【言ひ放つ】イイハナツ〔他タ四〕{た・ち・つ・つ・て・て}きっぱりと言う。言い切る。例「人の言ふほどの事、けやけく否びがたくて、万え**言ひ放たず**」〈徒然・一四一〉

いひはや・す【言ひ囃す】イイハヤス〔他サ四〕{さ・し・す・す・せ・せ}❶褒め立てる。おだて上げる。例「『さあるにより、かたき世とは定めかねたるぞや』と**言ひはやしたまふ**」〈源氏・帚木〉❷言いふらす。うわさする。

いひはらだ・つ【言ひ腹立つ】イイハラダツ 一〔自タ四〕{た・ち・つ・つ・て・て}腹をたてて言う。憤慨して言う。例「はらからなる人は、**いひ腹立てど**」〈更級〉 二〔自タ下二〕{て・て・つ・つる・つれ・てよ}一に同じ。例「**いひ腹立て**けるをりは、腹立ちてかくしつれど」〈大和・一五六〉

いひびつ【飯櫃】イイビツ〔名〕《「いびつ」とも》飯を入れる木製のひつ。めしびつ。

いひひら・く【言ひ開く】イイヒラク〔他カ四〕{か・き・く・く・け・け}事情を説明する。弁明する。例「ありつる有様も**いひ開きなむ**」〈今昔・三〇・一二〉

いひひろ・ぐ【言ひ広ぐ】イイヒログ〔他ガ下二〕{げ・げ・ぐ・ぐる・ぐれ・げよ}「いひひろむ」に同じ。

いひひろ・む【言ひ広む】イイヒロム〔他マ下二〕{め・め・む・むる・むれ・めよ}言いふらす。言って広める。＝言ひ広ぐ。例「今様の事どものめづらしきを**言ひひろめ**」〈徒然・七八〉

いひふく・む【言ひ含む】イイフクム〔他マ下二〕{め・め・む・むる・むれ・めよ}事情が分かるように詳しく言い聞かせる。＝言ひ含む。例「『これ漢王に奉れ』と**言ひふくめ**」〈平家・二・蘇武〉

いひふ・る【言ひ触る】イイフル〔他ラ下二〕{れ・れ・る・るる・るれ・れよ}❶いい寄る。話しかける。例「頼もしくいかにと**言ひふれたまふべき人もなし**」〈源氏・夕顔〉❷いいふらす。

いひふる・す【言ひ旧す】イイフルス〔他サ四〕{さ・し・す・す・せ・せ}何度も言って、珍しくなくする。言いふるす。例「人のいひふるしたるさまにとりなしたまふなめり」〈枕・弘徽殿とは〉語構成「たまふなめり」→「なめり」

いひぼ【飯粒】イイボ〔名〕《上代語》❶ごはんつぶ。❷疣の古名。

いひまが・ふ【言ひ紛ふ】イイマガウ〔他ハ下二〕{へ・へ・ふ・ふる・ふれ・へよ}言い間違う。例「人の常に**言ひまがへ**侍れば」〈徒然・六七〉

いひまぎらは・す【言ひ紛らはす】イイマギラワス〔他サ四〕{さ・し・す・す・せ・せ}話題をそらす。はぐらかす。例「言とあやまりしつべきも、**言ひまぎらはして**」〈源氏・夕顔〉

いひま・ず【言ひ混ず・言ひ雑ず】イイマズ〔他ザ下二〕{ぜ・ぜ・ず・ずる・ずれ・ぜよ}色々な内容を混ぜて言う。例「かかることには憎きさかしらも**言ひまぜて**」〈源氏・総角〉

いひまつは・す【言ひ纏はす】イイマツワス〔他サ四〕{さ・し・す・す・せ・せ}そばで、いつも言い聞かせる。あれこれ指図して世話する。例「たれかは言ひ分く人あらむ。ありとも、たれか**言ひまつはし**知らせむ」〈宇津保・俊蔭〉

いひまは・す【言ひ回す】イイマワス〔他サ四〕{さ・し・す・す・せ・せ}❶ことば巧みに言い表す。例「むべむべしく**言ひまはし**はべるに」〈源氏・帚木〉❷言い広める。言いふらす。例「同類どもに、『かかる所こそあれ』と**いひまはして**」〈宇治拾遺・三・一〉

いひみだ・る【言ひ乱る】イイミダル〔他ラ四〕{ら・り・る・る・れ・れ}わきから口出しして、話のじゃまをする。例「かばかりにしそめつるを、**言ひ乱る**ものし」〈源氏・手習〉

いひむか・ふ【言ひ逆ふ】イイムカウ〔他ハ下二〕{へ・へ・ふ・ふる・ふれ・へよ}言い逆らう。言い争う。例「事のついでごとに**言ひむかふる**くさはひなるを」〈源氏・紅葉賀〉

いひもてゆ・く【言ひもて行く】イイモテユク❶だんだん話を進める。例「**言ひもてゆけば**、一つ旨にありて」〈源氏・蛍〉❷言いながら行く。例「道すがら『くさめくさめ』と**言ひもて行きければ**」〈徒然・四七〉

いひもやら・ず【言ひも遣らず】イイモヤラズ 最後まで言い終わりもせず。例「**言ひもやらず**むせかへりたまふほどに夜も更けぬ」〈源氏・桐壺〉

いひもよほ・す【言ひ催す】イイモヨオス〔他サ四〕{さ・し・す・す・せ・せ}言ってその気にさせる。そそのかす。催促する。例「この侍従も、常に**言ひもよほせど**」〈源氏・蓬生〉

いひもら・す【言ひ漏らす】イイモラス〔他サ四〕{さ・し・す・す・せ・せ}秘密を漏らす。口外する。例「おのづからもの**言ひ漏らしつべき**眷属もたちまじりたらむ」〈源氏・夕顔〉

いひやぶ・る【言ひ破る】イイヤブル〔他ラ四〕{ら・り・る・る・れ・れ}❶人を傷つけるように言う。強く言い放つ。例「この宮も、年ごろ、いといたきものにしたまひて、例の、**言ひやぶりたまへど**」〈源氏・蜻蛉〉❷相手を言い負かす。

いひや・む【言ひ止む】イイヤム〔他マ四〕{ま・み・む・む・め・め}❶言いかけた話をやめる。口をつぐむ。例「さしつぎひものなどいふも、〔ウワササレテイル私ガ〕下よりまゐる見ては、ふと**いひやみ**」〈枕・殿などのおはしまさで後〉❷言い交わすのをやめ交際を絶つ。夫婦が離縁する。例「この男の、物などいひけるが**いひやみにけるぞ**、女が中にをりける」〈大和・付載三〉

いひや・る【言ひ遣る】

イイヤル〔他ラ四〕{ら・り・る・る・れ・れ}❶**手紙やことづてなどで相手に伝える。言ってやる。**例「むかし、男、つれなかりける女に**いひやりける**」〈伊勢・五四〉❷(多く下に打消の語を伴って)**最後まで言う。すらすらと言う。**↔言ひおこす。例「えも**言ひやらず**いみじう泣けば」〈源氏・薄雲〉〈音便〉「いみじう」は「いみじく」のウ音便。〈副詞の呼応〉「え」→「言ひやらず」

いひゆづ・る【言ひ譲る】イイユズル〔他ラ四〕{ら・り・る・る・れ・れ}辞退する。立場などを他の人に譲る。例「『それ〔ナカニモ〕人のさぶらふらむ』など、**いひゆづれど**」〈枕・職の御曹司の西面の〉

いひよ・る【言ひ寄る】イイヨル〔自ラ四〕{ら・り・る・る・れ・れ}❶ものを言いながら近寄る。例「『ここなるもの取りはべらむ』など、**いひよりて**」〈枕・ころは、正月、三月〉❷異性にことばをかけて近づく。求愛する。❸申し込む。頼み込む。例「〔長恨歌ノ物語ヲ〕いみじくゆかしけれど、え**いひよらぬに**」〈更級〉

いひり・ふ【い拾ふ】イヒリウ〔他ハ四〕{は・ひ・ふ・ふ・へ・へ}《上代語。「い」は接頭語》拾う。

いひわ・く【言ひ分く】イイワク 一〔他カ四〕{か・き・く・く・け・け}道理を説いて物事の筋道をはっきりさせる。例「わが領ずる荘々はた多かれど、誰かは〔俊蔭ノ荘園ダト〕**言ひ分く**人あらむ」〈宇津保・俊蔭〉 二〔他カ下二〕{け・け・く・

{くる・く・れ・けよ}❶弁解する。例「何を証拠に**言ひ分・けん**」〈浄・浦島年代記〉❷自分のもとから別れて行くようにする。例「尼君のわが人にしたる二人をのみぞ、この御方(=浮舟)に**言ひわ・けたりける**」〈源氏・手習〉

いひわた・る【言ひ渡る】［自ラ四］{ら・り・る・る・れ・れ}長い間言い続ける。文通を続ける。また、求愛し続ける。例「いと昔のやうにこそあらね、たえず**いひわた・るが**」〈更級〉

いひわづら・ふ【言ひ煩ふ】［他ハ四］{は・ひ・ふ・ふ・へ・へ}うまく言えないで苦しむ。例「きき入れぬやうなれば、**言ひ煩・ひてかへり給ひぬ**」〈浜松中納言・三〉

いひわ・ぶ【言ひ侘ぶ】［他バ上二］{び・び・ぶ・ぶる・ぶれ・びよ}言い悩む。言いあぐむ。例「**言ひわ・びて**入道ぞ書く」〈源氏・明石〉

いひ・ゐる【言ひ居る】［他ワ上一］{ゐ・ゐ・ゐる・ゐる・ゐれ・ゐよ}言って座っている。話をしてその場にいる。例「歌もよみ、あはれに**いひ・ゐたれば**」〈大和・六五〉

いひをか・す【言ひ犯す】［他サ四］{さ・し・す・す・せ・せ}言い寄って情を交わす。例「かく放ちおきたるに心やすくて、人も**言ひ犯・したまふなりけむかし**」〈源氏・蜻蛉〉

いひをそうぎ【飯尾宗祇】［人名］(一四二一〜一五〇二)室町中期の連歌作者・古典学者。飯尾は俗姓。若くして出家し、心敬らに師事した。古典伝授の学統を確立し、連歌『新撰菟玖波集』を撰集、『吾妻問答』など、多くの著書を残した。

い・ふ【言ふ】［他ハ四］［自ハ四］{は・ひ・ふ・ふ・へ・へ}

> **アプローチ**
> ▼「いふ」の「い」は「いき(息)」とする説があるが未詳。声を出してことばを発することを表す。
> ▼ことばを口にするということから、名付ける、うわさをする、吟ずる、鳴く、求婚するなど、多様な意味に用いられる。
> ▼一方、「いふ」の類義語「かたる」は、筋のある話をするの意味。

一［他ハ四］❶**ことばに出す。話す。発言する。**例「家の人どもに物をだに**い・は**むとて、いひかくれども、ことともせず」〈竹取・石作の皇子〉訳(かぐや姫の)家の人たちに、せめて何か一言だけでも**話そう**と思って、ことばをかけるけれども、(家の人は)問題にもしない。❷**名付ける。呼ぶ。称する。**例「高名の木登りと**い・ひ**しをのこ、人をおきてて、高き木に登せて梢を切らせしに」〈徒然・一〇九〉訳有名な木登りと(世間の人々が)**呼ん**だ男が、人を指図して、高い木に登らせて、梢を切らせたときに。❸**世間で言われている。言いならわしている。**例「老いぬればさらぬ別れのありと**い・へ**ばいよいよ見まくほしき君かな」〈古今・雑上・九〇〇〉訳→〔和歌〕おいぬればさらぬわかれの…❹(詩歌を)**詠む。吟詠する。**例「漢詩、声あげて**い・ひけり**」〈土佐〉訳漢詩を、声高く**吟詠した**。❺**求婚する。言い寄る。**例「いとねむごろに**い・ひける**人に、『今宵あはむ』とちぎりたりけるに」〈伊勢・二四〉訳とても熱心に**求婚して**いた男に、「今夜会いましょう」と(夫婦になることを)約束していたところ。

二［自ハ四］❶(鳥や獣が)**鳴く。**例「あやしきこゑするを、『こはなにぞ』ととひたれば、『鹿の**い・ふなり**』といふ」〈蜻蛉・中〉訳妙な声がするので、「これは何ですか」と尋ねると、(石山寺の僧が)「鹿が**鳴いているよう**だ」という。❷(実質的な意味が薄れ、形式的に用いる用法)(多く「といふ」の形で)**いう。**例「天地は広しと**い・へ**ど我がためは狭くやなりぬる日月は明かしと**い・へ**ど我がためは照りや給はぬ」〈万葉・五・八九二長歌〉訳→〔和歌〕かぜまじり…

発展学習ファイル　「**雖も**」を「**いへども**」と読むのは、実質的な意味のない二②の「いふ」を用いたもの。「雖」の漢字本来の意味は、「惟」「唯」などと共通する語で、「たしかにそうではあるが」の意。

〔**言はう様**〕(動詞「言ふ」の未然形＋推量の助動詞「う」の連体形＋名詞「様」)言いよう。言うべき方法。例「おのれめが人にとられて、それを**言はうや**うに、今までなんのかのとぬかひたな」〈狂・成上り〉

〔**言ふ限りなし**〕ことばでは言い表せない。例「**言ふ限りな・く**なつかしき夜の〔管弦ノ〕御遊びなり」〈源氏・若菜・下〉

〔**言ふ限りにあらず**〕(分かりきったことで)言うまでもない。例「胸のこがるることは、**いふかぎりにもあら・ず**」〈蜻蛉・中〉

〔**言ふに及ばず**〕言うまでもない。例「我が朝は**いふに及・ばず**、天竺震旦にもこれ程の法滅あるべしともおぼえず」〈平家・五・奈良炎上〉

〔**言ふに足らず**〕言うほどの価値がない。あえて言うほどのこともない。

〔**言ふにも余る**〕言い尽くせない。例「思ふにも**いふにもあま・る**ことなれや」〈後拾遺・雑三・一〇二八〉

〔**言ふばかりなし**〕(「いふはかりなし」とも)どんなに言っても際限がない。言い尽くせない。例「かなしとも**言ふはかりな・し**」〈平家・灌頂・女院出家〉

〔**言ふべき方なし**〕言い表しようがない。例「郭公は、なほさらに**いふべきかたな・し**(=言イ表シヨウガナイホド素晴ラシイ)」〈枕・鳥は〉

〔**言ふべきにあらず**〕(動詞「言ふ」の終止形＋可能の助動詞「べし」の連体形＋断定の助動詞「なり」の連用形＋補助動詞「あり」の未然形＋打消の助動詞「ず」)言い表しようがない。例「風のおと、虫の音など、はた**いふべきにあら・ず**」〈枕・春は、あけぼの〉

〔**言ふべきにもあらず**〕言うまでもない。なんとも言い表せない。例「冬は、つとめて。雪の降りたるは**いふべきにもあらず**」〈枕・春は、あけぼの〉

〔**言ふべくもあらず**〕(「いふべうもあらず」とも)言い表すことができない。言いようもない。例「いづれまさされりと**いふべくもあらず**」〈大和・一四七〉

〔**言ふもおろかなり**〕どれほど言っても十分ではない。言い尽くせない。言うまでもない。＝言へばおろかなり。例「闇もまた、をかし。有り明け、はたいふもおろか・なり」〈枕・七月ばかり〉

〔**言ふも世の常**〕どんな言い方をしても並ひととおりで、とてもことばでは言い表せない。言いようもないほどすばらしい。＝言へば世の常。例「〔中宮ハ〕**いふも世の常なる**袿、また張りたるどもなどを、あま

たてまつりて(=オ召シニナッテ)」〈枕・上の御局の〉

〔**言ふやう**〕言うことには。例「この人**言ふやう**、『今宵人待つらむ宿なむ、あやしく心苦しき』とて」〈源氏・帚木〉

〔**言ふ由無し**〕(多く、褒める場合に用いて)ことばで表現できない。言いようもない。例「うち乱れたまへる御さまは、いとぞ愛敬づき、**いふよしな・き**御けはひなる」〈源氏・明石〉

〔**言へば得に**〕《動詞「言ふ」の已然形＋接続助詞「ば」＋動詞「得」の未然形＋打消の助動詞「ず」の古い連用形》口に出して言おうとしても言えないで。例「〔中納言ノ君ガ〕人知れずあはれと思ぼすさまを、〈源氏八〉**いへばえに**悲しう思へるさま」〈源氏・須磨〉

〔**言へばおろかなり**〕「いふもおろかなり」に同じ。

〔**言へば更なり**〕いまさら言うまでもない。もちろんのことである。例「つらつき、まみのかをれるほどなど**言へばさら・なり**」〈源氏・薄雲〉

〔**言へば世の常**〕「いふもよのつね」に同じ。

いふいふ【言ふ言ふ】[副]《動詞「言ふ」の終止形を重ねた形》言いながら。例「『火危し』と**言ふ言ふ**預かりが曹司の方に去ぬなり」〈源氏・夕顔〉

いぶか・し【訝し】[形シク]｛しから・しく(しかり)・し・しき(しかる)・しけれ・しかれ｝《上代は「いふかし」》❶**はっきりしないので気にかかる**。**知りたい**。例「つとめて、**いぶか・しけれど**、わが人をやるべきにしあらねば、いと心もとなくて」〈伊勢・六九〉❷**不審だ**。**疑わしい**。例「かの子持ちも久しくなりにけりや。大人しくなられたらむこそ、**いぶか・しけれ**」〈宇津保・蔵開・上〉❸**気分がすっきりしない**。**気がふさぐ**。例「物忌み果てむ日、**いぶか・しきこころ**ぞ添ひておぼゆるに」〈蜻蛉・中〉

いぶかしう【訝しう】形容詞「いぶかし」の連用形「いぶかしく」のウ音便。

いぶかしが・る【訝しがる】[他ラ四]｛ら・り・る・る・れ・れ｝《「がる」は接尾語》気がかりで知りたく思う。また、不審に思う。例「『そもそもいかがよんだる』と、**いぶかしが・り**て問ふ」〈土佐〉

いぶかしさ【訝しさ】[名]《「さ」は接尾語》不明な点を知りたいと思うさま。好奇心。また、不審さ。

いぶかし・む【訝しむ】[他マ四]｛ま・み・む・む・め・め｝《上代は「いふかしむ」》不審に思う。疑わしく思う。怪しむ。

いふかたな・し【言ふ方なし】[形ク]｛から・く(かり)・し・き(かる)・けれ・かれ｝何とも言いようがない。例「年ごろの御行ひにいたく面痩せたまへるしも、**言ふ方な・く**めでたき御ありさまにて」〈源氏・明石〉

いふかひ【言ふ甲斐】[名]言いがい。言うだけの効果・値打ち。

いふかひあ・り【言ふ甲斐有り・言ふ詮有り】[自ラ変]｛ら・り・り・る・れ・れ｝話しがいがある。話し相手として不足がない。例「**言ふかひあ・り**て、をかしうちいらへたまはばこそ、あはれならめ」〈源氏・若紫〉

いふ-かひ-な・し【言ふ甲斐無し】❶**言っても仕方がない**。**どうしようもない**。例「聞きしよりもまして、**いふかひな・く**ぞ、こぼれ破れたる」〈土佐〉

> **語構成**
> いふ ｜ かひ ｜ なし
> 八四「言ふ」㊍ ｜ 名 ｜ 形ク「なし」

《係結び》「ぞ→破れたる㊍」。❷**言うだけの価値がない**。**取るに足らない**。**身分が低い**。例「かかることは、**いふかひな・き**ものの際にや」〈枕・にくきもの〉《係結び》「にや→(省略)」。❸**ふがいない**。**見苦しい**。例「女、親なく、頼りなくなるままに、もろともに**いふかひな・く**てあらむやはとて」〈伊勢・二三〉

〔**言ふ甲斐無くなる**〕死ぬ。例「**言ふかひなくな・り**ぬるを見たまふに、やる方なくて」〈源氏・夕顔〉

いぶか・る【訝る】｛ら・り・る・る・れ・れ｝《上代は「いふかる」》㊀[自ラ四]どんなようすか知りたく思う。気がかりに思う。例「**いふか・り**し国のまほら(=スグレタトコロ)をつばらかに示したまへば」〈万葉・九・一七五三長歌〉㊁[他ラ四]疑う。不審に思う。例「王仁といふ人の**いぶか・り**思ひて、詠みて奉りける歌なり」〈古今・仮名序〉

いぶき【息吹】[名]《上代は「いふき」》息を吹くこと。呼吸。

いぶきやま【伊吹山】[歌枕]近江国と美濃国の境の山。滋賀県と岐阜県の境。薬草の産地で、「さしも草(もぐさ)」が有名。「言ふ」をかける。

いぶ・く【息吹く】[自カ四]｛か・き・く・く・け・け｝《上代は「いふく」》❶息を吹く。呼吸する。❷風が吹く。例「神風に**い吹・き**惑はし」〈万葉・二・一九九長歌〉

いふ・す【射伏す】[他サ下二]｛せ・せ・す・する・すれ・せよ｝矢を射当てて倒す。例「たてあふ者(=逆ラウ者)をば**射ふ・せ**きりふせ」〈平家・六・飛脚到来〉

いぶせう 形容詞「いぶせし」の連用形「いぶせく」のウ音便。

いぶせが・る[自ラ四]｛ら・り・る・る・れ・れ｝《「がる」は接尾語》うっとうしいと思う。また、気がかりなようすをする。例「御使ひの、引き返す間を、なほ**いぶせが・らせ**給ふに」〈増鏡・あすか川〉

いぶせげ[・なり][形動ナリ]｛なら・なり(に)・なり・なる・なれ・なれ｝《「げ」は接尾語》きたなくて不快だ。むさくるしい。例「〔占イ額ノ裏ガ〕虫の巣にて**いぶせげ・なる**を」〈徒然・二三〇〉

いぶせさ[名]《「さ」は接尾語》❶心が晴れないこと。うっとうしさ。例「夕霧のはるる気色もまだ見ぬに**いぶせさ**そふる宵の雨かな」〈源氏・末摘花〉❷きたならしさ。❸恐ろしさ。気味の悪さ。

いぶせ・し[形ク]｛から・く(かり)・し・き(かる)・けれ・かれ｝❶**気が晴れない**。**うっとうしい**。例「たらちねの母が飼ふ蚕の繭隠り**いぶせ・く**もあるか」〈万葉・一二・二九九一〉❷(はっきりせず)**気がかりだ**。**不審ですっきりしない**。例「いかなることと**いぶせ・く**思ひわたりし年ごろよりも」〈源氏・椎本〉❸**不快だ**。**きたならしい**。**むさくるしい**。例「**いぶせ・き**賤が伏屋に、ただひとりおはせんより」〈伽・ものくさ太郎〉

> **発展学習ファイル** 類義語の「いぶかし」は、すっきりしないさまに対する疑いの気持ちを表す。

いふならく【言ふならく】《動詞「言ふ」の終止形＋推定・伝聞の助動詞「なり」の名詞化したもの》人の言うことには。聞くところによれば。例「**いふならく**奈落の底におちぬれば刹利も首陀もかはらざりけり」〈十訓抄・五〉

いぶり[名]すねること。ふてくされること。

いぶり[・なり][名・形動ナリ]心が荒々しく残忍なこと。また、そのようす。例「いさみたけく**いぶり・にし**

て父母の御心にかなはず」〈神皇正統記〉

いふ・る【い触る】[自ラ下二]{れ・れ・る・るる・るれ・れよ}《上代語。「い」は接頭語》触れる。「船より人の家に移る」〈土佐〉

いへ【家】[名]❶人が生活をする建物。家。❷自分の家。**自宅。わが家。** 例「家に到りて、門に入るに、月明かければ、いとよく有り様見ゆ」〈土佐〉❸**家族。家庭。** 例「必ず生死を出でんと思はんに、なにの興ありてか、朝夕君に仕へ、家を顧みる営みのいさましからん」〈徒然・五八〉《係結び》「か→いさましからん㊍」。❹**妻。主婦。** 例「左大臣の家、昔よりよろしからず、心聞こゆる人なり」〈宇津保・忠こそ〉❺**家柄。家系。名門。** 例「愚かにつたなき人も、家に生まれ、時にあへば」〈徒然・三八〉❻**家の名跡。家督。家名。** 例「義仲いやしくも弓馬の家に生まれて」〈平家・七・願書〉❼(出家した僧尼に対して)**在家。俗世。** 例「一たび家を出でたまひなば、仮にもこの世をかへりみんとは思しおきてず」〈源氏・御法〉《敬語》「思しおきてず」→「おぼす」

〔**家高し**〕家柄がよい。例「なほ家高う、人のおぼえ(=世間ノ評判)軽からで」〈源氏・行幸〉《音便》「家高う」は「家高く」のウ音便。

〔**家に在り**〕在家のままでいる。俗世間にいる。例「(出家シテモ)家にあり、人に交はるとも、後世を願はんに難かるべきかは」〈徒然・五八〉

〔**家の妹**〕家にいる妻。＝家の子ろ

〔**家の内の主**〕一家の主婦。

〔**家の風**〕《「家風」の訓読語》家に伝わる伝統や流儀・技術。

〔**家の君**〕一家の主。

〔**家の具**〕家の中で使用する道具類。家財道具。＝家の具足・家の物の具

〔**家の具足**〕「いへのぐ」に同じ。

〔**家の子ろ**〕《上代東国方言》家の妻。＝家の妹

〔**家の集**〕個人の歌集。私家集。

〔**家の賞**〕自分の邸宅を皇居に献上したことへの褒美。

〔**家の説**〕歌学や古典に関する家独自の見解。歌道家が立てた自説が、秘説として伝授されていった。注釈書・歌論書にその一端がうかがわれる。

〔**家の伝へ**〕《「家伝」の訓読語》家に伝わる記録や日記。伝書。

〔**家の物の具**〕「いへのぐ」に同じ。

〔**家広し**〕一族一門が富み栄えて親族が多い。例「右大臣阿倍御主人は、財豊かに家広き人にておはしけり」〈竹取・火鼠の皮衣〉

〔**家を出づ**〕《「出家」の訓読語》仏門に入る。例「一たび家を出・でたまひなば」〈源氏・御法〉

いへ-あるじ【家主】[名]家の主人。家長。＝家君・家の君

いへ-うつり【家移り】[名]引っ越し。転居。

いへ-かぜ【家風】[名]❶故郷の方角から吹いてくる風。❷《「家風」の訓読語》家の気風。

いへ-ぎみ【家君】[名]一家の主人。家長。＝家主

いへ-ごと【家言】[名]自分の家からの便り・伝言。

いへ-ざくら【家桜】[名]家の庭などに植えてある桜。(季－春)

いへ-ざま【家ざま】[名]自分の家の方角。

いへ-せ【言へせ】《上代語。動詞「言ふ」の未然形＋尊敬の助動詞「す」の已然形＝「いはせ」の変化形》おっしゃるから。例「さわさわに汝が言へせこそ」〈記・下・歌謡〉

いへ-だち【家建ち】[名]家の構え。家の造り。

いへ-ぢ【家路・家道】[名]❶(ある人の)家へ向かう道。❷自分の家に帰る道。

いへ-づかさ【家司】[名]「けいし①」に同じ。

いへ-つ・く【家着く】[自カ四]{か・き・く・く・け・け}《「いへづく」とも》自分の家に近づく。例「淡路島雲居に見えぬ家づ・くらしも」〈万葉・一五・三七二〇〉

いへ-づくり【家造り・家作り】[名]家の造り方。家の構え。

いへ-づと【家苞】[名]家に持ち帰る土産。

いへ-つ-とり【家つ鳥】[枕詞]《「つ」は上代の格助詞》(家に飼われている鳥の意から)「鶏」にかかる。例「家つ鳥鶏も鳴く」〈万葉・一三・三三一〇長歌〉

いへ-で【家出】[名]❶仏門に入ること。出家。❷外出。❸家出すること。

いへ-とうじ【家刀自】[名]《「いへとじ」とも》主婦。奥方。

いへ-どころ【家所】[名]家のある所。すみか。

いへ-とじ【家刀自】[名]「いへとうじ」に同じ。

いへ-ども【雖も】[接助]《動詞「言ふ」の已然形＋接続助詞「ども」》(「といへども」の形で)逆接確定条件を表す。…(だ)けれども。…であっても。→「といへども」

〔和歌〕**いへにあれば…**【家にあれば笥に盛る飯を草枕旅にしあれば椎の葉に盛る】〈万葉・二・一四二・有間皇子〉訳家にいると立派な器に盛ってお供えする飯を、(くさまくら)旅の途上にいるのでシイの葉に盛る。〈参考〉「草枕」は「旅」の枕詞。

いへ-ぬし【家主】[名]❶一家の主人。家長。＝家主。❷大家。貸家の持ち主。

いへ-の-こ【家の子・家の児】[名]❶一門の子弟。親族の若者。❷名門の子弟。↔郎等。❸(多く「郎等」とともに用いられて)武家の一族で、本家と血縁関係のある家臣。↔郎等

いへ-ばと【家鳩】[名]土鳩・飼い鳩のこと。軒などに巣を作る。

いへ-びと【家人】[名]❶家族。とくに妻。❷貴族などの家に仕えている人。❸令制に定められた賤民のひとつ。＝家人

いへ-むら【家群】[名]多くの人家が集まっている所。集落。

いへ-もち【家持ち】[名]江戸時代、家を自分の土地に建てて住んでいた者。町人としての権利と義務が与えられていた。

いへ-もり【家守】[名]家の番人。

いへ-らく【言へらく】《動詞「言ふ」の已然形＋完了の助動詞「り」の名詞化したもの》言ったことには。例「妹(＝妻)が言へらく常世辺にまた帰り来て」〈万葉・九・一七四〇長歌〉

いへゐ【家居】[名]❶家を造って住むこと。❷家。住居。

いほ【庵・廬】[名]《「いほり」とも》草木や竹などで屋根や壁などを造った粗末な仮の家。農作業用の仮小屋や僧・隠者などの仮の住まいを指す。

いほ【五百】[名]❶五百。❷数が多いこと。

いぼうじり【蟷螂】[名]《「いぼじり」とも》カマキリの別称。

いほえ【五百枝】[名]多くの枝。

いぼじり【蟷螂】[名]「いぼうじり」に同じ。

いほしろをだ【五百代小田】[名]《「五百」は数が多いの意。「代」は田の面積を示す奈良時代の単位。「小」は接頭語》広い田。

いほち【五百個・五百箇】[名]五百個。また、数の多いこと。

いほつ【五百つ】《「つ」は上代の格助詞》数の多いことをいう語。たくさんの。

いほつつどひ【五百つ集ひ】[名]《「つ」は上代の格助詞》数多く集まっていること。

いほはた【五百機】[名]たくさんの機。

いほはたごろも【五百機衣】[名]たなばた姫が「五百機」で織ったという衣。

いほへ【五百重】[名]幾重にも重なっていること。

いほへやま【五百重山】[名]幾重にも重なり合った山。

〔和歌〕**いほむすぶ…**【庵むすぶ山の裾野の夕ひばりあがるも落つる声かとぞ聞く】〈新後拾遺・雑春・六四一・慶運〉訳 私が庵を構える山の裾野で、夕ヒバリは飛んで上へ上がるときの声も下へ降りるときの声ではないかと聞こえるよ。

いほり【庵・廬】[名]❶「いほ(庵)」に同じ。❷①に宿ること。

いほりさ・す【庵さす】[自サ変]{せ・し・す・する・すれ・せよ}《「さす」は設ける意》庵を造って住む。＝庵す・庵を結ぶ。例「庵さ・す草の枕にともなひて」〈山家集・下〉

いほりてん【庵点】[名]箇条書きの文書、連署の姓名、連書の和歌、連歌、謡物などの右上に付けた記号。「ヘ」「〽」など。文書では検閲済み、和歌・連歌では良しを意味した。

いほりもくかう【庵木瓜】[名]紋所の名。庵形の中に木瓜の花が書いてある。＝庵に木瓜

いほ・る【庵る・廬る】[自ラ四]{ら・り・る・る・れ・れ}庵を結んで住む。例「天雲の雷の上に廬・らせるかも」〈万葉・三・二三五〉訳 →〔和歌〕おほきみは…

いほん【異本】[名]流布本に対して、同一の書物であるが、字句や順序に異同があったり、分量に相違のある、伝本形態を異にするもの。別本。異本の生じる原因として、書写者の誤写によるもの、錯簡によるもの、意図的改変、などが考えられる。

いま-【今】[接頭]（名詞に付いて）❶新しい、今度の意を表す。「今参り」「今后」など。❷仮のの意を表す。「今内裏」など。

いま【い間】[名]《「い」は接頭語か》あいだ。

いま【今】㊀[名]❶（過去・未来に対して）現在。この時。現代。例「その帝よりこなた、今の帝まで十四代にぞならせたまひにける」〈大鏡・序〉《係結び》「ぞ→ならせたまひ」→「せたまふ」。❷（古いものに対して）新しいもの。新しいこと。例「女は、今の方にいますこし心寄せまさりてぞはべりける」〈源氏・浮舟〉《係結び》「ぞ→はべりける㊍」。《敬語》「はべりける」→「はべり」。㊁[副]❶ただいま。ちょうど。目下。例「今火急の事ありて、既に朝夕にせまれりとて」〈徒然・四九〉❷すぐに。今すぐ。ただちに。例「今来むと言ひしばかりに九月の有り明けの月を待ち出でつるかな」〈古今・恋四・六九一〉訳 →〔和歌〕いまこむと…。❸まもなく。やがて。近いうちに。例「いまこの花のをり過ぐさず参り来む」〈源氏・若紫〉《敬語》「参り来む」→「まゐる（四段）」。❹新たに。新しく。今度。例「かたへはなくなりにけり。今生ひたるぞまじれる」〈土佐〉《係結び》「ぞ→まじれる㊍」。❺さらに。その上。もう。例「いま一階の位をだにと贈らせたまふなりけり」〈源氏・桐壺〉《敬語》「贈らせたまふ」→「せたまふ」

〔今の上〕当代の天皇。今上天皇。

〔今の程〕❶いま。いまのうち。いますぐ。❷これほど。あれほど。例「今のほどに内裏に参りはべりて」〈源氏・少女〉❷例「今のほど申せども一つも振る舞われぬ」〈狂・伯母が酒〉

〔今の間〕いまこの瞬間。差し当たっていま。

〔今のまさか〕《「まさか」も現在の意》いまこの時。

〔今の世・今の代〕❶いまの時代。当世。現代。❷いまの天皇の治世。今上の御代。

〔今の現に〕いまの世に。例「ますらをの清きその名を古よ（＝昔カラ）今の現に」〈万葉・一八・四〇九四長歌〉

〔今はた〕いままた。いまとなってはもう。例「わびぬれば今はた同じ難波なる」〈後撰・恋五・九六〇〉訳 →〔和歌〕わびぬればいまはたおなじ…

〔今を限り〕これが最期。もうこれまで。臨終。＝今は限り。例「今をかぎりのかなしさに、声も惜しまず泣きさけぶ」〈平家・灌頂・女院死去〉

いまいま【今今】[副]❶いますぐに。じきに。例「いとうたて物憂くおぼえて、『今、今』と言ひて」〈落窪・四〉❷（待ちこがれる気持ちで）いまかいまかと。例「人のもとに、頓（＝急ギ）のもの縫ひにやりし、『いま』『いま』と、苦しう居入りて」〈枕・心もとなきもの〉❸（危ぶむ気持ちで）いまかいまかと。これが最後かと。例「道中にてにはかに病をして、今々となりにければ」〈古今・哀傷・八六三詞書〉❹（今を強調して）現在。

いまいま・し【忌ま忌まし】[形シク]{しく(しから)・しく(しかり)・し・しき(しかる)・しけれ・しかれ}❶（不吉なので）忌みつつしむべきだ。はばかられる。例「ゆゆしき身にはべれば、かくておはしますも、いまいま・しう、かたじけなくなん」〈源氏・桐壺〉《音便》「いまいましう」は「いまいましく」のウ音便。《係結び》「なん↓（省略）」。《敬語》「はべれば」→「はべり」、「おはしますも」→「おはします」❷不吉である。縁起が悪い。例「かくいまいましき身の添ひたてまつらむもいと人聞きうかるべし」〈源氏・桐壺〉《敬語》「添ひたてまつらむ」→「たてまつる」。❸不快だ。しゃくだ。憎らしい。例「あないまいま・し。打っ手の大将軍の、矢一つだにも射ずして、逃げのぼり給ふうたてしさよ」〈平家・五・五節之沙汰〉

発展学習ファイル　類義語「ゆゆし」は、神聖なものにせよ、けがれたものにせよ、触れてはならないものを恐

い

れ遠ざける気持ちを表す。

いまいましう【忌ま忌ましう】形容詞「いまいまし」の連用形「いまいましく」のウ音便。

いまか【今か】《名詞「今」＋疑問の係助詞「か」》もう来るかと待つ気持ちを表す。いまかいまか。

いまかがみ【今鏡】［作品名］平安後期(一一七〇ごろ成立)の歴史物語。藤原為経(寂超)著か。『小鏡』『続世継』ともいう。『大鏡』のあとを受け、後一条天皇から高倉天皇までの歴史を、大宅世継の孫娘である老女の昔語りの形で紀伝体式につづる。「四鏡」のひとつ。

いまがはじゃう【今川状】［作品名］室町前期(一三九四ごろ成立)の往来物。今川了俊作。跡継ぎの弟にあてた家訓を骨子とする短文集。後世、教訓用の手本として普及。

いまがはれうしゅん【今川了俊】［人名］(一三二六―一四一四?)俗名は貞世。了俊は法号。南北朝時代から室町前期の歌人。『九州問答』や『了俊下草』などの連歌書を残す。

いまき【湯巻き・今木】［名］《「ゆまき」の変化形》湯殿に奉仕する女性が、湯で濡れないように衣服の上からまとったもの。多く、白の生絹で作った。

いまきさき【今后】［名］(すでに后の位にある人に対して)新たに后の位に就いた人。

いまきたのかた【今北の方】［名］(もとの北の方に対して)現在の北の方。現夫人。

いまきわた・る【い巻き渡る】［自ラ四］{ら・り・る・る・れ・れ}(「い」は接頭語)(つむじ風などが)巻いて吹き渡る。例「冬の林につむじかもい巻き渡ると思ふまで」〈万葉・二・一九九長歌〉

いまくまの【今熊野・新熊野】［地名］《「いまぐまの」とも》山城国の地名。いまの京都市東山区今熊野。今熊野神社がある。

〔和歌〕**いまこむと…**【今来むと言ひしばかりに九月の有り明けの月を待ち出でつるかな】〈古今・恋四・六九一・素性法師〉《百人一首》訳 今すぐ行く、とあなたがいったばっかりに、私は、九月の秋の夜長を、有り明けの月が出るまで待ちつくしてしまったことだ。

いまさう・ず【坐さうず】{ぜ・じ・ず・ずる・ずれ・ぜよ}《動詞「いまさふ」の連用形＋サ変動詞「す」＝「いまさひす」の変化形》㊀［自サ変］「(複数の人が)いる」の意の尊敬語。いる人(主語)を高める。いらっしゃる。おいでになる。例「いとよくまゐりたる御坊たちもいまさうじけり」〈大鏡・道長・下〉㊁［補動サ変］(動詞の連用形に付いて)「(複数の人が)…て(で)いる」の意の尊敬語。…て(で)いる人(主語)を高める。…て(で)いらっしゃる。…て(で)おいでになる。例「〔乳母タチハ〕『…』とのたうびいまさうじける」〈大鏡・道長・上〉

いまさ・ふ【坐さふ】［自ハ四］{は・ひ・ふ・ふ・へ・へ}《動詞「います」の連用形＋動詞「あふ」＝「いましあふ」の変化形》「(複数の人が)いる」の意の尊敬語。いる人(主語)を高める。いらっしゃる。おいでになる。例「諸の大法師たちが理のごとく勤めて坐さひ」〈続日本紀〉

いまさら［・なり］【今更】［形動ナリ］{なら・なり(に)・なり・なる・なれ・なれ}❶(否定的な気持ちを伴って)いまとなってはしかたがない。例「いまさら・に、な大殿ごもりおはしましそ」〈枕・大納言殿まゐりたまひて〉❷いま初めてだ。例「目の前に移りかはる世のありさま、今さら・ならねど」〈増鏡・むら時雨〉

いまさら【今更】［副］❶いまとなってまた。いま改めて。例「いひおきしことの葉、今更思ひ出でて」〈平家・七・忠度都落〉❷いま初めて。新しく。例「いまさらの人などのある時」〈徒然・七八〉

いまさらなら・ず【今更ならず】いまにはじまったことではない。例「節会の儀式、ひき移し待ちとり給ふさま、いとめでたく、今さらなら・ぬ事なれど」〈増鏡・さしぐし〉

いまさらめ・く【今更めく】［自カ四］{か・き・く・く・け・け}《「めく」は接尾語》いまさら改めていうのも気が引ける。

いまし【汝】［代名］《上代語。対称の人称代名詞》おまえ。あなた。例「汝と我と逢ふこと止まめ」〈万葉・一二・二四一九〉

いまし【今し】［副］《名詞「今」＋強意の副助詞「し」》いままさに。いまでは。例「今し、かもめ群れゐて、遊ぶところあり」〈土佐〉

いましか・り【在しかり】［自ラ変］{ら・り・り・る・れ・れ}《「いましがり」とも》「いますがり」に同じ。

いましは【今しは】《名詞「今」＋副助詞「し」＋係助詞「は」》いまは。いまこそは。例「今しはと思ひし程に桜花ちる木のもとに日かず経ぬべし」〈金槐集・上〉

いましはし【今しはし】《名詞「今」＋副助詞「し」＋係助詞「は」＋副助詞「し」》(絶望の気持ちを表して)いまとなっては。例「今しはし名の惜しけくも我はなし妹によりては千度立つとも」〈万葉・四・七三三〉

いまし・む【戒む・誡む・警む】［他マ下二］{め・め・む・むる・むれ・めよ}《動詞「忌む」の未然形＋使役の助動詞「しむ」》❶教えさとす。注意する。例「おろかにもてなし思ふまじと、かへすがへす戒・めたまへり」〈源氏・澪標〉❷禁止する。例「かやうの事はいまし・めたるこそよけれ」〈栄花・二〉❸しかる。とがめる。例「『遅く率て参る』と戒・めいへば」〈宇治拾遺・八・四〉❹罰する。縛る。例「盗人をいまし・め、僻事をのみ罪せんよりは」〈徒然・一四二〉❺用心する。警戒する。例「自ら戒・めて、恐るべく慎むべきは、この〔色欲ノ〕まどひなり」〈徒然・九〉❻嫌う。いやがる。忌み遠ざける。例「人の〔結婚ヲ〕いまし・むる五月は往ぬ」〈宇津保・藤原の君〉

いましめ【戒め・誡め・警め】［名］❶注意。教え。訓戒。❷禁止。禁制。❸こらしめること。処罰。縛ること。❹用心。警戒。警備。

いましめもの【戒め者】［名］警備する者。番人。

いま・す【在す・坐す】［自サ四］［補動サ四］［自サ変］［補動サ変］［他サ下二］

アプローチ
▼上代の尊敬の動詞「坐す」に接頭語「い」が付いた語。
▼上代には「あり」「をり」「行く」「来」の尊敬語であったが、中古の漢文訓読文では、多く「あり」の尊敬語として用いられた。
▼中古の仮名文学では、「います」に代わって、一般に「おはす」「おはします」が用いられた。

一［自サ四］{さ・し・す・す・せ・せ}❶「いる」の意の尊敬語。いる人（主語）を高める。**いらっしゃる。おいでになる。** 例「あぢさゐの八重咲くごとく八つ代にを**いま・せ**我が背子見つつ偲はむ」〈万葉・二〇・四四四八〉 訳あじさいが八重に咲くように八代（という長い間）元気で**いらっしゃいませ**、あなた。（あじさいを）見ては（あなたを）思い慕いましょう。

❷「行く」「来る」の意の尊敬語。行く人、来る人（主語）を高める。**いらっしゃる。おいでになる。** 例「栲衾新羅へ**いま・す**君が目を今日か明日かと斎ひて待たむ」〈万葉・一五・三五八七〉 訳（たくぶすま）新羅へ**おいでになる**あなたの目（のふたたび見られる日）を今日か明日かと潔斎して待ちましょう。〔注〕「栲衾」は「新羅」の枕詞。

二［補動サ四］{さ・し・す・す・せ・せ}（活用語の連用形に付いて）「…て（で）いる」「…である」の意の尊敬語。…て（で）いる人、…である人（主語）を高める。**…て（で）いらっしゃる。…て（で）おいでになる。** 例「松柏の栄え**いま・さ**ね貴きあが君」〈万葉・一九・四一六九長歌〉 訳（まつかへの）栄えて**いらっしゃって**ほしい。貴いあなた。〔注〕「松柏の」は「栄ゆ」の枕詞。

三［自サ変］{せ・し・す・する・すれ・せよ}❶「いる」の意の尊敬語。いる人（主語）を高める。**いらっしゃる。おいでになる。** 例「**いま・せ**ぬあとなれど、この世の光は、いと面目ありかし」〈大鏡・円融院〉 訳（経邦殿は、もうこの世に）は）**いらっしゃらなかった**あとのことですけれども、（贈位という）この世の光栄は、ほんとに名誉あることですよ。

❷「行く」「来る」の意の尊敬語。行く人、来る人（主語）を高める。**いらっしゃる。おいでになる。** 例「右大将の宇治へ**いま・する**こと、なほ絶えはてずや」〈源氏・浮舟〉 訳右大将が宇治へ**おいでになる**ことは、今でもやはり続いているのか。

四［補動サ変］{せ・し・す・する・すれ・せよ}（活用語の連用形に付いて）「…て（で）いる」「…である」の意の尊敬語。…て（で）いる人、…である人（主語）を高める。**…て（で）いらっしゃる。…て（で）おいでになる。** 例「をこなりと見て、かく笑ひ**いま・する**が恥づかし」〈枕・関白殿、二月二十一日に〉 訳（私を）ばかだと思って、（あなたたちが）このように笑って**いらっしゃる**のがきまりが悪い。

五［他サ下二］{せ・せ・す・する・すれ・せよ}❶「いさせる」の意の謙譲語。「（AがBを）います」で、B（いさせる相手＝いる人）を高める。**いらっしゃらせる。いさせ申し上げる。おいでいただく。** 例「高山の巌の上に**いま・せ**つるかも」〈万葉・三・四二〇長歌〉 訳高山の大きな岩の上に（石田王を）**いらっしゃらせて**しまったことよ。

❷「行かせる」「来させる」の意の謙譲語。「（AがBを）います」で、B（行かせる相手、来させる相手＝行く人、来る人）を高める。**いらっしゃらせる。おいでいただく。行かせ申し上げる。来させ申し上げる。** 例「他国に君を**いま・せ**ていつまでか吾が恋ひをらむ時の知らなく」〈万葉・一五・三七四九〉 訳他の国にあなたを**行かせ申し上げて**、いつまで私は恋い焦がれているのだろう。そのいつまでが分からないことよ。《係結び》「か→恋ひをらむ体」

発展学習ファイル (1)五は、いる（行く・来る）人を高める点は一三と同じだが、五の場合、主語がいさせる（行かせる・来させる）人なので、敬語の種類としては謙譲語と見るべきことになる。

(2)「**います**」には、**四段・サ変・下二段の三種類の活用**があり、四段・サ変活用は尊敬語、下二段活用は謙譲語と使い分けられている。上代では、活用は四段と下二段の二種類で、それぞれ尊敬語と謙譲語に使い分けられていた。平安時代に入り、謙譲語の用法がすたれ、それに伴い尊敬語の四段活用と下二段活用の混用がみられ、サ変活用へと統合された。したがって、中古以降の仮名文学作品では、活用はサ変、用法は尊敬語にほぼ一本化されていると考えてよい。ただ、中古の漢文を訓読する文では、依然、四段活用の尊敬語が用いられた。

(3)中古の仮名文学作品では、「いる」「行く」「来る」といった意の尊敬語としては「**おはす**」「**おはします**」の勢力が強く、「います」は「おはす」よりも主語を高める働きの弱い語として古語的に少数用いられる程度である。ただ、漢文を訓読する文では逆に「います」が「ます」とともに用いられ、「おはします」「おはす」はまず用いられなかった。→「おはします」「おはす」「ます」

いますがら・ふ【在すがらふ・坐すがらふ】イマスガラ（ロ）ウ［補動ハ四］{は・ひ・ふ・ふ・へ・へ}《動詞「在すがり」の連用形＋動詞「あふ」＝「いますがりあふ」の変化形》（動詞の連用形に付いて）「（複数の人が）…て（で）いる」の意の尊敬語。…て（で）いる人（主語）を高める。**…て（で）いらっしゃる。…て（で）おいでになる。** 例「官位をば何とも思はず過ぐし**いますがら・ふ**や」〈源氏・竹河〉

いますが・り【在すがり・坐すがり】{ら・り・り・る・れ・れ}《「いましかり」「いますかり」とも》一［自ラ変］「いる」の意の尊敬語。いる人（主語）を高める。**いらっしゃる。おいでになる。** 例「故殿の内侍といふ**いますが・り**けり」〈大和・一五九〉 二［補動ラ変］（活用語の連用形に付いて）「…て（で）いる」「…である」の意の尊敬語。…て（で）いる人、…である人（主語）を高める。**…て（で）いらっしゃる。…て（で）おいでになる。** 例「気色ばみ**いますが・り**とも、え書きならべじや」〈源氏・梅枝〉《副詞の呼応》「え→書きならべじ」。例「その娘の小さく**いますが・り**し時より、世に聞こえぬ音声楽の声なむ絶えざりし」〈宇津保・蔵開・上〉

いますべらぎ【今皇】［名］現在の天皇。

いまそが・り【在そがり・坐そがり】{ら・り・り・る・れ・れ}《「いまそかり」とも》一［自ラ変］❶「いる」の意の尊敬語。いる人（主語）を高める。**いらっしゃる。おいでになる。** 例「その帝のみこ、たかい子と申す**いまそが・り**けり」〈伊勢・三九〉《敬語》「たかい子と申す」→「まうす」。❷「行く」「来る」の意の尊敬語。行く人、来る人（主語）を高める。**いらっしゃる。おいでになる。** 例「夕になりて、僧上山の上より**いまそが・り**けり」〈撰集抄〉 二［補動ラ変］《断定の助動詞「なり」の連用形「に」に付いて》「…である」の意の尊敬語。…である人（主語）を高める。**…でいらっしゃる。…でおいでになる。** 例「右大将に**いまそが・り**ける藤原の常行と申す**いまそがりて**」〈伊勢・七七〉〔注〕あとの「いまそがり」は一①の用法。《敬語》「常行と申す」→「まうす」

いまだ【未だ】［副］❶（下に打消の表現を伴って）いままでも。まだ。例「ほととぎす**いまだ**来鳴かず鳴く声を聞かまく欲りと〉〈万葉・一九・四二〇九長歌〉❷〈下に肯定の表現を伴って〉いまだに。いまもなお。例「その煙、いまだ雲の中へ立ちのぼるとぞ、いひ伝へたる」〈竹取・かぐや姫の昇天〉

いまだいり【今内裏】[名]内裏が破損・焼失などしたときに、仮に設けた御所。＝里内裏

いまだうしん【今道心】[名]「しんぼち」に同じ。

いまだ・し【未だし】[形シク]{しから・しく(しかり)・し・しき(しかる)・しけれ・しかれ}時期がまだ早い。また、未熟である。＝未だし。例「没せし時は**いまだ・しき**時なり」〈海道記〉

いまでがは【今出川】[地名]山城国の川。いまの京都市上京区今出川付近を流れていた。いまでは、賀茂大橋へと続く東西に走る通りの名称として残っている。

いまに【今に】[副]❶いまでも。いまだに。例「良秀がよぢり不動とて**今に**人々愛で合へり」〈宇治拾遺・三・六〉❷そのうちに。近いうちに。例「**今に**見おれ。この罠にかけてそのまま打ち殺いてくりょう」〈狂・釣狐〉

いまは【今は】[名]〈名詞「今」＋係助詞「は」〉臨終。死にぎわ。最期。

〔**今はかう**〕〈「かう」は「かく」のウ音便〉もはやこれまで。これが最後。例「**いまはかう**とおぼえける時、かっぱと起き」〈平家・五・文覚被流〉

〔**今は限り**〕❶これが最後。例「あふことは**いまはかぎり**と思へども」〈大和・七〉❷臨終。例「**今は限り**になりたまひにし御病の末つ方に」〈源氏・橋姫〉

〔**今はかく**〕〈「いまはかう」とも〉これが最後。もはやこれまで。

〔**今はのきざみ**〕「いまはのきは」に同じ。

〔**今はの際**〕臨終の時。最期の時。＝今はのきざみ・今はの時・今はのとぢめ

〔**今はの気色**〕臨終に近いようす。また、死を前にした覚悟。例「〔浮舟ハ薫ニモ〕**今はの気色**見せたてまつらまほしけれど」〈源氏・浮舟〉

〔**今はの事**〕臨終の際の作法。受戒など、臨終の際に行う事。例「**今はのこと**どもするに、〔受戒ノ剃髪ヲスルタメ〕御髪をかきやるに」〈源氏・総角〉

〔**今はの時**〕「いまはのきは」に同じ。

〔**今はのとぢめ**〕「いまはのきは」に同じ。

〔**今はの夕べ**〕臨終のとき。死期。例「かく**今はの夕べ**近き末(＝晩年)に」〈源氏・幻〉

〔**今はの世**〕人生の終わり。最期。死期。

〔**今はの別れ**〕臨終に際しての別れ。死別。

〔**今は昔**〕〈昔物語や説話の冒頭に用いられる決まり文句〉いまとなってはもう昔のことだが。例「**いまはむかし**、たけとりの翁といふものありけり」〈竹取・かぐや姫〉

いまは・し【忌まはし】[形シク]{しから・しく(しかり)・し・しき(しかる)・しけれ・しかれ}不吉だ。縁起が悪い。例「あの御浄衣の、よに**いまは・しき**やうに見えさせおはしまし候ふ」〈平家・三・医師問答〉

〔和歌〕**いまはただ…【いまはただ思ひたえなむとばかりを人づてならでいふよしもがな】**〈後拾遺・恋三・七五〇・藤原道雅〉〈百人一首・左京大夫道雅〉訳逢瀬が絶たれた今となってはただ、この恋をあきらめてしまおうとだけでも、人づてではなく直接あなたにいう手段がほしいことです。

〈参考〉「いまはただ」は、「いふよしもがな」にかかる。

〔和歌〕**いまはとてあまのはごろも…【今はとて天の羽衣着る折ぞ君をあはれと思ひ出でける】**〈竹取・かぐや姫の昇天〉訳いまはこれまでと、天の羽衣を着るときに、あなたをしみじみと懐かしく思い出したことですよ。(係結び)「ぞ→思ひ出でける(体)」

〈参考〉かぐや姫が月に帰るとき帝に贈った歌。

〔和歌〕**いまはとてわがみしぐれに…【今はとて我が身時雨にふりぬれば言の葉さへに移ろひにけり】**〈古今・恋五・七八二・小野小町〉訳いまはもうこれまでとばかり、時雨が降るのとともに私の身も古くなってしまったので、木の葉ばかりかあの人のことばまですっかり変わってしまった。

いまひと【今人】[名]いま現在生きている人。

いまひめぎみ【今姫君】[名]新たに引き取られてきた姫君。新しく加わった姫君。

いま・ふ【忌まふ】[自ハ四]{は・ひ・ふ・ふ・へ・へ}〈動詞「忌む」の未然形＋接尾語「ふ」〉忌み嫌う。縁起が悪いといやがる。例「平家のし給ひたりしを**忌ま・うて**なり」〈平家・一・鏡〉(音便)「忌まう」は「忌まひ」のウ音便。

いまほど【今程】[副]このごろ。最近。例「**今程**、洛中には武士ども充満して」〈太平記・三三〉

いままゐり【今参り】[名]新しく仕えること。また、その人。新参者。＝新参り

いまめか・し【今めかし】[形シク]{しから・しく(しかり)・し・しき(しかる)・しけれ・しかれ}

> **アプローチ** ▼動詞「今めく」の形容詞化した語。
> ▼当世風だ、現代的だ、が基本義。華やかな、目新しくしゃれたものを表すことが多い。
> ▼一方、限度が過ぎて、うわついている、打算的といった否定的な意味にも用いられた。
> ▼中世以降、いまさらわざとらしいという意味が派生した。

❶**今風だ。現代風だ。目新しい。華やかだ。**↔古めかし。例「**いまめか・しき**手本習はば、いとよう書いたまひてむと見たまふ」〈源氏・若紫〉訳(源氏は紫の上の筆跡を)**今風の**手本を練習すれば、ほんとに上手にお書きになるに違いない、とご覧になる。(音便)「よう」は「よく」のウ音便、「書い」は「書き」のイ音便。(敬語)「見たまふ」→「たまふ(四段)」

❷**うわついている。軽薄な感じだ。浅薄だ。**例「『人をとらへて、起てはべらぬなり』とのたまふも、いと**今めか・しく**、身のほどに合はず、かたはらいたし」〈枕・宮にはじめてまゐりたる頃〉訳(伊周が清少納言をつかまえて放さないのに、冗談で)「(清少納言が)私のことをつかまえて、立たせてくれないのですよ」とおっしゃるのも、実に**うわついていて**、(たわむれとしても)私風情には不似合いで、恥ずかしいことだ。(敬語)「起てはべらぬ」→「はべり」、「のたまふも」→「のたまふ」

❸(中世以降)期待に反して見慣れない、聞き慣れないことに出会い、たじろぐさま。**わざとらしい。いまさ**

い

ららしい。**妙に改まっている。** 例「これは**いまめか・し**きご諚にて候ふ」〈謡・夜討曾我〉 訳これ(=十郎の質問)は、**思いもかけぬ改まった**おことばでございます。

いまめかしう【今めかしう】イマメカシュウ 形容詞「いまめかし」の連用形「いまめかしく」のウ音便。

いまめ・く【今めく】[自カ四]{か・き・く・く・け・け}(「めく」は接尾語)現代的にはなやかである。当世風に振る舞う。例「御声あてに愛敬づき(=上品デ人ヲヒキツケ)、聞かまほしう**いまめ・きたり**」〈源氏・竹河〉

いまもかも【今もかも】いまごろはもう。例「**今もかも**咲きにほふらむ橘の」〈古今・春下・一二一〉

いまものがたり【今物語】[作品名]鎌倉中期の説話集。藤原信実編。平安後期から鎌倉前期までの説話五十三編を収める。

いまや【今や】❶(「や」は疑問の係助詞)いま…か。例「鶯のこほれる涙**今や**とくらむ」〈古今・春上・四〉 訳→〔和歌〕ゆきのうちに…。❷(「や」は間投助詞)いままさに。いまこそ。例「沖辺行き辺に行き**今や**妹がため」〈万葉・四・六二五〉

いまやう【今様】イマヨウ[名]❶**現代風。当世風。** 例「**今様**の若き人は、かやうなることをぞ好まれざりける」〈源氏・手習〉《係結び》「ぞ」→好まれざりける(体)」。❷「今様歌」の略。

いまやういろ【今様色】イマヨウイロ[名]平安時代における染め色の名。紅より薄く、紅梅より濃い色。転じて、当代の流行色をいう場合もある。

いまやううた【今様歌】イマヨウウタ[名]平安中期に、神楽歌や催馬楽などの伝統的歌謡に対して、新しくおこった歌謡。遊女や白拍子などにより貴族の宴席でも盛んに歌われるようになった。＝今様②

いまやうだ・つ【今様立つ】イマヨウダツ[自タ四]{た・ち・つ・つ・て・て}(「だつ」は接尾語)当世風になる。例「山籠もりの御うらやみは(=山籠リガウラヤマシイトオッシャルノハ)、なかなか**今様だ・ち**たる御ものまねび(=当世ハヤリノ言葉ノオ口マネ)になむ」〈源氏・手習〉

いまやうへただんぎ【当世下手談義】イマヨウヘタダンギ[作品名]江戸中期(一七五二刊行)の談義本。静観房好阿作。当代の流行風俗を批判的に描く七話を収める。江戸小説発生の契機となった作品。

いまゆくする【今行く末】イマユクスエ これから先。今後。将来。例「**今行く末**もこの継母にうちとけ給ふ事なかれ」〈今昔・一九・二九〉

いまよう【今様】歴史的かなづかい「いまやう」

いみ【忌み・斎み】[名]❶神事にかかわる者が、けがれを避けて慎むこと。斎戒。❷遠慮すべきこと。避けるべきことがら。❸喪に服すること。服喪。❹出産などをけがれとみなして、産後、参詣などを慎むこと。❺陰陽道で、支障があるとされ、忌み避けねばならない方角や日取り。例「**忌み**の方なれども門は一つなれば、これよりこそ出ださめ」〈宇治拾遺・二・六〉

いみあき【忌み明き】[名]「いみあけ」に同じ。

いみあけ【忌み明け】[名]服喪の期間や出産によるけがれの期間が終わること。＝忌み明き

いみがき【斎み垣】[名]「いがき」に同じ。

いみき【忌寸】[名]「八色の姓」の第四位のもの。おもに秦・漢など、大陸からの渡来系氏族に与えられた。

いみくら【斎み蔵】[名]大和朝廷の神物や官物を納めた蔵。斎部氏が管理した。

いみことば【忌み詞・忌み言葉】[名]宗教上の理由や不吉なことを意味するという理由から使用を禁じられていることば。また、その代用として用いることば。婚礼時の「去る」「別る」など。

いみ・じ [形シク]{じから・じく(じかり)・じ・じき(じかる)・じけれ・じかれ}

アプローチ
▼動詞「忌む」の形容詞化した語。
▼けがれているから避けるべきだ、が原義。
▼転じて、程度のはなはだしいことを表す。
▼上代に用例はなく、中古では、女流文学の中で用いられ、漢文訓読文には用いられない。
▼中世以降は、多くすばらしいの意味に用いられた。

❶(程度が)**はなはだしい。非常に。ひととおりでない。** 例「野分のまたの日こそ、**いみ・じう**あはれにをかしけれ」〈枕・野分のまたの日こそ〉 訳台風一過の翌日というものは、**たいそう**しみじみとしていて、風情が感じられる。《音便》「いみじう」は「いみじく」のウ音便。《係結び》「こそ」→をかしけれ(已)

❷(望ましいことについてたいそう)**すばらしい。すぐれている。立派だ。** 例「絵に描ける楊貴妃の容貌は、**いみ・じき**絵師といへども、筆限りありければ、いとにほひすくなし」〈源氏・桐壺〉 訳絵に描いた楊貴妃の姿形は、**立派な**画家といえども、筆で描けるものには限界があるから、まったく生彩に欠ける。

❸(望ましくないことについてたいそう)**ひどい。たいへんだ。悲しい。つらい。** 例「ひがおぼえをもし、忘れたるところもあらば、**いみ・じかる**べきこと」〈枕・清涼殿の丑寅の角の〉 訳覚え違いをしたり、忘れたところがあったら、**たいへん**だろうということ。

発展学習ファイル 「**はなはだ**」「**きはめて**」が漢文訓読体の文章で用いられたのに対し、「いみじ」は女流の散文に多く用いられた。「**あな、いみじ**」「**いといみじ**」など感動詞的にも用いられた。また、連用形「いみじく」のウ音便「**いみじう**」は副詞的にも用いられた。

古語深耕 **「いみじ」と「ゆゆし」との違い**
どちらも「**忌む**」意から出た語だが、平安時代になると用法が広がり、良いことも悪いことも程度のはなはだしいさまをいう。連用形で用言にかかる「**いみじく泣く**」「**ゆゆしく高し**」などの場合は、「たいそう」などの程度語で訳すが、「これは**いみじ**」など単独で評価語になっている場合は、前後の文脈からその内容を読み取らなくてはならない。その点も現代語「すごい」に似ている。

いみじう イミジュウ 形容詞「いみじ」の連用形「いみじく」のウ音便。

いみじがほ【いみじ顔】イミジガオ[名]たいそういかめしい顔つき。子細らしい顔つき。

い

いみじが・る【他ラ四】{ら・り・る・れ・れ}（「がる」は接尾語）たいそうなものだと感嘆する。例「故殿のさばかり思されたりしかば、めしとりたるなめりとぞ、**いみじがり**あへり」〈増鏡・秋のみ山〉

いみじげ【・なり】【形動ナリ】{なら・なり（に）・なり・なる・なれ・なれ}（「げ」は接尾語）程度がはなはだしくひどいさま。たいへんなようす。例「**いみじげに**腫れ、あさましげなる犬の、わびしげなるが」〈枕・上にさぶらふ御猫は〉

いみたがへ【忌み違へ】【名】「かたたがへ」に同じ。

いみな【諱・謚・諡】【名】（「忌み名」の意）❶生前は口にするのをはばかった、貴人の生前の実名。❷死後に贈る称号。＝諡。❸現存の貴人の実名に対する敬称。

いみゃう【異名】【名】別名。あだな。

いむ【妹】【名】（上代東国方言）「いも（妹）」に同じ。

い・む【斎む・忌む】{ま・み・む・む・め・め}【一】【自マ四】❶（災いやけがれを避けるために）**心身を清める**。**身をつつしむ**。例「長月は**忌む**につけても慰めつ秋果つるにぞかなしかりける」〈宇津保・吹上・下〉❷（「忌むこと」の形で）**受戒する**。例「頭剃り**忌むこと**と受けなどして、そのしるしにやよみがへりたりしを」〈源氏・夕顔〉〔係結び〕「にや↓（省略）」。【二】【他マ四】**不吉なことをして避ける**。**忌み嫌う**。**はばかる**。例「在る人の『月の顔見るは、**忌むこと**』と制しけれども、ともすれば、人間にも、月を見ては、いみじく泣きたまふ」〈竹取・かぐや姫の昇天〉

いむか・ふ【い向かふ・い逆ふ】【自ハ四】{は・ひ・ふ・ふ・へ・へ}（上代語。「い」は接頭語）❶向かい合う。例「天の川**い向かひ**立ちて恋しらに言だに告げむ妻問ふまでは」〈万葉・一〇・二〇一一〉❷敵対する。例「**いむかふ**神と面勝つ神なり」〈記・上〉

いむけのそで【射向けの袖】【名】（弓を射るとき、左袖を敵の方に向けることから）鎧の左の袖。↔馬手の袖

いむこ【斎子・忌子】【名】神に奉仕する童女。とくに「大嘗会」のときの女子の司や、賀茂の斎院に奉仕する童女。＝斎子八少女

いむこと【忌む事・戒む事】【名】❶（多く「いむこと受く」の形で）仏の戒め。仏教の戒律。❷仏の戒律を受けること。

〔**忌むことのしるし**〕受戒による霊験・ご利益。例「**忌むことのしるし**によみがへりて」〈源氏・夕顔〉

古典の世界　病人が仏教に帰依し、受戒（一定の戒律を僧から授かる儀式）をすれば、その功徳により病が軽くなるとされた。

いむこやめ【斎子八女】【名】「大嘗会」で稲舂き歌を歌う八人の童女。

いむこやをとめ【斎子八少女】【名】「いむこ」に同じ。

いむび【斎む火・忌む火】【名】神に供えるものを煮炊きするために「火きり」でおこした火。神事に用いられる火。＝斎み火

〔**斎む火の御飯**〕「斎む火」で炊いたごはん。陰暦六月・十一月・十二月の一日に天皇に奉った。

いむべ【斎部・忌部】【名】（「いんべ」とも。「いみべ」の変化形）上代の氏族名。中臣氏とともに祭器を作り、朝廷の祭事をつかさどった。

いむ・る【い群る】【自ラ下二】{れ・れ・る・るる・るれ・れよ}（上代語。「い」は接頭語）群れ集まる。例「思ふどち**い群れ**て居れば嬉しくもあるか」〈万葉・一九・四二八四〉

いめ【夢】【名】（「ゆめ」の古い形。語源は「寝目」か）ゆめ。

いめ【射目】【名】（上代語）狩りで、鳥獣を射るために射手が身を隠す場所や設備。

いめあはせ【夢合はせ】【名】夢の内容から、その意味を解き明かし、吉凶や運勢などを判断すること。夢判断。夢占い。夢解き。夢判じ。

いめたてて【射目立てて】【枕詞】（「射目」を設けて「跡見」をすることから）地名「跡見」にかかる。例「**射目立てて**跡見の岡辺の…」〈万葉・八・一五四九旋頭歌〉

〔和歌〕**いめのあひは…**【**夢の逢ひは苦しかりけりおどろきて掻き探れども手にも触れねば**】〈万葉・四・七四一・大伴家持〉訳夢での逢瀬は苦しいことです。目が覚めて手探りをしても、あなたが手にも触れないのだから。

いめひと【射目人】【名】「射目」に隠れ潜んで鳥獣を射る人。

いめひとの【射目人の】【枕詞】（「射目人」が伏して獲物をねらい見るところから）地名「伏見」にかかる。例「**射目人の**伏見が田居に雁渡るらし」〈万葉・九・一六九九〉

いも【妹】【名】（「いむ」「も」とも）❶男性から、年齢の上下に関係なく、女性を親しんで呼ぶ語。主として妻・恋人にいう。**あなた**。↔兄①。例「**妹**が見し楝の花は散りぬべし我が泣く涙いまだ干なくに」〈万葉・五・七九八〉訳→〔和歌〕いもがみし…。❷女性同士が親しんで呼ぶ語。**あなた**。例「我がやどの秋の萩咲く夕影に今も見てしか**妹**が姿を」〈万葉・八・一六二二〉❸（代名詞的に用いて）**あの娘**。**彼女**。例「人皆のかく迷へればうちしなひ寄りてぞ**妹**はたはれてありける」〈万葉・九・一七三八長歌〉

〔俳句〕**いもあらふをんな…**【**芋洗ふ女西行ならば歌よまむ**】〈野ざらし紀行・芭蕉〉訳西行谷のふもとの谷水で芋を洗っている女よ、もし西行がこの光景を見たら、江口の遊女に対してそうしたように、歌を詠みかけることであろう。（季―芋―秋）

〈参考〉謡曲『江口』などにみえる、西行と遊女との和歌の贈答を念頭に置いて詠んだもの。「西行ならば」を、「自分が西行であったら」と解釈する説もある。

いもうと【妹】【名】（「いもと」とも。「いもひと」の変化形）❶男性の側から女きょうだいを呼ぶ語。姉または妹。↔兄人。❷年下の女きょうだい。妹。例「〔源氏ハ小君ニ〕**いもうと**の君（＝小君ノ姉デアル空蝉）のことも、くはしく問ひたまふ」〈源氏・帚木〉

発展学習ファイル　中古では、男性の側から女きょうだいを呼ぶとき、年齢の上下にかかわりなく用いられた。姉妹相互の間では、姉を「**このかみ**」または「**あね**」、妹を「**おとうと**」または「**おとと**」と呼んだ。中世になって、一般に年下の女きょうだいを「いもうと」と呼ぶようになった。

いもがうむ【妹が績む】【枕詞】「妹が績む（＝紡グ）麻」の意から同音を含む地名「小津」にかかる。例「**妹が績む**小津の浦なる岸の松原」〈土佐〉

〔俳句〕いもがかきね…【妹が垣根三味線草の花咲きぬ】〈自筆句帳・蕪村〉訳恋しい人の家の垣根で、三味線(草)の白いかれんな花が咲いた。昔、琴を弾き鳴らし思いを打ち明けた男がいたというが、琴ならぬ三味線の名を負ったその花は、恋心を伝えたい思いをかきたててやまない。(季―三味線草―春)

いもがきる【妹が着る】[枕詞](妹がかぶる御笠の意から)同音の地名「三笠」にかかる。例「妹が着る三笠の山に」〈万葉・六・九八七〉

いもがさ【疱瘡】[名]《「いも」「もがさ」とも》天然痘のこと。ほうそう。また、その跡のこと。

いもがしら【芋頭】[名]里芋の根元にあるかたまり。親芋。周りに多くの子芋を付ける。＝芋の頭

〔和歌〕いもがせに…【妹が背にねぶる童のうつつなき手にさへめぐる風車かな】〈草径集・大隈言道〉訳妻の背中に眠っている幼子の、その意識のない手にさえもくるくる回っている風車であるよ。

いもがそで【妹が袖】[枕詞](妹の袖を巻く意から)同音を含む地名「巻来」にかかる。例「妹が袖巻来の山の朝露に」〈万葉・一〇・二一八七〉

〔和歌〕いもがみし…【妹が見し棟の花は散りぬべし我が泣く涙いまだ干なくに】〈万葉・五・七九八・山上憶良〉訳妻が見たセンダンの花は、きっと散ってしまっただろう。私が泣いて流す涙がまだ乾かないのに。

いもがゆ【芋粥・薯蕷粥】[名]ヤマノイモを薄く切り、甘葛の汁(つる草の一種から作った甘味料)で煮た粥。宮中の宴席などに出されたごちそう。

いもがり【妹許】[名]《「がり」は接尾語》妻や恋人、親しい女性の所。

いもじ【芋茎】[名]《「いもし」とも》里芋の茎を乾燥したもの。いもがら。ずいき。(季―秋)

いもじ【鋳物師】[名]《「いものし」の変化形》鋳物を作る職人。

いもせ【妹背】[名]❶互いに「妹」と呼び「背」と呼ぶような、親しい男女の関係。夫婦。例「ありがたからむ(＝メッタニナイヨウナ)妹背の契り」〈源氏・初音〉❷兄と妹。姉と弟。例「その島にも行き住み、妹背を夫妻とも成りけめ」〈今昔・二六・一〇〉

いもせのやま【妹背の山】[歌枕]❶紀伊国の山。いまの和歌山県伊都郡かつらぎ町を流れる紀ノ川を間に向かい合う妹山と背山を指す。❷大和国の山。いまの奈良県吉野郡吉野町を流れる吉野川の西岸にある妹山と背山。①②＝妹背山

いもせやまをんなていきん【妹背山婦女庭訓】[作品名]江戸中期(一七七一初演)の浄瑠璃。近松半二らの合作。藤原鎌足の蘇我入鹿討伐の筋立てに、古代の伝説を各段に配して脚色した作品。時代物の傑作。

いもと【妹】[名]「いもうと」に同じ。

〔和歌〕いもとこし…【妹と来し敏馬の崎を帰るさにひとりし見れば涙ぐましも】〈万葉・三・四四九・大伴旅人〉訳妻と来たこの敏馬の崎を、帰りの折にたったひとりで見ると、涙がにじんでくる。〈参考〉都に戻る途中、敏馬の崎(いまの神戸港の東、岩屋付近)で詠んだ歌。

〔和歌〕いもとして…【妹として二人作りし我が山斎は木高く繁くなりにけるかも】〈万葉・三・四五二・大伴旅人〉訳妻と一緒にふたりで造ったわが庭は、木の丈が高くなり葉が生い繁ったことだ。

いもなね【妹なね】[名]《上代語。「なね」は親しみをこめていう語》妻や恋人など女性に対して親しみをこめていう語。＝妹なろ・妹のら

いもなろ【妹なろ】[名]《上代東国方言》「いもなね」に同じ。

いものみこと【妹の命】[名]《「命」は神や人を尊敬していうときの接尾語》女性に対する敬称。

いものら【妹のら】[名]《上代東国方言》「いもなね」に同じ。

いもひ【斎ひ・忌ひ】[名]心身を清め慎むこと。＝物忌み

いも・ふ【斎ふ・忌ふ】[自ハ四]{は・ひ・ふ・ふ・へ・へ}《「いまふ」の変化形》❶身心を清めて神を祭る。例「神垣に神籬立てていも・へども人の心は守りあへぬものを」〈河海抄〉❷忌み嫌う。縁起が悪いと嫌がる。

〔和歌〕いももあれも…【妹も我も一つなれかも三河なる二見の道ゆ別れかねつる】〈万葉・三・二七六・高市黒人〉訳あなたも私もひとつ身であるからだろうか、三河国にある二見の道筋で、別れかねてしまっているのは。〈参考〉数の一・二・三を詠み込んだ歌。

いもら【妹ら】[名]《「ら」は親しみを表す接尾語》妻や恋人などを親しみをこめていう語。＝妹・妹ろ

いもらがり【妹ら許】《「ら」「がり」は接尾語》妻や恋人のもと(へ)。妻や恋人の所(へ)。＝妹許。例「妹らがり我が行く道の」〈万葉・七・一一二一〉

いもろ【妹ろ】[名]《上代東国方言。「ろ」は親愛の情を表す接尾語》「いもら」に同じ。

〔和歌〕いもをおもひ…【妹を思ひ眠の寝らえぬに秋の野にさ雄鹿鳴きつ妻思ひかねて】〈万葉・一五・三六七八・作者未詳〉訳妻を思い眠れないでいるときに、秋の野で雄鹿が鳴いた、妻恋しさに堪えかねて。

いや…【礼…】歴史的かなづかい「ゐや…」

いや-【弥】[接頭]❶いよいよ、ますますの意を表す。「いや吹く」「いや高に」など。❷最も、いちばんの意を表す。「いや前に立てる」など。❸はなはだ、たいそう、きわめての意を表す。「いや愚に」など。❹重ねて、次の意を表す。「いや年に」など。〈参考〉副詞とする説もある。「いや増し」など。

いや[・なり]【嫌・否】[名・形動ナリ]さらうこと。欲しないさま。例「ふてて(＝捨テバチニナッテ)、度言うてみう(＝言ッテミヨウ)、嫌・ならば我もただそれを限りに」〈閑吟集〉

いや【感】❶驚いたり嘆息したりしたときに発する語。やあ。いやはや。例「その時にぞ思ひ出でて、『いや、然る事あり』」〈今昔・二五・一〇〉❷呼びかけるときに用いる語。やあ。おい。例「いや申し申し御亭主、ござりまするかござるか」〈狂・宗論〉❸はやし立てるときの声。やあ。それ。例「いや淀の川瀬の水車誰を待つやらくるくると」〈狂・靫猿〉

いやいや【弥弥】[副]《「弥」を重ねて強めた語》❶ますます。例「いやいや継子の徳をなむ見る」〈落窪・四〉❷はるかに下の。例「殿のためにもいやいやの

弟」〈義経記・六〉

いやいや【否否】［感］《「否」を重ねて強めた語》いえいえ。決して。例「**いやいや**この君の御在位の程は天下静まるまじ」〈太平記・三〉

いやおう【否応】［名］承知と不承知。

いやおひ【弥生ひ】［名］❶草木がますます生い茂ること。❷陰暦三月の別称。やよい。

いやがうへに【弥が上に】［副］なおその上に。

いやさか・ふ【弥栄ふ】《「いや」は接頭語。「さかふ」は「さかゆ」の変化形》ますます栄える。例「君が代は千とせ五百年かさねてぞ**いやさか・ふ**べきますはらの里」〈続後拾遺・賀・六二八〉

いやさか・る【弥離る】［自ラ四］{ら・り・る・る・れ・れ}《「いやざかる」とも》いよいよ遠ざかる。例「かなしけ児らに**いや離・り**来も」〈万葉・一四・三四一二〉

いやさきだ・つ【弥先立つ】［自タ四］{た・ち・つ・つ・て・て}いちばん先に立つ。例「かつがつも**いや先立・てる**兄をし枕かむ」〈記・中〉

いや・し【卑し・賤し】［形シク］{しから・しく(しかり)・し・しき(しかる)・しけれ・しかれ}

アプローチ
▼地位や身分が低い者に対していう語。
▼身分制社会では、身分の低い者は一般的に貧しく、精神的にも貧困であったため、下品・けち・貧しいなどの意味が派生した。
▼「いやし」の対義語は「あて」、類義語に「あやし」がある。

❶**地位・身分が低い**。↕貴①。例「一人は**いや・し**き男の貧しき、一人は貴なる男持たりけり」〈伊勢・四一〉訳(姉妹のうち)ひとりは**身分の低い**男で貧しい者を、ひとりは身分の高い男を(夫に)もっていた。

❷**貧しくみすぼらしい**。**粗末だ**。例「むぐら延ふ**賤・しき**宿も大君のまさむと知らば玉敷かましを」〈万葉・一九・四二七〇〉訳雑草がのびはびこっている**みすぼらしい**家でも、天皇がお出ましになると(あらかじめ)知っていたら、玉を敷きましたものを。《敬語》「まさむ」→「ます(座す)」

❸**下品だ**。**下卑ている**。**品性がいやしい**。↕貴②。例「なに事も、古き世のみぞしたはしき。今様は無下に**いや・しく**こそなりゆくめれ」〈徒然・二二〉訳何事においても、昔の時代ばかりが懐かしい。当世のことはむやみに**下品に**なってゆくようだ。《係結び》「ぞ→したはしき体」、「こそ→なりゆくめれ已」

❹(自分について、へりくだったいい方で)**取るに足らない**。**つまらない**。**つたない**。例「なにがしが**いや・しき**諫めにて、すきたわめらむ女に心おかせたまへ」〈源氏・帚木〉訳私ふぜいの**つまらぬ**ご忠告ですが、浮気っぽくなよなよとしているような女にはご用心なさいませ。《敬語》「心おかせたまへ」→「せたまふ」

〔**卑しき名**〕汚名。悪名。罪名。

いやしう【卑しう・賤しう】形容詞「いやし」の連用形「いやしく」のウ音便。

いやしうも【苟うも】［副］《「いやしくも」のウ音便》「いやしくも」に同じ。

いやし・く【弥頻く】［自カ四］{か・き・く・く・け・け}《「弥」は程度が増す意》いよいよ頻繁になる。ますますたび重なる。例「新たしき年の初めの初春の今日降る雪の**いやし・け**吉事」〈万葉・二〇・四五一六〉訳→〔和歌〕あらたしき…

いやしくしくに【弥頻く頻くに】［副］《副詞「弥」＋動詞「頻く」の終止形を重ねた形＋助詞「に」》ますますたび重なって。いよいよ頻繁に。例「寄する波**いやしくしくに**古思ほゆ」〈万葉・一七・三九八六〉

いやしくも【苟くも】［副］《漢文訓読語。「いやしうも」とも。「苟」を「いやし」と訓読したことから意味が派生した語。もとは、身分の低さを謙遜する意》❶もったいなくも。例「**いやしくも**勅命をふくんで」〈平家・七・平家山門連署〉❷かりにも。例「**苟くも**将門柏原天皇の五世の末孫なり」〈今昔・二五・一〉

いやしげ［・なり］【賤しげ】［形動ナリ］{なら・なり(に)・なり・なる・なれ・なれ}《「げ」は接尾語》見るからに下品なさま。いかにも身分の低そうなさま。例「**賤しげ・なる**もの。居たるあたりに調度の多き」〈徒然・七二〉

いやし・む【賤しむ・卑しむ】［他マ四］{ま・み・む・む・め・め}いやしいと見なす。見下す。

いや・す【癒やす】［他サ四］{さ・し・す・す・せ・せ}病気・苦悩などを治す。

いやたか［・なり］【弥高】［形動ナリ］{なら・なり(に)・なり・なる・なれ・なれ}だんだん高くなるさま。例「**いや高・に**山も越え来ぬ」〈万葉・一三・三二四〇長歌〉

いやた・つ【弥立つ】［自タ下二］{て・て・つ・つる・つれ・てよ}《上代語》いよいよ心を奮い立たせる。一説に、いよいよいい立てるとも。

いやちこ［・なり］【灼然】［形動ナリ］{なら・なり(に)・なり・なる・なれ・なれ}(神仏の霊験などが)あきらかなさま。

いやつぎつぎに【弥次次に・弥継ぎ継ぎに】［副］次から次へと。あとを受け継いで。例「とがの木の**いや継ぎ継ぎに**万代に」〈万葉・六・九〇七長歌〉

いやつこ【陪臣】［名］《上代語》臣下の臣下。臣下の家来。＝陪臣。

いやとこは【弥常葉】［名］木の葉が、ますます常緑なさま。変わらずますます栄え続けるようす。

いやとこよ【弥常世】［名］ますます長らえ、栄えること。永久。

いやとしに【弥年に】［副］毎年毎年。年を重ねるごとに。例「新たしき年の初めは**いや年に**」〈万葉・一九・四二二九〉

いやとほ［・なり］【弥遠】［形動ナリ］{なら・なり(に)・なり・なる・なれ・なれ}❶ますます遠くなるさま。例「**いや遠・に**里離り来ぬ」〈万葉・二・一三一長歌〉❷永遠に。例「**いや遠・に**偲ひにせよと」〈万葉・一九・四二一一長歌〉

いやとほざか・る【弥遠離る】ますます遠ざかる。例「葦辺より雲居をさして行く雁の**いや遠ざか・る**我が身悲しも」〈古今・恋五・八一九〉

いやとほなが・し【弥遠長し】［形ク］{から・く(かり)・し・き(かる)・けれ・かれ}❶(空間的に)遠く長い。例「富士の嶺の**いや遠長・き**山路をも」〈万葉・一四・三三五六〉❷(時間的に)遠く長い。永久だ。例「天地の**いや遠長・く**偲ひ行かむ」〈万葉・二・一九六長歌〉

いやとよ【否とよ】［感］《「いなとよ」とも》いやいや。いいえ、違う。例「**いやとよ**弓を惜しむにあらず」〈謡・

八島〉

いやなし【礼無し】歴史的かなづかい「ゐやなし」

いやねたみ【弥嫉妬】［名］ますますうらやみ憎むこと。たいそうなねたみ。

いやはや［・なり］【弥速・弥早】［形動ナリ］{なら・なり(に)・なり・なる・なれ・なれ}いよいよ早いようす。例「浜行く風のいや早・に」〈万葉・二・二五九〉

いやはや［感］驚きあきれたときに発する語。おやまあ。なんともはや。例「いやはや、これもよっぽどの系図でおぢゃる」〈狂言記・酢薑〉

いやひけに【弥日異に】［副］日々変わってゆくさま。日ごとに。毎日。例「常なりし笑まひ振る舞ひいや日異に変はらふ見れば」〈万葉・三・四七八長歌〉

いやまう【敬う・礼う】歴史的かなづかい「ゐやまふ」

いやまさり［・なり］【弥増さり】［形動ナリ］{なら・なり(に)・なり・なる・なれ・なれ}ますます多くなるさま。いっそう激しくなるさま。例「雨いやまさり・なれば」〈蜻蛉・中〉

いやまさりに【弥増さりに】［副］ますます激しく。いよいよ。例「さる間に、〔女ヘノ〕思ひはいやまさりにまさる」〈伊勢・四〇〉

いやまさ・る【弥増さる】［自ラ四］{ら・り・る・る・れ・れ}《「いや」は程度が増す意》いよいよ多くなる。

いやましに【弥増しに】［副］ますます多く。なお、いっそう。例「葦辺より満ち来る潮のいや増しに思へか君が忘れかねつる」〈万葉・四・六一七〉

いやますますに【弥益益に・弥増す増すに】［副］いよいよますます。＝弥増しに。例「その山のいやますますにこの川の絶ゆることなく」〈万葉・六・九二三長歌〉

いやみがほ・し【弥見が欲し】［形シク］{しから・しく(しかり)・し・しき(しかる)・しけれ・しかれ}いっそう見たい。ますます見ていたい。例「橘の成れるその実はひた照りにいや見が欲・しく」〈万葉・一八・四一一一長歌〉

いや・む【否む・嫌む】［他マ四］{ま・み・む・む・め・め}きらう。例「『我らにあひてからはいふぞ』とて、いや・み思ひて」〈宇治拾遺・三・一四〉

いやめ【否目・嫌目】［名］悲しそうな目つき。涙ぐんだ目。例「なぞかくいやめなると」〈源氏・東屋〉

いや・る【言やる】［自ラ四］{ら・り・る・る・れ・れ}《「いひやる」の変化形。「言ふ」の尊敬語》おっしゃる。例「知らぬ人の茶をくりやうと言や・る」〈狂言記・薩摩守〉

いやをちに【イヤオチニ】［副］《「をち」は動詞「復つ」の連用形》何度もくり返し。いっそう若返って。例「ゆめ花散るないやをちに咲け」〈万葉・二〇・四四四六〉

い・ゆ【射ゆ】［自ヤ下二］{え・え・ゆ・ゆる・ゆれ・えよ}《上代語。「いる」の未然形＋上代の受身の助動詞「ゆ」》射られる。例「射・ゆ鹿猪を認ぐ川上の」〈紀・斉明〉〈参考〉用例では連体形で「いゆる」とあるべきところ。古代の語形とみるべきか。

い・ゆ【癒ゆ】［自ヤ下二］{え・え・ゆ・ゆる・ゆれ・えよ}病気や傷がよくなる。治る。例「かの草を揉みて付けぬれば、則ち癒・ゆとなん」〈徒然・九六〉

いゆきあひ【い行き合ひ・い行き逢ひ】イユキアイ［名］《「い」は接頭語》(双方から)人が行き会うこと。また、その所。国境の峠などにいう。例「い行き逢ひの坂のふもとに咲きををる」〈万葉・九・一七五二〉

いゆきあ・ふ【い行き会ふ】イユキア(オ)ウ［自ハ四］{は・ひ・ふ・ふ・へ・へ}《「い」は接頭語》行き会う。例「左和多里の手児にい行きあ・ひ」〈万葉・一四・三五四〇〉

いゆきはばか・る【い行き憚る】［自ラ四］{ら・り・る・る・れ・れ}《「い」は接頭語》行くことをためらう。行きかねる。例「照る月の光も見えず白雲もい行きはばか・り」〈万葉・三・三一七長歌〉訳→〔和歌〕あめつちの…

いゆきもとほ・る【い行き回る・い行き廻る】イユキモトオル［自ラ四］{ら・り・る・る・れ・れ}《「い」は接頭語》行きめぐる。行ったり戻ったりする。例「波の上をい行きさぐくみ岩の間をい行きもとほ・り」〈万葉・四・五〇九長歌〉

いゆきわた・る【い行き渡る】［自ラ四］{ら・り・る・る・れ・れ}《「い」は接頭語》渡って行く。例「沖つ島い行き渡・りて潜くちふ鮑玉もが」〈万葉・一八・四一〇三〉

いゆ・く【い行く】［自カ四］{か・き・く・く・け・け}《上代語。「い」は接頭語》行く。

いゆししの【射ゆ鹿の・射ゆ獣の】［枕詞］(射られた獣のようすから)「心を痛み」「行き死ぬ」にかかる。例「射ゆ鹿の心を痛み」〈万葉・九・一八〇四長歌〉

いよ【伊予】［地名］旧国名。南海道六か国のひとつ。いまの愛媛県。＝予州

いよいよ【愈愈】［副］《副詞「いや」の変化形「いよ」を重ねたもの》❶《物事が進展していくさま。また、程度が強まるさま》いっそう。ますます。＝いよし。例「〔桐壺更衣ガ〕もの心細げに里がちなるを、〔帝ハ〕いよいよあかずあはれなるものに思ほして」〈源氏・桐壺〉《敬語》「思ほして」→「おもほす」。❷《物事が確実になるまで進展する意》本当に。まちがいなく。例「袖などふるひ、前後を見れども、〔見当タラナクナッタ小判ハ〕いよいよないに極まりける」〈浮・西鶴諸国ばなし〉①②→「いよよ」

いよし［副］《近世語。多く、「いよしも」の形で》「いよいよ①」に同じ。

いよす【伊予簾】［名］「いよすだれ」に同じ。

いよすだれ【伊予簾】［名］《「いよす」とも》伊予国(いまの愛媛県)で産出する、とても細い篠竹で編んだすだれ。〔季―夏〕

いよだ・つ【弥立つ】［自タ四］{た・ち・つ・つ・て・て}《「いよだつ」とも》恐怖や寒さのために身の毛がよだつ。ぞっとする。例「身の毛いよだ・ち、心地わびしくて」〈沙石集〉

いよよ【愈】［副］《「愈愈」の略》ますます。よりいっそう。例「世の中は空しきものと知る時しいよよますます悲しかりけり」〈万葉・五・七九三〉訳→〔和歌〕よのなかはむなしきものと…

いよよか［・なり］［形動ナリ］{なら・なり(に)・なり・なる・なれ・なれ}木などが高くそびえ立つさま。例「いよよか・に、自ら山林を成せり」〈常陸国風土記〉

いよりだた・す【い寄り立たす】《「い」は接頭語。「す」は上代の尊敬の助動詞》寄りかかってお立ちになる。傍らに寄り立ちなさる。例「朝には取り撫でたまひ夕へにはい寄り立た・しし」〈万葉・一・三長歌〉

いよ・る【い寄る】［自ラ四］{ら・り・る・る・れ・れ}《「い」は接頭語》寄る。そばに寄る。

いら【刺・苛】［名］❶草や木のとげ。❷イラクサの別称。

いらいら・し【苛苛し】［形シク］{しから・しく(しかり)・し・しき(しかる)・しけれ・しかれ}気がせくさま。もどかしい。例「いまだ来たらざらむ報(＝運)を、いらいら・しく願ひ求めて」〈十訓抄・七〉

いらう【答う・借う・挙う】歴史的かなづかい「いらふ」

いらえ【答え・応え】歴史的かなづかい「いらへ」

いらか【甍】[名]❶屋根の背の部分。屋根のいちばん高い部分。❷屋根の瓦(かわら)。瓦葺(ぶ)きの屋根。

いら・す【貸す】[他サ四]{さ・し・す・す・せ・せ}貸す。↔借(い)らふ

いらたか【苛高】[名]「苛高数珠(いらたかじゅず)」の略。

いらたかじゅず【苛高数珠】[名]《「苛高」はかど立っているの意》平たく真ん中が角ばっていて、そろばんの玉のような玉を連ねた数珠。おもに山伏が使うもので、揉(も)むと高い音がする。＝苛高(いらたか)

いら・つ【苛つ】㊀[自タ四]{た・ち・つ・つ・て・て}いらいらする。焦る。例「苛・って熊坂(くまさか)早足(さく)を踏み」〈謡・熊坂〉《音便》「苛っ」は「苛ち」の促音便。㊁[他タ下二]{て・て・つ・つる・つれ・てよ}せかす。例「『乗り物よりおり候へおり候へ』といら・てけれども」〈平家・一・殿下乗合〉

いらつこ【郎子】[名]《上代語》男子を親しんでいう語。↔郎女(いらつめ)

いらつめ【郎女】[名]《上代語》女子を親しんでいう語。↔郎子(いらつこ)

いらな・し[形ク]{(から)・く(かり)・し・き(かる)・けれ・かれ}《「なし」は形容詞を作る接尾語》❶心が痛む。つらい。❷あわれだ。みすぼらしい。例「我がさまのいといらな・くなりにたるをおもひけるに」〈大和・一四〇〉❸程度がはなはだしい。ひどい。例「さぶらふ人々もいらな・くなむ泣きあはれがりける」〈大和・一六八〉❹強い。強力だ。荒々しい。例「天下のいらな・き軍(いくさ)なりとも」〈宇津保・藤原の君〉❺仰々しい。おおげさだ。例「この史(し)、文刺(ふんさし)に文挟(ふみはさ)みて、いらな・くふるまひて」〈大鏡・時平〉

いら・ふ【答ふ・応ふ】[自ハ下二]{へ・へ・ふ・ふる・ふれ・へよ}答える。返答する。返事をする。例「ふたりの子は、なさけなくいら・へてやみぬ」〈伊勢・六三〉例「無期(むご)の後(のち)に、『えい』といら・へたりければ、僧たち笑ふ事限りなし」〈宇治拾遺・一・一二〉➡「こたふ」〈古語深耕〉

いら・ふ【借ふ・挙ふ】[他ハ下二]{へ・へ・ふ・ふる・ふれ・へよ}借りる。↔貸(い)らす

いらへ【答へ・応へ】[名]返事。返答。応答。例「をりふしの答(いら)へ心得てうちしなどばかりは、随分によろしきも多かり」〈源氏・帚木〉

いらへい・づ【応へ出づ・答へ出づ】[他ダ下二]{で・で・づ・づる・づれ・でよ}応答する。返事を出す。例「『峯(みね)に隠れし』と言ひつる返り事を、いかで答へ出・でつるぞと、うとましく思ひつづけて」〈夜の寝覚〉

いらへか・く【応へ掛く・答へ掛く】[他カ下二]{け・け・く・くる・くれ・けよ}相手に返答する。返事を言いかける。例「『いますこしも面馴(おもな)れさせたまひてこそ、御簾(みす)のうちは』と、いと馴れて答へか・けて」〈夜の寝覚〉

いらへや・る【応へ遣る・答へ遣る】[他ラ四]{ら・り・る・る・れ・れ}返事をする。返事を送る。例「はかばかしうも答へや・らずなりぬ」〈源氏・蜻蛉〉

いらへわづら・ふ【応へ煩ふ】[自ハ四]{は・ひ・ふ・ふ・へ・へ}返事に悩む。答えかねて苦しむ。例「いらへわづら・ひて、はてはものも言はねば」〈蜻蛉・下〉

いらめ・く【苛めく】[自カ四]{か・き・く・く・け・け}《「めく」は接尾語》ごつごつと角張って見える。とがって見える。

いららか・す【苛らかす】[他サ四]{さ・し・す・す・せ・せ}《「いららがす」とも》突っ張らせる。いからせる。例「毛をいららか・して走りてかかる」〈宇治拾遺・九・一〉

いらら・ぐ【苛らぐ】㊀[自ガ四]{が・ぎ・ぐ・ぐ・げ・げ}❶角ばる。とがる。突っ張る。例「こはごはしういらら・ぎたるものども着たまへる」〈源氏・手習〉❷鳥肌がたつ。例「寒げに、いらら・ぎたる顔して」〈源氏・橋姫〉㊁[他ガ下二]{げ・げ・ぐ・ぐる・ぐれ・げよ}角ばらせる。とがらせる。例「声をいらら・げ色を損じて(＝不機嫌ナ顔色ニナッテ)」〈太平記・一〇〉

いら・る【焦らる】[自ラ下二]{れ・れ・る・るる・るれ・れよ}いらいらする。気をもむ。やきもきする。例「なほなほとうちつけに焦ら・れんもさまあしければ」〈源氏・夢浮橋〉

いられおも・ふ【焦られ思ふ】[他ハ四]{は・ひ・ふ・ふ・へ・へ}いらいらして思う。気をもんで思う。例「正身(さうじみ)(＝当ノ本人)ばかりには、おろかならぬあはれを尽くし見せて、おほかたには焦られ思・へらず」〈源氏・蛍〉

いられし・ぬ【焦られ死ぬ】[自ナ変]{な・に・ぬ・ぬる・ぬれ・ね}いらいらして死ぬ。気をもむあまり死ぬ。

いられまさ・る【焦られ増さる】[自ラ四]{ら・り・る・る・れ・れ}いら立ちがつのる。いっそうひどくいらいらする。

いられまど・ふ【焦られ惑ふ】[自ハ四]{は・ひ・ふ・ふ・へ・へ}いらいらして思い乱れる。やきもきして気が転倒する。

いりあひ【入相】[名]❶日の沈むころ。夕暮れ。たそがれ時。❷「入相の鐘(かね)」の略。

【入相の鐘】夕暮れにつく鐘。また、その音。＝入相(いりあひ)②

〔和歌〕**いりあひの…**【入相の声する山の陰(かげ)暮れて花の木(こ)の間に月出(い)でにけり】〈玉葉・春下・二二三・永福門院〉訳入相の鐘の音がする山の陰は暮れて、桜の花の木の間に月がのぼってきたことだ。

いりあや【入り綾】[名]舞楽が終わり舞人が退場するとき、行きかけて戻り、改めて舞いながら退場すること。また、その舞。＝入り舞

いりいでま・す【入り出で座す】はいって行かれる。はいってこられる。

いりがた【入り方】[名]日や月などが沈もうとしているころ。

【入り方の月】西に沈みかけた月。

いりかは・る【入り替はる・入り代はる】[自ラ四]{ら・り・る・る・れ・れ}入れ替わる。他のものと交替する。

いりかよひ・く【入り通ひ来】[自カ変]{こ・き・く・くる・くれ・こ(こよ)}物の透き間などからはいって行き来する。例「小簾(こす)のすけきに入り通ひ・来(こ)ねたらちねの母が問はさば風と申(まう)さむ」〈万葉・一一・二三六四旋頭歌〉

いりぎは【入り際】[名]まさにはいろうとするとき。

いり・く【入り来】[自カ変]{こ・き・く・くる・くれ・こ(こよ)}中にはいってくる。↔出で来。例「まろ格子(かうし)上げずは、道なくて、げに(物ノ怪(け)ハ)え入り・来(こ)ざらまし」〈源氏・横笛〉

いりこも・る【入り籠る】[自ラ四]{ら・り・る・る・れ・れ}閉じこもって外に出ない。家に引きこもる。

いりさ・す【入りさす】[自サ四]{さ・し・す・す・せ・せ}《「さす」は接尾語》はいりかけてやめる。はいろうとしたまま止まる。例「(薫(かおる)ガ)心とりに(＝ゴ機嫌トリニ)聞こえたまへば、(中ノ君ハ)しばし入りさ・して」〈源氏・宿木〉

いりしほ【入り潮】[名]❶干潮。引き潮。↔出(い)で潮。❷満潮。満ち潮。＝差し潮

いりずみ【煎り炭・熬り炭】［名］火にあぶり湿気を取って、火つきをよくした炭。

いりたち【入り立ち】［名］❶ある場所に、親しく出入りすること。また、その人。❷《「簾中入り立ち」の略》宮中の女房の詰め所である台盤所に入ることを許されること。また、その人。

いりた・つ【入り立つ】［自タ四］{た・ち・つ・つ・て・て}❶立ち入る。はいりこむ。例「盗人入り立・ちて心に任せて物を取りて」〈今昔・二九・二〇〉❷親しくする。親しく出入りする。例「入りた・ちて深く見ねば知らぬぞかし」〈源氏・蜻蛉〉❸精通する。例「何事も入りた・たぬさましたるぞよき」〈徒然・七九〉

いりどり【入り取り】［名］人の家に押し入って物品を奪い取ること。また、その人。押し込み強盗。

いりは・つ【入り果つ】［自タ下二］{て・て・つ・つる・つれ・てよ}すっかりはいる。はいってしまう。例「夜に入りは・てて、何ごとも見えずなりはてぬ」〈源氏・蛍〉

いりひ【入り日】［名］夕日。落日。

いりひなす【入り日なす】［枕詞］《入り日のようにの意から》「隠る(=死ヌ)」にかかる。例「入り日なす隠りにしかば」〈万葉・三・四六六長歌〉

いりふ・す【入り臥す】［自サ四］{さ・し・す・す・せ・せ}❶中にはいって寝る。はいって横になる。例「やがて御帳の中に入り臥・し給ひぬ」〈宇津保・蔵開・中〉❷ある状態、境地にはいり切ってしまう。没入する。例「よくよく心を澄まして、その一境に入りふ・してこそ稀によまるる事は侍れ」〈毎月抄〉

いりほが【・なり】［名・形動ナリ］《「ほが」はうがつの意》❶和歌などを作るとき、凝り過ぎていやみになること。例「初めの五文字、いま少しいりほが・なるべし」〈ささめごと〉❷物事を深く考え過ぎること。せんさくし過ぎること。

いりまい【入り米】［名］《近世語》実入り。収入。=入り前

いりまひ【入り舞】［名］❶「いりあや」に同じ。❷物語の終わり。物事のしおさめ。例「世すでに至極せり、入り舞にや」〈盛衰記・二八〉

いりまへ【入り前】［名］《近世語》「いりまい」に同じ。

いりまめにはな【煎り豆に花】《近世語》衰えたものが再び栄えることのたとえ。また、ありえないこと。

いりみだ・る【入り乱る】［自ラ下二］{れ・れ・る・るる・るれ・れよ}雑然と入り交じる。ごちゃまぜになる。錯綜する。多くの者が入り交じってぶつかりあう。

いりめ【入り目】［名］❶出費。費用。❷控え目。

いりめ・く［自カ四］{か・き・く・く・け・け}《「めく」は接尾語》ひしめき騒ぐ。例「『かなはぬまでも、楯づきなどし給へかし』と、いりめ・き合ひたり」〈宇治拾遺・一五・四〉

いりもてゆ・く【入りもて行く】［自カ四］{か・き・く・く・け・け}どんどんはいって行く。例「入りもてゆ・くままに霧りふたがりて」〈源氏・橋姫〉

いりもみ【入り揉み】［名］激しくもみ合うこと。例「道すがらいりもみする風なれど」〈源氏・野分〉

いりも・む【入り揉む・焦り揉む】{ま・み・む・む・め・め}㊀［自マ四］❶激しくもみ合う。風などが吹き荒れる。例「終日にいりも・みつる雷の騒ぎに」〈源氏・明石〉❷気をもむ。いらだつ。例「『この人を妻にせばや』といりも・み思ひければ」〈宇治拾遺・三・九〉㊁［他マ四］嘆願する。身をもむように祈る。例「人知れぬ額をつき、仏をいりも・みたてまつる」〈栄花・三〇〉

いりもや【入り母屋】［名］屋根の形式の一種。上方だけが切り妻で、下部は四方に庇をふきおろしたもの。入り母屋造り。

いりやまがた【入り山形】［名］紋所の名。「入」の字を山形にして横に二つ重ねて並べた模様。

いりわけ【入り訳】［名］《近世語》込み入ったわけ。入り組んだ事情。

いり・ゐる【入り居る】［自ワ上一］{ゐ・ゐ・ゐる・ゐる・ゐれ・ゐよ}中にはいって座る。また、中にはいった状態でいる。↔出で居る。例「妙なる殿に携はり(=互イニ手ヲ取リ合ッテ)二人入り・ゐて」〈万葉・九・一七四〇長歌〉

いる【居る・率る】歴史的かなづかい「ゐる」

い・る【入る】㊀［自ラ四］{ら・り・る・る・れ・れ}❶外から内に入る。例「君来ずは閨へも入・らじ」〈古今・恋四・六九三〉❷隠れる。こもる。(日や月が)沈む。例「日の入・るほどに、起きさせたまひて」〈枕・淑景舎〉《敬語》「起きさせたまひて」→「させたまふ」。❸耳や目にふれる。例「法皇の見参に入・らばや」〈平家・四・厳島御幸〉❹心に深くしみる。例「何故か思はずあらむ紐の緒の心に入・りて恋ひしきものを」〈万葉・一三・三二九七〉❺ある境地に達する。例「二つのわざ、やうやう境に入・りければ」〈徒然・一八八〉❻ある時間になる。ある状態になる。例「夜に入・りてまかでたまふに」〈源氏・末摘花〉《敬語》「まかでたまふに」→「まかづ」「たまふ(四段)」。❼(尊敬語を伴って)「あり」「居る」「行く」「来」などの意を表す。例「この上の山へ、花つみにい・らせ給ひてさぶらふ」〈平家・灌頂・大原御幸〉《敬語》「いらせ給ひてさぶらふ」→「せたまふ」「さぶらふ」。❽(動詞の連用形に付いて補助動詞として)深く…する。すっかり…する。例「いみしう泣き入・りつつ」〈源氏・夕霧〉《音便》「いみじう」は「いみじく」のウ音便。㊁［他ラ下二］{れ・れ・る・るる・るれ・れよ}❶外から中に入れる。例「いと幼ければ、籠に入・れて養ふ」〈竹取・かぐや姫〉❷隠れさせる。引っ込ませる。例「飽かなくにまだきも月の隠るるか山の端逃げて入・れずもあらなむ」〈古今・雑上・八八四〉訳―〔和歌〕あかなくに…。❸心に深くしみ込ませる。例「心に入・れて思ひたることを、たがへつれば」〈枕・職の御曹司におはしますころ、西の廂に〉❹そそぎ込む。込める。例「力をも入・れずして天地を動かし」〈古今・仮名序〉❺(動詞の連用形に付いて補助動詞として)動作を外から中に向かって行う意。例「御消息聞こえ入・れたまへり」〈源氏・柏木〉《敬語》「聞こえ入れ」→「きこゆ」

い・る【炒る・煎る】［他ラ四］{ら・り・る・る・れ・れ}鍋に入れて水分がなくなるまで熱する。煮つめる。

いる【沃る】［他ヤ上一］{い・い・いる・いる・いれ・いよ}注ぐ。浴びせる。例「これを治せむやうは、面に水なむいるべき」〈蜻蛉・中〉

いる【射る】［他ヤ上一］{い・い・いる・いる・いれ・いよ}矢などを放つ。矢などを射当てる。例「ある人、弓射る事を習ふに、もろ矢をたばさみて的に向かふ」〈徒然・九二〉

いる【鋳る】［他ヤ上一］{い・い・いる・いる・いれ・いよ}金属を溶かして鋳型に流し、器物を鋳造する。

い

いるい【異類】[名]種類が違うもの。人間以外の動物や異様なもの。形がふつうとは違うもの。

いるかせ[・なり]【忽】[形動ナリ]{なら・なり(に)・なり・なる・なれ・なれ}おろそかにするさま。＝忽(ゆるが)せ。例「〔平清盛ガ盛ンナトキ八〕聊(いささ)かいるかせ・にも申す者なし」〈平家・一・禿髪〉

いるさ【入るさ】[名]《「さ」は時・方角を表す接尾語》はいるとき。はいる方角。

いるさのやま【入佐の山】[歌枕]但馬国(たじまのくに)の山とされ、いまの兵庫県出石(いずし)郡出石町の此隅山(このすみやま)とする説が有力だが未詳。「いる(射る)」の連想から「梓弓(あづさゆみ)」が枕詞としてつく。

いるひ【入る日】[名]西に沈む日。夕日。

〔**入(い)る日(ひ)を返(かへ)す**〕日が暮れないようにと、沈んでゆく太陽をもとへ返す。例「**入る日をかへ・す**撥(ばち)こそありけれ、さま異にもおよびたまふ御心かな」〈源氏・橋姫〉

〔**入(い)る日(ひ)をかへす撥(ばち)**〕《「撥」は琵琶(びわ)を弾く道具》夕日を呼び戻す撥。舞楽「陵王」に、「日搔返手(ひかきかへすて)」という桴(ばち)(鼓を打つ柄・槌(つち))を上にあげて空を仰ぐ動作があるのを引用し、「桴」と琵琶の「撥」をかけて表現したもの。

いるまことば【入間言葉・入間詞】[名]語の順序や意味を逆にいうこと。「月の鏡」を「鏡の月」というなど。＝逆さ言葉・入間様(いるまやう)。

いるまやう【入間様】[名]「いるまことば」に同じ。

いれい【異例】[名](からだの状態が)いつもと違うこと。病気。

いれかたびら【入れ帷子】[名]衣服などを箱にしまうときに、衣服を包む布。

いれこ【入れ籠・入れ子】[名]大きさの違う同形のもので、大きい方に小さい方が順々に入っていくように作ってある容器や箱。

いれこ・む【入れ込む・入れ籠む】[他マ下二]{め・め・む・むる・むれ・めよ}ほかのものの中にしまい込む。例「屛風(びやうぶ)の袋に**入れこ・めたる**」〈源氏・東屋〉

いれし・む【入れ染む】[他マ下二]{め・め・む・むる・むれ・めよ}香などを染みこませる。例「唐(から)の色紙(しきし)、かうばしき香に入れし・めつつ」〈源氏・玉鬘〉

いれじゃうね【入れ性根】[名]《近世語》周囲が知恵を付けること。

いれた・つ【入れ立つ】[他タ下二]{て・て・つ・つる・つれ・てよ}立ち入らせる。出入りさせる。例「心わづらはしき北の方出(い)で来て後(のち)は、内にも**入れ立・てず**」〈枕・男は、女親亡くなりて〉

いれにっき【入れ日記】[名]商品を送るとき、商品に添える内容明細書。

いれひも【入れ紐】[名]袍(はう)や直衣(なほし)や狩衣(かりぎぬ)などの盤領(まるえり)や裾(すそ)に付いているひも。一方を結んで玉にし(雄紐)、もう一方を輪にして(雌紐)、雌紐の輪に雄紐の玉を入れて留める。

いれひもの【入れ紐の】[枕詞]「さす」「同じ心」にかかる。例「**入れ紐の同じ心に**」〈古今・恋一・五四一〉

いれふだ【入れ札・入れ簡】[名]《近世語》買い手や請負人が多数いる場合、おのおのの見積額を書いた紙を箱に入れさせ、その結果で決めること。または、その紙。入札(にゅうさつ)。

いれふで【入れ筆】[名]あとから書き加えること。加筆。

いれま・ず【入れ交ず・入れ雑ず】[他ザ下二]{ぜ・ぜ・ず・ずる・ずれ・ぜよ}入れて交ぜ合わせる。入れていっしょにする。例「かかる仲らひに、離れたる人をば**入れま・ぜむ**が憎さに」〈宇津保・国譲・下〉

いれもじ【入れ文字】[名]和歌の遊戯的技巧のひとつ。歌の中に歌の意味と関係のない文字・語を隠して詠むこと。「あしひきの山立ち離れ行く」には「たちばな」が隠されているなど。→「もののな」

いろ-[接頭]《上代語》親族関係を示す名詞に付いて、母親が同じである意を表す。また、親愛の意を表す。「**いろ**兄(え)」「**いろ**弟(ど)」「**いろ**妹(も)」など。

-いろ【色】[接尾](数を示す語に付いて)…種類。種類の意を表す。「一色(ひといろ)」など。

いろ【倚廬】[名]天皇が父母の喪に服する期間にこもる仮屋。床を通常の御殿よりも下げた粗末な建物。＝倚廬の御所

〔**倚廬(いろ)の御所(ごしょ)**〕「いろ(倚廬)」に同じ。

いろ[・なり]【色】[名][形動ナリ]

> **アプローチ**
> ▼目でとらえる物体の色彩や顔色が基本的な意味。
> ▼ここから、顔立ち・華美・気配・風情など、さまざまな意味を派生した。
> ▼「色好み」のような形で、女色・色欲などを表すようになったのは中古以降。

一[名]❶**色彩**。例「雪の**色**を奪ひて咲ける梅の花今盛りなり見む人もがも」〈万葉・五・八五〇〉訳雪の**色彩**を奪うように白く咲いている梅の花は、いままさに最盛期だ。いっしょに見る人がいるといいのに。

❷**顔色**。**表情**。例「岩が根のこごしき山を越えかねて音(ね)には泣くとも**色**に出(い)でめやも」〈万葉・三・三〇一〉訳大きな岩のごつごつした山を越えられないで、声に出して泣くことはあろうとも、(妻を思う気持ちを)**顔色**に出したりするだろうか(いや出したりしない)。

❸**気配**。**ようす**。**態度**。また、**風情**。例「しのぶれど**色**に出(い)でにけり我(わ)が恋は物や思ふと人の問ふまで」〈拾遺・恋一・六二三〉訳→〈和歌〉しのぶれど…

❹**服色**。とくに、原則として天皇・皇族のみが着用できる服色。**禁色**(きんじき)。例「このごろこそ、すこしものものしく、御衣(ぞ)の**色**も深くなりたまへれ」〈源氏・若菜・下〉訳最近になって、少しは重々しく、お召し物の服色も濃くおなりになったが。《係結び》「こそ→深くなりたまへれ(已)」

古典の世界 服色は位階によって定まっており、皇族が着用した服色(青・赤・梔(くちなし)・紫など七色)や紋のある織物の袍(はう)は許可なく臣下の着用が禁じられた。

❺**喪服の色**。**鈍色**(にびいろ)。例「女房なども、かの御形見の**色**変へぬもあり」〈源氏・幻〉訳女房などの中にも、喪中の**鈍色**の服を脱ぎかえない者もある。

❻**色情**。**恋愛**。例「いといたう**色**好める若人(わかうど)にてありけるを」〈源氏・末摘花〉訳(大輔(たいふ)の命婦(みやうぶ)は)実にたいへん**恋愛**を好む若女房であったが。《音便》

「いたう」は「いたく」のウ音便。
❼女性。恋人。情婦。また、遊女。例「御心に染む色もなかりけるにや」〈太平記・一八〉訳お心にかなう女性もいなかったのか。
❽華美。例「今の世の中、色につき、人の心、花になりにけるより」〈古今・仮名序〉訳いまの世の中は、華美になって、人の心は、派手になったので。
❾種類。たぐい。品。例「目に見ゆる鳥・獣、色をも嫌はず殺し食へば」〈宇津保・俊蔭〉訳目に見える鳥や獣は、種類も問わず殺して食ったので。
二［形動ナリ］{なら・なり(に)・なり・なる・なれ・なれ}❶髪がつややかだ。例「髪、色に、こまごまとうるはしう」〈枕・野分のまたの日こそ〉訳髪は、つややかに、きちんと整っていて。《音便》「うるはしう」は「うるはしく」のウ音便。
❷好色である。例「越前守、色なる人にて」〈落窪・三〉訳越前の国司は、好色な人で。
❸風情がある。情趣に感じやすい。例「目馴れずもある住まひのさまかなと、色なる御心には、をかしく思ほしなさる」〈源氏・総角〉訳(匂宮は)見慣れない(宇治の)住まいのようすであると、情趣に感じやすい御心には、興深くお思いになる。《敬語》「思しなさる」→「おぼす」

〔色改まる〕喪が明けて人々が喪服を脱ぎ、平常の衣服の色にもどる。例「宮の御はても過ぎぬれば、世の中色あらたまりて」〈源氏・少女〉

〔色有る〕❶色がついている。例「何色にか、色ある御衣どもの、〔直衣ノ〕ゆたち(=脇アケ)より多くこぼれ出でではべりし御様体などよ」〈大鏡・伊尹〉❷趣がある。美しさが備わっている。例「宇津の山わけて色ある蔦の下露」〈東関紀行〉

〔色変はる〕喪に入り、鈍色(濃いねずみ色)の喪服になる。例「色かはる袖をばつゆのやどりにてわが身ぞさらにおきどころなき」〈源氏・椎本〉

〔色濃き衣〕(紫、または紅色が)濃い色の衣類。=濃き衣

〔色濃し〕❶色が濃い。また、とくに衣服の紫や紅などの色が濃い。例「藤の花は、しなひ長く、色濃く咲きたる、いとめでたし」〈枕・木の花は〉❷しつこい。あくどい。情が深い。例「片田舎の人こそ、色こく万はもて興ずれ」〈徒然・一三七〉

〔色好む〕恋愛の情趣をよく理解する。例「浅茅が宿に〔恋人ト語リ合ッタ〕昔をしのぶこそ、色好むとは言はめ」〈徒然・一三七〉

〔色添ふ〕❶色がいちだんと濃くなる。例「君がため色そふ松にことへば」〈新続古今・賀・七五一〉❷物事の味わいや程度が深まる。例「あはれもいとど色そふさまにいひおこせて」〈玉葉・雑四・二三四四詞書〉

〔色に出づ〕心のうちを、表情や態度に表す。例「さまざまに思ほしかまへけるを色にも出だしたまはざりけるよと」〈源氏・総角〉

〔色に耽る〕色欲におぼれる。情事に夢中になる。例「色にふけり情けにめで、行ひをいさぎよくして(=思イ切ッタ行動ヲシテ)」〈徒然・一七二〉

〔色の合はひ〕色合い。色のようす。

〔色の物〕《「いろ」は、喪服や僧服に用いる「鈍色」の意》喪服。

〔色深し〕❶色が濃い。例「鹿鳴草は、いと色深う、枝たをやかに咲きたるが」〈枕・草の花は〉《音便》「色深う」は「色深く」のウ音便。❷美しい。あでやかである。例「色ふかく情けありければ、心を動かす人多かりけり」〈古今著聞・八〉❸愛情が深い。例「色深く思ひし心我忘れめや」〈古今・恋四・七二三〉

〔色許さる〕❶(男子の服装で)束帯の袍以下の生地の色目や文様に、「禁色」の使用を許される。例「重雅は色ゆるされにけり」〈枕・関白殿、二月二十一日に〉❷(女子の服装で)女房装束の唐衣以下の生地の色目に、青色・赤色の使用を許される。例「むかし、おほやけ思して使うたまふ女の、色ゆるされたるありけり」〈伊勢・六五〉

〔色を失ふ〕驚き恐れて顔色を変える。青ざめる。例「公卿殿上人みな心さはぎして色をうしなひ」〈保元・上〉

〔色を損ず〕不機嫌になって顔色を変える。例「色を損じて申しけるは」〈太平記・一〇〉

〔色を尽くす〕❶ありったけの種類を出す。あらゆる種類がある。例「色々の香は色を尽くして、麝香・沈・丁子」〈宇津保・内侍のかみ〉❷はなやかに飾る。装いをこらす。例「およそ、中間・雑色にいたるまで、けしきに色をつくす」〈曾我・四〉

〔色を調ふ〕身なりをきちんとする。服装などを整える。例「随身などまで色をととのへ、装束どもを給はせたり」〈とりかへばや〉

いろあひ【色合ひ】［名］❶色のぐあい。色調。❷顔の色つや。顔色。

いろいろ【色色】一［名］❶さまざまな色。色とりどり。❷さまざま。種々。二［副］さまざまに。いろいろと。例「人わろく(=見苦シクモ)いろいろ心の中に思ほす」〈源氏・浮舟〉

いろいろ・し【色色し】［形シク］{(しから)・しく(しかり)・し・しき・しかる・しけれ・しかれ}❶好色である。例「色々しき者にて、〔器量ノ〕よきあしきをきらはず、女といへば心をうごかしけり」〈古今著聞・五四四〉❷きらびやかだ。色とりどりで華やかだ。例「別して色々しくも出で立たず」〈義経記・六〉

いろいろと［副］人の泣くさま。

いろいろをどし【色色縅】［名］鎧の縅の名。鎧の胴・袖・草摺りの板一枚ずつを異なった色の糸または革のひもでつづったもの。

いろう【色う・彩う・艶う・綺う・弄う】歴史的かなづかい「いろふ」

いろえ［名］《上代語。「いろ」は同母の意》同じ母から生まれた兄。

いろか【色香】［名］❶(花などの)色と香。例「花の色香もてはやされて」〈源氏・若菜・下〉❷女性の美しくあでやかな容姿。❸精神の気高さ。

いろぎは【色際】［名］《「いろきは」とも》色の具合。色のようす。色合い。

いろくさ【色種・色草】［名］さまざまな種類。また、秋に咲く種々の草。例「中宮の御前に、秋の花を植ゑさせたまへること、常の年よりも見どころ多く、色種を尽くして」〈源氏・野分〉

いろくづ【鱗】［名］「うろくづ」に同じ。

いろこ【色子】［名］《近世語》歌舞伎役者で、男色を売った者。=陰間・分子

いろこだ・つ【鱗だつ】［自タ四］{た・ち・つ・つ・て・て}《「だつ」は

接尾語》(ものの形や模様が)うろこのようである。例「蛇（くちなは）のかたをいみじく似せて、動くべきさまなどしつけて、いろこだ・ちたる懸袋（かけぶくろ）に入れて」〈堤中納言・虫めづる姫君〉

いろごとし【色事師】[名]《近世語》❶歌舞伎（かぶき）で、色事（恋愛・情事）を得意とする役者。❷色事に夢中になる男。女たらし。

いろごのみ【色好み】[名]❶恋愛の情趣をよく理解すること。また、その人。粋人（すいじん）。好き者。❷風流や風雅の方面に理解や関心のあること。また、その人。風流人。例「世にふたりみたりの賢き**色好み**出（い）でて」〈ささめごと〉

古典の世界 「色好み」には、現代語のように「情事を好むこと」「多情な人」といったような対象の好ましくない状態を指していう場合もあるが、平安時代にはむしろ、男女を問わず恋愛のさまざまな情を理解する粋人という優雅な意味で用いられ、後世のように、非難めいたニュアンスは含まれていなかった。

いろごろも【色衣】[名]美しい色彩の衣。

いろざし【色差し】[名]《「ざし」は接尾語》色合い。色つや。

いろざま【色様】[名]❶顔の色つや。容姿。❷なまめかしい美人。

いろしな【色品】[名]❶いろいろな品物。❷さまざまな方法や手段。

いろせ[名]《上代語。「いろ」は接頭語》同じ母親から生まれた兄弟。

いろづ・く【色付く】[自カ四]{か・き・く・く・け・け}❶草木の葉・花・実などが色変わりする。例「都の山は**色付き**ぬらむ」〈万葉・一五・三六九九〉❷皮膚などが赤みを帯びる。例「御鼻の**色づく**までしほたれたまふ」〈源氏・若菜・下〉

いろど[名]《「いろおと」の変化形。「いろ」は接頭語》同じ母親から生まれた弟または妹。↔いろね

いろどり【色鳥】[名]秋に渡ってくるいろいろな小鳥。(季-秋)

いろど・る【色取る・彩る】[他ラ四]{ら・り・る・る・れ・れ}❶色を付ける。彩色する。例「絵など描（か）きて、**色どり**たまふ」〈源氏・末摘花〉❷化粧する。例「額髪（ひたひがみ）をひきかけつつ、**色どり**たる顔づくりをよくして」〈源氏・総角（あげまき）〉❸さまざまに工夫し、変化をつける。例「日を重ねたる申楽（さるがく）、一日（ひとひ）の内は申すに及ばず、風体（ふうてい）の品々を**色ど・る**べし」〈風姿花伝〉

いろなほし【色直し】（イロナオシ）[名]❶子供が生まれて百日目に、産婦と産児が、それまで着ていた白小袖（こそで）を脱いで、色小袖に着替えること。❷新婦が、婚礼の式服を脱ぎ、色模様の衣服に着替えること。

いろにい・づ【色に出づ】（イロニイズ）《「いろ」は、顔色・表情の意》心中の感情や思いが、態度や表情に現れる。表だつ。例「しのぶれど**色に出で**にけり我（わ）が恋は」〈拾遺・恋一・六二二〉訳→〈和歌〉しのぶれど…

いろね[名]《「いろ」は接頭語》同じ母親から生まれた兄・姉。↔いろど

いろは【母】[名]母。生母。↔父（かぞ）

いろは【伊呂波】[名]❶「伊呂波歌」の略。→付録「国語・国文法用語事典」。❷「いろは歌」を構成する平仮名四十七字。また、その最後に「ん」か「京（きゃう）」を加えた四十八字。❸《手習いで最初に「いろは歌」を習うことから》物事の初歩。❹順序を表す符号。いろは番号。→「いろはづけ」

いろはうた【伊呂波歌】[名]→付録「国語・国文法用語事典」

いろはじるいせう【色葉字類抄】（イロハジルイショウ）[作品名]平安後期の国語辞書。橘忠兼（たちばなのただかね）編。漢文訓読語をはじめ、当時使用されていたことばをいろは順に配列し、和訓などを付したもので、最古のいろは順引きの辞書。鎌倉前期までにこれを改編増補(十巻)したのが『伊呂波字類抄』。

いろはたんか【伊呂波短歌】[名]いろは四十七文字と最後の文字「京（きゃう）」の四十八字をそれぞれ文頭に置いた教訓的な短歌。のちに、短歌の代わりにことわざを用いるようになり、「いろはがるた」と呼ばれた。

いろはぢゃや【伊呂波茶屋】[名]《近世語》❶江戸時代、大坂道頓堀（どうとんぼり）にあった芝居茶屋。四十八軒あったことからいう。❷江戸谷中（やなか）感応寺前にあった水茶屋。私娼（ししょう）もいた。

いろはづけ【伊呂波付け】[名]順番を示すのにいろは四十七音を用いること。また、用いたもの。

いろはな【色花】[名]美しい花。華美なもの。

いろひ【綺ひ・弄ひ】（イロイ）[名]口出し。干渉。

いろびと【色人】[名]❶美しくなまめかしい人。❷遊女。女郎。❸色道を解する人。粋人。

いろ・ふ【色ふ・彩ふ・艶ふ】（イロウ）一[自ハ四]{は・ひ・ふ・ふ・へ・へ}美しい色になる。色づく。例「露に**色・へる**撫子（なでしこ）花」〈和泉式部集〉二[他ハ下二]{へ・へ・ふ・ふる・ふれ・へよ}❶彩色する。美しくいろどる。例「この皮衣（かはぎぬ）入れたる箱を見れば、くさぐさのうるはしき瑠璃（るり）を**色・へ**て作れり」〈竹取・火鼠の皮衣〉❷手を加える。工夫をこらす。例「安き所を少な少なと**色・へ**てせしかども、花はいや増しに見えしなり」〈風姿花伝〉

いろ・ふ【綺ふ】（イロウ）一[自ハ四]{は・ひ・ふ・ふ・へ・へ}❶関係する。かかわる。例「惟光朝臣（これみつのあそむ）、例の忍ぶる道はいつとなく**いろ・ひ**仕うまつる人なれば」〈源氏・松風〉❷干渉する。口出しする。例「**いろ・ふ**べきにはあらぬ人の、よく案内（あない）知りて」〈徒然・七七〉二【弄ふ】[他ハ四]手を触れる。いじる。もてあそぶ。例「下女、中間にも**いろ・はせ**ず」〈浄・鑓の権三重帷子〉

いろふし【色節】[名]❶はでで美しいこと。きらびやかなこと。例「万（よろづ）のものの綺羅（きら）・飾り・**色ふし**も、夜のみこそめでたけれ」〈徒然・一九一〉❷晴れがましいこと。光栄なこと。例「もの思ひなげにて仕うまつるを**色節**に思ひたるに」〈源氏・澪標〉

〈和歌〉**いろみえで…【色見えで移ろふものは世の中の人の心の花にぞありける】**〈古今・恋五・七九七・小野小町〉訳はっきりと色には現れないで衰えてゆくものは、世の中の人の心という花であったよ。(係結び)「ぞ」→ありける体

いろみぐさ【色見草】[名]紅葉（もみじ）の別称。

いろめ【色目】[名]❶衣服などの染め色の配合。❷ひそかに思いをよせる目つきをすること。またその表情。

いろめか・し【色めかし】[形シク]{しから・しく(しかり)・し・しき(しかる)・しけれ・しかれ}色っぽい。好色らしい。例「いとよしあるさまして、**色めかしう**なよびたまへるを」〈源氏・紅葉賀〉(音便)「色めかしう」は「色めかしく」のウ音便。

いろめか・す【色めかす】[他サ下二]{せ・せ・す・する・すれ・せよ}華

やいだ雰囲気にする。目立つように飾り立てる。例「桟敷を造り**色めか・せ**たまはば」〈栄花・一三〉

いろめ・く【色めく】[自カ四]{か・き・く・く・け・け}《「めく」は接尾語》❶美しく色づく。はなやかな色になる。例「**色め・く**野辺に人通ふとて」〈金葉・秋・二三三〉❷好色なように見える。例「**色め・き**たまひて、通ひたまふ忍び所多く」〈源氏・紅梅〉❸動揺して浮き足立つ。例「すはや敵は**色め・き**たるは」〈太平記・八〉

いろも[名]《上代語。「いろ」は接頭語》同じ母親の妹。

〔和歌〕**いろよりも…【色よりも香こそあはれと思ほゆれ誰が袖触れし宿の梅ぞも】**〈古今・春上・三三・よみ人しらず〉訳 色よりも香りの方がすばらしいと思われる。いったいだれが袖を触れて移り香を残していったこの家の梅なのだろうか。《係結び》「こそ→思ほゆれ㊀」

いわ…【石…・岩…・磐…・巌…】歴史的かなづかい「いは…」

いわう【斎う・祝う】歴史的かなづかい「いはふ」

いわう【医王】[名]《仏教語》❶仏のこと。医師が病人を救うように、仏法を説いて、人々を悩み・苦しみから救うことから、仏を医師の王とたとえていった。❷薬師如来の別名。

いわか・る【い別る】[自ラ下二]{れ・れ・る・るる・るれ・れよ}《「い」は強意の接頭語》別れる。例「島伝ひ**い別・れ**行かば留まれる」〈万葉・八・一四五三長歌〉

いわ・く【駭く】[自カ下二]{け・け・く・くる・くれ・けよ}あわてる。息を切らす。例「屍を抱きて**駭・け**惋てて」〈紀・雄略〉

いわし【鰯】[名]魚の名。イワシ。(季-秋)

〔**鰯の頭も信心から**〕信心すれば、つまらないものでもありがたく思われることのたとえ。

いわた・す【射渡す】[他サ四]{さ・し・す・す・せ・せ}矢を射て遠くまで届かせる。例「投げ矢持ち、千尋**射渡・し**」〈万葉・一九・四一六四長歌〉

いわたら・す【い渡らす】《接頭語「い」+動詞「渡る」の未然形+上代の尊敬の助動詞「す」》渡っていらっしゃる。お渡りになる。例「天の川棚橋渡せ織女の**い渡ら・さ**むに棚橋渡せ」〈万葉・一〇・二〇八一〉

いわた・る【い渡る】[自ラ四]{ら・り・る・る・れ・れ}《「い」は接頭語》渡る。例「その上ゆも**い渡ら・さ**むを」〈万葉・一八・四一二六〉

いを【魚】[名]《「うを」とも》魚類の総称。さかな。例「賀茂川の瀬にふす鮎の**いを**とりて寝でこそあかせ夢に見えつや」〈大和・七〇〉

発展学習ファイル　和歌ではふつう「**うを**」を用いて「いを」を用いないが、掛詞としては「寝を」をかける。

いをさ【い小箭】[名]《「い」は接頭語。「を」は「小さい」、「さ」は「矢」の意》小さい矢。例「荒らし男の**いをさ**手挟み向かひ立ち」〈万葉・二〇・四四三〇〉

いん…【尹…・員…・院…・韻…】歴史的かなづかい「ゐん…」

いん【因】[名]《仏教語》原因。物事が起こるもと。↔果

いん【印】[名]❶《仏教語》仏・菩薩などの悟りや誓願を表す手指の形。仏像の手指や密教の僧の祈禱時に見受けられる。=印契・印相。❷印章。印形。

〔**印を刻む**〕物の上にくっきりと彫り付けたような跡をつける。例「沙頭(=砂ノ上)に**印を刻・む**鷗」〈平家・三・有王〉

〔**印を作る**〕両手の指を決められた形に組み合わせて、仏や菩薩などの悟りの内容を象徴的に表現する。例「さやうの物(=魔物)退くべき**印を作・り**つつ、さすがになほまもる」〈源氏・手習〉

〔**印を結ぶ**〕真言行者が、仏・菩薩の悟りの内容を表す特定の形を描いたり、手指を組んで示す。=印を作る

いん【陰】[名]古代中国に起こった易学で、天地万物を二つに分け消極的・受動的な要素をいう。たとえば天に対しては地、日に対しては月、男性に対しては女性、盛に対しては衰など。↓「いんやう」。↔陽

いんえん【因縁】[名]「いんねん」に同じ。

いんか【印可】[名]《「印信許可」の意》❶《仏教語》師の僧が弟子の修行者の悟りが深く堅いことを認めて証明すること。❷《近世語》芸道や武道などで奥義を究めたことを証明すること。また、それを証明した書状。免許。

いんが【因果】歴史的かなづかい「いんぐゎ」

いんぎんかう【慇懃講】[名]礼儀を重んじる集会。↔無礼講

いんくゎ【陰火】[名]夜、墓地や野山で、妖怪や幽霊が出るときに燃えるといわれている火。鬼火。狐火。

いんぐゎ【因果】[・なり]㊀[名]《仏教語》❶すべての現象には原因があって結果が起こるという道理。❷前世や過去に行った業(行い)から受ける報い。とくに、悪業の報い。㊁[形動ナリ]{なら・なり(に)・なり・なる・なれ・なれ}不幸だ。不運だ。例「かかるりんき(=ヤキモチ)のふかき女を持ち合はすこそ、その男の身にして**因果・なれ**」〈浮・好色五人女〉

〔**因果が蹲ふ**〕(過去における悪業がしゃがんで待ち構えている意から)運が尽きる。

いんぐゎきゃう【因果経】[名]《「過去現在因果経」の略》釈迦自らが、因果応報の理を説いた伝記。

いんぐゎにん【因果人】[名]《近世語》前世の悪業の報いを受けた人。不運な人。=因果者

いんぐゎもの【因果者】[名]《近世語》「いんぐゎにん」に同じ。

いんぐゎものがたり【因果物語】[作品名]江戸前期の仮名草子。鈴木正三作。仏教の因果の理を伝えるための怪異小説集。

いんげい【印契】[名]「いん(印)①」に同じ。

いんげん【隠元】[人名](一五九二～一六七三)江戸前期の禅僧。明の福建省出身だが、明滅亡により承応三年(一六五四)来日。黄檗山万福寺(京都)を創建した。その存在は荻生徂徠の古学や水戸学・国学に影響を与えた。

いんごふ【因業】[名]❶《仏教語》報いをもたらす因(原因)になる業(行為)。❷《前世の悪業が原因の性格の意》がんこで思いやりのない性格。

いんざう【印相】[名]《「いんさう」とも》❶《仏教語》仏や菩薩の悟りや誓願の内容を、両手の指を

う［感］うめくときに発する語。ううん。例「『う』といひて、後ろざまにこそ臥しかへりたれ」〈宇治拾遺・三・三〉

う【諾】［感］承諾の気持ちを表す語。おう。はい。例「今日のうちに否ともうともいひはてよ」〈信明集〉

う［助動特活］{○・○・う・う・○・○}《推量の助動詞「む」の変化形》❶推量の意を表す。…だろう。例「さぞ両人の者が待ちかねているでござらう」〈狂・附子〉訳きっとふたりの者たちが待ちかねているだろう。❷意志を表す。…う。…よう。例「この子が我もゆかうどしたひしを」〈平家・三・僧都死去〉訳この子が、自分も行こうと跡を追ったのを。❸勧誘・命令の意を表す。…よう。…がよい。…せよ。例「いざおのおの木曾殿へ参らう」〈平家・七・篠原合戦〉訳さあ、みんな、木曾殿のところへ参ろう。《敬語》「参らう」→「まゐる(四段)」。❹当然・適当の意を表す。…のが当然だ。…べきだ。…のがよい。例「その聟の田に水がなくは、ともどもかけて下さりょうを」〈狂・水掛聟〉訳その婿の田に水がなかったら、いっしょにかけてくださるのがよいものを。❺(連体形で体言を修飾して)仮定・婉曲の意を表す。…ような。例「馬の足のおよばうほどは、手綱をくれてあゆませよ」〈平家・四・橋合戦〉訳(川が浅くて)馬の足が届くようなうちは、手綱をゆるめて(馬を自由に)歩かせよ。

〈接続〉活用語の未然形に付く。

発展学習ファイル　平安末ごろから用例が見られ、鎌倉以降、「む」に代わって盛んに用いられた。

う【憂】《形容詞「憂し」の語幹》つらい。例「あはれとや言はむあな憂とや言はむ」〈古今・雑下・九四三〉

うい…【初…】歴史的かなづかい「うひ…」

うい【羽衣】［名］天女や仙人などが着て空を飛ぶという、鳥の羽で作った衣。はごろも。

う・う【飢う・餓う・饑う】［自ワ下二］{ゑ・ゑ・う・うる・うれ・ゑよ}空腹になる。飢える。＝飢ゑ。例「我よりも貧しき人の父母は飢ゑ寒ゆらむ」〈万葉・五・八九二長歌〉訳→〔和歌〕かぜまじり…

う・う【植う】［他ワ下二］{ゑ・ゑ・う・うる・うれ・ゑよ}❶植物を植える。種をまく。例「我妹子が植ゑし梅の木」〈万葉・三・四五三〉訳→〔和歌〕わぎもこがうゑしうめのき…。❷(比喩的に用いて)もとになるものをつくる。思想などを植えつける。例「宝手比丘、昔いかなる福をうゑて、福貴の家に生まれて」〈今昔・二・二一〉❸差し込む。はめ込む。例「剣を植ゑたるごとくなり」〈浄・出世景清〉

うえ…【上…】歴史的かなづかい「うへ…」

うえ…【植…】歴史的かなづかい「うゑ…」

うえん【有縁】［名］《仏教語》❶仏によって救われるだけの深い因縁にあること。また、深い因縁によって仏に救われるべき人。❷なんらかの因縁・関係があること。ゆかりがあること。↔無縁①

〔有縁の衆生〕前世で、ある仏や菩薩と深い因縁を結んだ衆生。

うお…【魚…】歴史的かなづかい「うを…」

うがい【有涯】［名］《仏教語》常に変転して定まらない世の中。この世。現世。

うかかはく【窺はく】《動詞「窺ふ」を名詞化したもの》うかがうこと。例「前つ戸よ、い行き違ひ窺はく知らにと」〈記・中・歌謡〉

うかがひ［名］一【窺ひ】のぞくこと。そっとようすを探ること。例「人の窺ひなどするに」〈宇津保・俊蔭〉二【伺ひ】目上の人に意見や指示をあおぐこと。

うかがひあり・く【窺ひ歩く・伺ひ歩く】［自カ四］{か・き・く・く・け・け}《「うかかひありく」とも》こっそりとようすを探って回る。例「〔源氏ハ〕藤壺わたりをわりなう忍びてうかがひ歩・けど」〈源氏・花宴〉

うかがひつ・く【窺ひ付く】［他カ下二］{け・け・く・くる・くれ・けよ}ひそかにねらって、機会を見つける。例「〔小侍従ハ〕さるべきをりうかがひつ・けて、消息しおこせたり」〈源氏・若菜・下〉

うかが・ふ【窺ふ】［他ハ四］{は・ひ・ふ・ふ・へ・へ}《古くは「うかかふ」》❶ひそかに見る。こっそりのぞく。例「我も行く方あれど、あとにつきてうかが・ひけり」〈源氏・末摘花〉❷ひそかに機会をねらう。例「家の御たち・女房などの、うかが・ふを、『打たれじ』と用意して」〈枕・ころは、正月、三月〉❸調べてみる。例「近く本朝をうかが・ふに」〈平家・一・祇園精舎〉❹ひととおり心得る。例「弓射、馬に乗る事、六芸に出だせり。必ずこれをうかが・ふべし」〈徒然・一二二〉

うがく【右楽】［名］雅楽で、古代中国から伝来した音楽を左楽と呼ぶのに対して、古代朝鮮や渤海から伝来した音楽。＝右方・高麗楽。↔左楽

うか・す【浮かす】［他サ四］{さ・し・す・す・せ・せ}❶浮かべる。❷心を浮き立たせる。例「これから踊り念仏を始めてきゃつを浮か・いてやらう」〈狂・宗論〉《音便》「浮かい」は「浮かし」のイ音便。

うがち【穿ち】［名］ふつうでは気付かない裏事情などを鋭くとらえて表現すること。洒落本・滑稽本をはじめとする近世後期の文学作品に顕著な発想法で、当世の風刺や滑稽を目的とする。

うが・つ【穿つ】［他タ四］{た・ち・つ・つ・て・て}《上代は「うかつ」》❶穴をあける。例「優婆塞ひそかに坊の壁を穿・ちて窺へば」〈霊異記〉❷突き通す。貫く。例「棹は穿・つ波の上の月を」〈土佐〉❸物事の隠れた事情を明らかにする。人情の機微を指摘する。例「人情の有り様をくはしくうが・ちて」〈浮世床〉

うかねらふ【窺狙ふ】［枕詞］(狩猟のときに足跡を見て獲物をうかがいねらうことから)足跡を見る意の「跡見」と同音の地名「跡見山」にかかる。例「うかねらふ跡見山雪のいちしろく」〈万葉・一〇・二三四六〉

うかのみたま【宇迦の御魂・倉稲魂】［名］《「うか」は食物の意》穀物をつかさどる神。稲の霊。

うかは【鵜川】［名］鵜を川に放し鮎などの魚を捕らえること。また、その川。＝鵜飼ひ。(季－夏)

うかはた・つ【鵜川立つ】鵜飼いをして魚を捕る。例「鵜川立ち取らさむ鮎のしが鰭(＝ヒレ)は」〈万葉・一九・四一九一〉

うかひ【鵜飼ひ】［名］❶鵜を飼い慣らして、鮎などの魚を捕らせること。また、それを業とする人。＝鵜川。(季－夏)。❷「鵜飼ひ舟」の略。＝鵜舟

うかびぐつ【浮かび沓】［名］つけると、馬が水上を自由に走ることができるとされていた浮き具。＝浮き沓

うかひぶね【鵜飼ひ舟】［名］「鵜飼ひ」の漁を行う舟。＝鵜舟。(季－夏)

うか・ぶ【浮かぶ】《「うかむ」とも》一［自バ四］{ば・び・ぶ・ぶ・べ・べ}❶物体が水面や空中などに浮く。

表面に現れる。例「よどみに浮か・ぶうたかたは、かつ消え、かつ結びて」〈方丈記〉❷落ち着かない。うわつく。不安定である。例「浮か・びたる心のすさびに人をいたづらになしつる」〈源氏・夕顔〉❸思い浮かぶ。思い起こされる。例「そらにおぼえ浮か・ぶを、いみじきことに思ふに」〈更級〉❹根拠がない。いい加減で頼りない。例「さらに、浮か・びたる罪はべるまじきことなり」〈源氏・東屋〉《敬語》「はべるまじき」→「はべり」。❺(苦境を脱して)世に出る。立身出世する。例「御子どもなど沈むやうにものしたまへるを、みな浮か・びたまふ」〈源氏・澪標〉❻成仏する。例「しづみこしうき身はいつかうか・ぶべき」〈風雅・釈教・二〇八九〉

二[他バ下二]{べ・べ・ぶ・ぶる・ぶれ・べよ}❶水面に浮かべる。例「山をば広き海に浮か・べおきて、小さき舟に乗りて」〈源氏・若菜・上〉❷思い浮かべる。暗唱する。例「古今の歌廿巻を、みなうか・べさせ給ふを」〈枕・清涼殿の丑寅の角の〉《敬語》「うかべさせ給ふ」→「させたまふ」。❸(苦境から脱出させて)世に出す。立身出世させる。例「大八洲にあまねく、沈める輩をこそ多く浮か・べたまひしか」〈源氏・明石〉《係結び》「こそ→浮かべたまひしか(已)」

発展学習ファイル　同じ語源の語に「うく」「うかる」がある。「うかる」はあてもなくさまよい歩く意で、「うく」と「うかぶ」は意味上に大きな差はない。

うかべた・つ【浮かべ立つ】[他タ下二]{て・て・つ・つる・つれ・てよ}すっかり暗記する。また、はっきり思い出す。例「世の中を見知り、うかべた・てて持ちてはべる翁なり」〈大鏡・後一条院〉

うかみ【窺見・間諜・斥候・候】[名]敵のようすをうかがいさぐること。また、その人。物見。間諜。

うか・む【浮かむ】[自マ四]{ま・み・む・む・め・め}「うかぶ」に同じ。

うから【親族】[名]《上代は「うがら」》血族。親族。一族。例「問ひ放くる親族兄弟無き国に渡り来まして」〈万葉・三・四六〇〉

〈和歌〉**うかりける…**【憂かりける人を初瀬の山おろしよはげしかれとは祈らぬものを】〈千載・恋二・七〇八・源俊頼〉《百人一首》訳つれなかった人をなびかせてくださいと、初瀬の観音に祈ったけれども、初瀬の山おろしよ、おまえのようにあの人が私にますますつらく激しくあれとは祈らなかったのに。

うか・る【浮かる】[自ラ下二]{れ・れ・る・るる・るれ・れよ}❶《動詞「浮く」の未然形＋自発の助動詞「る」》自然に浮く。浮かぶ。例「四方の村雲うか・れ来て」〈平家・九・小宰相身投〉❷あてもなくさまよい歩く。例「浮か・れか行かむ恋ひつつあらずは」〈万葉・一一・二六四六〉❸落ち着かない。心がうつろになる。例「さらぬだにうか・れてものを思ふ身の」〈山家集・上〉

うかれい・づ【浮かれ出づ】[自ダ下二]{で・で・づ・づる・づれ・でよ}❶あてもなく家を出る。居所を定めずさまよう。例「うかれい・づる心は身にもかなはねば」〈山家集・中〉❷うきうきする。気もそぞろに出かける。例「朝食も打ち忘れてうかれ出・でぬ」〈雨月・蛇性の婬〉

うかれうど【浮かれ人】[名]《「うかれびと」のウ音便》浮浪者。住所が不定の人。

うかれがらす【浮かれ烏】[名]❶月夜に浮かれて、ねぐらに落ち着かずに鳴き騒ぐ烏。❷夜、浮かれて遊び歩く人。＝浮気烏。例「右も左も銀世界、うかれ烏のまよひ来る」〈洒・傾城買二筋道〉

うかれぞめき【浮かれぞめき】[名]《近世語》遊里の店に入らずに見て歩くこと。

うかれづま【浮かれ妻】[名]遊女。

うかれびと【浮かれ人】[名]浮浪人。定住しない人。

うかれめ【浮かれ女】[名]諸国を放浪して、歌舞の芸や色を売る女。遊女。

うき【盞】[名]《上代語》杯。酒杯。

うき【憂き】[名]ゆううつなこと。つらいこと。例「世の中の憂きもつらきも告げなくに」〈古今・雑下・九四一〉

うき【泥土・泥・埿】[名]どろの深い土地。沼地。和歌では多く「憂き」にかけて用いられる。例「つれづれと思へばうきに生ふる葦の」〈拾遺・雑恋・一二四八〉

うきき【浮き木】[名]《「うきぎ」とも》❶水に浮かんでいる木材。流木。❷船。筏。❸(盲目の亀が浮き木に出会う仏教説話から)めったにない幸運・機会。→「まうきのふぼく」

うきくさ【浮き草】[名]水面に漂っている草の総称。和歌では「憂き」をかけて用いられる。(季―夏)。例「数ならぬ身は浮き草となりななんつれなき人によるべ知られじ」〈後撰・恋五・九七七〉

うきぐも【浮き雲】[名]《「うきくも」とも》❶空に浮かんで漂う雲。❷(多く「浮き雲の思ひ」の形で)物事が落ち着かないさま、不安なさまのたとえ。

〔**浮き雲の思ひ**〕不安で落ち着かない思い。例「皆浮き雲の思ひをなせり」〈方丈記〉

〈和歌〉**うきことを…**【憂きことを思ひつらねて雁の鳴きこそ渡れ秋の夜な夜な】〈古今・秋上・二一三・凡河内躬恒〉訳つらいことを思い連ねて泣き続けるように、雁は列をなして鳴きながら空を渡って行く。秋の夜ごと夜ごとに。《係結び》「こそ→渡れ(已)」

〈俳句〉**うきことを…**【憂きことを海月に語る海鼠かな】〈春泥句集・召波〉訳海底に沈んで物思いの多いナマコは、水面をひらひら泳ぐクラゲに悩み事を相談していることだ。(季―海鼠―冬)

うきざうす【浮き蔵主】[名]《「蔵主」は禅寺の僧職の名。経蔵を管理する僧》浮気な僧。浮かれている僧。ひょうきんな僧。→「きゃうざう」

うきしづ・む【浮き沈む】[自マ四]{ま・み・む・む・め・め}❶浮いたり沈んだりする。例「風吹くごとに浮き沈・む玉」〈古今・物名・四二七〉❷(「浮き」に「憂き」をかけて)嘆き悲しむ。涙などの縁語。例「あかずして君を恋ひつる涙にはうきしづ・みつつやせわたりつる」〈古今六帖・四〉

うきしほ【憂き潮】[名]《近世語》つらいこと。苦しいこと。

うきしま【浮き島】[名]沼や湖などの水面に浮かんでいるように見える島。

うきしま【浮島】[歌枕]陸奥国の島。いまの宮城県松島湾塩釜の浦の島。景勝地として有名。

うきしまの【浮き島の】[枕詞]同音の繰り返しから「浮き」「憂き」にかかる。例「浮島の浮きて思ひのある世なりけり」〈新古今・恋五・一三七九〉

うきす【浮き巣】[名]水面に浮かんでいるように見える、葦などの間に作られた鳥の巣。とくに、「鳰(＝カイツブリ)の浮き巣」をいう。(季―夏)

うきせ【憂き瀬】[名]つらい境遇。つらい時。苦しい状況や立場。

うきぜい【浮き勢】[名]本隊を離れて待機し、必要に応じて行動を起こす軍勢。遊軍。

うきた・つ【浮き立つ】[自タ四]{た・ち・つ・つ・て・て}❶雲や霧がわき上がる。例「たえだえに**うき立・つ**雲の」〈新拾遺・冬・五六四〉❷心がときめく。例「今一きは心も**うきた・つ**ものは、春の気色にこそあめれ」〈徒然・一九〉❸不安で落ち着かなくなる。例「すべて異ごとおぼえ給はねば、心も**浮き立・ちて**」〈宇津保・俊蔭〉
語構成「気色にこそあめれ」→「あめり」。

うきつ【浮き津】[名]天の川にあるという船着き場。

うきつち【浮き土】[名]柔らかい土。ぬかるみの土。

うきな【憂き名・浮き名】[名]❶人に知られては困る悪い評判。❷恋愛に関するうわさ。艶聞。

うきにたへ・ず【憂きに堪へず】つらさに我慢できない。例「**憂きに堪へ・ぬ**は涙なりけり」〈千載・恋三・八一八〉訳→〈和歌〉おもひわび…

うきぬしづみぬ【浮きぬ沈みぬ】《動詞「浮く」「沈む」のそれぞれの連用形＋完了の助動詞「ぬ」》浮いたり沈んだり。例「いろいろの〔色ノ〕鎧の、**うきぬしづみぬゆられける**は」〈平家・四・宮御最期〉

うきぬなは【浮き蓴】[名]水面に浮かんでいるヌナワ(水草のジュンサイ)。和歌では、落ち着かぬさまの比喩や、「憂き」をかけて用いられる。

うきね【浮き根】[名]《「うき」は泥土、または浮きの意》水の上に浮き漂う根。または、水中に生えた草などの、泥の中の根。和歌では「憂き音」をかけて用いられることが多い。例「蘆の**うきね**はさぞなかれけん」〈後拾遺・哀傷・五九六〉

うきね【憂き音・憂き哭】[名]つらさに泣く涙。「浮き根」「浮き寝」などとかけて用いることもある。例「**うきね**のかかる袖ぞかなしき」〈右京大夫集〉

うきね[・す]【浮き寝】[名・自サ変]❶船の上で寝ること。例「船泊めて**浮き寝**をしつつ」〈万葉・一五・三六二七長歌〉❷水鳥が水上で寝ること。例「沖に住む鴨の**浮き寝**の安けくもなき」〈万葉・一一・二八〇六〉❸心が落ち着かず安眠できないこと。多く「憂き寝」と掛詞で用いられる。例「涙川枕ながるる**浮き寝**には」〈古今・恋一・五二七〉❹かりそめに男女が契りを結ぶこと。例「仮なる**うき寝**のほどを思ひはべるに」〈源氏・帚木〉

〔**浮き寝の床**〕「浮き寝①」をする所。例「をしどりの**うきねの床**やあれぬらん」〈千載・冬・四三四〉

〔**浮き寝の鳥**〕「浮き寝」をする水鳥。

うきはし【浮き橋】[名]水上に舟や筏を並べて、その上に板を渡して橋としたもの。

うきふし【憂き節】[名]つらいこと。悲しいこと。「ふし」が竹の「節」と同音であるところから、和歌では多く竹の縁語として用いられる。例「**うきふし**も忘れずながらくれ竹の」〈源氏・横笛〉

うきふね【浮き舟】[名]水上に浮かんでいる小舟。

うきふね【浮舟】[人名]『源氏物語』の登場人物。父は八の宮入道で、大君・中の君の異母妹。薫と結ばれるが、匂宮とも契りを結び、板ばさみとなった浮舟は、入水するが助けられ尼になる。

うきふね【浮舟】[作品名]『源氏物語』の五十一番目の巻名。

うきふねの【浮き船の】[枕詞]（浮いている舟が漕がれるところから）同音の「焦がる」にかかる。例「**うき**舟のこがれて世には渡るらん」〈拾遺・雑下・五七三長歌〉

うきまくら【浮き枕】[名]❶水辺や船中で旅寝すること。例「杣川のいかだの床の**うきまくら**」〈詞花・夏・七六〉❷悲しくつらいひとり寝。例「せきかぬる涙の川の**うき枕**」〈続後撰・恋三・七六五〉

うきみ【憂き身】[名]つらいことの多い身の上。

うきみる【浮き海松】[名]水の上に浮き漂っているミル(海藻の名)。

うきめ【憂き目】[名]つらいこと。悲しいこと。例「いざ桜我も散りなむ一盛りありなば人に**憂きめ**見えなむ」〈古今・春下・七七〉

うきめ【浮き海布】[名]水の上に浮き漂っている海藻。和歌では「憂き目」をかけて詠みこむのが通常。例「**うきめ**をみつのあまとなりにき」〈古今・雑下・九七三〉

うきもん【浮き紋・浮き文】[名]模様を浮き織りにした綾絹。また、その模様。↔固紋

うきゃう【右京】[名]（大内裏から南に向かって右に当たることから）平城京・平安京を、朱雀大路を境として東西に分けた西半分の地域。＝西の京。↔左京。➡[古典参考図]平安京と条坊図

うきゃうしき【右京職】[名]令制で、右京の行政・司法・警察をつかさどった役所。↔左京職

うきゃうのすけ【右京亮】[名]令制で「右京職」の次官。

うきゃうのだいぶ【右京大夫】[名]令制で「右京職」の長官。↔左京大夫

うきゆひ[・す]【盞結ひ】[名・他サ変]《上代語》杯を取り交わして、互いに心の変わらないことを誓い合うこと。誓約。

うきよ【憂き世・浮き世】[名]❶《悲しみや苦しみが多く》つらいこの世の中。例「散ればこそいとど桜はめでたけれ**憂き世**になにか久しかるべき」〈伊勢・八二〉訳→〈和歌〉ちればこそ…。❷《「世」は男女の仲の意》**つらいことの多い男女の仲**。**悩み多い男女の仲**。例「**うき世**をばかばかりみつの浜辺にて涙になごりありやとぞ見し」〈蜻蛉・中〉❸**無常の世の中**。**俗世間**。例「**憂き世**はたれも心ならねば」〈千載・雑中・一〇五三〉❹**現世**。**この世**。❺**現実の生活**。**暮らし**。❻**浮かれ楽しむべきこの世の中**。**享楽的な世の中**。❼**遊里**。**遊里通い**。**遊里での遊び**。❽（名詞の上に付けて）当世風・現代風・当代流行・遊里・好色などの意を表す。

> 古語深耕
>
> **「憂き世」と「浮き世」との違い**
>
> 中古から中世にかけては仏教的な厭世思想を背景にして、現世を「憂き」と把握する「**憂き世**」が多く用いられた。しかし、中世末ごろから、李白の「浮生は夢の如し」などにみられる漢語の「浮生」「浮世」の意が加わり、本来の「憂き」が忘れられ、近世以降には、浮薄な世の中、あるいは、享楽的な世の中という意味での「**浮き世**」として、多く用いられるようになった。

〔憂き世の色〕この世の傾向・風潮。

〔憂き世の岸〕この世。現世。浄土を彼岸というのに対していう。

〔憂き世の旅〕つらいことの多いこの世を生きていくことを旅にたとえた語。

〔憂き世の塵〕この世の煩わしい雑事を塵にたとえた語。

〔憂き世は一分五厘〕《近世語》人生はたいした価値がないということ。

うきよおやぢかたぎ【浮世親仁形気】[作品名]江戸中期(一七二〇刊行)の浮世草子。江島其磧作。頑固・けち・宗教狂い・力自慢・好色など、さまざまな親父を主人公とする十五話。

うきよこもん【浮き世小紋】[名]当世風の小紋。江戸時代の元禄期に流行した小紋。

うきよざうし【浮世草子・浮世草紙】[名]近世小説の一ジャンル。天和二年(一六八二)刊行の井原西鶴『好色一代男』が最初。八文字屋本などが有名。「浮世」は「(享楽的な)当世」の意。

うきよじん【浮き世人】[名]世の中の諸事をよくわきまえ、人情を知る人。通人。

うきよだうちゅうひざくりげ【浮世道中膝栗毛】[作品名]『東海道中膝栗毛』初編の外題だ。→「とうかいだうちゅうひざくりげ」

うきよどこ【浮世床】[作品名]江戸後期(一八一三ごろ刊行)の滑稽本。式亭三馬作。当時の社交場である床屋を舞台とし、人々のうわさ話を通して世相を滑稽に描く。

〔和歌〕**うきよには…**【憂き世には門させりとも見えなくになどか我が身の出でがてにする】〈古今・雑下・九六四・平貞文〉訳つらいこの世には門があって、それが閉ざされているとも見えないのに、どうして私が出家しようとしても出てゆくことができないのだろうか。

〔俳句〕**うきよのつき…**【浮き世の月見過ぐしにけり末二年】〈西鶴置土産・西鶴〉訳「人生五十年」といわれるが、二年間もこの世の月を余計に見て過ごしたことで満足しよう。(季―月―秋)
〈参考〉西鶴の辞世の句。

うきよばなし【浮き世話】[名]《近世語》色恋の話。世間話。

うきよぶろ【浮世風呂】[作品名]江戸後期(一八〇九ごろ刊行)の滑稽本。式亭三馬作。庶民の社交場である銭湯を舞台に、さまざまな男女の会話を通して江戸庶民の実態を巧みに活写する。

うきよものがたり【浮世物語】[作品名]江戸前期の仮名草子。浅井了意作。道楽息子が遊びの果てに剃髪して浮世坊となるという一代記の中に、世相・政道批判などを盛り込んだ作品。

うきよものまね【浮き世物真似】[名]《近世語》人や鳥獣など世間のさまざまな事物の音声や身ぶりの物まねをする芸。また、その芸人。

うきよゑ【浮世絵】[名]江戸時代に興隆した日本画の一様式。遊里や演劇を主要な題材とし、美人・役者・力士の似顔絵なども多く制作された。肉筆画もあるが、木版画によって広く流布した。菱川師宣・鈴木春信・喜多川歌麿・東洲斎写楽・葛飾北斎・歌川広重などが著名。

〔俳句〕**うきわれを…**【うき我をさびしがらせよ閑古鳥】〈嵯峨日記・芭蕉〉訳物憂い私を、その寂しげな声で、いっそう孤独な寂しさにひたらせてくれよ、閑古鳥よ。(季―閑古鳥―夏)

うきんご【右金吾】[名]「右衛門督」の唐名。↔左金吾

う・く【浮く】■一[自カ四]{か・き・く・く・け・け}❶(水面や空中に)浮かぶ。例「涙落つともおぼえぬに、枕浮くばかりになりにけり」〈源氏・須磨〉❷落ち着かない。不安定な状態である。例「御心地も浮・きたるやうに思されて」〈源氏・葵〉《敬語》「思されて」→「おぼす」。❸軽率に振る舞う。うわついた態度である。例「限りなく深く沈める我が魂は浮・きたる人に見えむものかは」〈大和・一四七〉❹陽気になる。浮き浮きする。例「つい一斤きめると、野郎めえ、浮・いてくるもんだから」〈浮世床〉〔注〕「一斤」は酒一升。→「きん(斤)」。《音便》「浮い」は「浮き」のイ音便。❺根拠がない。不確かだ。例「おぼろけならじと聞こえおきはべりにし、浮・きたることにやははべりける」〈源氏・浮舟〉《係結び》「やは→はべりける㊰」。《敬語》「聞こえおきはべり」→「きこゆ」「はべり」、「はべりける」→「はべり」。❻(涙などが)表面に現れ出る。浮かぶ。例「涙の浮・かぬ時なし」〈蜻蛉・中〉■二[他カ下二]{け・け・く・くる・くれ・けよ}❶浮かべる。例「ひさかたの天の川に舟浮・けて」〈万葉・八・一五二九〉❷表面に出す。とくに、涙を浮かべる。例「涙を浮・けたまひて」〈源氏・橋姫〉

う・く【受く・承く・請く】[他カ下二]{け・け・く・くる・くれ・けよ}❶受ける。受け取る。例「風に散る花橘を袖に受・けて」〈万葉・一〇・一九六六〉❷(恩や病気・恥などを)こうむる。身に受ける。授かる。例「この女、国にして身に重き病を受・けて」〈今昔・一九・三〉❸承知する。聞き入れる。例「『よきことなり』と受・けつ」〈竹取・石作の皇子〉❹信頼する。例「国の人にもいみじく受・けられて」〈今昔・二八・三七〉❺迎える。招く。例「この来たれる使ひを受・けて」〈今昔・一一・一〉❻《近世語》代金を出して引き取る。請い受ける。例「江戸・京・大坂の太夫残らず請・けても」〈浮・好色五人女〉

う・ぐ【穿ぐ】[自ガ下二]{げ・げ・ぐ・ぐる・ぐれ・げよ}《上代は「うく」》穴があく。欠け落ちる。とれる。例「耳鼻かけう・げながら抜けにけり」〈徒然・五三〉

うぐひす【鶯】[名]❶鳥の名。ウグイス。早春になると盛んに鳴きはじめ、その声がよいことで知られる。=経読む鳥・春告げ鳥。(季―春)。例「今宵はなほ鶯にも誘はれたまへ」〈源氏・竹河〉❷《女房詞》「せっかひ(切匙)」に同じ。

うぐひすごゑ【鶯声】[名]よい声。美しい声。よどみのない弁舌。

〔俳句〕**うぐひすのあちこちとするや…**【鶯のあちこちとするや小家がち】〈自筆句帳・蕪村〉訳鶯がその声を響かせながらあちらこちらと鳴き渡っていく。貧しく小さな家々の並ぶこの辺りでは落ち着いて鳴く垣根も見つからないのであろうか。(季―鶯―春)

〔和歌〕**うぐひすのたによりいづる…**【鶯の谷より出づる声なくは春来ることを誰か知らまし】〈古今・春上・一四・大江千里〉訳鶯が谷から出て来て鳴く声がなかったなら、春が来たことをだれが知る

ことができようか。《係結び》「か」↓知らまし[体]」

〔和歌〕**うぐひすのなけどもいまだ…**【うぐひすの鳴けどもいまだ降る雪に杉の葉しろき逢坂の山】〈新古今・春上・一八・後鳥羽院〉[訳]春がきたと鶯がしきりに鳴いているのに、まだ降る雪のために緑の杉の葉が真っ白になっている逢坂の山よ。

〔俳句〕**うぐひすのみをさかさまに…**【鶯の身を逆に初音かな】〈初蟬・其角〉[訳]鶯がからだをさかさまにしながら、初音を奏でていることだ。（季―鶯―春）

〔俳句〕**うぐひすや…**【鶯や餅に糞する縁の先】〈葛の松原・芭蕉〉[訳]春の到来を告げる鶯。その鶯が、縁先に並べ干してある餅の上にふんを落とし、あっという間に飛んで行ったよ。（季―鶯―春）

うけ【槽】[名]〈上代語〉入れ物。穀物を入れておく容器とも、桶ともいう。

うけ【受け・請け】[名]❶受けるもの。下から支えるもの。❷承知すること。[例]「いはむ事請けありて聞け」〈今昔・二六・八〉❸保証人。引受人。＝請け人。❹評判。人望。❺身請け。

うけ【浮け・浮子・浮標・泛子】[名]漁具のひとつ。釣り糸や魚網に付けて浮かせて置く木片。浮き。[例]「伊勢の海に釣りする海人の浮子なれや」〈古今・恋一・五〇九〉[訳]→〈和歌〉いせのうみに…

うけ【有卦】[名]陰陽道で、人の一生を「干支」に配して定めた年回りのうち、七年間幸運な事が続くという年回り。↔無卦

〔**有卦に入る**〕〈近世語〉幸運にめぐり合う。[例]「明後日より金性の者は有卦に入りまする」〈浮・好色一代男〉

うけう【誓う・祈う】歴史的かなづかい「うけふ」

うけがひ【肯ひ】[名]承知すること。承諾。

うけがふ【肯ふ】[他ハ四]{は・ひ・ふ・ふ・へ・へ}承諾する。承知する。[例]「京にまうのぼらんことを頼みしに、雀部いとやすく肯ひて」〈雨月・浅茅が宿〉

うけぐつ【穿け沓】[名]履き古して穴のあいたくつ。

うけこ・む【受け込む・請け込む】[他マ四]{ま・み・む・む・め・め}〈近世語〉責任をもって引き受ける。[例]「主あるじなければ咲く花や、後家のおかめが請け込んで」〈浄・女殺油地獄〉《音便》「請け込んで」は「請け込みて」の撥音便。

うけじゃう【請け状】[名]〈近世語〉江戸時代の奉公人や借家人などの身元引き受け証書。

うけす・う【浮け据う】[他ワ下二]{ゑ・ゑ・う・うる・うれ・ゑよ}しっかり浮かべる。浮かべて置く。[例]「夕潮に船を浮け据ゑ」〈万葉・二〇・四三九八長歌〉

うけだち【受け太刀】[名]❶相手の太刀を受ける太刀。また、受け身になること。❷話の聞き役。

うけたまはり【承り】[名]命令や指示を受けて、それを執行すること。また、その人。

うけたまは・る【承る】[他ラ四]{ら・り・る・る・れ・れ}（動詞「受く」の連用形＋補助動詞「たまはる」）❶「受ける」の意の謙譲語。「（AがBから）うけたまはる」で、B（受ける相手）を高める。お受けする。[例]「朕一人やは貴き大き瑞をうけたまはらむ」〈続日本紀〉❷「（命令・依頼を）引き受ける」の意の謙譲語。「（AがBから）うけたまはる」で、B（引き受ける相手）を高める。拝命する。お引き受けする。[例]「院宣をうけたまはって、平家を追討すべし」〈平家・一一・逆櫓〉《音便》「うけたまはっ」は「うけたまはり」の促音便。❸「聞く」の意の謙譲語。「（AがBから）うけたまはる」で、B（聞かせてもらう相手、または聞く対象）を高める。うかがう。拝聴する。[例]「時々うけたまはる御琵琶の音なむ昔おぼえはべる」〈源氏・紅梅〉《係結び》「なむ」↓おぼえはべる[体]」。《敬語》「おぼえはべる」↓「はべり」

うげつものがたり【雨月物語】[作品名]江戸中期（一七七六刊行）の読本。上田秋成作。中国小説の翻案を主とする怪異小説九話を流麗な和漢混交文でつづった物語集。

うけと・る【受け取る・請け取る】[他ラ四]{ら・り・る・る・れ・れ}❶手で受け取る。受領する。[例]「〔芸能ヲ〕とり立てたる御心に入れて伝へうけとらせたまへるかひありて」〈源氏・絵合〉❷引き受ける。[例]「その御後ろ見のことをばうけとりきこえむ」〈源氏・若菜・上〉❸（病などを）身に受ける。[例]「さばかり重き病をうけとりたまひてければ」〈大鏡・道兼〉

うけにん【請け人】[名]〈近世語〉奉公や借家・借金などの身元保証人。＝請け

うげの・く【穿げ除く】[自カ四]{か・き・く・く・け・け}えぐりとられたように穴が空く。

うけはしげ[・なり][形動ナリ]{なら・なり(に)・なり・なる・なれ・なれ}（「げ」は接尾語）のろわしいようす。[例]「弘徽殿などのうけはしげ・にのたまふと聞きしを」〈源氏・紅葉賀〉

うけば・る【受け張る】[他ラ四]{ら・り・る・る・れ・れ}我がもの顔に振る舞う。でしゃばる。[例]「百もたび当てつべき舎人どものうけばりて射取る」〈源氏・若菜・下〉

うけはん【請け判】[名]請け人が押す、保証の判。

うけひ【誓ひ・祈ひ】[名]❶分からないことを神意によって知るために、神に祈って誓うこと。誓約。❷人の不幸や死を神に祈ること。祈禱。[例]「天皇祈ひの御酒を飲ましめて」〈霊異記〉

うけひ・く【承け引く】[他カ四]{か・き・く・く・け・け}承知する。承諾する。同意する。[例]「『あからさまに対面もがな』と言ひければ、うけひかざらむものゆゑ」〈源氏・須磨〉

うけ・ふ【誓ふ・祈ふ】[自ハ四]{は・ひ・ふ・ふ・へ・へ}❶誓約をして神意を問う。[例]「『各うけひて子生まむ』とまをしき」〈記・上〉❷神に祈る。[例]「都道を遠みか妹がこのころは祈ひて寝れど夢に見え来ぬ」〈万葉・四・七六七〉❸神に祈って人をのろう。[例]「いかで人笑へなるさまに見聞きなさむとうけひたまふ人々も多く」〈源氏・藤袴〉

うけぶみ【請け文】[名]承諾書。上司からの文書の内容について、それを承諾した旨を記した文書。

うけら【朮】[名]（「をけら」とも）草の名。若芽は食用とされ、根は乾燥して健胃薬などに用いられる。白朮。（季―夏）

うけらがはな【うけらが花】[作品名]江戸後期の歌文集。加藤千蔭作。千蔭自撰の歌文集。

うげん【有験】[名]加持祈禱の効果が現れること。また、そのような祈禱を行う高僧。

うげん【繧繝】[名]（「うんげん」の撥音無表記）❶

う

「うんげん①」に同じ。❷「繧繝縁」の略。

うげんべり【繧繝縁】[名]《「うんげんべり」の撥音無表記》「うんげんべり」に同じ。＝繧繝②

うこ[・なり]【愚】[名・形動ナリ]「をこ」に同じ。

うご【羽後】[地名]旧国名。東山道十三か国のひとつ。いまの秋田県全域と山形県北部。明治元年(一八六八)、出羽国を二つに分けたとき置かれた。

うごか・す【動かす】[他サ四]{さ・し・す・す・せ・せ}❶動くようにする。揺らがす。例「我が屋戸の籬動かし秋の風吹く」〈万葉・四・四八八〉訳→〈和歌〉きみまつと…。❷感動させる。例「力をも入れずして天地を動か・し」〈古今・仮名序〉❸心を動揺させる。例「人の心をのみ動か・し」〈源氏・桐壺〉

うこぎ【五加・五加木】[名]《古くは「むこぎ」とも》木の名。若葉は食用とされ、根の皮は「五加皮」と呼ばれ、薬用となる。(季―春)

うご・く【動く】[自カ四]{か・き・く・く・け・け}❶移動する。❷揺れ動く。❸感動する。心が動揺する。例「悲しと思へる気色どもにつけてぞ、御心動・くをりをりあれど」〈源氏・賢木〉

うごなは・る【集はる】[自ラ四]{ら・り・る・る・れ・れ}《上代語》寄り集まる。例「うごなは・れる神主・祝部等、もろもろ聞こしめせ」〈祝詞〉

うごま【胡麻】[名]ゴマの別称。

うこん【右近】[名]❶「右近衛府」の略。↔左近①。❷一族に右近衛府の役人がいる宮中の女官。

うこん【鬱金】[名]❶草の名。熱帯原産。根茎は止血剤や香料、染料に用いられる。(季―秋)。❷ウコンで染めた色。また、その染料。濃黄色。

うこん【右近】[人名](生没年未詳)平安中期の女流歌人。醍醐天皇中宮藤原穏子に仕えた。源順・清原元輔・大中臣能宣などの家集にその名がある。

うこんのうまづかさ【右近馬司】[名]右近衛府の役人で馬寮の役を兼任する者。

うこんのうまば【右近の馬場】[名]「うこんのばば」に同じ。

うこんのくらうど【右近蔵人】[名]「右近衛府」の役人で、「蔵人」を兼ねる者。

うこんのくらうどのぞう【右近蔵人将監】[名]「うこんのぞうのくらうど」に同じ。

うこんのさうくゎん【右近将曹】[名]「うこんゑのしゃうさう」に同じ。

うこんのじょう【右近将監】[名]「うこんゑのしゃうげん」に同じ。

うこんのせうしゃう【右近少将】[名]「うこんゑのせうしゃう」に同じ。

うこんのぞう【右近将監】[名]《「うこんのじょう」とも》「うこんゑのしゃうげん」に同じ。

うこんのぞうのくらうど【右近将監蔵人】[名]「右近将監」で「蔵人」を兼ねた者。＝右近蔵人将監

うこんのだいしゃう【右近大将】[名]「うこんゑのだいしゃう」に同じ。

うこんのたいふ【右近大夫】[名]《「大夫」は五位の称》「右近衛将監」(通常は従六位相当)で五位に叙せられた者。↔左近大夫

うこんのたちばな【右近の橘】[名]《儀式のときに、右近衛府の官人が橘の南に並ぶことから》紫宸殿の階の右下に植えてある橘。↔左近の桜

〈参考〉「右近の橘」「左近の桜」の呼称が生じたのは、十世紀半ばの村上天皇の時代といわれる。

うこんのちゅうじゃう【右近中将】[名]「うこんゑのちゅうじゃう」に同じ。

うこんのぢん【右近の陣】[名]儀式のとき、警護のために右近衛府の武官が詰めた所。紫宸殿の南庭の西側、月華門内にあった。

うこんのつかさ【右近の司】[名]「右近衛府」。また、その「将曹」(四等官)以下の役人。↔左近の司

うこんのばば【右近の馬場】[名]《「うこんのうまば」とも》右近衛府の馬場。陰暦五月に近衛の役人による「競べ馬」の行事が催された。

うこんゑ【右近衛】[名]「右近衛府」の略。↔左近衛

うこんゑのしゃうげん【右近衛将監】[名]「右近衛府」の三等官。＝右近将監・うこんのぞう

うこんゑのしゃうさう【右近衛将曹】[名]「右近衛府」の四等官。定員四名。＝右近将曹・うこんのさうくゎん

うこんゑのせうしゃう【右近衛少将】[名]「右近衛府」の次官で「右近衛中将」の下位。＝右近少将・右少将

うこんゑのだいしゃう【右近衛大将】[名]「右近衛府」の長官。大納言や大臣の兼任が多い。＝右近大将・右大将

うこんゑのちゅうじゃう【右近衛中将】[名]「右近衛府」の次官で「右近衛少将」の上位。＝右近中将・右中将

うこんゑふ【右近衛府】[名]令外の官。「六衛府」のひとつで、内裏内部の諸門を警護し、行幸の供奉などをつかさどった。→「このゑふ」。＝右近①・右近衛。↔左近衛府

うさ【憂さ】[名]《形容詞「憂し」の語幹＋接尾語「さ」》つらいこと。つらさ。情けなさ。例「身のうさを嘆くにあかで明くる夜は」〈源氏・帚木〉

うざいがき【有財餓鬼】[名]❶《仏教語》残飯や不浄の物を食べる餓鬼。↔無財餓鬼。❷多くの金銭を持っていながら欲が深くけちな人。守銭奴。

うさぎ【兎】[名]❶《「う」とも》動物の名。(季―冬)。❷紋所の名。①を図案化したもの。

うさぎうま【驢】[名]ロバの別称。耳が長いのでこの名がある。

うさのつかひ【宇佐の使ひ】[名]天皇即位や国家の大事に、豊前国(大分県)の宇佐八幡宮につかわされて幣帛を献じ、事を報告する使者。

うさゆづる【儲弦・設弦】[名]《つるが切れたときに用いる》予備の弓づる。

うさ・る【失さる】[自ラ四]{ら・り・る・る・れ・れ}《「うせる」の変化形》なくなる。例「自然と気力うさ・って」〈浮・日本永代蔵〉(音便)「うさっ」は「うさり」の促音便。

うさん[・なり]【胡散】[名・形動ナリ]《近世語》疑わしいこと。怪しいこと。例「なほ胡散・なる者なり。重ねてせんさくすべし」〈浮・好色一代男〉

うさんくさ・い【胡散臭い】［形口語型］《近世語》なんとなく怪しい。＝胡散らし

うさんら・し【胡散らし】［形シク］{しから・しく(しかり)・し・しき(しかる)・しけれ・しかれ}《近世語》「うさんくさい」に同じ。

-う・し【憂し】［接尾ク型］{から・く(かり)・し・き(かる)・けれ・かれ}《動詞の連用形に付いて》…するのがつらい。…するのがおっくうだ。例「人やりの道ならなくに大方は行き**うし**と言ひていざ帰りなむ」〈古今・離別・三八八〉

うし【丑】［名］❶十二支の二番目。❷方角の名。北北東。❸時刻の名。いまの午前二時を中心とした二時間。午前二時からの二時間とする説もある。

〔**丑の杭**〕古く、宮中で丑の時刻を知らせる簡をかけるために打った杭。また、その時刻。

〔**丑の時参り**〕《近世語》❶願いが成就するという丑の刻(午前二時ごろ)に神仏に参拝すること。❷人をのろい殺すために、鳥居や神木に相手に見立てた人形を五寸釘で打ち付けて祈願すること。①②＝丑の刻参り・丑の時詣で・丑参り

うし【牛】［名］動物の名。古くから家畜として使われ、中古には人の乗る車を引くのに使われた。

〔**牛に汗す**〕(「汗牛充棟」の訓読語から)書物が多いことのたとえ。

〔**牛に食らはる**〕人にだまされる。

〔**牛に引かれて善光寺参り**〕自分の意志によってではなく、他のものに導かれてよい結果になることのたとえ。

〔**牛の一散**〕いつもぐずぐずしている者が、何かのはずみで機嫌にまかせて決断することのたとえ。

〔**牛の車**〕［名］仏の教え。例「世の中に**牛の車**のなかりせば思ひの家をいかで出でまし」〈拾遺・哀傷・一三三一〉

〈参考〉仏教(法華経)の、現世は煩悩の炎の燃える家であるのに、人々がそこから逃れ出ようとしないので、仏が美しく飾った牛車・羊車・鹿車などに誘って乗せ、人々を救済するというたとえ話による。

〔**牛の角文字**〕［名］(形が牛の角がふたつ並んでいるのに似ているところから)ひらがなの「い」の字をいう。一説に「ひ」の字とも。例「ふたつ文字**牛の角文字**すぐな文字ゆがみ文字とぞ君は覚ゆる」〈徒然・六二〉訳→〔和歌〕ふたつもじ…

〔**牛は牛連れ**〕似たものどうしが集まること。身分相応がよいことのたとえ。＝馬は馬連れ

〔**牛は願ひから鼻を通す**〕みずから望んで災禍を求める。

〔**牛を馬に乗り換へる**〕(遅い牛を乗り捨てて速い馬に乗り換える意から)劣っている方を捨てて、すぐれているものを取る。

うし【大人】［名］❶《上代語》領主の敬称。❷《近世語》学者・師匠などの敬称。先生。

う・し【憂し】［形ク］{から・く(かり)・し・き(かる)・けれ・かれ}

> **アプローチ**
> ▼物事が思う通りにならない嫌悪感や倦怠感によってもたらされる、情けない、苦しいなどといった憂うつな心情を表す語。
> ▼中世になって、つれない、無情だという意味にも用いられるようになった。

❶つらい。情けない。嫌だ。例「世の中を**憂し**とやさしと思へども飛び立ちかねつ鳥にしあらねば」〈万葉・五・八九三〉訳→〔和歌〕よのなかをうしとやさしと…

❷わずらわしい。気が進まない。面倒だ。例「古代の親は、宮仕へ人はいと**憂き**ことなりと思ひて」〈更級〉訳古風な親は、宮中に仕える人はじつにわずらわしいものだと思って。

❸つれない。無情だ。例「天の戸をおしあけがたの月見れば**憂き**人しもぞ恋しかりける」〈新古今・恋四・一二六〇〉訳→〔和歌〕あまのとを…

❹《動詞の連用形について》…しにくい。…するのがためらわれる。例「はかなくて夢にも人を見つる夜は朝の床ぞ起き**憂かりける**」〈古今・恋二・五七五〉訳会ったどうかもはっきりしないような感じで、思う人を夢に見た夜の翌朝は、寝床から起き上がりにくいものだ。《係結び》「ぞ→憂かりける(体)」

> **古語深耕　「うし」と「つらし」との違い**
>
> 「うし」は、「倦む」と同じ語源の語といわれ、ものうさが基本的な意味であって、つらいことや悲しいことに際して、自己嫌悪的になって、情けない、飽き飽きする、むなしいなどと思うことを表し、本来は自分自身に対して用いられる語であった。
>
> ところが、中世になると意味が広がり、他人の冷淡な態度を表したり、相手から不快に思われるさまを表したりするように変容する。このように、他の人のつれない態度をつらく感じる心情を表すのは、本来は類義語の「つらし」であった。いわば、「うし」がつらさの内部からしぜんに起こる心情を示すものとすれば、「つらし」はつらさの外部からの原因による心情を示すものである。
>
> 王朝和歌で、「うし」と「つらし」とが併用されることが多いのは、両者の心情の表現の領域に内と外との相違があるからである。「うし」の意味が「つらし」と重なるようになると、「つらし」に吸収されるようになる。現代語でも、「つらい」が主流で「うい」はあまり見られない。

うじ…【氏…】歴史的かなづかい「うぢ…」

うしお【潮】歴史的かなづかい「うしほ」

うしおに【牛鬼】［名］頭が牛のような形をした化け物。頭が牛、からだは人間の形をした地獄の閻魔庁の役人。「牛頭」など。

うしかひ【牛飼ひ】［名］❶牛を飼い、使う者。牛使い。❷「牛飼ひ童」の略。

うしかひわらは【牛飼ひ童】［名］牛車の牛を扱う者。狩衣などを着用し、頭は垂れ髪にして烏帽子はかぶらず、鞭を持つ。大人でも子供のような身なりをしていた。＝牛飼ひ②・牛健児

うしき【有識】［名］僧の職名。已講・内供・阿闍梨の三つの職の総称。「僧綱」に次ぐ位とされる。→「そうがう」

うしぐるま【牛車】[名]「ぎっしゃ」に同じ。

うしこでい【牛健児】[名]「うしかひわらは」に同じ。

うしち【烏瑟】[名]《「うしつ」「うしゅつ」「うすつ」とも》「烏瑟膩沙」の略。

うしちにしゃ【烏瑟膩沙】[名]《仏教語。梵語の音訳で、「仏頂」の意》仏の「三十二相」のひとつで、頭の頂の部分が上方に突き出て、髻の形をしているもの。＝烏瑟・烏瑟・肉髻

うしつ【烏瑟】[名]「うしちにしゃ」に同じ。

〔和歌〕**うしとのみ…**【うしとのみひとへにものは思ほえでひだりみぎにも濡るる袖かな】〈源氏・須磨〉訳 つらいとばかりいちずにものを思うことができないで、つらく悲しい思いと懐かしく恋しい思いで左も右も涙にぬれる袖であるよ。

〈参考〉「ひとへ」「袖」は縁語。須磨に退去した源氏が朱雀帝を思い出して詠んだ歌。

うしとら【丑寅・艮】[名]方角の名。北東。「丑」と「寅」との間。陰陽道で鬼門とされる。

うしな・ふ【失ふ】[他ハ四]{は・ひ・ふ・ふ・へ・へ}❶なくす。❷死別する。例「むかし、男、友だちの人を失へるがもとにやりける」〈歌八〉〈伊勢・一〇九〉❸殺す。亡きものにする。例「帝の、ただ若き人をのみ思しめして、四十になりぬるをばうしな・はせたまひければ」〈枕・社は〉❹(罪などを)消滅させる。例「ことなる深き心もなき人さへ罪を失・ひつべし」〈源氏・御法〉

うしは・く【領く】[他カ四]{か・き・く・く・け・け}《上代語。「うすはく」とも》神が治める。統治する。例「この山をうしは・く神の昔より」〈万葉・九・一七五九長歌〉

うじは・つ【倦じ果つ】[自タ下二]{て・て・つ・つる・つれ・てよ}《「うみしはつ」の撥音便「うんじはつ」の撥音無表記》まったくうんざりしてしまう。すっかり愛想が尽きる。例「見苦しきこと多かりつると思ふここち、ただ身ぞ〈夫ノ兼家二〉うじは・てられぬるとおぼえける」〈蜻蛉・下〉

うしほ【潮】[名]❶海水。❷海水の満ち干によって定期的に生ずる海水の流れ。

うしぼとけ【牛仏】[名]《寺院建立などを助けるために》牛に姿を変えて現れた仏。

うしみつ【丑三つ】[名]時刻の名。丑の刻を四分した第三刻。午前二時ごろ。転じて、真夜中。

うじゃう【有情】[名]《仏教語》感情などの心の働きをもつ、人間や動物など、この世のすべての生き物。＝衆生。↔無情・非情

うしゃうこく【右相国】[名]「右大臣」の唐名。＝右府。↔左相国

うしろ【後ろ】[名]❶後方。背後。❷背。背中。例「廂の柱にうしろを当てて、こなた向きにおはします」〈枕・淑景舎〉《敬語》「こなた向きにおはします」→「おはします」。❸後ろ姿。例「三位うしろを遥かに見おくって」〈平家・七・忠度都落〉《音便》「見おくっ」は「見おくり」の促音便。❹(物の)裏側。陰。見えない所。例「例もけ近く馴らさせたまふ人少なければ、ここかしこの物のうしろなどにぞさぶらふ」〈源氏・賢木〉《敬語》「馴らさせたまふ」→「たまふ(四段)」、「うしろなどにぞさぶらふ」→「さぶらふ」。《係結び》「ぞ→さぶらふ(体)」。❺(時間的に)あと。とくに、死後。例「亡からむ後ろにも、この勘事ゆるされたらむなむ、御徳にはべるべき」〈源氏・柏木〉《敬語》「御徳にはべる」→「はべり」。《係結び》「なむ→御徳にはべるべき(体)」。❻衣服の裾。下襲の後ろの裾。＝裾。例「うしろをまかせて、御前の方に向かひて立てるを」〈枕・慶び奏するこそ〉❼歌舞伎で、舞台の上の役者の動作に合わせて、舞台の陰で三味線を弾きながら歌う楽曲。

〔後ろも暗に〕去った後のことが気がかりで。うしろ髪を引かれる思いで。例「〈幼子ヲ〉後ろも暗に置きてか行かむ」〈紀・斉明・歌謡〉

〔後ろをまかす〕「裾」を後ろに長く引く。例「うしろをまか・せて、御前の方に向かひて立てるを」〈枕・慶び奏するこそ〉

〔後ろを見す〕敵に背を見せる。例「いまだ敵にうしろを見・せず」〈平家・八・鼓判官〉

うしろあはせ【後ろ合はせ】[名]❶背中合わせ。❷反対の方向になること。逆の方向。

うしろかげ【後ろ影】[名]立ち去る人の後ろ姿。

〔歌謡〕**うしろかげを…**【うしろ影を見んとすれば霧がなう朝霧が】〈閑吟集〉訳 あなたの後ろ姿を見ようとしたら、霧がね、朝霧が(深くてね)。

〈参考〉夜が明けて帰っていく男への後朝の歌。

うしろぐら・し【後ろ暗し】[形ク]{から・く(かり)・し・き(かる)・けれ・かれ}❶二心があるさま。例「君をもうしろぐら・き御事に思ひ奉りて」〈盛衰記・八〉❷やましい。後ろめたい。

うしろざま【後ろ様】[名]《「うしろさま」とも》❶後ろの方。例「何ごとするとも見えで、うしろざまにゆく」〈枕・賀茂へまゐる道に〉❷後ろ向き。例「獅子・狛犬、背きて、後ろさまに立ちたりければ」〈徒然・二三六〉

うしろだて【後ろ立て・後ろ楯】[名]❶後方から援助をすること。また、その人。後見。❷背後を守る楯。また、楯とするもの。

うしろづめ【後ろ詰め】[名]❶先陣の後ろにひかえている予備の軍勢。＝後詰め。❷敵を背後から攻めること。❸後ろにいて応援すること。

うしろで【後ろ手】[名]❶後ろ姿。例「簾(＝スダレ)に添ひたるうしろでも、をかし」〈枕・野分のまたの日こそ〉❷両手を後ろに回すこと。

うしろべた・し【後ろべたし】[形ク]{から・く(かり)・し・き(かる)・けれ・かれ}「うしろめたし」に同じ。

うしろみ【後ろ見】[名]❶(私的な立場で日常的に)世話をすること。また、その人。世話役。例「わが後ろ見に思ひ、まめまめしく選び思はむには、ありがたきわざになむ」〈源氏・若菜・上〉《係結び》「なむ→(省略)」。❷(公的な立場で)補佐をすること。また、その人。後見人。例「とりたててはかばかしき後ろ見しなければ」〈源氏・桐壺〉

〔注〕「後ろ見し」の「し」は強意の副助詞。

うしろみあり・く【後ろ見歩く】[自カ四]{か・き・く・く・け・け}世話をやいて回る。例「故宮の御後の世をさへ思ひやり深く後ろ見歩・きたまふめる」〈源氏・東屋〉

うしろみおも・ふ【後ろ見思ふ】[他ハ四]{は・ひ・ふ・ふ・へ・へ}後ろ楯になって、その人の身の上を気遣う。世話をして大切にする。例「後ろ見思・ふ人もなきまじらひは」〈源氏・桐壺〉

うしろみがほ【後ろ見顔】[名]いかにも後見人

ぶった顔。

うしろみだ・つ【後ろ見立つ】[自タ四]{た・ち・つ・つ・て・て}《「だつ」は接尾語》後見のような立場である。例「姫君たちの御**後ろ見だ・つ**人になしたまへるなりけり」〈源氏・椎本〉

うしろ・みる【後ろ見る】[自マ上一]{み・み・みる・みる・みれ・みよ}後見をする。世話をする。補佐する。＝後ろむ㊀㊁。例「まことに心とどめて思ひ**後ろ・見**むとまでは思さずもや」〈源氏・若菜・上〉

うしろ・む【後ろむ】㊀[自マ四]{ま・み・む・む・め・め}《「後ろ見る」の四段化》「うしろみる」に同じ。例「つきづきしく**うしろ・む**人なども、事多からでつれづれにはべるを」〈源氏・玉鬘〉㊁[自マ上二]{み・み・む・むる・むれ・みよ}《「後ろ見る」の上二段化》「うしろみる」に同じ。

うしろめたう【後ろめたう】形容詞「うしろめたし」の連用形「うしろめたく」のウ音便。

うしろめたが・る【後ろめたがる】[自ラ四]{ら・り・る・る・れ・れ}不安がる。心配する。例「〈女三ノ宮ノ幼サヲ、父ノ朱雀院ハ〉いたくは**うしろめたが・り**きこえたまふなりけり」〈源氏・若菜・下〉

うしろめたげ[・なり]【後ろめたげ】[形動ナリ]{なら・なり(に)・なり・なる・なれ・なれ}《「げ」は接尾語》いかにも気がかりなようす。不安そうなようす。例「〈小少将ノ君ハ〉あえかに(＝弱々シクテ)わりなきところついたまへるぞ、あまり**うしろめたげ・なる**」〈紫式部日記〉

うしろめたさ【後ろめたさ】[名]《「さ」は接尾語》不安さ。気がかり。心配な気持ち。↔後ろ安さ

うしろめた・し【後ろめたし】[形ク]{から・く(かり)・し・き(かる)・けれ・かれ}

> **アプローチ**
> ▼見通すことのできない、物事の背後、人間の内面・将来のことなどに気がかりを感じ、不安に思う気持ちを示す。
> ▼「後ろ目痛し」の変化形とも、また「後ろへ痛し」のちぢまった「後ろべたし」の変化形などともいわれる。

❶**不安だ。心配だ。気がかりだ。**↔後ろ安し。例「はかなうものしたまふこそ、あはれに**うしろめた・けれ**」〈源氏・若紫〉訳(幼い紫の上が)頼りなくていらっしゃるのが、(この先どうなるかと)ふびんで**心配**なのです。《係結び》「こそ→うしろめたけれ㊇」。《音便》「はかなう」は「はかなく」のウ音便。〔注〕「ものす」は、さまざまな動詞の代用として使われる。この場合は「あり(いる)」の意。→「ものす」

❷(相手を信頼しきれない不安があって)**気が許せない。油断がならない。**例「これほど**うしろめた・う**思はれ参らせては、世にあっても何にかはし候ふべき」〈平家・二・少将乞請〉訳これほどまでに**油断がならない**と思われ申しては、俗世に生きていてもどうして生きていけましょうか。《音便》「うしろめたう」は「うしろめたく」のウ音便、「あっ」は「あり」の促音便。《敬語》「思はれ参らせて」→「まゐらす」、「し候ふべき」→「さうらふ」《係結び》「かは→し候ふべき㊇」。

❸(もつべきでない秘密や悪意など、心にわだかまりがあって)**やましい。後ろ暗い。気がとがめる。**例「義時、君の御ために**後ろめた・き**心やはある」〈増鏡・新島守〉訳義時は、天皇の御ために、**後ろ暗い**心があるだろうか(いや、ない)。〔注〕「後ろめたき心やはある」は反語。

発展学習ファイル　(1)平安時代は不安な気持ちや状態を表す①の用法が主で②③は中世以降に多い。①②③＝後ろべたし・後ろめたなし
(2)類義語に、はっきりしないので気がかりだという意の「**おぼつかなし**」、気持ちだけが先ばしって落ちつかないという意の「**こころもとなし**」がある。⇨「おぼつかなし」〈古語深耕〉

うしろめたな・し【後ろめたなし】[形ク]{から・く(かり)・し・き(かる)・けれ・かれ}《「なし」は接尾語。程度がはなはだしい意》「うしろめたし」に同じ。

うしろや【後ろ矢】[名]ひそかに敵と通じて、味方を背後から射る矢。また、裏切ることのたとえ。

うしろやすう【後ろ安う】形容詞「うしろやすし」の連用形「うしろやすく」のウ音便。

うしろやすさ【後ろ安さ】[名]《「さ」は接尾語》不安がないこと。安心感。↔後ろめたさ

うしろやす・し【後ろ安し】[形ク]{から・く(かり)・し・き(かる)・けれ・かれ}あとあと安心だ。心配ない。信頼できる。心強い。↔後ろめたし①。例「女二の宮のなかなか**うしろやす・く**、行く末長きさまにて」〈源氏・若菜・下〉

うしろゆび【後ろ指】[名]人を背後から指さして悪口をいうこと。陰口をいうこと。

うしん[・なり]【有心】[名・形動ナリ]❶思慮深いさま。↔無心㊁①。❷趣向を凝らすこと。↔無心㊀②。❸情趣、風流を解する心。❹(狂歌の「無心」に対して)伝統的な和歌のこと。↔無心㊀④。❺「うしんれんが」に同じ。

> **古語深耕**　**中世文芸思潮の美的理念「有心」**
> 「**無心**」に対して、深い心があることを表す。平安時代では①・②のほか、歌合わせの判詞などでは③の意にも用いられた。とくに③の場合は、歌題に対して深い理解が示されていることを評したもので、のちに藤原定家は『毎月抄』の中で、和歌の表現様式の基礎として「**有心体**」を最も重視した。余情を重視し、象徴的な表現を通して、気分や雰囲気を華やかな艶美の世界に構築するところに特色がある。『新古今和歌集』以後、中世文芸思潮の美的理念として定着したが、のちに詞の解釈は俗化して、優雅で和歌的な連歌である「**有心連歌**」と滑稽な連歌である「**無心連歌**」の誕生をみるに至った。⇨「むしん」〈古語深耕〉

うしんじゃ【有心者】[名]風流を解する人。

うしんしゅう【有心衆・有心宗】[名]鎌倉初期、俳諧的で滑稽な連歌を詠んだ無心衆(栗の本の衆)に対して、和歌的情趣をたたえた優雅な連歌を詠んだ人々をいう。＝柿の本の衆

うしんてい【有心体】[名]平安時代の歌合わせにも用いられているが、とくに藤原定家が重視した和歌の表現形態。対象について深い理解があり、それが

豊かな叙情となって表現されている和歌をいう。『毎月抄』に示された十体のひとつ。

うしんれんが【有心連歌】[名]（滑稽な連歌である「無心連歌」に対して）伝統的で和歌的な情趣に立脚した連歌のこと。有心衆の連歌。＝有心⑤。↔無心連歌

うすー【薄】[接頭]❶色・厚さ・味などが薄い、あっさりしたなどの意を表す。「**薄紫**」「**薄衣**」など。❷すこし、なんとなくの意を表す。「**薄黒し**」「**薄笑ひ**」など。

う・す【失す】{せ・せ・す・する・すれ・せよ}[一][自サ下二]❶**消える**。**なくなる**。例「母君を憎しと思ひきこえたまひける心も**う・せ**て」〈源氏・若紫〉(敬語)「思ひきこえたまひ」→「きこえたまふ」。❷**姿を隠す**。例「禄得えし甲斐もなく、みな取り捨てさせ給ひてければ、逃げ**う・せ**にけり」〈竹取・蓬萊の玉の枝〉(敬語)「取り捨てさせ給ひ」→「たまふ(四段)」。❸**死ぬ**。例「宮など**失・せ**給ひにければ」〈更級〉[二][補動サ下二]「去る」「行く」「来く」「居ゐる」を、卑しめていう語。**行きやがる**。**来やがる**。**居やがる**。例「おのれのやうな者は役に立たぬ。あっちへ**失・せい**」〈狂・末広がり〉

うず【髻華】[名]上代、草木の花や枝葉を頭髪や冠に挿して飾りとしたもの。造花や金銀の細工などを用いることもあった。もとは、草木の生命力を人間のからだに移す呪術であった。

う・ず【倦ず】{ぜ・じ・ず・ずる・ずれ・ぜよ}[自サ変]（「うんず」の撥音無表記）いやになる。ふさぎ込む。例「さやうのことの思はずなるにつけて**倦・じ**たまへる」〈源氏・夕霧〉

うず[助動サ変型]{○・○・うず(うずる)・うずれ・○}（推量の助動詞「む」＋格助詞「と」＋動詞「為す」＝「むとす」が「むず」となり、さらに変化したもの）❶推量の意を表す。…**だろう**。例「名乗らずとも頸くびをとって人に問へ。見知ら**うずる**ぞ」〈平家・九・敦盛最期〉訳名乗らなくとも(私の)首を取って人に尋ねよ。見知っている**だろう**よ。(音便)「とっ」は「とり」の促音便。❷意志を表す。…**う**。…**よう**。例「船頭殿、舟に乗ら**うずる**にて候ふ」〈謡・隅田川〉訳船頭さん、船に乗ろうと思います。❸勧誘・命令の意を表す。…**よう**。…**がよい**。…**せよ**。例「御心安く御急ぎあら**うずる**にて候ふ」〈謡・丹後物狂〉訳ご心配なくお急ぎになる**がよい**でしょう。❹当然・適当の意を表す。…**のが当然だ**。…**のがよい**。例「項羽をこそ上将軍とせら**るうずる**に、次将とせられた」〈史記抄〉訳項羽を上将軍となさる**のが当然**なのに、次将となさった。

発展学習ファイル 中世の口語において盛んに用いられ、近世まで用いられた。

うすいた【薄板】[名]❶地の薄い絹織物。薄板物。❷薄い板。①②↔厚板

うすいろ【薄色】[名]❶**染め色の名**。薄紫色または薄紅色。二藍ふたあいの色のこと。❷縦糸が紫、横糸が白で織った**織物の色の名**。❸襲かさねの**色目の名**。表は赤みを帯びた縹はなだ色、裏は薄紫、または白色。

うすえふ【薄葉】[名]「うすやう①」に同じ。↔厚様

うすぎぬ【薄衣】[名]（「うすごろも」とも）薄い生地で作った衣。

うすぎぬ【薄帛・薄絹】[名]紗しゃ・絽ろなど、地じの薄い絹織物。

うすぎりの…〔和歌〕【**薄霧の籬の花の朝じめり秋は夕べとたれか言ひけん**】〈新古今・秋上・三四〇・藤原清輔〉訳薄霧が立ちこめた籬の花が朝露にしっとりと濡れているこの風情。「秋は夕べに限る」とは、いったいだれがいったのだろうか。(係結び)「か→言ひけん(体)」

うすきりふ【薄切り斑】[名]（「うすぎりふ」とも）「切り斑」の一種。白地に薄い黒色のまだらのある鳥の羽。また、それで作った矢羽。

うすくこき…〔和歌〕【**薄く濃き野べの緑の若草に跡まで見ゆる雪のむら消え**】〈新古今・春上・七六・宮内卿〉訳あるところは薄く、あるところは濃く萌もえ出している野辺の緑の若草によって、この野に積もっていた雪が遅く、早くまだらに消えていった跡までも見えることだ。

うずくま・る【蹲る・踞る】[自ラ四]{ら・り・る・る・れ・れ}からだを丸めてしゃがみ込む。座り込む。例「夜ょもすがら寝ねずして**踞・る**」〈霊異記〉

〈参考〉室町時代には「うづくまる」とも表記したが、かな遣いは「うずくまる」が正しい。

うずくまる…〔俳句〕【**うずくまる薬の下の寒さかな**】〈枯尾華・丈草〉訳師の病状を案じ、薬を煮るなべのそばにうずくまっていると、寒さが身にしみて感じられることだ。(季―寒さ―冬)

うすぐも【薄雲】[名]❶うっすらとたなびいている雲。薄く広がる雲。❷香の名前のひとつ。

うすぐも【薄雲】[作品名]『源氏物語』の十九番目の巻名。

うすこうばい【薄紅梅】[名]❶色の薄い紅梅の花。また、その色。❷襲かさねの色目の名。「紅梅襲」の色の薄いもの。春に用いる。

うす・し【薄し】[形ク]{から・く(かり)・し・き(かる)・けれ・かれ}❶**厚さがない**。**薄い**。↔厚し①。例「いと白き庭に**薄・く**霧りわたりたる」〈源氏・須磨〉❷(色・香り・味などが)**淡い**。**ほのかだ**。↔濃し。例「夏はやまと撫子なでしこの、濃く**うす・く**錦をひけるやうになむ咲きたる」〈更級〉(係結び)「なむ→咲きたる(体)」。❸(考え・愛情・経験などが)**浅い**。**薄情だ**。例「我がために**薄・き**心はかけずもあらなん」〈後撰・恋六・一〇九〉❹(学問・信心などが)**深くない**。**いたらない**。例「本意ほい深き道にも、たどり**薄・かる**べき女方にだにみな思ひ後れつつ」〈源氏・若菜・下〉❺(縁・運などが)**弱い**。**はかない**。例「きても猶なほ**薄・き**契りやうらむらん」〈新後拾遺・秋上・二五四〉

うすす・く[自カ四]{か・き・く・く・け・け}驚き騒ぐ。うろたえる。＝いすすく。例「御門守みかどもり寒げなるけはひ**うすす・き**出いで来て」〈源氏・朝顔〉

うずすま・る[自ラ四]{ら・り・る・る・れ・れ}(上代語)群がり集まる。一説に、うずくまり集まるとも。例「庭雀にはすずめ**うずすま・り**居て」〈記・下〉

うすずみ【薄墨】[名]❶書いた文字などの墨付きの薄いもの。❷「薄墨色」の略。❸「薄墨紙」の略。❹「薄墨衣」の略。

〔薄墨の綸旨〕「薄墨紙」に書かれた綸旨。

うすずみいろ【薄墨色】[名]薄い墨色。ねずみ色。＝薄墨②

うすずみがみ【薄墨紙】[名]宮中で不用になった紙をすき返した、薄ねずみ色の再生紙。宣旨の案文などを書くのに用いた。＝薄墨③・紙屋紙

うすずみごろも【薄墨衣】[名]薄い墨色に染めた衣服。多く喪服に用いた。＝薄墨④

〈和歌〉**うすずみに…【薄墨にかく玉梓と見ゆるかな霞める空に帰るかりがね】**〈後拾遺・春上・七一・津守国基〉訳薄墨の紙に書いた手紙の文字のように見えることだ。霞んでいるように見える空を帰ってゆく雁の姿は。
〈参考〉「薄墨」は、薄墨色の紙。

うすぞめごろも【薄染め衣】[名]《「うすそめごろも」とも》淡い色に染めた衣服。

うすだん【薄緂】[名]白地に薄紫色で彩った織物や紙。

うすづ・く【臼搗く・舂く】[自カ四]{か・き・く・く・け・け}《「うすつく」とも》❶穀物を臼に入れてつく。例「我れ春・きし所に宿りす」〈今昔・二・七〉❷夕日が山の端に沈もうとする。例「かくて日も壁際に、**うすつ・き**、飯時にもならんとするころ」〈父の終焉日記〉

うすで【薄手】[名]浅い傷。軽傷。＝浅手。↔深手・痛手

うすにび【薄鈍】[名]《「うすにぶ」とも》❶染め色の名。薄いねずみ色。❷①の色をした衣服。喪服・僧服などに用いる。

うすにほひ【薄匂ひ】[名]❶色を薄くぼかすこと。❷香りがかすかにすること。また、かすかな香り。

うすぬり【薄塗り】[名]「薄塗りの烏帽子」の略。

うすぬりのえぼし【薄塗りの烏帽子】[名]漆を薄く塗った光沢のない烏帽子。老人用。＝薄塗り

うすはた【薄機】[名]「うすもの」に同じ。

うすはなざくら【薄花桜】[名]❶色の薄い桜の花。または、その花の色。(季–春)。❷襲の色目の名。表は白で裏は紅。春の着用。

うすはなぞめ【薄花染め】[名]薄い縹色(薄い藍色)に染めること。また、染めたもの。

うすびたひ【薄額】[名]額に当たる部分を薄く作った冠。年少者が用いた。↔厚額

うすひのやま【碓氷の山】[地名]上野国と信濃国(いまの群馬県と長野県)の国境にある山。中山道の最難所。碓氷峠。

うすふたあゐ【薄二藍】[名]染め色の名。「二藍」の薄いもので、薄紫色。

うすべう【護田鳥斑】[名]《「うすべを」とも》オジロ鷲の尾羽を用いた矢羽のひとつ。羽が薄く白色が多くて、下部に薄黒い斑点のあるもの。

うすべを【護田鳥尾】[名]「うすべう」に同じ。

うずみび【埋み火】歴史的かなづかい「うづみび」

うすめ【護田鳥】[名]《「うすべ」「うすべとり」「うずめ」「うずめどり」とも》「おすめどり」に同じ。

うすもの【薄物】[名]薄い絹の織物。羅や紗の類。それらで作った夏服。＝薄機。(季–夏)

うすやう【薄様】[名]❶和紙の一種。薄く漉いた鳥の子紙。＝薄葉。↔厚様。例「ありつる花につけて、卯の花の**薄様**に書きたり」〈枕・五月の御精進に〉❷襲の色目や染め色で、**同じ色を上から下へしだいにぼかしていき、白色にいたる配色。**

うすやうだ・つ【薄様立つ】[自タ四]{た・ち・つ・つ・て・て}《「だつ」は接尾語》薄様(薄い鳥の子紙)ふうだ。薄様めいている。＝薄葉立つ。例「高麗の紙の**薄様だ・ち**たるが、せめてなまめかしきを」〈源氏・梅枝〉

うすゆきものがたり【薄雪物語】[作品名]江戸前期(一六二五ごろ成立)の仮名草子。作者未詳。園部左衛門と人妻である薄雪の悲恋を、恋文のやりとりの形式で描いた物語。

うすよう【薄様】歴史的かなづかい「うすやう」

うすらか【・なり】【薄らか】[形動ナリ]{なら・なり(に)・なり・なる・なれ・なれ}❶色彩がいかにも薄いさま。例「鈍色の直衣指貫**うすらか・に**更衣して」〈源氏・葵〉❷(厚さが)薄いさま。例「雪の、いと高うはあらで、**うすらか・に**降りたるなどは」〈枕・雪の、いと高うはあらで〉

うすら・ぐ【薄らぐ】[自ガ四]{が・ぎ・ぐ・ぐ・げ・げ}薄くなる。少なくなる。弱まる。

うすらひ【薄氷】[名]《上代は「うすらび」》薄い氷。薄く張った水。(季–春)

うす・る【薄る】[自ラ下二]{れ・れ・る・るる・るれ・れよ}薄らぐ。例「夕居る雲の**薄・れ**去いなば」〈万葉・一一・二六七四〉

うすわた【薄綿】[名]《「薄綿入れ」の略》綿を薄く入れた着物。

うすわら・ふ【薄笑ふ】[自ハ四]{は・ひ・ふ・ふ・へ・へ}相手をあざけるようにかすかに笑う。

うせうしゃう【右少将】[名]「右近衛少将」の略。↔左少将

うせうべん【右少弁】[名]令制で「太政官」に属する右弁官局の役人。「右大弁」「右中弁」の下位。↓「せうべん」。↔左少弁

うせは・つ【失せ果つ】[自タ下二]{て・て・つ・つる・つれ・てよ}すっかりなくなる。すっかり姿を消す。また、死ぬ。例「(調度ナドモ)皆**失せ果・て**にけり」〈宇津保・俊蔭〉

うせゆ・く【失せ行く】[自カ四]{か・き・く・く・け・け}❶しだいに消えていく。徐々になくなっていく。例「秋津野に朝居る雲の**失せ行・けば**」〈万葉・七・一四〇六〉❷死んでいく。例「さてもありぬべき人のかう**うせゆ・く**よ」〈源氏・夕霧〉

うぜん【羽前】[地名]旧国名。東山道十三か国のひとつ。いまの山形県の北部を除く地域。明治元年(一八六八)、出羽国を二つに分けたときに置かれた。

うそ-[接頭]《「うす(薄)」の変化形》(動詞・形容詞に付いて)すこし、なんとなく、ぼんやりなどの意を表す。「**うそ**笑ふ」「**うそ**寂し」「**うそ**恥づかし」など。

うそ【嘘】[名]いつわり。＝空言

うそ【嘯】[名]口をすぼめて、息を吐き出すこと。口笛。↓「うそぶく」

〔嘯を吹く〕❶口をすぼめて、息を強く吐く。ふうふういう。例「今は目をふさぎ**うそをふ・き**て、あきまをさされじとあわて騒ぐはどに」〈十訓抄・一〉❷詩歌を小声で吟詠する。例「弁は、行幸の途次に、**うそを吹・く**役を勤め侍りし」〈弁内侍〉

うそ【鷽】[名]❶鳥の名。(季–春)。声がよく、美しいので飼い鳥とされる。❷「鷽替へ」の神事に用いる鷽をかたどった木製の郷土玩具。

うそうそ[副]❶(中が空洞になって)ぽっかり。例

う

「〔亡骸ノ鼻ハ〕穴のみぞ二つ、うそうそとしてあきたる」〈雑談集〉❷落ち着かずにあたりを見回すようす。きょろきょろ。うろうろ。例「うそうそ窺ふ同腹中(=同類)」〈浄・菅原伝授手習鑑〉❸物事のはっきりしないさま。ぼんやり。

うそかへ【鷽替へ】[名]陰暦正月七日の夜、筑前国(いまの福岡県)太宰府天満宮で行われた神事。神社が用意した「鷽②」を参拝人が互いに交換しあい、毎年の凶をうそにして、その年の吉にかえるという。各地で行われるようになり、江戸の亀戸天満宮の行事が有名。(季—春)

うそひめ【鷽姫】[名]「鷽」の別称。(季—春)

うそぶき【嘯き】[名]面の一種。うそ(口笛)を吹くように口を突き出したもの。ひょっとこ面。狂言や里神楽などに用いる。

うそぶきあり・く【嘯き歩く】[自カ四]{か・き・く・く・け・け}吟詠しながら歩き回る。詩歌を口ずさみながらうろうろする。例「『植ゑて見し花のあるじもなき宿に知らず顔にて来ゐる鶯』と、**うそぶきあり・かせたまふ**」〈源氏・幻〉

うそぶ・く【嘯く】{か・き・く・く・け・け}(「うそむく」とも)一[自カ四]❶**口をすぼめて、息をふうっと吐く。ふうふうと息をつく。**例「暑けくに汗かきなけ木の根取り**うそぶ・き**登り」〈万葉・九・一七五三長歌〉❷**口笛を吹く。**例「暗き所に立ちて、この蛍を包みながら**うそぶ・く**時に」〈宇津保・内侍のかみ〉❸(虎や鳥などの動物が)**長く声を上げる。ほえる。**例「中将光能が鳥合はせられたるに、二つながらすべて声もせず。さはとて、取り出だす折、**うそ吹・き**たりとて、ただ一声に勝つを」〈建春門院〉❹**知らないふりをして何か声を出す。そらとぼける。**例「とみに舟も寄せず、**うそぶ・い**て見まはし」〈更級〉(音便)「うそぶい」は「うそぶき」のイ音便。二[他カ四]**詩歌を口ずさむ。吟詠する。**例「あるいは、**うそぶ・き**扇を鳴らしなどするに」〈竹取・石作の皇子〉

うそむ・く【嘯く】[自カ四]{か・き・く・く・け・け}「うそぶく」に同じ。

うそや・ぐ[自ガ四]{が・ぎ・ぐ・ぐ・げ・げ}(「うぞやく」とも)鼻がむずむずする。鼻がうごめく。例「観音、地蔵なんどいへば、鼻が**うそや・い**で笑かしきぞ」〈沙石集〉(音便)「うそやいで」は「うそやぎて」のイ音便。

うそゑ・む【薄笑む】[自マ四]{ま・み・む・む・め・め}(「うそ」は接頭語)ほほえむ。軽く笑みを浮かべる。例「花園の大臣一人**うそゑ・み**て揖して立たれたりし」〈愚管抄〉

うた【歌・唄】[名]❶節をつけて唱歌するものの総称。神楽歌・催馬楽・今様など。❷韻文・詩歌をいう。和歌や漢詩など。❸「漢詩」に対して「大和歌」をいう。和歌の総称。例「生きとし生けるもの、いづれか**歌**を詠まざりける」〈古今・仮名序〉

〔**歌の林**〕和歌が多く集まっているようす。また、和歌を多く集めたもの。

〔**歌のふるまひ**〕詞の続け方などが巧みで、風情のある詠みぶりに対していう語。

〔**歌の道**〕和歌を作ること。歌道。歌学。

〔**歌の本末**〕和歌の上の句と下の句。上の句(五七五)が本、下の句(七七)が末。

うたあはせ【歌合はせ】[名]左右に分かれた両方から出された和歌を二首一組の番として合わせ、それに勝負をつけて競う形態の和歌の会。仁和年間(八八五—八八九)に披講された『在民部卿家歌合』が現存最古のものと考えられ、以降、中古・中世を通じて盛んに行われた。初期のものは、遊戯性が強く、一首一首の優劣よりも集団の勝負が重視されたが、院政期(一〇八六—一一八五)ごろからはしだいに文学性が高まり、番われた和歌の優劣、また、それを決する判詞が関心事となった。『新古今和歌集』が成立する直前には、『六百番歌合』『千五百番歌合』などの大規模なものも行われた。実施形態や人員構成などは多種多様だった。

うだい【有待】[名](仏教語)❶人の肉体。衣食などの助けを待って存在できるところからいう。❷まだ悟りを得ず、生滅無常の世に生きている凡夫。

うだいしゃう【右大将】[名]「右近衛大将」の略。↕左大将

うだいしゃうみちつなのはは【右大将道綱母】[人名]「ふぢはらのみちつなのはは」に同じ。

うだいじん【右大臣】[名](「みぎのおとど」「みぎのおほいまうちぎみ」とも)令制で「太政官」の上官。「太政大臣」「左大臣」に次ぐ。職務は左大臣と同じで、左大臣が空席または出任不能のときは政務を代行した。=右府・右相国。↕左大臣

うだいべん【右大弁】[名]令制で「太政官」に属する右弁官局の長官。→「だいべん」。↕左大弁

うたうら【歌占】[名]歌や謡物のことばによって、吉凶を占うこと。また、占いの結果を歌で表すこと。

うたえ【訴え】歴史的かなづかい「うたへ」

うたがき【歌垣】[名](「かがひ」とも)古代、春秋の二季、男女が集まり、集団で舞踊や歌のかけ合いをして楽しんだ行事。もとは農耕儀礼であったものが、のちに遊芸化され、宮廷行事のひとつともなった。

うたかた【泡沫】[名](「うたがた」とも)水面に浮かぶ泡。はかなく消えやすいものをたとえていうことが多い。例「よどみに浮かぶ**うたかた**は、かつ消え、かつ結びて、久しくとどまりたるためしなし」〈方丈記〉

うたかたの【泡沫の】[枕詞](「うたかた」は水に浮いているところから)「浮き」と同音の「憂き」に、また消えやすいところから「消ゆ」にかかる。例「**うたかたの**憂き身はいさや物忘れして」〈小町集〉

うたかたびと【泡沫人】[名]❶「泡沫」のようにはかなく死んでいった人。薄命の人。❷はかない関係にある恋人。

うたがたも[副](上代語)❶きっと。おそらく。例「**うたがたも**久しき時を過ぎにけるかも」〈万葉・一五・三六〇〇〉❷(下に打消や反語表現を伴って)決して(…ない)。よもや(…か、いや…ない)。例「うぐひすの来鳴く山吹**うたがたも**君が手触れず花散らめやも」〈万葉・一七・三九六八〉

うたがたり【歌語り】[名]和歌にまつわる物語。和歌についての話。また、それを語ること。=歌物語

うたがは・し【疑はし】[形シク]{しから・しく(しかり)・し・しき(しかる)・しけれ・しかれ}怪しい。不審だ。信じられない。例「かぎりなくうれしく、また**うたがは・しかり**ければ」〈伊勢・九〇〉

うたがはひろしげ【歌川広重】[人名]「あ

んどうひろしげ」に同じ。

うたが・ふ【疑ふ】〔他ハ四〕{は・ひ・ふ・ふ・へ・へ}疑う。不審に思う。

うたがま・し【歌がまし】〔形シク〕{しから・しく(しかり)・し・しき(しかる)・しけれ・しかれ}〔「がまし」は接尾語〕ひとかどの歌らしい。例「さすがに**歌がま・しう**、『われは』と思へるさまに」〈枕・五月の御精進のほど〉《音便》「歌がましう」は「歌がましく」のウ音便。

うたがら【歌柄】〔名〕和歌全体の品格。格調。「歌がらは清げなり」〈天徳内裏歌合・九番判詞〉、「歌がら劣れり」〈天徳内裏歌合・十番判詞〉など、歌合わせの判詞に多く見られる。

うたき【吼き】〔名〕《上代語》獣が怒ってほえること。また、その声。

うた・く【吼く】〔自カ四〕{か・き・く・く・け・け}《上代語》怒りほえる。例「その猪、怒りて、**うた・き**依り来たり」〈記・下〉

うだ・く【抱く・懐く】〔他カ四〕{か・き・く・く・け・け}《上代語》「いだく」に同じ。

うたぐち【歌口】〔名〕❶和歌の詠みぶり。作風。❷笛・尺八などの、口をあてて吹く穴。また、指で押さえる穴も含めた、笛のすべての穴。

うたくづ【歌屑】〔名〕へたな和歌。つまらない和歌。くだらない和歌。

うたくゎい【歌会】〔名〕「かくゎい」に同じ。

うたげ【宴】〔名〕宴会。酒宴。

うたざいもん【歌祭文】〔名〕近世の歌謡の一種。山伏が錫杖を振り、法螺貝を吹きながら神仏の霊験を語った祭文が俗化したもので、三味線に合わせて、当世の風俗などをおもしろく歌ったもの。

うたざは【歌沢】〔名〕近世後期、端唄から派生した三味線歌曲のひとつ。旗本の笹本彦太郎が大和大掾を受領して初代家元となった。歌沢節。

うたじゃうるり【歌浄瑠璃・唄浄瑠璃】〔名〕近世に行われた長唄の一種。江戸中期、富士田吉次が浄瑠璃の音曲を取り入れて始めたもの。

うた・す【打たす】〔自サ下二〕{せ・せ・す・する・すれ・せよ}馬を走らせる。馬に乗って進む。例「**打た・せ**たる大名は一人も参らず」〈太平記・三〉

うたぜっきゃう【歌説経】〔名〕近世初期の語り物の一種。和讃をもととし、仏教の説く因果を、わかりやすい説話を素材にして、三味線（それ以前は簓）に合わせて語ったもの。門説経。

うたた【転】〔副〕❶いっそう。ますます。例「徳を開くこと、**うたた**ありけり」〈今昔・一四・二五〉❷《多く「うたたあり」の形で》ますますひどく。嫌で。例「いとうたたあるまで世を恨みたまふめれば」〈源氏・手習〉

うたたね【仮寝】〔名〕うとうとと眠ること。かりね。例「**うたた寝**に恋しき人を見てしより」〈古今・恋二・五五三〉訳→〔和歌〕うたたねに…

〔和歌〕**うたたねに…**【うたた寝に恋しき人を見てしより夢てふものは頼みそめてき】〈古今・恋二・五五三・小野小町〉訳仮寝の夢に恋しいあの人を見て以来、頼りにならないはずの夢というものを私は頼りにし始めたのだった。

〈**参考**〉当時、恋しい人が夢に現れるのは、相手が自分のことを思ってくれているからだと信じられた。

〔川柳〕**うたたねの…**【うたた寝の顔へ一冊屋根に葺き】〈柳多留・五〉訳寝転んで本を読んでいるうちにうとうと眠ってしまったのだろう。顔の上に開いたままの本を、屋根をふいたような形にのせて寝ている。

うただの・し【転楽し】〔形シク〕{しから・しく(しかり)・し・しき(しかる)・しけれ・しかれ}ますます楽しい。非常に楽しい。例「この御酒のあやにうた楽・し」〈記・中・歌謡〉

うだち【梲】〔名〕《「うだつ」とも》棟木を支えるために梁の上に立てる短い柱。

うだつ【梲】〔名〕「うだち」に同じ。

うたづかさ【雅楽寮】〔名〕「うたれう」に同じ。

うたづき【歌調】〔名〕歌を貢ぎ物として献上すること。献歌。献詠。

うたつきかう【卯辰紀行】〔作品名〕「おひのこぶみ」に同じ。

うたて〔・なり〕〔形動ナリ〕{なら・なり(に)・なり・なる・なれ・なれ}情けない。ひどい。憎むべきだ。例「**うたて・なり**ける心なしの痴れ者かな」〈宇治拾遺・二・七〉

うたて〔副〕

> **アプローチ**
> ▼「うたた」の変化形。「うたてあり」から生じたという説もある。
> ▼事態が自分の意志とは関係なく進んでいくさまが原義。
> ▼程度や量の変化がはなはだしいさまを表す。とくに不快な心情を表現することが多い。
> ▼それが、はなはだしくどうにもならないところから、異常なさまを嘆く気持ちを表す意が生じた。

❶事態や心情が、自分の意志とは関係なく、わけが分からないまま、どんどん進んでいくさま。**ますます。しきりに。どういうわけかひどく。**例「三日月のさやにも見えずに雲隠り見まくぞ欲しき**うたて**このころ」〈万葉・一一・二四六四〉訳三日月がはっきりと見えず雲に隠れているように、あなたの姿が見えないので見たいと思っています、**どういうわけかひどく**このころは。《係結び》「ぞ→欲しき(体)」

❷事態が自分の望んでいない方へどんどん進んでいくのを嘆く気持ちを表す。**嫌に。不快に。困ったことに。情けなく。**例「すべて言ひつづけば、ことごとしう**うたて**ぞなりぬべき人の御さまなりける」〈源氏・桐壺〉訳（源氏の才能を）すべて数えたてていうと、大げさで、**嫌に**なってしまうような（源氏の）ごようすだったのである。《音便》「ことごとしう」は「ことごとしく」のウ音便。《係結び》「ぞ→なりける(体)」

❸ふつうではない異様な気持ちを表す。**異様に。気味悪く。変に。**例「おどろきたまへれば、灯も消えにけり。**うたて**思さるれば、太刀を引き抜きて」〈源氏・夕顔〉訳（源氏が）はっと目をお覚ましになられると、灯も消えていた。**気味悪く**お思いになったので、太刀を引き抜いて。《敬語》「思さるれば」→「おぼす」

〔**うたて異に**〕いつもとはようすが違って。妙にます。なぜかことさら。例「**うたて異に**花になぞへて見

まく欲りかも」〈万葉・二〇・四三〇七〉

うたて《形容詞「うたてし」の語幹》嫌だ。うとましい。気に入らない。気味の悪い。例「あなうたて、この人のたをやかならましかばと見えたり」〈源氏・帚木〉

発展学習ファイル　副詞と同形であるが、用例のように感動と言い切る場合や格助詞「の」が付いた「うたての」の形の場合は形容詞語幹と考えてよい。詠嘆の意をこめて「あなうたて」「うたてや」

うたてあ・り 不快だ。嘆かわしい。例「大きなる木の枝などの折るる音も、いとうたてあり」〈源氏・野分〉

うたてげ［・なり］［形動ナリ］{なら・なり(に)・なり・なる・なれ・なれ}《「げ」は接尾語》❶異様な感じのするさま。例「例人よりはこよなう年老い、うたてげなる翁二人」〈大鏡・序〉❷見苦しく、不快なさま。いとわしいさま。例「うたてげなる御有り様どもを、見えさせ給ひなんず」〈平家・三・六代〉

うたてさ［名］《「さ」は接尾語》情けないこと。嫌なこと。嘆かわしさ。例「人の心どものかはりゆくうたてさよ」〈平家・七・一門都落〉

うたて・し［形ク］{から・く(かり)・し・き(かる)・けれ・かれ}❶(事の異常に対して)嘆かわしい。嫌だ。気味が悪い。いとわしい。例「東宮いとうたてき御物の怪にて、ともすれば御心地あやまりしけり」〈栄花・一〉❷心が痛む。つらい。見ていられない。例「うき目を見せ奉らんもうたてかるべし」〈平家・七・維盛都落〉

《敬語》「見せ奉らんも」→「たてまつる」

発展学習ファイル　(1)平安時代は語幹だけで用いられることが多く、形容詞の用法が一般化するのは平安末期以降である。→「うたて」

(2)ク活用が主であるが、『平家物語』はク活用・シク活用併用、江戸時代になるとすべてク活用になる。

(3)「うたてし」①の類義語に「むつかし」がある。⇩「むつかし」〈古語深耕〉

うだてんわう【宇多天皇】［人名］(八六七〜九三一)第五十九代天皇。父は光孝天皇。『新撰万葉集』や『句題和歌』の撰進を命じ、その気運が『古今和歌集』勅撰へとつながった。退位後は亭子院と呼ばれ、『大和物語』に多くの逸話が見える。

うたぬし【歌主】［名］歌の作者。

うたの【宇多野】［地名］山城国の地名。朝廷の遊猟地として開けていた。京都市右京区宇多野。

うたのかみ【雅楽頭】［名］「雅楽寮」の長官。

うたのすけ【雅楽助】［名］「雅楽寮」の次官。

うたのつかさ【雅楽寮】［名］「うたれう」に同じ。

うたひ【謡】［名］謡曲。能楽の台本。修飾表現の多い謡われる部分と、候詞による対話の部分とからなる。作者は観阿弥・世阿弥など。

うたひかう【謡講】［名］《近世語》人々が集まって、謡曲を練習する会。謡曲仲間の集まり。

うたびくに【歌比丘尼】［名］「くわんじんびくに」に同じ。

うたひすさ・ぶ【歌ひすさぶ】［他バ四］{ば・び・ぶ・ぶ・べ・べ}慰み半分にうたう。例「『ただ、梅の花の、色のごと、三笠の山の、をとめをば、すてて』と、うたひすさびて出でたまひぬるを」〈源氏・末摘花〉

うたびと【歌人】［名］❶「雅楽寮」に所属し、舞楽のときに歌をうたうことを務めた役人。歌い手。→「うため」。❷歌を上手にうたう人。❸和歌をつくる人。歌人。歌よみ。→「うたを」

うたひののし・る【歌ひ罵る】［自ラ四］{ら・り・る・る・れ・れ}大声でうたう。大いにうたい騒ぐ。例「沖より舟どものうたひののしりて漕ぎ行く」〈源氏・須磨〉

うたひもの【謡物・歌ひ物】［名］❶歌詞に節をつけてうたうものの総称。催馬楽・謡曲・長唄など。❷謡曲をもとにした地唄の一種。

うた・ふ【歌ふ・謡ふ・唄ふ】［他ハ四］{は・ひ・ふ・ふ・へ・へ}❶節をつけて歌詞を唱える。詩歌を朗詠する。例「(源氏ハ)御供に声ある人してうたはせたまふ」〈源氏・若紫〉❷詩歌を作り、それを吟ずる。

うた・ふ【訴ふ】［他ハ下二］{へ・へ・ふ・ふる・ふれ・へよ}《「うったふ」の促音無表記》訴える。

うたへ【訴へ】［名］《「うったへ」の促音無表記》訴訟。訴えること。

うたへただすつかさ【刑部省】［名］「ぎゃうぶしゃう」に同じ。

うたへのつかさ【刑官】［名］「ぎゃうぶしゃう」に同じ。

うたまくら【歌枕】［名］和歌に詠まれた地名・名所。もとは「歌語」をいったが、しだいに地名に限られるようになった。また、『能因歌枕』などのように、歌語を列挙して解説した書物のこともいった。

うたまひのつかさ【楽府・楽官】［名］歌舞をつかさどった「雅楽寮」「大歌所」「楽所」「内教坊」などの総称。

うため【歌女】［名］❶「雅楽寮」に所属し、舞楽のときに歌をうたうことに務める女性。→「うたびと」。↔歌男。❷歌を上手にうたう女性。芸妓。歌妓。酒席などで歌をうたう女性。

うためく【歌めく】いかにも歌らしい表現を示している歌などについていう評語。

うたものがたり【歌物語】［名］平安時代の物語の様式のひとつ。『伊勢物語』『大和物語』など和歌を中心とした小話をまとめた物語集。また、和歌とそれにかかわる話(歌語り)についてもいう。

うたよみ【歌詠み】［名］❶歌を詠むこと。歌を作ること。❷歌を作る人。歌人。

〔狂歌〕**うたよみは…**【歌よみは下手こそよけれあめつちの動き出だしてたまるものかは】〈狂歌才蔵集・宿屋飯盛〉訳歌よみは下手な方がよい。紀貫之は歌に天地を動かす力があるといったが、上手な歌を詠み天地に動き出されてはたまったものではない。〈参考〉「力をも入れずして天地を動かし…」〈古今・仮名序〉を踏まえる。

うたれう【雅楽寮】［名］《「うたづかさ」「うたのつかさ」「ががくれう」とも》令制で「治部省」に属し、音楽・歌舞のことをつかさどった役所。

うたろんぎ【歌論議・歌論義】［名］《「うたろぎ」とも》組を分けて和歌のよしあし・本意などについて、論議し合うこと。

うたゑ【歌絵】［名］和歌の内容を題材として描いた絵。ふつうはその和歌を書き添える。

うたを【歌男】［名］❶「雅楽寮」に所属し、舞楽のときに歌をうたうことを務める男性。→「うたびと」。↔歌女。❷歌を上手にうたう男性。

う

うち-【打ち】［接頭］《動詞に付いて、語調を整え、意味を強め、種々の意味を表す》❶ちょっと。軽く。「**うち**言ふ」「**うち**聞く」「**うち**見る」など。❷すっかり。まったく。「**うち**絶ゆ」など。❸素早く。ふと。はっと。「**うち**驚く」など。❹一面に。広く。「**うち**おほふ」「**うち**霧らふ」など。❺勢いよく。思いきって。「**うち**出づ」「**うち**入る」など。

発展学習ファイル　動詞との間に「も」の入ることがある。「宵宵ごとに**うち**も寝ななむ」「**うち**も臥され」など。

うち［名］《「現つ」の「うつ」の変化形》現在。この世での命。例「たまきはる**うち**の限りは平らけく」〈万葉・五・八九七長歌〉

うち【内】［名］❶**内部**。**内面**。↕外。例「大宮の**内**にも外にも光るまで降れる白雪見れど飽かぬかも」〈万葉・一七・三九二六〉❷**宮中**。**内裏**。例「あたらしう通ふ婿の君などの、**うち**へ参るほどをも」〈枕・ころは、正月、三月〉《音便》「あたらしう」は「あたらしく」のウ音便。《敬語》「うちへ参る」→「まゐる（四段）」。❸（内裏に住むことから）**天皇**。**主上**。＝上。例「**うち**の渡らせたまふを見たてまつらせたまふらむ御心ち」〈枕・はしたなきもの〉《敬語》「渡らせたまふを見たてまつらせたまふらむ」→「せたまふ」「たてまつらせたまふ」。❹**心の中**。例「内に思慮なく、外に世事なくして」〈徒然・一〇八〉❺**一定の期間内**。**あいだ**。例「年の**うち**に春は来にけり一年を去年とや言はむ今年とや言はむ」〈古今・春上・一〉訳→〔和歌〕としのうちに…。❻**一定の範囲内**。**部分**。**以内**。例「広さはわづかに方丈、高さは七尺が内なり」〈方丈記〉❼《仏教語》（儒教などを「外」というのに対して）**内典**。**仏教の経典**。**仏教**。↕外③。❽（わたくしごとの意から）**家の内**。**自宅**。**また、自分の夫**。**自分の妻**。

〔**内の限り・現の限り**〕生きている限り。例「たまきはる**うちの限り**は平らけく安くもあらむを」〈万葉・五・八九七長歌〉

〔**内の昇殿**〕［名］清涼殿の殿上の間に入ること。これを許された人を殿上人という。

-うぢ【氏】［接尾］（人名に付いて）敬意を添える。

うぢ【氏】［名］❶上代社会における血縁関係による同族集団。「氏」は上代社会の支配層を形成し、大化の改新以前は、大伴・蘇我・物部氏などが有力だった。「氏」は家の地位によって「姓」を定められ、氏の中で有力な者は「氏の上」、「氏の長者」などと呼ばれて、同族集団を統率し、また、朝廷の政治に参加した。❷家の名。名字。姓。家柄。

うぢ【宇治】［歌枕］山城国の地名。いまの京都府宇治市を中心とする地域。平等院に代表される貴族の別荘地・行楽地。「憂し」をかける。

うちあか・む【打ち赤む】《「うち」は接頭語》[一]［自マ四］{ま・み・む・む・め・め}（恥ずかしさや怒り、興奮などで）顔などが赤らむ。赤みがさす。例「にほひやかに**うち赤**・みたまへる顔いとをかしげなり」〈源氏・夕霧〉[二]［他マ下二］{め・め・む・むる・むれ・めよ}（恥ずかしさなどで）顔などを赤らめる。例「中将面**うち赤**・めて」〈落窪・二〉

うちあ・ぐ【打ち上ぐ・打ち揚ぐ】［他ガ下二］{げ・げ・ぐ・ぐる・ぐれ・げよ}❶手拍子を打ってうたい騒ぐ。例「このほど、三日、**うちあ・げ**遊ぶ」〈竹取・かぐや姫〉❷岸などに乗り上げる。例「する墨（＝馬ノ名）は、河なかより篦撓形（＝曲線状）におしなされて、はるかの下よりうちあ・げたり」〈平家・九・宇治川先陣〉❸《「うち」は接頭語》勢いよく高く持ち上げる。例「帷子などを張り上げる。例「**うちあ・げ**て」〈源氏・帚木〉❹《「うち」は接頭語》声を張り上げる。例「**うちあ・げ**たる伴僧の声々」〈紫式部日記〉❺鳴り物の演奏を終える。転じて、興行などを終える。区切りをつける。

うちあそ・ぶ【打ち遊ぶ】［自バ四］{ば・び・ぶ・ぶ・べ・べ}《「うち」は接頭語》詩歌・管弦や遊戯などをして楽しむ。例「ただ**うち遊**・びて明かし暮らせば」〈宇津保・俊蔭〉

うちあ・つ【打ち当つ】［他タ下二］{て・て・つ・つる・つれ・てよ}物をぶつける。物を飛ばして標的に命中させる。例「〔打タレマイト用心シテイルノヲ〕**うちあ・て**たるは、いみじう興ありて」〈枕・ころは、正月、三月〉

うちあは・す【打ち合はす】［他サ下二］{せ・せ・す・する・すれ・せよ}❶鼓などを、他の楽器の演奏や歌などに合わせて打つ。例「尊きことに（＝読経スル声ニ）**うちあは・せ**たる鼓の声絶えずおもしろし」〈源氏・御法〉❷《「うち」は接頭語》（声を）合わせる。例「今もいとものものしくて、**うち合は・せ**たまへり」〈源氏・宿木〉❸《「うち」は接頭語》重ね合わせる。かさね合わせる。例「御車の前に御袖を**うち合は・せ**て」〈大鏡・伊尹〉

うちあはび【打ち鮑】［名］アワビの肉を長く薄く切り、打ちのばして干したもの。祝いの席の酒の肴にした。＝熨斗鮑

うちあば・る【打ち荒る】［自ラ下二］{れ・れ・る・るる・るれ・れよ}《「うち」は接頭語》荒れ果てる。すっかりさびれる。例「いとど**うちあば・れ**て、未申（＝西南）の方の崩れたるを見入るれば」〈源氏・夕霧〉

うちあ・ふ【打ち合ふ】[一]［自ハ四］{は・ひ・ふ・ふ・へ・へ}❶《「うち」は接頭語》心にかなう。ぴったりする。例「ものいひすこし**うちあ・は**ずなりぬる人と」〈紫式部日記〉❷争う。例「**うちあ・ひ**はりあひしけるほどに」〈平家・一・俊寛沙汰　鵜川軍〉[二]［他ハ四］お互いに打つ。例「同じやうなりける侍と双六を**打ち合・ひけり**」〈今昔・一六・三七〉

うちあふ・ぐ【打ち扇ぐ】［他ガ四］{が・ぎ・ぐ・ぐ・げ・げ}《「うち」は接頭語》扇やうちわなどを用いて風を起こす。例「乳母の**うちあふ・ぎ**などして」〈源氏・東屋〉

うちあや【打ち綾】［名］砧でたたいて艶を出した綾織物。

うちあ・り【打ち有り】［自ラ変］{ら・り・り・る・れ・れ}《「うち」は接頭語》❶ある。いる。例「わが心の**うちあ・る**さまをも、深うおしはからむと」〈紫式部日記〉❷ざらにある。例「これは**うちあ・る**矢にもあらざりけり」〈宇治拾遺・一五・四〉

うちあ・る【打ち荒る】［自ラ下二］{れ・れ・る・るる・るれ・れよ}《「うち」は接頭語》（庭や屋敷などが）荒れ果てる。すっかり荒廃する。例「**うち荒・れ**たる心地すれど、あてに気高く住みなしたまひて」〈源氏・横笛〉

うちいさか・ふ【打ち諍ふ】［自ハ四］{は・ひ・ふ・ふ・へ・へ}《「うち」は接頭語》激しくいい争う。口論する。例「かたみに**うちいさか・ひ**ても、心にあはぬことをばあきらめつ（＝ハッキリサセテキタ）」〈源氏・東屋〉

うちいそ・ぐ【打ち急ぐ】［自ガ四］{が・ぎ・ぐ・ぐ・げ・げ}《「うち」

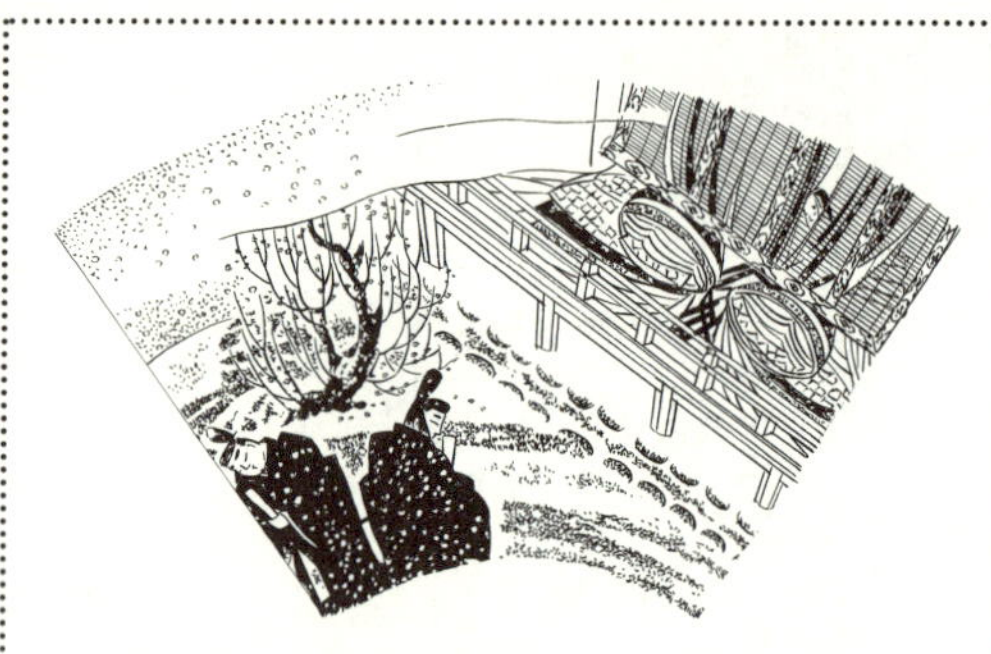

打ち出での衣　雪の降る中、御簾の下からのぞく打ち出での衣。庭では公卿二人が挨拶をかわす。（扇面法華経冊子）

は接頭語》さっさとする。急いで行う。例「**うち急・ぎ**て、いとなほなほしや」〈源氏・夕霧〉

うちいた【打ち板】［名］❶牛車に乗り降りする際に、車寄せの板敷から牛車との間に渡した歩み板。❷地面に座るときに敷く板。

うちいだ・す【打ち出だす】［他サ四］{さ・し・す・す・せ・せ}❶《「うち」は接頭語》ちょっと出す。とくに、衣の袖や褄などを簾の下などから出す。＝打ち出づ㊁②。↓「いだしぎぬ」。例「后宮の女房、車三つ四つに乗りこぼれて、大海の摺り裳**うち出だ・し**たるに」〈栄花・一〉❷《「うち」は接頭語》口に出す。吟唱する。例「『声、明王の眠りを驚かす』といふ言を高う**うち出だ・し**給へる」〈枕・大納言殿まゐりたまひて〉

うちい・づ【打ち出づ】{で・で・づ・づる・づれ・でよ}㊀［自ダ下二］《「うち」は接頭語》❶外へ出る。現れる。例「田子の浦ゆ**うち出・で**て見ればま白にそ富士の高嶺に雪は降りける」〈万葉・三・三一八〉訳↓〔和歌〕たごのうらゆ…。❷**出発する。出陣する。**例「五百余騎にて宇治の平等院へ**打ち出・で**」〈太平記・三〉㊁［他ダ下二］❶（音や火などを）**打って出す。**例「弁の少将、拍子**うちい・で**て忍びやかに歌ふ」〈源氏・篝火〉❷《「うち」は接頭語》ちょっと出す。例「御小袿（御簾ノ下カラ）「出だし衣」をする。例「御小袿**うち出・で**て見せ奉り給へり」〈宇津保・国譲・中〉❸《「うち」は接頭語》**口に出す。声に出す。**例「**うち出・で**て誦じ給ふ声」〈宇津保・蔵開・中〉

うちいで【打ち出で】［名］❶鎚を使って、金・銀・銅などを薄く打ち延べること。また、その作り出したもの。❷「打ち出での衣」の略。

〔**打ち出での衣**〕簾や牛車の下簾の下から、女房の衣の褄や袖口などを出すこと。多くは晴れがましい宮中の儀式の際に、寝殿造りの殿舎の装飾の一つとして行われた。＝打ち出で②・打ち出での衣。↓出だし衣〈古典の世界〉

〔**打ち出での太刀**〕金銀を打ち延べて鞘などに装飾を凝らした新作の太刀。

うちい・ふ【打ち言ふ】［他ハ四］{は・ひ・ふ・ふ・へ・へ}《「うち」は接頭語》何気なくいう。ちょっと口にする。例「もの**うち言・ひ**たるけはひあな苦しと」〈源氏・夕顔〉

うちいら・ふ【打ち答ふ・打ち応ふ】［自ハ下二］{へ・へ・ふ・ふる・ふれ・へよ}《「うち」は接頭語》軽く応答する。軽くあしらう。例「情けなからぬほどに**うち答・へ**て」〈源氏・紅葉賀〉

うちい・る【打ち入る】㊀［自ラ四］{ら・り・る・る・れ・れ}❶（勢いよく）入る。攻め入る。例「馬を走らせて山に**打ち入・り**て見ければ」〈今昔・二九・二九〉❷熱心に打ち込む。例「明け暮れ碁に**打ち入・り**て」〈浮・西鶴織留〉㊁［他ラ下二］{れ・れ・る・るる・るれ・れよ}《「うち」は接頭語》❶（軽く無造作に）入れる。例「手に**うち入・れ**て、家へ持ちて来ぬ」〈竹取・かぐや姫〉❷賭け事などに金品をつぎ込む。例「某が二千度参りたる事、たしかに某に双六に**打ち入・れ**つ」〈今昔・一六・三七〉❸勢いよく入れる。例「泥土の中へ馬を**打ち入・れ**」〈太平記・九〉

うちうそぶ・く【打ち嘯く】{か・き・く・く・け・け}㊀［自カ四］《「うち」は接頭語》口をすぼめて小声を出す。例「宮も、逢ひても逢はぬやうなる心ばへにこそ**うちうそぶ・き**口ずさびたまひしか」〈源氏・東屋〉㊁［他カ四］詩歌を口ずさむ。例「なまめかしく**うちうそぶ・き**て帰りたまふなる」〈夜の寝覚〉

うちうち【内内】㊀［名］❶内部。家の中。例「内々のしつらひには、いふべくもあらぬ綾織物に絵をかきて」〈竹取・竜の頸の玉〉❷心の中。例「内々は心やましきことも多かるらむ」〈源氏・若菜・下〉❸表向きでないこと。内輪。非公式。例「内々のことなれば、あまたにも流れずやなりにけん」〈源氏・少女〉㊁［副］内緒に。ひそかに。非公式に。例「**うちうち**忍びたまふ方々（＝オ忍ビニナル所）多かめるを」〈源氏・紅葉賀〉《音便》「多かめる」は「多かるめる」の撥音便「多かんめる」の撥音無表記。

〔**内内の志**〕（たてまえ上ではない）内輪での気持ち。本当の意向。また、とくに私的な愛情。例「内々のこころざし引く方（＝紫ノ上）よりも、〈女三ノ宮ヲ〉いつくしくかたじけなきものに思ひはぐくまむ人（＝源氏）をおきて」〈源氏・若菜・下〉

うちうちに【内内に】［副］こっそりと。例「**うちうちに**思ひたまふるさまを奏したまへ」〈源氏・桐壺〉

うちうなだ・る【打ち項垂る】［自ラ下二］{れ・れ・る・るる・るれ・れよ}《「うち」は接頭語。古くは「うちうなたる」》首を深く下向きに傾ける。がっくりと首を垂れる。例「**うちうなだ・れ**て、見なしにやあらむ屈しいたげに思へり」〈源氏・賢木〉

うちうなづ・く【打ち頷く】［自カ四］{か・き・く・く・け・け}《「うち」は接頭語》（理解・承諾などの意を示して）首を縦に動かす。例「心得たるよしして、賢げに**うちうなづ・き**ほほゑみてゐたれど」〈徒然・一九四〉

うぢうまれ【氏生まれ】［名］ある家系の者として生まれること。また、その人。

うちうめ・く【打ち呻く】［自カ四］{か・き・く・く・け・け}《「うち」

う

は接頭語）❶うめき声を出す。例「うちうめ・かれて、夜深う出でたまひぬ」〈源氏・末摘花〉❷苦心して詩歌を作る。苦吟する。例「うちうめ・かるる声ぞ、心後れたるやうなる」〈狭衣・三〉

うちえする【打ち寄する】[枕詞]（「うち寄する」の上代東国方言）同音の繰り返しから地名「駿河」にかかる。例「**うち寄する**駿河の嶺らは」〈万葉・二〇・四三四五〉

うちお・く【打ち置く】[他カ四]{か・き・く・く・け・け}（「うち」は接頭語）❶置く。例「御厨子などに（源氏ハ）**うち置・き**、散らしたまふべくもあらず」〈源氏・帚木〉❷放置する。例「わが身までのことは**うちお・き**、あたらしく悲しかりしありさまぞかし」〈源氏・若菜・上〉

うちおこな・ふ【打ち行ふ】[他ハ四]{は・ひ・ふ・ふ・へ・へ}（「うち」は接頭語）仏道修行をする。勤行をする。例「忍びやかに**うち行・ひ**つつ、経など読みたまへる御声を」〈源氏・幻〉

うちおとり【内劣り】[名]外見は立派だが、内実は貧弱なこと。見かけだおし。⇔内劣りの外めでた

【内劣りの外めでた】「うちおとり」に同じ。

うちおどろ・く【打ち驚く】[自カ四]{か・き・く・く・け・け}（「うち」は接頭語）❶目が覚める。例「人はえ聞きつけずと見るに、**うちおどろ・き**たれば」〈更級〉❷びっくりする。例「男、**うちおどろ・き**て見れば、月もやうやう山の端は近くなりにたり」〈堤中納言・はいずみ〉

うちお・ふ【打ち追ふ】[他ハ四]{は・ひ・ふ・ふ・へ・へ}（「うち」は接頭語）追いかける。また、追い払う。

うちおぼ・す【打ち思す】[他サ四]{さ・し・す・す・せ・せ}（「うち」は接頭語。「打ち思ふ」の尊敬語）お思いになる。お考えになる。例「〈葵ノ上ガ〉いと危く聞こえしを、たひらかにもはたと、**うち思・し**けり」〈源氏・葵〉

うちおほど・く【打ちおほどく】（「うち」は接頭語）〔一〕[自カ四]{か・き・く・く・け・け}おっとりとしている。ゆったりしている。例「容貌をかしく**うちおほど・き**若やかにて」〈源氏・帚木〉〔二〕[自カ下二]{け・け・く・くる・くれ・けよ}おどける。例「**うちおほど・け**たる声に言ひなして」〈源氏・花宴〉

うちおほひ【打ち覆ひ】[名]上を覆っただけの簡素な屋根。仮ごしらえの屋根。

うちおほ・ふ【打ち覆ふ・打ち被ふ】[他ハ四]{は・ひ・ふ・ふ・へ・へ}（「うち」は接頭語）かぶせる。

うちおぼめ・く[自カ四]{か・き・く・く・け・け}（「うち」は接頭語）とぼける。分からないふりをする。例「ところどころ**うちおぼめ・き**、よく知らぬよしして」〈徒然・七三〉

うちおぼ・ゆ【打ち覚ゆ】{え・え・ゆ・ゆる・ゆれ・えよ}（「うち」は接頭語）〔一〕[自ヤ下二]❶心に浮かぶ。自然に思われる。例「をりにあはぬよそへどもなれど、なほ**うちおぼ・ゆる**やうよ」〈源氏・野分〉❷似ている。例「すこし**うちおぼ・え**たまへる心地もすれば」〈源氏・夢浮橋〉〔二〕[他ヤ下二]思い出して語る。例「さるべきことのさしいらへ、繁樹も**うち覚・え**はべらむかし」〈大鏡・序〉

うちおもひ【打ち思ひ】[名]（「うち」は接頭語）ふと心に浮かんだ考え。

うちおも・ふ【打ち思ふ】[他ハ四]{は・ひ・ふ・ふ・へ・へ}（「うち」は接頭語）ふと考える。ふと心に感じる。例「さし歩みたる様、**うち思・ひ**つる気色、さらに人に似ず、なまめきらうらうじ」〈宇津保・内侍のかみ〉

うちおもや・す【打ち面痩す】[自サ下二]{せ・せ・す・する・すれ・せよ}（「うち」は接頭語）顔がやせてほっそりする。どことなく顔がやつれて見える。例「さまざまの御もの思ひにすこし**うち面痩・せ**たまへる」〈源氏・早蕨〉

うちか・く【打ち掛く・打ち懸く】[他カ下二]{け・け・く・くる・くれ・けよ}❶（「うち」は接頭語）軽くひっかける。例「御几帳の帷子を一重**うちか・け**たまふ」〈源氏・蛍〉❷（「うち」は「打つ」意）撃って攻めかける。打ってひっかける。例「寄せ手より、鉄砲**うちか・け**」〈おあむ物語〉〈参考〉「浪は船に**うちか・け**つつ巻き入れ」〈竹取・竜の頸の玉〉の例を自動詞とする説もある。

うちかくろ・ふ【打ち隠ろふ】[自ハ下二]{へ・へ・ふ・ふる・ふれ・へよ}（「うち」は接頭語）人目につかない状態でいる。隠れている。例「**うち隠ろ・へ**つつ〈色恋沙汰ガ〉多かめるかな」〈源氏・橋姫〉（音便）「多かめる」は「多かるめる」の撥音便「多かんめる」の撥音無表記。

うちかけ【打ち掛け・裲襠】[名]❶（「打ち掛け鎧」の略）儀式の際、武官が袍の上から着る、装飾を施した布製の衣服。袖ではなく、胸と背を覆う形のもの。舞楽の装束としても用いられた。＝裲襠。❷（「打ち掛け小袖」の略）江戸時代の武家の女性の礼服。帯を締めた上からはおる小袖。＝搔い取り。➡［古典参考図］女子の服装〈3〉

うちかしこま・る【打ち畏まる】[自ラ四]{ら・り・る・る・れ・れ}（「うち」は接頭語）心から恐れ敬う。威儀を正す。例「〔源氏ノ〕御供の人々**うちかしこま・り**心ばへありつつ渡る」〈源氏・葵〉

うちかしづ・く【打ち傅く】[他カ四]{か・き・く・く・け・け}（「うち」は接頭語）大切に守り世話をする。また、後見する。例「まだ世馴れぬ人の**うちかしづ・かれ**たる」〈源氏・末摘花〉

うちかす・む【打ち掠む】[自マ下二]{め・め・む・むる・むれ・めよ}（「うち」は接頭語）それとなく話す。ほのめかす。例「思ふことも**うちかす・め**、山路の物語をも聞こえむ」〈源氏・若紫〉

〔和歌〕**うちかすむ…**【うち霞む潮瀬の舟は動くとも行くともなしに遠ざかりぬる】〈調鶴集・井上文雄〉訳 一面に霞んでいる潮の流れるところに浮かぶ舟は、動くというわけでもなく、行くわけでもないのに（いつの間にか）遠ざかってしまったよ。

うちかた【内方】[名]（近世語）❶自宅。家の中。家庭。❷店に対して奥の間。❸（他人の家の敬称）貴家。お宅。❹（「ないほう」とも。他人や貴人の妻の敬称）奥方。内儀。❺物の内側。物事の内面。

うちがたな【打ち刀】[名]鍔のついた、刀身の長い実戦用の太刀。＝打ち太刀

うちかたぶ・く【打ち傾く】（「うち」は接頭語）〔一〕[自カ四]{か・き・く・く・け・け}首をかしげる。不審に思う。例「稚児ガ**うち傾・き**て、ものなど見たるも」〈枕・愛しきもの〉〔二〕[他カ下二]{け・け・く・くる・くれ・けよ}傾ける。

うちかた・む【打ち固む】[他マ下二]{め・め・む・むる・むれ・めよ}物を打って固く締める。頑丈に作る。例「めぐりの見苦しきに板垣といふもの**うちかた・め**繕はせたまふ」〈源氏・蓬生〉

うちかたら・ふ【打ち語らふ】[他ハ四]{は・ひ・ふ・ふ・へ・へ}（「うち」は接頭語）語り合う。いい交わす。例「今宵はこなたにと、いま

めかしく**うち語らひ**て寝にけり」〈源氏・空蟬〉

うちかた・る【打ち語る】[他ラ四]{ら・り・る・る・れ・れ}《「うち」は接頭語》話をする。ふと話しかける。例「例の人のやうに恨みのたまはば、我もうらなく**うち語・り**て慰めきこえてんものを」〈源氏・紅葉賀〉

うちかづ・く【打ち被く】[他カ四]{か・き・く・く・け・け}《「うち」は接頭語》一 ❶肩に掛ける。例「宰相に搔い練り一襲、殿上人も**うちかづ・きて**居給へり」〈宇津保・沖つ白波〉 ❷(衣類などを)頭からかぶる。また、頭の上にかかげ持つ。例「伊予簾などかけたるに、**うちかづ・きて**、『さらさら』と鳴らしたるも、いとにくし」〈枕・にくきもの〉 二[他カ下二]{け・け・く・くる・くれ・けよ}(ほうびや祝儀として、衣類などを)肩に掛けさせる。「被け物」を与える。例「大将の被け給へる袙を**うち被・けて**」〈宇津保・俊蔭〉

うちかなぐ・る[他ラ四]{ら・り・る・る・れ・れ}打ちのめす。激しくたたく。例「**うちかなぐ・る**など見えたまふこと度重なりにけり」〈源氏・葵〉

うちかは・す【打ち交はす】[他サ四]{さ・し・す・す・せ・せ}《「うち」は接頭語》互いに重ね合わせる。例「白雲に羽**うちかは・し**飛ぶ雁の」〈古今・秋上・一九一〉 訳→〔和歌〕しらくもに…

うちかひ【打ち交ひ】[名]《「うち」は接頭語》互いに交わること。軽く重なり合うこと。また、その所。とくに、衣の裾の重なり合う所。＝打ち交へ

うちがひ【打ち飼ひ】[名]《「うち」は接頭語》❶えさ。えじき。❷《「うちがへ」とも》「打ち飼ひ袋」の略。

うちがひぶくろ【打ち飼ひ袋】[名]狩りのときにえさを入れた袋。のちに、旅などのとき、食糧や金銭を入れて腰に巻き付けて用いた。＝打ち飼ひ②

うちかぶと【内兜・内甲】[名]❶兜の内側の額の部分。❷内輪の事情。内情。とくに弱点。例「客に内甲を見られこなさるると」〈浮・傾城禁短気〉

うちかへ【打ち交へ】[名]「うちかひ」に同じ。

うちかへし【打ち返し】[副]❶繰り返して。何度も。例「人の御心をも宿世をも知らで、など**うち返し**思ひ乱れたり」〈源氏・明石〉 ❷前とは反対に。改めて。例「契りこそはものしたまひけめと思ふもあはれになん。また**うち返し**つらうおぼゆる」〈源氏・夕顔〉

うちかへ・す【打ち返す】[他サ四]{さ・し・す・す・せ・せ}❶《「うち」は接頭語》繰り返す。例「かたくなしげなるも、**うち返・し・うち返・し**あやしと御覧じて」〈源氏・浮舟〉 ❷《「うち」は接頭語》ひっくり返す。裏返す。例「火桶の火・炭櫃などに、手の裏**うち返・し・うち返・し**、おしのべなどしてあぶりをる者」〈枕・にくきもの〉 ❸たたき返す。例「これ(＝杖)にて為氏今日**打ち返・せ**」〈弁内侍〉 ❹《「うち」は「耕す」意》耕す。例「梓弓春のあら田を**うち返・し**」〈拾遺・恋三・八二三〉

うちかへ・る【打ち返る】[自ラ四]{ら・り・る・る・れ・れ}《「うち」は接頭語》ひっくり返る。転覆する。例「車(＝牛車)の**うちかへ・りたる**」〈枕・あさましきもの〉

うぢがみ【氏神】[名]❶氏族の祖先として祭る神。その氏族と深い関係にある神。守護神。また、藤原氏の春日神社などのように、その神を祭った神社。❷生まれた土地の守り神。鎮守の神。産土神。→「うぢこ」。①②＝氏の神

うちか ・む【打ち擤む】[他マ四]{ま・み・む・む・め・め}《「うち」は接頭語》鼻をかむ。例「君も、〔涙ヲ流シナガラ〕たびたび鼻**うちか・みて**」〈源氏・葵〉

うちかよ・ふ【打ち通ふ】[自ハ四]{は・ひ・ふ・ふ・へ・へ}《「うち」は接頭語》❶行き来する。とくに、男が女のもとへ通う。例「かの四の君をも、なほ離れ離れに**うち通・ひつつ**」〈源氏・賢木〉 ❷似通う。共通するところがある。例「二の宮と若君と遊びつつこの御方に渡らせ給へるが、いとよく**うちかよ・ひて**」〈とりかへばや〉

うちかを・る【打ち薫る】[自ラ四]{ら・り・る・る・れ・れ}《「うち」は接頭語》ほのかにかおる。例「風につきて吹きくる匂ひのいとしるく**うち薫・るに**」〈源氏・総角〉

うちき【袿】[名]《「うちぎ」とも。「内着」で、表着の内に着るものの意》❶男性の衣服。「直衣」や「狩衣」などを着る際に、その下に着たもの。❷女性の衣服。何枚も重ねて着るために、「重ね袿」ともいう。平安中期ごろから、いちばん上の袿を美しく仕立て、「表着」と称して区別した。のちに重ねる枚数も五枚に固定し、「五つ衣」とも呼ばれ、その配色を楽しんだ。→「かさねのいろめ」。❸《「御袿」の形で》天皇の髪や装束を整えること。また、その役。

うちぎき【打ち聞き】[名]❶(ちらっと聞くことから)聞き書き。❷①のうち、とくに和歌を集めたもの。私撰集。聞きつけた事柄を記録したもの。

うちぎきしふ【打聞集】[作品名]平安後期(一一三四ごろ成立)の説話集。編者未詳。二十七の仏教説話から成る。『今昔物語集』の成立事情を推測する資料としても注目される。

うちき・く【打ち聞く】[他カ四]{か・き・く・く・け・け}《「うち」は接頭語》ふと耳にする。小耳にはさむ。例「今宵も**うち聞・きたまふ**」〈源氏・夕霧〉

語構成 「おはすまじきなめり」→「なめり」おはすまじきなめりと**うち聞・き**たまふ

うちきこ・ゆ【打ち聞こゆ】[他ヤ下二]{え・え・ゆ・ゆる・ゆれ・えよ}《「うち」は接頭語。「打ち言ふ」の謙譲語》何気なく申し上げる。ちょっと申し上げる。例「えしも心強からず、御答へなど**うち聞こ・え**たまへるは」〈源氏・紅葉賀〉

うちき・す【打ち着す】[他サ下二]{せ・せ・す・する・すれ・せよ}《「うち」は接頭語》着せる。さっと羽織らせる。例「ふと天の羽衣**うち着・せ**たてまつりつれば」〈竹取・かぐや姫の昇天〉

うちきすがた【袿姿】[名]上着を着ないで袿だけのくつろいだ姿。正式には、男子は直衣・狩衣、女子は裳・唐衣を着る。

古典の世界 平素、袿姿でいられるのは、皇后・中宮・女御がたや姫宮たちで、宮廷や貴族の家に奉仕する女性の場合は、自分の局にいるときとか、自宅に下がっているときとかのほかは、袿姿でいることはほとんどなかった。物語では、この袿姿が深窓の姫君を見定める手掛かりにもなっている。

うちきた・む【打ち懲む】[他マ四]{ま・み・む・む・め・め}うちこらしめる。罰する。例「常世の神を**打ち懲・ますも**」〈紀・皇極〉

うちぎぬ【打ち衣】[名]砧で打ちつやを出すことで、美しくした衣。男性は直衣や狩衣の下に、女性は正装の際、表着のすぐ下に着た。

うちきら・す【打ち霧らす】[他サ四]{さ・し・す・す・せ・せ}《「うち」は接頭語》(霧・雪などが)空一面を曇らせる。例

「うち霧らし雪は降りつつ」〈万葉・八・一四四一〉

うち・きる【打ち着る】[他カ上一]{き・き・きる・きる・きれ・きよ}《「うち」は接頭語》衣服などを身に着ける。着る。かぶる。例「笠うち・着」〈方丈記〉

うちく・す【打ち屈す】[自サ変]{せ・し・す・する・すれ・せよ}《「うちくっす」の促音無表記》「うちくっす」に同じ。

うちぐ・す【打ち具す】{せ・し・す・する・すれ・せよ}《「うち」は接頭語》㊀[自サ変]そろう。備わる。㊁[他サ変]❶連れて行く。伴う。例「うち具・してはつきなからむさまを思ひ返したまふ」〈源氏・須磨〉❷携える。持つ。

うちくちぶり[名]語義未詳。波がくずれ寄せることか、あるいは、波があちこちの岸に触れることか。例「うちくちぶりの白波の荒磯に寄する」〈万葉・一七・三九九一長歌〉

うちくっ・す【打ち屈す】[自サ変]{せ・し・す・する・すれ・せよ}《「うち」は接頭語。「うちくす」とも》ふさぎ込む。＝打ち屈んず。例「あながちにうち屈・したるさま、いと心苦しければ」〈十六夜〉

うちくは・す【打ちくはす】[他サ下二]{せ・せ・す・する・すれ・せよ}《「うち」は接頭語》矢を弓の弦にしっかりとあてがう。例「中差しとってうちくは・せ」〈平家・一一・弓流〉

うちくは・ふ【打ち加ふ】[他ハ下二]{へ・へ・ふ・ふる・ふれ・へよ}❶(拍子などを)打ち鳴らし、他の音に加える。例「物の音など調べ、なつかしきほどの拍子うち加・へて遊ぶ」〈源氏・真木柱〉❷《「うち」は接頭語》追加する。付け加える。例「『年経にけるこの家の』とうち加・へたまへる」〈源氏・藤裏葉〉

うちく・ふ【打ち食ふ】[他ハ四]{は・ひ・ふ・ふ・へ・へ}《「うち」は接頭語》さっさと食べる。例「精進もののいとあしき(＝タイヘンマズイモノ)をうち食・ひ」〈枕・思はむ子を法師に〉

うちぐもり【内曇り】[名]雲形の模様をすきだした上質の鳥の子紙。色紙や短冊などに用いる。ふつうは上部を青、下部を紫にする。凶事はその色を逆にした。

うちくも・る【打ち曇る】[自ラ四]{ら・り・る・る・れ・れ}《「うち」は接頭語》雲がにわかに空を覆う。かきくもる。例「空うち曇・りて、風のいと騒がしく吹きて」〈枕・風は〉

うちくら【内蔵・内庫】[名]❶上代、朝廷の所有物を納めた蔵。「斎蔵」「大蔵」とともに三蔵という。令制で「内蔵寮」となる。❷(近世語。「うちぐら」とも)㋐母屋と軒続きに建てて、家の中から出入りできる土蔵。↔庭蔵。㋑金持ち。

うちくん・ず【打ち屈ず】[自サ変]{ぜ・じ・ず・ずる・ずれ・ぜよ}《「うち」は接頭語。「うちくっす」の変化形》「うちくっす」に同じ。

うちけさう・ず【打ち化粧ず】[自サ変]{ぜ・じ・ず・ずる・ずれ・ぜよ}《「うち」は接頭語》化粧をする。身なりを整える。例「常よりことにうち化粧・じたまひて」〈源氏・薄雲〉

うちけざや・ぐ[自ガ四]{が・ぎ・ぐ・ぐ・げ・げ}《「うち」「け」は接頭語》はっきりとした態度を取る。きわだつ。例「『いまことさらに(＝ノチホドマタ、アラタメテ)』と、〔挨拶〕うちけざや・ぎて」〈源氏・松風〉

うちけぶ・る【打ち煙る】[自ラ四]{ら・り・る・る・れ・れ}《「うち」は接頭語》❶(木の芽などが芽吹いて、薄青く)かすんだように見える。例「いつしかとけしきだつ霞に木の芽もうちけぶ・り」〈源氏・初音〉❷(眉などが)ほんのりと美しい感じである。例「つらつきいとらうたげにて、眉のわたりうちけぶ・り」〈源氏・若紫〉

うぢこ【氏子】[名]❶氏神の子孫。❷産土神が守護する土地に住んでいる人。

うちこし【打ち越し】[名]連歌・俳諧で、付け句の前の前の句。連歌・連句では、一巻の変化・展開が重要視され、付け句は前句に付けて打ち越しを離れることを原則とした。そのため、付け句が打ち越しの趣向と似通ってしまうことを嫌った。

うちこしざけ【打ち越し酒】[名]席順などにこだわらず、自由に杯をさして飲む酒。また、その酒宴。＝打ち越し

うちこないしんわう【有智子内親王】[人名](八〇七〜八四七)平安前期の女流漢詩人。父は嵯峨天皇。初代賀茂斎院となる。楽府体や雑体の詩をよく作り、『経国集』などに十首伝わる。

うちこぼ・る【打ち零る・打ち溢る】[自ラ下二]{れ・れ・る・るる・るれ・れよ}《「うち」は接頭語》こぼれ出る。あふれ出る。例「いかがうちこぼ・るるをりもなからむ」〈源氏・朝顔〉

うちこみ【打ち込み】[名]《「うちごみ」とも》❶秩序なくごちゃごちゃ入り混じること。❷歌舞伎で、幕切れのとき、大太鼓を速く勢いよく鳴らすこと。

うちこ・む【打ち込む】[他マ四]{ま・み・む・む・め・め}❶刀などで切り込む。❷中へたたき込む。突き入れる。❸金や財産をつぎ込む。例「年々の元手打ち込・みて、残る物とて家蔵ばかり」〈浮・日本永代蔵〉❹熱中する。例「請け取り物(＝客ノ注文品)も塗ったり剝げたりいふて間を合はせ、おかんに皆打ち込・みて買ひ掛かりも済まさず」〈浮・傾城禁短気〉

うちこ・ゆ【打ち越ゆ】[他ヤ下二]{え・え・ゆ・ゆる・ゆれ・えよ}《「うち」は接頭語》越える。例「竜田の山の露霜に色付く時にうち越・え旅行く君は」〈万葉・六・九七一長歌〉

うちころ・す【打ち殺す】[他サ四]{さ・し・す・す・せ・せ}❶たたいて殺す。なぐり殺す。❷矢や石を命中させて殺す。例「或いはうちころ・さるるもありけり」〈平家・八・鼓判官〉❸《「うち」は接頭語》「殺す」を強めていう語。例「人多くうちころ・され」〈平家・一二・大地震〉

うちごろも【裏衣】[名]一般僧が着る単の粗末な法服。

うちささ・ぐ【打ち捧ぐ】[他ガ下二]{げ・げ・ぐ・ぐる・ぐれ・げよ}《「うち」は接頭語》ちょっと持ち上げる。ちょっと上向ける。例「顔うちささ・げてうち笑ひ」〈徒然・一七五〉

うちささめ・く【打ちささめく】[自カ四]{か・き・く・く・け・け}《「うち」は接頭語》ひそひそ話す。例「『今宵ぞやすき寝は寝べかめる』と、うちささめ・くも忍びたれど」〈徒然・一〇四〉語構成「寝べかめる」→「べかめり」

うちざし【内斧し】[名]内側から戸を締めて閉じること。

うちさ・す【打ち止す】[他サ四]{さ・し・す・す・せ・せ}(碁などを)打ちかけて途中でやめる。例「君たちは打ちさ・したまへる碁うちたまふ」〈源氏・竹河〉

うちさぶらひ【内侍】[名]主殿(寝殿)の周りに設けられた、宿直や警護のための武士の詰め所。↔外侍・遠侍

うちさま【内裏様・内様】[名]《「うちざま」とも。

「うち」は宮中、「さま」は方の意》朝廷方。宮方。

うちさら・す【打ち曝す】［他サ四］{さ・し・す・す・せ・せ}《「うち」は接頭語》波が寄せて浜辺を洗う。例「岸の松が根**うち曝・し**寄せ来る波の」〈万葉・七・一一五九〉

うちざ・る【打ち戯る】［自ラ下二］{れ・れ・る・るる・るれ・れよ}《「うち」は接頭語》ふざける。冗談をいう。例「さすがに舌つきにて**うち戯・れ**むとはなほ思へり」〈源氏・朝顔〉

うちさわ・ぐ【打ち騒ぐ】［自ガ四］{が・ぎ・ぐ・ぐ・げ・げ}《「うち」は接頭語》❶やかましく声を立てる。騒がしくする。例「〈男ガ〉歩み寄りてあれば、この女ども、**うち騒・ぎ**て、みな板敷きに上りぬ」〈平中・一七〉❷どきどきする。動揺する。例「胸**うちさは・ぎ**つつ思ひ出でられ給へば」〈浜松中納言・五〉

うちしき【打ち敷き】［名］❶家具や調度・食器などの下に敷く布製の敷物。❷仏壇や仏前の机・香炉・花立てなどの下に敷く敷物。

うちしきり【打ち頻り】［副］頻繁に。しきりに。幾度も。例「吉野の山の入道の宮の御事の、**うちしきり**夢に見えて」〈浜松中納言・四〉

うちしき・る【打ち頻る】［自ラ四］{ら・り・る・る・れ・れ}《「うち」は接頭語》度重なる。頻繁になる。続けざまである。例「参上りたまふにも、あまり**うちしき・る**をりをりは」〈源氏・桐壺〉

うちし・く【打ち敷く】［他カ四］{か・き・く・く・け・け}《「うち」は接頭語》（敷物を）敷く。

うちしぐ・る【打ち時雨る】［自ラ下二］{れ・れ・る・るる・るれ・れよ}《「うち」は接頭語》❶時雨が降る。例「**うちしぐ・れ**て、空のけしきいとあはれなり」〈源氏・夕顔〉❷涙ぐむ。例「まみのわたり**うちしぐ・れ**てひそみゐたり」〈源氏・若菜・上〉

うちしづま・る【打ち静まる】［自ラ四］{ら・り・る・る・れ・れ}《「うち」は接頭語》静かになる。しんみりとする。落ち着く。例「け近う**うち静ま・り**たる御物語すこしうち乱れて」〈源氏・松風〉

うちしの・ぶ【打ち忍ぶ】［自バ四］{ば・び・ぶ・ぶ・べ・べ}《「うち」は接頭語。古くは上二段活用》❶人目を避ける。例「〈源氏ガ〉**うち忍・び**て通ひたまふ所どころは」〈源氏・葵〉❷我慢する。こらえる。例「さすがに**うち忍・び**、心ひとつなるべうもあらず」〈浜松中納言・五〉

うちしの・ぶ【打ち偲ぶ】［他バ四］{ば・び・ぶ・ぶ・べ・べ}《「うちしのふ」とも。「うち」は接頭語》遠くの人や昔のことを思い慕う。思い出して懐かしむ。例「人にもすこし**うち偲・ば**れぬべきほどにて」〈源氏・柏木〉

うちしはぶ・く【打ち咳く】［自カ四］{か・き・く・く・け・け}《「うち」は接頭語》せきをする。せきばらいをする。例「神官の者ども、ここかしこに**うちしはぶ・きて**」〈源氏・賢木〉

うぢじふでふ【宇治十帖】［名］『源氏物語』五十四帖のうちの最終の十帖を指す語。山城国宇治を舞台に、源氏亡きあと、薫などを中心として展開する。橋姫・椎本・総角・早蕨・宿木・東屋・浮舟・蜻蛉・手習・夢浮橋。

うぢしふゐものがたり【宇治拾遺物語】［作品名］鎌倉前期の説話集。編者未詳。十三世紀前半に成立か。百九十七話から成る。序によると源隆国編の『宇治大納言物語』を増補したものとされるが、その具体的な実態は不明である。和文脈で記され、教訓性は薄い。

うちしほた・る【打ち潮垂る】［自ラ下二］{れ・れ・る・るる・るれ・れよ}《「うち」は接頭語》涙を流す。泣き濡れる。また、しょんぼりする。例「みないみじう心細げにて**うちしほた・れ**つつゐ集まりたるを」〈源氏・葵〉

〔和歌〕**うちしめり…**【うちしめりあやめぞかをる時鳥鳴くや五月の雨の夕暮れ】〈新古今・夏・二二〇・藤原良経〉訳しっとりとして軒に挿したアヤメがかおっていることだ。ホトトギスが鳴く五月の雨の夕暮れよ。《係結び》「ぞ→かをる体」

うちしめ・る【打ち湿る】［自ラ四］{ら・り・る・る・れ・れ}《「うち」は接頭語》❶水気を含み、しっとりする。例「秋はつるけしきのすごきに、**うちしめ・り**」〈源氏・総角〉❷落ち着いて静まり返る。しんみりとする。また、ふさぎ込む。例「おぼつかなき空のけしきの曇らはしきに、**うちしめ・り**たる宮の御けはひも」〈源氏・蛍〉

うちしを・る【打ち萎る】［自ラ下二］{れ・れ・る・るる・るれ・れよ}《「うち」は接頭語》❶しょげる。しゅんとなる。生気が抜けてぐったりする。例「女君、例の解けがたく（＝近寄リガタク）、きよげなるさまにて、いとど**うちしを・れ**たまへる」〈夜の寝覚〉❷（衣服などが）濡れて張りがなくなる。濡れる。

うち・す【打ち為】{せ・し・す・する・すれ・せよ}《「うち」は接頭語》㊀［自サ変］雨などが少し降る。例「時雨**うち・し**てものあはれなる暮れつ方」〈源氏・葵〉㊁［他サ変］ちょっとする。例「をりふしの答へ心得て**うち・し**などばかりは」〈源氏・帚木〉

うちすが・ふ【打ち次ふ】［自ハ四］{は・ひ・ふ・ふ・へ・へ}《「うち」は接頭語》引き続く。匹敵する。よく似ている。例「中の君も、**うちすが・ひ**て、あてになまめかしう、澄みたるさまはまさりて」〈源氏・紅梅〉

うちす・く【打ち透く】［自カ四］{か・き・く・く・け・け}《「うち」は接頭語》透き間ができる。間があく。例「歯は**うちす・き**て愛敬なげに言ひなす女あり」〈源氏・総角〉

うちす・ぐ【打ち過ぐ】［自ガ上二］{ぎ・ぎ・ぐ・ぐる・ぐれ・ぎよ}《「うち」は接頭語》❶過ぎる。経過する。通過する。例「駒並めて**うち過・ぎ**たまふにも」〈源氏・澪標〉❷基準を超える。度を過ごす。例「身のほどにはやや**うち過・ぎ**ものの心など得つべけれど」〈源氏・朝顔〉

うちすぐ・す【打ち過ぐす】［他サ四］{さ・し・す・す・せ・せ}《「うち」は接頭語》❶時を過ごす。年をとる。例「さかしら心つきて**うち過ぐ・し**たる人もまじらねば」〈源氏・竹河〉❷度を越す。出過ぎる。念入りにする。

うちすげ・む【打ち皺む】［自マ四］{ま・み・む・む・め・め}《「うち」は接頭語》歯が抜け落ち、ほおがこけて口もとがすぼんだようになる。例「口**うちすげ・み**て髪着こめたるあやしの者ども」〈源氏・葵〉

うぢすじゃう【氏素性・氏素姓】［名］家柄・身分。

うちず・す【打ち誦す】［他サ変］{せ・し・す・する・すれ・せよ}《「うちずず」「うちずんず」「うちずうず」「うちじゅす」とも。「うち」は接頭語》（経などを）声に出して読み上げる。例「君はのどやかに経**うち誦・じ**ておはす」〈源氏・須磨〉

うちすすろ・ふ【打ち啜ろふ】［他ハ四］{は・ひ・ふ・ふ・へ・へ}《「うち」は接頭語》すすりながら飲む。例「糟湯酒**うちすすろ・ひ**てしはぶかひ」〈万葉・五・八九二長歌〉訳→〔和歌〕かぜまじり…

うちす・つ【打ち捨つ・打ち棄つ】[他タ下二]{て・て・つ・つる・つれ・てよ}《「うち」は接頭語》❶捨てる。例「人の恨みを負ひし果て果ては、かう、**うち棄・てられて**」〈源氏・桐壺〉❷置き去りにする。死別して人をあとに残す。例「人の家居の、なごりなく**うち棄・てられて**、世のならひも常なく見ゆるは」〈源氏・匂宮〉

うちずみ【内裏住み・内住み】[名](皇子・女官などが)宮中で生活すること。↔里住み

うちずん・ず【打ち誦ず】[他サ変]{ぜ・じ・ず・ずる・ずれ・ぜよ}《「うち」は接頭語》「うちずす」に同じ。

うちそ【打ち麻】[名]《「そ」は麻の古名》紡ぐために打って柔らかくした麻。＝打つ麻

うちそそ・く【打ち注く】[自カ四]{か・き・く・く・け・け}《「うちそそぐ」とも。「うち」は接頭語》雨や雪などがまばらに降ってくる。例「時雨めいて**うちそそ・く**」〈源氏・若紫〉

うちそば・む【打ち側む】《「うち」は接頭語》㊀[自マ四]{ま・み・む・む・め・め}(恥ずかしがって)横を向く。顔をそむける。例「**うちそば・み**て書いたまふ手つき、筆とりたまへるさまの幼げなるも」〈源氏・若紫〉㊁[他マ下二]{め・め・む・むる・むれ・めよ}わきの方へ押しやる。例「〔涼ノ中納言ハ〕冠もうち側・めてさし入れ」〈宇津保・蔵開・上〉

うちそ・ふ【打ち添ふ】《「うち」は接頭語》㊀[自ハ四]{は・ひ・ふ・ふ・へ・へ}❶加わる。例「つきせぬ御物思ひに、秋のあはれさへ**うちそ・ひ**て」〈平家・灌頂・女院出家〉❷連れ立つ。例「いみじくしたてかしづかれて、**うち添・ひ**て下りしを見やりしを」〈更級〉㊁[他ハ下二]{へ・へ・ふ・ふる・ふれ・へよ}付け加える。例「**うち添・へ**て、もとよりの憎さも立ち出でて」〈源氏・桐壺〉

うちそぼ・る【打ち戯る】[自ラ下二]{れ・れ・る・るる・るれ・れよ}《「うち」は接頭語》ふざけ戯れる。じゃれ回る。例「腹立ちたまふ〔近江ノ君ノ〕顔やう、け近く愛敬づきて、**うちそぼ・れ**たるは」〈源氏・常夏〉

うちそむ・く【打ち背く】[自カ四]{か・き・く・く・け・け}《「うち」は接頭語》❶背を向ける。例「かたへは几帳のあるにすべり隠れ、あるは、**うち背・き**」〈源氏・蜻蛉〉❷従わない。離れる。例「かやうに、**うち背・く**際は」〈源氏・宿木〉

うちそやし【打ち麻やし】[枕詞](「打ち麻」を「績む」ことから)「麻績み」にかかる。例「**打ち麻やし**麻績みの子ら」〈万葉・一六・三七九一長歌〉

うちそよめ・く[自カ四]{か・き・く・く・け・け}《「うち」は接頭語》❶そよそよと音を立てる。例「数珠の脇息にひき鳴らさるる音ほの聞こえ、なつかしう**うちそよめ・く**音なひあてはかなり」〈源氏・若紫〉❷ざわめきや衣ずれの音がかすかにする。例「数珠の脇息にひき鳴らさるる音ほの聞こえ、なつかしう**うちそよめ・く**音なひあてはかなり」〈源氏・若紫〉

うちそを【打ち麻を】[枕詞](「打ち麻」を「績む」ことから)「麻績」を含む人名「麻績王」にかかる。例「**打ち麻を麻績王**」〈万葉・一・二三〉

うぢだいなごん【宇治大納言】[人名]「みなもとのたかくに」に同じ。

うちたえ【打ち絶え】[副]❶ひたすら。いちずに。例「女房なんどの**うちたえ**なげく事をば」〈平家・二・文之沙汰〉❷(下に打消の語を伴って)まったく。いっこうに。例「**うちたえ**参り候はねば」〈義経記・六〉

うちたえて【打ち絶えて】[副](下に打消の語を伴って)まったく。いっさい。例「**うち絶えて**世にふる身にはあらねども」〈新古今・雑下・一七五六〉

うちたた・く【打ち叩く】[他カ四]{か・き・く・く・け・け}❶(戸などを)強くたたく。続けて打つ。❷(「目をうちたたく」の形で)目をしばたたく。ぱちぱちとまばたきをする。例「〔小サナ翁ガ〕縛り付けられて、目を**打ち叩・き**てあり」〈今昔・二七・五〉

うちた・つ【打ち立つ】[自タ四]{た・ち・つ・つ・て・て}❶打つことに夢中になる。例「この御博奕は、**うちた・たせ**たまひぬれば」〈大鏡・道隆〉❷《「うち」は接頭語》出発する。

うちたの・む【打ち頼む】[他マ四]{ま・み・む・む・め・め}《「うち」は接頭語》頼り切る。心から信頼する。例「まことに**うち頼・む**べき親などにて見ゆづる人だに」〈源氏・澪標〉

うちた・ゆ【打ち絶ゆ】[自ヤ下二]{え・え・ゆ・ゆる・ゆれ・えよ}《「うち」は接頭語》(交際などが)ぷっつり途絶える。例「**うち絶・え**きこゆることはよもはべらじ」〈源氏・薄雲〉

うちたゆ・む【打ち弛む】《「うち」は接頭語》㊀[自マ四]{ま・み・む・む・め・め}油断する。気が緩む。気を許す。例「我も人も、**うちたゆ・み**、朝夕の睦びをかはさむには」〈源氏・若菜・下〉㊁[他マ下二]{め・め・む・むる・むれ・めよ}油断させる。例「人目いとかたはら痛くおぼえたまひて、**うちたゆ・め**て、入りたまひぬれば」〈源氏・宿木〉

うちたれがみ【打ち垂れ髪】[名]結い上げずに垂らして下げた髪。下げ髪。昔の女性、または小児の一般的な髪型。

うちちら・す【打ち散らす】[他サ四]{さ・し・す・す・せ・せ}《「うち」は接頭語》物を乱雑に散らかす。例「常に来つつ、ゐ入りて、調度や**うち散ら・し**ぬる、いとにくし」〈枕・にくきもの〉

うちち・る【打ち散る】[自ラ四]{ら・り・る・る・れ・れ}《「うち」は接頭語》花びらや雪などが舞い散る。降り乱れる。また、ほうぼうに散らばる。例「雪**うち散・り**風はげしうて」〈源氏・賢木〉

うちつか・ふ【打ち使ふ】[他ハ四]{は・ひ・ふ・ふ・へ・へ}《「うち」は接頭語》用いる。何気なく使う。

うちつ・ぐ【打ち継ぐ】[自ガ四]{が・ぎ・ぐ・ぐ・げ・げ}《「うち」は接頭語》あとに続く。例「人々は**うちつ・ぎ**つつ心のどかならぬに」〈紫式部日記〉

うぢつ・く[自カ四]{か・き・く・く・け・け}《近世語》気後れしてためらう。ぐずぐずする。例「きょろりっと**うぢつ・い**ている人ぢゃない」〈浄・八百屋お七〉《音便》「うぢつい」は「うぢつき」のイ音便。

うちつくに【内つ国】[名]《「つ」は上代の格助詞》❶都のある土地。大和の国。天皇の治めている国。❷(地方に対して)都に近い土地・国。畿内。近畿地方。❸(外国に対して)日本。↔外つ国②

うちつけ[・なり]【形動ナリ】{なら・なり(に)・なり・なる・なれ・なれ}物を急に打ちつけるように、急に起こることから)❶突然だ。にわかだ。例「されば、**うちつけ・に**、海は鏡の面のごとなりぬれば」〈土佐〉❷軽率だ。軽々しいさま。例「ものや言ひ寄らましと思せど、**うちつけ・にや**思さむと」〈源氏・末摘花〉《係結び》「ものや→言ひ寄らまし㊍」、「うちつけにや→思さむ㊍」。《敬語》「思せど」「思さむ」→

「おぼす」。❸**露骨だ。現金だ。ぶしつけだ。** 例「心を尽くしわびしことはかき絶えにたるを、**うちつけ・なり**ける御心かな、と人々はをかしがる」〈源氏・藤袴〉

うちつけげさう【打ち付け懸想】〔名〕突然の軽はずみの恋情。ゆきずりの恋。

うちつけごころ【打ち付け心】〔名〕急に思い立った考え。気まぐれ。出来心。

うちつけごと【打ち付け言】〔名〕無遠慮にいうこと。また、そのことば。出まかせ。とっぴな発言。

うちつけごと【打ち付け事】〔名〕思いがけないこと。予期しない事件。変事。

うちつけめ【打ち付け目】〔名〕ちらっと見ること。また、それによる見誤り。錯覚。例「**うちつけ目**かとなほ疑はしきに」〈源氏・浮舟〉

うちつづ・く【打ち続く】《「うち」は接頭語》㊀〔自カ四〕{か・き・く・く・け・け}❶後ろに続く。後ろに付く。例「殿上人の中に声すぐれ、容貌きよげにて**うちつづ・き**たまへる」〈源氏・真木柱〉❷切れ目なく起こる。次々と続く。例「**うちつづ・き**世を去らんきざみ心苦しく、みづからのためにも浅からぬ絆になむあるべき」〈源氏・若菜・上〉❸ずっと続く。継続する。例「遥かなる所に**うちつづ・き**て過ぐしはべる年ごろのほどに」〈源氏・東屋〉㊁〔他カ下二〕{け・け・く・くる・くれ・けよ}切れ目なくつなげる。例「本末あはぬ歌、口疾く**うちつづ・け**などしたまふ」〈源氏・常夏〉

うちつぶや・く【打ち呟く】〔自カ四〕{か・き・く・く・け・け}《「うち」は接頭語》独り言をいう。小声でぶつぶついう。

うちつぶ・る【打ち潰る】〔自ラ下二〕{れ・れ・る・るる・るれ・れよ}《「うち」は接頭語》(多く「胸打ち潰る」の形で)驚き・悲しみ・不安・喜びなどで心がひどく乱れる。例「さすがにをかしう思ほされて、いづれならむと胸**うちつぶ・れ**て」〈源氏・花宴〉

うちつ・る【打ち連る】〔自ラ下二〕{れ・れ・る・るる・るれ・れよ}《「うち」は接頭語》連れ立つ。例「殿上人、四位・五位、こちたく**うち連・れ**」〈枕・関白殿、二月二十一日に〉

うちて【討手】〔名〕「うって」に同じ。

うちで【打ち出】「うちいでのきぬ」に同じ。

〔**打ち出の衣**〕「うちいでのきぬ」に同じ。

〔**打ち出の小槌**〕〔名〕打ち振れば何でも希望どおりのものを出すことができるという小さなつち。

うちてう・ず【打ち調ず】〔他サ変〕{ぜ・じ・ず・ずる・ずれ・ぜよ}打ち懲らしめる。例「この翁丸(=犬ノ名)**打ち調・じて**」〈枕・上にさぶらふ御猫は〉

うちでのはま【打出の浜】〔歌枕〕近江国の浜。いまの滋賀県大津市の琵琶湖岸。

うぢでら【氏寺】〔名〕氏族が一門の冥福や現世での繁栄を祈願して建てた寺。藤原氏の興福寺、和気氏の神護寺など。

うちと【内外】〔名〕❶内と外。奥向きと表向き。❷仏教と、それ以外の教え。とくに、仏教と儒教。❸「内外の宮」の略。❹おおよそ。例「三町が**内外**の物ははづさず強う射けり」〈平家・一一・遠矢〉

〔**内外の宮**〕伊勢神宮の内宮と外宮。＝内外

うちと・く【打ち解く】《「うち」は接頭語》㊀〔自カ下二〕{け・け・く・くる・くれ・けよ}❶**溶ける。解ける。** 例「うぐひすの涙のつららうち**解・けて**」〈新古今・春上・三〉❷**慣れ親しむ。打ち解ける。** 例「我も人も、**うちと・けて**語らふべき人の際は」〈源氏・末摘花〉❸**くつろぐ。のんびりする。** 例「人々月見るとて、この渡殿に**うちと・けて**物語するほどなりけり」〈源氏・蜻蛉〉❹**油断する。気を許す。** 例「**うちと・く**まじきもの。似而非もの」〈枕・うちとくまじきもの〉㊁〔他カ四〕{か・き・く・く・け・け}**解く。ほどく。** 例「紐**うち解・き**」〈枕・碁を、やむごとなき人の〉

うちとけ【打ち解け】〔名〕気を許すこと。心の隔りがなくなること。

うちとけがほ【打ち解け顔】〔名〕くつろいでいる顔つき。

うちとけごと【打ち解け言】〔名〕気を許して語る話。包み隠すところのない話。

うちとけざま【打ち解け様】〔名〕打ち解けたようす。くつろいだようす。

うちとけすがた【打ち解け姿】〔名〕くつろいだ姿。

うちとけぶみ【打ち解け文】〔名〕親しい間柄での打ち解けて書いた手紙。内輪の手紙。

うちとけまさり【打ち解け勝り】〔名〕親しい仲になって、美点がよりよく見えること。例「**うちとけま**さりのいささかもあらばうれしからむ」〈源氏・末摘花〉

うちとけわざ【打ち解け業】〔名〕気を許して行う振る舞い。遠慮のない振る舞い。

うちとねり【内舎人】〔名〕「うどねり」に同じ。

うちどの【打ち殿】〔名〕衣や絹布などを砧で打って柔らかくし、つやを出す作業をするための場所。

うちなが・む【打ち眺む】〔他マ下二〕{め・め・む・むる・むれ・めよ}《「うち」は接頭語》もの思いに沈んだようすでぼんやりと見やる。例「雁の連ねて鳴く声楫の音にまがへるを、うちなが・めたまひて」〈源氏・須磨〉

うちなが・む【打ち詠む】〔他マ下二〕{め・め・む・むる・むれ・めよ}《「うち」は接頭語》声を長く引いて詩歌を吟詠する。朗詠する。例「『瞻望を暁の月に寄す』と**うちなが・め**させ給ふ所に」〈平家・六・小督〉

うちな・く【打ち泣く】〔自カ四〕{か・き・く・く・け・け}《「うち」は接頭語》泣く。泣き声を上げる。涙を流す。

うちな・く【打ち鳴く】〔自カ四〕{か・き・く・く・け・け}《「うち」は接頭語》動物が声を出す。鳴き声を上げる。例「鶴っいとあはれに、**うち鳴・きてわたる**」〈宇津保・俊蔭〉

うちなげ・く【打ち嘆く】〔自カ四〕{か・き・く・く・け・け}《「うち」は接頭語》嘆き悲しむ。ため息をつく。例「ねぶたげなる気色に**うち嘆・き**つつこそ、ころのをりふしは頼もしかりけれ」〈源氏・夕顔〉

うちな・す【打ち成す】〔他サ四〕{さ・し・す・す・せ・せ}(多く受身形で)敵を討ち殺して、わずかな人数にする。例「兵衛佐七八騎に**うちな・され**」〈平家・五・早馬〉

うちな・す【打ち鳴す】〔他サ四〕{さ・し・す・す・せ・せ}音を立てる。打ち鳴らす。例「時守が**打ち鳴・す**鼓数みれば時にはなりぬ逢はなくも怪し」〈万葉・一一・二六四一〉

うちなびき【打ち靡き】〔枕詞〕(春になると草木がのびてなびくことから)「春」にかかる。例「**うちなびき**春は来にけり」〈新古今・春上・六九〉

うちなび・く【打ち靡く】〔自カ四〕{か・き・く・く・け・け}《「うち」は接頭語》❶草木や髪がゆるやかにしなう。❷人が横たわる。例「荒磯やに生ふる玉藻の**うちなび・き**ひ

とりや寝（ぬ）らむ我（あ）を待ちかねて」〈万葉・一四・三五六三〉❸心が引かれる。同意する。例「人の言（こと）にうちなび・き、この山里をあくがれたまふな」〈源氏・椎本〉

うちなびく【打ち靡く】[枕詞]（春になると草木がのびてなびくことから）「草」「春」にかかる。例「うちなびく草香の山を」〈万葉・八・一四二八長歌〉

うちなほ・す【打ち直す】（ウチナオス）[他サ四]{さ・し・す・す・せ・せ}（「うち」は接頭語）きちんと元どおりに直す。

うちなみだぐ・む【打ち涙ぐむ】[自マ四]{ま・み・む・む・め・め}（「うち」は接頭語）涙を浮かべる。ふと涙がわいてくる。

うちなや・む【打ち悩む】[自マ四]{ま・み・む・む・め・め}（「うち」は接頭語）病気などで苦しむ。病む。例「いと盛りに、にぎははしきけはひしたまへる人の、すこしうちなや・みて瘦（や）せ瘦せになりたまへるほど」〈源氏・賢木〉

うちな・ゆ【打ち萎ゆ】[自ヤ下二]{え・え・ゆ・ゆる・ゆれ・えよ}（「うち」は接頭語）衣服などが着古されて糊（のり）が落ち、柔らかくなる。くたくたになる。また、植物などがしおれる。しなびる。例「鈍色（にびいろ）のこまやかなるが（＝鈍色ノ濃イ喪服デ）うち萎・えたるどもを着て」〈源氏・若紫〉

うちならし【内慣らし・内習し】[名]下げいこ。内々の練習。

うちな・る【打ち成る・打ち為る】[自ラ四]{ら・り・る・る・れ・れ}（「うち」は接頭語）ある状態になる。ある状態に達する。でき上がる。例「この殿の御婿（むこ）にうちな・らせたまふまじき」〈源氏・宿木〉

うちな・る【打ち馴る】[自ラ下二]{れ・れ・る・るる・るれ・れよ}（「うち」は接頭語）たびたびのことで珍しくなくなる。ありふれる。例「世の常にうち馴・れたる心地（ここち）して」〈源氏・宿木〉

うちにほ・ふ【打ち匂ふ】（ウチニオウ）[自ハ四]{は・ひ・ふ・ふ・へ・へ}（「うち」は接頭語）気配や香りが漂って感じられる。例「紅梅の木のもとに、梅が枝（え）をうそぶきて立ち寄るけはひの、花よりもしるくさとうち匂・へれば」〈源氏・竹河〉

うちぬら・す【打ち濡らす】[他サ四]{さ・し・す・す・せ・せ}（「うち」は接頭語）水や涙で濡らす。

うちぬ・る【打ち濡る】[自ラ下二]{れ・れ・る・るる・るれ・れよ}（「うち」は接頭語）水や涙で濡（ぬ）れる。例「〔源氏ノ〕まみの〔涙ニ〕うち濡・れたまへるほど」〈源氏・葵〉

うちね・ぶ[自バ上二]{び・び・ぶ・ぶる・ぶれ・びよ}（「うち」は接頭語）年をとる。老ける。また、大人びる。例「年うちね・び、世の中のとあることとしほじみぬる人こそ、もののをりふしは頼もしかりけれ」〈源氏・夕顔〉

うちねぶ・る【打ち眠る】[自ラ四]{ら・り・る・る・れ・れ}（「うち」は接頭語）居眠りをする。眠る。

うちのうへ【内の上】（ウチノウエ）[名]帝（みかど）。天皇。＝内・内の帝

うちのおとど【内大臣】[名]「ないだいじん」に同じ。

うちのおほおみ【内大臣】（ウチノオオオミ）[名]「ないだいじん」に同じ。

うちのおほんうしろみ【内裏の御後ろ見】（ウチノオオンウシロミ）[名]（「おほん」は接頭語）天皇の御後見役。

うちのおんかた【内の御方・内裏の御方】[名]❶天皇・公卿（くぎょう）などの妻の敬称。❷天皇の側。

うちのおんつかひ【内の御使ひ】（ウチノオンツカイ）[名]帝（みかど）のお使い。勅使。

うちのかしはでのつかさ【内膳司】（ウチノカシワデノツカサ）[名]「ないぜんし」に同じ。

うちのかた【内の方】[名]貴人の妻。北の方。奥方。＝内方（うちかた）

〔歌謡〕**うぢのかはせの…**【宇治の川瀬の水車（みずぐるま）何（なに）と憂（う）き世をめぐるらう】〈閑吟集〉訳宇治川の川瀬の水車は、どんなものと思って、このつらい世をぐるぐると回っているのであろう。
〈参考〉「らう」は「らん（＝らむ）」の転じたもので、現在推量を表す助動詞。

うぢのかみ【氏の上】（ウジノカミ）[名]上代の「氏」の首長。→「うぢ（氏）」。＝氏の長者

うぢのしん【氏の神】（ウジノシン）[名]「うぢがみ」に同じ。

うぢのたいしゃう【宇治の大将】（ウジノタイショウ）[人名]「かをる」に同じ。

うちのたくみのかみ【内匠頭】[名]（「たくみのかみ」とも）「内匠寮（たくみれう）」の長官。

うちのたくみのつかさ【内匠寮】[名]「たくみれう」に同じ。

うちのたま・ふ【打ち宣ふ】（ウチノタモウ）[他ハ四]{は・ひ・ふ・ふ・へ・へ}（「うち」は接頭語。「打ち言ふ」の尊敬語）ふとおっしゃる。口にお出しになる。例「『足らはぬ事ありとも、いふべきにあらず』とうちのたま・へば」〈落窪・三〉

うぢのちゃうじゃ【氏の長者】（ウジノチョウジャ）[名]（上代の「氏の上（かみ）」の平安以降の称）氏族の首長。氏族の宗家（そう）として祖神を祭り、一族を統率して朝廷に仕えた。のちには、源・平・藤原・橘（たちばな）の諸氏の中の特定の権力者が宣旨（せんじ）によって任ぜられた。

うぢのはしひめ【宇治の橋姫】（ウジノハシヒメ）[人名]宇治橋の守り神。『古今和歌集』で詠まれ、巫女（みこ）・遊女・愛人の意を込めて伝説とともに広まった。

うちの・ぶ【打ち延ぶ】[他バ下二]{べ・べ・ぶ・ぶる・ぶれ・べよ}（「うち」は接頭語）時間をかけてする。また、長引かせる。例「『念仏衆生摂取不捨（ねんぶつしゅじょうせっしゅふしゃ）』と、〔声ヲ〕うちの・べて（＝長ク引イテ）行ひたまへるが」〈源氏・賢木〉

うちのへ【内の重】（ウチノエ）[名]宮殿の最も内側にある垣や門。また、その内部。↔外（と）の重

うちのぼる【打ち上る】[枕詞]（佐保川に沿ってのぼって行く地形であることから）「佐保（さほ）」にかかる。例「うち上る佐保の川原の」〈万葉・八・一四三三〉

うちのみかど【内の帝】[名]（「院の帝（上皇）」に対して）現在の天皇。＝内・内の上

うちのみこ【内の御子・内親王】[名]「ないしんわう」に同じ。

うちのもののべ【内物部】[名]「衛門府（えもんふ）」の兵士。

うぢのゐん【氏の院】（ウジノイン）[名]同じ氏族の子弟の教育のために設けられた大学別曹（べっそう）。藤原氏の勧学院、橘（たちばな）氏の学館院など。

うちは【団扇】（ウチワ）[名]❶あおいで風を起こす道具。うちわ。（季―夏）。❷貴人が顔を隠す、長い柄のついたうちわ状の道具。＝翳（さしば）。❸「軍配団扇（ぐんばいうちは）」の略。❹紋所の名。①を図案化したもの。

うちばかま【打ち袴】[名]砧（きぬた）で打ってつやを出した袴（はかま）。女子の正装に用いた。

うちはし【打ち橋】[名]❶川の両岸に板をかけ渡しただけの仮の橋。❷建物と建物の間に、取りはずしのできるようにかけ渡した板橋。↓[古典参考図]建築

〈3〉

うぢはし【宇治橋】ウヂハシ［名］京都府宇治市を流れる宇治川にかけられた橋。大和へ赴くための重要な通路であり、和歌にもよく詠まれた。

うちはじ・む【打ち始む】［他マ下二］{め・め・む・むる・むれ・めよ}《「うち」は接頭語》し始める。例「昼ありつる事どもなどうちはじ・めて」〈枕・雪の、いと高うはあらで〉

うちはた・す【討ち果たす】{さ・し・す・す・せ・せ}〔一〕［自サ四］決闘する。果たし合いをする。〔二〕［他サ四］討ち殺す。

うちはちもんじ【内八文字】［名］《近世語》遊里で遊女が道中するときの歩き方。爪先を内側に向けて八の字を描くように足を運ぶ。↔外八文字

うちはづ・す【打ち外す】ウチハヅス［他サ四］{さ・し・す・す・せ・せ}❶打ちそこなう。例「賽、いみじく呪ふとも、打ち外してむや」〈枕・清げなる男の〉❷《「うち」は接頭語》しそこなう。失敗する。例「こたみだに、実にまたうちはづ・しては、いかさまにせん」〈増鏡・北野の雪〉

うちはなち［・なり］【打ち放ち】［形動ナリ］{なら・なり(に)・なり・なる・なれ・なれ}《「うち」は接頭語》不遠慮だ。例「若き者にて、うち放ち・に申しけるにこそ」〈住吉〉

うちはなや・ぐ【打ち花やぐ】［自ガ四］{が・ぎ・ぐ・ぐ・げ・げ}《「うち」は接頭語》明るく華やかに振る舞う。派手にする。例「若やかなる容貌人の、ひたぶるにうちはなや・ぎさればめるは」〈源氏・若菜・上〉

うちはぶ・く【打ち羽振く】［自カ四］{か・き・く・く・け・け}《「うち」は接頭語》羽ばたきをする。例「五月待つ山時鳥うち羽ぶ・き今も鳴かなむ」〈古今・夏・一三七〉

うちはへ【打ち延へ】ウチハエ［副］❶ずっと。引き続いて。＝打ち延へて①。例「桐壺の御方は、うちはへえまかでたまはず」〈源氏・若菜・上〉❷とくに。きわだって。例「馬の長け七寸ばかりにて打ちはへ長きが」〈今昔・二五・五〉

うちはへて【打ち延へて】ウチハエテ［副］❶（時間的に）ずっと。引き続いて。＝打ち延へ①。例「うちはへて落つる涙や袖の上に」〈宇津保・菊の宴〉❷（空間的に）ずっと。辺り一面に。例「うちはへて庭おもしろき初霜に」〈栄花・三〉

うちは・む【打ち塡む・打ち嵌む】［他マ下二］{め・め・む・むる・むれ・めよ}《「うち」は接頭語》❶投げ入れる。例「『眼もこそ二つあれ、ただ一つある鏡を奉る』とて海にうちは・めつれば」〈土佐〉❷閉じこめる。例「なほありかせそめじ。うちは・めておきたるぞよき」〈落窪・一〉

うぢはや・し【阻し】ウヂハヤシ［形ク］{から・く(かり)・し・き(かる)・けれ・かれ}物事の状態が差し迫っているさま。地勢などが危なく険しいさま。危険な。激しい。

うちはや・す【打ち早す】［他サ四］{さ・し・す・す・せ・せ}速く歩かせる。例「走り井には、これかれ、馬うちはや・してさきだつもありて」〈蜻蛉・中〉

うちはや・む【打ち早む】［他マ下二］{め・め・む・むる・むれ・めよ}（馬などを）速める。急がせる。＝打ち早す。例「馬をうち早・めて、急ぎまるりて」〈枕・はしたなきもの〉

うちはや・る【打ち逸る】［自ラ四］{ら・り・る・る・れ・れ}《「うち」は接頭語》勇み立つ。調子に乗る。例「うちはや・りてもの怖ぢせず」〈堤中納言・虫めづる姫君〉

うちはら・ふ【打ち払ふ】ウチハラ（ロ）ウ［他ハ四］{は・ひ・ふ・ふ・へ・へ}《「うち」は接頭語》❶はらい清める。はらい落とす。例「駒とめて袖うちはら・ふ陰もなし佐野のわたりの雪の夕暮れ」〈新古今・冬・六七一〉訳→〔和歌〕こまとめてそでうちはらふ…。❷追いはらう。追放する。

うちは・る【打ち腫る】［自ラ下二］{れ・れ・る・るる・るれ・れよ}《「うち」は接頭語》からだの一部がふくれる。はれ上がる。例「〔泣イテ〕うち腫・れたるまみも、人に見えんが（＝見ラレルノガ）恥づかしきに」〈源氏・少女〉

うちひが・む【打ち僻む】［自マ四］{ま・み・む・む・め・め}《「うち」は接頭語》ひねくれる。心が曲がっている。偏屈である。例「〔入道ノ人柄ハ〕うちひが・みほれぼれしき（＝老イボレテイル）ことはあれど」〈源氏・明石〉

うちひ・く【打ち引く】［他カ四］{か・き・く・く・け・け}責めさいなむ。いじめる。例「かくおほせごとありて召すなり。なにの、うちひ・かせたまふべきにもあらず」〈大和・一四八〉

うちひさす［枕詞］「宮」「都」にかかる。例「うちひさす都の人に告げまくは」〈万葉・三〇・四四七三〉

うちひさつ［枕詞］「宮」にかかる。例「うちひさつ宮の瀬川のかほ花の」〈万葉・一四・三五〇五〉

うちひそ・む【打ち顰む】［自マ四］{ま・み・む・む・め・め}《「うち」は接頭語》顔をしかめて泣きそうになる。べそをかく。例「うちひそ・みつつ心弱げに泣く」〈源氏・椎本〉

うちびと【内人】［名］《「うちんど」とも》伊勢神宮の神官。「禰宜」の次の位で、物忌みや祭事に従事し、また、神に供える酒食のことをつかさどる。❷召し使いとして天皇から親王家や太政大臣家などに賜った子供。

うぢびと【氏人】ウヂビト［名］《「うぢうど」とも》同じ氏族に属する人。氏族の構成員。

うちふ・く【打ち更く】［自カ下二］{け・け・く・くる・くれ・けよ}《「うち」は接頭語》夜が更ける。深夜になる。例「夜うち更・けて、護身にとてものしたれば」〈蜻蛉・上〉

うちふく・む【打ち脹む】［自マ四］{ま・み・む・む・め・め}《「うち」は接頭語》ふくらむ。ふっくらする。例「〔洗イ上ガッタ髪ハ〕とみにも乾かねど、つゆばかりうちふく・みまよふ筋もなくて」〈源氏・若菜・下〉

うちふ・す【打ち伏す・打ち臥す】［自サ四］{さ・し・す・す・せ・せ}《「うち」は接頭語》ちょっと横になる。寝る。例「うち臥・したまへれど、まどろまれず」〈堤中納言・逢坂越えぬ権中納言〉

うちふす・ぶ【打ち燻ぶ】［他バ下二］{べ・べ・ぶ・ぶる・ぶれ・べよ}《「うち」は接頭語》❶物を燃やして煙を立たせる。❷やきもちをやく。嫉妬する。例「なかなかうちふす・べなどしたまへらむよりも心苦しく」〈源氏・若菜・上〉

うぢぶみ【氏文】ウヂブミ［名］氏の由来や、その氏の先祖代々の功績などを記述した文書。『高橋氏文』が有名。

うちふ・る【打ち降る】［自ラ四］{ら・り・る・る・れ・れ}《「うち」は接頭語》雨や雪などが降る。ちらつく。例「雪うち降・り、空のけしきもものあはれに」〈源氏・若菜・上〉

うちふ・る【打ち古る・打ち旧る】［自ラ上二］{り・り・る・るる・るれ・りよ}《「うち」は接頭語》古びた物として顧みない。例「いかでか、さつれなく、うち旧・りてありしならむ」〈枕・さて、その左衛門の陣〉

発展学習ファイル　「打ち振る」［他ラ四］として、見捨てる・振り捨てるの意とする説もある。

うちほのめ・く【打ち仄めく】［自カ四］{か・き・く・く・け・け}《「うち」は接頭語》かすかに姿を見せる。ちらっと見え

る。例「〔源氏ハ〕かやうに、ただおほかたに(=ヒトトオリニ)うちほのめ・きたまふをりをりもあり」〈源氏・幻〉

うちほほゆが・む【打ち頰歪む】(ウチホホ(オ)ユガム)［自マ四］{ま・み・む・む・め・め}《「うち」は接頭語》事実からかけ離れたうわさをする。誤った情報が交じり伝わる。例「〔世間ノ評判トイウモノハ〕うちほほゆが・み思はずなること出ぃで来るものなめるを」〈源氏・若菜・上〉 語構成「ものなめる」→「なめり」

うちほほゑ・む【打ち微笑む】(ウチホホエム)［自マ四］{ま・み・む・む・め・め}《「うち」は接頭語》笑みを浮かべる。にっこりする。例「九の君、面は赤みて、うちほほ笑・み給ひて」〈宇津保・嵯峨の院〉

うちまか・す【打ち任す】［他サ下二］{せ・せ・す・する・すれ・せよ}《「うち」は接頭語》❶相手に任せる。一任する。例「よろづをただうちまか・せ聞こえ給ひて、心やすき御ありさまに」〈浜松中納言・五〉 ❷ふつうのこととする。ありふれたこととする。例「この病の有り様、うち任・せたる事にあらず」〈宇治拾遺・四・八〉

うちまかせて【打ち任せて】［副］通りいっぺんに。ふつう一般に。例「『あながちに』といふ詞、打ちまかせて歌によむべしとも覚えぬ事ぞかし」〈無名抄〉

うちまが・ふ【打ち紛ふ】(ウチマガウ(ゴウ))［自ハ四］{は・ひ・ふ・ふ・へ・へ}《「うち」は接頭語》よく似ていて紛らわしい。見分けがつかない。例「祝子が木綿うちまが・ひおく霜はげにいちじるき神のしるしか」〈源氏・若菜・下〉

うちまき【打ち撒き】［名］❶祓え・禊ぎ・病気・出産などのとき、魔よけに米をまくこと。また、その米。＝散米。❷《女房詞》米。

うちまぎらは・す【打ち紛らはす】(ウチマギラワス)［他サ四］{さ・し・す・す・せ・せ}《「うち」は接頭語》事実をごまかして曖昧にする。とりつくろう。例「おぼつかなからぬほどにうち紛らは・しつつ、過ぐしたまふ」〈夜の寝覚〉

うちまぎ・る【打ち紛る】［自ラ下二］{れ・れ・る・るる・るれ・れよ}《「うち」は接頭語》❶他のものと混じって分からなくなる。目立たなくなる。例「この人の御さまの、なのめに(=平凡デ)うち紛・れたるほどならば」〈源氏・総角〉 ❷他のことに気を取られて、気が紛れる。例「ほど経ば〔最愛ノ人ヲ亡クシタ悲シミモ〕すこしうちまぎ・るることもやと」〈源氏・桐壺〉

うちまぎれば・む【打ち紛ればむ】［自マ四］{ま・み・む・む・め・め}《「ばむ」は接尾語》それらしくないようすでいる。紛らわしいありさまになる。例「若き人とてもうち紛れば・み、いかにぞや、世づきたる人もおはすべかめるを」〈源氏・少女〉 語構成「おはすべかめる」→「べかめり」

うちまさ・る【打ち勝る】［自ラ四］{ら・り・る・る・れ・れ}《「うち」は接頭語》❶他よりもすぐれている。例「さるべき人々の、我にはうちまさ・りたるも」〈夜の寝覚〉 ❷他と比べて、程度がよりはなはだしい。例「わが思ふには、いますこしうちまさ・りて嘆くらむと思ふに、いまぞ胸はあきたる」〈蜻蛉・上〉

うちまじ・る【打ち交じる】［自ラ四］{ら・り・る・る・れ・れ}《「うち」は接頭語》交じり合う。入り交じる。

うちま・ず【打ち交ず・打ち混ず】［他ザ下二］{ぜ・ぜ・ず・ずる・ずれ・ぜよ}《「うち」は接頭語》さまざまなものを交える。混ぜ合わせる。例「花くさぐさを植ゑて、春秋の木草、その中にうちま・ぜたり」〈源氏・少女〉

うちまたがうやく【内股膏薬】(ウチマタゴウヤク)［名］《近世語》内股に貼った膏薬が両股に付くことから、定見も節操もないこと。また、その人。

うちまつ【打ち松】［名］かがり火に入れて燃やすのに用いる、細かく割った松の木。

うちまどろ・む【打ち微睡む】［自マ四］{ま・み・む・む・め・め}《「うち」は接頭語》うとうとする。うたた寝をする。例「心にもあらずうちまどろ・みたまふ」〈源氏・明石〉

うちまね・く【打ち招く】［他カ四］{か・き・く・く・け・け}《「うち」は接頭語》手を動かして合図をし、人を呼ぶ。手招きする。

うちまね・ぶ【打ち真似ぶ】［他バ四］{ば・び・ぶ・ぶ・べ・べ}《「うち」は接頭語》見聞きしたままに語り伝える。例「疎き人にわざとうちまね・ばむやは」〈源氏・帚木〉

うちまも・る【打ち守る】［他ラ四］{ら・り・る・る・れ・れ}《「うち」は接頭語》見つめる。見守る。例「〔猫ガ〕顔をうちまも・りつつなごう鳴くも」〈更級〉

うちまゐり【内参り】(ウチマイリ)［名］宮中へ参上すること。宮中に出仕すること。参内。入内。

うちみじろ・く【打ち身動く】［自カ四］{か・き・く・く・け・け}《「うちみじろぐ」とも。「うち」は接頭語》少し身動きする。例「『寝入りたり』とや思ふらむと、ねたくて、すこしうち身じろ・ぐ衣のけはひ」〈枕・内裏の局〉

うちみだりのはこ【打ち乱りの箱】［名］女性がその上で髪をとかしたり、寝るときに髢を入れたりした、ふたのない浅い箱。後世、衣服や所持品を入れるためにも用いた。＝乱れ箱

うちみだ・る【打ち乱る】［自ラ下二］{れ・れ・る・るる・るれ・れよ}《「うち」は接頭語》❶(服装・態度などが)だらしなくなる。例「〔鬚黒ハ〕色めかしくうち乱・れたるところなきさまながら」〈源氏・藤袴〉 ❷くつろぐ。例「〔源氏ハ〕しどけなくうち乱・れたまへるさまながら、〔直衣ノ〕紐ばかりをさしなほしたまふ」〈源氏・葵〉

うちみまは・す【打ち見回す・打ち見廻す】(ウチミマワス)［他サ四］{さ・し・す・す・せ・せ}《「うち」は接頭語》ぐるりと辺りを見る。例「客人も、いとものあはれなるけしきに、うち見まは・したまひて」〈源氏・賢木〉

うちみや・る【打ち見遣る】［他ラ四］{ら・り・る・る・れ・れ}《「うち」は接頭語》ちょっと眺めやる。少し離れた方に目を向ける。例「〔末摘花ノ姿ガ〕めづらしきさまのしたればさすがにうち見や・られたまふ」〈源氏・末摘花〉

うちみ・ゆ【打ち見ゆ】［自ヤ下二］{え・え・ゆ・ゆる・ゆれ・えよ}《「うち」は接頭語》見える。目にうつる。例「砂の中より青き草うち見・え」〈枕・女ひとり住むところは〉

うち・みる【打ち廻る】［自マ上一］{み・み・みる・みる・みれ・みよ}《「うち」は接頭語》あちこちめぐり歩く。例「打ち・廻る島の崎々」〈記・上・歌謡〉

うち・みる【打ち見る】［他マ上一］{み・み・みる・みる・みれ・みよ}《「うち」は接頭語》見る。ちらりと見る。例「うち・見るにかどかどしく(=才気ガアッテ)気色だちたれど(=気ガ利イタ感ジハスルケレド)」〈源氏・帚木〉

うちむつか・る【打ち憤る】［自ラ四］{ら・り・る・る・れ・れ}《「うち」は接頭語》不満や怒りをあらわにする。腹を立てる。機嫌を悪くする。例「『うたて、戯れ給へる』と、うちむつか・りて」〈宇津保・蔵開・中〉

うちむ・る【打ち群る】［自ラ下二］{れ・れ・る・るる・るれ・れよ}《「うち」は接頭語》群れをなす。集まる。例「馬並めてう

ち群・れ越え来」〈万葉・九・一七三〇〉

うちめ【打ち目・擣目】[名]つやを出すために、絹布を砧で打ったときに生じる模様。

うちもねななむ【打ちも寝ななむ】《接頭語「うち」＋係助詞「も」＋動詞「寝」の連用形＋完了の助動詞「ぬ」の未然形＋願望の終助詞「なむ」》ちょっとでも眠ってしまってほしい。例「人知れぬ我が通ひ路の関守は宵宵ごとにうちも寝ななむ」〈古今・恋三・六三二〉訳→〔和歌〕ひとしれぬ…

うちもの【打ち物】[名]❶砧で打ってつやを出した布。❷（弓矢に対して）刀・槍・薙刀などの武器。❸鉦・鼓などの打楽器。❹品物の交換。

うちものがたら・ふ【打ち物語らふ】[他ハ四]{は・ひ・ふ・ふ・へ・へ}（「うち」は接頭語）男女の関係をもつ。また、語り合う。言い交わす。例「それ（＝ソノ女）をかのまめ男、うち物語ら・ひて」〈伊勢・二〉

うちものわざ【打ち物業】[名]刀・槍・薙刀などで戦うこと。また、その腕まえ。例「打ち物業にてかなふまじ、組んで力の勝負せん」〈謡・烏帽子折〉

うちもよせなむ【打ちも寄せなむ】《接頭語「うち」＋係助詞「も」＋動詞「寄す」の未然形＋願望の終助詞「なむ」》どうか打ち寄せてほしい。例「寄する波うちも寄せなむわが恋ふる人忘れ貝下りて拾はむ」〈土佐〉訳→〔和歌〕よするなみ…

うちもら・す【討ち漏らす】[他サ四]{さ・し・す・す・せ・せ}討ちとることができずに取り逃がす。例「能登殿、河野をもうちもら・されたれども」〈平家・九・六ヶ度軍〉

うちゃう【有頂】[名]《仏教語》「有頂天①」の略。

うちゃうてん【有頂天】[名]❶《仏教語》「三界（欲界・色界・無色界）」の諸天のうちの最も高い天。＝有頂。❷（「有頂天」に昇りつめたように）無我夢中になって他をかえりみないこと。

うぢやしろ【氏社】[名]氏神を祭る神社。

うちやす・む【打ち休む】（「うち」は接頭語）㊀[自マ四]{ま・み・む・む・め・め}休息する。休憩する。安らぐ。また、寝る。例「しばしと思ひて、うちやす・みけるほどに、寝過ぎにたるになむありける」〈大和・一六八〉㊁[他マ下二]{め・め・む・むる・むれ・めよ}休息させる。安らかにさせる。例「御行ひをもうちやす・めつつ」〈夜の寝覚〉

うちやすら・ふ【打ち休らふ・打ち安らふ】[自ハ四]{は・ひ・ふ・ふ・へ・へ}（「うち」は接頭語）ためらう。迷ってぐずぐずする。たたずむ。例「とかく筆うちやすら・ひたまへる御さま」〈源氏・絵合〉

うちやつ・す【打ち窶す】[他サ四]{さ・し・す・す・せ・せ}（「うち」は接頭語）わざとみすぼらしい格好をする。目立たないよう、あえて姿を変える。例「何ばかりの御よそひなくうちやつ・して」〈源氏・花散里〉

うちやつ・る【打ち窶る】[自ラ下二]{れ・れ・る・るる・るれ・れよ}（「うち」は接頭語）みすぼらしくなる。地味で粗末なようすになる。例「網代車のうちやつ・れたるにて、女車のやうにて隠ろへ入りたまふも」〈源氏・須磨〉

うちや・む【打ち止む】㊀[自マ四]{ま・み・む・む・め・め}（「うち」は接頭語）やむ。終わる。例「雨うちや・みたる暮れにて」〈蜻蛉・下〉㊁[他マ下二]{め・め・む・むる・むれ・めよ}❶打ちたたいてやめさせる。例「この鳥も打ち止・めこせね」〈記・上・歌謡〉❷（「うち」は接頭語）事を中止する。例「〔比叡山ノ〕三塔嗷儀をもって谷々の講演を打ち止・め」〈太平記・一五〉

うちや・る【打ち遣る】[他ラ四]{ら・り・る・る・れ・れ}（「うち」は接頭語）❶向こうへやる。取りのける。例「女の、手洗ふ所に、〔タライノ上ニ掛ケテアッタ〕貫き簀をうちや・りて」〈伊勢・二七〉❷そのままにしておく。ほうっておく。例「〔髪ヲ〕あさましう引き結ひてうちや・りたりつれど、いたうも乱れず」〈源氏・手習〉

うちゅうじゃう【右中将】[名]「右近衛中将」の略。↕左中将

うちゅうべん【右中弁】[名]令制で「太政官」に属する右弁官局の次官。↓「ちゅうべん」。↕左中弁

うちゆが・む【打ち歪む】（「うち」は接頭語）㊀[自マ四]{ま・み・む・む・め・め}ねじ曲がる。また、話すことばがなまる。例「声などほとほとうちゆが・みぬべく」〈源氏・東屋〉㊁[他マ下二]{め・め・む・むる・むれ・めよ}ねじ曲げる。ゆがめる。例「しどけなき姿にて、冠などうちゆが・めて走らむ後ろ手（＝ウシロ姿）思ふに」〈源氏・紅葉賀〉

うちゆる・ぶ【打ち緩ぶ】（「うち」は接頭語）㊀[自バ四]{ば・び・ぶ・ぶ・べ・べ}❶穏やかになる。和らぐ。例「ものをのみ思ひ乱れし気色の、すこしうちゆる・びて」〈源氏・浮舟〉❷油断する。緊張がとける。例「かく見馴れぬる年ごろのしるしに、うちゆる・ぶ心もありぬべきを」〈源氏・総角〉㊁[他バ下二]{べ・べ・ぶ・ぶる・ぶれ・べよ}ゆるめる。寛大にする。例「〔男ヲ〕あまりむげにうちゆる・べ見放ちたる〔女〕も」〈源氏・帚木〉

うちよ・す【打ち寄す】[自サ下二]{せ・せ・す・する・すれ・せよ}❶（「うち」は接頭語）波が岸に寄せる。例「うち寄・する波とともにや秋は立つらむ」〈古今・秋上・一七〇〉訳→〔和歌〕かはかぜの…。❷馬に乗って近寄る。例「三位中将馬にうち乗って出で給ふが、なほひっかへし、うち寄・せて」〈平家・七・維盛都落〉

うちよする【打ち寄する】[枕詞]（波のうち寄せる国の意から）地名「駿河」にかかる。例「うち寄する駿河の国と」〈万葉・三・三一九長歌〉

うちよ・む【打ち読む・打ち詠む】[他マ四]{ま・み・む・む・め・め}（「うち」は接頭語）❶詩歌や経などを唱える。節をつけて読み上げる。例「大徳の声尊くて経うち読・みたるに」〈源氏・夕顔〉❷詩歌を作る。詠じる。例「心ばせまことにゆゑありと見えぬべく、うち詠・み、走り書き」〈源氏・帚木〉

うちよろぼ・ふ【打ち蹌踉ふ】[自ハ四]{は・ひ・ふ・ふ・へ・へ}（「うち」は接頭語）倒れかかる。崩れかかる。また、よろめく。例「むつかしげなるわたりの、この面かの面あやしくうちよろぼ・ひて」〈源氏・夕顔〉

うちりょう・ず【打ち凌ず】[他サ変]{ぜ・じ・ず・ずる・ずれ・ぜよ}打ちたたく。なぶり苦しめる。例「童部五六人ばかり集まりて、ものをうち凌・じけるを」〈十訓抄・一〉

うちろんぎ【内論議】[名]（「内」は内裏の意）宮中の「御斎会」の結願の日（陰暦正月十四日）に高僧たちを大極殿に招いて、経文の意義を質問し議論する儀式。＝論議

うちわす・る【打ち忘る】[他ラ下二]{れ・れ・る・るる・るれ・れよ}（「うち」は接頭語）つい忘れる。例「おほかたいと涼しければ、扇もうち忘・れたるに」〈枕・七月ばかりに〉

うちわたし【打ち渡し】[副]❶（時間的に長く）ず

っと。例「うちわたし長き心は八橋の」〈後撰・恋一・五七〇〉❷(空間的に広く)総じて。全体に。例「うちわたし世にゆるしなき関川を」〈源氏・宿木〉

うちわた・す【打ち渡す】[他サ四]{さ・し・す・す・せ・せ}❶馬にむち打って渡らせる。例「清き瀬を馬打ち渡しいつか通はむ」〈万葉・四・七一五〉❷(「うち」は接頭語)ずっと並べる。張りめぐらす。例「阿太人の梁(=魚ヲ捕ルタメノ仕掛ケ)打ち渡す瀬を速み」〈万葉・一一・二六九九〉❸(「うち」は接頭語)見渡す。例「うち渡す竹田の原に鳴く鶴の」〈万葉・四・七六〇〉

〔和歌〕**うちわたす遠方人にもの申す我そのそこに白く咲けるはなにの花ぞも**〈古今・雑躰・一〇〇七旋頭歌・よみ人しらず〉訳はるか向こうの遠い所にいるお方に、私はお尋ね申し上げます。その、あなたのそばに白く咲いているのは、何の花でしょうか。(敬語)「もの申す」→「まうす」

うちわたり【内辺り・内裏辺り】[名]❶内裏。宮中。❷天皇。朝廷。

うちわた・る【打ち渡る】[自ラ四]{ら・り・る・る・れ・れ}(「うち」は接頭語)❶川などを越えて向こう側へ行く。橋や廊下を通って向こう側へ行く。例「天竜河を打ち渡り、小夜の中山越え行けば」〈太平記・二〉❷行く。来る。通過する。例「(夫ノ兼家ガ)夜中あかつきと、うちしはぶきてうち渡るも」〈蜻蛉・上〉

うちわなな・く【打ち戦慄く】[自カ四]{か・き・く・く・け・け}(「うち」は接頭語)ぶるぶるふるえる。例「身も冷え果てて、物も言はねば、宰相の中将、からうしてうちわなな・きて」〈宇津保・国譲・下〉

うちわ・ぶ【打ち侘ぶ】[自バ上二]{び・び・ぶ・ぶる・ぶれ・びよ}(「うち」は接頭語)❶思い悩む。思い嘆く。例「霜さゆる汀の千鳥うちわ・びてなく音かなしき朝ぼらけかな」〈源氏・総角〉❷落ちぶれる。生活に困る。例「うちわ・びておち穂ひろふと聞かませば」〈伊勢・五八〉

うちわら・ふ【打ち笑ふ】(ウチワラ(ロ)ウ){は・ひ・ふ・ふ・へ・へ}(「うち」は接頭語)一[自ハ四]ふと笑う。例「『あな若々し』とうち笑・ひたまひて」〈源氏・夕顔〉二[他ハ四]嘲笑する。あざける。例「かかる〔私〕をば痴れ者などうち笑・ひて」〈源氏・夕霧〉

うちゑ・む【打ち笑む】(ウチエム)[自マ四]{ま・み・む・む・め・め}(「うち」は接頭語)ほほえむ。例「君うち笑・みたまひて」〈源氏・夕顔〉

うちゑん・ず【打ち怨ず】(ウチエンズ)[他サ変]{ぜ・じ・ず・ずる・ずれ・ぜよ}(「うちゑず」とも。「うち」は接頭語)恨む。恨みごとをいう。例「わりなしと思ぼして、うち怨・じてゐたまへる御さま」〈源氏・宿木〉

うつ-[接頭]一【全】全部、すっかりの意を表す。「うつ剝ぎ」など。二【空】空虚、からの意を表す。「うつ蟬」など。

う・つ【打つ・討つ・撃つ】一[他タ四]{た・ち・つ・つ・て・て}❶たたく。なぐる。例「手握りて(=コブシヲ固メテ)打・てども懲りず恋といふ奴」〈万葉・一一・二五七四〉❷投げつける。あてる。例「柑子を一つ投げて、大将を打・つ人あり」〈宇津保・蔵開・中〉❸たたいて鳴らす。打ち鳴らす。例「御琴とう・ちたるほど」〈枕・なほめでたきこと〉❹(火打ち石を)打つ。打って、火を出す。例「折々にう・ちてたく火の煙あらば」〈貫之集〉❺(衣の生地を砧で)打ってつやを出す。例「白栲の衣う・つ砧の音も、かすかに」〈源氏・夕顔〉❻(敵を)攻める。討伐する。例「この国の帝をいかで謀りて、この国討・ち取らむ」〈枕・社は〉(副詞の呼応)「いかで」→「取らむ」。❼斬る。例「久米河の合戦に、組んで討・ったりし敵の首二つ」〈太平記・一〇〉(音便)「討っ」は「討ち」の促音便。❽(馬を)むちで打って走らせる。例「手勢百騎とも二百騎とも、打・たせたる大名」〈太平記・三〉❾博打をする。かけ事をする。例「残りなく打ち入れんとせんにあひては、打・つべからず」〈徒然・一二六〉❿(碁を)打つ。例「並びなく碁をう・ち給ふ」〈今昔・二四・六〉⓫(杭などを)くい込ませる。打ち込む。例「初瀬の川の上つ瀬に斎杙を打・ち」〈記・下〉〔注〕「斎杙」は、神の降臨の目印として打つ、斎み清めた杭。⓬設営する。設ける。例「賀茂の川辺に桟敷打・ちて」〈宇津保・藤原の君〉⓭(田畑を)耕す。土を掘り起こす。例「打・つ田に稗はしあまたありと言へど」〈万葉・一一・二四七六〉⓮(金属を)たたき鍛えて刀剣などを作る。例「百貫(=約三七五キログラム)にて三尺三寸に打・ったる太刀なれば」〈太平記・一〇〉(音便)「打っ」は「打ち」の促音便。⓯(幕などを)はる。例「『平張りう・つ』などは常の事なり」〈徒然・一六〇〉⓰(布・紙などを)張る。裏打ちをする。例「料紙に漉かせて、経書き、またさながらう・たせて」〈右京大夫集〉⓱ばらまく。まく。例「鬼が渡ると申して、豆をう・つ夜にてある程に」〈狂言記・節分〉⓲(墨縄で材木に)しるしをつける。例「かにかくに物は思はじ飛騨人の打・つ墨縄のただ一道に」〈万葉・一一・二六四八〉二[自タ四]{た・ち・つ・つ・て・て}(雨や霰などが)たたくように降る。例「笹葉に打・つや霰のたしだしに」〈記・下・歌謡〉三[自タ下二]{て・て・つ・つる・つれ・てよ}❶負ける。圧倒される。例「また寄りあひて(相撲ヲ)取るに、このたびは壇光(=人名)う・てにけり」〈古今著聞・五三三〉❷押しつぶされる。例「一人も残らず圧石にう・てて死にけり」〈太平記・一三〉❸神仏の罰が当たる。例「いかに和僧、起請にはう・てたるぞ」〈平家・一二・土佐房被斬〉〔注〕「和僧」は僧に呼びかけることば。❹承知する。納得する。例「小気味の悪い女郎ぢゃとさすがの武士もう・てぬ顔」〈浄・心中天の網島〉

う・つ【棄つ】[他タ下二]{て・て・つ・つる・つれ・てよ}(他の動詞に付いて、複合動詞の形で)捨てる。例「にはかに、親、この女を追ひう・つ」〈伊勢・四〇〉

うづ[・なり]【貴・珍】[名・形動ナリ]尊く珍しいこと。高貴で美しいこと。例「天皇朕珍の御手もち」〈万葉・六・九七三長歌〉

うつぎ【空木・卯木】[名]木の名。花は、「卯の花」として広く賞美された。枝葉を煎じたものは、咳や黄疸の薬とされた。(季-夏)

うづき【卯月・四月】[名]陰暦四月の別称。=卯の花月。(季-夏)

〔**卯月の忌み**〕賀茂の祭りの関係者が、祭りのある四月に前もって精進潔斎すること。

うつぎがきね【卯木垣根・空木垣根】[名]ウツギを生け垣にした垣根。=卯の花垣根

うつ・く【空く・虚く】[自カ下二]{け・け・く・くる・くれ・けよ}❶中が空になる。例「御孫尊の所望の国は、譬へ

ば鹿の角のごとし。うつ・けたる国なり」〈紀・神功〉❷気が抜ける。間が抜ける。例「気力衰へすぎて、老い耄れ虚・けつかれたり」〈紀・顕宗〉

うつく・し【愛し・美し】［形シク］{しから・しく(しかり)・し・しき(しかる)・しけれ・しかれ}

アプローチ
▼上代には、肉親・恋人をかわいらしくいとしく思う、愛情の気持ちを表した。
▼中古には、小さいものをかわいいと思う気持ちを表すようになり、それから愛らしく美しいさま、さらには、きれいで美しいさま・立派なさまを表すようになった。

❶(肉親や恋人が)いとしい。恋しい。かわいい。例「父母を見れば尊し妻子見ればめぐし愛・し」〈万葉・五・八〇〇長歌〉訳父や母を見れば尊いし、妻や子を見ればいとおしくかわいい。❷(小さいものが)かわいらしい。愛らしい。可憐だ。例「声はをさなげにて、書読みたる、いと愛・し」〈枕・愛しきもの〉訳まだ子供っぽい声で(漢文の)本を読み上げている(さま、それは)ほんとにかわいらしい。❸美しい。きれいだ。立派だ。例「平中といふ色好みの、いみじく思ふ女の、若くうつく・しかりけるを、妻のもとに率て来て置きたり」〈古本説話集〉訳平中という好色の男が、惚れ込んだ女で、若くてきれいな女性を、妻のいる家に連れて来て住まわせた。

発展学習ファイル　類義語として、①に相当するものに「めぐし」「かなし」、②には「らうたし」、③には「うるはし」「きよし」「きよら」などがある。

古語深耕　「うつくし」と「うるはし」との違い
「うつくし」は、守ってやりたい相手が持っている美点。かわいらしさ、幼なさ、素直さ、温く親しみやすい感じをいう。現代語の「美しい」より「かわいい」に近い。「うるはし」はきちんとしていることと、整っていることで、時には冷たい印象や近づきがたさなどを合わせもつ場合もある。「うつくしき様」は幼い感じのする素直さであり、「うるはしき様」は大人としての礼儀正しさを表す。

うつくしう【愛しう・美しう】形容詞「うつくし」の連用形「うつくしく」のウ音便。

うつくしが・る【愛しがる】［他ラ四］{ら・り・る・る・れ・れ}(「がる」は接尾語)かわいがる。いとしく思う。例「松君の、をかしう、もののたまふを、誰も誰も、うつくしが・りきこえたまふ」〈枕・淑景舎〉

うつくしげ［・なり］【愛しげ・美しげ】［形動ナリ］{なら・なり(に)・なり・なる・なれ・なれ}❶いかにもかわいらしい。例「〔紫ノ上ハ〕いみじく生ひ先見えてうつくしげ・なる容貌なり」〈源氏・若紫〉❷いかにも美しいようすだ。例「髪のうつくしげ・にそがれたる末も」〈源氏・若紫〉

うつくしび【慈しび・愛しび】［名］「うつくしみ」に同じ。

うつくし・ぶ【慈しぶ・愛しぶ】［他バ上二］{び・び・ぶ・ぶる・ぶれ・びよ}「うつくしむ」に同じ。

うつくしみ【慈しみ・愛しみ】［名］いとおしむこと。慈愛。＝慈しび。例「児うつくしみしたまふ御心にて」〈源氏・若菜・上〉

うつくし・む【慈しむ・愛しむ】［他マ四］{ま・み・む・む・め・め}かわいがる。いつくしむ。＝慈しぶ。例「をかしげなる稚児の、あからさまに抱きて遊ばし、愛し・むほどに、かいつきて寝たる、いとらうたし」〈枕・愛しきもの〉

〔俳句〕**うつくしや…**【うつくしや障子の穴の天の川】〈七番日記・一茶〉訳病苦もようやく峠を越え、病床から障子の穴を通して眺めた天の川は、何とまあ美しいことか。(季-天の川-秋)

うづくま・る【蹲る・踞る】［自ラ四］{ら・り・る・る・れ・れ}「うずくまる」に同じ。

うつし【移し】［名］❶事物や心を別の所に移し動かすこと。❷「移し花①」の略。❸薫き物の香りを衣服などにたきしめて移すこと。また、その香り。❹「移し馬」の略。❺「移し鞍」の略。

〔移しの馬〕「うつしうま」に同じ。
〔移しの香〕薫き物を衣服などに移し、染み込ませること。おもに、九月九日の重陽の行事で、「着せ綿」に移された菊の香をいう。
〔移しの鞍〕「うつしぐら」に同じ。

うつ・し【現し・顕し】［形シク］{しから・しく(しかり)・し・しき(しかる)・しけれ・しかれ}(「うつ」は現実の意)❶現実に存在する。現実である。例「現・しくもまこと我妹子我に恋ひめや」〈万葉・四・七七二〉❷正気だ。意識が確かだ。例「君に恋ひつつ現・しけめやも」〈万葉・一五・三七五二〉〔注〕「現しけ」は古い未然形。

うつしいろ【移し色】［名］「移し花」で染めた色。青色。

うつしうま【移し馬】［名］官人が「馬寮」から支給された、公用時に乗る馬。乗り換え用の馬とも。＝移し④・移しの馬

うつしおみ【現し臣】［名］この世に人間の姿をして現れるもの。

発展学習ファイル　「うつそみ」「うつせみ」はこの語からの変化形。一説に「おみ」は人の意。

うつし・きる【移し着る】［他カ上一］{き・き・きる・きる・きれ・きよ}他の人の香がたきしめられている衣服を、そのまま着る。例「匂へる〔衣服〕をうつし・着て」〈源氏・橋姫〉

うつしぐさ【移し草】［名］「露草」の別称。この花で染めた色が移りやすい(変色しやすい)ことから付いたもの。＝月草

うつしぐら【移し鞍】［名］「馬寮」で管理する馬が公用で使われる際に用いられる鞍。一説に、乗り換え用の鞍とも。＝移し⑤・移しの鞍

うつしごころ【現し心】［名］意識がしっかりした状態の心。正気。例「いとつらき御心にうつし心も失せはべりぬ」〈源氏・若菜・下〉

うつしごころ【移し心】［名］変わりやすい心。浮気心。例「いで人は言のみぞよき月草の移し心は色ことにして」〈古今・恋四・七一一〉

うつしざま［・なり］【現し様】［名・形動ナリ］❶

心が平常であるさま。正気だ。例「（病気ノセイデ）うつしざま・なるをり少なくはべりて」〈源氏・薄雲〉❷生活がふつうの状態であるさま。例「公のかしこまりなる人の、うつしざま・にて世の中にあり経るは」〈源氏・須磨〉

うつしと・る【写し取る】［他ラ四］{ら・り・る・る・れ・れ}そのまま受け入れる。踏襲する。例「いとかしこき人にて、皆うつしと・りて行ふ（＝修行スル）」〈宇津保・忠こそ〉

うつしと・る【移し取る】［他ラ四］{ら・り・る・る・れ・れ}全部受け取る。例「直衣の御袖に（蛍ヲ）うつしと・りて」〈宇津保・内侍のかみ〉

うつしばな【移し花】［名］❶染料。ツユクサの花の青い汁を紙に移しておくもの。＝移し。（季―秋）。❷ツユクサの別名。

うつしびと【現し人】［名］《「うつしひと」とも》❶（死者に対して）現に生きている人。❷（出家した人に対して）在俗の人。

うつしぶみ【移し文】［名］❶「い（移）」に同じ。❷「くゎいじゃう」に同じ。

うづしほ【渦潮】［名］うず巻く潮の流れ。

うつしまこ【現し真子】［名］現に存在するいとしい子。本当の子。

うつしみ【現し身】［名］「うつせみ㊀①」に同じ。

うつ・す【写す・映す】［他サ四］{さ・し・す・す・せ・せ}❶書き写す。模写する。例「信実の朝臣召して、御姿うつ・し書かせらる」〈増鏡・新島守〉❷まねる。そっくりに作る。例「天竺の祇園精舎を唐の西明寺にうつ・し造り」〈大鏡・道長・上〉❸（物の形を）映ずる。映す。例「水うみに秋の山辺をうつ・しては」〈拾遺・秋・二〇三〉

うつ・す【移す】［他サ四］{さ・し・す・す・せ・せ}❶移動する。他の場所に動かす。❷（色や香りを）染みつかせる。例「梅が香を袖に移・して留めてば」〈古今・春上・四六〉❸（高貴な人を）配流する。例「いかでか我が山の貫主をば、他国へはうつ・さるべき」〈平家・二・一行阿闍梨之沙汰〉❹（気持ちや愛情を）他のものに向ける。関心をうつす。例「今日ぞ知る空をながむる気色にて花に心をうつ・しけりとも」〈源氏・竹河〉《係結び》「ぞ→知る㊡」。❺（時を）過ごす。経る。例「万の事障りて時を移・す」〈徒然・一七〇〉❻（物の怪などを「寄りまし」に）のり移らせる。例「物の怪にいたうなやめば、移・すべき人とて」〈能因本枕・前の木立高う〉《音便》「いたう」は「いたく」のウ音便。

うつせ【空・虚】［名］「うつせがひ」に同じ。

うつせがひ【空貝・虚貝】［名］肉が抜けて、中身が空になった貝。和歌では、「実なし」「むなし」などを導く序詞をつくる。＝空。

うつせみ［名］《「うつそみ」とも》㊀【現せみ】❶この世に生きている人。＝現し身。例「うつせみは数なき身なり」〈万葉・二〇・四四六八〉❷現世。この世。世間。例「神代よりかくにあるらし古も然にあれこそうつせみも妻を争ふらしき」〈万葉・一・一三長歌〉訳→〈和歌〉かぐやまは…。㊁【空蟬・虚蟬】セミのぬけがら。また、セミ。（季―夏）。例「〔紫ノ上ガ亡クナッタノデ〕空蟬のむなしき心地こそしたまふ」〈源氏・葵〉《係結び》「ぞ→したまふ㊡」

> 古語深耕　**「うつせみ」の語義の変遷**
>
> 「うつせみ」は、実在する、この世に生きている、の意の「現し」に、「臣（＝人ノ意）」が付いた「うつしおみ」が「うつそみ」となり、さらに転じた語とされる。初期の例では、神話的発想に基づき、神世に対する現世、神に対する人間などの意味をもつ。『万葉集』では、「空蟬」「虚蟬」などの字もあてられ、仏教の無常観と結びついて、「はかないこの世」という意味をもつようになった。さらに中古以降には、「空蟬」などの字面からの連想に基づいて、セミのぬけがら、セミの意として受け継がれた。

〔**空蟬の世**〕はかないこの世。現世。

うつせみ【空蟬】［人名］『源氏物語』の登場人物。源氏と一夜の契りを交わすが、そののちは空蟬が源氏を拒み続けた。関屋巻で再会し、尼となってからは源氏の邸で住み暮らした。

うつせみ【空蟬】［作品名］『源氏物語』の三番目の巻名。

うつせみの【空蟬の】［枕詞］《「うつそみの」とも》（現身の意から）「世」「命」「人」「身」などにかかる。例「うつせみの世の理と」〈万葉・一八・四一〇六長歌〉

〈和歌〉**うつせみの命を惜しみ波に濡れ伊良虞の島の玉藻刈り食む**〈万葉・一・二四・麻績王〉訳（うつせみの）命が惜しいので、波にぬれつつ、伊良虞の島の藻を刈って食べようと思うよ。

うつそみ【現そみ】［名］《「うつしおみ」の変化形。「うつせみ」の古形》この世の人。また、現世。

〈参考〉「うつそみの」は「命」の枕詞。

うつそみの［枕詞］「うつせみの」に同じ。例「うつそみの人なる我や」〈万葉・二・一六五〉訳→〈和歌〉うつそみの…

〈和歌〉**うつそみの人なる我や明日よりは二上山を弟と我れ見む**〈万葉・二・一六五・大伯皇女〉訳（うつそみの）この世の人である私は、明日からは二上山をいとしい弟として私は見つづけよう。

〈参考〉「うつそみの」は「人」の枕詞。弟大津皇子の死体が二上山に移葬されたときに詠まれた歌。

うっそり［名・副］《近世語》ぼんやりしたようす。うっかり。まぬけ。例「銀を掘って帰られしをこのうっそりが夢にも知らず」〈浄・曾根崎心中〉

うつた【打つ田】［名］打ち耕す田。すき返す田。

うったう【鬱陶】［名］気がふさぐこと。

うづたか・し【堆し】［形ク］{から・く(かり)・し・き(かる)・けれ・かれ}❶盛り上がって高い。例「大きなる鉢にうづたか・く盛りて」〈徒然・六〇〉❷おごり高ぶっている。例「そのうづたか・い顔色は、疑ひもなき一法師」〈伎・隅田川花御所染〉《音便》「うづたかい」は「うづたかき」のイ音便。

うった・つ【打っ立つ】［自タ四］{た・ち・つ・つ・て・て}《「うちたつ」の促音便》❶立つ。例「判官みぎはにうった・って」〈平家・一一・勝浦〉《音便》「うったっ」は「うったち」の促音便。❷出発する。例「『ふうなせそ、その馬のなごり

もこよひばかりぞ』とて、うった・ちけり」〈平家・九・一二之懸〉

うった・ふ【訴ふ】[他ハ下二]{へ・へ・ふ・ふる・ふれ・へよ}❶事の理非、善悪の裁決を役所に申し立てる。訴訟を起こす。例「『闕官停任せらるべき』由、おのおの訴・へ申されければ」〈平家・一・殿上闇討〉❷事情や要求を神や上司などに申し出て、判断や救いを求める。例「風にあたり、湿にふして、病を神霊に訴・ふるは、愚かなる人なり」〈徒然・一七一〉

うつたへ【打つ栲】[名]《「うちたへ」とも》つやを出した「栲」。

うったへ【訴へ】[名]「うたへ」に同じ。

うつたへに[副]（下に打消や反語の表現を伴って）決して。まったく。いちずに。例「〔夕霧ノ真意ニ〕うつたへに思ひもよらで取りたまふ〔玉鬘ノ〕御袖を引き動かしたり」〈源氏・藤袴〉

発展学習ファイル　平安後期以降、下に肯定表現を伴った「まつがねをいそ辺のなみのうつたへにあらはれぬべき袖のうへかな」〈新勅撰・恋一・六七五〉のような例もみられる。

うったりまうたり【打ったり舞うたり】（近世語）（ひとりで鼓を打ち舞を舞う意から）ひとりで多くのことをこなして忙しいこと。

うづち【卯槌】[名]陰暦正月の初めの卯の日に、糸所から朝廷に贈られた槌。長さ九センチメートル、幅三センチメートルほどの桃の木や象牙などの槌に、五色の糸を通して垂らしたもの。邪鬼を払うとされた。（季－春）

卯槌　卯杖の変形したもの。（古今要覧稿）

うつつ【現】[名]《形容詞「現し」の語幹を重ねた「うつうつ」の変化形》❶（「夢」に対して）目が覚めている状態。現実。例「駿河なる宇津の山べのうつつにも」〈新古今・羇旅・九〇四〉❷正気。例「恥づかしげに清げなる御さまどもして、うち笑みて見たまふも、現ならず」〈枕・関白殿、二月二十一日に〉❸（中世以降、「夢うつつ」の形が誤用されて）夢と現実の境界がさだかでない状態。夢心地。例「一同に皆入興してうつつのごとくになりにけり」〈太平記・三五〉

〔現の人〕❶生きている人。生身の人間。❷正気の人。❸夢うつつの人。正気を失っている人。

〔現の闇〕暗闇のような現実。闇の中の現実。例「世の中のうつつのやみにみる夢の」〈新拾遺・哀傷・八六七〉

〔現の夢〕夢のような現実。多く男女のはかない逢瀬をいう。例「逢ふと見てさめにしよりもはかなきはうつつのゆめのなごりなりけり」〈続後撰・恋四・八三三〉

〔現を抜かす〕ある事に心を奪われて夢中になる。例「ただ夢のやうになって、うつつをぬか・しけるに」〈浮・西鶴諸国ばなし〉

うつ・つ【打棄つ】[他タ下二]{て・て・つ・つる・つれ・てよ}（「うちうつ」の変化形）見捨てる。うち捨てる。例「霊はふ神も我をば打棄・てこそ」〈万葉・二・二六一〉

うつつごころ【現心】[名]確かな心持ち。正気。

うつつざま【現様】[名]現実のすがた。

うつつな・し【現無し】[形ク]{から・く（かり）・し・き（かる）・けれ・かれ}正気を失っている。正気の沙汰でない。例「この心をも得ざらん人は、物狂ひとも言へ、うつつな・し、情けなしとも思へ」〈徒然・一一二〉

うって【討手】[名]《「うちて」の促音便》敵・罪人などを討伐、または逮捕のために向けられる者や軍勢。

うってんばってん[名]（近世語）「うんてんばんてん」に同じ。

うづな・ふ[他ハ四]{は・ひ・ふ・ふ・へ・へ}（上代語。名詞「珍」＋接尾語「なふ」）貴重なものとする。例「天地の神相うづな・ひ」〈万葉・一八・四〇九四長歌〉

うつぬき【全抜き】[名]《「うつ」は接頭語》そのままそっくり抜き取ること。

うつのやま【宇津山・宇都山】[歌枕]駿河国にある山。いまの静岡県静岡市丸子と志太郡岡部町の境、宇津谷峠にあたる。「現」を導く序詞に用いられる。例「駿河なる宇津の山べのうつつにも」〈新古今・羇旅・九〇四〉訳→〔和歌〕するがなる…

うつは【器】[名]「うつはもの」に同じ。

うつはぎ【全剝ぎ】[名]《「うつ」は接頭語》そのままそっくり剝ぎ取ること。丸剝ぎ。

うつはもの【器物】[名]❶容器。入れ物。❷器具。道具。❸器量。才能。また、それが備わった人物。例「まことの器ものとなるべきをとり出ださむにはかたかるべしかし」〈源氏・帚木〉①②③＝器

うつばり【梁】[名]柱と柱の間に渡した横木で、屋根や建物全体を支えるもの。はり。

〔梁の燕〕「梁」に巣作りして雛を育てるツバメ。子を思う親の深い愛情のたとえ。

うつぶ・く【俯く】[自カ四]{か・き・く・く・け・け}うつむく。下を向く。例「うつぶ・きて見るに、弓のかげは見えず」〈宇治拾遺・二・八〉

うつぶさま【俯様】[名]うつむいて伏した格好。

うつぶし【俯し】[名]❶下を向いて伏すこと。うつぶせ。❷頭を垂れること。うつむくこと。

うつぶしぞめ【空五倍子染め】[名]「白膠木」の木の葉にできる「五倍子」で薄墨色に染めること。和歌で「うつ伏す」にかけて用いることが多い。

うつぶしふ・す【俯し伏す】[自サ四]{さ・し・す・す・せ・せ}顔を下にして、低い姿勢をとる。うつぶせになる。例「右近はかたはらにうつぶしふ・したり」〈源氏・夕顔〉

うつぶ・す【俯す】[自サ四]{さ・し・す・す・せ・せ}❶うつむく。下を向く。例「伏し目になりてうつぶ・したるに」〈源氏・若紫〉❷うつぶせになる。例「有王涙にむせびうつぶ・して」〈平家・三・僧都死去〉

うつほ【空・洞】[名]❶中がからであること。❷朽ち木や岩の中が空洞になっているところ。ほら穴。❸上着だけで下に重ねるべき着物を着ないこと。

うつぼ【靫・空穂】[名]矢を入れて携行するための筒状の容器。矢が雨に濡れたり傷んだりするのを防ぐ。

うつぼ【空衣】[名]背面で後頭部を覆う「僧綱領」のない僧衣。おもに高野山の衆徒が着た。

うつほぎ【空木】ウツホ(オ)ギ［名］《「うつろぎ」とも》幹の中が腐って空洞になっている木。

うつほばしら【空柱】ウツホ(オ)バシラ［名］柱の中を空洞にして雨水が流れ落ちるようにした箱形の樋。とくに、清涼殿の殿上の間の前庭にある雨樋をいう。

うつほぶね【空舟】ウツホ(オ)ブネ［名］木をえぐって内部を空洞にしてつくった丸木舟。

うつほものがたり【宇津保物語】［作品名］平安中期の物語。作者未詳。一説に、源順が作者とも。音楽霊験譚、求婚譚の要素が絡み合う、日本文学史上初の長編物語。

うづまさ【太秦】ウズマサ［地名］山城国の地名。いまの京都市右京区太秦。渡来人の秦氏が、雄略天皇から「うづまさ」の姓を賜り、居住したことによる名。「弥勒菩薩」像で有名な広隆寺がある。

〔和歌〕**うづまさの…**【太秦の深き林を響きくる風の音すごき秋の夕暮れ】〈六帖詠草・小沢蘆庵〉訳 太秦の深い林を響いてくる風の音が、ひどくもの寂しい秋の夕暮れであるよ。

〈参考〉「太秦」はいまの京都市右京区太秦。

うづみひ【埋み樋】ウズミヒ［名］地中に埋めておいて水を流す樋。暗渠。＝下樋。↔筧。

うづみび【埋み火】ウズミビ［名］灰の中にいけてある炭火。(季―冬)

〔俳句〕**うづみびや…**【埋み火や夜学にあぶる掌】〈白雄句集・白雄〉訳 すっかり夜も更け、しんと静まり返った中、身にしむ寒気にふと我に返り、読みかけの書物を伏せ、かじかんだ手のひらを火桶の埋み火にかざして暖めることだ。(季―埋み火―冬)

うづ・む【埋む】ウズム ■一［他マ四］{ま・み・む・む・め・め}❶うめる。うずめる。覆い隠す。例「埋・みたる火おこし出でて」〈源氏・幻〉❷物思いに沈ませる。気をめいらせる。例「心をうづ・む夕暮れの雲」〈壬二集〉■二［他マ下二］{め・め・む・むる・むれ・めよ}《室町末期以降の用法》うめる。うずめる。例「海鼠腸の壺埋・めたき氷室かな」〈あら野〉

うつむな・し［形ク］{(から)・く(かり)・し・き(かる)・けれ・かれ}疑いない。確かだ。例「吾、兵を起こして入鹿を伐うたば、その勝たむことうつむな・し」〈紀・皇極〉

〈参考〉「定之」「必」などの訓としてあてられる語。「うつなし」とも読む。

うつむろ【無戸室】［名］四方を土で塗りこめて密閉した、出入口のない室。

うづも・る【埋もる】ウズモル ■一［自ラ四］{ら・り・る・る・れ・れ}物に覆われて隠れている。うずまる。例「掃きたむる塵の数にも思はぬをうづも・ることのあやしとぞ見る」〈古今六帖・一〉■二［自ラ下二］{れ・れ・る・るる・るれ・れよ}❶■一に同じ。例「池も水草に埋も・れたれば」〈源氏・夕顔〉❷その存在や才能などが人に知られないでいる。例「もろともに苔の下にはくちずしてうづも・れぬ名をみるぞ悲しき」〈和泉式部集〉

うづもれい・る【埋もれ入る】ウズモレイル［自ラ四］{ら・り・る・る・れ・れ}人前に出ず、家具などの陰に隠れる。例「御丁のうちにのみうづもれ入・りつつ」〈とりかへばや〉

うづもれふ・す【埋もれ臥す】ウズモレフス［自サ四］{さ・し・す・す・せ・せ}夜具で身を包み、床につく。例「ありつるままに、やがてうづもれ臥・したまひて」〈夜の寝覚〉

うつゆふの【虚木綿の】ウツュウノ［枕詞］「隠る」「まさき」にかかる。例「虚木綿の隠りて居れば」〈万葉・九・一八〇九長歌〉

うづら【鶉】ウズラ［名］❶鳥の名。ウズラ。＝鶉鳥。(季―秋)。❷(形が①を飼う籠に似ているところから)歌舞伎で、東西の桟敷の階下の見物席。下桟敷。

うつらうつら［副］❶《「うつ」は現実の意。「ら」は接尾語》まざまざと。はっきりと。例「目もうつらうつら、鏡に神の心をこそは見つれ」〈土佐〉❷《「うつ」は「空」の意》ぼんやりと。茫然と。例「好いた好いた殿御の噂のみ、うつらうつらと言ひ暮らし」〈松の葉〉

うづらごろも【鶉衣】ウズラゴロモ［作品名］江戸後期の俳文集。横井也有作。洗練された才気あふれる文章は、俳文の白眉として古来高く評価されている。

うづらとり【鶉鳥】ウズラトリ［名］「うづら①」に同じ。

〔和歌〕**うづらなく…**【うづら鳴く真野の入り江の浜風に尾花なみよる秋の夕暮れ】〈金葉・秋・二三九・源俊頼〉訳 ウズラが寂しい声で鳴く真野の入り江の浜風によって、ススキの穂が波打ち、一方に寄っている秋の夕暮れよ。

〈参考〉「真野の入り江」は、近江国(いまの滋賀県)の地名。琵琶湖の西岸。

うつり【移り】［名］❶移ること。移動。移転。変遷。例「その後の、都の移りありて」〈今昔・三〇・一〉❷つながり。縁続き。例「虎様や少将様の移りといひ」〈浄・百日曾我〉❸身代わり。例「せめて御兄弟の移りにもなれかし」〈浄・百日曾我〉❹いきさつ。事情。例「銀持ち合はさぬ移りを知らせ」〈浄・禁短気〉❺俳諧で、連句の付け方のひとつ。前句の表現に照応するように付け句をして、前句の余韻を付け句に移し込むこと。とくに蕉門の連句において重視された。

うつりが【移り香】［名］他の物に移って深く染み込んだ香り。残り香。例「かの御移り香の、いみじう艶に染みかへりたまへれば」〈源氏・若紫〉

うつりかは・る【移り変はる】ウツリカワル［自ラ四］{ら・り・る・る・れ・れ}しだいに変わっていく。例「折節の移りかは・るこそ、ものごとにあはれなれ」〈徒然・一九〉

うつり・く【移り来】［自カ変］{こ・き・く・くる・くれ・こ(こよ)}別の場所に移動して来る。例「わが(＝夕霧ノ)顔にも移り来るやうに、(紫ノ上ノ)愛敬はにほひ散りて」〈源氏・野分〉

うつりち・る【移り散る】［自ラ四］{ら・り・る・る・れ・れ}他の物や人に移って散らばり、広まる。例「(物ノ怪ガ)人に移り散・るを怖ぢし」〈源氏・夕霧〉

うつりゆ・く【移り行く】■一［自カ四］{か・き・く・く・け・け}移動していく。変化していく。例「宮の内のありさまも、さも移りゆ・く世かなと思しつづくるに」〈源氏・若菜・上〉■二【映り行く】物事が次々と心に浮かんでは消えていく。例「心にうつりゆ・くよしなし事を、そこはかとなく書きつくれば」〈徒然・序〉

〔和歌〕**うつりゆく…**【移りゆく雲に嵐の声すなり散るか正木の葛城の山】〈新古今・冬・五六一・藤原雅経〉訳 空を流れてゆく雲の中に、嵐の音がこもって聞こえる。この嵐で正木のかずらが散っているのであろうか。葛城の山では。

〈参考〉倒置法になっており、正木のかずらが「散るか」の意。「正木の葛城の山」は、「正木のかづら」と「葛城山」をかける。

うつ・る【映る・写る】[自ラ四]{ら・り・る・る・れ・れ}❶物が他の物の上に見える。**映ずる**。例「この柳の影の、川の底に**映・れる**を見て」〈土佐〉❷《近世語》**よく似合う**。**ぴったりである**。例「お千代はお千代らしい年輩の役者でなければ**うつ・らぬ**」〈浮世床〉

うつ・る【移る】[自ラ四]{ら・り・る・る・れ・れ}❶**移動する**。**移転する**。例「九月三日門出して、いまたちといふ所に**うつ・る**」〈更級〉❷(他の官職・地位に)**転ずる**。**変わる**。**異動する**。例「貞観八年に関白に**うつ・り**たまふ」〈大鏡・良房〉〔注〕結果として、進む、昇進するの意になることが多い。❸(興味・愛情の対象が、他に)**転ずる**。**心変わりする**。例「花見れば心さへにぞ**移・り**ける色には出でじ人もこそ知れ」〈古今・春下・一〇四〉❹(色・香りが、他の物に)**しみつく**。**しみ込む**。**しみつく**。例「えならぬ御衣に匂ひの**移・り**たるを、いかが人の心にもしめざらむ」〈源氏・明石〉《副詞の呼応》「いかが→しめざらむ㊍」。《疑問語との呼応》「え→ならぬ」。❺(物の怪が)**乗り移る**。例「物の怪、生き霊などいふもの多く出で来てさまざまの名のりする中に、人にさらに**移・らず**」〈源氏・葵〉❻(時が)**たつ**。**経過する**。例「たとひ時**移・り**、事去り、楽しび悲しび行き交ふとも、この歌の文字あるをや」〈古今・仮名序〉❼(時とともに)**変化する**。**変わる**。例「事**移・り**世の中定まらぬをりは」〈源氏・澪標〉❽(色が)**あせる**。**衰える**。例「花の色は**移・り**にけりないたづらに我が身世にふるながめせしまに」〈古今・春下・一一三〉訳→〔和歌〕はなのいろは…。❾(花・葉が)**散る**。例「今日だにも庭をさかりと**うつ・る**花消えずはありとも雪かとも見よ」〈新古今・春下・一三五〉❿(人が)**死ぬ**。**あの世に行く**。例「**うつ・り**し人の後世をこまごまととぶらひなんどする人だにも」〈撰集抄〉

うつればかは・る【移れば変はる】時がたつにつれて移り変わる。時世が変われば何事も変わる。例「目に近く**移ればかは・る**世の中を」〈源氏・若菜・上〉

うつろ【空・洞】[名]中身がなく、からなこと。また、からになっているところ。

うつろは・す【移ろはす】[他サ四]{さ・し・す・す・せ・せ}場所を移らせる。例「〔源氏ハ〕東の院造りたてて、花散里と聞こえし〔御方ヲ〕**移ろは・し**たまふ」〈源氏・松風〉

うつろひかは・る【移ろひ変はる】[自ラ四]{ら・り・る・る・れ・れ}❶しだいに移動していく。移り住む。例「大君の引きのまにまに(=引率ニ従イ)春花の**うつろひ変は・り**」〈万葉・六・一〇四七長歌〉❷しだいに色や状態が変化していく。衰えていく。例「秋の野の**うつろひかは・る**時ぞわびしき」〈新拾遺・釈教・一四九〇〉

うつろひざかり【移ろひ盛り】[名]白菊の花があせて薄い紅色を帯び、さらに紫がかって、最も美しく見える時期。また、その状態。

うつろひもの・す【移ろひ物す】[自サ変]{せ・し・す・する・すれ・せよ}移動を行う。移り、そこにいる。移り住む。→「ものす」。例「幼き人の、心地なきさまにて**移ろひもの・す**らんを」〈源氏・若菜・上〉

うつろひゆ・く【移ろひ行く】[自カ四]{か・き・く・く・け・け}❶他の場所へ移っていく。例「いづ方にも、いづ方にも、〔女ガ〕**移ろひゆ・か**む日を何時とも知らじ」〈源氏・夕顔〉❷事物の状態が変化していく。例「もみぢつつ**移ろひゆ・く**をかぎり(=最後ノ姿)と思へば」〈古今・秋上・一八七〉

うつろひわた・る【移ろひ渡る】[自ラ四]{ら・り・る・る・れ・れ}全体に色があせていく。すっかり変色する。例「〔菊ガ霜ニ当タッタタメニ〕いとおもしろく**うつろひわた・りて**」〈源氏・帚木〉

うつろ・ふ【映ろふ】[自ハ四]{は・ひ・ふ・ふ・へ・へ}《動詞「映る」の未然形＋反復・継続の助動詞「ふ」＝「映らふ」の変化形》(光や影などが)映る。反映する。例「鳰の海や月の光の**うつろ・へ**ば波の花にも秋は見えけり」〈新古今・秋上・三八九〉訳→〔和歌〕にほのうみや…

うつろ・ふ【移ろふ】[自ハ四]{は・ひ・ふ・ふ・へ・へ}《動詞「移る」の未然形＋反復・継続の助動詞「ふ」＝「うつらふ」の変化形》❶(位置が)**変わってゆく**。**移動してゆく**。**移り住む**。例「木の間より**移ろ・ふ**月の影を惜しみ」〈万葉・一一・二八二一〉❷(状態や事情が)**変わってゆく**。**衰えてゆく**。例「世の中を常なきものと今ぞ知る奈良の都の**うつろ・ふ**見れば」〈万葉・六・一〇四五〉❸(色が)**あせてゆく**。**変わってゆく**。例「色々**うつろ・ひ**たるも、黄なるが見どころあるも、さまざまに植ゑたてたるも」〈紫式部日記〉❹(紅葉などが)**色づく**。**染まる**。例「神無月時雨もいまだ降らなくにかねて**移ろ・ふ**神奈備の森」〈古今・秋下・二五三〉❺(花・葉が)**散ってゆく**。例「垂れこめて春の行方も知らぬ間に待ちし桜も**移ろ・ひ**にけり」〈古今・春下・八〇〉訳→〔和歌〕たれこめて…。❻(愛情が)**他に移ってゆく**。**心変わりしてゆく**。例「色見えで**移ろ・ふ**ものは世の中の人の心の花にぞありける」〈古今・恋五・七九七〉訳→〔和歌〕いろみえで…

〔**移ろひたる菊**〕色あせた菊。散りかけた菊。例「〔和歌ヲ〕例よりはひきつくろひて書きて、**移ろひたる菊**にさしたり」〈蜻蛉・上〉

古典の世界 平安時代には、盛りを過ぎた菊も観賞の対象とされた。

うづゑ【卯杖】[名]陰暦正月の初めの卯の日に、大学寮、のちには諸衛府から朝廷に奉った杖。一・六メートルほどに切ったヒイラギ・梅・桃などの木を束ねて作った。邪鬼を払うとされた。＝祝ひの杖。(季－春)

うづゑほがひ【卯杖祝ひ】[名]正月初めの卯の日、「卯杖」を朝廷に奉るときに奏する寿詞。

うで【腕】[名]❶身体の、肘または肩から手首(または手先)までの部分。❷技能。能力。腕前。❸腕力。武力。❹自負するところ。

うでくび【腕首】[名]手首。

〔**腕首取る**〕こびへつらう。おもねる。例「**腕首取・って**追従せず」〈盛衰記・二〇〉

うでだて【腕立て】[名]腕力の強いのを自負すること。また、それを頼みに他人と争うこと。腕だのみ。

うてな【台】[名]❶眺望のきく高い建物。高殿。高楼。❷極楽往生した人が座るという、蓮の花の形をした高台。蓮台。

うてのつかひ【討手の使ひ】[名]《「うて」は「うちて」の促音便「うって」の促音無表記》賊徒の討伐の

ために、朝廷から派遣される使者。追討使。追捕使。

うとう【善知鳥】[名] ❶海鳥の名。❷「善知鳥安方」の略。

うとう【疎う】形容詞「うとし」の連用形「うとく」のウ音便。

うとうと・し【疎疎し】[形シク]{しから・しく(しかり)・し・しき(しかる)・しけれ・しかれ} 人よそよそしい。他人行儀だ。例「うとうと・しう、人づてなどにてもてなさせたまはば」〈源氏・蜻蛉〉《音便》「うとうとしう」は「うとうとしく」のウ音便。

うとうやすかた【善知鳥安方】[名] 陸奥国(いまの青森県)外ヶ浜にいたといわれる鳥。「うとう」と親鳥が呼ぶと、子が「やすかた」と答えて巣から出てくる。これを利用して、猟師が親鳥の鳴き真似をして子をおびき出し捕らえると、親鳥は血の涙を流すという。＝善知鳥②

うとく[・なり]【有徳・有得】[名・形動ナリ] ❶人徳があること。❷金持ちであること。裕福で繁栄していること。

うと・し【疎し】[形ク]{から・く(かり)・し・き(かる)・けれ・かれ}

> アプローチ
> ▼語根「うと」は、「うつろ」「うつほ」などの語根「うつ」と同じで、空虚・空疎を意味するといわれる。
> ▼事柄と事柄のつながりが薄いこと、関係が疎遠である意が基本。
> ▼このことからよそよそしい、よく知らないなどの意が生じた。

❶親しくない。(相手との)関係が薄い。疎遠だ。例「うと・き人にしあらざりければ、家刀自さかづきささせて、女の装束かづけむとす」〈伊勢・四四〉訳(その人はまんざら)疎遠な人ではなかったので、女主人に酌をさせ、(餞別の品として)女の着物を贈り物として与えようとする。
❷(人について)疎遠だと感じるさま。親しめない。よそよそしい。例「世を経て疎・く恥づかしきものに思ひて過ぎはてたまひぬる」〈源氏・葵〉訳(葵の上は私＝源氏を)一生親しめない気づまりな者だと思ったまま亡くなってしまわれた。
❸(物事を)よく知らない。不案内だ。うとい。例「後の世の事、心に忘れず、仏の道うと・からぬ、心憎し」〈徒然・四〉訳来世のことを心がけて忘れないで、仏道に不案内でないのは、奥ゆかしい。
❹(心やからだの機能が)鈍い。愚かである。例「形見よけれども、心うと・し」〈浮・男色大鑑〉訳見た目はいいけれども、心は愚かなものだ。

発展学習ファイル ①②の対義語として「なつかし」があるが、「うとし」が情の親密でないことを表すのに対し、「なつかし」は身体的に寄りそいたいというニュアンスがある。

うどねり【内舎人】[名]《「うちとねり」の変化形。「うち」は内裏の意》「中務省」に属する役人。帯刀して朝廷内を警備し、行幸では車駕の前後左右を警護した。

うとま・し【疎まし】[形シク]{しから・しく(しかり)・し・しき(しかる)・しけれ・しかれ} ❶いとわしい。嫌だ。感じが悪い。例「(護摩ニ焚ク芥子ノ匂イガ着物ヤ髪ニ染ミ付イタママ)なほ同じやうにのみあれば、我が身ながらだに疎ま・しう思さるるに」〈源氏・葵〉《音便》「疎ましう」は「疎ましく」のウ音便。《敬語》「思さるる」→「おぼす」。❷気味が悪い。不気味だ。例「手を叩きたまへば、山彦の答ふる声いと疎ま・し」〈源氏・夕顔〉

うとましう【疎ましう】形容詞「うとまし」の連用形「うとましく」のウ音便。

うとましげ[・なり]【疎ましげ】[名・形動ナリ]《「げ」は接尾語》いかにもいとわしそうなようす。薄気味悪いようす。例「いとささやかにて、疎ましげもなくらうたげなり」〈源氏・夕顔〉

うとみは・つ【疎み果つ】[他タ下二]{て・て・つ・つる・つれ・てよ} すっかり嫌になる。例「うちとけで向かひゐたる人は、え疎みは・つまじきさまもしたりしかな」〈源氏・夕顔〉

うと・む【疎む】㊀[他マ四]{ま・み・む・む・め・め} 嫌がる。嫌う。例「いと臭くて仕きたらば、なかなか(＝カエッテ)うと・まれなむ」〈落窪・一〉㊁[他マ下二]{め・め・む・むる・むれ・めよ}(多く「言ひうとむ」「聞こえうとむ」の形で用いて)嫌だと思わせる。嫌うようにしむける。例「かつは言ひもうと・め、また慰めも」〈源氏・宿木〉

うどんげ【優曇華】[名]《梵語の音訳「優曇波羅華」の略》❶インド原産の樹木。仏典では、三千年に一度花が咲いて、そのときに仏がこの世に出現するとされる。❷きわめてまれなことのたとえ。

うな-【海】[接頭] 海の意を表す。「海上」「海原」「海境」など。

うない【髫髪・髫】歴史的かなづかい「うなゐ」

うながけ・る【項がける】《上代語。「うな」は首の意》互いに相手の首に手をかけて、親しくする。例「携はり(＝手ヲ取リ)うながけ・り居て思ほしき(＝話シタイ)ことも語らひ」〈万葉・一八・四一二五長歌〉〈参考〉用例は連用形のみのため、四段活用か上二段活用か不明。

うなが・す【促す】[他サ四]{さ・し・す・す・せ・せ} 催促する。せきたてる。例「ともの人は、『日暮れぬべし』とて、『御車うなが・してむ』といふに」〈大和・一四八〉

うなかぶ・す【項傾す】[自サ四]{さ・し・す・す・せ・せ}《「うな」は首、「かぶす」は傾けるの意》首を垂れる。うなだれる。例「やまとの一本薄項傾・し」〈記・上〉

うなかみ【海上】[名] 海のほとり。海辺。一説に、海のかなた。

うな・ぐ【項ぐ・嬰ぐ】[他ガ四]{が・ぎ・ぐ・ぐ・げ・げ}《上代語》首にかける。例「天なるや弟棚機のうな・がせる玉の御統(＝緒デ貫イタ飾リ玉)」〈記・上・歌謡〉

うなさか【海境】[名] 海のかなたにあるとされる、常世(＝海神の国)と現世(人間界)との境。

うなじ【項】[名] 首の後ろ。えり首。

うなつき【項着き・頸着き】[名] 子供の垂れ髪が伸びて首につくこと。また、その年齢。一説に、襟のついた着物の意。「くびつき」と読む説もある。

うなづ・く【頷く】[自カ四]{か・き・く・く・け・け} 承諾・了解などの意の表現のために首をたてに振る。うなずく。

うなて【溝】[名] 田に水を引くために畦のそばに掘っ

た水路。

うなばら【海原】[名]《上代は「うなはら」》広々とした海。転じて、広い湖や池にもいう。

うなひ【海辺】[名]海のほとり。海べ。

うなひをとめ【菟原処女】[人名]『万葉集』中の人物。ふたりの男性に求婚され、決めかねて自殺するという「処女塚伝承」は、その後『大和物語』や『源氏物語』に多くの影響を与えた。

うな・ふ【耡ふ】[他ハ四]{は・ひ・ふ・ふ・へ・へ}耕して畝を作る。耕す。例「水たまるたにのゐごゐご掘りかへしわりなくうな・ふ小田の苗代」〈為忠百首〉

うなみ【卯浪・卯波】[名]卯月(陰暦四月)のころに海に立つ波。(季‐夏)

うなゐ【髫髪・髫】[名]❶髪を襟首のあたりで切りそろえて垂らした小児の髪型。＝髫髪髪。❷①の髪型をした少年・少女。

うなゐがみ【髫髪髪】[名]「うなゐ①」に同じ。

うなゐこ【髫髪児・髫髪子】[名]髪を肩まで垂らしている子供。元服前の少年。

〔和歌〕**うなゐごが…**【うなゐ子がすさみに鳴らす麦笛の声におどろく夏の昼臥し】〈聞書集・西行〉訳うない髪の幼い子がたわむれて吹き鳴らす麦笛の音に、はっと目覚めた夏の昼寝であるよ。

うなゐはなり【髫髪放り】[名]髪を肩のあたりまで垂らした少女の髪型。また、その少女。＝放り・放りの髪

うなゐまつ【髫髪松】[名]故人の形見として植えた墓上の松。転じて、亡き人の形見。

うねびやま【畝傍山】[地名]《「畝火山」「雲根火山」とも書く》大和国にある山。いまの奈良県橿原市の南西部にある。耳成山・香具山とともに大和三山のひとつ。

うねべ【采女】[名]「うねめ」に同じ。

うねめ【采女】[名]《「うねべ」とも》天皇のそば近く仕え、食事など日常の雑役に従事した後宮の女官。令制施行以前には地方の豪族の娘が、また、令制時代には地方の郡の次官以上の娘で容姿の美しい者が選ばれて出仕した。

〔和歌〕**うねめの…**【采女の袖吹き返す明日香風京を遠みいたづらに吹く】〈万葉・一・五一・志貴皇子〉訳かつて采女の袖をあでやかに吹き返した、明日香風、都が遠のいたせいで、いまはむなしく吹き抜ける。

うねめのかみ【采女正】[名]「うねめのしゃう」に同じ。

うねめのしゃう【采女正】[名]《「うねめのかみ」とも》「采女の司」の長官。

うねめのつかさ【采女司】[名]令制で「宮内省」に属し、「采女」のことをつかさどった役所。

うのけ【兎の毛】[名]ウサギの毛。転じて、きわめて小さなことのたとえ。

うのはな【卯の花】[名]❶ウツギの花、またはウツギの別称。和歌においては、ホトトギスと取り合わせて詠まれることが多く、その花の白さは、月の光や雪、波などに見立てられた。(季‐夏)。例「皆人の待ちし卯の花散りぬとも鳴くほととぎす我れ忘れめや」〈万葉・八・一四八二〉❷「うのはながさね」に同じ。❸「卯の花縅し」の略。❹《女房詞》アユ。＝水の花。❺豆腐をしぼった残り。おから。

〔卯の花の咲く月〕陰暦四月の別称。＝卯の花月

〔卯の花を腐す〕五月雨が卯の花を腐らせる。卯の花を散らし、いためる。例「卯の花を腐す霖雨の始水に」〈万葉・一九・四二一七〉

うのはながきね【卯の花垣根】[名]卯の花の咲いている生け垣。＝卯の花垣。(季‐夏)

うのはながさね【卯の花襲】[名]襲の色目の名。表は白で裏は青。初夏に用いた。＝卯の花②

うのはなづき【卯の花月】[名]《卯の花の咲く月の意》陰暦四月。卯月。

うのはなづくよ【卯の花月夜】[名]卯の花が咲いている季節の月。また、卯の花を月に見立てていう。(季‐夏)

〔俳句〕**うのはなにあしげのうまの…**【卯の花に蘆毛の馬の夜明けかな】〈すみだはら・許六〉訳卯の花が白く咲いている夏の夜明け方、蘆毛の馬にまたがって出発することだ。(季‐卯の花‐夏)

〔俳句〕**うのはなにかねふさみゆる…**【卯の花に兼房みゆる白毛かな】〈おくのほそ道・平泉・曾良〉訳かつて義経らが戦った平泉高館に立つと、いまは一面の卯の花が風になびくばかりである。その真っ白な花を見ていると、主君義経のために白髪を振り乱して奮戦し、最期を遂げたという兼房の姿が彷彿としてくることだ。(季‐卯の花‐夏)

うのはなの【卯の花の】[枕詞]同音の繰り返しから「憂し」にかかる。例「時鳥我とはなしに卯の花の憂き世の中に鳴きわたるらむ」〈古今・夏・一六四〉

〔俳句〕**うのはなの…**【卯のはなの絶間たたかん闇の門】〈すみだはら・去来〉訳闇の夜に訪ねたが門の位置が分からない。ほの白く浮かんで見える卯の花が途切れているあたりを叩いてみよう。そこが門のありかにちがいない。(季‐卯のはな‐夏)

〔俳句〕**うのはなも…**【卯の花もほろりほろりや蟇の塚】〈おらが春・一茶〉訳卯の花がほろりほろりと涙のように、ヒキガエルの墓の上に降り注いでいることだ。(季‐卯の花‐夏)

〔俳句〕**うのはなを…**【卯の花をかざしに関の晴着かな】〈おくのほそ道・白河の関・曾良〉訳かつて白河の関を過ぎる際、古人に敬意を払って衣装を整えた人がいたそうだが、身ひとつで旅を続けるわれわれは、折から辺りに咲き乱れる卯の花を挿頭にして、この関を通るせめてもの晴れ着とすることだ。(季‐卯の花‐夏)

〈参考〉竹田大夫国行が、白河の関を越えるとき、能因の歌に敬意を表して衣装を整えたという『袋草紙』の故事による。

うのはなをどし【卯の花縅】[名]鎧の縅の名。上は白糸、下は萌黄、または藍の糸でとじたもの。＝卯の花③

うのはら【海原】[名]《上代東国方言》広々とした海。＝海原

うは【上】[名]《「うへ」の変化形》《複合語の要素として用いて》物の上部・表面・高い所の意を示す。例「うはがきに、『むさしあぶみ』と書きて」〈伊勢・一三〉

うば［名］一【姥】❶年をとった女性。老女。老婆。❷能面のひとつ。老女の顔をかたどったもの。↕尉 二【祖母】父母の母親。そぼ。三【乳母】母親に代わって子供に乳を与え、養育する女性。＝乳母

うばい【優婆夷】［名］《梵語の音訳》在俗のまま仏門に仕える女性。↕優婆塞

うはう【右方】［名］雅楽の楽曲分類のひとつで、高麗楽・渤海楽などの総称。舞台の右側で演じられるところからいう。↕左方

うはおそひ【上襲ひ】［名］上着の上に羽織って着るもの。うわっぱり。

うはおび【上帯】［名］❶鎧の腰のあたりを締める帯。❷「箙」の上方に付けて腰に結び、箙が動かないようにする帯。❸着物のいちばん外側に締める通常の帯。↕下帯①

うはかぜ【上風】［名］草木などの上を吹き渡る風。↕下風

うはぎ【上着・表着・表衣】［名］❶衣を重ねて着るときに、いちばん上に着る衣。❷女性の正装の「重ね袿」のいちばん上に着る袿。→「うちき②」。➡［古典参考図］女子の服装〈1〉

うはぎ【薺蒿・菟芽子】［名］草の名。ヨメナの古名。（季―春）。

うはきがらす【浮気鳥】［名］「うかれがらす②」に同じ。

うばくか【右幕下】［名］《「うばっか」とも》「右近衛大将」の住まい。また、その人を敬っていう。とくに、源頼朝を指す。

うはぐ・む［自マ四］｛ま・み・む・む・め・め｝上気する。のぼせる。また、あっけにとられる。例「今の民部卿殿は、うはぐ・みて、人々の御顔をとかく見たまひつつ」〈大鏡・道隆〉

うはぐも・る【上曇る】［自ラ四］｛ら・り・る・る・れ・れ｝表面のつやが薄れて色あせる。光沢がなくなる。例「いと濃き衣のうはぐも・りたるに」〈枕・野分のまたの日こそ〉

うはこし【上層】［名］門や高殿の上層部。

うはごほり【上氷】［名］水の表面に薄く張った氷。

うばざくら【姥桜】［名］❶葉の出る前に花が咲く桜。（季―春）。❷年老いても色気のある女性。

うはざし【上刺し】［名］❶布を補強するために、太い糸を碁盤の目のように縦横に縫い付けること。また、そのようにした布。刺し子。❷装束の袖口などに組み緒などを縫い付けて、飾りにしたもの。

うはざし【上差し】［名］「上差しの矢」の略。

うはざしのや【上差しの矢】［名］箙や胡簶の表側の左に差し添えた矢。鏑矢などの特殊な用途のものが多い。＝上矢

うはじら・む【上白む】［自マ四］｛ま・み・む・む・め・め｝表面が色あせて白っぽくなる。例「**上白・みたる**一かさね」〈源氏・末摘花〉

うばそく【優婆塞】［名］《梵語の音訳》在俗のまま仏門に仕える男性。↕優婆夷

うばたまの【烏羽玉の】［枕詞］《上代の枕詞「ぬばたまの」の変化形。平安以降に用いられた》（黒い玉の意から）「黒」「夜」「夢」などにかかる。例「**うばたまの**我が黒髪や変はるらむ」〈古今・物名・四六〇〉

うはつくに【上つ国】［名］《「つ」は上代の格助詞》地上にある現実の世。海底・地下にあるとされる「黄泉の国」に対していう。↕下つ国

うはづつみ【上包み】［名］書状を包む紙。礼紙で包んだ上から、さらにこれで包む。＝上巻き

うはつゆ【上露】［名］葉の上に置く露。（季―秋）

うはて【上手】［名］❶上の方。上流。川上。風上。❷上位。優位。❸技能・才知などの程度が、ほかよりまさっていること。じょうず。❹相撲で、組んだ手が相手の差し手の上になること。また、その手。①～④↕下手

うはなげし【上長押】［名］鴨居にそって張り渡した横木。敷居に添ったものを下長押という。

うはなり【後妻】［名］のちにめとった妻。多妻制下では本妻の次にめとった妻を、のちには、先妻に対する後妻をいう。↕前妻

うはなりねたみ【後妻嫉妬】［名］❶本妻が、後妻や愛人に対して嫉妬すること。❷嫉妬。

うはに【上荷・表荷】［名］❶荷の上にさらに積み上げた荷。また、積み荷。❷「上荷船」の略。

うはにぶね【上荷船】［名］江戸時代、本船と波止場との間を往復して荷物を運んだ、二、三十石積みの川船。＝上荷②

うはぬり【上塗り】［名］❶壁や塗り物を塗る際の、最後の表面の仕上げ塗り。❷よくないことの上にさらに悪いことを添えること。

うはのそら【上の空】［名・形動ナリ］❶空の上の方。上空。天空。例「山の端の心もしらでゆく月は**うはのそら**にて影や絶えなむ」〈源氏・夕顔〉❷心が浮いて落ち着かないさま。例「**上の空・なる**心地のみしつつ明かし暮らすを」〈源氏・薄雲〉❸根拠のないさま。あてにならないさま。例「**上の空・な**れども、彼の人に心移りはてにけり」〈今昔・三〇・六〉❹軽率なさま。無責任で軽々しいさま。例「（アナタヲ）誰とも知り奉らで、**上の空・に**はいかに（＝ドウシテオ連レスルコトガデキマショウ、イヤデキマセン）」〈今昔・一七・四四〉

うはば【上葉】［名］上の方の葉。↕下葉

うはばみ【蟒蛇】［名］❶大蛇。❷（「うはばみ」は、物をよく飲みこむことから）大酒飲み。

うば・ふ【奪ふ】［他ハ四］｛は・ひ・ふ・ふ・へ・へ｝《「むばふ」とも》❶無理に取る。取り上げる。例「雪の色を**奪・ひて**咲ける梅の花」〈万葉・五・八五〇〉❷心や目を引きつける。例「世にしたがへば、心、外の塵に**うば・はれ**て」〈徒然・七五〉

うはぶみ【上文】［名］手紙の表書き。

うはべ【上辺】［名］物の表面。外見。見かけ。例「**うはべ**こそあれ、つらきこと多かり」〈源氏・関屋〉

うはへな・し【上辺無し】［形ク］｛から・く（かり）・し・き（かる）・けれ・かれ｝愛想がない。例「**うはへな・き**ものかも人はかくばかり遠き家道を帰さく思へば」〈万葉・四・六三一〉

うはまい【上米】［名］❶荷物に対して課せられた通行税。❷売買などの仲介者が取る、代金や賃金の一部。手数料。上前。

うはむしろ【表筵・上蓆・上筵】［名］寝所などで畳の上に敷く敷物。表裏を綾で作り、中に綿を入れ、錦の縁どりをしてある。

うはも【上裳・表裳・褶】[名]腰から下にまとう衣。男性は袴の上に、女性は下裳の上に着た。↔下裳①・下袴

うはもり【上盛り】[名]《近世語》最上のもの。第一級のもの。

うはや【上矢】[名]「うはざしのや」に同じ。

うはやかた【上屋形】[名]船などの屋形の上。

うばら【茨・荊】[名]「いばら」に同じ。

うひ-【初】[接頭]（名詞の上に付いて）生まれて初めての、最初の、の意を表す。「初陣」「初冠」「初孫」など。

うひうひ・し【初初し】[形シク]{しから・しく(しかり)・し・しき(しかる)・しけれ・しかれ}❶物慣れていない。うぶだ。例「『いとうひうひ・しきほど過ぐして』と聞こゆるもことわりなり」〈源氏・松風〉《敬語》「聞こゆるも」→「きこゆ」。❷慣れないので恥ずかしい。きまりが悪い。気がひける。例「うひうひ・しくおぼえはべりてなん、参りも仕まつらぬを」〈源氏・東屋〉《係結び》「なん」→（流れ）」。《敬語》「おぼえはべりて」→「はべり」、「参りも仕まつらぬ」→「まゐる（四段）」「つかまつる」

うひうひしう【初初しう】形容詞「うひうひし」の連用形「うひうひしく」のウ音便。

うひかうぶり【初冠】[名]《「うひかうむり」「うひかぶり」「うひかむり」とも》男子が元服して、初めて冠をつけること。＝冠③④

古典の世界　古く、それぞれの位階に相当する色の冠をかぶったことから、初めて冠をかぶることは最初の位を賜ることを意味した。また、平安時代には、貴族の子弟は、元服と同時に最初の位である従五位下に叙せられるのがふつうであった。

うひかむり【初冠】[名]「うひかうぶり」に同じ。

うひごと【初事】[名]初めてすること。初心。

うひごと【初琴】[名]初めて琴を習うこと。

うひだち【初立ち】[名]❶初めて旅に出ること。❷子供が初めて立つこと。また、久しぶりに外出すること。また、病人が初めて床から離れて歩いたりすること。❸雛鳥が初めて巣立つこと。

うひだ・つ【初立つ】[自タ四]{た・ち・つ・つ・て・て}初めて立つ。とくに、鳥の巣立ちや春霞についていう。

うひぢ【泥土・埿土】[名]《上代語》どろ。＝泥

うひゃうゑ【右兵衛】[名]❶「右兵衛府」の略。❷「右兵衛府」の武官。①②↔左兵衛

うひゃうゑのかみ【右兵衛督】[名]「右兵衛府」の長官。

うひゃうゑのじょう【右兵衛尉】[名]「右兵衛府」の三等官。

うひゃうゑのすけ【右兵衛佐】[名]「右兵衛府」の次官。

うひゃうゑふ【右兵衛府】[名]「六衛府」のひとつ。「左兵衛府」とともに、内裏外側の諸門の警備、行幸の供奉などをつかさどった。→「ひゃうゑふ」。＝右兵衛①。↔左兵衛府

うひやまぶみ【うひ山ぶみ・初山踏】[作品名]江戸後期の国学書。本居宣長著。初学者向けの必読文献をあげて学び方を説く入門書。

うひょうえ【右兵衛】歴史的かなづかい「うひゃうゑ」

うふ【右府】[名]「右大臣」の唐名。↔左府

うぶ-【産・生・初】[接頭]❶出産の意を表す。「産土」「産屋」など。❷生まれて初めての意を表す。「産養ひ」など。

うぶ[・なり]【産・生・初】[名・形動ナリ]❶生まれたままであること。また、そのさま。例「撫で来けむうぶの黒髪」〈兼澄集〉❷世慣れしていないこと。ういういしいこと。また、そのさま。

うぶがみ【産神】[名]❶出産をつかさどる神。＝産の神。❷「うぶすながみ」に同じ。

うぶぎぬ【産衣】[名]《「うぶきぬ」とも》生まれたばかりの子供に着せる着物。うぶぎ。

うぶすな【産土】[名]❶その人が生まれた土地。故郷。❷「産土神」の略。

うぶすながみ【産土神】[名]その人が生まれた土地の守り神。鎮守の神。＝産神・産土

うぶね【鵜舟】[名]「うかひぶね」に同じ。

うぶのかみ【産の神】[名]「うぶがみ①」に同じ。

うぶめ【産女・孕女】[名]❶妊娠している女性。また、出産したばかりの女性。❷《「姑獲鳥」とも書く》難産のために死んだ産婦が化けたという亡霊、または怪鳥。

うぶや【産屋】[名]❶出産のための別棟。古く、出産をけがれと忌みはばかったために設けられた。❷出産するための部屋。❸「うぶやしなひ」に同じ。例「御産屋の儀式いかめしうおどろおどろし」〈源氏・柏木〉

〔**産屋の騒ぎ**〕出産の騒ぎ。

うぶやしなひ【産養ひ】[名]子供が誕生して、三日目・五日目・七日目・九日目の夜に行われた祝宴。平安時代の貴族の風習で、近親者が主催し、親族・縁者から衣服や食物が贈られた。

-うへ【上】[接尾]目上の人を意味する語に添えて、敬意を表す。「父**上**」「母**上**」「尼**上**」など。

うへ【上】[名]

> **アプローチ**
> ▼「下」または「裏」に対する語。
> ▼物の表面の意から、上方の意、さらに、至上の位である天皇を婉曲に指すようにもなった。
> ▼類義語「上」は「下」とともにひと続きのものの上方、下方を示すが、「上」はひと続きでないもの同士の位置関係を示す。
> ▼元来、物の表面の意なので、「ある物の上」という場合、多くはそれに接した位置にある。

❶**上の位置**。**上の方**。例「ただ居たる**うへ**より、烏のたかく鳴きて」〈枕・忍びたるところにありては〉訳すぐ座っている所の**上の方**から、烏が高らかに鳴いて。❷**物の表面**。例「灯近う取りよせて物語など見るに、草子の**上**などに跳びありく」〈枕・虫は〉訳灯火を近づけて物語などを読んでいると、（夏虫が）本の**表面**をはね回っている。《音便》「近う」は「近く」のウ音便。〔注〕ここは、夏虫は本の上方の空間を飛んでいるのではなく、紙の上をあちらこちらにはね回っているのである。「ありく」は移動して回る意。

❸うわべ。**表面上**。例「見知らぬさまに忍びて、**上**はつれなくみさをづくり」〈源氏・帚木〉訳（夫に対して）知らぬ顔をして我慢をし、**うわべ**は何げなさそうに平気なふりをして。

❹**周辺**。**あたり**。例「石走る垂水の**上**のさわらびの萌え出づる春になりにけるかも」〈万葉・八・一四一八〉訳→〔和歌〕いはばしる…

❺**天皇**。**上皇**。例「朝餉の御前に、**うへ**おはしますに」〈枕・上にさぶらふ御猫は〉訳朝食の御食卓に（一条）**天皇**がおられたところに。（敬語）「うへおはします」→「おはします」

❻**天皇の御座所**。**清涼殿の殿上**。例「**上**にさぶらふ御猫は、かうぶりにて」〈枕・上にさぶらふ御猫は〉訳**清涼殿の殿上**におります御猫は、五位の位を与えられていて。（敬語）「上にさぶらふ」→「さぶらふ」

❼（「…がうへ」「…のうへ」などの形で）**…(の)こと**。**境遇**。**身の上**。例「もの羨みし、身の**うへ**嘆き、人の**うへ**いひ」〈枕・にくきもの〉訳すぐねたましく思い、自身の**身の上**を嘆き、他人の**身の上**のうわさをし。

❽**さらにその上**。例「海賊報いせむといふなることを思ふ**うへ**に、海のまた恐ろしければ」〈土佐〉訳海賊が報復するらしいといううわさが心配な**その上**に、海そのものもまた恐ろしいので。

❾（「うへは」の形で、多く下に打消の語を伴って）**…からは**。**以上は**。例「御入内の日、宣下せられける**上**は、力及ばせ給はず」〈平家・一・二代后〉訳（后として）宮中にお入りになる日を天皇が布告なさった**以上は**、（上皇も）止めることがおできにならなかった。（敬語）「及ばせ給はず」→「せたまふ」

発展学習ファイル ⑤で、天皇以外の貴人（将軍など）や、貴人の妻の呼称にも「うへ」を用いる場合がある。「紫の上」「葵の上」などの尊称はそこからくる。

〔**上の御前**〕ウエノオマエ ❶貴人の前やそば。天皇の御前を指す場合が多い。❷天皇。

〔**上見ぬ鷲**〕ウエミヌワシ（上からの襲撃を恐れることのないワシにたとえて）おごりたかぶり、遠慮のない人。例「源氏を君とかしづき奉り、**上見ぬ鷲**のごとくにてあらばや」〈義経記・一〉

〔**上を下に返す**〕ウエヲシタニカエス 混乱して大騒ぎする。ごった返す。例「御所中の兵ども、**上を下に返・し**てあわて騒ぐ」〈保元・中〉

うへ【筌】エ［名］竹を筒状に編んだ、魚を捕る道具。（季―冬）

うべ［・なり］【宜・諾】［形動ナリ］{なら・なり(に)・なり・なる・なれ・なれ}（「むべ」とも）**もっともなことだ**。**当然だ**。例「直に逢はずあるは**うべ・なり**夢にだになにしか人の言の繁けむ」〈万葉・一二・二八四八〉〔注〕「繁け」は、形容詞「繁し」の古い未然形。

うべ【宜・諾】［副］（下に続く文の内容を肯定・確認する意）**なるほど**。**本当に**。**道理で**。例「兄の主、**うべ**騒ぎ給はぬなりけり」〈今昔・三・二四〉〈参考〉平安時代以降は、多く「むべ」と表記される。⇨「むべ」〈発展学習ファイル〉

うへうへ【上上】ウエウエ［名］身分の高い人々。↔下下

うべうべ・し【宜宜し】［形シク］{しから・しく(しかり)・し・しき(しかる)・しけれ・しかれ}「むべむべし」に同じ。

うべこそ【宜こそ】（「むべこそ」とも。副詞「宜」＋係助詞「こそ」）いかにも。なるほど。例「**うべこそ**雪山童子の身にもかへけめ」〈栄花・三〇〉

うへさま【上様】ウエサマ［名］❶天皇・皇子の尊称。❷将軍または貴人の敬称。

うへざま【上様・上方】ウエザマ［名］上の方。上部。↔下様①

うべし【宜し】［副］（副詞「宜」＋強意の副助詞「し」）なるほど。道理で。例「山川を清みさやけみ**うべし**神代ゆ定めけらしも」〈万葉・六・九〇七長歌〉

うべしこそ【宜しこそ・諾しこそ】（副詞「宜」＋副助詞「し」＋係助詞「こそ」）なるほど、もっともなことに。例「高光る日の御子**諾しこそ**問ひ給へ」〈記・下・歌謡〉

うへじまおにつら【上島鬼貫】ウエジマオニツラ［人名］（一六六一～一七三八）（「かみじまおにつら」とも）江戸中期の俳人。十六歳で西山宗因に入門、『大悟物狂』を発表する。著書『独りごと』など。

うへしも【上下】ウエシモ［名］身分の上の者と下の者。

うへしろ【上白】ウエシロ［名］襲の色目の名。表を白にしたもの。

うへすぎのりざね【上杉憲実】ウエスギノリザネ［人名］（一四一〇？～一四六六）室町中・後期の武将。足利持氏の下で管領。足利学校を再興し、書籍などを寄贈。

うへだあきなり【上田秋成】ウエダアキナリ［人名］（一七三四～一八〇九）（「うへだしうせい」とも）江戸中期の国学者・歌人・読本作者。著書『雨月物語』『春雨物語』『胆大小心録』など。

うへつぼね【上局】ウエツボネ［名］❶貴人の居間近くに設けられた女房の臨時の休息所。❷中宮・女御・更衣などが、通常の居室のほかに、とくに天皇の御座所のそばに与えられた部屋。清涼殿には、弘徽殿と飛香舎（藤壺）の二つの「上局」があった。＝上の御局

うへとう【上頭】ウエトウ［名］（「地頭」に対して）現地に住まず、京都にいる荘園の領主。また、農民が領主を呼ぶ語。

うべなうべな【宜な宜な・諾な諾な】［副］（副詞「うべ」＋感動の終助詞「な」を重ねた形）なるほどもっとも。まったく道理で。例「**うべなうべな**母は知らじ**うべなうべな**父は知らじ」〈万葉・一三・三二九五長歌〉

うへな・し【上無し】ウエナシ［形ク］{から・く(かり)・し・き(かる)・けれ・かれ}最高である。最もよい。例「**うへな・き**ことにてもありけるかな」〈蜻蛉・下〉

うべな・ふ【諾ふ】ウベナウ［他ハ四］{は・ひ・ふ・ふ・へ・へ}（「むべなふ」とも。副詞「うべ」＋動詞化する接尾語「なふ」）❶承諾する。認める。例「欺きて罪無しと言して、**うべな・は**ずしと」〈紀・天武・下〉❷服従する。例「その**うべな・は**ぬ者は、ただ星の神香香背男のみ」〈紀・神代・下〉❸謝罪する。例「罪を**うべな・ひ**て、ふつくに（＝残ラズ）その地を奉る」〈紀・景行〉

うへの【上野】ウエノ［地名］❶伊賀国の地名。いまの三重県上野市。芭蕉の生地。❷江戸の地名。いまの東京都台東区の一地域。寛永寺があり、その境内はいまの上野公園にあたる。

うへのおんかた【上の御方】ウエノオンカタ［名］貴人の正妻の部屋の敬称。また、正妻の敬称。北の方。

上の袴　帝の病気平癒の祈願のため、信貴山に聖人を迎えにきた勅使の一行。先頭は検非違使の蔵人尉。老い懸けのついた細纓の冠をかぶり、闕腋の袍に上の袴を着る。後に随身、小舎人童などの従者が続く。（信貴山縁起）

うへのおんぞ【上の御衣・表の御衣】ウエノオンゾ［名］「上の衣」の敬称。

うへのきぬ【上の衣・表の衣・袍】ウエノキヌ［名］「はう（袍）」に同じ。

うへのごせち【上の五節】ウエノゴセチ［名］殿上人が奉る五節の舞姫。

うへのざふし【上の雑仕】ウエノゾウシ［名］五節や女御の入内のとき、臨時に宮中に置かれて雑役をする、身分の低い女官。

うへのさぶらひ【上の候ひ】ウエノサブライ［名］清涼殿の殿上の間。

うへのにょうばう【上の女房】ウエノニョウボウ［名］天皇のそば近くに仕える女官。

うへのはかま【上の袴・表の袴】ウエノハカマ［名］❶貴族の男性が「束帯」を着るときにはく袴。表は白、裏は紅。「大口袴」の上にはく。➡［古典参考図］男子の服装〈1〉 ❷童女が「汗衫」を着るときにはく袴。

うへのみつぼね【上の御局】ウエノミツボネ［名］「うへつぼね②」に同じ。

うへのみゃうぶ【上の命婦】ウエノミョウブ［名］天皇の側近くに仕える女官。

うへのをのこ【上の男】ウエノオノコ［名］殿上人。

うへびと【上人】ウエビト［名］❶「てんじゃうびと①」に同じ。❷天皇のそば近くに仕える女房。❸「てんじゃうわらは①」に同じ。

うへぶし【上臥し】ウエブシ［名］《「うはぶし」とも》宮中・院に宿直すること。

うへみやづかへ【上宮仕へ】ウエミヤヅカエ［名］日常、天皇の御前に仕えること。

うべも【宜も】《副詞「うべ」＋係助詞「も」》なるほど。当然。例「春なれば**うべも**咲きたる梅の花君を思ふと夜眠も寝なくに」〈万葉・五・八三一〉

うへや【上屋】ウエヤ［名］清涼殿内の天皇の御座所に近い女官の詰め所。

〔和歌〕**うへやまは…**【**上山は山風寒しちちのみの父のみことの足冷ゆらむか**】〈平賀元義家集・平賀元義〉訳 上山は山風が寒い。〔ちちのみの〕父上様の足は冷えているだろうか。
〈参考〉「上山」はいまの岡山市妙林寺境内の丘で、元義の父を葬った地。「ちちのみの」は「父」の枕詞。

うへわらは【上童】ウエワラワ［名］《「しゃうとう」とも》貴族の子弟で、宮中の作法などを見習うため昇殿を許され、奉仕した少年・少女。＝殿上童

うま-【甘・味】［接頭］《「うまし」の語幹》（体言の上に付いて）❶味がよいの意を表す。「**うま飯**」「**うま酒**」など。❷快い、十分だの意を表す。「**うま寝**」など。❸立派で貴いの意を表す。「**うま人**」など。

うま【午】［名］❶十二支の七番目。❷方角の名。南。❸時刻の名。正午。また、その前後二時間。一説に、正午から二時間。＝午時

〔**午の貝**〕ウマノカイ 正午を知らせるために吹くほら貝。

うま【馬】［名］《「むま」とも表記》❶動物の名。❷すごろくの駒。❸将棋の駒のひとつ。桂馬。

〔**馬が合ふ**〕ウマガアウ 気が合う。意気投合する。

〔**馬の音**〕馬の足音。

〔**馬の耳に風**〕少しも心を動かさないことのたとえ。馬耳東風。馬の耳に念仏。

〔**馬は馬連れ**〕同類の物が連れ立って、うまくいくことのたとえ。＝牛は牛連れ

うまい【熟睡・熟寝】［名］快い眠り。ぐっすり眠ること。例「白たへの手本をゆたけく人の寝る**うまい**は寝ずや恋ひ渡りなむ」〈万葉・一二・二九六三〉

うまいかだ【馬筏】［名］川を騎馬で渡るときに、筏を組んだように馬を何頭も並べて渡る方法。

うまいひ【甘飯・味飯】ウマイイ［名］うまい飯。味のよい飯。

うまがた【馬形】［名］❶馬の形。馬の絵を描いたもの。❷土・木・紙などで作った馬の形をした像。神馬の代わりに奉納するときに用いる。

うまがたのしゃうじ【馬形の障子】ウマガタノショウジ［名］清涼殿の西廂の渡殿の北の方などに立てた布張りの衝立。表に馬、裏に打毬をしている騎馬姿の唐人の絵が描かれている。

〔和歌〕**うまかはば…**【**馬買はば妹徒歩ならむよしゑやし石は踏むとも我は二人行かむ**】〈万葉・一三・三三一七・作者未詳〉訳 私が馬を買ったならば、おまえが徒歩になるだろう。ええいかまうものか、川原の石を踏むとしても、私はおまえと二人で歩いて行こう。

うまくら【馬鞍】［名］馬の背に付ける鞍。

うまけぶり【馬煙】［名］《「うまけむり」とも》馬が走

るときに立つ砂ぼこり。

うまご【孫】[名]《「むまご」とも》❶まご。❷子孫。例「この山の族、七人にあたる人を、三代の**孫**に得べし」〈宇津保・俊蔭〉

うまこり[枕詞]「あやに」にかかる。例「**うまこり**あやにともしき」〈万葉・二・一六二長歌〉

うまざくり【馬決り】[名]❶馬がひづめで土を蹴ること。また、その足跡。例「**馬ざくり**の水を蹴懸けられて」〈太平記・二九〉❷「馬弓」で、馬の進路を決めるために、初めに馬を走らせて付けた目印の溝。

うまさけ【旨酒・味酒】[名]味のよい酒。

うまさけ【旨酒・味酒】[枕詞]❶(神酒を古く「みわ」といったことから)同音の地名「三輪山」にかかる。例「味酒三輪の山」〈万葉・一・一七長歌〉訳→(和歌) 例「うまさけ…。」❷(「三輪山」は「みむろ(=神ノ宿ル所)」であることから)地名「三室」「三諸」にかかる。例「味酒三室の山は」〈万葉・七・一〇九四〉①②=旨酒の

(和歌)**うまさけ…【味酒　三輪の山　あをによし　奈良の山の　山の際に　い隠るまで　道の隈　い積もるまでに　つばらにも　見つつ行かむを　しばしばも　見放けむ山を　心なく　雲の　隠さふべしや】**〈万葉・一・一七長歌・額田王〉訳(うまさけ)三輪の山よ、(あをによし)奈良の山々の間にすっかり隠れてしまうまで、道の曲がり角をいくつも曲がってすっかり遠ざかってしまうまで、しみじみと見ながら行こうものを。何度もこうして見たいと思っている山を、無情にも雲が隠して見えなくしてよいものであろうか。

〈参考〉「味酒」は「三輪」の、「あをによし」は「奈良」の枕詞。近江の大津の宮に都が遷され、住み慣れた大和の地を去るときに詠まれた歌。

うまさけの【旨酒の・味酒の】[枕詞]「うまさけ」に同じ。例「味酒の三諸の山に」〈万葉・一一・二五一二〉

うまさけを【旨酒を・味酒を】[枕詞](神酒を古く「みわ」といったり、酒は醸んで造るところから)「みわ」「かみ」にかかる。例「**味酒を**神奈備山の帯にせる明日香の川の」〈万葉・一三・三二六六長歌〉

うまさへ【馬副へ】[名]「うまぞひ」に同じ。

うま・し　一【美し】[形シク]{しから・しく(しかり)・し・しき(しかる)・しけれ・しかれ}**満ち足りて快い。立派だ。すばらしい。**例「**うま・し**国そあきづ島大和の国は」〈万葉・一・二長歌〉訳→(和歌)やまとには…。二【旨し・甘し】[形ク]{から・く(かり)・し・き(かる)・けれ・かれ}❶**心地よい。味がよい。おいしい。**例「飯食めど**うま・く**もあらず」〈万葉・一六・三八五七長歌〉❷(心地よく感じさせるように)**上手だ。巧みだ。**例「**うま・き**色咄に現を抜かし」〈浮・好色五人女〉❸《近世語》**都合がよい。思うつぼだ。**例「やあ、**うま・い**ところへ出会うたな」〈浄・国性爺〉❹《近世語》**愚かだ。考えが甘い。間抜けだ。**例「知ったとて言ふものか。**うま・い**奴ら」〈浄・津国女夫池〉③④《音便》「うまい」は「うまき」のイ音便。

発展学習ファイル　ク活用の形容詞は物事に備わっている性質を、シク活用の形容詞はそれから受ける感じ・印象をいう傾向がある。「うまし」も、もともとそうした違いがあったと考えられるが、実際の用例はク活用の方が多く、中古以降ク活用が主流となった。

うまじもの【馬じもの】[副]《「じもの」は接尾語》まるで馬のように。例「**馬じもの**縄取り付け鹿じもの弓矢囲みて」〈万葉・六・一〇一九長歌〉

うまじるし【馬印】[名]戦いの際、総大将の馬の傍らに立てて、その所在を象徴した目印。意匠も凝ったものが多く、豊臣秀吉の千成り瓢箪、徳川家康の五本骨の金扇などが知られている。

うませ【馬柵・馬塞】[名]馬を囲ってある柵。

うまぞひ【馬副ひ】[名]《「むまぞひ」とも》馬に乗った貴人に付き添う従者。=馬副へ・馬副。

うまぞろへ【馬揃へ】[名]平時に、良馬の育成と調教の奨励のために軍馬を集めて検閲すること。

うまだし【馬出し】[名]❶馬場で、馬を乗り出す場所。↔馬留め。❷城門の前に築いた土塁。人や馬の出入りを外から悟られないためのもの。

うまづかさ【馬寮】[名]《「うまつかさ」とも》❶「めれう(馬寮)」に同じ。❷「うまやのつかさ」に同じ。

うまどき【午時】[名]「うま(午)③」に同じ。

うまとねり【馬舎人】[名]貴人の馬を引いて付き添う従者。

(俳句)**うまにねて…【馬に寝て残夢月遠し茶の煙】**〈野ざらし紀行・芭蕉〉訳夜もまだ明けやらぬ早朝、馬に乗って旅路を行く。馬上でうとうとと眠り、有り明け方に見残した夢を見て、ふと目覚めると、月が遠く山の端にかかり、里は家々の朝茶を煮る煙が立ちのぼっている。(季-月-秋)

うまのかみ【馬頭】[名]「馬寮」の長官。「左馬寮」「右馬寮」に各一名ずついる。

うまのかみ【右馬頭】[名]《「みぎのうまのかみ」とも》「右馬寮」の長官。↔左馬頭

うまのくち【馬の口】[名]馬の手綱。馬の口輪。

うまのすけ【右馬助】[名]《「みぎのうまのすけ」とも》「右馬寮」の次官。↔左馬助

うまのつかさ【馬寮】[名]「めれう(馬寮)」に同じ。

うまのはなむけ【餞】[名]《「はなむけ」「むまのはなむけ」とも》(古代、旅立つ人の無事を祈って、旅の行く先の方向に馬の鼻を向けたことから)旅の前途を祝して送別の宴を催したり、金品を贈ったりすること。また、その金品。餞別。

(俳句)**うまのみみ…【馬の耳すぼめて寒し梨の花】**〈葛の松原・支考〉訳梨の木が白い花を咲かせている。春はまだ浅く、馬は耳をすぼめて寒がっていることだ。(季-梨の花-春)

うまのり【馬乗り】[名]❶馬に乗ること。また、乗る人。❷馬に乗るように、人や物にまたがること。❸乗馬をもち、乗ることを許された武士。

うまのりごろも【馬乗り衣】[名]馬に乗るときに着る着物。乗馬服。

うまば【馬場】[名]《「むまば」とも》乗馬の練習をする広場。ばば。

うまばのおとど【馬場の殿】[名]《「むまばのおとど」とも》騎射・競べ馬を見るために馬場に設けた殿舎。宮中では武徳殿をいう。

うまは・る【殖る】[自ラ四]{ら・り・る・る・れ・れ}生まれふえる。例「戸口(=人民)ますます**殖・る**」〈紀・仁賢〉

うまひ【右舞】[名]雅楽で、「右方」の楽曲で舞われる舞楽。緑・青色を基調とした装束をまとい、

打楽器に合わせて直線的な舞を演じた。右方の舞。

うまひと【貴人】［名］身分の高い立派な人。貴人。

うま・ふ【産まふ・生まふ】（上代語。動詞「産む」の未然形＋上代の反復・継続の助動詞「ふ」）次々に生む。どんどん生みふやす。例「男餓鬼賜りて（＝頂イテ）その子**生ま・はむ**」〈万葉・一六・三八四〇〉

うまぶね【馬槽】［名］馬の餌を入れるかいば桶。

うままはり【馬回り】［名］❶その軍の大将の乗った馬の周囲。❷（「馬回り組」の略）主君の乗った馬の周囲で警護の役目をする騎馬武士。

うまむしゃ【馬武者】［名］馬に乗った武士。↕徒武者

うまや【駅・駅家】［名］（「むまや」とも）令制で、中央政府と地方との連絡のために街道沿いに三十里（約一六キロメートル）ごとに置かれた施設。馬・人足・食糧などを備えた。宿駅。

うまや【馬屋・厩】［名］（「むまや」とも）馬を飼っておくための小屋。馬小屋。

うまやたち【駅館】［名］宿駅の施設で、人馬の継ぎ立てをした所。

うまやぢ【駅路】［名］宿駅の設けられている街道。

うまやのつかさ【厩司】［名］「院の庁」や摂政・関白家で、馬の飼育を扱う役所。＝馬寮②

うまやのべったう【厩の別当】［名］院の庁や摂関家などで、馬の世話をする役人の長。

うまやのをさ【駅の長】［名］（「むまやのをさ」とも）令制で、宿駅を管理する長。駅の人馬や駅船などの駅務を統括する。

うまゆみ【馬弓・騎射】［名］馬に乗ったままで弓を射ること。とくに、陰暦五月五日の「五日の節会」の際に、宮中の武徳殿の前で、衛府が行ったものをいう。＝騎射。↕徒弓。（季－夏）

うまよろひ【馬鎧・馬甲】［名］戦の際、馬に着せる鎧。布に鎖・銅板・革などを縫いつけたもの。

うまら【茨・荊】［名］「いばら」に同じ。

うまらに［副］（形容詞「うまし」の語幹＋接尾語「ら」＋格助詞「に」）おいしく。また、快く。例「醸みし大御酒**うまら・に**聞こしもち食せ」〈記・中・歌謡〉

うま・る【生まる】［自ラ下二］｛れ・れ・る・るる・るれ・れよ｝（「むまる」とも）生まれる。

うまれ【生まれ】［名］❶出生。誕生。❷出生した土地。❸生まれつきの性質。素性。

うまれあ・ふ【生まれ合ふ】［自ハ四］｛は・ひ・ふ・ふ・へ・へ｝ちょうど同じ時に生まれる。同時代に生まれ合わせる。例「濁悪世にしも**生まれ合・ひて**、かかる心憂きわざをなん見侍りし」〈方丈記〉

うまれう【馬寮】［名］「めれう（馬寮）」に同じ。

うまれう【右馬寮】［名］（「うめれう」「みぎのうまづかさ」「みぎのうまのつかさ」とも）令制で、馬に関することをつかさどった左・右の馬寮のうち、右の馬寮。→「めれう（馬寮）」。↕左馬寮

うまれうまれ【生まれ生まれ】［副］生まれるとすぐに。生まれたばかり。例「おもへばこの銀は、うつくしき娘を**うまれうまれ**出家にしたやうなものぢゃは」〈浮・世間胸算用〉

うまれお・つ【生まれ落つ】［自タ上二］｛ち・ち・つ・つる・つれ・ちよ｝生まれる。例「**生まれ落・つる**すなはち、嫗、おのが布の懐に抱きて」〈宇津保・俊蔭〉

うまれかへ・る【生まれ返る】［自ラ四］｛ら・り・る・る・れ・れ｝死んだのち、再びこの世に生まれてくる。再生する。

うまれだち【生まれ立ち】［名］❶生まれて間もないころ。❷生まれつきの性質。

うまれつ・く【生まれ付く】［自カ四］｛か・き・く・く・け・け｝生まれたときからしぜんに身に備わる。持って生まれる。例「しな・かたちこそ**生まれつ・き**たらめ」〈徒然・一〉

うまをさ【馬長】［名］陰暦六月十四日の祇園八坂神社の御霊会に、美しく飾った馬に乗って参列し、練り歩く小舎人童などのこと。

うみ【海】［名］（「み」とも）海・湖・池・沼など、広く水をたたえている所。

〔**海片つく**〕海に隣接する。例「いさなとり**海片つ・き**て玉拾ふ浜辺を近み」〈万葉・六・一〇六二長歌〉

うみい・づ【産み出づ】［他ダ下二］｛で・で・づ・づる・づれ・でよ｝（卵や子を）産む。例「あまたの子（ヲ）**生み出・でて**」〈落窪・四〉

うみお・く【産み置く】［他カ四］｛か・き・く・く・け・け｝母親が亡くなるなどして、産んだばかりの子を残す。例「女二人を**産みお・きて**、その母なくなりにけり」〈とりかへばや〉

うみが【海処】［名］（「処」は場所の意）海。海辺。↕陸

うみがき【熟柿】［名］（「じゅくし」とも）よく熟した柿の実。（季－秋）

〔俳句〕**うみくれて…**【**海暮れて鴨の声ほのかに白し**】〈野ざらし紀行・芭蕉〉訳冬の海は暮れ、夕闇に沈もうとする。海上に漂うほのかな残光の中、鴨の声がほのかに白く聞こえてくる。（季－鴨－冬）

うみさち【海幸】［名］❶海の獲物。海産物。❷海の獲物を捕る道具。釣り針。

うみそ【績み麻】［名］「うみを」に同じ。

うみぢ【海路】［名］海上の舟の通るみち。＝海つ路。↕陸路

うみつぢ【海つ路】［名］「うみぢ」に同じ。

うみづら【海面】［名］❶海または湖のほとり。海辺。湖畔。❷海または湖の水面。海上。湖面。

うみな・す【生み成す】［他サ四］｛さ・し・す・す・せ・せ｝生んで完成させる。生成する。例「汝が身の成り合はぬ処を刺し塞ぎて、国土を**生み成・さむ**とおもふ」〈記・上〉

〔和歌〕**うみならず…**【**海ならず湛へる水の底までに清き心は月ぞ照らさん**】〈新古今・雑下・一六九九・菅原道真〉訳海どころではなく、さらに深く満ちている水輪の底までも清い。そのように清いわが心は、月が照らして見てくれることだろう。（係結び）「ぞ→照らさん体」

〈参考〉「海ならず湛へる水」は、仏教でいう全世界を支えている水輪の水で、深い底まで清いという。

うみのこ【生みの子】［名］❶子孫。❷自分が生んだ子。実子。

うみひろ・ぐ【生み広ぐ】［他ガ下二］｛げ・げ・ぐ・ぐる・ぐれ・げよ｝子をたくさん生んでふやす。例「蜂巣のごとく**生み広・ぐ**めり」〈宇津保・蔵開・中〉

うみべた【海辺】［名］（「うみへた」とも）うみべ。海浜。

うみまつ【海松】［名］（ミル（海藻の名）の漢字表記「海松」の訓読語）ミルの別称。

うみやま【海山】[名]❶海と山。❷(海のように深く、山のように高くの意から)恩恵や愛情の深いことのたとえ。

うみを【績み麻】[名]細く裂いて長くより合わせた麻糸。＝績み麻。

うみをなす【績み麻なす】[枕詞](「うみを」の長いところから)「なが」にかかる。例「**績み麻なす**長柄の宮に」〈万葉・六・九二八長歌〉

う・む【倦む】[自マ四]{ま・み・む・む・め・め}嫌になる。退屈する。

う・む【績む】[他マ四]{ま・み・む・む・め・め}麻や苧の繊維を細く裂き、長くより合わせて糸にする。例「麻をやある、**績・みて**奉らん」〈宇治拾遺・四・五〉

う・む【埋む】[他マ下二]{め・め・む・むる・むれ・めよ}❶穴・くぼみなどの空所を満たす。例「さばかり深き谷一つを平家の勢七万余騎でぞ**う・めたりける**」〈平家・七・倶梨迦羅落〉❷湯に水をさしてぬるくする。例「清子の命婦、播磨、とりつぎて、**う・めつつ**」〈紫式部日記〉

うむが・し[形シク]{しから・しく(しかり)・し・しき(しかる)・しけれ・しかれ}(「うむかし」とも)喜ばしい。めでたい。＝むがし。例「その人の**うむが・しき事**」〈続日本紀〉

うむがし・む[自マ四]{ま・み・む・む・め・め}喜ばしく思う。うれしがる。

うむき【蛤・海蛤】[名](「うむぎ」とも)「はまぐり」の別称。

うむのにけん【有無の二見】《仏教語》有(我も、また一切の存在もあるとする)と無(一切の存在がないとする)のふたつの意見。どちらか一方に極端に固執するのは誤った考え方とされる。例「地獄・極楽が有るとも言ひ、また無いとも言うて、**有無の二見**が知れぬが」〈狂・武悪〉

うめ【梅】[名](「むめ」とも)❶木の名。**また、その花や実**。和歌では多くウグイスと取りあわされる。(季―春)。例「我が園に**梅**の花散るひさかたの天より雪の流れ来るかも」〈万葉・五・八二二〉訳→〈和歌〉わがそのに…。❷「**梅襲**」の略。❸**梅の花を図案化した紋所の名**。天神の紋としてよく知られている。❹遊女の階級のひとつである「**梅の位**」の別称。

> 古典の世界　**紅白ともに愛された「梅の花」**
>
> ①の「梅」は中国渡来の帰化植物である。奈良時代にはエキゾチックな花として唐風趣味の文人に愛され、歌にも多く詠まれている。このころ梅といえば白梅で、その花の白さを雪に見立てた歌が多い。春の魁として咲く梅と、春の初めに鳴く鶯という伝統的な取り合わせも『万葉集』から見られる。薫き物の発達や漢詩の影響を受けて、梅の香への興味が和歌の世界に定着するのは平安時代以降で、『古今和歌集』では白梅の芳香を称える歌が多く採られている。
>
> 平安時代に入って紅梅が輸入されると、その色彩の美しさがとくにもてはやされ、紅梅の色目は着物の染色や襲の配色としても女性たちに好まれた。『枕草子』〈木の花は〉には「木の花は、濃きも薄きも紅梅」とある。やがて陽春のころにはかなく咲き散りする花として、桜が愛惜されるようになると、梅は春の花の代表の座をこれにゆずることとなる。

〈俳句〉**うめいちりん…**【**梅一輪一輪ほどのあたたかさ**】〈とをのく・嵐雪〉訳庭先の梅が一輪だけ花を咲かせている。まだまだ寒さは続いているが、そこだけほんのりとあたたかく感じられ、春の訪れも遠くないことを思わされることだ。(季―寒梅―冬)〈参考〉梅は春の季語だが、前書に「寒梅」とある。

うめがえ【梅が枝】[名]梅の枝。

うめがえ【梅枝】[作品名]『源氏物語』の三十二番目の巻名。

〈和歌〉**うめがえに…**【**梅が枝に来ゐるうぐひす春かけて鳴けどもいまだ雪は降りつつ**】〈古今・春上・五・よみ人しらず〉訳梅の枝に飛んで来てとまっているウグイスは、春を待ち望んで鳴いているけれども、いまだに雪は降り続いているよ。

うめがか【梅が香】[名](「むめがか」とも)梅の花の香り。(季―春)

〈和歌〉**うめがかに…**【**梅が香に昔を問へば春の月答へぬ影ぞ袖にうつれる**】〈新古今・春上・四五・藤原家隆〉訳梅のかおりによって昔懐かしい気分になり、月に昔のことをたずねると、春の月は答えてくれず、ただ昔と変わらぬ月の光が涙に濡れた私の袖にうつっている。《係結び》「ぞ→うつれる(体)」

〈俳句〉**うめがかに…**【**梅が香にのっと日の出る山路かな**】〈すみだはら・芭蕉〉訳余寒きびしい早春の朝、梅の香りの漂う山路を歩いていると、彼方の山の端から、丸く大きな紅の太陽がぬっと出てきたことだ。(季―梅が香―春)〈参考〉梅の香は、昔を懐かしく思い出させるもの。

うめがさね【梅襲】[名]襲の色目の名。表は濃い紅、裏は紅梅色。また、表は白、裏は蘇芳ともいう。陰暦十一月から二月ごろまで用いられた。＝梅・梅染め

うめきすめ・く【呻きすめく】[自カ四]{か・き・く・く・け・け}(「すめく」は大きな息づかいをする意)苦心して詩歌や文を作る。苦吟する。例「大名小名**うめきすめ・き**けれども、付くる者なかりけるに」〈盛衰記・三七〉

うめきずん・ず【呻き誦ず】[自サ変]{ぜ・じ・ず・ずる・ずれ・ぜよ}苦心しながら歌を詠む。苦吟する。例「**呻き誦・じ**つる歌も」〈枕・職の御曹司におはしますころ、西の廂に〉

うめ・く【呻く】[自カ四]{か・き・く・く・け・け}❶ため息をつく。例「いたく**うめ・き**てうしと思したり」〈源氏・帚木〉❷(動物が)うなる。うなり声を上げる。例「牛、夜ごとに必ず**うめ・く**こと侍りけり」〈古今著聞・二〇〉❸苦心して詩歌を作る。苦吟する。例「あまた度誦し、**うめ・き**て返し」〈大鏡・後一条院〉

うめくさ【埋め草】[名]城を攻める際、溝・堀を埋めるのに用いる草。また、戦略上犠牲となる兵士。

うめぞめ【梅染め】[名]❶染め色の名。黄色がかった淡紅色。紅梅の樹皮を煎じた汁で染める。❷「うめがさね」に同じ。

うめつは【梅壺】[名](「むめつぼ」とも)「凝華舎」の別称。

〈和歌〉**うめのはないめにかたらく…**【**梅の花夢に語らくみやびたる花と我思ふ酒に浮かべ**

う

こそ】〈万葉・五・八五二・大伴旅人〉訳梅の花が夢の中でこう語った。自身を風雅な花だと私は思っています。どうぞ酒の上に浮かべてくださいと。〈参考〉大伴旅人が大宰府で主催した梅花の宴の歌の一首。

うめのはながさ【梅の花笠】[名]梅の花。ウグイスの縫うという笠に見立てていう語。

うめのはながひ【梅の花貝】[名]貝の名。形が梅の花弁に似ている。貝細工などに用いる。

〔和歌〕**うめのはなさきたるそのの…【梅の花咲きたる園の青柳は縵にすべくなりにけらずや】**〈万葉・五・八一七・粟田大夫〉訳梅の花が咲いている園の青柳はちょうど縵にできるほどになったのではないですか。

〔和歌〕**うめのはなそれともみえず…【梅の花それとも見えず久方の天霧る雪のなべて降れれば】**〈古今・冬・三三四・よみ人しらず〉訳梅の花は、どれがそれとも見分けがつかない。〔ひさかたの〕大空をかき曇らせる雪があたり一面に降っているので。〈参考〉「久方の」は、「天」にかかる枕詞。

〔和歌〕**うめのはなたがそでふれし…【梅の花たが袖ふれしにほひぞと春や昔の月に問はばや】**〈新古今・春上・四六・源通具〉訳梅の花、その香りはだれが袖を触れて移したものなのかと、昔と変わらぬ春の月に尋ねてみたいものだ。

〔和歌〕**うめのはなにほひをうつす…【梅の花にほひをうつす袖の上に軒漏る月の影ぞあらそふ】**〈新古今・春上・四四・藤原定家〉訳梅の花が香りを移している、涙に濡れた私の袖に、軒端からもれてくる月の光が映って、梅の香りと競いあっている。（係結び）「ぞ→あらそふ㊍」

〔俳句〕**うめわかな…【梅若菜鞠子の宿のとろろ汁】**〈猿蓑・芭蕉〉訳梅の花が咲きにおい、若菜が青々と萌え出るすばらしい季節に、あなたは江戸に旅立って行く。そのうえ、東海道の鞠子の宿では、名物のとろろ汁も楽しめましょう。（季―梅・若菜―春）

うも【芋】[名]《上代語》イモの古名。いまの里芋。

うも・る【埋もる】[自ラ下二]{れ・れ・る・るる・るれ・れよ}《中古以降「むもる」とも》❶うずまる。埋没する。例「時に伊予の温泉、うも・れて出でず」〈紀・天武・下〉❷控え目である。引っ込み思案である。例「いとかうあまり埋も・れたらむは心づきなくわるびたり」〈源氏・末摘花〉❸奥まっている。陰気である。例「〔部屋ハ〕すこし埋も・れたれど」〈源氏・玉鬘〉

うもれいた・し【埋もれ甚し】[形ク]{から・く(かり)・し・き(かる)・けれ・かれ}《「むもれいたし」とも》❶控え目過ぎる。例「たびたび御消息ありければ、いでやとは思しわづらひながら、いとあまり埋もれいた・きを」〈源氏・賢木〉❷気が晴れ晴れしない。例「おどろおどろしくくるしき事は侍らねど、ただうもれいた・く心ここちのむつかしきを」〈浜松中納言・一〉

うもれぎ【埋もれ木】[名]《「むもれぎ」とも》❶木の幹が土中や水中に埋まって長い間に炭化したもの。❷世に知られることなく見捨てられた身の上。

うもれぎの【埋もれ木の】[枕詞]（埋もれ木は見えないことから）「下（＝心ノ中）」「人知れぬ」などにかかる。例「埋もれ木の人知れぬこととなりて」〈古今・仮名序〉

うもれみづ【埋もれ水】[名]《「むもれみづ」とも》草木の陰などに隠れて流れる水。人に知られない思いや身の上をたとえることが多い。

うもん【右門】[名]「右衛門府」の略。↔左門

うもん【有文】[名]（衣服などで、紋様のあるものの意から）❶和歌・連歌・俳諧で、着想にすぐれ、趣向を凝らしたもの。↔無文②。❷能で、声調や手ぶりなど、外にあらわれ出る芸の美しさ。

うや【礼】[名]《上代語》「ゐや」に同じ。

うやか・す【飢やかす】[他サ四]{さ・し・す・す・せ・せ}飢えさせる。＝飢やす。例「母を飢やか・し殺したりしその因果に依りてなり」〈太平記・三五〉

うら-【接頭】心の中で、なんとなくの意を表す。「うら悲し」「うら寂し」「うら荒さぶ」など。

うら【心】[名]《表に対して裏の意》こころ。思い。例「我ぞ我が身のうらは怨むる」〈後撰・恋三・六八〇〉

発展学習ファイル 「うらがなし」「うらさびし」のように、接頭語的に用いられることが多い。

〔心も無し〕❶何心もない。無心だ。例「うらもな・く待ちきこえ顔なる片つ方人を」〈源氏・夕顔〉❷隔てがない。遠慮がない。例「あさましと思ふに、うらもな・くたはぶるれば」〈蜻蛉・中〉

うら【占・卜】[名]事物に現れた現象などから神意を判断し、今後の事のなりゆきや吉凶を予知すること。占い。

古典の世界　占いの方法として、古くは鹿の肩の骨を焼いて占う「太占」、亀の甲を焼いて占う「亀の占」が行われた。その他、「石占」「足占」「夕占」などの方法が用いられたことが、『日本書紀』や『万葉集』などに見える。なお、令制時代には陰陽寮が設置され、亀の甲を焼いて占う「卜」や、筮竹を用いて占う「筮」をつかさどった。

うら【末】[名]《「うれ」とも》❶植物の葉や枝の先。❷末。端。

うら【浦】[名]❶海や湖が曲がって陸地に入り込んだ所。入り江。❷海岸。

〔浦の苫屋〕海辺にある苫で屋根を葺いた粗末な小屋。海人（漁夫）の住むみすぼらしい小家。

うら【裏】[名]❶裏面。❷内面。❸連歌・俳諧で、二つ折りの懐紙の裏面。そこに書いた句。❹《近世語》同じ遊女との二回目の出会い。

〔裏の裏行く〕「うらをかく②」に同じ。

〔裏をかく〕❶矢・槍・刀などが裏まで貫通する。＝裏かく。❷相手の意表をついて、出し抜く。＝裏の裏行く

〔裏を返す〕《近世語》同じ遊女と初回に続いて二回目も呼ぶ。

うらいた【裏板】[名]❶屋根や軒の裏面から張り付けた化粧板。❷物の裏側に張った板。

うらうへ【裏表】[名]❶裏と表。❷上下。左右。前後。両側。例「うらうへに（＝頬ノ左右ニ）瘤つきたる翁にこそなりたりけれ」〈宇治拾遺・一・三〉❸反対。逆。

うらうら[副]❶（空が晴れて、日差しが）うららかに。のどかに。例「うららと照りて、漕ぎ行く」〈土佐〉❷（人の気持ちや、辺りのようすが）穏やかに。の

んびりと。例「うららとのどかなる宮にて」〈更級〉

〔和歌〕うららうらと…【うららうらとのどけき春の心よりにほひいでたる山ざくら花】〈賀茂翁家集・賀茂真淵〉訳うららかにのどかな春の心そのままから咲き出した、山桜の花よ。

〔和歌〕うらうらに…【うらうらに照れる春日にひばり上がり心悲しもひとりし思へば】〈万葉・一九・四二九二・大伴家持〉訳うららかに照っている春の日に、ヒバリが空高く上がり、私の心は悲しいばかりだ、ただひとりでものを思うと。

うらがき【裏書き】[名]❶文書の裏に書き付けてある注・心覚えなど。❷巻物・額などの裏面に記した制作者の署名など。

うらか・く【裏かく】[自カ四]｛か・き・く・く・け・け｝矢や刀・槍などが裏まで突き通る。例「雨のふるやうに射けれども、鎧よければうらか・かず」〈平家・九・木曾最期〉

うらがく・る【浦隠る】[自ラ四]｛ら・り・る・る・れ・れ｝風・波などを避けて、入り江に船が入る。例「都太の細江に浦隠り居り」〈万葉・六・九四五〉

うらかぜ【浦風】[名]浦に吹きわたる風。海辺を吹き荒れる強い風。浜風。

〔和歌〕うらかぜは…【浦風はみなとの葦に吹きしをり夕暮れしろき浪の上の雨】〈風雅・雑中・一七〇四・伏見院〉訳海辺の風は入り江の口に生えている葦に吹きつけてたわませ、夕暮れに白く波の上に降る雨よ。

うらかた[名]一【占形・卜形】占いの結果、亀の甲羅などに現れた亀裂の形。また、占い。二【占方】占いをする人。

うらがな・し【うら悲し】[形シク]｛しから・しく(しかり)・し・しき(しかる)・しけれ・しかれ｝《「うら」は心の意》もの悲しい。例「春の野に霞たなびきうら悲・しこの夕影にうぐひす鳴くも」〈万葉・一九・四二九〇〉訳→〔和歌〕はるののにかすみたなびき…

うらがへ・す【裏返す】[他サ四]｛さ・し・す・す・せ・せ｝裏の部分を表の方に出す。裏返しにする。

うらがへ・る【裏返る】[自ラ四]｛ら・り・る・る・れ・れ｝❶裏が表に返る。例「難波江に心とまりて葦の葉にうらがへ・るべき心地こそせね」〈栄花・三八〉❷味方が敵に変わる。寝返る。例「当代の宣旨をたまはりし物の、かくうらがへ・りぬれば、誰か思ひよらん」〈増鏡・月草の花〉

うらが・る【末枯る】[自ラ下二]｛れ・れ・る・るる・るれ・れよ｝《「うら」は末の意》草木の枝先や葉先が枯れる。例「我が宿の草さへ思ひうら枯・れにけり」〈拾遺・恋三・八四五〉

うらがれ【末枯れ】[名]草木の枝先や葉先が枯れていくこと。(季-秋)

うらき【末木】[名]木の先。こずえ。↔本木①

うら・ぐ[自ガ下二]｛げ・げ・ぐ・ぐる・ぐれ・げよ｝《「うら」は心の意》心が浮き立つ。楽しくなる。例「天皇、この献れる大御酒にうら・げて」〈記・中〉

うらぐは・し【うら細し・うら麗し】[形シク]｛しから・しく(しかり)・し・しき(しかる)・しけれ・しかれ｝《「うら」は心の意》繊細で美しい。心にしみて美しい。例「椿花咲くうらぐは・し山そ」〈万葉・一三・三二二二長歌〉

うらこが・る【うら焦がる】[自ラ下二]｛れ・れ・る・るる・るれ・れよ｝《「うら」は心の意》心に深く思い慕う。例「神無月時雨しぬらし葛の葉のうらこが・る音に鹿も鳴くなり」〈拾遺・冬・二一八〉

うらごひ・し【うら恋し】[形シク]｛しから・しく(しかり)・し・しき(しかる)・しけれ・しかれ｝《「うらこひし」「うらこほし」とも。「うら」は心の意》心の中で恋い慕うさま。例「うら恋・し我が背の君はなでしこが花にもがもな」〈万葉・一七・四〇一〇〉

うらごひ・す【うら恋す】[他サ変]｛せ・し・す・する・すれ・せよ｝《「うら」は心の意》心に恋しく思う。恋慕する。例「娘子らは思ひ乱れて君待つとうら恋・すなり」〈万葉・一七・三九七三長歌〉

うらこ・ふ【うら恋ふ】[他ハ上二]｛ひ・ひ・ふ・ふる・ふれ・ひよ｝《「うら」は心の意》心の中で恋い慕う。例「我が背子にうら恋・ひ居れば」〈万葉・一〇・二〇一五〉

うらこほ・し【うら恋し】[形シク]｛しから・しく(しかり)・し・しき(しかる)・しけれ・しかれ｝《上代東国方言》「うらごひし」に同じ。

うらさび・し【うら寂し・うら淋し】[形シク]｛しから・しく(しかり)・し・しき(しかる)・しけれ・しかれ｝《「うら」は心の意》もの寂しい。何となく寂しい。例「君まさで煙絶えにし塩釜のうらさび・しくも見え渡るかな」〈古今・哀傷・八五二〉訳→〔和歌〕きみまさで…

うらさ・ぶ【うら荒ぶ】[自バ上二]｛び・び・ぶ・ぶる・ぶれ・びよ｝《「うら」は心の意》心細く思う。心がすさむ。例「昼はもうらさ・び暮らし」〈万葉・二・二一〇長歌〉

うらしほ【浦潮】[名]入り江に満ちてくる潮。

うらしまたらう【浦島太郎】[作品名]室町時代の御伽草子。作者未詳。古代から存在する浦島伝説を御伽草子とした作品。

うらしまのこ【浦島子】[人名]伝説上の人物。その話は『日本書紀』『丹後国風土記』の逸文、『万葉集』などによって伝えられてきた。中世御伽草子になると、「浦島太郎」という名で広まった。

うらす【浦州・浦洲】[名]入り江にある州。

【浦州の鳥】(浦州にいる鳥は落ち着かないことから)心の落ち着かないさまのたとえ。

うらだ・つ[自タ四]｛た・ち・つ・つ・て・て｝語義未詳。「占立つ」で、占いを立てて問う意か。「むらだつ(群立つ)」の変化形で、浦に波が立つの意ともいう。

うらぢ【浦路】[名]浦辺の道。海岸の道。

うらちどり【浦千鳥】[名]海辺の千鳥。(季-冬)

うらづたひ【浦伝ひ】[名]海岸に沿って伝い行くこと。

うらづた・ふ【浦伝ふ】[自ハ四]｛は・ひ・ふ・ふ・へ・へ｝浦から浦へ移って行く。海岸沿いに行く。例「浦づた・ふ磯の苫屋の梶枕」〈千載・羇旅・五一五〉

うらて【占手】[名]《「うら」は先端の意》❶「相撲の節」で最初に取り組みをする四尺(約一・二メートル)以下の小童。❷相撲で「最手」に次ぐ位。❸占い。また、占いの結果。❹歌合わせで、最初の歌。

うらと・く【うら解く】[自カ下二]｛け・け・く・くる・くれ・けよ｝《「うら」は心の意》打ち解ける。例「春日さす藤のうら葉のうらと・けて」〈後撰・春下・一〇〇〉

うらと・ふ【占問ふ】[自ハ四]｛は・ひ・ふ・ふ・へ・へ｝《上代語》占う。占って吉凶を判断する。例「卜部(=占イ師)をも八十の衢も占問・へど」〈万葉・一六・三八一二〉

うらな・く【うら泣く】[自カ下二]｛け・け・く・くる・くれ・けよ｝《「うら」は心の意》表面に出さずに泣く。忍び泣く。また、おのずと泣けてくる。=うら泣けす。例「ぬえ鳥のうらな・けましつすべなさまでに」〈万葉・一〇・一九九七〉

う

うらなけ【心泣け】[名]忍び泣くこと。

うらなけ・す【うら泣けす】[自サ変]{せ・し・す・する・すれ・せよ}《「泣けす」は動詞「泣く」の連用形＋サ変動詞「す」。「うら」は心の意》「うらなく」に同じ。

うらなけをり【うら泣け居り】[ウラナケオリ]《「うら」は心の意》心の中で嘆き悲しんでいる。例「むら肝の心を痛みぬえこ鳥**うらなけ居・れば**」〈万葉・一・五長歌〉

うらなし【裏無し】[名]通常の二枚重ねでなく、イグサなどで編んだ裏を付けない草履。

うらな・し【うら無し】[形ク]{から・く(かり)・し・き(かる)・けれ・かれ}《「うら」は心の意》❶(相手に対して)心のうちを隠さないさま。安心して気を許しているさま。**腹蔵ない。ざっくばらんだ。うちとけている。**例「をかしき事も、世のはかなき事も、**うらな・く**言ひ慰まんこそうれしかるべきに」〈徒然・一三〉《係結び》「こそ→(流れ)」。❷(自分について)**思うこともない。無心である。うっかり安心している。**例「かかりけることもありける世を**うらな・くて**過ぐしけるよ」〈源氏・朝顔〉

うらなひさん【占ひ算】[ウラナイサン][名]「うらやさん」に同じ。

うらなひよ・る【占ひ寄る】[ウラナイヨル][自ラ四]{ら・り・る・る・れ・れ}占いをして結果が現れる。例「**占ひよ・り**けむ女の霊こそ、まことにさる(＝アノ方ノ)御執の身にそひたるならば」〈源氏・柏木〉

うらな・ふ【占ふ・卜ふ】[ウラナ(ノ)ウ][他ハ四]{は・ひ・ふ・ふ・へ・へ}《「うらふ」とも》占って吉凶を定める。

うらなみ【浦波】[名]海岸に打ち寄せる波。

うらは【末葉】[名]《「うらば」「うれは」「すゑば」とも》草木の先の方の葉。枝先の葉。↕本葉

うらはず【末弭・末筈】[名]弓の上部の弦をかけるところ。↕本弭 ➡[古典参考図]武装・武具〈3〉

うらびと【浦人】[名]海辺に暮らす人。漁師。

うらび・る【自ラ下二】{れ・れ・る・るる・るれ・れよ}《「うらぶる」の変化形》わびしく思う。例「秋萩に**うらび・れ**をれば」〈古今・秋上・二一六〉

うら・ふ【占ふ・卜ふ】[ウラ(ロ)ウ][他ハ下二]{へ・へ・ふ・ふる・ふれ・へよ}「うらなふ」に同じ。

うらぶち【汭潭】[名]入り江になった所で、水のよどんだ淵。

うらぶみ【占文】[名]占いの判定を記した文書。＝占文

うらぶ・る[自ラ下二]{れ・れ・る・るる・るれ・れよ}《「うら」は心の意》心が沈む。わびしく思う。例「我が背子に我が恋ひ居れば我がやどの草さへ思ひ**うらぶ・れ**にけり」〈万葉・一〇・二四六五〉

うらへ【占へ・卜へ】[ウラエ][名]占い。占い師。

うらべ【卜部】[名]令制で、神祇官の職員。占いをつかさどった者。

うらべ【浦辺】[名]海のほとり。海辺。

うらべかねよし【卜部兼好】[人名]「よしだけんこう」に同じ。

うらぼん【盂蘭盆】[名]「うらぼんゑ」に同じ。

うらぼんゑ【盂蘭盆会】[ウラボンエ][名]《仏教語》陰暦七月十五日を中心に行われる仏事。もとは餓鬼道に落ちて苦しんでいる亡者を救うための行事であったが、日本古来の「霊祭り」と結びついて先祖を供養する行事となった。＝精霊祭り・精霊会 二・魂祭り・盂蘭盆・盆①。（季—秋）

うらま・つ【うら待つ】[自タ四]{た・ち・つ・つ・て・て}《「うら」は心の意》心待ちに待つ。例「秋風に今か今かと紐解きてうら待・ち居るに月傾きぬ」〈万葉・二〇・四三一一〉

うらみ【恨み・怨み】[名]❶恨むこと。憎むこと。❷残念に思うこと。未練。例「この世にすこし**恨み**残るはわろきわざとなむ聞く」〈源氏・夕顔〉❸悲しみ。嘆き。例「王昭君が胡国におもむきし**恨み**もかくや」〈平家・一一・内侍所都入〉❹悲しげに鳴く虫の声。例「虫の恨みもたえだえなり」〈平家・灌頂・大原入〉

うらみ【浦見】[名]浦を見ること。和歌では多く「恨み」にかける。例「夕千鳥**うらみ**は深く満つ潮に袖のみいとど濡れつつぞ」〈拾遺・雑下・五七三長歌〉

うらみ[・す]【浦回・浦廻】一[名]《「うらわ」とも》海岸の湾曲して入り込んだ部分。二[自サ変]{せ・し・す・する・すれ・せよ}湾をめぐって進む。入り江の岸に沿いながら進む。例「藤波を仮廬に造り**浦廻・する**人とは知らに海人とか見らむ」〈万葉・一九・四二〇二〉

うらみか・く【恨み掛く】[他カ下二]{け・け・く・くる・くれ・けよ}恨みごとをいう。例「女は、なほいと艶に**恨みか・くる**を」〈源氏・紅葉賀〉

うらみのすけ【恨の介】[作品名]江戸前期の仮名草子。作者未詳。色好みの葛の恨の介と雪の前との悲恋を描く。

うらみは・つ【恨み果つ】[他タ下二]{て・て・つ・つる・つれ・てよ}恨みぬく。心底恨む。例「咲く花はちぐさながらにあだなれど誰かは春を**恨みは・てたる**」〈古今・春下・一〇一〉

うらみわた・る【恨み渡る】[他ラ四]{ら・り・る・る・れ・れ}恨み続ける。恨みながら年月を過ごす。例「女の、御心の乱りがはしきままに、かく**恨みわた・り**たまふ」〈源氏・真木柱〉

〔和歌〕**うらみわび…**【恨みわびほさぬ袖だにあるものを恋にくちなむ名こそをしけれ】〈後拾遺・恋四・八一五・相模〉《百人一首》訳相手の薄情さを恨み悲しんで、流す涙で乾く間もなく朽ちてしまう袖だけでもくち惜しいのに、恋のために朽ちてしまいそうな私の名声がなおさらくち惜しいことです。《係結び》「こそ→をしけれ㊁」

うらみわ・ぶ【恨み侘ぶ】[他バ上二]{び・び・ぶ・ぶる・ぶれ・びよ}恨み悲しむ。例「**恨みわ・び**ほさぬ袖だにあるものを」〈後拾遺・恋四・八一五〉訳→〔和歌〕うらみわび…

うら・む【恨む・怨む】一[他マ上二]{み・み・む・むる・むれ・みよ}❶**恨みに思う。憎く思う。**例「なのめにうつろふ方あらむ人を**恨・みて**」〈源氏・帚木〉❷**恨みごとをいう。不平をいう。**例「花散らす風の宿りは誰か知る我に教へよ行きて**恨・みむ**」〈古今・春下・七六〉訳→〔和歌〕はなちらす…。❸**恨みを晴らす。仕返しをする。**例「(私ノ師ヲ殺シタ)その人にあひ奉りて、**恨・み**申さばや」〈徒然・一一五〉《敬語》「あひ奉りて」→「たてまつる」、「恨み申さばや」→「まうす」。二[他マ四]{ま・み・む・む・め・め}《近世以降》一に同じ。例「あの奴殿を殿様かと思ふて**恨・み**ました」〈伎・幼稚子敵討〉

うらむらさき【うら紫】[名]紫色。和歌では多く「恨む」にかける。例「とはぬまを**うらむらさき**にさく藤の何とてまつにかかりそめけむ」〈詞花・恋下・二五七〉

うらめ・し【恨めし・怨めし】［形シク］{しから・しく(しかり)・し・しき(しかる)・しけれ・しかれ}恨みに思われる。残念だ。心残りだ。悔しく悲しい。例「朝夕の言ぐさに、翼をならべ、枝をかはさむと契らせたまひしに、かなはざりける命のほどぞ尽きせずうらめし・き」〈源氏・桐壺〉〔注〕「翼をならべ、枝をかはさむ」は白楽天『長恨歌』の「比翼連理」の故事に基づく。唐の玄宗皇帝は楊貴妃を愛し、たとえ死んでも二羽一体の比翼の鳥、二本の木で枝のつながった連理の枝に生まれ変わろうと誓った。

うらめしう【恨めしう・怨めしう】形容詞「うらめし」の連用形「うらめしく」のウ音便。

うらめしげ【・なり】【恨めしげ・怨めしげ】［形動ナリ］{なら・なり(に)・なり・なる・なれ・なれ}《「げ」は接尾語》いかにも恨めしそうなようす。例「恨めしげ・なる気色など、おぼろけにて見知り顔にほのめかす」〈源氏・若菜・下〉

うらめづら・し【うら珍し】［形シク］{しから・しく(しかり)・し・しき(しかる)・しけれ・しかれ}《「うら」は心の意》心の中で新鮮だと思う。例「わが背子が衣の裾を吹き返しうらめづら・しき秋の初風」〈古今・秋上・一七一〉

うらもとな・し［形ク］{から・く(かり)・し・き(かる)・けれ・かれ}《「うら」は心の意》心もとない。気がかりだ。例「限りとや君が来まさぬうらもとな・くも」〈万葉・一四・三四九五〉

うらやさん【占や算】［名］《近世語》算木による占ない。また、易者。売卜者。＝占ひ算

うらやす【浦安・心安】［名］《「うら」は心の意》心が安らかなこと。安心。例「春へ咲く藤の末葉のうら安にさ寝る夜そなき児ろをし思へば」〈万葉・一四・三五〇四〉

〔**浦安の国**〕［名］心安らかで穏やかな国。大和の国。日本国の美称。

うらやま・し【羨まし】［形シク］{しから・しく(しかり)・し・しき(しかる)・しけれ・しかれ}他人と自分を比べ、他人の状態を望ましいと思う。**うらやましい。ねたましい。**例「いとどしく過ぎゆく方の恋しきにうらやま・しくもかへる波かな」〈後撰・羇旅・一三五二〉訳→〔和歌〕いとどしくすぎゆくかたの…

〔俳句〕**うらやまし…**【うらやまし思ひ切る時猫の恋】〈猿蓑・越人〉訳うらやましいものだ、猫の色恋沙汰は。激しく求愛していても、あきらめるときはあっさりして後を引かない。（季－猫の恋－春）

うらやましう【羨ましう】形容詞「うらやまし」の連用形「うらやましく」のウ音便。

うらやみ【羨み】［名］羨望。ねたみ。不満。

うらや・む【羨む】［他マ四］{ま・み・む・む・め・め}《「うら」は心、「やむ」は病むの意》❶うらやましく思う。❷ねたむ。嫉妬する。

うらら【・なり】【麗ら】［形動ナリ］{なら・なり(に)・なり・なる・なれ・なれ}よく晴れてのどかなさま。例「春の日のうらら・にさして行く舟は棹のしづくも花ぞちりける」〈源氏・胡蝶〉

うららか【・なり】【麗らか】［形動ナリ］{なら・なり(に)・なり・なる・なれ・なれ}《「か」は接尾語》❶日の光が明るくのどかなさま。（季－春）。例「春のうららか・なる日影に、池の水鳥どもの」〈源氏・橋姫〉❷声が明るくほがらかなさま。例「百千鳥の声もいとうららか・なり」〈源氏・若菜・上〉❸隠しへだてのないさま。はっきりとしているさま。例「うららか・に言ひ聞かせたらんは、おとなしく聞こえなまし」〈徒然・二三四〉

うらわ【浦回・浦廻】［名］「うらみ（浦回）[一]」に同じ。

うらわか・し【うら若し】［形ク］{から・く(かり)・し・き(かる)・けれ・かれ}❶（草木が）若くてみずみずしい。例「小里なる花橘を引き攀ぢて折らむとすれどうら若みこそ」〈万葉・一四・三五七四〉❷（人や動物が）若々しい。幼い。例「〔鹿ガ〕うら若・き声に、はるかにながめ鳴きたなり」〈蜻蛉・中〉

うらんぼん【盂蘭盆】［名］「うらぼんゑ」に同じ。

うり【瓜】［名］《「ふり」とも》ウリ類の総称。古くは、とくにマクワウリをいった。甘みがあり、嗜好品として食された。（季－夏）

〔**瓜のつるに茄子はならぬ**〕親がウリなら子もウリであるように、子は親と同じでしかない。血筋は争えないことのたとえ。

うりざね【瓜核・瓜実】［名］❶瓜の種。❷「瓜実顔」の略。

うりざねがほ【瓜実顔・瓜核顔】［名］瓜の種のように色白で、細く長い顔。男女ともに美しい顔とされた。＝瓜実②

うりしろな・す【売り代成す】［他サ四］{さ・し・す・す・せ・せ}《近世語》品物を売って金に換える。例「米をかたげ出だし、売りしろな・すを見るに」〈仮・浮世物語〉

うりぬすびと【瓜盗人】［作品名］室町以降の狂言。作者・成立年未詳。案山子に変装した畑主と、それに気づかず追い込められる瓜盗人とのやりとりを喜劇的に演出する、集狂言のひとつ。

〔和歌〕**うりはめば…**【瓜食めば子ども思ほゆ栗食めばまして偲はゆいづくより来りしものそまなかひにもとなかかりて安眠しなさぬ】〈万葉・五・八〇二長歌・山上憶良〉訳瓜を食べると子たちのことがしぜんと思われる。栗を食べるとそれにもましてしぜんとしのばれる。いったいどこからどうしてわが子としてやって来たものなのか。その姿が眼前にやたらとちらついて安眠させてくれない。《係結び》「そ→なさぬ㊍」

うりび【売り日】［名］「もんび」に同じ。

うりん【羽林】［名］「近衛府」、また、近衛府の中将・少将の唐名。

うりんけ【羽林家】［名］貴族の家格のひとつ。摂家・清華家・大臣家に次ぐ。近衛少将・中将を経、参議・中納言・大納言に昇進できる家柄。

うるさう 形容詞「うるさし」の連用形「うるさく」のウ音便。

うるさ・し［形ク］{から・く(かり)・し・き(かる)・けれ・かれ}❶**わずらわしい。面倒だ。**例「こまかなることどもあれど、うるさ・ければ書かず」〈源氏・夕顔〉❷（うっとうしいほど）**よく気が回る。**（気がつきすぎて）**厄介だ。**例「『この西なる家は何人の住むぞ、問ひ聞きたりや』とのたまへば、例のうるさ・き御心とは思へども」〈源氏・夕顔〉《敬語》「のたまへば」→「のたまふ」。❸**わざとらしい。いやみだ。**例「みぐるしとて、〔手紙ヲ〕人に書かするはうるさ・し」〈徒然・三五〉❹（音・声・会話について）**騒がしい。やかましい。うっとうしい。**❺《「うるせし」との混同によるか》**すぐれている。立派だ。**例「織女の手にも劣るまじく、その方も具して、うるさ・くなむはべりし」〈源氏・帚木〉《係結び》「なむ→はべりし㊍」。《敬語》「はべりし」→

「はべり」

うるし【漆】[名]❶木の名。ウルシ。実は蠟の材料。(季＝花－夏・実－秋)。❷ウルシの樹液を精製して作った塗料。

うるせ・し[形ク]{から・く(かり)・し・き(かる)・けれ・かれ}❶有能だ。気転がきく。賢い。例「いと**うるせ・かり**し者の帰りまうで来たれること」〈宇津保・俊蔭〉❷上手だ。巧みだ。例「宮の御琴の音は、いと**うるせ・く**なりにけりな」〈源氏・若菜・下〉

うるち【うる鉤】[名]《上代語。「うるぢ」とも》愚かでうまく釣れない釣り針。上代神話の海幸・山幸の話にみえる呪いのことばのひとつ。

うるは・し【麗し・美し】ウルワシ[形シク]{しから・しく(しかり)・し・しき(しかる)・しけれ・しかれ}

アプローチ ▼動詞「潤ふ」の形容詞化。▼もともと、みずみずしく生気に満ち溢れた美しさをいった。▼上代では、見事で申し分のない美しさを、中古では多く、道徳・礼儀その他の理想に照らして欠点のないさまをいうようになったが、一面では親しみにくい、かたくるしいといった語感を否定しがたい。

❶うるおいがあって美しいさま。**つやつやと美しいさま。きれいだ。**例「この泊まりの浜には、くさぐさの**うるは・しき**貝、石など多かり」〈土佐〉訳この港の浜には、いろいろのきれいな貝や石などが多い。❷**見事だ。立派だ。壮麗だ。**例「倭は国のまほろばたたなづく青垣山隠れる倭し**うるは・し**」〈記・中・歌謡〉訳→〈歌謡〉やまとはくにのまほろば…❸**きちんと整っていて美しいさま。端正だ。**例「ただこのつづら折りの下に、同じ小柴なれど、**うるは・しう**しわたして」〈源氏・若紫〉訳ちょうどこのじぐざくの坂道の下に、(他と)同じ小枝を編んだ垣根ではあるけれど、**きちんと**めぐらして。(音便)「うるはしう」は「うるはしく」のウ音便。❹(人の精神や行動について)**誠実である。きちんとしている。折り目正しい。**例「すずろに飲ませつれば、**うるは・しき**人もたちまちに狂人となりてをこがましく」〈徒然・一七五〉訳(酒を)むやみに飲ませてしまうと、**きちんとしている**人もたちまち狂人のようになってみっともないまねをして。❺(人間関係について)**理想的な仲だ。仲がよい。**例「むかし、男、いと**うるは・しき**友ありけり」〈伊勢・四六〉訳昔、男に、とても**仲のよい**友人があった。❻(とくに儀礼について)**格式ばっている。あらたまっている。**例「ことごとしき随身ひき連れて**うるは・しき**さまして参りたまへり」〈源氏・総角〉訳ものものしい随身を引き連れて**格式ばった**ようすで参上なさった。(敬語)「参りたまへり」→「まゐる(四段)」「たまふ(四段)」❼(とくに作法・礼式について)**正しい。正式である。**例「**うるは・しく**は、ただくるくると巻きて、上より下へ、わなの先をさし挟むべし」〈徒然・二〇八〉訳(経巻の巻き方は)**正式には**、ただくるくると巻いて、上から下へ、ひものくくりの先端をさし挟むものだ。❽**本物である。正真正銘である。**例「故左馬頭義朝の、**うるは・しき**首とて」〈平家・一二・紺掻之沙汰〉訳故左馬頭義朝の**正真正銘の**首だといって。

発展学習ファイル 類義語「うつくし」が肉親や恋人・人間に対する感情を表すのに対して、「うるはし」は、人間以外のものにもよく用いられた。⇨「うつくし」〈古語深耕〉

うるはしう【麗しう・美しう】ウルワシュウ 形容詞「うるはし」の連用形「うるはしく」のウ音便。

うるはしだ・つ【麗しだつ】ウルワシダツ[自タ四]{た・ち・つ・つ・て・て}《「だつ」は接尾語》きちんとして、まじめなようすをする。とりすました態度をとる。例「かたみに(＝互イニ)**うるはしだ・ち**たまへるも、いときよらなり」〈源氏・梅枝〉

うるはしづま【愛し妻・愛し夫】ウルワシヅマ[名]いとしい夫。または妻。

うるはしみ【麗しみ・愛しみ】ウルワシミ《上代語。形容詞「麗し」＋接尾語「み」》❶(動詞「思ふ」に連なり)美しく立派に(思う)。いとしく(思う)。例「古波陀嬢子を争はず寝しくをしぞも**麗しみ**思ふ」〈記・中・歌謡〉❷(「み」は原因・理由を表す)美しく立派なので。例「浜清み浦**うるはしみ**神代より千船の泊つる大和太の浜」〈万葉・六・一〇六七〉

うるはしみ・す【麗しみす・愛しみす】ウルワシミス[自サ変]{せ・し・す・する・すれ・せよ}親しみ愛する。かわいがる。例「年を経てわがせしがごと**うるはしみ・せよ**」〈伊勢・二四〉訳→〈和歌〉あづさゆみまゆみつきゆみ…

うるふ【閏】ウル[名]平年より暦月数・暦日数が多いこと。陰暦では平年十二か月は三百五十四日であるから、暦と季節のずれを調節するために、およそ五年に二度、十九年に七度の割合で一年を十三か月とすること。また、その月・その年。

うる・ふ【潤ふ】ウル 一[自ハ四]{は・ひ・ふ・ふ・へ・へ}うるおう。ぬれる。＝潤ほふ①。例「すこし隙(＝涙ノ乾クトキ)ありつる袖ども**うる・ひ**わたりぬ」〈源氏・葵〉二[他ハ下二]{へ・へ・ふ・ふる・ふれ・へよ}うるおす。ぬらす。＝潤ほす①。例「そこにも喉**うる・へ**給へ」〈古今著聞・六二〉

うるふづき【閏月】ウルウヅキ[名]陰暦で一年を十三か月とした年の、加えられた月。重ねられた月のあとの方の月。

うるふどし【閏年】ウルウドシ[名]《近世語》「閏月」のある年。

うるほ・す【潤ほす】ウルオス[他サ四]{さ・し・す・す・せ・せ}❶湿らせる。ぬらす。例「心ある人々は、涙をながし袖を**うるほ・す**」〈平家・四・厳島御幸〉❷利益や恩恵を与える。例「君恩飽くまで**うるほ・し**て降る雨のごとし」〈海道記〉

うるほ・ふ【潤ほふ】ウルオウ[自ハ四]{は・ひ・ふ・ふ・へ・へ}❶湿る。ぬれる。例「車軸のごとくなる雨降りて、天下たちまちに**うるほ・ひ**」〈宇治拾遺・二・二〉❷利益や恩恵を受ける。例「徳沢に**うるほ・ひ**て、国も富み民もやすかりき」〈古活字本保元・上〉❸豊かになる。富む。例「二親、家内うち**潤ほ・ひ**」〈浄・心中万年草〉

うる・む【潤む】[自マ四]{ま・み・む・む・め・め}❶(打たれたりつねられたりして)皮膚にあざができる。例「八瀬にて義朝にうたれたりし鞭目、左の頬さきに**うる・み**てありしぞ、見ぐるしかりし」〈古活字本平治・中〉❷不鮮明になる。ぼやける。例「灰捨てて白梅うる・む垣ねかな」〈猿蓑〉❸泣いて声がしめっぽくなる。

うるわし【麗し・美し】歴史的かなづかい「うるはし」

うれ【末】[名]《「うら」とも》草木の枝や葉の先端。

うれ[代名]《対称の人称代名詞。相手をののしって呼びかける語》おまえ。てめえ。この野郎。例「おのれは日本一の剛の者とくんでうずな（＝組モウトスルノダナ）うれ」〈平家・七・実盛〉

うれ・し【嬉し】[形シク]｛しから・しく（しかり）・し・しき（しかる）・しけれ・しかれ｝**喜ばしい。心がはずむ。**また、**感謝したい気持ちだ。ありがたい。**例「かぐや姫呼びすゑて、『嬉・しき人どもなり』といひて」〈竹取・蓬萊の玉の枝〉

うれしう【嬉しう】形容詞「うれし」の連用形「うれしく」のウ音便。

うれし・ぶ【嬉しぶ】[自バ上二]｛び・び・ぶ・ぶる・ぶれ・びよ｝「うれしむ」に同じ。

うれし・む【嬉しむ】[自マ四]｛ま・み・む・む・め・め｝うれしく思う。＝嬉しぶ。例「よろこびうれし・みつつ、また日来を とどまりける」〈雨月・菊花の約〉

うれしやみづ【嬉しや水】祝いや喜びの心などを表すときの囃子詞。延年舞（寺院芸能のひとつ）の歌詞「嬉しや水、鳴るは滝の水、日は照るとも、絶えずとうたり」の一句。

うれたう形容詞「うれたし」の連用形「うれたく」のウ音便。

うれた・し[形ク]｛から・く（かり）・し・き（かる）・けれ・かれ｝《「うらいたし（心痛し）」の変化形》腹立たしい。憎らしい。例「今日の子の日こそ、なほうれた・けれ」〈源氏・若菜・上〉

うれは【末葉】[名]「うらは」に同じ。

うれは・し【憂はし】[形シク]｛しから・しく（しかり）・し・しき（しかる）・しけれ・しかれ｝嘆かわしい。心配だ。気にかかる。例「みな非参議なるを『うれは・し』と思へり」〈源氏・竹河〉

うれひ【憂ひ・愁ひ】[名]《「うれへ」の変化形》「うれへ」に同じ。

〔俳句〕**うれひつつ…**【愁ひつつ岡にのぼれば花いばら】〈蕪村句集・蕪村〉訳さまざまな愁いを胸に近くの丘に登ってみると、辺り一面いばらの花が咲き乱れていた。その真っ白な色に、愁いがいっそう深まっていくように感じられることだ。（季－花いばら－夏）

うれ・ふ【憂ふ・愁ふ】[他ハ下二]｛へ・へ・ふ・ふる・ふれ・へよ｝

アプローチ
▼「うれ」は「うら（心）」の変化したもの。
▼心の中の不平、嘆き、苦しみを他人にもらすのが原義。
▼そこから、悲しむ、心配するなどの意が生じ、病気になるという意にも用いられるようになった。

❶（悲しみ・嘆きを）**訴える。愚痴をこぼす。愁訴する。**例「父母は枕の方に妻子どもは足の方に囲み居て憂・へ吟ひ」〈万葉・五・八九二長歌〉訳↓〔和歌〕かぜまじり…

❷**悲しむ。嘆く。**例「このおきては、ただ人間の望みを断ちて、貧を憂・ふべからずと聞こえたり」〈徒然・二一七〉訳この戒めは、ただ世間的欲望を断って、貧乏を嘆いてはならない（＝すなわち、貧乏に満足せよ）と、（私には）理解される。

❸**心配する。気づかう。**例「ことなるゆゑなくて、たやすく改まるべくもあらねば、これを世の人安からず憂・へあへる」〈方丈記〉訳特別な理由もなくて、（都が）軽々しく変わるはずもないので、これ（＝福原遷都）を、世間の人々が、不安に感じ心配し合った。

❹**病気になる。わずらう。**例「この人、昔は身の病をうれ・へき。今は人の病を癒やしぬ」〈今昔・七・二五〉訳この人は、昔は自分自身の病気をわずらった。いまは、他人の病気を治すようになった。

発展学習ファイル　中世以降、「うれひ」の連用形の形で上二段または四段に活用した。

うれへ【憂へ・愁へ】[名]❶悲しみ。嘆き。例「草枕旅の憂へを慰もる事もありやと」〈万葉・九・一七五七長歌〉❷嘆き訴えること。愁訴。嘆願。例「かのうれへせし工匠をば、かぐや姫呼びすゑて」〈竹取・蓬萊の玉の枝〉❸不安。心配事。例「世の愁へ忘れ、齢のぶる人の御ありさまなり」〈源氏・若紫〉❹災い。例「たとひ愁へはべりとも何の悔いかはべらむ」〈源氏・薄雲〉《係結び》「か→はべらむ㊍」。《副詞の呼応》「たとひ→はべりとも」。《敬語》「はべりとも」「はべらむ」→「はべり」。❺病気。❻喪に服すること。喪中。例「真の病とおやのうれへとにあらずして」〈紀・天武・下〉①～⑥＝憂ひ

うれへのくも【憂への雲・愁への雲】心を重くするような雲。また、雲が立ちこめたように、胸を閉ざす悲しみ。例「浮き世にはうれへの雲のしげければ人の心に月ぞくるる」〈拾遺愚草〉

うれへのを【憂への緒・愁への緒】《「愁緒」の訓読語》憂え悲しむことの数々。悲しみの心。例「よそぢまでうれへのをにはつながれぬ」〈拾玉集〉

うれへか・く【愁へ掛く】[他カ下二]｛け・け・く・くる・くれ・けよ｝悲しみや嘆きの情を、人に訴えかける。例「思ひけることどもを愁へか・けきこゆるも、かたくなしげなれど」〈源氏・早蕨〉

うれへがほ【・なり】【憂へ顔・愁へ顔】[名・形動ナリ]憂いに満ちた顔。悲しそうな表情。例「日のわづかにさし出でたるに、愁へ顔・なる庭の露きらきらとして」〈源氏・野分〉

うれへぶみ【愁へ文】[名]嘆願書。祈願書。

うれむそ[副]《上代語。「うれむぞ」とも》語義未詳。なぜ、どうしての意か。例「わたつみの沖に持ち行きて放つともうれむそこれのよみがへりなむ」〈万葉・三・三二七〉

うれわし【憂わし】歴史的かなづかい「うれはし」

うろ【有漏】[名]《仏教語。「漏」は煩悩の意》煩悩をもつこと。また、煩悩をもつ者。凡夫。↔無漏

うろうろ[・す][副・自サ変]❶どうしたらよいか分からず、落ち着きなく動き回るさま。まごまご。例「うろうろ・せずと出てうせい」〈浄・心中宵庚申〉❷目の焦点が定まらず、不安げに動くさま。おろおろ。例「目はうろうろとなりにけり」〈浄・傾城反魂香〉

うろうろなみだ【うろうろ涙】[名]途方にくれて流す涙。

うろくづ【鱗】[名]《「いろくづ」とも》❶《「いろこ」

とも》魚などのうろこ。❷魚。

うろぢ【有漏路】[名]《仏教語》「有漏」の境地。心身を悩ます迷いの世界。この世。↔無漏路

うわ…【上…】歴史的かなづかい「うは…」

うゐ【有為】[名]《仏教語》因縁によってつくられた、この世のすべての現象や事物。↔無為

〔**有為の奥山**〕つねに移り変わるはかないこの世を、たどる道もない深山にたとえたもの。「いろは歌」の一節。

うゐてんぺん【有為転変】[名]《仏教語。「うゐてんぺん」とも》この世は仮のものであり、つねに移り変わるはかないものだということ。

うゑ【飢ゑ・饑ゑ】[名]空腹に苦しむこと。飢餓。

うゑお・く【植ゑ置く】[他カ四]{か・き・く・く・け・け}植えてそのままにしておく。植えてのちに残す。植えておく。例「たが植ゑおきし種にかあるらむ」〈大和・一三〇〉

うゑき【植木】[名]❶山野に生えている木。❷庭などに植えた木。❸鉢植えにした木。

うゑぐさ【植ゑ草】[名]生えている草。

うゑこなぎ【植ゑ小水葱】[名]生えたコナギ(草の名)、または植えた小さなナギ。

うゑた・つ【植ゑ立つ】[他タ下二]{て・て・つ・つる・つれ・てよ}(「たつ」は接尾語)(植物を)数多く植える。植え込む。例「黄なる(菊ノ花)が見どころあるも、さまざまに植ゑたてたるも」〈紫式部日記〉

うゑな・す【植ゑ為す】[他サ四]{さ・し・す・す・せ・せ}(植物を)ある趣向にかなうように、とりわけ気を配って植える。例「いと心ことに(=格別ニ)よしありて同じ木草をも植ゑな・したまへり」〈源氏・若紫〉

うゑめ【植ゑ女】[名]田植えをする女性。=早乙女。(季―夏)

うゑもん【右衛門】[名]「右衛門府」の略。また、「右衛門府」に属した役人。↔左衛門

うゑもんのかみ【右衛門督】[名]令制で「右衛門府」の長官。

うゑもんのじょう【右衛門尉】[名]「右衛門府」の三等官。

うゑもんのすけ【右衛門佐】[名]令制で「右衛門府」の次官。

うゑもんのたいふ【右衛門大夫】[名]《「大夫」は五位の称》従六位相当官の「右衛門尉」で、位階が五位の者。

うゑもんのぢん【右衛門の陣】[名]内裏の西側付近の宜秋門にあった、右衛門府の武官の詰め所。また、その詰め所のあった宜秋門の別称。

うゑもんのふしゃう【右衛門府生】[名]《「うゑもんのふせい」とも》「右衛門府」の下級役人。

うゑもんふ【右衛門府】[名]令制で「六衛府」のひとつ。「左衛門府」とともに、大内裏外側の諸門の警備、行幸の供奉などをつかさどった。↔左衛門府「ゑもんふ」。=右門・右衛門・衛門②。

うを【魚】[名]「いを」に同じ。

〔**魚心あれば水心**〕《近世語》相手が自分に好意をもてば、自分も好意で応じることのたとえ。=水心②

〔**魚と水**〕親しい間柄のたとえ。水魚の交わり。

〔**魚の木に上る**〕本来の場所を離れると、何もできないことのたとえ。

〔**魚の水を得たる(が)如し**〕君主と臣下の離れがたい交情のたとえ。

〔俳句〕**うをくうて…**【魚食うて口なまぐさし昼の雪】〈成美家集・成美〉訳辺り一面純白な雪でおおわれている冬の昼間。その清浄な景色を見ていると、魚を食べたあとの口の生臭さがしきりと気になることだ。(季―雪―冬)

うんか【雲霞】[名]❶雲と霞。❷人や物が群がり集まるさまのたとえ。

〔**雲霞のごとし**〕人が群がり集まるようすのたとえ。雲や霞が湧き起こるようである。

うんかく【雲客】[名]昇殿を許された四位と五位、および六位の蔵人。殿上人。

うんくゎん【雲関】[名]雲間にある関所。また、天空。

うんけい【運慶】[人名](?~一二二三)鎌倉前期の仏師。鎌倉時代の彫刻様式を作った。快慶らとともに東大寺南大門の仁王像を作成するほか、神護寺講堂の諸像、源実朝持仏堂釈迦などを手がけた。

うんげん【繧繝】[名]《「うげん」とも》❶染色または彩色の名。同じ色をしだいに濃淡をつけて染めたもの。❷《「繧繝錦」の略》赤・青などの縦縞の間に、花形・菱形などの模様を織り出したもの。❸「繧繝縁」の略。

うんげんばし【繧繝端】[名]「うんげんべり」に同じ。

うんげんべり【繧繝縁】[名]《「うげんべり」とも》「繧繝②」で作った畳の縁。また、その畳。もとは天皇が用いた。=繧繝端。

うんざい[名]《近世語。「有財餓鬼」の略の「うざい」の変化形》餓鬼。人を悪くいう語。➡図版「直衣」

うんしうせうそく【雲州消息】[作品名]「めいがうわうらい」に同じ。

うんしうわうらい【雲州往来】[作品名]「めいがうわうらい」に同じ。

うんじがほ【倦じ顔】[名]物事に飽きて疲れたような顔。

うんしゃう[・なり]【雲上】《「うんじゃう」とも》㊀[名]雲の上。宮。㊁[形動ナリ]{なら・なり(に)・なり・なる・なれ・なれ}優雅である。また、偉そうにしている。例「人が軽しむると心得て雲上・にばかり構へ」〈浮・傾城禁短気〉

うんじゃう【運上】[名]❶鎌倉・室町時代、年貢などを中央の役所に納めるため都に運ぶこと。❷江戸時代の雑税の一種。商・工・漁・運送業などに定率で課した。運上金。

うんしゃうびと【雲上人】[名]「てんじゃうびと①」に同じ。

うん・ず[自他サ変]{ぜ・じ・ず・ずる・ずれ・ぜよ}❶うんざりする。嫌になる。例「世の中をうん・じて筑紫へ下りける人」〈大和・一五九〉❷がっかりする。気を落とす。例「まことに、まめやかにうん・じ」〈枕・職の御曹司におはしますころ、西の廂に〉

発展学習ファイル　「うみす(倦みす)」の撥音便とする説が一般的だが、「倦みす」の用例がないことから、形容詞「憂ぅし」の語幹「う」+接尾語「み」+動詞「為

」＝「うみす」の変化形とする説や、「うっす（鬱す）」の変化形とする説もある。

うんでい【雲泥】［名］天上の雲と地上の泥。違いが大きいことのたとえ。＝雲泥万里

うんでいばんり【雲泥万里】［名］「うんでい」に同じ。

うんてんばんてん［名］《近世語。「うんでいばんり」の変化形。「うってんばってん」とも》大きく違っていること。例「おらん所の気位とは**うんてんばんてん**の違ひえよ」〈浮世風呂〉

うんぴょうざっし【雲萍雑志】［作品名］江戸後期（一八四三刊行）の随筆。作者未詳。近世儒教思想に基づく思念を、豊富な例話とともに述べる。

うんぽいろはしふ【運歩色葉集】［作品名］室町後期（一五四八成立）の国語辞書。編者未詳。いろは順配列の通俗国語辞書。

うんめいでん【温明殿】［名］内裏の殿舎のひとつ。綾綺殿の東にあって、神鏡の「八咫の鏡」を模したものを安置していた。のちに内侍所が清涼殿からこの建物に移ったので、内侍所ともいう。➡［表見返し］内裏略図

うんもん【雲門】［名］雲の出入りする門。高峰。

え

え…【回…会…恵…笑…絵…餌…衛…穢…】歴史的かなづかい「ゑ…」

え-【愛】［接頭］《上代語》《名詞に付いて》愛すべき、よいの意を表す。

え【兄】［名］《上代語》年長者。姉または兄。↔弟

え【江】［名］海・湖などが陸地に深く入り込んだ所。湾。入り江。また、海や川。

え【役】［名］「えだち①」に同じ。

え【枝】［名］草や木のえだ。

え【疫】［名］「えやみ①」に同じ。

え【宴】［名］《「えん」の撥音無表記》宴会。うたげ。

え【榎】［名］木の名。エノキ。

え［副］

> **アプローチ** ▼動詞「得う」の連用形の副詞化。
> ▼上代では肯定の表現にも用いられ、可能の意を表したが、中古以降は、下に打消・反語の表現を伴って、不可能の意を表すようになった。
> ▼「えさらず」「えならず」「えもいはず」などの慣用的表現も多く用いられる。

❶《上代の用法》可能の意を表す。よく。十分に。**よく…できる**。例「彦星の川瀬を渡るさ小舟の**え**行きて泊てむ川津し思ほゆ」〈万葉・一〇・二〇九一〉訳彦星の川の瀬を渡る小舟が、よく進んで停泊できるであろう川の港のことが思われることだ。❷（下に打消・反語の表現を伴って）不可能の意を表す。**とても…できない**。**十分に…ない**。**できようか**（いや、できない）。例「『ここにおはするかぐや姫は、重き病をしたまへば、**え**いでおはしますまじ』と申せば」〈竹取・かぐや姫の昇天〉訳「ここにいらっしゃるかぐや姫は重い病気にかかっていらっしゃるので、**とても**外にはお出に**なれない**であろう」と申し上げると。（副詞の呼応）「え→いでおはしますまじ」。（敬語）「ここにおはする」→「おはす」、「いでおはしますまじ」→「おはします」、「申せば」→「まうす」

発展学習ファイル 平安以降は、助動詞「ず」「じ」「まじ」および接続助詞「で」と呼応する場合が多い。

〔え在らじ〕《副詞「え」＋動詞「在り」の未然形＋打消推量の助動詞「じ」》いることができないだろう。生きていくことができないだろう。例「なほいとかうわびしうては、**えあらじ**」〈大和・一四八〉

え［感］《上代語》感動を表す語。ああ。例「鮎こそは島傍も良き**え**苦しゑ」〈紀・天智・歌謡〉

え［終助］《近世語》❶呼びかけに用いる。…**よ**。例「もし花魁**へ**」〈無事志有意〉訳もし、花魁さん**よ**。❷語気をやわらげ、親しみをもって念を押す。例「忠様はまだ見えぬか**え**」〈浄・冥途の飛脚〉訳忠様はまだ見えないの**かね**。

え［間助］《上代東国方言》呼びかけに用いる。…**よ**。例「父母**え**斎ひて待たね筑紫なる水漬く白玉取りて来までに」〈万葉・二〇・四三四〇〉訳父母**よ**身を慎んで待っていてください。筑紫の海にある真珠を取ってくるまでは。

え 受身・可能・自発の助動詞「ゆ」の未然形・連用形。例「天離る鄙に五年住まひつつ都のてぶり忘ら**え**にけり」〈万葉・五・八八〇〉訳→〔和歌〕あまざかるひなにいつとせ…

えい…【衛…】歴史的かなづかい「ゑい…」

えい【酔い】歴史的かなづかい「ゑひ」

えい【詠】［名］❶詩歌を作ること。また、その作品。❷詩歌を節をつけてうたうこと。とくに、舞楽の途中、舞人が音読で詩を詠ずること。

えい【影】［名］肖像画。絵姿。人物画。

えい【纓】［名］冠の部分の名称。もとは、髻を入れた巾子の根本を締めて垂れ下げたひものことをいったが、のちに、骨を入れて張った羅を「巾子」にさし、背に垂らして装飾とした。形によって、「立纓」「垂纓」「巻纓」「細纓」などがある。

えい［感］《「ええ」とも》❶応答するときの語。はい。例「無期の後に（＝大分時間ガタッテカラ）、『**えい**』といらへたりければ」〈宇治拾遺・一・一二〉❷力を入れたときに発する語。よいしょ。例「大力の神寄って、**えい**といひてあけ給ひしより」〈平家・二・鏡〉❸驚きや怒りによって発する語。ええ。まあ。例「**えい**よい加減なことばかり」〈浄・薩摩歌〉❹呼び掛けたり念を押す語。おい。やい。例「『**えい**戻ったか』『只今戻りました』」〈狂・末広がり〉

えいえい［感］❶力を出すときに発する掛け声。❷呼び掛けの声。おいおい。やいやい。❸笑い声。

えいえいごゑ【えいえい声】［名］気勢をあげたり力を入れたりするときの「えいえい」という掛け声。＝えい声。例「**えいえい声**をしのびにして、馬に力をつけ

ておとす」〈平家・九・坂落〉

えいか【詠歌】[名]《「えいが」とも》❶和歌を作ること。また、その作品。❷和歌を声を出してうたうこと。❸巡礼がうたう和讃（仏教歌）。御詠歌。

えいがいってい【詠歌一体】[作品名]鎌倉中期の歌論書。『八雲口伝』ともいう。藤原為家著。平淡美を説き、中世歌論に大きな影響を与えた。

えいがのたいがい【詠歌之大概】[作品名]鎌倉前期（一二二二ごろ成立）の歌論書。藤原定家著。漢文体による歌論部分と八代集から秀歌を例示した部分とから成る。

えいかん【叡感】[名]《「叡」は天皇・上皇の行為などに用いる接頭語》天皇や上皇が感心・感動しておほめになること。＝御感

えいかんぶし【永閑節】[名]江戸の古浄瑠璃の一流派。薩摩浄雲（浄雲節の開祖）の孫弟子虎屋永閑が始めたもので、上方でも流行した。

えいきょく【郢曲・詠曲】[名]（古代中国、楚の国の都、郢で歌われた俗謡の意から）平安後期から中世期にかけて行われた「謡物」の総称。催馬楽・風俗歌・朗詠・今様・宴曲などを指す。

えいぐ[・す]【影供】[名・他サ変]神仏や故人の像に供物を捧げてまつること。平安後期から中世期にかけて、とくに柿本人麻呂の肖像をまつっての歌合わせや歌会が催された。

えいぐゎ【栄華・栄花】[名]権力や富をもち栄えること。隆盛。＝栄耀

〔**栄華の花・栄花の花**〕時めき栄えるさまを咲き誇る花にたとえていう語。例「**栄花の花**も一時の」〈謡・邯鄲〉

〔**栄華の夢・栄花の夢**〕栄華の長続きしないことを、はかなく覚めやすい夢にたとえていう語。例「盧生が見し**栄花の夢**は五十年」〈謡・鉢木〉

えいぐゎものがたり【栄花物語・栄華物語】[作品名]平安後期の物語。『世継物語』ともいう。四十巻。正編三十巻は長元年間（一〇二八～一〇三七）ごろの成立で、作者は赤染衛門との説が有力である。続編十巻は出羽弁を作者とする説もあるが未詳で、成立は寛治六年（一〇九二）以後まもなくかと思われる。『三代実録』以降途絶えていた正史編纂を和文によって行うべく書かれ、藤原道長をはじめとする藤原氏の栄華を中心に叙述する。

えいごふ【永劫】[名]《「やうごふ」とも》未来にまでわたる非常に長い時間。永久。

えいごゑ【えい声】[名]「えいえいごゑ」に同じ。

えいさい【栄西】[人名]（一一四一～一二一五）《「ようさい」とも》平安後期から鎌倉前期の臨済宗の僧。京都建仁寺を建立、禅の宗旨を解く『興禅護国論』を著す。

えいじぎん【永字銀】[名]江戸時代の貨幣の一種。宝永七年（一七一〇）より幕府によって発行された永字丁銀・永字豆板銀を指す。銀四・銅六の割合で鋳造され、「永」の字の極印が押された。

えいじつ【永日】[名]❶昼の長い日。多く春日。（季―春）。❷日長の折にまたゆっくりと会おうの意の挨拶語。別れるときや手紙の末尾に用いる。

えいしゃく【栄爵】[名]五位の別称。五位以上は待遇や高貴さでそれ以下との区別があり、五位昇進が栄誉とされたことから。

えい・ず【映ず】[自サ変]｛ぜ・じ・ず・ずる・ずれ・ぜよ｝光や影が、ものに映って見える。また、光に照らされたものが光り輝く。例「空には灰を吹き立てたれば、火の光に**映・じ**て」〈方丈記〉

えい・ず【詠ず】[他サ変]｛ぜ・じ・ず・ずる・ずれ・ぜよ｝❶詩歌などを声に出してうたう。吟じる。例「月を興じて詩句を**詠・じける**に」〈今昔・二四・二七〉❷詩歌を作る。例「をしか鳴くこの山里と**詠・じ**けん、嵯峨のあたりの秋のころ」〈平家・六・小督〉

えいたい【永代】[名]永久。永世。永遠。

えいとう[感]❶戦闘などで、勢いよく進むときの掛け声。❷歌舞伎などで、口上（あいさつ）を述べる言い出しのことば。

えいふくもんゐん【永福門院】[人名]（一二七一～一三四二）鎌倉後期の女流歌人。名は鏱子。父は西園寺実兼。伏見天皇に入内、京極派主催の歌合わせに参加し、「永福門院歌合わせ」を主催。『玉葉和歌集』『風雅和歌集』などに入集。

えいぶん【叡聞】[名]《「叡」は天皇・上皇の行為などに用いる接頭語》天皇や上皇がお聞きになること。

えいや[感]力を入れるときに発する声。例「力にまかせ、**えいやえいや**とひきけれども」〈曾我・六〉

えいやっと[副]《近世語》やっとのことで。力を尽くして。例「家うちがはたらきても、**えいやっと**五日程にまうけ出す銀にて」〈浮・西鶴置土産〉

えいやらえ[感]力を入れたりはやしたりするときに発する声。えいやあ。

えいゆう【英雄】[名]❶能力や行為がずば抜けて優秀な人。❷《「英雄家」の略》摂家に次ぎ、大臣・大将を兼ね、太政大臣にまで昇進できる家柄。

えいらくせん【永楽銭】[名]❶中国、明の永楽九年（一四一一）に鋳造された銅銭。表面に「永楽通宝」の文字がある。室町時代に輸入され標準的貨幣として流通したが、慶長十三年（一六〇八）江戸幕府によって通用を禁止された。❷①を図案化した紋所の名。

えいらん【叡覧】[名]《「叡」は天皇・上皇の行為などに用いる接頭語》天皇や上皇がご覧になること。

えいりょ【叡慮】[名]《「叡」は天皇・上皇の行為などに用いる接頭語》天皇や上皇のお考え。

えう【酔う】歴史的かなづかい「ゑふ」

えう【要】[名]必要。不可欠。また、重要。例「かうものの**要**にもあらであるも（＝無用ノ状態デイルノモ）、ことわりと思ひつつ」〈蜻蛉・上〉

えうえん【妖艶】[名]優雅で華麗な美しさをたたえた和歌をいう。『近代秀歌』で藤原定家が重視した理念で、中世和歌の特色のひとつを示す。

えうがい【要害】[名]❶地形のため敵に攻められにくく守りやすい場所。転じて、砦。要塞。❷用心。用意。

えうきゃく【要脚】[名]《「脚」で世を渡り歩く意から》❶かね。銭。❷経費。費用。❸税金。

えうきょく【謡曲】[名]能の詞章、またそれを書き記した本。古典に取材をしたものが多く、役者がうたう部分と地謡が合唱する部分などによって構成される。世阿弥・禅竹などが自ら作り、演じた。

えうげん【妖言】[名]悪い事が起こるというような、人を惑わすことば。妖しげな流言飛語。

えうじ【要事】[名]重要な用件。必要な事柄。

えうじゅ【遥授】おもに平安時代、任命された国司(地方長官)が任地に行かず、京にいて俸給を受けること。実際の仕事は介・目代などの下級役人にとり行わせた。＝遥任

えう・ず【要ず】[他サ変]{ぜ・じ・ず・ずる・ずれ・ぜよ}必要とする。欲しがる。例「御使ひとおはしますべきかぐや姫の要じたまふべきなりけり」〈竹取・蓬萊の玉の枝〉

えう・ず【瑩ず】[他サ変]{ぜ・じ・ず・ずる・ずれ・ぜよ}「やうず(瑩ず)」に同じ。

えうぜん【[・たり]】【窅然】[形動タリ]{たら・たり(と)・たり・たる・たれ・たれ}もの思いに沈んでいるさま。奥深さをたたえた美しいさま。例「(松島ハ)その気色窅然として、美人の顔を粧ふ」〈おくのほそ道・松嶋〉

えうな・し【要無し】[形ク]{から・く(かり)・し・き(かる)・けれ・かれ}要がない。役に立たない。例「いかが要なき楽しみを述べて、あたら時を過ぐさむ」〈方丈記〉《疑問語との呼応》「いかが→過ぐさむ(体)」〔要無き物・要無き者〕必要のない物や人。役にたたない物や人。

えうにん【遥任】[名]「えうじゅ」に同じ。

えうもん【要文】[名]経の中の重要な文句。

えうよ【腰輿】[名]「たごし(手輿)」に同じ。

ええ[感]「えい(感)」に同じ。

ええうづかひ【栄耀使ひ】[名]ぜいたくに金を遣うこと。華々しい浪費。

ええしやごしや[感]あざ笑うときのはやしことば。＝ああしやごしや。例「ええしやごしやこれは、いのごふぞ(＝敵ヲオビヤカスノダ)」〈記・中・歌謡〉

えがうろ【柄香炉】[名]柄付きの金属製の香炉。仏具の一種で、法会の際導師がささげ持つ。

えき【役】[名]❶人民を強制的に公用のために労働させること。夫役。❷(人民をかりたてることから)戦争。いくさ。

えき【易】[名]❶(「易経」の略)中国の五経のひとつで、易学の書物。❷占いの方法のひとつ。中国の易経に基づく。陰と陽の組み合わせで万物の変化、吉凶を判断する。道具は算木と筮竹を用いる。

〔俳句〕**えきすいに…**【易水にねぶか流るる寒さかな】〈自筆句帳・蕪村〉訳昔、「風蕭蕭トシテ易水寒シ、壮士一タビ去ッテ復タ還ヘラズ」と荊軻が詠じた易水に白い葱が流れて行く。去って帰らぬその葱の行方を見つめていると、荊軻の悲壮な決意が思われ、ひとしお寒さが身にしみる。(季−寒さ−冬)〈参考〉易水は中国河北省の川。荊軻は秦の始皇帝を刺殺するために旅立つとき、訳中の詩を詠んだ。

えきちゃう【役丁】[名]令制で、夫役のために諸国から都にのぼった成年男子。

えきちゃう【駅長】[名]令制で駅に置かれ、駅馬や駅舎の管理監督に当たった長。＝駅の長

えきでん【駅伝】[名]令制に基づく公的交通通信制度。街道の三十里(約一六キロメートル)ごとに、駅・駅馬を置いて緊急の官使がこれを用い、郡家には伝馬を置いて不急の使者がこれを用いた。

えきば【駅馬】[名]令制で、宿駅に備えておき、緊急の公用などに供する馬。＝駅馬

えきはかせ【易博士】[名]「陰陽寮」に属し、占いのことをつかさどった官。令外の官のひとつ。

えきれい【疫癘】[名]悪性の伝染病。はやりやまい。＝疫・疫病

えきれい【駅鈴】[名]令制で、公用の使者が駅馬を使用することを認められた印として、中務省または地方国司から下付された鈴。

えきろ【駅路】[名]❶宿駅の設けられている街道。＝駅路。❷芝居で街道場面などに用いる、馬の鈴の音を模した囃子。また、その音を出す道具。

えぐち【江口】[地名]摂津国の地名。いまの大阪市東淀川区。平安後期から瀬戸内海の海船と淀川の川船を乗りかえる港として栄え、遊女も多くいた。謡曲「江口」で有名。

えぐち【江口】[作品名]南北朝時代の謡曲。観阿弥作曲。作詞も同人か。成立年未詳。西行と遊女江口の君との歌問答をもとに、遊女の亡霊たちが人生の悲哀や無常観を歌舞に託して訴える。

えこ【依怙】[名]❶頼りにすること。すがること。また、頼りとするもの。例「一旦の依怙に住すとも、つひには、天罰ふりきたり」〈曾我・一〉❷えこひいき。ひいき。一方だけに味方すること。

えさしゃうはく【江左尚白】[人名](一六五〇〜一七二二)江戸前・中期の俳人。儒学を伊藤仁斎の古義堂で学ぶ。俳諧は芭蕉に入門。近江蕉門として活躍した。

えさ・す【得さす】{せ・せ・す・する・すれ・せよ}㊀[他サ下二]《動詞「得」の未然形＋使役の助動詞「さす」》与える。くれる。例「たよりごとに物も絶えず得させたり」〈土佐〉㊁[補動サ下二](動詞の連用形＋接続助詞「て」に付いて)…してくれる。例「水を入れて得させむや」〈今昔・二七・五〉

発展学習ファイル　類義語に「とらす」がある。➡「とらす」〈発展学習ファイル〉

えさまさ[感]重いものを動かすときの掛け声。例「声を合はせて、『えさまさ』と引き上げ騒ぐ」〈栄花・一五〉

え-さら・ず避けることができない。やむをえない。なしではすまされない。例「『もの騒がしからぬやうに』など思はんには、えさらぬ事のみいとどかさなりて」〈徒然・五九〉

語構成		
え	さら	ず
副	ラ四「避る」㊍	打消「ず」

え・し【善し・良し】[形ク]{から・く(かり)・し・き(かる)・けれ・かれ}(「よし」の古語)よい。いい。例「(彼女ノ姿ハ)見えずとも児ろが金門よ行かくし良しも」〈万葉・一四・三五三〇〉

えじまきせき【江島其磧】[人名](一六六六〜一七三五)江戸中期の浮世草子作者。『傾城色三味線』が処女作。以後井原西鶴の影響を受けながら『世間子息気質』や『国姓爺明朝太平記』など次々と作品を発表した。

え-し-も-や不可能を強調する。…ありうるだろうか、いや、ありえない。例「いでや、さやうにをかしき方の御笠宿りにはえしもやと」〈源氏・末摘花〉訳さあ、

語構成			
え	し	も	や
副	副助	係助	係助

そのように風情のあるお立ち寄り所で**ありうるだろうか、いや、ありえないと**。

えじり【江尻】［地名］駿河国の地名。いまの静岡県清水市江尻。東海道五十三次のひとつ。

えせ-【似非・似而非】［接頭］❶見かけは似ているが、実際は違っている意を表す。「**えせ**幸ひ」など。❷つまらない、質が落ちる、見苦しいの意を表す。「**えせ**歌」「**えせ**形」など。❸したたかな、不敵なの意を表す。例「古今独歩の**えせ**者」〈浄・義経千本桜〉

えせ［・**なり**］【似非・似而非】［形動ナリ］｛なら・なり(に)・なり・なる・なれ・なれ｝見かけだけの。取るに足りない。例「衛門尉なりける者の、**似而非・なる**里親を持たりて」〈枕・衛門尉なりける者の〉

えせうた【似非歌】［名］和歌になっていない和歌。和歌の駄作。

えせかたち【似非形】［名］器量の劣っている人。容貌が美しくない人。例「**えせかたち**は、つやめき、寝腫れて」〈枕・見苦しきもの〉

えせざいはひ【似非幸ひ】［名］にせものの幸福。見せかけの幸福。

えせずりゃう【似非受領】［名］どうでもいいような下級受領。取るに足りない受領。

えせもの【似非者】［名］❶見かけは似ているが、実際は別の者。にせもの。❷身分の低い者。取るに足りない者。教養のない者。例「昔は、**えせ者**なども、みなをかしうこそありけれ」〈枕・清涼殿の丑寅の角の〉❸したたか者。不敵な者。

えぞ【蝦夷】［名］《「えみし」とも》北関東から東北・北海道にかけて居住していた人々の、平安中期以降の称。＝夷

えぞ【蝦夷】［地名］北海道・千島・樺太などを含む地の古称。

えた【得た】［連体］得意の。得意とする。例「さて人といふものは、中にも**えた**芸があるものぢゃが」〈狂言記・文相撲〉

-えだ【枝】［接尾］❶《贈り物などを枝に付けた習慣から》贈り物を数えるのに用いる語。例「雉一枝（＝一ツガイ）奉らせたまふ」〈源氏・行幸〉《敬語》「一枝奉らせたまふ」→「たてまつらせたまふ」。❷柄が付いた細長いものを数えるのに用いる語。「長刀一枝」など。

えだ【枝・肢】［名］❶木の枝。❷手足。四肢。❸一族。子孫。例「北家の末、今に**枝**ひろごりたまへり」〈大鏡・道長・上〉

〔**枝の雪を馴らす**〕《孫康という青年が、貧しくて灯火の代わりに雪明かりで勉強したという、中国の故事から》苦学することのたとえ。

〔**枝を交はす**〕連理の枝になる。男女が永遠の愛情で結ばれていることのたとえ。＝枝を連ぬ。例「朝夕の言ぐさに、翼をならべ、**枝をかは・さ**むと契らせたまひしに」〈源氏・桐壺〉〈参考〉「枝を交はす」は、白楽天の詩『長恨歌』の「連理の枝」を日本的に表現したもの。「連理の枝」は、二本の木の枝が連なって一本の木のようになっているものをいい、決して離れないことのたとえ。

〔**枝を連ぬ**〕❶「えだをかはす」に同じ。❷《「連枝」の訓読語》兄弟仲がよいことのたとえ。また、一族がともに栄えることのたとえ。

〔**枝を鳴らさず**〕天下泰平のたとえ。世の中が平和に治まっていること。例「国も治まる時つ風、**枝を鳴らさ・ぬ**御代なれや」〈謡・高砂〉

えだあふぎ【枝扇】［名］葉のついたままの枝を扇として用いたもの。

えだざし【枝差し】［名］木の枝の形。枝ぶり。

えだち【役ち】［名］❶古代、人民に課せられた公用の労役。＝役・夫役。❷《兵士として徴用されることから》戦争。

えだ・つ【役つ】［自タ四］｛た・ち・つ・つ・て・て｝古代、公用の労役につく。例「堤池に**役・ちて**、百済の池を作りき」〈記・中〉

〈和歌〉**えだにもる…**【枝に洩る朝日の影の少なさにすずしさ深き竹の奥かな】〈玉葉・夏・四一九・京極為兼〉訳枝の間にもれる朝日の光の少なさのために、涼しさをひどく感じる、竹林の奥よ。〈参考〉「深き」と「奥」は縁語。「影」は光のこと。

えだぼね【枝骨・肢骨】［名］《近世語》手足の骨。

また、手足。

えたり【得たり】《動詞「得」の連用形＋完了の助動詞「たり」》物事が自分の思うとおりに運んだときに発する語。しめた。うまくいった。例「敵は**得たり**と斬って掛かれば」〈謡・巴〉

〔**得たり賢し**〕物事が自分の思うとおりに運んだときに発する語。しめた。うまくいった。でかした。

〔**得たりや**〕《「や」は間投助詞。「得たり」を強めた語》しめたぞ。うまくいったぞ。

えたりがほ【得たり顔】［名］得意顔。したり顔。例「才学はさらにもいはず」〈篁物語〉

えたる【得たる】自分のものとした。得意とした。例「得たる風体ばかりを先立てて」〈風姿花伝〉

えだる【柄樽】［名］「つのだる」に同じ。

えちごせっぷ【越後雪譜】［作品名］「ほくゑつせっぷ」に同じ。

えつ…【越…】歴史的かなづかい「ゑつ…」

えつき【課役・役調】［名］古代、税として人民に課せられた労働（役）と物品（調）。

えっ・す【謁す】［自サ変］｛せ・し・す・する・すれ・せよ｝高貴な人や目上の人にお目にかかる。＝見ゆ。例「竜顔（＝天皇ノ顔）に**謁・し**奉りしかば」〈太平記・三〉

えて【得手】［名］❶得意。上手。達者。また、得意な技。得意な人。❷《「得手勝手」の略》わがまま。自分勝手。❸あるものを明言しないで相手に伝わるものをいう語。例の物・所。あれ。あそこ。

えて【得て】［副］❶ややもすると。えてして。❷得意として。①②＝得ては

えてしがな【得てしがな】《「えてしかな」とも。動詞「得」の連用形＋願望の終助詞「てしがな」》手に入れたいものだなあ。自分のものにしたいなあ。例「いかでこのかぐや姫を**得てしかな**」〈竹取・かぐや姫〉

えては【得ては】《近世語》とかくまあ。ややもすれば。例「**えては**気のふれたわろ達が来て、とび降るがな」〈膝栗毛〉＝得手。

えと【干支】［名］《「え」は兄、「と」は弟の意》「十干」と「十二支」を組み合わせて六十組とし、年・月・日を表すのに用いる。また、時刻・方位を表すのにも

用いる。→「じっかん」「じふにし」

えど【江戸】[地名]武蔵国の地名。いまの東京都東部を指す旧称。平安時代に江戸四郎が館を構え、室町時代には太田道灌が城を築き城下町となった。慶長八年(一六〇三)に徳川家康が幕府を開いてから、慶応三年(一八六七)に大政奉還となるまで政治の中心となった。明治元年(一八六八)、東京と改称。

えどうまれうはきのかばやき【江戸生艶気樺焼】[作品名]江戸後期(一七八五刊行)の黄表紙。山東京伝作。醜男でうぬぼれやの主人公仇気屋艶二郎が、金にまかせて色男ぶるが、次々と失敗に至る滑稽さを描く作品。

えどざ【江戸座】[名]俳諧の一流派。芭蕉没後、門人の榎本其角を中心に、都会的な洒落と機知を主とした句作をした俳人たちを指す呼称。のちには江戸風の俳諧の総称としても用いた。

えどさんざ【江戸三座】[名]江戸時代、幕府から興行を許されていた江戸の三大歌舞伎劇場。中村座・市村座・森田座の三座。

えどじゃうるり【江戸浄瑠璃】[名]江戸で起こり、流行した浄瑠璃。河東節・清元・新内などを指す。広義には金平節・永閑節などの江戸の古浄瑠璃も含む。↔上方浄瑠璃

えどは【江戸派】[名]近世期の和歌の一流派。賀茂真淵の死後、門人の加藤千蔭・村田春海らを中心に活動した歌人グループ。優美・妖艶な古今・新古今調をもととして、平明な作風を示した。

えどぶし【江戸節】[名]江戸の古浄瑠璃の一流派。半太夫節の別称。また、その流れをくむ河東節などの総称。

〔川柳〕**えどものの…**【江戸者の生まれそこない金をため】〈柳多留・二〉[訳]江戸っ子は金離れがよく、宵越しの金はもたないといわれるが、この男は江戸っ子の生まれ損ないだろうか。せっせと金をためている。

え-なら・ず ❶(いいようもないほど)すばらしい。よい。[例]「きよげにしなやかなる童の、**えなら・ず**装束きたる」〈源氏・夢浮橋〉[訳]きれいな品のよい子供で、すばらしい装束を着た(子供)。❷ふつうではない。並々ではない。[例]「葦根はふうきは上こそつれなけれ下は**えなら・ず**思ふ心を」〈拾遺・恋四・八九三〉[訳]アシの根がはう沼地のように、(私は)うわべは何事もないようにしているけれど心の底では並々でなく思っていることだ。

> 語構成
> え　副
> なら　ラ四「成る」㊥
> ず　打消「ず」

> 発展学習ファイル
> 「なる」は「実現する、成立する」の意で、「え…ず」は不可能「…できない」を表す。全体として「実現が不可能なほど」という意味となり、それが物事の様態を表す場合には①の意となり、程度を表す場合には②の意となる。

えに【縁】[名]《「えん」「えにし」とも。「縁」の字音の末尾のn音を「に」と表記したもの》えん。縁故。

えに《「得」の未然形＋打消の助動詞「ず」の連用形の古形「に」。「言へばえに」の慣用表現として用いられる》…できずに。…できないで。[例]「いへば**えに**いはねば胸にさわがれて心ひとつに嘆くころかな」〈伊勢・三四〉

えにし【縁】[名]《名詞「縁」＋強意の副助詞「し」》えん。ゆかり。

えのもときかく【榎本其角】[人名](一六六一〜一七〇七)のち宝井氏。江戸前・中期の俳人。『花摘』『萩の露』などを上梓。蕉門十哲のひとりで、芭蕉死後は江戸座を形成した。

えはう【吉方・兄方】[名]「としとく②」に同じ。

えはうがみ【吉方神】[名]「としとくじん」に同じ。

えばうし【烏帽子】[名]「えぼし①」に同じ。

えはつ【衣鉢】[名]《「えはち」「いはつ」とも。「三衣一鉢」の略》僧の着る三種の衣と携帯する食器。出家のための最小限の用具であり、最重要の物とされた。転じて、仏教をはじめ学問で師から弟子に伝えられる重要で難解な事柄。奥義。

えばやし【江林】[名]語義未詳。入り江のそばの林の意か。

えひ【裛衣】[名]「裛衣香」の略。

えび【帯】[名]《上代東国方言。「ゆひ(結ひ)」の変化形か》おび。着物のひも。

えひかう【裛衣香】[名]センダンの葉皮からつくり、衣服にたきしめた香の名。＝裛衣

えびかづら【葡萄蔓】[名]❶ヤマブドウの古名。実は食用、つるは籠などを編む材料とされる。(季-秋)。❷エビヅルの古名。(季-秋)。❸付け髪の一種。少なくなった髪を補い整えるのに用いる。かもじ。

えびさやまき【蝦鞘巻き】[名]朱塗りで、さやと柄にエビの殻のような刻み目のついた腰刀。全体がゆでたクルマエビに似ていることからいう。

えびす【夷・戎】[名]《「えみし」の変化形》❶「えぞ①」「えみし」に同じ。❷いなか者。粗野で荒々しい武士。多く、東国の武士をいう。[例]「法師は兵の道を立て、夷は弓ひく術知らず」〈徒然・八〇〉❸未開の異民族。また、その国。東夷・西戎・南蛮・北狄の総称。❹「七福神」のひとつ。福をもたらす神とされる。丸くやわらかな笑顔で、風折り烏帽子・狩衣・指貫を着用し、右手に釣りざお、左手に釣りあげた鯛をかかえ、石に腰掛けた姿をしている。江戸時代以降、とくに商家の神として祭られる。一説に、蛭子の神ともいわれ、西宮神社の祭神とされる。〔注〕④は、後世の当て字で「恵比須」「寿」とも表記される。

えびすうた【夷歌】[名]《上代歌謡の「夷振」「夷曲」の誤読から生じた語》❶上代歌謡の一種。未開の民が作るいなか風で稚拙な歌。❷狂歌の別称。

えびすぐさ【夷草】[名]シャクヤクの古名。

えびすごころ【夷心】[名]いなか者のいなかびた心持ち。無風流で殺風景な心。

えびすごろも【戎衣】[名]《「戎衣」の訓読語。武者の着る物の意》鎧。具足。甲冑。

えびすさぶらう【夷三郎】[名]《伊奘諾尊と伊奘冉尊の三番目の子と同一といわれたことから》七福神のえびすの別名。

えびすゆみ【夷弓】[名]短い弓。半弓。

えびぞめ【葡萄染め】[名]❶染め色の名。赤みがかった薄い紫色。❷襲の色目の名。表は紫。裏は赤。一説に、表は蘇芳、裏は縹とも。❸織り

色の名。縦糸は赤、横糸は紫。

えびら【箙】［名］矢を入れて背負う武具。方立と いう箱に鏃を差し込み、その上の枠に矢を結びとめる。儀式用のものは「胡籙」という。➡［古典参考図］武装・武具〈2〉

〔**箙を叩く**〕武士が相手を賞賛したり、気勢をあげたりするさまをいう語。例「陸には、源氏**箙をたたいてどよめきけり**」〈平家・一一・那須与一〉（音便）「箙をたたい」は「箙をたたき」のイ音便。

-えふ【葉】［接尾］紙などの薄いものを数えるのに用いる語。「紙一**えふ**」など。

えふ【葉】［名］植物の葉。また、葉の先端のようなとがった形をしたところ。

えぶ【閻浮】［名］（「えんぶ」の撥音無表記）「えんぶ」に同じ。

〔**閻浮の身**〕「えんぶのみ」に同じ。

えぶり【朳・柄振り】［名］農具の一種。長い柄の先に、柄と直角に小柄をつけた、くわ状のもの。土をならしたり、穀物や実などをかき集めたりするのに用いた。

えぼうし【烏帽子】［名］「えぼし①」に同じ。

えぼし【烏帽子】［名］（「えばうし」「ゑぼし」とも。「えぼうし」の変化形）❶元服した男子がかぶる帽子。もとは薄い布帛で作った柔らかいものであったが、平安末期ごろから、漆で固めるようになった。「立て烏帽子」「風折り烏帽子」「侍烏帽子」などの種類がある。❷紋所のひとつ。烏帽子を図案化したもの。

えぼしおや【烏帽子親】［名］武家の男子が元服する際、烏帽子をかぶせる仮親の役目をする人。公家の加冠の役に当たる。↔烏帽子子

えぼしかけ【烏帽子掛け・烏帽子懸け】［名］❶烏帽子がはずれないよう、烏帽子の上から掛けてあごの下で結んだひも。❷烏帽子を掛けるための、柱に打った釘。①②＝頂頭掛け

えぼしがみ【烏帽子髪】［名］烏帽子をかぶるときの髪型。髪を頭頂後部で結び、端を立てた形。＝烏帽子下

えぼしぎ【烏帽子着】［名］（元服のとき、初めて烏帽子をかぶったことから）元服の別称。

えぼしご【烏帽子子】［名］武士が元服する際、烏帽子親から、烏帽子をかぶせられ、烏帽子名をつけてもらう男子。↔烏帽子親

古典の世界　烏帽子名は烏帽子親の名から一字をもらうことが多く、烏帽子親と烏帽子子は、血縁関係に準ずるものとして重視された。

えぼしした【烏帽子下】［名］「えぼしがみ」に同じ。

えぼしな【烏帽子名】［名］元服名。元服の際、幼名を改めて、烏帽子親から付けられる正式の名。多く、烏帽子親の名の一字を用いた。

えぼしなほし【烏帽子直衣】［名］直衣を着て、烏帽子をかぶった姿。貴族の日常の装束。

えぼしはじめ【烏帽子始め】［名］元服して、初めて烏帽子をかぶること。また、その儀式。

えぼしをり【烏帽子折り】［名］烏帽子を作ること。また、烏帽子を作る職人。

えみし【蝦夷】［名］（「えぞ」とも）古代、東北地方に住んで中央と大きく異なる文化をもち、大和朝廷に服さなかった人々。＝夷

えも（副詞「え」＋係助詞「も」）❶（打消の表現を伴って）**どうにも…できない**。例「この人はましていみじく泣きて、**えも**聞こえやらず」〈源氏・椎本〉訳この人（＝弁）はますますひどく泣いて、**どうにも申し上げることができない**。（副詞の呼応）「え―聞こえやらず」。（敬語）「聞こえやらず」→「きこゆ」。❷（まれに打消表現を伴わずに）**よくも…ことよ**。例「恋ふといふは**え**も名付けたり言ふすべのたづきもなきは我が身なりけり」〈万葉・一八・四〇七八〉訳恋とは**よくも**なづけた**ことよ**。どう言ったらよいか、その方法も分からないのはこの私のことだ。

え-も-いは-ず【えも言はず】❶（程度がはなはだしく）なんともいいようがない。例「紅葉むらむら色づきて、宮の御前**えもいはずおもしろし**」〈源氏・少女〉❷なんともいいようがないほどすばらしい。例「花も**えもいは**ぬ匂ひを散らしたり」〈源氏・胡蝶〉❸なんともいいようがないほどひどい。例「物にも乗らぬきはは、大路をよろぼひ行きて、築土・門の下などに向きて、**えもいはぬ**事どもしちらし」〈徒然・一七五〉

語構成　え（副）＋も（係助）＋いは（ハ四「言ふ」㊍）＋ず（打消「ず」）

発展学習ファイル　「え言はず」を強めた表現。「えならず」と同じくなんとも表現のしようのない状態を表すが、「えならず」がよい意味で多く用いられるのに対して、よい意にも悪い意にも用いられるという違いがある。

えもん【衣紋・衣文】［名］❶装束を身に着ける作法。衣紋道として発達し、流派を生じた。❷装束を着たときの襟もと。❸衣服。身なり。

〔**衣紋を繕ふ・衣文を繕ふ**〕衣服の乱れを直す。襟もとなどをきちんと整える。

え-や❶（「や」は疑問の意）（打消の表現を伴って）…**できるだろうか**。例「みな下屋におろしはべりぬるを、**えやまかり下りあへざらむ**」〈源氏・帚木〉訳（女たちは）みな下屋（＝召し使いの部屋）に下がらせましたが、（空蟬は）まだ下りることが**できずにいるのだろうか**。（係結び）「や―ざらむ㊍」。（副詞の呼応）「え―下りあへざらむ」。（敬語）「おろしはべりぬる」→「はべり」、「まかり下りあへざらむ」→「まかる」。❷（「や」は反語の意）**どうして…できようか、いや…できない**。例「かの霊山の法会に、菩薩、聖衆の参り集まりたまひけんも、かく**はえや**と見ゆ」〈栄花・一七〉訳あの霊鷲山の法会に、仏や菩薩などが参集なさったときも、**どうして**このように（見事に）**できただろうか、いやできなかっただろう**と思われる。（敬語）「参り集まり」→「まゐる（四段）」

語構成　え（副）＋や（係助）

えやは（副詞「え」＋係助詞「や」＋係助詞「は」）…**できようか、いやできない**。例「深き夜のあはればかりは聞きわけどことよりほかに**えやは**言ひける」〈源氏・横笛〉訳深夜に響く琴の音にあなたのお気持ちだけは分かりましたが、私はほかに何も言うことが**できようか、いやできない**。（係結び）「やは―言ひける㊍」

発展学習ファイル　「やは」は反語。「え」は一般に打消の「ず」を伴って「…できない」意を表すが、その「ず」のかわりに、反語の「やは」を用いて「…できるだろうか、いや、できない」という形で表現したもの。

えやみ【疫病】［名］❶流行性の悪病。はやりやまい。＝疫・疫癘。❷現在のマラリアとされる、高熱・悪寒を発する病気。＝瘧・瘧病

〔**疫病の神**〕悪性の病気をはやらせる神。＝行疫神・疫神

えやみぐさ【疫草】［名］リンドウの古名。名称は、疫止み草の意とも、葉を「えやみ（瘧）」の薬としたことによるともいう。

えらく 歴史的かなづかい「ゑらく」

えらびおも・ふ【選び思ふ】［他ハ四］{は・ひ・ふ・ふ・へ・へ}選んで心に決める。考えて選ぶ。例「わが後ろ見に思ひ、まめまめしく**選び思・はん**には、ありがたきわざになむ」〈源氏・若菜・上〉

えらびさだ・む【選び定む】［他マ下二］{め・め・む・むる・むれ・めよ}選んでそれに定める。選定する。例「勝つものならば、その遊び人ども・相撲人どもは**選び定・めてむ**」〈宇津保・内侍のかみ〉

えらびすぐ・る【選び選る】［他ラ四］{ら・り・る・る・れ・れ}《「すぐる」も「えらぶ」の意》多くの中から念入りにより抜く。よりすぐる。＝選み選る。例「**選びすぐ・りたる**上手を整へたり」〈宇津保・吹上・下〉

えらびにい・る【選びに入る】選出される。例「ただもてなし用意によりてぞ**選びに入・りける**」〈源氏・少女〉

えらびまう・く【選び設く】［他カ下二］{け・け・く・くる・くれ・けよ}選んで用意しておく。あらかじめ選定しておく。例「さて、その日ごろ**選びまう・けつる**二十二日の夜、ものしたり（＝ヤッテ来タ）」〈蜻蛉・下〉

えら・ぶ【選ぶ・撰ぶ・択ぶ】［他バ四］{ば・び・ぶ・ぶ・べ・べ}《古くは「えらふ」》❶選択する。選抜する。＝選らむ・選る。例「くさぐさの歌をなむ、**撰・ばせ**給ひける」〈古今・仮名序〉❷編集する。例「四条大納言**撰・ばれ**たる物を、道風書かん事」〈徒然・八八〉

えら・む【選む・撰む】［他マ四］{ま・み・む・む・め・め}❶「えらぶ①」に同じ。❷吟味する。取り調べる。例「山伏をかたく**選・み**申せ」〈謡・安宅〉

えり【襟・衿】［名］装束の首を取り囲む部分。

〔**襟に付っく**〕《近世語》利益を目当てに金持ちや権力者の機嫌を取る。例「おやま（＝遊女）はお客の**えりにつ・く**」〈膝栗毛〉

えり【魞】［名］魚を捕るための仕掛け。川・湖・沼などに竹の簀を迷路のように張りめぐらし、入り込んだ魚が外に出にくいように工夫したもの。

えりい・づ【選り出づ】［他ダ下二］{で・で・づ・づる・づれ・でよ}選び出す。よりぬく。

えりい・る【選り入る】［他ラ下二］{れ・れ・る・るる・るれ・れよ}選んで中に入れる。例「めづらしき物は、この唐櫃に**選り入・れ**」〈宇津保・内侍のかみ〉

えりうち【選り討ち・択り討ち】［名］大勢の中からこれと目をつけた敵を討ちとること。狙い討ち。

えりお・く【選り置く】［他カ四］{か・き・く・く・け・け}選んで残しておく。例「あなたにも心して、果ての巻は心ことにすぐれたるを**選りお・きたまへるに**」〈源氏・絵合〉

えりすぐ・す【選り過ぐす】［他サ四］{さ・し・す・す・せ・せ}選ばずに見過ごす。選び出さずにやり過ごす。例「かたほならむことはと**選り過ぐ・したまふに**」〈源氏・若菜・上〉

えりととの・ふ【選り整ふ】［他ハ下二］{へ・へ・ふ・ふる・ふれ・へよ}多くのものの中から、基準に合ったものを選び出してそろえる。選びそろえる。例「童、下仕へまで、すぐれたるを**選りととの・へ**」〈源氏・匂宮〉

えりとど・む【選り止む】［他マ下二］{め・め・む・むる・むれ・めよ}選び手元に残しておく。例「事の忌みあるは（＝不吉ナノハ）こたみは奉らじと**選りとど・めたまふ**」〈源氏・絵合〉

える【彫る・鐫る】歴史的かなづかい「ゑる」

え・る【選る・撰る・択る】［他ラ四］{ら・り・る・る・れ・れ}選ぶ。例「唐土に、名つきたる鳥の、**選・りて**これ（＝桐ノ木）にのみゐるらむ」〈枕・木の花は〉

えをとこ【好男・可愛少男】［名］《上代語。「え」はいとしい意の接頭語》いとしい男。すてきな男性。例「あなにやし、**えをとこを**」〈記・上〉

えをとめ【好女・可愛少女】［名］《上代語。「え」はいとしい意の接頭語》いとしい女。すてきな女性。例「あなにやし、**えをとめを**」〈記・上〉

えん…【円…・宛…・垣…・怨…・袁…・猿…・淵…・遠…・鴛…】歴史的かなづかい「ゑん…」

えん【宴】［名］《「え」「うたげ」とも》酒を飲み、歌舞などをして遊び楽しむこと。宴会。酒宴。

えん【縁・椽】［名］❶座敷の外側の、細長い板敷きの部分。寝殿造りでは、廂の間や渡殿の外側につけられた。縁側。❷縁台。

えん【縁】［名］❶《仏教語》原因を助けて結果を生じさせるもの。間接的原因。因縁。❷《「えに」とも》ゆかり。手づる。縁故。❸血縁。夫婦・親子の関係。

〔**縁に取る・縁に執る**〕仲立ちに立てる。仲介とする。手びきとする。例「ある禅僧を**縁に執・っ**て、降参仕まつるべき由」〈太平記・一四〉《音便》「縁に執っ」は「縁に執り」の促音便。

〔**縁を離る**〕世俗の世界とのつながりを断つ。俗世間から離れる。例「**縁をはな・れて**身を閑かにし」〈徒然・七五〉

〔**縁を結ぶ**〕❶成仏するため、仏との縁を結ぶ。例「額に阿字（＝梵語ノ「阿」ノ字）を書きて、**縁を結・ばしむる**わざをなんせられける」〈方丈記〉❷夫婦・養子などの縁組みをする。

えん【艶】［名・形動ナリ］

> **アプローチ**
> ▼漢詩文に用いられた漢語「艶」が、平安時代に日常語として取り入れられた。和歌には用いられた例がない。
> ▼『源氏物語』（六十余例ある）や『枕草子』などにおいて、成熟し、洗練された美の表現としても、はなやかさ、つややかさ、色っぽさ、なまめかしさなどを表している。
> ▼だが、それが一面では人の気をひく思わせぶりと受け取られる場合もある。

❶優美なさま。しっとり風情のあるさま。例「雪うち散りて、**艶・なる**黄昏時に」〈源氏・朝顔〉訳雪がちらついて、風情がある感じのする夕暮れ時に。

❷色っぽいさま。なまめかしいさま。例「**艶・なる**歌も詠まず、気色ばめる消息もせで」〈源氏・帚木〉訳色っぽい歌をも詠んでおくではなく、意味ありげな置

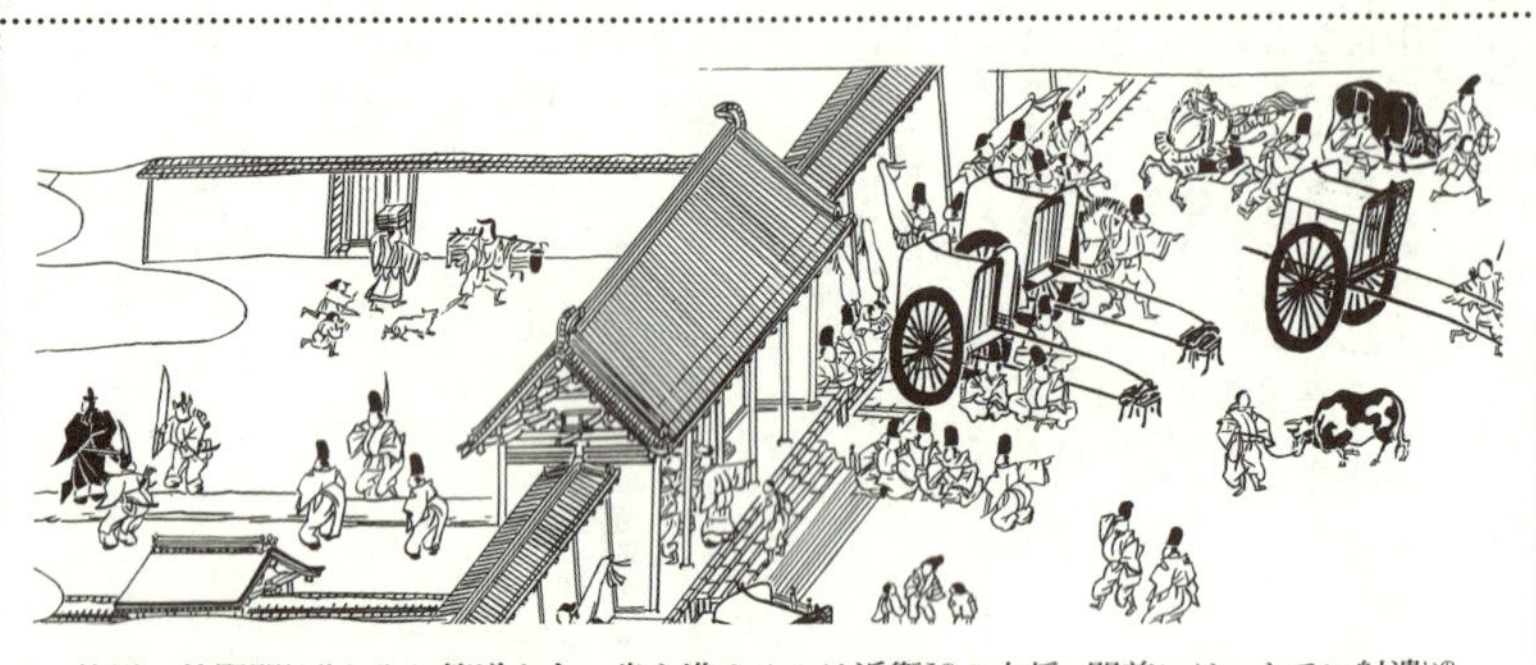

筵道　待賢門(たいけんもん)を入り筵道を左に歩を進めるのは近衛(このえ)の大将。門前には、すでに射遺(いのこ)しの宮廷儀式に参入した公卿(くぎょう)たちの牛車(ぎっしゃ)が轅(ながえ)をおろして休む。（年中行事絵巻）

き手紙をするでもなく。❸（中世の歌論・能楽論の美的理念のひとつ）**優美**。**感覚美**。**妖艶美**(ようえんび)。例「歌はただよみあげもし、詠(え)じもしたるに、何となく**艶**にも、あはれにもきこゆる事のあるなるべし」〈古来風体抄〉訳和歌というものは、ただ読みあげたり、吟詠したりするだけで、どことなく**優美**にも、あるいは趣深く聞こえるような場合もあるだろう。

発展学習ファイル　①の意の類義語に、「**あて(貴)**」「**いう(優)**」「**なまめかし**」「**やさし**」などがある。

⇩「いろ」〈古語深耕〉

古語深耕　**外面から内面へ変化した「艶」の美**

漢語としての本来の意味は、はなやかな外面的な美しさを表したが、平安時代の物語では内面的な要素を含んだほのかな美をいうことが多い。歌論用語としては平安時代中ごろから用いられたが、これを余情美の一つとして意識的に取り上げたのは藤原俊成(としなり)である。俊成は陰影や深みを帯びた重層的で複雑微妙な美を「艶」ととらえ、これまで歌論では和歌一般を指すことが多かった「艶」の内容を一層深化させた。同じく俊成がとなえた「**幽玄**(ゆうげん)」とも密接にかかわり、中世和歌の美的理念として定着をみた。のちに連歌師の心敬は「**心の艶**」と称して、「**艶**」の持つ華やかさ・優美さを否定し、より内面的な境地から冷えさびた「**艶**」の世界を追求した。

えんいん【宴飲・讌飲】[名]酒宴。酒盛り。宴会をして酒を飲むこと。

えんいん【・す】【延引】[名・自サ変]（「えんにん」とも）物事を行う時刻や日時が、予定よりも遅れること。また、遅らせること。例「今日の受戒は**延引**なり」〈宇治拾遺・一二・三〉

えんがく【縁覚】[名]（仏教語）師から教わるのでなく、独力で真理を悟った者。人に教えることもないとされる。仏教で菩薩(ぼさつ)の次の位。＝独覚(どっかく)

えんが・る【艶がる】[自ラ四]{ら・り・る・る・れ・れ}（「がる」は接尾語）風流ぶる。優雅に振る舞う。思わせぶりな態度をとる。→「えんだつ」。例「〔宮ノ内侍(ないし)ニハ〕**えんがり**よしめくかたはなし」〈紫式部日記〉

えんぎ【縁起】[名]❶（仏教語）すべての事象は事物の因縁によって生じるということ。❷物事の起源・由来。とくに、社寺や霊験(れいげん)などの言い伝え。また、それを記した文書や絵。❸物事の吉凶の前兆。きざし。また、それをつくること。

えんぎしき【延喜式】[名]律令の施行細則のように堅苦しいことをいう者をあざけっていう語。例「あら見られずの**延喜式**や」〈太平記・三五〉

えんぎしき【延喜式】[作品名]平安中期の法制。藤原忠平(ただひら)らの撰(せん)。律令の細則で、古代法制史、神祇(じんぎ)信仰史などの貴重な資料である。

えんぎのみかど【延喜の帝】[人名]「だいごてんわう」に同じ。

えんぎもの【縁起物】[名]「御伽草子(おとぎぞうし)」の内容上の一分類。寺社などの由来や霊験を伝える説話を題材としたもの。「長谷寺霊験記(はせでらいげんき)」など。

えんぎゃうだう【縁行道】(エンギョウドウ)[名]仏堂の縁側や長廊下などを、念仏やお経を唱えたり、瞑想(めいそう)したりしながらめぐり歩くこと。

えんきょく【宴曲】[名]中世の歌謡のひとつ。武家を中心に貴族・僧などの宴席や法会(ほうえ)で歌われて盛行した。七五調の歌詞を、節をつけて歌った。早歌。

えんげ【・なり】【艶げ】[形動ナリ]{なら・なり(に)・なり・なる・なれ・なれ}（「げ」は接尾語）（人の気をひくように）優雅らしくみせるようす。例「今様(いまやう)の若人(わかうど)たちのやうに、**艶げ**にもてなさで」〈源氏・椎本〉

えんご【縁語】[名]→付録「国語・国文法用語事典」

えんざ【縁座】[名]重罪について、その犯人の家族や親類・縁者までも捕らえられ、罰せられること。

えんじゃ【縁者】[名]血縁および姻戚(いんせき)関係にある者。縁のつながった人。身内の者。近世では、とくに姻族を指す。

えんしゃう【炎上】(エンショウ)[名]火が燃え上がること。火災。火事。

えんしょ【艶書】[名]〔「えんじょ」とも〕恋文。＝懸想文。

えんしょあはせ【艶書合はせ】[名]「物合はせ」のひとつ。競技者が左右に分かれ、恋文や恋歌を出し合って、その優劣を競う遊び。

えんしょうた【艶書歌】[名]「艶書合はせ」で競わせる恋愛歌。→「えんしょあはせ」

えんだう【筵道】[名]貴人が車を降りて門から屋敷に行くときなどに、着物の裾が汚れないように下に敷く筵。その上に白絹を敷くこともある。

えんだ・つ【艶だつ】[自タ四]〔「だつ」は接尾語〕風流ぶる。優雅に振る舞う。思わせぶりな態度をとる。例「ことさらに**艶だ・ち**色めきてももてなしたまはねど」〈源氏・宿木〉

えんぢん【煙塵】[名]❶煙とちり。転じて、俗世間のけがれ。俗塵。❷戦場に立つ煙とちり。戦塵。転じて、いくさ。

えんにち【縁日】[名]〔「有縁の日」「結縁の日」の意〕それぞれの神仏に、とくに関係の深い日。この世に降誕した日や霊験を示した日、権化となって現れた日などで、多く祭りなどが行われ、この日に参詣すると通常より御利益があるとされた。

えんにん【・す】【延任】[名・自サ変]平安時代、国司など地方官の任期四年が終わっても、とくにもう一、二年任期を延ばして、在任させる制度。

えんねん【延年】[名]❶寿命を延ばすこと。延命。延寿。長生き。❷「延年の舞」の略。

〔**延年の舞**〕芸能のひとつ。東大寺・興福寺・醍醐寺などで、大法会のあとの余興として行われた芸能の総称。僧・稚児が演じた。平安期に起こり、鎌倉期に盛んに行われた。＝延年②

えんのぎゃうじゃ【役行者】[人名]〔生没年未詳〕「役小角」ともいう。奈良前期に大和の葛城山に住んでいた呪術者。後世修験道の開祖として仰がれた。

えんのざ【宴の座】[名]宮中の節会や大臣家の大饗などの際の正式な酒宴。身分の高い者から低い者へ、杯が取り交わされる。↔穏座①

えんばい【塩梅】[名]❶塩と梅酢。また、塩味と酸味。❷食物の味かげん。味わい。あんばい。❸君主を助けてうまく政治をとり行うこと。例「地に下りましては**塩梅**の臣となりて」〈太平記・一三〉

えんび【燕尾】[名]〔燕の尾の形に似ていることから〕❶「纓」のこと。❷雁股の鏃の形のひとつ。❸南画で、竹の葉の描き方の一方法。

えんぶ【厭舞・振鉾】[名]〔「厭」はまじないの意〕舞楽のはじめに行われる舞。災厄を払い、舞台を清浄にするために、鉾を持った舞人ふたりが舞う。

えんぶ【閻浮】[名]〔仏教語。「えぶ」とも。梵語の音訳〕❶「閻浮提」の略。❷「閻浮樹」の略。

〔**閻浮の身**〕〔「えぶのみ」とも〕人間世界に生を受けている身。俗世間にいる身。

えんぶじゅ【閻浮樹】[名]〔仏教語。梵語の音訳〕「閻浮提」に生えているという大木。＝閻浮②

えんぶだい【閻浮提】[名]〔仏教語。梵語の音訳〕須弥山の南方海上にあるとされる大陸名。閻浮樹という大木が生えているといわれる。もとインドを想定していたが、のちに、人間世界・現世を指すようになった。＝閻浮①

えんぶだごん【閻浮檀金】[名]〔仏教語。「えんぶだんごん」とも〕閻浮提の閻浮樹の森林を流れる川の底にあるとされる砂金。最も質のよい金。

えんぺん【縁辺】[名]❶周辺。とくに、国境。❷ゆかりのある人。縁者。❸結婚。縁組み。例「互ひにおもしろづくの御**えんぺん**」〈浮・好色一代男〉

えんま【閻魔】[名]〔仏教語。梵語の音訳〕死者の生前の行いの善悪を審判し、賞罰を決定する、地獄の王。＝閻魔王・閻王・閻魔羅・閻羅

〔**閻魔の庁**〕[名]閻魔が死者の生前の行いを取り調べ、審判を下す法廷。

えんまだう【閻魔堂】[名]閻魔を祭る堂。

えんまら【閻魔羅】[名]「えんま」に同じ。

えんまわう【閻魔王】[名]「えんま」に同じ。

えんら【閻羅】[名]「えんま」に同じ。

えんり【・す】【厭離】[名・他サ変]「えんりゑど」に同じ。

えんりゃくじ【延暦寺】[名]滋賀県大津市の比叡山にある寺。天台宗の総本山。延暦四年(七八五)に最澄が開山した。弘仁十四年(八二三)「延暦寺」の称を朝廷から賜った。三井寺(園城寺)を「寺門」というのに対して「山門」、また、奈良の興福寺を「南都」というのに対して「北嶺」とも呼ばれ、平安末期から室町時代にかけて、僧兵を擁して政治的に大きな勢力をもった。元亀二年(一五七一)、織田信長による焼き打ちを受けて、ほとんどが焼失したが、その後、豊臣・徳川両氏の尽力で復興した。

えんりゑど【厭離穢土】[名]〔仏教語。「おんりゑど」とも〕煩悩にまみれ、けがれた現世を嫌って去ること。＝厭離・おんり。↔欣求浄土

えんわう【閻王】[名]〔「閻魔王」の略〕「えんま」に同じ。

お

お…【小…・夫…・丘…・尾…・苧…・男…・峰…・麻…・雄…・緒…】歴史的かなづかい「を…」

お…【悪…・汚…】歴史的かなづかい「を…」

お-【御】[接頭]❶名詞に付いて、それを所有する人・使う人・行う人への尊敬の意を表す。「**御座し**」「**御前へ**」「**御膳**」など。❷〔中世以降〕丁寧の意を表す。「**お天気**」「**お正月**」など。❸〔中世以降〕自分の行為などに付いて、謙譲または丁寧の意を表す。「**お供いたしましょう**」など。❹〔中世以降〕女性の名の上に付いて、尊敬や親しみを表す。例「妹に**お**なつといへるありけり」〈浮・好色五人女〉

発展学習ファイル　「御」の読みには、「お」の他に「**おほん**」「**おん**」「**み**」があり、注意が必要である。➡「おほん[接頭]」〈古語深耕〉

おあむものがたり【おあむ物語】[作品名]江戸中期の軍記。作者未詳。おあんと呼ばれる老女による関ヶ原の合戦当時の回想を記録したもの。

お

おい…【生い…・負い…・追い…】 歴史的かなづかい「おひ…」

おい-【老い】［接頭］年をとったの意を表す。「**老い御達**」「**老い法師**」など。

おい【老い】［名］年老いること。また、その人。老人。年寄り。

〔**老いの数**(かず)〕年老いた数。年齢。例「私の**老いの**数さへやよければ」〈古今・雑躰・一〇〇三長歌〉

〔**老いの方人**(かたうど)〕(オイノカタ(ト)ウド)《「かたうど」は「かたひと」のウ音便》老いた者の味方。

〔**老いの坂**(さか)〕❶山城国(やましろのくに)と丹波国(たんばのくに)の国境(いまの京都市右京区と亀岡市との境)、大江山の北側にある峠。京都への入り口をなす、軍事上の要所であった。❷苦難に耐えながらしだいに年老いていくことを、坂道を上るのにたとえた語。

〔**老いの末**(すゑ)〕(オイノスエ)すっかり年をとってしまった時期。晩年。

〔**老いの積もり**〕年齢を重ねて老い衰えること。例「この常陸守(ひたちのかみ)、**老いの積もり**にや、なやましくのみして」〈源氏・関屋〉

〔**老いの波**(なみ)・**老いの浪**(なみ)〕(「年が寄る」の「よる」の縁で岸に寄せてくる波にたとえて)老齢になること。例「**老いの浪**こえける身こそあはれなれ」〈新古今・冬・七〇五〉

〔**老いの寝覚め**(ねざめ)〕老人のために、夜中や明け方に目覚めがちになること。例「埋(うづ)み火をかきおこして、**老いの寝覚めの友**とす」〈方丈記〉

〔**老いの春**(はる)〕❶暮春。晩春。❷年をとって迎える新年。(季-春)

〔**老いの僻み**(ひがみ)〕老人になってひがみっぽくなること。例「いとど**老いの御ひがみ**さへ添ひたまひにたれば」〈源氏・賢木〉

〔**老いの身**(み)〕年をとった身。

〔**老いの病**(やまひ)〕(オイノヤマイ)年をとって病気がちなこと。年寄りの病気。

〔**老いの世**(よ)〕老いてからの時期。老年期。

おい［感］「をい」に同じ。

おいおい［感］「をいをい」に同じ。

おいおい・し【老い老いし】［形シク］{しから・しく(しかり)・し・しき(しかる)・しけれ・しかれ}年老いて見える。古風である。例「御息所(みやすんどころ)もきよげにおはすれど、もの**老い老い・しく**」〈栄花・一〉

おいかがま・る【老い屈まる】［自ラ四］{ら・り・る・る・れ・れ}年をとって腰が曲がる。例「この姑(しうとめ)の**老いかがま・り**てゐたるを、つねに憎みつつ」〈大和・一五六〉

おいがくもん【老い学問】［名］年をとってからする学問。

おいかけ【老い懸け・緌】［名］武官が「巻纓(けんえい)」をつけた冠をかぶるとき、その結びひもにつけ、左右の耳のところで飾る扇形の飾り。黒馬の尾で作る。＝緌(ほほすけ)

おいか・る【老い嗄る】［自ラ下二］{れ・れ・る・るる・るれ・れよ}年をとってしわがれ声になる。年老いて声がかれる。例「陀羅尼(だらに)読む。**老いか・れ**にたれど、いと功(く)づきて(＝修行ノ年功ガ積マレテイテ)」〈源氏・総角〉

おいき【老い木】［名］古木。老木。↔若木

おいくづほ・る【老い頽る】(オイクズオル)［自ラ下二］{れ・れ・る・るる・るれ・れよ}老いて身も心も弱る。老いぼれる。例「色好みの、**老いくづほ・れたる**」〈枕・昔おぼえて不用なるもの〉

おいご【老い子】［名］年をとった親から生まれた子。

おいごこち【老い心地】［名］年寄り特有の気持ち、精神状態。

おいごたち【老い御達】［名］《「御」は女性の敬称。「たち」は接尾語》年をとった女房たち。老女房たち。

おいごゑ【老い声】(オイゴエ)［名］年をとって張りのない声。年寄り声。

おいさらぼ・ふ【老い曝ふ】(オイサラボウ)［自ハ四］{は・ひ・ふ・ふ・へ・へ}年老いてよぼよぼになる。年をとって痩(や)せ衰える。例「むく犬のあさましく**老いさらぼ・ひて**」〈徒然・一五二〉

おいじた【老い舌】［名］年老いた口元からのぞく舌。年をとり歯が抜け、しまりのない唇から見える舌。

おいしら・ふ【老い痴らふ】(オイシラ(ロ)ウ)《「ふ」は接尾語》㊀［自ハ四］{は・ひ・ふ・ふ・へ・へ}老いてもうろくする。老いぼれる。例「家主(いへあるじ)立ちたる(＝家ノ主ラシイ)**老いしら・ひた**る女出(い)で来たりて」〈今昔・二六・一九〉㊁［自ハ下二］{へ・へ・ふ・ふる・ふれ・へよ}㊀に同じ。例「**おいしら・へ**たる声したる人出(い)で来て」〈浜松中納言・三〉

おいしら・む【老い痴らむ】［自マ四］{ま・み・む・む・め・め}年をとって弱る。老いぼれる。例「(晴明ノ家ニ)**老いしら・み**たる老僧来たりぬ」〈宇治拾遺・二・三〉

おいし・る【老い痴る】［自ラ下二］{れ・れ・る・るる・るれ・れよ}年をとってもうろくする。老いてぼける。例「我のみ、貧しく**老い痴・れ**にたるや」〈宇津保・藤原の君〉

おいす・ぐ【老い過ぐ】［自ガ上二］{ぎ・ぎ・ぐ・ぐる・ぐれ・ぎよ}老け込む。例「心地(ここち)も**老い過・ぎ**て、例の、かひなきひとりごと(＝歌)もおぼえざりけり」〈蜻蛉・下〉

おいずしなずのくすり【老いず死なずの薬】不老不死の薬。老いせず死なずの薬。

おいそけもの【老いそけ者】［名］語義未詳。老いぼれ者、またはひねこびた者の意か。

おいそのもり【老蘇の森】［歌枕］近江国(おうみのくに)の森。いまの滋賀県蒲生(がもう)郡安土(あづち)町の奥石(おいそ)神社の森。ホトトギスの名所。「老い」をかける。

おいづ・く【老い就く・老い付く】［自カ四］{か・き・く・く・け・け}《「おいつく」とも》❶老年になる。年寄りになる。例「かく恋ひば**老い付・く**我(あ)が身けだし堪(あ)へむかも」〈万葉・一九・四二二〇長歌〉❷年寄りじみる。例「(宮木ノ侍従ハ)なほ童女(わらは)にてあらせまほしきさまを、心と(＝自分カラ)**老いつ・き**」〈紫式部日記〉

おいなみに【老い次に】［副］《「なみ」は順序・段階の意》老年になって。例「**老いなみに**かかる恋にも我(あれ)はあへるかも」〈万葉・四・五五九〉

おいな・る【老い成る】［自ラ四］{ら・り・る・る・れ・れ}すっかり老いる。年老いてやつれる。例「さかしがるめれど、いと醜く**老いな・り**て」〈源氏・浮舟〉

〔和歌〕**おいぬれば…【老いぬればさらぬ別れのありといへばいよいよ見まくほしき君かな】**〈古今・雑上・九〇〇・在原業平の母、伊勢・八四〉訳年をとってしまうと、だれもが避けられない死別という別れがあるということなので、ますますお目にかかりたいと思うあなたですよ。

〈参考〉「見まくほしき」の「まくほしき」は、…したい意を表す。

おいば・む【老いばむ】［自マ四］{ま・み・む・む・め・め}《「ばむ」は接尾語》年寄りじみる。ふけこむ。例「**老いば・み**たるものこそ、火桶(ひをけ)のはたに足をさへもたげて、ものいふま

まにおしすりなどはすらめ」〈枕・にくきもの〉

おいひが・む【老い僻む】［自マ四］{ま・み・む・む・め・め}年寄りになって心がひねくれる。年をとって頑固になる。例「さは言へど、深からぬけに(=思慮ガ浅ク)、老いひが・めるにや、いとほしくぞ(=気ノ毒ニ)見ゆる」〈源氏・総角〉

おいびと【老人】［名］(「おいひと」とも)年老いた人。年寄り。老人。

おいへ【御家】［名］《近世語。「お」は接頭語》❶貴人や大名などの家の敬称。❷座敷。客間。❸町家の妻の敬称。おかみさん。

おいへりう【御家流】［名］和様書道の一流派。鎌倉時代、尊円法親王が創始した書体(尊円流・青蓮院流)で、室町以降、盛んに行われ、近世になって一般にも広まった。江戸時代の朝廷・幕府・諸藩の公文書はこの書体に限られた。

おいほふし【老い法師】［名］年とった僧。老僧。また、老僧が自身を卑下していう場合にも用いる。

おいぼ・る【老い耄る】［自ラ下二］{れ・れ・る・るる・るれ・れよ}(「おいほる」とも)年老いてぼける。もうろくする。例「『老いぼ・れたる』とだに思ひ定めぬ」〈宇津保・蔵開・中〉

おいや［感］「をいや」に同じ。

おいゆが・む【老い歪む】［自マ四］{ま・み・む・む・め・め}年をとって醜くなる。老いて腰が曲がる。例「物縫ひいとなみつつ、老いゆが・め容貌も知らず」〈源氏・早蕨〉

おいらか［・なり］［形動ナリ］{なら・なり(に)・なり・なる・なれ・なれ}《多く、人の性格や態度について、こだわりや癖がなく穏やかなさま》❶素直でおっとりしている。例「御心ざまのおいらか・にこめきて」〈源氏・薄雲〉❷ゆったりしている。落ち着いている。例「聞かでぞおいらか・にあるべかりけるとぞおぼえたる」〈蜻蛉・中〉❸穏便だ。物事を荒立てない。例「おいらか・なるやうにてほのめかしたまへるを」〈源氏・竹河〉❹(物事が)癖がなくありふれている。ふつうだ。例「あまりおいらか・なることばなどを、よくはからひしりて、すぐれたることあるにあらずは(和歌ニ)詠むべからず」〈新撰髄脳〉❺(「おいらかに」の形で副詞的に用いて)あれこれいわずに。いっそのこと。例「おいらか・に、『あたりよりだにな歩きそ』とやはのたまはぬ」〈竹取・石作の皇子〉《副詞の呼応》「な→歩きそ」。《敬語》「のたまはぬ」→「のたまふ」

おいらく【老いらく】［名］《「老ゆ」の名詞化した「おゆらく」の変化形》年老いること。老境。

おいらけもの【おいらけ者】［名］《おいらかな者の意》おっとりとした人。のんびり屋。

おう…【奥…・篌…・鶯…・鸚…】歴史的かなづかい「あう…」

おう…【圧…・押…】歴史的かなづかい「あふ…」

おう…【大…・太…・凡…】歴史的かなづかい「おほ…」

おう…【王…・尩…・往…・枉…・黄…・横…】歴史的かなづかい「わう…」

おう【終う】歴史的かなづかい「をふ」

おうあんしんしき【応安新式】［作品名］南北朝時代(一三七二成立)の連歌式目。「連歌新式」とも。二条良基編。連歌を興行する際の規則を載せる。

〔俳句〕**おうおうと…【応応といへど敲くや雪の門】**〈句兄弟・去来〉訳 雪の中、だれかが訪ねて来たらしい。中から「おうおう」と返事をするが、聞こえないのか、しきりに門を叩いていることだ。(季-雪-冬)

おうぎ【扇】歴史的かなづかい「あふぎ」

おうげ【応化】［名］《仏教語。「応現変化」の略》仏や菩薩が現世の人を救うために、さまざまに姿を変えて現れること。=応現・応作

おうご［-・す］【擁護】［名・他サ変］《仏教語。「をうご」とも》人間の祈りにこたえて、神仏が守り助けること。=加護

おうさ【応作】［名］「おうげ」に同じ。

おうさきるさ歴史的かなづかい「あふさきるさ」

おうじんてんわう【応神天皇】［人名］(生没年未詳)第十五代天皇。父は仲哀天皇、母は神功皇后。この天皇の御世に大和朝廷の勢力が拡大したとされる。

おうす【仰す】歴史的かなづかい「おふす」

おう・ず【応ず】［自サ変］{ぜ・じ・ず・ずる・ずれ・ぜよ}❶命令や要求などにこたえる。呼応する。例「勅定なれば召しに応・じて参内す」〈平家・四・鵼〉❷うまく合う。適合する。例「能に初心を忘れずして、時に応・じ、所によりて」〈風姿花伝〉

〔俳句〕**おうたこに…【負うた子に髪なぶらるる暑さかな】**〈陸奥衛・園女〉訳 ただでさえ暑い夏の日中、背中におぶった子に髪をいじられるのがうっとうしく、よけいに暑さが増すことだ。(季-暑さ-夏)

おうてんもん【応天門】［名］(「おうでんもん」とも)平安京大内裏の八省院の南面の正門。➡［表見返し］大内裏俯瞰図

おうな【女】歴史的かなづかい「をうな」

おうな【老女・嫗】［名］《「おみな」の変化形》年をとった女。老女。老婆。↔翁①

発展学習ファイル 「をうな」は「をみな」のウ音便化した語で、若い女、女性の意であり、「おうな」とは別の語。「お」と「を」の違いに注意が必要である。

おうなおうな歴史的かなづかい「あふなあふな」

おうにんき【応仁記】［作品名］室町時代(一四八〇ごろ成立)の軍記物語。作者未詳。応仁の乱の顛末を史実にかなり忠実に描き出す。

おうよる【奥寄る】歴史的かなづかい「あうよる」

おお…【凡…・大…】歴史的かなづかい「おほ…」

おおけなし歴史的かなづかい「おほけなし」

おおじ【祖父】歴史的かなづかい「おほぢ」

おおす【牛おす・仰す・果す・負おす・課す】歴史的かなづかい「おほす」

おおどか歴史的かなづかい「おほどか」

おおどる歴史的かなづかい「おほどる」

おおやけ【公】歴史的かなづかい「おほやけ」

おおらか【多らか】歴史的かなづかい「おほらか」

おおる【撓る】歴史的かなづかい「ををる」

おおろか歴史的かなづかい「おほろか」

おおん【大御・御】歴史的かなづかい「おほん」

おか…【丘…・岡…・陸…・傍…】歴史的かなづかい「をか…」

おかう【御講】［名］❶宮中で行われる仏事。❷東西の本願寺など、浄土真宗の寺で、開祖である親鸞に対する報恩のため、その忌日(陰暦十一月二十

八日)を中心に行う法事。＝報恩講・御霜月。(季‐冬)。❸信者が、日を決めて、寺院または在家に集まって読経したり説教を聴いたりする集まり。

おかし 歴史的かなづかい「をかし」

おかし【犯し・侵し】 歴史的かなづかい「をかし」

おかす【犯す・侵す・冒す】 歴史的かなづかい「をかす」

おかた【御方】[名]❶他人の敬称。お人。❷貴人の妻や子女の敬称。奥様。奥方。❸《近世語》庶民の妻の敬称。おかみさん。御内儀。

おかっさま【御方様】[名]《近世語。「おかたさま」の変化形》他人の妻の敬称。奥様。おかみさん。

おかべ【御壁】[名]「かべ③」に同じ。

おかみ【龗】[名]水・雨・雪などをつかさどる、蛇の姿をした神。竜神。水神。

おかみ【御上・公儀】[名]❶天皇。朝廷。また、幕府。❷貴人の敬称。❸武家で、主君や奥方などの敬称。

おき【沖・澳】[名]❶海・湖・川などの、岸から遠く離れた水面。↕辺①。❷田畑や野原の、広々と開けた所。❸(「沖を深めて」の形で)心の奥底。例「海の底おきを深めて我が思へる」〈万葉・四・六七六〉

おき【息】[名]《上代語》息。命。例「にほ鳥の息長川は絶えぬとも」〈万葉・二〇・四四五八〉

〈参考〉複合語の形で用いられ、単独の用例はない。

おき【熾・燠】[名]❶火の盛んにおこった炭火。おき火。❷まきなどが燃えて炭火のようになったもの。

おき【隠岐】[地名]旧国名。山陰道八か国のひとつ。いまの島根県北方の隠岐諸島。古くは流刑の地で、後鳥羽上皇や後醍醐天皇らが配流されたことで知られる。＝隠州

おぎ【荻】 歴史的かなづかい「をぎ」

おきあま・る【置き余る】[自ラ四]{ら・り・る・る・れ・れ}置ききれないほど、多くある。例「おきあま・る露はみだれてあさぢふの」〈新拾遺・秋上・三八一〉

おきかへ・る【起き返る】[自ラ四]{ら・り・る・る・れ・れ}起きて姿勢をもとに戻す。(完全に)起き上がる。例「現つには臥せど寝られず起きかへ・り」〈後撰・恋五・九三五〉

おきぐち【置き口】[名]❶手箱・硯箱などの調度品の、箱蓋の口部のへりを金・銀などで装飾的に縁どること。また、そうしたもの。❷女性の装束の袖口や裾などに、金・銀などで細く縁どりの細工を付けること。また、その縁どり。

おきくものがたり【おきく物語】[作品名]江戸中期の軍記。作者未詳。おきくという老女による大坂城落城当時の回想を記録したもの。

おきさ・く【沖放く】[自カ下二]{け・け・く・くる・くれ・けよ}沖から離れる。一説に、沖に離れる。↕辺付く。例「沖放・けて漕ぎ来る船」〈万葉・二・一五三長歌〉

おきそ【息嘯】[名]《息の意の「おき」、口を丸くして息を吹き出す意の「うそ」を合わせた「おきうそ」の縮まった形》嘆息。ため息。例「霧立ち渡る我が嘆くおきその風に霧立ち渡る」〈万葉・五・七九九〉訳→〔和歌〕おほのやま…

おきそ・ふ【置き添ふ】 ㊀[自ハ四]{は・ひ・ふ・ふ・へ・へ}置いてある上にさらに置き加わる。例「草葉こそおきそ・ふ霜に堪へざらめ」〈風雅・冬・七六九〉㊁[他ハ下二]{へ・へ・ふ・ふる・ふれ・へよ}置いてある上にさらに置き加える。例「露おきそ・ふる秋のわびしさ」〈後撰・秋中・二七七〉

おきそ・む【置き初む】{め・め・む・むる・むれ・めよ}㊀[自マ下二]露や霜が降り始める。例「おきそ・むる露の白玉」〈夫木・秋三〉㊁[他マ下二]ある場所に置き始める。(心を)とどめ始める。例「露ならぬ心を花に置き初・めて」〈古今・恋二・五六九〉

おきた・つ【起き立つ】[自タ四]{た・ち・つ・つ・て・て}起き上がる。起きて出かける。例「起き立・たば母知りぬべし」〈万葉・一三・三三一二長歌〉

おき・つ【掟つ】[他タ下二]{て・て・つ・つる・つれ・てよ}❶まえもって決めておく。思い定める。計画する。例「(山吹ノ花ハ)品高く(咲コウ)などはおき・てざりける花にやあらん」〈源氏・幻〉《係結び》「や」→あらん㊉」。❷指図する。命令する。例「高名の木登りといひしをのこ、人をおき・てて、高き木に登せて梢を切らせしに」〈徒然・一〇九〉❸取り計らう。管理する。例「出納、小舎人など、平張り(＝屋根ノ平タイテント)の内にて、皆これをおき・てつ」〈今昔・二八・三五〉

発展学習ファイル ①の意に近い語として「さだむ」があるが、「おきつ」が自分自身であれこれ考えて取り決めるのに対して、「さだむ」は相談・評議して決めるなどという違いがある。

おきつ【沖つ】《「つ」は上代の格助詞》沖の。沖にある。「沖つ風」「沖つ白波」など。↕辺つ

おきつ【興津】[地名]駿河国の地名。いまの静岡県清水市興津町。東海道五十三次のひとつ。

おきつありそ【沖つ荒磯】[名]《「ありそ」は「あらいそ」の変化形》沖にある、荒波の打ち寄せる岩礁。

おきついくり【沖つ海石】[名]沖にある暗礁。海底の岩。

おきつうみ【沖つ海】[名]海の沖の方。

おきつかい【沖つ櫂】[名]沖を漕ぐ小船のかい。↕辺つ櫂

おきつかぜ【沖つ風】[名]沖を吹く風。沖から吹いてくる風。↕辺つ風

〔和歌〕**おきつかぜ…【沖つ風吹きにけらしな住吉の松の下枝を洗ふ白波】**〈後拾遺・雑四・一〇六三・源経信〉訳沖の風が吹き出したらしいな。住吉の松の下枝を高くなった白波が洗っている。

〈参考〉「住の江の松を秋風吹くからに声うち添ふる沖つ白波」〈古今・賀・三六〇〉訳→〔和歌〕すみのえのまつをあきかぜ…をふまえる。

おきつかぢ【沖つ楫】[名]沖を漕ぐ、比較的大きな船のかじ。

おきつき【奥つ城】[名]《「おくつき」の変化形》「おくつき」に同じ。

おきつくに【沖つ国】[名]海の向こうにある別の世界。死者が行くという国。

おきつしほあひ【沖つ潮会ひ・沖つ潮合ひ】[名]沖で潮の満ち合うところ。

おきつしほさゐ【沖つ潮騒】[名]沖合で、潮の満ち合うときに起こる波のざわめき。

おきつしま【沖つ島】[名]《「つ」は上代の格助詞》沖にある島。

おきつしまもり【沖つ島守】[名]沖の島を守る番

人。例「わが髪の雪と磯辺の白波といづれまされり沖つ島守」〈土佐〉訳↓〔和歌〕わがかみの…

おきつしまやま【沖つ島山】[名]沖合にある島の山。とくに、琵琶湖にある沖の島をいう。

おきつしらたま【沖つ白玉】[名]沖の海底にある白い玉。多く真珠を指す。

おきつしらなみ【沖つ白波】[名]❶沖合に立つ白波。→「しらなみ」。例「風ふけば**沖つ白波**たつた山」〈古今・雑下・九九四、伊勢・二三〉訳↓〔和歌〕かぜふけばおきつしらなみ…。❷盗賊。

発展学習ファイル　和歌では、「波が立つ」ということから、地名「立田山」の序詞、あるいは「白」「知ら」の音が通じることから、「知らず」の序詞に用いることが多い。

おきつす【沖つ州】[名]沖にある砂州。

おきつすたへ【奥つ棄戸】[名]《上代語。「おき」は「おく」の変化形。「おくつすたへ」とも》人里から隔った墓所。「棄戸」は棄てる瓮（瓶）の意か。墓。

おきつたまも【沖つ玉藻】[名]《「たま」は美しいの意》沖合の海中にある美しい海藻。例「わたつみの**沖つ玉藻**のなびき寝む」〈万葉・一二・三〇七九〉

おきつとり【沖つ鳥】[枕詞]（沖にいる鳥の意から）「鴨」、地名「味経」「たかし」などにかかる。例「**沖つ鳥**鴨著く島に」〈記・上・歌謡〉

発展学習ファイル　藻が水になびくことから歌語として、「なびく」の序詞に用いることが多い。

おきつなはのり【沖つ縄海苔】[名]沖の海底に生えている細長い海藻。波に靡くこと、また、たぐりとることから、「靡く」「来る」「繰る」を導く序詞としても用いる。例「海原の**沖つ縄のり**うちなびく」〈万葉・一一・二七七九〉

おきつなみ【沖つ波】㊀[名]沖に立つ波。↔辺つ波。㊁[枕詞]（沖の波が動くようすから）「撓む」「頻く」「たかし」などにかかる。例「**沖つ波**しきてのみやも恋ひ渡りなむ」〈万葉・一一・二五九六或本歌〉

おきつふね【沖つ船・沖つ舟】[名]《「おきつぶね」とも》沖を漕いでゆく船。

おきつまかも【沖つ真鴨】[名]沖にいる鴨。水に潜っていた鴨が浮かび上がっては長い息を吐くことから、「嘆く」の序詞として用いる。例「**沖つま鴨**の嘆きそ我がする」〈万葉・一四・三五二四〉

おきつみかみ【沖つ御神】[名]沖の海の神。海、あるいは沖の島そのものを神としていう。例「珠洲の海人の**沖つ御神**にい渡りて潜き取るといふ鮑玉（＝真珠）」〈万葉・一八・四一〇一長歌〉

おきつみやへ【沖つ宮辺】[名]沖にあるという海神の宮殿の辺り。例「この見ゆる天の白雲海神の**沖つ宮辺**に立ち渡りとの曇り合ひて雨も賜はね（＝雨ヲ降ラセテクダサイ）」〈万葉・一八・四一二二長歌〉

おきつも【沖つ藻】[名]沖の海中に生えている海藻。↔辺つ藻

おきつもの【沖つ藻の】[枕詞]海中の藻のようすから「靡く」に、また「なばる（＝隠レル）」と同音を含む地名「名張」にかかる。上代での使用が多い。例「**沖つ藻**のなびきし君が言待つ我れを」〈万葉・一一・二七八二〉

おきて【掟】[名]❶思い定めること。意向。取り決め。例「親の**おきて**に違へりと思ひ嘆きて」〈源氏・帚木〉❷きまり。規則。法律。例「道の**掟**正しく、これを重くして放埒せざれば」〈徒然・一五〇〉❸心構え。心配り。思慮。例「まことの聖の**掟**になん見えたまふ」〈源氏・橋姫〉《係結び》「なん→見えたまふ(体)」。❹運命。宿命。定め。例「等覚十地、なほ生死の**掟**にしたがふ」〈平家・一〇・維盛入水〉❺形態。様式。配置。例「水のおもむき、山の**おきて**をあらためて」〈源氏・少女〉

おきどころ【置き所・置き処】[名]❶物を置く所。置き場所。❷（多く下に打消の語を伴って）心や身の処置。例「我が身ふるれば**置き所**なし」〈古今・恋四・七三六〉

おきな【翁】[名]❶年老いた男。老人。↔嫗。例「うたてげなる**翁**二人、嫗と行き会ひて、同じ所に居ぬめり」〈大鏡・序〉❷老人が自分のことをへりくだっていう語。わし。じじい。老いぼれ。例「**翁**の申さむこと、聞きたまひてむや」〈竹取・石作の皇子〉〔注〕「てむや」は、完了の助動詞「つ」の未然形に、推量の助動詞「む」の終止形と、係助詞「や」が付いた形。相手の同意を求め、勧誘する意、また軽い命令の意を表す。《敬語》「申さむ」→「まうす」、「聞きたまひ」→「たまふ(四段)」。❸老人を親しみ敬って呼ぶ語。おじいさん。おじいちゃん。例「『いくついふこと覚えず』といふめり。この**翁**どもは覚えぶや」〈大鏡・序〉〔注〕「翁ども」の「ども」は、親近感を添えるために用いられた接尾語。《敬語》「覚えたぶ」→「たぶ(賜ぶ)」。❹能楽に用いられる老人の面。おきなめん。❺能楽の曲名。天下泰平・五穀豊穣を祈って、祈禱の歌舞を中心とする儀礼曲で、能の中で最も神聖な曲とされる。

おきな【翁】[作品名]鎌倉・南北朝時代から室町時代にかけての謡曲。作者未詳。複数の老人による祝い・祈禱の歌舞を中心とする儀礼曲で、能の中で最も神聖な曲とされる。

おきながかは【息長川】[名]❶近江国（いまの滋賀県）坂田郡を流れていたという川。いまは不明。❷男女の仲が永遠に続くさま。何が起ころうとふたりの仲はけっして絶えることはない、と男が女に誓うことば。「にほ鳥の息長川は絶えぬとも君に語らむ言尽きめやも」〈万葉・二〇・四四五八〉による。

おきなぐさ【翁草】[名]❶草の名。全体が白い絹毛に覆われていることから名付けられた。＝猫草。（季―春）。❷「松」の別称。❸「菊」の別称。（季―秋）

おきなさ・ぶ【翁さぶ】[自バ上二]《「さぶ」は接尾語。…らしく振る舞う意》老人らしく振る舞う。年寄りらしくなる。例「**翁さ・び**人なとがめそ」〈後撰・雑一・一〇七六〉

おきなびと【翁人】[名]男の年寄り。老人。

おきな・ぶ【翁ぶ】[自バ上二]年寄りじみる。老人めく。例「ただ**翁・び**たる声に額づくぞ聞こゆる」〈源氏・夕顔〉

おきのりわざ【賖り事】[名]《「おぎのりわざ」とも》代金後払いで物を買うこと。つけで買うこと。例「そらごとをして**おきのりわざ**をして銭も持て来ず」〈土佐〉

おきの・る【賖る】[他ラ四]《「おぎのる」とも》代金を後払いにして物を買う。掛け買いをする。例「ある時、〔酒ヲ〕**おきの・り**て」〈沙石集〉

おきひ【燠火・熾火】［名］《「おきび」とも》赤くおこった炭火。

おきふし【起き臥し】□一［名］起きたり寝たりすること。転じて、日々の生活。暮らし。例「起き臥しもよろづに仕うまつりたまへるなども」〈栄花・三〉□二［副］寝てもさめても。一日中。いつも。例「〔出発ノ〕ほど（＝時）近くなるままに、〔六条御息所ろくじょうのみやすどころハ〕起き臥し嘆きたまふ」〈源氏・賢木〉

おきふ・す【起き臥す・起き伏す】［自サ四］{さ・し・す・す・せ・せ}起きたり寝たりする。例「政秋、笙しゃうの笛を持ちながら起き臥・すさま、つきづきし」〈とはずがたり〉

おきへ【沖辺・沖方】［名］沖の方。沖の辺り。

おきまどは・す【置き惑はす】［他サ四］{さ・し・す・す・せ・せ}❶（露や霜などが）他のものと見分けがつきにくいように置く。例「初霜の置きまどは・せる白菊の花」〈古今・秋下・二七七〉訳→〈和歌〉こころあてにをらばやをらむ…。❷置き忘れてなくす。例「鍵かぎを置きまどは・しはべりて、いと不便ふびんなるわざなりや」〈源氏・夕顔〉

おきまよ・ふ【置き迷ふ】［自ハ四］{は・ひ・ふ・ふ・へ・へ}❶置きどころに迷う。また、霜や露がたくさん降りている。例「色かはる露（＝ヒドク悲シイ涙）をば袖そでにおきまよ・ひ」〈新古今・秋下・五一六〉❷霜や露が降りているのかと見誤る。例「おきまよ・ふ色は山のはの月」〈新古今・秋下・五〇七〉

〈和歌〉**おきもせず…【起きもせず寝もせで夜を明かしては春のものとてながめ暮らしつ】**〈古今・恋三・六一六・在原業平、伊勢・二〉訳あなたのことを思い出して、起きるでもなく眠るでもない状態で一夜を明かし、今日も一日、春の景物ということで長雨を眺めつつもの思いにふけって過ごしました。〈参考〉「ながめ」は、「長雨」と「眺め」の掛詞。「眺め」はもの思いに沈むこと。

おきゃあがれ【置きゃあがれ】《近世語》相手のことばや行動をやめさせるときの語。やめてくれ。よせやい。

おきよどころ【御清所】［名］《近世語》宮中や公家げくの台所。また、そこで働いている女性。

おぎろな・し［形ク］{から・く(かり)・し・き(かる)・けれ・かれ}《上代語。「なし」は接尾語》非常に広大である。例「そきだくも（＝アンナニモ）おぎろな・きかも」〈万葉・二〇・四三六〇長歌〉

おきわ・ぶ【起き侘ぶ】［自バ上二］{び・び・ぶ・ぶる・ぶれ・びよ}起きかねている。起きるのを面倒に思う。例「おきわ・びぬながきよあかね」〈拾遺愚草〉

おき・ゐる【起き居る】［自ワ上一］{ゐ・ゐ・ゐる・ゐる・ゐれ・ゐよ}身を起こしている。起きて座っている。例「夜も起き・居て、いひ歎なげけば、きく人も、『もの狂ほし』と、笑ふ」〈枕・職の御曹司におはしますころ、西の廂に〉

おく【招く】歴史的かなづかい「をく」

おく…【屋…】歴史的かなづかい「をく…」

おく【奥】［名］❶空間的に、入り口から内部に深く入り込んだ所。奥の方。❷（家の中の）奥の部屋。家人の常にいる部屋。例「客人まらうどなどに会ひてものいふに、奥の方に、うちとけ言ごとなどいふを」〈枕・かたはらいたきもの〉❸心の奥。心底。例「心ばへありて、奥推おしはからるるまみ、額ひたひつきなり」〈源氏・紅梅〉❹（物事や季節の）終わり。最後。例「外山とやまに吹くあらしの風の音聞けばまだきに冬の奥ぞ知らるる」〈千載・冬・三九六〉❺（書物や手紙の）終わり。末尾。例「奥より端はしへよみ、端より奥へ読みけれども」〈平家・三・足摺〉❻時間的に、現在から遠い未来。将来。行く末。例「我あが恋はまさかもかなし（＝イマモ切ナイ）草枕多胡たごの入り野の奥もかなしも」〈万葉・一四・三四〇三〉〔注〕「入り野」は、山間の奥深くに入り込んだ野。この奥は①の意をかけている。❼《道の奥の意》いまの東北地方を指していう語。みちのく。奥州。❽《近世語》江戸時代、貴人の家で、主人の公の仕事のための部屋である「表」に対して用いられた語。貴人の妻の居間。転じて、貴人の妻の敬称。奥方。

〔奥おく設まけて・奥おく儲まけて〕《「まけ」は、動詞「設く」の連用形》先々のことをあらかじめ考えて。将来を期待して。＝奥設へて。例「近江あふみの沖つ島山奥まけてわが思ふ妹いもが言こと（＝ウワサ）の繁しげけく」〈万葉・一一・二四三九〉

〔奥おく設まへて〕《「おくまけて」の変化形》「おくまけて」に同じ。

お・く【置く】{か・き・く・く・け・け}［自カ四］［他カ四］［補動カ四］

> **アプローチ**
> ▼一定の位置に事物を置く意。
> ▼事物を安定した状態で置く意の類義語の「据すう」に対して、取りあえずその場に放置する、といった感じが強い。
> ▼霜や露がおりる意の「置く」は自動詞形であるが、一般には他動詞である。

□一［自カ四］（露・霜が）降りる。（雪が）降り積もる。例「笹ささの葉に置・く霜よりもひとり寝ぬる我が衣手ころもでぞ冴さえまさりける」〈古今・恋二・五六三〉訳笹の葉に降りる霜よりも、ひとり寝をする私の袖そでの方が、（涙で凍って）いっそう寒さがつのることだ。《係結び》「ぞ」→冴えまさりける(体)」

□二［他カ四］❶（物や人を、一定の場所に）すえる。位置させる。のせる。例「これに置・きてまゐらせよ、枝も情けなげなめる花を」〈源氏・夕顔〉訳これに（花を）のせてさしあげなさい。枝もいかにも風情がないような花ですよ。《音便》「情けなげなめる」は「情けなげなるめる」の撥音便「情けなげなんめる」の撥音無表記。《敬語》「置きてまゐらせよ」→「まゐらす」

❷（死者を墓の中に）安置する。埋葬する。ほうむる。例「その髑髏ひとがしらを取りて、山の中に清き所を撰えらびて置・きつ」〈今昔・一三・三〇〉訳その髑髏どくろを持って、山の中の清浄な所を選んでほうむった。

❸あとに残す。見捨てる。例「親をお・きて亡くなる人は、いと罪深かなるものを」〈源氏・浮舟〉訳親をあとに残して死んでゆく人は、ほんとに罪が深いということなのに。《音便》「深かなる」は「深かるなる」の撥音便「深かんなる」の撥音無表記。

❹そのままにしておく。（何もしないで）ほうっておく。例「雨いたく降りぬべし。かくてお・いたらば、死にはてはべりぬべし」〈源氏・手習〉訳雨がひどく降りそうです。このまま何もしないでほうっておいたら、死んでしまうに違いありません。《音便》「おい」は「おき」のイ音

便。《敬語》「死にてはべり」→「はべり」
❺（時間的・空間的・心理的に）間隔をあける。隔てる。例「ほととぎす間しまし置け汝が鳴けば我が思ふ心いたもすべなし」〈万葉・一五・三七八五〉訳ホトトギスよ、時間の間隔をしばらくあけて鳴いておくれ。おまえが鳴くと、私のものを思う心がはなはだしく（刺激されて）どうしようもないのだ。❻設ける。設置する。例「諸国に守護をお・き、庄園に地頭を補せらる」〈平家・一二・吉田大納言沙汰〉訳（源頼朝は）諸国に守護を設け、荘園に地頭を任命なさる。❼細工をほどこす。模様をつける。例「箱の漆つき、蒔絵のさま、口置・かれたりしやうなどのいとめでたかりしなり」〈大鏡・伊尹〉訳箱の漆のつきぐあい、蒔絵のようす、縁金の細工のほどこされたぐあいなどが、実にすばらしいものでした。❽（質物として）預ける。例「この節会に、佩き給ふ御佩刀を質に置・かむ」〈宇津保・吹上・上〉訳この間の節会のときに、腰に着けられた御太刀を、質物として預けましょう。❾（占・算・算木などの語を伴って）うらなう。計算する。例「君いつ来まさむと大占置・きて斎ひ渡るに」〈万葉・一三・三三一三長歌〉訳あなたは、いつ帰っていらっしゃるだろうとうらないをし、忌みつつしんで安全を祈り続けていたのに。《敬語》「来まさむ」→「ます（座す）」

三［補動カ四］（動詞の連用形、またはそれに助詞「て」の付いた形に接続して）あらかじめ…する。前もって…しておく。例「御山籠りはてはべらん日数も承りお・きて」〈源氏・橋姫〉訳（八の宮の）ご参籠が終わりになります日数も、前もってお聞きしておいて《敬語》「はてはべらん」→「はべり」、「承りおきて」→「うけたまはる」

お・く【起く】［自カ上二］{き・き・く・くる・くれ・きよ}❶眠りからさめる。目覚めて床から出る。例「朝に起・きさせたまふとても、明くるも知らでと（桐壺ノ帝ハ）思ほし出づるにも」〈源氏・桐壺〉❷寝ずにいる。例「灯火を挑げ尽くして起・きおはします」〈源氏・桐壺〉❸起き上がる。立ち上がる。例「うらやみ顔に、松の木のおのれ起・きかへりてさとこぼるる雪も」〈源氏・末摘花〉

おくいり【奥入】［作品名］鎌倉前期（一二三三ごろ成立）の注釈書。藤原定家著。定家が所持の『源氏物語』の巻末に付けておいた注を別冊にまとめたもの。初期の『源氏物語』の注釈として重要。

おくか【奥処】［名］《「か」は所の意》❶奥まった場所。果て。例「思へども験しをなみ（＝カイモナク）嘆けども奥かをなみ」〈万葉・一三・三三二四長歌〉❷さきざき。将来。例「波の上に浮きてし居れば奥か知らずも」〈万葉・一七・三八九六〉

おくがき【奥書】［名］書き物の末尾に書かれた、年月日・筆者名・書き物の由来などについての記事。識語。跋。

おくかな・し【奥処無し】［形ク］{から・く（かり）・し・き（かる）・けれ・かれ}果てしがない。きりがない。例「奥かな・く知らぬ山道を恋ひつつか来む」〈万葉・一二・三二五〇〉

おくかひの【置く蚊火の】《「蚊火」は蚊遣り火の意》（蚊遣り火は、上はよく燃えず、下が焦げるところから）「下焦がれ（心の中で恋い焦がれている意）」を導く序詞を構成する。例「置く蚊火の下焦がれのみ我が恋ひ居らく」〈万葉・一一・二六四九〉

おくぐち【奥口】［名］❶家の奥へ通じる出入り口。❷反物を巻くとき、染めむらや織りむらなど欠点のある部分を奥の方に巻き込んでごまかすこと。

おくぐら・し【奥暗し】［形ク］{から・く（かり）・し・き（かる）・けれ・かれ}部屋の奥の方が暗い。例「夕影なれば、さやかならず奥暗・き心地するも」〈源氏・若菜・上〉

おくざま【奥様】［名］奥の方。

おくじま【奥縞】［名］《近世語》近世初期輸入された紺地に赤糸の縦縞の入った綿織物。西インドの原産地サントメから、サントメ縞・唐桟ともいう。

おくじゃうるり【奥浄瑠璃】［名］古浄瑠璃のひとつ。天正・慶長（十六世紀末）ごろ、東北、仙台地方に伝えられた浄瑠璃。盲目の法師が琵琶などを伴奏に、義経を題材とした話などを語った。＝御国浄瑠璃・仙台浄瑠璃

おく・す【遣す・致す】［他サ四］{さ・し・す・す・せ・せ}《「おこす」の変化形》こちらによこす。送ってくる。例「さあさあ、その太刀をおく・せ」〈狂言記・昆布売〉

おく・す【臆す】［自サ変］{せ・し・す・する・すれ・せよ}気後れする。おじける。おどおどする。例「（忠平ハ）臆・したるさま見えじと念ぜさせたまひて」〈大鏡・忠平〉

おくすぢ【奥筋】［名］奥州（いまの東北地方）方面。関東北部をも含めることがある。

おくぜい【奥勢】［名］奥州（いまの東北地方）の軍勢。

おくだか・し【臆高し】［形ク］{から・く（かり）・し・き（かる）・けれ・かれ}臆病で、気後れがする。気が小さい。例「臆だか・き者どもは、ものもおぼえず」〈源氏・少女〉

おくつかた【奥つ方】［名］《「つ」は上代の格助詞》奥の方。奥まった所。

おくつき【奥つ城】［名］《上代語。「おきつき」とも。「つ」は上代の格助詞。「き」は四辺を柵などで取り囲んだ区域の意》墓。また、神霊をまつった所。

おくつきどころ【奥つ城処】［名］墓場。例「真間の手児名（＝少女）が奥つき処」〈万葉・三・四三一〉

おくつすたへ【奥つ棄戸】［名］「おきつすたへ」に同じ。

おくづま【奥妻】［名］愛妻。心の底からいとしい妻。

おくて【奥手・晩生・晩稲】［名］❶時節に遅れて咲く草花。❷ふつうのものより遅く成熟する稲。＝晩稲。↑早生・中手。（季－秋）

おくどこ【奥床】［名］家の奥の寝所。↔外床

おくにかぶき【阿国歌舞伎】［名］近世初期、出雲大社の巫女といわれる阿国が創始した歌舞劇で、のちの歌舞伎のもとをなした。当時流行の小唄に振り付けをしたもので、京都で人気を博し、歌舞伎踊りと称され、女歌舞伎として急速に普及した。

おくにじゃうるり【御国浄瑠璃】［名］「おくじゃうるり」に同じ。

おくねん【憶念・臆念】［名］心から離さずにずっと思い込んでいること。執念。

おくのて【奥の手】［名］❶（古代、左を右より尊んだことから）左手。また、大切な方の手。例「左手の

お

我が奥の手に巻きて去なましを」〈万葉・九・一七六六〉 ❷とっておきの方法。秘策。切り札。

おくのほそみち【おくのほそ道】［作品名］江戸中期（一六九四成立）の俳諧紀行。一冊。松尾芭蕉作。元禄二年（一六八九）三月二十七日、門人の曾良とともに江戸を出発してから、関東・奥羽・北陸の名所を巡遊し、八月二十日すぎに大垣に至り、さらに伊勢へと向かうまでの道中を、発句を交じえて描く。

おくのゐん【奥の院】［名］寺社の本堂・本殿より奥にあって、本尊や秘仏などが安置してある建物。

おくびゃう［・なり］【臆病】［名・形動ナリ］ちょっとしたことに怖がること。びくびくするさま。

おくびゃうかぜ【臆病風】［名］臆病な気持ちを風にたとえた言い方。おじけづくこと。

おくふかう【奥深う】形容詞「おくふかし」の連用形「おくふかく」のウ音便。

おくふか・し【奥深し】［形ク］｛から・く(かり)・し・き(かる)・けれ・かれ｝❶奥まっている。入り口から深く入り込んでいる。❷深みがあって心ひかれる。例「いと奥深・く、心恥づかしき御もてなしにて」〈源氏・若菜・下〉

おくま【御供米・御糈】［名］《「お」は接頭語。「御糈米」の略》神仏に供える、洗い清めた白米の敬称。→「くましね」

おくま・る【奥まる】［自ラ四］｛ら・り・る・る・れ・れ｝❶奥にある（いる）。奥の方にひきこもっている。例「奥ま・りたる女の、裳などうちとけ姿にて出でて見るに」〈蜻蛉・下〉 ❷奥ゆかしい。例「心にくく奥ま・りたるけはひは立ちおくれ」〈源氏・花宴〉 ❸おとなしく控え目である。内気である。例「〔斎宮ハ〕わりなくもの恥ぢをしたまふ奥ま・りたる人ざまにて」〈源氏・澪標〉

おくやま【奥山】［名］人里離れた、奥まった所にある山。奥深い山。＝深山。↔外山・端山

〔和歌〕**おくやまに…**【奥山にもみぢ踏みわけ鳴く鹿の声聞くときぞ秋は悲しき】〈古今・秋上・二一五・よみ人しらず〉《百人一首・猿丸大夫》訳奥山で散り積もったもみじを踏み分けて妻恋いに鳴く鹿の声を聞くとき、秋は身にしみて悲しいことだ。《係結び》「ぞ→「悲しき㊍」」

〈参考〉「奥山にもみぢ踏みわけ」の、動作主は「鹿」と考える説と作者と考える説とがある。『百人一首』では猿丸大夫の歌としているが、本来は作者未詳。

おくやまの【奥山の】［枕詞］深い奥山に自生することから「真木」「立木」に、また「深き」にかかる。例「奥山の真木の板戸をとどとして」〈万葉・一四・三五六七〉

〔和歌〕**おくやまの…**【奥山のおどろが下も踏み分けて道ある世ぞと人に知らせん】〈新古今・雑中・一六三五・後鳥羽院〉訳奥深い山の草木の乱れ茂っている所をも踏み分けて行って、どんな所にも道がある世の中だと、人に知らせよう。

おくゆか・し【奥床し】［形シク］｛しから・しく(しかり)・し・しき(しかる)・しけれ・しかれ｝❶（もっと）見たい。聞きたい。知りたい。例「いつしか聞かまほしく、おくゆか・しき心地するに」〈大鏡・序〉 ❷（もっと知りたいと思わせるほど深みが合って）慕わしい。（深い心づかいに）心引かれる。例「君は人の御ほどを思せば、されくつがへる今様のよしばみよりは、こよなう奥ゆか・しと思しわたるに」〈源氏・末摘花〉《音便》「こよなう」は「こよなく」のウ音便。《敬語》「思せば」「思しわたる」→「おぼす」

おくゆかしう【奥床しう】形容詞「おくゆかし」の連用形「おくゆかしく」のウ音便。

おくら【憶良】［人名］「やまのうへのおくら」に同じ。

おくらか・す【後らかす】［他サ四］｛さ・し・す・す・せ・せ｝（「かす」は接尾語）❶あとに残らせる。置き去りにする。例「〔供ノ〕人はみなおくらか・し先立てなどして（＝先ニ行カセルナドシテ）」〈蜻蛉・中〉 ❷あと回しにする。軽く扱う。例「〔源氏ハ〕後の世の御勤め（＝仏道修行）もおくらか・したまはず」〈源氏・匂宮〉

おくらご【御子良子】［名］「おこらご」に同じ。

おくら・す【後らす】［他サ四］｛さ・し・す・す・せ・せ｝あとに残す。生き残らせる。例「若草をおくら・す露ぞ消えんそらなき」〈源氏・若紫〉訳→〔和歌〕おひたたむ…

〔和歌〕**おくららは…**【憶良らは今は罷らむ子泣くらむそれその母も我を待つらむぞ】〈万葉・三・三三七・山上憶良〉訳私憶良めはいまはこれで失礼いたします。家では子供が泣いておりましょう。それにまあその子の母も私の帰りを待っておりましょうよ。《敬語》「罷らむ」→「まかる」

〔俳句〕**おくられつ…**【送られつ送りつ果ては木曾の秋】〈あら野・芭蕉〉訳この旅では、人に送られたり人を送ったりして、出会いと別れを重ねてきました。そうして長い旅路の果ては、山深い木曾の地の寂しい秋を迎えることになりそうです。（季－秋－秋）

おくり【送り】［名］❶人を見送ること。例「仕うまつるべき人々、みな難波まで御送りしける」〈竹取・蓬萊の玉の枝〉 ❷葬送。野辺の送り。例「いとあやしく、おぼえぬ送りなれど」〈源氏・夕顔〉 ❸（「送り状」の略）荷物を送るときに発送人から受取人にあてた、品目や数量などを記した明細書。

おくり【贈り】［名］称賛や感謝の気持ちを込めて、人に物を与えること。

おくりがう【贈り号】［名］「おくりな②」に同じ。

おくりじゃう【送り状】［名］「おくりぶみ」に同じ。

おくりな【贈り名・諡】［名］❶死後、その人の生前の徳や業績をたたえて贈る称号。日本では古くは天皇・摂関などに限られた。＝諱。❷死後、つけられる法名。戒名。＝贈り号

おくりぶみ【送り文】［名］物を送るときに添える、品名を書いた文書。＝送り状

おくりをさ・む【送り葬む・送り収む】［他マ下二］｛め・め・む・むる・むれ・めよ｝死者を墓所まで送って葬る。野辺送りをして埋葬する。例「はらからなる人のみまかりて、送りをさ・めける夜」〈玉葉・雑四・二三三五詞書〉

おく・る【送る】［他ラ四］｛ら・り・る・る・れ・れ｝❶人や物を先方に届ける。輸送する。例「〔遺産ノ配分ヲシ〕京の御料とて（＝京ノ方々ノ分トシテ）送・りたてまつりたまへる」〈源氏・若菜・上〉《敬語》「送りたてまつりたまへる」→「たてまつる」「たまふ（四段）」。❷見送る。例「堀江越え遠き里まで送・り来る」〈万葉・二〇・四四八二〉 ❸死んだ人を葬送する。例「鳥部野・舟岡、さらぬ野山にも、送・る数多かる日はあれど送・らぬ日はなし」〈徒然・一三七〉 ❹過ごす。時が経過

する。例「四十あまりの春秋を送・れるあひだに」〈方丈記〉

おく・る【贈る】[他ラ四]{ら・り・る・る・れ・れ}❶物を人に与える。贈り物をする。❷死後に官位や称号を授ける。

おく・る【後る・遅る】[自ラ下二]{れ・れ・る・るる・るれ・れよ}❶**あとになる。遅くなる。**例「後蒔きの遅・れて生ふる苗なれどあだにはならぬたのみとぞ聞く」〈古今・物名・四六七〉❷**取り残される。あとにとどまる。**例「行く先に立つ白波の声よりもおく・れて泣かむわれやまさらむ」〈土佐〉《係結び》「や→まさらむ㊍」。❸(親しい人に)**死なれる。先立たれる。**↔先立つ㊀④。例「故姫君は、十ばかりにて殿に後・れたまひしほど」〈源氏・若紫〉❹**間に合わなくなる。遅刻する。**例「人々は舟にのりてさし渡りけり。それにはおく・れて、ようさりまゐる」〈紫式部日記〉❺(才能・性質などが)**劣る。**例「よろづにととのひたまへるに、和歌の方や少しおく・れたまへりけむ」〈大鏡・伊尹〉《係結び》「や→おくれたまへりけむ㊍」。❻**気おくれする。おじけづく。臆する。**例「『ああ、先づ待て待て』『何とおく・れたか』」〈狂・文山立〉

おくれ【後れ・遅れ】[名]❶他よりも遅くなること。とり残されること。❷ひるむこと。気おくれすること。❸勝負ごとで負けること。例「われは後れになりしかば」〈狂言記・双六僧〉❹結えないで垂れさがった髪の毛。おくれ毛。

おくれさきだ・つ【後れ先立つ】[自タ四]{た・ち・つ・つ・て・て}❶あとになったり、前になったりする。例「おくれさきだつうらみやはある」〈新古今・釈教・一九三九〉❷一方は生き残り、一方は死ぬ。例「たとひ遅速の不同はありとも、おくれ先だ・つ御別れ」〈平家・一〇・維盛入水〉

おくれそ・む【後れ初む】[自マ下二]{め・め・む・むる・むれ・めよ}もともと気がきかない。初めからひけを取っている。例「心あらむ人は、思ひ残すことはあるまじきを、何ごとにも後れそ・めにける中に」〈源氏・総角〉

おくればせ【後れ馳せ】[名]❶人よりも遅れてかけつけること。例「おくればせに馳せ来たる」〈平家・一一・志度合戦〉❷時機を逸すること。

おくれ・ゐる【後れ居る】[自ワ上一]{ゐ・ゐ・ゐる・ゐる・ゐれ・ゐよ}あとに残される。例「後れ・居て恋ひつつあらずは(=思イ続ケテイルナラ)」〈万葉・二・一一五〉

おけ…【桶…】歴史的かなづかい「をけ…」

おけ【感】神楽歌や催馬楽などのはやしことば。例「飛鳥井に宿りはすべしやおけ陰もよし」〈催馬楽〉

おこ…【痴…・烏滸…】歴史的かなづかい「をこ…」

おご【御御】[名]《近世語。「おごう」とも。「お」は接頭語。「ご」は「御前」の略》他人の娘や妻を親しんで呼ぶ語。娘さん。また、奥さん。

おごう[名]「おご」に同じ。

おごうさま【御御様】[名]他人の娘、または妻の敬称。お嬢様。奥様。

おこしい・づ【起こし出づ】[他ダ下二]{で・で・づ・づる・づれ・でよ}❶寝ている人を起こす。例「女ばらの奥深き(=奥デ寝テイル年輩ノ女房)を起こしい・づるほど」〈源氏・橋姫〉❷埋もれているものを掘り出す。例「埋みたる火おこし出・でて」〈源氏・幻〉

おこしごめ【興し米・粔籹】[名]菓子の名。もち米を蒸してから乾かし、炒って水あめなどで味つけしたもの。おこし。

おこしす・う【起こし据う】[他ワ下二]{ゑ・ゑ・う・うる・うれ・ゑよ}(病人などの身体を)起こして座らせる。例「尼君は喜びて、せめて(=無理ニ)起こし据・ゑつつ、御髪手づから梳りたまふ」〈源氏・手習〉

おこ・す【起こす】[他サ四]{さ・し・す・す・せ・せ}❶横になっているものや傾いているものを立てる。例「君は御衣にまとはれて臥したまへるを、せめて(=無理ニ)起こ・して」〈源氏・若紫〉❷眠りをさまさせる。例「渡殿なる宿直人起こ・して、紙燭さして参れと言へ」〈源氏・夕顔〉❸心を奮い立たせる。例「心を起こ・して祈り申したまふ」〈源氏・夕霧〉❹ある気持ちを生じさせる。例「さる心ちに、道心おこ・して」〈枕・虫は〉❺事を生じさせる。物事を始める。例「謀反おこ・さば、やがて方人せうずる聖の御房なり」〈平家・一二・六代被斬〉❻盛んにする。例「火などいそぎおこ・して炭もてわたるも」〈枕・春は、あけぼの〉❼版に彫る。出版する。例「このわけを板行におこ・して」〈黄・江戸生艶気樺焼〉

おこ・す【遣す】㊀[他サ下二]{せ・せ・す・する・すれ・せよ}**送って来る。こっちへよこす。**例「紅の八入に染めておこ・せたる衣の裾も通りて濡れぬ」〈万葉・一八・四一五六長歌〉㊁[他サ四]{さ・し・す・す・せ・せ}《中世以降》㊀に同じ。例「末広がりに成いて見せう。これへおこ・さしめ」〈狂・末広がり〉㊂[補動サ下二]{せ・せ・す・する・すれ・せよ}(動詞の連用形に付き)動作をこちらへ及ぼす意を表す。**こちらを…する。こちらに向かって…する。**例「月の出でたらむ夜は、見おこ・せたまへ」〈竹取・かぐや姫の昇天〉

おこそずきん【御高祖頭巾】[名](「御高祖(日蓮上人)」の像がかぶっている頭巾に似ていることから)目だけ出し、頭と顔全体を覆う頭巾。おもに女性が防寒用に用いた。＝袖頭巾。(季―冬)

おこたり【怠り】[名]❶怠けること。怠慢。例「とてもかくても、わが怠りにてはもてそこなはじ」〈源氏・浮舟〉❷怠慢による過失。例「げにかならずかやうのこと、わが怠りにて流されたまふにしもあらず」〈大鏡・道隆〉❸過失をわびること。謝罪。例「百返(=何度トナク)おこたりを言ひ尽くいても」〈夜の寝覚〉❹運の悪いこと。運命のつたなさ。例「たへがたくとも、わが宿世のおこたりにこそあめれなど」〈蜻蛉・上〉

おこたりがた・し[形ク]{から・く(かり)・し・き(かる)・けれ・かれ}容体が思わしくない。病気や苦しみの癒える見込みがない。例「日ごろおこたりがた・くものせらるるを、やすからず嘆きわたりつるに」〈源氏・夕顔〉

おこたりざま[・なり]【怠り様】[名・形動ナリ]病気がよくなっていくさま。回復していくさま。例「いと重くわづらひたまへれど、ことなる名残のこらず、**怠りざま・に**見えたまふ」〈河内本源氏・夕顔〉

おこたりは・つ【怠り果つ】[自タ下二]{て・て・つ・つる・つれ・てよ}すっかりよくなる。病気が全快する。例「みだり心地(=病気)はまだおこたりは・てねど、いとむつかしう心もとなくはべれば」〈大和・一〇一〉

おこたりぶみ【怠り文】[名]過ちを謝罪する手紙。わび状。怠状。謝り証文。

おこた・る【怠る】［自ラ四］｛ら・り・る・る・れ・れ｝

> **アプローチ**
> ▼すべきことをしない、なまける、休むが原義。
> ▼転じて、病勢がゆるむ、衰える。つまり、快方に向かう、の意味が生じた。

❶**なまける。休む。** 例「なほ朝政は**怠・らせたま**ひぬべかめり」〈源氏・桐壺〉 訳依然として、朝のご政務はなまけておしまいになるようである。 語構成「怠らせたまひぬべかめり」―「せたまひ」→「せたまふ」。《敬語》「怠らせたまひ」→「べかめり」

❷**ゆるがせにする。たゆむ。とぎれる。** 例「おぼつかなき日数つもるをりをりあれど、心の中は**怠・らず**なん」〈源氏・初音〉 訳たとえご無沙汰の状態で何日もたってしまうことが時々ありましても、心の中ではゆるがせにすることなく思っているのです。《係結び》「なん↓(省略)」

❸(病気・苦痛が)**軽くなる。減ずる。治る。** 例「一部も法花経を書写供養し奉らば、少しにても苦しびは**怠・り**なむ」〈今昔・一四・八〉 訳せめて一部なりとも法華経を書き写し、供養し申し上げたなら、少しでも(母の)苦しみは**軽くなる**であろう。

❹**あやまちを犯す。** 例「みづから**怠・る**と思ひ給ふること侍らねど」〈栄花・五〉 訳自分自身では、あやまちを犯したと思っておりますようなことはありませんが。《敬語》「思ひ給ふること侍らねど」→「たまふ(下二段)」「はべり」

おこつ・る【誘る】歴史的かなづかい「をこつる」

おこと【御事】［代名］《対称の人称代名詞。相手に親しみや敬意を込めていう語》あなた。そなた。例「ただ御事の苦しさをこそ存じ候へ」〈保元・中〉

おこなひ【行ひ】［名］❶**行動。** ❷**仏道修行。** 例「法文など読み、行ひせむ」〈源氏・賢木〉 ❸**仏事。神事。** 例「あしたの御おこなひ、夕べの御笛の音」〈讃岐典侍日記〉

おこなひあか・す【行ひ明かす】［他サ四］｛さ・し・す・す・せ・せ｝仏前で勤行しながら夜を明かす。例「よきことならむかしと思ひて、**おこなひ明か・す**」〈更級〉

おこなひあり・く【行ひ歩く】［自カ四］｛か・き・く・く・け・け｝仏道修行をして遍歴する。

おこなひい・づ【行ひ出づ】［他ダ下二］｛で・で・づ・づる・づれ・でよ｝❶仏道修行で得た功徳によって霊験を現す。法力を見せる。例「この毘沙門は、命蓮聖の**行ひ出・で**奉りたりけるとか」〈古本説話集〉 ❷指示を出して処置する。例「『胴(＝車箱ヲ車ノ上ニ)かきすゑよ』と**おこなひ出・でたる**に」〈落窪・二〉

おこなひがち［・なり］【行ひ勝ち】［形動ナリ］｛なら・なり(に)・なり・なる・なれ・なれ｝仏道修行に専心するさま。例「行ゆく末短うもの心細うて**行ひがち・に**なりにて」〈源氏・柏木〉

おこなひくら・す【行ひ暮らす】［他サ四］ひたすら仏道修行をして一日を過ごす。

おこなひさ・す【行ひ止す】［他サ四］｛さ・し・す・す・せ・せ｝念仏・読経などを途中でやめる。例「山風おそろしうおぼえて、**おこなひさ・して**うちまどろみたる夢に」〈更級〉

おこなひさらぼ・ふ【行ひさらぼふ】［自ハ四］｛は・ひ・ふ・ふ・へ・へ｝仏道の修行のために、やせ衰える。例「年は六十ばかりになりたれど、いときよげに、あらまほしう、**行ひさらぼ・ひて**」〈源氏・明石〉

おこなひさわ・ぐ【行ひ騒ぐ】［自ガ四］｛が・ぎ・ぐ・ぐ・げ・げ｝大騒ぎして仏前の勤めを行う。大騒ぎをして神仏に祈る。＝行ひ罵る

おこなひすま・す【行ひ澄ます】［自サ四］｛さ・し・す・す・せ・せ｝戒律を守り、仏道修行に励む。例「信濃国善光寺に**おこなひすま・して**」〈平家・一〇・千手前〉

おこなひつと・む【行ひ勤む】［自マ下二］｛め・め・む・むる・むれ・めよ｝仏道の修行に励む。勤行をする。例「明石の入道、**行ひ勤・め**たるさまいみじう思ひすましたるを」〈源氏・明石〉

おこなひな・す【行ひ為す】［他サ四］｛さ・し・す・す・せ・せ｝(仏道を)行いとして示す。修行する。例「山伏だに、生ける身の棄すてがたきによりてこそ、仏の御教へをも、道々別れては**行ひな・すなれ**」〈源氏・総角〉

おこなひな・る【行ひ馴る】［自ラ下二］｛れ・れ・る・るる・るれ・れよ｝仏前の勤めに慣れて上手になる。例「『法界三昧普賢大士』とうちのたまへる〔姿ハ〕、**行ひ馴・れたる**法師よりは、けなり」〈源氏・葵〉

おこなひのぐ【行ひの具】［名］仏前での勤行の際に用いる道具。数珠・経典・香など。

おこなひのし・る【行ひ罵る】［自ラ四］｛ら・り・る・る・れ・れ｝「おこなひさわぐ」に同じ。

おこなひびと【行ひ人】［名］仏道修行者。

おこなひまぎ・る【行ひ紛る】［自ラ下二］｛れ・れ・る・るる・るれ・れよ｝他のことに気を取られて勤行を怠る。例「天人なども舞ひ遊ぶこそ尊かなれ。**行ひ紛・れ**罪得うべきことかは」〈源氏・手習〉《音便》「尊かなれ」は「尊かるなれ」の撥音便「尊かんなれ」の撥音無表記。

おこなひま・す【行ひ増す】［自サ四］｛さ・し・す・す・せ・せ｝いっそう仏道修行をして功徳を積む。例「いかに**行ひま・して**住みたまひにたらむ」〈源氏・若菜・上〉

おこなひやつ・る【行ひ窶る】［自ラ下二］｛れ・れ・る・るる・るれ・れよ｝勤行をするために粗末な服を着る。勤行のために衰え弱る。例「容貌はいとうるはしくけうらにて、**行ひやつ・れ**んも」〈源氏・手習〉

おこなひゆ・く【行ひ行く】［自カ四］｛か・き・く・く・け・け｝進む。進行する。例「〔真ノ重大事ハ〕しばしもとどこほらず、ただちに**行ひゆ・く**ものなり」〈徒然・一五五〉

おこなひをさ・む【行ひ治む】［他マ下二］｛め・め・む・むる・むれ・めよ｝管理する。処理する。例「家のうちを**おこなひをさ・め**たる女、いと口惜し」〈徒然・一九〇〉

おこな・ふ【行ふ】［自ハ四］［他ハ四］｛は・ひ・ふ・ふ・へ・へ｝

> **アプローチ**
> ▼一定の順序や方式にのっとって行事をとり行うこと、が原義。
> ▼中古では、単に「おこなふ」と用いられている場合、多くは「勤行する」の意。

一［自ハ四］**仏道修行をする。勤行する。** 例「持仏すゑたてまつりて**行・ふ**尼なりけり」〈源氏・若紫〉 訳

守り本尊を安置申し上げて**勤行する**(人は)尼であった。《敬語》「するたてまつりて」→「たてまつる」 **二**[他ハ四] ❶**挙行する**。**実施する**。例「仁王会など**行・はる**べし」〈源氏・明石〉 訳仁王会などが**とり行われる**ことになっている。❷**処理する**。**治める**。例「尾張に下りて、国**行・ひける**に」〈宇治拾遺・三・一四〉 訳尾張国(愛知県)へ(都から)移って、国政を**処理し**たけれども。❸**指図する**。**命令する**。例「『ここになむ物は有るなる。ただここを踏み開けて入れ』と**行・ひければ**」〈今昔・二九・五〉 訳「ここに調度品はあるのだ。すぐここを蹴破って入れ」と**指図した**ところ。❹**処する**。**処罰する**。例「すでに死罪に**行・はる**べかりし人の、流罪に宥められけることは、小松殿のやうやうに申されけるによってなり」〈平家・二・大納言流罪〉 訳もはや死刑に**処せられる**ことになっていた人が、流罪に許されたことは、小松殿がさまざまに命乞いをお願い申し上げたからなのである。《敬語》「申され」→「まうす」 ❺**与える**。**施す**。**振る舞う**。例「米、魚など乞へば、**行・ひつ**」〈土佐〉 訳米や魚などを(貫之たちに)求めたので、それらを**振る舞った**。

おごめ・く【蠢く】[自カ四]{か・き・く・く・け・け}(「をごめく」とも)ひくひくとわずかに動く。うごめく。例「鼻のほど**おごめ・きて**言ふは」〈徒然・七三〉

おこらご【御子良子】[名](「おくらご」とも)伊勢神宮で、おもに神への供え物のことを仕事にしている少女。供物を調える子良館に詰めている。

おこり【瘧】[名]「えやみ②」に同じ。

おごり **一**【驕り】自分を人より上だと思っていばること。思い上がり。**二**【奢り】金の派手な無駄遣い。ぜいたく。

おごりあり・く【驕り歩く】[自カ四]{か・き・く・く・け・け}得意そうに歩く。いばった態度で歩く。例「**おごりあり・か**むと思ふにこそあらめ」〈落窪・一〉

おごりつひや・す【奢り費やす】[他サ四]{さ・し・す・す・せ・せ}ぜいたくに無駄使いする。浪費する。例「上の**奢り費や・す**所をやめ」〈徒然・一四二〉

おこ・る【起こる】[自ラ四]{ら・り・る・る・れ・れ}❶新たに生じる。物事が始まる。例「始め興宴よりおこ・りて(＝宴席デノ冗談ガ原因デ)長き恨みを結ぶ類多し」〈徒然・一三〇〉 ❷災いが生じる。病気になる。例「今宵、船君、例の病**おこ・り**て、いたく悩む」〈土佐〉 ❸ある感情が心に生ずる。例「道心も**起こ・る**わざなめるを」〈源氏・橋姫〉 語構成「わざなめる」→「なめり」。❹勢いが出る。例「国おほきに**おこ・り**て、王の都をかたぶく」〈曾我・三〉 ❺こぞって出てくる。大挙する。例「里人**おこ・り**て出であへば」〈徒然・八七〉

おご・る[自ラ四]{ら・り・る・る・れ・れ} **一**【驕る】❶権勢や才能を他人に対して誇る。得意になる。❷思い上がる。高慢な振る舞いをする。例「**おご・れ**る人も久しからず、ただ春の夜の夢のごとし」〈平家・一・祇園精舎〉 **二**【奢る】❶ぜいたくをする。浪費する。例「上の**奢り費やす**ところをやめ」〈徒然・一四二〉 ❷自分の金で他人に振る舞う。

おさ…【長…】歴史的かなづかい「をさ…」

おさおさ 歴史的かなづかい「をさをさ」

おさなし【幼し】歴史的かなづかい「をさなし」

おさ・ふ【押さふ・抑ふ】[他ハ下二]{へ・へ・ふ・ふる・ふれ・へよ}❶手をあてて物などをささえる。❷押しとどめる。止める。例「『童よりほかには、すべて入るまじ』と、くいりゅう戸を**おさ・へ**て」〈枕・内裏は、五節のころこそ〉 ❸(涙や気持ちなどを)こらえる。我慢する。例「たへがたきを**おさ・へ**て明かしたまひつ」〈源氏・若菜・下〉 ❹(近世語)さされた杯を押し戻して、もう一度相手に飲ませる。例「一度一度に**おさ・へ**て酒ぶり(＝酒ノ応酬)かたし」〈浮・好色一代男〉

おさへ【押さへ・抑へ】[名]❶敵の攻撃や侵入を防ぐこと。また、その軍勢。例「しらぬひ筑紫の国は敵守る**おさへ**の城そと」〈万葉・二〇・四三三一長歌〉 ❷隊列の最後尾について、列の乱れを整えること。また、その人。しんがり。❸念を押すこと。❹(「押さへ物」の略)宴席などで最後に出すもの。❺酒席で相手のすすめる杯を押し返し、もう一度飲ませること。

おさむ【収む・治む・修む・納む・蔵む】歴史的かなづかい「をさむ」

おさ・る【圧さる・押さる】(動詞「圧す」の未然形＋受身の助動詞「る」)圧倒される。威力に負ける。例「兄の大納言の、さのみ〔弟二〕**おさ・れ**たまはんもいとおしく」〈栄花・三九〉

おさん【御三】[名](近世語)台所仕事をする下女。おさんどん。

おし【愛し・惜し・鴛鴦】歴史的かなづかい「をし」

おし－【押し】[接頭](動詞に付いて)❶下の動詞に押す、押さえるの意を添える。「おし入る」など。❷強調・強意を表し、語調を整える。無理に…する、強いて…するの意を表す。「おし包む」「おし畳む」など。

おし【押し・圧し】[名]❶おもし。おさえ。❷わなの一種。かかった人や動物をおもしで圧死させるもの。

おし【御師】[名](「お」は接頭語)❶祈禱師。祈禱に当たった下級の僧や神官。❷信者にお札を配ったり参拝の際の宿の世話・案内などをした下級の神官。中世までは石清水八幡宮・熊野社など、近世では伊勢神宮のものが盛んだった。

おし[感]「をし」に同じ。

おしあ・ぐ【押し上ぐ】[他ガ下二]{げ・げ・ぐ・ぐる・ぐれ・げよ}❶押して上げる。例「御簾**おし上・げ**てながめたまへるさま」〈源氏・若菜・上〉 ❷高い位に取り立てる。目をかけて身分を上げる。例「おなじ若きなれど、**押し上・げ**たる人は、得意しらで」〈枕・故殿の御服の頃〉

おしあけがた【押し明け方】[名]明け方。

おしあ・つ[他タ下二]{て・て・つ・つる・つれ・てよ} **一**【押し当つ】❶押しつける。例「直衣の袖を顔に**おしあ・て**て居給へれば」〈落窪・一〉 ❷涙のあふれる目を袖で押さえる。❸(「おし」は接頭語)じっくり狙いを定める。例「良文が最中(＝真ン中)に箭を**押しあ・て**て射るに」〈今昔・二五・三〉 ❹(役などを)無理強いする。例「参らじと思ふなめりと心得させ給うて、**押しあ・て**させ給ふなめり」〈讃岐典侍日記〉 **二**【推し当つ】正しく推し量る。例「これ程に**推し当・て**られぬる上は何をか隠すべき」〈太平記・七〉

おしあづ・く【押し預く】[他カ下二]{け・け・く・くる・くれ・けよ}(「おし」は接頭語)強引に預ける。例「玉を**押し預・け**て去りぬ」〈今昔・二・三三〉

おしあて【推し当て】[名]推し図ること。当て推量。例「〔病床ノ道兼ハ〕言葉もつづかず、〔コチラカラハ〕ただ**推しあて**にさばかりなめりと聞きなさるに」〈大鏡・道兼〉語構成「さばかりなめり」→「なめり」

おしあは・す【押し合はす】[他サ下二]{せ・せ・す・する・すれ・せよ}一か所に集める。例「御方々の女房**おしあは・せ**たる、数しらず見えたり」〈源氏・梅枝〉

おしあゆ【押し鮎】[名]塩づけにしておもしで押した鮎。おもに正月の祝い料理とした。(季―春)

おしあり・く【押し歩く】[自カ四]{か・き・く・く・け・け}《「おし」は接頭語》はしゃぎ回る。落ち着きなく歩き回る。例「『いつしかその日(=祭リノ日)にならむ』と、急ぎ**おしあり・く**も、いとをかしや」〈枕・ころは、正月、三月〉

発展学習ファイル この用例を「急ぎをしありく」として、名詞「急ぎ」+格助詞「を」+動詞「しありく」の連体形とする説もある。

おしいだし【押し出だし】[名]「押し出だし衣」の略。

おしいだしぎぬ【押し出だし衣】[名]簾や牛車の下簾の下から、女房などが衣の袖を出すこと。多くは晴れがましい宮中の儀式の際に、寝殿造りの殿舎の装飾のひとつとして行われた。=押し出だし。⬇「いだしぎぬ」〈古典の世界〉

おしいだ・す【押し出だす】[他サ四]{さ・し・す・す・せ・せ}❶押して外側に出す。押し出す。とくに、衣の袖や裾などを簾の下などから出す。=押し出づ。↓「おしいだしぎぬ」。例「衣の裾・裳などは、御簾の外にみな**おし出だ・され**たれば」〈枕・淑景舎〉❷《「おし」は接頭語。「いだす」の強調》そこに出す。例「〔ワズカノ銭ナノデ〕ただ一度に**おし出だ・して**」〈古今著聞・四三三〉

おしい・づ【押し出づ】[他ダ下二]{で・で・づ・づる・づれ・でよ}「おしいだす①」に同じ。

おしいり【押し入り】[名]住居に不法に侵入し、金品を奪うこと。また、その盗人。押し込み。強盗。

おしい・る【押し入る】〖一〗[自ラ四]{ら・り・る・る・れ・れ}強引に入り込む。例「酒たうべむとて(=酒ヲイタダコウトイッテ)**押し入・りて**」〈後撰・夏・一八三詞書〉〖二〗[他ラ下二]{れ・れ・る・るる・るれ・れよ}むりやりに入れる。押し込める。例「あばらなる倉に、女をば奥に**おし入・れて**」〈伊勢・六〉

おしう【教ふ】歴史的かなづかい「をしふ」

おしうつ・る【推し移る】[自ラ四]{ら・り・る・る・れ・れ}時や状況などが移り変わる。例「〔政権ガ〕**推し移・り**たりしほどを」〈栄花・四〉

おしおこ・す【押し起こす】[他サ四]{さ・し・す・す・せ・せ}揺すり起こす。例「いとしもおぼえぬ人の、**おし起こ・して**、せめて物いふ」〈枕・すさまじきもの〉

おしおどろか・す【押し驚かす】[他サ四]{さ・し・す・す・せ・せ}《「驚かす」は「目覚めさせる」の意》人を揺り動かして目覚めさせる。揺り起こす。=押し起こす。例「女寝たるやうにて思ひ乱れて臥したるを、**おしおどろか・させ**給ひて」〈和泉式部日記〉

おしかか・る【押し掛かる】[自ラ四]{ら・り・る・る・れ・れ}❶物によりかかる。例「脇息に**おしかか・りて**、書きけることは」〈蜻蛉・中〉❷攻め寄せる。攻めかかる。例「実休旗本に**押しかか・り**」〈常山紀談〉

おしか・く【押し掛く】[自カ下二]{け・け・く・くる・くれ・けよ}❶襲いかかる。攻撃する。例「利仁、狐を**おしか・くれ**ば」〈宇治拾遺・一・一八〉❷招かれないのに勝手に行く。

おしかけ【押し掛け】[名]❶勝手に押しかけること。❷馬具の一種。鞍を中心にかけられる飾りひも。かける場所によって「面繋」「胸繋」「鞦」があり、これらを合わせて「三繋」という。

おしかさ・ぬ【押し重ぬ】[他ナ下二]{ね・ね・ぬ・ぬる・ぬれ・ねよ}《「おし」は接頭語》(物を)積み重ねる。また、重ね着をする。例「紙をあまた**おし重・ねて**、いと鈍き刀して切るさまは」〈枕・さかしきもの〉

おしかは【韋】[名]なめし皮。

おしかへし【押し返し】[副]反対に。逆に。例「わが思ふやうに、**おしかへし**ものを思はせばやと思ひしを」〈蜻蛉・上〉

おしかへ・す【押し返す】[他サ四]{さ・し・す・す・せ・せ}❶押しもどす。引き返す。例「御車**おし返・させて**」〈源氏・花散里〉❷ことばや歌を返す。例「これより〔歌ヲ〕**押し返・し**たまはざらむも」〈源氏・玉鬘〉❸反対にする。裏返しにする。例「鏡の敷き(=敷板)を**おし返・して**書きたまふ」〈落窪・三〉❹(多く「おしかへしおしかへし」の形で)繰り返す。例「**おし返・しおし返・し**、三返歌ひすましたりければ」〈平家・一・祇王〉

おしがみ【押し紙】[名]書籍・文書などに内容についての疑問や注意事項を書いてはる紙。付箋。

おしから【押し柄】[名]《「おしがら」とも》押しの強い人柄。人を圧倒するような性質。

おしからだ・つ【押し柄立つ】[自タ四]{た・ち・つ・つ・て・て}《「だつ」は接尾語》押しの強い積極的な性質をもつ。他を威圧し、強引に押し通す。例「心ばへかしこく、肝太く、**おしからだ・ちて**」〈宇治拾遺・七・三〉

おしき【折敷】歴史的かなづかい「をしき」

おしきせ【御仕着せ】[名]《近世語》❶《「仕着せ」の丁寧語》主人が奉公人に季節ごとに衣服を支給すること。また、その衣服。❷型どおり。きまりきったこと。おきまり。

おしくくみ【押し包み・押し含み】[名]包むもの。おくるみ。

おしくく・む【押し包む・押し含む】[他マ四]{ま・み・む・む・め・め}《「おし」は接頭語》物をくるむ。包む。例「〔生マレタテノ赤ン坊ノ〕御臍の緒切りて、この袴に**押し包・みて**」〈宇津保・蔵開・上〉

おしくつろ・ぐ【押し寛ぐ】[他ガ下二]{げ・げ・ぐ・ぐる・ぐれ・げよ}《「おし」は接頭語》身に着けている刀などを、抜きやすいようにゆるめる。例「矢束解いて**押しくつろ・げ**、中差しに鼻の油引いて待ち懸けたり」〈太平記・三〉

おしけ・つ【押し消つ】[他タ四]{た・ち・つ・つ・て・て}圧倒する。相手を押し負かす。例「人に**押し消・たれ**むことなど、人知れず思ほし嘆かる」〈源氏・朝顔〉

おしごと【推し言】[名]憶測でものを言うこと。当てずっぽう。

おしごと【押し事】[名]《近世語》無理に物事を押し進めること。無理強い。

おしこぼち【押し毀ち】[名]囲碁で、対局終了後に石を崩すこと。

おしこ・む【押し込む】〖一〗[自マ四]{ま・み・む・む・め・め}❶無理やり入り込む。押しかける。例「君達、**押し込・み**入りて」〈宇津保・国譲・下〉❷込み合う。ぎっしり詰まる。例「ひまもなく**おしこ・みて**ゐたれば」〈紫式部日記〉

記〉 二［他マ下二］{め・め・む・むる・むれ・めよ}❶押し入れる。閉じ込める。例「新大納言は一間なる所におしこ・められ」〈平家・二・小教訓〉❷心におさめて言わない。例「まばゆくてよろづ押しこ・めたり」〈源氏・藤袴〉

おしこ・る【押し凝る】［自ラ四］{ら・り・る・る・れ・れ}多くのものが集まってひしめき合う。一団となる。例「〔装束ノ色ガ〕赤き人黒き人おしこ・りて」〈蜻蛉・下〉

おしさ・す【押しさす】［他サ四］{さ・し・す・す・せ・せ}《「さす」は接尾語》押すことを中途でやめる。例「〔仏堂ニ〕箔をおしさ・して亡くなりにしぞ」〈更級〉

おししづ・む【押し沈む】オシシズム［他マ下二］{め・め・む・むる・むれ・めよ}（勢いを奪って）落ちぶれさせる。失脚させる。例「大臣の、しひて女御をおし沈・めたまふもつらきに」〈源氏・少女〉

おししづ・む【押し鎮む・押し静む】オシシズム［他マ下二］{め・め・む・むる・むれ・めよ}抑制して落ち着かせる。勢いを和らげ鎮まらせる。例「ことなるゆゑなき言葉をも、声のどやかにおし静・めて言ひ出だしたるは」〈源氏・常夏〉

おししぼ・む【押し萎む】［自マ四］{ま・み・む・む・め・め}張りがなくなる。生気が失せる。例「おししぼ・みたる衣のいかに見ぐるしかりけむ」〈紫式部日記〉

おしす・う【押し据う】［他ワ下二］{ゑ・ゑ・う・うる・うれ・ゑよ}❶《「おし」は接頭語》置き定める。また、場所を決めて座らせる。据える。例「いつしか雛おしす・ゑてそそき（＝忙シソウニ）ゐたまへる」〈源氏・紅葉賀〉❷相手の勢いを押さえとどめる。圧倒する。例「仁木・細川等に押しす・ゑられて、人数ならぬ有り様御辺も定めて遺恨にぞ思ふらん」〈太平記・三二〉

おしす・る【押し摺る・押し磨る】［他ラ四］{ら・り・る・る・れ・れ}押しもむ。すり合わせる。こする。例「ただ、知らず顔に硯おしす・りて」〈源氏・夕霧〉

おしだいこ【押し太鼓】［名］戦場で、進軍や攻撃の合図として打ち鳴らす太鼓。

おしたが・ふ【押し違ふ】オシタガ（ゴ）ウ［他ハ下二］{へ・へ・ふ・ふる・ふれ・へよ}《「おし」は接頭語》相手の期待や予想をあえて違える。わざとはぐらかす。例「〔返事ガ〕おしたが・へたる心地して」〈和泉式部日記〉

おしたた・む【押し畳む】［他マ四］{ま・み・む・む・め・め}折り目を押さえてたたむ。たたむ。例「白き色紙（＝染メ紙）おしたた・みて」〈枕・清涼殿の丑寅の角の〉

おした・つ【押し立つ】一［自タ四］{た・ち・つ・つ・て・て}❶踏んばって立つ。立ちはだかる。例「不動、火炎の前におした・ち」〈沙石集〉❷強引に行う。我を張る。例「ただ人や（＝一般ノ人ナラ）人の心許さぬふるまひをも押し立・つらむ」〈夜の寝覚〉二［他タ下二］{て・て・つ・つる・つれ・てよ}❶閉める。押して閉じる。例「戸は押し立・てつ」〈源氏・花宴〉❷先を行かせる。例「〔オ使イヲ〕前に押し立・てて」〈宇津保・楼の上・上〉❸無理じいする。例「さやうなる人のおした・てのたまはば、聞かではあらじ」〈落窪・二〉

おしたてもん【押し立て門】［名］両側に柱を立て、その上に屋根や横木を置かず、左右の門柱に扉をつけただけの門。

おした・る【押し垂る】［他ラ下二］{れ・れ・る・るる・るれ・れよ}《「おし」は接頭語》垂らす。垂れ下げる。ぶら下げる。例「櫛おした・れてさしたる額つき」〈源氏・末摘花〉

おしつけ【押し付け】一［名］❶むりじい。❷「押し付けの板」の略。二［副］間もなく。例「おしつけ意休が見えやう」〈伎・助六所縁江戸桜〉
〔**押し付けの板**〕鎧の背面にある、鉄板を革で包み金物を打った防具。綿噛の下、逆板の上。＝押し付け一②

おしつつ・む【押し包む】［他マ四］{ま・み・む・む・め・め}《「おし」は接頭語》包む。くるむ。例「紙などに、けしきばかり（＝申シワケ程度ニ）おしつつ・みて」〈枕・ころは、正月、三月〉

おして【押し手】［名］《「おしで」とも》❶（古く、手のひらに朱や墨を塗って押し、証明の印としたことから）印。印判。❷琵琶や琴などの演奏技法のひとつ。左手の指で弦を押さえること。❸弓術で左手のこと。＝弓手。↔勝手①

おして【押して】［副］❶あまねく。一面に。例「春日山おして照らせるこの月は」〈万葉・七・一〇七四〉❷強いて。強引に。例「〔姫君ガ尼ニナルノデハナイカト心配デ〕おしてこの国に越え来ぬ」〈源氏・玉鬘〉

おしてしるべし【推して知るべし】推察して分かるだろう。例「ただ、先師の評ある句をあげ侍るのみ。他は推してしるべし」〈去来抄〉

おして・る【押し照る】［自ラ四］{ら・り・る・る・れ・れ}一面に明るく照る。例「窓越しに月おし照・りてあしひきのあらし吹く夜は」〈万葉・一一・二六七九〉

おしてる【押し照る】［枕詞］（光が一面に明るく照る地の意から）「難波」にかかる。例「おしてる難波を過ぎて」〈万葉・六・一四二八長歌〉

おしてるみや【押し照る宮】［名］（照り輝くばかりに壮麗な宮の意で）難波の宮。

おしてるや【押し照るや】［枕詞］地名「難波」にかかる。例「押し照るや難波の崎よ」〈記・下・歌謡〉

おしと・る【押し取る】［他ラ四］{ら・り・る・る・れ・れ}《「おし」は接頭語》無理やり奪う。無理に取る。例「はては許さぬ物どもおし取・りて」〈徒然・一七五〉

おしなが・す【押し流す】［他サ四］{さ・し・す・す・せ・せ}強く押して流す。激しい勢いで流し去る。例「五月の霖に水増さりて押し流・されぬ」〈太平記・三一〉

おしな・す【押し成す】［他サ四］{さ・し・す・す・せ・せ}《「おし」は接頭語》無理にならせる。無理にする。例「この子をおしな・したうびける大徳は」〈大和・一六八〉

おしな・ぶ【押し並ぶ】［他バ下二］{べ・べ・ぶ・ぶる・ぶれ・べよ}❶すべてを一様にする。おしならす。例「さきに焼けにし憎くどころ、こたみはおしな・ぶるなりけり（＝全焼ダッタ）」〈蜻蛉・下〉❷（多く下に完了の助動詞「たり」を伴って）ふつうである。平凡である。例「世の中におしな・べたらぬを選りととのへ」〈源氏・桐壺〉

おしな・ぶ【押し靡ぶ】［他バ下二］{べ・べ・ぶ・ぶる・ぶれ・べよ}無理になびかせる。横に伏せる。例「印南野の浅茅押しな・べさ寝る夜の」〈万葉・六・九四〇〉

おしなべて［副］《動詞「おしなぶ」の連用形＋接続助詞「て」》❶みな一様に。あまねく。例「おしなべて峰もたひらになりななむ」〈伊勢・八二〉❷（多く「おしなべての」の形で）並ひととおり。ふつう。例「〔桐壺更衣ハ〕はじめよりおしなべての上宮仕へしたまふべき際にはあらざりき」〈源氏・桐壺〉〔注〕「上宮仕へ」とは、天皇のそば近くで雑用をするため仕えること。更衣は天皇の妃なので、本来女房のような仕事をする身分ではない。ここは天皇の寵愛が深く、つねに桐壺更衣をそばにおいていたことを示す。

おしなほ・る【押し直る】[自ラ四]{ら・り・る・る・れ・れ}《「おし」は接頭語》すわりなおす。正しく座につく。例「**おし直・り**箸刀おっ取って」〈狂・鱸包丁〉

おしなみに［副］ふつうに。とおりいっぺんに。平凡に。例「泉の小菅**おしなみに**妹が心をわが思はなくに」〈万葉・一一・二四七〉〔注〕用例は『万葉集』原文の「凡浪」を「おしなみ」と訓読したもの。「なみなみ」と訓読する説もある。

おしな・む【押し靡む】[他マ四]{ま・み・む・む・め・め}《「おしなぶ」の変化形》無理になびかせる。例「我が宿の薄**おしな・み**降れる白雪」〈古今・冬・三二八〉

おしなら・ぶ【押し並ぶ】[他バ下二]{べ・べ・ぶ・ぶる・ぶれ・べよ}《「おし」は接頭語》無理に並べる。強引に並べる。例「〔馬ヲ〕**おしなら・べ**てひっくんでどうどおつ」〈平家・四・宮御最期〉

おしな・る【押し成る】[自ラ四]{ら・り・る・る・れ・れ}《「おし」は接頭語》強引になる。無理になる。例「院の御厩の別当(=長官)に**おしな・つ**て」〈平家・八・法住寺合戦〉《音便》「おしなっ」は「おしなり」の促音便。

おしね【晩稲】［名］《「おそいね」の変化形》ふつうのものより遅く成熟する稲。＝奥手。↔早生・中手。(季—秋)

おしね・る【押し撚る】[他ラ四]{ら・り・る・る・れ・れ}押さえてひねる。例「焼き大刀の手かみ(=刀ノ柄)**押しね・り**」〈万葉・九・一八〇九長歌〉

おしの・く【押し退く】[他カ下二]{け・け・く・くる・くれ・けよ}❶押して、移動させる。力を込めて動かす。無理やりどける。例「衾(=夜具)**押しの・け**らるる音」〈夜の寝覚〉❷職や地位から退かせる。失脚させる。例「いみじう時めき給ひしを、**おしの・け**て」〈増鏡・藤衣〉❸高慢な態度で勝手な振る舞いをする。人を威圧する。例「色聴されなどしたる人は、したり顔に思ひて、**おしの・け**たるさまなり」〈栄花・二四〉

おしのご・ふ【押し拭ふ】[他ハ四]{は・ひ・ふ・ふ・へ・へ}力を入れてぬぐう。例「『いとなむ悲しき』とて目**おし拭・ひ**たまふ」〈源氏・若紫〉

おしの・ぶ【押し延ぶ】[他バ下二]{べ・べ・ぶ・ぶる・ぶれ・べよ}手などで押してのばす。例「手の裏うち返しうち返し**おしの・べ**などして、あぶりをる者」〈枕・にくきもの〉

おしはか・る【推し量る】[他ラ四]{ら・り・る・る・れ・れ}推測する。察する。想像する。例「大方は、家居にこそ、ことざまは**おしはか・ら**るれ」〈徒然・一〇〉

おしはだぬ・ぐ【押し肌脱ぐ】[自ガ四]{が・ぎ・ぐ・ぐ・げ・げ}《「おし」は接頭語》上半身の着物を脱いで肌を現す。例「鎧脱いで**おしはだ脱・ぎ**て、腹十文字に搔き切って」〈太平記・九〉

おしはな・つ【押し放つ】[他タ四]{た・ち・つ・つ・て・て}❶押して遠のける。突き放す。例「〔手紙ヲ〕**おし放・ち**、引き寄せて見給へど、え目うとくてみ給はで」〈落窪・二〉❷要求などをはねつける。取り合わずに突っぱねる。例「**おし放・ち**ていらふも、されたり(=シャレテイル)」〈堤中納言・ほどほどの懸想〉

おしは・る【押し張る】[他ラ四]{ら・り・る・る・れ・れ}❶押して張る。押し出す。例「簾をおし**は・り**て、枝を見はりたまふ」〈堤中納言・虫めづる姫君〉❷あえて主張する。意地をはる。例「**おしは・り**てのたまはむことを、言ひかはすべき上達部もおはせず」〈落窪・四〉

おしひし・ぐ【押し拉ぐ】[他ガ四]{が・ぎ・ぐ・ぐ・げ・げ}❶押しつぶす。例「かすかなる脚弱き車など輪を**押しひし・が**れ」〈源氏・行幸〉❷押しやる。押さえつける。押し殺す。例「〔クシャミガ出ソウナトキモ〕**おしひし・ぎ**つつあるものを」〈枕・宮にはじめてまゐりたる頃〉

おしひた・す【押し浸す】[他サ四]{さ・し・す・す・せ・せ}《「おし」は接頭語》❶ぐっしょりぬらす。例「汗に**おしひた・し**て、額髪もいたう濡れたまへり」〈源氏・葵〉❷水につける。例「木造りの地蔵を田中の水に**おし浸・し**て」〈徒然・一九五〉

おしひたすらに【押し一向に】［副］《「おし」は接頭語》ただいちずに。例「**おしひたすらに**ぬるる袖かな」〈後拾遺・恋四・八一七〉

おしひね・る【押し捻る】[他ラ四]{ら・り・る・る・れ・れ}力を込めてひねる。ひねり文にする。例「ただ書きさして、**おしひね・り**て出だしたまひて」〈源氏・夕霧〉

おしひら・く【押し開く】[他カ四]{か・き・く・く・け・け}《「おしびらく」とも》❶押して開け広げる。押し開ける。例「娘子らがさ寝す板戸を**押し開・き**」〈万葉・五・八〇四長歌〉❷《「おし」は接頭語》「開く」を強調した語。例「その紙を**おし開・い**て、辞世の頌を書き給ふ」〈太平記・二〉《音便》「おし開い」は「おし開き」のイ音便。

おしひら・む【押し平む】[他マ下二]{め・め・む・むる・むれ・めよ}押してひらたくする。例「鼻を**おし平・め**て〔器ノ中ニ〕顔をさし入れて舞ひ出でたるに」〈徒然・五三〉

おしへ【磯辺】［名］《上代東国方言。「おすひ」とも》磯の辺り。いそべ。

おしへ・す【押し圧す】[他サ四]{さ・し・す・す・せ・せ}押しつぶす。押しつける。例「二藍・葡萄染めなどの裂れ(=端切レ)の、**おしへ・され**て」〈枕・過ぎにしかた〉

おしま・く【押し巻く】[他カ四]{か・き・く・く・け・け}《「おし」は接頭語》巻く。例「かたへなる硯に、文を**おし巻・き**てうち入れて」〈蜻蛉・上〉

おしまづき【几】［名］❶「けふそく」に同じ。❷机。❸「牛車」の床の前後に横に渡した仕切り板。

おしまは・す【押し回す】[他サ四]{さ・し・す・す・せ・せ}《「おし」は接頭語》取り巻く。ぐるりとひき回す。例「御方の勢はかりなければ、**おしまは・し**て火かけてければ」〈愚管抄〉

おしまひ【御仕舞ひ】［名］❶終わり。❷商家などで一年の決算を済ませて、正月の用意をすること。❸お化粧。

おしまろか・す【押し丸かす】[他サ四]{さ・し・す・す・せ・せ}《「おしまろがす」とも》❶押して転がす。また、巻いて筒型に丸める。例「あららかなる東絹どもを、**押しまろが・し**て投げ出でつ」〈源氏・東屋〉❷ひとつにまとめて丸める。例「〔薫キ物ノ〕黒方を**おしまろが・し**て、ふつつかにしりさき切りて」〈紫式部日記〉

おしみが・く【押し磨く】[他カ四]{か・き・く・く・け・け}ごしごし磨く。力を入れて磨く。例「〔矢ハ〕とくさをもって**おしみが・き**」〈保元・上〉

おしむ【愛しむ・惜しむ】歴史的かなづかい「をしむ」

おしも・む【押し揉む】[他マ四]{ま・み・む・む・め・め}押し擦る。押し合わせてもむ。例「手をいと切に**おしも・みて**」

〈源氏・常夏〉

おしや・る【押し遣る】[他ラ四]{ら・り・る・る・れ・れ}押してどける。押して遠ざける。例「几帳すこし**押しや・り**たまふ」〈源氏・玉鬘〉

おしゆづ・る【押し譲る】[他ラ四]{ら・り・る・る・れ・れ}《「おし」は接頭語》ゆずる。譲渡する。例「源氏の大臣も、いと口惜しく、よろづごと**おし譲・り**きこえてこそ暇もありつるを」〈源氏・薄雲〉

おしよ・す【押し寄す】{せ・せ・す・する・すれ・せよ}一[自サ下二]押しかける。押し寄せる。例「殿上人二十人ばかり**押し寄・せ**たりけるに」〈宇治拾遺・五・二〉 二[他サ下二]押して近づける。押して引き寄せる。例「〔夕霧ハ和琴ヲ一条御息所ノ〕御簾のもと近く**押し寄・せ**たまへど」〈源氏・横笛〉

おしょぼからげ【おしょぼ絡げ】[名]《近世語》着物の背縫いの、裾のやや上をつまみ上げて、帯の結び目の下にはさみ込むこと。＝ぢんぢんばしょり

おしわ・く【押し分く】[他カ下二]{け・け・く・くる・くれ・けよ}(さえぎるものを)わきに押しやって開かせる。前後左右にかき分ける。例「この近江の君、人々の中を**押し分・け**て出でゐたまふ」〈源氏・真木柱〉

おしわた・す【押し渡す】[他サ四]{さ・し・す・す・せ・せ}全体に及ぼす。同様にそろえる。例「表着は、**押しわた・し**て蘇芳の織物なり」〈栄花・八〉

おしわた・る【押し渡る】[自ラ四]{ら・り・る・る・れ・れ}《「おし」は接頭語》(海や川を)勢いよく渡る。例「小船三艘に取り乗り、**押し渡・り**て」〈太平記・一四〉

おしゐ・る【押し居る】[自ワ上一]{ゐ・ゐ・ゐる・ゐる・ゐれ・ゐよ}《「おし」は接頭語》強引に居すわる。例「人を愕やかして住ましめずして、**押しゐ・て**領ずる」〈今昔・二七・三一〉

おす【食す・小簾】歴史的かなづかい「をす」

お・す【押す・圧す・捺す】[他サ四]{さ・し・す・す・せ・せ}❶向こうへやるように力を加える。力を加えて動かす。❷からだを押しつける。もたれる。例「屏のかたに、うしろ**押・し**て」〈枕・内裏の局〉❸箔や紙などを張りつける。❹捺印する。❺櫓をこいで船を進める。❻軍勢を進める。例「名越式部大輔を大将として、東海・東山両道を**押・し**て責め上る」〈太平記・一三〉❼圧倒する。例「人に**圧・さ**れたてまつりぬる宿世嘆かしく」〈源氏・宿木〉❽すべてに行き渡らせる。月や日があまねく照らす。例「春日山**お・し**て照らせるこの月は」〈万葉・七・一〇七四〉

おず【怖ず】歴史的かなづかい「おづ」

おず・し【悍し】[形ク]{から・く(かり)・し・き(かる)・けれ・かれ}「おぞし①」に同じ。

おすひ【襲】[名]古代の装束のひとつ。頭からかぶり、衣服の上から全身を覆って垂らす長い布。男女とも用いたが、奈良時代以後は女性の祭服となった。

おすひ【磯辺】[名]《上代東国方言。「おしへ」とも》磯の近く。いそべ。

おずま・し【悍まし】[形シク]{しから・しく(しかり)・し・しき(しかる)・しけれ・しかれ}《「おぞまし」とも》強情である。気が強い。例「かの乳母こそ**おずま・しかり**けれ」〈源氏・東屋〉

おすみつき【御墨付き】[名]将軍や大名などが臣下に与えた証明書。墨印が押してあることからいう。＝墨付き

おすめどり【護田鳥】[名]《「うずめどり」とも》鳥の名。ミゾゴイの古名。＝護田鳥

おするゑ【御末】[名]宮中や将軍家、大名家などの奥に仕える下女の部屋。また、その下女。＝御末女

おするゑをんな【御末女】[名]「おするゑ」に同じ。

おせぐく【・なり】[形動ナリ]{なら・なり(に)・なり・なる・なれ・なれ}背が曲がっているさま。また、押して平らにしたさま。例「鮨鮎の**おせぐく・に**広らかなるが」〈宇治拾遺・七・三〉

おせぐ・む[自マ四]{ま・み・む・む・め・め}《「をせぐむ」とも》少し背をかがめる。猫背になる。例「長高く、**おせぐ・み**たる者」〈宇治拾遺・九・五〉

おせせ[名]《近世語》余計な世話。おせっかい。

おせ・る【望る・臨睨る】[他ラ四]{ら・り・る・る・れ・れ}《上代語》高い所から見おろす。遠くを見渡す。例「天の浮き橋に立たして、**臨睨・り**て曰はく」〈紀・神代・下〉

発展学習ファイル 「おしあり」の変化形で、ラ行変格活用とする説もある。

おそ【遅・鈍】《形容詞「おそし」の語幹》遅いこと。にぶいこと。愚かなこと。例「みやびをと我は聞けるをやど貸さず我を帰せり**おそ**のみやびを」〈万葉・二・一二六〉

おそ・う【圧う・襲う】歴史的かなづかい「おそふ」

おそ・う【遅う・鈍う】形容詞「おそし」の連用形「おそく」のウ音便。

おそうし【遅牛】[名]《古くは「おそうじ」》ゆっくりした歩みの牛。

おそき【襲着】[名]上着。

〔俳句〕**おそきひの…**【遅き日のつもりて遠きむかしかな】〈自筆句帳・蕪村〉訳日もすっかりのびた春の穏やかな一日がゆっくりと暮れていく。同じことがいったいどれほど繰り返されたことだろう。一日一日が積もってゆき、いまはもう遠くなった昔の思い出の数々が、おぼろげに浮かんでくることだ。(季－遅き日－春)

おそざくらてにはのななもじ【遅桜手爾葉七文字】[作品名]「ゐちごじし」に同じ。

おそ・し[形ク]{から・く(かり)・し・き(かる)・けれ・かれ}一【遅し】時間的に遅い。遅れている。なかなか…しない。↔早し。例「**遅・く**来る奴ばらを待たじ」〈竹取・竜の顎の玉〉 二【鈍し】(多く「心おそし」の形で)のろい。にぶい。例「さうのことにも心**おそ・く**ものしたまふ」〈源氏・蓬生〉

おぞ・し【悍し】[形ク]{から・く(かり)・し・き(かる)・けれ・かれ}《「おずし」とも》❶強情だ。勝ち気だ。＝悍まし。例「内裏の后いと**おぞ・く**」〈宇津保・国譲・中〉❷恐ろしい。気味が悪い。例「おどろおどろしく**おぞ・き**やうなり」〈源氏・蜻蛉〉

おそなは・る【遅なはる】[自ラ四]{ら・り・る・る・れ・れ}遅くなる。遅れる。例「朝に見て夕べの**遅なは・る**ほどだに、紅の涙を落とすに」〈宇津保・俊蔭〉

おそばしゅう【御側衆】[名]❶安土桃山時代、主君のそば近くに仕えた侍。❷江戸幕府の職名。老中の下に属し、将軍の側近として仕え、交代で宿直し、老中退出後は事務処理を代行した要職。

おそば・ふ【お戯ふ】[自ハ下二]{へ・へ・ふ・ふる・ふれ・へよ}はしゃぐ。ふざける。じゃれる。＝い戯ふ・お戯ゆ。例「**おそば・へ**て、『あれ、おしこぼちてむ(＝私ガブチコワシテシマオウ)』と腹立ちのしれば」〈落窪・一〉

おそはやも【遅早も】[副]遅くても早くても。例「**おそはやも**汝をこそ待ため」〈万葉・一四・三四九三〉

おそは・る【魘はる・襲はる】[自ラ下二]{れ・れ・る・るる・るれ・

れよ}《動詞「襲ふ」の未然形＋受身の助動詞「る」》夢の中で怖いものに襲われる。魔性のものにとりつかれてうなされる。例「内外なる人の心ども、物におそはるるやうにて」〈竹取・かぐや姫の昇天〉

おそひ【襲ひ】[名]❶(牛車などの)覆い。例「襲ひ棟などに長き枝を、葺きたるように挿したれば」〈枕・五月の御精進のほど〉❷上着。＝襲。❸屏風の縁の木。❹屋根の板などを押さえるもの。

おそ・ふ[他ハ四]{は・ひ・ふ・ふ・へ・へ}㊀【圧ふ】圧する。押しつぶす。押さえつける。例「風雨に遭ひぬ。暫らの間、他の倉の下に寄りしときに、〔倉ガ〕覆へりて圧・ひき」〈霊異記〉㊁【襲ふ】❶襲撃する。例「館の内に人もなかりける隙をはかりて、敵おそ・ひ来て」〈徒然・六八〉❷世襲する。襲名する。

おそぶ・る[他ラ四]{ら・り・る・る・れ・れ}押し揺する。揺さぶる。例「嬢子の寝すや(＝寝テイル)板戸をおそぶらひ」〈記・上・歌謡〉

おぞま・し【悍まし】[形シク]{しから・しく(しかり)・し・しき(しかる)・しけれ・しかれ}「おずまし」に同じ。

おそめひさまつうきなのよみうり【お染久松色読販】[作品名]江戸後期(一八一三初演)の歌舞伎。鶴屋南北作。お染と久松の心中事件をもとにした「お染久松」物のひとつ。

おそらく【恐らく】[副]❶はばかりながら。例「おそらくいずれも大勢なりとも」〈狂言記・千切木〉❷たぶん。例「おそらくは延喜・天暦の御門と申すとも、いかでかこれにまさるべき」〈平家・六・紅葉〉❸きっと。必ず。絶対に。

おそり【恐り・畏り】[名]恐怖。心配。不安。危険。

おそ・る【恐る・畏る・懼る】㊀[自ラ上二]{り・り・る・るる・るれ・りよ}❶こわがる。恐れる。例「もしそれ我が兵の勢ひに畏・りて」〈紀・景行〉❷はばかる。恐縮する。例「かつは人の耳に恐・り、かつは歌の心に恥ぢ思へど」〈古今・仮名序〉㊁[自ラ下二]{れ・れ・る・るる・るれ・れよ}㊀に同じ。例「〔銭ヲ〕神のごとく畏・れ尊とみて」〈徒然・二一七〉

おそれ【恐れ・怖れ・畏れ・懼れ】[名]❶恐怖。例「怪異のおそれ古今つつしみとす」〈古今著聞・五七九〉❷不安。例「財あればおそれ多く」〈方丈記〉❸つつしみかしこまること。畏敬すること。例「恐れにて候らへば、え申し候はじ」〈宇治拾遺・三・一七〉

おそれい・る【恐れ入る】[自ラ四]{ら・り・る・る・れ・れ}❶たいそう恐ろしがる。心底こわいと思う。例「この法師いよいよおそれ入・りたり」〈古今著聞・六二一〉❷自らの非を認めてあやまる。謝罪する。例「返す返す恐れ入・り候ふと御披露候へとて」〈沙石集〉

おそれをのの・く【恐れ戦く】[自カ四]{か・き・く・く・け・け}ひどく恐れる。恐ろしさに震える。例「兵どもも皆舌をふっておそれをのの・く」〈平家・二・小教訓〉

おそろ・し【恐ろし】[形シク]{しから・しく(しかり)・し・しき(しかる)・しけれ・しかれ}❶こわい。不気味だ。例「これ(＝右近)も〔物ノ怪ヲ〕恐ろ・しと思ひたるさまにて参り寄れり」〈源氏・夕顔〉《敬語》「参り寄れり」→「まゐる(四段)」。❷たいしたものだ。驚くべきだ。例「かく久しく世を保たせたまひつるも、いと恐ろ・し」〈栄花・一〉

おそろしう【恐ろしう】形容詞「おそろし」の連用形「おそろしく」のウ音便。

おだい【御台】[名]❶(「御台盤」の略)食物を盛った器を載せる台。食膳。❷(女房詞)ご飯。

おだ・し【穏し】[形シク]{しから・しく(しかり)・し・しき(しかる)・しけれ・しかれ}❶穏やかだ。安らかだ。例「かくあはれに長き御心のほどを穏・しきものに」〈源氏・初音〉❷(世の中が)平穏だ。無事だ。例「この人のなほしなだめられつればこそ、世もおだ・しかりつれ」〈平家・三・医師問答〉

おだしう【穏しう】形容詞「おだし」の連用形「おだしく」のウ音便。

おだのぶなが【織田信長】[人名](一五三四〜一五八二)室町後期の武将。将軍足利義昭を追放し、室町幕府を滅ぼす。本能寺で明智光秀に殺された。

おたは・ふ[自ハ四]{は・ひ・ふ・ふ・へ・へ}《上代東国方言》語義未詳。静まる意か。一説に、いい騒ぐ意とも。例「かのまづく人そおたは・ふいざ寝しめとら」〈万葉・一四・三五一八〉

おだひ[・なり]【穏ひ】[形動ナリ]{なら・なり(に)・なり・なる・なれ・なれ}ゆったりと穏やかなさま。平穏なさま。例「心も安くおだひ・に在り」〈続日本紀〉

おだひ・し【穏ひし】[形シク]{しから・しく(しかり)・し・しき(しかる)・しけれ・しかれ}《上代語》穏やかでのどかなさま。例「活き起へりまして、おだひ・しく詠して」〈伊予国風土記・逸文〉

おため【御為】[名]《「お」は接頭語》「ため」の尊敬語。目上の人に利益をはかること。例「衛士のたく火は〔アナタノ〕お為なり」〈謡・鉢木〉

おち【彼方・遠】歴史的かなづかい「をち」

おち【落ち】[名]❶(地名などの下に付いて)その場所から逃れること。「福原落ち」「熊野落ち」など。❷劣るもの。質の悪いもの。例「こいらが落ちだけれど」〈浮世風呂〉❸手落ち。❹落語の結末。〔落ちを取る〕《近世語》好評を得る。拍手かっさいを受ける。例「あの曲中(＝吉原遊郭)はあどけないので落ちを取・るのさ」〈浮世床〉

おち【御乳】[名]「御乳の人①」の略。

おちあし【落ち足】[名]❶戦いに敗れて逃げていくこと。また、そのとき。❷川の水が減ること。また、そのとき。例「水のおち足をやまつべき」〈平家・九・宇治川先陣〉

おちあひ【落ち合ひ】[名]❶出会うこと。落ち合うこと。❷ふたつの川の合流点。

おちあ・ふ【落ち合ふ】[自ハ四]{は・ひ・ふ・ふ・へ・へ}❶加勢して組み合う。例「国々のかり武者なれば、一騎もおちあ・はず」〈平家・七・篠原合戦〉❷同じ所で出会う。例「石田が郎等二人落ちあ・うて」〈平家・九・木曾最期〉《音便》「落ちあう」は「落ちあひ」のウ音便。❸ふたつの川が合流する。例「おちあ・うて音なくなれる清水かな」〈蕪村句集〉❹考えや気持ちが一致する。例「兄弟の中不快なりける間、今こそおちあ・ふところよと思ひければ」〈保元・中〉❺混み合う。例「あいにく客人がおちあ・ひまして」〈洒・傾城買二筋道〉

おちあぶ・る[自ラ下二]{れ・れ・る・るる・るれ・れよ}おちぶれる。零落する。例「さすがに、行く末遠き人は、落ちあぶ・れてさすらへんこと」〈源氏・橋姫〉

おちい・る【落ち入る・陥る】[自ラ四]{ら・り・る・る・れ・れ}❶

お

落ちこむ。はまる。例「椎・栗、その水に**落ち入・り**て、流れ来つつ」〈宇津保・俊蔭〉❷くぼむ。めりこむ。へこむ。例「目皮(＝マブタ)らいたく黒み**落ち入・り**て」〈源氏・紅葉賀〉❸気絶する。例「面影(＝幽霊ノヨウナ姿デ)屋内を飛びめぐりて**落ち入・る**を」〈浮・日本永代蔵〉❹死ぬ。息が絶える。例「手負ひのただいま**おちい・る**に」〈平家・一一・嗣信最期〉

おちう・す【落ち失す】[自サ下二]{せ・せ・す・する・すれ・せよ}戦いに負けて逃げ去る。逃亡する。

おちうど【落人】[名]《「おちひと」のウ音便。「おちうと」とも》戦いに負けて逃げていく者。また、人の目を忍んで逃げていく者。

おぢおそ・る【怖ぢ恐る】㊀[自ラ四]{ら・り・る・る・れ・れ}ひどく恐れる。例「この由を申すに、帝いみじく**おぢ恐・り**給ひけりとなん」〈宇治拾遺・一五・一〇〉㊁[自ラ下二]{れ・れ・る・るる・るれ・れよ}㊀に同じ。例「国の守も、**おぢおそ・れ**て、ほかにかくれをりて」〈大和・一七三〉

おちかか・る【落ち掛かる・落ち懸かる】[自ラ四]{ら・り・る・る・れ・れ}❶物の上に落ちる。上から襲いかかる。例「雷は**落ちかか・る**やうにひらめきかかるに」〈竹取・竜の頸の玉〉❷上から落ちて物にひっかかる。例「庵の上に柿の**落ちかか・り**たるを」〈更級〉❸日や月があるものの上に沈む。あるいは、沈もうとする。例「月**おちかか・る**あはぢ島山」〈頼政集〉

おちかた【彼方・遠方】歴史的かなづかい「をちかた」

おちかた【落ち方】[名]《「おちがた」とも》❶(花などの)散りはじめのころ。例「御前の梅は、西は白く、東は紅梅にて、すこし**落ちがた**になりたれど」〈枕・かへる年の〉❷逃げ時。または退路。例「下の手に控へたる者どもは、**落ち方**を失ひて」〈太平記・三八〉

おちがみ【落ち髪】[名]抜け落ちた髪。抜け毛。

おちぐさ【落ち草】[名]鷹狩りで、鷹が鳥を追い落とした草むら。(季―冬)

おちくだ・る【落ち下る】[自ラ四]{ら・り・る・る・れ・れ}❶落ちのびる。逃げおおせる。例「あるは、深き山へ逃げこもり、遠き世界に**落ちくだ・り**」〈増鏡・新島守〉❷質が落ちて価値が下がる。例「わろき寸法(＝手順)の世々**おちくだ・る**時どきの道理なり」〈愚管抄〉

おちぐち【落ち口】[名]《「おちくち」とも》❶落ちはじめ。❷逃げ口。

おちくぼ【落ち窪】[名]落ちくぼんだ所。家の中でほかよりも床が一段低くなっている部屋。＝落ち間

おちくぼものがたり【落窪物語】[作品名]平安中期の物語。作者未詳。成立年代は、十世紀後半か。継子いじめにあい、「落窪の君」と呼ばれていた女主人公が、乳母子のあこぎの助けなどで貴公子道頼と結ばれ幸福になる話。継子物の筋書きにとどまらない現実主義的な傾向が特色のひとつ。

おちぐり【落ち栗】[名]❶地面に落ちた栗の実。(季―秋)。❷《「落ち栗色」の略》染め色の名。黒っぽい濃紅色。❸襲の色目の名。表は黒っぽい蘇芳、または濃紅で、裏は香色(黄色がかった薄赤)。秋用の色目。

おちこち【彼方此方・遠近】歴史的かなづかい「をちこち」

おちしほ【落ち潮】[名]引き潮。↔上り潮

おちず【落ちず】《動詞「落つ」の未然形＋打消の助動詞「ず」の連用形》欠けることなく。残らず。全部。例「一夜も**落ちず**夢にし見ゆる」〈万葉・一五・三六四七〉

おちすさ・ぶ【落ちすさぶ】[自バ四]{ば・び・ぶ・ぶ・べ・べ}《「すさぶ」は、はなはだしくなる意》いっそう落ちる。より多く落ちる。例「**おちすさ・ぶ**槙の下露なほふかし雨のなごりの霧のあさ明け」〈風雅・秋下・六四七〉

おちたぎ・つ【落ち激つ】[自タ四]{た・ち・つ・つ・て・て}水が高い所から激しく流れ落ちる。例「**落ちたぎ・つ**滝の水上年積もり」〈古今・雑上・九二八〉

おちち・る【落ち散る】[自ラ四]{ら・り・る・る・れ・れ}落ちたものが他人に拾われて世間に広まる。人手に渡る。例「御文にては**落ち散・る**やうもや」〈栄花・五〉

おちつ・く【落ち着く】[自カ四]{か・き・く・く・け・け}❶居所が定まる。住居が決まる。例「西山なる所に、**おちつ・き**たれば」〈更級〉❷静まる。調和がとれる。例「句は**落ちつ・か**ざれば、真の発句にあらず」〈去来抄〉❸得心する。納得する。例「凡兆、あ(＝ハイ)、とこたへて、いまだ**落ちつ・か**ず」〈去来抄〉

おぢつつ・む【怖ぢ慎む】[自マ四]{ま・み・む・む・め・め}恐れて、言動を控える。例「[北ノ方ノ脅迫ニ落窪ノ君ハ]**おぢつつ・み**給へるとなん聞き侍る」〈落窪・一〉

おちとどま・る【落ち留まる】[自ラ四]{ら・り・る・る・れ・れ}❶人の御あとに残る。例「[手紙ガ]**落ちとどま・り**て、人の御ためもいとほしからむ」〈源氏・浮舟〉❷(戦いから逃げるのをやめて)踏みとどまる。例「[頼盛ハ]一門をもひきわかれて**おちとどま・り**給ひたりけるが」〈平家・一〇・三日平氏〉

おちとま・る【落ち留まる】[自ラ四]{ら・り・る・る・れ・れ}❶(物が)落ちてあとに残る。残り続ける。例「かひもなき草の枕におく露の何に消えなで(＝ドウシテ消エナイデ)**落ちとま・り**けむ」〈後撰・雑四・一二八五〉❷(人が)その場所に居残る。生き残る。死に遅れる。例「ものはかなきありさまどもにて世に**落ちとま・り**さすらへんとすらむこと」〈源氏・宿木〉❸落下がやむ。例「せきやらぬ涙よしばし**おちとま・れ**」〈玉葉・恋三・一五四三〉

おちのひと【御乳の人】[名]❶身分の高い人の乳母。＝御乳。❷《近世語》江戸時代、上流家庭の子女の養育係の女性。

おちの・ぶ【落ち延ぶ】[自バ上二]{び・び・ぶ・ぶる・ぶれ・びよ}遠くへ逃げおおせる。

おちば【落ち葉】[名]❶散り落ちた木の葉。(季―冬)。❷身分ある人のおとしだね。落胤。例「さやうの**落ち葉**をだに拾へ」〈源氏・常夏〉

おちばごろも【落ち葉衣】[名]❶木々の葉の間からもれる月光が、着物に葉の影を映したもの。一説に、木の葉で作った仙人の衣服とも。❷落ち葉の散りかかった着物。

おちばしふ【落葉集】[作品名]江戸中期(一七〇四刊行)の歌謡集。大木扇徳編。元禄期までの流行歌謡を集大成した『松の葉』の続編として遺漏を補ったもの。

おぢはばか・る【怖ぢ憚る】[自ラ四]{ら・り・る・る・れ・れ}気後れする。恐れて遠慮をする。例「**怖ぢ憚・り**て我にもあらで年を過ぐすに」〈源氏・玉鬘〉

おちぶ・る【零落る】[自ラ下二]{れ・れ・る・るる・るれ・れよ}身分や

富を失って哀れなありさまになる。零落する。例「この姫君の母北の方のはらから、世に**おちぶ・れ**て受領の北の方になりたまへるありけり」〈源氏・蓬生〉

おちほそ・る【落ち細る】［自ラ四］{ら・り・る・る・れ・れ}（髪などが）抜け落ちて少なくなる。例「わづらひしけにや、髪もすこし**落ち細・り**にたる心地すれど」〈源氏・手習〉

おちま【落ち間】［名］「おちくぼ」に同じ。

おちみだ・る【落ち乱る】［自ラ下二］{れ・れ・る・るる・るれ・れよ}（木の葉などが）落ちて散り乱れる。例「ほろほろと**落ち乱・るる**木の葉の露の散りかかるも」〈源氏・橋姫〉

おぢゃれ［名］《近世語》宿場の旅籠屋で「おぢゃれ（いらっしゃい）おぢゃれ」と呼びかけて客引きをした女中。売春もした。＝出女・飯盛り

おちゆ・く【落ち行く】［自カ四］{か・き・く・く・け・け}❶逃げのびていく。逃走する。例「われさきにとぞ**落ち行・き**ける」〈平家・八・水島合戦〉❷落ちぶれていく。例「何ごとにつけても末になれば、**落ちゆ・く**けぢめこそ安くはべめれ（＝多クナルヨウダ）」〈源氏・行幸〉語構成「安くはべめれ」→「はべめり」

おぢわ・ぶ【怖ぢ侘ぶ】［他バ上二］{び・び・ぶ・ぶる・ぶれ・びよ}恐れ、嘆く。例「人々**おぢわ・び**て逃ぐれば」〈堤中納言・虫めづる姫君〉

おち・ゐる【落ち居る】［自ワ上一］{ゐ・ゐ・ゐる・ゐる・ゐれ・ゐよ}心が静まる。落ち着く。安心する。例「いとうれしく心地**落ち・ゐぬ**」〈源氏・真木柱〉

おつ【乙】㊀［名］❶十干で甲に次ぐ二番目。きのと。❷①から転じて、物事の二番目。❸音楽で、高音の「甲」に対して低く下げた楽器や声の調子。↔甲。
㊁［名・形動口語型］❶ふつうと違っているさま。異様であること。❷趣があること。粋だ。

お・つ【落つ】［自タ上二］{ち・ち・つ・つる・つれ・ちよ}❶《上から下へ移動する意》落下する。降る。散る。こぼれる。沈む。例「日月地に**落・ち**給ふかとおどろかる」〈平家・一・御輿振〉❷（光が）さす。注ぐ。例「冬枯れの杜の朽ち葉の霜の上に**落・ち**たる月の影の寒けさ」〈新古今・冬・六〇七〉❸（ついていたものが）とれる。なくなる。抜ける。例「螺鈿の軸は貝**落・ち**て後こそいみじけれ」〈徒然・八二〉（係結び）「こそ→いみじけれ㊀」。❹（つきもの・熱が）とれる。治る。例「君だにも今様遊ばさば、**お・ち**候ひなむ」〈十訓抄・一〇〉❺欠ける。漏れる。例「今更に寝めや我が背子新た夜の全夜も**落・ち**ず夢に見えこそ」〈万葉・一二・三一二〇〉❻戦さに負けて逃走する。逃げる。例「案のごとく宮は三十騎ばかりで**落・ち**させ給ひけるを」〈平家・四・宮御最期〉（敬語）「落ちさせ給ひ」→「させたまふ」。❼おちぶれる。堕落する。例「やむごとなき筋ながらも、かうまで**落・つ**べき宿世ありければ」〈源氏・蓬生〉（音便）「かう」は「かく」のウ音便。❽自白する。白状する。例「強ちに問ひければ、遂に**落・ち**て言はく」〈今昔・二四・一四〉❾落城する。陥落する。例「城かたうしてさらに**落・ち**ず」〈古活字本平治・中〉❿帰着する。落ち着く。例「官軍戦ひに負けて、天下久しく武家の権威に**落・ち**ぬ」〈太平記・一一〉

お・づ【怖づ】［自ダ上二］{ぢ・ぢ・づ・づる・づれ・ぢよ}恐れる。怖がる。例「帝も、この女御殿には、いみじう**怖・ぢ**申させたまひ」〈大鏡・師輔〉

おづおづ【怖づ怖づ】［副］《動詞「怖づ」の終止形を重ねた形》こわごわ。おそるおそる。例「まゐり来まほしけれど、つつましろてなむ。たしかに来とあらば、**おづおづ**も」〈参上シマショウ〉」〈蜻蛉・上〉

（川柳）**おっかさん…**【**おっかさんまた越すのかと孟子言ひ**】〈柳多留・三七〉訳孟子の母は教育のため環境を何度もかえたという。あまり度々なので、さすがの孟子もあきれて「おっかさん、また引っ越すのかい」とでも言ったことだろう。

おっさまに【追っ様に】［副］《「おひさまに」の促音便》あとを追うように。続いてすぐに。例「**おっさまに**人をのぼせて」〈平家・一三・六代被斬〉

おっすが・ふ【追っ縋ふ】［自ハ四］{は・ひ・ふ・ふ・へ・へ}《「おひすがふ」の促音便》追いすがる。どこまでも追いかける。例「逃ぐる敵に**追っすが・う**て」〈太平記・八〉（音便）「追っすがう」は「追っすがひ」のウ音便。

おった・つ【追っ立つ】［他タ下二］{て・て・つ・つる・つれ・てよ}《「おひたつ」の促音便》せきたてて行かせる。追い立てる。追い払う。例「平家の方人（＝味方）するとおぼしきを、その中より**おった・てらる**」〈平家・五・物怪之沙汰〉

おったてのくゎんにん【追っ立ての官人】［名］《「おひたてのくゎんにん」の促音便》「おったてのつかひ」に同じ。

おったてのつかひ【追っ立ての使ひ】［名］《「おひたてのつかひ」の促音便》流罪になった者を、流刑地に追い立てて護送する使者。検非違使庁の下級役人が、その任に当たった。＝追っ立ての官人

おっと・る【押っ取る】［他ラ四］{ら・り・る・る・れ・れ}《「おしとる」の促音便》急いで手に取る。ぱっと取る。例「鏑矢一つ**おっ取・り**添へて」〈義経記・五〉

おつぼね【御局】［名］❶宮中で局（個室）をもつ女官の敬称。❷江戸時代、武家の奥女中で、局をもち他の女中の取り締まりなどに当たった者の敬称。

（俳句）**おてうちの…**【**御手討ちの夫婦なりしを更衣**】〈自筆句帳・蕪村〉訳若い男女が不義をはたらいた。主家の御法度に触れお手討ちとなるところを格別の計らいによって放免となったふたりは夫婦となり、つつましやかに暮らしている。いま、衣替えの時期を迎えるにつけ、生き長らえた感慨を新たにすることだ。（季−更衣−夏）

おてまへ【御手前】［代名］《対称の人称代名詞。室町以降、主に武士が対等、またはそれに近い目下の者に対して用いた語》そなた。貴殿。例「いや、**御手前**の手形でおぢゃる」〈狂言記・胸突〉

おてをあげられい【御手を上げられい】《近世語》手をついてお辞儀をする丁寧なあいさつをされて恐縮です、お楽にしてくださいの意のあいさつことば。

おと-【乙・弟】［接頭］（人名または人を表す名詞に付いて）年若い、幼い、美しい、かわいいなどの意を表す。「**おと**叔父」「**おと**棚機」など。

おと【乙・弟】［名］❶年下のきょうだい。弟。または妹。↔兄。❷《近世語》長子でない子。とくに末っ子。＝乙子

おと【音】［名］❶耳に聞こえる音のすべてをいう。響き。音。物音。❷声。とくに、鳥や獣の鳴き声。例「ぬばたまの月に向かひてほととぎす鳴く**音**遥けし里遠みかも」〈万葉・一七・三九八八〉〔注〕「遠み」は

形容詞「遠し」の語幹「遠」に接尾語「み」が付いて、原因・理由を表す用法。❸（多く「音に聞く」「音に聞こゆ」の形で）うわさ。風聞。評判。例「音に聞くと見る時とは、何事もかはるものなり」〈徒然・七三〉❹（多く下に打消の語を伴って）便り。音さた。訪れ。例「五六日ばかりになりぬるに、音もせず」〈蜻蛉・上〉❺答え。返事。例「『これ（＝障子）開けさせたまへ。小侍従やさぶらふ』とのたまへど、音もせず」〈源氏・少女〉《係結び》「や→さぶらふ㊍」。《敬語》「開けさせたまへ」→「させたまふ」、「小侍従やさぶらふ」→「さぶらふ」、「のたまへど」→「のたまふ」

発展学習ファイル　「音」が琴や笛などの音、また鳥や虫の鳴き声など、人の心に訴える音声をいうのに対し、「音」は広く、人の耳に聞こえてくる音響一般をいう。したがって、②の用例は珍しいケースである。なお、「声」は、人や動物の発する音声をいう。

〔**音に聞く**〕❶うわさに聞く。例「**音に聞きし**猫また（＝想像上ノ怪物）、あやまたず足許へふと寄り来て」〈徒然・八九〉❷有名である。評判が高い。＝音に聞こゆ。例「**音に聞く**高師の浦のあだ波は」〈金葉・恋下・四六九〉訳→〔和歌〕おとにきく…

〔**音に聞こゆ**〕❶人々の話の種になる。消息が人に知られる。例「この年ごろ、**音にもきこえ**たまはざりけるが」〈源氏・宿木〉❷評判を呼んでいる。名高い。＝音に聞く。例「国より勢子の用意して、**音にきこゆる**奥野にいり」〈曾我・一〉

〔**音に立つ**〕人々の口にのぼる。うわさが立つ。例「**音には立てじ**恋ひて死ぬとも」〈万葉・一一・二七一八〉

おとうと【弟・妹】〔名〕《「おとひと」のウ音便》（男女にかかわらず）兄弟・姉妹の中で、年下の人。弟または妹。↔兄

おとがひ【頤】〔名〕❶あご。❷《近世語。「頤を叩く」「頤を利く」の略》盛んにしゃべりたてる。

〔**頤を解く**〕あごがはずれるほど大笑いをする。例「人麻呂・赤人**頤を解きて**嘲哢し」〈国歌八論〉

〔**頤を放つ**〕「おとがひをとく」に同じ。

おとぎき【音聞き】〔名〕世間のうわさ。風聞。評判。例「さはありとも、**音聞き**あやしや」〈堤中納言・虫めづる姫君〉

おとぎざうし【御伽草子】〔名〕室町時代を中心に作られた短編物語の総称。狭義には、渋川版と呼ばれる渋川清右衛門が江戸時代に刊行した「御伽文庫」二十三編を指す。

おときばなし【御斎話】〔名〕僧の斎（食事）についての話をすること。

おとぎばふこ【御伽婢子】〔作品名〕江戸前期（一六六六刊行）の仮名草子。浅井了意作。主として中国明代の怪異小説を翻案した六十八話を収める短編小説集。

おど・く〔自カ下二〕{け・け・く・くる・くれ・けよ}「おほどく」に同じ。

おとこ【男】歴史的かなづかい「をとこ」

おとご【乙子・弟子】〔名〕❶末の子。男女ともに用いる。↓「おと（乙・弟）」。❷「乙（弟）子朔日」「乙子月」の略。

おとごぜ【乙御前】〔名〕❶醜い女性。おかめ。おたふく。❷末娘。

おとごついたち【乙子朔日・弟子朔日】〔名〕陰暦十二月一日。この日に餅を食べると水難をまぬがれるという。＝乙子②。（季―冬）

おとごづき【乙子月】〔名〕（「末の子」のことを「乙子」ということから）一年の最後の月。陰暦十二月の別称。＝乙子②。（季―冬）

おとし【落とし】〔名〕❶落とし穴。❷端切れ。布の裁ち落とし。❸話の落ち。人の意表をつく話の結末。

おどし【縅・威】歴史的かなづかい「をどし」

おとしあぶ・す【落としあぶす】〔他サ四〕{さ・し・す・す・せ・せ}みくびって無視する。例「深き御心ざしなかりけるをだに、**落としあぶさず**」〈源氏・玉鬘〉

おとしか・く【落とし掛く】〔他カ下二〕{け・け・く・くる・くれ・けよ}（水などを）下に向けてかけ浴びせる。また、高い所から下に向けて行為を及ぼす。例「御手をとらへて、御顔に涙を**落としかけ**給ひても」〈夜の寝覚〉

おどしぐさ【威し種】〔名〕人を脅す材料。

おとしご【落とし子】〔名〕「おとしだね①」に同じ。

おとしだね【落とし種・落とし胤】〔名〕❶身分の高い人が正妻以外の女性に生ませた子供。落胤。＝落とし子。❷鳥などが落とした植物の種子。

おとしにおと・す【落としに落とす】しきりに落とす。あとからあとから流す。

おとしぶみ【落とし文】〔名〕直接には言いにくいことを名を伏せて文書にし、路上などに落としたもの。＝落書。

おとし・む【貶む】〔他マ下二〕{め・め・む・むる・むれ・めよ}軽蔑する。見下す。さげすむ。例「めざましきものに**おとしめ**そねみたまふ」〈源氏・桐壺〉

おとしめごと【貶め言】〔名〕人をさげすんでいうことば。悪口。

おと・す【落とす】〔他サ四〕{さ・し・す・す・せ・せ}❶落下させる。例「かれいひの上に涙**おとして**ほとびにけり（＝フヤケテシマッタ）」〈伊勢・九〉❷花や葉を散らす。例「紅葉を**おとす**時雨の降るなへに」〈玉葉・冬・八八九〉❸失う。なくす。紛失する。例「昨夜のかはほり（＝扇ノ名）を**落として**」〈源氏・若菜・下〉❹もらす。残す。見落とす。例「一つな**落としそ**」〈枕・中納言まゐりたまひて〉❺斜面や急流などを勢いよく下らせる。馬に坂を駆けおりさせる。例「〔義経ハ〕まづ三十騎ばかり、まっさきかけて**おとされけり**」〈平家・九・坂落〉❻危害の及ばない所へこっそり逃がす。例「これは謀叛の輩を**落とさじ**がための謀なり」〈太平記・一〉❼見下げる。あなどる。例「人に**おとされ**たまへる御ありさまと」〈源氏・若菜・下〉❽音や調子を下げる。例「我は琵琶を取り寄せて、『衣がへ（＝催馬楽ノ曲名）』を一わたり**落として**」〈狭衣・三〉❾攻め取る。陥落させる。転じて、相手を自分の意に従わせる。例「男畜生いたづら者。落ちよ落ちよと**落として**おいて」〈浮・新色五巻書〉

おど・す【威す】〔他サ四〕{さ・し・す・す・せ・せ}恐れさせる。こわがらせる。威嚇する。例「まろあれば、さやうのもの（＝狐ナド）には**おどされじ**」〈源氏・夕顔〉

おとずる【訪る】歴史的かなづかい「おとづる」

おとたちばなひめ【弟橘媛】〔人名〕（生没年未詳）『古事記』『日本書紀』に日本武尊（倭建命）の后として登場する。日本武尊が東征で乗船の

折、暴風雨にあい、海神を鎮めるため入水した。

おとたなばた【乙棚機・弟棚機】[名]《「おと」は接頭語。「たなばた」は「棚機つ女」の略》若く愛らしい機織り姫。

おとづ・る【訪る】[自ラ下二]{れ・れ・る・るる・るれ・れよ} ❶音や声をたてる。[例]「あはれに雁の**おとづ・れ**てゆく」〈新古今・恋三・一二〇〇〉 ❷訪問する。[例]「山里人(=山里ノ住人)にも、久しう**おとづ・れ**たまはざりけるを」〈源氏・若紫〉 ❸手紙などで安否をたずねる。便りをする。[例]「まれに**訪・れ**きこゆれど、今は何しにかはほのめき参らむ(=ウカガッタリスルコトガアロウカ)」〈源氏・椎本〉

[発展学習ファイル] 類義語に「**とふ(訪ふ)**」「**とぶらふ(訪ふ)**」がある。⇩「とぶらふ」〈発展学習ファイル〉

おとづれわた・る【訪れ渡る】[自ラ四]{ら・り・る・る・れ・れ} しばしば訪問する。絶えず便りがある。[例]「荻の葉に劣らぬほどほどに**訪れわた・る**」〈源氏・手習〉

おとと【弟・妹】[名]「おとうと」に同じ。↕兄②

おとど【大殿・大臣】[名] ❶**貴族の邸宅。御殿。**[例]「**おとど**の造りざま、しつらひざま、さらにもいはず」〈源氏・若紫〉 ❷大臣・公卿の敬称。…**殿**。…**様**。[例]「故大政の**おとど**貞信公、蔵人の少将と申しし折の小舎人童、大犬丸ぞかし」〈大鏡・序〉《敬語》「申しし」→「まうす」。❸婦人の敬称。…**殿**。…**様**。[例]「かかることを母**おとど**聞き給ひて」〈篁物語〉

おととい【弟兄】[名]《「おととえ」の変化形か》兄弟。姉妹。

おとどがね【大臣兼ね】[名]《「がね」は接尾語》将来大臣になるはずの人。大臣候補。

おとどや【大殿屋】[名]陰暦五月の「馬弓」の際、馬場の左右の、近衛の中将・少将が座る所。

おとな【大人】[名] ❶**成人。一人前の人。**男子は元服を、女子は裳着を済ませた人。❷(経験を積んだ)**年配の女房。古参の女房。**[例]「きよげなる**大人**二人ばかり、さては童べぞ出で入り遊ぶ」〈源氏・若紫〉《係結び》「ぞ」→出で入り遊ぶ(体)。❸(一家・一族の)**長。頭。**また、**主婦。家事をとりしきる女性。**[例]「父はただ、われを**おとな**にし据ゑて」〈更級〉 ❹**指導的人物。長老。老臣。**[例]「資賢卿はふるい人、**おとな**にておはしき」〈平家・二・大納言流罪〉《敬語》「おはしき」→「おはす」《音便》「ふるい」は「ふるき」のイ音便。

おとなおとな・し【大人大人し】[形シク]{しから・しく(しかり)・し・しき(しかる)・しけれ・しかれ} 大人びている。落ち着きがある。また、年輩で主だっている。↕子子し①。[例]「『御ぐし搔きくだし給へ』と、**おとなおとな・しう**つくろへど」〈落窪・一〉《音便》「おとなおとなしう」は「おとなおとなしく」のウ音便。

おとなおとなしう【大人大人しう】形容詞「おとなおとなし」の連用形「おとなおとなしく」のウ音便。

おとなげな・し【大人げなし】[形ク]{から・く(かり)・し・き(かる)・けれ・かれ} 幼稚だ。分別がない。[例]「若殿原にあらそひてさきをかけんも**おとなげな・し**」〈平家・七・実盛〉

おとなごころ【大人心】[名]大人のように落ち着いた心。世事に通じている心。

おとな・し【大人し】[形シク]{しから・しく(しかり)・し・しき(しかる)・しけれ・しかれ} ❶**大人びている。成熟している。**[例]「いと**おとな・しく**おはしませば、人のむすめども競ひ参らすべきことを心ざし思すなれど」〈源氏・梅枝〉《敬語》「おはしませば」→「おはします」、「競ひ参らすべき」→「まゐらす」、「思すなれど」→「おぼす」。❷**年配で、思慮分別がある。**[例]「**おとな・しく**静やかなるけはひにて、ものなどいふ、くちをしからざなり」〈更級〉[語構成]「くちをしからざなり」→「ざなり」。❸**年配で、主だっている。**[例]「上人なほゆかしがりて、**おとな・しく**物知りぬべき顔したる神官を呼びて」〈徒然・二三六〉 ❹**おだやかだ。素直だ。おとなしい。**[例]「うららかに言ひ聞かせたらんは、**おとな・しく**聞こえなまし」〈徒然・二三四〉

おとなしう【大人しう】形容詞「おとなし」の連用形「おとなしく」のウ音便。

おとなしがは【音無川】[歌枕]紀伊国の川。いまの和歌山県を流れる熊野川の上流といわれるが、諸説ある。「音信がない」の意をかける。

おとなしやか【・なり】【大人しやか】[形動ナリ]{なら・なり(に)・なり・なる・なれ・なれ}《「やか」は接尾語》❶**大人びたようすだ。**[例]「をさなけれども、心**おとなしやか・なる**者なり」〈平家・一二・六代〉 ❷**落ち着いたようすだ。**[例]「容儀(=身ノコナシ)・事柄(=人品)**おとなしやか・にて**、大将軍なりとぞ見えし」〈保元・上〉

おとなだ・つ【大人だつ】[自タ四]{た・ち・つ・つ・て・て}《「だつ」は接尾語》大人びて見える。年長で分別がありそうに見える。[例]「受領など、**おとなだ・ち**ぬるも、ふくらかなるぞよき」〈枕・若き人、稚児どもなどは〉

おとなとのばら【大人殿ばら】[名]《「とのばら」は高貴な男性たちの敬称》経験豊かな年長の上達部や殿上人たち。

おとなひ【音なひ・訪ひ】[名] ❶**音の立つこと。音。響き。**[例]「衣の**音なひ**はらはらとして」〈源氏・帚木〉 ❷(音によって感じられる)**気配。ようす。**[例]「梅壺の女御の上らせたまふなる**音なひ**、いみじく心にくく優なるにも」〈更級〉《敬語》「上らせたまふ」→「せたまふ」。❸(音によって知られる)**訪れ。訪問。**[例]「例ならぬほととぎすの**おとなひ**にも、やすき空なく思ふべかめり」〈蜻蛉・下〉[語構成]「思ふべかめり」→「べかめり」。❹**評判。取りざた。騒ぎ。**[例]「こなたに参りつどふ馬・車の響きさわぐ世の**おとなひ**を」〈増鏡・三神山〉

おとな・ふ【音なふ・訪ふ】[自ハ四]{は・ひ・ふ・ふ・へ・へ} ❶**音を立てる。声を出す。**[例]「木の葉に埋もるる懸け樋のしづくならでは、つゆ**おとな・ふ**ものなし」〈徒然・一一〉[注]「おとなふ」は、②の意をかけてある。《副詞の呼応》「つゆ→なし」。❷**訪問する。訪れる。**[例]「古りにたるあたりとて、**おとな・ひ**きこゆる人もなかりけるを」〈源氏・末摘花〉《敬語》「おとなひきこゆる」→「きこゆ」。❸**手紙を送る。**[例]「かき絶え**おとな・ひ**きこえざらむもいとほしく」〈源氏・葵〉《敬語》「おとなひきこえざらむ」→「きこゆ」

[発展学習ファイル]「おとなふ」の「**なふ**」は、名詞および形容詞の語幹などに付いて、その行為をする意の動詞を作る接尾語。

おとな・ぶ【大人ぶ】[自バ上二]{び・び・ぶ・ぶる・ぶれ・びよ} ❶**大人らしくなる。大人びてみえる。**

お

例「久しかりつるほどに、いとこよなうこそおとな・びたまひにけれ」〈源氏・葵〉《音便》「こよなう」は「こよなく」のウ音便。《係結び》「こそ→おとなびたまひにけれ㊁」。❷大人になる。一人前になる。例「宮(＝匂宮)のはじめておとな・びたまふなる(＝一人前ノ親トナラレルトノコト)には」〈源氏・宿木〉

〔大人びたる人〕年配の人。とくに年配の女房。

〔和歌〕**おとにきく…【音に聞く高師の浜のあだ波はかけじや袖の濡れもこそすれ】**〈金葉・恋下・四六九・一宮紀伊〉《百人一首・祐子内親王家紀伊》訳 評判の高い高師の浜のいたずらに立ち騒ぐ波のように、浮気者で名高いあなたのおことばは心にかけますまい。波ならぬ涙で袖が濡れると困りますから。《係結び》「こそ→すれ㊁」

〈参考〉「高師の浜」は、和泉国(いまの大阪府)堺市浜寺から高石市に至る海岸。「高し」をかけ、「音-高し」「波-高し」を導く。『金葉和歌集』では、第二句が「高師の浦」。

おとはのたき【音羽の滝】〔歌枕〕山城国の滝。京都市山科区を流れる音羽川にかかる滝。また、東山清水寺の境内にある滝もいう。

おとはやま【音羽山】〔歌枕〕山城国と近江国の境の山。京都市山科区と滋賀県大津市の境にある。逢坂山へと連なるため、「逢坂」とかかわらせて詠むことが多い。「時鳥」が景物。

〔和歌〕**おとはやま…【音羽山今朝越え来れば時鳥梢はるかに今ぞ鳴くなる】**〈古今・夏・一四二・紀友則〉訳 音羽山を今朝越えて来ると、ホトトギスが木高い梢のかなたで、いままさに鳴いているよ。《係結び》「ぞ→鳴くなる㊅」

おとひと【弟人】〔名〕「おとうと」に同じ。

おとひめ〔名〕㊀【弟姫】妹姫。年下の姫。年若い美しい姫。↕兄姫。㊁【乙姫】海の底にある竜宮に住む伝説上の美しい姫。

おとひめ【乙姫】〔人名〕御伽草子『浦島太郎』の登場人物。竜宮城に住み、浦島子に玉手箱を渡した女性。

おとぼね【音骨】〔名〕《近世語》声、または、口・のど・あごをののしっていう語。＝息骨

おとまさり【弟優り】〔名〕兄や姉より、その弟や妹の方が優秀であること。

おとみや【弟宮・妹宮】〔名〕弟である皇子。また、妹である皇女。

おとみよさぶらう【お富与三郎】〔作品名〕「よわなさけうきなのよこぐし」に同じ。

おとむすめ【弟娘・乙娘】〔名〕末の娘。または次女以下の娘。転じて、愛娘。かわいい娘。

おとめ【少女・乙女】歴史的かなづかい「をとめ」

おとや【乙矢】〔名〕射芸で、一手(甲乙二本そろえた一組みの矢)のうち、あとに射る矢。二の矢。↕甲矢

おとよめ【弟嫁・娣】〔名〕弟の嫁。一説に、「おと」を接頭語として、若い嫁。かわいい嫁。

おとりざま【劣り様】〔名・形動ナリ〕劣っているもの。劣っていく傾向。↕勝り様。例「よろづのこと、昔には劣りざま・に浅くなりゆく世の末なれど」〈源氏・梅枝〉

おとりばら【劣り腹】〔名〕(何人かの妻のうちで)身分や家柄の低い妻。また、その妻が生んだ子。

おとりまさ・る【劣り勝る・劣り優る】〔自ラ四〕〔ら・り・る・る・れ・れ〕❶優劣がある。例「いづれも、劣りまさ・るけぢめも見えぬ物どもなめるを」〈源氏・玉鬘〉語構成「物どもなめる」→「なめり」。❷劣りがちである。例「あてにめでたけはひや、思ひなしに劣りまさ・らん」〈源氏・藤裏葉〉

おと・る【劣る・損る】〔自ラ四〕〔ら・り・る・る・れ・れ〕❶減る。損をする。例「〔財宝ガ〕損・り費ゆること極めて甚だし」〈紀・皇極〉❷(身分や官位、質や程度などが)他に比べて低い。劣っている。↕勝る。例「冬枯れの気色こそ秋にはをさをさ(＝ホトンド)おと・るまじけれ」〈徒然・一九〉《係結び》「こそ→おとるまじけれ㊁」。《副詞の呼応》「をさをさ→おとるまじけれ」。❸年が下である。例「年、我より少し劣・りたるをば弟の如くに哀れび」〈今昔・五・一三〉

おどる【踊る】歴史的かなづかい「をどる」

おどれ〔□〕〔代名〕《対称の人称代名詞。「おのれ」の変化形。相手をののしっていう語》きさま。おまえ。

おどろ【□・なり】【棘・荊棘・藪】〔名・形動ナリ〕草木や茨などが乱れ茂っていること。また、その場所やようす。やぶ。

〔棘が軒〕茨が生い茂って荒れ放題になっている軒。あばら家。

〔棘の髪〕ばさばさに乱れている髪。

〔棘の路・棘の道〕❶草木や茨などのおい茂っている道。やぶ道。❷(「棘路」の訓読語)(中国で「九卿」(九人の大臣)を「棘路」と称したことから)「公卿」の別称。

発展学習ファイル　和歌では多く②の「公卿」の意にかけて用いられる。

おどろおどろ・し〔形シク〕〔しから・しく(しかり)・し・しき(しかる)・しけれ・しかれ〕

> アプローチ
> ▼動詞「おどろく(驚く)」の語根を重ねて形容詞化したもの。
> ▼「おどろ」は人を驚かす物音を写した語。物音が恐ろしいほどに鳴るさま、また、そのように人の耳目を驚かすような、規模の大きさ、程度の大きさを表す。

❶(物音が)騒々しい。(音が激しくて)恐ろしい。不気味だ。雷鳴や雨音についていうことが多い。例「いとおどろおどろ・しくかきたれ雨の降る夜」〈大鏡・道長・上〉訳 たいそう不気味にざあざあと雨が降る夜。❷(驚いてしまうほど)大ぎょうだ。仰々しい。大げさだ。ひどい。例「おどろおどろ・しき赤衣姿いと清げなり」〈源氏・澪標〉訳 大げさな赤い衣をまとった姿は、じつにすっきりしている。

おどろおどろしう　形容詞「おどろおどろし」の連用形「おどろおどろしく」のウ音便。

おどろかし【驚かし】〔名〕❶びっくりさせること。注意をうながすこと。❷作物をついばむ鳥などを追い払う道具。かかし・鳴子など。(季‐秋)

お

おどろか・し【驚かし】［形シク］{しから・しく(しかり)・し・しき(しかる)・しけれ・しかれ} 驚くべきようすである。恐ろしい。仰々しい。例「山鳥の耳も**おどろか・しう**くだくだしう侍るべし」〈浜松中納言・一〉《音便》「おどろかしう」は「おどろかしく」のウ音便。

おどろかしう【驚かしう】 形容詞「おどろかし」の連用形「おどろかしく」のウ音便。

おどろかしがほ【驚かし顔】［名］人を驚かすような表情やようす。

おどろか・す【驚かす】［他サ四］{さ・し・す・す・せ・せ}

アプローチ →おどろく［自カ四］

❶**びっくりさせる**。例「船子どもは、腹鼓を打ちて、海をさへ**おどろか・して**、波立てつべし」〈土佐〉訳水夫たちは、腹鼓を打って、(人々はもちろんのこと)海まで**びっくりさせて**、波を立ててしまいそうだ。❷**気づかせる。注意を促す**。例「明けはてぬさきにと、人々しはぶき**おどろか・しきこゆ**」〈源氏・浮舟〉訳夜がすっかり明けきらないうちにと、供人たちが咳ばらいをして、(匂宮に)**注意を促し申し上げる**。《敬語》「おどろかしきこゆ」→「きこゆ」❸(眠っている人を)**起こす。目覚めさせる**。例「『やや』と**おどろか・し**たまへど、ただ冷えに冷え入りて、息はとく絶えはてにけり」〈源氏・夕顔〉訳(源氏は夕顔を)「これこれ」とお**起こし**になるけれども、ただもう冷たくなるばかりであって、息はとうに絶えはてているのだった。❹(忘れたころに)**便りをする。訪問する**。例「たもとともしのばざらまし秋風になびく尾花の**おどろか・さずは**」〈大和・一七〉訳私の袂(に似ている)と懐かしく思い出してもくださらなかったでしょう。もし、秋風になびくススキの穂に添えてお**便りを差し上げ**なかったら。［注］「秋風」の「秋」に「飽き」をかける。

おどろきがほ【驚き顔】［名］びっくりした顔つき。びっくりした表情やようす。

おどろ・く【驚く】［自カ四］{か・き・く・く・け・け}

アプローチ
▼はげしい物音にはっとする意、が原義。
▼現代語と同義の「びっくりする」意もあるが、古典の世界では「はっと気づく」の意が一般的。また、人が寝ている場面で用いられる場合、「はっと目覚める」意を表す。

❶**びっくりする**。例「とみのこととて御文あり。**おどろ・きて**見れば歌あり」〈伊勢・八四〉訳(母宮から)至急の用事ということで、御手紙が届いた。(業平が)**びっくりして**見ると、歌が書いてあった。❷**はっと気づく**。例「秋来ぬと目にはさやかに見えねども風の音にぞ**おどろ・かれぬる**」〈古今・秋上・一六九〉訳→〈和歌〉あききぬと…❸**はっと目覚める**。例「物に襲はるる心地して、**おどろ・き**たまへれば、灯も消えにけり」〈源氏・夕顔〉訳(源氏は)物の怪に襲われたような気持ちがして、**はっと目をお覚まし**になったところ、灯も消えていた。

〔俳句〕**おとろひや…**【衰ひや歯に食ひあてし海苔の砂】〈をのが光・芭蕉〉訳海苔にまじった砂を歯にかみ当ててしまった。その瞬間、老いの衰えをしみじみと感じたことだ。(季―海苔―春)

おとろ・ふ【衰ふ】［自ハ下二］{へ・へ・ふ・ふる・ふれ・へよ} ❶力や勢いが弱くなる。例「むかし、**おとろ・へ**たる家に、藤の花植ゑたる人ありけり」〈伊勢・八〇〉❷体力や容色が衰える。例「侍従出で来たり。容貌など**おとろ・へ**にけり」〈源氏・蓬生〉

おな［名］(「をんな」の変化形)若い妻、娘のこと。＝おなあ

おな・じ【同じ】［形シク］{じから・じく(じかり)・じ・じき(じかる)・じけれ・じかれ} 同一だ。等しい。同様だ。例「たちかへり、**おな・じ**ことのみあるを」〈蜻蛉・上〉

〔同じ心〕同じ気持ち。

〔同じ列〕(地位・身分・境遇などが)同じ程度。同列。同類。例「ただ、わが(＝桐壺ノ帝)女御子たちの**同じ列**に(藤壺ヲ)思ひきこえむ」〈源氏・桐壺〉

〔同じ流れを掬ぶ〕同じ川の水を手ですくって飲む。この世でほんのかりそめの出会いも、前世からの因縁によるというたとえに用いる。＝同じ流れを汲む

〔同じ蓮〕死後、ともに極楽浄土に生まれ変わること。一蓮托生。

〔同じ枕に伏し沈む〕複数の人が、同じ場所に倒れ伏して嘆き、悲しみに沈む。例「めのとの女房も、**同じ枕にふし沈・みにけり**」〈平家・九・小宰相身投〉

〔同じ縁〕縁続きであること。縁者。

おなじう【同じう】 形容詞「おなじ」の連用形「おなじく」のウ音便。

おなじくは【同じくは】［副］同じことなら。いっそ。例「今度も**同じくは**かひなき命をたすけさせおはしませ」〈平家・二・小教訓〉

おなりもん【御成門】［名］寺院や大名家で、将軍や貴人を出迎えるときに用いる立派な造りの門。

おに-【鬼】［接頭］(名詞の上に付けて)粗暴・無慈悲・巨大・勇猛・異形などの意を表す。「鬼武者」「鬼葦毛」「鬼蜘蛛」「鬼子」など。

おに【鬼】［名］

❶**死者の霊魂**。**怨霊**。例「恨みの**鬼**となって、人に思ひ知らせん」〈謡・鉄輪〉❷恐ろしい姿をして人間を害するという想像上の怪物。**妖怪**。**鬼**。❸**勇ましい者。強い者**。また、**情け容赦もない者**。例「さうでござんす。気弱うては仕損ぜん。鬼になってと夫婦はつっ立ち」〈浄・菅原伝授手習鑑〉❹**借金取り**。**債鬼**。例「正気では鬼にあはれぬ大晦日」〈川柳・柳多留〉❺(「鬼嘗め」の略)(貴人の飲食物の)**毒見**。また、**その役をする人**。

古典の世界 中国の「鬼」は、死者の霊魂の意。日本の「鬼」は、「隠」が変化した語といわれ、人の目には見えない不気味なものの意で、本来両者は別の観念であるとされる。なお、裸身にふんどしを着け、頭に角を生やした「鬼」一般のイメージは、中国の「鬼」、

また、仏教でいう餓鬼・羅刹・夜叉、陰陽道の「鬼」、日本の伝説上の「鬼」の観念などが混合されて形成されたものといわれている。

〔**鬼を欺く**〕鬼かと思われるほど勇敢である。例「**鬼をあざむく**人々も、げに理とともに涙にむせび給ふ」〈伽・酒呑童子〉

おにおに・し【鬼鬼し】［形シク］{しから・しく(しかり)・し・しき(しかる)・しけれ・しかれ}鬼のように恐ろしく、無慈悲である。例「〔里人ハ〕父が**おにおに・しき**を鬼曾次とよび」〈春雨物語〉

おにがみ【鬼神】［名］《「鬼神」の訓読語》荒々しくおそろしい神。

おにこごめ【鬼ここめ】［名］《「ここめ」は妖怪の意》醜く恐ろしい鬼。

おにごころ【鬼心】［名］鬼のような心。残忍な仕打ちを平気でする荒々しい心。

おに・し【鬼し】［形シク］{しから・しく(しかり)・し・しき(しかる)・しけれ・しかれ}鬼のように恐ろしい。荒々しい。残虐だ。例「いと**鬼・しう**はべるさがなものを」〈源氏・夕霧〉《音便》「鬼しう」は「鬼しく」のウ音便。

おにつら【鬼貫】［人名］「うへじまおにつら」に同じ。

おにどの【鬼殿】［名］鬼・怪物・怨霊などの住む家。

おにのしこぐさ【鬼の醜草】［名］草の名。シオンの別称。（季－秋）

おにのま【鬼の間】［名］清涼殿の西廂の南端の部屋。天皇の日常の御座所のひとつ。南の壁に白沢王（中国の想像上の神獣「白沢」を人格化したものか）が鬼を斬る絵があることからいう。➡［古典参考図］清涼殿

おにひとくち【鬼 一 口】［名］（『伊勢物語』第六段の鬼が女を一口で食べてしまったという説話から）❶鬼が一口に人などを食うこと。また、鬼のように一口に物を食うこと。❷非常に危険な目にあうこと。❸（まるで鬼の振る舞いのように）激しいようすであること。❹（鬼が人をひと飲みするように）たやすいこと。

おにやらひ【鬼遣らひ・追儺】［名］「ついな」に同じ。（季－冬）

おぬし【御主】［代名］《対称の人称代名詞。「おのし」とも。室町以降、対等、またはそれに近い目下の者に対して用いた語》そなた。おまえ。例「**おぬし**が分では、わらはに物を見することはなるまい」〈狂言記・土産の鏡〉

おの

おの【己】［代名］❶《反照指示代名詞。その人・物自身を指していう語》**それ自身。自分。**❷《自称の人称代名詞》**われ。私。**例「**おの**がかく今日明日におぼゆる命をば」〈源氏・若紫〉①②→「おのが」

おのおの

おのおの【各・各各】㊀［名］《代名詞「己」を重ねた語》**それぞれ。めいめい。**例「**おのおの**親ありければ」〈伊勢・八六〉㊁［代名］《対称の人称代名詞。多人数に呼びかける語》**皆さん。かたがた。**例「これ御覧ぜよ**おのおの**」〈平家・三・行隆之沙汰〉《敬語》「これ御覧ぜよ」→「ごらんず」

おのが【己が】《代名詞「己」＋格助詞「が」》❶《「が」が主格の場合》自分が。私が。例「**おのが**ものせむにはﾞ（＝行ッテモ）、と思へば、えものせず」〈蜻蛉・中〉❷《「が」が連体格の場合》自分の。私の。例「**おのが**身は、この国（＝人間世界）の人にもあらず」〈竹取・かぐや姫の昇天〉

〔**己が衣衣**〕ふたりの衣服をかけ重ねて、共寝をした男女が、それぞれ自分の着物を身に着けて別れること。例「明けゆけば**おのがきぬぎぬ**なるぞ悲しき」〈古今・恋三・六三七〉

〔**己が様様**〕それぞれが異なったようすになること。めいめい。＝己が品品。例「**おのがさまざま**年の経ぬれば」〈伊勢・八六〉

〔**己が品品**〕各々異なったようすになること。それぞれ。思い思いに。＝己が様様。例「おほぞらの雨はわきてもそそがねど（ソノ雨ニヨッテ）うるふ（＝潤ウ）草木は**おのが品々**」〈千載・釈教・一二〇五〉

〔**己が散り散り**〕それぞれに。てんでんばらばらに。例「四つにわかるる（＝四方ニ飛ビ別レル）群鳥の**おのがちりぢり**巣離れて」〈蜻蛉・中〉

〔**己が向き向き**〕それぞれ方向を異にして。思い思いに。例「延ふつたの**己が向き向き**天雲の別れし行けば」〈万葉・九・一八〇四長歌〉

〔**己が世世**〕《「世」は男女の仲の意》それぞれ別の生活をすること。例「**おのが世々**になりにければ、うとくなりにけり」〈伊勢・二一〉

おのがじし【己がじし】［副］それぞれに。各自思い思いに。例「**おのがじし**恨めしきをりをり、待ち顔ならむ夕暮れなどのこそ、見どころはあらめ」〈源氏・帚木〉

おのがどち【己がどち】［副］《「どち」は同士・仲間の意》自分たち同士で。仲間うちで。例「**おのがどち**ものうら言ひたるけはひなども」〈源氏・賢木〉

おのこ【男子】歴史的かなづかい「をのこ」

おのし【御主】［代名］《「おぬし」の変化形》「おぬし」に同じ。

おのづから

おのづから【自ら】［副］

> **アプローチ**
> ▼代名詞「おの(己)」＋上代の格助詞「つ」＋出自・素性の意の「から」。
> ▼何の働きかけもしないのに、自然と物事が行われていくさまを表す意に用いられる。
> ▼「みづから」は、自分の意志で物事を起こす意を表す。

❶**自然に。ひとりでに。**例「よき人の物語するは、人あまたあれど、ひとりに向きて言ふを、**おのづから**人も聞くにこそあれ」〈徒然・五六〉訳 教養や身分のある人が話をするのは、人が大勢でいてもその中のひとりに向かって言うので、**自然に**他の人も聞くようになるのである。《係結び》「こそ→あれ㊁」

❷**いつのまにか。そのうちいつか。**例「**おのづから**、若宮など生ひ出でたまはば、さるべきついでもありなむ」〈源氏・桐壺〉訳（母君が亡くなっても）**そのうちいつか**若宮が成人なさったら、しかるべき折もあるだろう。

❸**たまたま。偶然に。**例「**おのづから**都に出でて身の乞匃となれることを恥づといへども」〈方丈記〉訳 **たまたま**都に出てきてわが身が乞食のようになっているのを恥ずかしく思うが。

❹（仮定・推定の表現を伴って）**もしも。ひょっとす**

ると。例「**おのづから**後(のち)まで忘れぬ御事ならば」〈平家・一・祇王〉訳もしも(私のことを)のちまでお忘れにならないならば。

おのづと【自づと】(オノズト)〔副〕ひとりでに。自然に。→「おのづから」

おのともおのや《感動詞「おの」を強調した表現》驚いたことには。おやおや。例「針袋取り上げ前に置き返さへば**おのともおのや**裏も継ぎたり」〈万葉・一八・四一二九〉

おのら【己等】〔代名〕《「ら」は接尾語》❶《複数の自称の人称代名詞》我ら。われわれ。私たち。例「その人はさだかにも知らじ。**おのら**も見しかば」〈平中・一〇〉❷《対称の人称代名詞。対等以下の者を見下していう語。複数にも単数にも用いる》おまえ。おまえら。例「**おのら**が脱ぎおって、つぐぼうて」〈狂言記・二人大名〉

おのれ【己】━〔代名〕❶㋐《自称の人称代名詞。多く卑下の意を含んでいう語》わたくし。わたくし。わたくしめ。例「姫君は、となるともかうなるとも、**おのれ**に添ひたまへ」〈源氏・真木柱〉(音便)「かう」は「かく」のウ音便。㋑《対称の人称代名詞。卑しめたり、ののしっていう語》おまえ。あんた。例「かぐや姫は罪をつくり給へりければ、かく賤しき**おのれ**がもとに、しばしおはしつるなり」〈竹取・かぐや姫の昇天〉(敬語)「おはしつる」→「おはす」。❷《反照の指示代名詞》それ自身。自分自身。例「女は、**おのれ**をよろこぶ者のために顔づくりす」〈枕・職の御曹司の西面の〉二〔副〕おのずから。自然に。ひとりでに。例「松の木の**おのれ**起きかへりて、さとこぼるる雪も」〈源氏・末摘花〉三〔感〕《相手に強く呼びかける語》こら。おい。例「**おのれ**今の若盛り、一働き稼ぎ五間口七間口の門柱(かどばしら)の主にと念願をたててこそ商人(あきんど)なれ」〈浄・女殺油地獄〉

おのれと【己と】〔副〕自分から。自然に。おのずから。例「**おのれと**枯るるだにこそあるを、名残なく、いかが取り捨つべき」〈徒然・一三八〉

おのれら【己等】〔代名〕《「ら」は接尾語。複数にも単数にも用いる》❶《自称の人称代名詞。へりくだっていう語》私ども。私。例「**おのれら**よりは、なかなか(=カエッテ)御存知などもこそさぶらはめ」〈徒然・六七〉❷《対称の人称代名詞。目下に対して、また相手をののしっていう語》おまえ。おまえたち。きさまたち。例「**おのれら**も、恨めしく我をば煮て」〈徒然・六九〉

おば【祖母】〔名〕《「おほば」の変化形》❶祖母(そぼ)。❷年老いた女。老婆。老母。①②↑祖父(おほぢ)

発展学習ファイル 「**をば**(伯母・叔母)」は別語で、父母の姉妹。また、伯父や叔父の妻を指す。

おはぐろ【御歯黒・鉄漿】〔名〕《女房詞。「お」は接頭語。「歯黒」は「歯黒め」の略》鉄片を酸化させて作った液で歯を黒く染めること。その液。江戸時代には、既婚女性のしるしとなった。=鉄漿(かね)・歯黒め

古典の世界 「御歯黒」の慣習は平安時代からで、『枕草子』〈心ゆくもの〉、『源氏物語』〈若紫〉、『堤中納言物語』〈虫めづる姫君〉などに描かれている。

おはぐろおや【御歯黒親】〔名〕「かねおや」に同じ。

おはさうず【御座さうず】(オワソウズ)《ぜ・じ・ず・ずる・ずれ・ぜよ》《動詞「御座(おは)さふ」の連用形+動詞「す」=「おはさひす」の変化形》一〔自サ変〕❶「(複数の人が)いる」の意の尊敬語。いる人(主語)を高める。いらっしゃる。おいでになる。例「(姫君タチガ)碁打ちさして恥ぢらひて**おはさうずる**、いとをかしげなり」〈源氏・竹河〉❷「(複数の人が)行く・来(く)」の尊敬語。行く人、来る人(主語)を高める。いらっしゃる。おいでになる。例「いま二所(=道隆ト道兼)も、にがむにがむ各(おの)おの**おはさうじぬ**」〈大鏡・道長・上〉二〔補動サ変〕《動詞の連用形に付いて》「(複数の人が)…て(で)いる・…である」の意の尊敬語。…て(で)いる人、…である人(主語)を高める。…て(で)いらっしゃる。…て(で)おいでになる。例「(源氏タチハ)うち笑ひ**おはさうず**」〈源氏・帚木〉

おはさ・ふ【御座さふ】(オワサ(ソ)ウ)《は・ひ・ふ・ふ・へ・へ》《動詞「御座(おは)す」の連用形+動詞「あふ」=「おはしあふ」の変化形》一〔自ハ四〕「(複数の人が)いる」の意の尊敬語。いる人(主語)を高める。いらっしゃる。おいでになる。例「昔物語して、この**おはさ・ふ**人々に、『…』と聞かせたてまつらん」〈大鏡・序〉二〔補動ハ四〕《動詞の連用形に付いて》「(複数の人が)…て(で)いる」の意の尊敬語。…て(で)いる人(主語)を高める。…て(で)いらっしゃる。…て(で)おいでになる。例「(正頼ヤ大宮ハ)生(む)まれ給へる御子(みこ)をうつくしみ**おはさ・ふ**」〈宇津保・国譲・中〉

おはしあ・り【御座し有り】(オワシアリ)〔自ラ変〕《ら・り・り・る・れ・れ》《「有り」「居る」の尊敬語》いらっしゃる。おいでになる。例「入道殿をはじめまゐらせて、世の中に**おはしあ・る**人、参らぬはなかりけり」〈古本説話集〉

おはしかよ・ふ【御座し通ふ】(オワシカヨウ)〔自ハ四〕《は・ひ・ふ・ふ・へ・へ》《「行き通ふ」「来通ふ」の尊敬語》通っていらっしゃる。行き来なさる。=御座しまし通ふ。例「花散里にも、(源氏ノ君ガ)**おはし通・ふ**ことこそまれなれ」〈源氏・須磨〉

おはしそ・む【御座し初む】(オワシソム)〔自マ下二〕《め・め・む・むる・むれ・めよ》《「行き初む」「通ひ初む」の尊敬語》いらっしゃり始める。お通いになり始める。例「**おはしやそ・め**にけん。いと遥(はる)かなる懸想(けさう)の道なりや」〈源氏・浮舟〉

おはしつ・く【御座し着く】(オワシツク)〔自カ四〕《か・き・く・く・け・け》《「行き着く」の尊敬語》お着きになる。ご到着になる。=御座しまし着く①。例「中将は山に**おはし着・き**て、僧都(そうづ)もめづらしがりて」〈源氏・手習〉

おばしま【欄】〔名〕欄干(らんかん)。手すり。

おはしまさ・す【御座しまさす】(オワシマサス)

語構成 おはしまさ｜す
サ四「おはします」㊍｜使役「す」

❶「いさせる」の意で、「(AがBを)おはしまさす」のB(いさせる相手=いる人)を尊敬語「おはします」が高める。いらっしゃらせる。いさせ申し上げる。おいでいただく。例「(明石(あかし)ノ中宮(ちゅうぐう)ハ)三の宮をぞ、さうざうしき御慰めには**おはしまさ・せ**たまひける」〈源氏・幻〉❷「行かせる」「来させる」の意で、「(AがBを)おはしまさす」の、B(行かせる相手・来させる相手=行く人・来る人)を尊敬語「おはします」が高める。いらっしゃらせる。行かせ申し上げる。来させ申し上げる。おいでいただく。例「紅葉のちぐさに見ゆるをり、親王(みこ)たち**おはしまさ・せ**て、夜ひと夜、酒飲みし遊びて」〈伊勢・

〈八一〉

おはしまさ・ふ【御座しまさふ】オワシマサ(ソ)ウ〔は・ひ・ふ・ふ・へ・へ〕《動詞「御座(おは)します」に動詞「あふ」の付いた「おはしましあふ」の変化形か》一[自ハ四]「(複数の人が)いる」の意の尊敬語。いる人(主語)を高める。いらっしゃる。おいでになる。例「こなたかたなの君たち、数を尽くして**おはしまさ・ふ**」〈宇津保・嵯峨の院〉二[補動ハ四]《動詞の連用形に付いて》「(複数の人が)…て(で)いる」の意の尊敬語。…て(で)いる人(主語)を高める。…て(で)いらっしゃる。…て(で)おいでになる。例「御簾のうちに、宮・淑景舎・三、四の君・殿の上・その御妹三所、立ち並み**おはしまさ・ふ**」〈枕・関白殿、二月二十一日に〉

おはしましあ・ふ【御座しまし合ふ】オワシマシア(オ)ウ〔は・ひ・ふ・ふ・へ・へ〕《動詞「御座(おは)します」の連用形＋動詞「あふ」》一[自ハ四]❶「(複数の人が)いる」の意の尊敬語。いる人(主語)を高める。いらっしゃる。おいでになる。例「藤壺のかたには小一条院女御、弘徽殿にはこの后の、のぼりて**おはしましあ・へる**を」〈大鏡・師輔〉❷「(複数の人が)行く・来る」の意の尊敬語。行く人、来る人(主語)を高める。いらっしゃる。おいでになる。例「それ(＝肝試シノタメニ外へ出テイク道)をさへわかたせたまへば、〔道隆・道兼・道長〕三人ながらしか**おはしましあ・へる**に」〈大鏡・道長・上〉二[補動ハ四]《断定の助動詞「なり」の連用形「に」に付いて》「(複数の人が)…である」の意の尊敬語。…である人(主語)を高める。…て(で)いらっしゃる。…て(で)おいでになる。例「御前よりはじめ、皆墨染めに**おはしましあ・ふ**に、いといと悲し」〈栄花・二九〉

おはしましざま【御座しまし様】オワシマシザマ[名](貴人の)いらっしゃるようす。例「あはれなる夜のおはしましざまかな」〈源氏・浮舟〉

おはしましつ・く【御座しまし着く】オワシマシツク[自カ四]〔か・き・く・く・け・け〕❶「おはしつく」に同じ。❷《「居つく」の尊敬語》居続けなさる。例「ここがちに**おはしましつ・き**て」〈源氏・早蕨〉

おはしましどころ【御座しまし所】オワシマシドコロ[名]貴人のいらっしゃる場所。御座所。

おはしま・す

【御座します】オワシマス[自サ四][補動サ四]〔さ・し・す・す・せ・せ〕

> **アプローチ**
> ▼主語を高める尊敬語。
> ▼類義語「おはす」よりさらに敬意が高い。
> ▼「いる」「ある」「行く」「来る」の意をもつ(一)。補助動詞の用法(二)もある。とくに二②③は、「…ている」主語を高めるだけの用法。

一[自サ四]❶「いる」意の尊敬語。**いらっしゃる。おいでになる。** 例「むかし、惟喬のみこと申す親王**おはしま・しけり**」〈伊勢・八三〉 訳 昔、惟喬の親王と申し上げる親王がいらっしゃった。《敬語》「惟喬のみこと申す」→「まうす」

❷所有の「あり」の尊敬語。**おありになる。もっていらっしゃる。** 例「さるべき契りこそは**おはしま・しけめ**」〈源氏・桐壺〉 訳(桐壺の帝は)そうあるべき(桐壺更衣との)宿縁が**おありになった**のだろうけれども。《係結び》「こそ→おはしましけめ(已)」

❸「行く」「来く」の尊敬語。**いらっしゃる。おいでになる。** 例「年ごとの桜の花ざかりには、その宮へなむ**おはしま・しける**」〈伊勢・八二〉 訳 毎年の桜の花盛りには、そのおやしきへ**おいでになった**のだった。《係結び》「なむ→おはしましける(体)」

二[補動サ四]❶《動詞・形容詞・形容動詞の連用形や、断定の助動詞「なり」の連用形「に」などに付いて》「…て(で)いる」「…である」の意の尊敬語。**…て(で)いらっしゃる。…て(で)おいでになる。** 例「出だし立てさせたまひて、やがてながめ**おはしま・す**」〈源氏・桐壺〉 訳(桐壺の帝は亡き桐壺更衣の実家に使者を)お出しになって、そのまもの思いにふけって見やって**いらっしゃる**。《敬語》「出だし立てさせたまひて」→「させたまふ」

❷《動詞の連用形に付いて》その動詞の主語を高める尊敬語。**お(ご)…になる。…なさる。** 例「いと若くてうせ**おはしま・し**たることは、九条殿の御遺言をたがへさせおはしましつるけとぞ人申しける」〈大鏡・伊尹〉 訳(伊尹が)たいそう若くて**お亡くなりになった**ことは、九条殿のご遺言をお違えになったせいだと、人は(うわさ)申し上げたよ。〔注〕「たがへさせおはしまし」は二③の用法。《係結び》「ぞ→申しける(体)」。《敬語》「申しける」→「まうす」

❸《動詞の未然形に「せおはします」「させおはします」の形で付いて》その動詞の主語を高める尊敬語。**お(ご)…になる。…なさる。** 例「夜更けぬさきに帰らせ**おはしま・せ**」〈源氏・夕顔〉 訳「夜が更けないうちにお帰りなさいませ。

発展学習ファイル (1)二②③は、平安後期以降用いられた。とくに、二③の「**せおはします**」「**させおはします**」は、「せ給ふ」「させ給ふ」「しめ給ふ」よりもさらに、上に付く動詞の主語を高める働きが強い、いわゆる最高敬語である。同じように用いられ方が広がった語に「**まします**」がある。
(2)二①は、上に付く語との間に接続助詞「て」や係助詞・副助詞・間投助詞などが入る場合がある。

おは・す

【御座す】オワス[自サ変][補動サ変]〔せ・し・す・する・すれ・せよ〕

> **アプローチ**
> ▼中古に発生した、主語を高める尊敬語。
> ▼「いる」「ある」「行く」「来る」の意をもつ(一)。補助動詞の用法もある(二)。

一[自サ変]❶「いる」の意の尊敬語。**いらっしゃる。おいでになる。** 例「ただ今おのれ見棄てたてまつらば、いかで世に**おは・せ**むとすらむ」〈源氏・若紫〉 訳 たった今私が(死んでしまってあなたを)お見捨てしたら、(あなたは)どうやって世の中に**いらっしゃろ**うとするのか。《疑問語との呼応》「いかで→おはせむ(体)」。《敬語》「見棄てたてまつらば」→「たてまつる」

❷所有の「あり」の尊敬語。**おありになる。持っていらっしゃる。** 例「欲しき物ぞ**おは・す**らむ」〈土佐〉 訳

お

（住吉の明神は）欲しい物が**おありになる**のでしょうよ。《係結び》「ぞ→おはすらむ㊍」 ❸「行く」「来く」の尊敬語。**いらっしゃる。おいでになる。** 例「粟田殿は、露台の外まで、わななくわななく**おは・し**たるに」〈大鏡・道長・上〉 訳粟田殿は、露台（＝紫宸殿と仁寿殿の間にある板敷き）の外まで、わななきわななき**おいでになった**ところ。 ㊁［補動サ変］（動詞・形容詞・形容動詞型活用語の連用形や、形容動詞・形容動詞型活用語の連用形などに付いて）「…て（で）いる」「…である」の意の尊敬語。**…て（で）いらっしゃる。…て（で）おいでになる。** 例「御衣の袖を引きまさぐりなどしつつ、紛らはし**おは・す**」〈源氏・幻〉 訳お召し物の袖を引っぱりいじりなどし続けて、（涙を）まぎらわして**いらっしゃる**。

発展学習ファイル (1)「いる」「行く」「来る」といった意の尊敬語としては、「おはす」のほかに「**おはします**」があり、「**おはします**」のほうが敬意は高い。→「おはします」

(2)「おはす」の命令形として、「おはせよ」に交じって少数ではあるが「おはせ」の形も見られる。このことから「おはす」の活用は完全なサ変ではなく、下二段活用と四段活用の混交と見る考えもある。

(3)㊁は、上に付く語との間に、接続助詞「て」や係助詞・副助詞・間投助詞などが入る場合がある。

おば・す【帯ばす】《上代語。動詞「帯ぶ」の未然形＋上代の尊敬の助動詞「す」》身にお着けになる。

おは・ふ【追はふ】［他ハ下二］{へ・へ・ふ・ふる・ふれ・へよ}追いかける。追い立てる。例「冠者原、**おは・へ**て搦めてけり」〈沙石集〉

おはもじ【御は文字】［名］《女房詞》恥ずかしいこと。例「大人げなき親をもち、**御はもじ**に御座候へども」〈仮・きのふはけふの物語〉

おはり【御針】［名］《近世語》❶江戸時代、針仕事（裁縫）のために雇う女。後期は遊郭の裁縫女の通称。町家では「針妙」といった。❷針仕事。

おは・る【生はる】［自ラ四］{ら・り・る・る・れ・れ}《上代東国方言》生えている。例「安波をろのをろ田に**生は・る**たはみづら（＝草ノ名）」〈万葉・一四・三五〇一〉

おはれ【御晴れ】［名］《女房詞。「お」は接頭語》晴れ着。また、それを着た姿。

おひ【笈】［名］《「負ひ」の意》修行僧や山伏が、仏具・衣服・食物などを入れて背負って歩く箱。四隅に短い脚がつき、両開きの扉がある。＝負ひ籠

おび【帯】［名］❶衣服を着るとき、着崩れないために腰に巻いて結ぶ細長い布の総称。❷とくに、男性が直衣や狩衣を着る際に結んだ、共布で作った帯。❸「せきたい」に同じ。❹女性の「裙帯」や「掛け帯」。❺女性が、懐妊を祝って、五か月ごろに結んだ腹帯。岩田帯。

おひあが・る【生ひ上がる】［自ラ四］{ら・り・る・る・れ・れ}上方へ生え伸びる。例「髪は空さまへ（＝空ノ方ニ向カッテ）**おひあが・り**」〈平家・三・有王〉

おひ・い・づ【生ひ出づ】［自ダ下二］{で・で・づ・づる・づれ・でよ}❶（人が）**生まれ出る**。（植物や歯などが）**生え出る**。例「御歯の**生ひ出・づ**るに食ひ当てむとて」〈源氏・横笛〉❷**成長する**。**育つ**。例「あづま路の道のはてよりも、なほ奥つ方に**生ひ出・で**たる人」〈更級〉

おひう・つ【追ひ棄つ】［他タ下二］{て・て・つ・つる・つれ・てよ}（「おひすつ」とも）追いはらう。追い出す。追放する。例「にはかに、親、この女を**追ひう・つ**」〈伊勢・四〇〉

おびえまど・ふ【怯え惑ふ】［自ハ四］{は・ひ・ふ・ふ・へ・へ}恐れ、あわてふためく。例「（猫ハ）**おびえまど・ひ**て、御簾のうちに入りぬ」〈枕・上にさぶらふ御猫は〉

おひおこ・す【追ひ起こす】［他サ四］{さ・し・す・す・せ・せ}❶追加して、多くの人数をそろえる。例「すなはち、百姓を**追ひおこ・し**て御船を引かしめたまふ」〈播磨国風土記〉❷（寝ているのを）せきたてて起こす。例「つかさのかみ、にはかにものへいますとて寄りふしたりけるを、**おひ起こ・し**て」〈大和・一〇三〉

おひおこ・す【追ひ遣す】［他サ下二］{せ・せ・す・する・すれ・せよ}追い立てて来させる。追ってこちらに来させる。例「これ（＝毛虫）を、一つも落とさで、**追ひおこ・せよ**、童べ」〈堤中納言・虫めづる姫君〉

おひおと・す【追ひ落とす】［他サ四］{さ・し・す・す・せ・せ}❶（「おひて」とも）追いはらう。❷追いかけて奪い取る。強奪する。例「少しよからん山家山家に至り、下種徳人あらば**追ひ落と・し**て」〈義経記・二〉

おひかぜ【追ひ風】［名］❶（「おひて」とも）後方から吹く風。❷船の進む方向に吹く風。順風。おいて。❸たきこめた香の薫りを伝えてくる風。

〈和歌〉**おひかぜの…【追ひ風の吹きぬるときは行く船の帆手うちてこそうれしかりけれ】**〈土佐〉 訳追い風が吹いたときには、進んでゆく船の帆綱が音を立て、われわれも手を打って喜び、うれしく思うことだよ。《係結び》「こそ→うれしかりけれ㊂」〈参考〉「帆手うちて」の「て」は、帆のはり綱の「ほて」と人の「手」との掛詞。

おひかぜようい【追ひ風用意】［名］着物に香をたきしめて、人とすれ違ったときに香りが漂うようにすること。

おひかづ・く【負ひ被く】［他カ四］{か・き・く・く・け・け}❶背負ったり、肩を貸したりする。例「はての夜も、**負ひかづ・き**出でも騒がず」〈枕・宮の、五節出ださせたまふに〉❷（主人の子供などを）背負って大切に育てる。例「御身々とだになり給ひなば、嫗、**負ひかづ・き**も仕まつりなむ」〈宇津保・俊蔭〉

おひかは・る【生ひ変はる】［自ラ四］{ら・り・る・る・れ・れ}（木などが）生え変わる。例「黄楊小櫛を**生ひかは・り**生ひてなびきけらしも」〈万葉・一九・四二一二〉

おひかへ・す【追ひ返す】［他サ四］{さ・し・す・す・せ・せ}追い払って戻らせる。もとの所へ追い立てる。例「穢らひたる人とて、立ちながら、**追ひ返・しつ**」〈源氏・手習〉

おひ・く【追ひ来】［自カ変］{こ・き・く・くる・くれ・こ（こよ）}あとから追いかけて来る。例「海賊**追ひ・来**といふこと、絶えず聞こゆ」〈土佐〉

おひこ・る【生ひ凝る】［自ラ四］{ら・り・る・る・れ・れ}（植物などが）生い茂る。例「蓬・葎さへ**生ひ凝・りて**」〈宇津保・俊蔭〉

おひさき【生ひ先】［名］**成長してゆく将来。将来性。** 例「いみじく**生ひ先**見えて、うつくしげなる容貌なり」〈源氏・若紫〉

発展学習ファイル 「生ひ先」は多く、若くて将来に大きな可能性がある意で用いられ、「**生ひ先見ゆ**」の

お

ほか、「**生ひ先あり**」「**生ひ先籠もる**」「**生ひ先遠し**」などの形で用いられる。

〔**生ひ先籠る**〕オイサキコモル 若くて将来が期待される。例「親など立ち添ひもてあがめて、**生ひ先籠・れる**窓の内なるほどは」〈源氏・帚木〉

おひさ・く【追ひ放く】オイサク［他カ下二］{け・け・く・くる・くれ・けよ}追いやる。追い払う。例「このもの咎めする犬の声絶えず、人々**追ひさ・け**などするに」〈源氏・浮舟〉

おひざま【生ひ様】オイザマ［名］草木の生え方。生えているようす。

おひさまに【追ひ様に】オイサマニ［副］（「おひざまに」とも）あとから追いかけて。すぐに続いて。例「**おひざまに**三四人おなじやうなる者の出いできて」〈愚管抄〉

おひし【大石】オイシ［名］（上代語。「おほいし」の変化形。一説に、「生ひ石」の略）大きな石。

おひし・く【生ひ及く】オイシク［自カ四］{か・き・く・く・け・け}（草木が）あとからあとから続けて生える。例「夏草の刈り払へども（＝刈リ払ッテモ）**生ひ及・く**ごとし」〈万葉・一〇・一九八四〉

おひし・く【追ひ及く】オイシク［自カ四］{か・き・く・く・け・け}追いつく。例「後れ居て恋ひつつあらずは（＝アトニ残ッテ恋シク思ッテイナイデ）**追ひ及・か**む道の限廻くま（＝曲ガリ角）に標しめ結ゆへ我が背せ」〈万葉・二・一一五〉

おひしらが・ふ【追ひしらがふ】オイシラガウ［自ハ四］{は・ひ・ふ・ふ・へ・へ}先を争う。例「ただこれらに目を付けて**おひしらが・ひ**て、簾すだれの許に出いで重なりて見けるに」〈今昔・二六・四〉

おひしりぞ・く【追ひ退く】オイシリゾク［他カ下二］{け・け・く・くる・くれ・けよ}攻撃をしかけて退ける。追い立てて引き下がらせる。追い返す。例「義顕よしあき打ち破っては囲みを出いで、取って返しては**追ひ退・け**」〈太平記・一四〉

おひすが・ふ【追ひすがふ】オイスガ（ゴ）ウ［自ハ四］{は・ひ・ふ・ふ・へ・へ}追いかけてくる。追いすがる。例「幸ひ人の腹の后きさきがねこそ、また**追ひすが・ひ**ぬれ」〈源氏・少女〉

おひす・つ【追ひ棄つ】オイスツ［他タ下二］{て・て・つ・つる・つれ・てよ}（「おひうつ」とも）追い払う。追放する。

おひずり【負ひ簏】オイズリ［名］「おひ（笈）」に同じ。

おひずり【笈摺り】オイズリ［名］（近世語）巡礼が、背負っている笈おいで衣服がすれるのを防ぐために着た、ひとえの袖そでなしの羽織。＝笈摺おひずる

おひずる【笈摺る】オイズル［名］「おひずり」に同じ。

おひする【生ひ末】オイスエ［名］将来。成長後の姿。行く末。＝生ひ先

おひせ・む【追ひ迫む】オイセム［他マ下二］{め・め・む・むる・むれ・めよ}追いかけて迫る。追い詰める。例「身を投げて逃ぐれども、**追ひせ・め**られて、え逃げず」〈宇治拾遺・一・一八〉

おひそは・る【生ひ添はる】オイソワル［自ラ四］{ら・り・る・る・れ・れ}成長につれて、ますます丈が高くなっていく。いっそう生い茂る。例「**生ひ添は・る**行く末遠き姫松と木高こだかき蔭と結びつるかな」〈栄花・三〉

おひそ・ふ【生ひ添ふ】オイソウ［自ハ四］{は・ひ・ふ・ふ・へ・へ}ますます生い茂る。例「年ごとに**生ひ添・ふ**竹の代々よを経へて」〈新古今・賀・七一五〉

おひそや【負ひ征矢】オイソヤ［名］背負って持つ征矢（戦闘用の矢）。

おびただ・し【夥し】［形シク］{しから・しく(しかり)・し・しき(しかる)・しけれ・しかれ}（近世中期ごろから「おびたたし」とも）❶程度がはなはだしい。ものすごい。例「**おびただ・しく**大きになりて」〈宇治拾遺・三・一三〉❷大きい。大げさだ。例「その姿**おびただ・しく**、似るべき物なし」〈宇治拾遺・八・三〉❸数がたいへん多い。❹音が大きい。騒がしい。例「をめきさけぶ事**おびただ・し**」〈平家・七・玄昉〉

おびたたしう【夥しう】オビタダシュウ 形容詞「おびたたし」の連用形「おびたたしく」のウ音便。

〔和歌〕**おひたたむ…【生ひ立たむありかも知らぬ若草をおくらす露ぞ消えんそらなき】**〈源氏・若紫〉訳 生長していくであろうそのありどころも分からない若草（＝紫ノ上うえ）をあとに残して消えていく露（＝作者。紫ノ上ノ祖母）には消える空がありません（＝死んでも死にきれない意）。（係結び）「ぞ→そらなき㊳」〈参考〉「露」は「消え」の縁語。

おひた・つ【生ひ立つ】オイタツ［自タ四］{た・ち・つ・つ・て・て}（木や人が）育っていく。成長する。＝生ひ成なる。例「かの撫子なでしこの**生ひ立・つ**ありさま」〈源氏・夕顔〉

おひたてのつかひ【追ひ立ての使ひ】オイタテノツカイ［名］「おったてのつかひ」に同じ。

おひつ・く【追ひ付く】オイツク 一［自カ四］{か・き・く・く・け・け}追いかけし、先行するものに達する。＝追ひ及しく。例「しりにたちて追ひゆけど、え**追ひつ・か**で」〈伊勢・二四〉二［他カ下二］{け・け・く・くる・くれ・けよ}追いかけて、ある所に着かせる。例「大友皇子を追ひ給ふに、近江あふみの国大津といふ所に**追ひつ・け**て戦ふに」〈宇治拾遺・一五・一〉

おひつ・ぐ【生ひ継ぐ】オイツグ［自ガ四］{が・ぎ・ぐ・ぐ・げ・げ}次々に生え代わる。生え代わってあとを継ぐ。例「臣おみの木も**生ひ継・ぎ**にけり」〈万葉・三・三二三長歌〉

おひつ・ぐ【追ひ次ぐ】オイツグ［自ガ四］{が・ぎ・ぐ・ぐ・げ・げ}❶先行するものを追って、すぐあとについて行く。例「**追ひつ・ぎ**て出雲いづもにいたる」〈紀・垂仁〉❷すぐに続けて行う。❸文字を続けてつづる。続け書きにする。例「みちのくに紙に、**追ひつ・ぎ**書きたまひて」〈源氏・総角〉

おひつづ・く【追ひ続く】オイツヅク［自カ四］{か・き・く・く・け・け}追いかけて、すぐあとに続く。例「すこし大きなる猫**追ひつづき**て」〈源氏・若菜・上〉

おひて【追ひ手】オイテ［名］逃げる者を追いかける人。＝追っ手

おひて【追ひ風】オイテ［名］「おひかぜ①」に同じ。

おびと【首】［名］（「おほひと（大人）」の変化形）❶集団の統率者。首長。❷上代の「姓かばね」のひとつ。

おびとき【帯解き】［名］子供がひもつきの着物をやめ、初めて帯を締めるのを祝う儀式。陰暦十一月の吉日（多く十五日）に、七歳の女児、五歳から九歳の男子が行い、産土神うぶすなに参詣さんけいした。いまの「七五三」につながる儀式。（季－冬）

おひととのほ・る【生ひ整ほる】オイトトノオル［自ラ四］{ら・り・る・る・れ・れ}成長してすっかり一人前になる。立派に成長する。例「二十ばかりになりたまふままに、**生ひととのほ・り**て、いとめでたらしくめでたし」〈源氏・玉鬘〉

おひとど・む【追ひ留む】オイトドム［他マ下二］{め・め・む・むる・むれ・めよ}追いかけて、先へ進まないようにさせる。追ってとどまらせる。例「（随身ずいじんナドガ）がやがやと**追ひ留・む**るに、え逃げで引き留められぬ」〈狭衣・一〉

おひとり【追ひ鳥】オイトリ［名］（「追ひ鳥狩り」の略）野山で、「勢子せこ」に鳥を追い立てさせ、馬上から射る狩り。（季－冬）

おびとり【帯取り】［名］（「帯取り革」の略）太刀たちの

鞘の足金という金具に通して、太刀を腰につけるための革ひも。⇩［古典参考図］武装・武具〈3〉

おひと・る【追ひ取る】［他ラ四］{ら・り・る・る・れ・れ}追って捕らえる。例「父母、これ(＝子ヲサラワレタコト)を見て、泣き悲しむで**追ひ取・らむ**とするに」〈今昔・二六・一〉

おひな・す【負ひなす】［他サ四］{さ・し・す・す・せ・せ}(ある状態に)背負う。例「征矢の三十六指したるを筈高に**負ひな・し**」〈太平記・一三〉

おひなび・く【生ひ靡く】［自カ四］{か・き・く・く・け・け}植物が生え伸び、風や水の流れに沿って揺れ動く。例「秋の野の尾花が末の**生ひなび・き**心は妹に寄りにけるかも」〈万葉・一〇・二二四二〉

おひなほり【生ひ直り】［名］成長して悪かったものがよい形に改まること。心や身体がよくなること。

おひなほ・る【生ひ直る】［自ラ四］{ら・り・る・る・れ・れ}成長にしたがって、性格などが改まる。例「人目にはすこし**生ひなほ・り**たまふかなと見ゆるを」〈源氏・蜻蛉〉

おひなめも・つ【負ひ並め持つ】［他タ四］{た・ち・つ・つ・て・て}いくつかの物をいっしょに背負う。例「**負ひ並め持・ち**て馬買へ我が背」〈万葉・一三・三三一四長歌〉

おひな・る［自ラ四］{ら・り・る・る・れ・れ}(「おひんなる」の撥音無表記)「おひるなる」に同じ。

おひな・る【生ひ成る】［自ラ四］{ら・り・る・る・れ・れ}育つ。成長する。＝生ひ立つ。例「見るままに、いとうつくしげに**生ひな・り**て、愛敬つき」〈源氏・花宴〉

おひにが・す【追ひ逃がす】［他サ四］{さ・し・す・す・せ・せ}追いやって、逃げるように仕向ける。追い払う。例「『今よりかかる犯しを成す事なかれ。…』と言ひて、(海賊ヲ)**追ひ逃が・し**てけり」〈今昔・二四・一九〉

おひにっき【笈日記】［作品名］江戸中期(一六九五刊行)の俳諧句文集。各務支考編。芭蕉の没後、門人の支考が、芭蕉の遺吟・遺文や芭蕉臨終前後の模様を記した句文集。芭蕉の最晩年と当時の蕉風の状況とをよく伝えている。

おひねり【御捻り】［名］「かみひねり②」に同じ。

おひの・く【追ひ退く】［他カ下二］{け・け・く・くる・くれ・けよ}追って退かせる。追い払う。例「乞食の持ちたる鉢を打ち破りて、**追ひの・けつ**」〈今昔・二〇・二六〉

おひのこぶみ【笈の小文】［作品名］江戸中期の俳諧紀行。『卯辰紀行』ともいう。松尾芭蕉作。貞享四年(一六八七)十月から翌年四月までの、伊賀上野・大和地方・須磨・明石への旅をつづった紀行文。芭蕉の芸術観・紀行観がよく表れている。

おひのし・る【追ひ罵る】［自ラ四］{ら・り・る・る・れ・れ}身分のある人が通行する際、大声で先払いをする。例「殿まかでたまふけはひ、こちたく**追ひのの・し・る**御前駆の声に」〈源氏・少女〉

おひのぼ・る【生ひ上る】［自ラ四］{ら・り・る・る・れ・れ}成長して丈が伸びる。生長する。例「高き山も、ふもとの塵泥よりなりて、天雲たなびくまで**生ひ上・れ**るごとくに」〈古今・仮名序〉

おひのよ【生ひの世】［名］生きてきた世の中。この世。現世。

おひばら【追ひ腹】［名］主君の死後、家臣が切腹してあとを追うこと。殉死。↔先腹

おひまさ・る【生ひ優る】［自ラ四］{ら・り・る・る・れ・れ}成長するにしたがって美しくなる。例「藤壺の御方よりも、**生ひまさ・り**給ひなむかし」〈宇津保・蔵開・下〉

おひまどは・す【追ひ惑はす】［他サ四］{さ・し・す・す・せ・せ}❶追い散らす。例「我をあしと思ひて(妻子ヲ)**追ひまどは・して**」〈源氏・玉鬘〉❷追いかけているうちに見失う。取り逃がす。例「もしまた**追ひまどは・し**たらむ時とあやふく思ひけり」〈源氏・玉鬘〉

(俳句)**おひもたちも…**【笈も太刀も五月に飾れ紙幟】〈おくのほそ道・佐藤庄司旧跡・芭蕉〉訳五月の節句に立てる紙幟が風にひらめいている。弁慶の笈も義経の太刀も、それにあわせて端午の飾り物として飾り、昔の勇士の姿をいまに伝えるがよい。(季－五月・紙幟－夏)

おひも・つ【負ひ持つ】［他タ四］{た・ち・つ・つ・て・て}名をもつ。名乗る。例「大伴の遠つ神祖のその名をば大久米主と**負ひ持・ちて**」〈万葉・一八・四〇九四長歌〉

おひものい【追ひ物射】［名］射芸の一種。馬に乗って獣を追いかけ、射ること。転じて、逃げる敵を馬で追い、射ること。＝追物射

おびやか・す【脅かす】［他サ四］{さ・し・す・す・せ・せ}おどしてこわがらせる。例「狐などやうのものの人を**おびやか・さんとて**」〈源氏・夕顔〉

おひゃくど【御百度】［名］《近世語。「御百度参り」の略》神仏にかけた願がかなうように、寺社の境内の一定の距離を百回往復し、その度に祈ること。

おひや・る【生ひ遣る】［他ラ四］{ら・り・る・る・れ・れ}健やかに成長する。すくすく育つ。例「いかに**生ひや・らむ**とすらむ」〈源氏・葵〉

おひや・る【追ひ遣る】［他ラ四］{ら・り・る・る・れ・れ}追って遠ざける。追い払う。例「この女をほかへ**追ひや・らん**とす」〈伊勢・四〇〉

おび・ゆ【怯ゆ】［自ヤ下二］{え・え・ゆ・ゆる・ゆれ・えよ}恐ろしく思う。おびえる。怖がる。例「**おび・え**て、おどど色もなくなりぬ(＝顔色ヲ失ッタ)」〈源氏・玉鬘〉

おひゆ・く【生ひ行く】［自カ四］{か・き・く・く・け・け}成長していく。育つ。例「初草の**生ひゆ・く**末も知らぬ間に」〈源氏・若紫〉訳↓(和歌)はつくさの…

おひらき【御開き】［名］❶逃げる・落ちのびる意の忌み詞。❷終わる・帰る意の忌み詞。祝宴などで用いられる。

おひる【御昼】［名］《「お」は接頭語》❶《女房詞》起きることの尊敬語。お目覚め。↔御夜。❷昼飯の丁寧語。おひるごはん。

おび・る［自ラ下二］{れ・れ・る・るる・るれ・れよ}❶内気でおっとりしている。のんびりしている。例「やはらかに**おび・れ**たるものから、深うよしづきたる」〈源氏・朝顔〉❷(多く「寝おびる」の形で)ぼんやりする。ぼける。例「若君の寝**おび・れ**て泣きたまふ御声に」〈源氏・横笛〉

おひるな・る【御昼なる】［自ラ四］{ら・り・る・る・れ・れ}《女房詞。「おひなる」「おひんなる」とも。「起く」の尊敬語》お目覚めになる。お起きになる。↔御寝る。例「人のねたるがおくることを、おひなるといふ、伊勢などにては、**おひるな・る**といふ」〈玉勝間〉

おひろひ【御拾ひ】［名］《女房詞。「お」は接頭語》歩くことの尊敬語。お歩き。

おひわか・る【生ひ別る】［自ラ下二］{れ・れ・る・るる・るれ・れよ}(一体となっていたものが)生育するにつれて別れて

いく。例「竹の子のおのが世々にや**生ひわか・る**べき」〈源氏・胡蝶〉

おひをを・る【生ひををる】[自ラ四]{ら・り・る・る・れ・れ}《「ををる」は枝などがたわむ意》生えてたわわに茂る。おびただしく生い茂る。例「打ち橋に**生ひをを・れ**る川藻もぞ枯るれば生ゆる」〈万葉・二・一九六長歌〉

おびんづる【御賓頭盧】[名]「びんづる」に同じ。

お・ふ【負ふ】{は・ひ・ふ・ふ・へ・へ}㊀[自ハ四]**似合う。ふさわしい。**例「文屋康秀は、言葉巧みにて、そのさま身に**お・は**ず」〈古今・仮名序〉㊁[他ハ四]❶**背中にのせる。背負う。**例「男、弓、胡籙を**負・ひ**て戸口にをり」〈伊勢・六〉❷(身に)**受ける。こうむる。**例「朝夕の宮仕へにつけても、人の心をのみ動かし、恨みを**負・ふ**つもりにやありけん」〈源氏・桐壺〉《係結び》「や→ありけん㊍」。❸(「名に(し)負ふ」の形で)**名としてもつ。有名である。**例「名にし**お・は**ばいざ言問はむ都鳥我が思ふ人はありやなしやと」〈古今・羇旅・四一一〉訳→〔和歌〕なにしおはばいざこととはむ…。❹**借金する。借りる。**例「その人は我が金を千両**負・ひ**たる人なり」〈宇治拾遺・一・八〉

お・ふ【追ふ】[他ハ四]{は・ひ・ふ・ふ・へ・へ}❶**追いかける。**例「海賊**追・ふ**、といへば」〈土佐〉❷**目的地に向かって進む。目指して行く。**例「浦戸より漕ぎ出でて大湊を**追・ふ**」〈土佐〉❸**追い払う。**例「田守りのもの**追・ひ**たる声、いふかひなく情けなげにうち呼ばひたり」〈蜻蛉・中〉❹過去にさかのぼって**事を行う。**例「〔亡〕クナッタ坂本財臣〔二〕小紫位を**お・ひて**賜ふ」〈紀・天武・下〉❺後ろから**せきたてて進ませる。**例「賽王丸御牛を**追・ひ**たりければ」〈徒然・一一四〉❻(多く「先を追ふ」の形で)貴人の行列・牛車などの**先払いをする。**例「御車もいたくやつしたまへり、前駆も**追・は**せたまはず」〈源氏・夕顔〉

お・ふ【覆ふ】[他ハ四]{は・ひ・ふ・ふ・へ・へ}《上代語》包み隠す。おおう。例「上つ枝は天を**覆・へ**り」〈記・下・歌謡〉

お・ふ【生ふ】[自ハ上二]{ひ・ひ・ふ・ふる・ふれ・ひよ}(草木などが)**生える。生じる。伸びる。**例「むぐら**生・ひ**て荒れたる宿のうれたき(=イトワシイ)はかりにも鬼のすだくなりけり(=多ク集マルノダヨ)」〈伊勢・五八〉

お・ぶ【帯ぶ】㊀[他バ四]{ば・び・ぶ・ぶ・べ・べ}❶**身に着ける。**腰に下げる。例「我が大君の**帯・ば**せる細紋の御帯」〈紀・継体・歌謡〉❷任務などを引き受ける。㊁[他バ上二]{び・び・ぶ・ぶる・ぶれ・びよ}含む。持つ。例「梨花一枝、春、雨を**帯・び**たり」〈枕・木の花は〉

発展学習ファイル　上代は四段に、中古以降は上二段に活用した。

おふしもと【生ふ楉】[枕詞]同音の繰り返しから「本」にかかる。例「**生ふ楉**この本山のましばにも」〈万葉・一四・三四八八〉

おふ・す【仰す】[他サ下二]{せ・せ・す・する・すれ・せよ}《上代東国方言》「おほす(仰す)」に同じ。

おぶつみゃう【御仏名】[名]《「お」は接頭語》陰暦十二月十九日から三日間、清涼殿で行われた法会。僧に過去・現在・未来の一万三千の仏名を唱えさせ、一年間の罪を滅し、仏の加護を願った。(季―冬)

おふなおふな[副]「おほなおほな」に同じ。

おふみ【御文】[名]㊀[名]《「お」は接頭語》貴人の手紙。㊁[作品名]《「御文様」の略》浄土真宗の教義を分かりやすく説いた、蓮如上人の書簡を孫の円如が編纂したもの。とくに東本願寺派でいう。→「ごぶんしゃう」

おふを【大魚】[名]《「おほうを」の変化形》大きな魚。

おふをよし【大魚よし】[枕詞]《「おふを」は「おほうを」の変化形》大きな魚である「鮪」にかかる。例「**大魚よし**鮪突く海人よ」〈記・下・歌謡〉

おほ-【大】[接頭](名詞に付いて)❶大きい、広いの意を表す。「**大**海」「**大**垣」など。❷量の多い意を表す。「**大**水」「**大**雪」など。❸程度のはなはだしい意を表す。「**大**地震」「**大**盗人」など。❹尊敬・称賛の意を表す。「**大**君」「**大**神」など。

おほ[・なり]【凡】[形動ナリ]{なら・なり(に)・なり・なる・なれ・なれ}❶目立たないようす。平凡だ。ふつうだ。例「**凡・なら**ばかもかもせむを(=アアモコウモショウモノヲ)」〈万葉・六・九六五〉❷ぼんやりしているようす。いい加減だ。おろそかだ。例「そら数ふ大津の児が逢ひし日に**凡・に**見しくは今ぞ悔しき」〈万葉・二・二一九〉

おほあまのわうじ【大海人皇子】[人名]「てんむてんわう」に同じ。

おほあや【大綾】[名]大きな模様を美しく織り出した綾織りの絹。

おほあらき【大殯・大荒城】[名]《上代語。「おほ」は接頭語。「殯」の尊敬語》死者を正式に埋葬するまでの間、遺体を仮に安置しておくこと。また、その場所。

おほあらきのもり【大荒木の森】[歌枕]山城国の森。いまの京都市伏見区にある与杼神社の森。上代は、大和国(いまの奈良県五条市)にあった荒木神社の森を指したとされる。本来、「大荒城」「大殯」と書き、死体の仮安置所の意であった。老いを嘆く歌に用いられる。

おほあらめ【大荒目】[名]鎧の縅の名。幅広の札を、間隔を広めにとって、太い糸や革で荒目につづったもの。

おほい-【大】[接頭]《「おほき」のイ音便》❶同位の場合の上位。正一位などの冠階の正位を表す。従一位などの「従」を「広い」というのに対する。「大三位」など。↔従。❷同官の場合の上位を表す。「中・少」に対する。「**大**納言」など。↔少。❸(人物を表す名詞に付いて)年長であることを表す。「**大**君」「**大**子」「**大**御」など。

おほいおほともひ【大弁】[名]「だいべん」に同じ。

おほいぎみ【大君】[名]貴人の長女の敬称。**第一の姫君。**例「三条殿腹の大君を春宮に参らせたまへるよりも」〈源氏・宿木〉《敬語》「参らせたまへる」→「まゐらせたまふ」

発展学習ファイル　貴族の長女のことは「大君」のほかに、「**大子**」「**大姫**」「**大娘**」「**大郎女**」などともいう。ちなみに、二女は「**中の君**」、三女以下は順に「**三の君**」「**四の君**」という。

おほいこ【大子】[名]「おほいぎみ」に同じ。

おほいご【大御】[名]年長の婦人に対する敬称。

お

おほいそ【大磯】[地名]相模国の地名。いまの神奈川県中郡大磯町。東海道五十三次のひとつ。西行の三夕の歌の「鴫立沢」で有名。

おほいとの【大殿】[名]（「おほいどの」とも）❶大臣の家の敬称。**大臣の邸宅**。また、**大臣家**。例「君は**大殿**におはしけるに、例の、女君、とみにも対面したまはず」〈源氏・若紫〉〈敬語〉「おはしける」→「おはす」。❷大臣の敬称。**大臣さま**。例「村上の御時に、宣耀殿の女御ときこえけるは、小一条の左の**大殿**の御女におはしける」〈枕・清涼殿の丑寅の角の〉〈敬語〉「きこえける」→「きこゆ」、「おはしける」→「おはす」

発展学習ファイル　大臣の敬称には「おほいとの」のほかに、「**おほとど**」「**おほいまうちぎみ**」などがある。

おほいどのばら【大殿腹】[名]「おほとのばら」に同じ。

おほいまうちきみ【大臣】[名]（「おほいまうちぎみ」とも。「おほきまへつきみ」の変化形）「だいじん」に同じ。

おほいまつりごとのつかさ【太政官】[名]「だいじゃうくわん」に同じ。

おほいものまうすつかさ【大納言】[名]「だいなごん」に同じ。

おほいらつめ【大郎女・大嬢】[名]（上代語。「おほ」は年長の意）身分の高い人の長女。

おほう【多う】形容詞「おほし」の連用形「おほく」のウ音便。

おほうた【大歌】[名]宮廷の公儀の宴でうたわれた歌謡の総称。記紀歌謡で「大歌ぶり」などと称された古歌や神楽歌・風俗歌・催馬楽などをいう。平安時代、雅楽寮に対して大歌所が設けられ、そこで教習された。↔小歌㊀①

おほうたどころ【大歌所】[名]平安時代、「大歌」の伝習・管理をした役所。「図書寮」の東にあった。

おほうち【大内】[名]皇居の別称。宮中。内裏。御所。

おほうちき【大袿】[名]大きく仕立てた袿。「禄」や「被物」として用いられ、賜った者は自分のからだの大きさに合わせて仕立て直して着た。

おほうちやま【大内山】[名]皇居。宮中。内裏。

おほうちやま【大内山】[地名]山城国の地名。いまの京都市右京区の御室山。宇多天皇の離宮、のちの仁和寺がある。

おほうへ【大上】[名]身分の高い人の母の敬称。お母上さま。＝大北の方

おほうみ【大海】[名]❶大きな海。❷模様の一種。波・貝・海藻などを描いたもの。おおうなばら。＝海浦

おほうみのはら【大海の原】[名]広い海。

〔和歌〕**おほうみの…**【**大海の磯もとどろによする波われてくだけて裂けて散るかも**】〈金槐集・下・源実朝〉訳 大海の磯も鳴り響くばかりに激しく寄せる波は、割れて、砕けて、裂けて、飛び散っているよ。

おぼえ【覚え】[名]❶人から思われること。**評判**。**人望**。例「世の**おぼえ**侮らはしうなりそめにたるをば、謗りやはする」〈枕・鳥は〉〈音便〉「侮らはしう」は「侮らはしく」のウ音便。〈係結び〉「やは」→する㊍体。❷（多く接頭語「御」を伴って）身分の高い人から愛されること。**寵愛**。例「右大臣の御**おぼえ**ことのほかにおはしましたるに」〈大鏡・時平〉〈敬語〉「おはしましたる」→「おはします」。❸感じること。**知覚**。また、**感興**。**興趣**。例「遅き梅は、桜に咲きあひて、**覚えおとり**」〈徒然・一三九〉❹覚えていること。**記憶**。**心当たり**。例「いと有心にひき入りたる**おぼえ**、はたなければ」〈枕・里にまかでたるに〉❺**腕前や技術や才能に自信があること**。また、その**自信**。例「**おぼえ**ある博士どもなどのまどふ所どころを」〈源氏・賢木〉

おぼえかた・る【覚え語る】[他ラ四]{ら・り・る・る・れ・れ}思い出しながら話す。例「わが思ふままに、そらにいかでか**おぼえ語らむ**」〈更級〉

おぼえがら【覚え柄】[名]世間の人々からの評判。人望。名声。例「ややたち勝りたまへる**おぼえがら**なむ、かたへはこようなういつくしかりける」〈源氏・匂宮〉

おぼえ-ず【覚えず】[副]思いもよらず。例「いと**おぼえず**あさましきに」〈源氏・空蟬〉

語構成　おぼえ（ヤ下二「覚ゆ」㊍）＋ず（打消「ず」㊐）

おぼえな・し【覚え無し】[形ク]{から・く(かり)・し・き(かる)・けれ・かれ}思いがけない。例「かやうのをりに、いと高うはあらで、**おぼえなく**見ゆる人なりけり」〈枕・雪の、〉

おぼえな・る【覚え成る】[自ラ四]{ら・り・る・る・れ・れ}（そんなふうに）思うようになってくる。しだいにそう感じるようになる。例「いと世にながらへむことも憚り多う**おぼえなり侍りて**」〈源氏・柏木〉

おほえのちさと【大江千里】[人名]（生没年未詳）平安前期の歌人。中古三十六歌仙のひとり。父は大江音人。『句題和歌』を撰出した。『古今和歌集』などに入集。

おほえのまさひら【大江匡衡】[人名]（九五二〜一〇一二）平安中期の漢学者・歌人。中古三十六歌仙のひとり。赤染衛門の夫。家集『匡衡集』。

おほえのまさふさ【大江匡房】[人名]（一〇四一〜一一一一）平安中期から後期の漢学者・漢詩人・歌人。大江匡衡の曾孫。家集『江帥集』、説話集『江談抄』を残す。また『江家次第』は王朝有職の典範となった。

おぼえまさ・る【覚え勝る】[自ラ四]{ら・り・る・る・れ・れ}思いがさらに強くなる。ますます思えてくる。例「いとかなしく、あはれにのみ**おぼえまされば**」〈夜の寝覚〉

おほえやま【大江山】[歌枕]❶（「大枝山」とも書く）山城国の山。いまの京都市西京区大枝にある。山城国と丹波国を結ぶ要地。❷丹波国の山。いまの京都府福知山市大江町にある。源頼光の鬼（酒呑童子）退治伝説が残る。

〈参考〉歌枕としては、多く①を指す。

〔和歌〕**おほえやまいくののみちの…**【**大江山生野の道の遠ければまだふみも見ず天の橋立**】〈金葉・雑上・五五〇・小式部内侍〉〈百人一首〉訳 大江山を越え、生野を通って行くその道は遠いので、まだ天の橋立は踏んだこともありませんし、母からの手紙も見ていません。

〈参考〉作者の母和泉式部が、夫の任地丹後

国(いまの京都府北部)にいたころ、作者が歌合わせに参加することになったが、藤原定頼に、「お母さんに歌の代作を頼んだのでしょう」とからかわれたので、即座にこの歌を詠んだという。「生野」に「行く」をかけ、「踏み」に「文」をかける。『金葉和歌集』では、第四句が「ふみもまだ見ず」。

〔和歌〕**おほえやまかたぶくつきの…【大江山かたぶく月の影冴えて鳥羽田の面に落つるかりがね】**〈新古今・秋下・五〇三・慈円〉訳大江山に沈みかけた月の光が澄み、折しも鳥羽の田の面におりて来る雁の声々よ。

おほおく【大奥】[名]江戸時代、江戸城中で将軍の御台所や側室が住んだ所。男子禁制で将軍だけが出入りできた。

おほおば【大祖母】[名]《「おば」は「おほば(大母)」の変化形で祖母の意》祖父母の母。曾祖母。↔大祖父

おぼおぼ・し[形シク]〈しから・しく(しかり)・し・しき(しかる)・しけれ・しかれ〉❶ぼんやりしている。鮮明でない。例「黄昏時の**おぼおぼ・しき**に」〈源氏・常夏〉❷たどたどしい。頼りない。例「耳も**おぼおぼ・しかり**ければ」〈源氏・若菜・上〉❸よそよそしい。水くさい。例「思し隔てて、**おぼおぼ・しく**もてなさせたまふには」〈源氏・夢浮橋〉

おほおほぢ【大祖父】[名]《「おほぢ」は「おほちち(大父)」の変化形で祖父の意》祖父母の父。曾祖父。↔大祖母

おぼおる【溺おる・惚おる】歴史的かなづかい「おぼほる」

おほかうじ【大柑子】[名]「だいかうじ」に同じ。

おほかがみ【大鏡】[作品名]平安後期の歴史物語。『世継物語』ともいう。作者未詳(男性貴族か)。「四鏡」のひとつ。雲林院の菩提講での大宅世継、夏山繁樹夫妻の三人の老人と若侍の対話を記録するという形式で、嘉祥三年(八五〇)から万寿二年(一〇二五)までの平安時代史を、藤原道長の栄華を中心に、紀伝体で叙述する。

おほがき【大垣】[名]外囲いの大きな垣。

おほがさ【大傘・大笠】[名]柄の長い、大きなかさ。貴人の外出の際、従者が後ろから差しかけた。

おほがしら【大頭・纛】[名]旗の一種。長い竿の先に黒牛の尾や黒く染めた苧などを束ねて付け、旗に竜などを描いたもの。即位式や大嘗会、禊ぎなど朝廷の儀式のときに立てる。＝纛

おほかた[・なり]【大方】一[名]❶世間一般。ふつう。なみ。例「おほかたのやむごとなき御思ひにて」〈源氏・桐壺〉❷おおよそのこと。大体。例「入道はただ**大方**を取りおこなふばかり」〈平家・三・法印問答〉二[形動ナリ]〈なら・なり(に)・なり・なる・なれ・なれ〉ふつうであるさま。世間なみであるさま。通りいっぺんだ。例「世にある人のありさまを、**おほかた・なる**やうにて聞きあつめ」〈源氏・末摘花〉

〔大方の世〕(夫婦などでなく)一般的な人間関係。とおりいっぺんの仲。

おほかた【大方】一[副]❶大体。およそ。総じて。例「**おほかた**、なごりなきもの忘れをぞ、えしたまはざりける」〈源氏・末摘花〉《係結び》「ぞ→したまはざりける体」。《副詞の呼応》「え→したまはざりける」。❷(下に打消の語を伴って)まったく。全然。例「**大方**めぐらざりければ」〈徒然・五一〉二[接]話題を転換するときに用いる語。そもそも。例「**おほかた**この所に住みはじめし時は、あからさまと思ひしかども」〈方丈記〉

おほかたぬぎ【大肩脱ぎ】[名]着物を脱いで肩をあらわにすること。もろはだを脱ぐこと。

おほかたは【大方は】たいていの場合は。例「**大方は**、知りたりとも、すずろに言ひ散らすは、さばかりの才にはあらぬにやと聞こえ」〈徒然・一六八〉

おほかは【大革・大皮】[名]「おほつづみ②」に同じ。

おほかはよど【大川淀】[名]大きな川の、水の流れが淀んでいる所。

おほかぶら【大鏑】[名]大きなかぶら矢。

おほかみ【狼】[名]❶動物の名。オオカミ。《季―冬》。❷(「狼に衣」のことわざから)破戒僧の別称。

〔狼に衣〕うわべはやさしそうに見えて、内心は恐ろしいことのたとえ。

おほかみ【大神】[名]《「おほ」は尊敬の意の接頭語》神様。

おほかめ【狼】[名]《「おほかみ(狼)」の変化形》オオカミ。

おほ・かり【多かり】《形容詞「多し」の連用形・終止形》多い。たくさんある。↓「おほし」。例「かたはらいたきこと**多・かり**」〈源氏・帚木〉

> **古語深耕　「おほかり」と「おほし」との違い**
>
> 「**おほかり**」は「**おほくあり**」が縮まった形。形容詞カリ活用はみなこの「く・あり」「しく・あり」からできたものだが、終止形としては用いないのがふつうである。しかし「**おほし**」は平安時代、漢文ではク活用、和文では連用形「**おほく**」以外はカリ活用と使い分けられ、カリ活用終止形「**おほかり**」も多く用いられた。その後中世からは、和文でもク活用終止形「**おほし**」が用いられるようになったので、「**おほかり**」は平安時代独特の語といえる。

おほき【大】[接頭]「おほい」に同じ。

おほき[・なり]【大き】[形動ナリ]〈なら・なり(に)・なり・なる・なれ・なれ〉❶大きい。例「いと**大き・なる**河あり。それをすみだ河といふ」〈伊勢・九〉❷程度がはなはだしい。たいへんな。例「帝、**大き・に**驚き給ひて」〈宇津保・俊蔭〉❸重大だ。例「御命の危ふさこそ、**大き・なる**障りなれば」〈竹取・かぐや姫の昇天〉《係結び》「こそ→(流れ)」

おほきおとど【太政大臣】[名]「だいじゃうだいじん」に同じ。

おほきおほいどの【太政大臣】[名]「だいじゃうだいじん」に同じ。

おほきおほいまうちぎみ【太政大臣】[名]「だいじゃうだいじん」に同じ。

おほきおまへ【大御前】[名]上位にある貴人に対する敬称。

おほきさいのみや【皇太后宮・大后宮】[名]❶皇太后の宮殿。❷天皇の母宮。皇太后。＝大后

おほきさき【大后・太后】[名]（「おほきさい」とも）❶天皇の正妻。皇后。❷先帝の皇后。天皇の母宮。皇太后。

おほきたのかた【大北の方】[名]身分の高い人の母の敬称。先代の北の方さま。＝大上

おほきたのまんどころ【大北の政所】[名]摂政・関白の母の敬称。＝大政所

おほきみ【大君・大王・王】[名]（「おほぎみ」とも）❶天皇の敬称。例「大君の御寿は長く天足らしたり」〈万葉・二・一四七〉❷親王・内親王・諸王の敬称。のちには、もっぱら諸王の敬称となる。例「王、四位の古めきたるなど、かく人目見るべきをりと」〈源氏・椎本〉❸身分のある立派な人の敬称。例「我家は帷帳も垂れたるを大君来ませ聟にせむ」〈催馬楽〉

おほきみけしき【大君気色】[名]親王ほど立派ではないが、諸王（親王宣下もなく姓も賜らない皇族）のような態度や振る舞い。

おほきみすがた【大君姿】[名]親王や諸王が、正装の袍を着ずに、直衣姿でくつろいだ格好をしていること。

おほきみだ・つ【大君だつ】[自タ四]{たち・つ・つ・て・て}（「だつ」は接尾語）天皇の子孫らしい雰囲気がある。皇族のうちの諸王として知られている。例「きらきらしかめる中に、大君だつ筋にて」〈源氏・常夏〉（音便）「きらきらしかめる」は「きらきらしかるめる」の撥音便「きらきらしかんめる」の撥音無表記。

おほきみの【大君の】[枕詞]（大君の召される御笠の意から）同音の地名「三笠」にかかる。例「大君の三笠の山の帯にせる」〈万葉・七・一一〇二〉

〔和歌〕**おほきみの…**【大君の命恐み磯に触り海原渡る父母を置きて】〈万葉・二〇・四三二八・防人歌・丈部人麻呂〉訳大君の仰せを恐れ畏んで、磯を伝い海原を渡って行く。故郷に父母を残したままで。

おほきみのつかさ【正親司】[名]令制で「宮内省」に属し、皇族の名籍や年俸・時服のことなどをつかさどった役所。

〔和歌〕**おほきみは…**【大君は神にしませば天雲の雷の上に廬らせるかも】〈万葉・三・二三五・柿本人麻呂〉訳わが大君は神でいらっしゃるので、天雲の中の雷の上に仮の宮を造っていらっしゃるよ。（敬語）「神にしませば」→「ます（座す）」

おほきやか【・なり】【大きやか】[形動ナリ]{なら・なり（に）・なり・なる・なれ・なれ}（「やか」は接尾語）大きい感じのするさま。例「大きやか・なる童女」〈枕・人の家につきづきしきもの〉

おほぎりふ【大切り斑・大切り生】[名]矢羽の一種。羽の斑の大きいもの。→「きりふ」

おほく【多く】[副]❶たくさん。はなはだ。❷おおかた。たいてい。

おほくち【大口】[名]（「おほぐち」とも）❶大きな口。❷（「大口袴」の略）男性貴族が束帯を着るときに、「表の袴」の下にはいた、裾口を大きく仕立てた袴。後世、武士が直垂などの袴の下にはいた。❸えらそうなことをいうこと。

おほくちの【大口の】[枕詞]（大きな口をしている真神（狼）の意から）同音を含む地名「真神原」にかかる。例「大口の真神の原に降る雪は」〈万葉・八・一六三六〉

おほくのひめみこ【大伯皇女】[人名]（六六一〜七〇一）「大来」とも書く。飛鳥時代の歌人。父は天武天皇。天武朝期の伊勢斎宮。刑死した弟の大津皇子をいたんだ歌を『万葉集』に残す。

おほくび【大領・衽・袵】[名]直垂・狩衣・直衣などで、首を囲むように作られた襟の前の部分。また、おくみ。

おほくまことみち【大隈言道】[人名]（一七九八〜一八六八）江戸後期の歌人。門人に野村望東尼がいる。歌論『ひとりごち』『こぞのちり』など。

おほくら【大蔵】[名]❶大和朝廷時代、諸国の貢ぎ物をおさめた蔵。「斎蔵」「内蔵」とともに三蔵という。❷大きな倉庫。

おほくらきゃう【大蔵卿】[名]令制における職名。「大蔵省」の長官。おおくらのかみ。

おほくらしゃう【大蔵省】[名]（「おほくらのつかさ」とも）令制で「八省」のひとつ。諸国から納められる租税の出納、銭貨・度量衡・物価の公定などをつかさどった役所。➡［表見返し］大内裏俯瞰図

おほくらのつかさ【大蔵省】[名]「おほくらしゃう」に同じ。

おほくらりう【大蔵流】[名]狂言の流派のひとつ。南北朝時代の天台僧玄恵法印を家祖とするが、確証はない。金春座の狂言方となって流風が確立し、金春禅竹の末子、四郎次郎を養子にむかえ、のちに大蔵と姓を改める。

おほけく【多けく】（形容詞「多し」の名詞化したもの）多いこと。例「厳榊実の多けくをこきだ削ゑね（＝切ッテヤリナサイ）」〈記・中・歌謡〉

おほげさ【大袈裟】[名]❶大きな袈裟。❷（僧の着る袈裟のように）一方の肩先から反対側のわきの下にかけて、刀で大きく切り下げること。袈裟がけ。

〔和歌〕**おほけなく…**【おほけなく憂き世の民におほふかなわが立つ杣に墨染の袖】〈千載・雑中・一一三七・前大僧正慈円〉〈百人一首〉訳身分不相応ながら、この苦しみの多い世の中の民に覆いかけることよ。比叡山に住みはじめて身につけるようになった、この墨染めの袖を。

〈参考〉「わが立つ杣」は、比叡山延暦寺のこと。「墨染（僧の着る黒い衣）」は、「住み初め」をかける。

おほけな・し[形ク]{（から）・く（かり）・し・き（かる）・けれ・かれ}❶身の程知らずだ。差し出がましい。例「おほけな・く憂き世の民におほふかなわが立つ杣に墨染の袖」〈千載・雑中・一一三七〉訳→〔和歌〕おほけなく…。❷恐れ多い。もったいない。例「おほけな・くあるまじき心の報いに、かく来し方行く先の例となりぬべきことはあるなめり」〈源氏・夕顔〉

語構成「あるなめり」→「なめり」

発展学習ファイル　他人が気を悪くしたり、迷惑と感じる意を基本義とする類義語に「さがなし」がある。

「おほけなし」が、出すぎた行いに対して用いるのに対して、「**さがなし**」は、性質・行為などのよくないことを表す。

〔**おほけなき心**〕身分不相応な、大それた心。口に出すのも恐れ多い悩み。例「藤壺は、**おほけなき心**のなからましかば、〔源氏ノ姿ガ〕ましてめでたく見えましと思すに」〈源氏・紅葉賀〉

おぼこ［名］まだ世に慣れていないこと。また、そのような娘。うぶな娘。生娘。

おほごしょ【大御所】［名］鎌倉時代以後、隠居した親王・将軍の居所。また、その人の敬称。江戸時代には、とくに、徳川家康・家斉などをいう。↔小御所

おほさいばり【大前張り】［名］神楽歌の一種。ほぼ短歌の形式と同じで、「前張り」という分類に含まれる。現存するのは宮人・木綿垂・難波潟・榛・しなが鳥・猪名野・我妹子の七曲。→「さいばり」。↔小前張

おほざう［・なり］［名・形動ナリ］「おほぞう」に同じ。

おほざか【大坂・大阪】［地名］摂津国の地名。いまの大阪市。古くは「難波」、中世には「小坂」と呼ばれた。近世に入り天下の台所と呼ばれる繁栄をみせた。明治以降「大阪」と表記。

おほさかどくぎんしふ【大坂独吟集】［作品名］江戸前期（一六七五刊行）の俳諧撰集。編者未詳。西山宗因合点の、井原西鶴ら宗因門下の大坂俳人九人の独吟百韻を十巻に収めた俳諧撰集。

おほさき【大前駆・大前】［名］（身分の高い人が外出するとき）先払いの者が、通行人などを追い払う声を、長く引くこと。とくに、上達部の外出のときの声。↔小前駆

おほさざきのみかど【大鷦鷯の帝】［人名］仁徳天皇のこと。名が大鷦鷯命なので、即位後、こう呼ばれた。仁徳は諱。

おほざつまぶし【大薩摩節】［名］江戸の浄瑠璃の一流派。享保（一七一六〜一七三六）ごろ、大薩摩主膳太夫が語り始めたもので、力強い曲調を特色とする。歌舞伎の荒事の伴奏をつとめたが、のちに長唄に吸収された。大薩摩。

おほさはのいけ【大沢の池】［歌枕］山城国にある池。いまの京都市右京区嵯峨大沢町、大覚寺の東にある。もと嵯峨天皇の離宮嵯峨院の庭にあった池で、中国の洞庭湖を模したといわれる。月・菊の名所で北畔には「なこその滝」があった。「多し」「生け」をかける。

おぼさ・る【思さる】《動詞「思す」の未然形＋助動詞「る」》❶《「る」が自発の意の場合》「自然に思われる」の意で、思う人を尊敬語「おぼす」が高める。しぜんにお思いになるようになる。例「ほど経るままに、せむ方なう悲しう**思さ・るる**に」〈源氏・桐壺〉❷《「る」が可能の意の場合》「思うことができる」の意で、思う人を尊敬語「おぼす」が高める。お思いになることができる。例「いとはけなくてもの深くも**思さ・れ**ざりしを」〈源氏・薄雲〉❸《「る」が尊敬の意の場合》「思う」の意の尊敬語。思う人（主語）を高める。お思いになる。例「ただ**おぼさ・れ**んままに、いかにもいかにもし給へ」〈宇治拾遺・一〇・六〉

発展学習ファイル　②の用法は下に打消の語が付く。また、③は平安末期以降の用法とされるが、①との区別がむずかしい例も多い。

おほ・し【大し】［形ク］{から・く(かり)・し・き(かる)・けれ・かれ}❶大きい。例「**大・き**海の水底深く思ひつつ」〈万葉・二〇・四四九一〉❷偉い。偉大だ。例「古の**大・き**聖の言の宜しき」〈万葉・三・三三九〉

おほ・し【多し】［形ク］{から・く(かり)・し・き(かる)・けれ・かれ}（数量が）多い。例「種々のうるはしき貝、石など**多・かり**」〈土佐〉

発展学習ファイル　形容詞のカリ活用は助動詞に接続するための補助活用だが、「多し」に限って助動詞を下に接続させない例がみられる。また、平安時代の和文では、終止形に「多かり」の形も用いられる。「おほかり」〈古語深耕〉

おほし【凡し】［副］だいたい。総じて。例「**おほし**垣下あるじ（＝相伴役ノ方々ハ）、はなはだ非常に（＝無作法デ）はべりたうぶ」〈源氏・少女〉

おぼ・し【思し・覚し】［形シク］{しから・しく(しかり)・し・しき(しかる)・しけれ・しかれ}《「おもほし」の変化形》❶**望ましい**。**こうあってほしいと思う**。例「心ざしはありながら、え**思・しき**やうにも仕うまつらじ」〈宇津保・国譲・中〉❷（格助詞「と」を受けて）（…と）**思われる**。（…と）**見受けられる**。例「宮へと**思・しく**て、持たせたまふ」〈源氏・宿木〉《敬語》「持たせたまふ」→「たまふ（四段）」

おぼしあつか・ふ【思し扱ふ】［他ハ四］{は・ひ・ふ・ふ・へ・へ}《「思ひ扱ふ」の尊敬語》❶あれこれ配慮してお世話なさる。例「御心ひとつなるやうに**思しあつか・ふ**も安からざりけり」〈源氏・宿木〉❷あれこれ考えてお困りになる。例「いかに思ひたまふらん、と**思しあつか・ふ**」〈源氏・竹河〉

おぼしいそ・ぐ【思し急ぐ】［他ガ四］{が・ぎ・ぐ・ぐ・げ・げ}《「思ひ急ぐ」の尊敬語》急いでしようとお思いになる。例「この宮の御裳着のことを**思しいそ・が**せたまふ」〈源氏・若菜・上〉

おぼしいた・る【思し至る】［自ラ四］{ら・り・る・る・れ・れ}《「思ひ至る」の尊敬語》あれこれお考えになる。気が付かれる。例「あはれにかたじけなく、**思しいた・ら**ぬことなき御心ばへを、まづうち泣かれぬ」〈源氏・葵〉

おぼしい・づ【思し出づ】［他ダ下二］{で・で・づ・づる・づれ・でよ}《「思ひ出づ」の尊敬語》思い出しなさる。例「ものの折ごとに**おぼし出・で**聞こえさせたまふなるものを」〈枕・殿などのおはしまさで後〉

おぼしいら・る【思し焦らる】［自ラ下二］{れ・れ・る・るる・るれ・れよ}《「思ひ焦らる」の尊敬語》思い悩んでいらいらなさる。思い焦がれなさる。例「うつし心もなう〔私ヲ〕**思し焦ら・るる**人をあはれと思ふも」〈源氏・浮舟〉

おぼしい・る【思し入る】《「思ひ入る」の尊敬語》■［自ラ四］{ら・り・る・る・れ・れ}いちずに思い詰めなさる。例「御心に、深くこの北の方を**思し入・り**おはします」〈宇津保・内侍のかみ〉■［他ラ下二］{れ・れ・る・るる・るれ・れよ}❶ご心配なさる。強く気にかけられる。例「何にか**思し入・るる**。あな幼な」〈宇津保・俊蔭〉❷お考えに入れられる。例「人数には**思し入・れ**ざりけめど」〈源氏・柏木〉

おぼしう【思しう・覚しう】オボシユウ 形容詞「おぼし」の連用形「おぼしく」のウ音便。

おぼしうたが・ふ【思し疑ふ】オボシウタガウ〔他ハ四〕{は・ひ・ふ・ふ・へ・へ}《「思ひ疑ふ」の尊敬語》勘ぐりなさる。例「坊にも、ようせずは、この皇子のゐたまふべきなめりと、一の皇子の女御は思し疑へり」〈源氏・桐壺〉 語構成「ゐたまふべきなめり」→「なめり」

おぼしうと・む【思し疎む】〔他マ四〕{ま・み・む・む・め・め}《「思ひ疎む」の尊敬語》うとましくお思いになる。例「数ならずとも、思し疎・までのたまはせよ」〈源氏・関屋〉

おぼしおき・つ

【思し掟つ】〔他タ下二〕{て・て・つ・つる・つれ・てよ}《「思ひ掟つ」の尊敬語》前もって心にお決めになる。ご予定を立てられる。ご計画なさる。例「思しおき・つるやうに行ひ(＝仏道)の本意を遂げたまふとも」〈源氏・総角〉

おぼしお・く【思し置く】〔他カ四〕{か・き・く・く・け・け}《「思ひ置く」の尊敬語》❶お心にかけられる。気になさる。例「ただかの人ばかりを、『有りけり』と思し置・かれなむを」〈宇津保・俊蔭〉 ❷前々からそう思い続けておられる。例「大臣はうきものに思しお・きて、昔のやうにも睦びきこえたまはず」〈源氏・澪標〉

おぼしおこ・す【思し起こす】〔他サ四〕{さ・し・す・す・せ・せ}《「思ひ起こす」の尊敬語》決心なさる。思い切って…しようとお思いになる。例「公私もの静かなるに、思しおこ・して渡りたまへり」〈源氏・澪標〉

おぼしおと・す【思し貶す】〔他サ四〕{さ・し・す・す・せ・せ}《「思ひ貶す」の尊敬語》相手を見下される。劣っているとお思いになる。例「但馬が女とおぼしおと・して」〈夜の寝覚〉

おぼしかしづ・く【思し傅く】オボシカシズク〔他カ四〕{か・き・く・く・け・け}《「思ひ傅く」の尊敬語》大切になさる。大切にお世話なさる。例「冷泉院に、御子のやうに思しかしづ・く四位侍従(＝薫)」〈源氏・竹河〉

おぼしかずま・ふ【思し数まふ】オボシカズマ(モ)ウ〔他ハ下二〕{へ・へ・ふ・ふる・ふれ・へよ}《「思ひ数まふ」の尊敬語》(身分・技量などについて)一人前のものと見なして数にお入れになる。例「かの母女御の御方ざまにても(私ヲ)疎からず思し数ま・へてむや」〈源氏・若菜・上〉

おほしかふちのみつね【凡河内躬恒】オオシコウチノミツネ〔人名〕(生没年未詳)平安前期の歌人。三十六歌仙のひとり。紀貫之らと『古今和歌集』を撰進した。家集『躬恒集』。勅撰集に百九十五首入集。

おぼしかへ・す【思し返す】オボシカエス〔他サ四〕{さ・し・す・す・せ・せ}《「思ひ返す」の尊敬語》ご反省なさる。考え直される。例「いとあるまじきことと、いみじく思し返・すにもかなはざりけり」〈源氏・若菜・上〉

おぼしかま・ふ【思し構ふ】オボシカマ(モ)ウ〔他ハ下二〕{へ・へ・ふ・ふる・ふれ・へよ}《「思ひ構ふ」の尊敬語》心の中でいろいろ計画なさる。例「父大臣に聞こし召され、数まへられたまふべきたばかり思し構・へよ」〈源氏・玉鬘〉

おぼしくら・ぶ【思し比ぶ】〔他バ下二〕{べ・べ・ぶ・ぶる・ぶれ・べよ}《「思ひ比ぶ」の尊敬語》心の中で比較なさる。比べてお考えになる。例「さはいへど人にはいとことなりけり、と思しくら・べらる」〈源氏・花散里〉

おぼしこが・る【思し焦がる】〔自ラ下二〕{れ・れ・る・るる・るれ・れよ}《「思ひ焦がる」の尊敬語》恋い焦がれなさる。例「(父母ハ、亡キ息子ヲ)いみじうあたらしうのみ思し焦が・るること尽きせず」〈源氏・横笛〉

おぼしさだ・む【思し定む】〔他マ下二〕{め・め・む・むる・むれ・めよ}《「思ひ定む」の尊敬語》気持ちを固められる。内心でしっかりお決めになる。例「忠こそを思し出でて、『それなりけり』と思し定・めて」〈宇津保・吹上・下〉

おぼしさわ・ぐ【思し騒ぐ】〔自ガ四〕{が・ぎ・ぐ・ぐ・げ・げ}《「思ひ騒ぐ」の尊敬語》ご心配なさる。考えて気をもまれる。例「危ふげに見えたまふを、また、思し騒・ぎて、御祈禱などせさせたまふ」〈源氏・葵〉

おぼししづ・む【思し沈む】オボシシズム〔自マ四〕{ま・み・む・む・め・め}《「思ひ沈む」の尊敬語》気持ちが落ち込んでいらっしゃる。悲嘆にくれていらっしゃる。例「父大臣、母北の方は、涙のいとまなく思し沈・みて」〈源氏・柏木〉

おぼししづ・む【思し静む・思し鎮む】オボシシズム〔他マ下二〕{め・め・む・むる・むれ・めよ}《「思ひ鎮む」の尊敬語》気を静めなさる。例「ただ腹立ちに腹立たれたまへど、いと人多く見ると思し静・めて」〈落窪・二〉

おぼしし・る【思し知る】〔他ラ四〕{ら・り・る・る・れ・れ}《「思ひ知る」の尊敬語》物事をわきまえていらっしゃる。理解し納得なさる。例「今めきたる御心にあり、ものの心も思し知・りたれば」〈宇津保・藤原の君〉

おぼしす・つ【思し捨つ】〔他タ下二〕{て・て・つ・つる・つれ・てよ}《「思ひ捨つ」の尊敬語》お見捨てになる。例「子供をこそ『我に孝することなかりき』とて思し捨・てめ」〈落窪・四〉

おほした・つ【生ほし立つ】オオシタツ〔他タ下二〕{て・て・つ・つる・つれ・てよ}養育する。育て上げる。例「うち語らひて心のままに教へ生ほし立・てて見ばや」〈源氏・若紫〉

おぼした・つ

【思し立つ】〔他タ四〕{た・ち・つ・つ・て・て}《「思ひ立つ」の尊敬語》あることを企てられる。決心なさる。例「いみじく思し立・ちて、仏の御徳かならず見たまふべき人にこそあめれ」〈更級〉 《係結び》「こそ→あめれ(已)」。《敬語》「見たまふ」→「たまふ(四段)」。語構成「人にこそあめれ」→「あめり」

おぼした・ゆ【思し絶ゆ】〔他ヤ下二〕{え・え・ゆ・ゆる・ゆれ・えよ}《「思ひ絶ゆ」の尊敬語》断念なさる。思うことをおやめになる。例「かの殿に、『かくおはしかよふ所ありけり』と聞こえて、思し絶・えにけり」〈落窪・二〉

おぼしつづ・く

【思し続く】〔他カ下二〕{け・け・く・くる・くれ・けよ}《「思ひ続く」の尊敬語》ずっと考えになる。次々とお考えになる。例「つくづくと思し続・くるに、飽かず悲しう、『いかにして迎へ出でむ』とのみ思ひたばかりて」〈宇津保・俊蔭〉

おぼしつつ・む【思し包む・思し慎む】〔他マ四〕{ま・み・む・む・め・め}《「思ひ包む」の尊敬語》ご遠慮なさる。心にお隠しになる。例「さしも見えじと思しつつ・むめれど」〈源氏・賢木〉

おぼしとが・む【思し咎む】〔他マ下二〕{め・め・む・むる・むれ・めよ}《「思ひ咎む」の尊敬語》怪しいとお思いになる。不審だと気におとめになる。例「いとおほけなき心のはべりけると、思し咎・めさせたまはむと」〈蜻蛉・下〉

おぼしとどこほ・る【思し滞る】オボシトドコオル〔自ラ四〕{ら・り・る・る・れ・れ}《「思ひ滞る」の尊敬語》決心を引きのばされる。実行をためらわれる。例「よろづ憚りきこえさせたまひて、今まで思しとどこほ・りつるを」〈源氏・若菜・上〉

おぼしとど・む【思し止む】[他マ下二]{め・め・む・むる・むれ・めよ}(「思ひ止む」の尊敬語)❶お気持ちをお止めになる。あきらめられる。例「今日になりて思しとど・むべきことにしあらねば」〈源氏・絵合〉❷心に残しておかれる。ご執心なさる。例「心づくしなることを〔源氏ハ〕御心に思しとど・むる癖なむあやにくにて」〈源氏・帚木〉

おぼしとど・む【思し止む】[他マ下二]{め・め・む・むる・むれ・めよ}(「思ひ止む」の尊敬語)記憶なさる。心におとめになる。例「〔大君参院ノ〕をりを〔大君ガ〕思しとど・むるさへ、〔蔵人少将ハ〕いとど涙もとまらず」〈源氏・竹河〉

おぼしと・る【思し取る】[他ラ四]{ら・り・る・る・れ・れ}(「思ひ取る」の尊敬語)❶ご理解なさる。お悟りになる。例「〔世ヲ〕はかなきものに思しと・りたるも、ことわりなる御身をや」〈源氏・手習〉❷決心なさる。例「〔大宮ノ〕おはする世に、このこと(＝玉鬘ノコト)あらはしてむ、と〔源氏ハ〕思しと・りて」〈源氏・行幸〉

おぼしなぐさ・む【思し慰む】(「思ひ慰む」の尊敬語)一[自マ四]{ま・み・む・む・め・め}お気持ちが紛れる。例「〔藤壺ノ〕おのづから御心うつろひて、〔帝ハ〕こよなう思し慰・むやうなるも」〈源氏・桐壺〉二[他マ下二]{め・め・む・むる・むれ・めよ}お気持ちを紛らわす。乱れているお心をなごませる。例「さるべきに思し慰・めて、やうやうちなびきたまへるさま」〈堤中納言・思はぬ方にとまりする少将〉

おぼしなげ・く【思し嘆く】[自カ四]{か・き・く・く・け・け}(「思ひ嘆く」の尊敬語)つらくお感じになる。悲嘆なさる。例「深うしもあらぬ〔源氏ノ〕御心のほどを、〔六条御息所ハ〕いみじう思し嘆・きけり」〈源氏・葵〉(音便)「深う」は「深く」、「いみじう」は「いみじく」のウ音便。

おぼしな・す【思し為す】[他サ四]{さ・し・す・す・せ・せ}(「思ひ為す」の尊敬語)❶わざとそのようにお考えになる。思い込みなさる。しいてそうお思いになる。例「我が身は変化のものと思しな・して、老法師のためには功徳をつくりたまへ」〈源氏・若菜・上〉❷推定なさる。推測なさる。例「『あやし』とて、昔見給ひつる人を思し出づるに、忠こそに思しな・して」〈宇津保・春日詣〉

おぼしなび・く【思し靡く】[自カ四]{か・き・く・く・け・け}(「思ひ靡く」の尊敬語)お気持ちを相手にお任せになる。相手に従おうとお思いになる。例「さやうに思しなび・かせたまふな」〈源氏・少女〉

おぼしなや・む【思し悩む】[自マ四]{ま・み・む・む・め・め}(「思ひ悩む」の尊敬語)何かと考えてお苦しみになる。気に病まれる。例「すべてこの世を思し悩・まじ」〈源氏・横笛〉

おぼしな・る【思し成る】[自ラ四]{ら・り・る・る・れ・れ}(「思ひ成る」の尊敬語)そう思うようになられる。例「后の宮、夜昼泣く泣く聞こえ給へば、帝さ思しな・りにたんなり」〈宇津保・国譲・下〉

おぼしのたま・ふ【思し宣ふ】[他ハ四]{は・ひ・ふ・ふ・へ・へ}(「思ひ宣ふ」の尊敬語)お思いになりおっしゃる。お考えをお話しなさる。例「上の、御代も末になりゆくとのみ思しのたま・ふめるを」〈源氏・宿木〉

おぼしはな・つ【思し放つ】[他タ四]{た・ち・つ・つ・て・て}(「思ひ放つ」の尊敬語)お見捨てになる。例「故宮の、つらう情けなく思し放・ちたりしに」〈源氏・東屋〉

おぼしはな・る【思し離る】[自ラ下二]{れ・れ・る・るる・るれ・れよ}(「思ひ離る」の尊敬語)お心離れなさる。冷めたお気持ちになられる。例「年月にそへて世の中を思し離・れつつ」〈源氏・橋姫〉

おぼしはばか・る【思し憚る】[他ラ四]{ら・り・る・る・れ・れ}(「思ひ憚る」の尊敬語)ご配慮のうえ、遠慮なさる。気がねなさる。例「なほ世を尽きせず思し憚・るは、つきなうこそ」〈源氏・末摘花〉

おぼしへだ・つ【思し隔つ】[他タ下二]{て・て・つ・つる・つれ・てよ}(「思ひ隔つ」の尊敬語)打ち解けず、疎遠になさる。よそよそしくなさる。例「うとうとしう思し隔・つるにや」〈源氏・竹河〉

おぼしほ・る【思し惚る】[自ラ下二]{れ・れ・る・るる・るれ・れよ}(「思ひ惚る」の尊敬語)ぼんやりなさる。何も考えられなくなられる。例「つらういみじう思しほ・れて、内裏へも参らで二日三日こもりおはすれば」〈源氏・若紫〉

おぼしまう・く【思し設く】[他カ下二]{け・け・く・くる・くれ・けよ}(「思ひ設く」の尊敬語)あらかじめ心づもりし、用意なさる。前もって設けなさる。例「渡すべき所思しまう・けて」〈源氏・浮舟〉

おぼしまど・ふ【思し惑ふ】[自ハ四]{は・ひ・ふ・ふ・へ・へ}(「思ひ惑ふ」の尊敬語)お考えになって混乱なさる。途方にくれられる。例「やむごとなき僧などは、いとかく思しまど・へる御けはひを聞くに」〈源氏・若菜・下〉

おほしまの【大島の】[枕詞](島に関連することから)「うら」「鳴門」にかかる。例「大島のうらかなしげに声の聞こゆる」〈源氏・玉鬘〉

おほしまれうた【大島蓼太】[人名](一七一八〜一七八七)江戸中期の俳人。別号、宜来・空摩居士など。蕉風俳諧に貢献し、俳論『芭蕉句解』『芭蕉翁七部捜』などを著した。

おぼしみだ・る【思し乱る】[自ラ下二]{れ・れ・る・るる・るれ・れよ}(「思ひ乱る」の尊敬語)お気持ちを乱される。お悩みになる。例「かく御仲も隔たりぬるを、めづらしき御対面の昔おぼえたるに、あはれと思し乱・るること限りなし」〈源氏・賢木〉

おぼしめぐら・す【思し巡らす】[他サ四]{さ・し・す・す・せ・せ}(「思ひ巡らす」の尊敬語)いろいろとお考えになる。例「いとあやしと思しめぐら・すに、〔物ノ怪ハ〕ただかの御息所なりけり」〈源氏・葵〉

おぼしめさ・る【思し召さる】(動詞「思し召す」の未然形＋助動詞「る」)❶(「る」が自発の場合)ついお考えになる。自然にお思いになる。例「御心乱れて思しめさ・る」〈源氏・賢木〉❷(「る」が受身の場合)お思いになっていただく。例「〔私ガアナタカラ〕いとかうしも〔嫌ダト〕思しめさ・るべき身とは、思ひたまへられずなむ」〈源氏・若菜・下〉❸(「る」が可能の場合)お思いになることができる。例「来し方行く末思しめさ・れず」〈源氏・桐壺〉❹(「る」が尊敬の場合)お思いになる。例「君いかがおぼしめさ・れけん」〈平家・二・大納言流罪〉

発展学習ファイル　①の用法は下に打消の語が付く場合に限られる。また、④は平安末期以降の用法。
形の上では、尊敬語が重なった最高敬語であるが、すでに敬意は薄れており、ふつうの敬語表現である。

おぼしめ・す【思し召す】［他サ四］{さ・し・す・す・せ・せ}

アプローチ ▼動詞「おもほす」に尊敬語「めす」が付いた「おもほしめす」の変化形といわれる。▼「おぼす」よりも高い敬意を示す尊敬語。▼主語を高める働きが非常に強く、最高敬語と呼ばれる。

「思う」の意の尊敬語。思う人（主語）を高める。**お思いになる。** 例「あるまじきこととは**思しめし**ながら、夜に隠れて出でさせたまへり」〈源氏・柏木〉 訳（朱雀院は）あってはならないことだと**お思いになり**ながら、夜に紛れてお出かけになった。（敬語）「出でさせたまへり」→「させたまふ」

発展学習ファイル (1)「思う」の意の尊敬語として、「おぼしめす」のほかに「**おもほす**」「**おぼす**」や「**思ひたまふ**」があるが、「おぼしめす」が最も敬意が高いとされる。物語などの地の文では、帝などのきわめて高貴な人に対して用いられ、最高敬語と呼ばれる。→「おぼす」

(2)「思ひ分く」「思ひやる」のような「思ふ」の複合動詞の主語を高める述べ方として、「**おぼしめし分く**」「**おぼしめしやる**」のように「おぼしめす」を用いることがある。

おぼじゃうらふ【大上臈】オオジョウロウ［名］宮中に仕える女官の最上位。摂家の女性が任ぜられる。のちには幕府・諸大名家に仕える高位の女性にも用いた。

おぼしやすら・ふ【思し休らふ】オボシヤスラ(ロ)ウ［自ハ四］{は・ひ・ふ・ふ・へ・へ}（「思ひ休らふ」の尊敬語）迷ってためらわれる。思い切りがつかず、ぐずぐずなさる。例「冠などうちゆがめて走らむ後ろ手思ふに、いとをこなるべしと**思しやすらふ**」〈源氏・紅葉賀〉

おぼしや・る【思し遣る】［他ラ四］{ら・り・る・る・れ・れ}（「思ひ遣る」の尊敬語）**思いをはせられる。** また、**気を晴らされる。** 例「対の姫君のさうざうしくてものしたまはむありさまぞ、ふと**思しやらるる**（体）」〈源氏・葵〉（係結び）「ぞ→思しやらるる（体）」

おぼしゆる・ぐ【思し揺るぐ】［自ガ四］{が・ぎ・ぐ・ぐ・げ・げ}（「思ひ揺るぐ」の尊敬語）動揺なさる。お心を動かされる。例「まことにさも**おぼしゆるぎ**てのたまはせば」〈大鏡・師尹〉

おぼしゆる・す【思し許す】［他サ四］{さ・し・す・す・せ・せ}（「思ひ許す」の尊敬語）容認なさる。受け入れてお認めになる。例「幼き人の、心地なきさまにてうつろひものすらんを、罪なく**思しゆるし**て」〈源氏・若菜・上〉

おぼしよ・る【思し寄る】［自ラ四］{ら・り・る・る・れ・れ}（「思ひ寄る」の尊敬語）❶**思いつきなさる。あるお気持ちを抱かれる。** 例「壁代、御屏風、御几帳、御座などまで**思しより**つつ、大和守にのたまひて、かの家にぞ急ぎ仕うまつらせたまふ」〈源氏・夕霧〉（係結び）「ぞ→急ぎ仕うまつらせたまふ（体）」。（敬語）「のたまひて」→「のたまふ」、「急ぎ仕うまつらせたまふ」→「つかうまつる」「たまふ（四段）」。❷**好意をお寄せになる。** 例「（アナタハ）やむごとなき方に**思しよる**めるを」〈源氏・総角〉

おぼしよわ・る【思し弱る】［自ラ四］{ら・り・る・る・れ・れ}（「思ひ弱る」の尊敬語）弱気になられる。くじけなさる。例「人知れず**思し弱る**心も添ひて」〈源氏・夕霧〉

おぼしわ・く【思し分く】（「思ひ分く」の尊敬語）[一]［他カ四］{か・き・く・く・け・け}きちんと理解・識別・判断などをなさる。区別なさる。例「空の色、物の音も、春の調べ、響きはいとことにまさりけるけぢめを、人々**思しわく**らむかし」〈源氏・胡蝶〉[二]［他カ下二］{け・け・く・くる・くれ・けよ}[一]に同じ。例「うとうとしく**思し分くる**御気色なれば心憂くこそ」〈源氏・紅梅〉

おぼしわす・る【思し忘る】［他ラ下二］{れ・れ・る・るる・るれ・れよ}（「思ひ忘る」の尊敬語）お忘れになる。例「年月経れど**思し忘れ**ず」〈源氏・末摘花〉

おぼしわた・る【思し渡る】［他ラ四］{ら・り・る・る・れ・れ}（「思ひ渡る」の尊敬語）ずっとお思いになる。例「年ごろも**思しわたる**ことなれば」〈源氏・若菜・上〉

おぼしわづら・ふ【思し煩ふ】オボシワズラ(ロ)ウ［自ハ四］{は・ひ・ふ・ふ・へ・へ}（「思ひ煩ふ」の尊敬語）あれこれ考えてお悩みになる。例「『いかがすべき』と**思しわづらふ**に」〈竹取・燕の子安貝〉

おぼしわ・ぶ【思し侘ぶ】［自バ上二］{び・び・ぶ・ぶる・ぶれ・びよ}（「思ひ侘ぶ」の尊敬語）どうしようもないとお嘆きになる。思い悩まれる。例「心にあまることをも、また、誰にかは語らはむと**思しわび**て」〈源氏・早蕨〉

おほ・す【生ほす】オオス［他サ四］{さ・し・す・す・せ・せ}❶育てる。養育する。例「あやしのきぬ（＝産着）のなかより**おほし**まゐらせて」〈讃岐典侍日記〉❷生えさせる。生やす。例「この春より**生ほす**御髪」〈源氏・薄雲〉

おほ・す【仰す】オオス［他サ下二］{せ・せ・す・する・すれ・せよ}

アプローチ ▼動詞「負ふ」の使役形「負ほす」から意味が変化してできた語。▼人にことばを負わせるということから、「命じる」、「いいつける」意が生じ、そこから、命令する側と命令される側の上下関係が生まれ、「おいいつけになる」「おっしゃる」の意の尊敬語として用いられるようになった。▼上代東国方言では「おふす」ともいう。

❶**命じる。言いつける。** 例「弦打ちして絶えず声づくれと**仰せよ**」〈源氏・夕顔〉 訳『（魔除けのために）弓の弦を鳴らして、絶えず声を出せ』と**命じろ**。❷（「おほせらる」「おほせ給ふ」の形で）「命じる」「言う」の意の尊敬語。言いつける人、言う人（主語）を高める。**お命じになる。おっしゃる。** 例「『少納言よ、香炉峰の雪、いかならむ』と**仰せらるれ**ば」〈枕・雪のいと高う降りたるを〉 訳「少納言よ、香炉峰の雪はどんなであろう」と（中宮定子が）**おっしゃる**ので。例「人々召し出でて、あるべきことども**仰せたまふ**」〈源氏・澪標〉 訳（源氏は）女房らをお呼び出しになって、しなければならない事を**お命じになる**。（敬語）「召し出でて」→「めす」❸（「おほす」単独で）「命じる」「言う」の意の尊敬語。言いつける人、言う人（主語）を高める。**お命じにな**

る。おっしゃる。例「『まったくこの御所にはわたらせ給はず』と仰せければ」〈平家・四・若宮出家〉訳「(若宮は)全然この御所にはいらっしゃらない」と(八条女院は)おっしゃったので。〔敬語〕「わたらせ給はず」→「せたまふ」

発展学習ファイル (1)②の「おほせらる」は、本来「命じられる」という受身の意味であったものが、「命じる」の意の尊敬語に変化したものと考えられる。
(2)「おほす」の尊敬語としての働き(主語を高める働き)は、中古では未発達であり、もっぱら②の「おほせらる」「おほせたまふ」の形で尊敬語として用いられた。中世に入り、「おほす」単独で尊敬語として働く③の用法が生じた。

おほ・す【果す】〔他サ下二〕{せ・せ・す・する・すれ・せよ}(動詞の連用形に付いて)果たす。成し遂げる。やり遂げる。例「いとよう書きおほせたり」〈源氏・末摘花〉

おほ・す【負ほす・課す】〔他サ下二〕{せ・せ・す・する・すれ・せよ}《動詞「負ふ」の未然形＋使役の助動詞「す」の変化形》❶背負わせる。例「片思ひを馬にふつまに(＝スッカリ)負ほせ持て」〈万葉・一八・四〇八一〉❷罪をかぶせる。責めを負わせる。例「もろともに罪を負ほせたまふは、恨めしきことになん」〈源氏・少女〉❸名づける。例「酒の名を聖と負ほせし古の」〈万葉・三・三三九〉❹傷や被害などを受けさせる。例「あまたして手(＝傷)負ほせ、打ち伏せてしばりけり」〈徒然・八七〉❺租税・労役を負わせる。

おぼ・す【思す】〔他サ四〕{さ・し・す・す・せ・せ}

アプローチ ▼「思う」の意の尊敬語。主語を高める。
▼動詞「思ふ」の未然形に上代の尊敬の助動詞「す」の付いた「おもはす」が、「おもほす」→「おぼほす」→「おぼす」と変化した語。

「思う」の意の尊敬語。思う人(主語)を高める。お思いになる。例「いよいよ恥づかしと思して、ものものたまはず」〈源氏・少女〉訳(雲居雁は)ますます恥ずかしいとお思いになって、ものもおっしゃらない。〔敬語〕「のたまはず」→「のたまふ」

発展学習ファイル (1)「思う」の意の尊敬語として「おぼす」のほかに、「おぼしめす」や「思ひたまふ」があるが、「おぼす」は「おぼしめす」ほど敬意は高くなく、「思ひたまふ」よりは敬意が高い。→「おぼしめす」
(2)「思ひ出づ」「思ひ疑ふ」「思ひ続く」のような「思ふ」を用いた複合動詞の主語を高める述べ方として、「おぼし出づ」「おぼし疑ふ」「おぼし続く」のように「おぼす」を用いることがある。

おほすみ【大隅】〔地名〕旧国名。西海道十二か国のひとつ。いまの鹿児島県大隅半島および南部の大隅諸島。＝隅州

おほせ【仰せ】〔名〕ご命令。例「各々、仰せうけたまはりてまかりぬ」〈竹取・竜の頸の玉〉

おほせいだ・す【仰せ出だす】〔他サ四〕{さ・し・す・す・せ・せ}《「言ひ出だす」の尊敬語》おことばをお出しになる。命令をお出しになる。例「『この事いかんあるべき』と仰せ出だされければ」〈太平記・二〉

おほせお・く【仰せ置く】〔他カ四〕{か・き・く・く・け・け}《「言ひ置く」の尊敬語》命じておかれる。おっしゃっておく。例「かやうに仕うまつるべく仰せおきて」〈源氏・椎本〉

おほせがき【仰せ書き】〔名〕天皇や高貴な人の命令で、その仰せを書き記すこと。また、その文書。

おほせかた【負ほせ方・課せ方】〔名〕貸し手。貸した側。債権者。

おほせくだ・す【仰せ下す】〔他サ四〕{さ・し・す・す・せ・せ}《「言ひ下す」の尊敬語》ご命令なさる。おいいつけになる。↔申し上ぐ。例「ことさらに感じ仰せ下されけるよし」〈徒然・一四〉

おほせごと【仰せ言】〔名〕(天皇や貴人の)おことば。ご命令。例「目も見えはべらぬに、かくかしこき仰せ言を光にてなん」〈源氏・桐壺〉〔係結び〕「なん」→(省略)。〔敬語〕「見えはべらぬ」→「はべり」

おほせつかは・す【仰せ遣はす】〔他サ四〕{さ・し・す・す・せ・せ}《「言ひ遣る」の尊敬語》命令しておつかわしになる。使いをやってお命じになる。例「御馬をつかはし、早く参るべきよし仰せつかはしたりければ」〈後撰・雑二・一一四一詞書〉

おほせつ・く【仰せ付く】〔他カ下二〕{け・け・く・くる・くれ・けよ}《動詞「仰す」の連用形＋動詞「付く」》「命じる」「言いつける」の意の尊敬語。命じる人、言いつける人(主語)を高める。お命じになる。お言いつけになる。例「(中将ハ)御めのとに春日の局に仰せつけ」〈伽・木幡狐〉

おほせら・る【仰せらる】《動詞「仰す」の未然形＋尊敬の助動詞「らる」》お命じになる。おっしゃる。→「おほす〔仰す〕②」

おほせんじ【大宣旨】〔名〕平安時代の公文書の一種。大臣が発令し、弁官(書記官)が起草したもので、太政官から官庁や寺社などに下された。

おほぞう【・なり】〔名・形動ナリ〕(「おほざう」とも)ありふれたさま。いいかげんだ。例「心やすく立ち出でておほぞうの住まひはせじと思へるを」〈源氏・薄雲〉

おほそで【大袖】〔名〕❶即位・大嘗会・朝賀などの大礼の際に着た礼装の上衣。袖口を大きく、小袖の上に着る。❷二の腕を防御するための鎧の肩から垂らした袖。❸幅広く仕立てた振り袖。

おほぞら【・なり】【大空】㊀〔名〕広々とした空。㊁〔形動ナリ〕{なら・なり(に)・なり・なる・なれ・なれ}ぼんやりしているさま。いいかげんだ。うわの空だ。例「徒なる心をうらみかこてども、大空にのみ聞きなして」〈雨月・吉備津の釜〉

〔和歌〕**おほぞらは…【大空は梅のにほひにかすみつつ曇りも果てぬ春の夜の月】**〈新古今・春上・四〇・藤原定家〉訳大空は梅のかおりのためにかすんでいて、かといってすっかり曇ってしまうわけでもない春の夜の月よ。

おほぞらもの【大空者】〔名〕でたらめでいい加減な人。浮気者。

おほたか【大鷹】〔名〕❶雌の鷹。(季-冬)。❷「大鷹狩り」の略。

おほたかがり【大鷹狩り】〔名〕雌の鷹を使って冬に行う狩り。鴨・鶴・雉・雁などの鳥や、兎などの小動物を捕らえる。＝大鷹②。↔小鷹狩

り。（季―冬）

おほたがきれんげつ【大田垣蓮月】[人名]（一七九一―一八七五）江戸後期の女流歌人。香川景樹・野村望東尼らと交流をもつ。家集『海人の刈藻』。

おほたくみ【大匠】[名]大工の頭。棟梁。

おほたしょくさんじん【大田蜀山人】[人名]「おほたなんぽ」に同じ。

おほただうくゎん【太田道灌】[人名]（一四三二―一四八六）室町中期の武将・歌人。江戸城建築後、「武州江戸歌合わせ」を興行。心敬とともに関東での歌壇の指導者的立場にあった。

おほだち【大太刀】[名]《「おほたち」とも》❶大きな太刀。❷鎌倉時代以降作られた、合戦用の六尺（約一・八メートル）にも及ぶ太刀。背や肩に担いだ。

おほたてあげ【大立て挙げ】[名]鎧の臑当ての一種。鉄製で、膝から上の部分がとくに高く作られ、腿まで覆うようになっているもの。

おほたなんぽ【大田南畝】[人名]（一七四九―一八二三）江戸後期の狂歌・狂詩・洒落本・黄表紙作者。本名・覃。四方赤良、蜀山人など筆名多数。洒落本『甲駅新話』、黄表紙本『源平惣勘定』などを刊行。『万載狂歌集』などの撰者。

おほち【大路】[名]《室町以降は「おほぢ」》大通り。幅の広い道路。↔小路

おほぢ【祖父】[名]《「おほちち」の変化形》❶父母の父。祖父。↔祖母。❷年取った男。老人。老翁。①②↔祖母

おぼち【淤煩鉤】[名]《「おぼ」はぼんやり、「ち」は釣り針の意》これを持つと分別をなくしてしまう釣り針。釣り針に呪いをかけるときに用いる語。

おほぢがた【祖父方】[名]祖父、または外祖父の身内に当たる者。

おほぢご【祖父御】[名]「祖父①」の敬称。おじい様。

おほちゃ【大茶】[名]たくさんの茶。

おほつ【大津】[地名]近江国の地名。いまの滋賀県大津市。六六七年、天智天皇が大和の飛鳥から都を移し、大津の宮を造営。宿駅として栄え、琵琶湖沿岸の最大の港であった。三井寺・石山寺があり、近江八景など名勝古跡が多い。

おほつかさ【大学寮】[名]「だいがくれう」に同じ。

おぼつかな【覚束な】《形容詞「覚束なし」の語幹》はっきりしない。気がかりだ。待ち遠しい。

おぼつかなう【覚束無う】形容詞「おぼつかなし」の連用形「おぼつかなく」のウ音便。

おぼつかな・し【覚束無し】[形ク]｛から・く(かり)・し・き(かる)・けれ・かれ｝

> **アプローチ**
> ▼対象がぼんやりしていてつかみどころがない、というのが原義。
> ▼そうした状況から「気がかりだ」という意が生じ、さらには「待ち遠しい」といった対象への積極的な気持ちを表す意が派生した。
> ▼上代は清音で「おほつかなし」。

❶**ぼんやりしている。はっきりしない。** 例「春されば木の木の暗れの夕月夜おほつかなしも山陰にして」〈万葉・一〇・一八七五〉 訳春が来ると木の木陰の夕月は、**はっきり見えないよ**。山陰に隠れて。

❷**不審だ。いぶかしい。** 例「よろづの御物語、書の道のおぼつかなくく思さるることどもなど問はせたまひて」〈源氏・賢木〉 訳（朱雀帝は）いろいろのお話、学問上でご**不審に**お思いになっていることなどを、（源氏に）ご質問なさって。（敬語）「思さるる」→「おぼす」、「問はせたまひて」→「せたまふ」

❸**気がかりだ。心配だ。** 例「若宮の、いとおぼつかな・く露けき中に過ぐしたまふも、心苦しう思さるるを」〈源氏・桐壺〉 訳若宮（＝源氏）が、まことに**気がかりな**有様で、涙がちの里で過ごしておられるのも、（私＝桐壺の帝は）いたわしくお思いでいらっしゃるから。（音便）「心苦しう」は「心苦しく」のウ音便。（敬語）「思さるる」→「おぼす」

❹（期待することの実現がはっきりせず）もどかしい。**待ち遠しい。**（とくに、恋人に）**会いたい。** 例「この男いつしか入り来て、おぼつかな・かりつる事など言ひ臥したり」〈宇治拾遺・九・三〉 訳この男は、いつの間にか（女の部屋へ）入って来て、**会いたかった**ことなどをいって横になった。

> **古語深耕**　「おぼつかなし」と「うしろめたし」「こころもとなし」との違い
> 「**おぼつかなし**」は「おぼろ月」の「**おぼろ**」と同根で、ぼうっとしてはっきりわからないものを見るときの気持ち。いぶかしさ、分からぬための不安さである。「**うしろめたし**」は「後目痛し」が変化した語で、人の後ろ姿をじっと見守りあやぶむ気持ち。気が気でない、心配だの意で、やがて自分の行為への人の目が気になる時にも用いた。「**こころもとなし**」は根もとの無い根無し草のような心で、落ちつきたいのに落ちついていられない、不安やじれったい心をいう。

おぼつかなみ【覚束無み】《形容詞「おぼつかなし」の語幹＋接尾語「み」》実情がはっきりせず、気がかりなこと。多く和歌で「なみ」に「波」をかけて用いられる。例「浜千鳥おぼつかなみに騒ぐところか」〈篁物語〉

おほつごもり【大晦日】[名]「おほどし」に同じ。

おほつち【大土】[名]大きく広い土地。大地。

おほつづみ【大鼓】[名]❶大型の鼓。とくに、雅楽の大太鼓のたぐい。❷能楽や歌舞伎の囃子に用いる手打ちの鼓の一種。左の膝に横たえて打つ。＝大革。↔小鼓

おほつのみこ【大津皇子】[人名]（六六三―六八六）飛鳥時代の漢詩人・歌人。父は天武天皇、姉に大伯皇女がいる。謀反が露顕し、処刑された。『懐風藻』に作品を残す。

おほつぼ【大壺】[名]便器。＝御厠

おほつゑぶし【大津絵節】[名]江戸末期の俗

曲のひとつ。近江国(いまの滋賀県)の三井寺付近で売られた大津絵の画題をよんだものに始まり、以後、種々の替え歌が作られ、各地で流行した。

おほて【大手】[名]❶敵軍を正面から攻める軍隊。↕搦め手②。❷城の表門。

おほと【大門】[名]《「門」は海峡の意》大きな海峡。例「灯火の明石**大門**に入らむ日や」〈万葉・三・二五四〉訳→〔和歌〕ともしびのあかしおほとに…

おほどか[・なり]〔形動ナリ〕{なら・なり(に)・なり・なる・なれ・なれ}**おっとりしている。おおらかだ。**→「おいらか」。例「いと**おほどか・に**、うつくしうたをやぎたまへるものから」〈源氏・澪標〉《音便》「うつくしう」は「うつくしく」のウ音便。

おほど・く《「おどく」とも》一[自カ四]{か・き・く・く・け・け}おっとりしている。くつろぐ。例「人のけはひ、いとあさましくやはらかに**おほど・きて**」〈源氏・夕顔〉二[自カ下二]{け・け・く・くる・くれ・けよ}のんびりする。おどける。例「**おほど・け**たる声に言ひなして」〈源氏・花宴〉

おほどころ【大所】[名]❶《近世語》大きな家。大金持ちの家。大店。❷大きな寺院。

おほとじ【大刀自】[名]《「おほ」は接頭語。「刀自」は女性の敬称》❶大化の改新前の宮廷に仕える女性の称号。❷令制で「夫人①」をいう語。「妃」の下、「嬪」の上に位する。

おほどし【大年・大歳】[名]《「おほとし」とも》おおみそか。＝大晦日。(季―冬)

おほとなぶら【大殿油】[名]《「おほとのあぶら」の変化形》宮中や貴族の屋敷でともした油の灯火。例「**大殿油**も消ちたるに」〈枕・心にくきもの〉

おほとねり【大舎人】[名]令制の下級官吏。中務省大舎人寮に属する。宿直・門番・取次ぎなどの雑務が仕事。追儺の鬼の役も務めた。

おほとの【大殿】[名]❶宮殿・貴人の邸宅の敬称。御殿。例「大宮はここと聞けども**大殿**はここと言へども」〈万葉・一・二九長歌〉訳→〔和歌〕たまだすき…。❷大臣の敬称。**大臣さま。**例「**大殿**をはじめたてまつりて、皆人まるりたまふなり」〈大鏡・道長・下〉《敬語》「はじめたてまつりて」→「たてまつる」、「まるりたまふなり」→「まるる(四段)」「たまふ(四段)」。❸貴人であるその家の当主の敬称。**ご当主。ご主人。**例「そんならま一度、**大殿**様、お袋様とお杯」〈浄・丹波与作待夜の小室節〉❹貴人であるその家の当主の父の敬称。**ご父君。お父上。**例「いったん**大殿**の勘当を受け給ひたれば、たちまち武道を忘却し」〈椿説弓張月・前〉

おほとのあぶら【大殿油】[名]「おほとなぶら」に同じ。

おほとのごもりすぐ・す【大殿籠り過ぐす】[他サ四]{さ・し・す・す・せ・せ}《「寝過ぐす」の尊敬語》お寝過ごしになる。寝過ごされる。例「すこし**大殿籠り過ぐ・し**て、やがてこれより出でたまふべきを」〈源氏・松風〉

おほとのごも・る【大殿籠る】[自ラ四]{ら・り・る・る・れ・れ}《名詞「おほとの」＋動詞「こもる」の連濁》「寝る」の意の尊敬語。寝る人(主語)を高める。**お眠りになる。おやすみになる。**例「この膝の上に**大殿籠・れよ**」〈源氏・若紫〉

おほとのばら【大殿腹】[名]《「おほいどのばら」とも》大臣家の娘から生まれること。また、その子。

おほともの【大伴の】[枕詞]《大伴氏の本拠地が「御津」であったことから》同音の「見つ」にかかる。例「**大伴**の見つとは言はじ」〈万葉・四・五六五〉

おほとものくろぬし【大友黒主】[人名](生没年未詳)「大伴」とも書く。平安前期の歌人。六歌仙のひとり。『古今和歌集』仮名序に「そのさまいやし」と酷評された。

おほとものさかのうへのいらつめ【大伴坂上郎女】[人名](生没年未詳)奈良時代の女流歌人。父は大伴安麻呂。異母兄に大伴旅人がいる。甥の大伴家持などの世話をした。『万葉集』に八十四首を残す。

おほとものたびと【大伴旅人】[人名](六六五～七三一)飛鳥時代から奈良前期の歌人。父は大伴安麻呂。『万葉集』第三期を代表する歌人。その大部分は大宰帥九州赴任時代に山上憶良らとの交流のなかで詠まれた。

おほとものやかもち【大伴家持】[人名](七一八?～七八五)奈良時代の歌人。三十六歌仙のひとり。父は大伴旅人。妻は大伴坂上郎女の娘の坂上大嬢。家持によって『万葉集』は完結された。

おほとものわうじ【大友皇子】[人名](六四八～六七二)第三十九代弘文天皇。天皇と諡されたのは明治三年。父は天智天皇。壬申の乱で形勢が不利になると自害した。

おほとり【大鳥・鳳・鵬】[名]❶大きな鳥の総称。ツル・コウノトリ・クグイ・ワシなどをいう。❷『荘子』逍遥遊篇に見える想像上の大きな鳥。鵬。

おほとりの【大鳥の】[枕詞](大鳥の「羽交ひ」の意から)同音の地名「羽易の山」にかかる。例「**大鳥**の羽易の山に」〈万葉・二・二一〇長歌〉

おほど・る《「おほとる」「おぼとる」とも》一[自ラ四]{ら・り・る・る・れ・れ}乱れ広がる。例「莒莢(＝高木ノ名)に延ひ**おほど・れ**る屎葛」〈万葉・一六・三八五五〉二[自ラ下二]{れ・れ・る・るる・るれ・れよ}❶乱れ広がる。例「髪の裾のにはかに**おぼと・れ**たるやうに、しどけなくさへ削がれたるを」〈源氏・手習〉❷しまりがなく、くだける。例「大路近き所に、**おぼと・れ**たる声して」〈源氏・東屋〉

おほなおほな[副]《「おふなおふな」とも》語義・語構成未詳。一生懸命になって、ひたすらにの意か。例「かく**おほなおほな**〔アナタヲ婿ニト〕思ひ心ざして年経へたまひぬるを」〈源氏・宿木〉〈参考〉「あふなあふな」と混同されることが多いが、別語であろう。

おほなかぐろ【大中黒】[名]❶矢羽の一種。上下が白く、中ほどに幅の広い黒い斑がはいっている羽のもの。↕小中黒。❷紋所の名。輪の中に横に黒く太い線を一本引いたもの。一つ引き両。

おほなかとみのよしのぶ【大中臣能宣】[人名](九二一～九九一)平安中期の歌人。三十六歌仙のひとり。父は大中臣頼基。「梨壺の五人」のひとりとして、『後撰和歌集』の撰進を行った。『拾遺和歌集』などに入集。家集『能宣集』。

おほなかとみのよりもと【大中臣頼基】

「人名」(八八六?〜九五八??)平安前・中期の歌人。三十六歌仙のひとり。大中臣能宣の父。伊勢神宮の祭主。家集『頼基集』。

おほなほび【大直毘・大直日】「名」《「おほなほみ」とも》凶事を吉事に変える力をもつとされる大直毘の神。また、その神を祭る神事。

おほなめまつり【大嘗祭り】「名」「だいじゃうさい」に同じ。

おほには【大庭】「名」❶宮殿の前にある広い庭。とくに紫宸殿の前庭。儀式などを行う。❷一般に、広い庭、大きな中庭。❸能楽で、広い場で演ずること。晴れの舞台。

おほにへ【大贄・大嘗】「名」《立派な贄の意》神や朝廷に献上する、各地の産物や貢ぎ物。

おほぬさ【大幣】「名」❶大きな串につけた幣で、大祓えのときに用いるもの。式後、人々がこれを引き寄せてからだをなで、罪やけがれを移した。例「大幣の引く手あまたになりぬれば」〈古今・恋四・七〇六〉❷(①の歌から)㋐引っぱりだこ。人気者。㋑気が多いこと。

おほね【大根】「名」❶ダイコンの古名。(季―冬)。❷太いやじり。❸物事のおおもと。

おほの【大野】「名」広大な野原。

おほのか[・なり]「形動ナリ」{なら・なり(に)・なり・なる・なれ・なれ}《「おほどか」の変化形》❶並はずれて大型だ。大規模だ。例「さるおほのか・なるものは、ところ狭くやあらむ」〈枕・あさましきもの〉❷ゆったりとしているさま。のびのびしているさま。例「おほのか・なるものの音をゆるるかにおもしろく搔き鳴らし」〈夜の寝覚〉❸おおげさだ。度が過ぎている。例「あさましろ、おほのか・にも言ふものかな」〈宇治拾遺・一・一八〉

おほのやすまろ【太安万侶】「人名」(?〜七二三)奈良前期の官僚。元明天皇の勅命により『古事記』を撰進。『日本書紀』編纂にも参与した。

〔和歌〕**おほのやま…**【大野山霧立ち渡る我が嘆くおきその風に霧立ち渡る】〈万葉・五・七九九・山上憶良〉訳大野山に一面に霧が立ちこめている。私の嘆く息吹の風によって霧が一面に立ちこめている。〈参考〉「大野山」は大宰府背後の四天王山。友人大伴旅人の妻の死をいたんで、憶良が旅人に成り代わって作った歌。

おほのろ【大野ろ】「名」《「ろ」は接尾語》広い野原。＝大野

おほば【祖母】「名」《「おおはは」の変化形》父母の母。祖母。↕祖父

おほば[・なり]【大場】㊀「名」広い場所。また、大きな町。㊁「名・形動ナリ」ゆったりとして、せせこましくないようす。例「荒事花々敷くして、第一芸大場・にしてよし」〈伎・傾城壬生大念仏〉

おほばこ【大葉子・車前】「名」草の名。若葉は食用とされ、葉と種子は健胃・利尿などの薬草とされる。死んだカエルにこの葉をかぶせると生き返るという言い伝えから、「蛙葉」とも称される。(季―秋)

おほはら【大原】「地名」山城国の地名。いまの京都市左京区の北東部。比叡山の西麓を流れる高野川上流の盆地で、寂光院や三千院などで知られる。隠棲の地というイメージがあり、炭を焼く煙が景物とされる。

おほはらの【大原野】「歌枕」山城国の地名。いまの京都市西京区大原野町。西山とも呼ばれ、小塩山の麓に広がる丘陵地。平安時代は狩猟地。藤原氏の氏神を祭る大原野神社がある。

おほはらへ【大祓へ】「名」《「おほばらへ」とも》陰暦六月と十二月の晦日に、親王以下多くの官人が朱雀門の前に集まって、全国民の罪や汚れを祓う儀式。この時、中臣氏が「大祓への祝詞」を読み上げたので、「中臣の祓へ」ともいう。

〔俳句〕**おほはらや…**【大原や蝶の出て舞ふ朧月】〈北の山・丈草〉訳京都大原の春の夜。朧月のもと、どこからともなく蝶が出てきて、ひらひら舞っていることだ。(季―蝶・朧月―春)

〈参考〉大原は洛北の大原とする説が一般だが、洛西の大原野とする説もある。

おほばん【大番】「名」❶「大番役」の略。❷大番組」の略。

おほばんがしら【大番頭】「名」❶鎌倉幕府の職名。「大番役」の隊長。❷江戸幕府の職名。「大番組」の隊長。

おほばんぐみ【大番組】「名」江戸幕府の職名。旗本の武士が十二組に分かれ、交替で江戸城・京の二条城・大坂城の警備に当たったもの。江戸市中の巡回もした。＝大番②　↓「おほばんやく」「おほばんぐみ」

おほばんしゅう【大番衆】「名」《「おほばんしゅ」「おほばんじゅ」とも》「大番役」で京都にいる諸国の武士たち。

おほばんやく【大番役】「名」平安・鎌倉時代に、諸国から交替で皇居警備に当たった武士。古くは任期三年。のちに六か月、三か月と短縮。鎌倉時代には鎌倉大番役も定められた。＝大番①

おほひ【覆ひ・被ひ・庇ひ】「名」❶上にかぶせるもの。覆い。❷屋根。❸かばうこと。また、保護者。

おほひ【大炊】「名」《「おほいひ(大飯)」の変化形》天皇が召し上がる食事。また、それを作ること。

〔和歌〕**おほひえの…**【大比叡の峰に夕ゐる白雲のさびしき秋になりにけるかな】〈しのぶぐさ・八田知紀〉訳雄大な比叡山の峰に夕暮れ時にたなびく白雲が寂しく感じられる秋になったことだよ。

おほひづかさ【大炊寮】「名」「おほひれう」に同じ。

おほひどの【大炊殿】「名」貴族などの邸宅で、食物を調理する建物。

おほひのつかさ【大炊寮】「名」「おほひれう」に同じ。

おほひば【覆ひ羽】「名」たくさんの雁などが羽を広げ、空を覆いつくすようにすること。

おほひめぎみ【大姫君】「名」貴人の長女の敬称。＝大君・大姫御前。↕弟姫君

おほひめごぜん【大姫御前】「名」「おほひめぎみ」に同じ。

おほひれう【大炊寮】「名」《「おほひづかさ」「おほひのつかさ」とも》令制で「宮内省」に属し、諸国から集められた米穀を収納し、各官庁に分配することなどをつかさどった役所。

おほ・ふ【覆ふ・被ふ】「他ハ四」{は・ひ・ふ・ふ・へ・へ}❶上から一面にかぶせる。例「天の下すでに覆・ひて降る雪

の」〈万葉・一七・三九二三〉❷(威光や名声を)行き渡らせる。例「威を遍く海内(=国内)に**覆ひ**しかども」〈太平記・二〉❸包み隠して見えなくする。例「小瑕(=小サナ傷)をもってその功を**おほ・ふ**事なかれ」〈平家・一〇・請文〉

おほぶく【大服・大福】[名]《近世語。「だいぶく」とも。「大服茶」の略》元旦に一年の邪気を払うため「若水」で入れる茶。梅干し・山椒・こんぶ・黒豆などを入れて飲む。＝福茶。(季－春)

おほぶねの【大船の】[枕詞]❶(大船の揺れるさまから)「ゆた」「ゆくらゆくら」「たゆたひ」などにかかる。例「**大船のゆくらゆくらに思ひつつ**」〈万葉・一三・三二七四長歌〉❷大船に関係ある「渡り」「楫取り」「津」と同音を含む「渡り」「香取」「津守」にかかる。例「**大船の香取の海に**」〈万葉・一一・二四三六〉❸(大船を頼りにすることから)「頼む」「思ひ頼む」にかかる。例「**大船の思ひ頼みし君が去なば**」〈万葉・四・五五〇〉

おほべしみ【大圧見・大癋見】[名]能面の一種。目をむき出し、口を「へ」の字にひき結び、鼻の穴を開いた顔の面。鬼畜を表す面「圧見」のひとつで、「鞍馬天狗」などの天狗に用いる。→「べしみ」

おほほ・し[形シク]{しから・しく(しかり)・し・しき(しかる)・しけれ・しかれ}《「おぼほし」とも》❶ぼんやりしている。かすかだ。例「**おほほしく**妹を相見て後の恋ひむかも」〈万葉・一〇・一九〇九〉❷気がふさぐ。心が晴れない。例「**おほほ・しく**今日や過ぎなむ言問ひもなく」〈万葉・五・八八四〉❸愚かだ。頭が悪い。例「はしきやし翁の歌に**おほほ・しき**九の児らや感けて居らむ」〈万葉・一六・三七九四〉

おぼほ・す【思ほす】[他サ四]{さ・し・す・す・せ・せ}《「おもほす」の変化形》「思う」の意の尊敬語。思う人(主語)を高める。**お思いになる**。例「(桐壺の帝ハ)いよいよあかずあはれなるものに**思ほ・して**」〈源氏・桐壺〉

〈参考〉「おぼす」より敬意が高い。

〔俳句〕**おほぼたる…**【大蛍ゆらりゆらりと通りけり】〈おらが春・一茶〉訳大きな蛍が、光を放ちながら、ゆらりゆらりと飛んでいった。(季－蛍－春)

おぼほ・ゆ【思ほゆ】[自ヤ下二]{え・え・ゆ・ゆる・ゆれ・えよ}《「おもほゆ」の変化形》思われる。例「そことなき恨みぞ常に**おもほ・ゆる**」〈風雅・恋四・一三五四〉

おぼほ・る[自ラ下二]{れ・れ・る・るる・るれ・れよ}㊀【溺ほる】❶おぼれる。例「はげしき波風に**おぼほ・れ**」〈源氏・絵合〉❷涙にむせぶ。例「ただ涙に**おぼほ・れ**たるばかりをかごとにて」〈源氏・蜻蛉〉㊁【惚ほる】ぼんやりする。正気を失う。例「御魂などを見るにも、例の尽きせぬことに**おぼほ・れ**てぞはてにける」〈蜻蛉・下〉

おぼほれあ・ふ【溺ほれ合ふ】[自ハ四]{は・ひ・ふ・ふ・へ・へ}互いに涙にむせびあう。例「『今は限りに見たてまつりさしつること』と**おぼほれあ・へり**」〈源氏・総角〉

おほまうちぎみ【大臣】[名]「だいじん(大臣)」に同じ。

おほまします【大座します・大坐します】[自サ四]{さ・し・す・す・せ・せ}《上代語。動詞「あり」の最高度の尊敬語》いらっしゃる。例「(天皇ヲ)**大坐しま・さ**しめて(=オ連レシテ)、大御飯をたてまつりき」〈記・下〉

おほまつりごとのおほまへつきみ【太政大臣】[名]「だいじゃうだいじん」に同じ。

おほまつりごとびと【参議】[名]《「大政」をする人の意》「参議」の古称。

おほまはし【大廻し】[名]《近世語》遠くの地まで船で荷を運ぶこと。とくに、江戸と大坂を結ぶ航路のこと。また、その船。

おほまへ【大前】[名]❶《「おほ」は尊敬を表す接頭語》神や天皇の前。御前。❷射芸で、最初に射ること。また、その射手。

おほまへつきみ【大臣】[名]《天皇の御前に仕える高官の意》「だいじん(大臣)」に同じ。

おほまんどころ【大政所】[名]《「大北の政所」の略》❶摂政・関白の母の敬称。❷とくに豊臣秀吉の母の敬称。

おほみ－【大御】[接頭]《「おほん」の古形》神や天皇、また、その事物について高い敬意を表す。「大御神」「**大御歌**」「**大御田**」「**大御盞**」「**大御身**」など。

おほみ【大忌】[名]《「おほいみ」の変化形》❶祭礼で、神事にかかわる者が身を清めること。＝荒忌 ⇔小忌 ❷「大忌」の役の公卿の着る服。

おほみあかし【大御灯明・大御灯】[名]《「おほみ」は接頭語》神仏に供えるお灯明。

おほみあへ【大御食・大御饗】[名]《「おほみ」は接頭語》神や天皇に差し上げるお食事。→「あへ」

おほみいつ【大御稜威】[名]《「おほみ」は接頭語》天皇の御威徳。→「いつ」

おほみうた【大御歌】[名]《「おほみ」は接頭語》❶天皇がお作りになった歌。❷「大歌所」で歌われた歌。→「おほうた」

おほみおほつぼとり【大御大壺取り】[名]貴人、とくに、天皇の便器を掃除すること。

おほみおや【大御祖】[名]《「おほみ」は接頭語》❶天皇の祖先。❷天皇の母后。

おほみかど【大御門】[名]《「おほみ」は接頭語》❶皇居の門。❷貴人の家の門。❸宮殿。皇居。

おほみかみ【大御神】[名]《「おほみ」は接頭語》神に対する敬称。

おほみき【大御酒】[名]《「おほみ」は接頭語》❶神や天皇に差し上げるお酒。❷貴人が召し上がるお酒。また、貴人から賜るお酒。

おほみぎり【大砌】[名]軒下に置かれる雨だれ受けの石。

おほみけ【大御食】[名]《「おほみ」は接頭語》神や天皇に差し上げる食べ物。→「け(食)」「みけ」

おほみこと【大御言・大命】[名]《「おほみ」は接頭語》天皇のおことば。詔。

おほみこともちのつかさ【大宰府】[名]《「おほみこと(天皇の命令)」によって、任に赴き政務を行う「つかさ」の意》「だざいふ」の古称。

〔俳句〕**おほみそか…**【大晦日定めなき世の定めかな】〈二ヶ津・西鶴〉訳この世は確かなものはないはかない世だというが、一年の収支決算の日である大晦日だけは毎年必ずやってくる。これこそが定めのない世の中の定めというべきものだ。(季－大晦日－冬)

おほみた【大御田】[名]神社が所有する田。御神田。

おほみたから【大御宝】[名]《「おほむたから」とも。「おほみ」は接頭語》(天皇が自分の宝としていつくしむ意から)天皇がお治めになる国民。

おほみねいり【大峰入り】[名]修験者が修行のため大和国(いまの奈良県)の大峰山に籠もること。陰暦四月に熊野側から入山する「順の峰入り」と、陰暦七月に吉野側から入山する「逆の峰入り」とがある。＝峰入り。(季＝順の峰入り‐春・逆の峰入り‐秋)

おほみふね【大御船】[名]《「おほみ」は接頭語》天皇などのお乗りになる船。

おほみま【大御馬】[名]《「おほみ」は接頭語》天皇や皇族がお乗りになる馬。

おほみみ【大御身】[名]《「おほみ」は接頭語》天皇や皇太子のおからだ。

おほみや【大宮】[名]❶**皇居・神宮の敬称**。例「天皇の神の尊の**大宮**はここと聞けども」〈万葉・一・二九長歌〉訳→〔和歌〕たまだすき…。❷(京都の)**大宮大路**。例「**大宮**をのぼりに、北山の辺へぞおはしける」〈平家・二・小教訓〉《係結び》「ぞ→おはしける(体)」。《敬語》「おはしける」→「おはす」。❸(中宮を単に「宮」というのに対して)**太皇太后・皇太后の敬称**。例「**大宮**もそこはかとなうわづらひたまひて」〈源氏・明石〉《音便》「そこはかとなう」は「そこはかとなく」のウ音便。❹**皇族出身の年長の女性の敬称**。例「**大宮**のいとゆかしげに思したるもことわりに」〈源氏・少女〉《敬語》「思したる」→「おぼす」。❺**皇族の生母の敬称**。例「**大宮**なやみたまふとて参りたまひぬれば」〈源氏・東屋〉《敬語》「参りたまひぬれば」→「まゐる(四段)」「たまふ(四段)」。❻「宮」と呼ばれる二人以上の男性または女性が同じ場面にいるとき、年長の方を指していう語。例「**大宮**、いと心づきなきわざかなと思し嘆きたり」〈源氏・若菜・下〉〔注〕大宮は兵部卿の宮より年長の式部卿の宮を指す。《敬語》「思し嘆きたり」→「おぼす」

おほみやすんどころ【大御息所】[名]《「おほみやすどころ」とも。「おほ」は接頭語》天皇の生母である、先帝の「御息所」の敬称。

おほみやづかへ【大宮仕へ】[名]《「おほみやつかへ」とも》宮中に仕えること。宮廷に奉仕すること。

おほみやどころ【大宮所・大宮処】[名]皇居のある地。また、皇居。

〔和歌〕**おほみやの…**【大宮の内まで聞こゆ網引きすと網子ととのふる海人の呼び声】〈万葉・三・二三八・長忌寸奥麻呂〉訳宮殿の中まで聞こえてくる。網を引こうと網子たちをまとめる漁師の掛け声が。

おほみやびと【大宮人】[名]《「おほみやひと」とも》宮廷に仕える人。例「**大宮人**の船待ちかねつ」〈万葉・一・三〇〉訳→〔和歌〕ささなみのしがのからさき…

おほむたから【大御宝・人民】[名]「おほみたから」に同じ。

おほむべ【大嘗】[名]《「おほんべ」とも》「だいじゃうさい」に同じ。

おほむらじ【大連】[名]大化の改新以前の官名。「連」という姓をもつ氏族のうち、最も有力な豪族が任じられた。朝廷の政治で「大臣」とならぶ権力をもった。大伴・物部両氏がほぼ独占した。

おぼめか・し【朧めかし】[形シク]❶(形・状態などが)ぼんやりしている。不鮮明だ。例「夕涼みといふほど、もののさまなどもおぼめか・しきに」〈枕・いみじう暑き頃〉❷(記憶・知識などが)ぼんやりしている。よく知らない。例「その方におぼめか・しからぬ人」〈枕・清涼殿の丑寅の角の〉❸はっきりせず不安だ。心配だ。例「おぼめか・しながら頼みかけ聞こえたり」〈源氏・夕顔〉❹知らないふりをしている。とぼけている。例「あらはしのたまふべきならねば、しばしおぼめか・しくて」〈源氏・横笛〉

おぼめかしう【朧めかしう】形容詞「おぼめかし」の連用形「おぼめかしく」のウ音便。

おぼめ・く【朧めく】[自カ四]《「めく」は接尾語》❶はっきりしない。ぼんやりしている。例「たどたどしくおぼめ・くこともあらじと」〈源氏・常夏〉❷不審に思う。いぶかしく思う。例「『浪の紛れにいかなることかあらむ』とおぼめ・く」〈源氏・明石〉❸知らないふりをする。とぼける。例「あまりおぼめ・かせたまふらんこそ口惜しかるべけれ」〈源氏・橋姫〉

おほもん【大門】[名]❶城や大名の家の表門。正面の大きな門。❷《近世語》遊郭の入り口の門。

おほや【大矢】[名]矢束(矢の長さ)が特別に長い矢。また、その矢を用いる人。

おほやう【大様】[形動ナリ]❶大ざっぱだ。けちけちせず、おおらかだ。例「これらまで**大様・なる**事、天下の御城下なればこそ」〈浮・日本永代蔵〉❷度量が大きい。落ち着いて堂々としている。例「重盛卿はゆゆしく**大様・なる**ものかな」〈平家・一・清水寺炎上〉

おほやう【大様】[副]だいたい。おおかた。例「しやせまし、せずやあらましと思ふ事は、**おほやう**は、せぬはよきなり」〈徒然・九八〉

〈参考〉「鷹揚」は漢語で、鷹が雄大に飛ぶさまをいう語だが、のちに混同して用いられるようになった。

おほやか[・なり]【大やか】[形動ナリ]《「やか」は接尾語》いかにも大きいようす。＝大きやか。例「〔包ミノ〕**大やか・なる**を腰に挟みたれば」〈宇治拾遺・四・一〉

おほやかず【大矢数】[作品名]「さいかくおほやかず」に同じ。

おほやけ【公】[名]

> **アプローチ**
> ▼「大きな家」を表す「大宅」から皇居・宮中の意となった。
> ▼そこから国家・朝廷・政府・天皇、さらに公的な事柄全体を表す意へと転じた。

❶**朝廷**。例「**おほやけ**のかためとなりて、天の下を輔くる方にて見れば」〈源氏・桐壺〉訳朝廷の柱として、天下の政治を補佐するという方面でみると。

❷**天皇**。**皇居**。例「むかし、**おほやけ**思してつかうたまふ女の、色ゆるされたるありけり」〈伊勢・六五〉訳昔、**天皇**がご寵愛になって召し使いなさった女で、

禁色を許された者があった。〔注〕「禁色」は特別の身分の者に許された服色。《音便》「つかう」は「つかひ」のウ音便。《敬語》「思して」→「おぼす」

❸国家。公的な事柄。↔私㊀①。例「公・私おぼつかなからず、聞きよきほどに語りたる」〈枕・心ゆくもの〉訳公的なことと私的なことをきちんと区別して、耳に立たぬようにして語るのは(心地)よいことだ。

発展学習ファイル　対義語「わたくし(私)」は、自分の一身に関したこと、一私人としての立場を指す。

〔公の後ろ見〕天皇を補佐すること。また、その人。摂政・関白。

〔公の勘事〕天皇からの咎め。勅勘。

〔公の固め〕国家の柱石。天皇の補佐となるもの。また、その人。摂政・関白。

〔公の私〕❶公務においても多少の私情を入れて処置すること。例「公の私をもって、今まで助け置きて候ふ」〈仮・伊曾保物語〉❷公にも私にも。公私とも。例「勤操(=僧ノ名)は、おほやけのわたくし、貴き聞こえ(=評判)ありければ」〈発心集〉

おほやけおほやけ・し【公公し】[形シク]{しから・しく(しかり)・し・しき(しかる)・しけれ・しかれ}《「おほやけし」を強調した語》❶格式ばっている。例「おどろの(=オオゲサナ)かんざし、**おほやけおほやけ・しき**さまして」〈紫式部日記〉❷実務向きである。例「才(=漢学)なども、**おほやけおほやけ・しき**方も、おくれずぞおはすべき」〈源氏・浮舟〉❸表立っている。例「(私モ)**おほやけおほやけ・しく**て(中納言家ノ婿トシテ)取られむ」〈落窪・一〉

おほやけがた【公方】[名]公的な方面。政治や公務に関すること。

おほやけがたざま【公方様】[名]天皇や朝廷など公的なことに関する方面。また、そのようす。

おほやけごと【公事】[名]❶朝廷の政治。それに伴う公務。例「**おほやけごと**もありければ、えさぶらはで」〈伊勢・八三〉❷宮中の公式行事や儀式。公事。❸朝廷から命ぜられる課役。❹公的なこと。㋐決まりきったこと。形式的なこと。㋑国家や主人などに関すること。↔私事。

おほやけざま【公様・公方】[名]❶皇室・朝廷に関する方面。↔私様。❷公式なこと。作法どおり。表向き。

おほやけ・し【公し】[形シク]{しから・しく(しかり)・し・しき(しかる)・しけれ・しかれ}❶格式ばっている。例「(アチラニ比ベテ)これは、**公・しう**唐めきて、をかし」〈枕・淑景舎〉❷表立っている。例「**公・しう**仰せられなして」〈浜松中納言・四〉①②《音便》「公しう」は「公しく」のウ音便。

おほやけづかひ【公使ひ】[名]朝廷や政府からの使者。

おほやけどころ【公所】[名]❶朝廷。宮中。官庁。❷朝廷の領有する土地。国有地。

おほやけのよつぎ【大宅世継】[人名]『大鏡』の登場人物。夏山繁樹とともに文徳天皇から後一条天皇の十四代百七十六年間の歴史を雲林院で語る。

おほやけばら【公腹】[名]公平な立場から腹を立てること。公憤。義憤。

〔公腹立つ〕他人事ながら腹が立つ。例「(女ガ)らうたげにうち歎きてゐたるを(男ガ)見捨てて、いきなどするは、あさましう、**公腹立・ちて**」〈枕・男こそ、なほいとありがたく〉

おほやけはらだた・し【公腹立たし】[形シク]{しから・しく(しかり)・し・しき(しかる)・しけれ・しかれ}公憤をおぼえる。他人事ながら腹立たしい。例「**おほやけ腹立た・しく**、心ひとつに思ひあまることなど多かるを」〈源氏・帚木〉

おほやけびと【公人】[名]朝廷に仕える人。宮仕えをしている人。＝大宮人

おほやけみやづかへ【公宮仕へ】[名]天皇・皇后をはじめ、ひろく宮廷に仕えること。

おほやけわたくし【公私】[名]公的な面と私的な面。国家・社会に関することと、民間・個人に関すること。

おほやしま【大八州・大八洲】[名]《「大八州国」の略。本州・四国・九州・淡路・壱岐・対馬・隠岐・佐渡の八島の意》日本国の別名。

おほやまと【大倭・大日本】[名]《「おほ」は接頭語》日本の古名。日本の美称。

おほやまもり【大山守り】[名]朝廷が所有する山の番人。庶民の出入りを監視する。

おぼ・ゆ【覚ゆ】[自ヤ下二][他ヤ下二]{え・え・ゆ・ゆる・ゆれ・えよ}

アプローチ
▼原形は「おもはゆ」であり、それが変化して「おもほゆ」、さらに「おぼほゆ」、「おぼゆ」と転じた。
▼「おもはゆ」は、「おもふ」の未然形に上代の自発・可能・受身の助動詞「ゆ」が付いたもの。

㊀[自ヤ下二]❶(自然に)**思われる。感じられる。**例「子安貝を、ふと握り持たれば、うれしく**おぼ・ゆる**なり」〈竹取・燕の子安貝〉訳子安貝をとっさに手にとることができたので、うれしく**思われる**のです。❷(自然に)**思い出される。想像される。**例「昔**おぼ・ゆる**花橘、撫子、薔薇、くたになどやうの花のくさぐさを植ゑて」〈源氏・少女〉訳昔が**思い出される**花橘、撫子、薔薇、くたになどといった、さまざまの花を植えて。❸**似る。似かよう。**例「尼君の見上げたるに、すこし**おぼ・えたる**ところあれば、子なめりと見たまふ」〈源氏・若紫〉訳尼君の見上げている顔立ちに、少し**似**ているところがあるので、(この女の子は尼君の)子であるらしい、と御覧になる。《敬語》「見たまふ」→「たまふ(四段)」。語構成「子なめり」→「なめり」❹(他人から)**思われる。**例「この世の中に恥づかしきものと**おぼ・え**たまへる弁の少将の君」〈落窪・一〉訳女房仲間で、こちらが恥ずかしくなるほど立派なお方だと**思われ**ておいでになる弁の少将の君は。❺**分別がつく。わかる。**例「旅の空に、助けたまふべき人もなき所に、いろいろの病をして、行く方そらも**おぼ・えず**」〈竹取・蓬莱の玉の枝〉訳旅先の土地で、助けてくださる人もいない所で、いろいろな病気をして、行くべき方向すら**分からない**。

㊁[他ヤ下二]❶**感じる。**例「業忠あまりのうれしさに、築垣よりいそぎをどりおるるとて、腰をつき損じたりけれども、いたさはうれしさにまぎれて**おぼ・えず**」

〈平家・九・河原合戦〉訳 業忠は、あまりの嬉しさに、塀から急いで飛び降りようとして、腰を(地面で)打って痛めたけれども、痛さは嬉しさに紛れて**感じ**ない。❷**思い出す**。例「思ひまはさで、『難波津』もなにも、ふと**おぼ・えむ**言を」〈枕・清涼殿の丑寅の角の〉訳 あれこれ思案をめぐらさないで、「難波津」でも何でも、ふと**思い出す**ような歌を(書きなさい)。❸**記憶している**。**覚えている**。例「母御息所も、影だに**おぼ・え**たまはぬを」〈源氏・桐壺〉訳 (源氏は死別した)母の御息所のことも、面影すら**記憶して**いらっしゃらないが。❹**思い出して語る**。例「いと興あることなり。いで**覚・え**たまへ」〈大鏡・序〉訳 (昔物語は)まことにおもしろいことです。さあ、昔を**思い出して語って**ください。

おほゆか【大床】[名]❶神社の床。すのこ縁。❷武家屋敷の母屋の外側の広縁。広廂。

おほよそ【大凡・凡】(「おほよす」「およそ」とも)㊀[名]ふつう。一般。ひととおり。例「(紫ノ上ガ没シテ)さしもあるまじき**おほよそ**の人さへ、そのころは、風の音、虫の声につけつつ涙落とさぬはなし」〈源氏・御法〉㊁[副]❶概して。だいたい。およそ。例「あな幼(アナタハ)五十か、六十か。**おほよそ**、子生み給へりともなくて」〈宇津保・俊蔭〉❷(数量を示して)おおよそ。総じて。例「**おほよそ**、六種に分かれむ事は、えあるまじき事になむ」〈古今・仮名序〉

おほよそびと【大凡人】[名]世間一般の人。また、あまり関係がない人。

おほよど【大淀】[歌枕]伊勢国の地名。いまの三重県多気郡明和町大淀。伊勢湾に臨む港。古く斎宮が禊をする場所であった。

おほよろひ【大鎧】[名]❶騎馬戦用に装具を完備した重装備の正式な鎧。➡[古典参考図]武装・武具〈1〉。❷大柄な者が着ける、大型の鎧。

おほらか [・なり]【多らか】[形動ナリ]{なら・なり(に)・なり・なる・なれ・なれ}(「らか」は接尾語)分量の多いさま。たっぷり。たくさん。例「御前に、金まり(=金属ノ椀)に氷の**多らか・に**入りたるを御覧じて」〈讃岐典侍日記〉

おぼ・る【溺る】[自ラ下二]{れ・れ・る・るる・るれ・れよ}(「おぼほる」の変化形)❶水中に沈む。おぼれる。例「先陣二百余騎、おしおとされ、水に**おぼ・れ**てながれけり」〈平家・四・橋合戦〉❷熱中する。心を奪われる。例「名利に**おぼ・れ**て」〈徒然・七四〉

おぼろ [・なり]【朧】[形動ナリ]{なら・なり(に)・なり・なる・なれ・なれ}❶ぼんやりかすんでいる。例「月**朧・に**さし出でてをかしきほどに」〈源氏・少女〉❷(感覚や記憶が)はっきりしない。例「目も耳も**おぼろ・に**なりにて侍れば」〈増鏡・序〉

おほろか [・なり]【凡ろか】[形動ナリ]{なら・なり(に)・なり・なる・なれ・なれ}(上代語。「おぼろか」とも)(下に否定・禁止・反語表現を伴って)いい加減だ。おろそかだ。例「(父母ガ)**凡ろか・に**心尽くして思ふらむその子なれやも」〈万葉・一九・四一六四長歌〉

おぼろけ [・なり] [形動ナリ]{なら・なり(に)・なり・なる・なれ・なれ}

アプローチ
▼多く、打消の語を伴って用いられたが、「おぼろけ」と「おぼろけならず」の区別が不明瞭になり、打消の語を伴わずに「おぼろけならず」の意に用いられるようになった。
▼濁音で「おぼろげ」とも。

❶(多く下に打消や反語の表現を伴って)**並一通りである。ふつうである。**例「『誰ならむ。**おぼろけ・に**はあらじ』とささめく」〈源氏・若紫〉訳 (源氏が女の人を迎えたと聞いて)「だれだろう。**並ひととおりの人**ではあるまい」とささやきあう。
❷(「おぼろけならず」の意で)**いい加減でない。並ひととおりでない。格別である。**例「**おぼろけ・に**思ふことも多かれど、かくわりなきにものおぼえずなりにたるべし」〈蜻蛉・中〉訳 **並々ならぬ**願い事もたくさんあるが、この苦しさに意識もぼんやりしてしまったのであろう。
〔**おぼろけの人**〕平凡な人。並一通りの人。

おぼろげ [・なり]【朧げ】[形動ナリ]{なら・なり(に)・なり・なる・なれ・なれ}ぼんやりしたさま。かすかだ。例「**おぼろげ**の月かは人も待てしばし」〈水無瀬三吟〉

おぼろけなら・ず 並々でない。格別だ。例「かたみに、**おぼろけなら・ぬ**御みじろきなれば、あはれも少なからず」〈源氏・若菜・上〉

おぼろづき【朧月】[名]ほのかにかすんだ、春の夜の月。(季－春)

おぼろづきよ【朧月夜】[名]「おぼろづくよ」に同じ。

おぼろづくよ【朧月夜】[名](「おぼろづきよ」とも)❶ぼんやりした春の月。(季－春)。❷①の出ている夜。

おぼろづくよのきみ【朧月夜の君】[人名]『源氏物語』の登場人物。右大臣の娘。東宮妃となる予定だったが源氏との密会が知れ渡り、朱雀帝の尚侍となる。

おほわだ【大曲】[名]川や湖などが深く陸地に入り込んだ所。

おほわらは【大童】[名]結んだ髪がほどけて、ばらばらになっていること。また、その髪。奮戦するさまなどにいう。例「兵衛佐(=頼朝)七八騎にうちなされ、**大童**にたたかひなって」〈平家・五・早馬〉

おほゐがは【大井川】[地名]駿河国と遠江国の境の川。いまの静岡県北部の山中を源流とし駿河湾に注ぐ。東海道の難所のひとつ。江戸時代に架橋と渡し舟が禁じられたため、人足・輦台による渡河が行われ、増水すると川止めになった。

おほゐがは【大堰川・大井川】[歌枕]山城国の川。いまの京都市右京区嵯峨嵐山付近を流れる。上流を保津川、下流を桂川という。川に堰を設置していたのがその名の由来。桜・紅葉・鵜飼いの名所で、歴代天皇の行幸地であった。

おほゐぐさ【大藺草】[名]草の名。フトイの古名。茎はむしろなどの材料となった。

おほを【大峰】[名]大きな峰。⇔さ小峰

おほをそどり【大軽率鳥・大嘘鳥】[名](「をそ」は、そそっかしいの意)あわてものの鳥。カラスをあざけっていう語。

おほをぢ【従祖父】[名]祖父母の兄弟。

おほをば【従祖母】[名]祖父母の姉妹。

おほをみな【大娘】[名]長女。＝大郎女。

おほん‐【大御・御】[接頭]《「おほむ」とも。「おほいみ(大御)」の撥音便》(名詞について)尊敬の意を表す。例「故惟喬親王のおほむともに、故在原業平の中将の」〈土佐〉訳亡き惟喬親王のお供として、亡き在原業平の中将が。〔注〕この例では供をする対象である「惟喬親王」への敬意が示されている。

古語深耕　**「御」の読み**

「御」がつくとき、これを「**おほん**」「**おん**」「**お**」「**み**」のいずれで読むかが問題になることが多い。右の用例はもともと「おほむとも」と仮名で書かれていて「**おほむ**」と読んだことが確実な例であるが、『源氏物語』などの中古の作品では漢字で「御」と書かれていて当時の人々が実際にどう読んでいたかは不詳のことが多いためである。

通常、「**おん**」は「**おほん**」をもとに相対的に敬度の低い意を表すものとして院政期に用いられ始めたものであり、それ以降に「**おん**」から「**お**」が成立したと思われること、また「**み**」は平安期以降には「み燈」「み仏」のように特定の語に冠して用いられることなどから、『源氏物語』『枕草子』といった中古の作品を読む場合には、「御燈」「御仏」「御覧ず」といった特定の場合を除き、「御」は「**おほん**」「**おほむ**」と読む。また、敬意の度合は「**おほみ**」「**おほん**」「**おん**」「**お**」の順に低くなっていくので、文脈から判断して敬意に差をつけて読むこともある。

おほん【大御・御】[名]《「おほむ」とも。「おほみ」の変化形》接頭語「おほん」の下の名詞を省略し、名詞化したもの。例「対の上の御(＝薫キ物)は、三種ある中に」〈源氏・梅枝〉

おほんぞ【御衣】[名]《「おんぞ」「みぞ」とも》貴人の衣服の敬称。**お召し物**。例「をかしの御匂ひや。**御衣**はいと萎えて」〈源氏・若紫〉〈参考〉「おんぞ」と読むのは平安末期、主として中世以降という。

おほんぞがち【御衣がち】[形動ナリ]{なら・なり(に)・なり・なる・なれ・なれ}《「おんぞがち」とも》体が小さいので、着物だけが目立っているさま。例「いと**御衣がち・に**身もなくあえかなり」〈源氏・若菜・上〉

おほんとき【御時】[名]《「おほむとき」とも。「おほん」は接頭語》天皇の治世の敬称。御代。ご治世。例「いづれの**御時**にか、女御、更衣あまたさぶらひたまひける中に、いとやむごとなき際にはあらぬが、すぐれて時めきたまふありけり」〈源氏・桐壺〉

おほんべ【大嘗】[名]《「おほむべ」とも》「だいじゃうさい」に同じ。

おまし【御座】[名]《「お」は接頭語、「まし」は動詞「座す」の連用形の名詞化》❶天皇や貴人のいる所の敬称。**御座所**。また、**御寝所**。＝御座所。例「端つ方の**御座**に、仮なるやうにて大殿籠れば」〈源氏・帚木〉《敬語》「大殿籠れば」→「おほとのごもる」。❷天皇や貴人の用いる敷物や布団の敬称。**お敷物**。**おしとね**。例「塗籠に**御座**一つ敷かせたまひて」〈源氏・夕霧〉《敬語》「敷かせたまひて」→「たまふ(四段)」

おましどころ【御座所】[名]「おまし①」に同じ。

おましま・す【御座します】{さ・し・す・す・せ・せ}一[自サ四]❶「いる」の意の尊敬語。いる人(主語)を高める。いらっしゃる。おいでになる。例「上東院、日ごろ同じところに**おましま・し**けるが、ほかへうつらせ給うけるに」〈続後拾遺・雑中・一二〇一詞書〉❷「行く」「来る」の意の尊敬語。行く人、来る人(主語)を高める。いらっしゃる。おいでになる。例「亭子院、奈良に**おましま・し**ける時」〈新拾遺・神祇・一三八五左註〉二[補動サ四]❶(動詞の連用形や断定の助動詞「なり」の連用形「に」に付いて)「…て(で)いる」「…である」の尊敬語。…て(で)いる人、…である人(主語)を高める。…て(で)いらっしゃる。…て(で)おいでになる。例「仁和の帝、親王に**おましま・し**ける時に」〈古今・春上・二一詞書〉❷動詞の未然形のあとに、「せおまします」「させおまします」の形で付いて(「せ」「させ」は、それぞれ尊敬の助動詞「す」「さす」の連用形)、その動詞の主語を高める。きわめて敬意の高い尊敬語。…なさる。お(ご)…になる。例「今上、位につかせ**おましま・し**て後の」〈続千載・秋下・五〇五詞書〉

おまな【御真魚】[名]《女房詞》魚。

おまへ【御前】一[名]❶「前」の敬称。貴人や神仏の前を敬っていう。**おんまえ**。**御前**。**おそば近く**。例「あながちに**御前**さらずもてなさせたまひしほどに」〈源氏・桐壺〉《敬語》「もてなさせたまひし」→「せたまふ」。❷(多く「…のおまへ」の形で)貴人の敬称。**様**。**方**。例「殿の**御前**は三十より関白せさせたまひて」〈大鏡・道長・上〉《敬語》「せさせたまひて」→「させたまふ」。❸**貴人の前にお仕えする人**。**御前たちな女房**。例「這ひ臥しに慣らはせたまへる**御前**たちなれば」〈枕・五月の御精進のほど〉《敬語》「慣らはせたまへる」→「せたまふ」。二[代名]❶《対称の人称代名詞》相手に敬意を表していう語。**あなたさま**。例「**御前**に、とくきこしめせ」〈源氏・手習〉《敬語》「とくきこしめせ」→「きこしめす」。❷《他称の人称代名詞》他人に敬意を表していう語。**あのお方**。例「**御前**にこそ、わりなく思さるらめ」〈源氏・夕顔〉《係結び》「こそ→思さるらめ(已)」。《敬語》「思さる」→「おぼす」。❸《対称の人称代名詞。近世後期以降の用法》対等、または目下の相手に対して用いる語。**あんた**。**おまえ**。例「**おまへ**の頭巾はいつもより新しくなったやうだ」〈浮世風呂〉

発展学習ファイル　「おまへ」は元来一①のように、貴人や神仏の前を敬っていう語であったが、貴人や神仏を直接指し示さないで婉曲にいい表すところから、一②③、さらには二の用法も生じた。なお、類義語「**ごぜん**」は「おまへ」の漢字表記「御前」が音読されて生じた語。

おまへわたり【御前渡り】[名]「前渡り」の尊敬語。(貴人が)通り過ぎていらっしゃること。例「あまたの御方々を過ぎさせたまひて隙なき**御前渡り**に」〈源氏・桐壺〉

おみ【臣】[名]❶臣下。❷上代の姓のひとつ。名門で、その長には朝廷から大臣の称号が与えられた。天武天皇のとき定められた「八色の姓」では第六位とされた。

〔臣の子〕《「子」は親しみの意を表す》臣下。

〔臣の壮士〕臣下として仕える若い男子。

〔臣の少女〕臣下として仕える若い女子。

おみ【使主】[名]上代の姓のひとつ。渡来人に多い。

おみづとり【御水取り】[名]奈良東大寺二月堂の修二会の行事のひとつ。陰暦二月十二日(いまは三月十二日)深夜、堂前の閼伽井屋の内の若狭井から香水をくみ、大きな火をかかげ堂に運ぶ儀式。そのとき、飛び散る火の粉を浴び、その水を飲めば、厄除けになるという。＝水取り。(季―春)

おみな【女】歴史的かなづかい「をみな」

おみな【嫗】[名]老女。おうな。↕翁

おみなえし【女郎花・敗醬】歴史的かなづかい「をみなへし」

おみぬぐひ【御身拭ひ】[名]京都の嵯峨の清凉寺の行事。陰暦三月十九日(いまは四月十九日)に、釈迦堂にまつられた本尊を開帳し、白布で拭う行事。御身拭い法要。(季―春)

おみのき【臣の木】[名]語義未詳。モミの木の古名か。

お・む【怖む】[自マ下二]{め・め・む・むる・むれ・めよ}気後れする。おじけづく。例「『**お・めたる**鬼かな』とて人々笑はせ給ふ」〈弁内侍〉

おむし[名]《女房詞。「お」は接頭語》味噌を丁寧にいう語。

おむな【嫗】[名]《「おみな」の変化形》老女。おうな。

おむろ【御室】[名]《「お」は接頭語》❶仁和寺の別名。❷仁和寺の門跡を指す呼称。

おむろ【御室】[地名]山城国の地名。いまの京都市右京区御室。仁和寺を中心とした地。平安時代、宇多天皇が譲位後、仁和寺に住み、その居室が「御室」と呼ばれたことから、この名がある。

おめ【御目】[名]《「お」は接頭語》「目」の尊敬語。

〔**御目に入る**〕お目にとまる。例「**御目に入・った**ら、そのまま御見参であろ」〈狂言記・文相撲〉《音便》

〔**御目に参る**〕「御目に入っ」は「御目に入り」の促音便。お気に召す。例「**御目に参・っ**たらば、奉公がすむであらう」〈狂言記・今参〉《音便》「御目に参っ」は「御目に参り」の促音便。

おめいかう【御命講】[名]「おしき②」に同じ。

おめおめ【怖め怖め】[副]❶ふがいなくも。例「膝に顔をもたせ、びくついて。」❷恥ずかしさも忘れて。例「ただ**おめおめ**とこそ泣きゐたり」〈曾我・一〇〉

おめがはり【面変はり】[名]《上代東国方言》「おもがはり」に同じ。

おめく【喚く】歴史的かなづかい「をめく」

おめほど【思ほど】《上代東国方言。「おもへど」の変化形》思うけれども。例「我ろ旅は旅と**思ほど**家にして」〈万葉・二〇・四三四三〉訳→〔和歌〕わろたびは…

おめもじ【御目文字】[名]《女房詞》お目にかかること。お目通り。＝目文字

おめり[名]衣服の袖口や裾の部分の裏地が見えるように表に折り返して、縁のように縫いつけること。また、その部分。

おも【母】[名]❶母親。❷乳母。

おも【面】[名]❶顔。顔つき。例「つひにや児らが面忘れなむ」〈万葉・一一・二五九一〉❷表面。例「この月の面に雲なたなびき」〈万葉・一一・二四六〇〉❸面影。例「寝もとか児ろが面に見えつる」〈万葉・一四・三四七三〉

おもいれ【思入れ】《近世語。「おもひいれ」の変化形》㊀[名]❶思案。❷気取った動作や表情。㊁[副]思いっきり。例「**おもいれ**金をつかって」〈黄・江戸生艶気樺焼〉

おもう【重う】形容詞「おもし」の連用形「おもく」のウ音便。

おもおも・し【重重し】[形シク]{しから・しく(しかり)・し・しき(しかる)・しけれ・しかれ}❶地位や身分などが高い。例「**重々・しく**おはする殿の」〈源氏・夢浮橋〉❷落ち着いて威厳がある。例「これは(＝夕霧ハ)いとすくよかに**重々・しく**」〈源氏・柏木〉❸重んじられている。例「**重々・しき**御乳母の子せうと、左中弁なる、かの院の親しき人にて」〈源氏・若菜・上〉

おもがい【面繫・羈】[名]《「おもがき」のイ音便》馬の口にかませる轡の左右から、馬の頰を通って頭にかける革やひも製の馬具。＝羈。↓[古典参考図]武装・武具〈1〉

おもかくし【面隠し】[名]《「おもかくし」とも》❶恥ずかしくて顔を隠すこと。例「逢へる時さへ**面隠しす**る」〈万葉・一二・二九一六〉❷恥ずかしさを紛らすこと。てれかくし。例「さすがに御文を**面隠しに**ひろげたり」〈源氏・帚木〉❸表面をおおって隠すこと。例「あやしき賤の屋も、雪にみな**面隠しして**」〈枕・十二月二十四日、宮の御仏名の〉

おもかく・す【面隠す】[自サ四]{さ・し・す・す・せ・せ}《「おもかくす」とも》恥じらって顔を隠す。例「今日は臨時客のことに紛らはしてぞ、**おもがく・し**たまふ」〈源氏・初音〉

おもかげ【面影・俤】[名]❶心に浮かぶ顔かたちや姿。**思い出される姿**。幻影。例「人よりはことなりしけはひ容貌の、**面影**につと添ひて思ほさるるにも」〈源氏・桐壺〉《敬語》「思ほさるる」→「おぼす」。❷**顔つき**。**姿**。**ようす**。例「名を聞くより、やがて**面影**はおしはからるる心地するを」〈徒然・七一〉❸歌論で、作品から呼び起こされる情景。作品から余情として感じられる風情。❹「面影付け」の略。

〔**面影に立つ**〕顔かたちがはっきりと思い浮かぶ。例「〔亡キ夫ガ〕まどろめば夢に見え、さむれば**おもかげ**にた・つぞかし」〈平家・九・小宰相身投〉

〔**面影の人**〕いつまでも記憶に残る懐かしい人。

おもかげづけ【面影付け・俤付け】[名]連歌・俳諧で、連句の付け方のひとつ。故事・古歌などを、直接ではなく、それとなく匂わせて付ける方法。＝面影④

〔和歌〕**おもかげに…**【面影に花の姿をさきだてて幾重越え来ぬ峰の白雲】〈新勅撰・春上・五七・藤原俊成〉訳目の前に思い浮かぶ面影の中に、花の姿を先に立てて、いくつもの峰を越えてきたよ、峰の白雲よ。

〔和歌〕**おもかげの…**【面影のかすめる月ぞ宿りける春や昔の袖の涙に】〈新古今・恋二・一一三六・藤原俊成女〉訳昔会ったあの人の面影がぼんやりと浮

かぶ、春霞にかすんだ月が宿っている。この春は昔のままの春ではないのかと思って流す袖の涙に。《係結び》「ぞ」→宿りける㊍」

おもかた【面形】[名]《「おもがた」とも》顔のかたち。顔つき。

おもかぢ【面舵・面梶】[名]❶船首を右へ向けようとするときのかじの取り方。❷右舷。①②↔取り舵

おもがはり【面変はり】[名]《「おめがはり」とも》❶顔つきが変わること。例「はや帰りませ面変はりせず」〈万葉・二〇・四三四二〉❷外見・ようすが変わること。例「春宮見たてまつらで面変はりせむことあはれに思さるれば」〈源氏・賢木〉

おもぎらひ【面嫌ひ】[名]幼児が見知らぬ人を見て泣くこと。人見知りすること。例「ただ児の面嫌ひせぬ心地して」〈源氏・若菜・上〉

おもく・す【重くす】[他サ変]{せ・し・す・する・すれ・せよ}重んずる。大事にする。例「人の心みな改まりて、ただ、馬鞍をのみ重く・す」〈方丈記〉

おもく・れる【重くれる】[自ラ下一]{れ・れ・れる・れる・れれ・れよ}《近世語》重たそうである。重苦しくてもたつく。例「[金ヲ]ねぢ込みねぢ込む懐の重さよ足も重く・れて」〈浄・女殺油地獄〉

おもざし【面差し】[名]おもかげ。顔つき。顔だち。＝面立ち

おもし【重し・重石】[名]❶物を押さえつけるために上に置くもの。押し。重し。❷(多く「世の重し」の形で用いて)世の中や人々を抑え鎮めて、国を治めていく力。また、その力をもった実力者。重鎮。柱石。例「太政大臣亡せたまひぬ。世の重しとおはしつる人なれば、おほやけにも思し嘆く」〈源氏・薄雲〉《敬語》「おはしつる」→「おはす」、「思し嘆く」→「おぼす」

おも・し【重し】[形ク]{から・く(かり)・し・き(かる)・けれ・かれ}❶重量が大きいさま。重い。例「日来はなにともおぼえぬ鎧が今日は重・うなったるぞや」〈平家・九・木曾最期〉《音便》「重う」は「重く」のウ音便、「なっ」は「なり」の促音便。❷価値が大きいさま。重要だ。尊い。例「一日の命、万金よりも重・し」〈徒然・九三〉❸程度が大きいさま。重大だ。ひどい。例「ここにおはするかぐや姫は、重・き病をしたまへば、え出でおはしますまじ」〈竹取・かぐや姫の昇天〉《敬語》「ここにおはする」→「おはす」、「出でおはしますまじ」→「おはします」。❹どっしりとしている。重々しい。例「一の皇子は、右大臣の女御の御腹にて、寄せ重・く、疑ひなきまうけの君と、世にもてかしづききこゆれど」〈源氏・桐壺〉《敬語》「もてかしづききこゆれど」→「きこゆ」。①〜④↔軽し

おもし・る【面知る】[自ラ四]{ら・り・る・る・れ・れ}顔をよく知っている。例「面知・る君が見えぬこのころ」〈万葉・一二・三一〇五〉

おもしろ【面白】《形容詞「面白し」の語幹》(ふつう、感動表現に用い、感動詞・間投助詞と連ねて、また格助詞「の」を伴って)興味深い。趣がある。例「あなおもしろと見ゆる筋はまさりて」〈源氏・絵合〉

おもしろう【面白う】形容詞「おもしろし」の連用形「おもしろく」のウ音便。

〔俳句〕**おもしろうて…**【おもしろうてやがてかなしき鵜舟かな】〈あら野・芭蕉〉訳長良川に舟を浮かべ鵜飼いを見物する。篝火が燃えさかる中での鵜飼いのおもしろさに興じたが、しだいに鵜飼いも果て、篝火が消えていくとともに、なんともいえぬ悲しみが深まっていく鵜舟であるよ。(季−鵜舟−夏)

おもしろ・し【面白し】[形ク]{から・く(かり)・し・き(かる)・けれ・かれ}

アプローチ
▼目の前がぱっと明るくなる感じ、が原義。
▼近世以降、現代語と同義の「おもしろい」の意が生じた。

❶(音楽・遊宴などが)愉快だ。心楽しい。例「この男、人の国より夜ごとに来つつ、笛をいとおもしろ・く吹きて」〈伊勢・六五〉訳この男は、地方の国から毎夜、(都へ)来ては、笛をじつに楽しく吹き。❷(景色や風物が)明るく気持ちよい。風情・趣がある。例「月の明き夜などは、いとおもしろ・きを、ながめ明かし暮らすに」〈更級〉訳月が明るい夜などは、まことに趣があるのを、一晩中眺めて日を過ごしていると。

古語深耕 「おもしろし」と「をかし」との違い

「おもしろし」が、音楽・遊宴や風景などの、気持ちの晴れやかになるような開放感を表したのに対して、「をかし」は、ものを興味深く賞美することばで明るい情趣を主して表す。その明るさが、しばしば笑いを誘ったので、「をかし」はやがて滑稽の意味をもつようになり、現代語の「おかしい」になった。一方、「おもしろし」の明るい開放感も、滑稽なことによってもたらされることが多かったので、滑稽なさまを表すようになり、現代語の「おもしろい(面白い)」になった。

おもだか【沢瀉】[名]❶草の名。水田や沼、池などに自生する。葉はやじり形で、白い三弁の花を付ける。(季−夏)。❷①の花と葉とを図案化した紋所の名。❸①の葉を模して作ったやじり。

おもだかをどし【沢瀉縅】[名]鎧の縅の名。オモダカの葉の形につづり合わせたもの。形状は三角形で、糸色が段々に変えてある。

おもだた・し【面立たし】[形シク]{しから・しく(しかり)・し・しき(しかる)・しけれ・しかれ}面目の立つさま。名誉だ。光栄だ。↔面無し①。例「上達部、手ごとに菓子などさしいでつつ、ものいひなどし給へば、おもだた・しきここちす」〈蜻蛉・下〉

おもだたしう【面立たしう】形容詞「おもだたし」の連用形「おもだたしく」のウ音便。

おもだち【面立ち】[名]「おもざし」に同じ。

おもちち【母父】[名]《上代語》母と父。両親。

おもづら【羈・羇・韀頭】[名]「おもがい」に同じ。

-おもて【表】[接尾]❶(家屋などが)その方面に向いていることを表す。…に面している方。…側。「西**表**」「南**表**」など。❷(地名などに付いて)その方面の土地、地方の意を表す。…の方面。…あたり。「江戸**表**」「国**表**」など。

おもて【表】[名]❶ものの表面。**外面**。❷面している側。**正面**。**前面**。❸客を迎える部屋。**表座敷**。❹連歌・俳諧(はいかい)で、連句を記録する懐紙の各折りの表側の面。とくに、懐紙の第一の表(初折の表)をいう。❺**表向き**。**たてまえ**。❻江戸時代、幕府や諸大名が政務を執る所。また、商家の商活動を行う場。❼**外見**。**うわべ**。❽文書などの趣意。**文面**。❾**畳表**。**ござ**。

おもて【面】[名]《「て」は方向を表す接尾語。「表(おもて)」と同源》❶**顔**。**顔かたち**。**顔面**。❷顔向けができること。**面目**。**体面**。例「いづこを**面**にてかはまたも見えたてまつらん」〈源氏・賢木〉(係結び)「かは→見えたてまつらん(体)」。(敬語)「見えたてまつらん」→「たてまつる」。❸(「面形(おもてがた)」の略)**面**(めん)。**仮面**。例「二の舞(まひ)の**面**のやうに見えけるが」〈徒然・四二〉

【**面**(おもて)**置**(お)**かむ方**(かた)**なし**】恥ずかしくて、人と顔を合わせられない。面目次第もない。例「**面置かむかたなく**、術(すべ)なくおぼえし」〈大鏡・道隆〉

【**面**(おもて)**を置**(お)**く**】顔を合わせる。顔向けする。例「**面おか**ん方(かた)なくぞおぼえたまふや」〈源氏・真木柱〉

【**面**(おもて)**起**(お)**こす**】(「おもてをおこす」とも)面目をほどこす。名誉となる。例「かまへてまろが**面起こ・す**ばかりよき歌つかうまつれよ」〈増鏡・おどろのした〉

【**面**(おもて)**に当**(あ)**つ**】面と向かってする。例「**面にあ・て**て、広言どもしつる無念さよ」〈曾我・八〉

【**面**(おもて)**も振**(ふ)**らず**】正面を見てまっしぐらに。わき目も振らず。例「**おもてもふら・ず**命も惜しまず、ここを最後とせめたたかふ」〈平家・八・室山〉

【**面**(おもて)**を合**(あ)**はす**】(オモテヲアワス)❶正面切って立ち向かう。例「きってまはるに、**面をあは・する**者ぞなき」〈平家・九・木曾最期〉❷顔を見合わせる。例「互ひに**面を合は・せ**つつ、泣くばかりなる」〈謡・安宅〉

【**面**(おもて)**を曝**(さら)**す**】恥をさらす。人々の前に顔をあらわす。例「かやうに**面をさら・す**こと前世(ぜ)の報いと言ひながら」〈謡・千手重衡〉

【**面**(おもて)**を伏**(ふ)**す**】面目を失う。顔をつぶす。↔面起こす。例「あざむかれて、亡(な)き親の**面を伏・せ**」〈源氏・若菜・上〉

【**面**(おもて)**を向**(む)**かふ**】(オモテヲムカウ)❶顔を向ける。例「人に二たたび**面をむか・ふ**べからず」〈平家・二・那須与一〉❷立ち向かう。例「いかなる御物(おんもの)の気(け)なりとも、**面をむか・ふ**べしとも見えざりけり」〈平家・三・御産〉

【**面**(おもて)**を向**(む)**く**】正面から敵などに向かっていく。手向かう。例「さしつめひきつめさんざんに射る。**面を向・く**べき様もなし」〈平家・八・瀬尾最期〉

【**面**(おもて)**を汚**(よご)**す**】恥辱を与える。体面を傷つける。例「この者、身を捨て、**面をよご・し**、我に仕ふべき臣下にあらず」〈曾我・一〉

おもで【重手】[名]深い傷。重傷。深手。

おもてうた【面歌】[名]自他ともに認める代表歌、秀歌。自賛歌。

おもておこし【面起こし】[名]面目をほどこすこと。名誉の挽回(ばんかい)。↔面伏(おもてぶ)せ。例「何ごとにもはかばかしからぬみづからの**面おこし**になむ」〈源氏・賢木〉

おもておもて【面面】[副]それぞれ。例「かく**おもておもて**に、とざまかくざまに言ひなさるれど」〈蜻蛉・中〉

おもてがた【面形】[名]顔につける面(めん)。仮面。

おもてだい【重手代】[名]古参の手代。上に立つ手代。

おもてはっく【表八句】[名]百韻の連歌・連句で、懐紙四枚に書くときに、一枚目の懐紙を二つ折りにした表に記す八句。

おもてぶせ【面伏せ】[名]面目を失うこと。不名誉。↔面起(おもておこ)し。例「おのれをばおとしめたまひて、**面ぶせ**に思(おぼ)したりしかば」〈源氏・蓬生〉

おもて・る【面照る】[自ラ四](ら・り・る・る・れ・れ)❶顔が照り輝く。例「**面照・る**までも照らす蛍か」〈道綱母集〉❷赤面する。

おもと【御許】■[名]❶天皇や貴人のいる所の敬称。**御座所**(ござしょ)。**おそば**。例「入鹿(いるか)、**御許**に転(まろ)び就きて、叩頭(のみ)て曰(まう)さく」〈紀・皇極〉❷女性、とくに貴人に仕える女房を親しみ敬っていう語。**お方**(かた)。**お方様**。**ご婦人**。例「あな、いみじの**おもと**たちや。翁(おきな)を、いかに笑ひたまふらむ」〈枕・関白殿、黒戸より〉(疑問語との呼応)「いかに→たまふらむ(体)」。❸(「…のおもと」の形で、名前や職名の下に付けて)女房に対する敬称。**…(の)君**。**…(の)方**(かた)。**…さん**。例「日さし出(い)づるまで、式部の**おもと**小廂(こびさし)に寝たるに」〈枕・職の御曹司の西面の〉❹母の敬称。**お母様**。**母上**。例「『親はありや。いざ、我が子に』と言へば、『否。**御許**おはす』といひて」〈宇津保・俊蔭〉■[代名]《対称の人称代名詞》相手の女性に対して親しみ敬って呼ぶ語。**あなた**。**あなた様**。例「**おもと**は、今宵(こよひ)は上(うへ)にやさぶらひたまひつる」〈源氏・空蟬〉(係結び)「や→さぶらひたまひつる(体)」。(敬語)「さぶらひたまひつる」→「さぶらふ」「たまふ(四段)」

おもとじ【母刀自】[名]《「とじ」は婦人の敬称》母上。＝阿母刀自(あもとじ)・母刀自(ははとじ)。

おもとびと【御許人】[名]高貴の人にお仕えする人。侍者。侍女。

おもなう【面無う】(オモノウ)形容詞「おもなし」の連用形「おもなく」のウ音便。

おもな・し【面無し】[形ク](から・く(かり)・し・き(かる)・けれ・かれ)❶**面目ない**。**恥ずかしい**。↔面立たし。例「霧晴れゆかばはしたなかるべきやつれを、**面なく**御覧じ咎(とが)められぬべきさまなれば」〈源氏・橋姫〉(敬語)「御覧じ咎め」→「ごらんず」。❷**厚かましい**。**恥知らずだ**。例「かの鉢を捨てて、また言ひけるよりぞ、**面なき**ことをば、『はぢを捨つ』とはいひける」〈竹取・石作の皇子〉(係結び)「ぞ→いひける(体)」

発展学習ファイル ①の類義語に「**はづかし**」「**やさし**」がある。それぞれ羞恥心(しゅうちしん)を表す点で共通するが、「**はづかし**」には根底に対象から受けたコンプレックスがある。「**やさし**」は、つつましい自己感情からの羞恥心を表す点が、面目ない意の「**おもなし**」と異なる。➡

お

「はづかし」〈古語深耕〉

おもなみ【面無み】《形容詞「面無し」の語幹＋接尾語「み」》恥ずかしいので。例「夕に逢ひて朝面なみ」〈万葉・八・一五三六〉

おもな・る【面馴る】[自ラ下二]❶見慣れる。顔なじみになる。例「(中ノ君ハ)うたてつつましかりし方すこしづつ薄らぎて面馴れたまひにたり」〈源氏・宿木〉❷見慣れて厚かましくなる。慣れて平気になる。例「観じもてゆくに(＝ワカッテイクニツレ)、おのづから面馴れぬべし」〈枕・宮にはじめてまゐりたる頃〉

おもなれ【面馴れ】[名]見慣れること。

おもにく・し【面憎し】[形ク]顔を見るのも憎たらしい。例「『すべて入るまじ』と、戸をおさへて面憎きまでいへば」〈枕・内裏は、五節のころこそ〉

おもね・る【阿る】[自ラ四]へつらう。追従する。例「しかれどもこの神、大己貴神におもねり媚びて」〈紀・神代・下〉

おもの【御物・珮】[名]❶皇室に伝わる工芸美術品・宝物。❷貴人の装身具。とくに、玉を貫いて腰に帯びるもの。

おもの【御物・御膳】[名]❶貴人、とくに天皇の食事・食物の敬称。お食事。お召し上がり物。❷「飯」の丁寧語。(副食物に対して)ごはん。

おものし【御物師】[名]《近世語》江戸時代、公家や武家、富家に仕えた裁縫専門の奉公女。

おものだな【御物棚】[名]宮中で、膳を載せておくための棚。後涼殿の御厨子所などにあった。

おものやどり【御物宿り】[名]宮中で、膳を納めておく場所。紫宸殿の西廂にあった。
〔御物宿りの刀自〕「御物宿り」の事務を担当する女官。

おもはく【思はく】㊀《動詞「思ふ」の名詞化したもの》❶思うこと。例「(妻ノ袖ヲ)今夜まかむと(＝枕ニスルト)思はくの良さ」〈万葉・一〇・二〇七三〉❷(副詞的に用いて)思うことには。例「怪しみとそこに思はく家ゆ出でて三年の間に垣もなく家も失せめやと」〈万葉・九・一七四〇長歌〉㊁[名]❶心の中で考えていること。思慮。❷思いをかけること。恋心。愛情。❸思いをかける相手。恋人。❹見当を付けること。当て。予想。

おもはざるほか【思はざる外】思いもよらぬ意外なこと。図らずも。例「思はざるほかのことによりて、帥にならせたまひて」〈大鏡・道長・上〉

おもは・し【思はし】[形シク]好ましく思う。気に入る。例「声憎からざらむ人のみなむ、思はしかるべき」〈枕・職の御曹司の西面の〉

おもはず【思はず】[形動ナリ]❶予想外だ。思いがけない。例「(童ガ歌ヲ)かくはいふものか。うつくしければにやあらむ、いと思はずなり」〈土佐〉❷心外である。例「世の中さびしく、思はずなることありとも、忍び過ぐしたまへ」〈源氏・若菜・下〉

おもはずげ【思はず気】[形動ナリ]意外に思うようす。例「人々皆思はずげにぞ見給ひける」〈平家・二・小教訓〉

おもはぬかたにとまりするせうしやう【思はぬ方にとまりする少将】[作品名]『堤中納言物語』所収の短編物語。

おもは・ふ【思はふ】[他ハ下二]思い設ける。予期する。例「にはしくも負ふせたまほか思はへなくに」〈万葉・二〇・四三八九〉

おもは・ゆ【思はゆ】《上代語》思われる。また自然と思われる。例「いさにとや思はえてある」〈万葉・一六・三七九一長歌〉

語構成　おもは｜ゆ　ハ四「思ふ」㊍｜助動「ゆ」

おもはゆ・し【面映し】[形ク]《「おもばゆし」とも》顔を合わせるとまぶしく、きまりが悪い。てれくさい。例「腹巻を着て向かはむ事、おもばゆう恥づかしうや思はれけむ」〈平家・二・教訓状〉《音便》「おもばゆう」は「おもばゆく」のウ音便。

おもひ【思ひ】[名]❶思うこと。考え。例「兼官・兼職、思ひのごとくし」〈平家・三・平大納言被流〉❷推量。想像。予想。例「思ひのほかに、御ぐしおろしたまうてけり」〈伊勢・八三〉《音便》「たまう」は「たまひ」のウ音便。❸願い。希望。決意。例「漂泊のおもひやまず」〈おくのほそ道・出発まで〉❹心配。もの思い。わずらい。例「一かたならぬ御思ひにしづませ給ひ」〈平家・三・僧都死去〉《敬語》「しづませ給ひ」→「せたまふ」。❺執念。うらみ。❻愛情。思慕。いとおしみ。例「かぎりなさ思ひに焼けぬ皮衣」〈竹取・火鼠の皮衣〉〔注〕和歌では「火」をかけて用いることが多い。❼喪に服すること。喪中。例「母の思ひに侍りける春の暮れに」〈新古今・哀傷・七六六詞書〉
〔思ひの色〕❶(「思ひ」の「ひ」に「緋」をかけて)緋色。❷心に思うさま。例「今朝いかに思ひの色のまさるらん昨日にさへもまた別れつつ」〈山家集・中〉
〔思ひの煙〕(「思ひ」の「ひ」に「火」をかけ、燃え上がる火の煙にたとえて)激しく燃えさかる恋の思い。例「空に満つ思ひの煙雲ならばながむる人の目にぞ見えまし」〈拾遺・恋五・九七二〉
〔思ひの珠・念ひの珠〕《「念珠」の訓読語》数珠の珠。
〔思ひを懸く〕望みをもつ。例「官位に思ひをかけ」〈方丈記〉

おもひあか・す【思ひ明かす】[他サ四]あれこれもの思いをして夜を明かす。例「(内大臣ノ「トバ」ハ)はかなきことなれど耳とまりて、(夕霧ハ)とやかうやと思ひ明かしたまふ」〈源氏・藤裏葉〉

おもひあが・む【思ひ崇む】[他マ下二]立派な人として敬う。例「世の光と、おほやけ、わたくし思ひあがめられたまふ人あり」〈夜の寝覚〉

おもひあが・る【思ひ上がる】[自ラ四]心に誇る。自負する。例「はじめより我はと思ひあがりたまへる御方々」〈源氏・桐壺〉〈参考〉うぬぼれる、つけあがるの意味はない。

おもひあ・く【思ひ飽く】[他カ四]いやになる。うんざりする。例「見る目(＝顔カタチ)により人をも思ひ飽き」〈源氏・柏木〉

おもひあくが・る【思ひ憧る】[自ラ下二]恋の悩みで心がうわの空になる。例「ちぢに思ひあくがれて、見えぬ山路たづねまほしき御心ぞ」〈とりかへばや〉

おもひあ・つ【思ひ当つ】[他タ下二]{て・て・つ・つる・つれ・てよ} ❶思いつく。考えて見当をつける。例「いと著しく思ひあ・てられたまへる〈源氏ノ〉御側目(＝横顔)を」〈源氏・夕顔〉 ❷考えて割り振る。例「品々に思ひ当・てたる〈引キ出物ノ〉際々」〈源氏・柏木〉

おもひあつか・ふ【思ひ扱ふ】[他ハ四]{は・ひ・ふ・ふ・へ・へ} ❶心をつくして世話をする。例「おほかたの御後ろ見を思ひあつか・ひたるさまにて」〈源氏・藤袴〉 ❷心配する。思い悩む。例「いとあはれにあやしきまで思ひあつか・ひ、心を騒がいたまふ」〈源氏・行幸〉

おもひあつ・む【思ひ集む】[他マ下二]{め・め・む・むる・むれ・めよ} あれこれと考える。例「つくづくと臥して思ひ集・むることぞ、あいなきまで多かるを」〈蜻蛉・中〉

おもひあなづ・る【思ひ侮る】[他ラ四]{ら・り・る・る・れ・れ} 軽く見る。軽蔑する。例「年ごろ思ひ侮・りはべりて、耳をだにこそとどめはべらざりけれ」〈源氏・橋姫〉

おもひあは・す【思ひ合はす】[他サ下二]{せ・せ・す・する・すれ・せよ} ❶あれこれ考え合わせる。例「『物の怪もさこそ言ふなりしか』と思ひあは・するに」〈源氏・手習〉 ❷思いあたる。合点がいく。例「〈若紫ノコトヲ〉尋ねきこえまほしき夢を見たまへしかな。今日なむ思ひあは・せつる」〈源氏・若紫〉

おもひあ・ふ【思ひ合ふ】[自ハ四]{は・ひ・ふ・ふ・へ・へ} ❶皆が同様に思う。例「〈女房タチガ〉参上り集まりて、いと嬉しと思ひあ・へり」〈源氏・藤裏葉〉 ❷愛し合う。例「かたみに(＝オ互イニ)思ひあ・はぬにしもあらじ」〈右京大夫集〉 ❸たまたま考えが合う。例「思ひ合・ひたる悪者同士」〈浄・夏祭浪花鑑〉

おもひあへ・ず【思ひ敢へず】《動詞「思ふ」の連用形＋補助動詞「敢ふ」の未然形＋打消の助動詞「ず」》❶思いもよらない。思いがけない。例「思ひあへ・ず時雨にけりな立田山」〈夫木・秋五〉 ❷思うことができない。思いきれない。例「玉の緒の短き心思ひあへ・ず」〈古今・雑躰・一〇〇三長歌〉

〔和歌〕**おもひあまり…**【思ひあまりそなたの空をながむれば霞を分けて春雨ぞ降る】〈新古今・恋二・一一〇七・藤原俊成〉訳 切ない思いに堪えかね、あなたが住む方角の空を眺めていると、霞を分けるようにしてしとしとと春雨が降っている。《係結び》「ぞ→降る㊍」

おもひあま・る【思ひ余る】[自ラ四]{ら・り・る・る・れ・れ} 思案にあまる。例「おほやけ腹立たしく、心ひとつに思ひあま・ることなど多かるを」〈源氏・帚木〉

おもひあらた・む【思ひ改む】[他マ下二]{め・め・む・むる・むれ・めよ} 思いを改める。考え直す。例「今はかく思ひあらた・めて言忌みするも」〈源氏・早蕨〉

おもひあり・く【思ひ歩く】[自カ四]{か・き・く・く・け・け} 思いをめぐらす。思い続ける。例「ただ、常なきありさまを思ひあり・きたまふ」〈源氏・総角〉

おもひいそ・ぐ【思ひ急ぐ】[他ガ四]{が・ぎ・ぐ・ぐ・げ・げ} 急いでしようと思う。早くしようと思って気がせく。例「〈鬚黒ハ〉いつしかと、〈玉鬘ヲ〉わが殿に渡いたてまつらんことを思ひいそ・ぎたまへど」〈源氏・真木柱〉

おもひいたづ・く【思ひ労く】[他カ四]{か・き・く・く・け・け} 子供などを大切に世話する。例「賤しき懐のうちにも、かたじけなく思ひいたづ・きたてまつり」〈源氏・若菜・上〉

おもひいた・る【思ひ至る】[自ラ四]{ら・り・る・る・れ・れ} ある事に思いつく。気がつく。心が行き渡る。例「思ひいた・らぬことなく言ひおきて」〈源氏・浮舟〉

おもひい・づ【思ひ出づ】[他ダ下二]{で・で・づ・づる・づれ・でよ} 思い出す。＝思ひ出づ。例「〈雲居雁ノ〉おはせし方、年ごろ遊び馴れし所のみ、思ひ出・でらるることまされば」〈源氏・少女〉

〔和歌〕**おもひいづる…**【思ひ出づる折り焚く柴の夕煙むせぶもうれし忘れがたみに】〈新古今・哀傷・八〇一・後鳥羽院〉訳 亡き人を思い出す折に折って焚く柴の夕煙にむせんで、思い出にむせび泣くのもうれしい。この煙は、忘れがたい亡き人の形見と思われるので。〈参考〉「折り」は、時・場合の意の「折」をかける。「忘れがたみ」は、「忘れ難み」と、「忘れ形見」との掛詞。「夕煙」は火葬の煙を連想させる語。

おもひいで【思ひ出で】[名] 思い起こす手がかりとなるもの。思い出。例「散りぬとも香をだに残せ梅の花恋しき時の思ひ出でにせむ」〈古今・春上・四八〉

〔和歌〕**おもひいでて…**【思ひ出でて恋しき時は初雁の泣きてわたると人知るらめや】〈古今・恋四・七三五・大伴黒主〉訳 あなたのことを思い出して恋しくてたまらないときは、初雁が鳴きながら空を渡るように、あなたの家の周りを泣きながら通っているのをあなたはご存じでしょうか。ご存じないでしょう。〈参考〉詞書に、ひそかに知りあった女性に会えず、その家の周りを歩いていたときに、雁の鳴き声を聞いて詠んで贈った歌、とある。

おもひいでなき【思ひ出で泣き】[名] かつてあったことを思い出して泣くこと。

おもひいでわらひ【思ひ出で笑ひ】[名] かつてあったことを思い出して笑うこと。思い出し笑い。

おもひいとな・む【思ひ営む】[他マ四]{ま・み・む・む・め・め} 熱心に事にあたる。例「御おぼえいみじかりなんと、思ひ営・み仕うまつる」〈源氏・柏木〉

おもひいど・む【思ひ挑む】[他マ四]{ま・み・む・む・め・め} ❶互いに張り合う。競争する。例「我も我もと思ひいど・み」〈源氏・澪標〉 ❷思いをかける。例「また、この男、音聞きに聞きならしつつ、思ひいど・む人ぞありける」〈平中・九〉

おもひい・ふ【思ひ言ふ】[他ハ四]{は・ひ・ふ・ふ・へ・へ} 思って口に出す。思いながら話す。例「北の方、さぶらふ人々などは、心よからず思ひ言・ふもあれど」〈源氏・藤裏葉〉

おもひいら・る【思ひ焦らる】[自ラ下二]{れ・れ・る・るる・るれ・れよ}《動詞「思ひ焦る」の未然形＋自発の助動詞「る」》いらだつ。あせる。じれったく思われる。例「かやうのすき心思ひ焦ら・るるは、もどかしう、うつし心ならぬことに見聞きしかど」〈源氏・夕霧〉

おもひい・る【思ひ入る】㊀[自ラ四]{ら・り・る・る・れ・れ} ❶思いつめる。深く考え込む。例「京をいかが思ひけむ、東山にすまむと思ひ入・りて」〈伊勢・五九〉 ❷(「入る」を掛詞にして)思いつめて入る。深く考え込んで入る。例「世の中よ道こそなけれ思ひ入・る山の奥にも鹿ぞ鳴くなる」〈千載・雑中・一一五一〉訳→〔和歌〕よのなかよ…。㊁[他ラ下二]{れ・れ・る・るる・るれ・れよ} 心にとどめる。例

「みづからはさしも思ひ入・れはべらねど」〈源氏・葵〉

おもひいれ【思ひ入れ】(オモイイレ) 一[名]❶深く思いこむこと。❷考え。思惑。思案。❸人望。人気。評判。❹歌舞伎で、役者が動作や姿態・表情などの言語以外の部分で心情・感情を表す演技。二[副]思う存分。思うさま。

おもひいれずがほ【思ひ入れず顔】(オモイイレズガオ)[名]深く心にとめないようす。

おもひ・う【思ひ得】(オモイウ)[他ア下二]{え・え・う・うる・うれ・えよ}思いつく。悟る。例「その人とはさらにえ**思ひ・え**はべらず」〈源氏・夕顔〉

おもひうか・る【思ひ浮かる】(オモイウカル)[自ラ下二]{れ・れ・る・るる・るれ・れよ}うきうきする。浮かれる。落ち着かない。例「年ごろ**思ひうか・れ**たまふさま聞きわたりても、久しくなりぬるを」〈源氏・真木柱〉

おもひうしろ・みる【思ひ後ろ見る】(オモイウシロミル)[他マ上一]{み・み・みる・みる・みれ・みよ}同情して世話する。気にかけて力になる。＝思ひ後ろむ。例「まことに心とどめて**思ひ後ろ・見**むとまでは思ほさずもや」〈源氏・若菜・上〉

おもひうしろ・む【思ひ後ろむ】(オモイウシロム)[他マ上二]{み・み・む・むる・むれ・みよ}「おもひうしろみる」に同じ。

おもひうたが・ふ【思ひ疑ふ】(オモイウタガ(ゴ)ウ)[他ハ四]{は・ひ・ふ・ふ・へ・へ}内心で疑う。疑念を抱く。例「男、こと心ありてかかるにやあらむと**思ひうたが・ひ**て」〈伊勢・二三〉

おもひうつ・る【思ひ移る】(オモイウツル)[自ラ四]{ら・り・る・る・れ・れ}心が別に移る。心変わりする。例「**思ひ移・り**にけりとうれしくて心落ちゐて(＝安心シテ)」〈源氏・総角〉

おもひうつろ・ふ【思ひ移ろふ】(オモイウツロウ)[自ハ四]{は・ひ・ふ・ふ・へ・へ}心が他に移る。気が変わる。例「外ざまに**思ひ移ろ・ふ**べくもはべらざりけるに」〈源氏・若菜・上〉

おもひうと・む【思ひ疎む】(オモイウトム)[他マ四]{ま・み・む・む・め・め}うんざりする。嫌気がさす。例「かかるうきこと聞きつけて**思ひ疎・み**たまひなむ世には」〈源氏・浮舟〉

おもひう・む【思ひ倦む】(オモイウム)[他マ四]{ま・み・む・む・め・め}うんざりする。例「今日とてもいそがれぬかなべて世を**思ひう・み**にし七夕の糸」〈新拾遺・哀傷・九〇一〉

おもひうらぶ・る【思ひうらぶる】(オモイウラブル)[自ラ下二]{れ・れ・る・るる・るれ・れよ}悩んでしょんぼりする。もの思いして元気をなくす。例「下恋に**思ひうらぶ・れ**門に立ち夕占問ひつつ我を待つと」〈万葉・一七・三九七八長歌〉

おもひうん・ず【思ひ倦んず】(オモイウンズ)[他サ変]{ぜ・じ・ず・ずる・ずれ・ぜよ}気落ちする。悲観する。例「あてなる女の、尼になりて、世の中を**思ひうん・じ**て」〈伊勢・一〇二〉

おもひおき・つ【思ひ掟つ】(オモイオキツ)[他タ下二]{て・て・つ・つる・つれ・てよ}心に決めておく。例「すくすくしき公人にしなしてんとなむ**思ひおき・て**し」〈源氏・初音〉

おもひお・く【思ひ置く】(オモイオク)[他カ四]{か・き・く・く・け・け}❶心づもりしておく。考えておく。例「いかで人にもことわらせたてまつらむと**思ひお・き**し忘れがたくて」〈源氏・蛍〉❷心にとどめる。思い残す。例「今は露ばかりも**思ひお・く**事なし」〈平家・一一・重衡被斬〉

おもひおく・る【思ひ後る】(オモイオクル)[自ラ下二]{れ・れ・る・るる・るれ・れよ}決心がおくれる。立ちおくれる。例「たどり薄かるべき女方にだにみな**思ひ後・れ**つつ」〈源氏・若菜・下〉

おもひおこ・す【思ひ起こす】(オモイオコス)[他サ四]{さ・し・す・す・せ・せ}❶気持ちをたてなおす。心をふるい立たせる。例「よろこびに**思ひおこ・し**て今ひとたびも参りたまふやうもやある」〈源氏・柏木〉❷思い出す。例「身はとめつ心は送る山桜風のたよりに**思ひおこ・せよ**」〈新古今・雑上・一四七二〉

おもひおこ・す【思ひ遣す・思ひ致す】(オモイオコス)[他サ下二]{せ・せ・す・する・すれ・せよ}こちらに思いを寄せる。こちらのことを気づかう。例「かしこには、いかにとまりて**思ひおこ・せ**たまふらむと」〈源氏・松風〉

おもひおご・る【思ひ驕る・思ひ傲る】(オモイオゴル)[自ラ四]{ら・り・る・る・れ・れ}うぬぼれる。思い上がる。例「わが御姫君たちを人に劣らじと**思ひおご・れ**ど」〈源氏・紅梅〉

おもひおと・す【思ひ貶す・思ひ落とす】(オモイオトス)[他サ四]{さ・し・す・す・せ・せ}見くだす。見くびる。例「劣りの所には(＝身分ノ低イ方ノ母親カラ生マレタ子ハ)、人も**思ひおと・し**」〈源氏・薄雲〉

おもひおと・る【思ひ劣る】(オモイオトル)[自ラ四]{ら・り・る・る・れ・れ}劣等感をもつ。劣っていると思う。例「さりとて、**思ひ劣・り**卑下せんもかひなかるべし」〈源氏・紅梅〉

おもひおどろ・く【思ひ驚く】(オモイオドロク)[自カ四]{か・き・く・く・け・け}❶…と感じて驚く。例「おぼろけならず思ほさるることとなめりと、世人も心にくく**思ひおどろ・き**けり」〈源氏・早蕨〉語構成「ことなめり」→「なめり」。❷…と思って夢からさめる。例「『(悪イモノドモヲ)追ひたまひさぶらふなり』と答ふるを、貴しと**思ひおどろ・き**けるに」〈古本説話集〉

おもひおも・ふ【思ひ思ふ】(オモイオモウ)[他ハ四]{は・ひ・ふ・ふ・へ・へ}思いつめる。思い続ける。例「年を経て**思ひ思・ひ**て逢ひぬれば」〈拾遺・恋二・七四五〉

おもひおよびがほ【思ひ及び顔】(オモイオヨビガオ)[名]考えついているようす。気づいているような態度。

おもひおよ・ぶ【思ひ及ぶ】(オモイオヨブ)[自バ四]{ば・び・ぶ・ぶ・べ・べ}思いつく。考えつく。例「宮仕へはさるべき筋にて、上も下も**思ひおよ・び**出で立つこそ、心高きことなれ」〈源氏・行幸〉

おもひかかづら・ふ【思ひかかづらふ】(オモイカカズラ(ロ)ウ)[自ハ四]{は・ひ・ふ・ふ・へ・へ}あることが気になってこだわる。心配する。例「おのづから、**思ひかかづら・ふ**絆のみはべるを」〈源氏・鈴虫〉

おもひかか・る【思ひ懸る】(オモイカカル)[自ラ四]{ら・り・る・る・れ・れ}思いを寄せる。恋い慕う。例「死ぬばかりも**おもひかか・れ**かし」〈枕・男こそ、なほいとありがたく〉

おもひかぎ・る【思ひ限る】(オモイカギル)[他ラ四]{ら・り・る・る・れ・れ}あきらめる。思い切る。思い捨てる。例「今は、かかる方に**思ひかぎ・り**つるありさまになん」〈源氏・手習〉

おもひか・く【思ひ掛く・思ひ懸く】(オモイカク)[他カ下二]{け・け・く・くる・くれ・けよ}❶予想する。考えてみる。例「若きにもよらず、強きにもよらず、**思ひか・け**ぬは死期なり」〈徒然・一三七〉❷恋する。慕う。例「むかし、いやしからぬ男、われよりはまさりたる人を**思ひか・け**て、年経ける」〈伊勢・八九〉

おもひかしづ・く【思ひ傅く】(オモイカシズク)[他カ四]{か・き・く・く・け・け}大切に思って世話をする。大事に育てる。例「女二の宮を、あまたの御中にすぐれてかなしきものに**思ひかしづ・き**こえたまふ」〈源氏・若菜・上〉

おもひかた・む【思ひ固む】(オモイカタム)[他マ下二]{め・め・む・むる・むれ・めよ}固く心に決める。覚悟する。例「さらにゆるぎなく**思ひかた・め**たる事と見えければ」〈発心集〉

おもひがな・し【思ひ愛し・思ひ悲し】[形シク]{(しから)・しく(しかり)・し・しき(しかる)・しけれ・しかれ}いとしくてせつなく悲しい。例「家にある妹もし思ひ悲・しも」〈万葉・一五・三六八六〉

おもひか・ぬ【思ひ兼ぬ】[他ナ下二]{ね・ね・ぬ・ぬる・ぬれ・ねよ}❶恋しくてどうしようもなくなる。思いを抑えられなくなる。例「思ひか・ね妹がりゆけば冬の夜の川風寒み千鳥鳴くなり」〈拾遺・冬・二二四〉訳→〔和歌〕 ❷考えられない。判断がつかない。例「新羅へか家にか帰る壱岐の島行かむたどき(=手段)も思ひか・ねつも」〈万葉・一五・三六九六〉

〔和歌〕**おもひかね…**【思ひかね妹がりゆけば冬の夜の川風寒み千鳥鳴くなり】〈拾遺・冬・二二四・紀貫之〉訳恋しい思いに耐えかねて恋人のもとへ出かけてゆくと、冬の夜の川風が寒いので、千鳥がわびしげに鳴いているのが聞こえる。
〈参考〉「妹がりゆけば」の「がり」は「…の所、…のもと」の意の名詞。

おもひがは【思ひ川・思ひ河】[名]思いが深く、絶えることがないことを川にたとえていう語。

おもひがは【思ひ川】[歌枕]筑前国の川。いまの福岡県太宰府市にある染川の別称とされる。忍ぶ恋の心情を表現し、「逢ふ瀬」「泡」「浪」「たぎつ」など川の縁語が多く詠まれる。

おもひかは・す【思ひ交はす】[自サ四]{さ・し・す・す・せ・せ}愛し合う。恋い慕い合う。例「親子の御仲と聞こゆる中にも、つゆ隔てずぞ思ひかは・したまへる」〈源氏・夕霧〉

おもひかは・る【思ひ変はる】[自ラ四]{ら・り・る・る・れ・れ}気が変わる。心変わりする。例「我は、年ごろ見る人をもみな思ひかは・りぬべき心地なむする」〈源氏・浮舟〉

おもひか・ふ【思ひ替ふ】[他ハ下二]{へ・へ・ふ・ふる・ふれ・へよ}思いをほかのことに移しかえる。例「さびしさを世の憂きかたに思ひか・へて深山の月をひとり見るかな」〈玉葉・雑三・二二二七〉

おもひかへ・す【思ひ返す】[他サ四]{さ・し・す・す・せ・せ}❶思い直す。反省する。例「何にかはなるべきなど思ひかへ・すなりけり」〈源氏・帚木〉❷予想に反する。案に相違する。例「憑むで(=頼ッテ)行きたる所にも思ひ返・して、『ここにてはえ殺さじ』といひければ」〈今昔・三一・三〇〉

おもひかへ・る【思ひ返る】[自ラ四]{ら・り・る・る・れ・れ}気持ちがもとに戻る。以前と同じ心になる。例「異人(=他ノ女)に逢ひてのち、いかがありけん、初めの人に思ひかへ・りて」〈後撰・恋六・一〇五六詞書〉

おもひがほ[・なり]【思ひ顔】[名・形動ナリ](「…と」「…を」に続けて用いて)…と思っているようすや顔つき。例「我も劣らじと思ひ顔・なる中に」〈源氏・若菜・上〉

おもひかま・ふ【思ひ構ふ】[他ハ下二]{へ・へ・ふ・ふる・ふれ・へよ}心の中で企てる。例「人知れず思ひ構・へてなむ、聞こえさすべかめる」〈源氏・浮舟〉語構成「聞こえさすべかめる」→「べかめり」

おもひきほ・ふ【思ひ競ふ】[自ハ四]{は・ひ・ふ・ふ・へ・へ}互いに負けたくないと思う。例「我もいかで人よりさきに深き心ざしを御覧ぜられんとのみ思ひ競・ふ男女につけて」〈源氏・蓬生〉

おもひきや【思ひきや】(動詞「思ふ」の連用形＋過去の助動詞「き」の終止形＋反語の係助詞「や」)(以前からこうなると)思っただろうか(いや、思ってもみなかった)。考えただろうか(いや、考えてもみなかった)。和歌において好まれる表現。例「忘れては夢かとぞ思ふ思ひきや雪踏みわけて君を見むとは」〈伊勢・八三〉訳→〔和歌〕わすれてはゆめかとぞおもふ…

〔和歌〕**おもひきやてもふれざりし…**【思ひきや手もふれざりし梓弓おき臥しわが身なれんものとは】〈新葉・雑下・一三三四・宗良親王〉訳思ったことがあったろうか。手も触れなかった梓弓に、起きても寝てもわが身が慣れることになろうものとは。

〔和歌〕**おもひきやわがしきしまの…**【思ひきやわが敷島の道ならでうき世のことを問はるべしとは】〈太平記・二・藤原為明〉訳思ったであろうか、いや思いはしなかった。自分の専門の和歌の道ではなく、俗世のことを問われることになるとは。
〈参考〉「敷島の道」は和歌の道のこと。

おもひき・ゆ【思ひ消ゆ】[自ヤ下二]{え・え・ゆ・ゆる・ゆれ・えよ}思い沈む。心が消え入るほど深く思う。例「いとかすかなるありさまに思ひ消・えて」〈源氏・末摘花〉

おもひき・る【思ひ切る】[他ラ四]{ら・り・る・る・れ・れ}❶あきらめる。断念する。例「恩愛の道は思ひき・られぬことにて候ふなり」〈平家・二・副将被斬〉❷決心する。覚悟する。例「今度のいくさに討ち死にせうど思ひき・って候ふぞ」〈平家・七・篠原合戦〉《音便》「思ひきっ」は「思ひきり」の促音便。

おもひぐさ[名]一【思ひ草】❶草の名。ナンバンギセルの別称か。オミナエシ・リンドウ・ナデシコ・露草などの別称ともいう。(季－秋)。❷タバコの別称。＝相思ひ草。二【思ひ種】もの思いの原因。和歌では「思ひ草」をかけて詠む。例「日を経つつしげさはまさる思ひぐさ逢ふ言の葉のなどかなからむ」〈千載・恋一・六八四〉

おもひく・す【思ひ屈す】[自サ変]{せ・し・す・する・すれ・せよ}《「おもひくっす」の促音無表記》悩んでくよくよする。ふさぎこむ。例「(筆遣イガ)いかにうひうひしく、古めきたらむ、など思ひ屈・したまへり」〈源氏・椎本〉

おもひくだ・く【思ひ砕く】一[自カ下二]{け・け・く・くる・くれ・けよ}あれこれと思い悩む。気がもめる。例「誰により思ひくだ・くる心ぞは知らぬぞ人のつらきなりける」〈亭子院歌合〉二[他カ四]{か・き・く・く・け・け}気をもむ。心を乱す。例「とり集めて思ひくだ・くに」〈源氏・柏木〉

おもひくた・す【思ひ腐す】[他サ四]{さ・し・す・す・せ・せ}心の中で軽蔑する。悪く評価する。見くびる。例「さてありぬべき方をばつくろひてまねび出だすに(=長所ヲ美化シテ伝エルカラ)、それしかあらじと、そらにいかがは推しはかり思ひくた・さむ」〈源氏・帚木〉

おもひくだ・す【思ひ下す】[他サ四]{さ・し・す・す・せ・せ}心の中で侮る。見下す。例「『すべき事なき者なめり』と思ひ下・して、みな谷に入りけり」〈今昔・二九・三六〉

おもひくだ・る【思ひ下る】[自ラ四]{ら・り・る・る・れ・れ}自らの意志で地方へ行く。例「かかる他の国に思ひ下・りはべりしことも、ただ君の御ためと」〈源氏・松風〉

おもひくっ・す【思ひ屈す】[自サ変]{せ・し・す・する・すれ・せよ}「おもひくす」に同じ。

おもひくづほ・る【思ひ頽ほる】[自ラ下二]｛れ・れ・る・るる・るれ・れよ｝気を落とす。落胆する。例「我亡くなりぬとて、口惜しう思ひくづほ・るな」〈源氏・桐壺〉

おもひくはだ・つ【思ひ企つ】[他タ下二]｛て・て・つ・つる・つれ・てよ｝ひそかに企てる。心の中で計画する。例「かしこく思ひくはだ・てられけれど、もはら本意なしとて」〈源氏・東屋〉

おもひくはは・る【思ひ加はる】[自ラ四]｛ら・り・る・る・れ・れ｝ある気持ちに別の気持ちが加わる。例「何ごとぞや。また我が心に思ひ加は・れるよ」〈源氏・野分〉

おもひくは・ふ【思ひ加ふ】[他ハ下二]｛へ・へ・ふ・ふる・ふれ・へよ｝ある気持ちに別の気持ちを加える。例「つれなくもてなして、みづからだに、なほかかること思ひ加・へじ」〈源氏・総角〉

おもひぐま【思ひ隈】[名]思いが行き届いていること。思いやり。例「思ひぐまありて、心くるしうものせさせ給ふべきなり」〈浜松中納言・四〉

おもひぐまな・し【思ひ隈無し】[形ク]｛から・く(かり)・し・き(かる)・けれ・かれ｝❶考えが浅い。よく考えない。例「『思ひぐまな・く、悪しうしたり』など、例の女のやうにやいはむとこそ、思ひつれ」〈枕・頭弁の、職にまゐりたまひて〉❷思いやりがない。例「思ひ隈な・くけざやかなる御もてなしなどのあらむにつけては」〈源氏・行幸〉

おもひく・ゆ【思ひ悔ゆ】[自ヤ上二]｛い・い・ゆ・ゆる・ゆれ・いよ｝後悔する。例「さ寝ぬ夜は千夜もありとも我が背子が思ひ悔・ゆべき心は持たじ」〈万葉・一一・二五二八〉

おもひくら・す【思ひ暮らす】[他サ四]｛さ・し・す・す・せ・せ｝恋しく思って日を過ごす。例「男胸つぶれて、思ひ暮ら・したまふ」〈源氏・真木柱〉

おもひくら・ぶ【思ひ比ぶ】[他バ下二]｛べ・べ・ぶ・ぶる・ぶれ・べよ｝心の中で比較する。例「（北ノ方ノ）ひがひがしき御さまを思ひくら・ぶるにも（女君ノ美シサハ）こよなくて、よろづを慰めたまふ」〈源氏・真木柱〉

おもひぐる・し【思ひ苦し】[形シク]｛しから・しく(しかり)・し・しき(しかる)・しけれ・しかれ｝恋しさに心が苦しい。例「家の妹に物言はず来にて思ひ苦・しも」〈万葉・一四・三四八一〉

おもひくん・ず【思ひ屈ず】[自サ変]｛ぜ・じ・ず・ずる・ずれ・ぜよ｝《「おもひくっす」の撥音便》悩んでくよくよする。ふさぎこむ。＝思ひ屈す。例「かくのみ思ひくん・じたるを、心もなぐさめむと、心苦しがりて、母、物語などもとめて見せたまふに」〈更級〉

おもひけ・つ【思ひ消つ】[他タ四]｛た・ち・つ・つ・て・て｝❶努めて気にかけないようにする。無理やり忘れる。例「よろづを思ひ消・ちつつ、御前にてはもの思ひなきさまをつくりたまふ」〈源氏・宿木〉❷無視する。例「身をばまたなきものに思ひてこそ、宮仕へのほどにも、かたへの人々をば思ひ消・ち、こよなき心おごりをばしつれ」〈源氏・若菜・上〉

おもひご【思ひ子】[名]いとしく思う子。かわいく思う子。いとし子。

おもひこう・ず【思ひ困ず】[自サ変]｛ぜ・じ・ず・ずる・ずれ・ぜよ｝どうしてよいか分からなくなる。当惑する。例「え人も聞きつけたまはぬならんかし、と思ひ困・じて居り」〈源氏・蜻蛉〉

おもひこが・る【思ひ焦がる】[自ラ下二]｛れ・れ・る・るる・るれ・れよ｝いちずに思い慕う。心から恋しく思う。例「涙絶ゆるときなく、むすめどもも思ひこが・るるを、舟路ゆゆしとかつは諌めけり」〈源氏・玉鬘〉

おもひこころざ・す【思ひ志す】[自サ四]｛さ・し・す・す・せ・せ｝目的を達成しようと心に決める。例「思ひこころざ・して年経たまひぬるを」〈源氏・宿木〉

おもひこな・す[他サ四]｛さ・し・す・す・せ・せ｝侮る。ばかにする。卑しめる。例「何事かあらんと、おもひこな・して、いふやらん」〈曾我・四〉

おもひこの・む【思ひ好む】[他マ四]｛ま・み・む・む・め・め｝あることを望ましいと思う。例「人にことならむと思ひこの・める人は、かならず見劣りし」〈紫式部日記〉

おもひこ・ふ【思ひ恋ふ】[他ハ上二]｛ひ・ひ・ふ・ふる・ふれ・ひよ｝恋しく思う。恋い慕う。例「心には火さへ燃えつつ思ひ恋・ひ息づき余り」〈万葉・一七・四〇一一長歌〉

おもひこ・む【思ひ籠む・思ひ込む】㊀[他マ下二]｛め・め・む・むる・むれ・めよ｝心に込めて外に表さない。心に秘める。例「恋しきも思ひこ・めつつある物を人に知らるる涙なになり」〈後撰・恋三・七三三〉㊁[自マ四]｛ま・み・む・む・め・め｝決意する。心に固く決める。

おもひこ・る【思ひ懲る】[自ラ上二]｛り・り・る・るる・るれ・りよ｝懲りてもうやめようと思う。例「うしなども思ひて絶えぬべき気色ならば、かばかり我に従ふ心ならば、思ひ懲・りなむと思うたまへえて」〈源氏・帚木〉

おもひざし【思ひ差し】[名]この人にと相手を決めて酒をつぐこと。⇔思ひ取り

おもひさだま・る【思ひ定まる】[自ラ四]｛ら・り・る・る・れ・れ｝気持ちが決まる。例「かくて思ひ定ま・りなむ、人の恨みも負ふまじかりけり」〈源氏・葵〉

おもひさだ・む【思ひ定む】[他マ下二]｛め・め・む・むる・むれ・めよ｝あれこれ考えて心を決める。例「棄つべくもなく、また思ひ定むべきもなきを苦しう思ぼさる」〈源氏・葵〉

おもひさは・る【思ひ障る】[自ラ四]｛ら・り・る・る・れ・れ｝感情・考えなどが妨げられる。例「山住みもしはべらまほしき心ありながら、ゆるいたまふまじき人々に、思ひ障・りてなむ過ぐしはべる」〈源氏・手習〉

おもひさま・す【思ひ醒ます】[他サ四]｛さ・し・す・す・せ・せ｝気持ちを落ち着かせる。冷静にする。例「年月経れば、思ひさま・すをりの出で来るにこそは」〈源氏・宿木〉

おもひさわ・ぐ【思ひ騒ぐ】[自ガ四]｛が・ぎ・ぐ・ぐ・げ・げ｝思い乱れる。例「『いかさまにせむ。法師にやなりなまし。死にやしなまし。滋野の帥のやうに、愁へをやせまし』となむ思ひ騒・ぎし」〈宇津保・蔵開・下〉

おもひしたた・む【思ひ認む】[自マ下二]｛め・め・む・むる・むれ・めよ｝心の準備をする。覚悟をする。例「すべて今は心をむかしの身とはおもはじと、おもひしたた・めてなんある」〈右京大夫集〉

おもひしづま・る【思ひ鎮まる】[自ラ四]｛ら・り・る・る・れ・れ｝気持ちが落ち着く。気がしずまる。例「しばしは夢かとのみたどられしを、やうやう思ひしづま・るにしも、さむべき方なくたへがたきは」〈源氏・桐壺〉

おもひしづ・む【思ひ沈む】[自マ四]｛ま・み・む・む・め・め｝思い悩んでふさぎこむ。例「日ごろものをのみ思ひ沈・みて、いとど弱れる心地に」〈源氏・澪標〉

おもひしづ・む【思ひ鎮む】[他マ下二]｛め・め・む・むる・むれ・めよ｝心をしずめる。例「口惜しきに、思ひしづ・めん方もなき心地して」〈源氏・宿木〉

おもひしな・ゆ【思ひ萎ゆ】[自ヤ下二]｛え・え・ゆ・ゆる・ゆれ・

えよ｝意気消沈する。もの思いして元気がなくなる。＝思ひ萎る。[例]「夏草の思ひしな・えて偲ふらむ妹が門見むなびけこの山」〈万葉・二・一三一長歌〉[訳]↓〔和歌〕いはみのうみ…

おもひじに【思ひ死に】［名］思いつめて死ぬこと。恋い焦がれて死ぬこと。

おもひし・ぬ【思ひ死ぬ】［自ナ変］｛な・に・ぬ・ぬる・ぬれ・ね｝恋い焦がれて死ぬ。[例]「言ふことの恐き国ぞ紅の色にな出でそ思ひ死・ぬとも」〈万葉・四・六〇三〉

おもひしの・ぶ【思ひ偲ぶ】[一]【思ひ偲ぶ】［他バ四］｛ば・び・ぶ・ぶ・べ・べ｝心の中で褒め慕う。[例]「『ありがたう、心さへ人に似ぬところのものしたまひけるよ』と、深う思ひしの・びたまふままに」〈浜松中納言・三〉[二]【思ひ忍ぶ】［他バ上二］｛び・び・ぶ・ぶる・ぶれ・びよ｝心の中でこらえる。[例]「思ひ忍・ぶれど、さまざまに思ひ乱れて」〈源氏・蜻蛉〉

おもひし・む【思ひ染む】（「おもひそむ」とも）[一]［自マ四］｛ま・み・む・む・め・め｝心に深く思い込む。心にしみて思う。[例]「かの少将は『北の方のいとねたく憎くて、いかでわびしと思はせむ』と思ひし・みにければ」〈落窪・二〉[二]［他マ下二］｛め・め・む・むる・むれ・めよ｝心にしみ込ませる。思いつめる。[例]「限りなく昔より思ひし・めきこえてし心の思ひなしにや」〈源氏・賢木〉

おもひしめ・る【思ひ湿る】［自ラ四］｛ら・り・る・る・れ・れ｝思い沈む。悪く考える。悲観する。[例]「衛門督は、いといたく思ひしめ・りて」〈源氏・若菜・上〉

おもひしらぬがほ【思ひ知らぬ顔】［名］理解していないようす。わきまえていないようす。

おもひしりがほ【思ひ知り顔】［名］知っているようす。わきまえているようす。

おもひし・る【思ひ知る】［他ラ四］｛ら・り・る・る・れ・れ｝道理などをはっきり悟る。納得して理解する。わきまえ知る。[例]「いとどこよなく御あたりはるかなるべき身のほども思ひ知・らるれば」〈源氏・若菜・上〉

おもひしを・る【思ひ萎る】［自ラ下二］｛れ・れ・る・るる・るれ・れよ｝しょんぼりして元気がなくなる。気力がなくなる。＝思ひ萎ゆ。[例]「消息などもせで久しくはべりしに、むげに思ひしを・れて」〈源氏・帚木〉

おもひす・ぐ【思ひ過ぐ】［自ガ上二］｛ぎ・ぎ・ぐ・ぐる・ぐれ・ぎよ｝恋しい思いがなくなる。愛情が消える。[例]「思ひ過・ぐべき恋にあらなくに」〈万葉・三・三二五〉

おもひすぐ・す【思ひ過ぐす】［他サ四］｛さ・し・す・す・せ・せ｝❶「おもひすごす①」に同じ。❷考えながら過ごす。ずっと気にかける。[例]「ちぢの憂きふしをあまり思ひすぐ・しきて」〈夜の寝覚〉

おもひすご・す【思ひ過ごす】［他サ四］｛さ・し・す・す・せ・せ｝❶気にとめない。ほうっておく。＝思ひ過ぐす①。[例]「小菅ろの浦吹く風のあどすすか（＝ドウシタラ）かなしけ児ろを思ひ過ご・さむ」〈万葉・一四・三五六四〉❷度を超して案じる。考えすぎる。[例]「我が身より大切に思ひ過ご・したる友とは、財宝の事なり」〈仮・伊曾保物語〉

おもひす・つ【思ひ捨つ】［他タ下二］｛て・て・つ・つる・つれ・てよ｝見はなす。思うのをやめる。見捨てる。[例]「かばかり思ひす・つる世に、なほとまりぬべきものなりければ」〈源氏・総角〉

おもひすま・す【思ひ澄ます】［他サ四］｛さ・し・す・す・せ・せ｝❶雑念をはらって静かに考える。落ち着いて考える。[例]「心の限り思ひ澄ま・して静かに描きたまへるは」〈源氏・絵合〉❷俗世間を忘れて仏道に専心する。仏道にうち込む。[例]「世を思ひ澄ま・したる僧たちなどだに、涙もえとどめねば」〈源氏・若菜・上〉

おもひす・む【思ひ澄む】［他マ四］｛ま・み・む・む・め・め｝物事にこだわらず、冷静に考える。[例]「女君のおぼしたる気色も、いとどなつかしからぬ心地して、『我は我』と、世を思ひ澄・みたるさまに」〈夜の寝覚〉

おもひせ・く【思ひ塞く・思ひ堰く】［他カ四］｛か・き・く・く・け・け｝思いを抑える。衝動を心の中でとめる。[例]「おもひせ・く胸のほむらはつれなくて」〈蜻蛉・中〉

おもひそ・ふ【思ひ添ふ】[一]［自ハ四］｛は・ひ・ふ・ふ・へ・へ｝悩みや悲しみが深くなる。[例]「ほのめかしたまへる気色を、かしこにはいとど思ひそ・ふ」〈源氏・浮舟〉[二]［他ハ下二］｛へ・へ・ふ・ふる・ふれ・へよ｝悩みや悲しみを深くする。[例]「聞こえむ方なき御心のつらさを思ひ添・ふるに、心魂もあくがれはてて」〈源氏・夕霧〉

おもひそ・む【思ひ染む】［自マ四］｛ま・み・む・む・め・め｝［他マ下二］｛め・め・む・むる・むれ・めよ｝「おもひしむ」に同じ。

おもひそ・む【思ひ初む】［他マ下二］｛め・め・む・むる・むれ・めよ｝思い始める。恋し始める。[例]「恋すてふ我が名はまだき立ちにけり人知れずこそ思ひそ・めしか」〈拾遺・恋一・六二一〉[訳]↓〔和歌〕こひすてふ…

おもひたが・ふ【思ひ違ふ】［他ハ下二］｛へ・へ・ふ・ふる・ふれ・へよ｝考え違いをする。思い違える。[例]「その相撲の日、仁寿殿にてなむ聞こし召しける。内宴思ひ違・へたるなるべし」〈宇津保・内侍のかみ〉

おもひたけ・ぶ【思ひ猛ぶ】［自バ上二］｛び・び・ぶ・ぶる・ぶれ・びよ｝気負う。勢い込む。[例]「ますらをの思ひたけ・びて隠せるその妻」〈万葉・一一・二三五四旋頭歌〉

〔歌謡〕**おもひだすとは…【思ひ出すとは忘るるか思ひ出さずや忘れねば】**〈閑吟集〉[訳]私を思い出すということは、忘れているからですよ。思い出すこともないでしょう、私を忘れていなければ。

おもひただよ・ふ【思ひ漂ふ】［自ハ四］｛は・ひ・ふ・ふ・へ・へ｝考えが定まらず落ち着かない。[例]「ひが心にてわが身をさしもあるまじきさまにあくがらしたまふと中ごろ思ひただよ・はれしことは」〈源氏・若菜・上〉

おもひた・つ【思ひ立つ】［他タ四］｛た・ち・つ・つ・て・て｝あることをしようと決心する。決意する。[例]「心強く、この世に亡せなんと思ひた・ちしを」〈源氏・手習〉

おもひたど・る【思ひ辿る】［他ラ四］｛ら・り・る・る・れ・れ｝あれこれ考える。それからそれへと考えていく。[例]「倒れで、そこまでは行き着きぬるこそ、かしこきか、思ひ辿・らるれ」〈枕・関白殿、二月二十一日に〉

おもひたの・む【思ひ頼む】［他マ四］｛ま・み・む・む・め・め｝心頼みにする。信じて頼りに思う。[例]「われをことしも頼もしからむかげのやうに、思ひ頼・み」〈更級〉

おもひたばか・る【思ひ謀る】［他ラ四］｛ら・り・る・る・れ・れ｝あれこれ思いをこらす。考え工夫する。[例]「内々に思ひたばか・りたまふありさまも違ふやうならむも情けなきやうなるを」〈源氏・総角〉

おもひたは・る【思ひ戯る】［自ラ下二］｛れ・れ・る・るる・るれ・れよ｝くつろいでしたいようにする。気を許したわむれる。[例]「百草の花の紐解く秋の野に思ひたは・れむ

人などがめそ」〈古今・秋上・二四六〉

おもひた・む【思ひ溜む】オモイタム［他マ下二］{め・め・む・むる・むれ・めよ}ひそかに心にたくわえている。例「君にこそ**思ひためたる**ことも語らめ」〈後拾遺・雑五・一一三七〉

おもひた・ゆ【思ひ絶ゆ】オモイタユ［他ヤ下二］{え・え・ゆ・ゆる・ゆれ・えよ}あきらめる。断念する。例「人にまさらむと思ふ女子を宮仕へに**思ひ絶・え**ては、何の本意かはあらむ」〈源氏・紅梅〉

おもひたゆた・ふ【思ひ猶予ふ】オモイタユタ(ト)ウ［自ハ四］{は・ひ・ふ・ふ・へ・へ}思いためらう。思い迷う。例「行けばあり行かねば苦ししかすがの渡りにきてぞ**おもひたゆた・ふ**」〈新勅撰・雑四・一二九一〉

おもひたゆ・む【思ひ弛む】オモイタユム［自マ四］{ま・み・む・む・め・め}気がゆるむ。油断する。例「疑ひなく**思ひたゆ・み**ても の言ひ侍りけるに」〈拾遺・恋二・七五五詞書〉

おもひたわ・む【思ひ撓む】オモイタワム［自マ四］{ま・み・む・む・め・め}気持ちがくじける。がっかりする。例「ますらをの心はなしにたわやめの**思ひたわ・み**て」〈万葉・六・九三五長歌〉

おもひ・づ【思ひ出】オモイズ［他ダ下二］{で・で・づ・づる・づれ・でよ}「おもひいづ」に同じ。

おもひつ・く【思ひ付く】オモイツク［他カ四］{か・き・く・く・け・け}❶恋心を寄せる。愛情を感じる。また、好感をもつ。例「故衛門督をば〔私、夕霧ハ〕とりわきて**思ひつ・き**にしぞかし」〈源氏・夕霧〉❷考えつく。思い当たる。例「春山のよその嘆きを**思ひつ・き**つつ」〈平中・九〉

おもひつ・く【思ひ尽く】オモイツク［自カ上二］{き・き・く・くる・くれ・きよ}思案が尽きる。例「かうのみ胸やすからねど、**思ひ尽・き**にたれば、心弱き心地して」〈蜻蛉・中〉

おもひつくろ・ふ【思ひ繕ふ】オモイツクロウ［他ハ四］{は・ひ・ふ・ふ・へ・へ}気を遣って装いととのえる。例「醜き容貌をも、この人に見や疎まれむとわりなく**思ひつくろ・ひ**」〈源氏・帚木〉

〔和歌〕**おもひつつ…**【思ひつつ寝ればや人の見えつらむ夢と知りせば覚めざらましを】〈古今・恋二・五五二・小野小町〉訳いちずに恋い慕って寝たので、あの人が夢に現れたのだろうか。もし夢と分かっていたなら、目が覚めないままでいたであろうに。《係結び》「や」→見えつらむ体

〈参考〉「まし」は助動詞で「せば」と呼応して反実仮想を表す。

おもひつづ・く【思ひ続く】オモイツヅク［他カ下二］{け・け・く・くる・くれ・けよ}❶ずっと思う。あれこれと**続けて考える**。例「君は人ひとりの御ありさまを心の中に**思ひつづ・け**たまふ」〈源氏・帚木〉❷感慨を歌などに詠む。**述懐する**。例「おつる涙をおさへて、かうぞ**思ひつづ・け**給ふ」〈平家・一〇・海道下〉《音便》「かう」は「かく」のウ音便。《係結び》「ぞ」→思ひつづけ給ふ体

おもひつつ・む【思ひ包む・思ひ慎む】オモイツツム［他マ四］{ま・み・む・む・め・め}心に思っていることを包み隠す。遠慮する。例「ひとへにものを**思ひつつ・み**」〈源氏・玉鬘〉

おもひづま【思ひ妻・思ひ夫】オモイヅマ［名］いとしく思う妻。または、いとしく思う夫。

おもひつ・む【思ひ積む】オモイツム［自マ四］{ま・み・む・む・め・め}思いが積もる。例「長き日に**思ひ積・み**来し憂へは止みぬ」〈万葉・九・一七五七長歌〉

おもひつ・む【思ひ詰む】オモイツム［他マ下二］{め・め・む・むる・むれ・めよ}ひたすら考え悩む。深く思い込む。例「やがて長く**思ひつ・め**て深く怨ぜられしこそ、いと苦しかりしか」〈源氏・若菜・下〉

おもひつも・る【思ひ積もる】オモイツモル［自ラ四］{ら・り・る・る・れ・れ}心配が積み重なる。例「こころ**思ひ積も・る**ことも言ひやるかたなく、むせかへるを」〈夜の寝覚〉

おもひつよ・る【思ひ強る】オモイツヨル［自ラ四］{ら・り・る・る・れ・れ}心強く思う。元気が出る。↔思ひ弱る。例「心にも願立てさするけにや、少しおこたりて、**思ひ強・り**て起きゐて」〈落窪・四〉

おもひつら・ぬ【思ひ連ぬ】オモイツラヌ［他ナ下二］{ね・ね・ぬ・ぬる・ぬれ・ねよ}次々と続けて考える。あれこれと思い続ける。例「憂きことを**思ひつら・ね**て雁の鳴きこそ渡れ秋の夜な夜な」〈古今・秋上・二一三〉訳→〔和歌〕うきことを…

おもひど【思ひ所・思ひ処】オモイド［名］気にかかるところ。欠点。

おもひとが・む【思ひ咎む】オモイトガム［他マ下二］{め・め・む・むる・むれ・めよ}変だと怪しむ。例「あやしかりつるほどのあやまりをまさに人の**思ひ咎・めじや**」〈源氏・紅葉賀〉

おもひと・く【思ひ解く】オモイトク［他カ四］{か・き・く・く・け・け}❶考えて理解する。悟る。例「**思ひと・け**ば、ものなむ恥づかしからぬ」〈堤中納言・虫めづる姫君〉❷了解する。大目に見る。例「『いとほし』など**思ひ解・け**ば、念じていはぬをや」〈枕・人のうへいふを〉

おもひどち【思ひどち】オモイドチ［名］《「どち」は接尾語》互いに愛し合う者同士。また、気の合う者同士。＝思ふどち

おもひとぢ・む【思ひ閉ぢむ】オモイトジム［他マ下二］{め・め・む・むる・むれ・めよ}断念する。あきらめる。例「さらに〔都ニ〕たち返らじと**思ひとぢ・め**て」〈源氏・若菜・上〉

おもひとどこほ・る【思ひ滞る】オモイトドコオル［自ラ四］{ら・り・る・る・れ・れ}ためらう。決心が鈍る。例「ほかなきことに〔出家ノ志ヲ〕**思ひとどこほ・り**」〈源氏・橋姫〉

おもひとどま・る【思ひ止まる】オモイトドマル［他ラ四］{ら・り・る・る・れ・れ}しようと思っていたことをやめる。例「さらば自害は**思ひとどま・り**さぶらひぬ」〈平家・一・祇王〉

おもひとど・む【思ひ止む】オモイトドム［他マ下二］{め・め・む・むる・むれ・めよ}思うのをやめる。断念する。例「かうまでうち出でたまひ[なば]れば、え**思ひとど・め**たまはず」〈源氏・浮舟〉

おもひとど・む【思ひ留む】オモイトドム［他マ下二］{め・め・む・むる・むれ・めよ}忘れないように心にとめる。思いを残す。執着する。例「かくなむ見えつるとも語らず、心にも**思ひとど・め**でまかでぬ」〈更級〉

おもひとま・る【思ひ止まる】オモイトマル{ら・り・る・る・れ・れ}■一［自ラ四］心移りしないで思い続ける。例「契りばかりを棄てがたく**思ひとま・る**人はものまめやかなり」〈源氏・帚木〉■二［他ラ四］中止する。思いとどまる。例「げにをりしも便なう**思ひとま・り**はべるに」〈源氏・行幸〉

おもひどり【思ひ取り】オモイドリ［名］つがれた杯を思いをこめて受けること。この人と思う人から酒をついでもらうこと。↓思ひ差し

おもひと・る【思ひ取る】オモイトル［他ラ四］{ら・り・る・る・れ・れ}❶理解する。了解する。悟る。例「世の道理を**思ひ取・り**て恨みざりけり」〈源氏・帚木〉❷決心する。心に定める。例「ここに世を尽くしてんと**思ひと・り**たまへ」〈源氏・椎本〉

おもひなが・す【思ひ流す】オモイナガス［他サ四］{さ・し・す・す・せ・せ}

❶次々に思いめぐらす。例「げになほわが世の外までこそよろづ思ひ流・さるれ」〈源氏・鈴虫〉❷あきらめる。思い切る。例「世の憂きを思ひなが・すの浜ならば」〈平中・三五〉

おもひなが・む【思ひ眺む】オモイナガム［自マ下二］｛め・め・む・むる・むれ・めよ｝もの思いに沈む。例「この荒れたる宿の蓬よりもしげげなりと、思ひなが・むるに」〈蜻蛉・上〉

おもひな・ぐ【思ひ凪ぐ】オモイナグ［自ガ四］｛が・ぎ・ぐ・ぐ・げ・げ｝気持ちが落ち着く。心が慰められる。例「身のうみの思ひな・ぐ間は今宵かな」〈平中・一〉

おもひなぐさ・む【思ひ慰む】オモイナグサム 一［自マ四］｛ま・み・む・む・め・め｝気が晴れる。例「すずろなる旅居のみして、思ひ慰・むをりもなきに」〈源氏・蜻蛉〉二［他マ下二］｛め・め・む・むる・むれ・めよ｝気を晴らす。乱れる気持ちをなだめる。例「〔帝ト義父デアル源氏ト〕違ひたまへるところやあると思ひ慰・めて聞こえたまふ」〈源氏・真木柱〉

おもひなげ・く【思ひ嘆く】オモイナゲク［自カ四］｛か・き・く・く・け・け｝嘆き悲しむ。心を痛める。例「さらずまかりぬべければ、思し嘆かむが悲しきことを、この春より、思ひ嘆・きはべるなり」〈竹取・かぐや姫の昇天〉《敬語》「まかりぬ」→「まかる」、「思し嘆かむ」→「おぼす」、「思ひ嘆きはべる」→「はべり」

おもひなし【思ひ為し・思ひ做し】オモイナシ［名］❶先入観をもった世間の評判。周囲がその人に抱く感じ。例「人の御際はまさりて、思ひなしめでたく」〈源氏・桐壺〉❷先入観によって思い込むこと。気のせい。

おもひな・す【思ひ為す・思ひ做す】オモイナス［他サ四］｛さ・し・す・す・せ・せ｝❶ことさらに思う。自分から強いて決めこむ。例「その男、身をえうなきものに思ひな・して」〈伊勢・九〉❷推し測る。推定する。例「罪得ぬべきしるべと思ひな・したまふらんこそ恥づかしけれ」〈源氏・夢浮橋〉《係結び》「こそ」→「恥づかしけれ(已)」

おもひなずら・ふ【思ひ準ふ】オモイナズラ(ロ)ウ［他ハ下二］｛へ・へ・ふ・ふる・ふれ・へよ｝（「おもひなぞらふ」とも）❶同じものとみなす。同じものと考える。例「世のうき目見えぬ山路に思ひなずら・へて」〈源氏・初音〉❷比べ合わせる。比べて考える。例「人柄も、なべての人に思ひなずら・ふれば」〈源氏・若菜・下〉

おもひなぞら・ふ【思ひ準ふ】オモイナゾラ(ロ)ウ［他ハ下二］｛へ・へ・ふ・ふる・ふれ・へよ｝「おもひなずらふ」に同じ。

おもひなだら・む【思ひ宥らむ】オモイナダラム［他マ下二］｛め・め・む・むる・むれ・めよ｝穏やかに考える。例「世の中を、みなさまざまに思ひなだら・めて」〈源氏・若菜・上〉

おもひなび・く【思ひ靡く】オモイナビク［自カ四］｛か・き・く・く・け・け｝相手の意向に従う。例「いとかかる御気色を見知り、思ひ靡・かざらむ人は、心なく口惜しくさへあべきを」〈夜の寝覚〉

おもひなほ・す【思ひ直す】オモイナオス［他サ四］｛さ・し・す・す・せ・せ｝考えなおす。考えを改める。例「書きてやりつる後の、文字一つ二つ思ひなほ・したる」〈枕・ねたきもの〉

おもひなほ・る【思ひ直る】オモイナオル［自ラ四］｛ら・り・る・る・れ・れ｝気持ちが変わる。機嫌がなおる。例「思ひなほ・るにやあらむと〔夫ハ私ノ心ヲ〕思ふべし」〈蜻蛉・中〉

おもひなや・む【思ひ悩む】オモイナヤム［自マ四］｛ま・み・む・む・め・め｝気にかけて苦しむ。例「はしたなきまじらひのつきなくなりゆく身を思ひ悩・みて」〈源氏・玉鬘〉

おもひなら・ふ【思ひ習ふ・思ひ慣らふ】オモイナラ(ロ)ウ 一［自ハ四］｛は・ひ・ふ・ふ・へ・へ｝そう思うことが習慣になる。つねにそう思う。例「さるべきものに思ひなら・ひたるただ人の仲」〈源氏・宿木〉二［他ハ四］習い覚える。習い知る。例「君により思ひなら・ひぬ世の中の人はこれをや恋といふらむ」〈伊勢・三八〉

おもひな・る【思ひ成る】オモイナル［自ラ四］｛ら・り・る・る・れ・れ｝そう思うようになる。例「責められわびて、さしてむ（＝ソウシヨウ）と思ひな・りぬ」〈大和・一五六〉

おもひね【思ひ寝】オモイネ［名］ものを思いながら、寝ること。とくに、恋しい人を思いながら寝ること。

おもひねん・ず【思ひ念ず】オモイネンズ［自サ変］｛ぜ・じ・ず・ずる・ずれ・ぜよ｝❶心に願う。ひたすら心に祈る。例「寿くとこそ思ひ念・ぜめ」〈源氏・桐壺〉❷じっと我慢する。例「北の方、このほどを見棄てて知らざらんもひがみたらむと思ひ念・じて」〈源氏・東屋〉

おもひのこ・す【思ひ残す】オモイノコス［他サ四］｛さ・し・す・す・せ・せ｝心残りを感じる。未練を残す。

おもひのたま・ふ【思ひ宣ふ】オモイノタマ(モ)ウ［他ハ四］｛は・ひ・ふ・ふ・へ・へ｝（「思い言ふ」の尊敬語）思い、おっしゃる。例「譏らはしげに思ひのたま・ふ人もありけれど」〈源氏・宿木〉

おもひのどま・る【思ひのどまる】オモイノドマル［自ラ四］｛ら・り・る・る・れ・れ｝気持ちがゆったりする。気分が落ち着く。例「心より外にながらへば、すこし思ひのどま・りて聞こえむ」〈源氏・総角〉

おもひのど・む【思ひのどむ】オモイノドム［他マ下二］｛め・め・む・むる・むれ・めよ｝気持ちをゆったりさせる。気持ちを落ち着かせる。例「すこし思ひのど・めよと思されば、あはれとだにのたまはせよ」〈源氏・若菜・下〉

おもひの・ぶ【思ひ延ぶ・思ひ伸ぶ】オモイノブ［他バ下二］｛べ・べ・ぶ・ぶる・ぶれ・べよ｝気持ちをのんびりさせる。心を和らげる。例「げに懲りにしかばなど、思ひの・べてあるほどに」〈蜻蛉・中〉

おもひのほか［・なり］【思ひの外】オモイノホカ［名・形動ナリ］思いがけないこと。意外だ。例「なほ頼め梅の立ち枝は契りおかぬ思ひのほかの人も訪ふなり」〈更級〉訳→〔和歌〕なほたのめうめのたちえは…

おもひのぼ・る【思ひ上る】オモイノボル［自ラ四］｛ら・り・る・る・れ・れ｝気位を高くもつ。高望みをする。例「雲のうへに思ひのぼ・れる（＝入内ヲ願ッテイル）心には千ひろの底もはるかにぞ見る」〈源氏・絵合〉

おもひば【思ひ羽】オモイバ［名］オシドリ・雉・鴨などの鳥の尾の両脇にある、イチョウの葉の形をした小さな羽。＝剣羽

おもひはか・る【思ひ量る】オモイハカル［他ラ四］｛ら・り・る・る・れ・れ｝考えをめぐらす。考慮する。例「〔カグヤ姫ヲ〕よき人にあはせむと思ひはか・れど」〈竹取・火鼠の皮衣〉

おもひはぐく・む【思ひ育む】オモイハグクム［他マ四］｛ま・み・む・む・め・め｝大切に育てる。例「幼からむ御むすめのやうに、思ひはぐく・みたてまつりたまふ」〈源氏・若菜・下〉

おもひはげ・む【思ひ励む】オモイハゲム［自マ四］｛ま・み・む・む・め・め｝心を励まし努力する。例「後れたる筋の心をもなほ口惜しくは見えじと思ひ励・みつつ」〈源氏・帚木〉

おもひはじ・む【思ひ始む】オモイハジム［他マ下二］｛め・め・む・むる・むれ・

めよ}考え始める。また、恋い慕い始める。例「何にかくあながちなる事を思ひはじ・めて、心苦しく思ほしなやますらむ」〈源氏・絵合〉

おもひは・つ【思ひ果つ】[他タ下二]{て・て・つ・つる・つれ・てよ}❶決めこむ。判断する。例「馴れ馴れしく臥ふしたまふに、宮なりけりと〈浮舟ハ〉思ひは・つるに」〈源氏・東屋〉❷断念する。思い切る。あきらめる。例「世の中を今はと思ひは・てて」〈源氏・松風〉❸愛しとおす。いつくしみぬく。例「あこはらうたけれど、つらきゆかりにこそ、え思ひは・つまじけれ」〈源氏・空蟬〉

おもひは・づ【思ひ恥づ】[自ダ上二]{ぢ・ぢ・づ・づる・づれ・ぢよ}恥ずかしく思う。恥じ入る。例「女は思ひ恥・ぢて、返りごともせず」〈平中・二八〉

おもひはな・つ【思ひ放つ】[他タ四]{た・ち・つ・つ・て・て}思いを捨てる。断念する。あきらめる。例「なほこの君のことの思ひ放・ちがたくおぼえてなむ」〈源氏・若菜・下〉

おもひはな・る【思ひ離る】[自ラ下二]{れ・れ・る・るる・るれ・れよ}心が離れる。執着がなくなる。あきらめる。例「さるべき人あらば〔娘ノ女三ノ宮ヲ〕預けて、心やすく世をも思ひ離・ればや」〈源氏・若菜・上〉

おもひはばか・る【思ひ憚る】[自ラ四]{ら・り・る・る・れ・れ}あれこれ考えて遠慮する。例「御迎へにもと思ひたまへつれど、忍びたる御歩ありきにいかがと思ひ憚・りてなむ」〈源氏・若紫〉

おもひは・る【思ひ晴る】[自ラ下二]{れ・れ・る・るる・るれ・れよ}心がはればれとする。すっきりする。例「待ちいでていくたび月をながむともおもひは・れずはかひやなからん」〈続拾遺・釈教・一三六九〉

おもひはる・く【思ひ晴るく】[他カ下二]{け・け・く・くる・くれ・けよ}もやもやした気持ちを晴らす。例「例の気色けしきなる今朝の御文にもあらざめれど、なほえ思ひはる・けず」〈源氏・夕霧〉語構成「あらざめれど」→「ざめり」

おもひびと【念人】[名]《「ねんにん」とも》歌合わせなどで、味方の勝利を祈念し、援助する者。念者。

おもひふ・す【思ひ臥す】[自サ四]{さ・し・す・す・せ・せ}あれこれと思いながら寝る。例「何ごとありつらむと、目もあはず思ひ臥・したまへり」〈源氏・夕霧〉

おもひへだ・つ【思ひ隔つ】[他タ下二]{て・て・つ・つる・つれ・てよ}心に壁をつくる。打ち解けない。よそよそしくする。例「我を思ひ隔・てて、あこ（＝私ノ娘）の御懸想人けそうびとを奪はむとしたまひけるが」〈源氏・東屋〉

おもひほ・く【思ひ惚く】[自カ下二]{け・け・く・くる・くれ・けよ}心がぼんやりする。ぼける。例「〔老女房ハ〕むげに思ひほ・けたるさまながら」〈源氏・早蕨〉

おもひほこ・る【思ひ誇る】[自ラ四]{ら・り・る・る・れ・れ}自慢に思う。誇らしく思う。例「さ馴ならへる鷹たかはなけむと心には思ひ誇・りて」〈万葉・一七・四〇一一長歌〉

おもひほ・る【思ひ惚る】[自ラ下二]{れ・れ・る・るる・るれ・れよ}もの思いのために放心状態になる。ぼんやりする。例「父大臣おとどのさばかり世にいみじく思ひほ・れたまうて」〈源氏・横笛〉

おもひまう・く【思ひ設く】[他カ下二]{け・け・く・くる・くれ・けよ}前もって考えておく。用意する。予期する。例「のどかなるべき所思ひまう・けたり」〈源氏・浮舟〉

おもひまが・ふ【思ひ紛ふ】[他ハ下二]{へ・へ・ふ・ふる・ふれ・へよ}似ているため思い違いする。取り違える。例「あやしうただそれかと思ひまが・へらるるをりをりこそあれ」〈源氏・胡蝶〉

おもひまぎらは・す【思ひ紛らはす】[他サ四]{さ・し・す・す・せ・せ}気を紛らわす。例「いと恐ろしきことどもみづから思ひ紛らは・し」〈源氏・野分〉

おもひまぎ・る【思ひ紛る】[自ラ下二]{れ・れ・る・るる・るれ・れよ}気が紛れる。例「尊きことどもに御心とまりて、例よりは日ごろ経へ、たまふにや、すこし思ひ紛・れけむとぞ」〈源氏・薄雲〉

おもひまさ・る【思ひ勝る】[自ラ四]{ら・り・る・る・れ・れ}思う心が強くなる。愛情がますますつのる。例「月日にそへて思ひまさ・りたまひける」〈源氏・夕霧〉

おもひま・す【思ひ増す】{さ・し・す・す・せ・せ}一[自サ四]思いが強くなる。恋しさがつのる。例「いや日に異けには（＝日ヲ追ッテ一段ト）思ひ増・すとも」〈万葉・一二・二八八二〉二[他サ四]❶ほかよりもよいと思う。ほかより大切に思う。例「按察あぜちの君とて、人よりはすこし思ひま・したまへるが」〈源氏・宿木〉❷ますます愛する。思いをつのらせる。例「この君も東ひむがしのをばやむごとなく睦むつまじう思ひま・したり」〈源氏・紅梅〉

おもひま・す【思ひ座す】《動詞「思ふ」の連用形＋尊敬の補助動詞「座す」》お思いになる。思っておいでである。例「彦星ひこほしの思ひま・すらむ心より見る我苦し夜よの更ふけ行けば」〈万葉・八・一五四四〉

おもひま・ず【思ひ交ず】[他ザ下二]{ぜ・ぜ・ず・ずる・ずれ・ぜよ}疑いや悩みをもちながら、あれこれと考える。例「めな口惜しや。思ひま・ずる方かたなくて見たてまつらましかば、珍しく嬉うれしからまし」〈源氏・柏木〉

おもひまつは・す【思ひ纏はす】[他サ四]{さ・し・す・す・せ・せ}慕ってつきまとうようにさせる。例「わづらはしげに思ひまつは・す気色けしき見えしかば」〈源氏・帚木〉

おもひまつは・る【思ひ纏はる】[自ラ四]{ら・り・る・る・れ・れ}恋しい思いが心を離れない。例「藤波ふちなみの思ひ纏は・り若草の思ひつきにし君が目に恋ひや明かさむ長きこの夜よを」〈万葉・一三・三二四八長歌〉

おもひまど・ふ【思ひ惑ふ】[自ハ四]{は・ひ・ふ・ふ・へ・へ}（上代は「おもひまとふ」）思い迷っておろおろする。途方にくれる。例「いみじく暗ければ、夢の路みちのここちして、いとゆゆしく、いかなるにかとまで思ひまど・ふ」〈蜻蛉・中〉

おもひまは・す【思ひ回す】[他サ四]{さ・し・す・す・せ・せ}思いをめぐらす。例「胸つぶれて（＝胸ガドキドキシテ）答いらへきこえんやうも思ひまは・さる」〈源氏・夢浮橋〉

おもひみだ・る【思ひ乱る】[自ラ下二]{れ・れ・る・るる・るれ・れよ}いろいろと思い悩む。例「世とともに、この君（＝浮舟）につけては、ものをのみ思ひ乱・れし気色けしきのすこしうちゆるびて（＝安心シテ）」〈源氏・浮舟〉

おもひ・みる【思ひ見る・惟る】[他マ上一]{み・み・みる・みる・みれ・みよ}よく考える。思ひ見る。例「梓弓あづさゆみ引きみ緩ゆるへみ思ひ見・て」〈万葉・一二・二九八六〉

おもひむ・す【思ひ咽す】[自サ下二]{せ・せ・す・する・すれ・せよ}❶あれこれ思い、心から悲しんで涙にむせぶ。例「別れむほどのわりなさを思ひむ・せたるもいとことわりなり」

〈源氏・明石〉

おもひむす・ぶ【思ひ結ぶ】 オモイムスブ［他バ四］{ば・び・ぶ・ぶ・べ・べ} 心に恨みや不満を抱く。例「馬に乗れる者の辞の无礼なきことをおもひむすび給ひ」〈紀・允恭〉

おもひむすぼほ・る【思ひ結ぼほる】 オモイムスボオル［自ラ下二］{れ・れ・る・るる・るれ・れよ}「おもひむすぼる」に同じ。

おもひむすぼ・る【思ひ結ぼる】 オモイムスボル［自ラ下二］{れ・れ・る・るる・るれ・れよ} もの思いで気がふさぐ。思い悩んで憂うつになる。＝思ひ結ぼほる。例「ねもころに思ひ結ぼれ嘆きつつ我が待つ君が」〈万葉・一八・四一一六長歌〉

おもひむせ・ぶ【思ひ咽ぶ】 オモイムセブ［自バ四］{ば・び・ぶ・ぶ・べ・べ} 声をつまらせて泣く。悲しみで胸がつかえる。例「〔源氏ノ直衣ノ姿ノ素晴ラシサニ〕思ひむせべる心の闇も晴るるやうなり」〈源氏・松風〉

おもひむつか・る【思ひ憤る】 オモイムツカル［自ラ四］{ら・り・る・る・れ・れ} あれこれ考えて不機嫌になる。不愉快でいらいらする。例「『重し』とだに聞かば、何を思はましと思ひむつかるほどに」〈蜻蛉・中〉

おもひむつ・ぶ【思ひ睦ぶ】 オモイムツブ［自バ上二］{び・び・ぶ・ぶる・ぶれ・びよ} 親しむ。慕って仲よくする。例「見そめたる人には疎からず思ひ睦びたまはむこそ、本意ある心地すべけれ」〈源氏・末摘花〉

おもひめぐら・す【思ひ巡らす】 オモイメグラス［他サ四］{さ・し・す・す・せ・せ} あれこれ考える。例「『天竺に在る物も持て来ぬものかは』と思ひめぐらして」〈竹取・石作の皇子〉

おもひもた・り【思ひ持たり】 オモイモタリ［自ラ変］{ら・り・り・る・れ・れ}《「もたり」は「もちてあり」の変化形》思い続けている。例「この子は忘れず思ひもたりけり」〈大和・一六九〉

おもひもの【思ひ者】 オモイモノ［名］恋人。愛人。愛妾。側室。

おもひもよほ・す【思ひ催す】 オモイモヨオス［他サ四］{さ・し・す・す・せ・せ} 心ひかれる。（あることを）しようという気持ちを起こす。例「出で立ちいそぎをなむ思ひもよほされはべるに」〈源氏・行幸〉

おもひやす・む【思ひ休む】 オモイヤスム［自マ四］{ま・み・む・む・め・め} 忘れる。思い出さなくなる。例「人皆の思ひやすみてつれもなくありし間に」〈万葉・六・九二八長歌〉

おもひやすら・ふ【思ひ休らふ】 オモイヤスラ(ロ)ウ［自ハ四］{は・ひ・ふ・ふ・へ・へ} ためらう。決心がつかない。例「舟渡りのほども軽らかにやと思ひやすらひたまふほどに」〈源氏・椎本〉

おもひや・む【思ひ病む】 オモイヤム［自マ四］{ま・み・む・む・め・め} 思い悩む。とくに、恋に悩んで病気になる。例「玉梓の使ひも来ねば思ひ病む我が身ひとつぞ」〈万葉・一六・三八一一長歌〉

おもひや・む【思ひ止む】 オモイヤム［他マ四］{ま・み・む・む・め・め} 思うことをやめる。心にかけなくなる。思いとどまる。例「人はよし思ひ止むとも」〈万葉・二・一四九〉

おもひやり【思ひ遣り】 オモイヤリ［名］❶思いめぐらすこと。推測。想像。思慮分別。例「うきさまに言ひなす人もあらむこそ、思ひやり恥づかしけれど」〈源氏・浮舟〉❷人の立場や心情などを察すること。同情。気づかい。例「中務の君、中将の君などやうの人々目をくはせつつ、『あまりなる御思ひやりかな』など言ふべし」〈源氏・若菜・上〉

おもひやりごと【思ひ遣り事】 オモイヤリゴト［名］想像すること。

おもひや・る【思ひ遣る】 オモイヤル［他ラ四］{ら・り・る・る・れ・れ} ❶うさを晴らす。心を慰める。例「思ひ遣るすべのたどきも我はなし」〈万葉・一二・二八九二〉❷思いをはせる。遠くにいるものや人を思いやる。例「かの絶え籠もりにたる山住みを思ひやるのみぞあはれにおぼつかなき」〈源氏・若菜・上〉《係結び》「ぞ」→おぼつかなき㊍。❸想像する。察する。推量する。例「めでたく、極楽思ひやらるる夜のさまなり」〈源氏・賢木〉❹気配りする。配慮する。気づかう。例「〔夫ヲ亡クシタ〕一条宮（ヲ、夕霧ハ）思ひやりきこえたまひて」〈源氏・横笛〉《敬語》「思ひやりきこえたまひて」→「きこえたまふ」

おもひゆづ・る【思ひ譲る】 オモイユズル［他ラ四］{ら・り・る・る・れ・れ} 他の人にゆだねる。頼み任せる。例「後ろ見などあるは、さる方にも思ひゆづりはべり」〈源氏・若菜・上〉

おもひゆる・ぐ【思ひ揺るぐ】 オモイユルグ［自ガ四］{が・ぎ・ぐ・ぐ・げ・げ} 気持ちが動揺する。考えが変わる。例「『さりともさのみはあらじ。いささか世の常に思ひゆるぐやある』と待ち渡るに」〈浜松中納言・五〉

おもひゆる・す【思ひ許す】 オモイユルス［他サ四］{さ・し・す・す・せ・せ} ❶（人の行為などを）許し認める。例「こたみはさもありぬべしと思ひゆるして帰りぬ」〈源氏・手習〉❷（自分の態度や決断などを）自身に納得させる。例「思ひゆるして心まうけしたまへり」〈源氏・総角〉

おもひよ・す【思ひ寄す】 オモイヨス［他サ下二］{せ・せ・す・する・すれ・せよ} 思い比べる。思い合わせる。例「もて離れたることをも思ひ寄せて疑ふも、をかしと思ぼせど」〈源氏・帚木〉

おもひよそ・ふ【思ひ寄そふ・思ひ準ふ】 オモイヨソウ［他ハ下二］{へ・へ・ふ・ふる・ふれ・へよ} 思い合わせる。なぞらえる。連想する。例「恋ひわたる人の形見にも、思ひよそへつべからむ人をだに見出でてしがな」〈源氏・手習〉

おもひよ・る【思ひ寄る】 オモイヨル［自ラ四］{ら・り・る・る・れ・れ} ❶気がつく。思い当たる。例「かかる筋とは思ひよらざりけり」〈源氏・行幸〉❷好意を抱く。心ひかれる。例「姉妹などを持たる人は、いやしきにても、なほこの御あたりにさぶらはせんと〔源氏ニ〕思ひよらぬはなかりけり」〈源氏・夕顔〉《敬語》「さぶらはせん」→「さぶらふ」。❸恋して言い寄る。求愛する。例「真心に後ろ見きこえんなど思ひよりきこゆる〔人ガ〕あらば」〈源氏・椎本〉《敬語》「後ろ見きこえん」「思ひよりきこゆる」→「きこゆ」

おもひよろこ・ぶ【思ひ喜ぶ】 オモイヨロコブ［自バ四］{ば・び・ぶ・ぶ・べ・べ} うれしいと思う。例「亡せにし女子のかはりにと、思ひよろこび侍りて」〈源氏・手習〉

おもひよわ・る【思ひ弱る】 オモイヨワル［自ラ四］{ら・り・る・る・れ・れ} 気が弱くなる。↔思ひ強る。例「『渡りたまひてはまさるべし』とのみ〔陰陽師ガ〕言へば、思ひ弱りにたり」〈源氏・薄雲〉

おもひわか・る【思ひ分かる】 オモイワカル［自ラ下二］{れ・れ・る・るる・るれ・れよ} 適切な判断がつく。例「あさましくおぼえて、ともかくも思ひ分かれず」〈源氏・空蟬〉

おもひわきま・ふ【思ひ弁ふ】 オモイワキマ(モ)ウ［他ハ下二］{へ・へ・ふ・ふる・ふれ・へよ} 物事を、これはこうだ、あれはああだと区別して知る。精通している。例「花鳥の色にも音にも

お

思ひわきま・へ、言ふかひある方のいとうるさかりし（＝気ガキイテイタ）ものを」〈源氏・鈴虫〉

おもひわ・く【思ひ分く】(オモイワク) ［一］［他カ四］{か・き・く・く・け・け}判断する。他と区別して考える。例「さばかりの色も思ひわ・かざりけりや」〈源氏・野分〉 ［二］［他カ下二］{け・け・くる・くれ・けよ}［一］に同じ。例「母なるものも、これを他人と思ひわ・けたることとくねり言ふことはべりて」〈源氏・東屋〉

おもひわす・る【思ひ忘る】(オモイワスル)［他ラ下二］{れ・れ・る・るる・るれ・れよ}念頭から消える。忘れる。例「年ごろすこし思ひ忘・れたまへりつるを」〈源氏・賢木〉

おもひわするるくさ【思ひ忘るる草】(オモイワスルルクサ)［名］その花を身につけるともの思いを忘れるという草。和歌では「忘れ草」の形で詠まれる。萱草を指す。

おもひわた・す【思ひ渡す】(オモイワタス)［他サ四］{さ・し・す・す・せ・せ}物事を連想する。思いやる。推し量る。例「からばしきけはひなども思ひわた・さるるに、いと恥づかしくせん方なし」〈源氏・東屋〉

おもひわた・る【思ひ渡る】(オモイワタル)［他ラ四］{ら・り・る・る・れ・れ}ずっと思い続ける。思いながら過ごす。例「年を経て思ひわた・りけることの、たまさかに本意かなひて」〈源氏・若菜・下〉

おもひわづら・ふ【思ひ煩ふ】(オモイワズラ(ロ)ウ)［自ハ四］{は・ひ・ふ・ふ・へ・へ}あれこれと思い悩む。煩悶する。例「人の心ざしのおなじやうなるになむ、思ひわづら・ひぬる」〈大和・一四七〉

〔和歌〕**おもひわび…** 【思ひわびさても命はあるものを憂きに堪へぬは涙なりけり】〈千載・恋三・八一八・道因法師〉《百人一首》訳つれない恋人を思い嘆き、それでも耐えて命は長らえているのに、そのつらさに耐え切れないでこぼれるものは、涙なのであったよ。

おもひわ・ぶ【思ひ侘ぶ】(オモイワブ)［自バ上二］{び・び・ぶ・ぶる・ぶれ・びよ}思いどおりにならず、つらく感じる。思い悩む。＝思ひ侘ぶる。例「思ひわ・びさても命はあるものを憂きに堪へぬは涙なりけり」〈千載・恋三・八一八〉訳→〔和歌〕おもひわび…

おもひわぶ・る【思ひ侘ぶる】(オモイワブル)［自ラ下二］{れ・れ・る・るる・るれ・れよ}「おもひわぶ」に同じ。

おも・ふ【思ふ】(オモウ)［他ハ四］{は・ひ・ふ・ふ・へ・へ}

> **アプローチ**
> ▼心中に抱かれる悲喜哀歓さまざまの思念を表す語。
> ▼連用形「思ひ」の下に他の動詞を伴い、複合動詞をつくることが多い。
> ▼「もふ」ともいう。

❶**心中に思いめぐらす。** 例「心に思・ふことを、見るもの、聞くものにつけて、言ひ出だせるなり」〈古今・仮名序〉訳（世間の人は）心の中で**思案すること**を、見るもの、聞くものに託して（歌として）いい出したのである。

❷**判断する。理解する。** 例「春毎に咲くとて、桜をよろしう思・ふ人やはある」〈枕・節は〉訳春が来るごとに咲くからといって、桜を大したことがないと**判断する**人がいるか、いや、いない。〔注〕「よし」に比べて「よろし」は評価が低い。→「よし」「よろし」。《音便》「よろしう」は「よろしく」のウ音便。《係結び》「やは→ある(体)」

❸**願う。望む。** 例「思・ふこと成らで世の中に生きて何かせむ」〈竹取・蓬萊の玉の枝〉訳**願う**ことが実現しないでは、世の中に生きて何になろうか、いや、何にもならない。《係結び》「か→せむ(体)」

❹**回想する。懐かしむ。** 例「安騎の野に宿る旅人うちなびき眠も寝らめやも古思・ふに」〈万葉・一・四六〉訳→〔和歌〕あきののにやどるたびびと…

❺**愛する。慕う。** 例「若き男、けしうはあらぬ女を思・ひけり」〈伊勢・四〇〉訳若い男が、悪くはない女を愛した。《音便》「けしう」は「けしく」のウ音便。

❻**心配する。悩む。** 例「海賊報いせむといふなることを思・ふうへに」〈土佐〉訳海賊が報復してくるだろうといううわさを**心配する**うえに。

❼**想像する。予想する。** 例「つひに行く道とはかねて聞きしかど昨日今日とは思・はざりしを」〈古今・哀傷・八六一〉訳→〔和歌〕つひにゆく…

> **発展学習ファイル** 「かんがふ（考ふ）」が理知的な心の働きを表すのに対して、「おもふ」は主観的・感情的な心の働きを表す傾向が強い。

〔**思はじ事**〕(オモワジゴト) 考えないようなこと。考えつかないこと。

〔**思はぬ外**〕(オモワヌホカ) 思いがけないこと。思いのほか。

〔**思ふ子**〕(オモウコ) いとしく思う人。恋人。例「うぐひすの待ちかてにせし梅が花散らずありこそ思ふこがため」〈万葉・五・八四五〉

〔**思ふ心**〕(オモウココロ) ❶いとしく思う気持ち。❷（こうしたいという）考え。

〔**思ふ空**〕(オモウソラ)（「そら」は気持ちの意）思う気持ち。例「嘆くそら安けなくに思ふそら苦しきものを」〈万葉・一七・三九六九長歌〉

〔**思ふどち**〕(オモウドチ) 気の合った者同士。例「思ふどち遊ぶ今日の日忘らえめやも」〈万葉・一〇・一八八〇〉

〔**思ふ仲**〕(オモウナカ) 互いに愛し合っているふたりの間柄。相思相愛の仲。

〔**思ふはかり**〕(オモウハカリ) 思案をめぐらすこと。おもんぱかり。

〔**思ふ日**〕(オモウヒ)《亡き人を思う日の意》命日。忌日。例「今日は思ふ日に当たれり」〈謡・仏原〉

〔**思ふ人**〕(オモウヒト) ❶親しい人。かわいがってくれる人。例「思ふ人にさまざま後れ（＝先立タレ）」〈源氏・若菜・下〉❷愛する人。恋人。

〔**思ふべき人**〕(オモウベキヒト) ❶（自分が）気にかけてやるべき人。多く、近親者。❷（相手を）気がかりに思うはずの人。多く、近親者。❸後見したり、保護したりする立場の人。

〔**思ふ故に**〕(オモウエニ)《「おもふゆゑに」の変化形》恋しいと思うから。例「思ふ故に逢ふものならばしましくも妹が目離れて我居らめやも」〈万葉・一五・三七三一〉

おもふおもふ【思ふ思ふ】(オモウオモウ)［副］思いながら。例「苦しと思ふ思ふ参りぬ」〈源氏・若菜・下〉

おもぶき【趣】［名］「おもむき」に同じ。

おもぶ・く【趣く・赴く】［一］［自カ四］{か・き・く・く・け・け}「おもむく［一］」に同じ。［二］［他カ下二］{け・け・く・くる・くれ・けよ}「おもむく［二］」に同じ。例「かの大臣もさやうになむおもぶ・けて」

〈源氏・藤袴〉

おもふさま［・なり］【思ふ様】一［名］思っていること。考え。例「思ふさまことなり」〈源氏・若紫〉 二［形動ナリ］{なら・なり(に)・なり・なる・なれ・なれ}❶思っているとおりだ。理想的だ。例「強ひて増どりて、『思ふさま・ならず』と、歎く」〈枕・あぢきなきもの〉❷思うまま。自由だ。例「これは入道相国、よろづ思ふ様・なるが致すところなり」〈平家・四・厳島御幸〉

おもふさま【思ふ様】［副］思う存分。思いどおりに。例「しばしこれを大事とおもふさまにいきづみて（＝息バッテ）」〈古今著聞・五四二〉

おもふところ【思ふ所】考えたり感じたりする点。思慮分別や感慨。

〈和歌〉**おもふどち…**【思ふどち春の山辺にうち群れてそことも言はぬ旅寝してしが】〈古今・春下・一二六・素性〉訳 気の合った者どうしで、春の山辺に連れだって出かけてゆき、どことあてもない旅寝をしたいものだ。

おもふやう［・なり］【思ふ様】一［名］心に思うこと。考え。例「この人をかうまで思ひやり言とふは、なほ思ふやうのはべるぞ」〈源氏・澪標〉 二［形動ナリ］{なら・なり(に)・なり・なる・なれ・なれ}望みがかない、満足できるようす。思いどおりであるようす。例「思ふやう・にもあらぬ身をし嘆けば」〈蜻蛉・上〉

おもぶるに【徐るに】［副］ゆったりと。もの静かに。＝除ろに。例「〔六人ノ小僧ガ〕徐るに歩み来たり向かへり」〈今昔・一七・二三〉

おもへらく【思へらく・以為へらく】《動詞「思ふ」の已然形＋完了の助動詞「り」の名詞化したもの》思っていることには。

おもへり【面へり】［名］顔つき。顔色。表情。

おもほえ・ず【思ほえず】《動詞「思ほゆ」の未然形＋打消の助動詞「ず」の連用形》思いもよらず。意外にも。例「思ほえ・ず、ふる里に、いとはしたなくてありければ心地まどひにけり」〈伊勢・一〉

おもほ・し【思ほし】［形シク］{しから・しく(しかり)・し・しき(しかる)・しけれ・しかれ}《「おもはし」の変化形》心の中で思い望んでいるさま。こうありたいと願うさま。願わしい。例「思ほ・しき言とも語らひ慰むる心はあらむを」〈万葉・一八・四一二五長歌〉

おもほしびと【思ほし人】［名］貴人が愛していらっしゃる人。愛人。

おもほしめ・す【思ほし召す】［他サ四］{さ・し・す・す・せ・せ}《動詞「思ほす」の連用形＋接尾語「めす」》「思ふ」の尊敬語。お思いになる。例「遠くあれば一日一夜も思はずてあるらむものと思ほしめ・すな」〈万葉・一五・三七三六〉

〈参考〉平安以降は、ふつう用いられない。

おもほ・す【思ほす】［他サ四］{さ・し・す・す・せ・せ}《動詞「思ふ」の未然形＋上代の尊敬の助動詞「す」＝「おもはす」の変化形》「思う」の意の尊敬語。思う人（主語）を高める。お思いになる。例「古を思ほ・すらしもわご大君吉野の宮をあり通ひ見めす」〈万葉・一八・四〇九九〉

発展学習ファイル 敬意の高い尊敬語で、この語から「おぼほす」を経て「おぼす」を生じた。

おもほ・ゆ【思ほゆ】［自ヤ下二］{え・え・ゆ・ゆる・ゆれ・えよ}《「おもはゆ」の変化形》❶（自然に）思われる。例「瓜食めば子ども思ほ・ゆ栗食めばまして偲はゆ」〈万葉・五・八〇二長歌〉訳→〈和歌〉うりはめば…。❷（他人から）思われる。例「世にすこしこれはと思ほ・え、心地にとまるふしあるあたりを尋ね寄りたまふものと人の知りたるに」〈源氏・蓬生〉

おもむき【趣】［名］《「おもぶき」とも》❶趣旨。意向。例「源大夫判官季貞の趣いひ入れさせ」〈平家・三・法印問答〉❷ありさま。ようす。例「そのほど心ざしの深さ浅さのおもむきをも見定めて」〈源氏・少女〉❸情趣。風情。例「水のおもむき、山のおきてをあらためて」〈源氏・少女〉❹やり方。方法。例「政のおもむきを認め知らむことは、はかばかしからず」〈源氏・行幸〉

おもむ・く【趣く・赴く】《「おもぶく」とも。「面向く」の意》一［自カ四］{か・き・く・く・け・け}❶向かう。向かって行く。例「明日は遠き国へ赴・くべし」〈徒然・一二三〉❷その方へ心が向かう。志す。例「ひたみちに行ひにおもむ・きなんに障りどころあるまじきを」〈源氏・御法〉❸同意する。従う。例「二人はおもむ・きにけり」〈源氏・玉鬘〉 二［他カ下二］{け・け・く・くる・くれ・けよ}❶向かわせる。例「たちまちに仏の道におもむ・けんも、尊きこととはいひながら」〈源氏・横笛〉❷同意させる。従わせる。例「恥づかしげなる御気色なれば、しひてもえ聞こえす。例「もて離れて、似げなき御事とも、おもむ・けたまはず」〈源氏・少女〉❸誘う。ほのめかす。例「もて離れて、似げなき御事とも、おもむ・けはべらず」〈源氏・末摘花〉

おもむけ【趣け・赴け】［名］ある方向へ心を向けさせること。意向。例「はかばかしう人のおもむけをも見知りたまはず」〈源氏・若紫〉

おもむろに【徐ろに】［副］「おもぶるに」に同じ。

おももち【面持ち】［名］顔つき。表情。

おもや【母屋・主屋】［名］❶《「もや」とも》寝殿造りで、「廂」や「廂」に対して、内側の中央部。➡［古典参考図］清涼殿。❷隠居所や物置などに対して、世帯主が生活している家屋。本宅。❸分家・支店などに対して本家・本店。

おもやう【面様】［名］顔だち。顔かたち。

おもや・す【面瘦す】［自サ下二］{せ・せ・す・する・すれ・せよ}顔がやつれる。やせて顔つきが変わる。例「いといたう面瘦・せにけり」〈源氏・葵〉

おもや・る【思やる】［他ラ四］{ら・り・る・る・れ・れ}《「おもひある」の変化形》お思いになる。同等か目下の者の動作に対して用いる。例「行をせいでかなはぬとおもや・る事ならば」〈狂・花子〉

おもらか［・なり］【重らか】［形動ナリ］{なら・なり(に)・なり・なる・なれ・なれ}❶「おもりか①」に同じ。❷「おもりか②」に同じ。

おもりか［・なり］【重りか】［形動ナリ］{なら・なり(に)・なり・なる・なれ・なれ}《中世以降「おもらか」とも。「か」は接尾語》❶重そうなさま。重たげ。例「つつみに衣箱の重りか・に古代なる」〈源氏・末摘花〉❷重々しいさま。落ち着いているさま。例「姫君は、らうらうじく、深く重りか・に見えたまふ」〈源氏・橋姫〉

おもりまさ・る【重り勝る】［自ラ四］{ら・り・る・る・れ・れ}（病気などが）ますます重くなる。例「御悩みどもさまざまに重りまさ・らせたまふ」〈源氏・明石〉

おもりわづら・ふ【重り患ふ】［自ハ四］{は・ひ・ふ・ふ・へ・へ}病が重くなって苦しむ。例「〔紫ノ上ガ〕少し

よろしきさまに見えたまふ時、五六日うちまぜつつ、また重りわづらひたまふこと」〈源氏・若菜・下〉

おも・る【重る】[自ラ四]{ら・り・る・る・れ・れ}❶重さが増す。重くなる。例「人多く居て、屋重りにければ」〈今昔・一九・四三〉❷病気が重くなる。重態になる。例「日々に重りたまひて」〈源氏・桐壺〉

おもろさうし オモロソウシ[作品名]室町後期から江戸前期にかけて編集された沖縄の古謡集。首里王府が採録・編集。オモロと呼ばれる、沖縄・奄美諸島に伝わる古い歌謡を収録したもの。

おもわ【面輪】[名]《「わ」は輪郭の意》顔。顔つき。

おもわすれ【面忘れ】[名]顔を見忘れること。

おもんばかり【慮り】[名]《「おもんぱかり」とも。「おもひはかり」の変化形》思慮。策略。深い考え。

おもん・みる【惟る・以る】[他マ上一]{み・み・みる・みる・みれ・みよ}《「おもひみる」の変化形》よく考えて見る。思いをめぐらす。例「それおもん・みれば真如(=永久不変ノ真理)広大なり」〈平家・五・勧進帳〉

おや【親・祖】[名]❶父母。また、養父母。古くはとくに、母をいうことが多い。例「花橘の かぐはしき親の御言」〈万葉・一九・四一六九長歌〉❷祖先。先祖。例「ますらをの清きその名を古よ今の現に流さへる祖の子どもぞ」〈万葉・一八・四〇九四長歌〉❸物事のできはじめ。元祖。例「物語の出で来はじめの親なる竹取の翁に」〈源氏・絵合〉❹人の上に立つ者。長。頭。中心人物。例「国の親となりて、帝王の上なき位にのぼるべき相おはします人の」〈源氏・桐壺〉《敬語》「相おはします」→「おはします」

〔親の司・祖の司〕祖先より代々受け継いできた官職。

〔親の名・祖の名〕先祖代々受け継がれてきた名誉。代々伝わる家名。

おやかた【親方】[名]❶親の代わりに面倒を見る人。親代わり。例「(薫ガ中ノ君ノ)親方になりて聞こえたまふ」〈源氏・総角〉❷職人・遊女などの抱え主。主人。

おやがりあり・く【親がり歩く】[自カ四]{か・き・く・く・け・け}しきりと親のような振る舞いをする。例「(源氏ハ斎宮ノ女御ニ対シテ)いとすくよかにつれなくて、常よりも親がりあり・きたまふ」〈源氏・薄雲〉

おやが・る【親がる】[自ラ四]{ら・り・る・る・れ・れ}《「がる」は接尾語》親のように振る舞う。例「ふと、しか受け取り親が・らむも便なからむ」〈源氏・行幸〉

おやげな・し【親げ無し】親らしさがない。親らしいようすや気持ちが見えない。例「なまめかしく人の親げな・くおはしますを」〈源氏・若菜・上〉

おやこ【親子】[名]❶親と子。❷親類。

〔親子は一世〕親子の関係はこの世だけのものであるということ。例「親子は一世の契りと申せども」〈古活字本保元・下〉

古典の世界　「親子は一世、夫婦は二世、主従は三世」「親子は一世、師は三世」などといい、親子は、夫婦・主従・師弟などより結びつきが弱いとされていた。

おやざと【親里】[名]実の親の住むところ。実家。

おやざま【親様】[名]親のように頼りに思う人。親代わり。

おや・じ【同じ】[形シク]{じから・じく(じかり)・じ・じき(じかる)・じけれ・じかれ}《上代語。「おなじ」の古形》同じ。等しい。例「都をもここも同・じと心には思ふものから」〈万葉・一九・四二五四長歌〉

おやしらず【親知らず・親不知】[地名]越後国の地名。いまの新潟県西頸城郡青海町の市振と外波の間の断崖が海に迫った北陸道の難所。波が荒くて、親子でも助け合うゆとりがないほどの危険な海岸であることによる名。

おやしろ【親代】[名]親代わりになって子供を養育すること。また、その人。

おやだ・つ【親立つ】[自タ四]{た・ち・つ・つ・て・て}《「だつ」は接尾語》親のようにする。例「こかはへまうで侍りしに女のおやだ・う人の、きのかみなるを思ひて」〈実方集〉

おやぢゃひと【親ぢゃ人】オヤジャヒト[名]《親である人の意》親。

おやばら【親腹】[名]母と娘の両方を妻にした場合、その母の方から生まれること。また、その子。↔娘腹。例「親腹の御子をば五の宮、女腹の御子をば六の宮とて」〈栄花・八〉

おやはらから【親同胞】[名]親や兄弟姉妹。親兄弟。

おやま【御山・女方・女形】[名]《近世語》❶上方で、遊女。とくに、下級遊女の称。❷美女。❸歌舞伎で、女役をする男優。または、操り人形芝居の女役の人形。

おやめ・く【親めく】[自カ四]{か・き・く・く・け・け}《「めく」は接尾語》親らしく振る舞う。例「人の親め・きて若宮をつと抱きたまへるさまいとをかし」〈源氏・若菜・上〉

お・ゆ【老ゆ】[自ヤ上二]{い・い・ゆ・ゆる・ゆれ・いよ}❶年をとる。老いる。例「黒髪に白髪交じり老・ゆるまで」〈万葉・四・五六三〉❷弱る。衰える。盛りが過ぎる。例「老・いせぬものは若菜なりけり」〈拾遺・春・二〇〉

おゆどの【御湯殿】[名]❶清涼殿の西廂の北にある部屋。天皇の飲み湯を沸かしたり、食事道具なども置いたりした。↓[古典参考図]清涼殿。❷貴人の家の浴室。または、貴人が入浴することの敬称。❸「御湯殿の儀式」の略。❹「御湯殿の儀式」に奉仕する女性。❺江戸時代、大名などの浴室で奉仕する女性。

〔御湯殿の儀式〕平安時代、皇子誕生の際に、御湯殿で産湯を使わせる儀式。「吉方」の水をくみ、白い装束をつけた女房が入浴に奉仕した。その間、僧による加持や、読書・鳴弦の儀が湯殿の内外で行われた。＝御湯殿③

〔御湯殿の女官〕オユドノノニョウカン「御湯殿①」に奉仕する女官。

おゆどののうへ【御湯殿の上】オユドノノウエ[名]「御湯殿」の別称。また、それに続く一室で、御湯殿に奉仕する女官の詰め所。〈参考〉鎌倉以降は、浴室と区別するために、この語を用いている。

おゆどののうへのにっき【御湯殿上日記】オユドノノウエノニッキ[作品名]室町中期から江戸後期までの日記。ほぼ文明九年(一四七七)から文政九年(一八二六)に至る約三百五十年間の宮廷日次記。

おゆらく【老ゆらく】《動詞「老ゆ」の名詞化したもの。中古以降は「おいらく」とも》老いること。例「天なるや月日のごとく我が思へる君が日に異に**老ゆらく**惜しも」〈万葉・一三・三二四六〉

およぎあり・く【泳ぎ歩く】[自カ四]{か・き・く・く・け・け}あちこち泳ぎ回る。例「たがひに目を見かはして**およぎあり・き**給ふ程に」〈平家・一一・能登殿最期〉

およしを【老男】[名]老人。年老いた男。

およす・く[自カ下二]{け・け・く・くる・くれ・けよ}《「およすぐ」「およずく」とも》❶**成長する**。例「この皇子の**およす・け**もておはする御容貌心ばへありがたくめづらしきまで見えたまふを」〈源氏・桐壺〉《敬語》「おはする」→「おはす」。❷(年のわりに)**おとなびる。ませる。** 例「いで、**およす・け**たることとは言はぬぞよき」〈源氏・帚木〉《係結び》「ぞ」→「よき(体)」。❸**老成する。老巧である。** 例「優にこそ、あまりに**およす・けたれ**」〈大鏡・道長・下〉《係結び》「こそ」→「およすけたれ(已)」。❹**年寄りくさくなる。地味である。** 例「昼は、ことそぎ、**およす・げ**たる姿にてもありなん」〈徒然・一九一〉

発展学習ファイル　「およ」は「老ゆ」と同根とされ、「およすぐ」「**およずく**」ともいう。古典の用例には、若干の未然形以外、連用形しか現れない。

およすけ[名]年をとっていること。大人びていること。

およすけあ・ふ【およすけ合ふ】[自ハ四]{は・ひ・ふ・ふ・へ・へ}ともに一人前になる。ともに成長する。例「みなおのおの加階しのぼりつつ、**およすけあ・へ**るに」〈源氏・少女〉

およすけまさ・る【およすけ勝る】[自ラ四]{ら・り・る・る・れ・れ}成長とともに立派に(美しく)なる。例「年月も経れば、おのおの**およすけまさ・り**たまふさま容貌の」〈源氏・橋姫〉

およそ[・なり]【凡そ】《「おほよそ」の変化形》[形動ナリ]{なら・なり(に)・なり・なる・なれ・なれ}いい加減だ。粗略だ。例「ことにそなたは先妻の子。わしとはなさぬ中ぢゃ故**およそ・に**したかと思はれては」〈浄・仮名手本忠臣蔵〉

およそ【凡そ】[副]《「おほよそ」の変化形》大体。概して。一般に。例「**凡そ**この后の琴のねをきいては、武きもののふのいかれるもやはらぎ」〈平家・五・咸陽宮〉

およづれ【妖・逆】[名]「およづれごと」に同じ。

およづれごと【妖言・逆言】[名]《「およづれこと」とも》人を惑わすうわさ。＝妖

およば・ず【及ばず】《動詞「及ぶ」の未然形＋打消の助動詞「ず」》❶届かない。至らない。例「上手はいと勢ひことに、わろ者は**及ば・ぬ**ところ多かめる」〈源氏・帚木〉《音便》「多かめる」は「多かるめる」の撥音便「多かんめる」の撥音無表記。❷しようとしてもできない。例「あるいは身ひとつからうじてのがるるも、資財を取り出づるに**及ば・ず**」〈方丈記〉❸する必要もない。するまでもない。例「我朝はいふに**及ば・ず**、天竺震旦にもこれ程の法滅あるべしともおぼえず」〈平家・五・奈良炎上〉

およひ【指】[名]《「おゆび」とも》ゆび。

および【及び】[接]また。ならびに。

およびかか・る【及び掛かる】[自ラ四]{ら・り・る・る・れ・れ}❶後ろからのしかかる。例「人の後ろにさぶらふは、様あしくも**及びかか・ら**ず」〈徒然・一三七〉❷あと少しで届きそうになる。例「七十に**およびかか・れ**るつゑなれば」〈新撰六帖〉

およびな・し【及び無し】[形ク]{から・く(かり)・し・き(かる)・けれ・かれ}❶考えもつかない。例「**及びな・う**思ほしもかけぬ筋のことを合はせけり」〈源氏・若紫〉《音便》「及びなう」は「及びなく」のウ音便。❷身分や教養が低い。及ばない。例「月も残りの天の原、**及びな・き**身の眺めにも」〈謡・羽衣〉

およ・ぶ【及ぶ】[自バ四]{ば・び・ぶ・ぶ・べ・べ}❶**達する。届く。至る。** 例「父祖の善悪は、必ず子孫に**及・ぶ**と見えて候ふ」〈平家・二・小教訓〉《敬語》「見えて候ふ」→「さうらふ」。❷**手を伸ばし、腰をかがめ、届くようにする。及び腰になる。** 例「枕がみなる扇、わが持たるして、**およ・び**てかき寄するが」〈枕・七月ばかり〉❸**追いつく。** 例「ひき放ちて出でたまふを、せめて**およ・び**て」〈源氏・紅葉賀〉❹**ついにそうなる。ある状態に至る。** 例「伽藍の滅亡にや**及・び**候はんずらん」〈古活字本保元・中〉❺(「に」を受け、多く打消の語を伴って)**必要である。できる。** 例「かかる身になる事は、一旦の歎き申すに**およ・び**さぶらはねど」〈平家・灌頂・六道之沙汰〉《敬語》「歎き申す」→「まうす」、「およびさぶらはねど」→「さぶらふ」。❻(多く打消の語を伴って)**同等になる。肩を並べる。** 例「そのうつはもの(＝器量)、昔の人に**及・ばず**」〈徒然・五八〉

およる【御夜】[名]《女房詞》寝ることの尊敬語。御就寝。おやすみ。↔御昼①

およ・る【御寝る】[自ラ四]{ら・り・る・る・れ・れ}《女房詞。「寝ぬ」の尊敬語》おやすみになる。↔御昼なる。例「御門はいづくに**御よ・る**ぞ」〈増鏡・さしぐし〉

おら【俺・己】[代名]《自称の人称代名詞。本来は、身分の卑しい者が用いた語》おれ。おいら。

おらがはる【おらが春】[作品名]江戸後期の俳諧句文集。小林一茶作。文政二年(一八一九)、一茶五十七歳の一年間の随想と四季折々の発句を収める。書名は巻頭吟「目出度さもちう位也おらが春」による。

おら・ぶ[自バ四]{ば・び・ぶ・ぶ・べ・べ}大声で叫ぶ。泣き叫ぶ。例「天仰ぎ叫び**おら・び**」〈万葉・九・一八〇九長歌〉

おらんだことはじめ【和蘭事始】[作品名]「らんがくことはじめ」に同じ。

おり【折り・居り】歴史的かなづかい「をり」

おりあ・ふ【下り合ふ】[自ハ四]{は・ひ・ふ・ふ・へ・へ}❶(高い所から)下りて会う。例「三蔵、この由を聞きて、速やかに道照を呼び入れて、自ら(座ヲ)**下り合・ひ**て」〈今昔・一一・四〉❷いっしょに下りる。例「御車さし寄せて、人々深沓はきて**下りあ・へ**り」〈十訓抄・七〉❸(戦場などで大勢の人間が)相手の前に出る。例「ここの辻、かしこの門の脇よりも、究竟の兵がひたひたと**おりあ・ひ**て」〈幸若・景清〉

おりいのみかど【下り居の帝】歴史的かなづかい「おりゐのみかど」

おりうか・ぶ【織り浮かぶ】[他バ下二]{べ・べ・ぶ・ぶる・ぶれ・べよ}浮き織りの模様を織り出す。例「柳の、やがてその枝を二重紋に**織り浮か・べ**たる、五重の小袿なめり」〈夜の寝覚〉

おりか・く【織り掛く・織り懸く】[他カ下二]

{け・け・く・くる・くれ・けよ}布を織って、かけ渡す。例「竜田川錦（にしき）織りか・く神無月（かむなづき）」〈古今・冬・三一四〉

おり・く【下り来】［自カ変］{こ・き・く・くる・くれ・こ(こよ)}下りてくる。

おりし・く【織り敷く】［他カ四］{か・き・く・く・け・け}布を織って敷く。例「ひとりのみ蓬（よもぎ）の宿に臥（ふ）すよりは錦（にしき）**織りし・く**山辺にを居む」〈宇津保・菊の宴〉

発展学習ファイル　和歌ではときに、「しく」に「しきりと…する」の意の「頻く」がかけられる。

おりぞめ【織り初め】［名］陰暦正月二日に、新年初めての機織りの仕事をすること。機始め。（季―春）

おりた・つ【下り立つ】［自タ四］{た・ち・つ・つ・て・て}❶（高い所や乗り物から）おりて立つ。例「雪には**おり立・ち**て跡つけなど」〈徒然・一三七〉❷自分で直接行う。例「惟光（これみつ）**下り立・ち**てよろづはものしはべる」〈源氏・夕顔〉❸打ち込む。熱心に行う。例「『今はことつけやりたまふべき滞りもなきを』と、**下り立・ち**聞こえたまへど」〈源氏・行幸〉

おりつ・く【織り付く】［他カ下二］{け・け・く・くる・くれ・けよ}織り出して何かに模様などを付ける。例「形木（かた）の文（もん）を**織りつ・け**たる狩の御衣（ぞ）」〈宇津保・吹上・上〉

おりつ・ぐ【織り次ぐ・織り継ぐ】［他ガ四］{が・ぎ・ぐ・ぐ・げ・げ}織り続ける。例「かにかくに人は言ふとも**織り継・が**む」〈万葉・七・一二九八〉

おりな・い《「おいりない（御入りない）」の変化形》❶《「ない」の丁寧語》**ありません。ございません。**例「それは師匠の時こそ。今は**おりな・い**」〈仮・きのふはけふの物語〉訳「それ（名作の大黒天の像）は師匠の時にあったものです。今は**ありません**」。❷（補助形容詞的に用いて）丁寧の意を表す。…（で）**ありません**。…（で）**ございません**。例「別にむつかしいことでも**おりな・い**」〈狂・末広がり〉訳別にむずかしいことでは**ありません**。

おりな・す【下り為す】［自サ四］{さ・し・す・す・せ・せ}下りることを完了する。例「車は高く、下るる所はくだりたるを、この人々はやすらかに**下りな・し**つれど」〈源氏・宿木〉

おりのべ【織り延べ】［名］「織り延べ絹（ぎぬ）」の略。

おりのべぎぬ【織り延べ絹】［名］絹織物の一種。北国産。ふつうの織物より丈が長かったという。＝織り延べ

おりのぼり［・す］【下り上り】［名・自サ変］❶おりたりのぼったりすること。❷退出したり参上したりすること。❸都と地方との間や街道などを往復すること。

おりのぼ・る【下り上る】［自ラ四］{ら・り・る・る・れ・れ}❶高い所と低い所の間を行ったり来たりする。例「この国の海山より、竜は**下り上・る**ものなり」〈竹取・竜の頸の玉〉❷（貴人のもとから）退出したり参上したりする。例「（若宮タチガ帝（みかど）ノ御前ニ）**下りのぼ・ら**せたまふ儀式」〈紫式部日記〉❸都と地方の間を行ったり来たりする。例「かの広嗣（ひろつぐ）は、肥前の松浦（まつら）より都へ一日に**おりのぼ・る**馬を持ちたりけり」〈平家・七・玄昉〉

おりは・ふ【織り延ふ】（オリハ（ホ）ウ）［他ハ下二］{へ・へ・ふ・ふる・ふれ・へよ}織って長くのばす。長く織り続ける。例「立田姫いまやこずゑのからにしき**おりは・へ**秋の色ぞしぐるる」〈続拾遺・秋下・三五七〉

おりひめ【織姫】［名］❶機（はた）を織る女性。❷織女星。（季―秋）

おりみだ・る【織り乱る】［他ラ四］{ら・り・る・る・れ・れ}複雑な模様を織り込む。込み入った模様を散らして織る。例「葡萄染（えびぞ）めの、いと濃き指貫（さしぬき）、藤（ふぢ）の折り枝おどろおどろしく**織りみだ・り**て」〈枕・かへる年の〉

おりもの【織物】［名］❶糸を機織（はたお）りで織った布。❷模様を織り出した絹布。

おりゃ・る{ら・り・る・る・れ・れ}《「おいりある」の変化形》一［自ラ四］❶《「行く」「来（く）」の尊敬語》いらっしゃる。おいでになる。例「早う**おりゃ・れ**」〈謡・烏帽子折〉❷《「あり」「居（ゐ）る」の尊敬語・丁寧語》いらっしゃる。ございます。例「田舎（ゐなか）の（方へ）**おりゃ・る**か」〈狂・末広がり〉二［補動ラ四］《丁寧語》（活用語の連用形や助詞の「て」「で」に付いて）…（で）ございます。…（て）います。例「いただくことはいやで**おりゃ・る**」〈狂・宗論〉

おりゆ【下り湯】［名］「をりゆ」に同じ。

おりゐのみかど【下り居の帝】（オリイノミカド）［名］退位した天皇。上皇。太上（だいじょう）天皇。

おり・ゐる【下り居る】（オリイル）［自ワ上一］{ゐ・ゐ・ゐる・ゐる・ゐれ・ゐよ}❶おりる。おりて座る。例「その沢のほとりの木のかげに**おり・ゐ**て、かれいひ食ひけり」〈伊勢・九〉❷退位する。位を譲る。例「そのころ、斎院も**おり・ゐ**たまひて、后腹（きさきばら）の女三の宮ゐたまひぬ」〈源氏・葵〉

おる【折る】歴史的かなづかい「をる」

お・る【織る】［他ラ四］{ら・り・る・る・れ・れ}機（はた）を使って布をつくる。例「君がため手力疲れ**織・り**たる衣（きぬ）ぞ春さらばいかなる色に摺（す）りてば良（よ）けむ」〈万葉・七・一二八一旋頭歌〉訳→〈和歌〉きみがためたぢからつかれ…

お・る【降る・下る】［自ラ上二］{り・り・る・るる・るれ・りよ}❶高いところから低いところに移る。**おりる**。例「女房、庭に**下・り**などして遊ぶ」〈枕・故殿の御服の頃〉❷（馬・車・舟などの乗り物から）**おりる**。例「馬より**お・り**て」〈更級〉❸（高貴な人の前から）**退く**。**退出する**。**下がる**。例「局（つぼね）へ、いと疾（と）く、**お・るれ**ば」〈枕・職の御曹司におはしますころ、西の廂に〉❹**皇位を退く**。**職を辞す**。例「陽成院の**下・り**させ給ふ年は」〈大鏡・道長・下〉《敬語》「下りさせ給ふ」→「させたまふ」

お・る【痴る・愚る】［自ラ下二］{れ・れ・る・るる・るれ・れよ}愚かになる。間が抜ける。例「かく翁（おきな）のなにがし守りけんやうに、**お・れ**まどひたれば」〈源氏・夕霧〉

おれ【己・爾】［代名］❶《対称の人称代名詞。相手を卑しめていう語》おまえ。おのれ。きさま。例「郭公（ほととぎす）、**おれ**、かやつよ、**おれ**鳴きてこそ、我は田植うれ」〈枕・賀茂へまゐる道に〉❷《自称の人称代名詞。貴賤（きせん）男女の区別なく用いる語》わたし。おれ。

おれおれ・し【痴れ痴れし】［形シク］{しから・しく(しかり)・し・しき(しかる)・しけれ・しかれ}愚かしい。例「もとより**おれおれ・しく**、たゆき心の怠りに」〈源氏・初音〉

おれそれ［名］❶あれやこれや。何やかや。❷あれこれの作法。例「お屋敷さまへ上げておきますと、**おれそれ**がどこか違って参ります」〈浮世風呂〉

おれまど・ふ【愚れ惑ふ】（オレマドウ）［自ハ四］{は・ひ・ふ・ふ・へ・へ}愚かになりきって夢中になる。一心不乱になる。

おれもの【痴れ者・愚れ者】［名］愚か者。

おれら【己等】《「ら」は接尾語》❶《対称の人称代名詞》おまえら。きさまら。例「やうれ、**おれら**よ、召されて参るぞ」〈宇治拾

遺・五・三〉❷《自称の人称代名詞。複数にも用いる語》われら。わたし。

おろ-［接頭］（動詞・形容詞などに付いて）すこし、いささか、不確かの意を表す。「おろ癒ゆ」「おろ眠る」「おろ覚え」など。

おろい・ゆ【おろ癒ゆ】［自ヤ下二］{え・え・ゆ・ゆる・ゆれ・えよ}（「おろ」は接頭語）（病気や傷などが）少しよくなる。例「杖目**おろ癒・ゆる**程に」〈今昔・二九・三〉

おろおろ［・なり］［形動ナリ］{なら・なり(に)・なり・なる・なれ・なれ}不完全だ。いい加減だ。おおまかだ。例「（眉墨ヲ）優まくれに、したて**おろおろ・に**ならして、うち口おほひて、たりと思ひて」〈堤中納言・はいずみ〉〔注〕袖で口をおおうのは、女性のはじらいを示す動作。

おろおろ［副］❶いい加減に。下手に。例「さきの翁よりは天骨もなく、**おろおろ**奏でたりければ」〈宇治拾遺・一・三〉❷ところどころ。ほんのわずか。例「髪も禿げて、白きとても**おろおろ**ある頭に」〈宇治拾遺・二・一三〉❸おおよそ。ざっと。例「人々の有り様は、**おろおろ**聞いて侍りぬ」〈無名草子〉❹《近世語》うろたえたようすや、涙で目や声がうるむさまを表す擬態語。おどおど。おろおろ。

おろか［・なり］【疎か・愚か】［形動ナリ］{なら・なり(に)・なり・なる・なれ・なれ}

アプローチ
▼中古以前には、「いい加減である」「おろそかである」の意に用いられていた。
▼考え方や見方がいい加減な場合にも用いられるようになり、中世以降、「知恵が足りない」意を表すようになった。

❶**いい加減である。おろそかである。**例「あまたの人の心ざし**おろか・なら**ざりしを、むなしくなしてこそあれ」〈竹取・かぐや姫の昇天〉訳大勢の人たちの愛情がいい加減でなかったのを、むだにしてしまったのですよ。《係結び》「こそ→あれ㊀」

❷（「言ふもおろかなり」「言へばおろかなり」などの形で）**言いつくせない。表現が不十分である。**例「六月になりぬれば、音もせずなりぬる、すべていふも**おろか・なり**」〈枕・鳥は〉訳（ホトトギスは）六月になると声も立てなくなるが、（すばらしさは）何もかもことばでは**言いつくせない**。

❸（「言へばおろかなり」の略）**言うにおよばず。もちろん。**例「虎は**おろか**象でも鬼でも一ひしぎと」〈浄・国性爺合戦〉訳虎は**言うにおよばず**、象でも鬼でも一度に押しつぶそうと。

❹**知恵が足りない。ばかだ。**例「利に惑ふは、すぐれて**おろか・なる**人なり」〈徒然・三八〉訳利欲に迷う人は特別**知恵の足りない**人である。

❺**つたない。劣る。**例「かしこき人の、この芸に**おろか・なる**を見て」〈徒然・一九三〉訳賢い人が、この芸（＝碁を打つこと）に**つたない**のを見て。

古語深耕　**「おろかなり」と「おろそかなり」との違い**

「**おろ**」は不十分、不完全の意で、「うろおぼえ」も古語では「**おろおぼえ**」といった。「**おろかなり**」は現代語と同じく無知の意でも用いられるが、多くは原義に近い不完全、不徹底、不足の意。一方「**おろそかなり**」は、このような心のありようや程度の意のほか、ばらばら・簡略といった、物の状態をも表す。

おろかなら・ず【疎かならず】《形容動詞「疎かなり」の未然形＋打消の助動詞「ず」》並ひととおりでない。たいへんなものである。例「対の上の御ありさまの見棄てがたきにも、中宮おはしませば、**おろかなら・ぬ**御心寄せなり」〈源氏・藤裏葉〉

おろがむ【拝む】歴史的かなづかい「をろがむ」

おろ・く［自カ下二］{け・け・く・くる・くれ・けよ}ぼける。心がうつろになる。例「なほ**おろ・け**て酔へるがごとし」〈紀・景行〉

おろし［名］㊀【下ろし】神仏への供物や、貴人の食べ残し、使い古した衣服などのおさがり。㊁【颪】高い山から吹き下ろす風。

おろしこ・む【下ろし籠む】［他マ下二］{め・め・む・むる・むれ・めよ}格子・蔀・御簾などをすべておろし、その中に閉じこもる。例「寄りて見たまへど、この中をば**おろし籠・め**たれば、いとかひなし」〈源氏・早蕨〉

おろしごめ【下ろし米】［名］神仏や貴人に供えた米や飯のおさがり。

おろしす・う【下ろし据う】［他ワ下二］{ゑ・ゑ・う・うる・うれ・ゑよ}おろして、そこに留める。例「そこに、少将も**おろし据・ゑ**させたまひて」〈夜の寝覚〉

おろした・つ【下ろし立つ】［他タ下二］{て・て・つ・つる・つれ・てよ}❶おろして立たせる。例「『御車**おろし立・てよ**』とののしる」〈蜻蛉・上〉❷身分や地位の低い者たちの中に交わらせる。例「つぎつぎしくいまめきたらむに、**おろした・て**むやは」〈源氏・帚木〉

おろしののし・る【下ろし罵る】［自ラ四］{ら・り・る・る・れ・れ}大声で叱責する。罵倒する。例「ここにても、また**おろしののし・る**者どもありてめざましけれど、すこしも臆せず読み果てたまひつ」〈源氏・少女〉

おろしまは・す【下ろし廻す】［他サ四］{さ・し・す・す・せ・せ}周囲の簾や格子などを下ろす。例「格子も**下ろしまは・し**て」〈夜の寝覚〉

おろ・す【下ろす】［他サ四］{さ・し・す・す・せ・せ}❶**上から下に動かす。下げる。**❷（「御髪おろす」「頭おろす」などの形で）**剃髪する。出家する。**例「むかし、男ありけり。わらはより仕うまつりける君、御ぐし**おろ・し**たまうてけり」〈伊勢・八五〉《敬語》「仕うまつりける」→「つかうまつる」。《音便》「たまう」は「たまひ」のウ音便。❸（風が）**吹きおろす。**例「三室山**おろ・す**あらしのさびしきに」〈千載・秋下・三〇七〉❹（貴人の前から）**退出させる。さがらせる。**例「みな下屋に**おろ・し**はべりぬるを、えやまかり下りあへざらむ」〈源氏・帚木〉《係結び》「や→ざらむ㊍」。《敬語》「おろしはべり」→「はべり」、「まかり下りあへざらむ」→「まかる」。《副詞の呼応》「え→下りあへざらむ」。❺**退位させる。官位を下げる。**例「まことや七月九日、御門をも**おろ・し**たてまつりき」〈増鏡・新島守〉❻**神仏の供物や、貴人の品物などを下げわたす。おさがりを頂戴する。**例「御前のをおろ・したるとて、わざとめでたき冊子ども、硯の筥の蓋に入れておこせたり」〈更級〉❼**悪く言う。けなす。こきおろす。** 例「右大将、民部卿などの、おほなおほな土器とりたまへるを、あさましく咎め出でつつおろ・す」〈源氏・少女〉❽**新品を使い始める。取り出す。** 例「自らの料には、三合の米よおろ・して食ひつつ」〈宇津保・藤原の君〉❾（魚や鳥などを）**切り分ける。** 例「（国人タチガ）猪を捕り、生けながら下ろ・してけるを見て、いよいよ道心を発して」〈今昔・一九・二〉❿**神霊をよりましに乗り移らせる。** 例「大明神を下ろ・し参らせて、御託宣を仰ぎ奉るべし」〈沙石集〉⓫（金属を）**すりくだく。すりおろす。** 例「おろ・して見ければ、きらきらとしてまことの金なりければ」〈宇治拾遺・二・四〉

おろ・す【織ろす】［他サ四］｛さ・し・す・す・せ・せ｝《上代語。動詞「織る」の未然形＋上代の尊敬の助動詞「す」＝「おらす」の変化形》お織りになる。例「我が大君の織ろ・す機」〈記・下・歌謡〉

おろす・う【下ろ据う・降ろ据う】［他ワ下二］｛ゑ・ゑ・う・うる・うれ・ゑよ｝《上代東国方言。「おろしすう」の変化形》おろしてすえる。例「難波津にみ船下ろ据・ゑ八十梶貫き」〈万葉・二〇・四三六三〉

おろそか［・なり］【疎か】［形動ナリ］｛なら・なり(に)・なり・なる・なれ・なれ｝《完全に整えられていないさま》❶**まばらだ。** 例「当に世に歯牙疎か・に欠け」〈霊異記〉❷**不十分だ。粗末だ。簡素だ。** 例「おほやけの奉り物は、おろそか・なるをもてよしとす」〈徒然・二〉❸（物事に対して）**なおざりだ。いい加減だ。そっけない。** 例「公事をおろそか・にし、狩りをのみせばこそは罪はあらめ」〈大鏡・道長・下〉《係結び》「こそ→あらめ㊁」。❹（運が）**つたない。** 例「前生（＝御利益）の運おろそか・にして、身に過ぎたる利生にあづからず」〈宇治拾遺・四・一三〉

発展学習ファイル　「おろそかなり」の類義語に、することがいい加減なさまを表す「おろかなり」がある。⇩「おろか」〈古語深耕〉

おろち【大蛇】歴史的かなづかい「をろち」

おろねぶ・る【おろ眠る】［自ラ四］｛ら・り・る・る・れ・れ｝《「おろ」は接頭語》うとうと眠る。うたた寝をする。例「足をうち広げておろねぶ・りたるを」〈宇治拾遺・一・六〉

おわす【御座す】歴史的かなづかい「おはす」

おん…【怨…・温…・園…・遠…・穏…】歴史的かなづかい「をん…」

おん－【御】［接頭］《「おほん」の変化形》名詞の上に付いて、その所有者・使用者への尊敬を表す。「御許」「御服」「御徳」など。下に来る名詞は自明の場合略されることもある。⇩「おほん［接頭］」〈古語深耕〉

〔**御…候ふ**〕（中世以降の用法。「おん…さうらふ」とも）《「御」と「候ふ」の間に名詞が入って）お…になる。…なさる。例「よくよく兵乱の御つつしみ候・ふべし」〈平家・五・五節之沙汰〉

おん【恩】［名］いつくしみ。恵み。情け。

おんあい【恩愛】［名］《仏教語。「おんない」とも》いつくしみ。情愛。肉親や夫婦の間の愛情。

おんあびらうんけん【唵阿毘羅吽欠】［名］《仏教語。梵語の音訳。「唵」は呪文の最初に唱える語で、帰依・供養の意》真言宗で、大日如来に祈るときの呪文。

おんいり【御入り】［名］《「おんにり」とも》来ることの尊敬語。おいで。ご入来。お越し。

〔**御入りある**〕《「あり」「居る」「行く」「来」の尊敬語》いらっしゃる。おいでになる。例「さておんいりたは何と御入りあ・るぞ」〈謡・熊野〉

おんかた【御方】㊀［名］❶貴人の居室・住居の敬称。お住まい。❷貴人、とくに貴婦人・姫君の敬称。お方。㊁［代名］《対称の人称代名詞。貴人に対しての敬称》あなたさま。

おんぎゃう【隠形】［名］呪術を使って自分の姿を隠すこと。

おんぎょく【音曲】［名］❶歌や音楽の総称。❷能楽の音楽的要素。謡。

おんこ【恩顧】［名］目上の者が目下の者に目をかけること。恩をかけること。ひいき。恵み。

おんこと【御事】㊀［名］❶貴人に関する事柄の敬称。おんこと。❷貴人の死の敬称。ご逝去。例「言ふかひなき御事は、ただかきくらす心地しはべるはさるものにて」〈源氏・葵〉❸貴人の敬称。お方。お人。例「これ（＝惟仁親王）もまたさしおきがたき御事なり」〈平家・八・名虎〉㊁［代名］《対称の人称代名詞。「おこと」とも。相手を敬っていう語》あなた。あなた様。例「御事をのみこそ、あたらしく心苦しくかなしきものに思ひきこゆるを」〈源氏・総角〉

おんざうし【御曹司・御曹子】［名］《「おん」は接頭語。「曹司」は部屋の意》❶貴族・武家の子息で、まだ独立せずに部屋住みしている者に対する敬称。若様。若殿。❷（平家の子息を「公達」というのに対して）源氏の嫡流の子息に対する敬称。後世にはとくに「源義経」を指すことが多い。

おんざうししまわたり【御曹子島渡】［作品名］室町時代の御伽草子。作者未詳。源義経が蝦夷を経て千島まで渡り、目的の兵法書を得るまでを描いた御伽草子。

おんし【蔭子】［名］「蔭位」を授けられる子。

おんじき【飲食】［名］飲むことと食べること。また、飲み物と食べ物。

おんしのぎょい【恩賜の御衣】《「御衣」は貴人の衣服の敬称》褒美として天皇から賜った衣服。

古典の世界　功のあった者に天皇がその場で脱いで与えたのが「恩賜の御衣」。賜った者は、その衣服を肩にかけて退出するのが習わしとされた。

おんしゃう【恩賞】［名］《「おんじゃう」とも》❶功績に対し、褒美として所領・官位・品物などを主君から賜ること。また、そのもの。❷恩返し。報恩。

おんじゃう【音声】［名］❶人の声。❷鼓や管弦など楽器の音。

おんぞ【御衣】［名］《「みぞ」とも。「おほんぞ」の変化形》「おほんぞ」に同じ。

おんぞうし【御曹司】歴史的かなづかい「おんざうし」

おんぞがち［・なり］【御衣がち】［形動ナリ］｛なら・なり(に)・なり・なる・なれ・なれ｝「おほんぞがち」に同じ。

おんたらし【御執らし・御弓】［名］《「おんだらし」「みたらし」「みとらし」とも。「おん」は接頭語。「たらし」は「とらし」の変化形》貴人や大将の弓。

おんでもな・い【恩でも無い】《近世語。恩にきることではないの意》当然である。いうまでもない。

おんでん【隠田】［名］隠し田。農民が領主などに隠して耕作し、年貢や税を納めないでいる田。

おんな【女】歴史的かなづかい「をんな」

おんな【媼】［名］《「おみな」の変化形》老女。老婆。＝媼

おんのじ【御の字】［名］《近世語》とくにすぐれたもの。たいへん結構なこと。例「今の世の**御の字**の客」〈浮・西鶴織留〉

おんぱ【恩波】［名］恵みが広く行き渡ることや、重ねて恵みを受けることを波にたとえて表現したもの。恩沢。例「家門繁昌の古には、**恩波**によって私をかへりみき」〈平家・七・福原落〉

おんはかせ【音博士】［名］《「おんぱかせ」とも》大学寮の明経道で、当時の中国語（漢音）の発声を教授する職。＝音の博士

おんみ【御身】一［名］「身」の尊敬語。おからだ。ご身分。二［代名］《対称の人称代名詞》相手に対する敬称。あなたさま。例「**御身**一人仏道成らばわが思ひ」〈謡・通小町〉

おんみゃう【陰陽】［名］《「おんやう」の連声》「いんやう」に同じ。

おんもの【御物】［名］天皇や高貴な人の持ち物。→「おもの」

おんものい【追物射】［名］《「おひものい」の変化形》騎射のひとつ。獣などを馬で追い、矢で射ること。転じて、逃げる敵を馬上から射ること。

おんやう【陰陽】［名］《「おんみゃう」「おんにゃう」とも》❶「いんやう①」に同じ。❷「陰陽師」「陰陽道」「陰陽寮」などの略。

おんやうけ【陰陽家】［名］陰陽道をつかさどる家柄。また、陰陽師。安倍・賀茂の両家が世襲した。

おんやうじ【陰陽師】［名］《「おんみゃうじ」とも》陰陽寮の役人で、天文・暦数にかかわる仕事をする。また、吉凶を占い、災害を防ぐ呪術的な仕事もする。＝陰陽②。➡図版「鳴弦」

おんやうだう【陰陽道】［名］《「おんみゃうだう」とも》もとは、古代中国から伝わった陰陽五行説に基づく学問。日本では、天文・暦・方位などによって、社会や人の行動の吉凶を占う方術として独自の発展をした。令制のもと、陰陽寮が置かれ、のちには呪術的性格が強くなり、民間信仰にも接近した。＝陰陽②

おんやうのかみ【陰陽の頭】［名］「陰陽寮」の長官。＝占頭

おんやうはかせ【陰陽博士】［名］《「おんやうのはかせ」とも》「陰陽寮」に属し、天文・暦数・占いなどを職務として取り扱った者。陰陽生の教育も行った。

おんやうれう【陰陽寮】［名］《「おんやうのつかさ」とも》令制で「中務省」に属し、天文・暦数・占いなど「陰陽道」のことをつかさどった役所。＝陰陽②

おんり【厭離】［名］《「えんり」の誤読》「えんりゑど」に同じ。

おんゐ【蔭位】［名］《父祖のおかげで子孫が授かる位階の意》五位以上の貴族の子、三位以上と親王・諸王の子や孫が二十一歳になると自動的に賜る位階で、任官の道が開けた。

か

か…【火…・花…・果…・和…・冠…・華…・菓…・靴…・過…・窠…・蝸…】歴史的かなづかい「くゎ…」

か-［接頭］（おもに形容詞に付いて）語意を強めたり、語調を整えたりする。「**か**青」「**か**易し」「**か**弱し」など。

-か［接尾］（性質や状態を表す語に付いて）形容動詞の語幹をつくる。「疎**か**」「清**か**」「遥**か**」など。

-か【日】［接尾］日数を表す。例「日の経ぬる数を、今日幾**日**、二十**日**、三十**日**とかぞふれば」〈土佐〉

-か【処】［接尾］場所を表す。「住み**処**」「在り**処**」など。

-か【荷】［接尾］天秤棒で担う荷物の量を表す。例「檜破子五十**荷**」〈宇津保・あて宮〉

-か【箇・個】［接尾］物を数える語。次に語のない場合は「こ」。「三**箇**月」「七**箇**条」「十余**箇**国」など。

か【可】［名］よいこと。よいと認めること。

か【香】［名］かおり。

か【鹿】［名］鹿の古名。

か【彼】［代名］❶《遠称の指示代名詞》あれ。あちら。例「ふるさとを**か**はと見つつもわたるかな」〈大和・一〇〉❷《他称の人称代名詞》あの人。例「ただ**か**の遺言を違へじとばかりに」〈源氏・桐壺〉①②↔此・其

発展学習ファイル 和歌の掛詞や、「**何やかや**」といった慣用表現以外は、ふつう格助詞「の」を伴う。

か【彼】［副］（多く「か…かく…」の形で）あのように。ああ。こう。例「夕されば風こそ来寄れ波のむた（＝波トトモニ）**か**寄りかく寄る」〈万葉・二・一三八長歌〉

〔**彼行き斯く行き**〕ああ行き、こう行き。あちらへ行きこちらへ行き。例「夕星の**か行きかく行き**大船のたゆたふ見れば慰もる心もあらず」〈万葉・二・一九六長歌〉

〔**彼寄り斯く寄る**〕ああ寄り、こう寄る。あちらへ寄り、こちらへ寄る。例「波のむた**か寄りかく寄る**玉藻なす寄り寝し妹を」〈万葉・二・一三一長歌〉訳→〔和歌〕いはみのうみ…

か［係助］［終助］
⇨二九〇ページ「特別コーナー」

が…【瓦…】歴史的かなづかい「ぐゎ…」

が【賀】［名］❶祝い。❷長寿の祝い。→「がのいはひ」

〔**賀の祝ひ**〕長寿を祝う儀式。四十歳から十年ごとに行われていたが、室町末期以降、六十歳（還暦）、七十歳（古稀）、七十七歳（喜寿）、八十八歳（米寿）などに祝うようになった。

が【雅】［名］『詩経』の六義のひとつ。わが国では、品格が高く洗練された王朝的風雅をいう。紀貫之は『古今和歌集』の仮名序で、「ただごと歌」と表現

している。連歌・俳諧・能楽などでも用いられる。

が［格助］［接助］［終助］ ⇨二九二ページ「特別コーナー」

かあを【か青】［名］《上代語。「か」は接頭語》青。

かい…【交…・卵…・貝…・肱…・峡…・匙…・殼…・買…・飼…】歴史的かなづかい「かひ…」

かい…【回…・会…・灰…・快…・懐…・槐…】歴史的かなづかい「くゎい…」

かい-【搔い】［接頭］《「かき」のイ音便》（動詞に付いて）語調を整えたり語意を強めたりする。「かい曇る」「かい消つ」「かい探る」「かいまさぐる」「かいやる」など。

かい【戒】［名］《仏教語》いましめ。仏教信者が守るべきおきて。五戒・十戒など。

かい【界】［名］❶ある区域・範囲・世界。❷《仏教語》分類の範疇となるもの。世界の区分。例「畢命（＝臨終）を期としてこの苦域の界を出でて」〈平家・一〇・戒文〉❸目印に紙に引いた線。罫。

かい【階】［名］❶階段。きざはし。❷官位・階級・位階などの等級。

がい…【外…】歴史的かなづかい「ぐゎい…」

かいえき［-す］【改易】［名・他サ変］❶官職をやめさせ、他の人と交替させること。例「〈明雲大僧正〉御持僧を改易せらる」〈平家・二・座主流〉❷江戸時代、武士に対し行われた刑罰のひとつ。士族の籍を除かれ、領地・家屋敷を没収されること。

かいかう【歌意考】［作品名］江戸後期の歌論書。賀茂真淵著。和歌の道における復古主義を主張、とくに『万葉集』を尊重せよと説く。

かいかなぐ・る【搔いかなぐる】［他ラ四］（ら・り・る・る・れ・れ）《「かきかなぐる」のイ音便》荒っぽく払いのける。例「答の矢を射るに及ばず、かいかなぐって」〈保元・中〉《音便》「かいかなぐっ」は「かいかなぐり」の促音便。

かいき【開基】［名］❶基礎を作り上げること。❷寺院を創建すること。宗派を創始すること。また、その人。＝開山

かいぎゃう【戒行】［名］《仏教語》仏教で説く戒律を厳しく守って、正しい行いをすること。

かいくらが・る【搔い暗がる】［自ラ四］（ら・り・る・る・れ・れ）《「かきくらがる」のイ音便》暗くなる。例「大空かいくらがりて」〈宇津保・俊蔭〉

かいくらみどき【搔い暗み時】［名］《「かきくらみどき」のイ音便》夕方。日暮れ時。

かいく・る【搔い繰る】［他ラ四］（ら・り・る・る・れ・れ）《「かきくる」のイ音便》手元にたぐり寄せる。例「弓とりなほし、手綱かいくり」〈平家・一一・那須与一〉

かいけいし【蓋擎子】［名］《「蓋」はふた、「擎子」は台の意》ふたのついた青磁の碗を載せる台。宮中で、元旦の「供御」を供するのに用いた。

かいけ・つ【搔い消つ】［他タ四］（た・ち・つ・つ・て・て）《「かきけつ」のイ音便》ぱっと消す。例「かい消つやうにうせにけり」〈大和・一六八〉

かいげん【開眼】［名］❶《仏教語》（仏像の目を開く意から）新しく造った仏像に目を入れ、魂を吹き込むこと。そのための供養の儀式。❷真理を悟ること。奥義を究めること。❸能で、シテの演技で見物人を感動させるところ。❹新品の使い始めのこと。

かいこう【戒功】［名］《仏教語》仏教の戒律を守ることで生まれる功徳。

かいこ・す【搔い越す】［他サ四］（さ・し・す・す・せ・せ）《「かきこす」のイ音便》背中に垂れている自分の髪の毛を肩越しに前の方にもってくる。例「髪、脇より搔い越して、様体いとをかしき人なり」〈源氏・浮舟〉

かいこづ・む【搔い偏む】［自マ四］（ま・み・む・む・め・め）《「かきこづむ」のイ音便》つまずいて、よろめく。倒れかかる。例「ふまへられて、馬かいこづみて、やすやすとどまりにけり」〈古今著聞・一〇〉

かいこ・む【搔い込む】［他マ四］（ま・み・む・む・め・め）《「かきこむ」のイ音便》脇の下に抱え込む。例「備前長刀右の小脇にかいこみて」〈太平記・一四〉

かいさぐ・る【搔い探る】［他ラ四］（ら・り・る・る・れ・れ）《「かきさぐる」のイ音便》さぐる。触ってみる。例「〔懐ヲ〕かいさぐるに、〔手紙ハ〕なし」〈落窪・一〉

かいさん【開山】［名］❶《「山」は「寺」の意》寺をはじめて建てること。寺をはじめて建てた僧。また、各宗派の開祖。＝開基。❷創始者。

かいしき【搔い敷き・皆敷き】［名］《「かきしき」のイ音便》食べ物を器に盛るとき器の上に敷く、檜やナンテンなどの青葉。のちには紙も用いた。

かいしめ・る【搔い湿る・搔い沈る】［自ラ四］（ら・り・る・る・れ・れ）《「かい」は接頭語》ひっそりと静まる。もの静かである。もの思いに沈む。例「院の内かいしめりて、いみじく物思ひ嘆きあへり」〈増鏡・あすか川〉

かいしゃく［-す］【介錯】［名・自サ変］❶付き添い、介抱や世話をすること。また、その人。例「この女房介錯してやや久しうあみ、髪洗ひなんどしてあがり給ひぬ」〈平家・一〇・千手前〉❷切腹する人に付き添い、首を切って、とどめを刺すこと。また、その人。

かいしら・ぶ【搔い調ぶ】［他バ下二］（べ・べ・ぶ・ぶる・ぶれ・べよ）《「かきしらぶ」のイ音便》❶（弦楽器の）調子を合わせる。例「盤渉調に搔い調べて、はやりかに搔きならしたるを」〈堤中納言・逢坂越えぬ権中納言〉❷（弦楽器を）演奏する。例「琵琶搔い調べ、笛の音などきこえたるは」〈枕・いみじう暑き頃〉

かいしろ【垣代】［名］《「かきしろ」のイ音便。垣のかわりの意》❶へだてとして使うときの幕やとばり。❷舞楽、とくに青海波のときや踏歌のとき、楽器の演奏者たちが庭に垣根のように立ち並ぶこと。笛を吹き拍子を取った。

がい・す【害す】［他サ変］（せ・し・す・する・すれ・せよ）❶傷つける。損なう。例「親を害する罪よりまさる罪や侍らむ」〈宇津保・吹上・下〉❷殺す。例「我が身をば全くして敵をば害せん」〈宇治拾遺・一三・一九〉

かいす・う【搔い据う】［他ワ下二］（ゑ・ゑ・う・うる・うれ・ゑよ）《「かきすう」のイ音便》しっかりと置く。例「からうじて、かい据ゑてやるに、北の方、『あらあら』と惑ひたまへば、ねりつつ（＝ユックリト）やる」〈落窪・二〉

かいすま・す【搔い澄ます・搔い清ます】［他サ四］（さ・し・す・す・せ・せ）《「かい」は接頭語》清らかにする。洗い清める。手足や口や髪などをすすぎ清める。衣類を洗濯する。例「ただ、御手をかいすまして、神仏に、『平らかに身々となし給へ』と申し給へ」〈宇津保・俊蔭〉

かいす・む【搔い澄む】［自マ四］（ま・み・む・む・め・め）《「かきすむ」のイ音便》人気がなく、ひっそりしている。静まり返

か [係助詞][終助詞]

アプローチ ▼係助詞㊀は、話し手の疑問を提示するのが基本である。

▼文中の語句に付いて、意味上の係り先にあたる文末の結びの活用語と呼応して活用語の活用形が変化する(「係り結び」)が、「か」の結びの活用語は連体形となる。ただし、そこで言い切らずにあとに続いていくために活用語が結びの形をとらなかったり(「結びの流れ」「結びの消滅」などという)、結びにあたる活用語が省略されたり(「結びの省略」)することもある(「結びの省略」の例は㊀②㋐)。

▼また、話し手自身はすでにある判断をしていながら、あえて逆の判断を問いかけることで、結果的に自身の判断を確認・強調する「反語表現」といわれる用法もある。この場合、「いや、そうではない」というところまで訳出しなければならないので注意が必要。

▼終助詞㊁は、感動・詠嘆を表す。文中に係助詞の「も」が使われ、「…も…か」という文型になることが多い。文末にくる係助詞との区別に注意する。

㊀[係助詞] 接続 体言、副詞、助詞、活用語の連用形・連体形などに付く。疑問語に付くことが多い。

意味	訳語	用例
❶**文中に用いられる場合。** ㋐**疑問を表す。**不確かなことを相手に問いかけたり、自分の中に生じた疑いを表したりする。	…だろうか	例「なにの色に**か**つかうまつらすべき」〈枕・大進生昌が家に〉訳(上着は)何色にいたさせればよい**だろうか**。(係結び)「か→つかうまつらすべき(体)」 例「煙立ち燃ゆとも見えぬ草の葉を誰(たれ)**か**わら火と名づけそめけむ」〈古今・物名・四五三〉訳煙をあげて燃えているとも見えない草の葉を、いったいだれがわら火と名付けたの**だろうか**。(係結び)「か→名づけそめけむ(体)」。[注]「わら火」は植物のワラビをかける。
㋑**反語を表す。**「Aだろうか」と問いかける形をとりながら、実際は「いや、Aではない」ということを主張する。	…だろうか、いや、そうではない	例「誰**か**とまりて、悪(あ)しきことをも見、善(よ)きをも見思ふべき」〈堤中納言・虫めづる姫君〉訳(人はこの世において)いったいだれが生き長らえて、悪いことも見、よいことも見て(その善悪を)判断することができる**だろうか**、**いや**、**だれにもできない**。(係結び)「か→見思ふべき(体)」
㋒**複数の不確かな事柄を並べて、いずれかと問う。**	…か(それとも)…か	例「いと顕証(けんしよう)なる心地(ここち)すれば、あれ**か**人**か**におぼゆる」〈蜻蛉・中〉訳(夜が明けて自分の姿も人目に)ほんとにあらわになっている気がして、(自分が)自分であるの**か**他人なの**か**分からなくなる気持ちがする。(係結び)「か→おぼゆる(体)」

発展学習ファイル (1)**係助詞「や」と係助詞「か」との違い**については、次のような説が示されてきた。まず、意味の上からは、

・「や」は問いを表すのに対し、「か」は疑いを表す。
・「や」は既知の内容に付くが、「か」は未知の内容に付くので、「か」は疑問語にも付くが、「や」は付くことができない。
・「や」は文全体を対象とするが、「か」は上に付く語を対象とする。

次に形の上からは、

・文末用法の場合で活用語に付くとき、「や」は終止形に付くが、「か」は連体形に付く。また、「や」は名詞に付かないが、「か」は名詞にも付く。

中世以降、「や」は衰退し、「か」の文末用法が拡大した。

(2)係助詞「か」は、複合動詞の間に挿入されることもある。例「思ふらん心の程ややよいかにまだ見ぬ人の聞き**か**なやまむ」〈源氏・明石〉訳(私のことを)思ってくださるというお気持ちのほどは、さて、どのようなものか。(私を)まだ見たこともない方が、うわさを聞いただけで悩む**だろうか**。(係結び)「聞きか→なやまむ(体)」

(3)係助詞「か」は、「かは」(係助詞「か」+係助詞「は」)という形で反語表現に用いられることが多い。例「わが母宮も劣りたまふべき人**かは**」〈源氏・蜻蛉〉訳私の母君だって(女(おんな)一の宮より)劣っていらっしゃるご身分**だろうか**、**いや**、**そんなことはない**。→「かは」

(4)上代では、係助詞「か」が活用語の已然形に付くことがあった。例「我妹子(わぎもこ)がいかに思へ**か**ぬばたまの一夜もおちず夢(いめ)にし見ゆる」〈万葉・一五・三六四七〉訳いとしいわが妻がどんなに思ってくれているから**だろうか**、(ぬばたまの)一夜も欠けずに夢に見えることだ。(係結び)「か→見ゆる(体)」。[注]「思へか」は、ふつう平安時代では「思へばか」となるところ。

(5)また、上代では、係助詞「か」が、形容詞語幹(シク活用は終止形)に接尾語「み」が付いた形に付くことがあった。平安時代でも和歌には用いられることがあ

意味	訳語	用例
❷文末に用いられる場合。㋐①の結びにあたる活用語が省略される場合。	…か	例「尼君はこなたにか。いとしどけなき姿なりけりや」〈源氏・松風〉訳尼君はこちらに(いらっしゃる)か。(いまのわたしの服装は)たいそうだらしのない姿であったよ。《係結び》「か→(省略)」。たとえば「か→おはする体」となるところ。
㋑文末用法。①の㋐～㋒の意を表す。活用語に付く場合は連体形に付く。	…だろうか …かもしれない …だろうか、いや、そうではない …か(それとも)…か	例「『子安の貝取りたるか』と問はせたまふ」〈竹取・燕の子安貝〉訳「子安貝は取ったか」と(使者に)お尋ねさせになる。 例「見たまへよ、懸想びたる文のさまか」〈源氏・夕霧〉訳ご覧なさい、(これが)恋文らしい手紙のようだろうか、いや、そうではない。 例「秋風の吹きあげに立てる白菊は花かあらぬか波の寄するか」〈古今・秋下・二七二〉訳秋風が吹きつけている、その吹き上げの浜に立っているのは白菊の花か、それともそうではないのか、寄せては返す白波が白菊のように見えているのか。
二[終助詞]接続 体言、活用語の連体形に付く。		
感動・詠嘆を表す。	…だなあ …であることよ	例「つれなきを今は恋ひじと思へども心弱くも落つる涙か」〈古今・恋五・八〇九〉訳冷たいあの人を、いまはもう恋い慕うまいと思うけれども、本当に心弱くも落ちる涙であることよ。

る。例「倉橋の山を高みか夜隠りに出で来る月の光乏しき」〈万葉・三・二九〇〉訳倉橋の山が高いからだろうか、夜遅く出てくる月の光が弱いことだ。《係結び》「か→乏しき体」

(6)係助詞「か」の疑問の意が転じて、不定の意や、並列選択の意を表すことがあり、これらの用法は副助詞であるとされる。例「少将なりしも、三位中将とかいひておぼえあり」〈源氏・竹河〉訳少将であった人も、いまは三位の中将とかいって、世間の評判がよい。例「村上か朱雀院かの生まれおはしましたる御五十日の餅」〈大鏡・醍醐天皇〉訳村上天皇か朱雀院かどちらかがお生まれになったその五十日の祝い(=子供が生まれて五十日目の祝い)のもち(を)。

(7)係助詞「か」には、上代特有の語法として、「ぬか」(打消の助動詞「ず」の連体形「ぬ」＋「か」)の形で願望の意を表す用法がある。例「たな霧らひ雪も降らぬか梅の花咲かぬが代にそへてだに見む」〈万葉・八・一四二六〉訳面に霧がたちこめて雪が降らないものか。梅の花が咲かないかわりに、梅になぞらえて雪でも見よう。→「ぬか」

(8)終助詞「か」は、念を押したり、納得したことを表したりする場合がある。例「そんならこうと、五つで二十、五の二文か。これここに置くぞ」〈膝栗毛〉訳それならええと、五つで二十、五(=かけ算の九九)の二文だな。おい、ここに置くぞ。

る。例「御前の方かいすみて、いつのまに変はるにか」〈讃岐典侍日記〉

かいそ・ふ【搔い添ふ】《「かきそふ」のイ音便》一[自ハ四]{は・ひ・ふ・ふ・へ・へ}ぴったりと寄り添う。例「〔犬ドモハ〕うちうめきて、〔東人ノ〕脇にかい添ひてみな伏しぬ」〈宇治拾遺・一〇・六〉二[他ハ下二]{へ・へ・ふ・ふる・ふれ・へよ}寄り添わせる。例「御髪長くうつくしうて、かい添へて伏させたまへり」〈栄花・二〉

かいぞへ【介添へ】[名]《「介」はあて字》❶付き添って世話をすること。また、その人。❷嫁入りのとき、花嫁に付き添って世話をする年配の女性。

かいたいしんしょ【解体新書】[作品名]江戸中期(一七七四刊行)の医学書。前野良沢・杉田玄白ほか訳。ドイツの医学者クルムスの解剖書(オランダ語訳)を漢文で訳したもの。オランダ語を通じて西洋の学問への道を開き、西洋医学の流入を促した。

かいだう【海道】[名]❶船路。海上の航路。❷海沿いの道。また、その道沿いの地域。海沿いの国々を結ぶ道。↔山道。❸「東海道」の略。❹街道。

かいだうき【海道記】[作品名]鎌倉前期(一二二三ごろ成立)の紀行文。作者未詳。出家した作者の鎌倉下向の紀行が、承久の乱で落命した人々への哀惜を交えながら壮麗な漢文体で記される。

かいだうくだり【海道下り】[名]❶京都から東海道を通り、東国へ行くこと。＝東下り。❷京都から東国へ行く、その道中の景物を叙述した道行き文。中世のころ、謡い物として発達した。

かいた・つ【搔い立つ】[自タ四]{た・ち・つ・つ・て・て}《「かい」は接頭語》すばやく立ち上がる。勢いよく立ち上がる。例「宮に集ひさせ給へりし人々(=女房タチ)をみな召せど、さりぬべき(=勢力ノアル女房タチ)こそかい立ちても参り給へ」〈浜松中納言・五〉

かいだて【垣楯・搔い楯】[名]《「かきだて」のイ音便》楯を垣のように並べて敵の矢などを防いだもの。

かいたをり【搔い手折り】[名]《「かきたをり」の

が［格助詞］［接続助詞］［終助詞］

アプローチ ▼格助詞「が」(一)は、格助詞「の」と用法的に重なるところが多いが、「が」は「の」に比べ、上にくる人物に対する敬意が低いといわれる。
▼平安時代までは「が」は格助詞としてのみ用いられ、平安末期以降、接続助詞(二)や終助詞(三)の用法があらわれた。
▼接続助詞「が」(二)は、もともとは、逆接や順接といった因果関係を表すわけではなく、単に句と句とを結びつける働きをもつ。
▼終助詞「が」(三)は、接続助詞「が」が助詞のかかっていく部分を省略し、余韻をもたせた用法から発展したとの説が有力である。近世になって一般化した。

《識別注意語》→付録「まぎらわしい品詞の識別」

一［格助詞］接続 体言、活用語の連体形に付く。

意味	訳語	用例
❶連体修飾用法。 **㋐所有・所属を表す。**	…の	例「大進生昌**が**家に、宮の出でさせたまふに」〈枕・大進生昌が家に〉訳大進(=官職名)生昌**の**家に、中宮様がお出かけになるので。
㋑数量を表す。	…の	例「ただこの二、三年**が**うちのことなるべし」〈今昔・二七・三七〉訳(この話は)ほんの二、三年**の**うちのことであるらしい。
❷同格を表す。	…で(あって)	例「いとやむごとなき際にはあらぬ**が**、すぐれて時めきたまふありけり」〈源氏・桐壺〉訳たいして高貴な家柄ではない方**で**、目立ってご寵愛を受けていらっしゃる方があった。
❸下の体言を表現せず、助詞だけで体言相当の意味を表す。準体用法。	…のもの(適当な名詞を補って訳す)	例「この歌、ある人のいはく、柿本人麻呂**が**なり」〈古今・夏・一三五左注〉訳この歌は、ある人がいうには、柿本人麻呂**の歌**である。
❹主格を表す。	…が	例「雁などの列ねたる**が**、いと小さく見ゆるは、いとをかし」〈枕・春は、あけぼの〉訳雁などの連なっているの**が**、とても小さく見えるのは、たいそう興趣に富んでいる。
❺希望や好悪、能力などの対象を表す。	…が …を	例「それ**が**うけたまはりたく候ひて」〈古今著聞・二六五〉訳それ(=琵琶の奏法)**が**承りたいのでございますが。

二［接続助詞］接続 活用語の連体形に付く。

意味	訳語	用例

発展学習ファイル (1)本来は格助詞の連体修飾用法(一❶)が中心であったと考えられ、「吾が愛しき妹」のような造りであったものが、「吾が愛しき妹」のような造りに読み替えられて主格用法(一❹)が発達したと思われる。
(2)一❷の同格の用法に関しては、「の」の発展学習ファイル(1)を参照。
(3)一❸は、「準体助詞」とする説もある。
(4)一❹は、本来は従属句の中で用いられ、原則として、意味上の係り先である述語を終止形で言い切ることはない。上例は、「雁などの列ねたるが」が「いと小さく見ゆる(=連体形)」に係って全体で体言相当の従属句を構成し、「いとをかし」の主語になっている。なお、従属句以外に用いられることもあるが、このときも、係り先の述語は終止形ではなく連体形となって体言相当句を構成する。
(5)**格助詞「が」と格助詞「の」との違い**については、次の点があげられる。
・体言に付くとき、「の」が広く一般の名詞に付くのに対して、「が」はおもに固有名詞・代名詞に付く。
・人物を表す語に付くとき、「の」が、より疎遠な者に対する敬意の気持ちを含むことが多いのに対して、「が」は、より身近な者に対する親愛・軽蔑の気持ちを含むことが多いとされる。例「いかなれば四条大納言のはめでたく、兼久**が**はわろかるべきぞ」〈宇治拾遺・一・一〇〉訳どうして四条大納言の歌はすばらしくて、この兼久**の歌**は悪いのだろうか。〔注〕目上の四条大納言には「の」、自分自身には「が」が用いられている。
(6)格助詞「が」は、比喩・類似を表す場合もある。例「象潟や雨に西施**が**ねぶの花」〈おくのほそ道・象潟〉訳→〔俳句〕きさがたやあめにせいしが…
(7)格助詞「が」には、上代では、「が」＋形容詞＋接尾語「さ」という形で詠嘆の意を表す用法がある。例「遠き山関も越え来ぬ今更に逢ふべきよしのなき**が**さぶしさ」〈万葉・一五・三七三四〉訳遠い山や関所を越えてきたいまとなってはいっそう、会うきっかけのない寂

❶単純接続。前の事柄とあとの事柄とをただ単純に結びつける。	…が	例「落ち入りけるとき、巳の時ばかりなりけるが、日もやうやく暮れぬ」〈今昔・二六・二四〉訳（海に）落ちたときは巳の時ごろであったのだが、日もしだいに暮れてきた。
❷逆接の確定条件を表す。	…けれど …が …のに	例「はじめは声をあげ叫びけるが、後には声もせざりけり」〈保元・中〉訳（拷問をうけて）はじめは声をあげて叫んでいたが、のちには声も出せなくなった。

三［終助詞］接続 文末の種々の語に付く。

意味	訳語	用例
感動や念押し、不審を問いただすなどの意を表す。	…が …がなあ	例「弱虫じゃあねへはな。おめへも熱からうが」〈浮世風呂〉訳弱虫じゃないったら。おまえさんだって熱いだろうが。

しきであることよ。(8)接続助詞「が」は、逆接の仮定条件を表すこともある。近世以降の用法。助動詞「う」「よう」「まい」などに付く。例「おれが草履は長刀だらうが、鑓だらうが、履きかへられてはすまぬぞ」〈浮世風呂〉訳おれの草履は、長刀草履（＝片方がすりへった草履）であっても、鑓であっても、はきかえられてはただではすまないぞ。(9)格助詞「が」と接続助詞「が」とは区別がつけにくい場合もあるが、平安中期までの用例はすべて（体言に付く場合も活用語の連体形に付く場合も）、格助詞である。(10)終助詞「が」は、ののしる気持ちも表す。例「『なんだこいつが』と湯をすくってかける」〈浮世風呂〉

イ音便》道の曲がり角。例「牛の逸物にて、辻のかいたをりなどを、おもしろくあがきまはりければ」〈十訓抄・一〉

かいだん【戒壇】[名]《仏教語》僧に戒を授ける儀式を行うための、石または土でできた壇。

かいだんせき【戒壇石】[名]《仏教語》（寺院全体を「戒壇」と考えて）律宗・禅宗の寺院の門前に建てた石の柱。「不許葷酒入山門（＝ニオイノスル野菜ト酒ハ寺院内ニ持チ込ミ禁止）」の句が刻んである。

かいちゃう【開帳】[名]社寺で、ふだんは公開していない秘仏・秘宝などを、特定の期間を限って一般人に拝観させること。開扉。（季―春）

かいぢゃうゑ【戒定慧】[名]《仏教語》仏道修行上の三つの大事な項目。善を修め悪を防ぐ「戒」、心の乱れを静める「定」、真理を明らかにする「慧」の三つをいう。＝三学

かいつ・く【搔い付く】《「かきつく」のイ音便》一［自カ四］（か・き・く・く・け・け）取りつく。しがみつく。例「愛しむほどに、かいつきて寝たる」〈枕・愛しきもの〉二［他カ下二］（け・け・く・くる・くれ・けよ）つける。例「紅といふもの、いと赤らかにかいつけて」〈源氏・常夏〉

かいつくろひ【搔い繕ひ】[名]衣服や髪などを整える介添えの人。とくに、五節の舞姫の介添えをする女房。例「かいつくろひ二人の童よりほかには、すべて入るまじ」〈枕・内裏は、五節のころこそ〉

かいつくろ・ふ【搔い繕ふ】[他ハ四]（は・ひ・ふ・ふ・へ・へ）《「かきつくろふ」のイ音便》服や髪など乱れたものを整える。例「忠盛青雲のつばさをかいつくろふといへども」〈平家・四・南都牒状〉

かいつのぐ・る【搔い角繰る】[他ラ四]（ら・り・る・る・れ・れ）《「かきつのぐる」のイ音便》髪の毛を無造作に束ねる。例「髪の結ひ目、たちまちとけて、あるじ、これをかなしめば、『すこしもくるしからぬ御事』と申して、かい角ぐりて」〈浮・好色五人女〉

かいつら・ぬ【搔い列ぬ・搔い連ぬ】[他ナ下二]（ね・ね・ぬ・ぬる・ぬれ・ねよ）《「かきつらぬ」のイ音便》いっしょに行動する。いっしょに行く。例「思ふどちかいつらねて、和泉の国へ二月ばかりに行きけり」〈伊勢・六七〉

かいと【垣外】[名]《「かきと」のイ音便》❶垣の外。❷乞食。

かいともし【搔い灯し】[名]《「かきともし」のイ音便》宮中の清涼殿の「夜の大殿」の四隅につるした灯籠。また、その明かり。

かいどり【搔い取り】[名]❶着物の裾をつまみ持って、引き上げること。❷女性の礼服。上着を着て帯をした上から打ちかけて着る長い小袖。室町後期ごろから宮中の女性に用いられ、江戸時代の武家の女性の礼服となった。＝打ち掛け

かいどりすがた【搔い取り姿】[名]着物の褄や裾をたくし上げた姿。

かいど・る【搔い取る】[他ラ四]（ら・り・る・る・れ・れ）《近世語。「かいどる」とも。「かきとる」のイ音便》着物の裾や褄を手でからげ持つ。例「氷のごとくなる練り貫の小袖の、しはしほとあるをかい取って」〈太平記・二〉

（音便）「かい取っ」は「かい取り」の促音便。

かいな【肱・腕】歴史的かなづかい「かひな」

かいな・づ【搔い撫づ】[他ダ下二]（で・で・づ・づる・づれ・でよ）《「かきなづ」のイ音便》なでる。例「ただ一人ゐたる所に、この猫がむかひゐたればかいな・でつつ」〈更級〉

かいなで【・なり】【搔い撫で】[名・形動ナリ]《「かきなで」のイ音便》表面をなでた程度の深みのないさま。とおりいっぺんだ。平凡だ。例「（歌ガ）かうやうのかいなで・にだにあらましかば」〈源氏・末摘花〉

かいねり【搔い練り】[名]《「かきねり」のイ音便》❶練ってのりを落とし柔らかくした絹。練り絹。❷「搔い練り襲」の略。

かいねりがさね【搔い練り襲】[名]襲の色目の名。表裏ともつやのある紅色をしており、冬から春に

かけて用いる。＝掻い練り②

かいのご・ふ【掻い拭ふ】［他ハ四］｛は・ひ・ふ・ふ・へ・へ｝《「かきのごふ」のイ音便》ふき取る。ぬぐう。[例]「〔若君ノ病気ヲ〕かい拭・ひたるやうにやめたてまつりたりしかば（＝オ治シ申シタノデ）」〈枕・さかしきもの〉

かいのし【戒の師】［名］出家をする人に戒律を授ける僧。

かいば【海馬】［名］タツノオトシゴの別称。安産のお守りにされた。

かいは・く【掻い掃く】［他カ四］｛か・き・く・く・け・け｝《「かきはく」のイ音便》掃除する。清掃する。[例]「つややかに掻い掃・きなどする人もなし」〈源氏・蓬生〉

かいはさ・む【掻い挟む】［他マ四］｛ま・み・む・む・め・め｝《「かきはさむ」のイ音便》抱えるように（脇に）はさむ。[例]「長刀脇にかいはさ・み」〈平家・一一・能登殿最期〉

かいはな・つ【掻い放つ】［他タ四］｛た・ち・つ・つ・て・て｝《「かきはなつ」のイ音便》開ける。開け放つ。[例]「渡りたまふ方の戸を、右近（＝人名）かい放・てば」〈源氏・玉鬘〉

かいばみ【垣間見】［名］「かいまみ」に同じ。

かいば・む【垣間む】［他マ四］｛ま・み・む・む・め・め｝《「かいまむ」の変化形》「かいまみる」に同じ。[例]「物の狭間よりかいば・ませ奉らばや」〈栄花・一四〉

かいはら・ふ【掻い払ふ】［他ハ四］｛は・ひ・ふ・ふ・へ・へ｝《「かきはらふ」のイ音便》勢いよく払いのける。[例]「塵かいはら・ひ、門も開けたりければ」〈蜻蛉・中〉

かいひ・く【掻い弾く】［他カ四］｛か・き・く・く・け・け｝《「かきひく」のイ音便》（弦楽器を）かき鳴らす。[例]「いまめかしく掻い弾・きたる爪音」〈源氏・帚木〉

かいひざ【掻い膝】［名］《「かきひざ」のイ音便》立てた片膝を手で抱くようにして座ること。人前では失礼な態度とされる。

かいひそ・む【掻い潜む】《「かきひそむ」のイ音便》[一]［自マ四］｛ま・み・む・む・め・め｝隠れる。ひっそりする。[例]「かいひそ・みて群がりゐつつ」〈増鏡・三神山〉[二]［他マ下二］｛め・め・む・むる・むれ・めよ｝隠す。目立たないようにする。[例]「かいひそ・め人疎うもてなしたまへば」〈源氏・末摘花〉

かいびゃく【開闢】［名］《「かいびゃく」とも》❶天地の開け始め。❷信仰の地として、寺や山を初めて開くこと。また、その人。

かいびゃく【開白】［名］《仏教語》❶「法会」や「修法」を行うとき、最初にその趣旨を仏に申し上げること。❷「法会」や「修法」の初日。

かいぶ【海浦・海賦・海部】［名］織物や蒔絵の模様の名。大波・州浜・磯馴れ松・海藻・貝など、海浜の風物を図案化したもの。＝大海

かいふ・す【掻い伏す】［自サ四］｛さ・し・す・す・せ・せ｝《「かきふす」のイ音便》姿勢を低くする。[例]「かい伏・して逃ぐるを、追ひつけて来れば」〈宇治拾遺・一一・八〉

がいぶん【涯分】[一]［名］身分にふさわしいこと。分際。分限。[二]［副］力の及ぶ限り。精一杯。

かいほういうしょう【海北友松】［人名］（一五三三～一六一五）安土桃山時代の画家。名は紹益。海北派の始祖。狩野派に学び襖絵や屏風を残す。代表作は建仁寺の襖絵、妙心寺の屏風など。

かいほそ・る【掻い細る】［自ラ四］｛ら・り・る・る・れ・れ｝《「かきほそる」のイ音便》細くなる。小さくなる。[例]「やをらかい細・りて出でたまふ道に」〈源氏・少女〉

かいまぎ・る【掻い紛る】［自ラ下二］｛れ・れ・る・るる・るれ・れよ｝《「かきまぎる」のイ音便》他のものに入りまじって見分けがつかなくなる。人目につかないようになる。[例]「かいまぎ・れて出でで給ひぬ」〈浜松中納言・三〉

かいまく・る【掻い捲る】［他ラ四］｛ら・り・る・る・れ・れ｝《「かきまくる」のイ音便》（袖などを）まくる。まくり上げる。[例]「袍の（＝上着）・狩衣も、袖かいまく・りて」〈枕・暁に帰らむ人は〉

かいまさぐ・る【掻い弄る】［他ラ四］｛ら・り・る・る・れ・れ｝《「かきまさぐる」のイ音便》手でもてあそぶ。[例]「よく装束したる数珠かいまさぐ・り」〈枕・説経の講師は〉

かいまじ・る【掻い交じる・掻い混じる】［自ラ四］｛ら・り・る・る・れ・れ｝《「かい」は接頭語》入り交じる。交ざり合う。[例]「宮司、内、東宮の殿上人などかいまじ・りて被け渡したり」〈栄花・一七〉

かいまみ【垣間見】［名］《「かきまみ」のイ音便。「かいばみ」とも》すきまからそっとのぞき見ること。[例]「人のありさまかいま見などはまだしたまはざりつる」〈源氏・空蟬〉

> **古典の世界**　「垣間見」から始まる恋愛
>
> 平安朝の物語では、「かいまみ」は恋の展開上欠かせぬ行動である。当時の貴族女性は簾中に暮らして、他人に顔を見せることがない。したがって、偶然であれ意図的であれ、男が女をのぞき見することは、評判の女性あるいは関心をもつ女性を確かめるチャンスであった。
>
> 『源氏物語』をはじめ、物語の垣間見場面はのぞく側の視線に沿って書かれていることが多いため、われわれ読者も当人と心情を分かち合うことができる。たとえば、少女を垣間見する源氏の視線は、やがてその先に最愛の女性、藤壺の面影までも浮かび上がらせることになる。〈若紫の巻〉。垣のすきまとは、読者にも開かれた物語への回路なのかもしれない。

かいま・みる【垣間見る】［他マ上一］｛み・み・みる・みる・みれ・みよ｝《「かきまみる」のイ音便》物のすきまからこっそり中をのぞき見をする。＝垣間む・垣間む。[例]「穴をくじり、垣間・見、惑ひあへり」〈竹取・かぐや姫〉

かいま・む【垣間む】［他マ四］｛ま・み・む・む・め・め｝《「かいばむ」とも》「かいまみる」に同じ。[例]「立ち聞きかいま・む人のけはひして」〈更級〉

かいみゃう【戒名】［名］❶出家して戒律を受けた人に与えられる名。法名。❷僧が死者につける名。↕俗名

かいむ・る【掻い群る】［自ラ下二］｛れ・れ・る・るる・るれ・れよ｝《「かい」は接頭語》ひとつの場所に集まる。群がる。[例]「しばしかい群・れて立ちたるを見て」〈落窪・二〉

かいめん【改免】［名］その年の作柄に応じ年貢の率を改めること。

かいもくせう【開目鈔】［作品名］鎌倉中期（一二七二成立）の仏教書。二巻。日蓮著。佐渡流謫中の日蓮が、迫害を受けるのは法華経の行者のしるしであり、法華経のみが信仰に値することを説く。

かいもち【掻い餅】[名]《「かきもち」のイ音便》「かいもちひ」に同じ。

かいもちひ【掻い餅】[名]《「かいもち」とも。「かきもちひ」のイ音便》ぼたもち。おはぎ。一説に、そばがきともいう。

かいもと【垣下】[名]《「ゑんが」「ゑが」とも。「かきもと」のイ音便》宮中や貴族の屋敷での饗宴の座で、正客以外に相伴すること。また、その人。

かいもとあるじ【垣下饗】[名]《「かきもとあるじ」のイ音便》「垣下」の座に着いてもてなしを受けること。

かいやりす・つ【掻い破り棄つ】[他タ下二]{て・て・つ・つる・つれ・てよ}《「かきやりすつ」のイ音便》破って捨てる。例「『月にはきかしても余所には漏れぬむかしの文枕』とかいやり捨てられし中に」〈浮・好色一代男〉

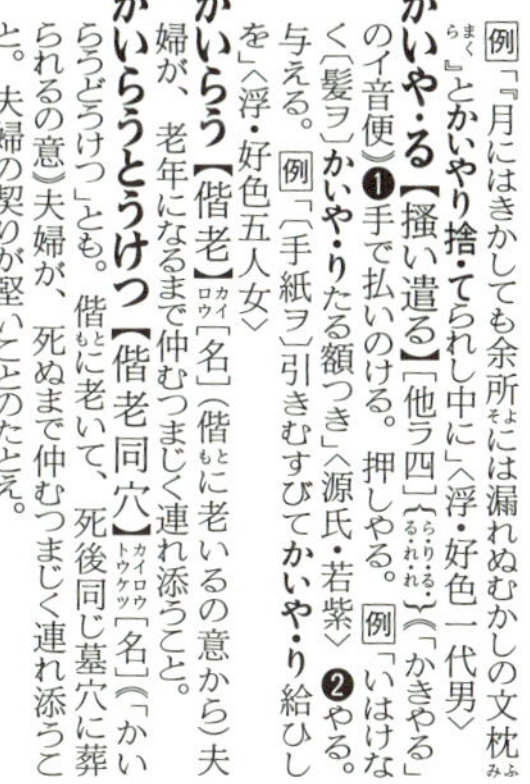

垣間見　『源氏物語』「橋姫」の一場面。宇治にある八の宮の山荘にお忍びでただ一人向かった薫は、楽の音に導かれてようやく山荘にたどり着く。右方、透垣から邸内を垣間見すると、月明かりに照らされて、美しい姫君たちが箏と琵琶を演奏する。簀の子には、二人の女房が袴の裾を長く垂らして、楽の音に聞き入る。（源氏物語絵巻）

かいや・る【掻い遣る】[他ラ四]{ら・り・る・る・れ・れ}《「かきやる」のイ音便》❶手で払いのける。押しやる。例「いはけなくかいやりたる額つき（髪ヲ）」〈源氏・若紫〉❷やる。与える。例「（手紙ヲ）引きむすびてかいやり給ひしを」〈浮・好色五人女〉

かいらう【偕老】[名]（偕に老いるの意から）夫婦が、老年になるまで仲むつまじく連れ添うこと。

かいらうどうけつ【偕老同穴】[名]《「かいらうどうけつ」とも。偕に老いて、死後同じ墓穴に葬られるの意》夫婦が、死ぬまで仲むつまじく連れ添うこと。夫婦の契りが堅いことのたとえ。

かいらぎ【梅花皮・鰄】[名]サメ類の皮。梅の花のような形の硬い粒状の突起がある。刀剣の鞘や柄を包んだり装飾したりするのに用いた。また、その刀剣。

かいらふ【戒臈・戒臘】[名]❶《仏教語》出家受戒後の年数。❷芸道などの修行年数。

かいりき【戒力】[名]《仏教語》仏教の戒律を守ったことによって得られる功徳の力。

かいりつ【戒律】[名]《仏教語。自発的な戒めである「戒」と、他律的な規範の「律」の意》修行のとき、守らねばならない規律。

かいりゅうわう【海竜王】[名]「りゅうじん」に同じ。

かいろぐ　歴史的かなづかい「かひろぐ」

かいわぐ・む【掻い綰む】[他マ四]{ま・み・む・む・め・め}《「かきわぐむ」のイ音便》たわめ曲げる。丸める。例「（与エラレタ衣ヲ）二つながら取りて、かいわぐみて、脇に挟みて立ち去りぬ」〈宇治拾遺・三・三〉

かいわじゃう【戒和尚・戒和上】[名]《仏教語》出家する人に戒を授ける最高位の僧。＝戒師

かう【交う・買う・換う・飼う】歴史的かなづかい「かふ」

かう【更】[名]日没から日の出までを五等分した時間の単位。「初更（戌の時、午後八時ごろ）」「二更（亥の時、午後十時ごろ）」「三更（子の時、午前零時ごろ）」「四更（丑の時、午前二時ごろ）」「五更（寅の時、午前四時ごろ）」の五つで、それぞれを「甲夜」「乙夜」「丙夜」「丁夜」「戊夜」ともいう。季節により日没・日の出の時刻が異なるので、長さは一定ではない。

〔更闌く〕夜がふける。例「更たけ、夜ふけて、灯の消えむとするを見て」〈沙石集〉

かう【香】[名]❶香り。におい。❷香料。沈香・丁子・白檀などの香木や、麝香・竜涎などの動物性の香料と、それらを調合したものとがある。❸「香色」または「香染め」の略。❹襲の色目の名。表は濃い香色で、裏は紅色。一説に、表裏ともに香色。❺織り色の名。縦糸は濃い香色で、横糸は、若者用は濃い香色、老人用は白色。

〔香の輿〕葬儀のとき、香炉を入れて葬列に従う輿。

かう【講】[名]❶《仏教語。「講会」の略》仏教の講義をする集会。信者が集まって行う法会。❷神仏に参詣や寄進などをする信者の団体。講社。講中。❸金銭の貯蓄や融通を目的として作った組合。頼母子講や無尽講など。❹娯楽や親睦のための寄り合い。

かう【長官・守】[名]《「かん」とも。「かみ」のウ音便》官庁の長官。

かう［・なり］【剛】[名・形動ナリ]《近世以降「がう」とも》強く、武勇にすぐれていること。

かう【斯う】[副]《「かく（斯く）」のウ音便》❶《目前の事態や、話し手が念頭においていることを漠然と指示する。「と…かう…」の形で、慣用句となることも多い》こう。このよう。例「門にいでて、と見かう見、見けれど」〈伊勢・二〉❷《前述または後述の文の内容を指示する》このように。例「『暁に御迎へに参るべきよし申してなん、まかではべりぬる』と聞こゆ。このかう申す者は、滝口なりければ」〈源氏・夕顔〉《敬語》「参るべきよし申してなん、まかではべりぬる」→「まるる（四段）」「まうす」「まかづ」「はべり」、「聞こゆ」→「きこゆ」、「かう申す」→「まうす」。《係結び》「なん」→まかではべりぬる㊍。❸《多く「かうなり」の形で、相手の発言内容を受けてそれを肯定する意を示す》そのとおり。もっともだ。例「面白きこと

のたまふくそたちかな。ただ**かう**なり」〈宇津保・藤原の君〉❹《多く「今はかう」の形で、目前の事態が最終的な局面であることを確認する》**これまで。もうおしまい。** 例「祇王すでに今は**かう**とて出でけるが」〈平家・一・祇王〉❺《動作を行おうとする際に、単独の感動詞のように用いて、進行を促す意を示す》**さあさあ。** 例「幸ひの事、お供申さう。さらば、**かう**ござれ」〈虎明本狂・餅酒〉

がう【郷】[名]❶奈良時代から平安初期の地方行政区画の最も末端の組織の称。霊亀元年(七一五)の式(律令・格の施行細則)によって従来の国・郡・里制の里を郷に改め、郷の下に新たに里をおいた。一郷は五十戸。その長を「郷長」という。❷地方。いなか。村里。故郷。

かうあはせ【香合はせ】[名]「物合はせ」のひとつ。競技者が左右に分かれ、香をたいて、その名を当てたり優劣を競ったりする遊び。＝薫き物合はせ

かうい【更衣】[名]❶**衣がえ。**❷**後宮の女官の称。** 女御の下に位置する。大納言家およびそれ以下の出身の女性が選ばれた。初めは天皇のお召しかえの役だったが、のちには、御寝所に奉仕するようになった。例「女御、**更衣**あまたさぶらひたまひける中に」〈源氏・桐壺〉《敬語》「さぶらひたまひける」→「さぶらふ」「たまふ(四段)」

かういばら【更衣腹】[名]「更衣」から生まれたこと。また、「更衣」から生まれた皇子や皇女。

かういろ【香色】[名]「香染め」で染めた色。薄赤く、黄色みを帯びた色。＝香③

かううん【高運】[名]たいそうよい運。幸運。

がうえん【強縁・剛縁】[名]❶権力者と縁故を結ぶこと。また、それを利用し、思いのままに振る舞うこと。❷強い因縁。強力な縁故。

がうおく【剛臆】[名]《古くは「かうおく」》剛勇と臆病。

かうがい【笄】[名]《「かみかき(髪掻き)」の変化形》❶中古、男女とも髪をかきあげるのに用いた、箸に似た細長い棒状の道具。➡[古典参考図]冠物・装具、調度類〈2〉。❷刀の鞘の側面にさした、へら状のもの。男性が髪をかくのに用いた。のち形式化して装飾品となった。❸近世以降、女性が髷にさした装飾品。金・銀・べっ甲などで作った。

かうかう[・たり]【皓皓・皎皎】[形動タリ]{たら・たり(と)・たり・たる・たれ・たれ}(月の光や雪が)白く輝いて美しいさま。例「のぼれば白雲**皓皓**として聳ええ」〈平家・九・老馬〉

かうかう【斯う斯う】[副]《「かくかく」のウ音便》こうこう。これこれ。例「道にて馬の口をとりて、『かうかうなむ思ふ』といひければ」〈伊勢・六三〉

がうがう[・なり／・たり]【嗷嗷・囂囂】[形動ナリ]{なら・なり(に)・なり・なる・なれ・なれ}[形動タリ]{たら・たり(と)・たり・たる・たれ・たれ}やかましい。例「**嗷々**なる体にて、あまっさへ朝家を恨むべしなんどきこしめすは」〈平家・三・法印問答〉

かうがう・し【神神し】[形シク]{しから・しく(しかり)・し・しき(しかる)・しけれ・しかれ}《「かみがみし」のウ音便》尊く厳かだ。例「黒木の鳥居どもは、さすがに**神々しう**見渡されて」〈源氏・賢木〉《音便》「神々しう」は「神々しく」のウ音便。

かうかうの…【孝行のしたい時分に親はなし】〈柳多留・二二〉訳親不孝を重ねた子供も年をとると親のありがたさがわかってくる。孝行のしたい年ごろになると親は他界して、この世にいないものだ。〔川柳〕

かうがふ【香合】[名]香を入れる容器。＝香箱

かうが・ふ【考ふ・勘ふ】[他ハ下二]{へ・へ・ふ・ふる・ふれ・へよ}《「かんがふ」の変化形》❶前例や暦などをもとに是非を判断する。例「近うまたよき日なしと**勘へ**申しける中に」〈源氏・行幸〉❷罰する。責める。しかる。例「えせ者の、従者**勘へ**たる」〈枕・無徳なるもの〉

かうがん【向顔】[名]対面。面会。

がうき【拷器】[名]拷問用の道具。

がうぎ【嗷議・嗷儀】[名]❶人数が多いのに力を得て、無理をいうこと。無理押し。例「大名一揆の**嗷儀**ども、これよりちと止みにけり」〈太平記・三九〉❷暴力。乱暴。口論。

がうぎ[・なり]【豪儀・強気】[名・形動ナリ]❶自分の思ったことを押し通そうとするさま。頑固。❷程度がはなはだしいさま。❸威勢のよいさま。

かうぎは【髪際】[名]《「かみぎは」のウ音便》頭髪の生え際。馬のたてがみの生え際。

がうきゅう【強弓】[名]《「つよゆみ」とも》張りが強いので引くのに力のいる弓。また、その弓を引く人。

かうけ【高家・豪家】[名]《「豪家」は「がうけ」とも読む》❶家柄のよい家。権勢のある家。❷頼りにする権威。よりどころ。口実。❸由緒のある武家の名門。❹江戸幕府の職名。朝廷への使節、伊勢・日光への代参、勅使の接待など幕府の儀式・典礼をつかさどった。吉良・畠山・六角家など室町時代より続く名家が世襲した。❺高貴な方。公家。

〔**高家に思ふ**〕格式が高く権勢のある家柄だと思う。また、権威があり頼りにできる人柄だと思う。例「我が主の大納言を**高家に思ふか**」〈宇治拾遺・一〇・一〉

かうげ【香華・香花】[名]《「かうけ」とも》仏前などに供える花と香。

かうげ【高下】[名]❶身分の上下。❷優劣。程度や量の多少。❸価格の上下。

かうけだ・つ【高家立つ・豪家立つ】[自タ下二]{て・て・つ・つる・つれ・てよ}《「豪家」は「がうけ」とも読む》格式の高い家柄らしくする。例「**豪家だつる**我が殿も、中納言におはしますや」〈落窪・二〉

かうけち【纐纈・交纈】[名]《「かうけつ」とも》染色法のひとつ。絞り染めの類で、現在の鹿の子絞りに似る。→「かのこしぼり」

かうけつ【纐纈・交纈】[名]「かうけち」に同じ。

かうけば・る【高家張る】[自ラ四]{ら・り・る・る・れ・れ}いかにも高い家柄の人らしく振る舞う。えらぶる。

かうげん【巧言】[名]ことばを巧みに飾ること。口がうまいこと。また、そのことば。口先だけのことば。

かうげん【高言】[名]自信たっぷりにいうこと。また、そのことば。

かうご【香壺】[名]香や薫き物を入れておくつぼ。

かうごきぞく【高悟帰俗】[名]芭蕉の提唱した俳諧の理想的境地をいう。『三冊子』に見えることば。俳諧(風雅)の本質を追究して、常に精神を高く悟った状態で、日常の卑近な対象に目を向ければ、俳諧世界がひらかれてゆくことをいったもの。

かうこじ【高巾子】[名]「巾子」を高く作り、

白い絹で張った冠。「男踏歌」の際に、六位の蔵人の舞人がかぶった。→「こじ(巾子)」

かうざ【高座】[名]❶説法する僧が座る一段高い座席。❷①で説法すること。

かうさう【高相】[名]高貴な相。例「汝やんごとなき高相の夢見てけり」〈宇治拾遺・一・四〉

かうさく【視告朔・告朔】[名]《「視」の字は慣例として読まない》毎月朔日に、前月の各役所の勤務状況や、出勤の日数の記録などを記した文書を奏上する儀式。のちに、正月・四月・七月・十月にだけ行うようになった。

かうざく[・なり]【警策】[名・形動ナリ]「きゃうざく(警策)」に同じ。

かうざま【格狭間】[名]壇・台の脚や横長の矩形部に特別な刳り方をした装飾。＝牙象・眼象

格子①　高欄をめぐらせた渡殿の上で、格子の上半分を引き上げる中宮大夫斉信。中から顔をのぞかせ、無礼をたしなめる紫式部。(紫式部日記絵詞)

かうざま[・なり]【斯う様】[名・形動ナリ]《「かくざま」のウ音便》このようなさま。例「宇治の姫君の心とまりておぼゆるも、**かうざま・なるけはひのをかしき**ぞかし」〈源氏・竹河〉

がうざんぜ【降三世】[名]《仏教語》「降三世明王」の略。

がうざんぜみゃうわう【降三世明王】[名]《仏教語》「五大明王」のひとつ。東方を守護する。貪・瞋・痴の三毒を降伏するといい、顔は三面または四面ある。多くは八本の腕をもち、怒りの相を見せている。＝降三世

かうし【行死】[名]❶死刑にすること。❷死ぬこと。

かうし【格子】[名]《「かくし」のウ音便》❶**寝殿造りの建具の一種。細い角材を縦横に組んで作った黒塗りの戸**。上下二枚の戸を柱と柱の間にはめ込み、上の戸は釣り上げて開き、下の戸はかけがねで止め、開くときには取り去る。寝殿・対の屋などの四方を覆っている。❷**細い木を縦横にすかして組み、窓や出入り口などに取り付ける建具**。格子戸。格子窓。❸《「格子縞」の略》格子模様の縞織物や染め物。❹《近世語》「格子女郎」の略。

格子の坪・格子の壺　格子の骨と骨の間の一こま一こま。格子の目。格子のくぼみ。

格子参る「みかうしまゐる」に同じ。

かうじ【好士】[名]《「かうし」「くし」とも》風流な人。とくに、和歌や連歌の道にすぐれている人。

かうじ【好事】[名]よいこと。善行。例「好事を行じて、前程を問ふことなかれ」〈徒然・一七一〉

発展学習ファイル　「かうず」と読むと別義で、物好きの意を表す。

かうじ【柑子】[名]《「かんじ」の変化形》❶いまのコウジミカン。実は小型で、食用。(季―秋)。❷襲の色目の名。表裏とも濃い朽ち葉色。

かうじ【勘事】[名]《「かんじ」のウ音便》❶しかり遠ざけること。不興。勘当。❷拷問。

かうじ【講師】[名]❶《仏教語》諸国の国分寺に置かれた僧官。最初は「国師」と称した。❷《仏教語》法会などのとき、高座に上がり、仏典を講説する僧。❸歌合わせ・歌会・詩文の会で、和歌や詩文を独特な唱法で披露する役。

かうじいろ【柑子色】[名]赤みがかった黄色。みかん色。主に喪服や仏門の人の衣の色に用いる。

かうしぢょらう【格子女郎】[名]《近世語》江戸吉原で、太夫につぐ遊女の階級。格子の内に部屋をもつことからいう。上方での「天神」に相当する。＝格子④

かうしゃ[・なり]【巧者】[名・形動ナリ]技芸に巧みなさま。また、その人。熟練者。

かうしゃう【高声】[名]《「かうじゃう」とも》大声。高い声。

かうしょく【好色】[名]❶容貌の美しいこと。美人。❷異性との情事などに興味をもつこと。色好み。❸遊女。

かうしょくいちだいをとこ【好色一代男】[作品名]江戸前期(一六八二刊行)の浮世草子。井原西鶴作・画。富裕な上方町人の家に生まれた世之介の好色遍歴を描く一代記的小説。文学史上浮世草子の初めとされる。

かうしょくいちだいをんな【好色一代女】[作品名]江戸前期(一六八六刊行)の浮世草子。井原西鶴作。嵯峨の「好色庵」に住む老尼が語る半生を聞き書きした懺悔ものの形式をもつ。当時の性風俗を描き、社会批判ともなり得た名作である。

かうしょくごにんをんな【好色五人女】[作品名]江戸前期(一六八六刊行)の浮世草子。井原西鶴作。実在した恋愛事件に取材し、恋愛・姦通などによって悲劇的な結末を迎えた男女の物語五話を収める。

かうしょくにだいをとこ【好色二代男】[作品名]「しょえんおほかがみ」に同じ。

かうしょくもの【好色物】[名]浮世草子の分類のひとつ。井原西鶴の『好色一代男』『好色

五人女』などをはじめとする、遊里や現実生活における人間の愛欲を主題とした諸作品の総称。夜食時分・江島其磧らも作者として知られている。

かうしん【庚申】［名］《「かうじん」とも》❶《「かのえさる」とも》十干十二支を組み合わせた干支のひとつ。❷「庚申待ち」の略。❸《近世語》「庚申待ち」に祭る祭神。

かうじん【行人】［名］通行人。旅人。

かうじんせいば【行人征馬】［名］旅人と旅人の乗る馬。道を行く人や馬。

かうしんまち【庚申待ち】［名］庚申の日に、青面金剛や猿田彦を祭り、夜明かしをすること。この夜眠ると、体内にいる三尸虫がからだから抜け出し、天帝にその人の悪事を告げるため、命を奪われるといわれていたことによる。＝庚申②

かう・す【号す】［他サ変］{せ・し・す・する・すれ・せよ}《「がうす」とも》❶名付ける。呼ぶ。例「柳原の辺に、強盗法印と**号・する**僧ありけり」〈徒然・四六〉❷言いふらす。例「僧正の御坊の手の者など、**号・する**者ども多ければ」〈太平記・一四〉

かう・ず【勘ず・拷ず】［他サ変］{ぜ・じ・ず・ずる・ずれ・ぜよ}拷問にかける。懲らしめる。勘当する。例「官みなとどめて、いみじう**勘・ぜ**させ給へば」〈増鏡・秋のみ山〉

かう・ず【講ず】［他サ変］{ぜ・じ・ず・ずる・ずれ・ぜよ}❶講義する。書物や学説の意味を説く。例「首楞厳経を**講・じ**て、那蘭陀寺と号す」〈徒然・一七九〉❷詩歌の会で詩や歌を詠み上げる。披講する。例「文（＝漢詩）など**講・ずる**にも」〈源氏・花宴〉

かうずい【香水】［名］《仏教語》いろいろな香を溶かした浄水。道場・仏具・からだなどを清めるため、注ぎかける。また、仏に供える水。＝閼伽

かうせき【行跡】［名］《「ぎゃうせき」とも》❶行為。行い。❷品行。身持ち。

かうぜち［・す］【講説】［名・自サ変］《「かうせつ」「かうぜつ」とも》講義し解説すること。とくに、「講師」が教義を講じ、説法すること。

かうそ【高祖】［名］❶遠い先祖。❷仏教で、ひとつの宗門の開祖。また、それほどの徳の高い僧。

がうそ［・す］【嗷訴・強訴】［名・自サ変］朝廷に対して、徒党を組んで訴え出ること。平安中期から鎌倉時代にかけて、延暦寺や興福寺の僧徒がよく行った。

かうぞめ【香染め】［名］丁子を濃く煎じた汁で染めたもの。黄色みを帯びた薄赤色。丁子染め。＝香③

かうぞり［名］《「かみそり」のウ音便》［一］【剃刀】かみそり。［二］【髪剃り】髪をそり、仏門に入ること。また、その儀式。

かうだう【講堂】［名］寺院の建物のひとつ。中に仏像を安置し、経典を講義したり説法を行ったりする堂。ふつう、「金堂」のうしろに建てられている。

がうだう【強盗】［名］脅しや暴力で、人の金銭や物品などを奪い取ること。また、その人。ごうとう。

がうだんせう【江談抄】［作品名］平安後期の説話集。大江匡房の晩年の談話を藤原実兼が筆録したもの（筆録者を複数とする説もある）。

がうたんゑ【降誕会】［名］「くわんぶつゑ」に同じ。

かうぢき［・なり］【高直】［名・形動ナリ］値段が高いこと。たかね。↔下直。例「（馬ヲ）**高直・に**買ひとりて、いたはりかひければ」〈古今著聞・六七三〉

かうちゃう【綱丁】［名］《「かうてい」とも》奈良・平安時代、「調」や「庸」など税として納めた物品を諸国から京へ運送する人たちの長。

かうぢゃう【定考】［名］平安時代の官人の昇任儀式。音が「上皇」に通じることから、「ぢゃうかう」と読まず、逆に読む。六位以下の官吏は、勤務成績等により推薦され、二月に面接が行われる。四月には決定され、八月に任命された。

かうづか【髪束】［名］《「かんづか」とも。「かみづか」のウ音便》髪を束ねた部分。髻。また、首。

かうづけ【上野】［地名］《「かみつけ」のウ音便》旧国名。東山道十三か国のひとつ。いまの群馬県。＝上毛野・上州

かうて【斯うて】［副］《「かくて」のウ音便》こうして。これこれで。例「この十重なりたる〔卵〕は**かうて**もはべりぬべかりけり」〈蜻蛉・上〉

がうてき【強的・豪的】［形動口語型］《近世語》程度がなみなみでない。立派だ。豪勢だ。例「（雨ガ）**がうてき・に降るは降るは**」〈膝栗毛〉

かうとう【香頭】［名］吸い物などに入れ、香気を添える薬味。ユズの実の皮・ショウガ・ミョウガなど。

かうどの【守殿】［名］《「かみどの」のウ音便》「かうのとの」に同じ。

がうな【寄居虫】［名］《「かむな」とも》ヤドカリの別称。（季―春）

かうなぎ【巫】［名］《「かむなぎ」のウ音便》神に仕え、神意を伺ったり、神降ろしをしたりする人。巫女。

かうなり【斯うなり】《「かくなり」のウ音便。同意を表す慣用句》そのとおりだ。そうだ。例「**かうなり、かうなり**。さらむ折は、かならず告げたまふべきなり」〈大鏡・道長・下〉

かうにん【降人】［名］降参した人。例「甲をぬいで**降人に参る**」〈平家・九・六ヶ度軍〉

かうにん【高人】［名］身分の高い人。高貴な人。

かうのきみ【長官の君】［名］《「かんのきみ」とも。「かみのきみ」のウ音便》「長官」の敬称。＝長官の殿

かうのとの【長官の殿・守の殿・頭の殿・督の殿】［名］《「かんのとの」とも。「かみのとの」のウ音便》「長官」の敬称。＝守殿・長官の君

かうのないし【高内侍】［人名］「ぎどうさんしのはは」に同じ。

かうのもの【剛の者】［名］《近世以降「がうのもの」とも》勇ましく強い者。武勇にすぐれた武士。

かうのもろなほ【高師直】［人名］（？―一三五一）南北朝時代の武将。足利尊氏の執事。足利直義らと対立し、上杉能憲に殺された。歌舞伎『仮名手本忠臣蔵』では吉良上野介に擬せられる。

かうばこ【香箱・香匣】［名］「かうがふ（香合）」に同じ。

かうば・し【香ばし・馥し・芳ばし】〔形シク〕《「かぐはし」の変化形》❶よい香りだ。におい**がよい。**例「大かたの香もいとかうば・しければ」〈落窪・一〉❷**美しい。よい。心ひかれる。**例「その跡もっとも馥・しといへども」〈保元・中〉

かうばしう【香ばしう・馥しう・芳ばしう】形容詞「かうばし」の連用形「かうばしく」のウ音便。

がうはら【業腹・強腹・剛腹】〔名・形動口語型〕《近世語》(業火が腹の中で燃える意から)非常に腹立たしいこと。いまいましいこと。

かうばん【香盤】〔名〕❶「かうろ」に同じ。❷歌舞伎などの観客席の座席表。

かうびん【幸便・好便】〔名〕《近世語》都合がよいこと。よいついで。手紙の書き出しに用いる語。

がうぶく〔・す〕【降伏】〔名・他サ変〕神仏の力で、悪魔や敵を防ぎ押さえること。調伏。例「仏力神力も**降伏**をくはへましまず事」〈平家・四・山門牒状〉

かうぶり【冠】〔名〕《「かがふり」の変化形》❶《「かんむり」とも》平安以降の男性貴族が「衣冠」「束帯」を着るときに頭にかぶるもの。**かんむり。**例「涼の中納言は、うち休み給へる寝耳に聞きて、驚きながら、**冠**もうち側めてさし入れ」〈宇津保・蔵開・上〉。➡〔古典参考図〕男子の服装〈1〉。❷(冠の色によって位階を表したことから)**位階。**例「さらに、官も**冠**も賜らじ」〈枕・社は〉❸「初冠」の略。❹《敬語》「賜らじ」→「たまはる」。

〔冠を掛く〕《「挂冠」の訓読語。中国、後漢の逢萌が王莽に仕えるのを嫌って、冠を城門に掛け、国を去った故事から》官職を辞退する。例「年ふかき身の**冠をか・け**む、何か惜しからむ」〈源氏・若菜・下〉

「ねんしゃく」に同じ。

かうぶ・る【被る・蒙る】〔他ラ四〕《「かうむる」とも。「かがふる」の変化形》❶頭にかぶる。例「〔コレラノ冠〕四月・七月の斎の時に**かうぶ・る**所なり」〈紀・孝徳〉❷こうむる。受ける。例「神仏の恵み**かうぶ・れる**に似たり」〈土佐〉

かうべ【首・頭】〔名〕首から上の部分の総称。あたま。くび。

がうま【降魔】〔名〕《仏教語。「がま」とも》悪魔を降伏させること。

〔降魔の相〕《「がまのさう」とも》不動明王などが、煩悩魔や天魔など、仏道修行を妨げるものを降伏させるときのような、憤怒の形相。

かうみゃう〔・なり／・す〕【高名】一〔名・形動ナリ〕評判の高いこと。有名。例「**高名**の木登りといひしをのこ」〈徒然・一〇九〉二〔名・自サ変〕(戦場などで)手柄を立てること。また、その手柄。例「いかに佐々木殿、**高名・せ**うどて不覚し給ふな」〈平家・九・宇治川先陣〉

かうむ・る【被る・蒙る】〔他ラ四〕《「かうぶる」の変化形》「かうぶる」に同じ。

かうやう〔・なり〕【斯う様】〔名・形動ナリ〕《「かくやう」のウ音便》このよう。**こうしたふうである。**例「**かうやう・なる**〔海ノ中カラ月ガノボル光景〕を見てや、昔、阿部仲麻呂といひける人は〔漢詩ヲ作ッタ〕」〈土佐〉

かうやがみ【紙屋紙】〔名〕《「かみやがみ」のウ音便》「かんやがみ」に同じ。

かうやさん【高野山】〔地名〕紀伊国の山。いまの和歌山県伊都郡高野町にある。空海が真言宗の総本山である金剛峰寺を創建して以来、霊場として栄える。

かうやひじり【高野聖】〔名〕仏道を広めたり勧進を行ったりするために諸国を歩く高野山の僧。近世には乞食僧や、僧の姿をした行商人などの称となった。

かうやものがたり【高野物語】〔作品名〕室町時代の御伽草子。作者未詳。高野山で同宿した六人が、出家遁世の由来を順に語る。

かうらい【高麗】〔名〕❶朝鮮の王朝名。九一八年成立。一三九二年滅亡。❷朝鮮半島。❸「高麗縁・かうらいばし」の略。❹「高麗焼」の略。

かうらいべり【高麗縁・高麗端】〔名〕《「かうらいばし」とも》白地の綾に黒い雲形や菊の花の模様を織り出したり、染め出したりした畳の縁。また、その縁をつけた畳。貴族の邸宅や社寺で用いた。＝高麗③。➡図版「唐櫃」

かうらいやき【高麗焼】〔名〕朝鮮で、高麗時代・李朝時代に作られた陶磁器の総称。＝高麗④

かうらん【高欄】〔名〕《近世以降、「勾欄」とも書く》殿舎などの簀の子のまわりや、橋・廊下の両側に設けた欄干。牛車や輿に、船などの手すりや、椅子のひじ掛けなどをもいうことがある。➡図版「格子」

がうりき【強力】〔名〕❶力の強いこと。また、その人。❷山伏や修験者に従い、荷物を運んだり、登山の案内をしたりした者。

かうりょう【亢竜】〔名〕天高く昇りつめた竜。

〔亢竜の悔いあり〕《『易経』から》富貴・栄華を極め尽くせば、次は必ず衰えていくものだというたとえ。

かうろ【香炉】〔名〕香をたくための器具。陶磁器、漆器、金や銀などの金属器などで作られ、さまざまな形のものがある。＝香盤①・薫炉

かうろほう【香炉峰】〔地名〕中国の江西省にある廬山の一峰。中宮定子に雪のようすを問われた清少納言が、白楽天の詩「香炉峰の雪は簾をかかげてみる」をふまえ、黙って簾を上げた逸話が有名。

かうわかまひ【幸若舞】〔名〕語り物として室町初期に始められた芸能のひとつ。曲舞に声明の曲節を取り入れたもので、桃井直詮、幼名幸若丸の創始という。軍記物などを題材とし、戦国武将たちに好まれた。舞々。幸若。＝舞

かえ【萱】〔名〕《上代東国方言》「かや」に同じ。

かえう【歌謡】〔名〕一定の拍子や曲節を付けて謡う詩歌の総称。狭義には、詠む歌である和歌に対し、謡う歌を指すが、広義には「語り物」も含む。古代には、記紀や「風土記」に伝承された思国歌や久米歌が、平安時代には催馬楽・風俗歌などがあい、今様・早歌・小歌などが中世期に流

行し、近世期には多種多様のものが行われた。

かえす【反す・返す・帰す・覆す・孵す】歴史的かなづかい「かへす」

かえふ【荷葉】[名]ハスの葉。

かえりみる【顧みる・帰り見る】歴史的かなづかい「かへりみる」

かえる【反る・返る・帰る・還る・覆る・孵る・蛙】歴史的かなづかい「かへる」

かおる【薫る】歴史的かなづかい「かをる」

かが【利】[名](上代語)利益。

かが【加賀】[地名]旧国名。北陸道七か国のひとつ。いまの石川県南部にあたる。＝加州・賀州

がか【賀歌】[名]和歌の分類上の呼称のひとつ。『古今和歌集』以降の勅撰集に独立した部立てとして見える。長寿を祈念祝福する歌、大嘗会の風俗歌など、さまざまな祝いの歌がある。

がが【・たり】【峨峨】[形動タリ]{たら・たり(と)・たり・たる・たれ・たれ}山などが険しくそびえ立つさま。例「北には青山峨々として」〈平家・一〇・海道下〉

かかい【・す】【加階】[名・自サ変]位階が上がること。また、位階を上げること。

かがい【嬥歌】歴史的かなづかい「かがひ」

かかいせう【河海抄】[作品名]南北朝時代の注釈書。四辻善成著。歴史上の人と事件をあてはめて『源氏物語』を読解する。

かか・ぐ【掲ぐ・挑ぐ】[他ガ下二]{げ・げ・ぐ・ぐる・ぐれ・げよ}(「かきあぐ(掻き上ぐ)」の変化形)❶**かき上げる。高く上げる。**例「御簾をかか・げて見るものあり」〈徒然・二三〇〉❷**灯火をかき立てて明るくする。**例「御灯明の灯けざやかにかか・げさせて」〈源氏・総角〉

かがく【歌学】[名]和歌についての学問の総称。和歌の本質・意義・史的変遷の把握、和歌の作法・古歌の注釈、さらには古歌にかかわる故実や歌人の伝記・逸話の整理研究など、その領域は広範に及ぶ。作歌のための研究という傾向が強い。中古・中世を通じて、歌学書は各期の代表的歌人によって多く編まれたが、近世にはいると、国学者など、さまざまな立場からの理論が展開されるようになる。

ががく【雅楽】[名](俗楽に対する、雅正の楽の意)奈良・時代以降、宮廷を中心に行われた舞楽。唐楽・高麗楽などの大陸から伝来した音楽と、神楽・東遊び・踏歌などの日本固有の音楽、さらに催馬楽・朗詠などの宮廷歌謡をも含めていう。

かがくしふ【下学集】[作品名]室町前期(一四四四成立)の辞書。編者未詳(禅僧か)。「げがくしふ」ともいう。ことばを部門別に分け、漢字と読みを記し、時に解説を付す。『節用集』の元となった。

かかぐ・る[自ラ四]{ら・り・る・る・れ・れ}(多く、下に動詞を伴って)たどる。すがる。例「いと、まだ夜深く暗かりければ、かかぐ・りいでんと」〈大和・付載三〉

ががくれう【雅学寮】[名]「うたれう」に同じ。

かかげつく・す【挑げ尽くす】[他サ四]{さ・し・す・す・せ・せ}灯火を明るくするために灯心を全部掻き上げる。例「灯火を**挑げ尽く・し**て起きおはします」〈源氏・桐壺〉

かかげのはこ【掻上げの箱】[名](「かきあげのはこ」とも。「かかげ」は「かきあげ」の変化形)髪を結うための道具類を入れておく箱。

かがし[名]一【鹿驚】(「嗅がし」で、においをかがすの意)鳥や獣が田畑を荒らすのを防ぐため、獣肉を焼き串に刺し、立てておいたもの。二【案山子】竹やわらで作った人形。田畑に立てて、鳥獣の害を防いだ。かかし。かがせ。

かがし[代名](不定称の人称代名詞)(多く「なにがし」と対で用いて)だれそれ。例「一番にはなにがし、二番には**かがし**などいひしかど」〈大鏡・伊尹〉

かかづらひあり・く【かかづらひ歩く】[自カ四]{か・き・く・く・け・け}❶(山などを)伝って歩き回る。関係のある場所をうろつき回る。例「雪の山にのぼり**かかづらひあり・き**て、往ぬる後に」〈枕・職の御曹司におはしますころ、西の廂に〉❷かかわりをもって歩き回る。関心をもってうろうろする。例「宮の君に(＝ニ対シテ)(匂宮ノ)浮気ノ本性あらはれて**かかづらひ歩・き**たまひける」〈源氏・蜻蛉〉

かかづらひい・る【かかづらひ入る】[自ラ四]{ら・り・る・る・れ・れ}物にまとわりつくようにして中に入る。物を伝って中に入る。例「(源氏ハ)心まどひして、やをら御帳の内に**かかづらひ入・り**て」〈源氏・賢木〉

かかづらひおも・ふ【かかづらひ思ふ】[自ハ四]{は・ひ・ふ・ふ・へ・へ}その人とかかわりあいをもっていとしく思う。心にかけて思う。また、あることにこだわって考える。例「ただ人(＝フツウノ身分ノ男)だに、また**かかづらひ思・ふ**人立ち並びたることは」〈源氏・若菜・上〉

かかづら・ふ[自ハ四]{は・ひ・ふ・ふ・へ・へ}❶**関係する。かかわる。**例「ここかしこあまた**かかづら・ひ**たまふ」〈源氏・紅葉賀〉❷**つきまとう。まとわりつく。**例「涙を尽くし**かかづら・は**むも、いとうひうひしかるべし」〈源氏・夕霧〉❸**生き長らえる。この世にとどまる。**例「しばしも**かかづら・は**む命のほどは行ひをまぎれなくと」〈源氏・御法〉❹**俗世にとどまる。出家しないでいる。**例「はかなくも**かかづら・ひ**けるかな」〈源氏・幻〉❺**悩む。難儀する。**例「耳にも聞き入れざりければ、いひ**かかづら・ひ**て帰りぬ」〈竹取・石作の皇子〉❻**伝って行く。**例「雪の山にのぼり**かかづら・ひ**歩きて」〈枕・職の御曹司におはしますころ、西の廂に〉

かかな・く【かか鳴く】[自カ四]{か・き・く・く・け・け}(「かか」は擬声語)ガアガアと鳴く。例「筑波嶺に**かか鳴・く**鷲の音のみをか」〈万葉・一四・三三九〇〉

かがなべて【日日並べて】[副](「か」は「二日」「三日」などの「か」)日数を重ねて。例「**日々並べて**夜には九夜日には十日を」〈記・中・歌謡〉訳→〔歌謡〕にひばりつくばを…

かがのちよ【加賀千代】[人名](一七〇三〜一七七五)江戸中期の女流俳人。「千代女」「千代尼」ともいう。号は素園。句集『千代尼句集』『松の声』など。

かがはかげき【香川景樹】[人名](一七六八〜一八四三)江戸後期の歌人。号は桂園。『古今和歌集』を理想の歌集とし、桂園派を創設。歌集『桂園一枝』。

かかは・る【係はる・関はる】[自ラ四]{ら・り・る・る・れ・れ}❶関係する。例「とりつくろひ**かかは・る**人もなければ」〈蜻蛉・上〉❷こだわる。例「礼義に**かかは・ら**ざる、これ格(＝規準)を越えたる人なるべし」〈沙石集〉

かがひ【嬥歌】〔名〕《上代東国方言》歌垣。

かかふ【襤褸】〔名〕使い古した布。ぼろ布。

かか・ふ【抱ふ】〔他ハ下二〕〔へ・へ・ふ・ふる・ふれ・へよ〕❶抱きかかえる。例「人々あさましがりて、寄りて**抱・へ**たてまつれり」〈竹取・燕の子安貝〉❷雇う。家来などを召しかかえる。例「いかほど**抱・へ**させられまする」〈狂・蚊相撲〉❸かばう。保護する。例「君(清盛ヲ)**かか・へ**仰せられしを」〈古活字本平治・下〉❹自らに課せられたものとして抱えもつ。例「これ程の大事をまへに**かか・へ**ながら」〈平家・一一・鶏合 壇浦合戦〉

かが・ふ【嬥歌ふ】〔自ハ四〕〔は・ひ・ふ・ふ・へ・へ〕《上代語》男女が山や海辺などに集まって歌舞飲食する。「嬥歌」をする。例「娘子壮士の行き集ひ**かが・ふ**嬥歌に」〈万葉・九・一七五九長歌〉

かが・ふ【香がふ】〔自ハ下二〕〔へ・へ・ふ・ふる・ふれ・へよ〕《「かかふ」とも》辺りに香りが漂う。例「松明の煙の香の、車のうちに**かか・へ**たるもをかし」〈枕・いみじう暑き頃〉

かがふり【冠】〔名〕《上代語》❶頭にかぶる物。かんむり。❷(冠の色によって位階を表したことから)位階。

かがふ・る【被る・蒙る】〔他ラ四〕〔ら・り・る・る・れ・れ〕《上代語》❶かぶる。例「麻衾引き**被・り**」〈万葉・五・八九二長歌〉訳→(和歌)かぜまじり…。❷(命令などを)受ける。例「かしこきや命**被・り**」〈万葉・二〇・四三二一〉

発展学習ファイル　平安時代に「かうぶる」となり、さらに「かうむる」「かぶる」「かむる」などに変化した。

かかへおび【抱へ帯】〔名〕《近世語》❶細いしごきの腰帯。歩くとき、女性が腹の下あたりで着物をたくし上げ、抱えるように巻いたことからいう。❷前で結んだ帯。江戸初期、老女が用い、のちには遊女・歌比丘尼などが用いた。

かがま・る【屈まる】〔自ラ四〕〔ら・り・る・る・れ・れ〕かがむ。曲がる。例「西大寺静然上人、腰**かがま・り**、眉白く、誠に徳たけたる有り様にて」〈徒然・一五二〉

かがみ【鏡】〔名〕❶鏡。人の姿や物の形を映して見る道具。また、そこに映った姿形。↓[古典参考図]調度類〈2〉。❷手本。模範。例「有職に、公事の方、人の**鏡**ならんこそいみじかるべけれ」〈徒然・一〉《係結び》「こそ→いみじかるべけれ㊀」。❸「鏡餅」の略。❹《近世語》(円形の形から)酒樽のふた。

〔**鏡の影**〕鏡に映って見える姿。例「うばたまの我が黒髪や変はるらむ**鏡の影**に降れる白雪」〈古今・物名・四六〇〉

〔**鏡の神**〕佐賀県唐津市にある鏡神社の祭神。祭神は神功皇后と藤原広嗣。

〔**鏡の水**〕鏡を置いて水に見立てたもの。例「**鏡の水**、金の砂子したる洲浜を」〈栄花・三三〉

〔**鏡の水遣り**〕鏡を遣り水に見立てたもの。例「沈、紫檀の貝摺り、**鏡の水遣り**などしたる破籠」〈栄花・三三〉

〔**鏡を掛く**〕(鏡をかけて物を映し出すように)物事を明らかにする。詳しく知っている。例「ここらのすべらぎ(=タクサンノ天皇)の御有り様をだに**鏡をか・け**たまへるに」〈大鏡・後一条院〉

かがみぐさ【鏡草】〔名〕❶ビャクレンの古名。ガガイモの別称ともいう。ほかに、ベニバナ・朝顔・松・浮き草・ヤマブキなどともいう。❷(正月、宮中で鏡もちの上にのせるところから)大根の別称。

かがみぐら【鏡鞍】〔名〕馬の鞍の一種。鞍の「前輪」「後輪」に金銀などを張り磨き、山形の部分を金銀などで縁どりしてあるもの。

かがみしかう【各務支考】〔人名〕(一六六五〜一七三一)江戸中期の俳人。蕉門十哲のひとり。芭蕉の死後、美濃派を確立、また「和詩」を創始した。著書『笈日記』『俳諧十論』など。

かがみなす【鏡なす】〔枕詞〕❶鏡のように見る意から「見る」に、また同音を含む地名「御津」にかかる。例「**鏡なす**見れども飽かず」〈万葉・二・一九六長歌〉❷貴重品である鏡を大切にする意から「思ふ妻」にかかる。例「**鏡なす**吾が思ふ妻」〈記・下・歌謡〉

かがみばこ【鏡箱・鏡筥・鏡匣】〔名〕平安時代、寝殿の中に備えた調度品の一種。鏡・汗手巾・領巾などを入れた八花形の箱。↓[古典参考図]調度類〈2〉

かがみびらき【鏡開き】〔名〕近世、武家で、男子は鎧兜に、女子は鏡台に供えた正月の鏡餅を、二十日に割って食べる行事。のちに民間にも広まり、十一日に行われるようになった。(季-春)

かがみもの【鏡物】〔名〕『大鏡』『今鏡』『水鏡』『増鏡』など、「…鏡」という書名の歴史物語の呼称。

かがみやま【鏡山】〔歌枕〕《「かがみのやま」とも》近江国の山。いまの滋賀県南部、蒲生郡竜王町と野洲市の境にある。

かが・みる【鑑みる】〔他マ上一〕〔み・み・みる・みる・みれ・みよ〕《「かんがみる」とも》(手本や先例などに)照らし合わせて考える。例「四部の書(=中国ノ医書)を**かが・みて**」〈平家・三・医師問答〉

かが・む【屈む】㊀〔自マ四〕〔ま・み・む・む・め・め〕こごむ。からだの一部が前に曲がる。例「殊の外(腰ガ)**屈・ま**せられて御苦労など仰せられます」〈狂言記・腰祈〉㊁〔他マ下二〕〔め・め・む・むる・むれ・めよ〕かがむようにする。からだの一部を前に折り曲げる。例「指**かが・めて**」〈源氏・空蟬〉

かかめ・く〔自カ四〕〔か・き・く・く・け・け〕《擬声語「かか」+接尾語「めく」》(猿などが)キャッキャッと鳴く。例「一の宝倉の猿**かかめ・き**いふに随ひて」〈今昔・二六・八〉

かかやか・し【輝かし・赫かし・耀かし】〔形シク〕〔しから・しく(しかり)・し・しき(しかる)・しけれ・しかれ〕《近世以降は「かがやかし」》❶まぶしいほど立派である。例「御前の立ちしは、せめてのわが心の見なしにや、**かかやか・しき**までに見るに」〈讃岐典侍日記〉❷恥ずかしい。照れくさい。例「ひとり身をえ心にまかせぬほどこそ、さやうに**かかやか・し**さもことわりなれ」〈源氏・末摘花〉

かかやか・す【輝かす・赫かす・耀かす】〔他サ四〕〔さ・し・す・す・せ・せ〕《近世以降は「かがやかす」》きらびやかにする。光らせる。例「めでたく造り**かかやか・し**つるところに」〈蜻蛉・中〉

かかやきあ・ふ【輝き合ふ・耀き合ふ】〔自ハ四〕〔は・ひ・ふ・ふ・へ・へ〕《「かかやきあふ」とも》互いにきらきらと照り合う。美しく光り輝き合う。例「薄物より透きたる、打ち日に**輝き合・ひ**たる火影、いみじうをかし」〈栄花・三六〉

かかや・く【輝く・赫く・耀く】〔か・き・く・く・け・け〕《近世中期

篝火　娘の中宮彰子が生んだ若宮の産養いが行われる藤原道長の土御門邸。主殿寮の官人が、つり下げられた篝火に松明を投げ入れる。（紫式部日記絵詞）

以降は「かがやく」）[一]〔自カ四〕❶きらきら光る。まぶしいくらいに光る。[例]「山は鏡をかけたるやうにきらきらと夕日に**輝・きたる**に」〈源氏・浮舟〉❷恥ずかしがって赤くなる。[例]「なかなか恥ぢ**かかや・かん**よりは罪ゆるされてぞ見えける」〈源氏・夕顔〉[二]〔他カ四〕恥をかかせる。[例]「昼も夜も、来る人を、なにしにかは、『なし』とも、**かかや・き**返さむ」〈枕・里にまかでたるに〉

かかやくひのみや【かかやく日の宮】❶『源氏物語』の登場人物。藤壺女御の別称。主人公源氏が「光る君」と称されたのに対応している。[例]「〔光ル君ト〕藤壺ならびたまひて、〔桐壺ノ帝ノ〕御おぼえもとりどりなれば、**かかやく日の宮**と聞こゆ」〈源氏・桐壺〉❷（藤壺女御が初登場することから）『源氏物語』第一帖「桐壺」の別称。

発展学習ファイル　「日の宮」ではなく「妃の宮」が本来の語であり、「かかやく」の縁語として「日」が当てられているという説もある。

かが・ゆ【香がゆ】〔自ヤ下二〕{え・え・ゆ・ゆる・ゆれ・えよ}香りが漂う。においがする。[例]「身の肉ししくさくしてその香遠く**香が・ゆ**」〈今昔・五・七〉

かがよ・ふ【耀ふ】〔自ハ四〕{は・ひ・ふ・ふ・へ・へ}❶ちらちら揺れて光る。[例]「岩隠り**かがよ・ふ**玉を取らずは止まじ」〈万葉・六・九五一〉❷ちらつく。[例]「透き影に、ただ一人**かがよ・ひ**て、心の一つにまもりゐたらむよ」〈能因本枕・いみじく心づきなきものは〉

かからは・し【懸からはし】〔形シク〕{しから・しく(しかり)・し・しき(しかる)・しけれ・しかれ}離れられない。[例]「もち鳥（＝トリモチニカカッタ鳥）の**かからは・し**もよ」〈万葉・五・八〇〇長歌〉

かから・む【斯からむ】（動詞「斯かり」の未然形＋推量の助動詞「む」）こうなるであろう。[例]「**かから・む**とかねて知りせば」〈万葉・一七・三九五九〉

かかり【掛かり・懸かり】〔名〕❶女性の髪が肩に垂れかかっているようす。[例]「紅梅の御衣に、御髪の**かかり**はらはらときよらにて」〈源氏・若菜・下〉❷造り方。構え。[例]「この大門の**かかり**などは」〈狂・鐘の音〉❸かかわり。関係。❹手がかり。きっかけ。❺必要経費。入用。❻蹴鞠をする場所。また、その四方に植えた木。北東に桜、南東に柳、南西にカエデ、北西に松を植える。❼歌論・能楽論などで、ことばとことばのつながりがもたらす全体の調べ。

かか・り【斯かり】〔自ラ変〕{ら・り・り・る・れ・れ}（副詞「かく」＋動詞「あり」＝「かくあり」の変化形）**このようである。こんなだ。**[例]「唐土にも、**かか・る**事の起こりにこそ、世も乱れあしかりけれ」〈源氏・桐壺〉《係結び》「こそ→あしかりけれ㊀」

かがり【篝】〔名〕❶かがり火をたく鉄製のかご。❷「篝火」の略。

かかりうど【掛かり人・懸かり人】〔名〕（近世語。「かかりびと」のウ音便）他人の家で世話になっている人。居候。食客。

かかりどころ【掛かり所・懸かり所】〔名〕頼りになる所。頼りにする所。

かかりば【掛かり端・懸かり端】〔名〕女性の髪が、両のほおから肩のあたりにかけて垂れかかっているようす。また、その髪の先。

かがりび【篝火】〔名〕「篝①」に松の枝や割り木を入れて焚く火。夜の警護や屋外照明用。＝篝②

かがりび【篝火】〔作品名〕『源氏物語』の二十七番目の巻名。

かか・る【皹る・皸る】〔自ラ四〕{ら・り・る・る・れ・れ}ひびが切れる。あかぎれができる。[例]「稲搗けば**かか・る**我が手を今夜もか殿の若子が取りて嘆かむ」〈万葉・一四・三四五九〉[訳]→〔和歌〕いねつけば…

かか・る【掛かる・懸かる】〔自ラ四〕{ら・り・る・る・れ・れ}❶**垂れ下がる。**[例]「なよよかなる御衣に、髪はつやつやと**かか・り**て」〈源氏・若紫〉❷**掲げられる。**（月などが）**空にある。**[例]「よろづの社に額の**懸か・りたるに**」〈大鏡・実頼〉❸**おおう。かぶさる。**[例]「月の顔にむら雲の**かか・りて**」〈大鏡・花山院〉❹**降りかかる。**[例]「白雪の**かか・れる**枝に鶯の鳴く」〈古今・春上・六〉❺**寄りかかる。もたれる。**[例]「三位の中将殿、人に**懸か・りて**入りて」〈今昔・一三・三五〉❻**頼みにする。世話になる。**[例]「継母の手に**かか・り**ていますかりければ」〈大和・一四三〉❼**関係する。つながりをもつ。**[例]「畏き御事に**かか・りて**、かたじけなけれど」〈枕・関白殿、二月二十一日に〉❽**かかわり合う。まきぞえになる。**[例]「八幡の宮のことに**かか・りて**、伊豆の国に流され」〈後拾遺・雑三・九九六詞書〉❾**通りかかる。さしかかる。**[例]「遠江に**かか・る**」〈更級〉❿**出会う。めぐり会う。**[例]「海にます神のたすけに**かか・らず**は潮のやほあひにさすらへなまし」〈源氏・明石〉《敬語》「海にます」→「ます（座す）」。⓫**襲いかかる。**[例]「鬼の姿になりて、大口をあきて**かか・り**けれども」〈宇治拾遺・六・九〉⓬**熱中する。**[例]「酒をのみ飲みつつ、やまと歌に**かか・れりけり**」〈伊勢・八二〉⓭（拍子に）**のる。合うようになる。**[例]「声も調子に**かか・り**、能も心づく頃なれば」〈風姿花伝〉⓮**泊まる。停泊する。**[例]「**かか・り**たるかたも無き沖に出でければ」〈宇治拾遺・四・四〉⓯（目や心に）**とまる。ちらつく。気になる。**[例]「まなかひにもとな**かか・りて**安眠しなさぬ」〈万葉・五・八〇二長歌〉[訳]→〔和歌〕うりはめば…。⓰**捕まる。捕らわれる。**[例]「飢ゑぬれば、目もくれて、網に**かか・り**」〈沙石集〉⓱（神などが）**のりうつる。**[例]「神まして、皇后に**かか・りて**」〈紀・仲哀〉⑱（動詞の連用形に付いて）㋐《動作が始まりそうになる、また、始まってその途中である意を表す》…かかる。例「暮れかか・るむなしき空の秋を見て」〈新古今・秋上・三五八〉 ㋑《動作が相手に向けられる意を表す》…かかる。例「狐三つ飛びかか・りて食ひつければ」〈徒然・二一八〉

かかる【斯かる】《動詞「かかり（斯かり）」の連体形》このような。こんな。例「世ばなれて、かかる山中にしも生ひけむよ」〈更級〉

〔**斯かるほどに**〕こうしているうちに。例「かかるほどに、宵うちすぎて」〈竹取・かぐや姫の昇天〉

かかれ-ど【斯かれど】［接］こうではあるけれど。こうではあるが。例「船にも思ふことあれど、かひなし。かかれど、この歌をひとりごとにして、やみぬ」〈土佐〉

語構成　かかれ（ラ変「かかり」已）＋ど（接助）

かかれ-ば【斯かれば】［接］《動詞「かかり（斯かり）」の已然形＋接続助詞「ば」》このような事情なので。こうしたわけで。例「〔カグヤ姫ハ〕昔、山にて見つけたる。かかれば、心ばせも世の人に似ずはべり」〈竹取・かぐや姫の昇天〉

かき-【掻き】［接頭］（動詞に付いて）語勢を強めたり語調を整えたりする。「かき数ふ」「かき結ぶ」など。

発展学習ファイル　音便で「かい」「かっ」ともなる。「掻き上ぐ」「掻き弾く」などの「掻き」は動詞「掻く」の連用形で、接頭語とはしない。

かき【柿】［名］❶木の名。実は食用。（季-秋）。❷「柿色」の略。❸「柿衣」の略。転じて、「柿衣」を着ていた酒屋の奉公人。

かき【部曲】［名］「かきべ」に同じ。

かぎ【陰】［名］《上代東国方言》「かげ（陰）」に同じ。

かぎ［名］一【鍵】❶穴に差し込み開閉する金具。❷紋所の名。①を図案化したもの。二【鉤】❶先が曲がった金属製・木製の器具。物をかけて、止めたり引いたりする。❷《近世語》遊里で客をだます女。

がき【餓鬼】［名］❶《仏教語》生前に犯した罪の報いで餓鬼道に落ち、飢えと渇きに苦しんでいる亡者。❷「餓鬼道」の略。❸子供・若者を卑しめていう語。

かきあきら・む【書き明らむ】［他マ下二］{め・め・む・むる・むれ・めよ}物事の事情や理由を書いて明らかにする。例「まがふべうもあらず、書きあきら・めたまへれど」〈源氏・夢浮橋〉

かきあ・ぐ【掻き上ぐ】［他ガ下二］{げ・げ・ぐ・ぐる・ぐれ・げよ}❶上の方へ引き上げる。例「御簾の裾を少しかき上・げて」〈宇治拾遺・三・二〉 ❷灯心などをかきたてて明るくする。例「いにしへは、車もたげよ、火かかげよとこそ言ひしを、今やうの人は、もてあげよ、かきあ・げよ、と言ふ」〈徒然・二三〉

かきあつ・む【書き集む】［他マ下二］{め・め・む・むる・むれ・めよ}書きまとめる。さまざまなことをまとめて記録する。例「磯のたたずまひ、二なく（＝マタトナク上手ニ）書き集・めたまへり」〈源氏・須磨〉

かきあは・す【掻き合はす】［他サ下二］{せ・せ・す・する・すれ・せよ}❶琴・琵琶などの弦楽器を、他の管弦楽器に合わせて弾く。合奏する。例「琵琶をわりなくせめたまへば、すこし掻き合は・せたる」〈源氏・薄雲〉 ❷弦楽器の音の調子を整えるため小曲を弾くこと。例「箏の御琴ひき寄せて、掻き合は・せすさびたまひて」〈源氏・澪標〉 ❸手で寄せ合わせる。例「少将袖でかきあは・せ」〈平家・三・少将都帰〉

かぎあは・す【嗅ぎ合はす】［他サ下二］{せ・せ・す・する・すれ・せよ}複数の香をたいて香りを比べる。例「〔匂ニオイノ〕深さ浅さを嗅ぎ合は・せたまへるに」〈源氏・梅枝〉

かきあはせ【掻き合はせ】［名］弦の調子を整えたのち、試みに演奏する短い曲。試し弾き。

かきあらは・す【書き表す】［他サ四］{さ・し・す・す・せ・せ}書いて事情や状態をはっきりと示す。描いて明らかにする。例「おぼつかなき浦々磯の隠れなく（＝モレナク）かきあらは・したまへり」〈源氏・絵合〉

かきあり・く【掻き歩く】［自カ四］{か・き・く・く・け・け}❶（どうしてよいか分からず）頭を掻きながらあちこち歩き回る。例「法師は、せめてここに宿さまほしくて、頭掻き歩・く」〈源氏・玉鬘〉 ❷《「かき」は接頭語》あちこち歩き回る。あてどもなく歩き回る。例「〔薫ハ〕夜一夜、所々かき歩・きて」〈源氏・竹河〉

かきいた【掻き板・書き板・攪き板】［名］語義未詳。飯粒を糊に練るのに用いる板とも、また、裁縫用の小さい板とも、覚え書き用の塗り板ともいう。

かきいだから・ふ【掻き抱からふ】［自ハ四］{は・ひ・ふ・ふ・へ・へ}《「かき」は接頭語》抱き合う。例「我が妻この童と二人掻き抱から・ひて」〈今昔・三一・九〉

かきいだ・く【掻き抱く】［他カ四］{か・き・く・く・け・け}《「かき」は接頭語》抱く。抱きかかえる。例「猫を招き寄せてかき抱・きたれば」〈源氏・若菜・上〉

かきいだ・す【掻き出だす】［自サ四］{さ・し・す・す・せ・せ}《「かき」は接頭語》外に差し出す。外に取り出す。例「〔浮舟ガ〕几帳の帷の綻びより、御髪をかき出だ・したまへるが」〈源氏・手習〉

かきいだ・す【書き出だす】［他サ四］{さ・し・す・す・せ・せ}書き表す。例「言の心を、男文字（＝漢字）にさまを書き出だ・して」〈土佐〉

かきい・づ【書き出づ】［他ダ下二］{で・で・づ・づる・づれ・でよ}書き出す。書き表す。例「阿弥陀仏に譲りきこゆるよし、あはれげに書き出・でたまへれば」〈源氏・夕顔〉

かきい・づ【掻き出づ】［他ダ下二］{で・で・づ・づる・づれ・でよ}手でかいて取り出す。むき出しにする。例「さが尻をかきい・でて、ここらの朝廷人に見せて、恥を見せむ」〈竹取・かぐや姫の昇天〉

かきい・る【舁き入る】［他ラ下二］{れ・れ・る・るる・るれ・れよ}かつぎ入れる。例「輿をば道の傍らなる小家に舁き入・れさせ」〈太平記・二一〉

かきい・る【掻き入る】［他ラ下二］{れ・れ・る・るる・るれ・れよ}《「かき」は接頭語》入れる。無造作に入れる。取りあえず入れる。例「死に入りたりければ、物にかき入・れて、担ひて持て行きけり」〈宇治拾遺・二・一三〉

かきいろ【柿色】［名］染色の名。柿の実の色。赤黄色。または、柿の渋色に似た赤茶色。＝柿②

かきうづ・む【掻き埋む】［他マ四］{ま・み・む・む・め・め}うずめる。すっかりうずめる。例「ただいま土を掻き埋・みたる穴とおぼしき所あり」〈今昔・二六・五〉

かきおこ・す【掻き起こす】［他サ四］{さ・し・す・す・せ・せ}抱きおこす。例「この御かたはらの人をかき起こ・さむとす」〈源氏・夕顔〉

かきおこ・す【掻き熾す】［他サ四］{さ・し・す・す・せ・せ}灰の中

から炭火をかき出して火の勢いを盛んにする。例「埋み火をかきおこ・して」〈方丈記〉

かきおこ・す【書き致す】［他サ下二］{せ・せ・す・する・すれ・せよ}（手紙などを）書いてよこす。例「あはれなる文どもを書きおこ・せけるを」〈大和・七〇〉

かきおと・す【書き落とす】［他サ四］{さ・し・す・す・せ・せ}書き漏らす。また、書くことを省略する。例「〔歌ガコレダケナノハ、杯ガ〕あまたにも流れずやなりにけん、また書き落と・してけるにやあらん」〈源氏・少女〉

かきおと・す【搔き落とす】［他サ四］{さ・し・す・す・せ・せ}ひっかき落とす。（刃物で）かき切って取る。例「しらが髪（＝白髪）をも剃り、鼻をもかき落と・しはべなまし」〈大鏡・道隆〉《音便》「はべなまし」は「はべりなまし」の撥音便「はべんなまし」の撥音無表記。

かきお・ふ【搔き負ふ】［他ハ四］{は・ひ・ふ・ふ・へ・へ}《「かき」は接頭語》背負う。例「〔男八〕この宮（＝姫宮）をかき負・ひたてまつりて」〈更級〉

かきおほ・す【書き果す】［他サ下二］{せ・せ・す・する・すれ・せよ}すっかり書き終える。努力して書き上げる。例「〔末摘花ノ手紙八〕いとよう書きおほ・せたり」〈源氏・末摘花〉

かきおよ・ぶ【書き及ぶ】［自バ四］{ば・び・ぶ・ぶ・べ・べ}十分に描ききる。しっかりと描ける。例「心のいたり少なからん絵師はかきおよ・ぶまじと見ゆ」〈源氏・明石〉

かきおろ・す【搔き下ろす・搔き降ろす】［他サ四］{さ・し・す・す・せ・せ}《「かき」は接頭語》引いている牛や馬を外して、車を止める。例「車かきおろ・して、馬ども浦に引きおろして」〈蜻蛉・中〉

かきかぞ・ふ【搔き数ふ】［他ハ下二］{へ・へ・ふ・ふる・ふれ・へよ}《「かき」は接頭語》数える。例「指折りかき数・ふれば七種の花」〈万葉・八・一五三七〉

かきかぞふ【搔き数ふ】［枕詞］（ひとつ、ふたつ、と数えることから）「二」「四つ」にかかる。例「かき数ふ二上山に」〈万葉・一七・四〇〇六長歌〉

かきかは・す【書き交はす】［他サ四］{さ・し・す・す・せ・せ}手紙などを書いて取り交わす。文通する。例「書きかは・したまへる文どもの」〈源氏・少女〉

かきがひ【蠣貝】［名］イタボガキ科の貝の総称。牡蠣。古来から食用貝類として知られる。

かきか・ふ【書き換ふ】［他ハ下二］{へ・へ・ふ・ふる・ふれ・へよ}書き改める。例「御畳紙に、いたうあらぬさまに書きか・へたまひて」〈源氏・夕顔〉

かきかへ・す【搔き返す】［他サ四］{さ・し・す・す・せ・せ}琴や琵琶の奏法で、琴爪や撥の裏を使って弦をはねて鳴らす。例「搔きかへ・す撥の音も、ものきよげにおもしろし」〈源氏・橋姫〉

かきかよは・す【書き通はす】［他サ四］{さ・し・す・す・せ・せ}ものを書いて相手に気持ちを通じさせる。手紙を書いて先方に伝える。例「斎宮の女御、〔絵ヲ〕いとをかしう描かせたまひければ、〔冷泉帝八〕これに御心移りて、渡らせたまひつつ、かきかよは・させたまふ」〈源氏・絵合〉

かききら・す【搔き霧らす】［他サ四］{さ・し・す・す・せ・せ}《上代語。「かき」は接頭語》（霧がたちこめたり雨が降ったりして）辺り一面を曇らせる。例「かき霧ら・し雨の降る夜を」〈万葉・九・一七五六〉

かきき・る【搔き切る】［他ラ四］{ら・り・る・る・れ・れ}《「かき」は接頭語》切り取る。切り裂く。例「大事の手おひ（＝重傷）腹かききっ・てぞ死ににける」〈平家・四・宮御最期〉《音便》「かききっ」は「かききり」の促音便。

かきぐ・す【書き具す】［他サ変］{せ・し・す・する・すれ・せよ}書き添える。物に手紙などを書いて添える。例「包みに文など書き具・してやりける」〈大和・一四八〉

かきくだ・す【搔き下す】［他サ四］{さ・し・す・す・せ・せ}髪の毛を櫛でとかす。くしけずる。例「御髪搔きくだ・したまへ」〈落窪・一〉

かきくづ・す【搔き崩す】［他サ四］{さ・し・す・す・せ・せ}《「かき」は接頭語》❶少しずつくずす。散らす。例「十月、時雨に紅葉搔き崩・し」〈宇津保・楼の上・下〉❷少しずつ話す。例「身のある事をかきくづ・し言ふにぞ、いとことわりと言ひなりて」〈蜻蛉・中〉

かきくど・く【搔き口説く】［自カ四］{か・き・く・く・け・け}《「かき」は接頭語》同じことをくり返して何度もいう。例「『往生の素懐を遂げんと思ふなり』と、さめざめとかきくど・きければ」〈平家・一・祇王〉

かきくもらか・す【書き曇らかす】［他サ四］{さ・し・す・す・せ・せ}墨などで書いて黒く汚す。例「〔清涼殿ノ障子ノ絵ノ月ヲ〕かきくもらか・させたまひしが」〈平家・一・二代后〉

かきくも・る【搔き曇る】［自ラ四］{ら・り・る・る・れ・れ}《「かき」は接頭語》❶（空が）急に曇って暗くなる。例「空かき曇・り、いつしかうちしぐれつつ」〈平家・灌頂・大原入〉❷涙で目が曇る。例「心憂くも過ぎにける日数かな、と思すに、またかき曇・り」〈源氏・椎本〉

かきくらが・る【搔き暗がる】［自ラ四］{ら・り・る・る・れ・れ}《「かき」は接頭語》すっかり暗くなる。例「天の原かきくらが・りて降る雪を」〈和泉式部集〉

かきくらしふ・る【搔き暗し降る】［自ラ四］{ら・り・る・る・れ・れ}《「かき」は接頭語》（雨が）辺り一面が暗くなるほどひどく降る。空が真っ暗になるほど強く降る。例「同じ月の十五日、雨かきくらし降・るに」〈更級〉

かきくら・す【搔き暗す】［他サ四］{さ・し・す・す・せ・せ}《「かき」は接頭語》❶（雲や雨などが）空や辺りを暗くする。例「夜もふけ、雪もことにかきくら・して」〈増鏡・秋のみ山〉❷心を暗くする。悲しみにくれる。例「かきくら・す乱り心地になん」〈源氏・桐壺〉

かきく・る【搔き暗る】［自ラ下二］{れ・れ・る・るる・るれ・れよ}《「かき」は接頭語》❶（空が）暗くなる。曇る。例「にはかに風吹き出でて、空もかきく・れぬ」〈源氏・須磨〉❷（悲しみで）心が暗くなる。（涙で）目の前が暗くなる。例「水ぐきの跡（＝筆跡）は涙にかきく・れて、そこはかとはみえねども」〈平家・二・大納言死去〉

かきけが・す【書き汚す・書き穢す】［他サ四］{さ・し・す・す・せ・せ}❶書き損なう。書きよごす。例「例いとよく書く人も、あぢきなうみなつつまれて、書きけが・しなどしたるあり」〈枕・清涼殿の丑寅の角の〉❷書き散らす。乱れたさまに書く。例「あはれなる古言ども、唐のも大和のも書きけが・しつつ」〈源氏・葵〉

かきけ・す【搔き消す】［他サ四］{さ・し・す・す・せ・せ}《「かき」は接頭語》さっと消す。例「歩み入りける足音を聞いて、かき消・すやうに失せにけり」〈太平記・五〉

かきけ・つ【書き消つ】［他タ四］{た・ち・つ・つ・て・て}書いて消す。例「中空にてぞわれは消ぬべきと書き消・ちたり」〈源氏・浮舟〉

かきけ・つ【搔き消つ】〔他タ四〕{た・ち・つ・つ・て・て}《「かき」は接頭語》さっと消す。例「三べんうたひすまして、**かき消・つ**やうにぞうせにける」〈平家・二・卒都婆流〉

かきこ・す【搔き越す】〔他サ四〕{さ・し・す・す・せ・せ}背中に垂れている自分の髪を肩越しに前に持ってくる。例「頸(びく)より**かき越・し**たまへりしが」〈枕・十月十余日の〉

かきこ・む【搔き籠む】〔他マ下二〕{め・め・む・むる・むれ・めよ}《「かき」は接頭語》こめる。包み隠す。めぐらす。例「瑞籬(みづがき)ことごとしく、広く**かき籠・め**たり」〈今昔・二六・八〉

かきこも・る【搔き籠る】〔自ラ四〕{ら・り・る・る・れ・れ}《「かき」は接頭語》閉じこもる。例「山寺に**かきこも・り**て、仏につかうまつる」〈徒然・一七〉

がきざうし【餓鬼草紙】(ガキゾウシ)〔作品名〕平安後期から鎌倉前期の絵巻。作者未詳。餓鬼道に落ちた人々の苦しむさまをリアルな筆致で描き出す。

かきさぐ・る【搔き探る】〔他ラ四〕{ら・り・る・る・れ・れ}探る。探し求める。例「みづから額髪を**かきさぐ・り**て、〔尼削(あまそ)ぎナノデ〕あへなく心細ければ」〈源氏・帚木〉

かきさ・す【書きさす】〔他サ四〕{さ・し・す・す・せ・せ}《「さす」は接尾語》書きかけて、途中でやめる。例「文(ふみ)**書きさ・し**て、頰杖(つらづゑ)つきて」〈蜻蛉・下〉

かきざま【書き様】〔名〕字の書きぶり。書風。

かきさま・す【搔き冷ます】〔他サ四〕{さ・し・す・す・せ・せ}《「かき」は接頭語》(いままでの気分や状態などを)すっかり改める。一変する。例「あさましうおはしましける御心地(ここち)、**かきさま・し**おこたらせたまひぬ」〈栄花・八〉

かきしぐ・る【搔き時雨る】〔自ラ下二〕{れ・れ・る・るる・るれ・れよ}《「かき」は接頭語》(秋から冬にかけて)通り雨が降る。例「**かきしぐ・れ**たる紅葉(もみぢ)の、たぐひなくぞ見ゆるや」〈更級〉

かきしたた・む【書き認む】〔他マ下二〕{め・め・む・むる・むれ・めよ}きちんと文字を書き記す。あらたまって書き記す。例「かく書きゐたる間、二十日ばかりにもなりにければ、文どもみな**書きしたた・め**てけり」〈今昔・二九・二六〉

かきす・う【舁き据う】〔他ワ下二〕{ゑ・ゑ・う・うる・うれ・ゑよ}(輿(こし)や駕籠(かご)、車などを)かついできて、動かないように置く。例「舟に車**かき据・ゑ**て渡して」〈更級〉

かきす・う【搔き据う】〔他ワ下二〕{ゑ・ゑ・う・うる・うれ・ゑよ}《「かき」は接頭語》しっかりと置く。十分に注意して備えつける。例「東(ひんがし)の渡殿(わたどの)には、すみ物など、棚に**かきす・ゑ**たり」〈宇津保・蔵開・下〉

かきすく・ふ【搔き掬ふ】(カキスクウ)〔他ハ四〕{は・ひ・ふ・ふ・へ・へ}《「かき」は接頭語》すくう。すくい取る。例「〔何者カガ中将ヲ〕後ろより**かきすく・ひ**て、飛ぶやうにして出(い)でぬ」〈宇治拾遺・三・二〉

かきすく・む【書き竦む】〔他マ下二〕{め・め・む・むる・むれ・めよ}堅苦しい書き方をする。ひねくれた書き方をする。また、文章を書き縮める意とする説もある。例「真名(まんな)を走り書きて、さるまじきどちの女文(をんなぶみ)に、なかば過ぎて**書きすく・め**たる」〈源氏・帚木〉

かきすぐ・る【書き勝る・書き優る】〔他ラ下二〕{れ・れ・る・るる・るれ・れよ}以前よりもまさってすばらしく書く。例「この御返りを、上(うへ)御覧じて、『昔見しにも、こよなく**書きすぐ・れ**にけるかな』」〈夜の寝覚〉

かきすさ・ぶ【書きすさぶ】〔他バ四〕{ば・び・ぶ・ぶ・べ・べ}《「かきすさむ」とも》気分のままに書く。気晴らしに書く。→「すさぶ」。例「なき人の手ならひ(=習字)、絵**かきすさ・び**たる〔物ヲ〕見出(い)でたる」〈徒然・二九〉

かきす・つ【搔き捨つ】〔他タ下二〕{て・て・つ・つる・つれ・てよ}❶かき集めて捨てる。例「〔雪ノ山ノ〕はじめの際(きは)をおきて、いまのは**搔き捨・て**よ」〈枕・職の御曹司におはしますころ、西の廂に〉❷《「かき」は接頭語》捨てる。例「汚なげならむところ、**搔き捨・て**て」〈枕・職の御曹司におはしますころ、西の廂に〉

かきすま・す【書き澄ます・書き済ます】〔他サ四〕{さ・し・す・す・せ・せ}念を入れて、きちんと書く。→「すます」。例「草(さう)(=草書体)がちなどにもざれかかず、めやすく(=好感ノモテルヨウニ)**書きすま・し**たり」〈源氏・初音〉

かきそこな・ふ【書き損ふ】(カキソコナウ)〔他ハ四〕{は・ひ・ふ・ふ・へ・へ}書き間違える。書き損じる。

かきそ・ふ【搔き添ふ】(カキソウ)㊀〔自ハ四〕{は・ひ・ふ・ふ・へ・へ}ぴったりと寄り添う。例「暗き戸のはさまに、**搔きそ・ひ**て待ち立てるほど、多く年を過ぐす心地(ここち)なるべし」〈今昔・三〇・一〉㊁〔他ハ下二〕{へ・へ・ふ・ふる・ふれ・へよ}❶《「かき」は接頭語》添える。❷(髪の毛などを)手を添えてかきなでる。例「ほの見えし尾花すゑなる妹(いも)が髪いつゆるるかに**かきそ・へ**てねむ」〈為忠百首〉

かきぞめ【柿染め】〔名〕柿渋(かきしぶ)で染めること。また、その物。

かきた【垣田】〔名〕(獣の害を防ぐため)周囲を垣根で囲った田。

がきだう【餓鬼道】(ガキドウ)〔名〕《仏教語》六道のひとつ。自由に飲食できず、飢えに苦しむ世界。=餓鬼②

かきだし【書き出し】〔名〕❶書類や手紙などの書きはじめ。❷勘定書き。請求書。❸歌舞伎(かぶき)で、番付の最初に書かれる役者。

かきた・つ【舁き立つ】〔他タ下二〕{て・て・つ・つる・つれ・てよ}かついで来てすえる。持って来てすえる。例「菖蒲(さうぶ)の輿(こし)に、朝餉(あさがれひ)の壺に**かき立・て**て」〈讃岐典侍日記〉

かきた・つ【書き立つ】〔他タ下二〕{て・て・つ・つる・つれ・てよ}❶とくに、注意を引くように美しく立派に書く。また、文字などを上手に書く。例「人のもとにわざと清げに**書き立・て**てやりつる文(ふみ)の返り事見む」〈能因本枕・すさましきもの〉❷ひとつひとつ数え上げて箇条書きにする。例「守(かみ)のその関を入るに、供の人を**書き立・て**て次第に関を入れて」〈今昔・二六・一四〉

かきた・つ【搔き立つ】〔他タ下二〕{て・て・つ・つる・つれ・てよ}❶弦楽器をかき鳴らす。弾く。例「さはいへど、人にまさりて**搔きた・て**たまへり」〈源氏・絵合〉❷灯心の火をかきたてて、明るくする。例「灯火(ともしび)数多(あまた)**かき立・て**て」〈義経記・七〉

かきだつ【垣立】〔名〕和船の左右のへりに立てた垣。

かきたて【書き立て】〔名〕箇条書き。目録。

かきたど・る【搔き辿る】〔自ラ四〕{ら・り・る・る・れ・れ}《「かき」は接頭語》たどる。道に沿って歩く。(知らない道や暗い道などを)苦労して探りながら歩く。例「〔左大臣道頼様ハ〕夜中にも暁にも、**かきたど・り**てぞ〔女君(をんなぎみ)ノモトニ〕まかでたまふ」〈落窪・四〉

かきた・ゆ【搔き絶ゆ】〔自ヤ下二〕{え・え・ゆ・ゆる・ゆれ・えよ}《「かき」は接頭語》(連絡などが)途絶える。例「〔夫カラノ手紙ガ〕**かき絶・え**て、十余日になりぬ」〈蜻蛉・下〉

かきた・る【搔き垂る】《「かき」は接頭語》㊀〔自ラ下二〕{れ・れ・る・るる・るれ・れよ}雨や雪などが激しく降る。例「雪**かきた・れ**て降る」〈源氏・真木柱〉㊁〔他ラ四〕{ら・り・る・る・れ・れ}櫛

ですいて髪を垂らす。例「か黒し髪をま櫛もちここにかき垂・り取り束ね」〈万葉・一六・三七九一長歌〉

かきた・る【書き垂る】[他ラ下二]{れ・れ・る・るる・るれ・れよ}垂れたように描く。しり下がりに描く。例「眉がき、濃にかき垂・れ」〈記・中・歌謡〉

かきちら・す【書き散らす】[他サ四]{さ・し・す・す・せ・せ}筆にまかせて書く。気軽に書く。例「手のわろき人の、はばからず文書きちら・すはよし」〈徒然・三五〉

かきつ【垣内】[名]《「かきうち」の変化形》垣根の内側。屋敷の中。

かきつかは・す【書き遣はす】[他サ四]{さ・し・す・す・せ・せ}《「書き遣る」の尊敬語》(上位の者から下位の者へ)書いてお与えになる。手紙などに書いておやりになる。例「(源氏ハ)大殿にも、宰相の乳母にも、〔夕霧ニ〕仕うまつるべきことなど書きつかは・す」〈源氏・須磨〉

かきつ・く【搔き付く】一[自カ四]{か・き・く・く・け・け}❶とりつく。飛びつく。例「足許へふと寄り来て、やがてかきつ・くままに」〈徒然・八九〉❷頼りにする。すがりつく。例「冬になりゆくままに、いとどかきつ・かむ方なく」〈源氏・蓬生〉二[他カ下二]{け・け・く・くる・くれ・けよ}❶髪などを櫛でなでつける。例「草枕ねくたれ髪をかきつ・けし」〈続詞花〉❷身につける。取りつける。例「弓矢かきつ・けて、出でて見侍りしに」〈古今著聞・四四一〉

かきつ・く【書き付く】[他カ下二]{け・け・く・くる・くれ・けよ}心覚え程度に書いておく。ちょっとしたことを書いておく。例「そのよし、いささかにものに書きつ・く」〈土佐〉

かきつく・す【書き尽くす】[他サ四]{さ・し・す・す・せ・せ}すっかり書く。残りなく書く。例「(源氏ハ)女手(=平仮名)も、いみじう書きつく・したまふ」〈源氏・梅枝〉

かきつく・す【搔き尽くす】[他サ四]{さ・し・す・す・せ・せ}《「かき」は接頭語。連用形を副詞のように用いることが多い》ある限りすべてを出し尽くす。残りなく出す。例「過ぎにしかた、かきつく・し思ほし出づるに、行方なき御涙のみぞとどまらぬ」〈増鏡・新島守〉

かきつくろ・ふ【搔き繕ふ】[他ハ四]{は・ひ・ふ・ふ・へ・へ}《「かき」は接頭語》乱れを直す。体裁を整える。例「御髪搔きつくろ・ひなどしたまひて」〈源氏・若紫〉

かきつた【垣内田】[名]屋敷の中の田。

かきつづ・く【書き続く】[他カ下二]{け・け・く・くる・くれ・けよ}こまごまと書き続ける。筆を止めないでずっと書く。例「〔花散里ノ姉君ノ女御ガ〕よろこび聞こえたまふさま、書きつづ・けむもうるさし」〈源氏・須磨〉

かきつばた【杜若・燕子花】《古くは「かきつはた」》一[名]❶草の名。水辺に自生し、夏、ハナショウブに似た紫・白の花を開く。花は、摺り染めに用いられた。和歌では女性のたとえとすることが多い。また、「垣」をかけて隔てを意味することもあった。=顔佳花(季-夏)。❷襲の色目の名。表は二藍、裏は萌黄。夏に着用。❸①の花と葉を図案化した紋所の名。二[枕詞](花が美しく咲くところから「にほふ」「につらふ」「さき」などにかかる。例「かきつはた佐紀沢に生ふる菅の根の」〈万葉・一二・三〇五二〉

かきつ・む【搔き集む】[他マ下二]{め・め・む・むる・むれ・めよ}《「かきあつむ」の変化形》かき集める。例「かきつ・めて見るもかひなし」〈源氏・幻〉

かきつやぎ【垣内柳】[名]垣根の中の柳。

かきつら・ぬ【書き連ぬ】[他ナ下二]{ね・ね・ぬ・ぬる・ぬれ・ねよ}あれこれと並べて書く。長々と書き続ける。例「いみじう悲しきことども書き連・ねて」〈宇津保・あて宮〉

かきつら・ぬ【搔き列ぬ・搔き連ぬ】[他ナ下二]{ね・ね・ぬ・ぬる・ぬれ・ねよ}《「かき」は接頭語》次々に並べる。例「故御息所の御事など、かきつら・ねあはれに思されて」〈源氏・絵合〉

〔和歌〕**かきつらね…**【かきつらね昔のことぞ思ほゆる雁はその世のともならねども】〈源氏・須磨〉訳次から次へと昔のことが思い起こされるよ。雁はその当時の友というわけではないけれども。《係結び》「ぞ→思ほゆる体」

〈参考〉「つらね」は「雁」の縁語。

かきつ・る【搔き連る】[他ラ下二]{れ・れ・る・るる・るれ・れよ}《「かき」は接頭語》連れ立つ。同行する。引き連れる。例「祭り(=賀茂ノ祭リ)の日などは、物見にあらそひ行く君達かき連・れ来て」〈源氏・若菜・下〉

かきとぢ・む【書き閉ぢむ】[他マ下二]{め・め・む・むる・むれ・めよ}書き終える。例「『おどろきながら渡りはべるほどにてなむ』とばかりにて書き閉ぢ・めつるも」〈夜の寝覚〉

かきととの・ふ【書き調ふ】[他ハ下二]{へ・へ・ふ・ふる・ふれ・へよ}整理して書く。書き終える。例「〔物語ナドヲ〕いみじく選りつつなむ、書きととの・へさせ」〈源氏・蛍〉

発展学習ファイル　室町時代ごろから、ハ行だけでなくヤ行にも活用した。

かきとど・む【書き留む】[他マ下二]{め・め・む・むる・むれ・めよ}書きとめる。例「筆にも書きとど・めぬれば、やがてまた定まりぬ」〈徒然・七三〉

かきと・る【書き取る】[他ラ四]{ら・り・る・る・れ・れ}人のいうことや文章・文字などを書き写す。写生する。例「人形をも作り、絵にもかきと・りて、行ひはべらむ」〈源氏・宿木〉

かきなが・す【書き流す】[他サ四]{さ・し・す・す・せ・せ}❶注意や苦心をせず、気楽に書く。筆にまかせて書く。例「世をなのめに書き流・したる言葉の憎きこそ」〈枕・文言葉なめき人こそ〉❷書き残す。書いて後世に残す。例「書き流・す言の葉をだに沈むなよ」〈新古今・雑下・一七七七〉

かきなが・す【搔き流す】[他サ四]{さ・し・す・す・せ・せ}《「かき」は接頭語》流す。例「『〔川ニ捨テラレテ〕かきなが・さるる撫で物は、いでまことぞかし」〈源氏・東屋〉

かきな・す【書き成す】[他サ四]{さ・し・す・す・せ・せ}わざと…のように書く。意識して…のように書く。例「物語などこそ、悪しう書きな・しつれば、いふかひなく、作り人さへいとほしけれ」〈枕・ふと心劣りとかするものは〉

かきな・す【搔き鳴す】[他サ四]{さ・し・す・す・せ・せ}(弦楽器を)弾いて鳴らす。かき鳴らす。例「秋風にかきな・す琴の声にさへ」〈古今・恋二・五八六〉

かきな・づ【搔き撫づ】[他ダ下二]{で・で・づ・づる・づれ・でよ}なでる。愛撫する。例「〔丹波少将ハ幼イ我ガ子ノ〕髪かきな・で」〈平家・二・阿古屋之松〉

かきなで【・なり】【搔き撫で】[名・形動ナリ]「かいなで」に同じ。

かきなびか・す【搔き靡かす】[他サ四]{さ・し・す・す・せ・せ}《「かき」は接頭語》なびくようにする。また、もたれかかるようにする。例「殿の御膝にかき靡か・されて、筆に任せて書きてうち置きたまへる」〈夜の寝覚〉

かきなほ・す【掻き直す】［他サ四］｛さ・し・す・す・せ・せ｝手・指などで、押したり引いたりして直す。例「御殿油掻き直・すとて立ちたる裳の裾を」〈夜の寝覚〉

かきなら・す【掻き鳴らす】［他サ四］｛さ・し・す・す・せ・せ｝（弦楽器を）弾いて鳴らす。

かきなら・ぶ【書き並ぶ】［他バ下二］｛べ・べ・ぶ・ぶる・ぶれ・べよ｝劣らないくらいに書く。匹敵するくらい上手に書く。例「気色ばみいますがりとも、え**書きなら・べ**じや」〈源氏・梅枝〉

かきな・る【書き為る】［自ラ四］｛ら・り・る・る・れ・れ｝…のさまに書くようになる。例「手（＝文字）をいみじうも**書きな・ら**れにけるかな」〈源氏・藤裏葉〉

かきな・る【書き馴る】［他ラ下二］｛れ・れ・る・るる・るれ・れよ｝文字を書くことになれている。書くことになれて上手になる。例「**書きな・れ**たる手して、口とく返り事などしはべりき」〈源氏・夕顔〉

かきね【垣根】［名］❶垣の根もと。❷垣。

かきの・く【掻き退く】［他カ下二］｛け・け・く・くる・くれ・けよ｝手で払いのける。どかす。例「木の葉を**かきの・け**たれど、つやつや（＝マッタク）物も見えず」〈徒然・五四〉

かきのご・ふ【掻き拭ふ】［他ハ四］｛は・ひ・ふ・ふ・へ・へ｝《「かき」は接頭語》ぬぐう。ふいてきれいにする。例「（阿漕ハ落窪ノ姫君ノ鏡ヲ）**かきのご・ひ**て枕がみに置く」〈落窪・一〉

かきのころも【柿の衣】［名］柿渋で染めた無紋の衣。本来は山伏用の着物。

かきの・す【掻き載す】［他サ下二］｛せ・せ・す・する・すれ・せよ｝（担ぎ上げて）のせる。例「（石ヲ）さて車に**かき載・せ**て」〈宇治拾遺・一三・一〉

かきのぼ・る【掻き登る】［自ラ四］｛ら・り・る・る・れ・れ｝とりすがって登る。よじ登る。例「見上ぐれば、遥かに高き嶺なり。**かき登・る**べき方もなし」〈宇治拾遺・六・五〉

かきのもと【柿の本】［名］狂歌・滑稽な俳諧・連歌を「栗の本」というのに対して、和歌のこと。

かきのもとのあそみひとまろかしふ【柿本朝臣人麿歌集】［作品名］飛鳥時代の和歌集。編者・成立年未詳。『万葉集』に三百数十首引用されている。人麻呂以外の歌も含む。

かきのもとのしゅう【柿の本の衆】［名］上品で優雅な作風の連歌を詠んだ人々。有心衆。↔栗の本の衆

かきのもとのひとまろ【柿本人麻呂】［人名］（生没年未詳）飛鳥時代の歌人。三十六歌仙のひとり。『万葉集』では第二期に相当する、持統・文武両朝で宮廷歌人として活躍。『古今和歌集』仮名序で「歌の聖」と評されてからは神格化され、民間信仰と結びついていく。

かきは【堅磐】［名］堅い岩。永久不変を祝う語。

かきはき【懸き佩き】［名］腰に下げて身に帯びること。

かきはや・む【掻き早む】［他マ下二］｛め・め・む・むる・むれ・めよ｝《「かき」は接頭語》急がせる。はやめる。例「馬を**掻き早・め**て（岸辺ニ）打ち寄りければ」〈今昔・二五・九〉

かきはら・ふ【掻き払ふ】［他ハ四］｛は・ひ・ふ・ふ・へ・へ｝❶払いのける。取り除く。例「遣り水**かき払・ひ**」〈源氏・蓬生〉❷すっかりなくなる。例「西の宮（＝屋敷の名）は、流されたまひて三日といふに、**かきはら・ひ**焼けにしかば」〈蜻蛉・中〉

かきはん【書き判】［名］「くゎあふ」に同じ。

かきひたし【柿浸し】［名］《「かきびたし」とも》柿を刻んで酒に浸したもの。一説に干し柿を摺って、水または酒に浸したものとも。

かきふ・す【掻き伏す・掻き臥す】［他サ下二］｛せ・せ・す・する・すれ・せよ｝抱いて寝かせる。例「**かき臥・せ**たてまつりて御湯を参るに」〈栄花・二七〉

かきべ【部曲・民部】［名］《上代語。「かき」「ぶきょく」とも》大化の改新以前、豪族に隷属して労役を提供し、生産物を貢納した人々。改新以降、公民となった。

かきほ【垣穂】［名］《「ほ」は高く突き出ているの意》垣。

〔**垣穂成す**〕《「なす」は接尾語。…のような、…のようにの意》（人や人のことばなどへ続いて）❶垣のように取り囲んでいる。例「**垣ほなす**人は言へども」〈万葉・一一・二四〇五〉❷垣のようにじゃまをしている。例「**垣ほなす**人の横言繁みかも」〈万葉・九・一七九三〉

かきま【垣間】［名］垣のすきま。

かきまぎらは・す【書き紛らはす】［他サ四］｛さ・し・す・す・せ・せ｝だれの筆跡か分からないように書く。例「（夕顔ガ）そこはかとなく**書きまぎらは・し**たるもあてはかにゆゑづきたれば」〈源氏・夕顔〉

かきまぎ・る【掻き紛る】［自ラ下二］｛れ・れ・る・るる・るれ・れよ｝《「かき」は接頭語》紛れて目立たない。例「世の常の（＝世間並ミノ）（源氏カラノ）おぼえに**かき紛・れ**たらば」〈源氏・薄雲〉

かきまさぐ・る【掻き弄る】［他ラ四］｛ら・り・る・る・れ・れ｝手慰みに弾く。例「うちとけながら（箏ノ琴ヲ）**掻きまさぐ・り**けるほど見えてをかしければ」〈源氏・明石〉

かきま・ず【書き交ず】［他ザ下二］｛ぜ・ぜ・ず・ずる・ずれ・ぜよ｝交ぜ合わせて書く。例「草にも真字にも、さまざまめづらしきさまに、**書きま・ぜ**たまへり」〈源氏・葵〉

かきま・ず【掻き混ず】［他ザ下二］｛ぜ・ぜ・ず・ずる・ずれ・ぜよ｝❶かきまわして混ぜ合わせる。さまざまな事柄を秩序なく混ぜ合わせる。例「さまざま、御嘆き御よろこび、**かきま・ぜ**たる心地つかうまつれ」〈大鏡・村上天皇〉❷他の楽器の音に混じり合うように弦楽器を弾く。例「中にも箏の琴のときどき**掻きま・ぜ**たるは、いとすぐれて聞こゆ」〈夜の寝覚〉

かきまぜ【掻き雑ぜ】［名・形動ナリ］ふつう。とおりいっぺん。例「扇さし隠したまへるさまなど、ただ**かきまぜ**のよろしきだに」〈夜の寝覚〉

かきま・みる【垣間見る】［他マ上一］｛み・み・みる・みる・みれ・みよ｝「かいまみる」に同じ。

かきみだ・る【掻き乱る】《「かき」は接頭語》一［自ラ四］｛ら・り・る・る・れ・れ｝乱れる。取り乱す。例「いかにはべるにか、心地の**かき乱・る**心地のみして」〈和泉式部日記〉二［自ラ下二］｛れ・れ・る・るる・るれ・れよ｝（空模様などが）乱れる。例「雪、霙**かき乱・れ**荒るる日」〈源氏・澪標〉

かきみだ・る【書き乱る】［他ラ四］｛ら・り・る・る・れ・れ｝乱雑に書く。書き散らす。例「筆にまかせて、**書き乱・り**たまへるも見どころありをかしげなり」〈源氏・浮舟〉

かき・みる【掻き回る・掻き廻る】［自マ上一］｛み・み・みる・みる・みれ・みよ｝《上代語。「かき」は接頭語》めぐる。漕

ぎ回る。例「打ち廻る島の崎々、掻き・廻る磯の崎落ちず」〈記・上〉

かきむ・く【掻き向く】〔他カ下二〕{け・け・く・くる・くれ・けよ}《「かき」は接頭語》向ける。向かわせる。例「御病づきてうせたまひけるとき、〔極楽浄土ノ方角デアル〕西に**かき向・け**たてまつりて」〈大鏡・道隆〉

かきむす・ぶ【掻き結ぶ】〔他バ四〕{ば・び・ぶ・ぶ・べ・べ}《「かき」は接頭語》互いに約束し合う。例「言と成りしかば**かき結・び**常世に至り」〈万葉・九・一七四〇長歌〉

かきむだ・く【掻き抱く】〔他カ四〕{か・き・く・く・け・け}《上代語。「かき」は接頭語》抱く。いだく。例「**かき抱・き**寝れど飽かぬをあどか我がせむ(=ドウシタラ私ハヨイノカ)」〈万葉・一四・三四〇四〉

かきもら・す【書き漏らす】〔他サ四〕{さ・し・す・す・せ・せ}書き落とす。書き忘れる。省略して書く。例「うるさく何となきこと多かるやうなれば、例の、**書き漏ら・し**たるなめり」〈源氏・椎本〉 語構成「書き漏らしたるなめり」→「なめり」

かきゃうへうしき【歌経標式】〔カキヨウヒヨウシキ〕〔作品名〕奈良後期(七七二成立)の歌論書。『浜成式』ともいう。藤原浜成撰。中国の詩論を規範にしたわが国歌論書の先駆的作品。

かきやすら・ふ【書き休らふ】〔カキヤスラ(ロ)ウ〕〔自ハ四〕{は・ひ・ふ・ふ・へ・へ}筆を休める。ちょっと筆をとどめる。書くのをためらう。例「筆の先うち見つつ、こまやかに**書きやすら・ひ**たまへる〔姿ハ〕、いとよし」〈源氏・野分〉

かきや・る【書き遣る】〔他ラ四〕{ら・り・る・る・れ・れ}❶手紙などを書いて人に送る。例「遣唐使の行きけるにつけて、この由を**書きや・り**たりければ」〈宇治拾遺・一四・四〉❷すらすら書き進める。最後まで書き続ける。例「えも**書きや・ら**で泣きたまふ」〈源氏・真木柱〉

かきや・る【掻き遣る】〔他ラ四〕{ら・り・る・る・れ・れ}払いのける。例「御髪を**かきや・り**つつ」〈源氏・蛍〉

かきよ・す【掻き寄す】〔他サ下二〕{せ・せ・す・する・すれ・せよ}❶手元に引き寄せる。例「〔落トシタ弓ヲ〕鞭をもって**かき寄・せ**て」〈平家・一一・弓流〉❷散乱したものを一か所に集める。かき集める。例「あるは、こなたかなたに**かき寄・せ**て」〈源氏・夕霧〉❸抱き寄せる。例「女君を、つと**掻き寄・せ**て、のたまふやう」〈宇津保・蔵開・下〉

かぎり【限り】〔名〕❶**限度。限界。際限。期限。**例「幾年そのほどと**限り**ある道にもあらず」〈源氏・須磨〉❷**最後。最終。果て。**例「今日を**限り**に思し棄てつる古里と思ひ屈じて」〈源氏・葵〉《敬語》「思し棄てつる」→「おぼす」。❸**最期。臨終。葬送。葬儀。**例「いま来むといひてわかれし人なれば**かぎり**と聞けどなほぞ待たるる」〈大和・一一五〉❹**極限。極致。最高。極み。**例「斎王の野宮におはしますありさまこそ、やさしく面白き事の**かぎり**とは覚えしか」〈徒然・二四〉《係結び》「こそ→覚えしか㊁」。《敬語》「野宮におはします」→「おはします」。❺**制限。きまり。規則。**例「〔尚侍ノ君デアル朧月夜ハ、行動ニ〕**限り**ある女御、御息所にもおはせず」〈源氏・須磨〉《敬語》「おはせず」→「おはす」。❻**機会。時期。折。**例「めぐり逢はん**限り**はいつと知らねども月な隔てそよその浮き雲」〈新古今・恋四・一二七二〉❼**全部。すべて。残らず。**例「物語の多くさぶらふなる、ある**かぎり**見せたまへ」〈更級〉《敬語》「さぶらふなる」→「さぶらふ」。❽**だけ。ばかり。のみ。**例「されど、門の**かぎり**を高う造る人もありけるは」〈枕・大進生昌が家に〉《音便》「高う」は「高く」のウ音便。❾**期間。あいだ。あいだじゅう。うち。**例「昼は日ぐらし、夜は目のさめる**かぎり**、灯を近くともして、これを見るよりほかのことなければ」〈更級〉

発展学習ファイル　「かぎり」は、動詞「**かぎる**」の連用形が名詞化したもので、時間・空間・程度の範囲の限界点を表す用法(①〜⑥)と、その限界点までの範囲を表す用法(⑦⑧⑨)に区別される。この、⑦⑧⑨は形式名詞で、上に「の」を伴う場合が多い。

〔**限りあり**〕❶限度がある。限界がある。例「いみじき絵師といへども、筆**限りあ・り**ければ」〈源氏・桐壺〉❷きまりがある。きまっている。例「〔庶民ノ〕煙の乏しきを見給ふ時は、**限りあ・る**貢ぎ物をさへ〔仁徳天皇ハ〕ゆるされき」〈方丈記〉

〔**限りある位**〕〔カギリアルクライ〕身分に応じて許される最高の位。

〔**限りある道**〕寿命には限りがあるため、行かなければならない道。死出の旅路。=限りの道。例「ただ**限りある道**の別れのみこそうしろめたけれ」〈源氏・初音〉

〔**限りある世**〕いつまでも生きてはいられないこの世。

〔**限りある別れ**〕寿命の限度のため、いつか必ずくる別れ。死別。

〔**限りなき位**〕〔カギリナクキライ〕この上なく尊い位。最高の位。帝王の位のこと。

〔**限りなき人**〕この上なく身分の尊い人。

〔**限りなき身**〕この上なく尊い身。例「**かぎりなき御身**なれど、同じ煙とならせたまふもいみじう悲し」〈栄花・一三〉

〔**限りの事**〕死者の冥福を祈ること。供養。法事。葬儀。例「〔源氏ハ紫ノ上ノ〕**限りの御事**どもしたまふ」〈源氏・御法〉

〔**限りの様**〕死に際のようす。臨終が近いようす。例「乱り心地(=病気)は、いつともなくのみはべるが、**限りのさま**になりはべりて」〈源氏・若紫〉

〔**限りの度**〕最後の時。最後の機会。

〔**限りの旅**〕死出の旅。死。

〔**限りの道**〕「かぎりあるみち」に同じ。

かぎりどころ【限り所】〔名〕ある状態の続く限界の所。最後の場所。例「消ゆるまの**限り所**やこれならん露とおきるる浅ぢふの宿」〈和泉式部続集〉

〔和歌〕**かぎりとて…**【かぎりとて別るる道の悲しきにいかまほしきは命なりけり】〈源氏・桐壺〉訳命のかぎりとお別れする死出の道が悲しく思われるにつけて、生きる方の道に行きたい命なのですよ。〈参考〉「いか」は「生か」と「行か」の掛詞。「行か」は「道」の縁語。

かぎりなう【限り無う】〔カギリノウ〕形容詞「かぎりなし」の連用形「かぎりなく」のウ音便。

かぎりな・し【限り無し】〔形ク〕{から・く(かり)・し・き(かる)・けれ・かれ}❶**果てしない。際限がない。**例「『かぎりな・く遠くも来にけるかな』とわびあへるに」〈伊

勢・九〉❷(とくに、地位についていう場合が多い)最高である。この上ない。例「かぎりな・き御位なれど」〈栄花・七〉❸(多く「…こと限りなし」の形で)限度がないほど程度が大きいさま。はなはだしい。例「この君をば、私物に思ほしかしづきたまふこと、限りな・し」〈源氏・桐壺〉(敬語)「私物に思ほし」→「おもほす」

かぎ・る【限る】{ら・り・る・る・れ・れ}□一[他ラ四](範囲や時間・事物などを)定める。区切る。例「この歌に限・りてかく言ひたてられたるも、知りがたし」〈徒然・一四〉□二[自ラ四]とくにそれと決まる。定まる。例「花は春ともかぎ・らざらまし」〈詞花・春・三〉

かぎろひ【陽炎】[名]❶明け方、日の出のころ、空に赤くさしてくるほのかな光。曙光。❷「かげろふ(陽炎)」に同じ。

かぎろひの【陽炎の】[枕詞]かげろうの季節である「春」に、また、燃え上がるように見えることから「燃ゆ」などにかかる。例「かぎろひの春にしなれば」〈万葉・六・一〇四七長歌〉

かきわ・く【掻き分く】[他カ下二]{け・け・く・くる・くれ・けよ}手で左右へ押しやるようにして開く。妨げとなるものを横へ押し分けてどける。例「几帳のほころびよりかきわ・けて見出だせば」〈蜻蛉・下〉

かきわた・す【書き渡す】[他サ四]{さ・し・す・す・せ・せ}(「一」という漢字を)左から右へ筆をずっと動かして書ききる。例「一といふ文字をだに書きわた・しはべらず」〈紫式部日記〉

かきわた・す【掻き渡す】[他サ四]{さ・し・す・す・せ・せ}(弦楽器を)ずっとかき鳴らす。例「をささ(=アマリ)心にも入らず掻きわた・したまへる」〈源氏・竹河〉

かきゑこそで【書き絵小袖】[名]絵師が、源氏絵・山水画などを肉筆でかいた小袖。江戸時代、元禄年間(一六八八〜一七〇四)ごろから流行した。

かきん【瑕瑾】[名]❶きず。欠点。❷不名誉。恥。

かく…【画…・拡…・郭…・霍…・穫…】歴史的かなづかい「くわく…」

かく【角】[名]❶中国音階の「五音」のひとつ。❷《近世語》貨幣の名。一分金(銀)のこと。長方形であることからの呼び名。

かく【格】[名]❶法則。きまり。しきたり。❷位。身分。程度。等級。❸流儀。手段。やり方。

かく【鉸具】[名]「かこ(鉸具)②」に同じ。

か・く【欠く】□一[他カ四]{か・き・く・く・け・け}❶一部分を壊す。破損する。また、漏らす。抜かす。例「四十九日のこと、誰も欠・くことなくて、家にてぞする」〈蜻蛉・上〉❷(務めを)怠る。例「滝口、帯刀など番か・かずさぶらふ」〈栄花・四〉□二[自カ下二]{け・け・く・くる・くれ・けよ}一部分がなくなる。不足する。例「とかくすれば、頸のまはりか・けて血たり」〈徒然・五三〉

か・く【舁く】[他カ四]{か・き・く・く・け・け}肩や背にのせて運ぶ。かつぐ。例「車さし寄せつつ、人にか・かれて乗りたまふを」〈大鏡・道隆〉

か・く【掛く・懸く】□一[他カ四]{か・き・く・く・け・け}《上代語》❶かける。取り付けて下げる。例「馬にこそ絆かくもの牛にこそ鼻縄著くれ」〈万葉・一六・三八八六長歌〉❷関係する。つながりをもつ。例「天地のいや遠長く偲ひ行かむ御名にか・かせる明日香川」〈万葉・二・一九六長歌〉□二[他カ下二]{け・け・く・くる・くれ・けよ}❶物をとめる。㋐つり下げる。例「四方に玉簾をか・けたり」〈霊異記〉㋑(はかりにつり下げて)重さをはかる。例「か・けつれば千々の黄金も数知りぬ」〈古今六帖・五〉㋒高く掲げる。例「門に額か・くるを『うつ』といふはよからぬにや」〈徒然・一六〇〉《係結び》「にや」→(省略)」。㋓人目にさらす。例「頼朝が首をはねて、わが墓のまへにか・くべし」〈平家・六・入道死去〉㋔取り付ける。つなぐ。例「さる車に黄牛か・けたる」〈枕・似げなきもの〉㋕引っかける。例「瓶子を狩衣の袖にか・けて引き倒されたりけるを」〈平家・一・鹿谷〉㋖かけわたす。例「山川に風のか・けたる柵は流れもあへぬ紅葉なりけり」〈古今・秋下・三〇三〉訳→(和歌)やまがはに…。㋗閉ざす。錠をする。例「妻戸荒らかにか・けつる音すれば」〈狭衣・二〉❷他のものにおいかぶせる。㋐かぶせる。おおう。例「御衣を肩にか・けて、退出す」〈平家・四・鵼〉㋑そそぐ。あびせる。例「井に蓋をし、火に水をか・け」〈平家・二・座主流〉❸他のものと関係をもつ。㋐(他のものと)はかり比べる。例「筒井つの井筒にか・けしまろがたけ過ぎにけらしな妹見ざるまに」〈伊勢・二三〉訳→(和歌)つつゐつの…。㋑兼ねる。例「天王寺、六勝寺の別当をもか・け給へり」〈平家・二・座主流〉㋒たとえる。託す。かこつける。例「筑波山にか・けて君を願ひ」〈古今・仮名序〉❹他に対してはたらきかける。㋐心に思う。恋しく思う。例「一日も君をか・けぬ日はなし」〈古今・恋一・四八七〉㋑目ざす。例「わたの原八十島か・けて漕ぎ出でぬと」〈古今・羇旅・四〇七〉訳→(和歌)わたのはらやそしまかけて…。㋒話しかける。例「便よくは、言葉などか・けんものぞ」〈徒然・二三八〉㋓ことばに出していう。例「年経にし後は、言葉にか・けて言ひ出づる人だになし」〈方丈記〉㋔誓う。例「鏡の神をか・けて誓はむ」〈源氏・玉鬘〉㋕約束する。例「逢ふ事を今日となか・けそ鵲の」〈馬内侍集〉㋖だます。例「今来んと言ひしばかりにか・けられて人のつらさの数は知りにき」〈古今六帖・五〉㋗(火を)つける。例「三方より火をか・け、一方より攻めんずるに」〈保元・上〉㋘引き替えにする。例「命をか・けて何の契りにかかる目を見るらむ」〈源氏・夕顔〉㋙賭け物にする。例「正頼、娘一人か・けむ」〈宇津保・内侍のかみ〉㋚掛け売りにする。例「やがて返弁に及びなん、この度はか・けられよ」〈醒睡笑〉□三[補動カ下二]{け・け・く・くる・くれ・けよ}(動詞の連用形に付いて)❶《動作を初めて途中まで進める意を表す》…かける。例「自害を半ばにしか・けて道の傍らに伏し」〈太平記・二九〉❷《動作を相手に向ける意を表す》…かける。例「那智新宮の者どもに、矢一つ射か・けて」〈平家・四・源氏揃〉

か・く【掻く】[他カ四]{か・き・く・く・け・け}❶爪や道具などで、ひっかく。例「眉根掻・き日長く恋ひし君に逢へるかも」〈万葉・六・九九三〉❷弦楽器を弾く。つまびく。例「秋風にか・きなす琴の声にさへ」〈古今・恋二・五八六〉❸払いのける。押しやる。例「天雲の八重か・き分けて」〈万葉・二・一六七長歌〉❹髪をとかす。くしけずる。例「朝寝髪掻・きも梳らず出でて来し」〈万葉・一八・四一〇一長歌〉❺物にかじりつく。例「岩か・きかねて我が手取らすも」〈記・下・歌謡〉❻食物を口の中へかきこむ。例「猫殿ただかき給へ、かき給へと勧めたり」〈盛衰記・三三〉❼刃物でかき切る。切り取る。例「取って押さへて首をかくもあり、かかるるもあり」〈平家・九・坂落〉❽水を押し分けて進む。漕ぐ。例「朝なぎにいかき渡り」〈万葉・八・一五二〇長歌〉❾草木で染め付ける。例「菅の根を衣にかき付け」〈万葉・七・一三四四〉❿耕す。例「金門田をあら搔きまゆみ日が照れば」〈万葉・一四・三五六一〉

か・く【構く】［他カ四］{か・き・く・く・け・け}組み立てる。構える。例「大君の八重の組み垣、か・かめども」〈紀・武烈・歌謡〉

か・く【駆く・駈く】［自カ下二］{け・け・く・くる・くれ・けよ}❶（馬に乗って）走る。速く走る。例「ただ一騎、粟津の松原へか・け給ふ」〈平家・九・木曾最期〉❷敵に向かって進撃する。例「三百騎ばかりでをめいてか・く」〈平家・七・篠原合戦〉

かく【斯く】［副］このように。こう。こんなふうに。例「かく別れがたくいひて、かの人々の、くち網も諸持ちにて、この海辺にてになひ出だせる歌」〈土佐〉

〔斯くしもがも〕《副詞「斯く」＋強調の副助詞「し」＋願望の終助詞「もがも」》このようでありたいなあ。例「常磐なすかくしもがもと思へども世の事なれば留みかねつも」〈万葉・五・八〇五〉

〔斯く為為〕《上代語。「為為」は動詞「す」の終止形を重ねた形》このようにしながら。例「梓弓末に玉纏きかくすすそ寝ななりにし（＝寝ナイデ終ワッタ）」〈万葉・一四・三四八七〉

〔斯くの如し〕《「ごとし」は比況の助動詞》このようだ。例「世の中にある人と栖と、またかくの・ごとし」〈方丈記〉

〔斯く故に〕こうしたわけだから。例「かく故に見じと言ふものを」〈万葉・三・三〇五〉

かぐ【下愚】［名］たいへん愚かであること。↔上知

かぐ【加供】［名］仏にささげものをしたり、僧に布施をしたりして供養を行うこと。

がく【楽】［名］❶音楽。楽曲。❷雅楽。❸能楽の舞のひとつ。

〔楽の声〕器楽で奏でられる音色。音楽。

かくいう【覚猷】［人名］「とばそうじゃう」に同じ。

がくうち【額打ち】［名］額を掲げること。

かくかく【斯く斯く】［副］《副詞「かく」を重ねた語。「かうかう」とも》あれこれ。このように。例「〔出家スルコトハ〕もどかしう（＝非難ヲ受ケルコトト）見ゆることなれば、かくかく思ふ」〈蜻蛉・中〉

かくご［・す］【恪勤】［名・自サ変］「かくごん②」に同じ。

かくご［・す］【覚悟】［名・他サ変］❶承知すること。覚え知ること。例「郎従小庭に祗候の由、全く覚悟仕らず」〈平家・一・殿上闇討〉❷あらかじめ心の準備をすること。あきらめること。心構え。例「もとより覚悟の前にて侍れば」〈古活字本平治・上〉❸（いつ必要が生じても困らないように古歌などを）記憶しておくこと。例「本歌を覚悟・す」〈徒然・一三八〉

〔覚悟の前〕前から十分に心構えをしていること。

かくごしゃ【恪勤者】［名］親王・摂関・大臣家などに仕えた下級の侍。

かくごん［・す］【恪勤】［名・自サ変］❶怠らずに勤めること。精勤。❷《「かくご」とも》親王・摂関・大臣家などに仕えた武士。また、のちに宿直を勤めた身分の低い侍。

がくさう【学生】［名］「がくしゃう（学生）」に同じ。

かくさ・ふ【隠さふ】《上代語》繰り返し隠す。隠し続ける。例「三輪山を然も隠すか雲だにも心あらなも隠さ・ふべしや」〈万葉・一・一八〉訳→〔和歌〕みわやまを…

語構成　かくさ　サ四「隠す」㊍　ふ　反復・継続「ふ」

かくさま［・なり］【斯く様】［形動ナリ］{なら・なり（に）・なり・なる・なれ・なれ}このようだ。例「世の中の常の理かくさま・になり来にけらし」〈万葉・一五・三七六一〉

かくし【隠し】［名］❶《上代語》（国や郡の）守護者。守ること。例「これ、中区のかくしと為らむ」〈紀・成務〉❷人目につかない所。また、隠して人に知られないようにすること。

かくし【斯くし】《「し」は強意の副助詞》このようにも。こんなふうに。例「かくしこそ梅を招きつつ楽しき終へめ」〈万葉・五・八一五〉

がくし【学士】［名］令制で皇太子に儒学を講義する職員・学者。

かくしがほ［・なり］【隠し顔】［名・形動ナリ］何かを隠しているような顔つき。例「ほのかにも見つけたまひてけるを、隠し顔ならむもあやし」〈源氏・手習〉

かくしき【格式】［名］❶「きゃくしき①」に同じ。❷「きゃくしき②」に同じ。

かくしす・う【隠し据う】［他ワ下二］{ゑ・ゑ・う・うる・うれ・ゑよ}人に気づかれないように隠しておく。例「〔匂宮ガ私（＝浮舟ヲ）京にも隠し据・ゑたまひ」〈源氏・浮舟〉

かくしだい【隠し題】［名］「もののな」に同じ。

かくしつ【確執】［名］❶自分の意見を意地になって譲らないこと。例「誠を聞きて我が確執の心を恥づ」〈太平記・二六〉❷不和。争い。

かくしとど・む【隠し止む】［他マ下二］{め・め・む・むる・むれ・めよ}秘密にして、自分の心にとどめておく。例「仏のいさめ守りたまふ真言の深き道をだに、隠しとど・むることなくひろめ仕うまつりはべり」〈源氏・薄雲〉

かくしひそ・む【隠し潜む】［他マ下二］{め・め・む・むる・むれ・めよ}人目に立たぬよう控え目に振る舞う。例「隠しひそ・めて、さる心したまへ」〈源氏・浮舟〉

かくしまど・ふ【隠し惑ふ】［他ハ四］{は・ひ・ふ・ふ・へ・へ}あわてて隠す。ひたすら秘密にする。例「いかなる盗人とのかかるわざをしいでつらむ。まだきに言はば、隠し惑・はむものぞ」〈落窪・一〉

がくしゃう【学生】［名］《「がくさう」とも》❶中央の大学寮、地方の国学、有力な氏の学院などで、学問を修める者。❷比叡山などの大寺で、仏教の学問を専門にする僧。学僧。＝学侶・学徒。❸学識。学問。また、学識のすぐれた人。

がくしゃう【学匠】［名］《仏教語》❶仏道を修め、師の資格をもっている僧。❷学者。博学な人。

がくしょ【楽所】［名］《「がくそ」とも》❶宮中で音楽をつかさどった所。雅楽院が衰微し、それに代わる官

庁として成立。❷音楽を演奏する場所。

かくしをとこ【隠し男】[名]夫のある女が、ひそかに通じている男。＝間男まをとこ・忍しのび夫づま・密みそか男

がくじん【楽人】[名]「がくにん」に同じ。

がく・す【学す】[他サ変]{せ・し・す・する・すれ・せよ}学ぶ。修行する。例「道を学する人、夕べには朝あしたあらん事を思ひ」〈徒然・九二〉

がくそ【楽所】[名]「がくしょ」に同じ。

がくだいこ【楽太鼓】[名]〈近世語〉雅楽に用いる太鼓の俗称。

かくて【斯くて】《副詞「かく」＋接続助詞「て」》㊀[副]（「かく」で指示される内容を受けて）このようにして。このままで。例「ゆゆしき身にはべれば、かくておはしますも、いまいましうかたじけなくなん」〈源氏・桐壺〉《音便》「いまいましう」は「いまいましく」のウ音便。《係結び》「なん→（省略）」。《敬語》「はべれば」→「はべり」、「おはしますも」→「おはします」。㊁[接]（㊀の指示性がうすれ、後述の内容を説き起こす接続詞となったもの）さて。こうして。例「かくて、この男、陸奥みちの国へ下りけるたよりにつけて」〈大和・七〇〉

がくと【学徒】[名]「がくしゃう（学生）②」に同じ。

がくとう【学頭】[名]「勧学院くわんがくゐん」の職員。別当に次ぐ位の者で、「学生がくしやう」の中の、優秀な者から任命された。

〔和歌〕**かくとだに…**【かくとだにえやはいぶきのさしも草さしもしらじな燃ゆる思ひを】〈後拾遺・恋一・六一二・藤原実方〉（百人一首）訳私はこのようにあなたを恋い慕っているとだけでも言えましょうか、いや言えません。伊吹山のさしも草のように、燃える私の思いをそうだともあなたはご存じありますまい。《係結び》「やは→いふ㊡」

〈参考〉「えやはいぶきの」の「いふ」は、「言ふ」に地名の「伊吹」をかける。「伊吹」は、近江国おうみのくに（滋賀県）と美濃国みののくに（岐阜県）の境にある山。「さしも草」は、お灸きゅうに用いられる。「思ひ」に「火」を掛ける。

かくながら【斯くながら】《副詞「斯く」＋接続助詞「ながら」》こうしたままで。このまま。例「かくながら身をはふらかしつるにや」〈源氏・明石〉

かくなわ【結果】[名]《「かくのあわ」の変化形》❶古代の菓子の名。うどん粉を練って、ひもを結んだ形に作り、油であげたもの。❷（①の形から）あれこれと心が思い乱れること。例「かくなわに思ひ乱れて」〈古今・雑躰・一〇〇一長歌〉❸太刀たちや長刀なぎなたなどの使い方のひとつ。①の形のようにぐるぐると振り回して使うこと。

がくにん【楽人】[名]《「がくじん」とも》音楽、主として雅楽を奏する人。＝伶人れいじん

かくのあわ【結果】[名]「かくなわ」に同じ。

かくのごと【斯くの如】このように。こんなふうに。例「白髪し児こらも生おひなばかくのごと若けむ児らに罵ののらえかねめや」〈万葉・一六・三七九三〉

かくのごとく【斯くの如く】このように。例「かくのごとくあやしき事いはん者をば」〈宇治拾遺・一五・一〇〉

かくのこのみ【香の木の実・香菓】[名]《「かぐのこのみ」とも》香りのいい木の実のことで、タチバナの実。＝香の実・時じくの香の木の実

がくのま【額の間】[名]大極殿だいごくでん・紫宸殿ししんでん・清涼殿など諸殿の前面中央の柱と柱との間。この間の上長押うわなげしに、殿名を書いた額がかけてあった。

かくのみ【香の実・香菓】[名]《「かぐのみ」とも》「かくのこのみ」に同じ。

かくばかり【斯くばかり】《副詞「斯く」＋副助詞「ばかり」》これほどまで。こんなにも。例「むら肝の心砕けてかくばかり我あが恋ふらくを知らずかあるらむ」〈万葉・四・七二〇〉

〔和歌〕**かくばかりこひつつあらずは…**【かくばかり恋ひつつあらずは高山たかやまの岩根いはねしまきて死なましものを】〈万葉・二・八六・磐姫皇后〉訳これほどに恋い焦がれつづけていないでいっそ、お迎えに出向いて険しい山の岩を枕まくらにして死んでしまおうものを。

〈参考〉「まし」は反実仮想の助動詞。「ものを」は詠嘆。

〔和歌〕**かくばかりへがたくみゆる…**【かくばかり経がたく見ゆる世の中にうらやましくもすめる月かな】〈拾遺・雑上・四三五・藤原高光〉訳これほど過ごしにくく見える世の中に、うらやましいことに、美しく澄みきって住んでいる月であるよ。

〈参考〉「すめる」は、「澄める」と「住める」をかける。

かぐは・し【芳し・馨し】[形シク]{しから・しく（しかり）・し・しき（しかる）・しけれ・しかれ}《香が「くはし（＝繊細デヨイ）」の意》❶香りがよい。香ばしい。❷美しい。すばらしい。心ひかれる。例「縵かづらかげかぐはし君を相見つるかも」〈万葉・一八・四一二〇〉

かくびゃう【脚病】[名]脚気かっけ。

かくべつ・す／・なり【格別・各別】㊀[名・自サ変]別であること。別々なことを行うこと。例「父子・伯父甥をぢをひ・親類・郎従らうじゅうにいたるまで、みなもって各別・す」〈保元・上〉㊁[名・形動ナリ]《「かくべち」とも》❶格段に違うこと。とくにすぐれていること。例「弁才べんざい・妙音めうおん二天の名は、各別・なりといへども」〈平家・七・竹生島詣〉❷ともかくとして。別にして。例「当座の色（＝恋）は格別、極めしことはゆめゆめなし」〈浄・鑓の権三重帷子〉

かくべつ【格別・各別】[副]とくに。一段と。例「格別見事な柿かきぢゃ」〈狂・柿山伏〉

かくま・ふ【囲まふ・匿まふ】[他ハ四]{は・ひ・ふ・ふ・へ・へ}かばって隠す。

かくまれ[副]《「かくもあれ」の変化形。「とまれかくまれ」の形で用いられる》「とまれかくまれ」に同じ。

かく・む【囲む】[他マ四]{ま・み・む・む・め・め}《上代語》かこむ。

がくもん【学問】[名]仏教・儒教・文学などの知識を学ぶこと。また、その知識。

がくもんれう【学問料】[名]平安時代、国から学生がくしやうに与えられた学費。

がくや【楽屋】[名]❶雅楽を演奏する所。→図版「竜頭鷁首りようとうげきしゆ」。❷田楽・能楽・芝居などの控え室。出演者が支度する所。❸物事の裏面。内情。例「楽屋を見ぬが花」〈浮・傾城禁短気〉

かくやう【斯く様】[名・形動ナリ]このよう。こんなようす。例「おどろおどろしきことはさるものにて、かくやうの歌や詩などを」〈大鏡・時平〉

かぐやひめ【かぐや姫】[人名]『竹取物語』の主人

公。「なよ竹のかぐや姫」ともいう。竹取の翁に竹の中から発見され、五人の貴公子から求婚されるが拒否、帝の求めも拒む。八月十五夜に不死の薬を残して月に帰った女性。

かぐやま【香具山】［歌枕］大和国の山。いまの奈良県橿原市にある。高天原から降った山だという伝承から、「天の香具山」ともいわれる。畝傍山・耳成山とともに大和三山のひとつ。

〔和歌〕**かぐやまと…【香具山と耳梨山とあひし時立ちて見に来し印南国原】**〈万葉・一・一四・天智天皇〉訳香具山と耳成山とが争ったとき、出雲の阿菩大神が仲裁にみこしをあげて見に来た土地である、この印南国原は。

〈参考〉「印南国原」は明石から加古川あたりにかけての平野。『播磨風土記』に大和三山の争いの伝説があり、仲裁に立ったのが阿菩大神。

〔和歌〕**かぐやまの…【香具山の尾上にたちてみわたせば大和国原早苗とるなり】**〈藤簍冊子・上田秋成〉訳香具山の山頂に立って見渡すと、大和国の平原では田に移し植える稲の若い苗を取っていることだ。

〔和歌〕**かぐやまは…【香具山は畝火を惜しと耳梨と相争ひき神代よりかくにあるらし古も然にあれこそうつせみも妻を争ふらしき】**〈万葉・一・一三長歌・天智天皇〉訳香具山は、畝傍山を失うに惜しいとして、耳成山と互いに争い合った。神代からこうであるらしい。昔もそうであったからこそ、今の世の人も妻を取り合って争うらしい。

〈参考〉「香具山」「畝火」「耳梨」は大和三山。大和三山の妻争いの伝説による歌。

かくよく【鶴翼】［名］陣形のひとつ。鶴が左右の翼を広げたような形に兵を並べて、敵兵を中に取り込めようとする布陣。↕魚鱗

かぐら【神楽】［名］神をまつるために奏する舞楽。宮廷に伝承されたものと、民間に伝わるものとがある。後者は、全国的に分布し、「里神楽」と呼称する。宮中の御神楽は、和琴・笛などの楽器を用い、舞人が内侍所の庭前において舞うもので、十二月吉日に行われる年中行事となった。＝神遊び

かぐらうた【神楽歌】［名］古代歌謡のひとつ。神楽に用いられる歌で、狭義には宮廷の御神楽に用いられるものをいう。約四十曲・九十首余りあり、『古今和歌集』には「神遊歌」として収録されている。

かくらく【隠らく】《上代語。四段動詞「隠る」の名詞化したもの》隠れること。例「ぬばたまの夜渡る月の隠らく惜しも」〈万葉・二・一六九〉

かぐらづき【神楽月】［名］陰暦十一月の別称。（季―冬）

かくら・ふ【隠らふ】《四段動詞「隠る」の未然形＋上代の反復・継続の助動詞「ふ」》隠れ続ける。（ずっと）隠れる。例「渡る日の影も隠らひ」〈万葉・三・三一七長歌〉訳→〔和歌〕あめつちの…

かくりき【脚力】［名］《「きゃくりき」とも》手紙などを届ける人夫。鎌倉以降の「飛脚」の前身。

かく・る【隠る】一［自ラ四］{ら・り・る・る・れ・れ}《上代語》❶隠れる。例「淡路の島は夕されば雲居隠りぬ」〈万葉・一五・三六二七長歌〉❷「死ぬ」の間接的な表現。亡くなる。例「大君は神にしませば天雲の五百重の下に隠りたまひぬ」〈万葉・二・二〇五〉二［自ラ下二］{れ・れ・る・るる・るれ・れよ}❶一①に同じ。例「飽かなくにまだきも月の隠るるか山の端逃げて入れずもあらなむ」〈古今・雑上・八八四〉訳→〔和歌〕あかなくに…。❷一②に同じ。例「やむごとなき人のかくれ給へるもあまた聞こゆ」〈方丈記〉

かくれ【隠れ】［名］❶人に気づかれないでいること。人目につかないこと。打消表現を伴うことも多い。例「忍ぶとも思さめ、つひには隠れあらじ」〈源氏・蜻蛉〉❷人目につかない所。物陰。❸（「御…」の形で）死去。例「遂に御かくれありける」〈平家・六・小督〉

〔隠れの方〕人目につかない所。物陰。例「透垣のただすこし折れ残りたる隠れの方に、〔源氏ガ〕立ち寄りたまふに」〈源氏・末摘花〉

かくれあそび【隠れ遊び】［名］隠れんぼ。

かくれあり・く【隠れ歩く】［自カ四］{か・き・く・く・け・け}こっそりうろつく。とくに、ひそかに女性の所に通う。＝忍び歩く。例「いかなるものの隈に隠れ歩きて、かく人にも恨みらるらむ」〈源氏・紅葉賀〉

かくれう・す【隠れ失す】［自サ下二］{せ・せ・す・する・すれ・せよ}身を隠す。隠れて見つからない。例「すなはち国司隠れ失せぬ」〈今昔・二六・一〉

かくれが【隠れ処・隠れ家】［名］❶人目につかない所。❷人に知られずに住む家。

かくれがさ【隠れ笠】［名］かぶるとその人の姿が見えなくなるという不思議な笠。

かくれざと【隠れ里】［名］❶人に知られずに住む里。❷理想郷。桃源郷。中古から山奥にあるという伝説が流布していた。❸遊里。多く、公許以外の所。

かくれざと【隠れ里】［作品名］江戸前期の御伽草子。恵比須と大黒天が争いになるが、布袋の仲裁で仲直りするという物語。

かくれしの・ぶ【隠れ忍ぶ】［自バ上二］{び・び・ぶ・ぶる・ぶれ・びよ}人目につかぬよう隠れている。人目をしのんでいる。例「人にいみじく隠れ忍ぶる気色になむ見えはべるを」〈源氏・夕顔〉

かくれづま【隠れ夫・隠れ妻】［名］世間に知られないようにもっている夫、または妻。

かくれどころ【隠れ所】［名］❶人目を忍んで身をひそめる所。❷陰部。

かくれな・し【隠れ無し】［形ク］{から・く(かり)・し・き(かる)・けれ・かれ}❶隠れたところがない。はっきりしている。例「ほととぎすかくれなき音を聞かせては」〈蜻蛉・下〉❷有名である。世間に広く知れ渡っている。例「三井寺にはそのかくれなし」〈平家・四・橋合戦〉

かくれぬ【隠れ沼】［名］草などで隠されている沼。

かくれぬの【隠れ沼の】［枕詞］（「隠れ沼」は草などの下にあるところから）「下」「底」にかかる。例「隠れ沼の下に通ひて恋ひは死ぬとも」〈古今・恋三・六六一〉

かくれみち【隠れ道】［名］抜け道。間道。

かくれみの【隠れ蓑】［名］着ると姿が見えなくなるという不思議な蓑。鬼や天狗の持ち物とされた。

かくれ・ゐる【隠れ居る】［自ワ上一］{ゐ・ゐ・ゐる・ゐる・ゐれ・ゐよ}隠れて座る。人目につかないように隠れて

暮らす。例「前栽のなかにかくれゐて」〈伊勢・二三〉

かぐろ・し【か黒し】[形ク]{から・く(かり)・し・き(かる)・けれ・かれ}《上代語。「か」は接頭語》(髪が)黒い。例「草な刈りそね蜷の腸**か黒・き**髪にあくたし付くな」〈万葉・七・一二七七旋頭歌〉

かくろ・ふ【隠ろふ】一[自ハ四]{は・ひ・ふ・ふ・へ・へ}《「かくらふ」の変化形。動詞「隠る」の未然形＋上代の反復・継続の助動詞「ふ」》隠れる。例「きのふけふ雲の立ち舞ひ**かくろ・ふ**は花の林を憂しとなりけり」〈伊勢・六七〉
二[自ハ下二]{へ・へ・ふ・ふる・ふれ・へよ}一に同じ。例「かの山里に、知るべき人の**隠ろ・へ**てはべるやうに聞きはべりしを」〈源氏・夢浮橋〉

かくろへ【隠ろへ】[名]❶隠れることのできる物陰。❷隠しごと。秘密。

かくろへい・る【隠ろへ入る】[他ラ四]{ら・り・る・る・れ・れ}こっそりと入る。例「異様なる女車のさまして**隠ろへ入・り**たまふに」〈源氏・総角〉

かくろへごと【隠ろへ事】[名]ずっと隠していること。秘密。

かくろへしの・ぶ【隠ろへ忍ぶ】[自バ上二]{び・び・ぶ・ぶる・ぶれ・びよ}人に気づかれないように隠れている。例「かやうのくだくだしきことは、あながちに**隠ろへ忍・び**たまひしもいとほしくて」〈源氏・夕顔〉

かくろへば・む【隠ろへばむ】[自マ四]{ま・み・む・む・め・め}《「ばむ」は接尾語》隠れるようにする。例「世に怨みある者など、ここかしこに**隠ろへば・み**てをる限りは、集まりつどひけり」〈増鏡・久米のさら山〉

かくゎい【歌会】[名]《「うたくゎい」とも》複数の歌人が同席して、多く共通の歌題で和歌を詠み合う会。平安時代に入ると、宮廷行事などに関係して盛んに催されるようになる。

かぐわし【芳し・馨し】歴史的かなづかい「かぐはし」

かくゎん【加冠】[名]❶男子が、元服して初めて冠をつけること。＝初冠。❷元服の際、元服する人に冠をかぶせる役。

-かけ【掛け】[接尾]❶ひとりで背負う程度の荷物を数える語。「あまた**掛け**」など。❷掛けたり巻きつけたりして用いる道具を数える語。

かけ【掛け・懸け】[名]❶ことばにかけていうこと。例「児らが名に**かけ**の宜しき朝妻の片山崖に霞たなびく」〈万葉・一〇・一八一八〉❷「打ち掛け②」の略。❸掛け売り。❹売り掛け金。❺わなの一種で、鳥獣を捕らえるための仕掛け。

かけ【駆け・懸け】[名]❶騎馬で敵陣に素早く突入すること。❷馬を最も早く走らせること。

かけ【鶏】[名]《上代語》ニワトリの別称。

かげ【陰・蔭】[名]《「かぎ」とも》❶**光や風の当たらない所。**例「ひぐらしの鳴きつるなへに日は暮れぬと思ふは山の**陰**にぞありける」〈古今・秋上・二〇四〉訳→〔和歌〕ひぐらしの…。❷**物陰。隠れ所。**例「あらき風ふせぎし**かげ**の枯れしより」〈源氏・桐壺〉訳→〔和歌〕あらきかぜ…。❸**恩恵。庇護。**例「筑波嶺のこのもかのもに陰はあれど君が御**陰**にます陰はなし」〈古今・東歌・一〇九五〉訳→〔和歌〕つくばねのこのもかのもに…。❹**人の後ろ。あと。**例「御消息聞こえ伝へにゐざり入る人の**かげ**につきて入りたまひぬ」〈源氏・夕霧〉《敬語》「聞こえ伝へに」→「きこゆ」

〔**陰に居て枝を折る**〕恩を受けた人に仇で返すことのたとえ。

〔**陰の朽ち木**〕(物陰にある腐った木のように)人に認められずに埋もれてしまうこと。

かげ【影・景】[名]

> **アプローチ**
> ▼本来、輝くものの意で「日影」「月影」のように、放たれる光を指すのが原義。
> ▼「かげ」は実体に伴うもので、光が射したことによって浮かび上がる姿や、光をさえぎることで生じた「影」などがそれに相当する。
> ▼語源が同じである「陰」は、光によってできる影からの転用で、物陰の意になる。
> ▼上代東国方言で「かご」ともいう。

❶**光。**例「朝廷にかしこまりきこゆる人は、明らかなる月日の**影**をだに見ず」〈源氏・須磨〉訳朝廷に対し謹慎申し上げる者は、明るい日や月の**光**さえも見ないようにして閉じこもり。《敬語》「かしこまりきこゆる」→「きこゆ」
❷(光に照らし出された、あるいは鏡や水などに映った)**姿。形。**例「暁近き月隈なくさし出でて、ふと人の**影**見えければ」〈源氏・空蟬〉訳明け方に近いころに出た月があますところなく光を照らしていて、不意に人の**姿**が見えたので。
❸**面影。**例「母御息所も、**影**だに覚えたまはぬを」〈源氏・桐壺〉訳母の御息所(＝桐壺更衣)のことも、**面影**さえまったく覚えていらっしゃらないが。
❹**光によってできる影。影法師。**例「立ち寄らば**影**踏むばかり近けれど誰かなこその関をすゑけん」〈後撰・恋二・六八二〉訳立って近づくと、(法皇の)御**影**を踏んでしまうほど間近くお仕えしておりますのに、いったいだれがここに、「来るな」という意味の勿来の関を置いたのでしょうか。
❺**常によりそうもの。**例「よるべなみ身をこそ遠く隔てつれ心は君が**かげ**となりにき」〈古今・恋三・六一九〉訳あなたに近づく手がかりがないので、身は遠く引き離しておりますが、心はもう影法師のように、あなたの身に**常によりそうもの**になっています。《係結び》「こそ→隔てつれ(已)」
❻**影のように実体のないもの。幻影。虚像。**例「かぐや姫、きと**かげ**になりぬ」〈竹取・かぐや姫の昇天〉訳かぐや姫は、ぱっと**影のように消え**てしまった。〔注〕かぐや姫が消えてしまう場面。魂が抜けたようになったとみる説もある。

〔**影し添ふ**〕(物には必ず影が伴っているように)いつも離れず付き添う。＝影身に添ふ。例「闇をも照らす**影と添・ふ**らん」〈栄花・二九〉

〔**影無し**〕何も残らない。何もない。見る影もない。例「おのが散り散り別れなば頼む**かげな・く**なりはてて」〈古今・雑躰・一〇〇六長歌〉

〔**影踏むばかり**〕影を踏んでしまいそうなくらい、非常に近いことのたとえ。例「ま近きほどにはさぶらひながら、今まで**影ふむばかり**のしるし(＝間近ニ住ンデ

イル甲斐もはべらぬは」〈源氏・常夏〉

かげ【蘿】[名]「ひかげのかづら①」に同じ。

かげ【鹿毛】[名]馬の毛色の名。からだの毛は褐色、たてがみと尾・ひざの下は黒色のもの。

-がけ［接尾］❶(名詞に付いて)それを身に着けたままの意を表す。例「草鞋がけの体」〈浄・鑓の権三〉❷(動詞の連用形に付いて)その動作のついでにの意を表す。例「往にがけの駄賃ぢゃ」〈浄・丹波与作〉

かけあは・す【駆け合はす】[他サ下二]{せ・せ・す・する・すれ・せよ}❶互いに馬で走り寄って戦う。例「都合その勢二百五十騎、三万余騎の敵にかけ合は・せんと志して」〈太平記・一六〉❷走り集まる。かけつける。例「死に出で立ちにてかけこみしを、おのおのかけ合は・せ、義理をつめ」〈浮・好色一代男〉

かけあひ【駆け合ひ】[名]双方の兵士が互いに激しく攻め合うこと。真正面からぶつかり合う戦い。

かけあ・ふ【駆け合ふ】[自ハ四]{は・ひ・ふ・ふ・へ・へ}❶互いに馬で走り寄って戦う。例「よからう敵にかけあ・うて、大勢の中でこそ打ち死にをもせめ」〈平家・九・木曾最期〉《音便》「かけあう」は「かけあひ」のウ音便。❷駆けつける。例「火事などといふ時もかけ合・ひ、物毎にたのもしくおもはせ」〈浮・好色一代男〉

かけい【筧・懸け樋】歴史的かなづかい「かけひ」

かけい【荷兮】[人名]「やまもとかけい」に同じ。

かけい・づ【駆け出づ】[自ダ下二]{で・で・づ・づる・づれ・でよ}走り出る。また、馬を駆って攻める。例「されども判官もかけ出・で給はず」〈義経記・四〉

かけい・る【駆け入る】[自ラ四]{ら・り・る・る・れ・れ}走って入る。とくに、馬に乗って戦場などへかけこむ。例「平家三万余騎が中へをめいてかけい・り」〈平家・六・祇園女御〉

かけう・ぐ【欠け穿ぐ】[自ガ下二]{げ・げ・ぐ・ぐる・ぐれ・げよ}欠けて穴があく。例「耳鼻かけう・げながら、〔頭カラカブッテイタ鼎ガ〕抜けにけり」〈徒然・五三〉

かけおと・す【掛け落とす】[他サ四]{さ・し・す・す・せ・せ}(物を)ひっかけて落とす。例「いかがしたりけむ、判官(=義経)弓をかけおと・されぬ」〈平家・一一・弓流〉

かけおび【掛け帯・懸け帯】[名]❶女性が寺社に参詣するときに、物忌みのしるしとしてつけた細い帯。胸から肩に掛けて、背中で結ぶ。＝帯。➡[古典参考図]女子の服装〈3〉。❷中世以降、女性が「裳」を身につける際につけた飾りの細い帯。左右の腰のところにつけ、肩から胸に回して結ぶ。

かけかけ・し【懸け懸けし】[形シク]{しから・しく(しかり)・し・しき(しかる)・しけれ・しかれ}いつも心にかけている。とくに異性に思いをかけている。例「かけかけ・しき筋はいづ方にも思ひきこえじ」〈源氏・総角〉

かけかた・む【掛け固む】[他マ下二]{め・め・む・むる・むれ・めよ}しっかり掛け金をかける。例「中の障子も、上への渡りたまふをりならでは、つと掛け固・めて」〈夜の寝覚〉

かけがね【繋け金・掛け金】[名]❶戸締まりのため、戸や障子に付けてある鐶または鉤。内・外両側から付ける。❷あごの骨のつがい。

かけか・ふ【掛け換ふ】[他ハ下二]{へ・へ・ふ・ふる・ふれ・へよ}(調度品などを)掛けかえる。別の場所に掛ける。例「御簾かけか・へ、ここかしこかき払ひ」〈源氏・総角〉

かけかまひ【掛け構ひ】[名]《近世語》(下に打消の語を伴って)かかわり合い。例「かけ構ひのない若殿様にお住持のお情け」〈伎・韓人漢文手管始〉

かげき【景樹】[人名]「かがはかげき」に同じ。

かげくさ【陰草・影草】[名]物陰に生えた草。

かけく・む【駆け組む】[自マ四]{ま・み・む・む・め・め}馬で敵中に走り入り、取っ組み合いで戦う。例「かけく・み打ち合ひ、身をわすれ命を捨てむことは」〈沙石集〉

かけご【懸け子・懸け籠】[名]❶箱の内部を二重にするために、箱の縁にかけて内側にはめ込むひとまわり小さい箱。❷本心を打ち明けないこと。隔て心。

かげこ【陰子・蔭子】[名]❶ひそかに庇護し、目をかけている子。❷まだ舞台に立たない年少の歌舞伎役者で、男色をも売る者。＝陰間・色子

かけことば【掛詞・懸詞】[名]和歌の修辞法のひとつ。同音異義語を活用して、一語に二様の意味を含ませ、意味内容を重層化する技法で、『古今和歌集』以降、発達した。たとえば、小野小町の代表歌「花の色は移りにけりないたづらに我が身世にふるながめせしまに」〈古今・春下・一一三〉訳→〔和歌〕はなのいろは…では、「ふる」が「経る」と「降る」、「ながめ」が「眺め」と「長雨」の両義をかけている。韻文、謡曲などの散文にも多用されている。秀句。縁の字。

かけこひ【掛け乞ひ・掛け請ひ】[名]《「かけごひ」とも》掛け売りの代金を取り立てること。また、その人。＝掛け取り。（季―冬）

かけこみ【掛け込み】[名]両替商が天秤で量るとき、実際の目方より少なく量ること。

かけこ・む【掛け込む】[他マ下二]{め・め・む・むる・むれ・めよ}鍵をかけて部屋を閉ざす。閉め切る。例「その遣り戸掛けこ・めて、な入れそ」〈落窪・二〉

かけこも・る【掛け籠る・懸け籠る】[自ラ四]{ら・り・る・る・れ・れ}鍵をかけ、中に閉じこもる。例「やがてかけこも・らましかば、口惜しからまし」〈徒然・三二〉

かけじ【懸け路】歴史的かなづかい「かけぢ」

かけず【掛けず・懸けず】[副]《動詞「掛く」の未然形＋打消の助動詞「ず」》簡単に。無造作に。例「かけずけおさるるこそ、本意なきわざなれ」〈徒然・一〉

かけす・う【駆け据う】[他ワ下二]{ゑ・ゑ・う・うる・うれ・ゑよ}走らせてきた馬を、ある地点でおしとどめる。例「〔高重ハ〕馬をかけす・ゑ、大音揚げて名乗りけるは」〈太平記・一〇〉

かけそ・ふ【掛け添ふ】[他ハ下二]{へ・へ・ふ・ふる・ふれ・へよ}(もとあったもののほかに)新たに掛け加える。掛けてあるものの数量をふやす。例「神人の手にとりもたる榊葉に木綿かけ添・ふる深き夜の霜」〈源氏・若菜・下〉

かけた・つ【駆け立つ】[他タ下二]{て・て・つ・つる・つれ・てよ}馬で攻め立てる。追い立てる。例「十七騎にかけ立・てられて」〈平治・中〉

かけぢ【懸け路】[名]《「かけみち」とも》❶断崖に木材で棚をかけるようにしてつくった道。桟道。❷険しくて石の多い山道。

かけぢから【懸け税】[名]上代、神前に奉った稲の初穂。

かけづかさ【懸け官】[名]本来の官職のほかに、別の官職も兼任すること。＝兼官

かけづくり【懸け造り】[名]崖や川の上に張り出させて建物を造ること。また、その建物。

かけつく・る【懸け造る】〔他ラ四〕{ら・り・る・る・れ・れ}崖や川の上に張り出させて建物を造る。例「**かけつく・り**たる房なれば、〔下賜ノ袈裟ヲ〕谷底へ投げ入り畢んぬ」〈古事談〉

かけづ・る【駆けづる】〔自ラ四〕{ら・り・る・る・れ・れ}駆け回る。走り回る。例「今朝よりこの部屋のあたりを**かけづ・り**はべれど」〈落窪・一〉

かけ-て【掛けて・懸けて】一《ある行為や動作が対象となる範囲におよんでいくさま》❶…を兼ねて。例「ただいまの内大臣にて、左大将**かけて**、教通のおとどと聞こえさす」〈大鏡・道長・上〉《敬語》「聞こえさす」→「きこえさす」。❷…になって。…にわたって。…にいたって。例「雨いたう降りぬ。夜さへ**かけて**やまねば」〈蜻蛉・下〉❸…を目ざして。…に向かって。例「阿波の山**かけて**漕ぐ船」〈万葉・六・九九八〉 二〔副〕❶心にかけて。例「玉だすき**かけて**偲はな恐くありとも」〈万葉・一三・三三二四〉❷（下に打消の表現を伴って）決して…ない。少しも…ない。例「せめてつれなく知らず顔にて、**かけて**思ひよらぬさまにたゆまずあざれ歩りけば」〈源氏・夕顔〉

語構成　かけ｜カ下二「掛く」用　て｜接助

懸け盤　上げ蔀をつり上げた寺の一室で、食事をともにする修学者たち。懸け盤には飯や汁椀が並べられ、簀の子には提を持った児が控える。（春日権現験記絵）

かけで【駆け出】〔名〕山伏が、修行を終えて山から出て来ること。

かけても【掛けても・懸けても】〔副〕（下に仮定・打消・禁止・反語の表現を伴って）かりそめにも。ちょっとでも。少しも。例「このことを**かけても**いはば、女も、いみじと思ふべし」〈大和・一六八〉

かけとどま・る【掛け留まる・懸け留まる】〔自ラ四〕{ら・り・る・る・れ・れ}引きとどまる。例「まして誰によりてかは〔明石二〕**かけとどま・ら**む」〈大島本源氏・松風〉

かけとど・む【掛け留む・懸け留む】〔他マ下二〕{め・め・む・むる・むれ・めよ}（「かけとむ」とも）引きとどめる。この世に命を長らえさせる。例「あながちに**かけとど・め**まほしき御命とも思されぬを」〈源氏・御法〉

かけと・む【掛け留む・懸け留む】〔他マ下二〕{め・め・む・むる・むれ・めよ}「かけとどむ」に同じ。

かげとも【影面】〔名〕（上代語。「かげつおも」の変化形。「影」は光の意）日が当たる方。南側。↕背面

かけとり【掛け取り】〔名〕「かけこひ」に同じ。

かけとり【翔け鳥】〔名〕空を翔ける鳥を狙ってすばやく射ること。また、その鳥。例「**かけ鳥**なんどをあらがうて（＝競ッテ）、三つに二つは必ず射おとす者で候ふ」〈平家・一一・那須与一〉

かげの【陰野】〔名〕山陰の日の当たらない野。

かけば【駆け場】〔名〕騎馬を自在に走らせることのできる広場。

かけはし【懸け橋・梯】〔名〕❶谷や崖に木や板をかけ渡してつくった道。桟道。❷はしご。❸仮にかけ渡した橋。❹仲だち。取り持ち。手段。

かけはしの【懸け橋の】〔枕詞〕「あやふし」にかかる。例「人づよに心あやなく**かけ橋**のあやふき道は恋にぞありける」〈後撰・恋二・六八八〉

かけはづ・す【掛け外す・懸け外す】〔他サ四〕{さ・し・す・す・せ・せ}牛車の牛を車からはずす。例「院の御所に参りついて、車**かけはづ・させ**」〈平家・八・猫間〉

かけはな・る【懸け離る】〔自ラ下二〕{れ・れ・る・るる・るれ・れよ}関係しないでいる。遠く離れる。例「絶えて見たてまつらぬ所に**かけ離・れ**なむも、さすがに心細く」〈源氏・末摘花〉

かけばん【懸け盤】〔名〕食器を載せる台。四脚の台の上に「折敷」を載せたもの。のちに、脚を作りつけにした。

かけひ【筧・懸け樋】〔名〕水を引くため、竹や木で地上にかけ渡して作った樋。↕埋み樋・下樋

かけひき【駆け引き・懸け引き】〔名〕❶戦場で、機を見て進撃したり退却したりすること。進退。❷商売などで、臨機応変に適切な処置をすること。

かけぶね【掛け船】〔名〕岸につなぎとめてある船。

かけへだ・つ【駆け隔つ】〔他タ下二〕{て・て・つ・つる・つれ・てよ}間に割って入って、双方を引き離す。例「敵は大勢なり、**かけ隔・て**られては判官のためあしかりなんと思ひし」〈古活字本保元・中〉

かけへだ・つ【懸け隔つ】〔他タ下二〕{て・て・つ・つる・つれ・てよ}簾などをかけて、部屋を仕切る。例「北南のつまに御簾を**かけへだ・て**て、女房のゐたる」〈紫式部日記〉

かげま【陰間・蔭間】〔名〕（近世語）「かげこ②」に同じ。

かけまく【懸けまく】《動詞「懸く」の未然形＋助動詞「む」の名詞化したもの》（多く「かけまくも」の形で副詞的に用いて）口に出していうこと。心にかけること。例「**かけまく**もあやに恐し天皇の神の大御代に」〈万葉・一八・四一一長歌〉

〔**懸けまくも畏き**〕口にするのも畏れ多い。「神」の語を引き出す序として、「祝詞」によく用いられる。例「**かけまくもかしこき**かみの験には鶴の齢となりぬべきかな」〈枕・御前にて、人々とも〉

かけまもり【懸け守り】〔名〕ひもをつけ、首から胸に懸ける守り袋。おもに貴族の女性が用いた。

かけみち【懸け道】〔名〕「かけぢ」に同じ。

かけみづ【懸け水】カケミズ〔名〕「筧（かけひ）」を流れる水。

かけむしゃ【駆け武者・懸け武者】〔名〕猪突猛進（ちょとつもうしん）で敵中に攻め入る武者。

かげむしゃ【陰武者・影武者】〔名〕敵を欺くため、大将などとそっくり同じ姿をした武者。

かげめ【陰妻】〔名〕公にできない陰の妻。隠し妻。

かけもの【賭け物・懸け物】〔名〕勝負事や遊戯などをする際に賭けるもの。＝賭物（のりもの）

かけや【掛け矢・懸け矢】〔名〕《近世語》樫（かし）などで作った大きな木槌（きづち）。城門を打ち破ったり杭（くい）を打ち込んだりするのに用いた。

かけや・る【掛け破る】〔他ラ四〕｛ら・り・る・る・れ・れ｝物に引っかけて衣服などを破る。かぎ裂きにする。例「いとほそやかなる童（わらは）の、狩衣（かりぎぬ）は**かけ破り**などして」〈枕・正月十余日のほど〉

かげゆし【勘解由使】〔名〕平安時代、国司の交替時に解由状（げゆじょう）（引き継ぎの文書）を調査・監督するための役人。

かげゆしちゃう【勘解由使庁】カゲユシチョウ〔名〕「勘解由使」が勤務する役所。

かけよろひ【掛け鎧・挂け甲】カケヨロイ〔名〕《肩に掛ける鎧の意》❶奈良時代の甲冑（かっちゅう）。鉄製の小札（こざね）をひもで結んだ、伸縮自在の騎馬戦用のもの。❷平安以降、墨や漆を塗って作った武官の儀式の鎧。

かけら・ふ【翔らふ】カケラ（ロ）ウ《上代語。動詞「翔る」の未然形＋反復・継続の助動詞「ふ」》《鳥などが》飛び回る。飛び続ける。例「春さりて野辺（のへ）を巡ればおもしろみ我を思へかさ野つ鳥（＝雉（きぎし））来鳴き**翔らふ**」〈万葉・一六・三七九一長歌〉

かけり【翔り・駆けり】〔名〕❶飛び、かけること。❷能楽で、戦闘や狂乱を表す動きの速い舞の型。❸歌舞伎（かぶき）で、鼓（つづみ）・笛などによる下座（げざ）音楽のひとつ。出入りや、幕切れの見得（みえ）などに用いる。❹連歌・俳諧（はいかい）で、趣向が鋭くはたらいていること。例「句の**かけり**、事あたらしさ、誠に秀逸の句なり」〈去来抄〉

かけりあり・く【駆けり歩く】〔自カ四〕｛か・き・く・く・け・け｝あちこち動き回る。走り回る。例「〔女君（おんなぎみ）ガ〕いかに思（おぼ）すらむと苦しきままに**かけり歩き**て」〈源氏・藤袴〉

かけ・る〔自ラ四〕｛ら・り・る・る・れ・れ｝㊀【翔る】空高く飛ぶ。例「つゆも、物、空に**駆け・らば**、ふと射殺したまへ」〈竹取・かぐや姫の昇天〉㊁【駆ける】速く走る。例「秋の夜のつきげの駒（こま）よわが恋ふる雲居（くもゐ）を**かけ・れ**時のまも見ん」〈源氏・明石〉

かけろ〔副〕鶏の鳴き声。こけこっこう。

かげろふ【陽炎】カゲロウ〔名〕《「かぎろひ」の変化形》強い陽光に暖められて地表から立ち昇る水蒸気に光が反射し、ゆらゆら揺れて見える現象。春の晴天の日などに多く見られる。また、平安以降の和歌では、実体のないもの・はかなく消えやすいもののたとえとして用いられることが多い。＝糸遊（いとゆふ）。（季―春）

〔**陽炎（かげろふ）稲妻（いなづま）水（みづ）の月（つき）**〕カゲロウイナズマミズノツキ 目には見えるが、手に取ることのできないもののたとえ。また、身軽で動作がとても素早いもののたとえ。

かげろふ【蜻蛉・蜉蝣】カゲロウ〔名〕❶トンボの古名。❷虫の名。陽炎（かげろう）に飛ぶようすが似ているところからいう。成虫になってからは短命。（季―秋）

かげろ・ふ カゲロウ〔自ハ四〕｛は・ひ・ふ・ふ・へ・へ｝❶光がほのめく。ひらめく。例「陽炎（かげろふ）の**かげろふ**ほどの世をすぐすらん」〈金葉・雑下・六四二〉❷日がかげる。陰になる。例「よられつる野もせの草の**かげろひ**て涼しく曇る夕立の空」〈新古今・夏・二六三〉❸ちらつく。例「ただ今の御姿、まぼろしに**かげろへ**ば」〈古活字本保元・下〉

かげろふ【蜻蛉】カゲロウ〔作品名〕『源氏物語』の五十二番目の巻名。

かげろふにっき【蜻蛉日記】カゲロウニッキ〔作品名〕平安中期（九七四ごろ成立）の日記文学。三巻。藤原道綱母（みちつなのはは）作。藤原兼家（かねいえ）との結婚生活を中心として、二十一年間にわたる作者の半生を回想的につづったもの。女流日記文学の先駆的作品。

かげろふの【陽炎の】カゲロウノ〔枕詞〕《陽炎のはかないようすから》「あるかなきか」「それかあらぬか」「ほのめく」「ほのかに」などにかかる。例「**かげろふの**あるかなきかに消（け）ぬる世なれば」〈後撰・雑二・一一九一〉

〔俳句〕**かげろふやなもしらぬむしの…**【陽炎や名もしらぬ虫の白（しろ）き飛（と）ぶ】〈自筆句帳・蕪村〉訳春の野に陽炎がゆらゆらと燃え立っている。その中を名も知らぬ小さな白い虫が飛び交っている。（季―陽炎―春）

〔俳句〕**かげろふやほろほろおつる…**【かげろふやほろほろ落つる岸（きし）の砂（すな）】〈猿蓑・土芳〉訳やわらかな日差しの中、陽炎（かげろう）がゆらめいている。凍（い）てついていた岸辺の土もゆるみも出し、砂がぽろぽろとこぼれ落ち、春の訪れを告げている。（季―かげろふ―春）

かけわた・す【掛け渡す】〔他サ四〕｛さ・し・す・す・せ・せ｝《「渡す」は、ずっと…するの意》一面にかける。端から端へずっとかける。例「何（なに）となく（＝スベテノ物ニ）葵（あふひ）**かけわた・し**てなまめかしきに」〈徒然・一三七〉

かけわ・る【駆け破る】〔他ラ四〕｛ら・り・る・る・れ・れ｝馬で敵陣を破る。人の中をかきわけるように走る。例「ここでは二三百騎、百四五十騎、百騎ばかりが中を**かけわ・り**、かけわりゆくほどに」〈平家・九・木曾最期〉

かげん【下元】〔名〕「節日（せち）」のひとつ。陰暦十月十五日の称。道教では、災厄（さいやく）を逃れるよう祈った。↔上元（じゃうげん）・中元。（季―冬）

かげん【下弦】〔名〕《満月の下部が欠けて、弧が上に弦が下にあるように見えることから》満月と新月の間の半月。陰暦二十三、四日ごろの月。また、そのころ。↔上弦（じゃうげん）。（季―秋）

がげんしふらん【雅言集覧】ガゲンシュウラン〔作品名〕江戸後期の辞書。石川雅望（まさもち）著。いろは順に配列された一万七千余の雅語について、意味・用法・用例を示したもの。

かこ【鉸具】〔名〕《「かく」とも》❶革帯の片端につけて、一方の端を通して留める金具。尾錠（びぢゃう）。❷《「鉸具頭（かこがしら）」の略》鞍（くら）に鐙（あぶみ）をつけるための金具。

かこ【水夫・水手】〔名〕《「か」は楫（かぢ）の意》船頭。船乗り。

かこ【鹿子】〔名〕《「かご」とも》鹿（しか）の愛称。また、鹿の子。

かご【影】〔名〕《上代東国方言》「かげ（影）」に同じ。

かご【加護】〔名〕神仏が力を加え、守ってくれること。

かご【歌語】〔名〕和歌表現に用いられることば。蛙（かへる）

に対する「かはづ」、鶴に対する「たづ」、猿に対する「ましら」などの類。

かごか【・なり】［形動ナリ］{なら・なり(に)・なり・なる・なれ・なれ}ひっそりとしているさま。閑静なさま。＝かごやか。例「あたりは人しげきやうにはべれど、いと**かごか・に**はべり」〈源氏・夕顔〉

かこじもの【鹿子じもの】［枕詞］《「じもの」は接尾語》（鹿は一度に一頭しか子を生まないことから）「ひとり（子）」にかかる。例「**鹿子じもの**我が独り子の」〈万葉・九・一七九〇長歌〉

かこちがほ［・なり］【託ち顔】［名・形動ナリ］恨めしそうな顔つき。ほかの人や物のせいにするような顔つき。例「なげけとて月やはものを思はする**かこち顔・なる**わが涙かな」〈千載・恋五・九二九〉訳→〔和歌〕なげけとて…

かこちな・す【託ち為す】［他サ四］{さ・し・す・す・せ・せ}わざと人のせいにする。無理にこじつける。かこつける。例「『いたうも**かこちな・す**かな』と、ほほ笑みながら涙ぐみたまへり」〈源氏・玉鬘〉

かこちよ・す【託ち寄す】［他サ下二］{せ・せ・す・する・すれ・せよ}口実をつけていう。かこつける。例「菊の露を**かこち寄・せ**などやうの、つきなき営みにあはせ」〈源氏・帚木〉

かこちよ・る【託ち寄る】［自ラ四］{ら・り・る・る・れ・れ}何か口実をつけていい寄る。関係を頼って近寄る。例「この君をぞ**かこち寄・り**けれど」〈源氏・蛍〉

かこ・つ【託つ】［他タ四］{た・ち・つ・つ・て・て}❶他のせいにする。かこつける。口実にする。例「酔ひに**かこ・ち**て苦しげにもてなして」〈源氏・藤裏葉〉❷嘆く。愚痴をこぼす。例「逢はでやみにし憂さを思ひ、あだなる契りを**かこ・ち**」〈徒然・一三七〉❸（関係づけて）頼みとする。例「よからぬ人こそ、やむごとなきゆかりは**かこ・ち**はべるなれ」〈源氏・花宴〉（敬語）「かこちはべる」→「はべり」（係結び）「こそ→はべるなれ㊁」。

かこつべき…【かこつべきゆゑを知らねばおぼつかないかなる草のゆかりなるらん】〈源氏・若紫〉訳私（＝紫ノ上）にかこつけて当然の理由が分からないので気がかりなことです。いったいどのような草のゆかりなのでしょうか。

〈参考〉紫草、つまり藤壺のゆかりあるあなた、と詠んだ源氏の歌に対する紫の上の返歌。

かごと【託言】［名］《「かこと」とも》❶他のことに無理に結びつけてそのせいにしていうことば。口実。弁解。言いわけ。例「御返り、口ときばかりを**かごと**にて取らす」〈源氏・夕顔〉❷恨みごと。愚痴。不平。例「**かごと**も聞こえつべくなむ」〈源氏・桐壺〉（敬語）「聞こえつべく」→「きこゆ」（係結び）「なむ→（省略）」。

かごとがま・し【託言がまし】［形シク］{しから・しく(しかり)・し・しき(しかる)・しけれ・しかれ}弁解がましい。また、恨みがましい。愚痴っぽい。例「虫の音**かごとがま・しく**」〈徒然・四四〉

かごとがましう【託言がましう】形容詞「かごとがまし」の連用形「かごとがましく」のウ音便。

かごとばかり【託言ばかり】形ばかり。ほんの少し。申しわけ程度。例「ただ**かごとばかり**にても、実の親の御けはひならば」〈源氏・玉鬘〉

かこひ【囲ひ】［名］❶塀・屏風など、まわりを囲うもの。また、囲んである場所。❷《近世語。「鹿恋」とも書く。「囲ひ女郎」の略》京都島原や大坂新町といった上方の遊里で、太夫・天神に次ぐ遊女の位。❸《近世語。「囲ひ者」の略》別宅に住まわせておく女。妾。❹茶の湯を行うための小座敷。

かごみみ【籠耳】［名］（水が籠を通り抜けるように）聞いてもすぐ忘れてしまうこと。

かごめに【香籠めに】［副］香を含んで。香ごと。↓「-ごめ」。例「**香ごめに**さそふ風の来ぬ間に」〈後撰・春中・五六〉

かごやか［・なり］［形動ナリ］{なら・なり(に)・なり・なる・なれ・なれ}ひっそりとも静かなさま。＝かごか。例「**かごやか・に**局住みにしなして」〈源氏・初音〉

かさ【笠・蓋・傘】［名］❶雨・雪・日光を防いだり、顔を隠したりするために頭にかぶるもの。網代笠・綾藺笠・市女笠・菅笠・檜笠などの種類がある。❷柄をつけて、手で持つようにした傘。差し笠。❸植物やきのこの上部の開いた部分。❹筆のさやのように、物をかぶせておくためのもの。

〔**笠の仮手**〕笠の内側の中央につけた輪。この輪にひもをつけた。「わ」を導く序詞の一部になる。

〔**笠の台が飛ぶ**〕（近世語。「笠の台」は人間の首の意）打ち首になる。首を切り落とされる。

かさ【嵩】［名］❶物の高さや大きさ。また、その量。❷（重なると高くなることから）高い所。❸相手を圧倒する威厳。

〔**嵩から出る**〕《近世語》「かさにかかる②」に同じ。

〔**嵩にかかる**〕❶優勢なのに乗じて攻める。例「**かさにかか・り**て攻めければ」〈保元・中〉❷相手を圧倒する。高飛車に出る。例「まづは**かさにかか・る**男かな」〈浮・西鶴置土産〉

〔**嵩に回る**〕相手を圧倒する形勢となる。例「名虎（＝人名）大の男、**かさにまは・る**」〈平家・八・名虎〉

〔**嵩を掛く**〕《近世語》相手を威圧する。おどすような態度をとる。↓「かさにかかる」。例「やがて心得、嵩を掛・け」〈仮・竹斎〉

かさ【瘡】［名］❶できもの。おでき。❷梅毒。

かさ【枷鏁】［名］《「枷」はかせ、「鏁」はくさりの意》罪人をつなぐために用いた首かせとくさり。

かざ【香】［名］におい。香り。

かざ【風】［名］《他の語に付いて複合語を構成する》かぜ。「風上」「風花」「風早」「風祭り」など。

かさおし【嵩押し】［名・形動口語型］むちゃなこと。相手を威圧して無理を通すこと。例「そのやうに嵩押し・な事は言はぬものでござる」〈狂・靭猿〉

かさおどろき【傘驚き】［名］傘を目の前で突然広げられて馬が驚くこと。転じて、ちょっとしたことにも驚くこと。＝傘驚き

かざがくれ【風隠れ】［名］風を避けて物陰に隠れること。または、風よけのために作った物陰。

かさがけ【笠懸け】［名］《「かさかけ」とも》馬に乗って走りながら、的を射る競技。近距離の的を射る「小笠懸け」と、遠距離の的を射る「遠笠懸け」がある。もとは射手の笠を懸けて的にしたが、のちには革張りの板の的を用いた。（季-夏）

挿頭　冠に藤の花の挿頭をさし、清涼殿の西の階に立つ束帯姿の藤原教通。道長の次男で元服してまだ二年目、十三歳という若さで、賀茂の臨時の祭りの奉幣使の大役に選ばれた。（紫式部日記絵詞）

かざかみ【風上】[名]風が吹き寄せてくる方角。

かさぎ【笠木】[名]鳥居や「冠木門」などの上に渡す横木。

かさぎやま【笠置山】[地名]山城国の山。いまの京都府相楽郡笠置町にある。山上に笠置寺があり、元弘の変のときに後醍醐天皇の行宮が置かれた。

かざきり【風切り】[名]《「風切り羽」の略》鳥の翼の下にあり、飛ぶときに風を切る大きな羽。

かざぐち【風口】[名]立て烏帽子の、頭からうしろにはみ出た部分。

かささぎ[名]㊀【鵲】鳥の名。七夕伝説に縁のある鳥として有名。（季-秋）。㊁【かさ鷺】鳥の名。いまのアオサギか。

〔**鵲の橋**〕❶陰暦七月七日の七夕の夜に、牽牛星と織女星が会うとき、カササギが翼を並べて天の川に橋をかけ、織女星を渡したという想像上の橋。（季-秋）。❷（宮中を天上に見立て）宮中の殿舎の階段。＝鵲の渡せる橋

〔**鵲の渡せる橋**〕「かささぎのはし②」に同じ。

〔和歌〕**かささぎの…**【**鵲の渡せる橋に置く霜の白きを見れば夜ぞ更けにける**】〈新古今・冬・六二〇・大伴家持〉《百人一首・中納言家持》訳天の川にカササギが翼を連ねて渡した橋に置いた霜の真っ白なのを見ると、夜もすっかり更けてしまったことだ。《係結び》「ぞ→更けにける㊇」

〈参考〉「鵲の渡せる橋」を、宮中の御殿に渡した御階と解する説や天の川をさすとする説もある。

かざし【挿頭】[名]❶**草木の花や枝葉を頭髪や冠に挿すこと**。また、**そのもの**。もとは呪術的な性格をもっていたが、平安以降は儀式化して、金属製の造花なども用いられた。例「**かざし**の紅葉いたう散りすきて、〔源氏ノ〕顔のにほひにけおされたる心地すれば」〈源氏・紅葉賀〉《音便》「いたう」は「いたく」のウ音便。❷（「同じかざし」の形で）**一族**。**同族**。**先祖**。**家系**。例「人わろき名の後の世に残らむよりは、同じ**かざし**にて慰めむに、なでふことかあらむ」〈源氏・常夏〉《係結び》「か→あらむ㊇」。❸**髪の毛**。例「翡翠の御**かざし**つけても、何にかはせさせ給ふべきなれば、つひに御さまをかへさせ給ふ」〈平家・灌頂・女院出家〉《係結び》「かは→（流れ）」。《敬語》「せさせ給ふ」「かへさせ給ふ」→「させたまふ」

かざしぐさ【挿頭草】[名]❶（「ももしきの大宮人はいとまあれや桜かざして今日も暮らしつ」〈新古今・春上・一〇四〉訳→〔和歌〕ももしきのおほみやびとは…による語）桜の別称。（季-春）。❷賀茂の祭りにかざす「二葉葵」の別称。（季-夏）

かざしせう【挿頭抄】[作品名]江戸中期（一七六七刊行）の語学書。富士谷成章著。国語を分類し、「名」「挿頭」「装」「脚結」の四品詞としたうち、挿頭（副詞・接続詞・感動詞など）について、意味・用法を説く研究書。→「あゆひせう」

かざした【風下】[名]かざしも。

〔俳句〕**かさしまは…**【**笠嶋はいづこ五月のぬかり道**】〈おくのほそ道・笠嶋・芭蕉〉訳中将実方の塚があるという笠島はどのあたりであろうか。五月雨にぬかるんだ道に疲れ、私たちは遠くから眺めやって過ぎるだけだよ。（季-五月-夏）

〈参考〉藤原実方は、笠島道祖神の前を下馬せず通ったため、落馬して死んだと伝えられる。

かさじるし【笠印・笠標・笠符】[名]戦場で敵味方を区別するために、兜につける布目印。

かざ・す【挿頭す】[他サ四]{さ・し・す・す・せ・せ}❶（草木の花や枝を）**髪や冠などに装飾としてつける**。例「梅の花折りて**かざせる**諸人は今日の間は楽しくあるべし」〈万葉・五・八三二〉❷**飾る**。**飾りつける**。例「あやしき小家の半蔀も、葵など**かざし**て心地よげなり」〈堤中納言・ほどほどの懸想〉

古典の世界　①の歌からもうかがえるように、当時の花見は、単に花を眺めることではなく、花を手にとり、かざしにして鑑賞することであった。

かさだか[・なり]【嵩高】[名・形動ナリ]《近世語》❶量の多いこと。おおげさなようす。例「銀一枚よりは、**かさだか・に**して見よき銭三貫」〈浮・日本永代蔵〉❷威圧的、横柄な態度をとるようす。例「嵩高・にいふともこはい事はなく候ふ」〈浮・万の文反古〉

かざたち【飾太刀】[名]「かざりたち」に同じ。

かさづけ【笠付け】[名]雑俳の一種。初句の五文字を題として、これに七・五の十二文字を付ける形式。＝冠付け・頭付け・五文字付け

かさとがめ【笠咎め】[名]路上で、他人の笠が自分の笠に触れたのを咎めること。身分の低い者が笠を着けたまま通り過ぎるのを無礼として咎めること。

かさとりやま【笠取山】[歌枕]山城国の山。いまの京都府宇治市笠取にある。紅葉の名所。

かさなりふ・す【重なり伏す】[自サ四]{さ・し・す・す・せ・せ}折

り重なって倒れる。重なって横たわる。例「嶮しき岩の重なりふ・せるはざまをつたひ行けば」〈海道記〉

かさな・る【重なる】[自ラ四]{ら・り・る・る・れ・れ}❶物の上に物が積もる。例「蠅有りて集まる。その凝り**かさな・る**こと十丈ばかり」〈紀・推古〉❷度重なる。例「よごとに、黄金ある竹を見つくることかさな・りぬ」〈竹取・かぐや姫〉❸(人数などが)増える。例「源氏の勢は**かさな・れば**」〈平家・一一・鶏合壇浦合戦〉❹年月が加わる。例「月日**重な・り**て、御なやみどもさまざまに重りまさらせたまふ」〈源氏・明石〉

かさ・ぬ【重ぬ】[他ナ下二]{ね・ね・ぬ・ぬる・ぬれ・ねよ}❶重ねる。例「旅衣八重着**重・ね**て寝ぬれども」〈万葉・二〇・四三五一〉❷繰り返し行う。例「かくたびたび**重・ね**させたまふ御とぶらひの」〈源氏・柏木〉❸月日が経つ。例「年長く病みし渡れば月**かさ・ね**」〈万葉・五・八九七長歌〉

‐かさね【重ね・襲】[接尾]紙・着物など、重ねたり畳んだりする物を数える。揃い。例「聴し色のわりなう上白みたる一**かさね**」〈源氏・末摘花〉

かさね【重ね・襲】[名]❶**重ねること。重ねたもの。**㋐箱などで、重ねるように作られたもの。㋑紙や衣服を表と裏で重ねること。また、その配色。❷**衣服を重ねて着ること。その衣服。重ね着。**❸**衣服の上着と下着がそろったもの。**❹「**下襲**」の略。❺「襲の色目」の略。〔**襲の色目**〕❶衣服の表裏や上下を重ねることで表す、色の濃淡やぼかしの色合い。季節・身分・年齢などによってさまざまな種類があった。男性の装束では、半臂・下襲・衵・表袴などに用いた。また、狩衣を着る際の下着との重ねの色目が発達した。女性の装束では、衵・袿などに用いた。❷衣服を重ねて着るときの衣の色の取り合わせ。とくに、女性が袿を重ねて着る際、襟や袖口、裾から見える色の取り合わせをいう。これを「重ね袿」といい、五枚重ねることが多かったので、「五つ衣」ともいった。一番下に着る単衣などとの総合的な取り合わせによって、さまざまな名がある。①②＝襲⑤。↓[口絵]『源氏物語』の装束‐紋様と色

古典の世界

「襲の色目」は配色の美学

『枕草子』の「汗衫は、春は、躑躅、桜。夏は、青朽葉、朽葉。」のように、王朝では衣装の色を季節の植物でいう。色と季節を合わせることが重んじられたのである。襲の色目とは、そうした衣装の配色をいう。主として、表と裏を重ねる場合をいい、上着と下着を重ねるときの色合い、何枚もの衣を重ねたときの全体の色合いをいうものがある。「紅梅襲」とは表布が紅で裏布が紫の色合い、「藤襲」は表が淡紫で裏が青の色合いという具合に、襲の色目の種類は二百種類以上もあるとされ、『枕草子』や『源氏物語』など王朝の文学作品でも百数十種類の色合いが確認される。こうした色合いの美は、衣装だけではなく几帳の帷などの織物、懐紙や料紙などの紙類にも及ぶ。

また、視覚的な美を表す「**にほひ**」という語も、装束の襲の色合いについていうことがある。例えば「くれなゐのにほひ」とは、「うへくれなゐにうす紅をかさぬ」もので、襲の配色をいう。濃いものから薄く、またその逆の場合もある。同様に装束の「**うすやう**」も襲の色目についていい、「くれなゐのうすやう」は「うへくれなゐに白きをかさぬ」もので、上の紅から次第にうすくしてしまいには白にまでするもの。「うすやう」は、白をも用いる点が「にほひ」とは違っている。王朝の衣装の色は、自然の草木の色からとられ、とくに女性たちはその色彩の調和に腐心し、微妙な美的感覚に細心の注意をはらったのである。

かさねうちき【重ね袿】[名]女子の正装で、「表着」の下に何枚も重ねて着る「袿」。地は綾が多く、袖口・裾・褄などの配色の美しさを求めた。↓[古典参考図]女子の服装〈1〉

かさねしゃうぞく【重ね装束・襲装束】[名]舞楽の装束。袍・半臂・下襲・表の袴・下の袴・石帯・鳥兜・踏懸・襪・糸鞋などを着ける。＝唐装束・常装束

かさねて【重ねて】[副]もう一度。ふたたび。例「七月二十余日のほどに、また**重ねて**京へ帰りたまふべき宣旨くだる」〈源氏・明石〉

かさねどさ【重ね斎】[名]僧が、同時に二か所以上から食事に招待されること。

〔俳句〕**かさねとは…**【かさねとは八重撫子の名なるべし】〈おくのほそ道・那須・曾良〉訳広大な那須野を歩いてゆくと、あとからかわいらしい女の子がついてきた。名を尋ねると「かさね」と答える。みやびやかな響きをもつその名は、花にたとえるなら花弁の幾重にも重なった八重撫子の名にちがいあるまい。(季‐撫子‐夏)

かさのいらつめ【笠女郎】[人名](生没年未詳)奈良時代の女流歌人。経歴未詳。『万葉集』に入集した歌は、すべて大伴家持へ贈った短歌。

かさのかなむら【笠金村】[人名](生没年未詳)奈良時代の歌人。元正・聖武両天皇に仕えた。『万葉集』に四十三首あるほか、『笠朝臣金村歌集』を残す。

かざばな【風花】[名]《「かざはな」とも》❶初冬のころ、風が吹き起こるときに、小雨や小雪がちらつくこと。(季‐冬)。❷雪のつもった風上から風に吹かれて飛んでくる雪片。

かざはや【風早・風速】[名]強い風の吹くこと。例「風早の美保の浦廻の白つつじ」〈万葉・三・四三四〉

〔和歌〕**かざはやの…**【風早の三穂の浦廻を漕ぐ船の船人騒く波立つらしも】〈万葉・七・一二二八・作者未詳〉訳風が速いという三穂の浦のあたりを漕いでいる舟の船人たちが、大声を上げあわただしくしている。波が立ち始めたらしい。〈参考〉「風早の」は「三穂」の枕詞。「三穂の浦」は、いまの和歌山県日高郡美浜町三尾付近の海岸。

かざま【風間】[名]❶風が吹いていない間。❷風が吹いている間。

かさまつ【笠松】[名]枝が周りに広がって笠のような形になった松。和歌では「笠」に見立てて詠む。

かざまつり【風祭り】[名]大風が吹かないように、風の神に祈る祭り。豊作を祈って、二百十日ごろに行われた。

かざまもり【風守り】[名]風の吹き具合をよく見定めて船出の機会を待つこと。例「**風まもり**よくしていませ荒しその道」〈万葉・三・三八一〉

かざみ【汗衫】[名]《字音「かんさん」の変化形》❶汗取りの単衣の下着。男女ともに用いた。❷平安以降、宮仕えの童女が正装の際、表着の上に着た装束。裾を長く引いて着た。下に衵と単衣を着て、表袴をはくのが例であった。↓[古典参考図]女子の服装〈2〉

かさやどり【笠宿り】[名]❶軒下や木陰などで雨宿りをすること。❷しばらくの間身を寄せること。また、その場所。

かざら・ふ【飾らふ】《動詞「飾る」の未然形＋上代の反復・継続の助動詞「ふ」》飾ってある。飾っておく。例「すがる(＝ジガバチ)のごとき腰細に取り**飾らひ**」〈万葉・一六・三七九一長歌〉

かざり【飾り】[名]❶装飾。❷ことば・文章などを美しくとりつくろうこと。❸頭髪。髪の毛。❹「飾り馬」の略。❺「松飾り」の略。(季―春)

[**飾りをおろす**]剃髪して僧や尼になる。落飾する。例「大菩提心をおこし、御**かざりをおろ**・させ給ひ」〈平家・八・名虎〉

かざりうま【飾り馬】[名]祭事や贈り物にするときに、唐鞍などで飾りつけた馬。＝飾り④

かざりぐるま【飾り車】[名]金銀や宝玉などで装飾を施した牛車。賀茂の祭りの際、簾に葵や桂をつけ、勅使などが用いた。

かざりたち【飾り太刀】[名]鞘を紫檀・沈などの貴木でつくり、金銀・宝石・蒔絵などで華麗な装飾を施した太刀。節会・行幸の際などに帯剣の勅許を得た公卿が用いる儀礼用のもの。＝飾太刀。↓[古典参考図]武装・武具〈3〉

かざりた・つ【飾り立つ】[他タ下二]{て・て・つ・つる・つれ・てよ}盛装する。飾り立てる。例「その南に太鼓鉦鼓のおのおの二つ**かざり立・て**」〈今昔・一二・二三〉

かざりちまき【飾り粽】[名]種々の色の糸を巻いて美しく飾った粽。端午の節句に用いる。(季―夏)

かざりまつ【飾り松】[名]松飾り。門松。

かざ・る【飾る】[他ラ四]{ら・り・る・る・れ・れ}❶物をとりつけて美しくする。装飾する。❷とりつくろう。偽る。例「この事はすこしも**かざ・ら**ぬまことどもなれば」〈愚管抄〉❸設ける。構える。例「閑々と中門に曲彔(＝僧ノ椅子)を**かざ・ら**せて」〈太平記・一〇〉

かざをりえぼし【風折り烏帽子】[名]《風に吹かれて折れた形の烏帽子の意》「折り烏帽子」の一種。烏帽子の上の部分を折り伏せたもの。右折りと左折りがあり、狩衣などを着るときに用いた。↓[古典参考図]冠物・装具

かし【徒・徒歩】[名]《上代東国方言》徒歩。＝徒。

かし【樫】[名]木の名。熟すと堅くなる実はどんぐりと呼ばれ、食用とされた。材は堅く、器物や炭などの用材とされた。(季―実―秋)

かし【牁牱】[名]船をつないでおく杭。

かし 一[終助]念押しや、確認の意を表す。…よ。…ね。例「形見に見るばかりのなごりをだにとどめよ**かし**」〈源氏・横笛〉訳せめて形見として見るぐらいの遺児だけでも残してくれ**よ**。例「よろしく聞こえし人ぞ**かし**」〈源氏・帚木〉訳器量がよいと評判だった人だ**よ**。二[副助]上に付く副詞の意味を強める。例「樽屋、いとど**かし**もゆる胸に焼き付け」〈浮・好色五人女〉訳樽屋はますます**もって**燃える思いを胸に抱き。

〈接続〉一は文末に位置するすべての活用語に付き、活用語以外では助詞「ぞ」などにも付く。

発展学習ファイル　中世にはいると、「かし」は「**さぞかし**」「**いとどかし**」「**なほかし**」「**よもかし**」のように副詞に付き、二の副助詞としておもに用いられるようになる。

かじ【楫・梶・加持・鍛冶】歴史的かなづかい「かぢ」

がし[終助]《近世語。終助詞「かし」の濁音化した語》《動詞の命令形に付いて》程度を示す。…**という**ほどに。…**といわんばかりに**。例「『藤さんも諸方へ金が入ぇんなさるから、終っひ無理なことも仕なさるはずだ』と聞こえよ**がし**の壁訴状」〈情・梅児誉美〉訳「藤(兵衛)さんも方々へ金がお要りだから、つい無理なこともなさるはずだ」と聞こえてしまえと**いわんばかり**の壁訴訟。

〈接続〉動詞の命令形に付く。

かしかま・し【囂し】[形シク]{しから・しく(しかり)・し・しき(しかる)・しけれ・しかれ}《近世以降、「かしがまし」》**やかましい**。**うるさい**。**騒々しい**。例「篳篥は、いと**かしかま・しく**、秋の虫をいはば、轡虫などの心ちして」〈枕・笛は〉

かしかましう【囂しう】形容詞「かしかまし」の連用形「かしかましく」のウ音便。

かしき【炊き】[名]飯を炊くこと。また、炊事をする場所や人。

かしき【喝食】[名]《「かっしき」の促音無表記》「かっしき」に同じ。

かじき【欙】[名]「かんじき」に同じ。

かし・く【炊く】[他カ四]{か・き・く・く・け・け}《近世以降「かしぐ」》飯を炊く。米を蒸す。例「甑には蜘蛛の巣かきて飯**炊・く**ことも忘れて」〈万葉・五・八九二長歌〉訳→[和歌]かぜまじり…

かし・く【悴く】[自カ下二]{け・け・く・くる・くれ・けよ}《近世以降「かじく」》❶やつれ衰える。例「鬚がちに**かし・け**、瘦せ瘦せなる男」〈枕・見苦しきもの〉❷(花などが)しぼむ。例「いと**かし・け**たる下折れの」〈源氏・藤袴〉

かしこ【恐・畏】[名]《形容詞「かしこし」の語幹》手紙文の終わりに書くあいさつのことば。漢文の「恐惶謹言」に当たる。

発展学習ファイル　古くは男女ともに用いたが、近世にはもっぱら女性が用いるようになった。

かしこ【彼処】[代名]❶《遠称の指示代名詞。「あしこ」とも》**あちら**。**かのところ**。また、**そこ**。例「**かしこ**より人おこせば、これをやれ」〈伊勢・八六〉❷《他称の人称代名詞》**あちらの方**。**あの方**。場所を指して間接的に人を指す。

かしこう【畏う・恐う・賢う】形容詞「かしこし」の連用形「かしこく」のウ音便。

かしこがほ[・なり]【賢顔】[名・形動ナリ]得意げな顔つき。したり顔。例「**かしこがほ・に**上下よって、文覚がはたらくところのぢゃうをがうしてんげり」〈平家・五・文覚被流〉

かしこ・し【畏し・恐し・賢し】[形ク]{から・く(かり)・し・き(かる)・けれ・かれ}

アプローチ
▼人間の力をはるかに超えた自然の力に対する恐れの気持ちを表す。
▼恐れおののく畏怖の気持ちから、恐れあがめる畏敬の気持ちを表すようにもなる。
▼さらに、そうした畏敬すべき特性を備えていること、何らかの点において人並みはずれてすぐれていることをも表すようになった。

一【畏し・恐し】❶(自然の霊威について)**恐ろしい。恐るべきだ。** 例「海人娘子玉求むらし沖つ波**かしこ・き**海に船出せり見ゆ」〈万葉・六・一〇〇三〉訳少女の海女たちが真珠を採っているらしい。沖の波の恐ろしい海に船出していくのが見える。❷(尊貴な人・物について)**恐れ多い。ありがたい。もったいない。** 例「御門の御位は、いともかしこ・し」〈徒然・一〉訳天皇の御位は、たいへん恐れ多い。

二【賢し】❶(人柄が)**すぐれている。徳が高い。尊い。** 例「北山になむ、なにがし寺といふ所に**かしこ・き**行ひ人はべる」〈源氏・若紫〉訳北山に、何々寺という所に徳の高い行者がおります。《係結び》「なむ→はべる㊍」。《敬語》「行ひ人はべる」→「はべり」 ❷(知能・学才などが)**すぐれている。賢い。利口だ。** 例「世に知らず聡う**かしこ・く**おはすれば、あまり恐ろしきまで御覧ず」〈源氏・桐壺〉訳(源氏は)世にたぐいないくらい利発で賢くていらっしゃるので、(桐壺の帝は)ひどく恐ろしいとさえご覧になる。《音便》「聡う」は「聡く」のウ音便。《敬語》「おはすれば」→「おはす」、「恐ろしきまで御覧ず」→「ごらんず」 ❸(品質・技術などが)**すぐれている。立派だ。すばらしい。上手だ。** 例「年のほどよりも、御手などのわざと**賢・う**こそものしたまふべけれ」〈源氏・賢木〉訳(のちの冷泉院は)お年のわりには、御筆づかいなどが、とりわけすぐれていらっしゃるようだ。《音便》「賢う」は「賢く」のウ音便。《係結び》「こそ→ものしたまふべけれ㊁」 ❹**都合がいい。具合がいい。幸運だ。** 例「**かしこ・く**、人々に見あはずなりぬるものかな」〈宇治拾遺・一〇・一〉訳(蔵人貞高の死骸を運び出すのに)うまい具合に、人々に出会って見られずにすんだことだ。❺(連用形を副詞的に用いて)**はなはだしく。まことにひどく。** 例「男はうけきらはず招び集へて、いと**かしこ・く**遊ぶ」〈竹取・かぐや姫〉訳青年は、だれかれの区別なく招待し、まことに盛大に宴会を催す。

発展学習ファイル 二①②の性質・能力がすぐれている意の類義語に「さかし」「さとし」がある。なお、現代語の「賢い」は、二②の意味を受け継いでいる。

かしこどころ【賢所】[名]《恐れ多く畏まる所の意》❶宮中で天照大神の御霊代として、神鏡の八咫鏡を安置している所。もと、内裏の温明殿の南側にあり、内侍が奉仕したので内侍所ともいった。↓[表見返し]内裏略図。❷賢所に祭ってある神鏡。八咫の鏡。

かしこまり【畏まり】[名]❶恐れ慎むこと。遠慮。慎み。❷お礼。❸申し訳。おわび。❹おとがめ。勘当。謹慎。

かしこまりお・く【畏まり置く】[自カ四]{か・き・く・く・け・け}遠慮する。敬意を表して控え目に振る舞う。例「さすがに(明石ノ君)みづからのもてなしは(源氏ニ)**かしこまりお・きて**、めやすき用意なるを」〈源氏・初音〉

かしこま・る【畏まる】[自ラ四]{ら・り・る・る・れ・れ}

❶**恐れうやまう。畏敬する。** 例「国人、この僧を一供奉と名付けて、**畏まり**敬ふ事限りなし」〈今昔・二〇・三五〉❷**恐縮する。** 例「内裏の帝、行幸し給へり。この院、よろこび**かしこま・り**給ふ」〈宇津保・国譲・下〉❸**謹慎する。** 例「皆、殿上にさぶらはせたまふほどなりければ、三所ながら、**かしこま・らせ**たまへりしかば」〈大鏡・師輔〉《敬語》「殿上にさぶらはせたまふ」→「さぶらふ」「せたまふ」、「かしこまらせたまへり」→「せたまふ」。❹**わびる。謝罪する。** 例「仏に**かしこま・り**きこゆるこそ苦しけれ」〈源氏・初音〉《係結び》「こそ→苦しけれ㊁」。《敬語》「かしこまりきこゆる」→「きこゆ」。❺**お礼を申し述べる。礼をいう。** 例「かくおはしましたるよろこびをまたなきことに**かしこま・る**」〈源氏・夕顔〉《敬語》「おはしましたる」→「おはします」。❻**つつしんで正座する。威儀を正す。** 例「判官の前に**畏ま・る**」〈平家・一一・那須与一〉❼(命令を)**つつしんで受ける。承知する。** 例「『今から都へ上って、末広がりを求めてこい』『**畏ま・って**ござる』」〈狂・末広がり〉《音便》「畏まっ」は「畏まり」の促音便。

かしこ・む【畏む・恐む】[自マ四]{ま・み・む・む・め・め}❶恐れはばかる。畏敬する。例「潮さゐの波を**恐・み**淡路島」〈万葉・三・三八八長歌〉❷つつしんで承る。承諾する。例「大君の命**恐・み**磯に触り」〈万葉・二〇・四三二八〉訳→〔和歌〕おほきみの…

かしずく【傅く】歴史的かなづかい「かしづく」

かしづき【傅き】[名]❶大事に育てること。大切に世話すること。例「まづは興あり、めづらしき(若君ノ)御**かしづき**に、皆人ゆるべり」〈源氏・葵〉❷付き添い。おもり役。

かしづきあい・す【傅き愛す】[他サ変]{せ・し・す・する・すれ・せよ}かわいがって大事に育てる。例「子など出で来て、**かしづき愛・したる**、心憂し」〈徒然・一九〇〉

かしづきあり・く【傅き歩く】[自カ四]{か・き・く・く・け・け}あれこれ世話をやく。付きしたがって世話をする。例「ここの宿守りにて住みける者、時方を主と思ひて**かしづき歩・けば**」〈源氏・浮舟〉

かしづきいだ・す【傅き出だす】[他サ四]{さ・し・す・す・せ・せ}大切に育て上げる。例「末の君達、思ふさまに**かしづき出だ・して**見む」〈源氏・絵合〉

かしづきい・づ【傅き出づ】[自ダ下二]{で・で・づ・づる・づれ・でよ}大切に世話され、着飾って出てくる。例「高き家の子にて、容貌をかしげに**かしづき出・でたる**」〈源氏・若菜・下〉

かしづきいとな・む【傅き営む】[他マ四]{ま・み・む・む・め・め}懸命に世話をする。心をこめてもてなす。例

「見たてまつりたまふ時は、恨みも忘れてかしづきいとな・みきこえたまふ」〈源氏・紅葉賀〉

かしづきい・る【傅き入る】[他ラ下二]{れ・れ・る・るる・るれ・れよ}丁重に迎え入れる。例「宮を、所につけては、いとことにかしづき入・れたてまつりて」〈源氏・総角〉

かしづきおも・ふ【傅き思ふ】[他ハ四]{は・ひ・ふ・ふ・へ・へ}大切にいつくしむ。例「若君をかしづき思・ひきこえたまへること限りなければ」〈源氏・賢木〉

かしづきぐさ【傅き種】[名]大事に育てたり、世話したりする対象。例「明け暮れのかしづきぐさ(=明石ノ姫君)をさへ離れきこえて」〈源氏・薄雲〉

かしづきす・う【傅き据う】[他ワ下二]{ゑ・ゑ・う・うる・うれ・ゑよ}大切に世話をして置いておく。例「限りもなくかしづきす・ゑたてまつりたまひて」〈源氏・藤裏葉〉

かしづきそ・す【傅きそす】[他サ四]{さ・し・す・す・せ・せ}(「そす」は接尾語)むやみに大切にする。例「『三、四の君、裳着せたてまつり給はむ』とて、かしづきそ・し給ふ」〈落窪・一〉

かしづきた・つ【傅き立つ】[他タ下二]{て・て・つ・つる・つれ・てよ}大切に養い育て上げる。例「大殿腹の若君、限りなくかしづき立・てて」〈源氏・澪標〉

かしづきびと【傅き人】[名]若君や姫君などを大切に養育する人。守り役。後見人。

かしづきむすめ【傅き娘】[名]大切に育てられた娘。箱入り娘。

かしづきもの【傅き者】[名]大切に世話をし、育てる対象。大切な人。例「この君(=玉鬘)をかしづきものにて明かし暮らす」〈源氏・玉鬘〉

かしづ・く【傅く】[他カ四]{か・き・く・く・け・け}

アプローチ
▼「かしら(頭)」の「かし」に「付き」が付いた語。
▼地に頭をつけて敬意を示すのが原義。
▼親が子供を、おとなが年少の者を、大切に育てたり、世話をすることをいう。

❶**大切に養育する。**例「人のむすめのかしづ・く、いかでこの男にものいはむと思ひけり」〈伊勢・四五〉訳ある人の娘で、その人(=娘の親)が大切に養育している娘が、なんとかして、この男と結ばれたいと思った。《副詞の呼応》「いかで→いはむ」

❷**十分に世話をする。後見する。**例「守こそおろかに思ひなすとも、我は命を譲りてかしづ・きて」〈源氏・東屋〉訳(浮舟の母は)たとえ(夫の)常陸介が(浮舟を)疎略に扱っても、自分は命にかえても十分に世話をして。《係結び》「こそ→(流れ)」

古語深耕 「かしづく」と「いつく」との違い

「かしづく」「いつく」ともに、大切に扱い世話をする意味だが、「いつく」の方は本来、神に仕える意から出たことば。したがって、神を扱うように心から尊重して、人目にふれさせず、まさに箱入り娘として育てることをいい、心と行為の両方にわたる意味をもつ。「かしづく」はおもに、その行為の面をいう語。また、「いつく」時の心をおもにいう語が「あがむ」である。

(俳句)**かしのきの…**【樫の木の花にかまはぬ姿かな】〈野ざらし紀行・芭蕉〉訳樫の木は、いまを盛りと咲く花にかまうこともなく、超然とそそり立っている。それは、世の中におもねることなく山家に隠れ住むあなたの姿そのものです。(季―花―春)

かしのみの【樫の実の】[枕詞](樫の実はひとつずつなることから)「ひとり」「ひとつ」にかかる。例「かしの実のひとりか寝らむ」〈万葉・九・一七四二長歌〉

かしは【柏・槲】[名]❶上代、食物を盛るために用いた広くて堅い葉の総称。❷木の名。葉は枯れても若芽が出るころまで落ちることがないので、葉守の神が宿るとされる。❸①の葉を図案化した紋所の名。

かしはぎ【柏木】[名]❶カシワの木。❷(カシワの木に葉守の神が宿っているということから)宮中を警護する兵衛府の官人の別称。

かしはぎ【柏木】[人名]『源氏物語』の登場人物。頭中将の長男。源氏の正妻、女三の宮と密通後、病死。

かしはぎ【柏木】[作品名]『源氏物語』の三十六番目の巻名。

かしはぎの【柏木の】[枕詞]「森」、また、同音の「洩り」にかかる。例「柏木のもりの下草老いぬとも」〈大和・三〉

かしはで【膳・膳夫】[名]❶宮中や寺社で、食事や食膳のことをつかさどる人。または、その職。❷食事・ごちそう。

かしはでのつかさ【膳司】[名]宮中で、食膳のことをつかさどった役所。

かしはばさみ【柏夾み】[名](「かしははさみ」とも)凶事などの非常の際に、冠の纓を垂らさず、邪魔にならないように巻き、白木の挟み木で留めること。

かしはばら【柏原】[地名]❶近江国の地名。いまの滋賀県坂田郡東部の地。中山道の宿駅のひとつ。❷信濃国の地名。いまの長野県上水内郡信濃町。小林一茶の住居があった。

かしはびと【膳人】[名]料理人。

かしはみみつく【柏梟】[名](「かしはみみづく」とも)模様の名。カシワの枝や葉と、ミミズクを組み合わせた図案。

かしはら【橿原】[地名]大和国の地名。いまの奈良県橿原市。神武天皇即位の地で橿原の宮が置かれたとされる。

かしひ【香椎】[地名]筑前国の地名。いまの福岡市東区香椎。熊襲討伐の際にこの地で急死した仲哀天皇らを祭る香椎の宮がある。

かしふ【家集】[名]個人の漢詩や和歌を集めて編集したもの。→「いへのしふ」

がしふ【我執】[名]《仏教語》個人の自我に執着し、煩悩を捨てられないこと。転じて、自分の意見に固執すること。

かしま【鹿島】[歌枕]常陸国の地名。茨城県鹿嶋市。武人の信仰を集めた鹿島神宮がある。

〔**鹿島の事触れ**〕江戸時代、鹿島大明神の神託と称して、神官姿でその年の吉凶などをふれ歩

き、米・銭などを請うた者。＝事触れ②

かしまきかう【鹿島紀行】［作品名］江戸前期（一六八七ごろ成立）の俳諧紀行。松尾芭蕉作。貞享四年（一六八七）八月、門人の曾良・宗波を伴い鹿島神宮に詣でた旅の紀行をつづった句文集。

かしま・し【囂し】［形シク］{しから・しく(しかり)・し・しき(しかる)・しけれ・しかれ}《「かしがまし」とも》うるさい。やかましい。例「かしま・しかしま・しさなきだに、故郷の者とて尋ねしを」〈謡・景清〉

かしまだち【鹿島立ち】［名］（旅の安全を鹿島神宮に祈ったことから）門出。旅立ち。

かしま・む【喧む】［自マ四］{ま・み・む・む・め・め}うるさく思う。やかましく思う。例「かしま・みて鳴戸の浦にこがれ出づる」〈更級〉

〈参考〉この語は、「憧れ出る」などと解釈する説もあり、語義には異説が多い。

かじゃ【冠者】歴史的かなづかい「くわじゃ」

かじゃう【嘉祥】［名］「かぢゃう」に同じ。

かしゃく［・す］【呵責】［名・他サ変］責めさいなむこと。厳しくしかったり、からだを痛めつけたりすること。

かしよね【粿米】［名］《「粿」は動詞「淅す」の連用形》神前に供える、水で洗い清めた白米。洗い米。

〔俳句〕**かしょよりも…【歌書よりも軍書にかなし芳野山】**〈俳諧古今抄・支考〉訳どちらも同じ吉野山だが、歌書で知られる桜の名所としての吉野山よりも、軍書で知られる悲劇の地としての吉野山の方が、よりあわれ深く感じられることだ。（季-なし）

-かしら【頭】［接尾］《頭のあるものを数える語》❶人や動物を数えるのに用いる。❷仏像を数えるのに用いる。❸大名を数えるのに用いる。❹烏帽子を数えるのに用いる。例「〔一挺ノ笈ニ八〕烏帽子十頭」〈義経記・七〉

かしら【頭】［名］❶あたま。❷頭髪。髪の毛。例「頭もみな白けぬ」〈土佐〉❸物の最上部。先端。最初。例「〔ススキハ〕冬の末まで、頭のいと白くおほどれたるも知らず」〈枕・草の花は〉❹集団を統率する人。首領。親方。

〔頭下ろす〕髪を切って出家する。剃髪する。例「比叡の山に登りて頭おろ・してけり」〈古今・哀傷・八四七詞書〉

〔頭堅し〕健康である。例「かしらだにかたくおはしまさば、一天下の君にこそはおはしますめれ」〈栄花・五〉

〔頭削る〕髪を櫛でとく。頭髪を整える。例「暁に、少将の君まゐり給へり。もろともに頭けづ・りなどす」〈紫式部日記〉

〔頭の雪〕白髪を雪にたとえていう。例「ふりにける頭の雪を見る人も」〈源氏・末摘花〉

〔頭を集ふ〕（人が）寄り集まる。例「頭を集・へて泣くよりほかの事なし」〈狭衣・二〉

〔頭を振る〕❶（不承諾の意を表して）頭を横に振る。首を振る。例「〔蛇ヲトレト命ジラレタ小舎人ニ〕大きに頭をふ・って逃げ去りぬ」〈平家・四・競〉《音便》「頭をふっ」は「頭をふり」の促音便。❷うなずく。頭を縦に振る。例「この比丘、この火を見て頭を振・り首を撫でて喜びて」〈今昔・五・一五〉

かしらだか［・なり］【頭高】［名・形動ナリ］武士が「箙」を背負うときに、「矢筈」が肩越しに見えるようにしたさま。例「石うちの矢の、その日のいくさに射て少々のこったるを頭高・に負ひなし」〈平家・九・木曾最期〉

かしらつき【頭付き】［名］頭のかっこう。髪の形。

かし・る【呪る・咒る】［自ラ四］{ら・り・る・る・れ・れ}神に祈って、のろいごとをする。例「火の中に投げいれむとして、呪・りていはく」〈紀・欽明〉

かしわで【膳・膳夫】歴史的かなづかい「かしはで」

かしんれいげつ【嘉辰令月】［名］めでたい日とめでたい月。太平のよき時代。よい日がら。

かす-【糟】［接頭］（人を表す語に付いて）取るに足りない、つまらない、など人を卑しめ、ののしる意を表す。「かす禰宜」「かす侍」「かす客」など。

-か・す［接尾サ四型］{さ・し・す・す・せ・せ}（動詞の未然形に付いて）他動詞的意味を強める。「走らか・す」「惑はか・す」「廻らか・す」など。

か・す【淅す】［他サ四］{さ・し・す・す・せ・せ}❶水に漬ける。ふやかす。例「種井に種もか・しける」〈堀河百首〉❷米をとぐ。例「米か・せと申すべからず」〈正法眼蔵〉

かず-【数】［接頭］（名詞に付いて）❶数が多いの意を表す。「数長櫃」など。❷ありふれた、品質の悪いの意を表す。「数扇」「数具足」「数奴」など。

かず【数】［名］❶数量。❷数が多いこと。たくさん。例「数の宝を持ち給ふ」〈伽・鉢かづき〉❸数えるに価値のあるもの。ものの数。例「塵泥の数にもあらぬ我故に」〈万葉・一五・三七二七〉❹定員。仲間。例「なき数に思ひなしてや訪はざらん」〈後拾遺・雑一・一〇〇四〉❺勝負などの数を数えるもの。数とり。例「さざれ石の数を皆取る齢幾代ぞ」〈拾遺・雑賀・一一六三〉

〔数有り〕数量や回数が多い。例「この仏を恭敬供養したてまつる上下の人、かの天に生まる、その数あ・り」〈今昔・二・一五〉

〔数置く〕物を置いて、勝負の得点を数える。例「碁石して、数お・かせたまふとて」〈枕・清涼殿の丑寅の角の〉

〔数掻く〕（水鳥が明け方しきりに羽ばたきをするように）眠ることができず、何度も寝返りをうって身もだえする。例「暁の鴫の羽がき百羽がき君が来ぬ夜は我ぞ数か・く」〈古今・恋五・七六一〉

〔数差す〕（歌合わせや競べ馬などで）勝った回数を数えるために、串や枝をさす。→「かずさし」。＝数を差す。例「さらにかずさ・さるまじ」〈枕・殿などのおはしまさで後〉

〔数知らず〕数が分からないほど多い。数えきれない。例「数知らず君が齢を延ばへつつ名だたる宿の露とならなん」〈後撰・秋下・三九四〉

〔数無し〕❶わずかである。とるにたりない。短い。例「世の中は数な・きものか」〈万葉・一七・三九六三〉❷数えきれない。無数である。例「もののあはれに悲しきこと、さらに数な・し」〈蜻蛉・中〉

〔数に取る〕数を数えるときの心覚えに、石や棒などを取る。例「冬の御扇を数にと・りて、一百遍づつぞ念じ申させたまひける」〈大鏡・道長・下〉

〔数にも有らず〕《名詞「数」＋断定の助動詞「なり」の連用形＋係助詞「も」＋動詞「有り」の未然形＋打消の助動詞「ず」》「かずならず」に同じ。

〔数の外〕❶規定数の外であること。定員外。＝数より外。例「折節大納言あかざりければ、かずの外にぞくはられける」〈平家・三・大臣流罪〉❷範囲外であること。資格外。例「かずの外にて位につき給ふべくもなかりけるに」〈十訓抄・六〉

〔数より外〕「かずのほか①」に同じ。

〔数を差す〕「かずさす」に同じ。

〔数をす〕多数のものを得る。数多くする。例「今日は何とぞ数を・したいものぢゃ」〈和泉流狂・靫猿〉

〔数を尽くす〕ことごとく出す。多く、「かずをつくして」の形で、ある限り、残らずの意を表す。例「春の花の木、数を尽く・して植ゑ」〈源氏・少女〉

かすか［・なり］【幽か】［形動ナリ］｛なら・なり（に）・なり・なる・なれ・なれ｝❶（形・音・光などが）明瞭でない。かすかだ。例「宇治山の僧喜撰は、言葉かすか・にして、初め終はり、たしかならず」〈古今・仮名序〉❷（物音・人の気配などがわずかで）ひっそりとも寂しい。例「荒れたる所に、かすか・なる住まひなどして」〈宇津保・嵯峨院〉❸みすぼらしい。貧弱だ。例「かすか・なる脚弱き車など輪を押しひしがれ」〈源氏・行幸〉❹奥深い。幽玄である。例「〔芭蕉ノ〕病雁（＝『病雁ノ夜寒ニ落チテ旅寝哉』ノ句）は格高く趣かすか・にして」〈去来抄〉

発展学習ファイル　類義語に「ほのか」がある。⇨「ほのか」〈発展学習ファイル〉

かすが【春日】㊀［地名］大和国の地名。いまの奈良市春日山の西麓の地域。㊁［名］「春日神社」の略。

〔春日の使ひ〕カスガノツカイ　春日祭りに近衛府から派遣される使者。奈良の春日大社に神馬を奉献する。

かすがごんげんげんき【春日権現験記】［作品名］鎌倉後期（一三〇九ごろ）の縁起絵巻。高階隆兼画。約四百年間の春日社の霊験や貴人の参詣の記録が美麗な絵巻に仕立てられたもの。

かすがじんじゃ【春日神社】［名］奈良市東部の春日山のふもとにある神社。藤原氏の氏神で、同じく氏神である興福寺と関係が深い。＝春日㊁

かずかず［・なり］【数数】［名・形動ナリ］❶たくさん。さまざま。また、その中のひとつひとつ。例「友だちの女房など、かずかず来つつ（病人ヲ）とぶらひ」〈枕・病は〉❷（「かずかずに」の形で副詞的に用いて）さまざまに。あれやこれやと。例「かずかず・に思ひ思はず問ひがたみ」〈伊勢・一〇七〉

かすがづくり【春日造り】［名］神社本殿の建築様式のひとつ。切り妻造り（「切り妻屋根」を持つ建築様式）、妻入り（軒のない方を正面とする建て方）で、正面に庇があり、前後の棟に、「千木」「堅魚木」をのせる。奈良の春日大社本殿が代表的。

かすがの【春日野】［歌枕］大和国の地名。いまの奈良市にある奈良公園付近一帯の称。上代、のろしを置いて外敵に備えたので「飛火野」ともいう。「雪」「若菜」「霞」など初春の景物が詠まれる。

〔和歌〕**かすがののとぶひののもり…**【春日野の飛ぶ火の野守出でて見よいまいく日ありて若菜摘みてむ】〈古今・春上・一八・よみ人しらず〉訳春日野の飛火野の番人よ、外に出て見ておくれ。あと何日したら若菜を摘めるようになるのだろうか。

〈参考〉「飛ぶ火」はのろしの意。

〔和歌〕**かすがののゆきまをわけて…**【春日野の雪間を分けて生ひ出でくる草のはつかに見えし君かも】〈古今・恋一・四七八・壬生忠岑〉訳春日野の雪の消え間を押し分けてわずかに萌え出てくる若草、その若草のように、ほんのわずかにお見かけした初々しいあなたよ。

〈参考〉初句から「草の」までが序詞で、「はつかに見えし」を導く。

〔和歌〕**かすがののわかなつみにや…**【春日野の若菜摘みにや白妙の袖ふりはへて人の行くらむ】〈古今・春上・二二・紀貫之〉訳春日野の若菜を摘みに行くのだろうか。まっ白な袖を振りながら、人々がわざわざ出かけてゆくのは。（係結び）「や↓行くらむ㊍」

〈参考〉「袖ふりはへて」は、「振り」と「ふりはへて（＝わざわざ）」をかける。

〔和歌〕**かすがののわかむらさきの…**【春日野の若紫のすり衣しのぶの乱れかぎり知られず】〈新古今・恋一・九九四・在原業平、伊勢・一〉訳この春日野に生えるみずみずしい紫草で摺り出した衣の乱れ模様のように、あなたを思う私の心は激しく乱れ、とどまるところを知りません。

〈参考〉上三句は、「しのぶの乱れ」を導く序詞となっている。「しのぶの乱れ」は、しのぶずりの衣の乱れ模様の意と、思い慕う心の乱れの意をかけている。

〔和歌〕**かすがのは…**【春日野は今日はな焼きそ若草のつまも隠れり我も隠れり】〈古今・春上・一七・よみ人しらず〉訳春日野は、今日だけは焼かないでくれ。〔わかくさの〕いとしい妻も隠れています。私だって隠れている。（副詞の呼応）「な↓焼きそ」

〈参考〉「若草の」は「妻」の枕詞。

かすがひ【鎹】カスガイ［名］❶釘の一種。建材の合わせ目をつなぎ止めるのに用いる、コの字形をした大きな釘。❷戸締まり用の金具。①に似た形で、両開きの扉に用いる。＝繫け金

かすがまうで【春日詣で】カスガモウデ［名］奈良の春日神社に参詣すること。多く、春日神社を氏神とする藤原氏で摂政・関白になった人が参詣すること。

かすがまつり【春日祭り】［名］奈良の春日神社の祭礼。陰暦二月と十一月の初めの申の日に行われた。勅使が派遣され、賀茂の祭り・石清水臨時の祭りとともに、三大勅祭と呼ばれた。（季―春）

かすがやま【春日山】［歌枕］大和国の山。いまの奈良市春日野町の春日大社背後にある山。三笠山や若草山を含む。藤原氏の氏神春日神社があったことから、藤原氏の繁栄を象徴するものとして詠まれることもある。

かずく【被く・潜く】歴史的かなづかい「かづく」

かすげ【糟毛】［名］馬の毛色の名。灰色に白い毛の混じったもの。

かずけもの【被け物】歴史的かなづかい「かづけもの」

かずさし【数差し・籌刺し・員刺し】［名］歌合わせや競べ馬など左右に分かれて一組ずつ競い合うときに、勝った数を示すために、串や枝などを数立てと呼ばれる道具にさすこと。また、その道具や係の人。

か

かずそ・ふ【数添ふ】カズソウ 一［自ハ四］{は・ひ・ふ・へ・へ}数が増す。多くなる。例「御年の**数添・ふ**しるしなめりかし」〈源氏・紅葉賀〉語構成「しるしなめり」→「なめり」。二［他ハ下二］{へ・へ・ふ・ふる・ふれ・へよ}数を増す。加える。例「まれに逢ふ弥生の月の**かずそ・へて**」〈続古今・春下・一七六〉

かず-なら・ず【数ならず】数え上げるほどの価値がない。取るに足りない。問題にならない。＝数にも有らず。例「**数なら・ぬ**をも知らず」〈徒然・一三四〉

語構成　かず　名｜なら　断「なり」未｜ず　打消「ず」

かずへのかみ【主計頭】カズエノカミ［名］《「かぞへのかみ」とも》「主計寮」の長官。

かずへれう【主計寮】カズエリョウ［名］《「かずへのつかさ」「しゅけいれう」とも》令制で「民部省」に属し、国家の税収・国費の支出などをつかさどった役所。

かずま・ふ【数まふ】カズマ(モ)ウ［他ハ下二］{へ・へ・ふ・ふる・ふれ・へよ}**人並みに取り扱う。一人前として認める。人数の中に入れる。仲間に入れる。**例「よき人の御筋といふとも、親に**数ま・へ**られたてまつらず、世に知られでは何のかひかはあらむ」〈源氏・玉鬘〉《係結び》「かは→あらむ体」。《敬語》「数まへられたてまつらず」→「たてまつる」

かすみ【霞】［名］霞。朝や夕方に、細かな水滴が空中に漂い、空や遠くの風景がぼんやり見える現象。（季-春）。例「ほのぼのと春こそ空に来にけらし天の香具山**霞**たなびく」〈新古今・春上・二〉訳→〈和歌〉ほのぼのとはるこそそらに…

古典の世界　もともと「霞」と「霧」は同じ自然現象であり、上代には春秋いずれにも両者が用いられた。平安時代以降、「霞」は春、「霧」は秋と区別されるようになり、「霞」は春の景物として和歌などに詠まれるようになった。俳諧の季語でも「霞」は春、「霧」は秋である。

〔**霞の衣**〕❶霞で織った衣。山野に霞がかかるのを、衣服をまとうことにたとえた語。（季-春）。例「春の着る**霞の衣**」〈古今・春上・二三〉❷（「かすみ」の「すみ」に「墨」をかけて）薄墨色の衣。喪服。例「木の下のしづくにぬれてさかさまに**かすみの衣**着たる春かな」〈源氏・柏木〉

〔**霞の関**〕霞を、過ぎ行く春をとどめる関所に見立てた語。例「いたづらに名をのみとめて東路の**霞のせき**も春ぞ暮れぬる」〈新拾遺・雑上・一五五七〉

〔**霞の袖**〕霞がかったようすを春の衣装にたとえ、そのたなびいた端を袖に見立てた語。例「行く春の**霞の袖**をひきとめて」〈新勅撰・春下・一三六〉

〔**霞の洞**〕仙人の住みか。転じて、上皇の御所。仙洞御所。＝仙洞。例「げに千代をこめたる**霞の洞**なり」〈増鏡・おどろのした〉

〔**霞の間**〕たなびく霞の切れ目。霞の晴れ間。

〔**霞の紛れ**〕霞がかかって、それに交じり合ってもの の見分けがつかないこと。例「夕暮れの**霞の紛れ**はさやかならねど」〈源氏・竹河〉

かすみあ・ふ【霞み合ふ】カスミア(オ)ウ［自ハ四］{は・ひ・ふ・へ・へ}一様にかすんでいる。全体にかすんで見える。例「こなたかなた**霞みあ・ひ**たる梢ども」〈源氏・胡蝶〉

かすみこ・む【霞み籠む】［自マ下二］{め・め・む・むる・むれ・めよ}霞が一面に立ちこめる。例「空のけしきもうらうらと、めづらしう**かすみこ・め**たるに」〈枕・ころは、正月、三月〉

かすみし・く【霞敷く】［自カ四］{か・き・く・く・け・け}一面に霞がかかる。例「**霞し・く**春の潮路を見渡せばみどりを分くる沖つしら浪」〈千載・春上・八〉

〈和歌〉**かすみたち…**【霞立ち木の芽もはるの雪降れば花なき里も花ぞ散りける】〈古今・春上・九・紀貫之〉訳霞が立ち、木の芽もふくらんでくる春に、春の雪が降ると、まだ花のない里にも、花が一面に散りしいたようになることだ。《係結び》「ぞ→散りける体」

〈参考〉「霞立ち木の芽も」は、「はる」を導く序詞。「はる」は、「張る（芽がふくらむ）」と「春」の掛詞。

かすみたつ【霞立つ】［枕詞］同音の繰り返しから地名「春日」にかかる。例「**霞立つ**春日の里の梅の花」〈万葉・八・一四三八〉

〈和歌〉**かすみたつすゑのまつやま…**【霞立つ末の松山ほのぼのと波にはなるる横雲の空】〈新古今・春上・三七・藤原家隆〉訳霞が立ちこめた末の松山がほんのりと見え、水平線のかすんだ波に別れを告げて、横にたなびく雲が空に立ち昇ってゆく曙の空であるよ。

〈和歌〉**かすみたつながきはるひに…**【霞たつ長き春日に子どもらと手毬つきつつこの日くらしつ】〈布留散東・良寛〉訳霞が立つ長い春の日に、子供たちと手毬をつきながらこの一日を暮らしてしまったことだ。

かすみへだ・つ【霞隔つ】［他タ下二］{て・て・つ・つる・つれ・てよ}霞が間を隔てる。かすんでよく見えない。例「山の方は**霞隔・て**て」〈源氏・浮舟〉

かすみわた・る【霞み渡る】［自ラ四］{ら・り・る・る・れ・れ}辺り一面に霞がかかっている。例「墻根の草萌えいづるころより、やや春深く**霞みわた・り**て」〈徒然・一九〉

かす・む【霞む】［自マ四］{ま・み・む・む・め・め}❶霞がかかる。霞が立ちこめる。例「明けゆく空は、いといたう**霞・み**て」〈源氏・若紫〉❷（霞がかかったように）ぼんやり見える。はっきり見えない。例「今夜の月夜**霞・み**たるらむ」〈万葉・二〇・四四八九〉

かす・む【掠む】一［他マ四］{ま・み・む・む・め・め}盗む。奪い取る。例「もてそものを**かす・み**うばひて」〈紀・継体〉二［他マ下二］{め・め・む・むる・むれ・めよ}❶盗みとる。一に同じ。例「衣服金銀残りなく**掠・められ**」〈雨月・浅茅が宿〉❷だます。あざむく。ごまかす。例「上を**かす・むる**越度」〈浄・傾城反魂香〉❸ほのめかす。それとなくにおわす。例「『うとく思いたること』など、うち**かす・め**、うらみなどするに」〈枕・七月ばかり〉

かすめい・ふ【掠め言ふ】カスメイウ［他ハ四］{は・ひ・ふ・ふ・へ・へ}それとなくいう。ほのめかしていう。例「情なくうたてあることをなむ、さるたよりありて**かすめ言・は**せたりける」〈源氏・帚木〉

かすめうれ・ふ【掠め憂ふ】カスメウレ(リョ)ウ［他ハ下二］{へ・へ・ふ・ふる・ふれ・へよ}それとなく苦しさを訴える。不満をほのめかす。例「世の中のもの憂くなりまさるよしを、あらはには言ひなさで、**かすめうれ・へ**たまふ」〈源氏・東屋〉

かすめな・す【掠め為す】［他サ四］{さ・し・す・す・せ・せ}それとなくにおわせる。例「恨むべからむふしをも憎からず**かすめな・さ**ば」〈源氏・帚木〉

かすゆざけ【糟湯酒】［名］酒かすを湯に溶かしたもの。貧しい者が酒の代わりにした。

かずら【葛・蔓・鬘】歴史的かなづかい「かづら」

かすり【掠り・摩り】［名］❶かすり傷。❷上前をはねること。また、そのもの。❸わずかな利益。❹しゃれ。

かすりとり【掠り取り】［名］《近世語》上前をはねること。また、それをする人。

かす・る【掠る・摩る】［他ラ四］{ら・り・る・る・れ・れ}《近世語》❶(器などの)底をさらう。(物が少なくて)容器の底すれすれになる。例「濁り水大かたかす・りて」〈浮・好色五人女〉❷倹約する。例「あぶらかす・りて宵寝する秋」〈猿蓑〉❸奪う。かすめとる。例「そば切り(=ソバ売リ)のあかりをかす・る夜はまぐり(=ハマグリ売リ)」〈川柳・柳多留〉

かすを【糟尾】［名］頭髪が白髪まじりの頭。例「をさな目に見しかば、しらがのかすをなりしぞ」〈平家・七・実盛〉

かせ-【悴・瘦】［接頭］やせた、貧弱な、貧しいなどの意を表す。「かせ首」「かせ侍」「かせ者」など。

かせ【桛】［名］紡いだ糸を巻きつけておくエの字形の道具。また、巻きつけられた糸。

かせ【甲蠃・石陰子】［名］ウニ。またその殻。

かぜ【風】［名］❶吹く風。❷風習。ならわし。例「久方の月の桂も折るばかり家の風をも吹かせてしがな」〈拾遺・雑上・四七三〉❸病気の名。風邪。

〔**風薫る**〕初夏の風がかぐわしく、また、すがすがしく若葉を吹きわたる。(季−夏)。例「風かを・る花のあたりにきてみれば」〈新千載・春上・九五〉

〔**風に付く**〕❶(「付く」が自動詞四段活用の場合)風に乗る。風にしたがう。例「〔松カラ垂レサガッタ藤ガ〕風につ・きてさと匂ふがなつかしく」〈源氏・蓬生〉❷(「付く」が他動詞下二段活用の場合)風に任せる。例「風につ・けて知らぬ国に吹き寄せられて」〈竹取・蓬萊の玉の枝〉

〔**風の脚・風の足**〕吹き過ぎてゆく風の動き。風の吹くようすを、足で草木を踏み分けて行くのにたとえた表現。例「松を払ふ**風の足**は」〈海道記〉

〔**風の色**〕吹き抜ける風の動き。吹かれて動く木の葉の色で風の情趣を表現した語。例「八重葎秋のわけ入る**風の色**を」〈玉葉・秋上・五五一〉

〔**風の先**〕風の吹いて行く方向。例「**風のさき**にあくがれ歩きたまふも」〈源氏・野分〉

〔**風の便り**〕❶風が吹き伝えること。風という伝て。例「住吉の松にかかれる藤の花**かぜのたより**に波やをるらむ」〈金葉・春・八六〉❷風聞。うわさ。❸ふとした機会。ちょっとしたついで。例「さりぬべき**風の便り**ある時は、おどろかしたまふをりもあるべし」〈源氏・末摘花〉①②③＝風の伝て

〔**風の伝て**〕「かぜのたより」に同じ。

〔**風の流れ**〕《「風流」の訓読語》みやびやかなこと。風雅。例「色深き君が心の花散りて身にしむ**風のながれ**とぞ見し」〈古今著聞・三〇九〉

〔**風の前の塵**〕はかないことのたとえ。例「たけき者もつひにはほろびぬ。ひとへに**風の前の塵**に同じ」〈平家・一・祇園精舎〉

〔**風の宿り**〕(風を人になぞらえて)風のとどまる所。例「花散らす**風の宿り**は誰か知る我に教へよ行きて恨みむ」〈古今・春下・七六〉訳→〔和歌〕はなちらす…

〔**風を喰らふ**〕《近世語》悪事の露見を察知して逃げ去る。

かせい【歌聖】［名］《「聖」は道をきわめた人の意》最もすぐれた歌人。とくに、柿本人麻呂と山部赤人をいう。→「かせん」

がせい［・なり］【我精】［名・形動ナリ］《近世語》仕事に精を出すこと。また、そのさま。一生懸命。例「がせい・によく働きますね」〈浮世風呂〉

かせうき【可笑記】［作品名］江戸前期(一六四二刊行)の仮名草子。如儡子著。長短二百八十段にわたる随筆集。武士社会への批判や、世間の風俗・人生観などを述べたもの。

〔和歌〕**かぜかよふ…【風通ふ寝覚めの袖の花の香にかをる枕の春の夜の夢】**〈新古今・春下・一一二・藤原俊成女〉訳風が寝室に吹き込んできて、ふと眠りから覚めた私の袖が花の香で薫っているが、同じ花の香で薫る枕で見ていた春の夜のはかなく美しい夢よ。
〈参考〉「かをる」は、上からは「袖の花の香にかをる」と続き、下へは「花の香にかをる枕」と続く。

かせぎ【鹿】［名］鹿の古名。

かせ・ぐ【稼ぐ】{が・ぎ・ぐ・ぐ・げ・げ}□一［自ガ四］❶働いて金をもうける。❷一生懸命やる。頑張る。例「人の報いは来たるものなれば、**かせ・ぐ**によらず」〈十訓抄・七〉□二［他ガ四］手に入れようとする。例「奥かたへの御奉公を**かせ・ぎ**しに」〈浮・西鶴諸国ばなし〉

かせ・ぐ【枷ぐ】［他ガ四］{が・ぎ・ぐ・ぐ・げ・げ}支える。支えとめる。例「屛風に**かせ・が**れ、働かせず」〈浄・鎌田兵衛名所盃〉

〔和歌〕**かぜそよぐ…【風そよぐならの小川の夕暮れはみそぎぞ夏のしるしなりける】**〈新勅撰・夏・一九二・藤原家隆〉《百人一首・従二位家隆》訳風がそよそよとナラの葉に吹いている、ならの小川の夕暮れは秋の気配がするが、六月祓のみそぎだけが夏であることの証拠なのであった。《係結び》「ぞ→なりける(体)」
〈参考〉「なら」に植物の「ナラ」をかける。「ならの小川」は、いまの京都市北区の上賀茂神社を流れる御手洗川で、歌枕。

かせづゑ【鹿杖】［名］❶地面につく所が鹿の角のように二股になっている杖。❷手で持つ部分がT字形になっている杖。

かぜにつれなきものがたり【風につれなき物語】［作品名］鎌倉時代(一二九八から一三〇一成立)の擬古物語。作者未詳。現存本は梗概(あらすじ)化された改作本か。

〔和歌〕**かぜになびく…【風になびく富士の煙の空に消えてゆくへも知らぬわが思ひかな】**〈新古今・雑中・一六一五・西行〉訳風になびく富士の煙は、空に消えてどこへゆくとも分からない。それと同じように、どこへゆくとも分からない私の思いであるよ。
〈参考〉「思ひ」の「ひ」に「火」をかける。煙の縁語。

かぜのかみ【風の神】［名］❶風をつかさどる神。風神。❷風邪を流行させる疫病神。❸江戸時代、風邪が流行すると、風の神を追い払うと称し、

仮面をつけ、太鼓をたたいて金品をもらい歩いた人々。例「風の神か鳥おどしのやうな」〈浄・夕霧阿波鳴渡〉

かぜのとの【風の音の】[枕詞]（風の音が遠くから聞こえることから）「遠し」にかかる。例「風の音の遠き我妹が」〈万葉・一四・三四五三〉

〔和歌〕**かぜふけばおきつしらなみ…【風ふけば沖つ白波たつた山夜半にや君が一人越ゆらむ】**〈古今・雑下・九九四・よみ人しらず、伊勢・二三〉訳風が吹くと、沖の白波が騒ぎ立つ、そんな名をもつ、あの恐ろしげな竜田山を、この夜ふけ、あの人はひとりで越えていくのだろうか。《係結び》「や→越ゆらむ㊰」〈参考〉上二句は序詞、「立つ」から「たつた山」を導く。

〔和歌〕**かぜふけばおつるもみぢば…【風吹けば落つるもみぢ葉水清み散らぬ影さへ底に見えつつ】**〈古今・秋下・三〇四・凡河内躬恒〉訳風が吹くと散り落ちて水面に浮かぶもみじ葉、そのうえ、水が清く澄んでいるので枝に散り残ったもみじの影までが水底に見えているよ。

〔和歌〕**かぜふけばはすのうきはに…【風吹けば蓮の浮き葉に玉こえて涼しくなりぬ蜩の声】**〈金葉・夏・一四五・源俊〉訳夕方の風が吹くと、池に浮いた蓮の葉の上を露の玉が走りこぼれて、涼しくなったことだ。ヒグラシの声もまた涼しげに聞こえて。

〔和歌〕**かぜふけばみねにわかるる…【風ふけば峰に別るる白雲の絶えてつれなき君が心か】**〈古今・恋二・六〇一・壬生忠岑〉訳風が吹くと峰にあたって二つに別れてゆく白雲ではないが、すっかりとだえてしまってつれないあなたのお心であるよ。〈参考〉上三句は、「絶えて」を導く序詞。

〔和歌〕**かぜまじり…【風交じり　雨降る夜の　雨交じり　雪降る夜は　すべもなく寒くしあれば　堅塩を　取りつづしろひ　糟湯酒　うちすすろひて　しはぶかひ　鼻びしびしに　然とあらぬ　ひげ搔き撫でて　我を除きて　人はあらじと　誇ろへど　寒くしあれば　麻衾　引き被り　布肩衣　有りのことごと　着襲へども　寒き夜すらを　我よりも　貧しき人の　父母は　飢ゑ寒ゆらむ　妻子どもは　乞ふ乞ふ泣くらむ　この時は　いかにしつつか　汝が世は渡る　天地は　広しといへど　我がためは　狭くやなりぬる　日月は　明かしといへど　我がためは　照りや給はぬ　人皆か　我のみや然る　わくらばに　人とはあるを　人並に　我もなれるを　綿もなき　布肩衣の　海松のごと　わわけ下がれる　かかふのみ　肩にうち掛け　伏せ廬の　曲げ廬の内に　直土に　藁解き敷きて　父母は　枕の方に　妻子どもは　足の方に　囲み居て　憂へ吟ひ　かまどには　火気吹き立てず　甑には　蜘蛛の巣かきて　飯炊く　ことも忘れて　ぬえ鳥の　のどよひ居るに　いとのきて　短き物を　端切ると　言へるがごとく　しもと取る　里長が声は　寝屋処まで　来立ち呼ばひぬ　かくばかり　すべなきものか　世の中の道】**〈万葉・五・八九二長歌・山上憶良〉訳風に混じり雨が降る夜で雨に混じり雪が降る夜は、どうしようもなく寒いので、堅塩をちょっとずつつまんで食べ糟酒をすすったりして、咳き込んでは鼻をぐすぐす鳴らしてろくにありもしないひげを掻き撫でて、おれを除いてまともな奴は他にあるまいと誇らしげにするけれど、寒いので、麻のぼろ布団をひっかぶり袖無しのぼろをありったけ着重ねるのだが、それでもこんなに寒い夜であるのに、おれよりも貧しい人の父や母は飢え凍えているであろう、その妻や子は食べ物を欲しがり欲しがり泣いているだろう、こんなときにはどんな具合にしてお前さんは世を過ごしているのか。天地は広いというが、おれのためには狭くなっているのか。日や月は明るいというが、おれのためには照ってくださらないのか。世間のみんながそうなのか、おれだけがそうなのか。たまたま幸いに人と生まれたのを、人並みにおれも成長しているのを、綿もない布の袖無しで海松のように破れ下がっているぼろだけを肩にひっ掛け、ぺしゃんこにつぶれゆがんだ家の中で、地べたに直に藁を解いて敷き、父や母はおれの枕の方に、妻や子はおれの足の方に、おれを囲んで座って嘆き訴えてうめき、かまどには火の気を吹き立てもせず、甑には蜘蛛が巣を懸けて飯を炊くことも忘れて、トラツグミが鳴くようにひいひい力ない声を上げているときに、「とりわけ短い物を、さらにその端を切る」とことわざにいうがごとく鞭を持つ里長の声は寝屋にまでやって来てわめき続けている。これほどまでにどうしようもなくつらいものなのか、世に生きていくということは。《係結び》「いかにしつつか→渡る㊰」、「狭くや→なりぬる㊰」、「照りや→給はぬ㊰」、「我のみや→然る㊰」〈参考〉「ぬえ鳥の」は「のどよふ」の枕詞。この長歌は「貧窮問答歌」と題され、前半は貧者の極貧者に対する問いかけ、後半は極貧者の答えとなっている。

かせもの【悴者】[名]《「かせ」は接頭語》身分が低く貧しい者。とくに、最下級の武士や武士の従者。

〔和歌〕**かぜわたる…【風わたる浅茅が末の露にだに宿りも果てぬ宵の稲妻】**〈新古今・秋上・三七七・藤原有家〉訳風が吹き渡る浅茅の葉末に結んだ、今にもこぼれそうな露にさえ、宿るか宿らぬかのうちに消え去る宵の稲妻よ。

〔和歌〕**かぜをいたみ…【風をいたみ岩うつ波のおのれのみ砕けてものを思ふころかな】**〈詞花・恋上・二一一・源重之〉〈百人一首〉訳風が激しいので、岩を打つ波が自分だけ砕けるように、自分ひとりだけが心を砕いてもの思いをするこのごろであるよ。〈参考〉初・二句は、「砕けて」を導く序詞。

かせん【歌仙】[名]❶すぐれた歌人。一定数の代表的歌人を並べ、尊んでいう語。代表的なものに「六歌仙」「三十六歌仙」がある。❷連歌・俳諧で、句を三十六句連ねるもの。名称は「三十六歌仙」にちなむ。蕉風俳諧において盛んに行われた。

かせんれんが【歌仙連歌】[名]（和歌の三十六歌仙にちなんで）三十六句からなる連歌。

かぞ【父】[名]《上代は「かそ」》父親。↔母

かぞいろ【父母】[名]《上代は「かそいろ」》「かぞいろは」に同じ。

かぞいろは【父母】[名]《上代は「かそいろは」とも》父母。両親。＝父母

がぞく【雅俗】[名]『古今和歌集』によって代表される雅びやかで上品なものと、それと対立する卑俗なもの。近世の歌学において、主要な問題点となり、活発に論じられた。

かそけ・し【幽けし】[形ク]〔から・く(かり)・し・き(かる)・けれ・かれ〕(光・音・色などが)かすかだ。ほのかだ。淡い。例「我がやどのいささ群竹吹く風の音の**かそけき**この夕かも」〈万葉・一九・四二九一〉訳→〔和歌〕わがやどのいささむらたけ…

かぞ・ふ【数ふ】[他ハ下二]〔へ・へ・ふ・ふる・ふれ・へよ〕❶**数える。計算する。**例「出でて行きし日を**数へ**つつ今日今日と我を待たすらむ父母らはも」〈万葉・五・八九〇〉❷**列挙する。**例「『なにがし、くれがし』と**数へ**しは」〈源氏・夕顔〉❸**数の中に入れる。**例「昔のやうにこそあらねど、なほ親しき家人の中には**数へ**たまひけり」〈源氏・関屋〉❹(「白拍手」などを)拍子をとって歌う。例「きせんといふ白拍子をぞ**数へ**ける」〈義経記・六〉

かぞへうた【数へ歌】[名]❶『古今和歌集』の仮名序にいう、和歌の「六義」のひとつ。漢詩の「賦」になぞらえたもの。感じたことを、他のものになぞらえずにそのまま叙した歌とも、心情を詠んだ歌の中に物の名を詠み込んだ歌ともいう。❷「ひとつ…とや」「ふたつ…とや」と数を追って歌っていく歌謡。手まり歌などで歌う。

かぞへた・つ【数へ立つ】[他タ下二]〔て・て・つ・つる・つれ・てよ〕ひとつひとつ数え上げる。取り上げて数の中に入れる。例「〔スバラシイ儀式ノアリサマハ〕くはしくは、え**数へたて**ざりけるとや」〈源氏・宿木〉

かぞへと・る【数へ取る】[他ラ四]〔ら・り・る・る・れ・れ〕正確に数える。残らず数えて取り上げる。例「君が代の千歳の数も**かぞへとり**てむ」〈紫式部日記〉

かぞへのかみ【主計頭】[名]「かずへのかみ」に同じ。

かぞへや・る【数へ遣る】[他ラ四]〔ら・り・る・る・れ・れ〕最後まで数えきる。例「いかにいかが**かぞへやる**べき八千歳のあまり久しき君が御代をば」〈紫式部日記〉

かた-【片】[接頭]❶一対あるものの片一方の意を表す。片方。「**片**恋ひ」「**片**敷き」など。❷不完全な、中途半端なの意を表す。「**片**生ひ」など。❸中央から片寄っているの意を表す。「**片**田舎」など。❹しきりに、ひたすらの意を表す。「**片**待つ」など。

かた【方】[名]❶**方向。方角。**例「この風、未の**方**に移りゆきて」〈方丈記〉❷**方面。点。**また、**その方面に関する事柄。**例「なつかしうなまめきたる**方**は、延喜にはまさり申させたまへり」〈大鏡・道長・下〉〔注〕「延喜」は、醍醐天皇の御代。(音便)「なつかしう」は「なつかしく」のウ音便。(敬語)「まさり申させたまへり」→「まうさせたまふ」。❸**場所。地点。ところ。部屋。**例「里にても、わが**方**のしつらひまばゆくして」〈源氏・帚木〉❹(高貴な人を、その方面にいる人として間接的に指していう語)人の敬称。**お方。**例「かくやむごとなかりつる**方**も亡せたまひぬめるを」〈源氏・葵〉❺**方法。手段。**例「その恨み、ましてやらむ**方**なし」〈源氏・桐壺〉❻**時節。とき。ころ。**例「よろづに過ぎにし**かた**の恋しさのみぞせんかたなき」〈徒然・二九〉(係結び)「ぞ」→「せんかたなき(体)」。❼**趣。ようす。ありさま。**例「なかなか様変はりて、いうなる**かた**も侍り」〈方丈記〉(敬語)「かたも侍り」→「はべり」。❽(対になるものの)**一方。側。組。**例「この人々のとりどりに論ずるを聞こしめして、左右と**方**分かたせたまふ」〈源氏・絵合〉(敬語)「聞こしめして」→「きこしめす」、「分かたせたまふ」→「せたまふ」

〔**方明く**〕陰陽道で、「方塞がり」が除かれ、その方角に行けるようになる。例「**方あき**なばこそはまゐり来べかなれと思ふに」〈蜻蛉・中〉

〔**方悪し**〕方角が悪いこと。陰陽道ではその方角を「天一神」が塞いでいるとする。

〔**方違ふ**〕陰陽道で「方違へ」をする。例「大殿へ、**方違へ**むとて渡りたまひにけるを」〈源氏・夕霧〉

〔**方塞がる**〕(「かたふさがる」とも)陰陽道で、これから行こうとする方角に「天一神」がいて、塞いでいるので行くことができない。例「今日は**方塞が・り**たりければなむ、いかがせむ」〈蜻蛉・下〉

〔**方塞ぐ**〕陰陽道で、「方塞がり」の方角にする。例「**方塞・げ**て、(=「方塞がり」デアルノニカコツケテ)ひき違へ外ざまへ(=ホカノ女ノモトヘ行ッタノダ)と思ぼさむは」〈源氏・帚木〉

かた【形・型】[名]❶(物の)**かたち。形状。姿。**例「夕づく日さすや川辺に作る屋の**形**を宜しみうべ寄そりけり」〈万葉・一六・三八二〇〉❷(物のかたちをかいた)**絵。模様。肖像。**例「御屏風に竜田川に紅葉流れたる**形**を描けりけるを題にてよめる」〈古今・秋下・二九三詞書〉❸あとに残るかたち。**形跡。痕跡。あとかた。**例「所せく集ひし馬、車の**形**もなくさびしきに」〈源氏・須磨〉❹**形式。しきたり。慣例。**例「修理などして、**形**のごと人住みぬべくは繕ひなされなむや」〈源氏・松風〉❺(鹿の骨や亀の甲などにかたちとして出た)**占いの結果。占形。**例「生ふしもとこの本山のましばにも告らぬ妹が名**かた**に出でむかも」〈万葉・一四・三四八八〉❻**抵当。担保。かた。**例「この布子はその袷の**かた**に、ただとっておきやせう」〈膝栗毛〉

かた【肩】[名]❶肩。❷衣服の肩にあたる部分。❸(肩に、人の運命を支配する「倶生神」が宿るという俗信から)運。

〔**肩焼く**〕鹿の肩骨を焼き、ひびの入り方で吉凶を占う。

かた【潟】[名]❶遠浅の海岸で引き潮になると現れる所。干潟。❷海に続いている湖や沼。

かだ【伽陀】[名]「げ(偈)」に同じ。

-がた【方】[接尾]❶(時を表す名詞や、時の経過の意を含む動詞に付いて)おおよそ…のころの意を表す。例「あかつき**がた**に門をたたく時あり」〈蜻蛉・上〉❷(名詞に付いて)一方の側や方角の意を表す。例「亭主夫婦、隆弁僧正、あるじ**方**の人にて座せられけり」〈徒然・二一六〉❸(人を表す名詞に付いて)軽い敬意を表す。「奥**方**」「殿**方**」など。

-がた【難】[接尾](動詞の連用形に付いて)…(し)にくい。…するのがむずかしい。例「あな頼み**がた**人の心は」〈伊勢・五〇〉

かたい【乞丐・乞食】 歴史的かなづかい「かたゐ」

かたい【歌体】［名］和歌の形態。短歌・長歌・旋頭歌・片歌・仏足石歌・混本歌がある。『万葉集』以降、短歌形態が「和歌」の中枢を占めた。

かだい【歌題】［名］和歌を詠むために提示される題。歌合わせや歌会などの盛行にともない、題詠が詠作の主流となり、結題などの複雑な題が考案され、詠法も多様化した。

かたいき【片息】［名］（疲れや病気などで）苦しそうな絶え絶えの息。虫の息。

かたいと【片糸】［名］より合わせる前の、細い糸。弱くて切れやすく、片思いなどの象徴として和歌によく詠まれる。＝片緒。例「**片糸**をこなたかなたに縒りかけて」〈古今・恋一・四八三〉

かたいとの【片糸の】［枕詞］片糸に縁のある「よる」「くる」「あふ」などにかかる。例「**片糸のよりよりに**絶えずぞありける」〈古今・仮名序〉

かたいほ【片庵】［名］粗末な家。また、自分の家を卑下していう。

かたう【堅う・固う】 形容詞「かたし」の連用形「かたく」のウ音便。

かたう【難う】 形容詞「かたし」の連用形「かたく」のウ音便。

かたうた【片歌】［名］和歌の形態のひとつ。五・七・七の三句からなり、旋頭歌の半分の形を示し、問答体の片方の歌としても用いられた。『古事記』（中巻）は、「愛しけやし我家の方よ雲居立ち来も」訳→〔歌謡〕はしけやし…を掲げて、「こは片歌なり」と注している。

かだうたいおんき【歌道戴恩記】［作品名］「たいおんき」に同じ。

かたうど【方人】［名］（「かたびと」のウ音便。「かたのひと」とも）❶歌合わせなどで、左右それぞれの方の応援をし、相手方の歌の批判などをした人。のちには、競技者である歌人をも含めていった。❷味方する人。ひいきする人。

かたえ【片方】 歴史的かなづかい「かたへ」

かたえ【片枝】［名］木や草の片側の枝。かたえだ。

かたおひ【（・なり）】【片生ひ】［名・形動ナリ］（「かた」は接頭語）十分に成長していないこと。未熟なこと。また、そのさま。＝片生なり。例「まだ**片生ひ**なる手の、生ひ先うつくしきにて」〈源氏・少女〉

かたおもむき【（・なり）】【片趣】［名・形動ナリ］行動や考え方が片寄っていること。融通のきかないさま。例「**片趣・なる**をば、ゐのしし武者とて、よきにはせず」〈平家・一一・逆櫓〉

かたおりど【片折り戸】 歴史的かなづかい「かたをりど」

かたおろし【片下ろし】［名］歌謡の歌い方や曲調のひとつ。ある歌謡を「本」「末」に分けて歌うとき、一方を他方より低い調子で歌うこと。また、そのような曲調をもつ曲。↕諸挙

かたか・く【片掛く】［他カ下二］｛け・け・く・くる・くれ・けよ｝❶片方を寄せかける。ちょっとかける。例「峰に**かたか・け**て、松原のしたに、ささやかなる寝殿だつものこそ、北の対にや」〈浜松中納言・三〉❷頼る。あてにする。例「かの殿の御蔭に**かたか・け**てと思ふことありて」〈源氏・松風〉

かたかげ【片陰・片蔭】［名］❶物陰。片隅。❷日陰。とくに、日が傾いてあちこちに影ができること。（季―夏）

かたかご【堅香子】［名］カタクリの古名。早春、紫の美しい花をつける。（季―春）

かたかた【片方】［名］❶かたほう。片一方。❷片隅。例「**片方**に隠れゐて」〈盛衰記・二六〉

かたかた【堅堅】［副］（「かたがた」とも）ぎっちりと。すき間なく。例「桟敷を**もかたかた**と打ち廻して、つまやかなれば」〈申楽談儀〉

かたがた【方方】 一［名］❶いろいろな方角。あちこち。**ほうぼう**。例「皆、方々に流されたまひて悲しきに」〈大鏡・時平〉❷**あれこれ**。**万事**。例「我より後の人々に、**かたがたにつけて**後れゆく心地しはべるも」〈源氏・鈴虫〉《敬語》「しはべる」→「はべり」。❸人々の敬称。**お方たち**。**かたがた**。**皆様**。例「かくて集へたる**方々**の中に、かのをりの心ざしばかり思ひとどむる人なかりしを」〈源氏・玉鬘〉 二［代名］《中世以降、対称の人称代名詞》複数の相手に対する敬称。**あなたがた**。**おのおのがた**。例「それがしが甲には、**かたがた**の矢はよも立ち候はじ」〈太平記・三〉 三［副］❶**あれこれと**。**さまざまに**。例「**かんがたに**安からず思ひはべるこそ、いとあいなけれ」〈源氏・宿木〉《係結び》「こそ→あいなけれ㊂」。《敬語》「思ひはべる」→「はべり」。❷**いずれにしても**。**どっちみち**。例「**かたがた**恐れある申し事にて候へども、心の底に旨趣を残すべきにあらず」〈平家・一・教訓状〉《敬語》「候へども」→「さうらふ」

かたかど【片才】［名］わずかな才芸。少しのとりえ。

かたかはやぶり【片側破り】［名］無分別に物事を押し通そうとすること。また、そのような人。例「**かたかは破り**の猪武者」〈太平記・三八〉

かたかひ【片飼ひ】［名］馬などが十分に飼いならされていないこと。例「逢ふことの**かた飼ひ**（＝「かた」ニ「難」ヲカケル）したる陸奥のこまほしくのみ思ほゆるかな」〈拾遺・恋四・九〇四〉

かたかゆ【固粥】［名］（「かたがゆ」とも。固めに煮たかゆの意）ごはん。↓「かゆ」

かたき【敵】［名］❶（勝負ごとや遊びなどの）相手。例「御遊びなどの**かたき**に思し召したるに」〈枕・男は、女親亡くなりて〉❷戦う相手。かたき。あだ。敵。仇敵。❸恨みに思う相手。例「**かたき**を得むずるやうは、比叡の中堂に常灯を奉り給へ」〈宇津保・藤原の君〉❹配偶者。結婚の相手。

かたぎ【形木・模】［名］（「かたき」とも）❶模様や文字を彫りこんだ板。版木。布や紙を押し当て、模様などを刷り出す。❷（①から転じて）ものごとの規範。手本。

かたぎし【片岸】［名］（「かたぎし」とも）❶片方が切り立った崖になっているところ。断崖。❷かたわらにある場所。隣り合わせの所。ほとり。

かたぎぬ【肩衣】［名］❶古代の庶民が着た、袖がなく、丈の短い上着。❷室町時代以降の武士や庶民の礼服。小袖の上に着て、肩と背中を覆う。江戸時代の武士は袴と同色のものを用いて、「上下」といった。↓［古典参考図］男子の服装〈4〉。❸浄土真宗の信徒が、寺に参詣したりするときに、

小袖の上に着た礼服の一種。

かたぎもの【気質物】[名]浮世草子の分類のひとつ。ある特定の身分や職業などを限って、その人々に共通する特徴を類型的に捉えて描く風俗小説。江島其磧の『世間子息気質』『世間娘容気』などが初期の代表作。

かたきやく【敵役】[名]歌舞伎などで、悪人を演ずる役。悪形。↕立ち役③

かた・ぐ【担ぐ】[他ガ下二]{げ・げ・ぐ・ぐる・ぐれ・げよ}❶かつぐ。肩に載せる。例「真弓うちかた・げて」〈古今著聞・四二〉❷振り上げる。例「たづき(=大キナ手斧)振りかた・げて大木を切りたるあり」〈古今著聞・三九八〉❸負担する。転じて、負ける。例「なまなか咎めて、一本かた・げ恥かこより」〈浄・心中二枚絵草紙〉

かたくち【片口】[名]❶片方にだけ注ぎ口のある長柄の銚子。❷片方にだけ注ぎ口のある鉢。❸馬の口取り縄の、左右のどちらか一方だけを引くこと。↕諸口②。❹片方の人だけの言い分。

かたくな【・なり】【頑な】[形動ナリ]{なら・なり(に)・なり・なる・なれ・なれ}❶頑固だ。偏屈だ。例「心をさめむ方なきに、いとど人わろうかたくなになりはつるも」〈源氏・桐壺〉(音便)「人わろう」は「人わろく」のウ音便。❷愚かで教養がない。道理を知らない。例「かたくな・なる人の、その道知らぬは、そぞろに神のごとくに言へども」〈徒然・七三〉❸見苦しい。体裁が悪い。例「自らもいみじと思へる気色、かたくな・なり」〈徒然・七九〉

かたくな・し【頑なし】[形シク]{しから・しく(しかり)・し・しき(しかる)・しけれ・しかれ}❶頑固だ。ひねくれている。意地っ張りだ。例「さるかたくな・しき者に守られたまふは」〈源氏・夕霧〉❷体裁が悪い。みっともない。例「下り立ちて尋ね歩りかんもかたくな・し」〈源氏・手習〉①②＝頑なはし

かたくなしう【頑なしう】形容詞「かたくなし」の連用形「かたくなしく」のウ音便。

かたくなは・し【頑なはし】[形シク]{しから・しく(しかり)・し・しき(しかる)・しけれ・しかれ}「かたくなし」に同じ。

かたけ【片食】[名](近世語)❶朝食か夕食のどちらか一方。❷(「かたき」とも)(接尾語的に用いて)食事の数を数える語。食。

かたげ【・なり】【難げ】[形動ナリ]{なら・なり(に)・なり・なる・なれ・なれ}(「げ」は接尾語)むずかしそうなようす。難儀だ。例「明け暮れ、異御子どものやうに見たまふことも難げ・なりしを」〈落窪・三〉

かたごころ【片心】[名]ちょっとした興味。少しの関心。例「らうたげなる姫君のもの思へる見るに、かた心つくかし」〈源氏・蛍〉

かたこひ【片恋】[名]片方だけが、相手を一方的に恋しく思っていること。片思い。＝片思ひ。↕諸恋ひ。例「ますらをや片恋せむと嘆けども醜のますらをなほ恋ひにけり」〈万葉・二・一一七〉

かたこびん【片小鬢】[名]片側の小鬢。片鬢。

かたざう【堅蔵】[名・形動口語型](近世語)まじめで堅い人。男女間の機微を解さない野暮な人。また、そのさま。

かたさま【方様】㊀[名](「かたざま」とも)❶方向。方角。❷その方面。その向き。❸その人の側。味方。身内。㊁[代名](近世語)対称の人称代名詞。女性が男性を敬愛の気持ちをもって呼ぶ語。あなた様。例「かたさまは覚えてか」〈浮・好色一代男〉

かたさ・る【片去る】[自ラ四]{ら・り・る・る・れ・れ}❶片方に寄る。例「ぬばたまの夜床片去・り」〈万葉・一八・四一〇一長歌〉❷遠慮する。例「いづ方もみな、こなたの御けはひにはかたさ・り憚るさまにて」〈源氏・若菜・上〉❸消えてなくなる。退く。例「かたさ・りぬとて漕ぎ去りぬ」〈十訓抄・一〇〉

かたし【片し】[名](対になっているものの)片方。

かた・し【堅し・固し】[形ク]{から・く(かり)・し・き(かる)・けれ・かれ}❶丈夫だ。壊れにくい。堅固だ。例「堅・き巌も沫雪になしたまうべき御気色なれば」〈源氏・行幸〉(音便)「たまう」は「たまひ」のウ音便。❷厳重だ。厳しい。強い。例「門のおとすれば、『かうてなん、かた・うさしたる』とものすれば」〈蜻蛉・下〉(音便)「かたう」は「かたく」のウ音便。❸まじめだ。誠実だ。例「大君に堅・く仕へ奉らむと」〈紀・雄略・歌謡〉❹堅苦しい。ぎこちない。例「(彫リツケタヨウニ)強う固・う書きたまへり」〈源氏・行幸〉(音便)「強う」は「強く」、「固う」は「固く」のウ音便。

かた・し【難し】[形ク]{から・く(かり)・し・き(かる)・けれ・かれ}

> **アプローチ** ▼もとは堅固の意味の「かたし(堅し・固し)」と同じ語。
> ▼物事を動かしたり変化させたりするのが困難であることを意味する。

❶不可能であるさま。できない。むずかしい。↕易し㊁②。例「夜の御殿に入らせたまひても、まどろませたまふことかた・し」〈源氏・桐壺〉訳(帝は)ご寝所にお入りになられても、うとうととお眠りになることもできない。(敬語)「入らせたまひ」「まどろませたまふ」↓「せたまふ」

❷ありえない。まれだ。滅多にない。例「女どちも、契りふかくて語らふ人の、末まで仲よき人、かた・し」〈枕・ありがたきもの〉訳女同士でも、約束をしっかりかわして親しく交際している人で、最後まで仲のよい人は、滅多にない。

発展学習ファイル 「難し」を「むつかし」と読むと、対象をわずらわしく不快に思う心情を表す語となる。

-がた・し【難し】[接尾ク型]{から・く(かり)・し・き(かる)・けれ・かれ}(形容詞「かたし」が、動詞の連用形の下に付くため、連結部分が濁音化したもの)…しにくい。なかなか…できない。例「帝、なほめでたく思しめさるること、せきとめがたし」〈竹取・かぐや姫の昇天〉(敬語)「思しめさるる」↓「おぼしめす」

かたしき【片敷き】[名]自分の衣の片袖だけを敷いて寝ること。寂しいひとり寝。

かたしきわ・ぶ【片敷き侘ぶ】[自バ上二]{び・び・ぶ・ぶる・ぶれ・びよ}ひとり寝をしてもの思いにふける。ひとり寝で眠れずに苦しむ。

かたし・く【片敷く】[自カ四]{か・き・く・く・け・け}(古く、男女が互いの袖を敷いて共寝したことから)自分の衣の片袖を敷いて寂しく寝る。ひとり寝をする。例「我が恋ふる妹に逢はさず玉の浦に衣片敷・きひとりかも寝

む」〈万葉・九・一六九二〉〔**片敷く袖**〕片方だけ敷いた衣の袖。男女が共寝するときに、互いの袖を敷いたことから、ひとり寝を暗示する表現。歌ことばとしてもよく用いられる。例「**かたしく袖**を我のみ思ひやる心地しつるを」〈源氏・浮舟〉

かたじけな・し【辱し・忝し】{から・く(かり)・し・き(かる)・けれ・かれ}［形ク］

アプローチ ▼人前で恥じはばかる意で、転じて、恐縮する意にも用いられた。▼目下の者が目上の者に対して、恐縮や感謝の気持ちを表した。

❶**恥ずかしい。面目ない。みっともない。** 例「追ひ払ひつべき賤の男の、睦ましうあはれに思さるるも、我ながら**かたじけな・く**」〈源氏・明石〉訳（源氏はふつうなら）追い払ってしまうに違いない下人が、いまはしみじみと、親しみをお感じになられるのも、自分ながら**面目もなくて**。《音便》「睦ましう」は「睦ましく」のウ音便。《敬語》「思さるる」→「おぼす」

❷**恐れ多い。もったいない。** 例「**かたじけな・く**、穢げなる所に、年月を経てものしたまふこと、きはまりたるかしこまり」〈竹取・石作の皇子〉訳**恐れ多くも**、このきたならしい拙宅に、長い間お通いになること、この上なく恐縮です。

❸**ありがたい。感謝にたえない気持ち。もったいない。** 例「身にあまるまでの御心ざしの、よろづに**かたじけな・き**に、人げなき恥を隠しつつ、交じらひたまふめりつるを」〈源氏・桐壺〉訳分に過ぎるほどの（帝の）ご寵愛が、何かにつけて**もったいのう**ございましたので、人並みに扱われない恥を隠して、お付き合いしておられたようですが。

発展学習ファイル (1)「かたじけなし」は、本来は容貌が醜い意を表す語であったらしいが、転じて、右の①②③の気持ちを表すようになった。この語の用例が『源氏物語』に多いのは、上下関係、社会における具体的な人間関係においてかもし出される心情がこまやかに追求されているためである。
(2)現代語「かたじけない」には①の意味はない。また、日常の口頭語としてはほとんど用いられなくなった。

古語深耕 「かたじけなし」と「ありがたし」との違い

現代語では、感謝の意を表すのに「ありがとう」を使うが、古語では中世まで「**かたじけなし**」を使った。「**ありがたし**」は「有り難し」、つまりめったにないの意が原義で、そこから稀少価値を評価し、尊ぶ語になった。よって、めったにないもの、神仏や天皇の加護などに対してよく使われる。一方「**かたじけなし**」は、自分がひれ伏すことにより、相手の行為を持ち上げる。相手に対して恥ずかしい、おそれ多い、もったいないと、下から上の目線でいうことで、相手をたたえたり感謝したりする。現代語でも、御礼をいうのに「すみません」と低姿勢になることがあるのに似る。

かたしは【堅磐】（カタシワ）［名］《「かきは」とも》堅い岩石。

かたしほ【堅塩】（カタシオ）［名］《「きたし」とも》精製していない固形の塩。↕沫塩

かたしろ【形代】［名］❶神や霊などの代わりとして祭るもの。❷陰陽師などが、禊ぎや祈禱のときに用いる人形。紙やわらで作り、それで人のからだを撫でて穢れを移してから身代わりとして水に流した。＝撫で物・人形。❸（本人の）身代わり。

かたすくに【堅州国】［名］地底の片隅にある国。＝根の国・根之堅州国

かたそぎ【片削ぎ】［名］（片側をそぎおとしたものの意から）神社の屋根の「千木」で、先端の片側が切り落としてあるもの。

かたそば【片傍】［名］片端。一部分。一端。例「御簾の**片そば**よりさし出でさせたまひて」〈栄花・三〉

かたそひ【片副】（カタソイ）［名］崖。傾斜地。

かたそ・ふ【片添ふ】（カタソウ）［他ハ下二］{へ・へ・ふ・ふる・ふれ・へよ}片一方に寄せる。例「山かげに**かたそ・へ**て、大きやかなる巌のそばだてるをたよりにて」〈増鏡・新島守〉

かただ【堅田】［地名］近江国の地名。いまの滋賀県大津市北部。琵琶湖西岸にあたり、浮御堂（満月寺）が有名。

かたたがひ【方違ひ】（カタタガイ）［名］「かたたがへ」に同じ。

かたたがへ【方違へ】（カタタガエ）［名］陰陽道による風習。外出の際、目的地の方角が「方塞がり」になっている場合、いったん別の方角へ行って泊まり、方角が違うようにしてから目的地へ向かうこと。＝忌み違へ・方違ひ。例「**方違へ**にいきたるに、あるじせぬ所」〈枕・すさまじきもの〉

古典の世界 「方違へ」の変遷

「方違へ」は、陰陽道の盛衰にしたがって、その忌み嫌うべき内容を変えていく。(1)最も古くは、その人の**生年の干支**による方角、(2)平安中期以降は、**天一神**が地上を周遊しているときの方角、(3)平安末期以降は、年単位で**金神**のいる方角、(4)その他、**大将軍**という神の三年ごとに変わる方角、**王相神**という神の季節によって変わる方角。

平安時代の物語や和歌に描かれるのは、ほとんどが(2)のタイプで、この「方違へ」が時として男女の愛憎のドラマを引き起こす。『源氏物語』〈空蟬〉の巻で、源氏が人妻の空蟬と方違え先で関係を結ぶという展開は、その代表的なドラマである。

「方違へ」の方法は、のち次第に簡略化され、ある地点におもむいて鶏の鳴き声を聞くと帰ってきたり、また、鶏の鳴き声をまねてすませてしまったり、本人が方違え先に行くかわりに枕だけを移すようになったりする。そして、天一神や金神などに対する信仰の衰退につれて、だんだんと行われなくなる。

かたたがへどころ【方違へ所】（カタタガエドコロ）［名］「方違

「方違(かたたがへ)」のために行く所。

かただより【片便り】[名]こちらから手紙を出しても、相手から返事がないこと。＝片便宜(かたびんぎ)

かたち【形・容・貌】[名]❶外形。姿。形態。例「いかに便なき**かたち**ならまし」〈枕・関白殿、二月二十一日に〉《疑問語との呼応》「いかに→ならまし(体)」。❷容貌(ようぼう)。顔立ち。例「人の**かたち**は、をかしうこそあれ」〈枕・人の顔に〉《音便》「をかしう」は「をかしく」のウ音便。《係結び》「こそ→あれ(已)」。❸美貌。美しい姿。例「**かたち**を好ませ給ひて、今もよき若き人ども参り集まりて」〈栄花・三〉❹ようす。状況。例「ここに天皇(すめらみこと)、そのある**かたち**を聞こしめして」〈紀・継体〉

〔形(かたち)あり〕容貌(ようぼう)がすぐれている。美貌だ。例「**かたちあ・る**女を集めて見む」〈源氏・玉鬘〉

〔形(かたち)(も)変(か)はる〕(カタチ(モ)カワル)僧の姿となる。出家する。例「御**かたちも変は・り**ておはしますらんが」〈源氏・橋姫〉

〔形(かたち)を変(か)ふ〕(カタチヲカ(コ)ウ)出家する。剃髪(ていはつ)する。例「前尚侍(さきのかむ)の君、**かたちを変・へ**てんと思(おぼ)したつを」〈源氏・竹河〉

かたちぐ[・なり]【片ちぐ】[名・形動ナリ]一対のものがそろわないで、ちぐはぐなこと。例「帯などの先、かたちぐ・なるところ、心得べし」〈申楽談儀〉

かたちびと【形人・容人・貌人】[名]容貌(ようぼう)の美しい人。

かたつかた【片つ方】[名]《「つ」は上代の格助詞》❶片方。もう一方。❷片端。片隅。

かたづ・く【片付く】㊀[自カ四]{か・き・く・く・け・け}❶片側に寄る。例「あしひきの山**片付・き**て家居(いへゐ)せる君」〈万葉・一〇・一八四二〉❷(行き先が)決まる。整う。例「つれ衆(しゆ)には天神**かたづ・き**」〈浮・好色一代女〉❸嫁ぐ。例「御総領のお姉さんは、たしかお**片付・き**なさいましたっけね」〈浮世風呂〉㊁[他カ下二]{け・け・く・くる・くれ・けよ}❶一方に寄せる。整える。決める。例「我が身一つを**片づ・け**かねて震ひゐる」〈浄・博多小女郎波枕〉❷嫁がせる。例「相応な所(とこ)がございましたから**片づ・け**ました」〈浮世風呂〉❸殺す。例「酒にゑはせて**かたづ・け**んと思ひ」〈浄・鎌田兵衛名所盃〉

かたつぶり【蝸牛】[名]カタツムリ。(季－夏)

かたつま【片端】[名]片方のはし。かたはし。

かたて【片手】[名]❶片方の手。相手。↕真手(まて)・諸手(もろて)。❷ひと組となるものの一方。例「『挑灯(てうちん)ともしや』といふ**かた手**に草履取り出(い)だし」〈浮・好色一代男〉❸片手間。(…をする)一方。❹(手の指の数から)五の数。

かたてうち【片手打ち】[名]❶刀を片手で握って切りかかること。❷処置に片よりがあること。不公平。

かたてぎり【片手切り】[名]❶「かたてうち①」に同じ。❷左右に分かれ出た「雁股(かりまた)」の鏃(やじり)の片方の刃で射切ること。＝片手切り①。

かたてや【片手矢】[名](矢は二本一対で「一手(ひとて)」ということから)一本の矢。

かたてわざ【片手業】[名]❶片手だけでするわざ。❷本業以外の仕事。副業。

かたとき【片時】[名]一時(ひとき)の半分。わずかの間。少しの間も離れない。終始。例

〔片時(かたとき)去(さ)らず〕少しの間も離れない。終始。例「かた時さら・ずあひ思ひけるを」〈伊勢・四六〉

かたな【刀】[名]❶片刃の剣の総称。❷(「太刀(たち)」に対して)小さな刀。❸腰刀(こしがたな)の類。❹近世、武士が脇(わき)差しとともに差した大刀。

かたな【片名】[名]❶漢字二字からなる名前の、一文字。例「我が**片名**に、父が**片名**を取って」〈盛衰記・三六〉❷名前を省略して呼ぶこと。また、その略称。❸(「肩名」とも書く)あだ名。多くは名前の上につけた。

かたなき【片泣き・片鳴き】[名]❶半泣き。また、ひとり泣き。例「**片泣き**に我が泣く妻」〈紀・允恭・歌謡〉❷鳥などが、まだうまく鳴けないこと。例「おのづからまだ**かたなき**のひなどりの」〈新撰六帖〉

かたな・し【形無し】[形ク]{から・く(かり)・し・き(かる)・けれ・かれ}❶(容姿が)醜い。汚い。例「また形姿(かほ)**かたな・し**」〈紀・景行〉❷跡形もない。効き目がない。例「**かたな・し**とてもいへはあらじな」〈続詞花〉

-がたな・し[接尾ク型]{から・く(かり)・し・き(かる)・けれ・かれ}(動詞の連用形に付いてク活用形容詞を作って)…するのがむずかしいの意を表す。例「百重(ももへ)の囲みは逃るるとも逃れが**たな・き**手詰めの段」〈浄・心中天の網島〉

かたなだま【刀玉】[名]田楽(でんがく)や猿楽(さるがく)の曲芸の一種。複数の刀や扇などを投げ上げては素手で受け止める芸。また、その曲芸師。＝品玉(しなだま)

かたなづけ【片馴付け】[名]《「かたなつけ」とも》馬などが十分に訓練されていないこと。

かたなり[・なり]【片生り】[名・形動ナリ]❶肉体や精神が未成熟なさま。例「十四になんおはしける。**片なり・に**見えたまへど」〈源氏・少女〉❷技術や思慮が未熟なさま。例「御息所(みやすどころ)の御琴の音(ね)、まだ**片なり・なる**ところありしを」〈源氏・竹河〉

かた・ぬ【結ぬ】[他ナ下二]{ね・ね・ぬ・ぬる・ぬれ・ねよ}ひとつにまとめる。束ねる。例「仕ふる国の年の内の事**かた・ね**持ち」〈万葉・一八・四一二六長歌〉

かたぬ・ぐ【肩脱ぐ】[自ガ四]{が・ぎ・ぐ・ぐ・げ・げ}❶くつろいで上着を半ば脱ぎ、下着の肩を出す。例「若やかなる上達部(かむだちめ)は**肩ぬ・ぎ**ておりたまふ」〈源氏・若菜・下〉❷衣服の上半身を脱いで肌を出す。例「**肩ぬ・い**だるをみれば、左の脇(わき)の下、大きなるかはらけの口ばかりうげのいて」〈平家・一・願立〉《音便》「肩ぬいだる」は「肩ぬぎたる」のイ音便。

かたねぶり[・す]【片眠り】[名・自サ変]熟睡しないこと。仮寝。うたたね。

かたの【交野】[歌枕]河内国(かわちのくに)の野。いまの大阪府枚方(ひらかた)市から交野市にかけての地域。平安時代から皇室の狩猟地。桜の名所。

かだのあづままろ【荷田春満】(カダノアズママロ)[人名](一六六九～一七三六)江戸中期の国学者・歌人。国学四大人のひとり。『万葉集』などの研究を文献学に重点をおいて行った。

かだのありまろ【荷田在満】[人名](一七〇六～一七五一)江戸中期の国学者。早くから伯父の荷田春満(あずままろ)に学び、故実家・和学者として田安宗武(たやすむねたけ)に仕えた。著書『国歌八論』。

かたのごと【形のごと】「かたのごとく」に同じ。

かたのごとく【形の如く・型の如く】形式どおり。

慣例により。形ばかり、形式的にの意味を帯びることもある。＝形のごと。例「かく年もせめつれば、え思ひのごとくもしあへで型のごとくなむ、斎の御鉢はまゐるべきを」〈源氏・若菜・下〉

かたは［・なり］【片端】[名・形動ナリ] ❶**不完全なさま。欠点のあるさま。**また、**不十分な点。欠点。**例「年のほど三つ四つが年上は、ことなる**かたは**にもあらぬを」〈源氏・藤袴〉 ❷**見苦しいさま。体裁が悪いさま。不都合なさま。**例「かく**かたは・に**しつつありわたるに、身もいたづらになりぬべければ」〈伊勢・六五〉 ❸身体に障害のあること。また、その人。例「腰斬り損ぜられて、**かたは**に成りにけり」〈徒然・八七〉

かたはうど【片端人】[名]《「かたはびと」のウ音便》からだの一部に障害がある人。

かたはく【片白】[名]《近世語》白米と黒麹とで造る濁り酒の一種。↔諸白。（季―秋）

かたはし【片端】[名] ❶一方の端。❷物事の一部分。ほんの一端。

かたはしより【片端より】次々に。片っ端から。

かたはづ・く【片端付く】[自カ四]{か・き・く・く・け・け}身体に障害を生じる。例「身を損なひ、**片はづ・ける**人、数も知らず」〈方丈記〉

かたばみ【酢漿草】[名] ❶草の名。夏、黄色の花をつける。（季―夏）。❷①を図案化した紋所の名。

かたはら【傍ら・側】[名] ❶（物の）**側面。**また、**そば。わき。**例「卯の花の、いみじう咲きたるを折りて、車の簾・**側**などに挿しあまりて」〈枕・五月の御精進のほど〉《音便》「いみじう」は「いみじく」のウ音便。❷**端に寄った所。端っこ。**例「わが昇るは、いとあやふくおぼえて、**かたはら**に寄りて、高欄おさへなどしていくものを」〈枕・正月に寺に籠りたるは〉 ❸**そばにいる人。周囲の人。**例「本性の人柄くせなく、**かたはら**のため見えにくきさませずだになりぬれば、憎うははべるまじ」〈紫式部日記〉

かたはらいたう【傍ら痛う・片腹痛う】形容詞「かたはらいたし」の連用形「かたはらいたく」のウ音便。

かたはらいた・し【傍ら痛し・片腹痛し】[形ク]{から・く(かり)・し・き(かる)・けれ・かれ}

> **アプローチ**
> ▼「傍ら」と「痛し」の複合語。
> ▼そばで見ていて心が痛むさまや、逆にそばの人から自分がどう思われるか、恥ずかしく思う気持ちも表す。
> ▼中世以降、「片腹痛し」と理解され、ばかばかしくて見ていられないと蔑む気持ちを表すようになった。

一【傍ら痛し】❶（はたで見ていて）**気の毒だ。心が痛む。**例「女も並々ならず**かたはらいた・し**と思ふに、御消息も絶えてなし」〈源氏・空蝉〉訳女（＝空蝉）も（源氏に対して冷たい態度をとってしまったことを）ひどく**気の毒な**ことになったと思っているが、（あれ以来源氏からの）お便りはまったくない。❷（はたで見ていて）**見苦しい。みっともない。見られたものでない。**例「寝入りて、いびきなど**かたはらいた・く**するもあり」〈源氏・総角〉訳（宇治の八の宮家の女房の中には）寝入ってしまって、いびきなどを**みっともなく**かいている者もいる。❸（はたから見られて）**恥ずかしい。きまりが悪い。**例「まだ験つくばかりの行ひにもあらねば、**かたはらいた・けれど**」〈源氏・柏木〉訳まだ効験が現れるほどの修行もしていないので、**恥ずかしいのだけれど。**

二【片腹痛し】（見ていておかしくて脇腹が痛むほど）**ばかばかしい。笑止だ。**例「十蔵、かんらかんらと笑ひ、そのいましめにあひながらそれがしをつかまんとは。腕無しのふりずんばい。**片腹痛・し**」〈浄・出世景清〉訳十蔵は、からからと笑って、（お前＝景清が）縛られていながら、おれのことをつかもうとするのは、腕なしのふりずんばい（＝ことわざ。ふりずんばいは、棒に糸をつけ石を結びつけ、振り回して飛ばす遊び。不可能なことのたとえ）だ。**笑止千万。**

かたはらさ・く【傍ら避く】[他カ下二]{け・け・く・くる・くれ・けよ}そばから離す。遠ざける。例「**かたはら避・け**たてまつらず、明け暮れのもてあそびものに思ひきこえつるを」〈源氏・少女〉

かたはらさび・し【傍ら寂し】[形シク]{しから・しく(しかり)・し・しき(しかる)・しけれ・しかれ}わきに寝る相手がいなくて寂しい。ひとり寝で寂しい。例「げに**かたはらさび・しき**夜な夜な経にけるも」〈源氏・若菜・上〉

かたはらざま【傍ら様】[名]脇の方。

かたはらな・し【傍ら無し】[形ク]{から・く(かり)・し・き(かる)・けれ・かれ}並ぶものがない。匹敵するものがない。例「あまたの人にすぐれおぼえことに、人柄も**かたはらな・き**やうにものしたまふにも」〈源氏・若菜・上〉

かたはらふ・す【傍ら伏す・傍ら臥す】[自サ四]{さ・し・す・す・せ・せ}横向きに寝る。例「やをら**かたはら臥・し**て聞けば、蟬の声いとしげうなりにたるを」〈蜻蛉・下〉

かたはらめ【傍ら目】[名]横から見た姿かたち。とくに、横顔。

かたひ・く【方引く・片引く】[他カ四]{か・き・く・く・け・け}片方をひいきする。えこひいきする。例「男も女も、けぢかき人思ひ、**方ひ・き**褒め」〈枕・故殿の御為に〉

かたびと【方人】[名]「かたうど」に同じ。

かたびら【帷・帷子】[名]《「かたひら」とも。片枚の意》❶几帳や壁代などにかけて隔てとした布。夏は生絹、冬は練り絹を用いた。❷裏をつけない衣。夏は直衣などの下に着た。❸夏用の単衣の衣。（季―夏）。❹「きゃうかたびら」に同じ。

かたびんぎ【片便宜】[名]「かただより」に同じ。

かた・ふ[他ハ四]{は・ひ・ふ・ふ・へ・へ}《上代語》語義未詳。だまして奪う、心を寄せる、などの説がある。例「片思ひを馬にふつまに（＝ドッサリ）負ほせ持て越辺に遣らば人**かた・は**むかも」〈万葉・一八・四〇八一〉

かたぶきかか・る【傾き掛かる】[自ラ四]{ら・り・る・る・れ・れ}傾いて（何かに）寄り掛かる。例「添ひ臥したる人は、琴の上に**かたぶきかか・り**て」〈源氏・橋姫〉

かたぶ・く【傾く・斜く】一[自カ四]{か・き・く・く・け・け}❶**斜めになる。傾斜する。**例「琴の上に**かたぶ・き**かかりて」〈源氏・橋姫〉❷**日や月が西に沈みかかる。**例「かへり見すれば月**傾・きぬ**」〈万葉・一・四八〉訳→〈和歌〉ひむがしの…。❸**首をかしげる。不思議がる。**例「この工匠らが申すことは何事ぞとかたぶ・きをり」〈竹取・蓬萊の玉の枝〉❹衰える。滅びる。例「臣下のあまたして傾け奉る時は、傾・き給ふものなり」〈大鏡・後一条院〉〔注〕「傾け奉る」の「かたぶく」は二②の意。
二［他カ下二］{け・け・く・くる・くれ・けよ}❶斜めにする。対象に向ける。例「角のあるものの角を傾・け」〈徒然・一六七〉❷衰えさせる。滅ぼす。例「朝家をもかたぶ・けまるらせ」〈平治・上〉❸非難する。例「白楽天の作をば、東坡先生はかたぶ・けけるとかや」〈古今著聞・一八〉

かたふたがり【方塞がり】［名］《「かたふさがり」とも》陰陽道で、これから行こうとする方角に「天一神」がいて、行くことができないこと。また、その日時。→「かたたがへ」

かたぶち【片淵】［名］《「かたふち」とも》川の片一方の岸が深くなって、ふちとなっている所。

かたへ【片方】［名］❶（対になるものの）**一方。片方。片側。** 例「夏と秋と行きかふ空の通ひ路はかたへ涼しき風や吹くらむ」〈古今・夏・一六八〉訳→〔和歌〕なつとあきと…。❷（全体のうちの）**半分。一部分。** 例「五年六年のうちに、千歳や過ぎにけむ、かたへはなくなりにけり」〈土佐〉《係結び》「や」→過ぎにけむ（体）」。❸**かたわら。そば。** 例「身をばまたなきものに思ひてこそ、宮仕へのほどにも、かたへの人々をば思ひ消ち、こよなう心おごりをばしつれ」〈源氏・若菜・上〉《係結び》「こそ」→しつれ（已）」。❹**そばにいる人。仲間。同輩。** 例「ある荒夷の恐ろしげなるが、かたへにあひて、『御子はおはすや』と問ひしに」〈徒然・一四三〉《敬語》「おはすや」→「おはす」

かたへは【片方は】（多く推量や疑問の表現を伴って）一方では。半面では。例「琴掻き鳴らしたまへる、いとあはれに心すごし。かたへは、峰の松風のもてはやすなるべし」〈源氏・橋姫〉

かたほ【片帆】［名］船が横風を受けて帆走するように、帆を斜めに片寄らせて張ること。↔真帆

かたほ【片秀・偏】［名・形動ナリ］《「かた（片）」は不完全の意。「ほ」は表面に現れ出たものの意》❶不完全で欠点があるさま。不十分・未熟なさま。↔真秀。例「いまだ堅固かたほ・なるより」〈徒然・一五〇〉❷容貌が劣っているさま。不器量なさま。例「かたほ・にもおはせましかば、あたらしう惜しき方の思ひは薄くやあらまし」〈源氏・椎本〉

かたほっけ【堅法華・固法華・偏法華】［名］《近世語。「かたぼっけ」とも》法華宗（日蓮宗）に凝り固まった人。法華宗の狂信者。

かたほとり【片辺り・偏辺り】［名］❶へんぴな所。片いなか。❷片隅。町外れ。

かたま・く【片設く】［自カ下二］{け・け・く・くる・くれ・けよ}季節や時をひたすら待つ。その時節になる。例「桜の花のときかたま・けぬ」〈万葉・一〇・一八五四〉

かたま・く【傾く】［他カ下二］{け・け・く・くる・くれ・けよ}（心を）寄せる。傾ける。例「命かたま・け刈り薦の心もしのに人知れずもとなぞ恋ふる」〈万葉・一三・三二五五長歌〉

かだま・し【奸まし・姦まし】［形シク］{しから・しく(しかり)・し・しき(しかる)・しけれ・しかれ}心がねじけている。例「かだま・しき者朝にあって、罪をかす」〈平家・六・紅葉〉

かたま・つ【片待つ】［他タ四］{た・ち・つ・つ・て・て}いちずに待つ。例「うぐひすは今は鳴かむと片待・てば」〈万葉・一七・四〇三〇〉

かたみ【筐】［名］竹などで作った、目の細かい小さな籠。＝勝間

かたみ【片身】［名］❶着物の身ごろの片方。❷（開いた魚などの）半身。からだの半分。

かたみ【形見】［名］❶過ぎ去ったことを思い出させるもの。**思い出のよすが。記念品。** 例「遠山にかかる白雲は、散りにし花の形見なり」〈平家・灌頂・大原御幸〉❷死んだ人や別れた人が残していったもの。**遺品。遺児。形見の品。** 例「逢はむ日の形見にせよとたわやめの思ひ乱れて縫へる衣そ」〈万葉・一五・三七五三〉訳→〔和歌〕あはむひの…

〔**形見の色**〕❶人の思い出を呼び起こす色。❷喪服の色。薄墨色。

〔**形見の櫛**〕人と別れるとき、記念に贈る櫛。とくに、斎宮が京から伊勢に下向するとき、天皇から直接贈られる櫛。

〔**形見の雲**〕火葬の煙。＝形見の煙

〔**形見の煙**〕「かたみのくも」に同じ。

かたみ【難み】《形容詞「難し」の語幹＋接尾語「み」》むずかしいので。できにくいので。例「菅の根を引かば難みと標のみそ結ふ」〈万葉・三・四一四〉

かたみがほ【形見顔】［名］形見と思わせるようなさま。別れた人をしのばせるようなさま。例「夕暮れもなるれば人のかたみがほなる」〈玉葉・恋二・一四六六〉

かたみぐさ【形見草】［名］死んだ人や別れた人を思い出させる形見となる草。とくに、葵・菊・ナデシコを指していうこともある。

かたみ・す【難みす】［他サ変］{せ・し・す・する・すれ・せよ}困難だと思う。辛いと思う。例「白たへの袖の別れを難み・して」〈万葉・一二・三二一五〉

かたみせ【片店・片見世】［名］《近世語》店の一部を区切って、別の商売をすること。また、その店。

かたみに【互に】［副］**お互いに。交互に。かわるがわる。** 例「かたみに恨むるさまのこともあるべし」〈蜻蛉・上〉

発展学習ファイル 平安時代、「かたみに」は和歌や和文に用いられ、類義語の「たがひに」は漢文訓読文で用いられた。

かたみみ【片耳】［名］❶片方の耳。❷（多く「片耳に聞く」の形で）ちらっと聞くこと。ちょっと耳にすること。例「『いとめでたかるべき事かな』と片耳に聞きて、うち笑む女ばらのあるを」〈源氏・椎本〉

かた・む【固む】［他マ下二］{め・め・む・むる・むれ・めよ}❶堅固にする。例「天地のかた・めし国そ」〈万葉・二〇・四四八七〉❷しっかりと固定する。例「烏帽子の緒、元結ひかた・めずともありなむ」〈枕・暁に帰らむ人は〉❸堅く約束する。例「この櫛笥開くなゆめとそこらくにかた・めしことを」〈万葉・九・一七四〇長歌〉❹堅く守る。警備する。例「宇治橋かた・めたる勢ども」〈平家・九・宇治川先陣〉❺ねらいを定めて弓を引きしぼる。例「しばし固・めてひやうど射る矢なれば」〈義経記・五〉

かだ・む【佞む・奸む】［自マ四］{ま・み・む・む・め・め}《「かたむ」とも》心がひねくれている。人をあざむく。例「多く奸・みいつはれることを行はば」〈紀・欽明〉

かたむすび【片結び】［名］帯やひもの結び方のひとつ。一方を輪にし、もう一方を回して結ぶ。

かため【固め】[名]❶(外に対する)守り。防備。❷(「国のかため」「世のかため」などの形で)柱石。中心となる存在。❸約束。契約。

かたもじ【片文字】[名]文字や名前の一部。

かたもひ【片垸】[名]《上代語》湯や水を入れておく、ふたのない素焼きの土器。→「もひ」

かたもひ【片思ひ】[名]《「かたおもひ」の変化形》一方的に相手を恋い慕うこと。片思い。＝片恋

かたもん【固紋・固文】[名]綾織物の模様を、糸を浮かさずに固く締めて織り出したもの。↔浮き紋

かたや【方屋】[名]「相撲」「競べ馬」「歌合はせ」など、左右・東西に分かれて勝負を争う競技で、参加者が控えている所。

かたやま【片山】[名]❶山の片側。また、一方がけわしく、一方がなだらかな形の山。❷人里離れて立っている山。

かたやまかげ【片山陰】[名]「片山」の陰。

かたやまきぎし【片山雉子】[名]「片山」にすむキジ。

かたやまぎし【片山岸】[名]《「かたやまきし」とも》山の片側の崖になっている部分。

かたやまつばき【片山椿】[名]「片山」に生えているツバキ。

かたより【片縒り・片撚り・片搓り】[名]糸をより合わせるとき、片側だけからねじること。また、二本の糸のうち、片方の糸だけをねじってより合わせること。

かたらか[・なり][形動ナリ]すみやかなさま。例「かたらか・に帰し賜ふべし」〈続後紀〉

かたらく【語らく】《動詞「語る」の名詞化したもの》語ることには。例「玉鉾の道来る人の伝って言ことに我に語らく」〈万葉・一九・四二一四長歌〉

かたらひ【語らひ】[名]❶話し合うこと。❷男女が契りを結ぶこと。例「あさはかなる語らひだに、みなれそなれて別るるほどはただならざめるを」〈源氏・松風〉

語構成「ただならざめる」→「ざめり」。❸説得して味方に引き入れること。例「この仏師、郡司の語らひを請けて後ち」〈今昔・一六・五〉

かたらひあか・す【語らひ明かす】[他サ四]親しく語り合って夜を明かす。男女がむつみあって一夜を過ごす。例「泣きみ笑ひみ語らひ明か・す」〈源氏・竹河〉

かたらひあは・す【語らひ合はす】[他サ下二]互いに相談し合う。打ち合わせる。例「『ただ〔薫ヲ〕入れたてまつらむ』と、皆語らひあは・せけり」〈源氏・総角〉

かたらひあ・ふ【語らひ合ふ】[他ハ四]話し合う。例「人々は、『などか同じくは』『いでや』など語らひあ・へり」〈源氏・薄雲〉

かたらひぐさ【語らひ種】[名]話の種。語り継がれていく事柄。＝語り種

かたらひくら・す【語らひ暮らす】[他サ四]一日じゅう親しく語り合う。男女がむつみあって一日を過ごす。例「人目も絶えて、心やすく〔匂宮ハ浮舟ト〕語らひ暮ら・したまふ」〈源氏・浮舟〉

かたらひちぎ・る【語らひ契る】[他ラ四]話し合って約束する。男女が語り合って愛情を誓う。例「宮は、常よりもあはれになつかしく、起き臥し語らひ契・りつつ」〈源氏・浮舟〉

かたらひつ・く【語らひ付く】■一[自カ四]語り合って親しくなる。例「侍従も、かの大弐の甥だつ人、語らひつ・きて」〈源氏・蓬生〉■二[他カ下二]親しく話して物事を頼む。また、手なづける。例「かかる者をなむ、語らひつ・けておきためる」〈枕・職の御曹司におはしますころ、西の廂に〉

語構成「おきためる」→「ためり」

かたらひと・る【語らひ取る】[他ラ四]言いくるめて味方にする。例「この家の二郎を語らひと・りて、うち連れて来たり」〈源氏・玉鬘〉

かたらひなびか・す【語らひ靡かす】[他サ四]説得して意に従わせる。言いくるめる。例「めざましき心ある人にて、必ずこの人に、語らひ靡か・されなむ」〈夜の寝覚〉

かたらひびと【語らひ人】[名]相談相手。親しく語り合う相手。

かたらひよ・る【語らひ寄る】[他ラ四]語りかけて接近する。言い寄る。親しくなる。例「この君の御供なる人の、いつしかと、ここなる若き人を語らひ寄・りたるありけり」〈源氏・総角〉

かたら・ふ【語らふ】[他ハ四]

> アプローチ
> ▼動詞「語る」の未然形に、反復・継続の助動詞「ふ」が付いたもの。
> ▼語り続ける意と語り合う意に用いられ、ここから　親しく交際する、相談する意が生じた。

❶繰り返し話す。例「いつしかも都を見むと思ひつつ語ら・ひ居をれど」〈万葉・五・八八六長歌〉訳いつ都を見ることができるだろうかと、思い続けて、繰り返し話していたけれども。

❷あれこれ話す。話をする。例「こまごまと語ら・ひきこえたまへば、さすがに恥づかしうてともかくも答へきこえたまはず」〈源氏・紅葉賀〉訳(源氏が)こまごまと話をし申し上げると、(紫の上も)そうはいってもやはりきまりが悪くて、なんともご返答申し上げなさらない。《音便》「恥づかしう」は「恥づかしく」のウ音便。《敬語》「語らひきこえたまへば」「答へきこえたまはず」→「きこえたまふ」

❸相談する。例「博士の命婦をこそよくかたら・はめ」〈更級〉訳博士の命婦によく相談するのがよいでしょう。《係結び》「こそ→かたらはめ(已)」

❹親しく交際する。例「女どちも、契りふかくて語ら・ふ人の、末まで仲よき人、かたし」〈枕・ありがたきもの〉訳女同士であっても、約束をしっかり交わして親しく交際している人で、最後まで仲のよい人は、滅多にない。

❺(男女が)契りを結ぶ。例「そこなりけるうなゐを、右京の大夫よびいでてかたら・ひて」〈大和・三九〉訳そこにいた少女を、右京の大夫が呼び出して契りを結んで。

❻仲間に引き入れる。味方にしようとして説得する。例「鬱憤をふくめる折節なれば、かたら・ふ

ともよもなびかじ」〈平家・七・平家山門連署〉訳恨みをもっているときなので、たとえ味方にしようとして説得しても、まさか従わないだろう。《副詞の呼応》「よも↓なびかじ」

❼説得して頼みこむ。まるめこむ。例「衣かづきの女房を語らひて、かの宣命を持たせて、忍びやかに奉らせけり」〈徒然・一〇一〉訳単衣の小袖を頭からかぶった女官を説得して頼みこんで、例の宣命を持って来させて、こっそりと差し上げさせた。《敬語》「奉らせけり」→「たてまつる」

〔俳句〕**かたられぬ…**【語られぬ湯殿にぬらす袂かな】〈おくのほそ道・出羽三山・芭蕉〉訳そのおきてのために他の人に語ることができない湯殿山の尊さに涙が自然とあふれ、その涙に濡れてしまうたもとであるよ。（季―湯殿行―夏）

〈参考〉湯殿山は、修験の山である出羽三山のひとつ。本文に「総じてこの山中の微細、行者の法式として他言する事を禁ず」とある。

かたり【語り】［名］❶人に話し伝えること。また、その話。話題。❷能・狂言で、出来事や故事来歴の説明をする部分。

かたりあは・す【語り合はす】［他サ下二］{せ・せ・す・する・すれ・せよ}互いに話し合う。相談する。例「さまざまの人の上どもを語りあは・せつつ」〈源氏・帚木〉

かたりい・づ【語り出づ】［他ダ下二］{で・で・づ・づる・づれ・でよ}口に出す。話し始める。例「いにしへのこと語り出・でて、うち泣きなどしたまふ」〈源氏・末摘花〉

かたりきか・す【語り聞かす】［他サ下二］{せ・せ・す・する・すれ・せよ}話して聞かせる。例「よく案内知りて、人にも語り聞か・せ」〈徒然・七七〉

かたりきょう・ず【語り興ず】［他サ変］{ぜ・じ・ず・ずる・ずれ・ぜよ}話をしておもしろがる。例「今日ありつる事とて、息もつぎあへず語り興・ずるぞかし」〈徒然・五六〉

かたりく【語り句】［名］❶話の種。＝語り種。❷「平曲」で琵琶に合わせずに語る部分。

かたりぐさ【語り種】［名］広く語り伝えられる事柄。話題。＝語らひ種

かたりごと【語り言】［名］語り継がれていくことば。語り継がれていく事柄。

かたりさ・く【語り放く】［他カ下二］{け・け・く・くる・くれ・けよ}語り合って、互いに慰め合う。例「語り放・け見放くる人目乏しみと」〈万葉・一九・四一五四長歌〉

かたりしら・ぶ【語り調ぶ】［他バ下二］{べ・べ・ぶ・ぶる・ぶれ・べよ}調子づいて話す。得意そうに話す。例「我もとより知りたることのやうに、こと人にも語りしら・ぶるも、いとにくし」〈枕・にくきもの〉

かたりつ・く【語り付く】［他カ下二］{け・け・く・くる・くれ・けよ}付け足して話す。例「愚かなる人は、あやしく異なる相を語りつ・け」〈徒然・一四三〉

かたりつ・ぐ【語り継ぐ】［他ガ四］{が・ぎ・ぐ・ぐ・げ・げ}次々に語り伝えていく。伝承する。例「語り継・ぎ言ひ継ぎ行かむ富士の高嶺は」〈万葉・三・三一七長歌〉訳↓〔和歌〕あめつちの…

かたりつた・ふ【語り伝ふ】［他ハ下二］{へ・へ・ふ・ふる・ふれ・へよ}世の人々や後世に言い伝える。例「夜になりて、月のいとおもしろくさし出でたりけるを見てよめる、となむ語り伝・ふる」〈古今・羇旅・四〇六左注〉

かたりつづ・く【語り続く】［他カ下二］{け・け・く・くる・くれ・けよ}多くの物事を次々と語る。話し続ける。例「我が方にありつること、数々に残りなく語りつづ・くるこそ、あいなけれ」〈徒然・五六〉

かたりな・す【語り成す】［他サ四］{さ・し・す・す・せ・せ}（「成す」はことさらにそうするの意）❶…のように話す。例「かたくなしう語りな・せど」〈源氏・明石〉❷こしらえて話す。例「見ることのやうに語りな・せば」〈徒然・七三〉

かたりべ【語り部】［名］古代、宮廷に仕え、歴史事象や伝説などを口伝して、語ることを職とした部族。またその者。

かたりもの【語り物】［名］筋のある物語を独特の節をつけて語る口承文芸。平曲・幸若・説教・浄瑠璃などの類。

かた・る【語る】［他ラ四］{ら・り・る・る・れ・れ}❶話す。かたる。例「桃李もの言はねば、誰れとともにか昔を語・らん」〈徒然・二五〉《係結び》「か→語らん(体)」。❷（物語や説話などを）節をつけて朗読する。例「平家物語を作りて、生仏といひける盲目に教へて語・らせけり」〈徒然・二二六〉❸親しくする。例「年ごろ、別してかた・りし人も、後にはうとみて」〈浮・西鶴諸国ばなし〉

かたわ・く【方分く】㊀［他カ四］{か・き・く・く・け・け}❶（歌合わせ・競べ馬などの競技で、人々を）ふた手に分ける。例「この人々方わ・きて小弓のことせむとす」〈蜻蛉・中〉❷区別する。隔てをつける。異にする。片寄る。例「かく御心少しづつは方わ・かせ給へれど」〈栄花・三一〉㊁［他カ下二］{け・け・く・くる・くれ・けよ}ふた手に分ける。例「梅と桜の造り枝百人づつかたわ・けてふりかたげ」〈浄・国性爺合戦〉

かたわら【傍ら・側】歴史的かなづかい「かたはら」

かたわれづき【片割れ月】［名］半分に欠けて見える月。半月。（季―秋）

かたゐ【乞丐・乞食】［名］（「かったゐ」とも）❶物もらい。こじき。❷人をののしっていう語。愚か者。例「この楫取りは、日もえはからぬかたゐなりけり」〈土佐〉

かたゐおきな【乞丐翁】［名］（自分を卑下したり、人をののしったりする語）賤しいじじい。

かたゐざり【片躄】［名］片膝ではって進むこと。とくに、幼児がはいはいすること。

かたゑ・む【片笑む】［自マ四］{ま・み・む・む・め・め}微笑する。例「君、すこしかた笑・みて」〈源氏・帚木〉

かたを【片緒】［名］より合わせる前の一本の糸。＝片糸

かたをか【片丘・片岡】［名］片側がなだらかに傾斜した丘。また、丘の片側。

かたをなみ【片男波】［名］「をなみ」に同じ。

かたをりど【片折り戸】［名］扉が一枚で、片側にだけ開く戸。二枚扉で両開きの戸に対していう。↔諸折り戸

かだん【歌壇】［名］歌人により形成される集団・社会。概念は明確ではなく、流派・結社などといった、作歌理念などによって結ばれた特定の歌人の集団をいう場合と、「持統朝歌壇」「院政期歌壇」「新古今歌壇」など、和歌史的にみて特色ある歌風を形成した一時代の歌人社会を総称していう場合などがある。

かち【徒・歩・徒歩・歩行】[名]❶(乗り物を用いずに)歩いて行くこと。徒歩。例「馬買はば妹徒歩ならむ」〈万葉・一三・三三一七〉訳→〈和歌〉うまかはば…。❷《近世語。「徒士」とも書く》「徒侍」の略。

発展学習ファイル ①は、平安時代では、格助詞「より」を伴って「**徒歩より**」の形で用いられることが多い。また、「かち」が単独で用いられることはむしろ少なく、「**徒立ち**」「**徒人**」「**徒渡り**」などのように用いられた。

かち【褐】[名]❶《「かちん」とも》濃い紺色。❷ウサギの毛を綿糸に混ぜて織った織物。錦に次ぐ高価な物。＝褐色。

かぢ【梶】[名]木の名。カジノキ。楮の類で、樹皮から紙・木綿・綱などを作る。

かぢ【楫】[名]船をこぐ道具。櫂・櫓の総称。

かぢ【加持】[名]《仏教語》❶仏・菩薩が衆生を守ること。仏の慈悲が加えられること。❷真言密教で行う祈禱。事物を清め、わざわいを除くよう仏に祈ること。

かぢ【鍛冶】[名]《「金打ち」から生じた語。「かなうち」→「かぬち」→「かぢ」となり、それに「鍛冶」という字を当てたもの》金属を打ちきたえて、いろいろな器具を作ること。また、その職人。

-がち【勝ち】[接尾ナリ型]{なら・なり(に)・なり・なる・なれ・なれ}《名詞または動詞の連用形に付いて》そのことの方に傾きやすいさまを表す。…することが多い。「涙**がち**」「雨**がち**」「嘆き**がち**」など。

かちありき【徒歩き】[名]乗り物に乗らずに歩いて出掛けること。

かちいしゃ【徒医者】[名]《近世語》徒歩で往診する貧しい医者。駕籠で往診する「乗り医者」より格が低いとされた。

かちいひ【搗飯・交飯】[名]餅の別称。

かちいろ【褐色】[名]《「かちんいろ」とも。「かち」が「勝ち」に通じるので、武具などを染めるのに用いた色》濃紺色。濃い藍色。＝褐(かち)・褐(かちん)。

かちおと・す【かち落とす】[他サ四]{さ・し・す・す・せ・せ}❶たたき落とす。例「腹の立つ。**かち落と・い**てのけう」〈狂・節分〉《音便》「かち落とい」は「かち落とし」のイ音便。❷成功しないように邪魔をする。例「だまれだまれ人の願ひを**かち落と・し**」〈浄・浦島年代記〉

かぢかうずい【加持香水】[名]《仏教語》真言密教で「修法」の際に用いる香水を、前もって清め、神聖なものとするための作法。→「かうずい」

かちざむらひ【徒士侍・徒侍】[名]江戸時代、徒歩で主人の供をしたり、行列の先導をつとめたりした下級武士。＝徒②・徒士衆

かちじ【徒路】歴史的かなづかい「かちぢ」

かちしゅう【徒士衆】[名]「かちざむらひ」に同じ。

かぢたくみ【鍛冶匠】[名]金属を打ち鍛えて、いろいろな器具を作る職人。

かちだち【徒立ち・歩立ち】[名]❶馬に乗らず、徒歩であること。例「馬をも射させ(＝射ラレ)**かちだち**になり」〈平家・七・篠原合戦〉❷歩兵の戦い。

かちぢ【徒路・徒歩路】[名]歩いて行くこと。また、歩いて行く道。徒歩の旅。

かぢづか【舵柄】[名]《一説に「かぢから」とも》舵を操作するための取っ手。舵棒。

かぢつくめ【楫つくめ】語義未詳。楫を舷に束ね結ぶ部分の名称か。例「伊豆手(＝伊豆デックラレル型)の舟の**かぢつくめ**」〈万葉・二〇・四四六〇〉〈参考〉「つくめ」を名詞とする説のほか、動詞「つくむ」の連用形とする説があり、後者の説では、押さえて動かないように強く握る意とする。

かぢとり【楫取り】[名]船の櫓や櫂を用いて進路を定めること。また、その人。船頭。

〔俳句〕**かちならば…**【歩行ならば杖つき坂を落馬かな】〈笈の小文・芭蕉〉訳 徒歩でなら、坂の名前どおりに杖を突いて無事に登れたであろうに、なまじ馬に乗ったおかげで、杖つき坂で落馬してしまったことだよ。(季-なし)

かぢのは【梶の葉】[名]❶カジノキの葉。七夕に、七枚のカジノキの葉に詩歌を書いて星に供えた。(季-秋)。❷①を図案化した模様や紋所の名。

かちはしり【徒走り・歩走り】[名]❶車や馬などの乗り物に乗らず、足で走ること。❷徒歩で従う兵士。馬や乗り物などで移動する上級武士に対していう。

かちはだし【徒跣・徒歩跣】[名]はだしで歩くこと。

かぢはらかげすゑ【梶原景季】[人名](一一六二〜一二〇〇)鎌倉前期の武将。父は梶原景時。源頼朝に従って、源義経や行家の行動を探り、義経没落の原因を作った。

かぢはらかげとき【梶原景時】[人名](?〜一二〇〇)鎌倉前期の武将。源頼朝に重用され、源義経を失脚、没落させた。

かちびと【徒人】[名]歩いて行く人。

かぢま【楫間】[名]櫓を漕いで次の一漕ぎをするまでの、短い間。例「垂姫の浦を漕ぐ舟**かぢま**にも奈良の我家を忘れて思へや」〈万葉・一八・四〇四八〉

かぢまくら【楫枕・梶枕】[名]《船の楫を枕にするという意から》船の中で泊まること。船旅。

かぢゃう【嘉定】[名]年中行事のひとつ。陰暦六月十六日に、疫病や災いからのがれることを願って、餅や菓子を神に供え、あとでそれを食べる。＝嘉祥。(季-夏)

かちゆ【徒ゆ・徒歩ゆ】《上代語。「ゆ」は経由点・方法・手段などを表す格助詞》徒歩で。例「山科の木幡の山を馬はあれど**徒歩ゆ**そ我が来し」〈万葉・一一・二四二五〉

かちゅう【家中】[名]❶家の中。家の人全員。❷武家や大名の家来・家臣団の総称。

かちゆみ【徒弓・歩射】[名]徒歩で弓を射ること。また、その弓。＝歩射。↔馬弓

かちより【徒より】《「より」は手段を表す格助詞》❶**歩いて。徒歩で。**例「ただひとり**かちより**詣でけり」〈徒然・五二〉《敬語》「詣でけり」→「まうづ」。❷**陸路で。陸路をとって。**例「我は**かちより**。北の方をば船より下し給ふ」〈栄花・一二〉

かちわたり【徒渡り】[名]「かはごし②」に同じ。

かぢを【楫緒】[名]楫を船に取り付けておく綱。艪縄。

かちん【褐】[名]《「かち」の変化形》「かちいろ」に同

じ。

かちん【餅】［名］《女房詞「かちいひ」の変化形》餅。

かつ…【活…】歴史的かなづかい「くわつ…」

か・つ【勝つ・克つ】［自タ四］{た・ち・つ・つ・て・て}❶戦や勝負事で相手を破る。相手にまさる。勝つ。例「**勝・つ**べきいくさにまくる事もよもあらじ」〈平家・九・敦盛最期〉❷自制する。抑える。例「恋に**克・つ**事を得ず」〈浮・新色五巻書〉

〔**勝つに乗る**〕勝った勢いに乗る。図に乗る。例「源氏の兵者どもは**勝つに乗・つ**て」〈平家・一一・弓流〉

《音便》「勝つに乗っ」は「勝つに乗り」の促音便。

か・つ【糅つ・合つ】［他タ下二］{て・て・つ・つる・つれ・てよ}混ぜる。例「醤酢に蒜搗き**合・て**て」〈万葉・一六・三八二九〉

か・つ［補動タ下二］{て・て・つ・つる・つれ・てよ}《上代語》《動詞の連用形に付き、下に打消の語を伴って》…できる。…に堪える。→「かてに」。例「辺にも沖にも寄り**か・つ**ましじ」〈万葉・七・一三五二〉

かつ【且つ】［副］［接］

> **アプローチ**
> ▼一方である動作が行われると同時に、他方でも別の動作が行われることを示す。
> ▼「かつ…かつ…」というように用いられる場と、「かつ」のみで用いられる場合とがある。
> ▼接続詞の「かつ」は、副詞から転じたもの。

❶［副］❶《相反するような二つの動作・事態について》**一方では**。例「世の中し常かくのみと**かつ**知れど痛き心は忍びかねつも」〈万葉・三・四七二〉訳世の中はいつもこのような(無常な)ものだと**一方では**分かっているのだが、(妻を亡くした)つらい気持ちはこらえきれないものだな。

❷《異なる動作・事態が同時に存在するさま。「…かつ…」「かつ…かつ…」の形をとることが多い》**一方では…し、一方では…する。…しては、…する**。例「よどみに浮かぶうたかたは、**かつ**消え、**かつ**結びて」〈方丈記〉訳流れに浮かぶ水の泡は**一方では**消え、**一方では**生まれて。

❸《二つの動作・事態がほぼ同時に引き続いて行われるさま》(…すると)**すぐに**。**たちまち**。例「筆にまかせつつ、あぢきなきすさびにて、**かつ**破り捨つべき物なれば」〈徒然・一九〉訳(これは)筆に任せた、つまらない慰みごとで、**すぐに**破り捨ててしまうはずのものだから。

❹**ようやく**。**わずかに**。例「陸奥の安積の沼の花かつみ**かつ**見る人に恋ひやわたらむ」〈古今・恋四・六七七〉訳↓〔和歌〕みちのくのあさかのぬまの…

❷［接］《ある動作・事態の上にさらに別の動作・事態が加わるさま》**さらに**。**その上**。**また**。例「松嶋・塩がまの所々、絵にかきて送る。かつ、紺の染め緒つけたる草鞋二足はなむけす」〈おくのほそ道・仙台〉訳(絵師の加右衛門が)松島・塩釜の所々を絵にかいて(私に)送ってくれる。**その上に**、紺の染め緒をつけた草鞋二足を、餞別としてくれた。

かつ【喝】［感］《仏教語》禅宗で、迷いを覚まさせるために叱咤する声。また、言語や文字を超えた境地を示すときに発する声。

かっ-［接頭］《「かき(掻き)」の促音便》《動詞に付いて》その動作の意を強める。「かっかじる」など。例「尻突き出して**かっ**つくばひ」〈浄・心中宵庚申〉

かづ【門】［名］《上代東国方言》「かど」に同じ。

がつ…【月…】歴史的かなづかい「ぐわつ…」

がつ［名］《近世語》恋人。愛人。情婦。

かつうは【且つうは】［副］《「かつは」の変化形》一方では。ひとつには。例「**且つうは**妻子をもはぐくみ、**且つうは**また維盛が後生をも訪らへかし」〈平家・一〇・維盛出家〉

かっかう［・なり］【恰好】❶［名］姿。形。❷［名・形動ナリ］❶適当なこと。似つかわしいこと。例「夜前、雪が降りてたまりたる思ふなり。題によく**恰好・なり**」〈中華若木詩抄〉❷値が手ごろなこと。

かつがう［・す］【渇仰】［名・自サ変］《のどが渇いては水を求め、山に向かっては高きを仰ぐように》神仏を深く信仰すること。例「歓喜の涙を流し、**渇仰**骨を徹す」〈栄花・一八〉

かつがつ【且つ且つ】［副］❶不十分ながら。不満足ながら。ともかくも。ともあれ。例「玉守に玉は授けて**かつがつ**も枕と我はいざ二人寝む」〈万葉・四・六五二〉訳↓〔和歌〕たまもりに…。❷かろうじて。ようやく。例「夜一夜、舟にて**かつがつ**物など渡す」〈更級〉❸とりあえず。ひとまず。例「**かつがつ**南都の狼藉をおさめんとて」〈平家・五・奈良炎上〉❹早くも。もうすでに。例「露しげき道とかいとど死出の山**かつがつ**濡るる袖いかにせむ」〈蜻蛉・中〉

かつぎ【被ぎ・被衣】［名］「かづき」に同じ。

かづき【被き・被衣】［名］《「かつぎ」とも》❶頭を覆ってかぶること。また、そのようにしてかぶるもの。❷女性が外出するとき、顔を隠すために頭からかぶった衣服。また、その姿。＝衣被

かづき［・す］【潜き】［名・自サ変］水中にもぐって貝や海藻などをとること。また、その人。例「**かづき・する**海女のすみかを」〈枕・里にまかでたるに〉

かづきい・づ【潜き出づ】［他ダ下二］{で・で・づ・づる・づれ・でよ}水中にもぐって貝や海藻などをとり出す。例「**かづき出・で**し沖の藻屑を忘れずはそこのみるめを我に刈らせよ」〈後撰・雑三・一二四九〉

かづきすがた【被衣姿】［名］《「かつぎすがた」とも》身分のある女性などが外出するときに「被衣」をかぶった姿。➡［古典参考図］女子の服装〈3〉

かっきと［副］❶矢が弓から放たれるときに発する音の形容。例「しばし固めて**かっきと**放し」〈浄・百合若大臣野守鏡〉❷確かに。例「**かっきと**身どもはさやうに存ずるほどに」〈狂・筑紫の奥〉

かづきと・る【潜き取る】［他ラ四］{ら・り・る・る・れ・れ}水中にもぐって貝や海藻などをとる。例「海人娘子**潜き取・る**といふ忘れ貝」〈万葉・一三・三三〇四〉

かづきめ【潜き女】［名］《「かつぎめ」とも》海中にもぐって貝や海藻などをとる女性。海女。

かづ・く【潜く】❶［自カ四］{か・き・く・く・け・け}頭から水中にもぐる。例「伊勢の海人の朝菜夕菜に**潜・く**といふ鮑の貝の片思ひにして」〈万葉・一一・二七九八〉❷［他カ下二］{け・け・く・くる・くれ・けよ}水中にもぐらせる。例「平瀬

には小網刺し渡し速き瀬に鵜を**潜・けつつ**」〈万葉・一九・四一八九長歌〉

かづ・く【被く】カヅク［他カ四］［他カ下二］

> **アプローチ**
> ▼頭の上にものを載せる、が基本的な意。
> ▼そこから派生して、多く、禄としてほうびをいただく（与える）意に用いられる。
> ▼活用の種類によって意味が変わり、四段は「いただく」、下二段は「与える」の意となる。

一［他カ四］{か・き・く・く・け・け}❶**かぶる。頭を布などで覆う。** 例「頭つきはいと白きに、黒きものを**かづ・きて**」〈源氏・手習〉 訳頭のようすはほんとにまっ白で、黒いものを**かぶって**。

❷（禄や引き出物などを）**頂戴する。**（頂載したものを）**左肩にかける。** 例「禄の唐櫃によりて、一つづつ取りて、次々賜ふ。白きものどもを品々**かづ・きて**」〈源氏・若菜・上〉 訳禄の入った唐櫃のそばに寄って、ひとつずつ取って、順次お与えになる。禄の白い衣をいくつかそれぞれ**左肩にかけて**。《敬語》「次々賜ふ」→「たまふ（四段）」

被く　祝儀の禄を左肩に、渡殿を退出する公卿。左右の手の位置は、故実にのっとっている。（紫式部日記絵詞）

❸**ありがた迷惑を受ける。負担をしょいこむ。だまされる。** 例「闇にても人はかしこく、老いたる姿を**かづ・かず**」〈浮・好色五人女〉 訳闇の中でも人は利口なもので、年を取った姿にも**だまされず**。

二［他カ下二］{け・け・く・くる・くれ・けよ}❶（頭に布などを）**かぶせる。** 例「円居する身に散りかかるもみぢばは風の**かづ・くる**錦なりけり」〈伊勢集〉 訳円座に集うこの身に散りかかる紅葉は、風が頭に**かぶせて**くれた錦でしたよ。

❷（禄や引き出物として布などを）**与える。**（与えるものを）**左肩にかけてやる。** 例「御衣どもなど**かづ・け**させたまふを、生けるかひありと思へり」〈源氏・須磨〉 訳お召し物などを**賜って左肩にかけておやり**になるのを（海人たちは）生きているかいのある（ありがたい）ことだと思っている。《敬語》「かづけさせたまふ」→「させたまふ」

❸（責任などを）**押し付ける。負わせる。**（損失などを）**かぶらせる。** 例「利徳はだまりて損は親方に**かづ・け**」〈浮・日本永代蔵〉 訳もうけは黙って（自分のものにし）、損は主人に**かぶらせ**。

〔俳句〕**がっくりと…**【がっくりとぬけ初むる歯や秋の風】〈猿蓑・杉風〉 訳今朝、初めてがっくりと歯が抜け落ちた。折からの秋風も身にしみて、身の衰えに気持ちもなえるばかりだ。（季―秋の風―秋）

かづけもの【被け物】カヅケモノ［名］（「かつげもの」とも）（目下の者に）褒美として与える品物。ねぎらいの品。祝儀。引き出物。＝纏頭

発展学習ファイル　「被け物」は、多くは衣類で、それを受け手の左肩にかけて与えることを「**かづく**」といったことから、その下賜された品物を指していう語。

かっこ【羯鼓】［名］❶雅楽に用いる鼓の一種。鼓面を左右に向け、台上に置いて左右のばちで打つ。➡［古典参考図］楽器。❷能・狂言で、からだの前面に付け、両手でばちを持って打つ鼓。

かづさ【上総】カズサ［地名］（「かみつふさ」の変化形）旧国名。東海道十五か国のひとつ。いまの千葉県中部にあたる。＝総州

かづさしりがい【上総鞦】カズサシリガイ［名］馬具の一種。上総（いまの千葉県）産の、種々の色で染めた美しい鞦。→「しりがい」

かっし【甲子】［名］（「きのえね」とも。「かふし」の変化形）干支の一番目。

かつしか【葛飾】［地名］下総国の地名。いまの東京・千葉・埼玉にまたがる江戸川流域の地。「真間の手古奈」伝説で知られる。

〔和歌〕**かつしかの…**【葛飾の真間の井を見れば立ち平し水汲ましけむ手児名し思ほゆ】〈万葉・九・一八〇八・高橋虫麻呂歌集〉 訳葛飾の真間の井戸を見ると、ここに何度も来て立って地面を踏みならして水をくんでおられたという手児名が思われる。

かつしかは【葛飾派】［名］俳諧の流派のひとつ。山口素堂を祖と仰ぐ派で、名称は素堂が江戸葛飾に住んで「葛飾隠士」と号したことにちなむ。俳諧研究に貢献した人を多く輩出した。葛飾蕉門。

かつしかほくさい【葛飾北斎】［人名］（一七六〇～一八四九）江戸後期の画家。実在感のある遠近法を浮世絵に取り入れた。『富嶽三十六景』は代表作。

かづしかわせ【葛飾早稲】カズシカワセ［名］（「かつしかわせ」とも）下総国葛飾（いまの千葉・埼玉・東京にまたがる地方）で産する早稲。

かっしき【喝食】［名］（「かつじき」「かしき」とも。「喝」は大声を発する、「食」は食事の意）❶（「喝食行者」の略）禅寺で大声で食事を知らせる役の僧。のち、有髪で修行する稚児（小童）をいう。❷「喝食姿」の略。❸能面の一種。額に前髪をかいた年若の男面。

かっしきすがた【喝食姿】［名］子供の髪型。髻を結んで後ろに垂らし肩のあたりで切りそろえたもの。＝喝食②

かっしぎんかう【甲子吟行】カッシギンコウ［作品名］「のざらしきかう」に同じ。

かっ・す【渇す】［自サ変］{せ・し・す・する・すれ・せよ}のどがかわく。例「小に**渇・せる**が堪へ難さに」〈太平記・六〉

かづ・すカズス［他サ四］{さ・し・す・す・せ・せ}（上代東国方言）語義未詳。さそう。また、かどわかす意か。例「我をか**づ・さ**ねもかづさかずとも」〈万葉・一四・三四三二〉

かっせん【合戦】［名］戦闘。いくさ。

かったゐ【乞丐・癩・乞食】[名]《近世語。「かたゐ」の変化形》❶ハンセン病。また、その患者。❷人をののしっていう語。愚か者。

かっちう【甲冑】[名]鎧と兜。

かつて【曾て・嘗て】[副]❶(下に打消の語を伴って)決して。まったく。例「木高くはかつて木植ゑじ」〈万葉・一〇・一九四六〉❷これまで一度も。いままでに一度も。例「かつても知らぬ恋もするかも」〈万葉・四・六七五〉❸(肯定文に用いて)いままでに。これまでに。あるとき。例「かつて聞く。かの二犬士等は奸雄にて、かつ智術ある者なり」〈里見八犬伝〉

かって[・なり]【勝手】[名・形動ナリ]❶弓の弦を引く方の手。右手。↕押し手③。❷有利なこと。都合のよいこと。例「その方の広いお屋敷より、この方の狭い屋敷がやはり勝手でござる」〈狂・武悪〉❸自分勝手。気ままだ。❹ようす。事情。例「私も只今これへ参った事でござれば、諸事勝手も存ぜず」〈狂・賽の目〉❺暮らし向き。家計。例「あの人も以前は勝手よう暮らされたとみえまして」〈狂・縄綯ひ〉❻台所。また、そこで働く人。

かづのき【穀の木】[名]《上代東国方言》木の名。カジノキ。一説に、「白膠木」のことともいう。

かづのきの【穀の木の】[枕詞]「かづさね」にかかる。例「かづの木の我をかづさねも」〈万葉・一四・三四三二〉

かつは【且つは】[副]《副詞「且つ」+係助詞「は」》(多く、「かつは…かつは…」の形で)二つの事態の併存を示す。一方では。他方では。ひとつには。例「蕨を折り、木の実を拾ひて、かつは仏にたてまつり、かつは家づとにす」〈方丈記〉

かっぱ【河童】[名]《「かはわらは」↓「かわわっぱ」↓「かっぱ」と変化した語》❶想像上の動物。頭上に水を入れる皿があり、口がとがり、背に甲羅をつけた童子の姿をしている。時には人や動物を川の中に引き込み、生き血を吸うといわれた。＝河太郎。❷(カッパが、強引に人や動物を川に引き入れることから)芝居小屋の客引き。

〔**河童の屁**〕たわいのないことのたとえ。

カッパ【合羽】[名]《ポルトガル語のcapaに由来する語》❶江戸時代に、宣教師が着ていたマントをまねた雨具。桐油紙・羅紗・木綿・絹などで作った。❷雨よけのために荷物や駕籠を覆う桐油紙。

カッパかご【合羽駕籠】[名]大名行列などで、供の者の雨具を納め下郎に担がせた籠。

かっぱと[副]❶激しい物音などにいう語。例「〔頭ノ〕鉢かっぱと前に落ちにけり」〈伽・鉢かづき〉❷突然伏したり起きたりする激しい動作にいう語。例「かっぱと伏して、泣きるたる」〈浄・曾根崎心中〉

かつふつ[副]《近世語》(下に打消の語を伴って)まったく。全然。絶対に。例「かつふつ構ひ召さるるな」〈浄・伽羅先代萩〉

かっぺき【合壁】[名]《「がっぺき」とも》壁ひとつを隔てた隣家。

かつま【勝間】[名]目の細かい竹かご。＝筺。

かつまたのいけ【勝間田の池】[歌枕]所在地未詳。『万葉集』では、大和国、いまの奈良市の唐招提寺・薬師寺の付近にあった池とされる。小鳥もすまない池というイメージで詠まれる。

かつみ【勝見】[名]《「勝見草」の略》マコモの別名。一説に、ハナショウブなどの別称ともいう。花または花の咲いたものを「花勝見」という。

かつら【桂】[名]❶木の名。材は建築・船・家具・楽器などさまざまに利用される。この葉は、賀茂神社の祭礼(葵祭り)の際に、冠などの飾りとされる。❷中国の伝説で、月の世界に生えているとされる巨木。

〔**桂の影**〕《月の中に桂の木が生えているという中国の伝説から》月の光。例「月のすむ川のをちなる里なれば桂のかげはのどけかるらむ」〈源氏・松風〉

〔**桂の人**〕「かつらをとこ①」に同じ。

〔**桂の眉**〕三日月のように細く曲がった、女性の美しい眉。

〔**桂の黛**〕三日月のように細く引いた女性の黛。例「さも古には優女(＝美女)にて、花の貌輝き、桂の黛青うして」〈謡・卒都婆小町〉

〔**桂を折る**〕官吏の登用試験に及第する。転じて、出世する。例「かつらを折・りし人や知るらん」〈源氏・藤裏葉〉〈参考〉『晋書』郤詵伝で、すぐれた学才を桂の枝にたとえた故事による。

かつら【桂】[歌枕]山城国の地名。いまの京都市西京区、桂川の南西岸。平安時代は、貴族の別荘地。江戸時代に桂離宮が造られた。月の中に桂の木が生えているという中国の故事に関連づけて詠まれる。「月」が景物。

かづら【葛・蔓】[名]つる草類の総称。＝葛草

かづら【鬘】[名]❶つる草や草木の枝・花などを髪の飾りとしたもの。❷髪の毛の量や長さを補うために用いるつけ毛。＝髪文字。❸能を演ずる際、仮面といっしょに用いるつけ毛。❹(「かつら」とも)歌舞伎などで、役者が扮装するために頭にかぶるもの。

かづらかげ【葛蘿】[名]「ひかげのかづら①」に同じ。

かつらかぢ【桂楫】[名]月の世界にあるという、伝説上の桂の木で作った船の櫂。

かつらがは【桂川】[歌枕]山城国の川。いまの京都市西京区付近を流れる。上流を大堰川、中流の嵐山付近を保津川と呼び、桂の渡しより下流を桂川という。

〔和歌〕**かつらがは…**【桂川わが心にもかよはねど同じ深さに流るべらなり】〈土佐〉訳桂川は、私の心に流れ入るのでも、思いが通いあっているのでもないけれど、私の心と同じ深さで流れているようだ。〈参考〉「桂川」は歌枕。「かよは」「深さ」「流る」は「桂川」の縁語。

かつらがはれんりのしがらみ【桂川連理柵】[作品名]江戸中期(一七七六初演)の浄瑠璃。菅専助作。お半と長右衛門との桂川での心中事件を題材として脚色された心中物。

かづらき【葛城】[歌枕]大和国の地名。いまの奈良県北葛城郡金剛山地の東側一帯の地域。綏靖天皇の皇居が置かれた地。

かづらきのかみ【葛城の神】[名]大和国(いまの奈良県)の葛城山に住むという神。一言主神。役行者に命じられて、葛城山と吉野

の金峰山との間に岩橋をかけようとしたが、容貌の醜さを恥じて夜間しか働かなかったので完成しなかったという。この伝説から、恋や物事の成就しないことや、醜い容貌を恥じることなどの例として引かれる。

かづらきのはし【葛城の橋】［歌枕］「くめぢのはし」に同じ。

かづらきやま【葛城山】［歌枕］大和国の山。いまの奈良県と大阪府の境にある金剛山地の山。役行者以来、修験道の霊場として知られる。

かづら・く【鬘く】［他カ四］｛か・き・く・く・け・け｝草花や小枝などを髪につけて飾りとする。例「ももしきの大宮人のかづら・けるしだり柳は」〈万葉・一〇・一八五二〉

かづらぐさ【葛草】［名］つる草類の総称。（季―秋）

かづらひげ【鬘髭】［名］頰から顎にかけて、「鬘②」をつけたように、黒々と濃く生えているひげ。

かつらめ【桂女】［名］❶京都の桂に古くから住み、出産・婚礼・出陣などに際し祈願をしたという一種の巫女。＝桂姫。❷京都の桂から出て、桂川の鮎を売り歩いた物売りの女性。❸身分ある人の婚礼のとき、花嫁の供をする女性。

かづらもの【鬘物】［名］能で、平安時代の物語中の女性などを主人公とした曲。「鬘③」を用いるのでいう。五番立て能の三番目に演じられることから、三番目物ともいう。

かつらをとこ【桂男】［名］❶月の世界に住むという男。また、「月」の別名。＝桂の人。❷美男子。

かつを【鰹】［名］❶魚の名。カツオ。近世の江戸では、初夏に捕れるものを「初鰹」として珍重した。（季―夏）。❷「鰹木」の略。

〔**鰹のたたき**〕鰹を材料とした塩辛。

かつをぎ【鰹木】［名］宮殿や神社の棟木の上に、棟木と直角に並べてある丸い横木。中ぶくれの円筒形で、鰹節の形に似ていることからいう。＝鰹②

かて【糧・粮】［名］《「かりて（糧）」の変化形》❶旅行用の携帯食糧。❷食糧。食物。❸（②から転じて）成長に必要な養分。生活や心の支え。

かてに《上代の補助動詞「かつ」の未然形「かて」＋打消の助動詞「ず」の連用形の古い形》…できなくて。（…に）たえられずに。例「赤駒が門出をしつつ出でかてにせしを見立てし家の児らはも」〈万葉・一四・三五三四〉訳赤味がかった毛の馬に乗って門出しつつも家を出ることにたえられずにいた（私）を見ていた妻はどうしているだろう。

〈接続〉動詞の連用形に付く。

発展学習ファイル まれに、動詞に付かずに独立して用いられる場合がある。例「淡雪のたまればかてに砕けつつ我がもの思ひのしげきころかな」〈古今・恋一・五五〇〉

がてに《「かてに」が濁音化した語》…できなくて。…（し）きれなくて。例「相見ては千年や去ぬるいなをかも我や然思ふ君待ちがてに」〈万葉・一四・三四七〇〉訳会ってから千年もたってしまったのだろうか、いや、私がそう思っているだけなのだろうか、あなたを待ちきれなくて。《係結び》「千年や→去ぬる㊍」、「我や→思ふ㊍」

〈接続〉動詞の連用形に付く。

発展学習ファイル 本来は「かてに」だが、似た意味の形容詞「難し」の語幹に格助詞「に」が付いたものと混同され、「がてに」と濁音化した。↓「かてに」

かてぬ《上代の補助動詞「かつ」の未然形＋打消の助動詞「ず」の連体形「ぬ」》…できない。例「行き過ぎかてぬ妹が家のあたり」〈万葉・一四・三四二三〉

がてら［接助］上に付く語の動作を行うついでに、下に続く語の動作も行う意を表す。…ついでに。…かたがた。例「気色も見がてら、雪をうち払ひつつ」〈源氏・帚木〉訳（女の）ようすも見るついでに、雪を払いながら。例「三条宮に御とぶらひがてら渡りたまふ」〈源氏・行幸〉訳（源氏は）三条宮にお見舞いかたがた、お越しになる。↓「がてり」

〈接続〉動詞の連用形、動詞の連用形から転成した名詞に付く。

がてり［接助］《上代語》上に付く語の動作を行うついでに、下に続く語の動作も行う意を表す。…ついでに。…かたがた。例「山辺の御井を見がてり神風の伊勢娘子ども相見つるかも」〈万葉・一・八一〉訳山辺の御井（＝地名）を見るついでに伊勢の少女たちをも見たんだなあ。↓「がてら」

〈接続〉動詞の連用形に付く。

参考「見がてり」「待ちがてり」など、上に付く語はほぼ限られている。

かど【才】［名］❶才能。才気。利発なこと。気のきくこと。例「宮の御手は、こまかにをかしげなれど、かどや後れたらん」〈源氏・梅枝〉❷趣。見どころ。例「かどある巌石を立て並べて」〈栄花・三三〉

かど【角・稜】［名］❶とがって突き出た部分。❷刀剣の両面にある、刃とみねとの中間の高く盛り上がっている部分。鎬。また、切っ先。❸（道の）曲がり角。❹目立つところ。見どころ。例「面白きかどを少な少なと見せて、見物者の心を引き驚かして」〈花鏡〉❺ことばや動作がとげとげしいこと。圭角。

かど【門】［名］《「かづ」とも》❶門。例「みそかなる所なれば、かどよりもえ入らで」〈伊勢・五〉《副詞の呼応》「え→入らで」。❷門の前。門の外。門のあたり。例「いかでいひつかむと思ふ心ありければ、つねにこの家の門よりぞ歩きける」〈平中・三〉❸一門。一族。家。家柄。例「不比等の大臣の男子を二人、また御弟を二人とを、四家と名づけて、皆門分かちたまへりけり」〈大鏡・道長・上〉〔注〕「四家」とは、南家（武智麻呂）・北家（房前）・式家（宇合）・京家（麻呂）を指している。

〔**門さす**〕門の扉を閉める。戸締まりをする。例「行かぬ我を来むとか夜も門さ・さずあはれ我妹子待ちつつあるらむ」〈万葉・一一・二五九四〉

〔**門立つ**〕門の扉をしめる。門を閉じる。例「門立てて戸もさしたるを」〈万葉・一三・三一一七〉

〔**門広ぐ**〕一族・一門を繁栄させる。例「なほこの（＝源氏ノ）門ひろ・げさせたまへ」〈源氏・薄雲〉

〔**門広し**〕一族・一門が繁栄している。例「この世の人は、男は女に逢ふことをす。女は男に逢ふことをす。その後なむ門広・くもなりはべる」〈竹取・石作の皇子〉

〔**門分かつ**〕本家から分かれて別に一家・一門をたてる。分家させる。

〔門分かる〕別の一家・一門に分かれる。分家する。例「藤原ながら門わか・れたるは、列にも立ち給はざりけり」〈紫式部日記〉

かどいで【門出で】[名]「かどで」に同じ。

かとう【歌頭】[名]「踏歌」の音頭をとること。また、その役の人。

かとうけうたい【加藤暁台】[人名]（一七三二〜一七九二）江戸中期の俳人。松尾芭蕉の研究および蕉風の普及に努め、与謝蕪村一派などを刺激した。『しをり萩』『秋の日』などを刊行。

かとうちかげ【加藤千蔭】[人名]（一七三五〜一八〇八）江戸中期の歌人・国学者。大著『万葉集略解』は当時より評価され、また村田春海と交流を結び、並んで「江戸派」と称せられた。

かとうど【方人】歴史的かなづかい「かたうど」

かとうぶし【河東節】[名]江戸浄瑠璃の流派のひとつ。十寸見河東が享保二年（一七一七）市村座で語り出したのを始まりとする。半太夫節の影響を受け、全体的に力強く歯切れよいのを特色とする。

かどかど・し【角角し】[形シク]{しから・しく(しかり)・し・しき(しかる)・しけれ・しかれ} 一 ❶角が多いさま。角ばっている。とがっている。例「岩の上のかどかど・しきもあるものを」〈夫木・雑四〉〔注〕「かどかどしき」は、「角角し」と二「才才し」とをかける。❷心が角ばっているさま。険がある。とげとげしい。例「いとおし立ちかどかど・しきところものしたまふ御方にて」〈源氏・桐壺〉 二【才才し】非常に才能・才気のあるさま。賢い。利発だ。例「ここかしこの、点長に走り書き、そこはかとなく気色ばめるは、うち見るにかどかど・しく」〈源氏・帚木〉

発展学習ファイル 二の類義語に「かしこし（賢し）」「さかし」「さとし」がある。

かどかどしう【才才しう】形容詞「かどかどし」の連用形「かどかどしく」のウ音便。

かどかどしさ[名]（「さ」は接尾語）一【才才しさ】才気があること。例「深きかどかどしさを加へてめづらかに舞ひたまふ」〈源氏・若菜・下〉 二【角角しさ】（性格が）とげとげしいこと。例「すこしわづらはしき気添ひて、かどかどしさのすすみたまへる」〈源氏・朝顔〉

かとく【家督】[名]❶父の跡目。また、それを相続すること。❷相続した財産・家業。❸あととり。

かとくせつわ【歌徳説話】[名]説話の話型のひとつ。和歌を詠むことによって詠み手が幸福を得たりすることを主題とするもの。『古今和歌集』の仮名序をはじめとして、諸書に説かれている和歌の効用や神秘的な力を具体化した説話。

かどた【門田】[名]門の前にある田。家の周りの田。＝金門田

かどたがへ【門違へ】[名]目的の家を間違えて、ほかの家を訪れること。かどたがい。かどちがい。

かどちか[・なり]【門近】[名・形動ナリ]（「かどちか」とも）門に近いこと。例「門近・なるところの前渡りを呼び入るるに」〈枕・ものへいく道に〉

かどで[・す]【門出】[名・自サ変]旅などに出ること。旅立ち。出発。＝門出で・金門出。例「ますらをの心振り起こし取り装ひ（＝旅支度ヲシテ）門出をすれば」〈万葉・二〇・四三九八長歌〉

かどのをさ【看督長】[名]「検非違使」の下級役人。牢獄の管理、罪人の逮捕を扱った。図版「検非違使」

かどはか・す【誘拐かす・勾引かす】[他サ四]{さ・し・す・す・せ・せ}（「かどはす」とも）だまして連れて行く。誘拐する。例「（義経ヲ）かどはか・し参らせ、御供もして秀衡の見参に入れ」〈義経記・一〉

かどばしら【門柱】[名]❶門の柱。❷店がまえ。

かどは・す【誘拐す・勾引す】[他サ四]{さ・し・す・す・せ・せ}「かどはかす」に同じ。

かど・ふ【誘拐ふ・勾引ふ】一[他ハ四]{は・ひ・ふ・ふ・へ・へ}だまして連れ出す。誘惑する。例「山風の花の香かど・ふ麓には」〈後撰・春中・七三〉 二[他ハ下二]{へ・へ・ふ・ふる・ふれ・へよ}一に同じ。例「人をかど・へて売る辻の藤太が小家に」〈幸若・信田〉

かどめ・く【才めく】[自カ四]{か・き・く・く・け・け}（「めく」は接尾語）才能が感じられる。例「もののみやび深くかどめ・きたまへる人にて」〈源氏・若菜・上〉

かどもり【門守】[名]（「かどまもり」とも）門を守ること。また門を守っている人。門番。

かとよ（係助詞「か」＋格助詞「と」＋助詞「よ」）多少の疑問を含んだ断定、自分の記憶の不確かさを表す。…だったろうか。…だったと思う。例「また同じころかとよ、おびたたしく大地震ふること侍りき」〈方丈記〉訳また同じころだったろうか、はなはだしく大きな地震で揺れたことがありました。《敬語》「侍りき」→「はべり」

かとり【縑】[名]（「かたおり（固織り）」の変化形）細い糸で目を細かく固く織った薄い絹。

かとり【香取】[地名]❶下総国の地名。いまの千葉県佐原市香取。経津主神をまつり、信仰を集めた香取神宮がある。❷近江国の地名。いまの滋賀県琵琶湖西岸の高島町付近。

かとりなひこ【楫取魚彦】[人名]（一七二三〜一七八二）江戸中期の国学者・歌人。賀茂真淵の門下生となり、『古言梯』や『続冠辞考』などを著す。和歌では『楫取魚彦家集』を残す。

かど・る【気取る】[自ラ四]{ら・り・る・る・れ・れ}（「けどる」の変化形）気づく。感づく。例「きゃつがかど・って口まねをすると見えた程に」〈狂・長光〉《音便》「かどっ」は「かどり」の促音便。

かな-【金】[接頭]（「かね」の変化形）❶金属製の、の意を表す。「金鎚」「金椀」など。❷金属のように固い、の意を表す。「金臑」など。❸全くの、の意を表す。「金下戸」など。

かな【鉋】[名]工具の一種。かんな。

かな【仮名・仮字】[名]（「かりな」「かんな」とも）国語を表記するための音節文字。とくに平仮名をいい、片仮名や万葉仮名にもいう。↕真名

かな

[終助]（終助詞「か」＋終助詞「な」）感動・詠嘆の意を表す。…なあ。…であることよ。例「をちこちのたづきも知らぬ山中におぼつかなくも呼子鳥かな」〈古今・春上・二九〉訳→〔和歌〕をちこちの…。例「しるしなき音をも鳴くかな鶯の今年のみ散る花ならなくに」〈古今・春下・一一〇〉訳鳴いても仕方がないのによく鳴いているなあ、あの鶯は。今年だけ散る花であるわけでもないのに。

がな [終助][副助] ⇨三四ページ「特別コーナー」

〈接続〉体言や活用語の連体形に付く。

発展学習ファイル 上代の「**かも**」に代わって中古以降多く用いられるようになった。

かなう【叶う・適う】歴史的かなづかい「かなふ」

かなえ【鼎・釜】歴史的かなづかい「かなへ」

かなき【鉗】[名]鉄でできた首かせ。

かなぐりおと・す【かなぐり落とす】[他サ四]{さ・し・す・す・せ・せ}乱暴に引きのけて落とす。例「さが髪をとりて、**かなぐり落と・さむ**」〈竹取・かぐや姫の昇天〉

かなぐりちら・す【かなぐり散らす】[他サ四]{さ・し・す・す・せ・せ}乱暴にむしり散らす。例「あまおほひの毛を少し**かなぐり散ら・して**」〈徒然・六六〉

かなぐ・る[他ラ四]{ら・り・る・る・れ・れ}手荒く払いのける。乱暴につかんで引っぱる。かきむしる。例「死人の髪を**かなぐ・り**抜き取る」〈今昔・二九・一八〉

かなごよみ【仮名暦】[名]女性用の、仮名で書いた暦。漢字書きの本格の暦に対していう。

かなさいぼう【鉄尖棒・鉄撮棒】[名]武器の一種。周囲に多くのいぼのある太い鉄製の棒。

かなぞうし【仮名草子】[名]江戸初期の通俗的な短編小説や随筆などの総称。とくに、擬古文体の平易な仮名文で書かれた啓蒙的・娯楽的な読み物をいう。天和二年(一六八二)刊の西鶴の『好色一代男』以降の浮世草子に先立って盛行した。主な作者として、浅井了意・鈴木正三などがいる。

かなざわ【金沢】[地名]❶加賀国の地名。いまの石川県金沢市。江戸時代に加賀百万石といわれた前田家の城下町として栄えた。❷《「かねさわ」とも》武蔵国(いまの神奈川県横浜市金沢区)にあった八つの景勝地。景勝地の金沢八景や金沢文庫がある。

かなざわはっけい【金沢八景】[地名]武蔵国(いまの横浜市金沢区)にあった八つの景勝地。州崎の晴嵐・瀬戸の秋月・小泉の夜雨・乙艫の帰帆・称名の晩鐘・平潟の落雁・野島の夕照・内川の暮雪。

かな・し【愛し・悲し・哀し】[形シク]{しから・しく(しかり)・し・しき(しかる)・しけれ・しかれ}

> **アプローチ** ▼愛情・感傷・悲哀などの感情が胸に迫って、切ない気持ちを表す。すなわち、肉親や恋人間の愛情や、自然の美的な感動を表した。
> ▼とくに、死や別離に際しての悲哀の気持ちを表し、さらに一般的な悲しさ・同情・無念さなどを表すようになった。

一【愛し】❶(肉親・恋人について胸に迫るほど)**いとしい。かわいい。** 例「かぎりなく**かな・し**と思ひて、河内へも行かずなりにけり」〈伊勢・二三〉 訳(男は妻を)この上もなく**いとしい**と思って、(浮気の相手のいた)河内(=地名)へも行かなくなった。❷(風景について)**感動的だ。心ひかれる。胸に迫る。** 例「陸奥はいづくはあれど塩釜の浦漕ぐ舟の綱手**かな・しも**」〈古今・東歌・一〇八八〉 訳→(和歌)みちのくは…

二【悲し・哀し】❶**悲しい。あわれだ。かわいそうだ。** 例「かぎりとて別るる道の**悲・しき**にいかまほしきは命なりけり」〈源氏・桐壺〉 訳→(和歌)かぎりとて… ❷(望ましくない事態をどうすることもできず)**残念だ。くやしい。ひどい。** 例「『きゃつに、**悲・しう**謀られぬるこそ』とて」〈宇治拾遺・五・五〉 訳「あいつめに、**くやしいことに**だまされた」といって。《音便》「悲しう」は「悲しく」のウ音便。《係結び》「こそ→(省略)」 ❸《近世語》**切ない。貧しい。** 例「年ごろ、仏を頼み奉りて、この身いと**かな・し**」〈古本説話集〉 訳年来、仏様を信頼申し上げているけれども、この(法師の)身はとても**貧しい**。

発展学習ファイル 類義語に、一①に「**いとし**」「**いとほし**」「**うつくし**」、一②に「**おもしろし**」がある。

かなしう【愛しう悲しう・哀しう】形容詞「かなし」の連用形「かなしく」のウ音便。

かなしう・す【愛しうす】[他サ変]{せ・し・す・する・すれ・せよ}(「かなしくす」のウ音便)かわいがる。いとしく思う。例「ひとつ子にさへありければ、いと**かなしう・し**たまひけり」〈伊勢・八四〉

かなしが・る[他ラ四・自ラ四]{ら・り・る・る・れ・れ}《「がる」は接尾語》一【愛しがる】かわいがる。いとしく思う。例「〔幼児ヲ〕うつくしみ**かなしが・り**」〈枕・かたはらいたきもの〉 二【悲しがる・哀しがる】悲しく思う。例「〔亡クナッタ子ノ〕母の**悲しが・らるる**ことは」〈土佐〉

かなしく・す【愛しくす】[他サ変]{せ・し・す・する・すれ・せよ}「かなしうす」に同じ。

かなしけ【愛しけ】《上代東国方言。形容詞「かなし」の連体形「かなしき」の変化形》いとしい。例「人の児の**かなしけ**しだ(=時)は」〈万葉・一四・三五三三〉

かなしけく【愛しけく・悲しけく】《形容詞「かなし」の名詞化したもの》悲しいことに。例「**悲しけく**ここに思ひ出」〈万葉・一七・三九六九長歌〉

かなしさ[名]《「さ」は接尾語》一【愛しさ】かわいいこと。いとしいこと。例「塵泥の数にもあらぬ我故に思ひわぶらむ妹が**かなしさ**」〈万葉・一五・三七二七〉 二【悲しさ】悲しいこと。

かなしび【悲しび】[名]悲しみ。

かなし・ぶ[他バ四]{ば・び・ぶ・ぶ・べ・べ} 一【愛しぶ】愛する。いとおしむ。例「露を**かなし・ぶ**心」〈古今・仮名序〉 二【悲しぶ・哀しぶ】悲しく思う。例「女子のなきのみぞ**悲し・び**恋ふる」〈土佐〉

かなし・む[他マ四]{ま・み・む・む・め・め} 一【愛しむ】愛する。いとおしむ。例「端正美麗なる男子を産めば、父母、これを**かなし・み**愛して」〈今昔・二六・五〉 二【悲しむ・哀しむ】❶悲しく思う。嘆く。例「鳥のむれゐし池の蛙をとりければ、御覧じ**悲し・ませ**給ひて」〈徒然・一〇〉 ❷哀願する。嘆願する。例「手を摺り、**悲し・め**ども、さらに許さずして」〈宇治拾遺・一〇・六〉

かなた【彼方】[代名]《遠称の指示代名詞》場所的に、あるいは時間的に遠いところを指し示す語。**あちら。あっち。向こう。**→「こなた」「そなた」。例「**かなた**の庭に、大きなる柑子の木の、枝もたわわになりたるが」〈徒然・一一〉

か

がな ［終助詞］［副助詞］

アプローチ ▼願望を表す終助詞「もがな」が「も＋がな」と意識されて成立した語。㊀①が基本である。
▼似た意味を表す語に「てしか(が)な」「にしがな」「もがな」がある。形も似ているので区別に注意する。

㊀［終助詞］接続 ①は体言、体言に助詞「を」が付いた形などに、②は活用語の命令形に、③は文末に付く。

意味	訳語	用例
❶（多く「体言＋を＋がな」の形で）**詠嘆の気持ちをこめた願望を表す。**	…がほしいなあ …があ(い)ればいいなあ	例「あっぱれ、よからうかたき**がな**」〈平家・九・木曾最期〉 訳ああ、よいであろう敵**がほしいなあ**。 例「かの君たちを**がな**」〈源氏・橋姫〉 訳その姫君たち**が**(そばに)**いればいいなあ**。
❷《中世以降》**命令や禁止を強調する。** 命令や禁止を表す語に付く。	…てくれればなあ	例「橋へ回れば人が知る。湊の川の潮が引け**がな**」〈閑吟集〉 訳橋のほうへ回ると人が知る。(歩いて渡れるように)河口の潮が引い**てくれればなあ**。
❸《近世以降》**念押し・詰問を表す。**	…だろうよ …ではないかな	例「ある所にはあらう**がな**。世界は広し」〈浄・女殺油地獄〉 訳(金は)ある所にはある**だろうよ**。世間は広い。

㊁［副助詞］接続 体言、助詞などに付く。

意味	訳語	用例
❶（疑問語に付いて）**不定のままにしておく気持ちを表す。**	…か	例「何を**がな**形見に嫗に取らせむ」〈今昔・一六・九〉 訳何**か**を形見に老女にやろう。
❷（疑問・願望・推量などを表す文の中で）**一例として示す意を表す。**	(たとえば)…でも …か何か	例「いやそれは私寝言**がな**申したか」〈浄・重井筒〉 訳いや、それは、私、寝言**でも**申しましたか。

かな・づ【奏づ】カナズ［他ダ下二］{で・で・づ・づる・づれ・でよ} ❶舞を舞う。手足を動かして舞う。例「手を挙げ膝を打ちて、儛ひかな・で」〈記・下〉 ❷音楽を奏でる。

かなつんぼう【金聾】［名］《近世語。「かな」は接頭語》耳がまったく聞こえないこと。また、その人。

かなで【奏で】［名］音楽を奏し舞うこと。舞。

かなでほんちゅうしんぐら【仮名手本忠臣蔵】［作品名］江戸中期(一七四八初演)の浄瑠璃。二世竹田出雲・三好松洛・並木千柳(宗輔)合作。赤穂義士の仇討ち事件を『太平記』の世界に仮託して脚色した時代物。のちに歌舞伎にも移され、上演回数最多の人気作となる。

かなと【金門】［名］金属を打ちつけて補強した門。また、一般的に門。

かなとだ【金門田】［名］「かどた」に同じ。

かなとで【金門出】［名］「かどで」に同じ。

かなのくだしぶみ【仮名の下し文】［名］漢字仮名交じり文で書き下された公文書。→「くだしぶみ」

かなは・ず【叶はず】カナワズ《動詞「叶ふ」の未然形＋打消の助動詞「ず」》❶できない。例「都までこそ**かなは・ず**とも、この舟に乗せて、九国(＝九州)の地へつけて給べ」〈平家・三・足摺〉 ❷どうにもならない。例「〔馬・牛ヲ〕繋ぎ苦しむるこそいたましけれど、なくて**かなは・ぬ**ものなれば」〈徒然・一二一〉 ❸思いどおりにならない。例「乏しく**かなは・ぬ**人のみあれば、おのづから本意とほらぬ事多かるべし」〈徒然・一四一〉 ❹しなくてはならない。例「ちと**叶は・ぬ**用のことがあるほどに」〈狂・節分〉

かなばた【金機】［名］《上代語》語義未詳。金属の飾りを付けた織機か。

かなび・く【金引く】［他カ四］{か・き・く・く・け・け} ❶刀の切れ味を試す。例「太刀の金をも**金引・いて**」〈太平記・三三〉《音便》「金引い」は「金引き」のイ音便。❷人の心を試す。例「おのおのの御心どもを**かなび・き**奉らん」〈平家・七・篠原合戦〉

かな・ふ【叶ふ・適ふ】カノウ ㊀［自ハ四］{は・ひ・ふ・ふ・へ・へ} ❶**適合する。条件に合う。** 例「熟田津に船乗りせむと月待てば潮も**かな・ひぬ**今は漕ぎ出でな」〈万葉・一・八〉 訳→(和歌)にきたつに…。❷**願いがかなう。思いどおりになる。実現する。** 例「思ふことかつがつ**かな・ひぬる**心地して」〈源氏・明石〉 ❸**なすことができる。** 誦する事、いまだ**かな・はず**」〈宇治拾遺・一五・八〉《敬語》「読み奉る」→「たてまつる」。❹**相手になれる。対抗できる。匹敵する。** 例「あはやと目をかけてとんでかかるに、判官**かな・は**じとや思はれけん」〈平家・一一・能登殿最期〉《音便》「とんで」は「とびて」の撥音便。《係結び》「かなはじとや↓思はれけん(体)」。㊁［他ハ下二］{へ・へ・ふ・ふる・ふれ・へよ} **願いや望みを達成させる。かなえる。思いどおりにさせる。** 例「静かなる

思ひをかな・へむと、ひとへに籠りゐし後は」〈源氏・若菜・上〉

古語深耕 **「かなふ」の用法**

「**思うとおりになる**」意では、多く「**心にかなふ**」という形が用いられる。また、否定表現や反実仮想の言い方が多く用いられ、この世のままならないことをいう。『源氏物語』〈夕霧〉に「命さへ心に**かなはず**」、『古今和歌集』〈離別・三八七〉に遊女白女が詠んだ「命だに心に**かなふ**ものならばなにか別れの悲しからまし」(訳→〈和歌〉いのちだに…)、『更級日記』に「思ふこと心に**かなふ**身なりせば秋のわかれをふかく知らまし」(訳万事思うことがままになる身でしたら、秋のしみじみとした、人との別れを味わい深く感ずるところでしょうが、いまはその余裕もありません)などとある。

かなぶみ【仮名文】[名]仮名で書いた文章や手紙。↔真名文

かなへ【鼎・釜】[名]《「金瓮(瓶)」の意》飲食物を煮炊きするための金属製の器具。足が三本で、青銅製のものが多い。もと古代中国の祭器。

かなへどの【鼎殿】[名]宮中や将軍家などにある湯殿。また、そこに仕える身分の低い女官。

かなまり【金椀・鋺】[名]金属製の椀。

かな-や 感動・詠嘆の意を表す。…**ことだなあ**。例「うらめしき**かなや**、釈迦大士の慇懃の教化わすれ」〈曾我・一一〉訳残念なことだなあ、釈迦仏のねんごろな教えを忘れて。

語構成 かな 終助 / や 間助

かなやき【金焼き】[名]馬や人のからだ、または物の表面に鉄の焼き印を押すこと。

かならず【必ず】[副]❶**きっと**。**確実に**。**絶対に**。＝必ずも。例「後も**必ず**逢はむとぞ思ふ」〈万葉・一二・三〇七三〉❷(下に打消の語や反語表現を伴って)**必ずしも**。例「行幸といへど、**かならず**かうしもあらぬを」〈源氏・行幸〉《音便》「かう」は「かく」のウ音便。①②＝必ずしも①②

かならずしも【必ずしも】《副詞「必ず」＋副助詞「し」＋係助詞「も」》❶「かならず①」に同じ。❷「かならず②」に同じ。

かならずも【必ずも】[副]《副詞「必ず」＋係助詞「も」》「かならず①」に同じ。

かなり【可成・可也】[形動口語型]十分とはいえないが、ある程度の水準に達しているさま。まずまずだ。

かなり《形容詞または形容詞型活用語の連体形の活用語尾「かる」＋伝聞・推定の助動詞「なり」＝「かるなり」の撥音便「かんなり」の撥音無表記》…**そうだ**。…**ようだ**。例「光る源氏、名のみことごとしう、言ひ消たれたまふ咎多**かなる**に」〈源氏・帚木〉《音便》「ことごとしう」は「ことごとしく」のウ音便。

かなるましづみ【か鳴る間しづみ】《上代東国方言》語義未詳。鳴りをひそめての意か。

かなれつぢょでん【仮名列女伝】[作品名]江戸前期(一六五五ごろ成立)の仮名草子。北村季吟作。中国の『劉向列女伝』を仮名で訳したもので、賢女烈婦に関する逸話を収める。

かなわ【金輪・鉄輪】[名]❶金属製の輪に三本の足を付けたもの。火鉢などにすえて、鉄びん、釜などをのせた。五徳。❷紋所の名。輪形の模様をいくつか組み合わせて図案化したもの。

かに【蟹】[名]❶甲殻類の名。(季-夏)。❷遊女が客の目をぬすんで「間夫」に逢いに行くこと。

かに《上代東国方言。接尾語「かぬ」の連用形「かね」の変化形》…**できないで**。例「赤駒を山野にはがし捕り**かに**て多摩の横山徒歩ゆか遣らむ」〈万葉・二〇・四四一七〉訳赤味がかった毛の馬を野山に放して捕まえることが**できないで**、多摩の山を歩きで(夫を)行かせるのだろうか。《係結び》「か→遣らむ(体)」〈接続〉動詞の連用形に付く。

がに [接助]❶《上代語》様態・程度を表す。…**ほどに**。…**ばかりに**。例「うれたきや醜ほととぎす今こそば声の嗄る**がに**来鳴きとよめめ」〈万葉・一〇・一九五一〉訳いまいましい。ホトトギスのやつめが。今こそ声のかれる**ほどに**来て鳴けばよいだろうに。《係結び》「こそ→鳴きとよめめ(已)」。❷(願望・意志・命令・禁止などを表す表現と用いて)目的・理由などを表す。…**ように**。…**だろうから**。例「おもしろき野をばな焼きそ古草に新草交じり生ひは生ふる**がに**」〈万葉・一四・三四五二〉訳眺めのすばらしい野を焼かないで。古草に新草がまざって生え始めたら育つ**ように**。《副詞の呼応》「な→焼きそ」。例「山里に知る人もがな郭公鳴きぬと聞かば告げに来る**がに**」〈拾遺・夏・九八〉訳山里に知る人がいればよいのに。ホトトギスが鳴いたと聞いたなら告げに来てくれる**ように**。〈接続〉①は動詞の終止形、完了の助動詞「ぬ」の終止形に付く。完了の助動詞「ぬ」に接続する場合が多い。—「ぬがに」。

発展学習ファイル ②は文末(多く和歌の句末)に用いられるため、②を終助詞とする説がある。→「がね」

かにかくに [副]《副詞「か」＋格助詞「に」＋副詞「かく」＋格助詞「に」》あれこれと。いろいろと。例「**かにかくに**思ひ煩ひ音のみし泣かゆ」〈万葉・五・八九七長歌〉

〈和歌〉**かにかくに…**【かにかくに疎くぞ人の成りにける貧しきばかり悲しきはなし】〈亮々遺稿・木下幸文〉訳(貧しい私は)何やかやと、疎遠に友人がなってしまったよ。貧しいということほど悲しいものはない。

かには【樺・桜皮】[名]器物に張ったり巻いたりするカバや桜などの皮。または、その皮をもつ木。

かにはざくら【樺桜】[名]「樺桜」の別称。(季-春)

かにひ【芫花】[名]草木の名。ガンピの古名、フジモドキの古名などとされるが、未詳。

かにもかくにも [副]《副詞「かにかくに」を強めた語》ともかくも。例「をち水(＝若返リノ水)は**かにもかくにも**求めて行かむ」〈万葉・四・六二八〉

かにもりのつかさ【掃部寮】[名]「かもんれう」に同じ。

かによ・ふ【兼ふ】[他ハ四]{は・ひ・ふ・ふ・へ・へ}互いに譲り合う。例「誰の彼のと**兼・ひあひ**」〈浮・日本永代蔵〉

-か・ぬ [接尾ナ下二型]{ね・ね・ぬ・ぬる・ぬれ・ねよ}(動詞の連用形に

付いて)❶…することができない。例「世の中を憂(う)しとやさしと思へども飛び立ちかねつ」〈万葉・五・八九三〉訳→〔和歌〕よのなかをうしとやさしと…。❷…をこらえ切れない。例「思ひかね妹(いも)がりゆけば」〈拾遺・冬・二二四〉訳→〔和歌〕おもひかね…

か・ぬ【兼ぬ・予ぬ】[他ナ下二]{ね・ね・ぬ・ぬる・ぬれ・ねよ}❶二つ以上を合わせもつ。合わせ考える。例「ま玉つくをちこち兼ねて結びつる我が下紐(したひも)の解くる日あらめや」〈万葉・一二・二九七三〉❷兼任する。例「記伝の学生(がくしやう)藤原(ふぢはら)の某(なにがし)、兼ねては近衛(こんゑ)の御門(みかど)に人倒す蝦蟆(がま)の追捕使(ついふくし)」〈今昔・二八・四一〉❸将来のことを気にかける。あらかじめ心配する。予想する。例「千年(ちとせ)をかねて定めけむ奈良の都は」〈万葉・六・一〇四七長歌〉❹気がねをする。気を遣う。例「虎(とら)はまた、十郎が心をかねて、衣(きぬ)ひきかづき、うちふしぬ」〈曾我・六〉

かぬち【鍛冶】[名]〔「かなうち(金打ち)」の変化形〕「かぢ(鍛冶)」に同じ。

かね【金】[名]❶金・銀・銅などの金属の総称。❷金銭。貨幣。江戸時代、上方(かみがた)では銀貨がおもに使用されたので、多く「銀」の字を当てた。

〔**金(かね)打(う)つ・鉦(かね)打(う)つ**〕[自タ四]{た・ち・つ・つ・て・て}❶神仏の前で、鉦(かね)や鰐口(わにぐち)(神殿や仏殿の正面の軒につり下げておく鳴り物)を鳴らして誓いを立てる。❷(相手と)金属製の物を打ち合わせて誓い合う。武士は刀、女子は鏡などを用いた。＝金打(きんちやう)

〔**金(かね)の使(つか)ひ**〕カネノツカイ 平安時代、東北地方の黄金を献上させるために、京から派遣された使者。

かね【矩】[名]❶直角に曲がった金属製のものさし。矩尺(かねじやく)。❷直角。

かね【鉦】[名]❶金属製の仏具の一種。地に伏せたり、手に持ったりして、撞木(しゆもく)でたたいて、鳴らすもの。❷鉦鼓(しやうこ)。銅製の丸く平たい打楽器。

かね【鐘】[名]つり鐘。また、その音。

かね【鉄漿】[名]鉄を酸化させて作った液。歯を黒く染めるのに用いた。＝御歯黒(おはぐろ)・歯黒め

-がね【接尾】(名詞に付いて)そうなる予定の者の意を表す。…候補。「后(きさき)がね」「婿(むこ)がね」など。

がね【上代語】[接助](願望・意志・命令・禁止などを表す表現とともに用いられて)目的・理由などを表す。…ように。…だろうから。例「佐保川(さほがは)の岸のつかさの柴(しば)な刈りそねありつつも春し来たらば立ち隠(かく)るがね」〈万葉・四・五二九旋頭歌〉訳佐保河の岸の高い所の柴を刈らないで。このまま春がもし来たならば、(そこに)隠れてしまうだろうから。〔副詞の呼応〕「な―刈りそね」。例「ほととぎす聞けども飽(あ)かず網捕(あみと)りに捕りてなつけな離(か)れず鳴くがね」〈万葉・一九・四一八二〉訳ホトトギスの声を聞くけれども飽きたらない。網取りで捕まえて手なずけよう。絶えることなく鳴くように。

〈接続〉動詞の連体形に付く。

発展学習ファイル 「がに[接助]」と同様に文末に用いられるので、終助詞とする説がある。

かねあきうど【金商人】カネアキユウド[名]〔「かねあきびと」のウ音便〕「かねあきびと」に同じ。

かねあきびと【金商人】[名]〔「かねあきうど」「かねあきひと」とも〕❶砂金類を売買する商人。＝金売(かねう)り。❷金銀の両替をする者。＝銭売り

かねうり【金売り】[名]「かねあきびと①」に同じ。

かねおや【鉄漿親】[名]女性が初めて「御歯黒(おはぐろ)」をする際に世話をする仮親の女性。親戚や知人から選んだ。＝御歯黒親

かねぐろ【鉄漿黒】[名]歯に鉄漿(おはぐろ)をつけて、歯を黒く染めていること。また、その歯。

かねごと【予言】[名]〔「かねこと」とも〕あらかじめいっておくことば。未来を予想していうことば。予言(よげん)。(男女が)約束したことば。例「『しづかに身々(みみ)とならん(＝出産スル)時もいかがはせん』なんど言ひし、はかなかりけるかねごとかな」〈平家・九・小宰相身投〉

かねせんじ【兼ね宣旨】[名]「けんせんじ」に同じ。

かねて【予ねて】[副]❶(日数などを示す語に付いて)…以前から。…前に。例「二三日かねて、夜に隠れて大殿に渡りたまへり」〈源氏・須磨〉❷あらかじめ。前もって。例「かねて例ならず御心地(みここち)ものせさせたまふことやはべりつらん」〈源氏・夕顔〉〔係結び〕「や」→「はべりつらん㊍」。〔敬語〕「ものせさせたまふ」→「させたまふ」、「はべりつらん」→「はべり」。❸(名詞的用法)事の起こる前。以前。日ごろ。例「かねてより物見車心づかひしけり」〈源氏・葵〉

語構成 かね(ナ下二「かぬ」㊊)＋て(接助)

発展学習ファイル ③は、平安時代以降に生じた用法で、「より」「は」などの助詞を伴って用いられる。

かねて【兼ねて】あわせて。同時に。

〔俳句〕**かねひとつ…【鐘一つ売(う)れぬ日(ひ)はなし江戸(えど)の春(はる)】**〈宝晋斎引付・其角〉訳めったに需要のない鐘でさえひとつも売れない日はない。繁栄を極めている大江戸のめでたい春であることよ。(季―春―春)

かねよし【兼良】[人名]「いちでうかねら」に同じ。

かの【彼の】〔代名詞「か」＋格助詞「の」〕❶話し手と聞き手のどちらからも遠いものを指す語。あの。例「かの夕顔の宿りを思ひ出(い)づるも恥づかし」〈源氏・夕顔〉❷すでに話題となった物事・人を指していう語。その。例の。例「いはむや歌はよまざりければ、かのあるじなる人、案をかきて、書かせてやりけり」〈伊勢・一〇七〉❸多くの物事を一括して漠然と指す語。あの…。この…。例「その物語、かの物語、光源氏のあるやうなど」〈更級〉

がの[終助](近世語)念を押す。…よね。例「いやさ、こな様(さん)は高尾に馴染(なじ)んでいる伝七殿あらふがの」〈伎・韓人漢文手管始〉訳いや、あなた様は高尾になじんでいる伝七殿ですよね。

〈接続〉活用語の連体形に付く。

かのうえいとく【狩野永徳】[人名](一五四三―一五九〇)安土桃山時代の画家。狩野元信(もとのぶ)の孫。織田信長・豊臣秀吉(とよとみひでよし)に起用され、聚楽第(じゆらくだい)などの障壁画を制作。『洛中洛外図』(重要文化財)などを残す。

かのうさんらく【狩野山楽】[人名](一五五九―一六三五)安土桃山時代から江戸前期の画家。永徳(えいとく)の弟子。大覚寺蔵『牡丹図(ぼたんず)』『紅梅図』、東京国立博物館蔵『車争図』(いずれも重要文化財)などを残す。

かのうたんいう【狩野探幽】カノウタンユウ[人名](一六〇二―一六七四)江戸前期の画家。幕府御用絵師として活躍。名古屋城・増上寺などの障壁画を制作。

かのうもとのぶ【狩野元信】[人名]（一四七六―一五五九）室町後期の画家。室町幕府の御用絵師。重要文化財となっている『雪中山水図』や『山水図』などの襖絵や屏風絵を残す。

かのえ【庚】[名]《「金の兄」の意》「十干」の第七番目。

かのえさる【庚申】[名]「かうしん①」に同じ。

かのきし【彼の岸】[名]《仏教語。「彼岸」の訓読語》「ひがん①」に同じ。

かのこ【鹿の子】[名]❶鹿の子。また、鹿。（季―夏）。❷「かのこまだら」に同じ。❸「かのこしぼり」に同じ。

かのこしぼり【鹿の子絞り】[名]絞り染めのひとつ。布を糸でくくって、白い斑点の模様を染め出したもの。古くは「纐纈」といった。＝鹿の子③・鹿の子結ひ①

かのこまだら【鹿の子斑】[名]鹿の毛の色のように、茶褐色の地に白い斑点のあるさま。＝鹿の子②

かのこもち【鹿の子餅】[作品名]江戸中期（一七七二刊行）の噺本。木室卯雲作、勝川春章画。笑話創作の流行を促した作品で、江戸小咄の祖となった。

かのこゆひ【鹿の子結ひ】[名]❶「かのこしぼり」に同じ。❷「鹿の子絞り」に染めること。また、それをする女工。

〔俳句〕**かのこゑす…**【蚊の声す忍冬の花の散るたびに】〈自筆句帳・蕪村〉訳庭先の木に絡み付いた忍冬が白い花を咲かせている。その花がひとつまたひとつ散るたび、葉の裏に隠れていた蚊が驚いたように羽音を立てて飛び立っていく。（季―蚊―夏）

かのさま【彼の様】[代名]《他称の人称代名詞》あのお方。例のお人。例「頼うだる人（＝主人）は、いつもかの様へ行く折は酒をくれらるるが」〈狂言記・抜殻〉

かのしし【鹿】[名]《「しし」は、猪や鹿の類の総称》❶鹿の肉。❷鹿。

かのと【辛】[名]《「金の弟」の意》「十干」の第八番目。

がのみ【我飲み】[名]《近世語》酒などを味わいもせずに、がぶがぶ飲むこと。がぶ飲み。

かのも【彼の面】[名]あちら側。かなた。↕此の面。例「筑波嶺のこのも**かのも**に陰はあれど」〈古今・東歌・一〇九五〉訳→〔和歌〕つくばねのこのもかのもに…

かは［係助］⇩三四八ページ「特別コーナー」

かはうそ【獺・川獺】[名]《「かはをそ」とも》動物の名。カワウソ。

〔**獺の祭り**〕陰暦の一月中旬、カワウソが魚を捕って並べておくことを、先祖の祭りをしていることに見立てていう語。獺祭。（季―春）

〔和歌〕**かはかぜの…**【川風の涼しくもあるかうち寄する波とともにや秋は立つらむ】〈古今・秋上・一七〇・紀貫之〉訳川風がなんと涼しいことか。この川風によって立ち、水辺に打ち寄せてくる波とともに、秋は立つのだろうか。《係結び》「や→立つらむ㊍」〈参考〉二句切れ。「立つ」は、秋が「立つ」意に、波が「立つ」意を響かせる。

かはかみ【川上・河上】[名]川の上流。

かはから【川柄】[名]《上代語。「から」は接尾語》川の性質。川のようす。

かはがり【川狩り】[名]川で魚をとること。川干し・かいぼり・投網などの方法を用いる。（季―夏）

かばかり[副]《副詞「か」＋副助詞「ばかり」》❶《「ばかり」が程度を表す場合》これぐらい。この程度。例「**かばかり**になれば、いとかからぬ人もあるものを」〈源氏・若紫〉❷《とくに、程度がはなはだしい場合》こんなにも。例「**かばかり**ねんごろにかたじけなき御こころざしを」〈和泉式部日記〉❸《「ばかり」が限定を表す場合》これだけ。例「極楽寺・高良などを拝みて、**かばかり**と心得て帰りにけり」〈徒然・五二〉

かはぎぬ【皮衣・裘】[名]「かはごろも」に同じ。

かはきり【皮切り】[名]《近世語》❶最初にすえる灸。❷物事のし始め。

かはく【河伯】[名]川を守護する神。川の神。

かはくぢら【皮鯨】[名]鯨の皮下脂肪を塩漬けにしたもの。食用とした。（季―夏）

かはくま【川隈】[名]《「かはぐま」とも》川が折れ曲がって流れている所。

かはご【皮籠・革籠】[名]まわりに皮を張った籠。のちには、紙を張ったもの、竹で編んだものもいう。

かはごし【川越し】[名]❶川を間にして隔てていること。対岸。❷川の中を歩いて渡ること。川越え。＝徒渡り。❸肩や輦台に人を乗せて川を渡すこと。また、その人足。川越し人足。

かはごろも【皮衣・裘】[名]《「かはぎぬ」とも》獣の皮で作った防寒用の衣服。

かばざくら【樺桜】[名]❶桜の一種。（季―春）。❷襲の色目の名。表は蘇芳で裏は赤花。

-がは・し［接尾シク型］{しから・しく(しかり)・し・しき(しかる)・しけれ・しかれ}《体言・動詞の連用形などに付いて形容詞を作って》…のようすである、…の傾向が強いの意を表す。「みだり**がは・し**」「らう**がは・し**」など。↓「がまし」

かはしま【川島】[名]川の中にある島。和歌では多く「交はす」にかけて用いられる。例「あひ見ては心ひとつを**かはしま**の水の流れて絶えじとぞ思ふ」〈伊勢・二二〉

かばしら【蚊柱】[名]夏の夕方に、蚊が柱のように群がり飛ぶこと。（季―夏）

〔俳句〕**かばしらや…**【蚊柱や棗の花の散るあたり】〈暁台句集・暁台〉訳夏の夕暮れ、ちょうどナツメの花が黄色い花を散らせているあたりに蚊柱が立ち、鳴き声がぶんぶん聞こえている。（季―蚊柱・棗の花―夏）

かはす【川州・川洲】[名]土砂が堆積して川の水面上に現れた平らな小島。川の中の州。

かは・す【交はす】{さ・し・す・す・せ・せ}㊀[他サ四]❶交差する。交える。例「翼をならべ、枝を**かは・さむ**」〈源氏・桐壺〉❷互いにやりとりする。例「かの親王よりほかに、また言の葉を**かは・す**べき人こそ世におぼえね」〈源氏・胡蝶〉㊁[補動サ四]（動詞の連用形について）互いに…し合う。例「向かひ立ち袖振り**交は・し**」〈万葉・一八・四一二五長歌〉

かは・す【変はす】[他サ四]{さ・し・す・す・せ・せ}移す。変える。例「月立たば時も**かは・さず**」〈万葉・一七・四〇〇八長歌〉

か

かは［係助詞］

アプローチ ▼係助詞「か」に係助詞「は」が付いて一語化したもの。

▼文中の語に付く場合は、意味上の係り先にあたる活用語は連体形となる(「係り結び」)。ただし、結びにあたる活用語が省略される場合もある(②㋐)。

▼「か」と同様に、疑問・反語を表すが、「か」と比べて感動・詠嘆をこめた疑問を表す。また、反語として用いられることが多い。

接続 体言や副詞、各種の助詞、活用語の連用形・連体形などに付く。とくに、「だれ」「いつ」などの疑問語に付くことが多い。

意味	訳語	用例
❶文中に用いられる場合。㋐詠嘆をこめた疑問を表す。	…なのかなあ …だろう(か)	例「いかなる契りに**かは**ありけん」〈源氏・夕顔〉訳どのような因縁があったの**だろうか**。《係結び》「かは→ありけん体」
㋑反語を表す。	…だろうか、いや、そうではない	例「ありもつかぬ都のほとりに、たれ**かは**物語もとめ見する人のあらむ」〈更級〉訳住み慣れない都の付近に、だれが物語をさがし求めて(私に)見せてくれる人がいる**だろうか、いや、だれもいない**。《係結び》「かは→あらむ体」 例「数ならぬ身はなきものになし果てつたがために**かは**世をも恨みん」〈新古今・雑下・一八三八〉訳取るに足りないこの身は(出家して)世にはない者にしてしまった。だれのために世を恨む**だろうか、いや、恨みはしない**。《係結び》「かは→恨みん体」
❷文末に用いられる場合。㋐①の結びにあたる活用語が省略される場合。	…なのかなあ …だろう(か) …だろうか、いや、そうではない	例「いかにもてなすべき身に**かは**」〈源氏・総角〉訳いったいどうすればよい(私の)この身の上なの**だろうか**。《係結び》「かは→(省略)」。たとえば、「かは→あらむ体」となるところ。
㋑文末用法。反語を表す。	…だろうか、いや、そうではない	例「天竺にある物も持て来ぬもの**かは**」〈竹取・石作の皇子〉訳天竺(＝インド)にある物でも持って来ずにおく**だろうか、いや、きっと手に入れてみせる**。 例「わが母宮も劣りたまふべき人**かは**」〈源氏・蜻蛉〉訳私の母君だって(女一の宮より)劣っていらっしゃるご身分**だろうか、いや、そんなことはない**。

かはせ【川瀬】カワセ［名］川の中の浅瀬。

かはせうえう【川逍遥】カワショウヨウ［名］《「かはぜうえう」とも》❶川岸を散策すること。また、川岸で遊ぶこと。❷川で舟に乗って遊ぶこと。川遊び。舟遊び。

かはたけ【川竹・河竹】カワタケ［名］❶清涼殿の東庭、御溝水の傍らに、北側の「呉竹」に対して植えられていた竹。マダケ、またはメダケかという。➡［古典参考図］清涼殿。❷川辺に生えている竹。

かはたけ【皮茸】カワタケ［名］キノコの一種、コウタケの古名。食用。

かはたけの【川竹の】カワタケノ［枕詞］川竹が流される意から「流る」に、また竹の「節」と同音の「世」にかかる。例「川竹の流れてとこそ思ひそめしか」〈金葉・恋上・三九七〉

かはたけもくあみ【河竹黙阿弥】カワタケモクアミ［人名］(一八一六〜一八九三)江戸後期から明治前期の歌舞伎作者。本名は吉村新七、俳名は其水。鶴屋南北の弟子。代表作は『三人吉三廓初買』『青砥稿花紅彩画』など。

かはたび【革足袋】カワタビ［名］鹿などのなめし革で作った足袋。

かはたらう【河太郎】カワタロウ［名］「かっぱ①」に同じ。

かはたれ【彼は誰】カワタレ［名］「彼は誰時」の略。

かはたれどき【彼は誰時】カワタレドキ［名］《「彼」は遠称の指示代名詞。薄暗いために遠くの人物がだれと識別できない時刻の意》朝の薄暗い時刻。明け方。＝彼は誰

かはち【河内】カワチ［地名］《「かはうち」の変化形》旧国名。畿内五か国のひとつ。いまの大阪府東部にあたる。＝河州

かはづ【蛙】カワズ［名］❶カジカガエル。小さなカエルで、山間の清流にすむ。五月上旬から立秋のころまで鳴く。鳴き声が美しい。(季－夏)。❷《「かへる」とも》カエル。(季－春)

発展学習ファイル 平安時代まで「かはづ」は歌語として、「かへる」は口語として用いられていたといわれる。

かはづ【川津・河津】カワズ［名］川の渡し場。舟つき場。

〔和歌〕**かはづなく…**【かはづ鳴く神奈備川に影見えて今か咲くらむ山吹の花】〈万葉・八・一四三五・厚見王〉訳 カジカガエルが鳴く清らかな神奈備川に、その姿を映していまごろちょうど咲いているであろうか、山吹の花は。《係結び》「か→咲くらむ(体)」〈参考〉「神奈備川」は神奈備の地を流れる飛鳥川か竜田川といわれる。

かはつら【川面】[名]《近世以降「かはづら」》❶川のほとり。川辺。❷かわも。川の水面。

かはと【川門】[名]《「門」は海や川口の両岸が狭くなっている所》❶川の両岸の迫っている所。❷川の渡り場。

かはと【川音】[名]《「かはおと」の変化形》川の水の流れる音。かわおと。

がはと[副]《「がばと」とも》動作が急なさま。ぱっと。例「馬より舟へ**がはと**飛び乗らうに」〈平家・九・落足〉

がばと[副]「がはと」に同じ。

かはなかじま【川中島】[地名]信濃国の地名。いまの長野市南部、千曲川と犀川の合流地。武田信玄と上杉謙信が合戦した場所。

かはながれ【川流れ】[名]❶川に流され、おぼれ死ぬこと。また、おぼれ死んだ人。❷約束が破られてしまうこと。お流れ。例「今の新内で**川流れだ**」〈伎・青砥稿花紅彩画〉

かはなぐさ【川菜草】[名]川に生えている藻の総称。

かはなみ【川波・川浪】[名]川に立つ波。

かはにし【川西】[地名]❶山城国の地名。いまの京都市の西洞院川、または堀川の西。江戸時代、職人や小商人が住す。❷山城国の地名。いまの鴨川の西にあった遊所を指す。↕川東

かばね【姓】[名]《「せい」とも》古代の氏族制で、朝廷から各氏族に与えられた公的な称号。「臣」「連」「造」「君」などが、氏の出自や職業などに基づいて与えられ、朝廷の政治組織に組み込まれた。天武十三年(六八四)に、新たに「八色の姓」が制定された。→「やくさのかばね」

かばね【屍・尸】[名]死体。しかばね。

〔**屍に血をあやす**〕《なきがらに血をそそぎかけて汚すという意》ある人の死後に、その名誉をけがす。死者を辱める。

〔和歌〕**かはのへのつらつらつばき…**【河上のつらつら椿つらつらに見れども飽かず巨勢の春野は】〈万葉・一・五六・春日老〉訳 川のほとりのつらつらツバキよ。つくづくいくら見ても見飽きはしない、巨勢(=地名)の春野は。〈参考〉「つらつら椿」はツバキの花が連なって咲くようすをいったものか、つくづくとの意である「つらつらに」を導く序詞。

〔和歌〕**かはのへのゆついはむらに…**【河上のゆつ岩群に草生さず常にもがもな常娘子にて】〈万葉・一・二二・吹芡刀自〉訳 川のほとりの神聖な岩々には、草も生えない。その岩のように、永遠にみずみずしくすばらしくあってほしいものです、いつまでも乙女のままで。〈参考〉「ゆつ」は神聖なものに冠する接頭語。

かはのぼり【川上り】[名]流れに沿って川をさかのぼること。例「なほ、**川上りになづみて**」〈土佐〉

かはのぼりぢ【川上り路】[名]川をさかのぼる水路。

かははしら【川柱】[名]川の中に残って立っている橋の柱。

かはび【川傍】[名]《上代語。「び」は接尾語》川のほとり。かわべ。

かはひがし【川東】[地名]山城国の地名。いまの京都市東山区を流れる鴨川の東。祇園・石垣町一帯の歓楽街を指す。↕川西②

かはひそら【河合曾良】[人名](一六四九～一七一〇)江戸前・中期の俳人・神道家。本名は岩波庄右衛門正字。芭蕉とともに諸国をめぐり、『曾良旅日記』に克明な記録を残す。

かはふ【苛法】[名]きびしいきまり。

かはぶえ【皮笛】[名]《唇の皮で吹く笛の意》口笛。

かはぶくろ【皮袋・革袋】[名]革でつくった袋。とくに、革製の財布。

かはほり【蝙蝠】[名]《「かはほり」「かはもり」とも》❶コウモリの古名。(季—夏)。❷「蝙蝠扇」の略。

かはほりあふぎ【蝙蝠扇】[名]《「かはほりあふぎ」とも》(開いた形が蝙蝠に似ていることから)骨の片側だけに紙を張り、閉じられるようになっている扇。扇子。夏扇。＝蝙蝠②

かはまたえ【川股江】[名]川の流れの分岐点。

かはむし【皮虫】[名]毛虫の別称。

かはや【厠】[名]便所。〈参考〉「側室」(家のそばに建てた家)」また、「川屋(川の上に架け渡して造った家)」の意から。

かはやぎ【川柳・川楊】[名]《「かはやなぎ」とも》ネコヤナギの古名。早春、銀白色の花穂を付ける。川辺に生えている柳をいうこともある。(季—春)

かはやしろ【川社】[名]陰暦六月の「水無月祓へ」のときなどに川辺に榊や笹を立てて棚を作り、神楽を奏して神を祭ること。また、その社。

かはやなぎ【川柳・川楊】[名]「かはやぎ」に同じ。

かはゆう形容詞「かはゆし」の連用形「かはゆく」のウ音便。

かはゆげ[・なり][形動ナリ]{なら・なり(に)・なり・なる・なれ・なれ}《「げ」は接尾語》❶いかにもかわいそうだ。哀れむべきだ。例「**かはゆげ**に子どもをばくるふとも」〈戴恩記〉❷いかにも子供っぽい。いかにもかわいらしい。例「将軍家の化の下の会を、**かはゆげなる**遊びかなとあざけるものなり」〈太平記・三九〉

かはゆ・し[形ク]{から・く(かり)・し・き(かる)・けれ・かれ}《「かほはゆし(顔映ゆし)」の変化形》❶**赤面する状態だ。恥ずかしい**。例「いたく思ふままのことか**はゆ**くもおぼえて」〈右京大夫集〉❷**かわいそうだ。気の毒だ。見るにしのびない**。例「我この人を助けずは、ただ今の程に**かはゆき**目を見るべし」〈太平記・一〉❸**愛らしい。かわいらしい**。例「無性に**かはゆ**うなりて、『そちはおれに惚れてゐるが実か』と問はれて」〈浮・傾城禁短気〉《音便》「かはゆう」は「かはゆく」のウ音便。

かはよど【川淀】[名]川の水がよどんでいる所。

かはら【川原・河原】[名]❶川沿いの水がない所。かわら。❷京都鴨川の河原。とくに、芝居が行われた四条河原。

かはら【竜骨】[名]船底の中央を、船首から船尾に縦に貫き通して、船全体の支えとなる材。

かはらか[・なり][形動ナリ]{なら・なり(に)・なり・なる・なれ・なれ}「かわらか」に同じ。

かはらけ【土器】[名](「瓦笥」で、瓦製の器の意)❶釉を用いない素焼きの陶器。土器。例「飯を多く土器に盛らしむ」〈今昔・一九・三〉❷素焼きの杯。酒杯。例「銚子に土器とりそへて持て出でて」〈徒然・二一五〉❸杯のやりとり。酒宴。例「御机参り、かはらけ始まり、御箸下りぬ」〈宇津保・嵯峨の院〉

かはらげ【川原毛・瓦毛】[名]馬の毛色の名。朽葉色を帯びた白毛で、たてがみが黒い。

かはらのさだいじん【河原左大臣】[人名]「みなもとのとほる」に同じ。

かはら・ふ【変はらふ】(「変はる」の未然形＋上代の継続の助動詞「ふ」)変わっていく。例「常なりし笑まひ振る舞ひいや日異に変はらふ見れば悲しきろかも」〈万葉・三・四七八長歌〉

〔和歌〕**かはらむと…【かはらむと祈る命は惜しからでさても別れむことぞ悲しき】**〈詞花・雑下・三六三・赤染衛門〉訳あなたの身代わりになりたいと祈る私の命は惜しくはなくて、たとえ代わることができたとしても、結局あなたと別れることになるのが悲しいのです。

かはらや【瓦屋】[名]❶瓦葺きの屋根。また、瓦屋根の建物。❷瓦を焼くためのかまど。

かはり【代はり・替はり】[名]❶後任。交代する人。❷身代わり。代理。❸代償。つぐない。❹代価。代金。

かはりがはり【代はり代はり】[副]かわるがわる。かわりあって。例「公卿・殿上人、かはりがはり盃執りて」〈枕・なほめでたきこと〉

かはりぎぬ【代はり絹】[名]代金の代わりに支払う絹。

かは・る[自ラ四]{ら・り・る・る・れ・れ}■一【変はる】❶(以前と)変わる。例「年経にける立ち処変はらず」〈源氏・末摘花〉❷(ふつうと)違う。例「いかなる者の集へるならむと、様変はりて思さる」〈源氏・夕顔〉❸(年月が)改まる。例「世かはり時うつりにければ」〈伊勢・一六〉■二【代はる・替はる】❶交替する。例「かの斎宮もかはりたまひにしかば」〈源氏・澪標〉❷代理となる。例「今宵の罪にはかはり聞こえさせて、身をもいたづらになしはべりなむかし」〈源氏・総角〉

かはをさ【川長】[名]船頭。渡し守。

かはをそ【獺・川獺】[名]「かはうそ」に同じ。

かはん【加判】[名・自サ変]❶公文書に署名して判を押すこと。また、鎌倉幕府の連署、江戸幕府の老中などの地位にある者の称。❷連判。連署。

-かひ【交】[接尾]❶重なり合う所の意を表す。「羽交」など。❷物と物との間の意を表す。「眼交」「潮交」など。

かひ【卵】[名]たまご。＝卵子

かひ【貝】[名]❶貝。貝殻。装飾品の材料や、貝合わせ・貝覆いなどの遊戯に用いられた。❷ホラガイ。吹き鳴らして、時刻を知らせたり合図したりする。

〔**貝を作る**〕口をへの字に曲げてべそをかく。例「かひをつくるもいとほしながら」〈源氏・明石〉

かひ【峡】[名]山間の狭い所。谷。

かひ【匙】[名](古くは貝のからを用いたことから)さじ。しゃくし。

かひ【甲斐・効・詮】[名]❶効果。成果。ききめ。例「その時悔ゆとも、かひあらんや」〈徒然・四九〉❷価値。ねうち。例「憂き世の中はあるかひもなし」〈古今・雑下・九五三〉

かひ【甲斐】[地名]旧国名。東海道十五か国のひとつ。いまの山梨県。「山の峡」が語源。＝甲州

かひ【穎】[名](「かひ」とも)稲の穂。

かび【蚊火】[名](「かひ」とも)蚊を追い払うたき火。蚊やり火。(季—夏)

かひあはせ【貝合はせ】[名]❶「物合はせ」のひとつ。競技者が左右に分かれ、あらかじめ用意した美しく珍しい貝を出し合って、優劣を競う遊び。❷ハマグリの貝殻の左右を合わせて、その数を競う遊び。三百六十個の貝殻を左右に分け、右貝を「地貝」、左貝を「出し貝」とし、地貝をすべて伏せて並べ、競技者が分けておいた出し貝を一つずつ出して、地貝と合ったものを集めてその数を競う。合ったかどうかを確認しやすいように、貝殻の中に絵や歌を書いた。平安末期ごろから行われた。＝貝覆ひ

かひあはせ【貝合】[作品名]『堤中納言物語』所収の短編物語。

かひうた【甲斐歌】[名]「東歌」の一種。甲斐(いまの山梨県)で歌われた歌謡。

かひおほひ【貝覆ひ】[名]「かひあはせ②」に同じ。

かひおほひ【貝おほひ】[作品名]江戸前期(一六七二刊行)の発句合わせ。松尾芭蕉撰。故郷である伊賀上野近辺の諸俳士の発句六十句を句合わせし、判じたもの。芭蕉の処女撰集で、生前唯一の自著。

かひかう【貝香・甲香】[名](「かふかう」とも)アカニシガイのふた。粉末にして各種の香料と混ぜて、練り香にする。

かひがかり【買ひ掛かり・買ひ懸かり】[名](近世語)現金で支払わず、掛け(代金後払い)で買い物をすること。また、その代金。

かひかづ・く【買ひ被く】[他カ四]{か・き・く・く・け・け}(近世語。「かひかつぐ」とも)品物を相場以上の高値で買う。＝買ひ被る。例「呉服屋にぬかれて(＝ダマサレテ)、買ひかづきやるな」〈浮・好色敗毒散〉

かひがね【貝鉦・貝鐘】[名](「かひかね」とも)❶寺で用いるほら貝と鉦。❷軍中で号令や合図に用いるほら貝と陣鉦。

かひがね【甲斐が嶺】[歌枕]甲斐国の山。いまの山梨県西部にある白根山。

〔和歌〕**かひがねを…【甲斐が嶺をさやにも見しがけけれなく横ほり臥せる小夜の中山】**〈古今・東歌・一〇九七・よみ人しらず〉訳甲斐の山々をはっきりと見たいものだ。それなのに心なく、横たわって臥している小夜の中山であるよ。

〈参考〉「けけれなく」は「心なく」の東国方言。

かひがひ・し【甲斐甲斐し】[形シク]{しから・しく(しかり)・し・しき(しかる)・しけれ・しかれ} ❶効き目がある。かいがある。例「涙もろなる御癖は、人の御上にてさへ、袖でもしぼるばかりになりて、**かひがひ・しく**ぞあひしらひきこえたまふめる」〈源氏・早蕨〉 ❷けなげである。頼もしい。例「**かひがひ・しく**もたのむの雁か、秋は必ず越地より都へ来たるものなれば」〈平家・二・蘇武〉 ❸きびきびしている。勢いがよい。てきぱきしている。例「**かひがひ・しく**いふがごとくに飲みて寝にけり」〈古今著聞・五三四〉

かひぐら【貝鞍】[名]馬の鞍の一種。漆塗りの地に青貝などで模様を摺り出してある鞍。

かひご【卵子・卵】[名]鳥の卵。また、卵などの殻。＝卵

がびさん【峨眉山】[地名]中国四川省峨眉県の山。天台山・五台山とともに中国仏教三大霊場のひとつ。相対する峰の形が、蛾眉(蛾の触覚のような三日月形の眉)に似ているので付いた名。

かひじま【買ひ縞】[名]注文品ではなく、既製の縞織物。でき合いの安い反物。

かひだま【貝玉】[名](美しい貝を玉にたとえて)貝。

かひつ・く【飼ひ付く】[他カ下二]{け・け・く・くる・くれ・けよ}飼ってならす。いつも飼っている。例「池の鳥を日来**飼ひつ・けて**堂のうちまで餌をまきて」〈徒然・一六二〉

かひつもの【貝つ物】[名](「つ」は上代の格助詞)貝類。

-かひな【肱・腕】[接尾]❶(腕などを動かし舞うことから)舞の手を数える語。例「一**かひな**、三**かひな**舞ひかけって」〈盛衰記・三〉 ❷(両手を回し長さを測ることから)丸い物の太さを表す語。例「左に銀杏の木、ふとさ五**かひな**ばかりなり」〈仮・東海道名所記〉

かひな【肱・腕】[名]❶肩からひじの間。二の腕。❷肩から手首の部分。腕全体。

かひなう【甲斐無う】形容詞「かひなし」の連用形「かひなく」のウ音便。

かひなさ【甲斐無さ・詮無さ】[名](「さ」は接尾語)それだけの価値のないこと。無駄なこと。例「里住みの**かひなさ**に、内裏にのみなむ」〈宇津保・春日詣〉

かひなし【甲斐無し】[名]役立たず。意気地なし。例「御身もいたくの**かひなし**にてはなけれども」〈古今著聞・三七七〉

かひな・し【甲斐無し】[形ク]{から・く(かり)・し・き(かる)・けれ・かれ}

> **アプローチ**
> ▼物事を行ったり、希望しただけの効果がなかったりするさまを表す。
> ▼「かひなくなる」で、亡くなる、死ぬ、の意を表す。

❶効き目がない。**むだである**。例「足ずりをして泣けども、**かひな・し**」〈伊勢・六〉 訳足を摺り合わせて嘆き泣いたけれども、**むだである**。

❷価値がない。**取るに足らない**。例「成経とても**かひな・き**命を生きて、何にかはし候ふべき」〈平家・二・少将乞請〉 訳成経としても、**取るに足らない**この命を長らえて、なんになりましょう。《係結び》「かは↓候ふべき(体)」。

❸弱々しい。**意気地がない**。例「**かひな・き**身にたぐへきこえては、げに生ひ先もいとほしかるべくおぼえ侍るを」〈源氏・薄雲〉 訳**意気地がない**私のそばにお置き申し上げては、まことに将来のこともおかわいそうなことになりそうに存ぜられますが。《敬語》「たぐへきこえては」→「きこゆ」、「し候ふ」→「さうらふ」、「おぼえ侍る」→「はべり」

かひなだゆ・し【肱弛し・腕弛し】[形ク]{から・く(かり)・し・き(かる)・けれ・かれ}腕が疲れてだるい。例「経をしばしが程も濡らし奉らじと思ひて捧げ奉りしに、**腕だゆ・く**もあらず」〈宇治拾遺・一〇・一〇〉

かひばらえきけん【貝原益軒】[人名](一六三〇〜一七一四)江戸前期の儒学者・本草学者。朱子学派の山崎闇斎と親交をもち、朱子学を講じた。『大和本草』、『養生訓』が代表作。

かびや【鹿火屋】[名](「かひや」とも)鹿・猪が農作物を荒らすのを防ぐために、火をたいて番をする小屋とも、蚊を追い払うために火をたく小屋ともいう。

かひよ[副]鹿の鳴き声を表す語。多く「かひ(効)」をかける。例「秋の野に妻なき鹿の年を経てなぞ我が恋の**かひよ**とぞ鳴く」〈古今・雑躰・一〇三四〉

かひ・る【返る・帰る】[自ラ四]{ら・り・る・る・れ・れ}(上代東国方言)かえる。例「行き巡り**帰り**来までに斎ひて待たね」〈万葉・二〇・四三三九〉

かひろ・ぐ[自ガ四]{が・ぎ・ぐ・ぐ・げ・げ}揺れ動く。例「〈ススキガ〉風になびきて**かひろ・ぎ**立てる」〈枕・草の花は〉

かひをけ【貝桶】[名]「貝合はせ②」の貝殻を入れておく器。ハマグリの右貝(地貝)用と左貝(出し貝)用の二つ一組みで、蒔絵の装飾を施したものもある。江戸時代には、嫁入り道具のひとつとされた。

かふ【甲】[名]❶「十干」の第一番目。きのえ。❷(①の意が転じて)第一位。一番目。❸亀・カニのこうら。❹鎧。兜。❺手足の表面の部分。❻(「かん」とも)邦楽で高い調子をいう語。❼琵琶・三味線などの胴の隆起した部分。

【甲が舎利になる】《近世語》かたい甲(頭蓋骨の意か)が砕けて、舎利(粒状の骨)になる意。物事の変化の激しいことや、めったにありえないことのたとえ。転じて、どんなことがあっても、の意。

か・ふ【買ふ】[他ハ四]{は・ひ・ふ・ふ・へ・へ}❶買う。❷(よくない結果を)身に受ける。例「〈財産ハ〉害を**買・ひ**、累を招くなかだちなり」〈徒然・三八〉

か・ふ【飼ふ】[他ハ四]{は・ひ・ふ・ふ・へ・へ}❶動物に飲食物を与える。飼育する。❷毒や薬などを飲ませる。

か・ふ【交ふ】一[他ハ下二]{へ・へ・ふ・ふる・ふれ・へよ}交差させる。入り違わせる。かわす。例「しきたへの袖**交・へ**し君玉垂れの越智野過ぎ行くまたも逢はめやも」〈万葉・二・一九五〉 二[自ハ四]{は・ひ・ふ・ふ・へ・へ}(動詞の連用形に付いて)交差して…する。行き違って…する。例「御使ひの行き**か・ふ**ほどもなきに」〈源氏・桐壺〉

か・ふ【換ふ・代ふ・替ふ】[他ハ下二]{へ・へ・ふ・ふる・ふれ・へよ}❶交換する。例「万事に**か・へ**ずしては、一つの大事成るべからず」〈徒然・一八八〉 ❷引き換えにする。例「身に**代・へ**この御身ひとつを救ひたてまつらむ」〈源氏・明石〉

かぶ【頭】[名](「かぶり(頭)」の変化形)あたま。

-がふ【合】[接尾]ふたのある容器を数えるのに用いる語。例「黒き皮籠三合を置けり」〈方丈記〉

がふ【楽府】[名]❶中国の漢代に、音楽のことをつかさどった役所。転じて、日本の「雅楽寮」。❷漢詩の古詩の一体。もとは①で集められたり、作られたりした楽曲の歌詞をいう。❸(平安時代に、広く愛好されたことから)白楽天の『新楽府』。

〔**楽府の屏風**〕平安時代、『白氏文集』の新楽府に絵の題材をとって描かれた屏風。

が・ふ【肯ふ】[自ハ下二]{へ・へ・○・○・○・○}(「かふ」とも。未然形と連用形のみ)(前の叙述を受けて)…することができる。…を聞き入れる。…することを認める。例「思ふにはしのぶることぞまけにける逢ふにしか・へばさもあらばあれ」〈伊勢・六五〉

かふおつ【甲乙】[名]❶「十干」の第一番目と第二番目。❷物の順序。第一と第二。❸優劣。上下。❹名前の知れない人。また、名前を出す必要のない人物をいう語。だれかれ。だれそれ。

かふおつにん【甲乙人】[名]とくにだれと限らない、すべての人々。貴賤・上下を問わない、あらゆる人々。また、名前を挙げる必要のない一般庶民。

かふか【閤下】(「閤」は、古く中国で高官の邸宅の大門のそばに付けた小門の意)□一[名](貴人に対する敬称)閣下。殿。□二[代名](対称の人称代名詞。対等の相手に対する敬称)貴殿。あなた。例「さて閣下はいかが」〈大鏡・序〉

かふかう【甲香】[名]「かひかう」に同じ。

かぶき【歌舞伎・歌舞妓】[名]❶異様な姿をすること。ふざけた振る舞い。❷近世初期に成立し発展した演劇。その始まりは出雲の阿国が演じた歌舞伎踊りにあるとされ、女歌舞伎、若衆歌舞伎が続いて流行したが、風紀を乱すとして禁止された。それによって、物真似狂言を中心とする野郎歌舞伎に移行し、元禄期(一六八八〜一七〇四)には芸態もほぼ確立した。❸歌舞伎芝居。歌舞伎狂言。元禄期に完成したもので、音曲・舞踊・せりふにより構成される。

〈参考〉江戸時代には主に「歌舞妓」を用いた。

かぶきじふはちばん【歌舞伎十八番】[名]代々の市川団十郎家の芸で、荒事を中心とする十八種の演目の総称。天保年間(一八三〇〜一八四四)に七代目団十郎によって定められた。不破・鳴神・不動・嫐・象引・景清・暫・勧進帳・助六・外郎売・矢の根・押戻・関羽・七つ面・毛抜・解脱・蛇柳・鎌髭の十八番。

かぶ・く【傾く】[自カ四]{か・き・く・く・け・け}❶頭を傾ける。例「かぶ・けるは稲のほのじぞ京上臈」〈貝おほひ〉❷異様な服装や振る舞いをする。例「かぶ・きたるなりばかりを好み」〈伽・猫の草子〉

がふくゎのき【合歓の木】[名](「かふくゎのき」とも。「がふくゎん」の変化形)ネムノキの別称。

がふくゎん【合巻】[名]近世後期の「草双紙」のひとつ。絵入りの長編小説で、五丁一冊を数巻とじ合わせて一冊としたもの。読本の影響を受けて敵討ち物などが流行し、さらに歌舞伎などの趣向を取り入れて長編化・複雑化がすすんだ。式亭三馬・山東京伝・柳亭種彦らが有名。

がふご[・す]【合期】[名・自サ変]思うようになること。例「最期の見参申したく存ずれども、あまりに苦しく、合期ならず」〈義経記・八〉

かぶし[名]頭の形。頭つき。

がふし【合子】[名](「がふす」とも。身とふたとが合うものの意)ふたつきの漆塗りの椀。合器。

かふしうかいだう【甲州街道】[名]江戸時代の五街道のひとつ。江戸日本橋から甲府を経て下諏訪に至り、中山道に合流する街道。四十四の宿駅があった。

かぶ・す【傾す】[自サ四]{さ・し・す・す・せ・せ}傾いて垂れる。うなだれる。例「夕露の玉しく小田のいな筵かぶ・す穂末に月ぞすみける」〈山家集・上〉

がふす【合子】[名]「がふし」に同じ。

かふち【河内】[名](「かはうち」の変化形)川が曲折して流れている盆地。

かぶつ・く【頭衝く】[自カ四]{か・き・く・く・け・け}語義未詳。火力が強い意。また、頭をつく、うつむくとも。例「かぶつ・く真火には当てず」〈記・中・歌謡〉

かぶと【兜・甲・冑】[名]❶武具の名。頭にかぶり、頭部と首を保護する鉄製のもの。頭にかぶる部分を「鉢」、鉢の頂上を「天辺」または「八幡座」、鉢の側方・後方に垂れて首を覆う部分を「錏」という。❷舞楽の際に用いる、鳳凰をかたどった華麗な冠。＝鳥兜。❸(「兜人形」の略)端午の節句に飾る甲冑姿の人形。❹男の子のこと。

〔**兜の手先**〕兜の「吹き返し」の上端。外側に反り返った板の上の隅。

〔**兜の鉢**〕兜の上部。頭をおおっている、鉢をふせたような形の部分。

〔**兜の花**〕紙で兜の形を作り、飾りに造花や紙人形をつけたもの。

〔**兜の星**〕兜の鉄板をつなぎ合わせている鋲の頭。のちには、鉢の表面の飾りとしての性格が強くなった。

〔**兜の真向**〕「兜の鉢」の前正面。

〔**兜の緒**〕兜の鉢につける紐。あごにかけて結び、兜が脱げないようにする。

〈参考〉兜の緒を締めるのは、いよいよ合戦に入ろうとするときであることから、現代語の「気持ちを引き締める」という意が生まれた。

かぶのぼさつ【歌舞の菩薩】[名]極楽浄土で音楽を奏し、歌舞をして如来をほめたたえ、極楽往生した人の霊を楽しませる菩薩。

かふや【甲夜】[名]「しょかう」に同じ。

かふやうぐんかん【甲陽軍鑑】[作品名]安土桃山時代から江戸前期の軍記。高坂昌信原作、春日惣次郎他の補筆か。武田信玄の戦功武略や戦陣兵法を中心に、戦国期の歴史を描いた書。近世には軍学の宝典として重んじられた。

かぶら【鏑】[名]❶鏃の代わりに矢の先に付ける、野菜のカブの形をした木製、または鹿の角製のもの。数個の穴があり、中は空洞になっていて、矢が飛ぶと高音を発する。❷「鏑矢①」の略。

かぶらや【鏑矢】[名]❶先に「鏑」をつけた矢。古くから用いられ、音響によって魔を払う呪術的な意味の強いもの。「矢合はせ」のときにはこの矢を用いた。＝鏑②・鳴り鏑・鳴り矢・鳴る矢。➡[古典参考図]

武装・武具〈3〉。❷紋所の名。

かぶり【冠】[名]《「かうぶり」の変化形》❶かんむり。❷官位。❸元服して任官すること。

かぶり【頭】[名]❶あたま。❷(子供などが)あたまを左右に振って、不承諾の意を表すこと。

かふりょく【・す】【合力】[名・他サ変]❶力を合わせて助けること。助勢。助力。例「殊に**合力**をいたして、当時の破滅を助けられむと思ふ状」〈平家・四・山門牒状〉❷金品を人に施し与えること。

かぶりをけ【冠桶】[名]冠を入れる丸い箱。

かぶ・る【齧る】{ら・り・る・る・れ・れ}一[自ラ四](腹の中を虫がかじるという考えから)腹が激しく痛む。例「たがひに虫腹が**かぶら**うとも」〈狂・宗論〉二[他ラ四]かじる。例「犬の枯れたる骨を**齧る**に」〈霊異記〉

かぶ・る【被る・蒙る】{ら・り・る・る・れ・れ}《「かがふる」から「かうぶる」を経て変化した語》一[他ラ四]❶頭の上にかける。頭をおおう。❷受ける。こうむる。例「望みある者の、『勢徳を**蒙ら**む』とて」〈宇津保・祭の使〉❸引き受ける。人に代わって背負いこむ。損な役を請け負う。二[自ラ四](芝居の隠語で、切られた役者が毛氈をかぶって引っ込むことから)失敗する。例「うち(=親ノ手前)を**かぶっ**たら、どうするもんだ」〈黄・心学早染草〉《音便》「かぶっ」は「かぶり」の促音便。

かぶろ【禿】[名]❶髪の毛がないこと。はげ頭。❷子供の髪型のひとつ。毛先を切りそろえ、結ばずに垂らしておくもの。おかっぱ。また、その髪型の子供。❸《近世語。「かむろ」とも》(❷の髪型をしていたことから)江戸時代、太夫などの上級の遊女に仕えていた、七、八歳から十二、三歳までの見習いの少女。のちに遊女になる。

かぶろだち【禿立ち】[名]《近世語。「かむろだち」とも》❶「かぶろ❸」の年ごろ。「かぶろ❸」として勤めに出る時期。❷「かぶろ❸」を経験して遊女になった者。

かぶろまつ【禿松】[名]葉の少ない若い松。小松。

かへ【榧・柏】[名]❶木の名。カヤの古名。❷ヒノキ・サワラ・コノテガシワなど、針葉樹の総称。

かべ【壁】[名]❶壁。土壁・板壁など。❷(「塗る」と「寝る」が掛詞になるところから)夢。❸《女房詞》(色や形から白壁を連想して)豆腐。=御壁

〔**壁に耳**〕密談などが漏れやすいことのたとえ。

〔**壁の中の蟋蟀**〕壁の中で鳴くこおろぎ。例「**壁の中のきりぎりす**だに間遠に聞きならひたまへる〈源氏ノ〉御耳に」〈源氏・夕顔〉

〔**壁の中の書**〕《孔子の旧宅の壁の中から見つかったという故事からの語》孔子の『古文孝経』『古文尚書』のこと。また、一般に儒学の書。

かへい【歌病】[名]《「かびゃう」とも》和歌の表現上の欠陥をいう語。中国詩論における詩病を模倣して和歌に取り入れたもの。主として音韻上の問題として、歌合わせの判などでは重視された。

かべい《形容詞または形容詞型活用語の連体形の活用語尾「かる」の撥音便「かん」＋推量の助動詞「べし」の連体形「べき」のイ音便「べい」＝「かんべい」の撥音無表記》…**にちがいない**、…**はずだ**、**きっと**…**だろう**、など「べし」の意味によってさまざまな意味になる。例「思へば恨めし**かべい**ことぞかし」〈源氏・胡蝶〉訳思えば、恨めしい**はず**のことであるよ。

かへおとり【替へ劣り】[名]取り替えたものがかえって前より劣ること。↔替へ優り

かべくさ【壁草】[名]壁の材料にするカヤやススキ・葦などの草。壁土に混ぜるとも、家の周りの囲いにするともいわれる。

かべげんざん【壁見参】[名]《壁に見参(面談)しているように見える意》相手がいないのに、まるでいるように振る舞うこと。=壁訴訟

かへさ【帰さ・還さ】[名]《「かへるさ」の変化形》帰り道。帰りがけ。

かへさひまう・す【返さひ申す】{さ・し・す・す・せ・せ}[他サ四]《謙譲語》ご辞退申し上げる。例「人々難きことに思ぼして、**返さひ申し**たまふもあれば」〈源氏・梅枝〉

かへさ・ふ【返さふ】[他ハ四]{は・ひ・ふ・ふ・へ・へ}❶説得する。例「ねむごろに口入れ**かへさひ**たまはむ」〈源氏・常夏〉❷何度も思い返す。反省する。例「なほわろの心や、かくだに思はじ、など心ひとつを**かへさふ**」〈源氏・手習〉❸問いただす。問い返す。例「寮試受りんに、博士の**かへさふ**べきふしぶしを」〈源氏・少女〉❹(「返さひ奏す」「返さひ申す」「申し返さふ」などの形で)辞退する。遠慮する。例「内裏より御気色あることを**かへさひ奏し**」〈源氏・行幸〉

かへさ・ふ【返さふ】《上代語。「返す」の未然形＋反復・継続の助動詞「ふ」》何度も裏返す。例「針袋取り上げ前に置き**返さへ**ば」〈万葉・一八・四一二九〉

かへさま・なり【返様】[名・形動ナリ]逆さまであること。裏返し。うしろ前。例「**返さまに**縫ひたるも、ねたし」〈枕・ねたきもの〉

かへし【返し】[名]❶**返事の歌**。**返歌**。例「…かのよみたまひける歌の**返し**、箱に入れて返す」〈竹取・火鼠の皮衣〉❷**返事**。**返答**。例「『今夜こそは、えまゐるまじ』とて、**返し**おこせたるは、すさまじきのみならず、いと憎くわりなし」〈枕・すさまじきもの〉《副詞の呼応》「え」→「まゐるまじ」。《敬語》「まゐるまじ」→「まゐる(四段)」。❸風・波・地震などが、一度おさまってからふたたび起こること。**吹き返しの風**。**打ち返しの波**。**揺り戻しの地震**。例「昼つかた、**返し**うち吹きて、晴るる顔の空はしたれど」〈蜻蛉・下〉❹**お返し**。**返礼**。例「それなら、今の**返し**に舞はうか」〈狂言記・棒縛〉❺**仕返し**。**報復**。**返報**。例「『御**返し**や、御**返し**や』と、筒をひねりて、とみにも打ち出でず」〈源氏・常夏〉❻謡曲などで、同じ文句を繰り返して二度歌うこと。また、その文句。

発展学習ファイル　平安時代では、「返し」とあるときは、①の「返歌」の意味で用いられることが多く、②の「返事」の意味では、ふつう「**返りごと**」を用いる。

〔**返しの風**〕❶逆方向に吹きかえす風。例「にほひきや都の花は東路に東風の**かへしの風**につけしは」〈後拾遺・雑五・一一三三〉❷雨雲を吹きもどして天気を回復させる風。例「あま雲の**かへしの風**の音せぬはおもはれじとの心なるべし」〈金葉・恋下・四九一〉

〔**返しの札**〕先方から立て札によって問いかけてきた問いに対する返事として立てる札。

かへしあは・す【返し合はす】{せ・せ・す・する・すれ・せよ}[自サ下二]引き返して戦う。例「ただ一騎**かへしあはせ返しあはせ**、防ぎたたかふ」〈平家・七・実盛〉

か

かへしうた【返し歌】[名]❶送られた和歌への返事の歌。＝返し。❷長歌のあとに添えられる短歌。『万葉集』の長歌には「反歌」という語を用いる。

かへしうつ・す【返し移す】[他サ四]{さ・し・す・す・せ・せ}一度移したものをもとの場所に戻す。例「(源氏ヲ)寝殿に**返し移し**したてまつらむとするに」〈源氏・明石〉

かへしおく・る【返し送る】[他ラ四]{ら・り・る・る・れ・れ}(もとの場所に)送り返す。例「皆解きゆるして、本の房々に**返し送りつ**」〈今昔・一九・一九〉

かへしおこ・す【返し遣す】[他サ下二]{せ・せ・す・する・すれ・せよ}(もとの所に)返してよこす。例「この衣(＝女ノ衣)をみな着破りて、**返しおこ・す**とて」〈大和・一六七〉

かへしがたな【返し刀】[名]竹や木の枝を斜めに切り、先端を反対側から少しそいで、切り口を整えること。

かへしざま【返し様】[名]《「かへっさま」とも》返すとき。返し際。例「**返しざま**に天目(＝天目茶碗)の上へ投げられまして」〈狂言記・附子〉

かべしたぢ【壁下地】[名]細かく割った竹や木を縦横に組んだ土壁の骨組み。周りに壁土を塗りつける。＝壁代②

かへしつかは・す【帰し遣はす・返し遣はす】[他サ四]{さ・し・す・す・せ・せ}《「かへし遣る」の尊敬語》(物や人を、もとの所に)お返しになる。帰しておやりになる。例「和僧命惜しくは、鎌倉へ**帰しつかは・さ**んはいかに」〈平家・一二・土佐房被斬〉

かへしな・す【返し成す】[他サ四]{さ・し・す・す・せ・せ}もとの所に戻す。もとのようにする。例「しろたへの衣は神にゆづりてむへだてぬ仲に**かへしな・す**べく」〈蜻蛉・下〉

かへしもの【返し物】[名]催馬楽などで、律と呂(調子の種類)を入れ替えて歌うこと。

かへしや・る【返し遣る】[他ラ四]{ら・り・る・る・れ・れ}(もとの所に)送り返す。帰らせる。返してやる。例「唐衣**かへしや・り**てん袖をぬらして」〈源氏・玉鬘〉

かべしろ【壁代】[名]《壁の代わりのものの意》❶寝殿造りの屋敷の母屋と廂の間との境を隔てるために、上長押から床まで垂らした絹または綾の帳。御簾の内側に垂らす。➡[古典参考図]調度類〈1〉。❷「かべしたぢ」に同じ。

かへ・す [他サ四]{さ・し・す・す・せ・せ} 一【反す・覆す】❶ひっくり返す。上下を逆にする。例「屏風を**かへ・す**やうに馬はどうど倒るれば」〈平家・一一・弓流〉❷裏返す。ひるがえす。裏表を逆にする。例「采女の袖吹き**返・す**明日香風京を遠みいたづらに吹く」〈万葉・一・五一〉訳→(和歌)うねめの…。❸土を掘り返す。田畑を耕す。例「むなしく春**かへ・し**、夏植うる営み」〈方丈記〉 二【返す・帰す】❶(もとの状態に)もどす。例「瑜伽三蜜の法雨は、時俗を尭年の昔に**かへ・さ**ん」〈平家・七・返牒〉〔注〕「尭」は中国の伝説上の聖王。舜とともに理想的帝王とされている。❷(もとの場所に)もどす。帰らせる。例「酒飲み、ののしりて、さらに**返・し**給はず」〈大和・一〇三〉❸(持ち主に)返す。返却する。例「玉の枝も**返・し**つ」〈竹取・蓬萊の玉の枝〉❹返事・返歌などをする。例「よみたまひける歌の返し、箱に入れて、**返・す**」〈竹取・火鼠の皮衣〉❺吐く。例「湯飲ませなどすれど**かへ・し**つつ惑ひ給ふ」〈栄花・二五〉❻辞任する。辞職する。例「病によりて位を**返・し**たてまつりてしを」〈源氏・澪標〉(敬語)「返したてまつり」→「たてまつる」。❼繰り返す。例「『花も一時』と言ふ事を**かへ・し**おぼえつつ、いと悲し」〈蜻蛉・中〉 三【孵す】(卵を)かえす。雛にする。例「卵の内に命こめたる雁の子は君が宿にて**かへ・さ**ざるらむ」〈宇津保・藤原の君〉

かへすがへす【返す返す】[副]《「かへすかへす」とも》❶(同じことを繰り返し行うさま)何度も何度も。念入りに。例「**かへすがへす**うち誦じて」〈更級〉❷(何度考えてもという意で、多く心情の強さを示す)本当に。心から。例「過ぎ別れぬること、**かへすがへす**本意なくこそおぼえはべれ」〈竹取・かぐや姫の昇天〉(係結び)「こそ→おぼえはべれ(已)」。(敬語)「おぼえはべれ」→「はべり」。❸(多く、下に推量や命令の表現を伴って)必ず。きっと。例「**かへすがへす**もとまり給へ」〈曾我・四〉

かべぞしょう【壁訴訟】[名]《「かべそしょう」とも》「かべげんざん」に同じ。

かへで【楓】[名]❶《「かへるで」とも》木の名。紅葉が美しい。小児や女子の小さくかわいらしい手のたとえにも用いられる。(季-秋)。❷襲の色目の名。表裏ともに萌黄。❸①の葉を図案化した紋所の名。

かへ・まうし【変へまうし】《動詞「変ふ」の未然形＋助動詞「まうし」》変えることが惜しい。変えたくない。例「(桐壺ノ帝ハ)この君(＝源氏)の御童姿、いと**変へ・まうく**思せど」〈源氏・桐壺〉

かへまさり【替へ優り】[名]物を交換して、それまでよりもよい物を得ること。⇔替へ劣り

かへらか・す【返らかす】[他サ四]{さ・し・す・す・せ・せ}《「かす」は接尾語》沸騰させる。例「さらさらと**かへらか・し**て、『芋粥出でまうで来にたり』と言ふ」〈宇治拾遺・一・一八〉

〈和歌〉**かへらじと…**【帰らじとかねて思へば梓弓なき数にいる名をぞとどむる】〈太平記・二六・楠木正行〉訳生きて帰るまいと以前より思っているので、(梓弓で射る弓がもどってくることがないように)死ぬ者の仲間に入る人々の名前を後に書き残すことだ。〈参考〉「梓弓」は「いる」の枕詞。

かへらばに [副]「かへらまに」に同じ。

かへら・ふ【帰らふ・返らふ】❶《動詞「かへる」の未然形＋上代の反復・継続の助動詞「ふ」》繰り返される。繰り返し行う。例「鳴く鳥の夜泣き**かへら・ふ**この年ころを」〈万葉・二・一九二〉❷次々に帰る。続いて戻ってくる。例「あしひきの荒山中に送り置きて**帰ら・ふ**見れば心苦しも」〈万葉・九・一八〇六〉

かへらまに [副]かえって。反対に。逆に。＝かへらばに。例「**かへらまに**君こそ我に栲領巾の白浜波の寄る時もなき」〈万葉・一一・二八二三〉

-かへり [接尾]回数を数えるのに用いる語。回。度。例「いま一**かへり**、われにいひて聞かせよ」〈更級〉

かへり【返り・帰り・還り・反り】[名]❶帰ること。もどること。また、行ってすぐに帰って来ること。日帰り。例「近くあらば**帰り**にだにもうち行きて妹が手枕さし交へて寝ても来ましを」〈万葉・一七・三九七八長歌〉❷《「返り言」「返り歌」の

略》返事。返答。返歌。例「少納言、ゆゑなからず御返りなど聞こえたり」〈源氏・若紫〉《敬語》「聞こえたり」→「きこゆ」。❸仕返し。

かへりあし【帰り足】[名]帰りがけ。帰る道すがら。例「さらばこの**かへり足**をねらひてみん」〈曾我・一〉

かへりあそび【還り遊び】[名]「かへりだち①」に同じ。

かへりあるじ【還り饗】[名]❶「賭弓の節」「相撲の節」のあとで、勝った方の近衛大将が、部下の近衛の官人たちを自邸に招いて饗応すること。＝還り立ち②・還り立ちの饗。❷賀茂の祭り、春日の祭りなどの際、宮中に戻ってきた祭りの使いや舞人たちに、ねぎらいのために宴を賜ること。

かへりいづ【帰り出づ】[自ダ下二]{で・で・づ・づる・づれ・でよ}❶帰って来て人前に姿を現す。例「嫗、内侍のもとに**帰りいで**て」〈竹取・かぐや姫の昇天〉❷帰途につく。例「京に**帰り出づる**に」〈更級〉

かへりいぬ【帰り往ぬ】[自ナ変]{な・に・ぬ・ぬる・ぬれ・ね}帰って行ってしまう。帰り去る。例「このめづらしき男の艶えだちゐたまへる方に**帰り往に**けり」〈源氏・手習〉

かへりいる【帰り入る】[自ラ四]{ら・り・る・る・れ・れ}(もといた場所、自分の家などに)帰ってはいる。例「いづこをはかりともおぼえざりければ、**かへり入り**て」〈伊勢・二一〉

かへりうつ【反り打つ】[自タ四]{た・ち・つ・つ・て・て}❶とんぼがえりをする。空中で回転する。❷「かへりさす」に同じ。

かへりがて【・なり】【帰りがて】[形動ナリ]{なら・なり(に)・なり・なる・なれ・なれ}帰りにくそうにして。帰ることができないで。例「**帰りがて**にして別れを惜しみけるに」〈古今・離別・三八八詞書〉

かへりきく【還り聞く】[他カ四]{か・き・く・く・け・け}伝え聞く。あとでうわさを聞く。例「この条頼朝が**かへりき・かん**事、いかがあるべからん」〈平家・一二・判官都落〉

かへりく【帰り来】[自カ変]{こ・き・く・くる・くれ・こ(こよ)}帰って来る。戻ってくる。例「(都ニ)**帰り・来**て見むと思ひし我がやどの秋萩すすき散りにけむかも」〈万葉・一五・三六八一〉

かへりくだる【帰り下る】[自ラ四]{ら・り・る・る・れ・れ}都から出て、他の土地に帰る。地方に戻る。↔帰り上る②。例「伊予の国より上りて、また**帰り下り**けるに」〈後拾遺・別・四八三詞書〉

かへりげ【帰り気】[名]《「げ」は接尾語》帰りそうなようす。

〈和歌〉**かへりける…**【帰り来る人来たれりと言ひしかばほとほと死にき君かと思ひて】〈万葉・一五・三七七二・狭野弟上娘子〉訳(赦されて)帰って来た人が到着したと、人がいったので、すんでのところで死にそうになりました。あなたかと思って。〈参考〉「来る」は「来ある」の変化形。罪を犯した中臣宅守が配流された、その別離を悲しむ歌。このとき宅守は赦免の人の中に居なかった。

かへりごつ【返り言つ】[他タ四]{た・ち・つ・つ・て・て}返事をする。こたえる。例「情けなからずうち**返りごち**たまひて」〈源氏・賢木〉

かへりごと【返り言・返り事】[名]《「かへりこと」とも》❶使者の報告。復命。例「平らけく早渡り来て**返り言**奏さむ日に」〈万葉・一九・四二六四長歌〉❷返事。返答。返歌。例「書きなれたる手して、口とく**返り事**などしはべりき」〈源氏・夕顔〉《敬語》「しはべりき」→「はべり」。❸(贈り物などに対する)返礼。お返し。例「ある人、あざらかなる物持て来たり。米して**返り事す**」〈土佐〉

〈和歌〉**かへりこぬ…**【かへり来ぬ昔を今と思ひ寝の夢の枕ににほふ橘】〈新古今・夏・二四〇・式子内親王〉訳帰ってこない昔をいまに取りもどす手だてがあったらと、思いながら寝て見た夢は昔のままだった。その枕もとに橘が匂っていて。

かへりごゑ【返り声】[名]雅楽や催馬楽で、調子を呂から律、あるいは律から呂へと移すこと。

かへりさす【反りさす】[自サ四]{さ・し・す・す・せ・せ}鳥が、頭を後ろに倒したり、翼の下に入れたりして眠る。＝反り打つ②。例「**かへりさ・す**うづらのとこや寒からし葛はふ野辺の露の下風」〈夫木・秋五〉

かへりざま【帰り様】[名]《「かへりさま」とも》帰り際。帰りがけ。

かへりさる【帰り去る】[自ラ四]{ら・り・る・る・れ・れ}(ある場所から)去って帰る。帰って行く。例「今日明日**帰り去り**なむとするに」〈源氏・桐壺〉

かへりだち【還り立ち】[名]❶賀茂の祭り、賀茂の臨時の祭り、石清水の臨時の祭り、春日の祭りのあと、派遣された舞人や楽人たちが、宮中に戻ってきて、天皇の御前で再度舞楽を奏すること。＝還り遊び。❷「かへりあるじ①」に同じ。

かへりだちのあるじ【還り立ちの饗】[名]「かへりあるじ①」に同じ。

かへりたつ【帰り立つ・還り立つ】[自タ四]{た・ち・つ・つ・て・て}❶戻る。帰途につく。例「**かへり立ち**道を来れば」〈万葉・一六・三七九一長歌〉❷「還り立ち」をする。→「かへりだち」。例「**かへりたつ**雲井の庭火ふかき夜に」〈夫木・冬三〉

かへりちゅう【返り忠】[名]❶敵に寝返って、主や味方を裏切ること。内通。❷いったん主に背いた者が、ふたたび忠義を尽くすこと。

かへりつく【帰り着く】[自カ四]{か・き・く・く・け・け}もとのところに着く。帰着する。例「限りあれば下りたる座(＝末座)に**帰り着き**たまへる」〈源氏・宿木〉

かへりつく【復り即く】[自カ四]{か・き・く・く・け・け}退位した天皇がふたたび位につく。重祚する。例「(朱雀院ハ)位に**かへりつ・か**せ給ふべき御祈りなどせさせ給ひけり」〈大鏡・道長・下〉

かへりて【却りて】[副]かえって。逆に。反対に。例「(帝ノ過分ナゴ寵愛ノ結果)つひにかくなりはべりぬれば、**かへりて**はつらくなむ、かしこき御心ざしを思ひたまへられはべる」〈源氏・桐壺〉《敬語》「なりはべり」→「はべり」、「思ひたまへられはべる」→「たまふ(下二段)」「はべり」《係結び》「なむ→思ひたまへられはべる(体)」。

かへりてんじゃう【還り殿上】[名]退位した天皇(上皇)が再び天皇の位につくこと。重祚。

かへりなる【還り成る】[自ラ四]{ら・り・る・る・れ・れ}復職する。例「かの解けたりし蔵人も、**還りな・り**にけり」〈源氏・松風〉

かへりのぼ・る【帰り上る】[自ラ四]{ら・り・る・る・れ・れ} ❶天や山など、高い所に帰る。例「泣く泣く本山へ**かへりのぼ・る**」〈平家・一・御輿振〉 ❷地方から都に帰る。帰京する。↕帰り下る。例「紀の国にくだりて、**かへりのぼ・り**し道にて」〈貫之集〉

かへりまうし【返り申し】[名] ❶使者の報告。復命。例「長奉送使にてまかりくだりて、**かへりまうし**の暁」〈続古今・離別・八四八詞書〉 ❷神仏に願を立てたあとの御礼参り。例「多くの願を立てはべりし。その**返り申し**、たひらかに、思ひのごと時に逢ひたまふ」〈源氏・若菜・上〉

かへりまう・づ【帰り詣づ】[自ダ下二]{で・で・づ・づる・づれ・でよ}(「帰り来く」の謙譲語)(宮中や貴人の所、また、都や自分の国・家へ)帰って参る。＝帰り参る

かへりまうで・く【帰り詣で来】[自カ変]{こ・き・く・くる・くれ・こ(こよ)}(「帰り来く」の謙譲語)(尊い所に)帰って参る。帰って来ます。例「麻柱をこほち、人みな**帰りまうで・来ぬ**」〈竹取・燕の子安貝〉

かへりまか・づ【帰り罷づ】[自ダ下二]{で・で・づ・づる・づれ・でよ}(「罷づ」は出るの意の謙譲語)(宮中や目上の人のもとから)退出して帰る。例「数定まれる座に着きあまりて、**帰りまか・づる**大学の衆どもあるを」〈源氏・少女〉

かへりまか・る【帰り罷る】[自ラ四]{ら・り・る・る・れ・れ}(「罷る」は出る・行くの意の謙譲語) ❶(上代の用法)都から地方の任地へ帰る。貴人のもとから退出して帰る。例「我が待つ君が事終はり**帰り罷・りて**」〈万葉・一八・四一一六長歌〉 ❷(中古以降の用法)帰って行きます。例「ひとり見おきて**帰りまか・り**なんずるこそ、あはれに、いつか都へは帰るべき、など申しければ」〈山家集・下〉

かへりまゐ・る【帰り参る】[自ラ四]{ら・り・る・る・れ・れ}「かへりまうづ」に同じ。

かへりみ【顧み】[名] ❶後ろをふり返って見ること。例「この道の八十隈ごとに万たび**かへりみ**すれど」〈万葉・二・一三一長歌〉 ❷過去をふり返ること。反省。例「心を痛み思ひつつ**かへりみ**すれど」〈万葉・二・一三五長歌〉 ❸自分のことを気にかけること。例「大君の辺にこそ死なめ**顧み**はせじと言立て」〈万葉・一八・四〇九四長歌〉 ❹世話をすること。例「親たちの**かへりみ**を、いささかだに仕うまつらで」〈竹取・かぐや姫の昇天〉

かへり・みる【顧みる・省みる】[他マ上一]{み・み・みる・みる・みれ・みよ} ❶後ろを振り返って見る。例「跡に呼ばふ声あり。**顧・みれ**ば人なし」〈宇治拾遺・一五・一二〉 ❷心にかける。気にする。反省する。例「身を助けんとすれば、恥をも**顧・み**ず、財をも捨てて」〈徒然・一五九〉 ❸世話をする。情けをかける。例「よう**顧・み**てこそ、さぶらはせたまはめ」〈枕・関白殿、二月二十一日に〉 (音便)「よう」は「よく」のウ音便。 (敬語)「さぶらはせたまはめ」→「さぶらふ」「たまふ(四段)」 (係結び)「こそ→たまはめ(已)」。

かへり・みる【帰り見る】[他マ上一]{み・み・みる・みる・みれ・みよ}その場所に戻って眺める。例「岩代の浜松が枝を引き結びま幸くあらばまた**かへり・見む**」〈万葉・二・一四一〉 訳→〈和歌〉いはしろの…

かへりわた・る【帰り渡る】[自ラ四]{ら・り・る・る・れ・れ}帰って行く。帰って来る。例「夜明けはてぬれば、御方々**帰り渡・り**たまひぬ」〈源氏・初音〉

かへる【蛙】[名]「かはづ②」に同じ。

かへ・る [自ラ四]{ら・り・る・る・れ・れ} 一【反る・覆る】❶ひっくり返る。上下が逆になる。例「叫びののしるに、山も響きて、地も**かへ・り**ぬべし」〈宇治拾遺・一〇・六〉 ❷ひるがえる。裏表が逆になる。例「天の川霧立ちのぼる織女の雲の衣の**反・る**袖かも」〈万葉・一〇・二〇六三〉 二【返る・帰る・還る】❶(もとの状態に)もどる。例「昔に**返・り**たるやうにはべめる」〈源氏・宿木〉 語構成「やうにはべめる」→「はべめり」。 ❷(もとの場所に)もどる。例「都に行きてはや**帰・り**来む」〈万葉・一〇・四四三〉 ❸(波などが)もとにもどる。例「いとどしく過ぎゆく方の恋しきにうらやましくも**かへ・る**波かな」〈後撰・羇旅・一三五二〉 訳→〈和歌〉いとどしくすぎゆくかたの…。 ❹(染めた色が)あせる。退色する。例「今はとてうつり果てにし菊の花**かへ・る**色をば誰か見るべき」〈後撰・恋四・八五三〉 ❺(弓の反りが)もとにもどる。例「あづさ弓**かへ・る**あしたの思ひにはひき比ぶべきものなかりけり」〈顕輔集〉 ❻(年が)改まる。新しい年を迎える。また、新しい季節が巡ってくる。例「年**かへ・り**て、官の司に出でさせ給ひぬ」〈栄花・三六〉 三【孵る】(卵が)雛になる。例「おなじ巣に**かへ・り**しかひの見えぬかな」〈源氏・真木柱〉 四[補動ラ四](動詞の連用形に付いて) ❶繰り返し…する。例「思ひにし死にするものにあらませば千度そ我は死に**反・らまし**」〈万葉・四・六〇三〉 ❷ひどく…する。すっかり…する。例「我が宿の菊の垣根に置く霜の消え**かへ・り**てぞ恋しかりける」〈古今・恋二・五六四〉

帰らぬ旅(カエラヌタビ) 死んであの世に行くこと。死出の旅。

帰らぬ道(カエラヌミチ) 二度と帰ることのないあの世への道。死出の道。

帰らぬ人(カエラヌヒト) 帰ってこない人。死んだ人。

帰らぬ宿(カエラヌヤド) (二度と帰ることのない旅の宿の意から)死後の世界。あの世。

帰る雁(カエルカリ) 春になって北国へ帰って行く雁。帰雁。(季―春)

帰る空(カエルソラ) 帰ろうとする心持ち。例「仲頼、帰る空もなくて、家に帰りて」〈宇津保・嵯峨の院〉

かへるがへる【返る返る】[副] ❶かえすがえす。繰り返し。何度も。例「みるもなくめもなき海の磯に出でて**かへるがへる**もうらみつるかな」〈後撰・恋四・七九九〉 ❷どう考えても。まったく。例「**かへるがへる**も老いにけるかな」〈古今・雑上・九〇二〉

かへるさ【帰るさ】[名](「さ」はその途中である意の接尾語)帰りがけ。帰り道。＝帰る様。例「妹と来し敏馬の崎を**帰るさ**にひとりし見れば涙ぐましも」〈万葉・三・四四九〉 訳→〈和歌〉いもとこし…

かへるさま【帰る様】[名](「さま」は接尾語)「かへるさ」に同じ。

かへるで【楓】[名](「かへるて」とも)カエデの古名。葉の形状がカエルの手に似ているところからこう称された。(季―秋)

かへるとし【返る年】[名]翌年。あくる年。

かへるまた【蛙股・蟇股】[名](カエルが股を開いた形に似ていることから)社寺などの建造物で、梁は

の上に置いて上からの重みを支える構造材。平安以降は彫刻を施し、装飾としても用いられた。

かへるやま【帰山】カエルヤマ［歌枕］越前国の山。いまの福井県南条郡今庄町にある。雪深い所として詠まれる。「帰る」をかける。

がへんず【肯んず】ガエンズ［他サ変］｛ぜ・じ・ず・ずる・ずれ・ぜよ｝《「がへにす」の撥音便》承知する。承諾する。

発展学習ファイル　本来は、否定の意で用いられ、その後、否定の意が忘れられ、打消の助動詞「ず」を伴った「**がへんぜず**」の形で使われるようになった。

かほ【顔】カオ［名］❶**顔面**。❷**容貌**。**顔だち**。例「文書くとて、ゐてはべりし人の**顔**こそいとよくはべりしか」〈源氏・夕顔〉《係結び》「こそ→よくはべりしか(已)」。《敬語》「ゐてはべり」「よくはべり」→「はべり」。❸(物の)**表面**。例「月の**顔**のみきらきらとして」〈源氏・明石〉❹**顔ぶれ**。例「**顔**の揃った豪傑に所詮及ばぬ事ながら」〈伎・三人吉三廓初買〉❺**体面**。**ほまれ**。例「立派に手めえの**顔**の立つ、仕方はおれがして見せる」〈情・梅児誉美〉

〔**顔の衣**〕カオノキヌ 顔の地肌。例「舎人の**顔のきぬもあらはれ**」〈枕・ころは、正月、三月〉

〔**顔を振る**〕カオヲフル ❶顔をそむける。例「鼻の高き事白山の天狗殿も、**顔を振**って逃げ給ふべし」〈浮・本朝二十不孝〉❷不承知の意を示す。例「青砥左衛門**顔を振**って、さては一所をもえこそ賜り候ふまじけれ」〈太平記・三五〉①②《音便》「顔を振っ」は「顔を振り」の促音便。

-がほ【顔】ガオ［接尾］(動詞の連用形や形容詞の終止形などに付いて)いかにもそのような表情・ようすをしているの意を表す。「心得**顔**」「したり**顔**」など。

かほかたち【顔形・容貌】カオカタチ［名］顔立ち。容貌。また、顔立ちとからだつきのことともいう。

かほがはな【顔が花・貌が花・容が花】カオガハナ［名］「かほばな」に同じ。

かほがはり【顔変はり】カオガワリ［名］顔つきの変わること。面がわり。

かほげしき【顔気色】カオゲシキ［名］顔つき。表情。

かほさき【顔先】カオサキ［名］❶顔の前。❷鼻などの、顔の中で前に突き出ている部分。❸顔色。表情。顔面。

かほざま【顔様】カオザマ［名］表情。顔つき。

かほつき【顔付き】カオツキ［名］❶顔かたち。容貌。❷外面に見受けられるようす。ありさま。

かほづくり【顔作り】カオヅクリ［名］化粧。

かほづゑ【顔杖】カオヅエ［名］ほおづえ。

かほどり【貌鳥・容鳥】カオドリ［名］《「かほとり」とも》語義未詳。美しい鳥、カッコウなど諸説ある。(季―春)

かほばせ【顔ばせ】カオバセ［名］《古くは「かほはせ」》顔色。顔つき。＝顔ばせ

かほばな【貌花・容花】カオバナ［名］花の名。昼顔のほか、朝顔・カキツバタ・ムクゲ・オモダカ、また美しい花の意などの諸説がある。＝貌が花

かほみせ【顔見世】カオミセ［名］《近世語》❶《「顔見世狂言」の略》陰暦十一月一日から始まる興行。十月中に役者の交替があり、興行は新しい顔ぶれの役者が総出演した。(季―冬)。❷遊女が初めて勤めに出るとき、揚げ屋や客を回りあいさつすること。

かほもち【顔持ち】カオモチ［名］顔つき。表情。顔色。

かほよばな【顔佳花】カオヨバナ［名］❶(美しい花の意で)カキツバタの別称。(季―夏)。❷顔の美しい人。美人。

かま【蒲】［名］《後世「がま」とも》ガマ科の多年草。水辺に生え、剣状の葉をもち、黄色い穂を付ける。

かま【鎌】［名］❶草や柴を刈るのに使う農具。❷(①の形が曲がっていることから)根性の曲がった者。

かま【囂】《形容詞「囂し」の語幹》「かまし」に同じ。

かまいり【釜煎り】［名］戦国時代の処刑法のひとつ。熱湯の大釜の中に罪人を入れる。＝釜茹で

かまう【構う】歴史的かなづかい「かまふ」

かまぎ【薪・竈木】［名］かまどにくべる薪。たきぎ。

かま・く［自カ下二］｛け・け・く・くる・くれ・けよ｝❶感心する。感動する。例「はしきやし翁の歌におほほしき九の児らや**かま・け**て居らむ」〈万葉・一六・三七九四〉❷気をとられる。かまける。例「渡世に**かま・け**まして御無沙汰を致いてござる」〈虎寛本狂・財宝〉

かまくら【鎌倉】［地名］相模国の地名。いまの神奈川県鎌倉市。十二世紀末に源頼朝が幕府を開き、十四世紀半ばに北条氏が滅亡するまで政治の中心地。室町時代には関東管領が置かれる。鎌倉五山と呼ばれる臨済宗の五大寺をはじめ、鶴岡八幡宮、長谷は大仏など史跡が多い。

かまくらうだいじん【鎌倉右大臣】［人名］「みなもとのさねとも」に同じ。

かまくらくゎんれい【鎌倉管領】カマクラカンレイ［名］「くゎんとうくゎんれい」に同じ。

かまくらござん【鎌倉五山】［名］鎌倉にある臨済宗の五大寺。建長寺・円覚寺・寿福寺・浄智寺・浄妙寺。関東五山。→「きゃうとござん」

かま・し【囂し】［形ク］｛から・く(かり)・し・き(かる)・けれ・かれ｝(多く、語幹「かま」に感動詞「あな」を冠した「あなかま」の形で)さわがしい。大きな音だ。＝囂か。例「蠅への声、甚囂・し」〈肥前国風土記〉

-がま・し［接尾シク型］｛しから・しく(しかり)・し・しき(しかる)・しけれ・しかれ｝(体言・副詞・動詞の連用形などに付いて形容詞を作って)あたかも…のようだ、…に似ている、…めいているの意を表す。例「ねだけ**がま・しき**おぼえもなきほどは」〈更級〉

かましき【釜敷き】［名］❶釜や鉄瓶などを置くときの下敷き。❷紋所の名。

かましし【羚羊】［名］カモシカの古名。

かまち【框】［名］❶玄関など一段高くなる所のへりに渡す化粧横木。❷戸・障子など、建具の周囲の枠。

かまち【輔】［名］《「かばち」とも》頬から顎のあたり。＝輔

かまど【竈】［名］❶食物の煮炊きに用いる設備。土や石で築き、上部に鍋や釜のはまる穴を開けてある。＝竈突・竈。❷生活のよりどころとなる資財。家財。例「家**竈**をも棄て」〈源氏・玉鬘〉❸家。一家。

〔**竈賑はふ**〕カマドニギワ(オ)ウ 暮らしが裕福になる。

〔**竈に豆をくぶ**〕(かまどの火に豆をくべるとはじけてせわしい音がすることから)忙しいこと、せわしいことのたとえ。

かまどしゃうぐん【竈将軍】カマドショウグン［名］《近世語》(家の中だけで威を振るうことから)❶亭主関白。❷か

かあ天下。

かまどやま【竈門山】［歌枕］筑前国の山。いまの福岡県太宰府市にある宝満山。その名から、「焦がる」「煙」を縁語とし、「くゆる」「燃ゆ」「火」などの語を詠みこむ。

かまなり【竈鳴り・釜鳴り】［名］釜で湯を沸かしたり飯を炊いたりしたとき、釜が鳴ること。また、その音と、その日の干支とによって吉凶を占ったこと。

がまのさう【降魔の相】(ガマノソウ)「がうまのさう」に同じ。

かまひ【構ひ】(カマイ)［名］《近世語》❶世話をやくこと。かまうこと。❷差し障り。支障。❸江戸時代の刑罰の一種。一定の地域から追放する刑罰。

かまびす・し【囂し・喧し】㊀［形ク］{から・く(かり)・し・き(かる)・けれ・かれ}やかましい。騒がしい。＝囂かし・囂かまし。例「かまびす・くすだきし虫も声やみて」〈好忠集〉㊁［形シク］{しから・しく(しかり)・し・しき(しかる)・しけれ・しかれ}㊀に同じ。例「波の音つねにかまびす・しく、汐風ことにはげし」〈方丈記〉

かまひて【構ひて】(カマイテ)［副］「かまへて」に同じ。

かま・ふ【構ふ】(カモウ)㊀［他ハ下二］{へ・へ・ふ・ふる・ふれ・へよ}❶組み立てて作る。構築する。築く。例「西南に竹の吊り棚を構・へて、黒き皮籠三合を置けり」〈方丈記〉❷あらかじめ用意する。準備する。例「まめならむ人一人を、荒籠に乗せ据ゑて、綱をかま・へて」〈竹取・燕の子安貝〉❸計画する。手だてを講ずる。工夫する。例「いかにかま・へて、ただ心やすく迎へとりて、明け暮れの慰めに見ん」〈源氏・若紫〉《疑問語との呼応》「いかに↓見ん㊰」。❹身構える。装う。例「かやすく構・へたりけれど、徒歩より歩みたへがたくて」〈源氏・玉鬘〉❺心の中に作り事を抱く。いつわりの気持ちを起こす。たくらむ。例「身をまことある物とおもひて、これを助けんため、そこばくの偽りをかま・ふるにや」〈撰集抄〉㊁［自ハ四］{は・ひ・ふ・ふ・へ・へ}❶かかわる。関係する。こだわる。例「今時の出家形気程、をかしきはなし。知恵才覚にはかま・はず」〈浮・本朝二十不孝〉❷相手になる。面倒をみる。世話をする。例「大勢の子持ちを権に借って、内の事は一葉もかま・はねえ」〈浮世風呂〉㊂［他ハ四］{は・ひ・ふ・ふ・へ・へ}追放にする。例「子細有りて奉公かま・はれ浪人せしが」〈浮・都鳥妻恋笛〉

がまふの【蒲生野】(ガモウノ)［地名］近江国の野。いまの滋賀県八日市市、愛知川中流西岸の台地。古くに朝廷御料の薬草が栽培されていた。

かまへ【構へ】(カマエ)［名］❶準備。計画。工夫。手だて。❷ある目的のためにつくったもの。屋敷・城郭・仕掛けなど。

かまへあり・く【構へ歩く】(カマエアリク)［自カ四］{か・き・く・く・け・け}あれこれと計画を立てる。はかりごとをめぐらす。例「いとよくすきたまひぬべき心まどはさむ、と構へ歩・きたまふなりけり」〈源氏・蛍〉

かまへいだ・す【構へ出だす】(カマエイダス)［他サ四］{さ・し・す・す・せ・せ}工夫して考え出す。考えて作り出す。例「ある人の、世に虚言をかまへ出だ・して人をはかる事あらんに」〈徒然・一九四〉

かまへい・づ【構へ出づ】(カマエイズ)［他ダ下二］{で・で・づ・づる・づれ・でよ}❶たくらんで実行する。例「さるべきことども(＝源氏ヲ陥レル手ダテヲ)構へ出・でむによき便り(＝ヨイ機会)なり」〈源氏・賢木〉❷作り出す。例「障子の紙の穴かまへ出・でて」〈堤中納言・このついで〉

かまへ-て【構へて】(カマエテ)［副］(「かまひて」とも)❶十分心して。つねに留意して。例「構へて這ひまはり着きて」〈山家集・下〉❷(意志や命令の表現を伴って)必ず。きっと。例「構へて参り給へ」〈宇治拾遺・五・一〉❸(打消や禁止表現を伴って)何としてでも。決して。必ず。例「かやうの物をば構へて調ずまじきなり」〈宇治拾遺・三・二〇〉

語構成　かまへ（ハ下二「構ふ」㊊）＋て（接助）

かままろ【鎌麻呂・鎌麿】［名］(「まろ」は人名に添える接尾語)鎌を擬人化した呼び名。

かまめ【鷗】［名］《上代語》カモメ。

かまやり【鎌槍】［名］❶穂(刃の部分)の付け根わきに鎌形の刃の出た槍。片鎌槍と両鎌槍がある。❷槍印(槍につけて家名を示す布)の名。

かみ【上】［名］❶うえ。高い所。上部。例「上の蔀あげたれば、風いみじう吹き入りて」〈枕・内裏の局〉《音便》「いみじう」は「いみじく」のウ音便。❷川の上流。川上。例「馬や人にせかれて、さばかり早き宇治河の、水は上にぞたたへたる」〈平家・四・宮御最期〉《係結び》「ぞ↓たたへたる㊰」。❸天皇。将軍。主人。また、身分や位の高い人。上位者。例「吾は、仇を殺すこと能はず。汝命(＝アナタサマハ)、すでに仇を殺すこと得つ。故(＝ソレユエ)、吾は、兄なれども、上となるべくあらず」〈記・中〉❹年上。年長者。例「七つより上のは、みな殿上せさせたまふ」〈源氏・若菜・下〉《敬語》「せさせたまふ」↓「たまふ(四段)」。❺上位の人の席。上席。上座。例「西の廂は、上達部の座、北を上にて、二行に」〈紫式部日記〉❻(技術や才能の上での)上位。優位。例「人麿は赤人が上に立たむことかたく」〈古今・仮名序〉❼はじめ。冒頭。前の方。とくに、(和歌の)上の句。(和歌の各句の)最初の文字。また、(書物などの)冒頭の部分。前の方の巻。例「かきつばた、といふ五文字を句のかみにすゑて、旅の心をよめ」〈伊勢・九〉❽古い時代。上代。昔。以前。当時。例「故院のいまだ幼主にてましましけるそのかみ」〈平家・一・二代后〉《敬語》「幼主にてましましける」↓「まします」。❾月の上旬。また、月の前半。例「上の十五日、勤め行はせたまひて」〈栄花・八〉❿(皇居のある方面の意で)京都。また、京阪・近畿地方。上方。例「なんと、その後は上へものぼらぬか」〈浮・好色一代男〉⓫(京都の中で皇居のある方角の意で)北。また、その地。上京。例「焼亡かと思ひて、上を見あぐれば、煙も立たず」〈大鏡・道長・下〉⓬《近世語》人妻の敬称。また、酒屋・茶屋・料理屋などの主婦。おかみ。おかみさん。

〔上が上〕上のまた上。最上級。例「この御ためには上が上を選り出でても、なほあくまじく見えたまふ」〈源氏・帚木〉

〔上の品〕(「しな」は、身分や地位、家柄のこと)一流の家柄。上流階級。

発展学習ファイル　上達部・殿上人を「上の品」、受領階級を「中の品」と呼ぶ。

〔上の戸〕皇居内の清涼殿の殿上の間の東

口に当たる妻戸。殿上への東の入り口。

〔上の十日〕一か月を三十日として、それを三分した初めの十日間。上旬。

〔上を極む〕この上もない状態になる。栄華を極める。例「この入道殿の御幸ひの、上をきはめ給ふにこそ侍るめれ」〈大鏡・道長・上〉

かみ【神】［名］《他の語の上に付いて複合語を作るときには「かむ」とも》❶天地万物を創造・支配する神聖で偉大な存在。人間の知恵でははかりしれない能力をもち、宗教的民族的信仰の対象となる存在。神。例「天地の神を乞ひつつ我待たむはや来ませ君待たば苦しも」〈万葉・一五・三六八二〉❷神話の中で、人格化され、国土を創造・支配したとされる存在。人格神。神。❸広く人間の能力を超越した畏怖すべき存在。幸福をもたらして加護を与える超越的存在。災いをもたらして罰を与える超越的存在。また、とくに、猛獣など、人間に危害を加える恐ろしいもの。例「韓国の虎といふ神を生け捕りに八つ捕り持ち来」〈万葉・一六・三八八五長歌〉❹天皇を神格化していう語。天皇の尊称。例「玉だすき畝火の山の橿原の聖の御代ゆ生れまし神のことごと」〈万葉・一・二九長歌〉訳→〔和歌〕たまだすき…。❺死後に神社などに祭られた霊。祭神。また、その霊が祭られた神社。❻(神のように恐れたことから)雷神。雷。雷鳴。例「神さへいといみじう鳴り」〈伊勢・六〉

〔神が門〕《「門」は海峡の意》海神が支配している海峡。波が荒くて恐ろしい海峡。

〔音便〕「いみじう」は「いみじく」のウ音便。

〔神ならぬ身〕神ではない、能力に限界のある人間の身。至らない人間の身。

〔神の斎垣〕神社の神聖な垣。また、その垣に囲まれた所。神域。

〔神の位〕朝廷が神に対して奉る位階。実際は、朝廷から神社に位田を寄付すること。

〔神の気〕神のたたり。

〔神の験〕神を信仰して得られる利益。霊験。

〔神の園〕神社の境内。神苑。とくに、「祇」の字を「かみ」と訓じ用いることから、祇園の社(京都東山の八坂神社)を指すこともある。

〔神の旅〕陰暦十月、諸国の神々が出雲に集まること。(季－冬)

〔神の使ひ〕❶朝廷から神社に遣わされる勅使。❷春日神社の鹿など、神が召し使うという動物。

〔神の祝〕神に仕える者。神官。

〔神の麓〕神格化された山のふもと。例「弥彦神の麓に今日らもか鹿の伏すらむ」〈万葉・一六・三八八四仏足石歌〉

〔神の松〕正月、神棚に供える松。

〔神の御面〕国土の形勢。国土を神とみなしていう。例「天地日月とともに足り行かむ神の御面と」〈万葉・二・二三〇長歌〉

〔神の御門〕神殿。皇居。朝廷。

〔神の命〕❶神の尊称。神様。❷天皇の敬称。

〔神の御坂〕神がいるという険しく聖なる坂。険しい坂を畏敬していう。

〔神の御前〕神の先ばらい。神の使者。

〔神の宮〕❶神の宮殿。神殿。❷神社。

〔神の宮人〕神社に仕える人。神官。

〔神の少女〕❶神である女。神性をもった女。❷神に仕える童女。

かみ【髪】［名］頭髪。髪の毛。

〔髪上ぐ〕❶「髪上げ」をする。例「我が率寝し童女放りは髪上げつらむか」〈万葉・一六・三八二二〉❷髪を結い上げる。例「女房八人、ひとつ色にさうぞきて、髪上げ、白き元結ひして」〈紫式部日記〉

〔髪着込む〕女が背中に垂らした髪を重ね着している着物の間に入れる。例「口うちすげみて(＝スボンデ)髪着こめたるあやしの者ども」〈源氏・葵〉

〔髪のかかり〕髪の毛の額や頬へのかかり具合。また、髪の毛の垂れ下がっているようす。例「うつぶしたまへる、髪のかかり髪ざしなど」〈源氏・宿木〉

〔髪の下がり端〕額髪の肩のあたりに垂れ下がっているようす。＝髪のかかり。例「髪の下がり端、頭つきなどぞ、ものよりことにあなめでたと見えたまひける」〈源氏・宿木〉

〔髪の裾〕垂れ下がっている髪の先の方。

〔髪の筋〕髪の毛の生え方、流れ具合。髪の毛筋。

〔髪を下ろす〕髪を剃って出家する。

かみ【長官】［名］《上の意》令制でさまざまな役所の長官。四等官の第一位。役所によってその漢字の表記や呼び方が異なる。神祇官では「伯」、太政官では「大臣」、八省では「卿」、寮では「頭」、衛門府・兵衛府では「督」、大宰府では「帥」、国司では「守」など。→「すけ(次官)」「じよう(判官)」「さくゎん(主典)」

かみあが・る【神上がる】［自ラ四］｛ら・り・る・る・れ・れ｝「かむあがる」に同じ。

かみあげ【神上げ】［名］祭りのために地上に招いた神霊を、祭りが終わったのち、ふたたび天に送り返すこと。↔神降ろし

かみあげ【髪上げ】［名］❶女子の成人式。垂らしていた髪を初めて結い上げ、成年に達したことを披露する。男子の「元服」にあたる。❷女性が髪を一部束ねて、頭の頂きに結い上げ、釵子(かんざし)をさした髪型。また、その姿。宮中で食事に仕えたり、儀式に奉仕したりする女官の髪型。

かみあげすがた【髪上げ姿】［名］髪を結い上げて、櫛で止めた姿。

かみあそび【神遊び】［名］「かぐら」に同じ。(季－冬)

かみいだ・す【嚙み出だす】［他サ四］｛さ・し・す・す・せ・せ｝牙をむき出す。歯をむく。例「牙あるものの牙をかみ出だすたぐひなり」〈徒然・一六七〉

かみいちにん【上一人】［名］《「かみいちじん」とも》天皇。

かみうた【神歌】［名］❶神々が徳の高い神をたたえて歌う歌。❷平安時代の歌謡の一種。神祇(天と地の神)に関する内容の歌。❸《「しんか」「じんか」とも》能楽の「翁」の謡。

かみおき【髪置き】［名］幼児が髪を伸ばし始めるときの祝い。公家は一歳、武家や庶民は多く三歳。古くは月日は定めなかったが近世以降では、陰暦十一月十五日に行った。(季－冬)

かみおくり【神送り】〔名〕❶九月末日か十月一日にかけ、出雲に発つ神を送る神事。また、そのためのお参り。当日、出雲への追い風が吹くといわれる。↕神迎へ。（季―冬）。❷災いを追い払うこと。また、そのまじない。

かみおろし【上降ろし】〔名〕（上から詠み下す意）和歌や文章の初句。また、詩の起句。

かみおろし【神下ろし・神降ろし】〔名〕❶祭りの際に、神を天から祭壇に招き迎えること。↕神上げ。❷巫女が神託を得ようとする際に自分の身に神霊を乗り移らせること。❸起請文（神への誓いを記す文）の中で、誓いを立てる神の名を記した部分。

かみかうぶり【紙冠】〔名〕「かみかぶり」に同じ。

かみがかり【上掛かり】〔名〕能楽で、能のシテ方の観世・宝生の二流を指す語。宗家の本拠が京都にあったため、「京掛かり」とも。↕下掛かり

かみがかり【神懸かり】〔名〕「かむがかり」に同じ。

かみかき【髪掻き】〔名〕《「かみがき」とも》「かうがい（笄）」に同じ。

かみがき【神垣】〔名〕❶神社や神域を囲む垣。＝斎垣・玉垣・瑞垣。❷神社。神域。

かみがきの【神垣の】〔枕詞〕神社などのある神域の垣の意から神の鎮座する場所である「御室」、また、同音の地名「みむろの山」などにかかる。＝神垣や。例「神垣の御室の山の榊葉は」〈神楽歌〉

かみがきや【神垣や】〔枕詞〕「かみがきの」に同じ。例「神垣や御室のさか木」〈続後撰・神祇・五六〉

かみがく・る【神隠る】〔自ラ下二〕｛れ・れ・る・るる・るれ・れよ｝（身分の高い人が）お亡くなりになる。例「天皇神がく・れ給ひては」〈雨月・白峯〉

かみがくれ【神隠れ】〔名〕❶神が姿を隠して見えなくなること。❷人に見つからないよう身を隠すこと。

かみかけて【神掛けて】❶神を引き合いに出して。例「なほほけほけしき人の、神かけて聞こえひがめたまふなめりや」〈源氏・玉鬘〉 語構成「たまふなめりや」↓「なめり」。❷神に誓って。例「神での時雨は神かけて、これぱかりは偽りなし」〈浮・好色一代男〉

かみかしら【髪頭】〔名〕頭。または、頭髪。

かみかぜ【神風】〔名〕《古くは「かむかぜ」》神が起こすとされる激しい風。

かみかぜの【神風の】〔枕詞〕《古くは「かむかぜの」》地名「伊勢」にかかる。例「神風の伊勢の浜荻折り伏せて」〈新古今・羇旅・九一〉

かみかぜや【神風や】〔枕詞〕《「かむかぜや」とも》地名「伊勢」、また伊勢神宮に関係の深い「五十鈴川」「御裳濯川」「山田」などにかかる。例「神風や五十鈴川波数知らず」〈新古今・神祇・一八七四〉

かみがたじゃうるり【上方浄瑠璃】〔名〕京・大坂で起こり流行した浄瑠璃の総称。義太夫節・文弥節・角太夫節・播磨節などの類で、とくに義太夫節をいうことが多い。↕江戸浄瑠璃

かみガッパ【紙合羽】〔名〕桐油紙で作ったカッパ。着たり、荷にかぶせたりして用いる。

かみかぶり【紙冠】〔名〕《「かみかうぶり」とも》法師や陰陽師が祈禱のとき額につける三角形の紙。

かみぎぬ【紙衣】〔名〕「かみこ」に同じ。

かみぎゃう【上京】〔地名〕山城国の地名。いまの京都市三条通り以北を呼ぶ。かつて貴族が多く住んだ。「下京」に対する。

かみけいし【上家司】〔名〕「家司」のうちで、上級の者。四位と五位の者が任じられた。＝上の家司。↕下家司

かみこ【紙子】〔名〕紙で作った衣。厚手の紙に柿の渋を塗って日に干したものをもみやわらげて作る。もとは僧が用いたが、のちに一般にも用いられた。＝紙衣。（季―冬）

かみこがみ【紙子紙】〔名〕紙子を作るための厚くすいた上質の和紙。

かみごと【神言】〔名〕「かむごと」に同じ。

かみごゑ【神声】〔名〕神楽歌を歌う声の調子。一説に、かん高く歌う声とも。

かみさ・ぶ【神さぶ】〔自バ上二〕｛び・び・ぶ・ぶる・ぶれ・びよ｝（「かむさぶ」「かうさぶ」とも。「さぶ」は接尾語）❶神々しい姿をしている。おごそかである。＝神さむ。例「神さ・ぶる生駒高嶺に雲そたなびく」〈万葉・二〇・四三八〇〉 ❷古めかしくなる。古風である。例「琵琶はすぐれて上手めき、神さ・びたる手づかひ、澄みはてて」〈源氏・若菜・下〉 ❸年をとる。経験を積む。年功を積んでいる。例「神さ・びにける年月の労数へられはべるに」〈源氏・朝顔〉 《敬語》「数へられはべる」↓「はべり」

かみさま【上様】〔名〕❶貴人の妻の敬称。奥方。❷近世、上方で良家の妻や老母の敬称。奥様。

かみざま【上様・上方】〔名〕《「かみさま」とも》❶上の方。❷上流階級。また、その人々。❸京都で、「上京」の方。①②③↕下様①②③

かみじまおにつら【上島鬼貫】〔人名〕「うへじまおにつら」に同じ。

かみしも【上下】〔名〕❶上と下。上部と下部。❷身分などの上位の人と下位の人。❸上手と下手。❹川の上流と下流や、都の大路の北方と南方などをいう。❺衣服の上半身に着るものと下半身に着るもの。❻「狩衣」「水干」「直垂」「素襖」などで、上着と袴の染色や文様などが同じもの。❼同色の肩衣と袴を小袖の上に着るもの。《「裃」とも書く》江戸時代の礼服。➡［古典参考図］男子の服装〈4〉

かみしゃうじ【紙障子】〔名〕《「かみさうじ」とも》明かりを採るために紙を張った障子。いまの障子と同じ。＝明かり障子。↕襖障子

かみそぎ【髪削ぎ】〔名〕子供の「髪置き」の儀式のあと、伸びた垂れ髪を肩のあたりで切りそろえて、その成長を祝う儀式。

かみつえだ【上つ枝】〔名〕《「つ」は上代の格助詞》❶木の上の方の枝。＝上枝。↕下つ枝。❷（兄弟の順を枝にたとえて）兄または姉。例「おほけなく上つ枝をばさし越えて」〈拾遺・雑下・五七四長歌〉

かみづかさ【神司】〔名〕《「かんづかさ」とも》㊀【神司・神官】「かむづかさ」に同じ。㊁【神祇官】「じんぎくわん」に同じ。

かみつかた【上つ方】〔名〕《「つ」は上代の格助詞》❶上の方。かみて。❷京都の御所に近い側。京都の北部。①②↕下つ方①③

かみづかひ【紙遣ひ】〔名〕紙の使い方。とくに、

手紙の色合いなどに気を配ること。

〔和歌〕**かみつけの…**【**上毛野佐野の船橋取り放し親は放くれど我は離るがへ**】〈万葉・一四・三四二〇・東歌〉訳上野の佐野の船橋の板を引きはがすように、親は二人を離そうとするけれど、私たちは引き離されたりするものか。〈参考〉「佐野」は、いまの群馬県高崎市東南あたり。「船橋」は並べた船の上に板を置いた橋。

かみつせ【上つ瀬】［名］川の上流にある、浅くて流れの速いところ。↔下つ瀬

かみつどひ【神集ひ】［名］《「かむつどひ」とも》神々が集まること。とくに神無月に諸国の神が出雲大社に集まること。＝神の旅。（季－冬）

かみつよ【上つ世・上つ代】［名］《「つ」は上代の格助詞》上代。大昔。＝上がりたる世・上がりての世

かみつよほろ【上つ丁】［名］《上代語。「つ」は上代の格助詞》丁（古代に公用の労働に徴集された成年男子）のなかで上位の者。→「よほろ」

かみて【上手】［名］❶上の方。上座。❷川上。❸芝居の舞台で、観客席から見て右の方。①②③↔下手①②③

かみとけ【神解け・霹靂】［名］《「かみとき」「かむとけ」とも。「かみ」は雷の意》雷が落ちること。落雷。

かみなが【髪長】［名］❶《斎宮で仏教を忌んだための忌み詞》僧。❷《近世語》女性。

かみなかしも【上中下】身分の上位、中位、下位。例「上中下の人、我も我もとこの道に心ざし集まれば」〈源氏・少女〉

かみなぎ【巫】［名］「かむなぎ」に同じ。

かみな・し【上無し】［形ク］｛（から）・く（かり）・し・き（かる）・けれ・かれ｝この上ない。最高だ。

〔**上無き位**〕その上はないという最高の位。天皇の位。例「国の親となりて、帝王の上なき位にのぼるべき」〈源氏・桐壺〉

かみなづき【神無月】［名］《「かむなづき」「かんなづき」とも》陰暦十月の称。この月に神々が出雲大社に集まり、諸国神社が留守になるのでこのようにいう。（季－冬）

〔和歌〕**かみなづき…**【**神無月降りみ降らずみ定めなき時雨ぞ冬のはじめなりける**】〈後撰・冬・四四五・よみ人しらず〉訳十月の降ったり降らなかったりと定めのない時雨こそが実は冬の始めだったなあ。

かみなり【雷鳴り・神鳴り・雷】［名］❶雷鳴。＝雷・鳴る神。（季－夏）。❷雷神。❸がみがみとやかましい人。

かみなりのぢん【雷鳴りの陣】［名］《「かんなりのぢん」とも》雷鳴が激しく鳴ったとき、宮中に臨時に置かれた警固の陣。近衛の大将・中将・少将は弓矢を持って清涼殿の孫廂に、将監以下は蓑笠を身につけて紫宸殿の前庭に詰めた。

かみなりのつぼ【雷鳴りの壺】［名］《「かんなりのつぼ」とも》内裏の後宮の西北隅にある殿舎の名。「襲芳舎」の別名。

〔川柳〕**かみなりを…**【**かみなりをまねて腹掛けやっとさせ**】〈柳多留・初〉訳裸になると子供は喜んでかけまわり、いうことをきかない。「へそをとるぞ」と雷の真似をしておどかし、ようやく腹掛けをさせることだ。

かみのけいし【上の家司】［名］「かみけいし」に同じ。

かみのふすま【紙の衾】「かみぶすま」に同じ。

かみのまち【上の町】［名］❶山の手（高台の土地にある町）。↔下の町。❷《町は区分・階層・等級の意》第一級。上等。一流。↔二の町。例「上の町も、上臈とて、御口つきどもは、ことなること見えざめれど」〈源氏・宿木〉語構成「見えざめれど」↓「ざめり」

かみばな【紙花】［名］《近世語》❶紙の造花。❷遊里で客が祝儀として遊女などに渡す懐紙。あとから現金と交換した。

かみびと【神人】［名］神に仕え、奉仕する人。神主。神官。

かみひねり【紙捻り】［名］❶細長い紙をよってひも状にしたもの。こより。❷銭などを和紙に包んでひねったもの。供え物や祝儀として用いる。＝御捻り

かみぶすま【紙衾】［名］中にわらを入れた粗末な紙の布団。＝紙の衾・天徳寺。（季－冬）

かみべ【上辺】［名］《「かみへ」とも》上の方。川の上流の方。↔下辺

かみむかへ【神迎へ】［名］陰暦十月晦日に、出雲大社に出向いていた神々が帰って来るのを迎える神事。↔神送り。（季－冬）

かみや【神矢】［名］神が射るという、現れ方が尋常でない不思議な矢。

かみやがみ【紙屋紙】［名］《「かうやがみ」とも》「かんやがみ」に同じ。

かみやま【神山】［歌枕］山城国の山。いまの京都市北区、上賀茂神社の北にある。神の縁で「葵」「榊」など神木とともに詠まれる。＝其神山

かみよ【神代】［名］《「かむよ」とも》『古事記』『日本書紀』の神話のうち、天地開闢から神武天皇登場までの、神々が国を治めた時代。太古。大昔。

〔**神代の風**〕神代から変わらず伝えられている風習。例「神代の風のどかに伝はり」〈謡・難波〉

〔**神代の月**〕神代から変わりなく照り続ける月。

〔川柳〕**かみよにも…**【**神代にもだます工面は酒が入り**】〈柳多留・初〉訳いまに始まったことではなく、神代から人をだます手だてには酒が必要だ。〈参考〉素戔嗚尊が大蛇に酒を飲ませ退治した故事を踏まえたもの。

かみよりいた【神依り板】［名］「かむよりいた」に同じ。

かみら【韮】［名］草の名。香りの強いニラのことか。ニラの古名とも。

かみわざ【神業・神事】［名］《「かんわざ」「かうわざ」「かむわざ」とも》神に関する行事。祭礼。神事。

かみゑ【紙絵】［名］屏風や衝立に描いた絵に対し、ふつうの紙に描いた絵。

かみをつ・ぐ【紙を継ぐ】（複数の色や質の異なる紙を合わせて、一枚の紙にする。例「つれづれなるままに、いろいろの紙を継ぎつつ手習ひをしたまひ」〈源氏・須磨〉

古典の世界　継ぎ合わせた紙は、通常、習字や和歌を書き写す際に用いられるが、異性に和歌を贈るときにも用いられ、継いだ紙の色合い・美しさは、贈り手

の趣味の善し悪しを判断する材料のひとつとなる。

かむ【神】[名]「かみ(神)」に同じ。

か・む【醸む】[他マ四]{ま・み・む・む・め・め}《上代語》(生米を嚙んで酒を造ったことから)酒を醸造する。例「君がため醸みし待ち酒」〈万葉・四・五五五〉

かむ[終助]《上代東国方言》詠嘆を表す。…だなあ。例「大君の命恐み青雲のとのびく山を越よて来ぬかむ」〈万葉・二〇・四四〇三〉訳大君の御命令を慎んで受け青雲のたなびく山を越えて来たことだなあ。

かむあが・る【神上がる】[自ラ四]{ら・り・る・る・れ・れ}《「かみあがる」とも》神となって天にのぼる。転じて、天皇や皇子がお亡くなりになる。崩ずる。＝神登る。例「天の原石門を開き神上がり上がりいましぬ」〈万葉・二・一六七長歌〉

〈参考〉「かも」に相当する語といわれる。

かむがかり【神懸かり】[名]《古くは「かみがかり」》神霊が人に乗り移ること。また、その人。

かむかぜ【神風】[名]《「かみかぜ」の古形》神の威力で起きるという激しい風。

かむかぜの【神風の】[枕詞]地名「伊勢」にかかる。例「神風の伊勢の海の」〈記・中・歌謡〉

〔和歌〕**かむかぜの…**【神風の伊勢の国にもあらましをなにしか来けむ君もあらなくに】〈万葉・二・一六三・大伯皇女〉訳大神の強い風の吹く伊勢の国にいればよかったものを。どうして大和に戻って来たのだろう。弟の君もいないのに。《疑問語との呼応》「なにしか→来けむ体」

〈参考〉「神風の」は「伊勢」の枕詞。「まし」は反実仮想の助動詞。弟の大津皇子の死後、斎宮の任を終えて京に上ってきたときに詠んだ歌。

かむかぜや【神風や】[枕詞]「かみかぜや」に同じ。例「神風や御裳濯川の」〈後拾遺・賀・四五〇〉

かむがへぶみ【勘文】[名]「かもん(勘文)」に同じ。

かむから【神柄】[名]《「から」は本来の性格の意の接尾語》神の本性。神の品格。

かむき【神木】[名]触れてはならない神聖な木。神が宿る木。神木。

かむくだ・す【神下す】[他サ四]{さ・し・す・す・せ・せ}神として天上から地上に下らせる。例「神下しいませまつりし高照らす日の皇子は」〈万葉・二・一六七長歌〉

かむごと【神言】[名]《「かみごと」とも》神のことば。お告げ。神託。

かむざね【神実・主神】[名]《「かんざね」とも》神の実体・正体。また、神の子孫。転じて、神官。

かむさび【神さび】[名]《「かみさび」とも》神々しく見えること。神々しい振る舞い。

かむさ・ぶ【神さぶ】[自バ上二]{び・び・ぶ・ぶる・ぶれ・びよ}「かみさぶ」に同じ。

かむさ・る【神避る・神去る】[自ラ四]{ら・り・る・る・れ・れ}《「かみさる」とも》神や天皇・皇族がお亡くなりになる。

かむし・む【神しむ】[自マ上二]{み・み・む・むる・むれ・みよ}「かみさぶ①」に同じ。

がむしゃ[・なり]【我武者】[名・形動ナリ]《近世語》むこうみずで、無理にでも我を通そうと乱暴に振る舞うこと。また、そのような人。がむしゃら。

かむすぎ【神杉】[名]神聖な杉。神木の杉。

かむだから【神宝】[名]《「かみだから」とも》❶神の宝。神の所有する宝。❷神に捧げる宝物。

かむだち【神館】[名]《「かんだち」とも》神事や潔斎の際に神官がけがれを避けて籠もる、神殿のそばの建物。＝斎館

かむづかさ[名]《「かみづかさ」とも》㊀【神司・神官】神に仕える人。神事を行う人。神主。㊁【神祇官】「じんぎくゎん」に同じ。

かむつど・ふ【神集ふ】[自ハ四]{は・ひ・ふ・ふ・へ・へ}神々が集まる。例「八百万千万神の神集ひ」〈万葉・二・一六七長歌〉

かむづま・る【神留まる】[自ラ四]{ら・り・る・る・れ・れ}《「かむどまる」の変化形》神がとどまる。鎮座する。例「海原の辺にも沖にも神留まり」〈万葉・五・八九四長歌〉

かむとけ【霹靂】[名]《「かみとけ」「かみとき」とも》落雷。

かむな【寄居虫】[名]《「かみな」の変化形》「がうな」に同じ。(季―春)

かむながら【神随・随神・惟神】[副]《「かんながら」とも。「かむ」は「神」、「な」は格助詞、「から」は性質・本性の意の名詞》❶神として。神でおありになるままに。例「食す国は栄えむものと神ながら思ほしめして」〈万葉・一八・四〇九四長歌〉❷神のお心のままに。例「立山に降り置ける雪の常夏に消ずて渡るは神ながらとそ」〈万葉・一七・四〇〇四〉

かむなぎ【巫・覡】[名]《「かうなぎ」「かみなぎ」「かんなぎ」とも。「神和(神を和やかに静める)」の意》神に仕え、神楽や神おろしを行う人。女性は「めかむなぎ(巫)」、男性は「をかむなぎ(覡)」。

かむなづき【神無月】[名]「かみなづき」に同じ。

〔和歌〕**かむなづき…**【神無月時雨降りおける楢の葉の名に負ふ宮の古言ぞこれ】〈古今・雑下・九九七・文屋有季〉訳十月、時雨が降って美しく紅葉したナラの葉、そのナラと同じ名をもつ奈良の都の時代に詠まれた古い歌を集めたものです。この『万葉集』は。

〈参考〉清和天皇が、「『万葉集』はいつごろ作られたのか」とお尋ねになったのに答えた歌。

かむなび【神奈備・神名火】[名]《「かみなび」「かんなび」とも。「な」は格助詞。「び」はほとりの意》神が鎮座する神聖な山や森。神が山や森に降臨するとした古代信仰による祭祀の場。とくに、飛鳥や竜田・三輪などのものが知られている。

かむなびやま【神奈備山】[歌枕]《「かんなびやま」とも》大和国の山。いまの奈良県高市郡明日香村にある雷の丘のこととも いわれるが、平安時代には、いまの生駒郡斑鳩町にある竜田山(三室の山)のこととしても詠まれる。「かむなび」は神の鎮座する場所の意。紅葉の名所として知られる。

かむのね【上の嶺】[名]《上代東国方言》上の方の峰。一説に、「神の嶺」の意で、神聖な山とも。

かむのぼ・る【神登る】[自ラ四]{ら・り・る・る・れ・れ}「かむあがる」に同じ。

かむはか・る【神議る】[自ラ四]{ら・り・る・る・れ・れ}神々が数多く集まって相談をする。例「八百万千万神の神集ひ集ひいまして神はかりはかりし時に」〈万

葉・二・一六七長歌〉

かむはぶ・る【神葬る】[他ラ四]{ら・り・る・る・れ・れ}(天皇や皇子を)神として葬る。神としてお送りする。例「**神葬り**葬り奉れば」〈万葉・一三・三三二四長歌〉

かむび【神び】[名]年月を経て神々しいようすに古びていること。神さびていること。

かむ・ぶ【神ぶ】[自バ上二]{び・び・ぶ・ぶる・ぶれ・びよ}年月を経て古び、神々しくなる。年老いる。=神さぶ。例「石上布留の神杉**神・びにし**」〈万葉・一〇・一九二七〉

かむべ【神戸】[名]令制で神社の所属とされ、租税や雑役をその神社に納めた民。

かむほ・く【神祝く・神寿く】[他カ四]{か・き・く・く・け・け}神が祝福する。

かむみそ【神御衣】[名]神の着る衣服。また、そのために神に捧げる衣服。

かむみや【神宮】[名]神のいる宮。

かむやら・ふ【神遣らふ】[他ハ四]{は・ひ・ふ・ふ・へ・へ}神々の世界から追放する。

かむよ【神代・神世】[名]「かみよ」に同じ。

かむよりいた【神依り板】[名]《「かみよりいた」とも》神霊を招き寄せるときにたたき鳴らして依り代とする杉の一枚板。

かむり【冠】[名]「かんむり」に同じ。

かむりづけ【冠付け】[名]「かさづけ」に同じ。↔沓付け

かむろ【禿】[名]《近世語》「かぶろ③」に同じ。

かむろき【神漏岐・神祖】[名]《「かむろぎ」「かみろき」「かみるき」とも。「き」は男性の意》記紀神話に見られる皇祖神高皇産霊神の敬称。また、広く男性皇祖神や男神の敬称。↔神漏美

かむろみ【神漏美】[名]《「かみろみ」「かみるみ」とも。「み」は女性の意》記紀神話に見られる神皇産霊神の敬称。また、広く女性皇祖神や女神の敬称。↔神漏岐

かむわざ【神事・神業】[名]「かみわざ」に同じ。

かめ【瓶・甕】[名]❶水や酒などを入れる底の深い陶磁器。❷とっくり。❸花瓶。❹骨壺。

かめ【亀】[名]❶亀類の総称。古来、鶴とともにめでたい動物とされる。❷亀の甲。甲を焼き、そのひび割れの形で吉凶を占った。

〔**亀の浮き木**〕(盲目の亀が大洋で小さな浮き木に出会う意から)出会うことの容易でないこと。極めてまれな機会のたとえ。

〔**亀の上の山**〕(大きな亀に背負われているとされる)蓬萊山の別称。

〔**亀の卜**〕「かめ(亀)②」を用いた占いのひとつ。

〔**亀の鑑**〕《「亀鑑」の訓読語》正しい判定。規範。手本。例「東(=鎌倉幕府)の**亀の鑑**にうつさば、曇らぬ影もやあらはるる」〈十六夜〉

かめい【佳名・佳命】[名]《「名」は聞こえ・評判の意》よい評判。名声。

かめやま【亀山】[歌枕]山城国の山。いまの京都市右京区嵯峨にある。小倉山の南東に連なり、大堰川を挟んで嵐山に対する。古くから貴族の遊宴地で、桜の名所。後嵯峨・亀山両上皇が院政をとった亀山殿があった。=亀の尾の山

かめり《形容詞または形容詞型活用語の連体形の活用語尾「かる」+推量の助動詞「めり」=「かるめり」の撥音便「かんめり」の撥音無表記》…ようだ。例「きむぢらは、同じ年なれど、言ふかひなくはかな**かめり**かし」〈源氏・少女〉

かも【鴨】[名]水鳥の名。渡りをする冬鳥が多い。(季-冬)

〔**鴨の浮き寝**〕鴨が水に浮きながら寝ること。不安なさまにたとえる。(季-冬)

〔**鴨の羽色**〕鴨の羽の色。青みを帯びたつやのある緑色。

かも【氈】[名]毛織りの敷物。

かも【賀茂】[名]❶**賀茂神社**。上賀茂神社と下鴨神社の総称。❷賀茂神社のある、京都市北区上賀茂と左京区下鴨の総称。

かも[終助][係助]

⇨三六四ページ「特別コーナー」

がも[終助]終助詞「もがも」が「も」+「がも」と分析され、「がも」が一語の終助詞として意識されるようになったもの。→「もがも」

がもう【鵝毛】[名]ガチョウの羽根。非常に軽いものや純白のたとえに用いる。例「一日の命、万金よりも重し。牛の値、**鵝毛**よりも軽し」〈徒然・九三〉

かもうり【冬瓜】[名]《後世には「かもふり」とも》トウガンの別称。(季-秋)

か-もが あのようでありたい。例「**かもが**と我が見し子らかくもがと我が見し子にうたたけだに向かひ居るかも」〈記・中・歌謡〉訳あのようでありたいと思って私が見た子、こうありたいと思って私が見た子に、思いがけなく向かい合っている。寄り添っているよ。

語構成　か　副｜もが　終助

かもかくも《副詞「か」+係助詞「も」+副詞「かく」+係助詞「も」》ともかくも。どうにでも。=かもかも。例「**かもかくも**君がまにまと」〈万葉・一七・三九九三長歌〉

かもがは【賀茂川・加茂川・鴨川】[歌枕]山城国の川。いまの京都市の東部を北から南に流れる。下鴨神社の南で高野川と合流し、これより上流を「賀茂川」、下流の桂川に注ぐまでを「鴨川」と区別する。「禊」「祓へ」の神事が行われ、「千鳥」「川風」が景物とされる。

かもかも《副詞「か」+係助詞「も」を重ねた語》「かもかくも」に同じ。

かもじ【か文字】[名]《女房詞。「か」は「母」「上様」の略。「もじ」は接尾語》妻または母。

かもじ【髪文字・髢】[名]《女房詞。名詞「髪」「鬘」の「か」+接尾語「もじ」》❶髪。❷「かづら(鬘)②」に同じ。

かもじもの【鴨じもの】[副]《「じもの」は、…のようなものの意を表す接尾語》鴨のように。「浮く」「浮き寝」などを修飾する。例「家忘れ身もたな知らず**鴨じもの**水に浮き居て」〈万葉・一・五〇長歌〉

かも・す【醸す】[他サ四]{さ・し・す・す・せ・せ}❶醸造する。穀物などを発酵させて酒や醬油を造る。=醸む。❷(ある状態や雰囲気を)しだいに作り出す。醸し出す。

かもちまさずみ【鹿持雅澄】[人名](一七九一～一八五八)江戸後期の国学者・歌人。『万葉集古義』などの注釈書を多数著す。

か

かも [終助詞][係助詞]

アプローチ ▼終助詞(一)は、おもに上代において用いられた。中古以降は、「かな」が多く用いられる。→「かな[終助]」
▼係助詞(二)は、文中の語に付く場合、意味上の係り先にあたる活用語は、連体形となる(「係り結び」)。
▼文中に位置する場合は係助詞の「かも」と考えてよいが、文末に位置する場合はその文脈によって終助詞か係助詞かを判断する必要がある。

一 [終助詞](終助詞「か」＋終助詞「も」) 接続 体言、活用語の連体形などに付く。

意味	訳語	用例
感動・詠嘆を表す。	…よ …だなあ	例「霞(かすみ)立つ長き春日(はるひ)をかざせれどいやなつかしき梅の花**かも**」〈万葉・五・八四六〉 訳霞が立つ長い春の日をかざしにするけれど、ますます心ひかれる梅の花**だなあ**。

二 [係助詞](係助詞「か」＋係助詞「も」) 接続 体言、活用語の連体形・已然形などに付く。

意味	訳語	用例
❶**疑問を表す。**	…だろうか	例「十二月(しはす)には沫雪(あわゆき)降ると知らね**かも**梅の花咲く含(ふふ)めらずして」〈万葉・八・一六四八〉 訳十二月には沫雪が降ると知らないからなの**だろうか**、梅の花が咲いている。つぼみのままでいないで。(係結び)「かも→咲く(体)」
❷**反語を表す。**「めかも」(推量の助動詞「む」の已然形＋「かも」)の形が多い。	…だろうか、いや、そうではない	例「陸奥(みちのく)の安達太良真弓(あだたらまゆみ)はじき置きてせらしめ来(き)なば弦(つら)はかめ**かも**」〈万葉・一四・三四三七〉 訳陸奥の安達太良真弓の弦をはずして弓を反らしておいたならば、弦をかけることができる**だろうか**、**いや**、**かけることはできない**。

発展学習ファイル 「ぬかも」(「ぬ」は打消の助動詞「ず」の連体形)の形で願望を表すことがある。ただし、「ぬかも」の形がすべて願望になるわけではない。例「沖つ鳥鴨(かも)といふ船は也良(やら)の崎廻(たみ)て漕(こ)ぎ来(く)と聞こえ来(こ)ぬ**かも**」〈万葉・一六・三八六七〉 訳〔おきつとり〕鴨という船が也良の崎を回って漕いでくると聞こえてきて**ほしいなあ**。〔注〕「沖つ鳥」は「鴨」の枕詞。

かもどくしま【鴨着く島】[名](「どく」は「つく」の変化形)鴨(かも)の寄りつく島。

がもな 願望の終助詞「もがも」＋詠嘆の終助詞「な」＝「もがもな」が、「も」＋「がも」＋「な」と意識され、後半が一連の語として意識されたもの。→「もがもな」

かものくらべうま【賀茂の競べ馬】陰暦五月五日に、五穀豊穣(ごこくほうじょう)を願って京都の上賀茂神社境内で行われた競馬。(季―夏)

かものちゃうめい【鴨長明】カモノチョウメイ [人名](一一五五?―一二一六)平安後期から鎌倉前期の歌人・随筆家。本名は「かものながあきら」。法名は蓮胤(れんいん)。俊恵(しゅんえ)に和歌を学び、後鳥羽(ごとば)院の再興した和歌所の寄人(よりうど)となった。後年方丈の草庵を結び、そこで随筆『方丈記』や説話集『発心集(ほっしんしゅう)』、歌論書『無名抄(むみょうしょう)』を執筆した。また『鴨長明集』を自撰(じせん)、『千載和歌集』や『新古今和歌集』などに入集。

かものまつり【賀茂の祭り】京都の上賀茂神社(賀茂別雷(かもわけいかづち)神社)と下鴨(しもがも)神社(賀茂御祖(かものみおや)神社)の祭礼。陰暦四月の中の酉(とり)の日に行われた。奉幣使の行列は華美をきわめ、人々はこぞって見物した。葵(あおい)の葉を冠や牛車(ぎっしゃ)などの飾りとして用いたことから「葵祭り」ともいい、単に「祭り」といえば、この祭りのことをいうことも多い。石清水八幡宮(いわしみずはちまんぐう)の祭りを「南祭り」というのに対して、「北祭り」ともいう。(季―夏)

古典の世界 **『源氏物語』にみる「賀茂の祭り」**

賀茂の祭りに先立って、斎院は賀茂川で禊(みそ)ぎを行った。これを**御禊**(ごけい)といい、この日一条大路には、派遣される勅使たちの行列を見るために人々が貴賤(きせん)を問わず集まって、いい場所を取るために争った。『源氏物語』葵(あおい)の巻での賀茂の祭り、すなわち葵祭りは、源氏がこの日の勅使に選ばれたために、とくに喧騒(けんそう)を極めた。六条御息所(ろくじょうのみやすどころ)と葵の上(うえ)の一行の**車争い**が起こったのは、この時である。辱(はずかし)めを受けた御息所はこの後、**生霊**(いきりょう)となって懐妊中

か

賀茂の祭り　奉幣使の華麗な行列が往来を練り歩く。揚げ巻のひもを飾った風流傘の一陣の後に、黒馬に乗った近衛の使いが続く。藁脛巾を履き、狩衣の両脇を縫い合わせた形の褐衣を着た手振りが従う。左下には見物人の下駄や浅沓が散乱し、祭りはたけなわ。(年中行事絵巻)

の葵の上を苦しめ死に追いやってゆく。また祭りの当日には、若紫(紫の上)と同じ車の簾を上げずにいる源氏の車を見て、誰と乗っているのだろうかと、皆がいぶかしがったという。物語における源氏の新旧の女君の交替が象徴的に描かれる場面である。

かものまぶち【賀茂真淵】[人名]（一六九七～一七六九）江戸中期の国学者・歌人。国学四大人のひとり。遠江(いまの静岡県)の人。本姓は岡部。号は県居。荷田春満の弟子となり、田安宗武に仕えた。万葉主義・復古思想を主軸とし、『冠辞考』『万葉集考』などを脱稿した。門下生は多彩で、宗武・本居宣長・加藤千蔭・村田春海・楫取魚彦などを輩出している。

かものみあれ【賀茂の御生れ】[名]京都の賀茂神社の祭礼のひとつ。陰暦四月の中の午の日、「賀茂の祭り」の初日に行われる。祭神再誕の祭礼。

かもまうで【賀茂詣で】[名]京都の賀茂神社に参拝すること。とくに、賀茂の祭りの前日に当たる四月中申日に摂政や関白が参詣する行事。

かもめ【鷗】[名]《「かまめ」とも》カモメ類の総称。

かもめじり【鷗尻】[名]（カモメの尾羽が上にはね上がっているところから）❶太刀の尻を上へそらせて腰に帯びること。↔閂差し・落とし差し。❷竿秤のさおの端がはねあがるほど、量る物の重さを十分にすること。

がもや　願望の終助詞「もがも」＋間投助詞「や」＝「もがもや」が、「も」＋「がも」＋「や」と意識され、後半が一連の語として意識されたもの。↓「もがもや」

かもやま【鴨山】[歌枕]石見国の山。いまの島根県益田市の益田川河口沖の鴨島のことともいうが、説が多く未詳。

〔和歌〕**かもやまの…**【鴨山の岩根しまける我をかも知らにと妹が待ちつつあるらむ】〈万葉・二・二二三・柿本人麻呂〉[訳]鴨山の岩を枕にして行き倒れている私なのに、何も知らないままあの子がいまごろ私の帰りを待ち焦がれているだろうか。《係結び》「かも」→あるらむ(体)」

がもよ　願望の終助詞「もがも」＋間投助詞「よ」＝「もがもよ」が、「も」＋「がも」＋「よ」と意識され、後半が一連の語として意識されたもの。↓「もがもよ」

かもりづかさ【掃部寮】[名]「かもんれう」に同じ。

かもん【勘文】[名]《「かんもん」の変化形》平安時代の、朝廷からの諮問に対する答えを記した意見書。行事や非常な事件が起きた際に、博士・儒家・外記・史官・神祇官・明法家・陰陽師などが、先例を調べたり、日時や方角の吉凶を占うなどして得た意見を書き記し奉った。＝勘状・勘へ文

かもん【掃部】[名]「掃部寮」の略。

かもんつかさ[名]《「かもりのつかさ」「かんもりのつかさ」とも》一【掃部司】令制で大蔵省に属した役所。宮中の施設管理や清掃などをつかさどった。弘仁十一年(八二〇)、宮内省の内掃部司と併合されて「掃部寮」となる。二【掃部寮】「かもんれう」に同じ。

かもんのかみ【掃部頭】[名]令制で「掃部寮」の長官。

かもんのすけ【掃部助】[名]令制で「掃部寮」の次官。

かもんれう【掃部寮】[名]《「かんもりのつかさ」「かにもりのつかさ」「かもりづかさ」「かもんづかさ」とも》令制で宮内省に属し、宮中の清掃や施設の設備などをつかさどった役所。＝掃部

かや【茅・萱】[名]《「かえ」とも》屋根を葺く材料として用いる草の総称。ススキ・スゲ・チガヤなど。＝茅根。(季―秋)

かや【榧】[名]木の名。材は緻密で、建築や器物に用いられたが、とくに、碁盤や将棋盤には重用された。針状の葉は蚊遣りとされ、「かやの実」と呼ばれる胚乳は食用とされ、油も採られた。(季＝花―春・実―秋)

かや[終助]❶詠嘆を表す。…なあ。[例]「うれたきかや、ますらをにして、いやしきやつこが手をおひて」〈紀・神武〉[訳]嘆かわしいことだなあ、男であって、しかもとるに足りないやつが手を負傷して。❷軽い

疑問の意を表す。…なのかなあ。例「平六が姿形、影のごとくに見えけるは念仏の功力かや」〈狂言記・塗師平六〉訳平六の姿がはっきり人影のように見えたのは念仏の功徳なのかなあ。❸打消の気持ちを含んだ問いかけを表す。…ものかい。例「世には、かかるうつくしき姫君もあるかや」〈伽・のせ猿草子〉訳世間にはこんなに美しい姫君もおるものかい。

発展学習ファイル ①は終助詞「か」＋間投助詞「や」、②③は係助詞「か」＋間投助詞「や」が本来の構成。①は上代、②③は中世以降の用法。

かやう【[・なり]】【斯様】[名・形動ナリ]このよう。例「故殿などの御世のはなばなどありしに、かやうの御有り様ならましかば」〈栄花・五〉

かやく【加薬】[名]❶漢方薬を調合する際に、主要な薬の効果を高めたり、飲みやすくしたりする目的で加える補助的な薬。❷料理に使う香辛料。薬味。❸五目飯やそばの具。

かやしらを【加舎白雄】[人名]（一七三八－一七九一）江戸中期の俳人。白井鳥酔に師事し、俳論書『加佐里那止』、句集『春秋稿』『白雄句集』などを著す。

かやす・し【か易し】[形ク]{から・く(かり)・し・き(かる)・けれ・かれ}（「か」は接頭語）❶たやすい。容易だ。例「手放ちもをちもかやす・き」〈万葉・一七・四〇一一長歌〉❷身軽だ。手軽だ。気やすい。例「かやす・きほどならぬ御身をさへところせく思ぼさるるを」〈源氏・椎本〉

かやつ【彼奴】[代名]《他称の人称代名詞。ののしっていう語》あいつ。例「郭公、おれ(＝オノレ)、かやつよ、おれ鳴きてこそ、我は田植うれ」〈枕・賀茂へまゐる道に〉

かやね【茅根・萱根】[名]「かや」に同じ。

かやの【茅野・萱野】[名]ススキ・スゲ・チガヤなどの草が生えている野原。

かやのゐんすいかくうたあはせ【賀陽院水閣歌合】[作品名]平安中期（一〇三五成立）の歌合わせ。藤原頼通主催、赤染衛門・相模・能因・藤原行経らが出詠。

かやぶき【茅葺き・萱葺き】[名]茅で屋根を葺くこと。また、その屋根。

かやや【茅屋・萱屋】[名]茅ぶきの屋根。また、茅ぶき屋根の家。

かやりび【蚊遣り火】[名]蚊を追い払うためにいぶす火。また、その煙。蚊遣り。蚊いぶし。（季－夏）

かやりびの【蚊遣り火の】[枕詞]（蚊遣り火のくすぶる状態から）「下」「悔ゆ」「煙」などにかかる。例「かやり火の悔ゆる心も」〈拾遺・雑下・五七三長歌〉

かゆ【粥】[名]米を水で炊いたもの。「固粥」と「汁粥」があり、いまの粥に当たるのは「汁粥」で、「固粥」は飯に当たる。

か・ゆ【離ゆ】[自ヤ下二]{え・え・ゆ・ゆる・ゆれ・えよ}離れる。＝離る

かゆづゑ【粥杖】[名]陰暦正月十五日の「望粥」を煮た木の燃えさしで作った杖。この杖で子供のいない女性の腰を打つと男児を生むという俗信があった。＝粥の木。（季－春）

かゆのき【粥の木】[名]「かゆづゑ」に同じ。

かゆ・ふ【通ふ】[自ハ四]{は・ひ・ふ・ふ・へ・へ}（上代東国方言）「かよふ」に同じ。

かよう【通う】歴史的かなづかい「かよふ」

かよう【荷用・加用】[名]❶食事の配膳や給仕をすること。❷鎌倉・室町時代、幕府や大名家で食事の配膳や給仕に当たった役の者。

かよちゃう【駕輿丁】[名]「近衛府」「兵衛府」に属し、貴人の輿をかついだ下級職員。↓図版「葱花輦」

かよは・す【通はす】[他サ四]{さ・し・す・す・せ・せ}❶通わせる。往来させる。例「蔵人少将をなん通は・す」〈源氏・夕顔〉❷行き渡らせる。例「至らぬ隈もなくかたがたに通は・し読みたまへるさま」〈源氏・少女〉❸手紙などで気持ちを通じさせる。例「折りふしの花、紅葉につけて、あはれをも情けをも通は・すに」〈源氏・椎本〉

かよは・す【通はす】（上代語。動詞「通ふ」の未然形＋上代の尊敬の助動詞「す」）お通いになる。例「通は・しし君も来まさず玉梓の使ひも見えず」〈万葉・四・六一九〉

かよひ【通ひ】[名]❶人やものが行き来すること。往来。やりとり。❷行き来する通路や出入口。❸食事の給仕をすること。また、その人。❹（「通ひ帳」の略）掛け買いの品物と代金を帳面に書き記し、後日にまとめて支払う方法。また、その帳面。

かよひあり・く【通ひ歩く】[自カ四]{か・き・く・く・け・け}（男が女のもとへ）通う。また、婿として妻のもとへ通う。例「むすめを思ひかけて（＝懸想シテ）、みそかに通ひあり・きけり」〈堤中納言・はいずみ〉

かよひす・む【通ひ住む】[自マ四]{ま・み・む・む・め・め}❶男性が女性の所に行き通ってともに暮らす。例「〈二人ノ女性ノ所ニ〉夜ごとに十五日づつ、うるはしう通ひ住・みたまひける」〈源氏・匂宮〉❷やって来て住みつく。例「人住まで年経ぬる大きなる所は、よからぬ物かならず通ひ住・みて」〈源氏・手習〉

かよひぢ【通ひ路】[名]行き来する道。とくに恋人のもとに通う道。

かよひどころ【通ひ所】[名]男が通って行く女のもと。妻や愛人などの住んでいるところ。

かよひぼん【通ひ盆】[名]食事のときに給仕に用いる盆。

かよ・ふ【通ふ】[自ハ四]{は・ひ・ふ・ふ・へ・へ}

> **アプローチ** ▼上代東国方言では、「かゆふ」ともいう。
> ▼同じ行為が繰り返される、二つの物事が交わされることが原義。使用される局面で次のような事例がある。
> ▼二つの場所や物事の間を行き来する→①行き来する。②男が女のもとに通う。
> ▼一方から他方へ通じる→③ことばなどが相手に通じる。④物事に通じる。
> ▼互いに交わる→⑤交差する。⑥共通点がある。

❶行き来する。往復する。例「あをによし奈良の家

には万代に我も**通はむ**忘ると思ふな」〈万葉・一・〈〇〉〉訳「あをによし」奈良のお家にはいつまでも私も通いましょう。忘れたと思ってくださるな。〔注〕「あをによし」は「奈良」の枕詞。

❷**男が女のもとに通う。結婚する。** 例「むかし、男、みそかに**通ふ**女ありけり」〈伊勢・一一〇〉訳昔、ある男は、こっそりと**通っている**女がいた。

❸(ことば・心や手紙などが先方に)**通じる。** 例「折る人の心に**通ふ**花なれや色には出でずしたに匂へる」〈源氏・早蕨〉訳この花は、それを折る人の心に**通じているのでしょうか**、表には色は現れないで内ににおいを包んでいる。

❹**物事を詳しくさとる。広く物事に通じる。** 例「女の御おきてにてはいたり深く、仏の道にさへ**通ひ**たまひける御心のほどなどを」〈源氏・御法〉訳女のお取り計らいとしては広く行き届いていて、仏道の儀式にさえ**広く通じて**いらっしゃる御たしなみぐあいなどを。

❺**互いに交差する。入り交じる。** 例「松が枝のかよへる枝をとぐらにて巣立てらるべき鶴の雛かな」〈拾遺・雑賀・一一六六〉訳松の枝の**交差**している枝を巣にして、巣立てられるはずの鶴の雛だよ。

❻**共通点がある。通じるところがある。似通っている。** 例「琴の音に峰の松風**通ふ**らしいづれのをより調べそめけん」〈拾遺・雑上・四五一〉訳→〔和歌〕ことのねに…

かよりあ・ふ【か寄り合ふ】(カヨリア(オ)ウ)[自ハ四]{は・ひ・ふ・ふ・へ・へ}《上代語。「か」は接頭語》寄り集まる。互いに近づく。例「秋の田の穂田の刈りばか**か寄り合は**ばそこもか人の我を言なさむ」〈万葉・四・五一二〉

かよ・る【か寄る】[自ラ四]{ら・り・る・る・れ・れ}《「か」は接頭語》近寄る。寄り添う。近づき合う。例「竹河のはしうちかよ・れる姿」〈源氏・初音〉

から-【空・乾】[接頭]❶(名詞に付いて)中身や内容がない、からっぽの、見せかけだけの意を表す。「空念仏」「**空**威張り」など。❷(続く語の意味を強めて)まったくの意を表す。「**空**下戸」など。

-から【柄】[接尾]《上代は清音。後世「がら」と濁る》(名詞に付いて)❶そのものに備わっている本来の性質・素姓・品格などを表す。「人**柄**」「国**柄**」「神**柄**」など。❷織物などの質・模様のありさまを表す。

から【柄・故】[名]《親族などの、血のつながりを意味した「から」が語源》原因・理由を表す。ゆえ。ため。例「あにもあらぬ(＝何デモナイ)己が身の**から**人の子の言も尽くさじ我も寄りなむ」〈万葉・一六・三七九九〉

から【唐・韓・漢】[名]❶**中国・朝鮮半島の古い呼称。** また、**広く外国を指していう語。** ＝唐国。例「唐の、大和の、めづらしく、えならぬ調度ども並べ置き」〈徒然・一〇〉❷(名詞の上に付けて、接頭語的に用いて)**中国・朝鮮半島などから渡来した、外国から渡来した、**また、転じて、**珍しい、立派な**の意を表す。「唐歌」「唐衣」「唐臼」「唐綾」など。

《副詞の呼応》「え」→ならぬ。

〔**唐の綾**〕「からあや」に同じ。

〔**唐の犬・唐の狗**〕《「唐犬」の訓読語》中国種の犬。いまの狆、あるいは神社に置く狛犬のことかともいう。

〔**唐の薄物**〕中国渡来の「薄物」。非常に美しく貴重品であった。→「うすもの」

〔**唐の歌**〕「からうた」に同じ。

〔**唐の御衣**〕(カラノオンゾ)《「からのおんぞ」とも》「唐衣」の敬称。着ている人を敬う。→「からぎぬ」

〔**唐の鏡**〕《近世語》中国から渡来した上等な鏡。転じて、貴重なもののたとえ。大切にすべき母親や妻子などをたとえていう。

〔**唐の頭**〕兜の上につけた飾り。中国のヤク(動物の名)などの尾の毛を束ねて作った。

〔**唐の紙**〕中国製の上等の紙。また、それを模して作った中国風の紙。→「からかみ」「たうし」

〔**唐の車**〕《「唐庇の車」の略》「からぐるま」に同じ。

〔**唐の船**〕中国の船。また、それを模して造った中国風の船。→「からふね」

から【殻・骸】[名]❶外皮。❷(虫などの)抜け殻。❸亡骸。死体。

から【幹・柄】[名]❶植物の幹や茎。❷道具類の柄。❸矢の軸の部分。矢柄。取っ手。

から[格助][接助]⇨三八ページ「特別コーナー」

からあふひ【唐葵・蜀葵】(カラアオイ)[名]《「からほひ」とも》タチアオイの別称。(季−夏)

からあや【唐綾】[名]中国渡来の絹織物。模様を浮かして織ったもの。＝唐の綾

からあやをどし【唐綾縅】(カラアヤオドシ)[名]鎧の縅の名。「唐綾」を細く裁ち、たたみ重ねて、芯に麻などを入れてつづったもの。染め色によって白綾縅・黒綾縅などという。

からあゐ【韓藍】(カラアイ)[名]❶ケイトウの古名。❷美しい藍色。

からいしき【唐石敷】[名]門柱の下に石を敷き詰めたもの。石畳。＝唐居敷

からいと【唐糸】[名]❶中国から渡来の糸。❷《「唐糸織り」の略》①で織った織物。❸(糸を引くところから)納豆の別称。

からいとさうし【唐糸草子】(カライトソウシ)[作品名]室町時代の御伽草子。源頼朝の命をねらい投獄された唐糸が、娘万寿の願いで許され、母子ともに帰郷する話。

からう【家老】(カロウ)[名]大名・小名の政務を総括した、家臣の長。鎌倉時代にでき江戸時代には藩務を担う重要職であった。

からう【辛う】(カロウ)形容詞「からし」の連用形「からく」のウ音便。

からうじて【辛うじて】(カロウジテ)[副]《「からうして」とも。「からくして」のウ音便》**やっとのことで。ようやく。** 例「年を経てよばひわたりけるを、**からうして**盗みいでて、いと暗きに来けり」〈伊勢・六〉

からうす【唐臼・碓】[名]《「かるうす」とも》穀物を精白する道具。臼を地中に埋め、杵の柄を足で踏んで穀物をつくもの。

からうた【唐歌・漢詩】[名]漢詩。＝唐の歌。↔大和歌

からうつ【唐櫃】(カロウツ)[名]《「からうづ」とも。「からひつ」のウ音便》「からひつ(唐櫃)」に同じ。

か

から ［格助詞］［接続助詞］

アプローチ ▼体言に起源をもつ語と考えられ、奈良・平安時代にはまだ助詞として未発達だった。▼似た意味を表す助詞「より」に比べて用例も著しく少なく、用法も限られている。

意味	訳語	用例
一［格助詞］接続 体言、活用語の連体形に付く。		
❶《上代の用法》**動作・作用の経由点を表す。**	…を通って	例「直(ただ)に来(こ)ず こゆ巨勢道(こせぢ)**から**石橋踏みなづみぞ我(あ)が来(こ)し恋(こ)ひてすべなみ」〈万葉・一三・三二五七〉 訳直接来ずに、ここから巨勢道**を通って**飛び石を踏み苦労して私は来たことよ、恋しくてどうしようもないので。
❷**動作・作用の起点を表す。**	…から	例「ただ今**から**気高くきよらなる御さまを」〈源氏・玉鬘〉 訳すでにいま**から**気品高く美しいお姿(の若君)を。
❸**物事を判断する視点・立場を表す。**	…によって …にとって	例「ただ見る人**から**、艶(えん)にもすごくも見ゆるなりけり」〈源氏・帚木〉 訳(空のようすも)ただ見る人**によって**、美しくもぞっとするようにも見えるものであった。
❹**原因・理由を表す。**	…ゆえに …によって	例「わが御ありさま**から**、さまざまもの嘆かしくてなむありける」〈源氏・総角〉 訳ご自分の身の上**ゆえに**、あれこれと何ということもなく嘆かわしくおいでであった。
二［接続助詞］接続 ①②は活用語の連体形に、③は接続助詞「て」に付く。		
❶**ある動作・作用に続いて、すぐに次の動作・作用が起こることを表す。**	…やいなや …とすぐに …そばから	例「惜しむ**から**恋しきものを白雲の立ちなむ後(のち)はなに心地(ごこち)せむ」〈古今・離別・三七一〉 訳別れを惜しむ**そばから**恋しく思うのに、(あなたが)白雲のように旅立ってしまったあとは、どんな気持ちがするだろう。
❷(多く「からは」の形で)**順接の確定条件を表す。**	…以上(は) …からには	例「世に住む**から**は何事も案じたるがそんなり」〈浮・日本永代蔵〉 訳世に住む**以上**は、何事も心配しては損である。
❸(多く「てから」の形で)**逆接の仮定条件を表す。**	…ところで …としても	例「来て**から**今夜は出されませぬ」〈浄・心中重井筒〉 訳(受け取りに)来た**ところで**今夜は(手紙は)送れません。

発展学習ファイル (1)格助詞は、手段・方法を表す場合もある。ただし、次例の用いられ方に、ほぼ限られている。例「徒歩(かち)**から**(＝徒歩デ)。言ひ慰めはべらむ」〈落窪・一〉
(2)接続助詞は、逆接の確定条件を表すこともある。例「『旅の旦那(だんな)どの、旅の旦那どの』と言うて**から**、かへらず」〈浮・傾城禁短気〉 訳「旅のお人、旅のお人」と言っ**たけれども**、(死人は)生き返らない。

からうと【唐櫃】(カロウト)［名］《「からうど」とも。「からうつ」の変化形》❶「からひつ(唐櫃)」に同じ。❷「からひつ(屍櫃)」に同じ。

からおり【唐織り】［名］「からおりもの」に同じ。

からおりもの【唐織物】［名］中国渡来の織物。また、我が国で中国風に織った織物。金襴(きんらん)・緞子(どんす)・繻子(しゅす)・綾(あや)・錦(にしき)などの総称。＝唐織り

からかさ【傘】［名］《唐風(からふう)の傘(かさ)の意》❶細く割った竹の骨に、紙を張って油を塗った、柄のついた傘。❷紋所の名。①を図案化したもの。

からかさおどろき【傘驚き】［名］「かさおどろき」に同じ。

からかぢ【柄楫】(カラカジ)［名］柄の付いた長い楫。一説に、「唐楫(からかぢ)」で唐風の楫の意とも。

からかは【唐皮・唐革】(カラカワ)［名］❶虎(とら)の毛皮。❷虎の皮で縅(おど)した、平家伝来の鎧(よろい)。嫡流の総大将が着用した。❸舶来の羊や鹿(しか)のなめし革など。

からか・ふ(カラカ(コ)ウ)〔は・ひ・ふ・ふ・へ・へ〕一［自ハ四］互いに負けまいと争う。張り合う。例「しばし**からか・ひ**て、腰刀を抜きてさしあてければ」〈古今著聞・六〇三〉 二［他ハ四］もてあそぶ。なぶりものにする。

からかみ【唐紙】［名］❶《「たうし」とも》中国渡来の厚手の上質紙。また、それをまねて作った紙。❷「唐紙障子(からかみしやうじ)」の略。

からかみしゃうじ【唐紙障子】(カラカミショウジ)［名］「唐紙①」で張った襖(ふすま)。＝唐紙(からかみ)②

からから［副］❶堅いものが触れ合う音。かたかた。例「閼伽(あか)たてまつるとて、〔金属性ノ杯ヲ〕**からから**

と鳴らしつつ」〈源氏・賢木〉❷ころがる音。がらがら。例「戸押し開かば、からからと、人も手も触れぬさきに」〈大鏡・伊尹〉❸大声で笑うさま。例「〔知盛〕からからと笑ひ給へば」〈平家・二・先帝身投〉

からがら【辛辛】［副］《形容詞「辛し」の語幹を重ねた語》かろうじて。やっとのことで。例「命**からがら**この島に」〈浄・用明天王職人鑑〉

からが・る【辛がる】［自ラ四］{ら・り・る・る・れ・れ}《「がる」は接尾語》苦しがる。辛いと思う。例「『いと軽々しき隠れ処が見あらはされぬるこそねたう』といたう**からが・り**たまふ」〈源氏・松風〉

からき【唐木】［名］紫檀・黒檀・白檀など、熱帯産の高級な木材。

からぎぬ【背子】［名］《「はいし」とも》女性が礼服の上に着た袖のない上半身の衣。「半臂」に似た形で、腰に「襴」をつけないもの。

からぎぬ【唐衣】［名］**平安時代以降の女性の装束**。正装の際に、いちばん上に着る上着。上半身だけの丈の短い着物で、「表着」の上に着る。下半身には、裳を着ける。身分に応じて織物・錦・平絹などの別があり、季節に合わせてさまざまな色目で作った。喪中は鈍色のものを用いた。⇒［古典参考図］女子の服装〈1〉

からく【辛く】［副］❶やっと。どうにか。例「**からく**催して『魚などものせよ』とて、今朝、京へ出だしたてて」〈蜻蛉・中〉❷必死に。懸命に。例「**からく**急ぎて、和泉の灘といふところに到りぬ」〈土佐〉

から・ぐ【絡ぐ】［他ガ下二］{げ・げ・ぐ・ぐる・ぐれ・げよ}❶縛りくくる。巻きつける。例「檜笠の上をまた頤に縄にて**から・げ**つけて」〈宇治拾遺・八・三〉❷まくる。はしょる。例「裾をかしう**から・げ**て」〈おくのほそ道・福井〉

からくさ【唐草】［名］《「唐草」は当て字》つる草が絡み合って伸びる形を図案化した模様。

からくしげ【唐櫛笥・唐櫛匣】［名］《「から」は美称》櫛などを入れる美しい箱。

からくしげ【唐櫛笥】［枕詞］《箱のふたをあける意から》同音の「明く」にかかる。例「**唐櫛笥**あけ暮れ物を思ひつつ」〈宇津保・あて宮〉

からくして【辛くして】［副］やっとのことで。例「**からくして**、あやしき歌ひねり出だせり」〈土佐〉

からくに【唐国・韓国】［名］「から(唐)①」に同じ。

からくにの【韓国の】［枕詞］同音の繰り返しから、「辛し」にかかる。例「**韓国の**辛くもここに別れするかも」〈万葉・一五・三六九五〉

からくみ【唐組み】［名］唐風の組みひも。縒り糸を幅広く組んだもので、束帯の平緒や唐衣のひもなどに用いた。

からく・む【絡組む】［他マ四］{ま・み・む・む・め・め}《近世語》❶組み立てる。構え作る。例「戸で**からく・み**し水風呂の屋ね」〈すみだはら〉❷いろいろとたくらむ。仕組む。例「味な商ひ**からく・ん**で」〈浄・心中刃は氷の朔日〉《音便》「からくんで」は「からくみて」の撥音便。

からくら【唐鞍】［名］《「からぐら」とも。唐風の鞍の意》儀式用に装飾を凝らした華麗な鞍。外国使節の送迎、大嘗会の御禊や春日・賀茂の祭りの勅使などの乗馬の際に使用した。

からくり【絡繰り・機関】［名］❶糸やぜんまいを用いたしかけ。❷たくらみ。はかりごと。計略。❸「絡繰り人形」の略。❹「覗き機関」の略。

からくりにんぎゃう【絡繰り人形】［名］糸やぜんまいなどの仕掛けで動く人形。

からぐるま【唐車】［名］牛車の一種。屋根を唐破風造りにし、ビロウの葉で葺き、庇や腰にもビロウの葉を房にして垂らした車。最高級の車で、上皇・皇后・皇太子・摂関などが、晴れのときに用いた。＝唐の車・唐庇の車。⇒［口絵］牛車彩々

からくれなゐ【韓紅・唐紅】［名］《大陸から渡来した紅の意》鮮やかな紅色。染色が美しいので、とくに賞美していう。

からごころ【漢心・漢意】［名］江戸時代の国学の用語。漢籍を学んだ人がその影響を受けて、物事を中国の判断基準でしか見ない意識。↔大和魂②

からごと【唐琴・韓琴】［名］中国から伝わった琴・箏の類の楽器。↔大和琴・和琴

からこまげ【唐子髷】［名］「からわ」に同じ。

〔和歌〕**からころむ…【韓衣裾に取り付き泣く子らを置きてそ来ぬや母なしにして】**〈万葉・二〇・四四〇一・防人歌・他田舎人大島〉訳韓衣、その裾に取り付いて泣く子供たちを置きざりにしてやって来てしまった。母親も居ないままに。

からころも【唐衣・韓衣】《「からごろも」とも》一［名］❶中国風の衣服。舶来の衣服。例「**韓衣**君に打ち着せ見まく欲り」〈万葉・一一・二六八二〉❷衣の美称。例「**唐衣**解き縫ふ人もなきものを」〈宇津保・藤原の君〉二［枕詞］「たつ」「きる」「かへす」「たもと」「そで」「ひも」などにかかる。例「**唐衣**たつたの山のもみぢ葉は」〈後撰・秋下・三八三〉

発展学習ファイル　「からころも」の実体は未詳。元来は文字どおり韓の国から渡来した中国風の衣服を指していたのだろうが、万葉時代から歌語になっていたと思われる。平安時代には女官の正装である「**唐衣**」を指す歌語として意識されていたという説もあるが、具体的な衣服を指し示しているというより、歌語としてこうした衣服を着る上流の女性を連想させ、雰囲気をもたせる用いられ方がされていると考えるべきか。

〔和歌〕**からころも…【唐衣着つつなれにしつましあればはるばる来ぬる旅をしぞ思ふ】**〈古今・羇旅・四一〇・在原業平、伊勢・九〉訳唐衣を着ているうちに身になじんでくる褄のように、長年馴れ親しんだ妻が都にいるので、こうしてはるばるとやって来た旅のわびしさが身にしみて感じられる。《係結び》「ぞ→思ふ(体)」〈参考〉「唐衣着つつ」は「なれにしつま」を導く序詞。「かきつばた」の五文字を各句の頭に置いた折り句の歌。

からごろもきっしう【唐衣橘洲】［人名］(一七四三〜一八〇二)江戸後期の狂歌作者。本名は小島源之助、別号は酔竹庵。『俳優風』『酔竹集』などを残す。

からこわげ【唐子髷】［名］「からわ」に同じ。

からごゑ【枯ら声・嗄ら声】［名］かすれてしわがれた声。

からざえ【漢才】［名］《「かんざい」とも》漢籍についての知識や教養。また、それらに精通し、漢詩・漢文を作ることに巧みなこと。＝才。↔大和魂

からさき【唐崎・辛崎】［歌枕］近江国の地名。いまの滋賀県大津市下坂本。琵琶湖西岸にある景勝地。「唐崎の夜雨」は近江八景のひとつ。「月」「秋風」が景物。

〔俳句〕**からさきの…【辛崎の松は花より朧にて】**〈野ざらし紀行・芭蕉〉訳琵琶湖の湖上が朦朧と霞む春の日、辛崎の一つ松も水煙に霞み、湖岸の花よりもいっそう朧に見える。（季－花・朧－春）

からざけ【乾鮭】［名］シャケの乾物。内臓を取り去って塩をふらずに陰干しにしたもの。北国の特産で貴人の食菜にも用いた。（季－冬）

〔俳句〕**からざけも…【乾鮭も空也の痩も寒の内】**〈猿蓑・芭蕉〉訳乾鮭の硬くひからびた姿も、洛中洛外を鉢叩きの行をして回る空也僧のやせさらばえた姿も、寒の内の冷え冷えとした感じに、いかにもふさわしい。（季－乾鮭・空也・寒の内－冬）

からさ・ぶ［自バ上二］｛び・び・ぶ・ぶる・ぶれ・びよ｝（「から」は接頭語）すっかり荒れはててさびる。荒涼となる。例「ことのほかに古くからさ・びたる家の」〈十訓抄・一〉

からざま【唐様】［名］「からやう」に同じ。

から・し【辛し】［形ク］｛から・く（かり）・し・き（かる）・けれ・かれ｝❶（味覚に関して）舌を刺すような感じだ。塩からい。例「おしてるや難波の小江の初垂りを辛・く垂れ来て」〈万葉・一六・三八八六長歌〉❷残酷だ。むごい。例「恨めしく我をば煮て、辛・き目を見するものかな」〈徒然・六九〉❸つらい。切ない。例「人をいたづらになしつるかごと負ひぬべきが、いとから・きなり」〈源氏・夕顔〉❹いやだ。不快だ。おもしろくない。例「から・しや、眉はしも、かは虫（＝毛虫）だちためり」〈堤中納言・虫めづる姫君〉❺痛切だ。はなはだしい。例「いとから・く御手震ひにけり」〈源氏・行幸〉❻危ない。危うい。例「から・き命まうけて、久しく病みゐたりけり」〈徒然・五三〉

発展学習ファイル　連用形の「からく」は副詞化して、「やっと、ようやく」「必死に、一心に」の意を表す。

〔**辛き命**〕かろうじて助かった命。危うい命。例「我が身手おひ、からき命を生きつつ、本宮へこそ逃げのぼりけれ」〈平家・四・源氏揃〉

からしし【唐獅子】［名］《「からじし」とも》❶ライオン。猪と鹿を「しし」というのと区別していう。❷①の姿を、美術的に装飾化したもの。

からしほ【鹹塩・辛塩】［名］塩。塩水。海水。

からじり【軽尻・空尻】［名］❶馬に積み乗せる荷物がない状態。また、その馬。❷「軽尻馬」の略。

からじりうま【軽尻馬・空尻馬】［名］江戸時代に、街道でおもに旅人を乗せる駄馬。より多くの荷をつけられる「本馬」に対するもの。＝軽尻

からす【烏】［名］鳥の名。カラス。神話では神聖化された。また、熊野権現の使いとされる。

〔**烏が鵜の真似**〕自分の力量を知らずに、人まねをして失敗することのたとえ。＝鵜の真似をする烏

〔**烏の頭が白くなる**〕（中国の戦国時代に、秦に捕らわれていた燕の太子丹が、秦王から烏の頭が白くなり、馬に角が生えたら帰国を許してやろうといわれた故事から）容易にあり得ないことのたとえ。

〔**烏を鷺**〕（黒いカラスを白い鷺というように）ごりおしすること。いんちき。

からすあふぎ【烏扇】［名］（「烏扇」の訓読語）アヤメ科の多年草。ヒオウギの別称。（季－夏）

からすがしら【烏頭】［名］《「くはゆき」とも。「烏頭」の訓読語》馬の後足の後方に出た関節の部分。

からすき【犂・唐鋤】［名］牛馬にひかせて田畑を耕作するときに用いる農具。柄が曲がり、幅の広い刃をもつもの。水田の荒起こしなどに用いる。

からすぐろ【烏黒】［名］馬の毛色の名。カラスのように全身まっ黒なもの。

からすば【烏羽】［名］（カラスの羽に墨書きしても文字が見えないことから、多く「烏羽に書く」の形で）はっきり分からないことのたとえ。例「わが恋は烏羽にかく言の葉の」〈金葉・恋上・四一三〉

からすまるみつひろ【烏丸光広】［人名］（一五七九～一六三八）安土桃山時代から江戸前期の公卿・歌人。細川幽斎に歌学を学び、歌道書『耳底記』を記した。

からぜい【空贅】［名］《近世語》ぜいたくに見せかけること。虚勢を張ること。大言壮語。

からたけ［名］㊀【幹竹】《「からだけ」とも》❶マダケ、またはハチクの別称。❷《「幹竹割り」の略》マダケを割るように縦に勢いよく割ること。㊁【唐竹・漢竹】❶中国から渡ってきた漢竹の別称。籬や笛の軸に用いられた。❷ホテイチクの別称。生け花の筒やキセルなどに用いられた。

からたち【枸橘・枳殻】［名］木の名。枝には鋭いとげがある。春、白い花を付け、秋、黄色く熟する実は薬用とされる。（季＝花－春・実－秋）

からたち【唐大刀】［名］上代、唐から伝来した大刀。また、それにならって日本で作られた直刀。

からたま【唐玉・韓玉】［名］舶来の美しい玉。美と気高さを象徴するものであった。

からな【唐名】［名］❶《「たうみゃう」とも》日本の官職名を中国の官職名にあてたり、中国風にいったもの。太上天皇を仙洞、太政大臣を相国となど。❷珍しい名。別な言い方。

からなでしこ【唐撫子】［名］❶セキチクの別称。（季－夏）。❷襲の色目の名。表・裏とも紅色。夏の着用。

からに［接助］❶上の動作・状態が起こると、引き続いてすぐに下の動作・状態が起こることを表す。…やいなや。…とすぐに。例「見るからに、御心騒ぎのいとどまされば」〈源氏・浮舟〉訳（匂宮は薫の顔を）見るやいなや、ますます胸騒ぎがなさるので。❷上の動作・状態が、下の動作・状態の原因・理由であることを表す。…ので。…ため。例「さもやあらんと思すことのありけるからに、あいなくわづらはしくものしきやうに思しなりて」〈源氏・宿木〉訳そう（＝わが子）であろうかとお思いになったため、気に入らず面倒で厄介に思うようになられて。（敬語）「思すこと」「思しなりて」→「おぼす」。❸（推量の助動詞「む」に付いて「むからに」の形で）逆接の仮定条件を表す。たとえ…ても。例「などかは女といはむからに、世にあることの公私につけて、むげに知らずいたらずしもあらむ」〈源氏・帚木〉訳どうして、たとえ女であるといっても、世の中の公事、私事に関して全く分からず、至らないでいてよい

でしょうか。

〈接続〉活用語の連体形に付く。

発展学習ファイル (1)②の場合、原因がそれほどのことではないのに、結果は重大だったという気持ちを含むことがある。
(2)「手に取るがからに忘ると海人の言ひし」〈万葉・七・一一九七〉「ほととぎす一夜のからに恋ひ渡るかも」〈万葉・一八・四〇六九〉のように、「が」「の」に続く場合があるが、これらの「からに」は、名詞「から」＋助詞「に」とするのが一般的である。

からにしき【唐錦】[名]唐織りの錦。中国産の錦。↔大和錦

からにしき【唐錦】[枕詞]織物に縁のある「裁つ」「織る」「縫ふ」などに、またそれらと同音の語にかかる。例「唐錦竜田の山のもみぢ葉を」〈古今・雑躰・一〇〇二長歌〉

からぬひ【唐縫ひ】[名]より糸で文様を刺しゅうすること。また、そのもの。

唐櫃　長押越しに、奥の間の唐櫃が目立つ。この豪邸の主は武蔵国を支配する武士。夫妻の狩衣姿・重ね装束や高麗縁・箏など裕福ぶりがうかがえる。（男衾三郎絵詞）

からねこ【唐猫】[名]中国渡来の猫。

からの【枯野】[名]仁徳天皇の代に作られたという船足の速い船の名。

からはぎ【唐萩】[名]ハギ(植物名)の一種。また、ハギの別称ともいう。(季―秋)

からばと【唐鳩】[名]南京鳩のことか。江戸時代に飼い鳥として輸入された。

からはな【唐花】[名]❶草の名。❷文様の名。唐風の花を図案化したもので、四弁・五弁・六弁のものがある。❸(「空花」で、実際にはない花の意か)造花。

からはふ【唐破風】[名]八の字形の緩やかな曲線の破風(切妻屋根の端につけた山形の板)。神社・寺院の向拝や門・玄関などの屋根に用いられる。

からび[名](乾いて水分がなくなるの意から)枯れやせた中に深い趣を感じさせる歌などを指す。

からびさし【唐庇・唐廂】[名]「唐破風」造りにした屋根庇。また、その庇の下の部屋。牛車の屋根にも見られる。

〔唐庇の車〕「からぐるま」に同じ。

からひつ【屍櫃・辛櫃】[名](「から」は、なきがらの意)棺おけ。ひつぎ。＝唐櫃②。

からひつ【唐櫃】[名](「からびつ」「かららうつ」「かろうと」「からと」とも)外側に反った足のついた、ふたのある中国風の櫃。衣類や調度品などを入れる。

からびと【唐人・韓人】[名](「からひと」とも)朝鮮半島、または中国の人。異国の人を指すこともある。

から・ぶ【乾ぶ・涸ぶ・嗄ぶ・枯ぶ】[自バ上二]｛び・び・ぶ・ぶる・ぶれ・びよ｝❶ひからびる。水分がなくなる。例「これは人間とも見えずから・びたる体で」〈狂・夷毘沙門〉❷(声が)かすれる。しわがれる。例「太くから・びたる音を」〈今昔・二八・二七〉❸枯れた趣を帯びる。例「雁がねもしづかに聞けばから・びずや」〈あら野〉

からふね【唐船】[名](「たうせん」とも)中国の船の総称。また、中国風の船。＝唐の船・唐土船

からぶみ【漢文】[名]中国の書物。漢文の書籍。

からへいじ【唐瓶子】[名]酒などを入れる中国風のとっくり。金属製、漆を塗った木製のものがある。

からまき【絡巻き】[名]絡み巻くこと。巻き付くこと。例「蛇ガ鷲の頸より始めて、身を五つ六つから巻きにから巻きばかり巻きて」〈今昔・二九・三三〉

からまきぞめ【絡巻き染め・唐巻き染め】[名]糸を巻き絡めて染めた染め物。絞り染め。一説に、唐風の絞り染めとも。

から・む【絡む】｛ま・み・む・む・め・め｝一[自マ四]❶まといつく。巻きつく。例「六十ばかりなる、さすがにたはしき(＝フシダラナ)者)にから・みまはさせておきたらむ」〈落窪・一〉❷言いがかりをつける。二[他マ四]巻きつける。まといつける。例「袴のくくり高くから・みあげて」〈古今著聞・三二二〉

から・む【搦む】[他マ下二]｛め・め・む・むる・むれ・めよ｝捕らえて縛る。例「国の守にから・められにけり」〈伊勢・一二〉

からむし【苧・枲】[名]草の名。茎の繊維を用いて織物とする。＝真苧・苧一・麻。(季―夏)

からめか・す[他サ四]｛さ・し・す・す・せ・せ｝(「がらめかす」とも)からからと鳴らす。がらがらと音を鳴り響かせる。例「履きながらからめか・してぞ上りける」〈義経記・三〉

からめ・く[自カ四]｛か・き・く・く・け・け｝(「がらめく」とも。「から」は擬声語。「めく」は接尾語)からからと鳴る。がらがらと音が鳴り響く。例「おびたたしうからめ・きあひければ」〈平家・五・物怪之沙汰〉

からめ・く【唐めく】[自カ四]｛か・き・く・く・け・け｝(「めく」は接尾語)❶中国風に見える。例「唐め・いたる船造らせたまひける」〈源氏・胡蝶〉《音便》「唐めい」は「唐めき」のイ音便。❷外国風で風雅に見える。例「住まひたまへるさま、言はむ方なく、唐め・きたり」〈源氏・須磨〉

からめ・く【乾めく】[自カ四]｛か・き・く・く・け・け｝(「めく」は接尾語)やせひからびる。枯れる。例「あまりやせからめ・きたるは、心いられたらむとおしはからる」〈能因本枕・若き人ちごとは〉

からめて【搦め手】[名](中世は「からめで」とも)❶敵や罪人を捕らえる者。捕り手。❷城や砦の裏門。また、敵の背後を攻める軍勢。↔大手①

からもの【唐物】[名](「たうぶつ」とも)中国から渡来した物。また、外国から渡来した物。舶来品。

からもの【乾物・干物】[名]干した食品。干物。

からものがたり【唐物語】[作品名]平安後期の説話集。藤原成範作か。中国説話を歌物語風に訳したもの。

からもののつかひ【唐物の使ひ】[名]平安時代、筑紫に到着した唐・渤海などの外国船の積み荷を検査するため、朝廷から派遣された使い。

からもも【唐桃】[名]❶アンズの古名。(季-夏)。❷中国原産の桃の一種。材は建築用として貴重なものであった。

からもん【唐門】[名]屋根を唐破風造りにして、唐戸をつけた門。神社などに多く見られる。➡[古典参考図]門・塀・垣

からやう【唐様】[名]〔「からざま」とも〕❶中国風。唐風。❷中国風の漢文の書体。江戸時代文人・儒者の間に流行した。

からやま【枯山】[名]草や木の枯れ果てた山。かれやま。「青山」と対比的に用いることが多い。

がらり[名]〔近世語〕給金や身請け金などを、前もって全額渡すこと。また、そのお金。

からろ【空櫓】[名]櫓を水に浅く入れてゆるやかに船を漕ぐこと。

からわ【唐輪】[名]❶元服前の少年の髪型。髻から上の髪を二つに分け、頂の上で二つの輪に作るもの。❷室町末期ごろから行われた女性の髪型。頭の上で髪の輪を作り、そのもとをあまりの髪で巻きつけたもの。①②＝唐子・唐子髷

からゐしき【唐居敷】[名]門の下に四角い石を敷きつめたもの。石畳。

からゐせんりう【柄井川柳】[人名]五世までいるが、重要なのは初世(一七一八〜一七九〇)である。雑俳の一種目の川柳は、この人物の名に由来する。代表的句集は『誹風柳多留』。

からゑ【唐絵】[名]中国風の様式・題材によって描かれた絵。↔大和絵

がらん【伽藍】[名]〔仏教語。梵語の音訳。「僧伽藍摩」の略〕僧が集まって仏道修行する所。寺。寺院。

かり【狩り・猟り】[名]❶山野で鳥や獣を捕らえること。とくに、鹿狩り・鷹狩りなど。❷魚や貝を採ること。＝漁り。❸山野で薬草やきのこを採ること。薬狩りや茸狩り。→「くすりがり」。❹花・木・蛍などをとったり観賞したりすること。桜狩りやもみじ狩り。

〈参考〉現代語の「狩り」は鳥や獣を狩る意味でのみ用いられるが、古語では広く、動植物を採取すること一般に用いられた。

〔**狩りの御衣**〕〔「御衣」は貴人の衣服の敬称〕「かりぎぬ」に同じ。

〔**狩りの装ひ**〕狩りに出かけるときの服装。「狩衣」を着た姿。

かり【雁】[名]**ガン類の総称**。初秋に渡来し、春に北へ帰る。(季-秋)。例「春来れば**雁**帰るなり白雲の道行きぶりに言やってまし」〈古今・春上・三〇〉 訳→〔和歌〕はるくれば…

〔**雁の玉章**〕手紙。消息。＝雁の便り・雁の使ひ。(季-秋)

〈参考〉中国漢代の武将蘇武が、匈奴に捕らわれの身となったときに、雁の脚に手紙を付けて運ばせたという故事による。

〔**雁の便り**〕「かりのたまづさ」に同じ。

〔**雁の使ひ**〕「かりのたまづさ」に同じ。

〔**雁の列**〕雁が連なって飛んでいるさま。また、その雁。

〔**雁の涙**〕露を、雁の流した涙に見立てていう語。(季-秋)。例「鳴き渡る**雁の涙**や落ちつらむもの思ふ宿の萩の上の露」〈古今・秋上・二二一〉

〔**雁の羽風**〕(雁が飛ぶときに起こす風の意から)ゆるやかな風。わずかな風。

かり[・なり]【仮】[名・形動ナリ]❶一時的なこと。かりそめ。例「絶えぬと見ましかば、**かり・に**来るにはまさりなまし」〈蜻蛉・上〉❷もし。万一。例「**かり・に**今この文をひろげざらましかば、この事を知らんや」〈徒然・一五七〉❸本物でないこと。例「**仮**の御随身にて仕うまつりし右近将監の蔵人」〈源氏・須磨〉

〔**仮の庵**〕一時の間に合わせにつくった粗末な家。＝仮庵・かりほ

〔**仮の色**〕それと見せかけたいつわりの色。例「**かりのいろ**にや人まよふらん」〈夫木・雑九〉

〔**仮の常世**〕はかない現世での仙境。例「あかなくに**かりの常世**を立ち別れ」〈源氏・須磨〉

〔**仮の物**〕化け物。変化。

〔**仮の宿**〕一時的な住居。多くの場合、無常ではかないこの世を暗示する。＝仮の宿り。例「**仮の宿**をも惜しむ君かな」〈新古今・羇旅・九七八〉 訳→〔和歌〕よのなかをいとふまでこそ…

〔**仮の宿り**〕「かりのやど」に同じ。

〔**仮の世**〕はかない現世。

かり[副]雁の鳴き声をいう。例「声にたててつ**かり**とのみ鳴く」〈後撰・秋下・三六三〉

かり 形容詞、または、形容詞型活用の助動詞「べし」「まじ」などの連用形語末の「く」に、「あり」が付いて融合したもの。例「昔、男女、いとかしこく思ひかはして、こと心な**かり**けり」〈伊勢・二一〉

発展学習ファイル 形容詞の補助活用。形容詞に助動詞を付ける場合に用いられる形。助動詞は動詞(動詞型活用語)にのみ付くものであり、形容詞に付くためには「あり」を介在させる必要があるのである。

-がり【許】[接尾]〔その人の〕いる所へ。〔その人の〕もとへ。例「心のみ妹**がり**やりて我はここにして」〈万葉・一四・三五三八〉 例「さしたる事なくて人の**がり**行くは、よからぬことなり」〈徒然・一七〇〉

発展学習ファイル 上代では、代名詞や人を示す名詞に直接付く傾向が強く、中古以降は「**人のがり**」のように、助詞「の」を介することが多くなる。また、移動の意の動詞を受けることが多いが、「に」「へ」などの助詞を「がり」の下に伴うことはない。

かりあ・ぐ【かり上ぐ】[他ガ下二]かきあげる。かかげる。まくり上げる。例「上の袴を高く**かりあ・げて**」〈十訓抄・七〉

かりあを【狩襖】[名]絹の裏地をつけた「狩衣」。

かりいほ【仮庵・仮廬】[名]〔「かりほ」「かりほのいほ」とも〕仮に作った簡単な小屋。

狩衣　狩衣姿の神人が随行する牛車に乗るのは、東大寺の学生恵珍が夢で出会った地蔵菩薩。所は春日大社の境内。神仏習合を物語る。〈春日権現験記絵〉

かりうつ・す【駆り移す】[他サ四]{さ・し・す・す・せ・せ}物の怪などを祈禱によって、とりついている人から追い出し、「寄りまし」に移す。→「よりまし」。例「人に**駆り移・し**たまへる御物の怪ども」〈源氏・葵〉

かりうつぼ【狩り空穂・狩り靫】[名]狩猟の折りに用いる簡単な靫。

かりがね[名]一【雁が音】**雁の鳴く声**。〈季―秋〉。例「今朝の朝け**雁が音**聞きつ春日山」〈万葉・八・一五一三〉 二【雁・雁金】**雁の別名**。例「月さし出でて曇りなき空に、翼うちかはす**雁がねも**」〈源氏・横笛〉

かりか・ふ【刈り飼ふ】[自ハ四]{は・ひ・ふ・ふ・へ・へ}草を刈って、牛や馬を飼い養う。例「君し来ば手なれの駒に**刈り飼・はむ**」〈源氏・紅葉賀〉

かりかり[副](多く下に「と」を伴って)雁の鳴き声を表す語。例「往き還りここもかしこも旅なれや来る秋毎に**かりかり**と鳴く」〈後撰・秋下・三六二〉

かりぎぬ【狩衣】[名]《「かりごろも」とも》平安以降の男性の装束。もとは公家の鷹狩りの装束で、布製だったので、「布衣」ともいう。のちに、外出などの際の常用の服となり、絹綾織物で作られるようになった。また、武家の常用の服としても用いられ、室町以降は武家の礼服となった。形は、腋のところを縫わない「闕腋の袍」の略式のもので、袖口にはひもを通してくくれるようになっている。頭に「烏帽子」をつけ、下には「指貫」をはく。歌では、多く「かりごろも」という。＝狩りの御衣。➡[古典参考図]男子の服装〈2〉

かりぎぬばかま【狩衣袴】[名]狩衣と、その下に着る袴（狩袴または指貫）。同色で一組になっているものをいう。

かりくら【狩倉・狩座】[名]❶狩りをする場所。狩り場。❷狩りをすること。狩猟。とくに、鹿狩りをいう。❸狩りをして競うこと。狩り比べ。＝

〈和歌〉**かりくらし…**【狩り暮らしたなばたつめに宿借らむ天の川原に我は来にけり】〈古今・羇旅・四一八・在原業平、伊勢・八二〉訳一日じゅう狩りをしているうちに日も暮れてきたが、今夜は織姫に宿を借りるとしよう。天の川原に私はやって来たのだから。

かりくら・す【狩り暮らす】[他サ四]{さ・し・す・す・せ・せ}一日じゅう狩りをして過ごす。例「**狩り暮ら・し**たなばたつめに宿借らむ」〈古今・羇旅・四一八〉訳→〈和歌〉かりくらし…

かりこも【刈り菰・刈り薦】[名]《「かりごも」とも》刈り取った真菰。または、それで編んだ敷物。

かりこもの【刈り菰の・刈り薦の】[枕詞]（刈った菰は乱れやすいことから）「乱る」にかかる。例「愛しと さ寝しさ寝てば**刈り薦の**乱れば乱れ」〈記・下・歌謡〉

かりごろも【狩衣】[名]「かりぎぬ」に同じ。

かりごろも【狩衣】[枕詞]衣服に縁のある「着る」「裁つ」「ひも」「裾」などにかかる。例「**狩衣**着てはかひなき音をのみぞ泣く」〈後撰・恋二・六七九〉

かりさうぞく【狩装束】[名]《「かりしゃうぞく」とも》狩りに行くときの装束。貴族は狩衣に指貫をはき、武士は狩衣や水干に行縢をつけた。

かりさわ・ぐ【狩り騒ぐ】[他ガ四]{が・ぎ・ぐ・ぐ・げ・げ}追いかけて騒ぐ。大騒ぎをして追いたてる。例「『この翁丸打ち調じて、犬島へつかはせ。ただいま』とおほせらるれば、あつまり**狩りさわ・ぐ**」〈枕・上にさぶらふ御猫は〉

かりしめ【刈り標・仮標】[名]草刈り場で刈り取りの権利を示すための木や板の印。一説に、領有の証しとして、仮に立てる標（標識）の類とも。

かりそ・く【刈り除く】[他カ下二]{け・け・く・くる・くれ・けよ}刈り取る。刈って取り除く。例「夏草の**刈り除・くれ**ども生ひ及くごとし」〈万葉・二・二六九〉(=大ノ名)

かりそめ[・なり]【仮初】[名・形動ナリ]❶**当座。間に合わせだ**。例「**かりそめ・に**、屏風ばかりを立てて」〈枕・正月に寺に籠りたるは〉❷永続しないさま。**一時的だ**。例「**かりそめ**の行き交ひ路とぞ思ひ来し」〈古今・哀傷・八六二〉❸**いい加減なさま**。例「すさまじく、**かりそめ・に**思しめしなさせ給ひにける、いとあはれなり」〈栄花・四〇〉

かりそめびと【仮初人】ふと知り合った人。

か

かりそめぶし【仮初臥し】［名］❶ちょっと横になって眠ること。うたた寝。＝仮寝(かりね)①。例「秋の田のかりそめぶしもしてけるが」〈後撰・恋四・八五五〉❷出来心で男女が床を同じくすること。例「蘆(あし)の屋のかりそめぶしは」〈千載・恋四・八七四〉

かりたかの…〔和歌〕**かりたかの　高円山(たかまとやま)を　高みかも　出(い)で来(く)る月の　遅(おそ)く照(て)るらむ**〈万葉・六・九八一・大伴坂上郎女〉訳 猟高の高円山が高いからか、だから山から出て来る月がこんなにも遅くなって照り輝いているのであろう。（係結び）「かも→照るらむ(体)」
〈参考〉「猟高」は「高円山」の西のふもと、「高円山」はいまの奈良市東、春日山(かすがやま)の南の山。

かりつ・む【刈り積む】［他マ四］{ま・み・む・む・め・め}❶刈って（舟などに）積む。例「あやしき舟どもに柴刈り積み」〈源氏・橋姫〉❷刈って、しまっておく。刈って集める。例「潮干(ひ)なば玉藻刈りつめ」〈万葉・三・三六〇〉

かりて【糧・粮】［名］（上代語。「かて」とも）旅に携帯したり保存したりする食糧。

かりて【借り手】［名］笠(かさ)の内側の頭に当たる部分につけた輪。

かりどの【仮殿・権殿】［名］神社の改築や修理のときに、御神体を仮に奉安するところ。＝移殿(うつしどの)

かりな【仮名】［名］「かな（仮名）」に同じ。

かりにも【仮にも】［副］かりそめにも。一時的にも。どんなことがあっても。例「弓矢とる身は**かりにも**名こそ惜しう候へ」〈平家・四・信連〉

かりね【仮寝】［名］❶ほんの少し寝ること。うたたね。＝仮初臥(かりそめぶ)し①。❷旅先で寝ること。野宿。①②＝仮枕(かりまくら)

かりのこ【雁の子】［名］❶鴨(かも)や雁などの水鳥。❷水鳥の卵。

かりのつかひ【狩りの使ひ】カリノツカイ［名］平安初期に、朝廷の儀礼などに用いる鳥獣を捕獲するため、諸国に遣わされた者。近衛府(このえふ)の役人で、おもに五位の蔵人(くろうど)の者が多かった。延喜五年（九〇五）に停止。

かりば【狩り場】［名］狩りをする場所。＝狩倉(かりくら)。（季－冬）

かりばか【刈りばか】［名］稲や草を刈り取る場所や範囲。また刈り取りを分担した量。

かりばかま【狩袴】［名］「狩衣(かりぎぬ)」の下にはく袴(はかま)。ふつうは布製で、指貫(さしぬき)よりも狭く仕立てる。

かりばね【刈り株】［名］竹や木などの切り株。

かりふ【刈り生】カリウ［名］柴(しば)や草を刈ったあとに、ふたたび芽が出ること。また、その場所。

かりほ【刈り穂】［名］刈り取った稲の穂。（季－秋）
〔**刈(か)り穂(ほ)の庵(いほ)**〕カリホノイオ（「刈り穂」は「仮庵(かりほ)」にかけた語）「かりいほ」に同じ。

かりほ【仮庵・仮廬】［名］「かりいほ」に同じ。

かりほ・す【刈り干す】［他サ四］{さ・し・す・す・せ・せ}（稲や海藻などを）刈り取って日に乾かす。例「萩(はぎ)の下葉色づくほど、早稲田(わさだ)**刈り干す**」〈徒然・一九〉

かりまくら【仮枕】［名］「かりね」に同じ。

かりまた【雁股】［名］鏃(やじり)の一種。カエルの股(また)のように二股に分かれて、内側に刃をつけたもの。⇒［古典参考図］武装・武具〈3〉

かりみや【仮宮】［名］臨時に造った宮殿。新宮の建設や天皇の行幸などの折りに設けられる。

かりむしゃ【駆り武者】［名］諸国から駆り集められた武士。

かりや【仮屋】［名］一時的に造った建物。仮小屋。

かりやえきさい【狩屋棭斎】［人名］（一七七五～一八三五）江戸後期の国学者。学問の基本を本文批判と文字学に定め、『日本霊異記(にほんりょういき)』や『和名類聚抄(わみょうるいじゅしょう)』の校訂を行った。

かりやす【刈安・青茅】［名］❶草の名。ススキに似て、秋、花穂をつける。茎や葉を干して黄色の染料とする。（季－秋）。❷①で作った黄色の染料。また、それで染めた色。

かりょうびんが【迦陵頻伽】［名］（仏教語。梵語(ぼんご)の音訳）経典にみえる、極楽浄土に住むという想像上の鳥。美女の顔、美声をもつという。多く仏の声にたとえる。＝迦陵頻(かりょうびん)・頻伽(びんが)・頻伽鳥(びんがちょう)
〔**迦陵頻伽(かりょうびんが)の声(こゑ)**〕カリョウビンガノコエ 雪山(せっせん)や極楽浄土に棲(す)むという迦陵頻伽の声。声が非常に美しいとされていることから、転じて美しい声のたとえ。例「詠(えい)などしたまへるは、これや仏の御**迦陵頻伽の声**ならむと聞こゆ」〈源氏・紅葉賀〉

かりろく【訶梨勒・訶黎勒】［名］（「天主持」「天主持来」の意の梵語(ぼんご)の音訳）❶シクンシ科の落葉高木。中国・東南アジア原産。白い花が咲き、果実は通便、鎮咳(ちんがい)の薬となる。❷中世、①の実に似せて作った室内装飾品。象牙(ぞうげ)・銅・石などで作り、美しい袋に入れて柱などに掛けた。

かりをさ・む【刈り収む】カリオサム［他マ下二］{め・め・む・むる・むれ・めよ}（農作物などを）刈って取り入れる。刈り取ってたくわえておく。例「この世の設(まう)けに、秋の田の実を**刈り収め**」〈源氏・明石〉

かりんざふわしふ【歌林雑話集】カリンゾウワシュウ［作品名］「たいおんき」に同じ。

か・る【狩る・猟る】［他ラ四］{ら・り・る・る・れ・れ}❶鳥獣などを探し追いたて捕らえる。❷花や紅葉(もみじ)をたずね求めて観賞する。例「折につけつつ桜を**狩り**、紅葉(もみじ)をもとめ」〈方丈記〉

か・る【借る】［他ラ四］{ら・り・る・る・れ・れ}❶借りる。❷仮の形をとる。例「こき散らす滝の白玉拾ひおきて世の憂(う)き時の涙にぞ**借る**」〈古今・雑上・九二二〉❸（近世語）遊里で、客についている遊女を他の客が呼ぶ。

か・る【駆る・駈る】［他ラ四］{ら・り・る・る・れ・れ}❶追い立てる。例「いま二匹は河上より魚を**かり**けり」〈古今著聞・六〇七〉❷しいてさせる。例「公事(くじ)雑事(ざふじ)に**かり**たてられて」〈平家・四・源氏揃〉❸馬や車などを走らせる。

か・る【枯る・涸る・嗄る】［自ラ下二］{れ・れ・る・るる・るれ・れよ}❶植物が生気を失い死ぬ。**枯れる**。例「磯(いそ)の草根の**枯れ**まく惜しも」〈万葉・三・四五三〉❷（虫などが）**死んで干からびる**。例「虫などの**涸れ**たるに似て」〈枕・花の木ならぬは〉❸（泉などの水が）**乾いてなくなる**。例「我妹子(わぎもこ)が来つつ潜(かづ)かば水は**涸れ**なむ」〈万葉・一六・三七八八〉❹（声が）**しわがれる**。**かすれる**。例「**か・れ**たる声のをかしきにて言へば」〈源氏・帚木〉❺**生気を失う**。例「三杯に**か・れ**たるたましひをさぐり」〈浄・百日曾我〉❻（芸事などの）未熟さが消えて老成する。

か・る【離る】〔自ラ下二〕{れ・れ・る・るる・るれ・れよ}

アプローチ ▼身近にあったもの、大事に思っていたものが離れ遠ざかる。
▼空間的・時間的・心理的な三つの局面で用いられる。
▼平安以降は、「枯る」と掛けるなど、歌に用いた例が多い。

❶（空間的に）**離れる。遠ざかる。** 例「横雲の空ゆ引き越し遠みこそ目言**離・るらめ**絶ゆと隔てや」〈万葉・二・二六四七〉 訳 横雲が空を渡っていくように遠くにいるからこそ、会って語ることも**遠ざけ**ているのであろう。仲を絶とうとして隔てているのではない。《係結び》「こそ→離るらめ㊁」
❷（時間的に）**間遠になる。途絶える。** 例「ほととぎす今来鳴き初むあやめぐさかづらくまでに**離・るる**日あらめや」〈万葉・一九・四一七五〉 訳 ホトトギスがいま鳴き始めた。ショウブをかずら（＝髪飾り）にする五月の節句の日まで**途絶える**日があろうか。
❸（心理的に）**疎遠になる。関係が絶える。** 例「山吹の花取り持ちてつれもなく**離・れ**にし妹をしのひつるかも」〈万葉・一九・四一八四〉 訳 山吹の花を手にしては、薄情にも**疎遠になって**いったあなたを思い出していることです。

かる【着る】《上代東国方言》着ている。

-が・る〔接尾ラ四型〕{ら・り・る・る・れ・れ}（形容詞シク活用の終止形、形容詞ク活用・形容動詞の語幹、または名詞・助動詞に付いて）そのように感じる、そのように振る舞うの意を表す。「あやし**が・る**」「あはれ**が・る**」「ざえ**が・る**」など。

かるうす【唐臼・碓】〔名〕「からうす」に同じ。

かるかや【刈萱】〔名〕❶刈り取った「かや（茅）」。❷草の名。やや湿った地に生える。（季―秋）

かるかや〔作品名〕江戸前期（一六三一刊行）の説経節。作者未詳。父の苅萱を高野山に尋ねる石童丸の、父との生き別れ、母や姉との死別を語る。のちの浄瑠璃・歌舞伎にも大きな影響を及ぼした。

かるかや【苅萱】〔作品名〕謡曲。作者・成立年未詳。『苅萱道心』の古伝承をもとに、高野山を舞台に脚色した古能。

かるかやの【刈萱の】〔枕詞〕刈ったかやに縁のある「乱る」「束」「穂」などにかかる。例「**かるかやの**思ひ乱れて」〈万葉・一二・三〇六五〉

かるがゆゑに【かるが故に】〔接〕《「か（斯）あるがゆゑ（故）に」の変化形。「か」は指示の副詞》そのために。だから。そのようなわけで。例「**かるが故に、**この無量寿院も、思ふに、思し召し願ずることはべりけむ」〈大鏡・道長・上〉

かるがる・し【軽軽し】〔形シク〕{しから・しく（しかり）・し・しき（しかる）・しけれ・しかれ}「かろがろし」に同じ。

かる・し【軽し】〔形ク〕{から・く（かり）・し・き（かる）・けれ・かれ}「かろし」に同じ。

かるみ【軽み・軽味】〔名〕芭蕉が俳諧の究極的な境地として追究した理念のひとつ。高尚な詩精神を求めつつ、それを平俗・平淡な趣で表現しようとしたもの。とくに芭蕉晩年において重視された。

かる・む【軽む】《「かろむ」とも》㊀〔自マ四〕{ま・み・む・む・め・め}軽くなる。例「ともかくもひき助けさせたまはむことこそは、罪**軽・ませ**たまはめ」〈源氏・玉鬘〉 ㊁〔他マ下二〕{め・め・む・むる・むれ・めよ}軽く見る。あなどる。例「おのづから人に**軽・め**られたまふこともやあらまし」〈源氏・宿木〉

かるも【刈る藻】〔名〕刈り取った藻。

かるも【枯る草】〔名〕枯れた草。

〔和歌〕**かるもかき…**【かるもかき臥す猪の床の寝を安みさこそ寝ざらめかからずもがな】〈後拾遺・恋四・八二一・和泉式部〉 訳 枯れ草をかき集めて寝るというイノシシの寝床は、ぐっすりと眠れるというそれほど安眠できないとしても、このように眠れずに思い悩むことがなかったらなあ。

かるもかく【枯る草掻く】〔枕詞〕猪は寝床にするため枯れ草を集めることから「猪」に、また「ゐ」の音を含む語にかかる。例「**枯る草掻く**猪名野の原の仮枕」〈続古今・恋一・八八〇〉

かるもの【軽物】〔名〕（麻や木綿などより目方の軽いところから）絹布類、絹物の称。

かるら【迦楼羅・迦留羅】〔名〕《梵語の音訳》経典にみえる想像上の巨大な鳥。仏法を守護する「八部衆」のひとつ。＝金翅鳥

かるらほふ【迦楼羅法】〔名〕密教で「迦楼羅」を本尊とし、病苦・風雨・落雷などを除く修法。

かれ【彼】〔代名〕❶《遠称の指示代名詞》**あれ。あのもの。あちら。** 例「これをも捨てず、**かれ**をも取らんと思ふ心に」〈徒然・一八八〉 ❷《他称の人称代名詞。男女の区別なく用いる語》**あの人。あの者。** 例「**かれ**（＝カグヤ姫）に思し合はすれば」〈竹取・かぐや姫の昇天〉《敬語》「思し合はすれば」→「おぼす」

かれ【故】〔接〕《副詞「斯」＋動詞「有り」の已然形＝「かあれ」の変化形。已然形の下に「ば」がなくても順接の確定条件を表した、古い語法による》だから。それで。そこで。ゆえに。例「吾と汝と作れる国、未だ作り竟へず。故、還るべし」〈記・上〉

〔俳句〕**かれあしの…**【枯蘆の日に日に折れて流れけり】〈半化坊発句集・闌更〉 訳 川辺に茂っていたアシもいまは枯れ、日を追うごとに吹く風に折られては川面を流れていくことだ。（季―枯蘆―冬）

かれい【嘉例・佳例】〔名〕めでたい先例。吉例。

かれいひ【乾飯】〔名〕炊いた飯を乾燥させて作った携帯用の食料。水や湯でもどして食べた。＝餉・乾し飯・糒

〔俳句〕**かれえだに…**【枯枝に烏のとまりけり秋の暮】〈あら野・芭蕉〉 訳 枯れ枝に真っ黒な烏が一羽とまって動かない。まことにもの寂しい秋の夕暮れであることだ。（季―秋の暮―秋）

かれがし【彼某】〔代名〕《他称の人称代名詞。「がし」は接尾語。名を知らない人、名を示す必要のない人を指す語》ふつう「それがし」と並べて用いる。だれそれ。なにがし。例「『やや、庁にはまた何者か候ふ』といへば、『それがし、**かれがし**』といふ」〈宇治拾遺・一四・七〉

かれがた・なり】【離れ方】〔名・形動ナリ〕おもに男女の仲が疎遠になること。例「仲平の朝臣あひ知りて侍りけるを、**離れがた・に**なりにければ」〈古今・

恋五・七八〇詞書〉

かれがれ【・なり】【枯れ枯れ・涸れ涸れ・嗄れ嗄れ】[形動ナリ]{なら・なり(に)・なり・なる・なれ・なれ}❶草木が枯れかかっているさま。和歌などでは、「離れ離れ」にかけていうことが多い。（季—冬）。例「御前の前栽**枯れ枯れ・に**」〈源氏・夕顔〉❷干からびているさま。干上がっているさま。例「小車のわだちの水の**かれがれ・に**」〈夫木・雑九〉❸声がかすれて聞こえるさま。例「虫の音も**かれがれ・になる**長月の」〈続拾遺・秋下・三四七〉

かれがれ【・なり】【離れ離れ】[形動ナリ]{なら・なり(に)・なり・なる・なれ・なれ}人の来訪や手紙、人との交流が途絶えがちであること。男女の仲が疎遠になること。例「**かれがれ・に**と絶えおかむをり」〈源氏・夕顔〉

かれこれ【彼此】㊀[代名]❶(指示代名詞)あれこれ。あれやこれや。例「〔喜撰法師ノ〕よめる歌、多く聞こえねば、**かれこれ**を通はして」〈古今・仮名序〉❷(他称の人称代名詞)あの人この人。だれやかれや。例「**かれこれ**、知る知らぬ、〔皆ガ〕送りす」〈土佐〉㊁[副]❶あれこれと。何やかや。例「**かれこれ**恥をさらし候ふも」〈平家・一〇・戒文〉❷(下に数詞を伴って)およそ。例「**彼これ**三万疋を芋頭の銭とさだめて」〈徒然・六〇〉

かれ・す【枯れす】[自サ変]{せ・し・す・する・すれ・せよ}枯れる。例「**かれ・せ**ぬものはなでしこの花」〈後撰・恋二・六九八〉

かれなで【離れなで】(動詞「離る」の連用形＋完了の助動詞「ぬ」の未然形＋打消を表す接続助詞「で」)離れてしまわないで。途絶えずに。例「**かれなで**海人の足たゆく」〈古今・恋三・六二三〉

かれの【枯れ野】[名]❶冬枯れの野原。（季—冬）。❷襲の色目の名。表は黄、裏は薄青で冬に用いる。

かれは・つ【枯れ果つ】[自タ下二]{て・て・つ・つる・つれ・てよ}すっかり枯れる。和歌では「離れ果つ」にかけることが多い。例「**かれは・てむ**後をば知らで夏草の深くも人の思ほゆるかな」〈古今・恋四・六八六〉訳→〔和歌〕かれはてむ…

かれは・つ【離れ果つ】[自タ下二]{て・て・つ・つる・つれ・てよ}まったく離れる。すっかり疎遠になる。縁が切れる。例「男の**かれは・て**ぬに、異男を逢ひ知りて侍りけるに」〈後撰・恋五・九六一詞書〉

〔和歌〕**かれはてむ…【かれはてむ後をば知らで夏草の深くも人の思ほゆるかな】**〈古今・恋四・六八六・凡河内躬恒〉訳すっかり枯れ果ててしまうのちのことなど知らないで夏草が深々と生い茂るように、恋がさめて離れ離れになってしまうのちのことも考えずに深くあの人のことが思われることだ。

〈参考〉「かれ」は、「枯れ」と「離れ」をかける。

かれば・む【嗄ればむ】[自マ四]{ま・み・む・む・め・め}(「ばむ」は接尾語)声がしわがれる。例「あやしく**嗄ればみ**、さわぎたる声にて」〈枕・大進生昌が家に〉

かれひ【餉】[名](「かれいひ」の変化形)旅に携帯する干した飯。

かれひけ【餉笥】[名]「餉」を入れる食器。

かれふ【枯れ生】[名]草木の枯れた土地・野原。

かれまさ・る【枯れ増さる】[自ラ四]{ら・り・る・る・れ・れ}ますます枯れてゆく。和歌では「離れ増さる」にかけることが多い。例「霜さやぐ野べの草葉にあらねどもなどか人目の**かれまさ・る**らん」〈新古今・恋四・一三四四〉

かれまさ・る【離れ増さる】[自ラ四]{ら・り・る・る・れ・れ}ますます離れてゆく。ますます疎遠になる。例「六条わたりにだに**離れまさ・り**たまふめれば」〈源氏・末摘花〉

かれやう【・なり】【離れ様】[名・形動ナリ]縁が切れそうなさま。疎遠なさま。例「〔妻ノモトニハ〕**離れやう・に**のみなりゆきけり」〈古今・雑下・九六四左注〉

かれゆ・く【枯れ行く】[自カ四]{か・き・く・く・け・け}植物がだんだん枯れていく。和歌では「離れ行く」にかけることが多い。例「時過ぎて**かれゆ・く**小野の浅茅には今は思ひぞ絶えず燃えける」〈古今・恋五・七九〇〉

かれゆ・く【離れ行く】[自カ四]{か・き・く・く・け・け}しだいに隔たっていく。疎遠になっていく。例「院の内、やうやう人目**離れゆ・き**て」〈源氏・賢木〉

かれをばな【枯れ尾花】[名]枯れたまま立っているススキ。（季—冬）

かろう【軽う】形容詞「かろし」の連用形「かろく」のウ音便。

かろがろ・し【軽軽し】[形シク]{しから・しく(しかり)・し・しき(しかる)・しけれ・しかれ}(「かるがるし」とも)❶思慮分別が十分でないさま。軽率だ。軽薄だ。例「たゆみなく慎みて、**軽々・しく**せぬと、ひとへに自由なるとの等しからぬなり」〈徒然・一八七〉❷重々しくない。気軽だ。手軽だ。例「物忌み、方違への移ろひも**軽々・しき**に」〈源氏・若菜・上〉〔注〕「物忌み」「方違へ」は、陰陽道に基づく風習で、災いを避けるため、外出や、特定の方角に行くことを避けること。❸身分が低いように見えるさま。貫禄が足りない。例「中納言などは、年若く**軽々・しき**やうなれど」〈源氏・若菜・上〉

かろがろしう【軽軽しう】形容詞「かろがろし」の連用形「かろがろしく」のウ音便。

かろ・し【軽し】[形ク]{から・く(かり)・し・き(かる)・けれ・かれ}(「かるし」とも)❶目方が少ない。軽い。例「汝、身**軽・く**して飛び超ゆることを好む」〈今昔・二六・一三〉❷思慮分別が十分でないさま。軽率だ。軽薄だ。例「この宮たちは、御心の少し**軽・く**おはしますこそ」〈大鏡・兼家〉(係結び)「こそ」→(省略)。(敬語)「軽くおはします」→「おはします」。❸大した程度ではない。重大ではない。例「世を**かろ・く**思ひたる曲者にて、よろづ自由にして」〈徒然・六〇〉❹身分・価値が低い。例「牛の値、鵝毛よりも**軽・し**」〈徒然・九三〉①〜④↔重し

かろし・む【軽しむ】[他マ下二]{め・め・む・むる・むれ・めよ}軽視する。軽蔑する。例「いやしき法師ばらまでも世もって**かろし・め**ず」〈平家・二・一行阿闍梨之沙汰〉

かろびやか【・なり】【軽びやか】[形動ナリ]{なら・なり(に)・なり・なる・なれ・なれ}(「やか」は接尾語)いかにも身軽そうなさま。軽やかなさま。例「我は**軽びやか・に**して、『仏、助け給へ』と念じて、そこを出でて」〈今昔・二七・一五〉

かろ・ぶ【軽ぶ】[自バ上二]{び・び・ぶ・ぶる・ぶれ・びよ}❶軽そうである。軽装である。例「さばかり**軽・び**涼しげなる御なかに」〈枕・小白河といふところは〉❷軽はずみである。例「見しほどよりは**軽・び**たる御心かな」〈源氏・総角〉❸身分が低い。例「〔夕霧ノ息子ノ蔵人少将ハ〕いと**軽・び**たるほどにはべるめれど」〈源氏・竹河〉

かろ・む【軽む】㊀[自マ四]{ま・み・む・む・め・め}(「かるむ」とも)軽くなる。例「後二条関白殿、御病**かろ・ませ**給ひ

て」〈平家・一・願立〉 ㊁［他マ四］{ま・み・む・む・め・め} ❶軽くする。例「今は、この罪軽・むばかりのわざをせさせたまへ」〈源氏・若菜・下〉 ❷軽くみる。あなどる。例「さかしらに迎へたまひて、軽・め嘲りたまふ」〈源氏・行幸〉 ㊂［他マ下二］{め・め・む・むる・むれ・めよ} ❶㊁①に同じ。例「我にその罪を軽・めてゆるしたまへ」〈源氏・賢木〉 ❷㊁②に同じ。例「〔東宮ハ女三ノ宮ノコトヲ〕一事としておろそかに軽・め申したまふべきにははべらねば」〈源氏・若菜・上〉

かろらか［・なり］【軽らか】［形動ナリ］{なら・なり(に)・なり・なる・なれ・なれ}《「かるらか」とも。「らか」は接尾語》❶軽そうなさま。例「若君をば、いと軽らか・にかき抱きて下ろしたまふ」〈源氏・若紫〉 ❷身軽なさま。軽装であるさま。例「道のほども〔旅装ヲ〕軽らか・にしなしたり」〈源氏・松風〉 ❸気軽なさま。軽率なさま。例「田舎人こそ、仮に下りたる人のうちとけ言につきて、さやうに軽らか・に語らふわざをもすなれ」〈源氏・明石〉 ❹身分・地位、また、待遇や評価が低いさま。例「むかしかろらか・なる上人などにて見し人々」〈右京大夫集〉①～④＝軽ろか

かろろか［・なり］【軽ろか】［形動ナリ］{なら・なり(に)・なり・なる・なれ・なれ}「かろらか」に同じ。

かろん【歌論】［名］和歌に関する評論や文芸理論。和歌の本質、歴史、歌風、歌体、詠作の態度・方法、美的理念などについて論述したものをいう。現在最古のまとまったものとして『歌経標式』があるが、以後に甚大な影響を及ぼすことになったのは『古今和歌集』の序文である。

かろん・ず【軽んず】［他サ変］{ぜ・じ・ず・ずる・ずれ・ぜよ}《「かろみす」の変化形》❶軽くする。例「刑の疑はしきをばかろん・ぜよ」〈平家・二・小教訓〉 ❷重く見ない。例「主君の命を重んじて、私の命を軽ん・ず」〈平家・二・土佐房被斬〉 ❸軽視する。例「君を軽ん・じ仏神をだにも恐るる処なき末世なれば」〈太平記・二七〉

かわ…【川…・皮…・河…・革…】歴史的かなづかい「かは…」

かわきすなご【乾き砂子】［名］乾いた砂。宮廷などの儀式の際、雨後のぬかるみを直すのに用いられた。

かわ・く【渇く】［自カ四］{か・き・く・く・け・け}（のどが）かわく。

かわす【交わす・変わす・川州】歴史的かなづかい「かはす」

かわぼり【蝙蝠】歴史的かなづかい「かはぼり」

かわや【厠】歴史的かなづかい「かはや」

かわゆし 歴史的かなづかい「かはゆし」

かわらか［・なり］［形動ナリ］{なら・なり(に)・なり・なる・なれ・なれ}《「かはらか」と表記されることが多い。「らか」は接尾語》さっぱりとして、こぎれいなさま。例「よしよししくかわらか・なる顔つきして」〈宇津保・楼の上・下〉

かわらけ【土器】歴史的かなづかい「かはらけ」

かをり【香り・薫り】［名］❶よいにおい。❷つややかな美しさ。

かをりあ・ふ【薫り合ふ】［自ハ四］{は・ひ・ふ・ふ・へ・へ}ある物と他の物がともににおう。例「名香の煙もほのかなり。大将の御匂ひさへ薫りあ・ひ、めでたく」〈源氏・賢木〉

かをりい・づ【薫り出づ】［自ダ下二］{で・で・づ・づる・づれ・でよ}かおりが漂う。かおりだす。例「えひの香いとなつかしう薫り出・でて」〈源氏・末摘花〉

かをりみ・つ【薫り満つ】［自タ四］{た・ち・つ・つ・て・て}辺り一面に、においが広がる。例「袖の匂ひも、いとところせきまで薫り満・ちたるに」〈源氏・夕顔〉

かを・る【薫る】［自ラ四］{ら・り・る・る・れ・れ}❶よい香りがする。❷（顔や目もとが）美しく輝いて見える。例「額つき、まみのかを・りたる心地して」〈源氏・東屋〉 ❸（霞・霧・煙などが）立ちこめる。漂う。例「その烟気、遠く薫・る」〈紀・推古〉

かをる【薫】［人名］『源氏物語』の登場人物。宇治十帖の主人公。「宇治の大将」ともいう。光源氏と女三の宮との間の子とされているが、実父は柏木。

がを・る【我折る】［自ラ四］{ら・り・る・る・れ・れ}《近世語》自分の考えを曲げて、相手の意見に従う。おそれいる。また、驚きあきれる。閉口する。

かん…【官…・冠…・巻…・桓…・貫…・菅…・款…・寛…・萱…・勧…・関…・管…・緩…・歓…・還…・館…・環…・観…・灌…・鑵…】歴史的かなづかい「くゎん…」

かん【干】［名］横笛の調律に関する穴の称。横笛では末から二つめ、高麗笛・神楽笛では末の穴。

かん【欠】［名］《近世語。「欠」の字音「けん」の変化形》目方や数量が、前にはかったときよりも減ること。目減り。

かん【甲】［名］音楽で、高い音や調子。↕乙③

かん【感】［名］心に深く感じること。感動。

かん【長官】［名］《「かみ」の撥音便》官庁の長官。「かんの君」「かんの殿」などの形で用いられる。＝長官

がん…【元…・願…】歴史的かなづかい「ぐゎん…」

かんおう［・す］【感応】［名・自サ変］❶《仏教語》信心が神仏に通じて、その加護があること。❷深く感じること。例「『この神社にて侍る』と聞けば、感応ことにしきりに覚えらる」〈おくのほそ道・黒羽〉

かんがふ［・す］【勘合】［名・自サ変］❶割り符をつき合わせて調べること。照合する。（利害などを）考え合わせること。❷「勘合符」の略。

かんが・ふ【考ふ・勘ふ】［他ハ下二］{へ・へ・ふ・ふる・ふれ・へよ}《「かむがふ」とも》❶よく調べて判断する。また、占いによって吉凶を判断する。例「宿曜（＝占星術）のかしこき道の人に勘・へさせたまふにも」〈源氏・桐壺〉 ❷調べただして処罰する。例「頭白き翁の侍りけるを召しかむが・へんとし侍りける時」〈拾遺・雑下・五六四詞書〉

かんがふふ【勘合符】［名］室町時代に明朝が日本の商船に対して発行した入港・通商許可の割り符。幕府の手を経て交付された。

かんがへぶみ【勘へ文】［名］《「勘文」の訓読語》おもに博士などの専門家が自分の判断・意見を書き記して朝廷に奉った文。

かんが・みる【鑑みる】［他マ上一］{み・み・みる・みる・みれ・みよ}《「かがみる」の変化形》手本や先例などに照らし合わせて考える。よく考える。

かんき【勘気】［名］主君・主人・親など、目上の人から受けるとがめ。おしかり。

がんぎ【雁木】［名］❶雁の列のようにぎざぎざの形をしたもの。❷「がんし」に同じ。❸板と棒で土をせき止

めて作った階段。船着き場の階段。❹「がんぎやすり②」に同じ。

〔俳句〕**かんぎくや…**【寒菊や粉糠のかかる臼の端】〈すみだはら・芭蕉〉訳米をつく臼の傍らに、舞い上がるこぬかがかかって真っ白になりながら、寒菊がひっそり咲いている。（季―寒菊―冬）

がんぎやすり【雁木鑢】[名]❶金属など硬い物を削る太くて目の粗いやすり。❷（押しても引いても物を削り取るところから）二重に損をすること。＝雁木④

かんきょ【・す】【閑居】[名・自サ変]世事を離れ心静かに住むこと。また、そうした住まい。

かんきょのとも【閑居友】[作品名]鎌倉前期（一二二二成立）の説話集。慶政著か。高貴な女性に献上された仏教説話集で、厭離穢土の思想などが説かれる。

かんきん【・す】【看経】[名・自サ変]❶（仏教語）経文を黙読すること。＝諷経①。❷声を出して経を読むこと。

かんぎんしふ【閑吟集】[作品名]室町後期（一五一八成立）の歌謡集。編者未詳。小歌を中心に三百十一首の歌謡を収める。

かんくてう【寒苦鳥】[名]インドの雪山（ヒマラヤ山脈）にすむという想像上の鳥。夜中寒さに苦しんで巣を作ろうと鳴くが、夜が明けるとそれを忘れて巣を作らず、夜になってまた同じことをくり返すという。＝雪山の鳥。（季―冬）

かんこくくゎん【函谷関】[地名]秦がいまの中国河南省霊宝県においた関所。絶壁に囲まれた谷にあり、箱の形に似ていることから名づけられた。日没に閉鎖し、暁の鶏の鳴き声によって開くことから、秦に抑留された斉の孟嘗君が部下に鶏の鳴き声を真似させ、関守をだまして脱出した故事で知られる。

かんごとうろく【漢語灯録】[作品名]「くろだにしゃうにんごとうろく」に同じ。

かんこどり【閑古鳥】[名]❶カッコウの別称。（季―夏）。❷ものさびしいさまをいう語。

〔俳句〕**かんこどり…**【諫鼓鳥われもさびしいか飛んで行く】〈麦林集・乙由〉訳かんこ鳥が飛んで行く。お前の鳴き声は聞く者を寂しくさせるというが、お前自身も寂しいのか。（季―諫鼓鳥―夏）

かんざい【漢才】[名]「からざえ」に同じ。

かんざう【甘草】[名]（「あまくさ」「あまき」とも）草の名。根には甘みがあり、乾燥させて鎮咳・鎮痛などに用いる。（季―夏）

かんざき【神崎】[地名]摂津国の地名。いまの兵庫県尼崎市。古来、京都と西国を結ぶ水路であった神崎川の河口の港町。江口とともに遊女の里として知られた。

かんざし【髪状・髪差し】[名]（「かみさし」の撥音便。「ざし」は状態を表す接尾語）❶額の上の髪のはえぐあい。髪かたち。❷（転じて、中世には）髪。

かんざし【髪挿し・簪】[名]（「かみさし」の撥音便）❶衣冠・束帯の正装をする際、冠が落ちないように、「巾子」の上から髻を挿しとめる細い棒状のもの。➡[古典参考図]男子の服装〈1〉。❷女性の髪に挿す飾り。❸櫛。

かんさん【漢讃】[名]声明のひとつ。漢語で制作され、詠ぜられた仏教讃歌。三宝（仏・法・僧）を賛嘆する内容で、五言四句または七言四句からなる。「梵讃」「和讃」に対する呼称。

かんし【監使】[名]❶鎮守府将軍（鎮守府の長官）の唐名。❷宮中の門衛。＝衛士

かんじ【柑子】[名]「かうじ（柑子）」に同じ。

かんじ【・す】【勘事】[名・他サ変]「かんだう②」に同じ。

がんし【雁歯】[名]橋の上に渡した板が雁の列や人の歯のようにぎざぎざに並んでいること。＝雁木②

かんじあ・ふ【感じ合ふ】[他ハ四]{は・ひ・ふ・ふ・へ・へ}皆がそろって感心し、口々に褒める。例「能登殿の毎度の高名をぞ一同に**感じあは**れける」〈平家・九・六ヶ度軍〉

かんじき【樏・橇】[名]（「かじき」「がんじき」とも）雪の上を歩きやすくするために、履き物につける道具。

がんしき【含識】[名]（仏教語。「がんじき」「ごんしき」とも）命あるもの。有情のもの。衆生。

かんしつ【乾漆】[名]❶乾燥した漆。印材や、充血・駆虫の漢方薬として用いる。❷奈良時代の仏像彫刻などにみられる漆工芸の技法。彫刻の原型に、砥の粉を混ぜた漆で麻布を張り合わせて造る方法。

かんじののし・る【感じ罵る】[自ラ四]{ら・り・る・る・れ・れ}感心して褒めたたえる。しきりに褒めそやす。例「帝よりはじめ**感じののし**られたまへど」〈大鏡・道長・上〉

かんじゃう【勘状】[名]占いや故実に基づく判断を記した報告書。＝勘文

かんじゃう【感状】[名]❶主君や上官が戦功などを賞して部下に与える文書。❷芸道の師から弟子に与えられる賞状。

かんじゃうすゑつむはな【閑情末摘花】[作品名]江戸後期（一八三九ごろ）の人情本。松亭金水作、歌川貞重画。米次郎を中心に、三組の恋愛を通して、江戸町人たちの生活・人情を描く。

かんじょ【閑所】[名]❶静かな所。人けのない所。❷便所。

かんしょく【寒食】[名]（「かんじき」とも）中国から伝来した風習。冬至から百五日目は風雨の激しい日として、火を断って煮たきをしないで物を食べた風習。また、その日。（季―春）

かんしん【・す】【甘心】[名・他サ変]（「かんじん」とも）❶満足に思って、心が落ち着くこと。❷納得して受け入れること。

がんじん【鑑真】[人名]（六八八～七六三）唐代の高僧、日本律宗の開祖。天平勝宝五年（七五三）渡来、聖武天皇・光明皇太后らに授戒、唐招提寺を創建、大和上の号を賜わった。

かんじんかんもんてくだのはじまり【韓人漢文手管始】[作品名]江戸後期（一七八九初演）の歌舞伎。『唐人殺し』ともいう。並木五瓶作。朝鮮使節殺害事件に取材し、お家物として筋立てた作品。

かん・ず【感ず】[自サ変]{ぜ・じ・ず・ずる・ずれ・ぜよ}❶心が動かされる。例「人、木石にあらねば、時にとりて、ものに**感ずる**事なきにあらず」〈徒然・四一〉❷感心する。ほめる。例「衛門督（＝柏木）は、童よりいとこ

となる〔笛ノ〕音を吹き出でしに〔式部卿宮ガ〕感じて」〈源氏・横笛〉❸過去の行為が神仏の知るところとなり、その報いが現れる。例「先世の業因の感ずるか」〈平家・二・腰越〉

かんすいらく【酣酔楽】[名]雅楽の曲名。高麗楽のひとつ。

かんそん【旱損】[名]日照りによる田畑の損害。

かんだう[・す]【勘当】[名・他サ変]❶処罰を受けること。おとがめ。例「玉の取り難かりしことを知りたまへればなむ、勘当あらじとて参りつる」〈竹取・竜の頸の玉〉❷《近世語》不品行や過失により、親子や主従の縁を絶たれること。＝勘事

がんだう【強盗】[名]❶ごうとう。❷「強盗提灯」の略。

がんだうぢゃうちん【強盗提灯】[名]ブリキや銅などの金属を釣り鐘状にして、中にろうそくを入れた提灯。中のろうそくは回転して常に直立するようにしてある。正面だけを照らし、持つ側を暗くすることができる。＝強盗②・忍び提灯

かんだちべ【上達部】[名]「かんだちめ」に同じ。

かんだちめ【上達部】[名]《「かみだちめ」の撥音便》「かんだちべ」とも。**摂政・関白・太政大臣・左右大臣・内大臣・大納言・中納言・参議および三位以上の上級官人の総称**。参議は四位であってもこの中にはいる。＝公卿。例「舞人など、やむごとなき家の子ども、**上達部**、殿上人どもなども、その方につきづきしきは」〈源氏・若紫〉

かんたん【肝胆】[名]肝と胆。転じて、心の底。

〔**肝胆を砕く**〕最善を尽くして物事に取り組む。誠意を尽くす。例「老僧ども**肝胆をくだ・いて**、祈念しけり」〈平家・三・一行阿闍梨之沙汰〉《音便》「肝胆をくだい」は「肝胆をくだき」のイ音便。

かんたん【邯鄲】㊀[地名]中国河北省南部にある地名。戦国時代の趙の都。㊁[名]能の曲名。中国唐代の小説『枕中記』にみられる「邯鄲の枕」をもとに世阿弥が脚色したもの。

〔**邯鄲の枕**〕人生の富貴や栄華が、はかないことのたとえ。中国唐代の小説『枕中記』による。立身出世を願う青年盧生が、邯鄲の茶店で道士呂翁に会い、枕を借りて眠ったところ、栄華を極める一生の夢を見たが、目が覚めると、それは、茶店の主人が炊いていたアワの飯もまだ煮えない短い間の出来事であったというもの。＝一炊の夢・邯鄲の夢

〔**邯鄲の夢**〕「かんたんのまくら」に同じ。

かんづか【髪束】[名]「かうづか」に同じ。

かんてう【漢朝】[名]❶中国漢代の王朝、または、その国土。漢の時代。❷昔の中国の別称。

かんどり【楫取り】[名]《「かぢとり」の撥音便》舟の楫を操る人。船頭。

かんな【仮名】[名]《「かりな」の撥音便》「かな(仮名)」に同じ。↔真名

かんながら【神随】[副]「かむながら」に同じ。

かんなぎ【巫・覡】[名]「かむなぎ」に同じ。

かんなづき【神無月】[名]「かみなづき」に同じ。(季―冬)

かんなび【神奈備】[名]「かむなび」に同じ。

かんなびやま【神奈備山】[歌枕]「かむなびやま」に同じ。

かんなり【雷鳴り・雷】[名]《「かみなり」の撥音便》❶雷。❷平安京内裏の五舎のひとつ、「襲芳舎」の別称、「雷の壺」の略。

かんなり 形容詞または形容詞型活用語の連体形活用語尾「かる」＋伝聞・推定の助動詞「なり」＝「かるなり」の撥音便。↓「かなり」。例「人(＝五人ノ求婚者)の心ざしひとし**かんなり**」〈竹取・石作の皇子〉

かんなりのつぼ【雷鳴りの壺】[名]《「かみなりのつぼ」の撥音便》「かみなりのつぼ」に同じ。

かんにち【坎日】[名]陰陽道での凶日のひとつ。外出・行事など、万事慎むべき日とされる。

かんにん[・す]【堪忍】[名・自サ変]❶我慢すること。耐え忍ぶこと。↔不堪②。❷あやまちを許すこと。❸生活を維持するために必要な最低限の収入。生計。

かんのう【堪能】[名]❶よく物に堪えしのぶこと。❷(①の意から)それぞれの道を究め、すぐれた才能をもっていること。また、その能力。また、その人。上手。達人。↔不堪②

かんのきみ【長官の君】[名]《「かうのきみ」とも。「かみのきみ」の撥音便》「長官」の敬称。とりわけ内侍司の長である女官に用いることが多い。

かんのとの【長官の殿】[名]《「かみのとの」の撥音便》「かうのとの」に同じ。

かんばせ【顔】[名]《「かほばせ」の撥音便》「かほばせ」に同じ。

がんぴ【雁皮】[名]《「がんび」とも》❶ジンチョウゲ科の落葉低木。夏、黄色く小さな多数の花を付ける。樹皮は紙の原料となる。❷「雁皮紙」の略。

がんぴし【雁皮紙】[名]和紙の一種。ジンチョウゲ科の落葉樹の樹皮で作った上質の紙。＝雁皮

かんびゃう【看病】[名]❶僧が病人のために加持祈禱を行うこと。❷病人の看護をすること。

かんぶつ【灌仏】歴史的かなづかい「くゎんぶつ」

かんぶり【冠】[名]《「かうぶり」とも》「かんむり」に同じ。

かんべい《形容詞または形容詞型活用語の連体形の活用語尾「かる」の撥音便「かん」＋推量の助動詞「べし」の連体形「べき」のイ音便「べい」》「べし」の意味によってさまざまな意味になる。↓「かべい」

かんぽつ[・す]【勘発】[名・他サ変]《「かんほつ」とも》過失を責め立てること。譴責。

かんぽん【刊本】[名]印刷刊行された書物。とくに、近世およびそれ以前に木や銅の活字や板木などで刷られた書物をいう。＝版本。↔写本

かんむり【冠】[名]《「かむり」「かんぶり」とも。「かうぶり」の変化形》❶頭にかぶるものの総称。➡[古典参考図]冠物・装具。❷「かうぶり①」に同じ。❸和歌や俳句の最初の五文字。

かんめり 形容詞または形容詞型活用語の連体形の活用語尾「かる」＋推量の助動詞「めり」＝「かるめり」の撥音便。↓「かめり」。例「うそぶかせたまふこと、しげ**かんめり**しかば」〈蜻蛉・下〉《敬語》「うそぶかせたまふ」→「せたまふ」

かんもりのつかさ【掃部司・掃部寮】[名]《「かもんづかさ」「かもりづかさ」とも》令制で宮内省に属した

役所。宮中の施設管理や清掃などをつかさどった。また、その役人。＝掃部寮

かんもん【勘文】［名］「かもん（勘文）」に同じ。

かんもん【勘問】［名・他サ変］罪状を取り調べること。尋問。

かんや【紙屋】［名］《「かうや」とも。「かみや」の撥音便》❶平安時代、京都の紙屋川付近にあった朝廷の製紙所。＝紙屋院。❷「紙屋紙」の略。

かんやがみ【紙屋紙】［名］《「かうやがみ」「かみやがみ」とも》京都の紙屋川付近にあった製紙所ですいた紙。＝紙屋②・宿紙

かんろ【甘露】［名］❶古代中国の伝説で、天が帝王の仁政に感じて降らせたという甘い霊水。❷《仏教語》古代インドの伝説で、忉利天より降るという天界の霊液。不老不死、死者回生の霊薬になるという。転じて、そのような霊力のある教えを指す。

〔**甘露の雨**〕草木の潤いとなる恵みの雨。

かんわざ【神事】［名］「かみわざ」に同じ。

き

き-【生】［接頭］（名詞に付いて）❶もとのままで手を加えていないの意を表す。「**生**糸」「**生**麻」など。❷純粋で、交じりけのないの意を表す。「**生**酒」「**生**男」など。

-き［接尾］《「君」の略か》平安時代、童女の名に添える語。「あて**き**」「犬**き**」など。

-き【寸】［接尾］❶上代の長さの単位。後世の寸（約三センチメートル）とほぼ同じ長さ。❷馬の背の高さを表す単位。四尺（約一二〇センチメートル）を標準とし、四尺一寸あれば「一寸」、五尺あれば「十寸」といった。三尺九寸の場合は不足分を「かへり」といい、「かへり一寸」といった。

-き【匹・疋】［接尾］《「ぎ」とも》❶布などの長さを測る語。和歌では「木」にかけることが多い。例「幾**き**ともえこそ見わかね秋山の紅葉の錦よそに立てれば」〈後撰・秋下・三〇七〉❷馬などを数える語。頭。

-き【基】［接尾］台・脚などの付いた器や立てておく物を数える語。「経台一**基**」「灯台一**基**」など。

き【几】［名］❶物を載せる台。❷肘かけ。脇息。

き【木・樹】［名］❶樹木。❷材木。❸歌舞伎で、開閉幕、回り舞台などの合図に打つ拍子木。柝。

〔**木から落ちた猿**〕頼りとするものを失い、途方に暮れているさま。＝木を離れたる猿

〔**木で鼻こくる**〕《「こくる」は「こする」。のちに「くくる」とも》無愛想にそっけなくする。

〔**木に竹**〕「木に竹を継ぐ」の略。

〔**木に竹を継ぐ**〕木と竹をつなぎあわせるように、一貫していないこと。＝木に竹

〔**木に付く虫は木を嚙り萱に付く虫は萱を啄む**〕それぞれに好みのあることのたとえ。

〔**木にも萱にも心を置く**〕敵や追っ手を恐れ、草木のわずかな動きにも心を動かす。細心の注意を払う。

〔**木に餅のなる**〕好都合で、話がうますぎることのたとえ。

〔**木にも付かず草にも付かず**〕いずれの味方にもならない。

〔**木に縁りて魚を求む**〕見当外れの手段を取ること。『孟子』に見える故事による。

〔**木の端**〕木の切れ端。つまらない物のたとえ。また、人間の情を解しないもののたとえ。例「ただ、木の端などのやうに思ひたる」〈枕・思はむ子を法師に〉

〔**木の股から生まれる**〕人の情けを解さないことのたとえ。

〔**木は木、銀は銀**〕物事にきちんとけじめを付けること。＝石は石、金は金

〔**木を離れたる猿**〕「きからおちたさる」に同じ。

き【牙】［名］きば。犬歯。

き【気】［名］❶大気。空気。また、大気中にたちこめるもの。霞。霧。雲。煙。❷香気。香り。におい。例「花芬馥（＝ヨイニオイ）の**気**を含み」〈平家・三・大臣流罪〉❸（季節などの）気配。雰囲気。例「春はやがて夏の**気**を催し、夏よりすでに秋は通ひ」〈徒然・一五五〉❹気分。気持ち。心。考え。❺気勢。気力。士気。元気。例「度々の合戦に打ち勝って、兵皆**気**を挙げける上」〈太平記・八〉❻呼吸。息。例「しばらく和殿は**気**を継ぎ（＝トトノエ）たまへ」〈盛衰記・三七〉

〔**気が暗くなる**〕《近世語》気がめいる。気が重くなる。気持ちが沈む。

〔**気が（の）通る**〕《近世語》気が利く。話が分かる。粋だ。例「こなさん（＝アナタサマ）もまづ**気の通・らぬ**」〈浄・淀鯉〉

〔**気が減る**〕《近世語》心細くなる。気力が衰える。気がめいる。例「こりゃどうにもならぬ、ああああ**気がへ・る**」〈浮・好色一代男〉

〔**気が回る**〕邪推する。ひがむ。例「それはこなたの**気が回・ってぢゃ**」〈狂言記・対馬祭〉《音便》「気が回っ」は「気が回り」の促音便。

〔**気を（も）上ぐ**〕❶上気する。のぼせる。例「この宿衣（＝夜具）引き着ては臥したる心、いまだ習はぬに**気もあ・げつべし**」〈宇治拾遺・一・一八〉❷気勢を上げる。元気づく。例「度々の合戦に打ち勝って兵皆**気をあ・げける上**」〈太平記・八〉

〔**気を詰む**〕❶緊張する。息をこらす。気を遣う。例「人の心も、**気をつ・めて**見る時もあるべし」〈申楽談儀〉❷気持ちをふさがせる。例「若い旦那の**気を詰・めさせ**、煩はせてはならぬ」〈浄・淀鯉〉

〔**気を通す**〕《近世語》気を利かす。粋な姿を見せる。例「女郎あづかりの紫竹といへる人、**気を通・して**」〈浮・武道伝来記〉

〔**気を張る**〕❶気をひきしめる。緊張する。例「外聞に、無用の**気をは・りける**」〈浮・世間胸算用〉❷きばる。奮発する。例「小判五十両づつ土器に盛って、二十六人に一つづつ**気をは・りけるは**」〈浮・好色万金丹〉

き【忌】［名］❶喪に服する一定の日数。いみ。忌中。❷死んだ人の命日。忌日。

き【季】［名］❶春夏秋冬のひとつ。一年を一季、半年を半季とする。❷年季奉公などの期間の区分。❸

連歌・俳諧で句に詠み込む四季の景物。季語。

〔季の御読経〕二月と八月の春秋二回、宮中で吉日を選び四日間にわたり「大般若経」を読ませ、天皇の健康と国家の安泰を祈る儀式。

き【杵】［名］きね。

き【柵・城】［名］敵を防ぐため、周囲に柵や堀などを築いた所。とりで。さく。しろ。

き【酒】［名］さけ。

き【着】［名］着ること。また、着る物。

き【棺】［名］死体を入れるもの。ひつぎ。

き【葱】［名］ネギの古名。〔季－冬〕

き【綺】［名］織物の一種。模様を浮かせて織った錦のような薄い絹織物。

き【器】［名］❶うつわ。入れ物。❷その職に耐えうる才能のある人物。器量。

き【機】［名］❶《仏教語》人の心の中にあり、仏の教えを受けて発動する心の働き。機根。❷（①から転じて、一般に）心の働き。例「一足も引かず戦って、機已に疲れければ」〈太平記・一六〉❸機会。

き【驥】［名］一日に千里を行くという駿馬。

き［・なり］【奇】［名・形動ナリ］一風変わった趣があること。珍しいこと。

き［・なり］【黄】［名・形動ナリ］黄色。例「〔風ニ〕黄・なる葉どものほろほろとこぼれ落つる」〈枕・風は〉〈参考〉色彩語としての「黄」は、『古事記』『万葉集』では用いられていない。古代では、青・赤・白・黒の四つの範疇によって色を分類したようである。

〔黄なる泉〕《「黄泉」の訓読語》死者の霊が行く所。あの世。冥途。

〔黄なる涙〕深く嘆き悲しんで流す涙。多く動物の涙についていう。血の涙。

き［助動特殊型］

⇨三八二ページ「特別コーナー」

-ぎ【気】［接尾］（名詞に付いて）それらしい気性・気質などの意を表す。「男気」「娘気」「侍気」など。

ぎ【義】［名］❶「五常（仁・義・礼・智・信）」のひとつ。人として守るべき道理。❷道理。物事の筋道。❸意義。（仏教などの）教義。

ぎ【儀】［名］❶儀式。❷こと。わけ。事情。例「その儀ならば祇王をこそ出ださめ」〈平家・一・祇王〉❸かたち。姿。

ぎ【議】［名］意見。提案。

きあひ【気合ひ】［名］《近世語》心持ち。気分。

きあ・ふ【来合ふ】［自ハ四］来合わせる。例「召し使ひの来あ・ひたりつればなん」〈蜻蛉・上〉

きい［・なり］【奇異】［名・形動ナリ］ふつうと異なり変わっていること。不思議なこと。

きい【紀伊】［地名］旧国名。南海道六か国のひとつ。いまの和歌山県と三重県南部にあたる。＝紀州・紀国

きい【紀伊】［人名］「いうしないしんわうけのきい」に同じ。

きいうせうらん【嬉遊笑覧】［作品名］江戸後期（一八三〇成立）の風俗書。喜多村筠庭著。和漢雅俗の数百部に及ぶ書物から、多方面にわたる事項について分類・編集した風俗関係の百科事典。

きい・る【来入る】［自ラ四］よそからやって来て中に入る。例「忍坂の大室屋に人多に来入・り居り」〈記・中・歌謡〉

きうおうだうわ【鳩翁道話】［作品名］江戸後期（一八三五刊行）の心学書。柴田鳩翁の口演を筆録。石門心学の教えを、たとえ話や軽口話、さらに歌も織り交ぜて、庶民向けに分かりやすく説いたもの。

きうき【旧記】［名］古い記録。

きうぎうがいちもう【九牛が一毛】（多数の牛の中の一本の毛の意から）多数の中のきわめて少数のたとえ。

きうきょく【九棘】［名］（古代中国で「九卿」の座を九本の棘を植えて示したことから）「公卿」の別称。＝九卿

きうけい【九卿】［名］（古代中国で主要な九つの官を指したことから）「公卿」の別称。＝九棘

きうけう【九竅】［名］人体にある九つの穴。両眼、両耳、両鼻孔、口、前後の陰部。九穴。

きうげん【九原】［名］（中国の春秋時代、晋の卿大夫の墓地のあった地名から）墓場。墓地。転じて、冥途。あの世。＝九泉

きうご【九五】［名］（易で「九」を陽、「五」を君位とすることから）天子の位。また、最高の位。

きうこう【旧功】［名］昔の手柄。また、長年の功労。例「誰か旧功をつがざらん」〈太平記・三七〉

きうし【九紫】［名］「九星」のひとつ。「陰陽道」では、星は火星に、方角は南に割りふられている。

きうしうたんだい【九州探題】［名］鎌倉・室町幕府の設置した職名。軍事・訴訟・行政にあたった。鎮西探題。

きうしゃうにょらい【九生如来】［名］「くしゃうにょらい」に同じ。

きうしゅ【旧主】［名］❶前代の君主。❷以前に仕えた主人。

きうじん【九仞】［名］非常に高いこと。「仞」は中国周代の長さの単位。一仞は八尺で二・四メートル。

きうせい【九星】［名］吉凶を占う九つの星。一白・二黒・三碧・四緑・五黄・六白・七赤・八白・九紫の九星。これに五行・方位・干支などを配して吉凶・運勢を占う。古代中国の河図・洛書の図をもとに九星を施した図を本位とするが、その位置は毎年変わる。

きうせう【九霄】［名］（「霄」は天・空の意）天の最も高い所。＝九天

きうせい【救済】［人名］「ぐさい」に同じ。

きうせん【九泉】［名］死後に行く世界。黄泉。冥途。＝九原

きうぞく【九族】［名］高祖父母・曾祖父母・祖父母・父母・自分・子・孫・曾孫・玄孫の九代の親族。

きうたい【裘代・裘帯・裘袋】［名］僧服の一種。法皇や、皇族・参議以上で出家した人が参内するときに着るもの。俗人の「直衣」に相当する。

きうぢ【灸治】［名］灸をすえて治療すること。

きうぢゃう【毬杖】［名］《「きうちゃう」とも》「打毬」に用いる杖。

きうてん【九天】［名］（中国で天を九つの方位に分けたことから）高い天。天上。大空。＝九霄

き

き［過去の助動詞］

アプローチ ▼ある出来事が過去に行われたものであることを表す。
▼「き」は話し手の直接経験に基づく、現在とは切り離された過去の出来事について回想する用法が多い。
▼これに対し、似た意味を表す助動詞「けり」は、伝聞や間接経験による過去の出来事を回想したり、現在まで続いている出来事にあらためて気づいたという意を表す用法が多い。

接続 ▼活用語の連用形に付く。
▼カ変・サ変動詞には特殊な接続の仕方をする。

活用 特殊型

基本形	未然形	連用形	終止形	連体形	已然形	命令形
き	(せ)	○	き	し	しか	○

意味	訳語	用例
❶話し手が直接体験した過去の事実について回想して述べる意を表す。	…た	例「鬼のやうなるものいで来(き)て、殺さむとし**き**」〈竹取・蓬莱の玉の枝〉 訳鬼のような怪物が現れて(私を)殺そうとし**た**。 例「つひに行く道とはかねて聞き**しか**ど昨日(きのふ)今日(けふ)とは思はざり**し**を」〈古今・哀傷・八六一〉 訳→〔和歌〕つひにゆく…
❷伝承的な事柄でも、周知されている確実な事実として述べる意を表す。	…た	例「音に聞き目にはいまだ見ず佐用姫(さよひめ)が領巾(ひれ)振り**き**とふ君松浦山(まつらやま)」〈万葉・五・八八三〉 訳うわさには聞いていたがこの目でまだ見たわけではない。佐用姫が(別れを惜しんで)領巾(＝装身用の白布)を振っ**た**という、君を待つという名の松浦山は。 例「香具山と耳梨山(みみなしやま)とあひ**し**時立ちて見に来(こ)**し**印南国原(いなみくにはら)」〈万葉・一・一四〉 訳→〔和歌〕かぐやまと…

発展学習ファイル (1)「き」の活用はカ行・サ行の二行にわたるので注意が必要。未然形「せ」は、和歌において、接続助詞「ば」を伴った「せば」(反実仮想を表す)の形でだけ用いられる。この「せ」にはとくに過去の意味の認められない用例も多いため、サ変動詞の未然形「せ」の特殊な用法であるという説や、「せば」を一つの助詞と考える説もある。→「せば」
(2)上代にはカ行系統の未然形に「け」も存在した。
(3)カ変・サ変に接続する場合は、特殊な付き方をする。まず、カ変の場合、終止形「き」が付いた例はない。連体形「し」ならびに已然形「しか」は基本的に未然形に付き、「来(こ)＋し」(②の第二例)や「来(こ)＋しか」のようになる。連用形「来(き)」にも接続すると説明されることもあるが、実際の用例としては「来(き)し方(かた)」という慣用句の場合に限られ、そのほか、「着(き)しか」に「来(き)しか」をかけた例が一例認められるだけである。サ変については、終止形「き」は原則通りに連用形「し」に付く。連体形「し」ならびに已然形「しか」は未然形「せ」に付き、「せ＋し」や「せ＋しか」のようになる。
(4)文中に係助詞がないのに、文末を連体形「し」で結ぶことがある。他の連体止めの場合と同様、詠嘆や余情を表すと考えられ、会話文によくみられる。例「撫子(なでしこ)の種取らむとしはべりしかど、根もなくなりにけり。呉竹(くれたけ)も、一筋倒れてはべり**し**」〈蜻蛉・中〉
(5)平安末期以降、「き」と「けり」「たり」(完了の助動詞)の区別が曖昧(あいまい)になり、「き」を完了・存続の意味に用いた例がみられるようになる。

きうびのいた【鳩尾の板】［名］(キュウビノイタ)「大鎧(おほよろひ)」の左の肩から胸にかけてひもで着ける鉄製の板。左胸および胴のつりひもを守る防具。↕梅檀(せんだん)の板

きうもん［・す］【糾問・糺問】(キュウモン)［名・他サ変］罪状を問いただすこと。また、拷問。

きうりをき・る【久離を切る】(キュウリヲキル) 親族関係を断つ。例「**きうりを切・っ**て子をひとり捨てける」〈浮・日本永代蔵〉 《音便》「きうりを切っ」は「きうりを切り」の促音便。

きえ【消え】［名］消えること。死ぬこと。例「ややもせば**消え**をあらそふ露の世に」〈源氏・御法〉

きえ［・す］【帰依】［名・自サ変］《仏教語》神仏や高僧を信じ、その教えに従い頼ること。

きえあ・ふ【消え敢ふ】(キエア(オ)ウ)［自ハ下二］{へ・へ・ふ・ふる・ふれ・へよ}(多く打消の語を伴って)すっかり消える。例「**消えあ・へ**ぬ雪の花と見ゆらん」〈後撰・春上・二〉

きえあへ・ず【消え敢へず】(キエアエズ)《動詞「消ゆ」の連用形＋下二段動詞「敢ふ」の未然形＋打消の助動詞「ず」》すっかりは消えない。例「**消えあへ・ぬ**雪の花と見ゆらむ」〈古今・春上・七〉

きえい・る【消え入る】［自ラ四］{ら・り・る・る・れ・れ}❶消えてなくなる。消えうせる。例「灯火(ともしび)などの**消え入・る**やうにてはてたまひぬれば」〈源氏・薄雲〉 ❷(悲しみや苦痛などのために)気が遠くなる。例「あるかなきかに**消え入・り**つつものしたまふ」〈源氏・桐壺〉 ❸気絶する。気を失う。例「にはかに**消え入・る**人のはべりしによ り」〈源氏・真木柱〉 ❹死ぬ。例「持病さへ起こりて、**きえい・る**ばかりになん」〈おくのほそ道・飯坂〉

きえう・す【消え失す】［自サ下二］{せ・せ・す・する・すれ・せよ}❶消えてなくなる。また、人がいなくなる。例「女、面影に見えてふと**消え失・せ**ぬ」〈源氏・夕顔〉 ❷亡くなる。死ぬ。例「**消えう・せ**なむわざもがな」〈落窪・一〉

きえがた［・なり］【消え方】［名・形動ナリ］いまに

も消えそうなようす。消えそうなとき。例「御前の篝火の、すこし消え方・なるを」〈源氏・篝火〉

きえがて[・なり]【消えがて】[形動ナリ]｛なら・なり（に）・なり・なる・なれ・なれ｝なかなか消えないさま。例「消えがて・にふるぞ悲しきかきくらしわが身それとも思ほえぬ世に」〈源氏・澪標〉

きえかへ・る【消え返る】[自ラ四]｛ら・り・る・る・れ・れ｝❶（「消ゆ」の強意）すっかり消える。消えうせる。例「消えかへ・る露も草葉の上と見ぬ世を」〈源氏・夕霧〉❷死ぬほどに思い苦しむ。例「きえかへ・りてぞ恋しかりける」〈古今・恋二・五六四〉❸（水の泡などが）消えてはでき、できてはまた消える。例「行く水の泡ならばこそ消え返・り」〈拾遺・雑恋・一二三二〉

きえぎえ【消え消え】[副]❶（姿・形が）いまにも消えてしまいそうなさま。例「互ひに手を取り交はせば、また消え消えとなり行けば」〈謡・隅田川〉❷驚きや苦しみなどで、意識が薄れてゆくさま。例「盛高も目くれ、心消え消えと成りしかども」〈太平記・一〇〉

きえ・す【消えす】[自サ変]｛せ・し・す・する・すれ・せよ｝（多く打消の語を伴って）消える。死ぬ。例「ただ、消え・せぬほどは、あるにまかせておいらかならん」〈源氏・宿木〉

きえとま・る【消え止まる】[自ラ四]｛ら・り・る・る・れ・れ｝消えずに残る。例「消えとま・るほどやは経べきたまさかに蓮の露のかかるばかりを」〈源氏・若菜・下〉

きえのこ・る【消え残る】[自ラ四]｛ら・り・る・る・れ・れ｝❶すっかり消えてしまわず、少し残る。例「雪は所どころ消え残・りたるが」〈源氏・若菜・上〉❷生き残る。例「なにとてわが身消え残・りけん」〈源氏・橋姫〉

きえは・つ【消え果つ】[自タ下二]｛て・て・つ・つる・つれ・てよ｝❶すっかり消えてしまう。例「今朝のまの雪は跡なく消えは・てて」〈玉葉・冬・九八七〉❷息が絶える。死ぬ。例「ものの枯れゆくやうにて、消え果・てたまひぬる」〈源氏・総角〉❸関係が絶える。例「消え果・てて止みぬ許りか年をへて」〈後撰・恋一・五一七〉

きえまど・ふ【消え惑ふ】[自ハ四]｛は・ひ・ふ・ふ・へ・へ｝死ぬほどに思い迷う。例「消えまど・へる気色いと心苦しく、らうたげなれば（＝イジラシイノデ）」〈源氏・帚木〉

きえ‐やら・ず【消え遣らず】消えるはずのものがまだ消えない。すっかり消えきらない。すっかりは消えていない。例「こよひまた風ふきさえて消えやら・ぬ昨日の雪にふりぞかさなる」〈玉葉・冬・一〇〇〇〉

語構成
きえ　ヤ下二「消ゆ」㊊
やら　ラ四「遣る」㊍
ず　打消「ず」

きえゆ・く【消え行く】[自カ四]｛か・き・く・く・け・け｝しだいに消えてゆく。

きえわ・ぶ【消え侘ぶ】[自バ上二]｛び・び・ぶ・ぶる・ぶれ・びよ｝❶消えないことに思い悩む。例「（涙デデキタ）とこの霜枕の氷きえわ・びぬ」〈新古今・恋二・一一三七〉❷気が遠くなるほど心細く思う。例「さてもまた人しれずのみきえわ・びぬ」〈新続古今・恋一・一〇三六〉

きえん【機縁】[名]《仏教語。「機根」と「因縁」の意》❶仏の教えを受け入れる素質や能力があり、仏の教えを受ける因縁となること。❷縁。前世の因縁。

きおう【競う】歴史的かなづかい「きほふ」

きかいがしま【鬼界が島】[地名]いまの鹿児島県大隅諸島の硫黄島、または、南西諸島の古称ともいう。古くは流刑地で、『平家物語』の俊寛僧都が流された島として知られる。

ぎかいのそう【擬階の奏】[名]平安時代、毎年四月七日、紫宸殿で行われた儀式。六位以下八位までの官人に与えるべき位などを、あらかじめ名簿化し、それを大臣から奏上する。（季‐夏）

きかうでん【乞巧奠】[名]《「きっかうでん」とも。「乞巧」は技術が巧みになることを祈る、「奠」は供物を供えて祭るの意》陰暦七月七日の夜、牽牛と織女の二星を祭る行事。中国から渡来した風習で、織女に裁縫や芸能などの上達を願った。宮中では、清涼殿の東庭に四脚の机を置き、糸・針・琴などの供物を供えた。七夕祭り。（季‐秋）

きかく【聞かく】《動詞「聞く」の名詞化したもの》聞くこと。例「清き瀬の音を聞かくし良しも」〈万葉・一〇・二二二二〉

きかく【其角】[人名]「えのもときかく」に同じ。

ぎがく【伎楽】[名]❶古代、インド・チベット地方で発生したと推測される仮面音楽劇。日本には推古二十年（六一二）、伝えられ、笛・鼓・銅拍子の伴奏で特殊な伎楽面をつけて舞われた。＝呉楽。❷音楽。

きか・す【聞かす】《動詞「聞く」の未然形＋上代の尊敬の助動詞「す」》お聞きになる。＝聞こす。例「高志の国に賢し女を有りと聞か・して」〈記・上・歌謡〉

きかつ[・す]【飢渇】[名・自サ変]「けかつ（飢渇）」に同じ。

きかぬがは[・なり]【聞かぬ顔】[名・形動ナリ]聞かないそぶり。例「むべなりけり。きかぬ顔・なるは」〈枕・七日の日の若菜を〉

きがは【橘皮・黄皮】[名]タチバナの実の皮。細かく刻んで薬味として用いる。

きかはらげ【黄川原毛・黄瓦毛】[名]馬の毛色の名。「川原毛」の黄色みを帯びたもの。

きか・ふ【錯ふ・差ふ】[自ハ四]｛は・ひ・ふ・ふ・へ・へ｝材と材の接する部分がきしり合う。すれ合う。例「柱・桁・梁・戸・牖の錯・ひ動き鳴ることなく」〈祝詞〉

きか・む【牙嚙む】[自マ四]｛ま・み・む・む・め・め｝歯ぎしりする。例「地を踏みきか・みたけび」〈万葉・九・一八〇九長歌〉

きかよ・ふ【来通ふ】[自ハ四]｛は・ひ・ふ・ふ・へ・へ｝何度も通ってくる。いつも行き来する。例「あをによし奈良路来通・ふ」〈万葉・一七・三九七三長歌〉

きがん【起龕】[名]《仏教語。「龕」は棺の意》禅宗で、出棺のとき行う儀式。また、その役。

きき【聞き】[名]❶聞くこと。❷評判。風聞。❸（酒・茶などの）味を試すこと。吟味。鑑定。

ききあきら・む【聞き明らむ】[他マ下二]｛め・め・む・むる・むれ・めよ｝聞いて事情を明らかにする。聞いてはっきりさせる。例「くはしく聞きあきら・めたまひて」〈源氏・宿木〉

ききあさ・む【聞き浅む】[自マ四]｛ま・み・む・む・め・め｝聞いてびっくりする。聞いて驚きあきれる。例「いとど人々もききあさ・み嫉がるを」〈浜松中納言・三〉

ききあつか・ふ【聞き扱ふ】[他ハ四]｛は・ひ・ふ・ふ・へ・へ｝聞いてあれこれと世話をする。聞いて応対する。例「聞きあつか・はぬ御琴の音の出でばえしたりしも面目ありて」〈源氏・若菜・下〉

ききあつ・む【聞き集む】〔他マ下二〕｛め・め・む・むる・むれ・めよ｝いろいろな物事を聞いて心に留める。例「世にある人のありさまを、おほかたなるやうにて(＝一通リトイッタヨウニ)**聞きあつ・め**」〈源氏・末摘花〉

ききあなづ・る【聞き侮る】(キキアナズル)〔他ラ四〕｛ら・り・る・る・れ・れ｝聞いて見下す。聞いてばかにする。例「親なしと**聞き侮・りて**」〈源氏・東屋〉

ききあは・す【聞き合はす】(キキアワス)〔他サ下二〕｛せ・せ・す・する・すれ・せよ｝❶あれこれ聞いて、すでに知っていることと合わせて考える。例「今宵(ひ)の御物語に**聞きあは・すれば**」〈源氏・明石〉❷伝え聞いて知る。例「人のもの言ひ隠れなき世なれば、おのづから**聞きあは・せて**」〈源氏・夕霧〉❸問い合わせる。例「確かなるありさまも**聞きあは・せ**などして」〈源氏・手習〉

ききあ・ふ【聞き敢ふ】(キキア(オ)ウ)〔他ハ下二〕｛へ・へ・ふ・ふる・ふれ・へよ｝(「敢ふ」は完全に…するの意)よく聞き取る。十分に聞く。例「いかで**聞きあ・へつらむ**」〈蜻蛉・中〉

ききあま・る【聞き余る】〔自ラ四〕｛ら・り・る・る・れ・れ｝聞いたまま胸におさめておくことができない。例「『あはれに、言ふにもあまる御琴の音かな』と、うつくしきに、**聞きあま・りて**」〈夜の寝覚〉

ききあらは・す【聞き顕す】(キキアラワス)〔他サ四〕｛さ・し・す・す・せ・せ｝聞き出す。探り聞く。例「あさましかりける御心強さを**聞きあらは・して**」〈源氏・総角〉

ききい・づ【聞き出づ】(キキイズ)〔他ダ下二〕｛で・で・づ・づる・づれ・でよ｝探って聞き出す。例「さるべき所どころを尋ね聞こえければ、つひにえ**聞き出・でず**」〈源氏・玉鬘〉

ききいど・む【聞き挑む】〔他マ四〕｛ま・み・む・む・め・め｝うわさに聞いて恋をしかける。例「かの女、はた、この男を**聞きいど・みて**」〈平中・九〉

ききい・る【聞き入る】㊀〔自ラ四〕｛ら・り・る・る・れ・れ｝じっと耳を澄まして聞く。例「つくづくと**聞き入・りて**」〈夜の寝覚〉㊁〔他ラ下二〕｛れ・れ・る・るる・るれ・れよ｝❶聞いて心にとめる。例「鳶(と)・鳥(から)などの上は、見入れ、**聞き入・れ**などする人、世になしかし」〈枕・鳥は〉❷聞いて受け入れる。承諾する。例「仏神(ほとけかみ)も**聞き入・れ**たまふべき言(こと)の葉(は)」〈源氏・若菜・下〉❸聞いて了解する。例「何の響きとも**聞き入・れたま**はず」〈源氏・夕顔〉

きき・う【聞き得】〔他ア下二〕｛え・え・う・うる・うれ・えよ｝聞いて理解する。聞くことができる。例「心をや**聞き・得**たりけむ、いと思ひのほかになむ賞(め)でける」〈土佐〉

ききうか・ぶ【聞き浮かぶ】〔他バ下二〕｛べ・べ・ぶ・ぶる・ぶれ・べよ｝聞いて暗記する。そらんずる。例「〔千字文ヲ〕やがて、一日に**聞き浮か・べ給ふ**」〈宇津保・楼の上・上〉

ききうと・む【聞き疎む】〔他マ四〕｛ま・み・む・む・め・め｝聞いてうとましく思う。例「さらむほどに、内(う)ちの大臣(おとど)**聞きうと・み**、思ひ離るる御心もつきなむ」〈夜の寝覚〉

ききお・く【聞き置く】〔他カ四〕｛か・き・く・く・け・け｝聞いて心に留める。聞いて覚えている。例「かのあさましかりし世の古事(ふるごと)を**聞きお・き**たまへるなめり」〈源氏・初音〉

語構成「聞きおきたまへるなめり」→「なめり」

ききおと・す【聞き落とす】〔他サ四〕｛さ・し・す・す・せ・せ｝聞いて相手を軽蔑(けいべつ)する。例「あへなくあはつけきやうにや、**聞きおと・し**たまひけむ」〈源氏・若菜・下〉

ききおどろ・く【聞き驚く】〔自カ四〕｛か・き・く・く・け・け｝聞いてびっくりする。聞いて目を覚ます。例「〔涼殿(すずしどの)ハ大将ガ吹ク横笛ヲ〕**聞き驚・き給ひて**」〈宇津保・楼の上・下〉

ききお・ふ【聞き負ふ】(キキオウ)〔他ハ四〕｛は・ひ・ふ・ふ・へ・へ｝自分に関係あることとして聞く。例「うち嘆くを、我ひとりしも**聞きお・ふ**まじけれど疎(うと)ましや」〈源氏・紅葉賀〉

ききおぼ・す【聞き思す】〔他サ四〕｛さ・し・す・す・せ・せ｝(「聞き思ふ」の尊敬語)聞いてお思いになる。例「大臣(おとど)も**聞き思・す**ところはべりなん」〈源氏・少女〉

ききおぼ・ゆ【聞き覚ゆ】〔他ヤ下二〕｛え・え・ゆ・ゆる・ゆれ・えよ｝聞いて覚える。聞きかじって知る。耳学問をする。

ききおも・ふ【聞き思ふ】(キキオモウ)〔他ハ四〕｛は・ひ・ふ・ふ・へ・へ｝あることを聞いて思う。例「あやしく**聞き思・ひ**しは、げにおろかなるまじきわざなりけり」〈源氏・宿木〉

ききおよ・ぶ【聞き及ぶ】〔他バ四〕｛ば・び・ぶ・ぶ・べ・べ｝人づてに聞く。伝え聞く。例「年ごろ、かけても(＝少シモ)**聞きおよ・ばざりける**」〈源氏・橋姫〉

ききかえう【記紀歌謡】(キキカヨウ)〔名〕『古事記』『日本書紀』に収載されている古代歌謡の総称。収載歌数は数え方により諸説あるが、『古事記』百十首余り、『日本書紀』百三十首弱。多くはすでに独立して存在した作者未詳の民謡と考えられるが、記紀の中ではそれぞれの歴史叙述に組み入れられる形で、登場人物がうたったものとして採録されている。

ききがき【聞き書き】〔名〕❶人から聞いたことを書き記すこと。また、その文書。❷「除目(ぢもく)」の除位任官の結果やその理由を書いた文書。

ききかは・す【聞き交はす】(キキカワス)〔他サ四〕｛さ・し・す・す・せ・せ｝互いに聞き合う。便りを交わす。例「御ありさまは絶えず**聞きかは・したまひけり**」〈源氏・早蕨〉

ききがほ【・なり】【聞き顔】(キキガオ)〔名・形動ナリ〕「きさしりがほ」に同じ。

ききかよ・ふ【聞き通ふ】(キキカヨウ)〔他ハ四〕｛は・ひ・ふ・ふ・へ・へ｝❶聞き及ぶ。伝え聞く。例「おのづから**聞き通・ひて**、隠れなきこともこそあれと思ひて」〈源氏・浮舟〉❷聞いて心を通わせる。例「御遊びの折々、琴・笛の音(ね)に〔源氏ハ〕**聞きかよ・ひ**」〈源氏・桐壺〉

〔俳句〕**ききくしらぎく…【黄菊白菊その外(ほか)の名(な)はなくもがな】**〈其袋・嵐雪〉訳紫のものや紅のものなど菊にもいろいろな種類があるが、やはり黄菊白菊にかなうものはなく、これ以外のものはむしろないほうがよい。(季－黄菊・白菊－秋)

ききこう・ず【聞き困ず】〔他サ変〕｛ぜ・じ・ず・ずる・ずれ・ぜよ｝聞いて疲れる。聞きくたびれる。例「もの**聞き困・じて**女房もおのおの局(つぼね)にありつつ」〈源氏・蜻蛉〉

ききごと【聞き事】〔名〕聞くだけの価値があること。

ききこ・ふ【聞き恋ふ】(キキコウ)〔他ハ上二〕｛ひ・ひ・ふ・ふる・ふれ・ひよ｝聞いて恋しく思う。例「里人の**聞きこ・ふる**まで山彦(やまびこ)の相(あひ)とよむまで」〈万葉・一〇・一九三七長歌〉

ききこ・む【聞き籠む・聞き込む】〔他マ下二〕｛め・め・む・むる・むれ・めよ｝聞いて自分の胸に納めておく。例「ひとりあかすよもの思ひは**ききこ・めぬ**」〈風雅・雑中・一六九二〉

ききさ・す【聞きさす】〔他サ四〕｛さ・し・す・す・せ・せ｝(「さす」は接尾語)聞くのを途中でやめる。例「ことなることなければ、**聞きさ・したまひつ**」〈源氏・帚木〉

ききさだ・む【聞き定む】〔他マ下二〕｛め・め・む・むる・むれ・めよ｝聞いて判断する。例「〔源氏ノ〕のたまふ声に、〔女ハ〕この君なりけりと**聞き定・めて**」〈源氏・花宴〉

ききざれ【聞き戯れ】[名]いい加減に聞くこと。

きぎし【雉子】[名]《「きぎす」とも》キジの古名。＝雉。（季―春）

〔**雉子の頓使ひ**〕（天つ神が天若日子のもとに遣わしたキジが、天若日子に射殺されて天上に帰らなかったという神話から）行ったきりで帰らない使い。

ききしの・ぶ【聞き忍ぶ】[他バ四]{ば・び・ぶ・ぶ・べ・べ}聞いても黙っている。聞いても知らないふりをする。例「心やましうち思ひて、**聞き忍・びたまふ**」〈源氏・横笛〉

ききじゃうず【聞上手】[作品名]江戸中期（一七三刊行）の噺本。小松百亀作・画。全六十四話の江戸小咄集。

ききしりがほ[・なり]【聞き知り顔】[名・形動ナリ]聞いて知っているような顔つき・ようす。＝聞き知り顔。例「（猫ヲ）『大納言の姫君』と呼びしかば、**聞き知り顔・に**鳴きて歩み来などせしかば」〈更級〉

ききし・る【聞き知る】[他ラ四]{ら・り・る・る・れ・れ}聞いてそれと知る。聞いて分かる。例「おのづから（＝タマニ）人はあれども、言ふ詞も**聞き知・らず**」〈平家・三・有王〉

きぎす【雉子】[名]「きぎし」に同じ。（季―春）

ききすぐ・す【聞き過ぐす】[他サ四]{さ・し・す・す・せ・せ}聞いても心にとめない。聞き流す。例「宰相なくなりてまだ服のうちに、例のさやうのこと（＝ソノヨウナ女性ノウワサ）**聞き過ぐ・されぬ**心にて」〈蜻蛉・下〉

ききすま・す【聞き済ます】[他サ四]{さ・し・す・す・せ・せ}すっかり聞く。例「この謀いかなる野心の者か、京都へ告げたりけん、将軍これを**聞きすま・して**げれば」〈太平記・一七〉

ききすま・す【聞き澄ます】[他サ四]{さ・し・す・す・せ・せ}心を静めて聞く。耳を澄まして聞く。例「三吉つくづく**聞き澄ま・し**」〈浄・丹波与作待夜の小室節〉

ききず・む【聞き済む】[他マ四]{ま・み・む・む・め・め}聞き届ける。承知する。例「『百両ならば了簡致さう』『すりゃお**聞き済・み**下さるとか』」〈伎・青砥稿花紅彩画〉

ききそなは・す【聞きそなはす】[他サ四]{さ・し・す・す・せ・せ}《「見る」の尊敬語「みそなはす」の類推から生じた語。「聞く」の尊敬語》お聞きになる。例「おのづから耳にふれて、あはれと**ききそなは・し**」〈撰集抄〉

ききそ・ふ【聞き添ふ】[他ハ下二]{へ・へ・ふ・ふる・ふれ・へよ}聞き足す。さらに聞く。例「覚めやらぬ夢路に夢を**ききそ・へて**」〈続後拾遺・釈教・一三六二〉

ききそ・む【聞き初む】[他マ下二]{め・め・む・むる・むれ・めよ}初めて聞く。例「あしひきの木の間立ち潜くほととぎすかく**聞きそ・めて**後の恋ひむかも」〈万葉・八・一四九五〉

ききた・つ【聞き立つ】[他タ下二]{て・て・つ・つる・つれ・てよ}とくに聞こうとする。熱心に聞く。例「いで君は人のなか事（＝中傷）**聞き立・つ**なゆめ」〈古今六帖・五〉

ききつ・く【聞き付く】■一[自カ四]{か・き・く・く・け・け}聞き入る。関心をもって耳を傾ける。例「一言ばかりかすめたまへるけはひ、いとなつかしげなるに、**聞きつ・きて**」〈源氏・薄雲〉■二[他カ下二]{け・け・く・くる・くれ・けよ}聞いて気づく。人づてに聞く。例「親**聞きつ・けて**、泣く泣く告げたりければ」〈伊勢・四五〉

ききつ・ぐ【聞き継ぐ】[他ガ四]{が・ぎ・ぐ・ぐ・げ・げ}❶人が聞いたあとに続けて聞く。例「ほととぎす鳴き渡りぬと告ぐれども我**聞き継・がず**花は過ぎつつ」〈万葉・一九・四一九四〉❷人から人へと伝え聞く。例「後の代に**聞き継・ぐ**人もいや遠に偲ひにせよと」〈万葉・一九・四二一一長歌〉

ききつた・ふ【聞き伝ふ】[他ハ下二]{へ・へ・ふ・ふる・ふれ・へよ}人づてに聞く。伝え聞く。例「あいなきことをさへうちそへて、人も**聞きつた・へん**」〈源氏・宿木〉

ききづて【聞き伝て】[名]間接的に聞くこと。伝聞。

ききつ・む【聞き集む】[他マ下二]{め・め・む・むる・むれ・めよ}聞き集める。例「世の人のとあるかかるけぢめ（＝相違）も**聞きつ・めたまひて**」〈源氏・朝顔〉

ききとが・む【聞き咎む】[他マ下二]{め・め・む・むる・むれ・めよ}❶聞いて問いただす。非難する。例「にはかに、何人ぞ、いつよりなど**聞き咎・められん**もものの騒がしく」〈源氏・浮舟〉❷聞いて心に留める。例「鳥の音を**聞きとが・めず**ぞ行きすぎにける」〈後撰・雑三・一二二六〉

ききどころ【聞き所】[名]聞く価値のあるところ。例「あはれにもをかしくも、さまざま**聞きどころ**多く語らひきこえたまふ」〈源氏・総角〉

ききとど・く【聞き届く】[他カ下二]{け・け・く・くる・くれ・けよ}❶注意して聞く。聞いて確かめる。例「折節長老帰り給ひ、子細を**聞き届・けて**」〈浮・男色大鑑〉❷聞き入れる。聞いて許可する。例「なるほど**聞き届・けた**、いかにも抱へてやらう」〈狂言記・俄道心〉

ききとど・む【聞き留む】[他マ下二]{め・め・む・むる・むれ・めよ}聞いて心に留める。注意して聞く。例「何ごとも見知り、**聞きとど・めたまはぬ**にはあらねど」〈源氏・紅梅〉

ききと・る【聞き取る】[他ラ四]{ら・り・る・る・れ・れ}聞きとめる。聞いて覚える。例「幼き子どもの**きき取・りて**、その人のあるに、言ひ出でたる」〈枕・はしたなきもの〉

ききと・る【聞き蕩る】[自ラ下二]{れ・れ・る・るる・るれ・れよ}聞いて心を奪われる。聞きほれる。例「武蔵守いとどうれしげに**聞きと・れて**」〈太平記・二一〉

ききなし【聞き做し】[名]聞いてそれと思うこと。例「そのことといひても鳴かぬ虫の音も**聞きなし**にこそ悲しかりけれ」〈和泉式部集〉

ききな・す【聞き做す】[他サ四]{さ・し・す・す・せ・せ}聞いてそれと思う。例「わが御方ざまに（＝ゴ自分ノ方デハ）苦しかるべきことをも、なだらかに**聞きな・し**」〈源氏・紅梅〉

ききなほ・す【聞き直す】[他サ四]{さ・し・す・す・せ・せ}❶悪いこともよいこととして聞く。例「神直び・大直びに見直し**聞き直・しまして**」〈祝詞〉❷聞いて誤りを改める。例「まことならばこそあらめ、おのづから**ききなほ・したまひてむ**」〈枕・頭の中将の〉

ききなや・む【聞き悩む】[自マ四]{ま・み・む・む・め・め}❶聞いて心を悩ます。聞いて悩む。❷よく聞き取れずに悩む。例「誰が里に**ききなや・むらん**郭公ほのめきわたる雲のをちかた」〈夫木・夏二〉

ききなら・す【聞き慣らす・聞き馴らす】[他サ四]{さ・し・す・す・せ・せ}いつも聞いている。聞いて耳をならす。例「この**聞きなら・したる**琴をさへや（＝オ聞カセクダサラナイノデスカ）」〈源氏・明石〉

ききなら・ふ【聞き習ふ】[他ハ四]{は・ひ・ふ・ふ・へ・へ}聞きなれている。耳なれる。例「壁の中のきりぎりすだに間遠に**聞きなら・ひたまへる**御耳に」〈源氏・夕顔〉

ききな・る【聞き慣る・聞き馴る】[他ラ下二]{れ・れ・る・るる・るれ・れよ}聞いてなじんでいる。耳なれている。例「昔**聞き馴・れ**たてまつりしわたりにて」〈源氏・橋姫〉

ききにく・し【聞きにくし】［形ク］{から・く(かり)・し・き(かる)・けれ・かれ}❶聞き苦しい。例「若き人々は、**聞きにく・き**までめできこえあへり」〈源氏・葵〉❷聞きとりにくい。

ききにげ［・す］【聞き逃げ】［名・自サ変］うわさや物音などを、聞いただけで恐れて逃げること。

ききはさ・む【聞き挟む】［他マ下二］{め・め・む・むる・むれ・めよ}偶然聞く。小耳にはさむ。例「『見むとおもはば』とあるを**聞きはさ・めて**」〈蜻蛉・上〉

ききは・つ【聞き果つ】［他タ下二］{て・て・つ・つる・つれ・てよ}終わりまですっかり聞く。例「このことわり**聞きは・てむ**」〈源氏・帚木〉

ききはつ・る【聞きはつる】［他ラ四］{ら・り・る・る・れ・れ}《近世語》聞きかじる。一部分を聞く。例「師匠の話**聞きはっ・った**儀もあり」〈浄・鑓の権三重帷子〉（音便）「聞きはっっ」は「聞きはつり」の促音便。

ききはな・つ【聞き放つ】［他タ四］{た・ち・つ・つ・て・て}関係ないこととして聞く。聞き流す。例「よそに**聞き放・ち**たてまつるべきにもあらねど」〈源氏・若菜・上〉

ききはや・す【聞き囃す】［他サ四］{さ・し・す・す・せ・せ}聞いてほめそやす。例「右の大臣など、『和琴いとおもしろし』など**聞きはや・したまふ**」〈紫式部日記〉

ききひら・く【聞き開く】［他カ四］{か・き・く・く・け・け}聞いて理解する。例「なんぢが申すところ、一々に**聞きひら・きぬ**」〈曾我・一〇〉

ききふけ・る【聞き耽る】［他ラ四］{ら・り・る・る・れ・れ}一心に聞く。例「この歌どもを、人の何かといふを（＝批評スルノヲ）、ある人**聞きふけ・り**てよめり」〈土佐〉

ききふ・す【聞き臥す】［自サ四］{さ・し・す・す・せ・せ}聞きながら横になる。例「誦経の鐘の風につけて聞こえ来るを、つくづくと**聞き臥・したまふ**」〈源氏・浮舟〉

ききふる・す【聞き旧るす】［他サ四］{さ・し・す・す・せ・せ}何度も聞いて珍しくなくなる。例「**聞きふる・されぬ**時鳥かな」〈続千載・夏・二五四〉

ききまがは・す【聞き紛はす】［他サ四］{さ・し・す・す・せ・せ}ほかの音と入り混じって区別がつかないようにする。例「例の絶えせぬ水のおとなひ、夜もすがら**聞きまがは・さる**」〈紫式部日記〉

ききまが・ふ【聞き紛ふ】［他ハ四］{は・ひ・ふ・ふ・へ・へ}聞き間違える。

ききまど・ふ【聞き惑ふ】［他ハ四］{は・ひ・ふ・ふ・へ・へ}聞いて心が乱れる。例「あやしう**きき惑・はる**るに、かたちありさまの似るものなく」〈浜松中納言・一〉

ききみみ【聞き耳】［名］❶耳で聞いた感じ。❷世間への聞こえ。外聞。例「かく世の**聞き耳**もなのめならぬことの出で来ぬるよ」〈源氏・若菜・上〉❸よく聞こうと注意すること。耳をすまして聞くこと。

ききみみどほ・し【聞き耳遠し】［形ク］{から・く(かり)・し・き(かる)・けれ・かれ}聞いても身近に感じられない。実感がわかない。例「いと**聞き耳遠・けれ**ば、ただ近きほどより申さむ」〈大鏡・序〉

ぎぎめ・く［自カ四］{か・き・く・く・け・け}《「ぎぎ」は擬声語。「めく」は接尾語》❶ぎぎと音や声を立てる。例「〔赤ク大キナイタチガ〕大きに**ぎぎめ・きて**」〈盛衰記・一三〉❷ひしめく。例「我も我もと**ぎぎめ・き**参り給ふ」〈伽・熊野の御本地のさうし〉

ききめ・づ【聞き愛づ】［他ダ下二］{で・で・づ・づる・づれ・でよ}評判などを聞いて思い焦がれる。聞いて心を動かされる。例「いかでこのかぐや姫を得てしかな、見てしかなと、音に**聞きめ・でて**惑ふ」〈竹取・かぐや姫〉

ききもあへ・ず【聞きも敢へず】《動詞「聞く」の連用形＋係助詞「も」＋動詞「敢ふ」の未然形＋打消の助動詞「ず」》最後までは聞けない。十分には聞かない。例「ふしあはせ言ふを**聞きもあへ・ず**」〈浮・世間胸算用〉

ききもた・り【聞き持たり】［他ラ変］{ら・り・り・る・れ・れ}《「ききもちあり」の変化形》聞いて心にとめる。聞き覚えている。例「『いま来むよ』と言ふも、**聞きもた・りて**、まねび（＝口マネヲシテ）ありく」〈蜻蛉・上〉

ききもの【利き者】［名］《近世語》実力のある人。勢いのある人。＝利け者

ききもら・す【聞き漏らす・聞き洩らす】［他サ四］{さ・し・す・す・せ・せ}❶（秘密など）聞いたことをほかの人に漏らす。例「次々に**聞き漏ら・し**つつ、ありがたき世語りにぞささめきける」〈源氏・真木柱〉❷聞き落とす。例「世に古りぬる事をも、おのづから**聞きもら・す**あたりもあれば」〈徒然・二三四〉

ききやう【桔梗】［名］❶（「きちかう」とも）草の名。キキョウ。秋の七草のひとつ。『万葉集』の「あさがほ」はこの花のことも。（季－秋）。❷襲の色目の名。表は二藍で裏は青。❸織り色の名。縦糸・横糸ともに縹色。❹①の花を図案化した紋所の名。

ききやう［・す］【帰敬】［名・自サ変］《仏教語。「帰依敬礼」の意》仏を心から信じ、敬うこと。

ぎぎやう【鬼形】［名］鬼の姿。鬼の形。

ききや・る【聞きやる】［他ラ四］{ら・り・る・る・れ・れ}《「ききある」の変化形。「聞く」の軽い尊敬語》聞きなさる。例「語って聞かさうほどに、ようお**聞きや・れ**」〈狂・釣狐〉

きぎよ【帰御】［名］貴人が帰ることの尊敬語。お帰り。ご帰還。

きぎよ【綺語】［名］「きご」に同じ。

ききよ・し【聞きよし】［形ク］{から・く(かり)・し・き(かる)・けれ・かれ}❶聞いて耳に快い。例「ひねもすに鳴けど**聞きよ・し**」〈万葉・九・一七五五長歌〉❷聞こえがよい。人聞きがよい。例「公・私おぼつかなからず**ききよ・き**ほどに語りたる」〈枕・心ゆくもの〉

ききわ・く【聞き分く】一［他カ四］{か・き・く・く・け・け}聞いて判別する。例「春やとき花や遅きと**聞き分・かむ**」〈古今・春上・一〇〉訳→〔和歌〕はるやとき…。二［他カ下二］{け・け・く・くる・くれ・けよ}❶一に同じ。例「わたくしを盗人ぢゃと申しまするほどに、**聞き分・けて**下されませい」〈狂言記・長光〉❷納得する。承諾する。例「はあ、**聞き分・けました**」〈狂言記・末広がり〉

発展学習ファイル　中古まで四段活用であったが、それ以降下二段活用が主流となった。

ききわた・す【聞き渡す】［他サ四］{さ・し・す・す・せ・せ}辺りの音をつねに聞く。聞き続ける。例「白栲の衣うつ砧の音も、かすかに、こなたかなた**聞きわた・され**」〈源氏・夕顔〉

ききわた・る【聞き渡る】［他ラ四］{ら・り・る・る・れ・れ}ずっと聞き続ける。例「天雲の八重雲隠り鳴る神の音のみにやも**聞き渡・りなむ**」〈万葉・一一・二六五八〉

ききわづら・ふ【聞き煩ふ】［他ハ四］{は・ひ・ふ・ふ・へ・へ}聞いて苦しく思う。聞き悩む。例「蔵人少将は死ぬばかり思ひて、母北の方を責めたてまつれば、聞

きわづら・ひたまひて」〈源氏・竹河〉

〔和歌〕**ききわびぬ…**【聞きわびぬ八月九月長き夜の月の夜寒に衣うつ声】〈新葉・秋下・三七六・後醍醐天皇〉訳聞くと寂しい思いになるよ。八月九月の長い夜の月の出ている冷え冷えとした中の、衣を打つ砧の音は。

きき・ゐる【聞き居る】[自ワ上一]{ゐ・ゐ・ゐる・ゐる・ゐれ・ゐよ}じっと聞いている。また、聞きながら座っている。例「〔本人ガ〕きき・ゐたりけるを知らで、人のうへいひたる」〈枕・かたはらいたきもの〉

きぎん【季吟】[人名]「きたむらきぎん」に同じ。

きく【菊】[名]❶草の名。（季‐秋）。例「御前なる菊を折りて左大将〔ハ源氏ノ挿頭ヲ〕さしかへたまふ」〈源氏・紅葉賀〉❷「菊襲」の略。❸菊の花や葉を描いた**文様の名**。例「菊の摺り裳も、綾、搔い練り一襲」〈宇津保・俊蔭〉❹菊の花や枝葉を図案化した**紋所の名**。

〔菊の宴〕陰暦九月九日の重陽の節供に催された観菊の宴。菊花を杯に浮かべて飲む。（季‐秋）

〔菊の賀〕菊の咲くころに行われる長寿を祝う宴。

〔菊の座〕「きくざ」に同じ。

〔菊の酒〕「きくざけ①」に同じ。

〔菊の下水〕菊の下を流れる水。中国の故事から、この水を飲めば長寿を保つとされた。→「きくすい」。＝菊の水

〔菊の節句〕「五節句」のひとつ。陰暦九月九日の「重陽の節句」の別称。（季‐秋）

〔菊の露〕菊の花の上に置いた露。飲めば長生きするとされた。

〔菊の水〕「きくのしたみづ」に同じ。

〔菊の綿〕菊の花にかぶせた綿。陰暦九月九日の「重陽の節句」の朝、前夜から菊の花にかぶせておいた綿をとり、その露と香りのついた綿でからだをぬぐって長寿を願った。＝被せ綿。（季‐秋）

き・く【利く】[自カ四]{か・き・く・く・け・け}❶役に立つ。例「あはれき・きたまへる口かな」〈栄花・三六〉❷物事に通じている。すぐれている。例「宮口半内といふ男は、小刀細工き・きければ」〈浮・日本永代蔵〉

き・く【聞く・聴く】[他カ四]{か・き・く・く・け・け}❶音を耳で**知覚する**。**耳にする**。例「時鳥まだしきほどの声を聞・かばや」〈古今・夏・一三八〉❷**聞き入れる**。**承知する**。**承諾する**。例「親のあはすれども、き・かで」〈伊勢・二三〉❸**問う**。**尋ねる**。例「散り散らず聞・かまほしきをふる里の花見て帰る人も逢はなん」〈拾遺・春・四九〉訳→〔和歌〕ちりちらず…。❹**味見する**。**吟味する**。例「よい酒か悪しい酒か、私の一つき・いてみずはなりますまい」〈狂・伯母が酒〉《音便》「きい」は「きき」のイ音便。❺**評価する**。**判断する**。**処理する**。例「我が句を面白く作るよりも、き・くははるかに至り難し」〈ささめごと〉

きくあはせ【菊合はせ】[名]「物合はせ」のひとつ。競技者が左右に分かれ、菊の花を出し合って、優劣を競う遊び。「歌合はせ」を伴うことも多かった。

きくいちもんじ【菊一文字】[名]鎌倉時代、後鳥羽上皇が備前則宗らに鍛えさせ、自ら焼き刃をしたという刀。刀の中子（刀身で柄に入る部分）に菊花の紋を刻んであるのでいう。＝菊作りの太刀

きくがさね【菊襲】[名]女房の「襲袿」の色目の名。上に蘇芳の「匂ひ（下にいくほど薄くなるぼかし）」を五枚、下に白を三枚重ねて着る。＝菊②。（季‐秋）

きくきく【聞く聞く】《動詞「聞く」の終止形を重ねた語》聞きながら。聞きつつ。例「鶏も鳴きぬと聞く聞く寝にければ」〈蜻蛉・下〉

きくざ【菊座】[名]菊の花の形に作った装飾用の金具。鎧の鋲や兜の天辺の穴、長押・妻戸の釘などにつける。＝菊の座。➡[古典参考図]武装・武具〈1〉

きくざけ【菊酒】[名]❶重陽の節供に菊の花を浮かべて飲む酒。＝菊の酒。❷加賀国（いまの石川県）で産する名酒。一説に、みりんの一種とも。

きくじどう【菊慈童】[人名]中国の仙童の名前。「枕慈童」ともいう。菊の露を飲み不老不死となる。『太平記』『和漢朗詠集』らの説話がのちに謡曲や歌舞伎の所作事で演じられるようになった。

きくすい【菊水】[地名]中国河南省を流れる白河の支流。菊の景勝地で、菊の露が川に落ち、下流の者がその水を飲むと長生きするという伝承がある。

きくそく【鞠足】[名]蹴鞠の上手な人。

〔和歌〕**きくたびに…**【聞くたびにめづらしければ時鳥いつも初音の心地こそすれ】〈金葉・夏・一二三・永縁〉訳鳴き声を聞くたびに新鮮な感じがするので、ホトトギスの声はいつも初音の感じがするよ。

きくちば【黄朽ち葉】[名]❶染め色の名。赤みがかった黄色。❷織物の色の名。縦糸を紅、横糸を黄で織ったもので、秋に用いる。

きくぢん【麴塵】[名]《「きぢん」とも》❶黄ばんだ萌葱色。天皇が着る袍の色で、「禁色」のひとつ。＝青色。❷「麴塵の袍」の略。

〔麴塵の袍〕天皇が略儀の際に着用した「麴塵」色の袍。桐・竹・鳳凰・麒麟などの模様がある。＝青色の袍・麴塵②

きくづくりのたち【菊作りの太刀】[名]「きくいちもんじ」に同じ。

きくとぢ【菊綴ぢ】[名]糸の先をほぐして菊花のようにし、直垂・水干・素襖などの縫い目にとじつけた飾り。布や皮のひもを結んだものもある。

きくならく【聞くならく】《動詞「聞く」の終止形＋伝聞・推定の助動詞「なり」の名詞化したもの》（漢文訓読で引用に用いて）聞くところによると。例「聞くならく春色囲中にあまねしと」〈文華秀麗集〉

〔俳句〕**きくのかや…**【菊の香や奈良には古き仏達】〈笈日記・芭蕉〉訳菊の節句、九月九日重陽の日を菊の香りただよう奈良で迎えた。奈良の寺々には古い仏様たちがおられるが、菊の古雅の風情はいかにもそれにふさわしい。（季‐菊の香‐秋）

〔和歌〕**きくやいかに…**【聞くやいかにうはの空なる風だにも松に音するならひありとは】〈新古今・恋三・一一九九・宮内卿〉訳あなたはお聞きですか、いかがでしょう。上空を吹く風でさえも、松に吹いて音を立てるならわしがあるということを。それなのに浮気なあなたは、いくら私が待っていても訪れてはくれません。〈参考〉「うはの空」は、上空と、浮気な意とをかける。「松」は「待つ」をかけ、「音する」は音を立てる意と

訪れる意を兼ねる。

きくゎい［・なり］【奇怪】［形動ナリ］{なら・なり(に)・なり・なる・なれ・なれ}（「きっくゎい」とも）❶怪しい。不思議だ。例「いかなる人の入りおはしたるぞ。いと**奇怪・なることなり**」〈今昔・二七・一六〉❷けしからぬ。ふらちだ。例「さがなき童どもの仕りける、**奇怪・に候ふことなり**」〈徒然・二三六〉

ぎけい［・す］【儀刑・儀形】［名・自サ変］（「ぎぎゃう」とも）手本となること。模範。

ぎけいき【義経記】［作品名］室町時代の軍記。作者未詳。前半三巻では平氏と戦う以前の牛若丸（義経）の超人的行動が、後半では源頼朝に追われる義経を助ける弁慶以下の献身と辛苦が語られる。

きげつ【忌月】［名］「きづき」に同じ。

きけもの【利け者】［名］「ききもの」に同じ。

きげん［・なり］【機嫌・譏嫌】一［名］❶（仏教語）人がそしり嫌うこと。嫌悪。❷人の思わく。意向。❸物事を行うのに適した時機。潮時。❹ようす。二［形動ナリ］{なら・なり(に)・なり・なる・なれ・なれ}気分がよい。上機嫌だ。〔**機嫌を測らず**〕時機や事情を考慮することがない。例「ただし、病をうけ、子うみ、死ぬる事のみ**機嫌をはから・ず**」〈徒然・一五五〉

きご【綺語】［名］（仏教語。「きぎょ」とも）「十悪」のひとつ。真実を偽り、飾ったことば。

きこう・ず【来困ず】［自サ変］{ぜ・じ・ず・ずる・ずれ・ぜよ}来るのに疲れる。歩き疲れる。例「**来困・じたる**下衆ども、悪しげなる柚や梨などを、なつかしげにもたりて食ひなどするも、あはれに見ゆ」〈蜻蛉・上〉

きこうでん【乞巧奠】歴史的かなづかい「きかうでん」

きこえ【聞こえ】［名］**評判**。**うわさ**。**人聞き**。例「天下第一の美人の**聞こえ**ましましければ」〈平家・一・二代后〉〔敬語〕「ましましければ」→「まします」

きこえあか・す【聞こえ明かす】［他サ四］{さ・し・す・す・せ・せ}（「言ひ明かす」の謙譲語）お話し申し上げて夜を明かす。夜が明けるまでお話し申し上げる。例「夜一夜語らひたまふに、**聞こえ明か・す**」〈源氏・蜻蛉〉

きこえあ・つ【聞こえ当つ・聞こえ中つ】［他タ下二］{て・て・つ・つる・つれ・てよ}（「言ひ当つ」の謙譲語）言い当て申し上げる。例「ものなど問はせたまへど、〔占ウ者八〕さして**聞こえあ・つることもなし**」〈源氏・葵〉

きこえあつか・ふ【聞こえ扱ふ】［他ハ四］{は・ひ・ふ・ふ・へ・へ}（「言ひ扱ふ」の謙譲語）あれこれ取り沙汰申し上げる。おうわさ申し上げる。例「大殿の君も亡せたまひてのち、さりともと、世人も**聞こえあつか・ひ**」〈源氏・賢木〉

きこえあつ・む【聞こえ集む】［他マ下二］{め・め・む・むる・むれ・めよ}（「言ひ集む」の謙譲語）だれもが口をそろえて、同じようなことを申し上げる。例「さばかり賢かりしあまたの相人どもの**聞こえ集・めたるを**」〈源氏・澪標〉

きこえあは・す【聞こえ合はす】［他サ下二］{せ・せ・す・する・すれ・せよ}（「言ひ合はす」の謙譲語）打ち解けてお話し申し上げる。例「いかで世の中の見聞くことをも**聞こえあは・せむ**」〈大鏡・序〉

きこえあはせびと【聞こえ合はせ人】［名］ご相談申し上げる相手。例「なほさる方のものをも**聞こえあはせ人**に思ひきこえつるを」〈源氏・澪標〉

きこえあ・ふ【聞こえ合ふ】［他ハ四］{は・ひ・ふ・ふ・へ・へ}（「言ひ合ふ」の謙譲語）❶皆が口々に申し上げる。例「ひき動かしつばかり**聞こえあ・へる**も〔大君八〕いと心憂く疎ましくて」〈源氏・総角〉❷口々におうわさ申し上げる。例「〔尼君タチガ源氏ノコトヲ〕『この世のものともおぼえたまはず』と**聞こえあ・へり**」〈源氏・若紫〉

きこえいだ・す【聞こえ出だす】［他サ四］{さ・し・す・す・せ・せ}（「言ひ出だす」の謙譲語）部屋や御簾の内にいる人から外にいる人に対して申し上げる。例「『いとなやましきほどにてなん、え聞こえさせぬ』と、人して**聞こえ出だ・したまへる**を聞くに」〈源氏・宿木〉

きこえい・づ【聞こえ出づ】一［自ダ下二］{で・で・づ・づる・づれ・でよ}**外部に知られる**。**世間のうわさになる**。例「大臣の君も、わざと思しあがめきこえたまふ御気色など、みな世に**聞こえ出・でて**」〈源氏・胡蝶〉〔敬語〕「思しあがめきこえたまふ」→「おぼす」「きこえたまふ」。二［他ダ下二］（「言ひ出づ」の謙譲語）**口に出して申し上げる**。例「〔左大臣八〕御心ばへなど**聞こえ出・でたまひて**」〈源氏・須磨〉

きこえい・る【聞こえ入る】［他ラ下二］{れ・れ・る・るる・るれ・れよ}（「言ひ入る」の謙譲語）部屋や御簾の外にいる人から内にいる人に向かって申し上げる。例「御消息**聞こえ入・れたまへり**」〈源氏・柏木〉

きこえうごか・す【聞こえ動かす】［他サ四］{さ・し・す・す・せ・せ}（「聞こえ」は言うの意の謙譲語）説いてお勧め申し上げる。例「〔薫ノ〕人ざまのいと心恥づかしげにものしたまへば、え強ひても**聞こえ動か・したまはざりけり**」〈源氏・早蕨〉

きこえうと・む【聞こえ疎む】［他マ下二］{め・め・む・むる・むれ・めよ}（「言ひ疎む」の謙譲語）申し上げて嫌うようにしむける。嫌気がさすように申し上げる。例「上は、ここに（＝私ノ方デ）〔大君ノ参内ヲ玉鬘ニ〕**聞こえ疎・むるなめりと**」〈源氏・竹河〉〔語構成〕「聞こえ疎むるなめり」→「なめり」

きこえお・く【聞こえ置く】［他カ四］{か・き・く・く・け・け}（「言ひ置く」の謙譲語）前もって申し上げておく。例「『すべて、わが子のため悪しからむことをば、水の上に降る雪、砂子の上に置く露となし給へ』と**聞こえ置・きて**、隠れ給ひぬ」〈宇津保・忠こそ〉

きこえおと・す【聞こえ落とす・聞こえ貶す】［他サ四］{さ・し・す・す・せ・せ}（「言ひおとす」の謙譲語）申し上げてけなす。非難申し上げる。例「骨なくも**聞こえおと・してける**かな」〈源氏・蛍〉

きこえおどろか・す【聞こえ驚かす】［他サ四］{さ・し・す・す・せ・せ}（「聞こえ」は言うの意の謙譲語）申し上げて気付かせる。注意をお促し申し上げる。例「七日七日の御誦経などを、人の**聞こえおどろか・すにも**」〈源氏・柏木〉

きこえかかづら・ふ【聞こえかかづらふ】［自ハ四］{は・ひ・ふ・ふ・へ・へ}（「言ひかかづらふ」の謙譲語）ものを申し上げてかかわる。からんだ申し上げ方をする。例「〔源氏ガ六条御息所ニ〕**聞こえかかづら・ひたまへば**」〈源氏・葵〉

きこえかか・る【聞こえ掛かる】［自ラ四］{ら・り・る・る・れ・れ}（「言ひ掛かる」の謙譲語）言い寄り申し上げる。話しかけ申し上げる。例「こころみに戯れ言を**聞こえかか・り**などするをりあれど」〈源氏・紅葉賀〉

きこえか・く【聞こえ掛く】〔他カ下二〕{け・け・く・くる・くれ・けよ}《「言ひ掛く」の謙譲語》ことばをおかけ申し上げる。例「人して、『五千人のうちには、入らせたまはぬやうあらじ』と**きこえか・けて**」〈枕・小白河といふところは〉

きこえかは・す【聞こえ交はす】キコエカワス〔他サ四〕{さ・し・す・す・せ・せ}《「言ひ交はす」の謙譲語》**互いに手紙をやりとり申し上げる。語り合い申し上げる。**例「御返り、さすがに憎からず**聞こえかは・したまひて**」〈竹取・かぐや姫の昇天〉

きこえかへ・す【聞こえ返す】キコエカエス〔他サ四〕{さ・し・す・す・せ・せ}《「言ひ返す」の謙譲語》❶お返事申し上げる。例「『みづからことわりも聞こえ知らせむ』とのたまひわたるなり。いかが**聞こえかへ・さむ**」〈源氏・末摘花〉❷お断わり申し上げる。例「おほやけにも**聞こえ返・させたまへ**ば」〈源氏・若菜・上〉❸反対申し上げる。例「法師にて**聞こえ返・す**べきことにあらず」〈源氏・手習〉

きこえかよは・す【聞こえ通はす】キコエカヨワス〔他サ四〕{さ・し・す・す・せ・せ}《「言ひ通はす」の謙譲語》ことばや手紙をやりとり申し上げる。互いに親しくお話し申し上げる。例「いとど思ふやうなる御住まひにて、〔六条院ノ女性タチハ〕**聞こえ通は・したまふ**」〈源氏・少女〉

きこえかよ・ふ【聞こえ通ふ】キコエカヨウ〔他ハ四〕{は・ひ・ふ・ふ・へ・へ}《「言ひ通ふ」の謙譲語》手紙を差し上げる。ご交際申し上げる。例「目とまりて、しげう**聞こえ通・ひたまふ**」〈源氏・夕霧〉

きこえくら・す【聞こえ暮らす】〔他サ四〕{さ・し・す・す・せ・せ}《「言ひ暮らす」の謙譲語》日が暮れるまでお話し申し上げて過ごす。例「〔鬚黒ひげくろの大将ガ玉鬘たまかづら二〕日一日ひひとひ**聞こえ暮ら・したまふ**ことは」〈源氏・真木柱〉

きこえこしら・ふ【聞こえ拵ふ】キコエコシラウ〔他ハ下二〕{へ・へ・ふ・ふる・ふれ・へよ}《「言ひ拵ふ」の謙譲語》申し上げてなだめる。説得申し上げる。例「〔女房タチガ〕集まりて**聞こえこしら・ふる**に、〔落葉おちばノ宮ハ〕いとわりなく」〈源氏・夕霧〉

きこえご・つ【聞こえごつ】〔他タ四〕{た・ち・つ・つ・て・て}《「聞こえ」は言うの意の謙譲語》それとなく申し上げる。聞こえよがしに申し上げる。例「をりをり**聞こえご・ちたまひ**しを」〈源氏・横笛〉

きこえさ・す【聞こえさす】〔他サ四〕{さ・し・す・す・せ・せ}《動詞「聞こゆ」の連用形＋接尾語「さす」》「言いかけて途中でやめる」の意の謙譲語で、「(AがBに)きこえさす」で、B(言う相手)を高める。**申し上げかけて途中でやめる。**例「〔他ノ〕人々参れば**きこえさ・しつ**」〈源氏・玉鬘〉
《敬語》「参れば」→「まゐる(四段)」

きこえさ・す【聞こえさす】

アプローチ
▼一三は謙譲語。「(AがBに)きこえさす」でBを高める。
▼二四の「きこえさす」が一語化したもので、「きこゆ」より敬意が高い。

一〔他サ下二〕{せ・せ・す・する・すれ・せよ}《「きこえさす」で一語。本動詞》❶「言う」の意の謙譲語。「(AがBに)きこえさす」で、B(言う相手)を高める。**申し上げる。**例「『うちとけて、あやしきふる人どものはべるに』と**きこえさ・す**」〈源氏・若紫〉訳「くつろいで、見苦しい老女房らがおりますので(中にお入りにならないでください)」と(女房の少納言は源氏に)**申し上げる。**《敬語》「はべるに」→「はべり」

❷「言う(名付ける)」の意の謙譲語。「(AがBを…と)きこえさす」で、B(話題となる人)を高める。**申し上げる。**例「おりゐの帝みかどをば、三条院と**きこえさ・す**」〈栄花・一二〉訳 譲位した帝を(世の人は)三条院と**申し上げる。**

❸「(手紙で)言う」「(手紙を)やる」の意の謙譲語。「(AがBに)きこえさす」で、B(言う相手、やる相手)を高める。(手紙で)**申し上げる。**(手紙を)**差し上げる。**例「承りぬ。乱り心地ごこちのあしうはべれば、**きこえさ・せぬ**」〈源氏・胡蝶〉訳(あなたからのお手紙は)いただきました。気分が悪うございますので、(ご返事は)**差し上げ**ません。《敬語》「承りぬ」→「うけたまはる」、《音便》「あしう」は「あしく」のウ音便。

二《動詞「きこゆ」(本動詞)の未然形＋使役の助動詞「さす」》「言わせる」の意で、「(人を通してAがBに)きこえさす」のB(言う相手)を謙譲語「きこゆ」が高める。**申し上げさせる。**例「小君して小袿こうちきの御返りばかりは**聞こえさ・せたり**」〈源氏・夕顔〉訳(空蟬うつせみは弟の)小君を通して、小袿のお返事ぐらいは(源氏に)**申し上げさせた。**

三《「きこえさす」で一語。補助動詞》〔補動サ下二〕{せ・せ・す・する・すれ・せよ}「(AがBに)…きこえさす」で、B(行為の向かう先)を高める謙譲語。**お(ご)…する。お(ご)…申し上げる。**例「取り集めて、いとかたはらいたけれど、頼み**きこえさ・する**ままに」〈落窪・一〉訳 いろいろ集めてお願いして、ほんとにきまりが悪いのだけれども、**お頼り申し上げる**にまかせて。

四《補助動詞「きこゆ」の未然形＋使役の助動詞「さす」》(動詞の連用形に付いて)「…させる」の意で、「(人を通してAがBに)…きこえさす」のB(行為の向かう先)を謙譲語「きこゆ」が高める。**お(ご)…申し上げさせる。**例「まづかの弁してぞかつがつ案内あない伝へ**きこえさ・せたまひける**」〈源氏・若菜・上〉訳 まず例の弁を通して、とりあえず(朱雀院すざくいんは源氏に)事情を**お伝え申し上げさせ**なさった。《係結び》「ぞ」→「伝へきこえさせたまひける(体)」。《敬語》「伝へきこえさせたまひ」→「たまふ(四段)」

発展学習ファイル　「きこえさす」は本来、謙譲語「きこゆ」に使役の助動詞「さす」が付いたもので、「申し上げさせる」、つまり高貴な人に申し上げる場合に、直接ではなく「間に仲介者を通して申し上げさせる」意だったが、しだいに「きこえさす」全体で「身分の高い人に申し上げる」という意味で(仲介者を通さずに直接申し上げる場合も含めて)使われるようになった。こうなると、「さす」の使役の意味は薄れ、「さす」が単に謙譲語「きこゆ」を強め、「きこえさす」全体でひとつの謙譲語のようになっていった。これが一である。したがって、謙譲語「きこえさす」は「きこゆ」よりも敬度が高く、かなり身分の高い人に申し上げる場合に使う。
ただし、仲介者があり、使役の意味が明らかな場合は、謙譲語「きこゆ」＋使役の助動詞「さす」と分析できる。これが本来の用法で、［二］である。
　補助動詞の場合の［三］と［四］の違いも、［一］と［二］の違いと同様である。

きこえさせたま・ふ【聞こえさせ給ふ】(キコエサセタマ(モ)ウ) ［一］《動詞「きこえさす」(本動詞)の連用形＋補助動詞「たまふ」》「言う」の意の二方面敬語。「(AがBに)きこえさせたまふ」で、尊敬語「たまふ」がA(言う人＝主語)を、謙譲語「きこえさす」がB(言う相手)を高める。**申し上げなさる。** ［例］「宮は、内裏(うち)の御物語などこまやかに〔明石(あかし)ノ中宮ニ〕**聞こえさせたまへば**」〈源氏・蜻蛉〉 ［二］《動詞「きこゆ」(本動詞)の未然形＋助動詞「さす」の連用形＋補助動詞「たまふ」》❶《「させ」が尊敬の意の場合》「言う」の意の二方面敬語。「(AがBに)きこえさせたまふ」で、尊敬語「させたまふ」がA(言う人＝主語)を、謙譲語「きこゆ」がB(言う相手)を高める。**申し上げなさる。** ［例］「ただおほかたのことどもを、常よりことになつかしう〔冷泉(れいぜい)帝ハ源氏ニ〕**聞こえさせたま・ふ**」〈源氏・薄雲〉《音便》「なつかしう」は「なつかしく」のウ音便。❷《「させ」が使役の意の場合》「言わせる」の意の二方面敬語。「(人を通してAがBに)きこえさせたまふ」で、尊敬語「たまふ」がA(言わせる人)を、謙譲語「きこゆ」がB(言う相手)を高める。**申し上げさせなさる。** ［例］「〔東宮ハ〕桐壺(きりつぼ)の御方より伝へて〔女(おんな)三の宮ニ〕**聞こえさせたま・ひければ**、〔女三の宮ハ猫ヲ東宮ニ〕まゐらせたまへり」〈源氏・若菜・上〉《敬語》「まゐらせたまへり」→「まゐらせたまふ」。［三］《補助動詞「きこえさす」の連用形＋補助動詞「たまふ」》「(AがBに)…きこえさせたまふ」で、尊敬語「たまふ」がA(行為を行う人＝主語)を、謙譲語「きこえさす」がB(行為の向かう先)を高める二方面敬語。**お(ご)…申し上げなさる。** ［例］「〔東宮ノ〕母女御も〔東宮ニ〕添ひ**きこえさせたま・ひて**〔朱雀院(すざくいん)ニ〕参りたまへり」〈源氏・若菜・上〉《敬語》「参りたまへり」→「まゐる(四段)」「たまふ(四段)」。［四］《補助動詞「きこゆ」の未然形＋助動詞「さす」の連用形＋補助動詞「たまふ」》❶《「させ」が尊敬の意の場合》「(AがBに)…きこえさせたまふ」で、尊敬語「させたまふ」がA(行為を行う人＝主語)を、謙譲語「きこゆ」がB(行為の向かう先)を高める二方面敬語。**お(ご)…申し上げなさる。** ［例］「〔桐壺(きりつぼ)ノ帝(みかど)ハ若宮ヲ〕いみじくうつくしと思ひ**きこえさせたま・へり**」〈源氏・紅葉賀〉❷《「させ」が使役の意の場合》「…させる」の意の二方面敬語。「(人を通してAがBに)…きこえさせたまふ」で、尊敬語「たまふ」がA(行為をさせる人)を、謙譲語「きこゆ」がB(行為の向かう先)を高める。**お(ご)…申し上げさせなさる。** ［例］「まづかの弁してぞかつがつ〔朱雀院(すざくいん)ハ源氏ニ〕案内(あない)伝へ**きこえさせたま・ひける**」〈源氏・若菜・上〉《係結び》「ぞ」→伝へきこえさせたまひける(体)」

発展学習ファイル　「**きこえさせたまふ」の識別**(本動詞の場合)…［一］と［二］①とは、どちらも「AがBに言う」ことを、A・Bの両方を高めて述べる言い方で、「申し上げなさる」という現代語訳になる。その意味で、解釈上は［一］と［二］①を区別する意味はあまりないが、文法的には次のように区別して考えることができる。

(1)Aがきわめて身分の高い人(最高敬語にふさわしい人)の場合は［二］①。「させたまふ」はきわめて身分の高い人の行為に使うので、Aがそのような人の場合は、謙譲語「きこゆ」＋尊敬語「させたまふ」(さらに分解すれば尊敬の助動詞「さす」＋尊敬の補助動詞「たまふ」)と見られる。

(2)AよりもBが身分が高い場合は［一］。「きこえさす」はかなり身分の高い人に対して言う場合に使うので、Bがそのような人の場合は、謙譲語「きこえさす」＋尊敬語「たまふ」と見られる。

　また、［二］②は、「Aが誰かを通してBに言わせる」というように仲介者があり、仲介者を通して言わせることを、A・Bの両方を高めて述べるもの。この場合は「申し上げさせなさる」と訳す。謙譲語「きこゆ」＋使役の助動詞「さす」＋尊敬語「たまふ」である。

　補助動詞の場合の［三］と［四］①・［四］②の識別も同様である。ただし、判断が難しい場合もある。

きこえさせどころ【聞こえさせ所】［名］お話し申し上げて、お聞きいただける相手。［例］「物語も、**聞こえさせどころ**に頼みきこえさせ」〈源氏・橋姫〉

きこえさだ・む【聞こえ定む】［他マ下二］{め・め・む・むる・むれ・めよ}《「言ひ定む」の謙譲語》決めて申し上げる。ご相談申し上げて決める。［例］「帰らむ日を、えこそ**聞こえさだ・めね**」〈蜻蛉・上〉

きこえしら・す【聞こえ知らす】［他サ下二］{せ・せ・す・する・すれ・せよ}《「言ひ知らす」の謙譲語》**お話ししてお知らせ申し上げる。ご説明申し上げる。** ［例］「年ごろ思ひわたる心の中(うち)も**聞こえ知ら・せむ**とて」〈源氏・帚木〉

きこえそ・む【聞こえ初む】［他マ下二］{め・め・む・むる・むれ・めよ}《「言ひ初む」の謙譲語》申し上げ始める。［例］「**聞こえそ・め**はべりぬれば、いと頼もしうなむ」〈源氏・若紫〉

きこえたはぶ・る【聞こえ戯る】(キコエタワブル)［自ラ下二］{れ・れ・る・るる・るれ・れよ}《「言ひ戯る」の謙譲語》冗談を申し上げる。ふざけておっしゃる。［例］「かやうに**聞こえ戯・れ**たまふ言の葉のおもむきに」〈源氏・野分〉

きこえたま・ふ【聞こえ給ふ】(キコエタマ(モ)ウ)《動詞「聞こゆ」の連用形＋補助動詞「給ふ」》❶《「きこゆ」が本動詞の場合》「言う」「(手紙で)言う」「(手紙を)やる」の意の二方面敬語。「(AがBに)きこえたまふ」で、尊敬語「たまふ」がA(言う人＝主語)を、謙譲語「きこゆ」がB(言う相手)を高める。**申し上げなさる。(手紙を)差し上げなさる。** ［例］「〔桐壺更衣(きりつぼのこうい)ハ桐壺帝ニ〕御いらへも**えきこえたま・はず**」〈源氏・桐壺〉《副詞の呼応》「え」→「ず」。❷《「きこゆ」が補助動詞の場合》(動詞の連用形に付いて)「(AがBに)…きこえたまふ」で、尊敬語「たまふ」がA(主語)を、謙譲語「きこゆ」がB(行為の向かう先)を高める。**お(ご)…申し上げなさる。** ［例］「〔源氏ハ藤壺(ふじつぼ)ノ女御ヲ〕若き御心地(ここち)にいとあはれと思ひ**きこえたま・ひて**」〈源氏・桐壺〉

きこえちぎ・る【聞こえ契る】［他ラ四］{ら・り・る・る・れ・れ}《「言ひ契る」の謙譲語》お約束ごとを申し上げる。申し上げてお約束をする。［例］「違(たが)へさせたまはず渡りたまふべきよし、**聞こえ契・り**たまふ」〈源氏・行幸〉

きこえつ・く【聞こえ付く】［一］［自カ四］{か・き・く・く・け・け}《「言ひ付く」の謙譲語》(思いを)申し上げて親しくなる。

例「仲忠、『あて宮に、いかで**きこえつ・かむ**』と思ふ心ありて」〈宇津保・嵯峨の院〉 **二**［他カ下二］｛け・け・く・くる・くれ・けよ｝お頼みする。例「〔私ガ〕いと馴れ馴れしきこと**きこえつ・け**たりしを、〔朝顔ノ姫君ハ〕まめやかに急ぎものしたまへるなめり」〈源氏・梅枝〉 語構成「たまへるなめり」→「なめり」

きこえつ・ぐ【聞こえ継ぐ】［他ガ四］｛が・ぎ・ぐ・ぐ・げ・げ｝《「言ひ継ぐ」の謙譲語》取り次いで申し上げる。例「使ひなど立ちこみたれど**聞こえつ・が**ず」〈源氏・葵〉

きこえつく・す【聞こえ尽くす】［他サ四］｛さ・し・す・す・せ・せ｝《「言ひ尽くす」の謙譲語》すべて申し上げる。残るところなくお話し申し上げる。例「数知らぬことども**聞こえ尽く・し**たれど、うるさしや」〈源氏・明石〉

きこえつた・ふ【聞こえ伝ふ】キコエツタ(ト)ウ［他ハ下二］｛へ・へ・ふ・ふる・ふれ・へよ｝《「言ひ伝ふ」の謙譲語》❶お取り次ぎ申し上げる。お伝え申し上げる。例「さらに人の御消息などは**聞こえ伝・ふる**ことはべらず」〈源氏・胡蝶〉 ❷お話し申し上げる。おうわさ申し上げる。例「事にふれて**聞こえ伝・ふる**などもあるに」〈源氏・匂宮〉

きこえつづ・く【聞こえ続く】［他カ下二］｛け・け・く・くる・くれ・けよ｝《「言ひ続く」の謙譲語》申し上げ続ける。例「うち泣きつつ**聞こえつづ・くる**に」〈源氏・若紫〉

きこえなぐさ・む【聞こえ慰む】［他マ下二］｛め・め・む・むる・むれ・めよ｝《「言ひ慰む」の謙譲語》お話をしてお慰め申し上げる。ことばをおかけしてご機嫌をとる。例「『心のどかに御覧ぜらるべきことを思ふなり』とぞ、**聞こえ慰・めたまひける**」〈源氏・澪標〉

きこえな・す【聞こえ為す・聞こえ做す】［他サ四］｛さ・し・す・す・せ・せ｝《「言ひなす」の謙譲語》強いて申し上げる。取り繕って申し上げる。例「かまへて、ひがことなりけりと**聞こえな・し**て、もて隠したまへ」〈源氏・夢浮橋〉

きこえなびか・す【聞こえ靡かす】［他サ四］｛さ・し・す・す・せ・せ｝《「聞こえ」は言うの意の謙譲語》お話し申し上げて、こちらの意向に従わせる。例「さりぬべく**聞こえなびか・し**て」〈源氏・若菜・上〉

きこえなほ・す【聞こえ直す】キコエナオス［他サ四］｛さ・し・す・す・せ・せ｝《「言ひ直す」の謙譲語》申し上げなおす。前言を取り消して、改めて申し上げる。お取りなしして申し上げる。例「『その罪に、ただみづから当たりはべらむ』など、**聞こえなほ・し**たまへど」〈源氏・賢木〉

きこえなやま・す【聞こえ悩ます】［他サ四］｛さ・し・す・す・せ・せ｝《「言ひ悩ます」の謙譲語》申し上げて悩ませる。お聞かせしてお苦しめ申し上げる。例「なほ思ひ離れぬさまを**聞こえ悩ま・し**たまへば」〈源氏・鈴虫〉

きこえな・る【聞こえ馴る】［自ラ下二］｛れ・れ・る・るる・るれ・れよ｝《「言ひ馴る」の謙譲語》お近づきになられる。親しくご交際申し上げる。例「この君は、いとかしこう、さりげなくて**聞こえ馴・れ**たまひにためり」〈源氏・夕霧〉 語構成「たまひにためり」→「ためり」

きこえまぎらは・す【聞こえ紛らはす】キコエマギラワス［他サ四］｛さ・し・す・す・せ・せ｝《「言ひ紛らはす」の謙譲語》お気持ちの紛れるように、お相手申し上げる。例「よろづに**聞こえ紛らは・し**たまふ」〈源氏・若菜・下〉

きこえや・る【聞こえ遣る】［他ラ四］｛ら・り・る・る・れ・れ｝《「言ひ遣る」の謙譲語》❶十分ご説明申し上げる。例「聞こえや・る方なくてぞわびあへりける」〈源氏・若紫〉 ❷すっかり申し上げる。最後まで申し上げる。例「言に出でても**聞こえや・ら**ず、あるかなきかに消え入りつつものしたまふを」〈源氏・桐壺〉

きこえよ・る【聞こえ寄る】［自ラ四］｛ら・り・る・る・れ・れ｝《「言ひ寄る」の謙譲語》異性に求愛のことばを告げて近づき申し上げる。例「今は心にかけてともかくも**聞こえ寄・り**ぬべきぞかし」〈源氏・澪標〉

きこえわた・す【聞こえ渡す】［他サ四］｛さ・し・す・す・せ・せ｝❶《「聞こえ」は言うの意の謙譲語》（責任・権限などを）お願いしてお移し申し上げる。例「よろづのこと、みな西の対（＝紫ノ上）に**聞こえわた・し**たまふ」〈源氏・須磨〉 ❷辺り一面に聞こえるようにする。例「山おろし心すごく、松の響き木深く**聞こえわた・さ**れなどして」〈源氏・夕霧〉

きこえわづら・ふ【聞こえ煩ふ】キコエワズラ(ロ)ウ［他ハ四］｛は・ひ・ふ・ふ・へ・へ｝《「言ひ煩ふ」の謙譲語》申し上げられないで思い悩む。例「つひに聞こえ給はねば、**聞こえわづら・ひ**てやみ給ひぬるもありなど」〈宇津保・嵯峨の院〉

きこえわ・ぶ【聞こえ侘ぶ】［自バ上二］｛び・び・ぶ・ぶる・ぶれ・びよ｝《「言ひ侘ぶ」の謙譲語》申し上げても思いどおりいかず悩む。例「さし向かひたる御方々には、心を尽くし**きこえわ・び**」〈源氏・紅梅〉

きこしめしい・る【聞こし召し入る】［他ラ下二］｛れ・れ・る・るる・るれ・れよ｝《「聞き入る」の尊敬語》お聞き入れなさる。ご承知なさる。ご納得される。例「すずろなる世のこと**聞こしめし入・れ**御耳おどろくも」〈源氏・蜻蛉〉

きこしめしお・く【聞こし召し置く】［他カ四］｛か・き・く・く・け・け｝《「聞き置く」の尊敬語》お耳になさっておられる。聞いて心にとどめておられる。例「『古今の歌二十巻を、みなうかべさせたまふを、御学問にはせさせたまへ』となむ、きこえたまひけるときこしめしお・きて」〈枕・清涼殿の丑寅の角の〉

きこしめしどころ【聞こし召し所】［名］お聞きになる値打ちのあるところ。例「まだ**聞こしめしどころ**あるおの深き手には及ばぬを」〈源氏・若菜・下〉

きこしめ・す【聞こし召す】［他サ四］｛さ・し・す・す・せ・せ｝

> **アプローチ**
> ▼「聞こす」も「召す」も尊敬語。その複合語。
> ▼「聞く」のほか、「食う」「統治する」意の尊敬語。主語を高める。
> ▼きわめて身分の高い人に使う。

❶「聞く」「聞き入れる」の意の尊敬語。聞く人、聞き入れる人（上語）を高める。**お聞きになる。お聞き入れになる。**例「**聞こしめ・す**御心まどひ、何ごとも思しめしわかれず、籠りおはします」〈源氏・桐壺〉 訳（桐壺更衣の死を）お聞きになる御心の乱れに、（桐壺の帝は）何事も御分別がつかず、ひき籠っていらっしゃる。《敬語》「思しめしわかれず」→「おぼしめす」、「籠りおはします」→「おはします」

❷「食べる」「飲む」の意の尊敬語。食べる人、飲む人（上語）を高める。**召しあがる。**例「ものなどもきこしめ・さず」〈源氏・桐壺〉 訳食べ物なども召しあがらない。

❸「統治する」「治める」の意の尊敬語。統治する人、

治める人(主語)を高める。**統治なさる。お治めになる。** 例「桜花今盛りなり難波の海おしてる宮に**聞こしめ・す**なへ」〈万葉・二〇・四三六一〉 訳桜の花はいま満開だ。難波の海の光り輝く宮で**お治めになる**とともに。

発展学習ファイル　上代ではもっぱら③の意味で用いられ、①②の意味は中古から盛んになった。中古の物語などの地の文では、帝などのきわめて高貴な人に対して用いられる、主語を高める働きが強い語であり、最高敬語と呼ばれることもある。中世に入り、尊敬の助動詞「る」の付いた「**聞こし召さる**」の形でも用いられ、また、②の意味で省略形の「**こし召す**」も用いられた。

きこしを・す【聞こし食す】[他サ四]{さ・し・す・す・せ・せ}《上代語。動詞「聞こす」の連用形＋動詞「食す」》「統治する」「治める」の意の尊敬語。統治する人、治める人(主語)を高める。**統治なさる。お治めになる。** 例「**聞こし食・す**四方の国より奉る御調の舟は」〈万葉・二〇・四三六〇長歌〉

きこ・す【聞こす】{さ・し・す・す・せ・せ}《上代語。動詞「聞く」の未然形＋上代の尊敬の助動詞「す」＝「きかす」の変化形》■一[他サ四]「聞く」の意の尊敬語。聞く人(主語)を高める。**お聞きになる。** 例「麗し女を有りと**聞こ・して**」〈記・上・歌謡〉 ■二[自サ四]「言う」の意の尊敬語。言う人(主語)を高める。**おっしゃる。** 例「我が背子しかくし**聞こ・さば**」〈万葉・二〇・四四九九〉

発展学習ファイル　㊀は、中古以降、尊敬の補助動詞「召す」の付いた「**聞こし召す**」の形で用いられる。→「きこしめす」

きごせう【綺語抄】[作品名]平安後期の歌学書。藤原仲実著。歌語を内容別に分類して列挙し、語釈や用例、歌語に関係する説話などを付する。『万葉集』から引用が多いことに特色がある。

ぎごつな・し[形ク]{から・く(かり)・し・き(かる)・けれ・かれ}愛想がなくてとっつきにくい。無作法である。ぎごちない。

きことば【季言葉】[名]連歌や俳諧で、季節を示す語として詠みこまれる語。季語。季題。

きこにち【帰忌日】[名]「陰陽道」の忌日の ひとつ。帰宅・遠出・入国・結婚などに凶とされる。

きごみ【着込み・着籠み】[名]刀での攻撃に備えて、上着の下に鎖帷子などを着込むこと。また、その着込んだもの。＝着込め

きこ・む【来込む】[自マ四]{ま・み・む・む・め・め}来て、中にはいり込む。例「御前の人々、道も避りあへず**来こ・み**ぬれば」〈源氏・関屋〉

きこ・む【着込む・着籠む】[他マ下二]{め・め・む・むる・むれ・めよ}長い髪を着物の中に入れ込んで着る。例「髪**着こ・め**たるあやしの者ども」〈源氏・葵〉

きごめ【着込め・着籠め】[名]「きごみ」に同じ。

きこ・ゆ【聞こゆ】[自ヤ下二][他ヤ下二][補動ヤ下二]{え・え・ゆ・ゆる・ゆれ・えよ}

> **アプローチ**
> ▼㊀が本来の意味である。
> ▼平安時代に入り、「言う」行為を「相手に聞こえる」「相手に聞かれる」と間接的に表現することから、言う相手を高める謙譲語の用法(㊁)が生じた。
> ▼さらに、動詞に付いて、その行為の向かう先を高める謙譲の補助動詞(㊂)としても使う。

《動詞「聞く」の未然形＋上代の自発・受身の助動詞「ゆ」＝「きかゆ」の変化形》■一[自ヤ下二]❶**聞こえる。** 例「さ夜中と夜は更けぬらし雁が音の**聞こ・ゆる**空を月渡る見ゆ」〈古今・秋上・一九二〉 訳→〔和歌〕さよなかと…

❷**評判になる。うわさになる。** 例「よろしく**きこ・え**し人ぞかし」〈源氏・帚木〉 訳かなりいいと**うわさにな**った人だね。

❸**理解される。意味が通る。** 例「**きこ・え**ぬ事ども言ひつつ、よろめきたる、いとかはゆし」〈徒然・一七五〉 訳(酔った老僧が)**意味が通らない**ことをいいつづけ、よろよろしているのは、たいへん気の毒だ。

■二[他ヤ下二]❶「言う」の意の謙譲語。「(AがBに)きこゆ」で、B(言う相手)を高める。**申し上げる。** 例「『いとよう似たまへり』と典侍の**きこ・えける**を」〈源氏・桐壺〉 訳「(藤壺は)よく似ていらっしゃる」と典侍が(源氏に)**申し上げる**のを。(音便)「よう」は「よく」のウ音便。

❷「言う」の意の謙譲語。「(AがBを…と)きこゆ」で、B(話題となる人)を高める。**申し上げる。** 例「昔、太政大臣と**きこ・ゆる**おはしけり」〈伊勢・九八〉 訳昔、太政大臣と(世の人が)**申し上げる**人がいらっしゃった。(敬語)「おはしけり」→「おはす」

❸「(手紙で)言う」「(手紙を)やる」の意の謙譲語。「(AがBに)きこゆ」で、B(言う相手、やる相手)を高める。**(手紙で)申し上げる。(手紙を)さしあげる。** 例「さるべきをりをりの御いらへなどなつかしく**きこ・えつつ**」〈源氏・夕顔〉 訳(空蟬は源氏に)しかるべき折々のご返事などは親しみを込めて何度か**さしあげて**。

■三[補動ヤ下二](動詞の連用形に付いて)その行為の向かう先を高める謙譲語。**お(ご)…する。お(ご)…申し上げる。** 例「ただ藤壺の御ありさまをたぐひなしと思ひ**きこ・えて**」〈源氏・桐壺〉

発展学習ファイル　(1)「きこゆ」の謙譲語としての用法㊁㊂は、平安時代に発生し、『源氏物語』などの女性の手による仮名文学作品において盛んに用いられたが、平安末期には日常語としては衰退していた。

(2)㊂の「きこゆ」が盛んに用いられた作品において、「**たてまつる**」も同様に謙譲の補助動詞として用いられたが、㋐「きこゆ」は助動詞に付かないが、「**たてまつる**」は「る」「らる」「す」「さす」「しむ」といった助動詞に付き、㋑「きこゆ」は多く「思ふ」など心の動きを表す動詞に付き、「**たてまつる**」は多く「見る」「聞く」などの動作を表す動詞に付く、といった使い分けがなされていた。

(3)㊁㊂の謙譲語「きこゆ」の類義語に「**きこえさす**」があるが、「**きこえさす**」の方が、主語と行為の向かう先の身分の差が大きい場合に使われる傾向がある。すなわち、「**きこえさす**」の方が「きこゆ」よりも敬度が高い。→「きこえさす」

きこゆる【聞こゆる】[連体]《動詞「聞こゆ」の連体形から》評判が広まっている。有名な。例「**きこゆる**

木曾の鬼葦毛といふ馬の」〈平家・九・木曾最期〉

きこ・る【樵る】[自ラ四]{ら・り・る・る・れ・れ}《「木伐る」の意》山林で木を切る。伐採する。例「斧を取りて丹生の檜山の木こ・り来て」〈万葉・一三・三二三二長歌〉

きこん【・なり】【機根・気根】㊀[名]❶《仏教語》人の心の中にあって、仏の教えによって発動しうる能力。人の資質。❷気力。根気。㊁[形動ナリ]{なら・なり(に)・なり・なる・なれ・なれ}根気がよいさま。例「先から気根・に弾きやす」〈洒・売花新駅〉

きさ【蚶】[名]アカガイの古名。

きさ【象】[名]象の古名。

きさ【橒】[名]木目の模様。木目。

きざ【気障】[名・形動口語型]《近世語。「きざはり」の変化形》❶気になること。心配なこと。❷相手の感情を害する言動。いやらしいこと。

きさい【后】[名]《「きさき」のイ音便》「きさき」に同じ。

きさいのみや【后の宮】[名]《「きさきのみや」のイ音便》「后」の敬称。

きさいばら【后腹】[名]《「きさきばら」のイ音便》后の腹から生まれること。また、その皇子・皇女。

ぎさう【擬生】[名]《「擬文章生」の略》「大学寮」における職名。「文章生」に次ぐもの。

きさかた【象潟】[歌枕]出羽国の潟。いまの秋田県由利郡象潟町。松島と並ぶ入り江の景勝地だったが、文化元年(一八〇四)の地震で隆起し、陸地となった。能因・西行・芭蕉が訪れたことで知られる。

〔俳句〕**きさがたやあめにせいしが…**【象潟や雨に西施がねぶの花】〈おくのほそ道・象潟・芭蕉〉

訳 象潟は雨にけぶって朦朧としている。その中に、中国の美人西施が愁いに沈み目をとざしている姿を彷彿とさせて、合歓の花が咲いている。(季―ねぶの花―夏)

〈参考〉「ねぶ」は「合歓」と「眠る」の掛詞。

〔俳句〕**きさがたやれうりなにくふ…**【象潟や料理何食ふ神祭り】〈おくのほそ道・象潟・曾良〉

訳 折しもここ象潟では祭礼が執り行われている。祭りの馳走にはいったいどんな料理を食べるのであろうか。(季―神祭り―夏)

きさき【后】[名]《「きさい」とも》**天皇の夫人**。古くは皇后を大后といって、区別したこともあるが、のちには、皇后および中宮をいうようになった。例「几帳のうちにうち臥して引き出でつつ見る心地、后の位も何にかはせむ」〈更級〉《係結び》「かは→せむ㊍」

古典の世界　**「后」の地位**

本来、天皇の御寝に侍するものはみな「きさき」であった。やがて嫡妻(正妻)に相当するひとりのみを、「**皇后**」と称して他と区別した。天皇の母は「**皇太后**」、天皇の祖母は「**太皇太后**」で、これを合わせて「**三后**」という。元来、中宮とはこの三后の総称のことで、その事務処理を統括するのが中宮職であった。皇太后・皇后は同格であるが、時に姑にあたる皇太后の発言力には強いものがあった。

天皇の后を中宮と称したのは醍醐天皇の后、穏子に始まる。さらに、一条天皇の后に中関白道隆の娘定子が立ったとき、天皇の父(円融天皇)の中宮であった遵子を皇后とした。一条生母の皇太后詮子が別にいたからである。定子は一条中宮となった。中宮は皇后と同義となったのである。ところが、道隆の弟道長は娘彰子の入内をいそぎ、彰子を中宮に、定子を皇后とした。苦肉の策だったが、事実上二人の后が同時に立ったというのはこのときに始まる。いずれにしても、摂関体制下では、后やその実家の関心事は帝の皇子を産み、皇太子に立てる(やがて皇位を継ぐ)ことであった。一条天皇時代には、それが摂関家内部の抗争となっていたのである。

きさきがね【后がね】[名]《「きさいがね」とも。「がね」は接尾語》将来后となるはずの人。后の候補者。

きさきことば【后詞・后言葉】[名]皇后の位にある人のことば。皇后としてふさわしいことばづかい。

きさきだち【后立ち】[名]《「きさいだち」とも》皇后や中宮の位につくこと。また、その儀式。立后。

きさきまち【后町】[名]《「町」は区画の意》「常寧殿」の別称。

きさ・ぐ【刮ぐ】[他ガ下二]{げ・げ・ぐ・ぐる・ぐれ・げよ}削り落とす。こそげる。例「蚶貝比売きさ・げ集めて」〈記・上〉

きさご【螺子・細螺】[名]《「きしゃご」とも》巻き貝の一種。殻は、おはじきなど子供の玩具にされる。＝銭貝。(季―春)

きざし【萌し・兆し】[名]❶芽が出ること。物が生成する現れ。❷物事が起ころうとする兆候。前兆。

きざ・す【萌す・兆す】[自サ四]{さ・し・す・す・せ・せ}❶新芽を出す。芽ぐむ。萌え出る。例「下よりきざ・しつはるに堪えずして」〈徒然・一五五〉❷物事が起ころうとする。思いが生じる。例「『人柄もいとよき人なり』と思しきざ・して」〈落窪・四〉

きさつ【貴札】[名]他人の手紙の敬称。貴翰。

きさのき【象の牙】象のきば。象牙。

きざはし【階】[名]階段。＝階。

きざみ【刻み】[名]❶刻むこと。また、刻み目。❷階級。等級。段階。身分。例「下のきざみといふ際になれば、ことに耳立たずかし」〈源氏・帚木〉❸時。場合。機会。折。例「いまはのきざみにつらしとや思はん」〈源氏・夕顔〉❹能楽で、太鼓・小鼓・鼓などを軽く小さく連打すること。❺歌舞伎で、開幕のときに、拍子木をしだいに細かく連打すること。❻《「刻み煙草」の略》煙管につめて使用するために細かく刻んだ干した煙草の葉。

きざ・む【刻む】[他マ四]{ま・み・む・む・め・め}❶細かく切る。❷彫りつける。彫刻する。例「仏の御形に刻・みたてまつるあひだ」〈古本説話集〉❸入れ墨をする。例「面をきざ・みて」〈紀・雄略〉❹責めさいなむ。苦しめる。例「わが身をただ今までいろいろにきざ・まれ」〈浮・刀の文反古〉❺太鼓などを細かく連打する。

きさやま【象山】[地名]大和国の山。いまの奈良県吉野郡にある。歴代天皇の離宮跡近くにそびえる。

きさらぎ【如月・二月】[名]陰暦二月の称。着物をさらに重ねて着る月の意という。(季-春)

きさん[・す]【帰参】[名・自サ変]❶目上の人のところへ、ふたたび戻って来ること。❷一度主人のもとを離れた者が、ふたたび帰って仕えること。❸親に勘当された者が、許されて帰ること。

きし【岸】[名]❶岩石などの切り立っている所。崖。❷陸地が海・川・湖など水に接する所。水際。

〔**岸の司**〕岸の小高い所。

〔**岸の額**〕岸の突き出た所。

きし【吉士・吉師】[名]❶新羅の官名。転じて、朝鮮半島から日本に渡来してきた人に対する敬称。❷(①の人たちが文筆や外交に従事したことから)文筆・外交を職務とする者に与えられた「姓」。

きじ【雉・雉子】[名]「きぎし」に同じ。(季-春)

〔**雉の草隠る**〕(キジが草の中に頭だけを隠して、尾を隠さないことから)一部分だけを隠して、他の部分が現れているのに気づかないことのたとえ。

きしかげ【岸陰】[名]川岸で崖などによって陰になっている部分。

きしかた【来し方】[名]《動詞「来」の連用形＋過去の助動詞「き」の連体形＋名詞「方」》❶過ぎ去った昔。過去。❷通り過ぎて来た方角・場所。

発展学習ファイル 平安中期までは「きしかた」が①の意、「こしかた」が②の意を表したが、しだいに使い分けが乱れ、鎌倉時代には掛詞など例外的な用法を除き、もっぱら「こしかた」が用いられるようになった。

〔**来し方行く先**〕過去と未来。過去のことと将来のこと。＝来し方行く末②

〔**来し方行く末**〕❶通り過ぎて来た方角・場所とこれから行く先。例「来し方行く末も知らず、海にまぎれむとしき」〈竹取・蓬莱の玉の枝〉❷過去と未来。例「よろづのこと、来し方行く末思ひつづけたまふに」〈源氏・須磨〉①②＝来し方行く先

ぎしき【儀式】[名]❶公事・祭事・神事などを行う作法。❷法則。守るべき規範。きまり。

ぎしきくゎん【儀式官】[名]儀式のことをつかさどる役人。

きし・く【来及く】[自カ四]〔か・き・く・く・け・け〕続いて来る。度重ねて来る。例「百重にも来しかぬかもと思へかも君が使ひの見れど飽かざらむ」〈万葉・四・四九九〉

ぎじじゅう【擬侍従】[名]即位・元日の朝賀の儀式などで、参議・親王の中から選ばれた臨時の侍従。侍従代。

きじちゃう【黄仕丁】[名]「きちじゃう」に同じ。

きしぼじん【鬼子母神】[名]「きしもじん」に同じ。

きしまひ【吉志舞・吉師舞】[名]古代舞楽のひとつ。神功皇后が朝鮮半島進出から帰国して大嘗会を行ったときに、安倍氏が奏して以来、中世まで代々安倍氏がつかさどった。

きし・む【軋む】[自マ四]〔ま・み・む・む・め・め〕物と物とがすれ合って、きしきしと音がする。＝軋る一。例「〈粗悪ナ〉墨の中に、〈混ジッタ〉石の〈墨ヲ擦ルト〉きしきしときしみ鳴りたる」〈枕・にくきもの〉

きしめ・く【軋めく】[自カ四]〔か・き・く・く・け・け〕《「めく」は接尾語》きしきしと鳴る。例「きしめく車に乗りてありく者」〈枕・にくきもの〉

きしもじん【鬼子母神】[名]《仏教語。「きしぼじん」とも》古代インドの女神。鬼神の妻で、他人の子を取って食い殺していたが、釈迦の説法を聞いて改心し、仏道に帰依した。出産や育児の神。

きしゃ【騎射】[名]❶馬上で弓を射ること。↔歩射。❷陰暦五月五日の「五日の節会」に行われた、馬上で弓を射る行事。＝馬弓

きしゃう【木性】[名]「陰陽道」で、人の生年月日を「五行」に配して定めた性のうち、木に当たる人。

きしゃう[・す]【起請】[名・他サ変]❶物事を発起し、それが実現されることを、主君・政庁などに請い願うこと。また、その文書。❷違反すれば罰を受ける覚悟で、神仏に誓いを立てること。また、その文書。起請文。

きしゃうもん【起請文】[名]「起請②」を記した文書。

ぎしゃば・る【義者張る】[自ラ四]〔ら・り・る・る・れ・れ〕《近世語》律義に考える。また、いばる。例「義者ばってむけちなく(＝ムゴク)ぼひ出し(＝追イ出シ)ましたが」〈膝栗毛〉《音便》「義者ばっ」は「義者ばり」の促音便。

きしゅんらく【喜春楽】[名]雅楽の舞曲名。「左方」の中曲。黄鐘調。ふつう四人で舞う。

きしょく[・す]【気色】[名]一❶気持ちや感情が顔に表れること。また、そのようす。表情。顔色。機嫌。例「入道相国の気色をもうかがうて、むかへに人を奉らん」〈平家・三・足摺〉《音便》「うかがう」は「うかがひ」のウ音便。《敬語》「奉らん」→「たてまつる」。❷(「御気色」の形で)意向。内意。また、寵愛。例「『しからば八島へ帰さるべし』との御気色で候ふ」〈平家・一〇・内裏女房〉《敬語》「御気色で候ふ」→「さうらふ」。❸気分。気持ち。また、病気。病状。例「気色もだんだん快うござるによって」〈狂・武悪〉二[自サ変]〔せ・し・す・する・すれ・せよ〕改まった顔つきをする。例「武正殊に気色して渡る」〈宇治拾遺・一五・三〉

発展学習ファイル 「きしょく」は「気色」の漢音読み。呉音読みの「けしき」は平安時代の和文に多く用いられ、外見に表れたようすについて広くいうのに対し、「きしょく」は平安末期以降、主として漢文訓読体の文章に用いられ、気持ちや気持ちの表れたようすについていうことが多い。

きし・る【軋る】〔ら・り・る・る・れ・れ〕一[自ラ四]「きしむ」に同じ。二[他ラ四]❶こすれ合って音を立てる。例「氷をきし・る車の跡」〈平家・三・城南之離宮〉❷こすれ合うようにする。例「法眼にむずと膝をきし・りて居たりける」〈義経記・三〉❸かじる。例「天目を、夜ごとに鼠がきし・りけるが」〈仮・きのふはけふの物語〉

きしろ・ふ【軋ろふ・競ろふ】[自ハ四]〔は・ひ・ふ・ふ・へ・へ〕《動詞「軋る」の未然形＋上代の反復・継続の助動詞「ふ」＝「きしらふ」の変化形》競う。争う。例「人ときしろひそねむ心つかひたまふな」〈源氏・若菜・下〉

ぎしわじんでん【魏志倭人伝】[作品名]中国の歴史書『三国志』の「魏志・東夷伝」の中の「倭人条」を指す。邪馬台国に関する記述があり、日本を知るための最古の文献資料である。

きしん【鬼神】[名]《漢音。呉音で「きじん」と読むと

きは別義》死者の霊魂（鬼）と天地の神霊（神）。❷恐ろしい鬼。邪神。

きじん【鬼神】［名］《呉音。漢音で「きしん」と読むときは別義》❶超人的な力をもつ、目に見えない神霊。❷恐ろしい鬼。邪神。

〔**鬼神に横道無し**〕「鬼神①」は道理にはずれたことをしない。＝鬼神は邪無し

〔**鬼神は邪無し**〕「きじんにわうだうなし」に同じ。

き・す【着す・著す】［他サ下二］{せ・せ・す・する・すれ・せよ}❶着せる。身に着けさせる。例「家の妹が**着・せ**し衣に垢付きにかり」〈万葉・三〇・四三八八〉❷載せる。例「甲斐の黒駒鞍**着・せば**」〈紀・雄略〉❸（恩や恨みなどを）こうむらせる。受けさせる。❹たたく。くらわす。

き・す【帰す】［自サ変］{せ・し・す・する・すれ・せよ}❶最後にあるひとつのところに落ち着く。帰する。❷帰依する。例「久しく法相大乗の宗を**帰・す**」〈平家・七・平家山門連署〉❸服従する。例「人に志をあらはせば必ず**帰・す**といへり」〈平治・上〉

き・す【期す】［他サ変］{せ・し・す・する・すれ・せよ}❶（日時などを）定める。取り決める。例「月秋と**期・し**て、身いづくか」〈枕・故殿の御為に〉❷約束する。例「殿上にていひ**期・し**つる本意もなくては」〈枕・五月ばかり〉

きず【傷・疵・瑕】［名］❶身体や物の、こわれたり、損なわれたりしたところ。傷。❷不完全な点。欠点。落ち度。❸恥。不名誉。

〔**疵無き玉・瑕無き玉**〕完全無欠なもののたとえ。また、きずのない玉のように大切なもの。

〔**疵を求む・瑕を求む**〕人の欠点や過失をことさらにさがし求める。例「（桐壺更衣ヲ）おとしめ**疵を求・め**たまふ人は多く」〈源氏・桐壺〉

ぎ・す【擬す】［他サ変］{せ・し・す・する・すれ・せよ}❶あらかじめ定める。例「忠盛を闇打ちにせむとぞ**擬・せ**られける」〈平家・一・殿上闇討〉❷なぞらえる。例「竹屋をつくりて、黒木の屋に**擬・し**て」〈古今著聞・六九〇〉

ぎ・す【議す】［他サ変］{せ・し・す・する・すれ・せよ}相談する。例「かく仰せられ**議・する**ほどに」〈大鏡・道長・上〉

きずい【奇瑞】［名］不思議な現象。めでたいことが起こる前兆。

きすぐ［・なり］【生直】［名・形動ナリ］《「きすく」とも》飾り気なくまじめなさま。実直。例「いと**きすく**にもてなしたまへり」〈源氏・総角〉

きずな【絆】歴史的かなづかい「きづな」

きす・む【蔵む】［他マ四］{ま・み・む・む・め・め}大切に収蔵する。秘蔵する。例「いなだき（＝頭頂）に**きす・める**玉は二つなし」〈万葉・三・四一二〉

きせい［・す］【祈誓】［名・自サ変］神仏に祈って誓いを立てること。願立て。

きせい［・す］【祈請】［名・自サ変］神仏に祈ること。祈願。

ぎせい【義勢・擬勢】［名］❶相手に対して示す威勢。意気込み。❷見せかけだけの威勢。虚勢。

ぎぜつ［・す］【義絶】［名・自サ変］主従・親子・夫婦・兄弟・親族などの縁を切ること。交際を絶つこと。

きせなが【着背長・着せ長】［名］（歩兵用の腹巻・胴丸に対して、「草摺り」が長いことから）「大鎧」の別称。とくに、大将の鎧を指す。

きせわた【被せ綿・着せ綿】［名］「きくのわた」に同じ。

きせん【喜撰】［人名］（生没年未詳）平安前期の僧・歌人。経歴未詳。六歌仙のひとりでいながら、いま伝わっている作品は『古今和歌集』入集の一首のみ。

きぞ【昨・昨夜】［名］《「きそ」とも》昨夜。きのうの晩。＝昨の夜

〔**昨の夜**〕《「きそのよ」とも》「きぞ」に同じ。

きそう【着襲う】歴史的かなづかい「きそふ」

きそう【貴僧】㊀［名］身分の高い僧。㊁［代名］《対称の人称代名詞》僧に対する敬称。御坊。

ぎそう［・す］【議奏】㊀［名］鎌倉時代から江戸時代にかけての武家政治における公卿の職名。天皇に仕え、勅宣・上奏をする。源頼朝が、親密な公卿をつかせ、幕府の安定をはかったのに始まる。㊁［名・自サ変］公卿などからの建議を、天皇に奏上すること。

きそく［・す］【気色】［名・自サ変］「きしょく」に同じ。

きそぢ【木曾路】［歌枕］中山道の一部。木曾谷から近畿・関東へ通じる道。いまの長野県、鳥居峠から馬籠峠までの街道。

きそひうま【競ひ馬】［名］「くらべうま」に同じ。

きそひがり【着襲ひ狩り】［名］陰暦五月五日に、着飾って野山へ出て薬草を採集する行事。薬狩り。

〔和歌〕**きそびとは…【木曾人は海のいかりをしづめかねて死出の山にも入りにけるかな】**〈聞書集・西行〉訳木曾に生まれ育ったあの義仲は、海の碇を沈めることができず、海神の怒りを鎮めることもできないで、死出の山に入ったのだなあ。〈参考〉「木曾人」は、木曾義仲のこと。「いかりをしづめかね」は「（海の）碇を沈みかね」と「（海神の）怒りを鎮めかね」の掛詞。

きそ・ふ【着襲ふ・着装ふ】［他ハ四］{は・ひ・ふ・ふ・へ・へ}衣服を何枚も重ねて着る。例「布肩衣有りのことごと**着襲・へ**ども寒き夜すらを」〈万葉・五・八九二長歌〉訳→〔和歌〕かぜまじり…

きそ・む【来初む】［自マ下二］{め・め・む・むる・むれ・めよ}来始める。例「文だに持て**来そ・め**なば」〈落窪・一〉

きそよしなか【木曾義仲】［人名］「みなもとのよしなか」に同じ。

きた【北】［名］❶方角の名。北。子の方角。❷北風。（季－冬）。❸（江戸城の北方にあったことから）吉原遊郭の称。＝北国

〔**北へ行く雁**〕（春が来たために）北国へ帰って行く雁。日本へは、越冬のために飛来する。

-きだ【段】［接尾］《上代語》切り分けたものを数える語。例「（剣ヲ）三**段**に打ち折りて」〈記・上〉

きだ【段】［名］《上代語》❶布の長さの単位。一きだは一丈三尺（三九三・九センチメートル）という。段。❷田畑の面積の単位。一きだは一町（九九一八平方メートル）の十分の一。

きたい［・なり］【希代・稀代】［名・形動ナリ］❶世にまれなこと。例「両条（＝コノフタツノ事ハ）**希代**いまだ聞かざる狼籍なり」〈平家・一・殿上闇討〉❷不思議なこと。奇怪なこと。

ぎだいふし【義太夫節】［名］上方浄瑠璃の流派のひとつ。竹本義太夫（一六五一－一七一四）が播磨節、

嘉太夫節などの音曲の長所を取り入れて創始したもので、人形芝居と結び付いて大坂を中心に発展。単に「義太夫」ともいう。

きたう[・す]【祈禱】[名・自サ変]神仏に願いを込めて祈ること。また、その儀式。祈願。

ぎたう【儀刀】[名]晴れの儀式のとき、貴人が束帯に着用した太刀。＝飾り太刀

ぎだうしうしん【義堂周信】[人名]（一三二五～一三八八）南北朝時代の僧。夢窓疎石に近侍し、漢詩の句を集めた『貞和集』を編纂。絶海中津らを指導した。五山文学の代表者。

きたおもて【北面】[名]❶北側。北に面した所。❷北に面した部屋。寝殿造りでは南面の正面に対し建物の裏にあたり、家人や女房などの私的生活空間になる。❸（「ほくめん」とも）院の御所の警備に当たる武士。北面の武士。また、その詰め所。

きたがはうたまろ【喜多川歌麿】[人名]（一七五三～一八〇六）江戸中期の画家。出生や幼少時の実証資料は少なく詳細不明。美人画を多く残した。

きたざま【北様】[名]（「ざま」は接尾語）北の方角。

きたし【堅塩】[名]「かたしほ」に同じ。

きたしぐれ【北時雨】[名]北の方から降ってくる時雨。とくに、京都でいう。＝北山時雨。（季―冬）

きた・す【来たす】[他サ四]{さ・し・す・す・せ・せ}来させる。例「諸仏の説き給ふ所の法門（＝法文）を、皆**来た・し**て我が所に持し奉らむ」〈今昔・一・三〉

きだち【木太刀】[名]❶木刀。❷柄や鞘が白木のままの太刀。

きた・つ【来立つ】[自タ四]{た・ち・つ・つ・て・て}来てそこに立つ。例「金門にし人の**来立・て**ば」〈万葉・九・一七三九〉

きだて【木楯】[名]（「こだて」とも）楯の代わりに身を隠す樹木。

きたどの【北殿】[名]❶北側にある殿舎。❷北隣の家の人に対する敬称。

きたなげ[・なり]【汚げ・穢げ】[形動ナリ]{なら・なり(に)・なり・なる・なれ・なれ}汚れているさま。みすぼらしいさま。例「[雪ノ]**汚げ・なら**むところ、搔き捨てて」〈枕・職の御曹司におはしますころ〉

きたなげな・し【汚げ無し・穢げ無し】[形ク]{から・く(かり)・し・き(かる)・けれ・かれ}見苦しくない。こぎれいである。例「容貌**きたなげな・く**若やかなるほどの」〈源氏・帚木〉

きたな・し【汚し・穢し】[形ク]{から・く(かり)・し・き(かる)・けれ・かれ}❶よごれている。不潔だ。けがれている。例「**穢・き**所にいかでか久しくおはせむ」〈竹取・かぐや姫の昇天〉❷邪悪だ。不正だ。例「人はかる心の隈は**きたな・く**て清き渚をいかで過ぎけん」〈後撰・恋五・九四四〉❸卑怯だ。恥知らずだ。例「**きたな・く**も、うしろをば見するものかな」〈古今著聞・三三六〉

きたなび・る【汚びる・穢びる】[自ラ下二]{れ・れ・る・るる・るれ・れよ}ひきょうな振る舞いをする。汚いことをする。例「人々相構へて、**きたなび・る**な」〈太平記・五〉

きたな・む【汚む・穢む】[他マ四]{ま・み・む・む・め・め}汚いと思う。けがらわしいと嫌う。例「同じ不浄を以って自から浄しと思ひ、他ぞ**穢・まむ**」〈今昔・六・六〉

きたの【北野】[地名]山城国の地名。いまの京都市上京区北野を中心とする地域。大内裏の北側にあることによる呼称。菅原道真をまつる北野天満宮で知られる。

きたのかた【北の方】[名]❶北の方角。北方。❷貴人の正妻の敬称。夫人。＝北の台

きたのたい【北の対】[名]寝殿造りで、寝殿の北にある対の屋。おもに正妻が住んだ。

きたのだい【北の台】[名]「きたのかた②」に同じ。

きたのぢん【北の陣】[名]内裏の北門である「朔平門」の別称。兵衛府（宮中警護の役所）の詰め所があった。

きたのてんじんえんぎ【北野天神縁起】[作品名]鎌倉時代の縁起絵巻。作者未詳。生前の菅原道真の学才、怨霊となっての復讐、天神として祭られる経緯と霊験が、多くの出典から取材して叙述される。

きたのまんどころ【北の政所】[名]摂政・関白の正妻の敬称。のちに、大納言・中納言の妻にも用いられた。＝政所③

きたばたけちかふさ【北畠親房】[人名]（一二九三～一三五四）鎌倉後期から南北朝時代の歴史家・故実家。後醍醐天皇に仕え、『神皇正統記』を著す。また故実書『職原抄』を執筆。

きたひ【腊】[名]魚や鳥を干したもの。

きた・ふ【鍛ふ】[一][他ハ四]{は・ひ・ふ・ふ・へ・へ}❶金属を熱して打ち、硬度を高める。例「**きた・う**たる剣なり」〈太平記・三二〉（音便）「きたう」は「きたひ」のウ音便。❷繰り返し練習させて身心などを強くする。修練する。[二][他ハ下二]{へ・へ・ふ・ふる・ふれ・へよ}いじめる。例「やかましく**きた・へ**ずとも」〈洒・南閨雑話〉

〔和歌〕**きたへゆく…**【北へ行く雁ぞ鳴くなる連れて来し数は足らでぞ帰るべらなる】〈古今・羇旅・四一二・よみ人しらず〉訳北国へ飛んでゆく雁が悲しげに鳴いている。去年の秋、一緒に連れて来た家族の数が足りなくなって帰ってゆくようだ。（係結び）「雁ぞ→鳴くなる(体)」、「足らでぞ→帰るべらなる(体)」

きたまくら【北枕】[名]枕を北にして寝ること。釈迦入滅のときの姿にならい、仏教では死者の枕を北にして寝かせることから、一般にはこれを嫌う。

きたまつり【北祭り】[名]賀茂神社の「賀茂の祭り」「賀茂の臨時の祭り」の別称。石清水八幡宮の「南祭り」に対していう。＝葵祭り。↔南祭り

きた・む【懲む】[他マ四]{ま・み・む・む・め・め}[他マ下二]{め・め・む・むる・むれ・めよ}こらしめる。罰する。例「常世の神を打ち**懲・ます**も」〈紀・皇極〉

きたむき【北向き】[名]❶北の方角に向いていること。❷江戸時代の元禄・宝永のころ、京都島原中堂寺町の北側の横町にいた下級遊女。

きたむらきぎん【北村季吟】[人名]（一六二四～一七〇五）江戸前期の俳人・歌人・和学者。松永貞徳に俳諧を学ぶ。句集『新続犬筑波集』、古典の注釈書に『枕草子春曙抄』『源氏物語湖月抄』などがある。

きたやま【北山】[地名]山城国の地名。いまの京都市北部にある山の総称。左京区岩倉から船岡・衣笠にいたる一帯の山並み。

きたりう【喜多流】[名]能のシテ方の流派のひとつ。江戸初期に喜多七太夫長能が創立したもの。四座一流と別称されもしたが、しだいに勢力を伸

ばし、下掛かりの中では最も優勢であった。

きたりうか・ぶ【来たり浮かぶ】[自バ四]{ば・び・ぶ・ぶ・べ・べ}思い浮かぶ。意識にのぼる。例「心に念々のほしきまに**来たり浮か・ぶ**」〈徒然・二三五〉

ぎだりん【祇陀林】[名]❶中インド舎衛国にあった林園。祇陀太子の所有であったが、のち須達長者が祇陀林寺(祇園精舎)を建立して、釈迦に寄進した。＝祇園①・給孤独園。❷《「祇陀林寺」の略》京都にあった天台宗の寺。

きた・る【来たる】[自ラ四]{ら・り・る・る・れ・れ}《「きいたる」の変化形》❶やって来る。例「死は前よりしも**来た・ら**ず、かねてうしろに迫れり」〈徒然・一五五〉❷《近世語》古くなって弱る。役に立たなくなる。

発展学習ファイル　「きいたる(来至る)」の変化した語で、動詞「来」の連用形に完了の助動詞「たり」の付いた「**来たり**」とは別語。平安時代には、漢文訓読体の文章では「来たる」が、和文では「**来**」が用いられた。

きた・る【着垂る】[他ラ下二]{れ・れ・る・るる・るれ・れよ}衣服などをゆるやかに長く引いて着る。

きちかう【桔梗】[名]「ききゃう①」に同じ。

きちかういろ【桔梗色】[名]キキョウの花の色。縹色。

きちじつ【吉日】[名]「きちにち」に同じ。

きちじゃう【吉上】[名]《「きつじゃう」とも》「六衛府」の下位の役人。宮中・宮門の警備に当たった。＝黄仕丁

きちじゃうてんにょ【吉祥天女】[名]《仏教語。「きっしゃうてんにょ」とも》福徳を施すという美しい天女。もとインド神話の女神で、のち仏教に取り入れられた。毘沙門天の妻とされる。その像は天衣・宝冠をつけ、左手に宝珠を持つ。吉祥天。
➡[古典参考図]主要仏像

きちにち【吉日】[名]《「きちじつ」とも》事を行うのに縁起のよい日。めでたい日。↔悪日

きちゃう【几帳】[名]❶**室内に立てて隔てとした調度**。「土居①」に二本の柱を立てて横木を渡したものに、帷子を結びつけて垂らす。帷子は、夏は白の生絹、冬は練り絹を用いた。柱の高さは、三尺と四尺のものがあった。➡[古典参考図]調度類〈1〉。❷「差し几帳」の略。

〔**几帳の帷子**〕几帳にかけた垂れ布。

〔**几帳の綻び**〕几帳の帷子の下の、外部を見るために縫い合わせていない部分。

きぢゃう【器仗】[名]武器。兵器。

ぎぢゃう【毬杖・毬打】[名]「ぎっちゃう」に同じ。

ぎぢゃう【儀仗】[名]❶儀式に用いる装飾的で形式化した兵仗(武器)。❷儀式。

ぎぢゃう[・す]【議定】[名・自サ変]合議して決定すること。また、その評議。

ぎぢょ【伎女・妓女】[名]❶「内教坊」に所属して「伎楽」を舞った女性。❷広く舞楽を行う女性。➡図版「踏歌」。❸遊女。

きちょう【几帳】歴史的かなづかい「きちゃう」

きちれい【吉例】[名]❶めでたい例。❷慣例。

きぢん【麹塵】[名]《「きくぢん」の変化形。古くは「きちん」とも》「きくぢん」に同じ。

きつ【狐】[名]狐の別称。(季－冬)

きつ[名]《東国方言》水を入れる桶。用水桶。

きっかふ【亀甲】[名]《「きかふ」の促音便》❶亀の甲羅。❷紋所の名。①を図案化したもの。

きづか・ふ【気遣ふ】[自ハ四]{は・ひ・ふ・ふ・へ・へ}心配する。気を遣う。

きっかふがた【亀甲形】[名]亀の甲にあるような六角の形。また、それが並んでいる模様。

きづき【忌月】[名]《「きげつ」とも》「忌日」のある月。祥月。

きつきげ【黄鴾毛】[名]馬の毛色の名。黄色みを帯びた鴾毛(やや赤くて白い毛)。

きっきょう【吉凶】[名]吉事と凶事。よいことと悪いこと。

きつ・く【来着く】[自カ四]{か・き・く・く・け・け}到着する。例「暗くぞ京に**来着・き**たる」〈蜻蛉・中〉

きつ・ぐ【着継ぐ】[他ガ四]{が・ぎ・ぐ・ぐ・げ・げ}(同じ衣服を)着続ける。例「飽くばかりもえ**きつ・ぎ**給はぬ」〈落窪・一〉

きづくり【木造り・木作り】[名]材木を必要に応じた形に削ること。

きっくゎい[・なり]【奇怪】[形動ナリ]{なら・なり(に)・なり・なる・なれ・なれ}《「きくゎい」の促音便で、意味を強めた言い方》「きくゎい」に同じ。

ぎっこどくをん【給孤独園】[名]《仏教語》「ぎをんしゃうじゃ」に同じ。

きっさう【吉相】[名]❶よいことのある前ぶれ。吉兆。❷よい人相。

きっさき【切っ先】[名]《「きりさき」の促音便》刀や長刀などの刃物の先端。

きっさきあがり【切っ先上がり】[名]刀の切っ先を柄より高く上げた構え。その構えで切り込むこと。

きっさきさがり【切っ先下がり】[名]刀の切っ先を柄より低く下げた構え。その構えで切り込むこと。

ぎっしゃ【牛車】[名]《「うしぐるま」とも》牛に引かせる車。屋形の構造や材質などから、唐車・糸毛の車・檳榔毛の車・網代車・八葉の車・雨眉の車・文作りの車などの種類があった。➡図版「鋲道」

古典の世界　牛車の乗り降りは榻などを用いて車の後ろから乗り、牛をはずして前から降りる。一般的には四人乗りで前の右が上席。以下の席次は前の左、後ろの左　後ろの右の順。また、高貴な女性は牛車を屋敷の庭まで引き入れ、車の後ろを簀の子につけて、周囲を几帳などで隠して乗り降りした。

〔**牛車の宣旨**〕親王・摂関・大臣・僧などに、牛車に乗ったまま、待賢門などの宮城門から「中の重」の春華門などの宮門まで入ることを許す宣旨。

きつじゃう【吉上】[名]「きちじゃう」に同じ。

きっしょ【吉書】[名]❶年始・任官・除服など、事が改まったあとに吉日を選んで見る、儀礼的な文書。❷江戸時代、納税を促すための命令書。❸《「吉書始め」の略》書き初め。また、それに適する日。(季－春)

きっそう【吉相】歴史的かなづかい「きっさう」

きったて【切っ立て】[名]《「きりたて」の促音便》❶垂直に切り立っている所。崖。❷竹や松を切って立てること。とくに、蹴鞠の懸かりの木(蹴鞠の場所

毬杖　都大路で、毬杖に興じる子供たち。腰には、子孫繁栄の縁起物であるゆずり葉をつけている。(年中行事絵巻)

に植えられた木)や、能舞台の橋懸かりの松など。

ぎっちゃう【毬杖・毬打】［名］《「ぎちゃう」とも》槌の形をした杖で毬を打ち合う、正月の子供の遊び。また、その杖。(季－春)

ぎっちゃうくゎじゃ【毬杖冠者】［名］《「ぎっちゃうくゎんじゃ」とも》「毬杖」に夢中になっている若者をあざけっていう語。

〔俳句〕**きつつきも…【木啄も庵は破らず夏木立】**〈おくのほそ道・雲岸寺・芭蕉〉訳寺をつつき壊すといわれる木啄も、この仏頂和尚の草庵は破らなかったのだ。そしていま、夏木立の中、和尚の法徳を伝えるように往時の姿をとどめている。(季－夏木立－夏)

〈参考〉仏頂は芭蕉の参禅の師にあたる。

きっつけ【切っ付け】［名］「したぐら」に同じ。

きって【切手】［名］《近世語》❶関所などの通行証。手形。❷金品の受け渡し証。

きってつ・ぐ【切って継ぐ】《「きりてつぐ」の促音便》局面が一変する。うって変わる。例「かく切って継・いだる様に、さはぎ乱るる事のかなしさよ」〈古活字本保元・上〉《音便》「切って継いだる」は「切って継ぎたる」のイ音便。

きっと【急度・屹度】［副］《「きと」の促音便》❶素早く。すぐに。例「舟はきっとおしもどすが大事に候ふ」〈平家・一一・逆櫓〉❷厳しく。しっかりと。例「急度ただし得さすべし」〈浄・平家女護島〉❸確かに。間違いなく。必ず。例「きっと院の御所へ参れ」〈平家・二・西光被斬〉

きづな【絆】［名］❶動物をつなぎとめる綱。❷人と人の断ちがたい情愛。離れがたいつながり。

きつね【狐】［名］《「くつね」とも》動物の名。知能が高いことから、古くから霊獣とされ、また妖怪視されて、説話や迷信が多く残る。(季－冬)。例「いづれか狐なるらんな。ただはかられたまへかし」〈源氏・夕顔〉

〔**狐の子は頰白**〕子供が親に似ていることのたとえ。

〔**狐の嫁入り**〕❶日が照っているのに雨が降ってくること。❷狐火(闇夜に山野に光る怪火)が連なっているのを、狐が嫁入りする行列に見立てていう語。

きつねがうし【狐格子】［名］御殿や寺社などの屋根の破風の下に取りつける、縦横正方形に細かく組んだ格子。裏に板を張ってある。木連れ格子。妻格子。狐窓。＝狐戸

きつねど【狐戸】［名］「きつねがうし」に同じ。

〔俳句〕**きつねびの…【狐火の燃えつくばかり枯尾花】**〈蕪村句集・蕪村〉訳日の暮れた冬の野に、枯れすすきが風になびいている。そのさまは、突然燃え立った狐火が燃え移らんばかりに見えることだ。(季－枯尾花－冬)

きつねや【狐矢】［名］流れ矢。偶然当たった矢。

きでん【紀伝】［名］❶人物の伝記を記した文章や書物。❷「紀伝体」の略。❸「紀伝道」の略。また、その学者。

きでん【貴殿】㊀［名］殿舎に対する敬称。御殿。お屋敷。㊁［代名］《対称の人称代名詞。男性同士で、同等、またはそれ以上の人に対して用いる語》あなた。君。例「ひとへに貴殿広大の慈悲を仰ぐ」〈平家・一一・腰越〉

きでんたい【紀伝体】［名］歴史を叙述する体裁のひとつ。帝王一代の伝記である本紀や、臣下など個人の伝記である列伝といった分類で歴史を記述したもの。中国の正史の多くはこれにより、日本では『大鏡』『今鏡』などがこれをならう。→「へんねんたい」。

きでんだう【紀伝道】［名］「大学寮」における四科のひとつ。『史記』『漢書』『後漢書』などの歴史書や、『文選』などの漢詩文を学んだ。＝紀伝②

きでんはかせ【紀伝博士】［名］「大学寮」で中国の歴史や詩を教えた博士。のちの文章博士。

きと［副］❶さっと。とっさに。例「このかぐや姫、きと影になりぬ」〈竹取・かぐや姫の昇天〉❷しっかりと。きゅっと。例「烏帽子の緒、きと強げに結び入れて」〈枕・暁に帰らむ人は〉❸ちょっと。わずかに。例「きとまどろませ給ふともなきに」〈古本説話集〉❹きっと。必ず。例「その鳥、きと参らせよ」〈弁内侍〉

きど【木戸・城戸】［名］❶城の入り口。城門。転じて、城。❷関所などの柵に設けた門。❸江戸時代、警備のために市中の要所に設けた門。❹芝居小屋などの客の出入り口。

きとう【几董】［人名］「たかゐきとう」に同じ。

ぎどうさんし【儀同三司】［名］《「儀(儀礼での格式)、三司(太政大臣・左大臣・右大臣)に同じ」の意》「准大臣」の別称。平安時代、藤原伊周が自称したことに始まる。

ぎどうさんしのはは【儀同三司の母】［人名］

（？～九九六）平安中期の女流歌人。名は貴子。「高内侍」ともいう。父は高階成忠。藤原道隆の妻となり、伊周・隆家・定子らを出産。『拾遺和歌集』などに入集。

きときと［副］《「きと」を重ねて強めていう語》❶すぐに。さっと。素早く。例「『**きときと**』と召しあり」〈とはずがたり〉 ❷はっきりと。きっぱりと。例「**きときと**よく申したるぞ」〈宇治拾遺・三・五〉 ❸きっと。必ず。例「只今内裏へきとまゐらせ給へ。なほなほ**きときと**」〈古今著聞・五三九〉

きと・く【来と来】《「来」を重ねて意味を強めていう語》❶次々に来る。例「我が宿に**きと・くる**人の長居せぬなし」〈和泉式部集〉 ❷はるばる来る。やっとの思いで来る。例「**来と・来**ては川上り路の水を浅み船もわが身もなづむ（＝難儀スル）今日かな」〈土佐〉

きどく［・なり］【奇特】［名・形動ナリ］❶神仏のありがたい霊験。不思議な力。また、神仏の力が不思議なさま。すぐれているさま。例「仏神の**奇特**、権者の伝記、さのみ信ぜざるべきにもあらず」〈徒然・七三〉 ❷不思議なほどすぐれていること。珍しく奇妙なこと。また、そのさま。例「この香の**奇特・なる**を漸く寄りて見れば」〈今昔・六・六〉 ❸殊勝なこと。けなげなこと。また、そのさま。

きどく【奇特】［副］感心なことに。例「いや、茶屋か。**きどく**早かったよ」〈虎明本狂・煎じ物〉

きどぐち【木戸口】［名］❶城や砦などの出入り口。城門。❷家や露地などの出入り口。戸口。❸劇場や芝居小屋などの客の出入り口。

きどくづきん【奇特頭巾】［名］目の部分だけ開けて顔を覆うようにした頭巾。黒絹で作られた。＝奇特帽子

きどくぼうし【奇特帽子】［名］「きどくづきん」に同じ。

きどの【綺殿】［名］（もと京都で、「綺羅」を作る所をいったことから）服飾品や化粧道具などを作る所。また、それを売る店。

きと・ふ【来訪ふ】［他ハ四］〔は・ひ・ふ・ふ・へ・へ〕《「きとぶらふ」とも》来訪する。例「橘の花さく里に住まへどもむかしを**きと・ふ**人のなきかな」〈和泉式部集〉

きどり【気取り】［名］《近世語》❶気性。気前。❷趣向。創意工夫。❸顔つき。ようす。❹そのものになったつもりになること。まねること。

きない【畿内】［名］《「畿」は古代中国で都から五百里（＝約三〇〇キロメートル）以内の天子の直轄地の意》京都の周辺の山城（京都府）・大和（奈良県）・河内（大阪府の一部）・和泉（大阪府の一部）・摂津（大阪府・兵庫県の一部）の五か国。＝五畿内

きなか【半銭】［名］《近世語。「寸半」の意》（一文銭の直径が一寸であったことから）一文の半分。半文。転じて、ごくわずかなもの。

きなきとよ・む【来鳴き響む】［他マ下二］〔め・め・む・むる・むれ・めよ〕やって来て、やかましく鳴く。例「**来鳴きとよ・め**て本（＝根元）に散らしつ」〈万葉・八・一四九三〉

きな・く【来鳴く】［自カ四］〔か・き・く・く・け・け〕来て鳴く。例「山時鳥いつか**来鳴・かむ**」〈古今・夏・一三五〉 訳 例 →〔和歌〕わがやどのいけのふぢなみ…

きな・す【着為す】［他サ四］〔さ・し・す・す・せ・せ〕…のように着る。…の状態に着る。例「無文の桜の（＝無地ノ桜襲ノ）細長なよよかに**着な・して**」〈源氏・末摘花〉

きなや・す【着萎やす】［他サ四］〔さ・し・す・す・せ・せ〕着古してくたくたにする。例「**着なや・し**たる〔着物〕、物の色もあらぬやうに見ゆ」〈蜻蛉・上〉

きなら・す【着馴らす】［他サ四］〔さ・し・す・す・せ・せ〕いつも着て、しっくり身に着くようにする。例「**きなら・せ**と思ひしものを旅衣」〈新古今・離別・八六三〉

きにち【忌日】［名］その人の死んだ日。命日。

きぬ【衣】［名］❶衣服。着物。ころも。❷皮膚や毛皮など、衣服のようにからだを覆っているものをたとえていう語。例「鶏の雛の、脚高に、白うをかしげに、**衣**短なるさまして」〈枕・愛しきもの〉

《音便》「白う」は「白く」のウ音便。

〔衣打つ〕衣服を洗い張りし、砧で打って艶出しをする。例「**衣打・たせ**にやりて、『いかならむ』と思ふに」〈枕・嬉しきもの〉

〔衣の領〕着物のえり。

きぬ【絹】［名］蚕の繭から取った繊維。絹糸。また、それを用いて織った布。絹織物。

きぬいた【衣板】［名］「きぬた①」に同じ。

きぬがさ【衣笠・蓋】［名］❶長い柄のついた絹張りの傘。貴人の外出の際、従者が後ろから差しかけた。❷仏像の上にかざす絹張りの笠。天蓋。

きぬかさやま【衣笠山】［地名］《「絹笠山」とも書く》山城国の山。いまの京都市北西部にある。ふもとには金閣寺がある。＝衣掛山・衣笠岡

きぬがち［・なり］【衣勝ち】［形動ナリ］〔なら・なり（に）・なり・なる・なれ・なれ〕衣服をたくさん重ねて着ているようす。着ぶくれているようす。例「**きぬがち・に**身じろぎもたをやかならず見ゆる」〈紫式部日記〉

きぬかづき【衣被き】［名］❶高貴な女性が外出の際、顔を隠すために単衣の小袖を頭からかぶった姿。また、その衣。＝かづき。❷①を着た女性。

きぬかぶり【衣被り】［名］僧が用いた衣で、「きぬかづき」に似たかぶり物。

きぬぎぬ【衣衣・後朝】［名］❶（男女がおのおのの衣服を着けることから）共寝した翌朝の別れ。また、その朝。＝後朝②。❷男女の別れ。夫婦の別れ。また、ものが離ればなれになること。

古典の世界　男女が「後朝の別れ」ののち、男から女に贈る手紙を「**後朝の文**」といい、早く贈るほど誠意があるとされる。贈らないと、女に対する重大なはずかしめになる。皇后・中宮・女御などの入内の場合、「**後朝の使ひ**」は、特別に名門の若い男性がつとめるのが例である。

〔後朝の使ひ〕《「ごてうのつかひ」とも》「きぬぎぬ①」の朝、男から女へ送る手紙を届ける使者。

きぬぐら【絹座】［名］絹の売買をする所。

きぬた【砧・碪】［名］❶《「きぬいた」の変化形》布地を木槌で打ち、柔らかくしたりつやを出したりするための、布の下にあてがう台。また、それを打つことや、その音。（季－秋）。❷《「砧拍子」の略》歌舞伎の囃子の一種。いなか家の場面などに用いる。

きぬなが［・なり］【衣長】［形動ナリ］〔なら・なり（に）・なり・なる・なれ・なれ〕着ている着物の丈が長いさま。↔衣短。例「二藍の羅など、**衣長・にて**」〈枕・愛しきもの〉

きぬびつ【衣櫃】［名］衣服を入れておく大型の箱。

きぬみじか［・なり］【衣短】［形動ナリ］{なら・なり／(に)・なり・／なる・なれ・／なれ}着物の丈が短いさま。↔衣長。例「鶏の雛の、脚高に、白うをかしげに、**衣短・なる**さまして」〈枕・愛しきもの〉

きぬや【絹屋】［名］絹の幕を四方に張りめぐらし、上にも屋根のように張り渡した仮小屋。

きね【杵】［名］❶臼に入れた餅や穀物をつくのに用いる木製の道具。❷①を図案化した紋所の名。

きね【木根】［名］(「ね」は接尾語)樹木。

きね【巫覡】［名］神に仕える人。神楽を奏したり、祝詞をあげたりする。男女いずれにもいう。

きねん［・す］【祈念】［名・他サ変］神仏に願いごとがかなえられるよう祈ること。祈願。

きのえ【甲】［名］(「かふ」とも。「木の兄」の意)「十干」の第一番目。→「じっかん」。↔乙

きのえね【甲子】［名］❶干支の第一番目。「十干」の第一番目の甲と「十二支」の第一番目の子とに当たる年・月・日。物事の始まりとして重んじられた。❷「甲子待ち」の略。

きのえねまち【甲子待ち】［名］(「まち」は「まつり」の変化形とも)甲子の日、おもに商家で、深夜の子の刻(午前零時ごろ)まで起きていて、大黒天を祭り、商売繁盛を願う行事。＝甲子②

きのかいおん【紀海音】［人名］(一六六三〜一七四二)江戸中期の浄瑠璃作者・俳人。作風は、理知的・理論的で、人情を叙情的に描いた近松門左衛門とは対照的であった。豊竹座作者として『傾城無間鐘』や『八百屋お七』などの作品がある。

きのかは【紀の川】［歌枕］紀伊国の川。いまの和歌山県北部から西へ流れ、和歌山市で紀伊水道に注ぐ。上流は吉野川。

〔和歌〕**きのくにや…**【紀の国や由良の湊に拾ふてふたまさかにだに逢ひ見てしがな】〈新古今・恋一・一〇七五・藤原長方〉訳紀の国の由良の湊で拾うという珠、その珠ではないが、たまにでもいいから逢いたいものだ。〈参考〉「由良の湊」は、紀伊国(いまの和歌山県)の歌枕。上三句は、「たまさかに」を導く序詞。「たまさかに」は、真珠の意の「珠」をかける。

きのしたじゅんあん【木下順庵】［人名］(一六二一〜一六九八)江戸前期の儒学者。加賀藩主前田綱紀に仕えた。門人に新井白石・室鳩巣らがいる。

きのしたちゃうせうし【木下長嘯子】［人名］(一五六九〜一六四九)安土桃山時代から江戸前期の歌人。豊臣秀吉の夫人の甥。家集『挙白集』。

きのつらゆき【紀貫之】［人名］(生没年未詳)平安前期の歌人。三十六歌仙のひとり。『古今和歌集』の撰者のひとり。貫之の手による『古今和歌集』仮名序はその後の日本詩歌の原型とされた。また、仮名による最初の日記文学『土佐日記』を女性の立場から描き、仮名文字による文章の開拓者としても特筆されるべき存在。家集『貫之集』。

きのと【乙】［名］(「おつ」とも。「木の弟」の意)「十干」の第二番目。→「じっかん」。↔甲

きのときぶみ【紀時文】［人名］(生没年未詳)平安中期の歌人。父は貫之。「梨壺の五人」のひとりとして『万葉集』の読解や『後撰和歌集』の撰進を行った。

きのとものり【紀友則】［人名］(生没年未詳)平安前期の歌人。三十六歌仙のひとり。紀貫之の従兄弟。『古今和歌集』撰者のひとり。『古今和歌集』などに入集。

きのはせを【紀長谷雄】［人名］(八四五〜九一二)平安前期の漢学者・漢詩人。淑望は子。醍醐天皇の顧問のひとり。漢詩文にすぐれた。

きのふ【昨日】［名］❶今日の前日。きのう。❷ごく近い過去。この前。

〔**昨日にかはる**〕昨日までとはがらりと変わる。わずかの間にすっかり変わる。例「**昨日にかは・る**山おろしの風」〈新古今・秋上・二八〇〉

〔**昨日の今日**〕昨日、事があって、その翌日である今日。事が起きてすぐ。

〔**昨日の花は今日の夢**〕栄枯盛衰の変わりやすいことのたとえ。

〔**昨日の夜**〕一昨夜。おとといの夜。

きのふけふ【昨日今日】［名］❶つい最近。このごろ。昨今。例「**きのふけふ**咲きぬると見し尾上の花(＝山上ノ桜)も散りはてて」〈雨月・菊花の約〉❷時が間近に迫っていること。ごく近い将来。例「つひに行く道とはかねて聞きしかど**昨日今日**とは思はざりしを」〈古今・哀傷・八六一〉訳→〔和歌〕つひにゆく…

〔和歌〕**きのふこそ…**【昨日こそ早苗取りしかいつの間に稲葉そよぎて秋風ぞ吹く】〈古今・秋上・一七二・よみ人しらず〉訳つい昨日苗代の早苗を取って田植えをしたと思っていたのに、いつの間にかもう、稲葉をそよがせて秋風が吹いているよ。(係結び)「こそ→取りしか(已)」、「ぞ→吹く(体)」

〔和歌〕**きのふといひ…**【昨日といひ今日と暮らしてあすか川流れて早き月日なりけり】〈古今・冬・三四一・春道列樹〉訳昨日はこうだった、今日はこうだった、といいながら暮らしているうちに明日になる、明日香川のように流れることのはやい月日であることよ。

きのふはけふのものがたり【きのふはけふの物語】［作品名］江戸前期の噺本。作者未詳。好色話を中心に百五十前後の小咄を収める短編笑話集。

きのへ【柵の戸】［名］(「柵」は城柵の意)上代、外敵の侵入に備えて奥羽地方(いまの東北地方)に設置した、城柵の中に土着させた民家や兵。

きのぼり【木登り】［名］❶木によじ登ること。また、巧みに木に登る人。❷(切られた首が高い木の上に載せられるところから)獄門にかけられること。さらし首。

きのまるどの【木の丸殿】［名］「きのまろどの」に同じ。

きのまろどの【木の丸殿】［名］(「きのまるどの」とも)切り出したままの丸木で造った宮殿。とくに、斉明天皇が百済救援のために駐留した筑前国(いまの福岡県)朝倉郡の御殿を指すことが多い。

きのみち【木の道】［名］木材の良否を見分けて木を切り出すこと。また、その人。きこり。杣人。

〔木の道の工〕大工や指物師。

きのめ【木の芽】[名]❶（「このめ」とも）春、樹木に萌え出す芽。新芽。香りが高く、薬味などに用いられる。❷サンショウの芽。①②（季―春）

きのよしもち【紀淑望】[人名]（?～九一九）平安前期の歌人・漢詩人。父は長谷雄。『古今和歌集』の真名序の作者か。和歌は『古今和歌集』や『日本紀竟宴和歌』に入集。

きは【際】[名]《ある物事が、他の物事に続いていくとき、その区切り目ぎりぎりのところをいうのが原義》❶ある空間が終わり、別の空間が始まるさかい目。㋐端。さかい目。例「東のきはに蕨のほどろを敷きて」〈方丈記〉〔注〕「ほどろ」は、ワラビがのびすぎて柴のようになったものという。敷物の代わりにした。㋑そば。あたり。例「山のきはに惣門のあるうちに入りぬ」〈徒然・四四〉❷時間的に、ある物事が起こったり、行き着いたりする時点。㋐とき。折。機会。例「そのきはに見し人の有り様の」〈紫式部日記〉㋑最後。終わり。果て。例「さばこれこそは際の御有り様なりけれ」〈栄花・九〉㋒《近世語》節季。年末や盆などの決算期。❸物事が、あるさかい目ごとに段階的に移り変わっていく、そのさかい目や行き着くところ。㋐程度。ほど。例「はしたなききはに熱かりければ」〈大鏡・道長・下〉㋑際限。限り。例「その御かたちは、げに、気高くすぐれたること、いと際あらねど」〈宇津保・蔵開・上〉㋒身分。階級。家柄。例「いとやむごとなき際にはあらぬが、すぐれて時めきたまふありけり」〈源氏・桐壺〉

〔際は際〕身分や家柄にふさわしい相手と付き合うべきだということ。例「いとかやうなる際は際とこそはべなれ」〈源氏・帚木〉《音便》「はべなれ」は「はべるなれ」の撥音便「はべんなれ」の撥音無表記。

きば【牙】[名]動物の歯の一部が鋭く発達したもの。

〔牙を嚙む〕悔しがって歯ぎしりをする。例「牙をかみ、鬚をそらしてゐたり」〈宇治拾遺・一五・一三〉

ぎば[名]《近世語》歌舞伎や浄瑠璃で、立ち回りの形のひとつ。飛び上がってしりもちをつき、両足を開いて前に投げ出す動作。

きはぎは【際際】[名]❶各自の身分。分際。❷季節の区切り。節季。また、節季ごとの決算時。

きはぎは・し【際際し】[形シク]{しから・しく(しかり)・し・しき(しかる)・しけれ・しかれ}きわだっている。目立つ。例「正身は、しか引ききりに際々しき心もなきものを」〈源氏・真木柱〉

きはぎはと【際際と】[副]はっきりと。きっぱりと。例「かやうの事、きはぎはと、かねてより御さだめ候へかし」〈曾我・四〉

きはこと[・なり]【際殊】[形動ナリ]{なら・なり(に)・なり・なる・なれ・なれ}際立っている。格別である。例「〔夕霧ハ〕際こと・なるさまぞしたまへる」〈源氏・手習〉

きはだ【黄蘗】[名]《中世以降「きわだ」》❶木の名。木の内皮が黄色いところから名付けられた。樹皮は染料に、実は健胃剤として用いられる。❷①から採った染料、またはそれで染めた黄色。

きはだか[・なり]【際高】㊀[形動ナリ]{なら・なり(に)・なり・なる・なれ・なれ}❶気位が高いさま。気性が激しいさま。例「あまり人にくく(=愛想ガ悪ク)、際高・なる御もてなしなりや」〈夜の寝覚〉❷際立っているさま。はっきりしているさま。例「世の中の人をも広く恵み、しるしをもきはだか・に施し給ふなるべし」〈今鏡・手向〉㊁[名]節季、とくに年末に物価が上がること。

きはだか・し【際高し】[形ク]{から・く(かり)・し・き(かる)・けれ・かれ}気位が高い。はっきりしている。例「際高・く思ひ立ちて侍るを」〈堤中納言・よしなしごと〉

きはだけ・し【際猛し】[形ク]{から・く(かり)・し・き(かる)・けれ・かれ}気性が激しい。例「きはだけ・く思ぼしのたまふも」〈源氏・少女〉

きはな・し【際無し】[形ク]{から・く(かり)・し・き(かる)・けれ・かれ}❶限りがない。例「才といふもの、いづれも際な・くおぼえつつ」〈源氏・若菜・下〉❷限りなくすぐれている。例「中宮大夫殿こそ、かぎりなくきはな・くおはしませ」〈大鏡・道長・上〉

きはな・る【来離る】[自ラ下二]{れ・れ・る・るる・るれ・れよ}住んでいた土地を離れて来る。例「いや遠に国を来離・れいや高に山を越え過ぎ」〈万葉・二〇・四三九八長歌〉

きははな・る【際離る】[自ラ下二]{れ・れ・る・るる・るれ・れよ}抜きん出る。きわだっている。例「〔女ハ〕際離・るることは難きものなりけり」〈源氏・若菜・上〉

きはまりて【極まりて】[副]《動詞「極まる」の連用形＋接続助詞「て」》この上なく。極めて。例「きはまりてはかなき人にこそ」〈宇治拾遺・六・八〉

きはまりな・し【極まり無し】[形ク]{から・く(かり)・し・き(かる)・けれ・かれ}限りがない。この上ない。例「きはまりな・き放言しつと思ひける気色にて」〈徒然・一〇六〉

きはま・る【極まる・窮まる】[自ラ四]{ら・り・る・る・れ・れ}❶極限に達する。例「穢げなる所(=拙宅)に年月を経てものしたまふこと、きはま・りたるかしこまり」〈竹取・石作の皇子〉❷尽きる。終わる。例「矢窮ま・りぬ」〈徒然・八〇〉❸行き詰まって苦しむ。例「人、きはま・りて盗みす」〈徒然・一四二〉❹決定する。例「いよいよないに極ま・りける」〈浮・西鶴諸国ばなし〉

きはみ【極み】[名]果て。限り。所。

きは・む【極む・窮む・究む】㊀[他マ下二]{め・め・む・むる・むれ・めよ}❶極限にまで至らせる。きわめる。例「今はかばかりと御位を極・めたまはむ世に」〈源氏・若菜・上〉❷終わらせる。尽くす。例「今日かく命をきは・め、世にまたなき目の限りを見尽くしつ」〈源氏・明石〉❸定める。決定する。裁定する。例「片言をもって訟へをきは・むる事、卒爾に出でて制すとも止むべからず」〈太平記・一四〉㊁[自マ下二]限界に至る。きわまる。例「車の五つ緒は、必ず人によらず、ほどにつけて、きは・むる官・位に至りぬれば、乗るものなり」〈徒然・六四〉

発展学習ファイル　「きはむ」は、平安時代には、おもに漢文訓読に用いられ、和文には、多く「いたる」が用いられた。

きば・む【黄ばむ】[自マ四]{ま・み・む・む・め・め}《「ばむ」は接尾語》黄色みを帯びる。黄色がかる。

きはめ【極め】[名]❶果て。限り。❷決定。定め。契約。❸刀剣・書画などの鑑定。目利き。

きはめ【際目】[名]間際。瀬戸際。折。

きはめ-たる【極めたる】[連体]❶非常にすぐれた。例「きはめたる和歌の上手におはしけ

語構成　きはめ（マ下二「極む」㊊）＋たる（完「たり」㊏）

き

れば」〈大鏡・兼家〉❷はなはだしい。例「きはめたるひが事(=間違イ)にて候ひけり」〈平家・一〇・千手前〉

きはめつき【極め付き】[名]❶刀剣・書画などで、鑑定書の付いている確実な品物。❷芝居の演技などで、定評のある確かなもの。

きはめつく・す【極め尽くす】[他サ四]{さ・し・す・す・せ・せ}できる限りのすべてを尽くす。例「皇辺に**極め尽く・し**て仕へ来る」〈万葉・二〇・四四六五長歌〉

きはめて【極めて】[副]《動詞「極む」の連用形＋接続助詞「て」》❶はなはだ。非常に。例「**きはめて**幸ひなかりける身なり」〈蜻蛉・中〉❷きっと。例「こは**きはめて**やうある事にこそ」〈椿説弓張月・後〉

きはめふだ【極め札】[名]刀剣・書画などの鑑定書。折り紙。

きはやか[・なり]【際やか】[形動ナリ]{なら・なり(に)・なり・なる・なれ・なれ}《「やか」は接尾語》❶際立つさま。例「花橘の月影にいと**きはやか・に**見ゆるかをりも」〈源氏・幻〉❷てきぱきしているさま。例「いと**きはやか・に**起きて、広めき立ちて」〈枕・暁に帰らむ人は〉

きはや・す【着栄やす】[他サ四]{さ・し・す・す・せ・せ}見ばえがするように着る。例「衣の色も、人よりけに(=イッソウスグレテ)**着はや・し**たまへり」〈紫式部日記〉

きび【気味】[名]「きみ(気味)」に同じ。

きび【吉備】[地名]古代の山陽地方の国名。備前・備中・備後・美作の四か国。いまの岡山県と広島県の東部にあたる。

きび・し【厳し・緊し】[形シク]{しから・しく(しかり)・し・しき(しかる)・しけれ・しかれ}❶きっちり詰まっている。すきまがない。密だ。例「松き**び・しく**生ひつづき」〈東関紀行〉❷厳重だ。厳格だ。例「[ミカンノ木ノ]まはりを**きびし・く**囲ひたりしこそ、少しことさめて、この木なからましかばと覚えしか」〈徒然・一一〉❸手きびしい。激しい。例「真似まろちするをきかば、まして、いかに**きび・しく**、いひ咎めむ」〈枕・宮仕へ人の里なども〉❹険しい。鋭い。例「さしも**きび・しき**岩かどのなかを」〈平家・五・文覚荒行〉❺大したことだ。立派だ。例「鯛の浜焼きに蛸この桜煮、これは**きび・しい**お持たせぢゃな」〈伎・五大力恋緘〉(音便)「きびしい」は「きびしき」のイ音便。

きびしう【厳しう・緊しう】形容詞「きびし」の連用形「きびしく」のウ音便。

きびす【踵】[名]《「くびす」とも》❶かかと。❷はき物でかかとに当たる部分。

きびだいじんにったうゑことば【吉備大臣入唐絵詞】[作品名]平安後期の説話絵巻。作者未詳。十二世紀後半の成立か。遣唐使として渡唐した吉備真備が鬼の助けで唐人の出す難問を解決していく話を絵巻化したもの。

きびのなかやま【吉備の中山】[歌枕]備中国の山。いまの岡山市にある。ふもとに吉備津神社・吉備津彦神社がある。

きびのまきび【吉備真備】[人名](六九五～七七五)奈良時代の漢学者。遣唐留学生として二十年間在唐。書物や楽器、武具などを持ち帰った。孝謙天皇皇太子時代の師として『礼記』や『漢書』を講じた。

きびは[・なり][形動ナリ]{なら・なり(に)・なり・なる・なれ・なれ}か弱く、あどけないさま。例「十四五ばかりにて、いと**きびは・**に幼かるべきほどよりは」〈源氏・竹河〉

きひん【気稟】[名]生まれつき。先天的な気質。

きふ[・なり]【急】㊀[名]❶切迫した事態。❷能や雅楽の三部構成(序破急)のうち、終わりの急速な調子の部分。㊁[形動ナリ]{なら・なり(に)・なり・なる・なれ・なれ}❶切迫しているさま。にわかなさま。例「**急・なる**ことにてまかでたれば」〈源氏・手習〉❷気短かなさま。せっかちなさま。例「いと**急・に**、強き人になむ侍る」〈宇津保・国譲・下〉

き・ふ【来経】[自ハ下二]{へ・へ・ふ・ふる・ふれ・へよ}年月が来ては過ぎて行く。経過する。例「万代に年は**来・ふ**とも梅の花絶ゆることなく咲き渡るべし」〈万葉・五・八三〇〉

きふきふ[・なり]【急急】[形動ナリ]{なら・なり(に)・なり・なる・なれ・なれ}急であわただしい。ひどく差し迫っている。例「法師はかやうに心**急々・にして**」〈盛衰記・一八〉

きふく[・す]【帰服・帰状】[名・自サ変]《「きぶく」とも》付き従うこと。服従。降伏。

きふくだ・む【着ふくだむ】[自マ四]{ま・み・む・む・め・め}たくさん重ね着をして、からだがふくれあがる。=着ぶくる。例「山吹、紅梅、薄朽葉、あはひよからず、**着ふくだ・み**て」〈堤中納言・貝合〉

きぶくりん【黄覆輪】[名]「きんぷくりん」に同じ。

きふじ[・す]【給仕】[名・自サ変]❶貴人のそば近くに仕えて、雑用を務めること。また、その人。❷飲食の席で世話をすること。また、その人。

きふじどころ【急死所・急爾所】[名]「きふしょ(急所)」に同じ。

きふしゅ【給主】[名]中世、荘園領主から与えられた田地の所有者。→「きふにん②」

きふしょ【急所】[名]からだの中で、そこを傷つけると命にかかわる大事な部分。=急死所

きふじょ[・たり]【翕如】[形動タリ]{たら・たり(と)・たり・たる・たれ・たれ}合奏の高まりの中で、声や楽器の音律がよく合うさま。例「幄屋に乱声(=雅楽ノ曲名)を奏す。**翕如・たる**声の中に」〈太平記・三九〉

きふにん【給人】[名]❶平安時代、年給(年官・年爵)の権利を与えられた貴族。❷中世、幕府や領主の命を受け、領地を支配した在地武士。=給主。❸江戸時代、大名の家臣で知行地がなく、扶持米を支給された下級の武士。

きぶね【貴船】[歌枕]山城国の地名。いまの京都市左京区鞍馬貴船町。賀茂川上流の貴船川畔には貴船神社があり、水をつかさどる神をまつる。「船」をかけ、「渡す」とともに詠まれた。

きぶねやま【貴船山】[歌枕]山城国の山。京都市左京区鞍馬貴船町にある山。貴船川を挟んで鞍馬山に対する。山麓に貴船神社がある。

きぶん【気分】[名]❶気持ち。心持ち。心の状態。❷性質。気質。❸ようす。雰囲気。

きぶん【記文】[名]「きもん(記文)」に同じ。

きぶん【機分】[名]❶生まれつきの性質。天性。資質。器量。❷時代が移り変わっていく勢い。機運。

ぎへい【義兵】[名]正義の理想を実現するために起こす兵。義軍。

きべうし【黄表紙】[名]「草双紙」のひとつ。表紙の色が黄、または萌黄であることからいわれた。安永(一七七二～一七八一)ごろから、当世風の洒落・滑稽をも交え、大人向きの読み物として人気を博した。恋川

春町の『金々先生栄花夢』、山東京伝の『江戸生艶気樺焼』などがある。

きへな・る【来隔る】[自ラ四]{ら・り・る・れ・れ}来て遠く離れる。例「あしひきの山き隔りて遠けども心し行けば夢に見えけり」〈万葉・一七・三九八一〉

きへゆ・く【来経行く】[自カ四]{か・き・く・く・け・け}年月が過ぎていく。例「あらたまの来経行く年の限り知らずて」〈万葉・五・八八一〉

きぼ【規模】[名]❶しくみ。構想。趣向。❷模範。手本。❸名誉。誉れ。手柄。❹面目。体面。❺甲斐。効果。

きほ・し【着欲し】[形シク]{しから・しく(しかり)・し・しき(しかる)・しけれ・しかれ}着たい。着てみたい。例「時ならぬ斑の衣着欲しきか島の榛原時にあらねども」〈万葉・七・一二六〇〉

きほひ【競ひ】[名]❶競うこと。競争。張り合うこと。また、その余勢。はずみ。❷激しい勢い。また、気勢。意気込み。❸「競ひ馬」の略。＝競べ馬。❹《「競ひ肌」の略》男気のあること。

きほひあつま・る【競ひ集まる】[自ラ四]{ら・り・る・る・れ・れ}先を争うように急いで集まる。例「かたへはきほひ集まりたまふなるべし」〈源氏・若菜・上〉

きほひうま【競ひ馬】[名]「くらべうま」に同じ。＝競ひ③

きほひかか・る【競ひ掛かる】[自ラ四]{ら・り・る・る・れ・れ}❶先を争って押しかける。激しく攻めかかる。例「味方きほひかかり候ふ間、敵方引きのき候ふ」〈伊達日記〉❷勢い込む。意気込む。例「新枕はどうかうときほひかかって行く嫁入り」〈浄・反魂香〉

《音便》「きほひかかっ」は「きほひかかり」の促音便。

きほひかへ・る【競ひ帰る】[自ラ四]{ら・り・る・る・れ・れ}先を争うように急いで帰る。われ先に帰る。例「みな散り散りに競ひ帰りたまひぬ」〈源氏・藤裏葉〉

きほ・ふ【競ふ】[自ハ四]{は・ひ・ふ・ふ・へ・へ}❶互いに張り合い勇み立つ。例「常に兄に競ひ申したまふ」〈源氏・横笛〉❷先を争って散る。例「風に競へる紅葉の乱れなど、あはれと、げに見えたり」〈源氏・帚木〉

発展学習ファイル　類義語「きそふ」は、上代から中古の用例はわずかで、「きほふ」が一般的であった。

きま・す【来座す】《動詞「来」の連用形＋尊敬の補助動詞「ます」》おいでになる。いらっしゃる。例「一年に一度来ます君待てば」〈古今・羇旅・四一九〉

-きみ【君・公】[接尾](人を示す名詞に付いて)尊敬の意を表す。「若君」「姫君」「父君」「姉君」など。

きみ【公・君】[名]上代の「姓」のひとつ。

きみ【君】一[名]❶(自分が仕えている)主人。主君。例「親、君と申すとも、かくつきなきことを仰せたまふこと」〈竹取・竜の頸の玉〉《敬語》「申すとも」→「まうす」、「仰せたまふこと」→「おほす」「たまふ(四段)」。❷(一国の)国王。天子。天皇。例「この大将をば、君も臣も御感ありける」〈平家・一・殿下乗合〉❸《親しい関係にある人を敬意を込めていう語》あの方。あの人。例「秋風の寒き朝明を佐農の岡越ゆらむ君に衣貸さましを」〈万葉・三・三六一〉〔注〕「貸さましを」の「まし」は反実仮想の助動詞。❹《身分の高い人を指していう語》方。君。例「君は行ひしたまひつつ、日たくるままに、いかならんと思したるを」〈源氏・若紫〉《敬語》「思したる」→「おぼす」。❺(接尾語的に用いて)呼び名・人名・官名などの下に「…の君」の形で付いて敬意を表す。例「業平の君の、『山の端逃げて入れずもあらなむ』といふ歌なむ思ほゆる」〈土佐〉《係結び》「なむ→思ほゆる㊍」。❻遊女。例「橋本の君になにをか渡すべき」〈増鏡・新島守〉

二[代名]《対称の人称代名詞》あなた。親しいもの同士で用いるのがふつう。例「生ひ出でくる草のはつかに見えし君かも」〈古今・恋一・四七八〉訳→〔和歌〕かすがののゆきまをわけて…

発展学習ファイル　もとは、主人や天皇など、高い敬意を払うべき人を指す語。上代には、とくに女性から、愛する男性を指すのに多く用いられた(一③)。代名詞の用法はここから生まれたものだが、実際は名詞か代名詞かの区別はつきにくい。平安時代には、男女を問わず親しい間柄の者同士を呼ぶ語となる。

〔君は舟、臣は水〕《『荀子』などに見える句》君主と臣下の関係を舟と水にたとえた語。臣下はよく君主を助けるが、時には君主の位を覆すこともあるということ。

きみ【黍・稷】[名]草の名。五穀のひとつ。「きび」の別称。

きみ【気味】[名]《「きび」とも》❶においと味。❷趣。味わい。❸気持ち。気分。心持ち。

きみ【鬼魅】[名]妖怪。化け物。魔物。

きみあひ【気味合ひ】[名・形動口語型]《近世語。「きみやい」とも》❶歌舞伎で、互いに相手の心中をさぐって見つめ合うこと。❷心意気があること。気性がよいこと。❸気分。趣。

〔和歌〕**きみがあたり…**【君があたり見つつををらん生駒山雲な隠しそ雨は降るとも】〈新古今・恋五・一三六九・よみ人しらず、伊勢・二三〉訳あなたが住むあたりをずっと、眺めていようと思います。生駒山を雲よ隠さないでおくれ。たとえ雨は降ろうとも。《副詞の呼応》「な→隠しそ」

きみがきる【君が着る】[枕詞](君が着る御笠の意から)同音の地名「三笠」にかかる。例「君が着る三笠の山に居る雲の」〈万葉・一一・二六七五〉

きみがさす【君がさす】[枕詞](君がさす御笠の意から)同音の地名「三笠」にかかる。例「君がさす三笠の山のもみぢ葉の」〈古今・雑躰・一〇一〇旋頭歌〉

〔和歌〕**きみがすむ…**【君が住むやどの梢をゆくゆくと隠るるまでもかへりみしはや】〈大鏡・時平・菅原道真〉訳あなたが住む家の木立の梢を歩き行きながら、隠れて見えなくなるまでも、振り返って見たことです。

〔和歌〕**きみがためたぢからつかれ…**【君がため手力疲れ織りたる衣ぞ春さらばいかなる色に摺りてば良けむ】〈万葉・七・一二八一旋頭歌・柿本人麻呂歌集〉訳あなたのために手の力が抜けるまで織った布ですよ。春になったらどんな色に摺り染めたならばよいでしょう。

〔和歌〕**きみがためはるののにいでて…**【君がため春の野に出でて若菜摘むわが衣手に雪は降りつつ】〈古今・春上・二一・光孝天皇〉《百人一首》訳あなたのために、春の野に出て若菜を摘む私の袖に、雪がしきりに降りかかっているよ。

〈和歌〉**きみがためやまだのさはに…**【君がため山田の沢にゑぐ摘むと雪消の水に裳の裾濡れぬ】〈万葉・一〇・一八三九・作者未詳〉訳あの方のために山田の沢でエグを摘もうとして、雪解けの水に裳の裾が濡れてしまった。
〈参考〉「ゑぐ」は根を食用とするクログワイ。

〈和歌〉**きみがためをしからざりし…**【君がため惜しからざりし命さへ長くもがなと思ひぬるかな】〈後拾遺・恋二・六六九・藤原義孝〉《百人一首》訳あなたに逢えるなら、捨てても惜しくはなかった私の命までも、お逢いできたいまは、長くあってほしいと思ったことです。
〈参考〉恋する女性にはじめて逢った翌朝に詠んで贈った「後朝」の歌。

きみがね【君がね】[名]《「がね」は接尾語》将来、君主(天皇)になるはずの人。

〈和歌〉**きみがゆき…**【君が行き日長くなりぬ山尋ね迎へか行かむ待ちにか待たむ】〈万葉・二・八五・磐姫皇后〉訳あなたのご旅行は日数がずいぶんたちました。山を踏み分けお迎えに行きましょうか。それともこのままじっと待ち続けましょうか。《係結び》「迎へか→行かむ体」、「待ちにか→待たむ体」

〈和歌〉**きみがゆく…**【君が行く道の長手を繰り畳ね焼き滅ぼさむ天の火もがも】〈万葉・一五・三七二四・狭野弟上娘子〉訳あなたがいらっしゃる長い道のりを、手繰り寄せ折り畳んで、焼き滅ぼしてしまうような天の火が欲しい。
〈参考〉罪を犯した中臣宅守が配流された、その別離を悲しむ歌。

きみがよ【君が代】[名]❶あなたの寿命。また、主君のご寿命。❷天皇のお治めになる御代。例「君が代は限りもあらじ長浜の真砂の数はよみつくすとも」〈古今・神遊びの歌・一〇八五〉
〈参考〉現在の「君が代」の歌の原形は、「わが君は千代に八千代にさざれ石の巌となりて苔のむすまで」〈古今・賀・三四三〉訳→〈和歌〉わがきみは…である。この歌の初句「わが君」が「君が代」となるのは室町時代以降のことである。

きみがよの【君が代の】[枕詞]《君が代は長久にの意から》「なが」「はるか」などにかかる。例「君がよの長等の山のかひありと」〈拾遺・神楽・五九八〉

きみがよは【君が代は】[枕詞]《君が代は長久にの意から》「なが」「はるか」などにかかる。例「君がよは長柄の橋のはじめより」〈栄花・三二〉

〈和歌〉**きみがよは…**【君が世は天の羽衣まれにきて撫づとも尽きぬ巌ならなん】〈拾遺・賀・二九九・よみ人しらず〉訳あなた様の寿命は、天の羽衣を着た天人がほんのときたま地上にやって来て、その羽衣でいくら撫でても尽きることがない大きな岩のように限りなく続いてほしい。
〈参考〉「まれにきて」の「きて」は、「着て」と「来て」をかける。

きみきみ【君君】[名]《「君」の複数形》この君あの君。主君たち。代々の主君。

〈和歌〉**きみこんと…**【君来んといひし夜ごとに過ぎぬれば頼まぬものの恋ひつつぞ経る】〈新古今・恋三・一二〇七・よみ人しらず、伊勢三三〉訳あなたが訪れようといった夜が、いつも空しく過ぎてしまうので、もうあてにはしておりませんが、恋い慕いながら日を過ごしています。《係結び》「ぞ→経る体」

きみざね【君ざね】[名]《「ざね」は接尾語》本妻。正妻。例「わが君ざねと頼むいかにぞ」〈大和・一二四〉

きみしりなすび【木雀り茄子】[名]《「みしり」は「むしり」の変化形》枝から小さいうちにもぎ取ったナス。(季－秋)

きみたち【公達・君達】[名]「きんだち」に同じ。

きみづ【黄水】[名]「わうずい」に同じ。

きみな【公名・卿名】[名]《「きみ」は公卿の意》天台宗などで、新しく僧となった貴人の子供を、その父親の官職名により、大蔵卿・治部卿・右中将・大納言など公卿の名で呼ぶこと。また、その名。

〈和歌〉**きみなくて…**【君なくてあしかりけりと思ふにはいとど難波の浦ぞ住みうき】〈今昔・三〇・五〉訳あなたがいなくなって、生活が悪くなり、葦を刈って生活をしてきたと思うことには、いっそう難波の浦は住みにくいということだ。
〈参考〉「あしかり」は「悪しかり」と「葦刈り」との掛詞。

〈和歌〉**きみならで…**【君ならで誰にか見せむ梅の花色をも香をも知る人ぞ知る】〈古今・春上・三八・紀友則〉訳あなたでなくていったいだれに見せましょうか、いやあなた以外のだれにも見せません。この梅の花を。すばらしい色も、香りも、分かる人だけが分かるのです。《係結び》「か→見せむ体」、「ぞ→知る体」

〈和歌〉**きみにこひ…**【君に恋ひいたもすべなみ奈良山の小松が下に立ち嘆くかも】〈万葉・四・五九三・笠女郎〉訳あなたに恋い焦がれ、どうにもしようがなくて、奈良山の小松の下に立って嘆息しております。

〈和歌〉**きみまさで…**【君まさで煙絶えにし塩釜のうらさびしくも見え渡るかな】〈古今・哀傷・八五二・紀貫之〉訳あなたがいらっしゃらなくなり、塩を焼く煙も絶えてしまった塩釜の浦は、心寂しく見渡されることだ。《敬語》「君まさで」→「ます(座す)」
〈参考〉源融が亡くなったあと、その邸宅に出かけて詠んだ歌。塩釜の浦を模した庭があった。「塩釜の浦」に「うらさびしく」をかける。

〈和歌〉**きみまつと…**【君待つと我が恋ひ居れば我が屋戸の簾動かし秋の風吹く】〈万葉・四・四八八・額田王〉訳あの方の訪れを待つというので私が恋い焦がれていると、折しも私の家の戸口のすだれを動かして秋の風が吹く。
〈参考〉額田王が天智天皇のお出ましを待って詠んだ歌。

きみゃう【帰命】[名]《仏教語。梵語の「南無」の訳語》仏の教えを信じ、敬うこと。身命を投げうって、仏に帰依すること。

きみゃうちゃうらい【帰命頂礼】[名]《仏教語》仏に帰依し、仏の足に頭をつけて礼拝すること。また、仏を礼拝するときに唱える語。

〈和歌〉**きみやこし…**【君や来し我や行きけむ思ほえず夢かうつつか寝てか覚めてか】〈古今・恋三・六四五・よみ人しらず、伊勢・六九〉訳昨夜は、あなたが来てくださったのでしょうか、それとも私がうかがったのでし

ょうか、よく分かりません。あの出会いは、夢だったのでしょうか、現実だったのでしょうか、寝ていたのでしょうか、覚めていたのでしょうか。《係結び》「君や→来し体」、「我や→行きけむ体」

きみゐでら【紀三井寺】[名]❶いまの和歌山市の名草山にある真言宗金剛宝寺護国院の通称。西国三十三所第二番目の札所。宝亀元年（七七〇）唐僧為光の開基。❷（①が札所の二番目であるところから）賢い者を一番として）愚かな者。

〔和歌〕**きみをおきて…**【君をおきてあだし心を我が持たば末の松山波も越えなむ】〈古今・東歌・一〇九三・よみ人しらず〉訳あなたをさしおいて、ほかの人を思う心を私がもちましたなら、あの末の松山を波もきっと越えてしまうことでしょう。〈参考〉「末の松山」は、絶対に波が越えることのない山といわれ、ありえないことの比喩として用いられる。

き・む【極む】[他マ下二]{め・め・む・むる・むれ・めよ}❶とがめる。きつくしかる。例「入道殿の、有国、惟仲をば左右の御まなこと仰せられけるを、〔道隆カラ〕き・められ奉りぬる」〈栄花・三〉❷歌舞伎などで、一瞬動きを止めて姿勢をきめる。

きむか・ふ【来向かふ】[自ハ四]{は・ひ・ふ・ふ・へ・へ}やって来る。こちらに近づく。例「来向か・ふ夏はまづ鳴きなむを」〈万葉・一九・四一八三〉

きむぢ［代名］《対称の人称代名詞。「きむち」「きんぢ」とも。おまえ。対等、または目下の者を親しんでいう語》きみ。例「きむぢらは、同じ年なれど、言ふかひなくはかなかめりかし」〈源氏・少女〉《音便》「はかなかめり」は「はかなかるめり」の撥音便「はかなかんめり」の撥音無表記。

きむつ・ぶ【来睦ぶ】[自バ四]{ば・び・ぶ・ぶ・べ・べ}来て親しくする。例「官の上と思ひて、常に来睦・びつれば」〈今昔・二八・三〇〉

きめう[・なり]【奇妙】[名・形動ナリ]❶不思議。珍しいこと。❷すばらしいさま。並はずれて巧みなこと。

きも【肝・胆】[名]❶肝臓。また、内臓の総称。❷心。精神力。胆力。❸思慮。工夫。

〔肝消ゆ〕非常に驚く。例「御子は、我にもあらぬ気色にて肝消・えるたまへり」〈竹取・蓬莱の玉の枝〉

〔肝潰る〕非常に驚く。驚いて理性を失う。例「おのおの肝つぶ・るるやうに争ひ走りのぼりて」〈徒然・一三七〉

〔肝に染む〕深く心に感じて忘れない。例「のたまふ御声、骨にとほり肝にし・む」〈発心集〉

〔肝に銘ず〕忘れないように深く心に刻みつける。

〔肝の束ね〕《近世語》内臓を束ねたところの意。腹。転じて、物事の肝心なところ。急所。

〔肝太し〕大胆不敵だ。度胸がある。例「たはぶれにても俊成卿のいひいだしたる事に、きもふと・くぞ付けける」〈古今著聞・五三三〉

〔肝焼く〕「きもをいる①」に同じ。

〔肝を煎る〕❶腹を立てて、いらいらする。＝肝焼く。例「思ひ切りしに来て見えて（＝姿ヲ見セテ）きもをい・らする」〈閑吟集〉❷世話をする。取りもつ。例「かねがね滝川（＝遊女ノ名）に恋する者ありて、きもをい・り、返事待つ事あるが」〈浮・好色一代男〉

〔肝を消す〕非常に驚く。恐れ驚く。例「我が頸うたんずるかと肝を消・し」〈平家・一二・六代〉

〔肝を潰す〕非常に驚く。例「一矢仕まつって奴原に肝つぶ・させ候はん」〈太平記・一七〉

〔肝を冷やす〕驚き恐れる。ひやりとする。

きもいり[・す]【肝煎り・肝入り】《近世語》㊀[名・自サ変]❶世話をすること。取り持つこと。また、その人。例「毎年のくれに借し入れの肝煎り・して」〈浮・世間胸算用〉❷遊女・芸者・奉公人などの奉公口を斡旋すること。また、それを業とする人。㊁[名]村などの世話役。名主。庄屋。

きもぎも・し【肝肝し】[形シク]{しから・しく(しかり)・し・しき(しかる)・しけれ・しかれ}大胆で落ち着いているさま。

きもごころ【肝心】[名]《「きもこころ」とも》心。精神。胆力。正気。魂。

きもだましひ【肝魂】[名]《「きもたましひ」とも》❶心。精神。❷気力。胆力。勇気。きもっ玉。

きもなます【肝膾】[名]肝をなますに作ること。内臓を切り刻むこと。

〔肝膾を作る〕ひどく心配する。心を砕く。気をもむ。例「この扇誰か射よと仰せられんと肝膾を作・り」〈盛衰記・四三〉

きもみぢ【黄紅葉】[名]❶黄色く色づいた紅葉。❷襲の色目の名。表は黄色で裏は蘇芳。一説に、表は萌黄。秋の着用。

きもむかふ【肝向かふ】[枕詞]心臓は肝臓（きも）に向かい合っているところから「心」にかかる。例「肝向かふ心を痛み」〈万葉・二・一三五長歌〉

きもん【記文】[名]《「きぶん」とも》記録文。記事。

きもん【起文】[名]「起請文」の略。

きもん【鬼門】[名]家の中心から見て丑寅（北東）の隅。「陰陽道」で、悪鬼が出入りするとされ、万事に不吉な方角としてきらう。

きやう【京】[名]❶みやこ。首都。例「奈良の京春日の里に、しるよしして、狩りにいにけり」〈伊勢・一〉❷平安京。京都。例「京へ帰るに、女子のなきのみぞ悲しび恋ふる」〈土佐〉《係結び》「ぞ→恋ふる体」

きやう【経】[名]釈迦の説いた教えや言行を書き記した書物。仏典。経典。経文。例「経の心解かせたまはむとにこそありけれ」〈蜻蛉・上〉

きやう【卿】[名]《「けい」とも》❶令制における、八省の長官。❷公卿・参議および三位以上の人。また、その人の名の下に付ける敬称。

きやう【境】[名]❶地域。土地と土地の区切り。❷心境。境地。

きやう[・す]【饗】[名・自サ変]飲食物を準備してもてなすこと。また、その酒食。＝饗応。

ぎやう【行】[名]❶《仏教語》過去に行った善悪すべての行為。❷僧などがする修行。❸位が官職に比べ高い場合、位階と官名との間に置く語。例「大納言正三位兼行左近衛大将」〈宇津保・内侍のかみ〉↔守②。❹書道の書体のひとつ。行書。

ぎやうえふ【杏葉】[名]❶馬具の装飾の一種。杏の葉をかたどったもの。金属または革製で、「唐鞍」の「面繋」「胸繫」「鞦」の飾りひもに付ける。❷胴丸の鎧の肩に付ける防具。鉄板を染め革などで包んだり漆をかけたりして作る。➡［古典参考図］武装・武具〈2〉

きゃうえん【竟宴】［名］❶宮中で、漢籍や『日本書紀』の進講後や、和歌集の撰進後に催された宴会。列席の諸臣が詩歌を作り、禄を賜ったりした。❷神事・祭事などのあとの宴会。

きゃうおう［・す］【響応・饗応】《「きゃうよう」とも》㊀［名・自サ変］相手の機嫌を取って調子を合わせること。取り入ること。㊁［名・他サ変］飲食物を用意してもてなすこと。

きゃうか【狂歌】［名］滑稽や諧謔を主目的とする短歌。近世に入って大流行した。四方赤良（大田南畝）は天明狂歌の代表作家。

きゃうかい【景戒】［人名］「けいかい」に同じ。

きゃうがい【境界】［名］❶《仏教語》因果応報の理によって各人に定められた境遇。❷境遇。身の上。環境。❸自分の能力の及ぶ範囲。分限領域。

ぎゃうがう［・す］【行幸】《「ぎゃうかう」とも》［名・自サ変］天皇の外出の尊敬語。**お出かけ**。**お出まし**。↓「みゆき」。↕還幸。例「見物は、臨時の祭。行幸。祭の還さ。御賀茂詣で」〈枕・見物は〉

ぎゃうがう［・す］【行香】［名・自サ変］《「ぎゃうかう」とも》仏事・法会のとき、参会した僧たちに焼香のための香を配ること。また、その役目の人。

ぎゃうがく【行学】［名］《仏教語》修行と学問。仏教の教理を学び、それを実践すること。

きゃうかたびら【経帷子】［名］仏教で、死者を葬るときに着せる、白麻などで作った衣。衽や背のところに、南無阿弥陀仏の名号や南無妙法蓮華経の題目などを書く。＝帷子④

きゃうがのこむすめだうじゃうじ【京鹿子娘道成寺】［作品名］江戸中期（一七五三初演）の所作事。作者は藤本斗文か。作曲は杵屋弥三郎か。謡曲『道成寺』を原拠とし、道成寺説話の後日譚を内容とする歌舞伎舞踊。

ぎゃうき【行基】［人名］（六六八－七四九）奈良時代の法相宗の僧。広く仏道の布教を行い、渡橋や掘池など奉仕活動に従事し、行基菩薩と呼ばれた。

ぎゃうぎ【行儀】［名］❶日常の行為や動作の作法。立ち居振る舞い。❷行為。しわざ。行状。❸《仏教語》僧や修験者などの手本とすべき行い。また、修行の精神。

きゃうきゃう［・なり］【軽軽】［形動ナリ］{なら・なり(に)・なり・なる・なれ・なれ}軽率なさま。言動が重々しさを欠くさま。例「いかでか御簾の前をば渡りはべらん。いと軽々・ならむ」〈源氏・横笛〉

きゃうきゃう・し【軽軽し】［形シク］{(しから)・しく(しかり)・し・しき(しかる)・しけれ・しかれ}軽々しい。軽率である。例「もの若やかに軽々・しからぬ人は、出でて走りもいぬべかりし」〈栄花・二〉

きゃうぎゃう［・す］【経行】［名・自サ変］《仏教語》念仏や誦経をしながら一定のところをめぐり歩くこと。＝行道①

きゃうく【狂句】［名］《滑稽・たわぶれの句の意》❶連歌においては無心の句をいう。❷俳諧。とくに松尾芭蕉においては風狂の精神を内包した俳諧を指す語。❸川柳の別称。

〔俳句〕**きゃうくこがらしの…**【狂句木枯の身は竹斎に似たるかな】〈野ざらし紀行・芭蕉〉訳狂句ともいうべき俳諧に興じ、木枯らしに吹きさらされながら旅をしてきた我が身の侘しさは、狂歌に興じつつ旅をした竹斎に似ていることよ。（季－木枯－冬）

きゃうくやう［・す］【経供養】［名・自サ変］経文を書写して仏前に供え、法会を営むこと。

きゃうぐゎん【経巻】［名］《「きゃうくゎん」とも》経文を記した巻物。経典。

きゃうけ【京家】［名］❶京都に住む公家や貴族。また、その家。❷藤原氏四家のひとつ。藤原不比等の四男の麻呂を祖とする。

ぎゃうけい［・す］【行啓】［名・自サ変］《「ぎゃうげい」とも》天皇に次ぐ皇族（太皇太后・皇太后・皇后・皇太子・皇太子妃）の外出の尊敬語。お出かけ。お出まし。

発展学習ファイル 天皇の外出は「行幸」といい、上皇・法皇・女院の外出は「御幸」という。

きゃうげう【経教】［名］❶経文。経典。仏典。❷経文に説き示されている仏の教え。

きゃうげん【狂言】［名］❶能とともに室町時代に発達した軽妙なせりふと所作による喜劇性の濃厚な演劇。狂言は猿楽が本来もっていた滑稽的要素を洗練することによって、発展を遂げた。❷《「歌舞伎狂言」の略》歌舞伎。また、その脚本。❸道理に合わないことば。たわごと。❹冗談。洒落。

きゃうげんかた【狂言方】［名］《近世語》歌舞伎の脚本作者。また、芝居の監督をし、役者の出入りなどを指揮する人。

きゃうげんきぎょ【狂言綺語】［名］詩歌や物語は道理に合わないことばであり、うわべを飾ったものにすぎないということ。

きゃうご【向後・嚮後】［名・副］「きゃうこう」に同じ。

きゃうこう【向後・嚮後】［名・副］《「きゃうご」とも》今後。以後。

ぎゃうこう【行功・行劫】［名］《仏教語》修行を積んで獲得した功徳の力。

きゃうごくためかね【京極為兼】［人名］「ふぢはらのためかね」に同じ。

きゃうごくためのり【京極為教】［人名］「ふぢはらのためのり」に同じ。

きゃうこつ［・す／・なり］【軽骨・軽忽】㊀［名・他サ変］軽蔑すること。おろそかに扱うこと。例「これもただ当時の成敗（＝朝廷ノ裁決）を軽忽・し」〈太平記・二〉㊁［名・形動ナリ］❶軽々しく不注意なさま。軽率。例「この人の体軽骨・なり」〈盛衰記・三〉❷ばかげているさま。笑止。例「つぼね聞きもあへず、『ああ軽忽や』と申されけり」〈醒睡笑〉

ぎゃうごふ【行業】［名］《仏教語》❶仏道の修行。❷浄土に生まれるための善行。善業。

ぎゃうさ【行作】［名］《近世語》行儀作法。振る舞い。行動。

きゃうざう【経蔵】［名］❶《仏教語》「三蔵」の

ひとつ。釈迦の説いた教えを集成したもの。❷寺院で経典を納めておく蔵。＝経堂

ぎゃうさう【行粧・行装】[名]外出するときの装い。いでたち。旅の装束。

きゃうざく【景迹】[名・他サ変]「きゃうじゃく」に同じ。

きゃうざく[・なり]【警策】[名・形動ナリ]（「かうざく」とも）詩文や人物・物事のすぐれているさま。際立ってすばらしいさま。

きゃうざま【京様】[名]❶京都の風俗。❷京都の方角。

ぎゃうさん[・なり]【仰山】[形動ナリ]{なら・なり(に)・なり・なる・なれ・なれ}（近世語）数量や程度がはなはだしいさま。おおげさなさま。

ぎゃうさん【仰山】[副]（近世語）❶たいそう。例「さりとは日ごろと違うて、仰山無理をいはんす」〈浮・傾城禁短気〉❷言動が大げさなようす。例「的(＝アイツ)めはあまり仰山過ぎるわい」〈浮世風呂〉

きゃうし【狂詩】[名]江戸中期以降、とくに宝暦（一七五一〜一七六四）ごろから盛んに行われた狂体の漢詩。古典をパロディー化し、滑稽を主とした戯作の漢詩をいう。江戸の寝惚先生（大田南畝）による『寝惚先生文集』、京の銅脈先生（畠中観斎）による『太平楽府』の刊行後、三都を中心に流行。

きゃうし【強仕】[名]四十歳の別称。不惑。〈参考〉『礼記』の「四十を強といひて仕ふ」による。

きゃうじ【経師】[名]❶経文の書写を職業とした人。のちには、経巻の表装を職とする人。❷書画・屏風・襖などの表装を職業とする人。表具師。

ぎゃうじ【行事】[名]❶催し事。年中行事。❷事を執り行うこと。また、その責任者。担当者。❸とくに、朝廷の儀式や催し事の担当者。＝行事官 ❹江戸時代、町内や商人の組合などで、その代表者として事務を取り扱った人。

きゃうしき【京職】[名]（「みさとづかさ」とも）令制で、京の行政・司法・警察をつかさどった役所。のちに左京職と右京職に分かれた。＝京兆

ぎゃうじくゎん【行事官】[名]「ぎゃうじ③」に同じ。

ぎゃうじどころ【行事所】[名]❶公事や儀式を行う所。また、行事を行う人の詰め所。❷朝廷の「蔵人所」に属し、諸国からの貢物の検査や公事・神楽のことなどをつかさどった所。

ぎゃうじのくらうど【行事の蔵人】[名]朝廷の諸儀式・催し事の担当者に任命された蔵人。

きゃうしゃ【狂者】[名]❶風流人。風狂の人。風流に徹した人。❷狂言師。戯れ言をいう人。

ぎゃうじゃ【行者】[名]❶仏道を修行する人。修行者。❷深山にこもり、修験道を修行する人。修験者。山伏。

きゃうじゃうらふ【京上臈】[名]❶京都の貴人。公家。❷京都の貴婦人。

きゃうじゃうるり【京浄瑠璃】[名]京都で起こり流行した浄瑠璃の総称。一中節・角太夫節・嘉太夫節などの類。→「えどじゃうるり」「かみがたじゃうるり」

きゃうじゃく[・す]【景迹・還迹】[名・他サ変]（「きゃうざく」「けいせき」とも）❶人の行い。行状。行跡。❷推察すること。また、不審に思うこと。例「女のこころの中かへりて景迹せさせ給ふべきなれども」〈義経記・二〉

ぎゃう・ず【行ず】{ぜ・じ・ず・ずる・ずれ・ぜよ}㊀[自サ変]歩く。行く。例「四方におのおの七歩を行・ぜさせ奉る」〈今昔・一・二〉㊁[他サ変]行う。修行する。例「閑かならでは道は行・じがたし」〈徒然・五八〉

ぎゃうずい【行水】[名]❶（仏教語）神事や仏事などの前に、からだを洗い清めること。❷たらいに湯や水を入れ、その中でからだを洗うこと。（季-夏）

〔俳句〕**ぎゃうずいの…**【行水の捨てどころなし虫の声】〈仏兄七久留万・鬼貫〉訳秋を迎え、あちこちから虫の声が聞こえてくる。行水に使った水をうっかり捨てると鳴きやんでしまうかもしれない。それを思うと、捨て場所がないことだ。（季-虫の声-秋）

ぎゃうずいぶね【行水船・行水舟】[名]江戸時代、港に停泊している船の間をこぎ回り、湯銭を取って船中で入浴させた小舟。初めは行水させたが、のちには、据え風呂を設けるようになった。

〔俳句〕**ぎゃうずいも…**【行水も日まぜになりぬ虫の声】〈俳諧古選・来山〉訳汗ばんだ体がうっとうしくて毎日欠かさなかった行水も、一日おきになった。表では虫の声も聞こえだし、日に日に秋の訪れを実感していくことだ。（季-虫の声-秋）

ぎゃうせき【行跡・行迹】[名]「かうせき」に同じ。

きゃうぜん【饗膳】[名]客をもてなすための料理の膳。また、ごちそうの酒・さかな。

きゃうそう[・す]【驚奏】[名・自サ変]天皇の注意を促すために申し上げること。

ぎゃうそん【行尊】[人名]（一〇五五〜一一三五）平安後期の僧。熊野をはじめとする霊所の修行の合間に歌を詠み勅撰集に入集。家集『行尊大僧正集』を残す。

きゃうだう【経堂】[名]寺院で一切経などの経典を納めておく堂。＝経蔵

ぎゃうだう[・す]【行道】[名・自サ変]❶（仏教語）僧が経を唱えながら歩くこと。❷（仏教語）法会のとき、僧が列をつくって本尊や仏殿の周囲をめぐり歩く儀式。❸あちこちとめぐり歩くこと。❹仏道を修行すること。

きゃうたん[・す]【敬嘆】[名・自サ変]敬い感心すること。

きゃうちゃく[・す]【京着】[名・自サ変]京都に着くこと。着京。

きゃうちゅう【京中】[名]（「きゃうぢゅう」とも）都のなか。洛中。また、都全体。

きゃうぢゅう【軽重】[名]（「けいちょう」とも）軽いことと重いこと。軽さ重さの度合い。

ぎゃうぢゅうざぐゎ【行住坐臥】[名]❶（仏教語）日常の立ち居振る舞い。行くこと、住まること、坐すること、臥すことを「四威儀」といい、こうしている間にも修行することをすすめている。❷ふだん。平生。

きゃうづか【経塚】[名]祈願や供養のため、経典を「経筒」に入れ、地中に埋めて築いた塚。

きゃうづつ【経筒】[名]「経塚」に埋める経

典用の、金属製・陶製・石製の円筒形・六角形・八角形の容器。高さは約三〇センチメートルで、外側に経塚を築く趣旨などを刻む。

きゃうづと【京苞・京苴】[名]京から地方へのみやげもの。また、地方から京へのみやげにもいう。

きゃうてう【京兆】[名]「けいてう」に同じ。

きゃうてん【経典】[名]《「きゃうでん」とも》仏教の教義を記した典籍。仏典。経文。

きゃうでん【京伝】[人名]「さんとうきゃうでん」に同じ。

ぎゃうてん[-す]【仰天】[名・自サ変]びっくりすること。非常に驚くこと。

ぎやうでん【宜陽殿・儀陽殿】[名]内裏の建物のひとつ。紫宸殿の東にあって、書籍・楽器・武器など歴代の御物を納めて置く所。➡[表見返し]内裏略図

きゃうと【京都】[地名]山城国の地名。いまの京都市。平安京。桓武天皇の延暦十三年(七九四)に遷都後、千年以上の間、都が置かれていた。朱雀大路を南北の中心線にして、碁盤の目のように通りが整然と区画された。

ぎゃうとく【行徳】[名]《仏教語》仏道を修行することによって身に備わった徳。

きゃうとござん【京都五山】[名]京都の臨済宗の五大寺。天竜寺・相国寺・建仁寺・東福寺・万寿寺をいう。→「かまくらござん」「ござん」

ぎゃうにん【行人】[名]❶仏道を修行する人。修行者。❷比叡山延暦寺で寺の雑役をする僧。堂衆。❸高野山の僧で、密教修学のかたわら、大峰・葛城などの山々を回り歩く修行者。

きゃうねんぶつ[-す]【経念仏】[名・自サ変]経を読み、念仏を唱えること。

きゃうのぼり[-す]【京上り】[名・自サ変]地方から京都へ行くこと。上洛。

きゃうばこ【経箱】[名]経典を入れる箱。

きゃうびと【京人】[名]《「きゃうひと」とも》都の人。京都の人。

ぎゃうぶ【刑部】[名]「刑部省」の略。また、その役人。

ぎゃうぶ[-す]【行歩】[名・自サ変]歩くこと。歩行。

ぎゃうぶきゃう【刑部卿】[名]令制で「刑部省」の長官。

きゃうぶく【軽服】[名]《「服」は喪に服すること。また、喪服の意》軽い喪。父母以外の人の喪。また、その際に着る喪服。↔重服

きゃうぶくろ【経袋】[名]経文を入れる袋。

ぎゃうぶしゃう【刑部省】[名]《「うたへただすつかさ」とも》令制で「八省」のひとつ。訴訟の裁判・罪人の処罰などをつかさどった役所。平安初期に「検非違使」が設置されたのちは、その機能のほとんどを失った。＝刑官・刑部。➡[表見返し]大内裏俯瞰図

きゃうぶん【狂文】[名]江戸中期以降、「狂詩」とともに流行した狂体の文。諧謔・風刺を主とする和文体、または漢文体で記された戯作。風来山人(平賀源内)の『風来六部集』、四方赤良の『四方のあか』などが有名。＝戯文

きゃうへんど【京辺土】[名]都に近いいなか。京都の郊外。

きゃうほ【匡輔】[名]誤りを正し、その及ばないところを助けること。また、その人。

ぎゃうぼふ【行法】[名]《仏教語》仏道の修行。また、その方法。とくに、密教の修行をいう。

きゃうま【京間】[名]関西地方で部屋の広さを測る尺度の名。柱間を曲尺の六尺五寸(約一・九七メートル)にとり、一間とする。↔田舎間

きゃうまん[-す]【軽慢】[名・他サ変]おごり高ぶって、人を軽く見ること。軽蔑すること。

きゃうもん【経文】[名]仏教の経典に記されている文章。また、経典。＝文②

ぎゃうやくじん【行疫神】[名]流行病の神。疫病神。

きゃうよう[-す]【響応・饗応】[名・他サ変]《「よう」は「応」の漢音》「きゃうおう」に同じ。

きゃうよみ【経読み】[名]❶経を読むこと。また、その人。法師。僧。❷《鳴き声が「法華経」と聞こえることから》ウグイスの別名。

きゃうよむとり【経読む鳥】[名]《鳴く声が「法華経」と聞こえるところから》ウグイスの別称。(季-春)

きゃうらい[-す]【敬礼】[名・自サ変]《仏教語》❶敬って礼拝すること。❷神仏に祈願するとき、神仏の名の上につけて唱える語。

きゃうらく【京洛】[地名]《「けいらく」とも》京都。

きゃうわう【経王】[名]《仏教語》経典の中で最もすぐれた尊いもの。とくに、法華経や大般若経を指す。

きゃうわく【狂惑】[名]心が狂い乱れること。狂乱。

きゃうわく[-す]【誑惑】[名・他サ変]人をあざむき惑わすこと。例「塩売りに**誑惑・せられ給へり**」〈沙石集〉

きゃうわらはべ【京童部】[名]京都の口やかましく、無頼な若者たち。＝京童・京童

きゃうわらべ【京童】[名]「きゃうわらはべ」に同じ。

きゃうわらべ【京童】[作品名]江戸前期(一六五八刊行)の仮名草子。中川喜雲作。京都とその近辺の名所案内。名所ごとに狂歌・狂句を詠む。

きゃうわらんべ【京童】[名]「きゃうわらはべ」に同じ。

きゃうをんな【京女】[名]都の女。京都の女。容貌が美しく、言動が物静かで上品であるとされる。↔東男

きゃく【格】[名]律令の法制の不備を補い、また、改正するための追加法令。多く、詔勅や太政官符の形で発令された。→「きゃくしき」「しき(式)」

ぎゃくえん【逆縁】[名]《仏教語》❶仏道に背く行いが、かえって仏の教化を受け仏道に入る因縁となること。❷親が子を弔ったり、無縁の死者を弔ったりするような、順当でない供養。①②↔順縁①②

ぎゃくぐん【逆軍】[名]謀反の軍勢。反乱軍。

ぎゃくざい【逆罪】［名］人の道に背く悪事を犯した極悪の罪。主君に背いたり、父母を殺すなどの大罪。

きゃくしき【格式】［名］《「かくしき」とも》❶格と式。格は、律令を補充・改正した追加法令。式は、律令および格の施行細則。❷家柄や身分などで公に定められた儀式・住まい・服装・乗り物などの規定。

ぎゃくしゅ［・す］【逆修】［名・自サ変］《仏教語。「ぎゃくじゅ」とも》❶生前、自分の死後の冥福を祈って営む仏事。❷年長者が、年若くして死んだ人のために冥福を祈ること。

きゃくしん【隔心】［名］《「かくしん」とも》打ち解けない、よそよそしい心。

ぎゃくしん【逆心】［名］主君に背く心。謀反の心。反逆しようとする心。

ぎゃくしん【逆臣】［名］《「げきしん」とも》主君に背いた家来。謀反の心を抱いた臣下。

きゃくそう【客僧】［名］《「客」は旅の意》行脚僧。旅の僧。また、山伏。修験者。

きゃくでん【客殿】［名］貴族の屋敷や寺院などで、来客用の殿舎。＝出で居・出居。➡図版「随身」

ぎゃくめい【逆命】［名］道理に合わない命令。乱暴な命令。暴虐な命令。

きゃくりき【脚力】［名］「かくりき」に同じ。

きゃつ【彼奴】［代名］《他称の人称代名詞。「かやつ」の変化形。ののしっていう語》あいつ。例「きゃつは下臈なれども」〈平家・三・判官都落〉

きゃつばら【彼奴ばら】［代名］《「ばら」は複数を表す接尾語》あいつら。例「きゃつばらはこはい御敵で候ふ」〈平家・九・六ヶ度軍〉

きゃつめ【彼奴め】［代名］《「め」は接尾語。「彼奴」をさらに卑しめていう語》あいつめ。

ぎやどぺかどる（Guia do Pecador）［作品名］安土桃山時代（一五九九刊行）のキリシタン書。スペイン人のルイス＝デ＝グラナーダ作。書名は、罪人を善に導く意。当代カトリック思想を和漢洋語を交えた流暢な文体で説くキリシタン文学書。

きゃはん【脚絆・脚半】［名］旅のときなどに、足を保護し、歩きやすくするために脛に巻きつける細長い布。＝脛布。➡［古典参考図］男子の服装〈4〉

きゃもじ［・なり］【花文字】［名・形動ナリ］《女房詞。「花車」の文字ことば》優美で上品なこと。容姿がほっそりとして上品なさま。例「宮内卿まで御小袖花文字なる御したて」〈東国紀行〉

きゃら【伽羅】［名］❶沈香を土中に埋め、熟成させた最高級の香料。薬としても服用された。❷《近世語》遊里で用いた金銭の隠語。❸世の中で非常にすぐれているもの。すばらしいもの。

〔伽羅の油〕鬢つけ油の一種。胡麻油に、蠟や丁字・白檀などの香料を入れて作った。

きゃらきゃら［副］かん高く笑い声を立てるさまを表す。からから。

き・ゆ【消ゆ】［自ヤ下二］{え・え・ゆ・ゆる・ゆれ・えよ}❶（氷・雪・露などが）とけてなくなる。消える。例「吉野山峰の白雪いつ消・えて」〈拾遺・春・四〉❷炎がなくなる。火が消える。例「風吹きあれて、大殿油消・えにけるを、点しつくる人もなし」〈源氏・末摘花〉❸形がなくなる。姿が見えなくなる。例「身に添へるその面影も消・えななん」〈新古今・恋二・一一二六〉❹意識がなくなる。失神する。例「皇子は、我にもあらぬ気色にて、肝消・えゐたまへり」〈竹取・蓬萊の玉の枝〉❺生命を失う。死ぬ。例「世の中も定めなきに、やがて消・えたまひなば、かひなくなむ」〈源氏・若菜・上〉《係結び》「なむ→（省略）」

きゅう…【九…・久…・旧…・灸…・毬…・鳩…・裘…】歴史的かなづかい「きう…」

きゅう…【急…・給…・翕…】歴史的かなづかい「きふ…」

きゅう【宮】［名］❶宮殿。みや。❷中国・日本の音楽で、音階の主音に当たる音の名。

きゅうけつ【宮闕】［名］《「闕」は宮殿の門の意》宮殿。皇居。

きゅうじ【宮仕】［名］みやづかえ。宮中あるいは身分の高い家に仕えること。

きゅうせん【弓箭】［名］❶弓と箭(矢)。❷弓矢を取る身。武士。❸弓矢を取ること。戦い。

〔弓箭の道〕「きゅうばのみち」に同じ。

きゅうば【弓馬】［名］❶弓と馬。弓を射ることと馬に乗ること。❷武士。弓矢取り。❸いくさ。戦い。

〔弓馬の家〕武士の家柄。武門。

〔弓馬の道〕武芸の道。武道。＝弓箭の道

きゅうろう【宮漏】［名］宮中にある漏刻（水時計）。＝禁漏

きゅうゐ【宮闈】［名］《「闈」は宮中の通路に設けられた小門》宮中の、后妃のいる所。後宮。

きょ【挙】［名］❶行動。行い。企て。❷推挙。推薦。例「前の頭の挙によりて」〈大鏡・伊尹〉

きょ【虚】［名］❶うそ。いつわり。事実でないこと。作りごと。❷空虚。から。中身のないこと。❸すき。油断。不用意。

きょ【裾】［名］束帯の「下襲」の後ろ身の長く引いたすその部分。官位の高い者ほど長かった。↓「したがさね」。➡図版「竜頭鷁首」、［古典参考図］男子の服装〈1〉

ぎょ-【御】［接頭］❶（天皇や上皇に関する事物や行為に関する漢語に付いて）尊敬の意を表す。「御衣」「御遊」「御感」など。❷（敬うべき人の行為や所有物を表す漢語に付いて）尊敬の意を表す。「御意」「御慶」など。

-ぎょ【御】［接尾］（天皇や上皇に関する事物や行為に関する漢語に付いて）尊敬の意を表す。「出御」「崩御」など。

ぎょい【御衣】［名］天皇や貴人の衣服。お召し物。

ぎょい【御意】［名］❶おぼしめし。お考え。ご意向。❷お指図。ご命令。仰せ。❸（「御意のとおり」の意から）お考えのとおりであること。

ぎょいう【御遊】［名］天皇や上皇が主催する、管弦・歌舞・朗詠などでのお遊び。

きよう［・なり］【器用】［名・形動口語型］❶有能なこと。また、その人。❷わざ・芸が上手なこと。また、そのさま。❸賢いさま。頭がいいこと。例「このような器用・な子を何として産み出した」〈浄・鑓の権三重帷子〉❹潔いこと。立派なこと。例「あはれお

器用や、これぞ弓矢の大将と、申すとも不足よもあらじ」〈謡・烏帽子折〉

きよう【清う】形容詞「きよし」の連用形「きよく」のウ音便。

きょう…【向…・匡…・狂…・杏…・京…・香…・経…・卿…・敬…・軽…・景…・竟…・強…・境…・誑…・慶…・警…・響…・饗…・驚…】歴史的かなづかい「きゃう…」

きょう…【叫…・交…・孝…・校…・教…・梟…・憍…】歴史的かなづかい「けう…」

きょう…【夾…・脇…】歴史的かなづかい「けふ…」

きょう【興】［名］❶**おもしろく楽しいこと。**興趣。❷**一時の座興。たわむれ。**❸**ある物に託して感興を述べたもの。**中国詩学の「六義」をうけ、『古今和歌集』の真名序は和歌六義のひとつとして挙げる。また、単に一首中に認められる**興趣**。

〔**興有り**〕味わいがあっておもしろい。興趣が深い。例「言ひかはしたることどもなむいと**興あ・りける**」〈源氏・桐壺〉

〔**興醒む**〕興ざめする。

〔**興に入る**〕おもしろくなる。おもしろがる。例「満座**興に入・る**こと限りなし」〈徒然・五四〉

〔**興をさかす**〕興味をそそる。例「時々につけて**興をさか・す**べき渚の苫屋」〈源氏・明石〉

〔**興を醒ます**〕おもしろみをなくす。興ざめがする。例「大衆これを見て、『こはいかなる天狗の所行ぞや』と**興をさま・す**」〈太平記・二〉

ぎょう…【仰…・行…・刑…】歴史的かなづかい「ぎゃう…」

ぎょう…【暁…・楽…・澆…】歴史的かなづかい「げう…」

ぎょう【業】歴史的かなづかい「げふ」

ぎょう【御宇】［名］天皇が世を治めている期間。御代。御時。

きょうがい【凶害】［名］人を殺すこと。また、人に害を与えること。また、その計画。

きょうが・る【興がる】［自ラ四］《「がる」は接尾語》❶ふつうと変わっていておもしろいと思う。例「この滝は様がる（＝一風変ワッテイル）滝の水」〈梁塵秘抄〉❷珍しく思う。不思議に思う。例「水湧き出づ。**きょうが・り**て、方二三尺、深さ一尺余ばかり掘りたれば」〈古本説話集〉

きょうぐ【供具】［名］（「くぐ」とも）神仏への飲食物などの供え物。また、それを盛る道具。

きょうくゎい【興懐】［名］おもしろく思う気持ち。また、一時の座興。たわむれ。

きょうくゎうきんげん【恐惶謹言】［名］《男性が手紙の末尾に記して敬意を表すあいさつ語》かしこまり、謹しんで申し上げる意。

ぎょうくゎしゃ【凝華舎】［名］内裏の後宮の建物のひとつ。中庭に紅白の梅があるので「梅壺」ともいう。⇒［表見返し］内裏略図

きょうげん【興言】［名］その場限りの冗談。座興のことば。

きょうげんりこう【興言利口】［名］興に乗じて、巧みに人を笑わせ、また、感動させることば。即興の巧みな話術。

きょうじ【凶事】［名］縁起の悪いこと。不吉なこと。

きょう・す【供す】［他サ変］｛せ・し・す・する・すれ・せよ｝供える。ささげる。例「穢食供・すべからず」〈古今著聞・一三〉

きょう・ず【興ず】［自サ変］｛ぜ・じ・ず・ずる・ずれ・ぜよ｝おもしろがる。興に入る。例「供に走りつる人、ともに**興・じ**笑ふ」〈枕・五月の御精進のほど〉

きょうぞく【凶賊】［名］凶悪な賊。凶徒。

ぎょうだう【凝当・凝濁】［名］（「ぎょうたう」とも）飲み残して杯の底に溜まった酒。また、その酒を捨てること。その酒を捨てる容器。＝魚道

きょうと【凶徒】［名］（「きょうど」とも）悪い仲間。凶賊。

きょうな・し【興なし】つまらない。おもしろみがない。例「大方、ふるまひて興あるよりも、**興な・く**てやすらかなるが、まさりたる事なり」〈徒然・二三一〉

ぎょか【漁歌】［名］漁夫の歌う歌。

きよがき【清書き】［名］清書。浄書。

ぎょかん【御感】［名］（「ごかん」とも）天皇・上皇などが感心したり賞賛したりなさること。叡感。

ぎょき【御忌】［名］❶天皇や貴人の忌日に行う法事。❷とくに、法然上人の忌日として陰暦正月十九日から二十五日まで浄土宗寺院で行う法会。法然忌。（季－春）

ぎょき【御記】［名］天皇や貴人の書いた記録・日記類を敬っていう語。

ぎょきまうで【御忌詣で】［名］京都の知恩院で行われる法然上人の「御忌②」に参詣すること。＝御忌参り

ぎょきまゐり【御忌参り】［名］「ぎょきまうで」に同じ。

きよきよ［副］驚いたようすを表す。ぎょ。ぎくり。例「さも胸つぶれて、**きよきよ**とおぼえはべりしわざかな」〈大鏡・道長・上〉

きょきょねん【去去年】［名］去年の前の年。おととし。一昨年。

きょく【曲】［名］❶曲がっていること。不正であること。⇔直。❷音楽・歌謡の旋律・調子。また、そのひとまとまり。楽曲。❸おもしろみ。

〔**曲が無い**〕《近世語》おもしろくない。味けない。愛想がない。例「たんぼから拝む観音さま、うしろ向きとは**曲がな・い**」〈伎・助六所縁江戸桜〉

ぎょくい【玉扆】［名］《「玉」は美称》天子の座の後ろに置く衝立。転じて、天皇の御座。＝玉座

ぎょくえふ【玉葉】［作品名］平安後期から鎌倉前期の日記。『玉海』ともいう。九条兼実著。長寛二年（一一六四）から正治二年（一二〇〇）までの、宮中の儀式や政治上の事件を記録した第一級史料。

ぎょくえふわかしふ【玉葉和歌集】［作品名］鎌倉後期（一三一二成立）の第十四番目の勅撰和歌集。伏見院の命により京極為兼編。歌数約二千八百首。京極派の斬新な歌のほか、万葉歌人・女流歌人の詠を多く含むなど、多くの新機軸を打ち出す。

きょくえん【曲宴】［名］「きょくすいのえん」に同じ。

ぎょくかい【玉海】［作品名］「ぎょくえふ」に同じ。

ぎょくぎんしふ【玉吟集】［作品名］「みにしふ」に同じ。

ぎょくざ【玉座】[名]《「玉」は美称》天皇の座る場所。おまし。＝玉扆

きよぐし【清櫛・浄櫛】[名]祓い清めた櫛。これをさすと、身を清めたことになる。

きょくすい【曲水】[名]《「ごくすい」とも》❶流れの曲がりくねっている川。❷「曲水の宴」の略。

きょくすいのえん【曲水の宴】《「ごくすいのえん」とも》陰暦三月の上の巳の日の「上巳の節句」に、宮中や貴族の屋敷で行われた行事。文徳天皇の時代以降、三月三日に改められた。庭に曲がりくねった溝を掘って水を引き、流れの曲がった所に人々が出て、上流から流れてくる酒杯が通過しないうちに詩歌を作り杯の酒を飲んだ。＝曲宴・曲水。（季―春）

ぎょくたい【玉体】[名]《「玉」は美称》天皇や貴人の御身体。御身。

ぎょくぢょ【玉女】[名]《「ぎょくにょ」とも。「玉」は美称》玉のように美しい女性。美女。

きょくていばきん【曲亭馬琴】[人名]「たきざはばきん」に同じ。

ぎょくはい【玉佩】[名]即位・大嘗会・朝賀などの大礼の際に、天皇や臣下が礼服につけた飾り。五色の玉を貫いた五筋の糸を花型の盤につけたもので、胸から垂らし、歩くときに沓に当てて鳴るようにする。天皇は左右に、臣下は右につけた。

ぎょくばん【玉盤】[名]玉でつくった大皿。

きょくほ【曲浦】[名]曲がりくねった入り江。

きょくほ【極浦】[名]はるかに遠い海岸。

きょく・る【曲る】[他ラ四]{ら・り・る・る・れ・れ}《近世語》からかう。ひやかす。

きょくろ【棘路】[名]（昔、中国で「九卿」の座に面し九本のイバラを植えたことから）公卿の別称。

ぎょくろう【玉楼】[名]玉で飾った豪華な御殿。美しい御殿。＝玉楼殿

ぎょくろうでん【玉楼殿】[名]「ぎょくろう」に同じ。

きょくろく【曲彔・曲録】[名]《仏教語》僧が座る椅子の一種。法会のときなどに用いる。折り畳み式で背もたれが丸く湾曲している。

きよげ［・なり］【清げ】[形動ナリ]{なら・なり(に)・なり・なる・なれ・なれ}

> **アプローチ**
> ▼形容詞「きよし（清し）」の語幹に接尾語「げ」が付いた語。
> ▼「きよら」とともに、形容詞「きよし」から出たことばで、清新な美しさ、整えられた美しさを表す。
> ▼外側から見て、きれいに見える意。
> ▼美的水準としては「きよら」が第一等で、「きよげ」はそれに次ぐ。

❶**こざっぱりとして美しい。きれいだ。** 例「きよげなる大人二人ばかり、さては童べぞ出で入り遊ぶ」〈源氏・若紫〉 訳こざっぱりとして美しい女房が二人ばかり、それから女の子が出たり入ったりして遊んでいる。《係結び》「ぞ→遊ぶ㊍」

❷**きちんとしている。整っていてきれいだ。** 例「人のもとに、わざと清げに書きてやりつる文の返り言」〈枕・すさまじきもの〉 訳人のところに、特別きちんときれいに書いてやった手紙の返事。

発展学習ファイル 類義語に、もととなった語の「きよし」、対象そのものの光り輝く美しさを表す「きよら」がある。

ぎょけい【御慶】[名]❶お祝い。およろこび。おめでたいこと。❷新年のあいさつのことば。（季―春）

⇨「きよら」〈古語深耕〉

ぎょざ【御座】[名]《「ござ」とも》天皇や貴人などの座る席。おまし。

きょさい【巨細】[名]「こさい」に同じ。

きよ・し【清し】[形ク]{から・く(かり)・し・き(かる)・けれ・かれ}

> **アプローチ**
> ▼汚れや濁りなどまったくなく、清浄な状態を表す。
> ▼有形・無形のものに対して一般的に用いる。

❶**けがれがなく清浄である。** また、（水や月などが）美しく澄み渡っている。↔汚し。例「織女し舟乗りすらしまそ鏡清き月夜に雲立ち渡る」〈万葉・一七・三九〇〇〉 訳織女が舟を漕ぎ出すらしい。美しく澄み渡った月夜に、雲が立ち渡っている。

❷**さわやかで、気持ちがよい。心地よい。**↔汚し。例「吉野の宮は山高み雲そたなびく川速み瀬の音そ清き」〈万葉・六・一〇〇五長歌〉 訳吉野の宮は、山が高いので雲はたなびく。川の流れが速いので瀬の音が心地よく聞こえる。〔注〕「山高み」「川速み」は、名詞＋（を）＋形容詞語幹＋「み」の形で、原因・理由を表す語形。《係結び》「雲そ→たなびく㊍」、「音そ→清き㊍」

❸（心・気持ちに）**けがれがない。潔白である。邪念がない。**↔汚し。例「ますらをの清きその名を古よ今の現に流さへる祖の子どもそ大伴と佐伯の氏」〈万葉・一八・四〇九四長歌〉 訳ますらおのけがれなき名、その名を昔からいまのこの世に伝えて来た家の子孫なのだ、大伴と佐伯の氏は。

❹**いさぎよい。卑怯でない。**↔汚し。例「人手にかからんより、きよき自害してみせ申さん」〈曽我・一〇〉 訳人手にかかって殺されるよりは、いさぎよい自害をしてお目にかけよう。

❺（連用形を副詞的に用いて）**残るところなく、すっかり。** 例「常におぼえたる言もまた、人の問ふに、清う忘れてやみぬるをりぞ、多かる」〈枕・嬉しきもの〉 訳ふだんは覚えていることも、また、人に聞かれるとすっかり忘れてそのままになってしまうときが多いものだ。《音便》「清う」は「清く」のウ音便。《係結び》「ぞ→多かる㊍」。

発展学習ファイル (1)類義語に「きよげ」「きよら」がある。⇨「きよら」〈古語深耕〉
(2)①の類義語「さやけし」は、月・川・川音などについて用いられ、対象の明るくあざやかな美しさを感覚的にとらえて表現する語である。

〔清き業〕身を清める行為。精進潔斎。例「きよきわざせさせに七日八日ばかり山寺になんあるべき」〈とりかへばや〉

ぎょし【御史】［名］中国で官吏の違法行為に対する糾弾と取り締まりに当たる官名。また、日本の「弾正台」の中国風の呼び名。

ぎょじ【御璽】［名］天皇の御印。玉璽。「天皇御璽」と刻まれ、国家の公式文書に用いる。

ぎょしだい【御史台】［名］「弾正台」の唐名。

ぎょしたいふ【御史大夫】［名］❶中国で、御史の筆頭。また、「御史台」の長官。❷日本の「弾正尹」の中国風の呼び名。❸日本の「大納言」の古い呼び名。

きょじつひまくろん【虚実皮膜論】［名］（「きょじつひにくろん」とも）近松門左衛門の芸術論。芸術は実と虚との皮膜の間にあるというもので、事柄をありのままに描くことは重要だが、微妙な表現（虚）を試みることによってはじめて人を感動させ得ることを主張した。『難波土産』に記されている。

きょじょう【挙状】［名］❶官職志望者の推薦状。推挙状。❷中世、訴訟や上申の手続きの際、添えられた書類のひとつ。身分の低い者は、管理者による仲介の挙状を必要とした。

ぎょしゅつ【御出】［名］出かけることの尊敬語。お出掛け。お出まし。

きょしょ【居所】［名］居住する場所。

ぎょしん【御寝】［名］寝ることの尊敬語。おやすみ。

ぎょしんな・る【御寝成る】［自ラ四］（ら・り・る・れ・れ）（「ぎょしなる」とも。寝るの意の尊敬語）天皇や貴人が、おやすみになる。例「白河院は、北首に（＝北枕デ）御寝なりけり」〈徒然・一三三〉

きよ・す【来寄す】［自サ下二］（せ・せ・す・する・すれ・せよ）寄せてくる。例「来寄する浜を見れば清しも」〈万葉・七・一一五六〉

きょ・す【挙す】［他サ変］（せ・し・す・する・すれ・せよ）（物などを上に）差し上げる。転じて、人をある地位に推薦する。

ぎょ・す【御す】［自サ変］（せ・し・す・する・すれ・せよ）（尊敬語）（天皇が）お出ましになる。

きよせ【季寄せ】［名］俳諧で、季語を集め、季節ごとに分類整理した書。今日の俳諧歳時記のように例句を示したものなど、さまざまな形態の書がある。

ぎょせい【御製】［名］天皇や皇族の作品。とくに、和歌・詩文についていう。

きょせつ【虚説】［名］（「きょぜつ」とも）事実無根の話。作り話。空言。↔実説

ぎょたい【魚袋】［名］束帯の帯の下につけた飾り。長方形の木製の小箱を白鮫の皮で包み、金や銀の魚の形を表に六つ、裏に一つつけたもの。金のものは三位以上が、銀のものは四位・五位がつけた。

ぎょだう【魚道】［名］「ぎょうだう」に同じ。

きよたきがは【清滝川】［歌枕］山城国の川。いまの京都市右京区嵯峨清滝、愛宕山のふもとを流れ保津川に注ぐ。「清滝川」というその名から清流・急流のイメージが詠まれた。

〈俳句〉**きよたきや…**【清滝や波に散り込む青松葉】〈笈日記・芭蕉〉訳その名の通り清冽な清滝の流れ。その川波に、岸上の青いままの松葉が散り込んで激流にのまれていく。（季―散る松葉―夏）

きょたん【虚誕】［名］事実無根の話。作り話。

きょはくしふ【挙白集】［作品名］江戸前期（一六四九刊行）の和歌・和文集。木下長嘯子作。総歌数千七百七十五首、文章五十八編。自由奔放な歌風と流麗な文体がうかがえる個性的な作品集。

きよはらのふかやぶ【清原深養父】［人名］（生没年未詳）平安中期の歌人。中古三十六歌仙のひとり。『古今和歌集』的歌風を形成した歌人のひとり。家集『深養父集』を残す。

きよはらのもとすけ【清原元輔】［人名］（九〇八～九九〇）平安中期の歌人。三十六歌仙のひとり。清少納言の父。「梨壺の五人」のひとり。村上天皇の命により『後撰和歌集』撰集や『万葉集』の訓読に従事した。『拾遺和歌集』などに入集。

ぎょばん【魚板】［名］仏具の一種。魚を型どり、中を空洞にした木製品。禅寺などにつるし置かれ、打って時報や行事の合図とする。

きょびょう【虚病】［名］病気だとうそをつくこと。仮病。

ぎょぶつ【御物】［名］（「ごもつ」とも）天皇や君主の所有物。また、天皇家や幕府・将軍家の所蔵品。

きよまはり【清まはり】［名］神事などに備え、心身のけがれを清めること。潔斎。物忌み。

きよまは・る【清まはる・浄まはる】［自ラ四］（ら・り・る・れ・れ）❶物忌みして心身が清浄な状態になる。例「いみじう潔斎して、清まはりて」〈大鏡・実頼〉❷潔白になる。例「けざやかに浄まはりて、立ちにしわが名」〈源氏・若菜・上〉

きよま・る【清まる】［自ラ四］（ら・り・る・れ・れ）清らかになる。清浄になる。例「仏につかうまつるこそ、つれづれもなく、心の濁りも清まる心地すれ」〈徒然・一七〉

ぎょみ【魚味】［名］（「魚味の祝ひ」の略）幼児に初めて魚肉を食べさせる祝い。＝真魚の祝ひ

古典の世界 食べさせる時期は時代により一定せず、生後三か月くらいから三歳くらいまで。

きよみがた【清見潟】［歌枕］駿河国の地名。いまの静岡県清水市興津町西部の海岸。「富士」「三保の松原」をのぞむ景勝地。平安時代に関所が置かれた。「月」「波」とともに詠まれた。

きよみづ【清水】［地名］山城国の地名。京都市東山区、五条坂の清水寺を中心とする地域。

きよみづものがたり【清水物語】［作品名］江戸前期（一六三八刊行）の仮名草子。朝山意林庵作。儒教を基に武士はいかに生きるかを述べ、当時の流行作となった。

きよ・む【清む】［他マ下二］（め・め・む・むる・むれ・めよ）❶よごれ・けがれを取り除く。清浄にする。例「まつろはぬ人をも和し（日本ノ国ヲ）掃き清め仕へ奉りて」〈万葉・二〇・四四六五長歌〉❷罪や汚名をそそぐ。晴らす。

きよめ【清め】［名］心身の汚れをはらい除くこと。

きよもと【清元】［名］（「清元節」の略）江戸浄瑠璃の流派のひとつ。文化（一八〇四～一八一八）ごろ、清元延寿太夫が始めたもので、派手で粋な語り口が特色。

きよもとぶし【清元節】［名］邦楽の浄瑠璃の一流派。曲風は粋で洒落ていて人気を博した。歌舞伎の濡れ場や道行などに用いられる。

〈川柳〉**きよもりの…**【清盛の医者は裸で脈をとり】〈柳多留・初〉訳熱病にかかった平清盛をみた医者は、暑くて裸で脈をとったことだろう。

きよら［・なり］【清ら】［形動ナリ］［名］

> **アプローチ**
> ▼「きよげ」とともに、形容詞「きよし」から出たことば。清らかななかでも、光り輝く最高の美しさを表す。
> ▼もともと完全な美しさを持つものの、その美しさが輝くように外に現れ出るさまを表す。

一［形動ナリ］{なら・なり(に)・なり・なる・なれ・なれ}❶（人が）清らかで美しい。**気品があって美しい。** 例「**きよら・なる**玉の男御子（をのこみこ）さへ生まれたまひぬ」〈源氏・桐壺〉 訳清らかで美しい玉のような皇子さえお生まれなさった。❷（装束・調度品が）**華やかで美しい。すばらしい。** 例「立てる人どもは、装束の**きよら・なる**こと物にも似ず」〈竹取・かぐや姫の昇天〉 訳立っている天人たちは、その衣装の**華やかで美しい**ことはたとえようもない。

二［名］**華麗。華美。けがれない美しさ。** 例「よろづに**きよら**をつくしていみじと思ひ、所せきさましたる人こそ、うたて、思ふところなく見ゆれ」〈徒然・三〉 訳万事に**華美**をつくしてたいしたものだと思い、あたり狭しと振る舞っている人こそ、不愉快で、思慮がないように見えるものだ。《係結び》「こそ→見ゆれ㊁」

> **古語深耕**　「**きよら**」と「**きよげ**」との違い
> どちらも「**きよし**」から出たことばだが、「**きよら**」は中身から本質的に美しく、外見もそれが現れて輝くさまをいう。身分でも一級の人に使われる、一級の美である。一方「**きよげ**」は、外見が「**きよし**」であるさま。例えば、本来上手ではない文字を気をつけてきちんと書いたり、美人でなくても努力や知性によってこぎれいな清潔感を見せている時などに用いる。「きれいにしている」ことによる美であって、何もしないのにあふれてくる「**きよら**」の美とは違う。

〔**清らを尽くす**〕華美を極める。できる限りのぜいたくをする。例「**きよらを尽くし**、袖口の重なりこちたくめでたくととのへたまふ」〈源氏・真木柱〉

きょらい【去来】［人名］「むかゐきょらい」に同じ。

きょらいせう【去来抄】［作品名］江戸中期（一七〇二成立）の俳諧論書。向井去来著。松尾芭蕉と門人たちの俳論を集大成した俳諧論書で、服部土芳の『三冊子』とともに、蕉風俳論の重要資料とされる。「さび」「しをり」「不易流行」など、俳諧の本質にふれる語についても述べている。

きょらう［・す］【虚労】［名・自サ変］病気などで気力が衰え体力が弱ること。

きょりく【許六】［人名］「もりかはきょりく」に同じ。

きょりくりべつのことば【許六離別の詞】［作品名］江戸中期（一六九三成立）の俳文。『柴門の辞』ともいう。松尾芭蕉作。元禄五年八月以来、江戸で親交を結び指導を与えた森川許六が、翌年五月に郷里へ帰るにあたり、芭蕉がしたためた送別の辞。

ぎょりょう【魚綾】［名］綾織物の一種。名の由来は、波に魚の紋のある織物とも、天皇のお召し物の意で麴塵色からともいわれる。

ぎょりょうしゃくば【魚竜爵馬】［名］（中国で行われた珍奇な演芸の名から）ぜいたく三昧で趣向を凝らした遊びや派手な装飾にふけること。

ぎょりん【魚鱗】［名］陣形のひとつ。逆Vの形に組み、敵陣に突進する。↔鶴翼

きよ・る【来寄る】［自ラ四］{ら・り・る・る・れ・れ}❶（波などが）寄せて来る。例「朝なぎに**来寄・る**白波」〈万葉・七・一三九一〉❷立ち寄る。訪れる。例「たまぼこに君し**来寄・らば**」〈平中・二〉

きょろり［副］《近世語》（多く「と」を伴って）平然としたようす。例「『盗んだ金はかやします』と、**きょろりと**してぞゐたりける」〈浄・丹波与作待夜の小室節〉

きょをく【居屋】［名］《「ゐや」とも》住居。居住のための家屋。

きら【綺羅】［名］《「綺」は綾絹、「羅」は薄絹の意》❶美しい衣服。❷美しいこと。華やかなこと。❸威勢の盛んなこと。栄華。

きらきら［副］❶光り輝いているさま。ぴかぴか。例「仏の、**きらきら**と見えたまへるは」〈枕・正月に寺に籠りたるは〉❷笑い声を表す。けらけら。例「**きらきら**と、殊更び笑ひ入りつつ」〈狭衣・一〉

きらきら・し【煌煌し】［形シク］{しから・しく(しかり)・し・しき(しかる)・しけれ・しかれ}《「きら」は擬態語。中世には「きらぎらし」とも》❶きらきらと光っている。輝いている。例「ゆづり葉の、いみじう房やかに艶めき、茎はいと**きらきら・しく**見えたる」〈枕・花の木ならぬは〉❷容姿がきれいだ。輝くほど美しい。例「限くなくにほひ**きらきら・しく**」〈源氏・初音〉❸威光を放つさま。堂々としている。例「**きらきら・しき**もの、大将、御前駆逐ひたる」〈枕・きらきらしきもの〉❹目立つ。際立っている。はっきりしている。例「この町のおぼえ**きらきら・し**と思したる」〈源氏・蛍〉

きらきらしう【煌煌しう】形容詞「きらきらし」の連用形「きらきらしく」のウ音便。

きらく【帰洛】［名］京都へ帰ること。帰京。

きら・す【霧らす】［他サ四］{さ・し・す・す・せ・せ}雪や霧などが空を曇らせる。例「かき**霧ら・し**雨の降る夜をほととぎす鳴きて行くなりあはれその鳥」〈万葉・九・一七五六〉

きらず【切らず・雪花菜】［名］《近世語。切る必要がないの意。豆腐の「から」が「空」に通じるのを嫌い、言い換えたもの》豆腐のしぼりかす。おから。卯の花。

きらは・し【嫌はし】［形シク］{しから・しく(しかり)・し・しき(しかる)・しけれ・しかれ}いとわしい。不愉快に思う。例「御心には**嫌は・しく**思し召しながら」〈太平記・三五〉

きらびやか［・なり］［形動ナリ］{なら・なり(に)・なり・なる・なれ・なれ}❶きらめいて美しいさま。美しく華やかなさま。例「飼ひに飼ひたる馬に乗り、乗り替へ中間（=従僕）**きらびやか・に**」〈謡・鉢木〉❷きっぱりと。はっきりと。例「『すみやかに流罪におこなはれ候へかし』と**きらびやか・に**申してけり」〈古今著聞・二六五〉

きら・ふ【嫌ふ】［他ハ四］{は・ひ・ふ・ふ・へ・へ}❶嫌がる。嫌悪する。❷（嫌悪して）退ける。排除する。例「穢き奴等を**きら・ひ**賜ひ棄て賜ふ」〈続日本紀〉❸選別する。差別する。例「男はうけ**きら・は**ず招び

集へて」〈竹取・かぐや姫〉❹(連歌や俳諧で)前の句と同類の趣向や語句の使用を避ける。

きら・ふ【霧らふ】(キラフ/ロウ)(上代語。動詞「霧る」の未然形＋上代の反復・継続の助動詞「ふ」)霧や霞が一面に立ちこめている。例「秋の田の穂の上に霧らふ朝霞いつへの方に我が恋止まむ」〈万葉・二・八八〉訳→〈和歌〉あきのたのほのうへにきらふ…

きらめ・く【煌めく】(自カ四)(か・き・く・く・け・け)(「めく」は接尾語)❶きらきら輝く。例「前栽の露はなほかかる所も同じごときらめ・きたり」〈源氏・夕顔〉❷はでに飾り立てる。きらびやかに振る舞う。例「公卿も殿上人も今日を晴れときらめ・いてこそありしか」〈平家・一一・一門大路渡〉(音便)「きらめい」は「きらめき」のイ音便。❸もてなす。歓待する。例「客人に饗応せんときらめ・きたる」〈徒然・二三〉

きらら【雲母】(名)うんも。鉱物の一種。白・黒・赤色などで、透明の薄い層に剥がれ、よく光る。

きららか【・なり】【煌らか】(形動ナリ)(なら・なり(に)・なり・なる・なれ・なれ)(「らか」は接尾語)輝くまでに華やかで美しいさま。きらびやかなさま。例「御前の人々など、やむごとなくきららか・なるかぎりを選らせたまへり」〈栄花・三〉

きられよさ【切られ与三】(作品名)「よわなさけうきなのよこぐし」に同じ。

-きり【切り】(接尾)❶切った物を数えるのに用いる語。＝切れ。❷(「ぎり」とも)…限り、…だけの意を表す。

きり(名)チョウやガなどの羽やからだについている粉。鱗粉。

きり【桐】(名)❶木の名。春、紫色の花を多数付ける。材は軽く、家具や器具、琴などの楽器の材として尊ばれた。❷「琴」の別称。キリを材とすることによる。❸①の葉と花とを図案化した紋所の名。❹「小判」の別称。キリの刻印がされていたことによる。

きり【錐】(名)小さな穴を開けるための工具。柄の先に鋭くとがった金属棒の針を取り付けたもの。
〔**錐嚢を通す**〕(キリフクロヲトオス)(錐は袋に入れても先が突き出ることから)秘密がもれやすいこと。また、すぐれた人物は凡俗の中で自然に頭角を現すというたとえ。

きり【霧】(名)空気中の水蒸気が細かい水滴となって立ちこめて煙のように見えるもの。(季-秋)。例「我が故に妹嘆くらし風速の浦の沖辺に霧たなびけり」〈万葉・一五・三六一五〉
発展学習ファイル　中古以降、春のものは「霞」、秋のものは「霧」と区別した。また、一般に「霞」には「たなびく」を、「霧」には「立つ」を用いる。
〔**霧の籬**〕(キリノマガキ)霧が立ちこめて視界をさえぎるさまを籬(垣根)にたとえた語。例「霧の籬より、花の色々おもしろく見えわたる中に」〈源氏・宿木〉
〔**霧の紛れ**〕(キリノマギレ)霧が立ちこめて、物の見分けがつかないこと。＝霧の迷ひ①。例「霧の紛れなれば、ありつる御簾の前に歩み出でてついゐたまふ」〈源氏・橋姫〉
〔**霧の迷ひ**〕(キリノマヨイ)❶「きりのまぎれ」に同じ。❷心の中の迷いや憂いのたとえ。例「いぶせかりし霧のまよひもはるけはべらん(＝晴ラシマショウ)」〈源氏・橋姫〉
〔**霧不断の香を焚く**〕(キリフダンノコウヲタク)(絶えず焚く香の煙に見立てて)霧が絶え間なく立ちこめている。例「甍やぶれては霧不断の香をた・き」〈平家・灌頂・大原御幸〉

きり【切り】(名)❶区切り。あるまとまりの切れ目。段落。期限。最後。❷(多く「無し」に続けて)際限。はて。限界。❸能楽・歌舞伎・浄瑠璃などの演劇で、一曲あるいは一段の終末部。また、一日の上演の最後の演目。

ぎり【義理】(名)❶正しい筋道。道理。❷(近世語)社会生活上、守るべきこと。体面。❸文章や語句の意味。仏典の意味。❹(近世語)血縁以外の親族関係。❺(近世語)事情。成り行き。

きりいし【切り石】(名)❶用途に応じた形に切った石材。❷敷き石。石だたみ。

きりおほね【切り大根】(キリオオネ)(名)刻んだ大根を干したもの。

きりか・く【切り懸く・斬り掛く】(他カ下二)(け・け・く・くる・くれ・けよ)❶首を切って獄門にかける。さらし首にする。例「源氏のかたにきりか・けらるる頸ども二千余人なり」〈平家・九・落足〉❷刀で切りつける。例「『忠信やらぬ』とまた切りか・くる」〈浄・義経千本桜〉

きりがく・る【霧隠る】㊀(自ラ四)(ら・り・る・る・れ・れ)霧の中に姿が隠れる。例「この頃の秋の朝明に霧隠・り妻呼ぶ雄鹿の声のさやけさ」〈万葉・一〇・二一四一〉㊁(自ラ下二)(れ・れ・る・るる・るれ・れよ)㊀に同じ。例「いこまの山はきりがく・れつつ」〈夫木・秋三〉

きりかけ【切り掛け・切り懸け】(名)❶柱を立て、よろい戸のように、端を少しずつ重ねて横板を張ったもの。板塀や、室内では衝立に用い、目隠しにする。⇒〔古典参考図〕建築〈3〉。❷御幣の木の先に付ける、紙四手。また、それに似た武具の名。❸魚などの切り方のひとつ。短冊型に切って切れ目を入れたもの。

きりかけだ・つ【切り掛けだつ・切り懸けだつ】(自タ四)(た・ち・つ・つ・て・て)(「だつ」は接尾語)「切り掛け①」のように見える。例「切り懸けだ・つものに、いと青やかなる葛の心地よげに這ひかかれるに」〈源氏・夕顔〉

きりかみ【切り髪】(名)(「きりがみ」とも)❶切った髪の毛。❷頭の上から左右に垂らして肩のあたりで切りそろえた少女の髪型。振り分け髪。❸髷を結わずに、短く切りそろえてひもで束ねて後ろに垂らした髪型。江戸時代に、武家の未亡人などが結った。

きりがみ【切り紙】(名)❶小さく切った紙。❷書簡用紙。奉書紙などを横に二つに折り、その折り目で切ったもの。手紙。❸武芸・学芸などの免許状。

きりぎし【切り岸】(名)切り立った崖。絶壁。

きりきり(副)❶戸などのきしむ音。❷堅く巻いたりするさま。例「橋のしたにまだらなる蛇の、きりきりとしてゐたれば」〈宇治拾遺・四・五〉❸弓を強くひきしぼるさま。❹さっさと。てきぱき。例「なう忠兵衛きりきり渡しゃとせり立てられ」〈浄・冥途の飛脚〉

ぎりぎり(名)(近世語)頭のつむじ。

きりぎりす【蟋蟀】(名)コオロギの古名。いまのキリギリスに相当するのは「はたおり」。(季-秋)

〈和歌〉**きりぎりすなくやしもよの…【きりぎりす鳴くや霜夜のさ筵に衣片敷きひとりかも寝む】**〈新古今・秋下・五一八・藤原良経〉〈百人一首・後京極摂政太政大臣〉訳コオロギが鳴く、霜が降りる夜の寒々とした筵に、衣の片袖を敷いて、

私はひとり寝るのであろうか。《係結び》「かも→寝む体」
〈参考〉「きりぎりす」は、いまのコオロギ。「さ筵」に「寒し」をかける。

〈和歌〉**きりぎりすよさむにあきの…**【きりぎりす夜寒に秋のなるままに弱るか声の遠ざかりゆく】〈新古今・秋下・四七二・西行〉訳コオロギは、秋が深まり夜寒になるにつれて、身が弱るのか、声がしだいに遠ざかっていくよ。
〈参考〉「きりぎりす」は、いまのコオロギ。

きりくち【切り口】[名]❶ものの切られた所。その断面。❷切断面から分かる上手・下手。切りざま。

きりくひ【切り杭】[名]❶切り株。❷女官の叙位の申請方法のひとつ。母親の出仕年数に自分の年数を加算して、叙位を願い出る。

〈俳句〉**きりしぐれ…**【霧しぐれ富士を見ぬ日ぞ面白き】〈野ざらし紀行・芭蕉〉訳箱根の関を越える今日は、あいにく霧が時雨が降るように濃く薄く去来している。そのために富士を見ることはできないが、心の中に思い描いてみるのもかえって一興でいっそう趣深いことだ。（季–霧しぐれ–秋）

キリシタンぶんがく【キリシタン文学】[名]キリスト教布教のために日本に渡来したイエズス会の宣教師らによって翻訳された西欧文学、および彼らが著した文学の総称。『ぎやどぺかどる』『天草本伊曾保物語』『天草本平家物語』など。南蛮文学。

きりじに【切り死に】[名]切り合いをして死ぬこと。

きりすて【切り捨て】[名]❶人を切り、そのまま捨てておくこと。❷《「切り捨て御免」の略》江戸時代、武士の特権として、町人や農民で無礼を働いた者を切り殺しても罰せられなかったこと。ただし、正当な理由がない場合は処罰された。

きりぜに【切り銭】[名]《「きりせん」とも》鎌倉・室町時代の薄く長い銅板を丸く切り抜いた貨幣。民間で造られ、公的にはしばしば禁令が出された。

きりそん・ず【切り損ず】[他サ変]{ぜ・じ・ず・ずる・ずれ・ぜよ}切って傷を負わせる。例「腰きり損・ぜられて」〈徒然・八七〉

きりたて【切り立て】[名]❶切り始め。また、いま切ったばかりであること。❷蹴鞠の「かかり」の四隅に植える木。柳・桜・カエデ・松。❸前栽。植え込み。❹衣服が仕立てたばかりであること。新調。

きりつ・く【切り付く】[他カ下二]{け・け・く・くる・くれ・けよ}❶相手に切りつける。❷彫り込んで形をつける。

きりつぼ【桐壺】[名]「淑景舎」の別称。
古典の世界　桐壺は内裏の東北の隅にあり、天皇が日常の生活をする清涼殿から最も遠い位置にある。『源氏物語』の源氏の母桐壺更衣は、この桐壺を殿舎にしたことからその名がつけられた。

きりつぼ【桐壺】[作品名]『源氏物語』の一番目の巻名。

きりつぼのみかど【桐壺の帝】[人名]『源氏物語』の登場人物。弘徽殿女御との間に朱雀帝を、桐壺更衣との間に源氏を、藤壺中宮との間に冷泉帝（実父は源氏）をもうけた。

きりづま【切り妻】[名]❶切り妻戸。寝殿造りで、廊下から寝殿に入る所の両開きの板戸。❷「切り妻屋根」の略。

きりづまやね【切り妻屋根】[名]屋根の造りの様式。棟（背の部分）から長方形の面を二方向に葺き下ろした形。＝切り妻

きりど【切り戸】[名]《「きりと」とも》門の脇にある小さなくぐり戸。また、塀や門扉の一部をくりぬいて付けたくぐり戸。

きりどほし【切り通し】[名]《「きりとほし」とも》❶山や丘を切り開いて通した道。❷物事をすらすらと処理すること。

きりとほ・す【切り通す】[他サ四]{さ・し・す・す・せ・せ}山や岩を切り開き、通路や水路を通す。例「吉野川岩切り通・し行く水の」〈古今・恋一・四九二〉

きりのう【切り能・尾能】[名]能の五番立てによる分類のひとつ。五番目物とも。一日の最後に演じるもので、鬼・天狗・霊などの鬼神をシテとする。

〈和歌〉**きりのはも…**【桐の葉も踏み分けがたくなりにけり必ず人を待つとなけれど】〈新古今・秋下・五三四・式子内親王〉訳桐の葉も落ち、踏み分けにくいまでになったことだ。必ずしも人の訪れを待っているというわけではないけれど。

きりばかま【切り袴】[名]裾の短い、足首あたりまでの長さの袴。「大口袴」や「半袴」をいう。↓[古典参考図]女子の服装〈2〉

きりはらのこま【桐原の駒】[名]桐原（長野県松本市東部の地名）の牧場で放し飼いにして育てた馬。（季–秋）

きりはら・ふ【切り払ふ】[他ハ四]{は・ひ・ふ・ふ・へ・へ}草木などを切り除く。また、土地を切り開く。

きりびと【切り人】[名]《「きりうど」とも》主君に気にいられ、権勢を振るう人。＝切り者

きりひろ・ぐ【切り広ぐ】[他ガ下二]{げ・げ・ぐ・ぐる・ぐれ・げよ}切って広げる。切開する。

きりびをけ【桐火桶】[名]桐の木をくりぬいて胴にした丸火鉢。桐火鉢。

きりふ【切り生・切り斑】[名]鷹の尾や翼の羽で、白黒の縞模様になっているもの。矢羽に用いる。↓[古典参考図]武装・武具〈3〉

きりふたが・る【霧り塞がる】[自ラ四]{ら・り・る・る・れ・れ}❶霧が立ちこめて視界がきかなくなる。例「霧りふたが・りて、道も見えぬしげ木の中を分けたまふに」〈源氏・橋姫〉❷涙で物がはっきり見えなくなる。例「目も及ばぬ御書きざまも、霧りふたが・りて」〈源氏・帚木〉

きりふたふば【起立塔婆】[名]卒塔婆を故人の供養のために立てること。

きりふてい【鬼拉体】[名]藤原定家の歌論書『毎月抄』に見える十体のひとつ。ことばづかいや内容に力強さのある和歌についていう。拉鬼体。

きりまは・す【切り回す】[他サ四]{さ・し・す・す・せ・せ}物の周りを切る。あちこち切る。例「禅尼手づから、小刀して切りまは・しつつ」〈徒然・一八四〉

きりめ【切り目】[名]❶切り口。きれめ。❷物事のひとまとまりが終わる所。区切り。段落。きり。

きりもの【切り者】[名]「きりびと」に同じ。

きりもの【着り物】[名]《近世語》着物。衣類。上方で使われる。

きりやう【器量】[名]❶すぐれた才能。力量。❷技芸に巧みなこと。上手。❸顔だち。容姿。

きりょ【羇旅・覊旅】［名］❶他郷に身を寄せること。旅の宿り。旅。❷和歌・俳諧の部立のひとつ。旅の心を詠んだもの。

きりょか【羇旅歌】［名］和歌の内容による分類上の呼称のひとつ。旅情や、旅先の景色などを詠んだ和歌。『万葉集』に小分類名として見えるが、『古今和歌集』以降は部立名としても用いられた。

きりわた・る【霧り渡る】［自ラ四］{ら・り・る・る・れ・れ}霧が一面にかかる。例「霧りわた・れる空も」〈源氏・若紫〉

きりん【麒麟・騏驎】［名］❶古代中国で考えられた想像上の獣。聖人が世に出て善政をしく前兆として出現するとされた。❷とくにすぐれた人物のたとえ。〔麒麟も老いぬれば駑馬に劣る〕すぐれた人物も年をとるとその能力は凡人にも劣るようになる。

き・る【霧る】［自ラ四］{ら・り・る・る・れ・れ}❶霧や霞がかかる。かすむ。例「霞立ち春日の霧・れるもしきの大宮所見れば悲しも」〈万葉・一・二九長歌〉訳→〔和歌〕たまだすき…。❷涙で目がかすむ。目が曇る。例「目も霧・りていみじ」〈源氏・夕霧〉

き・る【切る】一［他ラ四］{ら・り・る・る・れ・れ}❶切断する。断ち切る。例「頸をのべてぞき・らせられける」〈平家・一一・重衡被斬〉《係結び》「ぞ→きらせられける体」。❷(関係を)断つ。例「今日よりしては恵比寿大黒殿、知音をき・るぞ」〈仮・竹斎〉❸決める。決定する。例「今夜、事き・らむ」〈十訓抄・七〉❹期限を切る。例「よろしく仕つくる事のならぬ者、五年ほどき・りて」〈浮・西鶴織留〉❺(動詞の連用形に付いて)…し終える。すっかり…する。例「悪しとも善しとも定めき・りてやみなむかし」〈枕・頭の中将の〉 二［自ラ下二］{れ・れ・る・るる・るれ・れよ}❶切れる。とぎれる。例「たとひ耳鼻こそ切・れ失すとも、命ばかりはなどか生きざらん」〈徒然・五三〉《係結び》「こそ→(流れ)」。《疑問語との呼応》「などか→生きざらん体」。❷決まる。決着がつく。例「善き事も悪き事も、そのとき事はき・るるなり」〈愚管抄〉❸終わる。尽きる。例「こっちの挨拶もき・れねえうちに」〈浮世風呂〉❹方向が変わる。(わきへ)それる。曲がる。例「舞ふ小羽根、よそへき・るるな」〈浄・浦島年代記〉

き・る【鑽る】［他ラ四］{ら・り・る・る・れ・れ}木などを強くすり合わせて火をおこす。例「火を鑽・り出でて」〈記・上〉

きる【着る】［他カ上一］{き・き・きる・きる・きれ・きよ}❶衣服を身に着ける。例「我が着たる衣はなれぬ」〈万葉・九・一七八七長歌〉❷頭にかぶる。例「笠も着ず出でつつぞ見し雨の降らくに」〈万葉・一一・二六八二〉❸袴や足袋などをはく。例「紅の袴着たる」〈枕・似げなきもの〉❹身に受ける。こうむる。負う。例「いなと申せば、人の怨みをきるといひ」〈伽・猿源氏草紙〉

-きれ【切れ】［接尾］❶切り分けた物を数えるのに用いる語。＝切り［接尾］①。例「汝が身はまづ二百に斬り裂きて、おのおの一切れづつ取りてんとす」〈宇治拾遺・八・四〉❷金貨・銀貨を数えるのに用いる語。

きれ【切れ】［名］❶物の切れた一部分。切れ端。❷はしくれ。多勢いるうちのひとり。❸古文書など、古人の書いたものの断片。断簡。「高野切れ」など。

きれい［・なり］【綺麗・奇麗】［名・形動ナリ］❶華やかで美しいさま。美麗。❷こざっぱりしているさま。❸清らかなさま。潔いさま。はっきり。❹残りがないさま。すっかり。きれいさっぱり。

きれう・す【切れ失す】［自サ下二］{せ・せ・す・する・すれ・せよ}切れてなくなる。例「たとひ耳鼻こそ切れ失・すとも」〈徒然・五三〉

きれじ【切れ字】［名］連歌・俳諧で、発句に独立性をもたせるために句中、または句末に用いる、切れるはたらきをする語。「や」「かな」などの助詞と「けり」「らん」などの助動詞の類が多いが、用言の終止形・命令形などを含めることもあり、種類は多様。

きれもの［名］一【切れ物】❶切るための道具。刃物。❷売り切れたもの。少なく貴重なもの。二【切れ者】主人に信頼され勢力を振るう人。また、敏腕の人。＝切り人・切り者

きろきろ［副］(目などが)きらきらと輝き、落ち着かないようす。きょろきょろ。例「目のきろきろとして、またたき居たり」〈堤中納言・はいずみ〉

きろくがき【記録書き】［名］記録などに用いられた略字。漢字の字画を符号的に省略したもの。「嵯峨」を「山山」、「醍醐」を「酉酉」など。

きわ【際】歴史的かなづかい「きは」

ぎわう【祇王】［人名］『平家物語』の登場人物。当時人気の白拍子として妹の祇女とともに平清盛に囲われていたが、同じ白拍子の仏御前へ寵愛が移ったために清盛の邸を追われた。剃髪し、母、妹と嵯峨野で庵を結んだ。

きわまる【極まる・窮まる】歴史的かなづかい「きはまる」

きわむ【極む・窮む・究む】歴史的かなづかい「きはむ」

き・ゐる【来居る】［自ワ上一］{ゐ・ゐ・ゐる・ゐる・ゐれ・ゐよ}来て座っている。来てじっとしている。例「ほととぎす来・居も鳴かぬか」〈万葉・一〇・一九五四〉

きをとこ【生男・木男】［名］《近世語》無骨な男。野暮な男。

きをり［・なり］【気折り・木折り】［名・形動ナリ］気性が強く無愛想なさま。

ぎをん【祇園】［名］❶昔、中インド舎衛国にあった祇陀太子所有の庭園。ここで、釈迦が説法を行った。＝祇陀林。❷「祇園精舎」の略。❸京都の祇園社(いまの八坂神社)。また、その界隈。遊郭がありにぎわった。

ぎをんごりやうゑ【祇園御霊会】［名］京都の祇園神社(いまの八坂神社)の祭礼。陰暦六月七日から七日間行われた。天禄元年(九七〇)以降、恒例になった。＝祇園祭り・祇園会。(季－夏)

ぎをんしやうじや【祇園精舎】［名］《「精舎」は寺の意》須達長者が祇陀太子から庭園を購入し、釈迦のために建立した寺。＝給孤独園・祇園②

ぎをんばやし【祇園囃子】［名］「祇園会」に奏されるはやし。笛・鉦・太鼓などによるゆったりした調子のもので、山鉾の上で奏される。(季－夏)

ぎをんまつり【祇園祭り】［名］「ぎをんゑ」に同じ。

ぎをんゑ【祇園会】［名］各地の祇園社の祭礼。また、とくに、京都の祇園社(いまの八坂神社)の祭礼。陰暦六月七日から七日間行われた。祇園御霊会。＝祇園祭り。(季－夏)

きん【斤】［名］❶重さの単位。一斤は十六両(百六

十匁。約六〇〇グラムが基本とされるが、実際にははかる物によって違いがある。❷容量の単位。多く酒に用いる。一斤は一升(一・八リットル)。

きん【金】[名]❶金属元素のひとつ。貴金属。こがね。❷金貨。大判・小判、または一分金のこと。また、金銭。❸「五行」のひとつ。季節は秋、方角は西、色は白、星は金星を表す。❹将棋の駒のひとつ。金将。

〔**金の漆**〕コシアブラ(植物)の別名。また、コシアブラの樹脂液から精製した一種の漆。上質の透き漆の一種とも。つややかな黒髪のたとえに用いる。

きん【琴】[名]奈良時代、中国から伝来した七弦の琴。箏とは異なり、琴柱がない。左手で勘所を示した十三の徽の位置を押さえ(これを「按ず」という)、右手で弾く。奏法が複雑なため、一条天皇の時代には奏者がいなくなったという。＝琴の琴。
➡[古典参考図]楽器

古典の世界　「琴」を含め、箏(十三弦)・琵琶など、弦楽器の総称として、「琴」の語があるので区別しておきたい。これらの楽器の中でも、とくに聖なるものとされ、物語の中では、限られた人物だけがひく設定がなされている。延喜・天暦のころまでは盛んに演奏されていたが、『源氏物語』が書かれた時代には、ほとんど用いられなくなっていた。

ぎん【吟】[名]❶詩歌・発句などを作ること、また、唱えること。吟詠。あるいは、その詩歌。❷音楽の、音色・音の強弱・節回し。

ぎん【銀】[名]❶金属元素のひとつ。貴金属。しろがね。❷銀貨。また、金銭。❸丁銀。江戸時代通用した、なまこ形銀貨。多くは贈答用。❹将棋の駒のひとつ。銀将。❺「銀煙管」の略。

ぎんいらず【銀入らず】[名]金がかからないこと。無料。

きんえふわかしふ【金葉和歌集】[作品名]平安後期(一一二六ごろ成立)の第五番目の勅撰和歌集。白河法皇の命を受けた源俊頼の撰。『千載和歌集』、『新古今和歌集』につながる新たな歌風の作を含む。清新な叙景歌に特色がある。

きんかい【禁戒・禁誡】[名]厳しく注意して禁ずること。また、その事柄。戒め。おきて。

ぎんがのじょ【銀河の序】[作品名]江戸前期(一六八九ごろ成立)の俳文。松尾芭蕉作。『おくのほそ道』旅中の句「荒海や佐渡に横たふ天の河」の前文として書かれた俳文。

きんかふ【琴歌譜】[作品名]平安前期の歌謡集。編者未詳。多氏に伝わった琴歌の譜で、万葉仮名による歌詞、歌詞の声譜と和琴の譜が記される。

ぎんぎせる【銀煙管】[名]銀でできたきせる。江戸時代、ぜいたく品で、道楽者が持つ派手なイメージがあった。＝銀⑤

きんぎん【金銀】[名]❶金と銀。❷金貨と銀貨。また、金銭。かね。

きんきんせんせいえいぐゎのゆめ【金々先生栄花夢】[作品名]江戸中期(一七七五刊)の黄表紙。恋川春町作・画。田舎者の金村屋金兵衛は、江戸へ上る途中の茶店で、栄華を極めた末に破産する夢を見、栄華のむなしさを悟る。黄表紙の第一作とされる。

きんきんせんせいざうくゎのゆめ【金々先生造化夢】[作品名]江戸後期(一七九四刊)の黄表紙。山東京伝作、画は北尾重政か。なまけ者の金々先生は、仙人たちが地道に働き茶漬けを作る夢を見て、天地の恵みのありがたさと自分の生半可な悟りを知り、その後努力して百万両の金持ちとなる。

きんく【禁句】[名]❶和歌・連歌・俳諧などで、使うのが嫌われたことばや言い回し。＝止め句。❷聞き手が気を悪くするので使用を避けることば。また、その場にそぐわない縁起の悪いことば。

きんくゎ【槿花】[名]❶ムクゲの花。朝開いて夕方にはしぼむことから、はかない栄華のたとえとされる。(季―秋)。❷朝顔の古名。

〔**槿花一日の栄**〕はかない栄華のたとえ。白楽天の詩「槿花一日自ら栄を成す」による。＝槿花一朝の夢

きんくゎいわかしふ【金槐和歌集】[作品名]鎌倉前期の私家和歌集。源実朝作。建暦三年(一二一三)、二十二歳の実朝が自作をまとめ藤原定家に送ったのが原型か。本歌取りの歌が主だが、万葉風の独創的な作を含む。

きんけい【金鶏】[名]天上にすむ想像上の鶏。暁にこの鳥が鳴き、人間界の鶏がそれに応じて鳴くという中国の伝説に由来する。転じて、暁方に鳴く鶏。

きんけつ【禁闕】[名]宮廷の門。転じて、皇居。

きんこ【金鼓】[名]鉦や太鼓。とくに、戦場で軍勢の指揮のため鳴らした陣鉦と陣太鼓。

きんご【金吾】[名]「衛門府」の唐名。また、「衛門督(長官)」「衛門佐(次官)」のこと。

きんこう【謹厚】[名・形動ナリ]つつしみ深く情に厚いこと。例「なほ、例の人のやうに、これなかくないひ嗤ひそ。いときんこうなるものを」〈枕・大進生昌が家に〉

きんごく【禁獄】[名・他サ変]牢に入れて出さないこと。禁牢。

きんこじ【金巾子】[名]❶金箔を押した「巾子紙」。❷「金巾子の冠」の略。

〔**金巾子の冠**〕金箔を押した「巾子紙」をつけた冠。天皇が常用。↓「こじがみ」。＝金巾子②

きんごしゃうぐん【金吾将軍】[作品名]「むみぢがり」に同じ。

きんごしらへ【金拵へ】[名]金製部品の付いたもの。とくに刀剣。こがねづくり。

きんこつ【金骨】[名]完璧な身体。また、常人とは違った尊い姿。仙骨。

きんさつ【金札】[名]❶金色の札。例「天より金札の降り下りて候ふ」〈謡・金札〉❷(仏教語)閻魔の庁で浄玻璃の鏡に映して善人と悪人を見分け、善人を極楽に送るとき、その名を記すという金の札。↔鉄札。❸(近世語)江戸時代に金貨の代用をした紙幣。藩札の一種。

きんし【金糸】[名]金箔を張った薄紙を細く切ったもの。また、それをより合わせて糸にしたもの。＝金紗②

きんじ 歴史的かなづかい「きんぢ」

きんじ[・す]【近侍】[名・自サ変]主君の身辺近く仕えること。また、その人。＝近習

きんしう【錦繡】(キンシユウ)[名]❶錦と、刺繡を施した織物。豪華で美しい衣服。❷美しいもののたとえ。花・紅葉。また、詩や文章など。

きんじう【禽獣】(キンジユウ)[名]鳥とけもの。鳥獣。また、恩義を知らず、道理をわきまえない人のたとえ。

きんじき【禁色】[名]《朝廷から衣服に使用することを禁じられた色のこと》❶令制により、位階に応じて規定されている以外の色。❷位階に応じて有文(模様のあるもの)の綾織物や、霰地に窠の文(瓜を輪切りにした形の模様)の表の袴などの着用を禁じたこと。❸天皇・皇族の衣服の色にまぎらわしいため、臣下の着用を禁じた色。梔子色・黄丹色・赤色・青色・深紫色・深緋色・深蘇芳色の七色。①②③↔許し色

きんじのひと【近侍の人】[名]❶主君のそば近くに仕える人。❷「少納言」「侍従」および「中務省」の「判官」以上の人の称。

きんじふ【近習】(キンジユウ)[名]《「きんしふ」とも》「きんじゅ」に同じ。

きんしゃ【金紗】[名]❶薄い生絹に金糸を織り込んで模様を出したもの。❷「きんし(金糸)」に同じ。

きんじゃう【今上】(キンジヨウ)[名]《古くは「きんしゃう」とも。「今上天皇」の略》いまの天皇。当代の帝。

きんじゃう【謹上】(キンジヨウ)[名]謹んで奉る意。手紙の末尾、宛名の上に添えて敬意を表す語。

きんじゅ【近習】[名]《「きんじふ」の変化形》主君の身近に仕えること。また、その人。近臣。＝近侍

ぎん・ず【吟ず】[他サ変]{ぜ・じ・ず・ずる・ずれ・ぜよ}詩歌などをうたう。詠ずる。

きんせきぶん【金石文】[名]金属や石にしるされた文字・文章。鼎・鐘・石碑・仏像などに刻された銘文等をいう。古代史を解明する史料として貴重。

きんせせつびせうねんろく【近世説美少年録】(キンセセツビシヨウネンロク)[作品名]江戸後期(一八二九から一八四八刊行)の読本。曲亭馬琴作。未完作品。毛利元就をモデルとし、悪と善の二人の美少年の行動を主体にして、多様な人間模様を描く。

きんたいし【近体詩】[名]漢詩のひとつ。古体詩に対する呼称で、唐代に確立した形式の詩の総称。句数や押韻などに一定の規則がもうけられた。

きんだいしうか【近代秀歌】(キンダイシユウカ)[作品名]鎌倉前期の歌論書。藤原定家著。六歌仙時代の歌の重視、本歌取りの方法についての解説などに重点があり、秀歌例を付載する。

きんだち【公達・君達】[名]《「きみたち」の撥音便》❶親王・摂関・大臣家など、身分の高い家柄の子息をいう。まれに女子をいうこともある。貴公子。例「殿よりはじめたてまつりて、君達、四位五位ども、たちさわぎて」〈紫式部日記〉❷《代名詞的に用いて》あなた様方。あなた様。例「君達の上なき御選びには、まして、いかばかりの人かはたぐひたまはむ」〈源氏・帚木〉《係結び》「かは→たぐひたまはむ(体)」

〔俳句〕**きんだちに…【公達に狐化けたり宵の春】**〈蕪村句集・蕪村〉訳 あやしくも美しい貴公子に化けた狐が、ふっと現れて人をたぶらかそうとしている。そんな情景がなんとも似つかわしく思われる春の宵であることだ。(季－宵の春－春)

きんたふ【公任】(キントウ)[人名]「ふぢはらのきんたふ」に同じ。

きんぢ(キンジ)[代名]「きむぢ」に同じ。

きんちゃう【錦帳】(キンチヨウ)[名]錦でできたとばり。室内の仕切りとする。転じて、宮殿。

きんちゃう[・す]【金打】(キンチヨウ)[名・自サ変]《近世語》❶約束を守るしるしに、相手と金物を打ち合わせること。武士は刀の刃、女性は鏡、僧は鉦を用いた。❷堅い約束。誓い。

きんちゃく【巾着】[名]《近世語》❶口をひもで縛るようにした小物入れの袋。財布。❷いつも人のそばについて離れない人をからかっていう語。腰巾着。金魚の糞。❸江戸時代の私娼の別称。売春婦。

きんちゃくきり【巾着切り】[名]《近世語》人が身につけている金品をかすめ取ること。すり。

きんちゅう【禁中】[名]皇居。宮中。内裏。

きんつば【金鍔】[名]❶金または金色の金属で作った刀の鍔。また、金で飾り立てた鍔。❷(金鍔の太刀は伊達風であったところから)華美でぜいたくな人。❸主君の恩寵を一身に集めている人。

きんてい【禁廷・禁庭】[名]皇居。宮中。禁中。

きんでん【金殿】[名]黄金で飾った宮殿。また、そのように豪華な御殿。

きんなしぢ【金梨子地】(キンナシジ)[名]漆塗りの面に金粉を散らし、その上に梨子地漆(黄色がかった透明の漆)を塗って研ぎ出したもの。

きんのこと【琴の琴】[名]「きん(琴)」に同じ。

きんばん【勤番】[名]❶交替で勤務をすること。また、その番。❷江戸時代、地方の大名の家臣が交替で上京し、主君の江戸屋敷に勤めたこと。

きんぴら【金平・公平】《近世語》一[人名]架空の人物名。源頼光の四天王のひとりで、坂田金時の子。武勇に秀で、怪力の持ち主。「金平浄瑠璃」の主人公。二[名]「金平浄瑠璃」の略。

きんぴらじゃうるり【金平浄瑠璃】(キンピラジヨウルリ)[名]江戸の古浄瑠璃の一流派。明暦・寛文年間(一六五五～一六七三)に、桜井和泉大夫(のちの桜井丹波少掾)が語り始めた浄瑠璃。「金平一」の武勇談がその内容。＝金平二・金平節

きんぴらぶし【金平節】[名]「きんぴらじゃうるり」に同じ。

きんぶくりん【金覆輪】[名]《「きんふくりん」「きんぷくりん」とも》鞍や刀の鞘の縁を金や金色の金属で覆って装飾したもの。＝黄覆輪。↓[古典参考図]武装・武具〈3〉

ぎんぶくりん【銀覆輪】[名]《「ぎんぷくりん」とも》鞍や刀の鞘の縁を銀や銀色の金属で覆って装飾したもの。＝白覆輪

きんもん【金紋】[名]金色で描いた家紋。金漆・金箔などを用いる。大名の場合は幕府から許された家だけが用い、家格を表した。庶民の場合は豊かさの象徴であった。

きんもん【禁門】[名]❶皇居の門。転じて、皇居。

❷厳重に警備され、簡単に出入りができない門。

きんもんごさんのきり【金門五三桐】〔作品名〕江戸中期(一七七八初演)の歌舞伎。『金門五山桐』とも書き『楼門五三桐』ともいう。初世並木五瓶作。大盗人石川五右衛門を謀反者に仕立て、真柴久吉(秀吉)との対立を通して種々の俗説をまとめ上げた作品。

きんや【禁野】〔名〕天皇の狩り場として、一般人の狩猟を禁じた場所。＝標野

きんよう【金容】〔名〕《「こんよう」とも》仏や仏像の、金色に光り輝く尊い姿。

きんらん【金襴】〔名〕錦の類で、横糸に平金糸を加え模様を織りだしたきらびやかな織物。

きんり【禁裏・禁裡】〔名〕❶皇居。❷天皇。

きんる【近流】〔名〕《「こんる」とも》律に定められた「流罪」のひとつで、最も軽いもの。京都の近国の越前・安芸などへ流すこと。→「ちゅうる」「をんる」

きんろう【禁漏】〔名〕禁中(宮中)にある「漏刻」(水時計)。＝宮漏

きんろう【禁籠】〔名・他サ変〕〔‐す〕(牢などに)閉じ込めること。監禁。

く

‐く〔接尾〕上に付く活用語を名詞化する。❶…こと。例「梅の花散らまく惜しみ我が園の竹の林にうぐひす鳴くも」〈万葉・五・八二四〉訳梅の花が散るであろうことを惜しんで我が家の庭の竹の林にウグイスが鳴くことよ。〔注〕「散らまく」の「ま」は推量の助動詞「む」の上代の未然形。❷「言ふ」「思ふ」などに付いて引用文を導く。…**ことには**。例「かぐや姫のいはく、『なんでふ、さることかしはべらむ』といへば」〈竹取・石作の皇子〉訳かぐや姫のいう**ことには**、「どうして、そんなこと(＝結婚)をいたしましょうか、いや、いたしませんということ。《係結び》「か↓しはべらむ㊍」。《敬語》「しはべらむ」↓「はべり」。❸(文末に用いて)詠嘆の意を添える。…**ことよ**。例「み吉野の玉松が枝は愛しきかも君がみ言を持ちて通はく」〈万葉・二・一一三〉訳吉野の玉の枝はなんといとおしいのでしょう。あなたのおことばをもって来る**ことよ**。

〈接続〉四段・ラ変の動詞、助動詞「けり」「り」「なり」「む」「ず」の未然形、助動詞「き」の連体形「し」、形容詞の古い未然形「け」「しけ」に付く。

発展学習ファイル　(1)③には、下に助詞の「に」が付いて「…くに」の形もある。→「なくに」「ならなくに」
(2)上代に広く用いられた語法。同じ働きをする接尾語に「らく」がある。
(3)平安以降には「**言はく**」など特定の語にのみみられる。現在用いる「**思わく**」「**いわく**」などもその名残。
(4)「く」の成り立ちについては、上代語の「あく」が連体形に付いて変化したものとする説がある。

く【句】〔名〕❶和歌で、五音または七音から成るひと区切り。❷漢詩で、五字、七字などから成るひと区切り。詩句。❸連歌・和歌で、五七五または七七の部分。上の句または下の句。❹俳諧で、五七五全体。または発句。

〔句の上〕和歌などの各句の最初の文字。句の頭。

く【苦】〔名〕❶苦しみ。悩み。また、心配。❷《仏教語》前世の悪業や煩悩によって受ける苦しみ。

く【来】〔自カ変〕〔補動カ変〕{こ・き・く・くる・くれ・こ(こよ)}

アプローチ
▼物事が接近し、到達するのが基本的な意。
▼話し手がいる位置を中心にすると、現代語の「来る」に当たる。話し手が関心を置いている位置を中心にすると、話し手の位置ではなく先方の位置に近づく、つまり話し手側からは現代語の「行く」に当たる場合がある。

一〔自カ変〕❶**こちらに近づく。来る**。例「行かぬ我を来むとか夜も門ささずあはれ我妹子待ちつつあるらむ」〈万葉・一一・二五九四〉訳行かない私を**来る**だろうと思って夜も門を閉めずにいとしいあの人は待っていることだろう。《係結び》「か↓あるらむ㊍」❷(目的地に自分を置いた気持ちで)**行く**。例「からうじて大和人、来むといへり。よろこびて待つに」〈伊勢・二三〉訳ようやくのことで大和人は、そちらに行こう、といってきた。喜んで待っていたが。❸**ある時期が近づく。来る**。例「春くれば宿にまづ咲く梅の花君が千歳のかざしとぞ見る」〈古今・賀・三五二〉訳春が**来る**と家の庭にまっ先に咲く梅の花をあなたの千年の長寿を祝う髪飾りと見ています。《係結び》「ぞ↓見る㊍」

二〔補動カ変〕(動詞の連用形に付いて)❶ある動作・状態が以前から継続している。**ずっと…てくる**。例「真薦刈る大野川原の水隠りに恋ひ来し妹が紐解く我は」〈万葉・一一・二七〇三〉訳マコモ(＝植物の名)を刈る大野川原が水に隠れるように人目を忍んで、**ずっと**恋い慕っ**てきた**あの娘のひもをいまこそ解くのだ、この私は。❷ある状態が現れ始める。…**てくる**。例「たな曇り雪は降り来さ曇り雨は降り来」〈万葉・一三・三三一〇長歌〉訳かき曇り雪は降っ**てくる**わ、空は曇り雨は降っ**てくる**わ。❸ある状態になる。また、その程度を増す。…**てくる**。例「湊廻に満ち来る潮のいや増しに恋はあまれど忘らえぬかも」〈万葉・一三・三二五九〉訳港近くに満ち**てくる**潮のように、いよいよ恋しさが満ちあふれるばかりで忘れられないことよ。

ぐ‐【愚】〔接頭〕(自分に関係ある事物を表す語に付いて)謙譲の意を表す。「愚意」「愚老」など。

‐ぐ【具】〔接尾〕衣服・調度・よそった食物などの一揃いを数える語。揃い。組み。「袴一**具**」「鞍二十**具**」など。

ぐ【具】〔名〕《原義は伴うものの意》❶配偶者。連れ添う人。❷従者。侍女。❸食物などに添えるもの。❹装束。❺道具。家具。調度品。

ぐ【愚】一〔名〕愚かなこと。愚かな人。二〔代名〕《自

称の人称代名詞》へりくだっていう語。わたくし。

〔**愚を守る**〕《『荀子』(宥坐)による》愚かに見せかける。愚かであると装う。例「これ、徳を隠し**愚を守る**にはあらず」〈徒然・三八〉

ぐあん【愚案】［名］❶愚かな考え。❷自分の考えを謙遜していう語。愚見。

くい【悔い】［名］悔いること。後悔。

〔**悔いの八千度**〕何度も繰り返し後悔すること。深く後悔すること。例「先立たぬ**悔いの八千たび**悲しきは」〈古今・哀傷・八三七〉

ぐい【愚意】［名］自分の考えや気持ちを謙遜していう語。愚見。

くいおも・ふ【悔い思ふ】［他ハ四］{は・ひ・ふ・ふ・へ・へ}後悔する。

くいぜ【株・杭】歴史的かなづかい「くひぜ」

くう【功】［名］功績。手柄。

くう［・なり］【空】［名・形動ナリ］《仏教語》一切の物事はすべて因縁によって生じる仮のものであって、絶対的な実体は存在しないということ。例「善も悪も**空・なり**と観ずるが」〈平家・二・大臣殿被斬〉

く・う【蹴う】［他ワ下二］{ゑ・ゑ・う・うる・うれ・ゑよ}動詞「蹴る」の古い形。

くうかい【空海】［人名］(七七四－八三五)平安初期の僧・漢詩人・書家。諡は弘法大師。真言宗の開祖。高野山に金剛峰寺を建立、京都に私立学校の綜芸種智院を開いた。仏教書『三教指帰』を著したほか、詩歌が『経国集』に入集。

くうげ【供花・供華】［名］「くげ(供花)」に同じ。

ぐうけ【郡家】［名］「ぐんけ」に同じ。

ぐうじ【宮司】［名］❶神職のひとつ。神社の造営や収税をつかさどる者。のちには広く祭祀などを行う者を指す。❷伊勢神宮の神官のうちで、祭主に次ぐ者の称。大宮司と小宮司とがある。

ぐうじ【窮子】［名］「ぐじ」に同じ。

くう・ず【供ず】［他サ変］{ぜ・じ・ず・ずる・ずれ・ぜよ}❶供える。❷向ける。ささげる。例「香花を**供・じ**」〈太平記・二四〉 例「眸を千里に**供・じ**」〈太平記・三九〉

くうそくぜしき【空即是色】［名］《仏教語》「般若心経」のことば。一切の事物は本来は実体のない仮の存在(空)であるが、それぞれの因縁の違いにより、目に見える形としては差別のある存在(色)であるということ。↔色即是空

くうづ・く【功付く・功就く】［自カ四］{か・き・く・く・け・け}《「ぐうづく」とも》年功が積もる。修行の功が積もる。熟練する。熟達する。例「〔阿闍梨ノ読経ノ声ハ〕いと**功づ・き**て頼もしう聞こゆ」〈源氏・総角〉

くうでん【宮殿】［名］帝の住む御殿。宮殿。

くうや【空也】［人名］(九〇三－九七二)《「こうや」とも》平安中期の天台宗の僧。踊り念仏の開祖。市井にあって貧者や病者への施しや、井戸を掘るなどの善行を行い、「市の聖」と称された。また、常に念仏を唱えることを教え、浄土信仰を広めた。

くうやねんぶつ【空也念仏】［名］平安中期に空也上人が始めたという念仏。瓢または鉢をたたき、鉦を鳴らして踊りながら、和讃や念仏を唱えるもの。＝鉢叩き・踊り念仏。(季－冬)

くうりん【空輪】［名］《仏教語》❶仏教の世界観で、宇宙を構成する四輪のひとつ。金輪・水輪・風輪の下、すなわち四輪の最下層にあって宇宙を支えている。虚空。❷「くりん(九輪)」に同じ。

ぐえい【愚詠】［名］自分の作った詩歌を謙遜していう語。拙詠。

くえう【九曜】［名］❶「九曜星」の略。❷紋所の名。「九曜星」を図案化したもの。一つの大円の周りを八つの小円が囲んでいる形。

くえうせい【九曜星】［名］日・月・火・水・木・金・土の七曜星に、羅睺星と計都星の二星を加えたもの。陰陽道で、この九つを人の生年月日などに配当して運命・吉凶を占う。＝九曜①

くえびこ【久延毘古】［名］《上代語。「崩え彦(＝カラダノ崩レタ男)」の意か》伝説上の神の名。いまの案山子。

くが【陸】［名］《「くぬが」の変化形》陸地。↔海処

くかい【九界】［名］《仏教語》「十界」から仏界を除いた、地獄・餓鬼・畜生・修羅・人間・天上・声聞・縁覚・菩薩の九つの迷いの世界。

くかい【苦海】［名］《仏教語。「くがい」とも》苦しみの果てしなく多いこの世を広大な海にたとえていう語。人間界。人間社会。

くがい【公界】［名］❶おおやけの物事。表向きの場所。また、世間。社会。❷《近世語》遊女の境遇。遊女の勤め。遊女奉公。

くがい【公廨】［名］「くげ(公廨)」に同じ。

くがい【苦界】［名］❶《仏教語》苦しみの多い世界。人間界。苦海。❷《近世語》遊女のつらい境遇。遊女の勤め。遊女奉公。

くがざま【陸様・陸方】［名］陸地の方。

くかたち【探湯・盟神探湯】［名］《「くがたち」「くかだち」とも》上代に行われた裁判の一形態。訴訟などで物事の真偽を裁くため、当事者に神に誓わせたのち、熱湯に手を入れさせた。正しい者は手がただれないが、不正な者は手がただれるとされた。→「ゆぎしゃう」

くがぢ【陸路】［名］陸上の道。↔海路・船路

くがね【黄金・金】［名］《「黄金」の上代語》黄金。金。

くかべ【探湯瓮】［名］「探湯」に用いた釜か。

くがら【句柄】［名］連歌・俳句などの句のできばえ。句の姿。句の品格。

くき【岫】［名］❶山の斜面などにある洞穴。❷山の頂上。山の峰。

くぎ【釘】［名］❶金属・竹・木などの先をとがらせて作ったもの。板や材木を接合するために用いる。❷門・扉などを閉ざし固めるためにさすもの。錠。

〔**釘が利く**〕《近世語》意見や忠告の確かな効き目がある。手ごたえがある。

〔**釘に成る**〕《近世語》寒さで手や足が凍える。例「土にこの身を打ちまかせ**釘に成・り**たる手足をば、君がはだへに打ち付けて」〈浄・八百屋お七〉

くきなが［・なり］【茎長】［形動ナリ］{なら・なり(に)・なり・なる・なれ・なれ}槍や薙刀の柄の端の方を持って、柄を長く用いるさま。↔茎短

くぎぬき【釘貫】［名］❶柱や杭を立て並べて、横に貫と呼ばれる細長い板を通しただけの簡単な柵。❷町の入り口などに関として設けた木戸。釘貫門。

くきみじか【茎短】[形動ナリ]{なら・なり(に)・なり・なる・なれ・なれ}槍や薙刀の柄の刃に近い方を持ち、柄を短く用いるさま。↔茎長

くきゃう【究竟】[名]（「くっきゃう」とも）❶物事の終局。極限。❷きわめてすぐれていること。❸（仏教語。「究竟即」の略）天台宗でいう六即（悟りに至る六段階）の最高位。すべての迷いをなくして悟りを得た境地。最下位は理即。

くぎゃう【公卿】[名]（「こうけい」とも）❶公と卿。公は摂政・関白・太政大臣・左右大臣・内大臣をいい、卿は大納言・中納言・参議および三位以上をいう。＝卿相。例「一条院、三条院の御祖父、東三条の女院、贈皇后宮の御父、**公卿**にて二十年」〈大鏡・兼家〉❷（「大臣・公卿」と並べる形で）①の卿に同じ。

古典の世界　**古代のエリート「公卿」**

「公卿」と呼ばれる人の数は、時代によってまちまちである。公卿を一覧できる『公卿補任』という書物によれば、少ないときは七名、多ければ六十名以上の例もある。平均すると二十人前後といえるだろう。

当時の六〇〇万人とされる人口からみても、彼らがほんの一握りのエリート中のエリートだったことが分かる。庶民からすれば、まさに「雲の上人」であった。→「てんじゃうびと」

くぎゃうの座【公卿の座】寝殿造りで母屋の貴賓席。また、儀式などのとき公卿が座る席。

くぎゃう【苦行】[名・自サ変]（仏教語）悟りを開くために肉体的に苦しい修行をすること。

くぎゃう【恭敬】[名・自サ変]慎み敬うこと。

ぐきゃう【弘経】[名・自サ変]（仏教語）仏教の経文や、その教えを世の中に広めること。

くぎゃうせんぎ【公卿僉議】[名]公卿による宮廷の会議。

くぎょう【公卿・苦行・恭敬】歴史的かなづかい「くぎゃう」

くぎれ【句切れ】[名]短歌の結句（第五句）以外の句に文法上・内容上の切れ目があることをいう。「初句切れ」「二句切れ」「三句切れ」「四句切れ」がある。

く・く【漏く・潜く】[自カ四]{か・き・く・く・け・け}漏れる。透き間をくぐり抜ける。例「春の野の繁み飛び**潜く**うぐひすの」〈万葉・一七・三九六九長歌〉

くぐ【供具】[名]（「きょうぐ」とも）神仏への供えもの。供物。また、供え物を載せる器具。

くぐせ【屈背・傴背】[名]背骨が曲がって伸びない病気。また、その病気の人。

くくたち【茎立ち】[名]（「くく」は「くき(茎)」の古形）アブラナ・スズナなどの野菜。また、それらの茎が伸び過ぎて薹の立ったもの。一説に、青菜の苗とも。（季-春）

くぐつ【裹】[名]❶海辺に生える莎草（ハマスゲ）で編んだ手提げ袋。海藻や貝などを入れるのに用いる。❷糸や藁で編んだ網の袋。

くぐつ【傀儡】[名]❶操り人形。また、その人形。また、その人形を操る旅芸人。❷（「傀儡回し」の女性が売春をしたことから）遊女。くぐつ女。

くぐつまはし【傀儡回し】[名]操り人形を歌に合わせて操って見せる旅芸人。＝傀儡師

くぐひ【鵠】[名]（「こふ」とも）白鳥の古名。安土・桃山時代から「はくてう」の名がともに用いられるようになった。（季-冬）

くぐま・る【屈まる・跼まる】[自ラ四]{ら・り・る・る・れ・れ}腰を曲げてからだを縮める。かがむ。例「海賊**くぐまり**て箭を上へとほしけり」〈古今著聞・四三五〉

くくみら【茎韮】[名]（「くく」は「くき」に同じ。「みら」はニラの古名）ニラの茎。

くく・む【包む・銜む・含む】㊀[他マ四]{ま・み・む・む・め・め}❶中に包む。くるむ。例「上蓆に(夕顔ヲ)押し**くくみ**て」〈源氏・夕顔〉❷口に含む。例「**くくみ**たる水を吐き捨てて」〈宇治拾遺・一一・九〉❸装飾として中にはめ込む。また、外側を包み込むように飾る。例「柄鞘皆金にてうち**くくみ**たる刀に」〈太平記・三三〉㊁[他マ下二]{め・め・む・むる・むれ・めよ}❶口に含ませる。例「御乳を**くくめ**たまひつつ」〈源氏・薄雲〉❷言い含める。納得させる。例「言ひ**くくめ**てやりたれば」〈能因本枕・職の御曹司におはしますころ、西の廂に〉

くぐ・む【屈む】㊀[自マ四]{ま・み・む・む・め・め}かがむ。例「笛の音の近づきければ、差し**屈み**て見れば」〈義経記・三〉㊁[他マ下二]{め・め・む・むる・むれ・めよ}からだをかがませる。例「皆背を**くぐめ**てぞ立ったりける」〈太平記・一七〉

くくもりごゑ【くくもり声】[名]（「くぐもりごゑ」とも）内にこもってはっきりしない声。含み声。

くくも・る[自ラ四]{ら・り・る・る・れ・れ}こもってはっきりとしない。例「春は霞の**くくもり**ぬらん」〈賀茂翁家集〉

くくり【括り】[名]❶袋の口などをしばるためのひも。❷狩衣・指貫などの袖口や裾をしばるひも。❸鳥や獣を捕らえるわなの一種。

くくりあ・ぐ【括り上ぐ】[他ガ下二]{げ・げ・ぐ・ぐる・ぐれ・げよ}着物の袖口や袴の裾のひもを絞って引き上げる。また、しっかりとくくる。

くくりざる【括り猿】[名]（近世語）綿を入れた四角の布の四隅をひとつ所に集めて縛り、別に綿を縫い込んだ丸いものを頭部として付け猿の形にした玩具。江戸時代、遊里では布団の隅に付けて、客を引き止めるためのまじないにする風習があった。

くくりぞめ【括り染め】[名]糸で布をくくり、部分的に白く染め残す染め方。また、その模様。

くくりづきん【括り頭巾】[名]頭の形に合わせて丸く作り、縁をしばった頭巾。多く、老人・隠居などが用いた。

くくりまくら【括り枕】[名]綿・そばがら・茶がらなどを布に包んで、両端をしばって作った枕。

くくりもの【括り物】[名]「括り染め」にしたもの。

くく・る【潜る】[自ラ四]{ら・り・る・る・れ・れ}（のちに「くぐる」）❶（物のすき間や下を）すり抜けて通る。例「かたはらの局の壁の崩れより**潜り**逃がしやりて」〈金葉・雑上・五七二詞書〉❷（水中に）もぐる。例「水**くくる**玉に交じれる磯貝の」〈万葉・一一・二七九六〉

くく・る【括る】[他ラ四]{ら・り・る・る・れ・れ}❶結び合わせる。束ねる。例「緒の絶えぬれば**くくり**つつ」〈万葉・一三・

三三〇長歌〉❷縛る。例「虻腰を括・られて飛び迷ふ」〈今昔・一六・二八〉❸「括り染め」にする。例「ちはやぶる神代も聞かず竜田川韓紅に水くく・るとは」〈古今・秋下・二九四〉訳→〔和歌〕ちはやぶる…

〔俳句〕くぐゎつじん…【九月尽遥かに能登の岬かな】〈暁台句集・暁台〉訳今日で秋も終わり。行く秋を惜しみつつ海を見やると、かなたに能登の岬が長々と横たわっていることだ。（季－九月尽－秋）

ぐくゎんせう【愚管抄】[作品名]鎌倉前期（一二二〇ごろ成立）の歴史書。慈円著。神武から順徳天皇に至る日本史が、「道理」の理念のもとに片仮名交じりの文章でつづられる。

くげ【公家】[名]❶朝廷。❷天皇。❸朝廷に仕える貴族。＝公家衆。↔武家

くげ【公廨】[名]（「くがい」とも）❶役所。官庁。❷「公廨田」の略。❸「公廨稲」の略。

くげ【供花・供華】[名]（「くうげ」とも）❶仏前に花を供えること。また、その花。❷（「供花会」の略）仏前に花を供えて供養する行事。五月・九月に行う。

くげしゅう【公家衆】[名]（「くげしゅ」とも）「くげ（公家）③」に同じ。

くげたう【公廨稲】[名]（「くがいたう」とも）令制で、人民への貸し付けによる利稲（利息）で、官庁の諸経費や役人の俸給などにあてた稲。＝公廨③

くけつ【口訣】[名]（「口伝秘訣」の略）文書に記さず、口で直接言い伝える秘訣。

くげでん【公廨田】[名]（「くがいでん」とも）「職田」の一種。諸国の官庁などに貸し付けられた田。その収穫は役人の俸給に当てられた。＝公廨②

くげん【苦患】[名]（仏教語）死後、地獄で受ける苦しみ。転じて、一般に、苦しみ。苦悩。苦難。

くこ【枸杞】[名]木の名。葉の付け根にとげがあり、淡紫色の花を付け、実は赤く熟する。若葉や実・根などは薬用にされる。（季－春）

くご【箜篌】[名]（「くうご」「くうこう」とも）弦楽器。現在のハープに似る。インドから中国・朝鮮半島を経て渡来。平安以降滅びた。＝百済琴。➡［古典参考図］楽器

ぐご【供御】[名]（「くご」とも）❶おもに天皇の飲食物の敬称。お食事。武家時代では将軍のものにもいう。❷（女房詞）ごはん。

くごふ【口業】[名]（仏教語）「三業」のひとつ。ことばによって行う善悪の行為。＝語業

くこん【九献】[名]❶（近世語）杯を三杯ずつ三度さすこと。三三九度。❷（女房詞）酒。

くさ－【草】[接頭]（名詞に付いて）本格的ではない、まねごとの、の意を表す。「草芝居」「草相撲」など。

－くさ【種】[接尾]❶種類の意を表す。例「（香ヲ）二種づつ合はせさせたまへ」〈源氏・梅枝〉❷（「ぐさ」とも）（動詞の連用形に付いて）その動作の原因や材料を表す。「笑ひぐさ」「語らひぐさ」など。

くさ【草】[名]❶草本植物の総称。❷牛馬のえさ。かいば。

〔草の糸〕細長い草を糸に見立てた語。例「草の糸にぬく白玉と見えつるは」〈後撰・秋上・二七〇〉

〔草の庵〕「くさのいほり」に同じ。

〔草の庵〕（「くさのいほ」とも）草葺きの粗末な住まい。

〔草の陰〕あの世。死後。草葉の陰。

〔草の戸〕「くさのとざし」に同じ。

〔草の戸ざし〕粗末な家の戸。また、粗末な家。＝草の戸

〔草の閉ざし〕❶草が生い茂って、道や入り口をふさいでしまうこと。❷草が生い茂って出入り口をふさいでしまったような寂しい家。例「秋の夜の草のとざしのわびしきは」〈後撰・恋五・八九九〉

〔草の僅か〕（「草の葉」に「はつか（わずか）」をかけていう語）わずか。例「春日野の雪間を分けて生ひ出でくる草のはつかに見えし君かも」〈古今・恋一・四七八〉訳→〔和歌〕かすがののゆきまをわけて…

〔草の葉の色〕草の葉のように真っ青な色。血の気のうせた顔色のたとえ。例「顔は草の葉の色にてゐたまへり」〈竹取・火鼠の皮衣〉

〔草の原〕❶草原。❷草の茂った墓。例「草の原をば問はじとや思ふ」〈源氏・花宴〉

〔草の枕〕「くさまくら[一]」に同じ。

〔草の筵〕「くさむしろ②」に同じ。

〔草の宿り〕❶野宿をすること。❷粗末な住まい。

〔草の縁〕（「紫の一本ゆゑに武蔵野の草はみながらあはれとぞ見る」〈古今・雑上・八六七〉訳→〔和歌〕むらさきのひともとゆゑに…の歌から）あるひとつの縁から愛情がその縁故のものに及ぶこと。例「むさしの の草のゆかりと人もこそ見れ」〈拾遺・物名・三六〇〉

〔草生す〕草が生える。例「山行かば草生す屍」〈万葉・一八・四〇九四長歌〉

〔草結ぶ〕❶（上代の占いで）草の茎を結び合わせて吉凶を占う。例「妹が門行き過ぎかねて草結ぶ」〈万葉・一二・三〇五六〉❷道しるべとして草を結び合わせる。例「ひなのあらのにくさむす・ぶらん」〈夫木・雑一八〉❸旅中で野宿する。例「いづくにか君が船泊て草結・びけむ」〈万葉・七・一一六九〉

〔草を分かつ〕「くさをわく」に同じ。

〔草を分く〕あらゆる方法で、すみずみまでさがし求める。＝草を分かつ

くさ【種】[名]❶種類。❷原因。たね。

くさ【来さ】[名]（「さ」は時の意の接尾語）来るとき。来る途中。↔行くさ。例「白菅の真野の榛原行くさ来さ」〈万葉・三・二八一〉

ぐさ【具者】[名]供の者。従者。

ぐさ[副]勢いよく突き刺さるようす。ぐさり。例「ぐさと射籠うだりければ」〈太平記・三〉

くさあはせ【草合はせ】[名]「物合はせ」のひとつ。いろいろな草を出し合って、その優劣を競う遊び。陰暦五月五日の端午の節句の日に行われることが多かった。＝草尽くし・草結び④。（季－夏）

ぐさい【救済】[人名]（一二八一－一三七五??）（「きうせい」とも）鎌倉後期から南北朝時代の連歌師。善阿の門人。二条良基の師として『菟玖波集』を撰進。

ぐさう【具相】[名]（仏教語）仏身には三十二種のすぐれた相好が備わっていること。

くさがく・る【草隠る】[自ラ下二]{れ・れ・る・るる・るれ・れよ}草の中に隠れる。例「かくとだに思ふ心をいはせ山下ゆく水の草隠・れつつ」〈新古今・恋一・一〇八八〉

くさがくれ【草隠れ】[名]❶草の陰に隠れること。

また、その隠れた場所。❷草深いいなかの住まい。草深い隠れ家。

くさかひ【草飼ひ】［名］《「くさがひ」とも》馬にまぐさを与えること。

くさかひどころ【草飼ひ所】［名］まぐさを得るための領地。

くさかり【草刈り】［名］❶草を刈ること。また、それを仕事とする人。❷（草刈り鎌の形に似ていることから）鹿の角の枝分かれしたもの。（季－夏）

くさかりうま【草刈り馬】［名］草を刈るときに使用する下等の馬。草馬。

くさかりぶえ【草刈り笛】［名］草刈り童などが吹く笛。くさぶえ。

くさがれ【草枯れ】［名］秋から冬にかけて、寒さや霜で草が枯れること。また、その季節。（季－冬）

くさき【草木】［名］《「そうもく」とも》草と木。

〔**草木も靡く**〕勢いが盛んで、すべてのものがなびき従うさま。

くさぎ・る【耘る】［他ラ四］｛ら・り・る・る・れ・れ｝田や畑の雑草を除き去る。例「鳥飛び来たって、田の草を**くさぎ**り、耕作の助けをなしたるなり」〈伽・二十四孝〉

くざく【孔雀】［名］《「くじゃく」とも》鳥の名。クジャク。古来から珍鳥とされてきた。

くさぐき【草潜き】［名］草の茂みに隠れること。例「春さればもずの**くさぐき**見えずとも」〈万葉・一〇・一八九七〉〈参考〉「かやぐき」と読む説もある。

くさくさ［副］気持ちがすっきりしないさま。くしゃくしゃ。例「あだに**くしゃくしゃ**心もなりて」〈愚管抄〉

くさぐさ［・なり］【種種】［名・形動ナリ］種類の多いこと。いろいろ。さまざま。

くさくだもの【草果物】［名］草にできた果物。木にできたものを「木の実」「くだもの」と称するのに対していう。瓜やイチゴの類。

くさぐら【草鞍】［名］稲のわらを木に結びつけて作った簡単な鞍。農作業用、または荷馬車用のもの。

くさざうし【草双紙】［名］江戸時代の絵入り小説の総称。表紙の色による名称がつけられ、赤本から黒本・青本を経て、黄表紙へと展開し、それが長編化して合巻へと推移した。

-くさ・し【臭し】［接尾ク型］｛から・く（かり）・し・き（かる）・けれ・かれ｝その語がもつ嫌な感じに似ている意を表す。…らしい。…然としている。例「鴨の長明が孔子**くさ・き**身のとり置きも」〈浮・好色一代男〉

くさ・し【臭し】［形ク］｛から・く（かり）・し・き（かる）・けれ・かれ｝❶くさい。においが強い。❷うさんくさい。怪しい。

くさじし【草鹿】［名］弓の練習用の的。草むらに伏した鹿のさまを模して、木の枠につるしたもの。

くさずり【草摺り】［名］❶衣の袖や裾などに草花を摺りつけて色や模様を染め出したもの。❷鎧の腰から下に垂らした、下半身を保護するための防具。➡［古典参考図］武装・武具〈1〉

くさずりなが［・なり］【草摺り長】［名・形動ナリ］鎧の「草摺り」を長く垂らして着るさま。

くさだ・つ【草立つ】［自タ四］｛た・ち・つ・つ・て・て｝《「くさたつ」とも》草が生え始める。例「あと見しゆきはきえはてて**くさ**た・つ庭にはるさめぞふる」〈千五百番歌合〉

くさづくし【草尽くし】［名］❶さまざまな草花を描いた絵模様。❷「くさあはせ」に同じ。

くさづと【草苞】［名］❶草で包んだ土産物。旅の土産物。❷贈り物。賄賂。

くさね【草根】［名］《「ね」は接尾語》草。

くさのかう【草の香】［名］ミカン科の多年草。初夏に黄色の花が咲き、強い香りがある。葉は香料や駆虫薬とした。（季－秋）

〔俳句〕**くさのとも…**【草の戸も住み替はる代ぞ雛の家】〈おくのほそ道・出発まで・芭蕉〉訳私のような世捨て人の住み古した侘しい草庵ですら、主人の交替する時節がやってきたことだ。新しい主人は妻子をもつ人なので、弥生の節句のころには、はなやかな雛を飾る家となるにちがいない。（季－雛－春）

くさば【草葉】［名］❶草の葉。❷墓所。例「たれか草葉をあはれとは見ん」〈新古今・恋五・一三三九〉

〔**草葉の袖**〕袖を草葉に見立てた表現。例「ほのぼのとあけの衣をけさ見れば**くさばのそで**は露のかかれる」〈多武峰少将物語〉

〔**草葉の玉**〕草の葉に置いた露を、玉に見立てた語。

〔**草葉の露**〕草の葉に置いた露。また、それがすぐに消え失せてしまうところから、命のはかなさをたとえていう語。例「我が思ふ人は**草葉の露**なれやかかれば袖のまづそはつらむ」〈拾遺・恋三・七六一〉

くさはひ【種】［名］❶種類。たぐい。❷物事の原因。材料。例「難ずべき**くさはひ**まぜぬ人は」〈源氏・帚木〉❸趣。風情。例「何の**くさはひ**もなくあはれげなる」〈源氏・末摘花〉

くさひとがた【草人形】［名］草やわらで作った人形。祭りなどに用いた。

くさびら【草片】［名］❶青物。野菜。❷キノコ類の総称。例「御前の朽ち木に生ひたる**くさびら**ども」〈宇津保・国譲・下〉❸《斎宮の忌み詞》獣の肉。

くさふかの【草深野】［名］《「くさぶかの」とも》草が一面に深く生い茂った野原。

くさふかゆり【草深百合】［名］《「くさぶかゆり」とも》深く茂った草の中に咲いているユリ。

くさぶし【草臥し・草伏し】［名］《「くさふし」とも》❶鹿などが草の上に寝ること。❷野宿すること。旅寝すること。＝草枕

くさまくら

くさまくら【草枕】㊀［名］**旅寝**。また、**旅**。＝草の枕。例「朝なけに見べき君とし頼まねば思ひたちぬる**草枕**なり」〈古今・離別・三七六〉〔注〕二句目に相手の名「きみとし」が詠み込まれている。㊁［枕詞］（草を枕に旅寝をするの意から）「旅」にかかる。草枕を結ふ」の意で同音により「夕」にかかったりもする。例「家にあれば笥に盛る飯を**草枕**旅にしあれば椎の葉に盛る」〈万葉・二・一四二〉訳→〔和歌〕いへにあれば…

〔俳句〕**くさまくら…**【草枕犬も時雨るるか夜の声】〈野ざらし紀行・芭蕉〉訳旅寝の侘しさをつのらせる時雨の音。犬も時雨に濡れているのか、闇の中から悲しげな遠ぼえが聞こえる。（季－時雨る－冬）

〔和歌〕**くさまくらたびのまるねの…**【草枕旅の丸寝の紐絶えば我が手と付けろこれの針持し】〈万葉・二〇・四四二〇・防人歌・椋椅部弟女〉訳草を枕とする旅のごろ寝で着物の紐が切れたなら、私

の手だと思って縫い付けなさい。これこの針を持って。
〈参考〉「草枕」は「旅」の枕詞。

〈和歌〉**くさまくらゆふべのそらを…**【**草枕夕べの空を人に問はば鳴きても告げよ初雁の声**】〈新古今・羇旅・九六〇・藤原秀能〉訳旅にあって、夕暮れの空の下で草枕を結んでいる、そんな私のようすをふるさとの人が尋ねたなら、鳴いて告げておくれ、初雁の声よ。
〈参考〉「夕べ」は、「結ふ」をかける。

くさむしろ【草筵】[名]❶草がむしろを敷きつめたように一面に生えていること。❷草を敷き物とすること。野宿の寝床。＝草の筵

くさむすび【草結び】[名]❶草ぶきの粗末な小屋を造って生活すること。例「この山はるかの麓に**草結び**する女なるが」〈謡・身延〉❷最初に事を始めること。草分け。❸縁結び。❹「くさあはせ」に同じ。

くさめ【嚔】[名]（くしゃみをすると早死にをするという俗信があり、それをまぬがれるために）くしゃみをしたときに唱える呪文の語。転じて、くしゃみ。（季－冬）

〈和歌〉**くさもきも…**【**草も木も色変はれどもわたつ海の波の花にぞ秋なかりける**】〈古今・秋下・二五〇・文屋康秀〉訳秋になると、草も木もみんな色が変わってゆくが、海に咲く波の花には秋がなかったよ。
（係結び）「ぞ」→なかりける(体)
〈参考〉「波の花」は、波の白さを花に見立てた語。

くさもちひ【草餅】クサモチイ[名]ヨモギなどの草の葉を混ぜてついた餅。くさもち。陰暦三月三日の桃の節句に雛壇に供える。（季－春）

くさり【鎖・鏁・鏈】[名]❶金属の輪をつないだ綱状のもの。❷「鎖帷子」の略。❸関節。のど。

くさりあ・ふ【腐り合ふ】クサリアウ[自ハ四]{は・ひ・ふ・ふ・へ・へ}（近世語）男女が不義の関係を結ぶ。密通する。＝腐れ合ふ。例「蜆川の天満屋のはつ（＝遊女ノ名）めとやらと**腐り合ひ**」〈浄・曾根崎心中〉

くさりかたびら【鎖帷子】[名]細い鎖を編み合わせて作った、帷子状の防具。鎧や衣服の下に着込んで備えた。＝鎖②

くさりがま【鎖鎌】[名]鎌に長い鎖を付け、その鎖の端に分銅を付けた武器。分銅を投げて鎖を敵の武器に絡み付かせ、引き寄せて鎌で切りつける。

くさりばかま【鎖袴】[名]細い鎖を編み合わせて作った袴。「下袴」として用いる。

くさりれんが【鎖連歌】[名]「ちゃうれんが」に同じ。

くさ・る【腐る】{ら・り・る・る・れ・れ}一[自ラ四]❶腐敗する。❷いじける。堕落する。例「根性**くさっ**ても王は王」〈浄・平家女護島〉❸（近世語）ぬれる。例「**くさっ**たものは、しぼって引きさげ」〈膝栗毛〉二[補動ラ四]（近世語）（動詞の連用形に付いて）動作などをののしる。…やがる。例「見ず知らぬ男めにほれ**くさっ**て」〈浄・神霊矢口渡〉一②③・二（音便）「くさっ」は「くさり」の促音便。

くさ・る【鏈る・鎖る】{ら・り・る・る・れ・れ}一[自ラ四]つながる。続く。例「（蛇ガ）次第に**くさり**つらなりつつ」〈発心集〉二[他ラ四]つなぐ。つなぎ合わせる。例「数百艘の船、とも綱を**くさり**て」〈海道記〉

くされ-【腐れ】[接頭]（名詞に付いて）卑しい、品がなく劣っているの意を表す。「**くされ縁**」「**くされ金**」「**くされ女**」など。

くさわき【草別き・草脇】[名]（胸で草を押し分けて行くところから）獣類、とくに馬や鹿などの胸先。＝草分け

くさわけ【草分け・草別け】[名]❶草深い荒れ地を初めて開拓すること。また、その人。❷事を初めて起こすこと。また、その人。❸「くさわき」に同じ。

くさわけごろも【草分け衣】[名]草深い野を分けて行くときの着物。旅衣。

くさゐなぎ【野猪・野猪黄】クサイナギ[名]猪の別称。

くし【串】[名]❶先をとがらせた細長い棒。物をさし貫くのに用いる。❷ろうそくの芯。

くし【首】[名]（「御首」の形で）頭。首。

くし【酒】[名]（「ぐし」とも。「奇し」の意か）酒。

くし【髪】[名]（「御髪」の形で）髪の毛。

くし【口詩】[名]物に記さずに口で読み上げた詩。一説に「句詩」とし、四句から成る絶句のような形の整った詩ではなく、一句または二句の詩の意ともいう。

くし【好士】[名]風雅の道を好みたしなむ人。歌人や連歌師などをいう。

く・し【奇し】[形シク]{しから・しく(しかり)・し・しき(しかる)・しけれ・しかれ}神秘的だ。神がかっている。不思議だ。＝奇すし。例「天地の明らけき**奇しき**徴」〈続日本紀〉

くじ【九字】[名]（仏教語）「臨兵闘者皆陣列在前」の九字をいう。この呪文を唱えながら印を結び、空中に指先でまず縦に四本、次に横に五本の線を描くと、これが身を守り、いっさいの災いを払うとされた。中国の道教に起こり、陰陽道・修験道・密教・兵法家などにも伝わった。

くじ【孔子】[名]孔子。また、孔子の絵や像。

くじ【公事】[名]❶朝廷の儀式・政務。❷役人による公務。❸荘園での年貢以外の税。夫役。❹訴訟。訴え。
〔**公事に上ぐ**〕訴訟を起こす。

ぐじ【窮子】[名]（仏教語。「ぐし」「ぐうじ」とも）『法華経』信解品で説かれている、困窮して家に帰ってきた子。迷いの中にいる衆生のたとえ。

くしあげ【髪上げ】[名]「みぐしあげ」に同じ。

くしいた・し【屈し甚し】[形ク]{から・く(かり)・し・き(かる)・けれ・かれ}（「くっしいたし」の促音無表記）気持ちがひどくふさぎ込んでいるさま。＝屈じ甚し。例「この夕べより**屈しいたく**、もの思はしくて」〈源氏・若菜・上〉

くしうら【櫛占・櫛卜】[名]中世、女性や子供が行った占いの一種。黄楊の櫛を持って辻に立ち、「あふことを問ふや夕げの占まさにつげの小櫛もしるし見せなむ」という古歌を三度唱え、境界を区切って米をまき、櫛の歯を三度鳴らしてから、その境界内に入って来た通行人のことばを聞いて吉凶を占った。

くしがた【櫛形】[名]❶櫛の形。半円形。❷「櫛形の穴」の略。❸折り烏帽子の前面の「招き」と呼ばれる中央の三角形の下の、半円形になった部分。

くしがたのあな【櫛形の穴】[名]清涼殿の「鬼の間」と「殿上の間」との境の壁にある半円形の小窓。天皇が殿上の間に奉仕する者の勤務ぶりをのぞき見るために設けられたという。＝櫛形②。➡図版「殿

上の間」、［古典参考図］清涼殿

くしき【九識】［名］《仏教語》人間に備わっている、すべてのものを識別する精神作用。眼・耳・鼻・舌・身・意の六識に、末那識（自己意識）・阿頼耶識（もろもろの意識の根底にある意識）・菴摩羅識（無垢清浄の境地）の三識を加えたもの。

〔**九識の窓**〕「九識」の働きが外に現れ出ることを、開かれた窓にたとえた語。

くじき【旧事紀】［作品名］「せんだいくじほんぎ」に同じ。

くしげ【櫛笥・櫛匣・匳】［名］女性の櫛などの化粧道具を入れておく箱。櫛箱。＝櫛の箱

くじざた【公事沙汰】［名］（「くじさた」とも）訴訟事件。訴訟の判決。

くしす・ぐ【屈し過ぐ】［自ガ上二］｛ぎ・ぎ・ぐ・ぐる・ぐれ・ぎよ｝（「くっしすぐ」の促音無表記）ひどく気が沈む。心が暗くなる。例「心地の**屈しす・ぎたる**」〈落窪・一〉

くじだくみ［・なり］【公事工】［名・形動ナリ］❶訴訟にもちこむたくらみ。利欲のための訴訟の画策。例「ことさら**公事だくみ**して、筋なき事を書き求め」〈浮・西鶴織留〉❷理屈を上手にいうこと。理屈をこね、いいがかりをつけること。例「**公事だくみ・なる**女、うすき唇を動かし」〈浮・日本永代蔵〉

くじだふれ【孔子倒れ】［名］「くじのたふれ」に同じ。

くしのかみ【酒の長・酒の司】［名］酒のことをつかさどる首長。酒の神。

くじのたふれ【孔子の倒れ】孔子のような聖人・賢人でも、時には失敗することがあるということ。＝孔子倒れ

くしのはこ【櫛の箱】「くしげ」に同じ。

くしのはのごとし【櫛の歯の如し】（櫛の歯は次々とひくようにして削り作るところから）絶え間なく続くこと、度重なることのたとえ。＝櫛の歯を挽くが如し。例「御使ひ**櫛のはのごと・く**はしりかさなって」〈平家・八・名虎〉

くしは・つ【屈し果つ】［自タ下二］｛て・て・つ・つる・つれ・てよ｝すっかり気落ちする。例「**屈しは・て**にたるところにつけて〈カエッテ晴レガマシク〉見ゆるならむかし」〈蜻蛉・下〉

くしび［・なり］【奇しび・霊しび】［名・形動ナリ］霊妙であるさま。神秘的であるさま。

くし・ぶ【奇しぶ・霊しぶ】［自バ上二］｛び・び・ぶ・ぶる・ぶれ・びよ｝不思議な働きをする。例「すなはち**くし・び**ますことをあやしみたまひき」〈丹後国風土記・逸文〉

〔川柳〕**くじふくは…【九十九は撰み一首は考へる】**〈柳多留・二〉訳百人一首は藤原定家が選んだことになっているが、選んだのは九十九首までで、残りの一首は自分が苦労して考えたのだ。

くしみたま【奇し御魂】［名］神秘的な力をもつ神霊。また、そのような神霊の宿ったもの。

くしや【倶舎】［名］❶「倶舎宗」の略。❷「倶舎論」の略。

くじやう【公請】［名］僧が朝廷から法会や講義に召し出されること。また、その僧。

くしやうじん【倶生神】［名］（「ぐしやうじん」とも）インド神話から仏教に受け継がれた男女二神の名。人が誕生したときから、その両肩の上にいて、左肩の男神は善行を、右肩の女神は悪行を記録し、その人の死後、閻魔大王に報告するという。

くしやうにょらい【九生如来】［名］《仏教語》（「きうしやうにょらい」とも）「大日如来」の別称。

くじやくきやうのほふ【孔雀経の法】［名］《仏教語》密教で、孔雀明王を本尊とする修法。雨乞いや、天変地異・病気などの一切の災難を避けるために行う。＝孔雀明王の法

くじやくみやうわう【孔雀明王】［名］《仏教語》四本の腕をもち、金色の孔雀の背に乗っている明王。密教で広く尊ばれる。明王のひとつだが、忿怒の相をとらない。仏の化身で、毒蛇を食う孔雀が諸毒を消すように、一切の災難を除くという。

くじやくみやうわうのほふ【孔雀明王の法】［名］「くじやくきやうのほふ」に同じ。

くしやしゆう【倶舎宗】［名］南都六宗のひとつ。四世紀ごろのインドの僧・世親が著した『倶舎論』を根本経典として立てた小乗仏教。独立した宗派は形成せず、学術上の研究を主とし、東大寺を中心とする南都七大寺で盛んに研究された。＝倶舎①

くしやろん【倶舎論】［作品名］『阿毘達磨倶舎論』の略。四世紀ごろの仏典。世親著。小乗仏教の『大毘婆沙論』を大乗仏教の立場から批判的にまとめた書。唐の玄奘が漢訳。「倶舎宗」の教学書。＝倶舎②

くじ・る【抉る】［他ラ四］｛ら・り・る・る・れ・れ｝❶穴をほじくりあける。えぐる。例「〔垣根ニ〕穴を**くじ・り**、垣間見」〈竹取・かぐや姫〉❷ほじくって、中から物を取り出す。えぐり取る。例「〔烏ガ猿ノ〕目を**くじ・らむ**としけるとき」〈古今著聞・六九七〉

くしろ【釧】［名］上代の装身具の一種。貝・石・金属・玉などで作り、手首や腕にはめた輪状の飾り。腕輪。＝手纏き・臂巻

くしろつく【釧着く】［枕詞］釧は手節（手の関節）に付けることから同音の地名「答志」にかかる。例「**釧つく**答志の崎に」〈万葉・一・四一〉

く・す【屈す】［自サ変］｛せ・し・す・する・すれ・せよ｝（「くっす」の促音無表記）❶気がめいる。例「夕暮れとなれば、いみじく**屈・したまへば**」〈源氏・若紫〉❷いじける。心が卑屈になる。例「〔落窪トハ〕**屈・したる**人の名ならむ」〈落窪・一〉

くず【葛】［名］草の名。葉は、表が緑で裏が白。秋に、小さな赤紫の花を穂状に付ける。根からは葛粉と呼ばれるでんぷんが採れ、茎の繊維では布が織られる。秋の七草のひとつ。＝真葛。（季－秋）

〔**葛の裏風**〕葛の葉を裏返して吹く風。例「さ牡鹿の朝臥す小野の**葛の裏風**」〈新古今・秋下・四二〇〉

〔**葛の裏葉**〕風にひるがえる葛の白い葉裏。例「山里は**くずのうら葉**を吹き返す風のけしきに秋を知るかな」〈新勅撰・秋上・二〇四〉

くず【国栖・国巣・国樔】［名］（「くにす」の変化形）❶上代、大和国（いまの奈良県）吉野川の上流に住んでいた土着の先住民。異風俗をもち、宮中の節会に参上し、供物を献上して、風俗歌を奏した。❷上代、常陸国（いまの関東北部）に穴居していた土着の先住民。

〔国栖の奏〕宮中での節会や新嘗会・大嘗会などの際、吉野の「国栖」が参内して、「大贄」を献上し、歌舞を奏したこと。（季－春）

ぐ・す【具す】［自サ変］［他サ変］{せ・し・す・する・すれ・せよ}

アプローチ ▼漢語「具」にサ変動詞「す」が付いて複合動詞化した語。
▼備える、備わる本来の意で、和語化することにより、共に…する、連れ添う、伴う、携帯するなどの意が生じた。

一［自サ変］❶**備わる。そろう。付け加わる。** 例「いとかく**具・し**ぬる人は世に久しからぬ例もあなるを」〈源氏・若菜・下〉訳まったくこんなにもすべてに**備わっている**人は長く生きられないという例もあるということだから。語構成「例もあなる」→「あなり」
❷**従う。連れ立つ。連れ添う。いっしょに行く。** 例「われは一門に**具・し**て西国の方へ落ち行くなり」〈平家・七・維盛都落〉訳自分は一門の人と**いっしょに**都を落ちて西国の方へ**行く**のです。
二［他サ変］❶**備える。そろえる。** 例「すぐれてをかしう、心おもく、かどゆゑも、よしも、うしろやすさも、みな**具・する**ことはかたし」〈紫式部日記〉訳とりわけ気品があって、思慮深く、才覚も、趣も、信頼感も、すべて**備える**ことはむずかしい。《音便》「をかしう」は「をかしく」のウ音便。
❷**従える。引き連れる。** 例「士どもあまた**具・し**て山へのぼりけるよりなむ、その山を『ふじの山』とは名づけける」〈竹取・かぐや姫の昇天〉訳兵士たちをたくさん**引き連れ**て山に登って以来、その山を「富士の山」と名付けたのだった。《係結び》「なむ」→名付けける㊍」
❸**身に添える。携帯する。持つ。** 例「ところせき御調度、はなやかなる御よそひなどさらに**具・し**たまはず」〈源氏・須磨〉訳仰々しいお道具や、派手なご装束などはまったくご**携帯**なさらず。

発展学習ファイル 他サ変二の②③に類義語「**率る**」があるが、平安時代の女流文学や歌物語では、「率る」が多く用いられ、『大鏡』ほか男性系と思われる作品では「**具す**」が多い。

くすいし【鼓吹司】［名］令制で「兵部省」に属し、鉦鼓や笛を用いて軍楽をつかさどった役所。

くずおる【頽る】歴史的かなづかい「くづほる」

くずかづら【葛蔓】一［名］「葛」の別名。二［枕詞］葛のつるを繰る意から同音の「来る」や「苦し」に、また、葛の葉が風に吹かれて裏返ることから同音の「うら」「うらみ」などにかかる。例「**葛かづら**裏吹き返す」〈新古今・秋上・二八五〉

くすし【薬師・医師】［名］《「くすりし」の変化形》医者。医師。

くす・し【奇し】［形シク］{しから・しく(しかり)・し・しき(しかる)・しけれ・しかれ}❶神秘的だ。不思議だ。霊妙だ。例「**奇・しく**もいます神かも」〈万葉・三・三一九長歌〉❷親しみにくい。堅苦しい。また、堅苦しくまじめである。例「物忌みし、**くす・し**く忌むやつは、命も短く、はかばかしき事なし」〈宇治拾遺・一二・六〉

くすしう【奇しう】形容詞「くすし」の連用形「くすしく」のウ音便。

くすしが・る【奇しがる】［自ラ四］{ら・り・る・る・れ・れ}《「がる」は接尾語》神妙に振る舞う。例「中納言の君の、『忌日』とて、**くすしが・り**、行ひたまひしを(=勤行ナサッテイタノヲ)」〈枕・関白殿、黒戸より〉

くすだま【薬玉】［名］《「くすりだま」の変化形》麝香・沈香・丁字などの香料を袋に入れ、ショウブなどの造花で飾り五色の糸を垂らしたもの。端午の節句に、邪気を払うため、柱などにかけた。（季－夏）

薬玉 糸を用いた造花、糸花が美しい薬玉。江戸時代には立体的なものも作られる。

くすどの【薬殿】［名］《「くすりどの」とも》宮中の安福殿にあって、侍医や製薬係などが控えていた所。

くすのきぶんげん【楠分限】［名］《近世語。「くすのきぶげん」とも》（クスノキはしっかりと根を張った大木となることから）資産の豊かな、しっかりとした大金持ち。↕俄分限

〔俳句〕**くすのねを…**【楠の根を静かにぬらす時雨かな】〈自筆句帳・蕪村〉訳大きく茂った楠。大地をしっかりつかんでいるそのたくましい根を、時雨が音もなく濡らしていくことだ。（季－時雨－冬）

くずのはな【葛の花】［名］❶クズの花。＝葛花。（季－秋）。❷①を図案化した紋所の名。

くずのはの【葛の葉の】［枕詞］（葛の葉が風に吹かれて裏返ることから）「うら」「うらみ」などにかかる。例「葛の葉のうらみてもなほ」〈古今・恋五・八二三〉

くずばかま【葛袴】［名］葛布（葛の蔓から取った繊維で織った布）で作った袴。

くすば・し【奇ばし】［形シク］{しから・しく(しかり)・し・しき(しかる)・しけれ・しかれ}不思議だ。霊妙だ。＝奇し・奇すし。例「古にありけるわざの**くすば・しき**事と言ひ継ぐ」〈万葉・一九・四二一一長歌〉

くずばな【葛花】［名］「くずのはな①」に同じ。（季－秋）

くすぼ・る【燻る】［自ラ四］{ら・り・る・る・れ・れ}❶くすぶる。❷煙で黒ずむ。すすける。例「明かり障子も護摩の煙に**くすぼ・り**て」〈盛衰記・一〇〉

くす・む［自マ四］{ま・み・む・む・め・め}❶地味である。質素である。例「大小**くす・ん**だ武士の正真」〈浄・心中天の網島〉❷きまじめである。例「**くす・む**人は見られぬ夢の夢の夢の世を現がほして」〈閑吟集〉

くすり【薬】［名］病気や傷、健康の保持・増進に効き目をあらわすもの。また、火薬や釉薬。

〔**薬の事**〕（薬を用いる事態の意）病気。例「朱雀院の御**薬の事**、なほたひらぎはてたまはぬにより」〈源氏・若菜・上〉

〔**薬の女官**〕平安時代、元日から三

日までの間、天皇に屠蘇などを奉る役をした女官。

くすりがり【薬猟り・薬狩り】［名］陰暦五月五日に山野に出て、薬草や、薬用になる鹿茸（鹿の若角）を採る行事。（季―夏）

くすりぐひ【薬食ひ】［名］《近世語》❶冬に、健康のため薬と称して、鹿や猪などの肉を食べること。（季―冬）。❷病中・病後などに、滋養のあるものを食べること。

くすりこ【薬子】［名］陰暦正月一日に天皇に奉る屠蘇の毒味をする役の未婚の少女。（季―春）

くすりし【薬師】［名］医者。＝薬師。

くすりづつみ【薬包み】［名］《薬を包むような形に包んだものの意》女御・更衣の入内のとき、「薄様」一枚に歌一首を書き、ほかの薄様を一枚重ね、四方を折って遣わされたもの。

くすりのかみ【典薬頭】［名］「てんやくのかみ」に同じ。

くすりのすけ【典薬助】［名］「てんやくのすけ」に同じ。

くすりのつかさ【典薬寮】［名］「てんやくれう」に同じ。

くすりび【薬日】［名］（「薬狩り」をした日ということから）陰暦五月五日のこと。（季―夏）

くせ-【曲・癖】［接頭］（名詞に付いて）正しくない、片寄ったの意を表す。「**曲事**」「**くせ者**」など。

くせ【曲】［名］能楽で、能の謡を構成する小段のひとつ。通例、「クセ」と記す。「曲舞」の曲節を取り入れたもので、一曲の主要部分をなす。シテ（主役）の身上などを物語る小段で、謡の大部分は地謡が担当し、シテはその内容を舞などを通して表現。

くせ【癖】［名］❶習慣化した個人的な傾向・行為。習癖。❷習慣。ならわし。❸欠点。

くせ【救世】［名］《仏教語。「くぜ」「ぐせ」「ぐぜ」とも》世の人々の苦悩を救うこと。

ぐぜい【弘誓】［名］《仏教語》仏・菩薩の、世の中のすべての人々を救おうとする広大な誓願。

〔**弘誓の海**〕「弘誓」の広大で深いことを海にたとえていう語。

〔**弘誓の船**〕世の中の人々を救って、悟りの彼岸に送ろうという仏・菩薩の誓願を、船が人を乗せて渡すのにたとえていう語。

くせぐせ・し【癖癖し】［形シク］｛しから・しく(しかり)・し・しき(しかる)・しけれ・しかれ｝ひと癖ある。意地悪でひねくれている。例「くせぐせしく、やさしだち、恥ぢられたてまつる人」〈紫式部日記〉

くせくゎんおん【救世観音】［名］《「救世観世音菩薩」の略。世の中の苦悩を救う観音の意》観世音菩薩を褒めたたえていう語。

くせごと【曲事】［名］❶正しくないこと。道理に反すること。❷けしからぬこと。苦々しいこと。❸あり得ないこと。珍事。また、凶事。❹処分。処罰。

くぜち【口舌・口説】［名］「くぜつ」に同じ。

くぜつ【口舌・口説】［名］《「くぜち」とも》文句。苦情。また、言い争い。口論。とくに、江戸時代には、男女間の痴話げんかをいうことが多い。

くせづ・く【曲付く】［自カ四］｛か・き・く・く・け・け｝曲節がある。例「今様歌は、長うて曲づいたり」〈枕・歌は〉

《音便》「曲づい」は「曲づき」のイ音便。

くせびと【曲人・癖人】［名］変わり者。すね者。

くせまひ【曲舞・久世舞】［名］南北朝から室町時代を通じて盛んに行われた芸能のひとつ。長い叙事的な歌謡をリズミカルにうたい、舞うもの。能の「くせ（曲）」はこの曲節を取り入れたもの。

くせもの【曲者・癖者】［名］❶変わり者。ひと癖ある者。❷並々ならぬ者。したたか者。❸異形の者。化け物。❹怪しげな者。

くせものがたり【癇癖談】［作品名］江戸後期（一七九一ごろ成立）の滑稽本。上田秋成作。『伊勢物語』の形式を模倣しつつ、当時の社会・人物を批判・風刺した二十五の短編を収める。

くぜん【口宣】［名］《「くせん」とも》❶奈良時代、諸官司が口頭で勅命を伝えること。また、その勅命。❷平安時代「内侍」が伝える勅旨を「蔵人所」の「職事」が口頭で「上卿」に伝達すること。また、その勅旨。

くそ-【糞・屎】［接頭］（名詞に付いて）憎悪や卑しめののしる気持ちを表す。「**糞度胸**」「**屎鮒**」など。

くそ【糞・屎】［名］❶大便。❷あか。かす。「耳くそ」「鼻くそ」「目くそ」など。

くそ［代名］《対称の人称代名詞。相手に対して敬意や親愛の気持ちを表す語》あなた。きみ。例「くそたち琴とりてまゐれ」〈源氏・手習〉

ぐそう【供僧】［名］《仏教語。「供奉僧」の略》寺院の本尊に奉仕する僧。また、神社や神宮寺の仏事に奉仕する僧。

ぐそう【愚僧】［代名］《自称の人称代名詞。僧が自分のことをへりくだっていう語》拙僧。例「最前（＝先程）から愚僧が念仏を言へば」〈狂・悪太郎〉

くそかづら【屎葛】［名］《ヘクソカズラの古名》草の名。悪臭をもち、有毒。

ぐそく【具足】［・す］【具足】㊀［名］❶所持品。道具。❷武具。とくに、鎧を指す。❸《「当世具足」の略》近世、鉄砲や槍などに対処するために、より軽く、より堅固に**改良された鎧**。❹**家来**。**従者**。❺和歌や連歌などの素材。㊁［名・自サ変］**十分に足りていること**。**備わっていること**。例「威儀具足してもおはしまさで」〈枕・関白殿、二月二十一日に〉（敬語）「おはします」→「おはします」。㊂［名・他サ変］❶**所有すること**。❷**いっしょに伴って行くこと**。例「千の子を具足せむとす」〈今昔・一・一〉例「この深山まで具足し給ふこそ心得ね」〈義経記・五〉

ぐそくおや【具足親】［名］武家の男子が元服し、甲冑の着初めをするときに、その具足を着せてやる役を務める人。＝鎧親

ぐそくかい【具足戒】［名］《仏教語》出家した比丘・比丘尼が守らなければならない戒律。この戒を受ければ、無量の徳がおのずから身に備わるとされる。

ぐそくびつ【具足櫃】［名］鎧・兜を入れる櫃。漆塗り、定紋入りのものが多い。

くそふく［名］《「糞拭く」の意》便所。厠。

くそま・る【糞まる】［自ラ四］｛ら・り・る・る・れ・れ｝大便をする。

くだ【管】［名］❶中が空洞になった円筒形のもの。❷「管の笛」の略。❸機織りに用いる道具のひとつ。

く

つ。横糸を巻いて梭に入れ、横糸を送り出すもの。

くたい【裙帯】[名]（「くんたい」の撥音無表記）女官の正装のとき、裳の左右に長く垂らした、幅広の帯状の布。

くだい【句題】[名]古歌や漢詩の一句を題に用いて和歌や漢詩を詠む方法。題詠のひとつ。

くだいわか【句題和歌】[名]漢詩文や古歌の一句を題にすえて詠んだ和歌。漢詩の手法を和歌に応用したもので、大江千里の家集『句題和歌』以降、盛んに試みられた。

くたかけ【腐鶏】[名]（「くだかけ」とも）❶ニワトリが朝早く鳴くのをののしっていう語。❷単にニワトリ。

くだ・く【砕く・摧く】㊀[他カ四]{か・き・く・く・け・け}❶細かくする。こなごなにする。❷細かく分ける。例「相撲の手は四十八手とは申せども、**くだ・け**ばいかやうにも取りまらする」〈狂・鼻取相撲〉❸うちやぶる。勢力を滅ぼす。例「運に乗じて敵を**砕・く**時」〈徒然・八〇〉❹（多く「心を砕く」の形で）思い煩う。心を痛める。例「人知れぬ心を**くだ・き**たまふ人ぞ多かりける」〈源氏・須磨〉❺（多く「身を砕く」の形で）力の限りを尽くす。例「さすがに命もたふまじく身を**くだ・き**て思しまどふ」〈源氏・若菜・下〉㊁[自カ下二]{け・け・く・くる・くれ・けよ}❶粉々になる。ばらばらになる。❷思い悩む。思い乱れる。例「いかばかり、千々に**砕・け**はべる思ひにたへぬぞや」〈源氏・夕霧〉❸まとまりがない。整っていない。例「まことに、少し**くだ・け**たる姿にもや見ゆらん」〈徒然・一四〉

くたくた[副]（「くだくだ」とも）弱って力のないさま。ぐったり。また、紙・着物などの、古くなって張りのないさま。

くだくだ[副]ずたずた。こなごな。例「尊、はき給へる十つかの剣をぬいて、大蛇を**くだくだ**に切り給ふ」〈平家・二・剣〉

くだくだ・し[形シク]{しから・しく(しかり)・し・しき(しかる)・しけれ・しかれ}細かくて面倒だ。煩わしい。繁雑だ。例「御あかし文など書きたる心ばへなど、さやうの人は**くだくだ・しう**わきまへければ」〈源氏・玉鬘〉（音便）「くだくだしう」は「くだくだしく」のウ音便。

くだくだしう 形容詞「くだくだし」の連用形「くだくだしく」のウ音便。

くだくだしさ[名]繁雑で煩わしいこと。

くださ・る【下さる】㊀[他ラ下二]{れ・れ・る・るる・るれ・れよ}❶「下す」「与える」「くれる」の意の尊敬語。主語（下す人、与える人、くれる人）を高める。**お下しになる。お与えになる。**例「鵜の丸といふ御剣をぞ**くださ・れ**ける」〈保元・上〉❷「もらう」「受ける」の意の謙譲語。「（AがBに）くださる」で、B（くれる人）を高める。**いただく。お受けする。**例「女院は、十五にて女御の宣旨を（帝カラ）**くださ・れ**」〈平家・灌頂・女院出家〉㊁[他ラ四]{ら・り・る・る・れ・れ}❶「与える」「くれる」の意の尊敬語。主語（与える人、くれる人）を高める。**お与えになる。くださる。**例「お茶台にはおよばぬ。お手で**くださ・い**まし」〈浮世床〉❷㊀②に同じ。例「酒は好きで、一升ざけを**くださ・り**ます」〈膝栗毛〉㊂[補動ラ下二]{れ・れ・る・るる・るれ・れよ}（動詞の連用形、または動詞の連用形＋接続助詞「て」に付いて）「…（て）くれる」の意の尊敬語。主語（…てくれる人）を高める。**…（て）くださる。**例「こなたに申したらば、何ぞ（私ニ）教へて**くださ・れう**ほどに」〈狂・八幡前〉㊃[補動ラ四]{ら・り・る・る・れ・れ}㊂に同じ。例「二階を下りて下で御覧じて**くださ・い**まし」〈浮世床〉㊁①・㊃（音便）「ください」は「くださり」のイ音便。

発展学習ファイル 本来、動詞「くだす」に尊敬・受身の助動詞「る」が付いた連語で、中世以降、一語化した。近世以降、四段活用に転じた。

くだしつかは・す【下し遣はす】[他サ四]{さ・し・す・す・せ・せ}（「下し遣る」の尊敬語）命令して都から地方へ派遣なさる。例「守のもとに、やがて、殿の下家司添へて**下し遣は・す**」〈宇津保・楼の上・下〉

くだしぶみ【下し文】[名]平安中期から中世にかけての文書の形式のひとつ。中央政府・院の庁・寺社などが、支配する人民や機関にあてた公文書。

くた・す【腐す】[他サ四]{さ・し・す・す・せ・せ}（「朽つ（くさる）」の他動詞形）❶（物を）**くさらせる。損なう。**例「薪樵ることは昨日に尽きにしをいざ斧の柄はここに**くた・さ**む」〈枕・をはらの殿の御母上とこそは〉❷（気持ちを）**くさらせる。意気込みをくじく。**例「ひたぶるに籠めてやみはべりなましかば、心の中に**くた・し**て過ぎぬべかりけるを」〈源氏・若菜・下〉（敬語）「やみはべり」→「はべり」。❸**非難する。けなす。そしる。**例「下人なればとて、さのみな**腐・し**給ひそ」〈謡・阿古屋松〉❹**名をけがす。評判を落とす。**例「世の常のあだごとのひきつくろひ飾れるにおされて、業平が名をや**くた・す**べき」〈源氏・絵合〉（係結び）「や→くたすべき㊍」

くだ・す【下す・降す】[他サ四]{さ・し・す・す・せ・せ}❶（高い所から）**降ろす。**例「汝が助けにとて、かた時のほどとて**くだ・し**しを」〈竹取・かぐや姫の昇天〉❷（雨などを）**降らせる。**例「時雨を**下・す**雲となりけれ」〈拾遺・雑秋・一一二八〉❸**川の上流から下流へ流しくだす。**例「水馴れざをとらでぞ**くだ・す**高瀬舟」〈後拾遺・雑一・八五五〉❹**都から地方へ遣わす。下向させる。**例「親しき人々いみじう忍びて**下・し**遣はす」〈源氏・松風〉（音便）「いみじう」は「いみじく」のウ音便。❺**筆を紙上におろして書く。**例「かかる御中に面なく**下・す**筆のほど」〈源氏・梅枝〉❻**程度を低くする。音などの調子を下げる。**例「父大臣は、琴の緒もいと緩に張りて、いたう**下・し**て調べ」〈源氏・若菜・上〉❼**上位者から下位者へものを与える。下賜する。**例「かくて、御箸は**下・し**給ふ」〈宇津保・俊蔭〉❽**命令などをいい渡す。**例「ただ今、宣旨**下・し**給へ」〈宇津保・楼の上・下〉❾**手紙を送る。**例「源氏の世の強りし後は、あるいはふみを**くだ・し**、あるいは使者をつかはし」〈平家・三・吉田大納言沙汰〉

くだたま【管玉】[名]古代の装身具のひとつ。細い円筒状の玉。多く碧玉で作る。糸でいくつも貫ね、首飾りにした。→「まがたま」

くたち【降ち】[名]（上代語。「ぐたち」とも）終わりに近づくこと。日が傾くこと。夜がふけること。例「夜ぐたちに寝覚めて居れば」〈万葉・一九・四一四六〉

くたちゆ・く【降ち行く】[自カ四]{か・き・く・く・け・け}しだいに傾いていく。衰えていく。例「本も**くたちゆ・く**わが盛りはも」〈古今・雑上・八九一〉

くた・つ【降つ】［自タ四］｛た・ち・つ・つ・て・て｝❶盛りを過ぎる。衰える。例「我が盛りいたく**くた・ち**ぬ」〈万葉・五・八四七〉❷日が傾く。夜が更ける。例「夜**くた・ち**て汝が声聞けば寝ねかてなくに」〈万葉・七・一一二四〉

くたに【苦胆・木丹】［名］《「くだに」とも》草の名。リンドウ・ボタンなどの古名といわれるが、未詳。（季―秋）

くだのふえ【管の笛・小角】［名］古代、軍用に用いた笛。＝管②

〔俳句〕**くたびれて…**【草臥れて宿かるころや藤の花】〈猿蓑・芭蕉〉訳終日大和国を行脚し、歩き疲れ、一夜の宿を借りようとする黄昏のころ、ものうげに藤の花が咲き垂れている。（季―藤の花―春）

くだもの【果物・菓物】［名］❶**食用の木の実。果実。**❷**軽い食べ物。**間食になる、果物や菓子の類。例「惟光、尋ねきこえて、御**くだ**ものなど参らす」〈源氏・夕顔〉《敬語》「尋ねきこえて」→「きこゆ」、「御くだものなど参らす」→「まゐらす」。❸**酒のさかな。**例「御果物・御酒など、よきやうなる気はひしてさし出だされたる」〈徒然・一七五〉

くだものいそぎ【果物急ぎ】［名］出された果物や菓子に心が動いて、早く手を出したがること。

くだやり【管槍】［名］柄に金属性の管をはめて、握り部分を扱いやすくした槍。

くだら【百済】［名］古代朝鮮半島西南部にあった国の名。三韓のひとつ。日本に仏教を初め多くの大陸文化を伝え、人的交流も盛んに行われた。六六〇年、唐・新羅連合軍により滅亡。

くだらがく【百済楽】［名］上代、百済から伝来した舞楽。韓楽のひとつで、平安時代以降は一部のみ高麗楽として伝わった。

くだらごと【百済琴】［名］「くご」に同じ。

〔和歌〕**くだらのの…**【百済野の萩の古枝に春待つと居りしうぐひす鳴きにけむかも】〈万葉・八・一四三一・山部赤人〉訳百済野の萩の古枝に、春を待って留まっていたウグイスはもう鳴いただろうか。〈参考〉「百済野」は、いまの奈良県北葛城郡広陵町百済あたりの野。

―くだり【領・襲】［接尾］装束など、そろっているものを数える語。例「御衣一**領**」〈源氏・桐壺〉

くだり【件】［名］❶文章の一部。❷前に記した事項。例「上の**くだり**啓せさせけり」〈大和・一六八〉

くだり【行】［名］《「下り」と同源》上から下への並び。行。縦の列。また、それを数える語。

くだり【下り】［名］❶低い所へ移動すること。川の流れの下の方へ行くこと。↔上り①。❷都から地方へ行くこと。下向。↔上り②。❸京都で、北（内裏の位置）から南へ行くこと。↔上り③。❹（地名や場所を表す名詞に付き、接尾語的に用いて）…くんだり。…あたりまで。例「町**くだり**よろぼひ行きて世を見れば」〈拾玉集〉❺刻限の終わりごろ。例「申の**くだり**になり候ひにたり」〈宇治拾遺・一一・九〉

くだりせば【・なり】【行狭】［形動ナリ］｛なら・なり（に）・なり・なる・なれ・なれ｝（手紙などの）行間が狭いさま。例「墨の、いと黒う、淡く、**くだりせば**に、うらうへ（＝裏表）書き乱りたるを」〈枕・常に文おこする人の〉

くだりぶね【下り船】［名］❶川を下る船。❷江戸時代、淀川を京から大坂へ下る乗り合い船。

くだりやな【下り簗】［名］産卵のために川を下る鮎を捕るために仕掛ける簗。→「やな」。（季―秋）

くだ・る【下る・降る】［自ラ四］｛ら・り・る・る・れ・れ｝❶**高い所から低い所へ移る。川の上流から下流へ移る。**例「秋は紅葉の林に、天女、**下・り**まして、遊び給ふ所なり」〈宇津保・俊蔭〉❷（雨などが）**降る。**例「俄に大風吹き大雨**くだ・り**」〈平家・六・嗄声〉❸**都から地方へ行く。下向する。**例「この大徳も、童にて京より**下・り**し人の」〈源氏・若菜・上〉❹（命令などが）**いい渡される。**例「京へ帰りたまふべき宣旨**くだ・る**」〈源氏・明石〉❺**上位者から下位者に与えられる。下賜される。**例「かはらけ始まり、御箸**下・り**ぬ」〈宇津保・嵯峨の院〉❻**時が移る。時刻が過ぎる。**また、**時代が移る。末世になる。**例「未**下・る**ほどに、南の寝殿に移りおはします」〈源氏・藤裏葉〉《敬語》「移りおはします」→「おはします」。❼（家柄・身分・品位などが）**劣る。落ちぶれる。**例「それより**下・れる**際は、みなさやうにぞある（体）」〈枕・懸想人にて来たるは〉《係結び》「ぞ→ある（体）」。❽**降伏する。**例「うてば必ず伏し、せむれば必ず**くだ・る**」〈平家・七・木曾山門牒状〉❾**へりくだる。けんそんする。**例「大人の**くだ・り**給ふこと甚だし」〈雨月・吉備津の釜〉

くだん・す【下んす】｛せ・し・す・する・すれ・せよ｝《近世語》「くださんす」の変化形。尊敬語 一［他サ変］くださる。例「なぜ打ち明けては**くだん・せ**ぬ」〈浄・曾根崎心中〉 二［補動サ変］（動詞の連用形＋接続助詞「て」の形に付いて）…くださる。例「ああ、いや、もう言うて**くだん・す**な」〈浄・曾根崎心中〉

くだんの【件の】《「くだん」は「くだり（件）」の撥音便》すでに述べた事柄や人物などを指す。前述の。例の。【件の如し】（証文・公文書の末尾に記して）内容に誤りのないことを示す語。「如件」とも表記する。前述のとおりである。

くち―【朽ち・腐】［接頭］駄目な、老いぼれたの意を表す。他人をののしったり、自分をへりくだったりするときに用いる。「**朽ち**尼」「**朽ち**女」など。

くち【口】［名］❶**口。**（鳥の）**くちばし。**例「はじめは羽のうちに鳴くが、**口**を籠めながら鳴けば」〈枕・忍びたるところにありては〉❷**物言い。和歌などの詠みぶり。**例「よくわきまへたる道には、必ず**口**重く、問はぬ限りは言はぬこそいみじけれ」〈徒然・七九〉《係結び》「こそ→いみじけれ（已）」。❸**うわさ話。**例「いつしか人の**口**なれば、新摂政殿をば、『かるの大臣』とぞ申しける」〈平家・八・法住寺合戦〉《敬語》「申しける」→「まうす」《係結び》「ぞ→申しける（体）」。❹**出入り口。**例「渡殿の**口**にかい添ひて、隠れ立ちたまへれば」〈源氏・空蟬〉❺**物事の発端。始め。いとぐち。**例「あしひきの山の木の葉の落ち**くちば**いろのをしきぞあはれなりける」〈拾遺・物名・四一七〉❻**手綱。**（馬の）**口取りの綱。**例「狩りし歩きけるに、いきあひて、道にて馬の**口**をとりて」〈伊勢・六三〉❼**働き口。就職先。**例「奉公の**口**あるこそ幸ひなれ」〈浮・世間胸算用〉❽**種類。たぐい。ほう。**例「この質は流れの**口**でござりますか」〈伎・天衣紛上野初

花〉

〔口(を)掩ふ〕恥じらって、また、つつましく口を袖で覆い隠す。例「口おほ・ひてゐたる、まみいたし」〈源氏・真木柱〉

〔口が上がる〕話し方が上手になる。例「やあ、いかう(=タイソウ)口が上が・ったの」〈浄・卯月の潤色〉《音便》「口が上がっ」は「口が上がり」の促音便。

〔口に乗る〕❶人々の話題に上る。例「人の口にの・れる歌」〈古本説話集〉❷人の話にだまされる。

〔口の方〕前の方。また、初めの方。例「北の方、女どもは〔牛車ノ〕口の方に乗せて」〈落窪・三〉

〔口の虎〕口という恐ろしい虎。ことばから生じる災いの恐ろしいことをたとえる。例「口の虎は身を破る、舌の剣は命を絶つ」〈十訓抄・四〉

〔口の世〕やっと食べていけるだけのわずかな給金。

〔口止まず〕絶えず言い続ける。例「口止ま・ず我が恋ふる児を」〈万葉・九・一七九二長歌〉

〔口を固む〕❶口止めする。例「口をかた・めて、為朝の事をいはせず」〈椿説弓張月・後〉❷口約束をする。＝口固む

〔口を(は)利く〕❶話をする。大きなことをいう。しゃべる。❷うまく話す。口達者である。例「坂東武者は馬のうへでこそ口はき・き候ふとも」〈平家・一一・鶏合 壇浦合戦〉❸幅を利かせる。例「総じて私は、地下でも口をき・く者でござるによって」〈狂・横座〉

〔口を引き垂る〕口をへの字に曲げる。例「『や、さらに得知らず』とて、口をひき垂・れて」〈枕・殿などのおはしまさで後〉

くち【鷹】[名]鷹の古名。

ぐち[「・なり」]【愚痴・愚癡】[名・形動ナリ]❶《仏教語》愚かで道理を知らないこと。無知。「三毒」のひとつ。例「欲おほく、身を愛し、命を惜しめること、ひとへに愚痴・なるゆゑに」〈徒然・一三八〉❷解決のつかないことをしつこく嘆くこと。

くちあ・く【口開く】[自カ四]{か・き・く・く・け・け}物をいう。意見を述べる。例「才のきは、なまなまの博士恥づかしく、すべて口あ・かすべくなむはべらざりし」〈源氏・帚木〉

くちあけ【口開け・口明け】[名]❶物事の最初。皮切り。❷能楽でワキなどが最初にいうせりふ。また、その役者。❸上方歌舞伎で通し狂言の最初の幕。

くちあそび【口遊び】[名]❶無意識に独り言をいうこと。口ずさみ。例「寝言にも口遊びにもしつつ行ふ」〈宇津保・梅の花笠〉❷冗談。悪口。

くちあま【朽ち尼】[名]《「くち」は接頭語》年寄りの尼。老尼。

くちあみ【口網】[名]❶かごの出入り口をふさぐ網。❷語義未詳。(口に網を張る意から)口が重い意か。また、「口網も諸持ち」で、協力して和歌をひねり出す意か。例「かの人々の、くち網も諸持ちにて、この海辺にてになひ出だせる歌」〈土佐〉

くちい・る【口入る】[自ラ下二]{れ・れ・る・るる・るれ・れよ}❶口出しをする。例「ともかくも〔私ニ〕口入・れさせぬ人(=浮舟)のことにはべれば」〈源氏・東屋〉❷仲をとりもつ。例「〔車ノ〕しりに、このこと(=養子縁組ミ)に口入・れたる人と、乗せてやりつ」〈蜻蛉・下〉

くちいれ【口入れ】[名]❶横からことばを差し挟むこと。口出し。❷《近世語》奉公口・縁談などの周旋・仲介をすること。世話をやくこと。＝口次ぎ

くちう・す【朽ち失す】[自サ下二]{せ・せ・す・する・すれ・せよ}❶腐って消滅する。例「昔の仏は、堂もこぼれ、仏もくちう・せて」〈古本説話集〉❷落ちぶれて身を終わる。朽ち果てる。例「かうながらこそ朽ちもう・せめ」〈源氏・蓬生〉

くちうつし【口移し】[名]❶人のことばを口頭で直接伝えること。口伝え。❷人の口調をそのままいうこと。口まね。

くちうら【口占・口卜】[名]❶偶然に発したことばから事の吉凶を占うこと。❷人のことばの裏にある真意や心情。口裏。また、それを推察すること。

くちおき【口置き】[名]縁飾り。物のふち、着物のへりなどに金銀などの飾りを付けること。＝置き口

くちお・く【口置く】[自カ四]{か・き・く・く・け・け}ものの縁などを金や銀で飾る。例「紫檀の箱の黄金の口置・きたるに入れたり」〈宇津保・楼の上・下〉

くちおし【口惜し】歴史的かなづかい「くちをし」

くちおほひ【口覆ひ】[名]手や袖・扇などで口を覆い隠すこと。また、口を覆い隠す物。例「いたう恥ぢらひて、口おほひしたまへるさへ、ひなび古めかしう」〈源氏・末摘花〉

くちおほ・ふ【口覆ふ】[自ハ四]{は・ひ・ふ・ふ・へ・へ}手・袖・扇などで口を覆い隠す。

くちおも・し【口重し】[形ク]{から・く(かり)・し・き(かる)・けれ・かれ}❶軽々しく口にしない。例「よくわきまへたる道には、必ず口重・く」〈徒然・七九〉❷いいにくい。ことばがでてこない。例「〔浮舟ノ一件ヲ〕明かしたまはんことは、なほ口重・き心地して」〈源氏・手習〉①②↔口軽し

くちがた・し【口堅し・口固し】[形ク]{から・く(かり)・し・き(かる)・けれ・かれ}❶強情に言い張るさま。→「くちごはし」。❷口が堅い。秘密など他にもらさない。

くちがた・む【口固む】[自マ下二]{め・め・む・むる・むれ・めよ}《「くちかたむ」とも》❶口止めする。例「ゆめに漏らすまじく、口がた・めたまひて」〈源氏・澪標〉❷口約束をする。例「『拝むまじ』とのたまへば、『ゆめゆめ』と口かた・めて、林中に隠れぬ」〈十訓抄・一〉

くちがため【口固め】[名]❶口止め。❷口約束。

くちがる・し【口軽し】[形ク]{から・く(かり)・し・き(かる)・けれ・かれ}《「くちかろし」とも》気軽に口にするさま。おしゃべりなさま。↔口重し。例「かくまで漏らしきこゆるも、いと口軽・けれど」〈源氏・宿木〉

くちかろ・し【口軽し】[形ク]{から・く(かり)・し・き(かる)・けれ・かれ}「くちかるし」に同じ。

くちき【朽ち木】[名]腐った木。埋もれ木。多く、不遇な身の上のたとえにいう。例「かたちこそ深山隠れの朽ち木なれ」〈古今・雑上・八七五〉

くちきがた【朽ち木形】[名]朽ち木に残った木目を図案化した模様。几帳の帷やふすま紙に用いる。

くちきき【口利き】[名]❶ことば巧みなこと。口がうまいこと。また、その人。❷もめごとなどの仲裁・交渉に慣れた人。転じて、威勢のある人。顔役。

くちきざくら【朽ち木桜】[名]朽ちてしまった桜。

くちぎたな・し【口汚し・口穢し】[形ク]{から・く(かり)・し・き(かる)・けれ・かれ}《「くちきたなし」とも》不快な言い方をするさま。また、他人をののしっているさま。例「それは別の果報の人ぞ。**口きたな・く**て言ふべからず」〈発心集〉

くちきよ・し【口清し】[形ク]{から・く(かり)・し・き(かる)・けれ・かれ}《「くちぎよし」とも》❶(心にやましいところがなく)きっぱりとものをいうさま。例「心の問はむにだに、**口ぎよ・う**答へん」〈源氏・夕霧〉《音便》「口ぎよう」は「口ぎよく」のウ音便。❷(実情をとりつくろって)口だけはきれい事をいうさま。例「商人は、『すべてこれ無きことなり』と**口清・く**争ふ」〈今昔・二・三〉

くちきり【口切り】[名]❶開封すること。容器を初めてあけること。❷陰暦十月の初め、新茶の茶壺を初めて開封すること。また、その茶で催す茶会。(季—冬)

くちぐるま【口車】[名]「くちざみせん②」に同じ。

くちごは【口強】[名・形動ナリ]❶強く主張すること。言い張って引き下がらないこと。❷馬の気性が荒く、口とりのむずかしいこと。

くちごは・し【口強し】[形ク]{から・く(かり)・し・き(かる)・けれ・かれ}《「くちこはし」とも》❶強硬な言い方をするさま。→「くちごは」。例「**口強・く**て(車二)手触れさせず」〈源氏・葵〉❷馬の気性が荒々しいさま。例「白葦毛なる馬の、きはめて**口こは・き**にぞ乗ったりける」〈平家・八・法住寺合戦〉

くちさがな・し【口さがなし】[形ク]{から・く(かり)・し・き(かる)・けれ・かれ}悪口ばかりいい立てる。口が悪い。口やかましい。=もの言ひさがなし。例「**口さがな・き**君達は長く笑ひなんものをや」〈宇治拾遺・一三・二〉

くちさきらをと・ぐ【口先らを研ぐ】強い調子でものをいう。怒って強くいう。

くちざみせん【口三味線】[名]《近世語。「くちじゃみせん」とも》❶三味線の音や調子を口でまねること。❷口先だけのごまかし。=口車

くち・す【朽ちす】[自サ変]{せ・し・す・する・すれ・せよ}(下に打消の語を伴って)腐る。衰える。例「宇治橋を**朽ち・せ**ぬものとなほたのめとや」〈源氏・浮舟〉

くちずさび【口遊び】[名]《「くちすさび」とも》❶詩歌などを心に浮かぶままうたうこと。=口遊み。例「経などのさるべきところどころ、忍びやかに**口ずさび**に読みゐたるに」〈枕・好き好きしくて〉❷うわさ。話題。例「よからぬ童べの**口ずさび**になるべきなめり」〈源氏・夕顔〉語構成「なるべきなめり」→「なめり」

くちずさ・ぶ【口遊ぶ】[他バ四]{ば・び・ぶ・ぶ・べ・べ}《「くちすさぶ」とも》心に思い浮かんだままに、詩歌などをうたう。=口遊む。例「『何にほふらん』と**口ずさ・び**て独りごち(=独リ言ヲイッテ)立てり」〈源氏・手習〉

くちずさみ【口遊み】[名]「くちずさび」に同じ。

くちずさ・む【口遊む】[他マ四]{ま・み・む・む・め・め}「くちずさぶ」に同じ。

くちすす・ぐ【嗽ぐ・漱ぐ】[自ガ四]{が・ぎ・ぐ・ぐ・げ・げ}❶うがいをする。❷名文を味わって読む。例「文は漢魏の芳潤(=漢ヤ魏ノ時代ノ豊カナ詩)に**漱・いで**」〈太平記・一三〉《音便》「漱いで」は「漱ぎて」のイ音便。

くちづから【口づから】[副]《「づから」は接尾語》直接本人の口から。人を介さず直接にことばで。例「恥も忘れて**口づから**いひたれば」〈紫式部日記〉

くちつき【口付き】[名]《「くちづき」とも》❶口もとのようす。口の形。❷ものの言い方。とくに、和歌・連歌などの詠みぶり。例「手つき**口つき**、みなたどたどしからず」〈源氏・帚木〉❸牛や馬のくつわ・手綱などをとって先導する者。=口取り。例「**口づき**のをのこ」〈徒然・七〉

くちつぎ【口次ぎ】[名]「くちいれ②」に同じ。

くちづ・く【口付く】■一[自カ四]{か・き・く・く・け・け}言い慣れる。口癖になる。例「みな人、**口付・き**たる物語なれば」〈十訓抄・六〉■二[他カ下二]{け・け・く・くる・くれ・けよ}口癖にする。言い慣らす。例「(古イ墓ハ土トナッテ)年々春の草のみ生ひたりとぞ**口づ・け**給ひける」〈十訓抄・六〉

くちづつ【口づつ】[名・形動ナリ]話し下手。口べた。=口てづつ。例「己は**口づつ・に**侍れば」〈今昔・二四・二三〉

くちてづつ【口てづつ】[名・形動ナリ]「くちづつ」に同じ。

くちてんがう【口てんがう】[名]《近世語》冗談をいうこと。ふざけたことば。

くちとう【口疾う】形容詞「くちとし」の連用形「くちとく」のウ音便。

くちと・し【口疾し】[形ク]{から・く(かり)・し・き(かる)・けれ・かれ}❶返歌や返事が早い。即座に返事をする。例「書きなれたる手して、**口と・く**返り事などしはべりき」〈源氏・夕顔〉❷軽率にものをいうさま。例「人は慮りなくいふまじきことを**口疾・く**いひ出だし」〈十訓抄・四〉

くちとり【口取り】[名]❶「くちつき③」に同じ。❷《「口取り肴」の略》本膳料理で最初に出すかち栗・昆布などの類。

くちとりなは【口取り縄】[名]牛や馬の口に付けて、「口取り①」が手に持つ縄。=口取り綱

くちと・る【口取る】[自ラ四]{ら・り・る・る・れ・れ}「くちひく」に同じ。

くちなし【梔子】[名]《実が熟しても口を開かないところから》❶木の名。夏、白く芳香の高い花を付ける。冬に熟する紅黄色の実は、黄色の染料や薬用に用いられる。和歌では「口無し」をかけて詠むことが多い。(季=花—夏・実—秋)。例「山吹の花色衣主や誰問へど答へず**くちなし**にして」〈古今・雑躰・一〇一二〉訳→〈和歌〉やまぶきの…。❷「梔子色」の略。❸①の花を図案化した紋所の名。❹襲の色目の名。表裏ともに黄色。

くちなしいろ【梔子色】[名]クチナシの実で染めた色の名。赤味がかった濃い黄色。=梔子②

くちなは【蛇】[名]ヘビの別称。(季—夏)

くちなはいちご【蛇苺】[名]ヘビイチゴの別称。(季—夏)

くちなら・す【口慣らす・口馴らす】[他サ四]{さ・し・す・す・せ・せ}絶えず口にする。いい慣らす。例「たれかこのすきものぞとは**口なら・し**けむ」〈紫式部日記〉

くちな・る【口慣る・口馴る】[自ラ下二]{れ・れ・る・るる・るれ・れよ}言い慣れる。口癖になる。例「古言もかかる筋にのみ**口馴・れ**たまへり」〈源氏・幻〉

くちのこ・る【朽ち残る】[自ラ四]{ら・り・る・る・れ・れ}❶朽ちながら残る。例「**朽ち残・る**老い木の花をみるにこそ」〈新千載・雑上・一七〇六〉❷朽ちないで残る。例「袖

は涙にくち残・りけむ」〈新後撰・恋三・一〇二三〉

くちのは【口の端】話題。評判。うわさ。
〔口の端に掛く〕話題にする。うわさする。

くちば【朽ち葉】[名]❶腐った落ち葉。（季－冬）❷「朽ち葉色」の略。

くちばいろ【朽ち葉色】[名]❶赤茶色を帯びた黄色。❷襲の色目の名。表は赤茶色を帯びた黄色、裏は黄色で、秋に用いる。＝朽ち葉

くちは・つ【朽ち果つ】[自タ下二]{て・て・つ・つる・つれ・てよ}❶すっかり腐って形が崩れる。例「逢ふうれしさを包むべき袖では涙に**朽ちは・て**にけり」〈千載・恋三・八〇八〉❷むなしく死ぬ。例「伊勢の海のをののふるえに**くちは・て**で」〈金葉・別・三四三〉

くちばみ【蝮】[名]《「くちはみ」とも》マムシの別称。（季－夏）

くちはや・し【口速し・口早し】[形ク]{から・く(かり)・し・き(かる)・けれ・かれ}《「くちばやし」とも》❶早口なさま。おしゃべりなさま。❷歌やことばが即座に口に出るさま。＝口疾とし。例「**口はや・し**と聞きて」〈源氏・竹河〉

くちひき【口引き・口曳き】[名]牛馬などの口取り縄を引くこと。また、その人。＝口取り・口付き

くちひ・く【口引く】[自カ四]{か・き・く・く・け・け}牛や馬の口につけた綱を取って引く。＝口取る。例「**口ひ・きける**男、悪しく曳きて」〈徒然・一〇六〉

くちひそ・む【嚬む】[自マ四]{ま・み・む・む・め・め}（苦々しく思って）口をゆがめる。例「もどき**くちひそ・み**きこゆ」〈源氏・総角〉

くちひび【胗】[名]唇の周りにひびが入ること。また、唇のあたりにできる吹き出物。

くちびる【唇・脣】[名]《「くちべり」の変化形》❶口を囲む縁の部分。❷花びらのたとえ。花弁。
〔唇を反す・脣を反す〕非難する。悪口をいう。なじる。＝唇を翻す。例「万人**脣を**かへ・すべし」〈平家・八・名虎〉
〔唇を翻す〕「くちびるをかへす」に同じ。

くちふさぎ【口塞ぎ】[名]「くちふたげ」に同じ。

くちふたが・る【口塞がる】[自ラ四]{ら・り・る・る・れ・れ}（あきれて）ことばが出ない。例「のたまひ出づることも**口塞が・りて**」〈源氏・夕霧〉

くちふたげ【口塞げ】[名]話を止めること。他言を禁じること。口止め。＝口塞ぎ。例「いとほしと思ひながら**口ふたげ**にいへば」〈落窪・二〉

くちまつ【口松】[名]《近世語》おしゃべりなことを人名のようにいった語。口達者。

くちめ【朽ち目】[名]❶「和琴」の名器の名。❷ものの腐り崩れた部分。

くちもち【口持ち】[名]口の形。口つき。また、ものの言い振り。例「われはと、くすしく**くちもち**、けしきことごとしくなりぬる人は」〈紫式部日記〉

くぢゅう【九重・宮中】[名]内裏。禁中。

くぢゅう【[・す]】【久住】[名・自サ変]《仏教語》長くとどまること。長くある場所に住むこと。永住。

くぢゅうさ【久住者】[名]《仏教語。「くぢゅうしゃ」とも》長年、山寺（とくに比叡山）にこもって仏道修行する僧。

ぐちゅうれき【具注暦】[名]平安以降盛んに用いられた暦の一種。毎日の吉凶・禁忌・月齢などが注記され、余白は日記として利用された。
〈参考〉藤原道長の『御堂関白記』も、これに記したものである。

くちよせ【口寄せ】[名]死者や物の怪のことばを、呪術的方法で霊媒に語らせること。巫女や陰陽師、修験者が自ら霊媒となることも、別に「寄りまし」をたてて語らせることもある。

くぢら【鯨】[名]「いさな」に同じ。（季－冬）
〔鯨の寄る島〕（鯨が寄るような）大海の孤島。

くちわき【口脇】[名]口の両はし。
〔口脇黄ばむ〕（ひな鳥や幼鳥のくちばしのあたりが黄色いことから）まだ年が若く、経験の浅いことをあざけっていう語。くちばしが黄色い。＝口脇白し
〔口脇白し〕「くちわききばむ」に同じ。
〔口脇を下ぐ〕口をへの字形にする。＝口脇を引き垂る。例「したり顔にのけ張りて（＝胸ヲ張ッテ）、口脇を下・げ」〈今昔・二六・三〇〉
〔口脇を引き垂る〕口をへの字に曲げる。＝口脇を下ぐ。例「身ぶるひをし、頭ふり、**口わきをさへひき垂・れて**」〈枕・にくきもの〉

くちを・し【口惜し】[形シク]{しから・しく(しかり)・し・しき(しかる)・しけれ・しかれ}

> **アプローチ**　他人や周囲の状況が期待外れなことに失望・落胆する感情を表す。

❶**くやしい。残念だ。**例「見すべき事ありて、呼びにやりたる人の来ぬ、いと**口惜・し**」〈枕・口惜しきもの〉訳見せたいものもあって、招きにやった人が来ないのは、じつに**残念だ**。

❷（対象となるものが）**物足りない。話にならない。**例「めでたしと見る人の、心劣りせらるる本性見えんこそ、**口を・しかる**べけれ」〈徒然・一〉訳すばらしいと思っていた人の、その性根が思っていたよりも劣っていたのだと分かっては、もう**話にもならぬ**というものだろう。《係結び》「こそ→くちをしかるべけれ㊀」

❸**情けない。遺憾だ。**例「あはれ、弓矢とる身ほど**口惜・しかり**けるものはなし」〈平家・九・敦盛最期〉訳ああ、弓矢を取って戦う身ほど、**情けない**ものはない。

❹**つまらない。取るに足りない。**例「男は、**口惜・しき**際の人だに心を高うこそつかふなれ」〈源氏・少女〉訳男というものは、**取るに足りない**身分の者でも気位は高くもつものだそうですよ。《係結び》「こそ→つかふなれ㊀」《音便》「高う」は「高く」のウ音便。

発展学習ファイル　類義語に、「**くやし**」「**にくし**」「**ねたし**」がある。⇨「ねたし」〈古語深耕〉

> **古語深耕**　「くちをし」と「くやし」との違い
> 「**くちをし**」「**くやし**」のいずれも残念な思いを表すが、その原因・理由に違いがある。「**くちをし**」は、人や物事の事情で、自分の望ましい事態が達せられない時。不本意なうらめしさがある。「**くやし**」は自分に原因・理由がある時。反省したり、ああすればよかったと後悔する内省がある。

例えば、雨で試合が流れた時は「**くちをし**」、力の差で負けた時は「**くやし**」である。

くちをしう【口惜しう】形容詞「くちをし」の連用形「くちをしく」のウ音便。

くつ【沓・靴・履】［名］木・わら・革・布などで作った履き物の総称。浅沓・深沓・烏皮の沓・靴の沓・半靴などの種類がある。

〔**沓を抱く**〕通い婚の時代、婚姻の日から三日間、新婦の舅や姑が、婿のはいて来た沓を抱いて寝る。婿が居つくようにという願いから出た風習。

〔**沓を取る**〕（婿が家に留まるようにと、舅や姑などが婿の履物を抱いて寝た風習から）大切に世話をする。

く・つ【朽つ】［自タ上二］{ち・ち・つ・つる・つれ・ちよ}❶腐る。崩れる。壊れる。例「三年に至るも、その舌**く・ちず**」〈霊異記〉❷衰える。すたれる。だめになる。例「かき絶え音なうきこえざらむもいとほしく、人の御名の**く・ちぬ**べきことを思し乱る」〈源氏・葵〉❸むなしく終わる。死ぬ。例「かうながらこそ**朽・ち**も亡せめとなむ思ひはべる」〈源氏・蓬生〉

ぐづう［・す］【弘通】［名・自サ変］《仏教語。「ぐつう」とも》仏法が普及すること。また、仏法を普及させること。

くつかうぶり【沓冠】［名］「くつかむり」に同じ。

くつかぶり【沓冠】［名］「くつかむり」に同じ。

くつがへ・す【覆す】［他サ四］{さ・し・す・す・せ・せ}❶ひっくり返す。例「水よく船をうかべ、水また船を**くつがへ・す**」〈平家・三・城南之離宮〉❷滅ぼす。倒す。例「臣よく君をたもち、臣また君を**覆・す**」〈平家・三・城南之離宮〉

くつがへ・る【覆る】{ら・り・る・る・れ・れ}一［自ラ四］❶ひっくり返る。例「石を頽くして食をあさるに、**くつがへ・り**下ちて」〈霊異記〉❷（国家や政府などが）滅亡する。倒れる。二［補動ラ四］とても…する。非常に…する。例「監の命婦、めで**くつがへ・り**て、もとめてやりけり」〈大和・三〉

くつかむり【沓冠】［名］《「くつかうぶり」「くつかぶり」とも》❶折句の一種。十文字の事物の名や語句を各句の初めと終わりに一字ずつ置いて詠んだ遊戯的和歌。❷雑俳の一種。中に七字を置いて上五字、下五字を付けて一句とするもの。

くっきゃう［・なり］【究竟】［名・形動ナリ］《「くきゃう」の促音便》❶極めてすぐれていること。最上の性質や能力をもつこと。例「**究竟**の弓の上手どもが、矢さきをそろへて」〈平家・四・橋合戦〉❷きわめて都合のよいこと。あつらえむき。絶好。例「**究竟**の船乗りなりければ、端船に乗り」〈義経記・四〉

くつきり【沓切り】［名］はきものの一種。かかとのない短い草履。＝足半・尻切れ

くつくつ［副］❶のどに何かがつかえて鳴る音。例「喉を**くつくつ**と、くつめくやうに鳴らせば」〈宇治拾遺・一〇・八〉❷思わず立てる笑い声。くすくす。例「われながら**くつくつ**笑ひ出して」〈浮・好色一代女〉❸くすぐるさま。こちょこちょ。例「さらば、ちっと笑はしましょ。やあ、**くつくつくつ**」〈狂言記・子盗人〉

くつくつぼふし［名］セミの一種。ツクツクボウシの別称。（季－秋）

くっさめ【嚏】［名］くしゃみ。くさめ。また、その音。

くっしいた・し【屈し甚し】［形ク］{から・く(かり)・し・き(かる)・けれ・かれ}「くしいたし」に同じ。

くづしい・づ【崩し出づ】［他ダ下二］{で・で・づ・づる・づれ・でよ}ぽつりぽつりと話し出す。少しずつ話す。例「世の古事ども、**くづし出・でて**」〈源氏・明石〉

くづしかたら・ふ【崩し語らふ】［他ハ四］{は・ひ・ふ・ふ・へ・へ}ぽつぽつと語る。少しずつ語る。例「日ごろありつるやう、**くづし語ら・ひて**」〈蜻蛉・上〉

くっしゃう［・す］【屈請】［名・他サ変］❶僧や貴人を招くこと。例「有験の僧など**屈請・し**給ひ」〈折たく柴の記〉❷神仏の来臨を祈り願うこと。

くっ・す【屈す】{せ・し・す・する・すれ・せよ}一［自サ変］❶気がめいる。心がふさぐ。例「夕暮れとなれば、いみじく**屈・し**たまへば」〈源氏・若紫〉❷服従する。屈服する。例「東海公、君が才学を聞きて、**屈・して**この官に備へむとて」〈今昔・九・三〇〉二［他サ変］折り曲げる。例「膝をくっ・し、手をつかねて」〈太平記・二〇〉

くづ・す【崩す】［他サ四］{さ・し・す・す・せ・せ}❶砕いて壊す。❷整っているものを乱す。❸少しずつ話したり書いたりする。例「心の隔てなく、昔よりのことども、かき**崩・し**」〈浜松中納言・三〉

くっち【鼾】［名］❶いびき。❷てんかんの別名。

くっ・つ【鼾つ】［自タ上二］{ち・ち・つ・つる・つれ・ちよ}いびきをかく。例「はどなく寝入りて、**くっ・ち**臥せり」〈落窪・二〉

くつづけ【沓付け】［名］雑俳の一種。題の五文字を下句に置いて、上の五字、中の七字を付けて一句に仕立てるもの。笠付け。↔冠付け

くつてどり【沓手鳥】［名］（前世に沓を作って売っていたという中国の故事から）ホトトギスの別称。（季－夏）

ぐっと［副］《擬態語》❶一気に。ぐいっと。例「〈蛙〉る片蛇二、**ぐっと**のまれなば」〈沙石集〉❷すっかり。まったく。例「年明きも、**ぐっと**癪にさはったから」〈浮世床〉❸うんと。一段と。例「結城のぐっといきな縞まで三枚ばかり」〈膝栗毛〉❹（下に打消の語を伴って）ぐうと。例「**ぐっと**言ひ手もなかりけり」〈浄・心中宵庚申〉

くつね【狐】［名］「きつね」に同じ。

くつばみ【鑣・馬銜】［名］《「くつはみ」とも。「くちはみ」の変化形》「くつわ」に同じ。

くつびき【沓引き】［名］機織りの用具。縄などでき、織る人の足にかけ、足の屈伸で動力を伝える。

くづほ・る【頽る】［自ラ下二］{れ・れ・る・るる・るれ・れよ}❶衰える。弱る。老衰する。例「老いねど**くづほ・れ**たる心地ぞするや」〈源氏・少女〉❷気が弱る。心がめいる。例「我亡くなりぬとて、口惜しう思ひ**くづほ・る**な」〈源氏・桐壺〉

くつまき【沓巻・口巻】［名］矢竹の矢じりを差し込んだ部分に糸を巻いて補強すること。また、そのもの。＝矢尻巻き。➡［古典参考図］武装・武具〈3〉

くつめか・す［他サ四］{さ・し・す・す・せ・せ}《「めかす」は接尾語》（咳・痰などがつかえて）のどをくっくっと鳴らす。例「喉を**くつめか・す**やうに鳴らしてありければ」〈今昔・三一・二九〉

くつめ・く［自カ四］{か・き・く・く・け・け}《「めく」は接尾語》（咳・

痰などがつかえて)のどがくっくっという音を立てる。例「喉をくつくつと、くつめ・くやうに鳴らせば」〈宇治拾遺・一〇・八〉

くづ・る【崩る】［自ラ下二］｛れ・れ・る・るる・るれ・れよ｝❶壊れてばらばらになる。物がばらばらになって落ちる。❷集まっていた人々がばらばらに散る。解散する。例「わななくわななく車の内より**くづ・れ**おつ」〈保元・上〉

くづれい・づ【崩れ出づ】［自ダ下二］｛で・で・づ・づる・づれ・でよ｝崩れるように、どっと出る。例「足音どもして、**くづれ出・づる**を」〈枕・殿上の名対面こそ〉

〔和歌〕**くづれよる…**【崩れよる妹兄の山の中なればさらに吉野のかはとだに見じ】〈枕・里にまかでたるに・清少納言〉訳 妹山と兄山が崩れて寄れば、その間を流れる吉野川は、土砂に埋もれて決して川と見ることがないように、崩れてしまった二人の仲なので、決して、仲よしのあなたとさえも見ますまい。〈参考〉「妹兄」は、「妹山と兄山」の意と「恋人同士」の意との掛詞。「かは」は、「吉野川」と「彼は(あの人は)」との掛詞。

くつろか［・なり］【寛か】［形動ナリ］｛なら・なり(に)・なり・なる・なれ・なれ｝空間的・精神的にゆとりがあるさま。ゆったりとしたさま。楽だ。例「あさましきまで**くつろか・に**〔牛車に〕乗られたるにも」〈蜻蛉・上〉

くつろぎがま・し【寛ぎがまし】［形シク］｛しから・しく(しかり)・し・しき(しかる)・しけれ・しかれ｝(「がまし」は接尾語)ゆったりくつろいでいるさま。例「**くつろぎがま・しく**歌誦しがちにもあるかな」〈源氏・帚木〉

くつろ・ぐ【寛ぐ】一［自ガ四］｛が・ぎ・ぐ・ぐ・げ・げ｝❶緩む。例「冠の額すこし**くつろ・ぎ**たり」〈源氏・若菜・上〉❷心やからだを楽にする。ゆったりする。例「夜もやすくもねず、昼も心うち**くつろ・ぐ**事なし」〈古今著聞・四四一〉❸余裕ができる。例「数定まりて、**くつろ・ぐ**所もなかりければ」〈源氏・澪標〉二［他ガ下二］｛げ・げ・ぐ・ぐる・ぐれ・げよ｝緩める。広げる。例「少し**くつろ・げ**たれば、猿の手は引き出でつ」〈今昔・二九・三五〉

くつわ【轡】［名］(「くちわ」の変化形)馬の口にかませる鉄の金具。手綱・面繋を付ける。＝鑣。→［古典参考図］武装・武具〈1〉

〔**轡を並ぶ**〕くつわをはめた馬が首を連ねる。騎乗の武者が勢揃いする。

くつわづら【轡蔓】［名］手綱。

くつわむし【轡虫】［名］虫の名。鳴き声が、轡がなる音に似ていることからの名称。(季‐秋)

くでうかねざね【九条兼実】［人名］「ふぢはらのかねざね」に同じ。

くでうのけさ【九条の袈裟】［名］《仏教語》三衣のうち最も大きいもの。布を九幅(一幅は約三〇センチメートル)縫い合わせて作った袈裟。

くでうよしつね【九条良経】［人名］「ふぢはらのよしつね」に同じ。

くでま【工手間】［名］《近世語》(大工・職人などの)工程にかかる手数。また、その工賃。

くでん【口伝】［名］❶学問や芸道の奥義などを師から弟子に口伝えにより伝授すること。❷奥義を筆録した書物。秘伝書。

くでん【公田】［名］「こうでん(公田)」に同じ。

くと【副】(「くっと」とも)動作や行動が素早いさま。さっと。ぱっと。例「目貫のもとよりちゃうど折れ、くっとぬけて」〈平家・四・橋合戦〉

くど【竈突・竈】［名］❶かまどのうしろにつけた煙出し穴。❷かまど。

くどき【口説き】［名］❶能・浄瑠璃・歌舞伎・平曲などで、遅い拍子でしみじみと歌い聞かせる部分。内容は恋情・恨み・悲しみなどを哀切に述懐する。また、そのせりふ・しぐさ。曲中の聞きどころ。❷「口説き歌」「口説き節」の略。

くどきうた【口説き歌】［名］江戸時代、遊里に通う客などがうたった俗謡。＝口説き②

くどきごと【口説き言】［名］くどくどいうことば。ぐち。泣き言。

くどきた・つ【口説き立つ】［他タ下二］｛て・て・つ・つる・つれ・てよ｝くどくどと愚痴をいう。繰り返していう。例「**くどきた・て**て泣かるるおとす」〈讃岐典侍日記〉

くどきぶし【口説き節】［名］近世の俗謡のひとつ。瞽女(盲目で門付け芸や物乞いをする女芸人)などが三味線にあわせ哀切にうたった。＝口説き②

くどく【功徳】［名］《仏教語》現世・来世の幸福のもととなるよい行い。また、それによって得られる幸福。

くど・く【口説く】［自カ四］｛か・き・く・く・け・け｝❶何度も同じ事をいう。❷神仏に祈願する。例「経読み仏**くど・き**まゐらせらるるほどに」〈讃岐典侍日記〉❸意中の異性を意に従わせるために説得する。

くどくど［副］❶同じことをくり返し言うさま。❷決心がつかないさま。くよくよ。ぐずぐず。例「何**くどくど**と思ふぞや」〈浄・冥途の飛脚〉

くどくびと【功徳人】［名］功徳を積んだ人。

くない【宮内】［名］❶宮中。❷「宮内省」の略。

くないきゃう【宮内卿】［名］令制で「宮内省」の長官。

くないきゃう【宮内卿】［人名］(?‐一二〇五?)鎌倉前期の女流歌人。『新古今和歌集』などに入集。

くないしゃう【宮内省】［名］(「みやのうちのつかさ」とも)令制で「八省」のひとつ。宮中や皇室関係のいっさいを監督した役所。＝宮内②。→［表見返し］大内裏俯瞰図

くな・ぐ【婚ぐ】［自ガ四］｛が・ぎ・ぐ・ぐ・げ・げ｝性交する。

くなどのかみ【岐の神】［名］分かれ道に立って、災禍の侵入を防ぎ、旅人を守るとされた神。道祖神。＝塞への神・ふなどの神

くに【国】［名］❶**地上**。**大地**。↔天②。例「国稚く、浮かべる脂のごとくして、くらげなすただよへる時」〈記・上〉❷**国家**。**国土**。とくに、日本国。例「唐土とこの国とは言異なるものなれど」〈土佐〉❸一定の境界が定められた地域。㋐**行政区画としての国**。例「来年なるべき国どもを、除目のごと、みな書きて」〈更級〉㋑(国司・守護・大名などの)**任国**。**領国**。例「紀伊守の国に下りなどして」〈源氏・空蟬〉㋒(一般的に)**ある地方**。**土地**。例「木曾殿、国の案内者を召して」〈平家・七・願書〉(敬語)「召して」→「めす」。❹(③㋒の政治を行う)**国府**。**国府の役人**。例「国に仰せたまひて、手輿作らせたまひて」〈竹取・竜の頸の玉〉(敬語)「仰せたまひて」→「おほす」「たまふ(四段)」、「作らせたまひて」→「たまふ(四段)」。❺**故郷**。**生国**。**生まれ育った**

土地。例「雁がねは国偲ひつつ雲隠り鳴く」〈万葉・一九・四一四四〉

〔国の位〕国家の統治者としての地位。天皇の位。

〔国の秀・国の穂〕国の中で最も素晴らしい所。＝国のまほら・国のまほろば

〔国のまほら〕《「ま」は美称の接頭語、「ら」は接尾語》「くにのほ」に同じ。

〔国のまほろば〕「くにのほ」に同じ。

〔国も狭に〕国土が狭いほどに。国の至る所に。

くにあらそひ【国争ひ】[名]❶一国の領土や政権を得ようとして争うこと。❷国同士の争い。

くにいり【国入り】[名]領主が自分の領地に赴くこと。また、武士が自分の主君の領地に赴くこと。

くにがた【国方】[名]❶地方。故郷。国元。❷国司の方の人々。国府の役人。

くにがた【国形】[名]《「くにかた」とも》国の地形や状況。国のようす。

くにがのみち【北陸道】[名]《「くぬがのみち」とも》「北陸道」の古名。

くにがへ【国替へ】[名]❶平安時代、ある国の掾（三等官）または目（四等官）に任ぜられた者が、その地を嫌って別の国に替えてもらうこと。❷江戸時代、大名の領地を他に移し替えること。転封。移封。

くにから【国柄】[名]国のすばらしい性質・品格。

くにさと【国里】[名]❶国と里。国と村。❷ふるさと。郷里。くにもと。

くにす【国栖・国巣】[名]「くず（国栖）」に同じ。

くにだいみゃう【国大名】[名]室町・江戸時代、一国以上を領有した大名。また、家柄の高い大名。国持ち大名。＝国取り大名

くにたみ【国民】[名]「くにびと②」に同じ。

くにつ【国つ】《「つ」は上代の格助詞》国の。地上の。↔天つ

くにつかみ【国つ神・地祇】[名]天孫降臨以前から国土に土着し、その地を守護してきた神。また、その子孫としての豪族。↔天つ神

くにつつみ【国つ罪】[名]地上の人間界で始まった罪。↔天つ罪

くにつみかみ【国つ御神】[名]「国つ神」の敬称。

くにつみやこ【国つ都】[名]国家の首都。

くにつもの【国つ物】[名]その地方の産物。

くにつやしろ【国つ社】[名]「国つ神」を祭神とした神社。↔天つ社

くにとりだいみゃう【国取り大名】[名]「くにだいみゃう」に同じ。

くにな【国名】[名]平安時代、中﨟以下の女官や僧の呼び名に国の名を用いたこと。また、その名。女官は父兄などの任国に、僧は生国にちなんで付けた。「和泉式部」「讃岐典侍」など。

くになか【国中】[名]一国の中。国の中央部。

くにのおや【国の親】❶天皇。❷皇后。中宮。また、天皇の母。

くにのかみ【国の守】[名]令制の官職で「国司」の長官。国守。

くにのつかさ【国の司】[名]「こくし（国司）①」に同じ。

くにのはは【国の母】❶天皇の母。皇太后。❷皇后。きさき。①②＝国母

くにのみやつこ【国の造】[名]大和朝廷がおもに土地の豪族を任命して置いた地方官。大化の改新後廃止され、多くは郡司となった。

くにはら【国原】[名]広々とした平地。平野。

くにひき【国引き】[名]国土を引き寄せること。『出雲国風土記』の伝説に、初め出雲の領土が狭かったので、新羅の国で余っている土地の岬に綱をかけ、引き寄せて出雲国に着けたことが見える。

くにびと【国人】[名]《「くにひと」とも》❶その地方の住人。土着の人。❷国民。人民。＝国民

くにふ[・す]【口入】[名・自サ変]《「口入れ」の音読語。「こうじゅ」とも》❶口出し。干渉。また、それをする人。❷《近世語》世話をすること。また、その人。口入れ。

くにぶみ【国文】[名]平安時代、国司が朝廷に献上する貢ぎ物に付けた文書。

くにぶり【国風】[名]❶国の習俗。国独自の習わし。❷国々の民謡。＝風俗歌

くにへ【国辺】[名]《「くにべ」とも》国の辺り。ふるさとの辺り。

くにまぎ【国覓】[名]国とするための地をさがし歩くこと。

くにみ【国見】[名]天皇が高い場所に登り、国土や人民のようすを見ること。

くにもち【国持ち】[名]室町・江戸時代、一国以上を領有すること。また、その大名。一国を領有しなくても家柄の高い大名をいうこともあった。

くにゆづり【国譲り】[名]天皇が退位して、位を東宮に譲ること。譲位。

くにわかれ【国別れ】[名]他の国に旅に出ること。また、別々の国に住むこと。

くにん【公人】[名]❶鎌倉・室町幕府の政所・問注所・侍所など公の機関で、雑事に携わった下級役人。❷宮中で、雑事に携わった下級役人。❸室町時代、大社寺などで、雑事に携わった人。

くぬえかう【薫衣香】[名]「くのえかう」に同じ。

くぬが【陸】[名]《「くが」とも。「くにが（国処）」の変化形》陸地。↔海処

くぬがのみち【北陸道】[名]「くにがのみち」に同じ。

くぬち【国内】[名]《「くにうち」の変化形》国の中。

くね[名]垣根。また、生け垣。

くねくね・し[形シク]ひねくれている。素直でない。例「ことにふれて、安からず、くねくねしき事、出で来などして」〈源氏・竹河〉

くねりい・ふ【くねり言ふ】[他ハ四]すねていう。難癖をつける。例「他人と思ひわけたることとくねり言ふことはべりて」〈源氏・東屋〉

くね・る㊀[自ラ四]❶ねじれて曲がる。❷ひがむ。すねる。例「老いひがみて用ゐ候はで、くねり腹立ち候ふ間」〈沙石集〉❸愚痴をいう。例「籬にくね・る虫の音も」〈保元・下〉㊁[他ラ四]恨みに思う。愚痴をいう。例「女郎花の一時をくね・るにも、歌をいひてぞ慰めける」〈古今・仮名序〉

くのう【功能】［名］効能。ききめ。効験。

くのえかう【薫衣香】［名］《「くぬえかう」とも》衣服にたきしめる調合香の一種。丁子・白檀・沈・麝香など九種類を練り合わせて作った練り香。（季―春）

くは【桑】［名］木の名。葉を養蚕に用いる。

〔**桑の門**〕《「桑門」の訓読語》僧。隠者。

〔**桑の弓**〕男子誕生の祝いに用いる桑の木で作った弓。この弓に蓬の矢をつがえ、四方を射る。

くは【鍬】［名］農具のひとつ。土を掘り起こしたりならしたりするのに用いる。

くは［感］《「こは(此は)」の変化形》注意を促すために発する語。さあ。ほら。例「くは御覧ぜよ」〈落窪・三〉

くばう【公方】［名］❶おおやけのこと。公事。例「公方私こころやすく」〈曾我・一〉❷朝廷。天皇。❸鎌倉以降、幕府または征夷大将軍の敬称。

くばうさま【公方様】［名］室町以降、「征夷大将軍」の敬称。＝公方③

くはがた【鍬形】［名］❶兜の前立て物のひとつ。兜の「目庇」から突き出た二本の角のような金属製の飾り。⇩［古典参考図］武装・武具〈1〉。❷紋所の名。①を図案化したもの。

くはこ【桑子】［名］《「くはご」とも》（桑の葉を食べて育つことから）蚕の別称。（季―春）

くは・し［形シク］｛しから・しく(しかり)・し・しき(しかる)・しけれ・しかれ｝㊀【細し・美し】《上代語》こまやかで美しい。例「賢し女を有りと聞かして**くは・し**女を有りと聞こして」〈記・上・歌謡〉㊁【精し・詳し】❶細かいところまで行き届いている。詳細である。くわしい。例「なほ**くは・しく**語れ」〈源氏・夕顔〉❷細部までよく知っている。精通している。例「その道の芸**くは・しか**らば、多能はなくてもあらまし」〈鶉衣〉

〔**細し戈の千足る国**〕立派な武器が十分備わっている国。日本を褒めていうときに用いる。

くはしいも【細し妹・美し妹】［名］美しい妻。愛人。

くはしう【細しう・美しう・精しう・詳しう】形容詞「くはし」の連用形「くはしく」のウ音便。

くはしめ【美し女・麗し女】［名］美しい女性。

くは・す【食はす】［他サ下二］｛せ・せ・す・する・すれ・せよ｝❶食べさせる。飲ませる。❷くわえさせる。例「御巻数鶴に**くは・せ**て」〈拾遺・賀・二七三詞書〉❸弓に矢をつがえる。例「十五束ありける〔矢〕をうち**くは・せ**」〈平家・二・遠矢〉❹打つ。例「二つづつ**くは・せ**て、あどはひっこむ」〈狂・丼礑〉❺出し抜く。だます。例「南無三宝。**くは・せ**をった」〈狂・今参り〉❻互いに交える。合わせる。例「人は目を**くは・せ**つつ」〈蜻蛉・中〉

くはた・つ【企つ】［他タ下二］｛て・て・つ・つる・つれ・てよ｝《近世以降は「くわだつ」》❶つま先立つ。❷計画を立てる。例「かしこく思ひ**くはた・て**られけれど」〈源氏・東屋〉❸計画を実行する。例「れいのやうにかの事**くはた・て**んとて」〈古今著聞・三八一〉

くはな【桑名】［地名］伊勢国の地名。いまの三重県桑名市。東海道五十三次のひとつで、伊勢路の起点・終点であり、熱田神宮へ行く渡し場「七里の渡し」としてにぎわった。焼きはまぐりが名物。

くはは・る【加はる】［自ラ四］｛ら・り・る・る・れ・れ｝❶参加する。一員となる。❷重なる。増える。例「もの思ひ**加は・り**ぬる心地すれど」〈源氏・真木柱〉❸付く。例「御物の怪など**加は・れ**るさまにおはしましけるを」〈源氏・若紫〉

くは・ふ【加ふ】［他ハ下二］｛へ・へ・ふ・ふる・ふれ・へよ｝❶付け加える。❷程度を増す。例「女は、今より添ひたる身のうさを嘆き**加・へ**て」〈源氏・浮舟〉❸仲間に入れる。例「いま**加・へ**たる家司などに仰せらる」〈源氏・松風〉❹与える。施す。例「朝権をかろむずる者には、互ひにいましめを**くは・へ**しかば」〈平家・一・二代后〉

くは・ふ【銜ふ】［他ハ下二］｛へ・へ・ふ・ふる・ふれ・へよ｝❶口に軽く挟んで持つ。くわえる。例「口に**くは・へ**て抜くべきを」〈狂・文蔵〉❷引き連れる。例「気に入らいで往なした嫁、遠州戻りに在所へ寄り、よう**くは・へ**て戻ったな」〈浄・心中宵庚申〉

くはへおこな・ふ【加へ行ふ】［他ハ四］｛は・ひ・ふ・ふ・へ・へ｝あることにさらに加えて行う。例「いみじき法どもを尽くして**加へ行・は**せたまふ」〈源氏・若菜・下〉

くはまゆ【桑繭】［名］《「くはまよ」とも》蚕の別称。また、桑の木に蚕のかけた繭。

くはまよ【桑繭】［名］《上代東国方言》「くはまゆ」に同じ。

くはや［感］《感動詞「くは」＋助詞「や」》❶驚いたときなどに発することば。おや。これは。例「あかぼしは明星は**くはや**ここなりや」〈神楽歌〉❷相手に注意を促し、呼びかけるときに発することば。さあ。そら。例「**くはや**、昨日の返り事。あやしく心ばみ過ぐさるる」〈源氏・末摘花〉

くば・る【配る】［他ラ四］｛ら・り・る・る・れ・れ｝❶分けて与える。❷適当な所に配置する。例「間を**くば・る**事等しきゆゑに」〈徒然・二二九〉❸広く行き届かせる。例「大将に近付かんと目を**くば・る**」〈太平記・二五〉❹結婚させる。例「はじめの腹の二三人は、みなさまざまに**くば・り**て」〈源氏・東屋〉

くび［名］㊀【首・頸】胴体と頭部をつなぐ部分。また、頭部そのもの。㊁【領・襟】衣服の襟元。

〔**首を搔く**〕首をかき切る。

〔**首を懸く**〕首を獄門にさらす。

〔**首を継ぐ**〕打ち首になるべきところを助けられる。また、助ける。例「御恩をもって**頸をつ・がれ**参らせ」〈平家・二・小教訓〉

〔**首を捩づ**〕首をひねる。

〔**首を延ぶ**〕首を差し延べる。命を敵の処置に任せる。

くひあ・つ【食ひ当つ】［他タ下二］｛て・て・つ・つる・つれ・てよ｝歯でかみ当てる。例「〔若君ハ〕御歯の生ひ出づるに**食ひ当・て**むとて、筍をつと握り持ちて」〈源氏・横笛〉

くひあは・す【食ひ合はす】［他サ下二］｛せ・せ・す・する・すれ・せよ｝❶かみ合わせる。例「歯を**食ひ合は・せ**て念珠を揉みちぎる(＝ヒタスラモム)」〈宇治拾遺・三・四〉❷同時に食べると害になる食物をいっしょに食べる。❸つかまえる。出会う。

くひいだ・す【食ひ出だす】［他サ四］｛さ・し・す・す・せ・せ｝歯をむき出すようにして、くいしばる。例「歯を剣のごとく、**くひいだ・し**て怒る」〈宇津保・俊蔭〉

くびかし【首枷・頸枷】［名］《「くびかせ」とも》刑罰に用いる道具の一種。木または鉄でできた、首にはめ

て自由を奪うもの。

くびかせ【首枷・頸枷】[名]《「くびかし」の変化形》❶「くびかし」に同じ。❷自由を奪うもの。絆(ほだし)。きずな。例「親子は三界の**首枷**」〈謡・天鼓〉

くひかなぐ・る【食ひかなぐる】(クイカナグル)[他ラ四]{ら・り・る・る・れ・れ}食い散らかす。荒っぽく食べる。例「取り散らして、**食ひかなぐり**などしたまへば」〈源氏・横笛〉

くびかみ【頸上・首上】[名]袍(ほう)・狩衣(かりぎぬ)・水干(すいかん)などの襟で、首の周りを囲む部分。＝盤領(ばんりやう)。⇩[古典参考図]男子の服装〈1〉

くびき【軛・頸木】[名]車の轅(ながえ)の先端に取り付けた横木。牛や馬の首のうしろにかける。

くひき・る【食ひ切る】(クイキル)[他ラ四]{ら・り・る・る・れ・れ}歯でかみ切る。食いちぎる。

くひこ・む【食ひ込む】(クイコム)[自マ四]{ま・み・む・む・め・め}《近世語》商売などで、損失のために資本が減る。元手を減らす。例「三十四五度も商売かへられしうちに、今は残らず**食ひ込み**て」〈浮・日本永代蔵〉

くびじっけん【首実検】[名]討ち取った敵の首が本物であるか調べて確かめること。また、その儀式。

くひしば・る【食ひ縛る】(クイシバル)[他ラ四]{ら・り・る・る・れ・れ}歯を強くかみ合わせて、がまんする。残念がる。例「歯を**くひしばり**、怒って」〈平家・一・俊寛沙汰 鵜川軍〉

くびす【踵】[名]《「きびす」とも》かかと。

〔**踵**(くびす)**を接ぐ**〕前の人のかかとに触れるくらい、あとからあとから多くの人が続くこと。例「袖を連ね、**踵をつい**で、その数一億百余人」〈謡・鶴亀〉

〔**踵**(くびす)**を廻**(めぐ)**らすべからず**〕かかとの向きを変えて後ろを向くだけの、わずかな時間もない。ごく短い時間のたとえ。例「叡岳(えいがく)の滅亡**踵をめぐらすべから**ず」〈平家・七・木曾山門牒状〉

くひぜ【株・杌】(クイゼ)[名]❶木の切り株。❷杭(くい)。

〔**株**(くひぜ)**を守**(まも)**る**〕(クイゼヲマモル)《『韓非子(かんぴし)』の守株(しゅしゅ)の故事から》旧習にとらわれて、臨機応変に対応できないことのたとえ。

くびたま【首玉・頸玉】[名]❶上代、首飾りにした玉。❷犬や猫などの首に付けた輪。首輪。❸首。首すじ。

くびち【弶】[名]獣を捕らえるための装置。わな。

くびづな【頸綱】[名]《「くびつな」とも》犬や猫、または罪人の首に付ける綱。＝頸縄(くびなは)

くひつぶ・す【食ひ潰す】(クイツブス)[他サ四]{さ・し・す・す・せ・せ}歯でかんでつぶす。例「橘(たちばな)ノ実ヲ**食ひつぶし**つべきここちこそすれ」〈蜻蛉・上〉

くひつみ【食ひ積み】(クイツミ)[名]《近世語》❶正月、年賀の客に出す取り肴(ざかな)。また、重箱に詰めた料理。(季‐春)。❷「ほうらい③」に同じ。

くひつ・む【食ひ詰む】(クイツム)㊀[自マ下二]{め・め・む・むる・むれ・めよ}《近世語》暮らしに困る。食べていけない。例「段々**くひつめ**て、かう忍んで歩いてみると」〈伎・三人吉三廓初買〉㊁[他マ下二]かみしめる。(歯を)食いしばる。例「いつとなく歯を**食ひつめ**て、怒りておはしける」〈十訓抄・八〉

くひな【水鶏】(クイナ)[名]鳥の名。クイナ。水辺や湿地にすむ。鳴き声が戸をたたく音に似ていることから、クイナが鳴くのを「たたく」という。(季‐夏)

〔**水鶏**(くひな)**のたたく**〕(クイナノタタク)「水鶏」が戸をたたく音のような声で鳴くこと。例「五月(さつき)、あやめふくころ、早苗(さなへ)とるころ、**水鶏のたたく**など、心ぼそからぬかは」〈徒然・一九〉

くびなは【頸縄】(クビナワ)[名]「くびづな」に同じ。

くひぬら・す【食ひ濡らす】(クイヌラス)[他サ四]{さ・し・す・す・せ・せ}口にくわえてしめらせる。例「筍(たかうな)をつと握り持ちて、雫(しづく)もよよと**食ひ濡らし**たまへば」〈源氏・横笛〉

くひの・く【食ひ退く】(クイノク)[自カ四]{か・き・く・く・け・け}食べることから遠ざかる。食べないでいる。例「年ごろ、いみじく**食ひのき**たる五穀(ごこく)をもて」〈十訓抄・七〉

くびは・ぬ【首刎ぬ】[他ナ下二]{ね・ね・ぬ・ぬる・ぬれ・ねよ}首を切り落とす。

くひは・む【食ひ食む】(クイハム)[他マ四]{ま・み・む・む・め・め}かみ切って食べる。

くびひき【首引き・頸引き】[名]《「くびびき」とも》向かい合ったふたりが、輪にしたひもを首にかけ、引っ張り合う遊び。

くびほそ・し【頸細し】[形ク]{(から)・く(かり)・し・き(かる)・けれ・かれ}❶首が細い。❷頼りがいがない。当てにならない。例「頼もしげなく、**頸細し**、とて、ふつつかなる後ろ見まうけて」〈源氏・帚木〉

くひも・つ【食ひ持つ】(クイモツ)[他タ四]{た・ち・つ・つ・て・て}口にくわえて持つ。例「青柳(あをやぎ)の枝**くひ持ち**てうぐひす鳴くも」〈万葉・一〇・一八二一〉

くひものむつかり【食ひ物憤り】(クイモノムズカリ)[名]食べ物の好き嫌いをやかましくいうこと。また、その人。

くびらだいしゃう【宮毘羅大将】(クビラダイショウ)[名]「こんぴらだいしゃう」に同じ。

くびりころ・す【縊り殺す】[他サ四]{さ・し・す・す・せ・せ}絞め殺す。

くび・る【縊る】㊀[他ラ四]{ら・り・る・る・れ・れ}❶首を絞めて殺す。例「(読経(どきゃう)ノ声ヲ)『我を**くびる**とよむなりけり』と思(おぼ)しけり」〈大鏡・時平〉❷強く握る。例「香炉(かうろ)取り**くびり**て、額に香炉を当てて祈請(きせい)し給ふ事」〈宇治拾遺・二・三〉㊁[自ラ下二]{れ・れ・る・るる・るれ・れよ}❶首をくくって死ぬ。例「(大友皇子ハ)自ら**縊れ**ぬ」〈紀・天武・上〉❷中ほどが細く狭まる。例「中は**くびれ**て、前後の形有る故(ゆゑ)といふなり」〈沙石集〉

ぐひん【狗賓・狗品】[名]《近世語》天狗の別称。

く・ふ【食ふ】(クウ)[他ハ四]{は・ひ・ふ・ふ・へ・へ}❶**食べる**。**飲む**。❷**口に挟む**。**くわえる**。例「水鳥どもの、つがひを離れず遊びつつ、細き枝どもを**くひ**て飛びちがふ」〈源氏・胡蝶〉❸**噛**(か)**む**。**食いつく**。例「女もえをさめぬ筋にて、指(および)ひとつを引き寄せて**食ひ**てはべりしを」〈源氏・帚木〉《副詞の呼応》「え」→「をさめぬ」。《敬語》「食ひてはべり」→「はべり」。❹**生計を立てる**。**暮らす**。例「**くひ**かねぬ聟(むこ)も舅(しうと)も口きいて」〈続猿蓑〉❺好ましくないことを身に受ける。**こうむる**。例「ふるき事ながらこの手だて一度づつは**くふ**事なり」〈浮・好色一代男〉

く・ふ【構ふ】(クウ)[他ハ四]{は・ひ・ふ・ふ・へ・へ}巣などを作る。かまえる。例「す**くふ**雀(すずめ)ども」〈蜻蛉・下〉

く・ぶ【焼ぶ】[他バ下二]{べ・べ・ぶ・ぶる・ぶれ・べよ}火に入れて燃やす。例「皮は火に**くべ**て焼きたりしかば」〈竹取・火鼠の皮衣〉

ぐぶ【供奉】[名・自サ変]❶行幸などの際にお供をすること。また、その人。例「小松のおとど、直

衣に箭おうて、供奉・せらる」〈平家・一・内裏炎上〉❷「内供奉」の略。＝内供

くふう【工夫・功夫】[名]❶いろいろ考えをめぐらすこと。思案して方法を見つけること。❷(仏教語)一心に仏道修行に精進すること。とくに、禅宗で座禅に専念することをいう。

くふ・し【恋し】[形シク]{しから・しく(しかり)・し・しき(しかる)・しけれ・しかれ}(上代東国方言)恋しい。＝恋し・恋こし。例「駿河の嶺らは恋・しくめあるか」〈万葉・三〇・四三五〉

くぶつ【供仏】[名]仏に花や灯明や菓子などを供えること。仏を供養すること。

くぶつちのたち【頭椎の太刀・頭槌の太刀】[名]上代の刀剣で、柄の頭がこぶのようになっているもの。＝頭椎

くぶつつ【頭椎・頭槌】[名]「くぶつちのたち」に同じ。

くぶんでん【口分田】[名]大化の改新後、班田収授法に基づいて、六歳以上の人民に国家から支給された田。男子には二反、女子にはその三分の二が終生与えられた。→「はんでん」

くへ【柵】[名]垣。さく。

くぼ【凹・窪】[名]❶くぼんだ所。くぼみ。❷女性の性器の別称。

くぼ・し【窪し・凹し】[形ク]{から・く(かり)・し・き(かる)・けれ・かれ}❶くぼんでいるさま。周囲より低くなっているさま。❷(程度や身分・能力などが)劣っている。例「けいせいをくぼ・く見て居るそん料や」〈川柳・柳多留〉

くぼつき【窪坏】[名]深いどんぶり。壺皿。

くぼて【窪手・葉椀】[名]何枚かのカシワの葉を並べて竹ひごでとじて、中央をくぼませた形に作った器。神前に供えるものを入れるのに用いた。

ぐほふ【弘法】[名・自サ変](仏教語)仏の教えを世の中に広めること。

ぐほふ【求法】[名・自サ変](仏教語)仏の教えを体得しようと悟りの道を願い求めること。

くぼま・る【凹まる・窪まる】[自ラ四]{ら・り・る・る・れ・れ}(中央部などが)低くなる。へこむ。例「池めいて、窪ま・り、水つけるところあり」〈土佐〉

くぼ・む【凹む・窪む】[自マ四]{ま・み・む・む・め・め}❶一部が低くなる。へこむ。❷うずもれる。落ちぶれる。例「くぼ・める身をも哀れとは見よ」〈新撰六帖〉

くほん【九品】[名](仏教語)❶極楽往生に際しての九つの階級。上品・中品・下品の三つを、さらに上品上生・上品中生・上品下生のようにそれぞれ三つに分けたもの。観無量寿経による。❷「九品浄土」「九品蓮台」の略。

〔九品の念仏〕(仏教語)極楽往生を願って唱える念仏。

〔九品の教主〕(仏教語)九品浄土の教主、阿弥陀如来のこと。→「けうしゅ」

くほんじゃうど【九品浄土】[名](仏教語)極楽浄土。＝九品②

くほんのうてな【九品の台】[名]「くほんれんだい」に同じ。

くほんれんだい【九品蓮台】[名](仏教語)浄土で、往生する者を迎える九種の蓮の台。往生した者が座るという蓮の台。＝九品②・九品の台

くほんわうじゃう【九品往生】[名](仏教語)極楽浄土に往生する者の、性質・業の差から九種の浄土に往生すること。極楽浄土に往生すること。

くほんわか【九品和歌】[作品名]「わかくほん」に同じ。

くま【隈】[名](入り組んでいて、はっきり見えにくいところをいうのが原義)❶(道や川筋などの)曲がり角。屈折している所。例「道の隈八十隈ごとに嘆きつつ我が過ぎ行けば」〈万葉・二・三四〇長歌〉❷(空間的に、はっきり見えない場所)㋐物陰。奥まった所。例「殿は今こそ出でさせたまひけれ。いづれの隈におはしましつらん」〈源氏・少女〉(係結び)「こそ→出でさせたまひけれ(已)」。(敬語)「出でさせたまひ」→「させたまふ」、「おはしましつらん」→「おはします」。㋑かたすみ。とくに、辺鄙な場所。片田舎。例「さる田舎の隈にて、ほのかに京人と名のりける古大君女の教へきこえければ」〈源氏・常夏〉(敬語)「教へきこえ」→「きこゆ」。❸(光がとどかず暗くて見えにくい所)陰。曇り。暗くなっている部分。例「小さき灯炉を御帳のうちにかけたれば、くまもなきに」〈紫式部日記〉❹(多く「心のくま」の形で)外からは分からない人の心中をいう。心の奥底。すみずみ。例「思ふてふ人の心のくまごとに立ち隠れつつ見るよしもがな」〈古今・雑躰・一〇三八〉❺欠点。秘密。例「見れども見れども飽かず、そのことぞとおぼゆる隈なく」〈源氏・浮舟〉(係結び)「ぞ→(省略)」。❻(形式名詞のように用いて)点。ところ。こと。例「蘇武が胡国のうらみまで、思ひのこせるくまもなし」〈平家・一〇・維盛入水〉❼(近世語)くまどり。歌舞伎俳優が、役柄に合わせてほどこす特別な化粧。

くま【熊】[名]動物の名。クマ。日本では狼と並んで、猛獣を代表する。(季-冬)

くまい【供米】[名]神仏に供える米。寺社に奉納する米。

くまがいざくら【熊谷桜】[名](「くまがえざくら」とも)早咲きの桜の一種。(季-春)

くまがいなほざね【熊谷直実】[人名](一一四一～一二〇八)平安後期から鎌倉前期の武士。武蔵国熊谷郷の人。一の谷の戦いで平敦盛を討ち取り、のちに出家した。蓮生と号した。

くまがいなほよし【熊谷直好】[人名](一七八二～一八六二)江戸後期の歌人。香川景樹の門人。家集『浦の汐貝』のほか、神楽・催馬楽の注釈書『梁塵後抄』を残す。

くまかし【熊白檮】[名](「くまがし」とも。「くま」は大きいの意)大きく茂ったカシの木。

くまぐま【隈隈】[名]あちこちの曲がり角。また、あちこちの隅。隅々。

くまぐま・し【隈隈し】[形シク]{しから・しく(しかり)・し・しき(しかる)・しけれ・しかれ}❶光があたらず、暗いさま。陰が多くて、よく見えないさま。↔隈無し①。例「屏風の上、ここかしこのくまぐま・しくおぼえたまふに」〈源氏・夕顔〉❷心中にやましいことがあるさま。秘密がありそうなさま。例「上は、何のくまぐま・しき疑ひあるまじきほどにて」〈夜の寝覚〉

くまさか【隈坂】[名]くねくねと折れ曲がった坂道。

くまざわばんざん【熊沢蕃山】[人名]（一六一九〜一六九一）江戸前期の儒学者。陽明学の中江藤樹に師事し、岡山藩主池田光政に仕え良知良心の説をもって藩士を育成した。著書『集義和書』

くましね【糈米】[名]神や仏に供える洗い清めた白米。＝御供米

くまそ【熊襲】[名]❶九州南部、宮崎県・鹿児島県一帯の旧地名。❷①に住んでいた種族の名。

くまたか【熊鷹・角鷹】[名]❶鳥の名。大型で性質が荒い。（季―冬）。❷気性が荒々しく、貪欲な者。

くまで【熊手】[名]❶武器の一種。先端に熊の手のような鋭い鉄の爪をつけた長い棒。➡[古典参考図]武装・武具〈3〉。❷先端が熊の手のようになってい て、穀物や落ち葉などをかき集める竹製の道具。❸（物をかき集めることから）欲が深いこと。また、欲が深い人。❹（金銭や幸運をかき集めるという縁起から）江戸の浅草の鷲神社で、酉の市の日（陰暦十二月の酉の日）に売られた②の飾り。（季―冬）

くまと【隈所・隈処】[名]折れ曲がり入り組んでいる所。物陰。片隅。

くまど・る【隈取る】[他ラ四]{ら・り・る・る・れ・れ}❶陰影や濃淡などで物の形を描く。例「八重霧ふかくくまど・るは、いつかきながす絵島潟」〈浄・吉野忠信〉❷荒事などを演じる歌舞伎役者が、顔に紅や藍ではっきりした彩色を施す。

くまなう【隈無う】形容詞「くまなし」の連用形「くまなく」のウ音便。

くまな・し【隈無し】[形ク]{から・く(かり)・し・き(かる)・けれ・かれ}

> **アプローチ** ▼隠れているところがまったくなく、すべて明らかであるようすを表す。
> ▼さらに、人の行為や気持ちに用いられて、抜け目がないなどの意になる。

❶かげがない。隠れているところがない。↕隈隈 し①。例「花は盛りに、月はくまな・きをのみ見るものかは」〈徒然・一三七〉訳（春の）桜の花は満開であるものだけを、（秋の）月はかげもなく照り渡っているのだけを観賞するものだろうか、いやそうではない。〔注〕「かは」は反語の意。
❷万事に行き渡っている。欠けた点がない。抜け目がない。例「おのれもくまな・き好き心にて、いみじく謀りて、惑ひありきつつ」〈源氏・夕顔〉訳（惟光は）本人も抜け目のない好色心から、たいそううまく策を練り、出歩き回っては。
❸隠すところがない。残すところがない。例「僧都の御心は、聖といふ中にも、あまりくまな・くものしたまへば」〈源氏・夢浮橋〉訳僧都のご気性は、聖という中でもあまりに隠しごともなく真正直でいらっしゃるので。

くまの【熊野】[地名]紀伊国の地名。いまの和歌山県南東部から三重県熊野市にかけての総称。熊野三社で知られる修験道の霊場。院政期には上皇や貴族の参詣が盛んとなった。＝三熊野

くまのごわう【熊野牛王】[名]熊野三社で出す護符。熊野神社の神の使いとされる烏を七十五羽配して、「熊野牛王印」の文字を表してある。厄除けのほか、起請文を書くときに用いた。

くまのさんけい【熊野参詣】[名]熊野三山（三社）に参ること。また、その人。平安中期から上皇などの皇室や公家が、鎌倉以降、武士や庶民が多くお参りした。熊野参り。＝熊野詣で

くまののごほんぢのさうし【熊野の御本地のさうし】[作品名]御伽草子。原型は南北朝時代までに成立。本地物のひとつ。嫉妬によって他の后に母を殺され、虎狼に育てられた主人公が、熊野に神となって現れるまでの話。

くまのまうで【熊野詣で】[名]熊野神社に参拝すること。また、その人。

くまみ【隈回・隈廻】[名]《上代語》道の曲がり角の辺り。

くま・る【配る・分る】[他ラ四]{ら・り・る・る・れ・れ}《上代語》くばる。分配する。

くみ【組み】[名]❶《「組み糸」の略》組み合わせて作った糸。❷「組み歌」の略。

くみいれ【組み入れ】[名]❶《「組み入れ天井」の略》木をます形に組み、板を張った天井。＝組入れ。❷《「組み入れ盆」の略》白木で作る角盆の一種。「入れ子」で組みになっている。

くみうた【組み歌】[名]三味線歌謡、箏曲で、小唄を合わせて一曲としたもの。＝組み

くみおび【組み帯】[名]❶より合わせた糸で平らに編んだ帯。上代、男子が礼服を着る際につけた。❷組みひもを絎で打って編んだ帯。打ち帯。

くみかき【組み垣】[名]木や竹を組んで作った垣。

くみがしら【組頭】[名]❶武家で、弓組・鉄砲組などの組の長。❷江戸時代、庄屋や名主などを補佐し、事務を処理した人。

くみ・す【与す】[自サ変]{せ・し・す・する・すれ・せよ}仲間になる。味方になる。協力する。例「よしなき事（＝鹿ヶ谷ノ陰謀）にくみ・してんげり」〈平家・二・西光被斬〉

くみだい【組み題】[名]歌題を集めてひとまとまりとしたもの。最初の組み題百首『堀河百首』を典型として、以降盛んに行われるようになった。

くみて【組み手】[名]組み合うのにちょうどよい敵。取り組む相手。

くみど【隠処】[名]夫婦の寝所。

くみ・ぬ【隠寝】[自ナ下二]{ね・ね・ぬ・ぬる・ぬれ・ねよ}男女が共寝をする。例「のちもくみ・寝むその思ひ妻あはれ」〈記・下・歌謡〉

くみはか・る【酌み量る・汲み量る】[他ラ四]{ら・り・る・る・れ・れ}心のうちをくみとって推し量る。察して思いやる。例「深うも汲みはか・りたまはぬなめりかし」〈源氏・鈴虫〉語構成「たまはぬなめり」→「なめり」

ぐみぶくろ【茱萸袋】[名]グミを入れた赤い袋。陰暦九月九日の重陽の節句に、邪気を払うため、身に着けたり帳に掛けたりした。（季―秋）

くみまが・ふ【汲み紛ふ】[自ハ四]{は・ひ・ふ・ふ・へ・へ}入り交じって水をくむ。例「もののふの八十娘子らが汲みまが・ふ寺井の上の堅香子の花」〈万葉・一九・四一四三〉訳→〈和歌〉もののふのやそをとめらが…

くみれ【組入れ】[名]「くみいれ②」に同じ。

くむ【雲】[名]《上代東国方言》くも。

く・む【組む】{ま・み・む・む・め・め} 一 [自マ四]組み合う。組み討ちをする。例「おしならべてむずとく・んでどうどおち」〈平家・九・敦盛最期〉《音便》「くんで」は「くみて」の撥音便。 二 [他マ四] ❶糸やひもを互い違いに組み合わせる。編む。例「青つづら籠にやく・まし若菜つむべく」〈拾遺・物名・三九九〉 ❷交差させる。例「鎧脱ぎ捨て座を組・みて」〈謡・頼政〉 ❸組み立てる。例「土居を組・み、うちおほるを葺きて」〈方丈記〉

く・む【汲む・酌む】[他マ四]{ま・み・む・む・め・め} ❶液状のものをすくいとる。❷酒などを器に注ぐ。また、それを飲む。❸他者の心中や事情を推しはかる。例「竹の葉の酒、く・めども尽きず」〈謡・猩猩〉 例「思ひたまはむ心地こどもを酌・みきこえたまふも」〈源氏・椎本〉

-ぐ・む [接尾マ四型]{ま・み・む・む・め・め} (名詞に付いて)その兆しが見える。その状態になり始める。「涙ぐ・む」「芽ぐ・む」「角ぐ・む」「水ぐ・む」など。

くめ【貢馬】[名]朝廷へ諸国から献上される、貢ぎ物の馬。

くめ【久米】[歌枕]美作国の地名。今の岡山県久米郡久米町を中心とした地域。

くめうた【久米歌・来目歌】[名]古代の歌謡のひとつ。久米部が「久米舞」の際に歌う戦闘歌謡。

くめぢ【久米路】[名]葛城山と金峰山の間の道。久米街道。

くめぢのはし【久米路の橋】[歌枕]大和国の伝説上の橋。いまの奈良県御所市。役行者が一言主神に、葛城山から吉野の金峰山に岩の橋を架けるように命じ、完成しなかったという伝説による名称。「葛城の橋」「葛城の岩橋」「葛城の久米路の橋」という形で詠まれる。＝久米の岩橋

くめのいはばし【久米の岩橋】[名]男女の契りが成就しないことのたとえとしていう。＝石橋

くめのさらやま【久米の皿山】[歌枕]美作国の山。いまの岡山県津山市にある佐良山。「さら」の音を導く枕詞や序詞として用いられる。

くめのせんにん【久米仙人】[人名]伝説上の人物。仙術を学んだが飛行中に洗濯をしている女性の股(脛とも)を見て久米川に落下、通力が失せたという。奈良県橿原市の久米寺の開祖といわれる。

くめべ【久米部・来目部】[名]久米直に統率された兵団で、のちに大伴氏の配下に入り、宮廷の警護・軍事を職務とした。

くめまひ【久米舞】[名]上代に朝廷での宴会で久米部の者が舞った歌舞。神武天皇が久米部を率い大和で戦ったときのようすを舞踊にしたものという。帯剣して舞う。中古では大嘗会や豊明節会のときに舞った。

くも【雲】[名] ❶空の雲。❷桜などが遠くに咲いているさまを雲に見立てたもの。例「桜の雲の八重のをちかた」〈拾遺愚草〉 ❸火葬の煙を雲に見立てたもの。死・死者・魂などを暗示する。例「むなしき空の雲となりけん」〈新古今・哀傷・八二一〉 ❹心が晴れないことのたとえ。例「身をさらぬ心の月に雲はれて」〈新後撰・釈教・六四七〉 ❺手の届かないもの、現実離れしたもののたとえ。例「雲のよそにも思ひけるかな」〈源氏・須磨〉

〔**雲となり雨となる**〕❶物事が変化することのたとえ。❷跡形もなく消えてしまう。人が死ぬ。❸巫山の神女の故事から、男女の愛情の細やかなことにいう。

〔**雲に飛ぶ薬**〕それを飲むと空を飛べるようになるという神仙の薬。

〔**雲に臥す**〕雲を夜具とするような深山に生活する。

〔**雲の脚**〕雲の動き。

〔**雲の彼方**〕雲の向こう。はるかに遠い所。

〔**雲の梯**〕❶たなびく雲をかけはしに見立てたもの。❷高い場所にかけられた橋。❸(宮中を雲の上にたとえて)宮中の階段。

〔**雲の返しの嵐**〕雨ののち、雨雲を吹き返す風。多く西北の風をいう。＝雲の返しの風

〔**雲の通ひ路**〕雲の通る道。また、雲の中の通り道。

〔**雲の輿**〕仏や仙人が空を飛ぶとき乗るという雲を、輿に見立てた語。

〔**雲の如し**〕人や物が多く集まることのたとえ。

〔**雲の衣**〕雲を天女の衣に見立てたもの。

〔**雲の柵**〕雲を、水の流れをせきとめる柵に見立てていう語。

〔**雲の塵**〕月にかかる雲を塵に見立てたもの。

〔**雲の帳**〕(宮中を「雲の上」というところから)宮中のとばり。宮中の御帳。

〔**雲の波**〕❶重なる雲を波に見立てた語。❷波を雲に見立てた語。

〔**雲の波路**〕❶雲を舟路の波に見立てた語。❷波を雲に見立てて舟路をいう語。

〔**雲の錦**〕美しい雲を錦にたとえていう語。

〔**雲のはたて**〕❶雲の果て。空の果て。❷(「はたて」を「旗手」と解して)雲のたなびくさまを旗がなびくのに見立てた語。旗のようになびく雲。

〔**雲の機手**〕天上にあるという、雲で作られた機。雲の機。

〔**雲の林**〕雲の群がるさまを林に見立てた語。

〔**雲の原**〕雲のたなびく空を野原に見立てた語。

〔**雲の舟**〕雲が大空に漂うさまを舟に見立てた語。

〔**雲の迷ひ**〕雲が乱れ立つこと。また、雲に紛れてはっきりと見えないこと。

〔**雲の澪**〕雲が流れて行く道筋を、水の流れに見立てたもの。

〔**雲の余所**〕雲のかなた。

〔**雲を霞**〕「くもかすみ②」に同じ。

くも【蜘蛛】[名]《「ちちゅ」「ちちゅう」とも》虫の名。クモ。＝細蟹。(季―夏)

〔**蜘蛛の網**〕クモの巣。

〔**蜘蛛の網がき**〕クモが巣をかけること。また、その巣。＝蜘蛛の巣がき

〔**蜘蛛の巣がき**〕「くものいがき」に同じ。

〔**蜘蛛の巣後光**〕クモの巣のように阿弥陀の後光を書いたあみだくじ。

〔**蜘蛛の振る舞ひ**〕クモが巣をかける動作。待ち人が来る前兆とみなした。

くもあし【雲脚】［名］❶雲が流れ動くさま。また、その速さ。＝雲の脚。❷机や台などの脚が雲形になったもの。

くもい【雲居】歴史的かなづかい「くもゐ」

くもがく・る【雲隠る】㊀［自ラ四］（ら・り・る・る・れ・れ）❶雲に隠れる。例「照る月の**雲隠る**ごと」〈万葉・二・二〇七長歌〉訳→〈和歌〉あまとぶや…。❷《高貴な人の死の婉曲表現》亡くなる。例「百伝ふ磐余の池に鳴く鴨を今日のみ見てや**雲隠り**なむ」〈万葉・三・四一六〉訳→〈和歌〉ももづたふ…。㊁［自ラ下二］（れ・れ・る・るる・るれ・れよ）❶㊀①に同じ。例「月のをかしきほどに**雲隠れ**たる道」〈源氏・末摘花〉❷㊀②に同じ。例「などてかく**くもがく・れ**けむ」〈後拾遺・哀傷・五四〇〉

くもがくれ【雲隠れ】［名］❶雲に隠れること。また、隠れて姿が見えなくなること。❷《「死」を婉曲にいう語》貴人の死。ご逝去。

くもかすみ【雲霞】［名］❶雲と霞。❷人が逃げ、行方をくらますこと。＝雲を霞

くもかへるかぜ【雲返る風】雲を吹きはらう風。

くもけぶりとな・る【雲煙となる】火葬になる。火葬の煙となる。＝雲霧となる・雲霞となる。例「**雲煙とな・らせ**たまはんは、あさましながらも、いふかなくてやませたまふを」〈栄花・二五〉

くもけぶりにな・す【雲煙になす】《「くもけぶりとなす」とも》火葬にする。茶毘にふす。例「二十三日、〔夫ヲ〕はかなく**雲煙にな・す**夜」〈更級〉

くもすき【雲透き】［名］（日や月を雲をとおして見るように）薄暗い所で物を透かして見ること。例「**雲透**きにみたてまつりけるに、物の具・事柄（＝人品）尋常なり（＝立派デアル）」〈平治・中〉

くもすけ【雲助・蜘蛛助】［名］《近世語》江戸時代、住所不定の者で、街道や宿場などで駕籠かき・川渡し・荷物持ちなどをして稼いだ人足。

くもたてわき【雲立て涌き】［名］模様の名。波形の線の間に雲形を描いたもの。上皇・親王・摂政の指貫や関白の袍の文様に用いた。＝雲立ち涌き

くもぢ【雲路】［名］空や雲の中の道。鳥や月、天女などが通るとされた。

くもつ【公物】［名］朝廷が所有する物。官有物。

くもつ【供物】［名］神仏に供える物。お供え。

くもで【蜘蛛手】［名］❶クモの足のように道や川などが多く枝別れしているようす。例「水ゆく河の**くもで**なれば」〈伊勢・九〉❷あれこれと思い乱れること。例「**蜘蛛手**に物ぞ思はるる」〈謡・杜若〉❸縦横無尽に太刀を振り回すこと。また、四方八方に駆けめぐること。❹縄を結びつけたり、木材を互い違いに組んだりして封鎖すること。

くもとり【雲鳥】［名］❶雲の中を飛ぶ鳥。❷模様のひとつ。雲に鶴を配したもの。＝雲鶴

くもとりの【雲鳥の】［枕詞］（綾の模様として、雲と鶴の文様を多く用いたことから）「あや」にかかる。例「**雲鳥の**あやの色をも思ほえず」〈大和・一五九〉

くものうへ【雲の上】［名］❶天上。高い空。❷（宮中を、雲の上の天空にたとえて）宮中。朝廷。内裏。＝雲居。例「**雲のうへ**も涙にくるる秋の月」〈源氏・桐壺〉訳→〈和歌〉くものうへも…

発展学習ファイル　和歌では①と②の両方の意をかけて用いられることが多い。

くものうへびと【雲の上人】［名］❶宮中や院に仕えている人。とくに、殿上の間へ出仕を許された殿上人。例「忠盛三十六にて始めて昇殿す。**雲の上人**これを猜み」〈平家・一・殿上闇討〉❷（①から転じて）身分の高い人。公家。

〈和歌〉**くものうへも…**【雲のうへも涙にくるる秋の月いかですむらん浅茅生の宿】〈源氏・桐壺〉訳雲の上の宮中でも涙にくれてぼんやり見える秋の月は、どうして澄んで見えましょうか。まして丈の低いチガヤが生い茂る荒れた家ではなおさらでしょう。またそこでどのようにして住んでいるのでしょうか。《疑問語との呼応》「いかで→すむらん㊎」〈参考〉「すむ」は「澄む」と「住む」との掛詞。帝が亡き桐壺更衣の母君に詠みつかわした歌。

〈俳句〉**くものみね…**【雲の峰幾つ崩れて月の山】〈おくのほそ道・出羽三山・芭蕉〉訳炎天に峰のように聳えては崩れていく入道雲。その雲の峰が、いったいいくつ崩れて、いま月光に照らされ神々しく聳え立つ月山になったのだろうか。あたかも天の一部が崩れ、地上に築きあげられたようだ。（季－雲の峰－夏）

くもばな・る【雲離る】［自ラ下二］（れ・れ・る・るる・るれ・れよ）雲が遠ざかっていく。例「倭方に西風吹き上げて**雲離・れ**退き居りとも我忘れめや」〈記・下・歌謡〉

〈和歌〉**くもはみな…**【雲はみなはらひ果てたる秋風を松に残して月を見るかな】〈新古今・秋上・四一八・藤原良経〉訳雲をすっかり吹きはらってしまった秋風を、松の枝に残したその音を聞きつつ、一点の曇りもない月を見ることだ。

くもま【雲間】［名］❶雲の切れ間。❷雨雲の途絶えたとき。例「**雲間**待ち出でむほど、いかに心もとなう」〈源氏・末摘花〉

くもみづ【雲水】［名］雲と水。行方の定まらないもののたとえ。

くもらは・し【曇らはし】［形シク］（しから・しく（しかり）・し・しき（しかる）・しけれ・しかれ）空模様が曇っているさま。くすんでいる。例「花紅葉の盛りよりも、なにとなく茂りわたれる空のけしき、**曇らは・しく**をかしきに」〈更級〉

くもら・ふ【曇らふ】《動詞「曇る」の未然形＋上代の反復・継続の助動詞「ふ」》曇っている。例「こちたくも大つみ空は**曇ら・ひ**につつ」〈万葉・一〇・二三二二〉

くもり【曇り】［名］（多く「くもりなし」の形で）❶雲が空を覆っていること。曇り。❷光や色・声などがぼんやりしていること。透き通っていないこと。❷うしろ暗いこと。やましいこと。

くもりくら・す【曇り暮らす】［自サ四］（さ・し・す・す・せ・せ）一日じゅう曇っている。例「七月七日は、**曇りくら・し**て」〈枕・正月一日、三月三日は〉

くもりな・し【曇り無し】［形ク］（から・く（かり）・し・き（かる）・けれ・かれ）❶鮮明である。明るい。曇ったり、ぼんやりしたところがない。例「十四日の月のはなやかに**曇りな・き**に」〈源氏・竹河〉❷やましいところがない。公正である。例「これは春日の**くもりな・き**身ぞ」〈源氏・須磨〉

くもりよの【曇り夜の】［枕詞］（曇った夜は暗くて何も分からないことから）「たどきも知らず」「まどふ」などにかかる。例「**曇り夜の**たどきも知らぬ山越えて」〈万

葉・一二・三一八六〉

くも・る【曇る】［自ラ四］{ら・り・る・る・れ・れ}❶雲などが空を覆う。❷光や色などが不鮮明になる。かすむ。❸心がふさぐ。例「ひまもなき涙に**くも・る**心にも」〈更級〉

くもゐ【雲居・雲井】［名］❶**雲のある所**。空。例「見し人の雨となりにし**雲居**さへいとど時雨にかきくらすころ」〈源氏・葵〉❷**雲**。例「はしけやし我家の方よ**雲居**立ち来も」〈記・中・歌謡〉❸**遠く離れた所**。**天上**。例「春霞たちて**雲ゐ**になりゆくは」〈後撰・春中・七五〉❹**宮中**。**皇居**。❺**都**。例「おもひきや深山のおくにすまひして**雲ゐ**の月をよそに見んとは」〈平家・灌頂・大原御幸〉例「秋の夜のつきげの駒よわが恋ふる**雲居**をかけれ時のまも見ん」〈源氏・明石〉

〔**雲居の雁**〕空を飛ぶ雁。

〔**雲居の岸**〕大空のかなた。空の果て。例「沖つ島**雲井の岸**を行きかへり文かよはさむまぼろしもがな」〈拾遺・雑下・四八七〉

〔**雲居の桜**〕宮中の桜。多く、南殿（紫宸殿）の桜をいう。また、里内裏にあっては、大内裏の桜をいう場合がある。

〔**雲居の空**〕❶雲のある空。❷遠く離れた所。また、宮中。

〔**雲居の橋**〕❶雲のかなたにかかっている橋。七夕の夜、天の川にかけられるという「鵲の橋」。❷宮中の階段。

〔**雲居の花**〕宮中の前栽に咲く花。

〔**雲居の余所**〕遠く隔たった所。例「**雲居のよそ**に一声ぞ聞く」〈新古今・夏・二〇五〉

〔**雲居遥か**〕空のかなた。非常に遠く離れていること。例「雁が音の**雲ゐはるか**に聞こえしは」〈後撰・恋三・七七七〉

くもゐがく・る【雲居隠る・雲井隠る】㊀［自ラ四］{ら・り・る・る・れ・れ}雲の中に隠れる。例「春日山**雲居隠・り**て遠けども家は思はず君をしそ思ふ」〈万葉・一一・二四五四〉㊁［自ラ下二］{れ・れ・る・るる・るれ・れよ}《中古以降》㊀に同じ。例「春日山**くもゐ隠・れ**て遠けれど家は思はず君をこそ思へ」〈拾遺・雑恋・一二四四〉

くもゐぢ【雲居路】［名］鳥や月が通るとされる、雲の中の道。＝雲路

くもん【公文】［名］❶令制の時代、諸官庁から出す公文書の総称。❷社寺・摂関家・公卿などから所領・荘園にあてて出した文書。❸荘園で②の文書を扱ったり年貢を取り立てたりした者。＝公文職

ぐもんけんちゅう【愚問賢註】［作品名］南北朝時代（一三六三成立）の歌論書。二条良基の問いに、頓阿が答えたもの。和歌についての諸問題が二十九条にわたって問答体で述べられる。

くもんじょ【公文所】［名］❶平安時代、各国で「公文」を処理するための役所。❷摂関家・寺社などでの公文の保管・評議をする所。❸源頼朝によって設置された政務上の文書を保管・評議をする機関。のちの政所。

くもんしょく【公文職】［名］「くもん③」に同じ。

くもんづかさ【公文司】［名］「公文①」を扱う役所。

くもんぶぎゃう【公文奉行】［名］室町幕府の職制。禅寺および一般僧に関する文書をつかさどる、非常置の職。

くやう［・す］【供養】［名・他サ変］《仏教語》三宝（仏・法・僧）や死者の霊に対して香や食物などの供物を捧げ回向すること。

くやうぼふ【供養法】［名］《仏教語》供養の法式・きまり。

くやく【公役】［名］朝廷や役所から課せられる労働。軍役・夫役など。

〔和歌〕**くやくやと…**【来や来やと待つ夕暮れと今はとて帰る朝といづれまされり】〈後撰・恋一・五一〇・元良親王〉訳 来るか来るかと思いつつ男を待っている夕方と、これでお別れといって男が帰ってゆく朝とでは、どちらがせつなさが勝っているでしょうか。

くや・し【悔し】［形シク］{しから・しく(しかり)・し・しき(しかる)・しけれ・しかれ}❶**悔やまれるさま**。**後悔されるさま**。例「悔・しかもかく知らませばあをによし国内ことごと見せましものを」〈万葉・五・七九七〉❷**しゃくにさわるさま**。**しゃくだ**。例「**くや・しから**うがこれ米八、まあ気をしづめてよく聞かっし」〈情・梅児誉美〉

発展学習ファイル 「くやし」の類義語に、「**くちをし**」「**にくし**」「**ねたし**」などがある。⇨「くちをし」「ねたし」〈古語深耕〉

くやしう【悔しう】形容詞「くやし」の連用形「くやしく」のウ音便。

くやつ【此奴】［代名］《他称の人称代名詞。「こやつ」の変化形。人を卑しめていう語》こいつ。あいつ。

く・ゆ【悔ゆ】［自ヤ上二］{い・い・ゆ・ゆる・ゆれ・いよ}後悔する。例「朝敵と成ってはいかに**く・ゆ**とも益あるまじ」〈平家・二・教訓状〉

く・ゆ【崩ゆ】［自ヤ下二］{え・え・ゆ・ゆる・ゆれ・えよ}崩れる。だめになる。例「早川の塞きに塞くともなほや**崩・え**なむ」〈万葉・四・六八七〉

く・ゆ【越ゆ】［自ヤ下二］{え・え・ゆ・ゆる・ゆれ・えよ}《上代東国方言》こえる。

く・ゆ【蹴ゆ】［他ヤ下二］{え・え・ゆ・ゆる・ゆれ・えよ}《上代語》蹴る。

くゆらか・す【燻らかす・薫らかす】［他サ四］{さ・し・す・す・せ・せ}（「かす」は接尾語）「くゆらす」に同じ。

くゆら・す【燻らす・薫らす】㊀［他サ四］{さ・し・す・す・せ・せ}煙を立てる。くすぶらせる。例「**くゆら・す**香も我が命も」〈浄・傾城島原蛙合戦〉㊁［他サ下二］{せ・せ・す・する・すれ・せよ}㊀に同じ。例「煙をいとおほく**燻ら・せ**て」〈大和・六〇〉㊀㊁＝燻らかす

くゆりかか・る【燻り掛かる】［自ラ四］{ら・り・る・る・れ・れ}煙や匂いなどが、ゆっくりと覆いかかる。例「いみじく匂ひ満ちて、顔にも**くゆりかか・る**心地するに〔中将ノ君ハ源氏ノ君ト〕思ひよりぬ」〈源氏・帚木〉

くゆりみ・つ【燻り満つ・薫り満つ】［自タ四］{た・ち・つ・つ・て・て}煙や匂いでいっぱいになる。例「富士の嶺よりもけに〔香ヲ〕**くゆり満・ち**出でたる」〈源氏・鈴虫〉

くゆりわ・ぶ【燻り侘ぶ】［自バ上二］{び・び・ぶ・ぶる・ぶれ・びよ}火が勢いよく燃え上がらないで、くすぶっている。転じて、心がふさいで悩み苦しむ。例「夜はすがらに**くゆりわ・ぶ**らむ」〈金槐集・中〉

くゆ・る【燻る・薫る】［自ラ四］{ら・り・る・る・れ・れ}❶煙や香りなどが立ちのぼる。くすぶる。❷心がふさぐ。思い焦が

れる。例「白雪の消えこそかへれくゆ・る思ひに」〈後撰・恋四・八五一〉

くよう【供養】 歴史的かなづかい「くやう」

くら【座】［名］（上の語と複合して）❶座る所。❷物を載せる台。

くら【鞍】［名］乗馬用の馬具の総称。とくに、「鞍橋（くらぼね）」を「鞍」という場合もある。➡［古典参考図］武装・武具〈1〉

〔**鞍の具足**（くらのぐそく）〕鞍に付いている馬具の総称。

くらう【暗う】（クロウ）形容詞「くらし」の連用形「くらく」のウ音便。

ぐらう【愚老】（グロウ）［代名］《自称の人称代名詞。老人・僧などが自分のことをへりくだっていう語》わたし。例「ただ**愚老**がともかうもならむやうをきこしめしはてさせ給ふべし」〈平家・三・城南之離宮〉

くらうど【蔵人】（クロウド）［名］《「くらんど」とも。「くらひと」のウ音便》❶「蔵人所（くらうどどころ）」の役人で「**令外（りやうげ）の官**」の**ひとつ**。もと、皇室の文書や道具類を納めた納殿（おさめどの）の管理をつかさどる。当初は、機密の文書や訴訟を扱っていたが、のちには天皇のそば近くに仕え、伝宣・進奏・除目（ぢもく）・諸節会（せちえ）の儀式から、衣服・食事などにも奉仕し、宮中の諸事をつかさどるようになり、平安中期にはきわめて重職となった。ふつう六位の官人は昇殿を許されないが、蔵人は六位でも昇殿を許された。❷「女蔵人（にょくらうど）」の略。

古典の世界 ①で、六位の蔵人（くらうど）は、天皇専用の「麴塵（きくぢん）（青色）の袍（はう）」の着用が許されていたため、その雄姿が目を引いたと思われ、清少納言など折に触れて称賛している。彼らは六年の任期を終えれば五位に叙せられるが、五位の蔵人に欠員がない場合には殿上を降りることになる。それをとくに「**蔵人の五位**」と呼んだ。「**五位の蔵人**」とは区別が必要である。

くらうどどころ【蔵人所】（クロウドドコロ）［名］令制で、令外（りやうげ）の官のひとつ。「蔵人」が執務した役所で、校書殿（きやうしよでん）の西廂（にしびさし）にあった。

くらうどのごゐ【蔵人の五位】（クロウドノゴイ）［名］六位の蔵人のうち、六年の任期が満ちて五位に叙せられたものの、五位の蔵人の欠員がないために殿上（てんじやう）を退き「地下（ぢげ）」になった者。＝蔵人の大夫（たいふ）

くらうどのせうしゃう【蔵人の少将】（クロウドノショウショウ）［名］「近衛少将（このゑのせうしやう）（＝近衛府」の次官）」で、「五位の蔵人」を兼ねた人。

くらうどのとう【蔵人の頭】（クロウドノトウ）［名］「蔵人所（くらうどどころ）」の最も重要な職。別当の次位だが実質的な責任者。定員はふたりで、弁官（べんかん）、近衛（このえ）から選ばれ、それぞれ「頭の弁」「頭の中将」といった。＝頭（とう）②

くらうはうぐゎん【九郎判官】（クロウホウガン）［人名］「みなもとのよしつね」に同じ。

くらおきうま【鞍置き馬】［名］鞍を置いた馬。↕裸馬（はだかうま）

くらかけ【鞍掛け・鞍懸け】［名］❶鞍を掛けておく四本の足をもつ台。❷四本の足がある踏み台。

くらかさ【鞍笠】［名］「くらつぼ」に同じ。

くらがり【暗がり・闇がり】［名］❶暗やみ。暗い時。暗い場所。❷秘密の場所。秘密のこと。❸頭の悪いこと。暗愚。

くらが・る【暗がる】［自ラ四］{ら・り・る・る・れ・れ}暗くなる。例「世界**暗が・りて**」〈竹取・竜の頸の玉〉

くらき【暗き】［名］❶暗いこと。暗い時。暗い所。❷《仏教語》仏法の真理を悟ることなく、煩悩から逃れられずに苦悩し、迷うこと。無明（むみやう）の闇（やみ）。

くらきみち【冥き途・暗き道】［名］《「冥途（めいど）」の訓読語》あの世。死後の世界。また、煩悩。

〔和歌〕**くらきより…**【暗きより暗き道にぞ入りぬべきはるかに照らせ山の端（は）の月】〈拾遺・哀傷・一三四二・和泉式部〉訳 私は煩悩の闇（やみ）から闇へと入り込んでしまいそうだ。はるか遠くまで私を照らしてほしい、山の端にかかる月よ。

くらく【来らく】《「らく」は接尾語》来ること。例「神代（かみよ）より言ひ伝って**来らく**」〈万葉・五・八九四長歌〉

くらぐら【暗暗】《「くらくら」とも》㊀［名］薄暗い時刻。夕暮れ。未明。㊁［副］薄暗くてはっきり見えないようす。ぼんやり。例「白雲に跡**くらくら**に行く雁（かり）も」〈公任集〉

くらげ【海月・水母】［名］海産動物の名。クラゲ。◇海に映る月の姿に似ているので「海月」と表記。和歌では、「暗げ」とかけられたり、「海月の骨」の形で貴重なもののたとえとされる。（季―夏）

〔**海月（くらげ）の骨（ほね）に逢（あ）ふ**〕（クラゲノホネニアウ）めったにないものに出会う。ありえないものと会う。

くらけくに【暗けくに】《形容詞「暗し」の名詞化したもの＋格助詞「に」》暗い時分に。暗いところに。例「秋の田の穂田（ほだ）を雁（かり）がね**暗けくに**夜（よ）のほどろ（＝未明）にも鳴き渡るかも」〈万葉・八・一五三九〉

くら・し【暗し】［形ク］{(から)・く(かり)・し・き(かる)・けれ・かれ}❶**暗い**。例「屋のうちは**くら・き**所なく光満ちたり」〈竹取・かぐや姫〉❷**物事をよく知らない**。**愚かだ**。例「**くら・き**人の人をはかりて、その智を知れりと思はん、さらにあたるべからず」〈徒然・一九三〉❸**心に光明がなく、迷いに閉ざされている**。**迷いがある**。例「**暗・き**より**暗き**道にぞ入りぬべき」〈拾遺・哀傷・一三四二〉訳→〔和歌〕くらきより…。❹**不足している**。**不十分だ**。例「我が韃靼（だつたん）は大国にて、七珍、万宝く**ら・から**ず」〈浄・国性爺合戦〉

くらしか・ぬ【暮らしかぬ】［他ナ下二］{ね・ね・ぬ・ぬる・ぬれ・ねよ}暮らせない。一日を過ごすことに困る。例「雲の上も**暮らしか・ね**ける春の日を」〈枕・三月ばかり〉

くらしわづら・ふ【暮らし煩ふ】（クラシワズラ(ロ)ウ）［他ハ四］{は・ひ・ふ・ふ・へ・へ}どうやって一日を過ごしてよいか思い迷う。過ごしかねる。例「**暮らしわづら・ふ**昨日（きのふ）今日かな」〈枕・三月ばかり〉

くら・す【暗す】［他サ四］{さ・し・す・す・せ・せ}暗くする。曇らせる。悲しみなどで心を沈ませる。例「いにしへを恋ふるなみだに**くら・され**て」〈詞花・雑下・三九二〉

くら・す【暮らす】［他サ四］{さ・し・す・す・せ・せ}❶**日暮れまでの時を過ごす**。↕明かす②。例「朝戸出（あさとで）の君の姿をよく見ずて長き春日（はるひ）を恋ひや**暮ら・さん**」〈万葉・一〇・一九二五〉❷**月日を過ごす**。例「桜花思ひやりてや春を**暮ら・さむ**」〈拾遺・雑春・一〇四〇〉❸**生計を立てていく**。❹（動詞の連用形に付いて）…つづけて一日過ごす。「語らひ**暮らす**」など。

くらたに【くら谷】［名］深くて切り立った谷。

くらつかさ【内蔵寮・蔵司】［名］「くられう」に同じ。

くらつぼ【鞍壺】［名］鞍の中央の、人がまたがる所。前輪と後輪の間のくぼんだ所。＝鞍笠

〔俳句〕**くらつぼに…【鞍壺に小坊主乗るや大根引】**〈すみだはら・芭蕉〉訳一家総出で大根を収穫している最中、畑の傍らにつながれた馬の鞍壺に、小さな男の子がちょこんと乗っているよ。（季―大根引―冬）

くらづめ【鞍爪】［名］鞍の前輪と後輪との最下端の鞍骨の先のとがった所。➡［古典参考図］武装・武具〈1〉

くらのかみ【尚蔵】［名］「蔵司」の長官。

くらのかみ【内蔵頭】［名］「内蔵寮」の長官。

くらのすけ【典蔵】［名］「蔵司」の次官。

くらのすけ【内蔵助】［名］「内蔵寮」の次官。

くらのつかさ【蔵司】［名］令制で後宮十二司のひとつ。神璽（天皇の御印）・関契（関所の割り符）・珍宝などのことをつかさどった役所。

くらのつかさ【内蔵寮】［名］「くられう」に同じ。

くらはしやま【倉橋山】［歌枕］大和国の山。奈良県桜井市倉橋にある多武の峰北方の山。「暗し」をかけ、「時鳥」を景物とする。

くらびつ【鞍櫃】［名］鞍を入れておく大形の箱。

くらひづめ【食らひ詰め】［名］だんだん押し詰まり身動きできなくなること。じり貧。

くらびとべ【蔵部】［名］「大蔵省」や「内蔵寮」の下級官吏。官庫からの出納をつかさどった。

くらびらき【蔵開き】［名］新年に、初めて蔵を開いて、その年の財産が増えることを願う行事。吉日を選んで行われた。（季―春）

くら・ふ【食らふ・喰らふ】［他ハ四］{は・ひ・ふ・ふ・へ・へ}❶食べる。飲む。❷生計を立てる。生活する。例「海道に出で、茶屋をして食ら・ふ奴が」〈狂・禰宜山伏〉❸好ましくないことをされる。

くら・ぶ【比ぶ・較ぶ・競ぶ】［他バ下二］{べ・べ・ぶ・ぶる・ぶれ・べよ}❶比較する。❷優劣を競う。❸うちとけて親しく付き合う。例「年ごろよくくら・べつる人々」〈土佐〉

くらべ【比べ・較べ・競べ】［名］比べること。比較して優劣を争うこと。競争。

くらべうま【競べ馬】［名］馬場で馬を走らせて競う競技。宮中の年中行事として陰暦五月五日の節会で行われたほか、神事として諸所で行われた。＝競ひ馬・競ひ馬

くらべがた・し【比べ難し】［形ク］{から・く(かり)・し・き(かる)・けれ・かれ}釣り合いがとれない。親しみにくい。例「女のいと比べがた・く侍りけるを、相離れにけるが」〈後撰・雑三・一二二五詞書〉

くらべぐる・し【比べ苦し】［形シク］{しから・しく(しかり)・し・しき(しかる)・しけれ・しかれ}扱いにくい。付き合いにくい。例「(男女ノ仲ハ)とりどりに比べ苦しかるべき」〈源氏・帚木〉

〔和歌〕**くらべこし…【くらべこしふりわけ髪も肩すぎぬ君ならずして誰かあぐべき】**〈伊勢・二三〉訳あなたと長さを比べてきた私の振り分け髪も、肩を過ぎるほど伸びました。あなた以外の、だれのために髪上げをいたしましょうか。《係結び》「か→あぐべき㊍」〈参考〉「あぐ」は髪上げをして成人の姿になること。

くらべや【暗部屋】［名］宮中の局の名。正確な位置は不明。清涼殿の近くに位置していたらしい。

くらぼね【鞍骨・鞍橋】［名］鞍の骨組みをなす部分。「前輪」「後輪」「居木」から成る。

くらま【鞍馬】［地名］山城国の地名。いまの京都市左京区にある。鞍馬寺や貴船神社がある。

くらまぎれ【暗紛れ】［名］暗やみに紛れること。暗やみに紛れるような時刻・場所。例「暗まぎれなれば、やをら細めに開けて見たまひければ」〈大鏡・兼通〉

くらま・す【暗ます】［他サ四］{さ・し・す・す・せ・せ}❶暗くして見えないようにする。❷ごまかす。たぶらかす。

くらまち【蔵町・倉町】［名］倉庫をたくさん建て並べてある所。

くらまでら【鞍馬寺】［名］京都市左京区の鞍馬山山腹にある天台宗の寺。毘沙門天を祭る。修験道の道場でもあり、平安京の北方鎮護の寺として人々の信仰を集めた。

くらまやま【鞍馬山】［歌枕］京都市左京区北山にある山。天狗が牛若丸（幼少の源義経）に剣術を伝授した伝説で知られる。

くら・む【暗む】{ま・み・む・む・め・め}㊀［自マ四］❶暗くなる。例「くら・む命のともしびは」〈浄・浦島年代記〉❷目まいがする。例「包丁を押し当てらるれば、眼もくら・み」〈狂言記・蛸〉❸理性を失う。判断力がなくなる。例「色も嫉妬にまよひの煙に涙の霰」〈伎・業平河内通〉㊁［他マ四］暗くする。隠す。例「その郎党を召すに、跡をくら・みて失せぬ」〈古今著聞・五七五〉

くらめ【暗め】［名］日が暮れて暗くなるころ。夕暮れ。

くらや【暗屋】［名］「くらやど(暗宿)」に同じ。

くらやど【暗宿】［名］《近世語》売春婦をおいて客をとらせた淫売宿。＝暗屋

くららか［・なり］【暗らか】［形動ナリ］{なら・なり(に)・なり・なる・なれ・なれ}《「らか」は接尾語》薄暗いさま。例「御前の大殿油くららか・にしなして」〈讃岐典侍日記〉

くられう【内蔵寮】［名］《「うちのくらのつかさ」「くらのつかさ」「くらづかさ」「くらのれう」とも》令制で「中務省」に属し、宮中の宝物や外国からの献上品、祭祀の具、天皇・皇后の装束などを納める倉をつかさどった役所。

くらゐ【位】［名］❶天皇の位。皇位。帝位。例「我は位に在りし時、過つことなかりしかど」〈源氏・明石〉❷宮中における席次。位階。例「三位の位贈りたまふよし」〈源氏・桐壺〉❸官職の地位。官位。例「大臣の位を求めむと思し願ひて」〈源氏・東屋〉《敬語》「思し願ひて」→「おぼす」。❹等級。優劣。境地。域。例「堪能の嗜まざるよりは、終に上手の位にいたり」〈徒然・一五〇〉❺品位。品格。❻学問や芸道上の力量の程度。❼連歌・俳諧で、作品の品位・品格。連歌では、「冷え」と関連付けた心敬の説と、平淡美に関連させた宗祇の説とが注目される。俳諧においては、「位付け」を重視した蕉風の用例が注目される。

古典の世界 ②の意にあるように、令制において「位」とは宮中での席次を意味し、天皇に近い位置を占める人ほど位が高かった。

〔**位に即く**〕天皇の位に就く。

くらゐづけ【位付け】［名］俳諧で、連句の

付け方のひとつ。前句に表現されている人物や事物の品位をよく見定めて、それに見合った品位の句を付けること。蕉風の連句において重視された。

くらゐやま【位山】クライヤマ［名］位が上がっていくことを山にたとえていったもの。

くらゐやま【位山】クライヤマ［歌枕］飛騨国の山。いまの岐阜県大野郡宮村と益田郡萩原町の境にある。その名から「官位」の意を重ねる。

くらんど【蔵人】［名］《「くらひと」の撥音便》「くらうど」に同じ。

くり【涅】［名］水の底によどんでいる黒い土。染料に使う。また、その色。

くり【栗】［名］木の名。いがに包まれた実は秋に熟し、食用とされる。(季＝花-夏・実-秋)

くり【繰り】［名］❶糸などを巻いてたぐること。❷勘ぐり。察し。❸謡曲の節のひとつ。通常より高い調子でうたう散文の部分。

くり【庫裏・庫裡】［名］❶《仏教語》寺で食事の仕度や雑事を行う所。❷寺で住職やその家族が住む所。❸浄土真宗で、僧の妻をいう語。おくりさま。

くりい・る【繰り入る】［他ラ下二］{れ・れ・る・るる・るれ・れよ}糸などを順にたぐって引き入れる。例「（海女ノ縄ヲ）まどひ**繰り入・るる**さま」〈枕・うちとくまじきもの〉

くりか・く【繰り懸く】［他カ下二］{け・け・く・くる・くれ・けよ}❶たぐり寄せて掛ける。端から端へ掛け渡す。例「見渡せばさほの川原に**くりか・けて**」〈山家集・上〉❷繰り返し、しかける。例「芙蓉の花に呪文を**くりか・くれば**」〈浄・国性爺後日合戦〉

くりかた【栗形】［名］刀の鞘に付けられた栗の実に似た形の突起。下げ緒を通すためのもの。

くりかた【刳り形】［名］えぐって開けた穴。箱などの緒を通す。

くりかはのくつ【烏皮の沓】クリカワノクツ［名］黒い革で作った沓。とくに、つま先部分を高く反らせ、内側に赤地の錦を張り、赤い組みひもで足に結びつけた。

くりかへ・す【繰り返す】クリカエス［他サ四］{さ・し・す・す・せ・せ}❶糸を何度もたぐる。例「河内女の手染めの糸を**繰り返・し**」〈万葉・七・一三一六〉❷同じことを何度もする。

くりから【倶利迦羅・倶梨伽羅】［名］《仏教語。梵語の音訳。「倶利迦羅竜王」の略》竜王のひとつ。背に火炎を負い、黒竜が、岩の上に直立した剣に巻きつき、その剣先を飲み込もうとしている姿に描かれる。不動明王の化身とされた。＝倶利迦羅不動明王・倶利迦羅明王

くりからたうげ【倶利伽羅峠】クリカラトウゲ［地名］越中国と加賀国の境にある峠。いまの富山県小矢部市と石川県河北郡津幡町の境。寿永二年(一一八三)、源義仲が平維盛の軍勢を撃ち破った古戦場。

くりからふどうみゃうわう【倶利迦羅不動明王】クリカラフドウミョウオウ［名］「くりから」に同じ。

くりからみゃうわう【倶利迦羅明王】クリカラミョウオウ［名］「くりから」に同じ。

くりき【功力】［名］《仏教語》功徳の力。効験。

くりげ【栗毛】［名］馬の毛色の名。赤茶色の毛。赤栗毛・黒栗毛・白栗毛など、色の濃淡による種類がある。

くりごと【繰り言】［名］繰り返しくどくどいうこと。また、そのことば。愚痴。

くりたた・ぬ【繰り畳ぬ】［他ナ下二］{ね・ね・ぬ・ぬる・ぬれ・ねよ}たぐり寄せて、たたむ。例「君が行く道の長手を**繰り畳・ね**」〈万葉・一五・三七二四〉訳→(和歌)きみがゆく…

くりた・む【繰り溜む】［他マ下二］{め・め・む・むる・むれ・めよ}糸などを巻き取って、ためておく。例「清滝の瀬々の白糸**繰りた・めて**」〈古今・雑上・九二五〉

くりのもと【栗の本】［名］《歌聖とされる柿本人麻呂の姓をもじったもの》滑稽な和歌(狂歌)や連歌。また、それを詠む人。

くりのもとのしゅう【栗の本の衆】［名］滑稽な連歌の作者の称。無心の衆。↔柿の本の衆

くりひろ・ぐ【繰り広ぐ】［他ガ下二］{げ・げ・ぐ・ぐる・ぐれ・げよ}(書物などを)一枚ずつ順にめくって開く。例「論語の四、五、六の巻を**くりひろ・げ**給ひて」〈徒然・二三八〉

くりめいげつ【栗名月】［名］「まめめいげつ」に同じ。

くりや【厨】［名］❶飲食物を調理する所。台所。❷《「厨人」の略》料理人。

くりや【繰り矢】［名］練習・競技用の的矢の一種。遠くの的を射るために、矢は細い。

くりやめ【厨女】［名］台所で働く女性。

くりん【九輪・空輪】［名］《仏教語》塔の頂上の柱にある九層の輪状のもの。露盤の上の請花と水煙との間にある。＝空輪・相輪

くりん【苦輪】［名］《仏教語》生・老・病・死などの苦しみが永久に続き、止まないこと。

くる【枢】［名］❶「くるる①」に同じ。❷「くるるど」に同じ。

く・る【繰る】［他ラ四］{ら・り・る・る・れ・れ}❶糸やひもなどを引き寄せる。❷順に送り進める。例「念仏往生のたのもしき様など、時々は**く・り**見るべきなり」〈一言芳談〉

く・る【暗る・眩る】［自ラ下二］{れ・れ・る・るる・るれ・れよ}❶**目の前が暗くなる。目がくらむ。**例「（北ノ方ガ落窪ノ姫君ヲドウスルノカト）思ふに、目**く・るる**心地こそし」〈落窪・一〉❷**心が乱れて、理性や判断力を失う。**例「何ごとも思し分かれず、御心も**く・れ**て」〈源氏・若菜・下〉《敬語》「思し分かれず」→「おぼす」

く・る【暮る・暗る・昏る】［自ラ下二］{れ・れ・る・るる・るれ・れよ}❶**日が沈み暗くなる。**例「はや船に乗れ、日も**暮・れ**ぬ」〈伊勢・九〉❷**年・月・季節などが終わる。**例「あぶなながらとし**暮・れて**、寿永も三年になりにけり」〈平家・八・法住寺合戦〉

く・る【呉る】{れ・れ・る・るる・るれ・れよ}㊀［他ラ下二］❶自分が他の者に与える。例「楫取り、また鯛持て来たり。米、酒、しばしば**く・る**」〈土佐〉❷他の者が自分に与える。例「よき友三つあり。一つには、物**く・るる**友」〈徒然・一一七〉㊁［補動ラ下二］(動詞の連用形＋接続助詞「て」に付いて)❶…してやる。例「まだ、をのれその様な事をぬかすか、打ち切って**く・れ**ふ」〈狂言記・子盗人〉❷…してくれる。例「如何にもして杣山の城へ入れまゐらせて**く・れ**よ」〈太平記・一八〉

くるくる［副］❶物が、一点を中心に回るさま。例「鉢は（八）独楽のごとく、**くるくる**とくるめきて」〈今昔・一九・二〉❷ひもなどを巻きつけるさま。ぐるぐる。

例「〔経文ナドノヒモハ〕ただくるくると巻きて」〈徒然・二〇八〉❸あちこち動き回るさま。すばやく立ち働くさま。例「あなたこなたへくるくると参りありき」〈建春門院〉❹〔転じて〕物事がとどこおらず進んでいくさま。すらすら。例「男も女も〔オ経ヲ〕、くるくるとやすらかに読みたる」〈枕・羨ましげなるもの〉

くる・し【苦し】［形シク］{しから・しく(しかり)・し・しき(しかる)・しけれ・しかれ}❶苦痛である。つらい。苦しい。例「翁心地悪しく苦・しき時も、この子を見れば、苦・しきこともやみぬ」〈竹取・かぐや姫〉❷困難である。むずかしい。例「いと多かる御髪なれば、とみにもえほしやらず、起きゐたまへるも苦・し」〈源氏・東屋〉《副詞の呼応》「え→ほしやらず」。❸心を配る。心配である。例「何くれとのたまふも、似げなく、人や見つけんとくるし・きを」〈源氏・紅葉賀〉《係結び》「や→見つけん㊀」。《敬語》「のたまふも」→「のたまふ」。❹さしつかえがある。不都合だ。例「鳶のゐたらんは、何かは苦・しかるべき」〈徒然・一〇〉《係結び》「かは→苦しかるべき㊀」。❺見苦しい。聞き苦しい。例「雉・松茸などは、御湯殿の上にかかりたるも苦・しからず」〈徒然・一一八〉

〔苦しき海〕《仏教語。「苦海」の訓読語》苦しみの尽きないこの世を、広い海にたとえた語。

-ぐる・し【苦し】［接尾シク型］{しから・しく(しかり)・し・しき(しかる)・しけれ・しかれ}〈動詞の連用形に付いて〉…しにくい。…するのがいやだ。「くらべぐる・し」「見ぐる・し」など。

くるしう【苦しう】形容詞「くるし」の連用形「くるしく」のウ音便。

〔和歌〕**くるしくも…**【苦しくも降り来る雨か三輪の崎狭野の渡りに家もあらなくに】〈万葉・三・二六五・長忌寸奥麻呂〉訳つらいことに降り始めた雨だ。三輪の崎、この狭野の渡し場には雨宿りする建物があるわけでもないのに。

〈参考〉「三輪の崎」は、いまの和歌山県新宮市三輪崎町あたり。

くるしげ［・なり］【苦しげ】［形動ナリ］{なら・なり(に)・なり・なる・なれ・なれ}《「げ」は接尾語》苦しそうである。つらそうである。例「くるしげ・なるもの。夜泣きといふわざする乳児の乳母」〈枕・苦しげなるもの〉

くるしび【苦しび】［名］苦しみ。

くるし・ぶ【苦しぶ】［自バ四］{ば・び・ぶ・ぶ・べ・べ}苦しむ。

くるし・む【苦しむ】㊀［自マ四］{ま・み・む・む・め・め}苦しい思いをする。悩む。＝苦しぶ。㊁［他マ下二］{め・め・む・むる・むれ・めよ}苦しめる。悩ませる。例「身心を苦し・め、五体に汗をながいて」〈平家・二・一行阿闍梨之沙汰〉

くるすの【栗栖野】［地名］山城国の地名。いまの京都市山科区、あるいは北区鷹峯から西賀茂にかけての両説がある。

くるすばら【栗栖原】［名］栗の木がたくさん生えている原。

くる・ふ【狂ふ】［自ハ四］{は・ひ・ふ・ふ・へ・へ}❶精神状態が正常でなくなる。❷物の怪などがとりつき、正気を失う。❸激しく暴れる。例「馬狂・ひて落ちぬ」〈宇治拾遺・一三・二〉❹激しく舞う。狂ったさまを演じる。例「面白う狂・うて見せ候へ」〈謡・隅田川〉《音便》「狂う」は「狂ひ」のウ音便。❺たわむれる。じゃれる。例「あまたの小姓衆いかほどくる・へども」〈戴恩記〉

くるべか・す【転べかす】［他サ四］{さ・し・す・す・せ・せ}「くるめかす」に同じ。

くるべき【反転・蟠車】［名］糸を繰る道具。糸車。

くるべきもの【反転物】［名］くるくる回るもの。糸車・水車・ひき臼など。

くるべ・く【転べく】［自カ四］{か・き・く・く・け・け}「くるめく」に同じ。

くるほ・し【狂ほし】［形シク］{しから・しく(しかり)・し・しき(しかる)・しけれ・しかれ}「ものぐるほし」に同じ。

くるほ・す【狂ほす】［他サ四］{さ・し・す・す・せ・せ}狂わせる。神がかり状態にする。例「少名御神の神寿き寿き狂ほ・し豊寿き寿き廻し」〈記・中〉

くるま【車】［名］❶車輪を回して、人や物を運ぶもの。乗り物としての車には、牛に引かせる牛車と、人が引く輦車がある。中古は、牛車を指す場合が多い。❷紋所の名。車輪をかたどったもの。

古典の世界 牛車は、屋形の構造や材質から、「唐車」「糸毛の車」「網代車」「黄金造の車」など多くの種類があり、身分や用途によって使い分けた。身分のある女性の外出などにも、牛車が用いられた。輦車は、輿の屋形に車輪をつけた車で、「手車」「腰車」ともいう。

〔車(を)懸く〕❶牛車を牛につなぐ。例「御車か・くるほどに」〈源氏・梅枝〉❷《「懸車」の訓読語》年を取って官職を辞し、安らかに暮らす。例「列子車を懸・けて往還せず」〈和漢朗詠集・下〉

〔車の尻・車の後〕牛車の後部。また、そこの席。下座になる。例「小君、御車のしりにて、二条院におはしましぬ」〈源氏・空蟬〉

〔車の屋形〕牛車の、人が乗る箱形で屋根がついた部分。

〔車を摧く〕道が険しいために車を破損することで、人の心が変わりやすく頼みがたいことをたとえる。例「人ごころうしともいはじむかしよりくるまをくだ・くみちにたとへて」〈夫木・雑一五〉

〔車を捨つ・車を棄つ〕年老いて官職を辞し、隠退する。例「冠を挂け、車を惜しまず棄・ててし身にて」〈源氏・若菜・下〉

〔車を立つ〕牛車をとめる。駐車する。例「雲林院・知足院などの前に、車を立・てたれば」〈枕・鳥は〉

〔車を許す〕内裏への出入りに、輦車に乗ることを許可する。例「『まかで侍りなん』と奏させ侍れど、車をゆる・し侍らぬなり」〈夜の寝覚〉

くるまあらそひ【車争ひ】［名］祭り見物などのとき、牛車の止め場所をめぐって争うこと。

くるまうし【車牛】［名］牛車を引かせる牛。

くるまがかり【車懸かり】［名］一番手・二番手・三番手と、回る車輪のように次々と間を置かずに兵を繰り出し、敵に攻めかかる戦法。

くるまがへし【車返し】［名］山道などで、険しくて先に進めず車を返すような所。難所。

くるまきしろひ【車軋ろひ】［名］牛車などの車に乗る際のいざこざ。例「女房の車軋ろひもありけれど、『例のことなり』とききいれぬものなりせて」〈栄花・八〉

くるまぎり【車切り】[名]切り口が輪になるように、人の胴などを横に切ること。輪切り。

くるまざき【車裂き】[名]室町中・後期の刑罰。二台の車に片足ずつ結びつけ、左右に車を走らせ、罪人のからだを引き裂くもの。

くるまぞひ【車添ひ・車副ひ】クルマゾイ[名]牛車(ぎっしゃ)の左右に付き添う従者。➡図版「衣冠(いかん)」

くるまつかひ【車使ひ・車遣ひ】クルマツカイ[名]❶牛車(ぎっしゃ)を扱う人。❷車を引いて使いや用事をする人。

くるまど【車戸】[名]下に小さな車を付け、開閉しやすくした引き戸。

くるまながもち【車長持】[名]運びやすいように、底に車をつけた長持。

くるまやどり【車宿り】[名]❶寝殿造りの屋敷で、牛をはずした牛車(ぎっしゃ)を入れて置く建物。中門の外にある。❷外出したとき、しばらく車を止めて牛や馬を休ませるための家。

くるまよせ【車寄せ】[名]貴人の邸宅で、来客が車を寄せ、乗り降りするための場所。

〔**車寄(くるまよ)せの妻戸(つまど)**〕(「妻戸」は両開きの戸)寝殿造りの中門北側の妻戸。来客は、この中門に牛車(ぎっしゃ)をとめ、妻戸から廊に上がった。

くるまゐ【車井】クルマイ[名]釣瓶(つるべ)をつけた縄を滑車にかけ、水を汲(く)めるようにした井戸。

くるみ【胡桃】[名]❶木の名。樹皮は染料に、実は食用または薬用になる。(季-秋)。❷割った①の核を図案化した紋所の名。

くるみいろ【胡桃色】[名]紙の色の名。クルミの核に似た色。表は香色(こういろ)(薄赤がかった黄色)、裏は白。

くるめか・す【転めかす】[他サ四]{さ・し・す・す・せ・せ}(「くるべかす」とも。「めかす」は接尾語)くるくると回転させる。例「『馬ノ手綱ヲ』と引きかう引き、**くるめか・せ**ば、〔馬ハ〕倒れんとす」〈宇治拾遺・一三・二〉

くるめ・く【転めく・眩く】[自カ四]{か・き・く・く・け・け}❶くるくると回転する。=転べく。例「さすがに生き物にて、なめなめとして**くるめ・く**なり」〈沙石集〉❷目が回る。目が眩(くら)む。例「目**くるめ・き**、枝危きほどは」〈徒然・一〇九〉❸あわて騒ぐ。忙しく動き回る。例「この男探りて、あやしみ**くるめ・く**に」〈宇治拾遺・九・一〉

くるり【矪】[名]「矪矢(くるりや)」の略。

くるりや【矪矢】[名]桐(きり)または檜(ひのき)で小さな目無鏑(めなしかぶら)をつくり、その先端に矪根(くるりね)といわれる半月形の小雁股(こがりまた)の鏃(やじり)をつけた矢。水鳥を射るのに用いる。=矪(くるり)

くるる【枢】[名]❶(「くる」とも)扉の上下の端の突出部(「とまら」)を穴(「とぼそ」)に入れ、回転させて戸を開閉させる装置。❷戸の桟(さん)から敷居に差し込んで戸が開かないようにする木片。❸「枢戸(くるるど)」の略。

〔和歌〕**くるるかと…**【暮るるかとみれば明けぬる夏の夜(よ)を飽(あ)かずとや鳴く山時鳥(やまほととぎす)】〈古今・夏・一五七・壬生忠岑〉訳暮れたかと思っているとすぐに明けてしまう短い夏の夜を、もの足りないと思って鳴くのか、山のホトトギスは。(係結び)「や→鳴く(体)」

くるるど【枢戸】[名]「くるる①」の装置で開閉する戸。=枢(くる)・枢(くるる)

くるわ【廓・郭・曲輪】[名]❶城などの周りにめぐらした囲い。また、その中の土地。❷遊郭。遊里。

くれ-【呉】[接頭](中国の呉(ご)を「くれ」と呼んだことから)中国渡来の意を表す。「呉竹」「呉服(くれは)」など。

くれ【呉】[名]中国の春秋時代、揚子江(ようすこう)の南にあった呉(ご)の国。転じて、中国のこと。

くれ【暗】[名]暗いこと。暗い所。

くれ【榑】[名]❶あまり加工していない丸太。❷屋根を葺(ふ)くのに用いる薄板。へぎ板。

〔**榑の足駄(あしだ)**〕木片で作った粗末な下駄。

くれ【暮れ】[名]❶日が暮れること。夕暮れ。❷年・季節などの終わり。末。

〔**暮(く)れの秋(あき)**〕晩秋。(季-秋)。例「**暮れの秋**、思ふこと侍(はべ)りけるころ」〈新古今・秋下・五四八詞書〉

〔**暮(く)れの春(はる)**〕晩春。(季-春)。例「もの恨めしき**暮れの春**かな」〈源氏・竹河〉

くれ[代名](不定称。不特定の人や事物を指す語)(多く「何の…、くれの…」の形で)だれそれ。=某(くれがし)。例「『何の親王(みこ)、**くれ**の源氏』など数へたまひて」〈源氏・少女〉

くれう【供料】クリョウ[名]仏を供養してくれた礼に僧に与える物。おもに扶持米(ふちまい)や衣服。

くれえん【榑縁】[名](近世語)細長い横板を敷居と平行に並べて張った縁。

くれがく【呉楽】[名]「ぎがく①」に同じ。

くれがし【某】[代名](不定称の人称代名詞。「がし」は接尾語)だれそれ。「何(なに)がし」と並べて用いて、人の名をだれとはっきり示さないでいう語。例「『なにがし、**くれがし**』と数へしは」〈源氏・夕顔〉

〔和歌〕**くれがたき…**【暮れがたき夏のひぐらしながむればそのこととなくものぞ悲しき】〈伊勢・四五〉訳なかなか暮れない夏の一日じゅうをもの思いにふけっていると、そのことがというわけではなく、悲しい気持ちになるよ。(係結び)「ぞ→悲しき(体)」

くれぐれ[副]かえすがえす。念を入れて。繰り返し繰り返し。例「先哲の**くれぐれ**書き置ける物にも」〈毎月抄〉

くれぐれ【暗れ暗れ】[副](上代は「くれくれ」)気持ちも暗く。心がふさいで。例「**くれくれ**とひとりぞ我(あ)が来る妹(いも)が目を欲(ほ)り」〈万葉・一三・三二三七長歌〉

くれさします【呉れさします】(動詞「呉る」の未然形+尊敬の助動詞「さします」)(物を)くださいます。例「まづ床机(しゃうぎ)を**くれさしませ**」〈狂言記・枕物狂〉

くれさしめ【呉れさしめ】(動詞「呉る」の未然形+尊敬の助動詞「さしも」の命令形)ください。例「よいやうに言うて**くれさしめ**」〈狂・八句連歌〉

くれたけ【呉竹】[名]中国渡来のハチクの別称。マダケのこととも。清涼殿(せいりょうでん)の東庭、御溝水(みかわみず)の傍らに、南側の「川竹(かわたけ)」に対して北側に植えられていた。➡[古典参考図]清涼殿

くれたけの【呉竹の】[枕詞]竹の節と節との間の空洞部「節(よ)」、およびそれと同音の「世」「夜」、また「節(ふし)」にかかる。平安以降の使用が見られるのみ。例「いかならん折節にかは**呉竹の**夜(よ)は恋しき人に逢(あ)ひ見む」〈拾遺・恋三・八〇五〉〔注〕「節」は「竹」の縁語。

くれつかた【暮れつ方】[名]❶日暮れのころ。夕方。❷年や季節の終わるころ。例「年の**暮れつ方**は、対などにはいそがしく」〈源氏・若菜・下〉

〔和歌〕**くれてゆく…**【**暮れてゆく春のみなとは知らねども霞に落つる宇治の柴舟**】〈新古今・春下・一六九・寂蓮〉訳暮れて行く春がたどり着く所はどこかは分からないけれども、夕暮れどき、一面に立ちこめた霞の中に落ち込むように流れ下ってゆく宇治の柴舟よ。

くれなゐ【紅】[名]《「くれのあゐ」の変化形》❶ベニバナの別称。❷染め色の名。ベニバナで染めた色。紅色。

〔**紅匂ふ**〕紅色に美しく照り輝く。例「春の苑紅にほふ桃の花下照る道に出で立つ娘子」〈万葉・一九・四一三九〉訳→〔和歌〕はるのその…

〔**紅の薄様**〕❶紅色の薄い紙。❷襲の色目の名。上から下へ紅をしだいに薄くする。

〔**紅の涙**〕《「紅涙」の訓読語》深く悲しんで流す涙。血の涙。

〔**紅の筆**〕女性の用いる、柄の部分が赤い筆。転じて、恋文。

くれなゐの【紅の】[枕詞]紅色の縁から「色」「うつし」「浅」などにかかる。例「紅の色にな出でそ」〈万葉・四・六八三〉

くれのおも【呉の母・蘹香】[名]セリ科の多年草、ウイキョウの古名。実は香料または薬用とされる。和歌では物名の題として取り上げられた。

くれはし【呉階・呉橋】[名]階段のある長廊下。

くれは・つ【暮れ果つ】[自タ下二]{て・て・つ・つる・つれ・てよ}❶日がすっかり暮れる。例「**暮れは・てぬれば**、御殿油近く参らせたまひて」〈源氏・葵〉❷季節や年が終わりになる。例「秋**暮れは・てぬ**」〈源氏・末摘花〉

くれはとり【呉織・呉服】一[名]《「くれはたおり」の変化形》❶上代に、中国呉の国から渡来した機織り工。❷呉の国伝来の技法で織った織物。二[枕詞]《「くれはどり」とも》一②に綾があることから「あや」にかかる。例「**くれはどり**あやしやいかがたち帰るべき」〈金葉・恋上・三六七〉

くれふたが・る【暗れ塞がる】[自ラ四]{ら・り・る・る・れ・れ}❶周りが一面に暗くなる。例「四方に**暗れ塞が・り**て、物も思えずして侍りしを」〈今昔・二四・二一〉❷暗い気持ちに閉ざされる。例「院の内**くれふたが・り**て闇に惑ふ心地すべし」〈増鏡・あすか川〉

くれまど・ふ【暗れ惑ふ】[自ハ四]{は・ひ・ふ・ふ・へ・へ}悲しみに心が沈む。例「**くれまど・ひ**たる心地に、こはいかなることと、あさましうかなしきに」〈紫式部日記〉

くれむつ【暮れ六つ】[名]夕暮れの「六つ時」。いまの午後六時ごろ。また、この時刻に寺でついた鐘の音。酉の刻。↕明け六つ

ぐれん【紅蓮】[名]❶真紅の蓮の花。❷激しく燃える炎のたとえ。❸《仏教語》「紅蓮地獄」の略。

ぐれんぢごく【紅蓮地獄】[名]《仏教語》八寒地獄の七番目。ここに落ちると寒さのあまり肉が裂け、血が流れて「紅蓮」の花びらのようになるという。＝紅蓮③

くろ【畦・畔】[名]田と田の境界。あぜ。

くろ【壠・壟】[名]平地で小高くなった所。丘。

くろあへ【黒韲へ・黒和へ】[名]❶黒ゴマであえた料理。❷イカをイカの墨であえた料理。黒作り。

くろいとをどし【黒糸縅】[名]鎧の縅の名。黒色の組み糸でつづり合わせたもの。

くろうど【蔵人】歴史的かなづかい「くらうど」

くろがい【黒柿】[名]《「くろがき」のイ音便》「くろがき」に同じ。

くろがき【黒柿】[名]《「くろがい」とも》柿の木の一種。床柱や家具などの用材にされた。

くろかげ【黒鹿毛】[名]馬の毛色の名。鹿毛の黒みがかったもの。

くろがしら【黒頭】[名]能楽などで、男性が怨霊に扮装するために用いる、黒くて長い毛のかつら。

くろがね【鉄】[名]（黒い金属の意から）鉄。

くろがねとり【鉄取り】[名]鉄鉱の採掘を職業とする人。

くろかはをどし【黒革縅】[名]鎧の縅の名。濃紺や藍色の革でつづり合わせた。

くろかみ【黒髪】[名]つやがあって黒々とした頭髪。

くろかみの【黒髪の】[枕詞]髪に縁のある「乱れ」「解け」「長く」などにかかる。例「長からむ心も知らず黒髪の乱れて今朝はものをこそ思へ」〈千載・恋三・八〇二〉訳→〔和歌〕ながからむ…

〔和歌〕**くろかみの…**【**黒髪の乱れも知らずうちふせばまづかきやりし人ぞ恋しき**】〈後拾遺・恋三・七五五・和泉式部〉訳黒髪が乱れるのもかまわずに思い悩んで身を横たえていると、最初にこの髪をやさしくかきやってくれたあの人が恋しく思われるよ。

くろかも【黒鴨】[名]《「くろがも」とも》❶海鳥の名。全身が黒色。（季―夏）。❷《近世語》下男・召し使い。

くろき【黒木】[名]《「くろぎ」とも》❶樹皮を付けたままの木材。↕赤木①。例「黒木もち造れる室は」〈万葉・八・一六三七〉❷「黒檀」の別称。❸火の付きをよくするため、かまどで黒く蒸し焼きにした薪。京都の八瀬・大原辺りで作られ、京都の市中で売られた。

〔**黒木の屋**〕皮のついたままの木材で造った家。

くろき【黒酒】[名]《「き」は酒の意》黒い酒。黒御酒。新嘗祭や大嘗祭などで用いた。↕白酒

くろきぬ【黒衣】[名]黒い着物。喪服。＝黒き衣

くろぐら【黒鞍】[名]黒塗りの鞍。

くろくりげ【黒栗毛】[名]馬の毛色の名。栗毛の黒みがかったもの。

くろけむりをた・てる【黒煙を立てる】頭から黒煙を立てるほどに、一心に物事に集中すること。例「頭よりまことに**黒煙をた・てて**、いみじき心を起こして加持したてまつる」〈源氏・若菜・下〉

くろこま【黒駒】[名]毛色の黒い馬。

くろ・し【黒し】[形ク]{から・く(かり)・し・き(かる)・けれ・かれ}❶色が黒い。❷公明でない。悪い。例「昨日今日〔大学に〕入学して、**黒・し**赤しの悟りなきが」〈宇津保・祭の使〉

〔**黒き衣**〕「くろきぬ」に同じ。

〔**黒き人**〕（四位以上の官人は黒色の袍を着たところから）四位以上の人。

〔**黒き装ひ**〕黒色の衣服を着たよそおい。とくに、喪服姿。

くろだな【黒棚】[名]女性が身の回りの道具類を載せておく、黒漆塗りの棚。＝黒御棚

くろだにしゃうにんごとうろく【黒谷上人語灯録】[作品名]鎌倉中期（一二七五ごろ成

立）の仏教書。法然（源空）の法語や消息を了恵道光が編集したもの。『漢語灯録』と『和語灯録』を合わせて呼ぶ。

くろつきげ【黒月毛・黒鴾毛】［名］馬の毛色の名。月毛の灰色を帯びたもの。

くろづくりのたち【黒造りの太刀】［名］鞘や柄など、すべてに黒漆を塗った刀剣。平安時代には、凶服（喪中に着る服）のとき以外は六位以下の者の使用とされていたが、のちに武士・僧兵の兵仗ともなった。＝無文の太刀

くろど【黒戸】［名］「黒戸の御所」の略。

くろどのごしょ【黒戸の御所】［名］内裏の清涼殿の北、滝口の西の細長い部屋。＝黒戸。
➡［古典参考図］清涼殿

くろとり【黒鳥】［名］クロカモの別称か。例「**黒鳥**といふ鳥、岩の上に集まり居り」〈土佐〉

くろは【黒羽】［名］黒い羽。とくに、ワシの黒い羽。矢羽に用いた。

くろはせ【崑崙八仙】［名］舞楽の名。右方の舞のひとつ。四人舞で、鳥の面をつけて舞う。高麗壱越調（雅楽の調子）の小曲。近代では「こんろんはっせん」と読み、「八仙」と略していう。

くろば・む【黒ばむ】［自マ四］｛ま・み・む・む・め・め｝黒色をおびる。黒ずむ。例「食ひ物の中に、胡麻のやうにて**黒ばみ**たる物あり」〈宇治拾遺・一三・一〇〉

くろほろ【黒母衣】［名］《「くろぼろ」とも》矢羽の一種。鷲などのほろ羽（両翼の下にある羽）の黒いのを用いる。

くろほん【黒本】［名］草双紙のひとつ。表紙の色が黒であることからいわれた。江戸中期に流行。同一作品が青本に見られることもあり、両者を区分することは難しい。浄瑠璃などの演劇の影響を受けた作品が多い。

くろま【黒馬】［名］黒毛の馬。

くろまく【黒幕】［名］黒い木綿の幕。芝居で、背景を隠したり、闇を表現したりするのに用いた。

くろま・す【黒ます】［他サ四］｛さ・し・す・す・せ・せ｝❶黒くする。❷だます。ごまかす。例「いつへ（＝神聖ナ瓶）**黒ま・し**」〈祝詞〉例「偽りすかして帰さんと、なほしも声を**くろま・して**」〈浄・生写朝顔話〉

くろみ【黒み】［名］《「み」は接尾語》❶黒い所。暗い所。❷黒い文字。❸黒さの加減。

くろみだな【黒御棚】［名］「くろだな」に同じ。

くろみやつ・る【黒み窶る】［自ラ下二］｛れ・れ・る・るる・るれ・れよ｝黒ずんでみすぼらしくなる。例「舟路のしわざとて、すこし**黒みやつれ**たる旅姿」〈源氏・夕顔〉

くろ・む【黒む】㊀［自マ四］｛ま・み・む・む・め・め｝❶黒くなる。例「御歯のすこし朽ちて、口の内、**黒・みて**」〈源氏・賢木〉❷生活が成り立つ。例「〔夫婦ガ一時別レテモ〕たがひに身の**くろ・みて**後、また一つの寄り相ひ成る事」〈浮・西鶴織留〉㊁［他マ下二］｛め・め・む・むる・むれ・めよ｝❶黒くする。例「薪には、蘇芳を割りて、少し色**黒・め**て」〈落窪・三〉❷ごまかす。例「布団かぶって行くふりも涙、**くろ・めし**紛らなり」〈浄・心中重井筒〉❸生活が成り立つようにする。例「あの人の身をも**くろ・め**てやりたいの念力一つで立てる身が」〈浄・丹波与作〉

くろむぎ【黒麦】［名］ソバの別称。（季―夏）

くわ…【桑…・鍬…】歴史的かなづかい「くは…」

‐くゎ【顆】［接尾］（珠玉や果物など）粒状になったものを数える語。「千**顆**万**顆**」など。

くゎ【火】［名］「五行」のひとつ。火。季節では夏、方位では南、五星では火星を表す。

くゎ【果】［名］《仏教語》❶結果。報い。因果応報。↔因。❷仏教の真理をきわめて得た悟り。仏果。

くゎ【過】［名］❶過去。❷過失。❸見えを張って大げさにいうこと。大ぼら。

くゎ【窠】［名］模様・紋所の名。形状については鳥の巣が卵を包んでいる形・瓜を輪切りにした形・蜂の巣の形など諸説ある。

くゎあふ【花押】［名］文書の署名の下に書く自筆の判。多くは実名の文字を書きくずしたもの。花押のみで署名の代わりともした。＝書き判

くゎいき【回忌】［名］《仏教語》人の死後、毎年めぐってくる命日。一年目を一周忌、二年目を三回忌とし、それ以後七・十三・十七・二十三・二十七・三十三・三十七・五十・百回忌などがあり、それぞれ法要を営んで供養する。＝年忌・周忌・年回

くゎいき【槐記】［作品名］「たいき（台記）」に同じ。

くゎいけい【快慶】［人名］（生没年未詳）鎌倉前期の仏師。法号は安阿弥陀仏。運慶とともに活躍。東大寺南大門の金剛力士像が有名。

くゎいけいのはぢ【会稽の恥】［名］（中国の春秋時代、越王勾践が呉王夫差に会稽山で敗れたが、のちに夫差を破ってその恥をそそいだという故事から）敗戦の恥辱。以前の恥。

くゎいけん【懐剣】［名］護身用に懐に入れて持っている小刀。ふところ刀。

くゎいこく【回国・廻国】［名］❶諸国をめぐり歩くこと。❷巡礼となり、諸国の札所を巡拝して回ること。

くゎいし【懐紙】［名］詠んだ和歌を書き記すために用いた紙。一般には懐中に入れて持ち歩く紙の意だが、歌会で和歌を詠進する際などに用いた。詩・連歌でもいい。また、連歌・連句においては、作品一巻を記録するためにも用いた。→「さんぎゃうさんじ」

くゎいじゃう【回状・廻状】［名］あて名を連記し、順番に回すことによって情報を伝えた書状。回覧板のようなもの。＝回文①・廻らし文・移し文

くゎいしょ【会所】［名］❶人々が集会する場所。集会所。❷鎌倉・室町時代に、貴族などの邸宅に設けた客殿。❸近世、町や村で、公務や商業上の取り引きなどのために、人々が集まった所。

くゎいじん【灰燼】［名］《「くゎいしん」とも》灰と燃えかす。例「七珍万宝さながら**灰燼**となりにき」〈方丈記〉

ぐゎいじん【外人】［名］他人。疎遠な人。

くゎいせき【会席】［名］❶集会の席。寄り合いの席。とくに、歌会・俳諧・茶の湯などを興行する席。❷「会席料理」の略。

くゎいせきれうり【会席料理】［名］茶道の懐石風を簡素にした料理。のちに酒宴向きの料理となり、一品ずつ皿に盛って出す高級なものとなった。

くゎいせん【回船・廻船】［名］海上運送に用いた二、三百石以上の大型船。遠距離を航行した。とくに檜垣廻船、樽廻船が有名。

くゎいちゅう［・す］【懐中】［名・他サ変］ふところの中。また、ふところに入れること。

ぐゎいぢん【外陣】［名］「げぢん（外陣）」に同じ。

くゎいてん【回天】［名］《天をめぐらす意》時勢を一変させること。衰えた勢いを回復すること。例「義旗（＝正義ノタメノ軍旗）、雲竜を靡かせて、**回天の気をぞあらはしける**」〈太平記・二六〉

ぐゎいと【外都】［名］都以外の土地。都の外のへんぴな土地。

ぐゎいど【外土】［名］都から離れたよその土地。

くゎいはう［・す］【懐抱】一［名・他サ変］抱きしめること。例「帝王その女を召して、一夜**懐抱・し**給ひにけるに」〈今昔・一四・四〉 二［名］❶ふところ。❷常に胸中にある思い。

くゎいふうさう【懐風藻】［作品名］奈良中期（七五一成立）の漢詩集。撰者未詳。近江朝から奈良後期まで約一世紀にわたる時期の漢詩文百二十編ほどを収める。日本最古の漢詩集で、おもな作者は大友皇子・大津皇子・長屋王など。

くゎいぶん【回文・廻文】［名］❶「くわいじゃう」に同じ。❷「廻文歌」の略。

ぐゎいぶん［・なり］【外聞・外分】一［名］❶世間の評判。❷世間体。体裁。❸名誉。面目。❹形式。表向き。二［形動ナリ］｛なら・なり（に）・なり・なる・なれ・なれ｝世間体がよいさま。例「一門のひろきほど、**外聞・に見えける**」〈浮・世間胸算用〉
例「私の、**外聞**にもなりまするほどに」〈狂・萩大名〉

くゎいぶんうた【回文歌・廻文歌】［名］（「くゎいぶんか」とも）首尾どちらから読んでも同じかたちになる歌。『奥儀抄』の「むらくさにくさのなはもしそなはらはなそしもはなのさくにさくらむ」などがその例。＝回文②

くゎいもん【槐門】［名］大臣の別称。周代、朝廷の前庭にエンジュ（槐）の木を三本植えて三公（太政大臣・左大臣・右大臣）の座とした。＝三槐

くゎいらいし【傀儡師】［名］「くぐつまはし」に同じ。

くゎいらう【回廊・廻廊】［名］建物の周囲に沿って作られた、折れ曲がった長い廊下。

くゎいりふでん【回立殿】［名］大嘗祭のとき、天皇が沐浴斎戒し衣服を改める所。

くゎいろく［・す］【回禄】［名・自サ変］《中国の火の神の名》火災。火災に遭うこと。例「寺院ことごとく兵火のために**回禄・せ**しめをはんぬ」〈太平記・一四〉

ぐゎいゐ【外位】［名］（「げゐ」とも）令制の位階で、下位に内・外の別を記して差別を示した。地方豪族出身の地方官や、下位の氏族の者に授けられた。たとえば、外従五位・外従六位など。↕内位

くゎういん【光陰】［名］《「光」は太陽、「陰」は月の意》年月。月日。時間。

くゎういん【皇胤】［名］天皇の血統。また、その血統の人。天皇の子孫。

くゎうかうてんわう【光孝天皇】［人名］（八三〇―八八七）第五十八代天皇。父は仁明天皇。『古今和歌集』の入首歌は『小倉百人一首』にも採録。

くゎうぎ【光儀】［名］他人が訪ねて来ることの尊敬語。光臨。

くゎうげん【広言・荒言】［名］他に遠慮せずいうこと。放言。

くゎうごう【皇后】［名］天皇の正妃。もとは中宮とも称したが、二后並立に際して、もとの后を「皇后」、新しい后を「中宮」と称し分けた。

くゎうごうぐう【皇后宮】［名］皇后の住む宮殿。また、皇后。

くゎうごうぐうしき【皇后宮職】［名］令制で「中務省」に属し、皇后に関する事務をつかさどった役所。

くゎうごふ【広劫・曠劫】［名］《仏教語》非常に長い時間。永劫。

くゎうじん【荒神】［名］❶荒々しい神。鬼神。❷「三宝荒神①」の略。❸（「三宝荒神」が家を守るように）陰で人を守り助ける者。

くゎうぜつ【黄舌】［名］（ひな鳥の鳴き声の意から）声が幼くてととのわないこと。

くゎうせん【黄泉】［名］（中国で、「黄」は地の色とするところから）❶地下の泉。❷地下にある、死者が行く所。あの世。黄泉の国。

くゎうたいこう【皇太后】［名］当代の天皇の生母で、先代の天皇の皇后。＝国母・大宮

くゎうたいこうぐう【皇太后宮】［名］「皇太后」の住む御殿。また、皇太后。

くゎうたいこうぐうしき【皇太后宮職】［名］令制で「中務省」に属し、皇太后宮に関する事務をつかさどった役所。

くゎうてん【皇天】［名］❶天上をつかさどる神。上帝。❷天皇。天子。皇帝。

くゎうにんてんわう【光仁天皇】［人名］（七〇九―七八一）第四十九代天皇。父は天智天皇の皇子志貴皇子。道鏡を左遷、称徳天皇の仏教偏重の諸制度を改め、桓武天皇の改革の先駆となった。

くゎうべつ【皇別】［名］姓氏の区分のひとつ。天皇・皇子・皇族から分かれた氏族のこと。源氏・橘氏など。↕神別・蕃別

くゎうみゃう【光明】［名］❶明るい光。❷《仏教語》仏・菩薩の心身から出る光。

くゎうみゃうくゎうごう【光明皇后】［人名］（七〇一―七六〇）聖武天皇の皇后。父は藤原不比等。仏教の興隆に力を入れ、また、施薬院・悲田院を設置した。

くゎうみゃうしんごん【光明真言】［名］《仏教語》真言宗で唱える呪文の一種。これを唱えるといっさいの罪業が取り除かれるという。

くゎうみゃうへんぜう【光明遍照】［名］《仏教語》阿弥陀仏の光明がすべての世界を照らし、衆生を救うということ。広大な慈悲。

くゎうもくてん【広目天】［名］《仏教語》「四天王」のひとつ。須弥山の西方に住み、衆生を観察・守護する善神。守護のために大きな目をもつことから名づけられる。広目天王。広目。

くゎうもん【黄門】［名］❶「中納言」の唐名。❷水戸の権中納言徳川光圀の称。

くゎうりゃう［・す／・なり］【広量】一［名・自サ変］「くゎうりゃう（荒涼）一」に同じ。二［名・形動ナリ］「くゎうりゃう（荒涼）二③」に同じ。

くゎうりゃう［・す／・なり］【荒涼】一［名・自サ変］不注意に気を許す。うっかりする。＝広量。例「荒涼・して、心知らざらむ人の前に、夢語りな、この聞かせたまふ人々、しおはしまされそ」〈大鏡・師輔〉二［名・形動ナリ］❶荒れて寂しいこと。すさんでいること。❷度量の広いさま。例「その荒涼・にては、一定天下の主と成り給ひなん」〈盛衰記・一九〉❸漠然として頼りないさま。心もとないさま。＝広量。例「〔狐ノオ使イトハ〕荒涼の使ひかな」〈宇治拾遺・一・八〉❹分をわきまえぬ行動や態度。大言壮語。例「荒涼の申しやうかな」〈平家・九・生ずきの沙汰〉

くゎうりん【光琳】［人名］「をがたくゎうりん」に同じ。

くゎうろ【黄櫨】［名］❶ハゼノキの漢名。❷「黄櫨染」の略。

くゎうろく【光禄】［名］「大膳職」の唐名。

くゎうろぜん【黄櫨染】［名］染め色の名。黄褐色。嵯峨天皇以来、天皇が即位の儀式に召す正装の袍の染め色となった。＝黄櫨②

くゎえんだいこ【火炎太鼓】［名］雅楽に用いる大太鼓。周りに火炎をかたどった装飾がある。↓図版「竜頭鷁首」、［古典参考図］楽器

くゎかいじゅ【火界呪】［名］《仏教語》印を結び、そこから一切の煩悩を焼き尽くす炎が流れ出すことを観想しながら唱える呪文。不動明王の呪文。

くゎかく【過客】［名］旅人。

くゎぎう【蝸牛】［名］カタツムリ。（季―夏）

〔**蝸牛の角の争ひ**〕（『荘子』則陽篇から）狭い世界で、つまらないことにこだわって争うこと。＝で虫の角目立つ

〔**蝸牛の角の上**〕きわめて狭い世界。

くゎきふ［・なり］【火急】［名・形動ナリ］事が差し迫っていること。急を要すること。緊急。

くゎきゃう【花鏡】［作品名］室町時代の能楽書。世阿弥著。世阿弥が能の演技論や芸道取得の心構えを応永三十一年（一四二四）までに書き連ねて、長男元雅に相伝したもの。

くゎくらん【霍乱】［名］暑気あたり。多くは夏、食べ物にあたったり、暴食することから起こる吐き気を催す病気。急性の腸カタルの類。（季―夏）

くゎげつ【花月】［名］花と月。美しい自然の風物。例「糸竹・花月を友とせんにはしかじ」〈方丈記〉

くゎげつさうし【花月草紙・花月双紙】［作品名］江戸後期（一八一八成立）の随筆。松平定信作。自然・人事に寄せて道理を儒学的見地から論じる。雅文体で百五十六章より成る。

くゎけったう【火血刀】［名］《仏教語。「火」は地獄、「血」は畜生、「刀」は餓鬼の意》地獄・畜生・餓鬼の「三悪道」に落ちること。

くゎげん【管弦・管絃】［名］《「くゎんげん」の撥音無表記》「くゎんげん」に同じ。

ぐゎごじ【元興寺】［名］《「ぐゎごうじ」「ぐゎごぜ」とも》（昔、奈良の元興寺の鐘楼に鬼がいたとの伝説から）鬼の別称。

くゎこちゃう【過去帳】［名］《仏教語》寺で、檀家の死者の法名（戒名）・俗名・死去した年月日・享年などを記しておく帳簿。点鬼簿。鬼籍。

くゎごん【過言】［名］度が過ぎて無礼なことば。失言。例「ゆゆしき過言をしたりけるよし」〈愚管抄〉

くゎさ【過差】［名］度を超えたぜいたくや華美。例「過差ことのほかに好ませたまひて」〈大鏡・伊尹〉

くゎざ【冠者】［名］《「くゎんざ」の撥音無表記》「くゎんじゃ」に同じ。

〔**冠者の君**〕元服して冠をつけた若い貴公子。元服したばかりの若君。

くゎざう【萱草】［名］《「くゎんざう」の撥音無表記》「くゎんざう」に同じ。

くゎざういろ【萱草色】［名］《「くゎんざういろ」の撥音無表記》「くゎんざういろ」に同じ。

くゎざんてんわう【花山天皇】［人名］（九六八～一〇〇八）第六十五代天皇。父は冷泉天皇、母は藤原伊尹の娘の懐子。藤原兼家の謀略により出家。『拾遺和歌集』を編纂した。

くわし【細し・美し・精し・詳し】歴史的かなづかい「くはし」

くゎし【菓子】［名］決まった食事以外に食べる物。古くは木の実や果物を指したが、のちには米粉・小麦粉・砂糖などで作った食品も指す。

くゎじつ【花実】［名］❶花と実。❷歌における表現（詞）と内容（心）。『毎月抄』に「いはゆる実と申すは心、花と申すは詞なり」とある。また、本居宣長は『石上私淑言』で、花は詞が華麗であること、実は心が質実であることと説明する。⇩「はな（花）」〈古語深耕〉

くゎしゃ【火車】［名］《仏教語》❶生前に悪事を働いた死者を地獄へ運ぶ、火の燃えている車。＝火の車。❷《「火車婆」の略》悪心を持った老婆。

くゎしゃ【火舎】［名］仏事で用いる香炉の一種。

くゎしゃ【花車】［名］《近世語》❶遊女屋や茶屋の女主人。❷《「花車形」の略》歌舞伎で、年増しや老女の役。❸《「きゃうしゃ（香車）」の変化形》「遣り手」の別称。

くゎじゃ【冠者】［名］《「くゎんじゃ」の撥音無表記》「くゎんじゃ」に同じ。

くゎしゃう【和尚】［名］《仏教語》天台宗・華厳宗で、戒を授ける師の僧の呼び名。高僧の敬称。

発展学習ファイル 真言宗では「**わじゃう**」、禅宗・浄土宗では「**をしゃう**」と宗派によって読み方が異なる。

くゎじゃう【官掌】［名］《「くゎんじゃう」の撥音無表記》令制で「太政官」の「弁官」の下官。雑役をつとめる。

くゎじゃう【過状】［名］過失をわびる書状。謝り証文。わび状。＝怠状

くゎじゃう【款状】［名］《「くゎんじゃう」の撥音無表記》「くゎんじゃう（款状）」に同じ。

くゎしょ【過所・過書】［名］「くゎそ」に同じ。

くゎしょく［・なり］【華飾・過飾】［名・形動ナリ］❶華美。ぜいたく。例「禁中くゎしょくの振る舞ひ、もっての外に過分なり」〈盛衰記・四六〉❷思い上がり。尊大。例「人の言ふ事を耳の外になしてゐたる大華飾の者にて候ふぞ」〈義経記・二〉

くゎせい［-・す］【化生】［名・自サ変］生まれること。形を変えて生まれ変わること。例「汝天地の中に化生・して、仁義の外に逍遥す」〈太平記・一〉

くゎそ【過所・過書】［名］（「くゎしょ」とも）関所を通行するための、朝廷や幕府が発行した許可証。

くゎそく【華族・花族】［名］「せいぐゎ」に同じ。

くゎたい【過怠】［名］❶過ち。過失。例「（越前国にてヲ）やがてめしかへされ候ふ事は、何の**過怠**にて候ふやらむ」〈平家・三・法印問答〉❷中世以降行われた、過失に対する罰金・労役などの刑罰。❸懲らしめ。例「今度は今の**過怠**に、また御年貢によそへ、大きな歌を一首づつ詠めとのおことぢゃ」〈狂・餅酒〉

くゎたく【火宅】［名］（仏教語。煩悩の多いことを、火災で燃えている家にたとえた語）現世。娑婆。＝火の家

くゎちゃう【火長】［名］❶上代の兵制で、十人の兵士（十人で一火とされた）の長。❷「検非違使庁の看督長」と案主長の総称。

ぐゎっき【月忌】［名］（仏教語）毎月の故人の命日に当たる日。また、その日に営む法要。

ぐゎっくゎう【月光】［名］「月光菩薩」の略。

ぐゎっくゎうぼさつ【月光菩薩】［名］（仏教語）薬師如来の脇侍の仏。右側に立つ。＝月光。↔日光菩薩

くゎっけい［-・す］【活計】［名・自サ変］❶生計。暮らし向き。家計。例「乞食の客は、これをもちて**活計**の媒となすことあるに至る」〈古今・真名序〉❷ぜいたく。豊かな生活。例「一族ども様々の遊宴を尽くし、**活計・しける**が」〈太平記・三〉

ぐゎっさん【月山】［地名］出羽国の山。いまの山形県東田川郡羽黒町・立川町と西村山郡西川町との境にある。修験道の霊場で、月読命をまつる月山神社がある。湯殿山・羽黒山と合わせて出羽三山と呼ぶ。

ぐゎってんし【月天子】［名］（仏教語）月を神格化したもので、月宮殿に住み、天下を照らす天王。仏法を守護する十二天のひとつ。また、月の別称。月宮天子。月光天子。

くゎっと［副］❶物が突然動くさま。ぱっと。例「辺りの土、一、二尺がほど**くゎっと**くづれて」〈太平記・一五〉❷急に大きく開いたさま。かっと。例「眼を**くゎっと**見開き」〈浄・五十年忌歌念仏〉❸思い切って物事を行うさま。ぱあっと。例「**くゎっと**扶持をせうぞ」〈狂・入間川〉❹火や光がひらめくさま。気持ちが明るくなるさま。例「**くゎっと**赤きは月日の出づる方角ならず」〈浄・信州川中島合戦〉❺激しい感情が急にわきおこるさま。ぐっと。かっと。例「徳兵衛**くゎっと**胸せいて」〈浄・曾根崎心中〉

くゎてう【花鳥】［名］花と鳥。また、花の色や鳥の声を楽しむ優雅な心。

〔**花鳥の使ひ**〕（「はなとりのつかひ」とも）（唐の玄宗皇帝が美女をさがすために遣わした使者を、「花鳥使」といったことから）恋文を届ける使者。恋のなかだち。

くゎてうふうげつ【花鳥風月】［名］自然の美しい風物。また、自然を愛する風雅な心。＝花鳥

くゎてうよじゃう【花鳥余情】［作品名］「くゎてうよせい」に同じ。

くゎてうよせい【花鳥余情】［作品名］（「くゎてうよじゃう」とも）室町中期（一四七二成立）の『源氏物語』注釈書。一条兼良著。出典・故事・準拠をひろく引用、文意文脈の解釈にも目を向ける。

くゎでんしょ【花伝書】［作品名］「ふうしくゎでん」に同じ。

くゎとう【瓦灯・火灯】［名］（「ぐゎとう」とも）❶明かりをともす陶製の器。四角で、上は狭く、下は広い釣り鐘形をしたもの。❷「瓦灯形」「瓦灯口」「瓦灯窓」の略。❸「瓦灯額」の略。

くゎとう【裹頭】［名］僧が、袈裟で頭を包んで顔を隠し、目だけを出した姿。＝裹み頭。↓［古典参考図］武装・武具〈2〉

くゎとうがた【瓦灯形】［名］「瓦灯」のように上部が狭く、下部が広い釣り鐘形のこと。＝瓦灯②

くゎとうぐち【瓦灯口】［名］「瓦灯」の形の出入り口。茶室の勝手口などに用いる。＝瓦灯②

くゎとうびたひ【瓦灯額】［名］女性の髪の生え際の形のひとつ。額の生え際を上は狭く、下は広い形にしたもの。富士額。＝瓦灯③

くゎとうまど【瓦灯窓】［名］「瓦灯」の形の窓。上部がアーチ形をしているもの。禅宗の寺院建築の影響によって鎌倉以降広まった。＝瓦灯②

くゎなん【火難】［名］火による災難。火災。火事などで身に受ける災い。

くゎのくつ【靴の沓】［名］束帯を着るときに履く、革製の沓。黒塗りで、上部に、赤地または青地の錦のへりをつけ、金銅の金具のついた革ひもで足首を結ぶ。↓［古典参考図］男子の服装〈1〉

くゎぶん［-・なり］【過分】［名・形動ナリ］❶標準以上に量が多いこと。過多。例「二つまでかしたる、**過分・なり**」〈古今著聞・五三四〉❷分に過ぎた言動や態度。分不相応。例「北面の輩は、以ての外に**過分・にて**」〈平家・一・俊寛沙汰 鵜川軍〉❸身にあまる待遇を受けること。（のちに感謝のことばとして）ありがとう。

くゎほう［-・なり］【果報】㊀［名］（仏教語）前世での行状の報い。㊁［名・形動ナリ］幸運。幸せ。

くゎら【掛絡・掛羅】［名］❶肩にかけて胸に垂らす小形の袈裟。禅宗などの僧が用いた。❷①についている象牙の輪。❸「根付け」の別称。また、根付けのついている印籠・巾着などもいう。

くゎらく【花洛・華洛】［名］（花の都の意）都の美称。とくに、京都の称。

くゎらくゎら［副］❶勢いのあるさま。例「飛びかかって、**くゎらくゎら**と腹を切って」〈狂言記・鎌腹〉❷物音が高く響くさま。

ぐゎりゃく【瓦礫】［名］かわらと小石。また、価値のない、つまらないもののたとえ。

くゎれい【花麗】［名］品位の備わった美しい和歌についていう語。用例は早く『古今和歌集』の真名序に見られる。

くゎれう【過料】［名］❶失敗・怠慢の罰として払う金銭や品物。❷江戸時代の刑罰のひとつ。軽犯罪を犯した庶民に科された罰金。

くゎろ【火炉】[名]火鉢・こたつ・囲炉裏など、火をたいて暖をとるものの総称。➡図版「国司」

-くゎん【巻】[接尾]書籍・巻き物を数える語。「三巻本」など。

くゎん【官】[名]❶朝廷・政府など。❷官庁。役所。とくに、太政官庁。また、その役人。❸官位。官職。

〔**官をす**〕官位につく。任官する。

くゎん【貫】[名]❶銭の単位。一貫は一千文(一文銭千枚)。江戸時代には九百六十文で一貫とした。❷鎌倉時代以降、武家の知行高の換算に用いた単位。土地や時代によって異なるが、一貫文はおよそのち十石に当たり、田地二段あるいは三段、五段とした。❸目方の単位。一貫は千匁(約三・七五キログラム)。

ぐゎん【願】[名]**願うこと**。寺社に参詣したり、日数を定め、行などをして、神仏に祈り願うこと。また、その**願いごと**。例「その**願**むなしかるべくは、道にて死ぬべし」〈平家・五・文覚被流〉

〔**願果たす**〕願いがかなったとき、祈願した神仏にお礼参りをする。例「この殿、古き御**願はた・し**に、石山に詣でたまふに」〈落窪・一〉

〔**願を起こす**〕祈願する。例「文覚無上の**願をおこ・して**」〈平家・五・文覚荒行〉

くゎんあみ【観阿弥】[人名](一三三三〜一三八四)南北朝時代の能役者・能作者。能楽観世流の祖。世阿弥は子。『自然居士』『卒都婆小町』『江口』の作者。

くゎんいう【・す】【寛宥】[名・他サ変]罪を許すこと。寛大な扱いをすること。例「かの卿を**寛宥・せらる**べきなり」〈平家・一〇・八島院宣〉

ぐゎんいしくどく【願以此功徳】[名]《仏教語。「くゎんにしくどく」とも》❶法事などで読経の最後に唱える文句。願わくは、この経の功徳によってあらゆる人々が極楽に行けるように。❷(転じて)物事の終わり。最後。

くゎんうち【官打ち】[名]官位が自分の器量より高すぎて苦労をしたり不運になったりすること。

くゎんおん【観音】[名]《仏教語》「観世音」の略。

くゎんおんぎゃう【観音経】[名]《仏教語》『法華経』の「観世音菩薩普門品」の通称。

くゎんおんびらき【観音開き】[名](観音の厨子の造りから)両開きの扉。左右二枚の扉を締めると中央で合わさるようになっている。

くゎんがい【菅蓋】[名]スゲで作った「衣笠①」。大嘗会で、天皇が悠紀殿・主基殿に行幸するときに差しかける。

くゎんかう【還幸】[名]行幸先から天皇がお帰りになること。=還御。↕行幸

くゎんがく【勧学】[名]❶学問をすすめ、励ますこと。❷《仏教語》浄土宗や浄土真宗本願寺派における僧の最高の学階。また、その僧。

くゎんがくでん【勧学田】[名]平安時代、学問奨励のために大学寮や勧学院などに寄進された不輸租田。学生の食料・費用にあてられた。

くゎんがくゐん【勧学院】[名]❶藤原冬嗣が一門の子弟の教育のため弘仁十二年(八二一)に創設した学問所。官学の大学寮と並び立つ勢力をもった。❷①を模し、東大寺・延暦寺などが建てた僧の教育施設。

〔**勧学院の歩み**〕藤原氏に慶事があった際に、勧学院の学生がその屋敷に赴き、賀意を表すこと。=勧学院の学生の歩み

〔**勧学院の雀は蒙求を囀る**〕(勧学院の庭の雀は、学生たちが朝夕に読む中国の書物『蒙求』を覚えてその句をさえずるの意から)いつも見聞きしていると、いつの間にかそれを覚えてしまうことのたとえ。

くゎんぎ【関木】[名]「くゎんのき」に同じ。

くゎんぎょ【還御】[名]天皇・上皇や三后(太皇太后・皇太后・皇后)が外出からお帰りになること。将軍や公卿などにいう場合もある。=還幸

くゎんくゎつ【・なり】【寛闊】[名・形動ナリ]❶心が広くゆったりしていること。おおらかなようす。例「この少人、気分は**寛闊・に**ぞ生まれ付きて」〈浮・男色大鑑〉❷派手なこと。伊達。例「人も見返る程の**寛闊・なる**衣裳を飾り」〈浮・傾城禁短気〉

くゎんけ【菅家】[人名]「すがはらのみちざね」に同じ。

くゎんげ【・す】【勧化】[名・他サ変]《仏教語》❶人々を仏道に導くこと。❷「くゎんじん②」に同じ。

くゎんけこうしふ【菅家後集】[作品名]平安前期(九〇三成立)の漢詩文集。『西府新詩』『菅家後草』ともいう。菅原道真作。大宰府に左遷された道真がその心情を詠じた詩を中心に死の直前にまとめたもの。四十六首の詩を集める。

くゎんけぶんさう【菅家文草】[作品名]平安前期(九〇〇成立)の漢詩文集。菅原道真作。道真自ら自作をまとめ、祖父清公、父是善の詩文集とともに醍醐天皇に献進。

くゎんけまんえふしふ【菅家万葉集】[作品名]「しんせんまんえふしふ」に同じ。

くゎんげん【管弦・管絃】[名]《「くゎげん」とも》❶管楽器と弦楽器。楽器の総称。❷音楽。とくに、雅楽。

くゎんこう【菅公】[人名]「すがはらのみちざね」に同じ。

くゎんざ【冠者】[名]「くゎんじゃ」に同じ。

くゎんざう【官曹】[名]役所。官庁。

くゎんざう【萱草】[名]《「くゎざう」とも》❶草の名。とくにヤブカンゾウをいう。夏にユリに似た黄赤色の花を付ける。(季―夏)。❷「萱草色」の略。

くゎんざういろ【萱草色】[名]《「くゎざういろ」とも》染め色の名。「萱草」の花の色。赤黄色。だいだい色。=萱草②

くゎんざく【官爵】[名]《「くゎんさく」とも》「くゎんしゃく」に同じ。

くゎんざし【貫差し・貫緡】[名]銭一貫文(千文)をさし通した細い縄。また、その銭。通常、九百六十文をさして一貫文とした。

ぐゎんさん【元三】[名]《「ぐゎんざん」とも》❶(年・月・日の三つの元という意から)元日。一月一日。(季―春)。❷一月一日から三日まで。三が日。

ぐゎんさんだいし【元三大師】［人名］「りやうげん」に同じ。

くゎんし【官使】［名］「官符」などを持って行く「太政官」の使い。

くゎんじかう【冠辞考】［作品名］江戸中期（一七五七刊行）の国語学書。賀茂真淵著。『万葉集』『古事記』『日本書紀』の冠辞（枕詞）三百二十六語について五十音順に配列して解説した書。

ぐゎんじつのせちゑ【元日の節会】陰暦正月一日に宮中で行われた年中行事。天皇が官人たちに宴を賜う儀式。多く紫宸殿で行われた。

くゎんじゃ【冠者】［名］（「くゎざ」「くゎじゃ」「くゎんざ」とも。冠をつけた者の意）❶元服した若者。成人に達した若者。❷**貴族の子弟や武士で、まだ冠位を得ていない若者**。例「昔は聞きけん物を、木曾の**冠者**」〈平家・九・木曾最期〉❸**若い家来や召し使い**。例「この狼藉をば、郎等冠者ばらなどをさしつかはし」〈保元・上〉

くゎんじゃう【款状】［名］（「くゎじゃう」とも。「款」は誠の意）嘆願書。功績を述べて官位を願ったり、訴訟を起こしたりするときに提出する。

くゎんじゃう【勧請】［名・他サ変］「・す」❶神仏の神託を請うたり、高僧を請い迎えたりすること。例「比叡山に大師**勧請**の起請といふ事」〈徒然・二〇五〉❷本社・本寺から分けて神仏を祭ること。例「熊野の三所権現を**勧請**し奉って」〈平家・二・康頼祝言〉

ぐゎんじゃう【願状】［名］神仏に祈願する内容を記した書状。＝願書・願文

くゎんしゃく【官爵】［名］（「くゎんざく」「くゎんさく」とも）官職と位階。官吏としての地位。

くゎんじゅ【巻数】［名］（仏教語。「くゎんず」とも）信者からの依頼を受けて僧が寺で経文などを音読したとき、その題名・巻数・度数などを記して願主に送った目録。木の枝などにつけて送る。

くゎんじゅ【貫首・貫主】［名］（「くゎんず」「くゎんしゅ」とも）❶頭になる人。統領。❷「蔵人の頭」の別称。❸「天台座主」の別称。

くゎんじゅぎ【巻数木】［名］「巻数」を結びつける木の枝、棒。梅の若枝、榊の枝などを用いた。僧や神官から願主のもとへ送る。

ぐゎんじょ【願書】［名］「ぐゎんじゃう」に同じ。

くゎんじん【勧進】［名・自サ変］「・す」❶（仏教語）人を仏道に導き、善に進めること。＝勧化①。❷（仏教語）仏像や寺院の建立・修復のために、金品を集めること。また、その人。＝勧化②。❸出家姿で物乞いをして歩くこと。また、その人。

くゎんじんずまう【勧進相撲】［名］「勧進②」のために行われる相撲。のち営利目的になる。（季－秋）

くゎんじんちゃう【勧進帳】［名］（仏教語）「勧進②」の趣旨を記した巻物。寄付を募るとき、僧が人々に読み聞かせる。

くゎんじんちゃう【勧進帳】［作品名］江戸後期（一八四〇初演）の歌舞伎。作者は、三世並木五瓶および三升屋二三治か。四世杵屋六三郎作曲。歌舞伎十八番のひとつ。安宅の関で検問を受けた源義経一行が、山伏姿の弁慶の機略により難を逃れる。

くゎんじんのう【勧進能】［名］寺院、または神社などの勧進のために興行された能。のちには、入場料をとる大規模な能をいうようになった。

くゎんじんびくに【勧進比丘尼】［名］地獄・極楽を描いた絵巻物の説明をしながら、念仏を唱えたり、歌をうたったりして勧進して歩いた比丘尼。のちには売春もした。＝歌比丘尼・小歌比丘尼

くゎんじんひじり【勧進聖】［名］「勧進②」のために各地をめぐり歩く僧。のちには、銭を乞い歩く乞食僧のことをいう。

くゎんじんよみ【勧進読み】［名］「勧進」のために読み物を読んできかせること。また、それによって金銭をもらうこと。

くゎんす【鑵子】［名］❶青銅や真鍮で作った弦のついた湯釜。やかん。❷（近世語）茶がま。

くゎん・ず【観ず】［他サ変］｛ぜ・じ・ず・ずる・ずれ・ぜよ｝❶（仏教語）深く静かに思いをめぐらして、真理を見つめる。例「善も悪も空なりと**観・ずるが**」〈平家・二・大臣殿被斬〉❷深く観察する。例「『心憂き事』と身を**観・じおぼすも**」〈栄花・二七〉❸あきらめる。例「我と我が身を**観・じて**」〈甲陽軍鑑〉

くゎんすぼん【巻子本】［名］書籍の形状による分類上のひとつ。紙の端に軸を付けて巻き込めるようにしたもの。古くより行われ、経典の書写や、絵巻物の類もある。冊子本・折本などに対していう。

くゎんぜおん【観世音】［名］（仏教語）この世の苦悩の声（＝世音）を観じて、大慈悲を垂れる菩薩。衆生を救うために、三十三身に化身するといわれ、広く崇拝された。観自在。＝観音

くゎんぜおんぼさつ【観世音菩薩】［名］「観世音」の尊称。

くゎんぜもときよ【観世元清】［人名］「ぜあみ」に同じ。

くゎんぜりう【観世流】［名］能のシテ方の流派のひとつ。観阿弥を祖とし、その子世阿弥が足利義満などの寵愛を受け、大成させた。

くゎんぜんちょうあく【勧善懲悪】［名］善を勧め、悪を戒めこらすこと。勧懲。

古語深耕　**文学理念の一つ「勧善懲悪」**

古くは中国の『春秋左氏伝』の中で孔子の文学観を表した語として用いられたが、その影響下、日本でも中世以降『源氏物語』の本質を「**勧善懲悪**」と見なすような功利主義的な文学観が広まった。近世に入り一時衰えたが、明代の中国白話小説が日本でも盛んに読まれるようになり、寛政二年（一七九〇）の取り締まりで黄表紙や洒落本が衰退したことも手伝って、近世後期には文学理念の一つとして定着した。読本・合巻や戯曲に見られるが、善人と悪人を登場させ、善人が栄え悪人が滅びるという文学様式は、滝沢馬琴の『南総里見八犬伝』に至って完成をみた。

くゎんぜんちょうあくのぞきからくり【勧善懲悪覗機関】[作品名]江戸後期（一八六二初演）の歌舞伎。『村井長庵』『小夜衣千太郎』ともいう。河竹黙阿弥作。講談の「大岡政談」を脚色したもので、すべてが勧善懲悪の結果に解決するという構成。

くゎんたい[・す]【緩怠】[名・自サ変]❶怠ること。なおざりにすること。例「清盛すでに伯父を誅す、何ぞ**緩怠・せしめん**」〈古活字本保元・中〉❷過失。罪。例「何の**緩怠**に修行者の面をば足駄にしては履かれけるぞ」〈義経記・三〉❸無礼。失礼。例「皆礼儀をも知らず。万ふつつかなる**緩怠**を致し」〈仮・浮世物語〉

くゎんだい【館代】[名]領主が留守の間、館を預かる家老。

くゎんぢく【巻軸】[名]❶文書や書画を巻物にしたもの。❷巻物の最後の軸に近い部分。巻末。

くゎんぢゃう[・す]【灌頂】[名・自サ変]《仏教語》真言宗の儀式で頭上に香水を注ぐもの。初めての受戒のときや秘法の伝授のとき、また、一般の人々に仏縁を結ばせるときなどに行う。

くゎんぢょ【官女】[名]宮中、または将軍家などに仕える女性。宮仕えの女房。女官。

くゎんど【官途】[名]《「くゎんと」とも》❶官史の職務や地位。❷鎌倉時代、地方にいる「受領」に対して、京都にいる役人（京官）の称。

くゎんとう【関東】[名]《関所の東の意》❶古くは、近江の逢坂の関より東の諸国。後世は、相模の箱根の関以東の八か国。いまの関東地方に当たる。坂東。＝関八州。❷鎌倉幕府、または将軍。❸江戸幕府、または将軍。

くゎんとうくゎんれい【関東管領】[名]室町幕府が関東統治のため鎌倉に置いた職。のち鎌倉公方と称するようになると、その補佐役を関東管領と称するようになった。＝鎌倉管領・管領㊁②

くゎんとすいきょじゃう【官途推挙状】[名]幕府から朝廷に対し、武士の官職・叙任を申請した推薦状。

くゎんとなり【官途成り】[名]官職に就くこと。任官。また、そのことを披露し祝うこと。

くゎんとぶぎゃう【官途奉行】[名]鎌倉・室町幕府の職名。武家の官職・叙任の事務を扱う。

ぐゎんにち【元日】[名]がんじつ。一月一日。（季―春）

〔**元日の奏賀**〕元日の朝賀に際して賀詞を天皇に奏上すること。

くゎんにん【官人】[名]❶官吏や役人。❷六位以下の役人。❸検非違使庁の下級役人。

くゎんにん[・す]【還任】[名・自サ変]ふたたびもとの官職に任命されること。＝還着

ぐゎんにん【願人】[名]❶祈願する人。❷「願人坊主」の略。

ぐゎんにんばうず【願人坊主】[名]江戸時代、欠員を待って正式な僧になろうとした乞食僧。願主に代わって願かけの修行をしたり木魚をたたきながら経を唱え、金銭を乞い歩いたりした。＝願人②

くゎんねん[・す]【観念】[名・自サ変]❶《仏教語》心静かに、仏の姿や教えを思い浮かべ、真理を観察すること。例「**観念**のたよりなきにしもあらず」〈方丈記〉❷覚悟すること。あきらめること。

くゎんねんしゅぎゃう【観念修行】[名]《仏教語》仏教の真理を悟るための修行。観行。

くゎんのき【貫の木・関の木・閂】[名]観音開きの扉を内側から固く閉じるため横に差す棒。かんぬき。＝関木

くゎんのちゃう【官の庁】[名]太政官の役所。＝太政官庁・官の司

くゎんのつかさ【官の司】[名]「くゎんのちゃう」に同じ。

くゎんぱく【関白】[名]《「くゎんばく」とも。「関」はあずかる、「白」は申すの意》天皇の政務に関与して意見を申し上げる意で、天皇を補佐して、政治を行う最高位の大臣。＝政関白 例「『摂政・**関白**すべきものならば、この矢あたれ』と仰せらるるに」〈大鏡・道長・上〉《敬語》「仰せらるる」→「おほす」

> **古典の世界　三譲表と「関白」**
>
> 大臣に任命されると、三度これを辞退するというならわしがある。初めて関白の詔を受けた藤原基経も、はじめは辞退の意を表したのである。「**三譲表**」といわれるしきたりだが、天皇から政務を「関り白す」ことを命じられると、いったんは辞退する。これに対しては、今度は「辞退することを許さぬ」という命令が下ることになっている。「**表**」という文書でやりとりされるが、これを三度も繰り返して、関白に就任するのである。政治を預かることの手続きは、いかにも重々しいものだった。

くゎんはっしう【関八州】[地名]《「関東八州」の略》江戸時代の箱根の関以東の八か国。相模・武蔵・常陸・上野・下野・安房・上総・下総の総称。いまの関東地方。

くゎんぴゃうのおほんときさいのみやのうたあはせ【寛平御時后宮歌合】[作品名]平安前期（八八九から八九三成立）の歌合わせ。班子皇后（光孝天皇皇后）主催で、百番二百首の和歌が撰進されたらしいが完存する伝本はない。宇多天皇の関与のもと、藤原興風・紀友則・紀貫之らが出詠したらしい。

くゎんぷ【官府】[名]朝廷。官庁。

くゎんぷ【官符】[名]「太政官符」の略。

くゎんぷせん【官府宣】[名]摂政・関白から下す文書。

くゎんぶつ【官物】[名]「くゎんもつ」に同じ。

くゎんぶつ【灌仏】[名]《仏教語。「灌」は水をそそぎかける意》❶「灌仏会」の際に、仏像に香水・甘茶などをそそぎかけて供養すること。また、その仏像。❷「灌仏会」の略。（季―夏）

くゎんぶつゑ【灌仏会】[名]釈迦の誕生日である陰暦四月八日に、誕生時の釈迦像に、香水

く

（のちに甘茶）をかけて、釈迦の誕生を祝う行事。＝降誕会・灌仏②・花祭り・仏生会。（季－夏）

くゎんぺい【官幣】［名］祈年の祭り、月次の祭り、新嘗の祭りなどのとき、神祇官から格式の高い神社に捧げる幣帛（供物）。また、そのようにして祭ること。

くゎんぺいし【官幣使】［名］「官幣社」に「官幣」を捧げるために派遣される使者。

くゎんぺいしゃ【官幣社】［名］社格のひとつ。神祇官から幣帛を捧げられる格式の高い神社。大社・中社・小社、および別格の四等級がある。

くゎんぼふ【観法】［名］《仏教語。「くゎんぽふ」とも》心の中で仏法の真理を観察し、悟ろうとすること。歓心の法。

くゎんぼふぢゃうざ【観法定座】［名］《仏教語》静座して観念すること。

くゎんむてんわう【桓武天皇】［人名］（七三七～八〇六）第五十代天皇。光仁天皇の第一皇子。母は渡来人系の高野新笠。平安京の造営と蝦夷対策を中心に平安朝の国家の基盤を築いた。

くゎんもつ【官物】［名］（「くゎんぶつ」とも）❶政府所有の物。官有物。❷諸国から政府に納められる租税や貢ぎ物。

ぐゎんもん【願文】［名］神仏に願かけをするときや仏事の際、その趣旨を書いた文。＝願状

くゎんらく【歓楽】［名］❶喜び、楽しむこと。❷病気の忌み詞。

ぐゎんりき【願力】［名］神仏に願を立て、その願いを貫こうとする意志。

くゎんりゃう［・す］【管領】［名・他サ変］❶《「くゎんれい」とも》管理すること。治めること。例「四海を管領・して万民を悩乱せしむ」〈平家・七・願書〉❷自分のものにすること。押領。例「宿をも取り、財宝をも管領・せんと志して」〈太平記・八〉

くゎんれい［・す］【管領】■［名・他サ変］「くゎんりゃう①」に同じ。■［名］❶室町幕府の職名。将軍を補佐し政務を総轄する。細川・畠山・斯波の三氏が交替で務めた。❷「関東管領」の略。

くゎんろく【官禄】［名］官位と俸禄。また、官から賜る禄。

くゎんゐ【官位】［名］令制で大臣以下書吏以上の官職を官、一品以下初位以上の位階を位という。

くゎんゐさうたう【官位相当】［名］令制で大臣以下には、位階を基本に、それに相当する官職を定めたこと。太政大臣が正・従一位など。

くゐん【九院】［名］伝教大師が比叡山を開き、建立した九つの寺院。

くゑにち【凶会日】［名］「陰陽道」で何をやっても凶と出るとされている日。

くゑはららか・す【蹶ゑ散かす】［他サ四］〔き・し・す・す・せ・せ〕《上代語》けちらす。例「沫雪如す（＝沫雪ノヨウニ）蹶ゑ散か・して」〈記・上〉

くをん【久遠】［名］《仏教語》久しく遠いこと。遠い昔。または、遠い未来。

くん【裙】［名］❶裳の裾。❷「裙子」の略。

ぐんかう【群行】［名］（「斎宮群行」の略）伊勢の斎宮が、野の宮での精進潔斎ののち、伊勢に初めて下向すること。

ぐんきものがたり【軍記物語】［名］中世期を中心にして行われた物語文学のひとつ。合戦の様相を主として戦乱の時代を叙事詩的に描いたもの。『将門記』『陸奥話記』など、中古期にその先例は見いだされるが、ジャンルとして確立するのは中世期に入ってから、中でも『平家物語』はのちの『太平記』とともに軍記物語を代表する作品。また、この傍流に『義経記』『曾我物語』といった武将の生活・行動を主題とした英雄伝記物語がある。軍記物。戦記物語。

ぐんけ【郡家】［名］（「ぐうけ」とも）令制で郡司が郡の政務を行う役所。＝郡の家

くんこうけんじゃう【勲功勧賞】［名］功労・手柄を賞して官位や物品を授けること。

くんし【君子】［名］徳を備えた人。身分の高い人。↔小人③

ぐんじ【郡司】［名］❶令制で国司の下にあり郡内の政務を担当する役人。大・少領、主政・主帳の職があった。地方有力豪族を当て、終身官・世襲が多い。❷とくに長官になる大領。①②＝郡の司

くんじいた・し【屈じ甚し】［形ク］〔から・く(かり)・し・き(かる)・けれ・かれ〕「くしいたし」に同じ。

くんじい・る【屈じ入る】［自ラ四］〔ら・り・る・る・れ・れ〕《「くっしいる」の促音「っ」を撥音「ん」で表記したもの》深く考え込む。ふさぎ込む。例「〔蔵人少将ハ〕いたう屈じ入・りてながめるたまへれば」〈源氏・竹河〉

くんじは・つ【屈じ果つ】［自タ下二］〔て・て・つ・つる・つれ・てよ〕《「くっしはつ」の促音「っ」を撥音「ん」で表記したもの》すっかりふさぎ込む。気が滅入る。例「向かひゐたれば、むげに屈じは・てにたりと見えけむ」〈蜻蛉・中〉

くんじゅ［・す］【群衆・群集】［名・自サ変］たくさんの人が群がり集まること。また、集まった人々。例「軒騎（＝車ト馬）群集・して、門前市をなす」〈平家・一・吾身栄花〉

くんじゅ［・す］【薫修】［名・他サ変］《仏教語》香が衣服に染み込んでかおるように、他からよい影響を受けて自然に仏道の修養を積むこと。

ぐんしょるいじゅう【群書類従】［作品名］江戸後期（一八一九刊行）の叢書。塙保己一編。江戸初期までの文献資料約千二百七十点を、神祇・系譜・律令・装束・和歌・物語・日記・遊戯・飲食など二十五部に分けて収める。

くんず【裙子】［名］（「くんし」とも）僧が腰にまとう、ひだのある袴に似た服。室内での略装。＝裙②

くん・ず【屈ず】［自サ変］〔ぜ・じ・ず・ずる・ずれ・ぜよ〕**気がめいる。気がふさぐ。**＝屈す。例「月の興も覚えず、くん・じ臥しぬ」〈更級〉

発展学習ファイル　促音の表記が「っ」に一定していなかったころ、「くっす」の「っ」の表記を撥音「ん」で代用したものを、表記どおりに発音するようになった語。

くん・ず【薫ず】〔ぜ・じ・ず・ずる・ずれ・ぜよ〕■［自サ変］かおる。におう。例「その間、生ぐさき香河よりこなたまで薫・じたり」〈今昔・二七・四三〉■［他サ変］かおらせる。におわせる。例「さまざまの香をたきて薫・じ合わせたるほど、えもいはずめでたし」〈栄花・三〉

ぐんせん【軍扇】［名］戦の際、大将が軍陣で用いる扇。骨・地紙とも頑丈な作りになっていて、表に太

陽、裏に月を描くものが多い。

くんたい【裙帯】[名]「くたい」に同じ。

ぐんだい【郡代】[名]❶室町時代、一、二郡を支配した代官。守護代の別称。❷江戸時代に、勘定奉行に属して幕府直轄地を支配し、徴税・訴訟などをつかさどった代官。

ぐんだりやしゃ【軍荼利夜叉】[名]《仏教語。梵語(ぼんご)の音訳》「軍荼利夜叉明王(ぐんだりやしゃみゃうわう)」の略。

ぐんだりやしゃみゃうわう【軍荼利夜叉明王】(グンダリヤシャミヤウオウ)[名]《仏教語》「五大尊明王」のひとつ。八本の腕をもち、炎を背にした怒りの相で南方を守護し、種々の障害を取り除くという。＝軍荼利夜叉

ぐんだん【軍団】[名]令制で各地に配置された軍隊。正丁(せいてい)(二十一歳以上六十歳以下の男子)の三分の一を徴兵して組織し、その中から「衛士(ゑじ)」「防人(さきもり)」を選出した。延暦十一年(七九二)に廃止され、「健児(こんでい)」の制となった。

ぐんぢ【軍持】(グンジ)[名]《仏教語。梵語(ぼんご)の音訳》尼僧が所持する飲料用の水がめ。花瓶の別称。もとは観音・諸尊が持つ。

くんでう・ず【組んでうず】(クンジョウズ)《動詞「組む」の連用形＋完了の助動詞「つ」の未然形＋推量の助動詞「んず」＝「くみてんず」の変化形》組み討ちしようとする。例「おのれは日本一の剛(かう)の者と**くんでう・ず**なうれ(＝オノレ)」〈平家・七・実盛〉

ぐんばい【軍配】[名]❶軍隊の陣容の配置や進退の際の指揮。❷商売上のかけひきや計略。❸「軍配団扇(ぐんばいうちは)」の略。

ぐんばいうちは【軍配団扇】(グンバイウチワ)[名]❶戦場で大将が指揮に用いた団扇。多く、黒漆塗りの革製で柄は鉄。❷相撲(すもう)の行司が持つ団扇。❸①を図案化した。紋所の名。①②③＝団扇③・軍配③

ぐんびゃう【軍兵】(グンビョウ)[名]軍勢。兵隊。

ぐんもんにくだ・る【軍門に降る】戦いや競争に負けて降参する。降服する。負ける。例「(越王勾践(こうせん)ハ)呉の**軍門に降・り**給ふ」〈太平記・四〉

ぐんやく【軍役】[名]❶戦争。戦闘。❷令制で兵役の義務。軍務に服すること。❸封建社会で、家臣が主君に負う軍事上の負担。

ぐんりょ【軍旅】[名]軍隊。軍勢。転じて、戦い。合戦。戦争。

ぐんるい【群類】[名]多くの生き物。

くんろ【薫炉】[名]「かろ」に同じ。

け-【気】[接頭]《動詞・形容詞・形容動詞などに付いて》なんとなく…のようである、いくらか…であるの意を表す。「**気**劣る」「**気**高し」「**気**ざやか」など。

-け【家】[接尾]《姓氏や官職の下に付けて》所属や敬意を表す。「平**家**」「摂**家**」「右大臣**家**」など。

け【日】[名]《上代語。「か(日)」の変化形》❶「日(ひ)」の複数形を表す。**二日以上の日数。日び。**❷《「朝にけに」の形で》**日ごと。毎日。**例「朝に**日**に見まく欲りするその玉を」〈万葉・三・四〇三〉

け【毛】[名]❶人間や動物の毛。❷鎧(よろひ)の縅(をどし)の糸。縅毛(をどしげ)。

け【木】[名]《上代東国方言》木(き)。

け【気】[名]❶**火や日光の熱気。物の精気。**例「東面(ひんがしおもて)の朝日の**気**、いと苦しければ」〈蜻蛉・下〉❷**気分。心地(ここち)。**例「恐ろしき**け**もおぼえず」〈源氏・夕顔〉❸**気配。徴候。**例「格子(かうし)も上げぬ外(と)に、人の**気**おぼゆ」〈蜻蛉・中〉❹**病気。**例「中風**気**ありて、手ひゆる故に」〈沙石集〉❺**空気。大気。**例「雨のどかに降りて**気**しめりたりけるに」〈栄花・一六〉❻気候。❼要素や成分がふくまれていること。

〔**気(け)上(あ)がる**〕(「けのぼる」とも)逆上する。のぼせる。例「いささか身じろきもせられず、**気あが・りて**」〈紫式部日記〉

〔**気(け)も無(な)し**〕❶元気がない。精気がない。例「**気もな・く**青み痩(や)せて」〈宇津保・祭の使〉❷それらしい兆候がない。それと分かる気配がない。❸思いもよらない。とんでもない。

け【怪】[名]怪しいこと。不思議なこと。

け【卦】[名]「陰陽道(おんやうだう)」で、易(えき)の算木の上に現れる象(かたち)。乾(けん)・兌(だ)・離(り)・震(しん)・坎(かん)・巽(そん)・艮(ごん)・坤(こん)の八卦(はっけ)を基本とし、これを組み合わせて天地間の変化を読み取り、吉凶を占う。

け【故】[名]理由を表す語。**ため。ゆえ。せい。**例「よろづいのりまつはる**け**に」〈浜松中納言・一〉

け【食】[名]食物。食事。

け【笥】[名]容器。入れ物。とくに、食物を盛る器。

け【罫・界】[名]文字を真っすぐ書くための線。けい。例「**罫**かけたる金(かね)の筋よりも」〈源氏・鈴虫〉

け【褻】[名]よそいきでないこと。正式・公式ではないこと。日常的なこと。↔晴れ⑤

〔**褻(け)の歌(うた)**〕公的な場で詠まれる晴れの歌に対して、私的な歌をいう。意志や感情を伝達する贈答歌や、個人的な感懐を表出した歌など。↔晴れの歌

〔**褻(け)の衣(ころも)**〕普段着。公式でないときに着る衣服。

〔**褻(け)の装束(さうぞく)**〕(ケノソウゾク)日常の調度・衣服・装身具。公家(くげ)の場合、衣服は「宿直装束(とのゐさうぞく)」をいう。↔納(をさ)めの装束

け[・なり]【異】[形動ナリ]《なら・なり(に)・なり・なる・なれ・なれ》❶**ふつうと違っている。**例「妹(いも)が手を取石(とろし)の池の波の間(ま)ゆ鳥が音(ね)**異・に**鳴く秋過ぎぬらし」〈万葉・一〇・二一六六〉❷**勝っている。すぐれている。**例「夕されば蛍より**け・に**燃ゆれども光見ねばや人のつれなき」〈古今・恋二・五六二〉

け 上代のク活用形容詞およびク活用型の助動詞の活用語尾。❶未然形語尾。例「なかなかに死なば安**け**む君が目を見ず久(ひさ)ならばすべなかるべし」〈万葉・一七・三九三四〉❷已然形語尾。例「あをによし奈良の大路(おほぢ)は行き良**け**どこの山道は行き悪しかりけり」〈万葉・一五・三七二八〉

け【来】《上代東国方言》動詞「く(来)」の連用形「き」に相当する語。

け【消】《動詞「消(き)ゆ」の未然形・連用形「きえ」の変化形》消える。例「早くな散りそ雪は**消**ぬとも」〈万葉・五・八四九〉〔注〕連用形の例。

-げ【気】[接尾]❶《動詞の連用形、形容詞・形容動

詞の語幹などに付いて)いかにも…のようすである、…そうだの意を表す。「ありげ」「苦しげ」「たゆげ」など。❷(名詞に付いて)…の気配、…らしさの意を表す。「人げ」「親しげ」など。

げ【下】[名](等級・身分などの)劣っていること。卑しいこと。下等。

げ【夏】[名]《仏教語》❶陰暦四月十六日から七月十五日までの三か月間をいう。❷「夏安居(げあんご)」の略。

げ【偈】[名]《仏教語。梵語(ぼんご)の音訳「偈陀(げだ)」の略》経文で、仏の徳または教えをたたえるのに韻文の体裁を用いたもの。＝伽陀(かだ)

げ【解】[名]令制で、八省以下の中央・地方の諸官庁から、太政官(だいじょうかん)や上位の官庁に上申する公文書。＝解状(げじょう)・解文(げもん)①

けあ・ぐ【蹴上ぐ】[他ガ下二]{げ・げ・ぐ・ぐる・ぐれ・げよ}蹴り上げる。上の方へ蹴る。例「三度(みたび)上(かみ)ざまへ**蹴上・げ蹴上・げ**して」〈宇治拾遺・三・三〉

けあげ【蹴上げ】[名]けり上げること。また、足ではね上げた泥。

けあ・し【気悪し】[形シク]{しから・しく(しかり)・し・しき(しかる)・しけれ・しかれ}《穏やかでないようすの意》(状況などが)困難できびしい。(人の)機嫌が悪い。(関係などが)険悪だ。例「泉川原(いづみがはら)の風、極めて**気悪・しく**吹きて」〈今昔・二〇・四〇〉

けあ・つ【蹴当つ】[他タ下二]{て・て・つ・つる・つれ・てよ}蹴って足をぶつける。例「閾(しきみ)に**蹴あ・て**ぬれば」〈徒然・一八五〉

げあんご【夏安居】[名]「あんご」に同じ。＝夏(げ)②

けい【卿】[名]「きゃう(卿)」に同じ。

けい【磬・罄】[名]中国から伝わった打楽器の一種。「へ」の字の形に作った堅い石や銅板をつるして打ち鳴らすもの。多く仏具として勤行(ごんぎょう)のときに用いた。

けい【-・なり】【怪異】[名・形動ナリ]怪しいさま。不思議なさま。例「重き**怪異・なり**とて、牛を陰陽師(おんやうじ)のもとへつかはすべきよし」〈徒然・二〇六〉

げい【芸】[名]学んで得たわざ。腕前。

けいあん【桂庵・慶安・慶庵】[名]《近世語》(江戸で仲介業をしていた医者の名から)❶奉公や縁談の仲介業者。❷お世辞。また、それをいう人。

けいうん【慶運】[人名](「きゃううん」とも)(生没年未詳)鎌倉・南北朝時代の歌人。天台宗の僧。父の浄弁・頓阿(とんあ)・吉田兼好(けんこう)とともに四天王に数えられた。家集『慶運法師百首』。

けいえい【-・す】【経営】[名・他サ変]❶構えつくること。構築すること。例「多日の**経営**をむなしうして、片時(へんし)の灰燼(くわいじん)となりはてぬ」〈平家・七・聖主臨幸〉❷物事を計画・準備したり、執り行うこと。

けいかい【景戒】[人名](「きゃうかい」とも)(生没年未詳)法相宗(ほっそうしゅう)の僧。奈良後期から平安前期の、奈良薬師寺の僧。日本最初の仏教説話集『日本霊異記(にほんりょういき)』を著す。

けいき【景気】[名]❶目に見えるようす。気配。❷景色。風景。❸景色をありのままに詠んだ歌。また、表現をとおして、言外に伝わってくる雰囲気をもいう。連歌・俳諧(はいかい)においては、前者の意で用いられ、景色を詠んだ句を付ける景気付けも行われた。

けいき【-・す】【傾危】[名・自サ変]傾いてしまって危いこと。

けいきょく【荊棘】[名]とげをもった植物の総称。イバラ。

けいくゎい【-・す】【計会】[名・自サ変]❶ふたつ以上のものが合うように計らうこと。計画すること。❷物事が一度に重なり合うこと。❸貧乏すること。

けいくゎい【-・す】【経回・経廻】[名・自サ変]❶めぐり歩くこと。遍歴。例「京都の**経廻**難治の間、身を在々所々にかくし」〈平家・一一・腰越〉❷生きて年月を過ごすこと。

けいけい[副]犬・鹿(しか)・キジなどの鳴き声。けんけん。きゃんきゃん。

けいこ【稽古】[名](古(いにしえ)を稽(かんが)えるの意)❶学問・研究をすること。例「**稽古**の誉れありけるが」〈徒然・二二六〉❷諸芸を習い、練習すること。

けいこ【瓊戸】[名](「瓊」は美しい玉の意)玉で飾った美しい戸。美しい家。

けいこく【傾国】[名]❶美女。❷遊女。❸遊里。

けいこくしふ【経国集】[作品名]平安前期(八二七成立)の第三番目の勅撰(ちょくせん)漢詩集。淳和(じゅんな)天皇の勅により、良岑安世(よしみねのやすよ)・菅原清公(きよきみ)ら撰。平安前期漢詩文の集大成。

けいし【京師】[名]京都。都。帝都。

けいし【屐子】[名](「けいち」とも。「けきし」のイ音便)下駄(げた)に似た履き物。

けいし【家司】[名](「けし」の変化形)❶(「いへづかさ」とも)親王・内親王、摂関・大臣、三位以上の家で事務を行う者。家令・家扶・家従・書吏など。五位以上の者を上家司、以下を下家司という。❷鎌倉・室町幕府の評定衆・引き付け衆、政所(まんどころ)・問注所の職員の総称。

けいしかへ・す【啓し返す】[他サ四]{さ・し・す・す・せ・せ}(「言ひ返す」の謙譲語)弁解申し上げる。→「けいす」。例「まだ初初(うひうひ)しければ、ともかくも(中宮様ニ)得**啓しかへ・さ**で」〈枕・宮にはじめてまゐりたる頃〉

けいしだ・つ【家司立つ】[自タ四]{た・ち・つ・つ・て・て}(「だつ」は接尾語)一人前の家司のように見える。例「はかばかしき**家司だ・つ**人なども見えず」〈源氏・野分〉

けいじつ【頃日】[名]ここ何日もの間。日ごろ。

けいしなほ・す【啓し直す】[他サ四]{さ・し・す・す・せ・せ}(「言ひ直す」の謙譲語)お正し申し上げる。ご訂正申し上げる。(その場を)取りなし申し上げる。→「けいす」。例「なほ、これぱかり(中宮様ニ)**啓し直・させ**たまへ」〈枕・宮にはじめてまゐりたる頃〉

げいしゃ【芸者】[名]《近世語》❶遊芸にすぐれている人。❷遊里などで酒宴に興を添える男。太鼓持ち。❸芸人。役者。❹酒席に出て、酌をし、音曲や舞踊などで、興を添えるのを業とする女性。

けいしゃう【卿相】[名]「くぎゃう(公卿)①」に同じ。

けいじゃう【-・す】【啓上】[名・自サ変](多く「一筆啓上」の形で手紙に用いられる慣用句)言うことの謙譲語。申し上げること。

げいしゃう【霓裳】[名]「げいしゃううい」に同じ。

げいしゃううい【霓裳羽衣】[名]❶虹(にじ)のように美しい裳裾(もすそ)と羽衣(はごろも)。天人の衣。❷中国の舞曲の名。唐の玄宗皇帝の作という。①②＝霓裳

けいしゃううんかく【卿相雲客】[名]

「公卿」と「殿上人」。昇殿を許された官人。

けいしゅ［・す］【稽首】［名・自サ変］頭が地面につくほど、からだを曲げて礼をすること。また、頭を腰より低く下げて行う礼。

けいしん【桂心】［名］❶肉桂の樹皮のすぐ下の黄色い部分で、薬として用いる。❷餅菓子の一種で、肉桂の粉をまぶしたもの。

けいじん【刑人】［名］刑罰を受ける人。刑罰を受けたことのある人。危険な者。

けいじん【鶏人】［名］宮中で時刻を知らせた役人。

けい・す【啓す】［他サ変］{せ・し・す・する・すれ・せよ}「言う」の謙譲語。「（AがBに）けいす」でB（言う相手）を高める。Bは太皇太后・皇太后・中宮・皇后・皇太子に限られる。**申し上げる。** 例「心も乱れて、（中宮定子ニオ礼ヲ）**啓す**べきかたもなければ」〈枕・御前にて、人々とも〉

発展学習ファイル　(1)類義語「**奏す**」は天皇・上皇に対して用いられる。
(2)太皇太后・皇太后・中宮・皇后・皇太子に申し上げる場合、「啓す」のみが用いられるのではなく、「**聞こゆ**」「**聞こえさす**」「**申す**」などが用いられる場合もある。

けいせい【傾城】［名］❶美人。美女。❷遊女。とくに、太夫などの上位の遊女を指す。
〈参考〉①は、『漢書』（外戚伝）の「一たび顧みれば人の城を傾け、再び顧みれば人の国を傾く」による。君主が政務を忘れ、一国一城をも滅ぼしてしまうほどの美女の意。「傾国」もここから出たことば。

けいせいあさまがだけ【けいせい浅間嶽】［作品名］江戸中期（一六九八初演）の歌舞伎。作者未詳。京都東山における浅間明神の開帳をめぐるお家騒動を当世風に描く。

けいせいあはのなると【けいせい阿波のなると】［作品名］江戸中期（一六九五初演）の歌舞伎。近松門左衛門作。斑鳩家のお家騒動を軸に、継母の邪恋や郭話などを入れた傾城物。

けいせいあはのなると【傾城阿波の鳴門】［作品名］江戸中期（一七六八初演）の浄瑠璃。時代物。近松半二らの合作。近松門左衛門作の浄瑠璃『夕霧阿波鳴渡』の影響を受け、夕霧・伊左衛門の話に阿波の海賊十郎兵衛の巷説を織り交ぜ、お家騒動仕立てに脚色したもの。

けいせいいろじゃみせん【けいせい色三味線】［作品名］江戸中期（一七〇一刊行）の浮世草子。江島其磧作。五巻。京都・江戸・大坂など諸国の遊郭を舞台とする二十四話の短編を収める。

けいせいかひしじふはって【傾城買四十八手】［作品名］江戸後期（一七九〇刊行）の洒落本。山東京伝作・画。遊女と客との交渉のさまを類型化して、五章にわたって描く。

けいせいきんたんき【傾城禁短気】［作品名］江戸中期（一七一一刊行）の浮世草子。江島其磧作。色道の諸相（女郎遊び・売色・男色）を描く二十四話を収める。

けいせいはんごんかう【傾城反魂香】［作品名］江戸中期（一七〇八初演）の浄瑠璃。『吃又』ともいう。近松門左衛門作。遊女遠山が絵師狩野元信に焦がれ死にし、亡霊となって結ばれるという話を中心に、浮世又平の名画の奇跡、江州六角家のお家騒動などを取りまぜて脚色したもの。

けいせいほとけのはら【けいせい仏の原】［作品名］江戸中期（一六九九初演）の歌舞伎。近松門左衛門作。京都東山における開帳をあてこみ、傾城買いを中心とするお家騒動を描いたもの。

けいせいみぶだいねんぶつ【けいせい壬生大念仏】［作品名］江戸中期（一七〇二初演）の歌舞伎。近松門左衛門作。高遠家のお家騒動を中心に、幼児殺しの悲劇などを取りまぜて構成したもの。京都壬生寺本尊の開帳をあてこんだ作品。

けいせう【軽少】［名・形動口語型］《近世語》❶少ないさま。わずかなこと。いささか。❷簡単なようす。簡略。質素。

けいせつ【蛍雪】［名］苦心して勉学に励むこと。

けいせつのこう【蛍雪の功】（晋の車胤が蛍の光で、また、孫康が雪の明かりで本を読んだという故事から）苦心して勉学に励んだ成果。

けいせんくゎ【桂仙花】［名］オキナグサの別称。

けいたい【景体】［名］ようす。ありさま。

けいたい【継体】［名］《「けいてい」とも》天子の位を継ぐこと。世継ぎ。

けいち【展了】［名］「けいし（展子）」に同じ。

けいちつ【啓蟄】［名］二十四節気（陰暦で一年間を二十四に分けたもの）のひとつ。冬ごもりの虫が、春に地上にはい出るころ。陰暦の二月前半、現在の三月五日ごろ。（季－春）

けいちゃう【慶長】［名］一〇七代後陽成天皇、一〇八代後水尾天皇の時代の年号。西暦一五九六年から一六一五年まで。

けいちゅう【契沖】［人名］（一六四〇～一七〇一）江戸前期の国学者・歌人・真言宗の僧。徳川光圀の依頼で『万葉集』の注釈書『万葉代匠記』を著した。文献学を尊重し『勢語臆断』や『和字正濫抄』など多数の研究書を残した。

けいづ【系図】［名］❶先祖代々の系統を書き記した文書。家譜。❷由緒。来歴。

けいてう【京兆】［名］《「きゃうてう」とも》❶いまの中国長安の地。❷左右の「京職」の唐名。

けいてうのゐん【京兆の尹】［名］左京大夫・右京大夫の唐名。

けいてん【経典】［名］古代中国の聖人や賢人の教えを記した書物。四書や五経など。経書。

げいのう【芸能】［名］❶訓練して習得した技。技能。❷芸における才能。

げいは【鯨波・鯢波】［名］（クジラのおこす大波の意から）戦場などで、多くの人がいっせいにあげる大きな声。鬨の声。

けいばう【競望】［名］あらそって望むこと。強いて願い望むこと。

けいはく［・なり］【軽薄】［名・形動ナリ］❶軽く薄いこと。お粗末なこと。❷態度が軽々しく不誠実なこと。❸お世辞。へつらい。

けいひち【警蹕】［名］「けいひつ」に同じ。

けいひつ【警蹕】［名］《「けいひち」とも。「警」は出る、「蹕」は入るの意》天皇・上皇や貴人などの外出や神事の際に、先払いをすること。「をを」「をし」「しし」などと声をかける。

けいびゃく[・す]【啓白・敬白】[名・自サ変]《「けいひゃく」とも》神仏に申し上げること。また、その文書。

けいぶつ【景物】[名]❶その時節に即した趣のある衣装や飲食物など。❷四季折々の風物・眺め。❸連歌・俳諧の点取りの賞品。

けいめい【鶏鳴】[名]❶(暁に)鶏の鳴くこと。また、その声。❷早朝。明け方。暁。

けいめい[・す]【経営】[名・他サ変]《「けいえい」の変化形》❶忙しく立ち働いて、世話をすること。準備に奔走すること。例「預り(=留守役)いみじく**経営**し歩く気色に」〈源氏・夕顔〉❷もてなすこと。ごちそうして接待すること。

けいゐんいっし【桂園一枝】[作品名]江戸後期の和歌集。香川景樹作。正編九百八十三首、拾遺七百十五首を、それぞれ部立ごとに分類し収める。桂園派歌風の粋を集めた歌集。

けいゐんは【桂園派】[名]江戸時代の和歌の流派のひとつ。香川景樹によって始められた流派で、熊谷直好ら多くの門人が集い、江戸後期歌壇の中心的存在として明治期まで盛んな活動を展開。古今調による清新な詠風を主張した。

けう【孝】[名]❶親孝行。❷死後の供養をすること。例「嘆き思へども、効なくて、三年の**孝**送る」〈宇津保・俊蔭〉

けう【仮有】[名]《仏教語》この世界に存在するすべてのものは、因縁の和合による実体のない、仮の存在にすぎないということ。↔実有

けう[・なり]【希有・稀有・稀有】[名・形動ナリ]❶(肯定的な感嘆の意をこめて)めったにないさま。珍しい。❷不思議だ。人知で説明できない。例「いとあやしう、**稀有**のことをなん見たまへし」〈源氏・手習〉❸(否定的な驚きの気持ちをこめて)とんでもない。けしからぬ。例「**稀有**の童かな」〈徒然・二四〉

けうあく[・なり]【梟悪】[名・形動ナリ]悪くて強いこと。悪逆。例「たとひ逆臣**梟悪**をたくむといふとも」〈保元・上〉

けうかい[・す]【教誡・教戒】[名・他サ変]教え戒めること。訓戒。言いつけ。

げうき【澆季】[名]《「澆」は薄い、「季」は末の意》道徳が衰え、人情が薄くなった末の世。末世。

けうぎゃうしんしょう【教行信証】[作品名]鎌倉前期の仏教書。親鸞著。先行の仏教書を集成する形式で、その宗教的思想を述べた、浄土真宗の根本聖典。

けうくゎん[・す]【叫喚】[名・自サ変]❶大声でわめき騒ぐこと。❷「叫喚地獄」の略。

けうくゎんぢごく【叫喚地獄】[名]《仏教語》八大地獄の第四。殺生、偸盗、邪淫などの罪を犯した者たちが、熱湯の大釜に入れられたり、猛火を浴びせられたりして、苦しみのため叫びわめく地獄。＝叫喚②

けうくん[・す]【教訓】[名・他サ変]いさめること。教え諭すこと。また、そのことば。

けうげ[・す]【教化】[名・他サ変]《仏教語。「けうけ」とも》衆生を教え導いて善に向かわせること。

けうげべつでん【教外別伝】[名]「ふりふもんじ」に同じ。

けうさう【叫騒】[名]叫び騒ぐこと。けたたましく騒ぐこと。

けうさう【教相】[名]《仏教語》密教で、教理を組織的に解釈・研究する部門。↔事相

けうしゅ【教主】[名]宗教の一派を始めた教祖。とくに仏教で、釈迦や阿弥陀の称。

けうしゅ[・す]【梟首】[名・他サ変]斬罪に処した者の首を人目にさらすこと。また、その首。

けうしょ【教書】[名]「みげうしょ」に同じ。

けうしょでん【校書殿】[名]内裏の建物のひとつ。清涼殿の南にあり、宮中の歴代の文書や書籍を整理・保管したので、「文殿」ともいった。↓[表見返し]内裏略図

けう・す【消失す】[自サ下二]{せ・せ・す・する・すれ・せよ}《「きえうす」の変化形》消えてなくなる。

けう・ず【孝ず】[自サ変]{ぜ・じ・ず・ずる・ずれ・ぜよ}❶親孝行をする。例「今は(=今度ハ)、『**孝・ずる**』と思ひて、出だし奉れ」〈宇津保・俊蔭〉❷死んだ親などの追善供養をする。例「後々の御わざ(=法事)など、**孝・じ**仕うまつりたまふさまも」〈源氏・賢木〉

けうたい【暁台】[人名]「かとうけうたい」に同じ。

けうとう【気疎う】形容詞「けうとし」の連用形「けうとく」のウ音便。

けうとげ[・なり]【気疎げ】[形動ナリ]{なら・なり(に)・なり・なる・なれ・なれ}《「げ」は接尾語》興ざめするありさまだ。また、気味が悪い感じだ。例「池も水草に埋もれたれば、いとけ疎げになりにける所かな」〈源氏・夕顔〉

けうと・し【気疎し】[形ク]{から・く(かり)・し・き(かる)・けれ・かれ}《近世になって「きゃうとし」とも。「け」は接頭語》❶親しみにくい。**気にそまない**。**うとましい**。例「童なりしに入り立ち馴れたまへる、女房などもいと**けうと・く**はあらず」〈源氏・野分〉❷**気味が悪い**。恐ろしい。例「よしなきことをも言ひてけるかなと、**けうと・く**おぼしめして過ぎたまひけるに」〈宇治拾遺・三・二二〉

《敬語》「おぼしめして」→「おぼしめす」

発展学習ファイル　「うとし」が、多く人と人との関係について用いるのに対し、「けうとし」は、人の態度やものごとの状態をきらって、避けたい気持ちを表す場合が多い。

けうにして【希有にして】かろうじて。やっとのことで。例「**希有にして**助かりたるさまにて」〈徒然・八九〉

けうほふ【教法】[名]《仏教語。「けうぼふ」とも》釈迦が説いて明かした仏教の教え。

けうまん[・なり]【驕慢・憍慢】[名・形動ナリ]おごり高ぶること。例「我ばかり貴き者はあらじと、驕慢の心のありければ」〈宇治拾遺・一三・一三〉

けうみゃう【校名・交名】[名]文書に関係者の名前を書き連ねたもの。連名書。

けうやう[・す]【孝養】[名・他サ変]❶親に孝行を尽くすこと。❷死んだ者のために供養し後生をとむらうこと。例「いかにもなりなん後は、堂塔をもたて**孝養**をもすべからず」〈平家・六・入道死去〉

けうやく[・す]【交易】[名・自サ変]《「かうえき」とも》商品を交換し合って行う商い。貿易。

げうよく[・す]【楽欲】[名・自サ変]《仏教語》願い欲すること。欲望。

けうら[・なり]【清ら】[形動ナリ]{なら・なり(に)・なり・なる・なれ・なれ}《「きよら」の変化形》清らかに美しいこと。例「髪いとけうら・にて長かりけるが、分けたるやうに落ち細りて」〈源氏・真木柱〉

けおさ・る【気圧さる】[自ラ下二]{れ・れ・る・るる・るれ・れよ}《「け」は接頭語》勢いにおされる。圧倒される。例「かけずけおさ・るるこそ、本意なきわざなれ」〈徒然・一〉

けおそろ・し【気恐ろし】[形シク]{しから・しく(しかり)・し・しき(しかる)・しけれ・しかれ}《「け」は接頭語》そら恐ろしい。なんとなく不気味だ。例「陀羅尼の声高きは、いとけ恐ろ・しくて」〈源氏・柏木〉

けおと・る【気劣る】[自ラ四]{ら・り・る・る・れ・れ}《「け」は接頭語》どこと明確ではないが、劣っている。例「昨日見し御けはひには、け劣・りたれど」〈源氏・野分〉

げかい【下界】[名]❶《仏教語》人間界。❷海中の世界。竜宮。

げかう[・す]【下向・還向】[名・自サ変]❶都から地方へ行くこと。↔上洛。❷神仏に参詣して帰ること。例「大臣熊野へ参り、下向・して病つき」〈平家・三・無文〉

げかうし【下格子】[名]格子をおろすこと。

けが・し【穢し・汚し】[形シク]{しから・しく(しかり)・し・しき(しかる)・しけれ・しかれ}むさ苦しい。きたない。

けが・す【穢す・汚す】[他サ四]{さ・し・す・す・せ・せ}❶よごす。きたなくする。❷(名誉や神聖なものを)傷つける。例「崩れそめては、竜田の川の濁る名をもけが・し」〈源氏・椎本〉❸(不相応な者が地位について)地位をはずかしめる。例「その人ならではけが・すべき官ならねども」〈平家・一・鱸〉

けかつ[・す]【飢渇】[名・自サ変]《「きかつ」「けかち」とも》飢えと渇き。飲食物が欠乏すること。例「二年があひだ、世の中飢渇・して」〈方丈記〉

けがらひ【穢らひ・汚らひ】[名]人の死や出産、月経などによるけがれ。また、それを忌んでする服喪や物忌み。例「かくこまかにはあらで、ただおぼえぬ穢らひ(=死)に触れたるよしを奏したまへ」〈源氏・夕顔〉

けがら・ふ【穢らふ・汚らふ】[自ハ四]{は・ひ・ふ・ふ・へ・へ}《「ふ」は接尾語》❶けがれる。けがれに触れる。例「かくけがら・ひたれば、とまるべきにもあらず」〈蜻蛉・中〉❷喪に服する。例「さるべき殿ばら穢ら・ひ給へり」〈栄花・三五〉❸死ぬ。例「大徳の袈裟をひきかけたりしままに、やがてけがら・ひにしかば」〈蜻蛉・上〉

けが・る【穢る・汚る】[自ラ下二]{れ・れ・る・るる・るれ・れよ}❶よごれる。例「かぐや姫のこの世の濁りにも穢・れず」〈源氏・絵合〉❷服喪・出産・月経などでからだが不浄になる。例「昨夜より穢・れさせたまひて」〈源氏・浮舟〉❸貞操が破られる。

けがれ【穢れ・汚れ】[名]❶死・出産・月経などによる不浄。けがれること。例「いつよりてか、御汚れ(=月経)はやみ給ひし」〈宇津保・俊蔭〉❷忌み避けるべきもの。

けぎ【化儀】[名]《仏教語》仏が衆生を感化し、教え導く説法の形式。

げき【鷁】[名]想像上の水鳥。鷺に似て大きく、空を飛ぶという。貴人が遊宴の際に乗る船の船首に、この鳥の首の形が刻まれていた。→「りょうどうげきしゅ」

げき【外記】[名]❶令制で「太政官」の役人。「少納言」の下で、中務省の「内記」の起草する詔勅の草案の訂正や上奏文の作成、儀式の執行をつかさどった。↔内記。❷「外記庁」の略。

けきし【屐子】[名]「けいし(屐子)」に同じ。

げきしゅ【鷁首】[名]《「げきす」とも》船首に、水難を防ぐ霊力をもつという、中国の想像上の水鳥「鷁」の彫刻を付けた船。→「りょうどうげきしゅ」

げきのちゃう【外記庁】[名]「太政官」の「外記」が事務をとる役所。＝外記②

げきぶし【外記節】[名]江戸浄瑠璃の流派のひとつ。薩摩外記が語り始めたもので、豪快な曲節を特色とした。

けぎゃう[・す]【加行】[名・自サ変]《仏教語》広くは修行一般をいい、狭くはある事を達成するための準備的な修行をいう。密教で、「受戒」「灌頂」などを行う前にする修行。

げぎゃう【夏行】[名]「あんご」に同じ。

げぎゃう[・す]【下行】[名・他サ変]米や絹などを臣下に下し与えること。また、その物。下され物。

げぎゃう[・す]【顕形・現形】[名・自サ変]《「げんぎゃう」の撥音無表記》神や仏などが人の前に姿を現すこと。例「おほん神(=住吉大神)、げぎゃう・したまひて」〈伊勢・一一七〉

げぎょ【懸魚】[名]《「げんぎょ」の撥音無表記》屋根の破風(=装飾板)の下に、さらに棟木を隠すように付けられている飾り。もとは火災よけのまじないに、魚の形をかたどったという。

けぎよ・し【気清し】[形ク]{から・く(かり)・し・き(かる)・けれ・かれ}《「け」は接頭語》清らかなさま。さっぱりしたさま。例「けぎよ・う申し出でられぬは、いかなるぞ」〈枕・清涼殿の丑寅の角の〉《音便》「けぎよう」は「けぎよく」のウ音便。

げきらう【逆浪】[名]逆巻く波。転じて、世の乱れ。例「代々の朝敵を平らげて、四海の逆浪をしづむる事は」〈平家・二・教訓状〉

げきりょ【逆旅】[名]旅館。宿屋。

げきりん【逆鱗】[名]《竜ののどの下にある逆さの鱗に触れると、竜が怒ってその人を殺すという『韓非子』の故事から竜を天子にたとえて》天子の怒り。

げくう【外宮】[名]伊勢(いまの三重県)の豊受大御神を祭る豊受大神宮のこと。皇大神宮(内宮)と合わせて、伊勢神宮(正式名称は神宮)を構成する。穀物の神。↔内宮

げぐつ【毛沓】[名]毛皮で作り、脛の部分まで覆うくつ。検非違使などが用いた。

けくゎ[・す]【悔過】[名・自サ変]❶《仏教語》三宝(仏・法・僧)に過ちを懺悔し、罪の報いから免れることを求める儀式。❷悔いわびること。謝罪。

げくゎん【下官】一[名]下級の役人。下級官吏。二[代名]《自称の人称代名詞》官吏が自分のことをへりくだって呼ぶ語。

げくゎん【外官】[名]令制で、地方官の総称。左右の「京職」「国司」「郡司」「大宰府」「鎮守府」などの官吏。↔内官

げくゎん[・す]【解官】[名・他サ変]官職をやめさせること。免官。

げくゎんしふ【下官集】[作品名]鎌倉前期の和歌・語学書。一巻。藤原定家著。成立年未詳。仮名遣いをはじめとする和歌などの書式の規範を記したもの。定家の定めた仮名遣いを「定家仮名遣い」という。

げげ【下下】[名]❶身分の低い者。下々。❷（下々の者の）履物。わら草履。例「馬にも乗らずげげをはき」〈平家・九・二度之懸〉

けけ・し[形シク]{しから・しく(しかり)・し・しき(しかる)・しけれ・しかれ}よそよそしい。近づきにくい。例「もの隔てぬ親にはおはすれど、いとけけ・しうさし放ちて思いたれば」〈源氏・少女〉（音便）「けけしう」は「けけしく」のウ音便。

けけしう 形容詞「けけし」の連用形「けけしく」のウ音便。

げけしゅじゃう【下化衆生】[名]（仏教語）自己の悟りを求めながら、衆生を教化・救済すること。↔上求菩提

けけれ【心】[名]（上代東国方言）こころ。

けげん【・す】【化現】[名・自サ変]神や仏などが姿を変えてこの世に現れること。また、そのもの。

けこ【華筥・花籠】[名]仏具の一種。おもに金属製で籠目や唐草模様を施した皿型の器。法会などのとき、散華に用いる。

けこ【笥籠・笥子】[名]（「けご」とも）飯を盛る器。

けご【家子】[名]（「けこ」とも）妻子・弟子・召し使いなどで、その家に属する人。

げこ【下戸】[名]❶（「しもつへ」とも）令制で「正丁」（=青壮年男子）が三人以下の家。❷酒の飲めない人。↔上戸

げこう【下向・還向】歴史的かなづかい「げかう」

げこく【下刻】[名]一刻（約二時間。一昼夜を十二分した時間）を三分して、上・中・下とした最後の時刻。→「こく（刻）」。↔上刻・中刻

げこく【・す】【下国】[名・自サ変]❶令制で人口・面積などの基準によって、国の等級を大国・上国・中国・下国の四段階に分けた、最下級の国。伊豆・飛騨・淡路など九国。❷国司が都から地方の任国へ下ること。

げこくじゃう【下剋上】[名]（下が上に剋つ意）地位の下の者が上の者をしのいで、勢力・実権を握ること。

けごと【褻事】[名]（「褻」はふだんの意）日常のこと。ふだんのこと。↔晴れ事

げこもり【夏籠り】[名]「あんご」に同じ。

けごろも【毛衣】[名]（「けころも」とも）❶毛皮でできている衣服。❷鳥の羽毛。

けごろも【褻衣】[名]（「けころも」とも。「褻」はふだんの意）日常着る衣服。普段着。

けごん【華厳】[名]（仏教語）❶修行を積んで、立派な功徳を得ること。❷「華厳経」の略。❸「華厳宗」の略。

げこん【下根】[名]（仏教語）仏道を修行する力の劣っていること。↔上根①

けごんきゃう【華厳経】[名]（仏教語「大方広仏華厳経」の略）仏典のひとつ。宇宙のすべては互いに交わり流動しており、一の中に一切を含み、一切の中に一が広がるという思想が展開されている。=華厳②

けごんしゅう【華厳宗】[名]中国、唐代に成立した仏教宗派。日本には天平八年（七三六）、道璿によって伝えられた。東大寺はその本山。=華厳③

けごんゐん【華厳院】[名]京都御室にある仁和寺の別院の称。

けごんゑ【華厳会】[名]（仏教語）「華厳経」を読誦する法会。毎年三月十四日に奈良の東大寺などで行われた。

けさ【袈裟】[名]（仏教語。梵語の音訳）❶僧が衣の上にまとう布。左肩から右わき下にかけてつける。大衣・上衣・中衣の三種類に分ける。❷「袈裟懸け③」「袈裟斬り」の略。

-げさ[接尾]（形容詞・形容動詞の語幹・形容詞シク活用の終止形に付いて）状態・程度を表す名詞をつくる。いかにも…ようすだ。「うつくしげさ」など。

げざ【下座】[名]❶下手の座席。末席。↔上座㊀。❷貴人に対する礼として、座をおりて平伏すること。❸歌舞伎で、舞台に向かって左方の、囃子方のいる所。また、囃子方。

けさい【・す】【潔斎】[名・自サ変]（「けっさい」の変化形）「けっさい」に同じ。

げざい【下才・下財】[名]（「げさい」とも）鉱山の坑夫。

げざいろく【毛才六】[名]（近世語。「けさいろく」とも。「け」は微小で価値のないもの、「才六」は丁稚の意）人をののしっていう語。青二才。

けさう【・す】【化粧・仮粧】[名・自サ変]（「けしゃう」とも）❶身じまいして着飾ること。❷顔を紅・おしろいなどで美しく飾ること。例「宮、化粧・じたまへる御顔の色違ひて」〈源氏・少女〉

発展学習ファイル サ変動詞「化粧す」の語尾が濁音化して、「化粧ず」となることがある。

けさう【・す】【懸想】[名・他サ変]（「けしゃう」とも。「けんさう」の撥音無表記）思いをかけること。恋い慕うこと。例「承香殿にありける伊予の御（=女房ノ名）を懸想・しけり」〈大和・六五〉

発展学習ファイル サ変動詞「懸想す」の語尾が濁音化して、「懸想ず」となることがある。

げさう【外相】[名]❶外に現れた形。❷外面に現れたことばや動作。

けさうじくら・す【化粧じ暮らす】[自サ四]{さ・し・す・す・せ・せ}化粧・身づくろいなどをして日を暮らす。例「化粧じ暮ら・したまへれば」〈源氏・朝顔〉

けさうじそ・ふ【化粧じ添ふ】[自ハ下二]{へ・へ・ふ・ふる・ふれ・へよ}さらに化粧をつけ加える。例「心ことに化粧じ添・ふとて」〈源氏・少女〉

けさうだ・つ【懸想だつ】[自タ四]{た・ち・つ・つ・て・て}（「だつ」は接尾語）恋しく思う気持ちが表面に現れる。例「御文奉り給ふ。懸想だ・ちてもあらず」〈源氏・橋姫〉

けさうば・む【懸想ばむ】[自マ四]{ま・み・む・む・め・め}（「ばむ」は接尾語）色恋めく。例「懸想ば・みなまめかむもまばゆし（=気恥ズカシイ）」〈源氏・夕霧〉

けさうばや・る【化粧逸る】[自ラ四]{ら・り・る・る・れ・れ}熱心に化粧する。例「この頃御心そり出でて、化粧ばや・りたりとは見ゆや」〈落窪・一〉

けさうびと【懸想人】［名］思いをかけている人。恋する人。例「［和歌ヲ］人のもとにやりたるに、返しせぬ。懸想人は、いかがせむ（＝仕方ガナイ）」〈枕・すさまじきもの〉

けさう・ぶ【懸想ぶ】［自バ上二］{ぶ・ぶ・ぶ・ぶる・ぶれ・びよ}（「ぶ」は接尾語）恋しているように振る舞う。例「わざと懸想・びてはあらねど、ねむごろに気色ばみて」〈源氏・柏木〉

けさうぶみ【懸想文】［名］❶思いをかけていることを表した手紙。恋文。❷（恋文風に縁起を祝う文章が書いてあることから）近世、正月に売り歩いた縁起物のお札。（季―春）

けさうぶみうり【懸想文売り】［名］「懸想文②」を売り歩く人。赤い烏帽子と衣装を着け、白い覆面をしていた。（季―春）

けさがけ【袈裟懸け】［名］❶一定の年齢に達した稚児が、髪を剃り、袈裟をかけて、正式の僧になること。❷袈裟をかけたように、一方の肩から他方のわきの下に斜めに物をかけること。❸刀で人を一方の肩から斜めに切り下ろすこと。＝袈裟②・袈裟斬り

〔和歌〕**けさきなき…【今朝来鳴きいまだ旅なる時鳥花橘に宿は借らなむ】**〈古今・夏・一四一・よみ人しらず〉訳今朝山からやって来て鳴いたばかりで、まだ旅心地のホトトギスよ、宿は、この花タチバナに借りてほしいものだ。

けさぎり【袈裟斬り】［名］「けさがけ③」に同じ。＝袈裟②

げさく【外戚】［名］（「げしゃく」とも）母方の親戚。姻戚。↔内戚

〔**外戚の寄せなし**〕外戚の後見・援助が得られない。例「［源氏ヲ］無品親王の外戚の寄せなきにては漂はさじ」〈源氏・桐壺〉

古典の世界　平安時代の皇族・貴族は、母方の親族の後見が、何よりも重視されたので、その後見がないのは不利な条件であった。

げさく【戯作】［名］江戸中期以降、盛んに行われた通俗的な小説類の総称。黄表紙などの草双紙・読本・人情本・洒落本・滑稽本などをいう。もとは、知識人・文人の慰技としての文業をいったが、滑稽・風刺・諧謔などを主目的とした小説類が刊行されるようになった。

げさく［・なり］【下作】［名・形動ナリ］（近世語）品がなく、卑しいこと。下品。例「随分下作・なる形にて」〈伎・韓人漢文手管始〉

けざけざ［副］あざやかに。くっきりと。例「日のはなやかにさし出でたるほど、けざけざとものきよげなるさましてゐたまへり」〈源氏・野分〉

けさのま【今朝の間】今朝のうち。ほんのしばらくの間。例「今朝のまの色にやめでん置く露の消えぬにかかる花と見る見る」〈源氏・宿木〉

〔和歌〕**けさみれば…【今朝見れば山もかすみて久方の天の原より春は来にけり】**〈金槐集・上・源実朝〉訳今朝起きて見ると、山もかすんで（ひさかたの）大空から春はやって来たよ。〈参考〉「久方の」は「あま」の枕詞。

けざやか［・なり］［形動ナリ］{なら・なり(に)・なり・なる・なれ・なれ}❶**はっきりしている。明瞭だ。鮮やかだ。**例「けざやか・にもてなしたまふかな」〈源氏・紅葉賀〉❷（忍びやかでなく）**目立っている。**例「すこし憚るべきことども忘れて、けざやか・にこの南面に参れり」〈源氏・宿木〉

けざや・ぐ［自ガ四］{が・ぎ・ぐ・ぐ・げ・げ}はっきりした態度や振る舞いをする。例「［玉鬘ヲ源氏カラ］とり放ち、［自分ノ娘デアルト］けざや・ぎたまふべきことにもあらねば」〈源氏・藤袴〉

けさん【卦算】［名］（「けいさん」とも）易の算木のような横長の文鎮。中央につまみがある。

げざん［・す］【見参】［名・自サ変］（「げんざん」の撥音無表記）「げんざん」に同じ。

〔**見参の文**〕節会や宴会に参上した人の連名簿。

けし【芥子】［名］❶辛子菜の種。護摩をたく際に用いたり、油を採ったりする。（季―夏）。❷非常に細かく小さいもののたとえ。種子がきわめて小さいことによる。❸草の名。ケシ。

〔**芥子の香**〕祈禱の護摩をたく際の、ケシの実を焼く香り。

けし【家司】［名］「けいし（家司）」に同じ。

け・し【怪し・異し】［形シク］{しから・しく(しかり)・し・しき(しかる)・しけれ・しかれ}

アプローチ　▼形容動詞「けなり」と語源の同じ語で、ふつうと異なるようす、が原義。そこから、不誠実だ、異様だ、変だの意となる。▼平安時代以降、連用形のウ音便「けしう」の下に打消の語を伴った「けしうはあらず」「けしからず」の形で広く用いられた。

❶ふつうと異なる。**不誠実だ。異様だ。変だ。**例「韓衣裾のうちかへ逢はねどもけ・しき心を我が思はなくに」〈万葉・一四・三四八二〉訳韓衣の裾が合わないように、（あなたに）会わないけれども、不誠実な心を、私は持っていないことだ。

❷（変わっていることを）**不審に思う。納得がいかない。**例「け・しう、心置くべきことも覚えぬを、何によりてか、かからむと、いといたう泣きて」〈伊勢・二一〉訳（妻が手紙を残して去ったのを）不審に思って、心を隔てるようなことも思い当たらないのに、どうして家を出ていったのかと、じつにはげしく泣いて。（音便）「いたう」は「いたく」のウ音便。（係結び）「か」→かからむ㊍

❸（下に打消の語を伴って）程度がはなはだしい。**ひどい。たいして。**例「さりとも、け・しうはおはせじ」〈源氏・葵〉訳（病状が）良くないとは言っても、ひどいことにはなりますまい。②③（音便）「けしう」は「けしく」のウ音便。（敬語）「おはせじ」→「おはす」。

げし【下司】［名］❶身分の低い役人。❷平安末期から中世にかけて、領主に代わって現地で荘園を管理した役人。

げし【夏至】［名］二十四節気のひとつ。北半球では昼が最も長い日。陰暦では五月中旬、陽暦では六月二十一日ごろ。↔冬至。（季―夏）

げじ【下知】歴史的かなづかい「げぢ」

けしう【怪しう・異しう】[副]《形容詞「けし」の連用形「けしく」のウ音便の副詞化》❶非常に。はなはだしく。例「**けしう**つつましきことなれど」〈蜻蛉・下〉❷(下に打消の語を伴って)たいして。

けしうはあら・ず【異しうはあらず】《形容詞「けし」の連用形「けしく」+係助詞「は」+動詞「あり」の未然形+打消の助動詞「ず」=「けしくはあらず」のウ音便》それほど悪くはない。おかしくはない。たいして…ではない。例「若き男、**けしうはあら・ぬ**女を思ひけり」〈伊勢・四〇〉

発展学習ファイル　「けしうはあらず」は形容詞「**けし**」の否定形と考えられる。物事の状態・性質についていうほか、程度についても用いられ、訳語は文脈により多少異なる。また、「あらず」の動詞「**あり**」は、「**おはす**」「**候ふ**」「**ものす**」など同意の他の動詞になることも多い。打消の形ではあるが、否定の意とはならず、強調表現となる語に「**けしからず**」がある。⇨「けしからず」〈古語深耕〉

けしから・ず【怪しからず・異しからず】

> **アプローチ**
> ▼「けし(怪し・異し)」は、異様だ、変だの意で、これを打ち消す形になっているが、意味は、はなはだ「けし」であるという強調になる。
> ▼平安時代では、異様ではないの意になる場合は、「けしうはあらず」で表す。

語構成　けしから　形シク「怪し」㊄　ず　打消「ず」

❶**ふつうではない。異常だ。常軌を逸している。** 例「二十着たるやうさぶらふ。さらにさらにいとけしから・ずおはします」〈栄花・二四〉訳二十枚も着重ねるということがございましょうか。まったく実に常軌を逸したことでいらっしゃる。《敬語》「やうさぶらふ」→「さぶらふ」、「けしからずおはします」→「おはします」
❷**不都合だ。感心できない。よくない。** 例「世の人のもの言ひぞ、いとあぢきなく**けしから・ず**はべるや」〈源氏・浮舟〉訳世の中の人の取り沙汰は、まったくにがにがしく**不都合な**ものでございますよ。《係結び》「ぞ→はべる㊍」。《敬語》「けしからずはべる」→「はべり」
❸**異様だ。不思議だ。怪しい。** 例「木霊などいふ**けしから・ぬ**かたちも、あらはるるものなり」〈徒然・二三五〉訳(主人のいない家には)木霊などという**異様な**形をしたものも現れるものである。
❹**はなはだしい。並々でない。ひどい。** 例「いはば**けしから・ず**、『あまり見ぐるし』とも見つべくぞあるに」〈枕・口惜しきもの〉訳(外出する際、車から衣装がこぼれ出て)いってみれば**はなはだしく**、「あまりに見苦しすぎる」とも見られてしまいそうなほどにしているのに。《係結び》「ぞ→(流れ)」

> **古語深耕**　「けしからず」と「けしうはあらず」との違い
> 現代語で無礼を非難する時「けしからん奴だ」という。その「けしからん」が「**けしからず**」である。一見「**けし**」の打ち消しのようだが、そうではなく、逆に極端な「けし」、つまり「けし」などというどころではない、という強めの意となる。したがって、とんでもないという強い非難の意がこもる。「けし」の否定は「**けしうはあらず**」で、悪いわけではない、まずくはない、という消極的な評価である。まあまあだという婉曲な表現でもある。

けしかる【怪しかる・異しかる】《中世以降の用法。形容詞「けし」の連体形》❶怪しい。異様だ。例「今は**けしかる**かきすゑ屋形舟に」〈平家・二・大納言流罪〉❷おもしろい。例「『これも**けしかる**わざかな』とて、御衣ぬぎてかづけさせ給ふ」〈増鏡・おどろのした〉❸粗末な。例「**けしかる**紙をたづねてえさせたり」〈平家・五・文覚被流〉

けしき【気色】[名]

> **アプローチ**
> ▼漢語「気色」の呉音読みから生じた語。
> ▼広く一般に、人物(とくに表情や態度)や自然のようす(景色)などを視覚的・直接的にとらえて表す語で、内にあるものが外に表れたさまをいう。
> ▼「気色」には漢音読みの「きしょく」「きそく」の例もあり、その場合は、顔色や気分など、ほぼ人物の描写に限定される。

❶**顔色。態度。有り様。** 例「皇子は、我にもあらぬ**気色**にて、肝消えるたまへり」〈竹取・蓬萊の玉の枝〉訳(くらもちの)皇子は、茫然自失の**有り様**で、肝をつぶして座り込んでいらっしゃる。
❷**景色。ようす。** 例「空の**けしき**もうらうらと、めづらしうかすみこめたるに」〈枕・ころは、正月、三月〉訳(正月は)空の**ようす**もうららかで、春らしくすばらしい感じで一面に霞がたちこめているのに。《音便》「めづらしう」は「めづらしく」のウ音便。
❸**徴候。** 例「にはかに御**気色**ありて、なやみたまへば」〈源氏・葵〉訳突然、(葵の上の出産の)ご**徴候**が表れて、苦しまれたので。
❹**気分。機嫌。** 例「昨夜も、御遊びに、かしこく求めたてまつらせたまひて、御**気色**あしくはべりき」〈源氏・夕顔〉訳昨夜も、管弦の御遊びに、(帝は源氏を)ずいぶんおさがしになられて、(見つからないので)ご**機嫌**が悪うございました。《敬語》「求めたてまつらせたまひて」→「たてまつらせたまふ」、「あしくはべり」→「はべり」
❺**考え。意向。** 例「春宮よりも御**気色**あるを、思しわづらふことありけるは、この君に奉らむの御心なりけり」〈源氏・桐壺〉訳(葵の上には)皇太子もご所望の**意向**があったのを、(父左大臣が)躊躇していたのは、この君(=源氏)に差し上げようというお心なのであった。《敬語》「思しわづらふ」→「おぼす」、「奉らむ」→「たてまつる」
❻**趣。** 例「ものふりたる森の**気色**もただならぬに」〈徒

然・二四〉訳何となく古色蒼然(こしょくそうぜん)とした(神社の)森の趣も尋常でないうえに。❼ちょっと。ほんの少し。例「かの君も、いといたく怖(お)ぢ憚(はばか)りて、けしきにても漏り聞かせたまふことあらばと、かしこまりきこえたまひしものを」〈源氏・若菜・下〉訳あのお方(＝柏木(かしわぎ))も、(源氏を)たいへんに怖がり、敬遠して、ほんの少しばかりでも(女(おんな)三の宮との仲を)人づてでお耳にされるようなことがあってはと、恐ろしがっていらっしゃったのに。《敬語》「漏り聞かせたまふ」→「せたまふ」、「かしこまりきこえたまひし」→「きこえたまふ」

古語深耕　「けしき」と「けはひ」との違い

庭の「**けしき**」を見て季節の移ろいを感じる。このように、「**けしき**」は視覚によって直接見られるものや対象の外見から直接感じ取れること、「**けはひ**」は音や全体的な雰囲気として何となく感じ取れるさまをいう。「**けしき**」は「見る」というが、「**けはひ**」は「聞く」という。「**けしき**」は現代語では風景だけだが、右のように目に見えるものには一般的に使った、意味の広い語だったことを覚えておきたい。なお、視覚的な「**けしき**」は、「**けしきあり**」というが、「**けはひ**」は「**けはひす**」となる。また、「**けしき**」には接尾語「**ばむ**」「**だつ**」が付くが、「**けはひ**」には付かない。

〔**気色(けしき)悪(あ)し**〕機嫌が悪い。例「おほやけの御**けしきあ・しかりけり**」〈伊勢・一一四〉

〔**気色(けしき)覚(おぼ)ゆ**〕❶趣があると思う。例「ことばの外(ほか)に、あはれに、**けしきおぼ・ゆる**はなし」〈徒然・一四〉❷怪しいと思う。不気味に感じる。例「かく人がちなるだに、**気色おぼ・ゆ**」〈大鏡・道長・上〉

〔**気色(けしき)賜(たま)はる**(ケシキタマワル)〕(「気色取る③」の謙譲語)御意向をおうかがいする。例「まづ内々(うちうち)にも**気色たまは・りたまへ**」〈源氏・橋姫〉

〔**気色(けしき)取(と)る**〕(「けしきどる」とも)❶ようすを探る。例「その局(つぼね)の女(め)の童(わらわ)**けしきど・りて**」〈宇治拾遺・二・九〉❷機嫌を取る。例「追従(ついしょう)し、**気色と・り**つつ従ふほどは」〈源氏・少女〉❸意向をうかがう。

けしきあ・り【気色あり】❶趣がある。たしなみがある。興味深い。例「若やかに、**気色あ・る**侍(さぶら)ひの人なりけり」〈源氏・須磨〉❷怪しげだ。異様である。例「ここは**けしきあ・る**所なめり。ゆめ寝(い)ぬな」〈更級〉語構成「所なめり」→「なめり」。❸意向がある。例「〔舞姫ヲ〕宮仕へすべき御**気色あ・り**けれど」〈源氏・少女〉

けしきだ・つ【気色だつ】〔自タ四〕(た・ち・つ・つ・て・て)❶きざしが見える。それらしいようすが現れる。例「花もやうやう**気色だ・つ**ほど」〈徒然・一九〉❷ようすが改まる。いろめきたつ。例「親しき人々も**気色だ・ち**言ふべかめることどももあるに」〈源氏・賢木〉語構成「言ふべかめる」→「べかめり」。❸もったいぶる。気取る。例「扇を差し隠して**気色だ・ち**笑ふ」〈大鏡・序〉

けしきづ・く【気色付く】〔自カ四〕(か・き・く・く・け・け)❶きざしが見える。例「秋の**けしきづ・き**て、都に二(に)なくと尽くしたる家居(いへゐ)には」〈源氏・夕霧〉❷変わっている。例「いとおほどかに女しきものから、**気色づ・き**てぞおはするや」〈源氏・野分〉

げじきにち【下食日】〔名〕「陰陽道(おんようどう)」で、天狗星(てんぐせい)の精が下界に降りて食を求めるという日。この日に髪を洗うと、髪の毛が抜けるといわれ、入浴を避ける習わしがあった。

けしきばかり【気色ばかり】〔副〕ほんの形だけ。少しだけ。例「紙などに、**けしきばかり**おしつつみて」〈枕・ころは、正月、三月〉

けしきば・む【気色ばむ】〔自マ四〕(ま・み・む・む・め・め)

アプローチ
▼名詞「気色」に、…のようすをおびる意の接尾語「ばむ」が付いた語。
▼内のものが外に現れ兆(きざ)す、が原義。
▼発現する物事によって訳出を工夫する必要がある。

❶**ようすが外に現れる。兆しがみえる。…しかける。**例「菊の**けしきば・める**枝に、濃き青鈍(あおにび)の紙なる文(ふみ)つけて」〈源氏・葵〉訳菊の(花が)**咲きかけ**ている枝に、濃い青鈍の紙に書いた手紙をつけて。

❷**思いが外に現れる。感情が顔色に現れる。**例「若やかなる殿上人(てんじょうびと)などは、目をたてつつ**気色ば・む**」〈源氏・蛍〉訳若々しい殿上人などは、(花散里のお方に)注目しながら、**思いを顔に現している**。

❸**かっこうをつける。気取る。改まった態度をする。**例「心知りの人来て、**気色ばみ**、立ち隠し、人目守りて入れたるこそ、さるかたにをかしけれ」〈枕・南、ならずば東の廂〉訳事情通の女房が出て来て、自分のからだで隠し、人目を警戒しながら招き入れたのは、いかにもそれらしくて趣深い。《係結び》「こそ→をかしけれ(已)」

❹**怒った表情になる。色をなす。**例「なのめにうつろふ方あらむ人を恨みて**気色ばみ**背かん、はたをこがましかりなん」〈源氏・帚木〉訳いい加減に(他の女に)心を移すような夫を恨んで、**色をなして**仲違(なかたが)いをするとしたら、それもやはりおろかしいことでしょう。

発展学習ファイル　類義語「**けしきだつ**」は、「けしきばむ」が、それらしいようすが現れる意に対し、ようす・態度などがはっきりしているさまを表す。

けしくはあら・ず【異しくはあらず】(形容詞「けし」の連用形＋係助詞「は」＋動詞「あり」の未然形＋打消の助動詞「ず」)「けしうはあらず」に同じ。

げしにん【下手人・解死人】〔名〕(「げしゅにん」の変化形)❶直接手を下して、人を殺傷した者。❷江戸時代の刑罰のひとつ。殺人を犯した庶民に適用された、斬首(ざんしゅ)による死刑。

けしばうず【芥子坊主(ケシボウズ)】〔名〕(ケシの実に似ていることから)頭頂部だけ毛を残して、周りを剃(そ)った子供の髪型。けしぼん。

けじめ　歴史的かなづかい「けぢめ」

けしゃう【化粧・仮粧(ケショウ)】〔名〕❶(「けさう」とも)顔を飾るために、紅(べに)や白粉(おしろい)などをつけること。❷内実を伴わずに、外見だけを美しく飾ること。うわべの飾り。

けしゃう【懸想】[名]「けさう(懸想)」に同じ。

けしゃう[・す]【化生】[名・自サ変]❶(仏教語)「四生」のひとつ。母胎や卵から生まれるのでなく、忽然と姿を現すこと。❷(仏教語)神仏が姿を変えて現れること。❸化けること。化け物。変化。

けじゃう【勧賞】[名]《「けんじゃう」の撥音無表記》「けんじゃう」に同じ。

げしゃう【下姓】[名]生まれつき身分や家柄が低く、卑しいこと。また、その人。↔上姓

げしゃう[・す]【下生】㊀[名](仏教語)極楽往生の階級のひとつ。上品・中品・下品のおのおのを三つに分けたそれぞれの最下位のもの。→「くほん(九品)①」㊁[名・自サ変]神や仏がこの世に姿を現すこと。[例]「閻浮提に下生しなむと思しける時に」〈今昔・一・一〉

げじゃう【解状】[名]❶「げ(解)」に同じ。❷中世、原告と被告の両方から幕府に提出した訴状と陳状。❸逮捕状。

けしゃういくさ【化粧軍】[名]見せかけだけの戦い。

けしゃういた【化粧板・仮粧板】[名]鎧の部分の名。胴の胸板や、大袖の冠板の下にある細い横板。なめし革を張って鋲や金物で飾った。→[古典参考図]武装・武具〈1〉

けしやき【芥子焼き】[名]密教で、加持祈禱をする際に、護摩木を焚き、ケシなどをその火中に投じ、悪因を断つことを祈る行法。

げしゃく【外戚】[名]「げさく(外戚)」に同じ。

けしゅ【化主】[名](仏教語)❶衆生を教化する主、すなわち仏。❷真言宗の宗派の長。

げじゅつ【外術・下術】[名]外道(仏教以外の他の宗教を排斥した呼称)の術。魔法。幻術。

げしゅにん【下手人】[名]「げしにん」に同じ。

けしょう[・なり]【顕証】[名・形動ナリ]《「けせう」「けそう」「けんせう」「けんそう」とも。「けんしょう」の撥音無表記》あらわなさま。はっきりしているさま。目立つさま。[例]「所のさまもあまり川面近く、**顕証**にもあれば」〈源氏・宿木〉

げじょう【下乗】[名]乗り物から降りること。多く、寺社の境内や城内に車や馬で乗り入れることを禁じる制札のことばとして用いられる。

けしん【化身】[名]❶(仏教語)神仏が衆生を救うために、この世に姿を変えて現れること。❷他のものに姿を変えて現れること。

げしん【下心】[名](近世語)心がけ。内心。下ごころ。

け・す【消す】[他サ四]{さ・し・す・す・せ・せ}❶火の燃焼をとめる。❷取り除く。取り消す。[例]「その禍を**消・す**には真言秘密の効験に如くは無し」〈太平記・三〉❸(「肝を消す」「心を消す」の形で)肝をつぶす。心の平静を失う。[例]「敵の船かと肝を**消・し**」〈平家・灌頂・六道之沙汰〉❹(絵や文字などを)塗りつぶしたり削り取ったりして見えなくする。❺けなす。くさす。悪くいう。[例]「『京に来てよい事見た目で大方の事は』と**け・され**て」〈浮・好色一代男〉

発展学習ファイル 平安時代は、漢文訓読文で用いられ、和文や和歌では「**消つ**」が用いられた。鎌倉以降は「消す」が一般化した。

け・す【着す・著す】[他サ四]{さ・し・す・す・せ・せ}(上代語。「着る」の尊敬語)お召しになる。[例]「我が背子が**着・せる**衣の針目落ちず」〈万葉・四・五一四〉

け・す【化す】{せ・し・す・する・すれ・せよ}㊀[自サ変]形が変わる。[例]「その女は文殊の**化・して**」〈宇治拾遺・一四・一〉㊁[他サ変]教化する。[例]「法蔵よみがへりて、寺にありて諸もろの人を**化・し**」〈今昔・七・九〉

げす【下種・下衆・下司】[名]❶**身分の低い者。卑しい素性の人。**↔上衆・上臈[例]「筑紫の国に、二十年ばかり経にける**下衆**の身を」〈源氏・玉鬘〉❷**召し使い。使用人。下人。**[例]「こなたあなた、**下衆**の中より事いできて」〈蜻蛉・中〉

げ・す【解す】㊀[他サ変]{せ・し・す・する・すれ・せよ}❶理解する。納得する。[例]「七言絶句の詩一首をしへて、その意を**解・し**聞かせしに」〈折たく柴の記〉❷(毒などを)消す。❸「解状」を差し出す。解任する。[例]「常陸の国の司、**解・す**」〈常陸国風土記〉㊁[自サ変]{せ・し・す・する・すれ・せよ}悟る。㊂[他サ四]{さ・し・す・す・せ・せ}理解する。[例]「どうもそのやうに事を**解・さ**ねえぢゃあ、唐人とはなしをするやうだ」〈浮世床〉

げすげす・し【下種下種し・下衆下衆し】[形シク]{(しく)・しから・しく(しかり)・し・しき(しかる)・しけれ・しかれ}いかにもげすである。卑しい。[例]「(葬儀ヲ)**下衆下衆・しく**、あへなくてせられぬること」〈源氏・蜻蛉〉

けすさま・じ【気凄まじ】[形シク]{(じく)・じから・じく(じかり)・じ・じき(じかる)・じけれ・じかれ}《「け」は接頭語》おもしろみがない。何となくつまらない。[例]「こと人のやうに、歌うたひ興じなどもせず、**けすさま・じ**」〈枕・職の御曹司の西面の〉

げすとくにん【下種徳人】[名]身分は卑しいが裕福な人。

げすほふし【下種法師・下衆法師】[名]身分の低い僧。下役の僧。

けずる【削る・梳る】歴史的かなづかい「けづる」

げすをとこ【下種男・下衆男】[名]《「げすをのこ」とも》身分の低い男。下男。

げすをのこ【下種男・下衆男】[名]「げすをとこ」に同じ。

げすをんな【下種女・下衆女】[名]身分の低い女。下仕えの女。

けせう[・なり]【顕証】[名・形動ナリ]「けしょう」に同じ。

げせつ【下説】[名]下々の者のいうこと。世間一般の風説。下世話。

げせん[・なり]【下賤】[名・形動ナリ]身分が低いこと。卑しいこと。

けそう[・なり]【顕証】[名・形動ナリ]「けしょう」に同じ。

げそう【外相】歴史的かなづかい「げさう」

げそう【下僧】[名]身分の低い僧。

けそうのひと【顕証の人】[名]《「けそう」は「けんじょう」「けんじょ」「けんぞ」とも》傍らで見ている人。第三者。とくに碁や双六、蹴鞠などの見物人や勝敗を見定める人をいうこともある。

けそく【華足・花足】[名]❶机や台の脚を外側に反らせて、その先端を花の形に彫刻したもの。❷仏前に供物を盛るための器。また、その供物。

けそん【家損】［名］家名が傷つくこと。家の恥。

けた【桁】［名］家や橋などの外まわりの柱の上に渡して、梁を受ける横木。

けた【化他】［名］《仏教語》他人を教化して、仏法の恵みを受けさせること。

けた［・なり］【方】［名・形動ナリ］角張っているさま。転じて、人柄がまじめで固いこと。例「面（＝顔）は方におはしまして」〈折たく柴の記〉

けたい【卦体】［名］占いをして算木に現れた形。占いの結果。転じて、縁起。

けだい［・す］【懈怠】［名・自サ変］《「けたい」「げたい」とも》なまけること。おこたること。怠惰。例「言ふかひなくて、年月の懈怠を悔いて」〈徒然・二四一〉

げだい【外題】［名］❶書物の表に記された書名・表題。また、書名を記して書物の表紙にはった紙。題簽。❷歌舞伎・浄瑠璃の題名。＝名題

けだう［・す］【化導】［名・他サ変］《仏教語》人々を教化して導くこと。

げだう【外道】［名］❶《仏教語》仏教徒から見て、仏教以外の教え。また、それを信奉する者。❷邪道。邪説。また、それを説く人。❸災厄をもたらすもの。悪魔。❹人をののしっていう語。

けたか・し【気高し】［形ク］《「けだかし」とも》❶身分が高い。高貴だ。例「生きたまひての御宿世はいと気高・くおはせし人の」〈源氏・蜻蛉〉《敬語》「気高くおはせし」→「おはす」。❷品格がある。気品がある。例「〔姫君ハ〕気高・く浄気にて、厳しき事かぎりなし」〈今昔・三〇・六〉

けだし【蓋し】［副］❶（下に推量の表現を伴って）たぶん。おそらく。例「つと遣らばけだし人見て解き開け見むかも」〈万葉・一五・三六八六〉❷（下に疑問の表現を伴って）もしや。あるいは。例「松陰に出でてそ見つるけだし君かと」〈万葉・一一・二六五三〉❸（下に仮定の表現を伴って）もしも。例「我が背子しけだし罷らば」〈万葉・一五・三七二五〉❹（「蓋」の訓読語）おおよそ。本当に。例「『風の力蓋し寡し』とうち誦じたまひて」〈源氏・少女〉

けだしく【蓋しく】［副］《多く係助詞「も」を伴って「けだしくも」の形で用いる》「けだしくも」に同じ。

けだしくも【蓋しくも】［副］《「も」は係助詞》❶（下に疑問や推量の表現を伴って）もしかすると。おそらく。例「けだしくも逢ふことありやと」〈万葉・一七・四〇一一長歌〉❷（下に仮定の表現を伴って）もしも。万が一。例「けだしくも我が恋ひ死なば誰が名ならむも」〈万葉・一二・三一〇五〉①②＝蓋しく

けた・つ【蹴立つ】［他タ下二］❶蹴って立たせる。例「大路には灰をけ立・て」〈保元・下〉❷蹴るようにして、荒々しく立ち上がる。例「席を蹴たててて立ち帰る」〈浄・国性爺合戦〉

げだつ［・す］【解脱】［名・自サ変］《仏教語》煩悩を断ち切って、悟りの境地に達すること。

〔解脱幢相の法衣〕（解脱を表す印として着る法衣の意）袈裟。

けたふ・す【蹴倒す】［他サ四］蹴り倒す。例「かの衆に走り懸かりて、蹴倒・さむと足を高く持上げたるを」〈今昔・二三・二一〉

けち【結】［名］❶「賭弓」で勝敗を決めること。賭弓の試合。❷《「闕」とも書く》囲碁の終局で、まだ所有の決まらない目。駄目。

けち【闕】［名］❶「けっくゎん①」に同じ。❷「けち（結）②」に同じ。

げぢ［・す］【下知】［名・自サ変］《「げち」とも》❶指揮すること。命令。例「諸寺に牒奏し、末寺に下知・し、軍士を得て後」〈平家・四・南都牒状〉❷《「下知状」の略》鎌倉・室町時代、将軍の命を奉じて家臣が出した文書。

けちえん【結縁】［名］《仏教語》受戒・写経・法会などをして、仏道と縁を結ぶこと。未来に成仏する因縁を得ること。

〔結縁の八講〕仏道と縁を結ぶために行う法華八講会。

けちえん［・なり］【掲焉】［形動ナリ］非常に際立っているさま。目立つさま。例「花やかなりし世なれば、〔幼少時ノ後鳥羽院ハ〕掲焉・にもてなされ給はず」〈増鏡・おどろのした〉

けちえんぎゃう【結縁経】［名］《仏教語》仏道と縁を結ぶために、経文（おもに法華経）を書写して供養すること。

けちえんはっかう【結縁八講】［名］《仏教語。「けちえんはかう」とも》「ほっけはっかう」に同じ。

けぢかう【気近う】形容詞「けぢかし」の連用形「けぢかく」のウ音便。

けぢか・し【気近し】［形ク］《「け」は接頭語》❶身近である。ま近い。例「けぢか・き籬のうちをば、その心しらひおきてなどをなむ上手はいときほひことに、わろき者は及ばぬところ多かめる」〈源氏・帚木〉《音便》「多かめる」は「多かんめる」の撥音便「多かめる」の撥音無表記。《係結び》「なむ」→多かめる㊍。❷親しげである。うちとけやすい。例「け近・くうちとけたりしあはれに似るものなう、恋しく思ほえたまふ」〈源氏・末摘花〉《音便》「なう」は「なく」のウ音便。①②↔気遠し

げぢき［・なり］【下直】［名・形動ナリ］《近世語》物の値段が安いこと。↔高直。例「糸・綿下直・になりて」〈浮・日本永代蔵〉

けちぐゎん【結願】［名］《仏教語。「けつぐゎん」とも》日数を定めて仏に願を立てたり、修法・法会などを行ったりしたときの、最後の日。また、その日に行う儀式。

けちみゃく【血脈】［名］《仏教語。「けつみゃく」とも》❶仏の教えが、師から弟子へと代々受け継がれていくこと。また、その相承の系図。❷在俗の人に与える、仏法の法門相承の系図。

けぢめ［名］❶区別。差別。例「この人は思ふをも、思はぬをも、けぢめ見せぬ心なむありける」〈伊勢・六三〉《係結び》「なむ」→ありける㊍。❷隔て。仕切り。例「こなたかなた御几帳ばかりをけぢめにて」〈源氏・若菜・下〉❸移り変わり。変わり目。例「春のけぢめも思ひたまへ分かれぬを（＝判断デキマセンガ）」〈源氏・少女〉《敬語》「思ひたまへ分かれぬ」→「たまふ（下二段）」〈発展学習ファイル(5)〉

けちゃく【家嫡】［名］本家の嫡子。

げちゃく［・す］【下着・下著】［名・自サ変］都から

地方へ下り、目的地に到着すること。

げぢょ【下女】[名]❶身分の低い女性。下賤の女。❷雑用に使われる召し使いの女性。下婢。

げぢん【外陣】[名]《「ぐゎいぢん」とも》社寺の本堂・本殿で、神体・本尊を安置する「内陣」の外側にあり、参詣人が着席するところ。↕内陣

げぢん【解陣】[名]宮中で、臨時の警備体制を解くこと。

け・つ【消つ】[他タ四]{た・ち・つ・つ・て・て}❶(火・雪・霜・文字などを)消す。なくす。除く。例「燃ゆる火を雪もて消・ち」〈万葉・三・三一九長歌〉❷押さえ付ける。圧倒する。例「いかばかりならん人か、宮をば消・ちたてまつらむ」〈源氏・東屋〉《係結び》「か」→「消ちたてまつらむ体」。《敬語》「消ちたてまつらむ」→「たてまつる」。❸傷つける。価値を損なう。例「母君のかくてさぶらひたまふを瑕に(=欠点トシテ)言ひなしなどすれど、それに(娘ニ対スル評価ガ)消・たるべくもあらず」〈源氏・藤裏葉〉《敬語》「かくてさぶらひたまふ」→「さぶらふ」「たまふ(四段)」。❹ないがしろにする。軽視する。例「人をも消・たず身をもやむごとなく、心にくくもてなしそへたまへること」〈源氏・若菜・上〉

けつえき【闕腋】[名]「けってき」に同じ。

けっかい【結界】[名]《仏教語》❶仏道修行に障害のないように、一定の区域を定めて、そこへ立ち入ることに制限を加えること。❷寺院の内陣と外陣の境、または外陣の中に、僧と俗人との座席を分けるために設けられた木の柵。

けっかふざ[・す]【結跏趺坐】[名・自サ変]《仏教語。「跏」は足の裏、「趺」は足の甲の意》座法の一種。左右の足を組み、それぞれの足の甲で反対の足のももを押さえるように座る。仏の座り方とされ、禅宗では座禅の正しい組み方とする。

けつか・る《近世語》{ら・り・る・る・れ・れ}一[自ラ四]「有り」「居る」を卑しめていう語。いやがる。ありやがる。例「女郎下にけつか・らう」〈浄・心中天の網島〉二[補動ラ四](動詞の連用形、またはそれに接続助詞「て」が付いた形に付いて)その動作を卑しめる意を表す。…(て)いやがる。例「あいての若衆めは何をしてけつか・って、今日が日までに尋ねこぬ」〈浄・八百屋お七〉《音便》「けつかっ」は「けつかり」の促音便。

けっき【血気】[名]あふれる活力。盛んな気力。また、向こう見ずの勢い。

げっきゅうでん【月宮殿】[名]「つきのみや」に同じ。

けっく【結句】一[名]漢詩や和歌の結びの句。二[副]❶結局。最後には。例「結句名越殿討たれ給ひぬと聞こへぬれば」〈太平記・九〉❷かえって。むしろ。逆に。例「結句、後の世まで、ふかく勘当せられて」〈曾我・七〉

けっくゎく【闕画】[名]天皇や貴人の名に用いられた文字を書くとき、はばかって、その字の一画をわざと省くこと。「家」を「家」、「玄」を「玄」と書く類。

げっくゎもん【月華門】[名]内裏の中にある門のひとつ。紫宸殿の南庭の西側、校書殿と安福殿との間の門。「日華門」と相対する。

↓[表見返し]内裏略図、[古典参考図]紫宸殿・清涼殿図

けつぐゎん【結願】[名]「けちぐゎん」に同じ。

けっくゎん[・す]【闕官・欠官】[名・他サ変]❶その官職に任ずべき人が欠員となっていること。＝闕。❷(「解官」と混同して)官職をやめさせること。免官。

げっけい【月卿】[名]「公卿」の別称。天皇を日に、公卿を月にたとえた語。ふつう「雲客」と対にして用いられる。

げっけいうんかく【月卿雲客】[名]《「げっけいいろんがく」とも》「公卿」と「殿上人」。

けっこう[・す／・なり]【結構】一[名・他サ変]❶(建造物などを)組み立てること。建築。例「いたづらに殿堂で精藍を結構・する」〈正法眼蔵〉❷計画を立てること。また、その計画。くわだて。例「この一門亡ぼすべき由、法皇の御結構こそ、遺恨のしだいなれ」〈平家・二・教訓状〉《係結び》「こそ」→「しだいなれ已」。❸入念に準備すること。例「御馳走の品々を、いかにも結構めされつつ」〈伽・猿源氏草紙〉二[形動ナリ]{なら・なり(に)・なり・なる・なれ・なれ}❶すぐれている。立派だ。例「京より結構・なるいせ参りがあるは」〈浮・好色一代男〉❷気立てがよい。人柄がすぐれている。例「さてもさても結構・な伯父御様ぢゃ」〈狂・素襖落とし〉❸丁寧で行き届いている。例「亭主けっこう・なる一言に、ねだるべき力なく」〈浮・西鶴置土産〉

けっこく【闕国】[名]国司や領主が欠けている国。

けっさい[・す]【潔斎】[名・自サ変]《「けさい」とも》神事・仏事を行う前に、その行事に携わる人が、一定期間、酒・肉などの飲食を慎み、沐浴などをして、心身を清めること。

けつじ【闕字】[名]❶文章や語句の中で、本来あるべき文字が欠けていること。❷文章中に、天皇や貴人の称号を書くとき、敬意を表すために、その称号の上に一字または二字分の空白を置くこと。

けっしょ【闕所】[名]❶中世、没収などによって領主のいなくなった土地。❷江戸時代の刑罰のひとつ。追放以上の刑の付加刑として、領地または財産を没収すること。

けつずん【闕巡】[名]《「けちずん」「けちず」とも》朝廷の酒宴などで、遅れて来た者に、それまでにめぐった回数の酒を一度に飲ませること。

けつだんしょ【決断所】[名]《「雑訴決断所」の略》建武の新政の元弘三年(一三三三)に新設された役所。主として土地関係の訴訟の裁決を行った。

けつぢゃう[・す]【決定】一[名・自サ変]物事が定まって動かないこと。確実なこと。例「決定・して(＝必ズヤ)二世の大願相叶はじや」〈栄花・一六〉二[副]必ず。きっと。例「また敵に取って返されて、途方を失ふ事決定あるべし」〈太平記・一五〉

けってき【闕腋】[名]《「けつえき」とも》❶衣の両わきの下の部分を縫わずにあけたままにしておくこと。❷「闕腋の袍」の略。①②＝脇明け。↕縫腋

〔**闕腋の袍**〕動きやすいように、両わきの下の部分を縫わずにあけたままにした袍。平安中期以降は、四位以下の武官が儀式の際に用いた。＝襖・闕腋②・脇明け①。↕縫腋の袍。↓図版「葱花輦」、[古典参考図]男子の服装〈1〉

げっぱく【月迫】［名］月末に迫っているころ。月末。とくに、十二月の末。

けつばん［・す］【結番】［名・自サ変］順番を決めて、宿直や出仕などの任務に当たること。

けつまづ・く【蹴つまづく】［自カ四］｛か・き・く・く・け・け｝足の爪先を物にぶつけてよろける。つまずく。

けつみゃく【血脈】［名］❶血筋。血統。❷「けちみゃく」に同じ。

けづりかけ【削り掛け】［名］柳や檜などの枝を薄くそぎ削って、彩色し花のように作ったもの。陰暦正月十四日の夕方から二十日まで、邪気を払い福を招くために門口にかけた。＝削り花②。（季―春）

けづりぐし【梳り櫛】［名］櫛で髪の毛をとくこと。また、その櫛。

けづりつくろ・ふ【梳り繕ふ】［他ハ四］｛は・ひ・ふ・ふ・へ・へ｝髪をとかして整える。例「髪梳りつくろ・ひたまへる」〈源氏・常夏〉

けづりともだち【削り友達】［名］《近世語。「削り」は大工の隠語で、飲酒の意》酒飲み仲間。

けづりばな【削り花】［名］❶丸木の先を薄く削って縮らせ、花びらのような形にしたもの。平安時代、「御仏名」に用いた。❷「けづりかけ」に同じ。

けづりひ【削り氷】［名］削った氷。かき氷。

けづりまはし【削り回し】［名］《近世語》《頭を丸めた者の意から》僧をののしっていう語。くそ坊主。

けづりもの【削り物】［名］魚肉などを干し固め、削って食べるようにしたもの。

けづ・る【削る】［他ラ四］｛ら・り・る・る・れ・れ｝❶薄くそぐ。❷取り去る。例「御簡削・られ、官もとられて」〈源氏・須磨〉❸《近世語》けなす。❹《近世語。大工の隠語》《酒は身代を削るの意から》酒を飲む。

けづ・る【梳る】［他ラ四］｛ら・り・る・る・れ・れ｝櫛で髪をとくしけずる。例「朝寝髪我は梳・らじ愛しき君が手枕触れてしものを」〈万葉・一一・二五七八〉

けてう【怪鳥・化鳥】［名］化け物の鳥。

けでん［・す］【怪顛・化転】［名・自サ変］ひどく驚くこと。肝をつぶすこと。例「殿様の御威勢に恐れて、けでん致いて申し損なうた」〈狂・今参り〉

げでん【外典】［名］《仏教語。「げてん」とも》仏教の立場から見て、仏教書以外の書籍。おもに儒教の書をさす。↔内典

けど［・す］【化度】［名・他サ変］《仏教語。「教化済度」の略》人々を教え導き救済すること。例「広く一切衆生を化度・し給ふ」〈今昔・一七・一五〉

けどき【食時】［名］《「け」は食事の意》食事の時刻。食時どき。

けとば【言葉】［名］《上代東国方言》ことば。

けどほ・し【気遠し】［形ク］｛から・く(かり)・し・き(かる)・けれ・かれ｝《「け」は接頭語》❶遠い感じである。例「いかに近からむと思ひつるを、されどけどほ・かりけり」〈源氏・帚木〉❷疎遠である。親しみがない。例「をのこごにはうちとくまじきものなりと、父大臣聞こえたまひて、けどほ・くなりにたるを」〈源氏・少女〉❸人気がない。例「こなたかなたけどほ・くうとましきに、人声はせず」〈源氏・夕顔〉①②↔気近し

けど・る【気取る】［他ラ四］｛ら・り・る・る・れ・れ｝❶魂を奪う。例「いといたく若びたる人にて、物(＝魔物)にけど・られぬるなめり」〈源氏・夕顔〉語構成「けどられぬるなめり」→「なめり」。❷相手の本心を見抜く。けどる。

けな【異な】［連体］《形容動詞「異なり」の連体形「異なる」の変化形》けなげな。感心な。殊勝な。例「奴はけな者かな」〈保元・中〉

げな［助動特活］｛○・げに(げで)・げな・げな・○・○｝《室町以降の語》❶推測・推定の意を表す。…らしい。…ようだ。例「これは早隅田川の渡りにてありげに候ふ」〈謡・隅田川〉訳これは早くも隅田川の渡し場であるらしい。❷伝聞の意を表す。…という。…そうだ。例「いかう暇のいる物ぢゃげなほどに、急いで来て結へ」〈狂言記・烏帽子折〉訳ずいぶん時間がかかるそうだから、早くここへ来て(烏帽子髪を)結え。
〈接続〉活用語の終止形・連体形、形容詞の語幹、体言に付く。

けなが・し【日長し】［形ク］｛から・く(かり)・し・き(かる)・けれ・かれ｝《上代語。「け」は「か(日)」の変化形。日数の意》何日もたっている。時間が長くたっている。例「君が行き日長・くなりぬ」〈万葉・五・八六七〉

けなげ［・なり］【健気】［形動ナリ］｛なら・なり(に)・なり・なる・なれ・なれ｝❶勇ましい。勇猛だ。例「阿新いまだ幼稚なれども、けなげ・なる所存ありければ」〈太平記・二〉❷心がけや態度がしっかりしているさま。殊勝だ。立派だ。例「〈曾我兄弟の〉ことのほかけなげ・に候ふ間、実子のごとく養ひたてて」〈曾我・三〉❸健康である。①②③＝異なりげ

けなげもの【健気者】［名］けなげな人。殊勝な人。頼もしい人。

けなつか・し【気懐かし】［形シク］｛しから・しく(しかり)・し・しき(しかる)・しけれ・しかれ｝《「け」は接頭語》何となく慕わしい。例「いとあらまほしくもてなしかしづききこえて、気なつか・しうばへをかしう」〈源氏・柏木〉《音便》「気なつかしう」は「気なつかしく」のウ音便。

けなら・ぶ【日並ぶ】［自バ下二］｛べ・べ・ぶ・ぶる・ぶれ・べよ｝《「ひならぶ」とも。「け」は「か(日)」の変化形で、日数の意》日時が経過する。幾日も過ぎる。例「日並・べて見ても我が行く志賀にあらなくに」〈万葉・三・二六三〉

けなり・い［形口語型］《近世語。「けなるい」とも》うらやましい。例「殿たちの鞠を蹴させらるる音を聞けば、一段とけなり・いほどに」〈狂・鞠座頭〉

けなりげ［・なり］【異なりげ】［形動ナリ］｛なら・なり(に)・なり・なる・なれ・なれ｝「けなげ」に同じ。

けに【化尼】［名］《仏教語》仏・菩薩などが、仮に尼の姿となってこの世に現れたもの。

けに【異に】［副］ますます。よりいっそう。例「祓へけるままに、いとど悲しきこと数まさりて、ありしよりけに恋しくのみおぼえければ」〈伊勢・六五〉

げに【実に】［副］

アプローチ
▼副詞「げんに(現に)」の変化形とされる。
▼以前からいわれていることや他人の言動について、確かにそのとおりであると納得し、感動をこめて同調する意を表す。

❶《前に示されたことに対し、思い当たることがあって納得し肯定する意》**なるほど。そのとおり。本当に。** 例「『あやしく。歌めきてもいひつるかな』とて、書き出(いだ)せれば、**げに**、三十文字(みそもじ)あまりなりけり」〈土佐〉 訳「奇妙だ。まるで歌のようにいったものだな」といって、（文字に）書き出してみたら、**なるほど**三十一文字だったのである。

❷《感動をこめて強調する意》**いかにも。まったく。本当にまあ。** 例「おぼしきこと言はぬは、**げにぞ**腹ふくる心地(ここち)しける」〈大鏡・序〉 訳思っていることをいわないでいるのは、**まったく**腹のふくれるような気がすることだ。《係結び》「ぞ→心地しける(体)」

発展学習ファイル 類義語に「うべ(むべ)」があるが、「げに」が事の真実性を現実に照らして納得するのに対し、「うべ」は事情を理解し、納得・肯定する意。

げに 助動詞「げな」の連用形。下に「ござる」を伴う。例「名をかへてとらせぬなどと申す**げに**ござれども（＝申スヨウデゴザイマスガ）」〈虎明本狂・比丘貞〉

けにく・し【気憎し】[形ク]｛から・く(かり)・し・き(かる)・けれ・かれ｝（「け」は接頭語）こ憎らしい。無愛想だ。気詰まりだ。例「**けにく・く**心づきなき山伏どもなども、いと多く参る」〈源氏・柏木〉

げにげに【実に実に】[副]《副詞「実(げ)に」を重ねて強調した語》本当に本当に。まったくそのとおり。例「見たてまつる人々、**げにげに**とあはれに見たてまつる」〈栄花・八〉

げにげに・し【実に実にし】[形シク]｛しから・しく(しかり)・し・しき(しかる)・しけれ・しかれ｝❶納得のいくさま。腑(ふ)に落ちるさま。例「いと**げにげに・しく**も覚えずして、庁官(ちゃうくわん)、うしろざまへすべりゆく」〈宇治拾遺・一四・七〉 ❷もっともらしい。本当めいている。例「**げにげに・しく**ところどころうちおぼめき、よく知らぬよしして」〈徒然・七三〉 ❸実直である。まっとうである。例「なほ**げにげに・しく**よき人かなとぞ覚ゆる」〈徒然・三七〉

けにごし【牽牛子】[名]「朝顔①」の別称。実は下痢(げり)止めや利尿剤として用いられた。

げには【実には】[副]《副詞「実(げ)に」＋係助詞「は」》実のところ。本当は。例「吾妻人(あづまびと)は、我がかたなれど、**げには**心の色なく、情けおくれ」〈徒然・一四一〉

げにも【実にも】[副]《副詞「実(げ)に」＋係助詞「も」。「実に」を強調した語》その通りだ。なるほど。もっともだ。例「（ソノ遺品ハ）**げにも**平士(ひらさむらひ)のものにあらず」〈おくのほそ道・太田神社〉

け-に-や【故にや】…のせいであろうか。…からであろうか。「や」は疑問を表す。例「耳馴(な)れぬ**けにや**あらむ、いともの深くおもしろし」〈源氏・椎本〉 訳めったに聞くこともない**からであろうか**、（箏(そう)の琴の音は）ほんとうに奥深い感じでおもしろい。

語構成：け（名）／に（断「なり」用）／や（係助）

げにや【実にや】[副]《副詞「実(げ)に」＋間投助詞「や」。「実に」を強調した語》本当にまあ。なるほどそのとおり。例「**げにや**憂き世の物語」〈謡・江口〉

〔**実(げ)にや実(げ)に**〕《「実にや」を、さらに強めた言い方》ほんとうに。例「**げにやげに**冬の夜ならぬ真木(まき)の戸も」〈蜻蛉・上〉 訳→〔和歌〕げにやげに…

〔和歌〕**げにやげに…** 【**げにやげに冬の夜ならぬ真木(まき)の戸もおそくあくるはわびしかりけり**】〈蜻蛉・上・藤原兼家〉 訳なるほど本当に、冬の夜はなかなか明けないが、その夜ではなく真木の戸も遅く開くのはつらいことですよ。〈参考〉「あくる」は、夜が「明くる」と真木の戸が「開くる」との掛詞。

けにん【化人】[名]《仏教語》❶仏・菩薩(ぼさつ)などが、人々を救済するために、仮に人の姿となってこの世に現れたもの。＝化身(けしん)。❷鬼神・畜生などが、人間に変じたもの。

けにん【家人】[名]❶令制下の賤民(せんみん)。主家に隷属して労役に服する者。❷平安以降、貴族や武家の棟梁(とうりょう)に属する家臣。郎党(らうどう)。

げにん【下人】[名]身分の低い者。使用人。下男。例「**下人**走りかへっていそぎこのよし告げたりければ」〈平家・九・二之懸〉

げにん【外任】[名]奈良・平安時代に地方官を指していう語。

〔**外任(げにん)の奏(そう)**〕平安時代、元日・白馬(あおうま)・踏歌(とうか)などの節会(せちえ)に列席させるよう、地方官の姓名を奏上すること。

けぬき【毛抜き】[名]ひげ・眉毛(まゆげ)・毛髪などを挟んで抜き取る道具。

けぬき【毛抜】[作品名]江戸中期（一七四二初演）の歌舞伎(かぶき)。歌舞伎十八番のひとつ。作者は安田蛙文(あぶん)・中田万助。『鑷』とも書く。「六歌仙」の世界を下敷きにしつつ、小野小町の子孫のお家騒動を描く。

けのあらもの【毛の麁物・毛の荒物】[名]（毛の荒い物の意から）大きな獣。↔毛の柔物(にこもの)

けのこり【消残り】[名]消えずに残っていること。例「**消残り**の雪に合へ照る」〈万葉・二〇・四四七一〉

けのこ・る【消残る】[自ラ四]｛ら・り・る・る・れ・れ｝消えずに残る。例「この雪の**消残・る**時にいざ行かな」〈万葉・一九・四二二六〉

けのにこもの【毛の柔物】[名]（毛の柔らかい物の意から）小さな獣。↔毛の麁物(あらもの)

けのぼ・る【気上る】[自ラ四]｛ら・り・る・る・れ・れ｝「けあがる」に同じ。

けば（過去の助動詞「き」の未然形「け」＋接続助詞「ば」）上代に見られる用法。…**たならば**。例「根白の白腕(しろただむき)枕(ま)かず**けば**こそ知らずとも言はめ」〈記・下・歌謡〉 訳大根のように白いおまえの腕を私が枕(まくら)にしなかっ**たならば**、おまえは私を知らないといえようか（そうはいわせない）。

げば【・す】【下馬】[名・自サ変]❶馬から下りること。とくに、貴人の通行に出会ったときや、寺社の境内に入るときなどに、敬意を表して馬から下りること。＝下乗。例「一切**下馬**の礼儀にも及ばず」〈平家・一・殿下乗合〉 ❷「下馬先」の略。

げばさき【下馬先】[名]❶社寺の門前や城門などで下馬すべき場所。❷槍持(やりも)ちの供が①で主人に対して行う作法。①②＝下馬②

けは・し【険し】[形シク]｛しから・しく(しかり)・し・しき(しかる)・しけれ・しかれ｝❶（山・坂などの）**傾斜が急だ**。例「その道、険・しく堪へ難き事限りなし」〈今昔・二五・七〉 ❷**激しい。荒々しい。** 例「川風**けは・しく**吹き上げつつ」〈更級〉 ❸**あわただしい。せわしい。** 例「女**けは・しく**はしり来て」〈浮・世間胸算用〉 ❹厳しい。危ない。例「我けは・しき事に出合ひしは、四十三度、一度も手を負はざりしに」〈浮・西鶴諸国ばなし〉

けはづ・す【蹴外す】[他サ四]｛さ・し・す・す・せ・せ｝蹴ろうとして失敗する。蹴り損なう。例「背をたはめてちがひ(＝身ヲカワシ)ければ、**蹴外・して**」〈宇治拾遺・二・三〉

けはひ【気はひ・化粧】[名]

> **アプローチ**
> ▼「気」と、伸びて行く意の「延ひ」が結び付いてできた語。
> ▼視覚によってはっきりと人物や自然の景物のようすをとらえる「気色」に対して、視覚以外の感覚で直感的にとらえられた、漠然とした雰囲気を指す。
> ▼近世以降、「気配」の字が当てられ、現代語の「けはい」に重なるが、古語では「けわい」と読まれる。
> ▼「化粧」は、ようすをつくろう意から派生した語。

一【気はひ】❶**雰囲気**。例「命婦、かしこにまで着きて、門引き入るるより、**けはひ**あはれなり」〈源氏・桐壺〉訳(靫負の)命婦が、そこ(＝桐壺更衣の里)に到着して、(車を)門に引き入れるや否や、周囲の**雰囲気**はしみじみとも悲しい感じである。〈参考〉「まで」は「まうで(参で)」の「う」を表記しない形。

❷**容貌**。**態度**。**人柄**。**品格**。例「人の**けはひ**も、けざやかに気高く、乱れたるところまじらず」〈源氏・帚木〉訳あの姫君(＝葵の上)の**人柄**も、毅然としていて上品であり、いいかげんなところがなく。

❸**声**。**ようす**。例「女房とはおぼえぬ手の、忍びやかに、をかしげにきこえたるに、こたへ若やかにして、うちそよめきてまゐる**気はひ**」〈枕・心にくきもの〉訳女房とは思われない(女主人の)手の音が、ひそやかに、上品なようすで聞こえたのに、若やいだ声で返事があって、衣ずれの音をささやかにさせながら、(女房が女主人のもとに)参上する**ようす**。《敬語》「うちそよめきてまゐる」→「まゐる(四段)」

❹**季節感**。**きざし**。**気配**。例「秋の**けはひ**入りたつままに」〈紫式部日記〉訳秋の**気配**がはいり込んでくるのにつれて。

❺**血縁**。例「六条院の御**けはひ**近うと思ひなすが、心ことなるにやあらむ」〈源氏・竹河〉訳(薫が)六条院(＝源氏)とご**血縁**の近い方であると思うせいで、特別扱いをするのであろうか。《音便》「近う」は「近く」のウ音便。《係結び》「や→あらむ㊍」

❻**名残**。例「過ぎにし親の御**けはひ**とまれる古里ながら、たまさかにも待ちつけたてまつらば、をかしうもやあらまし」〈源氏・帚木〉訳亡くなった両親の御**名残**の残っている実家にいたままで、時たまにでも(源氏の)お越しをお待ち申し上げるのであったなら、すばらしいことだっただろうに。《音便》「をかしう」は「をかしく」のウ音便。《係結び》「や→あらまし㊍」。《敬語》「待ちつけたてまつらば」→「たてまつる」

二【化粧】**化粧**。**装い**。例「児を具したる旅なれば、**化粧**の具足持つまじきいはれがあらばこそ」〈義経記・七〉訳童児を伴った旅であるから、**化粧**道具を持っていてはいけないという理由のあろうはずがない。

> **発展学習ファイル** 類義語「**けしき**」は、対象のとらえ方に差がある。⇩「けしき」〈古語深耕〉

げばひゃう【下馬評】[名]「下馬先」で供の者たちがする、うわさ話。転じて、評判。

けはれ【褻晴れ】[名]平常のときと儀式ばったとき。くつろいだときと正式のとき。公私。

けびいし【検非違使】歴史的かなづかい「けびゐし」

けひのうみ【気比の海】[地名]越前国の海。いまの福井県敦賀湾の古称。

げ・びる【下卑る】[自バ上一]｛び・び・びる・びる・びれ・びよ｝下品で卑しく見える。下品である。例「蔵人が申しざま、ことに**げ・びたり**けむかし」〈十訓抄・一〉

けびゐし【検非違使】[名]《「けんびゐし」の撥音無表記》京の治安維持にあたった官職。「令外の官」のひとつで、平安時代の嵯峨天皇の弘仁年間(八一〇〜八二四)に衛門府に置かれたが、のちに独立した。しだいに訴訟や裁判もつかさどるようになった。長官としての別当は、原則として、参議以上の衛門督や兵衛督が任じられた。また、諸国や伊勢神宮などにも置かれた。＝非違

けびゐしちゃう【検非違使庁】[名]「検非違使」の役所。はじめは左右両庁が置かれたが、のちに左衛門府に置かれた左庁だけとなった。＝使庁・靫負庁

けびゐしどころ【検非違使所】[名]中央にならい、地方の国や神社に置かれた「検非違使」の役所。＝検非所・検非違所

検非違使　伴大納言逮捕に向かう検非違使の一行。左端の人物は、捕縛の口上を確認する看督長。(伴大納言絵詞)

けびゐしのべったう【検非違使の別当】「検非違使」の長官。＝非違の別当・別当

けふ【今日】[名]この日。本日。例「新たしき年の初めの初春の今日降る雪のいやしけ吉事」〈万葉・二〇・四五一六〉訳→〈和歌〉あらたしき…

〔**今日か明日か**〕❶心待ちに待つこと。例「君が目を今日か明日かと斎ひて待たむ」〈万葉・一五・三五八七〉❷その時の差し迫っているさま。例「我も、今日か明日かの心地して、もの心細ければ」〈源氏・柏木〉

〔**今日の朝**〕今朝。例「玉かぎる昨日の夕へ見しものを今日の朝に恋ふべきものか」〈万葉・一一・二三九一〉

〔**今日の今宵**〕《「今宵」を強めた表現》今晩。例「花にあかぬ嘆きはいつもせしかども今日の今宵に似る時はなし」〈伊勢・二九〉

〔**今日の月**〕今宵の月。とくに陰暦八月十五夜の月。中秋の名月。（季―秋）

〔**今日の日**〕《「今日」を強めた表現》今日のこの日。例「今日の日は楽しく遊べ」〈万葉・一八・四〇四七〉

〔**今日は人の上明日は身の上**〕今日は他人の事として見ていた災難も、明日はわが身に降りかかるかもしれないということ。

〔**今日を晴れ**〕今日こそ晴れの日とばかりに。例「前駆御随身どもが今日を晴れとしゃうぞいたるを（＝装ッテイルノヲ）」〈平家・一・殿下乗合〉

けふ【狭布】[名]《「狭布の細布」の略》奈良・平安時代、東北地方から産出したという、幅の狭い白色の布。

〔**狭布の細布**〕「けふ（狭布）」に同じ。

けふあす【今日明日】❶今日と明日。❷日時が差し迫っていること。今日明日のうち。例「今日明日帰り去りなむとするに」〈源氏・桐壺〉

けふきぐさ【毛吹草】[作品名]江戸前期（一六四五刊行）の俳諧撰集。松江重頼編。急増する俳諧作者のために編まれた作法書。付け合いの用語・諸国の産物・四季の発句など、当時の言語・風俗に関する豊富な内容をもつ。

けふけふと【今日今日と】毎日待ちわびるさま。今日か今日かと。今日こそは。例「今日今日と我が待つ君は石川の貝に交じり」〈万葉・二・二二四〉

けふけふと【今日今日と】[枕詞]（今日か今日かと思っているうちに明日になる意から）「明日」の音を含む地名「あすか（明日香・飛鳥）」にかかる。例「今日今日と明日香に至り」〈万葉・一六・三八八六長歌〉

〈和歌〉**けふこずは…**【今日来ずは明日は雪とぞ降りなまし消えずはありとも花と見ましや】〈古今・春上・六三・在原業平、伊勢・一七〉訳もし今日私が来なかったなら、明日は雪が降るように散ってしまうでしょう。そうなら、たとえ消えずにいたとしても、それを私は花と見るでしょうか、いえ見ないでしょう。《係結び》「ぞ→降りなまし(体)」

けふごと【今日ごと】その日その日に。毎日。例「今日ごとに今日や限りと惜しめども」〈新古今・冬・七〇六〉

けふさん【夾算・夾竿】[名]薄く削った九センチメートルほどの木や竹の先に割れ目を入れて、目印として書物や巻き物に挟んで用いた道具。いまの枝折に当たる。

けふじ【夾侍・脇士】[名]「けふじぼさつ」に同じ。

けふじぼさつ【夾侍菩薩・脇士菩薩】[名]（仏教語）仏像で、本尊の左右に立つ菩薩。阿弥陀如来の観音・勢至菩薩、釈迦如来の文珠・普賢菩薩、薬師如来の日光・月光菩薩など。＝夾侍・脇立ち

けふしょう【夾鐘】[名]❶中国の音楽の調子のひとつ。日本の「十二律」の「勝絶」に当たる。❷（月に配すると「夾鐘」は二月に当たることから）陰暦二月の別称。（季―春）

けふそく【脇息】[名]座るときに横に置いてひじをかけ、からだを楽にするための道具。書物などを載せて読むこともあった。古くは「挟軾」。＝几①。

➡[口絵]王朝貴族邸の室礼

けぶた・し【煙たし・烟たし】[形ク]{から・く(かり)・し・き(かる)・けれ・かれ}（「けむたし」とも）❶煙や香りで息苦しい。けむい。❷（人や物事の存在が）煩わしい。気詰まりだ。例「いとけぶた・し苦しき判者にも当たりてはべるかな。いとけぶた・しや」〈源氏・梅枝〉

けぶつ【化仏】[名]《仏教語》❶人々を救済するために、姿を変えてこの世に現れた仏。❷本地仏（本体となる仏）を示すために、仏像の光背や宝冠などに刻まれた小さい仏。

〈和歌〉**けふのみと…**【今日のみと春を思はぬ時だにも立つことやすき花の陰かは】〈古今・春下・一三四・凡河内躬恒〉訳春は今日限りと思わないときでさえも、たやすく立ち去ることができる花の陰であろうか、いや、そうではない。

〈和歌〉**けふみれば…**【今日見れば玉の台もなかりけり菖蒲の草の庵のみして】〈拾遺・夏・一一〇・よみ人しらず〉訳五月五日の今日、見渡してみると、美しい宮殿もないことだ。どこもかしこもショウブを軒先に葺いた草の庵ばかりで。

〈参考〉「玉の台」は、美しい宮殿の意。「草の庵」は、「玉の台」に対する草葺きの粗末な家。

〈俳句〉**けふよりや…**【今日よりや書付消さん笠の露】〈おくのほそ道・山中・芭蕉〉訳ともに旅を続けてきた曾良よ、そなたと別れる今日からは、ひとりになるのだから、笠に書き付けてある「同行二人」の文字を、笠に置いた露で涙ながらに消してしまおう。（季―露―秋）

けぶらひ【気振らひ】[名]《近世語。「けびらひ」とも》素振り。気配。ようす。＝気振り

けぶり【煙・烟】[名]《中世以降「けむり」とも》❶火が燃えるときに立ちのぼるもの。けむり。❷煙のようにみえるもの。㋐風・霞・水蒸気など。例「霜いと白う置ける朝、遣り水より烟の立つこそをかしけれ」〈徒然・一九〉《係結び》「こそ→をかしけれ(已)」。《音便》「白う」は「白く」のウ音便。㋑草木の芽などがかすんで見えるもの。例「焼け野が原に草の葉萌え出でて、梢の色、煙をあぐ」〈海道記〉❸火葬の煙。火葬。人の死の象徴。例「母北の方、同じ煙にのぼりなむと泣きこがれたまひて」〈源氏・桐壺〉❹かまどからたちのぼる煙。転じて、生計。くらし。例「煙の乏しきを見給ふ時は、限りある貢ぎ物をさへゆるされき」〈方丈記〉《敬語》「見給ふ」→

「たまふ(四段)」。❺心中のもやもや。焦がれるような苦しみ・煩悩。例「かの御煙はるくべきことをせさせたまへ」〈源氏・鈴虫〉《敬語》「せさせたまへ」→「させたまふ」

〔煙と(に)なる〕❶火葬にされる。死ぬ。例「行く方なき空の煙とな・りぬとも思ふあたりを立ちは離れじ」〈源氏・柏木〉❷焼けてなくなる。焼け失せる。例「見し人も宿も煙にな・りにしを」〈源氏・橋姫〉

〔煙の譬へ〕「火のない所に煙は立たぬ」のたとえ。うわさが立つときには必ず何らかの事実があるという意。

〔煙の波〕はるか遠くに煙のようにかすんで見える波。また、波のように重なってたなびく煙。例「南を望めば、海漫々として、雲の波煙の波ふかく」〈平家・二・康頼祝言〉

けぶり【気振り】［名］「けぶらひ」に同じ。

けぶりあ・ふ【煙り合ふ】［自ハ四］｛は・ひ・ふ・ふ・へ・へ｝一面の花や潮煙などで、辺りがけむったように見える。例「けぶり合・ふにやあらむ、清見が関の波も高くなりぬべし」〈更級〉

けぶりくらべ【煙比べ】［名］《「煙」は「思ひの煙」の意》互いに相手に対する思いのほどを比べ合うこと。例「うきことを思ひみだるる煙くらべに」〈源氏・柏木〉

けぶ・る【煙る・烟る】［自ラ四］｛ら・り・る・る・れ・れ｝《中世以降は多く「けむる」》❶煙が立つ。❷かすんで見える。例「四方の梢そこはかとなうけぶ・りわたれるほど」〈源氏・若紫〉❸ほんのりと美しく見える。例「つらつき、いとらうたげにて、眉のわたりうちけぶ・り」〈源氏・若紫〉❹若葉が芽をふく。例「林を見れば、木の芽けぶ・りて」〈宇津保・俊蔭〉❺火葬にされて煙となる。例「向かひてみるにも悲しけぶ・りにし人を思ひのはひによそへて」〈夫木・雑一八〉

げべん【外弁】［名］節会のとき、承明門の外で諸事を管理する役の大臣以下の公卿。↕内弁

げほくめん【下北面】［名］「北面の武士」で五、六位の者。↕上北面

げほふ【外法】［名］❶《仏教語》仏法以外の教法。外道。❷どくろを用いて行う妖術。

〔外法の下り坂〕(妖術を行う者が失敗すると、急な坂を下るように破滅してしまうことから)一度失敗すると取り返しがつかないこと。

げほふじゃうじゅ【外法成就】［名］《仏教語》「外法」を身につけること。

げぼん【下品】［名］❶《仏教語》極楽浄土の階級を示す「九品」のうち、上品・中品の下位にある三品。下品上生・下品中生・下品下生の総称。❷下等。最低。

げぼんげしゃう【下品下生】［名］《仏教語》極楽浄土の最下位。「九品」の下位にある「下品」のうちの最下位。

けまく 推量の助動詞「けむ」の名詞化したもの。…ただろうこと。例「うち嘆き語りけまくは」〈万葉・一八・四一〇六長歌〉訳嘆きながら語り合ったたろうことは。

けまと・ふ【蹴纏ふ】［他ハ四］｛は・ひ・ふ・ふ・へ・へ｝物が足にからまって、足の自由が奪われる。例「袴のすそをふみたに射つけられ、けまと・ひて倒れ給ひたりけるを」〈平家・二・能登殿最期〉

けまり【蹴鞠】［名］《「しうきく」とも》戸外での貴人の遊戯。鹿のなめし皮で作った鞠を、数人の競技者が下に落とさないようにけり合う。＝鞠②

けまろば・す【蹴転ばす】［他サ四］｛さ・し・す・す・せ・せ｝蹴って、転がす。例「舎人を蹴まろば・して走る馬もあり」〈今昔・二五・五〉

けまん【華鬘・花鬘】［名］《仏教語》❶諸仏・天人の頭や首などに飾る生花。もとは古代インドの装身具。❷仏具の一種。①が仏前や仏堂の装飾具となったもので、金・銅・革などで作ったうちわ状の板に、花鳥や天女像などを浮き彫りにしたもの。

けみ【検見・毛見】［名］❶《「けんみ」の撥音無表記。「検」の字音「けむ」の変化形とも》物事を検分すること。例「大嘗会の毛見やとし騒ぎ」〈蜻蛉・上〉❷《稲の毛(穂先)を見る意で「毛見」と表記する》「けんみ②」に同じ。

けみゃう【仮名】［名］通称。俗称。↕実名

げみゃうぶ【外命婦】［名］令制で五位以上の夫の妻。↕内命婦

けむ［助動マ四型］▷四七四ページ「特別コーナー」

けむつか・し【気難し】［形シク］｛しから・しく(しかり)・し・しき(しかる)・しけれ・しかれ｝(「け」は接頭語)薄気味悪い。恐ろしい。気持ちが悪い。例「(大キナ蜂ガ)いくらともなく入り集まるさま、いとけむつかしく見えけり」〈十訓抄・一〉

けむり【煙】［名］「けぶり」に同じ。

けめ 推量の助動詞「けむ」の已然形。例「さるべき契りこそはおはしましけめ」〈源氏・桐壺〉《係結び》「こそ→おはしましけめ㊁」。《敬語》「おはしましけめ」→「おはします」

げめん【外面】［名］《仏教語》表面に現れた顔つき。顔色。うわべ。

けもん【暇文・仮文】［名］「いとまぶみ」に同じ。

げもん【解文】［名］《「げぶみ」とも》❶「げ(解)」に同じ。❷推薦状。

けもんりょう【花文綾】［名］花模様の綾。

けやけう 形容詞「けやけし」の連用形「けやけく」のウ音便。

けやけ・し［形ク］｛から・く(かり)・し・き(かる)・けれ・かれ｝❶異様だ。意外だ。心外だ。例「末代には、けやけき有もちて侍る翁なりかし」〈大鏡・道長・下〉《敬語》「もちて侍る」→「はべり」。❷しゃくだ。目ざわりだ。例「『けやけ・きやつかな』と言ひて走りかかりて」〈宇治拾遺・二・八〉❸抜きんでている。すばらしい。例「それをだにけやけ・きことに思ひたまへしに」〈大鏡・道長・下〉《敬語》「思ひたまへし」→「たまふ(下二段)」。❹はっきりしている。きわだっている。例「人の言ふほどのこと、けやけ・くいなびがたくて、よろづえ言ひ放たず」〈徒然・一四一〉《副詞の呼応》「え→言ひ放たず」

けやす・し【消やすし】［形ク］｛から・く(かり)・し・き(かる)・けれ・かれ｝《動詞「消」の連用形＋形容詞「やすし」》消えやすい。例「朝露の消やす・き我が身」〈万葉・二・八八五〉

けやに［副］《形容詞「けやけし」の語幹＋助詞「に」》きわだって。くっきりと。例「寒水の心もけやに思ほゆる」〈万葉・一六・三八七五長歌〉

けやぶ・る【蹴破る】［他ラ四］｛ら・り・る・る・れ・れ｝足で蹴って破

け

けむ ［推量の助動詞］（「けん」とも）

アプローチ ▼過去のことにかかわる推量を表す。「らむ」（現在の推量を表す）をそのまま過去に移したものが「けむ」と考えればよい。
▼事柄全体に何らかの不確かな部分がある場合と、事柄を取り巻く状況（原因・理由など）に不確かな部分があるために結果的に事柄そのものを断定的には述べられないという場合とがある。

接続 活用語の連用形に付く。
活用 四段型

基本形	未然形	連用形	終止形	連体形	已然形	命令形
けむ（けん）	○	○	けむ（けん）	けむ（けん）	けめ	○

意味	訳語	用例
❶過去の事柄について、そういうことがあったのだろう、そうだったのだろうと推量する。	…たのだろう …ただろう	例「かの人々のいひし葎の門は、かうやうなる所なり**けむ**かし」〈源氏・末摘花〉 訳あの人たちの言った「葎の門」は、こんなような所のことだった**のだろう**な。
❷過去の事柄について、その原因・理由・時・所など背後にあるものを推量する。 ㋐原因などを表す句がある場合。	（こういうわけで）…たのだろう	例「そこなる女、京の人はめづらかにやおぼえ**けむ**、せちに思へる心なむありける」〈伊勢・一四〉 訳その地の（ひとりの）女性が、都の人は珍しいと思っ**たのだろう**か、（都から来た男性を）切に思っている気持ちをもっていた。
㋑疑問詞がある場合。	（どうして・いつ・どこで）…たのだろう	例「いつのほどにさること出で来**けむ**」〈源氏・若菜・下〉 訳いつの間にそういうことが起こっ**たのだろう**か。
㋒疑問詞がない場合でも「どうして」などを補って訳したほうがよい場合。	（どうして・いつ・どこで）…たのだろう	例「よそにのみ聞かましものを音羽川渡るとなしにみなれそめ**けむ**」〈古今・恋五・七四九〉 訳（あの人のことは）他人のこととしてだけ聞いていたらよかったのに。音羽川を渡ることもなしに、どうして、その水になれて（＝見なれて）しまっ**たのだろう**か。
❸（多く連体形で）過去の事柄を婉曲に述べる。	…たような …たであろう	例「同じ花の名なれど、梅は生ひ出で**けむ**根こそあはれなれ」〈源氏・紅梅〉 訳名前は同じ「花」だが、薫り高い梅（＝薫る）はその生まれ出**たような**根（＝源氏）こそが趣深いことだ。
❹（多く連体形で）過去の事柄の伝聞を表す。	…たとかいう	例「契り**けむ**昔の今日のゆかしさに」〈更級〉 訳（玄宗皇帝と楊貴妃が）愛を誓っ**たとかいう**昔の今日が慕わしいので（長恨歌の物語の借用を申し出た）。

発展学習ファイル 上代には未然形に「けま」という形があったとされ、「思ひつつ通ひけまくは」のように「けむ」が名詞化した「けまく」の一部としてあらわれる。

ったり壊したりする。

げゆ【解由】［名］《解くる由の意》❶令制で国司などの交替の際、事務の引き継ぎをして検証すること。前任者は後任者によって諸帳簿等の検査を受けた。❷①の際、後任者が前任者に渡す公文書。前任者はこれを京に持ち帰り、「太政官」に提出して「勘解由使」の審査を受けた。＝解由状

げゆじゃう【解由状】［名］「げゆ②」に同じ。

けら 過去の助動詞「けり」の未然形の古い形。例「泊瀬女が造る木綿花み吉野の滝の水沫に咲きに**けら**ずや」〈万葉・六・九一二〉

けらい【家礼】［名］❶貴人や目上の人に敬意を表すこと。❷朝廷の公事などを見習うために摂家や公家に出入りする者。

けらい【家来】［名］《「けらい（家礼）」の変化形》公家・武家・商家に仕える者。家臣。従者。家人。

けらく【快楽】［名］《仏教語。「け」は呉音》気持ちよく楽しいこと。快楽。

けらく 過去の助動詞「けり」の名詞化したもの。…**たこと**。例「神代より言ひ継ぎ**けらく**父母を見れば貴く」〈万葉・一八・四一〇六長歌〉 訳神代から言い継がれ**たこと**には、父母を見れば貴く（思い）。

げらく［・す］【下洛】［名・自サ変］《「洛」は京都の別名》比叡山から京の市中へ下りてくること。例「山門の大衆（＝延暦寺ノ僧兵ガ）、またおびたたしう**下洛す**」〈平家・一・内裏炎上〉

け-らし［助動特活］《○・○・けらし・けらし（けらしき）・けらし・○》❶過去の動作・状態について、根拠に基づいて推定する意を表す。…**たようだ**。…**たらしい**。例「夕されば小倉の山に鳴く鹿は今夜は鳴かず寝ねに**けらし**も」〈万葉・八・一五一一〉

語構成 け（過「けり」体）らし（推「らし」） ＝「けるらし」の変化形。

訳→〈和歌〉ゆふされば をぐらのやまに…。❷《おもに近世の用法》「けり」とほとんど同じ意味に用いられ、婉曲・余情の意が添えられる。…であったよ。…たことだよ。例「あはれさしばらくやまざりけらし」〈おくのほそ道・市振〉訳哀れに思う気持ちがしばらくやまなかったことだよ。

〈接続〉活用語の連用形に付く。

発展学習ファイル (1)推量の助動詞「らし」と同じく、推量の根拠となる事柄が示されることが多いが、平安以降は示されなくなる例も多くなる。(2)上代に係結びの結びとして連体形・已然形の形がある他は、すべて終止形で用いられる。(3)「けるらし」の変化したものではなく、助動詞「けり」の形容詞形とする説もある。

けら-ず-や …たではないか。例「梅の花咲きたる園の青柳は縵にすべくなりにけらずや」〈万葉・五・八一七〉訳→〈和歌〉うめのはなさきたるそのの…

語構成 けら 過「けり」㊍　ず 打消「ず」㊎　や 係助

けらつつき【啄木鳥】［名］キツツキの別称。中古には「てらつつき」と呼ばれていた。（季-秋）

げらふ【下臈】［名］（「臈」は僧が修行を積んだ年功のこと）❶修行年数の少ない地位の低い僧。❷官位の低い者。❸身分の低い者。下衆。下郎。❹「下臈女房」の略。①～④↔上臈

げらふにょうばう【下臈女房】［名］下級の女官。＝下臈。↔上臈女房

けり【鳧】［名］チドリ科の鳥。キリッキリッと鳴く。この鳴き声による名称か。（季-夏）

け・り【来り】［自ラ変］{ら・り・り・る・れ・れ}《動詞「来」の連用形＋動詞「有り」＝「きあり」の変化形》来ている。例「使ひの来れば嬉しみと」〈万葉・一七・三九五七長歌〉

け・り【着り・著り】［他ラ変］{ら・り・り・る・れ・れ}《動詞「着る」の連用形＋動詞「有り」＝「きあり」の変化形》着ている。例「わが背子が着る衣薄し」〈万葉・六・九七九〉

けり［助動ラ変型］⇨四七六ページ「特別コーナー」

げり「てけり（完了の助動詞「つ」の連用形「て」＋過去の助動詞「けり」）」の強調表現「てんげり」で現れる。↓「てけり」「てんげり」。例「一来法師打ち死にしてんげり」〈平家・四・橋合戦〉

けりゃう［・なり］【仮令】［名・形動ナリ］《漢文で「たとひ」と訓読する語「仮令」の音読語》かりそめのこと。いい加減なさま。

けりゃう【仮令】［副］❶だいたい。およそ。例「仮令案じ候ふに、内裏に参り集まる兵ども、その数候ふといふとも、思ふにさこそ候ふらめ」〈保元・中〉❷たとえば。かりに。例「仮令郭公などは、山野を尋ね歩きて聞く心をよむ」〈無名抄〉❸（下に「ばこそ」を伴って）偶然。都合よく。例「何をよい口な。けりゃうわしがここに居たればこそ」〈伎・韓人漢文手管始〉

ける【蹴る】［他カ下一］{け・け・ける・ける・けれ・けよ}足で物を突き飛ばす。例「頭かしけわられ」〈平家・五・富士川〉

発展学習ファイル 古典語で唯一の下一段動詞。上代の「くう」（ワ行下二段）から変化した語。近世以降はラ行四段活用になった。

ける 過去の助動詞「けり」の連体形。例「名をば、さぬきのみやつことなむいひける」〈竹取・かぐや姫〉《係結び》「なむ→いひける㊍」

ける-なり …たそうだ。…という。例「かの箱の中は、包みたる金を一はた入れられたりけるなり」〈とはずがたり〉訳その箱の中には、包んだ金が一ぱいに入れられていたそうだ。

語構成 ける 過「けり」㊍　なり 伝・推「なり」

けれ 過去の助動詞「けり」の已然形。例「逢ふことのもはら絶えぬる時にこそ人の恋しきことも知りけれ」〈古今・恋五・八一二〉《係結び》「こそ→知りけれ㊐」。《識別注意語》↓付録「まぎらわしい品詞の識別」

げろう【下臈】 歴史的かなづかい「げらふ」

けわい 歴史的かなづかい「けはひ」

けゐ【褻居】［名］主人がふだんいる部屋。居間。小座敷。

げゐ【外位】［名］《「ぐゎいゐ」とも》令制で位階に内・外の別を記して差別を示す称。「外官（地方官）」や下位の氏族の者に授けられた。

けをさめ【褻納め】［名］ふだん着と晴れ着。

-けん【軒】［接尾］❶学者・文士・隠者などが、雅号・屋号などの末尾に用いる語。「志道軒（＝平賀源内）」など。❷家屋の戸数を数える語。

-けん【間】［接尾］❶建物の柱と柱の間の数を数える語。❷長さの単位。一間は、六尺（約一・八メートル）。❸碁盤や将棋盤の目を数える語。

けん【券】［名］田地・邸宅・荘園などの所有権を証明する文書。土地の権利書。＝券契

けん【剣】［名］両刃の太刀。のち、片刃も含み太刀全般をいう場合が多い。つるぎ。↓「かたな」

けん【乾】［名］❶方角の名。北西。戌と亥の間。❷易の八掛のひとつ。①②↔坤

けん【賢】［名］賢いこと。また、賢い人。

けん［・なり］【権】㊀［名］権威。権力。㊁［名・形動ナリ］おごり高ぶること。

〔**権を施す**〕あまねく権力をふるう。例「いよいよ頼朝権をほどこして、さらに君の御後ろ見を仕うまつる」〈増鏡・新島守〉

けん 過去推量の助動詞「けむ」の「む」が「ん」と発音されるようになり、「けん」と表記されたもの。

げん【現】［名］❶現実。目の前。例「現にあり。これを見よ」〈宇治拾遺・二・四〉❷現世。現在。例「現の山伏ならば、よも関手をばなさじ」〈義経記・七〉

げん【監】［名］❶上代、離宮を置くために、河内と大和の一部を割いて設置された特別行政区。❷大宰府の判官（＝三等官）。大監・小監がある。

げん【験】［名］❶仏道修行や加持・祈禱のききめ。仏や神があらわす霊験。効験。例「心浅き人のためにぞ寺の験もあらはれける」〈源氏・真木柱〉❷効果。

〔**験無し**〕加持や祈禱などの効果がないさま。例「あな、いと験な・しや」〈枕・すさまじきもの〉

けんえい【巻纓】［名］《「まきえい」とも》冠の「纓」の先を内側に巻き、黒く塗った挟み木でとめること。また、その纓。武官が用いた。↓［古典参考図］冠物・装具

けり［過去の助動詞］

アプローチ ▼ある出来事が過去に行われたものであることを表す。

▼似た意味を表す助動詞「き」が話し手の直接体験に基づく過去の出来事を表すことが多いのに対し、「けり」は伝聞など間接体験に基づく過去を表す用法が多い。

▼また、「き」が基本的に現在とは切り離された過去について述べるのに対し、「けり」は、過去から現在まで継続してきている事実を認識するという意味をもつ。

▼状態を表す語に付いた場合など、気づき（発見）・詠嘆などの意が強くあらわれることがある。「気づきの『けり』」といわれる用法である。

接続 活用語の連用形に付く。形容詞にはカリ活用の連用形に付く。

活用 ラ変型

基本形	未然形	連用形	終止形	連体形	已然形	命令形
けり	（けら）	○	けり	ける	けれ	○

意味	訳語	用例
❶過去に行われた動作やある状態が、現在まで続いていることを回想する意を表す。	…た …てきた …ている	例「皇神の厳しき国言霊の幸はふ国と語り継ぎ言ひ継がひ**けり**」〈万葉・五・八九四〉 訳（神代から、大和国（やまとのくには）皇神（＝国を統治する神）の神威が盛んな国、言霊（＝ことばに宿る力）の栄える国であると語り継ぎ、言い継い**できた**。 例「山背の久世の鷺坂神代より春は萌りつつ秋は散り**けり**」〈万葉・九・一七〇七〉 訳 山城の久世の鷺坂（＝地名）では、神代の昔から（草木が）春は芽を吹き、秋には散っ**ている**。
❷過去の事実を、自己の体験ではなく伝聞により回想的に述べる意を表す。 物語の地の文に多く用いられる。	…た（そうだ） …た（ということだ）	例「むかし、男あり**けり**。身はいやしながら、母なむ宮なり**ける**」〈伊勢・八四〉 訳 昔、ある男がい**た（そうだ）**。身分は低いものの、母は宮様であっ**た（ということだ）**。 例「今はむかし、竹取の翁といふものあり**けり**。野山にまじりて竹を取りつつ、よろづのことに使ひ**けり**」〈竹取・かぐや姫〉 訳 いまではもう昔のことであるが、竹取の翁という者がい**た（そうだ）**。（その者は）山野に分け入って竹を取っては、いろいろなことに使ってい**た（ということだ）**。
❸それまで意識していなかった事実に初めて気づいて、驚きや感慨をこめた詠嘆の意を表す。	…だったのだなあ	例「あさましう。犬なども、かかる心あるものなり**けり**」〈枕・上にさぶらふ御猫は〉 訳 驚いた。犬などにも、そんな分別があるもの**だったのだなあ**。

発展学習ファイル (1)未然形「けら」は、上代にのみ用いた。「けり」が名詞化したもの「けらく」の一部としてあらわれるほかに、「けらずや」の形をとることが多い。→「けらずや」

(2)已然形「けれ」は、形容詞の已然形などとの区別がまぎらわしいので注意。→付録「まぎらわしい品詞の識別」

(3)院政期以降、完了の助動詞「つ」の連用形に「けり」が結び付いた「てんげり」（「てけり」の変化形）という形が完了の意で用いられるようになった。→「てけり」「てんげり」

(4)「けり」は後代、俳句の「切れ字」として用いられるようにもなった（この場合は単なる詠嘆を表す）。また、現代の「…たっけ」の「け」は「けり」の残存である。

けんかう【兼好】（ケンコウ）［人名］「よしだけんかう」に同じ。

げんかうしゃくしょ【元亨釈書】（ゲンコウシャクショ）［作品名］鎌倉後期（一三二二成立）の伝記。虎関師錬著。仏教興隆に功のあった人物たちの伝記が中心で、五山版などで何度も版行された。

けんがく［・す］【兼学】［名・他サ変］二つ以上の学問・宗教を兼ねて学ぶこと。

げんがた【験方】［名］加持・祈禱に関すること。病気治療などのために効験を現す修験の行法。例「今はこの世のことを思ひたまへねば、**験方**の行ひも棄て忘れてはべるを」〈源氏・若紫〉

げんかん【阮咸】［名］古代中国の弦楽器のひとつ。円形の胴に長い棹のついたもので月琴の一種。竹林の七賢人の一人である阮咸が愛用したところからこの名がついた。

けんき【軒騎】［名］《「軒」は車、「騎」は馬の意》車に乗ることと馬に乗ること。また、車と馬。例「**軒騎**群集して、門前市をなす」〈平家・一・吾身栄花〉

けんぎ【嫌疑】［名］疑わしいこと。怪しいこと。容疑。

げんき【減気・験気】［名］病気がよくなること。治療や祈禱の効き目が現れること。

げんきもん【玄輝門・玄暉門・玄亀門】［名］内裏の内郭門のひとつ。北側の中央にあり、外郭の朔平門と相対する。➡［表見返し］内裏略図

げんくう【源空】［人名］「ほふねん」に同じ。

げんくらべ【験競べ】［名］修験者たちが修行して身につけた験力の効果を、互いに競い合うこと。

けんくゎ［・す］【喧嘩・諠譁】 一［名］騒がしいこと。例「方人と称して蜂起し、いよいよ喧嘩を増さんと欲す」〈吾妻鏡〉 二［名・自サ変］言い争い。

けんくゎん【兼官】［名］本来の官のほかに官を兼ねること。＝懸け官

げんけ【幻化】［名］《仏教語》万物は幻のように変化し、実体がないということ。

けんけい【券契】［名］中古・中世における動産・不動産の売買・貸借などに関する証文。地券・手形・割り符などの総称。証文。証券。＝券

けんげう【検校・撿挍】［名］❶物事を検査・監督すること。また、その職。❷寺社の事務を監督する僧職。❸盲人に与えられた最上の官名。

けんげう【顕教】［名］《仏教語》仏教の中でも、言語によって分かりやすく説き示された教え。天台・華厳・禅・浄土などの各宗。＝顕宗。↔密教

けんご［・なり］【堅固】［名・形動ナリ］❶堅いこと。しっかりしていること。例「道心堅固の人なり」〈宇治拾遺・一三・四〉❷防備がしっかりしているさま。例「要害堅固に見へにける」〈浄・神霊矢口渡〉❸健康であるさま。例「人間堅固なるが、身を過ぐる元なり」〈浮・日本永代蔵〉

けんご【堅固】［副］❶全く。まるで。例「いまだ堅固かたほなるより、上手の中にまじりて」〈徒然・一五〇〉❷必ず。きっと。例「君に堅固使はれ参らせ候ふまじきものをや」〈義経記・六〉

けんごく【兼国】［名］本来の官のほかに国司も兼任すること。

けんこん【乾坤】［名］❶陽と陰。❷天と地。あめつち。❸乾と坤。北西と南西の方角。

げんざ【験者】［名］《「げんじゃ」の変化形》加持・祈禱によって、悪霊を調伏したり、病気を治したりする行者。多くは、密教の僧や修験道の行者。

けんさい【兼載】［人名］「ゐなはしろけんさい」に同じ。

げんさい【幻妻・衒妻】［名］《近世語》❶女性を指す隠語。また、女性をののしっていう語。あま。❷下級の売春婦。夜鷹。

げんざい［・す］【現在・見在】 一［名］❶《仏教語》「三世」のひとつ。未来・過去に対して、この世。❷実際。真実。例「かれらは現在の孫なり」〈曾我・三〉 二［名・自サ変］目の前に存在すること。例「日域（＝日本国）に機縁ありて、今現在す」〈風姿花伝〉

げんざう［・す］【見参】［名・自サ変］「げんざん」に同じ。

けんざん【建盞】［名］《建窯の盞（小さい茶碗）の意》中国福建省で焼かれた上等の天目茶碗。中世、日本にもたらされ、茶人に愛好された。

けんざん［・す］【兼参】［名・自サ変］両方の主人に兼ね仕えること。例「〔才前ハ源氏ノ侍ダガ〕また、これ（＝平家）にも兼参の者ぞかし」〈平家・四・競〉

げんざん［・す］【見参】［名・自サ変］《「げざん」「げんざう」とも》❶対面・面会の意の謙譲語。お目にかかること。お目通りすること。例「御供にまゐるべき人々、さらぬも、出でさせたまはむに見参・せむと、多くまゐり集まりて」〈大鏡・師尹〉《敬語》「まゐるべき」「まゐり集まりて」→「まゐる（四段）」、「出でさせたまはむ」→「させたまふ」。❷目上の者が目下の者に対面すること。目通りを許すこと。引見すること。例「わごぜがあまりにいふ事なれば、見参・してかへさむ」〈平家・一・祇王〉❸公的な政務や儀式・宴会などに出仕すること。また、その名簿。出仕者の名前を名簿に記入すること。例「かかる宮仕へすることそ神妙なれ。見参には必ず入れんずるぞ」〈宇治拾遺・一四・七〉《音便》「かう」は「かく」のウ音便。《係結び》「こそ→神妙なれ(已)」

〔**見参に入る**〕一《「入る」が自動詞四段活用の場合。「会ふ」の謙譲語》（貴人に）お目にかかる。例「法皇の見参に入・らばや」〈平家・四・厳島御幸〉 二《「入る」が他動詞下二段活用の場合。「見す」の謙譲語》❶（目下の者を貴人に）面会させる。例「心ざしの程を感じて、やがて見参にい・れたりけり」〈平家・二・大納言死去〉❷（貴人に）ご覧に入れる。例「（旗ヲ）取り出だして、御門の見参にい・れたりければ」〈平家・二・蘇武〉

〔**見参の板**〕「なるいた」に同じ。

けんし【検使】［名］❶事実を確認するために派遣される役人。実検使。❷殺傷や変死などの現場で、実地検証をすること。また、その役人。

けんじ【剣璽】［名］「三種の神器」のうち、草薙の剣と八坂瓊曲玉。

げんじ【源氏】［名］源の姓をもつ氏族。弘仁五年（八一四）嵯峨天皇がその皇子皇女を臣籍に下して「源」の姓を与えて以来、清和・村上・宇多などの諸源氏が出て、藤原氏に対抗する貴族となった。これら土着する者も出て、中世武士の祖ともなった。

〔**源氏になす**〕天皇がその皇子皇女を臣籍に下して「源」の姓を与える。

げんじ【源氏】［作品名］「げんじものがたり」に同じ。

げんじぐるま【源氏車】［名］❶（『源氏物語』の中によくでてくることから）御所車の別称。牛車。❷紋所の名。牛車の車輪を図案化したもので、衣装・調度などの意匠などにも用いられた。

けんじつ【兼日】［名］期日より前の日。例「この讃、兼日に敦光朝臣つくりて」〈古今著聞・一七八〉

げんじものがたり【源氏物語】［作品名］平安中期の物語。五十四巻（帖）。紫式部作。寛弘五年（一〇〇八）には若紫巻はすでに書かれていた。しかし、成立事情についてはなお不明な点が多く、いま読まれている巻順のとおりに執筆されたのではないという説や、一部の巻が紫式部の執筆ではないとの説がある。源氏の、誕生から藤壺女御への恋や須磨流離を経て准太政天皇まで上る前半生を描く第一部（桐壺から藤裏葉）、正妻の女三の宮と柏木との密通、紫の上の死などで源氏が苦悩する第二部（若菜・上から御法）、源氏死後の息子（実は柏木の

子)薫をめぐる人々を描いた第三部(匂宮から夢浮橋)に分けて考えられることが多い。貴族社会に生きる男女たちの哀歓を、華麗な和文で描き出す。先行の和歌を引歌として取り込むほか、白楽天の作品など、中国文学の影響も強い。式部の筆本は早くに失われ、現存諸本は藤原定家の校訂した本の系譜を引く青表紙本、源光行・親行親子の校訂した本の系譜を引く河内本、この両者に属さない別本の三系統に分けられる。文学のみならず広く後世の日本文化に多大な影響を与えた。

げんじものがたりこげつせう【源氏物語湖月抄】[作品名]「こげつせう」に同じ。

げんじものがたりしんしゃく【源氏物語新釈】[作品名]江戸中期(一七五八ごろ成立)の注釈書。賀茂真淵著。『源氏物語』の各巻ごとの注釈に加え、「惣考」では、物語の虚構性を説くなど作品・作者にわたる総説も載せる。

げんじものがたりたまのをぐし【源氏物語玉の小櫛】[ゲンジモノガタリタマノオグシ][作品名]江戸後期(一七九六刊行)の『源氏物語』の注釈書。本居宣長著。従来の仏教的・儒教的『源氏物語』観を退けて、和歌の本質に通ずる物語の自立的価値を認め、「もののあはれ」を中心に論じる宣長の立場は、近代の『源氏物語』研究の端緒をなす画期的なものといえる。

げんじものがたりひゃうしゃく【源氏物語評釈】[作品名]江戸後期(一八六一刊行)の注釈書。萩原広道著。『源氏物語』に関する総論二巻、本文注釈八巻(花宴巻まで)、語釈・余釈各二巻を載せる。

げんじものがたりゑまき【源氏物語絵巻】[ゲンジモノガタリエマキ][作品名]平安後期の絵巻。作者未詳(藤原隆能作か)。十二世紀前半の成立か。作り絵の技法、引き目鉤鼻の人物の顔などに特色がある。『源氏物語』の絵画化の現存最古のもの。

げんじゃ【験者】[名]「げんざ」に同じ。

けんじゃう【勧賞】[名]《「けじゃう」とも》功労を賞して、官位や物品などを授けること。その褒美。

けんじゃう【賢聖】[名]《「げんじゃう」「けんせい」とも》❶(仏教語)真理を悟った者(聖)と、真理は会得していないが、すでに悪は離れた者(賢)とをいう。❷賢人と聖人。

げんじゃう【玄上・玄象】[名]《「けんじゃう」「げんしゃう」とも》❶平安時代より歴代天皇の御物として伝わった琵琶の名器。九世紀中ごろ、遣唐使藤原貞敏が持ち帰ったとされ、これにまつわる数々の伝説が残されている。南北朝以降、所在不明となった。❷天の物象。日・月・星など。

げんしゃうてんわう【元正天皇】[人名](六八〇〜七四八)第四十四代天皇。父は草壁皇子、母は元明天皇。在位中に『養老律令』と『日本書紀』が撰進された。

けんじゃうのさうじ【賢聖の障子】[名]《「けんじゃうのしゃうじ」「げんじゃうのさうじ」とも》宮中の紫宸殿の母屋で、玉座の後ろのふすま障子。三十二人の中国の賢人・聖人の肖像を描いたもの。
↓[古典参考図]紫宸殿・清涼殿図

げんじゃうらく【還城楽】[名]舞楽の曲名。蛇を常食とする西域の人が、蛇を見つけて喜び、捕らえるさまを表した舞。赤い面をつけ、ひとりで舞う。

けんじゅ【剣樹】[名](仏教語)地獄にあるという、枝・葉・花・実がすべて刀剣でできている樹木。

けんじゅごぜんにっき【建寿御前日記】[作品名]「けんしゅんもんゐんちゅうなごんにっき」に同じ。

けんしゅんもん【建春門】[名]内裏の外郭門のひとつ。東側の中央にあり、内郭の宣陽門と相対する。＝外記門・左衛門の陣。↓[表見返し]内裏略図

けんしゅんもんゐん【建春門院】[人名]「たひらのしげこ」に同じ。

けんしゅんもんゐんちゅうなごんにっき【建春門院中納言日記】[作品名]鎌倉前期(一二一九成立)の日記。『建寿御前日記』『たまきはる』ともいう。建春門院中納言作。建春門院・八条院のふたりの女院に仕えた作者が、その思い出を懐古を交えながらつづったもの。

けんじょ【見所】[名]《「けんしょ」とも》❶能で、見物する場所。見物席。❷能で、見物人。観客。❸能で、見どころ。

けんじょ[・す]【見証】[名・自サ変]「けんぞ」に同じ。

げんじょ[・す]【還昇】[名・自サ変]《「げんじょう」とも》昇殿を停止されていた殿上人が、ふたたび昇殿を許されること。＝還り殿上

けんしょう[・なり]【顕証】[名・形動ナリ]「けしょう」に同じ。

けんじょう[・す]【見証】[名・自サ変]「けんぞ」に同じ。

げんじょらう【現所労】[名]《「げんしょらう」とも》いま、病気であること。病気中。例「召されけれども、現所労とて参らず」〈平家・四・若宮出家〉

げんしらう[・す]【源四郎】[名・他サ変]《近世語。「げんしろ」とも。浄瑠璃社会の隠語が一般化したもの》盗むこと。ごまかすこと。

げんじゑ【源氏絵】[名]❶『源氏物語』を題材として描いた絵。❷屋根や天井を省き、室内のようすが見えるように描いた大和絵。❸平安時代の風俗を描いた絵の俗称。

けんじん【賢人】[名]❶聖人に次いで徳のある人。賢者。❷(清酒を「聖人」と称するのに対して)濁り酒の別名。

げんしん【源信】[人名](九四二〜一〇一七)平安中期の天台宗の僧。横川の恵心院に隠棲したことから、「恵心僧都」「横川僧都」とも呼ばれた。『往生要集』『横川法語』を残す。

けん・ず【献ず】[他サ変]{ぜ・じ・ず・ずる・ずれ・ぜよ}❶献上する。例「御請文を献・ぜらる」〈吾妻鏡〉❷献杯する。

げん・ず【現ず】{ぜ・じ・ず・ずる・ずれ・ぜよ}□一[自サ変]現れる。例「これは八幡大菩薩の現・じ給へるにこそ」〈平家・二・遠矢〉□二[他サ変]現す。例「夢に天女ありて、身をなかば現・じて」〈今昔・一四・三〉

げんすい【玄水】[名]酒の隠語。僧家で用いた。

けんずいし【遣隋使】[名]聖徳太子が摂政のとき、中国の新しい文化を移入するため、日本の朝廷から

隋に派遣された使節。推古天皇十五年(六〇七)、十六年(六〇八)には小野妹子が派遣された。二十二年(六一四)には犬上御田鍬が派遣された。

げんぜ【現世】[名]《仏教語。「げんせ」とも》現在の世。この世。「三世」のひとつで、前世・来世に対する。

けんせい【賢聖】[名]❶「けんじゃう(賢聖)」に同じ。❷濁り酒と清酒。

げんせい【元政】[人名](一六二三〜一六六八)江戸前期の漢詩人・歌人・日蓮宗の僧。漢詩集『草山集』、歌集『草山和歌集』などを残す。

けんせう[・なり]【顕証】[形動ナリ]{なら・なり(に)・なり・なる・なれ・なれ}「けしょう」に同じ。

けんせう【顕昭】[人名](一一三〇?〜?)平安後期から鎌倉前期の歌人。六条(藤原)顕輔の養子。歌合わせの評定の場で寂蓮と争い、藤原俊成に異論を唱えて『顕昭陳状』を提出した。六条家歌学を大成。

けんせんじ【兼宣旨】[名]大臣・大将になる人にあらかじめ任命の日時を知らせる宣旨。＝兼ね宣旨

けんぞ[・す]【見証・見所】[名・自サ変]《「けんじょ」「けんじょう」とも》❶碁・双六などの勝負に立ち合い、勝敗を見届けること。また、その人。例「侍従の君、〔碁ノ〕**見証**したまふとて」〈源氏・竹河〉❷そばで見ていること。例「公腹立ちて(＝他人事ナガラ腹ガ立ッテ)、**見証**の心ちも心憂く見ゆべけれど」〈枕・男こそ、なほいとありがたく〉

けんそう[・なり]【顕証】[名・形動ナリ]「けしょう」に同じ。

けんぞく【眷属・眷族】[名]❶身内の者。一族。❷付き従う者。配下。従者。郎党。

げんぞく[・す]【還俗】[名・自サ変]僧や尼が俗人に戻ること。

けんだい【見台】[名]《「書見台」の略》座って読書するときに、書物を載せるための台。

けんだい【兼題】[名]《「兼日の題」の略》歌合わせや歌会で、あらかじめ題を提示しておくこと。また、その題。連歌・俳諧においてもいう。↔当座④

げんたう【現当】[名]《仏教語。「当」は当来の意》現世と来世。この世とあの世。＝現未

けんたうし【遣唐使】[名]遣隋使に続き、中国の制度・文物を輸入するために、日本の朝廷から唐に派遣された使節。舒明天皇の二年(六三〇)に始まり、宇多天皇の寛平六年(八九四)菅原道真の建議によって廃止されるまで計十五回派遣された。入唐者では、山上憶良・安倍仲麻呂・吉備真備らが有名だが、遭難事故も多かった。

けんだつば【乾闥婆】[名]《梵語の音訳》八部衆のひとつ。帝釈天に仕え、空を飛び、音楽をつかさどる神。

けんだつばじゃう【乾闥婆城】[名]《仏教語》《八部衆のひとつである乾闥婆が幻術で空中に城を作り出して見せたことから》幻のように実体がないもののたとえ。蜃気楼。

けんたん【間短・契短】[名]《近世語》《契りの間が短いことから》下級の私娼。夜鷹。

けんだん【検断】[名]❶事件の理非を調べ、その罪を定めること。いまの刑事裁判に当たる中世の法制度。❷「検断職」の略。

けんだんしき【検断職】[名]《「けんだんしょく」とも》「検断」を行う役職。鎌倉時代には「守護」が、室町時代には「侍所」が行った。＝検断②

けんちゃう【褰帳】[名]即位式や朝賀のとき、高御座(天皇の座席)の御帳をかかげ開くこと。また、その役の女官。

けんぢゃう【傔杖】[名]上代・中古、総管・節度使・按察使・鎮守府将軍・大宰帥、また、陸奥・出羽の国守など辺境の官の護衛として付けられた武官。

けんちゅう[・す]【検注】[名・他サ変]《「検」は検田、「注」は注記するの意》荘園領主が年貢を徴収するために検注使を遣わして行った土地調査。田畑の面積・地主・耕作人・等級・年貢高などを調べる。

げんぢゅうあんのき【幻住庵記】[作品名]江戸前期(一六九〇成立)の俳文。松尾芭蕉作。『猿蓑』に収録。近江国の別荘「幻住庵」滞在の記念として、庵での生活や芭蕉自身の人生観・処世態度を述べた随筆。

げんちゅうしふゐ【源註拾遺】[作品名]江戸中期(一六九八ごろ成立)の注釈書。契沖著。第一巻は『源氏物語』総説で、従来の儒教的な教戒説を批判。第二巻以下は本文の注釈で、徹底した用例主義に基づく自説を述べている。

けんづく[・なり]【権尽く】[名・形動ナリ]《近世語》権力にまかせて好き勝手な言動をすること。＝権付け・権柄尽く。例「所の守護へ**けんづく**に言い付くる」〈浄・義経千本桜〉

けんでん[・す]【検田】[名・自サ変]領主が田の面積や等級などを検査すること。

げんとく【験得・験徳】[名]加持や祈禱などの効き目。また、その功徳によって得た霊験。

けんとくこう【謙徳公】[人名]「ふぢはらのこれまさ」に同じ。

けんどん[・なり]【慳貪】[名・形動ナリ]❶けちで欲の深いようす。例「**慳貪**・に罪深く見えければ」〈宇治拾遺・一三・八〉❷無愛想で冷淡なようす。例「言葉ではけんりんと**慳貪**・に言うたれど」〈浄・女殺油地獄〉❸うどん・そば・飯・酒などを売るとき、一杯盛り切りで代わりを出さないもの。

げんなり[副]《近世語》気力や体力が尽きたさま。また、飽き飽きしているさま。ぐったり。例「こちゃ(＝コチラガ)**げんなり**となるほど、八(＝人ノ名)めはいきって」〈浄・丹波与作待夜の小室節〉

げんにん【現任・見任】[名]現在、官職にあること。また、その官。

げんにん【還任】[名]一度官職を解かれた者が、ふたたび元の官職に任ぜられること。

けんにんじ【建仁寺】[名]❶京都にある臨済宗建仁寺派の本山。京都五山のひとつ。建仁二年(一二〇二)源頼家が建立。開祖は栄西。日本最初の禅寺。❷「建仁寺垣」の略。

けんにんじがき【建仁寺垣】[名]《「けんねんじがき」とも》建仁寺で作り始めたという竹垣の一種。四つ割りの竹を、外皮を表にして縦に並べ、横に渡した押

さえの竹と縄で結んだもの。➡[古典参考図]門・塀・垣

げんば【玄蕃】[名]❶「玄蕃寮」の略。❷「玄蕃寮」に所属している役人。

けんぱい【献盃】[名]杯を相手に差し出して敬意を表すこと。

けんぱい【勧盃】[名]人に盃をさし酒を勧めること。

げんばのかみ【玄蕃頭】[名]「玄蕃寮」の長官。

けんばふ[・なり]【憲法】[一][名]《「けんぱふ」とも》❶おきて。きまり。法度。❷「憲法染め」の略。[二][形動ナリ]{なら・なり(に)・なり・なる・なれ・なれ}正しいさま。公明正大なさま。

けんばふぞめ【憲法染め】[名](江戸初期、京都の吉岡憲法が考案したことから)染め模様の名。黒茶色に小紋を染めたもの。憲法小紋。吉岡染め。＝憲法[一]②

げんばれう【玄蕃寮】[名]《「げんばのつかさ」とも》令制で「治部省」に属し、仏寺・僧尼に関する事柄、外国人使節の送迎・接待などをつかさどった役所。＝玄蕃①

けんびき【痃癖】[名]《近世語》「けんぺき」に同じ。

けんびゐし【検非違使】[名]「けびゐし」に同じ。

げんぶ【玄武】[名]「げんむ」に同じ。

げんぶく[・す]【元服】[名・自サ変]❶**男子の成人の儀式。**童髪を改め、装束も成人のものに変えた。年齢は一定していないが、十二歳前後に行われることが多かった。初冠。初元結。例「この君の御童姿、いと変へまうく思せど、十二にて御**元服**したまふ」〈源氏・桐壺〉《敬語》「思せど」→「おぼす」。❷**女子の成人の儀式。**「髪上げ」や「裳着」を行った。❸江戸時代、女性がお歯黒をして髪も丸髷に改め、眉をそること。

古典の世界 ①で王朝貴族の元服する人を「**冠者**」、冠者に冠をかぶらせる役を「**引き入れ**」という。皇子の場合は引き入れの役を大臣がつとめるので、「**引き入れの大臣**」の名がある。この時代は、元服すると同時に結婚することが多く、『源氏物語』では源氏が左大臣の姫で年長の葵の上を正夫人にしている。

けんぶつ[・す]【見仏】[名・自サ変]《仏教語》仏の姿をまのあたりに見ること。仏を拝すること。

げんぶつ【験仏】[名]霊験あらたかな神仏。＝験仏者

げんぶつしゃ【験仏者】[名]「げんぶつ」に同じ。

けんぺい[・なり]【権柄】[一][名]❶政治上の実権。威勢。例「天下の**権柄**を捨て給へる事年久しければ」〈太平記・九〉❷権威を盾に人を押さえつけること。[二][形動ナリ]{なら・なり(に)・なり・なる・なれ・なれ}傲慢なようす。

げんぺいじゃうすいき【源平盛衰記】[作品名]《「げんぺいせいすいき」とも》軍記。作者・成立年代未詳。別作品扱いされたこともあったが、『平家物語』の広本系の一異本とするべきである。南北朝時代ごろに現在の形になったか。

けんぺいづく[・なり]【権柄尽く】[名・形動ナリ]「けんづく」に同じ。

げんぺいとうきつ【源平藤橘】[名]日本歴史上、一族が栄えたことで知られる源氏・平氏・藤原氏・橘氏の並称。＝四姓

げんぺいぬのびきのたき【源平布引滝】[作品名]江戸中期(一七四九初演)の浄瑠璃。『布引滝』『実盛物語』ともいう。五段。並木宗輔・三好松洛作。『平家物語』『源平盛衰記』を題材とする時代物。

けんぺき【痃癖】[名]《「けんべき」「けんびき」とも》❶首筋から肩にかけて筋がつること。肩こり。❷①をほぐす按摩の術。

げんぽう【現報】[名]《仏教語》現世でなした業(行為)の報いを、現世で受けること。例「殺生の罪は**現報**を感ずるなりと知るべし」〈今昔・九・二一〉

けんみ[・す]【検見】[名・他サ変]《「けみ」とも》❶物を改めて見ること。例「早く**検見**をたまはりて、季春が頸を切りて、奉るべきむね申しける」〈十訓抄・一〇〉❷中世以降、米の収穫前に役人が稲の作柄を調べ、年貢高を定めること。❸敵情を偵察すること。斥候。

げんみ【現未】[名]「げんたう」に同じ。

けんみつ【顕密】[名]《仏教語》顕教と密教。

けんみゃく【見脈】[名]《近世語》病人の脈をみること。診察。

げんむ【玄武】[名]《「げんぶ」とも》東西南北を守る「四神」のひとつ。北方に位する水の神で、亀の甲に蛇が巻き付いた形をとる。

けんむねんちゅうぎゃうじ【建武年中行事】[作品名]南北朝初期(一三三四ごろ成立)の有職故実書。後醍醐天皇著。正月から年末までの朝廷の行事の詳細を仮名文で記したもの。

けんめい【懸命】[名]❶命がけですること。❷「一所懸命」の略。

〔**懸命の地**〕主君から与えられ、一家の生計を支える大切な領地。例「必ず**懸命の地**、一所安堵仕るやうに、御吹挙候へ」〈太平記・二一〉

げんめいてんわう【元明天皇】[人名](六六一〜七二一)第四十三代天皇。女帝。父は天智天皇。在位九年間に「和銅開珎」の発行、平城遷都、『古事記』の撰上、『風土記』の編纂を諸国に命じた。

けんもつ【監物】[名]《「おろしもののつかさ」とも》令制で「中務省」の役人。「大蔵省」「内蔵寮」など諸庫の出納の監察や鍵の管理などをつかさどった。

けんもん【権門】[名]官位が高く権勢のある家。例「おのれが身数ならずして**権門**のかたはらにをる者は」〈方丈記〉

けんもん[・す]【見聞】[名・自サ変]《「けんぶん」とも》見たり聞いたりすること。見聞き。

けんもんしゃ【顕紋紗】[名]《「けんもんさ」「けもんさ」とも》いろいろな紋柄を織り出した紗(うすぎぬ)。

けんもんせいか【権門勢家】[名]《「けんもんせいけ」とも》権力や勢いのある家。

げんらいゐこくどにんでん【還来穢国度人天】《仏教語》極楽に往生した人が、ふたたび

この世に生まれ帰り、衆生を救うこと。

けんらうぢじん【堅牢地神】[名]《仏教語》大地をつかさどり、これに堅固な力を与える神。

けんりょ【賢慮】[名]❶賢明な考え。❷相手や他人の思慮の敬称。お考え。ご意見。

げんりん【元隣】[人名]「やまをかげんりん」に同じ。

けんれいもん【建礼門】[名]内裏の外郭門のひとつ。南側の中央にあり、内郭の承明門と相対する。➡[表見返し]内裏略図、[古典参考図]紫宸殿・清涼殿図

けんれいもんゐん【建礼門院】[人名]「たひらのとくこ」に同じ。

けんれいもんゐんうきゃうのだいぶ【建礼門院右京大夫】[人名](一一五七?-?)平安後期から鎌倉前期の女流歌人。父は藤原伊行。高倉天皇の中宮平徳子に仕え、歌人として活躍。『新勅撰和歌集』などに入集。家集『建礼門院右京大夫集』。

けんれいもんゐんうきゃうのだいぶしふ【建礼門院右京大夫集】[作品名]鎌倉前期(一二三二ごろ成立)の私家和歌集。建礼門院右京大夫自撰。建礼門院の女房だった作者が、生涯の和歌を平資盛との恋を軸にして自ら編んだもの。日記文学としての性格も強い。

げんろくたいへいき【元禄大平記】[作品名]江戸中期(一七〇二刊行)の浮世草子。都の錦作。別名『諸芸大平記』。当時の文壇・出版界・学界の評判、江戸・京都・大坂の三都遊郭の案内や芝居評判などについて、京都と大坂の本屋の対話形式で語ったもの。

げんろくはいかい【元禄俳諧】[名]元禄年間(一六八八〜一七〇四)に行われた俳諧の総称。江戸・京都・大坂を中心に、さまざまな流派が競いつつ盛んに活動した時期。とくに芭蕉とその門人たちの動向が注目され、蕉風の俳壇全体に占める位置が著しく向上した。付け合いでは景気付け・心付けが中心に行われるようになった。ほかに、京都の池西言水・信徳(貞門)、大坂の井原西鶴(談林)などが著名。

こ

こ-【小】[接頭]❶(名詞に付いて)小さいの意を表す。「小家」「小松」など。❷(名詞に付いて)少ない、わずかの意を表す。「小雨」など。❸(数量を表す名詞に付いて)およその意を表す。「小半時」「小一里」など。❹(名詞に付き、その文節を受ける動詞を修飾して)すこし、ちょっとの意を表す。「小首を傾ぐ」など。❺(副詞・用言に付いて)なんとなくの意を表す。「小暗し」「小ぎれい」など。❻(名詞・用言に付いて)軽んずる意を表す。「小ざかし」など。

こ-【故】[接頭](官位や姓名に付いて)その人が亡くなっている意を表す。「故宮」「故姫君」「故大臣」など。

こ-【濃】[接頭](名詞に付いて)色の濃いさまを表す。「濃染め」「濃墨」「濃紫」など。

-こ【子・児】[接尾]❶ある職業に従事する人を呼ぶのに用いる語。「舟子」「楫子」「網子」など。❷人に対して親愛の情を込めて呼ぶのに用いる語。「我が背子」など。❸女性の名の下に付けて、親しみを込めて呼ぶのに用いる語。例「我はもや安見児得たり」〈万葉・二・九五〉訳→〈和歌〉あれはもや…

-こ【処】[接尾]場所を表す。「ここ」「かしこ」など。

こ【子・児】[名]❶「親」に対する子供。❷親しみを込めて人を呼ぶ語。男女ともに用いる。例「この岡に菜摘ます児家告らせ」〈万葉・一・一長歌〉訳→〈和歌〉こもよみこもち…。❸鳥の卵。例「鳥の子を十づつ十はかさぬとも」〈伊勢・五〇〉

子で子にならぬ時鳥(近世語)(ホトトギスの卵を、ウグイスは自分の子としてかえし育てるが、成鳥になると飛び去ることから)大切に育てた子が養い親に背いて去っていくことのたとえ。

子故の闇子供への愛情ゆえに、親が理性を失い、思い迷うこと。=子を思ふ心の闇〈参考〉「人の親の心は闇にあらねども子を思ふ道に惑ひぬるかな」〈後撰・雑一・一一〇二〉訳→〈和歌〉ひとのおやの…から出たことば。

子を思ふ心の闇「こゆゑのやみ」に同じ。

子を思ふ鶴(鶴は子を思う習性が強いことから)子を思う親の情が深いことを表すたとえ。

子を棄つる藪はあれど、身を棄つる藪はなし困窮して愛するわが子を捨てることがあっても、自分の身を捨てることはできない。人間の現実の悲しさをいうたとえ。我が身にまさるものはないという。

こ【木】[名]木。「木の葉」など複合語をつくる。

こ【胡】[名]古代中国の北方あるいは西方にいた民族。おもに北狄のひとつの匈奴をいう。

こ【粉】[名]こな。

粉になるからだを酷使して、くたくたになる。疲れ果てる。

こ【蚕】[名]蚕の古名。(季-春)

こ【鉤】[名]巻き上げた簾を掛けてとめておくかぎ状の金具。

こ【籠】[名]竹などで編んで作った入れ物。かご。

こ【海鼠】[名]ナマコの別称。

こ【此・是】[代名]《近称の指示代名詞》❶話し手から近い事物、また話題になっている事物や人を指す語。これ。この。例「こはふしぎのことかな」〈宇治拾遺・一・八〉❷話し手から近い場所を指す語。ここ。例「ほととぎすこよ鳴き渡れ」〈万葉・一八・四〇五四〉①②↕彼・夫

こ【来】❶動詞「来」の未然形。例「今日来ずは明日は雪とぞ降りなまし」〈古今・春上・六三〉訳→〈和歌〉けふこずは…。❷動詞「来」の命令形。例「家人は帰りはや来と伊波比島斎ひ待つらむ旅行く我を」〈万葉・一五・三六三六〉①②→く〈来〉

ご-【御】[接頭](漢語に付いて)尊敬の意を表す。「御座」「御元服」「御沙汰」「御料」など。

-ご【御】[接尾](近親者を表す名詞に付いて)軽い尊敬の意を表す。「母御」「父御」「嫁御」など。

ご【午】[名]午の刻。正午。

ご【期】[名]❶とき。時期。機会。例「かうぶりの期

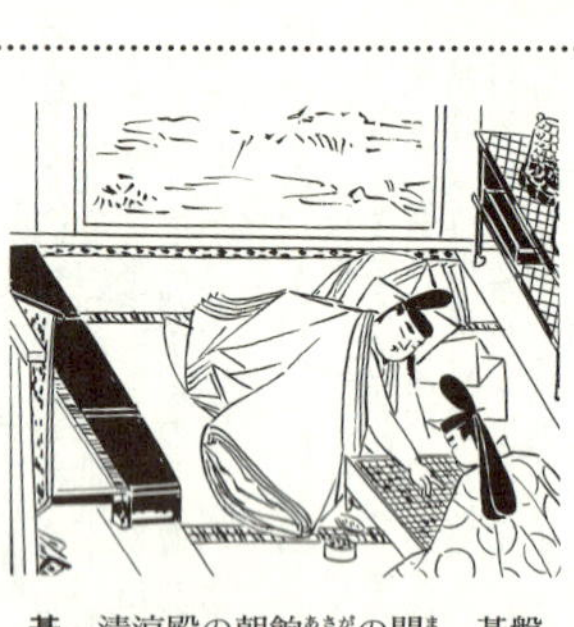

碁　清涼殿の朝餉の間。碁盤を挟んで帝と薫が対局したが、帝が不利の展開。右方に大床子がのぞく。(源氏物語絵巻)

になりて、下るべきほどの近うならむにだに」〈枕・めでたきもの〉❷人の臨終のとき。最期。例「随分身をば亡きものとこそ思ひつれども、その期ならねば今日まで延びぬ」〈義経記・六〉❸(多く「期もなし」の形で)限り。期限。限度。例「申すべきことは、期もなく侍るを」〈大鏡・道長・下〉

発展学習ファイル　多くつかわれる「期もなし」の形は、漢語の「無期」を和文化したもの。

ご【御】[名]《「御前」の略か》女性に対する敬称。女性の呼び名のあとにつけて、軽い敬意を表す。例「淡路の御の歌に劣れり」〈土佐〉

ご【碁】[名]中国伝来の室内遊戯。ふたりの競技者が盤上の縦横一九本の線によってできる交点に白と黒の石を交互に置き、陣取りを争う。囲碁。

〔**碁の笥**〕碁石の器。＝碁笥・碁石笥

ごあく【五悪】[名]《仏教語》仏が戒めた五つの悪事。殺生・偸盗・邪淫・妄語・飲酒。

こあげ【小揚げ】[名]《近世語》❶船から陸に荷物を揚げること。また、その人夫。❷遊里へ客を乗せて往復する駕籠かき。

こあつもり【小敦盛】[作品名]室町時代の御伽草子。作者未詳。平敦盛の遺児小敦盛の、亡父と、別れた母への恋慕を、法然・熊谷直実らを絡めて描き出す。

こあどの【小安殿】[名]《「せうあんでん」とも。「こあんどの」の撥音無表記》大内裏の八省院にある建物。大極殿の後ろにあり、儀式で大極殿を用いた際の、天皇の控えの間となった。

こい【恋】歴史的かなづかい「こひ」

ごい【五噫】[名]《後漢の梁鴻の詩「五噫の歌」に由来する語。「噫」は「ああ」と嘆く声》世に入れられず、嘆き悲しむこと。

ごいかう【語意考】[作品名]江戸中期(一七六九ごろ成立)の語学書。賀茂真淵著。『語意』ともいう。日本の五十音の優秀性と五段の活用について解説した研究書。

ごいし【御倚子】[名]天皇の儀式用のいすの敬称。

こいたじき【小板敷】[名]清涼殿の南側の小庭から殿上の間にのぼる所にある板敷。蔵人などが伺候する場所。

ごいちでうてんわう【後一条天皇】[人名](一〇〇八〜一〇三六)第六十八代天皇。父は一条天皇。道長を摂政とし、頼通を関白とした。

こいふ・す【臥い伏す】[自サ四]{き・し・す・す・せ・せ}転がり寝る。寝転がる。例「置く露の消ぬるがごとく玉藻なすなびき臥い伏し行く水の」〈万葉・一九・四二一四長歌〉

こいへ【小家】[名]小さい家。粗末な家。

こいへがち【小家がち】[・なり][名・形動ナリ]《「がち」は接尾語》小さな家がたくさん立て込んでいること。また、そのさま。

こいまろ・ぶ【臥い転ぶ】[自バ四]{ば・び・ぶ・ぶ・べ・べ}転げ回る。例「臥いまろびひづち(＝泥ニマミレテ)泣けどもせむすべもなし」〈万葉・三・四七五長歌〉

ごいん【五音】[名]❶東洋音楽の音階名。宮・商・角・徴・羽の五つの音。❷発音・音声の調子。❸五十音図の各行の五つの音。

こう…【亢…・巧…・交…・向…・好…・行…・更…・幸…・庚…・柑…・香…・降…・高…・格…・皎…・皓…・剛…・綱…・勘…・髪…・鴨…・講…・鮫…・纐…】歴史的かなづかい「かう…」

こう…【甲…・合…・閤…】歴史的かなづかい「かふ…」

こう…【広…・光…・皇…・荒…・黄…・曠…】歴史的かなづかい「くわう…」

こう【乞う・請う・恋う・劫】歴史的かなづかい「こふ」

-こう【口】[接尾]❶人数を数える語。「伴僧二十口」など。❷刀剣や器具を数える語。「剣一口」など。

-こう【公】[接尾]❶(貴人や目上の人の姓名に付いて)尊敬の意を表す。例「九条相国伊通公」〈徒然・一三八〉❷(同輩や目下の人の名に付いて)親しみや軽い軽蔑の意を表す。例「どうだ、番公、おれと一緒に歩いばねえか」〈浮世風呂〉

-こう【喉】[接尾]《「こん」とも》魚を数える語。尾。例「身は世の常の魚にてありけるを、三喉引き出だしたりけるを」〈古今著聞・七二三〉

こう【公】一[名]❶朝廷。公儀。おおやけ。❷大臣の称。二[代名]《対称の人称代名詞》貴公。きみ。

こう【功】[名]❶手柄。働き。❷長期にわたる功労。年功。❸効き目。成果。

〔**功入る**〕経験を積んでいる。例「いみじう功入りたる声の、少し枯れたるして」〈狭衣・三〉

〔**功を積む**〕功徳を得るための努力をする。

こう【侯】[名]大名や小名。諸侯。

こう【濃う】形容詞「こし」の連用形「こく」のウ音便。

ごう…【江…・拷…・降…・郷…・強…・豪…・嗷…・囂…】歴史的かなづかい「がう…」

ごう…【合…】歴史的かなづかい「がふ…」

ごう…【劫…・業…】歴史的かなづかい「ごふ…」

こうあん【公案】[・す][名・自サ変]❶《仏教語》禅宗で、悟りに到達させるために修行者に研究課題として示す問題。❷よく考え、工夫をこらすこと。

こういん【後胤】[名]子孫。後裔。

こうえい【後栄】[名]のちのちの栄華。子孫が栄えること。

こうおん【洪恩・鴻恩】[名]大きな恩恵。大恩。

こうか【公家】[名]《「こうけ」とも》朝廷。おおやけ。

こうか【後架】[名]禅寺で、僧堂の後方に設置した洗面所。転じて、便所。

こ

こうが【洪河】［名］《「洪」は大水の意》大きな川。
こうがい【笄】歴史的かなづかい「かうがい」
こうがい【後害】［名］後日の災難。あとあとの災い。
こうかき【紺掻き】［名］「こんかき」に同じ。
ごうがしゃ【恒河沙】［名］《恒河（インドのガンジス川）の砂の意》数量が無限なことのたとえ。＝恒沙
こうかん【後勘】［名］❶後日のとがめ。後日の処分。❷のちのちのことまでよく考えること。
こうがん【紅顔】［名］年若く、血色がよくて皮膚につやがある顔。
こうき【後記】［名］❶後世に残る記録。❷本文のあとに記すこと。後書き。
こうぎ【公儀】［名］❶おおやけ。世間への表向き。＝公辺。❷朝廷や幕府。将軍。公方。役所。おかみ。＝公辺。❸世の中。天下。
こうぎ【公議】［名］❶朝廷などでの評議。❷公衆の認める議論。公論。❸公平な議論。
こうきでん【弘徽殿】［名］「こきでん」に同じ。
こうぎぶり【公儀振り】［名］人づきあい。社交ぶり。
こうぎゃう［・す］【興行】［名・他サ変］❶（儀式・能・連歌・俳諧・芝居・相撲などの）行事を催すこと。❷（寺などを）創建すること。
こうきゅう【后宮】［名］「こうぐう」に同じ。
こうきゅう【後宮】［名］《天皇の御所の後ろにある宮殿の意》❶皇后・中宮などが住み、女官が仕える奥御殿。天皇の常の御殿であった仁寿殿の後方にあり、承香・常寧・貞観・弘徽・登華・麗景・宣耀の七殿と昭陽・淑景・飛香・凝華・襲芳の五舎の総称。❷皇后・中宮・女御・更衣・御息所・御匣殿などの総称。
こうきゅうじふにし【後宮十二司】［名］令制で後宮に奉仕する女官の組織。内侍司・蔵司・書司・薬司・兵司・闈司・殿司・掃司・水司・膳司・酒司・縫司の総称。
こうきょ［・す］【薨去】［名・自サ変］皇族、または三位以上の人が死ぬことの尊敬語。

こうぎょ［・す］【薨御】［名・自サ変］親王・女院・摂政・関白・大臣が死ぬことの尊敬語。
こうぎょく【紅玉】［名］❶赤色の宝石。❷美人の肌や容貌のつやつやとして美しいことのたとえ。
こうぐう【后宮】［名］《「こうきゅう」とも》❶皇后の御殿。後宮。❷皇后。
こうくゎい【後会】［名］のちに会うこと。
こうけい【公卿】［名］「くぎゃう（公卿）」に同じ。
こうけい【紅閨】［名］赤く塗り飾った部屋。女性の寝室の美称。
こうけん［・す］【後見】［名・他サ変］《「うしろみ」の音読語》❶年少者などの後ろ盾となって、補佐すること。また、その人。❷政治の補佐役。鎌倉幕府の「執権」、室町幕府の「管領」の称。❸権力。権威。❹能楽や歌舞伎などの舞台で、演者の後ろに控えて演技上の世話をする者。
こうこう［副］狐の鳴き声を表す。こんこん。また、鶏の鳴き声。
こうざま【斯う様】歴史的かなづかい「かうざま」
こうじ【好士・好事・柑子・勘事・講師】歴史的かなづかい「かうじ」
こうじまときにあゐぞめ【孔子縞于時藍染】［作品名］江戸後期（一七八九）の黄表紙。山東京伝作・画。寛政の改革による朱子学の奨励、倹約令などに取材し、儒教倫理の徹底した世の中を、町人生活の面から未来記風に描いた作品。
こうしつ【後室】［名］身分の高い人の未亡人。
こうしゃ［・なり］【功者】［名・形動ナリ］物事に巧みなこと。経験が深く物事に熟練していること。また、その人。＝巧者
ごうしゃ【恒沙】［名］「ごうがしゃ」に同じ。
こうじゃう【口上・口状】［名］❶口で述べること。また、それを書いたもの。例「口上は御ざりませぬか」〈狂言記・さし縄〉❷話しぶり。ものいい。例「あづまの海士の口状なり」〈無名抄〉❸芝居などで、あいさつを観客に述べること。また、その人。
こうしゅ【講衆】歴史的かなづかい「かうしゅ」
こうじゅ［・す］【口入】［名・他サ変］「くにふ」に同じ。

こうしょうぶんがく【口承文学】［名］文字によらずに口から耳へと受け継がれた文学を総称していう語。記載・書承の文学に対していう。伝説・昔話・民謡などの類を指す。
こうしょく【紅色】［名］❶赤い色。べに色。❷顔色の美しいこと。美しく化粧すること。また、その顔。
こうず【勘ず・拷ず・講ず】歴史的かなづかい「かうず」
こう・ず【困ず】［自サ変］{ぜ・じ・ず・ずる・ずれ・ぜよ}❶困る。困惑する。例「いかにいかにと日々に責められ困じて、さるべきをりうかがひつけて、消息しおこせたり」〈源氏・若菜・下〉❷疲れる。からだが弱る。例「終日にいりもみつる雷の騒ぎに、さこそいへ、いたう困じたまひにければ、心にもあらずうちまどろみたまふ」〈源氏・明石〉《係結び》「こそ→いへ(已)」《音便》「いたう」は「いたく」のウ音便。
こう・ず【候ず】［自サ変］{ぜ・じ・ず・ずる・ずれ・ぜよ}貴人のそば近くに控える。伺候する。例「甲冑をよろひ、弓箭を帯して陣頭に候じけり」〈保元・上〉
こう・ず【薨ず】［自サ変］{ぜ・じ・ず・ずる・ずれ・ぜよ}《「死す」の尊敬語》（皇族および三位以上の人が）お亡くなりになる。薨去する。例「平家は去々年、小松のおとど薨ぜられぬ」〈平家・六・祇園女御〉
こうぜち【講説】歴史的かなづかい「かうぜち」
こうた［名］㊀【小歌】❶平安時代に民間で行われた歌謡の総称。今様などの類。↔大歌。❷室町時代を中心とした中世期、広く行われた短詩型の歌謡の総称。各階層間に愛好された。㊁【小唄】❶江戸初期に流行した歌謡の総称。隆達節・弄斎節・小六節などの類。❷江戸幕末ごろに流行した端唄のひとつ。
こうたう【勾当】［名］《「勾」はかかわる、「当」はあたって処理する意》❶「勾当内侍」の略。❷摂関家の侍所で「別当」の下位にあり、事務を行った者。❸真言宗・天台宗などの寺院で、寺の事務を取り扱う者。❹盲人の官名。「検校」「別当」の下で、「座頭」の上。
こうたうのないし【勾当内侍】［名］「掌侍

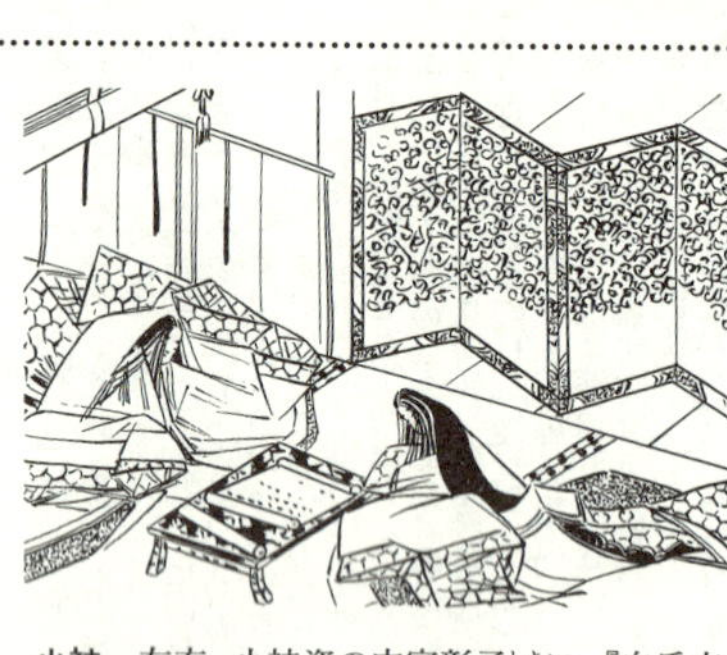

小袿　左方、小袿姿の中宮彰子に、『白氏文集』を進講する紫式部。文机は、紅葉の金蒔絵。（紫式部日記絵詞）

」の四人のうちで、最上位の者。天皇への奏請・伝奏をつかさどる。禁中の「長橋」にいたので、「長橋の局」「長橋殿」ともいう。＝勾当①

ごうだてんわう【後宇多天皇】［人名］（一二六七～一三二四）第九十一代天皇。父は亀山天皇。後二条・後醍醐朝期に院政を行う。院政期に勅撰集『新後撰和歌集』『続千載和歌集』を二条為世に編纂させ、歌会を多く催した。

こうたひ【小謡】［名］謡曲の一節をうたうこと。一曲全部うたう番謡に対する言い方。酒宴の席などで、その場にふさわしい部分を選んでうたった。

こうたびくに【小歌比丘尼】［名］「くゎんじんびくに」に同じ。

こうぢ【小路】［名］（「こみち」の変化形。「こんぢ」とも）幅の狭い道。小道。↔大路

こうぢがくれ［・す］【小路隠れ】［名・自サ変］❶しばらく姿を隠すこと。❷かくれんぼ。

こうちき【小袿】［名］（江戸以降は「こうちぎ」）女性の装束で、重ねた「袿」の上に着るもの。裳とともに用いることもあった。裳・唐衣は表着と同じだが、やや小さく仕立てた。➡［古典参考図］女子の服装〈1〉

古典の世界　後宮で平素小袿を用いるのは、皇后・中宮・女御や姫宮たちで、後宮に奉仕する女性は、自分の局にいるときとか、自宅にさがっているときのほかは、ほとんど着ることはなかった。

こうぢぎり【小路切り】［名］小路を横切って真っすぐに行くこと。また、四つ辻。

こうぢな【小路名】［名］❶手紙を出すとき、貴人の官名・姓名を書かず、住む所の名を書いて敬意を表す。一条殿など。❷院中で女房が自分の名に京の小路の名をつけて呼ぶこと。綾小路など。

こうぢん【後陣】［名］「ごぢん（後陣）」に同じ。

こうてう【後朝】［名］（「ごてう」とも）❶翌朝。❷「きぬぎぬ①」に同じ。

〔**後朝の使ひ**〕「ごてうのつかひ」に同じ。

こうでん【公田】［名］（「くでん」とも）令制で位田・職田・賜田・口分田・墾田などの私田以外の公有田。人民に貸し、取れた稲を租として納めさせた。平安以降は、私墾田に対して国衙の田地などを指した。＝乗田

こうでん【功田】［名］（「くでん」とも）令制で国家に功労のあった者に与えられた田地。功により面積・年限に差があった。

こうどう【講堂】歴史的かなづかい「かうだう」

こうなん【後難】［名］❶後日の災難。❷後日の非難。後世のそしり。

こうにん【候人】［名］❶「蔵人所」の職員。蔵人と同じように、給仕や宿直をした者。❷門跡家に召し使われる、妻帯の僧。＝侍僧

こうは【紅波】［名］赤い波。血が激しく流れること。例「紅波楯を流し、白刃骨を砕く」〈謡・頼政〉

こうばい【紅梅】［名］❶薄紅色の花が咲く梅。中古になって中国から渡来したという。（季―春）。❷染色の名。古くは濃い桃色をいったが、のちに紫がかった赤をいうようになった。＝紅梅色。❸「紅梅襲」の略。❹織り色の名。白または紫を縦糸とし、紅を横糸としたもの。

こうばい【紅梅】［作品名］『源氏物語』の四十三番目の巻名。

こうばいいろ【紅梅色】［名］「こうばい（紅梅）②」に同じ。

こうばいがさね【紅梅襲】［名］襲の色目の名。表は紅で、裏は蘇芳または紫。春の着用。＝紅梅③

こうばいのにほひ【紅梅の匂ひ】［名］襲の色目の名。下を濃い紅梅にし、上にいくにしたがって薄い色に重ねたもの。一説に、その逆とも。＝紅梅匂ひ

こうばり【勾張り】［名］❶家などを支えて倒れるのを防ぐ材木。突っかい棒。❷後押し。庇護。かばい立て。＝交う張り

ごうぶく【降伏】歴史的かなづかい「がうぶく」

こうぶり【冠】歴史的かなづかい「かうぶり」

こうぶる【被る・蒙る】歴史的かなづかい「かうぶる」

こうふん【紅粉】［名］紅とおしろい。美人の形容。

こうぶんてんわう【弘文天皇】［人名］「おほとものわうじ」に同じ。

こうへ【故上】［名］亡くなった、貴族の夫人。

こうべ【首・頭】歴史的かなづかい「かうべ」

こうへん【公辺】［名］「こうぎ（公儀）①②」に同じ。

こうぼふだいし【弘法大師】［人名］「くうかい」に同じ。

ごうま【降魔】歴史的かなづかい「がうま」

こうむる【被る・蒙る】歴史的かなづかい「かうむる」

こうや【紺屋】［名］（「こんや」とも）藍染めを業とする家。また、その人。のちには染物屋一般をいう。

こうや【空也】［人名］「くうや」に同じ。

こうよう【斯う様】歴史的かなづかい「かうやう」

こうらうでん【後涼殿】［名］（「こうりゃうでん」「ごりゃうでん」とも）内裏の建物のひとつ。清涼殿の西にあり、女御などの局があった。➡［表見返し］内裏略図

こうらん【勾欄】［名］「かうらん」に同じ。

こうりゃう【虹梁】［名］虹のようなそりのある

梁は。宮殿や仏堂などに用い、彫刻・彩色を施す。

こうりゃうでん【後涼殿】[名]「こうらうでん」に同じ。

こうろくゎん【鴻臚館】[名]「鴻臚」は声を伝える意》奈良・平安時代、外国使節の接待客舎。大宰府・難波・京都などにあった。

こうゐん【後院】[名]「ごゐん」に同じ。

ごうん【五雲】[名]❶五色(青・赤・黄・白・黒)の雲。仙人や天女などがいる所にかかるとされる。❷「五雲の車」の略。

〔**五雲の車**〕「五雲」を描いた車。中国で、貴人の乗り物に用いられる。天子の車。＝五雲②

こえ【声】歴史的かなづかい「こゑ」

こえい・づ【越え出づ】[自ダ下二]{で・で・づ・づる・づれ・でよ}山・川・国境などを越えて行く。例「からうじて、**越えい・で**て、関山にとどまりぬ。これよりは駿河なり」〈更級〉

ごえふ【五葉】[名]《「いつは」とも。「五葉松」の略》マツ科の植物で、葉が五枚まとまって出るもの。

こえへな・る【越え隔る】[自ラ四]{ら・り・る・る・れ・れ}越えて遠く離れる。例「白雲のたなびく山を岩根踏み**越え隔・り**なば」〈万葉・一七・四〇〇六長歌〉

こえわ・ぶ【越え侘ぶ】[自バ上二]{び・び・ぶ・ぶる・ぶれ・びよ}山・川・関所などを越えられないで嘆く。容易に越えることができない。例「**越えわ・ぶる**逢坂よりも音にきく勿来をかたき関と知らなむ」〈蜻蛉・上〉

こえん【小縁】[名]幅の狭い縁側。小さな縁側。

ごえん【後宴】[名]❶節会や天皇の元服などの大きな宴会のあとに改めて行われる小規模な宴会。❷祭りの翌日に、潔斎を解いて行われる宴会。

こおし【恋おし】歴史的かなづかい「こほし」

こおり【氷・郡】歴史的かなづかい「こほり」

こが【古河】[地名]近世以降は下総国の地名となるが、古代は未詳。いまの茨城県古河市。日光街道の宿駅のひとつ。利根川・渡良瀬川・思川の合流地で、船着き場としても栄えた。

こかあ[副]《「こか」とも》烏の鳴き声。かあかあ。

ごかい【五戒】[名]《仏教語》「在家」の信者が守るべき五つの戒め。不殺生・不偸盗・不邪淫・不妄語・不飲酒の五つ。→「ごあく」

こがう【小督】[人名](一一五七?)「小督局」ともいう。高倉天皇の女房。高倉天皇中宮平徳子より先に皇女を産んだため、平清盛の怒りに触れ、宮仕えをやめて尼となった。『平家物語』にくわしい。

ごかう【五更】[名]《「更」は一夜を五等分した時刻の単位》❶一夜を五等分した時刻の名。初更・二更・三更・四更・五更の総称。＝五夜。❷①のうちの第五。いまの午前四時ごろ、およびその前後の二時間。寅の刻。＝戊夜

ごかう【御幸】[名]上皇・法皇・女院の外出の尊敬語。お出かけ。お出まし。→「みゆき」。例「院をも内をもとり奉って、西国のかたへ**御幸**行幸をもなし参らせて見ばや」〈平家・七・主上都落〉

こかうじ【小柑子】[名]「せうかんじ」に同じ。

こかがみ【小鏡】[作品名]「いまかがみ」に同じ。

こがく【古学】[名]❶江戸中期の儒学の一派。当時盛んだった朱子学などを通さずに、直接に孔孟の教えに帰ろうとする。提唱者は山鹿素行・伊藤仁斎など。❷「こくがく」に同じ。

こがく・る【木隠る】[自ラ下二]{れ・れ・る・るる・るれ・れよ}木の陰に隠れる。物陰に隠れる。例「あしひきの山下水の**木隠・れ**て」〈古今・雑躰・一〇〇二長歌〉

こがくれ【木隠れ】[名]木の陰に隠れること。また、木陰。

こがし【焦がし】[名]食品名。赤米を煎ったものに陳皮・山椒などを加えたもの。＝香煎

こか・す【倒す・転す】[他サ四]{さ・し・す・す・せ・せ}《近世語》❶倒す。転がす。❷欺く。だます。例「ここが女郎の男を**倒・す**肝心の一句の所ぢゃ」〈浮・傾城禁短気〉❸こっそり他の場所へ移す。隠す。例「玉はどっちへ**こか・し**おった」〈浄・神霊矢口渡〉

こが・す【焦がす】[他サ四]{さ・し・す・す・せ・せ}❶薫き物をたきしめる。例「白き扇のいたう**こが・し**たるを」〈源氏・夕顔〉❷心を苦しめる。例「涙にも思ひの消ゆる物ならばいとかく胸は**こが・さ**ざらまし」〈後撰・恋二・六四四〉

〔川柳〕**ごがたきは…【碁敵は憎さも憎しなつかしさ】**〈柳多留・初〉訳ふだん対戦している碁の相手は憎いとは憎いが、しばらく会わないとなると懐しく感じることだ。

こがたな【小刀】[名]❶雑用に用いる、小さな刀。❷腰刀の鞘に差し添えるごく小さな刀。小柄。

こがね【小鉄】[名]鍛えた鉄でつくった鎧の「小札」。革の小札と一枚おきに編み込んで鎧をつくる。

こがね【黄・金・金】[名]《上代は「くがね」》❶おうごん。きん。❷金貨。❸《「黄金色」の略》金色。

〔**黄金の砂**〕金の砂。砂金。

〔**黄金の岸**〕極楽にあるという、砂金を底に敷き詰めた池の岸。転じて、極楽のこと。

〔**黄金の玉**〕金色の美しい玉。また、橘の実のたとえ。

〔**黄金の文字**〕「金泥」で書いた文字。多く、写経に用いられたことから、経典・経文をいう。

こがねざね【黄金札】[名]金箔を押した鎧の「小札」。

こがねづくり【黄金作り】[名]金、または金めっきで装飾すること。また、その装飾した物。

〔**金作りの車**〕牛車の形態のひとつ。金具の部分を金銅で装飾した車。

ごかのしらべ【五箇の調べ・五個の調べ】[名]琴の五種類の奏法。演奏の手つきや音の特徴などから、掻手・片垂・水宇瓶・蒼海波・雁鳴と、それぞれ命名されている。また、「胡笳」という曲の名称とする説もある。

こかはらけ【小土器】[名]小さな素焼きの陶器。

こがひ【子養ひ・子飼ひ】[名]❶動物を子のときから飼い育てること。❷幼いときから引き取って育てること。また育てられた人。商家の奉公人などにいう。

こがひ【蚕飼ひ】[名]蚕を飼うこと。また、その人。(季―春)

〔俳句〕**こがひする…【蚕飼ひする人は古代の姿かな】**〈おくのほそ道・尾花沢・曾良〉訳蚕から糸を紡ぐ営みは、はるか昔から続いているというが、この尾花沢で蚕飼いに従事する人々の質素で古風な

身なりはその歴史を今に伝えており、悠久の時のかなたへと思いを馳せさせることだ。（季―蚕飼ひ―夏）

こがひな【小腕】［名］腕のひじから手首までの部分。一説に、ひじから肩までとも。

こかぶら【小鏑】［名］「鏑矢」で、鏑の部分が小さいもの。

こがらし【木枯らし・凩】［名］❶秋の末から冬にかけて吹く冷たい風。（季―冬）。❷《女房詞》（木枯らしによって丸坊主になった木に見立てて）すりこぎ。

〔俳句〕**こがらしに…**【こがらしに二日の月の吹き散るか】〈あら野・荷兮〉訳激しい木枯らしに、大空にかかる細い二日の月は吹き散ってしまうのではないかと思われる。（季―こがらし・時雨―冬）

〔俳句〕**こがらしのいちにちふいて…**【凩の一日吹いて居りにけり】〈伊勢新百韻・涼菟〉訳落ち葉を散らせながら一日中木枯らしが吹き渡っていた。その乾いた風音に、景色ばかりでなく、こちらの心の中までも荒涼としていくように感じられる。（季―凩―冬）

〔俳句〕**こがらしのちにもおとさぬ…**【こがらしの地にも落とさぬ時雨かな】〈去来抄・去来〉訳降ってきた時雨を木枯らしが横なぐりに吹きとばし、時雨の雨は地面に落ちてこないことだ。（季―こがらし・時雨―冬）

〔俳句〕**こがらしのはてはありけり…**【凩の果てはありけり海の音】〈都曲・言水〉訳冬の海はごうごうと波の音を響かせている。ああ、ここが、野山を吹きまくってきた木枯らしの行き着く果てであったのだなあ。（季―凩―冬）

こがらしのもり【木枯らしの森】［歌枕］駿河国の地名。いまの静岡市羽鳥の八幡神社を中心とした地域。「焦がらし」をかける。

〔俳句〕**こがらしや…**【こがらしや日に日に鴛鴦の美しき】〈枇杷園句集・士朗〉訳木枯らしが吹きはじめた。辺りが蕭条とした冬景色へと変わっていく中、水面に浮かぶ鴛鴦の羽色の美しさが日に日に際立っていくことだ。（季―こがらし・鴛鴦―冬）

こが・る【焦がる】［自ラ下二］{れ・れ・る・るる・るれ・れよ}❶焼けて黒くなる。焦げる。❷日光にさらされて変色する。例「照る夏のひにこが・れたるかも」〈好忠集〉❸香をたきしめる。例「薄様の、取る手もくゆるばかりにこが・れたる〔紙〕に」〈太平記・三〉❹恋しさで思い乱れる。例「泣きこが・れたまひて」〈源氏・桐壺〉

こがれ【焦がれ】［名］いちずに恋い慕うこと。

こがれじに【焦がれ死に】［名］❶焼け死ぬこと。❷激しく恋い慕うあまりに、病気になり、死ぬこと。

ごかん【御感】［名］「ぎょかん」に同じ。

こき-［接頭］《動詞「扱く」の連用形から》（動詞に付いて）その動作の意を強める。「こき入る」など。

こき【国忌】［名］《「こくき」とも。「こっき」の促音無表記》皇祖や先帝・母后などの命日。それぞれの天皇の代で定められ、その日は政務を休み仏事を行った。

ごき【御器・五器】［名］食器。とくに、蓋付きの椀。

こぎあ・ふ【漕ぎ逢ふ】［自ハ四］{は・ひ・ふ・ふ・へ・へ}舟を漕いで行って、相手に出会う。例「迎へ舟片待ちがてり浦ゆ漕ぎあ・はむ」〈万葉・七・一二〇〇〉

こぎあり・く【漕ぎ歩く】［自カ四］{か・き・く・く・け・け}舟を漕いであちこち行く。漕ぎ回る。例「いみじう小さき〔舟〕に乗りて、漕ぎ歩・く」〈枕・うちとくまじきもの〉

こぎいた【胡鬼板】［名］羽子板。（季―春）

こぎい・づ【漕ぎ出づ】［自ダ下二］{で・で・づ・づる・づれ・でよ}舟を漕いで（沖へ）出る。例「わたの原八十島かけて漕ぎ出・でぬと人には告げよ海人の釣舟」〈古今・羇旅・四〇七〉訳→〔和歌〕わたのはらやそしまかけて…

こきい・る【扱き入る】一［自ラ四］{ら・り・る・る・れ・れ}（「こき」は接頭語）はいる。例「こちへこき入・って」〈狂言記・烏帽子折〉（音便）「こき入っ」は「こき入り」の促音便。二［他ラ下二］{れ・れ・る・るる・るれ・れよ}しごき取って入れる。例「髭籠（＝竹デ編ンダカゴ）に花をこき入・れて」〈拾遺・雑春・一〇六三詞書〉

こきいろ【濃き色】［名］染め色の名。濃い紫色。また、濃い紅色。

こきう【故旧】［名］昔からの知り合い。古いなじみ。旧友。

こぎかく・る【漕ぎ隠る】［自ラ四］{ら・り・る・る・れ・れ}舟を漕いで行って、物陰に見えなくなる。例「笠縫ひの島〔二〕漕ぎ隠・る棚なし小舟」〈万葉・三・二七二〉

こぎかへ・る【漕ぎ帰る】［自ラ四］{ら・り・る・る・れ・れ}舟を漕いで元の場所に帰る。例「君が船漕ぎ帰・り来て津に泊つるまで」〈万葉・一九・四二六六〉

こぎく【小菊】［名］❶小さい菊花。（季―秋）。❷鼻紙や茶の湯の釜敷きなどに用いる小さい和紙。❸遊里で、紙花といって祝儀の代用とした懐紙。

こぎ・く【漕ぎ来】［自カ変］{こ・き・く・くる・くれ・こ(こよ)}舟を漕いで来る。例「かくうたふを聞きつつ漕ぎ・来るに」〈土佐〉

ごきさ・ぐ【御器提ぐ】（「御器」を持って物乞いをする意から）乞食になる。

こきし【鞬吉支】［名］《古代朝鮮語「コニキシ」の変化形》王の称号。

こきし【幾許】［副］「こきだ」に同じ。

こきし・く【扱き敷く】［他カ四］{か・き・く・く・け・け}しごき落として敷きつめる。例「秋風の吹き扱き敷・ける花の庭」〈万葉・二〇・四四五三〉

ごきしちだう【五畿七道】［名］畿内五国（山城・大和・河内・和泉・摂津）と、七道（東海道・東山道・北陸道・山陰道・山陽道・南海道・西海道）の称。転じて、日本全国。

こぎそ・く【漕ぎ退く】［他カ下二］{け・け・く・くる・くれ・けよ}舟を漕ぎ入れて、（そこにある物を）押しのける。例「葦漕ぎ退・けて御船来にけり」〈土佐〉

こきだ【幾許】［副］《上代語。「こきし」とも》たくさん。はなはだしく。例「後妻が肴乞はさば厳榊実の多けくをこきだ削ゑね」〈記・中・歌謡〉

こきだく【幾許】［副］《上代語。「こきばく」とも》こんなにひどく。とても。→「ここだ」。例「野辺行く道はこきだく繁く荒れたるか」〈万葉・二・二三三〉

こぎたみゆ・く【漕ぎ廻み行く】［自カ四］{か・き・く・く・け・け}舟を漕いでめぐって行く。

こぎた・む【漕ぎ廻む】［自マ上二］{み・み・む・むる・むれ・みよ}舟を漕いで海岸に沿って回る。例「漕ぎ廻・むる浦のことごと行き隠る島の崎々」〈万葉・六・九四二長歌〉

こぎたもとほ・る【漕ぎたもとほる】［自ラ四］{ら・り・る・る・れ・れ}舟を漕ぎ回る。例「乎布の崎漕ぎたも

とほ・り」〈万葉・一八・四〇三七〉

こきた・る [自ラ下二]{れ・れ・る・るる・るれ・れよ} 一【扱き垂る】しごいたように垂れる。垂れ下がる。うなだれる。例「山田の稲の**こきた・れ**て」〈古今・雑上・九三二〉 二【こき垂る】《「こき」は接頭語》雨や涙などがこぼれ落ちる。

こきちら・す【扱き散らす・放き散らす】[他サ四]{さ・し・す・す・せ・せ}しごいて散らす。例「玉の緒解けて**こき散ら・し**」〈古今・雑躰・一〇〇五長歌〉

こぎ・づ【漕ぎづ】[自ダ下二]{で・で・づ・づる・づれ・でよ}《「こぎいづ」の変化形》舟を漕いで出て行く。

こきでん【弘徽殿】[名]《「こうきでん」とも》内裏の後宮の建物のひとつ。清涼殿の北にあり、皇后・中宮などの居所。➡[表見返し]内裏略図

ごきない【五畿内】[名]大和(奈良県)・山城(京都府)・河内(大阪府)・和泉(大阪府)・摂津(大阪府と兵庫県の一部)の五か国。＝畿内

こぎのこ【胡鬼の子】[名]「胡鬼板(＝羽子板)」でつく羽根。つく羽根。(季－春)

ごきのみ【御器の実】(「御器」の中に入れる実の意から)御飯。転じて、生活の手段。

こきばく【幾許】[副]《上代語》「こきだく」に同じ。

こぎは・つ【漕ぎ泊つ】[自タ下二]{て・て・つ・つる・つれ・てよ}舟を漕ぎ着き停泊する。例「我が船は比良の湊に**漕ぎ泊・て**む」〈万葉・三・二七四〉訳→〔和歌〕わがふねは…

こぎはな・る【漕ぎ離る】[自ラ下二]{れ・れ・る・るる・るれ・れよ}舟を漕ぎ出して遠ざかる。例「これ(＝大湊)より、今は**漕ぎ離・れ**て行く」〈土佐〉

ごきふ【御給】[名]平安時代、院や宮、親王、公卿に支給された俸給。「年官」「年爵」「封戸」「職田」などの称。

こきま・ず【こき混ず】[他ザ下二]{ぜ・ぜ・ず・ずる・ずれ・ぜよ}《「こき」は接頭語》種類の違うものをまぜ合わせる。取り合わせる。例「見渡せば柳桜を**こきま・ぜ**て都ぞ春の錦なりける」〈古今・春上・五六〉訳→〔和歌〕みわたせばやなぎさくらを…

こきまぜ【扱き混ぜ】[名]まぜあわせること。まぜこぜ。例「見も知らぬ四位五位**こきまぜ**に、隙なう出で入りつつ」〈源氏・若紫〉

こぎま・ふ【漕ぎ廻ふ】[自ハ四]{は・ひ・ふ・ふ・へ・へ}舟を漕いであちらこちらを回る。漕ぎめぐる。例「その山の崎より**漕ぎま・ひ**て」〈源氏・胡蝶〉

こぎみ【故君】[名]亡くなった貴人の敬称。

こぎ・みる【漕ぎ廻る】[他マ上一]{み・み・みる・みる・みれ・みよ}舟を漕ぎめぐる。例「藤波の花の盛りにかくしこそ浦**漕ぎ・廻**つつ年にしのはめ」〈万葉・一九・四一八八〉

ごきゃう【五経】[名]儒学で、「四書」などとともに尊重された五つの経書。『易経』『書経』『詩経』『礼記』『春秋』のこと。→「ししょ(四書)」

ごぎゃう【五行】[名]❶中国古代の学説で、万物を生成する元素を五つにわけ、それらがたえず天地の間を運行することで、すべての現象が起こるという考え。また、その五元素、「木」「火」「土」「金」「水」をいう。❷《仏教語》菩薩が修行する五つの行法。涅槃経では、聖行・梵行・天行・嬰児行・病行、大乗起信論では、布施・持戒・忍辱・精進・止観をいう。❸陣立ての名。地形によって方・円・曲・直・鋭の五つの陣形を敷くこと。

ごぎゃう【御形】[名]《「おぎゃう」とも》キク科の越年草でハハコグサの別名。春の七草のひとつ。(季－春)

ごぎゃく【五逆】[名]《仏教語》「五逆罪」の略。

ごぎゃくざい【五逆罪】[名]《仏教語》父を殺すこと、母を殺すこと、阿羅漢(仏教の修行の最高段階を会得した聖者)を殺すこと、仏の身体を傷つけること、僧集団の和合を壊すことの五つの大罪。「無間地獄」に堕ちるとされた。＝五逆

こきゃこう[副]❶鶏の鳴き声の形容。コケコッコー。❷厄払いの行事のとき、祝詞の終わりにつけ加えて唱える語。

ごぎょう【五行・御形】歴史的かなづかい「ごぎゃう」

こきりこ【小切り子】[名]「放下僧」などが曲芸に用いた道具で、竹筒の中に小豆を入れたもの。指先で回したり、打ち鳴らしたりした。

こき・る【扱きる】[他ラ下二]{れ・れ・る・るる・るれ・れよ}《「こきいる」の変化形》しごき取って入れる。例「初花を枝に手折りて娘子らにつとにも遣りみ白たへの袖にも**扱き・れ**」〈万葉・一八・四一一一長歌〉

こぎ・る【漕ぎる】[自ラ四]{ら・り・る・る・れ・れ}《「こぎいる」の変化形》舟を漕いで入ってくる。

こぎ・る【小切る】[他ラ四]{ら・り・る・る・れ・れ}❶小さく切る。❷値切る。

こきん【古今】[名]❶昔と今。ここん。❷『古今和歌集』の略。

こきん【胡琴】[名]❶「琵琶」の古称。❷中国の弦楽器の一種。胴も棹も竹製の二弦の楽器。

こきんてう【古今調】[名]『古今和歌集』の和歌の調べの意。万葉調・新古今調と合わせて和歌史の三大歌風を形成する。優美繊細を最大の特色とし、理知的な表現を旨とする。三句切れによる流麗な調べの中に、掛詞・縁語などの技法が試みられている。万葉調の「ますらをぶり」に対して「たをやめぶり」とも呼ばれた。→「まんえふてう」「しんこきんてう」

こきんでんじゅ【古今伝授】[名]『古今和歌集』中の和歌の解釈などを、師から弟子へ伝授すること。口伝・切り紙などによって、秘説相承という形態をとった。東常縁から宗祇への伝授によって確立したとされる。→「さんさう」「さんぼく」「さんてう」

こきんよざいせう【古今余材抄】[作品名]江戸中期(一六九一ごろ成立)の注釈書。契沖著。『古今和歌集』全巻にわたる注釈書。実証的な態度で評説を施し、近世的注釈の端緒となった。

こきんわかしふ【古今和歌集】[作品名]平安前期の最初の勅撰和歌集。成立年については諸説ある。二十巻。醍醐天皇の命により、紀友則・紀貫之・凡河内躬恒・壬生忠岑撰。約千百首の和歌が題材・詠作事情で二十巻に分類されて収載される。撰者と同時代の和歌のほか、在原業平ら六歌仙時代の和歌をも多く含む。掛詞や見立てなどを用いて機知を利かせた作品が多い。

ごぎんわがしふ【吾吟我集】[作品名]江戸前期(一六四九成立)の狂歌集。石田未得作。『古今和歌集』をもじり、当時の流行を反映した狂歌集。

こきんわかしふせいぎ【古今和歌集正義】

〔作品名〕江戸後期の注釈書。香川景樹著。『古今和歌集』全巻にわたる注釈書。近世的実証主義に基づき、的確な本文批評を試みる。

こきんわかろくでふ【古今和歌六帖】〔作品名〕平安中期の和歌集。編者未詳。十世紀後半の成立か。『万葉集』『古今和歌集』『後撰和歌集』所収の和歌、および当時流布していた和歌など約四千四百首を集成し、分類したもの。

こく【石・斛】〔名〕《「さか」とも》❶容積の単位。一石は十斗。百升で、約一八〇リットル。❷和船の積載量や木材の容積の単位。一石は十立方尺、約二七八リットル。❸武士や大名の知行高を示す単位。

こく【刻・剋】〔名〕《時刻を示す単位》❶一昼夜を十二分して、それに十二支を配したもの。一刻は約二時間に当たる。午前零時を「子の刻」とし、「丑の刻」「寅の刻」と続く。さらに、一刻を四等分して「子の一刻」「子の二刻」「子の三刻」「子の四刻」と称したり、三等分して「上刻」「中刻」「下刻」と称したりする。❷一昼夜の百分の一の時間。

こ・く【扱く】〔他カ四〕{か・き・く・く・け・け}しごく。しごき落とす。例「〈稲ヲ取リ出シテ〉五、六人して扱・かせ」〈枕・五月の御精進のほど〉

こ・く【放く】〔他カ四〕{か・き・く・く・け・け}❶体外に出す。放つ。例「〈屁ヲ〉こ・く所を火皿にて押さへける」〈浮・好色一代男〉❷《「言ふ」を卑めていう語》ほざく。例「雪舟でなくばと自慢こ・きちらし」〈すみだはら〉

こ・ぐ【扱ぐ】〔他ガ四〕{が・ぎ・ぐ・ぐ・げ・げ}草や木などを根の付いたまま引き抜く。例「なんぢは富士松とやらをば、こ・いで来た」〈狂言記・富士松〉《音便》「こいで」は「こぎて」のイ音便。

こ・ぐ【漕ぐ】〔他ガ四〕{が・ぎ・ぐ・ぐ・げ・げ}❶艪や櫂を動かして舟を進める。❷深い雪やぬかるみなど、歩きにくい所を進む。例「雪をば深くこ・ぎたり」〈義経記・五〉

ごく【曲】〔名〕《「きょく」とも》音楽の作品。とくに、琴で演奏するものをいう。＝曲の物

ごく【極】〔名〕《「極上」の略》❶最上。最良のもの。❷茶の最上の品。

ごくあく〔・なり〕【極悪】〔名・形動ナリ〕この上なく悪いこと。また、そのさま。

こくいかう【国意考】〔作品名〕江戸中期の国学書。賀茂真淵著。儒教や仏教に対し、日本固有の文化を礼賛して復古を説き、とくに歌道の意義を強調した書。

こくう〔・なり〕【虚空】㊀〔名〕❶空。空間。例「虚空清明たるに大内山の上に黒雲群かかって」〈太平記・一三〉❷《仏教語》無相、無色なこと。実体のないこと。㊁〔形動ナリ〕{なら・なり(に)・なり・なる・なれ・なれ}❶思慮分別がないさま。例「人の誉むるに乗り、虚空・に知行を与ふれば」〈甲陽軍鑑〉❷むやみやたらなさま。例「虚空・に親仁が煮え返る」〈浮・傾城禁短気〉

ごくう【御供】〔名〕《「ごく」の変化形》神仏に供える物。供物。

こくうざう【虚空蔵】〔名〕「虚空蔵菩薩」の略。

こくうざうぼさつ【虚空蔵菩薩】〔名〕《仏教語》虚空(大空)のような広大無辺の功徳と知恵を備え、衆生(一切の生物)の願いを成就させるという菩薩。頭に五智宝冠をいただき、左手に如意宝珠、右手に宝剣を持ち、蓮華座に座る。「二十五菩薩」のひとつ。＝虚空蔵

ごくうでん【御供田】〔名〕神仏に供えるための米を作る田。

こくえ【黒衣】〔名〕❶黒い衣。❷僧の衣。墨染めの衣。法服。転じて、出家。

〔**黒衣の宰相**〕僧の身で政治に参与している実力者。

こくえごめん【黒衣御免】〔名〕幕府が、出家した武士に、「黒衣」の着用を許可すること。

こくが【国衙】〔名〕❶令制で諸国に置かれた役所。国司が政務を行った。＝国府。❷国司が治めた土地。＝国領

こくがく【国学】〔名〕❶令制で諸国に置かれ、郡司の子弟を教育した機関。❷江戸中期に起こった学問。当時盛んに用いられた仏教や儒教の思想に対し、神道思想などによりつつ、古道を学んで復興しようとしたもの。契沖・荷田春満・賀茂真淵・本居宣長らが代表的人物。＝古学②

こくかはちろん【国歌八論】〔作品名〕江戸中期(一七四二成立)の歌論書。荷田在満著。八つの論点で和歌を論じ、当時の形式にこだわる歌壇を批判して、『万葉集』を重んじ復古を主張した書。

こくき【国忌】〔名〕「こき(国忌)」に同じ。

こくき【国記】〔作品名〕飛鳥時代(六二〇成立)の歴史書。現存せず。聖徳太子と蘇我馬子が編集した日本最古の歴史書のひとつ。

こくげ【国解】〔名〕諸国の国司から、中央官庁の太政官などに提出する公文書。

ごくげつ【極月】〔名〕「しはす」に同じ。

こくげん【刻限】〔名〕決められた時刻。定刻。

こくさうゐん【穀倉院】〔名〕平安時代の朝廷の倉庫。畿内諸国から納められた「調」や、諸国の所有者のいない「位田」・「職田」などから収穫された米穀類を保管した。↓〔古典参考図〕平安京と条坊図

こくし【国司】〔名〕❶諸国を治めるために中央から派遣される地方官。任期は四年。守・介・掾・目の職がある。＝国の司。❷とくに守をいう。

こくし【国師】〔名〕❶奈良時代の僧の職名。大宝二年(七〇二)に諸国に置かれ、僧尼の監督・経典の講義・国家鎮護の祈禱などを行った。平安初期に「講師」と改称。❷天皇に仏法を伝える僧。❸朝廷から禅宗の高僧に贈る称号。多く死後に贈られた。

こくしつ【黒漆】〔名〕黒い漆。その漆を塗った物。

〔**黒漆の太刀**〕柄や鞘をはじめ金具まで、すべて黒い漆で塗った太刀。＝黒太刀

ごくしゃ【獄舎】〔名〕罪人を押し込めておく建物。牢屋。＝獄屋・人屋

こくしゃう【国掌】〔名〕奈良・平安時代の国司の属官。書記や雑務を取り扱った。

こくしゃう【濃漿】〔名〕肉や魚を濃いみそ汁で煮込んだ料理。

こくしゅ【国主】〔名〕❶一国の君主。天皇。❷《「国主大名」の略》江戸時代、一国以上を領有していた大名。＝国守②

国司　国司播磨守夫妻の居間。火炉の前の上げ畳では、播磨守が刀の手入れをする。横になって筆をとるのは北の方。左方の二階厨子に豪華な料理が並ぶ。（松崎天神縁起）

こくしゅ【国守】［名］❶「国司」の長官。通常任期は四年。国の守。＝守①。❷「こくしゅ（国主）②」に同じ。

こくしょく【国色】［名］❶国の中で一番の美貌の持ち主。絶世の美女。❷牡丹の別名。

ごくしん［・なり］【極信】［名・形動ナリ］❶きわめて忠実なこと。❷きわめて信仰心が厚いこと。

ごくしんてい【極信体・極真体・極心体】［名］穏健で逸脱のない歌体。『正徹物語』に二条為世の詠風を評した箇所に見られるもので、清新味に欠ける二条派の詠風を批判する際に用いられた。

こく・す【剋す・克す】［自サ変］｛せ・し・す・する・すれ・せよ｝「五行」の運行で、木が土に、土が水に、水が火に、火が金に、金が木に克つこと。転じて、負かす。侵す。→「ごぎゃう（五行）」

こく・す【哭す】［自サ変］｛せ・し・す・する・すれ・せよ｝大声を上げて泣く。例「悲しみを含みて声を呑み、家々に哭・すといへども」〈太平記・三七〉

ごくすい【曲水】［名］《「曲水の宴」の略》「きょくすいのえん」に同じ。

ごくすいのえん【曲水の宴】「きょくすいのえん」に同じ。

こくせん【国宣】［名］国司が国内に下す公文書。鎌倉・南北朝時代に多く行われた。

こくせんやかっせん【国性爺合戦】［作品名］江戸中期（一七一五初演）の浄瑠璃。近松門左衛門作。明末期に実在した鄭芝竜と平戸の田川七左衛門の娘との間に生まれた福松（鄭成功）が中国に渡って明の将軍となり清と戦った史実に基づく。

こぐそく【小具足】［名］鎧・兜の付属品。籠手・臑当など。また、それらを身に着けること。➡［古典参考図］武装・武具〈2〉

ごくそつ【獄卒】［名］《仏教語》地獄に堕ちた亡者を責める鬼。

ごくだう［・なり］【獄道・極道】［名・形動ナリ］《近世語》❶悪事を行うこと。また、その人。❷道楽や放蕩にふけること。また、その人をののしっていう語。❸他人をののしっていう語。

こくだち【穀断ち】［名］仏道修行や願い事を成就するために、ある期間穀類を一切食べないこと。

こくたん【黒檀】［名］木の名。熱帯産。緻密な材質で、磨くとつやが出ることから、高級な調度品の用材とされる。

こぐち【小口】［名］❶物の切り口。断面。❷きっかけ。糸口。❸書物の背を除いた三方の断ち口。❹「小口袴」の略。

こぐちばかま【小口袴】［名］裾に括りがあって、裾口を小さくできる袴。＝小口④

ごくぢゃう［・す］【獄定】［名・他サ変］投獄することを決めること。また、入獄させること。

こくちゅう【国中】［名］《「こくぢゅう」とも》国内。

ごくぢゅう［・なり］【極重】［名・形動ナリ］（罪などが）非常に重いこと。

こくど【国土】［名］❶領土。❷土地。地面。

ごくねち［・なり］【極熱】［名・形動ナリ］《「ごくねつ」とも》❶極めて暑いこと。猛暑。❷高熱。

［極熱の草薬］きわめて暑いときに用いる、暑気払いの煎じ薬。一説に、解熱薬とも。

ごくのおび【玉の帯】［名］「石帯」のひとつ。背部に玉を並べて飾ったもの。三位・参議以上の者が用いた。→「せきたい」

ごくのもの【曲の物】［名］「ごく（曲）」に同じ。

こくは【木鍬】［名］木製のくわ。

こくは【獼猴桃】［名］木の名。サルナシの古名。果実は食用。＝しらくち・しらくちづる

こくばく【幾許】［副］たいそう。はなはだしく。例「こくばく斎はれ給ふ妙徳」〈宇津保・祭の使〉

こくび［名］一【小首・小頸】《「こ」は接頭語》首。二【小領】衣服の襟。

こくふ【国府】［名］《「こくぶ」「こふ」とも》令制で諸国に置かれた国司の役所。その所在地。＝国衙

こくふう【国風】［名］❶国々の風俗を表す歌謡。風俗歌。❷その国特有の風俗・習慣。くにぶり。

こぐふねの【漕ぐ舟の】［枕詞］舟に縁のある「浮き」「ほ」「あと」などにかかる。例「漕ぐ舟のうきたる恋も我はするかな」〈後撰・恋三・七六八〉

こくぶんじ【国分寺】[名]（「こくぶじ」とも）天平十三年（七四一）に、聖武天皇の発願により、全国の国府の所在地ごとに設けられた、僧寺・尼寺。鎮護国家・鎮災致福を祈願し、国内の僧尼を監督した。東大寺を総国分寺、法華寺を総国分尼寺とした。

こくへい【国幣】[名]国司が神社に納める幣帛。

こくへいしゃ【国幣社】[名]神社の格のひとつで、官幣社に次ぐ。大社・中社・小社の別がある。

こくぼ【国母】[名]「こくも」に同じ。

こくみ【瘜肉】[名]皮膚にできる盛り上がったもの。

こくむ【国務】[名]❶国家の政務。国の政治。❷国司の政務。また、それを行う人。

こくも【国母】[名]（「こくぼ」とも）❶天皇の母。皇太后。❷（国民の母の意から）皇后。

こくもち【黒餅・石持ち】[名]❶紋所の名。餅のような黒い円形。筑前福岡藩主黒田氏の紋所。くろもち。❷幕や衣類で、紋所を描くべき部分を円く白抜きに染めたもの。注文に応じて紋を描き入れた。

ごくもり【獄守】[名]牢獄の番人。牢番。

ごくもん【獄門】[名]❶獄舎の門。❷刑罰のひとつ。斬罪になった者の首を、獄舎近くの木などにかけてさらすこと。さらし首。

〔**獄門に懸く**〕斬罪に処した者の首を、牢屋の門前の木や刑場の木の台に載せ、さらしものにする。

〔**獄門の木**〕獄舎の門のそばにある、獄門首をさらすための木。

ごくもんばしら【獄門柱】[名]斬罪になった者の首をさらす獄門台の柱。

ごくや【獄屋】[名]牢屋。牢獄。＝獄舎・人屋

ごくらく【極楽】[名]❶（仏教語）「極楽浄土」の略。↔地獄①。❷（仏教語）「極楽往生」の略。❸安楽で心配のないこと。また、その場所や境遇。

〔**極楽の尊**〕阿弥陀仏。

〔**極楽の願ひ**〕極楽往生したいという願い。死後も安らかでいたいという望み。

〔**極楽の曼陀羅**〕極楽浄土を描いた図絵。

〔**極楽の迎へ**〕極楽浄土に生まれ変わりたいと願う人の臨終に、極楽から阿弥陀仏・観音菩薩などが迎えに来ること。また、人の臨終・死。

ごくらくあんやうじやうど【極楽安養浄土】[名]「ごくらくじやうど」に同じ。

ごくらくかい【極楽界】[名]（仏教語）「ごくらくじやうど」に同じ。

ごくらくじやうど【極楽浄土】[名]（仏教語）阿弥陀如来のいる安楽で美しい世界。西方十万億土にあるという、一切の苦悩がない世界で、阿弥陀仏を信じ救われた者が、死後ここに往生するという。＝極楽①・極楽安養浄土・極楽界・極楽世界。↔地獄①

ごくらくせかい【極楽世界】[名]（仏教語）「ごくらくじやうど」に同じ。

ごくらくわうじやう【極楽往生】[名]（仏教語）人が死後、極楽浄土に生まれ変わること。また、安らかに死ぬこと。＝極楽②

こぐら・し【小暗し】[形ク]（から・く（かり）・し・き（かる）・けれ・かれ）（「をぐらし」とも。「こ」は接頭語）薄暗い。例「暁がたの月、いみじくあはれに、山の方はこぐらく」〈更級〉

こぐら・し【木暗し】[形ク]（から・く（かり）・し・き（かる）・けれ・かれ）木々の葉が茂って暗い。例「いと木高き影ども、木暗く見えわたりて」〈源氏・花散里〉

こくりやう【国領】[名]国司が治めている土地。＝国衙

こぐれ【木暮れ・木暗れ】[名]木が茂って暗い所。

ごくわ【五果・五菓】[名]果物の中から選ばれた五種。スモモ・アンズ・ナツメ・モモ・クリなど、諸説ある。

ごくわう【後光】[名]（仏教語）仏や菩薩のからだから発するという光。また、それを表すために仏像の背後に添えられた金色の飾り物。光背。

こくわじや【小冠者】[名]「こくわんじや」に同じ。

ごぐわん【御願】[名]❶「願」の尊敬語。貴人が祈願を立てること。御祈願。❷「御願寺」の略。

ごぐわんじ【御願寺】[名]天皇・皇后などの発願により創建された寺院。国家の安泰や平和などを祈る。＝御願②・勅願寺

こくわんじや【小冠者】[名]（「こくわじや」とも）元服をして間もない若者。弱冠。

こくわんしれん【虎関師錬】[人名]（一二七八〜一三四六）鎌倉後期から南北朝時代の臨済宗の僧。五山文学の先駆者。『元亨釈書』や辞書『聚分韻略』を残す。

こけ【苔】[名]土や岩・木などを覆う蘚苔類・地衣類や藻類の一部などの総称。

〔**苔の石橋**〕人通りがなくて苔の生えた石橋。

〔**苔の岩戸**〕苔の生えた古びた家。世捨て人などが住む山の中の苔むした庵。＝苔の岩屋

〔**苔の岩屋**〕山の中の苔むした住まい。

〔**苔の庵**〕「こけのいはと」に同じ。

〔**苔の衣**〕❶苔が地面などを覆うようすを衣に見立てていう語。❷僧や隠者の粗末な衣。＝苔の袂

〔**苔の狭筵**〕俗世を遁れた人の粗末な寝具。

〔**苔の下**〕苔にうもれた所。草葉の陰。墓の下。

〔**苔の下水**〕苔の生えている下を流れる水。

〔**苔の簾**〕苔が簾のように垂れ下がったもの。

〔**苔の袖**〕俗世を遁れた人の衣服の袖。また、その衣服。

〔**苔の袂**〕「こけのころも②」に同じ。

〔**苔の枢**〕（「枢」は戸の意）隠者などの住む粗末な家の戸。また、その住まい。

〔**苔の筵**〕❶苔が一面に生えたようすを、敷いた筵に見立てていう語。❷隠者などの住まいの粗末な敷物。①②＝苔筵

〔**苔を敷く**〕苔が敷物のように一面に生え広がっている。一面に苔むしている。例「苔を敷き、沙（＝小サナ石）を撒きて」〈宇津保・俊蔭〉

こけ[・なり]【虚仮】[名・形動ナリ]❶（仏教語）実体のないこと。❷外面と内心の異なること。❸意味の浅いこと。❹愚かなこと。また、その人。

ごけ【後家】[名]❶夫に死別した女性。未亡人。❷対になっている品物の一方がなくなって、一方のみ残ったもの。「後家銭」「後家鞘」など。

ごけい【五刑】[名]古代中国の五種類の刑罰。墨（入れ墨）・劓（鼻切り）・剕（片足切り）・宮（男は去勢、女は幽閉）・大辟（首切り）の五つ。のち、

隋の時代に、笞（鞭打ち）・杖（棒打ち）・徒（懲役）・流（流刑）・死（死刑）の五種となった。日本の律（刑法、大宝律・養老律）もこれにならった。

ごけい【御禊】［名］（「禊ぎ」の敬称）❶天皇の即位後、大嘗会の前月の、陰暦十月下旬に、賀茂川で行われた禊ぎの儀式。＝豊の禊ぎ。❷賀茂川で行われる斎院や斎宮の禊ぎの儀式。

こけいのさんしゃう【古契三娼】［作品名］江戸後期（一七八七刊行）の洒落本。山東京伝作・画。元遊女三人の雑談形式で、深川・品川の遊里での風俗や遊客の気質などを吉原と比較しながら語る。

こけい・る【転け入る】［自ラ四］｛ら・り・る・る・れ・れ｝ころげこむ。例「まごこちへ**こけ入っ**て」〈狂言記・末広がり〉（音便）「こけ入っ」は「こけ入り」の促音便。

こけざる【こけ猿】［名］あかだらけの汚い猿。年老いてやせ細った猿。

こげつせう【湖月抄】［作品名］江戸前期（一六七三成立）の『源氏物語』の注釈書。『源氏物語湖月抄』ともいう。北村季吟著。従前の注釈書の集約的内容。江戸時代を通して最も流布した注釈書。

ごけにん【御家人】［名］❶「家人②」の敬称。鎌倉時代に将軍と主従関係を結び、家人となった在地領主。→「けにん②」。❷江戸時代に将軍の直参で、石高一万石未満、御目見得の資格のない武士。

こけのころも【苔の衣】［作品名］鎌倉中期の擬古物語。成立年・作者未詳。妻の死による出家、悲恋による死、父の娘への愛などを題材に貴族社会の人々の姿を三代にわたって描く。

ごけぶん【後家分】［名］後家（未亡人）として受ける相応の保証。あてがい。

こけむしろ【苔筵】［名］❶「こけのむしろ①」に同じ。❷「こけのむしろ②」に同じ。

こけむ・す【苔生す・苔産す】［自サ四］｛さ・し・す・す・せ・せ｝苔が生える。古めかしくなる。

こけら【柿】［名］❶木材を斧などで切るときにできる切り屑。こっぱ。❷檜やサワラなどの材木を薄めに削って作る板。屋根を葺く材料とする。

こけらおとし【柿落とし】［名］（「こけら②」の木片を屋根から払い落とす意から）新築落成した芝居小屋での最初の興行。

こけらぶき【柿葺き】［名］「こけら②」の木片で葺いた屋根。

こ・ける【転ける・倒ける】［自カ下二］｛け・け・ける・ける・けれ・けよ（けろ）｝（近世語）❶倒れる。転ぶ。❷転げ落ちる。❸事態や状況が変化する。例「どう**こ・け**ても、うぬ（＝自分）がためのよいやうに書いたは定」〈浄・今宮の心中〉

こげん【固関】［名］天皇譲位・死去、大きな内乱のときに、伊勢の鈴鹿の関・美濃の不破の関・近江の逢坂の関を閉ざし、厳重に警備したこと。

ごげん【御監】［名］「馬寮」を統轄する職。左右の馬寮に各一名で、近衛大将が兼任した。

こげんし【固関使】［名］「固関」のために、朝廷から派遣される使者。

こげんてい【古言梯】［作品名］江戸中期（一七六四成立）の国語学書。楫取魚彦著。契沖の主張した仮名遣いに基づき、さらに出典・用例を補足して、仮名の用字辞典として充実させたもの。

ごげんもじ【御見文字】［名］（女房詞）お見にかかること。おめもじ。＝御見

ここ【此処】［代名］❶（近称の指示代名詞）㋐話し手のいる場所、または近い場所を指す語。**この場所**。例「**ここ**をなむ蘆屋の灘とはいひける」〈伊勢・八七〉（係結び）「なむ→いひける㊍」。㋑**この国**。**わが国**。**日本**。例「唐土も、**ここ**も、思ふことに堪へぬ時のわざとか」〈土佐〉（係結び）「とか→（省略）」。㋒**この世**。**現世**。例「**ここ**ながら勤めたまはんほどは」〈源氏・御法〉㋓前の事柄を指したり、とくに取り立てて、これだと指し示す語。**このこと**。**この点**。**これ**。例「身にもし疵などやあらんとて見れど、**ここ**はと見ゆるところなく」〈源氏・手習〉（係結び）「や→あらん㊍」。❷（転じて、人称代名詞。会話の中で、格助詞「に」を伴うことが多い）㋐自称の人称代名詞。**わたし**。**自分**。**この身**。例「**ここ**にも、心にもあらでかくまかるに」〈竹取・かぐや姫の昇天〉（敬語）「まかるに」→「まかる」。㋑（対称の人称代名詞）**あなた**。**こちらさま**。例「かの君と、前斎院と、**ここ**（＝紫ノ上）にとこそは書きたまはめ」〈源氏・梅枝〉（係結び）「こそ→書きたまはめ」。㋒（他称の人称代名詞）**こちらの人**。**こちらの方**。例「**ここ**に胸やみたまふめり」〈落窪・二〉

（此処を最後）「ここをせんど」に同じ。

（此処を先途）ここが、運命・勝負の決まる大切な場面。瀬戸際。＝此処を最後

（此処を以て）それゆえ。それで。

ここ【副】（擬声語）物をこすり合わせたときに出る音の形容。ごしごし。ごりごり。例「速川に洗ひ濯ぎ辛塩に**ここ**と揉み」〈万葉・一六・三八八〇長歌〉

ごご【御後】［名］「後ろ」の敬称。神や天皇、また神殿・御殿の後ろ。

ここう【虎口】［名］虎の口。転じて、きわめて危険なことや場所のたとえ。

（虎口の讒言）人を危険な状態に陥れるような告げ口。

（虎口の難）きわめて危険な難儀。

ここう【股肱】［名］股と肱。手足のこと。転じて、手足と頼む者。腹心。

ごこう【五更・御幸】歴史的かなづかい「ごかう」

ここかしこ【此処彼処】［代名］（指示代名詞）あちらこちら。あちこち。方々。例「神官の者ども、**ここかしこ**にうちしはぶきて」〈源氏・賢木〉

ここく【胡国】［名］古代中国で北方の異民族の国のこと。北狄の国。野蛮な国とされた。

ごこく【五穀】［名］（「いつくさのたなつもの」とも）❶五種類の穀物。米・麦・黍・粟・豆をいうことが多いが、麻や稗などが入ることもある。❷穀物の総称。

こごころ【子心】［名］子供心。幼い心。

ここ・し【子子し】［形シク］｛しから・しく（しかり）・し・しき（しかる）・しけれ・しかれ｝❶子供っぽい。あどけない。↔大人大人し。例「あてに**ここ・しき**人の、日ごろ物を思ひければ」〈堤中納言・はいずみ〉❷おうようだ。余裕がある。例「すこし**ここ・しき**手つき（ノ弓ノ射手）どもをこそ、いどませめ」〈源氏・若菜・下〉

こごし【小腰】[名]❶(「こ」は接頭語)腰。また、腰をちょっと動かす動作を表現する語。❷女性の「裳」の左右につけて前で結ぶ細いひも。➡[古典参考図]女子の服装〈1〉

こごし【小輿】[名]輿の一種。屋形がなく、台の周囲に高欄をめぐらしたもの。従者が、乗った人に蓋(かさ)をかざす。宮中で行われる最勝講の講師や、伊勢神宮から上京するときの斎宮などが用いた。

こご・し [形シク]{(しから)・しく(しかり)・し・しき(しかる)・しけれ・しかれ}(岩などが)ごつごつしている。**凝り固まっているさま。** 例「白たへに雪は降り置きていにしへゆあり来ければ**こご・し**かも岩の神さびて」〈万葉・一七・四〇〇三長歌〉

ここしう【子子しう】 形容詞「こここし」の連用形「こここしく」のウ音便。

ここしふゐ【古語拾遺】[作品名]平安前期(八〇七成立)の歴史書。斎部広成の著。祭祀をつかさどってきた斎部氏が、その勢力の衰退を嘆き、平城天皇に上奏した書。

こごしょ【小御所】[名]❶室町時代、将軍が内裏に参上した際に、休息などのために設けられた建物。❷鎌倉・室町時代、将軍の若君の住居。また、その若者。❸江戸時代、幕府の使者や所司代などの謁見に用いられた建物。清涼殿の北東にあった。

ここだ【幾許】[副](上代語。「ここだく」とも)❶(数量の多いさまを表す語)こんなにも多く。たくさん。おびただしく。例「木末には**ここだ**も騒く鳥の声かも」〈万葉・六・九二四〉訳→〔和歌〕みよしののきさやまの…。❷(程度のはなはだしさを表す語)こんなにひどく。たいそう。はなはだしく。例「なにそこの児の**ここだ**かなしき」〈万葉・一四・三三七三〉訳→〔和歌〕たまがはに…

発展学習ファイル 数量・程度のはなはだしさを表す同類の語として、奈良時代には「ここだ」のほかに「**ここば**」「**こきだ**」「**そこば**」、およびそれらに副詞をつくる接尾語「く」のついた「**ここだく**」「**ここばく**」「**こきだく**」「**そこばく**」などが用いられ、平安以降には「**そこら**」「**ここら**」が用いられた。

ここだく【幾許】[副]「ここだ」に同じ。

ここち【心地】[名]❶**心持ち。気持ち。** 例「御宿直所も例よりはのどやかなる**心地**するに」〈源氏・帚木〉❷**考え。思慮。分別。** 例「幼き**心地**に、いかならんをり、と待ちわたるに」〈源氏・空蟬〉❸**感じ。** 例「『おほかる野辺に』とうち誦じて、立ちたまひにしさまこそ、物語にほめたるをとこの**心地**しはべりしか」〈紫式部日記〉❹**気分。病気。容態。** 例「十四日より、御**心地**重らせたまふ」〈栄花・九〉

〔**心地悪しみす**〕気分が悪いと訴える。例「翁人一人、専女一人、あるが中に**心地悪しみ・し**て」〈土佐〉

〔**心地誤る**〕気持ちや気分が悪くなる。病気で心が乱れる。例「今朝の雪に**心地あやま・り**て、いと悩ましくはべれば」〈源氏・若菜・上〉

〔**心地後る**〕気が利かない。例「まめ人の、さすがに人に心とどめて物語するこそ、**心地おく・れ**たらむ人は苦しけれ」〈源氏・蜻蛉〉

〔**心地損なふ**〕病気である。病気になる。例「**心地そこな・へ**りけるころ、あひ知りて侍りける人の訪はで」〈古今・恋五・七八九詞書〉

〔**心地違ふ**〕気分が悪くなる。例「**心地違・ひ**頭痛けれども、念じて」〈今昔・一六・三三〉

〔**心地立つ**〕警戒する。用心する。例「初め**心地立・ち**て過ぎし馬乗りを」〈今昔・二九・一九〉

〔**心地無し**〕思慮分別がない。例「げに、聞こえさするも**心地な・かり**けり」〈源氏・藤袴〉

〔**心地悩む**〕病気になる。気分を悪くする。例「**心地悩・む**船君(=貫之)」〈土佐〉

〔**心地勝る**〕もの思いが強まる。例「いみじく**ここちまさ・り**て、ながめ暮らすほどに」〈蜻蛉・中〉

〔**心地惑ふ**〕思い乱れる。動揺する。例「〔美シイ姉妹ガ〕ふる里にいとはしたなくてありければ、〔男ハ〕**心地まど・ひ**にけり」〈伊勢・一〉

〔**心地行く**〕気分が晴れ晴れする。例「いとよくはらはれたる遣り水の、**心地ゆ・き**たるけしきして」〈紫式部日記〉

〔**心地例ならず**〕気分が悪い。からだのようすがいつもと違う。例「女院(=建礼門院)御**心地例ならず・わたらせ**給ひしかば」〈平家・灌頂・女院死去〉

〔**心地を損ず**〕気分を悪くする。例「隣の人どももみな**心地を損・じ**て」〈宇治拾遺・三・一六〉

ここちよげ【心地良げ】[形動ナリ]{(なら・なり(に)・なり・なる・なれ・なれ)}(「げ」は接尾語)気持ちがよさそうだ。満足そうだ。例「人々、いとよく休み涼みて、**ここちよげ・にて**」〈蜻蛉・中〉

ここな (「ここなる」の変化形)㊀[連体]❶ここにある。ここの。例「これ**ここな**奴殿」〈浄・丹波与作待夜の小室節〉❷(人をののしっていう語)こいつ。例「**ここな**女中はむさとした(=分別ノナイ)事をいふ」〈狂・鈍太郎〉㊁[感](意外なことに驚いて発する語)これはこれは。例「いえ、**ここな**、何とおぼしめして御出でなされたぞ」〈狂言記・こんくわい〉

ここながら【副】 このままで。この場で。例「**ここな**がら死なむと思へど」〈蜻蛉・上〉

ここなる (代名詞「ここ」+断定の助動詞「なり」の連体形)ここにある。身近の。例「**ここなる**人々も、かかるすさびごとにぞ、心は乱らまし」〈源氏・竹河〉

ここに【此に・茲に】㊀[副]この時に。この場合に。例「古りたる君に**ここに**逢はむとは」〈万葉・一一・二六〇一〉㊁[接]話題の転換に用いる語。そこで。さて。例「**ここに**、人々のいはく」〈土佐〉

〔和歌〕**ここにきえ…**【**ここに消えかしこに結ぶ水のあわの憂き世にめぐる身にこそありけれ**】〈千載・釈教・一二〇二・藤原公任〉訳ここで消えたかと思うとあそこで結ぶ水の泡のように、つらくはかないこの世の迷いの中で輪廻転生するわが身なのであった。〈参考〉「憂き」は「浮き」をかける。「消え」「結ぶ」「あわ」「めぐる」と縁語。

ここにして【此処にして】 ここにあって。ここで。例「ここにして家やもいづち」〈万葉・三・二八七〉

ここぬか【九日】[名](「ここのか」とも)❶日数の九。九日間。ここのか。❷毎月の第九日。例「長月の九日ごとに摘む菊の」〈拾遺・秋・一八五〉

〔**九日の宴**〕重陽の宴。菊花の宴。陰暦九月九日に宮中で行われる。

〔**九日の節句**〕(「ここのかのせっく」とも)陰暦

九月九日の「重陽」の節句」の別称。＝菊の節句。（季-秋）

ここの【九】［名］九つ。

ここのか【九日】［名］「ここぬか」に同じ。

ここのかさね【九重】［名］《「九重」の訓読語》「ここのへ①」に同じ。

ここのかへり【九返り】［名］《「九返」の訓読語》九度。九回。

ここのしな【九品】［名］《「九品」の訓読語》極楽浄土の九階級。

〔**九品の上**〕《仏教語》九品往生（極楽浄土に往生する際の九つの階級）の最上位。上品上生。→「くほん」

古典の世界　平安時代、極楽へ往生を遂げることは何よりも人々が憧れたことであり、往生できるのならば、最下等の下品下生ですらも悲願とされた。

ここのそぢ【九十】［名］《「そ」は十の意、「ぢ」は個数を表す接尾語》九十。九十歳。

ここのつ【九つ】［名］❶数の名。九。❷年の数。九歳。❸《「九つ時」の略》時刻の名。いまの午前と午後の十二時ごろ。

ここのへ【九重】［名］❶宮中。皇居。内裏。＝九重。❷皇居のある場所。都。京都。例「九重のほかに移ろふ身にしあれば都はよそに菊の白露」〈とはずがたり〉❸九つ重なっていること。幾重にも重なっていること。また、そのもの。

〔**九重の内**・**九重の中**〕宮中。

〔**九重の宮**〕宮中にある宮殿。また、宮中。

〔**九重を馴らす**〕宮中でなれなれしく振る舞う。宮中をわがもの顔で歩く。例「いかばかりなる人、九重を馴ら・すらむ」〈枕・ころは、正月、三月〉

ここば【幾許】［副］《上代語。「ここばく」とも》こんなにひどく。こんなにも。例「秋の夜を長みにかあらむなぞここば眠の寝らえぬも」〈万葉・一五・三六八四〉⇩「ここだ」〈発展学習ファイル〉

ここばく【幾許】［副］「ここば」に同じ。

ごごはちはち【五五八八】［名］「陰陽道」で人間が死ぬとされる時刻。各月上旬の三・四・五日では昼の五つ時（辰、午前八時ごろ）、夜の五つ時（戌、午後八時ごろ）、昼の八つ時（未、午後二時ごろ）、夜の八つ時（丑、午前二時ごろ）という。

ここひのもり【子恋ひの森】［歌枕］一説に伊豆国の森とし、いまの静岡県熱海市の伊豆山神社にある森というが、未詳。ホトトギスの名所。

ごごひゃくさい【後五百歳】［名］《仏教語》釈迦の死後二千五百年を、仏法の盛衰を基準にして五百年ずつ五期に分けたうちの最後の五百年のこと。

ここめ［名］妖怪。化け物。

ここもと【此処許】［代名］❶《近称の指示代名詞》ここ。この辺。例「ここもとに几帳を添へ立てたる『あな口惜し』と思ひて」〈源氏・椎本〉❷《自称の人称代名詞》私の方。私。例「ここもとにただ一言聞こえさすべきことなむはべるを」〈源氏・総角〉

ここら【幾許】［副］

アプローチ
▼数量の多いさまや程度のはなはだしさを表す。
▼上代語の「ここだ」「ここば」が、中古以降この形で用いられるようになった。

❶《数量の多いさまを表す語》数多く。たくさん。大ぜい。例「さが尻をかきいでて、ここらの朝廷人に見せて、恥を見せむ」〈竹取・かぐや姫の昇天〉訳そいつの尻をまくり出して、大ぜいの役人に見せて恥をかかせてやろう。

❷《程度のはなはだしさを表す語》ひどく。たいそう。例「もみぢ葉の散りて積もれるわが宿に誰をまつ虫ここら鳴くらむ」〈古今・秋上・二〇三〉訳紅葉が散り積もっている（人も訪ねて来ない）私の家では、いったいだれを待つといって松虫がひどく鳴くのだろう。

発展学習ファイル　数量・程度のはなはだしさを表すおもな類義語として、「あまた」「そこら」などがある。

こごり【心】［名］こころ。例「妹が心は動くなめかも（＝動揺スルダロウカ）」〈万葉・二〇・四三九〇〉

〈参考〉『万葉集』巻二〇・四三九〇番歌の原文中に「去去里」とあり、これを「ココリ」と読み東国方言としたことによる語。ただし「里」を「ロ」と読む説もある。

こご・る【凝る・凍る】［自ラ四］｛ら・り・る・る・れ・れ｝凍って固まる。寒さで凝り固まって動かなくなる。例「石床と川の水凝・り」〈万葉・一・七九長歌〉

こころ【心】［名］

アプローチ
▼もとは心臓の意。
▼そこから、人間の内面に宿る精神、また、その働きを表す語へと転化した。
▼類義語「思ひ」は、内側に向かう情念を指し、「心」は外側に向かう精神の発露をいう。
▼下に形容詞などを伴った、「心…」という複合語も多い。

❶**精神**。**意識**。例「心にうつりゆくよしなし事を、そこはかとなく書きつくれば」〈徒然・序〉訳意識の上に浮かび上がってくるたわいもない事を、何ということもなく書きつけていると。

❷**思慮**。**判断**。例「天気のこと、楫取りの心にまかせつ」〈土佐〉訳天気のことは、船頭の判断に任せた。

❸**感情**。**気分**。例「うらうらに照れる春日にひばり上がり心悲しもひとりし思へば」〈万葉・一九・四二九二〉訳→（和歌）うらうらに…

❹**情緒**。**趣**。例「かきつばた、といふ五文字を句のかみにすゑて、旅の心をよめ」〈伊勢・九〉訳「かきつばた」という五文字を、和歌の各句の頭に置いて、旅の情緒を詠め。

❺**意味**。例「歌は題の心をよく心得べきなり」〈無名抄〉訳和歌（を詠むとき）は、歌題の意味をよくわきまえておくべきである。

❻**中心**。例「池の心広くしなして、めでたく造りののしる」〈源氏・桐壺〉訳（故桐壺更衣の里の）池の中

心を広くするなどして、大騒ぎをしながらりっぱに造営する。

〔**心急ぐ**〕早く事をしようと気がせく。気があせる。例「親、知ろし召しなば、許さるまじく侍りしかば、山林に**心急ぎ**て、まかりいでにしなり」〈宇津保・春日詣〉

〔**心浮く**〕気持ちが落ち着かない。気持ちがうわつく。例「**心浮き**たるにつき、さては、宮仕へなどする人は、世心も知らで」〈宇津保・祭の使〉

〔**心移る**〕愛情や関心が他のものに移る。例「斎宮の女御に、いとをかしう描かせたまひければ、これに御**心移り**て」〈源氏・絵合〉

〔**心移ろふ**〕愛情が他に移る。心変わりする。例「いまめかしき方にかならず御**心移ろひ**なんかし」〈源氏・宿木〉

〔**心起こす**〕「こころをおこす」に同じ。

〔**心起こる**〕❶その気になる。思い立つ。例「いと思ひの外に**心起こら**ぬ御旅寝なれど」〈増鏡・草枕〉❷信仰心がわく。道心が起こる。例「『月来詣でて過ぐしつらむ』と、まづ**心もおこる**」〈枕・正月に寺に籠りたるは〉

〔**心及ぶ**〕心が行き届く。思い及ぶ。例「何ごとも**心及び**たまはぬことはをさをさなき中にも」〈源氏・若菜・下〉

〔**心砕く**〕❶《「砕く」が自動詞下二段活用の場合》心が乱れる。例「むら肝の**心砕け**てかくばかり我が恋ふらくを知らずかあるらむ」〈万葉・四・七二〇〉❷《「砕く」が他動詞四段活用の場合》「こころをくだく」に同じ。

〔**心定まる**〕しっかりした考えをもっている。意志が固い。例「〔左近少将ハ〕**心定まり**てもの思ひ知りぬべかなるを」〈源氏・東屋〉語構成「思ひ知りぬべかなる」→「べかなり」

〔**心鎮む**〕心を落ち着かせる。気持ちを静める。例「もしやとて**心しづむる**夕暮れに」〈新撰六帖〉

〔**心好く**〕風流を好む。物好きである。例「昔の人はことに**心もすき**て、花月いたづらに過ごさざりけり」〈十訓抄・一〉

〔**心澄む**〕雑念や邪念が消えて心にけがれがなくなる。例「**心澄み**てや君(=亡クナッタアナタ)ながむらん」〈山家集・中〉

〔**心染む**〕心にとどめる。魂を奪われる。例「稽古に**心そめ**手綱、かいくりくりくり乗り拍子」〈浄・鑓の権三重帷子〉

〔**心謀りあり**〕はかりごとにたけている。例「くらもちの皇子は、**心たばかりある**人にて」〈竹取・蓬莱の玉の枝〉

〔**心絶ゆ**〕思慕の気持ちがなくなる。断念する。例「この中将は、なほ〔大君ヲ〕思ひそめし**心絶えず**」〈源氏・竹河〉

〔**心散る**〕落ち着かない。気が散る。例「空のけしき、花の露もいろいろ目移ろひ(=目移リガシ)**心散り**て」〈源氏・若菜・下〉

〔**心使ふ**〕考えをもつ。心を動かす。例「かろがろしき**心つかふ**な」〈源氏・総角〉

〔**心尽き果つ**〕あれこれ思い悩んで、精も根も尽き果てる。気力を使い果たす。例「親たちも〔娘ノ〕嘆キヲ〕げにことわりと思ひ嘆くに、なかなか**心も尽きはて**ぬ」〈源氏・松風〉

〔**心尽くす**〕(あれこれ考えて)心をすり減らす。心配する。例「かたがた**心尽くされ**はべる」〈源氏・松風〉

〔**心情けあり**〕思いやりがある。情趣を理解する。例「いかで**心なさけある**む男にあひ得てしがなと思へど」〈伊勢・六三〉

〔**心靡かす**〕心を寄せる。好意をもつ。例「〔玉鬘ノコトガ〕みな世に聞こえ出でて、〔源氏ガ〕思ししもしるく(=オ思イニナッテイタトオリニ)**心なびかし**たまふ人多かるべし」〈源氏・胡蝶〉

〔**心に余る**〕思いあまる。心にしまっておけない。例「**心にあまる**ことをも、また、誰にかは語らはむ」〈源氏・早蕨〉

〔**心にあり**〕❶胸の中にある。例「ねがふ事**心にあれ**ば」〈貫之集〉❷気持ちしだいである。例「さらば、御**心にこそあらめ**」〈宇津保・忠こそ〉

〔**心に入る**〕一《「入る」が自動詞四段活用の場合》気に入る。心にかなう。例「**心に入り**て恋しきものを」〈万葉・一三・三二七七〉二《「入る」が他動詞下二段活用の場合》心に深くとどめる。心にこめる。例「仏の御名を御**心に入れ**て」〈伊勢・六五〉

〔**心に懸かる**〕気になる。心にひっかかる。例「思すことのみ**心にかかり**たまへれば」〈源氏・帚木〉

〔**心に掛く**〕心にかける。気にする。例「院の帝の御事を**心にかけ**きこえたまひて」〈源氏・澪標〉

〔**心に適ふ**〕❶思うままになる。例「命だに**心にかなふ**ものならば」〈古今・離別・三八七〉訳↓〔和歌〕いのちだに…。❷気に入る。例「**心にかなふ**やうにもやと選りそめつる」〈源氏・帚木〉

〔**心に通ふ**〕❶心に似ている。心と相通じる。例「折る人の**心にかよふ**ふぢばかま」〈大和・一五三〉❷心に思い浮かぶ。例「**心にかよふ**世々の面影」〈続後拾遺・雑下・一一五八〉

〔**心に心をからかふ**〕心と心がもつれ争う。あれこれと思い悩む。例「千たび心はすすめども、**心に心をからかひ**て、高野の御山に参られけり」〈平家・一〇・横笛〉

〔**心に応ふ**〕思い当たる。ぎくりとする。胸にこたえる。例「おたね様へのお土産とて、贈るにつけても女房は、**心にこたへ**」〈浄・堀川波鼓〉

〔**心に籠む**〕心中につつむ。心に秘めておく。例「後の世にも言ひ伝へさせまほしきふしぶしを、**心に籠めがたく**て」〈源氏・蛍〉

〔**心に染む**〕《「こころにそむ」とも》一《「染む」が自動詞四段活用の場合》心に深く感じる。胸にしみる。例「**心に染みて**思ほゆるかも」〈万葉・四・五六九〉二《「染む」が他動詞下二段活用の場合》心に深く刻みこむ。例「歌のことをのみ**心にしめて**」〈更級〉

〔**心に添ふ**〕心につきまとう。例「**心にそふ**は思ひなりけり」〈続後拾遺・恋三・七八六〉

〔**心に染む**〕一「こころにしむ(心に染む)一」に同じ。二「こころにしむ(心に染む)二」に同じ。

〔**心に違ふ**〕本意にそむく。気持ちに反する。例「**心にもたがひ**て、その事ならず(=成就シナ

イ)」〈徒然・一五五〉

〔心に付く〕 一《「付く」が自動詞四段活用の場合》意にかなう。気に入る。例「華やかなる御身の飾りも心につ・かずのみ」〈源氏・匂宮〉 二《「付く」が他動詞下二段活用の場合》心にかける。例「院の内を心につ・けて、住みよくありよく」〈源氏・匂宮〉

〔心に乗る〕 いつも心にかかっている。例「思ひ妻心に乗・りて」〈万葉・一三・三二七六長歌〉

〔心に離る〕 心から遠ざかる。忘れる。例「〔匂宮ハ〕はかなく人を見たまふにつけても、さるは〔中ノ君ノコトガ〕御心に離・るるをりなし」〈源氏・総角〉

〔心に咽ぶ〕《「こころにむせふ」とも》(悲しみで)胸がつかえる。表に出さず心の中で泣く。例「白たへの袖で別るべき日を近み(=近イノデ)心にむせ・ひ音のみし泣かゆ」〈万葉・四・六四五〉

〔心にもあらず〕 ❶不本意である。例「心にもあら・ぬまじらひ、いと思ひの外なるものにこそと」〈源氏・宿木〉 ❷無意識だ。思わず。例「霞にも紛るまじくはなやかなるに、御心にもあら・ずうち嘆かれたまひて」〈源氏・初音〉

〔心の秋〕《「秋」に「飽き」かけていう語》心の中に訪れる秋。心変わり。飽きること。例「人の心の秋ぞ知らるる」〈新古今・恋五・一三五三〉

〔心の跡〕 心に刻まれた印象。例「しのぶの山の峰の雲かかる心の跡もなきまで」〈新古今・恋二・一〇九四〉

〔心の池〕 もの思いに満ちている心を、水をたたえている池にたとえていう語。例「苗代水は絶えぬとも心の池のいひは放たじ」〈後撰・恋三・七九一〉

〔心の至り〕 心の行き届くこと。例「心のいたり少なからん絵師は描き及ぶまじと見ゆ」〈源氏・明石〉

〔心の泉〕 ココロノイズミ 泉のように湧き出す感興や考え。例「常に芭蕉の軒にゆきかよひ、瓦の窓をひらき心の泉をくみしりて」〈すみだはら〉

〔心の暇〕「こころのひま」に同じ。

〔心の色〕 心のやさしさ。情味。例「げには心の色なく、情けおくれ」〈徒然・一四一〉

〔心の内〕 心の中。内心。胸中。

〔心の占〕 心の中でする占い。予想。予感。例「かく恋ひむものとは我も思ひにき心の占ぞまさしかりける」〈古今・恋四・七〇〇〉

〔心の掟〕 心構え。心のもち方。例「人の世にある様は、道理をもて身の飾りとし、心の掟とするものなり」〈宇治拾遺・一五・一三〉

〔心の置き所なし〕 切なくて途方に暮れる。どうしてよいか分からない。例「これ(=老母)を助けむがために、心のおきどころな・きままに〔魚ヲ捕マエマシタ〕」〈十訓抄・六〉

〔心の奥〕 ❶心の底。心の中。❷深い思慮。例「心の奥多かりげなるけはひ」〈源氏・匂宮〉

〔心の怠り〕 気のゆるみ。誠意の不足。不実。例「心のおこたりならばこそあらめ」〈落窪・一〉

〔心の鬼〕 ❶やましい気持ち。良心の呵責。例「ほのめかしたまへる気色を心の鬼にしるく見たまひて」〈源氏・葵〉 ❷疑心暗鬼。例「内裏にも御心の鬼に思すところやあらむ」〈源氏・朝顔〉

〔心の趣〕 性格。性向。例「ものまめやかに静かなる心の趣ならむよるべを」〈源氏・帚木〉

〔心の限り〕 ❶心全部。思いのすべて。例「花すすき招きもやまぬ山里に心のかぎりとどめつるかな」〈道綱母集〉 ❷思う存分。考えが及ぶかぎり。例「心の限り尽くしたりし御住まひ」〈源氏・玉鬘〉

〔心の癖〕 性格などのためにいつも考え方が特定の方向に行くこと。性格や考え方のかたよった傾向。

〔心の隈〕 心の奥。心のすみ。例「思ふてふ人の心のくまごとに」〈古今・雑躰・一〇三八〉

〔心の師〕 心を教え導くもの。

〔心の注連〕 心を清らかにして神に祈ること。例「心のしめをかけぬ日ぞなき」〈新古今・神祇・一八八四〉

〔心の導〕 心の導き。自分の恋心に導かれて相手に近づくこと。例「違ふべくもあらぬ(=人違イヲスルハズモナイ)心のしるべを」〈源氏・帚木〉

〔心の直にない者〕 心のまっすぐでないもの。悪者。

〔心のすさび〕 気持ちのおもむくままにする行動。また、心慰み。気まぐれ。例「心のすさびにまかせてかくすきわざ(=浮気)するは」〈源氏・葵〉

〔心の関〕 ❶思いが通じないことを関所に見立てていう語。かなわぬ思い。例「うき人の心の関にうちも寝で夢路をさへぞ許さざりける」〈新千載・恋二・一一六六〉 ❷心で相手の行動をせき止めようとすることを関所に見立てていう語。阻もうとする意志。

〔心の底〕 心の奥底。本心。

〔心の空〕 心の中。意識。心を空にたとえていう語。例「心の空に消えし月影」〈新古今・恋四・一三六三〉

〔心の丈〕 心の深さ。例「もの思ふ心のたけぞ知られぬる夜な夜な月をながめあかして」〈山家集・中〉

〔心の塵〕 心の雑念をたとえていう語。例「心の塵をすすぎつるかな」〈新古今・釈教・一九二六〉

〔心の月〕《「心月」の訓読語》悟りを得た心。その澄んだ心境を月にたとえた語。例「心の月は曇らざりけり」〈新古今・釈教・一九五〇〉

〔心の端〕 物思いを引き起こすきっかけ。思いの生じる種。例「われはただ仏にいつかあふひ草心のつまにかけぬまぞなき」〈新後拾遺・雑下・一四七四〉

〔心の露〕 心の中で流す涙。例「秋は我が心の露にあらねども物なげかしき頃にもあるかな」〈拾遺・恋一・七七六〉

〔心の友〕 ❶互いに心を知り合った友。❷心を慰めてくれるもの。例「草葉に集く虫までも、聞けば心の友ならずや」〈謡・松虫〉

〔心のなし〕 気のせい。例「たぐひあらじと、思ひきこえし心のなしにやありけむ」〈源氏・紅梅〉

〔心の濁り〕 心のけがれ。邪念。

〔心の果て〕 心の落ち着くところ。例「われながら心の果てを知らぬかな」〈新古今・雑下・一七六四〉

〔心の花〕 ❶移ろいやすい人の心をたとえていう語。例「色見えで移ろふものは世の中の人の心の花にぞありける」〈古今・恋五・七九七〉 訳→〔和歌〕いろみえで…。❷風雅を愛する美しい心。例「さも忙はしかりし身の、心の花か蘭菊の」〈謡・忠度〉 ❸うれしい気持ちの表れ。例「やがて心の花も咲き出づる桜山」〈浮・永代蔵〉

〔心の暇〕 心の休まるとき。もの思いのないとき。=心の暇。例「三条〔ノ邸〕にぞさぶらひたまひ

て、心のひまなくものしたまうて」〈源氏・行幸〉

〔**心の隔て**〕心の中に築いた壁。うちとけない気持ち。例「思はずにのみとりなしたまふ御心の隔てを」〈源氏・松風〉

〔**心の外**〕❶自分の望んでいることでないこと。思いの外。例「世を御心のほかにまつりごちなしたまふ人のあるに」〈源氏・須磨〉❷心にとめないこと。よそごと。例「御心の外ならんは、なかなか苦しうこそあるべけれ」〈源氏・真木柱〉

〔**心の程**〕心の程度。心のようす。例「うちつけに、深からぬ心のほどと見たまふらむ」〈源氏・帚木〉

〔**心の本性・心の本上**〕心の本来の性質。生まれついての性格。

〔**心の惑ひ**〕思い迷うこと。あれこれ悩んで途方に暮れること。

〔**心のまま**〕望みどおり。思うまま。

〔**心の水**〕心の清濁や動静を、水の状態にたとえていう語。例「底清く心の水を澄まさずは」〈新古今・釈教・一九四七〉

〔**心のもち顔**〕もっともらしいようす。悟ったような表情。例「数ならぬ身をも心のもちがほ・に浮かれてはまたかへり来にけり」〈新古今・雑下・一七四六〉

〔**心の闇**〕❶心の迷い。分別がつかない心。例「かきくらす心の闇に惑ひにき」〈古今・恋三・六四六〉❷子を思うあまりに迷う親の心。例「くれまどふ心の闇もたへがたき片はしをだに、はるくばかりに」〈源氏・桐壺〉

〔**心の行く方**〕心の向かう方向。意向。考え方。例「〔海士タチガ〕そこはかとなくさへづるも、心の行く方は〔源氏自身ト〕同じこと」〈源氏・須磨〉

〔**心の用意**〕心の準備。心構え。

〔**心の緒ろ**〕《「ろ」は接尾語》心をずっと続くものとして緒にたとえていう語。心。思い。

〔**心隔つ**〕打ち解けずに避ける。心を許さない。例「〔玉鬘ハ〕人の心隔・つべくもものしたまはぬ人のさまなれば」〈源氏・胡蝶〉

〔**心惚る**〕物事に心を奪われる。意識がぼんやりする。放心状態になる。例「俄に身すくみ心ほ・れて落馬してんげり」〈平家・六・嗄声〉

〔**心回る**〕思いつく。機転がきく。例「この男つけんずるきそくにて、しばしうち案じけるが、この心やまは・らざりけむ」〈古今著聞・五六六〉

〔**心も心ならず**〕気が気でない。気持ちが落ち着かない。例「内の人々は、まして心も心なら・ず、あはただしく」〈増鏡・北野の雪〉

〔**心も言葉も及ばれず**〕想像もできず、ことばでも表現できない。例「この島の景気(=景色)を見給ふに、〔ソノ素晴ラシサハ〕心もことばもおよばれ・ず」〈平家・七・竹生島詣〉

〔**心もしのに**〕しっとりなびくように。例「近江の海夕波千鳥汝が鳴けば心もしのに古思ほゆ」〈万葉・三・二六六〉訳→〔和歌〕あふみのうみ…

〔**心焼く**〕❶《「焼く」が他動詞四段活用の場合》思い焦がれさせる。心を燃え立たせる。例「焼き足らねかも(=焼キ足リナイノカ)我が心焼・く」〈万葉・七・一三三六〉❷《「焼く」が自動詞下二段活用の場合》心が焦がれる。悲しみにくれる。例「胸走り火に心焼・けをり」〈古今・雑躰・一〇三〇〉

〔**心破る**〕人の心を傷つける。気持ちを踏みにじる。例「思ふことばかり聞こえて、御心破・るべきにもあらず」〈源氏・夕霧〉

〔**心行き果つ**〕心が晴れ晴れする。例「かぐや姫の心ゆきは・てて、ありつる歌の返し」〈竹取・蓬莱の玉の枝〉

〔**心緩かす**〕《「こころゆるがす」とも》気を許す。心をゆったりとくつろがせる。例「心ゆるが・しておのづからなまめきならひはべりなむをや」〈紫式部日記〉

〔**心寄す**〕思いをかける。好意を抱く。例「こよなう心寄・せきこえたまへれば」〈源氏・桐壺〉

〔**心より余る**〕自分の心ひとつにおさめることができない。思案にあまる。例「〔柏木ガ〕御心よりあま・りて〔女三ノ宮ヲ〕思ぼしける」〈源氏・橋姫〉

〔**心より外なり**〕❶思いもかけない。思いも及ばない。例「〔紅葉ガ〕絵に描きたるやうにおもしろきを〔右近ハ〕見わたして、心より外・にをかしきまじらひ(=宮仕エ)かなと」〈源氏・夕顔〉❷不本意である。意に満たない。例「心よりほか・にこそ、〔世間ニ〕漏り出でにけれ」〈枕・この草子〉❸心のままにならない。思うにまかせない。例「さまざまにいとほしけれど、心より外・なる命(=寿命)なれば」〈源氏・柏木〉

〔**心を合はす**〕❶同意する。納得する。例「人の心をあは・せたらんことにてだに軽らかにえしも紛れたまふまじきを」〈源氏・夕顔〉❷示し合わせる。加担する。例「君は『心を合は・せたり』と思ぼさむがわびしきこと」〈落窪・一〉

〔**心を改む**〕改心する。志を変える。

〔**心を致す**〕心を尽くす。心を込める。例「なにがしが心をいた・して仕うまつる御修法に験しるなきやうはあらむ」〈源氏・夕霧〉

〔**心を入る**〕熱心にする。打ち込む。例「学問に心を入・れてはべりしに」〈源氏・絵合〉

〔**心を動かす**〕心ひかれる。感動する。また、心を乱す。動揺させる。例「ただ片かど(=才能ノホンノ一部)を聞きつたへて心を動か・すこともあめり」〈源氏・帚木〉語構成「こともあめり」→「あめり」

〔**心を移す**〕他のものに注意を向ける。気を取られる。心ひかれる。例「かかるすずろごと(=ツマラナイコト)に心を移・し」〈源氏・蛍〉

〔**心を起こす**〕❶仏道に入る心を起こす。道心を起こす。例「人の心を起こ・させむとて、仏のしたまふ方便は」〈源氏・蜻蛉〉❷心を奮い起こす。例「〔笏ガ〕はたらと折れけるは、いかばかりの心をおこ・されけるにか」〈大鏡・伊尹〉①②=心起こす

〔**心を固む**〕決心を固める。心をしっかりともつ。心構えをする。例「道心の起こりければ、よく心を固・めんとて」〈宇治拾遺・四・七〉

〔**心を砕く**〕あれこれ心配する。=心砕く②。例「通ひたまひし所どころ、人知れぬ心をくだ・きたまふ人ぞ多かりける」〈源氏・須磨〉

〔**心を汲む**〕相手の気持ちを汲み取る。相手の心中を察する。

〔**心を暗す**〕(悲しみなどで)心を暗くする。暗い気持ちになる。

〔**心を消つ**〕(悲しみなどで)気を落とす。例「『心細く悲しきことを、あらたまるべき春待ち出でで

しがな』と、**心を消・た**ず言ふもあり」〈源氏・椎本〉

〔**心を焦がす**〕心を苦しめる。例「いつくしき飾りと見えし火焚き屋も今日は**心を焦が・す**なりけり」〈栄花・三〉

〔**心を心と立つ**〕自分で自分を励ます。例「さはいへど、〔権中納言ノイウママニナル以外ニ方法ガ〕なきに、**心を心とた・てて**、この人(=権中納言)をさへ隔て恨みて」〈とりかへばや〉

〔**心を染む**〕心を寄せる。思い込む。例「むらさきのゆゑに**心をし・め**たればふちに身なげん名やはをしけき」〈源氏・胡蝶〉

〔**心を澄ます**〕邪念を払い精神を統一する。

〔**心を立つ**〕❶志を高くかかげる。心を奮い起こす。例「**心を立・てて**、唐土高麗と、この世にまどひ歩き」〈源氏・若菜・下〉❷自分の意志を押し通す。我を張る。例「何ごとにもあるに従ひて、**心をた・つる**方もなく」〈源氏・椎本〉

〔**心を付く**〕❶心を留める。思いを寄せる。例「**心をつ・くる**よすがのまたなきを飽かぬことに」〈源氏・胡蝶〉❷人にもの思いの心を起こさせる。例「**心をつ・くる**秋の初風」〈新古今・秋上・二九九〉

〔**心を尽くす**〕❶全力を尽くす。深い思いを寄せる。例「限りなう**心を尽く・し**きこゆる人に」〈源氏・若紫〉❷気をもむ。例「隙なき御前渡りに、人の御**心を尽く・し**たまふも」〈源氏・桐壺〉

〔**心を調ふ**〕心をひとつのことに集中する。心を落ち着ける。例「たれも**心をとな・へ**て聞こし召せ」〈大鏡・後一条院〉

〔**心を留む**〕心にかける。気をつける。例「〔私の返歌ヲ見テ〕ことわりにもや思ひけむ、〔夫八〕すこし**心をと・め**たるやうにて」〈蜻蛉・上〉

〔**心を取る**〕機嫌を取る。例「まづ塵をだになど親の**心をと・る**」〈源氏・帚木〉

〔**心を延ぶ**〕❶気持ちをのびのびとさせる。心を慰める。例「古言ぞ人の**心をの・ぶる**たよりなりける」〈源氏・総角〉❷気をとり直す。こだわりを抑え、気持ちを整える。例「きこえさせざらむもいとあやしかるべければ、**心をの・べて**」〈夜の寝覚〉

〔**心を曲ぐ**〕人の気持ちを害する。例「人の**心をま・げ**たることはあらじと思ふを」〈源氏・桐壺〉

〔**心を乱る**〕心を悩ませる。思い悩む。心配する。例「〔亡キ紫ノ上ガ、源氏ノ女性関係ノコトデ〕すこしにても**心を乱・り**たまひけむことの〔源氏ガ〕いとほしう悔しうおぼえたまふさま」〈源氏・幻〉

〔**心を見る**〕人の本心を試す。人の気を引いてみる。例「逃げ隠れて、人をまどはし(=男ヲ心配サセ)**心を・見む**とするほどに」〈源氏・帚木〉

〔**心を遣る**〕❶気を晴らす。心を慰める。例「**心を遣・る**にあに及かめやも」〈万葉・三・三四六〉❷自分だけ満足する。例「おのがじし**心をや・りて**、人をばおとしめなど」〈源氏・帚木〉❸思いを馳せる。例「旅の空を思ひおこせて詠まれたるにこそはと、**心をや・りて**あはれなれば」〈十六夜〉①②③=心遣る

〔**心を許す**〕❶打ち解ける。愛情を受け入れる。例「まそ鏡磨ぎし**心を許・して**しその日の極み(=ソノ日以来)」〈万葉・四・六一九長歌〉❷気を許す。油断する。例「良き道心者も、世の人**こころを許・さぬ**と見えたり」〈仮・浮世物語〉

〔**心を別く**〕愛情を他のものに向ける。例「いとど**心をわ・く**べくもあらずおぼえて」〈源氏・真木柱〉

こころあがり【心上がり】[名]うぬぼれ。思い上がり。

こころあささ【心浅さ】[名]《「さ」は接尾語》思慮が浅いこと。情が薄いこと。

こころあさ・し【心浅し】[形ク]{から・く(かり)・し・き(かる)・けれ・かれ}❶思慮が浅い。例「年頃あなづりきこえける**心あさ・き**人々」〈源氏・総角〉❷愛情が薄い。例「なごりなくはいかがは。**心浅・く**も取りなしたまふかな」〈源氏・葵〉

こころあ・し【心悪し】[形シク]{しから・しく(しかり)・し・しき(しかる)・しけれ・しかれ}気立てがよくない。性質が悪い。例「容貌憎さげに、**心悪・しき**人」〈枕・取りどころなきもの〉

こころあて【心当て】[名]あて推量。あてずっぽう。例「心あてに折らばや折らむ」〈古今・秋下・二七七〉訳→〔和歌〕こころあてにをらばやをらむ…

〔和歌〕**こころあてにそれかとぞみる…**【心あてにそれかとぞ見る白露の光そへたる夕顔の花】〈源氏・夕顔〉訳当て推量ながらその人かと見当をつけています。白露の光を添えた夕顔の花のように光を添えたお顔を。《係結び》「ぞ→見る体」《参考》夕顔が源氏に渡した扇に書きつけた歌。

〔和歌〕**こころあてにみししらくもは…**【心あてに見し白雲はふもとにて思はぬ空に晴るる富士のね】〈琴後集・村田春海〉訳当て推量にあのあたりが山頂だろうと見た白雲は、実はふもとに浮かんでいて、思ってもみない上空に、雲が晴れると富士山の頂上が見えたことだ。

〔和歌〕**こころあてにをらばやをらむ…**【心あてに折らばや折らむ初霜の置きまどはせる白菊の花】〈古今・秋下・二七七・凡河内躬恒〉《百人一首》訳当て推量で、もし折るのなら、折ってみようか。初霜が真っ白におりて人目をまどわせている白菊の花を。《係結び》「や→折らむ体」

こころあやまち【心誤ち】[名]❶「こころあやまり①」に同じ。❷「こころあやまり②」に同じ。

こころあやまり【心誤り】[名]❶思い違い。心得違い。例「**心あやまり**やしたりけむ、親王たちのつかひたまひける人をあひいへりけり」〈伊勢・一〇三〉❷心が平静ではないこと。気がふれること。例「児めきたまへる人の、時々**心あやまり**して」〈源氏・真木柱〉❸気分がすぐれないこと。例「**心あやまり**して、わづらはしくおぼゆれば」〈源氏・総角〉①②=心誤ち

〔和歌〕**こころあらむ…**【心あらむ人に見せばや津の国の難波わたりの春のけしきを】〈後拾遺・春上・四三・能因〉訳情趣を解する心があると思われる人に見せたいものです。この、摂津国(=いまの大阪府)の難波の辺りの春の景色を。

こころあ・り【心有り】[自ラ変]{ら・り・り・る・れ・れ}❶**思いやりがある**。例「にほ鳥の潜く池水**心あ・らば**」〈万葉・四・七二五〉❷**情趣がある**。**情趣を解する**。**風流心がある**。例「『むべ山風を』などいひたるも、『**心あ・らむ**』と見ゆるに」〈枕・野分のまたの日こそ〉❸**物の道理が分かる**。**分別がある**。例「おほやけも心細う思され、世の人も**心あ・る**かぎりは嘆きけり」〈源氏・賢木〉《音便》「心細う」は「心細く」

のウ音便。《敬語》「思され」→「おぼす」。❹（和歌・連歌の世界で）歌に詩心があり、詠みぶりが洗練されている。例「幽玄にも心あ・るべし」〈毎月抄〉❺ふたごころをもつ。裏切る気持ちがある。例「心あ・るごとな思ひ我が背子」〈万葉・四・五三〇〉

こころあわたた・し【心慌し】［形シク］{しから・しく(しかり)・し・しき(しかる)・しけれ・しかれ}心が落ち着かない。気ぜわしい。例「明日にはかに御迎へにとのたまはせたりつれば、**心あわたた・しくてなむ**」〈源氏・若紫〉

こころいきほひ【心勢ひ】（ココロイキオイ）［名］気力。迫力。

こころいら・る【心苛らる】［自ラ下二］{れ・れ・る・るる・るれ・れよ}心がいらいらする。いらだつ。

こころいられ【心苛られ】［名］心がいら立つこと。

こころい・る【心入る】㊀［自ラ四］{ら・り・る・る・れ・れ}心がひかれる。気に入る。例「かの紫のゆかり尋ねとりたまひては、そのうつくしみに**心入・りたまひて**」〈源氏・末摘花〉㊁［他ラ下二］{れ・れ・る・るる・るれ・れよ}熱心にする。心を傾ける。例「書（ふみ）（＝漢籍）に**心入・れたる**親は、『口惜しう、男子（をのこ）にて持たらぬこそ幸ひなかりけれ』とぞ、つねに嘆かれはべりし」〈紫式部日記〉

こころいれ【心入れ】［名］❶執心。心を込めること。❷親切。心遣い。❸心根。心底。

こころ・う【心得】［自ア下二］{え・え・う・うる・うれ・えよ}❶理解する。悟る。例「いかなる事にかあらむ、と**こころ・え**がたく思ふ」〈源氏・若紫〉《係結び》「か→あらむ㊐」。❷熟達する。精通する。例「この方に**こころ・えたる**人々に弾かせたまふ」〈源氏・末摘花〉《敬語》「弾かせたまふ」→「たまふ（四段）」。❸用心する。例「転び落ちぬやうに、**心・得**て炭を積むべきなり」〈徒然・二一三〉❹承知する。同意する。例「『それに待たせられい』『**こころ・えました**』」〈狂・花折〉

こころう【心憂】《形容詞「心憂し」の語幹》（感動詞的に用いて）情けない。つらいことよ。例「あな**心憂**。まろも同じ人ぞ」〈源氏・若紫〉

こころうう【心憂う】形容詞「こころうし」の連用形「こころうく」のウ音便。

こころうが・る【心憂がる】［自ラ四］{ら・り・る・る・れ・れ}嫌だと思う。つまらなく思う。例「**心憂が・り**て、いかずなりにけり」〈伊勢・二三〉

こころうご・く【心動く】［自カ四］{か・き・く・く・け・け}心が騒ぐ。動揺する。例「我になりて**心動・く**べきふしかな」〈源氏・絵合〉

こころうさ【心憂さ】［名］《「さ」は接尾語》つらいこと。情けないこと。

こころう・し【心憂し】［形ク］{から・く(かり)・し・き(かる)・けれ・かれ}

> **アプローチ**
> ▼名詞「心」と形容詞「うし」の複合語。
> ▼つらく、嫌になる気持ちをいう。
> ▼他に対しては、おもしろくないなどの意に用いられる。

❶（自分のことについて）**つらい。情けない。**例「我がかたちのみにくく、あさましきことと、余りに**心憂・く**覚えて」〈徒然・一三四〉訳自分の容貌（ようぼう）が醜く、あきれるほどひどいのを、あまりにも**情けなく**思って。❷（他のことについて）**おもしろくない。不快だ。いやだ。**例「なほ、顔いとにくげならむ人は、**心憂・し**」〈枕・職の御曹司の西面の〉訳やはり、顔がいかにも感じのよくない人（＝女性）は**いやだ**。

こころう・す【心失す】［自サ下二］{せ・せ・す・する・すれ・せよ}驚きで気が遠くなる。気が転倒する。例「**心も失・せ**て、吾（われ）にもあらで（＝ワレヲ忘レテ）」〈宇治拾遺・二・一〇〉

こころうつく・し【心愛し】［形シク］{しから・しく(しかり)・し・しき(しかる)・しけれ・しかれ}素直でかわいい。親しみがある。例「うるはしうよそほしき御さまにて、**心うつく・しき**御気色（けしき）もなく」〈源氏・紅葉賀〉

こころえ【心得】［名］❶理解すること。❷取り計らい。

こころえがほ［・なり］【心得顔】（ココロエガオ）［名・形動ナリ］分かったような顔。思い当たったような顔。また、そのようす。例「ふと**心得顔・に**も何かは答（いら）へきこえさせむ」〈源氏・若菜・上〉

こころえ・ず【心得ず】理解できない。分からない。

例「世には**心得・ぬ**事の多きなり」〈徒然・一七五〉

こころおきて【心掟】［名］❶**心構え。気立て。気性。**例「いときびはに幼かるべきほどよりは、**心おきて**おとなおとなしく」〈源氏・竹河〉❷**心遣い。配慮。**例「大臣（おとど）の君の御**心おきて**のこまかにありがたうおはしますこと」〈源氏・玉鬘〉《音便》「ありがたう」は「ありがたく」のウ音便。《敬語》「ありがたうおはします」→「おはします」。❸**意向。方針。**例「御**心おきて**にもて違（たが）ふことなく、いとめやすくぞありける」〈源氏・薄雲〉《係結び》「ぞ→ありける㊐」

こころお・く【心置く】［自カ四］{か・き・く・く・け・け}❶執着する。気にかける。例「露の世に**心お・くら**むほどぞはかなき」〈源氏・葵〉❷気がねする。遠慮する。例「人々いかに見はべらんと**心お・かれ**にたり」〈源氏・少女〉❸警戒する。用心する。例「なほこの殿（おとど）をば、めざましと**心お・き**たまへり」〈源氏・玉鬘〉

こころおく・る【心後る】［自ラ下二］{れ・れ・る・るる・るれ・れよ}❶気がきかない。例「心細き筋は後（のち）の聞こえも**心おく・れ**たるわざにや」〈源氏・御法〉❷気後れする。弱気になる。例「あやしく**心おく・れ**ても進み出（い）でつる涙かな」〈源氏・梅枝〉

こころおくれ【心後れ】［名］❶気後れ。心が臆（おく）すること。❷心の働きが劣っていること。愚かであること。例「かたちみにくく、**心おくれ**にして出（い）で仕（つか）へ」〈徒然・一三四〉

こころおごり［・す］【心驕り】［名・自サ変］高慢な心をもつこと。いい気になること。例「のどかなりつる御**心おごり**に」〈源氏・賢木〉

こころおそさ【心遅さ】［名］《「さ」は接尾語》反応・理解が遅いこと。鈍感なこと。

こころおそ・し【心鈍し】［形ク］{から・く(かり)・し・き(かる)・けれ・かれ}考えが働かない。頭がよく回らない。例「さやうのことにも**心おそ・く**ものしたまふ」〈源氏・蓬生〉

こころおとり［・す］【心劣り】［名・自サ変］（予想よりも、現実は劣っていると感じて）幻滅すること。期待外れであること。↔心勝り。例「**心劣り・せらる**る本性（ほんしやう）見えんこそ、口をしかるべけれ」〈徒然・一〉

こころおも・し【心重し】〔形ク〕{(から)・く(かり)・し・き(かる)・けれ・かれ}落ち着きがある。思慮深い。慎重である。例「すぐれてをかしう(=気品ガアッテ)、**心おも・く**」〈紫式部日記〉

こころか・く【心掛く】〔自カ下二〕{け・け・く・くる・くれ・けよ}心にかける。思いを寄せる。例「側(そば)める人やわが**心か・くる**と、まづ目とどめたまへば」〈源氏・空蟬〉

こころがさ【心嵩】〔名〕思慮に富んでいること。

こころかしこ・し【心賢し】〔形ク〕{(から)・く(かり)・し・き(かる)・けれ・かれ}賢明である。気がきく。例「そ(=猫)の中にも**心賢・き**は、おのづから魂はべらむかし」〈源氏・若菜・下〉

こころかた・し【心堅し】〔形ク〕{(から)・く(かり)・し・き(かる)・けれ・かれ}強情だ。意志が強い。例「年ごろもの申しわたりけれど、いと**こころかた・く**てやみ侍(はべ)りける女の」〈基俊集〉

こころかは・す【心交はす】ココロカワス〔自サ四〕{さ・し・す・す・せ・せ}互いに心を通わせる。例「人のほどだにものを思ひ知り、女の**心かは・しける**ことと」〈源氏・若紫〉

こころがはり【心変はり】ココロガワリ〔名〕❶精神が異常になること。発狂。❷気が変わること。変心。

こころがへ【心替へ】ココロガエ〔名〕心を他人の心と取り替えること。例「**心がへ**する物にもが片恋は苦しき物と人にしらせむ」〈古今・恋一・五四〇〉

こころがまへ【心構へ】ココロガマエ〔名〕物事に対処するための気構え。心の準備。

こころかよ・ふ【心通ふ】ココロカヨウ〔自ハ四〕{は・ひ・ふ・ふ・へ・へ}気持ちが相手に通じる。例「**心かよ・は**ぬ程はあらじを」〈後拾遺・別・四九三〉

こころから【心から】《名詞「心」＋格助詞「から」》❶自分の気持ちから。自分から望んで。例「**心から**花の雫にそほちつつ」〈古今・物名・四二二〉訳→〔和歌〕こころからはなのしづくに…。❷心の底から。

〔俳句〕**こころから…**【**心から信濃(しなの)の雪(ゆき)に降られけり**】〈文化句帖・一茶〉訳折から降り出した信濃の雪に心のしんまで冷たくこごえさせられたことだ。(季―雪―冬)

こころがら【心柄】〔名〕❶性質。気質。❷自分から出たこと。自業自得。

〔和歌〕**こころからとこよをすてて…**【**心から常世を捨てて鳴く雁(かり)を雲のよそにも思ひけるかな**】〈源氏・須磨〉訳自らの意志で常世の国を捨てて旅の空で鳴く雁を、雲の向こうの関係のないものと思っていたことですよ。

〔和歌〕**こころからはなのしづくに…**【**心から花の雫にそほちつつ憂(う)く干(ひ)ずとのみ鳥の鳴くらむ**】〈古今・物名・四二二・藤原敏行〉訳自分から好んで花の滴に濡(ぬ)れながら、どうして、つらいことに羽根が乾かないとばかり、あの鳥は鳴いているのだろう。〈参考〉第四句「憂く干ず」に「うぐひす」を隠している。

こころかるさ【心軽さ】〔名〕《「さ」は接尾語》軽率なこと。軽薄なこと。

こころかろ・し【心軽し】〔形ク〕{(から)・く(かり)・し・き(かる)・けれ・かれ}《「こころかるし」とも》軽率だ。気が変わりやすい。例「**心軽・く**は思はざりしを」〈金葉・恋下・四六三〉

こころきき【心利き】〔名〕《「こころぎき」とも》気がきくこと。また、その人。

こころきたな・し【心汚し】〔形ク〕{(から)・く(かり)・し・き(かる)・けれ・かれ}《「こころぎたなし」とも》心が卑しい。腹黒い。例「仏も**心ぎたな・し**とや思(おぼ)しめさむ」〈源氏・薄雲〉

こころぎは【心際】ココロギワ〔名〕心根。心持ち。

こころぎも【心肝】〔名〕《「こころきも」とも》❶心。胸のうち。例「言ひかはすことどもに、いとど**心肝**もつぶれぬ」〈源氏・浮舟〉❷理性。思慮。例「やをらひき隠してあるべかりけることを、**心肝**なく申すかな」〈大鏡・道長・下〉

〔**心肝(こころぎも)尽(つ)く**〕魂が消え失せる。意気消沈する。例「いとど心苦しう、**心肝も尽・くる**やうになん」〈源氏・桐壺〉

こころきよ・し【心清し】〔形ク〕{(から)・く(かり)・し・き(かる)・けれ・かれ}《「こころぎよし」とも》純粋である。執着しない。例「**心清・く**我を頼みたまへるありさまと」〈源氏・蓬生〉

こころぐ・し【心ぐし】〔形ク〕{(から)・く(かり)・し・き(かる)・けれ・かれ}心が晴れ晴れしない。例「**心ぐ・く**照れる月夜(つくよ)にひとりかも寝(ね)む」〈万葉・四・七三五〉

こころぐせ【心癖】〔名〕生まれつきのくせ。性癖。

こころぐみ【心ぐみ】《形容詞「心ぐし」の語幹＋接尾語「み」》心が晴れず切ないので。例「**心ぐみ**我(あ)が思ふ児(こ)らが家のあたり見つ」〈万葉・一三・三〇五七〉

こころくらべ【心競べ・心較べ・心比べ】〔名〕意地を張り合うこと。

こころぐる・し【心苦し】〔形シク〕{(しから)・しく(しかり)・し・しき(しかる)・しけれ・しかれ}

アプローチ
▼名詞「心」と形容詞「苦(く)るし」の複合語。
▼相手のようすを見て、自分の心が痛むの意が原義。
▼平安時代には、相手の身を思いやって心が痛む場合や、他人が心の痛むような状態にある場合にも用いられるようになった。

❶(自分の)**心に苦痛を感じる。つらく切ない。**↔心安し。例「いと**心苦・しく**物思ふなるは、まことか」〈竹取・かぐや姫の昇天〉訳(かぐや姫が)たいそう**つらく切なく**思い悩んでいると聞くが、本当か。❷(他人のことが)**気の毒だ。いたわしい。心配だ。**例「君は思(おぼ)しおこたる時の間もなく、**心苦・しく**も恋しくも思し出(い)づ」〈源氏・帚木〉訳源氏は、(空蟬(うつせみ)を)片時もお忘れにならず、**気の毒だ**とも、また恋しいとも思い出していらっしゃる。《敬語》「思しおこたる」「思し出づ」→「おぼす」

古語深耕　「こころぐるし」と「いとほし」との違い

「**こころぐるし**」「**いとほし**」はともに、他者を思いやる心をいうことばだが、他者との心の距離に違いがある。「**こころぐるし**」は、つらい目に会っている他者を見て、自分の心がしめつけられる場合に用いられる。相手と一体化しており、そのつらさに自分の心を痛めている。だから人だけでなく、自然物に対しても、その心を想像して用いることがあった。「**いとほし**」は、相手との間に距離のある同情やいたわりの思いである。相手のつらさの原因に自分がからむ時は、申し訳ない気持ちが含まれる。また、「**いたはし**」は、相手への気持ちなので、人に対してだけ用いる。

こころぐるしう【心苦しう】形容詞「こころぐるし」の連用形「こころぐるしく」のウ音便。

こころぐるしげ［・なり］【心苦しげ】［形動ナリ］{なら・なり(に)・なり・なる・なれ・なれ}いかにも気の毒なようす。痛々しい。例「藤の御衣(=喪服)にやつれたまへるにつけても、限りなくきよらに**心苦しげ・なり**」〈源氏・賢木〉

こころぐるしさ【心苦しさ】［名］《「さ」は接尾語》切ないこと。気の毒に思うこと。

こころげさう【心化粧】［名］(相手を意識して)言動・姿態に気を配ること。例「**心化粧**したるなむ、をかしきやうやうの見物なりける」〈源氏・葵〉

こころごころ［・なり］【心心】㊀［名］人それぞれの気持ちや考え。例「人の**心々**おのがじしの立てたるおもむきも見えて」〈源氏・帚木〉㊁［形動ナリ］{なら・なり(に)・なり・なる・なれ・なれ}思い思いのさま。例「心にくき有職どもにて、**心々・に**争ふ口つきどもを」〈源氏・絵合〉

こころこと［・なり］【心異】［形動ナリ］{なら・なり(に)・なり・なる・なれ・なれ}格別である。すぐれている。例「おぼえ**心こと・なる**博士なりけり」〈源氏・少女〉

こころごは・し【心強し】［形ク］{から・く(かり)・し・き(かる)・けれ・かれ}強情だ。気が強い。例「故宮にも、しか**心ごは・き**ものに思はれたてまつりて」〈源氏・少女〉

こころさか・し【心賢し】［形シク］{しから・しく(しかり)・し・しき(しかる)・しけれ・しかれ}気持ちがしっかりしている。気丈である。例「**心さか・しき**者、念じて射むとすれども」〈竹取・かぐや姫の昇天〉

こころざし【志】［名］❶(ある事を実現しようとする)意志。目標。決意。例「残りの齢なくは行ひ(=仏道修行)の**こころざし**もかなふまじけれど」〈源氏・若菜・上〉❷注意。配慮。例「**こころざし**はいたしけれど、さるいやしきわざも習はざりければ、うへのきぬの肩を張り破りてけり」〈伊勢・四一〉❸厚意。誠意。愛情。例「いかで人より先に、深き**こころざし**を御覧ぜられんとのみ思ひきほふ男女をこなにつけて」〈源氏・蓬生〉《副詞の呼応》「いかで→御覧ぜられん」。《敬語》「御覧ぜられん」→「ごらんず」。❹感謝。また、感謝のしるしとして贈るもの。謝礼。お礼。例「いとはつらく見ゆれど、**志**はせむとす」〈土佐〉❺死者の冥福を祈る仏事。追善供養。

〔**志有り顔**〕愛情ありげなようす。例「〔恋人カラノ手紙を〕いとをかしげに見たまへるけしきも、**志あり顔なり**」〈落窪・一〉

〔**志を尽くす**〕誠意を尽くす。真心を尽くす。例「立ち走りやすくまどひ歩きつつ、**こころざしを尽く・し**て宮仕へし歩きて」〈源氏・行幸〉

〔**志を(は)遂ぐ**〕こうしようと心に決めていたことを成し遂げる。目的を果たす。例「**志は遂・げ**ず、望みは絶えず」〈徒然・九一〉

こころざ・す【志す】［他サ四］{さ・し・す・す・せ・せ}❶目指す。心に決める。例「ひとたび道を聞きて、これに**志・さん**人」〈徒然・一七四〉❷(気持ちを表すために)贈り物をする。例「これを取りて、人にも**こころざ・し**」〈宇治拾遺・一・二〉❸追善供養をする。例「今日は**志・す**日にて候ふほどに、墓所へ参り候ふ」〈謡・定家〉

こころさぶ・し【心淋し・心寂し】［形シク］{しから・しく(しかり)・し・しき(しかる)・しけれ・しかれ}何となく寂しい。例「**心さぶ・しく**南風吹き」〈万葉・一八・四一〇六長歌〉

こころざま【心様】［名］❶心の持ち方。考え方。例「気色ばみてふと背き隠るべき**心ざま**などはなければ」〈源氏・夕顔〉❷気立て。性質。例「かたち・**心ざま**よき人も、才なくなりぬれば、しなくだり」〈徒然・一〉

こころさわぎ［・す］【心騒ぎ】［名・自サ変］胸騒ぎ。気が気でないこと。=心走り。例「この人いかになりぬるぞと思ほす**心騒ぎ**に、身の上も知られたまはず添ひ臥して」〈源氏・夕顔〉

こころさわ・ぐ【心騒ぐ】［自ガ四］{が・ぎ・ぐ・ぐ・げ・げ}心が落ち着かない。胸騒ぎがする。例「**心騒・ぎ**て、立ち居ふるひ、紐ときて求むれど」〈落窪・一〉

こころしらひ【心しらひ】［名］気配り。心遣い。例「かたへは御使ひの**心しらひ**なるべし」〈源氏・賢木〉

気配りがすぎて、差し出た振る舞いをする、という否定的な意味になることもある。

こころしら・ふ【心しらふ】［自ハ四］{は・ひ・ふ・ふ・へ・へ}❶心得がある。精通している。例「兵事に**こころしら・へる**は」〈紀・継体〉❷心遣いをする。例「御供の人々**心しら・ひ**て言ひたりければ」〈源氏・宿木〉

こころしり［・なり］【心知り】［名・形動ナリ］❶事情をよく知っていること。承知すること。例「御息所の**心知り・なり**けり」〈源氏・夕霧〉❷互いに気心が知れていること。例「女御の御乳母の、**心知り・に**て乗りたり」〈源氏・若菜・下〉

こころし・る【心知る】［自ラ四］{ら・り・る・る・れ・れ}事情を知る。物の道理や情趣を理解する。例「**心知・り**たまはぬ御あたりに」〈源氏・玉鬘〉

こころ・す【心す】［自サ変］{せ・し・す・する・すれ・せよ}用心する。注意する。例「あなたにも**心・し**て、果ての巻は心ことにすぐれたるを選りおきたまへるに」〈源氏・絵合〉

こころすごう【心凄う】形容詞「こころすごし」の連用形「こころすごく」のウ音便。

こころすご・し【心凄し】［形ク］{から・く(かり)・し・き(かる)・けれ・かれ}いかにも気味が悪い。ものさびしい。例「山おろし**心すご・く**、松の響き木深く聞こえわたされなどして」〈源氏・夕霧〉

こころすす・む【心進む】［自マ四］{ま・み・む・む・め・め}心がはやる。あせる。例「家思ふと**心進・むな**」〈万葉・三・三八一〉

こころぜいもん【心誓文】［名］心の中に立てる誓い。決意。

こころそら［・なり］【心空】［形動ナリ］{なら・なり(に)・なり・なる・なれ・なれ}心がうわの空である。夢中である。例「**心空・なり**土は踏めども」〈万葉・一二・二九五〇〉

こころたかさ【心高さ】［名］《「さ」は接尾語》理想・志が高いこと。

こころたか・し【心高し】［形ク］{から・く(かり)・し・き(かる)・けれ・かれ}《「こころだかし」とも》❶理想や望みが高い。例「上も下も思ひおよび出でて立つこそ、**心高・き**ことなれ」〈源氏・行幸〉❷気位が高い。例「女は**心高・く**つかふべきものなり」〈源氏・須磨〉

こころたがひ【心違ひ】ココロタガイ[名]平常な心の状態ではないこと。乱心。発狂。

こころだくみ【心工み】[名]心の中で工夫をこらすこと。心積もり。計画。

こころたしか【心確か】[形動ナリ]{なら・なり(に)・なり・なる・なれ・なれ}気持ちがしっかりしているさま。例「鬼神は心たしかにて、かく礼儀も深きによりて、文をもうやまふにこそ」〈古今著聞・一二七〉

こころだ・つ【心立つ】[自タ四]{た・ち・つ・つ・て・て}(「こころたつ」とも)心がおこる。乗り気になる。例「心妬ねたうもてないたる、なかなか心だ・つやうにもあり」〈源氏・胡蝶〉

こころだて【心立て】[名]❶志を強くもつこと。一念発起。例「かくいみじき心だてによりて、あやしくかたはなる身ながら、后きさきとなりにけり」〈十訓抄・五〉❷心のもち方。気立て。性質。

こころだましひ【心魂】ココロダマシイ[名](「こころたましひ」とも)❶能力。才覚。❷胆力。気力。内面的な心の働き。例「〔道長ノヨウナ〕さるべき人は、とうより御心魂のたけく」〈大鏡・道長・上〉

こころだらひ【心足らひ】ココロダライ[名・形動ナリ](「こころたらひ」とも)満足するさま。思う存分。例「雨も降らぬか心足らひ・に」〈万葉・一八・四一二三〉

こころづかひ【心遣ひ】ココロヅカイ[名・自サ変]細かく気を遣うこと。心がけ。準備。例「〔頭中将とうのちゅうノ〕こと(=舞ヲ所望サレルコト)もやと心づかひやしけむ」〈源氏・花宴〉(係結び)「もや→(省略)」、「心づかひや→しけむ(体)」

こころづから【心づから】ココロズカラ[副](「づから」は接尾語)自分の心から。自分から求めて。例「人知れぬ御心づからのもの思はしさは」〈源氏・花散里〉

こころづき【心付き】[名・形動ナリ]気に入ること。好ましいようす。例「かくてこの母上、この三位殿の御事を心づき・に思ぼして」〈栄花・三〉

こころづきなう【心付きなう】ココロヅキノウ 形容詞「こころづきなし」の連用形「こころづきなく」のウ音便。

こころづきなさ【心付き無さ】[名](「さ」は接尾語)不愉快に思うこと。気に食わないこと。

こころづきな・し【心付きなし】[形ク]{から・く(かり)・し・き(かる)・けれ・かれ}気に入らない。いやだ。好感がもてない。例「いかなる女なりとも、明け暮れ添ひ見んには、いと心づきな・く、憎かりなん」〈徒然・一九〇〉

こころづ・く【心付く】一[自カ四]{か・き・く・く・け・け}(「こころつく」とも)❶気がつく。例「ある人々は心づ・きたるもあるべし」〈堤中納言・虫めづる姫君〉❷心ひかれる。気に入る。例「御むすめたちの住まひたまふらん御ありさま思ひやりつつ、心つ・く人もあるべし」〈源氏・椎本〉❸気がきく。機転がきく。例「心つ・きたる人にて、かしこく驚きて」〈宇津保・忠こそ〉❹理解する。物心がつく。分別がつく。例「能も心づ・くころなれば、次第次第に物数をも教ふべし」〈風姿花伝〉二[他カ下二]{け・け・く・くる・くれ・けよ}❶思いを寄せる。執心する。例「大将にのみ心つ・けたまへるを」〈源氏・葵〉❷気づかせる。注意させる。例「物は破れたる所ばかりを修理しゅして用ゐる事ぞと、若き人に見ならはせて、心づ・けんためなり」〈徒然・一八四〉

こころづくし【心尽くし】[名]もの思いをしつくすこと。さまざまなもの思いをすること。例「心づくしに思し乱るることどもありて」〈源氏・夕顔〉(敬語)「思し乱るる」→「おぼす」

心尽くしの秋 さまざまなもの思いをさせる秋。もの思いの限りを尽くす秋。例「木の間より漏りくる月の影見れば心尽くしの秋は来にけり」〈古今・秋上・一八四〉訳→(和歌)このまより…

こころづけ【心付け】[名]❶気配り。配慮。❷祝儀。❸連歌・俳諧で、句の付け方のひとつ。前句に表現された情趣・内容を受け止めて、ことばの縁などによらずに、それが成り立つ状況・心理などを具体的に付けること。

こころづま【心夫・心妻】[名](「こころつま」とも)心の中で夫または妻と思い定めた人。意中の愛人。

こころづよう【心強う】形容詞「こころづよし」の連用形「こころづよく」のウ音便。

こころづよさ【心強さ】[名](「さ」は接尾語)❶強情なこと。意志の固いこと。❷頼もしいこと。心丈夫なこと。

こころづよ・し【心強し】[形ク]{から・く(かり)・し・き(かる)・けれ・かれ}❶気が強い。強情だ。気丈だ。例「なほやうやう心強・く思ぼしなして、例の御座所おましどころにこそ」〈源氏・葵〉(係結び)「にこそ→(省略)」。(敬語)「思しなして」→「おぼす」。❷情にほだされない。つれない。例「かばかり言ひ寄りぬれば、心強・うしもあらずならひたりしを」〈源氏・明石〉(音便)「心強う」は、「心強く」のウ音便。①②↔心弱し

こころと【心と】[副]自分の心から。自ら求めて。例「我も人も過ぐいたまひつべかりける世を、心と思ぼし嘆きけるを」〈源氏・須磨〉

こころど【心ど】[名]気力。心の張り。例「君いまさねば心どもなし」〈万葉・三・四五七〉

こころとう【心疾う】形容詞「こころとし」の連用形「こころとく」のウ音便。

こころときめき【心ときめき】[名・自サ変]胸がどきどきすること。(期待などで)胸がわくわくすること。≒ときめき。例「すこし近きけはひするに、御心ときめき・せられたまひて」〈源氏・蛍〉

こころと・く【心解く】[自カ下二]{け・け・く・くる・くれ・けよ}打ち解ける。気を許す。気持ちがほぐれる。例「心と・けても笑らへたまはず」〈源氏・蓬生〉

こころと・し【心疾し】[形ク]{から・く(かり)・し・き(かる)・けれ・かれ}❶察しが早い。敏感だ。例「うちほほゑみてのたまふ御けしきを、心と・きものにて、ふと思ひ寄りぬ」〈源氏・葵〉❷気ぜわしい。気が早い。例「一重なるがまづ咲きて散りたるは、心と・くをかしとて」〈徒然・一三九〉

こころどち【心どち】[名](「どち」は接尾語)同じ心持ちの仲間。同志。例「若き御心どちなれば、年ごろ見ならひたまへる御あはひを」〈源氏・少女〉

こころとど・む【心留む】[自マ下二]{め・め・む・むる・むれ・めよ}(「こころとむ」とも)注意する。心を寄せる。例「心とど・めても問ひ聞けかし」〈源氏・帚木〉

こころとま・る【心留まる】[自ラ四]{ら・り・る・る・れ・れ}心が引き付けられる。心が引かれる。例「思ふより違たがへることなむあやしく心とま・るわざなる」〈源氏・帚木〉

こころと・む【心留む】〔自マ下二〕{め・め・む・むる・むれ・めよ}「こころとどむ」に同じ。

こころとり【心取り】〔名〕ご機嫌とり。機嫌をとること。例「『いと茂くはべりし道の草も、すこしうち払はせはべらんかし』と、**心とり**に聞こえたまへば」〈源氏・宿木〉

こころなう【心無う】形容詞「こころなし」の連用形「こころなく」のウ音便。

こころながう【心長う】形容詞「こころながし」の連用形「こころながく」のウ音便。

こころながさ【心長さ】〔名〕（「さ」は接尾語）ずっと心変わりしないこと。誠実なこと。

こころなが・し【心長し】〔形ク〕{から・く(かり)・し・き(かる)・けれ・かれ} ❶長く気持ちが変わらない。気が長い。例「さりとも**こころなが・く**見果ててむ」〈源氏・末摘花〉 ❷安心である。のんびりしている。例「**心長・う**養生をして」〈狂・武悪〉《音便》「心長う」は「心長く」のウ音便。

こころながら【心ながら】❶自分の心ながらも。自分自身。例「みづからの**心ながら**も」〈源氏・若菜・下〉 ❷その心のままに。例「むかしよかりし時の**心ながら**、世の常のこともしらず」〈伊勢・一六〉

〔和歌〕**こころなき…**【心なき身にもあはれは知られけり鴫立つ沢の秋の夕暮れ】〈新古今・秋上・三六二・西行〉訳ものの情趣を解する心のないこの身にも、おのずとしみじみとした情趣が感じられることだ。このシギが飛び立つ沢辺の秋の夕暮れの景色は。
〈参考〉「三夕の歌」のひとつとして有名。

こころな・ぐ【心和ぐ】〔自ガ上二〕{ぎ・ぎ・ぐ・ぐる・ぐれ・ぎよ}心がやわらぐ。

こころなぐさ【心慰】〔名〕《上代語》心を慰めること。気晴らし。例「**心なぐさ**になでしこをやどに蒔き生ほし」〈万葉・一八・四一一三〉

こころなぐさめ【心慰め】〔名〕心を慰めること。気晴らし。→「こころなぐさ」。例「男たちの**心なぐさ**めに、漢詩に『日を望めば都遠し』などいふなる言のさまを聞きて」〈土佐〉

こころなし【心無し】〔名〕思慮のないこと。また、その人。例「**心なし**のかかるわざをして」〈源氏・若紫〉

こころな・し【心無し】〔形ク〕{から・く(かり)・し・き(かる)・けれ・かれ} ❶**思慮がない。分別がない。**例「はては、大きなる枝、**心な・く**折り取りぬ」〈徒然・一三七〉 ❷**他人の気持ちを理解しない。無情だ。思いやりがない。**例「しばしばも見放けむ山を**心な・く**雲の隠さふべしや」〈万葉・一・一七長歌〉訳→〔和歌〕うまさけ…。 ❸**情趣を解しない。無風流である。**例「野分する野辺のけしきを見る時は**心な・き**人あらじと思ふ」〈千載・秋上・二五八〉

発展学習ファイル 同義語の「**なさけなし**」が否定の度合いが弱く、わずかに「なさけ」を期待する気持ちが含まれているのに対し、「こころなし」は精神や情を否定するニュアンスが強く、なじる気持ちが含まれる。

〔**心無き身**〕ものの情趣を感じる心のない身。例「**心なき身**にもあはれは知られけり」〈新古今・秋上・三六二〉訳→〔和歌〕こころなき…

こころなら・ず【心ならず】❶不本意だ。本心でない。例「おのが**心なら・ず**まかりなむとする」〈竹取・かぐや姫の昇天〉 ❷無意識だ。うっかりする。例「**心なら・ず**、『南無阿弥陀仏』と、申しけるを」〈沙石集〉 ❸不安でじっとしていられない。気が気でない。

こころならひ【心習ひ・心慣らひ】〔名〕心の習慣。性癖。

こころ・なり【心なり】思いのままである。その人の決心次第だ。例「かく御**心・なる**ことを、大納言殿に譲りきこえたまはで」〈栄花・三七〉

こころにくう【心憎う】形容詞「こころにくし」の連用形「こころにくく」のウ音便。

こころにく・し【心憎し】〔形ク〕{から・く(かり)・し・き(かる)・けれ・かれ}

アプローチ
▼**対象がはっきりしないので、心がひきつけられる意。**
▼**自分が遠く及ばないものへのあこがれ・ねたみなどの気持ちを抱くような状態をいうが憎悪の感情はほとんど含まれない。**

❶**奥ゆかしい。心がひかれる。**例「**心にく・き**限りの女房、四、五人さぶらはせたまひて」〈源氏・桐壺〉訳**奥ゆかしい**女房ばかり四、五人をおそばにお控え申し上げさせなさって。《敬語》「さぶらはせたまひて」→「さぶらふ」「たまふ(四段)」 ❷**恐ろしい。何となく警戒すべきである。**例「**心にく・う**も候はず」〈平家・四・競〉訳**恐ろしい**こともございません。《音便》「心にくう」は「心にくく」のウ音便。 ❸《近世語》**いぶかしい。怪しい。**例「**心にく・し**。重きものを軽う見せたるは、隠し銀にきはまるところ」〈浮・世間胸算用〉訳**あやしい**。重い物を軽く見せているのは、隠し金に違いない。

発展学習ファイル ①の類義語に対象に好奇心を抱く意の「**ゆかし**」がある。

〔和歌〕**こころには…**【心には下ゆく水のわきかへり言はで思ふぞ言ふにまされる】〈古今六帖・五〉訳心の中には、物陰の下を流れる水がわき返っているように、口に出していわないであなたを恋しく思うということは、口に出していうことよりもずっと恋心がまさっているのです。

〔和歌〕**こころにも…**【心にもあらでうき世にながらへば恋しかるべき夜半の月かな】〈後拾遺・雑一・八六〇・三条院〉《百人一首》訳自分の意志に反して、つらい世の中に生き長らえるならば、きっと恋しく思うに違いない、この夜ふけの美しい月であることよ。

こころね【心根】〔名〕心の底。本性。性質。

こころのどか〔・なり〕【心長閑】〔形動ナリ〕{なら・なり(に)・なり・なる・なれ・なれ}心がゆったりとしている。心静かだ。例「**心のどか・に**御覧ぜらるべきことを思ふなり」〈源氏・澪標〉

こころのどけさ【心長閑けさ】〔名〕《「さ」は接尾語》心がゆったりと落ち着いていること。

こころば【心葉】〔名〕❶(人の心を葉にたとえて)心。心ばえ。 ❷贈り物に添えられた、梅や松などの作り物の飾り。 ❸贈り物の箱などの覆いや敷物につけた飾り。 ❹大嘗会などの神事に奉仕する官人が冠の「巾子」につけた、金銀の造花。

こころはしり【心走り】[名]《「こころばしり」とも》胸騒ぎ。胸がどきどきすること。

こころばせ【心ばせ】[名]❶気立て。性格。例「けしうはあらず、容貌心ばせなどはべるなり」〈源氏・若紫〉《音便》「けしう」は「けしく」のウ音便。《敬語》「はべるなり」→「はべり」。❷心遣い。例「『心ばせあり(=気ガ利イテイル)』なんど仰せられて、御感ありけり」〈平家・四・環御〉《敬語》「仰せられて」→「おほす」。❸情趣を解する心。たしなみ。例「閼伽の具なども、をかしげになまめかしく、なほ心ばせありと見ゆる」〈源氏・初音〉

こころばせびと【心ばせ人】[名]気立て・心遣いのすぐれた人。篤志家。

こころはづか・し【心恥づかし】[形シク]{しから・しく(しかり)・し・しき(しかる)・しけれ・しかれ}❶気恥ずかしい。気がひける。例「知らず顔なるさまにのみもてなしたまへば、心恥づかし・うて」〈源氏・椎本〉❷気がひけるほど相手が立派である。優れている。例「心恥づかし・ういたり深うおはすめる御あたりに」〈源氏・真木柱〉《音便》「心恥づかしう」は「心恥づかしく」のウ音便。

こころはづかしう【心恥づかしう】形容詞「こころはづかし」の連用形「こころはづかしく」のウ音便。

こころばへ【心ばへ】[名]

アプローチ ▼「心延へ」が語源とされる。心の向かうところ、またその心のありようの意。
▼広く人物や事物全般の性質や本性の表れについて用いる。

❶心の働き。性質。例「人のほど、心ばへなどは、もの言ひたるけはひにこそ、ものごしにも知らるれ」〈徒然・九〉訳人柄の身分や、性質などは、物言いのようすで、たとえ何か物を隔てて聞いたとしても分かってしまうものだ。《係結び》「こそ→知らるれ(已)」

❷気持ち。意向。心配り。例「大将の御心ばへもいと頼もしげなきを」〈源氏・葵〉訳(源氏の)大将のお気持ちもどうもあてにならないので。

❸おもむき。趣向。例「作りなしたる心ばへ、木立、立石、前栽などのありさま」〈源氏・明石〉訳(明石の入道が自邸に)作り上げた趣向、木立や庭石、植木などのようす。

❹意味。趣旨。例「みちのくのしのぶもぢずりたれゆゑに乱れそめにしわれならなくに、といふ歌の心ばへなり」〈伊勢・一〉訳陸奥の信夫のしのぶもじ摺りの模様のように私の心が乱れはじめたのは、ほかのだれのためでもない、あなたのためなのだ、という歌の趣旨を用いたものである。

発展学習ファイル 類義語の「こころばせ」は、賞賛のことばとして人間の性質のみに用いられる。

こころば・む【心ばむ】[自マ四]{ま・み・む・む・め・め}《「ばむ」は接尾語》❶気どる。例「〔夕顔ハ〕ただいとらうたく見ゆ。心ば・みたる方をすこし添へたらば」〈源氏・夕顔〉❷気になる。心配する。気をつかう。例「『昨日の返り事、あやしく心ば・み過ぐさるる』とて〔源氏ハ文ヲ〕投げたまへり」〈源氏・末摘花〉

こころひ・く【心引く】[他カ四]{か・き・く・く・け・け}心を引き動かす。相手の気を自分の方に引き寄せる。例「立ち帰りくるしき海に置く網も深きえにこそ心引・くらめ」〈新古今・釈教・一九四〇〉

こころひとつ【心一つ】[名]❶たった一つの自分の心。例「伊勢の海に釣りする海人の浮子なれや心一つを定めかねつる」〈古今・恋一・五〇九〉訳→〔和歌〕いせのうみに…。❷自分ひとりの心。密かに考えたり感じたりするさまにいう。例「人の言ひ思はむことなど、人にのたまふべきことならねば心ひとつに思し嘆くに」〈源氏・葵〉❸自分ひとりの考え。ひとりよがりなさまにいう。例「〔入道ハ〕弟子どもなどにだに知らせず、心ひとつに立ちゐる」〈源氏・明石〉❹あるひとつのことだけを考える心。例「山がつの庵にはまじりたまはじと思ふ心ひとつを頼みはべりしに」〈源氏・松風〉

こころひら・く【心開く】[自カ下二]{け・け・く・くる・くれ・けよ}打ち解ける。晴れ晴れする。例「心開・けて我が思へる君」〈万葉・八・一六六一〉

こころひろさ【心広さ】[名]度量の大きいこと。寛大なこと。

こころふかう【心深う】形容詞「こころふかし」の連用形「こころふかく」のウ音便。

こころふかさ【心深さ】[名]思慮深いこと。情が深いこと。

こころふか・し【心深し】[形ク]{から・く(かり)・し・き(かる)・けれ・かれ}❶思慮深い。例「心深・しや、などほめたてられて」〈源氏・帚木〉❷愛情がこまやかである。例「あはれに心深・う思ひ歎きて」〈源氏・葵〉❸奥深い趣がある。例「暁近くなりて待ち出でたるが、いと心深う青みたるやうにて」〈徒然・一三七〉②③《音便》「心深う」は「心深く」のウ音便。

こころぼそう【心細う】形容詞「こころぼそし」の連用形「こころぼそく」のウ音便。

こころぼそさ【心細さ】[名]《「さ」は接尾語》心細いこと。頼りなさ。不安。ものさびしさ。

こころぼそ・し【心細し】[形ク]{から・く(かり)・し・き(かる)・けれ・かれ}❶頼りなく、不安である。心配だ。例「物なむ心ぼそ・くおぼゆる」〈竹取・かぐや姫の昇天〉《係結び》「なむ→おぼゆる(体)」。❷もの寂しい。心寂しい。例「わが入らむとする道は、いと暗う細きに、つたかへでは茂り、もの心細・く」〈伊勢・九〉《音便》「暗う」は「暗く」のウ音便。

こころまうけ【心設け】[名]予想して用意すること。心づもり。

こころまさり[・す]【心勝り】[名・自サ変]❶予想よりも、現実がすぐれていると感じてますます気持ちがひかれること。⇔心劣り。例「小式部の内侍、その夜上東門院にさぶらひけるが、まいりたりければ、いよいよ心まさり・してめでおぼしめしけり」〈古今著聞・三二一〉❷気性がしっかりしていること。

こころまどひ【心惑ひ】[名]心が迷い乱れること。悲しみに心が乱れ茫然とすること。

こころみ【試み】[名]❶ためしにやってみること。❷公式演奏のための予行演習として楽舞を行うこと。試楽。❸試食すること。また、その飲食物。

こころみえ【心見え】［名・形動ナリ］心底が見えてしまうこと。心を見すかされること。例「継母の腹きたなき昔物語も多かるを、**心見えに**心づきなしと思せば」〈源氏・蛍〉

こころみごと【試み事】［名］何かをためすために行う事柄。ためしに軽い気持ちでやってみること。

こころみじか・し【心短し】［形ク］{から・く(かり)・し・き(かる)・けれ・かれ} ❶短気である。せっかちだ。例「くひなだにたたけばあくる夏の夜を**心短・き**人や帰りし」〈古今六帖・六〉 ❷移り気である。情が浅い。例「**心短・く**人忘れがちなる婿の、常に夜離れする」〈枕・頼もしげなきもの〉

こころ・みる【試みる】［他マ上一］{み・み・みる・みる・みれ・みよ} ❶試しに行う。❷ようすを見る。

こころ・む【試む】［他マ上二］{み・み・む・むる・むれ・みよ}（「試みる」を上二段に活用させた語）試してみる。

こころむき【心向き】［名］心の向け方。意向。

こころむ・す【心咽す】［自サ下二］{せ・せ・す・する・すれ・せよ}（悲しみで）胸がいっぱいになる。例「我妹子が植ゑし梅の木見るごとに**心む・せ**つつ涙し流る」〈万葉・三・四五三〉 訳 →（和歌）わぎもこがうゑしうめのき…

こころもちゐ【心用ゐ】［名］心遣い。心がけ。

こころもて【心もて】［副］自分の心から。自分の意思で。例「**心もて**宮仕ひ思ひたらむ」〈源氏・行幸〉

こころもとなう【心許なう】形容詞「こころもとなし」の連用形「こころもとなく」のウ音便。

こころもとなが・る【心許ながる】［自ラ四］{ら・り・る・る・れ・れ} 待ち遠しく思う。不安がる。例「いつしかと**心もとなが・らせ**たまひて」〈源氏・桐壺〉

こころもとな・し【心許なし】［形ク］{から・く(かり)・し・き(かる)・けれ・かれ}

> **アプローチ**
> ▼名詞「心」と副詞「もとな」との複合語を形容詞化した語。
> ▼気持ちだけが先ばしって落ちつかないの意が原義。不安感や焦燥感を表した用法が多く見られる。

❶**もどかしい。じれったい。待ち遠しい。** 例「いみじく**心もとな・き**ままに、等身に薬師仏をつくりて」〈更級〉 訳 たいそう**もどかしく**思いながら、等身に薬師如来の像を作って。
❷**不安だ。気がかりだ。** ↔心安し。例「**心もとな・き**日数重なるままに、白川の関にかかりて旅心定まりぬ」〈おくのほそ道・白川の関〉 訳 **不安な**日々が続いているうちに、白川の関に至って、旅に徹する心が定まった。
❸**はっきりしない。ぼんやりしている。ほのか。** 例「せめて見れば、花びらの端に、をかしき匂ひこそ、**心もとな・う**付きためれ」〈枕・木の花は〉 訳（梨の花を）よくよく見ると、花びらの先の方に趣のある色が**ほのかに**付いているようだ。（音便）「心もとなう」は「心もとなく」のウ音便。（係結び）「こそ」→付きためれ（已）。語構成「付きためれ」→「ためり」

発展学習ファイル 類義語の「**おぼつかなし**」は、対象がはっきりしないために生じる不安感を表す。「**うしろめたし**」は、後ろから見たり見られたりして気掛かりな気持ちや状態になることで、気が気でないといった懸念を表す。⇨「おぼつかなし」〈古語深耕〉

こころやすう【心安う】形容詞「こころやすし」の連用形「こころやすく」のウ音便。

こころやすさ【心安さ】［名］（「さ」は接尾語）心配がないさま。気安いさま。気楽さ。

こころやす・し【心安し】［形ク］{から・く(かり)・し・き(かる)・けれ・かれ} ❶**気持ちが落ち着いている。気楽だ。安心だ。** 例「いざ、いと**心やす・き**所にて、のどかに聞こえん」〈源氏・夕顔〉（敬語）「聞こえん」→「きこゆ」。❷**だれとでも親しみやすい。気さくである。** また、気心が知れていて遠慮がいらない。親しい。例「遊び戯れをも人よりは**心やす・く**、なれなれしくふるまひたり」〈源氏・帚木〉 ❸**容易である。やさしい。** 例「道にも敵待つなれば、**心やす・う**通らん事もありがたし」〈平家・七・維盛都落〉（音便）「心やすう」は「心やすく」のウ音便。

発展学習ファイル 対義語として、不安の気持ちを表す「**心苦し**」「**心もとなし**」がある。

こころやま・し【心疚し】［形シク］{しから・しく(しかり)・し・しき(しかる)・しけれ・しかれ} 不愉快だ。心がいらいらする。むっとする。じれったい。例「思へば、いとたぐひなくめでたけれど、うちうちは**心やま・しき**ことも多かるらむ」〈源氏・若菜・上〉

こころやましう【心疚しう】形容詞「こころやまし」の連用形「こころやましく」のウ音便。

こころや・む【心病む】［自マ四］{ま・み・む・む・め・め} ❶不快である。思い悩む。例「この人をえ消たずなりなむことと**心病・み**思しけれど」〈源氏・澪標〉 ❷うらめしく思う。うらむ。例「いといたう**心や・みけり**」〈伊勢・五〉

こころやり【心遣り】［名］気晴らし。慰みごと。例「かきなで（＝ウワベダケ）の**心やり**ばかりにのみあるを」〈源氏・明石〉

こころやりどころ【心遣り所】［名］心を楽しませる所。気晴らしをする所。

こころや・る【心遣る】［他ラ四］{ら・り・る・る・れ・れ}「こころをやる」に同じ。

こころゆかし【心行かし】［名］気慰み。心を慰めること。

こころゆか・し【心床し】［形シク］{しから・しく(しかり)・し・しき(しかる)・しけれ・しかれ} 心がひかれる。奥ゆかしい。例「桟敷のあるよりさし出でて、**心ゆか・し**と見れば」〈古本説話集〉

こころゆ・く【心行く】［自カ四］{か・き・く・く・け・け} ❶満足する。気がすむ。例「北の方は、**心ゆ・か**ずものしとのみ思したり」〈源氏・少女〉 ❷気分がせいせいする。晴れ晴れする。例「**心ゆ・く**もの、よく描いたる女絵の、詞をかしう附けて」〈枕・心ゆくもの〉

こころゆる・す【心許す】［自サ四］{さ・し・す・す・せ・せ} 心をゆるめる。気を許す。油断する。例「**心ゆる・せ**ば妖魔（＝怪シイ魔物）となり」〈雨月・青頭巾〉

こころゆるび【心弛び】［名］❶油断。心のゆるみ。❷ゆっくりとくつろぐこと。例「夜昼おはしますめれば、ある人々も**心ゆるび**せず」〈源氏・少女〉

こころよう【快う・心良う】形容詞「こころよし」の連用形「こころよく」のウ音便。

こころよ・し［形ク］{から・く(かり)・し・き(かる)・けれ・かれ} 一【快し】快適なさま。気持ちがよい。愉快である。例「北の方、さぶらふ人々などは、**こころよ・から**ず思ひ言ふもあれど」〈源氏・藤裏葉〉 二【心良し】気立てがよい。人柄がよい。例「本性は、いと静かに**心よ・く**、子めきたまへる人の」〈源氏・真木柱〉

こころよせ【心寄せ】[名]❶**頼みに思って期待すること。**例「『いざ、かいもちひせん』といひけるを、この児、**心よせ**に聞きけり」〈宇治拾遺・一・一二〉❷**好意を寄せること。目をかけること。ひいきにすること。**例「かの御方の**心寄せ**になさせたまへる人々」〈源氏・宿木〉《敬語》「なさせたまへる」→「せたまふ」

こころより【心より】❶自分の心から。例「秋はただ**心より**置く夕露を袖のほかとも思ひけるかな」〈新古今・秋上・二九七〉❷心によって。例「言の葉も及ばぬ法のまことをば**心より**こそ伝へそめしか」〈新後撰・釈教・六九七〉

こころよわう【心弱う】形容詞「こころよわし」の連用形「こころよわく」のウ音便。

こころよわさ【心弱さ】[名]《「さ」は接尾語》気が弱いこと。意志が弱いこと。情にもろいこと。

こころよわ・し【心弱し】[形ク]{から・く(かり)・し・き(かる)・けれ・かれ}気が弱い。意志が弱い。情にもろい。↕心強し①②。例「**心弱・く**もおつる涙か」〈古今・恋五・八〇九〉

こころわか・し【心若し】[形ク]{から・く(かり)・し・き(かる)・けれ・かれ}❶幼稚である。幼い。例「山鳥、友を恋ひて、鏡を見すれば慰むらむ。**心わか・う**、いとあはれなり」〈枕・鳥は〉❷気持ちが若々しい。例「**心わか・う**おはせしものを」〈源氏・玉鬘〉①②《音便》「心わかう」は「心わかく」のウ音便。

こころをか・し【心をかし】[形シク]{しから・しく(しかり)・し・しき(しかる)・しけれ・しかれ}愛嬌がある。かわいらしい。例「**心をか・しく**人馴れたる〈唐猫〉」〈源氏・若菜・下〉

こころをさなう【心幼う】形容詞「こころをさなし」の連用形「こころをさなく」のウ音便。

こころをさなさ【心幼さ】[名]《「さ」は接尾語》精神的に未熟なこと。思慮の浅さ。分別のなさ。

こころをさな・し【心幼し】[形ク]{から・く(かり)・し・き(かる)・けれ・かれ}思慮が足りない。浅知恵である。考えが子供じみている。例「いとかう**心をさな・き**を、かつはいかに思ほすらむ」〈源氏・空蟬〉

こころをさ・む【心治む】[他マ下二]{め・め・む・むる・むれ・めよ}心を落ち着かせる。我慢する。例「いよいよ童べの〈母ヲ〉恋ひて泣くやうに、**心をさ・め**ん方なくおぼほれ(=涙ニクレテ)ゐたり」〈源氏・早蕨〉

〈和歌〉**ここをまた…**【ここをまたわれ住み憂くてうかれなば松はひとりにならんとすらん】〈山家集・下・西行〉訳この地もまた、私が住みにくくてさまよい出たならば、この松の木はひとりぼっちになってしまうことだろう。

ここんいきょくしふ【古今夷曲集】[作品名]《「こきんいきょくしふ」「こきんひなぶりしふ」とも》江戸前期(一六六六刊行)の狂歌集。生白堂行風編。歌数千六十首。聖徳太子以下当代の作者まで各層の狂歌を収め、狂歌の集大成といえる内容。

ここんちょもんじふ【古今著聞集】[作品名]鎌倉中期(一二五四成立)の説話。橘成季編。漢文日記・記録をおもな資料にして、管弦詩歌などに関する王朝貴族社会への憧憬にあふれた話が多く収載される。

こさ【胡沙】[名]《アイヌ語の息の意から》蝦夷人の吐く息。それによって雲や霧が生ずるといわれた。

ござ【五座】[名]能楽で、観世・宝生・金春・金剛・喜多の五流派。

ござ【御座】[名]❶《「おまし」「ぎょざ」とも》「座」の尊敬語。貴人の座席。＝御座所。❷畳の上に重ねて敷いた畳。貴人の寝所や御座所に用いた。＝上げ畳。❸いらっしゃること。

ござあ・り【御座有り】{ら・り・り・る・れ・れ}一[自ラ変]❶《「有り」「居る」の尊敬語》いらっしゃる。おありになる。例「主上隠岐の判官が館を御逃げあって、今この湊に**ござあ・り**」〈太平記・七〉❷《「行く」「来」の尊敬語》おいでになる。いらっしゃる。例「御身はいづくへ**御座ある**人ぞ」〈太平記・二七〉二[補動ラ変]❶《補助動詞「有り」の尊敬語》…(て・で)いらっしゃる。例「〈主上ガ〉隠岐の判官が館に押し籠められて**御座あ・りつる**を」〈太平記・七〉❷《補助動詞「有り」の丁寧語》…(て・で)あります。…(で)ございます。例「それはまづめでたひ事で**御座あ・るが**」〈狂・麻生〉

発展学習ファイル「**おはします**」に当てた漢字「**御座**」を音読した「ござ」に、動詞「有り」が付いたもの。平安末期から用いられ、室町以降、終止形が「御座有る」の形となり、四段活用となる。さらに縮約して「**御座る**」になる。

こさい【・なり】【巨細】[名・形動ナリ]《「きょさい」とも》大きいことと小さいこと。すべて。一部始終。

ござい【御座い】[補動]《近世語。「御座います」の略》…あります。例「田舎者で**ござい**」〈浮世風呂〉

こさいばり【小前張り】[名]神楽歌の曲種で「前張り」のひとつ。薦枕・篠波など九曲が知られている。↕大前張り

ごさいゑ【御斎会】[名]陰暦正月八日から七日間、大極殿(のちに清涼殿)で、「金光明最勝王経」を講じて、国家安泰と五穀豊穣を祈る儀式。御斎講。→「うちろんぎ」。(季－春)

ごさう【五相】[名]《仏教語》❶天人の死が近づくと現れるという五つの衰えの相。→「てんにんのごすい」。❷真言宗の行者が発心してから成仏するまでに行う修行の五段階。

ござう【五臓・五蔵】[名]❶漢方で、人間の体内にある、心・肝・肺・脾・腎の五種の内臓をいう。❷全身。五体。

ござうさ【御造作】[名]「造作」の尊敬語。ご面倒。ご厄介。また、もてなしに対するお礼のことば。

こさうじ【小障子】[名]《「こしゃうじ」とも》背の低い小さな衝立て。

ござうじゃうしん【五相成身】[名]《仏教語》「五相」の修行を終えて仏身を得ること。

ござうろっぷ【五臓六腑】[名]❶「五臓」と六腑(小腸・大腸・胆嚢・胃・三焦・膀胱)。すべての内臓。❷からだの内。腹の中。心中。

こざか・し【小賢し】[形シク]{しから・しく(しかり)・し・しき(しかる)・しけれ・しかれ}《「こ」は接頭語》❶利口ぶっている。生意気だ。例「主ある の対面の座席にて、従者の**こざか・しく**」〈十訓

抄・七〉❷油断がならない。ずるがしこい。例「さてもこざか・しき浮き世や」〈浮・好色五人女〉

ごさがてんわう【後嵯峨天皇】［人名］（一二二〇—一二七二）第八十八代天皇。父は土御門天皇、母は源通子。藤原為家に勅撰集『続後撰和歌集』『続古今和歌集』の撰進を命じた。

こさき【小前駆】［名］先払いの警蹕の声を、上達部のときより短く引くこと。↕大前駆

こざくら【小桜】［名］❶桜の一種。小さく淡い色の花が咲く。（季―春）。❷小さな桜の型を散らした模様。武具の皮の部分などに多く見られる。

〔**小桜を黄に返す**〕鎧の縅の小桜革（白地に藍色の小さい桜の花形を染め出した革）を、さらに黄色に染める。地は黄、小桜の紋は緑。

こざくらをどし【小桜縅】［名］鎧の縅の名。「小桜」の花を染め出した革を用いたもの。

こさけ【濃酒・醴酒】［名］（「こざけ」とも）米・麹・酒などを混ぜ合わせ、一夜で醸造する酒。いまの甘酒の類。（季―夏）

ごさた【御沙汰】［名］「沙汰」の尊敬語。ご指示。ご命令。

こさつき【小五月】［名］（「こざつき」とも）陰暦五月九日、近江国（いまの滋賀県）日吉神社で行われた祭礼。小五月祭。（季―夏）

ござな・し【御座無し】［形ク］｛から・く（かり）・し・き（かる）・けれ・かれ｝❶（「無し」の尊敬語）おいでにならない。おありにならない。例「主上はござな・くて」〈太平記・二〉❷（「無し」の丁寧語）ございません。ありません。例「さだめて勧進帳の御座な・き事は候ふまじ」〈謡・安宅〉

ござなれ（「ごさんなれ」の撥音無表記）「ごさんなれ」に同じ。

こざね【小札】［名］鎧の「札」で、小さめのもの。

こざふしき【小雑色】［名］年の若い「雑色」。

ごさめれ（「ごさんめれ」の撥音無表記）「ごさんめれ」に同じ。

ござ・る【御座る】｛ら・り・る・る・れ・れ｝（動詞「御座あり」の四段化した「ござある」の変化形）㊀［自ラ四］❶「いる」の意の尊敬語。主語（いる人）を高める。いらっしゃる。おいでになる。例「お奏者はどこもとにござ・るぞ」〈狂・餅酒〉❷「行く」「来る」の意の尊敬語。主語（行く人、来る人）を高める。いらっしゃる。おいでになる。例「いざさらばござ・れ。お手をひいてお供申さう」〈狂・薬水〉❸「いる」「ある」の意の丁寧語。聞き手に対して丁重に述べ敬意を示す。おります。ございます。例「左様の物はござ・らぬ」〈狂・粟田口〉❹悪くなる。腐る。例「この魚はちと、ござ・った目もとだ」〈膝栗毛〉❺（腹が）減る。例「腹がすこし、ござ・ったぢゃあねえか」〈膝栗毛〉❻好きになる。例「内儀はござ・ったふりしてしなだれかかれば」〈浮・夫婦気質〉④⑤⑥《音便》「ござっ」は「ござり」の促音便。㊁［補動ラ四］❶（動詞の連用形＋接続助詞「て」や形容詞の連用形、形容動詞・形容動詞型活用語の連用形などに付いて）その主語を高める尊敬語。…（て・で）いらっしゃる。例「あれに立ってござ・るわ」〈狂言記・伊文字〉❷動詞の連用形＋接続助詞「て」や形容詞の連用形、「だ」（形容動詞活用語尾・断定の助動詞）の連用形「で」などに付いて、聞き手に対して丁重に述べ敬意を示す丁寧語。…（て）おります。…（て・で）ございます。…ます。例「思ひのほか、なんの造作もなう一刀にてしとめてござ・る」〈狂・武悪〉

発展学習ファイル 尊敬語・丁寧語ともに、室町時代から見られる。江戸時代に入ると、「ます」の付いた「ござります」の形で用いられるようになる。また、㊀④⑤⑥は江戸時代に入って生じた用法。

ごさるみの【後猿蓑】［作品名］「ぞくさるみの」に同じ。

ござろ【御座ろ】（動詞「御座る」＋助動詞「う」＝「ござらう」の変化形）…ございましょう。例「さだめて、親の所へ、往んだ物で御ざろ」〈狂言記・貰聟〉訳きっと、親の所へ、行ったものでございましょう。

こさん【古参】［名］古くから仕えていること。また、その者。↕新参

ござん【五山】［名］（「ごさん」とも）鎌倉・室町幕府が定めた臨済宗の五大寺。鎌倉五山は、建長寺・円覚寺・寿福寺・浄智寺・浄妙寺。京都五山は、天竜寺・相国寺・建仁寺・東福寺・万寿寺。

ござん【御傘】［作品名］「はいかいござん」に同じ。

ごさんでうてんわう【後三条天皇】［人名］（一〇三四—一〇七三）第七十一代天皇。父は後朱雀天皇、母は陽明門院禎子内親王。荘園整理事業など積極的な天皇親政を行った。

ごさんなれ（断定の助動詞「なり」の連用形＋係助詞「こそ」＋動詞「あり」の連体形＋推定の助動詞「なり」の已然形＝「にこそあるなれ」が変化した語）…ようだな。…であるそうだな。＝ごさなれ。例「入道が仰せをばかろうしけるごさんなれ」〈平家・二・小教訓〉訳入道の命令を軽視しているようだな。《音便》「かろう」は「かろく」のウ音便。

ごさんのきり【五三の桐】［名］紋所の名。桐の葉を三枚並べ、その上方の中央に五つ、左右に三つの桐の花を配した図柄。豊臣家の紋所として有名。

ござんぶんがく【五山文学】［名］五山の禅僧たちによって行われた漢詩文の総称。南北朝から室町前期までを最盛期とする。義堂周信・絶海中津らが著名。

ござんまい【五三昧】［名］（「五三昧場」の略）畿内にあった、鳥辺野など、五か所の火葬場（三昧場）。または、単に火葬場。

ごさんめれ（断定の助動詞「なり」の連用形＋係助詞「こそ」＋動詞「あり」の連体形＋推量の助動詞「めり」の已然形＝「にこそあるめれ」が変化した語）…であるようだ。…であるらしい。＝ごさめれ。例「これは斎藤別当であるごさんめれ」〈平家・七・実盛〉訳これ（＝首）は斎藤別当（のもの）であるようだ。

-こし【腰】［接尾］❶袴・刀など、腰に帯びるものを数える語。❷矢を盛った箙を数える語。

こし【腰】［名］❶人体の腰。❷衣服・袴・裳などの腰に当たる部分。❸障子・乗り物・山などの中段、中腹より下の部分。❹和歌の第三句。＝腰の句

〔**腰の句**〕短歌における第三句。第一句を頭、第二句を胸、第四・五句を尾とする。

〔**腰の標**〕懐妊して五か月目に妊婦のつける腹帯。昔は衣の上から帯をしたという。

〔**腰伸ぶ**〕腰を伸ばして休む。転じて、窮屈な状態から開放されて外を出歩く。例「私ざま(=私事)には腰の・べてなむ」〈源氏・須磨〉

〔**腰二重**〕老人の腰がひどく曲がって、からだが二重になっているように見えるさま。

〔**腰ゐる**〕腰が抜ける。腰が立たなくなる。例「或いは腰・ゐたるもあり」〈古今著聞・四三四〉

〔**腰を屈む**〕腰をかがめて礼をする。腰を曲げて会釈する。例「阿闍梨も、大威徳をうやまひて、腰をかが・めたり」〈紫式部日記〉

こし【層】［名］塔のように重なった建物の各階層。

こし【輿】［名］❶二本の轅に屋形をつけて、人を乗せて運ぶ乗り物。人が担ぐ物を**輦輿**、手で持ち上げる物を**手輿**（腰輿）といった。輦輿には、「葱花輦」と「鳳輦」がある。➡［古典参考図］乗輿。❷棺を乗せて運ぶ台。❸**神輿**。**御輿**。

こ・し【濃し】［形ク］{から・く(かり)・し・き(かる)・けれ・かれ}❶（一般に）**色が深い。色が濃い。**↔淡し。例「橘の、葉のこ・く青きに、花のいと白う咲きたるが」〈枕・木の花は〉《音便》「白う」は「白く」のウ音便。❷（とくに）**紫色または紅色が深い。濃い。**↔薄し。例「それなむいと濃・きかい練り着たりける」〈大和・一〇三〉❸**濃度が高い。濃密である。**例「沈・丁子をこ・く煎じて入れたり」〈宇治拾遺・三・一八〉〔注〕沈や丁子は、ともにかぐわしい香木の名。

〔**濃き衣**〕「いろこききぬ」に同じ。

こし【越】［地名］北陸道の古称。いまの福井・石川・富山・新潟にあたる。雪深い北国のイメージをもつ。秋に来る雁、春に帰る雁の名所として詠まれる。「来し」「来じ」をかける。

こじ【巾子】［名］冠の部分の名称。冠の後部に立てて髻を入れ、根元を簪でとめるもの。平安中期以降、冠の一部として固定された。➡［古典参考図］男子の服装〈1〉

こじ【小師】［名］《仏教語》受戒してもまだ師のもとを離れない僧。小僧。小法師。

こじ【居士】［名］❶学徳が高いのに官役につかない人。❷《仏教語》出家しないで仏門に入った男子。❸男子の法名の下に付ける称。↔大姉

こじ【故事】［名］昔あったこと。古くから伝えられている、いわれのある事柄。由緒あること。先例。

ごじ【五時】［名］《仏教語》「五時教」の略。

こしあて【腰当て】［名］❶毛皮にひもをつけて腰の後ろに結ぶもの。騎馬や狩猟、旅装の具。❷箙を背負うときに結ぶ腰帯。❸鎧の上から刀や脇差しを差すために、腰に巻いた革製の幅広の帯。

こしあふぎ【腰扇】［名］扇を腰に差すこと。また、その扇。

こしおれ【腰折れ】歴史的かなづかい「こしをれ」

こしかけ【腰掛け】［名］❶腰をかける台。腰かけ。❷城や武家屋敷で、下級武士などが控える所。❸奉行所などで、出廷を待つ訴訟人や証人が控える所。❹茶室の外に設けられた休息所。

こしかけえだ【腰掛け枝】［名］腰掛けとするのに具合のよい枝。

こしかけぢゃや【腰掛け茶屋】［名］道端に腰掛けなどを置いて、湯茶などを供して、通行人や旅人などを休ませる簡易な茶店。

こしかた【来し方】［名］《動詞「来く」の未然形＋過去の助動詞「き」の連体形＋名詞「方」》❶やってきた方向。通ってきた場所。例「来し方も行方も知らぬ沖に出ぃでて」〈源氏・玉鬘〉❷過ぎてきた時間。過去。例「来し方をさながら夢になしつれば」〈新古今・雑下・一七九〇〉↓「きしかた」

〔**来し方行く先**〕通り過ぎて来た方向とこれから行く方向。また、過去と未来。

こじかた【巾子形】［名］（形が冠の「巾子」に似ているところから）敷居のない門の中央に置いた、扉を留めるための石。

こしがたな【腰刀】［名］常に腰に差す鍔のない短刀。長い下げ緒を鞘に巻き、刀を抜く際、鞘がともに抜けないようにする。＝腰差し③。➡［古典参考図］男子の服装〈3〉、武装・武具〈1〉

こじがみ【巾子紙】［名］天皇が冠をかぶる際、「巾子」の上を通して、「纓」を後ろから前に折り曲げて挟むために用いる紙。金箔を押した白い長方形の檀紙の中央に切り込みを入れてつける。

こしから・む【腰絡む】［他マ四］{ま・み・む・む・め・め}（衣や袴の裾などを）腰にからげる。例「伊成もかくれの方にて、腰から・みて、庭へ下りて」〈十訓抄・三〉

こしき【甑】［名］瓦製の蒸し器。米や豆などを蒸すのに用いた。いまの蒸籠に当たる。

こじき【古事記】［作品名］奈良前期（七一二成立）の歴史書。三巻。太安万侶撰。天武天皇の命により舎人稗田阿礼が誦習したものを元明天皇の代に安万侶が撰録したという。上巻は国土創成神話より、中巻は神武天皇の事績より、下巻は仁徳天皇の事績よりそれぞれ始まる。「ふることぶみ」とも。

ごしき【五色】［名］❶中国の「五行説」で基本の色とされた、青・赤・黄・白・黒の五種の色。五彩。❷さまざまな色。❸（色に限らず）さまざま。多種多様。❹瓜の別名。五色瓜。

〔**五色の雲**〕五色に輝く雲。瑞雲。また、西方浄土に往生する先ぶれとして現れる雲。

こしきおとし【甑落とし】［名］中世、宮中で出産の際の安産の呪い。産殿の棟から「甑」を落とした。

ごしきずみ【五色墨】［作品名］江戸中期（一七三一刊）の俳諧集。長水（柳居）ら編。点取り俳諧に流れる実情を嘆き、俳諧中興運動の先駆的役割を果たした作品。

こじきでん【古事記伝】［作品名］江戸後期（一七九八成立）の注釈書。本居宣長著。宣長が半生を傾けて著した『古事記』の注釈書で、古語の研究を基礎に置き、実証的な方法をもって、本文校訂・訓読・語釈を全巻にわたって行っている。

こしきぶのないし【小式部内侍】［人名］（九九八?〜一〇二五）平安中期の女流歌人。母は和泉式部。一条天皇中宮彰子に出仕したらしい。

こしぐるま【腰車】［名］「てぐるま①」に同じ。

ごじけう【五時教】［名］釈迦一代の説教を五つの時期に分けて体系づけたもの。＝五時

こしげ・し【木繁し】［形ク］{から・く(かり)・し・き(かる)・けれ・かれ}木々の葉

小柴垣 右上段には病気の子供と両親を外からさえぎる目隠しの小柴垣。鷹小屋を挟んで手前は厨房で、使用人たちが調理に腕をふるう。（春日権現験記絵）

が茂っているさま。例「いと木繁き中より、篝火どもの影の、遣り水の蛍に見えまがふ」〈源氏・薄雲〉

こしごえ【腰越】［地名］相模国の地名。いまの神奈川県鎌倉市腰越。東海道の宿駅のひとつで、鎌倉への入り口。源義経が無実の罪を訴えた「腰越状」で知られる。

こしこばた【腰小旗】［名］腰に挟んだ小旗。味方の目印とした。＝腰差し④

こしざし【腰差し】［名］❶腰に差すこと。また、そのもの。❷（腰に差して退出したことから）賜り物の巻き絹。❸「こしがたな」に同じ。❹「こしこばた」に同じ。

こしじ【越路】歴史的かなづかい「こしぢ」

こししょうじ【腰障子】［名］紙障子の下の方三〇センチメートル辺りまでを板張りにしたもの。板張り部分がさらに高くなると、腰高障子という。

こじじゅう【小侍従】［人名］（一一二一？～一二〇二？）平安後期の女流歌人。近衛天皇の皇后多子に仕えた。高倉天皇にも出仕したがほどなく出家。家集『小侍従集』。『千載和歌集』などに入集。

こじだん【古事談】［作品名］鎌倉前期の説話。成立年未詳。源顕兼編。さまざまな出典から抄録された上代以来の王朝の人々の説話が露悪的な話も含めて収載される。

こしぢ【越路】［名］北陸地方の古称。また、北陸地方に通じる道。＝越

ごしちにち【五七日】［名］（仏教語）人の死後、三十五日目。この日、追善供養を行う。

ごしちにち【後七日】［名］（仏教語。「のちのしちにち」とも）宮中の真言院で、「後七日の御修法」の行われる日。正月八日から七日間。↔前七日

〔後七日の阿闍梨〕宮中の真言院で、「後七日の御修法」を勤める阿闍梨（高僧の称号）。

〔後七日の御修法〕（「みしほ」は「みしゅほ」の変化形）「ごしちにちのみずほふ」に同じ。

〔後七日の御修法〕（「ごしちにちのみしほ」とも）陰暦正月八日から七日間、宮中の真言院で行われた密教の儀式。東寺の長者を招いて、天皇の健康・国家の安泰・五穀豊穣などを祈った。

こしちょう【古史徴】［作品名］江戸後期の国学書。平田篤胤著。古史に関する平田学の学問体系の中心を成す書。とくに『日本書紀』と祝詞の所伝を重んじた点に特色が見られる。

こじつ【故実】［名］（古くは「こしつ」とも）❶儀式・作法などで、手本となるような先例。また、それに通じた人。❷心得ておくべき知識。手法。

ごじつ【期日】［名］前に決めていた日。約束の日。

こじとみ【小蔀】［名］❶「蔀」のある小窓。明かりとりなどのために設け、上下に掛けはずしができる。❷清涼殿の「昼の御座」と「殿上の間」との間の小窓。天皇がここから殿上の間をご覧になった。

こしぬけやく【腰抜け役】［名］いくじなしの無能な者でも務まる、つまらない役。

こしのうみ【越の海】［地名］「越」の国に面した海。いまの福井・石川・富山・新潟県にわたる日本海海岸。

こしのもの【腰の物】［名］❶腰に差す刀。❷常に腰に差している刀。＝腰刀。❸腰につける印籠や巾着など。

こしば【小柴】［名］❶小さくて細い雑木。❷「小柴垣」の略。

こじはう【小四方】［名］（「こしはう」とも）四方（物を載せる台）の小型のもの。

こしばがき【小柴垣】［名］小さな柴で作った、背の低い垣。＝小柴②

こしふ【古集】［名］古い時代の漢詩文や和歌を集めた書物。

ごじふ【五十】［名］五十歳。

〔五十の賀〕五十歳の長寿の祝い。

ごじふてんでん【五十展転】［名］（仏教語）法華経の功徳は、人から人へと伝えられても衰えず、五十人目にいたっても大きなものだということ。

ごじふにるい【五十二類】［名］（仏教語）釈迦が亡くなったとき、集まって嘆き悲しんだ、弟子や鳥獣虫魚など、五十二種類の生き物。一切衆生。

ごじふねんきうたねぶつ【五十年忌歌念仏】［作品名］江戸中期（一七〇七初演）の浄瑠璃。近松門左衛門作。姫路の米問屋の娘お夏と手代の清十郎との密通事件に取材し、封建社会での恋愛悲劇を強調した作品。

こしぶみ【腰文】［名］手紙の封じ方のひとつ。また、その手紙。上包みの端を縦に中程まで細く切り、それを帯のように巻いて余りを挟み込み、墨で封じ目を付けたもの。

ごしふゐわかしふ【後拾遺和歌集】［作品名］平安後期（一〇八六成立）の第四番目の勅撰

和歌集。白河天皇の命により藤原通俊撰。女流歌人の作が多いこと、『古今和歌集』歌人を撰歌対象から外したことなどに、新機軸が見られる。

ごじふゐん【五十韻】[名]連歌や連句の形式のひとつ。長句(五・七・五)と短句(七・七)を交互に五十句つらねるもの。本式の百韻に対して略式。

こしべ【越辺】[名]《「こしへ」とも。「辺」は…あたりの意の接尾語》越の国(越前・越中・越後・加賀・能登)のあたり。北陸地方。

こしまき【腰巻】[名]❶宮中の下級女官が小袖の上から袖を通さずに腰に巻いてまとった表着。↓[古典参考図]女子の服装〈3〉。❷女性の肌着。腰から下にまとう布。❸②のように、物の下の回りを覆うもの。土蔵の下部に土を塗りめぐらした部分などをいう。

こじまたかのり【児島高徳】[人名](生没年未詳)南北朝時代の武将。後醍醐天皇に仕え、北条氏討伐のときに活躍。足利尊氏や直義らの襲撃を企てたことは『太平記』に見える。

こじまほふし【小島法師】[人名](?～一三七四)南北朝時代の僧。伝未詳であるが『太平記』の作者とされる。『興福寺年代記』中の外島法師を同人とする説がある。

こしめ・す[他サ四]〔さ・し・す・す・せ・せ〕《「きこしめす」の変化形。「食ふ」「飲む」の尊敬語》召し上がる。お飲みになる。

ごしゃ【五舎】[名]平安京内裏の後宮にあった五つの殿舎。昭陽舎・淑景舎・飛香舎・凝華舎・襲芳舎の総称。↓[表見返し]内裏略図

こしゃう【小姓・小性】[名]❶子供。少年。小冠者。❷貴人のそば近くに仕え、雑用をする少年。また、寺で、住職に仕える少年。

こしゃう【胡床】[名]「しゃうぎ(床机)」に同じ。

ごしゃう【五障】[名]《仏教語。「いつつのさはり」とも》❶女性は、梵天王・帝釈天・魔王・転輪聖王・仏の五つになれないという障害。❷修行上の五つの障害。煩悩・業・生・法・所知の五つ。

ごしゃう【後生】[名]❶《仏教語》のちの世に生まれ変わること。また、後世。来世。↔前生・今生。❷来世の安楽。極楽往生。❸物事を、人に折り入って頼むときにいう語。

ごじゃう【五常】[名]儒教で、人が常に守らなくてはならない、仁・義・礼・智・信の五つの徳。

ごしゃうぼだい【後生菩提】[名]《仏教語》死後、極楽往生すること。＝後世菩提

ごしゃうらく[・なり]【後生楽】[名・形動ナリ]来世が安楽だと思って安心すること。

ごじゃうらく【五常楽】[名]「五常」を表現した舞楽の曲。唐の太宗の作曲とされる、平調の四人舞の曲。

こじゃうらふ【小上臈】[名]大臣・納言・参議などの公卿の娘で宮仕えしている女性。唐衣・表の袴の着用を許された。大上臈の下、中臈・下臈の上の人。

こじゃうるり【古浄瑠璃】[名]義太夫節以前に行われていた浄瑠璃節の総称。江戸の薩摩節・金平節・外記節、大坂の文弥節など。

ごしゃく【五尺】[名]❶一尺の五倍(約一・五メートル)。❷《「五尺屛風」の略》高さ五尺の屛風。

[五尺の身]人ひとりのからだ。例「三界広しといへども五尺の身置き所なし」〈平家・三・大臣流罪〉

ごしゅ【五趣】[名]「ごだう(五道)」に同じ。

ごしゅいん【御朱印】[名]《「ご」は接頭語》室町から江戸時代にかけて、将軍や大名が許可のしるしに文書などに押した朱色の印。また、それを押した券札・書類。朱印状。＝朱印②

ごしゅでん【御守殿】[名]《近世語》❶江戸時代、将軍の娘で、三位以上の大名と結婚した者の敬称。❷①に仕えた女中のこと。また、その髪の結い方。❸気どった女性をからかっていう語。

こしゆひ【腰結ひ】[名]男子の袴着、女子の裳着の儀式の際、腰紐を結ぶ役。親族の中の徳望のある人などが選ばれた。

ごしょ【御所】[名]❶天皇の御座所。皇居。❷上皇・三后・皇子の住居また、その人への敬称。❸親王や将軍・大臣などの住居また、その人への敬称。

ごしょ【御書】[名]手紙・筆跡の尊敬語。御手。お手紙。

こしょう[・す]【扈従】[名・自サ変]《「こじゅう」とも》貴人のお供をすること。また、その人。随身。例「当家の公卿十二人扈従せらる」〈平家・六・横田河原合戦〉

ごしょう【五障・後生】歴史的かなづかい「ごしゃう」

ごじょう【御諚・御定】歴史的かなづかい「ごぢゃう」

ごじょう【五乗】[名]《仏教語。「乗」は乗り物の意》仏が、衆生を、その能力に応じて彼岸に到達させる五通りの方法。菩薩乗・縁覚乗・声聞乗・天乗・人乗。他に異説が多い。

ごしょがた【御所方】[名]❶御所(天皇)の味方。❷御所に関係のある人々。公家。

ごしょぐるま【御所車】[名]「牛車」の別称。

ごしょざくら【御所桜】[名]桜の一種。内が白く外が淡紅色の、八重で大型の花が五輪ずつひとかたまりになって咲く。(季―春)

ごしょざま【御所様】[名]《「ごしょさま」とも》御所に関係のある方面や人。

ごしょざむらひ【御所侍】[名]《「ごしょさぶらひ」とも》院の御所や摂関家などに仕えた侍。

ごしょちらし【御所散らし】[名]《散らし模様であることから》「御所染め」の一種。上品な散らし模様。

ごしょづくり【御所造り・御所作り】[名]❶太刀のつくりの一種。刀身の、柄に入る部分に、菊の花を銘として打ったもの。❷御所風の家の作り。

ごしょどころ【御書所】[名]宮中の書物を管理した役所。いまの宮内庁書陵部に相当する。

ごしょどころのあづかり【御書所の預かり】[名]「御書所」で別当(長官)の下位。事務を担当した職員。

ごしらかはてんわう【後白河天皇】[人名](一一二七～一一九二)第七十七代天皇。鳥羽天皇の第四皇子。今様の音律の秘伝を記した『梁塵秘抄』を残し、藤原俊成に『千載和歌集』の撰集を命じた。

こしら・ふ 【誘ふ】コシラ(ロ)ウ［他ハ下二］{へ・へ・ふ・ふる・ふれ・へよ} ❶なだめすかす。機嫌をとる。いいくるめる。例「人の聞かむもうたてものぐるほしければ、問ひさして、とかうこしら・へてあるに」〈蜻蛉・上〉《音便》「とかう」は「とかく」のウ音便。❷都合のよいように工夫する。取り繕う。例「かく、折につけてこしら・へなびかしたる音など」〈源氏・若菜・下〉❸さとし導く。方便をもって導く。例「こしら・へて仮の宿りにやすめずはまことの道をいかで知らまし」〈後拾遺・雑六・一一九二〉 二【拵ふ】❶構え作る。構築する。例「宇治の里人を召して、こしら・へさせられければ」〈徒然・五一〉《敬語》「召して」→「めす」。❷用意する。ととのえる。例「馬の草までこしら・へ持ちて来たり」〈宇治拾遺・九・三〉❸装飾する。装う。例「柿の衣、袴に笈なんどこしら・へ」〈平家・三・六代被斬〉

発展学習ファイル こちらに既にある考えにおさまるように相手を誘導する意。転じて、材料を加工して、思うような物を作り出す意。中古には一の意で用いられ、二は中世以降に用いられた。

こしらへ 【拵へ】コシラエ［名］❶準備。用意。❷身支度。装い。❸刀などのつくり。

こしらへ・い・る 【拵へ入る】コシラエイル［他ラ下二］{れ・れ・る・るる・るれ・れよ} ❶いいなだめて中に入れる。うまくさそって中に入れる。例「〔薫ヲ中ノ君ノ部屋へ〕こしらへ入・れてむと思ほしたり」〈源氏・総角〉❷うまくおさまるよう、整えて入れる。例「用意したりける足高蛸貝に三つの頸をこしらへ入・れて」〈保元・下〉

こしらへ・お・く 【拵へ置く】コシラエオク［他カ四］{か・き・く・く・け・け} なだめすかしておく。取り繕っておく。例「『しばし思ひしづめよ、ことのさま(=事情)思ひめぐらして』となん、こしらへお・きはべりつる」〈源氏・夕顔〉

こしらへ・や・る 【拵へ遣る】コシラエヤル［他ラ四］{ら・り・る・る・れ・れ} なだめすかして、相手を帰らせる。慰めのことばをいい送る。例「『今宵はなほとく帰りたまひね』とこしらへや・りたまふ」〈源氏・東屋〉

こしらへ・わ・ぶ 【拵へ侘ぶ】コシラエワブ［自バ上二］{び・び・ぶ・ぶる・ぶれ・びよ} 慰めかねる。うまく機嫌をとれずに困る。例「君は、こしらへわ・びたまひて」〈源氏・葵〉

こじり 【鐺・璫・木尻】［名］❶建物の棟から軒に渡す、垂木の端につける金具の装飾。❷刀の鞘の端。また、そこにつけた飾り。

〔**鐺が詰っまる**〕借金などのために経済的に行き詰まり、身動きがとれなくなる。例「いかう(=ヒドク)鐺が詰ま・ってきた」〈浄・冥途の飛脚〉《音便》「鐺が詰まっ」は「鐺が詰まり」の促音便。

こしろ 【子代】［名］大化の改新前の皇室の私有民で、天皇が皇子・皇女のために置いたもの。養育費の負担、警固、雑役に当たった。また、御子のない天皇の名を残すために置いたともいわれる。御子代。

こしを・る 【腰折る】コシオル［自ラ下二］{れ・れ・る・るる・るれ・れよ} 一❶途中で邪魔され中止になる。❷歌が「腰折れ歌」である。例「腰折・れたる歌合はせ、物語、庚申をし」〈源氏・東屋〉 二［他ラ下二］❶途中で邪魔をして中止させる。❷人に頭を下げる。服従する。勢いをくじく。

こしをれ 【腰折れ】コシオレ［名］❶年老いて腰が曲がること。また、その人。❷「腰折れ歌」の略。❸「腰折れ文」の略。

こしをれうた 【腰折れ歌】コシオレウタ［名］和歌の腰句(第三句)と第四句とがうまく続かない和歌。転じて、へたな歌。自作の歌を謙遜していうときにも用いる。＝腰折れ②

こしをれぶみ 【腰折れ文】コシオレブミ［名］《「腰折れ歌」からの転用》首尾の整わないへたな詩文。＝腰折れ③

こしをれまつ 【腰折れ松】コシオレマツ［名］幹の途中で大きく折れ曲がった松。

こじん 【古人】［名］❶昔の人。とくに、聖人や詩人など尊敬に値する人。❷老人。昔かたぎの人。

こじん 【故人】［名］❶旧友。古くからの友人。❷死亡した人。例「窓の月に故人をしのび」〈方丈記〉

こじん 【胡人】［名］《「こひと」とも》胡国(古代中国の北方にあった、未開とされていた国)の人。

ごしん 【御身】［名］からだの尊敬語。おからだ。

〔**御身等身の薬師**〕供養する人のからだの丈と等しい大きさの薬師仏の像。

ごしん 【護身】［名］❶身を守ること。❷「護身法」の略。

ごしんぶ 【御親父】［名］《「ごしんぷ」とも》他人の父親に対する敬称。お父上。

ごしんぼふ 【護身法】ゴシンボウ［名］《仏教語》真言密教で、あらゆる障害を除き、心身を守るため、印を結んで陀羅尼を唱えて行う修法。＝護身②

ごしんもじ ［名］《近世語。女房詞》一【御親文字】ご親切。二【御心文字】ご心中。お気持ち。

こ・す 【越す】{さ・し・す・す・せ・せ} 一［自サ四］❶物の上を越える。通り過ぎる。❷追い越す。例「大将を、人より越・して大臣になして」〈宇津保・楼の上・下〉❸行く。来る。例「御身たちは鎌倉へ越・すべきなり」〈伽・唐糸草子〉 二［他サ四］越えさせる。運ぶ。

こ・す 【遣す】［他サ四］{さ・し・す・す・せ・せ} (物を)送ってよこす。例「鰤は三本まで手前にあればこれを一本こ・すべし」〈浮・本朝桜陰比事〉

こす ［助動特活］{こせ・○・こす・○・○・こせ} 自分以外の他に対して、自己の願望の成立を期待する。…てほしい。…てもらいたい。例「霞立つ春日の里の梅の花山の嵐に散りこすなゆめ」〈万葉・八・一四三七〉訳春日の里の梅の花よ、山嵐に散ってほしくない、決して。《副詞の呼応》「ゆめ→散りこすな」。ここは倒置表現。〈接続〉動詞の連用形に付く。

発展学習ファイル 上代語。「な」「ぬかも」「ね」が下に付いた形で用いられる。

ご・す 【期す】［他サ変］{せ・し・す・する・すれ・せよ} ❶前もって心に準備する。予定する。例「かさねてねんごろに(=再度念ヲ入レテ)修せんことを期・す」〈徒然・九二〉❷待ち望む。期待する。例「時を失ひ、世にあまされて、期・する所なきものは」〈方丈記〉❸覚悟する。例「弓矢とる者の、かたきの矢にあたって死なん事、もとより期・するところで候ふなり」〈平家・一一・嗣信最期〉

こすあを 【小素襖】コスオウ［名］「素襖(格の低い武士の常服。直垂の一種)」の袖幅の狭いもの。袴は足首までの短いものを用いる。

こずいじん 【小随身】［名］「近衛」の中将・少将、および左右の「衛門」「兵衛」に仕える「随身」。

五節　五節の行事の一つで、十一月の中の辰の日、天皇の出御した紫宸殿で行われる豊の明かりの節会の一こま。広廂では五節の舞姫が舞い、庭の左右には文官と武官が控える。（図説宮中行事）

ごすいもじ【御推文字】［名］《近世語。女房詞》ご推量。

こすぎ【小杉】［名］《「小杉原」の略》播磨国（いまの兵庫県）杉原産の杉原紙で小型のもの。奉書紙や鼻紙に用いた。

ごすざくてんわう【後朱雀天皇】［人名］（一〇〇九～一〇四五）第六十九代天皇。父は一条天皇、母は上東門院彰子。『後拾遺和歌集』などに入集。

こずゑのゆき【梢の雪】❶梢に降り積もった雪。❷梢に咲いた花を、積もった雪に見立てたもの。

こせ　助動詞「こす」の未然形・命令形。例「ゆく蛍雲の上までいぬべくは秋風吹くと雁に告げ**こせ**」〈後撰・秋上・二五二〉訳→〔和歌〕ゆくほたる…

こせ【巨勢】［地名］大和国の地名。いまの奈良県御所市古瀬を中心とした地域。紀伊や吉野へ通じる巨勢道があり、周辺の山地を巨勢山という。

ごせ【後世】［名］《仏教語》❶死後に生まれ変わる世。来世。↔前世。❷来世の安楽。後生。

-ごぜ【御前】［接尾］《「ごぜん」の変化形》（人を表す語に付いて）尊敬・親愛の意を添える。ふつう女性に用いるが、男性に用いることもある。「尼**御前**」など。

ごぜ【御前】《「ごぜん」の変化形》㊀［名］❶貴人の前、または、貴人の敬称。例「えびすの**御前**の腰掛け石」〈狂・石神〉❷《「盲御前」の略。「瞽女」とも書く》遊芸をもって旅する盲目の女。㊁［代名］《対称の人称代名詞》あなた。女性に用いる。例「『や、**御前**、**御前**』といひけれど」〈義経記・七〉

こぜい【小勢】［名］数の少ない軍勢。小人数。↔大勢。

こせぢ【巨勢路】［名］大和国の巨勢地方を通る道の名。いまの奈良県御所市古瀬の辺りに通ずる道。紀伊国（和歌山県）への交通の要路。

ごせち【五節】［名］《「ごせつ」とも》❶朝廷で、「新嘗会」「大嘗会」に際して行われた一連の行事。陰暦十一月の中の丑の日から辰の日まで、四日間にわたって行われた。（季－冬）。❷「五節の舞」の略。❸「五節の舞姫」の略。

〔**五節の試み**〕❶「五節の帳台の試み」の略。❷「五節の御前の試み」の略。

〔**五節の御前の試み**〕「五節①」の第二日目（陰暦十一月の中の寅の日）の夜に、天皇が清涼殿で五節の舞姫の試演をご覧になること。御前の試み。＝五節の試み②

〔**五節の帳台の試み**〕「五節①」の第一日目（陰暦十一月の中の丑の日）の夜に、天皇が直衣・指貫を着て、常寧殿の帳台の前で、五節の舞姫の試演をご覧になること。帳台の試み。＝五節の試み①・帳台②

〔**五節の局**〕「ごせちどころ」に同じ。

〔**五節の舞**〕「五節①」の際に舞う舞姫の舞。天武天皇が吉野宮で琴を弾いたとき、天女が降りて来て舞ったことに由来するという。＝五節②

〔**五節の舞姫**〕「五節①」の際に舞を舞う女性。「五節定め」によって選ばれた。例年の新嘗会には、公卿から二人、殿上人・国司から二人（大嘗会には三人）の未婚の子女を出した。＝五節③・少女②

〔**五節の童**〕「五節の舞姫」に付き従って、世話をする童女。

〔**五節の淵酔**〕《「淵酔」は深く酔うの意》「五節①」の第二日目（陰暦十一月の中の寅の日）の夜に、殿上で催された酒宴。

ごせちさだめ【五節定め】［名］公卿・殿上人・諸国の国司の娘の中から、「五節の舞姫」を決めること。陰暦十月の吉日を選んで行われた。

ごせちどころ【五節所】［名］「五節①」の際、常寧殿の中の、舞姫の控え所。＝五節の局

ごせちゑ【五節会】［名］宮中で行われた五つの節会。陰暦正月一日の「元日」、正月七日の「白馬」、正月十四、十六日の「男踏歌」「女踏歌」、五月五日の「端午」、十一月の大嘗会・新嘗会の翌日の「豊の明かり」の節会をいう。

ごせっく【五節句・五節供】［名］陰暦正月七日の「人日」、三月三日の「上巳」、五月五日の「端午」、七月七日の「七夕」、九月九日の「重陽」の五節句をいう。＝五節

ごせっけ【五摂家】［名］鎌倉以降、藤原氏で、摂政・関白となる資格のあった、近衛・九条・二条・一条・鷹司の五家のこと。

こせ-ぬ-か-も …てくれないかなあ。例「月重ね我が思ふ妹に逢へる夜は今し七夜を継ぎこせぬかも」〈万葉・一〇・二〇五七〉訳幾月にもわたって私が恋している妻に会った夜は、もう七晩も続いてくれないかなあ。

語構成　こせ（助動「こす」未）　ぬ（打消「ず」体）　か（係助）　も（係助）

こせのかなをか【巨勢金岡】［人名］（生没年未詳）平安前期の画家。巨勢派の祖。菅原道真の依頼により『神泉苑図』を描いたり、藤原基経の五十賀の屛風に描いたりした。

ごせぼだい【後世菩提】［名］（仏教語）来世で極楽往生して悟りを得ること。＝後生菩提

-ごぜん【御前】［接尾］❶（神の名に付いて）尊敬の意を表す。「竜王御前」など。❷（貴人や一般の男女の名・人を表す語に付いて）敬意や親しみの意を添える。「父御前」など。❸（「白拍子」や遊女の名に付いて）親愛の情や軽い敬意を表す。「静御前」など。

ごぜん【御前】おんまえ。 一［名］❶神仏・天皇・貴人の前。例「御前の御遊びにはかにとまりぬるを口惜しがりて」〈源氏・鈴虫〉❷神仏・天皇・貴人の敬称。❸貴人の妻の敬称。❹（「御前駆」の略）「前駆」の敬称。お先払い。二［代名］（対称の人称代名詞。多く、男性が女性に対して用いる語）あなた。例「御前をも『いと恐ろしげにおはす』とは見奉らぬを」〈宇津保・蔵開・上〉

ごぜん【御膳】［名］❶貴人、とくに天皇の食事の敬称。❷食膳・食事の丁寧語。お食膳。お食事。

ごせんいきょくしふ【後撰夷曲集】［作品名］（「ごせんひなぶりしふ」とも）江戸前期（一六七二刊行）の狂歌集。生白堂行風編。『古今夷曲集』に続き、部立ごとに狂歌を分類し、作者目録を付す。歌数千六百九十首。

ごぜんぎけいき【御前義経記】［作品名］「ふうりうごぜんぎけいき」に同じ。

こぜんし【濃染紙】［名］（「こせんし」とも）紫色に濃く染めた紙。

ごせんわかしふ【後撰和歌集】［作品名］平安中期の第二番目の勅撰和歌集。成立年未詳。村上天皇の命で大中臣能宣・清原元輔・源順・紀時文・坂上望城の、いわゆる「梨壺の五人」の撰により成立。上級貴族間に実際に交わされたと見られる贈答の和歌が多い。おもな歌人は、紀貫之・伊勢など。

-こそ［接尾］（人の呼称に付いて）呼びかけるときに用いる語。…さんよ。命令や要求の表現を伴うことが多く、ふつう同等以下の相手に用いられる。

こそ［係助］［終助］
⇨五一四ページ「特別コーナー」

こぞ 一［名］【去年】去年。昨年。例「年のうちに春は来にけり一年を去年とや言はむ今年とや言はむ」〈古今・春上・一〉訳→〈和歌〉としのうちに…。二【昨夜】（「きぞ（昨夜）」の変化形）昨夜。例「下泣きに我が泣く妻をこぞこそは安く肌触れ」〈記・下・歌謡〉〔注〕二は「今夜」の意とする説もある。

こそ-あら-め ❶（文中に用いられて）逆接の関係で下に続く。…はよいが…。例「思ひ出でてしのぶ人あらんほどこそあらめ、そもまたほどなくうせて」〈徒然・三〇〉訳思い出してしのぶ人があるうちはよいが、その人もまた、間もなく亡くなって。❷（文末に用いられて）適当・勧誘の意を表す。…のがよいだろう。…したらどうか。「め」は適当・勧誘の意を表す。例「いかにもいかにも心にこそあらめ」〈更級〉訳どのようにもどのようにも（あなたの）心のままにするのがよいだろう。

語構成　こそ（係助）　あら（ラ変「あり」未）　め（推「む」已）

こそ-あり-けれ（「ほどこそありけれ」の形で）…やいなや。例「すでに比叡山東坂本につかせ給ふといふほどこそありけれ、北国の方より、雷おびたたしく鳴って」〈平家・一・俊寛沙汰 鵜川軍〉訳（白山の）神輿がもう比叡山東坂本にお着きになるやいなや、北国の方から雷がひどく鳴って。《音便》「鳴っ」は「鳴り」の促音便。《敬語》「つかせ給ふ」→「せたまふ」

語構成　こそ（係助）　あり（ラ変「あり」用）　けれ（過「けり」已）

こそあれ《係助詞「こそ」＋動詞「あり」の已然形「あれ」》❶逆接の関係で下に続く。「こそ」と「あれ」の間に「かく」「よく」「多く」などを補って解釈する。…であるが…。…こそ…が。例「今こそあれ我も昔は男山さかゆく時もあり来しものを」〈古今・雑上・八八九〉訳いまでこそこうだ（＝衰えた）が昔は私も男盛りで栄えてゆく時期があったものでした。❷単に逆接の関係で下に続く。…（は）あるが…。例「心ばせなどの古びたる方こそあれ、いとうしろやすき後見ならむ」〈源氏・蓬生〉訳考え方など古くさいところはあるが、大変安心できる後見人であろう。❸強意を表す。ちょうどそのときに。例「花もやうやう気色だつほどこそあれ、折しも雨風うちつづきて」〈徒然・一九〉訳花もしだいに盛りになろうというちょうどそのときに、折あしく雨風が続いて。❹詠嘆・強調を表す。例「ただそれかと思ひまがへらるるをりをりこそあれ」〈源氏・胡蝶〉訳よほどその人かとうっかりまちがえてしまうことも折々あることです。

こそ・ぐ【刮ぐ】［他ガ下二］（げ・げ・ぐ・ぐる・ぐれ・げよ）（表面の不要な部分を）削り取る。はがす。例「明くれば米食はせ、銅、薬にこそ・げて食はせなどすれば」〈宇治拾遺・三・一六〉

こそで【小袖】［名］❶袖の細く、丈の長い衣。男女ともに下着・肌着として用いたが、のちに上着ともなった。➡［古典参考図］女子の服装〈2〉。❷平安末期以降、礼服の大袖の下に着る袖の細い肌着。❸絹の綿入れ。↔布子

こそでそがあざみのいろぬひ【小袖曾我薊色縫】［作品名］「いざよひせいしん」に同じ。

こそでまく【小袖幕】［名］張りめぐらした綱に小袖をかけて、幕の代わりとしたもの。花見などの際に行った。また、のちには、戸外に張った幕のこともいった。＝衣装幕。（季―春）

こそべ【古曾部】［地名］摂津国(せっつのくに)の地名。いまの大阪府高槻(たかつき)市古曾部町付近。歌人の僧能因が晩年住んだ地として知られる。

こぞめ【濃染め】［名］濃く染め上げること。また、濃く染めたもの。

こそめ・く［自カ四］{か・き・く・く・け・け}（「めく」は接尾語）❶かさこそとかすかな音を立てる。例「天井の組み入れの上に、物の**こそめく**を見上げたれば」〈今昔・二七・三一〉❷そっと行動する。例「安高(やすたか)は長き沓(くつ)を履きて、**こそめき行くに**」〈今昔・二七・三八〉

こぞりて【挙りて】だれもかれも。ひとり残らず。

こぞりは【小反り刃】［名］小さい薙刀(なぎなた)。または、刀身に反りの少ない小さめの薙刀。

こぞ・る【挙る】［自ラ四］{ら・り・る・る・れ・れ}❶全部集まって一致した行動をとる。例「**こぞりて**泣きにけり」〈伊勢・九〉❷大勢集まる。

こそろ［副］こっそり。そろそろ。例「蛇(くちなは)は**こそろ**と渡りて、向かひの谷に渡りぬ」〈宇治拾遺・六・五〉

ごぞんじのしょうばいもの【御存商売物】ゴゾンジノショウバイモノ［作品名］江戸後期（一七八二刊）の黄表紙。山東京伝(さんとうきょうでん)作・画。絵草紙屋の商売物の草紙類の勢力争いを擬人化して合戦物の体裁で描く。京伝の出世作。

こたい［・なり］【古体】［名・形動ナリ］古めかしいこと。古風。旧式。

こだい［・なり］【古代】［名・形動ナリ］❶古い時代。昔。❷古めかしいこと。古風。例「うつくしき器物(うつはもの)も、**古代**の姿こそをかしと見ゆれ」〈徒然・二二〉❸年寄りじみたようす。例「**古代・に**うちしはぶきつつ」〈源氏・薄雲〉

〈参考〉平安時代は仮名で書かれているため、「古体(こたい)」と「古代(こだい)②」の区別が明らかでない場合がある。

ごたい【五体】［名］❶頭と両手・両足。❷からだ全部。全身。

ごたい【御体】［名］からだの尊敬語。（貴人・神仏の）おからだ。お姿。

［**御体(ごたい)の御占(みうら)**］神祇官(じんぎかん)が天皇のからだに注意すべき日を占って奏上する儀式。陰暦六月十日と十二月十日に行われた。

ごだい【五大】［名］（仏教語）すべてのものを構成する、地・水・火・風・空の五つの要素。

ごだいごてんわう【後醍醐天皇】ゴダイゴテンノウ［人名］（一二八八〜一三三九）第九十六代天皇。父は後宇多(ごうだ)天皇。朝権の回復を図るが失敗、隠岐に流される。のちに建武の新政を行うが、足利尊氏(あしかがたかうじ)が謀反を起こし光明(こうみょう)天皇を擁して北朝を立てたため、吉野で南朝を樹立。『続後拾遺和歌集(しょくごしゅういわかしゅう)』の撰進を命じた。

こたいし【古体詩】［名］漢詩のひとつ。唐代以降に作られた近体詩(きんたいし)に対する呼称で、それ以前に作られた詩。句数制限はなく、押韻(おういん)・平仄(ひょうそく)も比較的自由であった。＝古詩(こし)

ごだいそん【五大尊】［名］❶「五大尊明王(みょうおう)」の略。❷（「五大尊の御修法(みずほふ)」の略）「ごだんのみずほふ」に同じ。

［**五大尊(ごだいそん)の御修法(みずほふ)**］ゴダイソンノミズホウ「ごだんのみずほふ」に同じ。＝五大尊②

ごだいそんだう【五大尊堂】ゴダイソンドウ［名］「五大尊明王(みょうおう)」を安置して供養する堂。＝五大堂

ごだいそんみゃうわう【五大尊明王】ゴダイソンミョウオウ［名］（仏教語）真言密教で尊ばれた、不動・降三世(ごうざんぜ)・軍荼利夜叉(ぐんだりやしゃ)・大威徳(だいいとく)・金剛夜叉(こんごうやしゃ)の五明王。＝五大尊①・五大明王

ごだいだう【五大堂】ゴダイドウ［名］「ごだいそんだう」に同じ。

ごたいづけ【五体付け】［名］（近世語）男性の髪型。髪を中央に集め、髻(もとどり)を高く結ったもの。

こだいのきみ【小大君】［人名］（生没年未詳）（「こおほきみ」「こおほいきみ」とも）平安中期の女流歌人。三十六歌仙のひとり。『拾遺和歌集』などに入集。家集『小大君集』。

ごたいふ【五大夫】［名］（秦(しん)の始皇帝が、雨宿りした松に五大夫の位を授けた故事から）松の別名。

ごだいみゃうわう【五大明王】ゴダイミョウオウ［名］「ごだいそんみゃうわう」に同じ。

こだいむらさき【古代紫】［名］染め色の名。紫色の一種で、赤みがかった紫色。

ごたいらう【五大老】ゴタイロウ［名］豊臣秀吉が晩年に任命した五人の大老。徳川家康・前田利家・毛利輝元(もうりてるもと)・宇喜多秀家(うきたひでいえ)・小早川隆景(こばやかわたかかげ)（没後は上杉景勝(うえすぎかげかつ)）の五人。

ごだいりき【五大力】［名］❶「五大力菩薩(ごだいりきぼさつ)①」の略。❷おもに、女性が手紙の封じ目に記した語。＝五大力菩薩②。❸魔よけ・貞節のしるしとして、持ち物の裏に記した語。❹長唄(ながうた)・地唄の曲名。

ごだいりきこひのふうじめ【五大力恋緘】ゴダイリキコイノフウジメ［作品名］江戸後期（一七九四初演）の歌舞伎(かぶき)。初世並木五瓶(ごへい)作。大坂曾根崎(そねざき)で薩摩(さつま)の侍早田八右衛門が、桜風呂(さくらぶろ)の湯女(ゆな)菊野ら五人を斬殺(ざんさつ)した事件を素材とし、五大力信仰を加えて劇化した作品。

ごだいりきぼさつ【五大力菩薩】［名］❶（仏教語）国土を守護する五人の大力の菩薩。金剛吼(こんごうく)・竜王吼(りゅうおうく)・無畏十力吼(むいじゅうりきく)・雷電吼(らいでんく)・無量力吼(むりょうりきく)の五尊。＝五大力①。❷「ごだいりき②」に同じ。

こたう【古刀】コトウ［名］古い刀。おもに室町以前の刀を指す。江戸以降のものは新刀という。

ごだう【五道】ゴドウ［名］（仏教語）すべての生き物が輪廻(りんね)する、天上道・人間(にんげん)道・畜生道・餓鬼(がき)道・地獄道の五つの世界。＝五趣

こたか【小鷹】［名］❶ハヤブサ・ハイタカなどの比較的小形の鷹の総称。（季―秋）。❷「小鷹狩り」の略。❸「小鷹檀紙」の略。

こたかがり【小鷹狩り】［名］秋に、ハヤブサなど小形の鷹を用いて、ウズラやヒバリなどの小鳥を捕る狩り。＝小鷹②。↔大鷹狩り。（季―秋）

こだか・し【木高し】［形ク］{から・く/かり・し・き/かる・けれ・かれ}木が高く伸びているさま。こずえが高く生い茂っているさま。例「音羽山**木高・く**鳴きて時鳥(ほととぎす)」〈古今・離別・三八四〉

こたかだんし【小鷹檀紙・小高檀紙】［名］「檀紙」の一種。判の大きさは、縦五〇センチメートル、横四〇センチメートルほどのもの。↔大高檀紙(おほたかだんし)

ごたく【御託】［名］「ごたくせん②」に同じ。

こそ ［係助詞］［終助詞］

アプローチ ▼上に付く語を強調する。ほぼ現代語の「こそ」にあたるが、訳出しがたい場合も多い。
▼文中の語句について、意味上の係り先にあたる文末の結びと呼応して活用語の活用形が変化する（「係り結び」）が、「こそ」の結びの活用語は已然形となる。ただし、そこで言い切らずにあとに続いていったり（「結びの流れ」「結びの消滅」などという）、結びにあたる述語が省略されたり（「結びの省略」）することもある。
▼已然形は、もともと確定条件節をつくってあとに続く活用形であるため、「係り結び」がなされても、そこで切れずにあとの文に続いていくことがある。

一［係助詞］**接続** 体言、副詞、助詞、活用語の連用形・連体形などに付く。

意味	訳語	用例
❶文中に用いられる場合。上に付く語を強調する。 **㋐「こそ→已然形」で意味も完結する場合。**	…こそ（とくに訳出する必要はない）	例「野分のまたの日**こそ**、いみじうあはれに、をかしけれ」〈枕・野分のまたの日こそ〉 訳台風の翌日**こそ**、たいそう情趣があって、興趣に富んでいる。《係結び》「こそ→をかしけれ㊀」
㋑意味上は「係り結び」で切れずに、逆接（対比）的に続く場合。	…こそ（とくに訳出する必要はない）	例「中垣**こそ**あれ、一つ家のやうなれば、望みて預かれるなり」〈土佐〉 訳中垣**こそ**あるが、一軒の屋敷のようなので、望んで（家を）預かったのだった。《係結び》「こそ→あれ㊀」
㋒順接の確定条件を表す句に用いられ、理由を強調する場合。	…こそ（とくに訳出する必要はない）	例「わざとおぼせば**こそ**忍びて率ておはしたらめ」〈和泉式部日記〉 訳（女を）特別にお思いになっているから**こそ**、ひそかにお連れになったのだろう。《係結び》「こそ→おはしたらめ㊀」
㋓逆接の仮定条件を表す句に用いられる場合。	…こそ（とくに訳出する必要はない）	例「桜花今日**こそ**かくもにほふともあな頼みがた明日の夜のこと」〈伊勢・九〇〉 訳桜の花は今日**こそ**このように美しく咲いていても、だからといって頼りにはならない、明日の夜のことは。《係結び》「こそ→（流れ）」
❷文末に用いられる場合。 **㋐①の結びにあたる活用語が省略される場合。**	（とくに訳出する必要はない）	例「あないみじや。世にありて、いかにもいかにも人に見えん**こそ**」〈源氏・手習〉 訳まあ、とんでもない。この世に生きていて、どうあっても人に縁づくようなことは。《係結び》「こそ→（省略）」。たとえば「こそ→心憂けれ㊀」となるところ。
㋑「ばこそ」「てこそ」で止め、反語を表す場合。	（全体で反語として訳す）	例「もとより勧進帳はあらば**こそ**」〈謡・安宅〉 訳もともと勧進帳があるだろうか、いや、あるはずがない。

発展学習ファイル (1)係助詞「こそ」は複合動詞の間に挿入されることもある。例「明けたてば蟬のをりはへ泣き暮らし夜は蛍の燃え**こそ**渡れ」〈古今・恋一・五四三〉
(2)「もこそ」（係助詞「も」＋「こそ」）という形で、望ましくない事態が起きることを懸念するという意味を表すことがある。→「もこそ」
(3)奈良時代には、結びにあたる活用語が形容詞、または形容詞型活用の助動詞の場合は、已然形ではなく連体形で結ぶこともある。例「難波人葦火焚く屋のすしてあれどおのが妻**こそ**常めづらしき」〈万葉・一一・二六五一〉《係結び》「こそ→常めづらしき㊍」
(4)上代では、「こそ」を名詞で受けたり、また、中古末期以降は「名詞＋よ」で受けたりする例がある。例「たまきはる内のあそ汝**こそ**は世の長人（＝オマエコソコノ世ノ長寿者）」〈記・下・歌謡〉
(5)係助詞「こそ」は、順接の仮定条件を表す句にも用いられ、さらに、その仮定条件を強調して反語を表す場合もある。例「などもろともに出でては惜しみたまはぬ。さらば**こそ**人心地もせめ」〈源氏・松風〉 訳どうして（姫君と）いっしょに出てきて別れを惜しみなさらないのだろう。そうしてくれればきっと人心地もつくだろうに。《係結び》「こそ→せめ㊀」。例「逢坂の木綿つけ鳥にあらば**こそ**君が往来を泣く泣くも見め」〈古今・恋四・七四〇〉 訳もし逢坂の関の鶏であれば、（関所にいて）あなたの行き来を鳴きながらでも見るでしょうか、いや、人間なので見ることもできません。《係結び》「こそ→見め㊀」
(6)意味上は「係り結び」で切れずに、順接的に続く場合もある。例「玉藻沖つ藻朝はふる風**こそ**寄せめ夕はふる波こそ来寄れ」〈万葉・二・一三一長歌〉 訳→（和歌）いはみのうみ…。《係結び》「風こそ→寄せめ㊀」、「波こそ→来寄れ㊀」
(7)文末に用いられて、理由の説明を強調する場合もある。この用法を詠嘆を表す終助詞とする説もある。例「草枕旅行く君を荒津まで送りそ来ぬる飽き足らね**こそ**」〈万葉・一二・三二一六〉 訳〔くさまくら〕旅に出るあなたを荒津まで見送って来てしまいました。あまりに名

二［終助詞］接続 動詞の連用形に付く。		
意味	訳語	用例
《上代語》他に対して、ある行為をしてほしいと望む意を表す。	…てほしい …とよい	例「現には逢ふよしもなしぬばたまの夜の夢にを継ぎて見えこそ」〈万葉・五・八〇七〉訳現実には会うすべがない。夜の夢に（あの人が）ずっと見えてほしい。

残惜しかったので。〔注〕「草枕」は「旅」の枕詞。(8)人名や、それに準ずる語につき、親しみや敬意を込めた呼びかけに用いる「こそ」もある。また、転じて人名に付けたりもする。間投助詞、あるいは接尾語とされる。「北殿こそ」「上こそ」など。(9)「で」「なむ」の係り結びの法則は、室町期までに消滅するが、「こそ」はかなりあとまでその機能を残した。

ごたくせん【御託宣】［名］❶「託宣」の尊敬語。神様のお告げ。❷くどくどということ。＝御託

こだくみ【木工・木匠】［名］木を用いて家や建具などを作る人。大工。工匠。番匠。

こだくみのつかさ【木工寮・木匠寮】［名］「もくれう」に同じ。

こだち【小太刀】［名］小さな太刀。脇差しの太刀。また、その剣法。

ごたち【御達】［名］《「御」は女性の敬称。「たち」は接尾語》ご婦人がた。身分の高い女房。ひとりの場合にも用いる。

こたつべんけい【火燵弁慶】［名］外ではおとなしいが、家では偉そうにいばり散らす人。内弁慶。

こたに【小谷・木蝈】［名］《「こだに」とも》語義未詳。ツタ類とも、シダ類ともいう。

こたび【此度】［名］《「こたみ」とも》このたび。今回。

こた・ふ【堪ふ】［自ハ下二］{へ・へ・ふ・ふる・ふれ・へよ}❶保つ。維持する。例「大像の仏をば木像にし、漆膠にてぬり立て候へば、百年は**堪・へ**侍る由なりければ」〈太閤記〉❷我慢する。例「蒲団のかげより手を出し裾に取りつき**堪・へ**んとするに」〈浄・心中重井筒〉

こた・ふ【答ふ・応ふ】［自ハ下二］{へ・へ・ふ・ふる・ふれ・へよ}❶**返事をする。答える。**例「荻の葉、荻の葉、と呼ばすれど、**こた・へ**ざなり」〈更級〉
語構成「こたへざなり」→「ざなり」。❷**反響する。こだまする。**例「手をたたき給へば山彦の**こた・ふる**声、いとうとまし」〈源氏・夕顔〉❸**応じる。報いる。感応する。**例「かたじけなくも十善の余薫に**こた・へ**て万乗の主となり」〈平家・灌頂・六道之沙汰〉❹**感じる。心にしみる。**例「院々の鐘の声は心の底に**こた・ふ**」〈野ざらし紀行〉❺**知らせる。告げる。**例「仲間へ**こた・へ**うか」〈浄・冥途の飛脚〉

古語深耕 **「こたふ」と「いらふ」との違い**

「**こたふ**」が、相手の問いかけに対して、まともにはっきりと返事をすることであるのに対して、「**いらふ**」は、正面から答えるのではなく、相手の問いに対し、適当に応じることで、多分に社交的な応答・あいさつの意味合いが強い。

平安時代において、漢文訓読では、一般に「**こたふ**」が用いられ、『源氏物語』などの女性文学作品では「**いらふ**」の使用例が圧倒的に多い。中世以後、明確な区別がなくなり、「**こたふ**」が多く用いられるようになって、現在に至っている。なお、和歌の世界では「**こたふ**」が用いられた。

こたへ【答へ・応へ】［名］❶返事。返答。❷反響。響き。❸報い。仕返し。

こだま【木霊】［名］《近世以降「こだま」》❶樹木に宿る精霊。❷山などで、大きな声などを繰り返すとされていた、山の精霊。または、その返す声。やまびこ。

こだまぎん【小玉銀】［名］「まめいた」に同じ。

こたみ【此度】［名］「こたび」に同じ。

こだ・る【木垂る】［自ラ四］{ら・り・る・る・れ・れ}（枝が重みで）垂れ下がる。例「薪伐る鎌倉山の**木垂・る**木を」〈万葉・一四・三四三三〉〈参考〉「木足る」で、木の枝葉が茂ってこんもりとなる意ともいう。

こだ・る［自ラ下二］{れ・れ・る・るる・るれ・れよ}❶大きく傾く。例「盃を左の手に持ちて笑み**こだ・れ**たるさま」〈宇治拾遺・一・三〉❷勢いがゆるむ。ひるむ。

ごだん【五壇】［名］《仏教語》❶修法のとき、「五大尊明王」を祭る五つの壇。❷「五壇の御修法」の略。

〔**五壇の法**〕「ごだんのみずほふ」に同じ。

〔**五壇の御修法**〕《仏教語》「五大尊明王」を本尊として五壇に祭って行う真言宗の祈禱。天皇または国家の大事のときになされる。＝五壇・五壇の法・五大尊②・五大尊の御修法

ごだん【後段】［名］《近世語》もてなしをする際、食後にさらに飲食物を出すこと。また、その飲食物。

こち【東風】［名］《「こちかぜ」とも》東から吹いてくる風。（季－春）

こち【此方】［代名］❶《近称の指示代名詞》こちら。こっち。↔彼方。例「**こち**率て来」（＝連レテ来ナサイ）」〈更級〉❷《自称の人称代名詞》わたし。例「**こち**の頼うだ人（＝主人）」〈狂・末広がり〉

ごち【五智】［名］《仏教語》真言宗や浄土宗などで、仏が備えているとされる五種の英知。法界体性智・大円鏡智・平等性智・妙観察智・成所作智。

〔**五智の如来**〕《仏教語》真言密教で、「五智」をそれぞれ備えた如来。大日・阿閦・宝生・阿弥陀・不空成就の五如来の総称。

ごぢ・す【護持】［名・他サ変］守ること。守護すること。

こちかぜ【東風】［名］「こち（東風）」に同じ。

こちく【胡竹】［名］横笛を作る竹の一種。また、それで作った横笛。

こちご【小稚児・小児】［名］小さい子供。また、

寺で召し使う稚児のうち、年少の者。

こちごち【此方此方】[代名]《不定称の指示代名詞》あちこち。あちらこちら。例「**こちごち**の花の盛りに見さずとも」〈万葉・九・一七四九長歌〉

こちごち・し【骨骨し】[形シク]{しから・しく(しかり)・し・しき(しかる)・しけれ・しかれ}無風流で洗練されていないさま。武骨である。例「いと世づかぬ聖ざまにて、**こちごち・しう**ぞあらむと、年頃思ひあなづりはべりて」〈源氏・橋姫〉《音便》「こちごちしう」は「こちごちしく」のウ音便。

こちごちしう【骨骨しう】形容詞「こちごちし」の連用形「こちごちしく」のウ音便。

ごぢそう【護持僧・御持僧】[名]僧職の名。清涼殿の二間(仏間)に仕えて、天皇の身体護持を祈禱する僧。

こちたう【言痛う・事痛う】形容詞「こちたし」の連用形「こちたく」のウ音便。

こちたさ【言痛さ・事痛さ】[名]《「さ」は接尾語》程度がはなはだしいこと。大げさなこと。

こちた・し【言痛し・事痛し】[形ク]{から・く(かり)・し・き(かる)・けれ・かれ}

アプローチ
▼「こといたし」の変化した語。「いたし」ははなはだしいの意。
▼上代には、うわさのはなはだしい意に用いられた。
▼ふつうには、きわだってわずらわしいさま、質量的に程度のはなはだしいさまを表す。

❶**人のうわさが多くてわずらわしい。うるさい。**例「秋の田の穂向きのよれる片よりに君に寄りなな**言痛**・くありとも」〈万葉・二・一一四〉訳秋の田の穂の向きが一方に寄ってなびいているように、ただひたむきに君に寄り添いたい。**うわさが多くてわずらわし**かろうとも。

❷**ことごとしい。仰々しい。**例「鶴は、いと**こちた・き**さまなれど、『鳴く声の雲居まできこゆる』、いとめでたし」〈枕・鳥は〉訳鶴はたいそう**仰々しい**格好であるが、「鳴く声が天まで聞こえる」といわれるのは、本当にすばらしい。〔注〕『詩経』小雅・鶴鳴の「声天ニ聞コユ」を踏まえる。

❸**ひどく多い。おびただしい。**例「**こちた・く**多かる、まして口惜し」〈徒然・一四〇〉訳(遺産が)**ひどく多い**のは、なおさら(故人のために)残念に思われる。

発展学習ファイル　①の類義語「ことしげし」が、単にうわさが頻繁になされているさまを表すのに対して、「こちたし」は、自分を刺激していらだたせるものとして表現する場合に用いる。

こち・づ【言出づ】[自ダ下二]{で・で・づ・づる・づれ・でよ}《「こといづ」の変化形》ことばに出していう。例「我が下延へを**言出・でつるかも**」〈万葉・一四・三三七一〉

こちと【此方人】[代名]《自称の人称代名詞》単数・複数のいずれにも用いる。私。私たち。

こちとら【此方人等】[代名]《自称の人称代名詞》単数・複数のいずれにも用いる。私。私たち。

こちなう【骨なう】形容詞「こちなし」の連用形「こちなく」のウ音便。

こちな・し【骨なし】[形ク]{から・く(かり)・し・き(かる)・けれ・かれ}《「こつなし」とも》**無作法である。無粋である。**例「**こちな・く**も聞こえおとしてけるかな」〈源氏・蛍〉《敬語》「聞こえおとし」→「きこゆ」

こちのひと【此方の人】[代名]《近世語。対称の人称代名詞》❶妻が他人に対して夫を指していう語。うちの人。❷妻が夫に対して呼びかける語。あなた。

〔和歌〕**こちふかば…【東風吹かばにほひおこせよ梅の花主なしとて春を忘るな】**〈拾遺・雑春・一〇〇六・菅原道真〉訳春になって、東の風が吹いたなら、風に託してその香りを(九州大宰府にいる私のところまで)送って寄こせ、梅の花よ。主人がいなくなったからといって、花の咲く春を忘れてくれるな。〈参考〉詞書によると、右大臣であった道真が、大宰権帥におとされ、九州に流されたとき、家の梅の花を見て詠んだ歌。

〔俳句〕**こちふくと…【東風吹くと語りもぞ行く主と従者】**〈太祇句選・太祇〉訳春の穏やかな日差しの中、「東風が吹く季節になったなあ」などと語り合いながら、主とそれに従う供の者が歩いていく。（季―東風―春）

こぢもく【小除目】[名]春の「県召の除目」、秋の「司召しの除目」以外に、臨時に行われた除目。＝臨時の除目

こちや【此方や】《「や」は間投助詞》こっちへ来い。例「『こちや』と言へばついゐたり」〈源氏・若紫〉

ごぢやう【御諚・御定】[名]《「ご」は接頭語》(高貴な人からの)ご命令。お指図。仰せ。

ごぢゅうのたふ【五重の塔】[名]寺院建築のひとつ。地・水・火・風・空の「五大」にかたどって、各階に屋根を設けた五階建ての塔。中に仏舎利を収める。

ごぢょく【五濁】[名]《仏教語》末世に現れる五つのけがれ。劫濁(天災)・見濁(悪い見解)・煩悩濁(盛んな欲望)・衆生濁(人々の質の低下)・命濁(短命)。＝五つの濁り

ごぢょくあくせ【五濁悪世】[名]《仏教語》「五濁」の現れた末法の世。

こちら【此方】[代名]❶《近称の指示代名詞》こっち。このほう。例「おのれ**こちら**向くな」〈狂言記・伯母ケ酒〉❷《自称の人称代名詞》わたし。われわれ。例「**こちら**ふたりはうなんぎのたび」〈膝栗毛〉

ごぢん【五塵】[名]《仏教語》(塵がものをよごすことにたとえて)人の本性をけがす五つのもの。色・声・香・味・触の五つ。＝五欲

ごぢん【後陣】[名]《「こうぢん」とも》本陣の後方に置かれた備えの陣。↔先陣

こつ【骨】[名]❶ほね。遺骨。❷芸道の奥義。それを会得する才能や勘。❸「骨法②」の略。

こつ【木屑】[名]《上代語》木の屑。＝木積

〔骨有る者〕勘のよい人。

-ごつ［接尾タ四型］{た・ち・つ・つ・て・て}《「ごと(事・言)」を動詞化したもの》物事をする。または、いう。「まつりごつ」「ひとりごつ」「しりうごつ」「はかりごつ」など。

ご・つ［自タ下二］{て・て・つ・つる・つれ・てよ}口に出していう。例「帝の御口づから**ご・て**たまへるなり」〈源氏・東屋〉

ごづ【牛頭】[名]《仏教語》からだは人、頭は牛の形をしているという地獄の獄卒(鬼)。↓「めづ(馬頭)」

こづか【小柄】[名]脇差しの鞘の外側に差し添えておく小刀。

こつがい【乞丐】[名]乞食。物もらい。＝乞丐人

こつがいにん【乞丐人】[名]「こつがい」に同じ。

こつがら【骨柄】[名]❶からだの骨組み。からだつき。体格。❷人品。人柄。①②＝事柄㊁②

こつき【粉舂き】[名]臼で粉をつくこと。その人。

こづくり【木造り】[名]《「きづくり」とも》大きな木材を切って、所定の建築用材にすること。木取り。

こづけ［・す］【小付け】[名・他サ変]❶荷物の上にさらに添える小さな荷物。❷負担の上にさらに負担が加わること。

こっけいぼん【滑稽本】[名]近世期に行われた小説の一類。主として、享和二年(一八〇二)に刊行された、十返舎一九の『東海道中膝栗毛』(初編)以降の滑稽を題材とする小説を指すが、それ以前の談義本を含めていうこともある。

こつじき【乞食】[名]❶《仏教語》修行のために、僧が托鉢すること。また、その僧。＝乞者・頭陀。❷こじき。物乞い。

こつじ・く【乞食く】[自カ四]{か・き・く・く・け・け}乞食をする。金銭や食物などを恵んでもらう。

こっしゃ【乞者】[名]「こつじき①」に同じ。

ごっしゃう【業障】[名]「ごふしゃう(業障)」に同じ。

こっしょ［・す］【忽諸・忽緒】[名・他サ変]なおざりにすること。軽んじること。

こつずい【骨髄】[名]❶骨の髄。❷心のうち。心中。❸主眼。骨子。眼目。

〔**骨髄に入る**〕心の奥底まで染み込む。＝骨髄に徹る。例「これ(＝闘犬)を愛すること**骨髄に入・れ**り」〈太平記・五〉

〔**骨髄に徹る**〕「こつずいにいる」に同じ。

〔**骨髄を砕く**〕非常に苦労する。苦心する。

こつぜん【忽然】[副]《「こつねん」とも》たちまち。突然。急に。例「一人は立てり、一人は居りと見るに、**忽然**として失せぬ」〈宇治拾遺・一三・一〉

ごづせんだん【牛頭栴檀】[名]インドの牛頭山(摩羅耶山)に産するという香木で、麝香の香りがするセンダン。赤色のもっとも上質なセンダンで、万病を除くとされる。＝赤栴檀

こづた・ふ【木伝ふ】[自ハ四]{は・ひ・ふ・ふ・へ・へ}木の枝から枝へ次々と移る。例「**木伝・へ**ばおのが羽風に散る花を」〈古今・春下・一〇九〉

こっちゃう［・す］【骨張・骨頂】㊀[名・自サ変]強くいいはること。強く主張すること。例「その余党等もっての外に**骨張・し**」〈折たく柴の記〉㊁[名]❶主立つ存在。張本人。❷この上ないこと。究極。

こづつ【小筒】[名]❶小銃。↔大筒。❷小さな竹筒。水や酒を入れる。

こつづみ【小鼓】[名]小さい鼓。右肩にのせ、左手で「調べの緒」を調節し、調子をとりながら右手で打つ。↔大鼓②

こってい【特負】[名]「ことひ」に同じ。

こっていうし【特負牛】[名]《「ことひうし」の変化形。「こっていうじ」とも》「ことひ」に同じ。

ごづてんわう【牛頭天王】[名]《仏教語》天竺(インド)の祇園精舎の守護神。日本では、京都八坂の祇園社の祭神。本地垂迹説では素戔嗚尊をその垂迹という。＝天王②

こつな・し【骨なし】[形ク]{から・く(かり)・し・き(かる)・けれ・かれ}「こちなし」に同じ。

こつにく【骨肉】[名]❶骨と肉。❷血縁関係にある親子・兄弟など。

こっぱ‐【木端・木葉】[接頭]《名詞に付いて》取るに足りない、つまらない、役に立たない意を表す。「木端侍」「木葉喧嘩」など。

こっぱ【木端・木葉】[名]《近世語》木屑。また、取るに足りない、つまらないもののたとえ。

こつばこ【骨箱】[名]❶納骨のための箱。❷《近世語》《「骨」は歯。歯が入っている箱の意から》口。

〔**骨箱を叩く**〕他人の言動をののしる語。大きなことをいう。例「達入れ(＝意地ヲ見セルコト)だの犬の糞だのと**骨箱をたた・く**が」〈浮世風呂〉

こっぱひ［・なり］【骨灰・粉灰】[名・形動ナリ]《近世語》細かく砕けること。めちゃくちゃ。転じて、ひどい目に遭うこと。さんざん。例「こいつめが、亭主を羅利**骨灰・にし**やあがる」〈膝栗毛〉

こっぱふ【骨法】[名]❶身体の骨組み。❷礼儀・故実などの作法。＝骨③。❸芸道や学問などの真髄。

こつぶ【小粒】[名]❶粒が小さいこと。❷体格が小さいこと。小柄。❸江戸で「一分金」のこと。❹上方で「豆板銀」のこと。

こつみ【木積み・木屑】[名]木の屑。水辺などに打ち寄せられたものをいう。＝木屑

こつみなす【木積みなす】[枕詞]《「こつみ」が岸に寄りつくことから》「寄る」にかかる。例「**こつみなす**心は寄りぬ」〈万葉・一一・二七二四〉

ごづめ【後詰め・後攻め】[名]❶先陣と交替するために、後陣にひかえていること。また、その軍勢。❷敵を後方から攻撃すること。

ごづめづ【牛頭馬頭】[名]《仏教語》牛頭人身、馬頭人身の地獄の獄卒(鬼)。

こて[名]㊀【小手】手先。または、ひじと手首の間。↔高手。㊁【小手・籠手】❶「小具足」の一種。筒袖状の布に革や鉄、鎖などを取り付け、肩から手の甲までを覆う防具。通常は左腕のみ。➡[古典参考図]武装・武具〈2〉。❷弓を射る際、左手首につける革製の道具。＝弓籠手

ごて【碁手】[名]囲碁・双六の勝負にかける物。

〔**碁手の銭**〕囲碁や双六の勝負に賭ける銭。

こでい【健児】[名]《「こんでい」の変化形》諸官庁で雑役をする下僕。

ごてい【五帝】[名]古代中国の五人の聖帝。『史記』には黄帝・顓頊・帝嚳・唐堯・虞舜の五帝があげられているが、異説も多い。

ごてい【御亭】[名]《「ごて」とも。「御亭主」の略》一家の主人の敬称。御主人。

ごてう【後朝】[名]❶翌朝。❷男女が共寝をした翌朝。＝衣衣

〔**後朝の使ひ**〕《「こうてうのつかひ」とも》男女が共寝をして別れた朝、男の方から女のもとに送る

手紙を持って行く使い。＝衣衣の使ひ

ごでう【五条】［名］「五条の袈裟」の略。

〔**五条の袈裟**〕《仏教語》「三衣」のひとつ。五幅（一幅は約三〇センチメートル）の布を縫い合わせて作った袈裟（法衣）。＝五条。➡［古典参考図］男子の服装〈4〉

ごでう【五条】［地名］山城国の大路の名。京都市の中央部を東西に走っている大路のひとつ。平安京では六条坊門大路にあたり、いまでは五条大橋に続く五条通りをいう。＝五条大路

ごでうのきさいのみや【五条の后の宮】［人名］（八〇九〜八七一）仁明天皇妃、藤原順子。実家が五条東の京にあったので、東五条殿とも呼ばれた。のちに中宮、皇太后となったので、この名がある。

こでうはい【小朝拝】［名］（「こてうはい」とも）略式の朝拝》陰暦正月一日に清涼殿の東庭に親王以下六位までの者が集まり天皇に拝賀する儀式。

こてき【胡狄】［名］《「胡」「狄」ともに中国北方の異民族》辺境の未開人。野蛮人。夷狄。

こてふ【胡蝶】［名］❶蝶の別称。和歌では「来てふ」とかけて用いられることがある。（季－春）。例「花そののこてふをさへや下草に秋まつむしは」〈源氏・胡蝶〉❷紋所の名。羽を広げた形を図案化したもの。❸「胡蝶楽」の略。

〔**胡蝶の夢**〕夢と現実が一体となる境地。また、人生のはかないことのたとえ。中国の荘子が夢で蝶になったが、夢から覚めてみると、自分が蝶になったのか、蝶が自分になったのか分からなくなったという故事による。

こ-てふ【来てふ】《「こといふ」の変化形》来いという。例「月夜よし夜よしと人に告げやらば来てふに似たり」〈古今・恋四・六九二〉訳→「和歌」つきよよし…

語構成
こ：カ変「く」命
てふ：格助「と」＋ハ四「言ふ」＝「といふ」の変化形

こてふ【胡蝶】［作品名］『源氏物語』の二十四番目の巻名。

こてふらく【胡蝶楽】［名］雅楽の曲名。四人の子供が、背に蝶の羽の形をつけた装束を着て、山吹の花をかざして舞う。＝蝶③。➡［古典参考図］舞楽図

ごてん【呉天】［名］呉の国（中国南部にあった国）の空。遠い異郷の旅の空。

ごてん【御殿】［名］❶貴人の住居の敬称。おやしき。❷「清涼殿」の称。❸神殿。社殿。

ごてんぢく【五天竺】［名］天竺（インド）を東・西・南・北・中央の五つに分けた総称。

こと-【異】［接頭］（名詞に付いて）他の、別の、ふつうと違ったの意を表す。「異国」「異様」「異人」など。

こと【言】［名］

アプローチ
▼「言」と「事」は語源的にはひとつであり、古代においては、両者ともことばの意味にも事柄の意味にも用いられた。
▼中古以降、「言」は「ことば」「ことのは」の意に用いられることが多くなった。

❶**ことば**。例「酒の名を聖と負せし古の大き聖の言の宜しさ」〈万葉・三・三三九〉訳酒の名を「聖人」と名付けた昔の大聖人のことばの何と結構なことよ。〔注〕中国の故事に、酔客が清酒を「聖人」、濁酒を「賢人」と呼んだという逸話がある。
❷**うわさ**。例「君により言の繁きを故郷の明日香の川にみそぎしに行く」〈万葉・四・六二六〉訳あなたのせいでずいぶんうわさを立てられてしまったので、旧都（＝飛鳥京）の明日香川にけがれを払うみそぎをしに行きます。
❸**言語**。例「唐土とこの国とは、言異なるものなれど」〈土佐〉訳中国とわが国とは、言語は異なっているけれども。
❹**和歌**。例「これに、ただ今おぼえむ古き言、一つづつ書け」〈枕・清涼殿の丑寅の角の〉訳「これ（＝白い色紙）に、いますぐに思い出すことのできる古い和歌をひとつずつ書きなさい。

〔**言幸く**〕ことばの霊力によって無事であるように。ことばで祝福するとおりに幸福に。例「言幸くま幸くませと」〈万葉・一三・三二五三長歌〉

〔**言に表す**〕ことばにする。口に出していう。例「言にあらは・してのたまふことは少なけれど」〈源氏・手習〉

〔**言に出づ**〕口に出していう。＝言出づ。例「言に出・でても聞こえやらず」〈源氏・桐壺〉

〔**言に言ふ**〕ことばでいう。口に出す。例「（恋心ハ）言に言・へば耳にたやすし」〈万葉・一一・二五八一〉

〔**言にしあり**〕《「し」は強意の副助詞》ことばにいうだけで、実がない。例「恋忘れ貝（ハ何ノ効験モ現サズ）言にしあ・りけり」〈万葉・七・一一四九〉

〔**言にそやすき**〕《「そ」は係助詞「ぞ」の古い形》口でいうことはたやすい。例「旅といへば言にそやすき」〈万葉・一五・三七四三〉

〔**言に出づ**〕《「言に出づ」と同義で、和歌の音数の関係で「い」の音を脱落させたもの》口に出していう。また、人のうわさにのぼる。例「ま愛しみ寝れば言に出・なしも」〈万葉・一四・三四六六〉

〔**言につく**〕ことばに従う。口車に乗る。例「はかなき人の言につ・きて、人の国なりける人につかはれて」〈伊勢・六二〉

〔**言に結ぶ**〕ことばに出して約束する。例「忘れじとことに結・びて別るれば」〈後撰・離別・一三四九〉

〔**言残す**〕いい残す。いいたいことをいい尽くさない。例「言残・いたるさまならず、さしむかひて、とにかくに定めなき世の物語を隔てなく聞こえて」〈源氏・総角〉

《音便》「言残い」は「言残し」のイ音便。

〔**言の慰**〕ことばの上だけの慰め。口先だけの気休めのことば。

〔**言も愚か**〕いまさらいうまでもない。例「こともおろかや、清和天皇十代の御末、鎌倉殿の御弟、九郎大夫判官殿ぞかし」〈平家・一一・嗣信最期〉

〔**言を尽くす**〕思いつく限りのことばを並べる。ことばを尽くす。

〔**言を交ず**〕人の話に口をさしはさむ。

こと【事】〔名〕

アプローチ
▼存在や実体を示す「物」に対して、「事」は行為や状態を表す。
▼したがって不変の本質を指すのではなく、時間の進行に伴って変化する事象が対象になる。
▼上代では「事」と「言」は未分化で、事柄とことばとが一致していたが、中古以降、「言」は「ことば」「ことのは」に転じた。
▼形式名詞として、現代語の「こと」と同じく、一般的な事柄を表すのにも用いられる。

❶**動作。行為。経験。** 例「たらちねの母が手離れかくばかりすべなき**こと**はいまだせなくに」〈万葉・一一・二三六八〉 訳 (たらちねの)母の手を離れてから(=物心がついてから)というもの、これほどまでに、どうにもならないような**経験**(=恋)は、いまだにしたことはありませんよ。〈注〉「たらちねの」は「母」の枕詞。

❷**事務。仕事。政務。** 例「受領といひて、他の国の**事**にかかづらひ営みて」〈源氏・帚木〉 訳 国の守といって、地方の国の**政務**に従事していて。

❸**行事。儀式。** 例「妹が家に咲きたる梅のいつもいつも成りなむ時に**事**は定めむ」〈万葉・三・三九八〉 訳 あなたの家に咲いた梅が、いつでもよいが実をつけたとき、結婚の**儀**を取り決めることにしよう。

❹**現象。状況。事態。** 例「竹取るに、節をへだてて、よごとに、黄金ある竹を見つくる**こと**かさなりぬ」〈竹取・かぐや姫〉 訳 竹を取ると、竹の節と節との間ごとに、黄金が入っている竹を発見する**現象**がたびかさなった。

❺**一大事。事件。** 例「世の中に**事**出で来、騒がしうなりて」〈枕・殿などのおはしまさで後〉 訳 世の中に**事件**が起こって、騒がしくなって。(音便)「騒がしう」は「騒がしく」のウ音便。

❻(形式名詞として)**こと。** 例「見れど飽かぬ吉野の川の常滑の絶ゆる**こと**なくまたかへり見む」〈万葉・一・三七〉 訳 →(和歌)みれどあかぬ…

❼(文末で感動を表す)**ことよ。** 例「あさましく対面せで、月日の経にける**こと**」〈伊勢・四六〉 訳 驚くほど顔を合わせないで、月日が経ってしまった**ことよ**。

〔**事と限りあり**〕ことには限度がある。制限や規則がある。

〔**事が中**〕多くのことがらの中。さまざまなことのうち。例「**事が中**に、なのめなるまじき人の後ろ見の方は、もののあはれ知りすぐし」〈源氏・帚木〉

〔**事こそあれ**〕こともあろうに。よりによって。ほかのことならともかく。例「**事こそあれ**、あやしくも(=妙ナ詩句ヲ)言ひつるかな」〈源氏・東屋〉

〔**事と言へば**〕取り立てていうと。何かというと。例「**事といへば**、限りなき御心の深さになむ」〈源氏・椎本〉

〔**事とす**〕専念する。没頭する。また、当面の仕事とする。例「(老母ハ)常に紡績を**事と・して**」〈雨月・菊花の約〉

〔**事ともせず**〕問題にもしない。何とも思わない。まったく取り合わない。例「防ぎけれども**事ともせ・ず**、おしやぶって乱入す」〈平家・一・清水寺炎上〉

〔**事に当たる**〕事件にかかわりをもつ。何かの変事に関与して罪を受ける。例「**事にあた・り**て、津の国の須磨といふ所に籠り侍りけるに」〈古今・雑下・九六二詞書〉

〔**事苦る**〕事態が苦々しい方向に行く。不愉快になる。例「拳を握りて打ち給ひければ、我も人も**事にが・り**て立ちにけり」〈今鏡・真の道〉

〔**事に従ふ**〕それぞれの事情による。その場その場に応じる。例「人の答へは、**事に従・ひ**てこそは思し出でめ」〈源氏・若菜・上〉

〔**事にもあらず**〕大したことではない。何ほどのことでもない。例「おとなしき人は(=大人ハ)、まことならねば、**事にもあら・ず**思へど」〈徒然・一二九〉

〔**事の有り様**〕(「ことのあるやう」とも)ある物事のこまごまとしたようす。事情。内実。

〔**事の縁**〕つて。縁故。

〔**事の起こり**〕事件の起こる原因。事の発端。例「唐土にも、かかる**事の起こり**にこそ、世も乱れあしかりけれ」〈源氏・桐壺〉

〔**事の数**〕数え上げる価値のある事柄。ものの数。

〔**事の語り言も是をば**〕(上代の歌謡の末尾に用いられた句)語りごととしてこのことを語り伝えます。例「高光る日の御子**事の語り言も是をば**」〈記・下・歌謡〉

〔**事の聞こえ**〕ある物事についての評判。うわさ。例「帝の御妻をもとり過ちて、**事の聞こえ**あらむに」〈源氏・若菜・下〉

〔**事の心**〕❶いっていることの内容。事柄の意味。趣旨。例「導師の法説くかたはらに近く居て、**ことの心**を問ふ」〈発心集〉❷細かい事情。実情。真相。例「**事の心**を知らで、内の大殿の中将などは、すきぬべかめり」〈源氏・胡蝶〉語構成「すきぬべかめり」―「べかめり」

〔**事の筋**〕物事のあらまし。その方面のこと。

〔**事の違ひ目**〕物事のくい違い。物事が期待や予想どおりに運ばないこと。例「**事の違ひ目**ありて、大臣(=源氏)横さまの罪に当たりたまひしとき」〈源氏・薄雲〉

〔**事の譬ひ**〕もののたとえ。例。

〔**事の便り**〕❶何かの機会。=事のついで。例「おのづから**ことのたより**に都(ノヨウス)を聞けば」〈方丈記〉❷何かにつけての便宜。例「**事の便り**を賜はせてはぐくみかへりみさせたまふほどに」〈栄花・一五〉

〔**事のついで**〕「ことのたより①」に同じ。

〔**事の体**〕物事のありさま・なりゆき。事情。例「**事の体**一々にあらはれぬ」〈平家・六・祇園女御〉

〔**事の情け**〕風情のあること。恋愛めいたこと。例「はかなき**事の情け**もさらにつくらず」〈源氏・澪標〉

〔**事の紛れ**〕❶いろいろのことが次々と起こること。あれこれと心が奪われること。忙しさ。例「さしもの**事のまぎれ**に、詠め出だしたらん心づきなさとをかしくて」〈弁内侍〉❷隠れて目立たぬようにする行動。忍び事。密通。例「めづらしきさまの御心地もかかる**ことの紛れ**にてなりけり」〈源氏・若菜・下〉

〔**事の乱れ**〕物事の秩序の乱れ。ごたごた。騒動。

〔事の本〕古くからの習慣。由緒あること。例「この国には事の本として、守の下り給ふ坂向かへに、三年過ぎたる旧酒に胡桃を濃く摺り入れて」〈今昔・二八・三九〉

〔事の様〕ようす。詳しい事情。

〔事の由〕詳しい事情。理由。

〔事の煩ひ〕都合の悪いこと。

〔事始まる〕物事が始まる。物事の発端となる。例「〔小少将ノ君ノゴ不幸ハ〕父君よりことはじまりて、人のほどよりは、幸ひのこよなくおくれたまへるなめりかし」〈紫式部日記〉語構成「おくれたまへるなめり」→「なめり」

〔事果つ〕物事が終わる。行事や儀式が終わる。例「ことは・てて下りさせたまひぬ」〈紫式部日記〉

〔事離る〕❶関係がないようなふりをする。とりすました態度を取る。例「けしきばみこと離・れてはあらで、思ひけるままと見ゆるも」〈浜松中納言・三〉❷世間一般の状態とかけ離れている。例「かくすぐれ、何事も心およばず(=想像モツカナイホド)、事離・れて、たぐひなきうつくしさを」〈浜松中納言・五〉

〔事広ごる〕❶うわさとして広まる。例「おのづから事(=高麗人ノ源氏ニ対スル観相ノ内容)ひろご・りて」〈源氏・桐壺〉❷事がおおげさになる。例「御誦経の布施など、いとところせきまではかになむ事広ご・りける」〈源氏・鈴虫〉

〔事もあらず〕たいしたことでもない。取るに足りない。例「それは事もあらぬことにこそあるなれ。いかに我には速やかに告げざりけるぞ」〈今昔・三・一三〉

〔事も愚か〕おろそかなさま。通り一遍。なおざり。例「秋の田にもみぢちりける山里をこともおろか・に思ひけるかな」〈千載・秋下・三七八〉

〔事も無し〕❶何事もない。無事である。例「事もな・く生き来しものを」〈万葉・四・五五九〉❷欠点がない。申し分ない。例「〔柏木ハ〕人には抜けて、〔漢字ノ〕才などもこともな・く」〈源氏・若菜・上〉❸平凡である。これといった特徴がない。例「こともな・き女房のありけるが」〈古今著聞・五三三〉❹容易である。わけもない。たやすい。例「竜を捕らへたらましかば、また、こともな・く我は害せられなまし」〈竹取・竜の頸の玉〉

〔事を好む〕❶もの好きである。風変わりなことを好む。例「九条院は事を好・ませ給ひければ、洛中より容顔美麗なる女を千人召されて」〈義経記・一〉❷事件の起こることを望む。事を荒立てたがる。

〔事を添ふ〕付け加える。

〔事終はる〕❶物事が終わる。決着がつく。例「言葉戦ひ事終は・り、兵船一艘漕ぎ寄せて」〈謡・八島〉❷死ぬ。例「念仏四五返唱へ、終に事終は・って候ふ」〈謡・隅田川〉《音便》「事終はっ」は「事終はり」の促音便。

こと【異】［名］他のもの。違うもの。

こと【琴】［名］❶弦楽器の総称。琴・和琴・箏・琵琶など。いずれも中が空の桐の胴の上に張った弦を弾き鳴らす構造をもつ。また、とくに、十三本の弦を張った「箏」を指していう。❷琴を弾くこと。琴の奏法。また、その曲。

〔琴の緒〕❶琴に張る弦。琴線。❷(「琴の緒絶ゆ」の形で)近親者と死別する。例「琴の緒絶えにし(=柏木ノ死ノ)後より、昔の御童遊びの名残をだに思ひ出でたまはず」〈源氏・横笛〉

こと［・なり］【異・殊】［形動ナリ］❶ふつうと違っている。異なっている。例「衣着せつる人は、心異・になるなりといふ」〈竹取・かぐや姫の昇天〉❷格別だ。特別すぐれている。例「播磨の明石の浦(=地名)こそなほことにはべれ」〈源氏・若紫〉《敬語》「ことにはべれ」→「はべり」《係結び》「こそ→ことにはべれ㊁」。

〔異になす〕《形容動詞「異なり」の連用形＋動詞「為す」》ことさらにふつうでないようすをする。例「泣き顔つくり、気色ことにな・せど、いとかひなし」〈枕・はしたなきもの〉

こと［副］《「ごと(如)」と同じ語源》(下に仮定の表現を伴って)同じく…ならば。どうせ…ならば。例「こと降らば(=ドウセ降ルナラバ)袖さへ濡れて通るべく降らなむ雪の空に消につつ」〈万葉・一〇・二三一七〉

〔ことことは〕《副詞「こと」＋名詞「事」＋係助詞「は」》同じことならば。→「ことならば」。例「月累ね憂へ吟ひことことは死なな(=死ンデシマイタイ)と思へど」〈万葉・五・八九七長歌〉

〔こと放けば〕《副詞「こと」＋動詞「放く」の未然形＋接続助詞「ば」》同じ遠ざけるならば。どうせ離すのなら。例「こと放けば沖ゆ(=沖ニイルトキニ)放けなむ」〈万葉・七・一四〇二〉

〔ことならば〕《副詞「こと」＋断定の助動詞「なり」の未然形＋接続助詞「ば」》同じことなら。例「ことならば折り尽くしてむ梅の花我が待つ人の来ても見なくに」〈後撰・春上・二四〉＝ことは

〔こと降らば〕《副詞「こと」＋動詞「降る」の未然形＋接続助詞「ば」》同じ降るなら。どうせ降るなら。例「こと降らば袖さへ濡れて通るべく降らなむ」〈万葉・一〇・二三一七〉

〔こと愛でば〕《副詞「こと」＋動詞「愛づ」の未然形＋接続助詞「ば」》同じ愛するなら。どうせ愛するなら。例「こと愛でば早くは愛でず我が愛づる子ら」〈紀・允恭・歌謡〉

-ごと【毎】［接尾］(名詞、動詞の連体形に付いて)そのひとつひとついずれも、…するたびにの意を添える。例「人ごとにいふ」〈徒然・一九〉

ごと【如】《比況の助動詞「ごとし」の語幹相当》❶(連用修飾語として)…のように。例「麓にある泉は、鏡のごと見えたり」〈蜻蛉・中〉❷(述語として)…のようだ。例「さ寝らくは玉の緒ばかり恋ふらくは富士の高嶺の鳴沢のごと」〈万葉・一四・三三五八〉

ごど【後度】［名］後日。のち。↔先度

ことあげ［・す］【言挙げ】［名・他サ変］ことばに出してはっきりいうこと。取り立てていうこと。例「我が欲りし雨は降り来ぬかくしあらば言挙げ・せずとも稔は栄えむ」〈万葉・一八・四一二四〉

ことあたら・し【事新し】［形シク］❶ようすが改まっている。例「〔酒ヲ〕調へ(=買イ)に遣はし、事新・しくして焼き塩にて飲み出し」〈浮・好色一代男〉❷わざとらしい。例「か様の事

申さば、**事新しう**さぶらへども」〈平家・一・祇王〉（音便）「事新しう」は「事新しく」のウ音便。

ことあ・ふ【事合ふ】コトアウ(オウ)［自ハ四］{は・ひ・ふ・ふ・へ・へ}物事が思いどおりになる。都合よくいく。例「**事あ・ひたる**心地して、大臣おとどもうれしういみじと思ひきこえたまへるに」〈源氏・葵〉

ことあやまり［名］一【言誤り】言い間違い。言い損ない。二【事誤り】過ち。過失。

ことありがほ【・なり】【事有り顔】コトアリガオ［名・形動ナリ］何か訳がありそうな顔つき。事情がありそうなようす。＝事しも有り顔。例「**事あり顔・に**朝露もえ分けはべるまじ」〈源氏・総角〉

ことい・づ【言出づ】コトイズ［自ダ下二］{で・で・づ・づる・づれ・でよ}❶ことばに出していう。いい出す。＝言に出づ。例「〔私＝夕霧ガ〕おほなおほな(＝精一杯)**言出・づる**ことを」〈源氏・早蕨〉❷楽器の音や音声を出す。例「想夫恋さうぶれん〔ノ曲〕は、心とさしすぎて(＝積極的ニ)**言出・で**たまはんや」〈源氏・横笛〉

ことい・み【・す】【言忌み・事忌み】［名・自サ変］不吉なことを口にしたり、行ったりしないようにすること。例「正月一日、**言忌み**もしあへず」〈紫式部日記〉

古典の世界　多くは、めでたい行事や時節に、不吉な言行(涙を流したり、不適当な話題をもちだしたりするなど)を避けることをいう。ことばか事柄かは、実際は区別しにくい。

ごとう【御灯】［名］❶神仏の前でともす明かり。御明みあかし。❷陰暦三月三日と九月三日に、天皇が北斗星を祭って、灯火をささげる儀式。(季―春)

ことうけ【・す】【言承け・事承け】［名・自サ変］引き受けること。承諾。承諾の返事。例「けやけく否いなびがたくて、万よろづえ言ひ放たず、心弱く**ことうけ・し**つ」〈徒然・一四一〉

ことうるは・しコトウルワシ［形シク］{しから・しく(しかり)・し・しき(しかる)・しけれ・しかれ}一【事美はし】きちんとしている。折り目正しい。端正だ。例「**事うるは・しく**扇を笏しゃくに取りてうづくまりたり」〈宇治拾遺・五・八〉二【言美はし】ことば遣いがきちんと整っている。例「若くかたちよき人の、**ことうるは・しき**は、忘れがたく、思ひつかるる(＝心ヒカレル)ものなり」〈徒然・二三三〉

ことえり【言選り】［名］ことばを選ぶこと。

ことお・く【事おく】［他カ四］{か・き・く・く・け・け}命令する。指図する。例「山だち(＝山賊)の主領とおぼしきもの、**事お・きて**候ふ、ありけるを」〈古今著聞・四三二〉

ことおこな・ふ【事行ふ】コトオコナ(ノ)ウ［他ハ四］{は・ひ・ふ・ふ・へ・へ}事をとりしきる。指図する。例「人を従へ、**事行・ふ**身となれるは、いみじき面目めいぼくと思ひけり」〈源氏・玉鬘〉

ことがき［名］一【言書き】和歌の前に、その歌の題や制作事情などを記した文。＝詞書ことばがき。二【事書き】箇条書き。

ことか・く【事欠く】一［自カ四］{か・き・く・く・け・け}不足する。不自由を感じる。なくて困る。例「この法師知り給はずとも、さらさら**事欠・く**まじ」〈発心集〉二［自カ下二］{け・け・く・くる・くれ・けよ}一に同じ。例「遁世者とんせいじゃは、無きに**事欠・け**ぬやうをはからひて過ぐる」〈徒然・九八〉

ことかた【異方・他方】［名］別の方面。ほかの所。別室。また、別の人。

ことかたら・ふ【言語らふ】コトカタラ(ロ)ウ［自ハ四］{は・ひ・ふ・ふ・へ・へ}ことばを交わす。語り合う。いい交わす。例「**こと語ら・は**むと思ふ心あり」〈蜻蛉・上〉

ことかな・ふ【事適ふ】コトカナ(ノ)ウ［自ハ四］{は・ひ・ふ・ふ・へ・へ}物事が望みどおりになる。不自由なく生活する。例「〔女ハ〕いみじく徳あるが(＝裕福ナ人ノ)妻になりて、よろづ**事かな・ひ**てぞありける」〈宇治拾遺・四・五〉

ことがま・し［形シク］{しから・しく(しかり)・し・しき(しかる)・しけれ・しかれ}一【言がまし】口うるさい。口やかましい。例「さがなく、**ことがま・しき**〔妻〕も」〈源氏・夕霧〉二【事がまし】大げさでものものしい。ぎょうぎょうしい。例「ことにその体ていて、**事がま・しく**出いで立ちたり(＝装ッテイル)」〈曾我・九〉

ことがみ【琴頭】［名］琴の頭部の方。琴に向かった奏者の右の方。また、琴のそば。↔琴尻ことじり

ことかよ・ふ【言通ふ】コトカヨウ［自ハ四］{は・ひ・ふ・ふ・へ・へ}ことばによって気持ちが通じる。思いが届く。手紙などをやりとりする。例「まれにも**言通・ひ**たまふべき御あたりをもさらに馴なれたまはず」〈源氏・蓬生〉

ことがら［名］一【言柄】ことば遣い。ことばの品位。多く、和歌についていう。二【事柄】❶事のありさま。ようす。事情。例「もしやとて**事がら**を見せけるに」〈古今著聞・四九四〉❷人品。人柄。また、体格。

ことき【異木】［名］ほかの木。別の木。

こどき［名］(上代東国方言)語義未詳。蚕を飼う時期。一説に、「ことほぎ」の変化形で祝宴の意とも。

ごとき　比況の助動詞「ごとし」の連体形。例「かかる桑門の乞食こつじき順礼**ごとき**の人をたすけ給ふにやと」〈おくのほそ道・仏五左衛門〉（係結び）「にや↓(省略)」

こときる【事切る】［自ラ下二］{れ・れ・る・るる・るれ・れよ}❶事が終わる。きまりがつく。決着がつく。例「〔評定ハ〕十日一日に**こときれず**」〈愚管抄〉❷息が絶える。死ぬ。例「さまざま薬あたへける甲斐かひなく、万事の**こときれ**て」〈浮・好色五人女〉

ごとく【五徳】［名］❶人の守るべき五つの徳。儒教では温・良・恭きょう・倹・譲。武家では智ち・信・仁・勇・厳。❷火鉢や炉の中に据えて釜かまや鉄瓶を載せる鉄の輪。❸紋所の名。②を図案化したもの。

ごとく　比況の助動詞「ごとし」の連用形。例「〔火ガ〕扇をひろげたるが**ごとく**末広になりぬ」〈方丈記〉

ことぐさ【言種・言草】［名］❶ふだんよく口にすることば。口癖。❷話のたね。うわさのたね。話題。❸事柄の趣。例「昔の人は、ただ、いかに言ひ捨てたる**ことぐさ**も、皆いみじく聞こゆるにや」〈徒然・一四〉

ごとくなり（比況の助動詞「ごとし」の連用形＋断定の助動詞「なり」）［助動ナリ型］{ごとくなら・ごとくなり(ごとくに)・ごとくなり・ごとくなる・ごとくなれ・○}…ようだ。…に似ている。…と同じだ。例「大空かい暗がりて、車の輪の**ごとくなる**雨降り」〈宇津保・俊蔭〉

ことくに【異国】［名］❶よその土地。異郷。❷外国。とつくに。

ことくは・ふコトクワウ(オウ)［自ハ下二］{へ・へ・ふ・ふる・ふれ・へよ}一【言加ふ】❶ことばを差し挟む。横から口出しする。助言する。例「男子をのこは、**言加・へ**さぶらふべきにもあらず」〈枕・清涼殿の丑寅の角の〉❷声を合わせる。いっしょに歌う。唱和する。例「主あるじの大臣おとども**言加・へ**たまふ」〈源氏・胡蝶〉二【事加ふ】事を大きくする。大げさにする。追加する。例「さま異ことに(＝特別ニ)**事加・へ**て、いみじくもてはやさせたまふ」〈源氏・初音〉

ことくらく【胡徳楽】[名]雅楽の曲名。上代、高麗(こま)の国から伝来した舞楽の一種。舞人四人、勧盃(けんばい)ひとり、瓶子取(へいじとり)ひとりの六人が、酒に酔ったしぐさで舞うこっけいな舞楽。

ことごころ【異心・他心】[名]❶ほかのことを思う心。別の考え。❷ほかの異性にひかれる心。浮気心。また、謀反(むほん)の心。

ことこと【異事】[名]《「ことごと」とも》**ほかのこと。別のこと。** 例「誰(たれ)も**ことごと**思ほさず、さまざまの御絵の興(きょう)、これにみな移りはてて」〈源氏・絵合〉（敬語）「思ほさず」→「おもほす」

ことごと【事事】㊀[名]あれこれ。いろいろなこと。万事。例「宇治の左府(さふ)内大臣におはしましける、参り給ひて、**事々**おこし行はれけり」〈古今著聞・四三〉
㊁【尽・悉】[副]❶すべて。すっかり。例「蘆城山(あしきやま)木末(こぬれ)**ことごと**明日よりはなびきてありこそ妹(いも)があたり見む」〈万葉・一三・三三五五〉❷(下に打消の語を伴って)まったく。完全に。例「二葉(ふたば)より(=幼少ヨリ)**ことごと**疑ひなく后(きさき)がね(=后ノ候補)とかしづき聞こえ給へるに」〈栄花・三六〉

ことごと【・なり】【異異】[形動ナリ]{なら・なり(に)・なり・なる・なれ・なれ}《「ことこと」とも》それぞれ異なるさま。別々だ。まちまちだ。例「人はみな御宿世(すくせ)(=運勢)といふもの**異異・なれば**」〈源氏・椎本〉

ことごと【事毎】[副](多く「に」を伴って)事あるごとに。何かにつけて。例「**ことごとに**も(御礼ヲ)え申しはべらで」〈大鏡・道兼〉

ことごと【異異】[副]《「ことこと」とも》別々に。まちまちに。例「梅の香の降りおける雪にまがひせば誰(たれ)か**ことごと**分きて折らまし」〈古今・冬・三三六〉

ことごとく【尽く・悉く】[副]❶すべて。全部。すっかり。例「大臣公卿(くぎゃう)みな**悉く**(新都ノ福原ニ)移ろひ給ひぬ」〈方丈記〉❷完全に。まったく。例「五穀**ことごとく**ならず」〈方丈記〉

発展学習ファイル 平安時代では漢文訓読語で、主として漢文脈の文章に用いられ、『源氏物語』を除いた和文脈の物語には用いられなかった。中世以降は広く用いられるようになった。

こと-こと・し【事事し】[形シク]{しから・しく(しかり)・し・しき(しかる)・しけれ・しかれ}

アプローチ
▼事が重なって、**大げさであるさま**を表す。
▼多く、**美的ではないもの、悪い感じのするもの**に対して用いる。
▼「ことごとし」ともいう。

大げさである。ものものしい。仰々しい。 例「裳(も)・唐衣(からぎぬ)など、**ことごと・しく**装束(さうぞ)きたるもあり」〈枕・正月に寺に籠りたるは〉訳裳や唐衣などを、仰々しく着ている者もいる。

発展学習ファイル 類義語「**ものものし**」「**いかめし**」は、「ことことし」とは対照的に、美的なもの・よきものを表現するのに用いる。

ことことしう【事事しう】[コトコトシュウ]形容詞「ことことし」の連用形「ことことしく」のウ音便。

ことごのみ【事好み】[名]風流を好むこと。

ことこの・む【事好む】[自マ四]{ま・み・む・む・め・め}ものずきである。風流を好む。例「妻(め)なん若く**事好・みて**」〈源氏・夕顔〉

ことこ・む【言籠む】[自マ下二]{め・め・む・むる・むれ・めよ}いい出しかねる。口ごもる。いい渋る。例「『これは、いと聞こえさせにくく(=申シ上ゲニクク)なむ』と、いたう**言籠・めたれば**」〈源氏・末摘花〉

ことこも・る【事籠る】[自ラ四]{ら・り・る・る・れ・れ}趣があるように見える。風情ありげに見える。例「(口ツキガ)なほふりがたく**ことこもりて**見えたまふ」〈栄花・一二〉

ことさか【事離・言離・事叚】[名](夫婦の)関係を絶つこと。離縁。

ことさきだ・つ【言先立つ】[自タ四]{た・ち・つ・つ・て・て}先にいい出す。真っ先にことばをかける。例「**言先立・ちし**君をし待たむ」〈万葉・一〇・一九三五〉

ことさけを【琴酒を】[枕詞]「押垂小野(おしたれをの)」にかかる。例「**琴酒を**押垂小野ゆ出(い)づる水」〈万葉・一六・三八七五長歌〉

ことさへく【言さへく】[コトサエク][枕詞](「さへく」は「さへづる」と同じで、意味が分からないことをいう意から)「韓(から)」「百済(くだら)」にかかる。＝言さやぐ。例「**言さへく**百済の原ゆ」〈万葉・二・一九九長歌〉

ことざま【事様】[名]物事や事柄のようす。また、人のようす。人柄。例「**事ざま**の優(いう)におぼえて、物のかくれよりしばし見ゐたるに」〈徒然・三二〉

ことざま【・なり】【異様】[名・形動ナリ]❶それまでとは違ったさま。ふつうと異なるさま。例「かたちの**異ざま・にて**うたてげに変はりてはべらば」〈源氏・賢木〉❷そのほかの方面。ほかの人。別の件。例「また**異ざま**の過ちしなければ」〈源氏・柏木〉

ことざまし【事醒まし】[名]興をそぐこと。興ざめ。

ことさ・む【事醒む】[自マ下二]{め・め・む・むる・むれ・めよ}興ざめする。座がしらける。例「『な射そ、な射そ』と制したまひて、**ことさ・めにけり**」〈大鏡・道長・上〉

ことさやぐ【言さやぐ】[枕詞]《「ことさへく」の変化形》「ことさへく」に同じ。例「**言さやぐ**唐人(からびと)なれば」〈謡・白楽天〉

ことさら【・なり】【殊更】[形動ナリ]{なら・なり(に)・なり・なる・なれ・なれ}

❶特別な意図をもって物事を行うさま。わざとするさま。例「**ことさら・に**無言(むごん)をせざれども」〈方丈記〉❷とくに気持ちをこめて行うさま。**特別だ。格別だ。** 例「ゆるすとも、**ことさら・なる**やうにもてなしてこそあらめ」〈源氏・少女〉（係結び）「こそ→あらめ(已)」

ことさら【殊更】[副]

❶**わざわざ。わざと。** 例「山里の御住み処(か)の具は、え避(さ)らずとり使ひ給ふべきものども、**ことさら**よそひもなくことそぎて」〈源氏・須磨〉（副詞の呼応）「え→避らず」。❷**とくに。とりわけ。** 例「中宮御悩(ごなう)の御こと、承り及ぶごとくんば、**殊更**成親卿(なりちかのきゃう)が死霊(しりゃう)なんど聞こえ候ふ」〈平家・三・赦文〉（敬語）「承り及ぶ」→「うけたまはる」、「聞こえ候ふ」→「きこゆ」「さうらふ」

ことさら・ぶ【殊更ぶ】[自バ上二]{び・び・ぶ・ぶる・ぶれ・びよ}(「ぶ」は接尾語)❶わざとらしく見える。例「忍びて笑ひなどするけはひ**ことさら・びたり**」〈源氏・帚木〉❷目立つ。格別にする。例「(舞姫ハ雲居雁(くもいのかり)ヨリ)今

すこしそびやかに(=背ガ高ク)、様体(=容姿)などの**ことさら・び**」〈源氏・少女〉

ことさらめ・く【殊更めく】[自カ四]{か・き・く・く・け・け}《「めく」は接尾語》わざとらしく思われる。こと改まって見える。例「歌も、**ことさらめ・き**、側みたる古言ども選りて」〈源氏・梅枝〉

ことさ・る【事去る】[自ラ四]{ら・り・る・る・れ・れ}事が過ぎ去る。いろいろなことが過去のこととなる。例「時うつり**事さ・っ**て、世のかはりゆく有り様は」〈平家・二・大納言死去〉《音便》「事さっ」は「事さり」の促音便。

ごとし ⇨五二四ページ「特別コーナー」[助動ク型]

ことしげさ【事繁さ】[名]《「さ」は接尾語》忙しさ。仕事の多さ。

ことしげ・し[形ク]{から・く(かり)・し・き(かる)・けれ・かれ}㊀【事繁し】することが多い。忙しい。例「今の世の**ことしげ・き**にまぎれて」〈徒然・二七〉㊁【言繁し】人のうわさがやかましい。評判がうるさい。例「**言繁・き**里に住まずは」〈万葉・八・一五一五〉

ことしも【事しも】[副](多く下に「やうに」「ごとく」などの語を伴って)あたかも。まるで。ちょうど。例「聖人、**事しも**我が父母などの病まむを歎かむがごとく歎き悲しみて」〈今昔・一三・三五〉

〔**事しもあれ**〕事もあろうに。よりによって。例「宮たちあまたおはせしかど、**ことしもあれ**、〈弟宮ノ即位ノ際ニ兄宮ニ〉威儀の親王〈トイウ役目〉をさへせさせたまへりしよ」〈大鏡・師輔〉

〔**事しもこそあれ**〕《「事しもあれ」を強調した言い方》こともあろうに。よりによって。例「**ことしもこそ**あれ、うたてあやし」〈源氏・総角〉

ことしもありがほ【事しも有り顔】コトシモアリガオ《「しも」は強意の副助詞》「ことありがほ」に同じ。

ことじり【琴尻】[名]琴の末の方。琴に向かった奏者の左の方。↔琴頭

ことじりしふ【琴後集】コトジリシュウ[作品名]江戸後期(一八一三〜一四刊行)の歌文集。村田春海作。歌集千六百五十余首、文集より成る。江戸派の洗練された歌風とみやびで明晰な文章が特徴。

ことずくな[・なり]【言少な】[形動ナリ]{なら・なり(に)・なり・なる・なれ・なれ}口数が少ないさま。例「**言少な・に**言ひて、をさをさあへしらはず」〈源氏・若紫〉

ことそ・ぐ[自ガ四]{が・ぎ・ぐ・ぐ・げ・げ}㊀【言削ぐ】ことばを省略する。簡潔にいう。例「さばかり恨みつる気色も、言少なに**ことそ・ぎ**て」〈源氏・総角〉㊁【事削ぐ】物事を簡略にする。質素にする。例「いと仮なる草の庵に、思ひなし、**ことそ・ぎ**たり」〈源氏・橋姫〉

ことぞとも【事ぞとも】(下に打消の語を伴って)とくに何事とも。どんなこととも。例「**事ぞとも**聞きだに分かず」〈拾遺・物名・四三〇〉

〔**事ぞともなし**〕とくにこれといったこともない。あっけない。例「秋の夜も名のみなりけり逢ふといへば**ことぞともな・く**明けぬるものを」〈古今・恋三・六三五〉

ことそ・ふ【言添ふ】コトソウ[他ハ下二]{へ・へ・ふ・ふる・ふれ・へよ}横からことばを添える。助言する。口添えする。例「とかく**言添・へ**きこゆることもなかりしなり」〈源氏・少女〉

ことたか・し【事高し・言高し】[形ク]{から・く(かり)・し・き(かる)・けれ・かれ}声高だ。おおげさだ。例「『まことに、かばかりのは見えざりつ』と、**言高・く**のたまへば」〈枕・中納言まゐりたまひて〉

ことたが・ふ【言違ふ】コトタゴウ[自ハ四]{は・ひ・ふ・ふ・へ・へ}話が食い違う。また、物事が調和しない。つじつまが合わない。例「**言違・ひ**つつあやしと思へど」〈源氏・浮舟〉

ことた・し【言たし】[形ク]{から・く(かり)・し・き(かる)・けれ・かれ}《「言痛し」の上代東国方言》人のうわさがうるさい。

ことだ・つ【事立つ】[自タ四]{た・ち・つ・つ・て・て}特別なことをする。いつもと違ったことをする。例「正月なれば**ことだ・つ**とて、大御酒たまひけり」〈伊勢・八五〉

ことだ・つ【言立つ】[自タ下二]{て・て・つ・つる・つれ・てよ}はっきりことばに出していう。言明する。例「大君の辺へ(=側)にこそ死なめ顧みはせじと**言立・て**」〈万葉・一八・四〇九四長歌〉

ことだて【言立て】[名]口に出してはっきりいうこと。誓いのことば。

ことたへに【故に】コトタエニ[副]わざと。故意に。取り立てて。例「これ神なりと知ろしめせれども、なほ**故に**問ひて曰はく」〈紀・雄略〉

ことだま【言霊】[名]ことばに宿っていると信じられていた不思議な霊力。

古典の世界
「言霊」信仰

口にしたことばには、現実を左右する力があるという古代における考えを「**言霊信仰**」と呼ぶ。祝福のことばによって幸福が、呪いのことばによって禍がもたらされるというのである。したがって不吉なことばを口に出すことは、とくに「**言忌み**」といって慎まれ、それを他のことばに言い換える「**忌みことば**」の風習も生まれた。こうした思想は多くの民族に見られるものだが、とくにそれを日本語固有の力と考えようとしたのが、江戸中期から後期にかけての国学者たちで、つきつめると日本語にはひとつひとつの音すべてに意味があるという音義説に行き着き、その奥義を習得すれば神霊をも自由に操れる、と説かれた。

〔**言霊の幸はふ国**〕コトダマノサキワ(オ)ウクニ 言霊の力によって幸福がもたらされる国。日本の国についていう。

ことた・ゆ【言絶ゆ】[自ヤ下二]{え・え・ゆ・ゆる・ゆれ・えよ}❶ことばではいい表しようもない。言語に絶する。例「生ける代に我はいまだ見ず**言絶・え**てかくおもしろく縫へる袋は」〈万葉・四・七四六〉❷音信が絶える。交際がなくなる。例「**こと絶・ゆる**うつつ(=現実)やなにぞなかなかに夢は通ひ路ありといふものを」〈蜻蛉・上〉

ことた・る【事足る】[自ラ四]{ら・り・る・る・れ・れ}十分である。用が足りる。満ち足りる。

ことぢ【琴柱】コトジ[名]琴の胴の上に立てて弦を支える器具。その位置を移動させて音の高低を調節する。また、音を共鳴胴に伝える働きもある。

〔**琴柱に膠さす**〕コトジニニカワサス(琴柱をにかわで琴に付けてしまうと、音の高低の調節ができなくなることから)融通のきかないこと。臨機応変の才のないこと。例「むかしはよき若人、いまは**琴柱にかはさ・す**やうにてこそ里居してはべるなれ」〈紫式部日記〉

こと・づ【言出】コトズ[自ダ下二]{で・で・づ・づる・づれ・でよ}《「ことい

ごとし【如し】[比況の助動詞]

アプローチ ▼現代語「ようだ」にあたる。ある事柄が、べつの事柄と同様であること、類似していることを表すのが基本(①)。
▼漢文訓読文で多く用いられた。

接続 活用語の連体形、格助詞「の」「が」などに付く。

活用 ク活用型

基本形	未然形	連用形	終止形	連体形	已然形	命令形
ごとし	○	ごとく	ごとし	ごとき	○	○

意味	訳語	用例
❶同様であること、類似していることを表す。	…のようだ …と同じだ …のとおりだ	例「巻向の山辺とよみて行く水の水沫のごとし世人我等は」〈万葉・七・一二六九〉 訳巻向山の山辺を音を立てて流れていく水の泡のようだ。現世に住む人である我らは。 例「松の緑こまやかに、枝葉潮風に吹きたわめて、屈曲おのづからためたるがごとし」〈おくのほそ道・松嶋〉 訳松の緑は濃く、枝葉は強い海風で吹き曲げられて、その曲がり方は自然に枝ぶりを整えたようだ。
❷例えであることを表す。	(たとえば)…のようだ …ようなものだ	例「いはば旅人の一夜の宿を作り、老いたる蚕の繭をいとなむがごとし」〈方丈記〉 訳いってみれば旅人が一晩の宿をもうけ、年老いた蚕が繭をつくるようなものだ。

発展学習ファイル (1)「ごとし」は堅い感じがするため、中古の和文では「やうなり」が多く用いられた。
(2)語幹相当部分「ごと」も単独で用いられる。例「夢のごと道の空路に別れする君」〈万葉・一五・三六九四長歌〉→「ごと」
(3)中世以降、体言に直接付く例もみられる。このとき、②の意味になる。例「往生要集ごときの抄物を入れたり」〈方丈記〉
(4)「ごとし」とほぼ同様に用いられる語に「ごとくなり」がある。→「ごとくなり」

づ」の変化形》口に出していう。いい出す。例「こと・でしも誰ならなくに」〈拾遺・雑下・五七四長歌〉

ことつ・ぐ【言告ぐ】[自ガ下二]{げ・げ・ぐ・ぐる・ぐれ・げよ}人に頼んでことばを伝えてもらう。伝言する。例「奈良の都に言告・げ遣らむ」〈万葉・一五・三六七六〉

ことづ・く【言付く・託く】{け・け・く・くる・くれ・けよ}(「ことつく」とも)■一[自カ下二]口実にする。かこつける。例「いと心地まどふばかりの御なやみにもあらねど、〔病気ヲ〕ことつ・けて、対面したまはず」〈源氏・総角〉■二[他カ下二]ことづける。伝言する。例「私の文はゆるされねば、人々のもとへも詞にてことづ・け給ふ」〈平家・一〇・内裏女房〉

ことづけ【言付け・託け】[名](「ことつけ」とも)❶=口実。かこつけること。❷伝言。ことづけること。=言伝て

ことづけがほ【言付け顔】[名・形動ナリ]かこつけるようなさま。口実にしているさま。

ことつ・つ【言伝つ】[他タ下二]{て・て・つ・つる・つれ・てよ}(「ことづつ」とも)ことづけをする。伝言する。例「やよや(=マア)待て山時鳥ことづ・てむ我世の中に住みわびぬとよ」〈古今・夏・一五二〉

発展学習ファイル 未然・連用・命令の活用形以外の用例は見当たらない。

ことづて【言伝て】[名](「ことづて」とも)ことばを取り次ぐこと。伝言。=言付け②

ことと【事と】[副]❶格別。ことさら。よくよく。例「〔源氏ニ玉鬘ガ〕寄りかかりたまへるは、ことと馴れ馴れしきにこそあめれ」〈源氏・野分〉語構成「馴れ馴れしきにこそあめれ」→「あめり」。❷みるみるうちに。また、すっかり。まったく。例「『いかがすべき』など言ふほどに、ことと〔夜ガ〕明けはてて」〈蜻蛉・下〉

ことど[名]《上代語》夫婦の縁を絶つための離縁のことば。

ことどがめ【言咎め】[名]とがめだてをすること。問いつめること。

こととき【異時】[名]ほかの時。別の時。

ことどころ【異所・異処】[名]別の所。よその土地。また、異国。

ことと・し【言疾し】[形ク]{から・く(かり)・し・き(かる)・けれ・かれ}人のうわさが激しい。評判がうるさい。例「言と・くは中は淀ませ(=一時オ休ミクダサイ)水無し川絶ゆといふことをありこすなゆめ」〈万葉・一一・二七一二〉

〔和歌〕**ことどはぬ…**【言問はぬ木すら妹と兄とありといふをただ独り子にあるが苦しさ】〈万葉・六・一〇〇七・市原王〉訳ものをいいかけない非情な木にさえ妹と兄とがあるというのに、たったひとりの子であることが苦しいことよ。
〈参考〉木に雌雄異株があるのをいう。

ことどひ【言問ひ】[名](「こととひ」とも)言い交わすこと。ともに語ること。また、質問。例「ただ今夜逢ひたる児ら(=妻)に言問ひもいまだせずしてさ夜ぞ明けにける」〈万葉・一〇・二〇六〇〉

こと・と・ふ【言問ふ】[自ハ四]{は・ひ・ふ・ふ・へ・へ}❶ものをいう。**話す**。例「言問・はぬ木すらあぢさゐ諸弟らが」〈万葉・四・七七三〉❷**話を交わす**。また、**愛のことばを交わす**。**求婚する**。例「言問・はましを今し悔しも」〈万葉・二〇・四三七七〉❸**尋ねる**。**質問する**。例「言問・はばありのまにまに都鳥」〈後拾遺・羇旅・五〇九〉❹**訪れる**。**手紙を送る**。**見舞う**。例「めづらしき愁への限り見つれど、都の方よりとて、**言問・ひ**おこする人もなし」〈源氏・明石〉

ことどもり【言吃り】[名]ことばを滑らかに口に出すことができないこと。言いよどみ。また、その人。

ことな・し【事無し】[形ク]{から・く(かり)・し・き(かる)・けれ・かれ}❶何事もない。平穏無事だ。例「いみじき世の乱れも出で来ぬべかりしことをも**事な・く**過ぐしたまひて」〈源氏・匂宮〉❷面倒でない。容易だ。例「わづらはしかりつる事は**ことな・く**て、やすかるべき事はいと心苦し」〈徒然・一八九〉❸欠点がない。非難するべき点がない。例「ありつつ見れど**事な・き**我妹」〈万葉・一一・二七五七〉

ことな・し【殊なし】[形ク]{から・く(かり)・し・き(かる)・けれ・かれ}《「なし」は接尾語》この上ない。格別である。例「〔中国ニハ〕**ことな・く**この世(=日本ノ国)にまさりたりと、見ゆる事やありし」〈浜松中納言・三〉

ことなしがほ[・なり]【事成し顔】[名・形動ナリ]事を成し遂げるだけの自信がありそうな顔つき。例「虚言する人の、さすがに人の〔頼ミヲ〕、**事成し顔・にて**、大事請けたる」〈枕・頼もしげなきもの〉

ことなしぐさ【事無し草】[名]何の草をいうか未詳。和歌では「事無し」または「事成し」をかけて詠む。(季―夏)。例「**事なし草**は、『思ふことをなすにや』と思ふも、をかし」〈枕・草は〉

ことなしび【事無しび】[名]《多く「に」を伴って副詞的に用いて》さりげない振り。素知らぬ振り。例「宰相の御いらへを、いかでか**事無しび**にいひ出でむ」〈枕・二月晦ごろに〉

ことなし・ぶ【事無しぶ】[自バ上二]{び・び・ぶ・ぶる・ぶれ・びよ}《「ぶ」は接尾語》何事もなかった振りをする。素知らぬ振りをする。例「いとあやしかりつるほどに、〔他ニ女ヲツクッテモ〕**ことなし・びたる**」〈蜻蛉・上〉

ことな・す【言成す】[他サ四]{さ・し・す・す・せ・せ}ことばに出す。また、あれこれうわさする。いい騒ぐ。例「〔二人ガ〕か寄り合はばそこもか(=ソレサエ)人の我を**言な・さむ**」〈万葉・四・五一三〉

ことなほ・る【事直る】[自ラ四]{ら・り・る・る・れ・れ}❶事態がもとのようになる。回復する。例「〔紫ノ上ト女三ノ宮ハ〕**事なほ・り**てめやすくなんありける」〈源氏・若菜・上〉❷罪を許される。赦免される。例「心のほかなる事にて知らぬ国にまかれりけるを、**ことなほ・り**て京に上りてのち」〈千載・雑中・一一三〇詞書〉

ことな・る【事成る】[自ラ四]{ら・り・る・る・れ・れ}❶物事が成就する。実現する。例「たひらかに〔後産モ〕**事な・り**はてぬれば」〈源氏・葵〉❷その時になる。準備が整う。事が始まる。例「〔祭リノ〕物見に遅く出でて、〔スデニ行列ハ〕**事な・り**にけり」〈枕・心もとなきもの〉

ことな・る【事慣る・事馴る】[自ラ下二]{れ・れ・る・るる・るれ・れよ}物事に慣れる。なじむ。物事に精通する。例「この度は**事馴・れ**、そがせ給ふ事なし」〈栄花・八〉

ことに【異に・殊に】[副]❶とりわけ。格別に。例「入道相国は**ことに**物めでし給ふ人(=感激シヤスイ人)にて」〈平家・三・徳大寺厳島詣〉❷いつもと違って。ほかと変わって。例「人のよろこび(=叙位ノオ礼マワリ)して、走らする車の音、**ことにきこえて**」〈枕・ころは、正月、三月〉❸なお。その上。また、別に。

こどねり【小舎人】[名]❶「蔵人所」に属し「殿上」の雑用をする官人。❷「小舎人童」の略。❸鎌倉・室町幕府の「侍所」で、雑用に従事した下級職員。

こどねりどころ【小舎人所】[名]宮中で「小舎人」①②」の詰め所。

こどねりわらは【小舎人童】[名]❶「近衛の」の「中将」「少将」などが召し連れる少年。牛車の先に立つなどの雑用をした。❷一般に公家や武家で雑用をした召し使いの少年。①②＝小舎人②

ことの【故殿】[名]亡くなった主君。前の殿。

〔和歌〕**ことのねに…**【琴の音に峰の松風通ふらしいづれのをより調べそめけん】〈拾遺・雑上・四五一・斎宮女御〉訳 琴の音に、峰から吹く松風が入り込んでいるらしい。いったい松風はどの山の尾根から、いや琴の緒からから美しい音をかなで始めたのだろうか。〈参考〉「いづれのをより」の「を」は、「山の尾根」の「を」と、「琴の緒(弦)」の「を」をかける。

ことのは【言の葉】[名]❶**ことば**。例「いま来むと言ひし**言の葉**を、さもやとまつのみどりごのたえずまねぶも」〈蜻蛉・上〉❷**ことばによる表現**。和歌。例「やまと歌は、人の心を種として、よろづの**言の葉**とぞなれりける」〈古今・仮名序〉

発展学習ファイル　本来は、「**ことば**」に対してより工夫をこらした、特別な言語表現をいう。「**は**」は、「端」の意だが、早くから「**葉**」と意識され、和歌に用いられる場合は「**葉**」の意味を含んで用いられるのがふつうである(❶用例参照)。上代語に「**ことのへ**」があり、「ことのは」の東国方言だと考えられるので、上代の例はないが、「ことのは」も古くから存在した語らしい。

ことのはぐさ【言の葉種・言の葉草】[名]和歌の草稿。和歌。また、話のたね。うわさ。

ことのへ【言のへ】[名]《「ことのは」の上代東国方言》うわさ。世間で話題となること。

ことのほか[・なり]【殊の外】[形動ナリ]{なら・なり・(に)・なり・なる・なれ・なれ}❶思いの外。予想外。例「〔結婚生活ハ〕**ことのほか・に**違ひぬる有り様なりかし」〈更級〉❷とりわけ。格別。例「鳥の声なども**ことの外・に**春めきて」〈徒然・一九〉

ことは[副]《副詞「こと」＋係助詞「は」》同じことなら。できることなら。＝ことならば。例「かきくらし**ことは**降らなむ春雨に濡れ衣着せて(=春雨ノセイニシテ)君を留めむ」〈古今・離別・四〇二〉

ことば【言葉・詞】[名]❶人が、音声や文字によって、考えや心情を伝達するてだて。**言語**。**ことば**。例「目に見、心に知るといへど、**詞**にあらはれて申す者なし」〈平家・一・禿髪〉《敬語》「申す者」→「まうす」。❷**技巧をこらしたことば**。また、その**表現技巧**・**ことばづかい**。例「されど若ければ、文も**をさをさしからず、ことば**もいひしらず、いはむや歌はよまざりければ」〈伊勢・一〇七〉❸和歌や絵などにそえられた、説明的な文章。**ことばがき**。例「絵など取り出いでさせて、右近に詞読ませて見たまふに」〈源氏・東屋〉《敬語》「見たまふ」→「たまふ(四段)」。❹謡曲や語り物などで、曲調をもたない部分。また、曲調とは独立した歌詞。❺ことばのあや。たとえや誇張をまじえてたくみに表現された特別ないい方。例「塵を結んでと言ふたは詞でござる」〈狂言記・箕潜〉

〔**言葉の下**〕いい終わるやいなや。例「今度は**言葉の下**から請け取らう。早う渡せ」〈狂・鞍馬参り〉

〔**詞の苑**〕《「詞苑」の訓読語》ことばの数の多いことを、草木の多い庭園にたとえていう語。豊かな詩歌・文章の世界。→「ことばのはやし」

〔**言葉の露**〕ことばを露にたとえて、その美しくもはかないさまをいう語。

〔**詞の花**〕《「詞花」の訓読語》❶華やかで巧みなことば。例「なほざりの**ことばの花**のあらまし(=計画)を待つとせしまに春も暮れぬる」〈風雅・雑上・一四九五〉❷和歌を上品にいうことば。例「**ことばの花**、残れる木の下もかたく、思ひの露、漏れたる草隠れもあるべからず」〈新古今・仮名序〉

〔**詞の林**〕《「詞林」の訓読語》ことばの数の多いことを、木の多い林にたとえていう語。豊かな詩歌・文章の世界。→「ことばのその」

〔**言葉を散らす**〕だれという区別なく話しかける。いいふらす。例「はかなくなげの(=カリソメノ)**言葉を散らし**たまふあたりも」〈源氏・匂宮〉

〔**言葉を尽くす**〕思いつく限りのことばを用いていろいろにいう。例「蔵人の君、例の人にいみじき**言葉を尽くし**て」〈源氏・竹河〉

ことばがき【詞書】[名]❶和歌の前書き。作歌事情などを記したもの。題詞。連歌・俳諧でもいう。❷絵巻などに添えられた文。

ことはかり【事計り】[名]計画。取り計らい。工夫。処置。

ことはじめ【事始め】[名]❶新たに物事を始めること。❷正月の準備を始める日。お事始め。江戸では陰暦十二月八日に、上方では陰暦十二月十三日に、すす払いなどをして正月の準備を始めた。一方、「事納め」は陰暦二月八日であるが、二月八日を事始め、十二月八日を事納めとする説もある。↕事納め。(季―冬)。❸農家で、その年の農事を始める日。陰暦二月八日。↕事納め。(季―春)

ことばだたかひ【言葉戦ひ】[名]戦場などで、まずことばでやり合うこと。

ことばづけ【詞付け】[名]連歌・俳諧で、句の付け方のひとつ。前句のあることばと関連のある語を用いて後句を付けること。

ごとばてんわう【後鳥羽天皇】[人名](一一八〇～一二三九)第八十二代天皇。父は高倉天皇。承久の乱を起こすが失敗、隠岐に流され、その地で没した。『新古今和歌集』などに入集。家集『後鳥羽院御集』、歌論書『後鳥羽院御口伝』、日記『後鳥羽院宸記』。

ことはな【異花】[名]ほかの花。別の花。

ことばのこころ【語意】[作品名]「ごいかう」に同じ。

ことばのたまのを【詞の玉緒】[作品名]江戸後期(一七八五刊行)の国語学書。本居宣長著。係り結びの法則に関して実証的に研究した書。

ことばのやちまた【詞の八衢】[作品名]江戸後期(一八〇八成立)の語学書。本居春庭著。古語の動詞の活用の種類と活用形を体系化した研究書。

ことはら【異腹】[名]父は同じで母が異なる関係。腹違い。

ことばろん【言葉論】[名]論争。口論。

ごとばゐんごくでん【後鳥羽院御口伝】[作品名]鎌倉前期の歌論書。成立年未詳。後鳥羽院著。隠岐に流された後鳥羽院が、和歌創作の方法・修練法や、藤原定家をはじめとする近い時代の歌人たちへの批評を書き記したもの。

ことひ【特負・特牛】[名](「こってい」とも。「ことおひうし」の変化形か)頭が大きく、強健で重い荷を負う牡牛。=特負の牛・特負牛・特牛

ことひうし【特負牛】[名]「ことひ」に同じ。

ことひうしの【特負牛の】[枕詞](「特負牛」が、貢ぎ物を「屯倉」に運ぶことから)同音の地名「三宅」にかかる。例「**ことひ牛の**三宅の潟に」〈万葉・九・一七八〇長歌〉

ことひき【琴弾き】[名]琴を弾くこと。その人。

ことひと【異人】[名]**ほかの人。別の人。他人。関係のない人。**例「**異人**の目に大方たえ見ず、ただ聖一人とのみ見けるに」〈宇治拾遺・二・一〉

ことひとびと【異人人】[名]その他の人々。自分の身内や同輩と、それ以外の人とを区別していう。

ことひのうし【特負の牛】[名]「ことひ」に同じ。

ことふえのみち【琴笛の道】(「琴」は弦楽器の総称、「笛」は管楽器の総称)管弦の道。音楽の道。

ことぶき【寿】[名](「ことほき」の変化形)❶ことばで祝うこと。また、そのことば。祝言。祝辞。❷命。長寿。❸めでたいこと。祝いの儀式。婚儀。

ことぶ・く【寿く】[他カ四]｛か・き・く・く・け・け｝(「ことほく」の変化形)「ことほぐ」に同じ。

ことふ・る【事旧る・言旧る】[自ラ上二]｛り・り・る・るる・るれ・りよ｝事柄が古くさくなる。いい古される。例「そもそも、**事ふり**にたれど、松嶋は扶桑第一の好風(=日本第一ノ絶景)にして」〈おくのほそ道・松嶋〉

ことぶれ【事触れ】[名]❶物事を世間に言いふらすこと。また、その者。❷「鹿島の事触れ」の略。

ことほ・ぐ【言祝ぐ・寿ぐ】[他ガ四]｛が・ぎ・ぐ・ぐ・げ・げ｝(上代は「ことほく」)ことばで祝う。祝福する。=寿く

ことま・ず【言交ず】[自ザ下二]｛ぜ・ぜ・ず・ずる・ずれ・ぜよ｝❶人の話に横から口を出す。口をはさむ。❷仲間入りする。例「『〔夕霧ガ〕女楽にえ**言ま・ぜ**でなむ逃げにけると伝はらむ名こそ惜しけれ』とて〔源氏ハ〕笑ひたまふ」〈源氏・若菜・下〉

ことみこ【異御子・異皇子】[名]他の御子。他の皇子。

ことみや【異宮・他宮】[名]他の皇后・中宮・皇子・皇女などの皇族。

ことむ・く【言向く】[他カ下二]｛け・け・く・くる・くれ・けよ｝ことばによって相手を説得して服従させる。転じて、平定する。例「ちはやぶる神を**言向・け**まつろはぬ(=従ワナイ)人をも和し」〈万葉・二〇・四四六五長歌〉

こども【子供・子等・児等】[名]《「ども」は複数を表す接尾語》❶若い人々を親しみの気持ちをこめて呼ぶ語。諸君。例「いざ子ども早く日本へ」〈万葉・一・六三〉訳→〈和歌〉いざこども…。❷(親・おとなに対して)子供たち。幼い子ら。例「あからさまに(＝チョット)来たる子ども・童べを、見入れらうたがりて」〈枕・にくきもの〉❸《近世語》男色を売った年少の歌舞伎役者。陰間。❹《近世語》遊里で遊女の使い走りをした少女。かぶろ。

こどもあつかひ【子供扱ひ】コドモアツカイ[名]子供の世話をすること。育児。養育。

こともじ【異文字】[名]他の文字。本筋に関係のない文字やことば。

こともの【異物・異者】[名]別の物。ほかの物。また、別の人。

ことやう[・なり]【異様】コトヨウ[名・形動ナリ]ふつうとは異なっているようす。風変わり。異様。例「(私＝薫ハ)昔より**異やう・なる**心ばへはべりし身にて」〈源氏・浮舟〉

ことや・む【言止む】{め・め・む・むる・むれ・めよ}㊀[自マ下二]❶ものをいうのをやめる。黙る。例「草のかき葉も**言や・め**て聞け」〈拾遺・神楽・五九三〉❷音楽の演奏をやめる。例「みな**ことや・め**たまひては、いと本意なからん」〈源氏・橋姫〉㊁[他マ下二]ものをいうのをやめさせる。黙らせる。例「語問ひし磐ね樹立、草の片葉をも**ことや・め**て」〈祝詞〉

ことゆ・く【事行く】[自カ四]{か・き・く・く・け・け}❶物事がうまくいく。折り合いがつく。例「たがひにあらそひて、**ことゆ・き**がたきによりて」〈古今著聞・四三六〉❷納得がいく。例「『かくつきなき(＝トンデモナイ)ことを仰せたまふこと』と、**事ゆ・か**ぬものゆゑ」〈竹取・竜の頸の玉〉

ことゆる・す【言許す・事許す】[他サ四]{さ・し・す・す・せ・せ}聞き入れる。承諾する。例「背の山に直に向かへる妹の山**事許・せ**やも打橋渡す」〈万葉・七・一一九三〉

ことゆゑ【事故】コトユエ[名](多く下に「無し」を伴って)差し障り。事故。別条。例「法師はあまた所食はれながら、**ことゆゑ**なかりけり」〈徒然・二八〉

ことよう【異用】[名]ほかの用事。別の使いみち。

ことよが・る【言好がる】[自ラ四]{ら・り・る・る・れ・れ}《形容詞「言好し」の語幹＋接尾語「がる」》相手に好感を抱かせるように、ことば巧みにいう。例「『いとあはれにうしろめたなくなむ』など**言よが・る**を」〈源氏・蓬生〉

ことよさ・す【言寄さす・事寄さす】《上代語。「寄さす」は動詞「寄す」の未然形＋上代の尊敬の助動詞「す」》ご命令になる。お任せになる。例「『このただよへる国を修理ひ固め成せ』とのりたまひ、天の沼矛を賜ひて、**言よさ・し**賜ひき」〈記・上〉

ことよ・し【言良し】[形ク]{から・く(かり)・し・き(かる)・けれ・かれ}ことばが巧みである。口がうまい。例「(コンナコトヲ)聞こえさすれば、**言よ・き**やうにはべり」〈落窪・一〉

ことよ・す【言寄す・事寄す】[自サ下二]{せ・せ・す・する・すれ・せよ}❶かこつける。口実にする。例「母后のおはしまさぬ御かはりの後ろ見(＝世話役)にと**ことよ・せ**て」〈源氏・少女〉❷うわさをたてる。いい立てる。例「君が手取らば**言寄・せ**むかも」〈万葉・七・一一〇九〉❸言付ける。伝言する。託する。例「名にしおふ花のたよりに**ことよ・せ**て」〈新葉集〉

ことよせづま【言寄せ妻】[名]自分の妻だと世間の人々がうわさしている女性。例「里人の**言寄せ妻**を荒垣の外にや我が見む」〈万葉・一一・二五六二〉

ことよ・る【事寄る】[自ラ四]{ら・り・る・る・れ・れ}一方に片寄る。傾く。例「何ごとも人にことなるおぼえあるに**事よ・り**てこそありけれ」〈源氏・若菜・上〉

ことよろ・し【事よろし】[形シク]{しから・しく(しかり)・し・しき(しかる)・しけれ・しかれ}❶事情がたいして悪くない。ふつうである。差しつかえない。例「**事よろ・しき**(＝平穏無事ナ)ときこそ腰折れかかりたること(＝腰折レノ下手ナ和歌)も思ひつづけけれ」〈更級〉❷ふさわしい。相応である。例「年のはじめなれども、元日元三(＝元日カラ三ガ日)の儀式**事よろ・しから**ず」〈平家・九・生ずきの沙汰〉

ことり【部領】[名]《「ことと(事執)り」の変化形》❶人や物の輸送を監督する者。その責任者。❷「東宮坊」の「帯刀陣」の事務担当官。左右の「衛門尉(三等官)」が兼任した。

〔俳句〕**ことりくる…**【小鳥来る音うれしさよ板びさし】〈自筆句帳・蕪村〉訳家の中にいてふと気づくと、板びさしの上に小鳥の足音がする。今年も小鳥が渡ってくる季節になったのだと思うと、うれしさがわいてくることだ。(季－小鳥－秋)

ことりそ【古鳥蘇】[名]雅楽の曲名。高麗楽の一種で「壱越調」。六人で舞う。

ことりづかひ【部領使ひ】コトリヅカイ[名]❶「さきもりことりづかひ」に同じ。❷陰暦七月の「相撲の節会」の際に、地方の力士を召し出す使い。左右の「近衛府」の官人が任命された。

ことわ・く【辞別く・言別く】[自カ四]{か・き・く・く・け・け}特別にことばを改めていう。祝詞などで用いらる語。例「**辞別・き**て、伊勢に坐す天照らす大御神の大前に申さく」〈祝詞〉

ことわざ【事業】[名]すること。行為。仕事。また、出来事。

ことわざ【異業】[名]別の行い。また、よそごと。

ことわり【断り】[名]❶通告。予告。❷辞退。拒絶。例「年ごろの風病**ことわり**申してまかりさりぬべかめり」〈栄花・三三〉語構成「まかりさりぬべかめり」→「べかめり」。❸謝罪。申し開き。

ことわり[・なり]【理】[名][形動ナリ]

> **アプローチ**
> ▼「事割り」で、物事を割り砕くようにして本質を見定める意。
> ▼そのことから、物事の道理・理屈などの意味に用いられた。
> ▼名詞「ことわり」について、もっともなことだの意の形容動詞が生じたとされる。

㊀[名]❶道理。筋道。例「盛者必衰の**理**をあらはす」〈平家・一・祇園精舎〉訳勢い盛んな者も必ず衰えるときが来る、という**道理**を表している。❷**理由**。例「悪鬼・悪神をおそるる故に、神社にて、ことにさきをおふべき**理**あり」〈徒然・一九六〉訳(神の従者である)悪鬼、悪神が恐ろしいので、神社

の前で、とくに行列の先払いをしなくてはならない**理由**があるのだ。❸**判定**。**論断**。例「中将は、このことわり聞きはてむと、心入れて、あへしらひゐたまへり」〈源氏・帚木〉訳頭中将は、この（左馬頭の）**判定**を最後まで聞こうと、熱心に、応答なさっている。

㊁［形動ナリ］{なら・なり(に)・なり・なる・なれ・なれ}**もっともである**。**いうまでもない**。例「『この祖のうはおそひは、なにの色にかつかうまつらすべき』と申すを、また笑ふも**ことわり・なり**」〈枕・大進生昌が家に〉訳（平生昌が）「この祖のうわっぱりは、何色にしてさしあげましょうか」というのを、（女房たちが）また笑うのも**もっともだ**。〔注〕祖の上に着る「汗衫」のことを生昌が妙な名前で呼んだので、清少納言以下の女房が大笑いした。《係結び》「か→つかうまつらすべき㊍」。《敬語》「つかうまつらす」→「つかうまつる」、「申すを」→「まうす」

〔**理に過ぐ**〕常識を超える。極端になる。例「**ことわりす・ぎて**降る時雨かな」〈新葉集〉

〔**理にも過ぐ**〕ふつうの道理を超える。まったく当然だ。例「これ(=遷都)を世の人安からず憂へあへる、げに**ことわりにも過・ぎたり**」〈方丈記〉

〔**理の別れ**〕当然の別離。逃れることのできない別れ。とくに死別を指す。例「誰も誰も、**ことわりの別れ**にてたぐひあることとも思されず」〈源氏・御法〉

ことわ・る【理る・断る】［他ラ四］{ら・り・る・る・れ・れ}❶**判断する**。**判定する**。**道理を明らかにする**。例「何の報いにか、ここら横さまなる浪風におぼほれたまはむ。天地**ことわ・りたまへ**」〈源氏・明石〉《係結び》「か→おぼほれたまはむ㊍」。❷**事の内容を理解する**。**道理を知って納得する**。**もっともに思う**。例「帝の御婿にて飽かぬことなしとぞ世人も**ことわ・りける**」〈源氏・浮舟〉《係結び》「ぞ→ことわりける㊍」。❸**道理を分けて説明する**。**わけを話す**。**了解を得る**。例「にぎはひ豊かなれば、人には頼まるるぞかしと**ことわ・られ侍りし**」〈徒然・一四二〉《敬語》「ことわられ侍りし」→「はべり」。❹**予告する**。**あらかじめ知らせる**。例「必ず後にて恨まっしゃるな。伊右衛門どの、**断・りましたぞ**」〈伎・東海道四谷怪談〉

ことをり【異折】［名］別の機会。ほかのとき。

こな【子な・児な】［名］《上代東国方言》「こら」に同じ。

ごないしょ【御内書】［名］室町以降の将軍家から下された文書。

ごなう【御悩】［名］病気の敬称。（貴人の）ご病気。例「法皇つねに**御悩有りて**」〈保元・上〉

こなかぐろ【小中黒】［名］矢羽の一種。上下が白く、中央の黒い部分が小さいもの。↕大中黒①

こなから【小半ら・二合半】［名］《近世語。「なから」は半分、「こなから」は四分の一の意》一升の四分の一。二合五勺（約〇・四五リットル）。転じて、少量。おもに酒・米について用いる。

こなからいり【小半ら入り】［名］《近世語》二合五勺（約〇・四五リットル）の量が入っていること。また、その量の器。

こなぎ【小水葱】［名］《「こ」は接頭語》小さな「水葱」。水田などに自生し、葉は食用。秋に咲く紫色の花は、染め物にも用いられた。（季－秋）

こなし【熟し】［名］❶《近世語》その場に適した振る舞い。❷歌舞伎で、せりふによらず、おもにしぐさで心理を表す演技。

こな・す【熟す】［他サ四］{さ・し・す・す・せ・せ}❶細かくする。砕く。耕す。例「木を切り**こな・す**」〈宇津保・俊蔭〉❷思いどおりにする。自由に扱う。例「まだしき素人は〔遊女ヲ〕おそれて**こな・す**ことならず」〈浮・好色一代女〉❸ばかにする。けなす。例「勤めの位賤しきとて**こな・したる**仕方といひ」〈浮・傾城禁短気〉

こなた【此方】［代名］❶《近称の指示代名詞》㋐話し手に近い所・方向を示す。**こちら**。**こっち**。例「上の女房**こなた**許されたるなど参りて」〈枕・清涼殿の丑寅の角の〉《敬語》「参りて」→「まゐる（四段）」。㋑話し手に近い時間を示す。**過去のある時から現在まで**。…以後。…からこのかた。また、**未来のある時からさかのぼって現在まで**。…以前。例「年のこなたに春を待つらん」〈後撰・冬・四九八〉❷㋐《自称の人称代名詞》**わたし**。**われ**。例「**こなた**をもそなたをも、さまざまの人の聞こえなやまさむ」〈源氏・行幸〉《敬語》「聞こえなやまさむ」→「きこゆ」。㋑《対称の人称代名詞》**あなた**。室町時代には敬意がこめられたが、江戸時代には薄れた。例「おばさまの昼寝をなされた時、**こなた**の糸まきをあるともしらず踏み割りました」〈浮・好色一代男〉

こなたかなた【此方彼方】［代名］❶こちら側とあちら側。例「**こなたかなた**心を合はせて」〈源氏・桐壺〉❷あちこち。ほうぼう。例「砧の音も、かすかに、**こなたかなた聞きわたされ**」〈源氏・夕顔〉❸あれやこれや。何やかや。例「**こなたかなたにつけつつ**」〈源氏・宿木〉

こなたざま【此方ざま】［代名］❶《近称の指示代名詞》こちらの方。例「**こなたざま**にものしたまふべき人のさるべきに」〈蜻蛉・中〉❷《他称の人称代名詞》こちらの人。こちら。

こなに【来なに】《上代東国方言。「な」は打消の助動詞「ず」の未然形の古い形》来ないで。例「夕なは来なに明けぬしだ(=明ケタトキ)来る」〈万葉・一四・三四六一〉

こなほし【小直衣】［名］《「直衣」に似た小ぶりな服の意》「狩衣」の裾に襴（横布）をつけたもの。平安末期ごろから、上皇・親王・大臣・大将などが狩衣よりも晴れの儀式用として用いた。

こなま・る【小訛る】［自ラ四］{ら・り・る・る・れ・れ}《「こ」は接頭語》少しなまる。

こなみ【前妻・嫡妻】［名］最初に結婚した妻。本妻。前妻。↕後妻

こなら【小楢】［名］《「こ」は接頭語》小さなナラの木。愛らしい女性のたとえとする。例「三毳の山の**こ楢**のすまぐはし児ろは」〈万葉・一四・三四二四〉

ごにち【後日】［名］《「ごじつ」の古い形》のちの日。

こには【小庭】［名］❶清涼殿の東南隅にある庭。殿上の間の南で、囲いがある。紫宸殿の南庭を大庭というのに対する。❷小さい庭。壺庭。

こにょうばう【小女房】［名］年少の「女房」。一説に、小づくりできゃしゃな女房ともいう。

ごにんぐみ【五人組】［名］《近世語》江戸時代の

庶民の自治組織。近隣の五戸を一組として組頭一名を定め、納税・治安などで連帯責任をとらせた。

ごにんばり【五人張り】[名]「強弓」の別名。五人がかりで張る(四人が弓を曲げ、ひとりが弦を張る)ほどの弓。源為朝の弓などをいう。

こぬかさんがふあるならばいりむこすな【小糠三合あるならば入り婿すな】男は、少しでも財産があるならば、養子などにはならず、独立して一家を立てるべきだという意のことわざ。

〔和歌〕**こぬひとを…**【来ぬ人をまつほの浦の夕なぎに焼くや藻塩の身もこがれつつ】〈新勅撰・恋三・八四九・藤原定家〉《百人一首・権中納言定家》訳待っていても来ない人を待つ、その松帆の浦の夕なぎのころに焼く藻塩草のように、私の身も恋い焦がれています。

〈参考〉「まつほの浦」は淡路島の北端で、「待つ」の意をかける。「まつほの浦の夕なぎに焼くや藻塩の」は「こがれ」を導く序詞。

こぬれ【木末】[名]《「このうれ」の変化形》木の枝の先の方。こずえ。

こねり【木練り】[名]「木練り柿」の略。

こねりがき【木練り柿】[名]渋柿を木につけたままにしておいて、甘く柔らかくしたもの。＝木練り・木練りの柿・木醂し。(季－秋)

この【此の】《代名詞「こ」＋格助詞「の」》❶話し手に近い物・事・人を指す語。この。例「この翁丸(＝犬ノ名)打ち調じて、犬島へつかはせ」〈枕・上にさぶらふ御猫は〉❷話し手が心理的に近く感じる、すでに述べた物・事・人を指す語。この。このような。例「この御にほひには並びたまふべくもあらざりければ」〈源氏・桐壺〉❸いままでの。最近の。それ以来今日まで。例「住吉の神を頼みはじめたてまつりて、この十八年になりはべりぬ」〈源氏・明石〉《敬語》「頼みはじめたてまつりて」→「たてまつる」、「なりはべりぬ」→「はべり」

〔俳句〕**このあきは…**【この秋は何で年よる雲に鳥】〈笈日記・芭蕉〉訳今年の秋は、どうしてこれほど老いの寂しさが我が身に迫ってくるのか。空を仰げば、遠くに見える雲の中に、しだいに小さくなってついに消えていく鳥が見える。(季－秋－秋)

このあひだ【此の間】[名]❶先日。先ごろ。❷このごろ。近ごろ。❸近いうち。近日中。

このあひだに【此の間に】❶そこで。ところで。例「ある人々もえ堪へず。このあひだに、ある人の書きて出だせる歌」〈土佐〉❷こうしている間。

このえ【木の枝】[名]木の枝。枝。

このかうべ【兄部】[名]《「このかみべ」の変化形》鎌倉時代以降、武家などで力仕事に従事する「力者」の頭の名称。

このかた【此の方】[名]❶こちら側。↔彼方。例「見渡しに妹らは立たしこの方に我は立ちて」〈万葉・一三・三二九九長歌〉❷それ以来。それ以降。例「七つになりたまひしこのかた、帝の御前に夜昼さぶらひたまひて」〈源氏・須磨〉

このかみ【兄】[名]《「子の上」の意》❶兄弟姉妹の中で年長の者。兄。または、姉。↔弟・おと。例「この男のこのかみも衛府の督なりけり」〈伊勢・八七〉❷年上であること。年長。例「四年ばかりがこのかみにおはすれば」〈源氏・紅葉賀〉❸地域や氏族の首長。→「うぢのかみ」。例「凡そ諸氏のこのかみ未だ定まらざること有らば」〈紀・天武・下〉❹(ある集団の中で)すぐれた者。実力者。長。例「その兄と思へる上手ども」〈源氏・若菜・下〉

このかみごころ【兄心】[名]兄・姉などの、年上らしい心遣いや思いやり。

〔俳句〕**このきどや…**【この木戸や鎖のさされて冬の月】〈猿蓑・其角〉訳この木戸はしっかりと錠がさされ、中に入れない。折しも冬の月の冷たい光が、締め出された私に降り注いでいることだ。(季－冬の月－冬)

このきみ【此の君】[名](晋の王の徽子(子猷)が竹を深く愛し、「何ぞ一日も此の君無かるべけんや」といった故事から)「竹」の別称。

このくれ【木の暗れ・木の暮れ】[名]木が生い茂って暗いこと。また、その場所。＝木の暗茂。(季－夏)

このくれしげ【木の暗茂】[名]「このくれ」に同じ。

このくれの【木の暗れの】[枕詞]木が繁っている意から「繁き」に、また「木の暗れ」になるのは初夏であることから「四月」にかかる。例「木の暗れの四月し立てば」〈万葉・一九・四一六六長歌〉

このごろ【此の頃】[名]《上代では「このころ」》❶近ごろ。例「否と言へど強ふる志斐のが強ひ語りこのころ聞かずて朕恋ひにけり」〈万葉・三・二三六〉訳→〔和歌〕いなといへどしふるしひのが…。❷近日中。近いうち。例「いまこのごろのほどに(娘ヲコチラヘ)参らせむ(＝伺ワセマショウ)」〈源氏・野分〉《敬語》「参らせむ」→「まゐる(四段)」。❸いま時分。いまごろ。例「昔、大将の御母上亡せたまへりしもこのごろのことぞかし」〈源氏・御法〉〔此の頃の間〕このごろ。近ごろ。例「下思ひに我はぞ物思ふこのころの間」〈万葉・一二・三〇三三〉

このごろやう【此の頃様】[名・形動ナリ]今風。現代風。例「これはこのごろやうの事なり。いとにくし」〈徒然・二〇八〉

〔和歌〕**このさとも…**【この里も夕立しけり浅茅生に露のすがらぬ草の葉もなし】〈金葉・夏・一五〇・源俊頼〉訳この里でも夕立が降ったのだ。浅茅生を見ると露がついていない草の葉はないよ。

このした【木の下】[名]木陰。樹下。

このしたがくる【木の下隠る】㊀[自ラ四]木の下に隠れる。例「秋山の木の下隠り行く水の」〈万葉・二・九二〉㊁[自ラ下二]㊀に同じ。例「宮木のの木のしたがくれ鹿や鳴くらむ」〈続後拾遺・秋上・二九八〉

このしたかげ【木の下陰】[名]木陰。

このしたかぜ【木の下風】[名]樹下を吹く風。

このしたづくよ【木の下月夜】[名]樹木の下にもれてくる月の光。

このしたつゆ【木の下露】[名]木の葉や枝から滴る露。(季－秋)

このしたみち【木の下道】[名]樹木の下を通る道。木陰の道。

このしたみづ【木の下水】[名]木の下を流れる

水。また、木の下にたまった水。

このしたやみ【木の下闇】[名]生い茂った枝葉で木の下が暗いこと。また、その場所。(季―夏)

このしゃう【此の生】[名]この一生。自分の生涯。例「それをこの生の面目にて」〈源氏・真木柱〉

このしろ【鰶】[名]海水魚の名。幼魚をツナシ、中形のものをコハダと呼ぶ。この魚を焼くと、死人を焼く臭いがするとして忌み嫌われたが、狐の好物として、稲荷社の初午祭りに供えられた。

このする【木の末】[名]《「このうれ」とも》木の先端。こずえ。＝木末・木の末下

〔和歌〕**このたびは…【このたびは幣もとりあへず手向山紅葉の錦神のまにまに】**〈古今・羈旅・四二〇・菅原道真〉《百人一首・菅家》訳このたびの旅は、あわただしくて幣も手に取らずに参りました。代わりにこの手向山の美しい紅葉の錦を幣として、どうぞ神のお心のままにお納めください。

〈参考〉「たび」は、「度」と「旅」をかける。「手向山」は、旅行者が手向けをする山。普通名詞。

このぢゅう【此の中】[名]❶このごろ。例「この中もたびたび暇を貰うてくれいと言うて見えたれども」〈狂・石神〉❷せんだって。先日。

このついで[作品名]『堤中納言物語』所収の短編物語。

このてがしは【児の手柏】[名]《「このてかしは」とも》木の名。手の形をして表裏の別のない葉を持つので、二心あるもののたとえとされた。

このね【木の根】[名]樹木の根。

このは【木の葉】[名]樹木の葉。とくに、紅葉した葉や落ち葉。(季―冬)

このはがくれ【木の葉隠れ】[名]木の葉の茂みに隠れていること。また、その場所。

このはがへし【木の葉返し】[名]長刀・棒などの技のひとつで、木の葉が翻るように用いるもの。

このはぐも・る【木の葉曇る】[自ラ四]{ら・り・る・る・れ・れ}日や月の光が樹木の葉の茂みに遮られて暗くなる。例「木の葉曇・らで月や出づらん」〈新古今・冬・五九三〉

このはごも・る【木の葉籠る】[自ラ四]{ら・り・る・る・れ・れ}茂った木の葉に隠れて見えなくなる。例「木の葉ごも・れる月待つごとし」〈万葉・二・三六六〉

このはざる【木の葉猿】[名]身軽な小さい猿。

〔和歌〕**このはちる…【木の葉散る宿は聞き分くかたぞなき時雨する夜も時雨せぬ夜も】**〈後拾遺・冬・三八二・源頼実〉訳木の葉が散る家では聞き分けることができないよ。時雨が降る夜も、時雨が降らない夜も。

このはな【木の花】[名]木に咲く花。とくに、梅や桜をいうことが多い。

〔和歌〕**このはなき…【木の葉なきむなしき枝に年暮れてまた芽ぐむべき春ぞ近づく】**〈玉葉・冬・一〇三二・京極為兼〉訳木の葉が落ちて何もない枝に年が暮れて、また新しい芽が出るはずの春がすぐ来るよ。

このほど【此の程】[名]このごろ。例「〔源氏ハ〕このほどは大殿(＝左大臣ノ邸)にのみおはします」〈源氏・帚木〉

このま【木の間】[名]木々のすき間。＝木間

このま・し【好まし】[形シク]{しから・しく(しかり)・し・しき(しかる)・しけれ・しかれ}《「このもし」とも》❶(人の感情を表して)心がひかれる。好きだ。例「なほ、さりぬべきあたりのことは好ま・しうおぼゆるものを」〈源氏・夕顔〉❷(物事の状態を表して)感じがいい。よい趣味だ。例「〔女房ノ衣ガ〕藤、山吹など、いろいろ好ま・しうて」〈枕・清涼殿の丑寅の角の〉❸色好みである。また、風流を愛する。例「すこしまばゆく、艶に好ま・しきことは目につかぬ」〈源氏・帚木〉①②《音便》「好ましう」は「好ましく」のウ音便。

〔和歌〕**このまより…【木の間より漏りくる月の影見れば心尽くしの秋は来にけり】**〈古今・秋上・一八四・よみ人しらず〉訳木の間からもれくる月の光を見ると、物思いの限りを尽くす秋が来たことである。

このまろどの【木の丸殿】[名]「きのまろどの」に同じ。

このみ【好み】[名]❶好むこと。嗜好。❷選り好み。注文。

このみごころ【好み心】[名]好色な心。

このみそ・す【好み過す】[他サ四]{さ・し・す・す・せ・せ}《「そす」は度を過ごす意》自分の好みに片寄り過ぎる。例「心得ぬまで好みそ・したまへる」〈源氏・宿木〉

このみた・つ【好み立つ】[自タ四]{た・ち・つ・つ・て・て}《「このみだつ」とも》❶好む心が進む。愛好する心がつのる。例「宮の、いまめかしく好みた・ちたまへる(＝目新シイ女君ノ方ニ夢中ニナッテイラッシャル)ほどにて」〈源氏・宿木〉❷望みが起こる。その気になる。例「ものをもいはむとこのみだ・ちたらむは」〈紫式部日記〉

〔俳句〕**このみちや…【この道や行く人なしに秋の暮れ】**〈其便・芭蕉〉訳私が今歩いているこの道は、前にもあとにも行く人はなく、寂寥とした秋の夕暮れにつつまれてどこまでも続いている。俳諧の道そのままであるよ。(季―秋の暮―秋)

このみな・す【好みなす】[他サ四]{さ・し・す・す・せ・せ}特別に趣向を凝らす。例「用なきことども し添へ、わづらはしく好みな・せる」〈徒然・八一〉

この・む【好む】[他マ四]{ま・み・む・む・め・め}❶好く。愛する。愛好する。例「〔盛親僧都ハ〕芋頭といふ物を好・みて」〈徒然・六〇〉❷所望する。望む。注文をつける。例「西南海の領所を願ひて、東北の庄園を好・まず」〈方丈記〉❸注文をつける。

このめ【木の芽】[名]木々の新芽。(季―春)

〔木の芽張る〕木の芽がふくらむ。もえ出る。和歌では多く「張る」に「春」をかける。例「このめはる春の山田を打ち返し」〈後撰・恋一・五四四〉

このめづき【木の芽月】[名](木の芽がもえ出る月の意から)陰暦二月。

このも【此の面】[名]こちら側。↔彼の面

このもかのも【此の面彼の面】[名]❶こちら側とあちら側。❷あちらこちら。そこここ。

このも・し【好もし】[形シク]{しから・しく(しかり)・し・しき(しかる)・しけれ・しかれ}「このまし」に同じ。

このもと【木の下】[名]樹木の下。転じて、身のよりどころ。

〔俳句〕**このもとに…【木のもとに汁も鱠も桜かな】**〈ひさご・芭蕉〉訳満開の桜の下で花見をすると、汁にも鱠にも、花見の座の何もかもに、桜の花びらが散りかかってくることだよ。(季―桜―春)

このやまの【この山の】［枕詞］〈山々が続いているように引き続いての意から〉「いや継ぎ継ぎに」にかかる。例「この山のいや継ぎ継ぎに」〈万葉・一八・四〇九八長歌〉

このよ【此の世】［名］❶人の生きている世。現世。↔彼の世。❷今の世の中。当世。例「この世に名を得たる舞の男ども」〈源氏・紅葉賀〉❸世間。実社会。例「いとこの世遠く（＝世間離レシテ）、田舎びにたりや」〈源氏・夢浮橋〉

〔此の世の外〕この人間界でないところ。また、あの世。来世。

〔此の世の犯し〕現世において犯した罪。今生で犯した罪。例「前の世の報いか、この世の犯しか」〈源氏・明石〉

〈和歌〉**このよにし…**【この世にし楽しくあらば来む世には虫に鳥にも我はなりなむ】〈万葉・三・三四八・大伴旅人〉訳もしもこの世で酒を飲んで楽しく過ごせるならば、来世には虫にだって鳥にだって私はなってしまおう。〈参考〉酒をほめる十三首連作の一首。

〈和歌〉**このよをば…**【この世をばわが世とぞ思ふ望月のかけたることもなしと思へば】〈小右記・藤原道長〉訳この世の中を、自分のためにある世だと思うことだ。今夜の満月が欠けたところがないように、自分にも不満がまったくないことを思うと。

このり【兄鷂】［名］鷂の雄。上代から鷹狩りに用いた。（季－冬）

このゑ【近衛】［名］《「ちかきまもり」とも。「こんゑ」の変化形》❶「近衛府」の略。❷「近衛府」の役人。

〔近衛の使ひ〕近衛府の勅使。平安時代、賀茂の祭り・大原野祭りの際に、左右近衛府から交互に派遣された中将または少将。

このゑづかさ【近衛府】［名］「このゑふ」に同じ。

このゑのつかさ【近衛府】［名］「このゑふ」に同じ。

このゑのみかど【近衛の御門】［名］大内裏の外郭門のひとつ、東側の陽明門の別称。すぐそばに左近衛府の建物がある。

このゑふ【近衛府】［名］《「このゑづかさ」「このゑのつかさ」「ちかきまもりのつかさ」とも》令制で、令外の官のひとつ。内裏の警護や行幸の供奉・警備などをつかさどった。「左近衛府」「右近衛府」に分かれ、それぞれが「六衛府」のひとつ。＝近衛①

こは-【強】［接頭］こわい、固い、厳しいの意を表す。「強意見」「強飯」「強者」「強張る」など。

こは【此は】《代名詞「こ」＋係助詞「は」。感動の気持ちを表す》これはなんと。なんてまあ。例「こは、なでふことをのたまふぞ」〈竹取・かぐや姫の昇天〉

〔此は如何に〕これはまあなんとしたことだ。例「『こはいかに』と聞こゆ」〈源氏・若紫〉

〔此はそも〕《「こは」を強めた表現》急に気付いたり、驚きの気持ちを表したりする。これは一体。例「こはそも何事ぞや」〈太平記・五〉

こはいひ【強飯】［名］粳米を甑で蒸したかための飯。こわめし。↔姫飯

こはう【小袍】［名］「袍」の一種。袖が一幅（一尺）で、手が自由に動かせるように端袖を付けないもの。貴人の結髪に奉仕する者が着用した。

こはう【強う・恐う】形容詞「こはし」の連用形「こはく」のウ音便。

ごばう【御坊・御房】［名］❶僧が住む部屋や建物の敬称。❷僧の敬称。お坊さま。

こばかま【小袴】［名］❶「指貫」の別称。→「さしぬき」。❷鎌倉・室町時代に、武家で、直垂や素襖などの下にはいた短い袴。➡［古典参考図］男子の服装〈3〉、武装・武具〈1〉

こはぎ【小萩】［名］小さな萩。（季－秋）

こはぎ【・なり】【小脛】［名・形動ナリ］袴の裾をたくし上げた姿。例「殿（＝藤原顕光）はこはぎにて、足駄はきて」〈栄花・一三〉

こはぎがはら【小萩が原】［名］丈の低い萩が一面に生えている野原。＝小萩原

こばこ【籠箱】［名］底だけが板で、他の面には骨組みの上に紗や絽を張った箱。虫かごに使う。

こはごはし【強強し】［形シク］〈しから・しく（しかり）・し・しき（しかる）・しけれ・しかれ〉❶（物が）ごわごわしている。ごつごつしている。例「桜の花は優なるに枝ざしのこはごはしく」〈大鏡・伊尹〉❷（人のようすや態度が）堅苦しい。強情だ。例「〔源氏ニ〕情けなくこはごはしうは見えじと〔朧月夜ノ君ハ〕思へり」〈源氏・花宴〉《音便》「こはごはしう」は「こはごはしく」のウ音便。❸洗練されていない。粗野で荒々しい。例「あわつけき声ざまにのたまひ出づる言葉こはごはしく」〈源氏・常夏〉

こはさうぞく【強装束】［名］《「こはしゃうぞく」とも》糊などをつけてこわばらせた装束。平安中期以降、一般にもてはやされた。↔萎え装束

こは・し［形ク］〈から・く（かり）・し・き（かる）・けれ・かれ〉一【強し】❶かたい。ごわごわしている。例「こは・からぬ烏帽子ふりやりつつ」〈枕・清げなる男の〉❷強い。強靭だ。例「斧の声の聞こゆる方に、疾き足をいたして、こは・き力を励みて」〈宇津保・俊蔭〉❸強情だ。頑固だ。例「このさきなものは、こは・くはべるものにて」〈竹取・かぐや姫の昇天〉❹堅苦しい。ごつごつしている。例「この文の言葉、いとうたてこは・く」〈源氏・若菜・上〉❺険しい。例「をさなきほどにて、坂のこは・きをのぼり侍りしかば」〈大鏡・道長・下〉二【恐し】恐ろしい。例「こは・い顔したとて高が女房なり」〈川柳・柳多留〉《音便》「こはい」は「こはき」のイ音便。

こはじ【木端】［名］《「こはし」とも》簾の芯となる薄板。または、簾の四隅に入っている薄板。

こはじとみ【小半蔀】［名］「半蔀」の小型のもの。

こはた【木幡】［歌枕］山城国の地名。いまの京都府宇治市木幡町。近江国と大和国を結ぶ街道があり、旅の歌が多く詠まれた。

こはたぎつね【木幡狐】［作品名］室町時代の御伽草子。成立年・作者未詳。狐の姫が人間に化けて貴公子と契り子を産むが、夫や子と別れて出家するという悲恋遁世譚。

こばたけぞめ【小畠染め】［名］更紗染めの一種。江戸時代、京都の小畠了達らが始めた。

こはたのしぐれ【木幡の時雨】［作品名］擬古物語。鎌倉時代の成立か。『源氏物語』の梗概書『源氏小鏡』の影響がある。

こはちえふのくるま【小八葉の車】[名]「網代車」の一種。紋の小さい「八葉の車」。四位・五位の人が乗ったが、のちには広く用いられた。

こは・る【強張る】[自ラ四]{ら・り・る・る・れ・れ}❶固くなる。硬直する。❷強く出る。強情を張る。例「旅宿へやることなりませぬと、**強張・り**かかれば柔らを入れ」〈浄・夏祭浪花鑑〉

こはひ[・なり]【粉灰】[名・形動ナリ]（ちりや灰のように）粉々であること。こっぱみじん。例「修羅の大敵を**粉灰・に**うちくだき」〈曾我・一〉

こばやしいっさ【小林一茶】[人名]（一七六三～一八二七）江戸後期の俳人。本名は弥太郎。信濃国（長野県）柏原の生まれ。農村出身の土着の性根を失わず、一茶独特の俳風をつくった。俳調に忠実な門下はいたが、一茶の命脈を伝えた者はいない。代表作『西国紀行』『父の終焉日記』『おらが春』など。

こはらか[・なり]【強らか】[形動ナリ]{なら・なり(に)・なり・なる・なれ・なれ}《形容詞「強し」の語幹＋接尾語「らか」》❶（物が）ごわごわしているさま。固くてごつごつしている。例「練り色の衣の**強らか・なる**を着て」〈今昔・三・七〉❷（人の態度やようすが）粗野だ。荒々しい。例「片田舎の侍どもの、**こはらか・にて**」〈平家・一・殿下乗合〉

こはる【小春】[名]初冬の、春のように暖かい気候。（そういう気候が続く）陰暦十月の別称。（季－冬）

こひ

こひ【恋】[名]❶**慕わしく思う気持ち。恋慕。**例「明日香川川淀去らず立つ霧の思ひ過ぐべき恋にあらなくに」〈万葉・三・三二五〉〔注〕「なくには、逆接の意を含んだ詠嘆を表す。❷恋愛。**愛情。**特定の人を強く愛する感情。例「我が恋は行方も知らず果てもなし」〈古今・恋二・六一一〉

〔**恋の重荷**〕耐えがたいほどの苦しい恋の思いをたとえた語。例「恋の重荷、げに持ちかぬるこの荷かな」〈謡・恋重荷〉

〔**恋の煙**〕恋い焦がれる思いを、物が燃えて煙を上げるのにたとえていう語。「恋」に「火」をかける。例「篝火にたちそふ**恋の煙**こそ世には絶えせぬほのほなりけれ」〈源氏・篝火〉

〔**恋の盛り**〕恋の最盛期。

〔**恋の端**〕恋のきっかけ。恋の端緒。

〔**恋の慰**〕恋の苦しさを慰めるもの。

〔**恋の持夫**〕恋という重荷を持ち運ぶ人夫。恋の苦しみを背負う人。例「**恋のもちぶ**は、わが御身にて習ひ給へばなるべし」〈狭衣・一〉

〔**恋の奴**〕❶恋のとりこになっている人。❷恋のやつ。ままならぬ恋を擬人化した語。

〔**恋の山路**〕恋心のつのるさまを山にたとえていう語。また、苦しく困難な恋を、深く険しい山道にたとえていう語。例「**恋の山路**はえもどくまじき御心まじりける」〈源氏・若菜・下〉

こひ【㾓】[名]足がむくむ病気。いまの脚気。

〔**恋の病**〕恋ゆえに起こる悩み。恋煩い。

こひあか・す【恋ひ明かす】[自サ四]{さ・し・す・す・せ・せ}恋しさが募って眠れないまま夜を明かす。例「昼よりもゆるぎの森にすむ鷺のやすきいも寝ず**こひあか・しつる**」〈古今六帖・六〉

こひあま・る【恋ひ余る】[自ラ四]{ら・り・る・る・れ・れ}恋しい気持ちがつつみきれなくなる。例「隠り沼の下ゆ**恋ひ余・り**白波のいちしろく出でぬ人の知るべく」〈万葉・一二・三〇二三〉

こひいた・し【恋痛し】[形ク]{から・く(かり)・し・き(かる)・けれ・かれ}とても恋しい。恋しくてたまらない。例「丹生の川瀬は渡らずてゆくゆくと**恋痛・し**」〈万葉・二・一三〇〉

こひう・く【乞ひ受く・請ひ受く】[他カ下二]{け・け・く・くる・くれ・けよ}請求して受け取る。例「懸かりたる首を敵に**乞ひ受・けて**」〈太平記・三三〉

こひうら・む【恋ひ恨む】[他マ上二]{み・み・む・むる・むれ・みよ}恋しさが募って、かえってその人を恨めしく思う。例「**恋ひうら・み**君に心はなりはててあらぬ思ひもまぜぬこころかな」〈風雅・恋三・一二三三〉

こひかぜ【恋風】[名]風が身にしみるように、恋の思いがつのることをたとえた語。例「**恋風**が来ては袂にかい縺れて（＝マトワリツイテ）なう、袖の重さよ」〈閑吟集〉

こひか・ぬ【恋ひかぬ】[他ナ下二]{ね・ね・ぬ・ぬる・ぬれ・ねよ}恋しい思いを抑えることができなくなる。例「いかにせんひとり昔を**恋ひか・ねて**」〈続後撰・冬・五三九〉

こひかははるまち【恋川春町】[人名]（一七四四～一七八九）江戸中期の黄表紙・洒落本・狂歌の作者。武士であったが絵師として挿絵を描き、その縁故で『金々先生栄花夢』を執筆した。狂歌の一派を立て、四方赤良などと多方面に活躍し、その独創性が尊ばれた。

こひぐさ【恋草】[名]草が茂るように、恋心が激しいさまをたとえた語。

こひこ・ふ【恋ひ恋ふ】[自ハ上二]{ひ・ひ・ふ・ふる・ふれ・ひよ}ひたすらに恋い焦がれる。恋い続ける。例「**恋ひ恋・ひて**逢ふ夜は今宵」〈古今・秋上・一七六〉

こひごろも【恋衣】[名]衣服が身にまとうものであるように、恋が身に着いて離れないのをたとえた語。

こひざ【小膝】[名]《「こ」は接頭語》膝に関するちょっとした行為を指す語。「小膝を折る」など。

〔**小膝を折る**〕《「こ」は接頭語》ちょっと膝をつく。膝を曲げる。

こびさし【小庇・小廂】[名]小さい庇。また、狭い「廂の間」。寝殿造りで、母屋と簀の子縁の間にある。

こひ・し【恋し】[形シク]{しから・しく(しかり)・し・しき(しかる)・しけれ・しかれ}《古くは「こほし」。「こふし」とも》❶目の前に存在しない人や物を求めて慕うさま。**恋しい。慕わしい。**例「梶の音の間なくそ奈良は**こひ・しかりける**」〈万葉・二〇・四四六一〉❷とくに、恋愛において相手を思い焦がれるさま。**恋しい。**例「秋されば**恋・しみ**妹を夢にだに久しく見むを明けにけるかも」〈万葉・一五・三七一四〉

こひしう【恋しう】形容詞「こひし」の連用形「こひしく」のウ音便。

こひじに【恋ひ死に】[名]人を深く恋い慕うあまり、衰弱して死ぬこと。焦がれ死に。

こひし・ぬ【恋ひ死ぬ】[自ナ変]{な・に・ぬ・ぬる・ぬれ・ね}恋い焦がれて死ぬ。例「**恋ひ死・なば**誰が名は立たじ世の中の常なきものと言ひはなすとも」〈古今・恋二・六〇三〉

こひじり【小聖】[名]ふつうの位の僧。並の僧。

こひしりどり【恋知り鳥】[名]「こひをしへどり」に同じ。（季－秋）

こひ・す【恋す】〔他サ変〕｛せ・し・す・する・すれ・せよ｝恋い慕う。〈和歌〉**こひすてふ…**【**恋すてふ我が名はまだき立ちにけり人知れずこそ思ひそめしか**】〈拾遺・恋一・六二一・壬生忠見〉《百人一首》訳恋をしているという私の浮き名は、早くも世間に広まってしまったことだ。人に知られないように、ひそかに恋し始めたばかりなのに。《係結び》「こそ→思ひそめしか㊁」〈参考〉天徳四年（九六〇）三月三十日、宮中での歌合わせで、忍ぶ恋を詠んだ歌。歌合わせでは同じように忍ぶ恋を詠んだ平兼盛の歌（→〈和歌〉しのぶれど…）と組み合わされて負けとなり、そのショックのあまり食べ物がのどを通らなくなり、ついに死んでしまったという説話を生む。

〈和歌〉**こひせじと…**【**恋せじと御手洗川にせし禊神は受けずもなりにけらしも**】〈古今・恋一・五〇一・よみ人しらず〉訳もうこんな恋はするまいと御手洗川でした禊であったが、どうやら神様はお受けくださらずじまいになったらしいな。

こひそ・む【恋ひ初む】〔自マ下二〕｛め・め・む・むる・むれ・めよ｝恋しい気持ちを抱き始める。例「**恋ひそ・めし**心の色の何なれば」〈千載・恋四・八九二〉

こひぢ【泥・小泥】〔名〕《「こ」は接頭語》土や泥など。和歌では、多く「恋路」にかける。例「この〔中将ノ〕御心は、そこひ（＝底）知らぬ**こひぢ**にもおり立ちたまひなむ」〈堤中納言・逢坂越えぬ権中納言〉

こひぢ【小肘・小臂】〔名〕《「こ」は接頭語》肘に関するちょっとした動作を指す語。「**小肘の回るほど**（＝背中ニ肘ガ回ルクライ）」など。

こひぢ【恋路】〔名〕恋の苦しみや心の葛藤を、長くつらい道にたとえた語。恋の道。例「世とともにかつ見る人の**こひぢ**をもほす世あらじと思ひこそやれ」〈蜻蛉・上〉

こひぢから【恋力】〔名〕恋に費やした労力。恋の骨折り。

こひぢゆかしきだいしゃう【恋路ゆかしき大将】〔作品名〕擬古物語。作者未詳。文永八年（一二七一）に成立した『風葉和歌集』以降の成立。『源氏物語』『狭衣物語』の影響が大きい作品。完本は現存しない。

ごひつ【五筆】〔名〕両手足と口に、計五本の筆を持って同時に書くこと。弘法大師空海が入唐の際に、皇帝の前で見せた書芸という。

こびつ・く【媚び付く】〔自カ四〕｛か・き・く・く・け・け｝へつらって服従する。機嫌を取る。例「〔天ノ菩比ノ神ハ〕大国主神に**媚び付・きて**」〈記・上〉

こひづま【恋妻】〔名〕いとしいと思う女性や妻。

こひな・く【乞ひ泣く・請ひ泣く】〔自カ四〕｛か・き・く・く・け・け｝何か欲しがって泣く。例「みどり子の**乞ひ泣・くごとに**」〈万葉・二・二一三長歌〉

こひな・く【恋ひ泣く】〔自カ四〕｛か・き・く・く・け・け｝恋い慕って泣く。例「遥かなるほどを思ひやりて、**恋ひ泣・きて**」〈源氏・玉鬘〉

こひねがはくは【乞ひ願はくは・冀はくは・庶幾はくは】《動詞「乞ひ願ふ」の名詞化したもの＋係助詞「は」。「ねがはくは」よりも強く願う意》どうかお願いですから。例「**こひねがはくは**、わが命虎に与へ、父を助けて給へ」〈伽・二十四孝〉

発展学習ファイル　漢文訓読文で多く用いられ、下に動詞の命令形や願望を表す助詞・助動詞を伴う。中世には神仏に祈る呼びかけの表現として「**仰ぎ願はくは**」「**伏して願はくは**」などと同じように用いられた。

こひねが・ふ【乞ひ願ふ・請ひ願ふ・冀ふ】〔他ハ四〕｛は・ひ・ふ・ふ・へ・へ｝ひたすら願う。

こひの・む【乞ひ祈む・請ひ禱む】〔他マ四〕｛ま・み・む・む・め・め｝神などに祈願する。例「天つ神仰ぎ**乞ひ禱・み**国つ神伏して額づき」〈万葉・五・九〇四長歌〉

こひみだ・る【恋ひ乱る】〔自ラ下二〕｛れ・れ・る・るる・るれ・れよ｝恋心に乱れる。例「解き衣の**恋ひ乱・れつつ**」〈万葉・一二・二五〇四〉

こひ・みる【乞ひ見る・請ひ見る】〔他マ上一〕｛み・み・みる・みる・みれ・みよ｝求婚して妻にする。願い出て結婚する。例「わが年のほど、位など、かくものげなからずは、**請ひ・みてましものを**」〈源氏・少女〉

こひむすび【恋結び】〔名〕恋人との別れのときに、恋が絶えないように祈ってひもなどを結ぶこと。例「白たへの我が紐の緒の絶えぬ間に**恋結びせむ**逢はす日までに」〈万葉・一二・二八五四〉

こひめ【小姫】〔名〕少女の愛称。

こひも・ふ【恋ひ思ふ】〔他ハ四〕｛は・ひ・ふ・ふ・へ・へ｝《「こひおもふ」の変化形》恋い慕う。例「玉葛花のみ咲きて成らざるは（＝実ガナラナイノハ）誰が恋ならめ我は**恋ひ思・ふを**」〈万葉・二・一〇二〉

こひゃう【小兵】〔名〕❶小柄な人。例「〔那須与一ハ〕**小兵**といふぢゃう十二束三つ伏せ、弓は強し」〈平家・一一・那須与一〉❷弓を引く力が弱い人。例「精兵の射る矢は裏を搔く。**小兵**の射る矢は筈を返して立たざりけり」〈義経記・六〉

ごひゃく【五百】〔名〕数。百の五倍。＝五百

ごひゃくあらかん【五百阿羅漢】〔名〕「ごひゃくらかん」に同じ。

ごひゃくしゃう【五百生】〔名〕《仏教語》「六道」の輪廻の中で、五百回も生まれ変わること。非常に長い間。

ごひゃくらかん【五百羅漢】〔名〕《仏教語》釈迦の弟子で、悟りを開いた五百人の聖者。また、その像やそれを祭った所。＝五百阿羅漢

こひや・む【恋ひ止む】〔自マ四〕｛ま・み・む・む・め・め｝恋しい気持ちがなくなる。例「ぬばたまの夢にはもとな相見れど直にあらねば**恋ひ止・まずけり**」〈万葉・一七・三九八〇〉

こひゆる・す【請ひ許す・乞ひ許す】〔他サ四〕｛さ・し・す・す・せ・せ｝頼んで許してもらう。

こひよ・す【乞ひ寄す・請ひ寄す】〔他サ下二〕｛せ・せ・す・する・すれ・せよ｝人に頼んで取り寄せる。

こ・びる〔自バ上二〕｛び・び・びる・びる・びれ・びよ｝❶才知・学識がある。例「すこし**こ・びたる**者にて学力あれば」〈浮・日本永代蔵〉❷気がきいている。また、珍しい。

こひわすれがひ【恋忘れ貝】〔名〕拾えば、苦しい恋心を忘れるという貝。二枚貝の片方。＝忘れ貝

こひわすれぐさ【恋忘れ草】〔名〕植えたり摘んだりすると恋の苦しさを忘れさせるという草。→「わすれぐさ」

こひわた・る【恋ひ渡る】〔自ラ四〕｛ら・り・る・る・れ・れ｝長い間、恋い慕い続け

る。例「恋ひわた・る身はそれなれど玉かづらいかなるすぢを尋ね来つらむ」〈源氏・玉鬘〉

〔和歌〕**こひわびて…**【恋ひわびてなく音にまがふ浦波は思ふかたより風や吹くらん】〈源氏・須磨〉訳恋しさに耐えかねて泣く声と区別できないほど似ている浦の波音は、私を思う人がいる方向から風が吹くからであろうか。《係結び》「や→吹くらん㊍」

こひわ・ぶ【恋ひ侘ぶ】[自バ上二]{び・び・ぶ・ぶる・ぶれ・びよ}恋の悩みに耐えかねる。例「恋ひわ・ぶる心は空に浮きぬれど涙の底に身は沈むかな」〈千載・恋五・九四七〉

こひをしへどり【恋教へ鳥】[名]（伊弉諾など伊弉冉の二神が、この鳥の行動から夫婦の交わりの方法を教えられたということから）セキレイの別称。＝教へ鳥・恋知り鳥・嫁ぎ教へ鳥。（季―秋）

こひを・り【恋ひ居り】[他ラ変]{ら・り・り・る・れ・れ}恋しく思っている。

こふ【劫】[名]❶《仏教語》果てしなく長い時間。↕刹那。❷囲碁で、同じ一目を交互に取り合う形。

〔**劫の石**〕百年に一度、天人が降りて来て、その袖で払うという方四十里の大岩石。その石が摩滅し尽くしてもまだ終わらない時間を「劫」という。永遠の時間のたとえに用いる。

〔**劫を重ぬ**〕長い年月を経る。年功を積む。＝劫を積む。例「劫を重・ね世を積むとも、（仏ニ成ルコト八）求めずは至り難し」〈三宝絵詞〉

こふ【鵠】[名]「くぐひ」に同じ。

こふ【国府】[名]「こくふ」に同じ。

こ・ふ【乞ふ・請ふ】[他八四]{は・ひ・ふ・ふ・へ・へ}❶物をねだる。求める。❷神や仏に祈る。例「天地の神を乞・ひつつ我待たむ」〈万葉・一五・三六八二〉

こ・ふ【恋ふ】[他八上二]{ひ・ひ・ふ・ふる・ふれ・ひよ}❶心ひかれる。慕う。懐かしむ。例「京へ帰るに、女子の無きのみぞ悲しびこ・ふる」〈土佐〉《係結び》「ぞ→こふる㊍」。❷異性を恋しく思う。恋する。例「人妻故に我恋・ひめやも」〈万葉・一・二一〉訳→〔和歌〕むらさきのにほへるいもを…

こぶ【昆布】[名]（「こんぶ」とも）海藻の名。食用、また、縁起ものとして正月に飾られたりする。

こ・ぶ【媚ぶ】[自バ上二]{び・び・ぶ・ぶる・ぶれ・びよ}❶人に気に入られるように振る舞う。へつらう。例「人に媚・ぶるは、人の与ふる恥にあらず」〈徒然・一三四〉❷人の気を引くようになまめかしい態度をとる。例「露に媚・びたる花の御姿」〈平家・一〇・熊野参詣〉

ごふ【業】[名]《仏教語》❶人が心や身体によって行うすべての行為。それが来世における善悪それぞれの報いをもたらすと考えられた。❷前世の行いによってこの世でうける報い。因果。宿命。命運。＝業因

発展学習ファイル　「業」にはさまざまな種類があるが、とくに人の身（身体）・口（言語）・意（思惟）による行為を「三業」といい、人の行為全般を表すのによく用いられる。

〔**業に沈む**〕悪業のため、苦しみに沈んで浮かばれない。例「終ひにここにて討たれつつ、そのまま修羅の業に沈・むを」〈謡・知章〉

〔**業の風**〕劫末（この世の終末）の衆生の悪業の報いとして起こる猛烈な風。また、地獄などに吹くという風。＝業風

ごふいん【業因】[名]《仏教語》未来に何らかの果報を招くもととなる善・悪の行為。おもに悪業に対して用いる。＝業縁

こふう【古風】[名]詠歌の素材や表現などが古風であること。藤原俊成が歌合わせの判詞で用いているのをはじめ、平安後期以降の用例は多い。

ごふう【護符・御符】[名]（「ごふ」の変化形）神仏の加護が込められているという守り札。身につけたり、壁に張ったり、飲んだりする。

ごふえん【業縁】[名]《仏教語》「ごふいん」に同じ。

ごふかくさゐんのにでう【後深草院二条】[人名]（一二五八？）鎌倉中期の女流日記文学作者。母とともに後深草院に仕える。公達や親王と交際があったが後深草院の愛情が冷めて退出、出家して鎌倉あるいは四国を旅する。生涯を振り返って書いたのが『とはずがたり』である。

こぶか・し【木深し】[形ク]{から・く(かり)・し・き(かる)・けれ・かれ}木々が奥深く茂っているさま。例「木高き森のやうなる木深・くおもしろく」〈源氏・少女〉

ごぶぎゃう【五奉行】[名]豊臣秀吉が晩年に設けた職名。前田玄以・浅野長政・増田長盛・石田三成・長束正家ら五人が任命され、政治の中枢に参画し、行政に当たった。

ごふく【業苦】[名]《仏教語》前世での行いの報いによって、現世で受ける苦しみ。

ごふくじょ【呉服所・御服所】[名]江戸時代、宮中・幕府・大名などに出入りする呉服屋。

ごふくどころ【御服所】[名]宮中にある役所で、天皇の装束をつかさどった。中務省の内蔵寮に属した。院・摂関家などにも置かれた。

ごふくゎ【劫火】[名]《仏教語。「こふくゎ」とも》この世を焼き尽くすといわれる大火。

ごふくゎ【業火】[名]《仏教語》地獄での罪人に対する責め苦の火。

ごふくゎ【業果】[名]《仏教語》前世の行いが招いた現世での報い。＝業報

ごぶごぶ[副]（多く「と」を伴って）物が水中に沈む音を表す語。ごぼごぼ。例「（僧ガ水中ニ）さかさまに入りて、ごぶごぶとするを」〈宇治拾遺・一一・九〉

こふ・し【恋ふし】[形シク]{しから・しく(しかり)・し・しき(しかる)・しけれ・しかれ}（上代東国方言）「こひし」に同じ。

ごふしゃう【業障】[名]《仏教語。「ごっしゃう」とも》「三障」のひとつ。悪業を犯し、悟りに至れないこと。貪欲・瞋恚（怒り）・愚痴などにより悪業を犯し、悟りに至れないこと。

ごふしゃう[・なり]【御不祥】[名・形動ナリ]「不詳」の尊敬語。ご迷惑。ご負担。

こぶしんぶぎゃう【小普請奉行】[名]江戸幕府の職名。若年寄の配下で、公儀の建物の造営・修繕などをつかさどった。

ごふびゃう【業病】[名]前世の悪業の報いとしてかかる難病。致命的であることが多い。

ごふふう【業風】[名]《仏教語》人々の悪業に応じて、地獄に吹くという大風。業の風。

ごふほう【業報】[名]「ごふくゎ（業果）」に同じ。

こふらく【恋ふらく】（動詞「恋ふ」の名詞化したもの）恋い慕うこと。例「潮満てば入りぬる磯の草なれ

や見らく少なく**恋ふらく**の多き」〈万葉・七・一三九四〉訳→〔和歌〕しほみてば…

ごふん【胡粉】［名］貝殻・白土・錫などを原料とする顔料。白の絵の具。

ごぶん【御分】［代名］《対称の人称代名詞》あなた。貴殿。＝御辺。例「**御分**まことに憎ならばかかる不思議の事をばよもしたまはじ」〈太平記・三八〉

ごぶんしゃう【御文章】［作品名］室町後期の仏教書。蓮如の手紙を孫の円如が集めたもの。蓮如が門徒たちにあてて書いた手紙が収録される。とくに西本願寺派でいい、東本願寺派では「御文」という。

こぶんしんぽう［・なり］【古文真宝】［名・形動ナリ］《『古文真宝』は中国の名詩・名文を集めた書物》（堅苦しい内容が多いことから）まじめくさったこと。また、その人。

こへ【小家】［名］《「こいへ」の変化形》小さな家。

こへい【古弊】［名］古くていたんでいること。また、そのもの。例「累代の公物（＝公ノ器物）、**古弊**をもちて規模（＝模範）とす」〈徒然・九九〉

ごへん【御辺】［代名］《対称の人称代名詞》あなた。貴殿。＝御分。例「**御辺**は東八か国をうちしたがへて」〈平家・七・清水冠者〉

こほう【戸部】［名］《「戸部」の漢音読み》民部省の唐名。

ごぼう【御坊・御房】歴史的かなづかい「ごばう」

こほこほ［副］《「ごほごほ」「ごぼごぼ」とも》雷の音、家具・道具などがぶつかり合う音、咳の音、腹の鳴る音などを表す語。ごろごろ。がたがた。例「**ごほごほ**と、鳴神（＝雷）よりもおどろおどろしく、踏みとどろかす唐臼の音も」〈源氏・夕顔〉

こほ・し【恋し】［形シク］{しから・しく(しかり)・し・しき(しかる)・しけれ・しかれ}《上代語。形容詞「こひし」の古い形》恋しい。慕わしい。例「行く船を振り留みかねいかばかり**こほ・しく**ありけむ松浦佐用姫」〈万葉・五・八七五〉

こほしう【恋しう】形容詞「こほし」の連用形「こほしく」のウ音便。

こぼ・す【零す・溢す】［他サ四］{さ・し・す・す・せ・せ}❶流し落とす。こぼす。❷すき間から外に押し出して見えるようにする。例「袖口、菊、紅葉、いろいろに**こぼ・し**出だされたりしかば」〈讃岐典侍日記〉

こぼちちら・す【毀ち散らす】［他サ四］{さ・し・す・す・せ・せ}《「こぼちぢらす」とも》取り壊してばらばらにする。例「年ごろ遊び馴れつる所を、あらはに**こぼちちら・し**て」〈更級〉

こぼちよ・す【毀ち寄す】［他サ下二］{せ・せ・す・する・すれ・せよ}ばらばらに壊して、その部品を寄せ集める。例「近辺の小家を**こぼち寄・せ**」〈平家・一二・六代被斬〉

こぼ・つ【毀つ】［他タ四］{た・ち・つ・つ・て・て}《中世以降は「こぼつ」》❶壊す。崩す。打ち破る。例「この雪の山、いみじうまもりて、童などに踏みちらさせず、**こぼ・た**せで、よくまもりて」〈枕・職の御曹司におはしますころ、西の廂に〉《音便》「いみじう」は「いみじく」のウ音便。❷削る。削り取る。剃り落とす。例「かたはし剃るやら**こぼ・つ**やら」〈浄・国性爺合戦〉

ごほふ【護法】［名］《仏教語》❶「護法善神」の略。❷①の使者である「護法童子」のこと。高僧や行者が法力によりこれを使って、物の怪・病魔などを退散させる。＝護法天童・護法童子

ごほふぜんじん【護法善神】［名］《仏教語》仏法を守護する鬼神。帝釈天・四天王・十二神将など。＝護法①

こほめか・す［他サ四］{さ・し・す・す・せ・せ}《「めかす」は接尾語》ごとごとと音を立てる。ごろごろと音を立てる。例「蔵人の、いみじくたかく踏み**こほめか・し**て」〈枕・殿上の名対面こそ〉

ごほめ・く［自カ四］{か・き・く・く・け・け}《「こほめく」「ごぼめく」とも。「めく」は接尾語》ごろごろと音がする。ごとごとと音がする。例「〔オナカガ〕強しひて**ごぼめ・き**て、ひちひちと聞こゆる」〈落窪・二〉

こほり【氷】［名］❶こおり。また、凍ること。〈季－冬〉。❷「氷襲①」の略。

〔**氷の楔**〕（楔を打ち込んだように）固く凍りついた氷。

こほり【郡】［名］令制による地方行政区画。国の下にあり郷や村などを包括したもの。いまの郡。

〔**郡の司**〕「ぐんじ」に同じ。

こほりがさね【氷襲】［名］❶襲の色目の名。表はつやのある白、裏は白無地。冬に用いる。＝氷①。❷「薄様」を二枚重ねたもの。表も裏も白で、歌や消息を書くのに用いた。

こほりと・づ【凍り閉づ】［自ダ上二］{ぢ・ぢ・づ・づる・づれ・ぢよ}氷が張りつめる。凍りつく。例「年暮れて岩井の水も**こほりと・ぢ**」〈源氏・賢木〉

こほりもち【氷餅】［名］寒気にさらして凍らせた餅。＝欠き餅

こほ・る【氷る・凍る】［自ラ四］{ら・り・る・る・れ・れ}水などが低温のために固体になる。氷が張る。

こほ・る【毀る】［自ラ下二］{れ・れ・る・るる・るれ・れよ}《のちに「こぼる」とも》破損する。壊れる。例「小墾田の板田の橋の**こほ・れ**なば」〈万葉・一一・二六四四〉

こぼ・る【零る・溢る】［自ラ下二］{れ・れ・る・るる・るれ・れよ}❶流れ出る。こぼれる。❷落ちる。散る。例「松の木のおのれ起きかへりてさと**こぼ・るる**雪も」〈源氏・末摘花〉❸はみ出る。例「物見のかへさに、〔牛車二〕乗り**こぼ・れ**て」〈枕・心ゆくもの〉

こぼれい・づ【零れ出づ】［自ダ下二］{で・で・づ・づる・づれ・でよ}あふれ出る。はみ出す。例「〔夕顔ノ亡骸ハ〕したたかにしもえせねば、髪は〔上蓆カラ〕**こぼれ出・で**たるも」〈源氏・夕顔〉

こぼれお・つ【零れ落つ】［自タ上二］{ち・ち・つ・つる・つれ・ちよ}❶流れ落ちる。散って落ちる。例「黄なる葉どもの、ほろほろと**こぼれ落・つる**」〈枕・風は〉❷（表情や態度に）表れ出る。例「なつかしきほどに重なりたる裾まで、愛敬の**こぼれ落・ち**たるやうに見ゆる」〈源氏・竹河〉❸それまでの主従関係を離れる。例「天下の武士皆**こぼれ落・ち**て」〈太平記・三七〉

こぼれかか・る【零れ掛かる・零れ懸かる】［自ラ四］{ら・り・る・る・れ・れ}❶（髪などが）乱れて垂れかかる。例「伏し目になりてうつぶしたる〔若紫ノ顔〕に、**こぼれかか・り**たる髪つやつやとめでたう見ゆ」〈源氏・若紫〉❷（水や涙などが）こぼれ落ちて物にふりかかる。例「菅丞相御顔にはらはらと**こぼれ懸か・り**ける御涙を押し拭ごはせ給ひて」〈太平記・一二〉

こ

こぼれざいはひ【零れ幸ひ】［名］〈近世語〉思いがけなく訪れた幸福。

こぼれそ・む【零れ初む】［自マ下二］{め・め・む・むる・むれ・めよ}あふれ始める。こぼれ始める。例「忍ぶれど涙**こぼれそ・め**ぬれば」〈源氏・帚木〉

こぼれのこ・る【毀れ残る】［自ラ四］{ら・り・る・る・れ・れ}壊れたまま残る。破れたまま残る。例「搔いたる蜘蛛の巣の**毀れ残・り**たるに」〈枕・九月ばかり〉

こぼれまさ・る【零れ増さる】［自ラ四］{ら・り・る・る・れ・れ}（涙などが）ますますあふれ落ちる。例「えも食ひやらぬを見るたびにぞ、涙は**こぼれまさ・る**」〈蜻蛉・中〉

こほろぎ【蟋蟀】［名］秋に鳴く虫の総称。いまのキリギリスの古名ともいう。＝ちちろ虫。（季―秋）

こほん【虎賁】［名］（中国周代の官名から）勇猛の士。剛勇をもって主君に奉仕する人。

こほんせつわしふ【古本説話集】［作品名］説話。一冊。編者未詳。平安末期、あるいは鎌倉初期の成立。前半は和歌説話、後半は仏教説話で、計七十話を収める。

こま-【高麗】［接頭］（名詞に付いて）「高麗」から伝来したものであることを表す。「**高麗楽**」「**高麗錦**」「**高麗笛**」など。

こま【駒】［名］（「こうま」の変化形）❶**子馬。小さい馬。**❷馬。例「八島にはひまゆく駒の足はやくして」〈平家・一一・逆櫓〉❸将棋や双六などの駒。❹三味線の弦と胴の間にはさみ、**音階を整えるもの。**

こま【木間】［名］「このま（木の間）」に同じ。

こま【高麗】［名］❶古代朝鮮半島北部にあった国。高句麗。❷朝鮮半島全土の呼び名。

〔**高麗の乱声**〕高麗楽を始める前に奏された自由拍子の登場音楽。高麗笛を主奏とし、太鼓と鉦鼓が助奏する。乱れた音に聞こえるので「乱声」の名が出た。

ごま【胡麻】［名］草の名。インドまたはエジプト原産で、早くに日本に渡来した。黒や白・黄の果実は、食用や薬用、また製油用として用いられた。（季―秋）

ごま【護摩】［名］〈仏教語〉密教の修法のひとつ。本尊とした不動明王などの前に護摩壇を設け、護摩木を燃やし、その火で煩悩や悪業を焼き尽くし、息災・増益・降伏などを祈るもの。

ごまいかぶと【五枚兜】［名］「錏」の板が五枚ある兜。

こまいぬ【狛犬】［名］（「高麗の犬」の意）「高麗」から伝来したという、獅子に似た獣の像。宮中の御帳台や神社・神殿などの前に二像を向かい合わせて置き、威儀を整え、魔よけとした。

こまう【虚妄】［名］〈仏教語〉うそ。架空のもの。

こまうど【高麗人】［名］（「こまびと」のウ音便）「高麗」の国の人。「高麗」の国から渡来した人。

こまか【細か】［・なり］【細か】［形動ナリ］{なら・なり(に)・なり・なる・なれ・なれ}❶**とても小さい。こまごまとしている。**例「葉のいみじう**こまか・に**小さきが、をかしきなり」〈枕・花の木ならぬは〉（音便）「いみじう」は「いみじく」のウ音便。❷（繊細な美しさをいう）㋐（人の容姿などが）**きめ細かで美しい。繊細で美しい。**例「宮木の侍従こそ、いと**こまか・に**おかしげなりし人」〈紫式部日記〉㋑（工芸品や文字などが）**細緻だ。美しく整っている。**例「その御設けの御調度の**こまか・なる**きよらども加へさせたまひ」〈源氏・行幸〉（敬語）「加へさせたまひ」→「たまふ（四段）」。❸細部まで行き届いているさま。**念入りだ。詳しい。**例「人伝ならで、**細か・に**申さむ」〈今昔・三〇・八〉❹気持ちや心情がこまやかで行き届いているさま。**親密だ。親しい。**例「異腹にて、**こまか・に**などしもあらぬ人の」〈蜻蛉・下〉

こまがく【高麗楽】［名］朝鮮半島方面から伝来した舞楽。雅楽のひとつ。＝右楽

こまがた【駒形】［名］❶舞楽のひとつ。馬の形の作り物にまたがって舞う。❷神事や祭礼で馬の頭や尾の形をしたものを胸・腰に付けて行列に加わる者。

こまがへ・る【こま返る】［自ラ四］{ら・り・る・る・れ・れ}若返る。例「まめ人（＝マジメナ人）の、ひきたがへ、**こまがへ・る**やうもありかし」〈源氏・玉鬘〉

こまくら【小枕】［名］〈近世語〉❶もみ・そばがらなどを入れた細長い袋。木枕の上に載せ、頭を受ける。❷女性が髪を結うとき、髢の根に巻き込んだつげの木や紙でできた円筒形のもの。

こまくら【木枕】［名］木で作った枕。きまくら。

こまけ【細け】［名］細かく分けること。また、細かいもの。例「あてあての**こまけ**ぞ、おほかたのことよりもめでたかりける」〈源氏・少女〉

こまごま【細細】［副］❶細かく。例「〔文ヲ〕いと細く巻きて結びたる巻き目は、**こまごま**と窪みたるに」〈枕・常に文おこする人の〉❷詳しく。例「〔頭中将ハ〕かぐや姫を、え戦ひとめずなりぬること、**こまごま**と奏す」〈竹取・かぐや姫の昇天〉❸細部に至るまで美しく。例「髪の裾のをかしげさなどは、**こまごま**とあてなり」〈源氏・東屋〉

こま・す{さ・し・す・す・せ・せ}〈近世語〉㊀［他サ四］「与ふ」「遣る」の意で、相手を卑しめていう語。くれてやる。㊁［補動サ四］（多く助詞「て」に付いて）…（て）やる。例「おれがこの嗅ぎ（＝ニオイ）をかがして**こま・す**をありがたいと思ひけつかれ」〈浄・新版歌祭文〉

こまた【小股】［名］（「こ」は接頭語）股。股に関係するちょっとした動作に用いる語。

〔**小股に掛く**〕自分の手や足を、ちょっと相手の股にかける。例「**小股にか・け**てずでいどう」〈狂言記・文相撲〉

ごまだん【護摩壇】［名］密教の修法のとき、護摩を焚く火炉を据える壇。＝炉壇

こまちのさうし【小町草紙】［作品名］室町時代の御伽草子。作者未詳。老醜の小野小町の零落の旅、小町の亡霊の詠歌譚などを記す。

こまちをどり【小町踊り】［名］江戸時代、京都などで行われた踊りのひとつ。七夕の日に少女たちが着飾って町々を歌いながら踊り歩いたもの。（季―秋）

こまつ【小松】［名］小さな松。正月子の日に野辺に出て、長寿を願って引き抜く「小松引き」の行事は、屏風絵の画題とされ、よく和歌に詠まれた。

こまつくる【駒造る】［枕詞］（土師は氏が土偶の駒を作ったことから）「土師」にかかる。例「**駒造る**土師の志婢麻呂白くあれば」〈万葉・一六・三八四五〉

こまつひき【小松引き】[名]陰暦正月の初めの子(ね)の日に、野外に出て、小松を根のついたまま採ること。長寿を祝う行事。→「ねのひ」。(季-春)

こまつぶり【独楽】[名](おもちゃの)こまの古名。

こまつるぎ【高麗剣】[名]「高麗(こま)」から伝来した、柄(つか)の頭に輪のある剣。

こまつるぎ【高麗剣】[枕詞](高麗剣の柄頭(つかがしら)に環(わ)があることから)同音の「わ」にかかる。例「**高麗剣**我が心から」〈万葉・一二・二九八三〉

〔和歌〕**こまとめてそでうちはらふ…**【**駒とめて袖うちはらふ陰(かげ)もなし佐野(さの)のわたりの雪の夕暮れ**】〈新古今・冬・六七一・藤原定家〉訳 馬をとめて袖に降りかかった雪を払う物陰もない。この佐野の渡し場の雪の夕暮れよ。

〈参考〉「わたり」は、「あたり」とする説もある。

〔和歌〕**こまとめてなほみづかはん…**【**駒とめてなほ水かはん山吹(やまぶき)の花の露添ふ井出(ゐで)の玉川(たまがは)**】〈新古今・春下・一五九・藤原俊成〉訳 馬をとめてさらに水を飲ませよう。山吹の花に置いた露の玉がこぼれ加わる井出の玉川を心ゆくまで見るために。

〈参考〉「井出の玉川」は、京都府綴喜(つづき)郡井手町を流れる川で、山吹の名所。「六玉川(むたまがは)」のひとつ。「玉」の意を響かせ、「露」の縁語となる。

こまどり【小間取り・駒取り・細取り】[名]人が二組に分かれて競い合うときに、たとえば、奇数番号の人は左に、偶数番号の人は右にというように、互い違いに振り分ける方法。

〔和歌〕**こまなめて…**【**駒なめていざ見に行かむ故里(ふるさと)は雪とのみこそ花は散るらめ**】〈古今・春下・一一一・よみ人しらず〉訳 馬を連ねて、さあ見にゆこう。いまごろ、古都では、雪のように花がしきりに散っていることだろう。

〈参考〉落花を雪に見立てる。「雪とのみこそ」の「と」は、比喩(ひゆ)を表す格助詞。…のようにの意。(係結び)「こそ→散るらめ(已)」

こまにしき【高麗錦】[名]「高麗(こま)」から伝来した錦。また、高麗風の錦。

ごまのはひ【護摩の灰】ゴマノハイ[名]《近世語》(高野山の僧を装い、ただの灰を弘法大師の護摩の灰だといって押し売りをした者がいたことから)旅人のふりをして道連れとなった者から金品を盗み取る者。

こまひ【木舞】コマイ[名]❶軒の垂木(たるき)に横に渡す細長い木材。❷土壁の下地に組み込んだ竹の骨。

こまひき【駒牽き・駒引き】[名]❶陰暦八月、信濃(しなの)・上野(こうずけ)・武蔵(むさし)・甲斐(かい)の四国の御牧から献上された馬を、天皇が紫宸殿(ししんでん)でご覧になる儀式。(季-秋)。❷陰暦四月に、天皇が武徳殿(ぶとくでん)で、「馬寮(めれう)」の馬をご覧になる儀式。

こまひと【肥人】[名]上代、南九州地方(一説に九州西南部の玖磨(くま)地方)に住んでいた種族の名。

こまぶえ【高麗笛・狛笛】[名]雅楽で用いる横笛。歌口のほかに指穴が六つで、長さは三六センチくらい。高麗楽(こまがく)・東遊(あずまあそ)びなどで用いた。➡[古典参考図]楽器

〔俳句〕**こまぶねの…**【**高麗船の寄(よ)らで過(す)ぎ行(ゆ)く霞(かすみ)かな**】〈蕪村句集・蕪村〉訳 遠く臨む沖合に浮かぶ高麗(こうらい)からの船。この港に寄るのだろうかと見ているうちにゆっくりと進んでいき、やがて漂う霞の中に静かに消えていった。(季-霞-春)

こまへ【小前】コマエ[名]小規模な商売。小商い。

こまむかへ【駒迎へ】コマムカエ[名]❶陰暦八月に、信濃(しなの)・上野(こうずけ)・武蔵(むさし)・甲斐(かい)の四国の御牧から朝廷に献上される馬を、馬寮(めりょう)の官人が逢坂(おうさか)の関まで迎えに行くこと。(季-秋)。❷馬を差し向けて、人を迎えに行かせること。

ごまめのはぎしり【鱓の歯軋り】「いしがめのぢだんだ」に同じ。

こまやか [・なり]

【細やか・濃やか】[形動ナリ]{なら・なり(に)・なり・なる・なれ・なれ}

> **アプローチ**
> ▼「やか」は接尾語。「こまか」と語源を同じくする。
> ▼「こまか」が視覚的なきめこまかさを表すのに対し、「こまやか」は感覚的な繊細さ、緻密(ちみつ)さを表す。

❶**こまごまとしたさま。ささいだ。**例「**こまやかなる**御調度は、いとしもととのへたまはぬを」〈源氏・初音〉訳 **こまごまとした**日常のお手回り品はまだたいしてそろえていらっしゃらないにしても。

❷**こまごまと詳しいさま。綿密だ。**例「**こまやかに**古年(ふるとし)の御物語など、なつかしう聞こえたまひて」〈源氏・初音〉訳 **こまごまと詳しく**旧年のお話など、親しく申し上げなさって。(音便)「なつかしう」は「なつかしく」のウ音便。(敬語)「聞こえたまひて」→「きこえたまふ」

❸**心遣いがこまごまとゆきとどいているさま。懇切だ。**例「殿の御気色(けしき)の**こまやかに**、かたじけなくもおはしますかな」〈源氏・胡蝶〉訳 殿のご厚意が**こまごまとゆきとどいていて**、もったいないことでいらっしゃいますね。(敬語)「かたじけなくもおはします」→「おはします」

❹**色が濃いさま。**例「墨染めの色**こまやかにて**着つつ、悲しさも改めがたく」〈源氏・幻〉訳 墨色の**濃い**喪服を着つづけていて、悲しさも変わることなく。

❺**なめらかで美しいさま。きめこまかだ。**例「手つきのつぶつぶと肥えたまへる、身なり肌つきの**こまやかに**うつくしげなるに」〈源氏・胡蝶〉訳 (玉鬘(たまかずら)は)手のようすがふっくらと肥えていらっしゃり、姿や肌のようすが**なめらかで美しく**、かわいらしそうなので。

❻**にこやかなようす。**例「わび言どもを書き集めたまへる御文(おほんふみ)を御覧じつけて、**こまやかに**笑ひたまふ」〈源氏・胡蝶〉訳 (兵部卿宮(ひょうぶきょうのみや)が)恨みごとをたくさんお書きになっているお手紙を(源氏が)お見つけになって、**にこやかに**お笑いなさる。(敬語)「御覧じつけて」→「ごらんず」

❼**ていねいなさま。念入りだ。**例「硯(すずり)取り寄せて、墨**こまやかに**おし磨(す)りて」〈枕・好き好きしくて〉訳 硯を引き寄せて墨を**ていねいに**すりおろして。

ごみ【五味】[名]酸・苦・甘・辛・鹹(かん)(塩辛い)の五種の味の総称。

こみかど【小御門】[名]小門(こもん)(正門以外の脇門(わきもん))の敬称。

ごみづのをてんわう【後水尾天皇】ゴミズノオテンノウ「人

名」(一五九六―一六八〇)第百八代天皇。父は後陽成天皇、母は中和門院近衛前子。「古今伝授」を智仁親王より受け、『伊勢物語』『源氏物語』『百人一首』などの講義を烏丸光広・中院通村らより受けた。修学院離宮を造営した。歌集『鷗巣集』を残す。

こ・む【込む・籠む】 〔一〕[自マ四]{ま・み・む・む・め・め} ❶**ぎっしり詰まる。大勢で混雑する。** 例「いと騒がしく、人詣でこ・みてののしる」〈源氏・玉鬘〉(敬語)「詣でこみて」→「まうづ」。❷(動詞の連用形に付いて)**続々と…する。集中して…する。** 例「朝のほどは人々参りこ・みて、もの騒がしかりけるを」〈源氏・初音〉(敬語)「参りこみて」→「まゐる(四段)」。❸(「手の込む」の形で)**入り組む。精巧に作られる。** 例「手の込・うだよい普請でござる」〈狂・子盗人〉(音便)「込うだ」は「込みた」のウ音便。〔二〕[他マ四]{ま・み・む・む・め・め}(多く動詞の連用形に付いて)**中に入れる。詰め込む。** 例「わが御方の物を、御荘より持て込・みて奉れ」〈宇津保・蔵開・下〉 〔三〕[自マ下二]{め・め・む・むる・むれ・めよ}(霧や霞などが)**一面にたちこめる。** 例「ゆゑある庭の木立のいたく霞みこ・めたるに」〈源氏・若菜・上〉 〔四〕[他マ下二]{め・め・む・むる・むれ・めよ} ❶**中に入れる。閉じ込める。** 例「雀の子を犬君(=召使イノ名)が逃がしつる。伏せ籠の中に籠・めたりつるものを」〈源氏・若紫〉 ❷**包み隠す。内に秘める。** 例「後の世にも言ひ伝へさせまほしきふしぶしを、心に籠・めがたくて」〈源氏・蛍〉

こ・む【子産】 [自マ四]{ま・み・む・む・め・め}(上代語。「こうむ(子産む)」の変化形)子を生む。例「渋谷の二上山に鷲ぞ子・産といふ」〈万葉・一六・三八八二旋頭歌〉

こむそう【虚無僧】 [名](「こもそう」とも)普化宗の僧。編み笠をかぶり、尺八を吹き、諸国を巡遊した。＝梵論・梵論字

〈和歌〉**こむといふも…【来むと言ふも来ぬ時あるを来じと言ふを来むとは待たじ来じと言ふものを】**〈万葉・四・五二七・大伴坂上郎女〉 訳 来ようといっても来ないときがあるのに、来まいというのに、来るかもしれないと待ったりしますまい。来まいとおっしゃるものを。

〈参考〉「来」を繰り返したことば遊びの歌。

こむよ【来む世】 (仏教語。「来世」の訓読語。「む」は推量の助動詞「む」の連体形)死後の世界。あの世。らいせ。後世。

こむら【腓】 [名](「こぶら」とも)ふくらはぎ。

こむら【木叢・木群】 [名]木が群がって生えている所。木立ち。

こむらご【紺村濃】 [名]「こんむらご」に同じ。

こむろぶし【小室節】 [名]江戸時代に行われた馬子歌のひとつ。諸国大名などの江戸入りのときに、あるいは、吉原通いのときに、馬子がうたったもの。

こめ【縠】 [名]織り目の透けた薄い絹織物。

〔縠の裳〕「縠」で作った「裳」。

こめ【小目】 [名]つらいめ。みじめ。苦しい思い。例「明け暮れ小目を見せ給ひつる事はいかに」〈保元・中〉

〈参考〉多く「こめを見せる」の形で用いる。

-ごめ【籠め】 [接尾](名詞に付いて)…といっしょに、…ごと、…もろともの意を表す。例「(前栽ノ植木ガ)根ごめに吹き折られたる」〈枕・野分のまたの日こそ〉

ごめうのおむがく【五妙の音楽】 宮・商・角・徵・羽の五音階で奏でられる妙なる音楽。清らかで美しい音楽。

こめか・し【子めかし・児めかし】 [形シク]{しから・しく(しかり)・し・しき(しかる)・しけれ・しかれ}子供っぽい。あどけない。また、おっとりしている。例「いと児めか・しう、しめやかにうつくしきさましたまへり」〈源氏・少女〉(音便)「児めかしう」は「児めかしく」のウ音便。

こめ・く【子めく・児めく】 [自カ四]{か・き・く・く・け・け}(「めく」は接尾語)子供っぽく見える。また、おっとりしている。例「いますこし児め・き、け高くおはするものから」〈源氏・総角〉

こめす・う【籠め据う】 [他ワ下二]{ゑ・ゑ・う・うる・うれ・ゑよ}閉じこめておく。例「(中納言ノ北ノ方ハ)かくて(姫君ヲ)籠めす・ゑたてまつりたまひて」〈落窪・一〉

こめだい【籠め題】 [名]和歌で、題として出された物の名やことばを、意味とは関係なく歌の中に詠み込むこと。＝物の名・隠し題

ごめん【御免】 [名]❶免許の意の尊敬語。御許可。❷容赦の意の尊敬語。お許し。❸免官・免職の意の尊敬語。お役御免。

こも【菰・薦】 [名]❶水草の名。マコモの古名。(季―夏)。❷マコモで編んだ敷物。のちにわらを用いるようになった。

こもがさ【虚無笠】 [名](「虚無僧笠」の略)「虚無僧」のかぶる深編み笠。

こもかぶり【薦被り】 [名]❶こもで包んだ酒だる。おもに四斗(約七二リットル)入りのたる。❷(雨や寒さをしのぐため、こもをかぶる者が多かったことから)乞食の別称。

ごもく【芥・塵】 [名]ごみ。ちり。ごみ捨て場。

こもそう【虚無僧】 [名]「こむそう」に同じ。

こもたたみ【薦畳】 [枕詞](マコモで編んだ畳を重ねることから)「重」の音を含む地名「平群」にかかる。例「薦畳平群の朝臣が」〈万葉・一六・三八四三〉

こもち【子持ち】 [名]❶子供を持っていること。また、その女性。また、妊婦。❷紋所で、大小がひと組みになったもの。「子持ち亀」「子持ち菱」など。

こもちすぢ【子持ち筋】 [名]模様の名。太い線と細い線を平行に引いた縞模様。婚礼時の衣服や器物などに、祝いのしるしとして用いた。

こもづの【菰角】 [名](角のような形状から)コモノコの別称。(季―春)

こもの【小者】 [名]❶小柄な者。年少者。❷武家や寺院などで雑役をする召し使い。❸町家で使われた、丁稚・小僧など身分の低い奉公人。

こもの【小物】 [名]小さな物。こまごまとした物。つまらない物。

こもの【籠物】 [名]果物などを籠に入れたもの。これを木の枝につけて献上したり、儀式に用いたりする。

こものこ【菰の子・薦の子】 [名]マコモの若芽。一説に、春生える白い若芽。いずれも食用とされた。＝菰角。(季―春)

こもまくら【薦枕】 [名]真菰を束ねて作った枕。転じて、仮寝や旅寝。

こもまくら【薦枕】 [枕詞](薦枕がふつうの枕より

高いことから」「たか」にかかる。また、「かり」「あひまく」にかかる。例「薦枕相まきし児も」〈万葉・七・一四一四〉

〈和歌〉**こもよみこもち…**【籠もよ　み籠持ち　ふくしもよ　みぶくし持ち　この岡に　菜摘ます児　家告らせ　名告らさね　そらみつ　大和の国は　おしなべて　我こそ居れ　しきなべて　我こそいませ　我こそば　告らめ　家をも名をも】〈万葉・一・一長歌・雄略天皇〉訳籠も、立派な籠を持ち、掘串も、立派な掘串を持ち、この岡で菜を摘んでいらっしゃる娘さん、お家をおっしゃい、名をおっしゃい。〔そらみつ〕この大和の国は、ことごとく私が支配しているのだが、隅から隅まで私が治めているのだが、その私から先に告げよう、家をも名をも。《係結び》「我こそ→居れ㊀」、「我こそ→いませ㊀」、「我こそば→告らめ㊀」。《敬語》「我こそいませ」→「います」

〈参考〉「籠」は掘った菜を入れるための竹の器、「ふくし」は菜を掘り取るためのへらで、「み籠」「みぶくし」の「み」は神聖なものに対する接頭語。「そらみつ」は「大和」の枕詞。歌は春の野に菜を摘みに来た娘に天皇が呼びかける体裁を取る。

こもり【木守】［名］庭園などの樹木の手入れや番をすること。また、その人。

こもり【籠り・隠り】［名］❶閉じこもること。隠れること。❷一定期間、寺や神社に泊まって祈ること。おこもり。＝参籠

こもりえ【隠り江】［名］（蘆や岬などで）隠れて見えない入り江。

こもりえの【隠り江の】［枕詞］《枕詞「隠りくの」を後世誤ったもの》「こもりくの」に同じ。例「**隠り江の**泊瀬の山は」〈続古今・秋下・五三二〉

こもりくの【隠りくの】［枕詞］《「く」は場所や地域の意》（山の中にこもっているような地形であることから）地名「泊瀬」にかかる。＝隠り江の。例「**こもりくの**泊瀬娘子が手に巻ける」〈万葉・三・四二四〉

こもりこ・ふ【隠り恋ふ】［自ハ上二］{ひ・ひ・ふ・ふる・ふれ・ひよ}ひそかに恋い慕う。例「**隠り恋・ひ**息づき渡り下思ひに」〈万葉・一七・三九七三長歌〉

こもりそう【籠り僧】［名］人の死後四十九日の間、喪屋にこもって仏事を行う僧。

こもりづ【隠りづ】［名］《「こもりど（隠り処）」の変化形》岩や草木に隠れて人目につかない所。一説に、「隠り水」と解して草木に隠れた沢や泉ともいう。

こもりづま【隠り妻】［名］人に見られないように隠れている妻。

こもりど【隠り処】［名］岩や草木に隠れて、人目につかない所。

こもりとくじん【隠り徳人】［名］《「こもりとくにん」とも》裕福であるのを表にあらわさないでいる人。

こもりぬ【隠り沼】［名］❶水が流れ出ることのないよどんだ沼。❷草や木が茂った下に隠れて見えない沼。

こもりぬの【隠り沼の】［枕詞］（「隠り沼」が外から見えないことから）「下」にかかる。例「**隠り沼の**下に恋ふれば」〈万葉・一一・二七一九〉

こもり・ゐる【籠り居る】［自ワ上一］{ゐ・ゐ・ゐる・ゐる・ゐれ・ゐよ}❶（家や部屋の中などに）閉じこもっている。隠れている。例「**籠り・居**て君に恋ふるに心どもなし」〈万葉・一七・三九七二〉❷（祈願のため寺や神社に）参籠している。例「この山（＝日野山）に**こもり・ゐ**て後」〈方丈記〉

こも・る【籠る・隠る】［自ラ四］{ら・り・る・る・れ・れ}

> **アプローチ**
> ▼ものの中にあって外から姿が見えない状態にある意。
> ▼視界から去って姿が見えなくなる意の類義語の「かくる」と基本的には異なる。

❶**包まれている。囲まれている。**例「年にありて今かまくらむぬばたまの夜霧**隠・れる**遠妻の手を」〈万葉・一〇・二〇三五〉訳一年ぶりにいまこそ（彦星は）枕しているだろうか、〔ぬばたまの〕夜霧に**包まれている**遠妻（＝織女）の手を。〔注〕「ぬばたまの」は「夜」の枕詞。《係結び》「か→まくらむ㊃」

❷**引きこもる。隠遁する。**例「静やかなる所にやがて**籠・る**べく思しまうける本意違ひて」〈源氏・若菜・上〉訳静かな所にそのまま**引きこもろう**とのお心づもりしていたその本願がかなえられず。《敬語》「思しまうけける」→「おぼす」

❸**隠れる。ひそむ。**例「二上の山に**隠・れる**ほととぎす今も鳴かぬか君に聞かせむ」〈万葉・一八・四〇六七〉訳二上の山に**ひそん**でいるホトトギスよ、いますぐ鳴いてくれないか。殿にお聞かせしよう。

❹**祈願のために寺社に参籠する。物忌みで閉じこもる。**例「入道の宮のなやみたまひければ、石山に**籠・り**たまひて」〈源氏・蜻蛉〉訳入道の宮がわずらいなさったので、石山寺に**参籠**なさって。

❺**籠城する。立てこもる。**例「備前国へおしわたり、今木の城にぞ**籠・り**ける」〈平家・九・六ケ度軍〉訳備前国へ勢いよく渡っていき、今木の城に**立てこもっ**たのだった。《係結び》「ぞ→籠りける㊃」

こもん【小紋】［名］織り物の地の一面に細かな模様を染め出したもの。

ごもんぜき【御門跡】［名］《「ご」は接頭語》❶「門跡」の尊敬語。❷浄土真宗本願寺の住職の尊敬語。→「もんぜき」

こや【蚕屋】［名］養蚕のための建物・室。

こや《代名詞「こ」＋間投助詞「や」》これはまあ。これこそまさに。例「うきふしを心ひとつに数へきて**こや**君が手を別るべきをり」〈源氏・帚木〉

こや【昆陽】［歌枕］摂津国の地名。いまの兵庫県伊丹市から尼崎市にわたる一帯。奈良時代に行基が造ったとされる昆陽池で知られる。「小屋」「来や」「此や」をかける。

ごや【五夜】［名］❶一夜を五つに区分したものの称。甲夜（初更、午後七時から九時）・乙夜（二更、午後九時から十一時）・丙夜（三更、午後十一時から午前一時）・丁夜（四更、午前一時から三時）・戊夜（五更、午前三時から五時）を示す。＝五更。❷とくに、戊夜（五更）のこと。❸子供が生まれて五日目の祝い。

ごや【後夜】［名］❶「六時」のひとつ。いまの午前二時から午前六時ごろ。❷《仏教語》①で行う勤行。

こ

〔**後夜の鐘・後夜の鉦**〕「後夜①」に行う勤行のときに打ち鳴らす鉦。

ごやおき【後夜起き】[名]「後夜」の勤行のために、明け方に起きること。

こやく【巨益】[名]大きな利益。

こやす【子安】[名]安産。

こや・す【臥やす】[自サ四]{さ・し・す・す・せ・せ}(上代語。動詞「臥ゆ」の未然形＋上代の尊敬の助動詞「す」＝「こいす」の変化形。「臥ゆ」の尊敬語)横になられる。多く、死者が横たわっていることをいう。例「心ゆも思はぬ間にうち靡き臥や・しぬれ」〈万葉・五・七九四長歌〉

こや・す【肥やす】[他サ四]{さ・し・す・す・せ・せ}❶太らせる。豊かにする。❷(目や耳を)楽しませる。例「今に栄花を開きぬと、目を悦ばしめ耳をこや・す」〈太平記・三〉

こやすがひ【子安貝】[名]巻き貝の一種。安産のお守りとした。＝子安の貝。(季-春)

こやすのかひ【子安の貝】[名]「こやすがひ」に同じ。

こやつ【此奴】[代名](他称の人称代名詞。「くやつ」とも。人を卑しめて呼ぶ語)こいつ。

こやで【小枝】[名](上代東国方言)こえだ。

こや・る【臥やる】[自ラ四]{ら・り・る・る・れ・れ}(上代語)伏す。横たわる。例「槻弓の臥や・る臥や・りも梓弓立てり立てりも」〈記・中・歌謡〉

こ・ゆ【肥ゆ】[自ヤ下二]{え・え・ゆ・ゆる・ゆれ・えよ}❶太る。❷土地が肥えている。例「今汝、こ・えたる雌雉を奉るべし」〈紀・安閑〉

こ・ゆ【臥ゆ】[自ヤ上二]{い・い・ゆ・ゆる・ゆれ・いよ}寝ころぶ。横になる。例「臥・いまろび足ずりしつつたちまちに心消失せぬ」〈万葉・九・一七四〇長歌〉

発展学習ファイル　「臥やる」と同義だが、単独では用いられず、複合動詞として用いられる。

こ・ゆ【越ゆ・超ゆ】[自ヤ下二]{え・え・ゆ・ゆる・ゆれ・えよ}❶**上を通り過ぎる**。例「吹き切られたる炎飛ぶがごとくして、一二町を越・えつつ移りゆく」〈方丈記〉❷**時が過ぎる**。**年が改まる**。例「年、またこ・えて春にもなりぬ」〈蜻蛉・上〉❸**まさる**。**すぐれる**。例「いみじきことを思ひたまへ嘆く心は、さるべき人々にも越・えてはべれど」〈源氏・柏木〉(敬語)「思ひたまへ嘆く」→「たまふ(下二段)」〈発展学習ファイル(5)〉、「越えてはべれど」→「はべり」。❹**他を飛び越えて上位になる**。例「高祖、いかでか我を超・えて王位に昇らむや」〈今昔・一〇・三〉

こ・ゆ【蹴ゆ】[他ヤ下二]{え・え・ゆ・ゆる・ゆれ・えよ}(「蹴る」の古形)ける。

こゆき【粉雪】[名]こなゆき。

こゆひ【小結ひ】[名]❶髻を侍烏帽子に結びつけるための組みひも。❷(「小結ひ烏帽子」の略)結んだ①の端を左右に長く出したもの。

こゆみ【小弓】[名]遊戯用の小さな弓。長さは約一二〇センチメートルで、約三十メートル先の的を座って射る。

こゆるぎ【小余綾】[地名]相模国の地名。いまの神奈川県中郡大磯町から小田原市国府津にかけての海岸。

こゆるぎの【小余綾の】[枕詞](「小余綾の磯」と続くことから)「いそ」と同音の「急ぎ」にかかる。例「こゆるぎのいそぎ出でても」〈拾遺・恋四・八五三〉

こゆるぎのいそ【小余綾の磯】[歌枕](「こよろぎのいそ」とも)相模国の海岸。いまの神奈川県中郡大磯町から小田原市国府津にかけての海岸。「磯」に「急ぎ」を、「こゆ」に「越ゆ」をかける。

ごよう【御用】[名]❶用事・入用の尊敬語。❷公用・公務の尊敬語。❸商家の丁稚・小僧など。御用聞き。❹犯人を捕らえるときのことば。

ごよく【五欲】[名](仏教語)五官によって起こる、色・声・香・味・触という五つの欲望。

こよなう コヨノウ 形容詞「こよなし」の連用形「こよなく」のウ音便。

こよな・し[形ク]{から・く(かり)・し・き(かる)・けれ・かれ}

アプローチ
▼他と比較ができないほど、隔たりが大きいことをいう。
▼よい意味・悪い意味のいずれにも用いる。

❶**格段の相違がある**。**格別だ**。例「こよな・う今めかしきものかな、とあはれに見たまふ」〈源氏・若紫〉訳(尼君の髪が)格別にしゃれているな、と(源氏は)しみじみとご覧になる。(音便)「こよなう」は「こよなく」のウ音便。(敬語)「見たまふ」→「たまふ(四段)」

❷**格段にすぐれている**。**この上もない**。例「人の品高く生まれぬれば、人にもてかしづかれて、隠るるところ多く、自然にその気配こよな・かるべし」〈源氏・帚木〉訳身分の高い家に生まれたならば、人に大切に世話されて、(欠点が)隠れることが多く、おのずからそのようすが格段にすぐれて見えるだろう。

❸**格段に劣っている**。例「限りなくめでたく見えし君たち、この、今見ゆるにあはすれば、こよな・く見ゆ」〈宇津保・嵯峨の院〉訳この上なくすばらしいと思って見た女君たちは、この、いま目の前にいる人に比べると、格段に劣って見える。

こよひ【今宵】コヨイ[名]❶**今夜**。**今晩**。❷夜が明けた後で、昨夜を指していう語。**昨夜**。**昨晩**。例「『今宵夢をこそ見つれ』といへば」〈宇治拾遺・四・五〉(係結び)「こそ→見つれ㊀」

こよみ【暦】[名](日を数える意の「かよみ(日読み)」の変化形)月齢をもとにして、日付けなどを記載したもの。こよみ。

こよみのはかせ【暦博士】[名]令制で中務省に属する陰陽寮の職員。暦を作って、暦生を教育した。＝暦博士

こら【子等・児等】[名](「こな」とも。「ら」は接尾語)❶子の複数。子供たち。❷人、とくに男性が女性を親しんで呼ぶ語。例「焼津辺に我が行きしかば駿河なる阿倍の市道に逢ひし児らはも」〈万葉・三・二八四〉

こらいふうていせう【古来風躰抄】コライフウテイショウ[作品名]鎌倉前期の歌論書。藤原俊成著。初撰本は建久八年(一一九七)、再撰本は建仁元年(一二〇一)成立。式子内親王の命により撰進。序・和歌史・秀歌の掲示から成る。

こらがてを【子等が手を】[枕詞](いとしい子、女性の手を枕にする意から)「枕く」にかかる。例「こ

らが手を巻向山は常にあれど」〈万葉・七・一二六八〉

こら・す【凝らす】［他サ四］{さ・し・す・す・せ・せ}固まらせる。また、心を集中させる。専心する。例「祈誓を**凝ら・し**てぞおはしける」〈太平記・九〉

こら・す【懲らす】［他サ四］{さ・し・す・す・せ・せ}懲りて二度としないようにする。懲らしめる。例「しばし**懲ら・さ**むの心にて」〈源氏・帚木〉

ごらん【御覧】［名］❶《見ることの尊敬語》古くは天皇が見る場合に用いた。❷《「童女御覧」の略》十一月中の卯の日に、五節の舞姫の付き添いの童女とその女房を清涼殿に召して天皇がご覧になる儀式。

ごらんじあは・す【御覧じ合はす】［他サ下二］{せ・せ・す・する・すれ・せよ}《「見合はす」の尊敬語》❶目をお合わせになる。例「われに**御覧じ合は・せ**てのたまはせたる」〈枕・嬉しきもの〉❷ご照合される。例「本草に**御覧じあは・せ**られ侍れかし」〈徒然・一三六〉

ごらんじいだ・す【御覧じ出だす】［他サ四］{さ・し・す・す・せ・せ}《「見出だす」の尊敬語》❶中から外をご覧になる。❷お見つけになる。見いだしなさる。例「〔東宮ガ〕紫の朱奪ふことを悪むといふ文を御覧ぜられたき事ありて、御本を御覧ずれども、**御覧じ出だ・さ**れぬなり」〈徒然・二三八〉

ごらんじい・る【御覧じ入る】［他ラ下二］{れ・れ・る・るる・るれ・れよ}《「見入る」の尊敬語》❶注意してご覧になる。例「〔源氏カラノ〕御文なども、例の〔=イツモノヨウニ〕〔藤壺八〕**御覧じ入・れ**ぬよしのみあれば」〈源氏・若紫〉❷気にとめてお世話をなさる。例「起居御手づから**御覧じ入・れ**」〈源氏・若菜・下〉❸《食事や飲み物を》おあがりになる。召しあがる。例「この四五日は湯水をだにはかばかしう**御覧じ入・れ**給はぬ人の」〈平家・九・小宰相身投〉

ごらんじくら・ぶ【御覧じ比ぶ・御覧じ較ぶ】［他バ下二］{べ・べ・ぶ・ぶる・ぶれ・べよ}《「見くらぶ」の尊敬語》くらべてご覧になる。お見くらべなさる。

ごらんじし・る【御覧じ知る】［他ラ四］{ら・り・る・る・れ・れ}《「見知る」の尊敬語》ご覧になって知っていらっしゃる。ご覧になってお分かりになる。ご理解になる。例「つひに**御覧じ知・ら**じとやすらむ」〈宇津保・内侍のかみ〉

ごらんじつ・く【御覧じ付く】《「見付く」の尊敬語》一［他カ四］{か・き・く・く・け・け}見慣れていらっしゃる。なじんでいらっしゃる。ご覧になってお気に召す。例「〔冷泉帝八〕弘徽殿には**御覧じつ・き**たれば、睦ましうあはれに心やすく思ほし」〈源氏・絵合〉二［他カ下二］{け・け・く・くる・くれ・けよ}お見つけになる。目をおとめになる。例「〔清少納言ガ〕すこし遠き柱基などにゐたるを、〔中宮ガ〕疾く**御覧じつ・け**て」〈枕・嬉しきもの〉

ごらんじとが・む【御覧じ咎む】［他マ下二］{め・め・む・むる・むれ・めよ}《「見咎む」の尊敬語》ご覧になって怪しくお思いになる。お見とがめになる。例「いかに殿ばら、殊勝の事は**御覧じとが・め**ずや」〈徒然・二三六〉

ごらんじどころ【御覧じ所】［名］ご覧になる価値。例「**御覧じどころ**もまさりぬべくて奉らむ」〈源氏・絵合〉

ごらんじゆる・す【御覧じ許す】［他サ四］{さ・し・す・す・せ・せ}《「見許す」の尊敬語》お見のがしになる。大目に見てくださる。例「いとまだ言ふかひなきほどにて、**御覧じゆる・さ**るる方もはべりがたければ」〈源氏・若紫〉

ごらん・ず【御覧ず】［他サ変］{ぜ・じ・ず・ずる・ずれ・ぜよ}「見る」の意の尊敬語。見る人（主語）を高める。**ご覧になる。**例「〔桐壺更衣ガ〕いといたう思ひわびたるを〔桐壺の帝八〕いとどあはれと**御覧・じ**て」〈源氏・桐壺〉《音便》「いたう」は「いたく」のウ音便。

発展学習ファイル　(1)「見る」の意の尊敬語として「御覧ず」のほかに「**見給ふ**」があるが、「御覧ず」の方が主語を高める働きが強い（敬度が高い）。(2)「見送る」「見許す」のような「見る」を用いた複合動詞の主語を高める述べ方として、「**御覧じ送る**」「**御覧じ許す**」のように「御覧ず」を用いることがある。

ごらんぜ・さす【御覧ぜさす】ごらんになるようにさせる。お見せする。お目にかける。「ごらんず」自体は尊敬語だが、「ごらんぜさす」全体で「見せる」意の謙譲語と見ることもできる。例「下草のをかしき花ども、紅葉など折らせたまひて、〔薫八〕宮に**御覧ぜ・させ**たまふ」〈源氏・東屋〉

語構成　ごらんぜ　サ変「ごらんず」㊍　さす　使役「さす」

ごらんぜ・らる【御覧ぜらる】❶《「らる」が受身の意の場合》ごらんになっていただく。ごらんいただく。「ごらんず」自体は尊敬語だが、「ごらんぜらる」全体で「見られる」の意の謙譲語と見ることもできる。例「〔夕霧八〕三条宮と六条院とに参りて、〔祖母大宮ト父源氏ニ〕**御覧ぜ・られ**たまはぬ日なし」〈源氏・野分〉❷《「らる」が自発の意の場合》「しぜんと見る」の意で、見る人（主語）を尊敬語「ごらんず」が高める。しぜんとご覧になる。例「よろづの罪忘れて、あはれにらうたしと〔朱雀帝八〕**御覧ぜ・らる**」〈源氏・澪標〉❸《「らる」が尊敬の意の場合。中世以降の用法》「見る」の意の尊敬語。見る人（主語）を高める。ご覧になる。例「〔高倉上皇八〕池の中納言頼盛卿の山庄あら田まで**御覧ぜ・らる**」〈平家・四・還御〉

語構成　ごらんぜ　サ変「ごらんず」㊍　らる　助動「らる」

こり【香】［名］《上代語。「香」の古形》香。

こり【垢離】［名］真言宗や修験道などで、神仏に祈願する際、冷水を浴びて心身の汚れを落とすこと。水垢離。

〔垢離を搔く〕「垢離」を行う。=垢離に搔く・垢離を取る。例「天満川にて**垢離をか・き**、女をみし目を洗ひ流し」〈浮・男色大鑑〉

こりあつま・る【凝り集まる】［自ラ四］{ら・り・る・る・れ・れ}寄り集まって固まる。例「大きなる蛇、数も知らず**凝り集ま・り**たる塚ありけり」〈徒然・二〇七〉

こりずま［・なり］【懲りずま】［形動ナリ］{なら・なり(に)・なり・なる・なれ・なれ}前の失敗に懲りていないようす。性懲りもないさま。例「**懲りずま・に**またもなき名は立ちぬべし人憎からぬ世にし住まへば」〈古今・恋三・六三一〉

こりずまに【懲りずまに】［副］《「ま」は接尾語》前の失敗にもこりることなく。性懲りもなく。例「沈みしも忘れぬものを**こりずまに**身もなげつべき宿のふぢ波」〈源氏・若菜・上〉

こりたき【香燃き・香焼き】［名］《「かうたき」とも》斎宮の忌み詞で、寺。仏堂。

こりつ・む【樵り積む】[他マ四]｛ま・み・む・む・め・め｝木を切って積む。例「君も嘆き(＝「嘆き」ト「投げ木」ノ掛詞)を**こりつ・みて**」〈蜻蛉・中〉

こりつ・む【樵り集む】[他マ下二]｛め・め・む・むる・むれ・めよ｝木を切って集める。例「み山木を朝な夕なに**樵り集・めて**」〈拾遺・雑秋・二四〉

ごりゃうでん【後涼殿】[名]「こうらうでん」に同じ。

ごりゃうゑ【御霊会】[名]死者の怨霊を鎮め、たたりによる疫病の流行を避けるために行われる祭り。陰暦六月十四日の京都の祇園御霊会がとくに有名。

ごりん【五輪】[名]《仏教語》❶万物を構成する要素。地・水・火・風・空の五つ。＝五大。❷(どれも丸いことから)人の両肘・両膝・頭の五か所。五体。例「五大**五輪**は人の体」〈謡・卒都婆小町〉❸「五輪卒塔婆」「五輪塔」の略。

ごりんたふ【五輪塔】[名]《仏教語》「五輪①」をかたどった石塔。形は下から方(地輪)・円(水輪)・三角(火輪)・半月(風輪)・宝珠(空輪)。多く墓標や供養塔として建てた。＝五輪③・五輪卒塔婆

ごりんのしょ【五輪書】[作品名]江戸前期の武道書。宮本武蔵著と伝えられる。成立年未詳。地・水・火・風・空の五巻から成り、武蔵独特の兵法観と二刀兵法の正当性などについて論じられている。

こ・る【凝る】[自ラ四]｛ら・り・る・る・れ・れ｝❶寄り集まる。凝固する。例「凝当と申し侍るは、そこに**凝・り**たる(酒)を捨つるにや候ふらん」〈徒然・一五八〉❷凍る。例「大中姫の捧げたる鋺の水溢れて腕に**凝・れり**」〈紀・允恭〉❸熱中する。深く思いこむ。

こ・る【伐る・樵る】[他ラ四]｛ら・り・る・る・れ・れ｝(木を)切る。例「朝夕に木を**こ・り**て親を養ふ」〈宇治拾遺・一三・一七〉

こ・る【嘖る】[他ラ四]｛ら・り・る・る・れ・れ｝しかる。こらしめる。例「汝が母に**こ・られ**我は行く青雲の出で来我妹子相見て行かむ」〈万葉・一四・三五一九〉

こ・る【懲る】[自ラ上二]｛り・り・る・るる・るれ・りよ｝過失や失敗を後悔し、二度とするまいと思う。懲りる。

これ【此・是・之】[代名][感]㊀[代名]❶《近称の指示代名詞》㋐話者に近い事物を指す。**これ。このもの。このこと。**例「**これ**は昔のことなめり」〈枕・思はむ子を法師に〉㋑話者に近い場所を指す。**ここ。**例「からうたは、**これにえかかず**」〈土佐〉㋒話し手に近い時を指す。**いま。現在。**❷㋐《自称の人称代名詞》**わたし。**例「**これ**は日ごろ白山に侍りつるが」〈宇治拾遺・一・五〉(敬語)「侍りつる」↓「はべり」。㋑《対称の人称代名詞》**あなた。おまえ。**例「**これ**はいかにおぼしてかくはし給ふぞ」〈宇治拾遺・九・一〉(敬語)「おぼして」↓「おぼす」。㋒《他称の人称代名詞》**この人。こちらの方。**例「**これ**はことなれど、慰め所ありぬべきさまなり」〈源氏・宿木〉❸漢文訓読から生じた、調子を整える語。強調表現だが意味はほとんどない。例「人間は**これ**生死無常、芭蕉泡沫のさかひなれば」〈保元・上〉㊁[感]《相手に呼びかけ、注意をひくときのことば》**もしもし。おい。こら。ちょっと。ねえ。**例「**これ**、そりゃあえいが、このやらうがおしゃらくを見ろえ」〈膝栗毛〉

語構成「ことなめり」→「なめり」(副詞の呼応)「え」→「かかず」

〔**此ぞ此の**〕これがあの。これが例の。例「大方は月をもめでじ**これぞこの**つもれば人の老いとなるもの」〈古今・雑上・八七九〉

〔**此の人**〕妻が夫を指して呼ぶ語。うちの人。

〔**此は如何なこと**〕驚いたり、困ったりしたときに発することば。これはどうしたことだ。例「**これはいかなこと**、苦々しいことぢゃ」〈狂・附子〉

〔**此ははや**〕失望などしたときに発する語。いやはやどうも。例「して、**これははや**、烏帽子が遅う来るな」〈狂言記・烏帽子折〉

〔**此や此の**〕これこそまさに。これがあの。例「**これやこの**大和にしては我が恋ふる紀路にありといふ名に負ふ背の山」〈万葉・一・三五〉

ごれいぜいてんわう【後冷泉天皇】[人名](一〇二五-一〇六八)第七十代天皇。父は後朱雀天皇、母は藤原嬉子。政治的には関白藤原頼通が専横を極めたが、文化的には内裏歌合わせを復活させ、内親王主催の歌合わせも多く行われた。

ごれう【御料】[名]❶貴人が使うもの、とくに、衣服・飲食物・器物などの敬称。ご使用もの。❷(貴人の)御ため。

ごれう【御寮・御料】[名]❶貴人、またはその子息・息女の敬称。例「**御寮**(＝頼朝)きこしめして」〈曾我・三〉❷人名や身分を表す語に付いて、敬愛の意を示す語。例「万寿**御料**をも五大院右衛門宗繁が具足し進らせ候ひつるを」〈太平記・一〇〉

ごれうにん【御寮人・御料人】[名]❶貴人の子女の敬称。❷他人の若妻や娘の敬称。

〈俳句〉**これがまあつひの栖か雪五尺**【是がまあつひの栖か雪五尺】〈七番日記・一茶〉訳これがまあ自分の最後のすみかとなる場所であろうか。眼前の積雪は五尺にも達していることだ。(季―雪―冬)

これかれ【此彼】[代名]❶《指示代名詞》これとあれ。あれやこれや。例「朝顔の**これかれ**に這ひまつはれて」〈源氏・朝顔〉❷《人称代名詞》この人あの人。誰や彼や。例「またこと人**これかれ**、酒なにと持て追ひ来て」〈土佐〉

〈川柳〉**これこばん…**【これ小判たった一晩ゐてくれろ】〈柳多留・一〉訳稼いでも稼いでもお前はすぐに出ていってしまう。これ小判よ、たった一晩だけでいいから私のもとにいておくれ。

これこれ【此此・是是】《多くのことがらを指していう語》かくかく。しかじか。例「(私ガ)局の内より、『これこれにや』と言ひ出だしたれば、(人々ハ)いみじく感じ待りき」〈徒然・一三八〉

これたかのみこ【惟喬親王】[人名](八四四-八九七)平安前期の歌人。父は文徳天皇、母は紀名虎の娘の静子。第一皇子でありながら、母の身分の低いことを理由に藤原良房の娘の明子の産んだ惟仁皇子が即位し(清和天皇)、政治的には失意の親王として作品に残る。風流を解し、紀有常や在原業平らと交流があった。

これてい【此体・是体】[名]❶このようなようす。こんな姿。例「**是体**の物こそ怪しけれ」〈太平記・五〉❷たかがこれしきのこと。これくらいのもの。

これなら・ず《「これのみならず」の意》これだけでない。

これ以外にも。例「これなら・ず、〔花山天皇ノ異常ナ性格ハ〕ひたぶるに色には（＝表面ニハ）いたくも見えず」〈大鏡・伊尹〉

これの【此の】㊀《代名詞「此」＋格助詞「の」》この。「この」よりも指示性が強い。例「これの針持し」〈万葉・二〇・四四二〇〉訳→〔和歌〕くさまくらたびのまるねの…。㊁［代名］《人称代名詞。「これの人」の略》夫が妻を、また妻が夫を指していう語。例「のうのう、これの（＝妻）は内に居さしますか」〈狂・花子〉

〔俳句〕**これはこれは…**【これはこれはとばかり花の吉野山】〈一本草・貞室〉訳桜の名所として和歌に詠まれてきた吉野山。いま実際にこの地に立ってみると、その見事なさまに圧倒され、ただただ「これはこれは」と感嘆するばかりだ。（季－花－春）

これまさ【伊尹】［人名］「ふぢはらのこれまさ」に同じ。

これもち【維茂】［作品名］「もみぢがり」に同じ。

〔和歌〕**これやこの…**【これやこの行くも帰るも別れては知るも知らぬも逢坂の関】〈後撰・雑一・一〇八九・蟬丸〉《百人一首》訳これがまあ、東国へ行く人も、東国から都へ帰る人も、ここで別れては、知っている人も、知らない人も、逢うという逢坂の関なのだなあ。

〈参考〉「逢坂」に、「逢ふ」をかける。『後撰和歌集』では、第三句が「別れつつ」。

これら【此等】［代名］❶《「ら」は複数の意の接尾語》㋐《近称の指示代名詞》このことども。これらのこと。例「これら〔ノ歌〕は文字の数も定まらず」〈古今・仮名序〉㋑《他称の人称代名詞》この人たち。例「これらうち笑ひ、見かはして言ふやう」〈大鏡・序〉❷《近称の指示代名詞》この辺。この辺り。例「山ならねども、これらにも、猫の経あがりて」〈徒然・八九〉

ごれんし【御連枝】［名］「連枝」の尊敬語。（貴人の）ご兄弟。

ころ【頃】［名］❶おおよその時を表す語。時分。例「絶えたる恋の繁きころかも」〈万葉・一七・三九三二〉❷季節。時節。例「ころは、正月・三月」〈枕・ころは、正月、三月〉❸適当な大きさ。適度。例「まだころの御徳（＝御収入）なきやうなれど」〈源氏・東屋〉❹年・月・日などの下に付き、かなり長い時間の経過を表す。例「日ごろ経るまで消息も遣はさず」〈源氏・帚木〉

ころ【子ろ・児ろ】［名］《上代東国方言。「こら」の変化形。「ろ」は接尾語》人、とくに女性を親しんで呼ぶ語。

ころおい【頃おい・比おい】歴史的かなづかい「ころほひ」

ころく【胡簶】［名］「やなぐひ」に同じ。

ころく［副］《上代東国方言》烏の鳴き声の形容。「子ろ来く（恋しいあの人が来る）」にかけて使う。例「烏とふ大をそ鳥のまさでにも来まさぬ君をころくとそ鳴く」〈万葉・一四・三五二一〉

ごろく【五六】［名］❶五寸（約一五センチメートル）角、六寸（約一八センチメートル）角などの太い材木。

ごろく【語録】［名］僧や儒者などのことばを集め記録してある文書や書物。

ころくぶし【小六節】［名］江戸初期に盛んに行われた小唄のひとつ。小唄の名手として知られた関東小六という馬子のことをうたったのが始め。

ころころ［副］❶物が転がってゆくさま。❷鈴の音や流れる水の音、蛙の声など、小さく高く響く音の形容。❸笑いころげるさま。

ころしも【頃しも・此しも】《名詞「ころ」＋強意を表す副助詞「しも」》ちょうどそのころ。まさにその時。例「ひとり歩かん身は、心すべきことにこそと思ひける此しも」〈徒然・八九〉

ころびあ・ふ【転び合ふ】［自ハ四］｛は・ひ・ふ・ふ・へ・へ｝転がり合ってぶつかる。くっついていっしょに転がる。例「〔死人ノシャレコウベガ〕ろへになりしたになり、ころびあ・ひころびのき」〈平家・五・物怪之沙汰〉

ころびい・づ【転び出づ】［自ダ下二］｛で・で・づ・づる・づれ・でよ｝転がり出る。転がるようにして外に出る。例「鞠のごとく簾中よりころび出・でさせ給うて」〈宇治拾遺・一五・八〉

ころびい・る【転び入る】［自ラ四］｛ら・り・る・る・れ・れ｝転がり込む。転がるようにして中に入る。例「上になり下になり、ころびあふ程に、川岸に淵のありけるにころびい・りて」〈平家・八・瀬尾最期〉

ころびをう・つ【転びを打つ】転げ回る。寝転ぶ。例「夜瓜を取るには、転びを打・って取る物ぢゃ」〈狂言記・瓜盗人〉《音便》「転びを打っ」は「転びを打ち」の促音便。

ころ・ふ【嘖ふ】［他ハ四］｛は・ひ・ふ・ふ・へ・へ｝《上代語》しかる。責める。例「をさをさも寝なへ児故に母にころはれ」〈万葉・一四・三五二九〉

ころ・ぶ【転ぶ】［自バ四］｛ば・び・ぶ・ぶ・べ・べ｝❶転がる。転倒する。例「すだれの中よりころ・び出でさせ給うて」〈宇治拾遺・一五・八〉❷キリシタンが弾圧によって改宗する。

ころほひ【頃ほひ・比ほひ】［名］❶ちょうどそのころ。時分。例「久しうわづらひて、秋のはじめのころほひ空しくなりぬ」〈蜻蛉・上〉❷当代。当節。今の時世。例「中の品のけしうはあらぬ（＝マズマズノ）〔女性ヲ〕選り出でつべきころほひなり」〈源氏・帚木〉《音便》「けしう」は「けしく」のウ音便。

ころも【衣】［名］❶衣服。着物。❷僧服。僧の着る法衣。❸動物のからだを覆っている外皮・皮膚・羽毛などをたとえていう語。例「夏虫の蝕の衣」〈紀・仁徳・歌謡〉

〔衣打つ〕（光沢を出したり、柔らかくするために）衣を槌でたたく。例「白栲の衣う・つ砧の音も、かすかに」〈源氏・夕顔〉

〔衣片敷く〕衣服の片袖を敷いてひとり寝する。例「さむしろに衣かたし・き今宵もや恋しき人にあはでのみ寝む」〈伊勢・六三〉

〔衣の裾〕着物のすそ。着物の下の端の部分。

〔衣の玉〕法華七喩のひとつ。ある人が昔、大乗の教え（宝珠）を授けられながら、無明のため悟ることができずにいたのを、いま、仏から法華経を聞いて悟ったというたとえ。また、本来持っている仏性を、衣中の宝珠にたとえたもの。＝衣の裏の玉

〔衣の闇〕墨染めの喪服を闇にたとえた語。例「〔涙ヲ〕干しもあへぬ衣の闇にくらされて」〈新古今・哀傷・八〇八〉

〔衣を返す〕衣服を裏返しに着る。こうし

て寝ると、恋しい人を夢に見ることができるとされた。例「いとせめて恋しき時はむばたまの夜の**衣を返・し**て ぞ着る」〈古今・恋二・五五四〉訳→〔和歌〕いとせめて…

ころもがは【衣川】[枕詞]「水馴れ」と同音の「見馴れ」にかかる。例「**衣川**見なれし人の別れには」〈新古今・離別・八六五〉

ころもがは【衣川】[歌枕]陸奥国の川。いまの岩手県南部にあり、平泉中尊寺の傍らを流れ北上川に注ぐ。「衣川の合戦」で知られる。

ころもがへ【衣更へ・更衣】[名]❶衣服を着替えること。喪服から常の服に替えることにもいう。❷季節に応じて、衣服をその季節にふさわしく替えること。陰暦四月一日と十月一日。(季―夏)

古典の世界　衣更えのときは衣服ばかりではなく、室内の調度類も、その季節に応じたものに改めた。

ころもで【衣手】[名]**袖**。例「妹とありし時はあれども別れては**衣手**寒きものにぞありける」〈万葉・一五・三五九一〉

ころもで【衣手】[枕詞]❶(袖を水にひたす意から)同音を含む地名「常陸」にかかる。例「**衣手常陸**の国の」〈万葉・九・一七五三長歌〉❷「葦毛」にかかる。例「**衣手葦毛**の馬の」〈万葉・一三・三三二八〉

ころもでの【衣手の】[枕詞]袖の縁で「手」と同音を含む地名「田上」に、袖を分かつ意から「別く」に、袖を返す意から「かへる」に、また「真若」「名木」などにかかる。例「**衣手の田上山の**」〈万葉・一・五〇長歌〉

ころもでを【衣手を】[枕詞]衣を砧で打つことから「打つ」に、衣を敷くことから「敷津」に、手から「た」音を含む「たか」にかかる。例「**衣手を打廻**の里に」〈万葉・四・五八九〉

ころものせき【衣の関】[歌枕]陸奥国の関。いまの岩手県西磐井郡平泉町にあった関。＝衣川の関

ころもばこ【衣箱】[名]衣装箱。

こころ・く【嘶く】[自カ四]{か・き・く・く・け・け}ころころと鳴る。声が枯れて、のどが鳴る。例「一つ火を燭もして入り見し時に、うじたかれ**こころ・きて**」〈記・上〉

こわ…【恐…・強…】歴史的かなづかい「こは…」

こわ-【声】(「こゑ」の変化形)他の語と結び付いて声に関する意を表す。「**声**高」「**声**音」「**声**作る」など。

ごわう【牛王】[名]寺社で出す厄よけの守り札。表に「牛王宝印」あるいは「牛王宝命」と記してあり、裏には起請文を書くようになっている。身につけたり門の上に貼ったりしてお守りとした。熊野神社のものが有名。＝牛王宝印

ごわうほういん【牛王宝印】[名]「ごわう」に同じ。

こわかぎみ【小若君】[名]貴人の幼児の敬称。

こわき【小脇】[名](「こ」は接頭語)脇の下。また、脇に関する軽い動作に用いる語。

〔小脇に搔い挟む〕脇にちょっと挟む。

こわさき【声先】[名]ことばの端。また、口振り。

こわざし【声差し】[名](「ざし」は接尾語)声のようす。声の感じ。

こわざま【声状・声様】[名]声のようす。語気。口調。

こわだえ【声絶え】[名]声が途切れること。例「**声**絶えもせず誦じ奉りて」〈宇治拾遺・二・一〉

こわだか[・なり]【声高】[名・形動ナリ]声を高く張り上げてものをいうようす。大声。例「**声高・に**なのたまひそ」〈竹取・かぐや姫の昇天〉

こわたり【古渡り】[名]「じだいわたり」に同じ。

こわづかひ【声遣ひ】[名]声のようす。物をいうときの調子。口調。例「うち出でむ**声づかひ**も恥づかしけれど」〈源氏・若紫〉

こわつき【声付き】[名]声のようす。口調。話しぶり。例「御けはひ有り様、御**声つき**など、まだ小さくおはします人の御けはひとも見えきこえず」〈栄花・一〉

こわづく・る【声作る】[自ラ四]{ら・り・る・る・れ・れ}❶声をつくろう。作り声をする。例「**こわづく・り**気色取りて御消息聞こゆ」〈源氏・花散里〉❷(魔除けなどのために)絶えず声を出し続ける。例「随身も、弦打ちして絶えず**こわづく・れ**」〈源氏・夕顔〉❸(注意を引くために)せきばらいをする。例「格子のもとに寄りて**こわづく・れ**ば、少将起き給ふに」〈落窪・一〉

こわづくろひ【声繕ひ】[名]❶声をわざと整えること。もったいぶったいい方。例「弁慶**こわづくろひ**して事々しく申しけるは」〈盛衰記・三六〉❷(訪問の合図などのために)せきばらいをすること。

こわらは【小童】[名](「こわらべ」とも)子供。

こゐ【木居】[名]鷹狩りに使う鷹が木に止まっていること。また、その木。

ごゐ【五位】[名]宮中の位階で、五番目の位。また、その位にある人。勅許により位が授けられ、昇殿が許される者の下限。

ごゐのくらうど【五位の蔵人】[名]「蔵人所」で「蔵人の頭」の下位で次官。五位の「殿上人」の中から、家柄・才能のすぐれた者が選ばれた。「蔵人の五位」とは別。

こゐん【故院】[名]亡くなった上皇・法皇。

ごゐん【後院】[名](「こうゐん」とも)太上天皇・太皇太后・皇太后の住む御所。のちには、天皇の在位中に定められた、譲位後の宮殿。

ごゐんのべったう【後院の別当】[名]「後院」の長官。「院の御所」をあずかる要職。公卿および四、五位の人または大臣が任ぜられる。

こゑ【声】[名]❶**人や動物の発する声**。例「しもと取る里長が**声**は寝屋処まで来立ち呼ばひぬ」〈万葉・五・八九二長歌〉訳→〔和歌〕かぜまじり…。❷**物音や楽器の音**。例「祇園精舎の鐘の**声**」〈平家・一・祇園精舎〉❸**漢字の音**。**字音**。↔訓よみ。例「ある時に文字の**声**ばかりをよみすゑんため」〈後鳥羽院御口伝〉❹**発音**。**アクセント**。例「この聖り、**声**うちゆがみ」〈徒然・一四一〉

〔声を上ぐ〕大声でいう。大声を上げる。

〔声を飲む〕はっとしてものがいえなくなる。黙ってしまう。例「勅定を下されしかば、その時、博士ども**声を飲・み**て、やみにけり」〈十訓抄・四〉

〔声を帆に上ぐ〕(追い風に船の帆を上げるさまにたとえて)声を高く張り上げる。例「秋風に**声**をほにあ・げて来る舟は」〈古今・秋上・二一二〉

こゑあ・り【声あり】よい声である。声が美しい。例「**声あ・る**人してうたはせたまふ」〈源氏・若紫〉

〔俳句〕**こゑかれて…**【声かれて猿の歯白し峰の月】〈句兄弟・其角〉訳悲しげに鳴く猿の声もすっかりつかれはて、むき出しにした歯の白さが、峰にかかる月に照らされて、ひときわ目立つことだ。（季―月―秋）

こゑつ【胡越】[名]古代中国の、胡の国と越の国。胡は北方に、越は南方にあり、遠く隔たっていたことから、互いに疎遠なことをたとえるときに用いる。例「〔秦ト趙〕両国の会盟たちまちに破れて永く**胡越**を隔つる思ひをなすべし」〈太平記・二六〉

こゑのはかせ【音の博士】[名]「おんはかせ」に同じ。

こゑやまた・つ【声山立つ】[自タ下二]{て・て・つ・つる・つれ・てよ}《近世語》大声を出す。わめきちらす。例「**声山立**・てても遠慮のない様に」〈浄・神霊矢口渡〉

こをとこ【小男】[名]❶年の若い男。若者。例「前中納言雅頼いまだ**小男**に侍りける時」〈千載・雑中・一一五六詞書〉❷小柄な男。背が低い男。❸《「こ」は接頭語》つまらない男。

こをどり[・す]【小躍り】[名・自サ変]《「こ」は接頭語》小さくはねること。また、うれしさのあまりとびはねるように体を動かすこと。

こをろこをろ[副]《上代語》液体などをかき回し凝り固まらせるときの音を表す語。例「〔伊奘諾・伊奘冉の二神ガ、天ノ沼矛デ〕塩**こをろこをろ**に画き鳴して」〈記・上〉

-こん[接尾]「振り売り」の商人が、売り物の名に付けて呼んだ語。例「まづ売りませう、酢**こん**、はじかみ**こん**」〈狂言記・酢薑〉

-こん【喉】[接尾]「こう（喉）」に同じ。

-こん【献】[接尾]❶膳部に杯を添えて出す回数を数える語。例「一**献**にうち鮑、二**献**にえび、三**献**にかいもちひにてやみぬ」〈徒然・二一六〉❷酒杯を飲み干す回数を数える語。

こん【根】[名]❶《仏教語》物事を生じさせる根元。とくに、感覚を起こさせる眼・耳・鼻・舌・身・意、また、悟りへ導く信・精神・念・定・慧をいう。❷忍耐力。気力。精神力。

こん【紺】[名]染め色の名。紫と青のまざった色。

こん【喉】[名]《女房詞》酒の肴のこと。

こん【魂】[名]たましい。とくに、精神をつかさどる陽のたましい。例「**魂**は善所にありながら、魄はこの世に留まりて」〈謡・実盛〉

ごん-【権】[接頭]❶（官位を表す語に付いて）定員以外に仮に任じた官位を表す。「**権**官」「**権**大納言」「**権**の守」「**権**の帥」など。❷次の位であることを表す。第二の。「**権**の北の方」「**権**大僧都」など。

こんがう【金剛】[名]❶金剛石（ダイヤモンド）のこと。極めて堅いもののたとえ。例「尚し**金剛**の山を摧破するがごとし」〈今昔・一・四〉❷「金剛草履」「金剛杵」「金剛杖」などの略。

こんがうかい【金剛界】[名]《仏教語》密教で、大日如来の知徳の面を表したもの。すべての煩悩を打ち砕く、金剛石のような堅固な悟りを体とすることからいう。↔胎蔵界

こんがうきゃう【金剛経】[名]《仏教語。「金剛般若波羅密多経」の略》大乗経典のひとつ。「空」について説き、禅宗で尊ばれた。金剛般若経。

こんがうざうり【金剛草履】[名]藺草やわらで作った、丈夫で大型の草履。＝金剛②

こんがうざん【金剛山】[地名]《「こんごうせん」とも》大和国と河内国の境にある山。いまの奈良県と大阪府の境を連なる金剛山地の主峰。山上の金剛山寺は修験道の霊場。楠木正成が北条氏の軍を防いだ千早城があった。

こんがうじ【金剛子】[名]コンゴウシノキの実。黒くて堅く、美しいので数珠や装飾品とする。

こんがうしょ【金剛杵】[名]《仏教語》密教で、煩悩を打ち砕く菩提心を表す法具。両端の突起（＝鈷）の数により、独鈷・三鈷・五鈷などの種類に分かれる。もとは古代インドの神話に出てくる武器。＝金剛②・跋折羅

こんがうしん【金剛心】[名]《仏教語》堅固で揺るぎない信仰心。

こんがうじん【金剛神】[名]《仏教語》金剛杵を手にする仏法の守護神。多く、寺門の左右に半裸の力士像として置かれ、それぞれを密迹金剛、那羅延金剛と呼ぶ。＝金剛力士・仁王

こんがうせき【金剛石】[名]鉱物の名。ダイヤモンド。＝金剛①

こんがうづゑ【金剛杖】[名]修験者が用いる杖。白木で八角または四角、一メートルほど。＝金剛②

こんがうどうじ【金剛童子】[名]《仏教語》忿怒の相を表し、左手に金剛杵を持つ童子の姿をした護法神。

こんがうぶじ【金剛峰寺】[名]和歌山県伊都郡の高野山にある真言宗古義派の大本山。弘仁七年（八一六）空海の創建。

こんがうふゑ【金剛不壊】[名]《仏教語》信念などが、金剛石のように堅固でこわれないこと。

こんがうやしゃ【金剛夜叉】[名]《仏教語》「金剛夜叉明王」の略。また、これを本尊として行う修法。

こんがうやしゃみゃうわう【金剛夜叉明王】[名]《仏教語》「五大明王」のひとつ。北方を守護し、悪魔を降伏させる明王。火炎を背に顔は三つ、眼は五つで忿怒の相を表す。腕は六本あり、弓・矢・剣・輪・鈴・杵を持つ。＝金剛夜叉。➡[古典参考図]主要仏像

こんがうりう【金剛流】[名]能のシテ方の流派のひとつ。江戸時代には四座のひとつとして認められる。豪快な動きを特徴とする。

こんがうりき【金剛力】[名]金剛力士のような大力。非常に強い力。

こんがうりきし【金剛力士】[名]「こんがうじん」に同じ。

こんがうれい【金剛鈴】[名]《仏教語》密教の法具のひとつ。金剛杵の一端に鈴を付けたもの。

こんかき【紺掻き】[名]《「こうかき」とも》藍で布を染めること。また、それを職業とする人。紺屋。

こんがら【矜羯羅・金伽羅】[名]《仏教語。梵語の音訳》不動明王に従う八大童子のひとつ。制吒迦童子とともに明王の脇侍とされる。

こんき【根機・根器】[名]《仏教語》仏の教えを聞くことによって発揮される、修行しうる能力。さらに衆生各自の能力・素質をいう。機根。

ごんぎゃう[・す]【勤行】[名・自サ変]《仏教語》仏道を熱心に修行すること。精進すること。また、時間を定めて仏前で読経などをすること。おつとめ。

こんく【金口】[名]《仏教語》釈迦の口。また、釈迦の説法。

こんく【金鼓】[名]《仏教語。「こんぐ」とも》仏教で使う銅製の楽器。中空で丸く平たく、胸に掛けて念仏称名しながら打った。後世、仏殿や神社の軒につるす鰐口を指すことが多くなった。

ごんぐ【欣求】[名]《仏教語》喜んで、心から願い求めること。

ごんぐじゃうど【欣求浄土】[名]《仏教語》極楽浄土への往生を、心から喜んで願い求めること。↔厭離穢土

こんくゎい[副]狐の鳴き声を表す。こんこん。例「別れの後に鳴くきつね、こんくわい(＝「後悔」ヲカケル)の涙なるらん」〈狂・釣狐〉

こんくゎうみゃうさいしょうわうぎゃう【金光明最勝王経】[名]《仏教語》仏教の経典のひとつ。国王が正法によって国を治めれば四天王が守護すると説く。護国経典として日本ではとくに聖武天皇以降重んじられ、諸国の国分寺で読誦された。＝金光明経・最勝王経

ごんくゎん【権官】[名]官の職務の補助に、仮に任ずる官。「権大納言」「権守」など。

ごんげ【権化】[名]《仏教語。「権」は仮の意》仏や菩薩が衆生を救うために、仮に人の姿となってこの世に現れること。また、現れたもの。＝権現

こんげん【根元・根源】[名]❶物事の大もと。根本。❷物事の始まり。起こり。また、原因。

ごんげん【権現】[名]《「権」は仮の意》❶《仏教語》衆生を救うために、仏や菩薩が人や動物などの仮の姿でこの世に現れること。また、その現れたもの。＝権化。❷《日本の神は仏・菩薩の化身であるとする、本地垂迹説から》日本の神々の尊号。↓「ほんぢすいじゃく」

ごんげんづくり【権現造り】[名]神社の建築様式のひとつ。本殿・拝殿・中殿がひとつの棟の下にあるように造ってあるもの。日光東照宮はその典型。

ごんご【言語】[名]《呉音。漢音では「げんぎょ」》げんご。ことば。

ごんごだうだん【言語道断】❶ことばではい表せないほど、奥深く、すぐれていること。例「法施(＝読経)、祈念、言語道断の事どもなり」〈平家・一・願立〉❷とんでもないこと。もってのほか。

ごんざ【権者】[名]「ごんじゃ」に同じ。

こんざい【今在】[名]まのあたり。目の前。眼前。

こんざんしふ【崑山集】[作品名]江戸前期(一六五一刊行)の俳諧撰集。十三冊。鶏冠井良徳編。総句数約八千。貞門俳諧の四大撰集のひとつで、最大の規模をもつ。

こんし【健士】[名]平安初期に、陸奥国で警固に当たった兵士。勲位をもち、武芸に長じた者が選ばれ、租・庸・調・役を免ぜられ、食糧が支給された。

こんじ【金字】[名]《「きんじ」とも》「金泥」を使って書いた文字。写経などに用いられた。

こんじき【金色】[名]きんいろ。黄金色。

ごんじつ【権実】[名]《仏教語。「権」は仮の意》仮の姿と、実体と。権教と実教と。

こんじてう【金翅鳥】[名]「かるら」に同じ。

ごんじゃ【権者】[名]《仏教語。「ごんざ」とも。「権」は仮の意》❶仏・菩薩が衆生の救済のために、仮に人の姿でこの世に現れたもの。権化。権現。❷高徳の僧。とくに、弘法大師。

こんじゃう【今生】[名]この世に生きている間。現世。↔後生・他生

こんじゃう【紺青・金青】[名]鮮やかな藍色。また、その色の顔料。

ごんじゃう[・す]【言上】[名・自サ変]《目上の人に》申し上げること。

こんじゃくものがたりしふ【今昔物語集】[作品名]平安後期の説話集。成立年・編者未詳。未完成のまま放置されたらしく、存在しない巻が三巻あり、話中の固有名詞などが空白のまま残されている。漢字片仮名交じり文、「今ハ昔」で始まり「トナム語リ伝ヘタルトヤ」で終わる定型の表現で多岐にわたる説話を収録する。

こんじゅ【胡飲酒】[名]《「こいんじゅ」「こいんず」「こんず」とも。「こおんじゅ」の変化形》舞楽の曲名。壱越調で、ひとりで舞う。胡人(古代中国の北方民族)が酒に酔って舞う姿を模したもの。

ごんしゅ[・す]【勤修】[名・他サ変]《仏教語》仏道を修行すること。

こんしん【今身】[名]《「こんじん」とも》現世でのからだ。今生きているこの身。

ごん・す{せ・し・す・する・すれ・せよ}《近世語。「ござんす」→「ごぁんす」→「ごんす」と変化してできた語》㊀[自サ変]❶《「行く」「来く」「居ゐる」の軽い尊敬語》いらっしゃる。例「夜更けて何しにごん・した」〈浄・長町女腹切〉❷《「有り」の軽い丁寧語》あります。例「変はった話がごん・する」〈浄・山崎与次兵衛寿の門松〉㊁[補動サ変]軽い丁寧の意を表す。…であります。…でございます。例「りきまぬものでごん・す」〈伎・助六所縁江戸桜〉

ごんすい【言水】[人名]「いけにしごんすい」に同じ。

ごんすけ【権助・権介】[名]《近世語》下男の通称。

ごんずわらぢ【ごんず草鞋】[名]乳(ひもを通す輪)とひもを布で作ったわらじ。のちに、小児がおもに用いた。＝跡付け草履・武者草鞋

ごんだいなごん【権大納言】[名]《「権」は仮の意の接頭語》定員外に臨時に任じられた大納言。

こんだう【金堂】[名]《仏教語》寺院の、本尊を安置する堂。本堂。

こんぢ【小路】[名]「こうぢ」に同じ。

こんぢ【紺地】[名]紺色の織り地。

こんづ【濃水・濃漿・漿】[名]《「こみづ」の変化形》❶米を煮てできる汁。おも湯。❷酒。

こんでい【金泥】[名]金粉を膠の液に溶かし、泥状にしたもの。書画などに使う。

こんでい【健児】[名]❶平安時代、諸国に配置された兵士。郡司などの子弟から選ばれ、国府などを守

った。❷「こんでいわらは」に同じ。

こんでいどころ【健児所】［名］中間や足軽など武家の下級の使用人の詰め所。

こんでいわらは【健児童】コンディワラワ［名］武家の、下級の使用人。中間・足軽など。＝健児②

こんどう【金堂】歴史的かなづかい「こんだう」

こんどう【金銅】［名］銅や青銅に金めっきをしたもの。仏像などの鋳造に使われた。

こんにった【今日た】（「こんにちは」の連声。能や狂言によく用いられる）きょうは。本日は。例「今日た潯陽の江（＝揚子江ノ別称）に出でてかの猩々を待たばやと存じ候ふ」〈謡・猩猩〉

ごんのかみ［名］一【権守】臨時に置かれた国司。国司が任地にいない場合、その代理として事務をとる。二【権頭】定員外に臨時に任じられた諸寮の長官。正官である「頭」の代理として事務を行う。

ごんのそち【権帥】［名］（「ごんのそつ」とも。「ごん」は仮の意）「だざいのごんのそち」に同じ。

こんぱるぜんちく【金春禅竹】［人名］（一四〇五～一四七一？）室町中期の能役者・能作者。金春流中興の祖。本名は氏信。世阿弥の女婿として伝書の相伝を受け、世阿弥を最も深く継承した。能の作品としては『芭蕉』『小督』『定家』などがあり、また一条兼良・一休宗純・正徹らと和歌や連歌の場で交流をもった。

こんぱるりう【金春流】コンパルリュウ［名］能のシテ方の流派のひとつ。諸流中最も歴史が古く、世阿弥の女婿金春禅竹を中興の祖とし、のち秀吉の庇護などを得て栄えた。四座（五流）のひとつ。

こんぴら【金毘羅】［名］（梵語の音訳。ワニの意）仏法を守護する鬼神。魚身で蛇形、尾に宝玉を持つ。日本では海神とされ、香川県象頭山の金毘羅宮に大権現として祭られ、広く信仰される。

こんぴらだいしゃう【金毘羅大将】コンピラダイショウ［名］（仏教語）薬師如来の十二神将のひとつ。仏法を守護する。＝金比羅・宮毘羅大将

こんぽん【根本】（「こんぽん」とも）一［名］ものごとの始まり。大もと。根元。また、元祖。二［副］もともと。元来。例「恩愛の親しき妹背の中も、思へば根本土なりけり」〈仮・伊曾保物語〉

こんぽんか【混本歌】［名］和歌の歌体のひとつ。六句定型の旋頭歌と同じとする説もあるが、平安後期から中世期の家集や歌学書では、五句定型の短歌に一句または数文字欠けているものとしている。

こんぽんちゅうだう【根本中堂】コンポンチュウドウ［名］（「中堂」は本尊を安置する堂で、本堂の意）比叡山延暦寺の中心で、東塔にある本堂のこと。延暦七年（七八八）最澄が創建した一乗止観院が前身。

こんみゃう【今明】コンミョウ［名］今日か明日か。きょうあす。例「都にうつりあるべしときこえしかども、たちまちに今明の程とは思はざりつるに」〈平家・五・都遷〉

こんむらご【紺村濃】［名］（「こむらご」とも）染め色の名。全体が薄い紺色で所々を濃い紺色で染め出したもの。

こんめいちのしゃうじ【昆明池の障子】コンメイチノショウジ［名］（「こんめいちのさうじ」とも）宮中の清涼殿の孫廂に置かれていた衝立障子。表に昆明池（漢の武帝が水戦のために長安城の西南に掘らせた池）、裏に嵯峨野の小鷹狩の絵が描かれている。➡［古典参考図］清涼殿

こんや【紺屋】［名］「こうや」に同じ。

こんよ【来ん世】（仏教語。「来世」の訓読語。「ん」は推量の助動詞「ん（む）」の連体形）死後の世界。あの世。らいせ。後世。

こんらう【軒廊】コンロウ［名］紫宸殿の南廂の東の端から宜陽殿に続いている屋根付きの回廊。

こんりふ【建立】コンリュウ［名・他サ変］（寺院・塔などを）建てること。

こんりょうのぎょい【衮竜の御衣】［名］天皇が即位・大嘗会・朝賀などの大礼の際に着た礼服。赤地の綾織物の上衣と裳から成る。上衣には竜および日・月・星・山・火・虫など、裳には米や斧などの模様の縫い取りがある。

こんりん【金輪】［名］（仏教語）❶仏教の世界観で、大地を支えているとされる大きな輪のひとつ。虚空の上に風輪・水輪・金輪と重なり、大地や海はその上にあるとする。❷「金輪王」の略。

こんりんざい【金輪際】［名］❶（仏教語）金輪と水輪の接する際。世界の基底。＝金輪奈落。例「金輪際よりおひ出でたる水精輪の山あり」〈平家・七・竹生島詣〉❷物事の極限。これだけ。＝金輪奈落。❸（副詞的に用いて）どこまでも。底の底まで。

こんりんならく【金輪奈落】［名］「こんりんざい①②」に同じ。

こんりんわう【金輪王】コンリンノウ［名］（仏教語）「転輪聖王」のひとつ。正法をもって四大州（須弥山の東西南北にある大陸）を治める王。＝金輪②・金輪聖王。↓「ごんりんわう」

ごんりんわう【銀輪王】ゴンリンノウ［名］（仏教語）「転輪聖王」のひとつ。金輪王に次ぎ、須弥山を囲む四大州のうち北を除く三州を治める。十善行を教え、仁徳によって民を治めるという。

こんるり【紺瑠璃】［名］紺色の瑠璃。また、その色。

さ-［接頭］❶（名詞・動詞・形容詞に付いて）語調を整え、語意を強める。「さ霧」「さ夜」「さまよふ」「さ遠し」など。❷（名詞に付いて）若々しいの意を表す。「さ乙女」「さ苗」「さ蕨」など。〈参考〉①に「小」、②に「早」を当てることもある。

-さ［接尾］❶（形容詞・形容動詞の語幹、ただし、シク活用の形容詞は終止形に付いて、それを名詞化し）そのような状態や程度にあることを表す。和歌などでは、「…の（が）…さ」の形で詠嘆の意を表すことが多い。例「大君の三笠の山の帯にせる細谷川の音のさやけさ」〈万葉・七・一一〇二〉❷（名詞に付いて）方向の意を表す。例「縦さにもかにも横さも」〈万葉・八・四一三二〉❸（移動の意を表す動詞の終止形に

付いて)…するとき、…場合などの意を表す。例「白菅の真野の榛原行くさ来さ」〈万葉・三・二八一〉

さ【矢・箭】〔名〕《上代語》矢。

さ〔代名〕《他称の人称代名詞》そいつ。例「さが髪をとりて、かなぐり落とさむ」〈竹取・かぐや姫の昇天〉

発展学習ファイル　多く格助詞「が」を伴い、「さが」の形で用いる。

さ【然】〔副〕**そう**。**そのように**。例「まことにさにこそ候ひけれ。もとも愚かに候ふ」〈徒然・四一〉《係結び》「こそ→候ひけれ㊁」。《敬語》「候ひけれ」「愚かに候ふ」→「さうらふ」

さ〔感〕❶人を誘ったり、促したりするときにかけることば。さあ。例「さ、したらば言ふてみさっしゃれい」〈狂言記・内沙汰〉❷驚いたときや、ふと気がついたときに発することば。あっ。例「さ、〔狐ガワナニ〕かかったは」〈狂言記・こんくわい〉❸相手のことばを軽く制止して、自分の方に引きとるときのことば。例「さ、逢いたいと申したは」〈伎・助六所縁江戸桜〉

さ［一］〔終助〕軽い強調・感動を表す。…だよ。…のよ。例「私が傍にちゃんと落ちてあったのさ」〈浮世風呂〉訳私のそばにちゃんと(頭巾が)落ちてあったのよ。［二］〔間助〕語調を整え、軽く念押しの気持ちを添える。…よ。…さ。例「『さてこの日和はよく続く事でござりますね』『さやうさ、これぢゃあ豊年でござりますね』」〈浮世風呂〉訳「しかしこの天気はよく続きますね」「そうさ、これじゃ豊年ですよ」。［三］〔格助〕《室町時代の東国方言》格助詞「に」「へ」に相当する。…に。…へ。例「わしい国さいたとき」〈浮世風呂〉訳おれが国にいたとき。

さ　尊敬の助動詞「す(四段型)」の未然形。例「我が恋ふる妹は逢はさず玉の浦に衣片敷きひとりかも寝む」〈万葉・九・一六九二〉《係結び》「かも→寝む㊍」

ざ【座】〔名〕❶座る場所。座席。また、そこに敷く、畳などの敷物。❷集会の席。人の集まる場所。❸神道や仏教の教義を講ずる席。例「談義の座にても」〈徒然・六〇〉❹田楽・能・歌舞伎などを演じる人々の団体。また、その劇場。❺中世、朝廷・貴族・寺社・大名などの保護下で、商品の生産・販売の特権を得ていた商工業者の組合。❻江戸時代、幕府が貨幣やその他の特許品をつくらせた場所。「金座」「銀座」「枡座」「秤座」など。

さあらば【然有らば】《副詞「然」+動詞「有り」の未然形+接続助詞「ば」》それならば。それでは。例「さあらば当山の衆徒ことごとく参洛し」〈謡・吉野静〉

-さい【斎】〔接尾〕学者や文人の部屋・書斎の名。また、雅号に添える語。「竹斎」「自然斎(=宗祇)」「細川幽斎」など。

さい【才】〔名〕❶生まれつきの資質。才能。また、学識。❷容積の単位。勺の十分の一。約一・八ミリリットル。

さい【斎】〔名〕《仏教語》❶心身の不浄を慎むこと。❷仏家で、正午以後、食事をしないこと。❸午前中に僧に供する食事。また、寺で信徒に振る舞う食事。=斎。❹《「斎会」の略》仏教で行う法会。

さい〔名〕［一］【采・賽】《古くは「さえ」とも》さいころ。［二］【采】《「ざい」とも》「采配」の略。

さい《室町以降の語》〔助動〕軽い敬意を含む要求・命令を表す。…なさい。→「い〔助動〕」。例「あの山見さい」〈狂・素袍落〉

ざい-【在】〔接頭〕《滞在の意から、地名に付いて》そこにいることを表す。「在鎌倉」「在江戸」など。

〈接続〉四段・ナ変動詞以外の動詞の未然形に付く。

さいいん【斎院】歴史的かなづかい「さいゐん」

さいうさ【左右左】〔名〕❶宮中の拝賀・任官などのときの拝舞の方式。上半身を左・右・左の順に向けて拝する。❷能の舞の型。左右の手足を交互に出して進む。

さいえい【細纓】〔名〕《「ほそえい」とも》冠の纓の一種。幅の狭い織物だったが、のちに鯨のひげや竹のひごを輪にして作った。六位以下の武官と六位の蔵人が用。⬇〔古典参考図〕男子の服装〈4〉、冠物・装具

さいおうがうま【塞翁が馬】《「塞」の近くに住む翁の馬の意》人間の幸不幸は簡単には定めることができない、というたとえ。「人間万事塞翁が馬」ともいう。翁の馬が、逃げたが駿馬を連れてもどり、翁の息子はその馬から落ちてけがをするという不運にあうものの、足が不自由なので戦争に行かずにすみ生き長らえた、という『淮南子』の故事による。

さいおんじきんつね【西園寺公経】〔人名〕「ふぢはらのきんつね」に同じ。

さいかい【西海】〔名〕❶西方の海。とくに、瀬戸内海を指していうことが多い。❷「西海道」の略。

さいかい【斎戒】〔名〕心身を清めて、汚れに触れるのを慎むこと。物忌み。潔斎。

さいかいだう【西海道】〔名〕❶「五畿七道」のひとつ。いまの九州地方に琉球(沖縄県)を合わせた十二か国。筑前・筑後(福岡県)、豊前(福岡県・大分県)、豊後(大分県)、肥前(佐賀県・長崎県)、肥後(熊本県)、日向(宮崎県)、大隅・薩摩(鹿児島県)、壱岐・対馬(長崎県)、琉球(沖縄県)を指す。❷①の国々を結ぶ街道。=西海②

さいかく【犀角】〔名〕サイの角。また、その粉末。漢方で、解熱剤・解毒剤として珍重された。

さいかく【才覚】［一］〔名〕学識。学才。=才学。例「才覚をあらはさんとしたるやうに聞こゆる、いとむつかし」〈徒然・二六〉［二］〔名・他サ変〕工夫すること。工面。やりくり。［三］〔名・形動ナリ〕機転がきくさま。やりくりが上手なさま。例「さても才覚・なる書き付けなり」〈浮・西鶴置土産〉

さいかく【西鶴】〔人名〕「ゐはらさいかく」に同じ。

さいがく【才学】〔名〕《「さいかく」とも》学識。学才。=才覚

さいかくおきみやげ【西鶴置土産】〔作品名〕江戸中期(一六九三刊行)の浮世草子。井原西鶴作。北条団水編。西鶴没後に刊行された第一遺稿集で、全十五話の短編を収める。色遊びを尽くした末に零落した男たちが、なおも大尽の心意気・品位を失おうとしない、けなげな心情を描く。

さいかくおほやかず【西鶴大矢数】〔作品名〕江戸前期(一六八一刊行)の俳諧句集。井原西鶴作。延宝八年(一六八〇)五月七日、大坂生玉神社における西鶴の独吟一日四千句の興行を四巻に

さ

収め、追加の句を残り一巻に付載したもの。

さいかくおりどめ【西鶴織留】［作品名］江戸中期(一六九四刊行)の浮世草子。井原西鶴作。北条団水編。西鶴の第二遺稿集。「本朝町人鑑」九章と、「世の人心」十四章の全二十三話を収める。

さいかくしょこくばなし【西鶴諸国ばなし】［作品名］江戸前期(一六八五刊行)の浮世草子。井原西鶴作・画。諸国の怪異奇談を集めた全三十五話を収める。

さいかん【才幹】［名］才能。技量。能力。手腕。

さいき［作品名］室町時代から江戸前期までの御伽草子。作者・成立年未詳。男に忘れられた女と男の本妻が共に出家、男ものちに出家する話。

さいぎゃう【西行】［人名］(一一一八〜一一九〇)平安後期の歌人。藤原秀郷の血を引く武門の出で、鳥羽院の北面の武士として仕えた。俗名は佐藤義清。二十三歳のときに出家。高野山や四国で修行を積む。自然の美を愛し、歌の「かるみ」を求め、なお心に深い歌を詠んだ。家集『山家集』。

さいぎゃうものがたりゑまき【西行物語絵巻】［作品名］鎌倉中期の絵巻。作者未詳。西行の説話的な伝記を絵巻にしたもの。

さいく【細工】［名］❶精巧な調度品・器具などを作る職人。❷手のこんだ物を作ること。また、その物。❸工夫。たくらみ。

さいぐう【斎宮】［名］《「さいくう」「いつきのみや」とも》天皇の即位ごとに選ばれて、**伊勢神宮に奉仕する未婚の内親王**、または、**女王**。また、**その居所**。崇神天皇の時代にはじまり、後醍醐天皇の時代に廃止された。

古典の世界　伊勢の大神の奉仕者として選ばれた斎宮は、三年間の潔斎ののち、伊勢に向かう。その出発の日、天皇が大極殿に出御し、斎宮の髪に「**別れの櫛**」をさし、「京の方におもむき給ふな」とさとされる。斎宮は、天皇が交替すると任を解かれる。なお、関連語って、賀茂神社に仕える「斎院」と違の「斎院」との端的な違いは、奉仕する神社の違いである。つまり、伊勢神宮に奉仕するのが「斎宮」で、京都の賀茂神社に奉仕するのが「斎院」である。選定条件として、天皇の即位ごとに選ばれること、対象が未婚の内親王、または女王であることなどは両者とも同じである。

さいぐうのにょうご【斎宮女御】［人名］(九二九〜九八五)平安中期の女流歌人。三十六歌仙のひとり。醍醐天皇の孫にあたり、斎宮を務めたのちに村上天皇女御となる。名は徽子女王。家集『斎宮女御集』。

さいぐうのにょうごしふ【斎宮女御集】［作品名］平安中期の私家和歌集。斎宮女御徽子の和歌を後人がまとめたもの。

さいぐうれう【斎宮寮】［名］「斎宮」に関する一切の事務をつかさどった役所。令外の官。

ざいくゎ【罪科】［名］❶罪。とが。❷刑罰。

ざいけ【在家】［名］❶《仏教語》出家しないでふつうの生活をしながら仏教に帰依すること。また、その人や家。＝出家。❷一般の民家。

さいげい【才芸】［名］才能と技芸。

さいご【最後】［名］❶物事の終わり。最終。❷《「最期」とも書く》命の終わる時。臨終。

〔**最後の十念**〕死に際に十回念仏を唱えること。

ざいごがものがたり【在五が物語】［作品名］「いせものがたり」に同じ。

さいごく【西国】［名］《「さいどく」とも》❶西方の国。近畿地方より西の諸国。↔東国。❷九州地方。❸「西国三十三所」の略。❹「西国巡礼」の略。

ざいこく【在国】［名］国元や領国に戻っていること。また、その領国。任国。↔在府。

さいこくさんじふさんしょ【西国三十三所】［名］近畿を中心に散在する三十三か所の寺で観音の霊場。→「さんじふさんしょ」。＝西国③

さいこくじゅんれい【西国巡礼】［名］「西国三十三所」を巡礼・巡拝すること。また、その人。西国巡り。＝西国④

ざいごちゅうじゃう【在五中将】［人名］「ありはらのなりひら」に同じ。

ざいごちゅうじゃうにっき【在五中将日記】［作品名］「いせものがたり」に同じ。

ざいごふ【罪業】［名］《仏教語》罪悪の原因となる行為。

さいさい【再再】［副］たびたび。しばしば。再三。
例「再々見舞ふてくれい」〈狂言記・居杭〉

ざいざいしょしょ【在在所所】［名］ここかしこ。あちこち。

さいざう【才蔵】［名］正月に江戸に来る三河万歳の中で、太夫の相手役となる男の通称。小鼓を打ちながら滑稽な振る舞いで客を笑わせる。(季-春)

さいさうらう【採桑老】［名］《「さいしゃうらう」とも》舞楽の曲名。老人が、袍を着て帽子をかぶり、帽子のうしろにササの葉をつけ、鳩杖をついて、歩行に苦しむようすを舞う。

さいし【妻子】［名］❶妻と子。❷妻。例「若き妻子の思ひわびぬべきにより」〈源氏・若紫〉

さいし【釵子】［名］平安時代、女性が正装の際、髪を上げるために用いた髪飾り。金属製の三本一組のかんざし状のもので長いひもをつけて垂らしたりした。

さいじ【歳次】［名］年のめぐり。年回り。年。

さいじき【歳時記】［名］❶一年の祭事・行事・自然現象などを記した書。❷俳諧で、季語を集め、季節ごとに分類したものに解説を加え、例句を挙げた書。

さいし・く【彩色く】［他カ四］《「さいすく」とも》美しくいろどる。色をつける。例「御顔は色々に彩色・きたまひて」〈栄花・一六〉

さいしゃう【宰相】［名］❶古代中国で天子をたすけて政治を行い、臣下を統率する官職。また、その人。❷「**参議**」の中国風の呼称。

ざいしゃう【罪障】［名］《仏教語》成仏・往生の妨げとなる悪い行為。

さいしゃうのちゅうじゃう【宰相の中将】［名］「宰相」で「近衛の中将」を兼ねた者。

さいしゅ【祭主】［名］中心となって祭りを行う人。祭りの主宰者。とくに伊勢神宮の神職につく者の長をいう。大中臣氏がこの任にあたった。

さいしょ【税所・済所】[名]❶平安・鎌倉時代、租税・官物などの収納をつかさどった役所。❷神社が所有する荘園の年貢や公事の収納をつかさどった所。

ざいしょ【在所】[名]❶住んでいる所。居所。ありか。❷故郷。国もと。❸いなか。地方。

さいしょう【最勝】[名]最もすぐれていること。例「丈六の弥陀如来、光明最勝にして第一無比なり」〈栄花・一八〉

さいしょうかう【最勝講】[名]《仏教語》陰暦五月に、宮中の清涼殿に東大寺・興福寺・延暦寺・園城寺の高僧を招いて、「金光明最勝王経」全十巻を講じさせる法会。吉日を選んで、五日間、朝夕二回一巻ずつ講じさせて、国家の安泰を願った。（季—夏）

さいしょうわうぎゃう【最勝王経】[名]「金光明最勝王経」の略。

さいしょうゑ【最勝会】[名]《仏教語》「金光明最勝王経」を講じて、国家安泰と五穀豊穣を祈る法会。奈良の薬師寺では陰暦三月七日から七日間、京都の円宗寺では二月十九日から五日間行われた。

さいじん【才人】[名]❶漢詩文にすぐれている人。例「事果ててまかづる博士・才人ども召して」〈源氏・少女〉❷学識・才知のある人。

ざいせ【在世】[名]この世に生きている間。存命中。とくに、釈迦についていう場合が多い。

さいそ【最初】[名]《「さいしょ」の変化形》いちばん初め。最初。

さいそく【-・す】【催促】[名・他サ変]早くするよう要求すること。促すこと。誘うこと。

ざいぞく【在俗】[名]出家しないで俗人の姿でいること。また、その人。＝在家①

さいたん【-・す】【再誕】[名・自サ変]姿を変えて再び生まれること。また、その人。再生。生まれ変わり。例「清盛公は悪人とこそ思へども、まことは慈恵僧正の再誕なり」〈平家・六・慈心房〉

ざいち【在地】[名]住んでいる土地。居住地。

ざいちはん【在地判】[名]「在地」の長が押した印判。

さいぢゃう【斎場】[名]❶神仏を祭る清浄な場所。❷「大嘗会」のとき、神服・神供などを調えるために大内裏の北に設けた建物。

ざいちゃう【在庁】[名]「在庁官人」の略。

ざいちゃうくゎんにん【在庁官人】[名]平安中期以後、諸国の国司の庁で事務を執った、在地の下級役人。＝在庁

さいちょう【最澄】[人名]（七六七～八二二）平安前期の僧。日本天台宗の開祖。諡は「伝教大師」。近江の国分寺で唯識・禅法を修め、渡唐して多種の法門伝授を受ける。天台教義を筑紫や関東で講じ、比叡山延暦寺を建立。『顕戒論』などを著す。

さいつころ【先つ頃】[名]《「さいつごろ」とも。「さきつころ」のイ音便。「つ」は上代の格助詞》さきごろ。先日。例「先つ頃、雲林院の菩提講に詣でて侍りしかば」〈大鏡・序〉

さいで【裂帛】[名]《「さきいで」の変化形、または「さきて」の変化形とも》布の切れはし。

さいてん【西天】[名]❶西の空。❷《「西天竺」の略》「五天竺」のひとつ。西方にある天竺（インドの古称）。

さいてん【采椽】[名]山から切り出したままの木を使った垂木（屋根を支える木）。

さいど【西土】[名]「さいはうじゃうど」に同じ。

さいど【-・す】【済度】[名・他サ変]《仏教語。「済」は救う、「度」は渡す意》迷い苦しんでいる衆生を救い出し、悟りの境地（極楽浄土）に導き渡すこと。

さいとう【柴灯・斎灯】[名]神仏の前でたく、かがり火。柴をたいて潔斎した。

さいとうさねもり【斎藤実盛】[人名]（？～一一八三）平安後期の武士。源義朝に仕え、保元の乱や平治の乱に参戦。源頼朝挙兵の際は平家側に加わり、木曾義仲との戦で白髪を黒く染め奮戦し討ち死にした。その話が能の『実盛』の題材となった。

さいな・む【嘖む・苛む】[他マ四]{ま・み・む・む・め・め}《「さきなむ」のイ音便》❶しかる。とがめる。責める。例「例の心なしの、かかるわざをしてさいなまるるこそ、いと心づきなけれ」〈源氏・若紫〉❷いじめる。苦しめる。例「使ひ給へる人よりも劣りにさいなみしを」〈落窪・三〉

さいにち【斎日】[名]《仏教語》在家の信者が斎戒する日。＝六斎日

さいのかみ【塞の神・道祖神】[名]「さへのかみ」に同じ。

さいはい【采配】[名]❶戦場で、大将が兵士を動かすために振る道具。厚い和紙を細長く切って房を作り、木や竹の柄の先にとり付けたもの。＝采(二)。➡[古典参考図]武装・武具〈2〉。❷指揮。指図。

さいはう【西方】[名]❶西の方。❷《仏教語》「西方浄土」の略。

さいはうあみだ【西方阿弥陀】[名]「さいはうみだにょらい」に同じ。

さいはうじゃうど【西方浄土】[名]《仏教語》この娑婆の西の方にあるという極楽浄土。＝西土・西方②

さいはうみだにょらい【西方弥陀如来】[名]西方浄土にいる阿弥陀如来のこと。＝西方阿弥陀

さいはち【最果ち】[名]「さいはて」に同じ。

さいはて【最果て】[名]最後。最終。＝最果ち

さいはひ【幸ひ】[名・副]《「さきはひ」のイ音便》ちょうど。運よく。折よく。例「みごとな菊でござる。さいはひ客がござって、馳走に生けましてござる」〈狂言記・布施無〉

さいはひ【-・なり】【幸ひ】[名・形動ナリ]《「さきはひ」のイ音便》幸せ。幸福。

さいはひびと【幸ひ人】[名]幸せな人。幸運な人。とくに貴人の愛情を一身に受けている女性。

さいばら【催馬楽】[名]古代歌謡のひとつ。もとは民謡で、平安時代に宮廷の雅楽に取り入れられ、笛・和琴などの楽器の伴奏によってうたわれた。平安中期ごろ、宮廷の遊宴をはじめ諸所で盛行した。

さいばり【前張】[名]「神楽歌」の曲種のひとつ。「採り物の歌」の次に歌われる歌の総称。

ざいはん［・す］【在判】［名・自サ変］❶《本書には書き判が在るの意》文書の写しなどで、原本には花押や捺印があることを示す語。在り判。❷花押を書くこと。または、捺印すること。

さいぼう【撮棒・尖棒】［名］戦いに用いる堅い木の棒。→「かなさいぼう」

さいまく・る《「さいまぐる」とも。「さきまくる」のイ音便》━［自ラ四］｛ら・り・る・る・れ・れ｝出しゃばる。先走る。例「われ一人さいまく・るもの」〈枕・にくきもの〉 ━［自ラ下二］｛れ・れ・る・るる・るれ・れよ｝━に同じ。例「さかしら心の、際高くさいまく・れたるやうなる」〈浜松中納言・三〉

さいまつ【割松】［名］《「さきまつ」のイ音便》たいまつ。

さいみ【細布・貲布】［名］《「さよみ」の変化形》織り目の粗い、夏用の麻布。（季―夏）

ざいみんぶきゃうけうたあはせ【在民部卿家歌合】［作品名］平安前期の歌合わせ。『民部卿行平歌合』ともいう。在原行平が主催。元慶八年（八八四）から仁和三年（八八七）までに開催されたか。現存する最古の歌合わせ。

箏　簾を巻き上げ、箏をひく紫式部。前には、読みさしであろうか、冊子や巻き物が開かれている。（紫式部日記絵詞）

さいめん【西面】［名］❶西に面していること。❷《「にしおもて」とも》「西面の武士」の略。

さいめんのぶし【西面の武士】［名］後鳥羽上皇のとき、「北面の武士」に対するものとして新設された武士。院の西面に詰めて院中を警備した。＝西面②・西面③

さいもん【柴門】［名］柴で作った門。枝折戸。

さいもん【祭文】［名］語り物の歌謡のひとつ。❶祭りのときなどに、神仏に告げ誓うことば。祭詞。❷中世期には神仏の霊験などを説法した山伏祭文が行われ、近世に入ると、さらに俗謡化した歌祭文が盛行した。伴奏として、錫杖・法螺貝、のちには三味線が用いられた。

さいもんのじ【柴門辞】［作品名］「きょりくりべつのことば」に同じ。

さいら・く【才らく】［自カ四］｛か・き・く・く・け・け｝才知・学識がありそうに振る舞う。例「文屋の博士、さかしだち（＝利口ブッテ）さいら・きゐたり」〈紫式部日記〉

さいりゃう【宰領】［名］《近世語》❶荷物運送の際、人馬の指揮や監督をする役。また、その人。❷旅行の世話役。

さいろく【才六】［名］《近世語》❶丁稚。小僧。若僧。❷人をののしっていう語。多く、江戸の人が上方の人に対して使う。＝贅六

さいゐん【斎院】［名］平安時代、京都の賀茂神社に奉仕した未婚の内親王、または女王。天皇の即位ごとに選ばれた。斎王。また、その御所。特別な事情のない限り、伊勢の斎宮と同様に、天皇一代の間のおつとめとなる。→「さいぐう」。＝斎きの皇女・斎きの院

さいをうとっぴゃくゐん【西翁十百韻】［作品名］「そういんせんく」に同じ。

さう【姓】［名］「せい（姓）②」に同じ。

さう【荘・庄】［名］「しゃう（荘）①」に同じ。

さう【相】［名］❶姿。ようす。❷外面に現れて、その物の運命・吉凶を示すもの。人相・家相など。

さう【草】［名］❶書体のひとつ。草書。→「ぎゃう（行）」「しん（真）」。❷「草仮名」の略。❸草稿。

さう【喪】［名］「も（喪）」に同じ。

さう【箏】［名］《「しゃう」とも》十三本の弦を張った琴。奈良時代に中国から伝来した。＝箏の琴。→［古典参考図］楽器

さう【左右】［名］《「さいう」とも》❶左と右。❷すぐそば。周囲。例「左右広ければさはらず」〈徒然・二二一〉❸とやかくいうこと。非難。例「左右にや及ぶ。追善あるべし」〈曾我・二〉❹決着。決定。例「軍の左右をまうとみるはひがごとか」〈平治・中〉❺命令。裁定。例「刀の実否について、咎の左右あるべきか」〈平家・一・殿上闇討〉❻状況。知らせ。

［左右の大将］ 左右の近衛府の長官。

さう【候】［補動特活］｛さう・さう・さう・さう・さうへ・さうへ｝《「さうらふ」の略》丁寧の意を表す。…ます。…です。例「この御大事にのぼりさうが」〈平家・九・生ずきの沙汰〉訳この度の大事に都に上りますが。

ざう【候】［助動特活］《「ざうらふ」の略》丁寧に断定する意を表す。…です。…であります。例「これもお僧の道具ざうか」〈謡・放下僧〉訳これもお坊様の道具ですか。

〈接続〉おもに体言に付く。

〈参考〉活用形は「ざう」の形しかみられない。

さうあん【草庵】［名］わらやカヤなどの草で屋根を葺いた粗末な家。＝草の庵

さうあんしふ【草庵集】［作品名］南北朝時代の私家集。頓阿作。正集・続集ともに頓阿の自撰歌集で、合わせて約二千首を収める。二条家の正風を示す歌集として長く尊重された。

さうおう［・す］【相応】［名・自サ変］ふさわしいこと。ちょうど釣り合うこと。適応。

さうおん【相恩】［名］（多く「三代相恩」の形で）代々主家から恩を受けること。

さうか【早歌】［名］《「はやうた」とも》中世歌謡のひとつ。古典に取材した詞章を、早いテンポでうたうもの。武家を中心に愛好された。宴曲。

さうか【草加】［地名］武蔵国の地名。いまの埼玉県草加市。奥州街道の宿場町。『おくのほそ道』で松尾芭蕉が最初に宿泊した地。

さうが【・す】【唱歌】〔名・自サ変〕「しゃうが（唱歌）」に同じ。

さうかう【糟糠】〔名〕❶酒かすとぬか。粗末な食べ物。❷つまらないもの。

〔**糟糠の妻**〕貧苦の時代から苦労をともにしてきた妻。

さうがう【相好】〔名〕❶（仏教語）仏が備えている美しく完全な身体的特徴。❷顔つき。顔形。

さうかく【騒客】〔名〕（「騒」は詩賦の意）詩文などを作る風流人。詩人。文人。＝騒人

さうがち【・なり】【草勝ち】〔名・形動ナリ〕平仮名の中に、「草仮名」が多く混じって使われているさま。例「紛らはし書いたる濃墨、薄墨、**草がち・に**うちまぜ乱れたるも」〈源氏・少女〉

さうがな【草仮名】〔名〕万葉仮名の漢字を草書体にくずした仮名文字。これがさらに簡略化されたのが女手（平仮名）。草の仮名。＝草②

ざうがん【象眼・象嵌】〔名〕❶布や紙に細かい泥絵（金銀の粉末を用いて描く絵）を施したもの。❷銅や鉄などの金属の表面に、金・銀・貝などで文字や模様をはめこむ細工・技法。

ざうぐうしき【造宮職】〔名〕奈良・平安時代に御所の造営をつかさどった役所。

ざうくゎ【造化】〔名〕❶万物を創造し、生み育てた神。造物主。例「**造化**の天工、いづれの人か筆をふるひ、詞を尽くさむ」〈おくのほそ道・松島〉❷大自然。宇宙。天地。例「**造化**にしたがひて四時（＝四季）を友とす」〈笈の小文〉

〔**造化の三神**〕日本神話で、天地開闢のとき、国土・人間・万物を創造したという三神。天御中主神・高皇産霊神・神皇産霊神のこと。＝三神①

さうくゎん【佐官・主典】〔名〕「さくゎん」に同じ。

さうけいしふ【草径集】〔作品名〕江戸後期（一八六四刊行）の私家和歌集。大隈言道作。自由で斬新な歌人、言道の自撰歌集で、九百七十一首を収める。

ざうげん【・す】【讒言】〔名・自サ変〕「ざんげん」に同じ。

さうこく【相剋】〔名〕「五行」説で、五行（万物を生成する五つの元素）の相互関係を示す原理のひとつ。水は火に、火は金に、金は木に、木は土に、土は水に勝つとする。↔相生

さうごん【・す】【荘厳】〔名・自サ変〕「しゃうごん」に同じ。

さうこんしふ【草根集】〔作品名〕室町中期（一四七三成立）の私家和歌集。正徹作。弟子の正広編。一万一千首余りを収める。

さうざ【草座】〔名〕仏事のとき、僧が仏前で使う敷物。ガマなどの草で編み、草の葉をかたどったもの。

ざうさ【・す】【造作】㊀〔名〕❶面倒なこと。厄介。また、出費がかさむこと。❷ごちそう。もてなし。㊁〔名・他サ変〕（仏教語）意識して作ること。

さうさう【草創】〔名〕❶物事の始まり。創始。❷寺院・堂塔などを初めて建立すること。創建。

さうさう【早早】〔副〕急ぐさま。早く。例「**早々**面々御帰り候へ」〈太平記・三〉

さうさう【・なり】【早早・草草】〔形動ナリ〕｛なら・なり（に）・なり・なる・なれ・なれ｝簡略にするさま。粗末にするさま。例「叢林の規範および寺院の格式、いましめすにいとまあらず、また**草々・に**すべからず」〈正法眼蔵〉

さうざう・し〔形シク〕｛しから・しく（しかり）・し・しき（しかる）・しけれ・しかれ｝

アプローチ
▼「さくさくし」（ひとりぼっちで楽しみのない意）のウ音便とされる。
▼あるべきはずのものがなくて、もの足りない感じ、寂しい感じをいう。

もの足りない。もの寂しい。つまらない。例「この酒をひとりたうべんが**さうざう・しけれ**ば、申しつるなり」〈徒然・二一五〉訳この酒をひとりで飲むのが**もの寂しい**ので、お呼びしたのである。（敬語）「申しつる」→「まうす」

古語深耕
「さうざうし」と「つれづれなり」との違い

「つれづれなり」の根底には、刺激のなさがある。することがないとか、話す相手がいないなどで、心はぼんやりしつつ、なんとなく寂しい。そんな心にひたることで、逆に孤独や閑寂の趣をしみじみ楽しむこともある。しかし「さうざうし」の心には、趣などないし楽しめない。これは、欲しいものやあるべきものがないという欠落感である。心はそれを求めているのに満たされない。そんな不満・残念さのある、寂しさである。

さうざうしう 形容詞「さうざうし」の連用形「さうざうしく」のウ音便。

ざうさく【・す】【造作】〔名・他サ変〕❶家を建てること。建築。❷家の中に、建具や装飾を造りつけること。また、その建具や装飾。

さうし【草子・草紙・冊子・双紙】〔名〕❶紙を糸やのりでとじ合わせて製本したもの。とじ本。帳面。↔巻き物。例「わざと人のほど、品分かせたまひつつ、**草子**、巻き物みな書かせたてまつりたまふ」〈源氏・梅枝〉（敬語）「分かせたまひ」→「せたまふ」、「書かせたてまつりたまふ」→「たてまつる」「たまふ（四段）」❷おもに**仮名で書かれた書物**。物語や歌書の類が多い。例「わざとめでたき**冊子**ども、硯の筥の蓋に入れておこせたり」〈更級〉❸絵入りの読み物の総称。→「ゑざうし」。❹（近世語）**手習いの草紙**。習字の練習用に、半紙などをとじ合わせて作った帳面。

さうじ【障子】〔名〕（「しゃうじ」の直音表記）「しゃうじ（障子）」に同じ。

〔**障子の穴**〕襖にあいた穴。この穴から貴公子が女性を垣間見する場面は、物語によく登場する。例「（格子ヲ）下ろし籠めたる中の二間に立て隔てたる**障子の穴**よりのぞきたまふ」〈源氏・宿木〉

さうじ【・す】【精進】〔名・自サ変〕「しゃうじん

（精進）」に同じ。

ざうし【曹司】[名]❶宮中や官庁の、役人や女官などが用いた部屋。❷貴族の邸宅内で与えられた**個人用の部屋**。**局**。❸独立していない**部屋住みの貴族の子弟**。❹平安京二条大路にあった**大学寮の教室**。

さうしあはせ【草子合はせ・草紙合はせ】[名]「物合はせ」のひとつ。競技者が左右に分かれ、草子を出し合って、その文章・歌・絵・装丁などの優劣を競う遊び。

さうじい・づ【請じ出づ】[他ダ下二]{で・で・づ・づる・づれ・でよ}頼んで出て来てもらう。例「かしこき行ひ者、葛城山より**請じ出・でたる**」〈源氏・柏木〉

さうじぐち【障子口】[名]障子で仕切られた出入り口。

ざうじし【造寺司】[名]奈良・平安初期に、勅願の寺を造営するために設置された臨時の役所。寺院ごとに置かれ、建設・造仏などの一切をつかさどった。のちには東大寺・興福寺にのみ置かれた。

ざうしずみ【曹司住み】[名]❶貴族の屋敷内や宮中に部屋をもらって住んでいること。また、その人。❷独立せず部屋住みの身である貴族の子弟。

さうしぢ【草子地】[名]物語の「地の文」のうち、とくに作者の意見が強く出ている部分をいう。中世の『源氏物語』注釈書で使用され始めた称。主として物語の技法として扱われ、物語中の事柄や人物の心情を説明・推量・批評する際などに用いられている。

さうしのつま【草子の端・冊子の端】[名]綴じ本の小口。何枚もの紙が重なっていることから、女性の装束の袖口や裾のたとえにも用いられる。例「濃き薄きすぎすぎにあまた重なりたる〔袖ヤ裾ノ〕けぢめ（＝色ノ移リ変ワリ）はなやかに、**草子のつま**のやうに見えて」〈源氏・若菜・上〉

さうじみ【正身】[名]《「しゃうじん」の変化形》その人。その当人。本人。例「**正身**は、何の心げさう（＝気ヅカイスルコト）もなくておはす」〈源氏・末摘花〉

さうじゃ【相者】[名]人相を見る人。＝相人

さうしゃう［・す］【相生】[名・自サ変]《「さうじゃう」とも》「五行」説で、五行の相互関係を示す原理のひとつ。木は火を、火は土を、土は金を、金は水を、水は木を生じるとする。↕相剋

さうしょ【草書】[名]漢字の書体のひとつ。篆隷を簡略化したもの。また、行書をさらにくずしたもの。＝草

さうじょう【相承】[名]《「さうしょう」とも》次々に受け継ぐこと。例「宮々**相承**の庄園をとるといへども」〈平家・四・南都牒状〉

さうじん［・す］【精進】[名・自サ変]「しゃうじん（精進）」に同じ。

さう・す【相す】[他サ変]{せ・し・す・する・すれ・せよ}人相・手相・家相・地相などを見て、吉凶を判断する。占う。例「人の形の有り様を見て、行く前にあるべき身の上の善悪を**相・し**」〈今昔・六・二〉

さう・す【草す】[他サ変]{せ・し・す・する・すれ・せよ}草稿を書く。下書きをする。例「参議式部大輔俊綱卿とぞ**草・しける**」〈盛衰記・四二〉

さう・す【左右す】[他サ変]{せ・し・す・する・すれ・せよ}あれこれと手配する。例「髪上げなど**左右・して**、髪上げさせ、裳着す」〈竹取・かぐや姫〉

〈**参考**〉用例の「左右して」は、「相して」で、髪上げの儀式によい日を占い定めての意とする説もある。

さう・ず【請ず】[他サ変]{ぜ・じ・ず・ずる・ずれ・ぜよ}「しゃうず」に同じ。

さうず【候ず】《丁寧語》一《「候ふ」＋打消の助動詞「ず」》…**ません**。例「いやいやこれまでは思ひもよりさうず」〈平家・二・烽火之沙汰〉訳いやいや、それほどのことまでは思いも寄り**ません**。二《「候ふ」＋推量の助動詞「うず」＝「さうらうず」の変化形》…**でしょう**。…**でありましょう**。例「それはさも**さうず**」〈義経記・七〉訳それはそう**でもありましょう**。

ざうす【蔵主】[名]《仏教語》❶禅宗の寺で、経蔵を管理する僧。❷僧の階級で、首座の次、沙弥の上。のちに、広く出家した者を指す。

さうずく【装束】[名]「さうぞく（装束）」に同じ。

ざうずめ・く【上衆めく】[自カ四]{か・き・く・く・け・け}「じゃうずめく」に同じ。

さうせい【蒼生】[名]《草木が蒼々として多いことから》人民。人々。＝青人草

さうぜん【生前】[名]「しゃうぜん」に同じ。

さうそう【葬送】[名]死者を墓所まで送ること。また、その儀式。野辺の送り。

さうぞきた・つ【装束き立つ】一[自タ四]「『（オイデニナルノハ）まことに異との時か』と、**装束き立・ちて**」〈枕・関白殿、二月二十一日に〉二[他タ下二]{て・て・つ・つる・つれ・てよ}きれいに着飾らせる。例「大きにはあらぬ殿上童の**装束き立・てられ**て歩くも、愛しし」〈枕・愛しきもの〉

さうぞきわ・く【装束き分く】[他カ下二]{け・け・く・くる・くれ・けよ}区別をつけるため、それぞれ色や模様の異なる衣服を身に着ける。例「鳥、蝶に**さうぞき分・けたる**童べ八人」〈源氏・胡蝶〉

さうぞ・く【装束く】[自カ四]{か・き・く・く・け・け}《「しゃうぞく」とも》❶美しい装いをする。着飾る。例「我も我もと**装束・き**化粧じたるを」〈源氏・葵〉❷用意する。支度し、整える。また、飾り立てる。例「舟造らせたまひける、急ぎ**さうぞ・かせたまひて**」〈源氏・胡蝶〉

さうぞく［・す］【装束】[名・自サ変]《「しゃうぞく」「さうずく」とも》❶**衣服**。**着物**。また、**ひとそろいになった衣装**。衣服を着たり、整えたりすることもいう。例「夜は、きららかに、はなやかなる**装束**、いとよし」〈徒然・一九一〉❷乗り物・楽器・調度・家屋などを飾ったり、用意したりすること。**飾り付け**。**したく**。例「御車の**装束**などもみなしつるを」〈蜻蛉・中〉

古典の世界
「装束」作りは女主人の仕事

王朝のさまざまの装束は、各家の女君・女主人が製作し、準備するものであった。自分の衣装はもちろん、男のためのもの、自分に仕える女房たちのもの、行事の際に禄として与えるものも、女主人が用意するのである。職人にまかせるだけではなく、女君自ら染めや裁縫の仕上げまでを行ったのである。『蜻蛉日記』によると、「町

の小路の女」方から仕立物を頼まれて突き返した藤原道綱母は、仕立物の名手だったという。各家にはそれぞれの個性的な作り方が伝授されており、その上女性の装束は、さまざまの色目を駆使した創造的で多様な美が求められ、それを実現することも女主人としての重要な才覚であった。

さうそつ［・なり］【草卒・倉卒・早卒】［形動ナリ］｛なら・なり(に)・なり・なる・なれ・なれ｝急であわただしいさま。あわてるさま。例「けふは越前の国へと、心早卒にして堂下に下るを」〈おくのほそ道・全昌寺〉

ざうづせん【象頭山】［地名］インド中部の伽耶城の西方の山。形が象の頭に似ていることによる名称。釈迦が修行し説法した所。＝伽耶山

さうでう【双調】［名］❶「十二律」のひとつ。第六音で、西洋音楽のトの音に近い。❷雅楽の「六調子」のひとつ。①を基音とする調子。

さうてん【蒼天】［名］❶青い空。晴れ渡った空。❷天の神。造物主。天。

さうでん［・す］【相伝】［名・自サ変］先祖から子孫へ、師匠から弟子へ、代々受け継ぎ伝えること。例「これは先祖相伝の良家の子孫なり」〈今昔・一七・四〉

さうでんふだい【相伝譜代】［名］代々、その主家に仕えること。また、その臣下。

さうとうしゅう【曹洞宗】［名］禅宗の一派。鎌倉時代に道元が中国(宋)から伝える。臨済宗が幕府の尊信を得たのに対し、民衆の間に広まった。福井県の永平寺を総本山とする。

さうど・く【騒動く】［自カ四］｛か・き・く・く・け・け｝《名詞「騒動」の動詞化。一説に「さわづく」の変化形とも》騒ぎ立てる。はしゃぐ。例「藤の花をかざして、なよびさうど・きたまへる御さまいとをかし」〈源氏・胡蝶〉 ⇨「さわぐ」〈古語深耕〉

さうとん【草墩】［名］わらを芯にして、回りに錦をめぐらした円筒形の腰かけ。宮中で節会などの際に用いられた。⇨図版「内宴」

さうな【草名】［名］❶書体のひとつ。行書をさらに崩して省略したもの。草書。❷文書に自分の名を草書で書いたもの。花押。

さうな［助動特活］｛○・さうに(さうで)・さうな・さうな・さうなれ・○｝❶推定を表す。…らしい。…みたいだ。例「東寺から出た人さうな」〈浄・丹波与作待夜の小室節〉訳東寺から出てきたみたいだな。❷伝聞を表す。…そうだ。…という。例「先日どなたにか承りましたがあなたはひなぶりをもお詠みなさるさうでござりますね」〈浮世風呂〉訳先日どなたかにお聞きしましたが、あなたは狂歌もお詠みになるそうでございますね。

〈接続〉動詞の連用形・連体形、助動詞の連体形、形容詞語幹、名詞などに付く。形容詞語幹が一音節の場合、「よささうな」のように間に接尾語「さ」が入るのがふつう。

発展学習ファイル (1)中世末から近世にかけての語。(2)様態を表していると思われるものもあるが、そのような例は「さうな」が形容詞に付く場合で、様態の意が出てくるのはその形容詞によるもの。

さうなう【左右無う】《形容詞「さうなし」の連用形「さうなく」のウ音便》簡単に。ためらわずに。例「左右なうのぼって軍すべき様もなし」〈平家・八・法住寺合戦〉

さうな・し【双無し】［形ク］｛から・く(かり)・し・き(かる)・けれ・かれ｝いうに及ばず秀でているさま。並ぶものがない。無類である。例「悲田院の尭蓮上人は、俗姓は三浦のなにがしとかや、さうな・き武者なり」〈徒然・一四一〉

さうな・し【左右無し】［形ク］｛から・く(かり)・し・き(かる)・けれ・かれ｝《「さう(左右)」は「あれこれ」の意》❶どれとも決まらない。決着・勝負がつかない。例「なほこのことさうな・くて止まむ、いとわろかるべし」〈能因本枕・清涼殿の丑寅の隅の〉❷あれこれと考えることがない。いうまでもない。例「さうな・くその男のしたる事ならめ」〈今昔・二五・四〉

さうに助動詞「さうな」の連用形。例「なあ河庄(＝茶屋ノ略称)さん、わしゃよさうに思ひやす」〈浄・心中天の網島〉

さうにん【相人】［名］人相を見る人。観相家。＝相者

さうのこと【箏の琴】［名］「さう(箏)」に同じ。

さうのて【草の手】［名］くずした字体。漢字の草書体。草仮名。

さうのふえ【笙の笛】［名］「しゃう(笙)」に同じ。

さうのほん【草の本】［名］漢字の草書体で書かれた書物。草仮名で書かれた本。

さうはく【糟粕】［名］(酒のかすの意から)よいところを取り去ったあとの不用なもの。残りかす。

さうび【薔薇】［名］《「しゃうび」とも》❶バラ。(季―夏)。❷襲の色目の名。表は紅で裏は紫。夏に着用。

さうぶ【菖蒲】［名］《「しゃうぶ」とも》❶アヤメの別称。(季―夏)。❷「しゃうぶがさね」に同じ。

〔**菖蒲の鬘**〕五月五日の節句に男は冠に、女は髪につけたショウブの髪飾り。邪気を払うため、五月五日の節句に用いる。

〔**菖蒲の輿**〕ショウブを宮中に運んだ輿。平安時代、五月五日の節句に用いるショウブを宮中に運んだ輿。アヤメの輿。

〔**菖蒲の挿し櫛**〕五月五日の節句に邪気を払うために挿した、ショウブで飾った櫛。

ざうふ【臓腑】［名］五臓六腑の総称。内臓。

さうぶがさね【菖蒲襲】［名］「しゃうぶがさね」に同じ。

〔俳句〕**さうぶゆや…**【菖蒲湯や菖蒲寄りくる乳のあたり】〈白雄句集・白雄〉訳今日は五月五日の端午の節句。この日に入ると邪気を払うといわれる、菖蒲の葉を入れた湯につかっていると、湯の面に浮いた菖蒲がよい香りを放ちながら胸元にすうっと寄ってくることだ。(季―菖蒲湯・菖蒲―夏)

さうふれん【相府蓮・想夫恋】［名］《「さうぶれん」とも》雅楽の曲名。中国の晋の王倹が、家に蓮を植えて楽しんだときの曲。日本では「想夫恋」の字を当て、男を想う女の気持ちを込めた曲と解された。もと、舞があったが、曲だけが残った。

ざうほふ【像法】［名］《仏教語》釈迦の滅後を三時期に分けたうちのひとつ。「正法」と「末法」の間の五百年または千年。人々の信仰は形式的になり、真の修行を行わなくなるという。↕正法②

さうほんか【双本歌】［名］「せどうか」に同じ。

さうまき【鞘巻・左右巻】（ソウマキ）[名]《「さやまき」の変化形》鍔のない短刀。

ざうめ【象馬】（ゾウメ）[名]（インドで、象と馬は役に立つ動物として尊重されたことから）貴重な財産。

さうもん【相聞】（ソウモン）[名]❶『万葉集』の三大部立のひとつ。雑歌・挽歌と並ぶ基本的な部立名で、二十巻中の巻二・四・八～十四の各巻に見える。❷互いに私的な心情を述べ合う歌のこと。その多くは男女間の恋情を表現した恋愛の歌。＝相聞歌

さうもん【桑門】（ソウモン）[名]僧。＝沙門

さうもんか【相聞歌】（ソウモンカ）[名]「さうもん②」に同じ。

さうやくをぶく・す【草薬を服す】（ソウヤクヲブクス）薬草を煎じて飲む。

さうらはんず・らん【候はんずらん】（ソウラワンズラン）《動詞「候ふ」の未然形＋推量の助動詞「んず（むず）」＋推量の助動詞「らん（らむ）」。丁寧語》❶（「さうらは」が本動詞の場合）ございましょう。[例]「世しづまり候ひなば、勅撰の御沙汰候はんず・らん」〈平家・七・忠度都落〉❷（「さうらは」が補助動詞の場合）…でしょう。[例]「さだめて打手むけられ候はんず・らん」〈平家・四・競〉

さうら・ふ【候ふ】（ソウラ（ロ）ウ）[自ハ四][補動ハ四]{は・ひ・ふ・ふ・へ・へ}

アプローチ
▼本来、「貴人・主人のそばに控える（伺候する）・仕える」意の謙譲語（[一]①）で、「（AがBに）さうらふ」のBを高める。
▼のち、行為の向かう先を高める謙譲語の働きが転じて、主語を低めて述べる（それによって聞き手に対して敬意を示す）だけとなり、さらには主語を低める働きも薄れて、単に聞き手に対して敬意を示す丁寧語（[一]②、[二]）となった。
▼主語を低める働きを完全には失っていない「はべり」とくらべ、尊敬の動詞の下に自由に付くなど、丁寧語の用法が一層発達している。
▼「さむらふ」ともいう。「さぶらふ」の変化形。

[一][自ハ四]❶「貴人・主人のそばに控える（伺候する）・仕える」意を表す謙譲語。「（AがBに）さうらふ」で、B（仕える相手、いる場所、ある場所、およびその場所の主）を高める。お仕えする。（おそばに）お控え申し上げる。[例]「鈴の綱の辺に、布衣の者のさうら・ふはなにものぞ」〈平家・一・殿上闇討〉[訳]（清涼殿の）鈴の綱のあたりに、無紋の狩衣を着るような身分の低い者でお仕えするのは何者だ。❷「いる」「ある」の意の丁寧語。聞き手に対して丁重に述べ敬意を示す。おります。ございます。[例]「念仏に勝ることさうら・ふまじ」〈徒然・二二二〉[訳]念仏よりすぐれているものはございますまい。

[二][補動ハ四]（活用語の連用形に付いて）聞き手に対して丁重に述べ敬意を示す丁寧語。…ております。…（で）ございます。…ます。…です。[例]「臆病でこそ、さはおぼしめしさうら・へ」〈平家・九・木曾最期〉[訳]臆病な気持ちのために、そうお思いになるのでございましょうよ。《係結び》「こそ→おぼしめしさうらへ㊀」。《敬語》「さはおぼしめし」→「おぼしめす」。

[一][二]＝候

発展学習ファイル　中世に入り、「さぶらふ」から生じた。「さうらふ」は男性が使い、女性は「さぶらふ」を使うという使い分けが見られる。

ざうら・ふ【候ふ・侍ふ】（ゾウラ（ロ）ウ）[補動ハ四]{は・ひ・ふ・ふ・へ・へ}《断定の助動詞「なり」の連用形「に」＋補助動詞「さうらふ」＝「にさうらふ」の変化形》「…である」の意の丁寧語。聞き手に対し丁重に述べ敬意を示す。…でございます。[例]「舟はきっとおし戻すが大事ざうら・ふ」〈平家・一一・逆櫓〉

発展学習ファイル　(1)副詞「さ」に「にさうらふ」が付いた「さにさうらふ」が変化する場合、撥音「ん」が残り「さんざうらふ」となる。→「さんざうらふ」
(2)謡曲などで「ざうろ」「ざう」となることがあり、また「…である」の意も薄れて、強調・詠嘆の意を表す終助詞・間投助詞的に用いられる場合がある。

さうらふやらん【候ふやらん】（ソウラ（ロ）ウヤラン）《丁寧の補助動詞「候ふ」の連体形に「にやあらん」の変化形「やらん」の付いた形》…でしょうか。[例]「聖をば誰と申し候ふやらん」〈平家・一〇・戒文〉

ざうり【草履】（ゾウリ）[名]《「じゃうり」とも》イグサやわら、竹皮などで編み、鼻緒を付けた履き物の総称。

さうりん【双林】（ソウリン）[名]《仏教語》「沙羅双樹」の林。

さうりん【相輪】（ソウリン）[名]《仏教語》仏塔の最上部にある金属性の部分。露盤・伏鉢・請花・九輪・水煙・竜車・宝珠の七つの部分からなる。一般に、「九輪」とも称する。

さうりんたふ【相輪樘・相輪塔】（ソウリントウ）[名]《仏教語。「樘」は柱の意》塔の一種。塔を造らず、相輪の下に柱だけをついで建てたもの。

さえ　歴史的かなづかい「さへ」

さえ【賽・采】[名]さいころ。さい。

ざえ【才】[名]

アプローチ
▼「素質」「才能」が原義。
▼平安時代の貴族の必須教養が漢字であったため、「漢学の才能」を意味するようになった。また、音楽の素養も求められたため、「音楽をはじめとした芸術の才能」の意も派生した。

❶学問。とくに、漢学の才能。[例]「なほ、才をもととしてこそ、大和魂の世に用ゐらるる方も強うはべらめ」〈源氏・少女〉[訳]やはり、漢学の才能を基礎としてこそ、政治をとるに当たっての才覚がいっそう世間で重んじられることでございましょう。《係結び》「こそ→強うはべらめ㊀」。《音便》「強う」は「強く」のウ音便。《敬語》「強うはべらめ」→「はべり」
❷芸能。技能。技芸。[例]「何の才も、心より放ちて習ふべきわざならねど、道々にものの師あり」〈源氏・絵合〉[訳]どんな芸能でも、やる気がないのに習得でき

るわけではないが、その道その道に師匠というものがある。

古典の世界　王朝貴族の世界では、漢学の才知「ざえ」と、処世・政治の才覚「やまとだましひ」の兼備が求められた。

さえかへ・る【冴え返る】(サエカエル)［自ラ四］{ら・り・る・る・れ・れ}❶(光や音などが)澄みきる。澄み渡る。例「月も今宵(こよひ)に冴えかへ・り」〈謡・八島〉❷ひどく冷える。例「時雨つるよひの村雲さえかへ・りふけ行く風にあられふるなり」〈新後拾遺・冬・五三〇〉❸春になって寒さがぶり返す。(季―春)。例「なほ冴えかへ・る春の日に」〈謡・竹生島〉

ざえが・る【才がる】［自ラ四］{ら・り・る・る・れ・れ}(「がる」は接尾語)学のあるように振る舞う。学識をひけらかす。例「男(をのこ)だに才が・りぬる人は、いかにぞや、はなやかならずのみはべるめるよ」〈紫式部日記〉

さえこほ・る【冴え凍る】(サエコオル)［自ラ四］{ら・り・る・る・れ・れ}冷え冷えとして凍りつくようである。(季―冬)。例「さえ凍・る暁がたの月の」〈更級〉

ざえざえ・し【才才し】［形シク］{しから・しく(しかり)・し・しき(しかる)・しけれ・しかれ}いかにも学問・才知があるようすだ。例「ただ走り書きたるおもむきの、才才・しく」〈源氏・若菜・下〉

さえずる【囀る】歴史的かなづかい「さへづる」

さえだ【小枝】［名］《「さ」は接頭語》小枝(こえだ)。また、草木の枝。

ざえのをのこ【才の男】(ザエノオノコ)［名］内侍所(ないしどころ)の御神楽(みかぐら)などに召されて歌をうたう人。＝才(ざえ)

さえまさ・る【冴え勝る】［自ラ四］{ら・り・る・る・れ・れ}❶いっそう冷たくなる寒さがつのる。例「池の氷ぞさえまさ・りける」〈拾遺・冬・二三三〉❷(光や音が)ますます澄んでくる。例「月のひかりのさえまさ・るかな」〈千載・秋上・二八〇〉

さえもん【左衛門】歴史的かなづかい「さゑもん」

さえゆ・く【冴え行く】［自カ四］{か・き・く・く・け・け}❶だんだん冷え込んでいく。例「衣手(ころもで)(＝袖(そで))のさえゆ・くままにしもとゆふ」〈金葉・冬・二八〇〉❷(月光などが)だんだん澄んでいく。例「つきの色もさえゆ・くそらの秋風に」〈新勅撰・秋下・三二七〉

さえわた・る【冴え渡る】［自ラ四］{ら・り・る・る・れ・れ}❶一面に凍りつく。辺り一帯が寒々とする。例「置く霜も氷(ひ)にさえ渡・り降る雪も凍り渡りぬ」〈万葉・三・三八二長歌〉❷(光・音・空気・色などが)隅々まで澄んでいる。例「星の光に、空さすがに限(くま)なく、さえわた・りたる夜のかぎり」〈更級〉

さえわ・ぶ【冴え侘ぶ】［自バ上二］{び・び・ぶ・ぶる・ぶれ・びよ}寒さが厳しくて耐え難くなる。寒さに悩む。例「冴えわ・びて覚(さ)むる枕(まくら)に」〈新古今・冬・六〇八〉

さおしか【小牡鹿】歴史的かなづかい「さをしか」

さおとめ【早乙女・早少女】歴史的かなづかい「さをとめ」

さおひめ【佐保姫】歴史的かなづかい「さほひめ」

さおり【狭織り】［名］せまい幅に織った布。帯などに用いる。

さか【尺】［名］「しゃく(尺)」に同じ。

さか【栄】［名］《複合語の構成要素》栄える、盛んになるの意を表す。「豊栄」「栄枝」など。

さか【酒】［名］《複合語の構成要素》酒(けさ)。「酒壺(さかつぼ)」「酒祝(さかほかひ)」など。

さか【斛・積】［名］「こく(石)」に同じ。

さか【境】［名］《複合語の構成要素》さかい。区画。例「海境(うなさか)を過ぎて」〈万葉・九・一七四〇長歌〉

さか【然か】《副詞「然(さ)」＋係助詞「か」》(前の語句や文を受けて)そうだろうか。そうか。例「さかとばかりは問はむとぞ思ふ」〈拾遺・雑上・五〇八〉

さが【性・相】［名］

アプローチ
▼「自然なままの性質」が原義。
▼山の峻険(しゅんけん)なさまをいう「さがし(険し)」と同じ語根とされ、性質や状態がどうにもならない、というマイナス面のイメージが強い。

❶性質。例「いと限(くま)なき御心の性にて、推しはかりたまふにやはべらん」〈源氏・椎本〉訳(匂宮(にほうみや)は)たいへん抜け目のないご性質で、ご推察なさっていられるかも知れません。(敬語)「はべらん」→「はべり」(係結び)「や」→はべらん(体)」。❷習慣。ならい。例「後れ先立つほどの定めなさは世の性と見たまへ知りながら」〈源氏・葵〉訳一方は生き残り、一方は先に死んでいくという人の世の定めなさは、世のならいとして存じておりましたが。(敬語)「見たまへ知りながら」→「たまふ(下二段)」〈発展学習ファイル(5)〉

さが【祥】［名］前兆。兆し。しるし。

さが【嵯峨】［地名］山城国(やましろのくに)の地名。いまの京都市右京区嵯峨。大堰川(おおいがわ)を隔てて嵐山(あらしやま)に対する。平安時代は朝廷の狩猟地で禁野(きんや)となり、貴族の別荘が多く、遊楽の地。

さかい【境・堺】歴史的かなづかい「さかひ」

さかいた【逆板】［名］大鎧(おおよろい)の背面のうち、からだの屈伸を図るために縅(おどし)の糸のみになっている部分を保護する板。

さかうち【逆討ち】［名］討とうとした相手に、逆に討たれること。返り討ち。

さかえ【栄え】［名］栄えること。繁栄。栄華。

さかえい・づ【栄え出づ】(サカエイズ)［自ダ下二］{で・で・づ・づる・づれ・でよ}華々しく世に出る。栄えて世に現れ出る。例「殿もかく世に栄え出・でたまふ」〈源氏・関屋〉

さかえゆ・く【栄え行く】［自カ四］{か・き・く・く・け・け}ますます繁栄する。例「万代(よろづよ)に栄え行・かむと思へりし」〈万葉・六・一〇四七長歌〉

さかえをとめ【栄え少女】(サカエオトメ)［名］美しい盛りの、年ごろの少女。

さかおもだか【逆沢瀉】［名］「逆沢瀉縅(さかおもだかをどし)」の略。〔逆沢瀉(さかおもだか)の鎧(よろひ)〕(サカオモダカノヨロイ)「沢瀉縅(おもだかをどし)」の模様を上下逆にした鎧。

さかおもだかをどし【逆沢瀉縅】(サカオモダカオドシ)［名］鎧(よろい)の縅の名。「沢瀉縅(おもだかをどし)」の色目の上下を逆に(逆三角形に)したもの。＝逆沢瀉

さかがみ【逆髪】［名］さかだった髪。また、髪がさかだった化け物。

さかき【榊・賢木】［名］ツバキ科の常緑高木。神事

に用いる常緑樹の総称。和歌では、「榊葉」の形でその葉が詠まれた。（季‐夏）

さかき【賢木】［作品名］『源氏物語』の十番目の巻名。

さかきば【榊葉】［名］《「さかきは」とも》榊の葉。主として神事に用いられる。→「さかき」

さがく【左楽】［名］《雅楽で、左方の楽の意》中国・天竺（インド）に由来する音楽や、それにならって日本で作られたものをいう。＝左方。↔右楽

さかこえて【坂越えて】［枕詞］（坂を越えるとき喘ぐ意から）同音を含む地名「あへ」にかかる。例「**坂越えて**阿倍の田面に居る鶴のともしき君は明日さへもがも」〈万葉・一四・三五二三〉

さかさか・し【賢賢し】［形シク］｛しから・しく(しかり)・し・しき(しかる)・しけれ・しかれ｝《「さかざかし」とも。形容詞「賢し」の語幹を重ねた形から》たいへん機転がきく。とてもしっかりしている。例「**さかざか・しかり**によって、師光は左衛門尉〔ニナッタ〕」〈平家・一・俊寛沙汰 鵜川軍〉

さかさことば【逆さ言葉】［名］❶わざと反対の意味のことばで表現すること。「深い」を「浅い」など。❷単語の中の音を一部さかさまにして、隠語のように表現すること。「はまぐり」を「ぐりはま」などの類。①②＝入間言葉・入間様

さかさま［［・なり］］【逆様・逆】［名・形動ナリ］❶物事の順序や位置が逆の方向になること。❷道理に反すること。例「いみじからむ**さかさま**の罪ありとも」〈大鏡・師輔〉①②＝逆しま

さか・し【賢し】［形シク］｛しから・しく(しかり)・し・しき(しかる)・しけれ・しかれ｝

アプローチ
▼なにごとにつけても的確な判断が下せて、物に動じることなく、てきぱきと処理できるさま。
▼そこから、「こざかしい・さしでがましい」といった意が派生した。

❶かしこい。利口である。例「むかし**さか・しき**みかどの御まつりごとの折は」〈大鏡・序〉訳昔、賢帝が政治を行われるときには。

❷**判断力がしっかりしている。気丈だ。**例「中に、心**さか・しき**者、念じて射むとすれども」〈竹取・かぐや姫の昇天〉訳（兵士たちの）中で**気丈な**者が、じっと我慢して（かぐや姫のお迎えの人を）射ようとするのだが。

❸**気がきいている。上手だ。**例「こと人々のもありけれど、**さか・しき**もなかるべし」〈土佐〉訳他の人々の（和歌）もあったが、**気のきいた**よいのもないようである。

❹**こざかしい。さしでがましい。**例「**さか・しく**申すやうなれど、何か参らせたまふ」〈宇治拾遺・二・八〉訳**さしでがましく**申し上げるようですが、何で参内なさるのですか。《敬語》「さかしく申す」→「まうす」、「何か参らせたまふ」→「まゐらせたまふ」

発展学習ファイル 類義語「**さとし**」は、頭の回転が早い意が主。「**かしこし**」は畏敬の気持ちを伴う。

さ‐かし【然かし】相手のことばに同意する意を示す。そうだね。まったくそのとおり。例「**さかし**。なまめかしう容貌よき女の例には、なほひき出でつべき人ぞかし」〈源氏・朝顔〉

語構成　さ（副）｜かし（終助）

さが・し【険し・嶮し】［形シク］｛しから・しく(しかり)・し・しき(しかる)・しけれ・しかれ｝❶（山や坂などが）けわしい。例「梯立ての倉椅山を**嶮・しみ**と岩かきかねて我が手取らすも」〈記・下・歌謡〉❷危ない。例「女君、いと**さが・しき**ことなり、とて、笑ひ給ふ」〈落窪・二〉

さかしい・づ【栄し出づ】［自ダ下二］｛で・で・づ・づる・づれ・でよ｝賢ぶって出しゃばる。才能をひけらかす。例「才**さかし出**・ではべらむよ」〈紫式部日記〉

さかしう【賢しう】形容詞「さかし」の連用形「さかしく」のウ音便。

さかしが・る【賢しがる】［自ラ四］｛ら・り・る・る・れ・れ｝《「がる」は接尾語》利口そうに見せる。しっかり者ぶる。例「ただ見聞きたまへしことを心に思ひおきて、かく**さかしが**り申すにこそあれ」〈大鏡・道長・下〉

さかしげ［［・なり］］【賢しげ】［形動ナリ］｛なら・なり(に)・なり・なる・なれ・なれ｝《「げ」は接尾語》いかにも賢そうに見える。

さかしだ・つ【賢しだつ】［自タ四］｛た・ち・つ・つ・て・て｝《「だつ」は接尾語》賢そうに振る舞う。利口ぶって世話をやく。例「この**さかしだ・つ**める人や、語らはれたてまつりぬらむ」〈源氏・総角〉

さかしびと【賢し人】［名］しっかりした人。

さかしま［［・なり］］【逆しま・倒しま】［名・形動ナリ］「さかさま」に同じ。

〔和歌〕**さかしみと…**【賢しみと物言ふよりは酒飲みて酔ひ泣きするし優りたるらし】〈万葉・三・三四一・大伴旅人〉訳分別ありげに口をきくのよりは、酒を飲んで酔い泣きする方がずっとましであるらしい。〈参考〉酒をほめる十三首連作の一首。

さかしめ【賢し女】［名］しっかりした、賢い女性。

さかしら［［・なり］］【賢しら】［名・形動ナリ］《「ら」は接尾語》❶さも賢そうに見せること。利口ぶること。例「黙居りて**賢しら**するは酒飲みて酔ひ泣きするになほ及かずけり」〈万葉・三・三五〇〉❷でしゃばること。差し出がましいこと。おせっかい。例「**さかしら**する親ありて、思ひもぞつくとて、この女をほかへ追ひやらむとす」〈伊勢・四〇〉❸密告。讒言。

さかしらが・る【賢しらがる】［自ラ四］｛ら・り・る・る・れ・れ｝《「がる」は接尾語》お節介をやく。差し出た振る舞いをする。例「母君ぞ、たまさかに**さかしらが・り**〔手紙ノ〕返事「ス」聞こえたまふ」〈源氏・紅梅〉

さかしらごころ【賢しら心】［名］利口ぶった心。でしゃばろうとする考え。

さかしらに【賢しらに】［副］自分から進んで。差し出がましくも。例「大君の遣はさなくに**賢しらに**行きし荒雄ら沖に袖振る」〈万葉・一六・三八六〇〉

さかしらびと【賢しら人】［名］おせっかいな人。差し出がましい人。利口ぶった人。

さか・す【盛す・栄す】［他サ四］｛さ・し・す・す・せ・せ｝❶（興味や感情などを）盛んに起こさせる。強くかきたてる。例「時々につけて、興を**さか・す**べき渚の苫屋」〈源氏・明石〉❷（才能や趣味・栄華などを）もてはやす。発揮する。派手に表す。例「例の、君の好き、**栄し**給ふなりけり」〈宇津保・内侍のかみ〉

さかた【酒田】［地名］出羽国の地名。いまの山

形県酒田市。最上川の河口に位置する港町で、江戸時代には庄内米の集散地として繁栄した。

さかたとうじふらう【坂田藤十郎】[人名]（一六四七～一七〇九）江戸前・中期の歌舞伎役者。元禄期の京坂を代表し、主に近松門左衛門脚本の主役を務めた。「やつし」などの和事芸の創始者。

さかづき【杯・盃】[名]《酒の杯（器）の意》❶酒をついで飲むための器。❷《「杯事」の略》酒宴。

〔和歌〕**さかづきに…【酒坏に梅の花浮かべ思ふどち飲みての後は散りぬともよし】**〈万葉・八・一六五六・大伴坂上郎女〉訳杯に梅の花を浮かべ親しい者どうしで飲み合ってのちには、梅は散ってしまってもかまわない。

さかつらえびら【逆頬箙】[名]「箙」のひとつ。鏃を差す「方立」を、イノシシやクマの毛皮で、毛並みが逆立つように包んだもの。

さかて【逆手】[名]❶のろいをかけるときの手の打ち方。→「あまのさかて」。❷刀などを握るとき、ふつうとは逆に、刃の先が下を向くように握ること。例「男の大きなる刀の怖ろしげなるを**逆手**に取りて」〈今昔・二三・二四〉

さがてんわう【嵯峨天皇】[人名]（七八六～八四二）第五十二代天皇。父は桓武天皇。唐風文化の中心的人物で、『弘仁格式』『新撰姓氏録』などを編纂させた。蔵人所や検非違使を設け、令制に大変革を加えた。漢詩をよくし『凌雲集』に入集。また能筆家で三筆のひとり。

さかどの【酒殿】[名]酒を造るための専用の建物。朝廷や貴族の邸宅、寺社などに設けられた。＝酒屋①

さかどり【坂鳥】[名]《「さかとり」とも》群れをなして、坂を越えて飛んで行く鳥。（季‐秋）

さかどりの【坂鳥の】[枕詞]「朝越ゆ」にかかる。例「**坂鳥の**朝越えまして」〈万葉・一・四五長歌〉

さかな【肴】[名]《「さか」は酒、「な」は副食物の意》❶酒を飲むときに、添えて食べるもの。つまみ。❷酒宴に楽しみを添える歌や踊り。また、その際の引き出物。❸食用の魚。

発展学習ファイル ①は、魚類に限られるものではなく、上代から中世にかけて橘・すもも・堅塩・みそなどの例がみられる。「さかな」が「いを」「うお（魚）」を意味するようになるのは、江戸以降。

さがな《形容詞「さがなし」の語幹》たちが悪い。意地が悪い。例「あな、**さがな**。などて寝られざらむ」〈平中・二七〉

さがな・し[形ク]｛（から）・く（かり）・し・き（かる）・けれ・かれ｝

> **アプローチ**
> ▼「人に不快な感じを与えるような性質や行為・態度」が原義。
> ▼子供に対して用いられる場合は、「いたずらだ」「やんちゃである」といった、ほほえましい意に転ずる。
> ▼「口さがなし」「物いひさがなし」「心さがなし」などの形で現れることが多い。

❶**性格がよくない。意地悪だ。**例「春宮の女御のいと**さがなく**て、桐壺更衣のあらはにはかなくもてなされにし例もゆゆしう」〈源氏・桐壺〉訳東宮の女御（＝弘徽殿女御）が実に**意地悪くて**、桐壺更衣が露骨にものの数にもなくあしらわれた例も忌まわしく。（音便）「ゆゆしう」は「ゆゆしく」のウ音便。❷**口が悪い。口やかましい。**例「着たまへる物どもをさへ言ひたつるも、もの言ひ**さがなき**やうなれど」〈源氏・末摘花〉訳着ていらっしゃるものについてまで、あれこれいうのも、**口やかましい**感じであるが。❸**いたずらだ。やんちゃである。**例「**さがなき**童どもの仕つかまつりける、奇怪に候ふことなり」〈徒然・二三六〉訳（獅子と狛犬が背中あわせに置いてあるのは）**いたずらな**子供たちがしでかしました、けしからぬことでございます。（敬語）「仕りける」→「つかまつる」、「奇怪に候ふ」→「さうらふ」

さかなみ【逆波】[名]流れに逆らって立つ波。

さがなめ【さがな目】[名]《形容詞「さがなし」の語幹＋名詞「目」》他人のあらさがしをする目。片寄ったものの見方。

さがなもの【さがな者】[名]《形容詞「さがなし」の語幹＋名詞「者」》意地悪な人。ひねくれ者。

さがにく・し[形ク]｛（から）・く（かり）・し・き（かる）・けれ・かれ｝憎らしく嫌だ。たちが悪い。例「人の物言ひ**さがにくき**世に」〈拾遺・雑秋・一〇九八〉

さがにっき【嵯峨日記】[作品名]江戸中期（一六九一成立）の日記。松尾芭蕉作。『おくのほそ道』の旅行後、上方に滞留していた芭蕉が、元禄四年四月十八日から五月四日まで、京都嵯峨にある門人去来の別荘、落柿舎に滞在した間の日記。

さかねだれ【逆ねだれ】[名]《近世語》ねだられるべき人が逆にねだること。さかねだり。

さかのうへのいらつめ【坂上郎女】[人名]「おほとものさかのうへのいらつめ」に同じ。

さかのうへのこれのり【坂上是則】[人名]（？～九三〇）平安前期の歌人。三十六歌仙のひとり。古今風の観念的・理知的な歌を詠んだ。『古今和歌集』などに入集。家集『是則集』。

さかのうへのもちき【坂上望城】[人名]（？～九八〇）平安中期の歌人。父は是則。「梨壺の五人」のひとりとして『後撰和歌集』の撰集、また『万葉集』の訓釈を行う。

さかばうき【酒箒】[名]「さかばやし」に同じ。

さかはえ【栄映え】[名]《「さかばえ」とも》美しく照り輝くこと。例「〔橘ノ木ハ冬デモ〕その葉も枯れず常磐なすいや**さかばえに**」〈万葉・一八・四一一一長歌〉

さかはぎ【逆剝ぎ】[名]馬などの動物を殺し、その皮を尻の方から逆にはぐこと。「天つ罪」のひとつとされる。→「あまつつみ」

さかばっつけ【逆磔】[名]《「さかばりつけ」の変化形》身体を逆さにして行うはりつけ。

さかばやし【酒林】[名]《近世語》酒屋で、杉の葉を球状にして軒先につるし、看板としたもの。＝酒旗・酒箒

さかひ【境・界】[名]❶《ある地域と別の地域が接する時の、空間的な》さかい目。境界。❷《一定の境界の内側という意から》地域。土地。ところ。例「勅

旨を戴き持ちて唐の遠き境に遣はされ」〈万葉・五・八九四長歌〉❸（物事の）分かれ目。区切れ目。❹境遇。境涯。例「今なむこの世の境を心やすく行き離るべき」〈源氏・若菜・上〉❺（多く「さかひにいる」の形で）すぐれた境地。佳境。例「二つのわざ、やうやう境に入りければ」〈徒然・一八八〉

〔**境を去る**〕（「境」は土地と土地との間、境界の意。ここでは都の境界）都を去る。都から遠く離れる。例「官位をとられ、家を離れ、**境を去り**て、明け暮れやすき空なく嘆きたまふ」〈源氏・明石〉

〔**境を隔つ・界を隔つ**〕❶この世を去りあの世に行く。例「我はただいま、滅度を取るべし、永くこの**界を隔て**むとす」〈今昔・三・三〇〉❷居所が遠く離れる。例「胡国、鬼界が島、**さかひをへだて**、世々はかはれども」〈平家・二・蘇武〉

さかひ［接助］《近世語》上方のことばで、原因・理由を表す。**…ので。…だから**。例「月夜で風のふかぬ時、隙ぢゃ**さかひ**に、夜番さしやりますか」〈浮・好色一代女〉訳月夜で風の吹かないときは暇**だから**、夜番をなさいますか。

〈接続〉活用語の連体形に付く。

〈参考〉「さかひに」「さかひで」などの形でも用いられる。

さかひ【堺】［地名］摂津国と和泉国の境に位置する地。いまの大阪府堺市。室町時代から自治都市として明との貿易で栄え、豪商を生み、その富を背景に茶道などの新しい文化が起こった。

さかひでんじゅ【堺伝授】［名］「古今伝授」の一流派。宗祇から、堺にいた弟子の肖柏に伝えられ、さらに堺の町人の間に広まっていった。→「こきんでんじゅ」

さかびん【逆鬢】［名］❶江戸時代の男性の髪型のひとつ。髪を高い位置に結んで、鬢の毛並を逆さに上へ向けたもの。❷油気がなくそそけだった髪。

さか・ふ【境ふ】［他ハ四］｛は・ひ・ふ・ふ・へ・へ｝境にする。境界を決める。また、（境目によって）区切る。隔てる。例「大君の**境**・**ひ**たまふと山守据ゑ守るといふ山に入らずは止まじ」〈万葉・六・九五〇〉

さか・ふ【逆ふ】一［自ハ下二］｛へ・へ・ふ・ふる・ふれ・へよ｝逆らう。反抗する。例「下として上に**さか・ふる**事、あに人臣の礼たらんや」〈平家・三・法印問答〉二［自ハ四］｛は・ひ・ふ・ふ・へ・へ｝❶反感を買う。相手の気持ちに背く。例「人の耳にも**さか・ひ**、心にもたがひて」〈徒然・一五五〉❷立ち向かう。たたかう。例「今一度〔相撲ノ勝負ヲ〕**さか・ふべし**」〈十訓抄・三〉一二＝逆かる

さかぶね【酒槽】［名］《「さかふね」とも》酒を入れておく大きな器。

さかべ【酒部】［名］❶上代の部曲のひとつ。酒の醸造をつかさどった。❷中古の官職のひとつ。宮中の節会などの際、造酒や酌をした。

さかほかひ【酒祝ひ・酒寿ひ】［名］《「さかほがひ」とも》酒宴を開いてお祝いをすること。

さかま・く【逆巻く】［自カ四］｛か・き・く・く・け・け｝流れに逆らって、巻き上がるような波が立つ。例「〔宇治川ノ〕**さかま・く**水もはやかりけり」〈平家・九・宇治川先陣〉

さがみ【相模】［地名］《「さがむ」とも》旧国名。東海道十五か国のひとつ。いまの神奈川県の大部分にあたる。＝相州

さがみ【相模】［人名］（生没年未詳）平安中期の女流歌人。中古三十六歌仙のひとり。夫は相模守大江公資。内裏歌合わせに出席し、『後拾遺和歌集』などに入集。家集『相模集』。

さかみづ【逆水】［名］水が逆流すること。また、その水。

さかみづ・く【酒みづく】［自カ四］｛か・き・く・く・け・け｝《「みづく」は「水漬く」で、浸るの意か》酒を飲む。酒宴をする。例「殿建てて**酒みづ・き**います我が大君かも」〈万葉・一八・四〇五九〉

さかむかへ【坂迎へ・境迎へ・酒迎へ】［名］❶平安時代、新任の国司を任地の国境で国府の役人らが出迎え、酒宴を催すこと。❷旅から帰って来る者を家族や友人が国境まで迎えに行ってもてなすこと。

さかもぎ【逆茂木】［名］城などの外垣や敵の進路上などに、枝先をとがらした木やとげのある木を逆さに取り付け、敵の進軍を阻む防柵の一種。

さかもと【坂本】［地名］近江国の地名。いまの滋賀県大津市坂本。比叡山のふもとに位置し、延暦寺・日枝神社の門前町として栄えた。

さかもとやう【坂本様】［名］（琵琶湖畔の坂本から）眼前にそびえる比叡山をまっすぐ拝むように、頭上で手のひらを合わせ拝む格好に、太刀を両手で振り上げる構え。

さかや【酒屋】［名］❶酒を造る建物。＝酒殿。❷酒を売る店。または、飲ませる店。

さがやう【嵯峨様】［名］書道の一流派。嵯峨の角倉素庵（本阿弥光悦の弟子）に始まる。また、その書体。

さかやき【月代・月額】［名］《「つきしろ」とも》❶男子が冠の下にあたる額髪の生え際を半月形にそり上げたもの。冠や烏帽子をかぶったとき、生え際が見えないように行った。❷男子が額から脳天にかけて髪をそること。室町時代の武士によって始められ、江戸時代には広く民間でも行われた。

さか・ゆ【栄ゆ】［自ヤ下二］｛え・え・ゆ・ゆる・ゆれ・えよ｝繁栄する。勢いが盛んになる。繁茂する。例「藤氏の、ことに**栄・ゆる**を思ひてよめる」〈伊勢・一〇一〉

さかゆ・く【栄行く】［自カ四］｛か・き・く・く・け・け｝いよいよ栄えていく。例「夕べの陽に子孫を愛して、**栄ゆ・く**末を見んまでの命をあらまし」〈徒然・七〉

さかゆめ【逆夢】［名］（多く「夢は逆夢」の形で用いる）現実には、夢と反対の結果になる夢。不吉な夢をよい夢と考えるときにいうことが多い。↔正夢

さかよせ【逆寄せ】［名］攻めてきた敵に対して、守っていた側が反撃に出ること。逆襲。

さかり［・なり］【盛り】［名・形動ナリ］❶（物事の）**勢いが盛んなさま**。また、**その時期**。また、**とても繁栄しているさま**。最盛期。例「あをによし奈良の都は咲く花の薫ふがごとく**盛り・なり**」〈万葉・三・三二八〉訳→（和歌）あをによし…。❷（人が）**活動力や生命力にみちあふれているさま**。また、**その時期**。**男盛り**。**女盛り**。例「**さかり**にならば、かたちもかぎりなくよく、髪もいみじく長くなりなむ」〈更級〉〔注〕「なむ」は、完了の助動詞「ぬ」の未然形＋推量の助動詞「む」の終止形。

さがり【下がり】［名］❶（上端が固定されたものが、

さ

下の方へ)垂れ下がること。また、垂れ下がっているもの。例「御髪のさがり髪ざしなどの」〈源氏・少女〉❷(高さが)低くなること。例「寒暑に随ひて上がり下がり有るべき故に」〈徒然・二三〇〉❸(価値・身分・程度などが)下がること。❹ある時刻を過ぎること。例「さきざきは巳の時ばかり、必ず鳴くが、午の刻下がりまで見えねば」〈十訓抄・七〉❺神仏などのお供えを下げたもの。また、身分の高い人から与えられたもの。おさがり。

さかり・く【離り来】[自カ変]{こ・き・く・くる・くれ・こ(こよ)}離れて来る。遠ざかって来る。例「道の隈(=曲ガリ角)八十隈ごとに嘆きつつ我が過ぎ行けばいや遠に里離り来ぬ」〈万葉・一三・三二四〇長歌〉

さがりごけ【下がり苔】[名]コケの一種。サルオガセの別称というが、未詳。

さがりば【下がり端】[名]女性の髪の垂れたさま。垂れ具合。一説に額髪を肩の辺りで切り下げたもの。

さか・る【逆る】[自ラ四]{ら・り・る・る・れ・れ}「さかふ(逆ふ)」に同じ。

さか・る【離る】[自ラ四]{ら・り・る・る・れ・れ}離れる。隔たる。例「一町、二町を離りつつ住み給へど」〈宇津保・国譲・上〉

さが・る【下がる】[自ラ四]{ら・り・る・る・れ・れ}❶(上端が固定された物が、下方へ)垂れ下がる。例「海松のごとわわけ下がれるかかふのみ肩にうち掛け」〈万葉・五・八九二長歌〉訳→〔和歌〕かぜまじり…。❷(高さが)低くなる。例「御車宿りには、板敷きを奥には高く、端は下がりて」〈大鏡・伊尹〉❸(価値・身分・程度などが)下がる。例「遥かにさがりたる所に、座敷しつらうて」〈平家・一・祇王〉❹ある時刻が少し過ぎる。例「未の時下がる程に」〈今昔・二〇・一三〉❺(能力などが)劣る。衰える。(食べ物などが)悪くなる。例「もし極めずば、四十より能は下がるべし」〈風姿花伝〉❻(身分の高い人の所や奉公先から)退出する。実家に帰る。❼京都で、北から南へ行く。↕上がる⑩

さかろ【逆櫓】[名]船が前にもあとにも進めるように、へさきにも取り付けた櫓。

さき【先・前】[名]❶先端。末端。例「硯、筆もなかりければ、あるままに、針の先して」〈落窪・二〉❷《空間的に前の方をいう》㋐先頭。最も前。例「伊須気余理比売は、その媛女等の前に立てり」〈記・中〉㋑前方。行く先。↕後。例「万の事、さきのつまりたるは、破れに近き道なり」〈徒然・八三〉㋒「先追ひ」「先払ひ」の略。㋓戦で先頭をきること。先陣。→「さきがけ」。例「保元の合戦の時、御方にて先をかけたりしかども」〈平家・四・鵼〉❸《自分の行為がおよんでゆく先の意》先方。相手方。例「先より腹の立つやうに持ってくる時、なほ物静かに、義理づめに」〈浮・世間胸算用〉❹《ある時点より、時間的に以前または以降であること》㋐以前。過去。例「先には、かくものたまはざりしを」〈宇津保・国譲・中〉↕後。㋑(多く「…さきに」の形で形式名詞的に用いて)…より以前。…しないうちに。例「入らせたまはぬさきに雪降らなむ」〈紫式部日記〉〔注〕「なむ」は、希求を表す終助詞。㋒(ある時点より)あと。将来。例「万の事、さきのつまりたるは、破れに近き道なり」〈徒然・八三〉❺(官職などの)前任。または、前任者。例「今の主も、前のも、手取り交はして」〈土佐〉❻(多く「先とす」の形で)優先すること。重んじること。例「人の奴たるものは、賞罰はなはだしく恩顧あつきを先とす」〈方丈記〉

発展学習ファイル　現代語の「さき」と異なり、時間的には「以前」を表す用法が主である。

〔先の度・前の度〕前回。この前のとき。
〔先の年〕前の年。また、過去のある年。先年。
〔先の世・前の世〕《本来は仏教語》この世に生まれる前の世。＝前世
〔先を追ふ・前を追ふ〕「さきおふ」に同じ。
〔先を駆く〕合戦のとき、真っ先に敵に攻めかかる。→「さきがけ」。例「〔後白河法皇ノ〕みかたにて、先をかけたりき」〈平家・二・教訓状〉

さき【幸】[名]幸せ。さち。祝福。

さぎ【鷺】[名]サギ科の鳥。白鷺をいう。(季-春)

〔鷺と烏〕白いものと黒いもの。対立するもの。
〔鷺を烏〕道理を故意に反対にいい曲げること。

さきあ・ふ【咲き合ふ】[自ハ四]{は・ひ・ふ・ふ・へ・へ}同時に咲く。咲く時節が重なる。例「遅き梅は、桜に咲きあひて、覚え(＝興趣)おとり」〈徒然・一三九〉

さきい・づ【咲き出づ】[自ダ下二]{で・で・づ・づる・づれ・でよ}花が咲き始める。咲き出す。例「常夏(＝撫子ノ花)のはなやかに咲き出でたるを」〈源氏・紅葉賀〉

さきうち【先打ち】[名]一団の先頭に立って、馬を走らせること。また、その人。

さきおひ【先追ひ・前駆ひ】[名]「さきばらひ」に同じ。＝先

〔先追ひののしる〕「先追ひ」の者が大声で騒いでいる。「先追ひ」の騒がしい声がする。例「未の時ばかりに、さき追ひののしる」〈蜻蛉・中〉

さきお・ふ【先追ふ・前追ふ】[自ハ四]{は・ひ・ふ・ふ・へ・へ}貴人などが通行するとき、先に立って道にいる人々を追い払う。＝先を追ふ。例「かたはらなる所に、さきお・ふ車とまりて」〈更級〉

さきおふくるま【先追ふ車・前追ふ車】[名]《「車」は牛車》先払いをして来た車。

さきがけ【先駆け・魁】[名]❶合戦のときに、真っ先に敵に攻め入ること。また、その人や軍勢。❷ほかより先に行動すること。物事の始まりの先頭を切ること。また、その人。

さきく【幸く】[副]《「さく」「さけく」とも》つつがなく。無事で。変わりなく。例「楽浪の志賀の唐崎幸くあれど」〈万葉・一・三〇〉訳→〔和歌〕さざなみのしがのからさき…

さきくぐり【先潜り】[名]《近世語》❶先回り。抜け駆け。❷悪く推量すること。邪推。かんぐり。＝先繰り

さきくさ【先草・三枝】[名]語義未詳。「先草」で春最初に咲くもの、「三草」で枝や茎などが三つに分かれているものなど、さまざまな植物が考えられているが、諸説あり未詳。

さきくさの【三枝の】[枕詞]「三つ」「中」にかかる。例「さきくさの中にを寝むと」〈万葉・五・九〇四長歌〉

さきぐり【先繰り】[名]「さきくぐり②」に同じ。

さきごし【先輿・前輿】[名]輿をかつぐとき、前の轅を持つこと。また、その人。↔後輿。

さきこぼ・る【咲き零る】[自ラ下二]{れ・れ・る・るる・るれ・れよ}花がいっぱいに咲く。咲き乱れる。例「〔蝶ハ〕**咲きこぼれ**たる花の蔭に舞ひいる」〈源氏・胡蝶〉

さきざき【先先】[名]❶以前。**まえまえ**。例「**さきざき**も申さむと思ひしかども」〈竹取・かぐや姫の昇天〉《敬語》「申さむ」→「まうす」。❷将来。**これから先**。例「この合戦に一足も退きたらん者は、たとひ**先々**抜群の忠ありといふとも、無きに処して本領を没収し」〈太平記・一七〉

さきすさ・ぶ【咲きすさぶ】[自バ上二]{び・び・ぶ・ぶる・ぶれ・びよ}(「さきすさむ」とも)咲きほこる。咲き乱れる。例「朝露に**咲きすさびたる**月草の」〈万葉・一〇・二二八一〉

さきぜい【先勢】[名]「さきて」に同じ。

さきぞなへ【先備へ】[名]「さきて」に同じ。

さきそ・む【咲き初む】[自マ下二]{め・め・む・むる・むれ・めよ}咲き始める。例「植ゑし若木の桜ほのかに**咲きそめ**て、空のけしきうららかなるに」〈源氏・須磨〉

さきだ【幸田】[名](「さきた」とも)神の恵みを受けて、豊かに実る田。

さきたけの【割き竹の】[枕詞]割った竹が互いに後ろ向きになることから「背向」に、また、たわむことから「とを(=シナウサマ)」にかかる。例「**さき竹の**そがひに寝しく今し悔しも」〈万葉・七・一四一二〉

さきだ・つ【先立つ】■[自タ四]{た・ち・つ・つ・て・て}❶先に出発する。ほかより前に進む。例「**先立ちて**行くに」〈おくのほそ道・山中〉❷ほかよりも先に起こる。最初に生ずる。例「まづおどろかされて**先立つ**涙を〔浮舟ハ〕つつみたまひて」〈源氏・浮舟〉❸(多く、「先だちて」の形で副詞的に用いて)ほかより先に。先だって。例「姉の、**さきだちて**〔尼ニ〕なりたる所へゆくを」〈伊勢・一六〉❹ほかの人より先に死ぬ。例「末の露もとの雫や世の中の後れ**先立つ**ためしなるらん」〈新古今・哀傷・七五七〉↔後る③。■[他タ下二]{て・て・つ・つる・つれ・てよ}❶先頭にたてる。例「さて神輿を**先立てて**参らせて」〈平家・一・御輿振〉❷ほかより先に行かせる。先に出発させる。例「よろづの物を、はかばかしからぬ袋やうの物なれど、みな**先だてて**運びたれば」〈源氏・夕霧〉❸(身内や親しい者などを)自分より先に死なせる。例「二十三にて弟を**先立て**しかば、単孤無頼のひとり人になりて」〈十訓抄・一〉

さぎちゃう【三毬杖・左義長】[名](「さぎっちゃう」とも。「毬杖」を三本立てたことから。「左義長」はあて字)陰暦正月十五日・十八日に行われた火祭りの儀式。宮中では、清涼殿の東庭に束ねた青竹を立て、天皇の書き初めや短冊・扇子などを結びつけて、陰陽師が焼いた。民間でも、書き初めや門松・注連縄などを焼いた。この火であぶった餅を食べると、一年間病気にかからないという信仰がある。どんど焼きとして伝承されている。(季―春)

さき・づ【咲き出】[自ダ下二]{で・で・づ・づる・づれ・でよ}(「さきいづ」の変化形)咲き始める。咲き出す。例「何すれぞ母とふ花の**咲き・出来**ずけむ」〈万葉・二〇・四三二三〉

さきつころ【先つ頃】[名]「さいつころ」に同じ。

さぎっちゃう【三毬杖・左義長】[名]「さぎちゃう」に同じ。

さきつとし【先つ年】[名](「つ」は上代の格助詞)前の年。何年か前の年。

さきて【先手】[名]先頭をきる人・軍勢。合戦や行列などについていう。=先勢・先備へ

さきで【裂き手】[名]ひびやあかぎれなどで、肌が荒れた手。↔柔手

さきととのほ・る【咲き調ほる】[自ラ四]{ら・り・る・る・れ・れ}花が満開になる。咲きそろう。例「幾木ともなく**咲きととのほり**たるは、雪の降りかかれるに違ふことなし」〈栄花・三七〉

さきな・む【呵む・嘖む】[他マ四]{ま・み・む・む・め・め}(「さいなむ」の古形)「さいなむ」に同じ。

さきにほ・ふ【咲き匂ふ】[自ハ四]{は・ひ・ふ・ふ・へ・へ}花が美しく咲く。例「**咲きにほふ**花も紅葉もつねならぬ世を」〈源氏・総角〉

さきのこゑ【前駆の声】[名](「さき」は「さきおひ」「さきばらひ」の略)先払いをする声。先払いの者の声。例「こちたく追ひののしる御**前駆の声**」〈源氏・少女〉

さきのよのむくい【前の世の報い・前の世の酬い】(仏教語)現世に生まれる前の世の行為によってこの世で受ける結果。因果。応報。

さきばしり【先走り】[名]❶先を走ること。従者が先に走って行って主人の到着を知らせること。また、その従者。❷前兆。前触れ。❸早合点。

さきはひ【幸ひ】[名]しあわせ。幸運。とくに神仏のお恵み。

さきは・ふ【幸ふ】■[自ハ四]{は・ひ・ふ・ふ・へ・へ}幸運に合う。栄える。例「倭の国は皇神の厳しき国言霊の**幸はふ**国と語り継ぎ」〈万葉・五・八九四長歌〉■[他ハ下二]{へ・へ・ふ・ふる・ふれ・へよ}幸運を与える。栄えさせる。例「いかしの御世に**さきはへ**つれ」〈祝詞〉

さきばらひ【先払ひ】[名]貴人などが通行するとき、先に立って道にいる人々を追い払うこと。また、その人。=先追ひ

さきまが・ふ【咲き紛ふ】[自ハ四]{は・ひ・ふ・ふ・へ・へ}花がたくさん咲いて、他のものと見分けがつかなくなる。咲いた花が他に紛れる。例「紅葉に花(=波ノ花。波シブキ)も**咲きまがひ**けり」〈後撰・秋下・四一八〉

さきまじ・る【咲き交じる】[自ラ四]{ら・り・る・る・れ・れ}いろいろな色や種類の花が、交じり合って咲く。例「**咲きまじる**色はいづれと分かねども」〈源氏・帚木〉

さきみたま【幸御魂】[名]「御霊」を賛美していう語。人に幸せを与える神聖な霊魂。=幸魂

さきみだ・る【咲き乱る】[自ラ下二]{れ・れ・る・るる・るれ・れよ}花が入り乱れるように咲く。いっせいに美しく咲く。例「前栽の花いろいろに**咲き乱れ**たる」〈蜻蛉・上〉

さきみ・つ【咲き満つ】[自タ四]{た・ち・つ・つ・て・て}花が一面に咲く。満開になる。例「わが宿に**咲きみち**にけり桜花ほかには春もあらじとぞ思ふ」〈後拾遺・春上・一二六〉

さきむり【防人】[名](上代東国方言)「さきもり」に同じ。

〔和歌〕**さきむりに…**【防人に発たむ騒きに家の妹が業るべきことを言はず来ぬかも】〈万葉・二〇・四三六四・防人歌・若舎人部広足〉訳防人に出発しようとして取り込んでいたために、家の妻にどうやって生計を立ててゆけばよいかということを言わないで来てしまった。

〈参考〉「来ぬかも」の「かも」は一般に活用語の連用形を受けるので「来ぬるかも」が本来の形。

さきもり【防人】[名]《「さきむり」とも》上代から中古にかけて、北九州に配置された兵士。唐や新羅からの侵入を防ぐために、北九州に配置された兵士。例「国々の防人集ひ船乗りて別るを見ればいともすべなし」〈万葉・二〇・四三八一〉

古典の世界　**単身赴任の兵役制度「防人」**
防人は、諸国の軍団の兵士の中から一定数が選ばれ、三年交代で任務につく定めであった。所定の武具や集合地の難波津(いまの大阪の港)までの旅費は自己負担であったが、その間の課役は免除された。『万葉集』の巻二十には、防人とその家族の歌が多数収められており、東国農民の生活や心情がうかがわれる。制度は、延喜年間(九〇一〜九二三)には有名無実化した。

さきもりうた【防人歌】[名]防人およびその家族の詠んだ歌。『万葉集』に短歌・長歌などが約百首近く収められている。出立時の悲哀や旅中における郷愁などが東国方言を交えて表現されている。

さきもりことりづかひ【防人部領使ひ】[名]新たに防人として徴発された兵士を引率して難波津まで連れていく役人。おもに国司が当たる。＝部領使ひ①

〔和歌〕**さきもりに…**【防人に行くは誰が背と問ふ人を見るがともしさ物思ひもせず】〈万葉・二〇・四四二五・防人歌・作者未詳〉訳こんど防人に行くのはだれの旦那さんと問う人を見るのはうらやましいことよ。なんのもの思いもしないで。

さきゃう【左京】[名]平城京・平安京で、朱雀大路によって分けられた東半分の称。内裏から見て左に当たることから。＝東の京。↕右京。
➡[古典参考図]平安京と条坊図

さきゃうしき【左京職】[名]左京の戸籍・租税・訴訟などをつかさどった役所。↕右京職

さきゃうのだいぶ【左京大夫】[名]《「さきゃうのかみ」とも》「左京職」の長官。↕右京大夫

さきら【先ら】[名]《「ら」は接尾語》才気。すぐれた知恵。多く、ことば遣いや筆跡ににじみでる才気をいう。例「ただ今の世に才もすぐれ、ゆたけきさきらを、いとど心して言ひ続けたる」〈源氏・鈴虫〉

さぎり【狭霧】[名]《「さ」は接頭語》きり。(季－秋)

さぎりう【鷺流】[名]狂言の流派のひとつ。室町時代に始まるとされるが、始祖・名の由来などは未詳。江戸時代には観世座付きの狂言方として活動したが、明治期に廃絶した。

さきわう【幸う】歴史的かなづかい「さきはふ」

さきわた・る【咲き渡る】[自ラ四]{ら・り・る・る・れ・れ}《「渡る」は、その状態が時間的・空間的に続く意》咲き続ける。また、一面に咲く。例「池はいと涼しげにて、蓮の花の咲きわた・れるに」〈源氏・若菜・下〉

さきをを・る【咲き撓る】[自ラ四]{ら・り・る・る・れ・れ}《上代語》一面に咲き乱れる。一説に、枝がたわむほど盛んに花が咲く意とも。例「山辺には花咲きををり川瀬には鮎子さ走り」〈万葉・三・四七五長歌〉

さきんご【左金吾】[名]「左衛門府」の唐名。ふつう「左衛門督」をいう。↕右金吾

さきんだちや【さ公達や】《「さきむだちや」とも。「さ」は接頭語》催馬楽のはやしことば。皆さんよ。例「夜妻は定めつやさきむだちや」〈催馬楽〉

さく【作】[名]❶作ること。製作品。❷工夫。趣向。❸農作物。

さく【朔】[名]陰暦で、月の最初の日。→「ついたち」

さく【笏】[名]「しゃく(笏)」に同じ。

さ・く【咲く】[自カ四]{か・き・く・く・け・け}❶(木や草花の)花が開く。❷《波頭が白く砕けるのを花に見立てたものか》波立つ。波が砕ける。例「船出する海原の上に波な咲・きそね」〈万葉・二〇・四三三五〉

さ・く【放く・離く】一[他カ四]{か・き・く・く・け・け}(人や物を)引き離す。遠ざける。例「行くさには二人我が見しこの崎をひとり過ぐれば見もさ・かず来ぬ」〈万葉・三・四五〇〉 二[他カ下二]{け・け・く・くる・くれ・けよ}❶一に同じ。例「我が衣形見に奉るしきたへの枕を放・けずまきてさ寝ませ」〈万葉・四・六三六〉❷(恋人など、親密な関係の人々を)引き離す。仲を裂く。❸(他の動詞の連用形に付いて)はるばると…する。遠くから…する。例「天の原ふりさ・け見れば春日なる三笠の山に出でし月かも」〈古今・羇旅・四〇六〉訳→〔和歌〕あまのはらふりさけみれば…。❹(他の動詞の連用形に付いて)ふさいでいた気持ちを晴らす。例「語り放・け見放・くる人目乏しみと思ひし繁し」〈万葉・一九・四一五四長歌〉

さ・く【裂く・割く】一[他カ四]{か・き・く・く・け・け}切り離す。引き破る。割る。例「〔平清盛ガ〕『しやつが(＝ソイツノ)口をさ・け』とて〔西光ハ〕口をさ・かれ」〈平家・二・西光被斬〉 二[自カ下二]{け・け・く・くる・くれ・けよ}切れて離れる。割れる。裂ける。例「〔大地震デ〕土裂・けて水涌き出で、巌割れて谷にまろび入る」〈方丈記〉

さ・く【避く】[他カ下二]{け・け・く・くる・くれ・けよ}触れないように遠ざかる。よける。例「速やかに道を避・けて我が車を過ごすべし」〈今昔・一〇・九〉

さく【幸く】[副]《上代東国方言》「さきく」に同じ。

さ・ぐ【下ぐ】[他ガ下二]{げ・げ・ぐ・ぐる・ぐれ・げよ}❶(上端を固定して)垂らす。つるす。例「紅の袴に赤き色紙の物忌みいとひろきつけて、地とひとしう下・げられたりしかば」〈大鏡・兼家〉❷手にさげる。(人などを)連れ従える。例「その手にさ・げたる相撲をば投げければ」〈宇治拾遺・二・一三〉❸下へおろす。低くする。例「口脇を下・げ」〈今昔・二八・三〇〉❹(価値・身分・程度などを)下げる。低くする。例「座敷をさへさ・げらるることの心うさよ」〈平家・一・祇王〉❺(相手を)見下げる。あなどる。例「わ殿(＝アナタ)をさ・ぐるにはあらず」〈平家・七・実盛〉❻退出させる。例「この新造めを下・げてくりゃれ」〈伎・傾城吾嬬鑑〉❼(身分の低い者に)下げ渡す。与える。

ざぐ【座具】[名]僧が座って礼拝するときの敷物。

さくい【作意】[名]❶詩歌や文章にこめられた作者の意図・作品の趣向。例「折節あはれなる作意など聞こゆ」〈おくのほそ道・汐越の松〉❷工夫。機転。

さく・い[形口語型]❶気さくだ。あっさりしている。例「さてもさてもおさく・い事かな」〈狂・今参り〉❷もろい。壊れやすい。

さ

さくくしろ【拆釧】[枕詞]（首や腕に巻きつけた古代の装身具「拆釧」には多くの鈴を付けたことから）地名「五十鈴」にかかる。例「この二柱の神は、さくくしろ伊須受能宮を拝み祭りき」〈記・上〉

さぐく・む[他マ四]{ま・み・む・む・め・め}（波を）押し分けて進む。例「波の上をい行きさぐくみ岩の間をい行きもとほり」〈万葉・四・五〇九長歌〉

さくさく[・たり]【索索】[形動タリ]{たら・たり(と)・たり・たる・たれ・たれ}音が寂しげに響くさま。風の音や琴の音などについていう。例「北には青山峨々として、松ふく風索索たり」〈平家・一〇・海道下〉

さくさめのとじ【さくさめの刀自】[名]語義未詳。姑、盛りも過ぎて不遇な身を嘆く女性、でしゃばりな主婦、また、若い女性などの諸説がある。

さくじ[・す]【作事】[名・他サ変]（近世語）家屋などを建築したり、修繕したりすること。普請。

さくじぶぎゃう【作事奉行】[名]鎌倉・室町・江戸幕府の職名。殿舎の造営・修理・土木など工事関係をつかさどった。

さくしゃ【作者】[名]❶詩歌・文章・工芸品などを作った人。❷とくに、勅撰集などに歌を選ばれたすぐれた歌人。

さくじり[名]こざかしいまねをすること。生意気なこと。また、そのような人。

さくじ・る[自ラ四]{ら・り・る・る・れ・れ}こざかしいまねをする。差し出たことをする。例「いで、この汐さきをかりて、なさくじりそ」〈落窪・一〉

さくすず【拆鈴】[枕詞]（割れ目のある鈴の意から）地名「五十鈴」にかかる。例「拆鈴五十鈴宮にます神」〈紀・神功〉

さくたんとうじ【朔旦冬至】[名]（「朔旦」はついたちの朝の意）陰暦十一月一日が冬至にあたること。二十年に一度めぐってくる慶事として、宮中でも「朔旦の旬」という祝宴が行われた。（季―冬）

さくぢゃう【錫杖】[名]「しゃくぢゃう①」に同じ。

さくてん【釈奠】[名]「しゃくてん」に同じ。

さくと[副]（「さく」は擬声語か）さっと。例「湯舟にさくとのけざまに臥す」〈宇治拾遺・三・一五〉

さくとく【作徳・作得】[名]（近世語）❶年貢米を納めて残った取り分。❷地主に納める小作料。

さくなだり[副]語義未詳。水が激しく流れ落ちるさまをいうか。例「皇神等の敷き坐す山々の口より、さくなだりに下したまふ水を」〈祝詞〉

さくなむざ【石南草】[名]（「さくなむさ」とも）シャクナゲの別称。和歌では物名の題に取り上げられることが多い。（季―夏）

さくはうし【笏拍子】[名]「しゃくびゃうし」に同じ。＝拍子②

さくはち【尺八】[名]「しゃくはち①」に同じ。

さくびゃう[・す]【作病】[名・他サ変]病気のふりをすること。仮病。例「いや、作病を起こいて参るまいと存ずる」〈狂・痺り〉

さくべい【索餅】[名]（「さくへい」「さくびゃう」とも）小麦粉と米の粉をまぜて練り、縄のような形にした菓子。陰暦七月七日に宮中に奉られたほか、節会などの儀式の膳にも添えられた。＝麦索。（季―秋）

さくましゃうざん【佐久間象山】[人名]（一八一一〜一八六四）（「さくまぞうざん」とも）江戸後期の儒学者・洋学者。信州松代藩士。佐藤一斎に朱子学を学び、その他蘭学や砲術を修得。勝海舟・吉田松陰・坂本竜馬らを教えた。公武合体・開国進取論を提唱したが、尊攘派に暗殺された。

さく・む[他マ四]{ま・み・む・む・め・め}（岩や木の間を）踏み分ける。例「（死ンダ妻ヲ求メテ）岩根さくみてなづみ来し」〈万葉・二・二一〇長歌〉

さぐも・る【さ曇る】[自ラ四]{ら・り・る・る・れ・れ}（「さ」は接頭語）くもる。例「たな曇り雪は降り来さ曇り雨は降り来」〈万葉・一三・三三一〇長歌〉

さくもん[・す]【作文】[名・自サ変]❶漢詩をつくること。また、その漢詩。例「ありたき事は、まことしき文の道、作文・和歌・管弦の道」〈徒然・一〉❷（近世以降の用法）文章を作ること。さくぶん。

さくら【桜】[名]❶木の名。『万葉集』では、ハギや梅よりも用例数は格段に少ないが、中古以降は、もっとも愛好された花であり、和歌などでも、もっとも多く取り上げられた。（季―春）。例「宿にある桜の花は今もかも松風速み地に散るらむ」〈万葉・八・一四五八〉❷襲の色目の名。「桜襲」の略。❸①を図案化した紋所の名。

古典の世界　花といえば「桜」

『万葉集』では桜より梅が多く詠まれていたが、『古今和歌集』では、桜は梅の五倍も多い。平安遷都のときには、宮中の紫宸殿（南殿）には梅と橘が植えられていたが、このうち梅は、承和の末年ごろ（九世紀中期）に桜に植え替えられた。中国伝来の梅に対して、桜はわが国固有のものである。わが国ぶりの美意識への変化を示す、ひとつの象徴的な出来事であった。

さらに、この南殿の桜・橘は、やがて「**左近の桜**」「**右近の橘**」と称せられるようになった。文化の和様化が進む村上天皇の天徳から康保年間（十世紀中期）のことといわれる。宮中での儀式の際、左近衛府・右近衛府の官人が、それぞれ南殿の桜・橘の位置を目安に参列したことによるものであり、儀式において近衛の官人が重要視されていくことを物語るものでもあった。やがて、「花もみぢ」などといわれるように、平安中期ころから「花」とは多く桜を意味するようになるのだが、それは美意識においても、また儀式・行事等においても、和様化が進む時代の様相の変化と重なるといってよい。

〔**桜の宴**〕桜の花を賞美するための宴。花を観賞しながら、詩歌・舞楽・酒宴を楽しんだ。

〔**桜の唐の綺**〕（「桜」は桜襲、「唐の綺」は錦に似た唐織の薄い絹）文様を浮かせた唐織物の白地に蘇芳の裏地をつけたもの。春の若人向き。

さくらあさ【桜麻】[名]麻の一種ともいうが未詳。（季―夏）

さくらあさの【桜麻の】[枕詞]（「さくらをの」とも）「麻生」にかかる。例「**桜麻**の麻生の下草早く生ひ

ば」〈万葉・一二・三〇四九〉

さくらがさね【桜襲】［名］襲の色目の名。表は白、裏は濃い紫、二藍、赤花などの諸説がある。春に用いる。＝桜

さくらがり【桜狩り】［名］花見。とくに、桜の花をたずねて、山や野に行楽に出かけること。（季―春）

〔和歌〕**さくらがり…**【桜狩り雨は降りきぬおなじくは濡るとも花の陰に隠れむ】〈拾遺・春・五〇・よみ人しらず〉訳花見をしていると、雨は降ってきた。同じことなら、たとえ濡れても花の陰に隠れよう。

さくらぎ【桜木】［名］桜の木。

さくらぎみんでん【佐倉義民伝】［作品名］「ひがしやまさくらさうし」に同じ。

さくらさうご【佐倉宗吾】［作品名］「ひがしやまさくらさうし」に同じ。

さくらだぢすけ【桜田治助】［人名］江戸時代の歌舞伎作者。四世までいる。初世（一七三四〜一八〇六）は江戸歌舞伎中興の祖と称され、「穿ち」による新しさを追求、『傾城吾嬬鑑』などのほか、多数の歌舞伎狂言を残した。二世（一七六八〜一八二九）は七五調の流暢な作風で、以降桜田風を継承した。

〔和歌〕**さくらだへ…**【桜田へ鶴鳴き渡る年魚市潟潮干にけらし鶴鳴き渡る】〈万葉・三・二七一・高市黒人〉訳桜田の方へ鶴が群れ鳴き渡っていく。年魚市潟では潮が引いたらしい。鶴が群れ鳴き渡っていく。

〈参考〉桜田はいまの名古屋市南区元桜田町あたり、年魚市潟はいまの名古屋市熱田区あたり一帯の低地で、昔は入り海だった。

〔和歌〕**さくらちる…**【桜散る木の下風は寒からで空に知られぬ雪ぞ降りける】〈拾遺・春・六四・紀貫之〉訳桜が散る木の下を吹く風は寒くはなくて、空には知られていない雪が降っているよ。

さくらづくし【桜尽くし】［名］❶装束の模様や、襲の色目などを、桜で統一すること。❷桜の名前をならべて、文章をつづること。

さくらど【桜戸】［名］❶桜の木材で作った戸。❷桜の木のある家。また、その家の戸。（季―春）

さくらばな【桜花】［枕詞］（桜の花盛りのように美しいの意から）「栄え娘子」にかかる。例「つつじ花にほえ娘子桜花栄え娘子」〈万葉・一三・三三〇九長歌〉

〔和歌〕**さくらばなちらばちらなむ…**【桜花散らば散らなむ散らずとて故里人の来ても見なくに】〈古今・春下・七四・惟喬親王〉訳桜花よ、どうせ散るのなら早く散ってほしい。散らないからといって、昔なじみの人が訪ねて来て見るわけでもないので。

〈参考〉僧正遍昭に贈った歌。「故里人」は、遍昭を指す。

〔和歌〕**さくらばなちりかひくもれ…**【桜花散りかひくもれ老いらくの来むといふなる道まがふがに】〈古今・賀・三四九・在原業平、伊勢・九七〉訳桜花よ、一面に散り乱れてあたりを曇らせておくれ。老いがやってくるという道がまぎれて分からなくなるように。

〔和歌〕**さくらばなちりぬるかぜの…**【桜花散りぬる風のなごりには水なき空に波ぞ立ちける】〈古今・春下・八九・紀貫之〉訳桜の花が散っていった風のあとには、水のない空に白い余波が立っているよ。《係結び》「ぞ→立ちける体」

〈参考〉「なごり」に「名残（あと）」と「余波（波が立ったあとにわずかに漂う波）」の両意をもたせ、風に散らされたあとにわずかに漂う花びらを「余波」に見立てている。

さくらびと【桜人】［名］（「さくらひと」とも）❶桜を見て歩く人。（季―春）。❷催馬楽の曲名。

さくらひめぜんでんあけぼのざうし【桜姫全伝曙草紙】［作品名］江戸後期（一八〇五）刊行の読本。山東京伝作。歌舞伎・浄瑠璃で有名な清玄・桜姫の伝説を脚色し、お家騒動物として構成した作品。

さくらもえぎ【桜萌黄】［名］襲の色目の名。表が萌黄、裏が赤花。または表が萌黄、裏が濃い二藍など九つの説がある。春に着用する。

〔俳句〕**さくらより…**【桜より松は二木を三月越し】〈おくのほそ道・武隈の松・芭蕉〉訳あなたが詠んでくれた遅桜のころは過ぎてしまったが、桜よりもなによりも、二木に分かれた武隈の松を、江戸出発以来三月越しで、ようやく眼前にすることができたよ。（季―桜を三月越し―夏）

〈参考〉江戸出立の折の餞別句「武隈の松見せ申せ遅桜」訳→〔俳句〕たけくまの…に応じた句。「松」と「待つ」、「三月」と「見つ」が掛詞。

さくらゐ【桜井】［地名］摂津国の地名。いまの大阪府三島郡島本町桜井。西国街道の宿駅のひとつ。楠木正成・正行父子の決別の地。

さくらゑ【桜会】［名］桜の花の盛りに、寺社で行った法会と花見の宴。京都の賀茂神社・奈良の東大寺などで催されたが、とくに醍醐寺のものが有名。

さくらをの【桜麻の】［枕詞］「さくらあさの」に同じ。

さくり【決り・刳り】［名］❶鍬で土を細長く耕すこと。また、そうして作った溝やうね。❷流鏑馬や笠懸けのとき、馬を走らせるために馬場に掘った溝。

さくり【噦り・吃逆】［名］しゃくり上げること。また、その声や音。しゃっくり。

〔**噦りもよよ**〕（「よよ」は擬声語）しゃくり上げて激しく泣く。例「〔息子ノ道綱八〕いらへもせでさくりもよよに泣く」〈蜻蛉・中〉

さぐり【探り】［名］❶手や足で探ること。ようすをうかがうこと。❷弓の弦の、矢をかけてつがえる部分。➡［古典参考図］武装・武具〈3〉

さくりあ・ぐ【噦り上ぐ】［自ガ下二］｛げ・げ・ぐ・ぐる・ぐれ・げよ｝しゃくり上げる。しゃくり上げて泣く。例「さくりあ・げてよよと泣きければ、うたてしやな」〈宇治拾遺・一・一三〉

さぐりあ・ぐ【さくり上ぐ】［他ガ下二］｛げ・げ・ぐ・ぐる・ぐれ・げよ｝《一説に「探り上ぐ」とも》（髪などを）かき上げる。なで上げる。例「額よりかみざまにさぐりあ・げ、欠伸おのれよりうちして」〈枕・すさまじきもの〉

さぐりあし【探り足】［名］足で、地面を確かめながら歩くこと。また、手さぐりで物事を進めること。例「この道（＝俳諧）にさぐりあしして、新古ふた道にふみまよふといへども」〈おくのほそ道・最上川〉

さぐりだい【探り題】［名］歌会などで、あらかじめ紙に書いて用意された題を各人が取って、それぞれの題に従って和歌を詠むこと。探題。

さぐりつ・く【探り付く】［自カ下二］｛け・け・く・くる・くれ・けよ｝探

り当てる。手探りでさがし出す。例「髪はつやつやとかかりて、末のふさやかに**探りつ・け**られたるほど、いとうつくしう思ひやらる」〈源氏・若紫〉

さぐりよ・る【探り寄る】［自ラ四］｛ら・り・る・る・れ・れ｝手などで探りながら近寄る。例「『やや』とのたまふにあやしくて、〔中将ノ君ガ〕**探り寄・りたる**に」〈源氏・帚木〉

さぐ・る【探る】［他ラ四］｛ら・り・る・る・れ・れ｝❶指先などで、目に見えないものをさがしたり確かめたりする。例「愛しと思ふ我妹を夢に見て起きて**探・る**になきがさぶしさ」〈万葉・一二・二九一四〉 ❷探求する。例「諸宗の奥旨**さぐ・り**極めずといふ事なし」〈古今著聞・六三〉

ざくろ【石榴・柘榴】［名］木の名。中古に渡来した。実は食用とされ、これからとれた酢で鏡を磨いた。（季＝花－夏・実－秋）

さくゎん【主典】［名］《「さうくゎん」とも》令制で四等官の第四位。上官を佐ける意の「佐官」の漢字音から。公文書の草案作成・管理にあたった。→「かみ（長官）」「すけ（次官）」「じょう（判官）」

さくゎんだい【主典代】［名］「主典」の代理役。

さけ【酒】［名］米などで醸造したアルコール飲料。

〔**酒は憂ひの玉箒**〕《近世語》酒は心にある憂いをはき去り、忘れさせる道具であるの意。＝酒は憂ひを払ふ玉箒

〔**酒を煮る**〕陰暦五月ごろ、春から冬にかけて醸造した新酒を、殺菌して保存できるように加熱する。（季－夏）

ざけ【邪気】［名］「じゃき②」に同じ。

さげあま【下げ尼・垂げ尼】［名］在家のまま仏門に入った女性がする髪型。肩先で髪を切りそろえたもの。また、その尼。＝削ぎ尼

さげおび【下げ帯】［名］❶室町時代、宮中の女官が用いた帯。表は金糸や縫い取り模様があり、裏は紅羽二重。幅は狭く、前で結んで垂らした。❷江戸中期以後、御殿女中がつけた夏用の帯。結んだ帯の両端に厚紙を入れ、鳥が翼を広げたように垂れ下げたもの。

さげがみ【下げ髪】［名］❶女性の髪の結い方のひとつ。髻を束ねて結び、髪の先を背中に垂らす。江戸時代には、公家や大名の夫人などが祝日に結った。❷①の形をした芝居用の鬘。

さげぎり【下げ切り・提げ斬り】［名］❶上から下へ切りおろすこと。❷片手で宙づりにして、もう一方の手で切ること。

さけく【幸く】［副］《上代東国方言》「さきく」に同じ。

さげごし【下げ輿】［名］腰のあたりで轅を持つ輿。＝手輿。↔上げ輿

さげざや【提げ鞘】［名］僧や茶人などが守り刀として腰に提げた小刀。柄も鞘も木で作った。懸け鞘。

さげばり【下げ針】［名］糸でつり下げた針。きわめて小さい的のこと。

さげを【下げ緒】［名］刀の鞘の「栗形」に通して帯に結びつけるためのひも。多く組みひもを用いた。➡［古典参考図］武装・武具〈3〉

ざこ【雑喉・雑魚】［名］《「じゃこ」とも》小魚。取るに足りない小さな魚。種々の魚。

さ-こそ【然こそ】❶そのように。あんなに。例「**さこそ**おとなびさせ給へど、いときなき御齢におはしますを」〈源氏・澪標〉 ❷（推量の表現を伴って）さだめし。きっと。例「向かひゐたりけんありさま、**さこそ**異様なりけめ」〈徒然・五三〉 ❸（逆接条件句の中で）いくら…といっても。例「**さこそ**世を捨つる御身といひながら、御いたはしうこそ」〈平家・灌頂・大原御幸〉

語構成　さ　副　こそ　係助

〔**さこそ言へ**〕そうはいうものの。さすがに。例「この女をほかへ追ひやらむとす。**さこそいへ**まだ追ひやらず」〈伊勢・四〇〉

ざこね【雑魚寝】［名］《近世語》❶多くの人が、入り交じって寝ること。❷節分の夜などに、神社に参籠した大勢の男女が共寝をする民俗行事。京都郊外の大原の江文神社のものが有名。（季－冬）

さこのゑふ【左近衛府】［名］「さこんゑふ」に同じ。

さごろもの【狭衣の】［枕詞］（衣の「緒」の意から）「緒」と同音の「小」にかかる。例「**さ衣の**小筑波嶺ろの山の岬忘ら来ばこそ汝をかけなはめ」〈万葉・一四・三三九四〉

さごろものだいしゃう【狭衣大将】［名］『狭衣物語』の主人公。

さごろもものがたり【狭衣物語】［作品名］平安後期の物語。六条院禖子内親王の宣旨の源頼国の女作。成立年未詳。狭衣大将とかかわった女性たちの不幸、狭衣大将の即位などが描かれる。『源氏物語』の影響を受けた物語の代表作。

さこん【左近】［名］❶「左近衛府」の略。↔右近①。❷一族に左近衛府の役人がいる、宮中の女官の呼び名。

さこんのくらうど【左近蔵人】［名］「左近衛府」の役人で「蔵人」を兼ねた者。

さこんのさくら【左近の桜】［名］（儀式のときに、左近衛の官人が桜の南に並ぶことから）内裏の紫宸殿の階の左下に植えてある桜。＝南殿の桜。↔右近の橘。（季－春）。➡［古典参考図］紫宸殿・清涼殿図

〈参考〉「左近の桜」「右近の橘」の呼称が生じたのは、十世紀半ばの村上天皇の時代といわれる。

さこんのじょう【左近将監】［名］「さこんゑのしゃうげん」に同じ。

さこんのせうしゃう【左近少将】［名］「さこんゑのせうしゃう」に同じ。

さこんのぞう【左近将監】［名］「さこんゑのしゃうげん」に同じ。

さこんのだいしゃう【左近大将】［名］「さこんゑのだいしゃう」に同じ。

さこんのたいふ【左近大夫】［名］「左近衛将監」で五位に叙せられた者。↔右近大夫

さこんのちゅうじゃう【左近中将】［名］「さこんゑのちゅうじゃう」に同じ。

さこんのぢん【左近の陣】［名］儀式のとき、警護のために左近衛府の武官が詰めていた所。紫宸殿の南庭の東側、日華門内にあった。

さこんのつかさ【左近の司】［名］「左近衛府」。また、その府の官人。↔右近の司

さこんのばば【左近の馬場】[名]《「さこんのうまば」とも》左近衛府の馬場。一条西洞院の東にあり、陰暦五月に近衛の役人の「競べ馬」が催された。

さこんゑ【左近衛】サコンエ[名]「左近衛府」の略。↔右近衛

さこんゑのしゃうげん【左近衛将監】サコンエノショウゲン[名]「左近衛府」の三等官。＝左近将監

さこんゑのせうしゃう【左近衛少将】サコンエノショウショウ[名]「左近衛府」の次官で「中将」の下位。＝左近少将・左少将

さこんゑのだいしゃう【左近衛大将】サコンエノダイショウ[名]「左近衛府」の長官。＝左近大将・左大将

さこんゑのちゅうじゃう【左近衛中将】サコンエノチュウジョウ[名]「左近衛府」の次官。＝左近中将・左中将

さこんゑふ【左近衛府】サコンエフ[名]《「さこのゑふ」とも》令制で、令外の官。「六衛府」のひとつで、内裏内部の諸門を警護し、行幸の供奉などをつかさどった。→「このゑふ」。＝左近①・左近衛。↔右近衛府

ささ-【細・小】[接頭]《「さざ」とも》細い、小さい、わずかの意を表す。「細れ」「小波」「小(細)濁り」など。＝細ら・細れ

ささ【酒】[名]《女房詞》酒。

ささ【笹・小竹】[名]❶比較的丈が低く茎の細い竹類の総称。❷①を図案化した紋所の名。

【笹の庵】ササノイオリ《「ささのいほ」とも》笹の葉で屋根を葺いた小さな家。

【笹の隈】《地名「ひのくま(檜隈)」に接頭語「さ」の付いた「さひのくま」が「ささのくま」と誤読され、「笹の隈」と解されたもの》笹が生い茂ってできた物陰。笹の生い茂った奥深い所。

【笹の露】笹の葉に置く露。

【笹の脇葉】《笹竹の横の部分から生えた末の葉の意》直系から分かれた傍系の人。傍系。

ささ[副]《「ざざ」とも》❶水が勢いよく流れたり、はねかかったりするさま。例「御牛を追ひたりければ、あがきの水、前板までささとかかりけるを」〈徒然・一一四〉❷多くの人々が口々に物をいったり、笑ったりするさま。ざわざわ。がやがや。例「御厩の御馬召し出でて、御前にて乗せたてまつりて、ささと見騒げば」〈栄花・一〉

ささ【然然】[副]《副詞「然」を重ねたもの》《具体的な説明を省略するときに用いて》しかじか。これこれ。例「ささのところに月ごろはものせらるる(＝行ッテオラレル)」〈蜻蛉・下〉

ささ[感]歌謡のはやしことば。さあさあ。繁栄を祈る呪術的なことばといわれる。例「(少御神ノ)奉り来し御酒ぞあさず飲せささ」〈紀・神功・歌謡〉

ささがに【細蟹】[名]クモの別称。形が小さいカニに似ているところからいう。

【細蟹の振る舞ひ】ササガニノフルマイ クモの動き。とくに、クモが巣を張る動作をいう。例「ささがにのふるまひしるき夕暮れに」〈源氏・帚木〉〈参考〉クモが巣を張ると、親しい人が訪れてくると信じられており、古歌にも詠まれている。もとは中国起源の俗信。

ささがにの【細蟹の】[枕詞]「細蟹」はクモの意であることから「くも」に、またクモの巣やクモの糸の意から「い」「糸」にかかる。さらに、それらと同音を含む「今」「命」「いと[副]」「いとふ」などの語にかかる。例「ささがにの蜘蛛の振る舞ひ」〈古今・墨滅歌・一一一〇〉

ささがねの[枕詞]《「ささがね」は「ささがに」の変化形か》「蜘蛛」にかかる。例「ささがねの蜘蛛の行ひ」〈紀・允恭・歌謡〉訳→〈和歌〉わがせこが…

さざき【鷦鷯】[名]鳥の名。ミソサザイの古名。

ささきたかつな【佐佐木高綱】[人名](？—一二一四)平安後期から鎌倉前期の武将。源頼朝挙兵の折に同道し、危急を救っている。『平家物語』の宇治川先陣争いの場面に登場する人物。

ささ・く[自カ四]{か・き・く・く・け・け}語義未詳。はしゃぐの意か。例「古にささきし我や」〈万葉・一六・三七九一長歌〉

ささ・ぐ【捧ぐ】[他ガ下二]{げ・げ・ぐ・ぐる・ぐれ・げよ}《「さしあぐ」の変化形》❶両手で高く差し上げる。例「頂(＝頭ノ上)になむ、捧げ奉るべき」〈源氏・玉鬘〉❷高く上げる。例「燕、子うまむとする時は、尾を捧げて七度めぐりてなむうみ落とすめる」〈竹取・燕の子安貝〉❸献上する。奉る。例「いみじき贈り物どもを捧げ奉る」〈源氏・桐壺〉❹声を張り上げる。例「おとど、御声を捧げて泣きののしり給へど」〈栄花・一六〉

ささぐり【小栗】[名]《「ささ」は接頭語》実の小さな栗。柴栗。《季-秋》

ささげもの【捧げ物】[名]❶神仏にささげる物。また、貴人などに献上する物。❷大切な物。例「えもいはずうつくしき姫君、捧げ物にしてかしづき給ふ」〈栄花・一〉

ささごて【捧ごて】《上代東国方言》捧げて。例「旅は行くとも捧ごて行かむ」〈万葉・二〇・四三二五〉

ささして【然然して】具体的に詳細に述べるべきことを省いていうときに用いる語。これこれの事情で。例「ささしてものしたりしかど、出でずなりにき」〈蜻蛉・中〉

ささたけの【ささ竹の】[枕詞]宮中を「竹の園生」というところから宮中に関係する「大内山」「大宮人」に、また竹の「節」というところから同音の「よ」にかかる。例「ささ竹の大宮人の」〈拾遺愚草〉

さざなみ【細波・小波】[名]《古くは「ささなみ」》風によって生じる細かい波。

ささなみの【楽浪の・細波の・小波の】[枕詞]上代では琵琶湖西南岸にある古い地名「楽浪」から、「志賀」「大津」「長等」「比良」などに付いて枕詞的に用いられた。平安以降は小さく細かく立つ波が寄る意から「寄る」や同音の「夜」に、波が「文」をなすところから「あや」や同音を含む「あやし」にかかる。後世、濁って「さざなみ」となる。例「楽浪の志賀津の海人は」〈万葉・七・一二五三〉

〈和歌〉**ささなみのくにつみかみの…【楽浪の国つ御神のうらさびて荒れたる京見れば悲しも】**〈万葉・一・三三・高市黒人〉訳楽浪の地を支配する神の霊威がおとろえて、荒廃したこの都、ここを見ると悲しいことだ。〈参考〉「楽浪」は琵琶湖西南岸地方の古名。

〈和歌〉**ささなみのしがのおほわだ…【楽浪の志賀の大わだ淀むとも昔の人にまたも逢はめやも】**〈万葉・一・三一・柿本人麻呂〉訳楽浪の、志賀

の大きな入り江が昔同様どんなに淀んだとしても、ここでまた昔の大宮人に、ふたたびめぐり会うことができようか、いやできはしない。
〈参考〉「楽浪」は琵琶湖西南岸地方の古名。荒都となった近江大津宮の近くを通った人麻呂が昔日の繁栄をしのんで作った歌。

〔和歌〕**ささなみのしがのからさき…【楽浪の志賀の唐崎幸くあれど大宮人の船待ちかねつ】**〈万葉・一・三〇・柿本人麻呂〉訳楽浪の、志賀の唐崎は昔のまま変わらずにあるが、この地でいくら待っても、大宮人の舟はもはややってはこないのだ。
〈参考〉「楽浪」は琵琶湖西南岸地方の古名。「志賀の唐崎」は滋賀県大津市下坂本町唐崎。

ささなみのやしふ【泊洦舎集】ササナミノヤシュウ［作品名］江戸後期(一八五九刊行)の私家和歌集。清水浜臣作。子の光房編。長歌・文章を除く浜臣の全作品を集成した家集で、千百余首を収める。

さざなみや【細波や・小波や】［枕詞］(「ささなみや」とも)琵琶湖西南岸一帯を古く「さざなみ」といったことから付近の地名「志賀」「大津」に、また波が寄る意から「寄る」や同音の「夜」に、波の「文」の意から同音を含む「あやし」にかかる。例「さざなみや志賀の都はあれにしを」〈千載・春上・六六〉訳→〔和歌〕さざなみや…

〔和歌〕**さざなみや…【さざなみや志賀の都はあれにしを昔ながらの山桜かな】**〈千載・春上・六六・よみ人しらず〉訳(さざなみや)志賀の古い都はすっかり荒れ果ててしまったが、昔と変わらず美しく咲いている長等の山桜であるよ。
〈参考〉「さざなみや」は、「志賀」の枕詞。「昔ながら」は「長等(山)」をかける。

〔和歌〕**ささのはは…【笹の葉はみ山もさやにさやげども我は妹思ふ別れ来ぬれば】**〈万葉・二・一三三・柿本人麻呂〉訳ササの葉はこの神々しい山全体にさやさやと音を立てて騒いでいるけれども、そんなことにはかまわず、私はひたすらにあの子を思う。別れて来てしまったので。

ささはら【笹原】［名］笹の茂った原。

ささ・ふ【支ふ・障ふ】ササ(ソウ)［他ハ下二］{へ・へ・ふ・ふる・ふれ・へよ}❶支える。持ちこたえる。❷防ぐ。阻む。食い止める。例「土肥次郎実平二千余騎でささへたり」〈平家・九・木曾最期〉

ささへこさへ【支へこさへ】ササエコサエ［名］(近世語。「こさへ」は語調を整えるために付け加えた語)邪魔をすること。例「かういへば大膳が一はなだって(=マッ先に)、ささへこさへする様なれど」〈浄・新薄雪物語〉

ささめ【莎草】［名］蓑などをつくるため、刈り取って乾かしたカヤやスゲの類。

さざめか・す［他サ四］{さ・し・す・す・せ・せ}(「ざざめかす」とも)ざわざわと音や声を立てる。例「草摺り長にざざめかし」〈盛衰記・三〉

ささめきあ・ふ【ささめき合ふ】ササメキアウ［自ハ四］{は・ひ・ふ・ふ・へ・へ}ささやき合う。例「『誰が御ためもいとほしく』とささめきあへり」〈源氏・総角〉

ささめきごと【私語】［名］「ささめごと」に同じ。

ささめ・く［自カ四］{か・き・く・く・け・け}❶ささやく。例「他の朝廷の例まで引き出で、ささめき嘆きけり」〈源氏・桐壺〉❷こっそりうわさをする。例「ありがたき世語りにぞささめきける」〈源氏・真木柱〉

さざめ・く［自カ四］{か・き・く・く・け・け}「ざざめく」に同じ。

ざざめ・く［自カ四］{か・き・く・く・け・け}(「さざめく」とも)ざわざわと音や声を立てて騒ぐ。例「兵者どもの四五百騎ざざめいてうちかへりけるなかに」〈平家・四・宮御最期〉
(音便)「さざめい」は「さざめき」のイ音便。

ささめごと【私語】［名］ひそひそ話。=私語

ささめごと［作品名］室町後期(一四六三成立)の連歌論書。心敬著。創作のあるべき態度を問答体で記したもの。

ささやか［・なり］【細やか】［形動ナリ］{なら・なり(に)・なり・なる・なれ・なれ}(「やか」は接尾語)❶物が細くて小さなさま。こぢんまりとしているさま。例「ささやかなる家の、木立などよしばめるに」〈源氏・花散里〉❷人が細く小さいさま。小柄なさま。例「ささやかなる童ひとりを具して」〈徒然・四四〉

ささやけびと【細やけ人】［名］小柄な人。

ささら-【細ら】［接頭］「ささ(細)」に同じ。

ささら【簓・編竹・編木】［名］❶楽器の一種。長さ三〇センチメートルほどの竹を細かく割ってたばねた物。これと簓子(表面にのこぎりの歯のような刻み目をつけた細い棒)とをすり合わせて音を出す。古くは田楽などに用いられ、のち、歌祭文や獅子舞などの拍子取りに用いられた。❷田楽などに用いた楽器の一種。薄い小板を重ね並べて一端を紐でとじたもの。紐の両端を引っ張ると、板が打ち合って音が出る。=編木子

ささらえをとこ【ささらえ壮士】ササラエオトコ［名］(「ささら」は美称。「えをとこ」は愛すべき男の意)月の別名。(季-秋)

ささらがた【細ら形・細紋形】［名］小さな文様。また、小さな文様の織物。

さざら・ぐ［自ガ四］{が・ぎ・ぐ・ぐ・げ・げ}さらさらと音をたてて流れる。例「心地よげにさざらぎ流れし水も」〈更級〉

ささらすり【簓摺り】［名］「簓①」を鳴らして田楽などに興ずること。また、簓を鳴らして芸を演じつつ、金品を乞い歩くこと。また、その人。

ささらなみ【細ら波】［名］(「さざらなみ」とも)「さざれなみ」に同じ。

ささらのこ【簓の子】［名］表面に刻み目をつけた細い棒。簓①」とすり合わせて音を出す。

ささらをぎ【細ら荻】ササラオギ［名］小さな荻。一説に、小さな葦のこととも。

ささりんだう【笹竜胆】ササリンドウ［名］❶リンドウ・カラタナバナ ハナミョウガなどの別称。(季-秋)。❷①の花と葉を図案化した紋所の名。

さざれ-【細れ】［接頭］「ささ(細)」に同じ。

さざれいし【細れ石】［名］(「さざれし」とも)小さな石。小石。

さざれいし【さざれ石】［作品名］室町時代の御伽草子。作者・成立年未詳。薬師如来の霊験譚で、祝言性が濃い作品。

さざれし【細れ石】［名］「さざれいし」に同じ。

さざれなみ【細れ波】一［名］小さく立つ波。さざ波。二［枕詞］さざ波が立つ意から「立つ」に、また間断なく立つ意から「間なく」「しきて」「やむ時もなし」に、

波が磯を越える意から「越道」にかかる。例「**さざれ波**立ちても居ても」〈万葉・一七・三九九三長歌〉

さざれみづ【細れ水】〔名〕さらさらと音を立てて流れる浅い水。

ささわ・く【笹分く】〔他カ下二〕{け・け・く・くる・くれ・けよ}笹の生い茂る間を押し分ける。例「秋の野に**笹分け**しあさの袖よりも」〈古今・恋三・六二二〉

〔俳句〕**ささをりて…【笹折りて白魚のたえだえ青し】**〈東日記・才麿〉訳笹の葉を折り敷いて新鮮な白魚をのせると、下の笹の青い色がところどころ透けて見えることだ。（季-白魚-春）

さし-【差し】〔接頭〕（動詞に付いて）意味を強め、語調を整える。「**差し**曇る」「**差し**仰ぐ」「**差し**集ふ」「**差し**置く」など。

-さし〔接尾〕❶（動詞の連用形に付いて）その動作が中断されている意の名詞を作る語。…かけ。「食ひ**さし**」「飲み**さし**」など。❷相撲・舞などの回数を数えるのに用いる語。例「一**さし**舞ひ候へ」〈謡・熊野〉

さし【城】〔名〕《古代朝鮮語か》城。城郭。

さ・し【狭し】〔形ク〕{から・く(かり)・し・き(かる)・けれ・かれ}狭い。小さい。例「天地は広しといへど我がためは**狭く**やなりぬる」〈万葉・五・八九二長歌〉訳→〈和歌〉かぜまじり…

-ざし【差し】〔接尾〕（名詞に付いて）その物の状態・姿を表す語。「面**差し**」「眼**差し**」「枝**差し**」など。

さしあが・る【差し上がる】〔自ラ四〕{ら・り・る・る・れ・れ}《「さし」は接頭語》のぼる。例「朝日の、はなばなと**さし上がる**ほどに」〈枕・関白殿、二月二十一日に〉

さしあ・ぐ【差し上ぐ】〔他ガ下二〕{げ・げ・ぐ・ぐる・ぐれ・げよ}《「さし」は接頭語》❶高く掲げる。高く上げる。例「蔀**さしあ・げたる**ところに宿りて」〈蜻蛉・上〉❷声を大きくする。例「細くらうたげなる声を**さしあ・げて**」〈宇治拾遺・九・七〉❸《「贈る」の謙譲語》献上する。さしあげる。例「『五条大納言殿へ』とて**さしあ・げたり**」〈平家・四・還御〉

さしあし【差し足】〔名〕音を立てないよう、つま先立って歩くこと。

さしあたりて【差し当たりて】〔副〕さしあたって。現在のところ。当面。例「**さしあたりて**世のおぼえはなやかなる御方々にもいたう劣らず」〈源氏・桐壺〉

さしあた・る【差し当たる】〔自ラ四〕{ら・り・る・る・れ・れ}❶（光などが）直接に当たる。❷《「さし」は接頭語》直面する。当面する。例「**さし当た・り**たるただ今のことよりも」〈源氏・若菜・上〉

さしあ・つ【差し当つ】〔他タ下二〕{て・て・つ・つる・つれ・てよ}《「さし」は接頭語》❶直接に当てる。押し当てる。例「〔氷ヲ〕頭にうち置き、胸に**さし当・て**など」〈源氏・蜻蛉〉❷任務に当てる。任命する。例「宿直に**さし当・て**などしつつ」〈源氏・浮舟〉❸はっきりとねらいをつける。例「貞盛喬より走り寄りて最中を**差しあ・てて**射つ」〈今昔・二九・五〉

さしあは・す【差し合はす】〔他サ下二〕{せ・せ・す・する・すれ・せよ}《「さし」は接頭語》❶心や調子を合わせる。例「御心を**さしあは・せ**てのたまはむ」〈源氏・行幸〉❷重ね合わせる。同時に行う。例「〔姉妹タチノ婚礼ヲ〕**さしあは・せ**てはうたてしたり顔ならむ」〈源氏・竹河〉

さしあひ【差し合ひ・指し合ひ】〔名〕❶さしつかえ。不都合。❷他人の前で遠慮すべき言動。❸連歌・俳諧で、同種・類似のことばが規定以上に近づいて用いられていること。また、それを禁じた規定。

さしあ・ふ【射し合ふ】〔自ハ四〕{は・ひ・ふ・ふ・へ・へ}映り合う。輝き合う。例「山際よりさし出づる日の、はなやかなるに、**さしあ・ひ**」〈源氏・若菜・上〉

さしあ・ふ【差し合ふ】〔自ハ四〕{は・ひ・ふ・ふ・へ・へ}《「さし」は接頭語》❶出会う。行き会う。例「車なども例ならでおはしますに、**さしあ・ひて**、押しとどめて立てたれば」〈源氏・東屋〉❷一つになる。集まる。例「〔権力者ガ〕大方のこと行ひためれば、人々多く**さしあ・ひた**り」〈蜻蛉・上〉❸さらに加わって盛んになる。例「方々の大臣たち、この大将の御勢ひさへ**さしあ・ひ**」〈源氏・真木柱〉❹重なってさしつかえる。例「これかれ誘ひけるを、**さしあ・ふ**ことありて留まりて」〈新古今・雑上・一四七三詞書〉

さしあ・ふ【指し合ふ】〔他ハ四〕{は・ひ・ふ・ふ・へ・へ}❶互いに指摘し合う。非難し合う。例「山賊と海賊と寄り合ひて、互ひに犯科の得失を**指し合・ふ**がごとし」〈太平記・二七〉❷互いに注ぎ合う。例「美き酒にてありければ、三人**指し合・ひて**」〈今昔・一九・二二〉

さしあふぎ【指し扇】〔名〕❶扇をかざして顔を隠すこと。また、その扇。❷儀式などのときに女官が顔を隠すために使った檜扇。

さしあふ・ぐ【差し仰ぐ】〔自ガ四〕{が・ぎ・ぐ・ぐ・げ・げ}《「さし」は接頭語》あおぐ。上を見る。例「〔カグヤ姫ヲ〕え止むまじければ、ただ**さし仰・ぎ**て泣きをり」〈竹取・かぐや姫の昇天〉

さしあぶら【差し油】〔名〕油皿に灯火用の油をつぎ足すこと。また、その油。

さしあや・す【刺しあやす】〔他サ四〕{さ・し・す・す・せ・せ}刺して血を流す。こぼす。→「あやす」。例「血を**さしあや・し**て琴の名を書きつく」〈宇津保・俊蔭〉

さしあゆ・む【差し歩む】〔自マ四〕{ま・み・む・む・め・め}《「さし」は接頭語》歩く。歩み出る。例「いと近く**さし歩・み**、先立つ（＝追イ越ス）者などを」〈枕・正月に寺に籠りたるは〉

さしいだ・す【差し出だす】〔他サ四〕{さ・し・す・す・せ・せ}《「さし」は接頭語》❶前方や上方に差し出す。例「渡殿の戸口は細き縁なれば、こなたの縁に、こと茵**さし出だ・し**たり」〈枕・淑景舎〉❷送り出す。

さしい・づ【差し出づ】〔一〕〔自ダ下二〕{で・で・づ・づる・づれ・でよ}❶外に出る。現れる。例「はしたなくおぼえはべりて、え**さし出・で**はべらで」〈源氏・橋姫〉《副詞の呼応》「え」→「さし出ではべらで」。《敬語》「おぼえはべりて」「さし出ではべらで」→「はべり」。❷突き出る。例「末摘むはなのいとにほひやかに**さしい・でたり**」〈源氏・末摘花〉❸生まれる。例「同じ光にて**さしい・で**たまへれば」〈源氏・紅葉賀〉❹でしゃばる。出すぎる。例「はしたなきもの。他人を呼ぶに、『我ぞ』と**さし出・でたる**」〈枕・はしたなきもの〉❺光が照り出す。光がさす。例「にはかにいと明るく**さしい・でたれば**」〈源氏・橋姫〉〔二〕〔他ダ下二〕差し出す。例「扇を**さしい・でて**」〈源氏・葵〉

さしいで【差し出で】〔名〕でしゃばり。例「**さし出で**は、童も大人も、いとにくし」〈枕・にくきもの〉

さしいら・ふ【差し答ふ】〔自ハ下二〕{へ・へ・ふ・ふる・ふれ・へよ}《「さし」は接頭語》❶答える。対応する。例「山里びたる若人どもは、さし答・へん言の葉もおぼえで」〈源氏・橋姫〉❷求めに応じて助言する。例「所どころの判ども心もとなきをりをりに、時々さしいら・へたまひける」〈源氏・絵合〉❸横から口出しする。例「『まことに。人は、うち臥しやすむ所のあるこそよけれ。さるあたりには、しげうまゐり給ふなるものを』と、さしいら・へたりとて」〈枕・弘徽殿とは〉

さしいらへ【差し答へ】[名]《「さしらへ」とも》❶返事。応答。例「さるべきことのさしいらへ、繁樹(=人名)もうち覚え侍らんかし」〈大鏡・序〉❷演奏などの相手をすること。例「独り事はさうざうしきに、さし答へしたまへかし」〈源氏・宿木〉

さしい・る【差し入る】㊀[自ラ四]{ら・り・る・る・れ・れ}❶《「射し入る」とも書く》光が差し込む。例「簾をいと高う上げたれば、奥まで射し入・りたる月に」〈枕・十二月二十四日、宮の御仏名の〉❷《「さし」は接頭語》中へ入る。例「門前にて車よりおり、門の内へさし入・り給へば」〈平家・三・法皇被流〉㊁[他ラ下二]{れ・れ・る・るる・るれ・れよ}《「さし」は接頭語》中へ入れる。例「燕の巣に手をさし入・れさせてさぐるに」〈竹取・燕の子安貝〉

さしう・く【差し受く】[他カ下二]{け・け・く・くる・くれ・けよ}《「さし」は接頭語》受ける。例「酒を出だしたれば、さし受・け、よよと(=グイグイト)飲みぬ」〈徒然・八七〉

さしお・く【差し置く・差し措く】[他カ四]{か・き・く・く・け・け}《「さし」は接頭語》❶置く。例「(手紙ヲ)さしお・きてやがて物しね(=帰ッテ来ナサイ)」〈蜻蛉・中〉❷そのままにしておく。例「人は万をさしお・きて、ひたふるに徳をつくべきなり」〈徒然・二一七〉

さしおどろか・す【差し驚かす】[他サ四]{さ・し・す・す・せ・せ}《「さし」は接頭語》驚かせる。例「まだ見ぬ御さまなりけれど、いと著く思ひあてられたまへる御側目を見すぐさでさしおどろか・しけるを」〈源氏・夕顔〉

さしおろ・す【差し下ろす】[他サ四]{さ・し・す・す・せ・せ}《「さし」は接頭語》その方に向けておろす。さげる。例「簀の子の端に足をさし下ろ・しながら」〈源氏・手習〉

さしか・く【差し掛く】[他カ下二]{け・け・く・くる・くれ・けよ}❶杯をさしむける。例「酒など取りいでたれば、土器をさしか・けられなどする」〈蜻蛉・下〉❷上から覆う。上からかざす。

さしかく・す【差し隠す】[他サ四]{さ・し・す・す・せ・せ}《「さし」は接頭語》(扇や袖をかざし)顔などを覆って隠す。例「扇をつとさし隠・したれば、顔は見えぬほど」〈源氏・宿木〉

さしかた・む【差し固む】[他マ下二]{め・め・む・むる・むれ・めよ}❶《「鎖し固む」とも書く》門や戸などをしっかり閉ざす。例「宮門をさしかた・めて」〈紀・用明〉❷《「さし」は接頭語》厳重に警備する。例「衣が関を隔てて南部口をさしかた・め」〈おくのほそ道・平泉〉❸《「さし」は接頭語》厳重に身ごしらえする。

さしかは・す【差し交はす】[他サ四]{さ・し・す・す・せ・せ}交互に交える。交差させる。例「柏木と楓との、ものよりけに若やかなる色して枝さしかは・したるを」〈源氏・柏木〉

さしか・ふ【差し交ふ】[他ハ下二]{へ・へ・ふ・ふる・ふれ・へよ}差し交わす。交差させる。例「白たへの翼さし交・へて打ち払ひ」〈万葉・一五・三六二五長歌〉

さしかへ・る【差し返る】[自ラ四]{ら・り・る・る・れ・れ}岸に着いた船がすぐ引き返す。例「舟ただ一つにて、多くの人の往き来に、さしかへ・るひまもなし」〈十六夜〉

さしからかさ【差し傘】[名]手で差す傘。差し傘。から傘。

さじき【桟敷】[名]❶《「さんじき」とも》見物のため、一段高く作られた観覧席。❷《近世語》劇場や相撲小屋などで、一段高く作られた客席。

ざしき【座敷】[名](昔の建物の床は板敷きで、そこに畳や円座などを敷いて座ったところから)❶畳や円座などを敷いて、人が座るようにした場所。また、客間。❷居所。❸宴席。会席。

さしぎちゃう【差し几帳】[名]貴人の婦人が外出の際、顔を隠すために左右の従者に持たせた几帳。=几帳②

ざしきのう【座敷能】[名]座敷で演じる略式の能。

さじきや【桟敷屋】[名]「桟敷」に屋根をつけた建物。

さしぐし【挿し櫛】[名]女性が飾りとして髪にさす櫛。毛髪を整えるための櫛に対していう。

さしぐみに[副]《「さしくみに」とも》いきなり。不意に。例「さしぐみに袖ぬらしける山水にすめる心は騒ぎやはする」〈源氏・若紫〉

さしく・む【差し汲む】[他マ四]{ま・み・む・む・め・め}(水などを)手を伸ばしてくむ。例「雲ゐよりこちくの声を聞くなべにさしく・むばかり見ゆる月かげ」〈蜻蛉・中〉

さしぐ・む【差し含む】[自マ四]{ま・み・む・む・め・め}《古くは「さしくむ」》涙がわいてくる。涙ぐむ。例「さしぐ・むものは涙なりけり」〈後撰・恋四・八一三〉

さしくも・る【差し曇る】[自ラ四]{ら・り・る・る・れ・れ}《「さし」は接頭語》くもる。例「まだ夜深きほどの月さしくも・り、木の下をぐらきに」〈紫式部日記〉

さしく・る【差し呉る】[他ラ下二]{れ・れ・る・るる・るれ・れよ}《「さし」は接頭語》馬の手綱をゆるめる。例「伏し木(=倒レタ木)・悪所(=道ノケワシイ所)をきらはず、さしく・れてこそ歩ませけれ」〈曾我・一〉

さしこ【刺し子】[名]厚い綿布をさらに強くするために、二枚重ねて糸で細かく縫い合わせたもの。武術の稽古着や消防服などに用いた。

さしこ・す【差し越す】[自サ四]{さ・し・す・す・せ・せ}《「さし」は接頭語》上を越えて前方へ出る。例「聖人の礼が入りて低し臥したる上より差し越・して、弓を強く引きて射たれば」〈今昔・二〇・一三〉

さしこ・む【差し込む・指し込む】{ま・み・む・む・め・め}㊀[自マ四]❶《「さし」は接頭語》込み合う。例「女房もさしこ・みて臥したる」〈源氏・横笛〉❷《「射し込む」とも書く》光や水が入り込む。❸そばから口出しする。干渉する。例「北の方に差し込・まれ」〈浄・天鼓〉❹胸や腹などがひどく病む。例「そのやうに差し込・むなら、薬はないがその替はり」〈伎・小袖曾我薊色縫〉㊁[他マ四](狭い所に)押し込む。例「名書きもなき文ひとつ懐にさし込・み」〈浮・好色一代男〉

さしこ・む【鎖し籠む】[他マ下二]{め・め・む・むる・むれ・めよ}門や戸などを固く閉じる。閉じこめる。例「鎖し籠・めて、守り戦ふべきしたくみ(=計画)をしたりとも」〈竹取・かぐや姫の昇天〉

さしこも・る【鎖し籠る】[自ラ四]{ら・り・る・る・れ・れ}門や戸などを閉じて、引きこもる。例「天の岩屋戸を開

きて、さしこも・り坐しき」〈記・上〉

さしこ・ゆ【差し越ゆ・差し超ゆ】［自ヤ下二］{え・え・ゆ・ゆる・ゆれ・えよ}《「さし」は接頭語》差しおく。順序を越えて前に出る。例「新参の、さし超・えて、物知り顔に教へやうなる言といひ、後ろ見たる(=世話ヲヤク)、いとにくし」〈枕・にくきもの〉

さしさば【刺し鯖】［名］《近世語》背開きにしたサバを塩漬けにし、二枚を重ねて一刺しにしたもの。盆の贈答品などに用いた。(季−秋)

さししほ【差し潮】［名］「いりしほ②」に同じ。

さししりぞ・く【差し退く】［自カ四］{か・き・く・く・け・け}《「さし」は接頭語》うしろに下がる。あとずさりする。例「竜田姫の思はんこともあるを、さし退・きて、花の蔭に立ち隠れてこそ強き言とは出で来め」〈源氏・少女〉

さしすが・ふ【差し次ふ】［自ハ四］{は・ひ・ふ・ふ・へ・へ}《「さし」は接頭語》すぐあとに続く。匹敵する。例「二の宮また、いとうつくしうて、さしすが・ひておはします」〈栄花・三〉

さしすぎびと【差し過ぎ人】［名］差し出がましい人。出過ぎたことをする人。

さしす・ぐ【差し過ぐ】［自ガ上二］{ぎ・ぎ・ぐ・ぐる・ぐれ・ぎよ}《「さし」は接頭語》❶度を超える。程度が過ぎる。＝差し過ぐす。例「始めよりありのままにはさし過・ぎて言ひ散らし」〈平家・二・西光被斬〉❷通り過ぎる。例「明日の社ふしをがみ、佐野の松原さし過・ぎて」〈平家・一〇・熊野参詣〉

さしすぐ・す【差し過ぐす】［自サ四］{さ・し・す・す・せ・せ}《「さし」は接頭語》「さしすぐ①」に同じ。

さしそ・ふ【差し添ふ】［自ハ四］{は・ひ・ふ・ふ・へ・へ}❶《「さし」は接頭語》つき従う。添う。例「あはれにこまかなる御思ひさしそ・ひて」〈夜の寝覚〉❷光が差し映える。例「花の色に光さしそ・ふ春の夜ぞ」〈千載・春上・七三〉

さしぞへ【差し添へ】［名］大刀に差し添える短い刀。脇差し。

さしたる［連体］❶特別な。重要な。これと思い定めた。例「さしたることとなん言はむと思ふ」〈宇治拾遺・一四・六〉《係結び》「なん」→言はむ(体)」。❷(下に打消の語を伴って)とくにこれといった。とくに重要な。たいした。例「さしたる御事候はぬ間」〈平家・三・土佐房被斬〉《敬語》「候はぬ」→「さうらふ」

発展学習ファイル　「さしたる」の語構成は、副詞「さ」＋サ変動詞「す」の連用形＋完了の助動詞「たり」の連体形とする説と、四段動詞「指す」の連用形＋完了の助動詞「たり」の連体形とする説がある。

さしちが・ふ【刺し違ふ】［自ハ下二］{へ・へ・ふ・ふる・ふれ・へよ}互いに刀で刺し合う。

さしちが・ふ【差し違ふ】［他ハ下二］{へ・へ・ふ・ふる・ふれ・へよ}《「さし」は接頭語》入れ違いにする。互い違いにする。交差させる。例「三尺の御几帳一双をさし違・へて」〈枕・関白殿、二月二十一日に〉

さしづ【指図・差図】［名］❶図面、絵図、地図、見取り図、設計図など。例「いくらも差図を画きて、家作るべきあらましをす」〈発心集〉❷見積もり。見立て。推測。❸指示。命令。いいつけ。

さしつかは・す【差し遣はす】［他サ四］{さ・し・す・す・せ・せ}《「さし」は接頭語》派遣する。例「今井四郎兼平八百余騎でさしつかは・す」〈平家・九・生ずきの沙汰〉

さしつぎ【差し次ぎ】［名］次に続くもの。また、次の位置。例「まだ童にて、秋風楽舞ひたまへるなむさしつぎの見物なりける」〈源氏・紅葉賀〉

さしつ・く【差し着く】㊀［自カ四］{か・き・く・く・け・け}(棹をさして船が岸に)着く。到着する。例「かの岸(=向コウ岸)にさし着・きて下りたまふに」〈源氏・浮舟〉㊁［他カ下二］{け・け・く・くる・くれ・けよ}(棹をさして船を岸に)着ける。例「岸にさし着・くるほど見れば」〈源氏・澪標〉

さしつ・く【差し付く】［他カ下二］{け・け・く・くる・くれ・けよ}《「さし」は接頭語》つける。押し当てる。押しつける。突きつける。例「〔寒イノデ〕首は引き入れて行けば、〈松明ノ〉先はさしつ・けつばかりなるに」〈枕・内裏の局〉

さしつ・ぐ【差し次ぐ】［自ガ四］{が・ぎ・ぐ・ぐ・げ・げ}《「さし」は接頭語》次ぐ。後に続く。例「この院、大殿にさしつ・ぎたてまつりては」〈源氏・若菜・下〉

さしつづ・く【差し続く】《「さし」は接頭語》㊀［自カ四］{か・き・く・く・け・け}引き続く。ずっと続く。例「内裏の御物忌みさしつづ・きて」〈源氏・帚木〉㊁［他カ下二］{け・け・く・くる・くれ・けよ}ひまなく続ける。ずっと続ける。例「旗をさしつづ・けて、六波羅をさして雲霞のごとくたなびき入るに」〈増鏡・月草の花〉

さしつど・ふ【差し集ふ】［自ハ四］{は・ひ・ふ・ふ・へ・へ}《「さし」は接頭語》寄り集まる。例「三、四人さし集・ひて、絵など見るもあめり」〈枕・宮にはじめてまゐりたる頃〉語構成「見るもあめり」→「あめり」

さしつ・む【差し詰む】{め・め・む・むる・むれ・めよ}《「さし」は接頭語》㊀［自マ下二］❶思い詰める。切羽詰まった状態になる。例「『この御返事を大神宮の仰せと思ひ候はんずるなり』と、さしつ・めて仰せられたりけるたび」〈愚管抄〉❷弓に矢を次々とつがえる。例「鎧の袖・草摺り・冑の鉢とも言はず、さし詰・めて思ふ様に射けるに」〈太平記・一〉㊁［他マ下二］追い詰める。例「三郎は、力まさりけれども、くまんとのみにて、さしつ・めむすべば」〈曾我・一〉

さしつめひきつめ【差し詰め引き詰め】矢を次から次へと弦につがえて、手早く射るさま。例「矢をさしつめひきつめさんざんに射る」〈平家・四・橋合戦〉

さして［副］❶とくに。とりわけ。例「鎌倉殿にさして申すべき大事ども候ふ」〈平家・三・泊瀬六代〉❷(下に打消の語を伴って)たいして。そんなに。これといって。例「さして異なる事なき夜、うち更けて参れる人の」〈徒然・一九一〉

さしでのいそ【差し出の磯】海や川などに突き出している磯。岬。甲斐国の歌枕(いまの山梨県山梨市、笛吹川西岸の地)とも。

さしと・む［他マ下二］{め・め・む・むる・むれ・めよ}㊀【差し止む】棹をさして船を停泊させる。例「今日は難波に舟さしと・めて」〈源氏・澪標〉㊁【刺し留む】突き刺して動かないようにする。刺し殺す。例「すはといはば刺し留・めんとひぐちくつろげてまもりゐたるに」〈椿説弓張月・前〉㊂【鎖し留む】門や戸を閉めて中にとじこめる。例「さしと・むるむぐらやしげき東屋のあまりほどふる雨そそきかな」〈源氏・東屋〉

さしとら・す【差し取らす】［他サ下二］{せ・せ・す・する・すれ・せよ}

（「さし」は接頭語）受け取らせる。例「私の人（＝私的ナ知人）にや艶なる文（＝恋文）はさし取ら・する」〈源氏・浮舟〉

さしながら【然しながら】[副]❶そのまま。そのまますべて。例「この御族、君達、女たちさしながら御容貌いと清らなり」〈宇津保・内侍のかみ〉❷さながら。あたかも。例「大空にむれたる鶴のさしながら思ふ心のありげなるかな」〈拾遺・賀・二八四〉

さしなは【差し縄・指し縄】[名]❶馬の口につけて、引いたりつないだりする縄。差し綱。➡[古典参考図]武装・武具〈1〉。❷罪人を捕縛するための縄。捕り縄。

さしなべ【さし鍋】[名]（「さすなべ」とも）弦状の柄のついた、注ぎ口のある鍋。

さしなほ・す【差し直す】[他サ四]❶改めて正しく差す。きちんとしめ直す。例「紐ばかりをさしなほ・したまふ」〈源氏・葵〉❷（「さし」は接頭語）直す。正しくする。例「僻事（＝間違ッタ事）ぞ多からんかし、そはさし直・し給へ」〈増鏡・序〉

さしなら・ぶ【差し並ぶ】（「さし」は接頭語）一[自バ四]並ぶ。例「さし並・びたまへらんはしも、あはひめでたしかし」〈源氏・胡蝶〉二[他バ下二]並べる。例「この殿の姫君の御かたはらには、これ（＝薫）をこそさし並・べて見め」〈源氏・竹河〉

指貫　外孫敦成親王の五十日の祝いの夜、指貫姿の藤原道長は、若君のための歌を紫式部と宰相の君に所望。式部は見事な歌を献ずる。（紫式部日記絵詞）

さしになひ【差し担ひ】[名]《近世語》棒に通した荷物を、前後二人でかつぐこと。＝差し

さしぬき【指貫】[名]《裾のまわりにひもを通して「指し貫く」ものの意》男性が、衣冠・布袴・直衣・狩衣などを着るときに、衣の上にはく袴。裾のまわりにひもを通して、くるぶしのところでくくる。＝奴袴

〔俳句〕**さしぬきを…**【指貫を足でぬぐ夜や朧月】〈自筆句帳・蕪村〉訳ほろ酔い気分で帰ってきた貴公子が、着物を脱ぐのもおっくうで指貫を足で踏み脱いでいる春の夜、空には優婉な朧月が物憂いようすでかかっている。（季－朧月－春）

さしぬ・ふ【差し縫ふ】[他ハ四]（「さし」は接頭語）縫う。例「あざやかなる花の色々、似つかはしからぬをさし縫・ひつつ」〈源氏・総角〉

さしぬら・す【差し濡らす】[他サ四]（「さし」は接頭語）濡れるようにする。濡らす。例「御硯にさし濡ら・して」〈源氏・鈴虫〉

さしの・く【差し退く・差し除く】（「さし」は接頭語）一[自カ四]❶離れる。退く。例「差しの・きて喬みて居ぬ」〈今昔・二四・四〉❷関係が離れる。疎遠になる。例「さしの・きたる人々の心地だに、いといみじうあはれに悲しきに」〈栄花・二五〉二[他カ下二]立ち退かせる。離れさせる。例「［牛車ヲ］みなさし退・けさする中に」〈源氏・葵〉

さしのぞ・く【差し覗く】一[自カ四]（「さし」は接頭語）立ち寄る。顔を出す。例「七日ばかりの昼、さしのぞ・きたり」〈蜻蛉・中〉二[他カ四]のぞく。のぞいて見る。例「狐、人のやうについ居てさし覗・きたるを」〈徒然・二三〇〉

さしのぼ・す【差し上す】[他サ下二]（「さし」は接頭語）❶上の方にあげる。❷上京させる。例「数万騎の軍兵をさしのぼ・せられけるが」〈平家・九・生ずきの沙汰〉

さしのぼ・る【差し昇る】[自ラ四]（「さし」は接頭語）❶（太陽や月が）のぼる。さしのぼる。❷（川などを）さかのぼる。例「かくて、さしのぼ・るに、東の方に山の横ほれるを見て」〈土佐〉

さしは【翳】[名]鳥の羽や薄絹などを張った、柄の長い団扇状のもの。即位式や朝賀の儀式、貴人の外出などに、貴人の顔を隠すため左右からかざした。

さしは・く【差し佩く】[他カ四]（「さし」は接頭語）❶足にはく。例「縫ひし黒沓さしは・きて」〈万葉・一六・三七九一長歌〉❷刀などを腰に差す。

さしはさ・む【差し挿む・差し挟む】[他マ四]❶間に入れる。差し込む。例「その生める子をば、木の俣にさし挟・みてかへりき」〈記・上〉❷（「さし」は接頭語）心の中にもつ。例「悪心をさしはさ・み謀反を起こして」〈義経記・一〉

さしはづ・す【差し外す】[他サ四]❶さし損なう。例「渡し守が孫の童、棹をさしはづ・して」〈源氏・浮舟〉❷（「さし」は接頭語）はずす。例「はげたる矢をさしはづ・し」〈保元・中〉

さしはな・つ【差し放つ】[他タ四]（「さし」は接頭語）遠ざける。ほうっておく。例「見ては、うち笑まれぬべきさまのしたまへれば、えさし放・ちたまはず」〈源氏・桐壺〉

さしはな・る【差し離る】[自ラ下二]（「さし」は接頭語）（距離や気持ちなどが）離れる。隔たる。例「花・紅葉などさし離・れて、玉虫多く住む榎二樹あり」〈宇津保・国譲・中〉

さしは・ふ【指し延ふ】[自ハ下二]わざわざする。とくに、目指す。例「さしは・へたる御文にはあらで」〈源氏・空蝉〉

さしひた・す【差し浸す】[他サ四]（「さし」は接頭語）水などに浸す。例「泉には手足さし浸・して」〈徒然・一三七〉

さしぶ【烏草樹】[名]木の名。シャシャンボ。夏、花が咲き、秋、実が黒紫に熟す。実は食用。＝烏草樹の木

さしぶのき【烏草樹の木】[名]「さしぶ」に同じ。

さ

さしへだ・つ【差し隔つ】[他タ下二]{て・て・つ・つる・つれ・てよ}《「さし」は接頭語》間を隔てる。例「短き几帳を、仏の御方に**さし隔・てて**」〈源氏・総角〉

さしほこらか・す【差し誇らかす】[他サ四]{さ・し・す・す・せ・せ}(刀などを)誇らしげに差す。＝差し誇らす。例「(大キナ刀ヲ)**さしほこらか・し**たりけるが」〈盛衰記・一〉

さしほら・す【差し誇らす】[他サ四]{さ・し・す・す・せ・せ}「さしほこらかす」に同じ。

さしま・く【差し纏く】[他カ四]{か・き・く・く・け・け}《「さし」は接頭語》巻きつける。例「真玉手玉手(＝美シイ手)**さしま・き**」〈記・上〉

さしま・く【差し任く】[他カ下二]{け・け・く・くる・くれ・けよ}《「さし」は接頭語》任じる。任命する。例「**さしま・くる**心障らず(＝違ワズ)」〈万葉・一九・四一六四長歌〉

さしまさ・る [自ラ四]{ら・り・る・る・れ・れ} 一【差し勝る】❶《「さし」は接頭語》いっそうまさる。例「菰のこのみや**さしまさ・るらむ**」〈古今著聞・六三二〉 ❷(木の枝などが)伸びていよいよ茂る。例「ややもせば枝**さしまさ・る**このもとに」〈宇津保・楼の上・下〉 二【鎖し増さる】いっそう固く閉ざす。例「うらみわび胸あきがたき冬の夜にまた**鎖しまさ・る**関の岩門」〈源氏・夕霧〉

さしまじら・ふ【差し交じらふ】[自ハ四]{は・ひ・ふ・ふ・へ・へ}《「さし」は接頭語》人々と交際する。(宮中に)出仕する。例「**さしまじら・は**せ、世のありさまも見せならはさまほしう」〈枕・生ひ先なく〉

さしまじ・る【差し交じる】[自ラ四]{ら・り・る・る・れ・れ}《「さし」は接頭語》❶交じり合う。例「『いかにのたまはむとすらむ。いかに答へやらむ』とは、**さし交じ・り**つつおぼゆる」〈夜の寝覚〉 ❷人と交際する。例「をかしき方なども遠きが、さすがに人に**さしまじ・り**、心などのあるを」〈枕・成信の中将は、入道兵部卿宮の〉

さしま・す [他サ四]{さ・し・す・す・せ・せ}《「させます」の変化形。「為す」の尊敬語》なさる。例「朝祝ひ**さしま・せ**」〈狂言記・比丘貞〉

さします [助動サ四型]{さしまさ・さしまし(さしまつ)・さします・さします・さしませ・さしませ}尊敬の意を表す。…**なさる**。**お…になる**。例「のうのう、これのは内に居**さします**か」〈狂・花子〉

〈接続〉四段・ナ変活用以外の動詞の未然形に付く。

発展学習ファイル 室町時代に現れ、近世中期ごろ衰退した語。四段・ナ変活用の動詞には「**します**」が付く。

さしまは・す【差し回す・差し廻す】[他サ四]{さ・し・す・す・せ・せ}《「さし」は接頭語》❶回す。例「池の舟に乗せて、中島の松陰**さし廻・す**(＝漕ギ回ス)ほど」〈新古今・賀・七三三詞書〉 ❷(必要な人員や乗り物を)さし向ける。例「車**さしまは・して**」〈蜻蛉・上〉

さしまは・す【鎖し回す】[他サ四]{さ・し・す・す・せ・せ}(戸や門を)閉め切る。屏風などをめぐらす。例「かなたこなたの門どもを**さしまは・して**」〈宇治拾遺・二・九〉

さしむか・ふ【差し向かふ】[自ハ四]{は・ひ・ふ・ふ・へ・へ}《「さし」は接頭語》❶向かい合う。対座する。例「伝へて聞きたるは、**さし向か・ひて**言ふよりもうれし」〈枕・万づのことよりも、情けあるこそ〉 ❷当面する。例「**さしむか・へる**子どもの数多くなりて」〈源氏・少女〉

さしむ・く【差し向く】《「さし」は接頭語》一[自カ四]{か・き・く・く・け・け}その方へ向く。二[他カ下二]{け・け・く・くる・くれ・けよ}❶その方へ向ける。例「後ろを**差し向・け**てぞ休みける」〈太平記・三〉 ❷その方へ行かせる。つかわす。例「九郎をば信濃の人々にそへて、北陸道に**さしむ・けて**」〈保元・中〉

さしむしろ【差し筵】[名]畳の上に重ねて敷く敷物。貴人が着席するのに用いた。

さしめぐら・す【差し廻らす】[他サ四]{さ・し・す・す・せ・せ}《「さし」は接頭語》回らせる。めぐらせる。例「山のめぐりを**さしめぐら・して**」〈竹取・蓬萊の玉の枝〉

さしも [副]《副詞「さ」＋副助詞「し」＋係助詞「も」》❶**そうも**。**そのようにも**。例「わが心あやまちなくて見過ぐさば、さし直してもなどか見ざらむとおぼえたれど、それ**さしも**あらじ」〈源氏・帚木〉《疑問語との呼応》「などか→見ざらむ(体)」。❷(多く下に打消や反語の表現を伴って)**それほど**。**さほど**。例「とふべき人はおとづれもせず、**さしも**あるまじき所々よりもとひつくして」〈蜻蛉・下〉 ❸(多く、逆接で下に続く文脈に用いて)程度がはなはだしいことをいう。**あんなにも**。**こんなにも**。例「御心のたけさ、理の強さ、**さしも**ゆゆしき人にてましましけれども」〈平家・一・願立〉《敬語》「人にてましまし」→「まします」

発展学習ファイル ①は「さ」の指示性がはっきり残っている用法。その指示が文脈上の具体的なものから、語り手の観念的なものになり(②)、やがて指示性そのものが薄れて③のように程度のはなはだしさをいうようになる。しかし、①と②の区別は明確ではない。

さしも [助動特活]{さしも・さしも・さしも・さしも・○・さしめ}尊敬の意を表す。…なさる。お…になる。例「これに居**さしも**たか」〈史記抄〉

〈接続〉四段・ナ変活用以外の動詞の未然形に付く。

発展学習ファイル 室町時代に用いられた語。四段・ナ変活用の動詞には「**しも**」が付く。

さしもぐさ【さしも草】[名]ヨモギの別称。＝させも草

さしもど・く [他カ四]{か・き・く・く・け・け}《「さし」は接頭語》非難する。例「昔より今にいたるまで、人に**さしもど・か**るることはなかりしに」〈古活字本平治・上〉

さしもな・し ❶そうでもない。例「夜鳴くもの、なにもなにもめでたし。乳児どものみぞ、**さしもな・き**」〈枕・鳥は〉 ❷たいしたものでもない。例「**さしもな・き**平城に籠もりて」〈太平記・一七〉

さしもの【指し物・差し物】[名]中世の終わりから近世にかけての武具の一種。戦の際、武将が自分の目印として用いた旗や作りもの。鎧の背面に付けた受け筒に差したり、従者に持たせたりした。

さしや【差し矢】[名]❶矢の一種。「通し矢」などに用いた、木製の矢柄のもの。❷近い目標に向けて真っ直ぐに射る射法。一説に、速射とも。

ざしゃう【座上】[名]《「ざじゃう」とも》❶座の上の方。上座。❷集まりの席上。

さしゃうこく【左相国】[名]「左大臣」の唐名。↔右相国

さしや・る【差し遣る】[他ラ四]{ら・り・る・る・れ・れ}❶《「さし」は接頭語》差し出す。押しやる。例「いとうつくしき御

手をさしや・りたまひて」〈源氏・蜻蛉〉❷棹を差して船を進める。例「君たち誘ひてさしや・りたまふほど」〈源氏・椎本〉

さしゃる［助動特活］{さしやれ（さしやら）・さしやれ（さしやり）・さしやる・さしやる・さしやれ・さしやれ（さしやい）}《「させらる」の変化形》尊敬の意を表す。…なさる。→「しゃる」。例「これ見さしゃれ。何もない。何もない」〈浄・女殺油地獄〉訳これごらんなされ。何もない。何もない。〈接続〉四段・ナ変以外の活用の動詞の未然形に付く。

発展学習ファイル 活用は下二段型であったが、のちにラ行四段活用にも活用して、混じっていった。

さしゃんす［助動特活］{さしゃんせ・さしゃんし・さしゃんす・さしゃんす・さしゃんすれ・さしゃんせ}《近世語。尊敬の助動詞「さしゃる」の連用形「さしゃれ（さしゃり）」＋丁寧の助動詞「ます」＝「さしゃれます（さしゃります）」の変化形》尊敬・丁寧の意を表す。お…なさいます。「さしゃる」「さっしゃる」よりやや敬度が高い。→「しゃんす」。例「ああ怪我さしゃんすな」〈浄・女殺油地獄〉訳ああ、お怪我なさいますな。〈接続〉四段・ナ変以外の活用の動詞の未然形に付く。〈参考〉はじめ遊女語だったが、のちに一般女性にも用いられるようになった。

さしゅ【叉手】［名］《「さす」とも》両腕を組むこと。手をこまねくこと。手を出さないこと。

さしよ・す【差し寄す】［他サ下二］{せ・せ・す・する・すれ・せよ}《「さし」は接頭語》そばへ寄せる。近づける。例「住江に船さし寄・せよ」〈土佐〉訳→（和歌）すみのえに…

さしよ・る【差し寄る】［自ラ四］{ら・り・る・る・れ・れ}《「さし」は接頭語》そばへ寄る。近寄る。例「さし寄・りて聞こゆ」〈源氏・末摘花〉

さしらへ【差し答へ】［名］「さしいらへ」に同じ。

さしわ・く【差し分く】《「さし」は接頭語》一［他カ四］{か・き・く・く・け・け}区別する。特別扱いする。わざわざする。例「おほかりし豊の宮人さしわ・きてしるき日かげをあはれとぞ見し」〈紫式部日記〉二［他カ下二］{け・け・く・くる・くれ・けよ}❶一に同じ。例「玉江漕ぐ葦刈り小舟さし分・けて誰を誰とか我は定めん」〈後撰・雑四・一二五一〉❷分ける。分割する。例「三千余騎をさし分・けて」〈太平記・七〉

さしわた・す【差し渡す】{さ・し・す・す・せ・せ}一［自サ四］《近世語》❶面と向かう。例「更け行くまでさしわた・し」〈浮・好色一代男〉❷自ら直接行動する。例「かれここに棹をさしわた・して弟を連れて」〈浮・世間胸算用〉二［他サ四］❶（棹を差して）船を渡す。例「さし渡・し」〈記・中〉❷（一方から他方へ）かけ渡す。

さしわた・る【差し渡る】［自ラ四］{ら・り・る・る・れ・れ}棹を差して水上を渡る。例「小さき舟に乗りたまひてさし渡・りたまふほど」〈源氏・浮舟〉例「下つ瀬に小網さし渡・す」〈万葉・一・三八長歌〉

-さ・す［接尾サ四型］{さ・し・す・す・せ・せ}（動詞の連用形に付いて）その動作を中断する意を表す。…しかけてやめる。…しかけたままになる。例「〔琴ヲ〕弾きさ・したまひて」〈源氏・須磨〉

さす【杈首】［名］切妻屋根の両端にあって、先がふたまたになっている木材。横木などをかける。

さ・す【射す・差す・指す】{さ・し・す・す・せ・せ}一［自サ四］❶光がさす。例「夕日、はなやかにさ・して」〈源氏・薄雲〉❷雲がわく。立ちのぼる。例「八雲さ・す出雲の子らが黒髪は」〈万葉・三・四三〇〉❸芽や枝などが生え出る。芽生える。例「若葉さ・す野辺の小松を引き連れて」〈源氏・若菜・上〉❹潮が満ちてくる。例「和歌の浦に月の出潮のさ・すままに」〈新古今・雑上・一五五六〉❺さしつかえる。例「事介（＝人名）は、ちとお寺にさ・す事ある」〈浄・薩摩歌〉二［他サ四］❶指さす。指示する。例「推条（＝占イニヨル推定）、掌をさ・すがごとし」〈平家・三・法印問答〉❷目ざす。向かう。例「落ち行く勢は散り散りに鎌倉をさ・して引き退く」〈太平記・一〇〉❸指定する。限定する。例「日をさ・さぬことなれば」〈徒然・一八八〉❹指摘する。示す。例「今度の地震、占文のさ・すところ、その慎み軽からず」〈平家・三・法印問答〉❺指名する。任命する。例「純友が騒ぎの時、うての使いにさ・されて」〈大和・四〉❻かかげる。かざす。例「庵の前に唐傘をさ・させて」〈更級〉❼庵をつくる。庵を結ぶ。例「庵りさ・すならの木陰にもる月の」〈詞花・冬・一五〇〉❽（罠などを）しかける。例「橘の花にほへる園に時鳥鳴くと人告ぐ網さ・さましを」〈万葉・一七・三九一八〉❾ひもをしめる。結ぶ。例「紐さ・しながら、表の衣の袖をまくり」〈今昔・二五・六〉❿酒をすすめる。杯を相手に差し出す。例「人将、杯さ・したまへば、いたう酔ひしれて」〈源氏・少女〉《音便》「いたう」は「いたく」のウ音便。⓫（舞などの際に）手を前に差し出す。例「さ・す腕には悪魔を払ひ」〈謡・高砂〉⓬碁石を碁盤の上に置く。将棋で駒を動かす。また、碁をする。将棋をする。例「中の聖目を差・す」〈今昔・二四・六〉

さ・す《サ変動詞「す」の未然形＋使役の助動詞「さす」＝「せさす」の変化形》一［他サ四］{さ・し・す・す・せ・せ}させる。二［他サ下二］{せ・せ・す・する・すれ・せよ}一に同じ。例「物縫はせ事さ・すと聞くが」〈宇治拾遺・七・二〉

さ・す【刺す】［他サ四］{さ・し・す・す・せ・せ}❶突き刺す。❷（毒虫が針で）刺す。❸縫う。例「衣ども綴ぢ重ね、裳の腰刺・し」〈枕・関白殿、二月二十一日に〉❹糸やひもや串などで貫き通す。❺針で入れ墨をする。

さ・す【注す・点す】［他サ四］{さ・し・す・す・せ・せ}❶加える。例「手にて炭をさ・されければ」〈徒然・二一三〉❷火をともす。灯火をかかげる。例「行く川の清き瀬ごとに篝さ・しなづさひ上る」〈万葉・一七・四〇一一長歌〉❸（印鑑を）押す。例「下し文どもを書かせ、それに印さ・さするほどに」〈今昔・二八・二七〉❹まぜる。例「紫は灰さ・すものぞ海石榴市の八十のちまたに逢へる子や誰」〈万葉・一二・三一〇一〉❺色をつける。

さ・す【挿す】［他サ四］{さ・し・す・す・せ・せ}❶細長い物をさしこむ。さしいれる。例「白き水干に鞘巻をさ・させ」〈徒然・二二五〉❷さしはさむ。例「桃の花を挿頭にさ・させ」〈枕・上にさぶらふ御猫は〉❸髪にさす。頭にさす。❹棹を使って舟を操る。例「高瀬さ・す棹の滴りに袖ぞ濡れぬる」〈源氏・橋姫〉

さ・す【鎖す】［他サ四］{さ・し・す・す・せ・せ}❶戸や門などを閉ざす。例「『門などさ・さぬ先に』と急ぎおはす」〈源氏・空蟬〉《敬語》「急ぎおはす」→「おはす」。❷鍵をかける。例「門たてられ、錠さ・されては悪しかりなむ」〈平家・六・小督〉

さす ［使役の助動詞］

アプローチ ▼使役の意を表すことが基本(①)。
▼「たまふ」「きこゆ」など敬語(尊敬語・謙譲語)とともに用いられてその敬意を強める用法も派生した(②③)。「さす」単独では敬意を表さない。
▼②③のとき、「さす」自身の訳語は意識しなくてよい。

接続 四段・ナ変・ラ変型以外の動詞の未然形に付く。
〔注〕「す」(下二段)との違いは、この点だけ。

活用 下二段型

基本形	未然形	連用形	終止形	連体形	已然形	命令形
さす	させ	させ	さす	さする	さすれ	させよ

意味	訳語	用例
❶**他にその動作をさせる使役の意を表す。**	…せる …させる	例「常に、もの言ひ伝へ**さする**人に、たまさかにあひにけり」〈平中・二四〉 訳いつも、ものを言い伝え**させ**ている(＝取り次ぎをさせている)人に、たまたま出くわした。
❷**尊敬語とともに用い、尊敬の意を強める。** 代表的なケースは「さす＋たまふ＝させたまふ」で、「たまふ」より強い尊敬語となる。	(ともに用いられる尊敬語を含めて、全体として訳す)	例「関白殿、黒戸(くろど)より出(い)で**させ**たまふとて」〈枕・関白殿黒戸より〉 訳関白殿が黒戸からお出ましになるといって。
❸**謙譲語「きこゆ」のあとに用い、謙譲の意を強める。** つまり「きこゆ＋さす＝きこえさす」で、「きこゆ」より強い謙譲語となる。	(「きこえさす」全体で「…申し上げる」などと訳す)	例「いかが聞こえ**さす**べき」〈和泉式部日記〉 訳どのように申し上げればよいでしょうか。

発展学習ファイル (1)①から②を生じた事情については、「す」の発展学習ファイル(1)を参照(「す」について説明してあるが、「さす」の場合も事情は同様)。
(2)①から③を生じた事情については、「きこえさす」の発展学習ファイルを参照。
(3)②③の場合、敬語とともに用いられても、「さす」が使役を表すこともあるので注意。→「させたまふ」「きこえさす」「きこえさせたまふ」
(4)鎌倉以降の軍記物語の中では、受身と解釈できる場面に用いられた例がみられる。受身であることを嫌った武者ことばであるとされる。例「弓手(ゆんで)の膝口(ひざぐち)を射**させ**、痛手なれば心静かに自害せんとて」〈平家・四・宮御最期〉 訳左の膝口を(敵に)射**させ**て、(その矢に射られた結果)重傷なので、心静かに自害しようと。〔注〕本当は「射られた」のだが、強がって「射させてやった」という述べ方をしたもの。

さす ［助動サ下二型］ ⇨五七四ページ「特別コーナー」

ざす【座主】［名］《仏教語》一山の寺務を統括する首席の僧職。延暦寺(えんりゃくじ)・法性寺(ほっしょうじ)・醍醐寺(だいごじ)などに置かれた。

ざ・す【座す・坐す】［自サ変］{せ・し・す・する・すれ・せよ}座る。

さすが【刺刀】［名］《近世語》腰に差す小さな刀。五〜八寸(約一五〜二四センチメートル)のもの。鞘巻(さやまき)。

さすが【刺鉄】［名］鐙(あぶみ)についている金具。

さすが［・なり］ ［形動ナリ］{なら・なり(に)・なり・なる・なれ・なれ}

アプローチ ▼副詞「さすがに」の形容動詞化。▼予想されたことと、くい違うさまを表す語。▼上代の類義語「しかすがに」に代わって、中古以降、多く用いられるようになった。

そうもいかない。そうはいうものの、それとは違うようすだ。 例「睦(むつ)びきこえたまふものから、**さすがなる**気色(けしき)うちまぜつつ」〈源氏・真木柱〉 訳(玉鬘(たまかずら)を姉として)親しみ申し上げなさるものの、**そうもいかない**お気持ちをまぜながら。《敬語》「睦びきこえたまふ」→「きこえたまふ」

さすが ［副］《「さすがに」の「に」が落ちたもの》「さすがに」に同じ。

さすがに ［副］《副詞「さ(然)」＋動詞「す」＋接続助詞「がに」》**それでもやはり。そうはいっても。**＝さすが。例「閼伽棚(あかだな)に菊・紅葉(もみぢ)など折り散らしたる、**さすがに**住む人のあればなるべし」〈徒然・一一〉

さずき【仮庋・仮床】［名］《上代語。「桟敷(さじき)」の古形》❶仮に作った棚や台。❷仮にこしらえた床。

さすたけの【刺す竹の】［枕詞］《「さすだけの」とも》「君」「大宮」「大宮人(おほみやびと)」「舎人(とねり)」「皇子(みこ)」にかかる。また、竹の「節(よ)」の意から「よ」にかかる。例「**さすだけの**大宮人は」〈万葉・一五・三七五八〉

さすて【差す手】［名］舞で、前へ手を差し伸ばすこと。↕引く手③

さすなべに…【さす鍋に湯沸かせ子ども櫟津の檜橋より来む狐に浴むさむ】〈和歌〉〈万葉・一六・三八二四・長忌寸意吉麻呂〉訳さし鍋で湯を沸かしなさい、者どもよ。櫟津の檜橋を渡ってやって来る狐めに浴びせかけよう。

〈参考〉「櫟津の檜橋」は、いまの奈良県天理市櫟本あたりの川の渡し場にあったヒノキ製の橋。

さすのみこ【指すの神子】［名］(掌を指すように)よくいい当てる陰陽師や占い者。

さす・ふ【誘ふ】［他ハ四］{は・ひ・ふ・ふ・へ・へ}《上代語》さそう。例「さす・ひ立て率て来なましをまぬらる奴わし」〈万葉・一六・三八七九旋頭歌〉

さすまた【刺股】［名］木の柄の先に二股に分かれた金具をつけた道具。江戸時代、罪人を捕らえるときに、相手ののどを押さえつけるのに用いた。

さすら・ふ【流離ふ】［自ハ四］{は・ひ・ふ・ふ・へ・へ}［自ハ下二］{へ・へ・ふ・ふる・ふれ・へよ}さまよう。放浪する。また、落ちぶれる。例「漂泊の思ひやまず、海浜に**さすら・へ**」〈おくのほそ道・出発まで〉

さする 使役の助動詞「さす」の連体形。例「ゆくりもなく走り来て、門開け**さする**より人わろくさびしきこと限りなし」〈源氏・蓬生〉

さすれ 使役の助動詞「さす」の已然形。例「〔イナクナッタ牛ヲ〕近くより遠くまで尋ね求め**さすれ**どもなければ」〈宇治拾遺・一〇・五〉

させ 使役の助動詞「さす」の未然形・連用形。例「物詣で・祈りをいみじう**させ**たまひけるとか」〈大鏡・兼通〉〔注〕連用形の例。《音便》「いみじう」は「いみじく」のウ音便。《係結び》「とか」→(省略)」。《敬語》「せさせたまひ」→「させたまふ」

させいほうせい ［感］牛飼いが牛を追うかけ声。

させうしゃう【左少将】［名］「左近衛少将」の略。↕右少将

させうべん【左少弁】［名］令制で「太政官」に属し、左弁官局の役人。「左大弁」「左中弁」の下位。→「せうべん」「べん」。↕右少弁

させ-おはしま・す【させ御座します】四段・ナ変・ラ変活用以外の動詞の未然形に付いて、その動詞の主語を高める尊敬語。きわめて敬度が高く、天皇などに限って使う最高敬語のひとつ。お(ご)…になる。例「〔天皇ガ〕殿上に出でさせおはしま・して」〈大鏡・道長・上〉

語構成　させ｜尊「さす」㊐　おはします｜補動サ四「おはします」

させきしふ【沙石集】［作品名］「しゃせきしふ」に同じ。

させ-たま・ふ【させ給ふ】

アプローチ
▼使役・尊敬の助動詞「さす」の連用形に尊敬の補助動詞「たまふ」が付いた語。
▼①「させ」が尊敬の意を強める場合と、②「させ」が使役の意を表す場合とがある。
▼①の場合は、「させたまふ」全体で上に付く動詞の主語を高める尊敬語で、「たまふ」より敬意が強い。②の場合は、使役する人を高める尊敬語。

(四段・ナ変・ラ変活用以外の動詞の未然形に付いて)❶《「させ」が尊敬の意を強める場合》上に付く動詞の主語を高める尊敬語。お(ご)…になる。…なさる。例「しのびやかにいふに、いと疾うききつけ**させたま・ひて**」〈枕・関白殿、二月二十一日に〉訳こっそりというと、たいそう素早くお聞きつけになって。《音便》「疾う」は「疾く」のウ音便。

語構成　させ｜助動「さす」㊐　たまふ｜補動ハ四「給ふ」

❷《「させ」が使役の意の場合》「…させる」の意の尊敬語。「(AがBを[に])…させたまふ」で、A(…させる人)を高める。お…(さ)せになる。…(さ)せなさる。例「わりなく思ほしながらまかで**させたま・ふ**」〈源氏・桐壺〉訳つらくお思いになりながら、(桐壺の帝は)桐壺更衣を宮中から)退出させなさる。「思ほしながらまかで」→「おもほす」「まかづ」《敬語》

発展学習ファイル　①の「させたまふ」は、ただの「たまふ」よりも主語を高める働きが強い。物語などの地の文では、帝などのきわめて高貴な人に対して用いられ、最高敬語と呼ばれる。→「たまふ」

させたまへ【させ給へ】(「いざさせたまへ」の形で用いられ)…なさいませ。→「いざさせたまへ」

させまします【させ坐します】《尊敬の助動詞「さす」の連用形＋補助動詞「坐します」》四段・ナ変・ラ変活用以外の動詞の未然形に付いて、その動詞の主語を高める尊敬語。きわめて敬度が高い最高敬語のひとつ。お(ご)…になる。→「まします」二③」。例「そもそも権現、当山に跡を垂れさせまします・してよりこのかた」〈平家・一〇・熊野参詣〉

させも ［名］「させも草」の略。

させもぐさ【させも草】［名］「さしもぐさ」に同じ。

させよ 使役の助動詞「さす」の命令形。例「われに暫時のいとまをえ**させよ**」〈平家・五・咸陽宮〉

させ-らる ❶《「させ」が使役の意の場合》…させなさる。例「よる百人ひる五十人の番衆をそろへて、ひきめを射**させらるる**に」〈平家・五・物怪之沙汰〉訳夜百人昼五十人の警備の人を全員そろえてひきめ(＝矢の一種)を射させなさると。❷《「させ」が尊敬の意の場合》…なさる。例「下々の女ども、おさん様の御声立て**させらるる**時、皆々かけつくる契約にして」〈浮・好色五人女〉訳下女どもは、おさん様がお声を立てなさるとき皆で駆けつけるという約束で。

語構成　させ｜助動「さす」㊍　らる｜尊「らる」

させる ［連体］(多く下に打消の語を伴って)とくにこれといった。重大な。たいした。例「**させる**ことなき限りは聞こえうけたまはらず」〈源氏・若菜・上〉

させん［-す］【左遷】［名・他サ変］《古く中国で「右」より「左」を卑しんだことから》官位を下げること。朝廷の「内官」を「外官」に下げること。

さぜん【作善】［名］《仏教語》造寺・造仏・写経など善事を行うこと。

ざぜん【座禅・坐禅】[名]《仏教語》静座し、精神を統一して悟りの道を求めること。多く禅宗で行う。

ざぜんまめ【座禅豆・坐禅豆】[名]甘く煮た黒豆。座禅のとき、小用を遠くするため食べたという。

さぞ【然ぞ】[副](下に推量の表現を伴って)きっと。さぞかし。例「奥(=沖)は**さぞ**ふいて候ふらん」〈平家・一一・逆櫓〉

さぞ【然ぞ】《副詞「然」+係助詞「ぞ」》❶そのように。例「げに**さぞ**思さるらむ」〈源氏・須磨〉❷確かにそうだ。例「ありしところに女子生みたなり。**さぞ**となむ言ふなる」〈蜻蛉・下〉

さそく【早足・早速】[名]《近世語》❶足が速いこと。急ぎ足。❷その場にあった行動を素早くとること。機転がきくこと。例「**早速**の松王、落ちざまに諸足かけば」〈浄・菅原伝授手習鑑〉

【**早足を踏む**】すばやく足を動かす。すばやく動く。例「苛って熊坂**早足を踏み**」〈謡・熊坂〉

さぞな【然ぞな】《副詞「然ぞ」+終助詞「な」》❶本当に。いかにも。例「**さぞな**、むかしの名残もさすがゆかしくて」〈平家・六・小督〉❷きっと。さぞかし。例「袖に吹け**さぞな**旅寝の夢も見じ思ふ方より通ふ浦風」〈新古今・羇旅・九八〇〉

〔和歌〕**さそはれて…【さそはれておぼえず月に入る野辺の左は小萩右は松むし】**〈挙白集・木下長嘯子〉訳月の光にさそわれて、思いがけず分け入った野原は、左には小さい萩が咲き、右には松虫が鳴いているよ。

さそ・ふ【誘ふ】[他ハ四]{は・ひ・ふ・ふ・へ・へ}❶勧誘する。勧め促す。例「鶯**さそ・ふ**しるべには遣る」〈古今・春上・一三〉❷連れ去る。連れて行く。例「おはすらむ所に**さそ・ひ**たまへ」〈源氏・玉鬘〉

【**誘ふ水**】誘ってくれる人。また、女性に交際を呼びかける男性のこと。小野小町の「わびぬれば身をうき草の根を絶えて誘ふ水あらば去なむとぞ思ふ」〈古今・雑下・九三八〉訳→〔和歌〕わびぬればみをうきくさの…の歌による。

さぞや【然ぞや】《副詞「然ぞ」+間投助詞「や」》❶どんなにか。実際そんなに。例「秋はただ**さぞや**かなしきむべしとそしかも声をばをしまざるらむ」〈拾玉集〉❷きっと。さぞかし。例「我を君待つ夜もあらば言ひてまし頼めて来ぬは**さぞや**つらきと」〈続古今・恋三・一一三八〉

さた【・す】【沙汰】[名・他サ変]《水の中で砂をゆすって、砂金をよりわける意》❶ある事を取り上げて、善悪・理非などを論じ定めること。評議。論議。例「〔蹴鞠ガアッタトキニ〕雨降りて後、いまだ庭の乾かざりければ、いかがせんと**沙汰**ありけるに」〈徒然・一七七〉❷訴訟。訴え。例「先づ**沙汰**の成否は知らず」〈平家・一・願立〉❸教義。教理。例「ある時は真言の深き**沙汰**・浄土の宗旨などを尋ねさせ給ひつつ」〈増鏡・あすか川〉❹処置。始末。手配。例「同じくはかの事**沙汰・し**おきて」〈徒然・五九〉❺命令。指図。知らせ。例「御葬送の**沙汰**を、むげに略定やうに書きおかせたまへりければ」〈大鏡・伊尹〉❻評判。取り沙汰。うわさ。

【**沙汰の限り**】❶理非を判断すべき範囲のもの。例「下品下浄のものの名**沙汰のかぎり**にあらねども」〈塵袋〉❷言語道断だ。論外だ。例「そのやうな**沙汰の限り**なことはせぬものぢゃ」〈狂・千鳥〉

【**沙汰の外**】まったく話にならないこと。論外。問題外。例「源氏は朝敵と成り給ひて後は、我が身一人の置き所なし、家人の恩までは**沙汰の外**なり」〈盛衰記・三〇〉

さだ[名](「さだ過ぐ」の形で用いられて)❶時。機会。=時。例「この**さだ**過ぎて後恋ひむかも」〈万葉・三・三六〇〉❷人生の盛りの時期。

さだ【・たり】【蹉跎】[形動タリ]{たら・たり(と)・たり・たる・たれ・たれ}つまずいて進めないようす。思いどおりにならないさま。例「吾が生すでに**蹉跎・たり**」〈徒然・一一二〉

さだ[副]確かに。本当に。実に。例「我妹子を相見しからに言にぞ**さだ**多き」〈万葉・一一・二五七六〉

さだいしゃう【左大将】サダイショウ[名]「左近衛大将」の略。↕右大将。

さだいじん【左大臣】[名]《「ひだりのおとど」「ひだりのおほいまうちぎみ」とも》令制で「太政官」の長官。「太政大臣」の下位で「右大臣」の上位にあるが、太政大臣は常置ではないため、実質上の行政府の最高責任者。=左府・一の上。↕右大臣

さだいへ【定家】サダイエ[人名]「ふぢはらのさだいへ」に同じ。

さだいべん【左大弁】[名]「中務」「式部」「治部」「民部」の四省を管轄する左弁官局の長官。↓「だいべん」「べん」。↕右大弁

さだか【・なり】【定か】[形動ナリ]{なら・なり(に)・なり・なる・なれ・なれ}確かだ。正確だ。はっきりしている。例「**さだか・に**作らせたる物と聞きつれば」〈竹取・蓬萊の玉の枝〉

さださだと【定定と】[副]はっきりと。確かに。例「何にさること(=六条御息所ノ生霊ノ出現)を**さださだと**けざやかに見聞きけむ」〈源氏・葵〉

さだす・ぐ【さだ過ぐ】[自ガ上二]{ぎ・ぎ・ぐ・ぐる・ぐれ・ぎよ}《「さだ」は時の意》❶時節が過ぎる。機会を失する。❷盛りの年が過ぎる。例「いと**さだす・ぎ**、ふるぶるしき人の」〈枕・かへる年の〉

さたなし【沙汰無し】[名]《近世語》❶内緒。内密。❷とりやめ。中止。また、問題にしないこと。

さたな・し【沙汰無し】[形ク]{から・く(かり)・し・き(かる)・けれ・かれ}問題にしない。例「赤舌日といふ事、陰陽道には**沙汰な・き**事なり」〈徒然・九一〉

さだに【然だに】《副詞「然」+副助詞「だに」》❶(下に願望の表現を伴って)せめてそのようにでも。例「**さだに**あらせたまへ」〈堤中納言・はいずみ〉❷(下に仮定の表現を伴って)そうでさえ。そのようでさえ。例「**さだに**あるまじくは、道のほども御送り迎へも、下り立ちて仕うまつらんに」〈源氏・宿木〉❸それほどまでも。あんなに。例「いかなる世に、**さだに**ありけむ」〈蜻蛉・中〉

さだまりは・つ【定まり果つ】[自タ下二]{て・て・つ・つる・つれ・てよ}決定する。とくに、結婚相手が定まる。例「外ざまに**定まりは・て**たまはむも」〈源氏・若菜・上〉

さだま・る【定まる】[自ラ四]{ら・り・る・る・れ・れ}❶**決まる。決定する。**例「〔斎宮ハ〕不定なりつる御出で立ちの、かく**定ま・り**ゆくを」〈源氏・賢木〉❷**慣例になる。定説になる。**例「御産のとき甑落とす事は、**さだま・れ**る事にはあらず」〈徒然・六一〉❸**安定する。静まる。**例「事移り世の中

定まらぬをりは」〈源氏・澪標〉

さだ・む【定む】[他マ下二]{め・め・む・むる・むれ・めよ}❶**決める。決定する。**例「同じくは、御前にてこの勝ち負け**定めむ**」〈源氏・絵合〉❷**議論する。評議する。批評する。**例「物語の良き悪しき、憎きところなんどをぞ、**定め**、いひ識る」〈枕・かへる年の〉《係結び》「ぞ→いひ識る㊇」。❸**治める。平定する。落ち着かせる。**例「常闇に覆ひたまひて**定め**てし瑞穂の国を」〈万葉・二・一九九長歌〉

発展学習ファイル　①②の類義語に、自分で考えて決める意の「**おきつ**」がある。⇩「おきつ」〈発展学習ファイル〉

さだめ【定め】[名]❶**決定。取り決め。**例「楽人舞人の**定め**などを、御心に入れて営みたまふ」〈源氏・少女〉❷**事を決定するための議論。評議。**例「遠く放ちつかはすべき**定め**なども侍べなるは」〈源氏・須磨〉《音便》「はべなる」は「はべるなる」の撥音便「はべんなる」の撥音無表記。❸**評定。評価。**例「仮名の**定め**をしたまひて」〈源氏・梅枝〉❹**おきて。規則。**

さだめあ・ふ【定め合ふ】[他ハ四]{は・ひ・ふ・ふ・へ・へ}批評し合う。例「これはかれはなど、**定めあへる**を」〈源氏・絵合〉

さだめい・ふ【定め言ふ】[他ハ四]{は・ひ・ふ・ふ・へ・へ}あれこれ論議していう。例「ここにて**定めい・はむ**も異やうなるべければ」〈源氏・浮舟〉

さだめか・ぬ【定めかぬ】[他ナ下二]{ね・ね・ぬ・ぬる・ぬれ・ねよ}決めることができない。例「限くなきもの言ひも**定めかね**て、いたくうち嘆く」〈源氏・帚木〉

さだめて【定めて】[副]《動詞「定む」の連用形＋接続助詞「て」》❶きまって。確かに。例「**さだめて**知りつ、わが身は、この山に滅ぼしつ」〈宇津保・俊蔭〉❷(下に推量の表現を伴って)確実性の高い推量を示す。きっと。かならず。例「この御社の獅子の立てられやう、**定めて**習ひあることに侍らん」〈徒然・二三六〉

さだめな・し【定め無し】[形ク]{から・く(かり)・し・き(かる)・けれ・かれ}❶定まっていない。変わりやすい。例「大殿には、かくのみ**定めな・き**御心を」〈源氏・葵〉❷無常である。はかない。例「**定めな・き**世に、やがて別るべき門出にもやと」〈源氏・須磨〉

さち【幸】[名]❶狩りや漁で獲物を捕らえる霊力。また、そのような霊力をもった道具。弓矢・釣り針の類。❷狩りや漁で獲物があること。また、その獲物。❸しあわせ。幸福。

さちゅう【左注・左註】[名]和歌の左側に記された注。詞書とは別に、一首の成立事情・異伝、あるいは作者に関する事柄などを補足説明したもの。原文に既にあったもののほか、後人の加えたものがある。

さちゅうじゃう【左中将】[名]「左近衛中将」の略。↔右中将

さちゅうべん【左中弁】[名]左弁官局の次官。→「ちゅうべん」「べん」。↔右中弁

さつき【皐月・五月・早月】[名]陰暦五月の称。＝早苗月・仲夏。(季―夏)

〔**皐月の節・五月の節**〕端午の節句。＝端午。(季―夏)

〔**皐月の御精進・五月の御精進**〕陰暦五月に行う精進潔斎。

ざつき【座付き】[名]《近世語》❶所定の席に着くこと。席順。❷座のとりもち。とくに、遊女などが客をとりもつようすやことばつき。❸宴席や茶席で最初に出る食べ物。❹芸妓などが宴席で弾く一曲目。❺能・浄瑠璃・歌舞伎などで、作者や役者などが一つの座に専属すること。また、その人。

さつきばれ【五月晴れ】[名]梅雨の晴れ間。(季―夏)

〈和歌〉**さつきまつ…**【五月待つ花橘の香をかげば昔の人の袖の香ぞする】〈古今・夏・一三九・よみ人しらず〉訳五月が来るのを待って咲き始める夕チバナの花の香りをかぐと、昔親しんだ人の懐かしい袖の香りがするよ。《係結び》「ぞ→する㊇」

さつきやみ【五月闇】㊀[名]五月雨が降り続いて夜が暗いこと。また、その暗闇。(季―夏)。㊁[枕詞]㊀が暗いところから)「暗し」の「くら」と同音を含む語にかかる。例「**五月闇**倉橋山の郭公」〈拾遺・夏・一二四〉

さづ・く【授く】[他カ下二]{け・け・く・くる・くれ・けよ}❶目下の者に物や官位などを与える。例「玉守に玉は**授・け**てかつがつも枕と我はいざ二人寝む」〈万葉・四・六五二〉訳→〈和歌〉たまもりに…。❷師が弟子に教え授ける。伝授する。例「御弟子になりて、忌むことなど**授・け**たまひてけり」〈源氏・夢浮橋〉

さつくゎ【擦過・擦化】[名]❶かすること。❷盗人。

さっさつ【・たり】【颯颯】[形動タリ]{たら・たり(と)・たり・たる・たれ・たれ}❶風の吹く音を表す語。さあっと。例「裾野の嵐**颯々・たり**」〈曾我・一二〉❷気品のあるさま。さっそうとしているようす。例「家隆は詞ききて**颯々・と**したる風骨を詠まれしなり」〈正徹物語〉

さっし【冊子】[名]書籍の体裁上の分類のひとつで、主として糊や糸で綴じ合わせたものをいう。巻子本に対する語で、仮名文で記された書物の総称としても用いる。→「さうし(草紙)」

さっし《近世語。尊敬の助動詞「さっしゃる」の命令形「さっしゃれ」が、「さっしゃい」「さっせえ」を経て変化したもの》軽い敬意や親しみを込めた命令を表す。**お…なさい。お…しよ。**例「や、熊公、来**さっし**」〈浮世床〉訳やあ、熊公、来**なよ**。

ざっしき【雑色】[名]「ざふしき」に同じ。

ざっしゃう【雑掌】[名]中世まで、官庁・社寺・貴族の荘園で、領地や年貢、その他種々の雑事を扱い、管理に当たった役人。また、武家で、日常の雑務や、修理・造営等の費用を担当した者。

ざっしゃう【雑餉・雑掌】[名]❶人をもてなすための食べ物や酒。ごちそう。❷引出物。贈り物。

さっしゃる[助動特活]{さっしゃら(さっしゃれ)・さっしゃり(さっしゃっ)・さっしゃる・さっしゃる・さっしゃれ・さっしゃれ(さっしゃい)}《近世語。「さしゃる」の促音便》尊敬の意を表す。**…なさる。**例「今飛脚の状に、もっけなことが言うて来ました。見**さっしゃれ**」〈浄・女殺油地獄〉訳飛脚の(届けた)手紙に、思いもよらぬことをいってきました。ご覧**なさい**。

〈接続〉四段・ナ変以外の活用の動詞の未然形に付く。

ざっしょ【雑書】[名]《近世語》江戸時代、相性・

吉凶・開運などの俗説を記した書物。

ざっそ【雑訴】［名］さまざまな訴訟。

さった【薩埵】［名］《仏教語。梵語の音訳。有情・勇猛などの意》❶命のあるもの。衆生。❷（「菩提薩埵」の略）菩薩。

ざってい【雑体・雑躰】［名］《「ざったい」とも》和歌の部類のひとつ。『古今和歌集』巻第十九の部立名で、歌体上・内容上異質な長歌・旋頭歌・俳諧歌を収める。

さっと【颯と】［副］❶すばやく動くようす。急に。にわかに。例「一度にさっと失せぬ」〈宇治拾遺・九・一〉❷簡単に。容易に。例「さっと済む物」〈仮・犬枕〉

ざっと［副］❶勢いよく素早く動くようす。さっと。例「三百余騎一騎もながさず、むかへの岸へざっとわたす」〈平家・四・橋合戦〉❷おおまかに。簡略に。例「戯れ絵ざっとしたを求めて来い」〈狂・末広がり〉

ざっぱい【雑俳】［名］雑体の俳諧の意。正式な俳諧に対して、形式・内容などのくだけたものをいう。俳諧稽古のため江戸初期に始まり、以後広く行われるようになった。「沓付け」などがある。

ざっぽう【雑袍】［名］《「位袍」に対して》位階によって色の規定がない「直衣」のこと。

さっぱり［副］❶いさぎよいさま。すっきり。例「今この庭でさっぱりと、死にたいわいの」〈浄・薩摩歌〉❷何も残らないさま。すっかり。例「それならば、さっぱりと元利ともにそなたへおまするぞ」〈狂・胸突き〉❸（下に打消の語を伴って）少しも。例「そのほかに奢りといふはさっぱりなし」〈浮世風呂〉

さつひと【猟人】［名］猟師。＝猟夫

さつひとの【猟人の】［枕詞］（「猟人（＝狩人）」は弓を持っていることから）「弓」を含む地名「弓月」にかかる。例「猟人の弓月が岳に霞たなびく」〈万葉・一〇・一八一六〉

ざっぶ［副］《「ざっぷ」とも》水の中に勢いよく飛び込む音。物が水の中に勢いよく投げ込まれるときの音。ざぶん。ざんぶ。例「海にざっぶと乗り入るる」〈狂言記・那須与一〉

さつま【薩摩】［地名］旧国名。西海道十二か国のひとつ。いまの鹿児島県の薩摩半島を中心とした西半部。＝薩州

〔和歌〕**さつまがた…**【薩摩潟沖の小島に我ありと親には告げよ八重の潮風】〈千載・羇旅・五四二・平康頼〉訳 薩摩潟の沖の離れ小島に私は無事にいると、都にいる親には告げておくれ。遠くはるかな潮路を吹き渡ってくる風よ。

〈参考〉作者が薩摩国（いまの鹿児島県）の鬼界が島に流されたときに詠んだ歌。

さつまじゃううん【薩摩浄雲】［人名］（一五九五～一六七二）江戸前期の古浄瑠璃の太夫。のち江戸に下り、杉山丹後掾とともに江戸浄瑠璃の祖となる。その節まわしは薩摩節・浄雲節などと呼ばれた。

さつや【猟矢】［名］狩猟に用いる矢。

さつゆみ【猟弓】［名］狩猟に用いる弓。

さつを【猟夫】［名］猟師。狩人。かりゅうど。＝猟人

さて【然て】《副詞「然」＋接続助詞「て」》㊀［副］（「さ」で指示される内容を受けて）❶そうして。こうして。例「尾を捧げて、七度めぐりてなむうみ落とすめる。さて七度めぐらむをり」〈竹取・燕の子安貝〉《係結び》「なむ→うみ落とすめる㊍」。❷そのような状態で。そのままで。例「し残したるを、さてうち置きたるは」〈徒然・八二〉❸（「さての」の形で）そのほかの。それ以外の。例「さての人々は、みな臆しがちにはなじろめる多かり」〈源氏・花宴〉㊁［接］《前文を受けて、続いて起こる事態へと話を続けたり、話を転換したりする語》❶そうして。それで。そこで。例「いけどもえ逢はでかへりけり。さてよめる」〈伊勢・五〉《副詞の呼応》「え→逢はで」。❷ところで。それはそれとして。例「さて、池めいて窪まり、水漬ける所あり」〈土佐〉《音便》「池めい」は「池めき」のイ音便。㊂［感］❶（文頭や文のきれめに用いて）なんとまあ。いやはや。例「さて、巧んだり巧んだり」〈浄・曾根崎心中〉❷（多く、文末に用いて）…はどうだ。…だなあ。…ことよ。例「私が今宵の心ざしを、竹ならば打ち割って見せたい人が、近くにあるにさて」〈浮・傾城禁短気〉

〔**然て有りぬべし**〕そのままでよいだろう。それでよさそうだ。例「実には似ざらめど、さてありぬ・べし」〈源氏・帚木〉

〔**然て置きて**〕それはそのままにしておいて。それはそれとして。例「思ひわび見し面影はさておきて」〈新古今・恋五・一三九四〉

〔**然てしもあらず**〕そのままにしておくわけにはいかない。例「さてしもあら・ぬならひなれば」〈増鏡・さしぐし〉

〔**然ても有りぬべし**〕それで十分であろう。例「容貌などはさてもありぬ・べけれど」〈源氏・玉鬘〉

さで【叉手・小網】［名］すくい網の一種。竹や木の柄に網を張ったもの。さで網。

さてこそ【然てこそ】《副詞「然て」＋係助詞「こそ」》❶そうしておいて初めて。そうしてこそ。例「さてこそ（燕ノ子安貝ヲ）取らしめたまはめ」〈竹取・燕の子安貝〉❷（感動詞的に用いて）案の定。思ったとおり。例「物語せし末を聞くに、さてこそ、我が事申し出し」〈浮・好色五人女〉

さてさて【然て然て】㊀［副］話を促すときにいうことば。それから。それで。例「さてさて俊寛と康頼法師が事はいかに」〈平家・三・赦文〉㊁［感］驚きあきれたときに発することば。なんとまあ。いやはや。例「さてさてをかしかりける女かな」〈源氏・帚木〉

さてのみ【然てのみ】《副詞「然て」＋副助詞「のみ」》❶そうしてばかり。例「尼になしたまひてよ。さてのみなん生くやうもあるべき」〈源氏・手習〉❷それきり。そのまま。例「謀られたるは憎けれど、さてのみやむべきにあらず」〈宇治拾遺・五・五〉

さては【然ては】《副詞「然て」＋係助詞「は」》㊀［副］そうしては。そのままでは。例「この燕の子安貝は、悪しくたばかりて取らせ給ふなり。さては、え取らせ給はじ」〈竹取・燕の子安貝〉《副詞の呼応》「え→取らせ給はじ」。《敬語》「取らせ給ふなり」「取らせ給はじ」→「せたまふ」。㊁［接］❶そうして。それから。例「さては夜になりぬ」〈蜻蛉・中〉❷それでは。それなら。例「『（子供ヲ）一人も持ち侍らず』と答へしかば、『さては、もののあはれは

知り給はじ…』と言ひたりし」〈徒然・一四二〉《敬語》「持ち侍らず」→「はべり」、「知り給はじ」→「たまふ(四段)」。❸ところで。それはそれとして。例「いかに、その後何事かある。さては仏御前があまりにつれづれげに見ゆるに」〈平家・一・祇王〉《係結び》「か→ある㊍」。❹それからまた。そのほかには。そのうえにまた。例「さるべき書ども、文集など入りたる箱、さては琴一つぞ持たせたまふ」〈源氏・須磨〉《係結び》「ぞ→持たせたまふ㊍」。《敬語》「持たせたまふ」→「せたまふ」。㊂[感]《気づかなかった事実や意図に、思い当たったときに発する語》さては。それでは。例「さては惜しむござんなれ。憎し、こへ」〈平家・四・競〉

さてまた【然て又】《接続詞「然て」+接続詞「また」》それからまた。加えて。例「さて、また、こと友だちどもぞ来たりける」〈平中・一〉

さても【然ても】《副詞「然て」+係助詞「も」》㊀[副]❶そうして。そのままで。例「さてもさぶらひてしがなと思へど、公事どもありければ」〈伊勢・八三〉《敬語》「さぶらひてしがな」→「さぶらふ」。❷それでも。そうであっても。例「げに、さし向かひて見むほどは、さても、らうたき方に罪ゆるし見るべきを」〈源氏・帚木〉㊁[接]それにしても。ところで。例「かへすかへすうれしく対面したるかな。さてもいくつにかなり給ひぬる」〈大鏡・序〉《係結び》「か→なり給ひぬる㊍」。㊂[感]それにしてもまあ。なんともまあ。例「さても不思議の事を申し出だしたるものかな」〈平家・一・清水寺炎上〉《敬語》「申し出だし」→「まうす」

〔然てもあるべきならず〕そうしてもいられない。例「さてもあるべきならねば、同じき七日、愛宕にて煙になし奉り」〈平家・六・入道死去〉

〔然てもや〕《副詞「然ても」+係助詞「や」》そうあっても…か。例「我がごとく我を思はむ人もがなさてもや憂きと世を試みむ」〈古今・恋五・七五〇〉

〔然てもやは〕《副詞「然ても」+係助詞「や」+係助詞「は」》そうであっても…だろうか、いや…ではない。例「さてもやは、ながらへ住むべき」〈徒然・一〇〉

さてもさても【然ても然ても】[感]《感動詞「然ても」を繰り返して強めた語》いやはやどうも。なんともまあ。いやはやまったく。例「さてもさても御辺はおろかなる人かな」〈仮・伊曾保物語〉

さと【里】[名]❶人家の集まっている所。人里。例「山見れば山も見が欲し里見れば里も住み良し」〈万葉・六・一〇五七長歌〉❷古代の行政区画のひとつ。「郡」の下に置かれ、人家五十戸を一単位とした。＝里。例「橘を守部の里の門田早稲刈る時過ぎぬ来じとすらしも」〈万葉・一〇・二二五一〉❸自宅。実際に生活している家。例「里におはするほどなりければ」〈源氏・葵〉《敬語》「里におはする」→「おはす」。❹《宮仕え人や奉公人などの勤め先に対して》実家。自邸。例「このごろ、ものする者ども里にてなむ」〈蜻蛉・中〉❺《寺に対して》俗世。在家。例「牛若学問の精よく候ふとも、里につねにありなんとし候はば」〈義経記・一〉❻《妻や養子の、嫁ぎ先や養子先に対して》生まれた家。生家。❼《里子について、生まれた家に対して》里親の家。養育先。❽《近世語》遊里。廓。❾《多く「お里がしれる」の形で》生まれ育ち。例「松づくしを唄ふ上方者のならお里がしれるわな」〈浮世風呂〉

さと【颯と】[副]❶状態が急変するさまや瞬間的に動くさま。さっと。例「嵐の、さと顔にしみたるこそ、いみじくをかしけれ」〈枕・風は〉❷一斉に笑うようす。どっと。例「女房達何となくさと笑ふ」〈栄花・一〉

さど【佐渡】[地名]旧国名。北陸道七か国のひとつ。いまの新潟県の佐渡島。古来、流刑地とされた。江戸時代には金の産出地。＝佐州

さとう【沙頭】[名]砂浜。河原や海岸の砂の上。

さとう【聡う】形容詞「さとし」の連用形「さとく」のウ音便。

ざとう【座頭】[名]❶室町時代、琵琶法師の官名のひとつで、四官(検校・別当・勾当・座頭)の最下位。❷僧の姿をした盲人で、琵琶や三味線などを弾き、また、あんま・はりを業とした者。❸一般に、盲人の称。

ざとうがね【座頭金】[名]江戸時代、盲人の貸した金。非常に高利な上に期限が短く、返済の取り立ても厳しかったという。

さとうつり【里移り】[名]引っ越し。移転。

さとうのりきよ【佐藤義清】[人名]「さいぎょう」に同じ。

さとおさ【里長】歴史的かなづかい「さとをさ」

さとかぐら【里神楽】[名]《「さと」は内裏以外の所の意》❶宮中以外の諸神社で行われた神楽。石清水八幡・祇園・賀茂・春日などが有名。❷江戸時代、民間で行われた神楽。(季－冬)

さとがち[-なり]【里がち】[形動ナリ]{なら・なり(に)・なり・なる・なれ・なれ}《「がち」は接尾語》宮仕えしている人・奉公人・妻などが、自分の実家に帰っていることが多いようす。例「[桐壺更衣ハ]もの心細げに里がち・なるを」〈源氏・桐壺〉

さとことば【里言葉】[名]❶《近世語》遊里独特のことば遣い。郭ことば。「わちき」「ありんす」など。❷いなかことば。

さとし【諭し】[名]神仏などのお告げ。前兆。例「さて、しばしば夢のさとしありければ」〈蜻蛉・上〉

さと・し【聡し】[形ク]{から・く(かり)・し・き(かる)・けれ・かれ}頭脳が鋭敏である。利発だ。例「その子、心のさと・きこと限りなし」〈宇津保・俊蔭〉

さと・す【諭す】[他サ四]{さ・し・す・す・せ・せ}❶神仏がお告げによって人々に知らせる。前兆を示す。例「天変頻りにさとし、世の中静かならぬはこのけなり」〈源氏・薄雲〉❷言い聞かせてわからせる。

さとずみ【里住み】[名]❶《宮仕え人が》宮中を退出し、自邸に住むこと。里下がり。＝里居。↔内裏住み。❷《「宮仕へ」に対し》家庭で暮らすこと。❸《出家せずに》俗人として生活すること。↔山住み

さとだいり【里内裏】[名]皇居の炎上や方違えなどのときに、内裏の外に設けられた仮の御所。多く、大臣や摂政・関白の私邸がこれにあてられた。「里内裏」ともいう。＝今内裏。

さととなり【里隣】[名]隣り合っている家々。隣。隣近所。

さとな・る【里馴る】[自ラ下二]{れ・れ・る・るる・るれ・れよ}❶鳥や獣などが人里になれる。例「山ほととぎすも里な・れて

語らふに」〈堤中納言・逢坂越えぬ権中納言〉❷《近世語》遊里の風習に慣れる。

さとばう【里坊】［名］山寺の僧などが、その寺以外に人里につくっておく住まい。

さとばな・る【里離る】［自ラ下二］{れ・れ・る・るる・るれ・れよ}人里から離れる。例「須磨〔ノ地ハ〕今はいと**里ばなれ**心すごくて」〈源氏・須磨〉

さとび【俚び・里び】［名］いなかじみていること。俗っぽいこと。↕雅び

さとびごこち【俚び心地】［名］いなかじみた気持ち。上流社会にはなじまない心。＝俚び心・里人心地

さとびごころ【俚び意】［名］いなかじみた、卑しい心。例「今の世の**さとび意**のさかしらなり」〈玉勝間〉

さとびごと【俚び言】［名］世俗のことば。俗語。また、方言。↕雅び言

さとびたるここち【里びたる心地】雅やかではない、所帯じみた気持ち。洗練さに欠けた気持ち。いなかじみた心。＝俚び心地・俚び意。例「**里びたる心地**には、なかなか、定まりたらむ里住みよりは、をかしきことをも見聞きて」〈更級〉

さとびと【里人】［名］❶宮仕えをせず、自宅にいる人。↕宮人。❷同じ里に住んでいる人。その地方に住んでいる人。❸実家の人。里方の家族。

〔俳句〕**さとびとの…【里人の渡り候ふか橋の霜】**〈懐子・宗因〉訳まだ朝も早いというのに、この辺りの里の人が渡ったのであろうか。橋の上に置いた霜に、足跡が一筋続いている。（季－霜－冬）

さと・ぶ【里ぶ・俚ぶ】［自バ上二］{び・び・ぶ・ぶる・ぶれ・びよ}《「ぶ」は接尾語》❶いなかじみる。↕雅ぶ。❷俗っぽい。例「みな見し人は**里・びにたるに**」〈源氏・玉鬘〉

さど・ふ［自ハ四］{は・ひ・ふ・ふ・へ・へ}愛におぼれる。夢中になる。迷う。例「里人の見る目恥づかし左夫流児に**さど・はす**君が宮出後姿（＝出仕スルウシロ姿）」〈万葉・一八・四一〇八〉

〔和歌〕**さとべには…【里べには笛やつづみの音すなりみ山はさはに松の音して】**〈良寛〉訳里のあたりには祭りの笛や鼓の音がしているようだ。奥深い山では多くの松のさやぐ音がしているというのに。

さどほ・し【さ遠し】［形ク］{から・く(かり)・し・き(かる)・けれ・かれ}《「さ」は接頭語》遠い。例「会津嶺の国を**さ遠み**（＝遠イノデ）逢はなはば」〈万葉・一四・三四二六〉

さとみ【里回・里廻】［名］人里のあたり。例「見渡せば近き**里廻**をたもとほり今ぞ我が来る領布振りし野に」〈万葉・七・一二四三〉

さとみこ【里巫女】［名］村里の神社に奉仕し、里神楽を奏したりする巫女。

さとむら【里村】［名］いなかの集落。村里。

さとむらぜうは【里村紹巴】［人名］（一五二五〜一六〇二）室町後期から安土桃山時代の連歌作者。古典を三条西公条に、連歌を周桂・昌休に学んだ。また細川幽斎と交遊があった。連歌論書『紹三問答』『歌道聞書』など。

さとり【悟り・覚り】［名］❶はっきり知ること。理解。例「内教（＝仏教）の御才**悟り**深くものしたまひけるかな」〈源氏・橋姫〉❷《仏教語》迷いから脱して真理を知ること。

〔**悟りを開く**〕《仏教語》迷いから脱して真理を知る。例「成仏得脱して**さとりをひら・き**給ひなば」〈平家・一〇・維盛入水〉

さと・る【悟る・覚る】［他ラ四］{ら・り・る・る・れ・れ}❶（物事の道理を）はっきり知る。理解する。例「三史五経、道々しき方を明らかに**悟・り**明かさむ」〈源氏・帚木〉❷察知する。感づく。例「天下の乱れむ事を**さと・ら**ずして」〈平家・一・祇園精舎〉❸《仏教語》迷いから脱して真理を知る。

さとゐ【里居】［名］宮仕えの人が実家に帰っていること。＝里住み

さとをさ【里長】［名］里の長。村落の長。

さなへ【早苗】歴史的かなづかい「さなへ」

さなかづら【さな葛】㊀［名］「さねかづら㊀」に同じ。㊁［枕詞］類音の繰り返しから「さ寝ずは」に、また、分かれて伸びた㊀のつるが再び絡まる意から「のちも逢ふ」に、切れずに伸びる意から「いや遠長し」にかかる。例「**さな葛**さ寝ずはつひにありかつましじ」〈万葉・二・九四〉

さながら［副］《副詞「然」＋接続助詞「ながら」》㊀❶**そのまま。もとのまま。**例「池などは、**さながら**あれど、浮き草・水草など、茂りて」〈枕・昔おぼえて不用なるもの〉❷**そっくりそのまま。残らずすべて。**例「大事を思ひたたん人は、去りがたく、心にかからん事の本意を遂げずして、**さながら**捨つべきなり」〈徒然・五九〉❸（中世以降、多く下に比況の表現を伴って）**まるで。あたかも。**例「**さながら**、親子のごとくに」〈謡・朝長〉㊁［接］《近世語》**そうはいっても。しかしながら。**例「喰ひにげ大尽にあふ事多し。**さながら**それとて乞ひがたく」〈浮・世間胸算用〉

さなき【鐸】［名］上代の祭式用具のひとつ。鉄製の大きな鈴。

さなきだに【然無きだに】《副詞「然」＋形容詞「無し」の連体形＋副助詞「だに」》ただでさえ。そうでなくてさえ。例「**さなきだに**人心、乱るる節は竹の葉の、露ばかりだに受けじとは」〈謡・紅葉狩〉

さなくは【然無くは】《副詞「然」＋形容詞「無し」の連用形＋接続助詞「は」》さもなければ。そうでなければ。例「福をわたさばふく渡しといふ事をしてわたせ。**さなくは**、なわたしそ」〈狂・鞍馬参り〉

さな・す【さ寝す】［自サ四］{さ・し・す・す・せ・せ}《接頭語「さ」＋動詞「寝」の尊敬語「寝す」》おやすみになる。寝ていらっしゃる。例「娘子らが**さ寝・す**板戸を押し開き」〈万葉・五・八〇四長歌〉

さなだひも【真田紐】［名］太い木綿糸で、平たく厚く編んだ組み紐。天正（一五七三〜一五九二）のころ、真田昌幸が刀の柄を巻くのに用いたという。＝真田打ち

さ－な－なり【然なり】そうであるようだ。そうらしい。例「〔牛車ガ〕来る音すれば、『**さなり**』と、人々出でて見るに」〈枕・すさまじきもの〉

語構成
さ　副
な　断「なり」㊓
なり　伝・推「なり」

＝「さなるなり」の撥音便「さなんなり」の撥音無表記。

さなへ【早苗】［名］苗代から田へ移植するころの稲の苗。（季－夏）

〔**早苗取る**〕稲の苗を苗代から取る。また、その苗を水田に移し植える。（季―夏）

さなへづき【早苗月】［名］《「早苗」を植える月の意》陰暦五月の別称。さつき。（季―夏）

〔俳句〕**さなへとる…【早苗とる手もとや昔しのぶ摺り】**〈おくのほそ道・忍ぶの里・芭蕉〉訳この忍ぶの里で早苗を取る早乙女たちの手つきに偲ぶことだ、昔、もじ摺り石でしのぶ摺りをしていた古代の乙女たちの姿を。（季―早苗とる―夏）

〈参考〉「しのぶ」は、「昔」を「しのぶ」の意と「しのぶ摺り」をかける。

さなむ《「さ」は前述を指示する語》このような次第で。…だそうで。例「『ともかうも』とのたまへば、**さなむ**と同じさまにのみあるを〔源氏八〕本意なしと思す」〈源氏・若紫〉

さならく【さ鳴らく】《接頭語「さ」＋動詞「鳴る」の名詞化したもの》鳴ること。評判になること。例「まかなしみ寝らくしけらく**さ鳴らく**は伊豆の高嶺の鳴沢なすよ」〈万葉・一四・三三五八或本歌〉

さ-なら・ず【然ならず】❶そうでない。それほどでもない。例「宮仕へ人、**さなら・ぬ**人のむすめなども謀らるるあり」〈堤中納言・はなだの女御〉❷そうあるべきでない。ありそうにない。例「さまことに**さなら・ぬ**うちとけわざ（＝気ヲ許シタ振ル舞イ）もしたまひけり」〈源氏・末摘花〉

語構成　さ　副｜なら　断「なり」未｜ず　打消「ず」

さならぬ【然ならぬ】《副詞「然」＋断定の助動詞「なり」の未然形＋打消の助動詞「ず」の連体形》「さならず」に同じ。

さなら・ぶ【さ並ぶ】［自バ四］｛ば・び・ぶ・ぶ・べ・べ｝《「さ」は接頭語》並ぶ。匹敵する。例「**さ並・べる**鷹はなけむと情には思ひ誇りて笑まひつつ渡る間に」〈万葉・一七・四〇一一長歌〉

さ・なり【然なり】そうである。それだ。例「『この、のぞきたまへる人は、この、南に宿りたまへるか』と問ふ。『**さ・なり**』」〈平中・三六〉

語構成　さ　副｜なり　断「なり」

ざなり【座なり】［名］《近世語》その場の都合でいい加減なことをいうこと。おざなり。

ざ-なり…ないそうだ。…ないということだ。…ないようだ。例「海賊は、夜歩きせ**ざなり**と聞きて」〈土佐〉訳海賊は夜に出没し**ない**そうだと聞いて。例「呼ばすれど答へ**ざなり**」〈更級・大納言殿の姫君〉訳（供の者に）呼ばせるが、（内からは）答えが**ないようだ**。

語構成　ざ　打消「ず」体｜なり　伝・推「なり」＝「ざるなり」の撥音便「ざんなり」の撥音無表記。

〈参考〉「ざりなり」が撥音化し、表記されなかったものとも考えられる。

さに【さ丹】［名］《「さ」は接頭語》赤い色。

さにつか・ふ【さ丹つかふ】「につかふ」に同じ。

さにつらふ【さ丹つらふ】［枕詞］（「さ丹」は赤土。赤みを帯びた美しいものという意から）「君」「妹」などにかかる。上代のみ用いる。例「**さ丹つらふ**君によりてぞ長く欲りする」〈万葉・一六・三八一三〉

さにぬり【さ丹塗り】［名］《「さ」は接頭語》赤く塗ること。また、赤く塗ったもの。

さには【さ庭】［名］❶神を招いてお告げを聞く場所。❷神のお告げを聞いて人々に伝える人。霊媒者。

さ・ぬ【さ寝】［自ナ下二］｛ね・ね・ぬ・ぬる・ぬれ・ねよ｝《「さ」は接頭語》❶寝る。例「あなたづたづしひとり**さ・寝れ**ば」〈万葉・一五・三六二六〉❷男女が共寝する。例「我妹子とさ・寝しつま屋に」〈万葉・三・四八一長歌〉

さぬき【讃岐】［地名］旧国名。南海道六か国のひとつ。いまの香川県。＝讃州

さぬきのすけ【讃岐典侍】［人名］（一〇七九?―?）平安後期の女官・日記作者。本名・藤原長子。堀河天皇の典侍となり、天皇崩御後は鳥羽天皇に仕えた。著書『讃岐典侍日記』。

さぬきのすけにっき【讃岐典侍日記】［作品名］平安後期（一一〇八成立）の日記文学。讃岐典侍藤原長子作。典侍として堀河院のそば近くに仕えていた作者が、院の崩御を記録した哀悼の記が上巻の内容。下巻は鳥羽天皇に再出仕したときの記録。

さぬきわらざ【讃岐藁座】［名］讃岐国（いまの香川県）で産したわらで編んだ丸形の敷物。

さぬらく【さ寝らく】《接頭語「さ」＋動詞「寝」の終止形＋接尾語「らく」》寝ること。男女が共寝すること。例「玉葛絶えぬものから**さ寝らく**は年の渡りにただ一夜のみ」〈万葉・一〇・二〇七八〉

さね【札】［名］鎧の材料のひとつ。鉄または練り革でできた細長い小板で、漆を塗り、革ひもでつづる。

さね【核・実】［名］❶種。果実の種子。❷物事の本質。根本。❸骨。骨組み。

さね【さ寝】［名］《「さ」は接頭語》寝ること。男女が共寝すること。例「立つ虹の現ろまでも**さ寝**をさ寝てば」〈万葉・一四・三四一四〉

さね［副］（多く下に打消の語を伴って）本当に。けっして。少しも。例「**さね**忘らえず」〈万葉・九・一七九四〉

さね《上代語。上代の尊敬の助動詞「す」の未然形「さ」＋願望を表す終助詞「ね」》…てください。例「難波潟潮干に出でて玉藻刈る海人娘子ども汝が名告ら**さね**」〈万葉・九・一七二六〉訳難波潟の干潟に出て藻を刈っている海人おとめたち、あなたがたの名を言って**ください**。

-ざね［接尾］❶何かが生じるもとになるもの、根本の意を表す。例「五柱の男子は、物**ざね**我が物に因りて成れり」〈記・上〉❷その中で主となるもの、大切なものの意を表す。例「まらうど**ざね**（＝主賓）にて、その日はあるじまうけしたりける」〈伊勢・一〇一〉

さねがしら【札頭】［名］鎧の「札」の上端。

さねかづら【真葛】［一］［名］《「さなかづら」とも》ビナンカズラ。モクレン科の常緑つる性低木の名。種を薬にしたり、茎から出る粘液を整髪料としたりして用いた。（季―秋）。［二］［枕詞］類音の繰り返しから「さ寝ず」に、また、分かれて伸びた［一］のつるが再び絡まる意から「のちも逢ふ」に、［一］のつるを手に繰る意から「くる」にかかる。例「**さね葛**後も逢はむと」〈万葉・二・二〇七長歌〉訳→〔和歌〕あまとぶや…

さねかや【さ根萱】［名］《「さ」は接頭語》根を付けたままのカヤ。

さねさし〔枕詞〕地名「相模」にかかる。例「さねさし相武の小野に燃ゆる火の」〈記・中・歌謡〉訳→〔歌謡〕さねさし…

〔歌謡〕**さねさし…**【さねさし相武の小野に燃ゆる火の火中に立ちて問ひし君はも】〈記・中・弟橘比売命〉訳（さねさし）相模国の小野に燃える火の中に立って私に呼びかけた、あなたよ。〈参考〉「さねさし」は「相武」の枕詞。

さねさ・ぬ【さ寝さ寝】〔自ナ下二〕｛ね・ね・ぬ・ぬる・ぬれ・ねよ｝《動詞「さ寝」を重ねた語》たびたび寝る。何度も共寝する。例「あやにあやに**さ寝さ・寝**てこそ言に出にしか」〈万葉・一四・三四九七〉

さねたかこうき【実隆公記】〔作品名〕室町後期の漢文日記。三条西実隆著。文明六年（一四七四）から天文五年（一五三六）にかけて記された。宮中の儀式や文芸文化にかかわる記録、貴族の日常生活を垣間見せる記述など、多彩な内容をもつ。

さねど【さ寝処】〔名〕《「さ」は接頭語。「ど」は場所の意》寝場所。＝さ寝床

さねどこ【さ寝床】〔名〕「さねど」に同じ。

さねとも【実朝】〔人名〕「みなもとのさねとも」に同じ。

さねもりものがたり【実盛物語】〔作品名〕「げんぺいぬのびきのたき」に同じ。

さの〔地名〕㊀【狭野・佐野】紀伊国の地名。いまの和歌山県新宮市佐野。佐野川の流域にあたり、渡し場は「佐野の渡り」として歌に詠まれた。㊁【佐野】上野国の地名。いまの群馬県高崎市の南部。利根川支流の烏川には歌枕として知られる「佐野の舟橋」があったとされる。謡曲「鉢の木」の舞台で、主人公の佐野源左衛門常世をまつる常世神社がある。

さのつとり【さ野つ鳥】㊀〔名〕《「さ」は接頭語。「つ」は上代の格助詞》野の鳥。とくに、雉のこと。㊁〔枕詞〕代表的な野の鳥である「雉」にかかる。例「さ野つ鳥雉はとよむ」〈記・上・歌謡〉

さののちがみのをとめ【狭野茅上娘子】〔人名〕（生没年未詳）奈良時代の女流歌人。「狭野弟上娘子」ともいう。配流された恋人、中臣宅守との贈答歌が『万葉集』に残る。

さののふなはし【佐野の舟橋】〔歌枕〕上野国の舟橋。いまの群馬県高崎市上佐野を流れる烏川にかかっていたという船を並べた橋。「渡る」「掛く」を縁語とし、「思ひ渡る」「思ひかく」などの表現とともに恋の歌に多く詠まれた。

さののわたり【佐野の渡り】〔歌枕〕紀伊国の渡し場。いまの和歌山県新宮市佐野、三輪の崎付近にあった渡船場。

さのはり【さ野榛】〔名〕《「さ」は接頭語》野に生えているハリ。「榛」は、ハンノキの古名。一説に野萩。

さのみ【然のみ】《副詞「然」＋副助詞「のみ」》❶そのようにばかり。そうむやみに。例「次々**さのみ**劣りまからば、何の身にかなりはべらん」〈源氏・明石〉（係結び）「か→はべらん㊍」。（敬語）「劣りまからば」→「まかる」、「なりはべらん」→「はべり」。❷（下に打消の語を伴って）それほど。たいして。例「仏神の奇特、権者の伝記、**さのみ**信ぜざるべきにもあらず」〈徒然・七三〉

〔**然のみやは**〕《「やは」は反語の意の係助詞》そのようにばかり…していられようか（いや、いられない）。例「別るるほどの悲しびは、また世にたぐひなきやうにのみこそは思ゆべかめれど、あり経れば**さのみやは**」〈源氏・橋姫〉語構成「思ゆべかめれど」→「べかめり」

さは【沢】〔名〕❶湿地。草の生い茂ったじめじめした泥地。❷山あいの浅い川。谷川。渓流。

さは【多】〔副〕《「さはに」の形で》たくさん。いっぱい。例「草深みこほろぎ**さは**に鳴くやどの萩見に君はいつか来まさむ」〈万葉・一〇・二二七一〉

さは【然は】㊀《副詞「然」＋係助詞「は」》そうは。そのようには。そうまで。そうも。例「いつか、若やかなる人など、**さはしたりし**」〈枕・にくきもの〉㊁〔接〕《「さば」とも》それならば。では。じゃあ。例「**さは**、かかる、御心のへだてある御仲なりけり」〈源氏・常夏〉

さば【娑婆】〔名〕「しゃば」に同じ。

さば【然ば】〔接〕「さは（然は）㊁」に同じ。

さはう【左方】〔名〕雅楽で、古代中国から輸入された音楽を核とする系列。↕右方

さばかり【然許り】〔副〕《副詞「然」＋副助詞「ばかり」》❶それぐらい。その程度。例「たしかならねど、けはひを**さばかり**にやとささめきしかば」〈源氏・夕顔〉（係結び）「にや→（省略）」。❷たいへん。ひどく。例「**さばかり**あつき六月に、装束だにもくつろげず」〈平家・二・小教訓〉

さば・く【捌く】㊀〔自カ下二〕｛け・け・く・くる・くれ・けよ｝❶物事の筋道が通っている。例「弁舌**さば・け**し長口上」〈浄・心中重井筒〉❷ばらばらになる。砕ける。例「床の上なるかもじ（＝切ッタ髪）、たちまち四方へ**さば・け**」〈浮・好色一代男〉❸世慣れている。話せる。例「**さば・け**ぬ人の長座敷、あくびも思はず出」〈浮・好色一代女〉㊁〔他カ四〕｛か・き・く・く・け・け｝❶（髪・糸・綱などを）乱れないように手でうまく扱う。例「鵜飼ひ船**さば・く**手縄の影ぞ乱るる」〈壬二集〉❷物事をきちんと処理する。こなす。例「何ほどの大世帯も**捌・き**かねまい女房ぢゃ」〈浄・生玉心中〉❸（多く「裁く」と書く）裁判する。例「代官所の格で**捌・く**」〈浄・菅原伝授手習鑑〉❹振る舞う。行う。例「日来の大臣よろしく**さば・き**置かるるとみえて」〈浮・好色一代男〉

さばく・る【捌くる】〔他ラ四〕｛ら・り・る・る・れ・れ｝処理する。扱う。さばく。例「家に返りて魚**さばく・り**ける所に」〈沙石集〉

さはさうず【然は候ず】❶《「さはさうらはず」の変化形》そうではありません。❷《「さはさうらはむず」の変化形》そうでありましょう。例「およそ武士は二心有るを恥とす。ことに源氏のならひは**さはさうず**」〈古活字本平治・中〉

さはさは【爽爽】〔副〕《多く「さはさはと」の形で》すっきり。さわやかに。また、滞りなく。例「後は**さはさは**と張りかへんと思へども」〈徒然・一八四〉

さばし・る【さ走る】〔自ラ四〕｛ら・り・る・る・れ・れ｝《「さ」は接頭語》走る。例「川瀬には鮎子**さ走・り**」〈万葉・三・四七五長歌〉

さはだ【多だ】〔副〕《「だ」は接尾語》たくさん。数多く。例「斑衾に綿**さはだ**入りなましもの妹が小床に」〈万葉・一四・三三五四〉

さはだがは【沢田川】［歌枕］山城国の川。いまの京都府相楽郡加茂町を流れる木津川の部分名か。催馬楽に詠まれ、浅い川とされる。

さはだ・つ【爽だつ】［自タ四］{た・ち・つ・つ・て・て}さわやかになる。すっきりする。例「藤壺には御心地も、今はさはだ・ち給ひにたれど」〈宇津保・国譲・中〉

さはに【多に】［副］多量に。たくさん。

さばへ【五月蠅】［名］陰暦五月ごろのハエ。むらがり騒ぎ、うるさいことのたとえ。（季―夏）

〔五月蠅の神〕夏にやってくる邪神。

さばへなす【五月蠅なす】［枕詞］（陰暦五月ごろのハエのように騒がしいということから）「騒く」「荒ぶ」にかかる。例「五月蠅なす騒ぐ子どもをうち棄てては死には知らず」〈万葉・五・八九七長歌〉

さはま・く【多巻く】［他カ四］{か・き・く・く・け・け}たくさん巻く。例「やつめさす出雲建が佩ける太刀黒葛多巻き身なしにあはれ」〈記・中・歌謡〉

さはやか［・なり］【爽やか】［形動ナリ］{なら・なり(に)・なり・なる・なれ・なれ}《「やか」は接尾語》❶気分が爽快なさま。すがすがしいさま。❷あっさりしていて潔いさま。きっぱりしたさま。例「まことには心とまる〈女〉もなきこそさはやか・なれ」〈源氏・宿木〉❸はっきりしているさま。明瞭だ。例「ともかくも思しわくらむさまなどを、さはやか・にうけたまはりにしがな」〈源氏・総角〉❹色鮮やかなさま。美しいさま。例「馬・物の具誠に爽やか・に勢ひ有って」〈太平記・一四〉

さはや・ぐ【爽やぐ】㊀［自ガ四］{が・ぎ・ぐ・ぐ・げ・げ}気分が爽快になる。病が回復する。例「時々おこりなやませたまひし御目もさはや・ぎたまひぬれど」〈源氏・澪標〉㊁［他ガ下二］{げ・げ・ぐ・ぐる・ぐれ・げよ}気分をさっぱりさせる。快くする。例「いましばしさはや・げて、渡したてまつれ」〈夜の寝覚〉

さはやけ【黄菜】［名］大根のもやし。

さはらか［・なり］【爽らか】［形動ナリ］{なら・なり(に)・なり・なる・なれ・なれ}《「らか」は接尾語》気持ちよくさっぱりとしたさま。すっきりしたさま。例「髪の裾少し細りて、さはらか・にかかれるしも、いとものきよげに」〈源氏・初音〉

さはり【沙張・鈔羅・鈔鑼】［名］銅・鉛・錫を合わせた合金。また、それで作った仏具の名。皿状で、読経のときなどに打ち鳴らす。

さはり【障り】［名］❶妨げになるもの。邪魔。例「湊入りの葦別け小舟障り多み」〈万葉・一一・二七四五〉❷（女性の）月経。月のさわり。

さはりどころ【障り所】［名］妨げ。障害。差しつかえ。

さは・る【障る】［自ラ四］{ら・り・る・る・れ・れ}

> **アプローチ** ▼「さふ（障ふ）」の自動詞形。
> ▼事が妨げられて行き悩む、が原義。そこから「さしつかえる」の意が派生した。

❶**邪魔になる。妨げとなる。**例「月入り方になりて、西の妻戸の開きたるより、さは・るべき渡殿だつ屋もなく」〈源氏・蓬生〉訳月が沈むころになって、西の妻戸の開いているところから、**妨げとなる**ような渡殿めいた建物もなく。❷**さしつかえる。都合が悪くなる。**例「おなじ院にありける女、さは・ることありとてあはざりければ」〈大和・一五三〉訳おなじ院に仕えていた女が、**さしつかえること**があります、といって会わなかったので。

さはれ《「さばれ」とも。副詞「然」＋係助詞「は」＋動詞「あり」の命令形＝「さはあれ」の略》㊀［感］**ええ、どうにでもなれ。**例「さはれ、このついでにも死なばやと思す」〈源氏・柏木〉《敬語》「死なばやと思す」→「おぼす」。㊁［接］**それはそうだが。いやいや。**例「『さて、この歌は、ここにいてこそ詠まめ』など言へば、『さばれ。みちにても』などいひて」〈枕・五月の御精進のほど〉〔注〕「みちにても」の下には「詠むべし」のような語が省略されている。《係結び》「こそ→詠まめ（已）」

さひ【鉏】［名］❶刀や小刀。剣。❷農具の一種。鋤に似た物。

さび【寂】［名］美的理念のひとつ。作品全体に漂う寂寥・閑寂な情調、色調。歌合わせ判詞において、古風でさびれた風体の和歌を評する語として用いられ始めた。藤原俊成によって重用され、中世期の文芸全般に浸透し、美的理念として成長を遂げた。近世期に入ると、芭蕉によって最重要視され、蕉風俳諧の根本理念のひとつとされた。

> **古語深耕** 余情美の境地「さび」
>
> 平安末期から鎌倉初期の歌人藤原俊成が、歌合わせの判詞で秀歌を「さびたる姿」「姿さびたり」などと表現し、室町時代の連歌師心敬は、その連歌論書『ささめごと』の中で、歌を詠む心得について「いはぬ所に心をかけ、ひえ、さびたる方を悟り知れ」と述べている。このように「さび」は、中世の歌論や連歌論において、余情美の究極の境地を表す語として用いられるようになる。
>
> 江戸時代になると、蕉門の俳諧論で美的用語として定着し、とくに向井去来が『去来抄』では、松尾芭蕉が「さび」を俳諧の重要な美的理念としていたことが紹介されている。去来は、「さびは句の色」であるといい、次のようなたとえ話で説明する。老人が鎧兜に身を包み戦場で活躍しても、あるいは美しい衣服を着飾って立派な宴に出席しても、老人であることは隠すことができず、しぜんと老いの姿がにじみ出てくるものだ、と。これによると、「さび」とは、外面的な華やかさとは無関係に、内面からしぜんとにじみ出てくる老熟した深い情趣のようなものを指しているらしい。

さび【皺】［名］❶なめし皮の表面にあるしわ。❷《「しぼ」とも》烏帽子の表面に、装飾のためにもんでつけたしわ。

さびあゆ【錆鮎・宿鮎】［名］秋の産卵後、肌が鉄さびのような色になった鮎。（季―秋）

さびがたな【錆刀】［名］❶刃のさびた刀。❷役に立たない人をののしっていう語。

さび・し【寂し・淋し】［形シク］｛しから・しく（しかり）・し・しき（しかる）・しけれ・しかれ｝

アプローチ ▼動詞「さぶ（荒ぶ）」の形容詞化。▼本来あった生気や活気が失われて、荒れすさんでいると感じる意。

❶（本来あるべきものが失われていて）**もの足りない。心細い。心寂しい。** 例「所せく集ひし馬、車が形もなく**さび・しき**に、世はうきものなりけりと思し知らる」〈源氏・須磨〉 訳（これまでは）所狭しとばかり集まってきていた馬や車が跡かたもなく、**心寂しい**のにつけても、世間とはいとわしいものだったのかとおわかりになるのである。《敬語》「思し知らる」→「おぼす」
❷**人の気配がなく心細い。ひっそりとしている。** 例「このさび・しき宿にも必ず分けたる跡あなる」〈源氏・蓬生〉 訳こんな**ひっそりとしている**屋敷にも必ず踏みわけた跡があるという。 語構成「跡あなる」→「あなり」

古語深耕 **「さびし」と「わびし」との違い**
動詞「**荒ぶ**」が「**さびし**」、「**侘ぶ**」が「**わびし**」の母体である。「**荒ぶ**」は「すさむ」「さびれる」の意味なので、「**さびし**」には荒涼とした感じやがらんとして何もない空虚な感じがある。一方「**侘ぶ**」は、ものごとが思うようにならず、自分の力ではどうしようもないときに、がっかりしたり嘆いたりする意である。そのため「**わびし**」には、「やりきれない」「ひどくつらい」の意味がある。風景に対して使う場合は、「心がやるせなくなってしまうほど寂しい」感じである。

さびしう【寂しう・淋しう】形容詞「さびし」の連用形「さびしく」のウ音便。
〔和歌〕**さびしさにたへたるひとの…**【寂しさにたへたる人のまたもあれな庵ならべん冬の山里】〈新古今・冬・六二七・西行〉 訳さびしさに耐えている人が、自分のほかにもうひとりあってほしいものだ。いたならば、庵を並べて住もう。この寂しい冬の山里で。
〔和歌〕**さびしさにやどをたちいでて…**【さびしさに宿を立ち出でてながむればいづくも同じ秋の夕暮れ】〈後拾遺・秋上・三三三・良暹法師〉《百人一首》 訳あまりの寂しさに、庵を出てあたりを眺め渡すと、どこもみな同じように寂しい秋の夕暮れであるよ。
〔俳句〕**さびしさの…**【淋しさの底ぬけて降るみぞれかな】〈篇突・丈草〉 訳寂しい気持ちに沈んでいると、折からみぞれも底が抜けたように激しく降り出し、寂しさに追いうちをかけることだ。（季－みぞれ－冬）
〔和歌〕**さびしさは…**【寂しさはその色としもなかりけり槙立つ山の秋の夕暮れ】〈新古今・秋上・三六一・寂蓮〉 訳寂しさは、とくにどの色から感じられるというわけでもないことだ。真木が一面に生い立っている山の秋の夕暮れよ。
〈参考〉「その色としも」の「色」は、秋の紅葉や真木の常緑の色という意と、気配・ようすの意を合わせもつ。「三夕の歌」のひとつとして有名。
〔俳句〕**さびしさや…**【寂しさや須磨に勝ちたる浜の秋】〈おくのほそ道・種の浜・芭蕉〉 訳この夕暮れの寂しさよ。『源氏物語』の昔から寂しい秋を詠まれてきた須磨の浦にも勝っている種の浜の侘しい秋だ。（季－秋－秋）
さびつきげ【宿月毛】［名］馬の毛色の名。つき毛のやや黒みを帯びたもの。
さひづるや【囀るや】［枕詞］（外国のことばは鳥のさえずりのように分からないところから）外国を表す「唐」「韓」にかかる。例「さひづるや韓臼に搗き」〈万葉・一六・三八八六長歌〉
さひづゑ【鉏】［名］鋤の一種。草を取る農具。
さひゃうゑ【左兵衛】［名］❶「左兵衛府」の略。❷「左兵衛府」に属した武官。①②↔右兵衛
さひゃうゑのかみ【左兵衛督】［名］令制で「左兵衛府」の長官。
さひゃうゑのじょう【左兵衛尉】［名］令制で「左兵衛府」の三等官。
さひゃうゑのすけ【左兵衛佐】［名］令制で「左兵衛府」の次官。
さひゃうゑふ【左兵衛府】［名］令制で「六衛府」のひとつ。「右兵衛府」とともに、内裏外側の諸門の警備、行幸の供奉などをつかさどった。↓「ひゃうゑふ」。＝左兵衛①。↔右兵衛府
さふ【左府】［名］「左大臣」の唐名。↔右府
さ・ふ【障ふ】｛へ・へ・ふ・ふる・ふれ・へよ｝❶［自ハ下二］ひっかかる。つかえる。例「あさましきもの。刺し櫛すりてみがくほどに、ものにつきさ・へて折りたる心ち」〈枕・あさましきもの〉❷［他ハ下二］じゃまする。妨げる。例「うつせみの人か障・ふらむ」〈万葉・四・六一九長歌〉
-さ・ぶ［接尾バ上二型］｛び・び・ぶ・ぶる・ぶれ・びよ｝（名詞に付いて）いかにもそれらしい態度・ようすである意を表す。例「茂岡に神さ・び立ちて栄えたる」〈万葉・六・九九〇〉
さ・ぶ【荒ぶ・寂ぶ・錆ぶ】［自バ上二］｛び・び・ぶ・ぶる・ぶれ・びよ｝❶古びて壊れたり変質したりする。例「鎖のいといたく錆・びにければ」〈源氏・朝顔〉❷古びて趣をもつ。例「岩に苔むしてさ・びたる所なりければ」〈平家・灌頂・大原入〉❸勢いがなくなる。さびれる。例「浅茅のつきのいとどさ・びゆく」〈新古今・秋下・五三二〉❹衰える。色あせる。例「夕づくひ色さ・びまさる草のしたに」〈玉葉・秋下・八二三〉❺心が荒れる。心がすさぶ。例「朝夕へにさ・びつつ居らむ」〈万葉・四・五七三〉
ざふ【雑】［名］和歌・連歌・俳諧の分類のひとつ。歌集では、四季・恋などに分類できないものを雑の部といい、連歌・俳句では無季の句を雑の句という。
ざふか【雑歌】［名］和歌の分類、歌集の部立のひとつ。『万葉集』では、三大部立のひとつとして、相聞・挽歌以外の歌の総称として用いた。主として宮廷儀礼や行幸などの公的な場の歌をいった。『古今和歌集』以降の歌集では、四季歌や恋歌などに部類できない歌（くさぐさのうた）をいう。
さふかい【挿鞋】［名］内側と外側に絹・綾・錦などを張り、底には皮をつけた木製の浅い沓。天皇や高僧などが用いた。
ざふげい【雑芸】［名］平安後期に新たに起こり、盛行した民間歌謡の総称。今様をはじめ、神歌・法文・早歌の類をいう。

さ

ざふこう【雑口】ゾウコウ［名］「ざふごん」に同じ。

ざふごん【雑言】ゾウゴン［名］《「ざふげん」とも》悪口をいうこと。悪態をつくこと。また、そのことば。＝雑口ざふこう

ざふざふのひと【雑雑の人】ゾウゾウノヒト 身分の低い従者。＝雑人ざふにん

さぶ・し【寂し・淋し】［形シク］{しから・しく(しかり)・し・しき(しかる)・しけれ・しかれ}（上代語）物足りない。楽しくない。例「我はさぶしゑ君にしあらねば」〈万葉・四・四八六〉

ざふし【雑仕】ゾウシ［名］宮中や上流貴族の家で、走り使いなどの雑用を務めた女性。また、行幸・行啓の供をした下級の女官。＝雑仕女ざふしめ

ざふじ【雑事】ゾウジ［名］❶さまざまな用事。雑用。❷《「雑事銭」の略》いろいろなことに使うための金。

ざふしき【雑色】ゾウシキ［名］《「ざっしき」とも》（衣服の色に規定がないことから）❶令制の良民の最下層。品部べ・雑戸こなど。❷蔵人所くろうどどころや院の御所、摂関家などで雑役をつとめた無位の役人。❸鎌倉・室町時代に、幕府の雑役をつとめた者。

ざふしきどころ【雑色所】ゾウシキドコロ［名］「雑色③」の人々の詰めている場所。

ざふしめ【雑仕女】ゾウシメ［名］「ざふし」に同じ。

ざふたん【雑談】ゾウタン［名］とりとめのない無駄話。よもやま話。ざつだん。

ざふたんしふ【雑談集】ゾウタンシュウ［作品名］鎌倉後期（一三〇五）の説話集。無住著。仏典にある仏教説話から滑稽譚こっけいたんまで幅広い内容の説話を収める。

ざふにん【雑人】ゾウニン［名］取るに足らない身分の者。下々の者。庶民階級の者。

ざふひゃう【雑兵】ゾウヒョウ［名］身分の低い兵士。歩兵。足軽など。

ざふひゃうものがたり【雑兵物語】ゾウヒョウモノガタリ［作品名］江戸前期（一六八三ごろ成立）の兵法書。松平信興のぶおき著とする説があるが未詳。雑兵のために、陣中での心得・兵器の操作・救急法などを説いた書。

ざふもつ【雑物】ゾウモツ［名］身の回りの細々とした物。

ざふやく【雑役】ゾウヤク［名］❶雑用。また、それに当たる人。❷「雑役馬ざふやくうま」の略。

ざふやくうま【雑役馬】ゾウヤクウマ［名］乗馬に用いず、雑用に使う雌めすの馬。駄馬だ。＝雑役②

ざふやくぐるま【雑役車】ゾウヤクグルマ［名］いろいろな雑用に用いる車。

さぶらう【三郎】サブロウ［名］三男。三番目の男子。

さぶらひ【侍】サブライ［名］❶貴人に仕えて、雑務を行う男の召し使い。**お付きの者。従者。供の者。**❷①のうちとくに、**主人の警護を職務とする者。**宮中の「滝口たきぐち」、院の「北面ほくめん」、東宮の「帯刀たちはき」など。❸**さむらい。武士。**❹「侍所さぶらひどころ」の略。

さぶらひあ・ふ【侍ひ合ふ】サブライアオウ［自ハ四］{は・ひ・ふ・ふ・へ・へ}（「侍ひ」は仕える・いるの意の謙譲語）いっしょにお仕えする。ちょうどその折にお仕えしている。例「御前の御遊びのをりにさぶらひあ・ひたる中に」〈源氏・椎本〉

さぶらひこう・ず【侍ひ困ず】サブライコウズ［自サ変］{ぜ・じ・ず・ずる・ずれ・ぜよ}（「侍ひ」は仕える・いるの意の謙譲語）お仕えしていて疲れる。例「日ごろいたうさぶらひ困・じたる人はみな休みなどして」〈源氏・手習〉

さぶらひだいしゃう【侍大将】サブライダイショウ［名］《「さむらひだいしゃう」とも》❶武家に仕える武士で、一軍を率いる者。❷室町末期以降、侍一隊を率いた者。

さぶらひつ・く【侍ひ付く】サブライツク［自カ四］{か・き・く・く・け・け}（「侍ひ」は仕える・いるの意の謙譲語）❶長くお仕えして慣れる。例「かくて日ごろふれば、さぶらひつ・きて」〈和泉式部日記〉❷［他カ下二］{け・け・く・くる・くれ・けよ}そばにずっとお仕えさせる。例「『同じくは、さぶらひつ・けさせむ』とて、そのままにまかでさせず」〈夜の寝覚〉

さぶらひどころ【侍所】サブライドコロ［名］《「さむらひどころ」とも》❶平安時代、院・親王・摂関家などで家務に従事した者の詰め所。❷鎌倉時代、幕府直属の役所名。御家人ごけにんの管理や処罰、戦時には軍事も担当した。❸室町時代、管領かんれいの下に置かれ、武士の管理・朝廷の警護などをつかさどった役所名。

さぶらひな・る【侍ひ馴る】サブライナル［自ラ下二］{れ・れ・る・るる・るれ・れよ}（「侍ひ」は仕える・いるの意の謙譲語）長くお仕えしている。例「さる所にさぶらひ馴・れたれば」〈源氏・少女〉

さぶらひびと【侍人】サブライビト［名］主君のそば近くに仕える人。

さぶらひみゃうり【侍冥利】サブライミョウリ［副］「さむらひみゃうり」に同じ。

さぶらひよ・る【侍ひ寄る】サブライヨル［自ラ四］{ら・り・る・る・れ・れ}（「侍ひ」は行く・来るの意の謙譲語）尊いお方のおそば近くにまいる。例「右近が言はむこと、さすがにいとほしければ、近くもえさぶらひ寄・らず」〈源氏・夕顔〉

さぶらひわらは【侍童】サブライワラワ［名］貴人のそば近くに仕えている少年。

さぶら・ふ【候ふ・侍ふ】サブラ(ロ)ウ［自ハ四］［補動ハ四］{は・ひ・ふ・ふ・へ・へ}

アプローチ
▼本来、「貴人・主人のそばに控える（伺候する）・仕える」意の謙譲語（一①）で、「（AがBに）さぶらふ」のBを高める。そこから「（物が）ある」の意の謙譲語（一②）や、そばにいるために「行く」「来る」の意の謙譲語（一③）が生じた。
▼また、行為の向かう先を高める謙譲語の働きが、主語を低めて述べる働きに転じ、さらには単に聞き手に対して敬意を示すだけの丁寧語（一④　二）となった。
▼主語を低める働きを完全には失っていない「はべり」とくらべ、尊敬の動詞の下に自由に付くなど、丁寧語の用法が一層発達している。

《「さもらふ」の変化形》一［自ハ四］❶「貴人・主人のそばに控える・伺候する・仕える」意を表す謙譲語。「（AがBに）さぶらふ」で、B（仕える相手、存在する場所またはその場所の主）を高める。**お仕えする。（おそばに）お控え申し上げる。**例「いづれの御時にか、女御にょうご・更衣かういあまたさぶら・ひたまひける中に」〈源氏・桐壺〉訳いつの帝みかどの御代であったか、女御・更衣が大勢（帝に）お仕えしていらしゃった中に。《係結び》「にか→（省略）」。《敬語》「さぶらひたまひ」→「たまふ（四段）」

❷「（物が）ある」の意の謙譲語。「（AがBに）さぶら

ふ」で、B(存在する場所またはその場所の主)を高める。(お手元に)ある。お持ちである。例「御前にさぶら・ふ物は、御琴も御笛も、みなめづらしき名つきてぞある」〈能因本枕・無名といふ琵琶〉訳(帝の)御前にある物は、御琴も御笛も、皆めずらしい名がついているよ。《係結び》「ぞ→ある体」

❸「(ある場所に)行く、来る」の意の謙譲語。「(AがBに)さぶらふ」で、B(その場所および場所の主)を高める。参上する。うかがう。例「いま、しづかに御局にさぶら・はむ」〈枕・大進生昌が家に〉訳そのうち、落ち着いて(あなたの)お部屋にうかがいましょう。

❹「いる」「ある」の意の丁寧語。聞き手に対して丁重に述べ敬意を示す。おります。ございます。例「格子おろしまはして、人もさぶら・はざりつ」〈夜の寝覚〉訳格子を全部下ろしきって、人もおりませんでした。

二[補動ハ四](活用語の連用形に付いて)聞き手に対して丁重に述べ敬意を示す丁寧語。…ております。…(で)ございます。…ます。…です。例「片時もながらふべしともおぼえさぶら・はず」〈平家・九・小宰相身投〉訳すこしの間も生きながらえようとも思われません。

発展学習ファイル (1)一④、二の丁寧語の用法は、平安中期以降発達する。最初は丁寧語「はべり」よりも聞き手に対する敬意の高い語として用いられ、しだいに使用範囲を広げ、中世には「はべり」にとってかわった。また、中世に入って「さうらふ」に形が転ずるが、女性は「さぶらふ」を使い続けたようである。
(2)二は上に付く活用語との間に接続助詞「て」や係助詞・副助詞が入る場合がある。

さぶるこ【さぶる児】[名]浮かれ女。遊女。

さへ [副助] ⇨五八八ページ「特別コーナー」

さへき【禁樹】[名]《「障へ木」の意》通行の障害になる木。邪魔になる木。

さべき《「さるべき」の撥音便「さんべき」の撥音無表記》❶相応である。ふさわしい。例「内侍のすけなんど、さべき限りまゐり給へり」〈増鏡・内野の雪〉❷それなりに程度が高い。例「この宮の人には、さべきなめり」〈枕・雪の、いと高う降りたるを〉→「なめり」。❸当然そうなるはずである。例「ここには、さべきにや、ただ、厭ひ離れよと」〈源氏・橋姫〉 語構成「さべきなめり」

さへづ・る【囀る】[自ラ四]❶(鳥が)さえずる。❷(外国語や方言などを)早口で聞き取りにくくしゃべる。例「聞きも知りたまはぬことどもをさへづ・りあへるも」〈源氏・明石〉❸しきりにしゃべる。例「いますこしさへづ・れば」〈源氏・常夏〉❹舞楽で、舞人が漢文の章句を節をつけてうたう。

さへな・ふ【障へなふ】[他ハ下二]《「さへにあふ」の変化形》無理をとおして断る。拒否する。例「障へな・へぬ命にあれば」〈万葉・二〇・四四三二〉

さへに [副助]添加の意を表す。…もまた。…までも。例「言の葉さへに移ろひにけり」〈古今・恋五・七八二〉訳→〈和歌〉いまはとてわがみしぐれに…

さへのかみ【塞の神・障の神・道祖神】[名]《「さいのかみ」とも》辻・峠などの境界に置かれ、悪霊や疫病などの侵入を防ぎ、通行人を守る神。道祖神。=岐の神

さほ【佐保】[歌枕]大和国の地名。いまの奈良市北部、佐保川の北岸一帯。平城京の北東にあたり、奈良時代には貴族の邸宅が並んでいた。「川霧」「千鳥」「紅葉」を景物とし、歌に多く詠まれた。

さほかぜ【佐保風】[名]佐保(=地名)に吹く風。

〔和歌〕**さほがはの…**【佐保川の水を堰き上げて植ゑし田を刈れる初飯はひとりなるべし】〈万葉・八・一六三五・尼・大伴家持〉訳佐保川の水を堰きとめ汲み上げて植え育てた田を、刈り入れして炊いた新米を食べるのはきっとひとりであるはずだ。〈参考〉「佐保川」は、いまの奈良市春日山中から出て奈良北郊を西流する川。歌一首の上句・下句を二人で歌い継ぐ短連歌の最も早い例。

さほひめ【佐保姫】[名]春の女神。佐保山の女神。↔竜田姫。(季-春)

さほふ【作法】[名]❶物事の決まったやり方。仏教では、とくに葬礼・授戒など仏事の法式。例「限りあれば、〔更衣ノ亡骸ヲ〕例の作法にをさめたてまつるを」〈源氏・桐壺〉❷ならわし。慣例。例「世間の作法したためさせ給ひしかど」〈大鏡・時平〉❸礼儀作法。❹ありさま。ようす。例「行列の作法実に貴し」〈今昔・二・九〉

さほやま【佐保山】[歌枕]大和国の山。いまの奈良市北西部、法蓮町の北にある。紅葉の名所。「柞の紅葉」がよく詠まれた。

-さま【様】[接尾]《「ざま」とも》❶…のありさま、…のようの意を表す。例「いかさまにか聞こえやらん」〈源氏・若紫〉❷(動詞に付いて)ちょうどそのときの意を表す。…する時。…するやいなや。例「帰るさまには道も知られず」〈古今・離別・三八九〉❸その方向の意を表す。…の方。例「土御門ざまへやるに」〈枕・五月の御精進のほど〉❹《室町以降の用法》(人名・官職名などに付いて)敬意を表す。…さま。

さま【様】一[名]❶ようす。姿。例「白襲どもおなじさまに、涼しげにをかし」〈枕・ころは、正月、三月〉❷趣向。例「時につけつつ、さまを変へて」〈源氏・帚木〉❸形式。例「そもそも、歌のさま、六つなり」〈古今・仮名序〉❹事情。例「この御服などのくはしきさまを」〈源氏・藤袴〉二[代名]❶《対称の人称代名詞》あなた様。例「これこれ大事の物ながら、さまになに惜しかるべし」〈浮・好色一代男〉❷《他称の人称代名詞》あのお方。

発展学習ファイル 人の名前の後に付けて敬意を表すようになったのは、室町以降の用法。

〔**様変はる**〕❶一風変わっている。平常と違う。例「濃き鈍色の単衣に萱草の袴のもてはやしたる、なかなかさまかは・りて」〈源氏・椎本〉❷出家する。僧尼の姿になる。例「今はとてさま変は・るは悲しげなるわざなれば」〈源氏・若菜・上〉

〔**様変ふ**〕❶ようすを変える。趣を変える。例「鳴き乱るるを、なかなかさま変・へて思さるるも」〈源氏・夕顔〉❷外見を変える。例「顔のにほひ、さま変・へたまはむこと惜しげなり」〈源氏・桐壺〉❸出家する。剃髪して、衣服なども僧尼のものになる。

さま【狭間】[名]❶すきま。❷(外を見たり、矢・鉄砲を打ち出すために)城壁・櫓・塀などに設けた窓。

❸小窓。

-ざま【様】［接尾］「さま(様)」に同じ。

さまあ・し【様悪し】［形シク］{しから・しく(しかり)・し・しき(しかる)・しけれ・しかれ}みっともない。見苦しい。例「宿りかへむも**さまあ・し**く、わづらはしければ」〈源氏・玉鬘〉

さまかたち【様貌・様形】［名］姿と顔かたち。

さまこと［・なり］【様異】［形動ナリ］{なら・なり(に)・なり・なる・なれ・なれ}❶ようすがふつうでない。格別である。例「さびしき所のあはれさは**さまこと・なり**けり」〈源氏・宿木〉❷出家した姿である。例「**さま異・に**心ざしたりし身の」〈源氏・蜻蛉〉

〔俳句〕**さまざまの…【さまざまの事思ひ出す桜かな】**〈笈の小文・芭蕉〉訳春がめぐってくれば昔と変わらず咲く桜の花。そのもとで花見をしていると、昔のさまざまの事が思い出されることだ。(季―桜―春)

さま・す【冷ます】［他サ四］{さ・し・す・す・せ・せ}❶冷やす。❷高ぶった感情を静める。例「みづからだにかの炎をも**冷ま・し**はべりにしがな」〈源氏・鈴虫〉❸興ざめにする。例「**さま・し**まるらせむも無骨なるべし」〈平治・上〉

さま・す【覚ます・醒ます】［他サ四］{さ・し・す・す・せ・せ}❶眠りから目をさます。❷迷いや悲しみなどから抜け出す。悟らせる。例「かつは慰め、また、あはれをも**さま・し**」〈源氏・早蕨〉❸酒の酔いを消す。

ざます［助動特活］{ざませ・ざまし・ざます・ざます・○・○}《近世語。「ざんす」の変化形》丁寧に断定する意を表す。…です。…でございます。例「実に心ぼそく思って居りいす身の上**ざます**から」〈情・春告鳥〉訳本当に心細く思っております身の上**でございます**から。

〈接続〉体言・形容詞の連用形などに付く。

〈参考〉遊女のことばで、人情本に多く用いられた。

さまた・ぐ【妨ぐ】［他ガ下二］{げ・げ・ぐ・ぐる・ぐれ・げよ}妨害する。じゃまをする。例「かの世にさへ**妨・げ**きこゆらん罪のほどを」〈源氏・総角〉

さまた・る［自ラ下二］{れ・れ・る・るる・るれ・れよ}乱れる。だらしなくなる。例「酔ひ**さまた・れ**て」〈今昔・二八・四〉

さまで【然まで】［副］《副詞「然」＋副助詞「まで」》それほどまで。そうまで。例「何に**さまで**言をもまぜはべりけむ」〈源氏・行幸〉

さまね・し［形ク］{から・く(かり)・し・き(かる)・けれ・かれ}《「さ」は接頭語》数が多い。頻繁である。＝多し。例「たまさかに見ぬ日**さまね・く**」〈万葉・四・六五三〉

さまのかみ【左馬頭】［名］《「ひだりのうまのかみ」とも》令制で「左馬寮」の長官。↔右馬頭・右馬頭

さまのすけ【左馬助】［名］令制で「左馬寮」の次官。↔右馬助

さまよ・し【様好し】［形ク］{から・く(かり)・し・き(かる)・けれ・かれ}見た目がよい。体裁がよい。例「たへぬ涙を**さまよ・く**拭ひ隠して」〈源氏・早蕨〉

さまよ・ふ【吟ふ・呻ふ】［自ハ四］{は・ひ・ふ・ふ・へ・へ}声を上げて嘆く。うめき悲しむ。例「年長く病みし渡れば月累ね憂へ**吟・ひ**」〈万葉・五・八九七長歌〉

さまよ・ふ【彷徨ふ】［自ハ四］{は・ひ・ふ・ふ・へ・へ}❶ぶらぶらと歩き回る。うろつく。例「かたがたにつけて**さまよ・ひ**はべるを」〈源氏・行幸〉❷漂う。さすらう。例「からき命いきて北陸道に**さまよ・ひ**」〈平家・二一・嗣信最期〉❸心が落ち着かない。移り気である。例「色めかしう**さまよ・ふ**心さへ添ひて」〈源氏・真木柱〉

さまれう【左馬寮】［名］《「ひだりのうまのつかさ」「ひだりのうまづかさ」とも》令制で馬に関することをつかさどった左・右の馬寮のうち、左の馬寮。↓「めれう」。↔右馬寮

さみ【さ身】［名］《「さ」は接頭語》中身。

さみ【沙弥】［名］「しゃみ」に同じ。

さみ・す【編す・狭みす】［他サ変］{せ・し・す・する・すれ・せよ}《狭いものとするの意》見下す。侮る。ばかにする。

さみせんぐさ【三味線草】［名］《「しゃみせんぐさ」とも》ナズナの別称。ペンペングサ。(季―春)

さみだ・る【さ乱る】［自ラ下二］{れ・れ・る・るる・るれ・れよ}《「さ」は接頭語》乱れる。和歌では多く「五月雨」とかける。

さみだ・る【五月雨る】［自ラ下二］{れ・れ・る・るる・るれ・れよ}さみだれが降る。和歌では多く「さ乱る」とかける。例「おなじくはとのへてふけ菖蒲草**さみだ・れ**たらば漏りもこそすれ」〈金葉・夏・一三三〉

さみだれ【五月雨】［名］陰暦五月ごろの長雨。梅雨。(季―夏)

さみだれがみ【さ乱れ髪】［名］《「さ」は接頭語》乱れた髪。和歌では多く「五月雨」にかけて用いる。

〔和歌〕**さみだれに…【五月雨にもの思ひをれば時鳥夜深く鳴きていづち行くらむ】**〈古今・夏・一五三・紀友則〉訳五月雨が降る中、もの思いにふけっていると、ホトトギスの声が聞こえる。こんな夜ふけに鳴いていったいどこへ行くのだろうか。

〔俳句〕**さみだれのそらふきおとせ…【五月雨の空吹き落とせ大井川】**〈有磯海・芭蕉〉訳いつ晴れるとも知れぬ五月雨に増水し、濁流となって滔々と流れている大井川よ。いっそのこと厚い雨雲が垂れこめているうっとうしい五月雨の空を吹き落としてくれよ。(季―五月雨―夏)

〔俳句〕**さみだれのふりのこしてや…【五月雨の降り残してや光堂】**〈おくのほそ道・平泉・芭蕉〉訳ものを朽ちさせてしまう五月雨も、幾百年もの間、ここだけは憚って降らなかったのだろうか。光堂はその名のとおり、いまも燦然と黄金に輝いている。(季―五月雨―夏)

〔和歌〕**さみだれは…【五月雨は美豆の御牧の真菰草刈りほすひまもあらじとぞ思ふ】**〈後拾遺・夏・二〇六・相模〉訳五月の長雨の降り続くこのは、美豆の御牧のマコモグサを刈って干すいともあるまいと思われるよ。

〈参考〉「美豆の御牧」は、京都府久世郡から伏見区淀美豆町にかけての地にあった皇室の牧場。

〔俳句〕**さみだれやあるよひそかに…【五月雨やある夜ひそかに松の月】**〈蓼太句集・蓼太〉訳うっとうしい五月雨が幾日も降り続いている。ある夜、ふと夜空を見上げるといつしか雨は上がり、松の枝にかかるように月が輝いている。(季―五月雨―夏)

〔俳句〕**さみだれやしきしへぎたる…【五月雨や色紙へぎたる壁の跡】**〈嵯峨日記・芭蕉〉訳外ではうっとうしい五月雨が降り続いている。しばらく滞在した落柿舎を離れるにあたって、あらためて座敷をながめてみると、色紙をはがしとった壁の跡まで目にとまることだ。(季―五月雨―夏)

〔俳句〕**さみだれやたいがをまへに…【五月雨や大河を前に家二軒】**〈自筆句帳・蕪村〉訳

さへ エサ［副助詞］

アプローチ ▼添加の意を表すことが基本（①）。▼平安末期以降、類推させる意（②）や、最小限の条件（③）を表すようになる。

接続 体言、活用語の連体形、副詞、助詞などに付く。

意　味	訳　語	用　例
❶**添加の意を表す。**ある事柄に別の事柄が付け加わる。	そのうえ…まで …までも	例「思ひきやすぎにし人の悲しきに君**さへ**つらくならむものとは」〈大和・一三〉 訳思ったことがあるだろうか、亡くなってしまった人のことが悲しいときにあなた**までも**が冷淡になるだろうとは。
❷**ある極端な事柄を示して、「まして…」と他の事柄を類推させる。**	…でさえ …でさえも	例「いかなる鳥獣**さへ**も子を思ふ心浅からず。いはんや人倫においてをや」〈太平記・三四〉 訳どんな鳥獣**でさえ**も子を思う心は浅くはない。まして、人間はいうまでもない。
❸（仮定条件句の中に用いられ）**その条件だけで十分であることを表す。**	…さえ	例「頭丸めしとて、金**さへ**あれば、色里の太夫も、それにはかまはず自由になる」〈浮・本朝二十不孝〉 訳髪をそり落として僧の姿になったとしても、金**さえ**あれば、遊里の太夫もそんなことを気にせず自由にできる。

発展学習ファイル **まぎらわしい語「だに」「すら」「さへ」** 上代では、「だに」は最小限に限定する意を、「すら」は極端な事柄を示す（そこから、類推させる）意を、「さへ」は添加を表す意をそれぞれ分けもっていた。しかし、時代が下るにつれてその境界がゆれていく。中古には「だに」が「すら」の用法を吸収するようになり、さらに、平安末期以降、「さへ」が「だに」の用法を吸収して、現代語の「さえ」へと至る。

ただし、中古語の段階では、「だに」と「さへ」の区別はかなりはっきりしている。次の点をよく記憶すること。

・中古語の「だに」は、現代語訳にあたって「さえ」（用法によっては「せめて…だけでも」）とする。

・中古語の「さへ」（中古語の場合、原則として右の①だけ）は、現代語訳にあたって「さえ」ではなく「までも」とする。

現代語訳との対応関係がまぎらわしいので、くれぐれも注意のこと。

〔俳句〕**さみだれを…【五月雨を集めて早し最上川】**〈おくのほそ道・最上川・芭蕉〉訳そうでなくても漫々と水のみなぎっている最上川が、折からの五月雨に、水かさを増し濁流となって流れゆく大河。その激しい流れを眼前に、二軒の家が寄り添うように建ち並んでいる。（季―五月雨―夏）

月雨を一つに集めたかのように水量を増し、流れていく。（季―五月雨―夏）

さみまんぜい【沙弥満誓】［人名］（生没年未詳）（「しゃみまんぜい」とも）俗名は笠麻呂。奈良時代の僧・歌人。「満誓沙弥」ともいう。「満誓」は号。筑紫で大伴旅人や山上憶良、小野老らと交流をもつ。『万葉集』に入集。

さ・む【冷む】［自マ下二］{め・め・む・むる・むれ・めよ}❶熱がなくなる。冷える。❷冷静になる。興奮が去る。例「あなむつかしと思ひける心地みなさ・めて」〈源氏・夕顔〉❸興が去る。興ざめになる。例「あはれもさ・めつつ、かく御仲も隔たりぬるを」〈源氏・賢木〉❹（「褪む」「腿む」とも書く）色あせる。例「風わたる田面の早苗の色さ・めて」〈風雅・夏・三五六〉

さ・む【覚む・醒む】［自マ下二］{め・め・む・むる・むれ・めよ}❶眠りから覚める。目覚める。例「君や来しわれや行きけむ思ほえず夢かうつつか寝てか覚・めてか」〈伊勢・六九〉訳→〔和歌〕きみやこし…。❷迷いや悲しみ、憂いなどから脱する。心の平静を取り戻す。例「悲しささ・めぬべきこと」〈源氏・蜻蛉〉❸酔いや失神状態から正気に戻る。例「文をやらむと、酔ひさ・めて思ひけるに」〈大和・一〇三〉

さむう【寒う】形容詞「さむし」の連用形「さむく」のウ音便。

さむけく【寒けく】［名］（形容詞「寒し」の名詞化したもの）寒いこと。寒い時。

さむけ・し【寒けし】［形ク］{から・く(かり)・し・き(かる)・けれ・かれ}寒々としている。例「あしひきの山下風もさむけ・きにこよひも又やわが独り寝ん」〈拾遺・恋三・七七七〉

〔俳句〕**さむけれど…【寒けれど二人寝る夜ぞたのもしき】**〈笈の小文・芭蕉〉訳寒いけれども、気心の知れた二人で泊まる今夜は、なんとも頼もしい感じがすることだ。（季―寒し―冬）

さむ・し【寒し】［形ク］{から・く(かり)・し・き(かる)・けれ・かれ}❶寒い。冷たい。例「夕されば衣手寒・し」〈万葉・一〇・二三一九〉❷簡潔に引き締まったさま。例「心言葉すくなく寒・くやせたる句のうちに秀逸はあるべし」〈ささめごと〉❸貧しい。貧相だ。例「銭十もんかり所はなし。酒は呑みたし、身はさむ・し」〈浮・世間胸算用〉

さむしろ【狭筵】［名］（「さ」は接頭語）むしろ。敷き物。また、その幅の狭いもの。

さむら［・なり］【寒ら】［形動ナリ］{なら・なり(に)・なり・なる・なれ・なれ}（「ら」は接尾語）寒そうだ。いかにも寒そうなようすだ。例「和たへの衣寒ら・に」〈万葉・九・一八〇〇長歌〉

さむらひえぼし【侍烏帽子】[名]「折り烏帽子」の一種。「立て烏帽子」を後ろに折った形の烏帽子。武士が「素襖」を着るときにかぶった。➡[古典参考図]男子の服装〈3〉、冠物・装具

さむらひだいしゃう【侍大将】[名]「さぶらひだいしゃう」に同じ。

さむらひどころ【侍所】[名]「さぶらひどころ」に同じ。

さむらひみゃうり【侍冥利】[副]《「さぶらひみゃうり」とも》武士が誓うときのことば。絶対。必ず。例「神八幡侍冥利他言せまじ」〈浄・心中天の網島〉

さむら・ふ【侍ふ・候ふ】[自ハ四]{は・ひ・ふ・ふ・へ・へ}《「さぶらふ」の変化形》「さうらふ」に同じ。

さめ【鮫】[名]❶海水魚の名。(季—冬)。❷《「鮫皮」の略》刀の柄や鞘に用いる。

さめ【白眼】[名]牛・馬などの両眼の縁が白いこと。一説に、牛・馬などの毛色が白いことども。

さめ・く[自カ四]{か・き・く・く・け・け}《「ざめく」とも。「めく」は接尾語》ざわざわと音を立てる。ざわめく。また、さらさらと音を立てる。さざめく。例「戸をおし開けて、さめき入れば」〈枕・内裏は、五節のころこそ〉

さめざめ[副]しきりに涙を流して泣くさま。例「この児さめざめと泣きけるを見て」〈宇治拾遺・一・一三〉

さめざや【鮫鞘】[名]鮫皮を巻いて作った鞘。

ざ-めり…ないようだ。…ないように見える。例「このごろとなりては、ただごとにもはべらざめり」〈竹取・かぐや姫の昇天〉訳(かぐや姫はふだんでも月をしみじみと見ていらっしゃるが)このごろになっては、ただごとではないようでございます。《敬語》「はべらざめり」→「はべり」

語構成　ざ　打消「ず」㊡　めり　推「めり」
＝「ざるめり」の撥音便「ざんめり」の撥音無表記。

さも【然も】[副]《副詞「然」＋係助詞「も」》❶(「さ」が指示する前述の内容を受けて)そうも。そのようにも。例「いと似げなきことをさも知らでのたまふと思して」〈源氏・若紫〉《敬語》「のたまふと思して」→「のたまふ」「おぼす」。❷(多く下に感嘆の語を伴って)それにしても。いかにも。本当に。例「さも見苦しきわざかなと思ふ思ふ」〈和泉式部日記〉

〔然も有らず〕《「ず」は打消の助動詞》強い打消の意を表す。そんなことではない。そうではない。例「『竜の頸の玉や取りておはしたる』『いな、さもあらず』」〈竹取・竜の頸の玉〉

〔然も有り〕そのとおりだ。もっともだ。例「げにさもあらむとあはれを見せ」〈源氏・蛍〉

〔然も有りぬべし〕《「ぬ」は完了の助動詞「ぬ」の終止形。「べし」は推量の助動詞》そうでもあるだろう。それも当たり前のことだ。例「あまりあなづる古言などは、さもありぬべし」〈枕・殿などのおはしまさで後〉

〔然も有れ〕《「有れ」は動詞「有り」の命令形で放任の用法》どうにでもなれ。それはさておき。ともかく。例「さもあれ、ただ走り出で舞ひてん、死なばさてありなん」〈宇治拾遺・一・三〉

〔然も言はれたり〕《「れ」は尊敬の助動詞「る」の連用形。「たり」は完了の助動詞》相手のことばを受けて強く肯定する気持ちを表す。いかにもおっしゃるとおりだ。もっともだ。例「それ、さもいはれ・たり」〈竹取・火鼠の皮衣〉

〔然も候ず〕《「候ず」は「候はず」の意》❶そうではありません。例「『さもさうず』とてひっかへす」〈平家・九・一二之懸〉❷《「候ず」は「候はむず」の意》確かにそうでしょう。例「『喜ばせんが為にて候ふぞ』と言ひければ、『それはさもさうず』と申す」〈義経記・七〉

さ-も-あら-ば-あれ【然も有らば有れ】《「有れ」は命令形で放任の用法》それならそれでよい。どうとでもなれ。例「ひたぶるに死なば何かはさもあらばあれ」〈拾遺・恋五・九三四〉

語構成　さ　副　も　係助　あら　ラ変「あり」㊍　ば　接助　あれ　ラ変「あり」㊎

さもこそ【然もこそ】《副詞「然」＋係助詞「も」＋係助詞「こそ」》いかにもそのとおり。例「さもこそは逢ひ見むことのかたからめ」〈拾遺・恋五・九五一〉

さもじ【左文字】[名]刀の称。鎌倉末期、九州博多に住んでいた刀工左衛門三郎慶源を祖とする左家の一派が鍛えた刀。「左」の一字を銘とする。

さもや【然もや】《副詞「然」＋係助詞「も」＋係助詞「や」》❶そのように…か。例「さもや染みつかむ」〈源氏・末摘花〉❷《「然もや有らむ」の略》そうであろうか。例「さもやとまた思ひ乱れたまふ」〈源氏・橋姫〉

さもらひ【候ひ・侍ひ】[名]ようすを見ながら待機すること。

さもら・ふ【候ふ・侍ふ】[自ハ四]{は・ひ・ふ・ふ・へ・へ}《接頭語「さ」＋動詞「守る」の未然形＋上代の反復・継続の助動詞「ふ」か》❶ようすをうかがい、機会を待つ。例「朝なぎに舳向け漕がむとさもらふと我が居る時に」〈万葉・二〇・四三九八長歌〉❷貴人のそばに控え、命令を待つ。例「大殿を振り放け見つつ鶉なすい這ひもとほりさもらへど」〈万葉・二・一九九長歌〉

発展学習ファイル　平安時代に「さぶらふ」となり、さらに「さうらふ」に変化して、謙譲語・丁寧語として広く用いられた。→「さぶらふ」「さうらふ」

さもん【左門】[名]「左衛門府」の略。↔右門

さや【鞘】[名]❶刀・槍など、刀剣類の刀身を入れる筒。❷本心を隠して言い紛らすこと。

さや【紗綾】[名]稲妻・菱垣・卍などの模様を織り出した、光沢のある絹織物。

さや【清・明】[副](多く「に」を伴って)❶さわさわ。ざわざわ。ざわめく音のさま。例「あしひきのみ山もさやに落ち激つ吉野の川の」〈万葉・六・九二〇長歌〉❷はっきり。鮮明に。すっきり。例「三日月のさやにも見えず」〈万葉・一一・二四六四〉

さや【然や】《副詞「然」＋疑問の係助詞「や」》そうか。そのように…か。例「来むとありしを、さやあると、目をかけて待ちわたるに」〈更級〉

さやあて【鞘当て】[名]❶道ですれ違いざまに、他人が刀の鞘に触れたのをとがめ立てて争うこと。＝鞘咎め。転じて、ちょっとしたことで争い合うこと。❷(歌舞伎で、名古屋山三郎と不破伴左衛門とが、遊女の葛城を争って鞘当てしたことから)ひとりの女性をめぐる二人の男の争いごと。

さやう[・なり]【然様・左様】[名・形動ナリ]そ

のようだ。例「さやう・ならむ人をこそ見め(=妻トシタイ)」〈源氏・桐壺〉

さやか[・なり]【清か・分明か】[形動ナリ]{なら・なり(に)・なり・なる・なれ・なれ}❶(聴覚的に)**はっきり聞こえるさま。音が澄んでいるさま。**例「ほととぎす**さやか**にだにも鳴きて来ぬかな」〈躬恒集〉❷(視覚的に)**明るい。はっきりしているさま。**例「夜昼、時雨あられ降りみだれて、日の光も**さやか・ならず**」〈更級〉❸(②から転じて)**明瞭だ。**例「ありし御面影**さやか・に**見え給へる」〈源氏・須磨〉

さやがた【紗綾形】[名](紗綾の織り模様に用いることから)卍の字形をくずして連ねた模様の名。卍繋ぎ。地模様や建築の装飾などに用いられる。

さや・ぐ[自ガ四]{が・ぎ・ぐ・ぐ・げ・げ}ざわめく。騒ぐ。例「葦辺なる荻の葉**さや・ぎ**」〈万葉・一〇・二一三四〉

さやけさ【清けさ】[名]《形容詞「清けし」の語幹＋接尾語「さ」》清く澄んでいること。清らかなこと。

さやけ・し【清けし・分明し】[形ク]{から・く(かり)・し・き(かる)・けれ・かれ}❶**はっきりと澄みわたっていること。**例「川見れば**さやけ・く**清し」〈万葉・一三・三三二四長歌〉❷**濁りのないこと。潔癖なこと。**例「剣大刀いよよ研ぐべし古ゆ**さやけ・く**負ひて来にしその名そ」〈万葉・二〇・四四六七〉

さやさや[副](多く「と」を伴って)物が軽くすれ合って音を出すさま。また、物が揺れるさま。さらさら。ゆらゆら。例「とくさの狩衣に襖袴着たるが、いとことうるはしく**さやさや**となりて」〈宇治拾遺・一四・七〉

さやじり【鞘尻】[名]刀の鞘の末端部分。＝鐺。↕柄頭

さやとがめ【鞘咎め】[名]《近世語》「さやあて①」に同じ。

さやのなかやま【小夜の中山】[歌枕]《「さよのなかやま」とも》遠江国の山。いまの静岡県掛川市にある峠。箱根とともに東海道の難所のひとつ。

さやは【然やは】《副詞「然」＋係助詞「やは」》反語の意を表す。そう…か、いや…ではない。「さやか」「なかなか」を導く表現に用いられる。例「我はさやは思ふ」〈徒然・一三〉

さやまき【鞘巻】[名]《「さうまき」とも》「腰刀」の一種。鍔のない短刀で、長い下げ緒を鞘に巻き、刀を抜く際、鞘がともに抜けないようにする。

ざやめ・く[自カ四]{か・き・く・く・け・け}《「めく」は接尾語》ざわざわと音を立てる。ざわめく。

さや・る【障る】[自ラ四]{ら・り・る・る・れ・れ}ひっかかる。差し支える。例「出で走り去いなと思へど此らに**障・り**ぬ」〈万葉・五・八九九〉訳→〔和歌〕すべもなく…

さ・ゆ【冴ゆ】[自ヤ下二]{え・え・ゆ・ゆる・ゆれ・えよ}❶冷える。こおる。例「**さ・え**し夜の水は袖にまだ融けで」〈更級〉❷(光や色が)冷たいほど澄む。例「今夜はことに月**さ・えて**」〈平家・三・徳大寺厳島詣〉❸(音が)冷ややかに澄んで聞こえる。例「川の音**さ・えて**」〈千載・秋上・二九三〉

〔**冴ゆる夜**〕寒さの身にしみる冬の夜。凍いてつくような夜。(季―冬)

さゆり【小百合】[名]《「さゆる」とも。「さ」は接頭語》花の名。ゆり。(季―夏)

さゆりば【小百合花】[名]《「さ」は接頭語。「さゆりばな」の変化形》ユリの花。(季―夏)

さゆりばな【小百合花】[枕詞]「百合」と同音の「後(=将来)」にかかる。例「**さ百合花**ゆりも逢はむと慰むる心しなくは」〈万葉・一八・四一一三長歌〉

さゆる【小百合】[名]《上代東国方言》「さゆり」に同じ。

さよ【小夜】[名]《「さ」は接頭語》夜。例「**さ夜**ふけて天の門渡る月影に」〈古今・恋三・六四八〉

〔**小夜の寝覚め**〕夜中に目が覚めること。夜半の寝覚め。

さよごろも【小夜衣】[名]夜着。寝巻き。

さよごろも【小夜衣】[作品名]鎌倉中期の擬古物語。作者・成立年未詳。『源氏物語』『狭衣物語』を逐語的にかなり長文にわたって引用する。

さよしぐれ【小夜時雨】[名]夜に降る時雨。(季―冬)

さよすがら【小夜すがら】[副]《「すがら」は接尾語》一晩じゅう。夜どおし。

さよちどり【小夜千鳥】[名]夜に鳴く千鳥。(季―冬)

さよどこ【小夜床】[名]《「さ」は接頭語》寝床。

さよなか【小夜中】[名]《「さ」は接頭語》夜中。

〔和歌〕**さよなかと…**【さ夜中と夜は更けぬらし雁が音の聞こゆる空を月渡る見ゆ】〈万葉・九・一七〇一・柿本人麻呂歌集、古今・秋上・一九二〉訳真夜中となって夜は更けてしまったらしい。雁の鳴き声の聞こえる空を、月が西へ渡っていくのが見える。

〈参考〉『古今和歌集』では第四句を「聞こゆる空に」とする。

さよばひ【さ婚ひ】[名]《「さ」は接頭語》求婚。

さよひめ【佐用姫】[人名]「まつらさよひめ」に同じ。

〔和歌〕**さよふくる…**【さよふくる窓のともし火つくづくと影もしづけし我もしづけし】〈光厳院御集〉訳夜が更けて、窓のともし火をしみじみと見ていると、ともし火の光も静かで、私の心も穏やかであることだ。

〔和歌〕**さよふくるままにみぎはや…**【小夜ふくるままに汀や氷るらん遠ざかりゆく志賀の浦波】〈後拾遺・冬・四一九・快覚〉訳夜がふけるにつれて波打ち際が凍ってゆくのであろうか。しだいに遠ざかってゆく志賀の浦の波の音よ。

〈参考〉「志賀」は、琵琶湖西の地名。

〔和歌〕**さよふけて…**【さ夜ふけて寝覚めざりせば郭公人づてにこそ聞くべかりけれ】〈拾遺・夏・一〇四・壬生忠見〉訳もし夜がふけて眠りから覚めなかったなら、ホトトギスが鳴いたことをただ人から聞くだけであったろう。

さよまくら【小夜枕】[名]夜寝るときに用いる枕。

さよみ【貲布】[名]奈良時代、シナノキの繊維や細い麻糸で織られた布。令制下、税制の「調」として納められた。後世では太い麻糸で粗く織った布。

さら-【新】[接頭]《名詞に付いて》物事が新しい意を表す。「**新世帯**」「**新袴**」「**新湯**」など。

さら【新】[名]新しいこと。また、新しい物。

さら【沙羅・娑羅】[名]「沙羅樹」の略。

さら［・なり］【更】［形動ナリ］｛なら・なり(に)・なり・なる・なれ・なれ｝

アプローチ　▼「さら」は、改まるさま、新しいさま、などを意味する。▼「いへばさらなり」「いふもさらなり」が本来の形であり、多く用いられるが、「いへば」「いふも」を略した形でも用いられた。

❶(「いへば」「いふも」に続けて)**いまさらいうのもおかしい。当然すぎてわざとらしい。** 例「つらつき、まみのかをれるほどなどいへば**さら・なり**」〈源氏・薄雲〉訳頬のかたちや、目もとのつやつやと美しいようすなど**いまさらいうのもおかしい。**

❷(「いへば」「いふも」を略して)**いうまでもない。もちろんだ。** 例「夏は、夜。月のころは、**さら・なり**」〈枕・春は、あけぼの〉訳夏は、夜がすばらしい。満月のころは、**いうまでもない。**

〔**更にもあらず**〕もちろん。いうまでもない。＝更にも言はず。例「**さらにもあら・ず。**一百九十歳にぞ、今年はなりはべりぬる」〈大鏡・序〉

ざら 打消の助動詞「ず」の未然形。例「そこらの燕子うま**ざら**むやは」〈竹取・燕の子安貝〉

さらがへ・る【更返る】［自ラ四］｛ら・り・る・る・れ・れ｝昔に戻る。ふたたびもとに戻る。例「**さらがへ・り**て懸想だち涙を尽くしかかづらはむも」〈源氏・夕霧〉

サラサ【更紗】［名］《ポルトガル語saraçaから》綿布または絹布の片面に、人物・鳥獣・草木などの模様を型染めしたもの。室町末期に、インドやシャム(いまのタイ国)などから渡来し、珍重された。

さらさうじゅ【沙羅双樹】［名］《「しゃらさうじゅ」とも。「さら」は梵語の音訳》インドのクシナガラ城外の沙羅林で、四方に二本ずつ生えていたという沙羅樹。釈迦がこの木の下で入滅したとき、時ならぬ白い花を咲かせ、白変して枯れたという。

さらさら ［副］(多く「と」を伴って)❶物が軽くすれ合う音。さやさや。例「数珠を**さらさら**とおしもみ」〈曾我・一〇〉❷物事が障害なく進むようす。すいすい。例「岩の上を**さらさら**と走りのぼって」〈太平記・三〉

さらさら【更更】［副］❶いっそう。ますます。例「**さらさら**に昔の人の恋しきやなぞ」〈拾遺・恋四・八六〇〉❷いまさら。改めて。例「神びにし(＝年老イタ)我や**さらさら**恋にあひにける」〈万葉・一〇・一九二七〉❸(下に打消の語を伴って)決して。まったく。例「**さらさら**に我が名は立てじ」〈古今・神遊びの歌・一〇八三〉

さらし【晒し・曝し】［名］❶さらして白くした木綿や麻布。(季－夏)。❷江戸時代の刑罰のひとつ。罪人を道端にさらしてみせしめとしたもの。❸布をさらす所作をする舞踊。❹歌舞伎で、下座音楽の合い方のひとつ。荒事の幕切れや立ち回りなどに用いる。

さらしな【更科・更級】［歌枕］信濃国の地名。いまの長野県更級郡。月の名所。姨捨山伝説で有名。姨捨山は「さらしなやま」ともいう。

さらしなきかう【更科紀行】［作品名］江戸前期(一六八九ごろ成立)の俳諧紀行。松尾芭蕉作。元禄元年(一六八八)秋に、尾張から木曾路を通り更科姨捨にて名月を賞したのち、江戸に向かった旅の紀行。

さらしなにっき【更級日記】［作品名］平安中期(一〇五九ごろ成立)の日記文学。一巻。菅原孝標女作。物語を愛好した少女時代、中年の出仕生活、壮年の仏神信仰などを回想的にまとめる。

さらじゅ【沙羅樹・娑羅樹】［名］《「しゃらじゅ」とも。「さら」は梵語の音訳》インド原産の常緑高木。三〇メートルに達し、花は淡黄色。＝沙羅・しゃら

さら・す【晒す・曝す】［他サ四］｛さ・し・す・す・せ・せ｝❶漂白のため、灰汁で煮たり、水で洗ったり、長時間日光にあてたりする。例「**曝・さ**ず縫ひし我が下衣」〈万葉・七・一三一五〉❷放置して、日光・雨風・波などのあたるままにする。例「かばねをば一谷で**さら・さ**んと」〈平家・九・一二之懸〉❸数多くの人が見るようにする。例「恥を**さら・す**だに口惜しきに」〈平家・一〇・横笛〉

さら・ず【然らず】《動詞「然り」の未然形＋打消の助動詞「ず」》**そうではない。** 例「**さら・**ましかば、この頃わづかに我らも諸大夫ばかりになり出でて、所々の御前・雑役につられ歩きなまし」〈大鏡・師輔〉〔注〕「ましかば…まし」は反実仮想の用法。

さら－ず (副詞的に用いて)一【避らず】**避けられずに。やむをえず。** 例「**さらず、**まかりぬべければ」〈竹取・かぐや姫の昇天〉《敬語》「まかりぬべければ」→「まかる」。二【去らず】**離れないで。離れずに。** 例「明日香川川淀**去らず**立つ霧の」〈万葉・三・三二五〉

語構成　さら｜四「さる」(未)　ず｜打消「ず」(用)

さらずとも【然らずとも】《動詞「然り」の未然形＋打消の助動詞「ず」＋接続助詞「とも」》そうでなくても。そうしなくても。例「**さらずとも、**かくめづらかなることは、世語りにこそはなりはべりぬべかめれ」〈源氏・蛍〉語構成「なりはべりぬべかめれ」→「べかめり」

さらずは【然らずは】《動詞「然り」の未然形＋打消の助動詞「ず」＋係助詞「は」》そうしないと。さもなければ。例「あはれなる御ありさまと見つるを、なほ隔てたる御心こそありけれな。**さらずは**夜のほどに思し変はりにたるか」〈源氏・宿木〉

さらぜたい【新世帯】［名］《近世語。「さらせたい」とも》新たにもった世帯。新所帯。

さら－で【然らで】そうでなくて。例「なほざり言に、口疾う心得たるも、**さらで**ありぬべかりける」〈源氏・胡蝶〉

語構成　さら｜ラ変「さり」(未)　で｜接助

さらでだに【然らでだに】《動詞「然り」の未然形＋接続助詞「で」＋副助詞「だに」》そうでなくてさえ。例「**さらでだに**見るかひある御ありさまを」〈源氏・浮舟〉

さらでは【然らでは】《動詞「然り」の未然形＋接続助詞「で」＋係助詞「は」》そうでないなら。例「**さらでは、**仏の制したまふ方のことを、わづかにも聞きおよばんことはいかで過たじ」〈源氏・夢浮橋〉

さらでも【然らでも】《動詞「然り」の未然形＋接続助詞「で」＋係助詞「も」》そうでなくても。例「霜の

いと白きも、また、さらでもいと寒きに」〈枕・春は、あけぼの〉

さらに【更に】[副]

アプローチ ▼形容動詞「さらなり」の連用形の副詞化。下に打消の語を伴う場合、「全然」「決して」の意になる場合もあるので注意する。
▼近世初期には、「に」を伴わない「さら」が用いられるようになるが、これは打消の語を伴う場合に限られていたようである。

❶**そのうえ。重ねて。ますます。** 例「あしひきの山下ひかげかづらける上にや**更に**梅をしのはむ」〈万葉・一九・四二七八〉訳（あしひきの）山の陰に生えているヒカゲノカズラを髪に飾ったその上に**重ねて**、梅の花まで賞美しようというのだろうか。〔注〕「あしひきの」は「山」にかかる枕詞。《係結び》「や→しのはむ(体)」
❷**新たに。改めて。再び。** 例「ここに六十の露消えがたに及びて、**さらに**末葉の宿りを結べる事あり」〈方丈記〉訳いま、六十歳という露のようにはかない命も消えようとするころになって、**新たに**また最後に宿るべき庵を結んだことであった。
❸（下に打消の語を伴って）**全然。決して。まったく。** 例「はかなき心地にわづらひて、まかでなんとしたまふを、暇**さらに**ゆるさせたまはず」〈源氏・桐壺〉訳（桐壺更衣が）なんとなく健康をそこねて（養生のため）里へ下がろうとなさるが、（帝は）**決して**お暇をお許しにならない。《敬語》「まかでなん」→「まかづ」、「ゆるさせたまはず」→「せたまふ」

さらにもいは・ず【更にも言はず】《副詞「更に」＋係助詞「も」＋動詞「言ふ」の未然形＋打消の助動詞「ず」》**いうまでもない。もちろんだ。**＝更にもあらず。例「つくづくうちまもりて、いといみじと思ひたり。とまるは**さらにも言は・ず**」〈蜻蛉・上〉

さら-ぬ【然らぬ】❶**そうではない。そのほかの。** 例「鳥部野・舟岡、**さらぬ**野山にも、送る数多かる日はあれど」〈徒然・一三七〉❷**それほどでもない。たいしたこともない。** 例「大将の君は、**さらぬ**ことだに思しよらぬことなく仕うまつりたまふを」〈源氏・賢木〉《敬語》「思しよらぬ」→「おぼす」、「仕うまつりたまふを」→「つかうまつる」「たまふ（四段）」

語構成　さら　ラ変「さり」(未)　ぬ　打消「ず」(体)

さら-ぬ【避らぬ】避けられない。どうしようもない。例「え**さらぬ**事のみいとどかさなりて」〈徒然・五九〉

語構成　さら　ラ四「避る」(未)　ぬ　打消「ず」(体)

さらぬがほ【然らぬ顔】[名]素知らぬふり。例「思しぬべきことをも、**さらぬ顔**にのみのどかに見えさせたまへるを」〈源氏・浮舟〉

さらぬだに【然らぬだに】《動詞「然り」の未然形＋打消の助動詞「ず」の連体形＋副助詞「だに」》そうでなくても。例「**さらぬだに**住みなれぬ所は物うきに」〈平家・二・大納言死去〉

さらぬわかれ【避らぬ別れ】《動詞「避る」の未然形＋打消の助動詞「ず」の連体形＋名詞「別れ」》**避けられない別れ。**（人との）**死別。** 例「老いぬれば**さらぬ別れ**のありといへば」〈古今・雑上・九〇〇〉訳→〔和歌〕おいぬれば…

さらば【然らば】一[接]《動詞「然り」の未然形＋接続助詞「ば」》❶**それなら。そういうことならば。** 例「**さらば**、しか伝へ侍らむ」〈源氏・宿木〉《敬語》「伝へ侍らむ」→「はべり」。❷（下に打消の語を伴って）**それなのに。だからといって。** 例「『いそぎ追討せさせ給へ』と申しければ、法皇、**さらば**しかるべき武士にも仰せ付けられずして」〈平家・八・鼓判官〉《敬語》「追討せさせ給へ」→「させたまふ」、「申しければ」→「まうす」、「仰せ付け」→「おほす」。二[感]《別れるときのことば》**では。さようなら。**

さらひ【竹杷・木杷】[名]《「さらへ」とも》熊手の一種。長い柄の先に木や鉄の歯を付けたもの。物をかき集めたり、土をならしたりするのに使う。

さらぼ・ふ[自ハ四]{は・ひ・ふ・ふ・へ・へ}❶雨風にさらされて骨だけになる。❷やせ細る。例「いとほしげに**さらぼ・ひ**て」〈源氏・末摘花〉

ざら-まし（「…せば」「…ましかば」などの句を受けて）**…ないだろうに。…なかったろうに。** 例「鏡に色・かたちあらましかば、うつら**ざらまし**」〈徒然・二三五〉訳もし鏡に色や形があったなら、（何も）映ら**ないだろうに。**

語構成　ざら　打消「ず」(未)　まし　推「まし」

さらむ【然らむ】《動詞「然り」の未然形＋推量の助動詞「む」の連体形》（体言に付いて）そのような。そういうような。例「**さらむ**者がな。使はむ」〈枕・陰陽師のもとなる小童部こそ〉

ざら-む …ないだろう。例「野とならばうづらと鳴きて年は経むかりにだにやは君は来**ざらむ**」〈古今・雑下・九七二〉訳→〔和歌〕のとならば…

語構成　ざら　打消「ず」(未)　む　推「む」

さらめか・す[他サ四]{さ・し・す・す・せ・せ}《「めかす」は接尾語》さらさらと音を立てさせる。

さらめ・く[自カ四]{か・き・く・く・け・け}《「めく」は接尾語》さらさらという音がする。ざわめく。

さらり[副]（多く「と」を伴って）❶物が触れて軽い音の立つさま。さらさら。例「**さらり**、**さらり**と爪やりて」〈盛衰記・三四〉❷速やかにものの進むさま。すっかり。例「この川へ**さらり**と流いて、真実をおしゃれ」〈狂・入間川〉

ざらり[副]❶物のすれ合う音を表す。じゃらっ。例「あなたへ**ざらり**、こなたへ**ざらり**」〈謡・芦刈〉❷ざっと。例「**ざらり**と聞いて合点して」〈浮・好色一代男〉

さらりん【沙羅林・娑羅林】[名]❶沙羅の林。とくに、釈迦の入滅した林。❷「今様」の一種。法文の歌を通常の今様とは違う調子でうたう。

〔俳句〕**さられたる…**【去られたる身を踏ん込んで田植かな】〈自筆句帳・蕪村〉訳離縁された身だが、村の共同作業の田植えとあってはままならぬ。恥ずかしくも口惜しくもあるが、意を決して元の夫の田に足を踏み入れることだ。（季－田植－夏）

さ

さら‐ん‐に‐は【然らんには】そういうことなら。それなら。例「さらんには力なし（＝仕方ガナイ）」〈平家・四・競〉

語構成　さら　ラ変「さり」(未)／ん　推「ん」(体)／に　格助／は　係助

さり【舎利】［名］「しゃり」に同じ。

さ・り【然り】［自ラ変］｛ら・り・り・る・れ・れ｝《副詞「然さ」＋動詞「あり」＝「さあり」の変化形》そうだ。そうである。そのようだ。例「『おい、さり、さり』とうなづき」〈源氏・玉鬘〉

ざり　打消の助動詞「ず」の連用形。例「竜の頸くびの玉をえ取らざりしかばなむ、殿へもえ参らざりし」〈竹取・竜の頸の玉〉《係結び》「なむ→参らざりし(体)」。《副詞の呼応》「え→取らざりしかば」、「え→参らざりし」。《敬語》「参らざりし」→「まゐる（四段）」

さりあへ・ず【避り敢へず】サリアエズ《動詞「避る」の連用形＋動詞「敢ふ」の未然形＋打消の助動詞「ず」》避けることができない。例「道もさりあへず花ぞ散りける」〈古今・春下・一一五〉

さりがたう【去り難う・避り難う】サリガトウ　形容詞「さりがたし」の連用形「さりがたく」のウ音便。

さりがた・し【去り難し・避り難し】［形ク］｛（から）・く（かり）・し・き（かる）・けれ・かれ｝❶別れにくい。離れられない。捨てさりにくい。例「背きぬる世の去りがたきやうに」〈源氏・夕顔〉❷捨てがたい。逃れがたい。断りきれない。例「たのもしげなき身ひとつをよすがにおぼしたるが、さりがたきほだしにおぼえはべりて」〈源氏・夢浮橋〉

ざり‐き　…なかった。例「おしなべての上宮仕うへみやづかへしたまふべき際きはにはあらざりき」〈源氏・桐壺〉訳（桐壺更衣きりつぼのこういは）ふつうの女官のような帝みかどのお側係をなさるべき身分ではなかった。

語構成　ざり　打消「ず」(用)／き　過「き」

さりきらひ【去り嫌ひ】サリキライ［名］❶連歌・俳諧はいかいで、「差し合ひ」を避けるための規定。用語に関する具体的な禁止条項で、二句去り・三句去り・打ち越し嫌い・折りを嫌う、など「去」「嫌」の文字を用いて呼んだ。❷好き嫌い。えり好み。

さり・く【去り来】［自カ変］｛こ・き・く・くる・くれ・こ（こよ）｝時や季節がめぐってくる。例「うちなびく春さり来らし山の際まの遠き木末こぬれの咲き行く見れば」〈万葉・一〇・一八六五〉

さりげな・し【然りげ無し】［形ク］｛（から）・く（かり）・し・き（かる）・けれ・かれ｝何気ないようすだ。例「かの折に使ふべき物ども求めて、さりげなくて」〈宇津保・俊蔭〉

ざり‐けむ　…なかっただろう。例「『かかる目見む』とは思はざりけむ」〈枕・上にさぶらふ御猫は〉訳「こんな目にあうだろう」とは思いもしなかっただろう。

語構成　ざり　打消「ず」(用)／けむ　過・推「けむ」

ざり‐けり　…なかった。例「『あなや』といひけれど、神鳴かみなるさわぎに、え聞かざりけり」〈伊勢・六〉訳「あれっ」と叫んだが、雷の激しい音に消されて、聞こえなかった。《副詞の呼応》「え→聞かざりけり」

語構成　ざり　打消「ず」(用)／けり　過「けり」

ざりける《係助詞「ぞ」に動詞「あり」の付いた「ぞあり」の変化形「ざり」＋過去の助動詞「けり」の連体形》…だったのだなあ。例「天あまの川はが出いづるみなとは海にざりける」〈土佐〉訳→（和歌）てるつきの…

さりけれど【然りけれど】［接］《動詞「然さり」の連用形＋過去の助動詞「けり」の已然形＋接続助詞「ど」》そうではあったが。しかしながら。例「さりけれど、このもとの女、あしと思へるけしきもなくて」〈伊勢・二三〉

さりければ【然りければ】［接］《動詞「然さり」の連用形＋過去の助動詞「けり」の已然形＋接続助詞「ば」》そういうわけで。それで。例「心憂うがりて、いかずなりにけり。さりければ、かの女、大和やまとの方たを見やりて」〈伊勢・二三〉

ざり‐つ　（いままで）…なかった。例「かやうの並々までは思ほしかからざりつるを」〈源氏・夕顔〉訳（いままで）このような平凡な女にまでお心を引かれることはなかったのだが。《敬語》「思ほしかからざりつる」→「おもほす」

語構成　ざり　打消「ず」(用)／つ　完「つ」

さりどころな・し【避り所無し】［形ク］｛（から）・く（かり）・し・き（かる）・けれ・かれ｝避けようがない。例「とかう紛らはしても、人の思ひけむこと避りどころなきに」〈源氏・空蟬〉

さりとて【然りとて】［接］《動詞「然さり」の終止形＋格助詞「と」＋接続助詞「て」》（下に打消や反語の表現を伴って）だからといって。そうであっても。例「受領ずりやうなどの家に、ものの下部しもべなどの来て、なめげに言ひ、『さりとてわれをばいかがせむ』など思ひたる、いとねたげなり」〈枕・ねたきもの〉

さりとては【然りとては】《動詞「然さり」の終止形＋格助詞「と」＋接続助詞「て」＋係助詞「は」》❶そうかといって。例「さりとては誰たれにかいはん」〈詞花・恋下・二六七〉❷（懇願する意をこめて）そうであるとはいっても、どうか。例「さりとては、いま一度御渡り候ひて御らんせよ」〈古今著聞・三六五〉❸これまた。なんとまあ。例「こな様斬きって捨てさんすか。さりとてはつれない人」〈浄・薩摩歌〉

さりとても【然りとても】《動詞「然さり」の終止形＋格助詞「と」＋接続助詞「て」＋係助詞「も」》そうだとしても。例「口惜しかるまじけれど、さりとても、しかすくよかにえ思ひ静むまじう」〈源氏・柏木〉

さりとも【然りとも】《動詞「然さり」の終止形＋接続助詞「とも」》㊀［接］それでも。そうだとしても。例「ひとりはよにおはせじな。さりとも、おのが忌みのうちにし給ふな」〈蜻蛉・上〉㊁［副］それにしても。いくらなんでも。例「宰相さいしやうはおはすれば、命ばかりはさりともこひうけ給はんずらん」〈平家・二・少将乞請〉《敬語》「おはすれば」→「おはす」

さりながら【然りながら】《動詞「然さり」の連用形＋接続助詞「ながら」》㊀［副］それはそのままとして。例「法皇をおしこめられてわたらせ給へば、いかがあらんずらん。さりながらもうかがうてこそ見め」〈平家・五・福原院宣〉㊁［接］しかし。例「さりながらも、ものに心得たまひて（＝真相ヲ理解サレテ）」〈源氏・早蕨〉

さり‐ぬ・べし【然りぬべし】❶それにふさわしい。適当だ。そうなってもさしつかえない。例「さりぬべき物やあると、いづくまでも求め給ふ」〈徒然・二一五〉《係結び》「や→ある(体)」。

さ

❷かなりなものだ。相当だ。

語構成　さり　ラ変「さり」用　ぬ　完「ぬ」止　べし　推「べし」

例「かかる折とて、**さりぬ・べき**人々をえらみたまへりしを」〈紫式部日記〉

さりぬる【去りぬる】[連体]「さんぬる」に同じ。

さりや【然りや】《動詞「然り」の終止形＋間投助詞「や」》やはりそうだなあ。例「**さりや**。年経ぬるしるしよ」〈源氏・末摘花〉

さる【申】[名]❶「十二支」の第九番目。❷時刻の名称。いまの午後三時から五時の間をいう。❸方角の名称。西南西のこと。

さる【猿】[名]❶動物の名。❷ずるくてこざかしい人をあざけっていう語。❸湯女の別称。❹戸締まりをするための仕かけ。

さ・る【去る】[自ラ四][他ラ四]{ら・り・る・る・れ・れ}

アプローチ
▼ある場所・状態を基点として移動するの意が原義。
▼基点がかなたにある場合→こちらへ近づく、来るの意。
▼基点がこちらにある場合→こちらから遠のく、離れていくの意。
▼[二]の他動詞は、自分の意思で、遠ざけ、離す意が原義。

[一][自ラ四]❶(季節・時間を表す語に付いて)**近づく。来る。**例「春**さ・れ**ば木末隠りてうぐひすそ鳴きて去ぬなる梅が下枝に」〈万葉・五・八二七〉訳春が**来る**と梢に隠れてウグイスが鳴いていくことだ、梅の下枝に。《係結び》「そ→去ぬなる体」

❷**遠のく。離れていく。**例「家を離れ、境を**さ・り**て、明け暮れやすき空なく嘆きたまふに」〈源氏・明石〉訳自分の家を離れ、故郷を**離れ**て、明けても暮れても不安な気持ちでお嘆きなさっているが。

❸**退く。退位する。**例「かしこき帝の君も位を**去・り**たまひぬるに」〈源氏・若菜・下〉訳おそれ多い帝におかせられても御**退位**あそば**して**しまわれたのに。

❹**時間が経過する。変わる。**例「たとひ時移り、事**去・り**、楽しび悲しび行き交ふとも」〈古今・仮名序〉訳たとえ時がたち、ものごとが**変わり**、楽しみ悲しみがかわるがわる訪れようとも。

❺(多く「世をさる」の形で)**死ぬ。出家する。**例「はからざるに病を受けて、たちまちにこの世を**去・らん**とする時に」〈徒然・四九〉訳思いがけずに病気になって、にわかに**死ん**でいくような事態のときに。

❻**色があせる。消える。**例「故郷の花のさかりは過ぎぬれど面影**去・ら**ぬ春の空かな」〈新古今・春下・一四八〉訳故郷の(桜の)花の盛りは過ぎてしまったが、そのようすは目に浮かんで**消えて**はいかない春の空だよ。

❼**距離を置く。隔たる。**例「うつほの前に、一間ばかり**去・り**て」〈宇津保・俊蔭〉訳洞窟の前に一間ほど**隔たって**。

[二][他ラ四]❶**遠ざける。引き離す。**例「しばし身を**去・り**なむと思ひ立ちて」〈蜻蛉・中〉訳しばらく身を**遠ざけて**しまおうと決心して。

❷**離縁する。**例「もとの妻をば**去・り**つつ、若くかたちよき女に思ひつきて」〈宇治拾遺・四・七〉訳本妻を**離縁し**ては、若くきれいな女に思いを抱いて。

〔**去る者は日々に疎し**〕親しくしていた人でも、離れてしまえばしだいに音信がとだえていく。死んだ人は月日がたつに従って忘れられていく。『文選』の「去る者には日々に似て疎く、来る者には日々に似て親しむ」による。

さ・る【避る】[他ラ四]{ら・り・る・る・れ・れ}❶避ける。よける。例「和歌の髄脳、いと所せく、病**さ・る**べき心多かりしかば」〈源氏・玉鬘〉❷取り除く。例「これを見る人、善を招いて悪を**さ・り**、寿命久しく延ぶ」〈平治・上〉❸断る。辞退する。例「『若い人参らせよ』と仰せらるれば、え**さ・ら**ず」〈更級〉❹譲る。遠慮する。例「所を**さ・り**て呼び入れ侍りにき」〈徒然・四一〉

さ・る【曝る・晒る】[一][他ラ四]{ら・り・る・る・れ・れ}長い間日光や風雨に当たるままにする。さらす。例「身を投げ骨を**曝・り**て」〈霊異記〉[二][自ラ下二]{れ・れ・る・るる・るれ・れよ}さらされる。例「たてふに骨の**さ・れ**むとすらむ」〈散木集〉

さ・る【戯る】[自ラ下二]{れ・れ・る・るる・るれ・れよ}《のちに「ざる」とも》❶気が利いている。例「いと**ざ・れ**て口惜しき童かな」〈宇津保・楼の上・上〉❷たわむれる。例「下種どもの**戯・れ**ゐたる」〈枕・かたはらいたきもの〉❸世慣れている。例「年のほどよりは、**さ・れ**てやありけん」〈源氏・少女〉

さる【然る】[連体]❶**相当な。立派な。たいした。**例「たやすくうち出でんもいかがとためらひけるを、別当入道、**さる**人にて」〈徒然・二三一〉❷**そのような。そんな。**例「**さる**ことも聞こえざりつるものを」〈枕・大進生昌が家に〉

〔**然る間**〕そうこうしているうち。例「**さる間**に、思ひはいやまさりにまさる」〈伊勢・四〇〉

〔**然る方**〕しかるべき方面。それなりの向き。それ相応。例「男は、なほ若きほどは、**さるかた**なるぞよき」〈枕・雑色、随身は〉

〔**然る方に**〕それ相応に。それはそれで。例「紅にといふもの、いと赤らかにかいつけて、髪梳りつくろひたまへる、**さる方に**にぎはは しく、愛敬づきたり」〈源氏・常夏〉

〔**然る事**〕❶そのようなこと。例「なんでふ、**さることかしはべらむ**」〈竹取・石作の皇子〉❷そうあるべき当然なこと。例「思しわづらふも**さること**にはべれば」〈源氏・蓬生〉❸いうまでもないこと。例「我等が召しかへさるるうれしさは**さる事**なれども」〈平家・三・足摺〉❹たいしたこと。例「**さる事**はなけれど、高く大きに盛りたる物ども持て来つつ」〈宇治拾遺・九・五〉

〔**然る事有り**〕他人から言われて、その事実を思い出したときに言う語。おおそれよ。なるほどそれだ。例「**さる事あり**。…粮料せおうて奥州へおちまどひし少冠者が事か」〈平家・二・嗣信最期〉

ざる　打消の助動詞「ず」の連体形。例「都の中に多き人、死な**ざる**日はあるべからず」〈徒然・一三七〉

さるがう【散楽・猿楽】[名]《「さるがく」の変化形》❶即興的に行われる滑稽な芸。❷おどけふざけること。

さるがうがま・し【散楽がまし・猿楽がまし】

シ［形シク］{しから・しく(しかり)・し・しき(しかる)・しけれ・しかれ}《「がまし」は接尾語》滑稽じみている。例「(博士タチノ顔モ)夜に入りては、なかなかいますこし掲焉なる灯影に、**猿楽がましく**わびしげに」〈源氏・少女〉

さるがうごと【散楽言・猿楽言】［名］滑稽なことば。

さるがく【散楽・猿楽・申楽】［名］平安時代から鎌倉時代にかけて行われた曲芸や滑稽な物真似芸などを主とした芸能。奈良時代に伝えられた「散楽」を源流とするもので、日本古来の俳優と結び付いて各種宴席などで行われた。大和猿楽の結崎座から出た観阿弥・世阿弥父子が京に進出し、歌舞を中心とした幽玄な芸能へと一大転換が遂げられ、現在にまで続く「能」の基本様式が完成した。

さるがくだんぎ【申楽談儀】［作品名］室町時代の能芸論書。世阿弥の芸談を子の観世元能がまとめたもの。永享二年(一四三〇)成立。演能論のほか、能の先達の逸話、当時の演能の実態などを豊富に記録し、正式名称は、『世子六十以後申楽談儀』。

さるが・ふ【散楽ふ】［自ハ四］{は・ひ・ふ・ふ・へ・へ}おどける。ふざける。例「男などの、うち**さるが・ひ**、ものよくいふが来たるを」〈枕・つれづれなぐさむもの〉

さるから【然るから】［接］《動詞「然り」の連体形＋接続助詞「から」》そうであるから。そうだから。例「『**さるから**、さぞ』ともうち語らはば」〈徒然・一二〉

さるぎ【猿木】［名］《猿を厩の守り神とする俗信から生まれた語》厩で馬をつなぐ木。

さるげんじさうし【猿源氏草紙】［作品名］室町後期の御伽草子。作者・成立年未詳。大名に化けた伊勢国阿漕が浦の鰯売りが名高い遊女と結ばれる物語。

さるさはのいけ【猿沢の池】［歌枕］大和国の池。いまの奈良市、興福寺の南にある。平城天皇に仕えた采女が、帝の寵愛の衰えを嘆いて池に身を投げたという伝説で有名。

さるつなぎ【猿繋ぎ】［名］❶開いた戸や扉が風にあおられるのを防ぐために、壁や柱などにとめておくのに用いた金具。あおり止め。❷人を後ろ手に縛り、その縄を柱などにつないでおくこと。

さるど【猿戸】［名］❶戸締まりのための「猿④」がついた戸。❷路地や庭の入り口の両開きの粗末な戸。

さるに【然るに】［接］《動詞「然り」の連体形＋接続助詞「に」》ところが。それなのに。例「**さるに**、十二月ばかりに、とみのこととて御文あり」〈伊勢・八四〉

さるにて【然るにて】《動詞「然り」の連体形＋断定の助動詞「なり」の連用形＋接続助詞「て」》そういうことなので。例「かしがましくなきのしれども、なほ**さるにて**こそはと思ひてあるに」〈更級〉

さるにても【然るにても】［接］《動詞「然り」の連体形＋断定の助動詞「なり」の連用形＋接続助詞「て」＋係助詞「も」》それにしても。それはそれとして。例「**さるにても**、かかることなんと知らせたまひて」〈源氏・少女〉

さるにより【然るにより】《動詞「然り」の連体形＋格助詞「に」＋動詞「よる」の連用形》そういうわけだから。例「荒るる軍・獣も、このぬしには静まりぬ。**さるによりなむ**、朝廷も捨て給はざりける」〈宇津保・藤原の君〉

さるは【然るは】［接］

> **アプローチ**
> ▼「さる」で受けた内容を、「…だ、それは」と解説するのが原義。
> ▼「さるは」の前後の関係によって、順接にも逆接にもなるが、とくに逆接の用法が要注意。

❶《順接の意を表す》**というのは。そのことは実は。**例「『ねびゆかむ様、ゆかしき人かな』と目とまりたまふ。**さるは**、限りなう心を尽くし聞こゆる人にいとよう似奉れるが」〈源氏・若紫〉訳「大人になってゆくようすが見たい人だな」と注目なさる。**というのは**、限りなく恋いこがれ申し上げている人にとてもよく似申し上げているので(つい目が引きつけられてしまうのだ)。《音便》「限りなう」は「限りなく」、「よう」は「よく」のウ音便。《敬語》「尽くし聞こゆる」→「きこゆ」、「似奉れる」→「たてまつる」

❷《逆接の意を表す》**とはいっても。しかしそういうのは。**例「愛敬づき、懐かしく、をかしげなり。**さるは**、かの対の御方には、劣りなり」〈源氏・浮舟〉訳愛らしく、親しみが感じられ、女らしい風情がある。**とはいっても**、あの対の御方には及ばない。

❸《累加の意を表す》**その上。しかも。**例「目もあやに飾りたる装束ありさま言へばさらなり。**さるは**、『尼君をば、同じくは、老いの波の皺のぶばかりに人めかして詣でさせむ』と、院はのたまひけれど」〈源氏・若菜・下〉訳（女房の車は）まぶしいほど立派に飾りつけた装飾もその様も、今更言うまでもない。**その上**、「尼君を、同じことなら寄る年波のしわが伸びるほど人並にばりっとさせて参詣させよう」と院(=源氏)はおっしゃったが。《敬語》「詣でさせむ」→「まうづ」、「のたまひけれど」→「のたまふ」

さるひき【猿引き】［名］猿に芸をさせて、見物人から金銭を得る者。猿回し。(季－春)

さる－べき【然るべき】❶**しかるべき。適当な。**例「今日はじむべき祈禱ども、**さるべき**人々うけたまはれる」〈源氏・桐壺〉《敬語》「うけたまはれる」→「うけたまはる」。

> **語構成**　さる（ラ変「さり」体）　べき（推「べし」体）

❷**そうなるのが当然な。そうなるはずの。**例「かならず想ふべき人、問ふべき人は、**さるべきこと**なれば、取り分かれしもせず」〈枕・万づのことよりも、情けあるこそ〉❸**立派な。相当な。れっきとした。**例「**さるべき**人の、宮仕へするがりやりて、『恥づかし』と思ひゐたるも、いとあいなし」〈枕・すさまじきもの〉

［然るべきにや］《「然るべき」＋断定の助動詞「なり」の連用形＋係助詞「や」》❶そうなるのが当然のことなのか。そうなる宿縁なのか。例「**さるべきにや**、昔より心に離れがたう思ひきこえて」〈源氏・夕霧〉❷そうしなければならないのか。そうするのがよいのだろうか。例「よき人のし給ふ事なれば、**さるべきにや**と思ひしか

ど」〈徒然・一三八〉

さるほどに【然る程に】[接]《動詞「然り」の連体形＋名詞「程」＋格助詞「に」》❶《前の内容を受けて次の内容につなぐ語》**そうするうちに。やがて。** 例「さるほどに、『げに世の中に許されたまひて都に帰りたまふ』と」〈源氏・蓬生〉❷《話題の転換、また、文を書き始めるときに用いる語》**さて。ところで。** 例「さる程に、永万元年の春のころより、主上御不予の御事と聞こえさせ給ひしかば」〈平家・一・額打論〉《敬語》「聞こえさせ給ひ」→「させたまふ」

さるぼほ【猿頬】サルボオ[名]❶猿の頬の内側にある、食物を蓄える袋。ほお袋。❷武具の名。頬とあごをおおって顔を保護する鉄面。❸貝の一種。赤貝に似る。❹片方に取っ手の付いた桶。片手桶。❺(猿のようなやつの意から)人をののしるときの語。

さる・まじ【然るまじ】(多く「さるまじき」の形で)❶そのようなことがあってはならない。不適当だ。例「この人のゆゑにて、あまたさる・まじき人の恨みを負ひし果て果ては」〈源氏・桐壺〉❷それほどでもない。例「さる・まじき人のもとに、あまり畏(かしこ)まりたるも、げにわろきことなり」〈枕・文言葉なめき人こそ〉

語構成
さる ラ変「さり」(体) | まじ 打・推「まじ」

さるまつ【猿松】[名]ずる賢く、よくしゃべる子供。または、大人をののしる語。こしゃくなやつ。

さるまるだいふ【猿丸大夫】サルマルダユウ[人名](生没年未詳)平安初期の歌人。三十六歌仙のひとり。伝未詳。家集『猿丸大夫集』があるが、彼自身の作と確認できるものは皆無である。

さるまろ【猿丸】[名]猿を人間のように言い表したもの。猿の別名。

さるみの【猿蓑】[作品名]江戸中期(一六九一刊行)の俳諧撰集。去来・凡兆共編。『俳諧七部集』の第五集。巻一から巻四までが冬夏秋春の発句集、巻五は連句集、巻六は芭蕉の『幻住庵記』を含む句文集。発句総数四百二十二句を収める。書名は巻頭の芭蕉の句「初しぐれ猿も小蓑をほしげなり」による。

さるみのごしふ【猿蓑後集】サルミノゴシュウ[作品名]「ぞくさるみの」に同じ。

さるめ【猨女・猿女】[名]古代、「神祇官」の職のひとつ。「縫殿寮」に出仕し、大嘗祭や鎮魂祭などの神事に神楽の舞を奉仕する女官。

さるもの【然るもの】《動詞「然り」の連体形＋名詞「もの」》❶**そのようなもの。また、人。** 例「『とは、何物ぞ』と、人の問ひければ、『さるものを我も知らず』」〈徒然・六〇〉❷**それ相当なもの。なかなかの人。** 例「こよなきとだえおかず、さるものにしなして」〈源氏・帚木〉❸《近世語》**かなり手ごわい者。したたかな者。** 例「ふみ殺さんとけあぐる足、きやつもさるものしっかと取り」〈浄・日本武尊吾妻鑑〉❹**そのとおりだ。もっともなことだ。** 例「『若葉の、梢涼しげに茂りゆくほどこそ、世のあはれも、人の恋しさもまされ』と人のおほせられしこそ、げにさるものなれ」〈徒然・一九〉《係結び》「茂りゆくほどこそ→まされ(已)」、「おほせられしこそ→さるものなれ(已)」。《敬語》「おほせられし」→「おほす(仰す)」

さるものにて【然るものにて】《動詞「然り」の連体形＋名詞「もの」＋格助詞「にて」》(副詞的に用いて)❶**もちろんのこと。言うまでもなく。** 例「わざとの御学問はさるものにて、琴笛の音にも雲居を響かし」〈源氏・桐壺〉❷**それはともかく。それはそれとして。** 例「今は限りに思ふ身をばさるものにて、かかるところに、これをさへひきさげてあるを」〈蜻蛉・下〉

さるやう【然る様】サルヨウ《動詞「然り」の連体形＋名詞「様」》そうなるべきわけ。しかるべき事情。例「この女官の御事(＝御懐妊ノウワサ)聞きたまひて、もしさるやうもやと思しあはせたまふに」〈源氏・若紫〉

ざる-らむ …ないだろう。例「恋しけく日長きものを逢ふべかる夕だに君が来まさざるらむ」〈万葉・一〇・二〇三九〉訳長い間恋しかったのに、お会いするはずのこの夕べにさえどうしてあなたはおいでにならないだろう。

語構成
ざる 打消「ず」(体) | らむ 推「らむ」

《敬語》「来まさざるらむ」→「ます(座す)」

さるを【然るを】[接]《動詞「然り」の連体形＋接続助詞「を」》❶(逆接的な意味で)そうであるのに。しかし。けれども。例「こと心なかりけり。さるをいかなることかありけむ」〈伊勢・二一〉❷(話題の転換に用いて)ところで。さて。

〔俳句〕**さるをきくひと…**【猿を聞く人捨子に秋の風いかに】〈野ざらし紀行・芭蕉〉訳猿の鳴き声に断腸の思いを詠んできた昔の詩人たちよ、いま泣いている捨て子に吹きつけている秋風と、いったいどちらが哀れ深いと聞くか。(季-秋の風-秋)

ざれ 打消の助動詞「ず」の已然形・命令形。例「分を知らざれば病を受く」〈徒然・一三一〉〔注〕已然形の例。

ざれあり・く【戯れ歩く】[自カ四]〔か・き・く・く・け・け〕たわむれ歩く。ふざけ回る。例「まだきにおよずけて(＝早クモ大人ビテ)、ざれ歩きたまふ」〈源氏・少女〉

ざれうた【戯れ歌】[名]滑稽を主とした和歌。一般には狂歌の名で呼ばれ、優雅典麗な和歌に対して、同じ短歌形式ながら、自由な用語により日常卑近の題材などを機知的・風刺的に詠んだものをいう。

されくつがへ・る【戯れくつがへる】サレクツガエル[自ラ四]〔ら・り・る・る・れ・れ〕《「ざれくつがへる」とも》ひどく気取った振る舞いをする。例「されくつがへる今様のよしばみ(＝上品ブッタ人)よりは、こよなう奥ゆかしうと」〈源氏・末摘花〉

されごころ【戯れ心】[名]《「ざれごころ」とも》気の利いた言動をする心。たわむれ心。例「いかにうつくしき君の御され心なり」〈源氏・少女〉

ざれこと【戯れ言】[名]《「ざれごと」とも》たわむれに言うことば。冗談。

ざれことうた【戯れ言歌】[名]滑稽を主としたくだけた和歌。正式な和歌に対して、余興・余技として各時代行われた。

されど【然れど】[接]《動詞「然り」の已然形＋接続助詞「ど」》そうであるけれども。そうではあるが。しかし。例「女もはた、いとあはじとも思へらず。されど、人目しげければ、えあはず」〈伊勢・六九〉

されども【然れども】[接]《動詞「然り」の已然形

＋接続助詞「ども」》そうではあるけれども。しかし。例「『玉ならずもありけむを』と人言はむや。**されども**、『死じ子、顔よかりき』と言ふやうもあり」〈土佐〉

されば【然れば】《動詞「然り」の已然形＋接続助詞「ば」》㊀[接]❶**そうなので。そういうわけで。それで。** 例「御子たちあまたあれど、そこをのみなむ、かかる程より明け暮れ見し。**されば**思ひわたさるるにやあらん」〈源氏・紅葉賀〉❷《意外な展開に驚く語》**いったい。そもそも。** 例「『これは**されば**夢かや、夢か』とぞ驚かれける」〈平家・三・行隆之沙汰〉《係結び》「ぞ」→驚かれける㊍」。❸《話題を転じるときに用いる語》**さて。ところでそれは。** 例「一人の息女を持つ、それを昭君と名付く、**されば**並びなき美人にて候ふほどに」〈謡・昭君〉㊁[感]《人に問われ答えるときに用いる語》**そうですねえ。はあ。そのことですが。** 例「学者たとへを以っていはく、『**されば**、人間天道に仰ぎ申しけるは』」〈仮・伊曾保物語〉

〔俳句〕**さればここに談林の木あり梅の花**〈談林十百韻・宗因〉訳さてさてここに談林の名の下に集まり俳諧に熱心な方たちがいる。その談林の木に咲く花は、香気を放ち、詩歌の神である天神さまにもゆかりの梅の花であろう。（季―梅の花―春）

さればこそ【然ればこそ】《動詞「然り」の已然形＋接続助詞「ば」＋係助詞「こそ」》やはり、思ったとおりだ。例「**さればこそ**、異物の皮なりけり」〈竹取・火鼠の皮衣〉

ざればむ【戯ればむ】[自マ四]〔ま・み・む・む・め・め〕しゃれている。風流めいている。例「手は悪しげなるを、まぎらはし**ざればみ**て書いたるさま、品なし」〈源氏・夕顔〉

さればよ【然ればよ】《動詞「然り」の已然形＋接続助詞「ば」＋間投助詞「よ」》果たして、思ったとおりだ。例「『**さればよ**』といひて」〈伊勢・二三〉

ざれゑ【戯れ絵】エザレ[名]おどけた描き方をした絵。転じて、描き方が簡略な絵。

さわ【沢・多】歴史的かなづかい「さは」

ざわう【蔵王】ザオウ[名]役の行者が金峰山で修行した際に感得したという降魔の相をした菩薩。右手に三鈷を持ち、右足を上げた、一面三目の像。平安以降に修験道の発達に伴い全国で信仰された。蔵王権現。

さわが・し【騒がし】[形シク]〔しから・しく(しかり)・し・しき(しかる)・しけれ・しかれ〕❶**そうぞうしい。やかましい。** 例「いと**騒が・しう**夜一夜行ふなり」〈源氏・玉鬘〉❷**忙しい。取り込んでいる。** 例「**騒が・しき**ほど過ぐしてまうでむ、とおぼす」〈源氏・椎本〉《敬語》「まうでむ、とおぼす」→「まうづ」「おぼす」。❸**落ち着かない。不穏だ。** 例「世の中に事出で来、**騒が・しう**なりて」〈枕・殿などのおはしまさで後〉①③《音便》「騒がしう」は「騒がしく」のウ音便。

さわがしう【騒がしう】サワガシユウ 形容詞「さわがし」の連用形「さわがしく」のウ音便。

さわが・す【騒がす】[他サ四]〔さ・し・す・す・せ・せ〕大きな声や音を立てさせる。動揺させる。例「御心**騒が・し**たてまつらん」〈源氏・橋姫〉

さわぎ【騒ぎ】[名]《上代は「さわき」》❶騒ぐこと。ざわめき音を立てること。例「取り持てる弓弭の**騒き**」〈万葉・二・一九九長歌〉❷取り込んで混乱していること。例「防人に発たむ**騒きに**」〈万葉・二〇・四三六四〉訳→〔和歌〕さきむりに…。❸反乱。騒動。❹酒席での遊興。

さわぎあ・ふ【騒ぎ合ふ】サワギア(オ)ウ[自ハ四]〔は・ひ・ふ・ふ・へ・へ〕互いに騒ぎ合う。互いにあわてふためく。例「思ひやる方なくてただ**騒ぎあ・へる**」〈源氏・蜻蛉〉

さわぎた・つ【騒ぎ立つ】[自タ四]〔た・ち・つ・つ・て・て〕❶騒ぎだす。盛んに騒ぐ。例「律師も、**騒ぎた・ち**たまうて願など立て」〈源氏・夕霧〉❷《「たつ」は接尾語》不安になる。

さわぎののし・る【騒ぎ罵る】[自ラ四]〔ら・り・る・る・れ・れ〕大声を出して騒ぐ。例「いといみじう**さわぎののし・り**て、門さしつ」〈大和・一〇一〉

さわぎまど・ふ【騒ぎ惑ふ】サワギマドウ[自ハ四]〔は・ひ・ふ・ふ・へ・へ〕あわてふためく。騒ぎ戸惑う。例「つつみもあへず泣かれて、女房のあるかぎり**騒ぎまど・ふ**を」〈源氏・御法〉

さわぎみ・つ【騒ぎ満つ】[自タ四]〔た・ち・つ・つ・て・て〕辺りが騒がしさに満ちている。例「こなたの御門は、馬、車たちこみ、人騒がしう**騒ぎみ・ちたり**」〈源氏・柏木〉

さわ・ぐ【騒ぐ】[自ガ四]〔が・ぎ・ぐ・ぐ・げ・げ〕《上代は「さわく」》❶**騒がしくする。やかましく音や声、うわさを立てる。** 例「み吉野の象山の際の木末にはここだも**騒・く**鳥の声かも」〈万葉・六・九二四〉訳→〔和歌〕みよしののきさやまの…。❷**忙しく動き回り、立ち働く。** 例「そを取ると**騒・く**御民も」〈万葉・一・五〇長歌〉❸**心が動揺する。思い乱れる。** 例「いへばえにいはねば胸に**さわ・がれ**て」〈伊勢・三四〉❹**騒動が起こる。** 例「小松殿に**さわ・ぐ**事あり」〈平家・二・烽火之沙汰〉

> 古語深耕　**「さわぐ」と「さうどく」との違い**
>
> 現代語で、木々や人々などが「ざわめく」「ざわざわする」という。その「ざわ」と、「**さわぐ**」の「さわ」は同じである。ほとんどの場合、多数のものについて用い、森なら森全体、人々なら群集全体のことを表現する。まれに、ひとりの人の行動や心についていうこともあるが、いずれにしても、ふだんの落ちつきを失い、無秩序に乱れることをいう。「**さうどく**」は「**さわぐ**」ほど騒がしくない。宴席などでにぎやかに談笑したり、歌ったり、はしゃいだりすることをいう。人についてだけ用い、それも群集でなく、ひとりの人の行動をいう。「騒動く」が本来だが、現代語の「騒動」と違って、はめはずしていない。

さわさわ【爽爽】歴史的かなづかい「さはさは」

さわさわ【騒騒】[副]❶騒がしいようす。ざわざわ。例「口大の尾翼鱸**さわさわ**に控き依せ騰げて」〈記・上〉❷落ち着かないようす。そわそわ。例「聞くよりも胸も**さわさわ**と」〈浄・心中重井筒〉

さわた・る【さ渡る】[自ラ四]〔ら・り・る・る・れ・れ〕《「さ」は接頭語》渡る。渡って行く。

さわやか【爽やか】歴史的かなづかい「さはやか」

さわらび【早蕨】[名]❶春、地中から伸びた、先端がこぶし状にまいたワラビの若葉。（季―春）。例「石走る垂水の上のさわらびの萌え出づる春になりにけるかも」〈万葉・八・一四一八〉訳→〔和歌〕いはばしる…。❷襲の色目の名。表は紫で裏は青。春の着用。

さわらび【早蕨】〔作品名〕『源氏物語』の四十八番目の巻名。

さわる【障る】歴史的かなづかい「さはる」

さわれ 歴史的かなづかい「さはれ」

さゐ【さ猪】〔名〕（「さ」は接頭語）猪。

-さゐ【騒】他の語と結び付いてざわめく意を表す。「潮騒」など。

〔歌謡〕**さゐがはよ…**【狭井河よ雲立ち渡り畝火山木の葉さやぎぬ風吹かむとす】〈記・中・伊須気余理比売〉訳狭井河の方から雲が立ち渡り、畝火山の木の葉がざわざわと音を立て始めた。いまにも嵐が吹こうとしているのだ。

さゐさゐ・し【騒騒し】〔形シク〕{しから・しく(しかり)・し・しき(しかる)・しけれ・しかれ}さわさわと音がするようす。例「光もなく黒き掻い練りの、さゐさゐしく張りたる（＝洗イ張リシテアル）一襲」〈源氏・初音〉

さゐさゐしづみ 語義未詳。ざわざわしていた音が静まる意か。＝さゑさゑしづみ。例「玉衣のさゐさゐしづみ家の妹に物言はず来にて思ひかねつも」〈万葉・四・五〇三〉

さゑさゑしづみ「さゐさゐしづみ」に同じ。

さゑもん【左衛門】〔名〕「左衛門府」の略。また、「左衛門府」に属した役人。↕右衛門

さゑもんのかみ【左衛門督】〔名〕令制で「左衛門府」の長官。

さゑもんのじょう【左衛門尉】〔名〕「左衛門府」の三等官。

さゑもんのすけ【左衛門佐】〔名〕「左衛門府」の次官。

さゑもんのたいふ【左衛門大夫】〔名〕「左衛門尉」で、位階が五位の者。

さゑもんのぢん【左衛門の陣】〔名〕内裏の東側、建春門にあった左衛門府の武官の詰め所。

さゑもんふ【左衛門府】〔名〕令制で「六衛府」のひとつ。「右衛門府」とともに、大内裏の外側の諸門の警備、行幸の供奉などをつかさどった。↕右衛門府→「ゑもんふ」。＝左門・左衛門。

-さを【棹・竿】〔接尾〕❶矛や旗を数える語。例「赤盾八枚・赤矛八竿」〈紀・崇神〉❷（竿を通して担いで運ぶことから）箪笥・長持ちなどを数える語。❸三味線を数える語。

さを【棹・竿】〔名〕❶水の底に突っ張ることによって、船を推進させる棒。❷衣服を掛けるための木や竹の細長い棒。❸三味線の一部で、弦を張る長い柄。❹空を飛ぶ雁が一列になったようすをたとえる。

さを【さ青】〔名〕（「さ」は接頭語）青色。

さを【真麻】〔名〕（「さ」は接頭語）麻。

さをさ・す【棹さす】〔他サ四〕{さ・し・す・す・せ・せ}さおを水底について船を進める。

さをしか【小牡鹿】〔名〕（「さ」は接頭語）雄鹿。（季―秋）

さをしかの【小牡鹿の】〔枕詞〕（鹿が分け入る野の意から）地名「入野」にかかる。例「さを鹿の入野のすすき」〈万葉・一〇・二二七七〉

さをととし【一昨昨年】〔名〕（「さ」は「先」の意）今年の三年前の年。一昨年の一年前の年。

さをとめ【早乙女・早少女】〔名〕❶田植えをする女性。＝植ゑ女。（季―夏）。❷少女。

さをど・る【さ躍る】〔自ラ四〕{ら・り・る・る・れ・れ}（「さ」は接頭語）跳ね回る。おどる。

さをばし【さ小橋】〔名〕（「さ」は接頭語）小さい橋。

さをぶね【さ小舟】〔名〕（「さ」は接頭語）小さい舟。

さをを【さ小峰】〔名〕（「さ」は接頭語）小さい峰。↕大峰

さん【算・筭】〔名〕❶数、あるいは年齢。❷算木。和算に用いる、柱状で木製の計算具。❸算木を使って易（占い）をすること。

〔**算を置く**〕「算木」で計算や占いをする。

〔**算を散らす**〕「算木」をばらまいたように列を乱す。散乱する。＝算を乱す

〔**算を乱す**〕「算木」をばらばらに散乱させたような状態になる。＝算を散らす

さん【賛・讃】〔名〕❶漢文の文体の一種で、人物などをほめて論評すること。四字一句の構成で、韻を踏んでいる。❷仏の徳をほめたたえることば。❸書画に題することば。❹非難めいた批評。

さん【餐】〔名〕飲んだり食べたりすること。

さんあく【三悪】〔名〕（仏教語。「さんなく」とも）「三悪道」の略。

さんあくだう【三悪道】〔名〕（仏教語。「さんなくだう」「さんまくだう」とも）衆生が、前世で犯した悪業の報いによって、来世で堕ちる地獄・餓鬼・畜生という三つの悪道。＝三悪趣・三悪。

さんいつものがたり【散佚物語】〔名〕作品名やその内容などが伝えられながら、現在、その本文を失っている物語の総称。

さんいんだう【山陰道】〔名〕（「せんおんだう」とも）❶「五畿七道」のひとつ。中国山地の北側で、日本海沿岸の八か国。いまの近畿地方の一部と山陰地方とに該当する。丹波（京都府・兵庫県）、丹後（京都府）、但馬（兵庫県）、因幡・伯耆（鳥取県）、出雲・石見・隠岐（島根県）を指す。❷①の国々を海岸沿いに結ぶ街道。

さんえ【三衣】〔名〕（仏教語。「さんね」とも）布の縫い合わせの数によって分けられた、九条以上の「大衣」、七条の「上衣」、五条の「中衣」の袈裟の総称。

さんえいっぱつ【三衣一鉢】〔名〕（仏教語）僧が常備する「三衣」と、食器とするひとつの鉢。

さんえばこ【三衣匣・三衣箱】〔名〕（仏教語）「三衣」を納めておく箱。供養や法会の際に導師（第一位の席で進行役を務める僧）が用いる。

-さんがい【三界】〔接尾〕❶（多く、離れた土地の地名に添えて）…くんだり、…辺りの意を表す。「江戸三界」「唐三界」など。❷（名詞に付いて）その語の意味を強調する。「一日三界」など。

さんがい【三界】〔名〕（仏教語）❶一切の衆生が、生死を繰り返す三つの迷いの世界。欲界・色界

・無色界。❷現世。娑婆。例「三界広しといへども五尺の身置き所なし」〈平家・三・大臣流罪〉❸過去・現在・未来の三世。

〔三界の首枷〕《「子は三界の首枷」の略》親の子に対する愛着などをたとえていう。

〔三界の火宅〕《仏教語》苦悩で充満する人間世界を、火に包まれた家にたとえたことば。

さんがいいっしん【三界一心】[名]《仏教語》すべての現象は、心に映る仮の現象であるということ。

さんがいまつ【三蓋松】[名]❶枝が三層になった松。❷①を図案化した紋所の名。

さんがいむあん【三界無安】[名]《仏教語》法華経譬喩品によることばで、苦しみに満ちた現世は、まったく安心できないということ。

さんかう【三更】[名]一夜を五分した「五更」のうちの第三。いまの午前零時ごろ、およびその前後二時間。子の刻。＝丙夜

さんがう【山号】[名]寺院の名に冠した称号。元来は、山に寺を建立した際に付けたが、後代には平地の寺にも冠するようになった。

さんがう【三綱】[名]❶寺院内を統括する三種の役僧。上座(法事をつかさどる)・寺主(営繕管理をする)・都維那(日常の諸事を指揮する)の総称。❷僧尼の統括と諸寺の管理とを行う僧正・僧都・律師の三種の僧官。→「そうがう」

さんがうしいき【三教指帰】[作品名]平安前期(七九七)の仏教書。空海著。虚構の人物の対話という戯曲風形式で、儒教・道教・仏教のうち仏教によるのがいちばんよいことを説く。

さんがく【散楽】[名]奈良時代に伝来した古代中国の民間芸能。曲芸・奇術や滑稽な物真似芸など雑多な芸能で、雅楽に対していう。平安時代に盛行し、中世期の田楽・猿楽の基盤を形成。

さんかしふ【山家集】[作品名]平安後期の私家和歌集。西行作。成立年未詳。自撰のものを後人が増補したものか。西行の家集としては、ほかに『西行法師家集』『聞書集』『残集』がある。

さんがにち【三箇日】[名]正月の元日・二日・三日のこと。この三日間は、雑煮で祝い、年賀のあいさつ回りをし、年始客には屠蘇を勧める。(季―春)

さんがのつ[名]一【三箇の津】《「津」は「港」の意》古くから繁栄した坊の津(いまの鹿児島県)・安濃の津(いまの三重県)・博多の津(いまの福岡県)の三港の総称。二【三箇の都】近世の三都、京都・江戸・大坂の総称。または、京都・大坂・堺。

さんかん【三韓】[名]❶三世紀ごろ、朝鮮半島の南部に住んでいた漢民族の、馬韓・辰韓・弁韓の三部族の総称。❷四世紀ごろ、朝鮮半島にあった、新羅・百済・高麗の三国の総称。

さんき【三帰】[名]《仏教語》仏・法・僧の「三宝」に帰依すること。また、帰依する旨を唱える経文。

さんぎ【参議】[名]❶国政の重要事項を審議する役職。❷太政官の中の令外の官。大納言・中納言に次ぐ重職で定員八名。＝宰相・相公・八座

さんぎ【算木】[名]❶和算で用いる計算器具。板上で柱状の木を配列して計算した。❷易をする道具。柱状の木を組み合わせて、卦を作って占う。

ざんぎ[・す]【慙愧・慚愧】[名・自サ変]《仏教語。「ざんき」とも》心に深く恥じ入ること。

ざんぎく【残菊】[名]陰暦九月九日の重陽を過ぎ、秋の末から冬の初めまで咲き残っている菊。九月九日に重陽の宴ができなかったときは、十月五日に「残菊の宴」が行われた。＝残りの菊。(季―秋)

ざんぎさんげ【慙愧懺悔・慚愧懺悔】[名]「さんげ(懺悔)①」に同じ。

さんぎゃうさんじ【三行三字】[名]和歌を懐紙に書き記す様式のひとつ。平安後期ごろより行われ、のちには通常九字・十字・九字の三行と三字で書くように定められ、三字は真名で書かれた。

さんきょく【三曲】[名]❶琵琶の三つの秘曲である、流泉・啄木・楊真操の総称。❷箏の組歌である、四季・扇・雲井の総称。❸箏・三味線・胡弓(のち尺八)の三楽器の総称。また、それらでの合奏。

さんきょく【三極】[名]「さんさい」に同じ。

さんきらい【山帰来】[名]木の名。根は梅毒の薬に用いた。また、その薬。

さんきん[・す]【参勤・参覲】[名・自サ変]❶主君のもとへ参り、謁見すること。❷「参勤交代」の略。

さんきん[・す]【散禁】[名・他サ変]令制で罪人を入獄させる際に、枷をはめず、縛ることもせずに閉じ込めておくこと。禁足。

さんきんかうたい【参勤交代・参覲交替】[名]江戸幕府が大名統制のために、一定期間大名を江戸に居住させた制度。多く、在府・在国は一年交替とした。このため、江戸商業の発達や文化の伝播を促したが、大名は経済的窮乏に苦しむ元となった。＝参勤②

さんぐ[・す]【散供】[名・他サ変]米や銭・花などをまき散らして、神仏に供えること。

さんぐう【三宮】[名]太皇太后・皇太后・皇后の総称。＝三后

さんぐう【参宮】[名]神社に参拝すること。とくに伊勢神宮に参拝すること。

さんくゎい【三槐】[名]《「三公」の唐名》「くゎいもん」に同じ。

さんくゎい[・す]【参会】[名・自サ変]❶会合に参加すること。❷寄り合い・会合・集会。❸会って仲よく話し込むこと。

さんくゎいなごや【参会名護屋】[作品名]江戸中期(一六九七初演)の歌舞伎。初世中村清二郎・初世市川団十郎共作。足利家のお家騒動を描き、不破伴左衛門と名護屋山三郎を主人公とする狂言。

さんくゎう【三光】[名]❶《「三光天」の略》日・月・星の総称。＝三辰。❷《「三光鳥」の略》(鳴き声が「つきひほし」と聞こえるところから)小鳥の名。(季―夏)

さんくゎう【三皇】[名]中国古代の伝説上の三人の帝王(伏羲・神農・黄帝)の総称。あるいは、天皇氏・地皇氏・人皇氏の意ともいう。

さんくゎうてんし【三光天子】[名]「三光①」の尊称。「日」を「日天子」と呼び、「月」を「月天

子」と呼び、「星」を「明星天子」と呼んだ。

さんぐゎつじん【三月尽】［名］陰暦三月の最終日で、春の終わり。近世ごろ「やよひじん」と読むようになったが、それは誤りだという説もある。（季‐春）

さんくゎんれい【三管領】［名］《「さんくゎんりゃう」とも》室町幕府で、管領職を交替で勤めた三家の呼び名。斯波・細川・畠山の三家。

さんけ【三家】［名］❶江戸時代、徳川家康の子を祖とした、尾張・紀伊・水戸の三家。将軍家に後継者がいない場合、尾張家か紀伊家から選び、水戸家は代々副将軍となり、それぞれ将軍を補佐した。御三家。❷公家の三家。閑院・花山院・中院（一説に久我）の三家。

さんげ【・す】【散華】［名・自サ変］《仏教語》法要の際の儀式のひとつ。道場を清める目的で、読経しながら、紙製の造花や樒の葉などを散らすこと。

さんげ【・す】【懺悔】［名・自サ変］《近世中期以降「ざんげ」とも》❶《仏教語》過去に犯した罪悪を悔いて、仏前で告白して許しを乞うこと。＝慙愧懺悔。❷心の中で思うことを他人に告白すること。

ざんげん【・す】【讒言】［名・他サ変］《「ざうげん」とも》事実をまげて、人の悪口をいうこと。中傷。

さんこ【三鈷】［名］《仏教語。「さんご」とも。「三鈷杵」の略》金剛杵の一種。両端が三つに枝分かれしたもの。

さんご【三五】［名］《三と五の積が十五であることから》❶十五のこと。十五歳。❷「三五夜」の略。

〔三五の月〕「三五夜」の月。（季‐秋）

さんご【珊瑚】［名］塊状または枝状のサンゴ（海産動物の名）の中軸骨格。装飾用。美しいものは七宝のひとつとして珍重された。

さんこう【三公】［名］太政大臣・左大臣・右大臣の三大臣のこと。のちには左大臣・右大臣・内大臣をいう。＝三台・三槐

さんこう【三后】［名］「さんぐう（三宮）」に同じ。

さんこう【・す】【参候】［名・自サ変］《参上して伺候する意》貴人の前に伺うこと。

さんごく【三国】［名］日本・震旦（中国）・天竺（インド）の総称。また、全世界のこと。

さんごくいち【三国一】［名］❶日本・震旦（中国）・天竺（インド）の三国を通じて、第一位であること。世界一。❷結婚式の際に、新郎・新婦をほめたたえることば。

さんごくさうでん【三国相伝】［名］天竺（インド）から、震旦（中国）を経由して、日本へ伝わったこと。＝三国伝来

さんごくでんき【三国伝記】［作品名］室町中期の説話集。十二巻。玄棟編。成立年未詳。インド・中国・日本の三国の説話が三話一組で記される。

さんごくでんらい【三国伝来】［名］「さんごくさうでん」に同じ。

さんごじゅ【珊瑚珠】［名］サンゴの枝や幹の外皮を取り除き、磨いて作った玉。装飾用。

さんごふ【三業】［名］《仏教語》身業・口業・意業の総称。さまざまな果報の原因となる身体・ことば・心の行為。＝身口意業

さんごや【三五夜】［名］十五夜。陰暦十五日の満月の夜。とくに、陰暦八月十五日の中秋の月夜を指す。＝三五②。（季‐秋）

さんこん【三献】［名］《「さんごん」とも》❶酒宴の際に三回目に出される肴。一献ごとに肴を変えて三杯の酒を飲むのが通例とされる。❷中世以降、酒宴の正式の礼法。一献ごとに大・中・小の杯で酒を飲むことを三度繰り返し、九杯の酒を飲む作法。

さんざ【・す】【参座】［名・自サ変］会合に列席すること。例「〔源氏ハ〕参座・しにとても、あまた所も歩きたまはず」〈源氏・紅葉賀〉

さんさい【三才】［名］《「才」は働きの意》天・地・人の総称。＝三極・三儀・三つの道①

さんさう【三草】［名］❶生活に役立つ麻、藍、紅花または木綿の三種の草。❷「古今伝授」において、解釈が秘伝とされた三種の草。『古今和歌集』巻十・物名に見える「かはなぐさ」、「くれのおも」または「さがりごけ」、「めどにけづりばな」の三種。

さんざう【山荘・山庄】［名］山の中の別荘。

さんざう【三蔵】［名］❶大和朝廷の官物や諸国の貢ぎ物を納めていた内蔵・斎蔵・大蔵の総称。❷《仏教語》経蔵・律蔵・論蔵という仏教聖典の総称。❸《仏教語》経・律・論に通じた徳の高い僧の敬称。

さんざうし【三冊子】［作品名］江戸中期（一七〇二成立）の俳諧論書。服部土芳著。「白冊子」「赤冊子」「忘れ水（黒冊子）」の三部から成ることによる書名。俳諧の起源から解説し、芭蕉の俳諧の神髄や実作についての叙述や俳席の心得など、多方面にわたって述べた書。

さんざうら・ふ【さん候ふ】《「さにさうらふ」の変化形》目上の人への敬意を込めた返答の語。**そうでございます。さようでございます。**例「『ここか、武正が所は』など仰せられければ、武正、『**さん候・ふ**』と申して」〈古今著聞・五二三〉

さんざん【三山】［名］❶「大和三山」の略。❷《「熊野三山」の略》熊野本宮・熊野新宮・熊野那智。❸「出羽三山」の略

さんざん【・なり】【散散】［形動ナリ］〔なら・なり(に)・なり・なる・なれ・なれ〕❶ちりぢりだ。ばらばらだ。例「〔熟シタ柿ガ〕つぶれて**散々・にちりぬ**」〈古今著聞・四三九〉❷容赦なく行うさま。したい放題のさま。例「〔矢ヲ〕さしつめひきつめ**さんざん・に射る**」〈平家・四・橋合戦〉❸ひどいさま。見苦しい。例「うつくしき装束**散々・になりにけり**」〈古今著聞・五三四〉

さんさんくこん【三三九献】［名］献杯の儀礼のひとつ。三つ組みの杯で三度ずつ三回やりとりすること。三度三献。三三九度。

さんし【三尸】［名］道教の説で、人の体内に住む三匹の虫のこと。庚申の夜、人の睡眠中に体内から出て昇天し、天帝にその人の罪悪を報告するという。三尸虫。→「かうしんまち」

さんし【三史】［名］古代中国の有名な三つの歴史書。一般に、『史記』『漢書』『後漢書』。一説には『史記』『漢書』『東観漢記』。

さんじ【散事】［名］❶令制で後宮十二司に仕えた下

級女官。采女・女孺など。❷令制で位階だけがあって、官職のないこと。また、その者。＝散位。↔職事

さんしうき【参州記】[作品名]「みかはものがたり」に同じ。

さんじき【桟敷】[名]「さじき(桟敷)①」に同じ。

さんしちぜんでんなんかのゆめ【三七全伝南柯夢】[作品名]江戸後期(一八〇八刊行)の読本。滝沢馬琴作、葛飾北斎画。浄瑠璃・歌舞伎で知られていた三勝・半七の心中情話を、武家社会の恩愛義理に転化した作品。

さんしちにち【三七日】[名]❶二十一日間。三週間。また、二十一日目。❷(「みなぬか」とも)人の死後二十一日目。また、その日に行う仏事。

さんじっかう【三十講】[名]《仏教語》法華経二十八品に、無量義経と普賢観経を加えた三十品を、一日一品ずつ三十日間に講じること。または、朝夕一品ずつ十五日間で講じること。

さんじっこくよふねのはじまり【三十石艠始】[作品名]江戸中期(一七五八初演)の歌舞伎時代物。初世並木正三作。治水に功のあった河村瑞賢を明智の遺臣の謀反人とし、浄瑠璃『仮名手本忠臣蔵』などの先行作品をいくつか下敷きとして構成。

さんじふいちじ【三十一字】[名]和歌。短歌。仮名で書くと三十一字になることからいう。＝三十一文字・みそひともじ

さんじふさんげんだう【三十三間堂】[名]京都東山の蓮華王院の本堂の俗称。内陣正面の柱と柱との間が三十三ある。長寛二年(一一六四)に後白河院の勅願により創建。江戸時代には「通し矢」で有名だった。

さんじふさんしょ【三十三所】[名]観世音菩薩を安置した三十三か所の霊場。各地にあるが、西国三十三所が最も有名。＝三十三番

さんじふさんじん【三十三身】[名]《仏教語。「さんじふさんしん」とも》観世音菩薩が衆生を救うため、姿を変えて現れるという三十三の姿。

さんじふさんてん【三十三天】[名]「たうりてん」に同じ。帝釈・毘沙門・阿修羅など。

さんじふさんばん【三十三番】[名]「さんじふさんしょ」に同じ。

さんじふにさう【三十二相】[名]❶《仏教語》仏が身に備えているという三十二のすぐれた姿・形のこと。❷女性の理想的で美しい容姿。美人であるためのすべての条件。

さんじふばんじん【三十番神】[名]一か月三十日間、毎日交替で国家・民衆を守護するという三十の神。法華経・仁王経、また王城の守護などにそれぞれ三十番神がある。

さんじふろくかせん【三十六歌仙】[名]平安中期、藤原公任が選んだとされる三十六人のすぐれた歌人の総称。

さんしゃ【三社】[名]《「さんじゃ」とも》❶伊勢神宮・石清水八幡宮・賀茂神社(または春日神社)の総称。❷《「三社明神」の略》江戸浅草にある浅草神社の旧称。

さんじゃ【算者】[名]《「さんしゃ」とも》計算の上手な人。算術の達人。

さんしゃう【三生】[名]「さんぜ①」に同じ。

さんしゃう【三障】[名]《仏教語》悟りや善心を妨げる三つの障害。煩悩障・業障・報障の総称。また、皮煩悩障・肉煩悩障・心煩悩障の三つをいうこともある。

さんじゃう【散状】[名]❶儀式・法会・歌会などで、その関係者の姓名を書き連ねた紙。連名書。❷命令や質問に対する略式の回答書。＝交名

さんじゃう【・す】【山上】㊀[名]❶山の上。山の奥。❷(「山」は比叡山のこと)比叡山延暦寺。㊁[名・自サ変]山に登ること。

さんじゃく【三尺】[名]❶一尺(約三〇・三センチメートル)の三倍。約九〇・九センチメートル。❷《「三尺帯」の略》鯨尺で長さ三尺(約一一四センチメートル)ほどの木綿の帯。職人などが用いた。→「しゃく(尺)」

さんじゅ【三種】[名]《「さんしゅ」とも》❶三種類。三種類のもの。❷「三種の神器」の略。

〔三種の神器〕《近世以降「さんしゅのじんぎ」とも》皇位の象徴として、歴代天皇に伝えられる三つの宝物。八咫の鏡・八尺瓊曲玉・天の叢雲の剣(草薙の剣)の三種。＝三種②・三種の神宝・三つの宝①

〔三種の神宝〕《「さんしゅのしんぽう」とも》「さんじゅのしんぎ」に同じ。

さんじゅう【三従】[名]《「さんしょう」とも》儒教道徳でいう、女性の守るべき生き方。生家では父に従い、結婚後は夫に従い、夫の死後は子に従うこと。

さんしゅん【三春】[名]❶春の三か月。一月(初春・孟春)・二月(仲春)・三月(晩春・季春)のこと。❷春を三度経ること。三年。

さんじょ【産所】[名]お産をする部屋。産屋。

さんじょごんげん【三所権現】[名]《「さんしょごんげん」とも》紀伊国(いまの和歌山県)熊野の本宮・新宮・那智の三権現の総称。＝熊野権現。→「ごんげん」

さんしん【三辰】[名]「さんくゎう①」に同じ。

さんじん【三身】[名]《仏教語。「さんしん」とも》三種の仏身。応身・法身・報身の総称。

さんじん【三神】[名]❶「造化の三神」の略。❷「和歌三神」の略。

さんす【助動特活】{さんせ・さんし・さんす・さんす・さんすれ・さんせ}《近世語。「さしゃんす」の変化形》尊敬・丁寧の意を表す。お…なさいます。[例]「これお侍様、左の足上げさんせ」〈浄・女殺油地獄〉[訳]これお侍様、左の足をお上げなさいませ。

〈接続〉四段・ナ変以外の活用の動詞の未然形、カ変動詞の連用形に付く。

〈参考〉はじめ遊女語だったが、のちに、一般女性にも用いられるようになった。

さん・ず【参ず】[自サ変]{ぜ・じ・ず・ずる・ずれ・ぜよ}「行く」「来く」の謙譲語。「(AがBに)さんず」で、B(行く先、来る先)を高める。参上する。[例]「何事やらんとて〈天皇ノ〉御前近う参・じたれば」〈平家・六・小督〉

さん・ず【散ず】{ぜ・じ・ず・ずる・ずれ・ぜよ}㊀[自サ変]散る。失せ

る。退散する。また、（疑いや恨みなどが）なくなる。気が晴れる。例「軍（=軍勢）**散じ**て翌日に」〈太平記・八〉 二［他サ変］散らす。また、（疑いや恨みなどを）晴らす。例「かやうの不審をも、このついでに**散じ**たくこそ候へ」〈太平記・二四〉

ざんす［助動特活］｛ざんせ・ざんし・ざんす・ざんすれ・○｝《近世語》丁寧に断定する意を表す。…です。…でございます。例「嘘にもうれしう**ざんす**」〈洒・傾城買四十八手〉訳うそでもうれしゅう**ございます**。

〈接続〉体言、形容詞の連用形などに付く。

さんすけ【三介】［名］常陸の介・上総の介・上野の介の総称。この三国は親王が守（長官）として任命されたため、介（次官）が、国政を行った。

さんずん【三寸】［名］一寸（約三センチメートル）の三倍。また、長さや厚さを比喩的に表す語。「舌先**三寸**」「胸**三寸**」など。

〔**三寸の見直し**〕サンズンノミナオシ（もと大工用語で、物の長さもよく見直すと三寸ぐらいの誤差がある意から）何事もよく見るとすこしは欠点や誤りがあるということ。また、少々の欠点は、見慣れると苦にならないの意。例「顔も**三寸の見直し**」〈浮・西鶴諸国ばなし〉

さんぜ【三世】［名］❶《仏教語》前世・現世・来世（過去・現在・未来）の総称。=三生。❷親・子・孫の三代。

〔**三世の縁**〕「さんぜのちぎり」に同じ。

〔**三世の契り**〕過去・現在・未来にわたってつながっているとされる主従の縁。=三世の縁

さんせい【三聖】［名］❶古代中国の三人の聖人。老子・孔子・顔回。また、堯・舜・禹。❷和歌で、衣通姫・柿本人麻呂・山部赤人。❸書道で、空海・菅原道真・小野道風。❹連歌・俳諧で、荒木田守武・山崎宗鑑・飯尾宗祇。

さんぜいっしんのほふ【三世一身の法】サンゼイッシンノホウ 養老七年（七二三）に公布された開墾奨励の法律。新たに開墾した者には三代まで、荒れた旧耕地を開墾した者には一代の間、その土地の私有を認めたもの。

さんせき【三蹟・三跡】［名］平安時代の三人の能書家。小野道風・藤原佐理・藤原行成の三人。それぞれ一字をとり、野跡・佐跡・行跡ともいう。

さんせきのわか【三夕の和歌】［名］秋の夕暮れの風情を詠んだ三首の名歌。一般的には、『新古今和歌集』巻四・秋上所収の「秋の夕暮れ」という体言句で結ばれる次の三首をいう。「寂しさはその色としもなかりけり槙立つ山の秋の夕暮れ」〈三六一・寂蓮〉訳→〔和歌〕さびしさは…、「心なき身にもあはれは知られけり鴫立つ沢の秋の夕暮れ」〈三六二・西行〉訳→〔和歌〕こころなき…、「見わたせば花も紅葉もなかりけり浦の苫屋の秋の夕暮れ」〈三六三・定家〉訳→〔和歌〕みわたせばはなももみぢも…

さんぜさう【三世相】サンゼソウ［名］《近世語》仏教の因果説に陰陽道の五行説や卜筮の法などを加え、生年月日や人相などから、三世（過去・現在・未来）における吉凶や因果・善悪などを判断すること。また、それを書いた書物。

さんぜじっぱう【三世十方】サンゼジッポウ［名］《仏教語》無限の時間（三世）と空間。「十方」は東西南北の四方、西北・西南・東北・東南の四維、上下のことをいう。全宇宙。全世界。

さんぜれうだつ【三世了達】サンゼリョウダツ［名］《仏教語》諸仏の知恵は過去・現在・未来の三世の一切を明らかに悟っているということ。

さんせん【散銭】［名］《近世語》神仏にささげる銭。賽銭。

さんぜんせかい【三千世界】［名］「三千大千世界」の略。

さんぜんだいせんせかい【三千大千世界】［名］《仏教語》（須弥山を中心とした小世界を千倍したものを小千世界、それの千倍を中千世界、さらにその千倍を大千世界といい、この大千世界は、小・中・大の三種の千世界からなることから）広大な全宇宙、全世界。=三千世界・三界

さんぜんりのおもひ【三千里の思ひ】サンゼンリノオモイ 行く先の遠くはるかな旅路に対する感慨。

ざんそう［・す］【讒奏】［名・他サ変］当人のいないところで悪口を天皇に奏上すること。転じて、陰口。告げ口。中傷。

さんぞく【三族】［名］三種の親族。父・子・孫、あるいは父母・兄弟・妻子、父・母・妻など諸説がある。

さんぞん【三尊】［名］《仏教語》❶仏・法・僧のこと。=三宝。❷中央の仏とその左右の脇侍菩薩の総称。弥陀三尊（阿弥陀仏・観世音菩薩・勢至菩薩）、釈迦三尊（釈迦仏・文殊菩薩・普賢菩薩）、薬師三尊（薬師仏・日光菩薩・月光菩薩）など。

さんぞんらいかう【三尊来迎】サンゾンライコウ［名］《仏教語。「さんぞんらいがう」とも》念仏を唱える者の臨終時に、阿弥陀三尊が極楽往生の迎えに来ること。

さんた【三太】［名］《近世語》❶丁稚や小僧の通称。❷犬の芸のひとつ。前足を上げて後足で立つこと。ちんちん。→「さんぞん②」

さんたい【三台】［名］（中国古代の天文で、天帝を表す紫微星を守る三つの星を「三台星」ということから）太政大臣・左大臣・右大臣の称。=三公

さんたい【三体】［名］（三つの風体の意）❶書道で、真書・行書・草書の三つの書体。❷能で、物まねの基本である老体・女体・軍体の総称。

さんだい【三代】［名］❶親・子・孫の三世代。また三人の国王や主君が連続して在位する間。例「〔奥州藤原氏〕**三代**の栄耀（=栄華）一睡の中にして」〈おくのほそ道・平泉〉❷三代目。

さんだい［・す］【参内】［名・自サ変］内裏に参上すること。宮中に出仕すること。

さんだいがさ【参内傘】［名］少将以上の公卿が、参内するときなどに、従者に持たせて差しかけさせる傘。「爪折り傘」で、紙は朱色、柄は籐で巻き、たたむときは白麻の袋で包む。→「つまをりがさ」

さんだいさうおん【三代相恩】サンダイソウオン［名］親・子・孫の三代にわたって主君の恩を受けること。

さんだいじつろく【三代実録】［作品名］「にほんさんだいじつろく」に同じ。

さんだいしふ【三代集】サンダイシュウ［名］『古今和歌集』『後撰和歌集』『拾遺和歌集』の勅撰三集の総称。

二十一代集の最初の三集にあたり、平安後期以降、和歌における古典として敬仰された。

さんだいぶつ【三大仏】[名]大和(いまの奈良県)の東大寺、河内(いまの大阪府)の太平寺、近江(いまの滋賀県)の関寺の三寺にある大仏の総称。後世では、東大寺、鎌倉の高徳院、京都の方広寺にある大仏を指す。

さんだう【三道】[作品名]室町前期(一四二三成立)の能楽書。『能作書』ともいう。一巻。世阿弥著。子の観世元能に秘伝された。まず作能のあり方を解説し、次いで老・女・軍の三体など演能の種類に分けて作能上の注意を教え記し、最後によい作例を列挙する。

さんたふ【三塔】[名]比叡山延暦寺の東塔・西塔・横川の三つの塔の総称。転じて、延暦寺のこと。=三院

さんたふじゅんれい【三塔巡礼・三塔順礼】[名]比叡山の三塔を、順番に参拝して回ること。また、その人。

さんだん[・す][名・自サ変]一【賛嘆・讃嘆・讃歎】《仏教語》仏の徳などをたたえること。また、そのときに歌われる歌謡。二【賛談・讃談】《仏教語》❶仏の徳などをたたえること。説経。法話。❷批評。批判。❸あれこれいうこと。うわさ。

さんち【三遅】[名]酒宴に遅刻した者に罰として飲ませる酒。杯が五巡してからあとに来た者を一遅、七巡以後の者を二遅、十巡以後の者を三遅といい、それぞれ三杯・五杯・十杯の酒を課した。

さんちゃ【散茶】[名]《近世語》❶茶葉をひいて粉にしたもの。ひき茶。❷「散茶女郎」の略。❸「散茶見世」の略。❹「散茶造り」の略。

さんぢゃう【散杖】[名]《仏教語》真言密教で用いる仏具のひとつ。加持祈禱の際、香水を注ぐのに用いる、杖の形をしたもの。

さんちゃぢょらう【散茶女郎】[名]《近世語》江戸吉原の遊女の階級。太夫、格子に次ぐ第三の位で、「埋め茶女郎」の上。=散茶②

さんちゃづくり【散茶造り】[名]《近世語》江戸吉原の遊女屋の造り方のひとつ。風呂屋の造りにならい、「見世」を広く構え、大格子をつけ、庭を広くとったもの。=散茶④

さんちゃみせ【散茶見世・散茶店】[名]《近世語》江戸吉原で、「散茶女郎」を置いた遊女屋。=散茶③

さんぢゅう【三重】[名]❶声明(仏教音楽のひとつ)や平家琵琶の語りで、最も高い調子。❷浄瑠璃などで、段落の変わり目や盛り上げる場面で用いる三味線の手。❸歌舞伎の下座音楽のひとつ。特定の場面の雰囲気を印象的に表す。

さんづ【三途】[名]《仏教語》❶現世の悪業の報いとして死後に落ちる場所。火途(地獄道)・血途(畜生道)・刀途(餓鬼道)の総称。=三悪道 ❷「三途の川」の略。

〔**三途の川**〕《仏教語》冥途へ行く途中にある川。死者が死後七日目に渡る。流れの急な瀬、やや急な瀬、ゆるやかな瀬の三つがあり、生前の行為に応じて違う瀬を渡るという。=三つ瀬川・三途②

〔**三途の闇**〕《仏教語》冥途。死後の暗い世界。死後の世界の不安。

さんづ【三頭・三途・三図】[名]馬の尻の方の、骨が盛り上がって高くなっている所。

さんてう【三鳥】[名]「古今伝授」で解釈が秘伝とされた三種の鳥。「呼子鳥」「稲負鳥」「百千鳥」(流派によっては「都鳥」)の三つで、「三木」とともに尊重された。→「さんぼく」

古典の世界 『古今和歌集』が歌道の聖典とされた中世のころ、歌道の宗匠が弟子に講義をする際に、これが歌道の精髄であるというような大切な事柄をわざと講義から外しておいて、ある資格に達したと認められる者だけにひそかに伝授するということがあった。これが「古今伝授」である。なかでも「三木」「三鳥」の解釈はとくに重い秘密とされており、「**三木・三鳥の秘事**」といってなかなか伝授が許されなかった。

さんでう【三条】[地名]平安京の大路のひとつ。いまの京都市の中央を東西に走る街路の三条通りとその付近一帯を指す地名。三条大路。鴨川にかかる三条大橋は、東海道五十三次の終点。

さんでうてんわう【三条天皇】[人名](九七六〜一〇一七)第六十七代天皇。父は冷泉天皇、母は藤原超子。在位中は左大臣藤原道長が権勢をふるい、在位六年で後一条天皇に譲位した。

さんでうにしさねたか【三条西実隆】[人名](一四五五〜一五三七)室町後期の歌人・和学者。飛鳥井家門人として和歌を学び、宗祇より「古今伝授」を受けた。日記『実隆公記』は当時の文芸・社会を知る重要資料である。

さんとうきゃうでん【山東京伝】[人名](一七六一〜一八一六)江戸後期の戯作者・浮世絵師。本名は岩瀬醒。最初は浮世絵師となるが、黄表紙・洒落本を手がけ、第一人者となった。しかし、洒落本禁止令にふれて刑を受け、読本を執筆するようになった。黄表紙『江戸生艶気樺焼』、洒落本『通言総籬』、読本『桜姫全伝曙草紙』などの作品がある。

さんどがさ【三度笠】[名]《近世語》(「三度飛脚」が用いたことから)深く顔を覆うように作られた、菅笠の一種。

さんどく【三毒】[名]《仏教語》人間の善心を害する三つの煩悩。貪欲(貪ること)・瞋恚(怒り)・愚痴(愚かな心)の総称。

さんどびきゃく【三度飛脚】[名]《近世語》江戸時代、江戸と京都・大坂間を月に三回(二日・十二日・二十二日)往復した定期の飛脚。

ざん-なり …ないそうだ。…ないということだ。…ないようだ。→「ざなり」。例「この金取れば、神鳴り、地震、雨降りなどして少しもえ取らざんなるに」〈宇治拾遺・二・四〉

語構成 ざん(打消「ず」体)+なり(伝・推「なり」) =「ざるなり」の撥音便。

《副詞の呼応》「え」→取らざんなるに」

さんにんきちさ【三人吉三】[作品名]「さんにんきちさくるわのはつがひ」に同じ。

さんにんきちさくるわのはつがひ【三人吉三廓初買】[作品名]江戸末期(一八六〇初

演)の歌舞伎。通称『三人吉三』。世話物。河竹黙阿弥作。八百屋お七・吉三の世界を下敷きとし、吉三を名のる三人の盗賊の悪事に、洒落本『傾城買二筋道』(梅暮里谷峨作)から得た一重・文里の情話を盛り込んだ作品。

さんにんざんげのさうし【三人懺悔の草子】[作品名]「さんにんほふし」に同じ。

さんにんばり【三人張り】[名]三人で弦を張るほどの強い弓。二人で弓を曲げ、一人が弦を張る。

さんにんほふし【三人法師】[作品名]室町後期の御伽草子。作者・成立年未詳。『三人懺悔の草子』ともいう。高野山で出会った三人の僧が遁世の由来を懺悔し合うという話。

さんぬる【去んぬる】[連体]《「さりぬる」の撥音便》去る。過ぎ去った。例「去んぬる永久の頃ほひ」〈平家・六・祇園女御〉

さんねつ【三熱】[名]《仏教語》蛇や竜が受けるという三つの苦しみ。第一は熱風・熱砂に身を焼かれること。第二は悪風により住居・衣服を失うこと。第三は金翅鳥に子を食われること。

さんねんだけ【三年竹】[名]生えてから三年たった強くて堅い竹。矢や桶のたがを作るのに最適のもの。

さんのいた【三の板】[名]兜の「錏」または鎧の袖などの三枚目の板。➡[古典参考図]武装・武具〈1〉

さんのくち【三の口】[名]建物の第三間目の戸口。間は柱と柱との間のことで、その間ごとに出入り口がある。弘徽殿の細殿の「三の口」は、北から三間目の戸口を指すという。

さんのま【三の間】[名]❶貴族の家で、奥女中のいる部屋。❷宇治橋の、西詰めから三番目の橋脚の所。ここで汲んだ水は茶の湯によいとされた。

さんのみや【三の宮】[名]天皇の第三番目の御子。皇子・皇女両方に用いる。

さんばう【三方】[名]ヒノキの白木で作った四角形の折敷に、三面に穴のある台をつけたもの。神仏や貴人に供える供物を載せるのに用いた。

さんはかせ【算博士】[名]「大学寮」の職名。算道(数学)を教授した。定員二名で、平安以降は、三善・小槻両氏の世襲となった。

さんばそう【三番叟】[名]❶能「翁」の祝言の「式三番」で、三番目に舞う舞。❷浄瑠璃・歌舞伎で、序幕の前に祝儀として舞う舞。❸物事の最初。

さんばんめもの【三番目物】[名]能の五番立てによる分類のひとつ。女性の霊や草花の精、あるいは現実の美しい女性などがシテとなり、優美な舞を舞う。「井筒」「羽衣」など。＝鬘物

さんぴつ【三筆】[名]平安初期の三人の能書家。空海・嵯峨天皇・橘逸勢をいう。

さんぷう【杉風】[人名]「すぎやまさんぷう」に同じ。

さんぶきゃう【三部経】[名]《仏教語》三部の主要な経典。浄土宗の無量寿経・観無量寿経・阿弥陀経、法華宗の無量義経・法華経・観普賢経など、宗派によって異なる。

さんぷく【三伏】[名]《「さんぶく」とも》初伏(夏至のあと第三の庚の日)・中伏(第四の庚の日)・末伏(立秋のあと第一の庚の日)の総称。夏の暑い盛り。(季―夏)

さんぶつじょう【賛仏乗・讃仏乗】[名]《仏教語。「仏乗」は、仏の教えを、衆生を乗せて悟りの世界に到達させる車にたとえた語》仏の教えをほめたたえ、人を悟りの世界に導くこと。

さんぺいじまん【三平二満】[名]《近世語。「さんぺいにまん」とも》(額・鼻・あごの三か所が平らで、左右の頰がふくれていることから)不器量な女をたとえていったもの。おかめ。おたふく。＝乙御前

さんぺき【三碧】[名]陰陽道でいう九星のひとつ。星は木星、方位は東とする。この星に当たる人は、表面は剛気だが、内心は無邪気で潔白、積極性に富むという。

-さんぼう【三宝】[接尾]思いのままの意を表す。例「病人の言ひなり三宝にして」〈浮世風呂〉

さんぼう【三宝】[名]《仏教語》❶仏・法・僧の三つを尊んでいう語。悟りを開いた「仏」、仏の教えである「法」、法を学び広める「僧」のことをいう。＝三つの宝②。❷仏の別称。

さんぼうくゎうじん【三宝荒神】[名]❶仏・法・僧の三宝を守護する神。怒りの姿を表し、不浄を嫌い火を好む。かまどの神として信仰される。＝荒神。❷鞍の一種。馬の背の中央と左右にそれぞれ枠をつけ、三人が同時に乗れるようにしたもの。

さんぼうゑ【三宝絵】[作品名]平安中期(九八四成立)の仏教説話集。『三宝絵詞』ともいう。源為憲撰。尊子内親王に献ぜられた。釈迦の前世譚、日本の仏教者の説話、仏教行事の説明などからなり、仏・法・僧への帰依を説く。

さんぼうゑことば【三宝絵詞】[作品名]「さんぼうゑ」に同じ。

さんぼく【三木】[名]「古今伝授」で、解釈が秘伝とされた『古今和歌集』巻十・物名に見える三種の木。流派によって異なるが、「をがたまのき」「めどにけづりばな」「かはなぐさ」などをいう。→「さんてう」

さんぼく【散木】[名](材木として役に立たない木の意から)役に立たない者。

さんぼくいっさう【三木一草】[名]南朝の四人の功臣。結城親光・伯耆守名和長年の「き」で「三木」、千種忠顕の「くさ」で「一草」、あわせて「三木一草」という。

さんぼくきかしふ【散木奇歌集】[作品名]平安後期(一一二八ごろ成立)の私家和歌集。源俊頼作、自撰。千六百二十二首の作が部立て別に載せられる。

さんまい【三昧】[名]《仏教語。梵語の音訳》❶精神を集中して、他に心を動かさないこと。一心に念仏修行にはげむこと。❷「三昧場」の略。

さんまい【散米】[名]神事の際、邪気を払うために、神前に米をまくこと。また、その米。＝打ち撒き

-ざんまい【三昧】[接尾](体言に付いて)❶ひとつのことだけに専心・熱中する意を表す。「念仏三昧」。「悪業三昧」など。❷思うがままに、またむやみやたらにする意を表す。「太刀三昧」など。

さんまいかぶと【三枚兜】[名]「錏」の板が三

枚ある兜。

さんまいそう【三昧僧】[名]三昧堂にこもって法華三昧、念仏三昧をしている僧。

さんまいだう【三昧堂】[名]僧がこもって法華三昧、念仏三昧の修行をするための堂。

さんまいば【三昧場】[名]死者の冥福を祈るために、墓所の近くに建てた堂。また、墓所・火葬場。＝三昧②

さんまく【三悪】[名]《仏教語》「さんあくだう」に同じ。

さんまや【三摩耶・三昧耶】[名]《仏教語。梵語の音訳。「さまや」とも》❶仏が民衆を救うという誓い。＝本願・本誓。❷密教でいう平等・本誓・除障・驚覚のこと。❸時間。❹「三摩耶形」の略。

さんまやかい【三摩耶戒】[名]《仏教語》密教で、伝法灌頂の直前に授けられる戒め。

さんまやぎゃう【三摩耶形】[名]《仏教語》仏や菩薩の本誓（一切衆生を救おうとして立てた誓願）を表するし。不動明王の剣、観音菩薩の蓮華、諸仏の印相など。＝三摩耶④

さんみ【三位】[名]《「さんゐ」の変化形》位階の第三位。正三位・従三位。これ以上の身分の官人を上達部とし、最上層部としてまとめて表現された。

さんみつ【三密】[名]《仏教語》密教における、身密（手に印を結び、威儀を正す）・口密（口に真言を唱える）・意密（心に本尊を思い浮かべる）の総称。

さんみつぎゃうぼふ【三密行法】[名]《仏教語》「三密」の修行を積むこと。

さんみつゆが【三密瑜伽】[名]《仏教語。「瑜伽」は梵語の音訳で、相応の意》修行者の三密が、仏の三密と呼応して、その身がそのまま成仏すること。＝三密相応・瑜伽三密

さんみのちゅうじゃう【三位の中将】[名]《「さんゐのちゅうじゃう」とも》[名]近衛の中将で、とくに三位を授けられた者。本来は四位だが、大臣の子弟などが特別に許された。

古典の世界　名門貴族以外で、この「三位」の壁を超えることは極めて難しいのが現実だった。

さんみゃう【三明】[名]《仏教語。「明」は知恵の意》仏・阿羅漢（悟りを得た最高位の修行者）の備えている三つの知恵。宿命明（過去を知る知恵）・天眼明（未来を知る知恵）・漏尽明（現在の苦しみを知り、煩悩を取り除く知恵）のこと。

さんみゃくさんぼだい【三藐三菩提】[名]《仏教語。梵語の音訳》生死の迷いを脱し、真理を正しく悟ること。仏の悟り。

ざん-めり…ないようだ。…ないように見える。↓「ざめり」。例「正身こそ対面たまは**ざんめれ**」〈宇津保・国譲・下〉

> 語構成　ざん　打消「ず」体　めり　推「めり」
> ＝「ざるめり」の撥音便。

さんもん【三文】[名]《近世語》（銭三文の意から）安価なこと。価値の低いもの。

さんもん【山門】[名]《仏教語》❶寺院の正門。とくに禅宗寺院の楼門（二階造りの門）。❷比叡山延暦寺の別称。

さんもんごさんのきり【楼門五三桐】[作品名]「きんもんごさんのきり」に同じ。

さんやうだう【山陽道】[名]《「せんやうだう」とも》❶「五畿七道」のひとつ。いまの中国地方、瀬戸内海沿岸の八か国。播磨（兵庫県）、美作・備前・備中（岡山県）、備後・安芸（広島県）、周防・長門（山口県）を指す。❷①の国々を海岸沿いに結ぶ街道。吉備道。

さんらく【参洛】[名・自サ変]都へ行くこと。上洛。上京。

さんり【三里】[名]灸点の名。膝関節下の外側のくぼんだ所。ここに灸をすえれば万病に効くという。

さんりゃく【三略】[名]古代中国の兵法七書のひとつ。上略・中略・下略の三巻からなる。「六韜」と並んで兵法書の代表的なもの。

さんろう【参籠】[名・自サ変]神社・仏閣に一定の期間こもって祈願すること。おこもり。

さんろん【三論】[名]《仏教語》❶三論宗がよりどころとする三種の仏教書。竜樹の『中論』『十二門論』と、その弟子提婆の『百論』。❷「三論宗」の略。

さんろんしゅう【三論宗】[名]南都六宗のひとつ。「三論」をよりどころとして大乗の教えを説いた宗派。日本へは推古三十三年（六二五）に伝えられたが、平安以降は衰えた。＝三論②

さんわう【山王】[名]「山王権現①」の略。

さんわうごんげん【山王権現】[名]《「日吉山王権現」の略》❶比叡山の東の麓、坂本にある神社。比叡山の守護神。いまの日吉神社。＝山王。❷誓うときにいう語。必ず。

さんわうしちしゃ【山王七社】[名]山王権現二十一社を、上七社・中七社・下七社に区分するときの、それぞれの七社の称。また、とくにそのうちの上七社（大宮・二の宮・聖真子・八王子・客人・十禅師・三の宮）。＝七の社

さんわうとりゐ【山王鳥居】[名]（山王権現の鳥居に始まるところから）鳥居の形式のひとつ。笠木の上の中央に棟柱を立て、木材を山形に交差させる合掌形を組み、その頂上に反りのある木を置いたもの。＝合掌鳥居

さんわうにじふいちしゃ【山王二十一社】[名]山王権現をまつる日吉神社の上・中・下おのおの七社を合わせた二十一の末社の総称。

さんわうまつり【山王祭り】[名]❶陰暦四月の中の申の日に行われる山王権現の例祭。＝日吉祭り。❷陰暦六月十五日に行われる江戸の日枝神社の例祭。日枝神社は徳川将軍の産土神（氏神）であったから、「天下祭り」ともいわれ神田明神の祭りとともに江戸の二大祭礼といわれた。

さんゐ【三位】[名]「さんみ」に同じ。

さんゐ【散位】[名]《「さんに」とも》官職がなく、ただ位階だけをもっている者。＝散事。↔職字①

さんゐのちゅうじゃう【三位中将】[名]「さんみのちゅうじゃう」に同じ。

さんゑ【産穢】[名]出産のとき、父母が受けるとされたけがれ。江戸時代には、父は七日間、母は三十五日間とされ、この期間、出仕などを差し控えた。

し

-し【子】［接尾］❶姓に添えて敬称として用いる語。「孔**子**」「孟**子**」など。❷名前の下に付けて親しみを表す語。例「や、点兵衛**子**、どうなすった」〈浮世風呂〉❸男子の意味を表す。「遊**子**」など。

-し【師】［接尾］ある技芸・技術の専門家であること、または、それを職業とすることを表す。「土**師**」「薬**師**」「絵**師**」など。

し【士】［名］❶朝廷に仕える官吏。支配階級。転じて、人格・学識の立派な人。❷男子。男。例「**士**は、おのれを知るもののために死ぬ」〈枕・職の御曹司の西面の〉❸武士。

し【司】［名］令制で「省」に属し、「寮」の次に位置する役所。主水司・主膳司など。

し【史】［名］❶令制で公文書をつかさどる役職。神祇官の主典（四等官）。合計二名。❷令制で文書・庶務をつかさどる役職。太政官に属するもの。合計八名。❸歴史。

し【師】［名］学問・仏道、また、技芸などを教える人。先生。師匠。僧侶。

し【詩】［名］中国から伝わった韻文のひとつ。漢詩。和歌の「大和歌」に対し「唐歌」ともいう。

し【其】［代名］❶《中称の指示代名詞》それ。例「鮎のしが鰭（＝ヒレ）は」〈万葉・一九・四一九一〉❷《対称の人称代名詞》おまえ。例「愛しくしが語らへば」〈万葉・五・九〇四長歌〉❸《反照代名詞》おのれ。自分。例「しが身のほど知らぬこそいと心うけれ」〈落窪・一〉

発展学習ファイル　格助詞「が」を伴い「しが」の形で用いられる。人称代名詞の場合は、相手が対等かそれ以下の場合に用いる。

し［接助］《近世以降の語》並列や順接の意を表す。…し。例「息子株ぢゃあるめへし、流せば迚も程があらあな」〈浮世床〉訳息子の身分じゃあるまいし、居続けるといってもほどがあるものだ。

し［副助］
⇨六〇八ページ「特別コーナー」

し 尊敬の助動詞「す（四段）」の連用形。例「水汲ましけむ手児名し思ほゆ」〈万葉・九・一八〇八〉訳→〔和歌〕かつしかの…

し 過去の助動詞「き」の連体形。例「平朝臣清盛公と申しし人のありさま」〈平家・一・祇園精舎〉《敬語》「申しし」→「まうす」。《識別注意語》→付録「まぎらわしい品詞の識別」

じ…【地…・治…・持…・除…】 歴史的かなづかい「ぢ…」

じ【字】［名］❶文字。❷（仮名に対しての）漢字。❸「一文銭」の称。銭一文。❹楊弓・双六などの遊びに賭ける銭。

じ【時】［名］❶時刻。とき。❷勤行の時刻。一日を「六時」に分けて行う。また、その勤行。例「日中の**時**おこなふ阿闍梨」〈枕・暑げなるもの〉

じ［助動特殊型］
⇨六一〇ページ「特別コーナー」

しあくしゅ【四悪趣】［名］《仏教語》悪業の報いとして、来世で行かなければならない苦しい世界。「六道」のうちの、地獄・餓鬼・畜生・修羅の四つの世界。＝四悪道

しあげ【仕上げ】［名］❶仕事を完成させること。❷埋葬後七日目に行う仏事のこと。諸費用を支払い、葬儀でお世話になった人をねぎらうこと。

しあつか・ふ【為扱ふ】［他ハ四］{は・ひ・ふ・ふ・へ・へ}始末に困る。もてあます。例「まことに騒ぎ惑ひて、**しあつか・ふ**を見て」〈宇治拾遺・七・五〉

しあつ・む【為集む】［他マ下二］{め・め・む・むる・むれ・めよ}作って集める。数多くする。例「はかなく**し集・め**たまへる手習ひなどを」〈源氏・浮舟〉

しあはせ【仕合はせ】［名］❶めぐり合わせ。なりゆき。運。❷幸運。幸福。例「そなたは**仕合はせ**な人ぢゃ」〈狂言記・仏師〉

しあ・ふ【為合ふ】［他ハ四］{は・ひ・ふ・ふ・へ・へ}互いにする。ともに行う。例「空寝をぞ**しあ・へる**」〈源氏・花宴〉

しあ・ふ【為敢ふ】［他ハ下二］{へ・へ・ふ・ふる・ふれ・へよ}《「敢ふ」は最後までするの意》成し遂げる。しおおせる。例「いつの間にか**しあ・へ**けむと見えたり」〈源氏・明石〉

じあまり【字余り】［名］和歌や俳句などで、いずれかの句が定型となっている五音あるいは七音の音数をこえること。たとえば、「熟田津に船乗りせむと月待てば潮もかなひぬ今は漕ぎ出でな」〈万葉・一・八〉訳→〔和歌〕にきたつに…など。
〈参考〉歌学では、「字余り」を和歌における「八病」のひとつに数え、「中飽」と名付けて戒めてきた。

しあやま・つ【為過つ】［他タ四］{た・ち・つ・つ・て・て}仕損じる。失敗する。例「宮たちの御後ろ見を**し過・つ**べきことかは」〈栄花・一六〉

しあり・く【為歩く】［自カ四］{か・き・く・く・け・け}❶何かをしながら日を送る。例「誇りかにもてなして、つれなきさまに**しあり・く**」〈源氏・須磨〉❷何かをしながら歩き回る。例「など、かく**し歩・か**るるぞ」〈更級〉

しあん【思案】［名・自サ変］あれこれと考えること。工夫すること。

しい…【椎…・強い…】 歴史的かなづかい「しひ…」

しい［感］❶あざ笑うときに出す声。例「この首、しいとぞわらひける」〈平治・中〉❷動物を追うときに出す声。しっ。例「しいと言ふ馬追ひ声」〈浄・丹波与作待夜の小室節〉❸人に呼びかけるときのことば。多くは相手のことばを制止する場合に用いる。

じいう【自由】［名・形動ナリ］❶わがまま。勝手気まま。例「よろづ**自由・に**して、大方人に従ふといふ事なし」〈徒然・六〇〉❷拘束のないさま。

しいか【詩歌】［名］《「しか」の慣用読み》漢詩と和歌。

しいかあはせ【詩歌合はせ】［名］「物合はせ」のひとつ。競技者が左右に分かれ、同じ題で、一方は漢詩を、一方は和歌を詠じ、優劣を競う遊び。

しいし【簁・篋子・簇・伸子】［名］《「しんし」とも》布を洗い張りしたり染めたりするとき、両端にさし渡して弓形にし、しわを伸ばすのに用いる細い竹のくし。

しいしい［感］《感動詞「しい」を重ねた語》❶貴人の

通行などのときの先払いの声。例「殿のお帰り。しいしいと敬ひの声を聞くにも」〈浄・曾我扇八景〉❷呼びかけのことば。もしもし。

しいしゅ【旨趣】[名]《「ししゅ」とも》❶心の中で思っていること。❷事の意味や内容。趣旨。

しいず【為出ず】歴史的かなづかい「しいづ」

しいだ・す【為出だす】[他サ四]{さ・し・す・す・せ・せ}❶作り出す。例「すでに〔ボタ餅ヲ〕し出だしたるさまにて」〈宇治拾遺・一・一二〉❷しでかす。やってのける。例「我ら南都にて悪行無道なる名を取りたれども、別に為出だしたる事もなし」〈義経記・六〉❸しはじめる。

しい・づ【為出づ】[他ダ下二]{で・で・づ・づる・づれ・でよ}❶行為として表す。しでかす。例「この落窪の君の、やさしくいみじき(=恥ズカシク大変ナ)ことをし出でたりける」〈落窪・一〉❷作り出す。成し遂げる。整える。例「更衣の御装束、御帳の帷子などよしあるさまにしい・づ」〈源氏・明石〉

しい・る【仕入る】[他ラ下二]{れ・れ・る・るる・るれ・れよ}❶しこむ。しつける。教え込む。例「長崎水右衛門がしい・れたる鼠使ひの藤兵衛」〈浮・世間胸算用〉❷原材料や商品を買い入れる。例「少しの荷物を仕入・れ」〈浮・日本永代蔵〉

しう【瘦う・強う・誣う】歴史的かなづかい「しふ」

し・う【為得】[他ア下二]{え・え・う・うる・うれ・えよ}なしうる。成し遂げる。例「〔琴ノ習得ヲ〕し・得るは嘆くなむありける」〈源氏・若菜・下〉

しういつ[「・なり」]【秀逸】[名・形動ナリ]〈詩歌・俳諧などで〉他と比べて格段にすぐれていること。最高の評価を得ていること。また、そのさま。

しうき【周忌】[名]人の死後、年ごとに回ってくる死んだ日と同じ日付の日。＝回忌・年忌

しうぎ【祝儀】[名]❶祝いの儀式。❷祝意を表して贈る金銭や品物。引出物。❸芸人・芸者などに与えられる心付け。

しうきく【蹴鞠】[名]「けまり」に同じ。

じうぎゃうまん【獣形幔】[名]平安時代、朝賀・即位などの大礼の際に用いた幕。大極殿(のち紫宸殿)前面の欄間の壁の上に張り渡した。

しうく【秀句】[名]《「すく」とも》❶すぐれた句。秀逸な詩歌。❷和歌・文章における巧みな表現。とくに、掛詞や縁語を多く用いた技巧的な和歌をいう。❸気のきいた言い回し。軽口。しゃれ。

しうげん【祝言】[名]❶祝いのことば。祝辞。❷祝い。祝儀。❸結婚。嫁入り。❹「祝言能」の略。❺浄瑠璃などで、最後に演じる祝いの曲。

しうげんのう【祝言能】[名]能の分類のひとつ。翁付きで五番立ての正式な演能で、五番目のあとに上演されるめでたい能。「高砂」「養老」など。＝祝言④

しうさい【秀才】[名]《「すさい」とも》❶(中国で)科挙に及第した者。❷文章得業生の別名。令制で方略の策(国家政策論)の論文に及第した者。❸すぐれた学才。また、その人。

しうざう[「・す」]【修造】[名・他サ変]《「しゅざう」とも》(建物や橋などを)繕い直すこと。修理。

しうそ[「・す」]【愁訴】[名・自サ変]愁え嘆いて哀れみを乞うこと。同情を求めること。

しうたん[「・す」]【愁嘆・愁歎】[名・自サ変]嘆き悲しむこと。

しうち【仕打ち】[名]《近世語》❶人などに接する態度。やり方。扱い。❷役者の舞台における動作。身のこなし。演技。

しうちゅうせう【袖中抄】[作品名]平安後期(一一八六ごろ成立)の歌学書。顕昭著。難解な歌語を多数の書を引用することによって考証する。

しうと【舅】[名]夫または妻の父。↔姑

しうとく[「・なり」]【宿徳】[名・形動ナリ]❶修行を積んで、徳を備えること。また、そのような人。高徳の僧。例「け遠げなる宿徳の僧都、僧正の際は」〈源氏・橋姫〉❷重々しく威厳の備わっていること。例「太さもあひて、いと宿徳・に」〈源氏・行幸〉

しうとめ【姑】[名]夫または妻の母。↔舅

しうふうらく【秋風楽】[名]雅楽の曲名。唐楽で盤渉調の曲。四人で舞う。

しうん【紫雲】[名]紫色の雲。とくに、極楽往生を念ずる人の臨終の際、阿弥陀仏が菩薩らととともに救いのため乗ってやって来る雲。

しえたり【為得たり】《動詞「為」の連用形＋動詞「得」の連用形＋存続の助動詞「たり」》うまくなし終えた。例「翁、し得・たり」〈竹取・燕の子安貝〉

しお…【塩…・潮…・汐…】歴史的かなづかい「しほ…」

しおき【仕置き】[名]❶やり方。作り方。作法。例「鍋蓋・火燧箱の仕置き、これより外をしらず」〈浮・日本永代蔵〉❷規則による取り締まり。また、それを犯した者への刑罰。

しお・く【為置く・仕置く】[他カ四]{か・き・く・く・け・け}しておく。前もって処置しておく。例「常に遺言しお・きてはべるなる」〈源氏・若紫〉

しおほ・す【為果す】[他サ下二]{せ・せ・す・する・すれ・せよ}成し遂げる。うまくやってのける。例「この事しおほ・せつるものならば」〈平家・一・俊寛沙汰 鵜川軍〉

しおり【栞・枝折り・撓り】歴史的かなづかい「しをり」

しおる【萎る・責る・栞る・枝折る】歴史的かなづかい「しをる」

しおん【四恩】[名]《仏教語》人間がこの世で受けるという四種の恩。三宝(一説に天地)・国王・父母・衆生の恩の四種。経典により内容が異なる。

しか【鹿】[名]動物の名。古くは、雌を「めか」というのに対して雄を「しか」と呼ぶ。＝蜾蠃②。(季－秋)。例「鳴く鹿の声聞くときぞ秋は悲しき」〈古今・秋上・二一五〉訳→〔和歌〕おくやまに…

〈参考〉雌鹿を恋い慕う雄鹿の鳴き声は、古来、秋の景物として和歌に多く詠まれている。

〔鹿の柵〕(鹿は萩を折り敷き柵のようにして伏すことから)「萩」の別称。

〔鹿の苑〕「鹿野苑」(釈迦が悟りを開いた後、初めて説法した所)の訓読語。

〔鹿の巻き筆〕❶穂を鹿の毛で作った巻き筆。これで文を書き送れば恋がかなうといわれた。❷小歌の名。

〔鹿を逐ふ〕帝位や政権などを得ようとして争う。『史記』准陰侯伝によることば。

〔鹿を逐ふ猟師は山を見ず〕ひとつのことに夢中になり他を顧みないことのたとえ。

し［副助詞］《識別注意語》→付録「まぎらわしい品詞の識別」

アプローチ ▼奈良時代に盛んに用いられ、その用法はかなり自由であった。
▼「し」自身を現代語には置きかえられないので、とくに訳出する必要はない。

接続 体言、活用語の連用形・連体形、副詞、助詞などに付く。

意味	訳語	用例
上接する語を取り立てて強く指し示す。	（とくに訳出する必要はない）	例「大空の月の光**し**清ければ影見し水ぞまづこほりける」〈古今・冬・三一六〉訳大空の月の光が冴えていたので、月を見ていた（＝映していた）水がまずはじめに凍ってしまった。例「とりたててはかばかしき後ろ見**し**なければ、事ある時は、なほ拠りどころなく心細げなり」〈源氏・桐壺〉訳とくにしっかりした後ろだてがないから、特別な事があるときには、（桐壺更衣は）やはり頼るあてもなく心細そうである。

発展学習ファイル 平安以降、「し」は「しも」「しぞ」などの形で「ぞ」「こそ」「か」「は」「も」などの係助詞を伴って用いられるか、「…し…ば」という接続助詞「ば」による条件句内に用いられるかに限られていく。

しか【然】［副］

アプローチ ▼すでに述べられた状態を指し示す意。
▼中古以降、同義の副詞「さ（然）」が一般的に用いられるようになり、「しか」は漢文訓読や男性の文章に見られるようになる。

❶（連用修飾語として）**そのように。そう。** 例「『これにて恥かくしたまへ』と、**しか**思したるなめり」〈落窪・四〉訳「これで恥を解消しなさい」と、**そのように**お考えになっているようだ。《敬語》「思したる」→「おぼす」。語構成「思したるなめり」→「なめり」

❷（感動詞的に用いて）**そのとおり。そうだ。** 例「『幼き人まどはしたりと中将の愁へしは、さる人や』と問ひたまふ。『**しか**。一昨年の春ぞものしたまへりし』」〈源氏・夕顔〉訳「幼い子を行方知れずにしてしまったと中将が嘆いていたのは、その人か」とお尋ねになる。「**そのとおり**。一昨年の春にお生まれになりました」。《係結び》「ぞ」→ものしたまへりし（体）。①②《識別注意語》→付録「まぎらわしい品詞の識別」

〔**然はあれど**〕そうではあるが。例「年経ればよはひは老いぬ**しかはあれど**花をし見れば物思ひもなし」〈古今・春上・五二〉訳→〔和歌〕としふれば…

しか［終助］自己の願望を表す。…**たいなあ**。…**できたらなあ**。例「まそ鏡見**しか**と思ふ妹も逢はぬかも玉の緒の絶えたる恋の繁きこのころ」〈万葉・一一・二三六六旋頭歌〉訳〔まそかがみ〕見**たいなあ**と思う恋人は会ってくれないものかな。〔たまのをの〕途絶えていた恋心が募るこのごろだよ。〔注〕「まそ鏡」は「見る」の、「玉の緒の」は「絶ゆ」の枕詞。〈接続〉動詞の連用形、完了の助動詞「つ」「ぬ」の連用形などに付く。

発展学習ファイル 平安以降は、多く、「しが」と濁音化する。上代では、完了の助動詞「つ」の連用形に付いた「**てしか**」の形が多く用いられるが、中古では、詠嘆の終助詞「な」を伴った形「**しがな**」や、完了の助動詞「ぬ」の連用形に付いた「**にしか**」の形も用いられるようになる。

しか 過去の助動詞「き」の已然形。例「かた時の間とて、かの国よりまうで来**しかども**」〈竹取・かぐや姫の昇天〉《敬語》「まうで来しかども」→「まうでく」。《識別注意語》→付録「まぎらわしい品詞の識別」

しか《副助詞「し」＋係助詞「か」》（疑問を表す語に付いて）強い疑問・反語を表す。…**か**。…**か、いや**…**ではない**。例「うぐひすの鳴き散らすらむ春の花いつ**しか**君と手折りかざさむ」〈万葉・一七・三九六六〉訳ウグイスが鳴きながら飛んで散らしているだろう春の花をいつになったらあなたと（二人で）折って髪に挿したりできるのだろう**か**。《識別注意語》→付録「まぎらわしい品詞の識別」

しが［終助］《願望の終助詞「しか」が濁音化した語》自己の願望を表す。…**たいなあ**。例「甲斐が嶺をさやにも見**しが**けけれなく横ほり臥せる小夜の中山」〈古今・東歌・一〇九七〉訳→〔和歌〕かひがねを…〈接続〉動詞の連用形、完了の助動詞「つ」の連用形「て」、完了の助動詞「ぬ」の連用形「に」などに付く。

しが【志賀】［歌枕］近江国の地名。いまの滋賀県大津市。天智天皇の大津の宮があった。「さざなみの志賀」「志賀の都」などの形で詠まれる。

しかあら・じ【然あらじ】《副詞「然」＋補助動詞「あり」の未然形＋打消推量の助動詞「じ」》そうではあるまい。例「それ**然あら・じ**」〈源氏・帚木〉

しかい【四海】［名］❶《仏教語》須弥山の周りの四方の外海。❷天下。世の中全体。＝四つの海
〔**四海波静か**〕天下泰平であること。例「**四海波静か**にて、国も治まる時つ風」〈謡・高砂〉

しがい【糸鞋】［名］糸を編んで作った履き物。「下

沓」を履いた上から履いて、くくり緒で結ぶ。幼少のときの天皇や、舞人・楽人などが用いた。

じがい【・す】【自害】［名・自サ変］みずからの命を断つこと。自殺。自刃。

しかう【支考】シコウ［人名］「かがみしかう」に同じ。

じかう【侍講】ジコウ［名］「じどく」に同じ。

じがう【寺号】ジゴウ［名］寺の称号。山号の下に付ける寺の名。

しかうして【而して・然して】シコウシテ［接］《「しかして」「しかうじて」とも。「しかくして」のウ音便。漢文訓読語》それから。そうして。

しか・く【仕掛く・仕懸く】［他カ下二］{け・け・く・くる・くれ・けよ} ❶動作を仕かける。働きかける。❷装置を取り付ける。例「樋をしか・けて酒を飲みをった」〈狂言記・樋の酒〉❸始める。例「自分商ひを仕掛・け」〈浮・日本永代蔵〉❹たくらむ。だます。

しがく【試楽】［名］朝廷の儀式や賀茂・石清水両社の祭礼で行う舞楽を、予行演習すること。

じかくだいし【慈覚大師】［人名］「ゑんにん」に同じ。

しかけぶんこ【仕懸文庫】［作品名］江戸後期（一七九一刊行）の洒落本。山東京伝作・画。京伝が深川の遊里を描いた唯一の洒落本。時代を鎌倉に、場所を大磯に置きかえてある。

しかけもの【仕掛け者・仕懸け者】［名］《近世語》人をだます者。

しかさ・ぬ【為重ぬ】［他ナ下二］{ね・ね・ぬ・ぬる・ぬれ・ねよ}作り重ねる。例「女の御装束など、色々によくと思ひてし重・ねたれど」〈源氏・東屋〉

しかしか【確確】［副］《「しかしかと」とも》《多く下に打消の語を伴って》はっきりと。しっかりと。例「返事もしかしかし給はず」〈仮・竹斎〉

しかしか【然然】［感］《副詞「然」を重ねた語》相手の話に相づちをうつときに発することば。**そうそう。いかにも。**例「**しかしか**、さはべりしことなり」〈大鏡・序〉《敬語》「さはべりし」→「はべり」

しかじか【然然】［副］《「しかしか」とも。具体的内容を省略するときに用いる》これこれ。うんぬん。例「召し寄せてありさま問ひたまふ。**しかじか**など聞こゆれば」〈源氏・若紫〉

しかして【而して・然して】［接］「しかうして」に同じ。

しかしながら【然しながら】《副詞「然」＋副助詞「し」＋接続助詞「ながら」》■一［副］❶**すべて。すっかり。とりもなおさず。**例「京都のさわぎ、国々の乱れ、**しかしながら**当家の身の上の事に候ふ間」〈平家・七・忠度都落〉《敬語》「事に候ふ」→「さうらふ」。❷**つまり。結局のところ。**例「人のために恨みを残すは、**しかしながら**我が身のためにてこそありけれ」〈宇治拾遺・一一・一〇〉《係結び》「こそ→ありけれ㊁」。■二［接］**そうではあるが。しかし。**例「追ひ腹を切り申す事、御身にも誰か劣らんや。**しかしながら**、御身は追ひ腹を切りたまへ」〈三河物語〉

発展学習ファイル　接続詞として用いられたのは中世末期以降である。

しかしふ【私家集】シカシュウ［名］歌集の形態の一種。個人の和歌を集めた私的な歌集。主として江戸時代以前の歌人のものについていう。＝家の集

しか・ず【如かず・若かず・及かず】《動詞「しく」の未然形＋打消の助動詞「ず」》（「…にしかず」の形で用いて）…に比べ及ばない。…にこしたことはない。例「金はすぐれたれども、鉄の益多きに**しか・ざる**がごとし」〈徒然・一二二〉

しか-す-がに【然すがに】［副］そうはいうものの。しかしながら。例「梅の花散らくはいづく**しかすがに**この城の山に雪は降りつつ」〈万葉・五・八二三〉

語構成	しか	す	がに
	副	サ変「す」㊀	接助

発展学習ファイル　「しかすがに」は上代に用いられた語で、中古以降は「さすがに」と交替した。

しかすがのわたり【然菅の渡り】［歌枕］《「志賀須賀の渡り」とも書く》三河国の渡し場。いまの愛知県宝飯郡小坂井町の吉田川河口にあったという。「しかすがに」とかけて、ためらいの気持ちを表す。

しかた【仕方】［名］❶やり方。振る舞い。❷ものまね。身振り。しぐさ。例「太刀に反りかけ直す**仕方**して」〈去来抄〉

しかと【確と】［副］《「しっかと」とも》❶**はっきりと。**例「その外の簱の紋は、**しかと**見えわかず」〈椿説弓張月・後〉❷**確かに。**❸**透き間なく。ぎっしり。**例「廻廊に**しかと**並み居たり」〈太平記・三〉

しかとあら・ず【確とあらず】《副詞「確と」＋補助動詞「あり」の未然形＋打消の助動詞「ず」》はっきりとしていない。例「**然とあら・ぬ**ひげ掻き撫でて」〈万葉・五・八九二長歌〉訳→〈和歌〉かぜまじり…

しがな［終助］《願望の終助詞「しが」＋感動の終助詞「な」》自己の願望を表す。**…たいものだなあ。**例「いかで、一たびにても、御文ならで聞こえ**しがな**」〈平中・二七〉訳何とかして一度だけでも、お手紙ではなく直接会ってお話し申し上げ**たいものだなあ。**

《接続》動詞の連用形、完了の助動詞「つ」の連用形、「ぬ」の連用形などに付く。

発展学習ファイル　多くは、「てしがな」「にしがな」の形で用いられる。

しがのうら【志賀の浦】［名］滋賀県大津市の琵琶湖に面する湖岸一帯を指す。琵琶湖畔。

しがのうらや…〈和歌〉**「志賀の浦や遠ざかりゆく波間より凍りて出づる有り明けの月」**〈新古今・冬・六三九・藤原家隆〉訳志賀の浦は夜が更けるにつれて、岸辺から沖へと遠ざかってゆく波間から氷のように冷たく冴えて昇ってくる有り明けの月よ。

しかのまきふで【鹿の巻筆】［作品名］江戸前期（一六八六刊行）の噺本。鹿野武左衛門作。話芸者武左衛門の口演台本というべき三十九話を収録。

しかのみならず【然のみならず・加之・加以】［接］《状態の副詞「然」＋限定の副助詞「のみ」＋断定の助動詞「なり」の未然形＋打消の助動詞「ず」の連用形。漢文訓読語》そればかりでなく。そのうえ。さらに。例「**しかのみならず**、同四年五月、二の宮の朱閣をかこみ奉り」〈平家・七・木曾山門牒状〉

しがのやまごえ【志賀の山越え】［名］京都から

じ［打消推量の助動詞］

アプローチ ▼推量の助動詞「む」の打消を表す。
▼主語が一人称の場合は②の意となり、二人称・三人称の場合には①の意となることが多い。

接続 活用語の未然形に付く。

活用 特殊型

基本形	未然形	連用形	終止形	連体形	已然形	命令形
じ	○	○	じ	じ	じ	○

意味	訳語	用例
❶打消の推量を表す。	…ないだろう …まい	例「おしなべて峰も平らになりななん山の端はなくは月も隠れじ」〈後撰・雑三・一二四九〉 訳 全体に峰も平たくなってほしい。もし山の端がなければ、月も隠れることが**ないだろう**から。 例「月ばかり面白きものはあらじ」〈徒然・二一〉 訳 月くらい趣深いものは**ないだろう**。
❷打消の意志を表す。	…ないつもりだ …ないようにしよう …まい	例「京にはあらじ、あづまの方に住むべき国もとめにとてゆきけり」〈伊勢・九〉 訳 京にはいる**まい**、東国の方に住むことができる国をさがしにといって行った。 例「後徳大寺大臣の、寝殿に鳶ゐさせじとて縄をはられたりけるを」〈徒然・一〇〉 訳 後徳大寺の大臣が、寝殿にトビをとまらせ**ないようにしよう**といって、縄をお張りになっていたところを。

発展学習ファイル (1)「じ」と似たような意味の語に「まじ」がある。「まじ」は「べし」の打消に相当するのに対し、「じ」は「む」の打消にあたり、「じ」のほうが「まじ」よりも話し手の確認の程度は弱いといえる。また、「まじ」は和歌では一般に使われないが、「じ」は和歌でも使われる。

(2)已然形の例は少なく、係り結びの「こそ」の結びとして、「人はなど訪はで過ぐらむ風にこそ知られじと思ふ宿の桜を」〈新続古今・春上・一五三〉などが知られるのみである。

(3)陳述の副詞を伴って、「え…じ」「よも…じ」「さらに…じ」などの形をつくる。

志賀峠、志賀寺（崇福寺）を経て、いまの大津市北部滋賀里の付近へ抜ける峠道。志賀寺参りのために、しばしば都の人が利用した。

しかばかり【然ばかり】［副］《副詞「然」＋副助詞「ばかり」》それほどまで。例「**しかばかり**契りしものを」〈後拾遺・哀傷・五九八〉

しかは・す【為交はす】［他サ四］｛さ・し・す・す・せ・せ｝互いにする。互いにし合う。例「尼君とはかなく戯れも**しかは・し**」〈源氏・手習〉

しかばね【屍】［名］《「しにかばね」の変化形》死体。遺体。なきがら。

しかま【飾磨】［歌枕］播磨国の地名。いまの兵庫県姫路市飾磨区。濃紺や褐色に染めた「褐」と呼ばれる布の産地として有名。

しかも【然も】 一［副］《副詞「然」＋係助詞「も」》そんなにも。それほどまで。例「三輪山を**然も**隠すか雲だにも」〈万葉・一・一八〉 訳 →〔和歌〕みわやまを…。 二［接］そのうえ。そうでありながら。例「ゆく河の流れは絶えずして、**しかも**もとの水にあらず」〈方丈記〉

しかも《副助詞「し」＋係助詞「か」＋係助詞「も」》疑問を表す語に付いて意味を強める。…か。例「なにし**かも**人目づつみの堰きとどむらむ」〈古今・恋三・六六〇〉

しがらき【信楽】［歌枕］近江国の地名。いまの滋賀県甲賀郡信楽町。聖武天皇の紫香楽の宮が営まれた所。信楽焼の産地として有名。

しがらきがさ【信楽笠】［名］信楽地方の名産であったかぶり笠。

しがらきやき【信楽焼】［名］信楽地方の名産の陶器。信楽は古代から焼き物を産したといわれるが、室町以降はすぐれた茶器の産地として知られた。

しからずは【然らずは】《「さらずは」とも。動詞「然り」の未然形＋打消の助動詞「ず」の連用形＋係助詞「は」。漢文訓読語》そうでなければ。さもなければ。＝然らずんば。例「法皇を鳥羽の北殿へ移し奉るか、**しからずは**これへまれ、御幸をなし参らせん」〈平家・二・教訓状〉

しからば【然らば】［接］《動詞「然り」の未然形＋接続助詞「ば」》そうであるならば。それならば、もしそうなら。例「三種の神器を都へ返し入れ奉れ。**しからば**八島へかへさるべし」〈平家・一〇・内裏女房〉

しがらみ【柵】［名］❶川に杭を打ち渡し、柴などを横に結んで、水の流れをせき止めるもの。❷（比喩的に）物事や人をさえぎり引き止めるもの。

しがら・む【柵む】｛ま・み・む・む・め・め｝一［自マ四］絡み付く。まとい付く。二［他マ四］❶絡み付かせる。例「萩が枝を**しがら・み**散らし」〈万葉・六・一〇四七長歌〉❷「柵①」を作る。例「涙川流るる跡はそれながら**しがら・み**とむる面影ぞなき」〈狭衣・二〉

〔俳句〕**しかられてつぎのまへでる…【しかられて次の間へ出る寒さかな】**〈枯尾華・支考〉

訳 師の看病をしていたとき、ふとしたことで師の機嫌をそこねてしかられてしまい、次の間へ引き下がると、寒さがいっそう身にしみて感じられることだ。（季-寒さ-冬）

〔川柳〕**しかられてむすめはくしの…**【叱られて娘は櫛の歯を数へ】〈柳多留拾遺・三〉訳 両親にしかられて娘はすっかりしょげかえり、うつむいたまま意味もなく櫛の歯を数えていることだ。

しか・り【然り】［自ラ変］{ら・り・り・る・れ・れ}《副詞「然」＋動詞「有り」＝「しかあり」の変化形》そうである。そのとおりである。例「人皆か我のみや**然・る**わくらばに人とはあるを人並に我もなれるを」〈万葉・五・八九二長歌〉訳→〔和歌〕かぜまじり…

〔**然る間**〕《動詞「然り」の連体形＋名詞「間」。漢文訓読語》❶そうしているうちに。❷それだから。したがって。例「非常の赦おこなはる。**然る間**、鬼界が島の流人、少将成経、康頼法師、赦免」〈平家・三・足摺〉

しかりとて【然りとて】［接］《動詞「然り」＋接続助詞「とて」》そうだからといって。そうはいっても。例「**しかりとて**背かれなくに」〈古今・雑下・九三六〉

しかるに【然るに】［接］《動詞「然り」の連体形＋接続助詞「に」》❶そうではあるが。しかし。例「力を尽くしたること少なからず。**しかるに**禄いまだ賜はらず」〈竹取・蓬莱の玉の枝〉❷さて。ところで。例「四方の梢も見えわかず。**しかるに**文覚滝つぼに下り浸り」〈平家・五・文覚荒行〉

しかる・べし【然るべし】《漢文訓読語》❶適当である。例「女を具せられたりけりなんど、いはれん事も**しかる・べからず**」〈平家・九・木曾最期〉❷そうしてさしつかえない。例「**しかる・べう**候はば、御ゆるされを蒙りて」〈平家・一〇・内裏女房〉《音便》「しかるべう」は「しかるべく」のウ音便。❸そうなる因縁である。例「**然る・べく**てこの少将の生くべき報ひやありけん」〈宇治拾遺・二・八〉❹立派な。すぐれた。例「菩薩、**しかる・べき**御弟子を以て」〈今昔・四・二五〉

語構成 しかる（ラ変「しかり」㊍）　べし（推「べし」）

しかるを【然るを】［接］《動詞「然り」の連体形＋接続助詞「を」》（逆接的な意味で）それなのに。ところが。例「心を修めて道を行はむとなり、**しかるを**汝、すがたは聖人にて、心は濁りに染めり」〈方丈記〉

しかれども【然れども】［接］《動詞「然り」の已然形＋接続助詞「ども」》そうではあるが。しかし。例「**しかれども**、ひねもすに波風立たず」〈土佐〉

しかれば【然れば】［接］《動詞「然り」の已然形＋接続助詞「ば」》そうであるから。だから。例「**しかれば**、まづ帝王の御つづきを覚えて」〈大鏡・後一条院〉

しかん【支干】［名］「十二支」と「十干」。干支。

しき-【頻】［接頭］《動詞「頻く」の連用形の接頭語化》しきりに、繰り返し、たびたびなどの意を表す。「**頻**鳴く」「**頻**降る」「**頻**波」など。

-しき［接尾］（代名詞に付いて）それを軽視する意を表す。自称に付く場合は卑下の表現になる。「これし**き**」「われら**しき**」など。

しき【式】［名］❶決まった仕方。作法。法式。例「大和歌の**式**をつくれりける」〈千載・序〉❷ようす。事柄。次第。事情。例「心なき草木までも皆うちしほれたる世の**しき**」〈古今著聞・四七〇〉❸「式神」の略。❹律令の施行細則。❺儀式。

しき【色】［名］《仏教語。近世語》人間にとって感覚の対象となるすべての有形の物質。「五蘊」（色・受・想・行・識）のひとつ。

しき【城・磯城】［名］❶《上代語》語義未詳。石で築いた城、または、神聖な場所の意か。❷大和国（いまの奈良県）の地名。上代、政治的中心地のひとつであった。

しき【職】［名］❶令制で「省」に属した役所。「中宮職」「大膳職」「京職」「修理職」などがある。❷平安以降、とくに「中宮職」の略。また、中宮職のある「職の御曹司」の略。

しき【敷き】［名］物の下や底に敷くもの。

しぎ【鴫・鷸】［名］シギ科の鳥の総称。くちばし・足が長く、湖沼・河口・水田などに多くすむ。（季-秋）

〔**鴫の看経**〕（「看経」は経文を黙読するの意）鴫が田や沢などで、じっと立っているさまをいう。

〔**鴫の羽掻き**〕夜明け方に、鴫が羽虫を取るためくりかえしくちばしで羽をしごくこと。物事の回数の多いたとえ。＝百羽掻き。（季-秋）

じき…【直…】歴史的かなづかい「ぢき…」

じき【食】［名］食べ物。

じぎ【時宜】［名］❶ちょうどよい時機。しおどき。❷時候・礼儀にかなったあいさつ。例「聟入りには、このほか**時宜**があると」〈狂・庖丁聟〉

じぎ【辞儀・辞宜】［名］《近世語》❶頭を下げてあいさつすること。おじぎ。❷遠慮。辞退。

しきいた【敷き板】［名］❶下に敷く板。底板。❷牛車の部分の名。前後の入り口に敷き渡した板。＝踏み板

しきかい【色界】［名］《仏教語》「三界」のひとつ。欲界と無色界との中間の世界で、諸欲からは離れているが、まだ執着や悩みのある世界。

しきがね【敷き金・敷き銀】［名］《近世語》❶商売や物の貸し借りに伴う保証金。しききん。❷（「しきぎん」とも）養子縁組や嫁入りに伴う持参金。

しきがは【敷き皮】［名］毛皮の敷物。陣中では官位により、虎・豹・熊・鹿などが用いられた。

しきがはら【敷き瓦】［名］❶土間などに石畳のように敷き並べる平たい瓦。❷①を並べたような模様。市松模様。

しきがみ【式神・識神】［名］（「しきじん」とも）陰陽道で、陰陽師があやつるという鬼神。多く童子の姿で、陰陽師の命令に従って、変幻自在なわざ、呪詛の術などを行う。＝式③・式の神

しきぎん【敷き銀】［名］「しきがね②」に同じ。

しきげ【式外】［名］（「式外の社」の略）延喜式の神名帳に記載されていない神社。↔式内

しぎさん【信貴山】［地名］大和国の山。いまの奈良県生駒郡平群町にある。霊験のある山として知られ、山腹にある朝護孫子寺（信貴山寺）には国宝『信貴山縁起絵巻』が伝わる。

しぎさんえんぎゑまき【信貴山縁起絵巻】

エンギエマキ［作品名］平安後期の絵巻。作者未詳。十二世紀後半の成立か。命蓮の効験（飛鉢譚）説話が緊密な構成で生き生きと描かれた絵巻の傑作。

しきさんば【式三番】［名］《「しきさんばん」とも》❶能楽で、祝言に演じる儀式的な曲。「千歳」「翁」「三番叟」の三つの曲。❷能の「翁」を取り入れた歌舞伎舞踊。顔見世や正月に祝儀用に演じた。

しきし【色紙】［名］❶薄く色の付いた紙。歌や手紙に用いた。❷和歌や俳句、経文などを書くのに用いる方形の厚い紙。

しきじ【職事】［名］❶位階があり職務のある官についている者。↕散事・散位。❷蔵人の頭・五位六位の蔵人の総称。

しきしがた【色紙形】［名］屏風や障子（いまの襖）に、色紙の形を描いて彩色したり、色紙の形に切った紙を張ったりして、それに詩や歌を書いたもの。

しきしないしんわう【式子内親王】［人名］（一一五二?―一二〇一?）《「しょくしないしんわう」とも》平安後期から鎌倉前期の女流歌人。父は後白河天皇。藤原俊成を師として歌に親しんだが、のちに出家した。家集『式子内親王集』。百首歌を詠述、『千載和歌集』などに入集。

しきしの・ぶ［他バ四］{ば・び・ぶ・ぶ・べ・べ}《「しき」は接頭語。『万葉集』の「布暴」を「布慕」と誤ったことから生じた語》しきりに恋い慕う。じっと深く思う。例「麻手ほす東乙女のかやむしろしきしの・びても過ぐるころかな」〈千載・恋三・七八九〉

しきしま【敷島・磯城島】［名］❶奈良県磯城郡の地。❷日本国の別称。❸大和国の別称。❹「敷島の道」の略。

〔敷島の道〕和歌の道。＝敷島④

しきしまの【敷島の・磯城島の】［枕詞］（大和国磯城郡、いまの奈良県桜井市に、もと都があったところから）「大和」「日本」にかかる。例「磯城島の大和の国は言霊の幸はふ国ぞ」〈万葉・一三・三二五四〉

〔和歌〕**しきしまのやまとごころを…**【敷島の やまと心を人問はば朝日ににほふ山桜花】〈肖像自賛・本居宣長〉訳〔しきしまの〕大和心をどのようなものかと人が尋ねたならば、朝日に照り映える山桜の花のようなものだと（私は答えよう）。〈参考〉「敷島の」は「やまと」の枕詞。「人問はば」の「ば」は順接の仮定条件。

〔和歌〕**しきしまのやまとのくにに…**【磯城島の大和の国に人二人ありとし思はば何か嘆かむ】〈万葉・一三・三二四九・作者未詳〉訳〔しきしまの〕大和の国に私とあなたと二人いると思うならば、どうして嘆きましょうか、いや、嘆きはしない。《疑問語との呼応》「何か→嘆かむ㊍」〈参考〉「磯城島の」は「大和」の枕詞。

しきしまや【敷島や】［枕詞］国名「大和」に、また、大和の地名「布留」と同音の「ふる」にかかる。例「敷島や大和島根も」〈新古今・賀・七三六〉

しきしゃう【職掌】［名］❶令制で大膳職・左右京職など「職」で雑務をつかさどった役人。❷中世、社寺で、神楽など雑務をした召し使い。

しきじん【式神・識神】［名］「しきがみ」に同じ。

しきせ【仕着せ・為着せ】［名］《近世語》❶季節に応じて、主人が奉公人に衣服をあてがうこと。また、その衣服。❷型どおりに行われること。おきまり。

しきせう【史記抄】［作品名］室町中期（一四七七成立）の抄物。十巻に首巻を付す。桃源瑞仙著。中国の歴史書『史記』についての一種の講義録。

しきそくぜくう【色即是空】［名］《仏教語》「般若心経」のことば。この世に存在する有形のもの（色）は、すべて実体がなく、空であるということ。↕空即是色

しきた・い［・す］【色代・色体・式体】［名・自サ変］《「しきだい」とも》❶あいさつ。会釈。❷お世辞をいうこと。例「『おもしろう候ひつる物かな』と色代・したりけるを」〈古今著聞・五五八〉❸《「色代納」の略》中世に、土地の特産物を税金として納めたこと。

じきだう【食堂】［名］寺院の食堂。

しきだうおほかがみ【色道大鏡】［作品名］江戸前期（一六八八ごろ成立）の風俗書。藤本箕山著。遊里での用語・作法・故実・音曲・遊女名の系譜、その他全国各地の遊里の沿革など、遊郭に関するさまざまなことを集大成した一大百科事典。

しきた・つ【敷き立つ】［他タ下二］{て・て・つ・つる・つれ・てよ}どっしりと建てる。例「宮柱下つ岩根に敷き立・てて」〈新古今・神祇・一八七七〉

しきたへ【敷き妙・敷き栲】［名］寝所に敷くための布。一説に、織り目の細かい絹の布。

しきたへの【敷き妙の・敷き栲の】［枕詞］「敷き妙」が主に寝具として用いられることから、「枕」「床」「袂」「袖」「衣」「黒髪」「臥す」などに、また寝る床のある意から「家」にかかる。例「しきたへの枕去らずて夢にし見えむ」〈万葉・五・八〇九〉

しきつ・む【敷きつむ】［他マ下二］{め・め・む・むる・むれ・めよ}下に敷いて押さえつける。例「下なる敵の左右の手を膝にてしきつ・め」〈古活字本保元・中〉

しきていさんば【式亭三馬】［人名］（一七七六―一八二二）江戸後期の戯作者。本名は菊地泰輔、字は久徳。十八歳まで奉公したが、十九歳で黄表紙を著し、洒落本・合巻に活躍、滑稽本の名作『浮世風呂』『浮世床』を生み出した。

しきでん【職田】［名］《「しょくでん」とも》奈良・平安時代に、令制で官職にある者に支給された田。租税を納める必要はなかった。太政大臣に四十町、左右大臣に三十町、大・中納言に二十町が割り当てられた。＝職分田

しきない【式内】［名］《「式内の社」の略》延喜式の神名帳に記載されている格式の高い神社。↕式外

しきな・く【頻鳴く】［自カ四］{か・き・く・く・け・け}《「しき」は接頭語》絶え間なく鳴く。しきりに鳴く。

しきな・ぶ【敷き並ぶ】［自バ下二］{べ・べ・ぶ・ぶる・ぶれ・べよ}《「敷き」は統治の意》全体を統治する。例「そらみつ大和の国はおしなべて我こそ居れしきな・べて我こそいませ」〈万葉・一・一長歌〉訳→〔和歌〕こもよみこもち…

しきなみ【頻浪・重波】［名］次々と寄せてくる波。

しきなみ［・なり］【頻並み・敷き並み】［形動ナリ］{なら・なり(に)・なり・なる・なれ・なれ}次々と続くさま。立て続け。

しきに【頻に】［副］しきりに。何度も繰り返し。

しきねん【式年】［名］歴代の天皇・皇后の崩御の

年から数えて、三・五・十・二十・三十・四十・五十・百年目に当たる年。この年に式年祭を行う。

しきねんさい【式年祭】［名］「式年」の、崩御した日に当たる日に、皇霊殿で行われる祭祀。

しきのかみ【式の神】［名］「しきがみ」に同じ。

しきのみこ【志貴皇子】［人名］（?～七一六）「施貴皇子」とも書く。飛鳥・奈良前期の歌人。父は天智天皇。『万葉集』に入集。

しきのみざうし【職の御曹司】❶大臣以下が、その職に応じて宮中に賜った曹司。そこで叙位や除目が行われることもあった。＝官の曹司。❷中務省に属して、皇后・皇太后・太皇太后に関する事務を行う役所が置かれた所。大内裏で、内裏の東、左近衛府の西にあった。➡［表見返し］大内裏俯瞰図

しきのゑ【四季の絵】［名］四季の風物を題材とした絵。春夏秋冬の季節の移り変わりを屏風や障子に描き、鑑賞した。

しきふ【職封】［名］令制で「食封」のひとつ。初めは大納言以上の高官に、のちには中納言・参議にも、官職に応じて与えられた封戸（人民）。

しきぶ【式部】［名］❶「式部省」の略。❷女官の呼び名。「紫**式部**」「和泉**式部**」など。父や兄が式部省の役人である場合にいう。

じきふ【食封】［名］令制で皇族・諸臣、特定の寺社に与えられた封戸（人民）の総称。位封・職封・功封があった。

しきぶきゃう【式部卿】［名］「式部省」の長官。多く皇族が任ぜられた。

しきぶしゃう【式部省】［名］朝廷の礼式、六位以下の文官の人事・考課などをつかさどり、「大学寮」を管理した。＝式部①・法の司。➡［表見返し］大内裏俯瞰図

しきぶのじょう【式部の丞】［名］《「しきぶのぞう」とも》「式部省」の三等官。

しきぶのせう【式部の少輔】［名］「式部省」の次官で「大輔」の下位。

しきぶのぞう【式部の丞】［名］《「ぞう」は「じょう」の直音表記》「しきぶのじょう」に同じ。

しきぶのたいふ【式部の大夫】［名］「式部の丞」のうち、五位に叙せられた者。

しきぶのたいふ【式部の大輔】［名］「式部省」の次官で「少輔」の上位。

しきふ・る【頻降る】［自ラ四］｛ら・り・る・る・れ・れ｝《「しき」は接頭語》しきりに降る。

しきぶんでん【職分田】［名］「しきでん」に同じ。

しきまき【重播き・頻播き】［名］《上代語》「天つ罪」のひとつ。蒔いた穀物の種の上に種を蒔いて、成長を妨げること。

しきま・す【敷きます】《動詞「敷く」の連用形＋尊敬の補助動詞「ます」》お治めになる。例「君の御代御代**敷きま・せる**」〈万葉・一八・四〇九四長歌〉

しきみ【樒】［名］《「しきび」とも》木の名。葉は楕円形で光沢がある。香気があり、仏前に供えられる。

しきみ【閾・閫】［名］門の内外や、室内の区切りのために置いた横木。＝敷居②

しきめ【敷目】［名］❶《「敷目札」の略》鎧の縅し方のひとつ。鎧の札の縅を通す穴を多くして、より堅固にしたもの。↓「さね（札）」。❷《「敷目縅」の略》縅の種類のひとつ。二色の糸によって斜めに色を変えたもの。一説に、市松模様にしたものとも。

しきもく【式目】［名］❶武家時代における箇条書きの法規。❷武家式目にならって、連歌を吟詠する上で守るべき作法や故実などを箇条書きにしたもの。二条良基によって整備された。

じきもつ【食物】［名］たべもの。食事。

しきもの【敷物】［名］人が寝るときや家具・調度などを置くときに敷く物の総称。

しきゃう【四鏡】［名］四つの歴史物語の総称。『大鏡』『今鏡』『水鏡』『増鏡』の四書を指す。

しきよく【色欲】［名］《仏教語》「五欲」のひとつ。男女間の情欲。

しきり【仕切り】［名］《近世語》❶隔てを設けること。また、その隔て。仕切り。❷商家などで、取り引きや帳簿の決算をすること。❸「仕切り金」の略。

しきりがね【仕切り金・仕切り銀】［名］取り引きの決算の際に支払う代金。＝仕切り③・仕切り銀

しきりぎん【仕切り銀】［名］「しきりがね」に同じ。

しきりに【頻りに】［副］❶ひっきりなしに。しばしば。例「身には**頻りに**毛おひつつ」〈平家・二・人納言死去〉❷たくさん。

しきりのとし【頻りの年】［名］《「頻り」は近ごろ引き続いての意》ここ数年。近年。例「ここに**しきりの**午よりこのかた」〈平家・七・願書〉

しき・る【頻る】［自ラ四］｛ら・り・る・る・れ・れ｝たび重なる。例「中宮は［陣痛ガ］ひまなく**しき・ら**せ給ふばかりにて」〈平家・三・御産〉

しき・る【仕切る】［他ラ四］｛ら・り・る・る・れ・れ｝❶間を隔てる。仕切る。❷物事の決着をつける。決算をする。例「大三十日ここを**仕切・っ**てこう攻めて」〈川柳・柳多留〉《音便》「仕切っ」は「仕切り」の促音便。

しきれ【尻切れ】［名］《「しりきれ」の変化形》❶「しりきれ」に同じ。❷底を皮で包んだ草履。

じきろう【食籠】［名］食物を入れる漆器、または竹製の容器。多くは円形でふたがある。

しぎわな【鴫絹】［名］シギを捕らえるためのわな。

しきゐ【敷居】［名］❶座るときに敷く物。ござ・むしろの類。❷「しきみ」に同じ。

しく【四苦】［名］《仏教語》人生における四大苦痛である生・老・病・死。

し・く【及く・若く・如く】［自カ四］｛か・き・く・く・け・け｝❶追いつく。例「山城にい**し・け**鳥山い**し・け**いし**・け**吾が愛し妻にい**し・き**遇はむかも」〈記・下・歌謡〉❷匹敵する。**肩を並べる**。例「優される宝子に**及・か**めやも」〈万葉・五・八〇三〉訳→〈和歌〉しろかねも…

し・く【敷く・領く】｛か・き・く・く・け・け｝㊀［自カ四］❶一面に散らばる。例「庭に降る雪は千重**敷・く**」〈万葉・一七・三九六〇〉❷一面に行き渡る。例「霞**し・く**春のしほぢを見わたせば」〈千載・春上・八〉㊁［他カ四］❶一面に広げる。❷治める。例「天皇の**敷・き**ます国の」〈万葉・一八・四一二二長歌〉❸広く及ぼす。例「いくさをかへして徳を**敷・く**にはしかざりき」〈徒然・一七一〉

し・く【頻く】［自カ四］｛か・き・く・く・け・け｝動作が繰り返される。たび重なる。例「磯越す波の**し・き**てし思ほゆ」〈万

し

葉・九・一七三九〉

しく 過去の助動詞「き」の名詞化したもの。…したこと。例「秋の野の尾花が末を押しなべて来しくも著く逢へる君かも」〈万葉・八・一五七七〉訳秋の野の尾花の穂先を押し倒して来たことは明らかにかいがありました。あなたに会えましたから。

じく【軸】 歴史的かなづかい「ぢく」

じく…【竺…】 歴史的かなづかい「ぢく…」

じく【慈救】[名]《仏教語。「慈救呪」の略》不動明王の厄よけの呪文。これを唱えると、災害を避けることができ、また、願い事がかなうという。

しくしく【頻く頻く】[副]しきりに。例「楽浪の志賀さざれ波しくしくに」〈万葉・二・二〇六〉

じく・ねる[自ナ下二]{ね・ね・ねる・ねる・ねれ・ねよ(ねろ)}《近世語》「すねる」の俗語。強情を張る。ひねくれる。反抗する。例「先へ帰れの何のとじく・ねずと早く歩きねえな」〈情・春色辰巳園〉

しくはっく【四苦八苦】[名]❶《仏教語》生・老・病・死の四苦に、愛別離苦・怨憎会苦・求不得苦・五蘊盛苦の四つの苦しみを合わせたもの。あらゆる苦しみ。❷ひどい苦しみ。

しくは・ふ【為加ふ】(シクワ(オ)ウ)[他ハ下二]{へ・へ・ふ・ふる・ふれ・へよ}手を加える。付け加える。例「大みあかしのことなど、ここにてし加へなどするほどに日暮れぬ」〈源氏・玉鬘〉

しぐひあ・ふ(シグイア(オ)ウ)[自ハ四]{は・ひ・ふ・ふ・へ・へ}語義未詳。うまくかみ合う、くっつき合うの意か。例「坂門(=坂門氏ノ娘子)らが角のふくれ(=醜男)にしぐひあ・ひにけむ」〈万葉・一六・三八二一〉

しぐら・ふ(シグラ(ロ)ウ)[自ハ四]{は・ひ・ふ・ふ・へ・へ}群がり集まる。また、一面に立ちこめる。＝しぐらむ。例「ここにしぐら・うてみゆるはたが手(=軍勢)やらん」〈平家・九・木曾最期〉〔音便〕「しぐらう」は「しぐらひ」のウ音便。

しぐら・む[自マ四]{ま・み・む・む・め・め}「しぐらふ」に同じ。

しぐ・る【時雨る】[自ラ下二]{れ・れ・る・るる・るれ・れよ}❶しぐれが降る。(季―冬)。❷涙が落ちる。例「まみのわたりうちしぐ・れて」〈源氏・若菜・上〉

〈俳句〉**しぐるるや…【時雨るるや黒木つむ屋の窓あかり】**〈猿蓑・凡兆〉訳時雨の降る夜。軒下に黒木を積んだ家の窓から明かりがこぼれ、そこだけがほのかな暖かさを感じさせる。(季―時雨る―冬)〈参考〉「窓あかり」を窓を通してさし込む光と解し、屋内から見た光景とする説もある。

しぐれ【時雨】[名]❶晩秋から初冬にかけて降ったりやんだりする雨。＝時雨の雨。(季―冬)。例「神無月降りみ降らずみ定めなき時雨ぞ冬のはじめなりける」〈後撰・冬・四四五〉訳→〈和歌〉かみなづき…。❷涙をこぼして泣くこと。

〔時雨の雨〕「しぐれ」に同じ。

しぐれがち[・なり]【時雨がち】[形動ナリ]{なら・なり(に)・なり・なる・なれ・なれ}《「がち」は接尾語》しぐれることが多い。

しぐれごこち【時雨心地】[名]涙ぐむような気持ち。例「時雨ごこちは我のみぞする」〈拾遺・恋一・六六一〉

しぐれづき【時雨月】[名](時雨がよく降る月であることから)陰暦十月の別称。(季―冬)

しくゎだう【至花道】(シカドウ)[作品名]室町前期(一四二〇成立)の能楽書。世阿弥著。能の習道のあり方を五か条に分けて叙述したもの。

しくゎわかしふ【詞花和歌集】(シカワカシュウ)[作品名]平安後期(一一五一ごろ成立)の第六番目の勅撰和歌集。崇徳上皇の命により、藤原顕輔が撰進。曾禰好忠・和泉式部・大江匡房・源俊頼などの作四百首余りが収められる。

しくゎん【止観】(シカン)[名]《仏教語》❶心を静かにして妄念・雑念を去り(止)、正しい知恵で対象を観察し判別すること(観)。天台宗の根本教義。❷「摩訶止観」の略。❸「天台宗」の別称。

しくゎん【祠官】(シカン)[名]神社に仕える人。神主。

しくゎん[・す]【仕官】(シカン)[名・自サ変]官職について役人になること。

〔仕官懸命の地〕(シカンケンメイノチ)(仕官して主君からいただく生活を支えるための領地の意)官途につき、俸禄を得る身分。

しけ【四華】[名]《仏教語》法華六瑞(=「法華経」を説くのに先立って現れる六種のめでたいしるし)のひとつで、空から降るという四種の蓮華。曼陀羅華・摩訶曼陀羅華・曼珠沙華・摩訶曼珠沙華。一説に、白・青・紅・黄の四種の蓮華とも。

しけ 上代のシク活用形容詞の活用語尾。❶未然形語尾。例「痛けくの日に異に増せば悲しけくここに思ひ出」〈万葉・一七・三九六九長歌〉❷已然形語尾。例「たまきはる命惜しけどせむすべもなし」〈万葉・五・八〇四〉

しげ【繁】[名]《形容詞「繁し」の語幹から》木の茂っている所。茂み。

しげいさ【淑景舎】[名](「しげいしゃ」とも)❶内裏の後宮の建物のひとつ。東北の隅にあり、中庭に桐が植えられていたことから、「桐壺」ともいう。⇩[表見返し]内裏略図。❷淑景舎に住む女御・更衣の通称。

しげいしゃ【淑景舎】[名]「しげいさ」に同じ。

じけいだいし【慈恵大師】[人名]「りゃうげん」に同じ。

しけいと【絓糸】[名]繭の上皮から採った粗末な絹糸。くず糸。＝絓・絓の糸

しげう【繁う・茂う】(シギョウ)形容詞「しげし」の連用形「しげく」のウ音便。

しげさ【繁さ】[名]《形容詞「繁し」の語幹＋接尾語「さ」》草木が生い茂っていること。また、盛んさ。

しけ・し【醜し】[形シク]{しから・しく(しかり)・し・しき(しかる)・しけれ・しかれ}汚い。荒れている。一説に、ひそかである意とも。例「葦原のしけ・しき小屋に」〈記・中・歌謡〉

しげ・し【繁し・茂し】[形ク]{から・く(かり)・し・き(かる)・けれ・かれ}

> **アプローチ**
> ▼「空間的に密集しているさま」「時間的にしきりにくり返されるさま」が中心の意。
> ▼人目・人言が自分に向けられる場合、「あまりに多くてわずらわしい」という、心情を表す意となる。

❶(草木などの葉が)茂っている。密生している。例「木々の木の葉、まだいとしげ・うはあらで、若やかに青みわたりたるに」〈枕・ころは、正月、三月〉訳木々の

木の葉が、まだそんなに**茂って**はおらず、若々しく一面青々としている時に。《音便》「しげう」は「しげく」のウ音便。

❷**数量が多い。たくさんある。** 例「荒れたる庭の露しげ・きに、わざとならぬ匂ひ、しめやかにうち薫りて」〈徒然・三二〉 訳 荒れている庭に、露が**たくさん**おりていたが、わざわざ焚いたのではない香がしっとりと香って。

❸**回数が多い。しきりである。** 例「ましてしげ・く渡らせたまふ御方は」〈源氏・桐壺〉 訳 なおさら、(帝が)**しきりに**お通いなさる方は。《敬語》「しげく渡らせたまふ」→「せたまふ」

❹**多くてわずらわしい。うるさい。** 例「人目しげ・ければ、えあはず」〈伊勢・六九〉 訳 人目が**多くてわずらわしい**ので、会うことができない。《副詞の呼応》「え→あはず」

しげぢ【繁道・繁路】[名]草木の茂った道。

しげどう【重籐・滋籐・繁籐】[名]弓の幹を漆で黒塗りにし、その上に籐をやや間をあけて数多く巻きつけたもの。巻き方や間隔などにより、村重籐、塗込籐などの種類がある。➡[古典参考図]武装・武具〈3〉

しげの【繁野】[名]草木の茂った野原。

しげめゆひ【滋目結ひ】[名]染め物の一種。「鹿の子絞り」の目の込んだもの。

しげやま【繁山】[名]草木の茂った山。

しげより【重頼】[人名]「まつえしげより」に同じ。

しげりわた・る【茂りわたる】[自ラ四]{ら・り・る・る・れ・れ}一面に生い茂る。例「足柄山ハ」えもいはず**茂りわた・り**て、いとおそろしげなり」〈更級〉

じげん【慈眼】[名]《仏教語》慈悲あふれる仏や菩薩の目。

じげん[・す]【示現】[名・自サ変]❶神仏が不思議な力を示し現すこと。例「我、観音の**示現**によりて、藁筋一つを取りて柑子三つに成りぬ」〈今昔・一六・二八〉❷《仏教語》神仏が衆生救済のためさまざまに身を変えて現れること。

しこ【醜】[名]❶頑強なこと。例「今日よりは顧みなくて大君の**醜**の御楯と出で立つ我は」〈万葉・二〇・四三七三〉❷(ののしって)ばかもの。例「うれたきや**醜**ほととぎす暁のうら悲しきに」〈万葉・八・一五〇七長歌〉

〔**醜の醜草**〕役に立たないつまらない草。

〔**醜の醜手**〕とても醜い手。とても汚らしい手。

〔**醜の丈夫・醜の夫**〕シコノマスラオ(男子が自分を卑下していう語)くだらない愚かな男。例「**醜のますらを**なほ恋ひにけり」〈万葉・二・一一七〉

〔**醜の御楯**〕(武人が自らを卑下していう語)天皇のために楯となって警護する者。例「大君の**醜のみ楯**と出で立つ我は」〈万葉・二〇・四三七三〉

しこ【矢壺・尻籠・矢籠】[名]矢を背負って運ぶ道具。一説に、箙・胡簶の別称とも。

しご【死期】[名]死ぬべきとき。臨終。例「十余日の前に**死期**を知りて」〈今昔・一三・三三〉

しこう[・す]【伺候・祗候】[名・自サ変]❶貴人のそば近くに仕えること。例「郎従小庭に**祗候**の条」〈平家・一・殿上闇討〉❷貴人のご機嫌伺いに参上すること。例「桜の間に**伺候・し**」〈浄・傾城反魂香〉

しこく【四国】[地名]阿波(徳島県)・讃岐(香川県)・伊予(愛媛県)・土佐(高知県)の四か国の名称。

しごく[・す/・なり]【至極】㊀[名・自サ変]❶最高であること。例「**至極**の大聖すらに、なほし子を愛くしたまふ心あり」〈万葉・五・八〇二序〉❷もっともだと思うこと。例「道理もっとも**至極・せり**」〈盛衰記・六〉㊁[形動ナリ]{なら・なり(に)・なり・なる・なれ・なれ}もっともだ。また、うってつけだ。例「この論**至極・なり**」〈去来抄〉

しごく【至極】[副]この上もなく。例「食後の菓子まで、**至極**せめくひて」〈沙石集〉

しこくはちじふはっかしょ【四国八十八箇所】[名]四国の八十八か所の霊場。弘法大師(空海)が定めたとされる。

しこくめぐり【四国巡り】[名]「四国八十八箇所」を巡拝すること。＝四国巡礼・四国遍路

しこた・む[他マ下二]{め・め・む・むる・むれ・めよ}《近世語。「しこだむ」とも》ためこむ。たくさん蓄える。例「その身一代に二千貫目**しこた・めて**」〈浮・日本永代蔵〉

しこ・づ【諂づ・讒づ】[他ダ上二]{ぢ・ぢ・づ・づる・づれ・ぢよ}偽って告げ口する。讒言する。

しこつおきな【醜つ翁】[名]《「つ」は上代の格助詞。年寄りをののしっていう語》頑固で醜い老人。

しこな【醜名】[名]❶自分を謙遜したり、他人をからかったりする意をこめた名。つまらない名。あだ名。❷相撲の力士の呼び名。

しこなし[名]《近世語》❶動作。振る舞い。❷物事をよく理解して処置すること。やりくり。

しこな・す[他サ四]{さ・し・す・す・せ・せ}《近世語》物事をうまく処置する。思いのままにする。例「この所をこれ程まで**しこな・しける**は」〈浮・西鶴置土産〉

〔俳句〕**しごにんに…**【四五人に月落ちかかる踊りかな】〈自筆句帳・蕪村〉 訳 にぎやかだった祭りも終わりに近づき、踊り続ける者も四、五人を残すばかり。空にかかっていた月も傾き、踊り手の影を細く長く照らしだしていることだ。(季—月・踊り—秋)

しこめ【醜女】[名]❶黄泉の国にいるという形相の醜い恐ろしい女の鬼。❷醜い女。

しこめ・し【醜めし】[形ク]{から・く(かり)・し・き(かる)・けれ・かれ}汚い。例「**しこめ・き**穢き国に到りてありけり」〈記・上〉

しこや【醜屋】[名]汚い家。

しこりばくち【凝り博奕】[名]《近世語》ばくちに夢中になること。

しこ・る[自ラ四]{ら・り・る・る・れ・れ}《上代語》間違える。失敗する。

しころ【錏・錣・鞠】[名]❶兜の鉢から側面および後方に垂れて首を覆って保護する部分。革や鉄板をつづったものが多く、その形状から、三枚兜・五枚兜などの称がある。➡[古典参考図]武装・武具〈1〉。❷「錏庇」の略。❸「錏屋根」の略。

しころびさし【錏庇】[名]《形が兜の錏に似ていることから》屋根の軒から少し下げて、片流れのようにして取り付けたひさしのこと。

しころやね【錏屋根】[名]「錏庇」を付けた屋根。

じこん【自今】[名]《「自」は漢語で、より・からの意》今からのち。今後。以後。

し

しざ【四座】［名］室町時代の能楽の四つの流派。観世・宝生・金春・金剛の四流派のこと。

しさい【子細・仔細】［名］❶詳しいわけ。細かい事情。❷さしつかえ。異議。不都合。例「すこしも子細を存ぜん人は、とうとうこれよりかへらるべし」〈平家・二・那須与一〉

〔**子細に及ばず**〕あれこれいう必要もない。

しざい【死罪】［名］死刑のこと。「五刑」のひとつで、縛り首と斬首があった。

しざい【資財】［名］資産。財産。

じざい［・なり］【自在】［名・形動ナリ］❶思いのままであること。例「虚空に飛び昇る事、自在・なり」〈今昔・六・四〉❷「自在鉤」の略。

じざいかぎ【自在鉤・自在鍵】［名］天井からつるした棒などに付けて、炉の上の鍋や釜などを自由に上下させる仕掛けのかぎ。＝自在②

しざいちゃう【資財帳】［名］奈良・平安時代、寺の財宝を記した帳簿。

しさいな・し【子細無し】［形ク］{から・く(かり)・し・き(かる)・けれ・かれ}❶変わった事情はない。たいしたことがない。例「男もなむ子細な・きものははべめる」〈源氏・帚木〉語構成「子細な・き調伏の法なり」〈太平記・二〉「ものはべめる」→「はべめり」。❷間違いない。例

しさう【四相】［名］《仏教語》万物が変化してゆくときの四種類の姿。これらは人間の迷いの根源で、これを悟れば仏になれるとされる。

しさう【芝草】［名］めでたいことの前兆として生えるとされたキノコ。

しさく【詩作】［名］漢詩を作ること。また、その作った漢詩。

しさ・す【為止す】［他サ四］{さ・し・す・す・せ・せ}（「さす」は接尾語）途中でやめる。例「しさ・したるものども（＝縫イカケテイル着物）とり具して」〈源氏・浮舟〉

しざま【為様】［名］❶やり方。振る舞いよう。例「万のわざはただしざまのうるはしくて」〈毎月抄〉❷衣服の仕立て方。

しさ・る【退る】［自ラ四］{ら・り・る・る・れ・れ}（「しざる」とも）退く。後退する。引き下がる。例「それがしが前へはかなふまい、しさ・りをろ」〈狂・末広がり〉

しさわ・ぐ【為騒ぐ】［自ガ四］{が・ぎ・ぐ・ぐ・げ・げ}さわぎながら行う。ざわざわしながらやる。

じさん【自賛・自讃】［名］自分の絵に自分で「讃」をすること。自分で自分をほめること。

じさんか【自賛歌】［名］作者が自作中、とくにすぐれていると認めた歌。作者の自信作、代表歌。

しし【父】［名］《上代東国方言》父。↔母

しし【肉・宍】［名］にく。

しし【獣】［名］❶食用の獣。主として猪や鹿。とくに区別する場合は、「ゐのしし」「かのしし」といった。❷（「獣狩り」の略）山野に入り獣を狩ること。

しし【師資】［名］（『老子』の「善人は不善人の師、不善人は善人の資」から）師として頼むこと。また、師弟の間柄。師弟。

しし【獅子】［名］（「師子」とも書く）❶ライオンの和名。❷神社の社殿の前などに、魔除けとして狛犬と対にしておかれる獅子をかたどった置物。❸「獅子頭」の略。❹「獅子舞」の略。

〔**獅子身中の虫**〕（獅子の体内にいる虫が、獅子の肉を食べて害をなすことから）恩を受けながら、それを仇で報いることのたとえ。

〔**獅子に鰭**〕強いものがますます強くなるたとえ。

〔**獅子に牡丹**〕取りあわせのよいことのたとえ。

〔**獅子の座**〕《仏教語》仏の座席。また、高僧の座席。＝獅子座

しし［感］「ししまうし」に同じ。

しじ【榻】歴史的かなづかい「しぢ」

しじ【四時】［名］四季。春夏秋冬。

じし【慈氏】［名］《仏教語。慈悲深いの意》弥勒菩薩の別称。

ししいでん【紫宸殿】［名］「ししんでん」に同じ。

ししがき【鹿垣】［名］竹や木の板で粗く編んだ垣。猪や鹿、また、戦場では、敵の侵入を防ぐもの。

ししがしら【獅子頭】［名］獅子舞に用いる木製の唐獅子の頭。兜の前立ての意匠。＝獅子③。（季－春）

〔**獅子頭の兜**〕獅子の頭の形を前立てにした兜。

ししがたに【鹿が谷】［地名］山城国の地名。いまの京都市左京区、大文字山西麓にあたる。この地の山荘で僧俊寛らが、平家追討の謀議を行い、発覚して事件となった。＝鹿の谷

しじか・む【縮かむ・蹙かむ】［自マ四］{ま・み・む・む・め・め}縮む。縮こまる。例「御手（＝御筆跡）は、昔だにありしをいとわりなうしじか・み」〈源氏・行幸〉

しじき【四職】［名］「ししょく（四職）①」に同じ。

ししく【獅子吼】［名］❶《仏教語》釈迦如来の説法に悪魔や外道（＝邪道の者）が畏服することを、獅子が吼えて百獣が恐れ伏すさまにたとえていう語。❷雄弁をふるうこと。

ししくしろ【肉串ろ】［枕詞］（串にさして焼いた肉が美味であるところから）「うまし」「よし」と同音の「熟睡」「黄泉」にかかる。例「ししくしろ熟睡寝し間に」〈紀・継体・歌謡〉

ししぐち【獅子口】［名］❶能面の一種。獅子のような凶暴な顔つきの面。「石橋」などの能で用いる。❷竹製の花器の一種。生け口の、横に広いところが獅子の口に似ている。

ししこらか・す［他サ四］{さ・し・す・す・せ・せ}病気をこじらせる。例「ししこらか・しつる時は、うたて侍るを」〈源氏・若紫〉

ししざ【獅子座】［名］「ししのざ」に同じ。

ししさうしょう【師資相承】［名］（「ししさうじょう」とも）師から弟子へと道統を伝え継ぐこと。

ししじもの【鹿じもの・猪じもの】［枕詞］（鹿や猪のようにの意から）「い這ひ」「膝折り」「弓矢囲み」「水漬く」などにかかる。例「鹿じものい這ひ伏しつつ」〈万葉・二・一九九長歌〉

ししだ【獣田・鹿田・猪田】［名］猪や鹿などが来てふみ荒らす田。

ししと［副］泣く声を表す語。しくしくと。例「『なでふ御住まひなり』とて、ししと泣く」〈蜻蛉・中〉

しじに【繁に】［副］すき間もなく。いっぱいに。例「しじに生ひたるつがの木の」〈万葉・三・三二四長歌〉

しじぬ・く【繁貫く】［他カ四］{か・き・く・く・け・け}《上代語》す

き間もなく貫き並べる。たくさん取り付ける。例「大船に真梶しじ貫き」〈万葉・三・三六八〉

ししびしほ【肉醤・醢】❶塩漬けにした肉や魚。塩辛の類。❷古代中国の刑のひとつ。人体を塩漬けにする刑。

しじふ【四十】［名］数の名。四十。四十歳。

〔**四十の陰**〕四十歳。四十歳以降は初老に入り、陽気さが失われるとされることからいう。

〔**四十の賀**〕四十歳の祝い。

しじふくにち【四十九日】［名］《仏教語》❶人の死後四十九日間。今生の死と来世の生との中間にあって、まだ来たるべき報いを受けない期間。＝中陰。❷人の死後四十九日目。この日に死者の霊魂の行き先が決まると信じられ、僧を招いて仏事を行う。また、その仏事。＝七七日。

しじふにのふたつご【四十二の二つ子】《近世語》父親が四十二歳のときに二歳になる男の子。四十一歳のときに生まれた男児は親を食い殺すといわれ、その災いを免れるため、仮に捨て子として他人に拾わせる風習があった。女の子の場合は、逆に吉とする俗信もあった。

しじふはちぐゎん【四十八願】［名］《仏教語》阿弥陀仏が修行中、一切の衆生を救うために発した四十八の誓願。大無量寿経に説く。

しじふはちや【四十八夜】［名］《仏教語》阿弥陀仏が衆生を救おうとしてたてた四十八誓願にちなんで、四十八夜の間、念仏を唱え、また浄土三部経を講説する法会。また、その念仏。

ししふんじん【獅子奮迅】［名］獅子が身を震わせて怒り狂うように、勢い激しく奮闘すること。

しじま【無言】［名］黙りこくっていること。沈黙。

ししまうし【しし申し】［感］相手の注意を促して呼びかける語。もしもし。＝しし。例「いや、のうのうしし申し」〈狂・餅酒〉

ししまひ【獅子舞】［名］「獅子頭」をかぶって行う舞。唐から伝わり、伎楽・舞楽で用いられ、のち太神楽などでも、五穀豊穣祈願や悪魔払いとして行われ、さらに大道芸となった。

しじま・ふ【縮まふ・蹙まふ】《上代語。動詞「縮む」の未然形＋上代の反復・継続の助動詞「ふ」》どうしていいか分からず畏縮する。進退に窮する。例「俯し仰ぎて喉咽び、しじまひて」〈紀・垂仁〉

しじま・る【縮まる・蹙まる】［自ラ四］｛ら・り・る・る・れ・れ｝縮まる。かがまる。例「〔禅智内供ノ〕鼻いと小さく萎み、しじまりて」〈今昔・二八・二〇〉

しじ・む【縮む・蹙む】㊀［自マ四］｛ま・み・む・む・め・め｝ちぢむ。㊁［他マ下二］｛め・め・む・むる・むれ・めよ｝❶ちぢめる。例「狩衣の裾まで伸べ縮めたまひけるを」〈栄花・四〉❷減らす。例「まづ朝夕の御飯を日来よりはすこししじめられ候ひて」〈古今著聞・六四四〉

ししむら【肉叢】［名］《「むら」は群れの意》肉の塊。

ししや【猟矢・鹿矢】［名］狩猟に使う矢。

じしゃ【侍者】［名］❶貴人のそばで雑用をする者。❷寺院で、和尚のそばで雑用をする者。

ししゃう【四生】［名］《仏教語》生き物の生まれ方を四つに分類したもの。胎生（哺乳類）、卵生（鳥類）、湿生（魚類・両生類）、化生（天人・地獄の鬼の類）の四つ。

ししゃう【史生】［名］平安時代の諸官庁および諸国の国府で働く下級官吏。とくに公文書の書写・修理、上司の署判をもらう仕事についた。

ししゃう【四障】［名］《仏教語》仏道修行の妨げとなる四つの障害。惑障（煩悩）・業障（悪業）・報障（悪業の報い）・見障（邪見）の総称。

じしゃう【自性】［名］《仏教語》生来の性格。

〔**自性の月**〕「自性」の清く澄んでいることを月にたとえていう語。

じしゃう【時正】［名］春分の日と秋分の日。

ししゃくのびゃうぶ【四尺の屏風】高さ四尺（約一二〇センチメートル）ほどの屏風。主に日常生活に用いられる。

じしゃぶぎゃう【寺社奉行】［名］鎌倉以降の幕府の職名の一種。寺社関係の行政をつかさどった。江戸以降は町奉行・勘定奉行とともに三奉行のひとつ。

ししゅ【四衆】［名］「しぶ（四部）」に同じ。

ししゅ【旨趣】［名］「しいしゅ（旨趣）」に同じ。

じしゅ【寺主】［名］《「てらしゅ」とも》「三綱」のひとつ。寺院の庶務をつかさどる僧官。

しじゅう【始終】㊀［名］❶始めと終わり。また、始めから終わりまでの一切。❷終わり。最後。㊁［副］❶始めから終わりまで。たえず。例「始終よかるべしともおぼえず」〈平家・二・少将乞請〉❷終わりには。結局。例「当家のために、始終仇と成るべきは、兵部卿親王なり」〈太平記・一三〉

じしゅう【時宗】［名］一遍を宗祖とする仏教の念仏門の一宗派。平生がすなわち臨終と解し、行住座臥の念仏を強調し、「阿弥陀経」を重んじる。平安以降、踊り念仏を盛んにした。

じじゅう【侍従】［名］❶天皇の近くに仕え、雑事にあたった職名。中務省に属し、正侍従は八人であった。名門の子弟が兼任。❷「薫き物」の名。

じじゅうでん【仁寿殿】［名］《「じんじゅでん」とも》内裏の中央に位置する建物。紫宸殿の北に接し、天皇の日常の居所。のちに、清涼殿がこれに替わり、宴や相撲などの御遊を行う所となった。➡［表見返し］内裏略図

じじゅほふらく【自受法楽】［名］《仏教語》仏が悟りの境地を自ら楽しむこと。転じて、無限絶対的な法悦の境地。

ししょ【四書】［名］儒学の根本経典とされる四つの古典。『大学』『中庸』『論語』『孟子』の総称。

じしょう［・す］【自称】［名・自サ変］❶自慢すること。❷自分からいい出すこと。

じじょう【治定】歴史的かなづかい「ぢちゃう」

ししょく【四職】［名］❶《「ししき」とも》令制での左京職・右京職・大膳職・修理職の総称。❷室町時代に侍所の所司（長官）に任ぜられた山名・一色・京極・赤松の四家の総称。

ししょく【紙燭・脂燭】［名］「しそく」に同じ。

しじら【縬・縮羅】［名］絹織物の織り方の一種。縦糸を縮ませて、表面に波状の皺をよせた綾織物。

しじら「作品名」「はまぐりのさうし」に同じ。

しじらふぢ【しじら藤】［名］ツヅラフジの別称。

紙燭　内宴での献詩は紙燭の光を借りて行われる。画面後ろ姿が披講を受ける帝。(年中行事絵巻)

しし・る【為知る】［他ラ四］{ら・り・る・る・れ・れ}体験して慣れている。例「道の中国つみ神は旅行きもし知・らぬ君を恵みたまはな」〈万葉・一七・三九三〇〉

ししん【紫宸】［名］《「紫」は「紫微垣」の略で天帝の星座、「宸」は天子の居所の意》天皇の御殿。禁中。宮中。

しじん【四神】［名］四方をつかさどる神。北は玄武、南は朱雀、東は青竜、西は白虎。また、四方の意。

しじん【資人】［名］古代の下級官人。令制で上位の官人に対して、位階や官職に応じて、公につけられた供人で、身辺の警固・雑役に当たった。＝使ひ人③

しじんき【四神旗】［名］《「しじんのはた」とも》それぞれに「四神」を描いた四本の旗。元旦や即位式などの際に、大極殿や紫宸殿の庭に立てた。

しじんさうおう【四神相応】［名］「四神」に相かなった最良の地勢。東に流水、西に大道、南にくぼんだ湿地、北に丘陵がある地。平安京もこれをそなえているという。

ししんでん【紫宸殿】［名］《「ししいでん」とも》内裏の正殿。朝賀・公事を行う所であったが、大極殿の焼失後は、即位の大礼などの重要な儀式も行った。＝南殿など。➡［表見返し］内裏略図、［古典参考図］紫宸殿・清涼殿図

し・す【殺す・弑す】［他サ下二］{せ・せ・す・する・すれ・せよ}死なせる。例「命はな殺・せたまひそ」〈記・上・歌謡〉

しづ…【静…・賤…】歴史的かなづかい「しづ…」

しづ【倭文・垂ず】歴史的かなづかい「しづ」

ぢす【治す・持す】歴史的かなづかい「ぢす」

じ・す【辞す】{せ・し・す・する・すれ・せよ}㊀［自サ変］引きさがる。辞去する。㊁［他サ変］辞退する。辞職する。例「病して辞・したまひけるを」〈源氏・若菜・上〉

しす・う【為据う】［他ワ下二］{ゑ・ゑ・う・うる・うれ・ゑよ}ある場所や立場に居させる。例「尼になして深き山にやし据・ゑて」〈源氏・東屋〉

しすま・す【為済ます】［他サ四］{さ・し・す・す・せ・せ}うまくやってのける。例「源氏の門出でしすま・されたり」〈義経記・二〉

しづむ【沈む・鎮む】歴史的かなづかい「しづむ」

しせい【四姓】［名］《「ししゃう」とも》代表的な四つの姓のこと。源氏・平氏・藤原氏・橘氏(源平藤橘)の四つ。

じせい【辞世】［名］死ぬこと。また、死に際に残す和歌や漢詩。

しせき【［・す］【咫尺】［名・自サ変］《「咫」は中国周代の尺で八寸、「尺」は十寸の意》❶距離が近いこと。❷貴人などに近づくこと。

じせつ【時節】［名］❶時候。季節。❷時機。❸時代。時勢。

しぜん【自然】㊀［名］物の本来の性質。本性。例「物の相感ずること、皆自然なれば」〈太平記・二〉㊁［副］❶おのずと。❷万一。もしも。例「法衣自然に身にまとって」〈平家・六・慈心房〉例「自然の事候はば頼盛構へて助けさせ給へ」〈平家・七・一門都落〉

しせんしふ【私撰集】［名］《「私撰和歌集」の略》歌集の形態の一種。個人または歌壇の意志によって多人数の和歌を選定し編集した歌集。『古今和歌六帖』『後葉和歌集』など。

じそ【辞書】［名］《「じしょ」の直音表記》辞職を願い出る文書。辞表。

しそう【使僧】［名］使者として参上する僧。

しぞう【祗承】［名］国司に属し、勅使の接待などを行う役。その役人。＝祗承の官人

しぞうのくゎんにん【祗承の官人】［名］「しぞう」に同じ。

しそく【紙燭・脂燭】［名］《「ししょく」とも》長さ五〇センチ、直径一センチほどの棒状に削った松の木で作った照明具。手で持つ部分に紙を巻き、先の部分を焦がして油を染み込ませ、火をつけて用いる。

〔紙燭の歌・脂燭の歌〕紙燭が燃え尽きる短い時間内に詠む歌。また、それを詠む遊戯。

しぞく【氏族】［名］ひとつの氏に属する者たち。

しぞく【親族・親属】［名］《「しんぞく」の撥音無表記》親類。

しぞ・く【退く】［自カ四］{か・き・く・く・け・け}しりぞく。後退する。例「風吹きて、漕げども漕げども、しりへしぞ・きにしぞ・きて」〈土佐〉

しそ・す【為そす・為過す】［他サ四］{さ・し・す・す・せ・せ}うまくやる。思いどおりに事が運ぶ。例「老人どもは、しそ・しつと思ひて」〈源氏・総角〉

しそ・ふ【為添ふ】［他ハ下二］{へ・へ・ふ・ふる・ふれ・へよ}つくり添える。付け加えてする。例「朽木形のき丁の帷子、年経にけるをしそ・へつつ」〈浜松中納言・三〉

しそ・む【為初む・仕初む】［他マ下二］{め・め・む・むる・むれ・めよ}しはじめる。例「はかなき答へ(＝恋文ヘノ返事)をもしそ・めじと思ひ離るるなりけり」〈源氏・手習〉

じぞり【自剃り】［名］人手を借りず、自分で自分の頭髪やひげをそること。

しそん【至尊】［名］《この上なく高く尊い意》天皇。また、仏・菩薩や高僧の尊称。

した【下】［名］❶(上に対して)下。下方。❷内側。内部。例「吾妹子が下にも着よと贈りたる」〈万葉・一五・三五八五〉❸心の中。内心。例「下には思ひくだくべかめれど、誇りかにもてなして」〈源氏・須磨〉語構成「思ひくだくべかめれど」→「べかめり」。❹もと。庇護を受ける立場。例「ありがたき御かへりみの下なりつるを」〈源氏・須磨〉❺力が劣ること。

負けそうな気配。例「さてはや我は下になるござんなれ」〈義経記・三〉❻直後。すぐあと。例「『弟の三郎、出でよ』といふことばの下より、いでにけり」〈曾我・一〉❼下取り品。例「あれを下にやって挿しこみのあるかんざしと取っけへたがの」〈浮世風呂〉❽低い地位。例「猛き者は上に立ち弱き者は下につき」〈浄・国性爺合戦〉

〔下の心〕内心。心の奥底。本心。

〔下の心ばへ〕見えない心のありさま。隠れた性質。内心

〔下行く水〕物の下を流れて行く水。木陰を流れる水。

した【舌】［名］❶した。べろ。❷ことば。弁舌。❸(舌の形から)小判の俗称。

〔舌を返す〕前言の内容と矛盾することをいったり、相手によっていうことを変えたりする。二枚舌を使う。例「たまたま人と生まれては舌を返・せる罪によりて、舌なくして」〈今昔・二・三三〉

〔舌を振る〕たいへん驚き恐れる。＝舌を振るふ・舌を巻く。例「もるるを見きく人ごとに、舌をふ・り、あはれをもよほさぬはなかりけり」〈曾我・三〉

〔舌を振るふ〕ひどく驚き恐れる。＝舌を巻く。例「見聞の人舌をふる・はして、懼れ思はぬ者は無かりけり」〈太平記・二〇〉

〔舌を巻く〕「したをふるふ」に同じ。

した【簧】［名］(「舌」から転じてできた語)笙・篳篥などの楽器の中についている薄片。金属・葦・竹などで作り、吹いたとき、その板の振動で音が出る。

しだ［名］(上代語)時。ころ。例「我が面の忘れむしだは国溢り嶺に立つ雲を見つつ偲はせ」〈万葉・一四・三五一五〉訳→〈和歌〉あがおもの…

したい【四諦】［名］(仏教語。「諦」は真理の意)仏教の四つの原理。苦諦(この世はすべて苦である)、集諦(苦の原因は愛執である)、滅諦(愛執の絶滅が理想郷である)、道諦(このような境地に赴くには正しい修行道に拠らねばならぬ)の四つの真理。

-しだい【次第】［接尾］❶(名詞や動詞の連用形に付いて)事のなりゆきに任せる意を表す。例「くづれ次第の、柴の戸を開けて」〈浮・西鶴諸国ばなし〉❷事が終わるや否やの意を表す。

しだい【四大】［名］(仏教語)❶あらゆる物質を構成する四つの元素。地・水・火・風のこと。また、この四つの元素から成る人のからだ。肉体。＝四大種。❷「四大天王」の略。

〔四大空に帰す〕(人の身体は「四大」が集まってできていることから)人の身体が消滅する。死ぬ。

しだい【次第】［名］❶順序。序列。❷事情。成り行き。例「力及ばざる次第なり」〈平家・一・殿上闇討〉❸能楽で、役者が登場する際、曲の由来や内容を暗示してうたうもの。七五調でうたう「役の次第」と、地謡がうたう「地の次第」がある。またこれに先んじる囃子もいう。

しだい【進退】［名］(「しんだい」の撥音無表記)思いのままにすること。

じたい【自体】［副］もともと。元来。例「末広がりといふは、自体扇のことぢゃいやい」〈狂・末広がり〉

じだい【時代】［名］❶歴史的な区切りで区分したある期間。年代。❷「時代物」の略。

じだいがみ【時代紙】［名］年月を経て古びた紙。

じだいぎぬ【時代絹】［名］年月を経た値打ちのある絹。室町以前に中国から伝来した布地についていう。金襴・緞子など。

じだいきゃうげん【時代狂言】［名］「時代物」の歌舞伎狂言。↔世話狂言

しだいこつじき【次第乞食】［名］貧富貴賤にかかわらず、順に門々を物乞いして歩くこと。また、その乞食。

しだいし【次第司】［名］平安時代、儀式・行幸・祭典などで、式・行列の順序をつかさどった者。

じだいじゃうるり【時代浄瑠璃】［名］「時代物」の人形浄瑠璃。↔世話浄瑠璃

しだいしゅ【四大種】［名］「しだい(四大)①」に同じ。

しだいちゃうじゃ【次第長者】［名］(近世語)だんだん財をなした金持ち。＝次第分限

しだいてんわう【四大天王】［名］「してんわう①」に同じ。＝四大②

しだいふてう【四大不調】［名］「四大」の不調和によって病苦が生じること。

しだいぶんげん【次第分限】［名］(「しだいぶげん」とも)「しだいちゃうじゃ」に同じ。

じだいもの【時代物】［名］❶多くの年数を経たもの。古物。❷歌舞伎や浄瑠璃の演目のうち、江戸時代以前の歴史上の事件や人物を題材としたもの。当時の世相を反映させたものが多い。＝時代②。↔世話物

じだいわたり【時代渡り】［名］古い時代、とくに、室町以前に外国から渡ってきた品物。古い舶来品。＝古渡り

しだう【四道】［名］❶(仏教語)煩悩を断ち切って悟りの境地に至るまでの四種の過程。加行道・無間道・解脱道・勝進道の総称。❷平安時代、大学寮に設けられた四学科。紀伝道・明経道・明法道・算道の総称。❸連歌・俳諧における付け合いの四つの方法。「添ふ」(前句に添えて付ける)・「随ふ」(前句をうけ補足する)・「放つ」(前句の内容から離れるように付ける)・「逆ふ」(前句と対立する句を付ける)の総称。❹和歌で、本歌取りの四つの方法。

しだう【祠堂】［名］❶死者の霊をまつる所。位牌をまつる堂。❷(「祠堂金」「祠堂銀」の略)供養のため寺に寄進する金銭。

しだうしゃうぐん【四道将軍】［名］崇神天皇の十年、北陸・東海・西海・丹波の四道に派遣された四人の将軍。順に、大彦命・武渟川別命・吉備津彦命・丹波道主命。

したうづ【下沓・襪】［名］(「したぐつ」の変化形)沓の中に着用する靴下の類。束帯を着るときは、白の平絹製のものを用いた。➡［古典参考図］冠物・装具

したおび【下帯】［名］❶装束の下、小袖の上に締める帯。＝下の帯。↔上帯③。❷ふんどし。

したおもひ【下思ひ】［名］(「したもひ」とも)人に隠して表に出さない思い。心の中に秘めた恋心。

したがさね【下襲】[名]平安以降の男性の装束。束帯のとき、袍や半臂の下に着る衣服。前身は短く、後ろ身は長く仕立て、袍の下から出した。この部分を裾といい、官位の高い者ほど長かった。裾は、歩くときには人に持たせたり石帯にかけたりし、座るときには畳んだり高欄にかけたりした。また、直衣を着る場合にはふつう下襲をつけないが、下襲をつける場合を「直衣布袴」といった。＝襲④。➡[古典参考図]男子の服装〈1〉

したかぜ【下風】[名]物の下を吹く風。↔上風

したかた【下形】[名]❶ひな形。設計図。❷心得。前もっての用意。❸下地。素質。また、それの備わった人。

したがひ【下交ひ】[名]《「したがへ」とも》着物の前を合わせたとき、内側になる部分。下前。

〔**下交ひのつま**〕着物の前を合わせたときに下にくる部分(下前)の下の角の部分。下前の裾の角。

したがひお・づ【随ひ怖づ・従ひ怖づ】[自ダ上二]{ぢ・ぢ・づ・づる・づれ・ぢよ}おどおどしながら従う。例「〔女八〕あながちに**従ひ怖・ぢ**たる人なめり」〈源氏・帚木〉

語構成「人なめり」→「なめり」

したがひつ・く【従ひつく】[自カ四]{か・き・く・く・け・け}付き従う。配下に加わる。例「人の**したがひつ・く**事、吹く風の草木をなびかすがごとし」〈平家・一・禿髪〉

したが・ふ【従ふ・随ふ】{は・ひ・ふ・ふ・へ・へ}一[自ハ四]❶あとからついて行く。例「召人めきたりし人々、あるは次々に**従・ひ**てまかでにけり」〈宇津保・蔵開・中〉❷降参する。屈服する。例「〔物ノ怪八〕いみじき験者どもにも**従・は**ず」〈源氏・葵〉❸意のままになる。従順である。例「かばかり我に**従・ふ**心ならば」〈源氏・帚木〉❹(きまりや教えの)とおりにする。応じる。例「昔より中将の言ごとに**従・ひ**給へば、下り給ふ」〈宇津保・内侍のかみ〉二[他ハ下二]{へ・へ・ふ・ふる・ふれ・へよ}❶服従させる。意のままにする。例「はや謀反おこして日本国**したが・へ**給へ」〈平家・五・福原院宣〉❷連れて行く。率いる。例「三千余騎を**随・へ**て」〈太平記・五〉

したがへ【下交へ】[名]「したがひ」に同じ。

したがへもち・ゐる【従へ用ゐる・随へ用ゐる】[他ワ上一]{ゐ・ゐ・ゐる・ゐる・ゐれ・ゐよ}思うがままに使う。意のままに使う。例「〔金銭ヲ〕君のごとく、神のごとく畏れ尊みて、**従へもち・ゐる**ことなかれ」〈徒然・二一七〉

したき【下木】[名]林の下などに生えている低い木。

したぎえ【下消え】[名]降り積もった雪の下の部分が解けること。

したぎ・ゆ【下消ゆ】[自ヤ下二]{え・え・ゆ・ゆる・ゆれ・えよ}降り積もった雪の下の部分が解ける。心の中で思い悩む意をかけることがある。例「憂きことのまたしら雪の**下消・え**て」〈宇津保・蔵開・中〉

したく【支度・仕度】[名]❶用意。準備。計画。❷見込み。当て。❸食事。腹ごしらえ。

しだ・く{か・き・く・く・け・け}《「したく」とも》一[自カ四]乱れる。荒れる。例「をの山や野風に**しだ・く**かるかやの」〈夫木・秋三〉二[他カ四]乱す。荒らす。砕く。例「そこはかとなき水の流れどもを踏み**しだ・く**駒の足音も」〈源氏・橋姫〉

したくさ【下草】[名]木の下など物陰に生えている雑草。また、転じて、目立たないもの。日陰者。

しだくさ【しだ草】[名]語義未詳。ノキシノブなどのシダ類をいうか。

したぐつ【下沓・襪】[名]「したうづ」に同じ。

したくづ・る【下崩る】[自ラ下二]{れ・れ・る・るる・るれ・れよ}気持ちがくじける。人の意志に従う。例「**下くづ・れ**たる心地し侍れ」〈狭衣・四〉

したぐみ【下組み】[名]《「したくみ」とも》心の中でたくらむこと。計画。

したぐら【下鞍・韉】[名]馬具の一種。鞍の下に敷いて、馬の背と脇に当てるもの。わらなどで作り、表面を革で覆う。二枚重ねて用いる。＝切っ付け

したこが・る【下焦がる】[自ラ下二]{れ・れ・る・るる・るれ・れよ}表に出さずに恋い焦がれる。例「**下こが・れ**つつわが恋ふらくは」〈新古今・恋一・九九三〉

したこがれ【下焦がれ】[名]表に出さずに恋い焦がれること。

したごころ【下心】[名]❶心の中。内心。例「隠りたる我が下心木の葉知るらむ」〈万葉・七・一三〇四〉❷前からのたくらみ。❸隠された意味。寓意。

したごひ【下恋ひ】[名]表面に表さないで心中ひそかに恋い慕うこと。

したごろも【下衣】[名]肌に着ける衣服。下着。

した・し【親し】[形シク]{しから・しく(しかり)・し・しき(しかる)・しけれ・しかれ}❶血縁が近い。親戚である。例「**親・しき**ほどにかかるは、人の聞き思ふところもあはつけきやうに」〈源氏・少女〉❷むつまじい。身近である。

しだし【仕出し】[名]《近世語》❶作り出すこと。新趣向。工夫。例「さもなき調度のたぐひ、これは**仕出し**の風流なり」〈鶉衣〉❷美し装い。おしゃれ。例「皆々風よき踊り帷子を着て、思ひ思ひの**仕出し**」〈浮・傾城色三味線〉❸資産を増やすこと。また、その人。❹料理を注文に応じて調理し、届けること。また、その料理。仕出し。❺歌舞伎で、本筋に無関係に登場する端役。

したしう【親しう】形容詞「したし」の連用形「したしく」のウ音便。

したじた【下下】[名]身分の低い人々。しもじも。また、官に対する民間人・一般の人々。↔上上

しだ・す【仕出す】[他サ四]{さ・し・す・す・せ・せ}❶新しく作り出す。新しく考え出す。例「安部川紙子に縮緬を**仕出・し**」〈浮・日本永代蔵〉❷準備する。用意する。調達する。例「水くみ入れ、かたのごとく御湯**しだ・い**て参らせたり」〈平家・三・法皇被流〉〔音便〕「しだい」は「しだし」のイ音便。❸もうける。かせぎ出す。例「四五年に銀二貫目あまり**仕出・し**」〈浮・日本永代蔵〉❹身なりを装う。例「その跡に二十七八の女、さりとは花車に**仕出・し**」〈浮・好色五人女〉

したすだれ【下簾】[名]牛車の前後の簾の内側に懸け、長く車の外に二筋垂らす布。屋形の中の女性や貴人が外から見られないようにするためのもの。

したぞめ【下染め】[名]本染めの前に、準備として、あらかじめ全体を染めておくこと。

したたか[・なり][形動ナリ]{なら・なり(に)・なり・なる・なれ・なれ}❶しっかりしている。きちんとしている。堅実だ。例「**したた**

下簾　東三条院の石山詣での行列。牛車の後部からは出だし衣がのぞき、下簾が長く垂れる。小川の手前には行列に道を譲った人々の姿。弓矢を持って狩り場に向かう主従、旅の荷を降ろした男、子供を抱いた市女笠の女などが、行列の通過を見守る。（石山寺縁起）

か・に賢き方の選びにては」〈源氏・行幸〉❷数量が多いさま。程度がはなはだしいさま。おおぎょうだ。ひどい。例「いと**したたか・なる**みづからの祝ひ言どもかな」〈源氏・初音〉❸人の身体・精神が頑健であるさま。力強い。たくましい。例「弓のつよさも**したたか・なる**者」〈平家・五・富士川〉

したたかもの【したたか者】［名］力の強い者。がっちりしている者。

したたに［副］《上代語》ひそかに。例「軽嬢子**したたにも**寄り寝て通れ」〈記・下・歌謡〉

したたま・る【認まる】［自ラ四］｛ら・り・る・る・れ・れ｝治まる。安泰になる。例「この殿、御後ろ見もしたまはば、天下の政は**したたま・り**なむ」〈大鏡・道隆〉

したたみ【小螺・細螺】［名］小さな巻き貝。キサゴの古名か。

したた・む【認む】［他マ下二］｛め・め・む・むる・むれ・めよ｝

アプローチ
▼「物事をきちんと処置する」意が原義。そこから、次の語義が派生した。
▼世の中を対象に→②治める。
▼あらかじめ手をうつ→③用意する。
▼日常生活を対象に→④食事をする。⑤書き記す。

❶**整理する**。**処置する**。**始末する**。例「大和守、残りのことども**したた・めて**」〈源氏・夕霧〉訳大和守は、あとに残った雑用などを**始末して**。❷**治める**。**支配する**。**管理する**。例「大隅守なる人、国の政を**したた・め**行ひ給ふあひだ」〈宇治拾遺・九・六〉訳大隅守であった人が、国の政治を**治め**執行なさったので。❸**整える**。**用意する**。**したくする**。例「日暮れぬと急ぎたちて、御灯明のことども**したた・め**はてて急がせば」〈源氏・玉鬘〉訳日が暮れてしまうとにわかに急いで、ご灯明のことなど**用意し**終えて急がせるので。❹**食事をする**。**食べる**。例「三里ばかりなれば夕飯**したた・めて**出づるに」〈おくのほそ道・福井〉訳（福井は）三里ほどの所なので夕飯を**食べて**出かけたところ。❺**書き記す**。**書く**。例「あすは古里にかへす文**したた・めて**」〈おくのほそ道・市振〉訳明日は故郷に帰す「男に託して」返事の手紙を**書き記して**。❻（動詞の下に付いて）物事が確実に行われるの意を表す。**確かに…する**。**きちんと…する**。例「かの人のあるべきさまに言ひ**したた・めて**」〈源氏・浮舟〉訳あの方が、都合がよいように**きちんといって**。

したた・む【舌訛む】［自マ四］｛ま・み・む・む・め・め｝ことばがなまっている。例「あづまにて養はれたる人の子は**したた・みて**こそ物は言ひけれ」〈拾遺・物名・四二三〉

したため【認め】［名］❶処理。（葬式などの）処置。例「後の（＝死後ノ）**したため**なども、いとはかなくしけるを」〈源氏・蜻蛉〉❷用意。準備。例「今宵しもあらじと思ひつることどもの**したため**、いとほどなく際々しきを」〈源氏・夕霧〉❸食事。

したためい・る【認め入る】［他ラ下二］｛れ・れ・る・るる・るれ・れよ｝具合よく入れる。整えて収める。例「箱風情の物に**したため入・れて**」〈徒然・五四〉

したためし・る【認め知る】［他ラ四］｛ら・り・る・る・れ・れ｝処置して監督する。取り仕切って管理する。例「政のおもむきを**認め知・らむ**事は」〈源氏・行幸〉

したためまう・く【認め設く】［他カ下二］｛け・け・く・くる・くれ・けよ｝準備する。処置する。例「行く末難く**したためまう・けて**」〈徒然・五九〉

したた・る【滴る】［自ラ四］｛ら・り・る・る・れ・れ｝《近世以降「したたる」》滴になって垂れ落ちる。

したた・るし【古たるし】［形ク］｛から・く（かり）・し・き（かる）・けれ・かれ｝《近世語》❶甘ったるい。べたべたしている。色っぽい。例「**したたる・き**独り言いふこそをかしけれ」〈浮・好色五人女〉❷汚れてじめじめしているようす。例「ほつれたる去年その寝ござの**したたる・く**」〈猿蓑〉

したぢ【下地】［名］❶物事をなす基礎。下ごしらえ。❷本来の性質。素質。例「賢き**したぢ**なくして、俄に菩薩に成り難かるべし」〈沙石集〉❸本当の気持ち。例「**下地**より馴染みたる男に添はせよ」

〈膝栗毛〉❹（味付けの元となることから）しょうゆ。
〔下地は好きなり御意はよし〕（近世語）もともと好きなうえに、ほかからも好意的に勧められること。

したぢ【下道・下路】[名]木の下の道。物陰にある道。

したぢっこ【下地っ子】[名]（近世語）将来芸者などにするために、遊芸などを習わせ養育しておく童女。見習い弟子。

したぢまど【下地窓】[名]（近世語）壁の一部を塗り残し、下地の竹をそのまま格子とした窓。

した・つ【仕立つ】一[他タ四]〔た・ち・つ・つ・て・て〕（衣服を）仕立てる。できあがる。例「みな装束し立ちて、暗うなりにたるほどに、持て来て、着す」〈枕・宮の、五節出ださせたまふに〉 二[他タ下二]〔て・て・つ・つる・つれ・てよ〕❶飾り立てる。例「里人は、車清げに仕立てて」〈枕・ころは、正月、三月〉❷仕上げる。とくに、衣服を裁ち縫う。例「いときよらにした・てたまへる」〈源氏・少女〉❸しつける。例「中宮の御たぐひにした・てたまはむ」〈源氏・行幸〉

した・づ【滴づ】[他ダ下二]〔で・で・づ・づる・づれ・でよ〕（「したつ」とも）滴らせる。絞り垂らす。例「血の流るる事、油をした・づるが如し」〈太平記・二〇〉

したつき【・なり】【舌付き】[名・形動ナリ]何をいっているのかはっきりしないこと。ろれつが回らない。例「声わづかひの、さすがに舌つきにて」〈源氏・朝顔〉

したづくえ【下机】[名]机の下に箱などを載せるためにおく、台のような小さな机。

したつくに【下つ国】[名]（「つ」は上代の格助詞）地下の国。死後の世界。↔上つ国

したつゆ【下露】[名]草木から滴り落ちる露。（季―秋）

したて【下手】[名]（「したで」とも）❶下の方。低い方。とくに、川の下流。❷他より劣ること。また、その人。例「人のしたてに立つ事を思はざりしかば」〈太平記・六〉❸（相撲で）組んだ手が相手の腕の下になること。また、その手。①②③↔上手

したで・る【下照る】[自ラ四]〔ら・り・る・る・れ・れ〕（「したてる」とも）（花の色などで、その木の下が）美しく照り映える。美しく輝く。例「春の苑紅にほふ桃の花下照る道に」〈万葉・一九・四一三九〉訳→（和歌）はるのその…

したてるひめ【下照姫】[人名]神話上の人物。国つ神（一説には大国主命）の娘で下界を平定するため高天原から派遣された天稚彦の妻。

したど【・なり】【舌疾】[形動ナリ]〔なら・なり（に）・なり・なる・なれ・なれ〕早口であるようす。例「のたまふけはひの舌疾にあはつけきを」〈源氏・賢木〉

したど・し【舌疾し】[形ク]〔から・く（かり）・し・き（かる）・けれ・かれ〕早口である。例「『小賽、小賽』と祈ふ声ぞ、いと舌疾きや」〈源氏・常夏〉

したどひ【下訪ひ・下娉ひ】[名]ひそかに女のもとに通うこと。

したなが【・なり】【舌長】[形動ナリ]〔なら・なり（に）・なり・なる・なれ・なれ〕（近世語）言葉が過ぎているさま。例「やあ舌長なり節之助」〈浄・伽羅先代萩〉

したなき【下泣き】[名]ひそかに泣くこと。

したね【下根】[名]根の下部。隠れて見えない根。

したのおび【下の帯】[名]「したおび①」に同じ。

したば【下葉】[名]草木の下方の葉。↔上葉

したばかま【下袴】[名]（「したのはかま」とも）❶衣冠・直衣・狩衣を着る際、指貫の下にはく袴。形は、束帯のときの大口袴に似る。❷江戸時代の町人がはいた略式の袴。

したは・し【慕はし】[形シク]〔しから・しく（しかり）・し・しき（しかる）・しけれ・しかれ〕心がひかれて懐かしい。恋しい。例「なに事も、古き世のみぞしたはしき」〈徒然・二二〉

したば・ふ【下延ふ】[自ハ下二]〔へ・へ・ふ・ふる・ふれ・へよ〕（「したはふ」とも。「した」は心の奥の意）心中ひそかに思う。例「ゆりも逢はむと下延ふる」〈万葉・一八・四一一五〉

したひ[名]木の葉が色づくこと。紅葉。

したび【下樋】[名]（「したひ」とも）❶水を通すため、地中に埋設した木製の土管。＝埋み樋。↔筧 ❷和琴の表板と裏板との間の長方形の空洞部。

したひまつは・す【慕ひ纏はす】[他サ四]〔さ・し・す・す・せ・せ〕（「したひまとはす」とも）人や物などを恋しく思って、身近にあるようにさせる。例「今はいとようならはされて、わりなくは慕ひまつはさず」〈源氏・花宴〉

したひも【下紐】[名]（「したびも」とも）下裳・下袴など、表に見えないひも。

古典の世界 古代には、人に恋い慕われていると、下紐が自然に解けるとされた。また、男女が共寝した後、互いに相手の下紐を結び合って、勝手に解かないのを愛の誓いのしるしとした。

した・ふ[自ハ四]〔は・ひ・ふ・ふ・へ・へ〕（木の葉が）赤く色づく。例「秋山のした・へる妹（＝秋山ノ木ノ葉ガ赤ク色ヅクヨウニ美シイ乙女）」〈万葉・二・二一七長歌〉

した・ふ【慕ふ】[他ハ四]〔は・ひ・ふ・ふ・へ・へ〕❶心ひかれてあとを追う。例「心も騒ぎて、慕ひ来たれど、動きもなくて」〈源氏・帚木〉❷恋しく思う。懐かしく思う。❸師事する。手本とする。例「なき人をした・ふ心にまかせても」〈源氏・朝顔〉例「有識の道者にした・ひ」〈浮・西鶴織留〉

したぶし【下臥し】[名]物の下に臥すこと。

したぶり【舌振り】[名]もののいいかた。話しっぷり。

したへ【下方・下辺】[名]死後に行く地下の世界。

したま・つ【下待つ】[他タ四]〔た・ち・つ・つ・て・て〕心ひそかに待つ。心待ちにする。例「〔帝ガ〕おはしましやすると、〔女御ハ〕した待ちたまひけるに」〈大和・二四〉

したみ[名]一【籭】汁や酒をこすのに用いる竹のざる。底が四角で上部が丸い。二【湑み】（「湑み酒」の略）枡などから滴ってたまった酒。

したみづ【下水】[名]物の下を流れて表面には見えない水。

した・む【湑む・釃む・漉む】[他マ四]〔ま・み・む・む・め・め〕水分を滴らせる。水や酒などをこす。例「飯を箸を以て含めつつ湯を以て漉ましむれば」〈今昔・三・三五〉

したも【下裳】[名]❶腰から下にまとう衣。「上裳」の下にはいた裳。↔上裳 ❷入浴する際に身に着けた衣。＝湯文字

したもえ【下萌え】[名]早春、草の新芽が地中から生え出ること。また、その芽。草萌え。（季―春）

したもえ【下燃え】[名]❶物の下で燃えくすぶること。❷（「下」は心の中の意）心の中で恋い焦がれること。

し

と。例「苦しき下燃えなりけり」〈源氏・篝火〉

〔和歌〕**したもえに…**【下燃えに思ひ消えなん煙だに跡なき雲の果てぞ悲しき】〈新古今・恋二・一〇八一・藤原俊成女〉訳人知れず心の内に恋の炎を秘めたまま、私は焦がれ死んでしまうでしょう。私の火葬の煙さえ跡かたもなくなってしまう雲の果てがほんとに悲しいことだ。《係結び》「ぞ→悲しき(体)」〈参考〉「思ひ」の「ひ」に「火」をかけ、「燃え」「消え」とともに、「煙」の縁語。

したもひ【下思ひ】[名]《「したおもひ」の変化形》「したおもひ」に同じ。

したもみぢ【下紅葉】[名]木の下の方の葉が紅葉すること。また、その葉。(季―秋)

〔和歌〕**したもみぢ…**【下紅葉かつ散る山の夕時雨濡れてやひとり鹿の鳴くらん】〈新古今・秋下・四三七・藤原家隆〉訳下葉の紅葉が一方でしだいに散っていく山の夕時雨、その時雨にぬれながら、ひとりさびしく鹿が妻を求めて鳴いているのであろうか。《係結び》「や→鳴くらん(体)」

したも・ゆ【下萌ゆ】[自ヤ下二]{え・え・ゆ・ゆる・ゆれ・えよ}草の新芽が地中から生え出る。芽ざす。(季―春)。例「春日野の**下萌・え**わたる草の上に」〈新古今・春上・一〇〉

したも・ゆ【下燃ゆ】[自ヤ下二]{え・え・ゆ・ゆる・ゆれ・えよ}❶物の下で燃えくすぶる。いぶる。例「やくすみがまの**下も・え**てけぶりのうへにつもるしら雪」〈風雅・冬・八七五〉❷《「下」は心の中の意》心の中で恋い焦がれる。例「**下も・ゆる**嘆きをだにも知らせばや」〈栄花・三六〉

したや【下屋・下家】[名]《近世語》地下室。また、縁の下。床下。

したやす・し【下安し】[形ク]{から・く(かり)・し・き(かる)・けれ・かれ}心の中が安らかである。安心だ。例「うち嘆きて、ゐなほりたまふほども、げにぞ**下やす・からぬ**」〈源氏・宿木〉

しだやば【志太野坡】[人名](一六六二〜一七四〇)江戸中期の俳人。蕉門十哲のひとり。商家の出で、晩年俳諧師となる。松尾芭蕉に入門、『炭俵』を小泉孤屋・池田利牛らと共編。

したゆ【下ゆ】《名詞「下」+上代の格助詞「ゆ」》ひそかに。例「隠り沼の**下ゆ**は恋ひむ」〈万葉・一二・三〇二一〉

しだら[名]手拍子。手を打つこと。また、子供が手拍子を打って遊ぶ遊戯。

しだら[名]《近世語》好ましくないようす。ていたらく。例「案に違はずこの**しだら**」〈洒・錦之裏〉

じだらく【・なり】【自堕落】[名・形動ナリ]《近世語。「しだらく」とも》だらしがないこと。ふしだら。例「着る物も**自堕落・に**帯ゆるく」〈浮・好色一代男〉

しだり【し垂り】[名]垂れ下がること。

したりがほ【・なり】【したり顔】[名・形動ナリ]得意顔。うまくやったというような顔つき。例「諸氏(=諸役所)の下人(=下役人)どもの、**したり顔・に**馴れたるもをかし」〈徒然・二三〉

しだりやなぎ【し垂り柳】[名]シダレヤナギの古名。細い枝葉を長く垂らし、春、黄緑色の花穂を付ける。(季―春)

しだりを【し垂り尾】[名]長く垂れ下がった尾。

しだ・る【垂る】《「し」は下の意》一[自ラ四]{ら・り・る・る・れ・れ}下に垂れる。長く垂れ下がる。例「二月の中の十日ばかりの青柳の、わづかに**しだ・り**はじめたらむ心地して」〈源氏・若菜・下〉二[自ラ下二]{れ・れ・る・るる・るれ・れよ}一に同じ。例「山ふかみ岩に**垂・るる**水溜めんかつ落つる橡拾ふ程」〈山家集・下〉

発展学習ファイル 平安時代までは四段に活用したが、後世には下二段に転じた。

したる・し[形ク]{から・く(かり)・し・き(かる)・けれ・かれ}❶湿っている。じとじとしている。例「**したる・き**麻の衣すすぎて」〈夫木・雑一八〉❷なまめかしく甘ったるい。例「すこし**したる・き**野郎をまねき」〈浮・西鶴置土産〉

したわらび【下蕨】[名]春、他の草の葉陰に生え出したばかりの小さなワラビ。

したゑ【下絵】[名]紙や絹、綾などに、飾りとして描かれた絵。その上に和歌、詩文などを書く。

したゑま・し【下笑まし】[形シク]{しから・しく(しかり)・し・しき(しかる)・しけれ・しかれ}心の中でうれしく思うさま。心の中でほほえましいと思うさま。例「明日よりは**下笑ま・しけ**む家近づけば」〈万葉・六・九四一〉〔注〕用例の「下笑ましけ」は古い未然形。

したをぎ【下荻】[名]他の草木の下に生えている荻。また、荻の下の方の葉の意とも、折れて倒れた荻の意ともいう。

したを・る【下折る】[自ラ下二]{れ・れ・る・るる・るれ・れよ}草木の下枝が折れて垂れ下がる。例「いかなればうは葉をわたる秋風に**した折・れ**すらむ」〈千載・秋上・二四六〉

したをれ【下折れ】[名]草木の下の方の茎や枝が折れて垂れ下がること。また、その折れたもの。

したん【紫檀】[名]木の名。インド原産。暗赤色の材は堅牢で、器具や調度の材として珍重された。

しだん【師檀】[名]師僧と檀那。寺と檀家。また、その関係。

しぢ【榻】[名]牛車を牛からはずしたとき、轅の軛を置く台。乗り降りの踏み台にもなる。

〔**榻の端書き**〕(昔、恋をした男が、相手の女に百日通い続けたら会おうといわれ、毎晩榻の端に証拠の印をつけ九十九夜に至ったが、百夜目に事情があってどうしても行くことができず、ついに思いを遂げえなかったという伝説から)男の恋の激しいこと。また、恋が思うようにならないことのたとえ。

じち【実】[名]「じつ」一①に同じ。

しちく【糸竹】[名]《「いとたけ」とも。「糸」は琴・琵琶などの弦楽器を、「竹」は笙・笛などの管楽器を指す》楽器の総称。また、音楽。管弦。

しちく【紫竹】[名]竹の一種で、クロダケの別称。生えた年は緑色だが、二年目から黒紫色にかわる。古代中国の皇帝舜が死んだとき、二人の妃が流した涙が竹を染めたといわれる。

しちくゎんおん【七観音】[名]《仏教語》❶衆生を救済するために姿を七種に変えた観世音菩薩。千手・馬頭・十一面・聖・如意輪・准胝・不空羂索の七観音の総称。❷京都で、観音を本尊として祭る代表的な七つの寺院。革堂行願寺・河崎清和院・吉田寺・清水寺・六波羅蜜寺・六角堂・蓮華王院。

しちごさん【七五三】[名]❶祝儀に用いる数。一・三・五・七・九の奇数は「陽」の数でめでたいものとされ、その中の三つをとったもの。❷(「七五三の膳」の略)本膳七菜、二の膳五菜、三の膳三菜からなる祝いのごちそう。❸(「七五三の祝ひ」の略)数え年で男子は三歳と五歳、女子は三歳と七歳に当たる年の十一月十五日に、氏神に参詣する祝い。(季—冬)

しちごてう【七五調】[名]日本の詩歌における音数律のひとつで、七音節の句のあとに五音節の句が続く形式。初句切れ・三句切れの短歌に多く見られ、『古今和歌集』以降盛んに用いられた。

しちしちにち【七七日】[名]「しじふくにち②」に同じ。

しちじふごにち【七十五日】[名]❶初物を食べると七十五日生き延びるといわれることから、その日数。❷(「人のうわさも七十五日」ということわざから)人のうわさの消えないでいる日数。

しちしゃ【七社】[名]滋賀県にある日吉大社の本社・摂社・末社を合わせた二十一神社を、上・中・下の七社ずつに三区分したときの、それぞれの七社をいう呼び名。＝山王七社

しちしゃう【七生】[名](仏教語)この世に七度生まれ変わること。また、生まれ変わることのできる限界の回数。転じて、未来永遠。

しちそう【七僧】[名](仏教語)平安時代、法会のときの重要な役を勤める七種の僧。講師・読師・呪願師・三礼師・唄師・散華師・堂達の役僧の総称。

しちだいじ【七大寺】[名]「南都七大寺」の略。

しちだう【七道】[名](「道」は地方の意)東海道・東山道・北陸道・山陰道・山陽道・南海道・西海道の総称。また、その街道の名。→「ごきしちだう」。＝七つの道

古典の世界　令制下の地方区分で、畿内五か国(都に近い五か国、山城・大和・河内・和泉・摂津)を除く全国を七つに分けたもの。

しちだうがらん【七堂伽藍】[名](仏教語)寺院の七種の主要な建物。また、七堂を備えた寺院。七堂とは、ふつうは、塔・金堂・講堂・鐘楼・経蔵・僧房・食堂をいうが、時代・宗派によって異なる。

しちぢゅうほうじゅ【七重宝樹】[名](仏教語)極楽浄土にあるとされる七重に並ぶ宝の木。金樹・銀樹・瑠璃樹・玻璃樹・珊瑚樹・瑪瑙樹・硨磲樹が七重に並ぶとされる。また、黄金の根・紫金の茎・白銀の枝・瑪瑙の条・珊瑚の葉・白玉の花・真珠の果実をそなえた宝の木が七重に並ぶともいう。＝七重行樹

しちでう【七条】[名]❶平安京の東西に通じる大路のひとつ。北側から数えて七つ目の通り。❷「七条の袈裟」の略。

七条の袈裟(仏教語)「三衣」のひとつ。七幅(約二・一メートル)を横につづって作った袈裟。礼拝・聴講に用いる。＝七条②

しちとく【七徳】[名](「しっとく」とも)❶武力の有する七つの徳。暴を禁じ、兵を治め、大を保ち、功を定め、民を安んじ、衆を和し、財を豊かにすること。『春秋左氏伝』に見える。❷「七徳の舞」の略。

七徳の舞　舞楽の曲名。「秦王破陣楽」の別称。＝七徳②

しちのづ【七の図】[名](近世語)尻の上部。七枚目の肋骨。また、脛の上部ともいう。

しちばんにっき【七番日記】[作品名]江戸後期の俳諧・日記。小林一茶作。文化七年(一八一〇)正月から文政元年(一八一八)十二月までの句日記。上段に年月日・天候・事実・感想などを記し、下段にその月々の句を配す。一茶調の最盛期の句作を示す。

しちふくじん【七福神】[名]福徳をもたらす神とされる七神。恵比須・大黒天・毘沙門天・弁財天・福禄寿・寿老人・布袋の総称。

しちぶつやくし【七仏薬師】[名](仏教語)❶薬師如来が衆生を救うために、変化・分身して現れたといわれる七体の仏。❷京都およびその周辺の、七か所にまつる薬師如来。祇園の観慶寺・八幡の護国寺・太秦の広隆寺・蓼倉の法雲寺・延暦寺・珍皇寺・平等寺の薬師如来の総称。

しちべん【七弁】[名]太政官の七人の弁官の総称。左右の大弁・中弁・小弁と、中弁・小弁のうちの権官一名。参議の下に置かれた。

しちへんじん【七偏人】[作品名]江戸後期(一八五七から一八六三刊行)の滑稽本。梅亭金鵞作、梅の本鶯斎画。茶番や悪戯の趣向に遊ぶ江戸遊び人たちの生活を活写した作品。

しちほう【七宝】[名]「しっぽう①」に同じ。

しちみゃうねん【七明年】[・なり][名・形動ナリ](近世語)気の長いさま。待ち遠しいさま。例『八年したらば孫共に木練の取り飽きさすべし』と七明年なる事をたくみ〈浮・傾城色三味線〉

しちや【七夜】[名]子供が生まれて七日目の夜。七日目の産養い。→「うぶやしなひ」。＝七日③・七日の夜②

しちやう【使庁】[名]「検非違使庁」の略。

じちやう【仕丁】[名](「しちやう」とも)❶古代の令制における労役。諸国から徴集されて、諸官庁の雑役に服した。❷平安以降、皇族・貴族・寺社・幕府などで雑事に従事した者。

しぢゅう【止住】[名]住んでいること。居住。

しぢゅう【四重】[名](仏教語。「四重罪」の略)仏教の世界で最も重い四つの大罪。殺生戒・偸盗戒・邪淫戒・妄語戒を犯す罪。

じちよう【実用】[・なり][名・形動ナリ]まじめ。律義。実直。例「男へいとまめにじちようにて、あだなる心なかりけり」〈伊勢・一〇三〉

しちらい【失礼】[名](「しつらい」とも)礼儀を欠くこと。無作法。失敗。

しちら・す【為散らす】[他サ四](さ・し・す・す・せ・せ)やりたい放題にする。むやみにする。例「築土・門の下などに向きて、えもいはぬ事どもしちら・し」〈徒然・一七五〉

しちり【七里】[名]一里(約四キロメートル)の七倍。転じて、広い地域をいう。

しちりけっかい【七里結界】[名]❶(仏教語)仏道の修行の妨げになる魔障を寄せつけないように、七里四方に境界を設けること。❷(①から転じて)嫌っ

て寄せつけないこと。

しちりけっぱい【七里けっぱい】［名］《近世語。「しちりけっかい」の変化形》嫌って寄せつけないこと。避けること。＝七里けんぱい。例「男は**七里けっぱい**と、会釈も何のなげ情け」〈伎・名歌徳三舛玉垣〉

しちりけんぱい【七里けんぱい】［名］「しちりけっぱい」に同じ。

じちゐき【日域】［名］《「にちゐき」とも》（日の出る国の意から）日本の別称。

しつ【失】［名］❶失敗。過失。↔得。❷欠点。きず。❸失うところ。損失。↔得。❹よくないところ。弊害。↔得

しつ【瑟】［名］中国古代の弦楽器のひとつ。箏に似ているが、それより大きく、弦の数は十九、二十三、二十五など一定していない。奈良時代に伝わった。↓［古典参考図］楽器

しづ【賤】［名］卑しいこと。身分の低い者。下賤の者。例「峰に木づたふ猿の声、**賤**が爪木の斧の音」〈平家・灌頂・大原御幸〉

〔**賤の女**〕身分の低い女性。↔賤の男

〔**賤の男**〕身分の低い男性。＝賤男。↔賤の女

しづ【倭文】［名］《上代は「しつ」》日本古来の織物の名。梶・麻などで、筋や格子を織りだしたもの。＝倭文織・倭文布。

〔**倭文の苧環**〕「倭文」を織るのに用いる糸を巻いたもの。例「いにしへの**しづのをだまき**繰りかへし昔を今になすよしもがな」〈伊勢・三二〉訳↓（和歌）いにしへのしづのをだまき…

〈**参考**〉和歌では、糸を繰り出す意から「繰る」、「繰る」と同音の「苦し」、また「しづ」を「賤」の意にとって「賤し」などの序詞の一部として用いられる。

し・づ【垂づ】［他ダ下二］｛で・で・づ・づる・づれ・でよ｝垂らす。垂れ下げる。例「組の緒（＝組紐）**し・でて**宮地（＝御所ヘノ道）かよはむ」〈拾遺・神楽・五八二〉

しづ【静】他の語と結び付いて静かな、落ち着いた、静まっているなどの意を表す。「しづ心」「しづ宮」など。

じつ【実】㊀［名］❶《「じち」とも》真実。事実。まこと。❷実体。❸真心。真の愛情。❹「実事①」の略。㊁［副］本当に。まことに。

じっ…【昵…】歴史的かなづかい「ぢっ…」

じつう【実有】［名］《仏教語》真実にあること。実在。この世のすべてのものは仮のもので、みな空であるのに、迷いのために、存在しているものと錯覚してしまうこと。↔仮有

しづえ【下枝】［名］《「したえ」とも》下の方の枝。したえだ。↔上枝・中枝

しづおり【倭文織】［名］「しづ（倭文）」に同じ。

しづか［・なり］【静か・閑か】［形動ナリ］｛なら・なり（に）・なり・なる・なれ・なれ｝❶物音がしないようす。❷ゆっくりしたようす。例「いま**しづか・に**御局にさぶらはむ」〈枕・大進生昌が家に〉❸穏やかなようす。平静なようす。例「心おのづから**静か・なれ**ば、無益のわざをなさず」〈徒然・一七二〉

しっかい【悉皆】［副］❶すっかり。ことごとく。例「**悉皆**頼み申したく候ふ」〈謡・烏帽子折〉❷まるで。まるっきり。まったく。例「それは**悉皆**有財餓鬼といふものぢゃ」〈狂・宗論〉❸（下に打消の語を伴って）全然。例「**しっかい**、それは武士たるもののしわざならず」〈浄・凱陣八島〉

じっかい【十戒】［名］《仏教語》仏道を修行する者の守るべき十の戒律。殺生（生き物を殺す）・偸盗（盗みをする）・邪淫（性行為をする）・妄語（うそをつく）・悪口（悪口をいう）・両舌（矛盾したことをいう）・綺語（うまいことをいう）・貪欲（むさぼり欲ばる）・瞋恚（怒り憎む）・邪見（因果の道理を無視した誤った考え方をする）の十悪に対する戒律をいう。宗派・教典によって異なる。＝十善戒

じっかい【十界】［名］《仏教語。「十法界」の略》迷いの世界と悟りの世界を十に分けたもの。迷界は、天上界・人間界・修羅界・畜生界・餓鬼界・地獄界。悟界は、仏界・菩薩界・縁覚界・声聞界である。

しっかう【執行】［名］「しゅぎゃう（執行）㊀」に同じ。

しっかう【膝行】［名］ひざまずいて、膝頭で床をすりながら進んで礼拝し、そのまま退くこと。座礼のひとつ。

しづかごぜん【静御前】［人名］（生没年未詳）平安後期の白拍子。源義経の愛妾。義経とともに逃亡したが、途中捕らえられ鎌倉へ送られた。『義経記』や能『吉野静』、歌舞伎『義経千本桜』などによって人々に親しまれた。

〔俳句〕**しづかさや…**【閑かさや岩にしみ入る蟬の声】〈おくのほそ道・立石寺・芭蕉〉訳なんと静かなことよ。ここでは蟬の声も岩にしみとおっていくように聞こえ、その静寂の深まりに、心まで澄み切っていくようだ。（季―蟬の声―夏）

じっかん【十干】［名］甲・乙・丙・丁・戊・己・庚・辛・壬・癸の総称。陰陽道では、この十干に、木・火・土・金・水の五行のそれぞれに、陽を表す兄と陰を表す弟とをつけてふり当て、木兄（甲）・木弟（乙）・火兄（丙）・火弟（丁）・土兄（戊）・土弟（己）・金兄（庚）・金弟（辛）・水兄（壬）・水弟（癸）とする。ふつう十干と十二支を組み合わせて「干支」と称し、甲子は「きのえね」、乙丑は「きのとうし」などと読み、年や日を表示するのに用いる。↓「えと（干支）」

じつぎ［・なり］【実義】㊀［名］真心。誠意。㊁［形動口語型］真心や誠意のあるさま。

じっきんせう【十訓抄】［作品名］鎌倉中期（一二五二成立）の説話集。編者未詳。王朝貴族的教養の啓蒙・現実的教訓の書。

しつ・く【為付く・仕付く】㊀［他カ四］｛か・き・く・く・け・け｝し慣れる。やりつける。例「犬防ぎ（＝丈ノ低イ格子）に簾さらさらとうちかくる、いみじう**しつ・きたり**」〈枕・正月に寺に籠りたるは〉㊁［他カ下二］｛け・け・く・くる・くれ・けよ｝❶し始める。やり出す。例「今少しめづらしからむこと**しつ・けて**、同じくは、例（＝手本）にせむ」〈宇津保・内侍のかみ〉❷し慣れる。やりつける。例「舞楽・田楽で、獅子頭・流鏑馬など、さまざま所に**しつ・けたる**事どもおもしろし」〈増鏡・さしぐし〉❸作り付ける。仕掛ける。例「〔帯ノ端デ〕蛇のかたをいみじく似せて、動くべきさまなど**しつ・けて**」〈堤中納言・虫めづる

姫君〉❹礼儀作法を身につけさせる。習わせる。❺嫁入りさせる。奉公させる。独立させる。例「衣類・諸道具、美を尽くして仕付・けける」〈浮・好色一代女〉❻やっつける。負かす。例「宵から千代とせ様にしつ・けられて無念な」〈浄・冥途の飛脚〉

しづ・く【沈く】（シズク）[自カ四]{か・き・く・く・け・け}❶水の底に沈んでいる。例「沈・く石をも玉（＝真珠）とぞ我（あ）が見る」〈万葉・一九・四一九九〉❷水面に映って見える。例「水の面にしづ・く花の色さやかにも」〈古今・哀傷・八四五〉

しつ・くす【為尽くす】[他サ四]{さ・し・す・す・せ・せ}全部してしまう。ことごとくやり尽くしてしまう。例「すべて心もとなきことなくし尽・さむ」〈落窪・三〉

しづくにごる【雫に濁る】（シズクニゴル）[作品名]鎌倉中期（一二七一以前成立）の擬古物語。作者未詳。完存しないが、長い作品ではなかったようである。

しづくら【倭文鞍】（シズクラ）[名]（「しつくら」とも）「倭文（しづ）」で飾りをした鞍。

しつけ【仕付け】[名]❶作りつけること。❷礼儀作法を教え込むこと。また、その礼儀作法。躾（しつけ）。❸着物などの仕立てが狂わないように、仮に縫い付けておくこと。しつけ縫い。また、その糸。❹田植え。

じっけう【実教】（ジッキョウ）[名]《仏教語》真実の教え。天台宗では「法華経（ほけきやう）」の教えを指す。↔権教（ごんけう）

しつけぎん【仕付け銀】[名]子供を一人前に仕立てるのに要する費用。

しづけ・し【静けし】（シズケシ）[形ク]{(から)・く(かり)・し・き(かる)・けれ・かれ}静かだ。例「いざ子どもあへて漕（こ）ぎ出むにはも静け・し」〈万葉・三・三八八長歌〉

じつげつ【日月】[名]（「ひつき」とも）太陽と月。また、月日。歳月。

しっけん【執権】[名]❶朝廷に設置されていた記録所の弁官の別称。❷上皇に奉仕する院司の長官。❸政権を握ること。また、その人。❹鎌倉時代、将軍を補佐し政務をとる重要職。北条義時（よしとき）は、政所（まんどころ）・侍所の長官を兼ねて称した。❺室町時代、「管領（くわんれい）」の別称。のち諸大名家の重臣も指した。

じっけん[・す]【実検】[名・他サ変]真実であるかどうかを吟味すること。ものの実否（じっぴ）を確かめること。

しづごころ【静心】（シズゴコロ）[名]（多く、下に打消の語を伴って）落ち着いた心。静かな心。例「久方の光ののどけき春の日にしづ心なく花の散るらむ」〈古今・春下・八四〉訳→〔和歌〕ひさかたのひかりのどけき…

じつごと【実事】[名]❶《近世語》歌舞伎（かぶき）で、分別があり、常識をわきまえた役柄。また、その演技や場面。＝実㊀④。❷まじめな事。真剣な恋。

じつごとし【実事師】[名]《近世語》歌舞伎（かぶき）で、「実事（じつごと）①」を得意とし、演じる役者。

じっさう【実相】（ジッソウ）[名]《仏教語》万物の生滅・無常の相を超越した真実の姿。不変の理。

しつじ【執事】[名]（「しっし」とも）❶上皇などに奉仕する院司の長官。❷平安時代、摂関家で家政をつかさどった「家司（けいし）」の長官。❸鎌倉時代、「政所（まんどころ）」の次官。また、問注所の長官。❹室町時代、将軍の補佐役のこと。のちに管領（かんれい）と称する。❺江戸時代、幕府の「若年寄（わかどしより）」の別称。

じっしゃう【実正】（ジッショウ）[名]偽りのないこと。確かなこと。真実。正直。

じつじゃう【実情】（ジツジョウ）[名]❶真実の心情。❷人間が本来もっている性情。香川景樹（かがわかげき）が重視し、和歌は実情を偽らずに詠むことで調べをなすと説いた。

しっ・す【執す】[他サ変]{せ・し・す・する・すれ・せよ}（「しふす」とも）深く心にかける。執心する。例「先祖の御門（みかど）のさしも執・しおぼしめされたる都を」〈平家・五・都遷〉

しづすげ【しづ菅】（シズスゲ）[名]語義未詳。スゲの一種か。いまのジュズスゲやコスゲ、また神を鎮めるためのスゲの意で、神事に用いるスゲなどといわれる。

しっせい【執政】[名]❶政治をつかさどり、政権をとる人。また、その職。❷摂政・関白の別称。❸江戸時代の老中・家老の別称。

しっそう[・す]【執奏】[名・他サ変]下の者の意見などを取り次いで天皇に申し上げること。＝伝奏（てんそう）

しったつ[・す]【執達】[名・他サ変]上位の人の意向を下位の者に伝達すること。例「院宣かくのごとし。よって執達件（くだん）のごとし（＝以上ニ述ベタトオリデアル）」〈平家・五・福原院宣〉

古典の世界 「執達件（くだん）のごとし」は、院政期から鎌倉時代の公用文書の文末に記された慣用句。

しづたまき【倭文手纏】（シズタマキ）（上代は「しつたまき」）㊀[名]「倭文（しづ）」で作った腕輪。㊁[枕詞]（㊀が金属や玉で飾らず粗末であるところから）「数にもあらぬ」「いやし」にかかる。例「倭文たまき数にもあらぬ身にはあれど」〈万葉・五・九〇三〉

しったん【悉曇】[名]《梵語（ぼんご）の音訳。成就の意》梵字（ぼんじ）の字母（じぼ）。転じて、梵字。梵語。また、それに関する研究の総称。悉曇学。

しっち【悉地】[名]《仏教語。「しちぢ」とも。梵語（ぼんご）の音訳。成就の意》真言密教の秘法を修行して得られた悟り。

しっちん【七珍】[名]「しっぽう①」に同じ。

しっちんまんぽう【七珍万宝】[名]（「しっちんまんぼう」とも）あらゆる種類の珍しい宝物。

しっつい[・す]【失墜】[名・他サ変]❶物を失うこと。また浪費すること。例「人目ばかりおもひて、手前の失墜をかまはず」〈浮・万の文反古〉❷不足すること。例「これ観音の銭なれば、いづれも失墜なく返納したてまつる」〈浮・日本永代蔵〉

じってい【十体】[名]和歌の表現様式を十種に分類したもの。中国詩学の詩体分類にならった平安時代の『歌経標式（かきょうひょうしき）』や『忠岑（ただみね）十体（和歌体十種）』にはじまる。

じってい[・なり]【実体】[名・形動ナリ]まじめで律義なこと。例「それを実体・なる所帯になせば、かならず衰微して家久しからず」〈浮・日本永代蔵〉

じっとく【十徳】[名]衣服の名。素襖（すおう）に似て脇（わき）を縫い付けたもの。下に四幅袴（よのばかま）をはく。もとは僧の服装であったが、室町時代には貴賤（きせん）ともに旅行着として用いられた。江戸時代には絽（ろ）や紗（しゃ）で作り、腰から下にひだを付けて、儒者・医師・俳諧師（はいかいし）・絵師などの礼服として用いられた。➡［古典参考図］男子の服装〈4〉

しっとと[副]（「しとと」の促音便）❶物を押しつけたり、たたきつけたりするさま。ぴしっと。例「すっぱと切ってはしっとと打ち付け」〈狂・鱸包丁〉❷密着していてすきまのないさま。ぴったりと。例「〔扇ノ〕要（かなめ）もと

しっとどして」〈狂・末広がり〉❸情のこまやかなさま。しっとりと。しっぽりと。むつまじく。例「しっとと逢ふ瀬の波枕」〈浄・女殺油地獄〉

しづぬさ【倭文幣】［名］《上代は「しつぬさ」》「倭文」を材料として作った幣。

しづのや【賤の家】［名］身分の低い人の家。

じっぽう【十方】［名］東・西・南・北の四方に、丑寅(北東)・辰巳(南東)・未申(南西)・戌亥(北西)を加え、さらに上・下を加えた十の方角の称。転じて、あらゆる方角・場所。あらゆる世界。

じっぽうぐれ【十方暮れ】［名］《近世語》甲申から癸巳までの十日間。陰陽道で、この間は「十方」の気がふさがり、万事に凶であるとする。転じて、気が重く途方に暮れること。

じっぽうせかい【十方世界】［名］《仏教語》あらゆる世界。全世界。十方界。↓「じっぽう」

じっぽうだんな【十方檀那・十方旦那】［名］《「だんな」は施主の意》あちこちの施主・寄付者。

しづはた【倭文機】［名］《上代は「しつはた」》「倭文」を織る織機。また、それで織った布。

しづはたおび【倭文機帯】［名］《上代は「しつはたおび」》「倭文」でこしらえた帯。

しづはたに【倭文機に】［枕詞］《倭文機で織った倭文布にさまざまな模様があって入り乱れて見えるところから》「乱る」にかかる。例「しづはたに乱れてぞ思ふ恋しさは」〈貫之集〉

しっぴつ【執筆】［名］「しゅひつ」に同じ。

じっぷ【実否】［名］本当か嘘か。事の真偽。

しっぺい【竹篦】［名］《「しつ」は唐音》❶竹製の杖に似たもの。禅寺で修行者を打っていましめるのに使う法具。長さ四五センチメートルくらいで、竹を割ってこれを合わせ、多く籐を巻いて漆が塗ってある。❷片手の人指し指と中指の二本をそろえて、相手の手首のあたりをはじき打つこと。しっぺ。

しっぺい【執柄】［名］❶(摂政・関白以外で)政治上の権力を握る人。❷摂政・関白の別称。

じっぺんしゃいっく【十返舎一九】［人名］(一七六五〜一八三一)江戸後期の黄表紙・合巻・滑稽本作者。本名は重田貞一。町人の生活に密着した作品が好評を博した。代表作『東海道中膝栗毛』。

しっぽう【七宝】［名］❶《仏教語。「しちほう」とも》七つの宝物。経典によって説が分かれる。「無量寿経」では、金・銀・瑠璃・玻璃・瑪瑙・硨磲・珊瑚をいい、「法華経」では、金・銀・瑠璃・瑪瑙・硨磲・真珠・玫瑰をいう。＝七珍・七種の宝。❷《「七宝繋」の略》模様の名称。両端のとがった長楕円形をつなぎ合わせた形。❸紋所の名。「七宝繋」を図案化したもの。

しっぽく【卓袱】［名］《近世語。「しっぽこ」「しゅっぽく」とも》❶中国風の食卓。四脚で朱塗り、高さ一メートル弱で、周囲に紗綾を垂らしたもの。卓袱台。❷そばやうどんに、かまぼこ・しいたけ・野菜などを加えて煮た料理。

じっぽふ【・なり】【実法】［名・形動ナリ］「じほふ」に同じ。

しづまき【倭文纏き】［名］《上代は「しつまき」》「倭文」の布を巻き付けること。また、「倭文」の布を巻き付けたもの。

しづま・る【鎮まる・静まる】［自ラ四］{ら・り・る・る・れ・れ}❶(神・霊魂が)鎮座する。例「(高市皇子ノ)神ながら**鎮まり**ましぬ」〈万葉・二・一九九長歌〉❷戦乱や騒ぎなどが治まる。例「兵革(＝戦乱)**しづまら**ば」〈平家・七・玄昉〉❸(性質や行動が)落ち着いている。例「(柏木ハ)人柄のいたう**しづまり**て」〈源氏・夕霧〉❹寝静まる。眠りにつく。例「夜いたうふけて、人も**しづまり**にければ」〈大鏡・道隆〉❺勢力や気力が衰える。例「(大宮ノ)そこらところせかりし御勢ひの**しづまり**て」〈源氏・野分〉

〔和歌〕**しづみはつる…**【沈み果つる入日のきはにあらはれぬ霞める山のなほ奥の峰】〈風雅・春上・一六七・京極為兼〉訳沈み果てようとする落日の最後の光に現れたことだ、かすんでいる山のなおいっそう奥の峰が。

じつみゃう【実名】［名］《「じちみゃう」とも》本当の名前。本名。↔仮名

しつ・む【為集む】［他マ下二］{め・め・む・むる・むれ・めよ}《「しあつむ」の変化形》取り集める。また、あれこれと事を行う。例「去年今年のほどに**しつめ**させたまへる(絵物語ナド)を」〈栄花・二七〉

しづ・む【沈む】一［自マ四］{ま・み・む・む・め・め}❶**水中に没する**。また、**日や月が没する**。例「(清経ハ)海にぞ**沈み**給ひける」〈平家・八・太宰府落〉（係結び）「ぞ」→沈み給ひける(体)。❷**落ちぶれる。没落する**。例「もとの品(＝家柄)たかく生まれながら、身は**沈み**」〈源氏・帚木〉❸**罪・苦界などに落ち込む**。例「いかで(ドウニカシテ)かの(故桐壺院ガ)**沈み**たまふらん罪救ひたてまつることをせむ」〈源氏・澪標〉（副詞の呼応）「いかで→せむ」。（敬語）「救ひたてまつる」→「たてまつる」。❹**ふさぎ込む。悩む**。例「かの(源氏ノ)御祖母北の方、慰む方なく思ほし**しづみ**て」〈源氏・桐壺〉（敬語）「思ほししづみて」→「おぼす」。❺《「病に沈む」の形で》**病気になる。わずらう**。例「病に**沈み**て返し申したまひける位を」〈源氏・澪標〉（敬語）「返し申したまひ」→「まうしたまふ」。❻《「涙に沈む」の形で》**泣き伏す**。例「(中宮〈＝藤壺〉ハ)涙に**沈み**たまへるを」〈源氏・賢木〉❼**勢いが衰える**。例「み山のあらしこゑ**しづむ**なり」〈風雅・雑中・一七三二〉二［他マ下二］{め・め・む・むる・むれ・めよ}❶**水中に沈める**。例「あらき浪な、玉体(＝天皇ノゴ身体)を**沈め**奉る」〈平家・一一・先帝身投〉（敬語）「沈め奉る」→「たてまつる」。❷**落ちぶれさせる**。例「なほかう身を**沈め**たるほどは、行ひ(＝仏道修行)よりほかのことは思はじ」〈源氏・明石〉（音便）「かう」は「かく」のウ音便。❸**評判などを落とす**。例「見るめこそうちふりぬらめ年へにし伊勢をの海人の名をや**沈め**む」〈源氏・絵合〉（係結び）「こそ→うちふりぬらめ(已)」、「や→沈めむ(体)」。❹**罪に陥れる。苦界・地獄などに落とす**。例「佞臣(＝心ノ不正ナ臣下)はやく五刑の罪に**しづめ**ずんば」〈浄・国性爺合戦〉❺**質に入れる**。

しづ・む【鎮む】［他マ下二］{め・め・む・むる・むれ・めよ}❶(乱れや騒ぎを)おさめる。静かにさせる。例「過差(＝度ヲ越エタ贅沢)をば**しづめ**させたまはざりしに」〈大

鏡・時平〉❷心を落ち着かせる。振る舞いを控えめにする。例「〔源氏八〕やすからず思へど、**しづ・めて**」〈源氏・紅葉賀〉❸(神・霊魂を)鎮座させる。例「国守りの神とて、祭り**鎮・めて**」〈記・中〉❹寝静まらせる。例「女、人を**しづ・めて**、子一つばかりに、男のもとに来たりけり」〈伊勢・六九〉❺(声や物音を)低くする。例「加持の僧ども、声**しづ・めて**法華経を誦みたる」〈源氏・葵〉

しづめ【鎮め】[名]鎮めること。抑えること。また、そのためのもの。

しづめがほ【静め顔・鎮め顔】[名]落ちつかせようとする顔つき。おしとどめるようなようす。例「女房のあるかぎり騒ぎまどふを、〔夕霧八〕『あなかま、しばし』と**しづめ顔**にて」〈源氏・御法〉

しづやか[・なり]【静やか】[形動ナリ]{なら・なり(に)・なり・なる・なれ・なれ}(「やか」は接尾語)❶もの静かなさま。❷穏やかで落ち着いているさま。例「心にくく**静やか・なる**〔香ノ〕匂ひ」〈源氏・梅枝〉

しづやまがつ【賤山賤】[名]山里に住む身分の低い者。きこり・猟師など。

しつらひ[名]室内の調度品を整えること。また整えて飾り立てること。**設備**。**装飾**。例「寝殿の内ばかりはありし御**しつらひ**変はらず」〈源氏・末摘花〉
➡[口絵]王朝貴族邸の室礼。

しつらひざま【しつらひ様】[名]部屋などの設備のようす。調度類の飾り付け方。

しつらひす・う【しつらひ据う】[他ワ下二]{ゑ・ゑ・う・うる・うれ・ゑよ}装飾や設備を整え設ける。飾ったり、設置したりする。例「三尺の御厨子一具に、品々**しつらひす・ゑて**」〈源氏・紅葉賀〉

しつらひな・す【しつらひ為す】[他サ四]{さ・し・す・す・せ・せ}装飾や設備を設置する。構え設ける。例「茅屋ども、葦ふける廊めく屋などをかしう**しつらひな・したり**」〈源氏・須磨〉

しつら・ふ[他ハ四]{は・ひ・ふ・ふ・へ・へ}❶**造作する**。**整える**。例「わが殿の内修理ししつら・ひて」〈源氏・真木柱〉❷**装飾する**。**飾り付ける**。例「竜頭鷁首を、唐の装ひにことごとし**うしつら・ひて**」〈源氏・胡蝶〉《音便》「ことごとしう」は「ことごとしく」のウ音便。〔注〕「竜頭鷁首」は二隻を一対として、一方の船首に竜の頭を、他方に鷁(中国の想像上の水鳥)の首を彫刻して装飾とした船。

しづり【垂り】[名]木の枝などから、雪や水滴がしたたり落ちること。また、その雪や水滴。＝垂れ。(季―冬)

しづ・る【垂る】[自ラ下二]{れ・れ・る・るる・るれ・れよ}雪や水などが滴り落ちる。例「あさまだき松のうはばの雪はみん日影さしこば**しづ・れ**もぞする」〈為忠百首〉

しづれ【垂れ】[名]「しづり」に同じ。

じつろくもの【実録物】[名]江戸時代の小説の一形態。歴史上の事件を素材とするが、空想をまじえて脚色し、読者の興味をひくように書かれたもの。赤穂浪士の仇討ち物などが著名。

しづわ【後輪】[名]《「しりつわ」の変化形》馬具の名。鞍の腰をかける後部の山形に高くなった部分。＝尻輪。↔前輪。➡[古典参考図]武装・武具〈1〉

しづを【賤男】[名]身分の低い男。＝賤の男

して【仕手・為手】[名]❶行う人。する人。❷能・狂言での主役。「シテ」と表記する。シテは一曲につきひとりで、中入りのある曲では、前場の方を前ジテ、後場の方を後ジテという。

して[格助][接助]⇨六三〇ページ「特別コーナー」

しで【四手】[名]❶神へのささげ物の幣の一種。標縄や玉串などに付けて垂らす紙のこと。古くは木綿を用いた。❷槍の柄に付けて印とするもの。

しで【死出】[名]「死出の旅」「死出の山」の略。

〔**死出の旅**〕冥途へ行くこと。死ぬこと。冥途の旅。＝死出

〔**死出の山**〕冥途にあるという険しい山。＝死出

〔**死出の山路**〕「死出の山」の険しい道。

してう【翅鳥】[名]《近世語》❶(「粘」「征」「止長」とも書いて)囲碁で、逃げようとする相手の石を、斜めに追い詰めて死に石にすること。❷身動きがとれないこと。追いつめられて捕らえられること。

しでうだいなごん【四条大納言】[人名]「ふぢはらのきんたふ」に同じ。

しでう・つ【しで打つ】[他タ四]{た・ち・つ・つ・て・て}砧をしきりに打つ。一説に、「四手打つ」で、二人で向き合って砧をしきりに打つ意ともいう。(季―秋)。例「さ夜ふけて衣**しでう・つ**声きけば」〈後拾遺・秋下・三三六〉

しでうなはて【四条畷】[地名]河内国の地名。いまの大阪府四条畷市。大和国(奈良県)と高野山へ通じる街道が交わる交通の要地。正平三年(一三四八)、楠木正行らが高師直の大軍と戦い敗れた地として有名。

しでうのみやのしもつけしふ【四条宮下野集】[作品名]平安後期(一〇六九ごろ成立)の私家和歌集。四条宮下野作、自撰。下野の仕えた後冷泉天皇の皇后四条宮寛子の宮廷を描いた日記的要素も含む。

してうのわかれ【四鳥の別れ】(中国の桓山の鳥が四羽のひなを産んだが、ひなが成長して飛び去るとき、母鳥が悲しんだという、『孔子家語』顔回篇の故事から)親子の悲しい別れ。

しでたをさ【死出田長】[名]「しでのたをさ」に同じ。

してい[名](鼓を打つ拍子の音から)鼓を打つこと。また、その音。

しでのたをさ【死出の田長】[名]《「たをさ」は農夫の長の意》ホトトギスの別称。語源としては、死出の山から来て、田長に農耕をすすめるからという説、「賤の田長」の転で、田植えの時期を告げるからという説などがある。＝死出田長。(季―夏)

してばしら【仕手柱】[名]能舞台の四隅に立てられた柱のうち、見物席から向かって左奥、「橋懸かり」から舞台に入る所のかどにある柱。シテの所作の起点・終点となる所。

してん【四天】[名]❶四時(四季)の天。蒼天(春)・昊天(夏)・旻天(秋)・上天(冬)の総称。❷「四天王①」の略。❸「四天下」の略。

してんげ【四天下】[名]《仏教語》須弥山の四方にあると考えられた四大陸。東の弗婆提、西の瞿耶尼、南の閻浮提、北の鬱単越の総称。このうち、閻浮提が人の住む人間界であるとされた。＝四天③

してんわう【四天王】[名]❶《仏教語》帝釈天の家来で、須弥山の中腹にある「四王天」の主。仏法を守護し、四方を鎮護するという四神の総称。東方の持国天王、西方の広目天王、南方の増長天王、北方の多聞天王をいう。＝四天②・四大天王。❷臣下・弟子の中で、最もすぐれた四人の称。また、ある部門で才芸の最もすぐれた四人の称。

しと【尿】[名]小便。多く、子供のものについていう。

じとう【地頭】歴史的かなづかい「ぢとう」

しとうくゎん【四等官】[名]令制で諸官庁の職員を四つの階級に分けたもの。官庁によって用字は異なるが、読み方は大体、「かみ」「すけ」「じょう」「さかん」になっている。唐の官僚制度を輸入したもの。

しとぎ【粢】[名]神前に供える餅。生米を水に浸してつき、粉にして固めて作った餅。ふつう長円形。

じどく【侍読】[名]天皇や皇太子に主として漢籍を講義し、学問を教授する職。＝侍講

しどけなう 形容詞「しどけなし」の連用形「しどけなく」のウ音便。

しどけな・し[形ク]{から・く(かり)・し・き(かる)・けれ・かれ}❶**いい加減でしまりがない。だらしない。無造作だ。**例「いみじうしどけな・く、かたくなしく、直衣・狩衣などゆがめたりとも、誰か見知りて、嗤ひ譏りもせむ」〈枕・暁に帰らむ人は〉《係結び》「か→せむ(体)」。《音便》「いみじう」は「いみじく」のウ音便。❷**くつろいだ感じだ。うちとけている。**例「こまやかなる御直衣、帯しどけな・くうち乱れたまへる御さまにて」〈源氏・須磨〉

しどけなすがた【しどけな姿】[名]服装や動作を取りつくろっていない姿。乱れた姿。くつろいだ姿。

しとしと[副]❶物事を静かにゆっくりと行うさま。しとやかに。例「挨拶差配(＝応対ブリ)しとしと」〈浄・堀川波鼓〉❷雨などが静かに降るさま。

しとと【鵐・巫鳥】[名]《近世以降「しとど」》ホオジロ科の小鳥の総称。＝真鵐。(季・秋)

しとと[副]❶勢いよく打つさま。激しく切りつけるさま。ぴしりと。例「太刀を抜き、立ちてまかり出で、しととうつ」〈保元・中〉❷物が密着しているさま。ぴったりと。例「なんでも今宵はしっぽりと積もるつらさを語らんと、しとと寄ればええ」〈浄・出世景清〉

しとどに[副]ひどくぬれるさま。びっしょりと。ぐっしょりと。例「しとどにぬれて、まとひ来にけり」〈伊勢・一〇七〉

しととめ【鵐目】[名]刀の鞘の緒を通す穴にはめる金具。形がシトト(ホオジロ科の小鳥)の目に似ていることによる呼称。

しどなさ[名]《近世語。「さ」は接尾語》しまりのなさ。だらしなさ。しどけなさ。

しとね【茵・褥】[名]座ったり寝たりするときに、下に敷く敷物。後世の座布団のようなもの。↓[古典参考図]建築〈1〉

しとみ【蔀】[名]❶「格子」の裏に板を張って、風や日光を遮るようにしたもの。上下二枚からなり、多く、下のものは固定し、上のものを開閉する。開けるときには、外に水平に上げて金具で留める。これを、「釣り蔀」「半蔀」ともいう。また、衝立の役をする「立て蔀」もある。＝蔀戸。↓[古典参考図]建築〈1〉。❷牛車や船などに取り付け、雨風・日光・波などを遮るための戸。

しとみど【蔀戸】[名]「しとみ①」に同じ。

しとみや【蔀家・蔀屋】[名]「蔀①」で周囲を囲った仮の建物。↓「しとみ」

しと・む[自マ四]{ま・み・む・む・め・め}(水に)浸る。例「水しと・まば、三頭(＝馬ノ尻)のうへに乗りかかれ」〈平家・四・橋合戦〉

しどもな・し[形ク]{から・く(かり)・し・き(かる)・けれ・かれ}❶だらしない。例「[髪ガ]しどもな・く乱れしを」〈浮・好色五人女〉❷幼稚だ。しっかりしていない。例「[手紙ノ内容ガ]しどもな・く、さはありながら」〈浮・好色一代男〉

しどり【倭文布・倭文織】[名]《上代は「しとり」。「しつおり」の変化形》「しづ(倭文)」に同じ。

しどろ[・なり][形動ナリ]{なら・なり(に)・なり・なる・なれ・なれ}乱れている。整わない。例「駒の蹄もしどろにて、思ふ様にも駈けざりければ」〈義経記・六〉

しどろもどろ[・なり][形動ナリ]{なら・なり(に)・なり・なる・なれ・なれ}ひどく乱れているさま。例「中納言、しどろもどろに酔ひて」〈宇津保・蔵開・上〉

しな【品・級・科・階】[名]

アプローチ
▼「しな」は本来は坂の意であったと考えられる。
▼それが、「品」「階」などの等級を表す漢語の訓読にあてられたために、階段のように一定の層をなしたものが積み重なって、それが順番に高低の序列をなしているものについて一般に用いられるようになった。
▼中国風に等級を表す場合(たとえば、親王の位)には「品」と音読する。

❶**段。階段。**例「しをれたる枝すこし押し折りて、御階の中の階のほどにゐたまひぬ」〈源氏・若菜・上〉訳(夕霧は桜の)たわんでいる枝を少々押し折って、階段の中段の辺りに座っておられる。

❷**等級。種類。差異。**例「弓といへば品なきものを」〈神楽歌〉訳弓といえば差異のないものだから。

❸**身分。**例「もとの品高く生まれながら、身は沈み、位みじかくて、人げなき」〈源氏・帚木〉訳もとの身分は高く生まれつきながら、零落して、位も低くて、人並みの暮らしができない者。

❹**品位。品格。**例「心やすくうち棄てざまにもてなしたる、品なきことなり」〈源氏・常夏〉訳(女性が)気をゆるして無頓着なようにしているのは、品位のないことだ。

❺**趣。**例「すこし残るは国なまり。それも詞の品ならし」〈浄・用明天王職人鑑〉訳少しお国なまりが残っているが、それもことばの趣があるというものだ。

して［格助詞］［接続助詞］

アプローチ ▼サ変動詞「す」の連用形「し」に接続助詞「て」が付いたもの。

▼格助詞か接続助詞かの区別は、接続の違いで見分ける。

《識別注意語》→付録「まぎらわしい品詞の識別」

意味	訳語	用例
一［格助詞］接続 体言、活用語の連体形、助詞などに付く。		
❶手段・方法・材料・道具などを表す。	…で …を用いて	例「そこなりける岩に、およびの血**して**書きつけける」〈伊勢・二四〉 訳そこにあった岩に、指の血**で**書きつけた。
❷動作をともにする人数・範囲などを表す。	…で …とともに …といっしょに	例「大臣にも聞こえたまはず、御供にも睦ましき限り**して**おはしましぬ」〈源氏・帚木〉 訳大臣にも申し上げなさらず、お供も仲のよい者だけ**で**いらっしゃった。
❸使役の対象（動作をさせられる人）を表す。	…に …を使って	例「御使にも、女房**して**、土器さし出でさせたまひて、強ひさせたまふ」〈源氏・若菜・上〉 訳お使いの者にも、女房**を使って**、杯をさし出させなさって、無理に飲ませなさる。
二［接続助詞］接続 形容詞・形容動詞（型活用語）の連用形、打消の助動詞「ず」の連用形などに付く。		
❶状態を表す。	…て …で …の状態で	例「かくばかりのしるしとあるなにがしを知らず**して**や、朝廷には仕うまつりたうぶ」〈源氏・少女〉 訳これほど有名なそれがしを知らない**で**、朝廷にお仕えなさっているのか。
❷並列の意を表す。	…て …で	例「ゆるく**して**やはらかなる時は、一毛も損ぜず」〈徒然・二一一〉 訳寛大**で**柔軟なときは、ほんのわずかもそこなわない。
❸原因・理由を表す。	…ので …から	例「法師は、せめてここに宿さまほしく**して**、頭掻き歩く」〈源氏・玉鬘〉 訳法師は、強いて（一行を）ここに泊まらせたい**ので**、頭を掻きながら（世話をし）歩き回っている。
❹逆接の関係で下に続ける。	…のに …けれども	例「病いと重く**して**おこたりたるころなり」〈大和・一二九〉 訳病はたいへん重かった**けれども**治りつつあるところである。

発展学習ファイル (1)一③の用法は、漢文訓読体の文章で多く用いられる。例「君を**して**蜂を取らしむとも、君取ることなかれ」〈十訓抄・七〉 (2)格助詞「より」「から」「に」に付いて、強めを添える用法もある。例「この源氏の物語、一の巻より**して**みな見せたまへ」〈更級〉 →「よりして」

〔**品高し**〕❶高貴である。地位が高い。❷上品である。

しなかたち【品形・品貌】［名］身分と容貌。また、気品と顔かたち。例「**しなかたち**こそ生まれつきたらめ」〈徒然・一〉

しながどり【息長鳥】一［名］カイツブリの古名。一説に水鳥の総称。また、尾羽の長い鳥とも。二［枕詞］地名の「猪名」「安房」にかかる。「猪名」はカイツブリが居並ぶの意から。「安房」のかかり方は未詳。例「**しなが鳥**猪名野を来れば」〈万葉・七・一一四〇〉

しながは【品川】［地名］武蔵国の地名。いまの東京都品川区。東海道五十三次の第一の宿駅。江戸時代は幕府の直轄地。ペリー来航後、江戸湾警備のため台場が築かれた。

しなざかる［枕詞］地名「越」にかかる。例「**しなざかる**越に五年住み住みて」〈万葉・一九・四二五〇〉

しなさだめ【品定め】［名］人や物について、優劣や評価を決めること。品評。

しなじな【品品】一［名］❶さまざまな身分・家柄・階級。例「その**品々**やいかに」〈源氏・帚木〉 ❷いろいろな種類。二［副］（身分や才能に応じて）いろいろと。さまざまに。それぞれに。例「舎人どもの禄**品々**賜る」〈源氏・蛍〉

〔**品品の禄**〕それぞれの階級、身分に応じたほうびの品。例「〔源氏ハ〕親王たち、大臣の御引き出で物、**品々の禄**どもなど二なう思しまうけて」〈源氏・幻〉

しなじな・し【品品し】［形シク］{しから・しく(しかり)・し・しき(しかる)・しけれ・しかれ}上品なさま。気品があるさま。例「**しなじな・しく**も

下りても」〈紫式部日記〉

しな・す【為成す・為做す】[他サ四]{さ・し・す・す・せ・せ}《「なす」はあえてそうするの意の接尾語》強いてある状態にする。意識して、ある状態に仕立てる。例「池の心広くしな・して、めでたく造りののしる」〈源氏・桐壺〉

しなたつ[枕詞]近江国(いまの滋賀県)の地名「筑摩」にかかる。例「しなたつ筑摩狭野方」〈万葉・一三・三三三三長歌〉

しなだま【品玉】[名]❶玉・刀・槍などを空中に投げて演じる曲芸の一種。猿楽や田楽の中で行われた。❷手品。❸人目をごまかす術。

しなてる【級照る】[枕詞]「片」にかかる。例「しなてる片岡山に」〈紀・推古・歌謡〉

しなてるや【級照るや】[枕詞]「片」「鳰の海(=琵琶湖)」にかかる。例「しなてるや片岡山に飯に餓ゑて」〈拾遺・哀傷・一三五〇〉

しなとのかぜ【科戸の風】[名]《「科戸」は風が生まれてくる所の意》風。とくに、罪や穢れをはらってくれる風。

〈和歌〉**しなぬぢは…**【信濃道は今の墾り道刈りばねに足踏ましむな沓履け我が背】〈万葉・一四・三三九九・東歌〉訳信濃路は最近切り開いた道です。切り株に足踏みなさいますな。沓をお履きなさい、いとしいあなた。

しなの【信濃】[地名]《「しなぬ」とも》旧国名。東山道十三か国のひとつ。いまの長野県。=信州

〈和歌〉**しなののなるすがのあらのを…**【信濃なる須賀の荒野をとぶ鷲のつばさもたわにふく嵐かな】〈賀茂翁家集・賀茂真淵〉訳信濃国にある須賀の荒野を飛ぶ鷲の、そのつばさもたわむほどに激しく吹く嵐であるよ。

〈和歌〉**しなののなるちぐまのかはの…**【信濃なる千曲の川の小石も君し踏みてば玉と拾はむ】〈万葉・一四・三四〇〇・東歌〉訳信濃にある千曲の川の小石も、もしあなたが踏みつけたなら、美しい玉と思って拾いましょう。

しなののぜんじゆきなが【信濃前司行長】「人名」「ふぢはらのゆきなが」に同じ。

しなひ【撓ひ】[名]たわんで緩やかな曲線をなしているさま。また、そのような形のもの。

しな・ふ【撓ふ】[自ハ四]{は・ひ・ふ・ふ・へ・へ}❶しなやかに曲がる。例「立ちしな・ふ君が姿を忘れずは」〈万葉・二〇・四四四一〉❷逆らわずに従う。順応する。例「[川ノ]水にしな・うてわたせやわたせ」〈平家・四・橋合戦〉《音便》「しなう」は「しなひ」のウ音便。

しな・む【匿む】[他マ下二]{め・め・む・むる・むれ・めよ}《「しなぶ」とも》隠す。秘密にする。例「皇后及び大臣武内宿禰、天皇の喪を匿・めて」〈紀・仲哀〉

しなめ・く[自カ四]{か・き・く・く・け・け}語義未詳。ひそひそ話をする意とも、また、たおやかであるさまの意ともいう。例「道の辺の榛と櫟としなめ・くも言ふなるかもよ榛と櫟と」〈琴歌譜〉

しなやか[・なり][形動ナリ]{なら・なり(に)・なり・なる・なれ・なれ}《「やか」は接尾語》上品で洗練されているさま。柔らかくなよなよしているさま。例「いときよげにしなやか・なる童の」〈源氏・夢浮橋〉

しな・ゆ【撓ゆ・萎ゆ】[自ヤ下二]{え・え・ゆ・ゆる・ゆれ・えよ}草木などがしおれる。また、人が元気なくしょんぼりする。

しなら・ふ【為習ふ】[他ハ四]{は・ひ・ふ・ふ・へ・へ}しなれてうまくなる。繰り返し練習する。例「よろづ右近ぞ、そらごとしなら・ひける」〈源氏・浮舟〉

しな・る【為慣る】[自ラ下二]{れ・れ・る・るる・るれ・れよ}することに慣れる。熟練する。例「空言を、よくしな・れたる口つき」〈源氏・蛍〉

しなん[・す]【指南】[名・他サ変]《つねに南を指すという「指南車」の故事から》❶教え導くこと。また、その人。❷標準、規範となるもの。

しなんしゃ【指南車】[名]古代中国で作られた車。周の周公の作と伝えられ、車上に設置した人形の指がつねに南を指す仕掛けになっていた。

しに-【死に】[接頭]❶ののしりの意を強める。「死にたはけ」「死に畜生」「死に女郎」など。❷役にたたない意を添える。「死に馬」「死に金」など。

しに【死に】[名]死ぬこと。死。↔生き

しにいちばい【死に一倍】[名]《近世語》親が死んで遺産を相続したら倍にして返すという約束で、借金をすること。

しにい・る【死に入る】[自ラ四]{ら・り・る・る・れ・れ}死にそうになる。意識をなくす。↔生き出づ①。例「ものいたく病みて、死に入・りたりければ」〈伊勢・五九〉

しにかさな・る【死に重なる】[自ラ四]{ら・り・る・る・れ・れ}重なり合って死ぬ。

しにがね【死に金】[名]《近世語》❶死んだときの準備として蓄えておく金。葬式費用。転じて、遺産。❷蓄えるだけで活用しない金。❸無駄に使った金。

しにかへ・る【死に返る】[自ラ四]{ら・り・る・る・れ・れ}❶何度も死ぬ。例「我が身は千度死にかへ・らまし」〈万葉・一一・二三九〇〉❷死にそうになる。例「打ち出での浜に死にかへ・りていたりたれば」〈蜻蛉・中〉❸《副詞的に用いて》死ぬほど強く。例「死にかへ・り思ふ心は」〈源氏・夕顔〉

しにぐるひ【死に狂ひ】[名]死に物狂い。

しにしやうぞく【死に装束】[名]切腹など、死のうとする際に着る装束。=死に出立ち

しに・す【為似す・仕似す】[自サ下二]{せ・せ・す・する・すれ・せよ}❶まねる。例「かやうの万物の品々を、よくし似・せたらんは」〈風姿花伝〉❷先祖代々の家業を守り続ける。例「親の仕似・せたる事を替へて、利を得たるは稀なり」〈浮・世間胸算用〉❸家業を続けて信用を得る。例「親の時より次第にしに・せたる見世にて」〈浮・西鶴織留〉

しに・す【死にす】[自サ変]{せ・し・す・する・すれ・せよ}死ぬ。

しにせ【老舗・為似せ】[名]《近世語》❶先祖代々の家業を継いで守ること。例「親よりしにせの商ひ」〈浮・西鶴置土産〉❷商売を長く続けて得た信用。また、その店。例「商人はただしにせが大事ぞかし」〈浮・日本永代蔵〉

しにでたち【死に出立ち】[名]「しにしやうぞく」に同じ。

しにはだたち【死に膚断ち】[名]死人の膚を切る罪。「国つ罪」のひとつ。↔生き膚断ち

しにびかり【死に光】[名]立派な死に際。また、死後の名誉。

しにまうけ【死に設け】[名]死ぬ準備。

〔俳句〕**しにもせぬ…**【死にもせぬ旅寝の果てよ秋の暮れ】〈野ざらし紀行・芭蕉〉訳 旅立つときは野ざらしの白骨となることを覚悟したが、死にもせず今こうして旅寝の果てに、ここにたどり着いたよ。季節もちょうど秋の終わりである。（季-秋の暮-秋）〈参考〉旅立ちの句「野ざらしを心に風のしむ身かな」訳→〔俳句〕のざらしを…を踏まえる。

し・ぬ【死ぬ】［自ナ変］｛な・に・ぬ・ぬる・ぬれ・ね｝死ぬ。息絶える。

しぬばかり【死ぬばかり】《動詞「死ぬ」の終止形＋副助詞「ばかり」》堪えられないほど。死ぬほど。例「蔵人少将は〔失恋ノタメ〕死ぬばかり思ひて」〈源氏・竹河〉

しぬは・ゆ【偲はゆ】《上代語。動詞「偲ふ」の未然形＋上代の自発の助動詞「ゆ」》「しのはゆ」に同じ。

しぬ・ふ【偲ふ】［自ハ四］｛は・ひ・ふ・ふ・へ・へ｝「しのぶ（偲ぶ）」に同じ。

しぬ・ぶ【忍ぶ・偲ぶ】［他バ四］｛ば・び・ぶ・ぶ・べ・べ｝［他バ上二］｛び・び・ぶ・ぶる・ぶれ・びよ｝《近世以降、上代の文献の誤読から生じた語》「しのぶ（忍ぶ・偲ぶ）」に同じ。

しぬべく【死ぬべく】《動詞「死ぬ」の終止形＋推量の助動詞「べし」の連用形》堪えられないほどひどく。死にそうに。例「命死ぬべく恋ひ渡るかも」〈万葉・四・五九九〉

しね【稲】［名］稲の古称。

じねん【自然】［名］おのずからそうなること。

じねんに【自然に】［副］しぜんと。例「人の品高く生まれぬれば、人にもてかしづかれて隠るること多く、**自然に**そのけはひこよなかるべし」〈源氏・帚木〉

しの【篠】［名］メダケやヤダケなど、群生する幹の細い竹の総称。シノダケ。

〔**篠を突っく**〕シノを地面に突き立てるように、雨が激しく降る。例「降る雨さらに**篠をつ・く**がごとし」〈太平記・三〉

〔**篠を乱す**〕シノを突き立てるように降っている雨を、激しい風が乱す。

しのぎ【鎬】［名］刀の刃と背との間にある、稜線のように少しかどだった所。

〔**鎬を削る**〕〔シノギヲケズル〕（刀の「鎬」を削り合うほど）激しく切り合う。また、激しく戦う。

しのぎは［名］語義未詳。風を押し分けて飛ぶ矢羽をもつ矢の意か。

しの・ぐ【凌ぐ】［他ガ四］｛が・ぎ・ぐ・ぐ・げ・げ｝❶踏みしだく。押し分けて進む。例「宇陀の野の秋萩**しの・ぎ**鳴く鹿も」〈万葉・八・一六〇九〉❷（雪などが重みで）押し伏せる。例「奥山の菅の葉**しの・ぎ**降る雪の」〈万葉・三・二九九〉❸見下す。いじめる。例「その村の童女ら、皆心を同じくして〔召使イノ女ノ子ヲ〕**凌・ぎ**蔑りて」〈霊異記〉❹（困難や苦痛を）耐え忍ぶ。例「けはしき〔山〕を**しの・ぎ**つつ、駒に鞭うつ人もあり」〈平家・七・福原落〉

しのすすき【篠薄】［名］シノとススキを並べたもの。また、まだ穂の出ていないススキ。

しのせんじ【使の宣旨】［名］平安時代、検非違使や奉幣使などを任命するときに下された宣旨。

しのだのもり【信太の森】［歌枕］和泉国の森。いまの大阪府和泉市の信太山にある。安倍保名に助けられた白狐が、葛の葉姫に変身し保名との間に一子（安倍晴明）をもうけたという白狐（葛の葉）伝説で有名。

しのに［副］❶ぐったりして力の抜けたような感じを表す。しんみり。例「心も**しのに**古思ほゆ」〈万葉・三・二六六〉訳→〔和歌〕あふみのうみ…。❷《中世以降の用法》しきりに。例「**しのに**露散る夜半の床かな」〈新古今・恋三・一二一〇〉

しののに［副］びっしょりと。しっとりと。例「朝霧に**しののに**濡れて」〈万葉・一〇・一八三一〉

しののはぐさ【篠の葉草】［名］シノの葉の形をした草。シノそのものをもいう。

しののめ［名］語義未詳。「篠」の芽、また、「篠」を編んで作った簾のようなものか。「しののめの」は、同音「しの」の繰り返しから、「しのふ」を導く序詞として用いられる。例「朝柏潤八川辺の**しののめ**の偲ひて寝れば夢に見えけり」〈万葉・一一・二七五四〉

しののめ【東雲】［名］夜がほのかに明けて行くころ。⇨「あかつき」〈古語深耕〉

しのば・し【偲ばし】［形シク］｛しから・しく（しかり）・し・しき（しかる）・しけれ・しかれ｝慕わしい。恋しい。しのばれる。例「政事うるはしく、**しのば・しかり**ければ」〈今鏡・司召し〉

しのは・す【偲はす】《動詞「偲ふ」の未然形＋上代の尊敬の助動詞「す」》思い出しなさる。お慕いになる。例「縵そ見つつ**偲は・せ**我が背」〈万葉・八・一六二四〉

しのは・ゆ【偲はゆ】《「しぬはゆ」とも。動詞「偲ふ」の未然形＋上代の助動詞「ゆ」》自然と思い出される。例「印南野の浅茅押しなべさ寝る夜の日長くしあれば家し**偲は・ゆ**」〈万葉・六・九四〇〉

しのはら【篠原】［名］篠竹（群がり生える細い竹）の茂った原。

しのび【忍び】［名］❶人目を避けること。こっそりすること。❷「しのびありき」に同じ。❸「忍びの術」の略。❹「忍びの者」の略。❺忍び声。❻懐中に隠している刀。忍び刀。

しのび【偲び】［名］《上代は「しのひ」》過去のことや遠く離れている人を、思い出して慕うこと。また、それを思い出すよすがとするもの。

しのびあへ・ず【忍び敢へず】〔シノビアエズ〕《動詞「忍ぶ」の連用形＋動詞「敢ふ」の未然形＋打消の助動詞「ず」》我慢できない。隠しきれない。例「まことに離れまさりたまはばと**忍びあへ・ず**思ぼさる」〈源氏・朝顔〉

しのびあま・る【忍び余る】［自ラ四］｛ら・り・る・る・れ・れ｝隠しきれないで表に出る。例「かく**忍びあま・り**はべる深さ浅さのほども」〈源氏・橋姫〉

しのびありき【忍び歩き】［名］隠れて出歩くこと。＝忍び②

しのびあり・く【忍び歩く】［自カ四］｛か・き・く・く・け・け｝（貴人などが）人目につかないようにして出歩く。こっそりと女のもとに通う。例「**忍び歩・か**んほども心づくしに、女の方々おぼし乱れんことよ」〈源氏・宿木〉

しのびか・く【忍び書く】［他カ四］｛か・き・く・く・け・け｝（手紙などを）だれにも知られないように隠れて書く。こっそり書く。例「〔朧月夜ガ〕あながちに**忍び書・き**たまひつらむ御心ばへもにくからねば」〈源氏・賢木〉

しのびかく・す【忍び隠す】［他サ四］｛さ・し・す・す・せ・せ｝人にわからないように隠す。秘密にする。例「これを人に知らせじと、ほどなき身に**忍び隠・し**」〈夜の寝覚〉

しのびかくろ・ふ【忍び隠ろふ】〔自ハ下二〕{へ・へ・ふ・ふる・ふれ・へよ}人目を避けて身をひそめる。こっそり隠れる。＝忍び隠る。例「かく忍び隠ろ・へたまふ御ふるまひも」〈源氏・真木柱〉

しのびかへ・す【忍び返す】〔自サ四〕{さ・し・す・す・せ・せ}苦しみを表面に出ないようにする。じっと堪え忍ぶ。例「かひなきものから、かかる気色をも見えたてまつらんと忍びかへ・して」〈源氏・宿木〉

しのびぐるま【忍び車】〔名〕人目を避けて車に乗ること。また、その車。

しのびごと【誄】〔名〕《上代は「しのひこと」。「偲び言」の意》死者を慕い、その霊に向かって生前の功徳などをたたえることば。弔辞。＝誄

しのびごと【忍び言】〔名〕内緒話。ひそひそ話。

しのびごと【忍び事】〔名〕内密のこと。内緒ごと。

しのびこ・む【忍び籠む】〔他マ下二〕{め・め・む・むる・むれ・めよ}深く隠す。ひと言もいわず秘密にしておく。例「一言うち出でできこゆるついでなく、忍びこ・めたりけれど」〈源氏・椎本〉

しのびごゑ【忍び声】〔名〕ひそかにものをいう声。ひそひそ声。

しのびしのび【忍び忍び】〔副〕ひたすら人目を忍んで。こっそりと。例「空蟬の羽におく露の木がくれてしのびしのびにぬるる袖かな」〈源氏・空蟬〉

しのびすぐ・す【忍び過ぐす】〔他サ四〕{さ・し・す・す・せ・せ}❶隠して過ごす。例「みづから忍び過ぐ・したまひしことを、〔女房ノ私ガ申シテハ〕亡き御後ろに口さがなくやは」〈源氏・夕顔〉❷耐え忍んで過ごす。我慢して過ごす。例「世人もおもむけ疑ひけるを、つひに忍び過ぐ・したまひて」〈源氏・若菜・上〉

しのびぢ【忍び路】〔名〕隠れ忍んで行く道。隠れて、女または男のもとに通う道。

しのびぢゃうちん【忍び提灯】〔名〕「がんだうぢゃうちん」に同じ。

しのびづま【忍び夫・忍び妻】〔名〕ひそかに契りを結んだ男または女。隠し男。隠し妻。

しのびて【忍びて】〔副〕人目につかないように。こっそり。例「しのびてかよふ道もがな」〈伊勢・一五〉

しのびどころ【忍び所】〔名〕ひそかに通う所。とくに、内密に通う恋人の家。

しのびどころ【偲び所】〔名〕なつかしく思う点。また、場所。

しのびとど・む【忍び止む】〔他マ下二〕{め・め・む・むる・むれ・めよ}心の中に隠しとどめる。例「おのおの睦言もえ忍びとど・めずなむありける」〈源氏・帚木〉

しのびなびか・す【忍び靡かす】〔他サ四〕{さ・し・す・す・せ・せ}気が進まないのを、しいて従わせる。例「あながちに忍び靡か・したてまつりても」〈夜の寝覚〉

しのびに【忍びに】〔副〕ひそかに。例「人を〔＝アル人ト〕忍びにあひ知りて」〈古今・恋四・七三五詞書〉

しのびね【忍び音】〔名〕❶辺りをはばかるようなひそひそ声。小声。❷人に知られぬよう、声をひそめて泣くこと。また、その声。例「しのびねをのみ泣きて」〈更級〉❸ほととぎすの初音。本格的に鳴き始める前の、声をひそめるような低い鳴き声。

しのびねものがたり【忍音物語】〔作品名〕擬古物語。作者未詳。鎌倉前期以前に成立の古本（現存せず）を鎌倉後期に改作したのが現存本か。女主人公が貴公子との悲恋ののち、入内して栄達するというあらすじ。

しのびのこ・す【忍び残す】〔他サ四〕{さ・し・す・す・せ・せ}隠して残しておく。明らかにしないでおく。例「かく忍び残・されたることありけるをなむ、つらく思ひぬる」〈源氏・薄雲〉

しのびのじゅつ【忍びの術】〔名〕身をかくして、ひそかに人家や敵中に入り込む術。忍術。＝忍び③

しのびのもの【忍びの者】〔名〕敵陣や人家に忍び込んで、ようすをさぐる者。忍者。間者。間諜。＝忍び④

しのびまぎ・る【忍び紛る】〔自ラ下二〕{れ・れ・る・るる・るれ・れよ}人目に付かないよう、他のものにまじって隠れる。例「もののついでに、〔源氏ハ〕いみじう忍び紛・れておはしまいたり」〈源氏・澪標〉

しのびやか〔・なり〕【忍びやか】〔形動ナリ〕{なら・なり(に)・なり・なる・なれ・なれ}《「やか」は接尾語》人目に立たぬよう、こっそりとするさま。ひそやかなさま。例「夜すこし更けて、忍びやか・に門叩けば」〈枕・すさまじきもの〉

しのびやつ・す【忍び窶す】〔他サ四〕{さ・し・す・す・せ・せ}人目に付かないように質素な身なりをする。例「いみじく忍びやつ・したれど」〈源氏・玉鬘〉

しのびやつ・る【忍び窶る】〔自ラ下二〕{れ・れ・る・るる・るれ・れよ}人目を避け、地味で粗末な身なりになる。身分不相応なみすぼらしいようすになる。例「田舎びたる人どもに、忍びやつ・れたる歩きも見えじ」〈源氏・宿木〉

しのびわ・ぶ【忍び侘ぶ】〔他バ上二〕{び・び・ぶ・ぶる・ぶれ・びよ}耐え切れなくなる。こらえかねる。多く、涙を抑えきれないことをいう。例「我がごとや花のあたりにうぐひすの声も涙も忍びわ・びぬる」〈夜の寝覚〉

しのぶ【忍】〔名〕❶「忍草①」の略。例「荒れまさる軒のしのぶをながめつつ」〈源氏・須磨〉❷「忍摺」「忍綟摺」の略。❸襲の色目の名。表は薄萌黄、裏は青。秋に用いる。

発展学習ファイル ①②は、和歌などで、「偲ぶ」の意をかけて用いられることが多い。

〔**忍の衣**〕しのぶ摺りの衣。忍草の葉を摺りつけて染めた衣。「しのぶ」に、人を思慕する意や、堪え忍ぶ、恋心を包み隠すなどの意をかけ、「乱る」の縁語として用いた。例「あふことは**しのぶの衣**あはれなどまれなる色に乱れそめけむ」〈新勅撰・恋五・九八三〉

〔**忍の乱れ**〕しのぶ摺りの乱れ模様。人目を忍んで人を恋い慕う心の乱れをかけていう。例「すり衣**しのぶの乱れ**かぎり知られず」〈新古今・恋一・九九四、伊勢・一〉訳→〔和歌〕かすがののわかむらさきの…

しの・ぶ【偲ぶ】〔他バ四〕〔他バ上二〕

アプローチ
▼「心に思い慕う」の意。
▼上代では「しのふ」と清音で四段活用。
▼中古ごろから「忍ぶ」との混同で濁音化し、上二段活用の例も見られるようになる。
▼「しぬふ」「しぬぶ」ともいう。

一［他バ四］｛ば・び・ぶ・ぶ・べ・べ｝❶思い慕う。懐かしむ。例「あはれとしの・ばるばかり尽くいたまへるは、見どころもありぬべかりしかど」〈源氏・須磨〉訳しみじみと（源氏を）しぜんと思い慕う気持ちになるほどことばを尽くしてお書きになられたのは、きっと見る価値もあったに違いなかったけれど。《音便》「尽くい」は「尽くし」のイ音便。
❷賞美する。例「八千種に草木を植ゑて時季それぞれに咲かむ花をし見つつしの・はな」〈万葉・二〇・四三一四〉訳幾種類も草木を植えて、時ごとに咲く花を眺めては賞美しよう。
二［他バ上二］｛び・び・ぶ・ぶる・ぶれ・びよ｝慕う。思い起こす。懐かしむ。例「なき人をしの・ぶる宵のむら雨に濡れてや来つる山ほととぎす」〈源氏・幻〉訳亡き人を思い慕っている宵のにわか雨に濡れてやってきたのか、ヤマホトトギスよ。《係結び》「や→来つる（体）」

しの・ぶ【忍ぶ】［他バ上二］［他バ四］

> **アプローチ** ▼「我慢する」「こらえる」意が原義。
> ▼活用は上二段であったが、中古以降、語形・語義が近いことから四段の「偲ぶ」と混同されるようになり、四段にも活用するようになった。
> ▼中世以降、活用は四段が一般的となった。
> ▼「しぬぶ」ともいう。

一［他バ上二］｛び・び・ぶ・ぶる・ぶれ・びよ｝❶気持ちをおさえて我慢する。こらえる。例「心地にはかぎりなく妬く心憂く思ふを、しの・ぶるになむありける」〈大和・一四九〉訳心の中ではこのうえもなくねたましくつらく思っているのを、我慢しているのであった。
❷人目を避ける。秘密にする。隠す。例「例の忍・ぶる道はいつとなくいろひ仕うまつる人なれば」〈源氏・松風〉訳例の秘密にしている筋のことは、いつといわずお世話申し上げている方なので。《敬語》「いろひ仕うまつる」→「つかうまつる」
二［他バ四］｛ば・び・ぶ・ぶ・べ・べ｝❶一①に同じ。例「わが心にかなはず、しの・ばむこと難きふしありとも」〈源氏・梅枝〉訳（その相手が）自分の気に入らないで、我慢しがたい点があるにしても。
❷一②に同じ。例「老いてのちむかしをしのぶなみだこそここら人目をしの・ばざりけれ」〈詞花・雑上・三四四〉訳老いてから昔を懐かしんで流す涙は、とめどなく流れて人目を避けることもないものだなあ。

しのぶ【信夫】［歌枕］陸奥国の地名。いまの福島市南西部。「信夫摺り」の衣が名産。その模様が乱れ模様であることから、和歌で恋心の乱れを詠む。

しのぶぐさ【忍草】［名］❶ノキシノブの古称。＝忍①・忍の草。（季－秋）。❷シダ類の一種、シノブの古称。❸（「偲ぶ種」の意をこめて）昔を思い起こすよが。思い出の種。例「行く末の忍草にもありやとてつゆの形見も置かんとぞ思ふ」〈拾遺・雑上・四九九〉

しのぶこひ【忍ぶ恋】人に知られないよう、自分の心に秘めた恋。

しのぶずり【忍摺り・信夫摺り】［名］「摺り衣」の一種。忍草の茎や葉で、乱れ模様を布に摺りつけたもの。また、その模様。陸奥国信夫郡（いまの福島県）から産出されたという。＝忍②・忍綟摺り・綟摺り。

しのぶもぢずり【忍綟摺り・信夫綟摺り】［名］「しのぶずり」に同じ。＝忍②

〔和歌〕**しのぶれど…【しのぶれど色に出でにけり我が恋は物や思ふと人の問ふまで】**〈拾遺・恋一・六二二・平兼盛〉（百人一首）訳じっと胸のうちに秘めていたけれど、とうとう表情に出てしまったことだ、私の恋は。もの思いでもしているのかと人が尋ねるほどに。《係結び》「や→思ふ（体）」
〈参考〉天徳四年（九六〇）三月三十日、宮中での歌合わせで詠まれた歌。忍ぶ恋を詠んだ歌で、同じく忍ぶ恋を詠んだ壬生忠見の歌（→〔和歌〕こひすてふ…）と組み合わされ、優劣の決着がつかず、村上天皇の判断によって勝ちとなった。

しば【柴】［名］《「ふし」とも》山野に生えている小さい雑木。また、薪や垣にするために切った小枝。＝柴木・ふし柴①

〔**柴の編み戸**〕「しばのと（柴の戸）」に同じ。

〔**柴の庵**〕「柴」で屋根を葺いた庵。粗末な仮の家。

〔**柴の戸**〕「柴」を編んで作った戸。転じて、粗末な住居。＝柴の編み戸・柴の枢

〔**柴の枢**〕「しばのと」に同じ。

しば【屢】［副］しばしば。しきりに。多く「鳴く」「叩く」「立つ」などの動詞の上に冠して、その動詞を修飾する。例「かほ鳥は間なくしば鳴く」〈万葉・六・一〇四七長歌〉

しば【暫】［副］少しの間。しばらく。例「暫させ給ひとてもさらば、暮るるを待ちて」〈謡・山姥〉

しはう【四方】［名］❶東西南北。❷周囲。あらゆる方角。❸諸国。天下。❹四角。❺物を載せる台。四すみに穴がある。❻鎧の差し物の一種。

しはうがみ【四方髪】［名］「そうはつ②」に同じ。

しはうごし【四方輿】［名］手輿の形態のひとつ。屋形の四方に簾を垂らした輿。上皇・摂関や僧綱（高位の僧）などが遠出をするときに用いた。↓［古典参考図］乗輿

しはうしゃ【襲芳舎】［名］「しふはうしゃ」に同じ。

しはうじろ【四方白】［名］兜の鉢の前後左右に、銀や白鑞（錫・鉛・銅の合金）をはって飾ったもの。

しばうち【芝打ち】［名］垂れ下がったものの端が地面に触れること。また、その裾。幕の裾、鎧の草摺りの裾、馬具の鞦の房など。＝芝摺り

しばうちだけ【芝打ち長】［［・なり］］【芝打ち長】［名・形動ナリ］《「しばうちなが」とも》物の端が地面に触れるほど長く垂れていること。また、そのさま。例「御狩衣は柳色、大紋の指貫に、熊の皮の行縢、芝打ち長・に召し」〈曾我・八〉

しはうはい【四方拝】［名］元旦の宮廷儀式。

天皇が、寅の刻(午前四時ごろ)に、清涼殿の東庭に出て、天地四方の神、山陵を拝して、皇位の安泰や天下の平安を祈る。(季―春)

〔俳句〕**しはうより…【四方より花吹き入れて鳰の波】**〈白馬・芭蕉〉訳琵琶湖の春景色を眺めると、湖を囲む山々は桜の花が満開である。折からの風に、四方から落花が吹き入れられ、花吹雪となって湖の波に浮かんでいる。(季―花―春)〈参考〉「鳰」はここでは「鳰の海」で琵琶湖のこと。

しばがき【柴垣】[名]《上代は「しばかき」》❶「柴」を編んで作った垣根。❷「柴垣節」の略。❸「柴垣踊り」の略。

しばがきぶし【柴垣節】[名]江戸初期に流行した小唄。初めは踊りに合わせて歌ったが、のちには比丘尼が編木子に合わせて歌った。＝柴垣②

しばがきをどり【柴垣踊り】[名]「柴垣節」にあわせておどる踊り。＝柴垣③

しばき【柴木】[名]「しば(柴)」に同じ。

しばくさ【莱草・芝草】[名]《「しば」とも》荒れ地に生える雑草。

しばし【暫し】[副]《上代では「しまし」》しばらく。ちょっとのあいだ。例「相応寺のほとりに、しばし船をとどめて」〈土佐〉

発展学習ファイル　平安時代の女流文学にみられる和文では「しばし」、漢文訓読体では「しばらく」が用いられた。

しばしば【屢・屡・屢】[副]しきりに。たびたび。例「(母ノモトヘ)まうづとしけれど、しばしばえまうでず」〈伊勢・八四〉

しはす【師走・十二月】[名]陰暦十二月の称。＝極月(季―冬)

しばすり【芝摺り】[名]「しばうち」に同じ。

しばたたく【屢叩く・瞬く】[他カ四]しきりにまばたきをする。目をぱちぱちさせる。

しばたつ【屢立つ】[自タ四]❶(音が)しきりに響く。例「音しば立ちぬ水脈を速みかも(＝水ノ流レガ速イカラカナ)」〈万葉・二〇・四四六〇〉❷(波が)しきりに立つ。例「島風にしば立つ波のやち返り(＝繰リ返シ)」〈金葉・恋上・三九五〉

しはつ【為果つ】一[自タ下二]し終わる。例「鐘の声どもし果つる程にぞ帰る」〈蜻蛉・中〉二[他タ下二]し終える。し遂げる。例「御祓へもしはてず、立ち騒ぎたり」〈源氏・須磨〉

しはづす【為外す】[他サ四]し損なう。失敗する。例「我、まことの、天地に受けられたる国の親ならば、し外さじ」〈宇津保・国譲・下〉

しばつみぶね【柴積み舟】[名]「しばぶね」に同じ。

しばでんがく【芝田楽】[名]神社の前庭の芝生の上などで演じる田楽。

しばなく【屢鳴く】[自カ四]しきりに鳴く。

しはなつ【為放つ】[他タ四]やりかけておいて、途中で放り出したままにする。例「あららかなるさまにし放ちたり」〈源氏・東屋〉

しはに【底土】[名]地面の下層にある黒い土。↕初土・中つ土

しばひき【芝引き】[名]太刀の鞘尻の刃の方に付けた飾りの金具。

しはぶかふ【咳かふ】《上代語。動詞「咳く」の未然形＋反復・継続を表す上代の助動詞「ふ」》しきりにせきをする。せきをし続ける。例「糟湯酒うちすすろひてしはぶかひ鼻びしびしに」〈万葉・五・八九二長歌〉訳→(和歌)かぜまじり…

しはぶき【咳き】[名]《「すはぶき」とも》❶せき。❷(訪問の合図などの)せきばらい。

しはぶきやみ【咳き病み】[名]風邪など、せきの出る病気。(季―冬)

しはぶく【咳く】[自カ四]❶せきをする。例「尼君しはぶきおぼほれて(＝セキ込ンデムセテ)起きにたり」〈源氏・手習〉❷(合図に)せきばらいをする。例「妻戸を鳴らしてしはぶけば」〈源氏・若紫〉

しばぶね【柴舟】[名]「柴」を積む舟。＝柴積み舟

しはぶる【咳る】[自ラ下二]せきをする。せき込む。例「翔り去にきと帰り来てしはぶれ告ぐれ」〈万葉・一七・四〇一一長歌〉

しはふるひと【しはふる人】[名]《「しはぶるひと」とも》語義未詳。「咳る人」で、せきをしがちな老人の意か。ほかに「皺古人」で、皺の寄った老人とする説や、「柴振る人」で、柴刈りをして暮らす卑しい身分の人の意とする説もある。

しはふるびと【しはふる人】[名]《「しはぶるびと」とも》語義未詳。「しはふるひと」と同義か。

しばみる【屢見る】[他マ上一]しばしば見る。何度も見る。

しばやま【柴山】[名]「柴」の生えている山。

しばらく【暫く】[副]《「しまらく」とも》❶少しの間。当分。例「世の人あひ逢ふ時、暫くも黙止する事なし」〈徒然・一六四〉❷一時的に。例「しばらく衣裳に薫き物すと知りながら」〈徒然・八〉

しばらく【暫】[作品名]江戸中期(一六九七初演)の歌舞伎。歌舞伎十八番のひとつ。悪人が善人を虐げ殺そうとするところに主人公が「しばらく」と登場して見得を見せ、悪人を懲らしめる。

〔俳句〕**しばらくは…【暫時は滝に籠るや夏の初め】**〈おくのほそ道・日光・芭蕉〉訳しばらくの間は、この裏見の滝の裏側に身をひそめ、滝籠りの行を気取ってみるよ。折から僧徒が夏籠りなどをする夏の始めのころであるから。(季―夏―夏)〈参考〉日光の裏見の滝を訪れたときに詠んだ句。

しばゐ【芝居】[名]❶芝生の上に座ること。❷猿楽・田楽などで、舞台と貴人の桟敷席との間の芝生に設けられた、庶民の見物席。❸演劇。とくに、歌舞伎。また、それを行う劇場。

しひ【椎】[名]木の名。ドングリと呼ばれる実は食用となり、材は建築や家具などに、樹皮は染料に用いられる。(季＝花―夏・実―秋)

しひ【癈ひ】[名]からだのある器官が、その感覚・機能を失うこと。また、そのようになった人。

しび【鮪】[名]マグロの別称。古くは、サバ・カジキなどの類の総称。(季―冬)

しび【鴟尾】[名]寺院や宮殿などの棟の両端に取り付けた魚の尾の形をした飾り。＝鴟の尾②・鵄尾

じひ【慈悲】[名]❶《仏教語》仏・菩薩が衆生に楽を与え(慈)、苦を除く(悲)こと。いつくしみ、あわれみ。❷情けをかけること。思いやり。

しひがたり【強ひ語り】［名］嫌がる相手に無理に話を聞かせること。また、その話。＝強ひ言

しひがもと【椎本】『作品名』『源氏物語』の四十六番目の巻名。

しひごと【強ひ言】［名］「しひがたり」に同じ。

しひごと【誣ひ言】［名］事実をまげていうこと。作り言。でたらめ。

しひしば【椎柴】［名］❶シイの木。❷薪などに用いるシイの小枝。❸（シイが喪服の染料に用いられるところから）喪服の色。喪服。また、喪中。例「四方山の椎柴残らじと見ゆるもあはれになん」〈栄花・一〉

〔**椎柴の袖**〕（椎が喪服の染料となることから）喪服。

しひしばがき【椎柴垣】［名］椎の木が群生して、垣根のようになったもの。

じひしんてう【慈悲心鳥】［名］ホトトギス科の「十一」の別称。鳴き声が「慈悲心」と聞こえることからブッポウソウ、または、コノハズクをいう。

しひそ・す【強ひそす】［他サ四］{さ・し・す・す・せ・せ}（「そす」は熱心にそうする意の接尾語）しきりに勧める。強いる。例「人々に酒強ひそ・しなどして」〈源氏・明石〉

しひて【強ひて】［副］《動詞「強ふ」の連用形＋接続助詞「て」》❶無理に。無理やりに。押して。例「雪いと高し。しひて御室にまうでて」〈伊勢・八三〉

❷（心情を表す語を修飾して）無性に。むやみに。例「散りぬる花のしひてこひしき」〈後撰・春下・九一〉

発展学習ファイル 類義語に「あながち」「せめて」がある。「せめて」〈発展学習ファイル〉

しびら【褶】［名］女性が衣服の上から腰にまとった略式の裳も。

じびん【自鬢】［名］❶人の手を借りずに、自分で自分の髪を結うこと。❷能楽で、役者が自分のふだんの髪型のままで舞台に出ること。

じびんもの【自鬢物】［名］能楽で、シテが「自鬢②」でつとめる能。「鉢木」「安宅」などの類。

しふ【執】［名］ある物事をいつまでも深く心にかけている状態。執着心。執念。

しふ【集】［名］漢詩・和歌・文章などを集めた書物。歌集・詩集など。

し・ふ【癈ふ】一［自ハ四］{は・ひ・ふ・ふ・へ・へ}からだの器官が働きを失う。感覚がまひする。例「松反りし・ひてあれやは三栗の中上り来ぬ麻呂といふ奴」〈万葉・九・一七八三〉 二［自ハ上二］{ひ・ひ・ふ・ふる・ふれ・ひよ}一に同じ。例「おのが君（＝主人）の癈・ひ惑ひたまへるは口惜しう思ひて」〈落窪・三〉

し・ふ【強ふ】［他ハ上二］{ひ・ひ・ふ・ふる・ふれ・ひよ}強制する。無理強いする。例「否と言はば〔逢ァウコトヲ〕強・ひめや我が背」〈万葉・四・六七九〉

し・ふ【誣ふ】［他ハ上二］{ひ・ひ・ふ・ふる・ふれ・ひよ}（他人を陥れるために）事実を曲げていう。例「ここに恐るらくは、誣・ひ欺ける網穽に陥ち罹りて」〈紀・欽明〉

しぶ【渋】［名］❶垢。汚れ。❷（「柿渋」の略）渋柿の実から取れる汁。防腐塗料として用いる。

しぶ【四部】［名］《仏教語》仏の四種の弟子。男女の僧（比丘・比丘尼）と、男女の在家信者（優婆塞・優婆夷）とをいう。＝四衆・四部の弟子

〔**四部の弟子**〕「しぶ（四部）」に同じ。

じふあく【十悪】［名］❶上代の十種の重罪。謀反・謀大逆・謀叛・悪逆・不道・大不敬・不孝・不睦・不義・内乱。❷《仏教語》十種の罪悪。殺生・偸盗（盗み）・邪淫・妄語・両舌（二枚舌）・悪口・綺語（ざれごと）・貪欲・瞋恚（怒り）・邪見の称。

しぶいちのいへ【四分一の家】一町の四分の一の狭い邸宅。公卿の邸宅は一町が標準。

じふいちめんくゎんぜおん【十一面観世音】［名］六観音または七観音のひとつ。頭上に十面の顔をもち、あらゆる人々の苦しみに救済の手を差し伸べるという。

しぶき【蕺】［名］草の名。ギシギシの古称。地下茎や葉を食用とした。一説に、ドクダミとも。＝蕺草（季-夏）

しふぎょくしふ【拾玉集】『作品名』南北朝時代（一三四六成立）の私家和歌集。慈円の詠草をもとに、尊円親王が撰。慈円の歌をほぼ網羅。

しぶ・く【渋く】［自カ四］{か・き・く・く・け・け}つっかえる。進まない。例「高瀬舟下る大堰川かな」しぶ・くばかりにもみぢ葉の流れて〈新古今・冬・五五六〉

しぶ・く【繁吹く】［自カ四］{か・き・く・く・け・け}激しく吹きつける。例「しぶ・く風こそ実には物憂き」〈山家集・中〉

じふく【十九】［名］❶数の名称。❷十九歳。女性の厄年。

じふく【時服】［名］❶時候にふさわしい衣服。❷朝廷から春秋または夏冬に皇族や諸臣に賜った衣服。

じふくもんや【十九文屋】［名］《近世語》江戸で玩具・櫛などの雑貨を十九文均一で売った店。＝十九文店

しぶげ［・なり］【渋げ】［形動ナリ］{なら・なり(に)・なり・なる・なれ・なれ}けづりつくろはねば、色・つやのないようす。例「〔髪ヲ〕けづりつくろはねばにや、しぶげ・に見ゆるを」〈堤中納言・虫めづる姫君〉

じふごにちがゆ【十五日粥】［名］陰暦の正月十五日の朝、一年の邪気を払うために食べる小豆粥。（季-春）

じふごや【十五夜】［名］❶陰暦で毎月十五日の夜。❷陰暦八月十五日の夜。古来、月見に最適の夜とされ、詩歌管弦の宴などが催された。仲秋の名月。（季-秋）

じふさんぞくみつぶせ【十三束三伏せ】［名］《「束」は親指を除く指四本を並べた幅、「伏せ」は指一本の幅》矢の長さを表す語。十二束のふつうの矢に対して長い矢をいう。➡［古典参考図］武装・武具〈3〉

じふさんだいしふ【十三代集】［名］勅撰和歌集二十一代集のうち、はじめの八代集を除いた十三の勅撰和歌集のこと。

じふじ【十字】［名］蒸し餅、または、まんじゅうの別名。

じふしいっしゃうのひ【十死一生の日】陰陽道で万事に忌むという大凶の日。戦場に出ると生きて帰る見込みがないとされる日。

しぶしぶ［・なり］【渋渋】［形動ナリ］{なら・なり(に)・なり・なる・なれ・なれ}気が進まないようす。いやいや。

じふじょうのゆか【十乗の床】《仏教語》

悟りの境地に入るための十種の法、十乗観法のこと。心の安住するところを、床にたとえたもの。

しふしん【執心】[名]《仏教語》執着すること。深く心にかけること。

しふ・す【執す】[他サ変]{せ・し・す・する・すれ・せよ}「しっす」に同じ。

じふぜん【十善】[名]《仏教語》「十戒」を守り、「十悪」を犯さないこと。

〔十善の主〕「じふぜんのきみ」に同じ。

〔十善の君〕を修めた果報によって、この世で天子の位につくという仏教思想による。＝十善の主　天子。天皇。前世で「十善」

じふぢ【十地】[名]菩薩から仏になるまでの段階を十に分けたもの。菩薩修行は五十二位あり、そのうち四十一位から五十位をいう。

〔十善の位〕天皇の位。

しふぢゃく【・す】【執着・執著】[名・自他サ変]《仏教語》物事に深く思いをかけ、とらわれること。

じぶつ【持仏】歴史的かなづかい「ぢぶつ」

じふにいんねん【十二因縁】[名]《仏教語。「じふにいんえん」とも》人が前世・現世・来世と三世にわたって生まれ変わる因果関係を十二に分けて説いたもの。無明・行・識・名色・六処・触・受・愛・取・有・生・老死。十二縁起。

じふにかい【十二階】[名]推古天皇の時代に制定された官人の十二の位階。徳・仁・礼・信・義・智の六階をそれぞれ大・小に分けたもの。

じふにし【十二支】[名]陰陽道で用いる、子・丑・寅・卯・辰・巳・午・未・申・酉・戌・亥の総称。後世これらに、ねずみ(子)・牛(丑)・虎(寅)・うさぎ(卯)・竜(辰)・蛇(巳)・馬(午)・羊(未)・猿(申)・鶏(酉)・犬(戌)・猪(亥)の動物をあてるようになった。方位や時刻、「十干」と組み合わせ「干支」と称して暦法にも用いた。

じふにじんしゃう【十二神将】[名]《仏教語》仏法を守護する十二の神。薬師如来の十二大願に対応するものとして、その像は忿怒の相を表し、薬師如来を取り巻いて配置される。

じふにとう【十二灯】[名]《近世語》「じふにどう」に同じ。

じふにどう【十二銅】[名]《近世語》神仏への灯明料や山伏などへの礼金として、十二文を紙にひねって出したもの。＝十二灯

じふにねんのかっせん【十二年の合戦】（十二年間続いたことから）前九年の役の別称。

じふにねんのやまごもり【十二年の山籠り】比叡山延暦寺で、出家受戒後に十二年間、下山を禁じて学業を修めさせたこと。

じふにひとへ【十二単】[名]女官や女房の正装である「女房装束」の俗称。裳唐衣姿をいう後世の呼び名。袿を多く重ねたことからいう。→「にょうばうしゃうぞく」

古典の世界　「十二単」という名称は、本来は袿を十二領重ねて着ることによるもので『源平盛衰記』などにその名が見えるが、平安時代にはその名は見えない。平安時代には袿を五領重ねることが多く、「五つ衣」といった。だが後世、平安時代の女房装束を広く「十二単」と呼ぶようになった。

じふにりつ【十二律】[名]雅楽・舞楽に用いられる十二音の音律。十二音によって八度音（一オクターブ）にわたる音律を形成する。低い音から順に、壱越・断金・平調・勝絶・下無・双調・鳧鐘・黄鐘・鸞鏡・盤渉・神仙・上無と呼ぶ。十二調子とも。

しふね・し【執念し】[形ク]{から・く(かり)・し・き(かる)・けれ・かれ}物事に強く執着するさま。執念深い。しつこい。例「例の執念き御物の怪一つさらに動かず」〈源氏・葵〉

じふねん【十念】[名]《仏教語》「南無阿弥陀仏」の念仏を続けて十回唱えること。

しふはうしゃ【襲芳舎】[名]《「しはうしゃ」とも》内裏の後宮の建物のひとつ。内裏の北西隅にあり、おもに後宮の局として用いられた。雷鳴のとき天皇が移り、兵衛・滝口の武士を召して鳴弦させたことから「雷鳴の壺」ともいう。➡[表見返し]内裏略図

じふはちこう【十八公】[名]《「じふはちのきみ」とも》松の別称。「松」の字を分解すると十・八・公となることからいう。

じふほう【什宝】[名]「じふもつ②」に同じ。

じふまんおくど【十万億土】[名]《仏教語》❶この世（娑婆世界）と極楽浄土の間にあるとされる無数の浄土の総称。十万億の国。❷極楽浄土。

じふもつ【什物】[名]❶日用品。❷家宝として代々伝えられる器物。＝什宝

じふもんじ【十文字】[名]❶十の字の形。❷縦横に素早く動くさま。また、太刀を前後、左右に振り回すさま。❸《「十文字槍」の略》穂先の十字形になった槍。❹十の字を図案化した紋所の名。

しふらい【習礼】[名]重大な儀式が行われる前に、あらかじめ礼式や作法を予行演習すること。

しぶ・る【渋る】[自ラ四]{ら・り・る・る・れ・れ}❶ためらう。気が進まない。例「こたみはよにしぶらすべくもものせじと」〈蜻蛉・中〉❷滑らかに進まない。滞る。例「かへって句しぶり不出来なる物なり」〈去来抄〉

じふろく【十六】[名]❶数の名。❷十六歳。女子が一人前となる年齢。❸《「十六豇豆」の略》ササゲの一種。長いさやの中に、豆が十六粒ほどあることによる名。❹能で用いる少年の面。平敦盛が十六歳で戦死したことによる。

じふろくぜんじん【十六善神】[名]《仏教語》般若経とその誦持者の守護を誓った十六の神。

じふろくらかん【十六羅漢】[名]《仏教語》仏の命で、この世に長くとどまり、正法を守護することを誓った十六人の聖者。

じふわう【十王】[名]《仏教語》冥途で死者の罪を裁く閻魔王など十人の王。

しふゐ【拾遺】[名]❶こぼれたものを拾うこと。漏れたものを補うこと。❷（中国で、君主に過ちがないように補佐する意から）「侍従①」の唐名。

しふゐぐさう【拾遺愚草】[作品名]鎌倉前期（一二一六成立）の私家和歌集。藤原定家が自撰した。正編上中下、員外からなり、総歌数約三千七百五十余首。六家集のひとつ。

しふゐせう【拾遺抄】[作品名]平安中期(九九六ごろ成立)の私撰和歌集。藤原公任撰か。本集を増補して『拾遺和歌集』が成立したとされる。

しふゐわかしふ【拾遺和歌集】[作品名]平安中期(一〇〇六ごろ成立)の第三番目の勅撰和歌集。花山院撰か。雑春・雑恋・雑賀などの特異な部立てがあり、柿本人麻呂作とされる歌が多く含まれる。

しふゑ【集会・衆会】[名]集会。寄り合い。

じぶん【時分】[名]❶とき。時期。時節。ころ。❷よい時期。よいころあい。❸食事時。

〔**時分の花**〕能楽で、役者の年齢の若さから生じる一時的な芸の魅力。↔真の花。⇨「はな(花)」〈古語深耕〉

じぶんつかひ【時分使ひ】[名]「じぶんぶれ」に同じ。

じぶんぶれ【時分触れ】[名]集会や食事の時間を触れ歩いて、人々を集める役の人。＝時分使ひ

しべ[名]一【蘂・蕊】おしべとめしべ。例「花は限りこそあれ、そそけたる蘂なども交じるかし」〈源氏・野分〉二【稭】(「藁稭」の略。「すべ」とも)稲藁の芯。

しへた・ぐ【虐ぐ・冤ぐ】[他ガ下二]{げ/げ/ぐ/ぐる/ぐれ/げよ}(「しへたく」とも)❶むごく扱う。例「人を苦しめ、物を虐ぐる事」〈徒然・一二九〉❷打ち負かす。例「敵を冤ぐるに及ばず」〈平家・三・六代被斬〉

しへん【詩編・詩篇】[名]漢詩。また、漢詩を集めた書物。

しべん【四弁】[名](仏教語。「四無碍弁」の略)仏の四種の自由自在な弁舌。法無碍弁(一切の教法に精通し、通達自在であること)・義無碍弁(教法の意味内容に精通し、通達自在であること)・辞無碍弁(あらゆる言語に精通し、通達自在であること)・楽説無碍弁(一切の衆生のためになる弁説が、自由自在にできること)の四つ。

しべんはちおん【四弁八音】[名](仏教語。「八音」は仏の声が美しく、衆生を教化するのに八種の長所を備えているということ)四弁と八音。弁舌が非常にすぐれていること。

－しほ【入】[接尾]染色で、布を染料に浸す回数を数える語。例「紅の八入の衣」〈万葉・一一・二六二三〉

しほ【塩】[名]❶食塩。❷塩気。❸塩づけ。

〔**塩ならぬ海**〕(塩分を含まない海の意)湖。とくに琵琶湖。

〔**塩を焼く**〕海水をくみ、煮つめて塩を作る。例「陸奥の塩釜の形を作りて、潮を汲み寄せて、塩を焼かせなど」〈宇治拾遺・一三・一五〉

しほ【潮・汐】❶海水。海水の干満。例「沖の干潟遥かなれども、磯より潮の満つるが如し」〈徒然・一五五〉❷よい機会。ころあい。例「あいと返事を立つしほの常に辛いをのみこんで勝手へこそは汲みに行く」〈浄・夏祭浪花鑑〉❸あいきょう。愛らしさ。例「目元にしほがこぼれるここへ見える坊様は」〈浄・丹波与作待夜の小室節〉

〔**潮が浸む**〕「しほをふむ」に同じ。

〔**潮ならぬ海**〕塩水ではない海、つまり湖。とくに琵琶湖を指す。和歌で用いる語。例「わくらばに行き逢ふ道を頼みしもなほかひなしやしほならぬ海」〈源氏・関屋〉

〔**潮の時・汐の時**〕海水の満ち潮、引き潮のとき。また、人が最期の息を引きとるという引き潮のとき。

〔**潮の八百会ひ**〕潮流がいくつも集まるところ。＝潮合ひ①

〔**潮の八百重**〕海水が幾重にも重なった所。はるかな海上。

〔**潮を踏む**〕(近世語)つらい経験をする。苦労をして世間を知る。＝潮が浸む

しほあひ【潮合ひ・汐合ひ】[名]❶潮流の集い合う所。❷潮の干満のころあい。しおどき。❸適当なころあい。時機。

しほう【四方】歴史的かなづかい「しはう」

しほうみ【潮海】[名]海。塩分を含んでいることを強めていった語。↔淡海

しほがひ【潮貝】[名]海にいる貝。

しほがひ【潮間】[名](「しほかひ」とも)潮が引いてからふたたび満ちてくるまでの間。＝潮間

しほがま【塩釜・塩竈】[名]❶海水を煮つめ、塩を作る際に使うかま。❷「塩釜桜」の略。

しほがま【塩釜】[歌枕]陸奥国の地名。いまの宮城県塩竈市。風光明媚な松島湾に臨む一帯は、「塩釜の浦」と呼ばれて多くの歌に詠まれた。

しほがまざくら【塩釜桜】[名]八重咲きの桜の一種。葉まで(「浜で」をかける)美しい、というしゃれから。＝塩釜②。(季-春)

しほがれ【潮涸れ】[名]潮が引くこと。干潮。＝潮干①

しほぎ【塩木】[名](「しほき」とも)塩を作るとき、海水を煮詰めるのに用いる薪。

しほくみ【潮汲み】[名]製塩のために海水を汲むこと。また、それをする人。

しほくみぐるま【潮汲み車】[名]海水を汲み入れた桶を運ぶ車。

しほぐもり【潮曇り】[名]潮が満ちてくるときの水気で、空が曇ること。また、そのために海上がかすんで見えること。

しほけ【潮気】[名]海水の塩分を含んだ湿り気。潮の気配。

しほけぶり[名](「しほけふり」「しほけむり」とも)一【塩煙】塩をつくるとき、塩釜から立ちのぼる煙。二【潮煙】波が磯などに当たって飛び散るしぶき。

しほごし【潮越し】[名](「しほこし」とも)❶海水を引き導くこと。また、汲み送ること。❷潮がかかること。波をかぶること。また、その場所。

しほごしのまつ【潮越の松・汐越の松】(「しほこしのまつ」とも)福井県坂井郡芦原町浜坂にある松。蓮如が「終夜嵐に波をはこばせて月をたれたる潮越の松」と詠んだ松の名所。

〔俳句〕**しほごしや…**【汐越や鶴脛ぬれて海涼し】〈おくのほそ道・象潟・芭蕉〉訳外海の波が入海に打ち寄せる汐越の浅瀬。そこに降り立って餌をあさる鶴の長いすねも波しぶきに濡れて、あたりの海辺はいかにも涼しげである。(季-涼し-夏)

しほごろも【潮衣】[名]「潮汲み」のときに着る衣。潮にぬれた衣。

しほざかひ【潮境】[名]❶潮流の分かれ目。❷海水と川水との境。

しほさき【潮先】[名]❶満ちてくる潮の先端。物事のちょうど始まるとき。ちょうどよい折。潮時。❷例「いで、この**潮先**をかりて、なさくじりそ」〈落窪・一〉

しぼさつ【四菩薩】[名]《仏教語》❶衆生にもっとも縁の深い、観音・弥勒・普賢・文殊の諸菩薩。❷仏から末法の世で「法華経」を広めるよう命じられたという、上行・無辺行・浄行・安立行の諸菩薩。

しほさゐ【潮騒】[名]潮が満ちてくるときに、波が騒ぐこと。また、その音。

しほしほ[副]❶涙や雨などにぬれるようす。例「しほしほと泣きたまふ」〈源氏・行幸〉❷しょんぼりと元気のないようす。例「女にておはしまさましかば、いかにしほしほと口惜しからまし」〈増鏡・内野の雪〉

しほじ・む【潮染む】[自マ四]{ま・み・む・む・め・め}❶潮水や潮気に身が染まる。海辺の生活になじむ。例「こころしほじ・む身となりてなほこの岸をえこそ離れね」〈源氏・明石〉❷物事に慣れる。世慣れる。例「世にしほじ・みぬる齢の人だにあり」〈源氏・須磨〉

しほじり【塩尻】[名]製塩で、塩田の砂を円錐形に高く積み上げたもの。これに海水をかけて乾かし塩分を固着させる。

しほせ【潮瀬】[名]潮の流れる所。

〔俳句〕**しほだひの…**【**塩鯛の歯茎も寒し魚の店**】〈薦獅子集・芭蕉〉訳魚屋の店先で塩鯛を売っている。冬の寒々とした気配の中、その塩鯛のむき出しの歯茎の白さがことさら寒げにみえる。（季―寒し―冬）

しほた・る【潮垂る】[自ラ下二]{れ・れ・る・るる・るれ・れよ}❶潮水に濡れてしずくが垂れる。ぐっしょり濡れる。例「露霜にしほた・れて、所定めずまどひ歩き」〈徒然・三〉❷涙で袖が濡れる。（声を出さずに）涙にくれて泣く。嘆き悲しむ。例「あかぬ別れの涙には、袖しほた・れてほしあへず」〈平家・六・小督〉❸みすぼらしいようすになる。貧相になる。例「形から品からしほた・れて、みるめかひなきあま衣」〈浮・元禄大平記〉

しほぢ【潮路】[名]❶海流の流れる道。潮流。❷海上の通路。海路。航路。

しぼち【新発意】[名]《「しんぼち」の撥音無表記》新たに仏門に入った者。

しぼちだち【新発意立ち】[名]「新発意」から成り上がること。また、その人。

〔和歌〕**しほつやま…**【**塩津山うち越え行けば我が乗れる馬そつまづく家恋ふらしも**】〈万葉・三・三六五・笠金村〉訳塩津山を越えて行くと、私の乗っている馬がつまずいた。家の者たちが私を思い慕っているらしい。《係結び》「そ→つまづく㊰」

しほで【鞍・四方手】[名]馬具の名。鞍の「前輪」と「後輪」の左右両端に付けて、「鞅」と「鞦」を結び付けるひも。

しほど・く【潮解く】[自カ下二]{け・け・く・くる・くれ・けよ}❶びっしょりぬれる。例「雨すこしうち降りて、田子の袂もしほど・けたり」〈栄花・一九〉❷涙にぬれる。例「五月雨にもあはれにて**潮ど・け暮らし**」〈栄花・一〉

しほどけ【潮解け】[名]びっしょりぬれること。涙にくれて嘆き沈むこと。

しほどけ・し【潮解けし】[形ク]{から・く(かり)・し・き(かる)・けれ・かれ}びっしょりぬれているさま。涙にくれているさま。例「寄る波にたちかさねたる旅衣**しほどけ・し**とや人のいとはむ」〈源氏・明石〉

しほな・る【潮馴る】[自ラ下二]{れ・れ・る・るる・るれ・れよ}（衣服が潮気を含んで）よれよれになる。汗ばんで汚れる。例「身馴れ衣も**しほな・れ**たれば」〈源氏・蓬生〉

しほなれごろも【潮馴れ衣】[名]海の塩分が染みついた衣。潮気に染みた衣服。

〔和歌〕**しほのみつ…**【**汐の満ついつもの浦のいつもいつも君をば深く思ふはやわが**】〈枕・清涼殿の丑寅の角の〉訳潮の満ちる、いつもの浦のいつもという名のように、いつもあなたを深く思うことだよ、私は。

しほばな【塩花】[名]❶波頭が白く砕けるようすを花にたとえた語。白波。❷不浄をはらい清めたり、縁起直しをしたりするためにまく。

しほひ【潮干・汐干】[名]❶潮が引くこと。干潮。引き潮。また、潮が引いた海岸。＝潮涸れ。❷潮干狩り。（季―春）

〔**潮干の道**〕潮が引いているときに通れる道。

〔**潮干の山**〕人の生き死を海にたとえ、その干満の及ばない山を悟りの境地にたとえていった語。例「生き死にの二つの海を厭はしみ**潮干の山**を偲ひつるかも」〈万葉・一六・三八四九〉

しほひがた【潮干潟】[名]引き潮で現れた干潟。（季―春）

しほひるたま【潮干る珠】[名]「しほふるたま」に同じ。

じほふ[・なり]【実法】[名・形動ナリ]《「じっぽふ」の促音無表記》まじめなこと。律儀なこと。また、そのさま。例「**実法・なる**人のゆるぎ所あるまじきをとて」〈源氏・真木柱〉

しほぶね【潮船】[名]潮路を航行する船。

しほぶねの【潮船の】[枕詞]舟が並んで行くところから「並ぶ」に、舟を岸に置くところから「置く」にかかる。例「潮船の並べて見れば」〈万葉・一四・三四五〇〉

しほふるたま【潮干る珠・潮乾る珠】[名]（「しほひるたま」とも）神話に現れる神宝で、潮水を引かせる呪力があるという珠。⇔塩満つ珠

しほほ[副]（「しほしほ」の変化形）涙にぬれるさま。ぐっしょり。例「我妹子が袖でもしほほに泣きしそ思はゆ」〈万葉・二〇・四三五七〉訳→〔和歌〕あしかきの…

しほま【潮間】[名]「しほがひ」に同じ。

しほみつたま【塩満つ珠・潮満つ珠】[名]神話に表れる神宝で、潮を満ちさせる呪力のある珠。⇔潮干る珠

〔和歌〕**しほみてば…**【**潮満てば入りぬる磯の草なれや見らく少なく恋ふらくの多き**】〈万葉・七・一三九四・作者未詳〉訳潮が満ちると海中に入ってしまう磯に生える藻であるのだろうか。目に見ることは少なく、恋しく思うことのほうが多い。

しぼ・む【萎む・凋む】[自マ四]{ま・み・む・む・め・め}生気がなくなる。しおれる。

しほや【塩屋】[名]海水を煮て塩を作る小屋。

しほやき【塩焼き】[名]海水を煮て塩を作るこ

と。また、それをする人。

しほやきぎぬ【塩焼き衣】[名]《「しほやきごろも」とも》塩を焼く人が着る粗末な衣。

しほやきごろも【塩焼き衣】[名]「しほやきぎぬ」に同じ。

しほや・く【潮焼く】塩をとるために火を燃やす。また、海水を火にかける。

しほゆあみ【潮浴み】[名]病気治癒の祈願などのために海水に浴すること。海水浴。

しほり【撓り】[名]「しをり(撓り)」に同じ。

しほり【枝折り・栞】[名]「しをり(枝折り)」に同じ。

しぼりあ・く【絞り開く】[他カ下二]{け・け・く・くる・くれ・けよ}涙で閉ざされた目を強いて開く。例「涙にくれて目も見えたまはぬを強ひてしぼりあ・けて見たてまつるに」〈源氏・御法〉

しぼりぞめ【絞り染め】[名]染色法の一種。布地を糸でくくり、染めたあとに糸をほどくと白い模様が残るもの。また、その染め模様。＝括り染め

しほ・る 一[自ラ下二]{れ・れ・る・るる・るれ・れよ}ぬれる。例「さかりなる桜の、あさ露にしほ・るる心地して」〈夜の寝覚〉 二[他ラ四]{ら・り・る・る・れ・れ}ぬらす。例「涙をながし、袖をしほ・らぬはなかりけり」〈保元・上〉

しぼ・る【絞る・搾る】[他ラ四]{ら・り・る・る・れ・れ}❶押したりねじったりして水分を出す。しぼる。❷むりに声を出す。例「せめてしぼ・りいでたる声々」〈枕・正月に寺に籠りたるは〉❸弓の弦を十分に引く。例「この矢をつがひ、しぼ・り返して」〈曾我・一〉

しほん[・す]【四品】[名・自サ変]❶親王の位階の第四位。また、その位に上ること。❷臣下の「四位」の別称。また、四位に叙せられること。

‐しま[接尾](時を表す名詞に付いて)早々の意を表す。…になってすぐ。「正月しま」「朔日しま」など。

しま【島・嶋】[名]❶周囲を水で囲まれている陸地。島。❷(「山斎」とも書く)池や川に面した土地。泉水や築山のある庭。例「島このみたまふ君なり」〈伊勢・七八〉❸《近世語》遊郭。大坂では新町・島原以外の遊里のこと。❹《近世語》頼りや助けとなる事柄。よすが。例「外に頼む島もなく」〈浮・日本永代蔵〉

しま【志摩】[地名]旧国名。東海道十五か国のひとつ。いまの三重県志摩半島の地域。＝志州

しまう・く【為設く】[他カ下二]{け・け・く・くる・くれ・けよ}準備する。例「畳厚らかに敷きて、くだ物、食ひ物し設・けて」〈宇治拾遺・一・一八〉

しまかぎ【島陰】[名]《上代東国方言》島陰になっていて見えない向こう側。

しまがく・る【島隠る】《上代は多く四段、中古以降は下二段》一[自ラ四]{ら・り・る・る・れ・れ}島の陰に隠れる。島陰に一時停泊する。例「島隠・り我が漕ぎ来ればともしかも」〈万葉・六・九四四〉 二[自ラ下二]{れ・れ・る・るる・るれ・れよ}一に同じ。例「ほのぼのとあかしの浦の朝霧に島隠・れ行く船をしぞ思ふ」〈古今・羇旅・四〇九〉 訳→〔和歌〕ほのぼのとあかしのうらの…

しまき【風巻き】[名]《「し」は風の意》風が激しく吹き荒れること。また、その風。暴風。(季－冬)

しま・く【風巻く】[自カ四]{か・き・く・く・け・け}《「し」は風の意》風が激しく吹きまくる。例「伊吹の嶽に雪しま・くめり」〈山家集・中〉

しまごん【紫磨金】[名]紫色を帯びた最高の純金。＝紫金・紫磨黄金

しまさき【島崎・島先】[名]島の突き出た所。島の先端。

しまし【暫し】[副]《上代語》しばらくの間。しばし。＝暫しく

しましく【暫しく】[副]《上代語》「しまし」に同じ。

します[助動サ四型]{しまさ・しまし・します・します・しませ・しませ}尊敬の意を表す。…なさる。お…になる。例「あの酒を飲めと言うても飲ましますな」〈狂・狐塚〉

発展学習ファイル 室町時代に現れ、近世中期ごろ衰退した語。四段・ナ変活用以外の動詞には「さしまます」が付く。

しまだい【島台】[名]「州浜②」の台の上に、松・竹・梅や、鶴・亀、尉・姥などを飾ったもの。婚礼や饗宴などの際の装飾として用いられた。

しまづたひ【島伝ひ】[名]島から島へと伝って船を進めること。

しまづた・ふ【島伝ふ】[自ハ四]{は・ひ・ふ・ふ・へ・へ}船が島から島へと伝って行く。例「島伝・ふ足速の小舟」〈万葉・七・一四〇〇〉

しまつとり【島つ鳥】一[名]鵜の別称。例「鵜」にかかる。二[枕詞](島にいる鳥の意から)「鵜」にかかる。例「島つ鳥鵜養が伴は」〈万葉・一七・四〇一一長歌〉

しまと【島門】[名]島と島、島と陸地との間の瀬戸。海峡。

しまね【島根】[名]島。島国。

しまは・す【為回す】[他サ四]{さ・し・す・す・せ・せ}囲いを作ってとりまく。垣を巡らす。例「大師の生まれさせ給ひたる所とて、廻りのしまは・して」〈山家集・下〉

しまばら【島原】[地名]❶肥前国の地名。いまの長崎県島原市。松平氏の城下町で島原半島の中心地。寛永十四年(一六三七)、天草四郎を首領として農民のキリシタン一揆である島原の乱が起きた。❷山城国の地名。いまの京都市下京区にあった遊郭。江戸時代の元禄年間に最盛期を迎えた。

しまひ【仕舞ひ・終ひ】[名]❶終わり。おしまい。❷物事の決まりをつけること。始末。決着。❸年末の総決算。❹準備。支度。とくに一年の総決算の後の正月の支度。＝正月仕舞ひ。❺暮らし向き。❻身仕舞い。化粧。

しま・ふ【仕舞ふ】[他ハ四]{は・ひ・ふ・ふ・へ・へ}❶し終わる。また、かたづける。しまう。❷清算する。決算する。例「『節季に帳かたげた男の顔を見ぬを嬉しや』とて、万事を仕舞・ひけるに」〈浮・日本永代蔵〉❸殺して始末をつける。例「長うとって、五年か三年、外にしま・うてやる思案もあり」〈浮・本朝二十不孝〉《音便》「しまう」は「しまひ」のウ音便。

しまへ【島上】[名]水に臨んだ景色のよい土地。

しまへ【島辺】[名]《「しまべ」とも》島の近辺。

しまみ[・す]【島廻・島曲】《「しまわ」とも》一[名]島の周り。二[名・自サ変]島をめぐること。島の周りで漁をすること。例「島廻・すと磯に見し花」〈万葉・七・一一一七〉

しまもり【島守】[名]島を警護する人。島の番人。

しまやま【島山】[名]❶島と山。❷川や海に臨んで

島のように見える山。❸庭園の池の中に作った山。

しまらく【暫らく】[副]《上代語。「しばらく」の古形》「しばらく」に同じ。

しま・る【締まる】{ら・り・る・る・れ・れ}㊀[自ラ四]❶ゆるみなく緊張している。また、かたく結ばれる。しまる。❷まとまる。整う。例「大かた談合**しま・りて**」〈浮・武道伝来記〉㊁[他ラ四]しっかり結ぶ。堅くしばる。

しまわ【島廻】[名]《「島廻」の誤読により生じた語》「しまみ」に同じ。

しまわうごん【紫磨黄金】[名]「しまごん」に同じ。

しまんろくせんにち【四万六千日】[名]《仏教語》陰暦七月十日の観世音菩薩の縁日。この日参詣すると四万六千日間参詣したのと同じ功徳を得るという。（季―秋）

しみ【染み】[名]色や香りなどがしみつくこと。

しみ【衣魚・紙魚】[名]虫の名。和紙や衣類などを食べる。＝衣魚虫・きらむし・雲母虫。（季―夏）

しみかへ・る【染み返る】[自ラ四]{ら・り・る・る・れ・れ}❶(色や香りが)深く染み込む。深く染まる。例「御衣などもただ芥子の香に**しみかへ・りたり**」〈源氏・葵〉❷深く心に染み入る。例「若き人々は**しみ返・りて**、めでたてまつるに」〈狭衣・一〉❸深くのめり込む。例「今は時代あらたまりて、おもしろきこともさるほどにて、それに**しみかへ・りて**など」〈十訓抄・一〇〉

しみこほ・る【凍み凍る】[自ラ四]{ら・り・る・る・れ・れ}❶凍りつく。かたく凍る。例「雨降り、雪降り、風吹き、雷鳴り、**しみこほ・りたるにも**」〈宇治拾遺・一二・一三〉❷(中世の芸術理念で)心を澄ましてひとつのことを深く思い詰める。感興の極致に達する。例「道に心ざし深く**しみこほ・りたる**人は」〈ささめごと〉

しみさ・ぶ【茂みさぶ・繁みさぶ】[自バ上二]{び・び・ぶ・ぶる・ぶれ・びよ}《「さぶ」は接尾語》(草木が)こんもりと茂る。例「大和の青香具山は日の経の大き御門に春山と**しみさ・び**立てり」〈万葉・一・五二長歌〉

しみじみ【染み染み】[副]心に深く染みるようす。しんみり。

しみだ・る【為乱る】㊀[他ラ四]{ら・り・る・る・れ・れ}まずいやりかたで混乱に陥れる。例「あさましろ、さきの守のし乱・りける国にまろで来て」〈宇津保・吹上・上〉㊁[自ラ下二]{れ・れ・る・るる・るれ・れよ}やり方が悪くて乱れる。例「国のことどもなどもしみだ・れて」〈浜松中納言・四〉

しみつ・く【染み着く】[自カ四]{か・き・く・く・け・け}❶(色や香りが)深く染み込み、なかなかとれなくなる。例「さもや染みつ・かむとあやふく思ひたまへり」〈源氏・末摘花〉❷心に深くはいり込んで忘れられなくなる。例「ふとしも(＝急ニハ)しみつ・くべくもあらぬを」〈源氏・東屋〉

しみつ・く【凍み付く】[自カ四]{か・き・く・く・け・け}凍り付く。例「篠の葉に**しみつ・く**霜の夜を経ては」〈壬二集〉

しみづはまおみ【清水浜臣】[人名]（一七七六―一八二四）江戸後期の国学者・歌人。号は泊洦舎・月斎。村田春海門下。注釈書『宇津保物語考証』、歌集『泊洦舎集』などがある。

しみとほ・る【染み通る】[自ラ四]{ら・り・る・る・れ・れ}中まで染み入る。深く感じる。例「恋しくに痛き我が身そいちしろく身に**しみ通・り**」〈万葉・一六・三八一一長歌〉

しみに【茂みに・繁みに】[副]「しみみに」に同じ。

しみみに【茂みみに・繁みみに】[副]びっしりと。いっぱいに。おびただしく。＝茂みに。例「うち日さす都しみみに里家は多にあれども」〈万葉・三・四六〇長歌〉

しみらに[副]すき間なくびっしりと続いて。ひっきりなしに。＝しめらに。例「あかねさす昼はしみらにぬばたまの夜はすがらに」〈万葉・一三・三二九七長歌〉

しみん【四民】[名]❶一般人。すべての民。❷江戸時代の士・農・工・商の四つの階層。

し・む【染む・沁む・浸む】[自マ四][他マ下二]

> **アプローチ**
> ▼そのものの中に入り、ひたる意が原義。
> ▼そこから、比喩的に「心に深くしみこむ」意が派生した。

㊀[自マ四]{ま・み・む・む・め・め}❶(液体などに)ひたる。しみとおる。うるおう。例「なかなかに人とあらずは酒壺に成りにてしかも酒に**染・みなむ**」〈万葉・三・三四三〉訳→〈和歌〉なかなかに…

❷(色・香りなどが)**染まる**。**しみる**。例「そら炷きものに**染・みたる**几帳」〈枕・似げなきもの〉訳空だきものの香りが**しみついた**几帳にかけてある袴などは、まったく格好がつかない。

しみつく。**刺激で痛みを覚える**。

❸(多く「心にしむ」「身にしむ」などの形で)**心に深くとまる**。**深く感じる**。例「月もなく花も見ざりし冬の夜の心に**し・みて**恋しきやなぞ」〈更級〉訳月もなく花も見えなかったあの冬の夜が、心に深く感じて、恋しく思われるのはいったいどうしたわけだろう。《音便》「いみじう」は「いみじく」のウ音便。

❹**深く関心をもつ**。**深く思い入る**。例「才すぐれ行ひにし・み尊きかぎりを選らせたまひければ」〈源氏・逢生〉訳学問にすぐれ仏の修行に**深く思い入れ**、尊い方ばかりをお選びになったので。《敬語》「選らせたまひ」→「したまふ」

❺**気持ちがぴったりあう**。**なじみになる**。例「京にては石子といへる分け知り、大夫の野風に**し・みて**」〈浮・好色一代女〉訳京では石子という粋人が、太夫の野風に**なじみになって**。

㊁[他マ下二]{め・め・む・むる・むれ・めよ}❶(色・香を)しみこませる。**染める**。例「託馬野に生ふる紫草衣に**染・め**いまだ着ずして色に出でにけり」〈万葉・三・三九五〉訳託馬野(＝地名)に生えている紫草を衣服に**染め**、まだ着もしないのに人に知られてしまいました。

❷**深く心に感じさせる**。**深く思い詰める**。例「とにかくに心を**染・めけむ**だに悔しく」〈源氏・総角〉訳何にしても(この方に)**深く思い詰める**ようなことになったことさえ悔しくて。

❸**深く心を寄せる**。**心ひかれる**。例「春ごとに心をし・むる花の枝にたがなほざりの袖かふれつる」〈新古今・春上・四九〉訳(私は)毎春(あなたの家の)梅の枝に**深く心を寄せて**いるのに、他の誰がかりそめに訪れて袖の香りを梅の枝に移したのか。《係結び》「か」→「ふれつる⑭」

し・む【凍む】〔自マ上二〕{み・み・む・むる・むれ・みよ}凍る。こごえる。（季―冬）。例「朝夕涼みもなきころなれど、身も**凍・むる**心地して」〈源氏・若菜・下〉

し・む【占む・標む】〔他マ下二〕{め・め・む・むる・むれ・めよ}❶しるしをつけて自分の所有であることを示す。例「明日よりは春菜摘まむと**標・めし**野に」〈万葉・八・一四二七〉訳→〔和歌〕あすよりは…。❷敷地とする。居所とする。例「四町を**占・めて**〔新シイ邸ヲ〕造らせたまふ」〈源氏・少女〉❸（身や心に）備える。持つ。例「あぢきなきことに心を**し・めて**」〈源氏・若紫〉

し・む【締む】〔他マ下二〕{め・め・む・むる・むれ・めよ}❶きつく結ぶ。堅く結ぶ。例「鍬形打ったる甲の緒**し・め**」〈平家・九・木曾最期〉❷（門や戸を）閉ざす。閉める。❸心身を引き締める。緊張させる。例「座敷も、**し・めて**見ても脇からくづされ」〈浮・好色一代女〉❹合計する。例「いかさま**し・めて**三百ぐらい」〈伎・助六所縁江戸桜〉❺とりまとめる。とり決める。例「権三様と内証の後先しゃんと**締・めて**ある」〈浄・鑓の権三重帷子〉❻物事が決着したのを祝い、皆で手を打つ。例「めでたく一つ、**し・め**べいか」〈伎・暫〉❼こらしめる。例「江戸詞を笑ったら一番**し・めて**やらう」〈浮世風呂〉

しむ〔助動マ下二型〕⇨六四二ページ「特別コーナー」

じむしょく【寺務職】〔名〕（「じむしき」とも）一寺のすべての事務を取り仕切る職。

しむる　使役の助動詞「しむ」の連体形。例「『我を謀ら**しめむ**』とて、もどろか**しむる**にはあらずや（＝惑ワセルノデハナイカ）」〈宇津保・藤原の君〉

しむれ　使役の助動詞「しむ」の已然形。例「皆取り出して食は**しむれ**ば」〈今昔・二六・九〉

しめ【標・注連】〔名〕❶神聖な土地であることや、人の所有地であることを示し、立ち入りを禁じる標識。木などを立てたり、縄を張りめぐらしたりする。❷「注連縄」の略。

〔**標の内・注連の内**〕❶「標①」で示された範囲の内。神社の境内や宮中。↔標の外①。❷正月の、しめ縄や門松を飾る期間。松の内。

しむ〔使役の助動詞〕

アプローチ ▼使役の意を表すことが基本である（①）。▼敬語とともに用いられて、敬意を強める用法も派生した（②③）。ふつう、「しむ」単独では、敬意を表さない。

接続 活用語の未然形に付く。

活用 下二段型

基本形	未然形	連用形	終止形	連体形	已然形	命令形
しむ	しめ	しめ	しむ	しむる	しむれ	しめよ

意味	訳語	用例
❶**他にその動作をさせる使役の意を表す。**	…せる …させる	例「みづからをほけたり、ひがひがしとのたまひ恥ぢ**しむる**は、ことわりなることになむ」〈源氏・真木柱〉訳（あなたが）私のことをぼけている、まともではないとおっしゃって（私を）恥じ**させる**のは、当然のことですね。 例「この幣の散る方に、御船すみやかに漕が**しめ**たまへ」〈土佐〉訳この幣の散る方向に、御船を早く漕が**せ**てください。
❷**尊敬語とともに用い、尊敬の意を強める。**下例は「しむ＋たまふ＝しめたまふ」で、「たまふ」より強い尊敬語となる。	（ともに用いられる尊敬語を含めて全体として訳す）	例「さて、またの年五月二十四日こそは、冷泉院は誕生せ**しめ**たまへりしか」〈大鏡・道長・上〉訳さて、翌年の五月二十四日に、冷泉院は御誕生になった。
❸**謙譲語とともに用い、謙譲の意を強める。**下例は「たてまつる＋しむ＝たてまつらしむ」で、「たてまつる」より強い謙譲語となっている。	（ともに用いられる謙譲語を含めて全体として訳す）	例「家貧ならむ折は御寺に申し文を奉ら**しめむ**」〈大鏡・道長・上〉訳家が貧しくなるときは、お寺に願いを書いた文書を差し上げよう。

発展学習ファイル (1)**「しむ」と「す」「さす」との違い**　「しむ」と同様に助動詞「す（下二段）」「さす」も使役の意を表すが、平安時代においては、「しむ」は漢文訓読の文章で、「す」「さす」は和文で、それぞれ用いられるようになる。

(2)②③の敬語の用法は平安時代になって発生した。①から②③を生じた事情については、「す」の項の発展学習ファイル(1)(2)を参照（そこでは「す」の場合について説明してあるが、「しむ」の場合についても基本的な事情は同様）。

(3)敬語とともに用いられても（②③の場合）、「しむ」が使役を表すこともあるので、くれぐれも注意すること。

→「しめたまふ」

〔**標の外・注連の外**〕❶「標①」で示された範囲の外。境内や宮中の外。↕標の内①。❷(①から転じて)男女が会えない状態をいう。

しめ【鵇】［名］(「ひめ」とも)アトリ科の渡り鳥。スズメよりやや大きく、くちばしが太い。(季－秋)

しめ 使役の助動詞「しむ」の未然形・連用形。例「〔藤原〕為時が申し文を御覧ぜしめむとせし時」〈今昔・二四・三〇〉〔注〕未然形の例。

しめいせう【紫明抄】［作品名］鎌倉後期(一二九四以前成立)の注釈書。素寂著。『源氏物語』の注釈書のうち、河内本系統の最古のものとして重要である。

しめお・く【占め置く】［他カ四］{か・き・く・く・け・け}(土地などを)標識を立てて占有しておく。例「占め置・きて今やと思ふ秋山の蓬がもとに松虫のなく」〈新古今・雑上・一五六〇〉

しめころも【染め衣】［名］草花や木の実の汁で染めた衣。

しめさ・す【標刺す】［他サ四］{さ・し・す・す・せ・せ}占有を表す標識を付ける。

しめし【湿し】［名］《近世語》おむつ。おしめ。

しめじめ［副］(「しめじめと」とも)❶絶え間なく雨の降るようす。しとしと。例「雨しめじめとめでたく降りて」〈愚管抄〉❷ひっそりとしめやかなようす。しんみり。例「火焼屋かすかに光りて人げ少なくしめじめとして」〈源氏・賢木〉❸深く心を打ち込むようす。例「この侍従を年ごろしめじめと懸想しけれども」〈十訓抄・一〉

しめ・す【示す】［他サ四］{さ・し・す・す・せ・せ}❶(物を)出して見せる。形に表して見せる。例「家の妹が浜づと乞はば何を示・さむ」〈万葉・三・三六〇〉❷(神仏が)告げ知らせる。例「『この浦に寄せよ』とかねて示・すことのはべりしかば」〈源氏・明石〉❸諭し戒める。

しめ・す【湿す】［他サ四］{さ・し・す・す・せ・せ}《近世語》❶湿らせる。濡らす。❷水で火を消す。転じて、灯火などを吹き消す。例「釣り行灯の光をわざとしめ・して」〈浮・好色一代男〉❸(筆を墨で湿らせることから)字を書く。手紙を書く。

しめ‐たま・ふ【しめ給ふ】

アプローチ
▼使役・尊敬の助動詞「しむ」の連用形に尊敬の補助動詞「たまふ」が付いた語。
▼①「しめ」が尊敬の意を強める場合と、②「しめ」が使役の意を表す場合とがある。
▼①の場合は、「しめたまふ」全体で上に付く動詞の主語を高める尊敬語で、「たまふ」より敬意が強い。②の場合は、使役する人を高める尊敬語。

語構成
しめ　助動「しむ」㊊
たまふ　補動ハ四「給ふ」

(動詞の未然形に付いて)❶(「しめ」が尊敬の意を強める場合)上に付く動詞の主語を高める尊敬語。**お(ご)…になる。…なさる**。例「一条院の十一にて御元服せしめたま・ひしに」〈大鏡・道隆〉訳一条院が十一歳で御元服なさったときに。❷(「しめ」が使役の意の場合)「…させる」の意の尊敬語。「(AがBを［に］)…しめたまふ」で、A(…させる人)を高める。**お…(さ)せになる。…(さ)せなさる**。例「貫之召し出でて、歌つかうまつらしめ給・へり」〈大鏡・道長・下〉訳(醍醐天皇は)貫之をお呼び出しになって、歌をお作り申し上げさせなさった。《敬語》「召し出でて」→「めす」、「つかうまつらしめ給へり」→「つかうまつる」

発展学習ファイル　①の「しめたまふ」は、ただの「たまふ」よりも主語を高める働きが強い。物語などの地の文では、帝などのきわめて高貴な人に対して用いられ、最高敬語と呼ばれる。→「たまふ」

しめつく・る【占め造る】［他ラ四］{ら・り・る・る・れ・れ}ある土地を占有して家などを造る。例「昔の人の、故ある御住まひに占め造・りたまひけん所を」〈源氏・宿木〉

しめなは【標縄・注連縄】［名］占有や立ち入り禁止の区域を示す縄。とくに、神前や神域に不浄なものが入らないように引きめぐらした縄。＝注連②

しめの【標野】［名］皇室や貴人が領有し、一般の人が立ち入ることを禁じた野。禁野。

しめやか［なり］［形動ナリ］{なら・なり(に)・なり・なる・なれ・なれ}(「やか」は接尾語)❶しっとりと落ち着いている。ひっそりと静かだ。例「寺々の初夜もみな行ひはてて、いとしめやか・なり」〈源氏・夕顔〉❷しとやかだ。例「いと児めかしうしめやか・にうつくしきさましたまへり」〈源氏・少女〉❸しみじみとしたようす。例「おなじ心ならん人としめやか・に物語して」〈徒然・一二〉

しめやかた【染め屋形】［名］「ぬりやかた」に同じ。

しめゆふ【染め木綿】［名］(「そめゆふ」とも)染めた「木綿」。→「ゆふ」

しめゆ・ふ【標結ふ】［他ハ四］{は・ひ・ふ・ふ・へ・へ}❶占有や立ち入り禁止を表すために、縄を張る。例「楽浪の大山守は誰がためか山に標結・ふ」〈万葉・二・一五四〉❷道標をつける。例「道の隈廻に標結・へ我が背」〈万葉・二・一一五〉❸夫婦となる約束をする。例「しめ結・ひし小萩がうへもまよはぬにいかなる露にうつる下葉ぞ」〈源氏・東屋〉

しめよ 使役の助動詞「しむ」の命令形。例「鐘を撞ってその音を聞かしめよ」〈今昔・一二・一六〉

しめらに［副］「しみらに」に同じ。

しめり【湿り】［名］水気のあること。湿気。また、雨が降ること。

しめ・る【湿る】［自ラ四］{ら・り・る・る・れ・れ}❶水にぬれる。湿気を含む。❷火が消える。火勢が弱まる。例「『火しめ・りぬめり』」〈蜻蛉・中〉❸風や雨が弱まる。例「やうやう風なほり、雨の脚しめ・り」〈源氏・明石〉❹もの思いに沈む。しんみりする。例「思ふことの筋々嘆かしくて、例よりもしめ・りてゐたまへり」〈源氏・野分〉❺もの静かで落ち着いている。例「これは人ざまもいたうしめ・り恥づかしげに」〈源氏・絵合〉

しめん【四面】［名］❶四方の面。周囲。❷奥行、間口とも同じ長さであること。

しめんそか【四面楚歌】(中国楚の項羽が、周りを囲む漢の劉邦の軍の中から楚の歌を聞き、楚はすでに漢に降伏したのかと驚き嘆いたという、『史記』の故事から)周囲が敵ばかりなようす。孤立無援。

しも【下】[名]❶**川の下流。**例「上つ瀬に石橋渡し下つ瀬に打ち橋渡す」〈万葉・二・一九六長歌〉❷(時の流れの)**終わり。**例「かみ正暦のころほひよりしも文治の今にいたるまで」〈千載・序〉❸**あとの方。**❹**月の後半。下旬。**例「下の十巻を」〈枕・清涼殿の丑寅の角の〉例「やよひの下の十日ばかりに」〈後撰・春下・一三五詞書〉❺**下の方。**例「堂は高くて、下は谷と見えたり」〈蜻蛉・中〉❻**腰の下。下半身。**例「腰よりかみは人にてしもは蛇なる女」〈宇治拾遺・四・五〉❼**身分が低い人。**例「枝を折りてかざしにさして、かみ、なか、しも、みな歌よみけり」〈伊勢・八二〉❽**下座。**例「内の大臣のおはすれば、下より出でたるを見て」〈紫式部日記〉❾**貴人の家でその中心から遠い所。控えの間。女房の部屋。局。**例「日一日、下に居暮らして、まゐりたれば」〈枕・頭の中将の〉(敬語)「まゐりたれば」→「まゐる(四段)」。❿**京都の町の南部。下京。**例「今は昔、ある人方違へに下のほとりなりける所に」〈今昔・二七・三〇〉⓫**西国。**とくに、**九州地方。**例「おれと連れ立って下へ行きやらぬか」〈浄・夏祭浪花鑑〉

〔**下が下**〕身分が最も低い者。下の下。

〔**下の句**〕短歌(五七五七七)の第四句と第五句(七七)。また、連歌・俳諧で七七の句。＝末・末の句

〔**下の家司**〕下級の家司。四位・五位の「上の家司」に対して、それ以下の家司。＝下家司

〔**下の品**〕身分・家柄が下級であること。また、その人。下級の者や物品。

〔**下の町**〕下手にある町。低い所にある町。↔上の町①

〔**下の十日**〕月末の十日間。下旬。

〔**下の宮**〕宮中で御子たちがいる場所。

〔**下の弓張り**〕(弦を下にして弓を張った形に似ていることから)下弦の月。満月から新月になる間(陰暦二十日以降)の半月。

しも【霜】[名]寒い明け方、地面を白く覆う氷の結晶。霜。また、白髪をたとえていう。(季―冬)

〔**霜の翁**〕白髪の老人。

しも[助動特活]{しも・しも・しも・しも・○・しめ}尊敬の意を表す。…なさる。お…になる。例「おれに問はしもての用はぞ」〈史記抄〉

〈接続〉四段・ナ変活用の動詞の未然形に付く。

発展学習ファイル　室町時代に用いられた語。四段・ナ変活用以外の動詞には「さしも」が付く。

しも[副助]⇨六四六ページ「特別コーナー」

し-も-あら-ず **必ずしも…ではない。…というわけではない。**例「物によりて褒むるに**しもあらず**」〈土佐〉訳もらった物のために褒める**というわけではない。**

語構成　しも(副助・係助)　あら(ラ変「あり」㊍)　ず(打消「ず」)

し-も-あれ 他にいくらでも…はあるのに。ちょうどその…。「…」には「時」「折」などがきて、挿入句的に用いられる。例「をり**しもあれ**、このごろ冷泉院悩ませたまふといふことこそ出で来たれば」〈栄花・一〇〉訳**ちょうどその折**、このころ冷泉院がお患いになるということが起こったので。(敬語)「悩ませたまふ」→「せたまふ」(係結び)「こそ→(流れ)」。

語構成　し(副助)　も(係助)　あれ(ラ変「あり」㊁)

しもうど【下人】[名](「しもびと」のウ音便)下役人。召し使い。

しもかうべちゃうりう【下河辺長流】[人名](一六二七?～一六八六)「長流」は号で、「ながる」ともいう。江戸前期の歌人・国学者。木下長嘯子に学ぶ。水戸藩の依頼で『万葉集』注釈を行ったが病のため進まず、契沖が継承して『万葉代匠記』としてまとめた。著書『万葉集管見』、家集『晩花集』。

しもがかり【下掛かり】[名]能楽のシテ方で、金春・金剛・喜多の三流の総称。↔上掛かり

しもがち[・なり]【下勝ち】[形動ナリ]{なら・なり(に)・なり・なる・なれ・なれ}(「がち」は接尾語)下の方ほど長く大きくなっているさま。例「なほ**下がち・なる**面やうは、おほかたおどろおどろしう長きなるべし」〈源氏・末摘花〉

しもが・る【霜枯る】[自ラ下二]{れ・れ・る・るる・るれ・れよ}霜にあたって草木が枯れる。

しもがれ【霜枯れ】[名]❶霜にあたって草木が枯れること。(季―冬)。❷(「霜枯れ時」の略)草木が霜枯れる時節。転じて、年末の不景気な時期。

しもぎゃう【下京】[地名]山城国の地名。いまの京都市下京区を中心とした南部の地域。商人や職人の街。

〔俳句〕**しもぎゃうや…【下京や雪つむ上の夜の雨】**〈猿蓑・凡兆〉訳町家が建て込み、人々が心を寄せあって暮らす京都の下京の町。今はその町並みもしんと静まり返り、降り積もった雪の上に、夜の雨が音もなく降り注いでいる。(季―雪―冬)

じもく【除目】歴史的かなづかい「ぢもく」

しもくち【霜朽ち】[名]しもやけ・ひび・あかぎれの類。(季―冬)

しもぐち【下口】[名]家の後ろの入り口。裏口。

しもぐもり【霜曇り】[名]霜の降りるような寒い夜、空が曇っていること。

しもげいし【下家司】[名]「家司」の中で下級の者。四位・五位など上級の家司に対し、六位・七位の家司をいう。→「けいし(家司)」。↔上家司

しもさぶらひ【下侍】[名]清涼殿の殿上の間の南にある、天皇のお付きの人々が詰める場所。

しもざま【下様】[名]❶下の方。↔上様。❷身分の低い者。❸京都で「下京」の方。❹後世。↔上様①②③

しもすがた【下姿】[名]宮仕えする者が、退出してくつろいでいるときの平服姿。平安時代では直衣、のちには直垂を着た姿。

しもだいどころ【下台所】[名]貴人や富豪の家で、家臣や使用人の食事を作る所。↔上台所

しもつえ【下つ枝】[名](「つ」は上代の格助詞)木の、下の方の枝。＝下枝。↔上つ枝①

しもつかた【下つ方】[名](「つ」は上代の格助詞)❶下の方。❷身分の低い者。❸京の御所より南の方。下京。↔上つ方①②

しもづかへ【下仕へ】[名]院の御所・宮家・摂関家など貴人の家で雑役を勤める女。

しもつき【霜月】[名]陰暦十一月の別称。仲冬。(季―冬)

しもつけ【下野・繡線菊】[名]木の名。夏、茎の先に淡紅色の小さな花が密生する。(季―夏)

しもつけ【下野】[地名]旧国名。東山道十三か国のひとつ。いまの栃木県。＝野州

しもつせ【下つ瀬】[名]《「つ」は上代の格助詞》川の下流の瀬。↔上つ瀬

しもつへ【下戸】[名]「げこ①」に同じ。

しもつやみ【下つ闇】[名]《「つ」は上代の格助詞》陰暦の、月の下旬の闇夜。下り闇。

しもて【下手】[名]❶下の方。❷川の下流。❸芝居の舞台の、客席から見て左の方。①②③↔上手①②③

しもと【笞】[名]刑罰の用具のひとつ。細枝で作ったむちや杖。

しもと【楉・葼・細枝・楚樹】[名]低木などの若枝の長く伸びたもの。＝楚

しもとがち[・なり]【楉がち】[形動ナリ]{なら・なり(に)・なり・なる・なれ・なれ}「楉」が多いさま。若枝が多く差し出ているさま。例「桃の木の若だちて、いとしもとがちにさし出でたる」〈枕・正月十余日のほど〉

しもとだ・つ【笞立つ】[自タ四]{た・ち・つ・つ・て・て}笞のような形をしている。例「稚児は、あやしき弓、笞だちたるものなどをささげて遊びたる」〈枕・稚児は〉

しもとゆふ【楉結ふ・細枝結ふ】[枕詞]《「楉」を結うのに「葛」を用いるところから》「葛城山」にかかる。例「しもと結ふ葛城山に降る雪の」〈古今・大歌所御歌・一〇七〇〉

-じもの[接尾]《上代語》(名詞に付いて)…のようなもの、…のようにの意を表す。「鳥じもの」「鹿じもの」など。

しものや【下の屋】[名]寝殿造りの主殿の裏側に設けた、召し使いなど下人の住む建物。＝下屋

しもびと【下人】[名]❶家の召し使い。下男。下女。❷身分の低い者。

しもふさ【下総】[地名]《「しもつふさ」の変化形》旧国名。東海道十五か国のひとつ。いまの千葉県北部・茨城県南部・埼玉県東部・東京都東部を含む地域。＝総州

しもべ【下辺】[名]《「しもへ」とも》下の方。川の下流の方。↔上辺

しもべ【下部・下僕】[名]❶下層階級の者。❷雑役に召し使われる者。召し使い。❸検非違使庁で、罪人の逮捕や護送に当たった下級の役人。

しもぼふし【下法師】[名]法師の中で最下級の、雑役に使われる法師。

しもむ【下無】[名]音名。雅楽の「十二律」の、第五番目の音。西洋音楽の音階の変トに近い。

しもや【下屋】[名]「しものや」に同じ。

しもをんな【下女】[名]❶身分の低い女官。下級の女房。❷女中。下女。

しもんせん【四文銭】[名]《近世語。「しもんぜに」とも》一枚で四文に相当した銭。寛永通宝や文久永宝など。

しゃ-[接頭]《「しゃっ」とも》(相手の動作やからだの一部、持ち物などに付いて)軽んじののしる意を表す。「しゃ頭」「しゃ首」「しゃっ面」など。

しゃ　一[代名]《対称の人称代名詞。相手をののしっていう語》おまえ。例「しゃが父に似てしゃが父に似ず」〈謡・歌占〉　二[感]《人をあざけりののしったり、驚きあきれたりするときに発する語》くそ。おや。まあ。

じゃ【蛇】[名]大きな蛇。

〔**蛇の道は蛇**〕同類の者は互いに事情に通じていることのたとえ。

じゃいん【邪淫・邪婬】[名]《仏教語》「五悪」「十悪」のひとつで、夫または妻でない者と通じること。

しゃう-【正】[接頭]《「じゃう」とも》❶令制で同一の位階を上下に区分し、上位であることを表す。「正一位」「正三位」など。＝大。↔従。❷(数詞の上に付いて)ちょうど、きっかりの意を表す。「正七つ時」など。❸正真正銘の、本当のの意を表す。「正八幡大菩薩」など。

しゃう【生】[名]❶生き物。❷いのち。生命。❸生きていること。例「人皆生を楽しまざるは死を恐れざる故なり」〈徒然・九三〉

〔**生変はる**〕来世に生まれ変わる。他の道に生まれる。また、「六道」の中で生まれ変わる際、他の道に生まれる。例「生かはらせ給ひなんのち、六道四生の間にて、いづれのみちへかおもむかせ給はんずらん」〈平家・九・小宰相身投〉

〔**生を変ふ**〕生まれ変わる。

〔**生を隔つ**〕あの世とこの世とに別れ別れになる。死別する。

しゃう【声】[名]❶こえ。音。❷アクセント。また、アクセントやかなの清濁を示す記号。

しゃう【姓】[名]「せい(姓)②」に同じ。

しゃう【性】[名]❶本来もっている性質。本性。❷魂。性根。精神。

しゃう【荘・庄】[名]❶《「さう」とも》「荘園」の略。❷荘園廃止後もなおその名を地名として残している土地の呼び名。

しゃう【省】[名]令制で太政官の統轄していた中央官庁。中務・式部・治部・民部・兵部・刑部・大蔵・宮内の八省があった。

しゃう【笙】[名]《「さう」とも》雅楽に用いる管楽器の一種。匏という円筒の上に長短十七本の細い竹管を環状に立て並べ、管ごとにつけた簧(リードの役割をする)に、吹き口から息を吹いたり吸ったりして音を出す。＝笙の笛・笙の笛①。➡[古典参考図]楽器

しゃう【商】[名]中国・日本の音楽で用いられる音階名のひとつ。「五音」の主音である「宮」の、すぐ上の音。

しゃう【箏】[名]「さう(箏)」に同じ。

しゃう【賞】[名]功績に対する褒美として品物を与えること。また、その品物。賞与。

しゃう[・なり]【正】　一[名]諸司の長官。　二[名・形動ナリ]間違いないこと。本当だ。例「およそ心正なれば身口はおのづからきよまる」〈神皇正統記〉　三[形動口語型]よく似ている。そっくりだ。

じゃう【状】[名]手紙。書状。書付。

しも［副助詞］

アプローチ ▼副助詞「し」に係助詞「も」が付いたもの。「し」だけよりも強調の気持ちが強く、必ずしも訳出する必要はない。

▼打消の語を伴った場合（②）の訳し方に注意する。

接続 体言、活用語の連用形・連体形、副詞、助詞などに付く。

意味	訳語	用例
❶上の語をほかの多くのものと対比させる。	よりによってかえって（訳出しなくてもよい）	例「旅に去にし君しも継ぎて夢に見ゆ我が片恋の繁ければかも」〈万葉・一七・三九二九〉訳旅に出てしまったあなたが、よりによって毎晩夢に見える。私の片思いが絶えることなく続くからだろうか。
❷（下に打消の語を伴って）部分否定を表す。	必ずしも（…ではない）	例「たらちねはかかれとてしもむばたまの我が黒髪をなでずやありけむ」〈今昔・一九・一〉訳（私が幼かったとき）父母はこのように（＝法師に）なれといって、必ずしも〔むばたまの〕私の黒髪をなでたのではないだろう。〔注〕「むばたまの」は「黒」の枕詞。
❸上に付く語を限定することを表す。	…だけはなにはさておき	例「そのほどの心ばへはしも、ねんごろなるやうなりけり」〈蜻蛉・上〉訳その前後の（あの人の）心遣いだけは心がこもっているものだった。

発展学習ファイル (1)②で、打消の語を伴っても、部分否定にならず、上の語を強調する場合もある。例「いとからしも見えじと思ほししづむれど」〈源氏・桐壺〉訳（人から）これほどまでも（うちひしがれている）と見られまいと（帝は）心をお静めになるけれど。
(2)副助詞「し」は、平安以降、単独では用いられることが少なくなり、「しも」が多く用いられた。

じゃう【情】［名］❶心。感情。❷なさけ。情愛。例「憐愍の情こまやかにあるじせらる」〈おくのほそ道・出羽三山〉❸強情。片意地。❹意味。趣。味わい。例「蕉門の付け句は、前句の情を引き来たるを嫌ふ」〈去来抄〉

じゃう【鎖・錠】［名］門や戸など、開けたてする所に取り付けて、鍵なしには開かないようにする金具。

じゃうえ【浄衣】［名］《清浄な衣の意》❶白い色の衣。❷白色の布や白絹で仕立てた「狩衣」。神事などの際の礼服として用いた。＝明衣。❸僧が修法のときに着る白い僧衣。

しゃうが【生薑・生姜】［名］❶野菜の名。根は塊状で食用や薬用にする。（季－秋）。❷（「生薑手」の略）指が欠損した手。❸（手を握りしめた形がショウガの根に似ているところから）けちな人をあざけっていう語。

しゃうが【笙歌】［名］「せいが」に同じ。

しゃうが［・す］【唱歌】［名・自サ変］（「さうが」とも）❶笛・琴などの旋律を口ずさむこと。❷楽に合わせて歌うこと。

しゃうがい［・す］【生害】［名・自サ変］❶殺すこと。❷自害すること。自刃。

じゃうかう【上綱】［名］（「じゃうがう」とも）「僧綱」の上位。また、その人。

しゃうがく【正覚】［名］《仏教語》一切の迷いを断って悟りを得ること。仏の真実の知恵。

しゃうかん［・す］【相看】［名・自サ変］互いに会うこと。対面。面会。

しゃうぎ【床机・床几・将几・牀机】［名］陣中や狩り場など、戸外で用いた腰掛け。交差させた脚に布や革を張り、折り畳めるようにしたもの。＝胡床

しゃうぎ【将棋】［名］インドから中国を経て伝来した室内遊戯。ふたりの競技者が盤上の駒を交互に動かし、相手の王将を早く取った方が勝ちとなる。

じゃうき【上機】［名］《仏教語。「上機根」の略》悟りを開きうる最上の信心。すぐれた素質。また、根気のよいこと。＝上根

しゃうぎだふし【将棋倒し】［名］将棋の駒を少しずつ間隔をあけて一列に立て並べ、端の一つを軽く押し倒し、次々に全部倒していく遊戯。またそのように、一部が倒れると次々と全部が倒れること。

じゃうぎゃう【常行】［名］❶《仏教語》「常行三昧」の略。❷ふだんの行い。

じゃうぎゃうざんまい【常行三昧】［名］《仏教語。「三昧」は心や行いを一事に集中すること》天台宗で、七日間または九十日間を一期として堂内にこもり、常に阿弥陀仏の像の周りを歩きながら弥陀を一心に念じ称名すること。＝常行①

じゃうぎゃうだう【常行堂】［名］「常行三昧」を行う堂。常行三昧堂。阿弥陀堂。

しゃうぐ【聖供】［名］神仏に供える米。また、聖人に供する米。

じゃうぐうしゃうとくほふわうていせつ【上宮聖徳法王帝説】［作品名］伝記。作者・成立年未詳。聖徳太子の伝記で、太子伝・太子信仰の研究に重要な資料である。

じゃうぐぼだい【上求菩提】［名］《仏教語》菩提（悟りの知恵）の道を修行し、仏道を求めること。

↔下化衆生(げけしゅじょう)。

じゃうぐゎい【・す】【城外】一［名］城の外。都の外。二［名・自サ変］都・城の外へ出て行くこと。

じゃうくゎう【上皇】［名］《古くは「しゃうくゎう」》譲位後の天皇の敬称。太上天皇。

じゃうくゎく【城郭】［名］❶城とその周囲に築いた囲い。❷城。とりで。

しゃうぐゎち【正月】［名］「しゃうぐゎつ①」に同じ。

しゃうくゎつ【生活】［名］《仏教語》生きるための営み。生計。せいかつ。

しゃうぐゎつ【正月】［名］❶《「しゃうぐゎち」とも》一年の最初の月。＝睦月。（季―春）。❷喜ばしいことをたとえていう語。例「そのうちばかり母は**正月**と思ひ」〈おらが春〉

しゃうぐゎつことば【正月言葉】［名］《近世語》うわべばかり飾ったことば。おべっか。

しゃうぐゎつじまひ【正月仕舞ひ】［名］「しまひ④」に同じ。

しゃうくゎん【荘官・庄官】［名］「しゃうじ（荘司）」に同じ。

しゃうくゎん【・す】【賞翫】［名・他サ変］《「しゃうぐゎん」とも》❶めでてはやすこと。珍重すること。例「余の風体を**賞翫す**」〈風姿花伝〉❷味わうこと。賞味すること。❸重んじること。尊重すること。例「再三感じて**賞翫せらる**」〈太平記・八〉

じゃうぐゎん【政官】［名］《「じゃうくゎん」とも》❶「太政官」の役人。とくに、弁・少納言・外記・史生などをいう。❷「太政官」の略。

しゃうくゎんおん【聖観音】［名］「しゃうくゎんぜおん」に同じ。

しゃうくゎんじざいぼさつ【聖観自在菩薩】［名］「しゃうくゎんぜおん」に同じ。

しゃうくゎんぜおん【聖観世音】［名］《仏教語》「六観音」または「七観音」のひとつ。宝冠を頂き、左手に蓮華を持ち、円満な表情で大慈悲心を表す。衆生を救済し、餓鬼道を教化するという。＝聖観音・聖観自在菩薩。

しゃうぐん【将軍】［名］❶軍を統率・指揮する武官の職名。❷「征夷大将軍」の略。

しゃうぐんけ【将軍家】［名］征夷大将軍の家柄。また、征夷大将軍の称。

しゃうけ【荘家・庄家】［名］《「しゃうか」とも》平安時代、荘園管理のために領主が設けた事務所。また、荘園を管理する人。

しゃうげ【生気】［名］❶陰陽道でいう吉の方角。正月を「子」として十二支を順に十二か月にあて、これを「八卦」の方位に割り振り、その人のその年の吉凶を定めたもの。＝生気の方。❷「生気の色」の略。

〔**生気の色**〕「生気①」を考えて決めた服装の色。東には青、南には赤などの類。＝生気②

〔**生気の方**〕「しゃうげ（生気）①」に同じ。

しゃうげ【麞牙】［名］❶麞（鹿に似た動物）の牙。❷上等の白米。形が①に似ているのでいう。

しゃうげ【・す】【障礙・障碍】［名・他サ変］邪魔すること。妨げ。障害。

じゃうげ【上下】［名］❶上と下。かみとしも。身分の高い人と低い人。例「**上下**ただ、鬼の事のみ言ひやまず」〈徒然・五〇〉❷上り下り。上京と下向。往復。❸裃。

しゃうけい【上卿】［名］❶宮中での儀式・会議のとき、大臣、大・中納言の中から臨時にその長として定められた公卿。❷公卿の別称。

しゃうげう【聖教】［名］釈迦の教え。また、それを記したもの。仏典。

じゃうげかう【上下向】［名］都へ上ることと、都から下ること。

じゃうげづけ【上下付け】［名］雑俳のひとつ。題として与えられた二字の仮名、または一字の漢字を句のはじめと終わりに詠むこと。「かな。かた枝に一つ咲く返りばな」「川。川竹の流す涙はうその川」の類。

しゃうげん【将監】［名］「近衛府」の「判官」（＝第三等官）。

じゃうけん【常見】［名］《仏教語》すべての存在は不変不滅だという考え。誤った考えとされた。

じゃうげん【上元】［名］「節日」のひとつ。陰暦正月十五日の名称。この日、小豆粥を食べると、その一年の大病が避けられるという。↔下元。（季―春）

じゃうげん【上弦】［名］陰暦の十五日以前、とくに七、八日ごろの月。月が欠けて弦が上にある状態。↔下弦

しゃうこ【上古】［名］《のちに「じゃうこ」とも》❶大昔。遠い昔。❷歌論・連歌論などで、平安時代・平安末期以前を指していう語。

しゃうこ【鉦鼓】［名］《「しゃうご」とも》雅楽や念仏に用いる打楽器。青銅製で、形は皿に似ており、つるしたり台座を付けたりして、たたく。➡図版「竜頭鷁首」、[古典参考図]楽器

じゃうご【上戸】［名］酒の好きな人。酒飲み。↔下戸②

しゃうこう【相公】［名］❶中国で、「宰相」の敬称。❷「参議」の唐名。

じゃうこう【成功】［名］平安・鎌倉時代、朝廷の造営や大礼などの際に私財を寄付した者が、恩賞として官位を求めたこと。とくに、院政期には、国司を希望する者が多かった。

しゃうこく【相国】［名］《国政を相ける意》太政大臣・左大臣・右大臣の唐名。

じゃうこく【上刻】［名］一刻（約二時間）を上・中・下に三分した、その最初の時間。↔中刻・下刻

じゃうこく【上国】［名］令制で国の等級を、人口や面積により大・上・中・下の四段階に分けた、その第二位の国。山城・摂津など。

しゃうこつ【性骨】［名］《「せいこつ」とも》技芸などの生まれながらの素質。

じゃうごはしゅうもん【情強宗門】［名］強情な宗派。

じゃうごふ【成劫】［名］《仏教語》世界が成立してから破滅するまでの「四劫」のうち、最初の期間。世界が成立して、生物が発生する時期。

しゃうごん【・す】【荘厳】［名・他サ変］《「さうごん」とも》❶《仏教語》仏像・仏堂などを厳かに美しく

し

飾ること。また、その装飾。❷重々しさ。

じゃうこん【上根】[名]❶(仏教語)悟りを開くのにすぐれた素質や能力。また、その人。↔下根。❷根気のよいこと。

じゃうざ[・す]【上座】 一[名](仏教語)❶教団の長老。指導的立場の僧。❷「三綱」のひとつ。寺院の僧尼を統率し、寺務を統括する年長・上席の僧。二[名・自サ変]かみざ。また、その席に座ること。↔下座

じゃうさい【上裁】[名]❶身分の高い人の行う裁決。❷天皇の裁可。勅裁。

しゃうさう【将曹】[名]「近衛府」の「主典(=第四等官)」。左右がある。

しゃうざう【正像】[名](仏教語)釈迦入滅後の三つの時期のうち、第一期「正法」と第二期「像法」のこと。

しゃうざうまつ【正像末】[名]「正像」に「末法」を加えた、釈迦入滅後の三時期の総称。

じゃうざんきだん【常山紀談】[作品名]江戸後期(一八〇四ごろ刊行)の史談集。湯浅常山著。戦国時代から江戸前期に至る百余年間の武士の逸話七百余話を収めた書。

しゃうし【尚侍】[名](「しゃうじ」とも)「ないしのかみ」に同じ。

しゃうじ【生死】[名]❶生きることと死ぬこと。❷とくに、死を強調していう語。例「我等が生死の到来、ただ今にもやあらん」〈徒然・四一〉❸(仏教語)苦しみと迷いの世界。

〔生死に流転す〕衆生が、迷いの世界で限りなく生死を繰り返す。業因によって輪廻転生を繰り返す。＝生死に輪廻す

〔生死の相〕生と死の状態。生死の境界。

しゃうじ【床子】[名]宮中などで用いられた机状の腰掛け。腰掛ける際には、敷物を敷いた。➡[古典参考図]男子の服装〈2〉

しゃうじ【尚侍】[名]「ないしのかみ」に同じ。

しゃうじ【荘司・庄司】[名]荘園領主に任命されて、年貢の徴収など、荘園の管理をつかさどった者。＝荘官

しゃうじ【掌侍】[名]「ないしのじょう」に同じ。

しゃうじ【障子】[名](「さうじ」とも)建物内で、室内を仕切ったり、人目を遮ったりするために用いられる建具。「明かり障子」「襖障子」「ついたて障子」などさまざまなものがある。(季-冬)〈参考〉基本的には、木の骨組みに、絹や紙を張ったものをいう。

しゃうじ[・す]【精進】[名・自サ変](「しゃうじん」の撥音無表記)「しゃうじん(精進)」に同じ。

じゃうし【上巳】[名](「しゃうし」「じゃうみ」とも)陰暦三月の上の巳の日のこと。中国の風習にならって、水辺に出て、「上巳の祓へ」をしてその年の邪気を払った。のちに、「五節句」のひとつとして、三月三日に固定された。また、宮中や貴族の屋敷では、「曲水の宴」が催された。江戸以降は、女子の節句として、雛人形を飾って祝った(雛祭り)。桃の節句。重三の節句。(季-春)

〔上巳の祓へ〕「上巳」の日に、水辺に出て、その年の邪気を払う行事。「形代」の人形でからだをなでて汚れをこれに移し、水に流した。＝巳の日の祓へ

しゃうじいた【障子板】[名]「大鎧」の一部分。首の左右の半円形の鉄の板。➡[古典参考図]武装・武具〈1〉

じゃうしき【情識】[名]わがまま。頑固。

じゃうじつ【上日】[名]「じゃうにち」に同じ。

じゃうじつ【成実】[名](仏教語)「成実宗」の略。

じゃうじつしゅう【成実宗】[名](仏教語)南都六宗のひとつ。訶梨跋摩著の『成実論』に基づく宗派。万物はすべて空無であると悟ることで、煩悩を解脱できるという。日本には推古天皇のころ伝わり、西大寺などで研究された。＝成実

しゃうじゃ【生者】[名](仏教語)生命をもっているもの。

しゃうじゃ【聖者】[名](仏教語)煩悩から脱し、真理を悟った人。

しゃうじゃ【精舎】[名](仏教語)仏の説いた道を修行する所。寺院。

じゃうしゃ【盛者】[名](「しゃうじゃ」「しゃうしゃ」とも)勢いが盛んで、栄えている者。

しゃうじゃう【猩猩】[名]❶中国で想像された動物。人間のような顔をし、体は猿に似て、人語を理解し、酒を好むという。❷大酒飲み。酒豪。

しゃうじゃう[・なり]【清浄】[名・形動ナリ]❶清らかでけがれのないこと。❷(仏教語)煩悩や罪悪などがないこと。

じゃうしゃう【上生】[名](仏教語)極楽往生の階級のひとつ。上品・中品・下品のおのおのを三つに分けた、それぞれの最上位のもの。→「くほん(九品)①」

じゃうしゃう【上姓】[名]尊い血筋。また、その人。↔下姓

じゃうじゃう【上上】[名]最もすぐれていること。最上。

しゃうじゃうせせ【生生世世】[名](仏教語。「しゃうじゃうぜぜ」とも)現世から来世へと何度も生まれ変わって経る多くの世。未来永劫。永遠。

しゃうじゃひっすい【盛者必衰】[名](仏教語)盛んな者も必ず衰えるということ。

しゃうじゃひつめつ【生者必滅】[名](仏教語)生命のあるものは必ず死ぬということ。この世の無常をいう語。

しゃうじゅ【聖衆】[名](仏教語)極楽浄土にいる菩薩や聖者たち。

じゃうじゅ[・す]【成就】[名・自サ変]完成すること。成し遂げること。成功。

しゃうしょ【尚書】[名]❶『書経』の別名。❷「弁官」の唐名。

しゃうじょ【生所】[名]❶生まれた所。出生地。❷(仏教語)来世で生まれ変わる所。

じゃうじょう【上乗】[名]「だいじょう(大乗)」に同じ。

しゃうしょしゃう【尚書省】[名]「太政官」の唐名。

しゃうじん【生身・正身】[名]❶《仏教語》仏や菩薩が衆生を救うため、この世に人間として生まれた、その肉身。❷生きているからだ。本物。

しゃうじん[・す]【精進】[名・自サ変]《仏教語。「さうじ」「さうじん」「しゃうじ」とも》❶一心に仏道に励むこと。❷身を清め不浄を避けて慎むこと。潔斎。例「俄に精進はじめつつ、厳島へぞ参られける」〈平家・二・徳大寺厳島詣〉❸修行のためや縁者の命日などに、肉食をせず菜食すること。

しゃうじんあけ【精進明け】[名]「としみ」に同じ。

じゃうじんあじゃりのはは【成尋阿闍梨母】[人名]（九八八?—?）《「じゃうじんあざりのはは」とも》平安後期の女流歌人。藤原実方の子に嫁ぎ、成尋を産んだとされる。家集『成尋阿闍梨母集』。

じゃうじんあじゃりのははのしふ【成尋阿闍梨母集】[作品名]平安後期（一〇七三ごろ成立）の私家和歌集。成尋阿闍梨母作。息子成尋の渡宋を悲しむ作者がその思いをつづったもの。

しゃうじんおち【精進落ち】[名]「としみ」に同じ。

しゃうじんぎょるいものがたり【精進魚類物語】[作品名]室町後期（一四九五以前成立）の御伽草子。作者未詳。擬人化された精進料理と魚介・鳥獣の異類軍記物。

しゃうじんけっさい[・す]【精進潔斎】[名・自サ変]身心のけがれを清め、行いを慎むこと。

しゃう・す【賞す】[他サ変]褒める。賞賛する。たたえる。

しゃう・ず【請ず】[他サ変]《「さうず」とも》請い招く。招待する。例「四十九日の仏事に、ある聖を請・じ侍りしに」〈徒然・一二五〉

じゃうず【上衆・上種】[名]《「じゃうしゅ」とも》身分の高い人。貴人。↔下衆。例「上衆の趣何れにか同ぜらるべしと、閉口屈旨したるところに」〈太平記・二四〉

じゃうず[・なり]【上手】[名・形動ナリ]❶物事にたくみなさま。また、その人。❷お世辞のうまいさま。愛想のいいさま。また、お世辞。追従。

じゃう・ず【成ず】㊀[自サ変]物事がなる。成就する。例「我が道の成・じ成・ぜざる事を」〈今昔・一・八〉㊁[他サ変]成し遂げる。例「人は、所願を成・ぜんがために、財を求む」〈徒然・二一七〉

じゃうずめか・し【上衆めかし】[形シク]高い身分の人らしい風格である。例「おぼえいとやむごとなく、上衆めか・しけれど」〈源氏・桐壺〉

じゃうずめ・く【上手めく】[自カ四]《「めく」は接尾語》巧者らしく振る舞う。例「馴れたるさまに上手め・き」〈徒然・一三三〉

じゃうずめ・く【上衆めく】[自カ四]《「ざうずめく」とも。「めく」は接尾語》貴人らしく振る舞う。貴人らしく見える。例「やむごとなき人にいたう劣るまじう、上衆め・きたり」〈源氏・明石〉

しゃうぜい【正税】[名]令制で、租として徴収された稲穀。諸国の官庫（正倉）に納め、地方財政や出挙（農民への貸付制度）に使用された。

しゃうぜいし【正税使】[名]「正税帳使」の略。

しゃうぜいちゃう【正税帳】[名]各国の「正税」の出納を記録した帳簿。＝税帳

しゃうぜいちゃうし【正税帳使】[名]毎年、「正税帳」を中央政府に持参する使者。＝正税使

じゃうせつ【上刹・浄刹】[名]《仏教語》❶浄土。❷清浄な寺院。

しゃうぜん【生前】[名]《「さうぜん」「せいぜん」とも》生きているあいだ。存命中。

しゃうそう【請僧】[名]仏事などに僧を請い招くこと。また、その僧。

しゃうぞく【装束】[名]「さうぞく」に同じ。

しゃうぞ・く【装束く】[自カ四]「さうぞく（装束く）」に同じ。

しゃうだい【正体】[名]《「しゃうたい」とも》❶本体。実体。化けているものの、もとの姿。❷（多く「御」を付けて）神体。例「羽黒の権現の御正体」〈義経記・七〉❸本心。正気。

しゃうだう[・す]【唱導】[名・自サ変]《仏教語》❶仏の教えを説いて仏道に導き入れること。❷《「唱導師」の略》「唱導」をする人。また、法会の上席の僧。衆僧に先立ち経文を唱え始める。

じゃうだう[・す]【成道】[名・自サ変]《仏教語》悟りを開くこと。とくに、釈迦が菩提樹の下で悟りを開いたこと。

じゃうち【上知・上智】[名]すぐれた知恵。また、それをもっている人。↔下愚

しゃうぢき[・なり]【正直】㊀[名・形動ナリ]偽りがなく正しく素直なこと。㊁[名]長さ一メートルほどの大きな鉋。桶屋などが用いる。

じゃうぢゅう[・す／・なり]【常住】㊀[名・自サ変]《仏教語》常に存在し、永遠に不滅であること。↔無常①㊁[名・形動ナリ]そこに常に住んでいること。

じゃうぢゅう【常住】[副]ふだん。いつも。

しゃうぢゅういめつ【生住異滅】[名]《仏教語》すべてのものが生じ（生）、とどまり（住）、変化し（異）、滅びる（滅）さま。

しゃうてつ【正徹】[人名]（一三八一—一四五九）室町前期の臨済宗の僧・歌人。今川了俊に師事し、冷泉家とも交流があった。家集『草根集』、歌論書『正徹物語』。

しゃうてつものがたり【正徹物語】[作品名]室町中期（一四五〇ごろ成立）の歌論書。上巻は正徹著、下巻は正徹の話を弟子智蘊（蜷川親当）が聞き書きしたものか。藤原定家の論の影響が強い。冷泉派歌論のひとつ。

しゃうてん【聖天】[名]《仏教語。「大聖歓喜自在天」の略》インドの仏教守護神。仏教に取り入れられ、夫婦和合、子授け、福徳の神として信仰される。歓喜天。

じゃうど【浄土】[名]《仏教語》❶仏の住む、煩悩や罪悪のない清浄な世界。とくに、阿弥陀如来の西方浄土・極楽浄土を指すことが多い。↔穢土①。❷「浄土宗」の略。

〔浄土の主〕極楽浄土の主。とくに、阿弥陀如来。

しゃうとう【上童】[名]「うへわらは」に同じ。

じゃうとう【上棟】[名]建物の建築過程で、柱や梁の上に棟木を上げること。また、その儀式。棟上げ。

じゃうとう【常灯】[名]神仏の前に常にともしておく灯火。常灯明。御明かし。

じゃうとうしゃうがく【成等正覚】[名]〔仏教語〕等正覚(迷いを離れ悟りを開くこと)を成就すること。＝成仏

じゃうとうもんゐん【上東門院】[人名]「ふぢはらのしゃうし」に同じ。

しゃうとく【生得】[名]生まれつき。天性。

しゃうとくたいし【聖徳太子】[人名]（五七四〜六二二）名は厩戸豊聡耳太子。「聖徳太子」は諡号。父は用明天皇。推古天皇の摂政。「冠位十二階」や「十七条憲法」を制定、人材登用を推奨し、日本最古の成文法を整えた。また小野妹子を隋に派遣、対等の外交を行った。先進国の文物や文化を学問僧や学生に学ばせ、積極的に仏教を摂取、『三経義疏』を著す。

じゃうどしゅう【浄土宗】[名]日本仏教の一宗派。鎌倉時代の法然を祖とし、もっぱら阿弥陀如来を信じ、南無阿弥陀仏の念仏を唱えることで、極楽往生できるとする。＝浄土

じゃうどしんしゅう【浄土真宗】[名]浄土宗から分かれた、日本仏教の一宗派。親鸞を祖とする。真宗。＝一向宗・門徒宗

じゃうどすごろく【浄土双六】[名]絵双六のひとつ。南閻浮州(人間世界)を振り出しにして、浄土を上がりとするもの。賽を振って、悪い目が出ると地獄に落ちる。(季―春)

しゃうにち【正日】[名]《「正忌日」の略》❶死後、四十九日目の日。四十九日。❷一周忌の当日。

じゃうにち【上日】[名]《「じゃうじつ」とも》出勤の日。当番の日。

〔上日の者〕一定の日に出仕する下級の者。「六位の蔵人」や「滝口の武士」など。

しゃうにん【聖人・上人】[名]❶知徳ともにすぐれた僧。❷僧の敬称。

しゃうね【性根】[名]〔近世語〕❶心構え。根性。心根。❷本質。根本。

じゃうねいでん【常寧殿】[名]内裏の後宮のひとつ。承香殿の北にあり、皇后・女御などの居所。「后町」ともいう。➡[表見返し]内裏略図

しゃうねん【生年】[名]年齢。生まれてから経過した年数。

しゃうねん【正念】[名]❶〔仏教語〕邪念を捨て、常に仏道を思いつづけること。❷乱れのない正しい心。正気。

しゃうのけん【荘の券・庄の券】ある特定の荘園に関する文書。

しゃうのこと【箏の琴】[名]「さう(箏)」に同じ。

しゃうのふえ【笙の笛】[名]❶「しゃう(笙)」に同じ。❷「笙」を簡単にした玩具の一種。

しゃうはく【尚白】[人名]「えさしゃうはく」に同じ。

しゃうはちまんぐう【正八幡宮】[名]〔正真の八幡宮の意〕八幡宮の尊称。

じゃうはり【浄玻璃】[名]❶くもりのない透明な玻璃(水晶またはガラス)。❷「浄玻璃の鏡」の略。

〔浄玻璃の鏡〕地獄の閻魔王庁にあり、死者の生前の善悪の行いを、忠実に映し出すという鏡。＝浄玻璃②

しゃうび【薔薇】[名]「さうび」に同じ。

しゃうぶ【菖蒲】[名]《「さうぶ」とも》❶アヤメの別称。(季―夏)。❷「菖蒲襲」の略。

しゃうふう【正風】[名]❶和歌・連歌で、伝統的・規範的立場から見て正しい純正な風体。↔変風・異風。❷俳諧で、とくに、芭蕉の一派の蕉風。

しゃうぶがさね【菖蒲襲】[名]《「さうぶがさね」とも》襲の色目の名。表は青、裏は紅梅。＝菖蒲・菖蒲②

しゃうぶがた【菖蒲形】[名]❶(形状が菖蒲に似ていることからいう)馬具の名。銀面(馬の顔面に当てる飾り)の上端の剣形のもの。❷刀身で、菖蒲の葉の形に似たもの。＝菖蒲作り

しゃうぶがたな【菖蒲刀】[名]《「あやめがたな」とも》端午の節句に、男の子が刀のかわりに腰にさした菖蒲。近世には木製となり、金銀の彩色をほどこし、柄を菖蒲で巻いた。＝菖蒲太刀。(季―夏)

しゃうぶがは【菖蒲革】[名]地を藍で染め、菖蒲の花や葉の模様を白く染め抜いた鹿のなめし革。「尚武」「勝負」に通じるので、多く武具に用いられた。

しゃうぶかぶと【菖蒲兜】[名]端午の節句の祝いに、菖蒲で兜の形に作ったもの。(季―夏)

じゃうふきゃう【常不軽】[名]〔仏教語。「じゃうふぎゃう」とも〕法華経の常不軽菩薩品を不断にとなえつつ、所々をめぐり、人々に礼拝して歩くこと。また、その人。

しゃうぶだち【菖蒲太刀】[名]「しゃうぶがたな」に同じ。

しゃうぶつ【生仏】[名]〔仏教語〕衆生と仏。

しゃうぶつ【生仏】[人名]（生没年未詳）鎌倉時代の平曲音曲作者。『徒然草』によると、藤原行長が『平家物語』を作り、生仏に語らせたという。

じゃうぶつ【成仏】[名・自サ変]〔仏教語〕❶煩悩を解脱し、悟りを開いて仏になること。❷死んで仏になること。死ぬこと。

しゃうぶづくり【菖蒲作り】[名]「しゃうぶがた②」につくった刀。

しゃうぶゆ【菖蒲湯】[名]《「あやめのゆ」とも》陰暦五月五日の「端午の節句」の日に、ショウブの葉を入れて沸かした風呂。これに入ると邪気を払うと考えられた。(季―夏)

しゃうぶん【上聞】[名]《「じゃうぶん」とも》天皇の耳に入ること。君主への聞こえ。

じゃうへう【上表】[名・自サ変]《「しゃ

ろへろ」とも》❶君主や上司などに文書で意見を申し上げること。また、その文書。❷辞表を提出すること。辞職。＝致仕

じゃうべん【浄弁】［人名］（生没年未詳）鎌倉後期の天台宗の僧・歌人。子の慶運とともに二条為世の門人となる。二条派の歌学の保持に尽力し、頓阿・吉田兼好・慶運とともに為世門の四天王と称される。注釈書『古今和歌集註』。

じゃうほくめん【上北面】［名］白河上皇により創設された警備の武士。上皇の御所の北面に侍していたので、この名がある。上下の差が生じ、四位の者を指す。↔下北面

しゃうぼふ【正法】［名］《仏教語》❶正しい教法。仏の教え。❷《「正法時」の略》釈迦の死後五百年あるいは千年間。仏の教えが正しく行われる期間。↔像法・末法

しゃうぼふげんざう【正法眼蔵】［作品名］鎌倉中期の仏教書。道元著。仮名交じり文による禅の法語で、日本曹洞宗の根本教典。

しゃうぼふげんざうずいもんき【正法眼蔵随聞記】［作品名］鎌倉前期（一二三五ごろ成立）道元述、懐奘編。道元の弟子懐奘が師の教えを記し留めたもの。

しゃうほん【正本】［名］❶根拠となる原本。❷浄瑠璃などの、太夫が校訂した正本。太夫が使用した原本のままの本。❸歌舞伎を上演するのに必要なことが書かれた台本。

じゃうぼん【上品】［名］《仏教語》❶「九品」の、上位三つの「上品上生」「上品中生」「上品下生」の総称。↔「くほん」。❷上等。高級。

じゃうぼんじゃうしゃう【上品上生】［名］《仏教語》「九品」の中で最上位のもの。極楽浄土の最上のもの。

じゃうぼんれんだい【上品蓮台】［名］《仏教語》「上品」の往生をした人が座るという、極楽浄土にある最上級の蓮華の座。

じゃうみ【上巳】［名］「じゃうし」に同じ。

しゃうみゃう【声明】［名］《仏教語》❶古代インドの学問の一種で、言語・文字・文法・音韻などを研究するもの。❷仏教の儀式や法会などで、僧が唱える、仏の徳をたたえた声楽の総称。梵讃・漢讃・和讃などをいう。

しゃうみゃう【・す】【唱名】［名・自サ変］「しょうみゃう」に同じ。

しゃうむてんわう【聖武天皇】［人名］（七〇一〜七五六）第四十五代天皇。父は文武天皇、皇后は藤原不比等の娘の光明子（藤原氏出身最初の皇后）。東大寺と、諸国に国分寺・国分尼寺の建立を勅命。東大寺大仏前において鑑真より受戒した。『万葉集』に入集。

じゃうめ【上馬】［名］良馬。駿馬。

しゃうめつ【生滅】［名］《仏教語》生まれることと死ぬこと。生じることと滅びること。

しゃうめつめつい【生滅滅已】［名］《仏教語》涅槃経の中の雪山偈にある一句。生じることも滅びることもともになくなって、生死を超え、一切の悩みのない、悟りの世界に入ること。

しゃうめんこんがう【青面金剛】［名］《仏教語》帝釈天の使者。からだは青く、六本の腕には宝剣や弓矢を持ち、頭髪は逆立って怒りの形相をし、足で一匹の鬼を踏んでいる。のちに道家の説と結びつき、「庚申待ち」の神となった。

しやうもやう【仕様模様】［名］《近世語。「しやう」を強めた語》仕方。方法。

しゃうもん【声聞】［名］《仏教語》仏の教えにより「四諦」の理を悟り、「阿羅漢」になることを目的としている仏弟子。

しゃうもんき【将門記】［作品名］平安中期の軍記物語。作者・成立年未詳。「まさかどき」ともいう。承平・天慶の乱での将門の反乱の顛末を変体漢文で実録的に叙したもの。軍記の祖的作品。

しゃうもんじ【唱門師・声聞師】［名］《「しゃうもんし」とも》元旦、寅の刻（午前四時ごろ）に宮中の日華門に参り、毘沙門経の文句を唱えて祝いとした者。のち、人家の門に立ち、金鼓を打ち簓をすって経文を唱え、物乞いをした者。

じゃうや【常夜】［名］❶夜のような暗さが続くこと。❷夜間ずっと変わらないこと。

じゃうやうじん【上陽人】［名］唐の上陽宮にいた宮女。楊貴妃が玄宗皇帝の寵愛を一身に集めたために、一生を上陽宮で過ごした不幸な宮女たち。

しゃうらうびゃうし【生老病死】［名］《仏教語》生まれること、老いること、病気になること、死ぬこと。人間としてまぬがれることのできない四つの苦しみ。＝四苦

しゃうらかし・い［形口語型］《「せうらかしい」とも》素性が正しい。立派である。例「私のことでござればしゃうらかしい物でもござらぬ」〈狂・素袍落〉

しゃうらく【・す】【上洛】［名・自サ変］《「じゃうらく」とも》地方から都へ上ること。上京。＝参洛。↔下向。

じゃうらく【常楽】［名］《仏教語》永遠に楽しく、苦しみがないこと。

じゃうらくがじゃう【常楽我浄】［名］《仏教語》涅槃（悟りの境地）のもつ四つの徳のこと。「常」は永久不変、「楽」は安楽、「我」は障害がなく自由自在、「浄」は清浄の意。

じゃうらくゑ【常楽会】［名］釈迦が入滅した陰暦二月十五日に、四天王寺や興福寺などで行う涅槃会。↔「ねはんゑ」。（季―春）

じゃうらふ【上臈】［名］《「臈」は修行を重ねた年数を示す語》❶《仏教語》**年功を積んだ僧。高僧。** 例「上に僧都、僧正、上臈どもおはしけれど」〈宇治拾遺・二・二〉《敬語》「おはしけれど」→「おはす」。❷**階級の上の者の総称。上席者。上位者。**↔下衆・下臈。例「数輩の上臈を招越して」〈平家・一・鹿谷〉 ❸「上臈女房」の略。❹**身分の高い女性。ご婦人。** 例「かしこには上臈の、今夜ばかりとて借らせ給ふに」〈宇治拾遺・二・二〉《敬語》「借らせ給ふ」→「せたまふ」。❺**遊女。** 例「我あまた上臈を持ちて候ふ中に花子と申し候ふ人は」〈謡・班女〉

じゃうらふだ・つ【上臈だつ】［自タ四］

〔たち・つ・て〕」(「だつ」は接尾語)いかにも高貴な身分の人らしく見える。上臈と見受けられる。

じゃうらふにょうばう【上臈女房】[名]身分の高い女官。二位・三位の典侍、尚侍・御匣殿、禁色を許された大臣の娘・孫などをいう。↔下臈女房

じゃうらん【上覧】[名](「しゃうらん」とも)天皇がご覧になること。

しゃうりゃう【聖霊・精霊】[名](仏教語)❶仏や菩薩。また、その霊魂。❷死者の霊魂。

しゃうりゃうしふ【性霊集】[作品名]「へんぜうはっきせいれいしふ」に同じ。

しゃうりゃうだな【精霊棚】[名]「盂蘭盆会」に亡き人の位牌を安置し、供え物をのせる棚。=霊棚。(季—秋)

しゃうりゃうまつり【精霊祭り】[名]「うらぼんゑ」に同じ。

しゃうりゃうゑ[名]㊀【聖霊会】聖徳太子の忌日の陰暦二月二十二日に、法隆寺や四天王寺などで行われる法会。(季—春)。㊁【精霊会】「うらぼんゑ」に同じ。

しゃうるい【生類】[名]生き物。

じゃうるり【浄瑠璃】[名]❶(仏教語)清浄・透明な瑠璃(宝石)。❷三味線に合わせて語る語り物の総称。室町末期成立の牛若と浄瑠璃姫との恋物語をつづった『浄瑠璃御前物語』に始まるという。江戸中期には、竹本義太夫が「義太夫節」を創始し、さらに近松門左衛門と組んで人形浄瑠璃を完成させた。「義太夫節」以前のものを古浄瑠璃という。

じゃうるりひゃうちゅう【浄瑠璃評注】[作品名]「なにはみやげ」に同じ。

しゃうれん【青蓮】[名]「青蓮華」の略。

しゃうれんげ【青蓮華】[名]ハスの一種。葉は青白色で、長くて広い。仏や菩薩の目にたとえられる。=青蓮

しゃうれんゐんりう【青蓮院流】[名]書道の一流派。伏見天皇の皇子尊円親王が開いた和様の流派。尊円流・御家流ともいわれ、書風は平明ながらも風格がある。

しゃうろ〔・なり〕【正路】[名・形動ナリ]人として当然行うべき正しい道。正直。実直。例「正路を忘れてあらぬ方に赴くを」〈毎月抄〉

しゃうゑん【荘園・庄園】[名]奈良時代から室町時代にかけて存続した私有地。皇族・貴族・社寺などが領有した。=荘・荘①

しゃか【釈迦】[人名](「釈迦牟尼」の略)(前五六五?〜前四八五?)仏教の開祖。「釈迦如来」「釈迦牟尼仏」「釈尊」ともいう。父は浄飯王、母は摩耶。二十九歳で出家し、三十五歳で悟りを得た。その後、各地で法を説き、八十歳で入滅。

じゃかう【麝香】[名]ジャコウジカの雄の下腹部にある麝香腺を乾燥させて作った香料。香料のほか、強心剤・気つけ薬などの薬剤としても用いられる。

しゃかしら【しゃ頭】[名](「しゃ」は接頭語)頭をののしっていう語。

しゃかつらりゅうわう【沙羯羅竜王】[名](仏教語)八大竜王のひとつ。海に住み、水をつかさどる竜神。沙伽羅。

じゃき【邪気】[名]❶病気を引き起こす悪い気。❷(「ざけ」「じゃけ」とも)物の怪。

しゃきば・る[自ラ四]{ら・り・る・る・れ・れ}(近世語)❶こわばる。固くなる。例「しゃきばって居るが、まだ江戸の料理はくった事はあるまい」〈無事志有意〉❷痙攣を起こす。例「虫が知らせてしゃきばったものであろ」〈浄・義経千本桜〉①②(音便)「しゃきばっ」は「しゃきばり」の促音便。

しゃぎり[名]❶狂言で、笛だけで演奏する囃子。めでたく、にぎやかな雰囲気を作る。❷歌舞伎で、一幕終わるごとに笛や太鼓によって演奏する囃子。

-しゃく【隻】[接尾]「せき(隻)」に同じ。

しゃく【勺・夕】[名]❶容積の単位。「升」の百分の一。「合」の十分の一。約一八ミリリットル。❷面積の単位。「坪」の百分の一。約三三〇平方センチメートル。

しゃく【尺】[名](「さか」とも)❶長さの単位。「寸」の十倍。「丈」の十分の一。曲尺では約三〇・三センチメートル、鯨尺では約三七・九センチメートル。❷長さ。丈。❸物差し。

しゃく【笏】[名](「さく」とも)男性官人が礼服や朝服を着る際、右手に持つ薄板。五位以上の官人は象牙の笏、六位以下の官人はイチイ・桜・ヒイラギなどの笏を用いた。⇒[古典参考図]男子の服装〈1〉。例「卑しげなるもの。式部丞の笏」〈枕・卑しげなるもの〉

〈参考〉「笏」の字音が「骨」の同音「こつ」なのを嫌い、その長さが一尺(約三〇・三センチメートル)ほどであることから、「しゃく」と言い換えたもの。

古典の世界　笏の裏には、式次第や口上の文言を書いた備忘の紙を貼り付けることが多かった。右の用例に描かれる式部丞は、とくに朝廷の儀礼・儀式などの御用が多く、備忘の紙を貼ったりはがしたりするので、その笏は非常に汚くなるのである。

じゃく〔・す/・たり〕【寂】㊀[名](仏教語)仏道修行により迷いの世界から脱却して悟りの境地に入ること。涅槃。㊁[名・自サ変]僧が死ぬこと。入寂。㊂[名・形動タリ]形も声もないさま。人の声もなく、ひっそりとして静かなさま。

〔寂は雨〕(近世語)結局は死ぬ運命にある意の慣用句。例「この世の本望と思へど、寂はあめと降る涙」〈浄・心中宵庚申〉

しゃくあく【積悪】[名](「せきあく」とも)悪事を積み重ねること。↔積善

しゃくにち【赤口日】[名](「しゃっこうにち」とも)陰陽道でいう凶日のひとつ。太歳(木星)の東門を守る赤口神の部下の八大鬼神のうち、第四番目の八獄卒神が門番をする日。この鬼神は神通力で人々を惑わすので、この日を凶とした。

じゃくくゎう【寂光】[名](仏教語)❶寂静(の真理)と知恵の光。❷「寂光浄土」の略。

じゃくくゎうじゃうど【寂光浄土】[名](仏教語)真理とそれを明らかにする知恵とが一致した、仏の住む世界。=寂光②・寂光土

じゃくくゎうど【寂光土】[名]「じゃくくゎうじゃうど」に同じ。

じゃくくゎん【弱冠・若冠】[名](中国の周

代の制で、男子二十歳を「弱」といい、元服して冠をかぶることから)男子二十歳のこと。また、成年に達すること。

しゃくけうか【釈教歌】[名]和歌の分類のひとつ。仏教に関する内容を詠んだ和歌。教理や経典、あるいは仏事や寺院を題材としたものや、無常観など仏教的心情にかかわるものも含まれる。

しゃくし【杓子】[名]❶飯や汁などをすくう道具。「しゃもじ」。❷飯盛り女。

しゃくし【釈子】[名]《仏教語》釈迦の弟子。仏弟子。僧。

しゃくし【釈氏】[名]釈迦。転じて、僧。

しゃくしあたり【杓子当たり】[名]《近世語》飯や汁を盛る分量。転じて、下女などの他に対する態。例「杓子あたりわるきゆゑにや」〈膝栗毛〉

しゃくしぐゎほう【杓子果報】[名・形動口語型]《近世語》食物の配分に恵まれること。また、運よく、よい物やよい境遇を手に入れること。例「大原は杓子果報・な祭りなり」〈川柳・柳多留拾遺〉

しゃくしぢゃうぎ【杓子定規】[名]《近世語》❶(杓子の柄が頭の近くで曲がっていたことから)曲がっていて正確でない定規。❷一定の基準ですべてを律しようとすること。形式にとらわれて応用のきかないこと。

しゃく・す【釈す】[他サ変]{せ・し・す・する・すれ・せよ}説明する。説き明かす。

しゃくぜつにち【赤舌日】[名]陰陽道でいう凶日のひとつ。太歳(木星)の西門を守る赤舌神の部下の六大鬼神のうち、第三番目の羅刹鬼が門番をする日。この鬼神は極悪で人々を悩ますので、すべてに凶の日とされた。

しゃくぜん【積善】[名]《「せきぜん」とも》よい行いを積み重ねること。↔積悪

じゃくぜん【寂然】[人名](一一一八?―一一八二?)《「じゃくねん」とも》平安後期の歌人。俗名は藤原頼業。近衛天皇に仕えたが出家、西行と親交があった。兄の寂念・寂超とともに常磐三寂(大原三寂)と呼ばれた。『千載和歌集』などに入集。

しゃくせんだん【赤栴檀】[名]「ごづせんだん(牛頭栴檀)」に同じ。

しゃくそん【釈尊】[名]釈迦の尊称。

じゃくだう【若道】[名]「わかしゅだう」に同じ。

しゃくたふ【積塔・石塔】[名]❶供養のため石を積み重ねて作った塔。❷「積塔会」の略。

しゃくたふゑ【積塔会・石塔会】[名]陰暦二月十六日に、検校・勾当・座頭などが、京都の高倉綾小路にある清聚庵に集まり、盲人の守り神である雨夜尊を祭り、平曲を語った法会。=積塔②。(季―春)

しゃくぢゃう【錫杖】[名]❶《「さくぢゃう」とも》僧や修験者が、行脚や読経のときに持つ杖。塔婆の形をかたどった頭部は金属製で、数個の環がかけられ、振ると鳴る。❷祭文語りが、語りに合わせて振り鳴らした道具。①の柄の所を短くしたもの。

じゃくてう【寂超】[人名](一一一三?―?)平安後期の歌人。俗名は藤原為経。寂然の兄で寂念の弟。妻の美福門院加賀との間に隆信がいる(加賀は為経出家後に藤原俊成と再婚し、定家を産んだ)。私撰集『後葉和歌集』がある。

しゃくてん【釈奠】[名]《「さくてん」「せきてん」とも》平安時代、陰暦二月と八月の上旬の丁の日に、大学寮で、孔子とその十人の弟子たちの肖像をかけて祭った儀式。その後衰退したが、江戸時代には、儒学の振興によって、諸国で行われた。

しゃくとり【酌取り】[名]酒宴で酌をすること。また、その人。

じゃくねん【寂念】[人名](生没年未詳)平安後期の歌人。俗名は藤原為業。寂超・寂然の兄。

しゃくはち【尺八】[名]❶《「さくはち」とも》奈良時代に中国から伝来した管楽器。唐楽の演奏に用いられたが、平安中期ごろには絶えた。長さは唐尺で一尺八寸(約五五センチ)を基本とする。古代尺八。雅楽尺八。❷室町時代に南中国から伝来した竹笛。節を一つ含むことから一節切と呼ばれる。❸普化宗の虚無僧が用いた竹製の縦笛。今日一般に尺八といわれているもの。普化尺八。

しゃくび【しゃ首】[名]《「しゃ」は接頭語》首をののしっていう語。

しゃくびゃうし【笏拍子】[名]《「さくはうし」とも》笏を縦にふたつに割った形の楽器。神楽・催馬楽などで、歌い手が拍子をとるのに用いる。=拍子②。➡[古典参考図]楽器

じゃくまく【・たり】【寂寞】[名・形動タリ]《仏教語。「せきばく」とも》もの寂しく、ひっそりとしているさま。静寂。

じゃくめつ【寂滅】[名]❶《仏教語》無明・煩悩の境界を離れて悟りの境地に入ること。また、その境地。❷消えてなくなること。死ぬこと。

じゃくめつゐらく【寂滅為楽】[名]《仏教語》無明・煩悩の境界を離れ、悟りの境地に入って初めて真の安楽があるということ。

しゃくもん【釈門】[名]釈迦の門弟。僧。仏門。=釈子・桑門。

じゃくれん【寂蓮】[人名](一一三九?―一二〇二)平安後期から鎌倉前期の歌人。俗名は藤原定長。父俊海の兄弟である藤原俊成の養子となるが三十歳ごろ出家。『新古今和歌集』撰進の命を受けたがその前に没した。『千載和歌集』などに入集。

しゃけ【社家】[名]世襲の神職の家柄。神主。

じゃけ【邪気】[名]「じゃき②」に同じ。

しゃけい【舎兄】[名]《「しゃきゃう」とも》実の兄。↔舎弟

しゃげい【射芸】[名]弓を射る術。射術。弓術。

じゃけん【・なり】【邪見】㊀[名]《仏教語》「十悪」のひとつで、因果の道理を無視する誤った考え。↔正見。㊁[名・形動ナリ]《「邪慳」「邪険」とも書く》❶よこしまである。❷無慈悲である。

しゃこ【硨磲】[名]シャコ貝。貝殻は白色のつやがあるので、七宝のひとつとして珍重された。

しゃさん【社参】[名]神社に参拝すること。宮参り。

しゃし【社司】[名]神社の祭事・社務をつかさどる人。神官。神主。

しゃし【奢侈】［名］身分不相応のおごった暮らしをすること。ぜいたく。おごり。

しゃじつ【社日】［名］《「しゃにち」とも。「社」は、中国で土地あるいは部族の守護神のこと》春分・秋分に最も近い前後の戊の日。春の場合を春社、秋の場合を秋社という。土地の神を祭って、春には穀物の豊作を祈り、秋には収穫に感謝する。

じゃしゃう【邪正】［名］よこしまなことと正しいこと。

しゃしょく【社稷】［名］❶古代中国で、建国時に、君主が壇を築いて祭った土地の神（社）と五穀の神（稷）。❷国家。朝廷。

しゃしん【捨身】［名］《仏教語》❶俗世の身を捨て、仏門に入ること。出家。❷自殺。自害。例「この流れにて首くくり、最期は同じ時ながら、捨身の品も所を変へて」〈浄・心中天の網島〉❸供養・布施のため我が身を捨てること。

〔**捨身の行**〕捨て身の修行をすること。身命をかえりみず、仏道を求める厳しい修行。

しゃせきしふ【沙石集】［作品名］《「させきしふ」とも》鎌倉後期（一二八三成立）の説話集。無住著。諸宗兼学の立場に立つ仏教説話集で、神仏習合思想や和歌陀羅尼一体観のほか、平易に処世訓を説いた話や滑稽譚も多い。

しゃだう【洒堂】［人名］「はまだちんせき」に同じ。

しゃだん【社壇】［名］神を祭る所。社。社殿。

しゃぢく【車軸】［名］❶車の心棒。❷（雨の粒が車の心棒ぐらいあるの意から）雨足が太い雨。大雨。例「車軸平地に川を流し」〈浮・日本永代蔵〉

〔**車軸の如し**〕（雨脚が車軸の太さほどもある）大雨の降るさま。

〔**車軸を下す**〕（雨脚が車軸ほどの太さの大雨が降る。激しい雨が降る。

しゃちばりかへ・る【鯱張り返る】［自ラ四］〔ら・り・る・る・れ・れ〕《近世語》❶ふんぞり返っていばる。❷緊張のため固くなる。

しゃちゅう【社中】［名］同じ組合・結社の仲間。また、詩歌・邦楽などの同門。

しゃつ【奴】［代名］《他称の人称代名詞。人をののしっていう語》あいつ。そいつ。例「しゃつここへひき寄せよ」〈平家・二・西光被斬〉

しゃっきり［副］《近世語》直立するさま。ぴんと張っているさま。硬直しているさま。例「それなりにあたまが、しゃっきりとなって死んだといふことだ」〈膝栗毛〉

しゃつばら【奴ばら】［代名］《他称の人称代名詞。複数の人をののしっていう語》そいつら。やつら。例「一々にしゃつばら射ころせ」〈平家・二・逆櫓〉

しゃつら【しゃ面】［名］顔をののしっていう語。＝しゃっ面

しゃてい【舎弟】［名］実の弟。弟。他人の弟についても用いる。↔舎兄

しゃとう【社頭】［名］社殿の辺り。社殿の前。

しゃな【遮那・舎那】［名］《仏教語》「毘盧遮那仏」の略。

しゃにかま・ふ【斜に構ふ】《近世語》❶剣術で、剣先を斜めにして構える。❷気負って身構える。変に改まった態度をとる。

しゃにち【社日】［名］「しゃじつ」に同じ。

しゃば【娑婆】［名］《梵語の音訳。「さば」とも》人間界。現世。俗世間。＝娑婆世界

〔**娑婆で見た弥三郎**〕《近世語》知人であるのに、わざと知らないふりをすること。「弥三郎」は「弥次郎」「与次郎」「弥十郎」などともいう。

しゃばせかい【娑婆世界】［名］「しゃば」に同じ。

しゃばふさげ【娑婆塞げ】［名］《近世語。「しゃばふさぎ」とも》無益に生き長らえ、世の邪魔となること。

しゃべつ【差別】［名］区別。分け隔だて。

しゃほん【写本】［名］手で書き写した本。また、手で書き写すこと。↔刊本・版本・刷り本

じゃま【邪魔】［名］❶《仏教語》仏道修行を妨げる悪魔。仏道修行の妨げとなるもの。❷妨げ。障害。

じゃまん【邪慢】［名］《仏教語》よこしまな心をもち、うぬぼれていること。

しゃみ【沙弥】［名］《仏教語。「さみ」とも。梵語の音訳》仏門に入り、剃髪して得度式をすませてからまだ日の浅い僧。

しゃみせんぐさ【三味線草】［名］「さみせんぐさ」に同じ。（季－春）

しゃみまんぜい【沙弥満誓】［人名］「さみまんぜい」に同じ。

しゃめん［・す］【赦免】［名・他サ変］罪や過ちを許すこと。

しゃもん【沙門】［名］《仏教語。梵語の音訳》出家をして仏道を修行する人。僧。＝桑門

しゃら【沙羅・娑羅】［名］《「さら」とも。梵語の音訳。「沙羅樹」の略》「さらじゅ」に同じ。

じゃらい【射礼】［名］《「しゃれい」とも》陰暦正月十七日に、親王以下五位以上の者と六衛府の官人が、建礼門の前で行った弓を射る行事。＝大射

しゃらく【写楽】［人名］「とうしうさいしゃらく」に同じ。

しゃらく［・なり］【洒落・灑落】［名・形動ナリ］《近世語》物事に執着せず、さっぱりしているさま。例「ただ世を例の洒落・に見破りて」〈鶉衣〉

しゃらくさ・し【洒落臭し】［形ク］〔から・く（かり）・し・き（かる）・けれ・かれ〕《近世語》なまいきなさま。こしゃくなさま。例「梅鉢を付けしは越前が定紋ぢゃう、さてもしゃらくさ・し」〈浮・西鶴置土産〉

じゃらくら［副］《近世語》だらしなくふざけるさま。色めかしくざれあうさま。でれでれ。例「伝八とじゃらくらじゃらくら」〈浄・夏祭浪花鑑〉

しゃらさうじゅ【沙羅双樹】［名］《「しゃら」は梵語の音訳》「さらさうじゅ」に同じ。

しゃらじゅ【沙羅樹・娑羅樹】［名］《「しゃら」は梵語の音訳》「さらじゅ」に同じ。＝沙羅・沙羅

しゃり【舎利】［名］❶《仏教語。「さり」とも。梵語の音訳》仏陀・聖者の遺骨。人の遺骨を指す場合もある。❷（形が①に似ていることから）米粒。

しゃりかう【舎利講】［名］《仏教語》仏舎利を供養して仏の功徳をたたえる法会。＝舎利講会

しゃりゑ【舎利会】［名］「しゃりかう」に同じ。

しゃりん【車輪】［名］車の輪。

しや・る【為遣る】［他ラ四］〔ら・り・る・る・れ・れ〕滞りなくすませ

る。すっかりしてしまう。処置する。例「〔四ノ宮八〕しや・らむやうもおぼえで」〈落窪・四〉

しゃる［助動特活］{しやれ(しやら)・しやれ(しやり・しやっ)・しやる・しやる・しやれ・しやれ(しやい)}《近世語。「せらる」の変化形》尊敬の意を表す。**お…なさる**。→「さしゃる」。例「さあさあ先へ往なしゃれ」〈浄・女殺油地獄〉訳さあさあ先に**お帰りなさい**。

しゃれ-【曝れ】［接頭］《「され」とも。動詞「曝る」の連用形「され」の変化形》（名詞に付いて）長時間、日差しや風雨にさらされた意を表す。「曝れ貝」「曝れ板」「曝れ頭」など。〈接続〉四段・ナ変活用の動詞の未然形に付く。

しゃれ【洒落】［名］《近世語》❶気がきいていること。粋であること。❷はでな服装。❸冗談。ある文句をもじっていうことば。❹《「洒落女」の略》遊女。

しゃれぼん【洒落本】［名］江戸時代の小説の一形態。遊里を舞台とし、遊女と客との会話を中心に描いた風俗短編小説。安永・天明（一七七二～一七八九）ごろに最盛期を迎えた。山東京伝などが活躍したが、幕府の取り締まりもありしだいに衰退した。

しゃんす［助動特活］{しやんせ・しやんし・しやんす・しやんす・しやんすれ・しやんせ}《近世語。尊敬の助動詞「しゃる」の連用形「しゃり」＋丁寧の助動詞「ます」＝「しゃります」の変化形》尊敬・丁寧の意を表す。**…なさいます**。**お…になります**。→「さしゃんす」。例「野風身の毒、こち入らしゃんせえ」〈浄・冥途の飛脚〉訳野の風は体に毒、こちらへお入りなさいませ。〈接続〉四段・ナ変活用の動詞の未然形に付く。その他の動詞には「さしゃんす」が付く。

-しゅ【首】［接尾］漢詩や和歌を数える語。例「長田王の作る歌一**首**」〈万葉・三・二四八題詞〉

しゅ【主】［名］「しゅう（主）」に同じ。

しゅ【守】［名］❶「国守①」「守護二」の略。❷位階と官職とが対応せず、位は低く官が高い場合、両者の間に書き添えた語。たとえば、大納言は正三位に相当した官だが、従三位であった場合には、従三位守大納言と記した。↔行③

じゅ-【従】［接頭］令制で、同一の位階を上下に区分し、下位であることを表す。「**従**三位」など。上位は「正」。＝従。↔正①

じゅ【呪・咒】［名］まじないの文句。呪文。呪文のことばを記した札。多く、梵語のままの陀羅尼を指していう。また、それを唱えること。

じゅ【頌】［名］《仏教語》仏の徳をたたえることば。多くは、四句の韻文からなる。＝偈

じゅ【綬】［名］❶官職のしるしの印に結んだ組みひも。❷男性貴族が礼服を着る際、胸の所につけて垂らした飾りの白帯。天皇は左右に、臣下は右につけた。

しゅいん【手印】［名］❶《仏教語》密教の行法のひとつ。仏・菩薩の悟りや誓願を表す印を両手の指で結ぶこと。❷手のひらに朱肉や墨を塗って文書に押した印。手形。❸自分でした署名、または捺印。自筆の文書。

しゅいん【朱印】［名］❶朱色の印肉で押した印。❷「ごしゅいん」に同じ。

しゅう…【秀…・周…・秋…・祝…・修…・袖…・愁…・蹴…】歴史的かなづかい「しう…」

しゅう…【拾…・習…・執…・集…・襲…】歴史的かなづかい「しふ…」

-しゅう【衆】［接尾］《「しゅ」とも》複数の人に対する親愛の意を表す。「御伽**衆**」「女房**衆**」など。

しゅう【主】［名］《「しゅ」の変化形》自分の仕える人。主人。主君。

しゅう【宗】［名］❶仏教各宗派の根本となる教義。宗旨。❷同じ教義をよりどころとする仏教集団。宗派。宗門。

〔**宗の法灯**〕シュウノホウトウ 宗の中で最高の僧。僧の重鎮。また、宗祖やその時代最高の名僧。

しゅう【衆】［名］《「しゅ」とも》❶多数の人。人々。❷「所の衆」の略。

じゅう…【獣…】歴史的かなづかい「じう…」

じゅう…【十…・什…・渋…】歴史的かなづかい「じふ…」

じゅう…【住…・重…】歴史的かなづかい「ぢゅう…」

しゅうえん【終焉】［名］《「じゅうえん」とも》死に際。臨終。末期。

しゅうぎはん【衆議判】［名］「しゅぎはん」に同じ。

しゅうし【宗旨】［名］❶宗門の説く教義の趣旨。宗門の信仰の中心となる教義。❷宗派。宗門。❸自分のやり方。自分の従事する仕事。主張。趣味。

しゅうじゅう【主従】［名］《「しゅじゅう」とも》主君と家来。主人と従者。

〔**主従は三世**〕主従の関係は前世からの因縁によるもので、現世はもとより来世にも及ぶ深い縁があるということ。「親子は一世」「夫婦は二世」に対していう。「三世」は過去・現在・未来のこと。主従関係は親子・夫婦の関係より深いとされた。

しゅうてい【宗体】［名］《「しゅうたい」とも》その宗派の根本となる教義。その宗派本来の趣旨。宗旨。

しゅうと【衆徒】［名］「しゅと」に同じ。

じゅうまん【充満】［名・自サ変］❶いっぱいになること。❷満足すること。例「信西がふるまひ、子息の昇進、天下の執権、この**充満**のありさまに」〈愚管抄〉❸満腹すること。

しゅうゆうのものがたり【秀祐之物語】［作品名］「はまぐりのさうし」に同じ。

じゅうるい【従類】［名］家来や一族の人々の総称。

じゅうわう［・なり］【縦横】ジュウオウ 一［名］たてとよこ。南北と東西。二［形動ナリ］{なら・なり(に)・なり・なる・なれ・なれ}❶混乱しているさま。ごちゃごちゃしているさま。例「もろもろの綵女の身体・服飾を**縦横・に**成して端しからしめず」〈今昔・一・四〉❷思いのまま。

じゅうわうむげ［・なり］【縦横無礙】ジュウオウムゲ［名・形動ナリ］自由自在で、どの方面にも妨げるものがないこと。縦横無尽。

しゅかい【酒海】［名］❶酒を入れるのに用いた容器。❷元旦に本願寺の門主が親鸞上人の像の前に酒肴を供える行事。

じゅかい［・す］【受戒】［名・自サ変］《仏教語》仏門に入る者が、守るべき戒律を受けること。また、その戒律を守ることを誓う儀式。↔授戒

じゅかい［・す］【授戒】［名・自サ変］《仏教語》師僧が仏門に入る者に戒律を授けること。↔受戒

しゅがくしゃ【修学者】［名］学問を修行している者。また、学問を修めた者。学者。

しゅかくほふしんわう【守覚法親王】[人名](一一五〇〜一二〇二)平安後期から鎌倉前期の歌人。父は後白河天皇。永暦元年(一一六〇)に仁和寺で出家、六条家の歌人、顕昭を庇護した。

しゅがふ【衆合】[名]《仏教語》「衆合地獄」の略。

しゅがふぢごく【衆合地獄】[名]《仏教語》八大地獄のひとつ。殺生・偸盗・邪淫の罪を犯した者が落ちる地獄。この地獄に落ちた罪人は鉄の山に押しつぶされたり、灼熱の嘴をもつ鷲に腸を取られたりする苦しみを受けるという。＝衆合

じゅがん[・す]【入眼】[名・自サ変](「じゅげん」とも)❶(画工が生き物を描くときに、最後に眼を入れることから)物事が完成すること。成就。❷朝廷が臣下に官位を賜るとき、位階や官名のみを記入した文書に姓名を書き入れて、文書を完成すること。

じゅき[・す]【授記】[名・他サ変]《仏教語》仏が修行者に対して、死後に成仏するという予言を与えること。

しゅぎはん【衆議判】[名](「しゅうぎはん」とも)歌合わせのとき、特定の判者をおかずに、参加した左右の「方人」(歌の作者)全員の衆議によって、歌の優劣を判定すること。また、その方法。→「うたあはせ」

しゅぎゃう[・す]【修行】[名・自サ変](「すぎゃう」とも)❶《仏教語》仏道を修めて善行を実践すること。❷《仏教語》仏道を修めるために諸国をめぐり歩くこと。托鉢・巡礼・行脚。❸学問・芸道などを努力して修得すること。また、そのために諸国をめぐり歩くこと。

しゅぎゃう[・す]【執行】[一][名・他サ変](「しぎゃう」「しっかう」とも)政治・仏事・事務などを執り行うこと。例「(伊周公ニ)天下執行の宣旨下りたまへりしままに」〈大鏡・道長・上〉[二][名]寺院の法会や庶務などをつかさどる僧職。

しゅぎゃうじゃ【修行者】[名]《仏教語。「すぎゃうざ」「すぎゃうじゃ」とも》仏道を修行する人。また、仏道を修行するために諸国を托鉢・行脚する僧。

じゅぎょ【入御】[名](「にふぎょ」とも)天皇・皇后・太皇太后・皇太后が内裏に入ることの尊敬語。のちには、内裏以外、また、ほかの貴人の場合にも用いられた。↔出御

じゅきょう[・す]【入興】[名・自サ変]興に乗ること。おもしろがること。

しゅぎょく【珠玉】[名]真珠と宝石。美しい物、高貴な物のたとえ。

しゅく【宿】[名]❶宿場。宿駅。❷宿屋。旅館。❸星座。星宿。

しゅくい【宿意】[名]❶以前から抱いていた考えや希望。宿志。❷以前から抱いていた恨み。遺恨。宿怨。

しゅくいん【宿因】[名]《仏教語。「すくいん」とも》前世からの因縁。＝宿縁・宿業

しゅくうん【宿運】[名]《仏教語。「すくうん」とも》前世から決定している運命。宿命。宿世。

しゅくえう【宿曜】[名]「すくえう」に同じ。

しゅくえき【宿駅】[名]鎌倉以降、街道の要地にあって、旅人の宿泊設備や人馬・駕籠を中継する設備のあった所。宿。宿場。

しゅくえん【宿縁】[名]「しゅくいん」に同じ。

しゅくおくり【宿送り】[名]「しゅくつぎ」に同じ。

しゅくぐゎん【宿願】[名](「すくぐゎん」とも)かねてからの願い。念願。誓願。＝宿望・宿望

しゅくごふ【宿業】[名]《仏教語。「すくごふ」とも》前世における行いの報い。この世で報いを受ける原因となった前世での善悪さまざまな行為。

しゅくこん【宿根】[名]《仏教語》前世における行いによって定まっている機根(宗教的能力・素質)。

じゅくこん【熟根】[名]生まれ。素性。

しゅくし【宿紙】[名](「すくし」とも)一度文字を書いて使用した紙をすき返して作った薄ねずみ色の再生紙。蔵人所に保管され、宣旨の案文などを書くのに用いた。＝薄墨紙・紙屋紙

しゅくしふ【宿執】[名](「しゅくじふ」とも)❶《仏教語》前世からの執着・執念。❷長い間の不和。年来の恨み。❸昔からの因縁の友人。旧友。

しゅくしふ【宿習】[名]《仏教語。「しゅくじふ」とも》前世で身につけた善悪の習性。

しゅくしふかいほつ【宿執開発】[名]《仏教語》前世で行った善根・功徳が現世の幸福となって実を結ぶこと。

しゅくしょ【宿所】[名]宿泊する所。住まい。

しゅくぜん【宿善】[名]《仏教語。「すくぜん」とも》前世で行った善行。↔宿悪

しゅくつぎ【宿次ぎ・宿継ぎ】[名]宿場から宿場へ、人馬をかえながら、人や荷物などを次々に送り継ぐこと。＝宿送り

しゅくばう【宿坊】[名]寺院に参詣した人々を宿泊させる僧坊。宿院。また、僧自身が寝泊まりしている僧坊。

しゅくばう【宿望】[名]「しゅくぐゎん」に同じ。

しゅくほう【宿報】[名]《仏教語。「すくほう」とも》前世における善業・悪業によって現世に生じる報い。

しゅくまう【宿望】[名]「しゅくぐゎん」に同じ。

しゅくらう【宿老】[名]❶経験を積んで物事に詳しい老人。長老。❷武家の重臣。鎌倉・室町幕府の評定衆や、江戸幕府の老中、諸藩の家老など。❸江戸時代、町内の年寄役。

じゅぐゎん[・す]【呪願】(「しゅぐゎん」とも)[一][名・自サ変]《仏教語》法会のとき、導師が法語を唱えて、施主あるいは死者の幸福などを祈願すること。また、その祈願文。[二][名](「呪願師」の略)法会のとき、呪願文を読む役割を任ぜられた僧。

しゅけいれう【主計寮】[名]「かずへれう」に同じ。

しゅげん【修験】[名]❶山中などで修行して霊験のある法を身につけること。❷「修験者」の略。❸「修験道」の略。

じゅげん[・す]【入眼】[名・自サ変]「じゅがん」に同じ。

しゅげんじゃ【修験者】[名]「修験道」を修行する人。多くは、髪を結わずに兜巾をかぶり、篠懸

背負う。また、数珠・檜扇を持ち、金剛杖をつき、法螺貝を吹き鳴らし、山野をめぐって修行する。山伏。行者。＝験者・修験②

しゅげんだう【修験道】［名］奈良時代の呪術者である役小角を開祖とする密教の一派。山岳信仰に密教・神道・陰陽道が習合して成立した呪術宗教。護摩を焚き、呪文を唱え、加持祈禱を行い、山中深くこもって難行苦行を積んで、神験を修得しようとするもの。＝修験③

しゅご［・す］【守護】㊀［名・他サ変］守ること。警護。㊁［名］鎌倉・室町幕府の職名。文治元年(一一八五)、源頼朝が地方の治安維持や武士の統制のために「地頭」とともに諸国に置いた。のちにしだいに領主化し、室町時代を通じて強大な守護大名に成長し、その中には数国を領有する者もいた。＝守①

じゅごう【准后】［名］「准三后」の略。

しゅごじん【守護神】［名］《「しゅごしん」とも》守り神。国家・家・寺院・個人・職業などを守護する神。

しゅごだい【守護代】［名］鎌倉・室町幕府の職制のひとつ。守護が任地に行かないとき、現地でその職務を代行した者。守護代官。

しゅごふにふ【守護不入】［名］守護の支配を受けず、治外法権であること。寺社領などにこの特権があり、守護がその地に立ち入って、租税を徴収したり、罪人を捕らえたりすることは禁じられていた。

しゅざ【首座】［名］❶一番上位の席順。首席。上座。❷《仏教語。「しゅそ」とも》禅宗で、修行僧の中で第一席にある人。住持の次席。僧堂内の一切を取り仕切る。

しゅざう［・す］【修造】［名・他サ変］「しろざう」に同じ。

しゅさん【朱三】［名］「ぢゅうさん②」に同じ。

じゅさんぐう【准三宮】［名］平安から室町時代にかけて、親王・諸王・女御・外祖父母・執政の臣に授けられた称号。三宮(太皇太后宮・皇太后宮・皇后宮)に準じた年官・年爵を給与されていたが、のちには称号だけのものとなった。＝准三后・准后

じゅさんごう【准三后】［名］「じゅさんぐう」に同じ。＝准后

じゅし【呪師・咒師】［名］《「しゅし」「ずし」とも》❶加持祈禱をするとき、呪文などを唱える僧。❷法会のあとなどに、呪師の行う儀式の内容をさらに分かりやすく伝えるために、猿楽や田楽に近い形の種々の芸能を演じた者。

じゅし【豎子・竪子・孺子】［名］《「しゅし」とも》❶少年。子供。また、宮中に仕える少年。❷成人を軽蔑していう語。未熟者。青二才。

しゅしがく【朱子学】［名］中国の宋代の周敦頤・程明道・程伊川などに始まり、朱熹(「朱子」は尊称)によって大成された儒学説。格物致知による実践道徳を唱え、治国平天下を説く。鎌倉時代に伝えられ、江戸時代、封建社会の中心思想になった。学者として、林羅山・木下順庵・新井白石・山崎闇斎などが知られる。

じゅしゃ【儒者】［名］❶儒学を修得した人。儒学者。＝儒。❷江戸幕府の職名。将軍に儒学を進講し、文教の事をつかさどった者。林羅山に始まる林氏世襲の職であった。

しゅしゃう【主上】［名］《近世以降「しゅじゃう」とも》天皇の尊称。かみ。例「主上、院の仰せを常に申しかへさせおはしましける中にも」〈平家・一・二代后〉

しゅしゃう【修正】［名］《仏教語。「しゅじゃう」とも》「修正会」の略。

しゅじゃう【衆生】［名］《仏教語。「すじゃう」とも》仏の救済の対象となる、この世のすべての生き物。また、とくに、すべての人間。＝有情

〔**衆生を渡す**〕仏・菩薩が、迷いの世界にいる衆生を救済して彼岸に渡らせる。

しゅじゃうけど【衆生化度】《仏教語。「化度」は「教化済度」の略》衆生を教え導いて、苦から救済すること。

しゅしゃうゑ【修正会】［名］《仏教語》毎年正月の三日から七日の間、諸宗の寺院で行われる年始の法会。その年の国家安泰などを祈願して読経する。＝修正

しゅじゃく【朱雀】［名］「すざく」に同じ。

しゅじゃくもん【朱雀門】［名］「すざくもん」に同じ。

しゅじゅ【侏儒】［名］身長の低い人。＝低人

しゅじゅう【主従】［名］「しゅうじゅう」に同じ。

しゅしょう［・なり］【殊勝】［名・形動ナリ］❶とくにすぐれていること。格別。例「いかに殿ばら、殊勝の事は御覧じとがめずや」〈徒然・二三六〉❷神々しく厳かなこと。心うたれるさま。例「しんしんと致いた、殊勝・なお前(＝神前)でござる」〈狂・福の神〉❸感心なこと。けなげなさま。

しゅ・す【修す】［他サ変］{せ・し・す・する・すれ・せよ}修める。修行する。身につける。また、行う。する。例「善業(＝ヨイ行イ)おのづから修・せられ」〈徒然・一五七〉

じゅ・す【誦す】［他サ変］{せ・し・す・する・すれ・せよ}《「ずす」「ずうず」「ずんず」とも》経文や詩歌などを声を出して読む。唱える。朗詠する。口ずさむ。例「法華経を誦・して、掌を合はせて入滅せり」〈今昔・一三・三五〉

じゅず【数珠・珠数】［名］「ずず」に同じ。

じゅすい［・す］【入水】［名・自サ変］水中に身投げして自殺すること。

しゅすいし【主水司】［名］「もひとりのつかさ㊀」に同じ。

しゅぜいれう【主税寮】［名］「ちかられう」に同じ。

しゅせき【手跡・手蹟】［名］筆跡。書いた文字。

しゅぜん【主膳】［名］令制で、宮中の食膳をつかさどった職。「大膳職」と「内膳司」の総称。

じゅぜん［・す］【受禅】［名・自サ変］《「禅」は、禅譲で　天皇が位を譲る意》前の天皇から譲位されて、即位すること。

しゅぜんかん【主膳監】［名］「主膳」を監督する人。食膳のことをつかさどる。

しゅぜんげん【主膳監】［名］令制で「東宮坊」に属し、皇太子の食事をつかさどった役所。

しゅせんだし【集銭出し】［名］《近世語》等分に飲食費を払うこと。

しゅそ［・す］【呪詛・呪咀】［名・他サ変］《「じゅそ」「ずそ」とも》恨みのある人に災いがふりかかるように神仏に祈ること。呪い。

しゅだ【首陀・須陀】［名］《梵語の音訳》古代インドの四階級の最下位。奴隷階級。シュードラ。

じゅだい［・す］【入内】［名・自サ変］❶内裏に入ること。参内。❷皇后・中宮・女御になる人が、立后などに先だって、正式に内裏に入ること。

しゅだう【衆道】［名］「若衆道」の略。

しゅだん【手談】［名］《向かい合って、ことばを交わすことなく、手で応対する意から》囲碁の別称。

しゅちゃうづきん【首丁頭巾・出張頭巾】［名］かぶりものの一種。平安時代、僧や法師武者が、出陣のときにかぶったもの。黒い布で作り、後方を広くしてたらしてある。

しゅつぎょ［・す］【出御】［名・自サ変］天皇や皇后などが外出、または臣下の前に出ることの尊敬語。おでまし。転じて、将軍の場合にもいう。↕入御

しゅっくゎい［・す］【述懐】［名・自サ変］《のちに「じゅっくゎい」》❶心中の思いを述べること。❷不平。不満。愚痴。また、それらを述べること。❸歌題のひとつ。和歌・連歌などで、心中の思い、とくに身の憂さなどを詠んだもの。

しゅっけ［・す］【出家】［名・自サ変］《仏教語。「すけ」とも》俗世の生活を捨てて、仏門に入ること。また、その人。↕在家

しゅっし［・す］【出仕】［名・自サ変］❶官職に就くこと。仕官。例「御辺は、十四五までは**出仕**もし給はず」〈平家・二・西光被斬〉❷仏事・芸能・役職などの勤めに出ること。例「ふるき大納言にておはしながら、いとも**出仕**などもせで」〈古今著聞・五三二〉

しゅっ・す【卒す】［自サ変］{せ・し・す・する・すれ・せよ}死ぬ。とくに、四位・五位の人についていう。

しゅっせ［・す］【出世】［名・自サ変］❶《仏教語》仏が衆生済度（人々を救済すること）のために、仮にこの世に現れること。❷《仏教語。「出世間」の略》世俗の煩悩を解脱して悟りを得ること。解脱。❸「出世者」の略。❹世間で栄達すること。立身出世。

しゅっせかげきよ【出世景清】［作品名］江戸前期（一六八五初演）の浄瑠璃。時代物。近松門左衛門作。古浄瑠璃『かげきよ』などによって筋立てし、観音利生譚と結合した景清説話の展開として改作された作品。近松が竹本義太夫のために初めて書いたもの。

しゅっせしゃ【出世者】［名］《仏教語》❶世俗を捨てて、仏道に入った者。僧。出家。❷僧職の名。持仏堂の法事を勤める役。＝出世③

しゅったい［・す］【出来】［名・自サ変］《「しゅつらい」の変化形》❶出てくること。起こること。❷完成すること。でき上がること。成就。

しゅつぢゃう［・す］【出定】［名・自サ変］《仏教語》僧が「禅定」という修行を終えて座禅場から出ること。僧が修行を終えて、その修行の場から出ること。↕入定

じゅつな・し【術無し】［形ク］{から・く(かり)・し・き(かる)・けれ・かれ}「ずちなし」に同じ。

しゅつなふ【出納】［名］《出し入れの意》蔵人所に属し、文書を納める納殿の管理に当たり、蔵人所一切の雑務をつかさどる職。定員三名。また、有力貴族の家司で、財用の事を扱う職。

しゅつらい［・す］【出来】［名・自サ変］「しゅったい」に同じ。

しゅつり［・す］【出離】［名・自サ変］《仏教語》迷いの世界から離れ、悟りの境地に至ること。また、そのために仏門に入ること。出家すること。

しゅつりしゃうじ【出離生死】《仏教語》仏道を修めて悟りを開き、生死の苦を逃れること。

しゅでん【主殿】［名］❶屋敷の中の主要な建物。寝殿・客殿・表座敷など。❷大礼のとき、香炉の火をつかさどる役。

しゅてんどうじ【酒顛童子】［人名］伝説上の人物。「酒呑童子」「酒天童子」とも書く。丹波国の大江山に住み、姫君をさらったりしたため源頼光らに退治される。絵巻物や奈良絵本などで流布し、のちに謡曲や近松門左衛門の浄瑠璃などの題材となった。

しゅてんどうじ【酒呑童子】［作品名］室町時代の御伽草子。「酒顛童子」「酒天童子」「酒典童子」とも書く。作者・成立年未詳。大江山（本によっては伊吹山）の鬼、酒呑童子を源頼光たちが退治する話。

しゅてんどうじまくらのことのは【酒呑童子枕言葉】［作品名］江戸中期（一七〇七初演）の浄瑠璃。時代物。近松門左衛門作。花山院が恋慕する三の姫を奪った酒呑童子を、源頼光四天王が退治するという大筋に、源平の対立、人買いの懺悔談を組み入れた作品。

しゅでんれう【主殿寮】［名］「とのもれう」に同じ。

しゅと【衆徒】［名］《「しゅうと」とも》「学侶（学問修業をする僧）」に対する下級の僧。平安末期から武装し、寺院の武力の主力となった。

しゅにゑ【修二会】［名］《仏教語。「修二月会」の略》陰暦二月に国家安泰などを祈る法会。奈良東大寺二月堂のものが有名。→「おみづとり」。（季―春）

しゅび［・す］【首尾】［名・自サ変］❶始めと終わり。また、一部始終。事の成り行き。❷物事をうまくやること。目的を遂げること。転じて男女が情交すること。❸都合。機会。

しゅひつ【執筆】［名］《「しっぴつ」とも》❶文書などを書くこと。諸事を記録すること。また、その役。書記。❷叙位や除目の儀式の際に、決定した位官人名を記録する役。❸連歌や俳諧の興行で、詠まれた句を宗匠の指示に従い記録し、披露する役。

しゅふく［・す］【修復】［名・他サ変］修繕すること。修理。繕い直すこと。

しゅほふ【修法】［名］《仏教語。「すほふ」とも》密教の加持祈禱。本尊を安置し、護摩を焚き、手に印を結んで真言を唱える。

じゅほふ［・す］【受法】［名・自サ変］《仏教語》弟子が師匠から仏教の教えを伝え受けること。

しゅみ【須弥】［名］《仏教語》「須弥山」の略。

し

しゅみせん【須弥山】[名]《仏教語》仏教の世界観で、世界の中心にそびえ立つという山。金・銀・瑠璃・玻璃の四宝からなり、頂上に帝釈天の、山腹に四天王の居城があり、日月が周囲をめぐっているという。＝須弥・蘇迷盧・迷盧

しゅめ【主馬】[名]❶「主馬署」の略。❷「主馬頭」「主馬の判官」の略。

しゅめしょ【主馬署】[名]春宮坊に属し、皇太子の乗馬や馬具のことを管理した役所。＝主馬①

しゅめのかみ【主馬の頭】[名]「主馬署」の長官。＝主馬②

しゅめのはうぐゎん【主馬の判官】[名]「主馬署」の長官で、検非違使の尉を兼ねた者。＝主馬②

しゅもく【撞木】[名]《仏教語。「しもく」とも》仏具の名。T字型の棒で、鐘や鉦（たたき鉦）、磬などを打ち鳴らすのに用いる。

しゅもくざや【撞木鞘】[名]「撞木」の形（丁字形）に作った槍のさや。

じゅもん【呪文】[名]陰陽道・修験道などで唱える文句。＝文②

しゅゆ【須臾】[副]《仏教語》しばらく。少しの間。

しゅら【修羅】[名]「阿修羅①」の略。

しゅらい【集礼】[名]《近世語》諸出費。例「一日六分づつの**集礼**」〈浮・好色一代女〉

じゅらうじん【寿老人】[名]七福神のひとつ。長頭で杖を持つ老人。鹿を連れていて長寿を授けるという。南極老人。

しゅらかい【修羅界】[名]「阿修羅界」の略。

じゅらく【入洛】[名・自サ変]京都に入ること。入京。

しゅらだう【修羅道】[名]「あしゅらかい」に同じ。

しゅらぢゃう【修羅場】[名]「しゅらば」に同じ。

しゅらば【修羅場】[名]《「しゅらぢゃう」とも》（阿修羅帝釈天と戦う場の意から）戦場。また、歌舞伎などで、闘争や戦闘の激しい場面のこと。

しゅらもの【修羅物】[名]能の分類のひとつ。おもに源平の合戦で修羅道に落ちた武将の霊を主人公とする。＝二番目物

しゅり【修理】[名・他サ変]「すり㊁」に同じ。

しゅりしき【修理職】[名]《「をさめつくるつかさ」「すりしき」とも》令制で令外の官のひとつ。平安時代、「木工寮」とともに、皇居の修理・造営をつかさどった役所。＝修理

しゅりのだいぶ【修理大夫】[名]「すりのだいぶ」に同じ。

じゅりゃう【受領】[名]「ずりゃう①」に同じ。

じゅりゃうがみ【受領神】[名]「受領」に任じられたことから傲慢になり、威張り散らすこと。また、その傲慢な心。

しゅれう【衆寮】[名]《仏教語》禅宗で、修行僧が経典を読むなど自由時間を過ごす寮舎。

しゅろう【鐘楼】[名]鐘をつるしておいて突き鳴らすための楼。鐘つき堂。

しゅゑ【衆会・集会】[名・自サ変]衆徒などの会合。また、多人数の集会。例「満山の衆徒を語らひ蔵王堂に**集会・して**」〈太平記・一八〉

しゅん【旬】[名]❶宮中で、一日・十一日・十六日・二十一日に、天皇が紫宸殿に出て政事を聞き、そのあとに宴を賜う儀式。十世紀以降は、陰暦四月一日の孟夏旬と十月一日の孟冬旬の二孟旬だけ。❷魚や野菜・果物などの最もおいしい時期。転じて、物事を行うのに最もいい時期。

しゅんあうでん【春鶯囀】[名]雅楽の曲名。唐楽のひとつ。壱越調。唐の高宗がウグイスの声を聞き、楽工白明達に命じて作らせたという。四人で舞い常装束に「鳥兜」を用いる。

じゅんえん【順縁】[名]《仏教語》❶よい行いが仏道に入る因縁となること。❷老いた者から順に死んでいくこと。①②↔逆縁①②

じゅんぎ【順義】[名]❶道義に従うこと。正しい道理にかなうこと。❷（近世、多く、「義理順義」の形で用いて）世間に対する義理。

じゅんきふ【巡給】[名]平安時代、親王に対して系図や年齢の順序にしたがって賜った年給。

しゅんきゃうでん【春興殿】[名]《「しゅんこうでん」とも》平安京内裏十七殿のひとつ。紫宸殿の東南、宜陽殿の南にあって、安福殿と向かい合う。武具を収めた。➡[表見返し]内裏略図

しゅんくゎもん【春華門・春和門】[名]内裏の外郭門のひとつ。南側の東端にあり、建礼門を挟んで、西端の修明門に対している。➡[表見返し]内裏略図

しゅんくゎん【俊寛】[人名]（一一四三－一一七九）平安後期の天台宗の僧。後白河法皇に近侍した。鹿が谷の山荘で藤原成経や平康頼らと平家倒滅を企てたとして、鬼界が島へ流され、同地で没した。『平家物語』に描かれ、謡曲や読本の材料となった。

しゅんけい【春慶】㊀[人名]❶室町初期の、和泉国（いまの大阪府）堺の漆工。「春慶塗」の創始者。❷鎌倉中期の、尾張国（いまの愛知県）瀬戸の陶工。「春慶焼」の創始者。㊁[名]❶「春慶塗」の略。❷「春慶焼」の略。

しゅんけいぬり【春慶塗】[名]漆塗りの一種。室町初期、堺の漆工春慶によって創始された。木地に赤や黄で色をつけ、その上に透明な漆を塗って木地が透けるようにした。＝春慶㊁①

しゅんけいやき【春慶焼】[名]磁器の一種。鎌倉中期、尾張国（いまの愛知県）の陶工加藤景正（号は春慶）が創始したもの。茶褐色の質に黄色のうわぐすりをまだらにかけて焼いたもの。＝春慶㊁②

じゅんげんごふ【順現業】[名]《仏教語》三時業のひとつ。現世の善業や悪業の報いが現世に現れること。→「じゅんごふ」「じゅんしゃうごふ」

じゅんけんし【巡検使・巡見使】[名]武家時代の職名。幕府から諸国に派遣され、地方政治全般を監督・視察する者。鎌倉幕府では「巡検使」、江戸幕府では「巡見使」と書き表した。

じゅんごごふ【順後業】[名]《仏教語》三時業のひとつ。現世の善業や悪業の報いが来々世（次の次の世。第三生）以後において現れること。→「じゅんげんごふ」「じゅんしゃうごふ」

旬の鞠 寝殿の庭に植えられた四種の鞠の懸かりの木。桜・松・柳・楓の一本に二人ずつの鞠足が守備する。蹴上げる高さは下枝以上。(年中行事絵巻)

じゅんさつし【巡察使】[名]奈良・平安時代の職名。諸国をめぐり、地方官の行政を調査し、人民の生活状態を視察して上奏した。めぐりみるつかい。

しゅんじゅうのあらそひ【春秋の争ひ】「はるあきのあらそひ」に同じ。

しゅんじゅうをおく・る【春秋を送る】「はるあきをおくる」に同じ。

じゅんしゃうごふ【順生業】[名]《仏教語》三時業のひとつ。現世の善業や悪業の報いが来世に現れること。→「じゅんげんごふ」「じゅんごごふ」

じゅんしゅ【巡酒】[名]順番に主催者となって酒宴を開くこと。また、酒を飲み回すこと。

しゅんしょくうめごよみ【春色梅児誉美】[作品名]江戸後期(一八三二から一八三三刊行)の人情本。為永春水作。遊女屋唐琴屋の養子丹次郎を主人公とし、芸者米八、唐琴屋の娘お長、芸者仇吉の三人の女性たちをめぐる恋愛を中心に数々の情話を描いた作品。

しゅんしょくたつみのその【春色辰巳園】[作品名]江戸後期(一八三三から一八三五刊行)の人情本。為永春水作。『春色梅児誉美』の主人公丹次郎をめぐる芸者米八と仇吉との恋のさやあてを主題とする。

しゅんしょせう【春曙抄】[作品名]「まくらのさうししゅんしょせう」に同じ。

しゅんすい【春水】[人名]「ためながしゅんすい」に同じ。

しゅんぜい【俊成】[人名]「ふぢはらのとしなり」に同じ。

しゅんぜいのむすめ【俊成女】[人名]「ふぢはらのとしなりのむすめ」に同じ。

じゅんせっしゃう【准摂政】[名]平安時代、天皇の病気やその他の事情のあるとき、政務や儀式の一部を摂政に準じて行うべき宣旨を下された官職。臨時の職。

じゅんだいじん【准大臣】[名]大臣に準ずる称号。平安時代、大臣に昇進すべき人が、大臣の闕官(空位の官)がないときに任ぜられた官職。内大臣の下、大納言の上に列した。＝儀同三司

しゅんでいくしふ【春泥句集】[作品名]江戸中期(一七七七成立)の俳諧句集。黒柳召波作。没後に子の維駒が遺稿を四季類題別に編集。序文に与謝蕪村の「離俗論」が記されている。

じゅんでいくゎんおん【准胝観音】[名]《仏教語》六観音、または、七観音のひとつ。花文様のある衣を腰に着け、三つの目、十八本の腕をもつ。この観音を念ずる者は、災いがなくなり、命が延び、子供が授かり、病気が治るという。

じゅんとくてんわう【順徳天皇】[人名](一一九七～一二四二)第八十四代天皇。「順徳院」ともいう。父は後鳥羽天皇。後鳥羽院の院政下で即位。後鳥羽院の討幕計画、いわゆる承久の乱に参与し、敗北したのちは佐渡に配流され、その地で崩御。歌学書『八雲御抄』を著す。

じゅんとくゐん【順徳院】[人名]「じゅんとくてんわう」に同じ。

じゅんのまひ【順の舞】[名]《「ずんのまひ」とも》酒宴などで順番に舞うこと。また、その舞。

じゅんのまり【旬の鞠】[名](毎月、上・中・下旬に一回ずつ行ったことから)鎌倉時代、公式に行われた蹴鞠の行事。公家・武家などの蹴鞠の上手な者に、その技を演じさせた。

しゅんぷうばていのきょく【春風馬堤曲】[作品名]江戸中期(一七七七刊行)の俳諧連作。与謝蕪村作。俳諧撰集『夜半楽』(蕪村編)に所収。発句・楽府体(漢詩・五言絶句形)・漢文訓読体などの詩形を混在させ、十八首連ねた作品。郷愁の念を、道連れになった娘に託して表出。

じゅんぼ【准母】[名](天皇の母に准ずるの意)内親王が、皇后の位または院号を受けた時の称。

しゅんめ【駿馬】[名]すぐれた馬。足の速い馬。

じゅんれいうた【巡礼歌・順礼歌】[名]巡礼が歌う哀調を帯びた歌。御詠歌。

じゅんれい【・す】【巡礼・順礼】[名・自サ変]諸国をめぐって、社寺・霊場に参詣し、礼拝すること。また、その人。西国三十三番の観音霊場や、弘法大師の霊場四国八十八か所の巡礼が名高い。

〔俳句〕**じゅんれいの…【順礼の棒ばかり行く夏野かな】**〈藤枝集・重頼〉訳 夏草が生い茂った野原を順礼が列を作って歩いて行く。姿は夏草に隠れてしまい、草の上に突き出た棒だけが並んで歩いて行くように見えることだ。(季－夏野－夏)

しゅんゑ【俊恵】[人名](一一一三～?)《「すんゑ」とも》平安後期の歌人。父は源俊頼。東大寺の僧。『詞花和歌集』などに入集。家集『林葉和歌集』。

しょ【書】[名]❶文字を書くこと。また、書法。書道。❷文書。書類。書物。❸手紙。❹「書経」の略。

じよ【自余・爾余】[名]そのほか。それ以外。

じょ…【女…・除…】歴史的かなづかい「ぢょ…」

じょ【序】[名]❶本文の前にあたる文章。はしがき。

序文。❷和歌などの成立事情を述べた文。❸和歌で、ある語句を導くために、前置きとして述べる詞。→「じょことば」。❹雅楽や能楽の構成上の三区分「序破急」の最初のゆるい調子の部分。❺《「序幕」の略》歌舞伎や浄瑠璃の最初の幕。❻人を送り出すときに、感想を述べて送る文。

じょいん［・す］【助音】［名・自サ変］《「じょおん」とも》朗詠などで発声の人に和して、他の人が二句目からそれについていっしょに歌うこと。

しょう…【正…生…庄…床…声…尚…性…青…荘…相…省…将…祥…唱…清…笙…商…猩…菖…装…掌…傷…聖…鉦…障…箏…精…請…賞…】歴史的かなづかい「しゃう…」

しょう…【小…少…召…抄…招…昭…笑…消…逍…鈔…詔…焦…焼…照…蕉…樵…蕭…簫…】歴史的かなづかい「せう…」

しょう…【妾…接…捷…渉…摂…】歴史的かなづかい「せふ…」

しょう【頌】［名］❶漢詩の「六義」のひとつ。君主の徳をたたえるもの。❷人の徳や物の美などをほめたたえることば。頌詞。

じょう…【上…成…状…城…浄…政…常…盛…情…】歴史的かなづかい「じゃう…」

じょう…【蕘…擾…繞…饒…】歴史的かなづかい「ぜう…」

じょう…【丈…仗…杖…定…貞…靛…】歴史的かなづかい「ぢゃう…」

じょう…【条…】歴史的かなづかい「でう…」

じょう…【帖…畳…】歴史的かなづかい「でふ…」

じょう【丞】［名］令制で「八省」の役人。四等官の第三位。→「じょう（判官）」

じょう【尉】［名］❶「衛門府」「兵衛府」「検非違使」の三等官。❷能楽で、翁。老翁。また、その能面。↕姥。❸（黒髪が老翁の白髪になるのになぞらえて）炭火の白い灰になったもの。

じょう【判官】［名］《「ぞう」とも》令制で四等官の第三位。官庁の公文書案の審査などをする。役所によって用字が異なり、太政官では弁・少納言、省では丞、職・坊では進、寮では允など。→「かみ（長官）」「すけ（次官）」「さくゎん（主典）」

しょうい【松意】［人名］「たしろしょうい」に同じ。

しょういん［・す］【承引】［名・自サ変］《「じょういん」とも》承諾すること。

しょうか【証歌・證歌】［名］先例・典拠として引用する歌。『万葉集』や『古今和歌集』などの古い歌が多く、歌合わせでは証歌の有無が判定基準とされた。

しょうがう【称号】［名］❶名称。呼び名。❷名字。

しょうき【鍾馗】［名］（唐の玄宗皇帝の夢に現れて、小鬼を追い払い、病気を治したという故事から）中国で、疫病神を追い払うと信じられた神。目が大きく、ひげを生やし、黒い冠を着け、剣を抜き、小鬼をつかんでいる。日本では、強いものの象徴。端午の節句の幟に描いたり、五月人形に作ったりする。

しょうぎ【証義】［名］《仏教語》最勝会・法華会などの法会の論議で、問者と講師の問答の可否を判定する役。証誠。

じょうきうき【承久記】［作品名］鎌倉時代の軍記物語。作者・成立年未詳。承久の乱の顛末を北条義時寄りの立場からつづった軍記。

じょうきゃうでん【承香殿】［名］《「しょうきゃうでん」「そきゃうでん」とも》内裏の後宮の建物のひとつ。仁寿殿の北にある。東庭には梅・菊などが植えられ、花宴などの御遊も行われた。➡［表見返し］内裏略図

しょうくゎ【証果・證果】［名］《仏教語》修行によって無知や煩悩を離れて、悟りを得ること。

しょうぐんぢざう【勝軍地蔵】［名］地蔵菩薩のひとつ。甲冑を身に着け、右手に錫杖、左手に如意宝珠を持ち、軍馬にまたがった姿をしている。鎌倉以降、勝利の神として、武家の間に信仰された。

しょうじ【勝事】［名］《「しょうし」とも》人の耳目をひくようなこと。ふつうでないこと。すばらしいこと。善悪いずれの意にも用いる。

じょうじ［・す］【承仕】［名・自サ変］《「しょうじ」とも》❶僧の役名。堂舎・仏具を管理したり、法事の雑用などにあたったりすること。また、その者。禅寺では、鐘をつく者。＝承仕法師。❷剃髪して、仙洞御所（院の御所）や摂家などに仕え、雑事を勤めること。また、その者。

じょうじほふし【承仕法師】［名］「じょうじ①」に同じ。

じょうしゃう【丞相】［名］《「丞」も「相」もともに助けるの意》❶中国で皇帝を助け国務をつかさどる大臣。宰相。❷大臣を唐風にいう場合の呼び名。

じょうしゃう【縄床】［名］木に縄や木綿などを張って作った粗末な腰掛け。おもに禅僧が座禅のときに用いる。

しょう・す【称す】［他サ変］｛せ・し・す・する・すれ・せよ｝《「しょうず」とも》❶名づける。❷褒めたたえる。例「命世亜聖（＝聖人ニ次グ者）の才とも称・じつべし」〈太平記・一〉

しょう・す【頌す】［他サ変］｛せ・し・す・する・すれ・せよ｝文章やことばで、功績や徳行を賛美する。例「ただ帝徳を頌・し奉る声、洋々として耳に満てり」〈太平記・一〉

じょう・ず【乗ず】［自サ変］｛ぜ・じ・ず・ずる・ずれ・ぜよ｝ある状況をうまく利用して事を運ぶ。乗じる。例「運に乗・じて敵を砕く時、勇者にあらずといふ人なし」〈徒然・八〇〉

しょうぜつ［・なり］【勝絶】㊀［名］《「しょうせつ」とも》雅楽の音名。「十二律」のひとつ。低い方から四番目。西洋音楽の「へ音」に近い音。㊁［名・形動ナリ］きわめてすぐれていること。

しょうそく【消息】歴史的かなづかい「せうそこ」

しょうたう【松濤】［名］松風の音を波の音にたとえた語。松風。

しょうでん［・す］【昇殿】［名・自サ変］五位以上および六位の蔵人が清涼殿の殿上の間にのぼることを許されること。許された者を「殿上人」、許されない者を「地下」という。

じょうでん【乗田・剰田】［名］「こうでん（公田）」に同じ。

しょうとく［・す］【所得】［名・自サ変］《「しょと

く」の変化形》得をすること。もうけること。利益。例「玉の主の男、所得・したりと思ひけるに」〈宇治拾遺・一四・六〉

しょうねん［・す］【称念】［名・自サ変］《仏教語》称名と念仏。口に仏の名を唱え、心に仏を念ずること。

しょうはく【松柏】［名］松とカシワ。常緑樹。

しょうばん【鐘板】［名］寺院、とくに禅寺で、食事の合図などとして打ち鳴らす青銅、または鉄製の雲形の板。

しょうぶ［・す］【勝負】㊀［名］勝つことと負けること。勝敗。㊁［名・自サ変］勝敗を決すること。

しょうぶく［・す］【承服・承伏】［名・自サ変］《「しょうふく」「じょうふく」とも》承知して従うこと。

しょうまん【勝鬘】［名］❶「勝鬘経」の略。❷インド古代の人名。勝鬘夫人。❸《「勝鬘院」の略》大阪市天王寺区にある四天王寺の別院。本尊は愛染明王。役者や遊女などの信仰が厚かった。

しょうまんぎゃう【勝鬘経】［名］経典のひとつ。インドの勝鬘夫人が仏徳をたたえて、仏法の真実を説く。＝勝鬘①

しょうまんまゐり【勝鬘参り】［名］陰暦六月一日、勝鬘院の愛染会に参拝すること。愛染参り。（季－夏）

しょうみゃう［・す］【称名】［名・自サ変］《仏教語》仏や菩薩の名をとなえること。念仏。＝唱名

しょうめいもん【承明門】［名］内裏の内郭門のひとつ。内裏の正門で、紫宸殿の南。➡［表見返し］内裏略図、［古典参考図］紫宸殿・清涼殿図

しょうり【勝利】［名］❶《仏教語》すぐれた利益。❷戦いに勝つこと。

しょえん【所縁】［名］ゆかり。頼り。関係。

しょえん【諸縁】［名］《仏教語》多くの因縁。多くのゆかり。

しょえんおほかがみ【諸艶大鑑】［作品名］江戸前期（一六八四刊行）の浮世草子。井原西鶴作・画。副題「好色二代男」。『好色一代男』の主人公世之介の遺児世伝が、島原で老婆から聞き書きをする体裁で、諸国の遊女や客の生態を鋭く活写した作品。

じょおん［・す］【助音】［名・自サ変］「じょいん」に同じ。

しょかう【初更】［名］一夜を五分した「五更」のうちの第一。いまの午後八時ごろ、およびその前後二時間。戌の刻。＝甲夜

しょがく［・す］【所学】［名・自サ変］学問すること。学ぶところ。

しょきゃう【書経】［名］中国の経書で「五経」のひとつ。古代の政治において、君主の言行の模範とすべきものを集めてある。＝書④

しょぎゃう【所行】［名］行い。振る舞い。しわざ。行為。

しょぎゃう【諸行】［名］《仏教語》移り変わる宇宙間のすべてのもの。万物。すべての変遷するもの。

しょぎゃうむじゃう【諸行無常】《仏教語》この世の一切のつくられたものは常に移り変わり、生滅して、永久不変なものはないということ。仏教の根本思想。

じょく【濁…】歴史的かなづかい「ぢょく…」

しょくかうのにしき【蜀江の錦】［名］中国の蜀の成都で産出した錦。紺地に黄と濃い藍色を交えた精巧なもの。

しょくげんせう【職原抄】［作品名］南北朝時代（一三四〇成立）の有職故実書。北畠親房著。各官職についてその概要・沿革を説明する。

しょくこきんわかしふ【続古今和歌集】［作品名］鎌倉中期（一二六五撰進）の第十一番目の勅撰和歌集。後嵯峨院の命により、藤原基家・為家・行家・光俊（真観）らが撰。宗尊親王・西園寺実氏・後嵯峨院などの作を中心に千九百首余りを収める。

しょくごしふゐわかしふ【続後拾遺和歌集】［作品名］鎌倉後期（一三二六ごろ成立）の第十六番目の勅撰和歌集。後醍醐天皇の命により、二条為藤・為定らが撰。二条派・御子左家の歌人の作を中心に千三百数十首を収める。

しょくごせんわかしふ【続後撰和歌集】［作品名］鎌倉中期（一二五一成立）の第十番目の勅撰和歌集。後嵯峨院の命により、藤原為家が撰。後嵯峨院にかかわる人物や定家の作を中心に千四百首近くの和歌を収める。

しょくさんじん【蜀山人】［人名］「おほたなんぽ」に同じ。

しょくしくゎわかしふ【続詞花和歌集】［作品名］平安後期（一一六五ごろ成立）の私撰和歌集。藤原清輔撰。二条天皇の元で勅撰集となるはずが、天皇の死によって実現しなかったという。

しょくしないしんわう【式子内親王】［人名］「しきしないしんわう」に同じ。

しょくしふゐわかしふ【続拾遺和歌集】［作品名］鎌倉中期（一二七八成立）の第十二番目の勅撰和歌集。亀山院の命により、藤原為氏が撰。二条派風の平淡な歌風の歌を中心に、藤原為家・定家らの和歌千四百六十余首を収める。

しょくせんざいわかしふ【続千載和歌集】［作品名］鎌倉後期（一三二〇成立）の第十五番目の勅撰和歌集。後宇多院の命により、二条為世が撰。後宇多院・西園寺実兼らの和歌約二千百四十余首を収める。

しょくだい【燭台】［名］《「そくだい」とも》ろうそく立て。

しょくぢょ【織女】［名］❶《「織女星」の略》星の名。琴座のベガの漢名。陰暦七月七日の夜、天の川を渡って、対岸の「牽牛星」と会うという。たなばた。たなばたつめ。（季－秋）。❷機織り女。

しょくでん【職田】［名］「しきでん」に同じ。

しょくにほんぎ【続日本紀】［作品名］平安前期（七九七成立）の歴史書。四十巻。藤原継縄・菅野真道らの撰。『日本書紀』のあとを受け、文武天皇元年（六九七）から延暦十年（七九一）までの歴史を、漢文編年体で記す。六国史のひとつ。

しょくにほんこうき【続日本後紀】［作品名］

平安前期(八六九成立)の歴史書。藤原良房・春澄善縄撰。『日本後紀』のあとを受け、天長十年(八三三)から嘉祥三年(八五〇)までの仁明天皇一代の歴史を漢文編年体で記す。六国史のひとつ。

しょくゎ【所課】[名]課せられること。また、課せられたもの。負担。

しょくゎん【諸官】[名]種々の官職・官人。

しょぐゎん【所願】[名]願い。願うところ。とくに、神仏への願い。

しょくゑ【触穢】[名]死亡・出産・月経などのけがれに触れること。そのときには、神事・朝参などにたずさわることができなかった。

しょけ【所化】[名]《仏教語。仏・菩薩に教化される者の意》僧の弟子。修行中の僧。↕能化

じょことば【序詞】[名]《「じょし」とも》和歌の修辞法のひとつ。一首の中で表現しようとすることばをより印象的に導き出すために、その語句の前に置かれる語句。序詞には主として景物が詠まれ、それにかかわらせて心情表現が導かれるという形が多い。用法としては枕詞に似るが、二句以上または七音節以上で構成され、音数に制限がない。また、枕詞は固定化・伝承化しているのに対して、序詞はその歌に即した形で自由に創作できる。

しょさ[・す]【所作】[名・自サ変]❶《仏教語》振る舞い。動作。行い。とくに、経を読んだり、念仏すること。❷仕事。なりわい。❸演技。身のこなし。踊り。❹「所作事」の略。

しょざい【所在】[名]❶ありか。すみか。❷行為。振る舞い。しわざ。❸職業。身分。❹《「所在なし」の略》たいくつである。手もちぶさたである。やるせない。

しょさごと【所作事】[名]歌舞伎で、舞踊及び舞踊劇。＝所作④

しょさつ【書札】[名]書き付け。手紙。＝書紙

しょさつれい【書札礼】[名]「書札」の文字や形式などの作法。公家様式と武家様式とがある。

しょし【所司】[名]❶鎌倉幕府の職名。「侍所」の次官。❷室町幕府の職名。「侍所」の長官。❸僧の職名。別当の下位で寺務をつかさどる。上座・寺主・都維那の「三綱」の別称。

しょし【書紙】[名]文字を書いた紙。＝書札

しょし【諸司】[名]多くの役所。また、そこに属する多くの役人。

しょしき【諸式・諸色】[名]《近世語》❶さまざまな品。❷恋の諸相。例「いまだ**諸色**のかぎりをわきまへがたし」〈浮・好色一代女〉

しょしだい【所司代】[名]❶室町幕府の職名。「侍所」の長官である「所司」の代理の官。❷江戸幕府の職名。安土桃山以降、京都に置かれ、京都の警衛や朝廷の監督、西国諸侯の監視、近畿の民政・訴訟などをつかさどった職。京都所司代。

じょしゃく[・す]【叙爵】[名・自サ変]爵位を授けられること。中古では、五位以上に「位田」が支給されたことから、初めて従五位下に叙せられること。

しょしゃざん【書写山】[地名]播磨国の山。いまの兵庫県姫路市北西部にある。西国三十三所第二十七番霊場で、天台宗の名刹円教寺があり、西の比叡山と呼ばれる。

しょじゅう【所従】[名]家来。従者。

しょしょく【所職】[名]《「しょしき」とも》任ぜられた職務。

しょしん[・なり]【初心】[名・形動ナリ]❶学問・芸能など、新しく始めたばかりのころ。❷(世阿弥の能楽論で)各修業時期において得た体験や芸の自覚。例「若き人は、今の**初心**を忘るべからず」〈花鏡〉❸世慣れしていないこと。うぶ。

しょしんかう【初心講】[名]連歌などで、初心者が集まって催す会合。

じょ・す【叙す・序す】[他サ変]{せ・し・す・する・すれ・せよ}❶順序に従って書き表す。❷順序に従って位を進める。例「正四位下に**叙・して**」〈今昔・二五・一三〉

しょせん【所詮】㊀[名]結果として行き着くところ。㊁[副]❶結局。要するに。❷とにかく。

しょせんな・し【所詮無し】[形ク]{から・く(かり)・し・き(かる)・けれ・かれ}どうしようもない。かいがない。例「医術効験なくんば、面謁**所詮な・し**」〈平家・三・医師問答〉

しょぞん【所存】[名]心の中に思うところ。考え。

しょたい【所帯】[名]❶身に帯びているもの。官職・財産・身代・領地など、所有しているもの。❷一家を構えて独立した生計を営むこと。暮らし。世帯。

じょだい【序代・序題】[名]序文。はしがき。

しょだいぶ【諸大夫】[名]❶宮中における四位・五位の者。❷親王・摂関・大臣家の「家司」で四位・五位まで進んだ地下人。❸武家で五位の侍。

しょたう【所当】[名]❶相当すること。当を得たこと。❷割り当てられて、官、または、領主に物を納めること。また、その物品。

しょだう【諸道】[名]さまざまな専門の道。諸芸。

しょだうききみみせけんざる【諸道聴耳世間猿】[作品名]江戸中期(一七六四成立)の浮世草子。和訳太郎(上田秋成)作。計十五話の短編を収める。中国文学や先行の浮世草子から影響を受けつつ、人間・社会を鋭く風刺する。

しょち【所知】[名]領有し、支配する土地。所領。

しょちいり【所知入り】[名]❶所領を受けた大名などが、初めてその土地に入国すること。❷歌舞伎の囃子のひとつ。時代物で大名などの出入りに用い、三棹の三味線で合奏する。

しょてん【諸天】[名]《仏教語》天上界。また、天上界に住む神たち。

しょど【初度】[名]第一回。初回。

じょはきふ【序破急】[名]日本の芸能・文芸で用いられる表現形式。雅楽では、「序」は曲の初めの部分で無拍子、「破」は中間部でゆるやかな拍子、「急」は最後の部分で多少急テンポの拍子から成る。この構成法は室町時代に蹴鞠や連歌などにも用いられたが、とくに、能では世阿弥が発展深化させ、能学の基本理念として後世に影響を与えた。

じょぼく【如木】[名]《「じょもく」とも》❶糊を強くきかせて木のように固くこわばらせた装束。＝強装束。❷「白張り①」を着、履や傘を持って、公卿の供をした雑役の男。

しょほふ【諸法】[名]《仏教語》この世に存在するあらゆるもの。万物。

しょほふじっさう【諸法実相】[名]《仏教語》すべてのものが、そのまま真実の姿であること。

しょまう【・す】【所望】[名・他サ変]欲しがること。望むこと。希望。

しょむわけ【所務分け】[名]《近世語》遺産を分けること。形見分け。

じょめいてんわう【舒明天皇】[人名]（五九三〜六四一）第三十四代天皇。天智・天武両天皇の父。蘇我氏の勢力が強大な時期で、傀儡天皇とみる説もある。『万葉集』に入集。

しょや【初夜】[名]（「そや」とも）❶「六時」のひとつ。いまのおよそ午後六時から十時ごろ。❷①に行う勤行。❸「漏刻」で、「亥」の二刻から「子」の二刻まで。

じょらいし【如儡子】[人名]「にょらいし」に同じ。

しょらう【所労】[名]病気。患い。

しょりゃう【所領】[名]領有する土地。領地。

しょゐ【所為】[名]しわざ。おこない。行為。

じょゐ【叙位】[名]❶位を授けること。❷平安時代、正月五日または六日に、宮中で五位以上の位を授けた儀式。

しょゐん【書院】[名]❶寺院で、僧の学問所。❷公家や武家の邸宅の書斎。❸床の間の脇に張り出すように付けた棚。前に明かり障子を立てる。付け書院。❹武家の邸宅の表座敷。客間。

しょゐんづくり【書院造り】[名]住宅様式のひとつ。平安時代の寝殿造りに代わって、室町末期に完成した武家の住宅様式。禅寺の「書院」を住宅に取り入れたもので、現在の日本住宅の基礎。

しょゑい【諸衛】[名]（「しょえ」とも）左右の「近衛府」「衛門府」「兵衛府」の称。＝六衛府

しらあしげ【白葦毛】[名]（「しろあしげ」とも）馬の毛色の名。白毛の多く混じった葦毛。

しらあわ【白泡】[名]白い泡。

〔**白泡嚙ます**〕口から白い泡を吹かせる。馬の勇み立っているようすをいう。例「**白泡嚙ま・せ**、舎人あまたついたりけれども、なほひきもためず」〈平家・九・生ずきの沙汰〉

しらいとの【白糸の】[枕詞]糸がほどけない意から「とけぬ」に、糸を繰る意から同音の「くる」に、また、糸が切れる意から「絶ゆ」にかかる。例「**しらいとの**とけぬ恨みに」〈続後拾遺・恋三・七六五〉

しらいとのたき【白糸の滝】[地名]駿河国の滝。いまの静岡県富士宮市の富士山西麓を流れる芝川にかかる。いく筋も糸を垂らしたように水が落下するさまから命名された。

じらいやがうけつものがたり【児雷也豪傑譚】[作品名]江戸後期（一八三九〜一八六八刊行）の合巻。美図垣笑顔ほか作。歌川国貞ほか画。尾形家の遺児、児雷也の盗賊談、妖術・異類退治譚、仇討ちなどさまざまな活躍を語る。

〔俳句〕**しらうめに…【白梅に明くる夜ばかりとなりにけり】**〈から檜葉・蕪村〉訳白梅の花が芳香を漂わせて咲き、その花を浮かび上がらせ、夜が明けてゆく。そんな季節となったことだ。（季－白梅－春）

しらえず【知らえず】《動詞「知る」の未然形＋上代の受身・可能の助動詞「ゆ」の未然形＋打消の助動詞「ず」》（人に）知られない。例「白玉は人に**知らえず**知らずともよし」〈万葉・六・一〇一八旋頭歌〉訳→〔和歌〕しらたまは…

しらえぬ【知らえぬ】《動詞「知る」の未然形＋上代の受身・可能の助動詞「ゆ」の連用形＋完了の助動詞「ぬ」》わかった。知ることができた。例「見るに**知らえぬ**うまひとの子と」〈万葉・五・八五三〉

しらか【白香】[名]麻や楮の皮の繊維を細かく裂いて束ねたものをいうか。

しらがさね【白重ね・白襲】[名]襲の色目の名。表裏ともに白。陰暦四月一日の衣替えから用いる。

しらかし【白樫・白橿】[名]木の名。葉の裏は白く、ドングリをつける。材は堅く、器物や炭の用材とされた。

しらか・す【白かす】[他サ四]{さ・し・す・す・せ・せ}白けさせる。興ざめにさせる。

しらがなもの【白金物】[名]（「しろがなもの」とも）鎧などに付ける銀の金具。

しらかは【白川】[歌枕]山城国の地名。いまの京都市左京区を流れる鴨川の支流とその流域を指す。比叡山と東山の間を源とし、京都を南西に流れ、四条大橋付近で鴨川に合流する。平安時代には中・下流域を白川と呼び、白河院御所や藤原公任の別邸など貴族の邸宅が多くあった。

しらかはてんわう【白河天皇】[人名]（一〇五三〜一一二九）第七十二代天皇。父は後三条天皇。譲位後は院政を開始、堀河・鳥羽・崇徳の三朝に及んだ。廷臣歌人を庇護し、藤原通俊に『後拾遺和歌集』を、源俊頼に『金葉和歌集』を撰進させた。

しらかはの【白川の】[枕詞]同音の繰り返しから「知らず」に、また、白川の「水は汲む」の意を含んで「みづはぐむ」にかかる。例「**白川の**知らずとも言はじ」〈古今・恋三・六六六〉

しらかはのせき【白河の関】[歌枕]陸奥国にあった関所。いまの福島県白河市旗宿にあった。「勿来の関」「念珠が関」とともに奥羽三関のひとつ。その名称から「白」に関連する「卯の花」「雪」とともに詠まれたり、「青葉」「紅葉」を景物とする。

-しらが・ふ[接尾ハ四型]{は・ひ・ふ・ふ・へ・へ}❶目立つように振る舞う。わざと…するの意を表す。例「ことさらに見え**しらがふ**人もあり」〈源氏・総角〉❷争って…するの意を表す。例「〔子供タチガ〕奪ひ**しらが・ひ**取りて」〈枕・正月十余日のほど〉

しらき【新羅】[名]《後世は「しらぎ」とも》朝鮮半島の古代国家。三韓のひとつ。

しらぎく【白菊】[名]❶白い花の咲く菊。（季－秋）。❷襲の色目の名。表は白、裏は青、または蘇芳。

しらぎくの【白菊の】[枕詞]同音の繰り返しから「知らず」にかかる。例「**白菊の**知らず幾世を経ふべき我が身ぞ」〈拾遺・雑恋・一二五七〉

〔俳句〕**しらぎくの…【白菊の目に立てて見る塵もなし】**〈追善之日記・芭蕉〉訳白菊の花の、ことさら気をつけて見ても、一点の塵もない清らかさよ。それは、風雅に思いを寄せるあなたの心のようだ。（季－白菊－秋）

しらきをの【新羅斧】[名]新羅の国から渡来した斧。また、その形を模して作った斧。

しら・く【白く】{け・け・く・くる・くれ・けよ}㊀[自カ下二]❶白くなる。例「海のまた恐ろしければ、頭もみな白・けぬ」〈土佐〉❷気まずくなる。きまりが悪くなる。例「実方はしら・けて、逃げにけり」〈十訓抄・八〉❸興がさめる。例「両方軍はしら・けたるところに」〈義経記・四〉㊁[他カ下二]打ち明ける。白状する。

しら・ぐ[他ガ下二]{げ・げ・ぐ・ぐる・ぐれ・げよ}打つ。たたく。例「神人(=神官)しら杖をもって、かの聖がうなじをしら・げ」〈平家・一・鹿谷〉

しら・ぐ【精ぐ】[他ガ下二]{げ・げ・ぐ・ぐる・ぐれ・げよ}❶玄米をついて白米にする。精米する。❷仕上げる。よりよくする。

〔和歌〕**しらくもに…**【白雲に羽うちかはし飛ぶ雁の数さへ見ゆる秋の夜の月】〈古今・秋上・一九一・よみ人しらず〉訳白雲の浮かぶあたりを互いに羽を連ねて飛んでゆく雁の数までもはっきりと見える、明るく美しい秋の夜の月よ。

しらくもの【白雲の】[枕詞]白雲が「立つ」ところから同音を含む地名「竜田」に、また雲が切れてなくなるの意から「絶ゆ」にかかる。例「白雲の竜田の山の露霜に色づく時に」〈万葉・六・九七一長歌〉

しらくりげ【白栗毛】[名]《「しろくりげ」とも》馬の毛色の名。栗毛の少し黄色みを帯びたもの。

しらげ【精げ】[名]「精げ米」の略。

しらげうた【後挙歌・志良宜歌】[名]上代歌謡の曲名。「しらげ」は「後挙げ」で、歌の末尾を高く歌うものとも、玄米を精白する際の労働歌ともいう。

〔俳句〕**しらげしに…**【白げしに羽もぐ蝶の形見かな】〈野ざらし紀行・芭蕉〉訳白芥子の花に遊んでいた蝶が、去り難い思いにたえず、自らの羽をもいで形見に残して行く。あなたと別れることはそのように痛切な思いがすることです。(季-白げし-夏)

しらげよね【精げ米】[名]玄米をついて精白した米。白米。=精げ

しらこゑ【白声・素声】[名]《「しらごゑ」とも》❶平曲で、節を付けずに語る部分。謡曲では会話体の部分。❷うわずった声。甲高い声。金切り声。

しらさやまき【白鞘巻】[名]鞘巻を銀の金具で飾ったもの。

しら-し-め・す【領らし召す】[他サ四]{さ・し・す・す・せ・せ}《上代語》「統治する」「治める」の意の尊敬語。統治する人、治める人(主語)を高める。統治なさる。お治めになる。例「皇祖の遠き御代にもおしてる難波の国に天の下しらしめ・しきと」〈万葉・二〇・四三六〇長歌〉

語構成	しら	し	めす
	ラ四「領る」(未)	尊「す」(用)	接尾

しらじら【白白】[副]《古くは「しらしら」》❶夜が明けていくさま。❷あきらかに。はっきりと。例「東の方へ下りし人の名はしらじらと言ふまじ」〈閑吟集〉

しらじら・し【白白し】[形シク]{しから・しく(しかり)・し・しき(しかる)・しけれ・しかれ}❶しろじろとしている。一面白っぽい。例「しらじらししらけたるとし月影に雪かきわけて梅の花折る」〈和漢朗詠集・下〉❷興ざめである。例「いみじう美々しうてをかしき君達も、随身なきは、いとしらじら・し」〈枕・郎等は〉❸はっきりしたうそをつくさま。しらばっくれている。例「さて、しらじら・しいそらとぼけ」〈浄・心中二つ腹帯〉《音便》「しらじらしい」は「しらじらしき」のイ音便。

しらす【白州・白洲・白砂】[名]❶白い砂の州。❷玄関先や庭などに、白い砂や小石を敷いた所。転じて、玄関先。❸(白い砂を敷いてあることから)訴訟を裁き、罪人を取り調べる場所。❹能舞台と客席との間の白い小石を敷いた所。

しら・す【領らす】《上代語。動詞「領る」の未然形＋上代の尊敬の助動詞「す」》「統治する」「治める」の意の尊敬語。統治する人、治める人(主語)を高める。統治なさる。お治めになる。例「天の日継ぎと知ら・し来る君の御代御代」〈万葉・一八・四〇九四長歌〉

しらず【知らず】《動詞「知る」の未然形＋打消の助動詞「ず」》❶(「…は知らず」の形で)…はともかく。…はさておき。例「他人の前は知らず」〈平家・二・西光被斬〉❷見当がつかない。分からない。例「知らず、生まれ死ぬる人いづかたより来たりていづかたへか去る」〈方丈記〉

しらずがほ「・なり」【知らず顔】[名・形動ナリ]そ知らぬふり。=知らぬ顔。↔知り顔

しらすげの【白菅の】[枕詞]菅の名所である地名「真野」に、また同音の繰り返しから「知る」にかかる。例「白菅の真野の榛原」〈万葉・三・二八〇〉

しらずしもあらじ【知らずしもあらじ】《動詞「知る」の未然形＋打消の助動詞「ず」の連用形＋副助詞「しも」＋補助動詞「あり」の未然形＋打消推量の助動詞「じ」》必ずしも知らないわけでもあるまい。例「人のものを問ひたるに、知らずしもあらじ、ありのままに言はんはをこがましとにや」〈徒然・二三四〉

しらだいしゅ【白大衆】[名]官位のない僧たち。

しらたま【白玉・白珠】[名]❶白い玉。とくに、真珠。愛する人や愛児にたとえることも多い。❷「白玉椿」の略。

〔和歌〕**しらたまか…**【白玉かなにぞと人の問ひしとき露と答へて消なましものを】〈新古今・哀傷・八五一 在原業平、伊勢・六〉訳いとしい人が、あれは白玉ですか、なんですかと尋ねたとき、あれがはかない露さと答えて、露が消えるように、私も消えてしまえばよかったのに(そうすれば、こんな悲しみもなかったろうに)。

しらたまつばき【白玉椿】[名]白い花の咲くツバキ。=白玉②

しらたまの【白玉の】[枕詞]大切なものの意から「わが子」「君」などに、また白玉を貫く緒の意から、同音を含む地名「緒絶えの橋」「姨捨山」にかかる。例「白玉の緒絶えの橋の名もつらし」〈続後撰・恋四・八八九〉

〔和歌〕**しらたまは…**【白玉は人に知らえず知らずともよし知らずとも我し知れらば知らずともよし】〈万葉・六・一〇一八旋頭歌・元興寺の僧〉訳真珠はその価値を人に知られていない。人は知らなくともよい。人が知らなくとも、私さえ知っているならば、人は知らなくともよい。〈参考〉「しら」の音の繰り返しからなる技巧的な歌。

しらつきげ【白月毛】[名]馬の毛色の名。白みのまさった月毛。

しらつゆ【白露】［名］露。草木の上の露が光って白く見えることからいう。（季－秋）

〔和歌〕**しらつゆに…**【**白露に風の吹き敷く秋の野はつらぬきとめぬ玉ぞ散りける**】〈後撰・秋中・三〇八・文屋朝康〉〈百人一首〉訳 白露に風がしきりに吹くこの秋の野では、糸で貫きとめていない玉が散り乱れていることよ。《係結び》「ぞ→散りける㊍」

〈参考〉白露が風に吹き散らされる光景を、玉（真珠）が散り乱れるさまに見立てている。

しらつゆの【白露の】［枕詞］（露の性質・形状から）「消け」「たま」「おく」にかかる。例「暁のなからましかば白露のおきてわびしき別れせましや」〈後撰・恋四・八六二〉

〔注〕「ましかば…まし」は反実仮想。

〔和歌〕**しらつゆの…**【**白露の色は一つをいかにして秋の木の葉を千々に染むらむ**】〈古今・秋下・二五七・藤原敏行〉訳 白露の色は白一色なのに、いったいどのようにして秋の木の葉を色とりどりに染めるのだろうか。

〔俳句〕**しらつゆも…**【**白露もこぼさぬ萩のうねりかな**】〈芭蕉庵小文庫・芭蕉〉訳 かすかに吹く秋風にそよぐ萩の枝が葉の上の白露さえもこぼさないように、しなやかにうねっていることだ。（季－白露・萩－秋）

〔俳句〕**しらつゆや…**【**白露や茨の刺にひとつづつ**】〈自筆句帳・蕪村〉訳 秋の早朝、白く輝く露が辺り一面におかれている。よく見れば、茨のとげ一本一本にもひとつずつ露の玉がおかれ、朝日を浴びて、光を放っていることだ。（季－白露－秋）

しらとほふ［枕詞］地名「小新田山」にかかる。例「しらとほふ小新田山の」〈万葉・一四・三四三六〉

しらとり【白鳥】［名］白い鳥。羽毛の白い白鳥や鷺などの大形の鳥。

しらとりの【白鳥の】［枕詞］地名「飛羽山」「鷺坂山」にかかる。例「白鳥の飛羽山松の」〈万葉・四・五八八〉

しらなみ【白波・白浪】［名］❶打ち寄せ砕けて白く見える波。❷（『後漢書』にある「白波賊」から）盗賊。盗人。

しらなみごにんをとこ【白浪五人男】［作品名］「あをとぞうしはなのにしきゑ」に同じ。

〔和歌〕**しらなみに…**【**白波に秋の木の葉の浮かべるを海人の流せる舟かとぞ見る**】〈古今・秋下・三〇一・藤原興風〉訳 白波に紅葉した秋の木の葉が浮かんでいるのを、漁師が波間に漂わせている舟かと思って見たことだ。《係結び》「ぞ→見る㊍」

〈参考〉白波の白と紅葉の紅を対比する。

しらなみの【白波の・白浪の】［枕詞］その鮮烈な印象から「著し」に、立ったり寄せたりするものであるところから「立つ」「寄す」に、うち寄せしきりに立つものであるところから「うちしきる」にかかる。例「白浪の立ち帰りても見まくほしきか」〈後撰・恋三・七三〇〉

〔和歌〕**しらなみの…**【**白浪のよするなぎさに世をすぐす海人の子なればやどもさだめず**】〈和漢朗詠集・下〉訳 白い波が打ち寄せる波打ち際で、世の中を過ごしている漁夫の子なので、とくに住む所も定めておりません。

しら-に【知らに】知らずに。知らないのに。例「嘆けどもせむすべ知らに」〈万葉・二・二一〇長歌〉

語構成 しら：ラ四「知る」㊌　に：打消「ず」㊊（古い形）

しらにきて【白和幣】［名］梶の木の繊維で織った白布の幣帛。

しらぬがほ【知らぬ顔】［名・形動ナリ］「しらずがほ」に同じ。

しらぬひ［枕詞］地名「筑紫」にかかる。例「しらぬひ筑紫の国に」〈万葉・五・七九四長歌〉

しらぬひものがたり【白縫譚】［作品名］江戸後期（一八四九）から明治前期（一八八五）にかけて刊行の合巻。柳下亭種員ほか作。歌川豊国ほか画。黒田家のお家騒動と天草の乱を素材とし、多くの先行作の趣向を取り入れて物語化。

しらぬり【白塗り】［名］白土や白粉をぬること。一説、白く銀めっきすることとも。

〔和歌〕**しらねども…**【**知らねども武蔵野といへばかこたれぬよしやさこそは紫のゆゑ**】〈古今六帖・五〉訳 行ったことはないけれども武蔵野というと、恨みごとをいいたくなってしまうよ。仕方のないことだ、それは武蔵野に生えている紫草のせいなのだ。

しらの【白篦】［名］竹のままで塗りも焦がしもしていない矢竹。

しらは【白羽】［名］斑点のない真っ白な矢羽。多く、鷹の羽を用いる。

しらは【白歯】［名］《近世語》（結婚すると歯黒を行う風習から）未婚女性。

しらばけ［・なり］【白化け】［名・形動ナリ］《近世語》❶相手の気を引くためにわざとありのままにいうこと。＝直化け。例「白化け・に放下師までも、品玉とる種の行き所をさきへ見せ」〈浮・西鶴織留〉❷ざっくばらん。露骨。例「白ばけ・に、がうてきをいふな」〈洒・通言総籬〉

しらはた【白旗】［名］❶白い旗。❷源氏の旗。平家の赤旗に対する。多く、降伏の意を表す。

しらはり【白張り】［名］❶糊を強くきかせた白布で作った「狩衣」。多く、雑役の男などが着た。＝白張。❷白紙を張っただけの傘や提灯。

しらはりばかま【白張り袴】［名］白布で作った袴。おもに、「被け物」として用いられた。

しらびゃうし【白拍子】［名］❶雅楽の拍子の名。伴奏を入れず、笏拍子だけで歌う。❷平安末期から鎌倉時代にかけて行われた歌舞。また、それを舞う女芸能者。はじめは水干に立て烏帽子、白鞘巻の刀をさした男装で、男舞とも呼ばれたが、平清盛のころには水干だけとなった。今様や朗詠・奏楽などに合わせて舞ったという。

-しら・ふ［接尾ハ四型］｛は・ひ・ふ・ふ・へ・へ｝「しろふ」に同じ。

しらふ【白斑】［名］白色のまだら模様。

しら・ぶ【調ぶ】［他バ下二］｛べ・べ・ぶ・ぶる・ぶれ・べよ｝❶**楽器の調子を合わせる**。**調律する**。＝調む。例「例の手慣らしたまへるをぞ、しら・べて奉りたまふ」〈源氏・若菜・下〉《係結び》「ぞ→奉りたまふ㊍」。《敬語》「しらべて奉りたまふ」→「たてまつる」「たまふ（四段）」。❷（楽器を）**演奏する**。＝調む。例「ひとりしら・べ、ひとり詠じて」〈方丈記〉❸**調子にのる**。例「我もとより知りたる事のやうに語り、図にのる。

しら・ぶるも、いと憎し」〈枕・にくきもの〉

しらべ【調べ】［名］❶演奏。❷音律。調子。楽曲。❸和歌を詠み上げるときの韻律・声調。❹「調べの緒」の略。

〔**調べの緒**〕鼓の革を締めるひも。打つとき、手で締めたり緩めたりして調子をとる。＝調べ④

しらべあは・す【調べ合はす】［他サ下二］{せ・せ・す・する・すれ・せよ}楽器の音を合わせる。調律する。例「ものの音ども**調べあは・せ**て遊びたまふ」〈源氏・花宴〉

しらべととの・ふ【調べ整ふ】［他ハ下二］{へ・へ・ふ・ふる・ふれ・へよ}楽器の音の調子をととのえる。

しらほし【白星】［名］兜に打った銀色の星。

しらぼし【素干し・白乾し】［名］魚肉・野菜などを塩漬けにせず干すこと。また、その物。

しらまか・す【白まかす】［他サ四］{さ・し・す・す・せ・せ}❶興をさまさせる。例「山里の心の夢に惑ひをれば吹き**白まか・す**風の音かな」〈山家集・下〉❷気勢をそぐ。例「寄せ手少し射**しらまか・され**て」〈太平記・八〉①②＝白ます

しらま・す【白ます】［他サ四］{さ・し・す・す・せ・せ}「しらまかす」に同じ。

しらまゆみ【白真弓・白檀弓】一［名］白木のままのマユミの木で作った弓。二［枕詞］弓を張るところから同音の「春」に、弓を射るところから「い」を含む語に、また弓を引くところから「ひ」を含む語にかかる。例「**白真弓**引きて隠れる」〈万葉・一〇・二〇五一〉

しら・む【白む】［自マ四］{ま・み・む・む・め・め}❶白くなる。例「月はつれなき天の戸を待たでも**白・む**波の上かな」〈新古今・夏・二五九〉❷衰える。例「老い**白・み**たる老僧」〈宇治拾遺・一・三〉❸明るくなる。例「山の端の**しら・む**もしるし夜半の白雪」〈山家集・上〉❹勢いがくじける。例「まして三番**しら・む**べし」〈曾我・五〉

しら・む【調む】［他マ下二］{め・め・む・むる・むれ・めよ}「しらぶ①②」に同じ。

しらめ【白眼】［名］気を失ったときの目つき。しろめ。

しらやま【白山】［歌枕］「はくさん」に同じ。

しらゆふ【白木綿】［名］白色の「木綿」。

しらゆふばな【白木綿花】［名］白木綿を花に見立てた語。

しらを【白雄】［人名］「かやしらを」に同じ。

-しり【尻】［接尾］矢羽に用いる鳥の羽を数える語。

しり【尻・臀】［名］腰の後ろの下の部分。臀部。腰のあたり。

しり【後・尻】［名］❶後ろ。後方。例「ただの人も、車の後の簾上げて」〈枕・いみじう暑き頃〉❷ものの端。末。例「針をひき抜きつれば、はやく尻を結ばざりけり」〈枕・ねたきもの〉❸《「裾」とも書く》衣服の裾。例「下襲のしり曳き散らして」〈枕・めでたきもの〉❹器物の底。下部。

〔**後に立つ**〕人のあとについて行く。人に従って行く。＝後に付く。例「〔仲俊八〕太刀はきて、〔父ノ〕しりにた・ちて歩み出づるを」〈更級〉

じり【事理】［名］❶《仏教語》因縁によって生じる事象とその背後の真理。現象と本体。❷事の筋道。

しりあし【後足・尻足】［名］後ろの足。

〔**後足踏む**〕あとずさりする。例「判官組んではかなはじと思ひて、**後足踏・ん**でぞやすらひける」〈盛衰記・四三〉《音便》「後足踏んで」は「後足踏みて」の撥音便。

しりあつか・ふ【知り扱ふ】［他ハ四］{は・ひ・ふ・ふ・へ・へ}責任をもって世話をし、大切にもてなす。例「〔冷泉院八〕いとうれしきことに思ぼしめして、よろづに**しりあつか・ひ**きこえさせたまひけり」〈栄花・三〉

しりうご・つ【後う言つ】［自タ四］{た・ち・つ・つ・て・て}陰口をいう。例「『めざましき女の宿世かな』と、おのがじしは**しりうご・ちけり**」〈源氏・若菜・下〉

しりうごと【後う言】［名］《「しりへごと」の変化形》本人のいない所でその人のことを話すこと。多くは悪口。

しりうた・ぐ【踞ぐ】［自ガ下二］{げ・げ・ぐ・ぐる・ぐれ・げよ}《「しりうちあぐ」の変化形か》腰かける。例「胡座に**しりうた・げ**て」〈紀・欽明〉

しりうと【知り人】［名］《「しりひと」の変化形》知人。

しりうま【尻馬】［名］❶人の乗った馬の後ろに乗ること。❷人の言動に便乗すること。

しりへ【後方】歴史的かなづかい「しりへ」

しりお・く【知り置く】［自カ四］{か・き・く・く・け・け}知っておく。心得ておく。

しりおよ・ぶ【知り及ぶ】［他バ四］{ば・び・ぶ・ぶ・べ・べ}人づてに聞いて知っている。例「〔源氏ノ〕御厠人まで」〈源氏・須磨〉**知りおよ・び**たまふまじき下女

しりがい【鞦】［名］《「しりがき」のイ音便》❶馬の鞍から頭・胸・尾にかけ渡す組みひもの総称。⇩［古典参考図］武装・武具〈1〉。❷牛車の轅を留める、牛の胸から尻にかけた組みひも。

しりがき【鞦】［名］「しりがい」に同じ。

しりがほ・なり【知り顔】［名・形動ナリ］知っているようす。知ったかぶり。↔知らず顔

じりき【自力】［名］❶自分ひとりの力。❷《仏教語》自分の修行によって悟りを得ようとすること。また、その教え。①②↔他力

しりきれ【尻切れ】［名］《「しきれ」とも》後ろ半分のない短い藁草履の類。＝足半

しりくさ【知り草・尻草】［名］語義未詳。湿地に生える植物。三角藺、灯心草の別称ともいう。

しりくち【尻口・後口】［名］牛車の後方の乗り口。一説に前後とも。

しりくべなは【尻久米縄・注連】［名］「しりくめなは」に同じ。

しりくめなは【尻久米縄・注連縄】［名］《「しりくべなは」とも》古代、出入りを禁じるしるしとして引き渡した縄。のちには神前に引いたり、新年の飾りにしたりした。

しりこた・ふ【後答ふ・尻答ふ】［自ハ下二］{へ・へ・ふ・ふる・ふれ・へよ}矢が命中した手ごたえを感じる。例「音を押し量りて射たりければ、**尻答・へ**つと思ぼえて」〈今昔・二七・一四〉

しりさき【尻先・後前】［名］あとさき。

しりざや【尻鞘】［名］《「しざや」とも》太刀の鞘を雨露から保護するための毛皮製の鞘袋。

しりぞ・く【退く】一［自カ四］{か・き・く・く・け・け}❶後退する。❷退出する。例「〔禄ヲ〕肩にかけて、拝して**退・く**」〈徒然・六六〉二［他カ下二］{け・け・く・くる・くれ・けよ}❶後ろへ引

き下がらせる。例「逆反者をしりぞ・け」〈平家・四・鵼〉❷遠ざける。例「奢りを退・けて財を持たず」〈徒然・一八〉

しりつた・ふ【知り伝ふ】[他ハ下二]{へ・へ・ふ・ふる・ふれ・へよ}❶近況や気持ちなどを知り、間に立ってそれを伝える。例「気色を知り伝・ふる人、さるべき隙にてこそあらめ」〈源氏・少女〉❷(「知る」は領有するの意)領地を引き継ぐ。領地の管理を人から受け継ぐ。例「みづから領ずる所にはべらねど、また知り伝・へたまふ人もなければ」〈源氏・松風〉

しりつと【後つ戸】[名](「つ」は上代の格助詞)後方の裏口。↔前つ戸

しりととの・ふ【知り整ふ】[他ハ下二]{へ・へ・ふ・ふる・ふれ・へよ}残すところなく知り尽くす。何もかも知る。例「楽の方のことは御心とどめて、いとかしこく知りととの・へたまへるを」〈源氏・若菜・下〉

しりぶり【後振り・後風】[名]後ろ姿。

しりへ【後方】[名]❶後ろの方。例「しりへの山に立ち出でて、京の方を見たまふ」〈源氏・若紫〉❷左右に分かれて競技や物合わせを行う時の右方。または後発組をいう。例「幼き人、しりへの方にとられて出でにたり」〈蜻蛉・中〉

〔後方の位〕後宮の地位。

しりへざま【後ざま・後方ざま】[名]後ろ向き。例「冠をしりへざまにし」〈宇津保・あて宮〉

しりまひ【尻舞ひ】[名]人まねをすること。

しりめ【尻目・後目】[名]瞳だけ動かして横の方を見やること。流し目。

〔尻目に懸く〕横目で見る。相手をさげすむさまにも用いる。

しりやう【死霊】[名]たたりをする死人の魂。怨霊。↔生き霊

しりやう【私領】[名]❶個人の所有する領地。私有地。❷江戸時代、大名や小名の領地。

じりやう【寺領】[名]寺院の所有する領地。

しりわ【尻輪・後輪】[名]「しづわ」に同じ。

しりゐ【尻居】[名]しりもちをつくこと。

しる【汁】[名]❶物から染み出る水分。また、絞った液体。❷吸い物。

し・る【知る】[他ラ四][自ラ四][自ラ下二]

> **アプローチ**
> ▼対象を心にしっかりととらえて、自分のものとする意が原義。
> ▼そこから、領有するの意の「領る」が生じた。

━[他ラ四]{ら・り・る・る・れ・れ}❶分かる。理解する。承知する。例「いかなる時にか子うむと知・りて、人をば上ぐべき」〈竹取・燕の子安貝〉訳いったいどのようなときに子を産むと理解して、人を上にあげたらよいのか。〔係結び〕「か」→上ぐべき(体)

❷感じる。意識する。例「拙きをし・らば、なんぞやがて退かざる」〈徒然・一三四〉訳(芸が)まずいのを感じたなら、どうしてそのまますぐに身を引かないのか。

❸認める。見分ける。例「たらちねの母が呼ぶ名を申さめど道行き人を誰と知・りてか」〈万葉・一二・三一〇二〉訳(たらちねの)母が(私を)呼ぶ秘密の名を申し上げたいが、行きずりの人をどなたと見分けて告げることができようか。〔注〕「たらちねの」は「母」の枕詞。〔係結び〕「か」→(省略)。〔敬語〕「申さめど」→「まうす」

❹経験する。見聞きする。例「仇の風・大いなる波に漂はされて、知・らぬ国に打ち寄せらる」〈宇津保・俊蔭〉訳憎むべき風や大波に流されて、見聞きしたこともない国にうち寄せられる。

❺親しくつきあう。交際する。例「はじめより知・りそめたりし方に渡りたまはんとなん急ぎ立ちて」〈源氏・蜻蛉〉訳最初から親しくつきあい始めておりました方の所にお移りになろうと支度を急いで。〔係結び〕「なん」→(流れ)

❻世話する。関係する。責任をもつ。例「よからぬ女どももまたあひ知・りてはべるを」〈源氏・玉鬘〉訳ろくでもない女たちを大勢世話しておりますのを。〔敬語〕「あひ知りてはべる」→「はべり」

❼気にかける。考慮に入れる。例「待ち遠なるわが怠りをもし・らず」〈源氏・浮舟〉訳(相手に)待ち遠しい思いをさせた怠慢も気にかけず。

❽(下に打消の語を伴って)できない。不可能である。例「言ひも得ず名づけも知・らず跡もなき世の中なればせむすべもなし」〈万葉・三・四六六長歌〉訳いいようもない、たとえることもできない、はかないこの世のことだから、どうすることもできない。

━[自ラ四]{ら・り・る・る・れ・れ}分かる。例「人はいさ心も知・らず故里は花ぞ昔の香ににほひける」〈古今・春上・四二〉訳→(和歌)ひとはいさ…

三[自ラ下二]{れ・れ・る・るる・るれ・れよ}(多く「人知れず」「人に知る」の形で)(人に)知られる。例「人知・れずもとなそ恋ふる息の緒にして」〈万葉・一三・三二五五長歌〉訳人に知られず無性に恋いこがれています、命のかぎりに。〔係結び〕「そ」→恋ふる(体)

〔知る便り〕ゆかりのある人。知人。例「知るたより求めて参りぬ」〈源氏・蜻蛉〉

し・る【領る】[他ラ四]{ら・り・る・る・れ・れ}(「知る」から意味が変化した語)❶治める。統治する。例「世の中をし・りたまふべき右大臣の御勢ひは、ものにもあらずおされたまへり」〈源氏・桐壺〉❷領有する。知行する。例「六条院より伝はりて、右大殿のし・りたまふ所は」〈源氏・椎本〉

し・る【痴る】[自ラ下二]{れ・れ・る・るる・るれ・れよ}❶知恵が働かなくなる。ぼける。例「心地ただ痴・れに痴・れて、まもりあへり」〈竹取・かぐや姫の昇天〉❷愚かしい。例「痴・れたるやうなりや、かくぞある」〈蜻蛉・上〉

しるう【著う】形容詞「しるし」の連用形「しるく」のウ音便。

しるかゆ【汁粥】[名]いまの粥のこと。↔「かゆ」「かたかゆ」

しるけく【著けく】いちじるしいこと。はっきりしていること。

しるし【印・璽】[名]❶印。印綬。押し手。❷三種の神器のひとつ。神璽。

〔印の御箱〕三種の神器のひとつである八尺瓊勾玉を納める箱。清涼殿の天皇の枕上

の二階棚の上に宝剣とともに安置されていた。

しるし【徴・験】〔名〕

アプローチ ▼「著し」と同じ語源をもつ語で、「記す」の連用形の名詞化とされる「印」と意味が重なる。
▼その存在を直接見ることのできない超自然的な力が、明らかなかたちで示してくる徴候や功徳などを指す。
▼転じて、ききめ・効能がある場合にもいう。

❶**神仏の霊験。功徳。** 例「御行ひにも祈りきこえたまひし仏の御**しるし**にやとおぼゆ」〈源氏・紅葉賀〉 訳（故尼君が若紫の身を案じて）御勤行の折にも、お祈り申し上げた仏のご**功徳**であろうかと思われる。《係結び》「にや→（省略）」。《敬語》「祈りきこえたまひし」→「きこえたまふ」

❷**効果。効用。** 例「『今日、波な立ちそ』と、人々ひねもすに祈る**しるし**ありて、風波立たず」〈土佐〉 訳「今日は波よ立つな」と人々が一日じゅう祈った**効果**があって、風も波もおだやかだった。《副詞の呼応》「な→立ちそ」

❸**前ぶれ。前兆。予兆。** 例「二三日人のわづらふ事侍りしをぞ、『かの鬼のそらごとは、このしるしを示すなりけり』と言ふ人も侍りし」〈徒然・五〇〉 訳人々が二、三日わずらう病気が流行しましたのを、「あの鬼についての流言は、この**前兆**を示していたのだ」という人もありました。《係結び》「ぞ→侍りし㊍」。《敬語》「事侍りし」「人も侍りし」→「はべり」

しるし【標・印・証】〔名〕

アプローチ ▼「著し」と同じ語源をもつ語で、「記す」の連用形を名詞化した語。
▼神仏の霊威を示す「徴」と意味が重なり、他のこととまぎれることなく、すぐそれと見分けがつくことが原義。
▼目印や合図、また、明白な証拠などを指し、証拠の品の意で結納を指す場合もある。

❶**目印。旗印。紋所。** 例「しるしは皆白ければ、源氏の勢とぞみえたりける」〈平治・中〉 訳**旗印**が皆白いので、源氏の軍勢と見受けられた。〔注〕源平の戦いでは、平家が赤旗、源氏が白旗を旗印とした。

❷**合図。** 例「かかる**しるし**を見せたまはずは、いかでか、見たてまつりたまふらむとも知らまし」〈大鏡・師輔〉 訳このような（扇の）**合図**をお見せにならなかったならば、どうして、宮たちをご覧申し上げたことが分かるでしょうか、いや、分かりはしない。〔注〕大斎院選子内親王が、賀茂の祭りの際、藤原道長の孫にあたるふたりの皇子の姿を見たことを、輿の中から赤い扇の端を示して知らせた逸話。《敬語》「見たてまつりたまふ」→「たてまつる」「たまふ（四段）」

❸**証拠。** 例「亡き人の住み処尋ね出でたりけん、**しるし**の釵ならましかば、と思ほすも、いとかひなし」〈源氏・桐壺〉 訳（『長恨歌』の道士が）亡き人（＝楊貴妃）の住みかを尋ね出したという**証拠**に持ち帰ったかんざしならばよかったのに、と（桐壺の帝が）お思いになるのも、ひどくむなしいことだ。《敬語》「思ほすも」→「おもほす」

❹**結納。** 例「はやく日をえらみて**しるし**を納れ給へ」〈雨月・吉備津の釜〉 訳早く吉日を選んで**結納**をお納めください。

〔**標の帯**〕懐妊を祝い、そのしるしに五か月目から結ぶ帯。岩田帯。

しる・し【著し】〔形ク〕{から・く(かり)・し・き(かる)・けれ・かれ} ❶**はっきりしている。きわだっている。** 例「六位の中にも、蔵人は青色**しる・く**見えて」〈源氏・澪標〉〔注〕蔵人が拝領する袍の色は黄ばんだ萌黄色。

❷（あらかじめ思ったことが）**はっきりあらわれるさま。予想どおりである。そのとおりである。** 例「のたまひしも**しる・く**、十六夜の月をかしきほどにおはしたり」〈源氏・末摘花〉《敬語》「のたまひし」→「のたまふ」、「おはしたり」→「おはす」

〈和歌〉**しるしなき…**【験なき物を思はずは一坏の濁れる酒を飲むべくあるらし】〈万葉・三・三三八・大伴旅人〉 訳するに甲斐のないもの思いなんぞにふけっていないでいっそ、たった一杯の濁り酒を飲む方がよさそうだ。

〈参考〉「酒を讃むる歌十三首」の最初の歌。

しるしのすぎ【徴の杉】❶奈良県桜井市の大神神社の御神体である三輪山に生えている二本の杉。伝説や古歌に由来するもので、目印とされた。❷京都市伏見区の稲荷神社に生えている杉。参詣人がこの枝を持ち帰り、久しく枯れなければ霊験があるとされた。

しるしる【知る知る】〔副〕承知していながら。知りながら。例「かくれなきものと**知る知る**夏衣きたるをうすき心とぞ見る」〈源氏・紅葉賀〉

しる・す【記す・誌す】〔他サ四〕{さ・し・す・す・せ・せ} 書き留める。例「記・しとどめて世にも伝へけめ」〈徒然・一八〉

しる・す【標す・徴す】〔他サ四〕{さ・し・す・す・せ・せ} ❶前兆を示す。例「豊の年**しる・す**とならし雪の降れるは」〈万葉・一七・三九二五〉 ❷思い出し数える。例「積もれる年を**しる・せ**れば五つの六つになりにけり」〈古今・雑躰・一〇〇三長歌〉

しるへ【後方・後】〔名〕《上代東国方言》後ろ。後方。＝後方

しるべ【導・知る辺】〔名〕❶案内すること。手引き。❷知り合い。

しるまし【怪・徴】〔名〕不吉な前兆。

しれがまし【痴れがまし】〔形シク〕{しから・しく(しかり)・し・しき(しかる)・しけれ・しかれ}（「がまし」は接尾語）ばかげている。例「からのみ**痴れがまし・う**て、出で入らむもあやしければ」〈源氏・夕霧〉《音便》「痴れがましう」は「痴れがましく」のウ音便。

しれごと【痴れ言】〔名〕ふざけたことば。たわごと。

しれごと【痴れ事】〔名〕ばかげたこと。愚かしいこと。

しれじれ・し【痴れ痴れし】〔形シク〕{しから・しく(しかり)・し・しき(しかる)・しけれ・しかれ} 愚かしい。例「から世づかぬまで**しれじれ・しき**うしろやすさなども」〈源氏・夕霧〉

しれもの【痴れ者】[名]❶ばか者。愚かな者。❷その道に打ちこんで、夢中になっている人。例「風流のしれ者、ここに至りてその実をあらはす」〈おくのほそ道・仙台〉

しれものぐるひ【痴れ者狂ひ】[名]愚かで、言動が正常でないこと。また、その人。

しれわらひ【痴れ笑ひ】[名]ばか笑い。

しろ【代】[名]❶代わりのもの。例「梅の花咲かぬが代にそへてだに(雪ヲ)見む」〈万葉・八・一六四二〉❷田地。❸町・段・歩の制以前の田の広さの単位。❹代金。

しろあしげ【白葦毛】[名]「しらあしげ」に同じ。

しろいもの【白い物】[名]《「しろきもの」のイ音便》化粧をするために用いる白い粉。おしろい。

しろう 歴史的かなづかい「しろふ」

しろう【白う】形容詞「しろし(白し)」の連用形「しろく」のウ音便。

しろう【著う】形容詞「しろし(著し)」の連用形「しろく」のウ音便。

しろうすやう【白薄様】[名]❶白くて薄手の鳥の子紙。❷「五節の舞」などに、殿上人が歌う歌謡のひとつ。

しろうと【素人】[名]《「しろと」とも。「しろひと」の変化形》❶ある物事や技芸において、未熟な人。❷芸者・遊女でない、ふつうの女性。

しろうま【白馬】[名]❶毛色の白い馬。❷濁り酒の別称。どぶろく。

しろがなもの【白金物】[名]「しらがなもの」に同じ。

しろかね【銀】[名]《近世以降「しろがね」とも》❶銀。❷銀泥。例「銀の御筥に入れさせたまひて」〈栄花・二七〉❸銀貨。

〈和歌〉**しろかねも…**【銀も金も玉もなにせむに優れる宝子に及かめやも】〈万葉・五・八〇三・山上憶良〉訳銀も黄金も玉もどうして宝としたりしよう。これらすぐれた宝も子に及ぶことなどあろうか、いや及ぶことなどない。

〈参考〉「なにせむに」を「及かめやも」にかかると考えて、銀も金も玉も、どうして何よりもすぐれた宝である子に及ぼうか、いや及ばないとする解釈もある。

しろかみ【白髪】[名]《「しらかみ」とも》白髪。

しろき【白酒】[名]《「き」は酒の意》大嘗祭などに神に供える白濁の酒。↔黒酒

しろきぬ【白衣】[名]《「しろぎぬ」「びゃくえ」とも》❶白い色の衣。染色しない衣。❷(僧の衣を「黒衣」というのに対して)俗人の衣。また、俗人。

しろきもの【白き物】[名]おしろい。＝白い物

しろぐつわ【白轡】[名]鉄製の、白く磨いた轡。

しろくら【白鞍】[名]鞍の「前輪」と「後輪」にそれぞれ銀を張ったもの。白覆輪の鞍。

しろくりげ【白栗毛】[名]「しらくりげ」に同じ。

しろこそで【白小袖】[名]白無地の小袖。↔色小袖

しろさうし【白冊子】[作品名]「さんざうし」に同じ。

しろ・し【白し】[形ク]{から・く(かり)・し・き(かる)・けれ・かれ}❶(色が)白い。❷明るい。例「日など白くなれば、窓に向かひて光の見ゆる限り読み」〈宇津保・祭の使〉

〔白き御衣〕《「御衣」は貴人の衣服の敬称》白いお召し物。

古典の世界 平安時代、けがれは何よりも忌むべきこととされ、触穢の際は白い衣服が着用された。

〔白き玉〕白い宝玉。白色の美しい石。

しろ・し【著し】[形ク]{から・く(かり)・し・き(かる)・けれ・かれ}はっきりとしている。明白である。例「この二三日にしろ・きはたらきもせず、あからさまにろちふす事もせず」〈古本説話集〉

しろしめ・す【知ろし召す】[他サ四]{さ・し・す・す・せ・せ}❶《「領ろしめす」とも書く》「統治する」「治める」の意の尊敬語。統治する人、治める人(主語)を高める。統治なさる。お治めになる。例「今すべらぎの天の下しろしめすこと、四つの時、九のかへりになむなりぬる」〈古今・仮名序〉❷「知る」「知っている」の意の尊敬語。知る人、知っている人(主語)を高める。ご存じだ。ご存じでいらっしゃる。例「故院の上も、かく、御心には知ろしめ・してや、知らず顔をつくらせたまひけむ」〈源氏・若菜・下〉《係結び》「や→つくらせたまひけむ㊍」。《敬語》「つくらせたまひ」→「せたまふ」

しろしゃうぞく【白装束】[名]白い色の装束を着ること。また、その装束。けがれを忌むために、古くは出産の際に、後世は神事や仏事の際に用いた。

しろだち【白太刀】[名]銀作りの太刀。銀で装飾を施した太刀。

しろたへ【白栲・白妙】[名]❶「たへ(栲)」に同じ。❷色の白いこと。

しろたへごろも【白栲衣】[名]《「しろたへころも」とも》「白栲」で作った衣。

しろたへの【白栲の・白妙の】[枕詞]「白栲」で作るところから、衣服にかかわる「衣」「袖」「帯」などに、また、白という属性をもつ「雲」「浪」「雪」などにかかる。例「白栲の雲か隠せる天つ霧かも」〈万葉・七・一〇七九〉

〈和歌〉**しろたへの…**【白妙の袖の別れに露落ちて身にしむ色の秋風ぞ吹く】〈新古今・恋五・一三三六・藤原定家〉訳重ねていた白い袖をたがいに分かつ夜明け方の悲しい別れに、秋の露とともに涙の露も袖に落ち、身にしみるような白い色の秋風が吹いているよ。《係結び》「ぞ→吹く㊍」

しろな・す【代為す】[他サ四]{さ・し・す・す・せ・せ}《近世語。「売り代為す」の略》物を売って金銭に換える。例「代な・して、先づは才覚男」〈浮・日本永代蔵〉

しろねずみ【白鼠】[名]❶毛色の白いネズミ。大黒天の使いといわれ、その住む家に福をもたらすものとされた。❷《近世語》家に福をもたらす人。また、忠実な家来や番頭・奉公人。

-しろ・ふ[接尾ハ四型]{は・ひ・ふ・ふ・へ・へ}《動詞の連用形に付いて》互いに…する、…し合うの意を表す。「言ひしろふ」「突きしろふ」「引きしろふ」など。＝しらふ

しろぶくりん【白覆輪】[名]馬の鞍や鎧の胸板・刀の鞘などを銀でふちどったもの。＝銀覆輪

しろ・む【白む】一[自マ四]{ま・み・む・む・め・め}❶白色を帯びる。白っぽくなる。例「牛は、額は、いと小さく白・みたるが」〈枕・牛は〉❷ひるむ。たじろぐ。ためらう。例「山名が兵ども進みかねて、少し白・うてぞ見えたり

ける」〈太平記・三〉《音便》「白う」は「白み」のウ音便。二［他マ下二］{め・め・む・むる・むれ・めよ}きれいにする。白くする。例「衣も白めず、おなじ煤けにてあれば」〈枕・職の御曹司におはしますころ、西の廂に〉

しろむく【白無垢】［名］❶下着として着る白色の衣服。おもに、小袖。❷葬儀や切腹などの際の特殊な礼服。死装束。❸「八朔」の日に、吉原の遊女がそろいで着た白の小袖。

しわ【皺】［名］❶（皮膚・布・紙などの）表面がたるんでできた筋。❷（比喩的に）水面の波紋。

〔皺伸ぶ〕しわが伸びる。老人の心が若返る。気が晴れ晴れする。例「薫るヲ」見たてまつるに皺のぶる心地して」〈源氏・総角〉

しわうてん【四王天】［名］《仏教語》須弥山の中腹にある四つの天界。四方を鎮護する、持国天・広目天・増長天・多聞天の四天王がそれぞれ住む。また、それら四天王のこと。

しわざ【仕業・為業】［名］❶行為。所業。また、仕事。❷ある行為の結果。例「舟路のしわざとて、すこし黒みやつれたる旅姿」〈源氏・夕顔〉

しわす【師走】歴史的かなづかい「しはす」

しわた・す【為渡す】［他サ四］{さ・し・す・す・せ・せ}一面に作り渡す。全体に設置する。例「同じ小柴なれど、うるはしうしわたして」〈源氏・若紫〉

しわ・ぶ【為佗ぶ】［他バ上二］{び・び・ぶ・ぶる・ぶれ・びよ}処置に苦しむ。もてあます。困惑する。例「しわ・びて法師になりてけり」〈宇治拾遺・一四・一一〉

しわぶき【咳き】歴史的かなづかい「しはぶき」

しわぶく【咳く】歴史的かなづかい「しはぶく」

しわ・む【皺む】［自マ四］{ま・み・む・む・め・め}しわが寄る。例「若かりし肌も皺・みぬ」〈万葉・九・一七四〇長歌〉

しゐ【四位】［名］位階の第四番目。正四位と従四位とがある。

しゐ【四維】［名］《「しゆゐ」とも。「維」は隅の意》❶天地の四方の隅。戌亥（北西）・未申（南西）・丑寅（北東）・辰巳（南東）の四方位の称。❷《「維」は綱の意》国家維持の大綱で、礼・義・廉・恥の四つの道徳。

しゐぎ【四威儀】［名］《仏教語》行・住・坐・臥の四つの威儀作法。また、一切の行動。

しゐのせうしゃう【四位の少将】近衛少将で、四位の者。少将は本来五位相当なので、四位に進んだ者を取り立てて称したもの。

しゐん【四韻】［名］❶漢字音の、平・上・去・入の四声。❷脚韻を四つ踏む漢詩。八句の漢詩。律詩。

しゑや［感］嘆息・決意などの感動の気持ちを表す語。ええい。ままよ。例「春山のあしびの花の悪しからぬ君にはしゑや寄そるともよし」〈万葉・一〇・一九二六〉

じゑん【慈円】［人名］（一一五五―一二二五）平安末期から鎌倉前期の天台宗の僧・歌人・歴史家。父は関白藤原忠通。兄は九条兼実。後白河法皇や後鳥羽天皇の護持僧。政治的利害を理念化して史論『愚管抄』を執筆。『新古今和歌集』の代表的歌人。

しをに【紫苑】［名］《「しをん」の変化形》「しをん①」に同じ。

〔俳句〕**しをらしき…【しをらしき名や小松吹く萩すすき】**〈おくのほそ道・太田神社・芭蕉〉訳 小松とはなんと可憐な地名ではないか。その名のままに、辺りの小松の上を吹き渡る秋風が、萩やススキをやさしく吹きなびかせている。（季―萩・すすき―秋）

しをり【栞・撓り】［名］《「しほり」とも》蕉風俳諧における美的理念のひとつ。「さび」「ほそみ」とともに重視された。人事や自然に対する作者のしみじみとした哀感が、余情となって句にあらわれてくること。『去来抄』によれば、芭蕉は許六の「十団子も小粒になりぬ秋の風」の句を「しをりあり」と評している。

しをり【枝折り・栞】［名］《「しほり」とも》山道などで、木の枝を折って道しるべとするもの。

しを・る【責る】［他ラ四］{ら・り・る・る・れ・れ}せめる。折檻する。例「蔵にこめてしを・りたまうければ」〈伊勢・六五〉

しを・る【枝折る・栞る】［他ラ四］{ら・り・る・る・れ・れ}木の枝を折って道しるべにする。例「ふる雪にしを・りし柴も埋もれて」〈山家集・上〉

しを・る【萎る】一［自ラ下二］{れ・れ・る・るる・るれ・れよ}❶草木などがしおれる。しぼむ。❷しょんぼりする。意気消沈する。例「ものあはれにすごく思ひめぐらし、しを・れたまふ」〈源氏・紅梅〉二［他ラ四］{ら・り・る・る・れ・れ}しおれさせる。たわませる。例「秋風は軒ばのまつをしを・る夜に月は雲ゐはのどかにぞ行く」〈玉葉・秋下・六七七〉

〔俳句〕**しをるるは…【しをるるは何かあんずの花の色】**〈犬子集・貞徳〉訳 しおれているのは何か案じているからだろうか、ふとそう思わせる、杏の花の可憐なようすであることよ。（季―あんずの花―春）

しをれふ・す【萎れ伏す・萎れ臥す】［自サ四］{さ・し・す・す・せ・せ}元気をなくしてうつぶせになる。しょげてうつむく。例「いとど身の置き所なき心地して、しをれ臥したまへり」〈源氏・総角〉

しをん【紫苑】［名］❶《「しをに」とも》草の名。秋、淡紫色の花を付ける。鬼の醜草。（季―秋）。❷「紫苑色」の略。

しをんいろ【紫苑色】［名］襲の色目の名。表は薄紫、裏は青。また、表は紫、裏は蘇芳とも。表は蘇芳、裏は萌黄ともいう。秋に着用する。＝紫苑②

しん【身】［名］からだ。身体。み。

しん【辛】［名］「十干」の第八番目。かのと。

しん【信】［名］❶儒教道徳の「五常」のひとつ。まこと。信義。❷信用。信頼。❸信仰。信心。

〔信あれば徳あり〕信心すれば功徳がある。

〔信を致す〕心から信心を尽くす。

〔信を成す〕本当だと信じる。

しん【神】［名］❶神。❷精神。魂。こころ。❸霊妙不可思議なこと。また、その境地。

〔神を悩ます〕心を悩ませる。例「暑湿の労に神をなやまし」〈おくのほそ道・越後路〉

しん【真】［名］❶真実。まこと。❷漢字の書体のひとつ。楷書。→「ぎゃう（行）」「さう（草）」

しん【親】［名］❶親しみ。❷父母。両親。おや。❸親族。身内。

じん…【沈…・陣…・塵…】歴史的かなづかい「ぢん…」

じん【仁】［名］❶儒教道徳の「五常」のひとつ。博愛の精神を基調とした、儒教の中心道徳。❷慈しみ。思いやり。❸人。人物。

しんい【瞋恚・嗔恚】[名]《仏教語。「しんに」とも》自分の本心に反するものを怒り憎むこと。腹立ち。忿怒。「貪欲」「愚痴」とともに「三毒」のひとつ。
〔**瞋恚の炎**〕《「しんいのほむら」とも》燃えたぎるような激しい怒り。

しんえふわかしふ【新葉和歌集】[作品名]南北朝時代(一三八一成立)の準勅撰和歌集。宗良親王撰。後村上天皇・宗良親王・長慶天皇・花山院家賢・花山院師賢・後醍醐天皇らの歌千四百二十余首を収める。

しんえん【宸宴】[名]天皇が主催する宴会。

しんが【晋我】[人名]江戸時代の俳人。姓は早見。初世(一六七一～一七四五)は別号は北寿。与謝蕪村の俳体詩「北寿老仙を悼む」が有名。二世(?～一七九七)の別号は桃彦。『いそのはな』を刊行。

しんかう【神幸】[名]神のお出まし。御輿などに、神霊が乗ってお出かけになること。

しんかう【深更】[名]夜更け。深夜。真夜中。

しんがう【信仰】[名・他サ変]《江戸以降は「しんかう」》❶神仏を信じ敬うこと。❷高徳の人を信じ敬うこと。

しんがくはやそめくさ【心学早染草】[作品名]江戸後期(一七九〇刊行)の黄表紙。山東京伝作、北尾政美画。ひとりの人間の善魂と悪魂を擬人化し、その対立をお家騒動に仕立てて、最後は心学者が道理を説き、おさまるという教訓物。

しんかでん【神嘉殿】[名]大内裏の中和院の正殿。国家・土地の神を祭る。

しんがりぞなへ【殿備へ】[名]軍列の最後尾に立つ軍隊。

しんかんにそふ【心肝にそふ】心にしみる。心にじんとくる。例「心肝にそうてことにたっとくおぼしめし」〈平家・一・願立〉〈音便〉「心肝にそう」は「心肝にそひ」のウ音便。

しんき【心気・辛気】《近世語》㊀[名]気持ち。心。㊁[名・形動口語型]気分が晴れずいらいらすること。苦しくつらいこと。例「若きが二度とあるものか。ああ辛気や」〈仮・竹斎〉

しんぎ【宸儀】[名]天皇。天子のおからだ。

じんぎ【仁義】[名]《「仁」は博愛、「義」は道理を重んじる心の意》仁と義。儒教で、最も重んじるべきものとして孟子が強調した徳目。転じて、広く人の行うべき道徳。

じんぎ【神祇】[名]天神と地祇(地の神)。天つ神と国つ神。天地の神々。

じんぎ【辞宜・辞義・辞儀】[名]《「じぎ」の変化形》あいさつ。おじぎ。

じんぎか【神祇歌】[名]和歌の分類のひとつ。神祇関係の儀式や神祇への信仰を詠んだ和歌のこと。神事に関係する歌謡もこれに含まれる。

じんぎくゎん【神祇官】[名]《「かみづかさ」「かむづかさ」とも》令制で、「太政官」と並ぶ最高機関。神祇の祭儀を行い諸国の官社を管理した。⬇[表見返し]大内裏俯瞰図

じんぎはく【神祇伯】[名]《「かみづかさのかみ」とも》令制で「神祇官」の長官。

しんきゃう【神鏡】[名]「三種の神器」のひとつ。八咫の鏡。

しんきゃう【親兄】[名]《「しんけい」とも》自分の兄。実の兄。
〔**親兄の礼**〕弟として、兄に仕える礼儀。孝悌の道。

しんきん【宸襟】[名]天皇のお心。大御心。

しんく【親句】[名]和歌で、初句から結句までが密接に関連づけられた表現。各句が音韻上よく接続している「響きの親句」と、縁語によって連接している「正の親句」とに分類される。↔疎句

じんく【神供】[名]《「じんぐ」とも》神への供え物。お供物。

しんくいごふ【身口意業】[名]「さんごふ」に同じ。

しんぐう【新宮】[地名]紀伊国の地名。いまの和歌山県新宮市。熊野川の河口から熊野灘沿岸地域。熊野三山の一社熊野速玉神社がある。

じんぐうくゎうごう【神功皇后】[人名]《生没年未詳》『古事記』『日本書紀』によれば第十四代仲哀天皇の皇后。武内宿禰と計って新羅を征討、服属させたという。このとき皇后は懐妊していたが、筑紫に帰って応神天皇を出産。その後六十九年間皇太子の摂政をしたという。

じんぐうじ【神宮寺】[名]神社に付属した寺。神仏習合により置かれたが、明治初年の廃仏毀釈で廃絶・独立した。宮寺。

じんぐゎん【神官】[名]《「じんくゎん」「しんくゎん」とも》神社で神事に携わる人。神職。

しんけい【心敬】[人名](一四〇六～一四七五)室町中期の連歌作者・歌人。初名は心恵、別号は連海。歌を正徹に学ぶ。後土御門天皇主催の連歌会に列席。連歌論書『ささめごと』『ひとりごと』などを著し、和歌と連歌が同一の道であることを主張した。

しんげつ【新月】[名]❶陰暦で月の第一日。＝朔。❷陰暦の月初めに見える細い月。三日月。(季―秋)。❸十五夜に、東の空にのぼり始めた月。

しんけん【神剣】[名]❶神から授かった、霊妙な力を持つ剣。❷「三種の神器」のひとつ。天の叢雲の剣。草薙の剣。

じんこう【人口】[名]世間のうわさ。評判。

しんこきんてう【新古今調】[名]『新古今和歌集』成立当時の歌風。万葉調・古今調と並ぶ三大歌風のひとつ。日常生活の実感実情をうたわず、本歌取りなどの手法を用いて古典を媒介とした幻想的・浪漫的・物語的な表現美の世界をつくり上げようとした。形式面では初句切れ、三句切れ、体言止めが主流を占め、連想のもたらす表現効果や象徴的効果が計算されている。→「まんえふてう」「こきんてう」

しんこきんわかしふ【新古今和歌集】[作品名]鎌倉前期(一二〇五成立)の第八番目の勅撰和歌集。二十巻。後鳥羽院の命により、源通具・藤原有家・藤原定家・藤原家隆・藤原(飛鳥井)雅経・寂蓮(途中没)撰。成立後も切り継ぎ(改訂)が行われた。撰者のほか、西行・慈円・藤原良経・藤原俊成・式子内親王らがおもな歌人。本歌取りの多用、物語的傾向の強さ、難

解な語法などに特徴がある。歌数約千九百七十八首。

しんこく【神国】[名]神々が開き、その子孫の現人神が治める国。日本国についていう。

しんごしふゐわかしふ【新後拾遺和歌集】[作品名]南北朝時代(一三八四成立)の第二十番目の勅撰和歌集。足利義満の執奏、後円融天皇の命により、二条為遠、その死後は為重が撰。歌数千五百五十四首。

しんごせんわかしふ【新後撰和歌集】[作品名]鎌倉後期(一三〇三成立)の第十三番目の勅撰和歌集。後宇多院の命により、二条為世が撰。歌数千六百十二首。

しんごふ【身業】[名](仏教語)「三業」のひとつ。身体で行うすべての行為。

しんごふ【賑給】[名]令制で、風水害・疫病などによる窮民に、米・塩・布などを支給する制度。平安時代には形式化し、年中行事となった。

しんごふでん【賑給田】[名]平安時代、天災のあったときに、「賑給」にあてるためにおかれた田地。

しんごん【真言】[名](仏教語)❶仏の真実のことば。大日如来の説法。❷①を梵語で表した呪文。＝陀羅尼。❸「真言宗」の略。

じんごんじき【神今食】[名](「じんこんじき」とも)陰暦六月と十二月の十一日の「月次の祭り」の夜に、天皇が大内裏にある神嘉殿で、天照大神を祭って、神とともに食事をする儀式。

しんごんしゅう【真言宗】[名]仏教八宗のひとつ。大日如来を教主とし、大日経・金剛頂経など秘密の真言の教え(密教)を中心とする。大同元年(八〇六)、空海が伝えた。京都の東寺・和歌山県の高野山金剛峰寺が本山。＝真言③

しんごんひみつ【真言秘密】[名](仏教語)真言密教の秘法。陀羅尼の秘法。

しんごんゐん【真言院】[名]平安京大内裏のほぼ中央、中和院の西にあった朝廷の祈禱所。真言の御修法などの祈禱が行われた。

しんざ【新座】[名]❶新たに組織した芸能・商工業などの「座」。↔本座。❷「しんざん」に同じ。

しんさう【心操】[名](「しんざう」とも)(しっかりした)心構え。(立派な)心がけ。

しんざう【新造・新艘】[名]❶(建物や船を)新しく造ること。❷(新築の家におくことから)新妻。転じて、他人の妻の敬称。❸若い娘。

しんざん【新参】[名](「しんさん」とも)新たに召しかかえられること。また、その者。＝今参り・新座②。↔古参。

しんし【籡・箴子・簇・伸子】[名]「しいし」に同じ。

しんし【神璽】[名](近世以降「しんじ」とも)❶「三種の神器」の総称。❷「三種の神器」の一つ。八尺瓊曲玉。❸天皇の御印。御璽。

しんし【進止】[名](「しんじ」とも)❶進退。挙動。❷土地やそこでの労役を支配すること。

しんし【進仕】[名]進んで仕官すること。

しんじ【信士】[名](仏教語)❶在俗のままで戒を受けた男子。＝優婆塞。↔信女。❷仏式で葬った男性の戒名の下に添える称号。

しんじ【進士】[名](「しんし」とも)❶中国で行われた科挙(官吏登用試験)の一科目。また、それに合格した者。❷令制で、式部省の官吏登用試験に合格した者。＝文章生。

じんじ【神事】[名](「しんじ」とも)神を祭ること。祭祀。

しんじち[・なり]【真実】[名・形動ナリ]「しんじつ」に同じ。

しんじつ[・なり]【真実】[名・形動ナリ](「しんじち」とも)本当のこと。偽りのないさま。例「もし**真実**の言を致さば、我が身本のごとく平復すべし」〈今昔・五・七〉

じんじつ【人日】[名](中国で、正月七日に人を占ったことから)「五節句」のひとつ。陰暦正月七日のこと。七種の若菜を煮た粥を食べて、一年間の邪気を払った。(季―春)

しんしふゐわかしふ【新拾遺和歌集】[作品名]南北朝時代(一三六四成立)の第十九番目の勅撰和歌集。後光厳天皇の命により二条為明が、その死後は頓阿が引き継ぎ撰進。二条派風の平淡な作を中心に、歌数約千九百二十首。

しんしゃ【辰砂】[名](「しんさ」とも)鉱石の名。深紅色の六方結晶体。水銀や赤色顔料の原料。また、薬用ともなる。辰州(中国湖南省)で上質のものが採れたことによる称。＝丹砂・朱砂

しんしゃう【身上】[名](近世語)❶身の上。身分。❷財産。暮らし向き。身代。

しんしゃう[・す]【進上】[名・他サ変]❶差し上げること。献上。❷目上の人への手紙のあて名の上に書き、敬意を表す語。

じんじゃう[・なり]【尋常】[形動ナリ]{なら・なり(に)・なり・なる・なれ・なれ}❶ふつうだ。**まともだ。**例「一人として**尋常なる**者なし」〈今昔・二六・四〉❷**品がよい。しとやかだ。**例「まことに**尋常なる**女房、装束もやさしき体なる」〈沙石集〉❸**立派だ。すぐれている。**例「沖の方より**尋常に**飾ったる少舟一艘」〈平家・一一・那須与一〉(音便)「飾っ」は「飾り」の促音便。❹**いさぎよい。けなげだ。**例「さらば最期の勤めを始めて、**尋常に**誅せられうずるにて候ふ」〈謡・安宅〉

しんじゃうさい【新嘗祭】[名]「にひなめのまつり」に同じ。

しんじゃうほふししふ【信生法師集】[作品名]鎌倉中期(一二八〇ごろ成立)の私家和歌集。信生(塩谷朝業)作。前半は無情を嘆ずる旅日記的歌集、後半は和歌が部立てされて収められる。

しんじゃうゑ【新嘗会】[名]「にひなめのまつり」に同じ。

しんしゃく[・す]【斟酌】[名・自サ変]❶事情を十分に考慮して、ほどよくとり計らうこと。❷控えめにすること。❸遠慮して断ること。

じんしゅ【人主】[名]君主。主君。きみ。

じんじょ[・す]【尋所】[名・他サ変]「じんじょう(尋承)」に同じ。

じんしょう【晨鐘】[名](「しんしょう」とも)夜明けに鳴らす鐘。明けの鐘。

し

じんじょう【・す】【尋承】[名・他サ変]案内すること。また、その人。＝尋所

しんしょく【神職】[名]神社で神事に携わる人。神主。神官。

しんしょくこきんわかしふ【新続古今和歌集】[作品名]室町前期(一四三九成立)の第二十一番目の勅撰和歌集。後花園天皇の命により、飛鳥井雅世が撰。二条派風の作を中心に約二千百四十四首の和歌が収められる。

しんじん【神人】[名]「じんにん」に同じ。

じんしん【人臣】[名]君主に仕える者。臣下。

じんしん【深心】[名]《仏教語》ひたすら仏道をきわめる心。仏に帰依し、深く真理を求める心。

じんじん【・なり】【甚深】[名・形動ナリ]《「じんしん」とも》はなはだ深いこと。深遠。神秘。

しん・ず【進ず】{ぜ・じ・ず・ずる・ずれ・ぜよ}一[他サ変]《「与ふ」の謙譲語》差し上げる。奉る。例「五条大納言邦綱卿、御馬二疋進ぜらる」〈平家・三・御産〉 二[補動サ変]《動詞の連用形に「て」「で」が付いた形に付いて》…(て)あげる。…(て)差し上げる。例「甘いのと取り替へて進ぜい」〈狂・二人袴〉

じんずい【神水】[名]《「じんすい」とも》神前に供える水。また、神に誓うときに飲む水。

〔**神水を飲む**〕神前で神に供えた水を飲み、誓いを立てること。

しんぜ【信施】[名]《仏教語。「しんせ」とも》信者が三宝(仏・法・僧)にささげる布施。

しんぜい【信西】[人名](一一〇六〜一一五九)平安後期の漢学者。俗名は藤原通憲。出家後円空、のちに信西と号す。『本朝世紀』を勅命により編纂した。

じんせき【人跡】[名]人の足あと。人の往来。

しんぜむざん【信施無慚】[名]《仏教語》僧が信者から布施を受けながら、功徳を積まないこと。

しんせん【神仙】[名]❶神。また、神通力をもった人。仙人。❷《「しんぜん」とも》「十二律」の第十一音。

しんせんいぬつくばしふ【新撰犬筑波集】[作品名]「いぬつくばしふ」に同じ。

しんせんざいわかしふ【新千載和歌集】[作品名]南北朝時代(一三五九成立)の第十八番目の勅撰和歌集。足利尊氏の執奏、後光厳院の命により、二条為定が撰。二千三百六十五首の歌を収め、二条派・大覚寺統の歌人の作が多い。武家執奏による最初の勅撰集。

しんせんじきゃう【新撰字鏡】[作品名]平安前期(八九八〜九〇一ごろ成立)の辞書。昌住著。二万字余りの漢字を部首別に分け、各字に音注と訓注を付した、現存最古の漢和辞書。

しんせんずいなう【新撰髄脳】[作品名]平安中期の歌論書。藤原公任著。成立年未詳。心姿兼備を説き、歌病・本歌取りの方法にも触れる。

しんせんつくばしふ【新撰菟玖波集】[作品名]室町中期(一四九五成立)の準勅撰連歌撰集。一条冬良・飯尾宗祇撰。『菟玖波集』にならい、付句を前句と組にして千八百二句十八巻、発句二百五十一句二巻を収載する。『竹林抄』などを資料に、連歌七賢や当代の貴顕の句などが多い。

しんせんまんえふしふ【新撰万葉集】[作品名]平安前期の私撰和歌集。『菅家万葉集』ともいう。菅原道真撰か。万葉仮名で記された和歌に多くは七言の漢詩を添えるという形式で、二百数十首が収載される。

しんせんらうえいしふ【新撰朗詠集】[作品名]平安後期の歌謡集。藤原基俊撰。藤原忠通の命により鳥羽朝(一一〇七〜一一二三)のころ成立か。『和漢朗詠集』にならって、日中の漢詩や和歌から朗詠に適する名句を抜き出す。五百四十余りの漢詩文、二百三首の和歌を収載。

しんせんゑん【神泉苑】[地名]山城国の名苑。いまの京都市中京区門前町にあった。平安京造営の際に造られ、天皇遊宴の禁苑として営まれたが、空海が雨請いの修法を行って以来、しばしばこの苑の池で雨請いの行事が行われた。➡[古典参考図]平安京と条坊図

しんそう【・す】【進奏・申奏】[名・自サ変]天皇に申し上げること。奏上。

しんぞく【真俗】[名]❶《仏教語》真諦(絶対の真理)と俗諦(世俗的な道理)。❷仏門と世俗。僧と俗人。＝僧俗

しんぞく【親族】[名]「しぞく(親族)」に同じ。

じんだ【糂粏】[名]ぬかみそ。

しんたい【神体】[名]神の霊として神社に祭る神聖なもの。御霊代。

しんたい【真諦】[名]《仏教語。「諦」は真理の意》仏教における絶対不変の真理。⇔俗諦

しんだい【身代・身体・身袋】[名]《近世語》❶財産。❷生活ぶり。生計。❸身分。地位。

しんだい【・す】【進退】一[名・自サ変]❶進むことと退くこと。❷一挙一動。立ち居振る舞い。例「進退やすからず、立ち居につけて恐れをののくさま」〈方丈記〉 二[名・他サ変]思いどおりにすること。例「我等が進退にかからぬ者は無し」〈今昔・二〇・一二〉

じんたい【人体・仁体】[名]❶人間のからだ。❷(人の)ようす。人柄。人品。例「西行が歌を詠ずるありさま、さも不思議なる仁体なり」〈謡・西行桜〉

じんだい【神代】[名]《「しんだい」とも》神武天皇が即位する以前の、神々の支配する時代。かみよ。

じんだいすぎ【神代杉】[名]長い年月の間、水中や土中に埋もれていた杉材。青黒くて木目が細かい。工芸品・装飾品の材料に用いられる。

しんたう【神道】[名]❶古来の神をあがめ、祭りを重んじ、祖先崇拝を中核とした日本民族固有の信仰。❷神。神祇。

しんたうしふ【神道集】[作品名]南北朝時代の説話集。編者・成立年未詳。神道論と神々の本地を述べ、その垂迹の物語を集成する。

じんだがめ【糂粏瓶】[名]ぬかみそを入れるかめ。

しんたく【神託】[名]神からのお告げ。神の託宣。

しんたつ【・す】【進達】[名・他サ変]❶官庁への上申書などを取り次いだり、届けたりすること。❷推薦して出世させること。

しんだん【震旦・振旦・真丹】[名]《「しんたん」とも》中国の別称。

しんち【新地】[名]❶新たに開拓した土地。新開地。❷(「新知」とも書く)新しい領地。新たに得た知行。❸(近世語)(多く、新開地に作られたことから)遊里。

しんぢつ【親昵】[名]親しみなじむこと。また、親しい間柄の人。

しんちゃうき【信長記】[作品名]江戸前期(一六二三刊行)の軍記物語。小瀬甫庵作。『信長公記』を原拠とした織田信長の一代記。儒学に基づく史論として政道を説く。

しんぢゅう[・す]【心中】[名・自サ変]❶心の中。心の中で思っていること。❷他人、とくに愛する人に義理を立てること。❸相愛の男女、とくに遊女が、愛情の誓いとして相手に示す証拠。誓紙を書き、指や髪を切るなどすること。❹相愛の男女が合意の上でいっしょに自殺すること。情死。＝相対死に

しんぢゅうかさねゐづつ【心中重井筒】[作品名]江戸中期(一七〇七初演)の浄瑠璃。世話物。近松門左衛門作。紺屋の入婿徳兵衛と女郎お房の心中物語。

しんぢゅうてんのあみじま【心中天の網島】[作品名]江戸中期(一七二〇初演)の浄瑠璃。世話物。近松門左衛門作。網島での心中事件を脚色。紙屋治兵衛と遊女小春が網島大長寺で心中を遂げる物語。

しんぢゅうふたつはらおび【心中二つ腹帯】[作品名]江戸中期(一七二二初演)の浄瑠璃。世話物。紀海音作。八百屋半兵衛は、姑に離縁された妻千代への義理立てに窮し、千代と心中する。

しんぢゅうよひがうしん【心中宵庚申】[作品名]江戸中期(一七二二初演)の浄瑠璃。世話物。近松門左衛門作。大坂での心中事件に取材。八百屋半兵衛は、妻と義父・養母それぞれに義理を立てて、果ては妻千代との情死に至る。

しんちょくせんわかしふ【新勅撰和歌集】[作品名]鎌倉前期(一二三五成立)の第九番目の勅撰和歌集。後堀河天皇の命により藤原定家が撰。藤原家隆・藤原良経・藤原俊成・西園寺公経など千三百七十四首を収める。『新古今和歌集』に比べ平淡な歌風。

じんづう【神通】[名](仏教語)神変自在な力。霊妙不可思議な力。＝神通力。→「ろくじんづう」

じんづうりき【神通力】[名]「じんづう」に同じ。

しんてい【心底】[名](近世語)心の奥底にある気持ち。こころ。しんそこ。

しんていづく【心底尽く】[名](近世語)互いに心の底を打ち明け、相手の誠意を頼みにして物事を行うこと。

じんでう【晨朝】[名]❶(「しんてう」とも)「六時」のひとつ。昼を三分した最初の時間で、現在の午前六時から十時ごろまで。とくに、夜明け方をいう。❷(仏教語)①に行う勤行。早朝のお勤め。❸(「晨朝の鐘」の略)夜明けに鳴らす鐘。晨鐘。

しんでん【神田】[名]神社に属し、その収穫物を神社の供物や諸経費に当てるための田地。租税免除の「不輸租田」とされた。

しんでん【寝殿】[名](「寝」は居室の意)「寝殿造り」の正殿。中央南面に位置し、主人の居間・客間となる。中は、母屋・廂に分かれ、そのまわりに簀の子をめぐらす。

しんでんづくり【寝殿造り】[名]平安中期から室町時代までの、貴族の邸宅の建築様式。中央に南面して寝殿があり、その東・西・北に対の屋がある。寝殿の南庭には池と釣殿がある。各殿舎は、渡殿、または細殿という渡り廊下で結ばれている。敷地の広さは、ふつう一町(約一二〇メートル)四方。➡「古典参考図」建築〈1〉

しんとう【心頭】[名]心の中。心。念頭。

じんどう【神頭】[名]鏃の一種。鏑矢の先を平らに切ったような形状で、多くは木製。

しんどく【真読・信読】[名](仏教語)経典の文句を省略せずに全部読むこと。↔転読②

しんどり【後取り】[名](「しりとり」の変化形)宮中で新年に行われた「歯固め」の儀式で、天皇が飲んだ屠蘇の残りを飲みほす役。

しんない【新内】[名](「新内節」の略)江戸浄瑠璃の一流派。豊後節の流れをくむ鶴賀新内が語りはじめたもの。心中・道行き物を主とし、独特の節回しによって哀愁悲痛の情を表現した。

しんに【心耳】[名](「に」は呉音)心の中にあるとされる耳。また、心で聞くこと。例「声清々と澄み渡り、心耳を澄ます妙音は」〈浄・義経千本桜〉

しんに【瞋恚・嗔恚】[名]「しんい」に同じ。

しんにょ【信女】[名](仏教語)❶出家しないで仏門に入った女性。優婆夷。❷女性の戒名の下につける語。①②↔信士

しんにょ【神女】[名](「じんにょ」とも)天女。女神。

しんにょ【真如】[名](仏教語)(現実の迷いの境地に対して)永久に変わらない絶対的な真理のこと。

【**真如の月**】(仏教語)仏法の真理が衆生の迷いを破ることを、闇夜を照らす月にたとえていう語。また、悟りの心を月にたとえていう語。

じんにん【神人】[名]❶(「しんじん」とも)神に仕える人。神主。❷(「じにん」とも)神社に仕え、警備・雑役に当たった下級の神職。また、神社に属して「座」を構成した芸能者や手工業者。

しんねん【心念】[名](仏教語)心の中で仏を念じること。

しんのざう【心の臓】[名]心臓。

しんのはしら【心の柱】[名]神殿や仏塔などの中央に立てる太い柱。大黒柱。心柱。

しんぱい【神拝】[名](「じんぱい」とも)❶新任の国司が、任国の神社を参拝して回ること。❷神社にお参りすること。

しんはなつみ【新花摘】[作品名]江戸中期(一七七七成立)の俳諧句文集。一冊。与謝蕪村著。発句と、壮年期の漂遊時代の回想を主とする文章を書きつけたもの。

じんばり【腎張り】[名](近世語)淫乱であること。また、その人。

しんぱんうたざいもん【新版歌祭文】[作品名]江戸後期(一七八〇初演)の浄瑠璃。世話物。

近松半二作。油屋の娘お染と丁稚久松とが悲恋の果てに心中する事件を扱ったもの。

しんぴつ【宸筆】[名]天皇の直筆。＝勅筆

しんぷ【神符】[名]神社が出す守り札。

しんべう[・なり]【神妙】[名・形動ナリ]（「しんめう」とも）❶怪しく妙なるさま。神秘的なさま。例「まことに神妙・なりけり。我が朝に比類なき笛なり」〈古今著聞・二四〉❷けなげなさま。殊勝なさま。例「かう宮仕へするこそ神妙・なれ」〈宇治拾遺・一四・七〉❸おとなしいさま。素直なさま。

じんべん【神変】[名]（「じんぺん」「しんぺん」とも）不思議な変化。また、それを起こす神の不思議な力。

じんぽう【神宝】[名]（「じんぼう」とも）神社に納められている神聖な宝物。神服・幣・鈴・鏡の類。

しんぼく【神木】[名]神社の境内にあり、神霊が宿るものとして祭られる木。

しんぼち【新発意】[名]（仏教語。「しぼち」とも）新たに発心して仏門に入った人。出家して間もない人。＝青道心・今道心

しんまく【身莫・慎莫】[名・形動口語型]（近世語）❶物事を最後まできちんと処理すること。例「うぬ（＝自分）が身のしんまくでもするがほんたうだのに」〈情・春色辰巳園〉❷まじめなこと。例「蠟燭屋の若い人はしんまく」〈咄・新板一口ばなし〉

しんみゃう【身命】[名]（「しんめい」とも）からだと命。例「身命をすててたたかひければ」〈曾我・三〉

じんみゃうちゃう【神名帳】[名]（「しんめいちゃう」とも）❶朝廷の崇拝する神社名・祭神名を書きとめた帳簿。多く『延喜式』に記載された神名帳をいう。❷①に準じて諸国で作成された、各国内の神名帳。

しんみょう【神妙・針妙】歴史的かなづかい「しんめう」

じんみらい【尽未来】[名・副]「尽未来際」の略。

じんみらいざい【尽未来際】[名・副]（仏教語。「じんみらいさい」とも）未来の果て(まで)。永久(に)。＝尽未来

じんむてんわう【神武天皇】[人名]（生没年未詳）『古事記』『日本書紀』で初代の天皇とする。名は、神日本磐余彦命。日向から瀬戸内海を経て大和に入り、橿原の宮を都とし天下を統治した。

じんめ【神馬】[名]神社に奉納する馬。

しんめい【神明】[名]❶神。❷天照大御神。また、それを祭った神社。

しんめいづくり【神明造り】[名]神社本殿の建築様式のひとつ。戸口は棟と直角方向の平入り。屋根は切り妻で、茅葺きまたは檜皮葺きで反りがなく、千木・堅魚木を載せる。柱は掘っ立て柱で、建物の四面は高欄をつけた高床の縁で囲まれている。伊勢の内宮・外宮に代表される。

しんめいとりゐ【神明鳥居】[名]「神明造り」の神社に多く用いられる鳥居の様式。直立の二本の円柱の上に丸い笠木を載せ、その下に貫をつけた簡素なもの。貫は円柱の左右に出ず、額束もない。

しんめう【針妙】[名]（「妙」は「少女」の合字）❶宮廷女官の私室にいて、裁縫に当たった女性。❷寺院または一般の家庭で裁縫のために雇う女性。

しんめう[・なり]【神妙】[名・形動ナリ]「しんべう」に同じ。

しんもつ【進物】[名]贈り物。献上品。

じんもつ【神物】[名]（「しんもつ」とも）神社で、神事に用いる道具や器物。

しんもつどころ【進物所】[名]内裏で「内膳司」の作った食事を天皇に差し上げるとき、温め直したり簡単な調理をしたりした所。➡[表見返し]内裏略図

しんよ【神輿】[名]（「じんよ」とも）神霊を乗せて運ぶ輿。みこし。

しんらん【親鸞】[人名]（一一七三〜一二六二）鎌倉前期の僧。浄土真宗の開祖。比叡山で修行したが、法然の弟子となり、専修念仏義に帰依した。『教行信証』を著したほか、弟子の唯円のまとめた法語集『歎異抄』がある。

じんりき【神力】[名]（「しんりき」とも）❶神の霊力。神通力。❷（仏教語）霊妙不可思議な力。霊力。

しんりょ【神慮】[名]神の心。神意。

じんりん【人倫】[名]❶人間。人類。❷人として守るべき道。また、君臣・親子・夫婦・長幼・朋友など、人と人との関係・秩序。

しんるい【親類】[名]❶同じ血を引く一族。親族。みより。親戚。❷（母方の血族を「縁者」というのに対し）父方の血族。

しんれい【神霊】[名]❶神。例「病を神霊に訴ふるは」〈徒然・一七一〉❷神の霊験。霊妙な神の徳。

しんれい【振鈴】[名]密教の修法で、諸尊を供養したり歓喜を表したりするために、鈴を振り鳴らすこと。また、その鈴。

しんれいやぐちのわたし【神霊矢口渡】[作品名]江戸中期（一七七〇初演）の浄瑠璃。時代物。福内鬼外（平賀源内）作。『太平記』に見える新田義興が武蔵国矢口渡で謀殺された事件をもとに、その後日譚として弟の義岑や新田の遺臣らの苦心談を描く。

しんわ【神話】[名]文学の一形態。太古における事物の起源や神々の行為の伝承。もとは口頭で伝えたが、しだいに記録化され、それらを統合・編集したものが『古事記』『日本書紀』に多く収められている。

しんわう【親王】[名]天皇の兄弟および皇子。「親王宣下」を受けた者。⇔内親王

しんわうけ【親王家】[名]「親王」の称号を許された皇族の家柄。

じんわうしゃうとうき【神皇正統記】[作品名]南北朝時代（一三三九成立）の歴史書。北畠親房著。神代からの日本の歴史を天皇家を中心に叙述し、南朝の正統を説く。

しんわうせんげ【親王宣下】親王の称号を許す宣旨を下すこと。令制では天皇の兄弟・皇子はすべて親王（女子は内親王）とされたが、奈良末期の淳仁天皇以降、その数を制限するために、この宣下を受けた者だけが親王（あるいは内親王）とされた。

しんゐん【新院】[名]上皇がふたり以上いるとき、新たになったほうの上皇。→「ちゅうゐん」「ほんゐん」

す-【素】[接頭]❶(名詞に付いて)他の物を付け加えない、飾り気がない、それだけのの意を表す。「**素顔**」「**素手**」「**素足**」「**素面**」など。❷(人を表す語に付いて)平凡な、みすぼらしい、取るに足りないなど軽蔑の意を表す。「**素浪人**」「**素町人**」など。

す-【数】[接頭](字音語に付いて)数が多い意を表す。「**数日**」など。

す【州・洲】[名]川・海・湖などで、土砂が積もって水面に現れた所。

す【酢・醋】[名]酸味のある調味料の名。〔**酢の蒟蒻の**〕《近世語》さまざまに文句をつけること。例「使ひをやれば、酢の蒟蒻のと、いつ届けさっしゃるぞ」〈浄・冥途の飛脚〉

す【簀】[名]細板・割り竹・葦などを並べて、糸で粗く編んだ敷物。

す【簾】[名]すだれ。

す【為】[自サ変][他サ変]{せ・し・す・する・すれ・せよ}

アプローチ
▼広範囲にわたる行為・作用を表現する語。
▼単独でも用いられるが、名詞や動詞・形容詞の連用形に付いて、複合動詞をつくる。
▼鎌倉以降、とくに多くの複合動詞がつくられた。

一[自サ変]❶《ある動作・状態が起こる意》**起こる。生じる。する。** 例「『御消息聞こえん』とて立つ音すれば、帰りたまひぬ」〈源氏・若紫〉 訳「ご挨拶申し上げよう」といって座を立つ音がしたので、(源氏は)お帰りになった。《敬語》「聞こえん」→「きこゆ」

❷《行為を表す他の自動詞の代わりをする》**する。起きる。** 例「長雨例の年よりもいたくして、晴るる方なくつれづれなれば」〈源氏・蛍〉 訳長雨がいつもの年よりもひどく長く**降って**、(心も空も)晴れるすべもなく所在ないので。

❸(「むとす」「とす」の形で)**そのことが起ころうとする。…しようとする。** 例「かかることを聞かで、尼になりなむとす」〈源氏・玉鬘〉 訳このようなこと(=縁談)には耳をかさないで、尼になろうと**するつもり**です。

二[他サ変]❶《意志的にある行為をする》**する。行う。** 例「学問などして、すこしものの心得はべらば」〈源氏・少女〉 訳学問などを**行って**、少しものの道理が分かってきましたら。《敬語》「得はべらば」→「はべり」

❷《行為を表す他の他動詞の代わりをする》**する。つくる。起こす。** 例「男もすなる日記といふものを、女もしてみむとてするなり」〈土佐〉 訳男も**する**(=書く)とかという日記というものを女の私も**して**(=書いて)みようと思って**する**(=書く)のである。例「読経しつる法師の布施ども」〈源氏・若紫〉 訳読経を**した**(=読んだ)僧のお布施など。

❸(名詞に格助詞「に」の付いた形を受けて)**…として用いる。…として扱う。…と思う。** 例「帝王の限りなくかなしきものにしたまひ」〈源氏・若菜・上〉 訳帝王がこのうえもなくいとおしいものと**お思いになられ**。

❹(形容詞・形容動詞の連用形を受けて)**…と思う。…の状態にする。** 例「世になくかなしくしたまふ御孫にて」〈源氏・少女〉 訳このうえもなくかわいいと**お思いになさっている**御孫君であって。

発展学習ファイル 「す」は名詞・形容詞などに付いて複合動詞(サ変動詞)をつくる。
(1)漢語や和語の名詞に付いたもの。「心**す**」「愛**す**」「対面**す**」「紅葉**す**」「供養**す**」「流転**す**」など。
(2)形容詞に付いたもの。「久しう**す**」「空しう**す**」「重ん**ず**」「軽ん**ず**」など。

す[助動特活]やや改まって重々しい、あるいは古めかしい感じを表す語。**…ます。…です。** 例「末広がり買はう、末広がり買ひす」〈狂・末広がり〉 訳末広がりを買いましょう。末広がりを買い**ます**。
〈接続〉動詞の連用形、助詞「て」などに付く。
〈参考〉活用形はほぼ「す」に限られる。

す[助動サ四型]{さ・し・す・す・せ・せ}《上代語》尊敬の意・親愛の意を表す。**お…になる。…ていらっしゃる。** 例「二柱の神、天の浮き橋に立たして」〈記・上〉 訳お二方の神が天の浮き橋に**お立ちになって**。
〈接続〉おもに四段・サ変動詞の未然形に付く。

発展学習ファイル (1)接続には例外がある。①四段活用の動詞で、特別な形をとる場合。「思ふ→思ほす」「知る→知ろす」「聞く→聞こす」「織る→織ろす」②四段・サ変以外に付く場合。「寝→寝す」「着る→着す」「見る→見す」「臥ゆ→臥やす」
(2)中古以降は衰え、「思ほす」「聞こし召す」など尊敬を表す動詞の構成要素として残るようになる。

す[助動サ下二型]
⇨六七八ページ「特別コーナー」

ず【出・図】歴史的かなづかい「づ」

ず…【徘…・厨…】歴史的かなづかい「づ…」

ず[助動特殊型]
⇨六八〇ページ「特別コーナー」

すあを【素襖】[名]《「すあう」「すわう」とも》「直垂」から変化した麻製の衣。室町時代の下級武士や庶民の普段着であったが、江戸時代には、無位無官で御目見得以上の武士の礼服となり、侍烏帽子や長袴とともに用いられた。＝素袍

すい【水】[名]❶五行のひとつ。方角は北、季節は冬、五星では水星、色は黒。❷《仏教語》四大またはは五大のひとつ。

すい【推】[名]推量。推測。例「さる方より重の内を貰うた。今汝に推するほどに」〈狂・栗焼き〉

すい【・なり】【粋・帥・睟】[名・形動ナリ]❶まじりけのないこと。すぐれたもの。❷人情や習慣など万事に通じていること。とくに、芸能や遊里の事情に詳しく、洗練されているさま。↔野暮

ずい【・なり】【随】[名・形動ナリ]気まま。勝手。例「今までは公界むき(=他人行儀)のよし、この後は随をいだいて遊ばれ候へ」〈醒睡笑〉

す［使役の助動詞］

アプローチ ▼使役の意を表すことが基本である(①)。
▼「たまふ」「たてまつる」など敬語(尊敬語・謙譲語)とともに用いられてその敬意を強める用法も派生した(②③)。「す」単独では敬意を表さない。
▼②③のとき、「す」自身の訳語は意識しなくてよい。

接続 四段・ナ変・ラ変型の動詞の未然形に付く。
〔注〕これ以外の動詞には「さす」が付く。

活用 下二段型

基本形	未然形	連用形	終止形	連体形	已然形	命令形
す	せ	せ	す	する	すれ	せよ

意味	訳語	用例
❶他にその動作をさせる使役の意を表す。	…せる …させる	例「妻の嫗にあづけて養は**す**」〈竹取・かぐや姫〉訳(竹の中から見つけた子を)妻の老婆にまかせて養わ**せる**。
❷尊敬語とともに用い、尊敬の意を強める。 代表的なケースは「す＋たまふ＝せたまふ」で「たまふ」より強い尊敬語となる。	(ともに用いられる尊敬語を含めて全体として訳す)	例「なにとなきことなどのたまはせて、帰ら**せ**たまひぬ」〈和泉式部日記〉訳どうということもないことなどをおっしゃって、お帰りあそばした。
❸謙譲語のあとに用い、謙譲の意を強める。 たとえば「たてまつる＋す＝たてまつらす」で、「たてまつる」より強い謙譲語となる。	(ともに用いられる謙譲語を含めて全体として訳す)	例「さらば、よきをりをりに奉ら**せ**たまへ」〈平中・一八〉訳それなら、都合のよいときに(この手紙を)さしあげてください。

発展学習ファイル (1)本来、高貴な人の行為は侍臣などを使って間接的に行われることが多く、これを述べるのに、動詞のあとに使役の「す」(その連用形「せ」)を介した上で尊敬語「たまふ」を続けたとみられるが、しだいに「せたまふ」全体で高貴な人の行為を(それが侍臣などを使役せずに直接行われる場合も含めて)表すようになった。こうなると「す」の使役の意味は薄れ、「す」(その連用形「せ」)が単に尊敬語「たまふ」を強める趣となる。これが②である。このように①から②を派生したと考えられる。
(2)同様にして、使役の意が薄れて謙譲語を強める働きを生じたのが、③である。①から③への派生については、「たてまつらす」の発展学習ファイルを参照。
(3)②③の場合、敬語とともに用いられても、「す」が使役を表すこともあるので注意。→「せたまふ」「たてまつらす」「たてまつらせたまふ」
(4)鎌倉以降の軍記物語の中では、受身と解釈できる場面に用いた例がみられる。受身であることを嫌った武者ことばであるとされる。例「家の子郎等おほく討た**せ**」〈平家・一二・判官都落〉訳家の子や郎等を多く(敵に)討た**せ**て。〔注〕本当は「討たれた」のだが、強がって「討たせてやった」という述べ方をしたもの。

ずいいち【随一】［名］多くの中で第一。第一番。

すいえき【水駅】［名］(「みづうまや」とも)船の停泊する所。船着き場。水路にある宿場。

ずいえん［-・す］【随縁】(仏教語)㊀［名］縁に応じて物事が生じること。㊁［名・自サ変］仏縁にあやかること。また、そのために死者の供養などをすること。

ずいえんしんにょ【随縁真如】［名］(仏教語)真如(絶対不変の真理)が、縁によってさまざまな形で現れること。

すいがい【透垣】［名］(「すいがき」とも。「すきがき」のイ音便)板、または竹で、間に少しすき間をあけて透かして作った垣根。

古典の世界 透垣からは庭先などが透けて見えるので、物語で男君が姫君のようすを垣間見する場面の道具として、効果的に用いられることが多い。

すいがき【透垣】［名］「すいがい」に同じ。

〔**透垣の戸**〕「透垣」につけた戸。

すいかた【粋方】［名］「すいはう」に同じ。

すいかん【水干】［名］❶糊を用いずに、水だけで張って干した布。❷①で作った「狩衣」に似た衣。丈が短く、裾を袴に着込める。庶民や下級官人などが用いたが、のちに公家や武家も用いるようになり、鎌倉・室町時代には、武士の晴れ着となった。→［古典参考図］男子の服装〈3〉

すいかんしゃうぞく【水干装束】［名］「水干②」を身に着けていること。また、その装束。

すいかんばかま【水干袴】［名］「水干②」を着るときにはく袴。

ずいき［-・す］【随喜】［名・自サ変］(仏教語)他人の善行に接し、喜びの心を生ずること。喜んで仏に帰依すること。転じて、大喜びすること。

〔**随喜の涙**〕「随喜」のあまり流す涙。心からありがたく思って流す涙。

すいきゃう［-・す／-・なり］【酔狂】㊀［名・自サ変］酒に酔って取り乱すこと。㊁［名・形動ナリ］(「粋狂」とも書く)物好き。

ずいげん【瑞験】［名］(「ずいけん」とも)めでたいしるし。瑞兆。＝瑞相

随身　春日神社に御幸された白河上皇の牛車を、随身が客殿の階へと誘導する。車の左右には束帯姿の公卿、供奉の随身たちが並ぶ。（春日権現験記絵）

すいこ［・す］【出挙】［名・自サ変］《「すこ」とも》古代に行われた稲・銭などの貸し付け。収穫後に稲を利息として納めさせた。国家による公出挙、民間による私出挙がある。元来、公出挙は貧民救済が目的だったが、奈良以降は強制的になり租税化した。

すいこてんわう【推古天皇】［人名］（五五四～六二八）第三十三代天皇。父は欽明天皇。用明天皇の同母妹で敏達天皇の皇后。我が国最初の女帝。甥の聖徳太子を摂政とし、冠位十二階の制定、十七条憲法の発布、遣隋使の派遣、国史の編纂など多数の偉業を残した。

すいさう【水晶・水精】［名］《「すいしゃう」とも》鉱物のひとつ。すいしょう。

ずいさう【瑞相】［名］❶（吉凶いずれにも用いて）前兆。前触れ。例「世の乱るる**瑞相**とか聞けるもしるく」〈方丈記〉❷めでたいしるし。＝瑞験

すいさん［・す／・なり］【推参】㊀［名・自サ変］招かれもしないのに、一方的に押しかけること。また、無遠慮に振る舞うこと。例「あそび者の**推参**は、常のならひでこそさぶらへ」〈平家・一・祇王〉㊁［名・形動ナリ］無礼なさま。生意気。例「いかなる**推参**のばか者にてかありけん」〈太平記・一六〉

すいしいだ・す【推し出だす】［他サ四］｛さ・し・す・す・せ・せ｝推し量って見当をつける。例「**推し出だ・し**て、あはれ、さるあり、と思ひながら」〈徒然・一九四〉

すいしゃう【水晶・水精】［名］「すいさう」に同じ。

すいしゃく【垂迹・垂跡】［名］《仏教語。近世以降は「すいじゃく」とも》仏や菩薩が衆生を救うため、仮に神や人間の姿になってこの世に現れること。↓「ほんぢ」。＝本地垂迹

〔**垂迹の月**〕日吉神社の祭礼がある月で、山王権現が日本に「垂迹」をした月のこと。

すいしゅ【水手・水主】［名］（船頭・舵取りなど役付き以外の）水夫。船乗り。

ずいじん［・す］【随身】㊀［名］❶平安時代以降、勅命によって、貴人の警護のために、刀や弓矢を携えて付き従った近衛府などの役人。例「いみじう美々しうてをかしき君達も、**随身**なきは、いとしらじらし」〈枕・郎等は〉

《音便》「いみじう」は「いみじく」、「美々しう」は「美々しく」のウ音便。❷身近に従う供の者。**従者**。例「右衛門府生秦武文と申す**随身**を御迎へに京へ上せらる」〈太平記・一八〉❸神社にある「随身門」の左右に置かれている神像。俗に、矢大神、左大神という。㊁［名・他サ変］（「ずいしん」とも）**身につけること。携行**。例「頼朝の卿、関が原にて捕られ給ひし時、**随身・せ**られたりしかば」〈平治・下〉

ずいじんもん【随身門】［名］随身の神像を左右に安置してある、神社の外郭の門。神像は俗に矢大神・左大神という。

すい・す【推す】［他サ変］｛せ・し・す・する・すれ・せよ｝推察する。推し量る。例「さまざまに**推・し**心得たるよしして（＝フリヲシテ）、賢げにうちうなづき」〈徒然・一九四〉

すいせき【水石】［名］水と石。泉水と庭石。

ずいさう【瑞相】歴史的かなづかい「ずいさう」

すいそん【水損】［名］大雨・洪水によって受ける田畑などの損害。

すいたい【翠黛】［名］❶緑色（つやのある黒色。現在の緑色ではない）の眉墨。また、それで描いた美しい眉。美人の眉の形容。❷遠く緑色にかすむ山の形容。例「**翠黛**の山、画にかくとも筆もおよびがたし」〈平家・灌頂・大原御幸〉

ずいちくきふじ【随逐給仕】［名］あとに付き従って世話をすること。

すいちゃうこうけい【翠帳紅閨】［名］カワセミの羽で飾った帳を垂れ、紅色に塗り飾った寝室。貴婦人の寝室。

ずいなう【髄脳】［名］❶骨髄と脳。❷和歌の奥義や詠歌の法則・心得を記した書物。歌学書。

すいにち【衰日】［名］「陰陽道」で、人の生年の干支（十二支）により万事に忌み慎むべき日。

古典の世界　忌み詞で、「衰」の字を避けて「徳日」ともいう。

すいは【水破】［名］鷲の黒い羽を付けて作った矢。

すいはう【粋方】［名］《近世語。「すいかた」とも》

す

ず［打消の助動詞］

アプローチ ▼動作・作用の打消の意を表す。
▼活用は、もともと「ぬ」および「ず」の両系統があったところへ「ざり」（連用形「ず」＋ラ変動詞「あり」＝「ずあり」が変化したもの）の系列も成立し、三系列に分析できる。

接続 活用語の未然形に付く。

活用 特殊型

基本形	未然形	連用形	終止形	連体形	已然形	命令形
ず	（な）	（に）				
		ず	ず	ぬ	ね	
	ざら	ざり	（ざり）	ざる	ざれ	ざれ

意味	訳語	用例
打消の意を表す。	…ない	例「燕も、人のあまたのぼりゐたるに怖ぢて巣にものぼり来**ず**」〈竹取・燕の子安貝〉 訳 燕も、人がたくさん（巣のある棟に）のぼっているのをこわがって、巣にも上がってこ**ない**。 例「はじめよりおしなべての上宮仕へしたまふべき際にはあら**ざり**き」〈源氏・桐壺〉 訳（桐壺更衣は）もともと、ふつうの上宮仕え（＝常に帝の側にいて仕えること）をなさらなければならない身分では**なかっ**た。

発展学習ファイル (1)打消の助動詞「ず」の連体形「ぬ」と完了の助動詞「ぬ」の終止形「ぬ」との識別は、読解上、重要。次のいずれかの方法で識別する。

・その文節全体が連体形なら打消、終止形なら完了（この方法の場合、そこで文が終結していても、上に「ぞ・なむ・や・か」などがあれば連体形であることに注意）。

・「ぬ」の上が未然形なら打消、連用形なら完了（ただし、付いている語が上一・上二・下一・下二段型活用語のときは、その未然形と連用形とが同形のため、この方法では識別できない）。

・文意から識別。

(2)「ぬ」系列の未然形として「な」を認める立場もあるが、これは、上代特有語の中に「なふ」（打消の意を表す助動詞）など、未然形「な」の存在を想定させるような語があるためである。また、同じく「ぬ」系列の連用形「に」は、「行方も知らに（行方も知らないで）」のような形で奈良時代に用いられ、平安時代においても和歌には用いられることがある。例「言へばえに言はねば胸にさわがれて心ひとつに嘆くころかな」〈伊勢・三四〉

(3)伝聞・推定の助動詞「なり」の上に付き「ざ（ん）なり」となる形について、「ざるなり」（連体形「ざる」＋「なり」）の撥音便形（の撥音無表記）であるとされるが、伝聞・推定の「なり」は一般に終止形接続であるとして、終止形に「ざり」を認める説もある。断定の助動詞「なり」の上に付く場合は、「ぬ」系列の連体形「ぬ」が用いられ、「ぬなり」となる。

(4)連用形「ず」に係助詞「は」が付いた「ずは」という形は、平安時代には「…しないならば」と仮定条件を表す用法であるが、奈良時代では「…する（くらい）なら、いっそ」のように二者択一の意味を表す用法に用いられた。→「は」「ずは」

❶世間のことや人情をよく分かっている人。❷その道の専門家。遊里・博奕・芝居に通じている人。

すいばら【杉原】［名］（「すぎはら」のイ音便）「すぎはら②」に同じ。

すいはん【水飯】［名］乾し飯や飯を冷水につけた夏の食物。（季‐夏）

ずいひつ【随筆】［名］文学の一形態。形式にとらわれず、作者の見聞・体験・感想を自由に書きとめたもの。『枕草子』『方丈記』『徒然草』などが代表例。

ずいひゃう【随兵】［名］（「ずいびゃう」とも）❶供として連れる兵士。❷鎌倉・室町時代、将軍や貴人などが外出するとき、その前後を警護した兵士。

すいふろ【水風呂】［名］（近世語）桶の下のかまどで火をたき、水から沸かす方式の風呂。＝据ゑ風呂

ずいぶん【随分】（分に随ふの意）■一［名］身分相応なこと。分に応じていること。例「**随分**の利益」■二［副］❶身分相応に。分に応じて。例「面々にむなしからず」〈沙石集〉 例「〔後白河法皇八〕**随分**一つとして、心にかなはずといふ事なし」〈平家・灌頂・六道之沙汰〉❷かなり。たいそう。❸極力。できるだけ。例「**随分**ゆるりと休息しょうとも」〈狂・三本の柱〉❹（下に打消の語を伴って）容易には。けっして。例「**随分**見あらはさるることではござりませぬ」〈狂・仁王〉

すいめん【睡眠】［名］（「めん」は呉音）眠ること。ねむり。すいみん。

すいらう【透廊】［名］（「すきらう」のイ音便）寝殿造りで、左右両側に柱だけがあって壁がなく、高欄をつけた渡り廊下。＝透渡殿 ➡［古典参考図］建築〈3〉

すいれん【水練】［名］❶水泳。水泳の技術。（季‐夏）。❷水泳の上手な人。

すいわたどの【透渡殿】［名］（「すきわたどの」のイ音便）「すいらう」に同じ。

す・う【据う】［他ワ下二］{ゑ・ゑ・う・うる・うれ・ゑよ}❶**しっかりと置く。きちんと置く。**例「かきつばた、といふ五文字を句のかみに**す・ゑ**て」〈伊勢・九〉❷**設置する。構える。**例「御桟敷の前に陣屋**据・ゑ**させたまへる」〈枕・関白殿、二月二十一日に〉（敬語）

「据ゑさせたまへる」→「させたまふ」。❸(見張りなどのために人を)置く。例「その通ひ路に、夜ごとに人をす・ゑて守らせければ」〈伊勢・五〉 ❹(人などを)座らせる。例「膝に据・ゑたまへる御気色」〈源氏・須磨〉 ❺(鳥などを)とまらせる。例「鷹屋に、鷹十づつす・ゑたり」〈宇津保・吹上・上〉 ❻地位につかせる。例「坊にも、え据・ゑたてまつらずなりにしを」〈源氏・紅葉賀〉《副詞の呼応》「え」→据ゑたてまつらず」。《敬語》「据ゑたてまつらず」→「たてまつる」。❼種をまく。例「世の中の常の理かくさまになり来にけらしす・ゑし種から」〈万葉・一五・三七六一〉 ❽印をおす。判をおす。例「印判、す・ゑたがよいわいの」〈浄・持統天皇歌軍法〉 ❾(灸を)すえる。例「三里に灸す・うるより、松島の月まづ心にかかりて」〈おくのほそ道・出発まで〉 ❿(「腹を」「胸を」を伴って)気をしずめる。怒りをおさめる。気を晴らす。例「ただ今こそ、日頃の腹をばす・ゑ侍らめ」〈古今著聞・五一八〉

すうき【枢機】[名]《「すうぎ」とも》「枢」は戸の開閉装置である「くるる」、「機」は弩(数人で引く弓)の引き金)《「枢」と「機」どちらも大切な部分であるところから》要点。肝心な所。

ずう・ず【誦ず】[他サ変]{ぜ・じ・ず・ずる・ずれ・ぜよ}「じゅす(誦す)」に同じ。

すうぜう【芻蕘・蒭蕘】[名]草刈りと木こり。転じて、身分の低い者。

すえ【末・陶・仮髪】歴史的かなづかい「すゑ」

すが【菅】[名]「すげ」が他の語と複合語をつくる際の形。「菅の根」「菅の葉」「菅原」「菅枕」など。

すががき【清搔き・菅搔き】[名]❶和琴の奏法の一種。詳しくは不明。本格的でない簡単な奏法をいうか。❷箏曲で、歌詞のない器楽曲。歌なしで琴・三味線・尺八などを演奏する。❸三味線の曲のひとつ。江戸時代、吉原などの遊郭で遊女が客寄せのために弾いた曲。❹歌舞伎の鳴り物のひとつ。軽くテンポの速い三味線の曲で、遊里、とくに吉原の場面に用いる。

すがが・く【清搔く・菅搔く】[他カ四]{か・き・く・く・け・け}「すががき①」で弾く。例「あづま(=和琴)をすが搔・きて」〈源氏・若紫〉

すががさ【菅笠】[名]《「すげがさ」とも》スゲの葉で編んで作った笠。

すががさにっき【菅笠日記】[作品名]江戸中期(一七七二ごろ成立)の紀行文。本居宣長作。門弟や友人たちと、初瀬・吉野・飛鳥方面へ花見をしに旅した折の紀行文。

すかがは【須賀川】[地名]陸奥国の地名。いまの福島県須賀川市。奥州街道の宿駅が設置され、宿場町として栄えた。

すがき【簀垣】[名]竹を粗く編んだ垣。竹で作った透垣。

すがき【巣構き・巣掛き】[名]クモが巣をかけること。また、その巣。

すがき【簀搔き】[名]竹や葦などで、簀の子のように透き間をおいて床を張ること。また、その床。

すが・く【巣がく】[自カ四]{か・き・く・く・け・け}クモが巣をかける。例「ささがにの空に巣が・ける糸よりも心細しや絶えぬと思へば」〈後撰・雑四・一二九五〉

すがく・る【巣隠る】[自ラ下二]{れ・れ・る・るる・るれ・れよ}鳥などが巣の中に隠れる。巣ごもる。(季―春)。例「巣がく・れて数にもあらぬかりのこを」〈源氏・真木柱〉

すがごも【菅薦・菅菰】[名]スゲで編んだむしろ。陸前(いまの宮城県)利府のものが有名。

すかしあふぎ【透かし扇】[名]「すきあふぎ」に同じ。

すかしふ・す【賺しふす】[他サ下二]{せ・せ・す・する・すれ・せよ}だましとおす。例「すかしふ・せんとて、空知らずして過ぎ行く程に」〈宇治拾遺・一一・六〉

すがしめ【清し女】[名]きれいな女。清らかな女。

すかしや・る【賺し遣る】[他ラ四]{ら・り・る・る・れ・れ}うまくだまして追いやる。口先でごまかして帰らせる。例「かしこうすかしや・りつと思し離れむ」〈源氏・夕霧〉

すか・す【透かす】[他サ四]{さ・し・す・す・せ・せ}❶透けて見えるようにする。❷透き間を作る。間が空くようにする。例「五節の局(=五節ノ舞姫ノ控室)を、日も暮れぬほどに、みなこぼちすか・して」〈枕・宮の、五節出ださせたまふに〉 ❸減らす。例「京中の勢(=軍勢)をばさのみ(=ソレホド)すか・すまじかりし物を」〈太平記・九〉 ❹去る。その場を外す。例「まづここもとを(=ココカラ)すか・しまして」〈狂言記・長光〉 ❺油断する。例「万事にひとつもすか・さぬ人のいへり」〈浮・西鶴織留〉

すか・す【賺す】[他サ四]{さ・し・す・す・せ・せ}❶だます。例「ひごろ、よく御弟子にてさぶらはんとちぎりて、すか・し申し給ひけんがおそろしさよ」〈大鏡・花山院〉 ❷おだてる。調子づかせる。例「さし向かひたる人を、〔男ガ〕賺・し頼むる(=信ジコマセル)こそ、いと恥づかしけれ」〈枕・恥づかしきもの〉 ❸慰める。なだめる。機嫌をとる。

すがすが【清清】[副](多く下に「と」を伴って)❶すらすらと。とどこおりなく。例「沼尻といふ所もすがすがと過ぎて」〈更級〉 ❷思い切りよく。ためらいなく。例「すがすがともえ参らせたてまつりたまはぬなりけり」〈源氏・桐壺〉

すがすが・し【清清し】[形シク]{しから・しく(しかり)・し・しき(しかる)・しけれ・しかれ}❶さわやかで快い。❷あっさりしている。思い切りよい。例「おぼしつつみて、すがすがし・うもおぼし立たざりけるほどに」〈源氏・桐壺〉 ❸すらすらと事の運ぶさま。例「文人・擬生などいふなることどもよりうちはじめ、すがすがし・う果てたまへれば」〈源氏・少女〉 ②③《音便》「すがすがしう」は「すがすがしく」のウ音便。

すがすがしう【清清しう】形容詞「すがすがし」の連用形「すがすがしく」のウ音便。

すがた【姿】[名]❶容姿。身なり。服装。❷物の形。ありさま。格好。例「姿なけれど、櫻欄の木、唐めきて、わるき家のものとは見えず」〈枕・花の木ならぬは〉 ❸歌論で、歌の表現の格調をいう。歌体。例「その世の歌には、姿・言葉、このたぐひのみ多し」〈徒然・一四〉 ❹世の状況。風潮。例「世の末になれる姿なるべきにや」〈神皇正統記〉 ❺美女。美人。例「女の姿過ぎたるは悪しからめ」〈浮・好色一代女〉

発展学習ファイル　人の容姿、衣服をつけた外見の印象全体を「すがた」というのに対して、「かたち」は主として顔立ち・容貌を表すのに用いられる。

すがたかたち【姿形】［名］人のからだ全体のようす。身なりと顔かたち。服装と容貌。容姿。

すがだたみ【菅畳】［名］《「すがたたみ」とも》スゲで編んだござのような敷物。

すがどり【菅鳥】［名］水辺の鳥だが未詳。「菅」は「管」の誤りとし、ツツドリとする説や、オシドリを指すという説がある。

すかな・し［形ク］{から・く(かり)・し・き(かる)・けれ・かれ}楽しくない。ゆううつだ。例「**すかな・く**のみや恋ひ渡りなむ」〈万葉・一七・四〇一五〉

すがぬき【菅抜き・菅貫き】［名］「ちのわ」に同じ。（季―夏）

すがぬ・く【菅抜く・菅貫く】［他カ四］{か・き・く・く・け・け}「菅抜き」をくぐる、あるいは首にかけてお祓いをする。→「ちのわ（茅の輪）」

すがねどり【菅根鳥】［名］キジの別称。（季―春）

すがのねの【菅の根の】［枕詞］同音の繰り返しから「ね」を含む「懇」に、また根が長くて乱れるところから「長し」「乱る」にかかる。例「**菅の根の**長き春日を」〈万葉・一〇・一九三四〉

すがはら【菅原】［名］《「すげはら」とも》スゲの生えている野原。

すがはらでんじゅてならひかがみ【菅原伝授手習鑑】［作品名］江戸中期（一七四六初演）の浄瑠璃。時代物。五段。竹田出雲・並木宗輔・三好松洛・竹田小出雲の合作。菅原道真の配流を大筋に、梅王・松王・桜丸の三つ子兄弟の物語などを組み入れたもの。

すがはらのきよとも【菅原清公】［人名］（七七〇―八四二）《「すがはらのきよぎみ」「すがはらのきよただ」とも》平安前期の漢学者・漢詩人。菅原道真の祖父。桓武天皇に仕え、延暦二十三年（八〇四）遣唐使として入唐。帰朝後は『凌雲集』などの編集に関与した。

すがはらのたかすゑのむすめ【菅原孝標女】［人名］（一〇〇八―?）平安中期の日記作者・女流歌人。母は藤原倫寧の娘で、伯母に右大将道綱母がいる。『源氏物語』の世界にあこがれ耽読。三十三歳で橘俊通と結婚し、夫と死別後、『更級日記』を執筆した。『夜の寝覚』や『浜松中納言物語』の作者ともいわれる。

すがはらのみちざね【菅原道真】［人名］（八四五―九〇三）平安前期の政治家・漢学者・漢詩人・歌人。「菅家」「菅公」ともいう。祖父は菅原清公、父は是善。宇多・醍醐天皇の信任が厚く、右大臣に任ぜられるなどの優遇を受けたが、左大臣藤原時平から警戒され、大宰府へ左遷されるに至る。『類聚国史』を勅命により編述、国史『日本三代実録』の編集にもかかわったとされる。『古今和歌集』などに入集。詩文集『菅家文草』『菅家後集』。

すがひすがひ【次ひ次ひ】［副］後から後から。次々に。例「しだり咲く萩の古枝に風かけて**すがひすがひ**に牡鹿なくなり」〈山家集・上〉

すが・ふ【次ふ】［自ハ四］{は・ひ・ふ・ふ・へ・へ}❶次々に続く。匹敵する。例「中の君も、〔姉君ニ〕うち**すが・ひて**、あてになまめかしう」〈源氏・紅梅〉❷行き違いになる。食い違う。例「**すが・ひて**遇はず」〈散木集〉

すがまくら【菅枕】［名］スゲで作った質素な枕。

すが・む【眇む】㊀［自マ四］{ま・み・む・む・め・め}「眇」になる。片目が細くなる。例「忠盛目の**すが・まれ**たりければ」〈平家・一・殿上闇討〉㊁［他マ下二］{め・め・む・むる・むれ・めよ}片目を細くして見る。例「眼をすこし**すが・め**ていたりけり」〈曾我・九〉

すがめ【眇】［名］❶片目が不自由であること。片目が細いこと。斜視。❷ひとみを片方に寄せて見ること。横目。流し目。

すがも【菅藻】［名］スゲに似た川藻のことか。

すがやか［・なり］【清やか】［形動ナリ］{なら・なり(に)・なり・なる・なれ・なれ}《「やか」は接尾語》❶思い切りのよいさま。さっぱりしているさま。例「**すがやか・に**思したちけるほどよ」〈源氏・柏木〉❷滞りなく運ぶさま。例「帥のおとどの、大臣までかく**すがやか・に**なりたまへりしを」〈大鏡・道長・上〉

すがやま【菅山】［名］スゲの生い茂った山。

-すがら［接尾］（名詞に付いて）❶始めから終わりまでずっとの意を表す。「夜**すがら**」など。❷物事の途中、ついでにの意を表す。「道**すがら**」など。❸ただそれだけの意を表す。「身**すがら**」など。

すがらに［副］その間ずっと。初めから終わりまで。例「夜は**すがらに**夢に見えつつ」〈古今・恋一・五二六〉

すがり【尽・末枯り】［名］《近世語》❶盛んな状態を過ぎて衰えたもの。なれの果て。❷香が途中で消えたもの。

すがる【蜾蠃】［名］❶ジガバチの古名。❷鹿の別称。（季―秋）

すが・る【縋る】［自ラ四］{ら・り・る・る・れ・れ}頼りにして取り付く。ぶら下がる。しがみつく。例「〔老僧ハ〕かせ杖の二またなるに**すが・って**、いでき給へり」〈平家・三・大塔建立〉《音便》「すがっ」は「すがり」の促音便。

すが・る【酸がる】［自ラ四］{ら・り・る・る・れ・れ}《「がる」は接尾語》すっぱがる。すっぱいと感じる。例「歯もなき女の、梅食ひて**酸が・り**たる」〈枕・似げなきもの〉

すがるをとめ【蜾蠃少女】［名］「蜾蠃①」のような、腰の細い美少女。

すき【透き・隙】［名］❶物と物との間。すき間。❷時間的余裕。ひま。いとま。❸気のゆるみ。油断。

すき【主基・次】［名］《「次」は二番目の意》大嘗祭に供える米・粟や酒料を出すことを占いで定められた二つの国郡のうち、第二の国郡。また、大嘗祭の西側の祭場。↕悠紀

すき［・なり］【好き・数寄】［名・形動ナリ］《「数寄」は中世以降のあて字》❶色好み。恋愛。例「少しは好きもならはばや、など思ふに」〈源氏・蜻蛉〉❷風流に深く心を寄せること。とくに、和歌・連歌・茶道などの芸道をたしなむこと。風流。風雅。好事。例「念仏のひまひまには、糸竹のすさびを思ひ捨てざりけるこそ、**好き**のほどいとやさしけれ」〈十訓抄・九〉❸特別な好み。好き勝手。

発展学習ファイル　平安時代の「すき」には、現代語の「好色」のように不道徳なイメージはなく、むしろ①の例のように積極的に評価すべき態度とされる場合もある。

すぎ【杉】［名］木の名。材は建材、船材、器材など

に用いられ、葉は線香に、樹皮は屋根を葺くために用途は広い。（季＝花-春・実-秋）

ず-き《上代語》…なかった。例「心ゆも我は思はず**き**また更に我が故郷に帰り来むとは」〈万葉・四・六〇九〉

語構成 ず 打消「ず」用 き 過「き」

訳 私はまったく思いも**しなかった**、また再び私の故郷に帰って来るなんてことは。

〈参考〉中古以降は「ざりき」となる。

すきあふぎ【透き扇】スキオウギ［名］透かし彫りの檜板に薄い絹を張った扇。板は杉を用いたともいう。＝透かし扇

すきあり・く【好き歩く】［自カ四］{か・き・く・く・け・け}❶色事を求めて歩き回る。あちこちで浮気をする。例「さばかりの（＝スグレタ）人ざまにては、残るくまなくて**好き歩か**んも、いかにとがむべきぞ」〈とりかへばや〉❷風流を好んで歩き回る。例「花の下、月の前と**好き歩き**けり」〈宇治拾遺・一五・五〉

すきい・る【食き入る・飲き入る】㊀［自ラ四］{ら・り・る・る・れ・れ}吸い込まれる。流れ込むように入る。例「春の田に**すき入り**ぬべき翁かな」〈金葉・雑下・六五一〉㊁［他ラ下二］{れ・れ・る・るる・るれ・れよ}湯や水を口の中に注ぎ入れる。例「文を小さく押しわぐみて、湯して**飲き入れ**て」〈宇津保・あて宮〉

すきかげ【透き影】［名］❶物のすき間から、また、薄い物を通して漏れる光。例「灯ともしたる**透き影**、障子の上より漏りたるに」〈源氏・帚木〉❷物のすき間から、また、物を通して透けて見える姿や形。例「をかしき額つきの**透き影**あまた見えてのぞく」〈源氏・夕顔〉

すぎがてに【過ぎがてに】［副］通り過ぎようとして通り過ぎることができないで。→「がてに」。例「時鳥我が宿をしも**過ぎがてに**鳴く」〈古今・夏・一五四〉

すぎかて・ぬ【過ぎかてぬ】素通りできない。例「名子江の浜辺**過ぎかて・ぬ**かも」〈万葉・七・一一九〇〉

すきがま・し【好きがまし】［形シク］{しから・しく(しかり)・し・しき(しかる)・しけれ・しかれ}《「がまし」は接尾語》色好みだ。浮気っぽい。例「**すきがま・しき**あだ人なり」〈源氏・帚木〉

すきぎり【透き切り】［名］そぐようにして薄く切ること。薄切り。

すきごこち【好き心地】［名］色好みの心。恋に熱中する心。浮気心。＝好き心

すきごころ【好き心】［名］「すきごこち」に同じ。

すきごと【好き事・好き言】［名］❶色好みの行為やことば。例「むかし**すきごと**せし人も、いまはおはせずとか」〈蜻蛉・上〉❷物好きなこと。例「かかる**すき**事をしたまふこと」〈竹取・竜の頸の玉〉

すきごゑ【透き声】スキゴエ［名］笛などの張りや冴えがなく、すき間から漏れるように聞こえる音。

すぎすぎ【次次】［副］つぎつぎ。例「君達同じほどに、**すぎすぎ**おとなびたまひぬれば」〈源氏・紅梅〉

すきずき・し【好き好きし】［形シク］{しから・しく(しかり)・し・しき(しかる)・しけれ・しかれ}

アプローチ
▼名詞「好き」を重ねて形容詞化した語。
▼深く心をとらわれ、執着するの意。その対象が風流である場合は「物好きである」意を表し、異性である場合は「色好みである」意を表す。

❶**風流である。風雅だ。物好きだ。**例「**すきずき・しう**、あはれなることなり」〈枕・清涼殿の丑寅の角の〉訳 **風雅で**、感動的な話である。《音便》「すきずきしう」は「すきずきしく」のウ音便。

❷**好色である。色好みである。**例「なほしるべせよ。我は**すきずき・しき**心などなき人ぞ」〈源氏・橋姫〉訳 よいから（姫君たちのところへ）案内をせよ。私は、**好色な**心などない者であるぞ。

発展学習ファイル　類義語「**すきがまし**」は、好色であることを非難する場合のみ用いられるが、「すきずきし」は、恋の情趣を解する態度として評価する場合にも用いられる。

すきずきしう【好き好きしう】スキズキシュウ 形容詞「すきずきし」の連用形「すきずきしく」のウ音便。

すぎたげんぱく【杉田玄白】［人名］（一七三三～一八一七）江戸中・後期の洋学者・蘭方医。前野良沢らと死体解剖を行い、オランダの解剖書『ターヘル-アナトミア』と一致したことに驚嘆、同書を翻訳して『解体新書』として刊行。著書『蘭学事始』。

すきたわ・む【好き撓む】［自マ四］{ま・み・む・む・め・め}浮気ですぐに相手に心が引かれる。例「**すきたわ・めら**む女に心おかせたまへ（＝ゴ用心ナサイマセ）」〈源氏・帚木〉

すきと［副］❶すっかり。すっきり。例「痛みも中風も**すきと**治しまして」〈狂言記・針立雷〉❷（下に打消の語を伴って）まったく。まるで。例「毎年のことでも、こちは**すきと**覚えぬ」〈浄・大経師昔暦〉

すぎにす・ぐ【過ぎに過ぐ】（過ぎゆくうえに過ぎてゆく意から）どんどん通り過ぎてゆく。ひたすら過ぎる。

すぎのかど【すぎの門】［枕詞］（「門を鎖す」というところから）「さす」と同音を含む「さすが」にかかる。例「思へどもいはで月日は**すぎの門**さすがにいかが忍び果つべき」〈新古今・恋一・一〇九九〉

すぎのしるし【杉のしるし】［名］行方をたずねる手立てとなる目印。杉をわが家の目印とした「我が庵は三輪の山もと恋しくはとぶらひ来ませ杉立てる門」〈古今・雑下・九八二〉訳 →〈和歌〉わがいほはみわのやまもと…による。

すきばこ【透き箱】［名］四方を透かし彫りにした箱。＝透い箱

すぎはひ【生業】スギワイ［名］《「なりはひ」とも》生計を立てていくための職業。生活の手段。＝身過ぎ

すきば・む【好きばむ】［自マ四］{ま・み・む・む・め・め}《「ばむ」は接尾語》好色そうに見える。例「（大宮ハ薫ニ）**すきば・み**たる気色あるかとは、おぼしかけざりけり」〈源氏・蜻蛉〉

すぎはら【杉原】［名］❶杉の生えている野原。杉林。❷《「すいばら」とも》「杉原紙」の略。

すぎはらがみ【杉原紙】［名］鎌倉時代、播磨（いまの兵庫県）杉原から産したといわれる紙。奉書紙に似て、やや薄く柔らかい。おもに武家の公用紙として用いられたが、のちには一般に用いられ、各地で作られるようになった。＝杉原②

すきひが・む［自マ四］{ま・み・む・む・め・め}歯のすき間から息が漏れて、聞き苦しい声になる。例「かれたる声の、いといたうすきひが・めるも」〈源氏・若紫〉

すきびたひ【透き額】［名］男子の冠の一種。冠の額の部分に半月形の穴をあけ「羅」や「紗」を張り、透けて見えるようにしたもの。元服後の若者が用いた。

すきま【透き間・隙間】［名］❶物と物との間。❷時間的余裕。ひま。❸つけ込む機会。油断。

すぎむら【杉叢】［名］杉が群がって生えている所。

すきもの【好き者・数寄者】［名］❶風流な人。風雅な物事（和歌・音楽など）を好む人。❷恋愛を好む人。好色な人。

すぎゃう［・す］【修行】［名・自サ変］「しゅぎゃう」に同じ。

ずきゃう［・す］【誦経】［名・自サ変］《「じゅきゃう」とも》❶お経を読み上げること。また、僧に読経させること。例「かかるとみのこと（＝急死）には誦経などをこそはすなれとて」〈源氏・夕顔〉❷僧に①のお礼として渡す布施。

すぎゃうざ【修行者】［名］「しゅぎゃうじゃ」に同じ。

すぎゃうじゃ【修行者】［名］「しゅぎゃうじゃ」に同じ。

すぎやまさんぷう【杉山杉風】［人名］（一六四七〜一七三二）江戸前・中期の俳人。蕉門十哲のひとり。『常磐屋之句合』を上梓した折は松尾芭蕉に跋文（あとがき）を頼むが、其角や嵐雪のような蕉門の中核とはならなかった。

ずきょう【誦経】歴史的かなづかい「ずきゃう」

すぎわい【生業】歴史的かなづかい「すぎはひ」

すきわざ【好き業】［名］好色な振る舞い。

すく【秀句】［名］「しうく」に同じ。

す・く【好く】{か・き・く・く・け・け}㊀［自カ四］❶強く興味をもつ。風流にふける。例「よき人は、ひとへに好・けるさまにも見えず」〈徒然・一三七〉❷恋愛に熱中する。好色である。例「むかしの若人は、さるす・けるもの思ひをなむしける」〈伊勢・四〇〉（係結び）「なむ→しける㊍」。㊁［他カ四］好む。気に入る。例「辛いをす・く衆もござる」〈狂・伯母が酒〉

〔好ける物思ひ〕一心に思い悩むこと。とくにいちずな恋心を指す。例「むかしの若人は、さるすける物思ひをなむしける」〈伊勢・四〇〉

す・く【透く・空く】［自カ四］{か・き・く・く・け・け}❶すき間ができる。例「よくも埋まざりければ、穴の底は透・きたる様にて」〈今昔・二六・五〉❷まばらになる。少なくなる。例「将軍方大勢なれば、打たるれども勢もす・かず」〈太平記・一五〉❸（風などが）すき間を通り抜ける。例「かりそめの仮屋などいへど、風す・くまじく、ひきわたしなどしたるに」〈更級〉❹透けて見える。透きとおる。例「御灯明の影ほのかに透・きて見ゆ」〈源氏・夕顔〉❺（心理的に）隙ができる。油断する。例「さてもす・かぬ男」〈浮・日本永代蔵〉

す・く【食く・飲く】［他カ四］{か・き・く・く・け・け}飲み込む。飲み食いする。例「さるべきもの（＝護符ノ類）作りて、す・かせたてまつる」〈源氏・若紫〉

す・く【剝く】［他カ四］{か・き・く・く・け・け}薄く切り取る。そぐ。

す・く【結く】［他カ四］{か・き・く・く・け・け}網を編む。例「皇軍、葛の網を結・きて」〈紀・神武〉

す・く【漉く・抄く】［他カ四］{か・き・く・く・け・け}紙を作る。原料のコウゾ・ミツマタなどの繊維を水に溶かし、簀の上に薄く広げて乾かす。例「楮をこなして（経ノ）料紙す・けるとき」〈古今著聞・六九八〉

す・く【鋤く・犂く】［他カ四］{か・き・く・く・け・け}鋤・鍬などの農具を用いて、土を掘り返す。耕す。例「古き墳はす・かれて田となりぬ」〈徒然・三〇〉

す・ぐ【過ぐ】［自ガ上二］{ぎ・ぎ・ぐ・ぐる・ぐれ・ぎよ}❶通り過ぎる。通過する。例「栗栖野といふ所を過・ぎて」〈徒然・一一〉❷（時間が）経つ。経過する。例「はかなく、日ごろ過・ぎて」〈源氏・桐壺〉❸（盛りが）過ぎる。（事が）終わる。例「京の花、盛りは皆過・ぎにけり」〈源氏・若紫〉❹死ぬ。例「過・ぎにし親の御気配とまれる古里ながら」〈源氏・帚木〉❺生活する。例「鷹を役にて過・ぐる者ありけり」〈宇治拾遺・六・五〉❻まさる。こえる。例「筒井つの井筒にかけしまろがたけ過・ぎにけらしな」〈伊勢・二三〉訳→〔和歌〕つつゐつの…。①〜⑥＝過ぐる

〔過ぎにし人〕亡くなった人。故人。例「いと、かからぬほどのことにてだに、過ぎにし人の跡（＝筆跡）と見るはあはれなるを」〈源氏・幻〉

す・ぐ【挿ぐ】［他ガ下二］{げ・げ・ぐ・ぐる・ぐれ・げよ}❶糸や緒を穴に通して付ける。つなぎ合わす。例「針に糸す・ぐる」〈枕・心もとなきもの〉❷柄や簇などをはめ込む。差し込む。例「一尺ばかりの矢に、錐のやうなる鏃をす・げて」〈宇治拾遺・一三・一九〉

すぐ［・なり］【直】［形動ナリ］{なら・なり(に)・なり・なる・なれ・なれ}❶まっすぐなさま。例「すぐ・なる木をばきりて、ゆがめるをばきらず」〈古今著聞・七三五〉❷道理にかなって正しいさま。正直なさま。例「心直・なる故に、神仙これを哀れびて、神仙に仕ふ」〈今昔・二〇・四二〉❸（多く副詞的に用いて）ありのまま。例「すぐ・に知らせ奉っては、あしかりなん」〈平家・二・阿古屋之松〉

すくえう【宿曜】［名］《「しゅくえう」とも》占星術の一種。星の運行や暦によって吉凶を占う。古代インドに由来し、平安中期以降、日本でも陰陽道と並んで盛んになった。→「にじふはっしゅく」。＝宿曜道

すくえうし【宿曜師】［名］「宿曜」による占いを職業とする者。

すくえうだう【宿曜道】［名］「すくえう」に同じ。

すぐし・く【過ぐし来】［他カ変］{こ・き・く・くる・くれ・こ(こよ)}ずっと過ごしてくる。例「いくかへり露けき春をすぐし・きて花のひもとくをりにあふらん」〈源氏・藤裏葉〉

すぐしは・つ【過ぐし果つ】［自タ下二］{て・て・つ・つる・つれ・てよ}最後まである状態のままで終わる。例「わが世はかくて過ぐしは・ててむ」〈源氏・総角〉

すぐしや・る【過ぐし遣る】［他ラ四］{ら・り・る・る・れ・れ}時が過ぎ行くままにする。放置して時がたつのに任せる。例「いと愛敬づき、かをりまさりたまへれば、なほさても え過ぐしや・るまじく思し返す」〈源氏・常夏〉

すくじん【守宮神・宿神】［名］《「すくうじん」とも》寺社や宮殿の守り神。また、芸能やそれに携わる人を守る守護神。

すぐ・す【過ぐす】[他サ四]{さ・し・す・す・せ・せ} ❶**通過させる。やり過ごす。** 例「木隠れにゐかしこまりて、過ぐ・したてまつる」〈源氏・関屋〉《敬語》「過ぐしたてまつる」→「たてまつる」。❷**時間を経過させる。**(時を)**過ごす。暮らす。** 例「千年を過ぐ・すとも一夜の夢の心地こそせめ」〈徒然・七〉《係結び》「こそ→せめ㊁」。❸(盛りを)**過ぎさせる。** 例「秋の野に露負へる萩を手折らずてあたら盛りを過ぐ・してむとか」〈万葉・三〇・四三一八〉 ❹**終わらせる。済ませる。** 例「初夜いまだ勤めはべらず。すぐ・してさぶらはむ」〈源氏・若紫〉《敬語》「勤めはべらず」→「はべり」、「さぶらはむ」→「さぶらふ」。❺**生活する。生計を立てる。生きる。** 例「難波潟短き蘆のふしの間も逢はでこの世を過ぐ・してよとや」〈新古今・恋一・一〇四九〉 訳→〈和歌〉なにはがたみじかきあしの…。❻**度を越す。限界を越える。まさる。** 例「左の大臣はすぐ・したる事もなきに、かかる横ざまの罪に当たるを」〈宇治拾遺・一〇・一〉

すくすく・し[形シク]{しから・しく(しかり)・し・しき(しかる)・しけれ・しかれ}《「すぐすぐし」「すくずくし」とも》❶**無骨で、風流を解さない。** 例「常はいとすくすく・しく心づきなしと思ひあなづりつる伊予の方」〈源氏・帚木〉 ❷**きまじめだ。実直だ。** 例「中将などをば、すくすく・しき公人にしなしてん」〈源氏・初音〉 ❸**無愛想だ。融通がきかない。** 例「すくずく・しうさし歩みていぬるもあれば」〈枕・内裏の局〉《音便》「すくずくしう」は「すくずくしく」のウ音便。

すくせ【宿世】[名]

> **アプローチ** ▼仏教語で、前世からの因縁による、人間の力ではどうにもならない宿命を指す。
> ▼前世の連想から、「すぐせ(過ぐ世)」ということもある。

❶**前世。** 例「たへがたくとも、わが宿世のおこたりにこそあめれ」〈蜻蛉・上〉 訳(結婚生活が)耐え難いものであろうとも、それは、私が前世で善行を積むのを怠ったせいであろう。《係結び》「こそ→あめれ㊁」。語構成「おこたりにこそあめれ」→「あめり」

❷**前世の因縁。宿命。** 例「あさましき御宿世のほど心憂し」〈源氏・若紫〉 訳(藤壺は)思いがけないご宿命(=源氏の子を宿したこと)がつらく悲しい。

〔宿世宿世〕それぞれの、前世からの因縁・宿命。 例「心にゆるしおきたるままにて世の中を過ぐすは、宿世宿世にて」〈源氏・若菜・上〉

すぐち【素口・虚口】[名]《「すくち」とも》何も食べていないこと。空腹。

すくと[副]勢いよくまっすぐに立っているさま。すっくと。 例「簀の子縁にすくと立って」〈狂・酢薑〉

すくなくも【少なくも】[副]《形容詞「少なし」の連用形十係助詞「も」》(打消や反語の表現を伴って)少しだけ…だろうか(いや…どころではない)。たいへん…だ。 例「風吹けば黄葉散りつつ少なくも吾の松原清からなくに」〈万葉・一〇・二一九八〉

すくな・し【少なし】[形ク]{から・く(かり)・し・き(かる)・けれ・かれ}数量が少ない。少ししかない。 例「あはれ、残り少な・き世に生ひ出づべき人にこそ」〈源氏・柏木〉

すぐなもじ【直な文字】[名](字形が他の文字に比べてまっすぐなどころから)平仮名の「し」の文字。

すくね【宿禰】[名]《「上代語。おほえ(大兄)」に対する「すくなえ(小兄)」の変化形。または、高句麗の官名「小兄」と関係があるとも》❶人名の下につけて、敬意を表す語。❷「八色の姓」の第三位。大伴氏・佐伯氏などに与えられた。

すぐばけ【直化け】[名]《近世語》遊里で、ありのままに述べて相手に信じさせること。＝白化け

すく・ふ【掬ふ】[他ハ四]{は・ひ・ふ・ふ・へ・へ}❶手やひしゃくで、液体を上の方から汲み取る。❷下から持ち上げる。また、かき上げる。 例「乗りたる馬を主ともに中に(=空中ニ)すく・うてなげあげ」〈曾我・八〉 ❸繰る。操る。 例「馬の足のとづかん程は、手綱をすく・うて歩ませよ」〈盛衰記・一五〉 ②③《音便》「すくう」は「すくひ」のウ音便。

すぐみち【直道・直路】[名]《「すぐぢ」とも》まっすぐな道。近道。＝直路

すく・む【竦む】㊀[自マ四]{ま・み・む・む・め・め}❶(体が)こわばって動かなくなる。縮む。❷しわになる。ごわごわする。 例「すく・みたる衣どもおしやり」〈紫式部日記〉 ❸かたくなである。 例「[鬚黒の大将ハ]ひたおもむきにすく・みたまへる御心にて」〈源氏・真木柱〉 ㊁[他マ下二]{め・め・む・むる・むれ・めよ}縮ませる。 例「小指さして(=クワエテ)すく・めたる形を描きたまひて」〈落窪・一〉

すくも[名]語義未詳。本来は籾殻の意か。和歌では、藻くずや葦など、水辺の植物が枯れたものと考えられた。

すくやか[・なり]【健やか】[形動ナリ]{なら・なり(に)・なり・なる・なれ・なれ}「すくよか」に同じ。

すくやかもの【健やか者】[名]屈強で、気持ちがしっかりした者。

すくよか[・なり]【健よか】[形動ナリ]{なら・なり(に)・なり・なる・なれ・なれ}《「すくやか」とも》❶(紙などが)ごわごわしている。 例「紫の濃やかなる紙すくよか・にて」〈源氏・夕霧〉 ❷(衣服が)きちんとしている。しっかりしている。 例「すくよか・なる衣のなさぞいといとほしき」〈落窪・四〉《係結び》「ぞ→いとほしき㊍」。❸険しい。ごつごつしている。 例「すくよか・ならぬ山のけしき」〈源氏・帚木〉 ❹しっかりしている。元気だ。 例「女君、あやしうなやましげにもてないたまひて、すくよか・なるをりもなく」〈源氏・真木柱〉《音便》「あやしう」は「あやしく」のウ音便、「もてない」は「もてなし」のイ音便。❺堅実だ。まじめだ。 例「おほかたいとまめやかに、すくよか・にものしたまふ人を」〈源氏・夕霧〉 ❻無骨だ。かざりけがない。 例「情けおくれ、ひとへにすくよか・なるものなれば」〈徒然・四一〉

すくよけごころ【健よけ心】[名]真面目な心。武骨な性格。＝健よか心

すぐり【村主】[名]古代の姓のひとつ。「八色の姓」以前、おもに渡来人系の、小豪族の長などに与えられた。

すぐ・る【過ぐる】[自ラ四]{ら・り・る・る・れ・れ}《上代語》「すぐ(過ぐ)」に同じ。 例「切り髪のよち子(=少女時代)を

過ぎ橘の上枝を過ぐ・り」〈万葉・一三・三三〇九長歌〉

すぐ・る【選る】[他ラ四]{ら・り・る・る・れ・れ}(すぐれたものを)選び出す。抜き出す。例「殿の御前は、えもいはぬ者のかぎりすぐ・られたるに」〈大鏡・道兼〉

すぐ・る【勝る・優る】[自ラ下二]{れ・れ・る・るる・るれ・れよ}他より秀でる。まさる。

すぐれ-て[副]際立って。とりわけ。ずばぬけて。例「いとやむごとなき際にはあらぬが、すぐれて時めきたまふありけり」〈源氏・桐壺〉

語構成　すぐれ｜て　ラ下二「すぐる」用｜接助

すぐろ【末黒】[名]春の野焼きのあと、草や木が黒く焦げていること。また、その草木。(季―春)

すぐろく【双六】[名]「すごろく」に同じ。

すけ【助】[名]❶手助けすること。また、助けとなる人や物。❷他の人が飲むはずの杯の酒を、代わって飲むこと。また、その人。

すけ【次官】[名]《「助」の意》令制における四等官のうちの第二等官。長官の「かみ」を補佐した。役所によってその漢字表記や呼び方が異なる。神祇官では「副」、太政官では「大納言・中納言」、八省では「輔」、衛門府・兵衛府では「佐」、国司では「介」など。→「かみ(長官)」「じょう(判官)」「さくゎん(主典)」

すけ【楮柱・支柱】[名]《名詞「助」から出た語》調度品や家屋などが傾かないように添える支え。支柱。

すけ[・す]【出家】[名・自サ変]「しゅっけ」に同じ。

〔**出家の功徳**〕出家によって得られる仏の恩恵。例「一日の**出家の功徳**ははかりなきものなれば」〈源氏・夢浮橋〉

すげ【菅】[名]《「すが」とも》野草の名。刈って干し、笠や蓑の材料とする。＝真菅・ます げ

すけき【隙】[名]《「すきあき(透き明き)」の変化形か》すき間。

すげなう スゲノウ 形容詞「すげなし」の連用形「すげなく」のウ音便。

すげな・し[形ク]{(から)・く(かり)・し・き(かる)・けれ・かれ}愛想がない。そっけない。取り付くしまもない。例「大臣の君、天下に思すとも、この御方々の**すげな・く**したまはむには、殿の内には立てりなんはや」〈源氏・少女〉

すげはら【菅原】[名]「すがはら」に同じ。

すげ・む【皺む】[自マ四]{ま・み・む・む・め・め}すぼむ。皺がよる。例「〔老婆八〕古りがたくなまめかしきさまにもてなして、いたう歯が抜けた老人の口つきを指すことが多い。すげ・みにたる口つき思ひやらるる声づかひの」〈源氏・朝顔〉

ず-けむ(上代語)…なかっただろう。例「時々の花は咲けども何すれそ母とふ花の咲き出来ずけむ」〈万葉・二〇・四三二三〉訳四季折々の花は咲くけれど、何だって母という花が咲き出て来なかっただろう。

語構成　ず｜けむ　打消「ず」用｜過・推「けむ」

《副詞の呼応》「何すれそ→咲き出来ずけむ(体)」

〈参考〉中古以降は「ざりけむ」が用いられた。

ず-けり(上代語)…なかった。例「天地の神をも我は祈りてき恋といふものはかつて止まずけり」〈万葉・一三・三三〇八〉訳天地の神々にまで私は祈ったけれど恋というものはちっともおさまらなかった。

語構成　ず｜けり　打消「ず」用｜過「けり」

〈参考〉中古以降は「ざりけり」が用いられた。

すけろく【助六】[人名] スケロク 歌舞伎十八番『助六所縁江戸桜』の主人公。「助六実は曾我五郎時致」という侠客とされ、紫の鉢巻きをした男達姿は江戸っ子の理想像となった。

すけろく【助六】[作品名]「すけろくゆかりのえどざくら」に同じ。

すけろくゆかりのえどざくら【助六所縁江戸桜】[作品名]江戸中期(一七六一初演)の歌舞伎。金井三笑作。歌舞伎十八番のひとつで、京都で起きた男達助六と遊女揚巻との心中事件をもとに、敵役意休との対立などをからめて脚色した作品。

すけんぞめき【素見騒き】[名]《近世語》遊女を買わずに見て回るだけで騒ぐこと。また、その人。

すご【素子】[名]《「すこ」とも》身分の低い者。＝賤

〈参考〉中世に、『万葉集』巻頭歌の「菜摘ます子」を、「菜摘む、す子」と誤って訓読したことから生まれた歌語。

すごう【凄う】形容詞「すごし」の連用形「すごく」のウ音便。

すごげ[・なり]【凄気】[形動ナリ]{なら・なり(に)・なり・なる・なれ・なれ}《「げ」は接尾語》気味悪く恐ろしいさま。荒涼として寂しげなさま。例「年ごろに〔花散里邸八〕いよいよ荒れまさり、**すごげ・に**ておはす」〈源氏・澪標〉

すこし【少し】[副]いくらか。ちょっと。例「やうやう白くなりゆく山ぎはは、**すこ・し**あかりて」〈枕・春は、あけぼの〉

すごし【簾越し】[名]すだれを隔てていること。すだれ越し。

すご・し【凄し】[形ク]{(から)・く(かり)・し・き(かる)・けれ・かれ}❶(ぞっとするほど)恐ろしい。気味が悪い。例「あたりさへ**すご・き**に、板屋のかたはらに堂建てて行へる尼の住まひいとあはれなり」〈源氏・夕顔〉❷(ぞっとするほど)寂しい。例「古畑のそばの立つ木にゐる鳩の友呼ぶ声の**すご・き**夕暮れ」〈新古今・雑中・一六七六〉訳→《和歌》ふるはたの…。❸(ぞっとするほど)すばらしい。美しい。例「なまめかしく**すご・う**おもしろく、所がらはまして聞こえけり」〈源氏・若菜・下〉《音便》「すごう」は「すごく」のウ音便。

発展学習ファイル　類義語に、良くも悪くも程度がはなはだしいさまを表す「いみじ」「ゆゆし」がある。

すこしき[・なり]【少しき】[名・形動ナリ]❶少しだ。わずかだ。例「大きなる利を得んがために、**少しき**の利を受けず」〈徒然・一八八〉❷小さい。ささいだ。例「みのむしみのむし。かたちの**少しき・なる**を憐れぶ」〈風俗文選・蓑虫説〉❸(副詞的に用いて)いくらか。ちょっと。例「顕密の法を習ふに、**少しき**愚かなる事なし」〈今昔・二・二〉

すこしも【少しも】[副]❶いくらかでも。ちょっとでも。例「あまたのことの来たらんなかに、**少しも**益のまさらんことを営みて」〈徒然・一八八〉❷(下に打消の語を伴って)まったく。少しも。例「聖人**少しも**いかる心なくして、ただ法華経を読誦す」〈今昔・一三・二三〉

すご・す【過ごす】[他サ四]{さ・し・す・す・せ・せ}《「すぐす」の変化形》❶年月を送る。❷限度を超す。例「日たくるまで御殿籠り過ご・したれば」〈夜の寝覚〉❸そのままにしておく。ほうっておく。例「かくすべきことは、過ご・さず、いかめしうしたまへど」〈落窪・四〉❹生計を立てて養う。面倒を見る。例「よろずの営みをして母をすご・さんために」〈伽・蛤の草紙〉

すこ・びる[自バ上一]{び・び・びる・びる・びれ・びよ}《近世語。「ずこびる」とも。「す」は接頭語》気取る。こましゃくれる。例「ええすこ・びた餓鬼め待っておれ」〈浄・大職冠〉

すこぶる【頗る】[副]《副詞「少し」の語幹＋接尾語「ぶる」》❶少しだけ。わずかに。例「ただ頗る覚えはべるなり」〈大鏡・時平〉❷たいへん。はなはだ。例「眼見替はりて頗る怖ろしき気有り」〈今昔・五・一〉

すごも【簀薦・食薦】[名]竹などを簀の子に編んだ敷物。裏に白い生の平絹を張ったものもある。神膳や食卓の下に敷く。

すごも・る【巣籠る】[自ラ四]{ら・り・る・る・れ・れ}❶(鳥や虫などが)自分の巣の中に閉じこもっている。(季―春)。❷(人が)家の中に閉じこもる。例「この三、四年はすごも・りゐて」〈椿説弓張月・後〉

すごろく【双六】[名]《「すぐろく」の変化形》インドから中国を経て伝来した室内遊戯。ふたりの競技者が、盤上に並べた白と黒のそれぞれ十五の駒を、筒に入れたふたつの賽を振って出た目の数だけ進める。自分の駒を相手の陣に早く送り終えた方が勝ちとなる。ばくちとしても行われた。

すさ【朱砂】[名]《「しゅさ」とも》鉱石の一種。水銀や赤い顔料を作る。また、その顔料。＝辰砂・丹砂

ずさ【従者】[名]《「じゅうしゃ」「ずんざ」とも》供の者。家来。

すさい【秀才】[名]「しうさい」に同じ。

すさき【州崎・洲崎】[名]❶海や川で「州」が水中に突き出して、岬のようになっている地形。❷①をかたどった図案や模様。

すさきみ【州崎回・州崎廻】[名]「州崎①」の曲がりくねった辺り。

すざく【朱雀】[名]《「しゅじゃく」「すじゃく」とも》四神のひとつ。南方をつかさどる神。鳥の形をする。

すざくおほち【朱雀大路】[地名]《「しゅじゃくおほち」「すざくおほぢ」とも》平安京大内裏の南門「朱雀門」から都の南端「羅城門」までの京中を二分する大路。いまの京都市街の千本通りにあたる。この大路の東側を左京、西側を右京という。↓[古典参考図]平安京と条坊図

すざくもん【朱雀門】[名]《「しゅじゃくもん」とも》大内裏の外郭門のひとつ。南面の中央にあり、正門に当たる。南は朱雀大路に通じ、羅城門と相対する。↓[表見返し]大内裏俯瞰図

すざくゐん【朱雀院】[名]九世紀前半、嵯峨天皇が造営した邸宅。平安京の朱雀大路の西にあって、南北を三条・四条の大路に挟まれ、八町の広さがあった。朱雀天皇のころまで、しばしば天皇の退位後の住まい(「後院」)となった。↓[古典参考図]平安京と条坊図

すさび【荒び・進び・遊び】[名]《「すさみ」とも》❶成り行きにまかせて心が進むこと。心のおもむくまま。心のはずみ。例「浮かびたる心のすさびに人をいたづらになしつるかごと負ひぬべき」〈源氏・夕顔〉❷心にまかせてする遊びごと。なぐさみごと。もてあそび。例「筆にまかせつつ、あぢきなきすさびにて」〈徒然・一九〉

すさびありき【遊び歩き】[名]心のおもむくままに出歩くこと。

すさびくら・す【荒び暮らす】[他サ四]{さ・し・す・す・せ・せ}気の向くままに慰みごとをして日を過ごす。例「碁、双六、弾棊の盤どもなどとり出でて、心々にすさび暮ら・したまふ」〈源氏・椎本〉

すさびごと【遊び事】[名]一【遊び事】気まぐれな遊び。慰みごと。二【遊び言】気まぐれに言うことば。冗談。

すさびちら・す【荒び散らす】[他サ四]{さ・し・す・す・せ・せ}気まぐれにあれこれ慰みごとをする。例「よろづにをかしうすさび散ら・したまひけり」〈源氏・末摘花〉

すさびわざ【荒び業・遊び業】[名]慰みごと。遊び。戯れ。

すさ・ぶ【荒ぶ・進ぶ・遊ぶ】[自バ上二][自バ四]

> **アプローチ**
> ▼勢いのおもむくままに事をなす意が原義。
> ▼物ごとのなりゆきに任せた動きを表すので、勢いが盛んになるさまだけでなく、勢いが衰え尽きるさまも表した。
> ▼上代では上二段活用、中古以降は四段にも活用するようになった。動詞の連用形に付いて補助動詞的に用いられることも多い。

一[自バ上二]{び・び・ぶ・ぶる・ぶれ・びよ}❶盛んに…する。いよいよすすむ。例「朝露に咲きすさ・びたる月草の日くたつなへに消ぬべく思ほゆ」〈万葉・一〇・二二八一〉訳朝露に、盛んに咲き誇っている露草がしぼむように、日が傾くにつれて私の心も消え入ってしまうように思われる。❷心のおもむくまま…する。気の向くまま…する。例「このおなじ男、この二年ばかり、ものいひすさ・ぶる人ぞありける」〈平中・四〉訳この同じ男が、ここ二年ほど、気の向くまま恋文を送る女がいた。

二[自バ四]{ば・び・ぶ・ぶ・べ・べ}❶気の向くままに行う。慰みに事をする。例「もろともに物などまゐる。いとはかなげにすさ・びて」〈源氏・紅葉賀〉訳ごいっしょにお食事などをなさる。ほんの少し気の向くまま食べて。《敬語》「物などまゐる」→「まゐる(四段)」❷思いのままに行う。心にまかせて事をする。興じる。例「琴を弾きすさ・びたまひて、良清に歌うたはせ、大輔横笛吹きて遊びたまふ」〈源氏・須磨〉訳琴を心にまかせてお弾きになり、良清に歌をうたわせ、大輔は横笛を吹いて合奏なさる。❸物事の勢いが盛んになる。例「松に這ふまさの葉かづら散りにけり外山の秋は風すさ・ぶらん」〈新古今・秋下・五三八〉訳松の木にからまっているマサノハカズラが散ってしまったことだ。人里近い山の秋は風が盛んに吹き荒れているのであろう。❹勢いが衰え尽きる。断続的に起こる。とくに、風

が吹きやんだり、雨や雪が小降りになる。例「ふりす**さ・び**春雨かすむ夕ぐれの青葉のどかにわたる山風」〈夫木・春三〉訳**小降りになって**春雨が霞んでいる夕暮れ時に、青葉にのどかに山からの風が吹いている。

発展学習ファイル 中古以降、「すさぶ」から変化した「**すさむ**」が、ほぼ同義に用いられた。⇨「すさむ」〈古語深耕〉

すさま・じ【凄じ】［形シク］{じから・じく(じかり)・じ・じき(じかる)・じけれ・じかれ}

> **アプローチ**
> ▼動詞「すさむ」の形容詞化した語。
> ▼一定の価値基準から逸脱することで不調和が生じ、感興がわかなくなる感じを表すのが基本。
> ▼古くは清音で「すさまし」だったようだが、中古以降、清濁両方が用いられるようになった。

❶**興ざめだ。おもしろくない。**例「**すさま・じき**もの。昼ほゆる犬、春の網代」〈枕・すさまじきもの〉訳**興ざめなもの。**(それは)昼間に吠えている犬。春の網代(=秋から冬にかけてアユの稚魚を取るために仕かける網)。❷**寒々としている。荒涼として寒い。**例「夜中ばかりに、風吹き、雨降りて、**すさま・じかり**けるに」〈宇治拾遺・三・三四〉訳夜中ほどに、風が吹き雨が降って、**寒々としていた**ところに。❸**恐ろしい。ぞっとする。**例「**すさま・しき**者の固めたる門へ寄せ当たりぬるものかな」〈保元・中〉訳**恐ろしい**者が守っている門へ押し寄せてしまったものだな。❹(程度が)**はなはだしい。ひどい。**例「夏山の葉隠れにはわが**すさま・じき**癖あらはしぬれば」〈仮・伊曾保物語〉訳夏の山の茂った木陰では、私(=蟬)の**はなはだしい**習性(=鳴き方)を発揮すると。

すさまじう【凄じう】形容詞「すさまじ」の連用形「すさまじく」のウ音便。

すさまじげ［・なり］【凄まじげ】［形動ナリ］{なら・なり(に)・なり・なる・なれ・なれ}(「げ」は接尾語)❶興ざめなさま。おもしろくなさそうだ。例「(大宮ナドモ)**すさまじげ・に**寄り臥したり」〈源氏・末摘花〉❷荒涼としたさま。寒々としたさま。例「冬枯れの**すさまじげ・なる**山郷に」〈玉葉・冬・九〇四〉

すさみ【荒み・進み・遊み】［名］「すさび」に同じ。

すさ・む【荒む・進む・遊む】㊀［自マ四］{ま・み・む・む・め・め}❶**気の向くままにする。**例「火箸して、灰など搔きす**さ・み**て」〈枕・雪の、いと高うはあらで〉❷(勢いが)**盛んになる。はなはだしくなる。**例「たれ住みてあはれ知るらん山里の雨降り**すさ・む**夕暮れの空」〈新古今・雑中・一六四二〉㊁［他マ下二］{め・め・む・むる・むれ・めよ}❶**心にとめて愛する。**例「山高み人も**すさ・め**ぬ桜花いたくなわびそ我見はやさむ」〈古今・春上・五〇〉❷**いとい嫌う。避ける。**例「我をば**すさ・め**たり、と気色とり」〈源氏・紅梅〉㊂［他マ四］{ま・み・む・む・め・め}**いとい嫌う。**例「世の中をも**すさ・み**、宮仕へも忘れて」〈住吉〉

> **古語深耕** 「すさむ」と「すさぶ」との違い
> どちらも意味は同じだが、活用に注意。「**すさむ**」は四段と下二段、「**すさぶ**」は四段と上二段である。意味はともに、風をイメージするとよい。風は吹くのに意味も目的もなく、勝手気ままに吹いたり、止まったり、向きが変わったりする。つまり、自然の場合には、自然の働きのままになること、人の場合には、気まぐれに何かを行うことをいう。芸事では、真剣でないかわりにしゃちほこばった重さもない、軽くさりげないようすで行うのである。恋では、浮気でつきあうことも、本気がさめて疎遠になることをもいう。

すさ・る【退る】［自ラ四］{ら・り・る・る・れ・れ}(「しさる」とも)しりぞく。引きさがる。

すし【鮨・鮓】［名］魚肉を、酢や塩につけたもの。また、魚肉を、酢・塩・米飯などといっしょに漬け込み、発酵させて保存食料にしたもの。(季—夏)

すし［・なり］［名・形動ナリ］❶なれなれしく嫌味な感じであること。例「すこし**すし・に**見えて、幅のなき男は」〈浮・好色一代男〉❷粋なさま。すい。

すじ【筋】歴史的かなづかい「すぢ」

すしあはび【鮨鮑】［名］「鮨」にしたアワビ。

すしあゆ【鮨鮎】［名］「鮨」にしたアユ。

ず-して …なくて。…ないままで。例「我を知らずして、外を知るといふ理あるべからず」〈徒然・一三四〉訳自分を知らなくて他人を知るという道理があるはずがない。

> **語構成** ず／打消「ず」用 して／接助

発展学習ファイル 平安時代は、おもに漢文訓読文に用いられ、和文では接続助詞「で」が用いられた。

すじゃう【衆生】［名］「しゅじゃう」に同じ。

すじゃう【種姓・素生・素性・素姓】［名］(「すさう」「しゅしゃう」とも)❶血筋。家柄。❷育ち。出身。❸生来の性質。本性。

すじん【数人】［名］大勢の人。衆人。

すじんてんわう【崇神天皇】［人名］(生没年未詳)『日本書紀』によれば第十代天皇。父は開化天皇。神々の祭祀制度を整え、調の制度を定め、農作物などの生産向上のために池溝を掘るなど、大和国家の基礎の確立に尽力。

す・す【煤す】［自サ四］{さ・し・す・す・せ・せ}(上代語)すすける。例「難波人葦火焚く屋の**す・し**てあれど」〈万葉・一一・二六五一〉訳→〔和歌〕なにはひと…

すす【為為】(上代東国方言。サ変動詞「す」を重ねた形)…しつつ。…しながら。

すず【鈴】［名］❶鳴り物のひとつ。古代から装飾・駅鈴・神楽など多方面に用いられた。多く金属製で、球形のものと釣り鐘形のものとある。❷紋所の名。①の形を図案化したもの。

〔**鈴の奏**〕平安時代、行幸の先払いとして鳴らす鈴を、出御前に請い受けるとき、また還御して返上するときの奏上。少納言が当たった。

〔**鈴の綱**〕清涼殿の殿上の間と校書殿とにかけて張り渡した、鈴の付いた綱。小舎人を呼ぶのに鳴らして用いた。

すず【篠・篶】[名]❶細く、丈の低い竹。シノ。❷（「篠の子」の略）シノの竹の子。

ず・す【誦す】[他サ変]{せ・し・す・する・すれ・せよ}（「ずず」「ずうず」「ずんず」とも）「じゅす」に同じ。

ずず【数珠】[名]（「じゅず」とも）小さな玉をひもにつないで輪にした仏具。ふつうは、百八の煩悩にちなんで百八個の小さな玉をつなぎ、手にかけて、念仏などの回数を数えるのに用いた。のちには、仏道修行・祈禱・仏への礼拝などのときに広く用いられる。

すずか【鈴鹿】[歌枕]伊勢国の地名。いまの三重県鈴鹿市。東海道五十三次のひとつ。

すずかがは【鈴鹿川】[歌枕]伊勢国の川。いまの三重県北部を流れ、伊勢湾に注ぐ。

すずかけ【篠懸け】[名]山伏や修験者が着る麻の衣。直垂と同じ形で、上衣は袖と背中のひもでたくし上げられるようになっている。雨露を防ぐために着た。＝篠懸け衣

すずかけごろも【篠懸け衣】[名]「すずかけ」に同じ。

〈俳句〉**すずかぜの…**【涼風の曲がりくねって来たりけり】〈七番日記・一茶〉訳裏長屋は風通しが悪く、涼風も幾重にも曲がりくねってやっとやって来たことだ。（季―涼風―夏）

〈俳句〉**すずかぜや…**【涼風や青田の上の雲の影】〈韻塞・許六〉訳稲の青々と茂った田に涼風が吹き渡り、その田の上には、青空の白い雲が涼しげに影を落としていることだ。（季―涼風―夏）

すずかたうげ【鈴鹿峠】[歌枕]伊勢国と近江国との境の峠。いまの三重県と滋賀県の境にある。交通の要所で、鈴鹿の関が置かれていた。

すずがねの【鈴が音の】[枕詞]「早馬駅家」にかかる。例「鈴が音のはゆまうまやの堤井の」〈万葉・一四・三四三九〉

すずがもり【鈴ヶ森】[地名]武蔵国の地名。いまの東京都品川区南大井付近の旧称。小塚原（いまの荒川区南千住付近）とともに江戸二大刑場のひとつとして設置された。

すずかやま【鈴鹿山】[歌枕]伊勢国と近江国の境に連なる山。いまの滋賀県南東部と三重県北部の県境に連なる。鈴鹿山脈。「鈴」の縁語「ふる」「なる」とともに詠まれた。

〈和歌〉**すずかやま…**【鈴鹿山憂き世をよそに振り捨てていかになりゆくわが身なるらん】〈新古今・雑中・一六一三・西行〉訳いま越えていく鈴鹿山よ、つらいこの世をかかわりのないものとして振り捨てて、この先どうなっていくわが身なのであろうか。《疑問語との呼応》「いかに→なるらん㊍」

〈参考〉「鈴鹿山」に、「鈴」の意を響かせる。「振り捨てて」の「振る」、「なりゆく」の「なり」に鈴が「鳴る」意を響かせ、「鈴」の縁語となる。

すすき【薄・芒】[名]❶草の名。秋、茎の先に白、または赤紫の穂を付ける。チガヤなどとともに「かや」と呼ばれ、屋根を葺いたりするのに用いられた。秋の七草のひとつ。穂の出たススキを「尾花」「花薄」と称する。（季―秋）。❷草がススキのように群がって生えること。例「なでしこのすすきになりたるをみて」〈赤染衛門集〉❸①の葉と穂を図案化した紋所の名。

〔薄の穂にも怖づ〕心に不安があり、少しの事にも怖気付くこと。

すずき【鱸】[名]海産魚の名。稚魚をセイゴ、成長するにしたがってフッコ・スズキと呼び名が変わる。ブリとともに出世魚と呼ばれる。（季―秋）

すずきしゃうさん【鈴木正三】[人名]（一五七九～一六五五）江戸前期の仮名草子作者。名は重三、正三は法号。徳川家に仕えたが、のちに出家。『二人比丘尼』『因果物語』などを著す。

すずきはるのぶ【鈴木春信】[人名]（一七二五？～一七七〇）江戸中期の浮世絵師。春信独自の可憐で夢幻的な画を描き、明和二年（一七六五）には、錦絵を生み出した。司馬江漢などに影響を与えた。

すす・く【煤く】[自カ下二]{け・け・く・くる・くれ・けよ}❶すすける。例「御薪にすす・けたれば、黒戸といふ」〈徒然・一七六〉❷汚れてきたなくなる。例「山吹の袿の袖口いたくすす・けたるを」〈源氏・玉鬘〉

すす・ぐ【濯ぐ・滌ぐ・漱ぐ】[他ガ四]{が・ぎ・ぐ・ぐ・げ・げ}（「そそぐ」とも）❶水などで汚れを洗い落とす。❷罪やけがれなどを清める。恥辱を晴らす。例「資盛が恥すす・げ」〈平家・一・殿下乗合〉

すすけまど・ふ【煤け惑ふ】[自ハ四]{は・ひ・ふ・ふ・へ・へ}すっかりすすけてしまう。ひどく汚ならしくなる。例「衣は雪にあひて煤けまど・ひ」〈源氏・末摘花〉

すずし【生絹】[名]練らない生糸。また、それで織った絹布。薄くて軽いので、おもに夏の衣服に用いた。↔練り絹

〔生絹の単衣〕「生絹」で作られた単衣。→「ひとへぎぬ」

すず・し【涼し】[形シク]{しから・しく(しかり)・し・しき(しかる)・しけれ・しかれ}❶涼しい。ひんやりしている。例「初秋風涼・しき夕へ解かむとぞ紐は結びし妹に逢はむため」〈万葉・二〇・四三〇六〉❷澄みきって清らかである。すっきりしている。例「前栽の本立ちも涼・しうしなどして」〈源氏・蓬生〉《音便》「涼しう」は「涼しく」のウ音便。❸さわやかである。さっぱりしている。例「なほし立てたまひて、御心地涼・しくなむ思しける」〈源氏・澪標〉《係結び》「なむ→思しける㊍」。《敬語》「思しける」→「おぼす」。❹潔い。潔白である。例「あらすず・しの最期や、と我も我もと御自害し給ふなり」〈仮・恨の介〉

〔涼しき方〕（清涼な地という意から）極楽浄土。

〔涼しき道〕極楽浄土へ通じる道。

すずしう【涼しう】形容詞「すずし」の連用形「すずしく」のウ音便。

すすしきほ・ふ【すすし競ふ】[自ハ四]{は・ひ・ふ・ふ・へ・へ}（「すすし」は語義未詳。「きほふ」は競う意か）語義未詳。意気盛んに競り合う意か。例「すすし競・ひ相よばひしける時には」〈万葉・九・一八〇九長歌〉

〈俳句〉**すずしさや…**【涼しさやほの三か月の羽黒山】〈おくのほそ道・出羽三山・芭蕉〉訳ほのかな三日月がかかる羽黒山は、夕闇に沈み黒々と横たわっている。それは、いかにも神秘的で、心の中も清く涼しくなるようなながめだ。（季―涼しさ―夏）

〈参考〉「ほの三か月」は「ほの見ゆ」の意をかける。

〈俳句〉**すずしさを…**【涼しさを我が宿にしてねまるなり】〈おくのほそ道・尾花沢・芭蕉〉訳広々

とした屋敷には、清らかで涼しい風が満ちている。その心地よい涼しさを、わが家にいるような気持ちで満喫して、ゆったり座っていることだ。（季―涼しさ―夏）

すずし・む【涼しむ・清しむ】［他マ下二］〔め・め・む・むる・むれ・めよ〕❶涼しくする。熱をさます。例「暑き折には、枕や座を扇いで**すずし・めて**」〈伽・二十四孝〉❷神の心をしずめる。例「そもそも神慮を**すずし・むる**事、和歌よりもよろしきはなし」〈謡・蟻通〉

すずしめ【清しめ】［名］神の心をしずめること。歌舞音曲を奉納することが多い。例「社頭を見れば灯もなく、**すずしめ**の声も聞こえず」〈謡・蟻通〉

すずしろ【清白・蘿蔔】［名］大根の別称。「春の七草」のひとつ。（季―春）

すすどげな・し【鋭げなし】［形ク］〔から・く(かり)・し・き(かる)・けれ・かれ〕（近世語。「すすどけなし」とも）よく気がついて抜け目がない。例「**すすどけな・うて**智恵満々、閻魔の庁でも言ひ抜ける」〈浄・傾城反魂香〉《音便》「すすどけなう」は「すすどけなく」のウ音便。

すすど・し【鋭し】［形ク］〔から・く(かり)・し・き(かる)・けれ・かれ〕❶すばやい。機敏だ。例「九郎は**すすど・き**男にてさぶらふなれば」〈平家・一一・勝浦〉❷才気が鋭い。抜け目がない。例「諸鳥までも、かく奥筋（＝奥州方面）は**すすど・し**」〈浮・西鶴諸国ばなし〉

すずな【菘】［名］カブの別称。「春の七草」のひとつ。（季―春）

すずのやしふ【鈴屋集】［作品名］江戸後期（一七九八〜一八〇三刊行）の歌文集。本居宣長作。短歌約二千五百首、文詞六十六編などを収める。

すすばな【洟】［名］（「すすはな」とも）鼻水。また、鼻水をすすり上げること。

すすま・し【進まし】［形シク］〔しから・しく(しかり)・し・しき(しかる)・しけれ・しかれ〕乗り気になるさま。積極的に物事を楽しみに思うさま。例「この後、少し心にかかり給ふ心地して、御使ひに参るも**すすま・しくて**」〈とはずがたり〉

すすみい・づ【進み出づ】［自ダ下二］〔で・で・づ・づる・づれ・でよ〕❶進んで前へ出る。自分から進んで出る。例「はしりむかひて、**すすみい・でて**いふやう」〈古今著聞・五四三〉❷涙などが自然にあふれる。例「あやしく心おくれても**進み出・でつる**涙かな」〈源氏・梅枝〉

すす・む【進む】［自マ四］〔ま・み・む・む・め・め〕❶前方へ進む。前へ出る。❷物事がはかどる。進行する。❸（気持ちが）はやる。つのる。高ぶる。例「家思ふと心**進・む**な風まもりよくしていませ荒しその道」〈万葉・三・三八一〉❹（興味や関心、気持ちが、ある方向に）積極的に向かう。進んで…する。例「**進・みて**起きて（草ヲ）食らふをば子（＝馬）と知り」〈今昔・五・三〉❺（地位や能力などが）すぐれる。まさる。例「官位は（父親ヨリモ）やや**進・みて**」〈源氏・若菜・上〉❻（程度が）はなはだしくなる。例「仲澄が酔ひこそ**進・みて**侍りけめ」〈宇津保・嵯峨の院〉❼涙などがあふれ出る。例「これにむかふに、いかんが涙**すす・まざらん**」〈平家・六・祇園女御〉

すす・む【勧む・薦む】［他マ下二］〔め・め・む・むる・むれ・めよ〕❶はたらきかける。勧誘する。例「この義懐の中納言の御出家す、惟成の弁の**勧・め**聞こえられたりけるとぞ」〈大鏡・伊尹〉❷奨励する。励ます。例「民を撫で農を**勧・めば**」〈徒然・一四二〉❸（飲食物を）差し上げる。すすめる。例「盃饌をまうけられて、納言に**すす・められけり**」〈古今著聞・六二九〉❹（人を）推薦する。推挙する。例「岐神を二神に**薦・めて**曰さく」〈紀・神代・下〉

すずむし【鈴虫】［名］松虫の古名。中古・中世の鈴虫は、いまの松虫に当たる。（季―秋）

〔**鈴虫の宴**〕「鈴虫（いまの松虫）」の鳴き声に興じながら行う酒宴。

すずむし【鈴虫】［作品名］『源氏物語』の三十八番目の巻名。

〔和歌〕**すずむしの…【鈴虫の声のかぎりを尽くしても長き夜あかずふる涙かな】**〈源氏・桐壺〉訳 鈴虫のように声の限りを尽くして泣いても、秋の長い夜も足りないくらいに降りこぼれる涙であることよ。〈参考〉「ふる」は「降る」に「振る」の意をもたせ、「鈴虫」の「鈴」の縁語。

すずめ【雀】［名］❶小鳥の名。❷ある場所や物事に精通している人。

〔**雀の子**〕スズメの雛。

〔**雀の巣も構ふに溜まる**〕スズメが巣を作るのに、少しずつ材料を運んで完成するように、わずかなものでも、積み重なれば大きな成果が得られることのたとえ。

〔**雀百まで踊り忘れず**〕年を取っても、小さいころの習慣は変わらないことをいう。

すずめがくれ【雀隠れ】［名］スズメが身を隠せるほど、草木が茂るさま。（季―春）。例「三月になりぬ。木の芽**すずめがくれ**になりて」〈蜻蛉・下〉

すずめがた【雀形】［名］❶スズメが翼を広げた形を図案化した模様。❷（多く、屏風の裏に①が描かれていたことから）屏風。

すずめこゆみ【雀小弓】［名］遊戯用の小さな弓。＝雀弓

古典の世界 遊びとしては平安末期に朝廷で始まったが、のちには衰え、子供の遊びとして残った。江戸時代には「楊弓」と同様に楽しまれたらしい。

〔俳句〕**すずめのこ…【雀の子そこのけそこのけ御馬が通る】**〈おらが春・一茶〉訳 雀の子よ。早くそこをどきなさい、どきなさい。お馬さんが通るよ。（季―雀の子―春）

すずめゆみ【雀弓】［名］「すずめこゆみ」に同じ。

すずやか［・なり］【涼やか】［形動ナリ］〔なら・なり(に)・なり・なる・なれ・なれ〕（「やか」は接尾語）すがすがしいさま。さわやかである。

すずり【硯】［名］❶墨を水でするときに使う道具。硯石。❷「すずりのはこ」に同じ。

すずりがめ【硯瓶】［名］墨をするための水を入れておき、硯に注ぐ道具。水入れ。

すずりのはこ【硯の箱・硯の筥】［名］硯・筆・墨など、筆記に必要な道具類を入れておく箱。また、その蓋はお盆の代わりに用いられた。＝硯②・硯箱

すずりぶた【硯蓋】［名］❶硯箱のふた。盆のように、食べ物などを載せるのにも用いた。❷（「硯蓋」に似ていることから）祝儀の際に、口取り肴を盛る盆状の容器。また、それに盛られた口取り肴。

すす・る【啜る】［他ラ四］〔ら・り・る・る・れ・れ〕❶吸いこむように飲み下す。すする。例「芋粥**すす・りて**舌うちをして」

〈宇治拾遺・一・一八〉 ❷鼻汁を息といっしょに吸い込む。すすり上げる。例「さしも思はぬ草木のもとさへ、恋しからんことと目とどめて、鼻すす・りあへり」〈源氏・真木柱〉

すずろ［・なり］【漫ろ】［形動ナリ］｛なら・なり(に)・なり・なる・なれ・なれ｝

> **アプローチ** ▼理由や根拠もなく、無意識に物事が進行すること、の意が原義。
> ▼転じて、予想外である、無関係であるなどの意となり、望ましくない意にも用いられる。
> ▼平安後期には「すぞろ」の形も現れ、以降「そぞろ」が優勢になった。

❶**何とはなしに。わけもなく心が動く。あてもない。** 例「むかし、男、すずろ・に陸奥の国までまどひいにけり」〈伊勢・一一六〉 訳昔、男が、**何とはなしに**奥州までさまよい行った。

❷**思いがけない。不意である。** 例「蔦かへでは茂り、もの心細く、すずろ・なるめを見ることと思ふに」〈伊勢・九〉 訳ツタやカエデが茂り、何となく心細く、**思いがけない**目にあうことよと思っていると。

❸**根拠がない。いいかげんだ。つまらない。** 例「衣などに、すずろ・なる名どもを付けけむ、いとあやし」〈枕・などて、官得はじめたる〉 訳着物などに、**いいかげんな**名まえなどをつけたようなのは、ひどく妙だ。

❹**無関係だ。かかわりのない。** 例「すずろ・なる者に、なにか物おほくたばむ」〈大和・一四八〉 訳**無関係な**者に、どうして物をたくさんおやりになるのだろうか。

❺**軽率だ。思慮に欠ける。** 例「さて通ひたまはむもさすがにすずろ・なる心地して」〈源氏・若紫〉 訳そうしてお通いなさるのも、そうはいっても、やはり**思慮に欠ける**気がして。

❻**むやみやたらなさま。** 例「逃げんとするを、捕らへて、ひきとどめて、すずろ・に飲ませつれば」〈徒然・一七五〉 訳逃げようとするのをつかまえて、ひきとめて、**むやみやたらに**(酒を)飲ませてしまうと。

発展学習ファイル 同じ語源で意味がほぼ同じ語に、「**そぞろ**」がある。「すぞろ」は『平家物語』に多く、「そぞろ」は『平家物語』『徒然草』などで多く用いられている。

〔漫ろなる人〕 ❶無関心な人。無関係な人。例「すこしねぶたげなる読経の絶え絶えすごく聞こゆるなど、すずろなる人も所がらものあはれなり」〈源氏・若紫〉 ❷心ない人。無法者。例「主ある家には、すずろなる人、心のままに入り来る事なし」〈徒然・二三五〉

すずろ・く【漫ろく】［自カ四］｛か・き・く・く・け・け｝《「そぞろく」とも》そわそわする。心がうわついて落ち着かないさま。例「この男いたくすずろ・きて」〈源氏・帚木〉

すずろごころ【漫ろ心】［名］《「そぞろごころ」とも》うわついた気持ち。しっかりしない心。

すずろごと［名］《「そぞろごと」とも》一【漫ろ事】確かな根拠がないこと。つまらないこと。二【漫ろ言】とりとめない話。雑談。

すずろは・し【漫ろはし】［形シク］｛しから・しく(しかり)・し・しき(しかる)・しけれ・しかれ｝《「そぞろはし」とも》❶楽しくてそわそわと落ち着かないさま。心が浮き浮きするさま。例「何とも聞きわくまじきこのもかのものしはふる人どもも、すずろは・しくて」〈源氏・明石〉 ❷(不快や不安のため)気が落ち着かない。そわそわする。例「なまものうくすずろは・しけれど」〈源氏・若菜・下〉

すすろ・ふ【啜ろふ】［他ハ四］｛は・ひ・ふ・ふ・へ・へ｝《動詞「すする」に、「ふ」は上代の反復・継続の助動詞「すすらふ」の変化形。》すすり続けてすする。例「糟湯酒うちすすろ・ひて」〈万葉・五・八九二長歌〉 訳→(和歌)かぜまじり…

すずろ・ぶ【漫ろぶ】［自バ上二］｛び・び・ぶ・ぶる・ぶれ・びよ｝《「すずろふ」とも》慌てる。そわそわと落ち着かない。例「怪しく主も女房どももすずろ・ひたる気色見えければ」〈今昔・二八・一二〉

すずろものがたり【漫ろ物語】［名］とりとめない話。雑談。

すそ【裾】［名］❶衣服の下端。❷(人の)足。足元。例「安芸太郎が郎等を、裾をあはせて、海へどうど蹴いれ給ふ」〈平家・一一・能登殿最期〉 ❸馬の足。また、その足を洗うこと。❹物の端。例「風に吹かれて、御几帳の裾、少し見ゆ」〈今昔・一九・一七〉 ❺髪の毛の先。❻山のふもと。山すそ。❼川の下流。川下。

ずそ［・す］【呪詛・呪咀】［名・他サ変］「しゅそ」に同じ。

〔呪詛の祓へ〕 陰陽道などで、人の呪いをとくために祓えの儀式を行うこと。

ずそう【従僧】［名］主人の供をする僧。

すそがなもの【裾金物】［名］鎧の袖・草摺り・兜の錣などの下端にある、菱縫いの板に付ける装飾的な金物。

すそご【裾濃・末濃】［名］衣や几帳の布の染め色で、同じ色で上は薄く、下へいくほど濃くなるように染めたもの。鎧の「縅毛」にもいう。

すそさ・く【裾割く】［他カ四］｛か・き・く・く・け・け｝裾をそぎ落とす。例「〔髪〕すそさ・きたる心地して、たけに四寸許りぞたらぬ」〈蜻蛉・下〉

すそび・く【裾曳く・裾引く】［自カ四］｛か・き・く・く・け・け｝衣の裾を長く引く。

すそみ【裾回・裾廻】［名］《「み」は接尾語。「すそわ」とも》山のふもと。山すその辺り。

すぞろ［・なり］【漫ろ】［形動ナリ］｛なら・なり(に)・なり・なる・なれ・なれ｝「すずろ」に同じ。

すそわ【裾回・裾廻】［名］「すそみ」に同じ。

ずだ【頭陀】歴史的かなづかい「づだ」

すだ・く【集く】［自カ四］｛か・き・く・く・け・け｝❶集まる。群がる。例「水鳥のすだ・く水沼を都と成しつ」〈万葉・一九・四二六一〉 ❷(虫や鳥などが)群がって鳴く。例「寝屋の上に雀の声ぞすだ・くなる」〈好忠集〉

すだ・つ【巣立つ】一［自タ四］｛た・ち・つ・つ・て・て｝鳥のひなが、成長して巣から飛び立つ。二［他タ下二］｛て・て・つ・つる・つれ・てよ｝巣から飛び立たせる。転じて、親鳥がひな鳥を育て、巣から飛び立たせる。転じて、人をはぐくむ。例「巣立・てらるべき鶴の雛かな」〈拾遺・雑賀・一一六六〉

すた・る【廃る】一［自ラ四］｛ら・り・る・る・れ・れ｝衰える。かえりみられなくなる。例「粥のさへ日々にすた・りて」〈雨月・吉備津の釜〉 二［自ラ下二］｛れ・れ・る・るる・るれ・れよ｝衰える。不用になる。例「かかるうきこと出いできたれば、この道

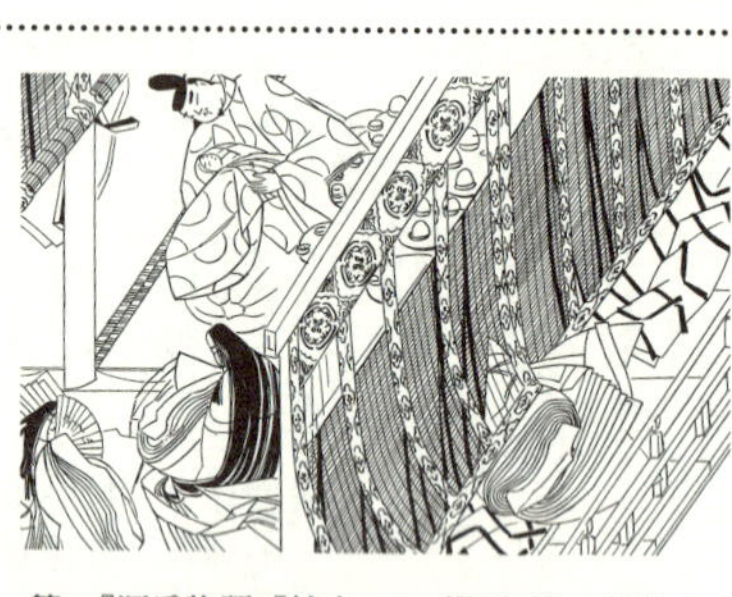

簾　『源氏物語』「柏木」の一場面。簾の左奥で、源氏が柏木と女三の宮の子薫を抱く。薫の五十日の祝ひであるが、不倫の自責に女三の宮の表情は暗い。(源氏物語絵巻)

(=和歌ノ道)すた・れぬるにやと」〈古今著聞・一五六〉

すだれ【簾】[名]《「す」とも。「簀垂れ」の意》❶葦や細く割った竹などを糸で編んだもの。掛け垂らして、室内の仕切り、室外との隔て、日よけなどに用いた。敬称を「御簾」という。(季―夏)。❷牛車や輿の出入り口に掛けて垂らしたもの。緋色の糸で編んだ「赤色簾」と、青色の糸で編んだ「青簾」がある。

-すぢ【筋】[接尾]細長いものを数える語。…本。…条。

すぢ【筋】[名]❶筋肉。筋肉の繊維。❷線状のもの。とくに毛筋。例「老いにけらしな黒き筋なし」〈古今・雑上・九二八〉❸血筋。血統。家柄。例「母君よりもまさりてきように、父大臣の筋さへ加はれば」〈源氏・玉鬘〉❹素質。気性。性分。❺道理。条理。❻方角。その方向。例「二条院にも同じ筋にて」〈源氏・帚木〉❼その関係。分野。方面。例「大和言の葉(=和歌)をも、唐土の歌(=漢詩)をも、ただその筋をぞ枕言(=口グセ)にせさせたまふ」〈源氏・桐壺〉(係結び)「ぞ→せさせたまふ」→「させたまふ」。❽趣向。作風。芸風。(敬語)「せさせたまふ㊍」。例「こころしう(=オウヨウデ)、なまめいたる筋をえなん見せぬ」〈源氏・紅葉賀〉(音便)「こころしう」は「こころしく」のウ音便、「なまめい」は「なまめき」のイ音便。(係結び)「なん→見せぬ㊍」。(副詞の呼応)「え→見せぬ」。❾通り・道・川など。細長く続く所。

ずち【術】[名]手段。方法。

すぢかひ【[・なり]】【筋違ひ・筋交ひ】[名・形動ナリ]斜めに行き違っているさま。＝筋違へ

すぢか・ふ【筋違ふ・筋交ふ】㊀[自ハ四]{は・ひ・ふ・ふ・へ・へ}❶斜めに交差する。行き違う。例「行りのほど(=行ノ具合)、端ざまに筋か・ひて」〈源氏・常夏〉❷斜めに向かい合う。例「女君は、ただこの障子口筋違・ひたるほどにぞ臥したるべき」〈源氏・帚木〉❸それる。背く。例「あまり世にすぢか・ひて、すずろなる山ごもりがちに物せさせ給ひ」〈浜松中納言・四〉㊁[他ハ下二]{へ・へ・ふ・ふる・ふれ・へよ}斜めに交差する。例「錦の御帳に、太刀を横さまに筋交・へたるやうに付けて」〈中務内侍〉

すぢかぶと【筋兜】[名]兜の鉢の一種。鉢の鉄板を、星(鋲)を用いずに張り合わせ、縁の筋だけを立てたもの。→「ほしかぶと」。➡[古典参考図]武装・武具〈1〉

すぢかへ【筋違へ・筋交へ】[名]「すぢかひ」に同じ。

すぢな・し【筋無し】[形ク]{から・く(かり)・し・き(かる)・けれ・かれ}❶道理に合わない。訳の分からない。例「筋な・きことな宣ひそ」〈謡・国栖〉❷血筋のよくない。卑しい。例「元来すぢな・き分限、むかしより浅ましくほろびて」〈浮・日本永代蔵〉

ずちな・し【術無し】[形ク]{から・く(かり)・し・き(かる)・けれ・かれ}《「じゅつなし」「ずつなし」とも》どうしようもない。困った。例「あまり明うなりしかば、『葛城の神、いまぞ術な・き』とて、逃げおはしにしを」〈枕・故殿の御服の頃〉(係結び)「ぞ→術なき㊍」。(音便)「明う」は「明く」のウ音便。(敬語)「逃げおはし」→「おはす」

発展学習ファイル　類義語に、あきらめの気持ちを表す「せんなし」がある。➡「せんなし」〈発展学習ファイル〉

すぢりもぢ・る【[他ラ四]】{ら・り・る・る・れ・れ}❶身をくねらせる。よじる。例「舞ふべき限り、すぢりもぢ・り、ゑい声を出だして」〈宇治拾遺・一・三〉❷あちらこちら曲がりくねる。回り道をする。例「里の裏道、畦道をすぢりもぢ・りて」〈浄・冥途の飛脚〉

すぢ・る[他ラ四]{ら・り・る・る・れ・れ}身をくねらせる。曲がりくねっている。例「黒くきたなき身を肩抜ぎて、目もあてられずすぢ・りたるを」〈徒然・一七五〉

す・つ【捨つ・棄つ】[他タ下二]{て・て・つ・つる・つれ・てよ}❶捨てる。投げ出す。例「金は山に捨・て」〈徒然・三八〉❷かえりみない。見捨てる。例「我を、いかにせよとて、捨・ててはのぼりたまふぞ」〈竹取・かぐや姫の昇天〉❸俗世を捨てる。出家する。例「ここにかく世を棄・てたるに」〈源氏・夕霧〉❹埋葬する。葬る。例「それ、幾の程を経ずして、病を受けてて死ぬ。しかれば、金の山崎の辺に棄・てつ」〈今昔・一七・二六〉❺(動詞の連用形に接続助詞「て」の付いたものに付いて)…しまう。例「いはずはきって捨・てん」〈平家・一二・泊瀬六代〉(音便)「きっ」は「きり」の促音便。

ずっかり[副]《近世語》❶遠慮せずに思い切ってするようす。ずけずけ。＝ずっけり。例「詞もずっかり顔も色立ちせき上ぐれば」〈浄・蘆屋道満大内鑑〉❷思い切って切り離すようす。すっぱり。ざっくり。例「思はず舅が耳の根ずっかり」〈浄・夏祭浪花鑑〉

ずっけり[副]「ずっかり①」に同じ。

ずっし[副]物が重く重量感のあるさま。ずっしりと。例「〔熊手・薙鎌・金撮棒ヲ〕閻魔王にずっしと持たせて」〈狂・朝比奈〉

すづつ【酢筒】[名]酢を入れるのに用いる竹の筒。

すってのこと《近世語。「すでのこと」の変化形》もう少しのところで。例「すってのことに大事の工、いやあの大事の菓子を荒した科が」〈浄・伽羅先代萩〉

ずつな・し【術無し】[形ク]{から・く(かり)・し・き(かる)・けれ・かれ}「ずちなし」

に同じ。

すっぱ【素波・素破・透波】[名]❶戦国時代、武家に用いられた忍びの者。密偵。＝乱波(らっぱ)。❷詐欺師。悪党。＝素波の皮。❸浮気者。

〔**素波**(すっぱ)**の皮**(かは)〕スッパノカワ「すっぱ②」に同じ。

すっぱと[副]物をたやすく切るさま。また、勢いよく切るさま。すっぱりと。例「板引き寄せ、〔鯉(こい)ヲ〕すっぱと切っては」〈狂・鱸包丁〉

すっぺり[副]《近世語》❶なめらかなようす。❷残りなく全部。すっかり。例「大病がやうやうによくなって、このごろはすっぺり素(もと)の通りさ」〈浮世風呂〉

ず-て…ないで。例「浪間(なみま)より見ゆる小島の浜ひさ木久しく成りぬ君に逢(あ)はずて」〈拾遺・恋四・八六六〉訳波の間から見える小島の浜辺に生えるヒサキ、その「ひさ」というように久しくなってしまったことだ、あなたに会わないで。

語構成　ず　打消「ず」用　て　接助

発展学習ファイル　おもに上代に用いられ、中古以降は和歌の中に用いられた。

すておぶね【捨て小舟】歴史的かなづかい「すてをぶね」

すてか・く【捨て書く】[他カ四]{か・き・く・く・け・け}無造作に書く。書き捨てる。例「白き紙に捨て書い給へるしもぞ、なかなかをかしげなる」〈源氏・末摘花〉《音便》「捨て書い」は「捨て書き」のイ音便。

すてっぺん[名]《近世語。「す」は接頭語》最も高い所。山頂や頭の上。また、最初。真っ先。

すでに【既に・已に】[副]❶**すっかり。すべて。残らず。**例「天(あめ)の下すでに覆ひて降る雪の光を見れば貴くもあるか」〈万葉・一七・三九二三〉❷**もはや。とっくに。もう。**例「春はやがて夏の気を催し、夏よりすでに秋は通ひ」〈徒然・一五五〉❸(多く下に推量の表現を伴って)**もう少しで。まさに。危うく。**例「仏御前(ほとけごぜん)は、すげなういはれたてまつって、すでに出(い)でんとしけるを」〈平家・一・祇王〉《音便》「すげなう」は「すげなく」のウ音便。「たてまつっ」は「たてまつり」の促音便。《敬語》「いはれたてまつって」→「たてまつる」。❹(多く下に断定の表現を伴って)**たしかに。まちがいなく。現に。**例「この小さき櫃(ひつ)より汁垂(た)りて、臭き香あり。すでにこれ魚(いを)なり」〈今昔・二三・二七〉

発展学習ファイル　中古では、もっぱら漢文訓読語として用いられ、和文では、「はや」「はやし」の連用形の音便形を副詞として用いた「**はやう**」が主であった。

すてばうず【捨て坊主】ステボウズ[名]《近世語》❶仏道修行のためではなく、生活に困って仕方なく出家した僧。❷僧を軽蔑(けいべつ)していう語。くそ坊主。

すてぶね【捨て舟】[名]「すてをぶね」に同じ。

すてむち【捨て鞭】[名]馬を速く走らせて逃げるときに、馬の尻(しり)をむやみにむち打つこと。また、そのむち。

すてわす・る【捨て忘る】[他ラ下二]{れ・れ・る・るる・るれ・れよ}捨てて、そのまま忘れ去る。例「この世のことはすて忘れはべりぬるを」〈源氏・明石〉

すてわな【捨て罠】[名]しかけたまま、見張り番をおかないわな。

すてをぶね【捨て小舟】ステオブネ[名]乗る人もなく、捨て置かれた小舟。寄る辺のない身の上にたとえることが多い。＝捨て舟

ずと《近世語。打消の助動詞「ず」＋格助詞「と」》…ないで。…ずに。例「ざれこと(＝フザケタコト)をせずと、末広がり(＝扇)を見せい」〈狂・末広がり〉

すとくてんわう【崇徳天皇】ストクテンノウ[人名](一一一九〜一一六四)第七十五代天皇。父は鳥羽(とば)天皇。保元の乱に敗れ、讃岐(さぬき)に遷幸、讃岐院と呼ばれた。歌才が豊かで、『詞花和歌集』などに入集。

すどほ・る【素通る】スドオル[自ラ四]{ら・り・る・る・れ・れ}止まらずに通り過ぎる。素通りする。

ず-とも　逆接の仮定条件を表す。**たとえ…なくても。**例「花の色は霞(かすみ)にこめて見せずとも香(か)をだに盗め春の山風」〈古今・春下・九一〉訳たとえ花の色は霞に閉じこめられて見せてもらえなくても、春の山風よ、せめて香りだけでも盗んで来てくれないか。

語構成　ず　打消「ず」用　とも　接助

すどり【州鳥・洲鳥】[名]州にいる鳥。

すない-【少】[接頭]《「すなき」のイ音便》同じ官職で低い方を指す。「少弁(すないおほともひ)」「少納言(すないものまうし)」など。↔大(おほい)②

すないおほともひ【少弁】スナイオオトモイ[名]「せうべん」に同じ。

すないものまうし【少納言】スナイモノモウシ[名]「せうなごん」に同じ。

すないものまうすつかさ【少納言】スナイモノモウスツカサ[名]「せうなごん」に同じ。

すなご【砂子・沙子】[名]❶砂。＝砂(いさご)。❷蒔絵(まきえ)や色紙・襖(ふすま)などに吹きつける金銀の箔片(はくへん)。また吹きつけたもの。

すなどり【漁り】[名・自サ変]《「あさり」「いざり」とも》漁をすること。漁労。

すなど・る【漁る】[他ラ四]{ら・り・る・る・れ・れ}漁をする。魚や貝などをとる。例「沖辺(おきへ)に行き辺(へ)に行き今や妹(いも)がため我が漁れる藻臥(もふ)し束鮒(つかふな)」〈万葉・四・六二五〉

すなに・する【砂にする】《近世語》無益にする。無駄にする。例「菎蒻(こんにゃく)の銭ぢゃとて砂にして吸はせうか」〈浄・丹波与作待夜の小室節〉

すなはち【即ち・乃ち・則ち】スナワチ[名][副][接]

アプローチ
▼㊀①の即刻・即座の意が原義。
▼転じて、ただちに・即座にの意の副詞としても用いられた。
▼さらに、漢語の「即」「乃」などを「すなはち」と訓読したことから、つまり・そこでの意の接続詞用法が生じた。

㊀[名]❶**その時。即刻。即座。**例「ほととぎす鳴きしすなはち君が家(いへ)に行(ゆ)けと追ひしは至るらむかも」〈万葉・八・一五〇五〉訳ホトトギスが鳴いたその時、あなたの家に行けと追いやったのですが、その鳥はもう着いたでしょうか。〔注〕ホトトギスは恋の使いとされた。❷**そのころ。当時。**例「思ひ知る人も、年月積りゆけば、すなはちのやうにやはある」〈発心集〉訳知っている人も、年月がたったので、どうして当時のままでいるであろうか、いや、いやしない。

㊁[副]**ただちに。即座に。**例「立て籠(こ)めたるところ

簀の子 寝殿の釣殿の一角、簀の子の上に立つ冠直衣姿は藤原道長。新造の竜頭鷁首を、みずからの目で確かめるためのお出ましである。（紫式部日記絵詞）

の戸、**すなはち、**ただ開きに開きぬ」〈竹取・かぐや姫の昇天〉訳かたく閉ざしてあった戸が、**即座に、**大きく開いてしまった。

三［接］❶**つまり。そのまま。**例「一時の懈怠、**すなはち**一生の懈怠となる」〈徒然・一八八〉訳一時の怠りが、**そのまま**一生の怠りとなる。

❷**そこで。**例「**すなはち、**五十の春を迎へて、家を出で、世を背けり」〈方丈記〉訳**そこで、**五十歳の春を迎えたところで、家を出て出家をした。

発展学習ファイル 「ただちに」の意で、「**やがて**」と類義であるが、「すなはち」の方が時間的なゆとりやへだたりがなく、切迫している。

すなほ［・なり］【素直】［形動ナリ］〈なら・なり(に)・なり・なる・なれ・なれ〉❶飾り気がなくありのままである。素朴だ。例「ちはやぶる神代には、歌の文字も定まらず、**素直にして**」〈古今・仮名序〉❷正直だ。純真だ。例「人の心**すなほ・ならねば、**偽りなきにしもあらず」〈徒然・八五〉❸従順だ。おだやかだ。例「ただ**素直・に、**公ざまの心ばへばかりにて」〈源氏・若菜・下〉

すなわち【即ち・乃ち・則ち】歴史的かなづかい「すなはち」

すねあて【臑当て・脛当て】［名］鎧の小具足の一種。すねを守る防具で、革や布に鉄板や鎖をつけてすねを包むもの。➡［古典参考図］武装・武具〈1〉

すのこ【簀の子】［名］❶殿舎で廂の外に、細板を少し透かして張り、雨露がたまらないようにした縁。＝簀の子縁。❷竹などを編んで作った敷物。

〔**簀の子ばかりの許され**〕（「すのこ」は建物の外側にある板敷）簀の子に上がる程度のお許し。簀の子の上にいるぐらいの許可。例「『こなたは、**簀の子ばかりのゆるされ**ははべりや』とて、〔源氏ハ〕上りゐたまへり」〈源氏・賢木〉

古典の世界 部屋の中へ招かれず、御簾越しに簀の子に座って接待されることは、貴人にとって最も疎略な扱いになる。ただし、身分が低ければ、簀の子の上に上がることも許されない。

すのこえん【簀の子縁】［名］「すのこ①」に同じ。

すのまた【墨俣】［地名］美濃国の地名。いまの岐阜県安八郡墨俣町。長良川沿岸にあり交通の要所。豊臣秀吉が一夜城を築いたことで有名。

すは［感］❶相手に注意を促すときに発する語。そら。例「**すは、**稲荷より賜るしるしの杉よ」〈更級〉❷突然のことに驚いて発する語。あっ。例「**すは、**きゃつを手のべにして、たばかられぬるは」〈平家・四・競〉①②＝すはや

すは【諏訪】［地名］信濃国の地名。いまの長野県諏訪市を中心とする一帯。諏訪大社があり、江戸時代は甲州街道の宿場町としても栄えた。

ずは（打消の助動詞「ず」の連用形＋係助詞「は」）❶…**ないで。**例「なかなかに人とあらず**は**酒壺に成りにてしかも酒に染しみなむ」〈万葉・三・三四三〉訳↓〔和歌〕なかなかに…。❷順接の仮定条件を表す。…**ないならば。**例「坊にも、ようせず**は、**この皇子のゐたまふべきなめり」〈源氏・桐壺〉訳東宮坊（＝皇太子の位）にも、うまくいか**ないならば、**（私の子ではなく）この皇子がおつきになるはずであるらしい。（音便）「よう」は「よく」のウ音便。語構成「ゐたまふべきなめり」→「なめり」

発展学習ファイル (1)①は上代の用法。②は、古い文献では「は」も「ば」もともに「は」と表記したので、後代の人たちはこの「ずは」を誤って「ずば」と読んでいたのだが、正しくは清音の「ずは」であることが分かった。ただし、中世には「**ずんば**」近世には「**ずば**」という形が生じた。

(2)②の「ずは」の「は」は、接続助詞「**ば**」と機能が同じであるため、接続助詞とする説もある。

ずば（「ずは②」が濁音化したもの。近世以降の形）…**なければ。**例「いづれ消息を見**ずば**あらじ」〈雨月・青頭巾〉訳いずれにしても（彼の）ようすを見**なければ**ならない。

すはう【素袍】［名］「すあを」に同じ。

すはう【蘇芳・蘇枋】［名］❶木の名。インド・マレー原産。材は楊弓に、幹を細かく削ったものや莢を煎じて、赤色の染料とする。❷染め色の名。①で染めた黒みのある紅色。＝蘇芳色。❸襲の色目の名。表は蘇芳で裏は濃蘇芳。または、表は薄茶色で裏は濃赤色とも。＝蘇芳襲

すはう【周防】［地名］旧国名。山陽道八か国のひとつ。いまの山口県東部。＝防州

すはういろ【蘇芳色】［名］「すはう（蘇芳）②」に同じ。

すはうがさね【蘇芳襲】［名］「すはう（蘇芳）③」に同じ。

すはうのないし【周防内侍】［人名］（生没年未詳）平安後期の女流歌人。本名は平仲子。父は周防守平棟仲。後冷泉天皇から堀河天皇までの四代に仕えた。『後拾遺和歌集』などに入集。

すはえ【楚・楉】［名］（「ずはえ」とも）❶細長くまっすぐのびた若枝。❷罪人を打つ刑罰の具。むち。

すばく【寸白】［名］❶条虫や回虫などの寄生虫の総称。❷寄生虫による病気。また、寄生虫によるものと思われた婦人病。

すはすは［副］物が軽く当たるさま。例「毛の中より松茸の大きやかなる物の、ふらふらと出で来て、腹に**すはすは**とうちつけたり」〈宇治拾遺・一・六〉

すはすは［感］《「すは」を重ねて強めた語》警告するときや、驚いたときに発する語。そらそら。さあさあ。例「**すはすは**只今刺し殺さん」〈盛衰記・一九〉

すばすば［副］物を飲んだり吸ったりするさま。すぱすぱ。するする。例「**すばすば**とみなのみてけり」〈古今著聞・五九六〉

すはだ【素肌・素膚】［名］❶化粧をしていないそのままの肌。❷甲冑を身に着けていないこと。

すばな・る【巣離る】［自ラ下二］｛れ・れ・る・るる・るれ・れよ｝（ひな鳥が）飛び立って巣から離れる。巣立つ。

すはのうみ【諏訪の海】［歌枕］信濃国の湖。いまの長野県諏訪市にある諏訪湖。厳冬期に結氷した湖面に亀裂の入ることを「御神渡」と呼び、諏訪大社上社の男神が下社の女神のもとへ通う道とする伝説がある。

すはぶき【咳き】［名］「しはぶき」に同じ。

すはま【州浜・洲浜】［名］❶砂州が発達して入り組んでいる浜辺。❷①を模して作った台の上に草木や花鳥など季節の景物を配して作った飾り。晴れの儀式や饗宴の装飾とした。＝州浜台。❸①を模して作った庭園。❹紋所の名。①を図案化したもの。

すはや［感］《感動詞「すは」＋間投助詞「や」》「すは」に同じ。

すばら【素腹】子供ができないこと。また、その女性。

すはりすはり［副］物を軽くなでさすったり、また、切ったりするさま。例「〔刀ヲ〕、鬢に**すはりすはり**と引き当てければ」〈盛衰記・一〉

すばる【昴】［名］牡牛座にあるプレアデス星団の和名。六つの星が統べ括られているように見えることからいう。六連星。

すひかづら【忍冬】［名］木の名。初夏、香りのよい黄白色の花を付ける。冬になっても葉がしぼまないところから、「忍冬」の名ももつ。（季―夏）

すびき【素引き・寸引き・白引き】［名］❶矢を弓につがえずに弦を試みに引くこと。例「張りがへの弓の寸引きして」〈太平記・一七〉❷口先ばかりで強弓を誇り、実戦では役立たないこと。❸縄をしごくこと。

すびつ【炭櫃】［名］囲炉裏。炉。また、室内に据えられた角火鉢のことともいう。（季―冬）

古典の世界　同じ冬の暖房器具でも、「**炭櫃**」が母屋や女房たちの部屋に据えられた四角い火鉢なのに対し、「**火桶**」は持ち運びのできる丸火鉢で来客用などに用いた。

す・ぶ【統ぶ・総ぶ】［他バ下二］｛べ・べ・ぶ・ぶる・ぶれ・べよ｝❶ひとつにまとめる。例「海神、ここに、海の魚どもを**統・べ**集へて」〈紀・神代・下〉❷治める。支配する。例「多くの政をす・べおこなはせたまふ」〈栄花・三〉

すぶすぶ［副］すぼまって狭くなっているさま。例「内はほらほら外は**すぶすぶ**」〈記・上〉

〔俳句〕**ずぶぬれの…**【ずぶ濡れの大名を見る炬燵かな】〈八番日記・一茶〉訳大名行列がずぶ濡れになって街道を進んでいく。こちらはこたつにあたりながらぬくぬくとそれを見物することだ。（季―炬燵―冬）

すべ-【皇】［接頭］「すめ（皇）」に同じ。

すべ【術】［名］手段。方法。てだて。↓「すべなし」。例「言はむすべせむすべ知らに音のみを聞きてあり得ねば」〈万葉・二・二〇七長歌〉

〔術の方便〕《「すべのたどき」とも。「すべ」も「たづき」も方法・手段の意で、重ねて意味を強めたもの》方法。手段。

〔術の方便〕「すべのたづき」に同じ。

〔術も術なさ〕どうにもしようがないことだ。例「慕ひ来し妹が心の**すべもすべなさ**」〈万葉・五・七九六〉

すべがみ【皇神】［名］「すめかみ」に同じ。

すべか・めり【為べかめり】《「すべかるめり」の撥音便「すべかんめり」の撥音無表記》…するにちがいないようだ。例「すずろなる死にを**すべか・める**かな」〈竹取・竜の頸の玉〉

すべからく【須く】［副］《動詞「為」の終止形＋推量の助動詞「べし」の名詞化したものの副詞化》（多く下に助動詞「べし」「む」などを伴って）当然すべきこととして。例「徳をつかんと思はば、**すべからく**、まづその心づかひを修行すべし」〈徒然・二一七〉

すべきかたな・し【為べき方無し】《動詞「為」の終止形＋推量の助動詞「べし」の連体形＋名詞「方」＋形容詞「無し」。「べし」は可能の意を表す》どうにもならない。どうしようもない。例「**すべきかたな・き**者、古寺に至りて仏を盗み」〈方丈記〉

すべしがみ【垂髪】［名］《「すべらかし」とも》女性の髪の結い方のひとつ。前髪にふくらみをもたせてうしろの肩のところで束ねて結び、髪の先を背中に垂らす。

すべ・す【滑す】［他サ四］｛さ・し・す・す・せ・せ｝滑らせる。（着物を）滑らせるように脱ぐ。例「御衣を**すべ・し**おきてゐざり退きたまふに」〈源氏・賢木〉

すべて【総て】［副］《動詞「統ぶ」の連用形＋接続助詞「て」》❶全部合わせて。まとめて。❷総じて。一般に。例「**すべて**世の中のありにくく」〈方丈記〉❸（下に打消の語を伴って）まったく。全然。例「塵を煙のごとく吹き立てたれば、**すべて**目も見えず」〈方丈記〉

すべなう【術無う】形容詞「すべなし」の連用形「すべなく」のウ音便。

すべな・し【術無し】［形ク］｛から・く（かり）・し・き（かる）・けれ・かれ｝なすべき方法がなく、苦しい。どうしようもなくて切ない。例「かくばかり**すべな・き**ものか世の中の道」〈万葉・五・八九二長歌〉訳↓〔和歌〕かぜまじり…

発展学習ファイル　平安中期ごろから、「術」を音読した類義語「ずちなし」の用例が多くなった。

〔和歌〕**すべもなく…**【すべもなく苦しくあれば出で走り去いななと思へど此らに障りぬ】〈万葉・五・八九九・山上憶良〉訳なすすべもなく苦しいので、逃げ出してどこかへ走り去ってしまいたいと思うけれど、こいつらにじゃまされてしまった。

すべら【皇】［名］「すめら」に同じ。

すべらか・す【滑らかす】［他サ四］｛さ・し・す・す・せ・せ｝《「かす」は接尾語》滑らせる。滑るように動かす。例「強盗をすべらか・さむ料に、日くるれば、家にくだといふ小竹のよをおはくちらしおきて」〈古今著聞・五六一〉

すべらがみ【皇神】［名］《「すべらかみ」「すめかみ」とも》皇室の祖先の神。＝すめかみ

すべらぎ【天皇・皇】［名］《「すべらき」とも》天皇。＝天皇・すめらぎ・すめろぎ

すべりい・づ【滑り出づ】［自ダ下二］

{で・で・づ・づる・づれ・でよ}❶滑るようにそっと退出する。例「生絹なる単衣をひとつ着てすべり出でにけり」〈源氏・空蟬〉❷にじるように少しずつ前に出る。例「やをらすべり出でて、この侍従と語らひたまふ」〈源氏・柏木〉

すべりい・る【滑り入る】［自ラ四］{ら・り・る・る・れ・れ}滑るようにそっと中に入る。例「うしろざまに滑り入・るを」〈枕・十二月二十四日、宮の御仏名の頃〉

すべりう・す【滑り失す】［自サ下二］{せ・せ・す・する・すれ・せよ}その場からそっといなくなる。例「殿上人あまた立てり。やうやうすべり失・せなどして」〈枕・故殿の御服の頃〉

すべりお・る【滑り下る】［自ラ上二］{り・り・る・るる・るれ・りよ}❶滑って下へ降りる。滑るように降りる。❷膝をついたまま下座に移動する。いざって下座に下がる。例「吉次(=人名)座敷をすべり下・りて」〈義経記・一〉

すべりかく・る【滑り隠る】［自ラ下二］{れ・れ・る・るる・るれ・れよ}滑るようにして身を隠す。そっと隠れる。例「かたへは几帳のあるにすべり隠・れ」〈源氏・蜻蛉〉

すべりよ・る【滑り寄る】［自ラ四］{ら・り・る・る・れ・れ}滑るようにして近寄る。にじり寄る。例「蔭ながらすべり寄・りて〔気配ヲ〕きく時もあり」〈枕・内裏の局〉

すべ・る【滑る・辷る】［自ラ四］{ら・り・る・る・れ・れ}❶なめらかに移動する。すべる。❷そっと退出する。例「女も、夜更くる程にすべ・りつつ」〈徒然・一九一〉❸(帝が)位を下りる。例「帝王位をすべ・らせ給ひて」〈平家・四・厳島御幸〉

すぼ・し【窄し】［形ク］{から・く(かり)・し・き(かる)・けれ・かれ}❶すぼんで細い。狭い。例「眼裏に塵あって三界すぼ・く」〈謡・清経〉❷肩身が狭い。みすぼらしい。例「富める家のとなりに居る者は、朝夕すぼ・き姿を恥ぢて」〈方丈記〉

すほふ【修法】［名］《仏教語。「しゅほふ」「ずほふ」とも》密教で行う加持祈禱の法。例「読経修法などして、いささかおこたりたるやうなれば、案のごと、みづから返りごとす」〈蜻蛉・上〉

すま【須磨】［作品名］『源氏物語』の十二番目の巻名。

すま【須磨】［歌枕］摂津国の地名。いまの兵庫県神戸市須磨区。海岸沿いの須磨の浦は景勝地で、古くは在原行平が流され、『源氏物語』では源氏の流謫地とされるなど、わびしい里のイメージがあった。「海人」「塩焼き衣」「塩焼く煙」「月」「千鳥」などの景物が詠まれる。

すまう【争う・辞う・住まう】歴史的かなづかい「すまふ」

すまし【清まし・洗まし】［名］❶すすぎ清めること。洗濯。❷洗濯や湯殿、便器の掃除などに仕える下級の女官。

すま・す【清ます・洗ます】［他サ四］{さ・し・す・す・せ・せ}洗い清める。すすぐ。例「御髪などすま・しつくろはせて」〈源氏・総角〉

すま・す【済ます】{さ・し・す・す・せ・せ}㊀［他サ四］借りを返す。返済する。例「書き出し(=勘定書)請けて済ま・さぬは、世にまぎれて住みける昼盗人に同じ」〈浮・世間胸算用〉㊁［補動サ四］(他の動詞の連用形に付いて)…しおおせる。…してのける。例「まことにおもしろくかぞへすま・したりければ」〈平家・一〇・千手前〉

すま・す【澄ます】{さ・し・す・す・せ・せ}㊀［他サ四］❶(水・音・心などが)澄むようにする。例「泉の水遠くすま・し、遣り水の音まさるべき巖たて加へ」〈源氏・少女〉❷世をしずめる。鎮定する。例「一天をしづめ、四海をすま・す」〈平家・一二・土佐房被斬〉❸(「目を澄ます」「耳を澄ます」の形で)注意を集中させる。㊁［補動サ四］(他の動詞の連用形に付いて)集中して…する。…してのける。例「三返歌ひすま・したりければ」〈平家・一・祇王〉

すまた【素股】［名］《近世語》❶素肌のままの股。❷的はずれ。見当はずれ。予期に反すること。

〔俳句〕**すまでらや…**【須磨寺や吹かぬ笛きく木下闇】〈笈の小文・芭蕉〉訳須磨寺を訪れ、須磨で討ち死にした平敦盛を偲んでいる。すると聞こえるはずのない敦盛遺愛の笛の音が、木の下の暗がりの中に聞こえる気がする。(季‐木下闇‐夏)

すまに［副］語義未詳。手も休めずにせっせとの意か。例「我が手もすまに春の野に抜ける茅花そ」〈万葉・八・一四六〇〉

すまひ【相撲】スマイ［名］❶二人が組んで力や技を競い争う競技。すもう。❷「相撲の節」の略。❸「相撲人」の略。

〔**相撲の還り饗**〕スマイノカエリアルジ「相撲の節」のあとで、勝った方の近衛大将が、相撲人を屋敷に招いて饗応すること。→「かへりあるじ」

すまひ【住まひ・住居】スマイ［名］《「住居」は借字》❶住みつくこと。また、暮らし。例「かくむくつけき住まひするたぐひはべらずやあらむ」〈源氏・蓬生〉❷住むところ。家。

すまひぐさ【相撲草】スマイグサ［名］交差させて互いに引き合う遊びを相撲に見立てて付けられた名。オヒシバ、昼顔などといわれるが未詳。

すまひのせち【相撲の節】スマイノセチ［名］陰暦七月に宮中で行われた年中行事。「五節会」のひとつ。天皇が、諸国から集められた相撲人の相撲を観覧し、参列した諸臣に宴を賜る儀式。式日は、初め七月七日で、平安中期以降は、大の月は二十八、九日、小の月は二十七、八日になったが、必ずしも一定していない。また、行われた場所も、紫宸殿、仁寿殿、武徳殿などさまざまであった。奈良時代から行われていたが、延暦十二年(七九三)から宮中の恒例の行事となり、承安四年(一一七四)を最後に廃絶された。＝相撲②。(季‐秋)

すまひは・つ【争ひ果つ・辞ひ果つ】スマイハツ［自タ下二］{て・て・つ・つる・つれ・てよ}辞退しきる。断りきる。例「すまひは・てたまはで、太政大臣になりたまふ」〈源氏・澪標〉

すまひびと【相撲人】スマイビト［名］相撲をとる人。力士。相撲とり。＝相撲③

すま・ふ【争ふ・辞ふ】スモウ［自ハ四］{は・ひ・ふ・ふ・へ・へ}❶争う。抵抗する。例「女もいやしければ、すま・ふ力なし」〈伊勢・四〇〉❷辞退する。断る。例「もとより歌のことはしらざりければ、すま・ひけれど」〈伊勢・一〇一〉

すま・ふ【住まふ】スモウ［自ハ四］{は・ひ・ふ・ふ・へ・へ}❶暮らす。住みつく。例「懲りずまにまたもなき名は立ちぬべし人にくからぬ世にし住ま・へば」〈古今・恋三・六三二〉❷(歌舞伎などの舞台で)役者が着座する。

すま・ふ【住まふ】スモウ《上代語。動詞「住む」の未然形＋反復・継続の助動詞「ふ」》住み続ける。例「天離る鄙に五年住ま・ひつつ」〈万葉・五・八八〇〉訳→〈和歌〉あまざかるひなにいつとせ…

すみ【炭】[名]❶木が燃えたあとの、黒く残ったもの。❷木を蒸し焼きにして作った燃料。木炭。(季-冬)

すみあか・る【住み離る・住み散る】[自ラ下二]{れ・れ・る・るる・るれ・れよ}散り散りに別れて住む。別々の場所に住む。例「人々はみなほかに住みあか・れて」〈更級〉

すみうか・る【住み浮かる】[自ラ下二]{れ・れ・る・るる・るれ・れよ}一定の場所に住みつかずによそに浮かれ出る。例「たれゆゑ君が住み浮か・れけん」〈新古今・恋四・一二九〇〉

すみう・し【住み憂し】[形ク]{(から)・く(かり)・し・き(かる)・けれ・かれ}住みにくい。

すみか【住処】[名]《「か」はところの意》住むところ。住居。例「亡き人のすみか尋ね出でたりけんしるしの釵ならましかば」〈源氏・桐壺〉

すみがき【墨書き】[名]❶墨による絵画の線描。またはその絵。↔作り絵。❷宮中の「絵所」において、①を行う主任の画家。

すみがさ【墨傘】[名]地紙を黒く染めた日傘。

すみす・む【住み住む】[自マ四]{ま・み・む・む・め・め}住み続ける。例「世の中の繁き仮廬に住み住・みて」〈万葉・一六・三八五〇〉

すみすり【墨磨り】[名]「硯」の古名。

すみぞめ【墨染め】[名]❶黒く染めた僧衣。例「尼君たちの墨染めにやつれたる」〈源氏・野分〉❷黒く染めた喪服。喪の重さや期間によって濃淡がある。❸喪服の色。薄墨色。①②＝墨染め衣
〔墨染めの袖〕黒い僧衣、または喪服の袖。

すみぞめごろも【墨染め衣】[名]黒く染めた僧衣。また、喪服。

すみぞめざくら【墨染め桜】[名]❶桜の一種。白く小さい花で、茎や葉が青く薄墨色に見える。(季-春)。❷「深草の野辺の桜し心あらば今年ばかりは墨染めに咲け」〈古今・哀傷・八三二〉訳→〔和歌〕ふかくさの…と詠まれたとき、墨染めに咲いたという伝説の桜。近世、京都市伏見区深草の墨染寺の境内にあったという。

すみぞめの【墨染めの】[枕詞]墨染めの衣の暗い色から「夕べ」「たそがれ」などに、また「暗し」の「くら」と同音を含む地名「暗部山」「鞍馬山」などにかかる。例「墨染めの夕べになればひとりゐて」〈古今・雑躰・一〇〇一長歌〉

すみだがは【隅田川】[作品名]「あづまもんだふ」に同じ。

すみだがは【隅田川】[作品名]室町初期(一四三二ごろ成立)の謡曲。観世元雅作曲。隅田川を舞台とし、人買いに子をさらわれた女物狂と渡し守との対話を骨子に、子を慕う母親の切々たる心情を詩情豊かに演出する。

すみだがは【隅田川・墨田川・角田川】[歌枕]武蔵国と下総国の境を流れる川。いまの東京都東部を流れ東京湾に注ぐ荒川の下流を指す。『伊勢物語』の東下りにおける都鳥の故事や謡曲「隅田川」で知られる。

〔川柳〕**すみだがは…**【隅田川所の人は鷗なり】〈柳多留・二〉訳隅田川のほとりに住みながら、土地の人は「都鳥」のことを「鷗」という風情のない名前で呼ぶことだ。〈参考〉『伊勢物語』九段を踏まえる。↓〔和歌〕なにしおはばいざこととはむ…

すみだがはごにちのおもかげ【隅田川続俤】[作品名]江戸後期(一七八四初演)の歌舞伎。『法界坊』ともいう。奈河七五三助作。永楽屋の娘おくみと手代の要助、いいなずけの野分姫との三角関係に、勧進坊主の法界坊がからむ。

〔和歌〕**すみだがはふねよぶこゑも…**【すみだ川舟よぶ声もうづもれて浮霧ふかし秋の夕浪】〈泊洦舎集・清水浜臣〉訳隅田川は、舟を呼ぶ声も埋もれてしまうほど浮いて漂う霧が深くたちこめ、秋の夕暮れに波が立っているよ。

〔和歌〕**すみだがはみのきてくだす…**【隅田河蓑きて下す筏士に霞むあしたの雨をこそ知れ】〈うけらが花・橘千蔭〉訳隅田川を蓑を着て筏を下す筏乗りの姿によって、かすんでいる早朝、春雨が降っていることを知ることであるよ。

すみだはら【炭俵】[作品名]江戸中期(一六九四刊行)の俳諧撰集。野坡・利牛・孤屋編。「俳諧七部集」のひとつ。芭蕉と門人たちの発句を、季題別に配列し、歌仙数種を付け加えた作品集。芭蕉晩年の「軽み」の境地をよく表している。

〔俳句〕**すみつかぬ…**【住みつかぬ旅の心や置火燵】〈猿蓑・芭蕉〉訳漂泊の生活を送り、常に他人の家を宿りとしている。置きごたつなどを出して暖かくもてなしてくれるが、そのような折にも、やはり旅に出たい思いがきざしてきて、なんともはや落ち着かない、わが旅心であることよ。(季-置火燵-冬)

すみつき【墨付き】[名]❶墨の付き具合。筆跡の墨色の濃淡のようす。❷「おすみつき」に同じ。

すみつぎ【墨継ぎ】[名]筆に含ませた墨が少なくなったとき、さらに墨を含ませて書き継ぐこと。書式によって書き継ぐ場所に決まりがある。

すみつ・く【住み着く】[自カ四]{か・き・く・く・け・け}❶同じ所に住み続ける。定住する。❷夫婦として落ち着く。例「この御方に客人住みつ・きぬれば」〈源氏・東屋〉

すみつぼ【墨壺】[名]❶大工や石工が使う道具のひとつ。木をえぐったくぼみに墨汁を含ませた真綿を入れ、糸巻き車から繰り出す糸がそのくぼみを通って出るようにし、この糸で直線を引く仕掛けになっていた。❷墨汁を入れて携帯する壺。

すみどころ【住み所】[名]住む所。すみか。居所。

すみながし【墨流し】[名]❶水の上に字や絵をかく技法。特殊な紙に墨で文字や絵をかいて水に沈めると書いたものが水面に浮かび残る。❷《「墨流し染め」の略》墨汁や顔料を水面に浮かべ、その乱れた波紋を紙などにうつしとる染め方。また、その染めたもの。

すみな・す【住みなす】[自サ四]{さ・し・す・す・せ・せ}…のようにして住む。例「けはひ香ばしう、心にくくぞ住みな・したまへる」〈源氏・柏木〉

すみなは【墨縄】[名]「墨壺①」の糸車に巻かれた麻糸。

すみな・る【住み馴る】[自ラ下二]{れ・れ・る・るる・るれ・れよ}住んで家や土地になれる。住みなれる。

すみのえ【住江・住吉】[歌枕]摂津国の地名、「住吉」の古称。いまの大阪市住吉区一帯。平安時代には郡や里の名称として「すみよし」、江を指す場

合を「すみのえ」と区別して使用していた。

〔和歌〕**すみのえに…【住江に船さし寄せよ忘れ草しるしありやと摘みて行くべく】**〈土佐〉訳住吉の岸に船をさし寄せてください。忘れ草がその名のとおりの効き目があるかどうか、摘んで行きたいから。〈参考〉「忘れ草」はカンゾウの古名。

すみのえの【住江の・住吉の】〔枕詞〕(住江が松の名所であるところから)松と同音の「まつ」にかかる。例「住江のまつほど久になりぬれば」〈古今・恋五・七七九〉

〔和歌〕**すみのえのきしによるなみ…【住の江の岸に寄る波夜さへや夢の通ひ路人目避くらむ】**〈古今・恋二・五五九・藤原敏行〉《百人一首・藤原敏行朝臣》訳住の江の岸に寄る波、その「よる」ではないが、昼ばかりか夜までも夢の通い路で、あの人は人目を避けているのであろうか。《係結び》「や→避くらむ(体)」〈参考〉上二句は、同音反復で「夜」を導く序詞。

〔和歌〕**すみのえのまつをあきかぜ…【住の江の松を秋風吹くからに声うち添ふる沖つ白波】**〈古今・賀・三六〇・凡河内躬恒〉訳住の江の松に秋風が吹いて音を立てると、たちまちそれに声を合わせる沖の白波であるよ。

すみのくらそあん【角倉素庵】〔人名〕(一五七一〜一六三二)安土桃山時代から江戸初期の儒学者。父は角倉了以。江戸初期の儒学の発展に尽力。本阿弥光悦らの協力もあって、典雅な装丁の嵯峨本『史記』などを出版した。

すみのぼ・る【澄み昇る】〔自ラ四〕{ら・り・る・る・れ・れ}❶月が清く澄んで昇る。例「姨捨山の月澄みのぼりて」〈源氏・宿木〉❷声や楽の音が澄みきっていて、高く響く。例「笛の音なども、艶に澄みのぼりはてずなむ」〈源氏・若菜・下〉

すみは・つ【住み果つ】〔自タ下二〕{て・て・つ・つる・つれ・てよ}❶一生住み続ける。例「この山里に住みはてなむ」〈源氏・夕霧〉❷夫婦として住み通す。夫婦仲が安定する。例「〔玉鬘ハ〕かく〔鬚黒トノ〕世(=夫婦関係)に住みはてたまふにつけても」〈源氏・若菜・上〉

すみは・つ【澄み果つ】〔自タ下二〕{て・て・つ・つる・つれ・てよ}❶月などが曇りなく輝く。例「月影のすみはつるよそのどけかるべき」〈源氏・松風〉❷水が澄みきる。例「浅けれど石間の水はすみはてて」〈源氏・真木柱〉❸楽の音色がさえ渡る。例「琵琶はすぐれて上手めき、神さびたる手づかひ、澄みはてて」〈源氏・若菜・下〉❹俗念がなくなる。例「おほかたの世をも思ひ離れてすみはてたりし方の心も」〈源氏・宿木〉

すみはな・る【住み離る】〔他ラ下二〕{れ・れ・る・るる・るれ・れよ}❶住居を別にして住む。例「住み離れたらむ巌の中思しやらる」〈源氏・須磨〉❷世を離れて住む。隠遁する。例「今はと住み離れなんをあはれに思さる」〈源氏・橋姫〉

すみまへがみ【角前髪】〔名〕《近世語》江戸時代の元服前の男子の髪型。前髪を立て、額の生え際の両隅を剃り込んで角張らせたもの。=角髪

すみみ・つ【住み満つ】〔自タ四〕{た・ち・つ・つ・て・て}❶大勢がいっしょに住む。たくさん住む。例「〔紫ノ上ノ〕勢ひことに住みみちたまへれば」〈源氏・玉鬘〉❷満足した気持ちで住む。例「住みみちておはすることといひたる心地ぞせさせたまひける」〈栄花・三六〉

ずみゃうきゃう【寿命経】〔名〕(「一切如来金剛寿命陀羅尼経」の略)延命祈願の経文。平安時代以来、三悪道に落ちず寿命を増すものとして、広く信仰された。

すみやか【速やか】〔形動ナリ〕{なら・なり(に)・なり・なる・なれ・なれ}(「やか」は接尾語)すぐだ。早速だ。

すみや・く【速やく】〔自カ四〕{か・き・く・く・け・け}急ぐ。いらだつ。焦る。例「君を我がおもふこころは大原やいつしかとのみすみやかれつつ」〈詞花・恋下・二三三〉

すみよし【住吉】〔歌枕〕摂津国の地名。いまの大阪市住吉区の一帯。海上交通の守護神で、和歌の神としても信仰を集めた住吉神社がある。古くは神社の近くまで海があり、松原の続く景勝地であった。「松」「波」「忘れ草」を景物とし、「住み良し」をかけて詠むことが多い。=住江

すみよしの【住吉の】〔枕詞〕住吉が松の名所であるところから同音の「まつ」に、海の縁から「きし」「うら」に、住吉神社があるところから「かみ」などにかかる。例「住吉の松にたちよる白浪の」〈後撰・恋二・六六一〉

すみよしのひめぎみ【住吉の姫君】〔名〕住吉に住んでいたり、住吉にゆかりがあったりする姫君を指す呼称であるが、とくに『住吉物語』の女主人公をいう。典型的な継子いじめの物語の女主人公。

すみよしものがたり【住吉物語】〔作品名〕物語。作者未詳。原作は十世紀に成立したかと思われるが、現存本は鎌倉時代の改作本か。継子物語のひとつで、継母にいじめられる姫君が長谷の霊験で貴公子と結婚し幸せになる話。

すみれ【菫】〔名〕❶草の名。早春、紫色の小さな花を付ける。(季-春)。❷襲の色目の名。表は紫で裏は薄紫。春の着用。❸①の花や葉を図案化した紋所の名。

すみわた・る【住み渡る】〔自ラ四〕{ら・り・る・る・れ・れ}❶長く住み続ける。例「ほととぎす常に冬まで住み渡るがね」〈万葉・一〇・一九五八〉❷男が女のもとへ長く通い続ける。例「式部卿親王、閑院の五の皇女に住みわたりけるを」〈古今・哀傷・八五七詞書〉

すみわた・る【澄み渡る】〔自ラ四〕{ら・り・る・る・れ・れ}❶空や月光などが一面に澄む。例「月隈なう澄みわたりて」〈源氏・夕霧〉❷声や音が一面に響く。例「軒守る犬の吼ゆる声すみわたり」〈雨月・菊花の約〉

すみわ・ぶ【住み侘ぶ】〔自バ上二〕{び・び・ぶ・ぶる・ぶれ・びよ}世間に住むことをいとわしく思う。住みにくく思う。例「我世の中に住みわびぬとよ」〈古今・夏・一五二〉

す・む【住む・棲む】〔自マ四〕{ま・み・む・む・め・め}❶一定の場所で暮らす。居所を定めて居つく。生活の場とする。例「この西なる家は何人の住むぞ」〈源氏・夕顔〉❷男が女のもとに通って暮らす。例「年を経て住み来し里を出でて往なばいとど深草野とやなりなむ」〈古今・雑下・九七一〉訳→〔和歌〕としをへて…。❸(鳥獣など動物が巣を作って)ねぐらにする。例「狐・梟やうの物も、人げにせかれねば、所得顔に入り棲み」〈徒然・二三五〉

発展学習ファイル 中古の文学作品には、男が妻と定めた女のもとに通う用例が多いが、②は、当時の、夫が妻のところに通う「通い婚」が背景にある。

す・む【澄む】［自マ四］{ま・み・む・む・め・め}❶**濁りがなくなる。くもりがなくなる。** 例「清く澄・める月にをりつきなからず」〈源氏・帚木〉❷**音がさえる。響きとおる。** 例「物の音す・むべき夜のさまにもはべらざめるに」〈源氏・末摘花〉（敬語）「はべらざめる」→「はべり」。語構成「はべらざめる」→「ざめり」。❸**しんと静まる。雑音がなくなる。** 例「家も、す・みて人も無かりければ」〈今昔・三〇・四〉❹**雑念がなくなる。心の迷いがなくなる。** 例「いと心澄・めるやうにて、世にかへり見すべくも思へらず」〈源氏・帚木〉❺**とり澄ます。気取る。** 例「うそぶいて見まはし、いといみじうす・みたるさまなり」〈更級〉（音便）「うそぶい」は「うそぶき」のイ音便、「いみじう」は「いみじく」のウ音便。❻**落ち着いた感じである。すっきりする。** 例「いといたう筆澄・みたるけしきありて、書きなしたまへり」〈源氏・梅枝〉（音便）「いたう」は「いたく」のウ音便。❼**清音で発音する。** 例「行法も、法の字をす・みていふ、わろし」〈徒然・一六〇〉①③⑦↕濁る

すむつかり【酢憤り】［名］大豆を煎って温かいうちに酢をかけたものに、大根おろしと酒糟を混ぜて煮、醤油を加えて味付けしたもの。

〔和歌〕**すむひとも…**【住む人もなき山里の秋の夜は月の光もさびしかりけり】〈後拾遺・秋上・二五八・藤原範永〉訳住む人とていないこの山里の秋の夜は、月の光までも寂しく感じられる。

すむやけ・し【速やけし】［形ク］{から・く(かり)・し・き(かる)・けれ・かれ}速やかだ。早い。例「つつみなく病あらせず速やけ・く帰したまはね本の国辺に」〈万葉・六・一〇二二長歌〉

すめ-【皇】［接頭］《「すべ」とも》（神・天皇に関する語に冠して）尊敬・賛美の意を表す。「皇神」「皇御孫」「皇弟」など。

すめ【素面】［名］《「すめん」の変化形》酒に酔っていないこと。しらふ。

すめかみ【皇神】［名］《「すめがみ」「すべがみ」とも》❶皇室の祖先にあたる神。皇祖神。天照大神をいう。❷神々の尊称。

〔和歌〕**すめばまた…**【住めばまた憂き世なりけりよそながら思ひしままの山里もがな】〈新千載・雑下・二〇六・吉田兼好〉訳住んでみるとまたここもつらい世の中であったよ。それとなく思っていたままの山里があればなあ。

すめみま【皇御孫・皇孫】［名］❶天照大神の孫。瓊瓊杵尊のこと。❷天照大神の子孫、すなわち天皇。

すめら【皇】［名］《「すべら」とも》天皇をたたえていう語。天皇がみずからをいう場合にも用いる。天皇。例「すめら朕珍の御手もちかき撫でそ労ぎたまふ」〈万葉・六・九七三長歌〉

すめらぎ【天皇】［名］《「すめろき」「すべらぎ」とも》天下を統治する君。天皇。

すめらへ【皇辺】［名］《「すめらべ」とも》天皇のおそば。

すめらみいくさ【皇御軍】《「すめらみくさ」とも》天皇の軍隊の尊称。皇軍。

すめらみくさ【皇御軍】［名］「すめらみいくさ」に同じ。

すめらみこと【天皇・皇尊】［名］《「すべらみこと」とも》天皇の尊称。

〔**天皇の日継ぎ**〕歴代天皇の系譜や事績を記した書。本紀。

すめろき【天皇・皇祖】［名］《「すめろぎ」とも》天皇。＝天皇・天皇

〔和歌〕**すめろきの…**【天皇の御代栄えむと東なる陸奥山に金花咲く】〈万葉・一八・四〇九七・大伴家持〉訳天皇の御代が栄えるだろうと、東国にある陸奥の山に、黄金が花咲いた。〈参考〉聖武天皇のときに東国で金が産出したことを祝福して詠んだ歌。

すも【住も】《上代東国方言。動詞「住む」の連体形》住む。

すもじ【酢文字】［名］《女房詞》❶鮨す。（季―夏）。❷推察。

すもも【李】［名］木の名。中国原産。春、葉に先立って白い花を付ける。夏、赤紫色または黄色に実が熟す。実は食用。（季＝花―春・実―夏）

すもり【巣守り】［名］❶孵化せずに巣に残っている鳥の卵。❷あとに取り残された人。また、留守番。

ずもん【［・す］】【誦文】［名・自サ変］《「じゅもん」とも》経文やまじないの文句を唱えること。

すやつ【其奴】［名］「そやつ」に同じ。

す・ゆ【据ゆ】［他ヤ下二］{え・え・ゆ・ゆる・ゆれ・えよ}《ワ行下二段活用の動詞「すう（据う）」の変化形。平安末期から現れた形》据える。例「高く大きに盛りたる物ども、持て来つつ据・ゆめり」〈宇治拾遺・九・五〉

すら［副助］

⇨七〇〇ページ「特別コーナー」

ずらう【受領】［名］「ずりゃう①」に同じ。

すらく【為らく】［名］《動詞「為す」の名詞化したもの》すること。

すらだに《副助詞「すら」＋副助詞「だに」》「すら」の意味を強めた語。…でさえ。例「ものいはぬ四方のけだものすらだにも哀れなるかな親の子を思ふ」〈金槐集・下〉訳→〔和歌〕ものいはぬ…

すらに《副助詞「すら」＋格助詞「に」》「すら」の意味を強めた語。…でさえも。例「軽の池の浦廻行き廻る鴨すらに玉藻の上にひとり寝なくに」〈万葉・三・三九〇〉訳軽の池（＝奈良県にある池の名）の浦を泳ぎまわっている鴨でさえも、美しい藻の上で、ひとりぼっちで寝ることはないのに。

すらも《副助詞「すら」＋係助詞「も」》「すら」の意味を強めた語。…でさえも。…だって。例「鴨すらも妻とたぐひて」〈万葉・一五・三六二五長歌〉訳鴨でさえも夫婦寄り添って。

すらを❶《副助詞「すら」＋間投助詞「を」》…でさえあるのに。例「麻衾引き被り布肩衣有りのことごと着襲へども寒き夜すらを我よりも貧しき人の父母は飢ゑ寒ゆらむ」〈万葉・五・八九二長歌〉訳→〔和歌〕かぜまじり…。❷《副助詞「すら」＋格助詞「を」》…をさえ。…だけでも。例「人の寝る甘睡も寝ずてはしきやし君が目すらを欲りし嘆かふ」〈万葉・一一・二三六九〉訳人並みの共寝もしないで、いとしいあのひとを見ることだけでも、願って嘆き続けることだ（共寝どころか、見ることさえできずに嘆いている）。

すり【［・す］】【修理】㊀［名］「修理職」の略。㊁

すら［副助詞］

アプローチ 極端な事柄を示す。それとともに他の事柄を「まして…」と類推させる効果をもつ。ほぼ現代語の「さえ」にあたる。

接続 体言、活用語の連体形、副詞、助詞などに付く。

意味	訳語	用例
「こんなことでさえ成立するのだから、まして…」と類推させる。「まして…」にあたる事柄をおさえることが大切。	…でさえ …だって	例「聖などすら、前の世のこと夢に見るは、いと難かなるを」〈更級〉訳高徳の僧などでさえ、前世のことを夢に見るのはたいそう難しいということだ(だから、まして私などが夢に見ることはできないはずだ)が。 例「軽の池の浦廻行き廻る鴨すらに玉藻の上にひとり寝なくに」〈万葉・三・三九〇〉訳軽の池の浦を泳ぎまわる鴨でさえも藻の上でひとりで寝はしない(まして人間は人と連れ添って生きるのが自然だ。それなのに、いまの私はそうではない)。

発展学習ファイル (1)上代に多く用いられた。
(2)「すら」の基本は極端な事柄あるいは最小限の事柄を示すことだったとみられ、類推させる働きは(もつことが多いが)、もたない場合もある。たとえば次の二例は、それぞれ、極端な事柄を示してそれ自体を強調するだけ(第一例)、最小限の希望を述べるだけ(第二例)であって、「まして…」と類推すべき事柄がない。
例「大空ゆ通ふ我すら汝が故に天の川道をなづみてぞ来し」〈万葉・一〇・二〇〇一〉訳大空を通う私(=彦星)だというのに、その私でさえなんとあなたのために天の川の川筋を苦労して来たのです。
例「人の寝る甘睡も寝ずてはしきやし君が目すらを欲りし嘆かふ」〈万葉・一二・二三六九〉訳人並みの共寝もしないで、せめていとしいあの人を見ることだけでもしたいと願って嘆き続けることだ。
(3)類語に「だに」、まぎらわしい語に「さへ」がある。この三語については「さへ」の項参照。平安以降、類語「だに」のほうが強くなり、「すら」は漢文訓読の文体を除いてそれほど使われなくなっていった。〈参考〉現代語でも「すら」はそれほど使われないが、「さえ」のかわりに使われることもある。

［名・他サ変］《「しゅり」とも》家などの修繕。例「我が殿の内修理・しつらひて」〈源氏・真木柱〉

すりうす【磨り臼】［名］籾をすって皮を取り除くのに用いる臼。

すりがね【摺り鉦・擦り鉦】［名］小さな鉦を小さなばちでですって鳴らすこと。また、その鉦。芝居や祭礼の囃子などに用いる。

すりがらし【擦り枯らし・摩り枯らし】［名］《近世語》❶落ちぶれること。また、その人。❷世渡りに慣れ、性質が悪くなった者。すれっからし。＝擦れ者

すりかりぎぬ【摺り狩衣】［名］染め草の汁で、いろいろな模様をすり出した狩衣。

すりぎぬ【摺り衣】［名］「すりごろも」に同じ。

すりこ【磨り粉】［名］米をすり砕いて粉にしたもの。湯に溶かし、母乳の代わりに用いた。

すりこばち【擂り粉鉢】［名］すり鉢。当たり鉢。

すりごろも【摺り衣】［名］《「すりぎぬ」とも》ヤマアイやツユクサなどの植物の汁で模様をすり出した衣。

すりしき【修理職】［名］「しゅりしき」に同じ。＝修理(一)

すりつ・く【摺り付く】［他カ下二］{け・け・く・くる・くれ・けよ}植物をすって、色・模様を布などに付ける。例「かきつはた衣に摺り付け着む日知らずも」〈万葉・七・一三六一〉

すりづくし【摺り尽くし】［名］染め草の汁で、さまざまな模様をすり出すこと。また、そのもの。

すりな・す【磨り成す・擦り成す】［他サ四］{さ・し・す・す・せ・せ}こすって…の状態にする。例「顔は、いと赤くすりな・して立てり」〈源氏・若紫〉

すりのかみ【修理大夫】［名］「すりのだいぶ」に同じ。

すりの・く【擦り退く】［自カ四］{か・き・く・く・け・け}座ったままの状態で、膝をずらして退く。例「便あしと思ひて、すりの・きたるに」〈徒然・二三八〉

すりのだいぶ【修理大夫】［名］《「しゅりのだいぶ」「すりのかみ」とも》「修理職」の長官。

すりばかま【摺り袴】［名］染め草の汁でさまざまな模様をすり出した袴。舞楽の舞人などが用いた。

すりぶくろ【簏袋】［名］語義未詳。火打ち石を入れる袋とも、竹細工の箱とも、また、色ずり模様の布袋ともいう。

すりほん【刷り本・摺り本】［名］版木で刷った書物。版本。↔写本

すりも【摺り裳】［名］染め草の汁でいろいろの模様をすり出した裳。女子の正装に付ける。

すりもどろか・す【摺りもどろかす】［他サ四］{さ・し・す・す・せ・せ}染め草の汁などで、乱れ模様をすり出す。例「摺りもどろか・したる水干といふ袴を着せて」〈枕・あはれなるもの〉

ずりゃう【受領】［名］❶《「じゅりゃう」「ずらう」とも。前任者から事務を継承する意》任国に赴任して政務をとる国司の最上位の者。通常は守をいうが、守が任国に赴かない場合では権守または介を指す。❷年給の一種。皇族・外戚などに対する優遇法。国司を推挙し、それによって利益を得る権利。

す・る【摺る・刷る】［他ラ四］〔ら・り・る・る・れ・れ〕❶型木に布を当て、その上から染め草の汁などをこすりつけ、模様を染め出す。例「君がため深色衣摺らむと思ひて」〈万葉・七・一三五六〉❷版木で印刷する。

す・る【磨る・擂る・摩る】［他ラ四］〔ら・り・る・る・れ・れ〕❶こすり合わせる。こする。例「立ち躍り足**す・り**叫び伏し仰ぎ」〈万葉・五・九〇四長歌〉❷とぐ。みがく。すりおろす。例「刺櫛**磨・ら**せたるに」〈枕・嬉しきもの〉❸（臼やすり鉢で）すりつぶす。❹費やす。使いはたす。

する 使役の助動詞「す（下二段型）」の連体形。例「人のよろこびして、走ら**する**車の音、ことにきこえて」〈枕・ころは、正月、三月〉

するが【駿河】［地名］旧国名。東海道十五か国のひとつ。いまの静岡県中部にあたる。＝駿州

〔和歌〕**するがなる…【駿河なる宇津の山べのうつつにも夢にも人に逢はぬなりけり】**〈新古今・羇旅・九〇四・在原業平、伊勢・九〉訳ここは駿河国にある宇津の山、その名から連想される「うつつ（＝現実）」にも、また夢の中でも恋しいあなたにお目にかかれないのですね。

〈参考〉初・二句、同音で「うつつ」を導く序詞。

するがまひ【駿河舞】［名］「東遊び」のひとつ。駿河国（いまの静岡県中部）の有度浜に天降った天人の舞を写したものという。

するすみ【摺る墨・磨る墨】［名］墨。

するすみ［・なり］【匹如身】［名・形動ナリ］《「するつみ」「するつび」とも》財産も身寄りもないこと。裸一貫。無一物。例「世を捨てたる人の、万に**するすみ・なるが**」〈徒然・一四二〉

するど［・なり］【鋭・利】［形動ナリ］〔なら・なり（に）・なり・なる・なれ・なれ〕鋭い。また、態度がとげとげしい。

するぼ・ふ［自ハ四］〔は・ひ・ふ・ふ・へ・へ〕《「すりはふ（すり這ふ）」の変化形》這はう。例「**するぼ・ひ**ありきければ」〈十訓抄・七〉

すれ 使役の助動詞「す（下二段型）」の已然形。例「いと心もとなくて、この中隔てなる三条を呼ば**すれ**ど」〈源氏・玉鬘〉

すれもの【擦れ者・摩れ者】［名］《近世語》❶「すりがらし②」に同じ。❷遊里に慣れ通じた人。粋人。

すろ【棕櫚・椶櫚】［名］木の名。シュロ。葉は、幹の先端から、扇形に長く延びる。初夏、淡黄色の花を房状につける。＝棕櫚の木。（季－夏）

〔**棕櫚の木・椶櫚の木**〕「すろ」に同じ。（季－夏）

すわ・る【座る・坐る・据わる】［自ラ四］〔ら・り・る・る・れ・れ〕❶ひざを折り曲げて席に着く。例「性根が**すわ・らず**」〈浮世床〉❷じっと動かない。動じない。❸位置を占める。地位・職に就く。例「〔住職ニ〕据ゑてさへ下さりょうならば、**すわ・り**ましょう」〈狂・腹立てず〉❹（食膳などが）すえられる。準備される。例「蕎麦掻き**据わ・り**ふたをあけ」〈仮・きのふはけふの物語〉

古典の世界　平安時代の貴婦人は、つねに座っているのが作法であり、深窓に引きこもって几帳や屛風の陰に潜んでいるのがよしとされた。

すゑ【末】［名］

アプローチ　「本」に対する語で、基点に対して、一番離れた位置に相当する。

❶**末端。端の方。**例「髪のうつくしげにそがれたる末も」〈源氏・若紫〉訳（尼君の）髪がいかにもうつくしく切りそろえられている**端の方**の雰囲気も。

❷**こずえ。**例「雪いと白う、木の**末**に降りたり」〈伊勢・六七〉訳雪がたいそう白く、木の**こずえ**に降りかかっていた。《音便》「白う」は「白く」のウ音便。

❸（山の）**奥。山頂。**例「山の**末**にて勤めはべらむとてなむまかり入りぬる」〈源氏・若菜・上〉訳山の**奥**で仏道修行をしようと思いまして、山ごもりをするのです。《係結び》「なむ→まかり入りぬる㊍」。《敬語》「勤めはべらむ」→「はべり」、「まかり入りぬる」→「まかる」

❹（歌の）**下の句。**例「三十文字あまり、本**末**あはぬ歌、口疾くうち続けなどしたまふ」〈源氏・常夏〉訳（近江の君は）三十一文字の、上の句と**下の句**の意味の合わぬ歌を、即興で口にしたりなさる。

❺**将来。行く末。**例「初草の生ひゆく**末**も知らぬ間にいかでか露の消えんとすらむ」〈源氏・若紫〉訳→〔和歌〕はつくさの…

❻**子孫。**例「あさましき悪事を申し行ひたまへりし罪により、このおとどの御**末**はおはせぬなり」〈大鏡・時平〉訳あきれるばかりの（菅原道真に対する）悪事を行われた罪深さのため、この大臣（＝藤原時平）のご**子孫**はいらっしゃいません。《敬語》「申し行ひ」→「まうす」、「おはせぬ」→「おはす」

❼**晩年。末世。衰退期。**例「五十八を十とり捨てたる御齢なれど、**末**になりたる心地したまひて」〈源氏・柏木〉訳（源氏は）五十八から十を引いた、四十八歳の御年齢であるが、もう**晩年**になったという心持ちになられて。

❽**下座。末席。**例「親王たちの御座の**末**に源氏着きたまへり」〈源氏・桐壺〉訳親王たちの御座所の**下座**に、源氏は着席なさった。〔注〕源氏の元服の儀の宴席での席次。源氏は既に臣下になっているため、親王たちの下座になる。

❾**結果。**例「その怨みの**末**などより、事起こるなりけり」〈増鏡・新島守〉訳その怨みの**結果**などから、事変が起こったのである。

〔**末通る**〕最後までやり抜く。成し遂げる。成功する。例「この日（＝赤舌日）ある事、**末とほ・らず**」〈徒然・九一〉

〔**末の子**〕末っ子。兄弟の中でいちばん下の子。

〔**末の露本の雫**〕草木の葉末に宿る露と、根もとにかかる雫。位置は違っても遅かれ早かれ落ちることから、命に長短はあっても、死ぬには変わりないことをいう。また、命のはかなさをたとえる。

〔**末の世**〕❶後世。のちの時代。❷晩年。❸末世。末法時。例「かかる御さまながら、いとむつかしき日本の**末の世**に生まれたまへらむ」〈源氏・若紫〉

〈参考〉③は、釈迦の死後を三区分した最後の時期。正法時（釈迦の死後五百年、正しい仏法が行われた時期）、像法時（正法時に次ぐ千年、仏教信仰が形式に流れた時期）に次ぐ一万年の仏法

衰退期をいう。『源氏物語』の当時、永承七年（一〇五二）から末法時に入ると信じられていた。

すゑ【末】…

〔**末の末**〕（いろは歌で、同音の「え」に対して終わりの一句「酔ゑひもせず」にあることから）「ゑ」の字の称。

↕本とのえ

すゑ【陶】［名］上代に作られた焼き物。うわぐすりをかけず、薄黒い。須恵器。＝陶物

すゑ【仮髪・仮髻】［名］奈良・平安時代の女性の正装の際の髪飾り。髪に添える付け髪。

すゑお・く【据ゑ置く】［他カ四］｛か・き・く・く・け・け｝据えて置く。備え付けて置く。

すゑかた【末方】［名］神楽で本・末二組みに分かれた歌い手のうち、あとに歌う方。↕本方

すゑざま【末様】［名］末のころ。末の方。

すゑずゑ【末末】［名］（「すゑ」を重ねた語）❶先端。先の方。❷行く末。将来。❸年下の者。例「まだ、末々の若きは」〈源氏・柏木〉❹子孫。❺身分の低い者。しもじも。↕上上

すゑつかた【末つ方】［名］（「つ」は上代の格助詞）❶（季節・時代・事件などの）終わりのころ。例「秋の末つ方」〈源氏・若紫〉❷（楽曲や句などの）終わりの部分。❸晩年。❹末席。

すゑつき【末付き】［名］下げ髪の裾のようす。

すゑつむはな【末摘花】［名］紅花の別称。末の方から咲く花を摘み取ることから名付けた。『源氏物語』に登場する末摘花は、鼻が赤いことをからって、「紅花」の別称を呼び名としたもの。（季―夏）

すゑつむはな【末摘花】［人名］『源氏物語』の登場人物。故常陸宮の娘。赤鼻で容貌は醜いが源氏を生涯思い続け、窮乏生活にも耐え、後年は源氏に引き取られて安泰に過ごす。

すゑつむはな【末摘花】［作品名］『源氏物語』の六番目の巻名。

すゑな・む【据ゑ並む】［他マ下二］｛め・め・む・むる・むれ・めよ｝並べて据える。並べて座らせる。例「こころめでたき人々を据ゑ並・めて」〈枕・関白殿、二月二十一日に〉

すゑのまつやま【末の松山】［歌枕］陸奥国の山。いまの宮城県多賀城市八幡の末松山八幡宮の辺り。また、岩手県二戸郡一戸町北部の浪打峠ともいう。末の松山を波が越えることは絶対にあり得ないということから、波が越えることを、男女の間の愛情を裏切って心変わりすることのたとえとして詠むことが多い。

すゑば【末葉】［名］❶草木の先の方にある葉。＝末葉。❷子孫。末裔。例「竹の園生の末葉まで、人間の種ならぬぞやんごとなき」〈徒然・一〉

すゑひと【陶人】［名］陶器を作る人。陶工。

すゑひろ【末広】［名］❶先の方がしだいに広がること。例「扇をひろげたるがごとく末広になりぬ」〈方丈記〉❷扇の別称。❸「中啓」の別称。

すゑひろがり【末広がり】［名］「すゑひろ」に同じ。

すゑひろがり【末広がり】［作品名］室町時代の狂言。作者未詳。末広がり（扇）を買うはずが、だまされて傘を買ってきた太郎冠者が、立腹した主人を囃子に乗せてなだめる。

すゑふろ【据ゑ風呂】［名］《近世語》「すいふろ」に同じ。

すゑへ【末方・末辺】［名］❶末の方。先端。❷山頂の方。例「山本辺にはあしび花咲き末辺には椿花咲く」〈万葉・一三・三二二二長歌〉①②↕本方

すゑもの【陶物】［名］「すゑ（陶）」に同じ。

すゑもの【据ゑ物】［名］❶置物。飾り物。❷刀の試し切りをするために、土壇の上に置いた罪人の死体。❸売春婦。

すゑわた・す【据ゑ渡す】［他サ四］｛さ・し・す・す・せ・せ｝一面に据え並べる。例「饗膳などにつく時も、皆人の前据ゑわた・すを待たず」〈徒然・六〇〉

すをく・ふ【巣をくふ】（鳥や虫が）巣を作る。例「燕は巣をく・ひはべる」〈竹取・燕の子安貝〉

すん【寸】［名］❶長さの単位。一尺の十分の一。約三センチメートル。❷寸法。とくに刀剣などの長さ。❸わずかなこと。少量。

ずん【順】［名］（「じゅん」とも）宴席などで、酒杯・詩歌などの回ってくる順番。

すんいん【寸陰】［名］わずかな時間。一寸の光陰。

すんごろ【寸頃】［名］（刀身や身長などの）長さの程度。例「某は寸ころもよし」〈狂・粟田口〉

ずんざ【従者】［名］（「ずさ」の変化形）「ずさ」に同じ。

ずん・ず【誦ず】［他サ変］｛ぜ・じ・ず・ずる・ずれ・ぜよ｝（「ずす」の変化形）「じゅす」に同じ。

すんずんに【寸寸に】［副］（「ずんずんに」とも）細かに切り刻まれたようす。ずたずたに。切れ切れに。例「太刀ばやにずんずんに切り給へば」〈伽・酒呑童子〉

すんだいざつわ【駿台雑話】［作品名］江戸中期（一七五〇成立）の随筆。室鳩巣の著。別名『鳩巣先生随筆』。仁・義・礼・智・信の五常を五巻に配し、朱子学の道義を勧め、学問を励ました書。

ずんど［副］（中世までは「づんど」と表記）❶勢いをもって手ぎわよく行うようす。例「大釘大縄はらはらずんど切れてのいた」〈浄・出世景清〉❷非常に。例「こいつはずんど利口者で、言ふなといふ事言はぬやつ」〈浄・心中重井筒〉❸（下に打消の語を伴って）まったく。少しも。けっして。例「いやずんど痛みもござらぬ」〈浮世風呂〉

ずんなが・る【順流る】［自ラ下二］｛れ・れ・る・るる・るれ・れよ｝（「じゅんながる」とも）宴席などで、酒の杯や詩歌を詠む順番が回る。例「次々順流・るめれど、酔ひの紛れに〔歌ハ〕はかばかしからで」〈源氏・藤裏葉〉

ずんのまひ【順の舞】［名］（「じゅんのまひ」とも）酒宴などで順々に舞うこと。また、その舞。

ずんば（打消の助動詞「ず」の連用形＋係助詞「は」に、強調のため撥音が入り、「は」が濁音化したもの。中世以降の形）順接の仮定条件を表す。…ないならば。例「ここに利益の地をたのまずんば、いかんが歩みを険難の路にはこばん」〈平家・二・康頼祝言〉訳このとき、ご利益を与える大地（＝菩薩）を信じないならば、どうして険しい道を歩めましょうか。

すんぱふ【寸法】［名］❶丈。長さ。❷形勢。ありさま。例「佐殿の当時の寸法をもって平家の世をとらんとし給はん事は」〈盛衰記・二〇〉

ずんぶり［副］❶物が水中などに沈み込むさま。また、雨などにひどく濡れるさま。びっしょり。❷日がすっかり暮れるさま。とっぷり。

せ

せ【兄・夫・背】[名]❶女性が男性を親しみを込めて呼ぶ語。**夫**。**恋人**。**兄弟**。**あなた**。↔妹。例「防人に行くは誰が背と問ふ人を見るがともしさ物思ひもせず」〈万葉・二〇・四四二五〉訳→〈和歌〉さきもりに…。❷男性が兄、または親しい男性を呼ぶ語。**あなた**。**君**。例「隠り恋ひ息づき渡り下思ひに嘆かふ我が**背**」〈万葉・一七・三九七三長歌〉

せ【背・脊】[名]❶背中。❷後ろ。裏。❸背丈。

せ【施】[名]施すこと。また、施す物。布施。

せ【瀬・湍】[名]❶川の浅瀬。↔淵。❷川の流れの速い所。❸機会。場合。例「この**瀬**にもれさせ給ひて、御のぼりも候はず」〈平家・三・有王〉❹(物事に出会う)場所。❺箇所。点。例「うきにもうれしき**瀬**はまじりはべりける」〈源氏・柏木〉

せ【石花・石華】[名]語義未詳。カメノテ(海産動物の名)の古名か。

せ【[・なり]】【狭】[形動ナリ]{なら・なり(に)・なり・なる・なれ・なれ}(「…も狭に」の形で)狭いようす。和歌で用いる。

せ【諾】[感]承諾の意を表す語。はい。うん。

せ 使役の助動詞「す(下二段型)」の未然形・連用形。例「酒をすすめて、強ひ飲ま**せ**たるを興とする事、如何なるゆゑとも心得ず」〈徒然・一七五〉〔注〕連用形の例。《識別注意語》→付録「まぎらわしい品詞の識別」

せ 尊敬の助動詞「す(四段型)」の已然形・命令形。例「かくのみし恋ひば死ぬべみたらちねの母にも告げつ止まず通は**せ**」〈万葉・一一・二五七〇〉〔注〕命令形の例。

せ 過去の助動詞「き」の未然形。下に接続助詞「ば」を伴う。→「せば」。例「世の中にたえて桜のなかり**せ**ば春の心はのどけからまし」〈古今・春上・五三〉訳→〈和歌〉よのなかにたえてさくらの…。《識別注意語》→付録「まぎらわしい品詞の識別」

ぜ【是】[名]道理にかなっていること。正しいこと。

ぜ[係助]《上代東国方言》「ぞ」に同じ。例「父母が頭かき撫で幸くあれて言ひし言葉**ぜ**忘れかねつる」〈万葉・二〇・四三四六〉訳→〈和歌〉ちちははが…

ぜあみ【世阿弥】[人名](一三六三??)南北朝時代から室町前期の能役者・能作者。本名は観世元清。父は観阿弥。田楽・猿楽を能へと深化させた。『風姿花伝』『花鏡』などの能楽論書を著す。

ぜあみじふろくぶしふ【世阿弥十六部集】ゼアミジュウロクブシュウ[作品名]明治四十二年(一九〇九)刊行の能楽書の集成。世阿弥著。世阿弥の能楽書を発掘し、吉田東伍が校訂を施したもの。『風姿花伝』『申楽談儀』など、十六部の能楽論を収録。

-せい【世】[接尾](「せ」とも)家や位を継ぐ際の続き方の順序を表す語。父を一世、子を二世、孫を三世という。

せい【制】[名]❶制度。定め。おきて。例「この御時は、**制**ありて、衣の数は五つ」〈栄花・三四〉❷仰せ言。君命。❸諫め。制止。

せい【姓】[名]❶「かばね」に同じ。❷(「しゃう」「さう」とも)氏。名字。

せい【勢】[名]❶いきおい。勢力。力。❷軍勢。兵力。❸からだつき。かっこう。例「父母、手に捧げて養ひ傅く間、漸く**勢**長じぬ」〈今昔・二・三五〉

せい【精】[名]❶精力。気力。元気。❷精霊。

せいあせう【井蛙抄】セイアショウ[作品名]南北朝時代(一三六二ごろ成立)の歌論書。頓阿著。和歌作法とともに和歌史上の逸話を多く収載する。

せいい【征夷】[名]辺境の未開人を征伐すること。とくに、蝦夷を征伐すること。

せいいし【征夷使】[名]蝦夷征討のために設けられた臨時の職。のち常置の職となった。

せいいしゃうぐん【征夷将軍】セイイショウグン[名]「せいいたいしゃうぐん」に同じ。

せいいたいしゃうぐん【征夷大将軍】セイイタイショウグン[名]❶蝦夷征討のため任ぜられた臨時の遠征軍長官。延暦十三年(七九四)、大伴弟麻呂が初めて。❷幕府の最高権力者。源頼朝以来、足利・徳川氏が代々この職についた。①②＝征夷将軍

せいうん【青雲】[名]❶青みがかった雲。青空。また、非常に高い所のたとえ。❷地位・学徳などの高いこと。高位高官。立身出世。

せいが【笙歌】[名](「しゃうが」とも)笙に合わせて歌うこと。また、その歌。

せいがいは【青海波】[名]❶唐楽の雅楽の曲名。鳥甲をかぶったふたりの舞人が、波と千鳥の模様の装束を着て、海波のさまを模して舞う。❷「青海波」の舞の装束の模様。❸②と同様の染め模様。

せいがう【精好】セイゴウ[名](「精好織り」の略)絹織物の一種。縦を練り糸、横を生糸で、または、縦横ともに練り糸で織ったもの。布地の目が細かく、精美であることからこの名がある。多く袴地に用いる。

せいかん【青漢】[名]大空。天空。青空。

せいき【精気】[名]精力。心身を保持する気力。

せいき【精祈】[名]心を込めて祈ること。祈願。

せいぐゎ【清華】セイガ[名]公家の家格のひとつ。「摂家」に次ぐ高い家柄で、大臣・大将を兼ね、太政大臣にまでのぼることができた。久我・三条・西園寺・徳大寺・花山院・大炊御門・今出川の七家。のちに広幡・醍醐の二家を加えて「九清華」ともいった。清華家。＝華族

せいぐゎん【[・す]】【誓願】セイガン[名・自サ変]❶神仏に誓いを立てて祈願すること。❷仏や菩薩が衆生を救おうという願望の成就を誓うこと。

せいけん【聖賢】[名]❶聖人と賢人。知識・人格のきわめてすぐれた人。❷(清酒は聖人の心に通じ、濁り酒は賢人の心に通じるという故事から)酒の別名。

せいこつ【性骨】[名]「しゃうこつ」に同じ。

せいこん【精根】[名]精力。根気。元気。

せいこん【精魂】[名]魂。精霊。霊魂。

せいごん【誓言】[名]誓いのことば。

せいさう【星霜】セイソウ[名](「せいさう」とも)(星は一年に天を一周し、霜は毎年降ることから)年月。歳月。

せいし【青侍】[名](「青侍」の音読語)公家に使われる若い侍。

せいし【勢至】［名］《仏教語》「勢至菩薩」の略。

せいじ【青磁・青瓷】［名］《「あをじ」とも》青緑色、または淡青色の釉をかけた磁器。中国で漢代におこり、宋代に完成。平安時代に伝来したという。

せいしう【西収】［名］《「さいしゅ」とも。「秋」は西の方角に当たると考えられたことから》秋の収穫物の取り入れ。↔東作

せいしぼさつ【勢至菩薩】［名］《仏教語》知恵を象徴する菩薩。阿弥陀仏の右の脇士で、衆生を餓鬼・畜生・地獄の三悪道から離れさせ、無上力を得させるという。大勢至菩薩。＝勢至

せいしょく【声色】［名］音楽と女色。例「宴飲、声色を事とせず」〈徒然・二一七〉

せいしょだう【清暑堂】［名］《「せいそだう」とも》大内裏の豊楽院の中の堂のひとつ。正殿の豊楽殿の北の、豊楽殿に出御する天皇が待機する堂で、大嘗会のあと、神楽が行われた。

せいじん【聖人】［名］知識・徳がすぐれ、万人に仰がれる人。中国では尭・舜・孔子などの称。

せい・す【制す】［他サ変］《せ・し・す・する・すれ・せよ》❶定める。決める。❷とどめる。制止する。例「『月の顔見るは、忌むこと』と制しけれども」〈竹取・かぐや姫の昇天〉

せいすいせう【醒睡笑】［作品名］江戸前期（一六二三成立）の仮名草子・噺本。安楽庵策伝作。千三十余りの短編笑話を四十二の項目に分類して収録。愚人譚・失敗譚・好色譚など、内容は多方面にわたる。

せいせいしゃうぐん【征西将軍】［名］西国を鎮定するために派遣された臨時の将軍。天慶四年（九四一）、藤原純友の乱のときに藤原忠文が任ぜられたのを最初とする。＝征西大将軍。↔征東将軍

せいせうなごん【清少納言】［人名］（九六六?～?）平安中期の女流歌人・文学者。中古三十六歌仙のひとり。父は清原元輔。橘則光と結婚するが離別、一条天皇皇后定子に仕え、随筆『枕草子』を執筆。家集『清少納言集』があり、勅撰集にも入集。

せいそだう【清暑堂】［名］「せいしょだう」に同じ。

せいぞろひ【勢揃ひ】［名］「せいぞろへ①」に同じ。

せいぞろへ【勢揃へ】［名］❶軍勢を集めて隊を整えること。❷いっせいにそろうこと。＝勢揃ひ。

せいたい【青黛】［名］❶青いまゆずみ。また、女性のまゆの美しいことをいう語。転じて、美女を指す。❷役者などが前額に塗って月代を青くする顔料。

せいたい【聖代】［名］《「せいだい」とも》すぐれた天子が治める世。また、その治世。

せいたう【政道】［名・他サ変］《後世「せいだう」とも》❶政治。国を治めること。まつりごと。❷取り締まり。禁制。制止。❸処罰。

せいたか【制吒迦】［名］「制吒迦童子」の略。

せいたかどうじ【制吒迦童子・勢多迦童子】［名］《仏教語》不動明王に従う八大童子のひとつ。金迦羅童子とともに明王の脇侍で、多く左手に三鈷、右手に金剛棒を持つ。＝制吒迦

せいちゃう【正丁】［名］「せいてい」に同じ。

ぜいちゃう【税帳】［名］「しゃうぜいちゃう」に同じ。

せいづかひ【勢使ひ】［名］軍勢を召集すること。

せいてい【正丁】［名］《「せいちゃう」とも》令制で二十一歳以上六十歳以下の健康な成人男子。調・庸・兵役などの課役の対象となった。

せいてう【青鳥】［名］《東方朔が、三本足の青鳥を見て、西王母という仙女の使者だといった故事から》手紙を届ける使者。また、書簡。

せいと【星斗】［名］《「斗」は星座の名。南斗・北斗・小斗の三座を指す》星。星座。

せいとうしゃうぐん【征東将軍】［名］東国を鎮定するために派遣された臨時の将軍。天慶三年（九四〇）、平将門の乱のときに藤原忠文が任ぜられたのを最初とする。＝征東大将軍。↔征西将軍

せいとく【勢徳】［名］❶恵み。おかげ。例「『勢徳を蒙らむ』とて」〈宇津保・祭の使〉❷権力と財産。

せいなう【細男・才男】［名］❶神楽の「人長」の舞のあとで、滑稽な舞を演じる人。また、その舞。❷奈良の春日若宮などの祭礼で舞楽をする人。また、京都の「御霊会」などの行列の先頭に立てる人形。

せいのことば【制の詞】［名］中世の歌学で使用を制限または禁止した語句。先代の歌人が創作した個性的な表現を尊重するために設けられたが、しだいに形骸化した。制詞。

せいば【征馬】［名］道を行く馬。旅で乗る馬。

せいばい【成敗】［名・自他サ変］《「善を成し、悪を敗る」の意》❶政治を執り行うこと。執政。例「摂政関白の御成敗にも及ばず」〈平家・一・鹿谷〉❷（訴訟を）裁くこと。裁決。例「土民の訴訟を成敗す」〈吾妻鏡〉❸取り計らうこと。指揮。処置。例「まづ南都炎上の事、故入道の成敗にもあらず」〈平家・一〇・千手前〉❹こらしめること。処刑。とくに、死刑や斬罪に処すること。

せいび【成美】［人名］「なつめせいび」に同じ。

せいひつ【静謐】［名・形動ナリ］世の中の乱れが治まり、騒ぎのないさま。太平。平穏。

せいびゃう【精兵】［名］❶弓を引く力が強いこと。また、その人。❷えりすぐった兵。すぐれた武士。

せいふ【青鳧・青蚨】［名］銭の別名。

せいめい［・なり／・たり］【清明】㊀［名・形動ナリ・形動タリ］清く明らかで曇りのないさま。例「この宿（＝星座）、清明なる故に」〈徒然・二三九〉㊁［名］「二十四気」のひとつ。陰暦三月の節で、冬至から百五日目。春分から十五日目。いまの四月五、六日ごろ。（季―春）

せいもく【聖目・星目・井目】［名］❶《「ひじりめ」とも》碁盤の目の上に記した九つの黒点。❷囲碁で、弱い方が、あらかじめ①の九点に一石ずつ置くこと。

せいもん【誓文】㊀［名］神に誓うことばや文書。誓紙。起請文。㊁［副］誓って。きっと。けっして。例「わしが心は誓文かうぢゃ」〈浄・女殺油地獄〉

せいもんばらひ【誓文払ひ】［名］《近世語》江戸時代、陰暦十月二十日に、商人や遊女が四条京極の冠者殿に参り、商売上、偽って送った

誓文や起請の罪を許してもらおうと祈ったこと。また、当日は呉服店が安売りをしたので、この時期の呉服店の大売り出しも指す。（季―冬）

せいやうきぶん【西洋紀聞】[作品名]江戸中期（一七一五ごろ成立）の随筆。新井白石著。屋久島に渡来したイタリア人宣教師シドッチを白石が尋問した記録をまとめた書。当時の最新の海外事情や世界地理、キリシタン教義の説明・批判などを記す。

せいらく[名]《近世語》上方のことばで、詮索。また、催促。調達。

せいらん【青嵐・晴嵐】[名]❶晴れた日に蒸発して起こる山の気。晴れた日の霞。❷夏に吹く強い風。青葉を吹き渡る風。（季―夏）

せいりゃうでん【清涼殿】[名]（「せいらうでん」とも）内裏の建物のひとつ。紫宸殿の北西にあり、天皇の日常の居所。また、四方拝・小朝拝・叙位・除目・御前の評定などの公事も行われたが、近世初期の内裏造営後は儀式専用となった。➡[表見返し]内裏略図、[古典参考図]清涼殿

せいりゅう【青竜】[名]「せいりょう」に同じ。

せいりょう【青竜】[名]（「せいりゅう」とも）❶青い色の竜。中国では古来、これを瑞兆とする。❷「四神」のひとつ。竜の形をした東方の守護神。

ぜいろく【贅六】[名]「さいろく②」に同じ。

せいわてんわう【清和天皇】[人名]（八五〇―八八〇）第五十六代天皇。父は文徳天皇。異母兄の惟喬親王をおいて立太子。応天門の変を契機に、外祖父の藤原良房を摂政とした。

せいゐん【声韻】[名]和歌における歌病（和歌の欠陥）のひとつ。第三句と第五句の終わりが同音であることをいう。

せう【小】[名]❶小さいこと。短いこと。細いこと。狭いこと。少ないこと。劣っていること。また、そのもの。❷陰暦で、一か月の日数が三十日に満たない月。小の月。①②↔大

せう【抄・鈔】[名]❶容積の単位。合の百分の一。勺の十分の一。❷抜き書き。❸歌集・物語・仏典・漢籍などの注釈書。❹歌集・物語・仏典・漢籍などの講義の聞き書き。

せう【詔】[名]「せうしょ」に同じ。

せう【簫】[名]管楽器の一種。長短各種の竹管を、大きなものでは二十三管または二十四管、小さなものでは十六管または十管を編み並べて吹いて演奏する。＝簫の笛

せう【少輔】[名]「せふ」に同じ。

せう【兄鷹】[名]雄の鷹。また、小さい鷹。

せういう【少輔】[名]「せふ」に同じ。

せういうき【小右記】[作品名]平安中期の日記。『野記』『野府記』ともいう。藤原実資著。現存するのは天元五年（九八二）から長元五年（一〇三二）までの記事。摂関政治期の歴史を詳細に記録。

せうえう【・す】【逍遥】[名・自サ変]思いのままに、あちこちをぶらぶら歩くこと。散策。行楽。

せうえうどころ【逍遥所】[名]時々、気の向くままに散策して心を慰める場所。

せうかうじ【小柑子】[名]（「こかうじ」とも）ミカンの類で実の小さなもの。（季―秋）

せうぎ【小儀】[名]宮中で行われる小規模な儀式の総称。除目・踏歌などをいい、五位以上の者が参列した。↔大儀・中儀

せうげき【少外記】[名]令制で「太政官」の役人。大外記の下の職名。→「げき」「ないき」

せうこく【小国】[名]❶小さな国。勢力の弱い国。❷（中国を大国というのに対して）日本。

せうこん【招魂】[名]死者の霊魂を呼び戻して鎮めること。また、招いて祭ること。

せうさい【小賽】[名]双六で、賽の目の数が少ないこと。

せうさん【小参】[名]（仏教語）禅宗で、一山の住持が臨時に場所を定めずに行う説法。

せうし【詔使】[名]勅命もしくは太政官の辞令によって朝廷から派遣される使者。勘解由使・遣唐使などを指す。官吏よりも任が重い。

せうし【・なり】【笑止】[名・形動ナリ]（「しょうし（勝事）」の変化形。「笑止」は当て字）❶気の毒なこと。例「わが恋は水に燃えたつ蛍々ものいはで**笑止**のほたる」〈閑吟集〉❷困ったこと。例「あら**笑止**や。にはかに日暮れ大雨降りて」〈謡・蟻通〉❸笑うべきこと。おかしいこと。例「おお、**笑止**餅ぢゃわいな」〈膝栗毛〉

せうしゃう【少将】[名]「近衛府」の次官で、中将の下の者。正五位下の位。

せうじゃう【・す】【招請】[名・他サ変]招き迎えること。

せうしょ【詔書】[名]令制の公文書の一形式。改元・改銭・赦令・立太子・立皇后・大臣以上の任官・五位以上の叙位などの臨時の大事に関して発した天皇の文書。＝詔

せうじょう【小乗】[名]（仏教語。「乗」は人間を迷いの世界から悟りの世界へ乗せて運ぶ乗り物の意）「大乗」と並び、仏教の二大流派のひとつ。自己の解脱だけを目的とする消極的な教えを、大乗仏教の側からけなしていう語。↔大乗

せうじょう【少判官】[名]令制で「判官」のひとつ。「大判官」の下位。役所によって当てる漢字が異なり、神祇官では「少祐」、省では「少丞」、坊・職では「少進」、寮では「少允」、衛門府・兵衛府・検非違使庁では「少尉」、大宰府では「少監」、国司では「少掾」などと書く。

せうしん【少進】[名]令制で「判官」のひとつ。坊・職では「大進」の下位。

せうじん【小人・少人】[名]❶子供。少年。❷人徳や教養がない、品性下劣な人。度量の狭い、小人物。↔大人①・君子。❸身分の低い人。小者。→大人②。❹《近世語》男色の相手の少年。若衆。

せう・す【抄す】[他サ変]{せ・し・す・する・すれ・せよ}❶抜き書きして注釈をつける。❷編纂する。例「延喜の御時に、古今**抄**せられし折」〈大鏡・道長・下〉

せう・す【消す】[他サ変]{せ・し・す・する・すれ・せよ}（むなしく月日を）送る。（漫然と時を）過ごす。費やす。例「日を**消し**、月をわたりて、一生を送る」〈徒然・一〇八〉

せうすいのうを【少水の魚】ごくわずかな水の中にいる魚。日一日と命の縮まることのたとえ。

せうせう【少少・小小】［副］❶少しばかり。ふつう。例「官召しに、**少々**の官得てはべらむは、何ともおぼゆまじく」〈枕・頭の中将の〉❷ありきたり。

せうせつ【小節】［名］つまらない義理。ちっぽけなこと。例「一生は雑事の**小節**にさへられてむなしく暮れなん」〈徒然・一一二〉

せうそく［・す］【消息】［名・自サ変］「せうそこ」に同じ。

せうそこ［・す］【消息】［名・自サ変］（「せうそく」の変化形。「消」=死・「息」=生で、安否を問う意から）❶**便りを送ること。手紙。伝言。**例「**消息**をだにいふべくもあらぬ女のあたりを思ひける」〈伊勢・七三〉❷**訪問すること。取り次ぎを頼むこと。あいさつ。**例「『入りて**消息・せよ**』とのたまへば、人入れて案内せさす」〈源氏・若紫〉《敬語》「のたまへば」→「のたまふ」。❸（その後の）**ようす。動静。**例「僧が消息を尋ね給ふ」〈雨月・青頭巾〉

せうそこが・る【消息がる】［自ラ四］｛ら・り・る・る・れ・れ｝（「がる」は接尾語）文通したがる。例「すいたる田舎人ども、心かけ**消息が・る**〔者ガ〕いと多かり」〈源氏・玉鬘〉

せうそこぶみ【消息文】［名］手紙。手紙文。

せうだい【招提】［名］（仏教語）寺。寺院。

〔俳句〕**せうでうとして…**【**蕭条として石に日の入る枯野かな**】〈蕪村句集・蕪村〉訳草木も枯れ果てた冬の野。折しも赤い夕日が大きな石の向こうに沈んでいき、いっそうもの寂しさを募らせることだ。（季-枯野-冬）

せうてん【少典】［名］令制で「主典」のひとつ。大宰府では「大典」の下位。

せうと【兄人】［名］（「せひと（背人）」のウ音便。女性から）男兄弟をいう語。❶（女性から見た）親しい男性の意から）**兄または弟。**↔妹。例「二条の后に忍びて参りけるを、世の聞こえありければ、**せうと**たちの守らせたまひけるとぞ」〈伊勢・五〉《係結び》「とぞ」→（省略）」。《敬語》「参りける」→「まゐる（四段）」、「守らせたまひ」→「せたまふ」。❷**男兄弟。**後世は**兄**を指す。例「〔藤原〕公世の二位の**せうと**に、良覚僧正と聞こえしは、極めて腹あしき人なりけり」〈徒然・四五〉《敬語》「聞こえし」→「きこゆ」

発展学習ファイル 平安時代までは、女性を通して見た同腹の兄弟について（兄でも弟でも）用い、男同士の兄弟間では、兄を「**このかみ**」「**あに**」、弟を「**おとうと**」といった。中世以降になると、一般的に（男の）兄弟をいい、さらには兄だけを指すようになる。

せうとく［・す］【所得】［名・自サ変］得をすること。もうけ物。例「あはれ、しつる**せうとく**かな」〈宇治拾遺・三・六〉

せうなごん【少納言】［名］（「すないものまうすつかさ」「すないものまうし」とも）令制で「太政官」の三等官。「参議」の下にあって、官印の管理や小事の奏上などをつかさどった。重要な職であったが、「蔵人所」の設置以降は閑職となった。

せうに【少弐】［名］令制で「大宰府」の次官。「大弐」の下位で、庶務に当たった。

せうねつ【焦熱・燋熱】［名］❶（仏教語）「焦熱地獄」の略。❷焼け焦げること。

せうねつぢごく【焦熱地獄・燋熱地獄】［名］（仏教語）八大地獄のひとつ。殺生・偸盗・邪淫・飲酒・妄語などの罪を犯した者が落ち、猛火で責め苦しめられる地獄。=焦熱①

せうのふえ【簫の笛】［名］「せう（簫）」に同じ。

ぜうは【紹巴】［人名］「さとむらぜうは」に同じ。

せうばう【椒房】［名］❶（「椒」は山椒、「房」は室の意）（悪気をはらい、子孫が多く生まれることを願って皇后御殿の壁に山椒を塗り込めたという中国の故事から）皇后の御所。❷皇后の別称。

せうばう［・す］【焼亡】［名・自サ変］（「ぜうまう」とも）焼けてなくなること。焼失。

せうはく【肖柏】［人名］「ぼたんくゎせうはく」に同じ。

せうひつ【少弼】［名］令制で「弾正台」の次官。「大弼」の下位。

せうふう【蕉風】［名］松尾芭蕉とその門人たちの俳風。「さび」「しをり」「ほそみ」を重んじ、幽玄・枯淡の境地を開拓した。正風。

せうぶん【小分・少分】［名］少しの部分。少しばかり。

せうべん【少弁】［名］（「すないおほともひ」とも）令制で太政官の「判官」のひとつ。左右の弁官局で「中弁」の下位。

ぜうまう［・す］【焼亡】［名・自サ変］「せうばう（焼亡）」に同じ。

せうみゃう【小名】［名］❶「名田」の少ない領主。また、中世では、領地の少ない御家人。↔大名。❷江戸時代、一万石以上の大名のうち、領地の少ないもの。

せうもくだい【小目代】［名］目代（国司の代理役）の下役。

せうもち【抄物】［名］「せうもつ」に同じ。

せうもつ【抄物】［名］（「せうもち」とも）抜き書きしたもの。書き写し。転じて、注釈書。

せうもつがき【抄物書き】［名］漢字の字画を省略した書き方。「醍醐」を「酉酉」などと書く類。

せうもの【抄物】［名］漢籍や仏典などの注釈書。おもに室町時代、京都五山の禅僧や学者などによって記された。『史記抄』『長恨歌抄』など。

せうもんじってつ【蕉門十哲】松尾芭蕉門下のすぐれた俳人のこと。「孔子十哲」にならった呼び名。一般には榎本其角・服部嵐雪・向井去来・各務支考・内藤丈草・森川許六・志太野坡・立花北枝・越智越人・杉山杉風をいうが、異説もある。

せうやうしゃ【昭陽舎】［名］（「せうやうさ」とも）内裏の後宮の建物のひとつ。紫宸殿の北東にあり、女官の詰め所であったが、しばしば東宮御所となった。庭に梨を植えたので「梨壺」ともいい、「梨壺の五人」がここで『後撰和歌集』を編集した。

➡［表見返し］内裏略図

せうらかし・い［形口語型］「しゃうらかしい」に同じ。

せうらん［・す］【照覧・昭覧】［名・他サ変］見ることの尊敬語。神仏や貴人がご覧になること。

せ-おはしま・す【せ御座します】四段・ナ変・ラ変活用の動詞の未然形に付いて、その動詞の主語を高める、敬意の高い尊敬語。**お（ご）…になる。…なさる。**→「おはします(二)③」。例「夜更けぬさきに帰らせおはしませ」〈源氏・夕顔〉

語構成　せ　尊「す」用　おはします　補動サ四「おはします」

せかい【世界】［名］❶**人間界。地上界。**例「昔の契りありけるによりてなむ、この世界にはまうで来たりける」〈竹取・かぐや姫の昇天〉《係結び》「なむ」→「まうで来たりける」体。《敬語》「まうで来たりける」→「まうでく」。❷**国。国土。**例「ここより北にある世界なるべし」〈今昔・三一・一八〉❸**世の中。世間。**例「夜は世界の車の声に胸うちつぶれつつ」〈蜻蛉・中〉❹**世の人々。世人。**例「『天の下豊かなりぬべき君なり』と世界こぞりて申す時に」〈宇津保・藤原の君〉❺**遠い地方。いなか。**例「知らぬ世界に、めづらしき愁への限り見つれど」〈源氏・明石〉❻**あたり一帯。周囲。**例「持て来し人を世界に求むれど、なし」〈大和・一六八〉❼**遊郭。遊里。遊び所。**

発展学習ファイル　仏教で、「世」とは過去・現在・未来を表し、「界」は東西南北・上下をいう。こうした時間の流れと地域の広がりとを組み合わせた全体を称した仏教語「世界」が、しだいに一般化して広く用いられたため、多様な意味が生じた。

せがい【船枻】［名］船の両舷（両端）に渡した板。水夫がその上に乗って漕いだり、棹をさしたりする所。＝船棚

せか・ふ【塞かふ】［他ハ下二］{へ・へ・ふ・ふる・ふれ・へよ}（「せきあふ」の変化形）せき止める。例「山川の激つ心を塞かへてあるかも」〈万葉・七・一三八三〉

せが・む［他マ四］{ま・み・む・む・め・め}❶責める。叱る。例「いませせがみ、さいなむこと、いとど見苦しかるべし」〈十訓抄・七〉❷ねだる。強く要求する。

-せき【隻】［接尾］（「しゃく」とも）魚・鳥・船・矢などを数える語。

せき【関】［名］❶物事の動きをさえぎりとどめること。また、そのもの。**隔て。**例「ひこ星に恋はまさりぬ天の河へだつる関をいまはやめてよ」〈伊勢・九五〉❷国境や要所に門を設けて、通行人や荷物の検査をした所。＝関所。例「関は逢坂。須磨の関」〈枕・関は〉❸**水をせき止める所。堰。**

〔関の岩門〕関所に立っている堅固な門。

〔関の戸〕関所の門。関門。＝関戸

〔関の扃〕関所の門を閉ざすこと。閉ざすもの。例「雪こそ関のとざしなりけれ」〈千載・冬・四六七〉

〔関の東〕（「関東」の訓読語）逢坂の関より東方。いまの中部地方以東。

〔関の宮居〕関所にある明神。

〔関守る神〕関所の守護神。

せき【関】［地名］伊勢国の地名。いまの三重県鈴鹿郡関町。鈴鹿の関が置かれていた。

せきあく【積悪】［名］「しゃくあく」に同じ。

せきあ・ぐ【咳き上ぐ】［自ガ下二］{げ・げ・ぐ・ぐる・ぐれ・げよ}❶（涙や咳で）むせかえる。例「音をのみ泣きたまひて、折々は胸をせき上げつつ」〈源氏・葵〉❷（悲しみなどで）胸が詰まる。例「〔今ハ亡キ夕顔ノコトヲ思ウト〕御胸せき上ぐる心地したまふ」〈源氏・夕顔〉

せきあ・ぐ【塞き上ぐ・堰き上ぐ】［他ガ下二］{げ・げ・ぐ・ぐる・ぐれ・げよ}川などの流れをせきとめて水量を増やす。例「佐保川の水を堰き上げて植ゑし田を」〈万葉・八・一六三五〉訳→〔和歌〕さほがはの…

せきあ・ふ【塞き合ふ】［自ハ四］{は・ひ・ふ・ふ・へ・へ}込み合う。押し合う。例「〔兵士千人余リガ〕我前にとせき合って渡るに」〈太平記・一四〉《音便》「せき合っ」は「せき合ひ」の促音便。

せきあ・ふ【塞き敢ふ】［他ハ下二］{へ・へ・ふ・ふる・ふれ・へよ}無理にこらえる。抑えて我慢する。例「〔法皇モ〕御涙せきあへさせ給はず」〈平家・灌頂・大原御幸〉

せきいた【関板】［名］屋根や垣、土留めなどに用いる粗末な幅広い板。また、その板を並べ、その上に桟を打った屋根や垣・土留めなど。

せきい・る【塞き入る・堰き入る】［他ラ下二］{れ・れ・る・るる・るれ・れよ}流水をせき止めて、別の流れへ引き入れる。例「水堰き入れて、涼しき蔭にはべる」〈源氏・帚木〉

せきおくり【関送り】［名］❶京都から旅立つ人を逢坂の関まで送ること。↔関迎へ。例「相坂の関送りをだにとて行くままに」〈東国紀行〉❷旅立つ人を見送ること。例「其角亭において関送りせんともてなす」〈笈の小文〉

せきがく【碩学】［名］（「碩」は大の意）学問の深く広い人。大学者。

せきかぜ【関風】［名］関所の辺りを吹く風。

せきか・ぬ【塞きかぬ】［他ナ下二］{ね・ね・ぬ・ぬる・ぬれ・ねよ}（涙を）せき止められない。こらえきれない。例「涙をもほどなき（＝小リナ）袖にせきか・ねて」〈源氏・浮舟〉

せきがはら【関ケ原】［地名］美濃国の地名。いまの岐阜県不破郡関ケ原町。天然の要害として軍事や交通の要所であった。不破の関が置かれ、また、壬申の乱や関ケ原の合戦などの戦場となった。

せきかへ・す【咳き返す・堰き返す】［自サ四］{さ・し・す・す・せ・せ}むせかえる。何度もしゃくり上げる。流れをせきとめて、もとに戻す。例「忍びあまり落つる涙を堰きかへし」〈新古今・恋二・一一二三〉

せきくわ【石火】［名］❶火打ち石を打って出す火。❷極めて短い時間、また、素早い動作のたとえ。

〔石火の光〕きわめて短い時間のたとえ。

せきけん【赤県】［名］❶中国の唐代における県の等級のひとつ。都に近い県。❷京都。また、その周辺。

せきしふ【積習】［名］長い間の習慣。多くの悪習にいう。

せきしょ【関所】［名］「せき②」に同じ。

せきしょやぶり【関所破り】［名］「せきやぶり」に同じ。

せきせき［・たり］【寂寂】［形動タリ］{たら・たり(と)・たり・たる・たれ・たれ}ひっそりとしてもの寂しいさま。

せきぜん【積善】［名］「しゃくぜん」に同じ。

せきそ【尺素】［名］（「素」は白絹の意）（昔、手紙を白絹に書いたことから）手紙。

せきぞろ【節季候】［名］（近世語。「せきざうらふ」「せっきぞろ」とも。「節季に候ふ」の意）江戸時代の門

付け芸人の一種。歳末に、シダの葉を挿した編笠をかぶり、顔を赤い布で覆い、割れ竹を持った姿で、二、三人で「せきぞろ」と繰り返し唱えながら家々を回り、歌い踊って米や銭を請い歩いた。（季ー冬）

せきだ【席駄・石駄】［名］《近世語》竹の皮で作った草履の裏に、革をはりつけたはきもの。雪駄。

せきたい【石帯】［名］《「しゃくたい」とも》束帯を着るときに袍の腰に締める、玉石をつけた黒漆塗りの革帯。身分や用途によって各種あった。＝石の帯・帯。

せきたふ【石塔】［名］❶石で作った塔婆の一種。五輪塔・多宝塔など。❷墓石。石碑。

↓［古典参考図］男子の服装〈1〉、冠物・装具

せきぢ【関路】［名］関所へ通ずる道。

せきづる【関弦】［名］弓の弦の一種。弦の上を絹糸や麻糸で巻き、漆を塗った丈夫なもの。

せきて【関手】［名］関所を通る人から取り立てた通行料。関銭。

せきてん【釈奠】［名］「しゃくてん」に同じ。

せきでん【夕殿】［名］夕方の宮殿。夕景の宮廷。

せきど【関戸】［名］関所の門。＝関の戸

せきとく【尺牘】［名］《「しゃくとく」とも。「牘」は文字を書く木札》文書。書状。手紙。

せきとく【碩徳】［名］《「碩」は大の意》徳が高いこと。また、そのような人。高徳の僧。

せきとど・む【塞き止む・堰き止む】［他マ下二］〔め・め・む・むる・むれ・めよ〕《「せきとむ」とも》❶（水の流れを）さえぎって止める。❷（涙や感情を）抑える。例「〔中納言八〕いよいよ〔涙ヲ〕せきとどめがたくて」〈源氏・総角〉

せきと・む【塞き止む・堰き止む】［他マ下二］〔め・め・む・むる・むれ・めよ〕「せきとどむ」に同じ。

せきとりせんりゃうのぼり【関取千両幟】［作品名］江戸中期（一七六七初演）の浄瑠璃。世話物。近松半二・三好松洛・竹田文吉ほか合作。人気力士の稲川と千田川をモデルとする。

せきのぼ・る【咳き上る】［自ラ四］〔ら・り・る・る・れ・れ〕（咳や涙が）込み上げる。（胸が）いっぱいになる。例「胸のせきのぼる心地して」〈源氏・蜻蛉〉

せきばく［「・たり」］【寂寞・寂漠】［名・形動タリ］《「じゃくまく」とも》ひっそりと、もの寂しいさま。

せきむかへ【関迎へ】［名］来訪者を関所で出迎えること。とくに、京にのぼってくる人を「逢坂の関」まで迎えに出ること。↔関送り①

せきもり【関守】［名］❶関所の番人。❷（転じて）男女の仲を妨げるもののたとえ。例「人知れぬ我が通ひ路の関守は」〈伊勢・五〉訳→〔和歌〕ひとしれぬ…

せきや【関屋】［名］関所の番小屋。関守の住む家。

せきや【関屋】［作品名］『源氏物語』の十六番目の巻名。

せきやう【夕陽】［名］夕日。また、夕方。

せきゃう【説経】［名］《「せっきゃう」の促音無表記》「せっきゃう」に同じ。

せぎゃう［「・す」］【施行】［名・自サ変］❶《仏教語》功徳を積むため、僧や貧者に施しを与えること。布施。❷命令を広く伝えること。また、その命令。とくに、室町時代、管領が守護に伝えた命令。

せきやぶり【関破り】［名］《近世語》❶手形を持たずに、役人をだましたり制止を振り切ったり、間道を回ったりするなどして、不正に関所を越えること。❷遊女が廓から逃げ出すこと。①②＝関所破り

せきやま【関山】［歌枕］近江国の山。いまの滋賀県大津市にある逢坂山の別称。逢坂の関が置かれた。

せきや・る【塞き遣る・堰き遣る】［他ラ四］〔ら・り・る・る・れ・れ〕せき止める。涙などをこらえとどめる。例「せきやるかたなき涙ばかりにて過ぐすを」〈浜松中納言・四〉

せきり【戚里】［名］（中国の漢の高祖の外戚が住んだ土地の名から）天子の母方の里。転じて、一般に母方の里を指すこともあった。

せぎり【瀬切り】［名］❶水の流れを押し止めること。❷瀬を押し切って流れること。その場所。早瀬。

せきりん【石淋】［名］腎臓または膀胱に結石ができて尿が滞り、詰まる病気。

せき・る【塞きる・堰きる】［他ラ下二］〔れ・れ・る・るる・るれ・れよ〕（「せきいる」の変化形）水をせき止めて他の所へ導き入れる。例「千代を経てすむべき水をせき・れつつ」〈栄花・三〉

せきわ・ぶ【塞き侘ぶ・堰き侘ぶ】［自バ上二］〔び・び・ぶ・ぶる・ぶれ・びよ〕せき止めかねて苦しむ。せきとめかねる。例「岩間ゆく山の下水堰きわ・びて」〈千載・恋二・六五四〉

せく【節供】［名］《「せっく」の促音無表記》「せっく」に同じ。

せ・く【塞く・堰く】［他カ四］〔か・き・く・く・け・け〕❶せきとめる。さえぎる。例「たぎつ心を堰・きぞかねつる」〈古今・恋一・四九一〉❷さまたげる。じゃまをする。例「想ひかはしたる若き人の仲の、塞・くかたありて、心にもまかせぬ」〈枕・あはれなるもの〉

ぜく【絶句】［名］《「ぜっく」の促音無表記》「ぜっく」㊀に同じ。

せくぐま・る【跼まる】［自ラ四］〔ら・り・る・る・れ・れ〕《「せくくまる」とも》前にかがみ込んで背を丸くする。かがまる。こごむ。例「高天にせくぐま・れ」〈曾我・九〉

せぐ・る［自ラ四］〔ら・り・る・る・れ・れ〕《近世語》涙が込み上げる。胸がつまる。例「『殺すは何の因果ぞ』とせぐ・り苦しき老いの身の」〈浄・絵本太功記〉

せけん［「・す」］【世間】㊀［名］❶《仏教語》命あるものが生きている世界。❷世の中。社会。また、世の人。❸その辺り。近辺。例「世間もかい暗がりてはべりしに」〈大鏡・道長・下〉❹生活。暮らし向き。財産。㊁［名・自サ変］人との交わり。付き合うこと。

〔世間が詰まる〕世の中が不景気になる。例「毎年世間がつま・り、我〔モ〕人〔モ〕迷惑するといへど」〈浮・日本永代蔵〉

〔世間になる〕僧が俗人になる。還俗する。例「南都にある律僧、世間にな・りて」〈沙石集〉

せけんだましひ【世間魂】［名］世俗に通じ生活を保つ知恵。世渡りの才覚。

せけんてかけかたぎ【世間妾形気】［作品名］江戸中期（一七六七刊行）の浮世草子。和訳太郎（上田秋成）作。当時の妾の生態を描いた十二話を収める短編小説集。

せけんむすこかたぎ【世間子息気質】［作品名］江戸中期（一七一五刊行）の浮世草子。江島其磧作。其磧の気質ものの第一作で、町人の息子の種々相を描いた十五話を収録。

せけんむすめかたぎ【世間娘気質】［作品名］江戸中期（一七一七刊行）の浮世草子。江島其磧作。其磧の気質物の第二作。娘や嫁の多彩な生きざまを描く十八話から成る。

せけんむねさんよう【世間胸算用】［作品名］江戸中期（一六九二刊行）の浮世草子。井原西鶴作。大晦日の町人たちの生活を悲喜こもごもに描く二十話から成る。

せこ【兄子・夫子・背子】［名］《上代語。「せ」は女性が男の兄弟または夫などを親しんで呼ぶ語。「こ」は親愛を表す接尾語》❶**女性が兄、または弟を呼ぶ語。** 例「我が**背子**を大和へ遣るとさ夜ふけて」〈万葉・二・一〇五〉訳→（和歌）わがせこを…。❷**妻が夫を、または女性が恋人の男性を呼ぶ語。** 例「我が**背子**が帰り来まさむ時のため命残さむ忘れたまふな」〈万葉・一五・三七七四〉❸**男性同士が、お互いを親しんで呼ぶ語。** 例「沖つ波辺波立つとも我が**背子**がみ船の泊まり波立ためやも」〈万葉・三・二四七〉

発展学習ファイル　男性が女性を親しんで呼ぶ上代語「**わぎも**」「**わぎもこ**」に対応する表現として、「**わがせこ**」の形で使われることが多い。

せこ【勢子・列卒】［名］狩猟のとき、狩り場で獲物を追い出し、逃げるのを防ぐ人夫。＝狩り子

せごし【瀬越し】［名］《近世語》川の早瀬を越すこと。転じて、困難や危険に出会うこと。また、それを乗り越えること。

せころあひ【背頃合ひ】（セコロアイ）［名］身長の程度。身の丈ぐらい。

せざい【前栽】［名］《「せんざい」の撥音無表記》「せんざい」に同じ。

せ・さす【為さす】❶《「さす」が使役の場合》…させる。例「なほしもえあらで、いささけわざ**せ・さす**」〈土佐〉

語構成　せ［illegible］サ変「す」㊍　さす　助動「さす」

❷《「さす」が尊敬の場合。「せさせ給ふ」「せさせらる」などの形で最高敬語として強い敬意を表す》あそばされる。例「唐土の詩をも、ただその筋をぞ、枕言に**せ・させ**たまふ」〈源氏・桐壺〉

せさせばや【為させばや】《動詞「為す」の未然形＋使役の助動詞「さす」の未然形＋終助詞「ばや」》…させたい。例「なほ、この顔などの腫れたるものの、手（＝手当テ）を**せさせばや**」〈枕・上にさぶらふ御猫は〉

せ・し【狭し】［形ク］｛(から)・く(かり)・し・き(かる)・けれ・かれ｝《「所狭し」「野も狭に」などの形で》狭い。ゆとりがない。→「ところせし」「せばし」「せに」

せじ【世事・世辞】［名］❶世間のこと。世俗のこと。例「内に思慮なく、外に**世事**なくして」〈徒然・一〇八〉❷愛想のよいことば。お世辞。❸《仏教語》僧が通常の食事のほかにとる食事。＝非時

ぜじ【禅師】［名］《「ぜんじ」の撥音無表記》「ぜんじ」に同じ。

せじゃう【世上】（セジョウ）［名］❶世の中。❷付近一帯。

ぜじゃう【軟障】（ゼジョウ）［名］《「ぜざう」とも。「ぜんじゃう」の撥音無表記》寝殿造りの屋敷の中で、壁や簾などに添えて垂らした幔幕。生絹に名所の風景などを描き、紫の糸で縁取りをした。＝石の帯・帯

ぜしゃうめっぽふ【是生滅法】（ゼショウメッポウ）［名］《仏教語》「涅槃経」の一句。万物は生じては滅び、変転していくもので、これが生滅の法であるという意。

せしゅ【施主】［名］❶寺や僧に物を施す人。＝旦那。❷葬式・法事・供養などの当主。＝喪主。❸一般に施しをする人。

ぜじょう【軟障】歴史的かなづかい「ぜじゃう」

ぜしろくじゅういごさるがくだんぎ【世子六十以後申楽談儀】［作品名］「さるがくだんぎ」に同じ。

せ・す【施す】［他サ変］｛せ・し・す・する・すれ・せよ｝物を施す。善行を積むために施行する。

せ・す【為す】《動詞「為す」の未然形＋上代の尊敬の助動詞「す」》…なさる。あそばす。例「旅宿り**せ・す**古思ひて」〈万葉・一・四五長歌〉

せぜ【瀬瀬】［名］❶多くの瀬。そこかしこの瀬。❷折々。例「見し人の形代ならば身にそへて恋しき瀬々のなでものにせむ」〈源氏・東屋〉

ぜぜがひ【銭貝】（ゼゼガイ）［名］《「ぜにがひ」とも》巻き貝キサゴの別称。殻は小形で美しい模様があり、固く厚いので、おはじきなどの遊びに用いられた。（季-春）

せせなげ【溝・細流】［名］《近世語。「せせなぎ」とも》みぞ。どぶ。下水。

せせらか・す［他サ四］｛さ・し・す・す・せ・せ｝ゆすってあやす。例「母が幼き子を**せせらか・す**様やうに」〈今昔・二九・二七〉

せせらぎ【細流】［名］《「せせらき」「せぜらき」とも》水がさらさらと浅瀬を流れる音。その流れ。小川。

せせりさが・す【挵り探す】［自サ四］｛さ・し・す・す・せ・せ｝いじりまわす。つつき散らす。なぶる。もてあそぶ。例「うまい盛りの大八紅豆、柔らかなうちを一口食うて、**せせりさが・し**ておかうや」〈浄・鑓の権三重帷子〉

せせ・る【挵る】［他ラ四］｛ら・り・る・る・れ・れ｝❶たたく。つつく。例「酔ひ伏したる与茂介を**せせ・り**起こして」〈浮・好色万金丹〉❷刺す。嚙む。例「身を**せせ・る**蚤を殺さず」〈浮・日本永代蔵〉❸なぶる。もてあそぶ。例「寝よとすりや、後ろから**せせ・る**やら、前からは毛の生えた大きな足を突き出すやら」〈浄・長町女腹切〉

せそう【施僧】［名］《仏教語》僧に物を施すこと。

せぞく【世俗】［名］❶世の風習・風俗。❷俗世間。世の中。❸俗人。世間の人。

せそん【世尊】［名］《仏教語。世の中で最も尊い者の意》仏（悟りを得た者）、とくに、釈迦の尊称。

せそんじ【世尊寺】［名］京都一条の北、大宮の西にあった寺。もと清和天皇第六皇子桃園親王の御所内に、のちに伝領した藤原行成が長保三年（一〇〇一）に建立した。

せそんじりう【世尊寺流】（セソンジリュウ）［名］藤原行成を祖とする和様の書道の一派。草仮名（万葉仮名を書きくずした字体）の書法を大成した。流派の名は、行成の創建した寺の名に由来する。

せた【瀬田】［歌枕］近江国の地名。いまの滋賀県大津市瀬田町。琵琶湖の南部、瀬田川の左岸にあたり、「瀬田の夕照」は近江八景のひとつ。東海道が瀬田川を渡る地点にかけられた橋は「瀬田の唐橋」「瀬田の長橋」の名で知られる。

せたい【世帯】［名］❶家財や領地、官職など、身に帯びているもの。❷家を構え、独立した生計を立てること。また、その生計。所帯。

せたいぶっぽふ【世帯仏法】「世帯仏法腹念仏」の略。

せたいぶっぽふはらねんぶつ【世帯仏法腹念仏】《近世語》生活のための仏法。仏法も念仏も生活の手段であるという意。＝世帯仏法

せだえ【瀬絶え】[名]浅瀬の水がかれて絶えること。

せた・ぐ【虐ぐ】[他ガ下二]{げ・げ・ぐ・ぐる・ぐれ・げよ}《「責む」と「虐ぐ」の混交か》❶攻撃する。いじめる。虐げる。❷せきたてる。催促する。

せ-たま・ふ【せ給ふ】

アプローチ ▼使役・尊敬の助動詞「す」の連用形に尊敬の補助動詞「たまふ」が付いた語。
▼①「せ」が尊敬の意を強める場合と、②「せ」が使役の意を表す場合とがある。
▼①の場合は、「せたまふ」全体で上に付く動詞の主語を高める尊敬語で、「たまふ」より敬意が強い。②の場合は、使役する人を高める尊敬語。

語構成
せ　助動「す」㊊
たまふ　補動ハ四「給ふ」

(四段・ナ変・ラ変活用の動詞の未然形に付いて)❶《「せ」が尊敬の意を強める場合》上に付く動詞の主語を高める尊敬語。**お(ご)…になる。…なさる。** 例「主上への御前の、柱に寄りかからせたま・ふを」〈枕・大納言殿まゐりたまひて〉訳上(＝一条帝)が柱にお寄りかかりになって、少し居眠りなさるので。
❷《「せ」が使役の意の場合》「…させる」意の尊敬語。「(AがBを[に])…せたまふ」で、A(…させる人)を高める。**お…(さ)せになる。…(さ)せなさる。** 例「中将の帯をひき解きて脱がせたま・へば」〈源氏・紅葉賀〉訳(源氏は)中将の帯を引っぱりほどいてお脱がせになるので。

発展学習ファイル ①の「せたまふ」は、ただの「たまふ」よりも主語を高める働きが強い。物語などの地の文では、帝などのきわめて高貴な人に対して用いられ、最高敬語と呼ばれる。→「たまふ」

せた・む【責む】[他マ下二]{め・め・む・むる・むれ・めよ}ひどく責めさいなむ。いじめる。例「罪の軽重に随ひて打ちせた・め」〈宇治拾遺・三・二〉

せたらお・ふ【背撓負ふ】[他ハ四]{は・ひ・ふ・ふ・へ・へ}《近世語》背中をまるめて物を背負う。例「私一人が背たらお・うた身の因果」〈浄・ひらかな盛衰記〉《音便》「背たらおう」は「背たらおひ」のウ音便。

せち【節】[名]❶《「せつ」とも》四季の変わり目。季節。時節。❷「節会」「節供」「節日」の略。❸「節振る舞ひ」の略。

せち[・なり]【世知・世智】[名・形動ナリ]❶《仏教語》世俗・凡俗の知恵。❷世渡りの知恵。世渡りに長けていること。❸けちなこと。せちがらいこと。

せち[・なり]【切】[形動ナリ]{なら・なり(に)・なり・なる・なれ・なれ}《「せつ(切)」の呉音読み。程度が強く深いさまをいう語》❶ひたむきなさま。ひたすら。しきりに。いちずに。例「よき人にあはせむと思ひはかれど、せち・に、『否』と言ふことなれば」〈竹取・火鼠の皮衣〉❷強く心をうたれるさま。**とてもおもしろい。たいへんすばらしい。** 例「物の興切・なるほどに、御前にみな御琴どもまゐれり」〈源氏・藤裏葉〉《敬語》「まゐれり」→「まゐる(四段)」。❸とても切迫しているさま。**非常に大切だ。重大だ。** 例「大納言、宰相もろともに忍びてものし給へ。切・なる事聞こえむ」〈宇津保・国譲・下〉

せちえ【節会】歴史的かなづかい「せちゑ」

せちがしこ・し【世知賢し・世智賢し】[形ク]{から・く(かり)・し・き(かる)・けれ・かれ}《近世語》世渡りがうまい。打算的だ。例「鉛銭なまり、百といふて六十つなぎにして、さてもせちがしこ・き人心」〈浮・日本永代蔵〉

せちが・ふ[他ハ四]{は・ひ・ふ・ふ・へ・へ}《近世語》責め立てる。いじめる。例「家のかかめが病気を煩ひおって、がきどもにはせちが・はれる」〈膝栗毛〉

せちく【節供・節句】[名]《「せく」「せっく」とも。節日の供御の意》節日に供える食べ物。とくに、陰暦正月七日(人日)の七種の粥、五月五日(端午)の粽、七月七日(七夕)の索餅、十月初めの亥の日の亥の子餅など。＝節②

せちげ【節下】[名]「せつげ」に同じ。

せちげのおとど【節下の大臣】[名]《「せつげのおとど」とも》大嘗会・御禊などの儀式に、宮中に旗を立て、その旗の下に立ち儀式を執行する大臣。

せちにち【節日】[名]《「せつじつ」とも》❶季節の中で祭事・祝いを行う日。元日・端午・重陽などの日。❷宮中で節会が催される日。①②＝節②

せちぶ【節分】[名]「せちぶん」に同じ。

せちぶるまひ【節振る舞ひ】[名]《「節日の振る舞いの意」》節日のごちそう。とくに、新年を迎えた祝いの年頭のもてなし。(季―春)。＝節③

せちぶん【節分】[名]《「せちぶ」「せつぶん」とも》季節の移り変わるとき。立春・立夏・立秋・立冬の前日をいう。とくに、立春のときには、新春を迎えるために災厄をはらう行事が行われる。(季―春)

せちぶんたがへ【節分違へ】[名]平安時代の風習で、節分に「方違へ」を行うこと。

せちべん[・なり]【世知弁・世智弁】[名・形動ナリ]❶《仏教語》「世智弁聡」の略。❷《転じて》卑しく、けちなこと。

せちべんそう[・なり]【世智弁聡】[名・形動ナリ]《仏教語》仏の教えを聞く妨げになる八つの状況(八難)のひとつ。世渡りの知恵にたけていること。

せちみ【節忌】[名]《「せちいみ」の変化形》「斎日」に精進・潔斎すること。また、「六斎日」などの、精進する決まりになっている日。

せちれう【節料】[名]《「せつれう」とも》節会の祝いに必要な、飲食物などの品物。

せちゑ【節会】[名]節日や公事が行われた日に、天皇が群臣を集めて催した公式の宴会。「朝賀」「即位」などの大儀、「元日の節会」「白馬の節会」「豊の明かりの節会」などの中儀、「踏歌の節会」「端午の節会」「相撲の節会」などの小儀があって、出席する者の身分などに違いがあり、場所も節会の性

格によって大極殿・豊楽殿・紫宸殿などが用いられた。→「ごせちゑ」。＝節せち

せつ【節】［名］❶「せち(節)①」に同じ。❷時。折。ころ。❸節操。志を貫くこと。

せつ【説】［名］❶解釈。説明。❷うわさ。風説。

せつ【拙】［代名］《近世語。自称の人称代名詞。謙遜していう語》拙者。わたくし。

せつ【・なり】【切】［形動ナリ］｛なら・なり(に)・なり・なる・なれ・なれ｝「せち(切)」に同じ。

せつ・い【切い】［形口語型］《近世語》つらい。切ない。苦しい。例「せつ・いお前のお心入れ、立ちながらの杯に、汲くみ流さん」〈浄・山崎与次兵衛寿の門松〉

せっかい【説戒】［名］《仏教語》戒律を説いて聞かせること。

せつがい【・す】【殺害】［名・他サ変］《「せちがい」とも》人を殺すこと。

ぜっかいちゅうしん【絶海中津】［人名］（一三三六～一四〇五）南北朝時代から室町前期の臨済宗の僧。夢窓疎石に師事。義堂周信とともに五山文学の主軸をなし、漢詩文集『蕉堅藁』を残す。

せっかく【折角】［一］［名］力を尽くすこと。骨を折ること。［二］［副］❶力を尽くして。骨折って。❷努力や期待が無駄になるのを惜しむ気持ちを表す。わざわざ。

せっかひ【切匙】［名］《近世語》擂すり鉢の内側に付いた物をかき落とす道具。飯杓子を縦に半切りにした形。

せっかん【・す】【折檻】［名・他サ変］責めて懲らしめること。＝鶯うぐひす②

せっき【殺鬼・刹鬼】［名］❶人や万物を滅ぼす恐ろしい者。悪鬼。❷無常のたとえ。

せっき【節季】［名］《近世語》❶季節の終わり。❷陰暦十二月の別称。年の暮れ。歳末。歳暮。（季―冬）。❸決算期。盆・暮れ・各節句前など。

せっきゃう【・す】【説経】［名・自サ変］《「せききゃう」とも》❶仏の教えや経文の意味を分かりやすく説いて聞かせ、民衆を教え導くこと。＝説法・唱導・談義。❷①で語られる因果応報談などの話に、節をつけてうたったもの。鎌倉・室町時代から行われ、「説経浄瑠璃」を生む母体となった。＝説経祭文。❸「説経浄瑠璃」の略。

せっきゃうがたり【説経語り】［名］「説経祭文」「説経節」などの語りを職業とした人。

せっきゃうざいもん【説経祭文】［名］「せっきゃう②」に同じ。

せっきゃうし【説経師】［名］❶「説経①」を行う人。❷「説経②③」を職業とする人。

せっきゃうじゃうるり【説経浄瑠璃】［名］戦国末から江戸前期のころ、「説経」が三味線などの伴奏をつけた大衆芸能として発展したもの。やがて操り人形を取り入れた興行として江戸・京都・大坂で盛んとなったが、近松の浄瑠璃を得た義太夫節の登場に押され、地方へと移った。一部は門説経、歌説経へと発展。＝説経③・説経節

せっきゃうぶし【説経節】［名］語り物のひとつ。江戸初期に流行した大衆芸能。仏教の説経が和讃・平曲などの影響を受けてしだいに音曲的傾向を帯び、操り人形と結びついて興行化した。のちに義太夫節におされて衰退した。＝説経浄瑠璃

せっく【節供・節句】［名］《「せく」とも》❶季節の変わり目などを祝う日。節日。とくに、「五節句」をいう。→「ごせっく」。❷「せちく」に同じ。

ぜっく【・す】【絶句】［一］［名］《「ぜく」とも》漢詩の詩型のひとつ。唐代に作られた。起・承・転・結の四句から成る。→「りつ③」。［二］［名・自サ変］話している途中でことばがつかえて出なくなること。

せっくじまひ【節供仕舞ひ】［名］江戸時代、遊里の大切な日とする「紋日」のうち、上巳・端午・重陽の日に客を得て、諸支払いを済ませ、節供の当日をにぎやかに過ごすこと。

せっけ【摂家】［名］摂政・関白に任ぜられる家柄。摂関家。鎌倉以降、近衛・九条・一条・二条・鷹司の五家が「五摂家」と呼ばれた。

せつげ【節下】［名］《「せちげ」とも》❶大嘗会などの儀式に用いる旗(節)の下。儀式の間、大臣が着座する位置。❷「節下の大臣」の略。

せつげつくゎ【雪月花】［名］冬の雪、秋の月、春の花。四季おりおりの風流な景物。

せつげのおとど【節下の大臣】「せちげのおとど」に同じ。＝節下②

ぜっこん【古根】［名］《仏教語》「六根」のひとつ。舌。また、味覚のこと。

せっしう【雪舟】［人名］（一四二〇～一五〇六）室町中・後期の画僧。名は等楊。明へ渡り、寧波や北京へ赴く。この経験が雪舟に山水画を描かせ、『山水長巻』『破墨山水図』(国宝)などの傑作を生んだ。

せっしうがっぱうがつじ【摂州合邦辻】［作品名］江戸中期(一七七三初演)の浄瑠璃。菅専助・若竹笛躬合作。悲運の貴公子を描く「弱法師」伝説と、継母が継子に恋慕する「愛護若」系の物語とを合流させて脚色した作品。

せつじつ【節日】［名］「せちにち」に同じ。

せっしゃ【拙者】［代名］《自称の人称代名詞。つたない者、技のへたな者の意》目上に対して主に武士が自分を謙遜していう語。わたくし。それがし。

せっしゃう【摂政】［名］天皇に代わって政務を執り行うこと。また、その職。幼帝・女帝の場合に任じられた。古来皇族が任命されたが、藤原氏によって独占されるようになる。

せっしゃう【・す】【殺生】［名・自サ変］❶《仏教語》「五悪」のひとつ。生き物を殺すこと。↔放生はうじゃう。❷「殺生戒」の略。

せっしゃうかい【殺生戒】［名］《仏教語》殺生を禁ずる戒律。「五戒(在俗のものが守るべき戒律)」のひとつ。＝殺生②

せっしゃうきんだん【殺生禁断】［名］鳥獣や魚を捕ることを禁ずること。時期や場所を定めて行われた。

せっしゅ【・す】【摂取】［名・他サ変］《仏教語》阿弥陀如来が慈悲により衆生を助けて極楽浄土に迎えること。

せっしゅふしゃ【摂取不捨】［名］《仏教語》阿弥陀仏が念仏する衆生をひとりも見捨てないこと。

せっしょ【切所・節所・殺所】［名］山道など、険しくて通行のむずかしい場所。難所。

せ

せ

せっ・す【摂す】［他サ変］{せ・し・す・する・すれ・せよ}❶代理をする。兼務をする。❷取り入れる。おさめる。❸もてなす。

せつせつ［・なり／・たり］【切切】［形動ナリ］{なら・なり(に)・なり・なる・なれ・なれ}［形動タリ］{たら・たり(と)・たり・たる・たれ・たれ}❶心情の強く迫るさま。心がこもっているさま。例「『ただきと(=チョット)立ち入り給へ』と切々にいひければ」〈発心集〉❷声や音色などがもの寂しくひしひしと身に迫るさま。例「〔琵琶ノ〕小弦は切々として」〈謡・経政〉

せっせん【雪山】［名］ヒマラヤ山脈の別称。

せつぞく［・す］【殺賊】［名・他サ変］人を殺して、持ち物を奪うこと。

せっそんいうばい【雪村友梅】［人名］(一二九〇〜一三四六)鎌倉後期から南北朝期の臨済宗の僧。一山一寧の侍童となり元へ渡る。帰朝して偈頌文学を紹介、五山文学の主柱のひとりとなった。詩文集『岷峨集』。

せったう【節刀】［名］(「節」は符節(しるし)の意)奈良時代、遣唐使や出征する将軍に、天皇が任命したしるしとして与えた刀。任を終えて帰国すると返上した。中国の制度にならったもの。

〔俳句〕ぜっちゃうの…【絶頂の城たのもしき若葉かな】〈自筆句帳・蕪村〉訳仰ぎ見る山の頂に城がそびえている。その城は、辺りを覆う若葉の若々しい力によって、いっそう堅固でたのもしく見えることだ。(季―若葉―夏)

せっちん【雪隠】［名］(近世語。「せついん」の変化形)❶便所。❷将棋盤の四隅。

せっつ【摂津】［地名］旧国名。畿内五か国のひとつ。いまの大阪府北西部と兵庫県南東部にあたる。＝摂州・津の国

せつど【節度】［名］❶天皇が将軍に出征を命じる際、権限を授けたしるしに与える太刀・旗・鈴など。❷命令。指揮。指図。

せつどし【節度使】［名］❶中国の唐代、辺境で軍政に当たり、防備をつかさどった職。❷奈良時代、地方の軍事力整備のために東海・東山・山陰・西海などに派遣された「令外の官」。

せつな【刹那】［名］(仏教語。梵語の音訳)きわめて短い時間。一瞬。↔劫①

せっぱ【切羽】［名］❶(「せつば(狭鍔)」の変化形か)刀の鍔の表・裏の中心に添える薄い長円形の金具。⇒［古典参考図］武装・武具〈3〉。❷土壇場。ぎりぎりに差し迫ること。

せっぽふ［・す］【説法】［名・自サ変］仏法の宗旨を解説して聞かせること。＝説経

せつぶん【節分】［名］「せちぶん」に同じ。

せつようしふ【節用集】［作品名］(「せっちょうしふ」とも)室町以降の国語辞書。編者・成立年未詳。各語を語頭の音でいろは順に大別し、天地・人倫などの意味ごとに細分類して配列した辞書。

せつり【刹利】［名］(梵語の音訳。「刹帝利」の略)古代のインド社会における四階級の第二位で、王族・武人の階級。クシャトリヤ。

せつろく【摂籙】［名］(「せふろく」とも。「籙」は予言を書いたものの意)(天皇の代わりに「籙」を摂ることから)「摂政」の別称。

せつわぶんがく【説話文学】［名］文学の一形態。神話・伝説・昔話など、口頭または書物によって伝承されてきた話。また、説話を収録した『今昔物語集』『宇治拾遺物語』『古今著聞集』などをいう。

せと【瀬戸・迫門】［名］❶狭い海峡。❷勝負や運命の分かれ目。瀬戸際

せど【背戸】［名］(「せと」とも)❶裏門。裏口。＝背戸口。❷家の後ろの土地。

せどうか【旋頭歌】［名］和歌の歌体のひとつ。五七七・五七七の六句から成る。五七七を繰り返すことから「双本歌」、「頭を旋らす歌」ともいわれる。

せときは【瀬戸際】［名］❶瀬戸と海との境目。❷勝負の分かれ目。危機。＝瀬戸

せどぐち【背戸口】［名］「せど①」に同じ。

せな【夫な・兄な・背な】［名］(「な」は接尾語)❶女性が夫などの男性に対して、親しみを込めて呼ぶ語。＝夫なな・夫なの・夫ろ。❷兄。＝兄なあ

せなな【夫なな・兄なな・背なな】［名］「せな①」に同じ。

せなの【夫なの・兄なの・背なの】［名］(「の」は接尾語)「せな①」に同じ。

せ・なふ【為なふ】(上代東国方言。サ変動詞「す」の未然形＋上代の打消の助動詞「なふ」)…しない。

せ-に【狭に】(「…も狭に」の形で)狭いほどに。いっぱいで狭いくらいに。例「道もせに散る山桜かな」〈千載・春下・一〇三〉訳→〈和歌〉ふくかぜを…

語構成　せ：形ク「せし」語幹　に：格助

ぜに【銭】［名］(「せん」の変化形)❶銅などの金属製の貨幣。多くは円形で、中央に穴がある。❷紋所の名。①を図案化したもの。

〔銭を買ふ〕(近世語)金・銀貨を銭に両替する。例「銭をか・ふには金銀を手ばなし」〈仮・東海道名所記〉

〔銭を突っく〕(近世語。銭を一枚ずつ数えながら突き出す意)銭を出す。例「どりゃ茶代払ふと二銭銭を突・く」〈浄・神霊矢口渡〉

ぜにうち【銭打ち】［名］平安時代ごろ、中国から伝わった遊戯から変化したもの。子供が、地上に置かれた銭に向けて適当な距離から銭を投げ、銭に打ち当てて勝負を競う遊び。

ぜにうら【銭占・銭卜】［名］三枚の銭を投げて、その表を陽、裏を陰として、それぞれの数によって吉凶を判断する占い。表が二枚出ると吉になる。

ぜにうり【銭売り】［名］「かねあきびと②」に同じ。

ぜにがた【銭形】［名］銭の形に紙を切って、神前に供える物。

せにふ［・す］【施入】［名・他サ変］寺社などに、「布施」の品物を施すこと。例「〔琴ト琵琶トヲ〕御堂に施入・したまひし」〈源氏・若菜・上〉

せのきみ【兄の君・背の君】［名］「兄」の敬称。呼ぶがわの性別を問わず、親しい男性を呼ぶ語。

せ-ば　事実に反する仮想(反実仮想)を表す。もし…たなら。もし…たとしたら。例「我が大君皇子の尊の天の下知らしめしせば春花の貴からむと」〈万葉・二・一六七長歌〉訳わが大君、日並皇子尊が天下をお

語構成　せ：過「き」未　ば：接助

治めになったとしたら春の花のように繁栄されるであろうと。

発展学習ファイル 《敬語》「知らしめしせば」→「しらしめす」

せば…まし 多く推量の助動詞「まし」と呼応して、「…せば…まし」の形で用いられる。例「思ひつつ寝ればや人の見えつらむ夢と知りせば覚めざらましを」〈古今・恋二・五五二〉訳→〔和歌〕おもひつつ…

せばう【狭う】 形容詞「せばし」の連用形「せばく」のウ音便。

せばが・る【狭がる】［自ラ四］{ら・り・る・る・れ・れ}《形容詞「狭し」の語幹＋接尾語「がる」》狭いと感じる。窮屈そうにする。例「〔込ミ合ウ牛車ノ中ヲ〕強ひてせばがり出づれば」〈枕・小白河といふところは〉

せばげ［・なり］【狭げ】［形動ナリ］{なら・なり(に)・なり・なる・なれ・なれ}狭い感じだ。

せは・し【忙し】［形シク］{しから・しく(しかり)・し・しき(しかる)・しけれ・しかれ}❶忙しい。❷(水の流れが)激しい。急である。例「岩間ゆくいさら小川のせは・しきに」〈永久百首〉❸せかされて窮屈である。落ち着かない。例「人とは物をも言はせずせは・しく気のつまる事にぞ」〈浮・好色一代男〉❹(金銭的に)逼迫している。金のやりくりに忙しい。例「よくよくせは・しければこそ、芝居並みの利銀にて何程でも借らるるなり」〈浮・世間胸算用〉

せば・し【狭し】㊀［形ク］{から・く(かり)・し・き(かる)・けれ・かれ}せまい。例「ぬき乱る人こそあるらし白玉のまなくも散るか袖のせば・きに」〈伊勢・八七〉《係結び》「こそ→あるらし㊁」。㊁［形シク］{しから・しく(しかり)・し・しき(しかる)・しけれ・しかれ}狭く窮屈である。和歌では「忙し」とかけることがある。例「みさごゐる磯まにおふる松の根のせば・しくみゆる世にもあるかな」〈堀河百首〉

せはしな・し【忙しなし】［形ク］{から・く(かり)・し・き(かる)・けれ・かれ}《「なし」はある状態にある意を表す接尾語》そわそわと落ち着きがない。いそがしい。例「片敷く袖の露深き、草の庵のせはしな・き」〈謡・安達原〉

せはせは［副］《形容詞「忙し」の語幹を重ねた語》心が落ち着かないようす。そわそわ。例「せはせはと上の空とよなうこなたも覚悟申した」〈閑吟集〉

ぜひ［・す］【是非】㊀［名］よしあし。善悪。正邪。例「是非の理、誰かよくさだむべき」〈平家・二・教訓状〉㊁［名・他サ変］よしあしを判断すること。善悪を論じること。例「己が境界にあらざるものをば、あらそふべからず、是非・すべからず」〈徒然・一九三〉

〔**是非に及ばず**〕どうしようもない。やむを得ない。＝是非に叶はず

〔**是非に叶はず**〕「ぜひにおよばず」に同じ。

〔**是非の言葉**〕是か非か、はっきりとどちらかに決めていうことば。

〔**是非も知らず**〕何もわきまえず。夢中になって。

〔**是非もなし**〕「ぜひなし」に同じ。

ぜひ【是非】［副］ぜひとも。ぜがひでも。必ず。

ぜひな・し【是非無し】［形ク］{から・く(かり)・し・き(かる)・けれ・かれ}❶よしあしにかかわらない。ひたすらである。例「ただ是非な・う恋しきにわび侍るぞや」〈栄花・二六〉《音便》「是非なう」は「是非なく」のウ音便。❷いうまでもない。当然だ。例「物狂ひの出で立ち、似合ひたるやうに出で立つべき事、是非な・し」〈風姿花伝〉❸しかたがない。やむをえない。例「入り婿口惜しく、堪忍ならぬ所なれども、是非な・く日をかさね」〈浮・世間胸算用〉①②③＝是非もなし

せびらか・す［他サ四］{さ・し・す・す・せ・せ}《「せぶらかす」とも。「かす」は接尾語》無理をいって強要したり、虐待したりする。例「最前それがしをせびらか・したがよいか、これがよいか」〈狂・太刀奪ひ〉

せふ【少輔】［名］《「せう」「せういう」とも》令制で「八省」の次官。「大輔」の下位。

せぶし【瀬伏し】［名］川の瀬に伏し隠れること。

せぶみ【瀬踏み】［名］❶川などを渡るときに、実際に足を入れてみて、その深さなどを測ること。❷試して見ること。

せぶ・る［他ラ四］{ら・り・る・る・れ・れ}《近世語》むりやりに求める。せびる。例「女郎せぶ・ってつかみ取った一歩小判の金が罰」〈浄・傾城酒呑童子〉《音便》「せぶっ」は「せぶり」の促音便。

せまい【施米】［名］平安時代、毎年陰暦六月に、京都周辺の貧窮した僧たちの修行のために、朝廷が米・塩を施した行事。（季―夏）

せまくら【瀬枕】［名］❶川の早瀬が、水底の凹凸によって高く盛り上がって見える所。❷(枕に見立てた瀬に頭を乗せる意から)舟の上で寝ること。

せ‐まします【せ坐します】四段・ナ変・ラ変活用の動詞の未然形に付いて、その動詞の主語を高める、敬意の高い尊敬語。お(ご)…になる。…なさる。→「まします㊁③」。例「〔女院ガ〕あきれて立たせまし・ましたるところに」〈平家・灌頂・大原御幸〉

語構成 せ 尊「す」用 ／ まします 補動サ四「まします」

せ‐まほし【為まほし】《動詞「為」の未然形＋願望の助動詞「まほし」》…したい。例「かうやうなる住まひもせ・まほしうおぼえたまふものから」〈源氏・若紫〉《音便》「せまほしう」は「せまほしく」のウ音便。

せま・る【迫る・逼る】［自ラ四］{ら・り・る・る・れ・れ}❶近づく。例「無常の身に迫・りぬる事を心にひしとかけて」〈徒然・四九〉❷進退窮まる。❸生活に困る。例「身を捨てて学問をしつつ、はかりなく迫・りて」〈宇津保・祭の使〉❹やせ細る。例「迫・りたる牝牛を懸けて」〈宇津保・藤原の君〉❺足りなくなる。例「借り蔵せま・りて置くべき方もなく」〈浮・日本永代蔵〉

せみ【蟬】［名］❶セミ科の虫の総称。（季―夏）。❷木にとまったセミにその形が似ているところから)船の帆柱や旗竿に取り付けられた小さな滑車。＝蟬本

〔**蟬の羽**〕セミのはね。薄くて軽い絹織物のたとえ。＝蟬の羽衣

〔**蟬の羽衣**〕「せみのは」に同じ。

せみごゑ【蟬声】［名］セミの鳴き声のように、絞り出すような声。〈参考〉一説に「せめごゑ(責め声)」の変化形で、苦しげな声とも。

せみど【清水】［名］《上代東国方言》清水。

〔俳句〕**せみなくや…【蟬鳴くやつくづく赤い風車】**〈八番日記・一茶〉訳セミがやかましく鳴き立てる夏の昼。ふと目に入った風車の赤い色が、つくづく赤く思われることだ。（季―蟬―夏）

せみのはの【蟬の羽の】［枕詞］(セミの羽が薄いことから)「薄し」「一重」などにかかる。例「蟬の羽のひ

とへに薄き夏衣」〈古今・雑躰・一〇三五〉

せみまる【蟬丸】［人名］（生没年未詳）平安前期の歌人。盲目で琵琶の名手であったというが、実像は未詳。歌にもすぐれ、勅撰集に入集。

せみもと【蟬本】［名］❶「せみ②」に同じ。❷旗を上下に動かすために滑車を付けた旗竿の部分。

せみをれ【蟬折れ】［名］❶鳥羽院の時代に唐から贈られた竹製の横笛の名器。❷江戸前期に流行した男性の髪型。髷の先を上に反らせたもの。

せ・む【迫む・逼む】｛め・め・む・むる・むれ・めよ｝㊀［自マ下二］近づき迫る。差し迫る。例「取り続き追ひ来るものは百種に迫・め寄り来たる」〈万葉・五・八〇四長歌〉㊁［他マ下二］離すことなくぴったりと身に付ける。例「白金物打ったる胸板せ・めて」〈平家・二・教訓状〉

せ・む【責む】［他マ下二］｛め・め・む・むる・むれ・めよ｝❶苦しめる。例「冬は霜にぞ責・めらるる」〈古今・雑躰・一〇〇三長歌〉❷（過失や罪を）とがめる。なじる。例「計を新羅に通すを以て、深くせ・め罵る」〈紀・欽明〉❸せがむ。催促する。せきたてる。例「いま象潟に方寸をせ・む」〈おくのほそ道・象潟〉❹追求する。きわめる。例「責・むる者は、その地に足をすゑがたく、一歩自然に進む理なり」〈三冊子〉❺（馬を）乗り慣らす。

せ・む【為む】《「せん」とも。動詞「為」の未然形＋推量の助動詞「む」》❶行動・動作の推量の意を表す。…するだろう。例「心もなぐさみやせ・むと思ふをりをりありしを」〈更級〉❷行動・動作の意志の意を表す。…するつもりである。…しよう。例「女これかれ、沐浴などせ・むとて」〈土佐〉

せむかた【為む方】［名］《動詞「為」の未然形＋推量の助動詞「む」の連体形＋名詞「方」》どうにかする方法。＝為む術

せむかたなう【為む方無う】形容詞「せむかたなし」の連用形「せむかたなく」のウ音便。

せむかたな・し【為む方無し】［形ク］｛から・く（かり）・し・き（かる）・けれ・かれ｝どうしようもない。仕方がない。例「物にけどられぬるなめりと、せむ方な・き心地したまふ」〈源氏・夕顔〉語構成「けどられぬるなめり」→「なめり」

せむすべ【為む術】［名］《動詞「為」の未然形＋推量の助動詞「む」の連体形＋名詞「術」》「せむかた」に同じ。

せめ【責め】［名］❶とがめること。❷責任。

〔**責め一人に帰す**〕《「せめいちにんにきす」とも》すべての責任は、考えを押し詰めれば結局のところ、ひとりの主権者にある。

せめおろ・す【責め下ろす】［他サ四］｛さ・し・す・す・せ・せ｝無理やり引き下ろす。強引に退位させる。例「かく責めおろ・したてまつりたまひては」〈大鏡・師尹〉

せめ・ぐ【鬩ぐ】｛が・ぎ・ぐ・ぐ・げ・げ｝《「せめく」とも》㊀［自ガ四］互いに恨んで争う。㊁［他ガ四］恨み嘆く。恨み責める。例「老いぬとてなどか我が身をせめ・きけむ」〈古今・雑上・九〇三〉

せめだいこ【攻め太鼓】［名］「せめつづみ」に同じ。

せめつづみ【攻め鼓】［名］攻めかかる合図として打ち鳴らす太鼓。＝攻め太鼓

せめて［副］

> **アプローチ**
> ▼動詞「せむ（迫む・責む）」の連用形に接続助詞の「て」が付いた形から派生した副詞。
> ▼動詞「せむ」が形容詞「せし（狭し）」と同根の語であるため、「せめて」は狭くしていって、の意を原義としてもつ。
> ▼何を狭くして行くかの違いによって、次に挙げるようなさまざまな意味・用法を分化させて行く。

❶（他の可能性を捨てて、それ一筋に限定して行うさま。動詞を修飾する）**熱心に。無理に。しいて。つとめて。** 例「せめて見れば、花びらのはしに、をかしき匂ひこそ、心もとなうつきためれ」〈枕・木の花は〉訳（梨の花を）**熱心に**観察すると、花びらの先に、すてきな色がほのかについているようだ。（音便）「心もとなう」は「心もとなく」のウ音便。語構成「つきためれ」→「ためり」《係結び》「こそ→つきためれ㊁」。

❷（他の心情に切り替える余地がない、という気持ちで、形容詞などを修飾して）**どうしても。むやみに。ひどく。非常に。** 例「高麗の紙の薄様だちたるが、せめてなまめかしきを」〈源氏・梅枝〉訳高麗の紙で薄様（＝薄くすいた鳥の子紙）らしい紙が、**非常に**上品なので。

❸（他に判断をくだす余地がない、という気持ちで、判断を表す表現を修飾して）**どうみても。どう考えても。まるっきり。何といっても。** 例「人々のせめて、せうとなれば知るらんとあるはいかがすべき」〈後拾遺・雑五・一一五三詞書〉訳お前は**何といっても**夫なのだから妻の居所は知っているだろうと、皆さんがおっしゃるのにはどう対処したものか。

❹（他のことはあきらめても、この事だけは実現させたい、という気持ちから、願望表現を伴って）**どうしても。何とかして。ぜひとも。** 例「法師は、せめてここに宿さまほしくして、頭搔き歩く」〈源氏・玉鬘〉訳（宿の主人の）法師は、**ぜひとも**ここに泊まらせたい一心で頭をかきかき動き回っている。

❺（自分の希望をぎりぎりまで小さくして、という気持ちから、「ばかり」「だに」など限定を表すことばと呼応して）**少なくとも。ぎりぎりのところ。** 例「しのびあまり天の川瀬にことよせんせめては秋をわすれだにすな」〈新古今・恋二・一一二九〉訳心に秘め切れなくなり、（牽牛・織女が会うという七夕の）天の川の瀬にかこつけていおう。**少なくとも**、秋に年一度の逢瀬を忘れることだけはしないでほしい。

発展学習ファイル 類義語の「**あながちに**」は、人のことなどかまわずに動く意、「**しひて**」は、ものごとの流れに逆らって、むりやりに事を進める意であるのに対して、「せめて」は相手に迫って、少しでも自分の思うように事を運ぶ意。

せめての よくよくの。痛切な。あまりの。例「『母うへはいづくにましますぞ』と問はれけるこそ、せめての事なれ」〈平家・一二・泊瀬六代〉

せめねぶつ【責め念仏】［名］《「ねぶつ」は「ねんぶつ」

の撥音無表記》激しい急調子で唱える念仏。

せめはた・る【責め徴る】[他ラ四]{ら・り・る・る・れ・れ}厳しく責め立て取りたてる。例「国々へ大嘗会米を宛て課せて、不日に**責めはた・る**」〈太平記・二五〉

せめふ・す【責め伏す】[他サ下二]{せ・せ・す・する・すれ・せよ}❶速い調子で、舞を舞ったり、笛を吹いたりする。例「はじめはのどかに舞ひて、末ざまには**せめふ・せければ**」〈古今著聞・七一六〉❷厳しく問い詰める。例「言葉をもって**責め伏・せて**」〈義経記・六〉❸無理に屈伏させる。例「**せめふ・せられければ**、なまじひに山科へ向かひてけり」〈愚管抄〉❹無理強いして疲労させる。例「馬も人も**せめふ・せて**候ふ」〈平家・五・富士川〉

せめまどは・す【責め惑はす】[他サ四]{さ・し・す・す・せ・せ}厳しく催促して困らせる。例「思ひまはすほどもなく、**責めまどは・せば**」〈枕・頭の中将の〉

せめわ・ぶ【責め侘ぶ】[自バ上二]{び・び・ぶ・ぶる・ぶれ・びよ}強く催促するが、結果が好ましくなくて、つらく思う。例「この御参りのさきにと心寄せのよすがよすがに**責めわ・びたまへど**」〈源氏・藤袴〉

せもつ【施物】[名]《「せぶつ」とも》僧や貧しい民衆に恵み与える物品。

せよ 使役の助動詞「す（下二段型）」の命令形。例「女あるじにかはらけとら**せよ**」〈伊勢・六〇〉

せら・す [他サ四]{さ・し・す・す・せ・せ}《上代東国方言》反らす。

せり【芹】[名]草の名。湿地や水田などに生える。「春の七草」のひとつで、食用。（季－春）

〔**芹摘む**〕恋い慕う。心を尽くしても思いが通じない。平安時代の慣用的歌語。主殿司が、后がセリを食するのを見て恋心を抱き、セリを摘んで御簾のあたりに置いたが、思いが遂げられず、悲しみのあまり病死した、という伝説による。

せりかは【芹川】[地名]❶山城国の川。いまの京都市右京区嵯峨、小倉山から大堰川に注ぐ小さな川。❷山城国の川。いまの京都市伏見区下鳥羽にあった川。

せろ【夫ろ・兄ろ・背ろ】[名]《上代東国方言。「ろ」は接尾語》「せな①」に同じ。

せわ【世話】《近世語》一[名]❶世間でよくいうこと。ことわざ。❷俗語。❸人の面倒を見ること。❹「世話物」「世話狂言」の略。二[形動口語型]面倒だ。ほんに**世話・でござらうの**」〈浄・仮名手本忠臣蔵〉 例「酒が過ぎるとたわいがない。

せわきゃうげん【世話狂言】[名]「世話物」の芝居狂言。＝世話一④。↔時代狂言

せわし【忙し】歴史的かなづかい「せはし」

せわじゃうるり【世話浄瑠璃】[名]「世話物」の浄瑠璃。＝世話一④。↔時代浄瑠璃

せわば【世話場】[名]《近世語》歌舞伎で、町家や農家の貧しい生活を描く場面。

せわもの【世話物】[名]歌舞伎や浄瑠璃の演目のうち、当代の町人社会に起きた事件を題材に、その世態・風俗・人情を描いたもの。＝世話一④。↔時代物

〔和歌〕**せをはやみ…**【瀬をはやみ岩にせかるる滝川のわれても末にあはむとぞ思ふ】〈詞花・恋上・二二九・崇徳院〉《百人一首》訳川瀬の流れが急なので、岩にせきとめられる滝川が、一度は二つに分かれても下流でまたひとつになるように、いまは人にせきとめられてあなたと別れても、将来はかならず逢おうと思います。《係結び》「ぞ→思ふ㊍」〈参考〉第三句まで「われても」を導く序詞。「われても」は、水の流れが分かれる意と、恋人同士が別れる意をかける。

せん【先】[名]❶以前。先代。❷他よりも前に事を行うこと。❸囲碁・将棋などで先手。

せん【専】[名]何よりも優先すること。第一。

せん【詮】[名]❶究極の方法。❷突き詰めた最終的な結論。例「ただ**せん**は仏法にて王法をば守らんずるぞ」〈愚管抄〉❸効果。かい。例「これは伝ふるをもって**詮**となす」〈太平記・二七〉

せん【銭】[名]❶ぜに。かね。❷貨幣の単位。「一貫」の千分の一。文。

せん【餞】[名]遠い所に行く人のために、金品を贈ったり、別離の宴を催したりすること。餞別。

せ・ん【為ん】「せむ（為む）」に同じ。

ぜん【善】一[名]❶道理にかなった正しいこと。↔悪①。❷すぐれていること。巧みであること。

〔**善の綱**〕❶仏像の右の手にかけた五色の綱。臨終のとき手にかけると、西方浄土に導かれるという。また、開帳・万日供養などのとき、結縁のために参拝者に引かせる。❷葬式の際、棺に付けて引く綱。

ぜん【禅】[名]❶《仏教語。梵語の音訳「禅那」の略》心を静め精神を集中させて真理を悟ること。＝禅定。❷帝位を譲ること。❸「禅宗」の略。

ぜん【膳】[名]❶食器や食物を載せるための台。四方に縁をつけた「折敷」で、多く、脚がついている。❷①に載せた食事。敬称は、「御膳」。

ぜんあく【善悪】一[名]善と悪。善人と悪人。二[副]是非必ず。何はともあれ。例「さては**善悪**為義まづ命を捨ててそう有るべきなり」〈保元・中〉

ぜんあくふに【善悪不二】《仏教語》善と悪は、結局仏法の平等無差別の一理に帰着し、別々の物ではないということ。

せんいち【専一】[名]《「せんいつ」とも》主要であること。第一。

〔**専一の者**〕《「せんいつのもの」とも》第一人者。随一の者。

せんえうでん【宣耀殿】[名]《「せんにょうでん」とも》内裏の後宮の建物のひとつ。麗景殿の北、貞観殿の東にあり、女御・更衣などの居所。↓[表見返し]内裏略図

せんか【仙家】[名]《「せんけ」とも》仙境にある仙人が住む所。

せんか【泉下】[名]《「黄泉の下」の意》人が死んだ後の世界。あの世。

せんかあはせ【選歌合はせ・撰歌合はせ】[名]歌合はせの一種。古今の秀歌を選び、左右に分け、その組み合わせの優劣を競うもの。

せんがい【線鞋】[名]粗い絹布で作った履き物。足首をひもで締めて履いた。

せんかう【先考】[名]《「考」は父の意》亡父。

せんかう【浅香】[名]香木の一種。「沈香」の柔らかくて軽いもの。「沈香」が水に沈むのに対し、浮

き も沈みもしないところから名付けられた。

せんかう【·す】【潜幸】[名・自サ変]天皇が極秘のうちに行幸(外出)すること。

せんかう【·す】【遷幸】[名・自サ変]天皇が都を他の場所へ移すこと。また、天皇・上皇が御所から他の場所へ移ること。

せんがく【仙覚】[人名](一二〇三～?)鎌倉中期の天台宗の僧・万葉学者。『万葉集』を研究し、訓点を加え、また校訂を行い、注釈書『万葉集註釈』を完成。

せんがくせう【仙覚抄】[作品名]「まんえふしふちゅうしゃく」に同じ。

せんがくまんえふしふせう【仙覚万葉集抄】[作品名]「まんえふしふちゅうしゃく」に同じ。

せんがじまゐり【千箇寺参り】[名](「千」は数の多い意)願を立てて全国の寺院をめぐって参拝すること。また、その人。多く、日蓮宗でいう。

ぜんかふ【禅閤】[名](「禅定太閤」の略)「太閤」が出家して仏門に入ってからの呼び名。→「たいかふ」

せんぎ【先規】[名](「せんき」とも)以前から定まっていた規則。

せんぎ【·す】【僉議】[名・自サ変](「僉」は皆の意)多くの人々で相談すること。衆議。

せんぎ【·す】【詮議・詮義】[名・自サ変](近世語。「詮」は明らかにする意)よく調べて物事を明らかにすること。とくに、犯罪の取り調べをすること。

ぜんきく【禅鞠】[名]座禅の際、頭上に載せておく鞠。毛で作られ、眠ると落ちて眠気を戒める。

せんぎしゃ【僉議者】[名]「僉議」の席で中心となって発言し、その際の説得の上手な人。雄弁家。

せんく【千句】[名]連歌や俳諧で、「百韻」を十巻重ねることによって、句数を千にする形式。花千句・独吟千句などがある。

せんぐ【·す】【先駆・前駆】[名・自サ変](「せんく」「ぜんく」「ぜんぐ」とも)馬に乗って主君を先導すること。また、先導する人。

せんぐう【遷宮】[名]神社の神殿を新しく造営する際に、神座を移すこと。遷座。旧社殿から仮殿に移すことを「仮遷宮」、仮殿から新社殿に移すことを「正遷宮」という。

せんぐり【先繰り】[副]次々と。順繰りに。例「元銀にて、先繰りに利を得て」〈浮・日本永代蔵〉

せんくゎう【先皇】[名]先代の天皇。

せんぐゎんまつ【千貫松】[名]値打ちが千貫にも値するほど枝ぶりのすばらしい老松。京都の北野にあったものが著名。

せんげ【·す】【宣下】[名・他サ変]❶天皇がことばを宣べ下すこと。「宣旨」を下すこと。❷臨時に官職を任命すること。

せんげ【·す】【遷化】[名・自サ変](仏教語。この世での教化を終えて、他の世に遷る意から)徳の高い僧や隠者の死。入寂。

ぜんげうはうべん【善巧方便】[名](仏教語)仏や菩薩が、人々を教化(仏教思想を広めること)するために用いる善良で巧みな手段。

せんけりう【千家流】[名]千利休宗易を祖とする、茶道の中心的流派のひとつ。表千家・裏千家・武者小路千家に分かれている。

せんけん【·たり】【嬋娟】[名・形動タリ]女性の容姿があでやかで美しいさま。

せんこうばんし【千紅万紫】[作品名]江戸後期(一八一七刊行)の狂歌・狂文集。蜀山人(大田南畝)作。南畝の晩年の狂歌多数に、狂詩十数首、狂文十数編から成る。

せんごひゃくばんうたあはせ【千五百番歌合】[作品名]鎌倉前期(一二〇三成立)の歌合わせ。二十巻。後鳥羽院の求めで三十人の歌人によって詠進された百首歌計三千首を、十人の判者が判じた。最大規模の歌合わせで多くの詠が『新古今和歌集』に入集した。

ぜんごふ【前業】[名](仏教語)現世で苦・楽の報いを受ける原因となる、前世での行い。＝先業

ぜんごふ【善業】[名](仏教語)よい果報を得るもとになるよい行い。↔悪業

ぜんごん【善根】[名](仏教語。「ぜんこん」とも)あらゆる善を生み出す根本となるもの。また、写経や供養など、来世でよい果報を受けるもととなる行い。

せんざい【千載・千歳】[名]千年。長い年月。

せんざい【前栽】[名](「せざい」とも)❶**庭先に植える草木。庭木。**例「御前に、乱れがはしき前栽なども植ゑさせたまはず」〈源氏・常夏〉(敬語)「植ゑさせたまはず」→「たまふ(四段)」。❷**庭木や草花を植え込んだ庭。植え込み。**例「前栽のなかにかくれて、河内へいぬるかほにて見れば」〈伊勢・二三〉❸(「前栽物」の略)**野菜。青物。**

古典の世界

歌の題に詠まれた「前栽」

平安時代には、左右に分かれて、前栽の草木を詠んだ歌の優劣を競う「前栽合はせ」という遊びが行われた。延長五年(九二七)の秋に行われた「左大臣忠平前栽合はせ」には、松・薄・篠・紫苑・草の香・女郎花・萩・刈萱・菊・蘭(藤袴)・瞿麦・竜胆・三稜草・桔梗・山菅などの題が見えるので、前栽にどのような草木を植えたのかを知ることができる。ほかの前栽合わせの題の中には、山橘・紅葉・竹・檀・紫蘭・荻・翁草などの名も見える。また、『源氏物語』〈少女の巻〉には、完成した六条院の庭のようすが描かれ、紫の上が住む南の東は、「御前近き前栽、五葉、紅梅、桜、藤、山吹、岩躑躅などやうの春のもてあそびをわざとは植ゑで、秋の前栽をば、むらむらほのかにまぜたり」、花散里が住む北の東は、「前近き前栽、呉竹、下風涼しかるべく、木高き森のやうなる木ども木深くおもしろく、山里めきて、卯の花の垣根ことさらにしわたして、昔おぼゆる花橘、撫子、薔薇、くたになどやうの花のくさぐさを植ゑて、春秋の木草、その中にうちまぜたり」と語られている。前栽は、平安貴族たちにとって、都市化して自然から切り離された生活の中に残された人工の自然であった。

せんざいあはせ【前栽合はせ】［名］「物合はせ」のひとつ。競技者が左右に分かれ、自然の風景を模した前栽を作り、また、それを詠みこんだ歌を作って、その優劣を競う遊び。

せんざいらく【千歳楽】［名］「せんしうらく①」に同じ。

せんざいわかしふ【千載和歌集】［作品名］平安後期（一一八八成立）の第七番目の勅撰和歌集。後白河院の命により藤原俊成が撰。源俊頼・藤原俊成・藤原基俊・崇徳院・俊恵らの作千二百八十八首を収める。叙情性豊かで幽玄な歌集が志向されている。

せんさく［・す］【穿鑿・詮索】（「せんざく」とも）㊀［名・他サ変］❶たずね求めること。❷深く考えたり、綿密な調査をしたりすること。㊁［名］成り行き。事の次第。

せんじ【宣旨】［名］❶勅命の趣旨を伝えること。また、勅命を述べ伝える公文書。「詔勅」が表向きなのに対して、宣旨はうちわのもので、平安時代からは、天皇→内侍→蔵人→上卿→少納言（または弁官）→外記（または史）の順で伝えられた。例「左右の大臣に、世の政を行ふべきよし宣旨下さしめ給へりしに」〈大鏡・時平〉（敬語）「下さしめ給へり」→「しめたまふ」。❷**天皇の仰せを蔵人に伝える宮中の女房。**例「故院にさぶらひし宣旨のむすめ」〈源氏・澪標〉（敬語）「さぶらひし」→「さぶらふ」。❸（②から転じて）**中宮・東宮・斎宮・関白などの家に仕える身分の高い女房。**例「春宮の宣旨なる典侍ぞ仕うまつる」〈源氏・若菜・上〉（係結び）「ぞ」→仕うまつる㊍。（敬語）「典侍ぞ仕うまつる」→「つかうまつる」

ぜんじ【前司】［名］（「せんじ」とも）前任の国司。

ぜんじ【禅師】［名］（「ぜんし」「ぜじ」とも）❶宮中の内道場に奉仕する僧職。❷「禅定」に達した僧。❸僧・法師の敬称。❹朝廷が知徳の高い禅僧に与えた称号。

せんしうまんざい【千秋万歳】［名］（「せんしうばんぜい」とも）千年万年もの長い年月。永久、永遠。また、御代が長く続くことや長寿を願う祝いのことば。＝万歳千秋

せんしうらく【千秋楽】［名］❶雅楽の曲名。舞のない、盤渉調の小曲。＝千歳楽。（季-秋）。❷謡曲「高砂」の終わりの文句。❸能・芝居・相撲などの興行の最終日。❹物事の終わり。

せんじがき【宣旨書き】［名］（「せじがき」とも）❶「宣旨」の文書。❷（「宣旨」が勅命を受け代筆したことから）代筆すること。代筆で書かれた書状。

せんしないしんわう【選子内親王】［人名］（九六四〜一〇三五）平安中期の女流歌人。父は村上天皇。賀茂斎院を円融天皇から後一条天皇までの五代にわたって務め、「大斎院」と呼ばれた。著書『発心和歌集』などを残す。

せんじふ【撰集】［名］詩・和歌・文章などを選び出し、編集すること。また、その集。

せんじふせう【撰集抄】［作品名］鎌倉中期の説話集。作者未詳。十三世紀の半ばごろの成立か。西行作と信じられてきたが、現在では後人による仮託とされる。名利を捨てるよう勧める説話などが集成されている。

せんじます【宣旨升】［名］「宣旨」により定められた升。後三条天皇が、延久四年（一〇七二）に制定した延久宣旨升と、堀河天皇制定の寛治宣旨升が有名。

せんじやう【先生】［名］❶師の敬称。せんせい。❷（仏教語）前世。＝前生。❸「帯刀先生」の略。

せんじやう［・す］【僭上】［名・自サ変］（「せんしゃう」とも）❶自分の分際を超えておごりたかぶること。例「僭上無礼は国の凶賊なり」〈太平記・三三〉❷分不相応なぜいたくをすること。見栄をはること。例「遣ひたき金銀はままならず、せんじやうはしたし」〈浮・好色一代女〉❸実力以上のことをいばっていうこと。大言壮語。

ぜんしやう【前生】［名］（仏教語。「ぜんじやう」とも）前世。＝先生・前世。↔後生。

ぜんじやう【軟障】［名］「ぜじやう」に同じ。

せんしゆ【千首】［名］（「千首和歌」の略）ひとりで千首続けて詠んだり、数人で詠んだりした（千首続歌）もの。初め、歌を作る修練の場として行われ、のち、作品発表の場となった。現存最古のものは五日間で詠み上げられた、貞応二年（一二二三）の藤原為家作「為家卿千首」。

せんじゆ【千手】［名］「千手観音①」の略。

ぜんしゆ【善趣】［名］（仏教語）善業を積んだ者が死後に行く世界。極楽浄土。↔悪趣

ぜんしゆう【禅宗】［名］インドの達磨大師を始祖とする仏教の一宗派。座禅により悟りを得ようとするもの。本経は定めず、以心伝心を旨とする。日本では鎌倉時代に栄西が臨済宗を、道元が曹洞宗を伝えて盛んになり、南北朝時代には、文学・芸能・芸道に大きな影響を与えた。さらに、江戸時代には明の僧隠元が黄檗宗を伝えている。＝禅③

せんじゆくわんおん【千手観音】［名］❶（仏教語）「六観音」のひとつ。千の手をもち、その手それぞれに目があり、限りのない慈悲で多くの衆生を救うとされる。千手千眼観世音。＝千手①。❷（形が①に似ていることから）虱の別称。

せんじゆだらに【千手陀羅尼】［名］（仏教語）千手観音の功徳を説く、八十二句の「陀羅尼」。これを唱えると悪業がすべて消滅するとされた。

せんしよう【先蹤】［名］（「せんじよう」とも）先例。前例。古人の事業の跡。

ぜんじよう【禅杖・禅定】歴史的かなづかい「ぜんぢやう」

せんしようにち【先勝日】［名］「六曜」のひとつ。訴訟・争いごと・急用などに幸運があるとされる日。＝先勝。↔先負日

せんす【餞す】［自サ変］（せ・し・す・する・すれ・せよ）送別会を開いて金品や詩歌を贈る。「餞」をする。例「清原元輔下り侍りけるに、源満中餞し侍りけるに」〈拾遺・別・三三詞書〉

せんず【先ず】［自サ変］（ぜ・じ・ず・ずる・ずれ・ぜよ）先んじる。先手をとる。先を越す。例「大臣に先ぜられて、ねたくおぼえはべる」〈源氏・若菜・上〉

せんず【為んず】（動詞「為」の未然形＋推量の助

動詞「んず」」…しようとする。…するだろう。例「高名せ・んずる人は、その相ありとも」〈宇治拾遺・四・六〉

せんずまんざい【千秋万歳・千寿万歳】［名］中世から近世初期にかけて行われた芸能。また、それを業とした人。正月に家の門に立ち、家門繁栄を祝うことばを述べ舞を舞い祝儀をもらった。（季－春）

せんずるところ【詮ずる所】［副］（「所詮」の訓読語）要するに。つまり。結局のところ。例「せんずるところ、我等が敵は、西光父子に過ぎたる者なし」〈平家・二・座主流〉

ぜんぜ【前世】［名］《仏教語。「ぜんせ」とも》「三世」のひとつで、この世に生まれ出る以前の世。＝先の世・前生・前の世。↔後世①・来世。

ぜんぜい【善逝】［名］《仏教語》仏の別号。仏は多くの迷いを断ち、悟りの彼岸に赴いて、二度と生死の世界へは戻らないことからいう。

せんせき【仙籍】［名］「にっきふのふだ」に同じ。

せんせきをゆる・す【仙籍を許す】「殿上人」として昇殿を許す。例「殿上の仙籍をばいまだゆる・されず」〈平家・一・祇園精舎〉

ぜんぜん【漸漸】［副］だんだん。徐々に。例「函谷の関を守って、**漸々**にかたきをほろぼして」〈平家・九・樋口被討罰〉

せんそ［・す］【践祚】［名・自サ変］《「践」は踏む、「祚」は天子の位の意》天皇位を継承すること。即位。

ぜんそう【禅僧】［名］禅宗の僧。また、禅学を修め、座禅を行う僧。

せんぞうくやう【千僧供養】［名］《仏教語》千人の僧を招き、供養を行う法会。無量の功徳があるという。＝千僧会・千僧斎。

せんぞうどきゃう【千僧読経】［名］千人の僧を集めて経を読ませること。千僧御読経。

せんぞく【氈褥】［名］《「せんじょく」とも》毛皮や毛織りで作った敷き物。

せんだい【先帝】［名］《「せんてい」とも》先代の天皇。

せんだい【闡提】［名］《仏教語。梵語の音訳「一闡提」の略》仏法をそしり、信じないため、成仏できない者。

せんだい【仙台】［地名］陸奥国の地名。いまの宮城県仙台市。伊達六十二万石の城下町。

せんだいくじほんぎ【先代旧事本紀】［作品名］歴史書・神道書。『旧事紀』ともいう。作者未詳。平安前期の成立か。『古事記』『日本書紀』『古語拾遺』を材料にして神代から推古天皇までの歴史を叙述する。

せんだいじゃうるり【仙台浄瑠璃】［名］「おくじゃうるり」に同じ。

せんだいはぎ【先代萩】［作品名］「めいぼくせんだいはぎ」に同じ。

ぜんだいみもん【前代未聞】［名］これまでに一度も聞いたことのないような珍しいこと。＝前代。

せんたう【専当】［名］《「せんだう」とも》❶寺社や荘園に置かれた、雑務を担当した職。❷「専当法師」の略。

せんだう【山道】［名］❶山間を通る道。内陸部を通る道。↔海道①。❷「東山道」（中世以降「中山道」）の略称。木曾路。

せんたうほふし【専当法師】［名］《「せんだうほふし」とも》寺院でおもに雑務を担当した、身分の低い僧。妻帯を許された。＝専当②

せんだち【先達】［名］「せんだつ」に同じ。

せんだつ【先達】［名］《「せんだち」とも》❶先にその道に達すること。また、すでに達している人。先輩。❷修験者が修行のため「峰入り」をするときなどに、同行の者の先導をする熟達した修験者。❸案内人。指導者。例「少しのことにも、**先達**はあらまほしき事なり」〈徒然・五二〉

ぜんだな【膳棚】［名］《近世語》膳・椀・折敷などを載せる食器棚。

せんだん【栴檀】［名］《梵語の音訳》❶香木「白檀」の別称。❷《「栴檀香」の略》香木「栴檀」を原料として作った香。❸「栴檀の板」の略。

〔**栴檀の板**〕鎧の前面にあり、右肩から右の胸に垂れ下げて胸板と袖との透き間を防御する板。胴の吊りひもを切られるのを防ぐものとも、脇を守るものともいう。＝栴檀③。↔鳩尾の板

〔**栴檀の林に入る者は染めざるに衣自づから芳し**〕センダンは香気が高いので、その林に入るものの衣に自然と香りがうつることから、よい環境に入るものは、自然によい風習が身につくこと。

〔**栴檀は二葉より芳し**〕《「せんだんはふたばよりかんばし」とも》センダンは二葉のころから香りが高いが、大成する人は、同様に幼いころからすぐれているというたとえ。

せんだんまき【千段巻き】［名］❶刀・槍の柄を、籐や麻苧で透き間をあけずに巻いて、漆を塗ったもの。❷重籐の弓の巻き方のひとつ。弓の両端を、籐で斜め十文字に巻きしめたもの。➡［古典参考図］武装・武具〈3〉

ぜんちしき【善知識】［名］《仏教語。古くは「ぜんぢしき」とも》❶仏法を説き、人を仏道に入らせる人。高徳の僧。❷人を仏道に導く機縁となることやよい友人。

ぜんぢゃう【禅杖】［名］《仏教語》座禅のとき、居眠りする者を注意するのに使う杖。竹や葦などで作り、先に柔らかい球がついている。

ぜんぢゃう【禅定】［名］❶《仏教語》精神を統一して雑念を退け、真理を悟ること。＝禅。❷《仏教語。「禅定門」の略》在家のまま仏門に入り、剃髪した男子。または、出家して入道となった人。例「御名をば鳥羽の**禅定**法皇とぞ申す」〈保元・上〉❸修験道で、富士山、加賀の白山、越中の立山などの霊山に登って修行すること。例「これを参りますれば、富士**禅定**なされたと同じ事でござります」〈狂・富士松〉❹（③から転じて）霊山の頂上。例「加賀国へ下り給ひけるほどに、この山の**禅定**にて、にはかに御腹の気つき給ひけるを」〈義経記・七〉

せんぢゃく【染着】［名］《仏教語。「ぜんぢゃく」とも》俗念が心につき離れないこと。執着。

せんぢん【先陣】［名］❶軍勢の配置で、本陣の前を進む部隊。先鋒。先備え。↔後陣。❷敵陣へ最初に乗り込むこと。また、乗り込んだ人。先駆け。一番乗り。

せんてい【先帝】［名］《「せんだい」とも》先代の天皇。先帝の時代。❷前の天皇。先帝。

せんてう【先朝】［名］❶前の朝廷。

〔俳句〕**ぜんでらの…**【禅寺の松の落葉や神無月】〈猿蓑・凡兆〉訳 禅寺の庭に松の葉が落ち重なっている。頃は十月、落ち葉散る季節ではあるが、掃き清められた庭先の松の落ち葉は、またひと味違った趣を感じさせることだ。（季―落葉・神無月―冬）

せんと【「・す」】【遷都】［名・自サ変］都を他の地へ移すこと。都を変えること。＝都移り

せんど【先度】［名］先ごろ。先だって。先日。この間。↔後度

せんど【先途・前途】［名］《古くは「せんと」とも》❶進み行く先。落ち着く先。例「先途いづくを期せず」〈平家・三・平大納言被流〉❷ものの終わり。最後。死。例「名利におぼれて先途の近き事を顧みねばなり」〈徒然・七四〉❸勝敗の分かれ目の大事なとき。せとぎわ。❹貴族社会において、その家柄で昇進することのできる最高の官職。先例によって定められていた。極官。

〔**先途を遂ぐ・前途を遂ぐ**〕行き着くべきところに行き着く。目的を果たす。

せんとう【仙洞】［名］❶（仙人の住居にたとえて）上皇の御所。仙洞御所。＝霞の洞。❷上皇の敬称。①②＝仙院①②

せんどう【仙童】［名］仙人に仕える子供。

せんとうしんわ【剪灯新話】［作品名］中国明代（一三七八ごろ成立）の伝奇小説。明の瞿佑作。中国文語体の短編小説二十編を収める。日本へは室町後期に伝来し、『雨月物語』（上田秋成作）など、近世小説全般に大きな影響を及ぼした。

〔俳句〕**せんどうの…**【船頭の耳の遠さよ桃の花】〈夜話ぐるひ・支考〉訳 渡し場の岸に桃の花が咲いている。年老いた船頭は耳が遠いのだろう、呼んでもどんどん向こう岸へ船を操って行く。（季―桃の花―夏）

せんどのはらひ【千度の祓ひ】［名］神前で大祓えの祝詞を千度繰り返し唱え、身の汚れを清めること。

せんどまうで【千度詣で】［名］❶「せんにちまうで①」に同じ。❷「せんにちまうで②」に同じ。

せんな・し【詮無し】［形ク］｛から・く（かり）・し・き（かる）・けれ・かれ｝しかたがない。**無益である。つまらない。** 例「皆人の興ずる虚言は、ひとり『さもなかりしものを』と言はんもせんな・くて」〈徒然・七三〉

発展学習ファイル 類義語「術なし」（「ずつなし」「じゅつなし」とも）は、手の打ちようがなくて困り果て苦しむ意を表すのに対して、「せんなし」は、あきらめの気持ちを表す。

ぜんに【禅尼】［名］《仏教語》仏門に入った女性。

せんにち【千日】［名］❶一千日。多くの日数。❷千日間の精進。

せんにちかう【千日講】［名］一千日の間、法華経を読誦・講説する法会。

せんにちまうで【千日詣で】［名］❶一千日の間、毎日、神社や寺院にお参りすること。千日参り。❷その日一日参れば千日間参ったのと同じ功徳があるとされた日。①②＝千度詣で

せんにん【千人】［名］千人の人。多くの人。

せんにん【仙人】［名］人間界を離れ、山の中に住み、不老不死の法を修め、神変自在の術を体得しているという者。＝山人

せんにんぎり【千人斬り】［名］祈願や腕試しなどのため千人の人を辻斬りにすること。

せんのりきう【千利休】［人名］（一五二二〜一五九一）室町後期から安土桃山時代の茶人。名は宗易。わび茶を大成し、織田信長・豊臣秀吉の茶頭となってからは、勢力をもつようになるが、秀吉の怒りにふれ自刃。

せんばう【先坊・前坊】［名］《「ぜんばう」とも。「先東宮坊」の略》前の皇太子。

せんぱう【仙方】［名］仙人が使う不思議な術。仙術。

ぜんばう【禅房・禅坊】［名］禅寺の僧房。また、禅寺。転じて、一般に寺院の僧房。また、寺院。

せんばん【「・なり」】【千万】㊀［名］《「せんまん」とも》数量が非常に多いこと。㊁［形動ナリ］｛なら・なり（に）・なり・なる・なれ・なれ｝程度のはなはだしいようす。例「むかしは律義千万・なるを人の女房気質と申し侍りき」〈浮・好色一代女〉

せんばん【千万】［副］さまざま。いろいろ。例「千万砕く気の働き」〈浄・生玉心中〉

せんばん【千般】［名］《「せんぱん」とも》さまざま。いろいろ。例「一首の歌に千般の恨みを述べて」〈太平記・一三〉

ぜんぶ【膳部】［名］❶膳に載せる食物・料理。食膳。❷食膳をこしらえる人。料理人。

せんぷく【先腹】［名］《「せんばら」「さきばら」とも》先妻の子。↔当腹

せんぷくりん【千輻輪】［名］《仏教語》仏の「三十二相」のひとつ。仏の足の裏にある紋で、千の輻のある車輪状のもの。

ぜんぶつ【前仏】［名］《仏教語》❶釈迦如来が世に現れる以前に出た仏。過去仏。❷弥勒菩薩を「後仏」というのに対して、釈迦牟尼仏をいう。

せんぶにち【先負日】［名］「六曜」のひとつ。訴訟や急用などを忌む日。＝先負・せんまけ。↔先勝日

せんべう【先表・前表】［名］《「せんぺう」「ぜんぺう」とも》前兆。前触れ。

せんぼふ【懺法】［名］《仏教語》経を誦し、罪を懺悔する法会。誦する経により法華懺法、阿弥陀懺法などがある。

せんぼんざくら【千本桜】［作品名］「よしつねせんぼんざくら」に同じ。

せんみゃう【宣命】［名］《「命を宣る」、すなわち天皇の勅命を述べ伝えるの意》勅命を独特の和文体で記した文書。

〔**宣命を含む**〕事のわけをよくいって聞かせる。因果を含める。例「私のしびりは、優しいしびりで、宣命をふく・めますれば、そのまま直りまする」〈狂・痺り〉

せんみゃうがき【宣命書き】［名］↓付録「国語・国文法用語事典」

せんみゃうれき【宣明暦】センミョウレキ［名］中国で、唐の時代、長慶二年（八二二）に徐昂じょこうが作成した太陰暦。清和天皇の貞観三年（八六一）から、八二三年間、貞享じょうきょう暦が採用されるまで用いられた。

せんもん【占文】［名］占いに出たことば。また、それが書いてある文書。

ぜんもん【禅門】［名］《仏教語》❶禅宗。❷仏門に入った男子。

せんやうもん【宣陽門】センヨウモン［名］内裏だいりの内郭門のひとつ。東側の中央の門で、外郭の建春門と相対する。門内に左兵衛さひょう官人の宿所があった。＝左兵衛の陣・東の陣。⇩［表見返し］内裏略図

せんやく【仙薬】［名］飲めば仙人になるという薬。不老不死の薬。

せんり【千里】［名］一里の千倍の道のり。千里ほども遠く離れた所。遠方。

〔**千里**せんり**の行**ゆき**も一歩**いっぽ**より始**はじ**まる**〕センリノコウモイッポヨリハジマル 遠い所へ旅をするのも、足もとの一歩から始まる。遠大な事業も手近な所から始まることのたとえ。

〔**千里**せんり**の野**の**に虎**とら**を放**はな**つ**〕災いの種たねを今後に残すことのたとえ。

せんりう【川柳】センリュウ［名］雑俳ざっぱいの一形態。俳諧はいかいの前句付けから発生した十七音の短詩。十八世紀半ごろ前句付けの点者柄井からい川柳が創始した。季語・切れ字などの制約がなく、おもに口語を使用する。風俗や人情をうがち、世相を風刺し、古典や歴史上の人物を滑稽こっけい化した作品が多い。

せんりう【川柳】センリュウ［人名］「からゐせんりう」に同じ。

ぜんりつ【禅律】［名］❶禅宗と律宗。❷禅宗の戒律。僧が守るべき戒律。

ぜんりょ【禅侶】［名］❶僧。出家。❷禅宗の僧。禅僧。

ぜんりん【禅林】［名］❶寺院。寺院に住む僧。❷禅宗の寺院。

せんゐん【仙院】センイン［名］❶「せんとう①」に同じ。❷「せんとう②」に同じ。❸「にょうゐん」に同じ。

せんゐん【先院】センイン［名］先代の上皇。先代の法皇。前院。

そ

そ【十】［名］とお。じゅう。三十から九十までの十の位を表すのに用いる。

そ【衣】［名］ころも。「御衣おほみそ」の形で用いられた。

そ【背】［名］せ。うしろ。せなか。多く複合語として用いられ、単独で用いられることは少ない。「背向そがひ」「背面そとも」など。

そ【租】［名］令制の租税のひとつ。「口分田くぶんでん」の収穫の約三パーセントを官に納めるもの。

そ【祚】［名］天子の位。天皇の位。皇位。皇祚こうそ。

そ【麻】［名］《上代語》アサ。「夏麻なつそ」「真麻まそ」など、複合語としてだけ用いられる。

そ【酥・蘇】［名］牛や羊の乳を煮詰めて作った飲み物。いまの練乳のようなもの。

そ【磯】［名］《「いそ」の変化形。「いそ」の「い」が脱落、または上部の語と融合したもの》いそ。多く、複合語として用いる。「荒磯ありそ」「離れ磯」など。

そ【夫・其】［代名］❶《中称の指示代名詞》それ。そこ。例「我がやどに花そ咲きたるそを見れど」〈万葉・三・四六六長歌〉❷《他称の人称代名詞》その人。例「女、この船にまじれりけり。そがいひけらく」〈土佐〉①②↔彼あ・か・比こ

そ［感］馬を追う声。しい。例「駒こまは食たぐとも（＝食ベテモ）我はそと追もはじ」〈万葉・一四・三五三七〉

そ［係助］「ぞ」に同じ。例「山の木ごとに雪そ降りたる」〈万葉・一〇・二三二九〉（係結び）「そ→降りたる㊍」

そ［終助］⇨七三ページ「特別コーナー」

ぞ［係助］⇨七三ページ「特別コーナー」

そい【素意】［名］もとからの願い。本心。素志。

そう…【双…・庄…・早…・相…・荘…・草…・倉…・桑…・曹…・巣…・葬…・喪…・装…・蒼…・障…・箏…・精…・瘡…・糟…・薔…・騒…】歴史的かなづかい「さう…」

そう…【挿…】歴史的かなづかい「さふ…」

そう【添う・副う】歴史的かなづかい「そふ」

そう【叟】［名］年寄り。翁おきな。長老。

そう【証】［名］《「しょう」とも》証拠。確かなしるし。

そう【僧】［名］《梵語ぼんごの音訳。「僧伽そうぎゃ」の略》出家して仏道に入り、修行する人。僧。↔俗ぞく

〔**僧**そう**に法**ほう**あり**〕ソウニホウアリ 僧は仏法にとらわれて、かえって身を損なう。つきものであるがゆえに、かえってその身を害するもののたとえ。

ぞう…【造…・象…・像…・蔵…・臓…】歴史的かなづかい「ざう…」

ぞう…【雑…】歴史的かなづかい「ざふ…」

ぞう-【贈】［接頭］《官位を表す語に付いて》死後に贈られた官位であることを表す語。「贈正一位太政大臣冬嗣ふゆつぐ」「贈皇太后宮」など。

ぞう【族】［名］《「ぞく」のウ音便》一族。一門。

ぞう【判官】［名］「じょう（判官）」に同じ。

そうあんこうたしふ【宗安小歌集】ソウアンコウタシュウ［作品名］歌謡集。沙弥さみ宗安編。成立年代については慶長から慶安まで諸説ある。所収の小歌は安土桃山時代のもので、歌数二百二十一首（二首重複）。

そういん【宗因】［人名］「にしやまそういん」に同じ。

そういんせんく【宗因千句】［作品名］江戸前期（一六七三刊行）の俳諧はいかい句集。『西翁十百韻さいおうとっぴゃくいん』ともいう。西山宗因作。上・下巻に独吟百韻五巻ずつを収録。宗因壮年期の作品が大半を占める。

そうが【奏賀】［名］元日の朝賀の儀式に、天皇に賀詞を奏上すること。また、その役の者。（季―春）

ぞうが【増賀】［人名］（九一七―一〇〇三）平安中期の天台宗の僧。「多武峯とうのみねの先徳」と号す。比叡山ひえいざんで良源に師事。『摩訶止観まかしかん』を講じた。

そうがう【僧綱】ソウゴウ［名］僧尼を取り締まり、法務をつかさどる役職。僧正そうじょう・僧都そうず・律師りっしの三僧官と、法印ほういん・法眼ほうげん・法橋ほっきょうの三僧位の総称。

そうがう【総髪】ソウゴウ［名］《「そうがみ」のウ音便》❶「そうはつ②」に同じ。❷兜かぶとの一種。頭の上をおおう部

葱花輦『栄花物語』「こまくらべの行幸」の一場面。関白藤原頼道から競べ馬に招かれた上東門院彰子は、葱花輦で頼道邸におもむく。駕輿丁が前後六人ずつで担ぎ、闕腋の袍の束帯姿で従う近衛の武官たち。簀の子には几帳や屛風が室礼されている。(駒競行幸絵巻)

そ［終助詞］

アプローチ ▼禁止を表す終助詞。副詞「な」とともに「な…そ」の形で用いられることが多い(①)。
▼同様に禁止を表す終助詞「な」よりも、禁止の程度が軽い。
▼平安末期以降、副詞「な」を伴わずに「そ」のみで禁止を表すこともある(②)。
接続 動詞・助動詞の連用形に付く。ただし、カ変動詞・サ変動詞には未然形に付く。

意味	訳語	用例
❶「な…そ」の形で比較的軽い禁止を表す。	…てくれるな …ないでくれ	例「かく、ひたぶるにな騒ぎそ」〈源氏・若菜・下〉 訳このように、やたらに騒がないでくれ。
❷「な」を伴わないで禁止を表す。	…てはならない …ないでくれ	例「いまはかく馴れぬれば、何事なりとも隠しそ」〈今昔・二九・二六〉 訳いまはこのように離れられない間柄になったので、どんなことも隠さないでくれ。

分を「総髪」の形にしたもの。

そうがうえり【僧綱襟】［名］「僧綱」の位にある僧が、法衣の襟を立てて、頭の後ろの部分を隠すように着ること。また、その着方。僧綱領。図版「手車」、［古典参考図］男子の服装〈4〉

そうがり【僧伽梨】［名］《「そうかり」「そうぎゃり」とも。梵語の音訳》「三衣」のひとつ。九条ないし二十五条の大きな袈裟。

そうかん【宗鑑】［人名］「やまざきそうかん」に同じ。

そうぎ【僧祇】［名］《仏教語。梵語の音訳》❶出家した者の集団。また、仏教集団。❷《「阿僧祇」の略》無数。数え切れないほど多くの数。

そうぎ【宗祇】［人名］「いひをそうぎ」に同じ。

そうぎしょこくものがたり【宗祇諸国物語】［作品名］江戸前期(一六八五刊行)の浮世草子。西村市郎右衛門作。室町時代の連歌師宗祇が、諸国を遍歴して見聞したとする話を三十六話収めた怪異小説集。

そうぎもんだふ【宗祇問答】［作品名］「あづまもんだふ」に同じ。

そうぎゃう【僧形】［名］髪をそって袈裟を着た僧の姿。また、その姿をした人。僧体。↔俗形

そうぐ【僧供】［名］供養のために、僧に贈る金品。

そうくゎ【葱花】［名］❶ネギの花。❷「擬宝珠」の別称。形がネギの花に似ているところから。❸「葱花輦」の略。

ぞうくゎうごうのみや【贈皇后の宮】［名］天皇即位以前に薨去した皇太子妃や、生前に立后しなかった天皇の女御に、皇后位を追贈した場合の称。

そうくゎれん【葱花輦】［名］輦輿の形態のひとつ。屋形の屋根に金の擬宝珠をつけた輿。神事や行幸などの際に天皇が用いた。皇后・中宮・東宮も用いた。＝葱花③・葱の花の御輿

そうくゎん【僧官】［名］朝廷から賜る僧の官職。僧正・僧都・律師など。

そうけい［-す］【奏慶】［名・自サ変］官位を賜った者が、宮中に参内しお礼を申し上げること。拝賀。

そうげき【怱劇・忩劇】［名］忙しくあわただしいこと。多忙。

そうし【草紙・草子・冊子・双紙】歴史的かなづかい「さうし」

ぞ［係助詞］

アプローチ ▼強調の意を表す。

▼文中に用いられて上に付く語を強調する場合と、文末に用いられて文全体を強調する場合とがある。前者は後者の倒置によって発生した用法、との説が有力。「ぞ」自身は、現代語として訳出しがたい。

▼文中の語句に付いて、意味上の係り先にあたる文末の結びの活用語と呼応して活用語の活用形が変化する（「係り結び」）が、「ぞ」の結びの活用語は連体形となる。ただし、そこで言い切らずにあとに続いていくために活用語が結びの形をとらなかったり（「結びの流れ」「結びの消滅」などという）、結びにあたる活用語が省略されたり（「結びの省略」）することもある。

接続 体言、副詞、助詞、活用語の連用形・連体形などに付く。

意味	訳語	用例
❶文中に用いられる場合。上に付く語を強調する。	（とくに訳出する必要はない）	例「聞きしよりもまして、言ふかひなく**ぞ**、こぼれ破れたる」〈土佐〉 訳（家は）聞いていたよりももっと、お話にならないまでに壊れ傷んでいる。《係結び》「ぞ→こぼれ破れたる㊡」 例「御物忌(おほんものいみ)なれば、御社(みやしろ)より、丑(うし)の刻(とき)に**ぞ**帰り参れば」〈紫式部日記〉 訳宮中の物忌みなので、御社（＝賀茂神社）から、（一行が）午前二時ごろ内裏に帰ってくると。《係結び》「ぞ→（流れ）」。「ぞ→帰り参る㊡」となるところ、接続助詞「ば」が付いたので、結びが流れた。
❷文末に用いられる場合。 **㋐①の結びにあたる活用語が省略される場合。**	（とくに訳出する必要はない）	例「親王(みこ)たち大臣(おとど)の御引出物(ひきいでもの)、品々(しなじな)の禄(ろく)どもなど二(に)なう思(おぼ)しまうけてと**ぞ**」〈源氏・幻〉 訳親王がたや大臣への御贈り物や、人のさまざまな身分に応じた賜り物など、またとないほどご用意なさって（ということであった）。《係結び》「ぞ→（省略）」。たとえば「ぞ→言ふ㊡」となるところ。
㋑文末用法。文全体を強調し、断定する。疑問文に用いられることが多く、その場合は疑問表現の強調となる。	（文脈に応じて工夫する）	例「この鏡を、こなたにうつれる影を見よ。これ見ればあはれに悲しき**ぞ**」〈更級〉 訳この鏡を、こちらに映っている姿を見なさい。これを見ると、本当に身にしみて悲しいことですね。 例「誰(た)が教へを聞きて、人のなべて知るべうもあらぬ言(こと)をばいふ**ぞ**」〈枕・五月ばかり〉 訳（あなたは）いったい、どなたの教えを聞いて、人がふつうは知るはずもないようなことばを言ったりするのですか。

発展学習ファイル

(1)「ぞ」は古くは「そ」と清音であったと考えられ、奈良時代には清・濁の両形がみられる。平安時代でも、「誰(た)そ」となるのはその名残である。

(2)結びが省略されるのは（②㋐）、多く「…とぞ」となる場合である。「言ふ」のほか、「あらむ」「聞く」などの語が省略されている。

(3)②㋑の用法における「ぞ」は、断定の助動詞「なり」に通じる一面をもつ。会話文中に用いられることが多く、聞き手への念押しの意や、疑問文の場合は相手を問い詰めるような意を表す。このような文末用法の「ぞ」を終助詞とする説もある。

(4)似た意味を表す係助詞「なむ」との違いは、「ぞ」のほうが語調が強く主観的に指示する意が強いという点である。「なむ」は「なに」「だれ」などの疑問語を直接受けることはないが、「ぞ」にはこの用法が多い。また、「ぞ」は和歌にも散文にもよく用いられるが、「なむ」はもっぱら散文に用いられ、和歌にはほとんどみられない。

(5)「もぞ」（係助詞「も」＋「ぞ」）という形で、望ましくない事態が起きることを懸念するという意味を表すことがある。→「もぞ」

(6)「ぞあり」（「ぞ」＋ラ変動詞「あり」）が縮約して、「ざり」という形になり、存在・断定の意を強める意で用いられることがある。多くは「…にざりける」という形で用いられる。→「ざりける」

(7)奈良時代特有の語法として、活用語の已然形に「ぞ」（または「そ」）が付くことがある。平安時代では、「何すればぞ」のように接続助詞「ば」を介するのがふつうである。例「時々(ときどき)の花は咲けども何すれ**そ**母とふ花の咲き出(で)来(こ)ずけむ」〈万葉・二〇・四三二三〉

(8)形容詞語幹（シク活用は終止形）＋接尾語「み」に「ぞ」が付くこともある。もともとは奈良時代特有の語法であり、固定化された用法で和歌の世界に受け継がれたものである。例「せむかたなみ**ぞ**（＝ドウシヨウモナイノデ）床中(とこなか)にをる」〈古今・雑躰・一〇二三〉

(9)平安末期以降、文中に「ぞ」があっても終止形で言い切るようになり、係り結びの機能は消滅した。

そうし【叢祠】[名]草むらの中にある小さな社(やしろ)。森の中にある「ほこら」。

そうじて【総じて・惣じて】[副]❶全部で。すべて。例「そうじて四人、一つ車に取り乗って」〈平家・一・祇王〉❷おおよそ。だいたい。一般に。例「総じて主(しゅう)といふものは、機嫌のよい時もあり」〈狂・末広がり〉

そうしゃ【奏者】[名]❶天皇や院に諸事を奏上する役の人。また、奏上の取り次ぎをする役の人。❷関白・将軍に取り次ぎをする役の人。また、武家で取り次ぎをする役の人。❸取り次ぎ役。

そうしゃう【宗匠】[名]和歌・連歌の師匠。のちには、俳諧(はいかい)・茶道・香道・華道などの師匠の意にもなった。

そうじゃう【奏状】[名]政治上の意見を臣下から天皇に奏上する文書。

そうじゃう【僧正】[名]「僧綱(そうがう)」のひとつ。僧官の最高位。はじめはひとりであったが、大僧正・正僧正・権僧正の三階級に分かれ、十余人に増えた。

そうじゃうへんぜう【僧正遍昭】[人名](八一六〜八九〇)「遍昭」は「遍照」とも書く。平安前期の天台宗の僧・歌人。六歌仙・三十六歌仙のひとり。俗名は良岑宗貞(よしみねのむねさだ)。「花山(かざん)僧正」ともいう。父は桓武(かんむ)天皇の子の良岑安世(やすよ)。仁明(にんみょう)天皇に近侍したが崩御の際に出家。『古今和歌集』などに入集。

ぞうじゃうまん【増上慢】[名]《仏教語》悟りを得ないのに、得たとして、おごり高ぶること。

そう・す【奏す】[他サ変]{せ・し・す・する・すれ・せよ}❶「言う」意(述べる相手)を高める。「(AがBに)そうす」で、Bは天皇・上皇に限られる。**申し上げる。奏上する。**例「大納言殿まゐりたまひて、詩(ふみ)のことなど(一条帝に)奏したまふに」〈枕・大納言殿まゐりたまひて〉(敬語)「まゐりたまひて」→「まゐる(四段)」「たまふ(四段)」、「奏したまふ」→「たまふ(四段)」。❷**音楽をかなでる。**例「后(きさき)はじめて、さらに一曲を奏す」〈平家・五・咸陽宮〉

発展学習ファイル (1)類義語「啓(けい)す」は、太皇太后・皇太后・中宮・皇后・皇太子に述べるのに用いられる。(2)天皇・上皇に申し上げる場合に、「そうす」のみが用いられるのではなく、「聞こゆ」「聞こえさす」「申す」などが用いられる場合もある。

そうず【添水・僧都】歴史的かなづかい「そうづ」

そうぜい【宗砌】[人名](?〜一四五五)室町中期の連歌作者。俗名は高山時重(ときしげ)。出家して宗砌と号した。和歌を正徹(しょうてつ)に、連歌を梵灯庵(ぼんとうあん)に学ぶ。著書『初心求詠集』などがある。

そうせき【宗碩】[人名](一四七四〜一五三三)室町後期の連歌作者。宗長に連歌を学び、宗祇(そうぎ)に連歌および古典を学ぶ。著書『勅撰名所和歌抄出』など。

そうぜん【僧膳】[名]僧をもてなす食膳。

そうそう【怱怱・忩忩】[・なり]{なら・なり(に)・なり・なる・なれ・なれ}[形動ナリ]❶あわただしいさま。例「忩々なる除目(ぢもく)かな」〈平治・上〉❷おざなりにするさま。例「公事(おほやけごと)そうそうにして」〈宇津保・沖つ白波〉

そうぞうし 歴史的かなづかい「さうざうし」

そうぞく【装束・装束く】歴史的かなづかい「さうぞく」

そうぞく【僧俗】[名]僧と俗人。

そうだいしゃう【総大将】[名]全軍の指揮にあたる大将。

ぞうたふか【贈答歌】[名]ふたりの間でやりとりする和歌。ふつうは贈歌と答歌の二首一組から成るが、数首連続して詠まれているものもある。『万葉集』の相聞歌に代表される。

そうぢ【総持】[名]《梵語(ぼんご)「陀羅尼(だらに)」の訳語》呪文(じゅもん)。

そうちゃう【宗長】[人名](一四四八〜一五三二)室町後期の連歌作者。一休のもとに参禅、宗祇(そうぎ)に連歌を学ぶ。独吟集『出陣千句』『浅間千句』のほか、『宗祇終焉記(そうぎしゅうえんき)』『宗長日記』がある。

ぞうぢゃうてん【増長天】[名]《仏教語》四天王のひとつ。南方を守護する。増長天王。増長。

そうづ【添水】[名]「添水唐臼(からうす)」の略。(季—秋)

そうづ【僧都】[名]「僧綱(そうがう)」のひとつ。「僧正(そうじゃう)」に次ぐ僧官。

発展学習ファイル 最初は、大僧都・少僧都の各ひとりであったが、のちには大僧都・権(ごん)大僧都・少僧都・権少僧都の四階級となり、定員も増えていった。

そうついぶし【総追捕使】[名]❶令外(りょうげ)の官のひとつ。平安時代、諸国の治安維持に当たった職。❷平安末期、社寺の領地や荘園内において警護に当たった職。❸源頼朝(よりとも)が、鎌倉幕府の創始期に国ごとに設けたもので、一国または数国を守護する職。のちに、これが守護の名称へ移行し、軍事・警察権・兵糧米の徴収権などを握った。

そうづからうす【添水唐臼】[名]竹などで作り、水落ちを利用して音をたてる装置。田畑を荒らす鳥獣を脅すためのものだが、これを利用して穀物などもついた。ししおどし。＝添水(そうづ)。(季—秋)

そうと【僧徒】[名]僧の仲間。僧たち。

そうなし【双無し・左右無し】歴史的かなづかい「さうなし」

そうにん【證人】[名]《「しょうにん」とも》証明する人。保証人。

そうばう【僧坊・僧房】[名]僧や尼の起居する寺院付属の家屋。僧の住む家。

そうはつ【総髪】[名]❶髪を剃(そ)らずにすべてうしろになでつけて垂らすこと。❷《「そうがう」とも》江戸時代の男性の髪の結い方のひとつ。「月代(さかやき)」を剃らずに頭全体に髪を伸ばして、後頭部で束ねる。医師や儒者などが結った。＝四方髪(しほうがみ)

そうびん【聡敏】[・なり][名・形動ナリ]聡明で鋭敏なこと。また、そのさま。

そうぶん【処分】[・す][名・自サ変]《「そぶん」「せうぶん」とも》遺産を分配すること。また、その遺産。例「生ける時、**処分してむ**。子どもの心見るに、はらから思ひせず、女たちの中にもうとうとしくあめれば、論(ろ)ならう恨みごとども出(い)で来(き)なむ」〈落窪・四〉語構成「あめれば」→「あめり」

古典の世界 平安朝では男女同等の相続権があり、女を家つきのものと考える母系型家族では、娘に住居つきの財産を残すことは重要なことであった。子供を残して男が簡単に夜離(よが)れをする時代、女性にとって住居を持つことは、自分の身を守るためにも大事なことだったのである。

そうぶんどころ【処分所】[名]遺産として配分された建物や土地。

そうべう【宗廟】[名]❶祖先の御霊屋。氏神。❷皇室の祖先の霊をまつる所。伊勢神宮また石清水八幡宮を指し、「二所宗廟」という。❸国家。皇室。

そうべつ【総別・惣別】㊀[名]あれもこれも。すべてのこと。例「**惣別**につけて嘆きおぼしめせども」〈平家・三・法印問答〉㊁[副]概して。だいたい。例「**総別**この間うちから甘やかいておけば方量(＝際限)もない」〈狂・右近左近〉

そうぼう【僧坊・僧房】歴史的かなづかい「そうばう」

そうめい[・なり]【聡明】(「聡」は聞いて理解できる意。「明」は物事を見通す力のある意)㊀[名・形動ナリ]物事に対する理解が早く、道理に通じているさま。例「御幼稚の時より、利根(＝利口)**聡明**におはせしかば」〈太平記・一〉㊁[名](「そうめ」とも)「釈奠」のときに供える米・餅・肉など。＝胙

そうもん【総門・惣門】[名]総構えの大門。外構えの第一の正門。

そうもん[・す]【奏聞】[名・自サ変]天皇のお耳に入れること。天皇に申し上げること。例「『いかに』と御たづねあるに、蔵人奏すべき方はなし。ありのままに**奏聞す**」〈平家・六・紅葉〉

そうらん[・す]【奏覧】[名・他サ変]天皇に奏上してお見せすること。例「すなはち御前にて草案して、これを**奏覧す**」〈太平記・一〉

そうりやう【総領・惣領】[名]❶すべてを支配・領有すること。❷上代、筑紫・坂東・周防・伊予などの僻遠地、または重要な地に置かれた地方行政官。❸鎌倉時代、地頭職の分割相続によって細分化した庶子たちを統括する権限をもった者。❹家を継ぐべき子。嫡子。❺長男、または長女。

ぞうるい【族類】[名](「ぞくるい」のウ音便)一族。同族。

そうろう【候ふ】歴史的かなづかい「さうらふ」

そうゐ【僧位】[名]朝廷が有徳の僧に授ける位。

そがい【背向】歴史的かなづかい「そがひ」

そかう【蘇香】[名]「そがふかう①」に同じ。

そがぎく【承和菊】[名]承和の帝(仁明天皇)が愛好した黄菊や一本菊をいうか。(季-秋)

そがくゎいけいざん【曾我会稽山】[作品名]江戸中期(一七一八初演)の浄瑠璃。近松門左衛門作。曾我兄弟の仇討ちを、一昼夜の出来事として構成した時代物。

ぞ-かし 文末に用いて念押しや強調を表す。…であるよ。…ことだよ。例「夏の蟬の春秋を知らぬもあるぞかし」〈徒然・七〉訳夏のセミのように春や秋を知らないものもいることだよ。

語構成 ぞ(係助) かし(終助)

そがひ【背向】[名](上代語)後ろの方。背面。

そがふ【蘇合】[名]「蘇合香②」の略。

そがふかう【蘇合香】[名]❶香木の名。種々の香草を煎じた汁ともいう。薬用とされる。＝蘇香。❷雅楽の曲名。盤渉調のインド楽。①の葉をかたどった冠をつけて六人で舞う。＝蘇合

そがものがたり【曾我物語】[作品名]南北朝時代から室町前期にかけて成った軍記物語。作者・成立年未詳。実際にあった曾我兄弟の仇討ちの話を語り物として発展させたもの。

そき【退き】[名]遠く離れること。また、その場所。果ての土地。

そぎあま【削ぎ尼】[名](近世語)「尼削ぎ」にした尼僧。＝下げ尼

そぎいた【枌板】[名](「そきいた」「そきた」「そぎた」とも)木を薄くそいで作った小板。

そぎす・つ【削ぎ棄つ】[他タ下二]{て・て・つ・つる・つれ・てよ}❶髪のすそを切り落とす。例「きよらなる御髪を**そぎ棄て**て」〈源氏・柏木〉❷簡略にする。手軽にする。例「いみじく事ども**そぎ棄・て**て」〈源氏・若菜・下〉

そぎすゑ【削ぎ末】[名]髪の毛などをそいでそろえた末端。

そぎた【枌板】[名]「そぎいた」に同じ。

そきだく【幾許】[副]はなはだしく。たくさん。例「**そきだく**もおぎろなきかも(＝広大ナコトダナア)」〈万葉・二〇・四三六〇長歌〉

そきた・つ【退き立つ】[自タ四]{た・ち・つ・つ・て・て}遠く離れて立つ。例「国の**退き立つ**限り」〈祝詞〉

そきへ【退き方】[名]「そくへ」に同じ。

そきゃうでん【承香殿】[名](「そぎゃうでん」とも)「じょうきゃうでん」に同じ。

-そく【束】[接尾]❶束ねたものを数えるのに用いる語。❷矢の長さを測るのに用いる単位。親指を除いた指四本分の幅が一束。例「はいだる矢の、十三**束**二伏あるに」〈平家・一一・遠矢〉❸(近世語)八百屋や魚屋などで一・十・百・千の数をいう合いことば。

そく【息】[名]むすこ。子息。

そく【職】[名](「しょく」とも)官職。職務。

そく【疎句】[名]和歌で、句と句の関係が音韻的にも表現的にも断絶しているが、心的・情趣的には連続していること。↔親句

そ・く【退く】㊀[自カ四]{か・き・く・く・け・け}(上代語)離れる。遠ざかる。例「雲離れ**退き**居りとも我忘れめや」〈記・下・歌謡〉㊁[他カ下二]{け・け・く・くる・くれ・けよ}離す。遠ざける。取り除く。例「葦漕ぎ**退・け**て御船来にけり」〈土佐〉

そ・ぐ【削ぐ・殺ぐ】[他ガ四]{が・ぎ・ぐ・ぐ・げ・げ}❶**削りとるように切る。切り落とす。**例「まみのほど、髪のうつくしげに**そ・がれ**たる末も」〈源氏・若紫〉❷**省く。簡略にする。**例「院に設けさせたまへりけることども、**殺・ぐ**と思しかど」〈源氏・鈴虫〉《敬語》「設けさせたまへりける」→「させたまふ」、「思しかど」→「おぼす」

ぞく【俗】[名]❶世間一般の習わし。風習。生活習慣。例「すべて我が**俗**にあらずして人に交はれる、見ぐるし」〈徒然・一六五〉❷(僧でない)一般の人。俗人。例「**俗**にいますかりける時の子どもありけり」〈大和・一六八〉❸世俗的なこと。風流でないこと。↔雅

〔**俗の方の書**〕(世俗のことを記した書の意から)仏典以外の書物。＝俗の書・外典

ぞく【族】[名]「ぞう(族)」に同じ。

そくか【足下】[代名](対称の人称代名詞。同等の人に対して軽い敬意をもっていう語)きみ。貴殿。

ぞくがう【辱号】[名]《「ぞくかう」「じょくかう」「じょくがう」とも》恥辱をこうむった名・評判。

ぞくぎゃう【俗形】[名]俗人の姿。僧ではない一般の人の姿。↔僧形

そくけつのくゎん【則闕の官】[名]「そっけつのくゎん」に同じ。

ぞくこじだん【続古事談】[作品名]鎌倉前期(一二一九ごろ成立)の説話集。編者未詳。強い末世意識のもと、源顕兼の『古事談』にならった構成で政道を批判。

そくさい[・なり]【息災】一[名]《仏教語。「息」は留めるの意》仏の法力でこの世の一切の災難をなくすこと。二[形動ナリ]{なら・なり(に)・なり・なる・なれ・なれ}健康で無事であること。元気なさま。例「息災・なる人も、目の前に大事の病者となりて」〈徒然・一七五〉

そくさいえんめい【息災延命】《仏教語》神仏の力で災いをとどめ、命を延ばすこと。

そくさいにち【息災日】[名]暦の上で、万事に吉であるという日。春は巳の日、夏は申の日、秋は辰の日、冬は酉の日をいう。

ぞくさるみの【続猿蓑】[作品名]江戸中期(一六九八刊行)の俳諧撰集。『後猿蓑』『猿蓑後集』ともいう。沾圃ら編。『俳諧七部集』のひとつ。上巻は連句編で、下巻は発句五百十九句を収録。芭蕉晩年の新風の代表作。

そくさんへんぢ【粟散辺地】[名]《仏教語》辺地にある粟粒のように小さな国。インドや中国に対して、日本を指していうことが多い。粟散辺土。

ぞくしゃう【俗姓】[名]❶家柄。素性。❷僧が俗人だったときの氏姓。

ぞくしゃう【属星】[名]《「ぞくせい」「しょくせい」とも》暦の上で、その年に当たる星。十二支に応じて北斗七星の中の一つを当てる。

ぞくしょ【俗書】[名]仏典以外の書物。＝外典

ぞくじん【俗人】[名]世俗の人。僧ではない人。

そくしんじゃうぶつ【即身成仏】[名]《仏教語》信仰の力で、人間が、生きている現世の肉体のままで仏になること。

そくしんそくぶつ【即身即仏】[名]《仏教語》煩悩・迷いの多い人間の心が、そのまま仏であるということ。＝即身是仏

そくたい【束帯】[名]平安以降の天皇や男性貴族の正装。朝廷の儀式や節会の際に着用した。袍・半臂・下襲・衵・単衣を着て、表袴・大口袴をはいて、冠をかぶり、石帯・魚袋をつけ、笏を持った。武官は、さらに、平緒をつけた剣を帯びた。昼の装束。→「いくゎん」。➡図版「挿頭」

古典の世界　**位階を示す「束帯」の袍の色**

束帯の上衣を袍という。表着である袍の色は、位階によって定められている。

『衣服令』では、一位が深紫、以下二位・三位浅紫、四位深緋、五位浅緋、六位深緑、七位浅緑、八位深縹、初位浅縹である。平安中期ごろには染色の規定が乱れ、四位以上は黒一色、五位は緋に蘇芳、六・七位は深緑、八・初位は深縹となった。袍の色が位階を示すことは、文学表現の上でもしばしば比喩的に用いられる。

例えば、六位は緑衣にかけられ、生涯低い官位に甘んじた『後撰和歌集』撰者の源順は、「深みどり松にもあらぬ朝あけのころもさへなどしづみそめけん」〈源順集〉と詠んだ。同じ六位でも、「**六位の蔵人**」は天皇の衣服の色と同じ青みを帯びた黄色の麹塵の袍の着用が許され、殿上に出仕することができたのである。『枕草子』の「めでたきもの」の段には「六位の蔵人。いみじき君達なれど、得しも着たまはぬ綾織物を、心まかせて着たる青色姿などの、いとめでたきなり」とあり、麹塵の袍姿を賞美したもの。このように束帯の袍の色は、身分を示す標識のようなものだったわけで、さまざまに重視されていたのである。

ぞくたい【俗諦】[名]《仏教語》世俗の実際に即した道理。世間一般での真理。世諦。↔真諦

そくたく[・す]【属託・嘱託】[名・他サ変]《「ぞくたく」とも》❶報酬を出して協力を頼むこと。例「悪党じも、賄賂属託に耽りて」〈盛衰記・九〉❷懸賞金をかけて罪人をさがすこと。また、その賞金。

そくぢょ【息女】[名]むすめ。また、他人のむすめの敬称。↔息男

ぞくぢん【俗塵】[名]世間の汚れ。俗世間の煩わしさをたとえた語。例「他の俗塵に馳する事をあはれむ」〈方丈記〉

そくなん【息男】[名]むすこ。子息。↔息女

そくひ【続飯】[名]《「そくいひ」の変化形》飯粒を押しつぶして作ったのり。

そくび【素首・外頸】[名]《「そっくび」とも。「そ」は接頭語》他人の首をののしっていう語。

ぞくひじり【俗聖】[名]出家しないで俗人の姿のまま仏道修行をする者。有髪の僧。

そくへ【退く方】[名]遠く離れた辺り。果て。＝退き方

ぞくべったう【俗別当】[名]僧でない俗人で、官命を受け、社寺の事務を管理する者。

ぞくほんてうわうじゃうでん【続本朝往生伝】[作品名]平安後期(一〇九九～一一〇四成立)の仏教書・伝記。大江匡房著。浄土信仰の高まりの中、『日本往生極楽記』を継いで四十二人の往生を記録する。

ぞくみゃう【俗名】[名]❶出家する以前の名。↔法名②。❷生存中の名。↔戒名

ぞくよつぎ【続世継】[作品名]「いまかがみ」に同じ。

ぞくらう[名]《「しょくらう」「そくらう」とも》一【続労】宗良時代、財物を官庁に納めて、前任の官を継続したこと。また、その財物。二【贖労】平安時代、官位を得たり、昇進を願うために、財物を官に納めること。また、その財物。

ぞくらうれう【贖労料】[名]「贖労」のための金品。

そくゎい【素懐】ソクヮイ[名]❶平素の願い。本望。❷出家をしたいというかねてからの願い。極楽往生の願い。素願。

そくゐ[・す]【即位】ソクイ[名・自サ変]❶天皇が皇位を継承して位に就くこと。＝践祚せんそ。❷天皇が皇位を継承したことを万民に告げる儀式。即位式。

そげ【削げ】[名]❶竹や木を細く削ったもの。また、皮膚にその一端が突き刺さったもの。とげ。❷〔近世語〕「削げ者」の略。

そげもの【削げ者】[名]〔近世語〕変わり者。

そけん【素絹】[名]❶練らない生糸で作った、織り文あやのない絹布。白色の生絹すずしなど。❷「素絹の衣ころも」の略。

〔**素絹の衣**〕「素絹」で作った無紋の法衣ほうえ。袖そでが広く、丈が長くて後ろに引き、裾すそにひだがある。綾絹あやぎぬ製の法衣に対していう。＝素絹②。↓[古典参考図]武装・武具〈2〉

そこ【底】[名]❶ものの最も下の部分。❷〔天に対して〕地の称。❸極まる所。果て。例「くひなは**そこ**と思ふまでたたく」〈蜻蛉・中〉❹奥深い所。奥底。また、心の奥。❺真の力量。底力。例「**底**よりたうとき僧をたのみて」〈愚管抄〉

そこ【其処・其所】[代名]❶〔中称の指示代名詞〕㋐〔場所を示す〕**そこ。その場所。どこそこ。**例「**そこ**を八橋といひけるは」〈伊勢・九〉㋑〔ものごとを示す〕**それ。そのこと。その点。**例「来鳴かく**そこ**は恨みず」〈万葉・一九・四二〇七長歌〉❷〔対称の人称代名詞。目下、または自分と同格の相手に用いる〕**そなた。おまえ。**例「『この死せる人は、**そこ**には何ぞ』と問ふ。答へて曰いはく『我が夫せなり』といふ」〈沙石集〉

〔**其処とも言はず**〕ソコトモイワズ どこということもない。どこと特別に定めない。例「思ふどち春の山辺にうち群れて**そこともいはぬ**旅寝してしが」〈古今・春下・一二六〉訳→〔和歌〕おもふどち…

〔**其処とも知らず**〕あてもなく。例「思ふどち**そこども知らず**ゆき暮れぬ」〈新古今・春上・八三〉

〔**其処ともわかず**〕どこともわからない。例「雉兎芻蕘ちとすうぜう(＝草刈リヤ木コリ)の往ゆきかふ道、**そこともわかず**」〈おくのほそ道・石の巻〉

そこきみわろ・し【底気味悪し】[形ク]〔(から)・く(かり)・し・き(かる)・けれ・かれ〕〔近世語〕なんとなく気味が悪く、恐ろしい。

そこそこ【其処其処】㊀[代名]〔指示代名詞〕❶どこそこ。しかじかの所。例「御供おんともの人は**そこそこ**に」〈徒然・一〇四〉❷〔副詞的に用いて〕あちこち。そここ。㊁[副]〔多く「に」を伴い〕あわただしく。いい加減に。例「**そこそこ**に京見過ごしぬ田にし売り」〈蕪村句集〉

そこつ[・なり]【粗忽・楚忽】[名・形動ナリ]❶軽はずみなこと。そそっかしいこと。例「**楚忽**の自害、所存のほかなり」〈曾我・一〇〉❷過ち。そそう。❸失礼なこと。無礼。

そこついはね【底つ磐根・底つ石根】ソコツイワネ[名]〔「つ」は上代の格助詞〕地の底にある大岩。地の底。

そこどころ【其処所】[代名]〔他称の指示代名詞〕〔多く下に打消の語を伴い〕その所。どこそこ。例「**そこ所**と行き着くべき古里ふるさともなし」〈源氏・玉鬘〉

そこな【其処な】[連体]〔「そこなる」の変化形〕そこにある。そこにいる。例「やいやい、やい**そこな**やつ」〈狂・柿山伏〉

そこな・ふ【損なふ・害ふ】ソコナウ[他ハ四]〔は・ひ・ふ・ふ・へ・へ〕❶物を破損する。壊す。❷人を傷つける。例「人も乗らぬ車なりければ、**そこな・はる**る人もなかりけり」〈宇治拾遺・一〇・五〉❸衰えさせる。病気になる。例「心地ここ**損な・ひ**て患わづらひける時に」〈古今・春下・八〇詞書〉❹〔動詞の連用形に付いて〕誤る。仕損じる。例「『書き**そこな・ひ**つ』と恥ぢて」〈源氏・若紫〉

そこに【其処に】〔代名詞「そこ」＋格助詞「に」〕指示代名詞を人に用いて相手を敬う言い方。あなた様。例「**そこに**いかなる目にもあはむは、ひとへにただわがあふにてこそあらんずらめ」〈平家・三・法印問答〉

発展学習ファイル 人を直接に指さず、間接的にその場所をいって相手を敬ういい方。主語に用いられる。

そこば【幾許・許多】[副]たいそう。おおいに。＝幾許そこばく。例「いづれの妹そ**そこば**恋ひたる」〈万葉・四・七〇六〉

そこはかと[副]〔対象となるものの場所や状況を、はっきり指示できるさま〕〔多く下に打消の表現を伴って〕❶**どこそこと。そこがそうだと。**例「**そこはかと**知りてゆかねど」〈更級〉❷〔①の指示性がうすれた用法〕**はっきりと。確かに。**例「水ぐきの跡は涙にかきくれて、**そこはかと**はみえねども」〈平家・二・大納言死去〉

そこはかとな・し〔「そこはかなし」とも。副詞「そこはかと」＋形容詞「なし」〕❶〔場所や状況がはっきりしない〕**どこかはっきりしない。はっきり分からない。**例「池の水鳥も**そこはかとな・く**囀さへづりわたるに」〈源氏・胡蝶〉❷〔理由や原因・範囲などがはっきりしない〕**これといった理由がない。とりとめがない。何ということもない。**例「心にうつりゆくよしなし事を、**そこはかとな・く**書きつくれば」〈徒然・序〉

そこはかな・し【そこはか無し】「そこはかとなし」に同じ。

そこばく【若干・幾許】[副]〔副詞「そこば」＋接尾語「く」。「そこばくの」の形で名詞にかかることも多い〕❶不定の数量を表す。いくらか。多少。例「封戸へひ増すこと**若干**の戸へと、しかしかいへり」〈紀・孝徳〉❷数量の多いさま。とてもたくさん。例「この山に、**そこばく**の神々あつまりて」〈更級〉❸程度がはなはだしいさま。そんなにも。はなはだしく。例「**そこばく**広き殿の中、隙ひまなし」〈宇津保・沖つ白波〉

発展学習ファイル ①が原義だが、実際の例の多くは、数量の多さを表す②③の意味である。

そこひ【底ひ】ソコイ[名]物事の極まるところ。果て。極み。例「天地あめつちの**底ひ**の裏に」〈万葉・一五・三七五〇〉

〔**底ひ無し**〕ソコイナシ 果てがない。限りなく深い。＝底ひも知らず。例「**底ひな・き**淵ふちやはさわぐ」〈古今・恋四・七二二〉訳→〔和歌〕そこひなき…

〔**底ひも知らず**〕ソコイモシラズ「そこひなし」に同じ。

〔和歌〕**そこひなき…**【底ひなき淵ふちやはさわぐ山川やまがはの浅き瀬にこそあだ波はたて】〈古今・恋四・七二二・素性〉訳 底の知れないほどの深い淵が、やたら水音を立てて騒ぐだろうか、いや、騒がない。山中を

流れる川の浅瀬にこそ誠意のない浮ついた波が立つのです。《係結び》「やは→さわぐ㊍」、「こそ→たて㊁」

そこほど【其処程】[代名]《中称の指示代名詞》そこら辺り。その辺。例「このごろの人の家の、そこほどにてぞありけん」〈徒然・七一〉

そこもと【其処許】[代名]❶《中称の指示代名詞》そこ。そこら辺り。例「そこもとに雨皮張りたる車さし寄せ」〈蜻蛉・下〉❷《対称の人称代名詞》あなた。お前。例「そこもと呼びに参ったは」〈浄・博多小女郎波枕〉　同等以下の人に対して用いる語。

そこゆゑ【其処故】[接]そのため。それだから。例「そこゆゑに皇子の宮人行くへ知らずも」〈万葉・二・一六七長歌〉

そこら[副]❶(数量の多いさまを表す)たくさん。そんなに多く。例「そこらの年ごろ、そこらの黄金賜ひて」〈竹取・かぐや姫の昇天〉《敬語》「賜ひて」→「たまふ(四段)」。❷(程度のはなはだしさを表す)たいそう。そんなにも。非常に。例「京にてこそところえぬやうなりけれ、そこら遥かにいかめしう占めて造れるさま」〈源氏・若紫〉《音便》「いかめしう」は「いかめしく」のウ音便。《係結び》「こそ→なりけれ㊁」

発展学習ファイル　「そこら」は、(1)代名詞「そこ」＋数量・程度を表す接尾語「ら」。(2)「そこば」「そこばく」「そこらくに」などは同じ語根で、数量・程度のはなはだしさを表す類義語。(3)他に、類義語として「あまた」「ここだ」「ここば」「ここら」などがある。

そこらくに[副]《副詞「そこら」＋接尾語「く」＋格助詞「に」》十分に。たいそう。はなはだしく。例「開くなゆめとそこらくに堅めしことを」〈万葉・九・一七四〇長歌〉

そさう[・なり]【粗相・麁相】[名・形動ナリ]❶いい加減なさま。粗末なさま。例「扇なども、賜せたらんは粗相・にぞあらむかしなど思ひて」〈栄花・二四〉❷そそっかしいさま。軽率。また、過ちを犯すこと。過失。❸ぶしつけなこと。例「内の首尾を聞き合はせず、案内するも粗相・なりと」〈浄・大経師昔暦〉

そし【祖師】[名]❶学統や流派を開いた人。とくに、宗門で一派の開祖の尊称。日蓮宗の日蓮、浄土真宗の親鸞など。❷物事の始め。もと。

そしう[・なり][形動ナリ]{なら・なり(に)・なり・なる・なれ・なれ}語義未詳。物事に秀でたさま、へつらわないさま、ひがんでいるさまなど諸説がある。例「公事にそしう・なる物の師どもを」〈源氏・花宴〉

そじし【膂宍】[名]《「そしし」とも。「背肉」の意》背中の肉。

膂宍の空国(背中には肉が少ないことから)豊かでないことのたとえ。不毛の地。

そしもり【曾尸茂利・蘇志摩利】[名]❶記紀神話にみられる古代朝鮮南部の地名。❷(「そしまり」とも)雅楽の曲名。高麗から伝来したもので、蓑・笠を着け、雨乞いのときに六人または四人で舞う。

そしゃ【素車】[名]彩色や装飾をしない白木の車。葬儀に用いる。

そじゃう【訴状】[名]訴人が提出する、訴訟を起こすための趣旨を記した文書。↕陳情②

そしょう【訴訟】[名]❶裁判を要求すること。訴え。❷願い出ること。言いわけ。例「また当参の人びとも訴訟あらば申すべし」〈謡・鉢木〉

そしらは・し【謗らはし】[形シク]{しから・しく(しかり)・し・しき(しかる)・しけれ・しかれ}非難したくなるようなようすだ。例「痩や せ痩せに御髪少なるなどが、かくそしらは・しきなりけり」〈源氏・少女〉

そしり【謗り・誹り・譏り】[名]悪口。非難。

そしりどころ【謗り所・譏り所】[名]非難する点。あら探しの対象となる点。

そしりはしり【謗り走り】[名]《近世語》❶物事の一部分。例「咄のそしりはしりを聞き」〈浄・夏祭浪花鑑〉❷「そしり」を強めた語。非難。

そし・る【謗る・誹る・譏る】[他ラ四]{ら・り・る・る・れ・れ}人のことを悪くいう。非難する。例「みな人そし・らずなりにけり」〈伊勢・一〇一〉

-そ・す【過す】[接尾サ四型]{さ・し・す・す・せ・せ}(動詞の連用形に付いて)その動作が度を過ぎる意を表す。…しすぎる。熱心に…する。例「われたけく言ひそ・しはべるに」〈源氏・帚木〉

そ・ず【損ず】{ぜ・じ・ず・ずる・ずれ・ぜよ}《「そんず」の撥音無表記》㊀[他サ変]そこなう。こわす。傷つける。例「すずろに仕うまつりそ・じたりや」〈宇津保・国譲・下〉㊁[補動サ変](動詞の連用形に付いて)…そこなう。

そせい【素性】[人名](生没年未詳)平安前期の僧・歌人。三十六歌仙のひとり。俗名は良岑玄利。父は僧正遍昭。『古今和歌集』などに入集。

そそ[副]かすかに吹く風の音、また、軽く物の触れる音を表す。

そそ[感]《代名詞「そ」を重ねた語》指し示して注意を促すときに発する語。それそれ。そらそら。例「あなたに人の声すれば、『そそ』などのたまふに」〈蜻蛉・上〉

そそか・し[形シク]{しから・しく(しかり)・し・しき(しかる)・しけれ・しかれ}落ち着かずあわただしい。そそっかしい。例「いとそそか・しう這ひおり騒ぎたまふ」〈源氏・横笛〉

ぞぞがみた・つ【ぞぞ髪立つ】《近世語》㊀[自タ四]{た・ち・つ・つ・て・て}恐ろしさのあまり身の毛がよだつ。例「さしもの幡楽ぞぞがみ立・ち」〈浄・傾城島原蛙合戦〉㊁[他タ下二]{て・て・つ・つる・つれ・てよ}身の毛をよだたせる。例「どいつでも唐人組と聞くと、ぞぞ髪立・てて相手になら」〈伎・韓人漢文手管始〉

そそき【注き】[名]水などが飛び散ってかかること。しぶき。

そそきた・つ【そそき立つ】[自タ四]{た・ち・つ・つ・て・て}そわそわと気が急く。慌てふためく。例「いたう更けぬれば、そそきた・ちて入らせたまひぬ」〈栄花・八〉

そそ・く[自カ四]{か・き・く・く・け・け}せわしく物事を行う。そそくさと…する。あわてて急ぐ。例「雛をしするてそそ・きゐたまへる」〈源氏・紅葉賀〉

そそ・く【注く・灌く】{か・き・く・く・け・け}《近世以降は「そそぐ」》㊀[自カ四]❶水が激しく流れる。❷雨や雪などが降る。例「なごりの雨すこしそそ・きてをかしきほどに」〈源氏・蓬生〉❸涙がしきりに流れ落ちる。例「声はして雲路にむせぶ郭公涙やそそ・く」〈新古今・夏・二一五〉㊁[他カ四]流しかける。ふりかける。まきかける。例「いとのきて痛き傷には辛塩を注・くちふがごとく」〈万葉・五・八九七長歌〉

そそ・く ㊀［自カ下二］{け・け・く・くる・くれ・けよ}（髪・紙・織物など）そろっていたものがほつれる。例「**そそ・け**たる葦の生ひざまなど」〈源氏・梅枝〉㊁［他カ四］{か・き・く・く・け・け}そろっているものを乱す。ほぐす。例「〔祖母ノ綿ヲ〕これかれ**そそ・き**はべらむもうるさきに」〈大鏡・道長・上〉

そそ・ぐ【濯ぐ・雪ぐ】［他ガ四］{が・ぎ・ぐ・ぐ・げ・げ}「すすぐ」に同じ。

そそくりつくろ・ふ【そそくり繕ふ】［他ハ四］{は・ひ・ふ・ふ・へ・へ}あれこれ忙しそうに面倒を見る。例「耳はさみして〔若君ヲ〕**そそくりつくろ・ひ**て、抱きてゐたまへり」〈源氏・横笛〉

そそく・る［他ラ四］{ら・り・る・る・れ・れ}❶忙しく手足を動かす。例「あまがつなど御手づから作り**そそく・り**おはするも」〈源氏・若菜・上〉❷促す。例「若宮の御湯殿果てて、御前に**そそく・り**臥せたてまつりたるを」〈栄花・二六〉

そそのかした・つ【唆かし立つ】［他タ下二］{て・て・つ・つる・つれ・てよ}しきりに勧める。例「『事のありさまはじめより語りはべらん』と、せめて**そそのかした・て**て」〈源氏・東屋〉

そそのか・す【唆かす】［他サ四］{さ・し・す・す・せ・せ}（「そそなす」とも）❶その気になるように勧める。催促する。例「とく参りたまはむことを**そそのか・し**きこゆれど」〈源氏・桐壺〉❷おだてて悪い方に勧める。例「里の小娘を**そそのか・し**」〈浮・好色一代男〉

そそめきあり・く【そそめき歩く】［自カ四］{か・き・く・く・け・け}落ち着かないようすで歩き回る。例「心のどかにゐられたらず、**そそめき歩・く**に」〈源氏・東屋〉

そそめきさわ・ぐ【そそめき騒ぐ】［自ガ四］{が・ぎ・ぐ・ぐ・げ・げ}ざわついて騒がしくする。例「起き出でて**そそめき騒・ぐ**も程なきを」〈源氏・夕顔〉

そそめ・く［自カ四］{か・き・く・く・け・け}（「めく」は接尾語）❶騒がしい音がする。ざわめく。例「沓の音し、**そそめ・き**出づると」〈枕・殿上の名対面こそ〉❷落ち着かず、そわそわする。例「この朝臣、**そそめ・き**たりけるは」〈宇津保・蔵開・上〉

そそや ㊀［感］（感動詞「そそ」＋間投助詞「や」）驚いたり注意を促したりするときに発する語。あれあれ。それそれ。＝すはや。例「御前駆の声に、人々、『**そそや**』など怖ぢ騒げば」〈源氏・少女〉㊁［副］（副詞「そそ」＋間投助詞「や」）葉が風にそよぐ音の形容。そよそよ。さやさや。例「おぎの葉に**そそや**秋風吹きぬなり」〈詞花・秋・一〇八〉

そそや・ぐ［自ガ四］{が・ぎ・ぐ・ぐ・げ・げ}（「そそやく」とも）ささやく。こそこそ話す。例「ふと参りて**そそや・き**申して出でにけり」〈愚管抄〉

そそり［名］（近世語）❶調子に乗って騒ぐこと。❷遊里へ通い遊興にふけること。また、その人。

そそ・る ㊀［自ラ四］{ら・り・る・る・れ・れ}❶うわつく。そわそわする。浮き浮きする。❷浮かれ騒ぐ。遊里などをひやかして歩く。㊁［他ラ四］❶揺り動かす。例「ゆすり上げよ、**そそ・り**上げ」〈神楽歌〉❷興味を引く。あおる。

そそ・る【聳る】［自ラ四］{ら・り・る・る・れ・れ}そびえ立つ。例「天**そそ・り**高き立山」〈万葉・一七・四〇〇三長歌〉

そぞろ［・なり］【漫ろ】［形動ナリ］{なら・なり(に)・なり・なる・なれ・なれ}「すずろ」に同じ。例「この君のかく**そぞろ・なる**精進をしておはするよ」〈蜻蛉・中〉例「**そぞろ・なる**人の手より、物を多く得てけり」〈宇治拾遺・二・七〉例「かたくなる人の、その道知らぬは、**そぞろ・に**神のごとくに言へども」〈徒然・七三〉

発展学習ファイル　平安時代には「すずろ」が主流。平安後期・鎌倉時代には「そぞろ」が多く、以降、「そぞろ」が優勢になった。⇨「すずろ」〈発展学習ファイル〉

そぞろ【漫ろ】［副］何となく。例「風の声、**そぞろ**寒げなり」〈野ざらし紀行〉

そぞろか［・なり］【聳ろか】［形動ナリ］{なら・なり(に)・なり・なる・なれ・なれ}（「そそろか」とも）身の丈の高いさま。例「丈だち**そそろか・に**ものしたまふに」〈源氏・行幸〉

そぞろ・く【漫ろく】［自カ四］{か・き・く・く・け・け}「すずろく」に同じ。

そぞろごころ【漫ろ心】［名］「すずろごころ」に同じ。

そぞろごと［名］【漫ろ言・漫ろ事】「すずろごと」に同じ。

そぞろさむ・し【漫ろ寒し】［形ク］{から・く(かり)・し・き(かる)・けれ・かれ}❶なんとなく寒い。うすら寒い。例「雪やや散りて**そぞろ寒・き**に」〈源氏・初音〉❷ぞくぞくするほどすばらしい。例「**そぞろ寒・く**、おもしろさもあはれさもたち添ひたり」〈源氏・若菜・下〉

そぞろは・し【漫ろはし】［形シク］{しから・しく(しかり)・し・しき(しかる)・しけれ・しかれ}「すずろはし」に同じ。

そだう【素堂】［人名］「やまぐちそだう」に同じ。

そだた・く［他カ四］{か・き・く・く・け・け}語義未詳。軽くたたきながら愛撫するの意か。

そたん【曾丹】［人名］「そねのよしただ」に同じ。

そたんしふ【曾丹集】［作品名］「よしただしふ」に同じ。

そち【帥】［名］「そつ（帥）」に同じ。

そち【其方】［代名］❶（中称の指示代名詞。方角や、場所を指す語）そちら。そっち。例「**そち**へものしなむ（＝行ッテシマオウ）」〈蜻蛉・中〉❷（対称の人称代名詞。目下の者に対して用いる語）おまえ。例「よいよい、おきおれ、**そち**は頼まぬ」〈狂・右近左近〉

そちのみこ【帥の親王】［名］帥（大宰府の長官）である親王。＝帥の宮

そちのみや【帥の宮】［名］大宰帥（大宰府の長官）である親王。また、帥の宮の屋敷。＝帥の親王

古典の世界　実際に大宰府へ赴任し、指揮をとるのは、次官である大弐の役目。臣下が長官を務める場合は、帥殿と呼ばれる。

そぢゃう［連体］（「そんぢゃう」の撥音無表記）「そんぢゃう」に同じ。

そちん【訴陳】［名］（「そぢん」とも）中世の訴訟で、訴人（原告）が訴状をもって訴え、それに対して論人（被告）が陳状をもって答弁すること。

そつ【卒】［名］令制で四位、五位および天皇の親族の死去のこと。親王および三位以上の死去を「薨」、六位以下の死去を「死」という。

そつ【帥】［名］（「そち」とも）大宰府の長官。弘仁十四年（八二三）以降は多く親王が任じられたが赴任せず、現地では権帥または大弐が政務を執った。

そっくび【素首】［名］「そくび」を強めていう語。

そっけつのくゎん【則闕の官】［名］（「そく

けつのくゎん」とも》「太政大臣」の別称。

そつじ［・なり］【卒爾・率爾】［名・形動ナリ］❶突然。だしぬけ。突如。例「卒爾・にして多年の非を改むる事もあり」〈徒然・一五七〉❷軽率。軽はずみ。例「卒爾の夜討ちをとどめて、よくよく謀を横縦にめぐらし」〈盛衰記・一四〉❸失礼。無礼。

そっ・す【率す】［他サ変］{せ・し・す・する・すれ・せよ}（おもに軍勢を）ひきいる。例「平家山（＝比叡山）せめんとて、数百騎の勢を率・して」〈平家・六・横田河原合戦〉

そっとも［副］（下に打消の語を伴って）少しも。例「それはそっとも苦しうござらぬ」〈狂・萩大名〉

そつひこまゆみ【襲津彦真弓】［名］強い弓の称。伝説的な弓の名手、葛城襲津彦の弓。

そで【袖】［名］❶衣の、両腕を通す部分。袂の部分も含める。例「秋の野に笹分けし朝の袖よりも逢はで来し夜ぞひちまさりける」〈古今・恋三・六二二〉❷鎧の肩から垂らして腕を覆う部分。左を「射向けの袖」、右を「馬手の袖」という。例「庭にひかへ給へる人々、皆鎧の袖をぞぬらされける」〈平家・七・維盛都落〉《係結び》「ぞ→ぬらされける（体）」。❸中心に対して、わきの部分。牛車や輿の前後の出入り口の左右や、門戸の両わきの部分などをいう。❹書物や文書・手紙などの初めにある余白の部分。最後の余白の部分を、「奥」という。

〔**袖うち合はす**〕両袖を合わせて身なりを整える。かしこまったさまや敬意を表す。

〔**袖片敷く**〕衣の片袖を敷く。独り寝の形容。例「なれ衣袖片敷・きてひとりかも寝む」〈万葉・一五・三六二五長歌〉

〔**袖返す**〕❶寝る時に袖を裏返しにする。思う人が自分の夢に現れるように願うまじない。例「しきたへの袖返・しつつ寝る夜落ちず夢には見れど」〈万葉・一七・三九七八長歌〉❷舞で袖をひるがえす。例「袖かへ・すところを一をれ気色ばかり舞ひたまへるに」〈源氏・花宴〉

〔**袖漬く**〕袖の先が水につかる。例「広瀬川袖漬・くばかり浅きをや」〈万葉・七・一三八一〉

〔**袖継ぐ**〕《自分の衣の袖を相手の袖につなげる意》袖を並べていっしょに寝る。例「織女の〔彦星ト〕袖つ・ぐ夕の暁は」〈万葉・八・一五四五〉

〔**袖に余る**〕（涙などが）袖に包み切れずこぼれる。例「漏らさじと袖にあま・るを包まし」〈山家集・中〉

〔**袖に時雨る**〕袖に時雨がかかる。または、袖に涙が落ちる。例「袖にしぐ・るる庭の松風」〈新古今・雑中・一六三八〉

〔**袖に湊の騒ぐ**〕港に寄せる波が騒ぎ立つように、袖に涙がひどく流れかかる。例「思ほえず袖にみなとのさわ・ぐかな」〈伊勢・二六〉

〔**袖の秋風**〕もの悲しく寂しいようす。例「須磨の海人の袖の秋風ふくる夜に」〈新葉集〉

〔**袖の浦**〕袖が涙に濡れていることを浦にたとえたもの。例「人はみないそぎたつめる袖のうらにひとり藻塩をたるるあまかな」〈源氏・早蕨〉

〔**袖の香**〕❶袖に薫きしめた香。❷①の歌から、昔の恋人が薫きしめていた香。

〔**袖の几帳**〕「そでぎちゃう」に同じ。

〔**袖の氷**〕涙にぬれた袖が凍ったもの。悲しみにつつまれた心のたとえ。

〔**袖の柵**〕《袖を川の流れをせき止める柵にたとえていう語》涙を袖で押さえること。

〔**袖の時雨**〕《涙を時雨に見立てていう語》袖をぬらす涙。

〔**袖の雫**〕袖にかかる涙。

〔**袖の白玉**〕袖に落ちる涙。例「乱れぞまさる袖の白玉」〈新古今・夏・二三二〉

〔**袖の月**〕涙に濡れた袖に映る月。流した涙で濡れた袖に月が映るほどに悲しみが大きいことをいう。例「かへるさの忘れがたみの袖の月」〈新後撰・恋三・一〇三五〉

〔**袖の露**〕袖にかかる露。転じて、涙。

〔**袖の名残**〕明け方になって男が帰ったのちの余情。例「慣らはねば逢ふ夜も落つる涙かな憂きにぬれにし袖の名残に」〈続古今・恋三・一一五三〉

〔**袖の湊**〕波が港に寄せて騒ぐことから、泣き声とともに袖が涙で濡れることをたとえた語。

〔**袖の水脈**〕袖にできた涙の流れ。例「袖の水脈にも温るみやはせし」〈宇津保・国譲・下〉

〔**袖の別れ**〕男女が互いに重ね合わせた袖を放して別れること。＝衣衣の別れ

〔**袖振る**〕❶合図として、または別れを惜しんで、袖を振る。例「我が袖振・るを妹見けむかも」〈万葉・二・一三四〉❷袖を振って舞う。

〔**袖巻き干す**〕涙にぬれた袖を枕に共寝して乾かす意か。例「袖まきほ・さむ人もなき身に」〈源氏・末摘花〉

〔**袖行く水**〕（袖を流れて行く水の意から）涙。例「かたしきの袖ゆく水のうす氷思ひくだけていく夜ねぬらん」〈新続古今・恋三・一三六六〉

〔**袖別る**〕袖を重ね合って共寝した男女が別れる。離別する。例「白たへの袖別・るべき日を近み心にむせひ音のみし泣かゆ」〈万葉・四・六四五〉

〔**袖を絞る**〕涙でぬれた袖を絞る。ひどく悲しんで泣くことをいう。例「契りきなかたみに袖をしぼ・りつつ」〈後拾遺・恋四・七七〇〉訳→〔和歌〕ちぎりきな…

〔**袖を濡らす**〕雨や露などで袖をぬらす。とくに、涙で袖をぬらす。泣く。例「〔事情ヲ〕思ひ知りたる人は、袖を濡ら・さぬといふたぐひなし」〈蜻蛉・中〉

〔**袖を引く**〕❶（袖を引いて）人を誘い出す。例「衣の袖を引・きて、拝殿へぞ具しておはしける」〈沙石集〉❷（袖を引いて）そっと注意する。例「大井、宇都宮は袖を引・き、膝をさして」〈義経記・六〉

〔**袖を干す**〕ぬれた袖を乾かす。涙の原因である悲しみがなくなることのたとえ。例「袖ほ・す世なく思ほしくづほるる」〈堤中納言・逢坂越えぬ権中納言〉

そでがき【袖垣】［名］（目隠しをしたり、趣を添えたりするため）門や建物のわきに添えて低く造った垣根。

そでがき【袖書き】［名］❶書式のひとつ。公文書の右端の袖（余白）に、別筆で、行を下げて文を書き加えること。❷追伸。

そでがさ【袖笠】［名］笠の代わりに袖を頭の上にかざすこと。また、その袖。＝肘笠

そでぎちゃう【袖几帳】［名］袖を几帳の代わりにして、顔を隠すこと。＝袖の几帳・袖屏風

そでぐくみ【袖包み】［名］袖につつむこと。袖の中に入れること。

そでぐち【袖口】[名]袖の端の手首の出る部分。多く、殿中の几帳や簾、または牛車の簾の下から出ている女たちの衣の袖口をいう。

そでじるし【袖印・袖標】[名]戦のとき、敵と味方を区別するための目印。鎧の左右の袖につけた。

そですりまつ【袖摺り松】[名]袖が触れるほどの高さの小松。

そでづきん【袖頭巾】[名]《近世語》「おこそづきん」に同じ。

そでつけごろも【袖付け衣】[名]❶(袖のない「肩衣」に対して)袖の付いている衣。❷袖の先に端袖を付けた長袖の衣服。

そでつま【袖褄】[名]袖と褄。転じて、衣服の総称。身なり。例「いや、仕合はせと言ふて、**袖褄**に付いてある物ではない」〈狂言記・仏師〉

そでとめ【袖止め・袖留め】[名]❶江戸時代、女性が成人したときに、それまでの振り袖の袖丈を縮めて縫いとじること。また、その祝い。＝袖詰め。❷吉原で、振り袖新造(見習いの遊女)が、留め袖新造(一人前の遊女)になること。また、その儀式。

そでのうら【袖の浦】[歌枕]出羽国の地名。いまの山形県酒田市の酒田港付近の海岸。「浦」に「裏」をかけて詠む。例「君恋ふる涙のかかる**袖のうら**は巌なりとも朽ちぞしぬべき」〈拾遺・恋五・九六二〉

〔和歌〕**そでひちて…**【袖ひちてむすびし水のこほれるを春立つ今日の風やとくらむ】〈古今・春上・二・紀貫之〉訳夏の日に袖をぬらし手ですくった水が、冬になって凍っていたのを、立春の今日の風が解かしていることだろうか。《係結び》「や→とくらむ体」

そでびょうぶ【袖屏風】[名]「そでぎちゃう」に同じ。

そでまくら【袖枕】[名]着ている衣服の袖を枕にすること。また、その袖。

そと【外】[名]❶外部。屋外。❷他人。よそ。❸(仏教を「内」というのに対して)儒教。↕内⑦

そと[副]❶そっと。静かに。例「夜中ばかりに、細々とある手にて、この男が顔を、**そと、そと**なでけり」〈宇治拾遺・三・三〉❷ちょっと。こっそり。例「〈御庵室ノ花ヲ〉**そと**御見せ候へ」〈謡・西行桜〉

そとば【卒塔婆・卒都婆】[名]《仏教語。梵語の音訳》❶仏舎利を安置し、供養するための塔。❷墓場に立てる経文や戒名などを書いた五輪塔形の細長い板。①②＝塔婆。

そとはちもんじ【外八文字】[名]《近世語》遊里で遊女が道中するときの歩き方。爪先をまず内側に向けてから外側へ開くように足を運ぶ。↕内八文字

そとほりひめ【衣通姫】[人名]「衣通王」ともいう。『古事記』『日本書紀』の中の允恭天皇の皇女。身の光が衣を通すほどの容姿絶妙であったという。

そとも【外面】[名]外。外側。外部。

そとも【背面】[名]《「そつおも」の変化形》❶山の後ろ側。山の北側。↕影面。❷後ろの方。背面。

そながら【其乍ら】[副]そのようでありながら。そっくりそのままなのに。例「海とのみ円居の中はなりぬめりそながらあらぬ影の見ゆれば」〈後撰・雑一・一〇九八〉

そなた【其方】[代名]❶(中称の指示代名詞。方向・場所・物事を示す)そちら。そっち。そこ。そのこと。それ。その方面。例「后の宮の御方に参れば、上も**そなた**に渡らせたまひて御覧ず」〈源氏・竹河〉《敬語》「参れば」→「まゐる(四段)」、「渡らせたまひて御覧ず」→「せたまふ」「ごらんず」。❷(対称の人称代名詞。中世には対等から目上、近世にはやや目下に対して用いる)あなた。おまえ。例「何が**そなた**の商売ぞ」〈浄・冥途の飛脚〉

そなたがた【其方方】[代名]《対称の人称代名詞。対等もしくは目下の複数の相手に用いる語》あなたがた。例「**そなたがた**が、その様におしゃれば」〈狂言記・居杭〉

そなたさま【其方様】[代名]《対称の人称代名詞。「そなた②」の敬称》あなた。あなたさま。

そなたざま【其方様】[代名]《中称の指示代名詞》そちらの方。例「桂殿にとて、**そなたざま**におはしましぬ」〈源氏・松風〉

そなは・る【備はる・具はる】一[自ラ四]{ら・り・る・る・れ・れ}❶そろう。具備する。例「三十二相もよく**具はり**給ひて」〈狭衣・四〉❷その地位・官職に就く。例「十六にて后妃の位に**備はり**」〈平家・灌頂・女院出家〉二[自ラ下二]{れ・れ・る・るる・るれ・れよ}一①に同じ。例「**そなはれ**し玉の小櫛をさしながら」〈後拾遺・哀傷・五四八〉

そな・ふ【備ふ】[自ハ四]{は・ひ・ふ・ふ・へ・へ}連れ添う。いっしょにいる。例「賢き女はたがひに**そな・へ**る日(＝夫婦ガトモニイル日)慎み従ふのみにあらず」〈十訓抄・六〉

そな・ふ【備ふ・具ふ・供ふ】[他ハ下二]{へ・へ・ふ・ふる・ふれ・へよ}❶物をそろえ整える。例「その品物ことごとくに**備・へ**」〈紀・神代・上〉❷物をそろえて神や貴人などに差し上げる。例「〔神前二〕種種の色物を**備・へ**まつりて」〈祝詞〉

そなへ【備へ・具へ】[名]❶準備。設備。❷いくさの陣立て。隊列。

そな・る【磯馴る】[自ラ下二]{れ・れ・る・るる・るれ・れよ}《「いそなる」の変化形》(磯の松が潮風に順応して形を変える意から)馴れる。例「みなれ**そな・れ**て別るるほどはただならざめるを(＝悲シイヨウナノニ)」〈源氏・松風〉

そなれ【磯馴れ】[名]潮風のため木がなびき、地面に傾いて生えること。
語構成「ただならざめる」→「ざめり」

そなれぎ【磯馴れ木】[名]強い潮風のため、傾いて生えている木。

そなれまつ【磯馴れ松】[名]強い潮風のため、地面に傾いて生えている松。

そにどり【鴗鳥・翠鳥】[名]カワセミの古名。＝鴗。(季－夏)

そにどりの【鴗鳥の】[枕詞](カワセミの羽毛が青いところから)「青」にかかる。例「**鴗鳥の**青き御衣を」〈記・上・歌謡〉

そにん【訴人】[・す]一[名]❶原告。訴え出る人。❷室町時代、武士の職名。家臣の内情などを主君に知らせる役。目付役の類。二[名・他サ変]訴え出ること。告発すること。

そね【磽・确・埆】[名]石の多いやせた土地。

そね【其根】[名]その根。例「臭韮(＝ニオイノ強イニラ)一本**其ね**が本其ね芽繋ぎて撃ちてし止まむ」〈記・中・歌謡〉

そね［終助］《上代語。終助詞「そ」＋終助詞「ね」》（「な…そね」の形で）比較的軽い禁止を表す。…ないでくれ。例「今替はる新防人が船出する海原の上に波な咲きそね」〈万葉・二〇・四三三五〉訳今替わる新しい防人が船出する海原の上に波よ立たないでくれ。《副詞の呼応》「な→咲きそね」

そねざきしんぢゅう【曾根崎心中】［作品名］江戸前期（一七〇三初演）の浄瑠璃。世話物。近松門左衛門作。曾根崎天神の森でのお初・徳兵衛の心中事件を脚色。近松最初の世話物。

そねのよしただ【曾禰好忠】［人名］（生没年未詳）平安中期の歌人。中古三十六歌仙のひとり。「曾丹」ともいう。伝統的固定的和歌から脱脚した表現で、後代に影響を与えた。家集『曾丹集』。

そねま・し【嫉まし・妬まし】［形シク］｛しから・しく(しかり)・し・しき(しかる)・しけれ・しかれ｝ねたましい。例「『いかなる者のまたかくはするやらん』とそねま・しく覚えければ」〈宇治拾遺・三・一三〉

そね・む【嫉む・妬む】［他マ四］｛ま・み・む・む・め・め｝ねたむ。嫉妬する。例「めざましきものにおとしめそね・みたまふ」〈源氏・桐壺〉

そねめ【其根芽】［名］その根と芽。例「臭韮（＝ニオイノ強イニラ）一本其ねが本其ね芽繋ぎて撃ちてし止まむ」〈記・中・歌謡〉

その【園・苑】［名］❶野菜・果樹・花などを植えた区域。＝園生。❷場所。

その【其の】《代名詞「そ」＋格助詞「の」》❶話し手が聞き手の近くにある物事を指す語。**その**。例「その絹、一つ取らせて、疾くやりてよ」〈枕・職の御曹司におはしますころ、西の廂に〉❷すでに述べられた物事について指す語。**その**。**前述の**。例「かくて、宇多の松原を行き過ぐ。その松の数いくそばく、幾千歳経たりと知らず」〈土佐〉❸不明確なもの、または明確にしたくないものを、あいまいに指す語。**ある**。**例の**。**何々の**。例「京に、その人の御もとにとて、文かきてつく」〈伊勢・九〉❹（多く下に打消の表現を伴って）不定の人や事物を指す語。**どのような**。**何の**。例「かく罪したまふことぞ、そのこととも聞かず、おぼつかなくてあやし」〈落窪・一〉

〔**其の儀**〕そのこと。そのわけ。＝其の段。例「先々の目代は不覚でこそいやしまれたれ、当目代はすべて其の儀あるまじ」〈平家・一・俊寛沙汰 鵜川軍〉

〔**其の事と無し**〕❶別になんということもない。これという理由もない。例「そのことと**な・く**て、対面もいと久しくなりにけり」〈源氏・若菜・下〉❷何事につけても。例「そのこととな・く過差を好み給ひけり」〈徒然・九九〉

〔**其の事に候ふ**〕《「其の事なり」の敬語表現》そのことでございます。そのことなんですよ。例「**その事に候ふ**。さがなき童どもの仕りける、奇怪に候ふことなり」〈徒然・二三六〉

〔**其の筋**〕その方面。その道。例「**その筋**（＝仏道）に入りなば心なにしかも人目思ひて世につつむらん」〈山家集・下〉

〔**其の段**〕そのこと。その件。＝其の儀。例「**その段**は、このお娘子に免じて、御免なされ」〈狂言記・岡大夫〉

〔**其の程**〕その時。そのころ。その時期。例「『さらに事なくしなせ』と、**そのほど**の作法のたまへど」〈源氏・夕顔〉

〔**其の物と無し**〕取り立ててこれというほどのものではない。例「**そのものとな・けれ**ど、寄生木といふ名、いとあはれなり」〈枕・花の木ならぬは〉

〔**其の物とも無し**〕取り立ててこれだといってしまえない。なんとも得体が知れない。例「宴の松原のほどに、**そのものともな・き**声どもの聞こゆるに」〈大鏡・道長・上〉

そのかたざま【其の方様】［名］《「そのかたさま」とも》その関係の人。身内。

そのかみ【其の上】［名］❶あのころ。当時。昔。例「**そのかみ**はこれやまさりけむ、あはれがりけり」〈伊勢・七七〉❷その時。例「水、鏡のごとく凍れり。**そのかみ**、この子言ふ」〈宇津保・俊蔭〉

そのはう【其の方】［代名］《対称の人称代名詞。対等もしくは目下の者に対して用いる語》おまえ。

そのはら【園原】［歌枕］信濃国の地名。いまの長野県下伊那郡阿智村。古く、遠くから見るとはうきに見えるが、近づくとそのような木は存在しないという木「帚木」が生える地とされた。

〔和歌〕**そのはらや…**【**園原や伏屋に生ふる帚木のありとは見えて逢はぬ君かな**】〈新古今・恋一・九九七・坂上是則〉訳園原の伏屋に生えている帚木が、そこにあると見えて近づけば消え失せるように、目には見えていながら逢ってはくれないあなたなのですね。

〈参考〉「園原」「伏屋」は、信濃国（いまの長野県）の歌枕。

そのひと【其の人】［名］❶名を伏せていうときや、名が不明のときに用いる語。だれだれ。だれそれ。例「女、さして**その人**と尋ね出でたまはねば」〈源氏・夕顔〉❷そのことに適した人。しかるべき人。例「〔五節ノ舞姫トシテ〕**その人**ならぬを奉りて咎めありけれど」〈源氏・少女〉

そのふ【園生】［名］「その（園）①」に同じ。

そは【岨】［名］《近世以降「そば」とも》山の斜面の険しい所。がけ。

そば【稜】［名］❶物のかど。❷袴の左右の脇の開いている部分。股立ち。

〔**稜を取る**〕袴の股立ちを帯などに挟み取る。例「袴の**そば取・り**て高く交みて」〈今昔・二九・一七〉

そば【枛棱】［名］「そばのき」に同じ。

ぞは《係助詞「ぞ」＋係助詞「は」》（疑問を表す語とともに用いられて）疑問の意を強調する。…かなあ。例「あはれてふ常ならぬ世のひと言もいかなる人にかくるものぞは」〈源氏・竹河〉訳「あはれ」という、無常なこの世の中にある一語も、どのような人に使うものなのかなあ。

そはか【薩婆訶】［名］《仏教語。梵語の音訳。成就、吉祥の意》密教で、呪文の結びに唱える語。例「唵阿毘羅吽欠**そはか**」〈謡・黒塚〉

そばがほ【側顔】［名］横顔。また、知らん顔。

そばざま【側方・側様】［名］横向き。かたわら。

そばじらきのゆみ【側白木の弓】［名］竹と木を合わせた弓で、竹の部分だけを漆塗りにし、側木を白木のままにした弓。的弓用。

そばそば【側側・端端】[名]はしばし。所々。

そばそば・し【稜稜し】[形シク]{しから・しく(しかり)・し・しき(しかる)・しけれ・しかれ}[一]角ばっている。ごつごつしている。例「優婆塞が行ふ山の椎が本もあなそばそば・し床にしあらねば」〈宇津保・菊の宴〉[二]【側側し】よそよそしい。しっくりしない。例「弘徽殿の女御、また、この宮とも御仲そばそば・しきゆゑ」〈源氏・桐壺〉

そばそばしう【側側しう・稜稜しう】形容詞「そばそばし」の連用形「そばそばしく」のウ音便。

そばだ・つ【峙つ・欹つ】(「そばたつ」とも)[一][自タ四]{た・ち・つ・つ・て・て}❶そびえ立つ。例「大きなる石ぞ、その数しらずそばだ・ちてありける」〈古今著聞・五六一〉❷険しくなる。かどが立つ。例「峙・つ親と親」〈浄・妹背山婦女庭訓〉[二][他タ下二]{て・て・つ・つる・つれ・てよ}❶そびえ立たせる。例「そなたの雲をそばだて・て」〈十六夜〉❷一方の端を持ち上げる。斜めに立てる。例「枕をそばだ・て・て、ものなど聞こえたまふ」〈源氏・柏木〉❸(耳を)すます。例「人々耳をそばだて・て、いかなる句をか詠ぜんずらんと待つほどに」〈古今著聞・一四〇〉

そばぢ【岨路】[名]「そはみち」に同じ。

そばつき【側付き】[名]そばからちらっと見たようす。外観。

そはづたひ【岨伝ひ】[名](近世以降「そばづたひ」とも)山の険しい所や切りたった所。また、そこを伝って行くこと。

そばのき【柧棱・柧棱の木】[名](「そば」とも)木の名。カナメモチの別称。ニシキギ、またはブナの別称とも。

そばはら【側腹・傍腹】[名]❶横腹。脇腹。❷(「そばら」とも)妾を母として生まれること。また、その子。庶子。

そばひら【側平・傍平】[名]そば。傍ら。横。

〔側平見ず〕わき目もふらない。一心不乱に突き進む。例「〔景廉八〕そばひらみ・ずの猪武者なり」〈盛衰記・二〇〉

そば・ふ【戯ふ】[自ハ下二]{へ・へ・ふ・ふる・ふれ・へよ}❶戯れる。ふざける。例「そば・へたる小舎人童などに、〔晴着ヲ〕引き張られて泣くも」〈枕・節は〉❷(風が)かろやかに吹く。例「初花のひらけはじむる梢よりそば・へて風の渡るなりけり」〈山家集・上〉①②=戯ゆ

発展学習ファイル　室町時代のころから「そばゆ」とヤ行にも活用するようになった。

そばみあ・ふ【側み合ふ】[自ハ四]{は・ひ・ふ・ふ・へ・へ}互いに横を向く。隅に寄り合う。例「御几帳の背後などに側みあ・へり」〈源氏・藤袴〉

そはみち【岨道】[名](近世以降、「そばみち」とも)険しい山道。=岨路

そば・む【側む】[一][自マ四]{ま・み・む・む・め・め}❶横を向く。わきに寄る。例「恥ぢしらひて、遠くそば・みてあれば、顔は見えず」〈今昔・三一・七〉❷すねる。ひがむ。例「心にくきさまにそば・み恨みたまふべきならねば」〈源氏・澪標〉❸かたよる。正統でない。例「歌もことさらめき、側・みたる古事どもを選りて」〈源氏・梅枝〉[二][他マ下二]{め・め・む・むる・むれ・めよ}❶横に向ける。そむける。例「上達部、上人などもあいなく目を側・めつつ」〈源氏・桐壺〉❷のけ者にする。じゃまにする。例「あらかじめ人をそば・むるわざなく、畜類をあはれと見そなはし給はば」〈撰集抄〉

そばむぎ【蕎麦】[名]タデ科の一年草、ソバの古名。(季―夏)

そばむ・く【側向く】[自カ四]{か・き・く・く・け・け}横を向く。そっぽを向く。例「すこしそば向・きたる姿、まことにらうたげなり」〈宇治拾遺・一〇・六〉

そばめ【側目・傍目】[名]❶横から見ること。❷わきから見た姿。横顔。

〔側目に掛く〕横目に見る。また、冷たい目で見る。よそよそしくする。例「〔御主人ノ〕御気色もあしく、傍輩も、側目にか・けければ」〈曾我・一〉

そばめ【側妻・側女・妾】[名]本妻以外で夫婦関係にある女性。めかけ。

そば・ゆ【戯ゆ】[自ヤ下二]{え・え・ゆ・ゆる・ゆれ・えよ}「そばふ」に同じ。

そばよ・す【側寄す】[他サ下二]{せ・せ・す・する・すれ・せよ}わきへ身を寄せる。例「遣り戸のもとなどにそば寄・せてはえ立たで」〈枕・内裏の局〉

そは・る【添はる】[自ラ四]{ら・り・る・る・れ・れ}増加する。加わる。例「〔出仕ノ年数八〕五つの六つ(=三十年)になりにけりこれに添は・れるわたくしの老いの数さへ」〈古今・雑躰・一〇〇三長歌〉

そばゐ【側居・傍居】[名]そば近くにいること。また、近いところ。

そひ【傍】[名]近いところ。かたわら。そば。

そび【鴟】[名]「そにどり」に同じ。

そび・く【聳く】[一][自カ四]{か・き・く・く・け・け}たなびく。例「五色の雲空より聳・き下りて」〈今昔・一五・四三〉[二][他カ下二]{け・け・く・くる・くれ・けよ}高く上げる。なびかせる。例「簾を聳・けて問ひ告りたまはく」〈霊異記〉

そび・く【そ引く】[他カ四]{か・き・く・く・け・け}❶(近世語)強引に引っ張る。しょっぴく。例「山主公のお館へ、そび・いて行くがおいらが役目」〈伎・名歌徳三舛玉垣〉(音便)「そびい」は「そびき」のイ音便。❷誘い出す。例「北野参りとそび・き出し」〈浮・好色産毛〉

そひたす・く【添ひ助く】[他カ下二]{け・け・く・くる・くれ・けよ}そばに寄り添って助ける。例「〔源氏八〕御馬にもはかばかしく乗りたまふまじき御さまなれば、また、惟光添ひ助・けて」〈源氏・夕顔〉

そひつ・く【添ひ付く】[自カ四]{か・き・く・く・け・け}寄り添う。かたわらへ寄る。例「やがて御屏風にそひつ・きて、覗くを」〈枕・淑景舎〉

そひぶし【添ひ臥し】[名]❶添い寝。❷東宮・皇子などの元服の夜、添い寝する女性。公卿の娘が選ばれることが多い。

古典の世界　平安時代、②に選ばれた女性は、正妻になることが多かった。

そひふ・す【添ひ臥す】[自サ四]{さ・し・す・す・せ・せ}❶(几帳など)物に寄り添ってからだを横たえる。例「几帳のかたに添ひ臥・して」〈枕・心にくきもの〉❷人に寄り添っていっしょに寝る。添い寝する。例「〔夕顔ニ〕添ひ臥・して、『やや』とおどろかしたまへど」〈源氏・夕顔〉

そひ・みる【添ひ見る】[他マ上一]{み・み・みる・みる・みれ・みよ}夫婦となって面倒を見る。連れ添ってともに暮らす。例「いかなる女なりとも、明け暮れ添ひ・見んには、いと

心づきなく、憎かりなん」〈徒然・一九〇〉

そひもの・す【添ひ物す】[自サ変]{せ・し・す・する・すれ・せよ}そばに寄り添っている。例「人わろくて添ひもの・したまはむも、人聞きやさしかるべし」〈源氏・真木柱〉

そびやか[・なり]【聳やか】[形動ナリ]{なら・なり(に)・なり・なる・なれ・なれ}《「やか」は接尾語》すらりとしたさま。ほっそりとしたさま。例「かの人の御ほど(=身長)と見えて、いますこしそびやか・に」〈源氏・少女〉

そびや・ぐ【聳やぐ】[自ガ四]{が・ぎ・ぐ・ぐ・げ・げ}《「そびゆ」の変化形》からだつきなどがすらりとしている。例「いたうそびや・ぎたまへりしが、すこしなりあふ(=ツリアイガトレル)ほどになりたまひにける御姿」〈源氏・松風〉

そび・ゆ【聳ゆ】[自ヤ下二]{え・え・ゆ・ゆる・ゆれ・えよ}❶(木や山などが)高く立つ。そびえる。例「巌松たかくそび・えて」〈平家・一〇・熊野参詣〉❷からだがすらりとしている。例「宣旨の君は、ささやけ人(=小柄ナ人)の、いとほそやかにそび・えて」〈紫式部日記〉

そびら【背】[名]背中。後ろ。

そひ・ゐる【添ひ居る】[自ワ上一]{ゐ・ゐ・ゐる・ゐる・ゐれ・ゐよ}❶そばに付き添っている。例「たゆむ折なく添ひ・ゐて、あつかひ聞こえたまふ」〈源氏・手習〉❷夫婦として連れ添い、いっしょに暮らす。例「異なる事なき女をよしと思ひ定めてこそ添ひ・ゐたらめ」〈徒然・一九〇〉

そ・ふ【添ふ・副ふ】㊀[自ハ四]{は・ひ・ふ・ふ・へ・へ}❶付き従う。付き添う。寄り添う。例「ただ人のやうにて添・ひおはしますを」〈源氏・葵〉《敬語》「添ひおはします」→「おはします」。❷付け加わる。多くなる。例「え避らぬことも数のみ添・ひつつは過ぐせど」〈源氏・夢浮橋〉《副詞の呼応》「え」→避らぬ」。❸(男女が)一緒になる。連れ添う。夫婦になる。例「あひ添・ひて、とあらむをりもかからむきざみをも見過ぐしたらむ仲こそ、契り深くあはれならめ」〈源氏・帚木〉《係結び》「こそ」→あはれならめ㊁」。㊁[他ハ下二]{へ・へ・ふ・ふる・ふれ・へよ}❶そばに付き従わせる。伴う。例「右近を添・へて乗すれば、徒歩より、君に馬は奉りて」〈源氏・夕顔〉《敬語》「奉りて」→「たてまつる」。❷付け加える。添える。例「この君、いとあてなるに添・へて愛敬づき」〈源氏・柏木〉❸(あるものを他のものに)なぞらえる。見立てる。例「たな霧らひ雪も降らぬか梅の花咲かぬが代にそ・へてだに見む」〈万葉・八・一六四二〉❹(年月などの移りに自分の体験を加えていく意から、「年(月・日)にそへて」の形で)…がたつのにつれて。…に従ってますます。例「月ごろに添・へて(病ニ)沈みはべりて」〈源氏・若菜・下〉《敬語》「沈みはべりて」→「はべり」

そふく【素服】[名]《白い服の意》喪服。一般に麻布製。上代では白、のちには「薄墨色」のものを用い、故人との親疎によって濃淡の違いがあった。

そぶん【処分】[名]「そうぶん」に同じ。

そへうた【諷歌】[名]『古今和歌集』の仮名序に見える、和歌の「六義」のひとつ。主題をあからさまに表現せず、ある物事にこと寄せて詠んだ歌。

そへごと【諷言・添へ言】[名]《「そへこと」とも》他のものにこと寄せていうことば。機知にあふれたいい回し。当意即妙なことば。

そへづかひ【副使ひ】[名]《「そへつかひ」とも》正使に付き従う者。=副使

そへに[副助]添加の意を表す。…もまた。…までも。例「今日そへに暮れざらめやはと思へどもたへぬは人の心なりけり」〈大和・九三〉訳今日もまた、日が暮れないはずなどないとは思うが、それまで待てないのが恋する者の心なのだなあ。

発展学習ファイル 意味・用法は「さへに」に同じ。「さへ」の語源といわれる「添へ」と関係があるか。

そへまさ・る【添へまさる】[他ラ四]{ら・り・る・る・れ・れ}さらに増える。例「いと涙を添へまさ・る」〈更級〉

そほ【赭・朱】[名]上代、塗料に用いた赤い土。また、その色。

そほづ【案山子】[名]《「そほど」の変化形》かかし。(季－秋)

そぼ・つ【濡つ】[自タ四]{た・ち・つ・つ・て・て}[自タ上二]{ち・ち・つ・つる・つれ・ちよ}《古くは「そほつ」「そほづ」か》❶ぬれる。しっとりとする。例「などてそほ・つる袂なるらん」〈拾遺・恋二・七三九〉❷(雨などが)降り注ぐ。しとしとと降る。例「雨も涙も降りそぼ・ちつつ」〈古今・恋三・六三九〉

〈参考〉四段活用の用例はきわめて少ない。

そほど【案山子】[名]「そほづ」に同じ。

そぼぬ・る【そぼ濡る】[自ラ下二]{れ・れ・る・るる・るれ・れよ}しっとりぬれる。例「野寺の鐘の入相の音すごく、草葉の露にそぼぬ・れさせ給へり」〈盛衰記・四八〉

そほぶね【赭舟】[名]「赭」で赤く塗った船。

そほふ・る【そほ降る】[自ラ四]{ら・り・る・る・れ・れ}《「そぼふる」とも》しとしとと雨が降る。例「時は三月のついたち、雨そほふ・るにやりける」〈伊勢・二〉

そぼ・る【戯る】[自ラ下二]{れ・れ・る・るる・るれ・れよ}❶ふざける。じゃれる。例「若き人々(餅ナドヲ)そぼ・れとり食ふ」〈源氏・若菜・上〉❷しゃれている。例「書きざまいまめかしう、そぼ・れたり」〈源氏・胡蝶〉

そま【杣】[名]❶「杣山」の略。❷「杣木」の略。❸「杣人」の略。

杣立つ 「杣木」を切り出す。また、杣小屋を建てる。例「高島や水尾の中山杣た・てて」〈拾遺・神楽・六〇五〉

そまかた【杣形】[名]「杣山」に生えている木。また、草木の茂っている所。

そまがけ【杣川】[名]「杣木」を流して下す川。

そまぎ【杣木】[名]❶「杣山」に生えている木。❷「杣山」から切り出した木。①②＝杣②

そまくさ【蘇莫者】[名]《「そまくしゃ」とも》雅楽の曲名。唐楽の一種。盤渉調の舞楽曲で、金色の猿の面をかぶり、蓑を着けてひとりで舞う。

そまくだし【杣下し】[名]「杣木②」を筏に組んで、川で下流に送ること。

そまびと【杣人】[名]「杣山」で働く人。きこり。＝杣③

そまやま【杣山】[名]植林し、材木を切り出す山。＝杣①

そみかくだ【曾美加久堂・蘇民書札】[名]山伏や修験者などの別称。

-そ・む【初む】[接尾マ下二型]{め・め・む・むる・むれ・めよ}(動詞の連用形に付いて)…し始める。初めて…する。例「今年より春知りそ・むる桜花」〈古今・春上・四九〉

そ・む【染む】㊀[自マ四]{ま・み・む・む・め・め}❶染まる。色がつく。例「君がさす三笠の山のもみぢ葉の色

神無月時雨の雨の**染・める**なりけり」〈古今・雑躰・一〇一〇旋頭歌〉❷（心に）しみる。**深く感じる。** 例「紅の薄花桜心にぞ**そ・む**」〈詞花・春・一九〉 ㊁［他マ下二］{め・め・む・むる・むれ・めよ}❶**染める。色をつける。** 例「色深く背なが衣は**染・め**ましを」〈万葉・二〇・四四二四〉❷（心に）**しみこませる。深く思いこむ。** 例「心ざし深く**そ・め**てしをりければ消えあへぬ雪の花と見ゆらむ」〈古今・春上・七〉

そむき【背き】［名］❶背くこと。反対。例「とかく言ひはべりしを、**背き**もせず」〈源氏・帚木〉❷（多く「世の背き」の形で）出家すること。例「思ひなりたまひにし御世の**背き**なれば」〈源氏・鈴虫〉❸背面。後ろ。

そむきざま［・なり］【背き様・背き状】［形動ナリ］{なら・なり(に)・なり・なる・なれ・なれ}反対になっているさま。例「裄長（=着物ノ裄）の方の身を縫ひつるが、**背きざま・なる**を見つけで」〈枕・ねたきもの〉

そむきす・つ【背き捨つ】［他タ下二］{て・て・つ・つる・つれ・てよ}俗世間を捨て去り、出家する。例「この髪剃りて、よろづ**背きす・てん**」〈源氏・夕霧〉

そむきそむき［・なり］【背き背き】［形動ナリ］{なら・なり(に)・なり・なる・なれ・なれ}離れ離れなさま。心がしっくりと合わないさま。例「あやしく、**背き背き・に**、さすがなる御諸恋なり」〈源氏・藤裏葉〉

そむきはし・る【背き走る】［自ラ四］{ら・り・る・る・れ・れ}離反して逃げ去る。例「奴（=下僕）従へりとて頼むべからず。**背き走・る**ことあり」〈徒然・二一一〉

そむきは・つ【背き果つ】［自タ下二］{て・て・つ・つる・つれ・てよ}すっかり俗世を捨て去る。出家する。例「かかる（幼イ）人を棄てて、**背きは・て**たまひぬべき世にやありける」〈源氏・柏木〉

そむきはな・る【背き離る】［自ラ下二］{れ・れ・る・るる・るれ・れよ}❶さからって離れる。例「それ（=親・兄弟ガキメタコト）を、従はず、**背き離・れ**なましかばと」〈夜の寝覚〉❷俗世を離れて出家する。例「さしていとはしきことなき人の、さはやかに**背き離・るる**もありがたう」〈源氏・鈴虫〉

そむ・く【背く】㊀［自カ四］{か・き・く・く・け・け}❶**後ろ向きになる。背中を向ける。** 例「恥ぢらひて**背・き**たまへる御姿もいとらうたげなり」〈源氏・若菜・下〉❷**反対する。逆らう。** 例「君の仰せごとをば、いかがは**そむ・く**べき」〈竹取・竜の頸の玉〉❸**別れる。離れる。** 例「かたみに**背・き**ぬべききざみになむある」〈源氏・帚木〉（係結び）「なむ→ある㊍」。❹（「世をそむく」の形で）**俗世間を離れる。出家する。** 例「わが御事を結願にて、世を**背・き**たまふよし仏に申させたまふ」〈源氏・賢木〉（敬語）「仏に申させたまふ」→「まうす」「たまふ（四段）」。㊁［他カ下二］{け・け・く・くる・くれ・けよ}❶**反対の方に向かせる。遠ざける。** 例「入りたまへれば、灯とり**背・け**て、右近は屏風隔てて臥したり」〈源氏・夕顔〉❷**心を離す。離反する。** 例「督は、日にそへて人にも**そむ・け**られゆくに」〈増鏡・新島守〉

-そむな・い［接尾口語型］《「さうもなし」の変化形》（動詞の連用形に付いて）その動作をするようすのないことを表す。…そうもない。

そめいだ・す【染め出だす】［他サ四］{さ・し・す・す・せ・せ}染めることによって色や模様を出す。例「（衣ノ色合イモ）この世の人の**染め出だ・し**たると見えず」〈源氏・蛍〉

そめいろ【蘇迷盧】［名］「しゅみせん」に同じ。

そめか・く【染め懸く】［他カ下二］{け・け・く・くる・くれ・けよ}布を染めて、さおなどにかけて干す。例「今はただ紅葉の錦たつた姫**そめか・け**つらん佐保の山辺に」〈夫木・秋六〉

そめがは【染川】［歌枕］筑前国の川。いまの福岡県太宰府市を流れる。染色の印象から「思ひ染む」「色に出づ」などの表現を用いる歌が多い。

そめがみ【染め紙】［名］斎宮の忌み詞で、仏教の経典。黄色や紺色に染めた紙を用いたことからいう。

そめき【染め木】［名］❶染料の原料となる草木。染め草。❷「にしきぎ」に同じ。

ぞめき【騒き】［名］❶騒ぐこと。にぎわい。例「秋刈り、冬収むる**ぞめき**はなし」〈方丈記〉❷（近世語）遊里で、ひやかしながら見て歩くこと。また、その人。

ぞめ・く【騒く】［自カ四］{か・き・く・く・け・け}《古くは「そめく」》❶騒ぐ。争い騒ぐ。浮かれ騒ぐ。例「天狗と手引きあひて、**ぞめ・き**ありくを見たる」〈浮・好色敗毒散〉❷遊里で、店をひやかして歩く。

そめくるは・す【染め狂はす】［他サ四］{さ・し・す・す・せ・せ}種々の色や模様を、入り乱れたように染める。例「**染め狂は・し**たる水干に」〈太平記・二七〉

そめつ・く【染め付く】［他カ下二］{け・け・く・くる・くれ・けよ}色や模様を染め付ける。

そめつけ【染め付け】［名］❶藍色の模様。また、その布・衣服。❷呉須（藍色の顔料）で模様を描き、その上に無色のうわぐすりをかけて焼いた陶磁器。

そめどの【染め殿】［名］❶宮中や貴族の家で染め物を行う所。❷藤原良房の邸宅。のち、一部が清和天皇の離宮となった。また、良房の通称。

そめは【染め羽】［名］《「そめば」とも》染めた矢羽。多くは鷲の白羽を赤・青・黄などの色に染めた。

そめやかた【染め屋形】［名］「ぬりやかた」に同じ。

そめゆふ【染め木綿】［名］「しめゆふ（染め木綿）」に同じ。

そも【其も・抑】㊀《代名詞「其」＋係助詞「も」》それも。そのことも。例「げに**そも**ことわり」〈枕・この草子〉㊁［接］上の文を漠然と受け、下を説き起こすのに用いる語。それにしても。いったいぜんたい。そもそも。例「**そも**、参りたる人ごとに山へのぼりしは、何事かありけん」〈徒然・五二〉

〔**其も知らず**〕別として。問題外として。例「その事柄、天竺（=インド）・震旦（=中国）は**そもしら・ず**」〈古活字本平治・上〉

そも《係助詞「そ」＋係助詞「も」》「ぞも」に同じ。

ぞ-も《上代は「そも」とも》❶強く指示する意を表す。…**はまったく**。…**こそはまあ**。例「我が待ちし秋は来たりぬ然れども萩の花**ぞも**いまだ咲かずける」〈万葉・一〇・二一二三〉訳私が待っていた秋は来た。しかしながら萩の花**はまったく**まだ咲かないでいますよ。（係結び）「ぞ→咲かずける㊍」。❷（疑問を表す語とともに用いて）（いったい）…**なのか**。例「夕占にも今夜と告らろ我が背なはあぜ**ぞも**今夜よしろ来まさぬ」〈万葉・一四・三四六九〉訳占いにも今夜来ると告げられた私の夫だが、**いったい**どうして

語構成 ぞ（係助）も（係助）

今夜になっても来ないのか。《敬語》「来まさぬ」→「ます(座す)」
〈参考〉上代に多く見られ、中古以降は衰える。

そもさん【作麼生】[副]《中国宋代の俗語》疑問の意を表す。禅宗でおもに用いられる。いかに。さあどうだ。例「**作麼生**何の所為(しょ)ぞ」〈雨月・青頭巾〉

そもそも【抑】一[接]《代名詞「そ」＋係助詞「も」を重ねた語》あることを最初から話し始めるときや、文章の冒頭などに用いる。**いったい。さて。ところで。**例「**抑**我が朝(てう)に、白拍子のはじまりける事は」〈平家・一・祇王〉 二[名]《接続詞が転じて》**ことの始め。最初。ことの起こり。もともと。**例「我**そもそも**は糸より権三郎殿にありしが、笛ふきの喜八かたにわたり」〈浮・好色一代男〉

そや【初夜】[名]「しょや」に同じ。

そや【征矢・征箭】[名]戦闘用の通常の矢。

ぞや 一《係助詞「ぞ」＋係助詞「や」》❶(疑問を表す語に付いて)とくに答えを求めない疑問(自問)を表す。**…だろうか。**例「け近う見たてまつらむには、いかに**ぞや**、うたておぼゆべきを」〈源氏・葵〉 訳 頻繁にお目にかかるとすれば、どう**だろうか**、うっとうしく思われるにちがいないので。《音便》「け近う」は「け近く」のウ音便。《敬語》「見たてまつらむ」→「たてまつる」。❷(「いつぞや」の形で)日時をぼかしていう。**…だったか。**例「『宮仕(みやづか)へに出(い)だし立てむと漏らし奏せし、いかになりにけむ』と、いつ**ぞや**のたまはせし」〈源氏・帚木〉 訳「娘を宮仕えに出したいとことばの端に奏上したが、それはどうなったのか」と、いつ**だったか**仰せになった。《係結び》「ぞや→のたまはせし(体)」。《疑問語との呼応》「いかに→なりにけむ(体)」。《敬語》「漏らし奏せし」→「奏す」、「のたまはせし」→「のたまはす」。二《係助詞「ぞ」＋間投助詞「や」》❶感動を表す。**…だなあ。**例「いと気色(けし)ある人の御さま**ぞや**」〈源氏・胡蝶〉 訳 ほんとうにおもしろいところのあるお人柄**だなあ**。❷相手に対して念を押したり、確かめたりする意を表す。**…だね。…だよ。**例「それほどよう似た親と子の言葉をも交はされぬ、これも親の御罰**ぞや**」〈浄・冥途の飛脚〉 訳 それほどよく似た親と子がことばも交わせないとは、これも親の罰**だね**。
《接続》体言、活用語の連体形、副詞などに付く。
〈参考〉一、二の①は中古から見られる。二の②は中世以降に見られる用法。

そやしまめ【そやし豆】[名]豆のもやし。もやし豆。

そや・す[他サ四]{さ・し・す・す・せ・せ}《近世語》❶言いはやす。例「浮気烏(うはきがらす)と**そや・され**て」〈浄・長町女腹切〉❷おだてる。そそのかす。例「さあよいお子ぢゃ、お輿(こし)に召せ(＝乗ラレマセ)と、威(おど)しても**そや・し**ても」〈浄・丹波与作待夜の小室節〉

そやつ【其彼】[代名]《他称の人称代名詞。「すやつ」とも。人をののしったり、軽んじていったりする語》そいつ。例「**其やつ**求めて来たらむ」〈今昔・二四・二〇〉

そよ[副]静かに風が吹くさま。風にゆれ、かすかに物音がするさま。例「負ひ征箭(そや)の**そよ**と鳴るまで嘆きつるかも」〈万葉・二〇・四三九八長歌〉

そよ 一《代名詞「そ」＋間投助詞「よ」》それだよ。そうだよ。例「あれは変化(へんげ)の物ぞ。我こそ**そよ**」〈宇治拾遺・六・三〉 二[感](一から転じて、相手に相づちを打ったり、ふと思い出して話を始めるときなどに用いて)**そうそう。それそれ。**例「今はただ**そよ**そのことと思ひ出(い)でて」〈後拾遺・哀傷・五七三〉

発展学習ファイル 一と二の区別は実際にはつきにくい。また、擬声語「**そよ**」(現代語の「さやさや」にあたる。和歌ではよく萩(はぎ)の葉が風にそよぐ音とされる)」と掛詞になることも多い。

ぞよ《係助詞「ぞ」＋間投助詞「よ」》念を押して確かめる意を表す。**…だよ。**例「あな、うたて。これはいとゆゆしきわざ**ぞよ**」〈源氏・葵〉 訳 ああ、ひどい。これはじつにたいへんなこと**だよ**。

そよ・ぐ【戦ぐ】[自ガ四]{が・ぎ・ぐ・ぐ・げ・げ}そよそよとかすかな音を立てる。例「稲葉**そよ・ぎ**て秋風ぞ吹く」〈古今・秋上・一七二〉 訳 →〈和歌〉きのふこそ…

そよそよ[副]《副詞「そよ」を重ねた語》風の音や物が触れ合って立てるかすかな音のさまを表す。例「谷の底の方(かた)より物の**そよそよ**と来る心地(ここち)のすれば」〈宇治拾遺・六・五〉

そよそよ[感]《感動詞「そよ」を重ねた語》そうだそう だ。ああ、そうだ。和歌では葉ずれの音を表す「そよそよ」とかけて用いることが多い。例「風吹けば楢(なら)のうら葉の**そよそよ**といひあはせつつ」〈詞花・冬・一四六〉

そよめ・く[自カ四]{か・き・く・く・け・け}《「めく」は接尾語》❶そよそよと音がする。例「立ちよれば袖(そで)に**そよめ・く**風の音に」〈貫之集〉❷にぎやかである。ざわめく。例「碁打ちはてつるにやあらむ、うち**そよめ・く**心地(ここち)して」〈源氏・空蟬〉

そよや[感]ふと思い出したときや同意を表す語。そうだ。そうそう。例「**そよや**、さる事ありきかし」〈蜻蛉・下〉

そより[副]「そよろ」に同じ。

そよろ[副]物が触れ合って鳴る音を表す。かさこそ。かさり。＝そより。例「御簾(みす)をもたげて、**そよろ**とさし入るる。呉竹(くれたけ)なりけり」〈枕・五月ばかり〉

そら-【空】[接頭]❶うその、見せかけの、まちがったの意を表す。「**そらね**」など。❷むだな、かいのない、の意を表す。「**空頼め**」など。❸そこはかとない、何となくの意を表す。「**空薫き物**」など。❹わざとの意を表す。「**空おぼれ**」「**空おぼめき**」など。

そら[・なり]【空】[名][形動ナリ]

アプローチ
▼「天(あめ)」が神の住む領域であるのに対して、「地」にある現実の人間の上に広がる空間が「空(そら)」である。
▼天地のあいだの「虚空」の意から、よりどころのない意となり、さまざまな意味を派生した。

一[名]❶**天。天候。**例「何となく心地(ここち)よげなる**空**を見出(い)だしたまひて」〈源氏・胡蝶〉 訳(源氏は)何となくさわやかな感じの**天**をお見上げになり。❷**虚空。空中。**例「我(わ)が恋はむなしき**空**に満(み)ちぬらし思ひやれども行く方(かた)もなし」〈古今・恋一・四八八〉 訳 私の恋の思いはどうやら**虚空**を満たしてしまったようだ。憂さを晴らそうにもその心の行く所さえもないのだから。❸**境遇。身の上。**例「旅の**空**に、助けたまふべき人もなき所に」〈竹取・蓬萊の玉の枝〉訳旅の身の上で、助けて下さる方もない場所であるのに。❹気持ち。心持ち。例「秋霧の晴るる時なき心には立ち居の空も思ほえなくに」〈古今・恋二・五八〇〉訳秋の霧のように晴れることのない私の心は、立ったり座ったりしていても気持ちが落ちつかないことだ。

二［形動ナリ］{なら・なり(に)・なり・なる・なれ・なれ}❶心がうつろなようす。うわのそら。例「目は空にて、ただおはしますをのみ見たてまつれば」〈枕・清涼殿の丑寅の角の〉訳目はもうわのそらで、ただお二方のいらっしゃる方をばかり見申し上げていたので。《敬語》「おはしますをのみ見たてまつれば」→「おはします」「たてまつる」

❷当て推量。いい加減。例「それしかあらじと、そら・にいかがは推しはかり思ひくたさむ」〈源氏・帚木〉訳（仲人が女の美点ばかり伝えるのを、女を見もしないで）そんなことはあるまいなどと、どうして当て推量でけちをつけられようか、いや、つけられはしない。

❸暗記して。そらんじて。例「わが思ふままに、そら・にいかでかおぼえ語らむ」〈更級〉訳（姉や継母は）私が満足できるようには、どうして（物語を）そらんじて語ることができるであろうか、いや、できはしない。

〔空知らず〕❶空から降ったとは思えない。例「空知らぬ雨にも濡るるわが身かな」〈後撰・恋三・七一五〉❷素知らぬふりをする。例「空知らずして過ぎ行く程に」〈宇治拾遺・一一・六〉

〔空に浮く〕❶空中に浮かぶ。また、そのように見える。❷（比喩的に）旅に出て心が落ち着かない。例「天つ星道も宿りもありながら空に浮きてもおもほゆるかな」〈拾遺・雑上・四七九〉

〔空に標結ふ〕（空中にしめ縄を結う意から）不可能なこと、かいのないことのたとえ。例「かひなしや空にしめゆふ契りにて身を浮き雲の思ひ消えなば」〈新千載・恋二・二六八〉

〔空に巣がく〕（空に巣を作る意から）無駄なことをするたとえ。例「ささがにの空に巣がくも同じこと全き宿にも幾世かは経ん」〈遍昭集〉

〔空に目付く〕空の目（天）が何事も見通す。例「漏り出づるやうもやと思ひしだにいとつつましく、空に目つきたるやうにおぼえしを」〈源氏・若菜・下〉

〔空の色〕❶晴天の空の色。❷天気のようす。空模様。

〔空の鏡〕空中にある鏡のように澄んだ月。秋の名月についていう。例「くもりなき空の鏡と見ゆるかな秋の夜ながく照らす月影」〈栄花・三六〉

〔空の煙〕空に立ち上る煙。とくに、火葬の煙。

〔空の乱れ〕天候が乱れること。悪天候。あらし。

〔空より出で来〕（突然空から出てくる意から）思いもよらない事が起こる。降ってわく。例「かく空より出で来にたるやうなることにて、のがれたまひがたきを」〈源氏・若菜・上〉

〔空を仰ぐ〕（深いもの思いにため息をもらしながら）空を見上げる。

〔空を歩む〕心が乱れて足元がおぼつかなくなるさま。

〔空を眺む〕もの思いにふけってぼんやり見る。＝空を見る

〔空を見る〕「そらをながむ」に同じ。

そら［副助］（「すら」の変化形）…でさえ。…だって。例「心ばせある人そら物につまづきて倒るることなり」〈今昔・二八・六〉訳思慮深い人でさえ物につまずいて転ぶことはよくあるのだ。

発展学習ファイル　意味・用法は「すら」に同じ。説話などに見られる。

そら【曾良】［人名］「かはひそら」に同じ。

そらうつぶ・く【空俯く】［自カ四］{か・き・く・く・け・け}（「そら」は接頭語）気づかないふりをして下を向く。そらとぼけてうつむく。

そらおそろ・し【空恐ろし】［形シク］{しから・しく(しかり)・し・しき(しかる)・しけれ・しかれ}（「そら」は接頭語）なんとなく恐ろしい。例「知らぬ人に具して、さる道の歩きをしたらんよとそら恐ろしくおぼゆ」〈源氏・手習〉

そらおぼめき【空おぼめき】［名］（「そら」は接頭語）素知らぬふりをすること。＝空おぼれ

そらおぼれ【空おぼれ】［名］「そらおぼめき」に同じ。

そらがくれ【空隠れ】［名］（「そら」は接頭語）いないふりをすること。居留守。

そらかぞふ【空数ふ】［枕詞］地名「大津」にかかる。例「そら数ふ大津の児が」〈万葉・二・二一九〉

そらぎしゃう【空起請】［名］うその誓いを立てること。また、偽りの「起請文」。＝空請文

そらごと【空言・虚言】［名］うそ。いつわり。作りごと。例「まさしく見たりと言ふ人もなく、そらごとと言ふ人もなし」〈徒然・五〇〉

そらざま【空様・空方】［名］（「そらさま」とも）❶空の方。上の方。❷上向き。あおむけ。

〔和歌〕**そらさむみ…**【空さむみ花にまがへて散る雪にすこし春ある心地こそすれ】〈枕・二月晦ごろに・清少納言、藤原公任〉訳空が寒いので、花びらに見間違えるほどに散る雪のために、すこし春めいた気分がすることだよ。《係結び》「こそ→すれ㊀」

〈参考〉『白氏文集』の一節に拠った下の句を詠みかけてきた公任に、清少納言が上句をつけて返した。

そらさわぎ【空騒ぎ】［名］から騒ぎ。

そらじに【空死に】［名］（「そら」は接頭語）死んだふり。

そら・す【逸らす】［他サ四］{さ・し・す・す・せ・せ}❶逃がす。誤って逃がす。例「いかがしたまひけむ、そら・したまひてけり」〈大和・一五三〉❷人の機嫌を損ねる。❸（下に打消の語を伴って）自分の気持ちを悟られないようにする。例「胸は騒げどそら・さぬ顔」〈浄・曾我会稽山〉

そらせいもん【空誓文】［名］「そらぎしゃう」に同じ。

そらせうそこ【空消息】［名］（「そら」は接頭語）その人からのように偽った手紙や伝言。

そらだき【空薫き】［名］どこからともなくにおってくるように香をたくこと。また、その香。＝空薫き物

そらだきもの【空薫き物】［名］「そらだき」に同じ。

そらだのめ【空頼め】［名］（「そら」は接頭語）あてにならないことを頼みにさせること。

そらで【空手】［名］（近世語）特別な原因がなく手が痛むこと。神経痛など。

そらなき［・す］【空泣き】［名・自サ変］（「そら」は接頭語）泣きまねをすること。うそ泣き。

そらなげき【空嘆き・空歎き】［名］（「そら」は接頭語）

語〉偽って嘆くこと。嘆くふりをすること。

そらなやみ【空悩み】[名]体調の悪いふり。仮病。

そらにみつ【天にみつ】[枕詞]地名「大和(やまと)」にかかる。例「天にみつ大和を置きて」〈万葉・一・二九長歌〉訳→〈和歌〉たまだすき…

そらね【空音】[名]〈「そら」は接頭語〉❶鳴きまね。うそ泣き。❷幻聴。そら耳。

そらね【・す】【空寝】[名・自サ変]〈「そら」は接頭語〉眠っているふりをすること。うそ寝。たぬき寝入り。

そらのごひ【空拭ひ】(ソラノゴイ)[名]拭(ぬぐ)うふり。拭(ふ)き取るまね。

〔和歌〕**そらはなほ…**【空はなほかすみもやらず風冴(さ)えて雪げに曇る春の夜(よ)の月】〈新古今・春上・二三・藤原良経〉訳春だというのに空はまだ霞みきらず、風は冷たく、いまにも雪が降りそうなようすに曇っている春の夜の月であるよ。

そらひじり【空聖】[名]〈「そら」は接頭語〉聖であるかのように見せかけている者。えせ聖人。

そらみつ[枕詞]〈神威が満ち広がる意から〉「大和(やまと)」にかかる。上代のみの使用。例「そらみつ大和の国は」〈万葉・五・八九四長歌〉

そらみみ【空耳】[名]〈「そら」は接頭語〉音がしないのに、聞こえたように感じること。幻聴。＝空音(そらね)②

そらめ【空目】[名]〈「そら」は接頭語〉❶見間違えること。誤った観察。❷見て見ぬふりをすること。

そらものがたり【空物語】[名]〈「そら」は接頭語〉でたらめな話。とりとめのない話。ばかげた話。

そらものづ・く【空物憑く】[自カ四]{か・き・く・く・け・け}〈「そら」は接頭語〉物の怪(け)がついたふりをする。例「この女のしとぎ(＝オ供エノ餅)欲しかりければ、**そらもの憑**きてかく言ふ」〈宇治拾遺・四・一〉

そらゆめ【空夢・虚夢】[名]〈「そら」は接頭語〉実際とは無関係の夢。作り上げた夢。架空の夢。

そらよみ【空読み】[名]〈「そら」は接頭語〉文句を記憶し、本を見ないで読むこと。暗唱。

そらゑひ【空酔ひ】(ソラエイ)[名]〈「そら」は接頭語〉酒に酔ったふりをすること。

そらん・ず【諳んず】[他サ変]{ぜ・じ・ず・ずる・ずれ・ぜよ}〈「そらにす」の変化形〉暗記する。

そり【反り】[名]❶弓なりにそること。❷刀や長刀(なぎなた)などの峰のそっている部分。また、そのそり具合。❸弦を張っていない弓の、そっている部分。

そりくつがへ・る【反り覆る】(ソリクツガエル)[自ラ四]{ら・り・る・る・れ・れ}後ろの方へそり返る。そっくり返る。例「物もまだいはぬ乳児(ちご)の、**そりくつがへり**、人にもいだかれず、泣きたる」〈枕・おぼつかなきもの〉

そりくひ【剃り杭】(ソリクイ)[名]ひげを剃ったあとに、少しのびた短い毛を、地面に打ち立てた杭に見たてた語。無精(ぶしょう)ひげ。

そりさげ【剃り下げ】[名]「いとびん」に同じ。

そりさげやっこ【剃り下げ奴】[名]「いとびんやっこ」に同じ。

〔俳句〕**そりすてて…**【剃り捨てて黒髪山(くろかみやま)に衣更(ころもがへ)】〈おくのほそ道・日光・曾良〉訳このたび髪をそり捨てて墨染めの衣に姿をかえて旅に出たが、その私がいま、黒髪という名の山の麓(ふもと)で衣替えの日を迎えるというのも何ともおもしろく、また感慨深いことだ。（季－衣更－夏）

そりた・つ【そり立つ】[自タ四]{た・ち・つ・つ・て・て}語義未詳。まっすぐに立つ意とも、元気よく立つ意ともいう。例「天(あめ)の浮橋(うきはし)にうきじまり、**そりたたして**」〈記・上〉

そりはし【反り橋】[名]中央が高く、弓なりにそっている橋。⇒図版「竜頭鷁首(りょうとうげきしゅ)」

そりゃく【・なり】【疎略・粗略】[名・形動ナリ]物事をいい加減に扱うこと。ぞんざい。投げやり。

そ・る【反る】[自ラ四]{ら・り・る・る・れ・れ}❶からだを後ろへ曲げる。のけぞる。❷（弓や刀などが）弧状に曲がる。

そ・る【逸る】㊀[自ラ四]{ら・り・る・る・れ・れ}❶（鷹(たか)が）思ってもみない方向に飛んで行く。他の方へ離れ去って行く。例「**そり**はてぬるか矢形尾(やかたを)の鷹」〈詞花・恋下・二五三〉❷物事が予想外の方向へ進む。また、心があらぬ方面に向く。例「このごろ御心**そり**出(い)でて、化粧(けさう)ばやりたり(＝オシャレニ専念シテイル)とは見ゆや」〈落窪・一〉㊁[自ラ下二]{れ・れ・る・るる・るれ・れよ}❶㊀①に同じ。例「てにするゐていでしさしば(＝鷹ノ一種)も**そ・れ**ぬれば」〈夫木・秋五〉❷㊀②に同じ。例「さよろづに思(おぼ)しむつかりて、ことなるものの栄(は)えなくて**そ・れ**にけり(＝思イガケナイ展開トナッテシマッタ)」〈栄花・八〉

そ・る【剃る】[他ラ四]{ら・り・る・る・れ・れ}頭髪やひげなどをそぎ落とす。古くは、僧が剃髪(ていはつ)する意に用いる。

それ【其れ】[代名]❶〈中称の指示代名詞。話し手から少し離れた事物や人・場所を指す語〉**それ**。**そのもの**。**そこ**。例「横座の鬼『かう惜しみ申すものなり。ただ**それ**を取るべし』といへば」〈宇治拾遺・一・三〉（音便）「かう」は「かく」のウ音便。（敬語）「惜しみ申す」→「まうす」。❷〈中称の指示代名詞。多く先に示された事物や人・場所を指す語〉**それ**。**その人**。**そこ**。例「いと大きなる河あり。**それ**をすみだ河といふ」〈伊勢・九〉❸〈はっきり示さないで、ある事物・人などを話題にしたいとき用いる語〉**なになに**。**だれだれ**。**どこそこ**。**某**。例「心あてに、『**それ**か、かれか』など問ふ中に、言ひあつるもあり」〈源氏・帚木〉❹〈対称の人称代名詞〉**あなた**。**そのほう**。例「『あなわびし。**それ**、求めておはせよ』と言はれしに、帰り入りて、やがて具して出(い)でぬ」〈徒然・二三八〉（敬語）「求めておはせよ」→「おはす」

〔**其れかあらぬか**〕それなのか、それともそうではないのか。例「去年(こぞ)の夏鳴きふるしてし時鳥(ほととぎす)**それかあらぬか**声の変はらぬ」〈古今・夏・一五九〉

〔**其れとはなし**〕なんとなく。とりとめもなく。例「**それとはなし**にものぞ思ふ」〈新古今・恋二・一一〇六〉

〔**其れとも見えず**〕はっきりそれと見分けがつかない。例「月夜には**それとも見え・ず**梅の花」〈古今・春上・四〇〉

〔**其れはともあれ**〕それはさておき。例「まことにあはれな物語りぢゃ。**それはともあれ**、残った柑子(かうじ)をおこせ」〈狂・柑子〉

それ【夫】[接]〈漢文訓読からの表現〉文のはじめに改まった態度を示す。そもそも。いったい。例「**夫**証城大菩薩(だいぼさつ)は、済度苦海(くかい)の教主、三身円満の覚王なり」〈平家・二・康頼祝言〉

それがし【某】[代名]❶〈不定称の人称代名詞。名前を知らないときや知っていてもとりたてて名を呼ぶまでもないとき、また、わざと名をふ

せるときなどに使う語》だれそれ。なにがし。例「帯刀の長それがしなどいふ人、使ひにて」〈蜻蛉・下〉❷《自称の人称代名詞。鎌倉以降の男性の用語》私。拙者。例「それがし多くの丈六〔ノ仏像〕を造り奉れり」〈宇治拾遺・四・二〉《敬語》「造り奉れり」→「たてまつる」

〔某彼がし〕特定の名をいわずに、その人々を示す語。だれだれ。＝其彼・其其

それかれ【其彼】〔代名〕「それがしかれがし」に同じ。

それしゃ【其者】〔名〕《近世語》❶専門家。識者。❷芸者や遊女。

それそれ【其れ其れ】㊀〔代名〕「それがしかれがし」に同じ。㊁〔感〕❶《同意を表す語》そうだそうだ。そのとおり。例「それそれ、いと興にはべりしことなり」〈大鏡・道長・下〉❷《注意を促す語》そらそら。さあさあ。例「ただすれ。それそれ」〈宇治拾遺・一・六〉❸《ふと思い付いたときにいう語》そうそう。ああそうだ。例「それそれ禅師、よき様に申させ給へ」〈義経記・六〉

それてい【其体】〔名〕その程度のこと。それくらい。

それながら【其れながら】そっくりそのまま。そのままだけれども。例「人恋ふる心ばかりはそれながら我は我にもあらぬなりけり」〈後撰・恋一・五四〉

それなりけりに【其形けりに】〔副〕《近世語》それはそのままで。それきり。例「ほかの事とは違ひぬればそれなりけりにして」〈浮・御前義経記〉

それに〔接〕《代名詞「それ」＋格助詞「に」》❶《反対・対立の関係を表す語》それなのに。ところが。例「殿上の台盤には、人も着かず。それに、豆一盛りをやをら取りて」〈枕・方弘は〉❷《当然の結果を表す語》それで。だから。例「などかかるさまにもなしたてまつらざりけむ。それに延ぶるやうもやあらまし」〈源氏・早蕨〉❸《添加を表す語》それに加えて。その上。例「それにまた、おとど亡せたまひにしかば」〈大鏡・道長・上〉

それはそれは〔副〕驚いたり、期待に反したときに用いる語。とてもとても。たいへん。非常に。例「踊りの稽古するやら浴衣をこしらへる、それはそれはにぎやかでござる」〈狂言記・水論聟〉

それや【其屋】〔名〕《近世語》遊女を置いて、客を遊ばせる水商売の店。遊女屋。茶屋。＝其宿

ぞろ〔助動〕《「さうらふ」の変化形》「さうらふ」に同じ。

ぞろめ・く〔自カ四〕{か・き・く・く・け・け}《「めく」は接尾語》ぞろぞろと続く。ぞろぞろと動く。例「極楽へばかりぞろりぞろりとぞろめ・くによって」〈狂・朝比奈〉

そゑに【其故に】〔接〕《「そゆゑに」の変化形。「そへに」とも》それゆえに。それだから。例「そゑにとてとすればかかり」〈古今・雑躰・一〇六〇〉

そん【孫】〔名〕❶まご。❷子孫。後胤。末裔。❸血統。血筋。

そんがう【尊号】〔名〕尊んで呼ぶ称号。とくに、天皇・太上天皇・皇后・皇太后などの称号をいう。

ぞんき〔名・形動口語型〕《近世語》愛想がないこと。ぶっきらぼう。例「御当地（＝コノ土地）の商人衆はゑらいぞんきなあ」〈浮世風呂〉

そんざ【尊者】〔名〕「そんじゃ」に同じ。

ぞんじ【存じ】〔名〕思っていること。承知。

ぞんじつき【存じ付き】〔名〕気づいたこと。思いつき。ふと心に浮かんだこと。

ぞんじつ・く【存じ付く】〔自カ四〕{か・き・く・く・け・け}《「思ひ付く」の謙譲語》気づく。例「私も頭の事でござれば、何も存じ付・かぬでもござらぬ」〈狂・鬮罪人〉

ぞんじのほか【存じの外】「ぞんのほか」に同じ。

そんじゃ【尊者】〔名〕《「そんざ」とも》❶《仏教語》仏道修行を積んで、知徳の備わった尊い人。高僧や阿羅漢に対する敬称。❷身分の高い人。目上の人。❸大臣の催す大饗の主賓として、上座に座る人。親王または高位の人を選んだ。❹裳着の式のとき、腰のひもを結ぶ役の人。腰結い。

ぞんじゃう【存生】〔名〕生きていること。生存。

そんしょうだらに【尊勝陀羅尼】〔名〕《仏教語。「仏頂尊勝陀羅尼」の略》仏頂尊勝の功徳を説いた「陀羅尼」。これを読誦すると、罪障が消え、寿命を延ばし、福徳を得るという。

そんしょうほふ【尊勝法】〔名〕《仏教語》密教の修法のひとつ。仏頂尊勝を本尊とし、「尊勝陀羅尼」を唱えて、延命・滅罪などを祈る。

そん・ず【損ず】{ぜ・じ・ず・ずる・ずれ・ぜよ}㊀〔自サ変〕損なわれる。いたむ。壊れる。例「うすものの表紙は、とく損・ずるがわびしき」〈徒然・八二〉㊁〔他サ変〕❶壊す。傷つける。例「人を損・ずるは、身を損・ずるなり」〈沙石集〉❷気分・機嫌を悪くする。例「師直大きに気を損・じて」〈太平記・二一〉❸（多く他の動詞の連用形に付いて）し損なう。例「これを射損・ずる物ならば、弓きり折り自害して」〈平家・一一・那須与一〉

発展学習ファイル　類義語として「そこなふ」「そこなはる」などの和語があり、中古の和文ではこれらの語の方が多く用いられていた。

ぞん・ず【存ず】{ぜ・じ・ず・ずる・ずれ・ぜよ}㊀〔自サ変〕存在する。生存する。例「無常変易の境有りと見るものも存・ぜず」〈徒然・九一〉㊁〔他サ変〕❶有する。保つ。持つ。例「たとひ重盛、命は亡ずといふとも、いかでか国の恥を思ふ心を存・ぜざらん」〈平家・三・医師問答〉❷《「思ふ」「考ふ」の謙譲語または丁寧語》存じます。思います。例「横笛の五の穴は、いささかいぶかしき所の侍るかと、ひそかにこれを存・ず」〈徒然・二一九〉❸《「知る」の謙譲語または丁寧語》存じております。知っています。例「ここの御作法も存・ぜぬなり」〈浮・好色盛衰記〉

ぞんぢ〔・す〕【存知】〔名・他サ変〕《「ぞんち」とも》知っていること。承知。心得。

そんぢゃう〔連体〕《「そぢゃう」「そんじょ」とも。「そのぢゃう」の変化形》（「その」「それ」「そこ」「たれ」などの上に付けて）わざと具体的な名や内容を表さずに、人・事物・場所などを指し示す語。だれそれの。これこれの。どこそこの。この。例「その外はそんぢゃうその頸、その御頸」〈平家・一〇・首渡〉

ぞんねん【存念】〔名〕いつも心にある考え。思い込んでいること。執念。

ぞんのほか【存の外】思いの外。案外。意外。＝存じの外

ぞんめい〔・す〕【存命】〔名・自サ変〕生きていること。生存。

そんりゃう【尊霊】〔名〕霊魂や亡霊に対する尊称。御霊。

た

た-［接頭］（動詞・形容詞に付いて）語調を整え、意味を強める。「**た**走る」「**た**遠し」「**た**やすし」など。

た【手】［名］「手」の意をもつ複合語にみられる。また、上代の助詞「な」を伴った「たな」の形でも用いられる。「**手**枕」「**手**折る」「**た**なごころ」など。

た【田】［名］稲を植え育てるための土地。たんぼ。

〔**田**焼く〕田が水がれし、干上がる。

た【為】［名］《上代語》ため。例「人の身は得がたくあれば法の**為**の因縁となれり」〈仏足石歌〉

た【誰】［代名］《不定称の人称代名詞》だれ。例「『あれは**誰**そ』とおどろおどろしく問ふ」〈源氏・空蟬〉

発展学習ファイル　常に、「が」「そ」などの助詞を伴って用いられる。

た［助動特活］{たら(たろ)・○・た・たる・たれ・○}《完了の助動詞「たり」の連体形「たる」の変化形》…た。例「子細あって愚僧が手へ渡っ**た**」〈狂・宗論〉訳わけあって愚僧の手に渡った。

〈接続〉活用語の連用形に付く。

た《係助詞「は」が連声によって「た」と発音されたもの》例「今日**た**所用あって、山一つあなたへ参りまする」〈狂・附子〉訳今日**は**用事があって、山ひとつ向こうへ行きます。

〈参考〉「た」とは発音されるが「は」と表記されるのが一般的。中世以降、能狂言に現れた。

-だ【駄】［接尾］一頭分を単位として、馬が負う荷を数える語。

だ【駄】［名］❶荷を馬に負わせて運送すること。また、その馬。❷乗用にならない劣った馬。駄馬。

だ【攤】［名］筒に入れた二つの賽を振り出して、その目で優劣を競う遊戯。

たい【田居】歴史的かなづかい「たゐ」

-たい【体】［接尾］神仏の像などを数えるときに用いる。例「仏を一体迎え奉って」〈平家・二・重衡被斬〉

たい【体】［名］❶からだ。身体。❷（「てい」とも）ようす。状態。すがた。❸作用のもととなるもの。本体。本性。↔用⑤

たい【対】［名］「対の屋」の略。

-だい【代】［接尾］家督や位を受け継いだ順序を数える単位を表す。例「〔高倉宮〕神武天皇より七十八代にあたらせ給ふ」〈平家・四・源氏揃〉

だい【大】［名］❶大きいこと。多いこと。広いこと。太いこと。立派であること。また、そのようなもの。❷陰暦で三十日ある月。大の月。❸武士がさす大小の刀のうちの大きいほう。太刀。①②③↔小

だい【代】［名］❶家督や王位などを継いで、その地位にある期間。❷代わり。代理。代償。❸代金。

だい【台】［名］❶高く造った建物。高殿。高楼。❷「ろだい②」に同じ。❸物を載せる台。とくに、食事を載せる台。転じて、食事。

だい【題】［名］詩歌を詠む際に主題・題材として設けるもの。和歌では結び題・句題・隠し題などがある。

だいいち【第一】［名］❶いちばん初めであること。最初。❷最も大切なこと。最もすぐれていること。

たいいつせい【太一星・太乙星】［名］北天にある星の名。天帝の星とされ、陰陽道では兵乱・災害・生死などをつかさどるとして重要視された。

たいいん【太陰】［名］地球の衛星である月。

たいいんれき【太陰暦】［名］月の運行から一か月の長さを決定し、それをもとにした暦。

だいえ【大衣】［名］《仏教語》僧の礼服の名。高僧の所持する「三衣」中の最大のもの。

だいえい【題詠】［名］あらかじめ設定された題で和歌を詠むこと。平安後期以降は詠歌の主流となった。

たいえきのふよう【太液の芙蓉】漢代に、建章宮の北にあった太液（池の名）に生える芙蓉（蓮の別名）が『長恨歌』で楊貴妃の美しさにたとえられ、以後、美の形容に用いられる。↓「びあうのやなぎ」

たいおんき【戴恩記】［作品名］江戸前期の歌学書。『歌林雑話集』『歌道戴恩記』『貞徳翁戴恩記』ともいう。松永貞徳の口述筆記。貞徳の自伝・歌論の書としてだけでなく、当代の歌学思想、諸文人の伝記を知る上でも価値のある書。

だいおんけうしゅ【大恩教主】［名］《仏教語》釈迦の尊称。釈迦は衆生を救う大きな恩があり、また教えの主であるとしていう。

だいおんじゃう【大音声】［名］大声。

たいか【大廈】［名］大きな建物。

〔**大廈**は一木の支ふる所にあらず〕全体が傾こうとするときには、ひとりで抵抗しても支えきれるものではないということのたとえ。

だいかい【大海】［名］❶大海原。広い海。❷口が大きく平型の茶入れ。❸丸くて大型の漆器。食物を盛るものをいう。

たいかう【大行】［名］❶重大な仕事。大事業。❷「大行天皇」の略。

だいかう【大剛】［名］《「たいがう」「だいがう」とも》たいへん強いこと。また、その人。

だいかうじ【大柑子】［名］《「おほかうじ」とも》大きなミカンの類。いまの夏ミカンなど。（季-秋）

たいかうてんわう【大行天皇】［名］崩御後、まだ諡のない天皇への敬称。転じて、先帝。

だいかく【大覚】［名］《仏教語》❶悟りを得ること。「正覚」を得ること。＝大悟。❷「正覚」を得た人。仏。

だいがく【大学】［名］「大学寮」の略。

〔**大学の道**〕大学寮での学問の課程。↓「だいがくれう」

だいかくじ【大覚寺】［名］京都市右京区嵯峨にある古義真言宗大覚寺派の本山。嵯峨天皇の離宮であったが、貞観十八年（八七六）に寺となり、後宇多天皇の隠棲後、「大覚寺殿」と呼びならわされた。

だいかくじとう【大覚寺統】［名］鎌倉末期、亀山天皇に始まる皇統。亀山天皇の長子の後宇多天皇が譲位後、嵯峨の大覚寺に「仙洞」を置いたことから、この子孫を「大覚寺統」と呼ぶようになった。南北朝の南朝のこと。↓「ぢみゃうゐん」

だいがくのかみ【大学の頭】［名］❶「大学寮」の長官。❷江戸時代の昌平坂学問所の

責任者。林氏が代々任ぜられた。

だいがくのしゅう【大学の衆】[名]「大学寮」の「学生」。

だいがくれう【大学寮】[名]《「おほつかさ」とも》令制で「式部省」に属した、官吏養成のための教育機関。五位以上の貴族の子弟が、明経(儒学)・算道(数学)・書道などを博士らから学んだ。＝大学。➡[古典参考図]平安京と条坊図

古典の世界 **「大学寮」の盛衰**

平安前期、全盛期の「大学寮」には、三百人の学生が在学したという。**紀伝道**(文章道)と**明経道**が中心で、とくに紀伝道が栄えた。明経道の学生定員四百人に対して、紀伝道の文章生は二十人であったが、平安前期の漢文学隆盛の時代風潮にのって紀伝道が人気を得て、大学寮の中心的存在となっていった。教官は、明経道には大学博士(明経博士とも)一名のほか、助教・直講それぞれ二名、紀伝道には文章博士二名がいた。菅原道真や大江朝綱など菅原・大江(菅江二家)は、代々の文章博士を輩出する学問の家系である。

入学資格は、平安前期の明経道では、十歳以上二十歳以下の五位以上の子弟。官費でまかなわれ、学生の間は昇進が止まる。十日に一度の休暇があるが、直前には暗記中心の厳しい試験がある。また、七月には学年末の試験があり、それによって上・中・下の評価を受ける。下が三年続いたり、長く単位が修得できないと、退学させられる。平安中期以降は学問の世襲化や試験制度の形骸化も進んで、大学寮は衰退し消滅した。

たいかふ【太閤】[名]❶平安時代、摂政・太政大臣の敬称。のちには、関白をやめても継続して「内覧」を許された人。また、自分の子に関白職を譲った人。❷豊臣秀吉のこと。

たいかふき【太閤記】[作品名]江戸初期の軍記。『豊臣記』ともいう。小瀬甫庵作。豊臣秀吉の伝記を軸とした軍記で、秀吉の波乱の生涯を描き、秀次や戦国武将の列伝をも記す。のちの講談・歌舞伎の太閤記ものの種本となった。

たいかん【・す】【対捍】[名・他サ変]命令に服従せず、刃向かうこと。抵抗。敵対。

だいかん【代官】歴史的かなづかい「だいくゎん」

たいき【・なり】【大気】[名・形動ナリ]《近世語。「だいき」とも》小さなことにこだわらず、気の大きいこと。太っ腹。例「**大気**・**に**して、盆・正月・衣替への外、臨時に衣装を拵へ」〈浮・日本永代蔵〉

たいき【台記】[作品名]平安後期の日記。『槐記』ともいう。藤原頼長著。歴史史料として貴重。

たいぎ【・なり】【大儀】㊀[名]帝の即位式や朝拝などの重要な儀式。大典。大礼。↔中儀・小儀。㊁[名・形動ナリ]❶費用が高くつくこと。金がかかること。例「**大儀**・**なれ**ど百の餅舟は阿爺がするぞ」〈浮・好色一代男〉❷めんどうなこと。やっかいなこと。❸相手の骨折りをねぎらうことば。ご苦労様。❹重大な事柄。

たいぎ【太祇】[人名]「たんたいぎ」に同じ。

だいきゃう【大経】[名]《仏教語》仏教の各宗派で最も主要とする経典。

だいきゃう【大饗】[名]《「たいきゃう」とも》❶盛大な饗宴。❷宮中や大臣家で、例年、または、臨時に行われた大きな饗宴。例年のものとしては陰暦正月の「二宮の大饗」「大臣の大饗」、臨時のものでは「任大臣の大饗」があった。

だいぎゃうだう【大行道】[名]《仏教語》盛大な「行道」。僧尼が大行列を組み、経を唱えながら、仏像や仏殿の周りを回ること。

だいく【大工】[名]❶令制の職名のひとつ。木工寮・大宰府に属し土木・建築・造船などに当たる上級の技術者。❷建築・細工などを業とした職人のかしら。江戸時代には、家屋建築の職人をいった。

だいぐうじ【大宮司】[名]特定のいくつかの大社の神職の長。伊勢神宮や、豊前の宇佐、尾張の熱田、肥後の阿蘇、越前の気比、筑前の香椎・宗像神社など。

だいぐれん【大紅蓮】[名]《仏教語。「大紅蓮地獄」の略》八寒地獄の中でも最も苦痛を味わう所。ここにおちた罪人は、寒さのためからだ全体が割れ裂けて、紅い蓮の花弁が開いたようになるとされる。

たいくゎうたいこう【太皇太后】[名]先々代の天皇の皇后。

たいくゎうたいこうぐう【太皇太后宮】[名]「太皇太后」の敬称。また、その殿舎。

たいくゎうたいこうぐうしき【太皇太后宮職】[名]令制で「中務省」に属し、太皇太后宮に関する事務をつかさどった役所。

だいくゎん【代官】[名]❶代理で、ある官職を務める人。❷鎌倉・室町時代の守護代または地頭代。❸江戸時代、幕府の直轄地に置かれ、年貢の取り立てや公事(訴訟)などに当たった役人。

だいぐゎん【大願】[名]《「たいぐゎん」とも》❶大きな願い事。大きな祈願。❷《仏教語》阿弥陀仏の衆生を救おうとする願い。

だいくゎんしょ【代官所】[名]江戸時代、「代官③」が事務に当たった役所。陣屋。

だいぐゎんりき【大願力】[名]《仏教語》神仏に願をかけ、その加護によって得た力。大願の力。

たいけい【大慶】[名]たいへんな喜び。非常にめでたい祝い事。おおよろこび。

だいけうくゎん【大叫喚】[名]《仏教語。「大叫喚地獄」の略》「八大地獄」のひとつ。五戒を破った者がおち、責め苦を受けて大声で泣き叫ぶといわれる。苦痛は叫喚地獄の十倍とされる。

だいげん【大監】[名]令制で「大宰府」の「判官」。「少監」の上位。府内の監察、文案の審査などをつかさどった。

だいげん【大元帥】[名]《「だいげんすい」とも。「大元帥明王」の略。「帥」の字は読まない》インドの神の名。国家鎮護の神とされ、密教で重視される。蛇を身にまとわせ、怒りの表情で、火炎に包まれる。

〔**大元帥の法**〕宮中で行った法会のひとつ。正月八日から十四日まで、国家鎮護のため大元帥明王を本尊として行われた。

だいげんすい【大元帥】[名]「だいげん」に同じ。

たいけんのやく【帯剣の役】[名]剣を腰につけて君主のそばに仕え、その身辺を護衛する役。

だいけんもつ【大監物】[名]令制の官職のひとつ。「中務省」に属し、大蔵省・内蔵寮の倉の鍵を管理し、そこからの出し入れに責任を負った。

たいけんもん【待賢門】[名]大内裏の外郭門のひとつ。東側にあり、郁芳門の北、陽明門の南に位置する。＝中御門。➡図版「筵道」、[表見返し]大内裏俯瞰図

たいけんもんゐんのほりかは【待賢門院堀河】[人名]（生没年未詳）平安後期の女流歌人。中古六歌仙のひとり。父は源顕仲。待賢門院璋子に仕え、「堀河」と呼ばれた。『金葉和歌集』などに入集。家集『待賢門院堀河集』。

たいこ【太鼓】[名]❶打楽器のひとつ。筒状の胴部の片側または両側に革を張り、撥で打つもの。❷「太鼓持ち」の略。

だいご【醍醐】[名]牛・羊の乳を精製して作る、濃厚で甘い食品。薬用などにする。＝醍醐味

だいご【大悟】[名・自サ変]《仏教語》俗世の名誉や地位、金銭欲を捨てて迷いを断ち、仏法の道理を悟ること。＝大覚

だいご【醍醐】[地名]山城国の地名。いまの京都市伏見区醍醐。真言宗醍醐派総本山の醍醐寺がある。

たいこう【太閤】歴史的かなづかい「たいかふ」

たいこう【太后】[名]太皇太后、または皇太后。

たいこう【退紅・褪紅】[名]（「退紅色」の略）❶染め色の名。薄い桃色。❷薄い桃色に染めた狩衣。また、それを着ていた仕丁（下人）の呼称にも用いた。

だいこくてん【大黒天】[名]❶インドの神の名。仏教を守護する戦いの神。のち中国・日本で台所の神とされた。❷「七福神」のひとつ。大国主命と結びつけられ、福徳の神とされる。大きな袋をかつぎ、ベレー帽状の頭巾をかぶり、打ち出の小槌を持ち、俵の上に乗っている。

だいごくでん【大極殿】[名]（「だいこくでん」とも）大内裏の八省院の北にある正殿。即位・大嘗会・賀正・御読経などの重大な行事が行われた。➡[表見返し]大内裏俯瞰図

だいごてんわう【醍醐天皇】[人名]（八八五－九三〇）第六十代天皇。父は宇多天皇。「延喜の治」と呼ばれる親政による公家の理想的政治を行ったため、「延喜の帝」ともいう。『日本三代実録』『延喜式』の編纂、『古今和歌集』の撰集を下命。

〔俳句〕**だいこひき…**【大根引き大根で道を教へけり】〈七番日記・一茶〉訳 畑で大根を引き抜いている農夫に道をたずねたところ、手にした大根で道を教えてくれたことだ。（季－大根引き－冬）

たいこもち【太鼓持ち】[名]《近世語》遊里で、遊女と客の仲立ちとなって遊びの座に興を添えることを仕事としている男。幇間。＝太鼓②

たいこんりゃうぶのみね【胎金両部の峰】《仏教語》吉野大峰のこと。「胎蔵界」と「金剛界」の両部を信仰する修験道の霊地であることからいう。

だいざ【台座】[名]❶物を据える台。とくに、仏像を置く台。蓮台。❷威厳。面目。

たいさい【大才】[名]すばらしい才能。その持ち主。

たいさい【太歳】[名]❶木星の別名。❷「太歳神」の略。

たいさいじん【太歳神】[名]陰陽道で祭る「八将神」のひとつ。木星の精。年ごとにその年の干支の方角に行くので、その方角に向かって吉事をすると福が来るという。＝太歳②

だいさいゐん【大斎院】[人名]「せんしないしんわう」に同じ。

たいざう【胎蔵】[名]《仏教語》「胎蔵界」の略。

たいざうかい【胎蔵界】[名]《仏教語》「大日如来」を理徳の面から見た世界。如来の慈悲が一切衆生を守り育むことを胎児を宿した母胎にたとえたもの。＝胎蔵。↕金剛界

だいざうきゃう【大蔵経】[名]《仏教語》仏教の経典を集成した叢書。三蔵（釈迦の説いた「経」、僧の守るべき「律」、弟子による教義に関する「論」）をすべて収めたもの。＝一切経

だいさん【第三】[名]❶第三番目。❷連歌・俳諧で発句・脇句の次にくる第三句。十七字の付け句で、発句と同じ季節を守りながら、主題や趣向を一転させる。

たいざんぶくん【泰山府君・太山府君】[名]（「たいざんふくん」「たいさんふくん」「たいさんぶくん」とも）中国泰山に住む神の名。仏教と習合して地獄の王のひとりとされ、神道と習合して素戔嗚尊・大国主命のこととされ、また、本地垂迹説では地蔵菩薩と結び付けられた。

たいし【太子】[名]❶皇位を継承する皇子。皇太子。❷中国古代の天子・諸侯の後継者。❸とくに、聖徳太子の別称。

だいし【大師】[名]《仏教語》❶仏・菩薩・高僧の敬称。❷朝廷が高僧に与えた称号。死後贈られることが多い。❸とくに、弘法大師空海のこと。

だいじ【大慈】[名]《仏教語》仏の衆生に対する慈愛。仏の恵み。

だいじ【大事】[・なり]【大事】㊀[名]❶**重大な事がら**。**大事件**。例「大事とは天下の人事をこそいへ。かやうの私事を、大事といふ様やある」〈平家・二・小教訓〉《係結び》「こそ→いへ㊁」、「や→ある㊍」。❷**仏道に入って悟りを開くこと**。**出家**。例「大事を思ひたたん人は、去りがたく、心にかからん事の本意を遂げずして、さながら捨つべきなり」〈徒然・五九〉❸**大変なこと**。**危険なこと**。例「修行といふはこれ程の大事か」〈平家・五・文覚荒行〉㊁[名・形動ナリ]❶**大切にすること**。**ていねいであること**。例「おほやけをはじめ奉りて、世の大事に思ひ侍るべきものとこそ思はざりしか」〈大鏡・時平〉《係結び》「こそ→思はざりしか㊁」。《敬語》「はじめ奉りて」→「たてまつる」、「思ひ侍る」→「はべり」。❷（病気が）**ひどく重いさま**。例「所労いよいよ大事なる由その聞こえあり」〈平家・三・医師問答〉

〔**大事あり**〕技芸などで、重要な事柄がある。秘伝がある。例「第一胡麻の仕掛けに**大事あ・らん**」〈浮・日本永代蔵〉

〔**大事の手**〕重傷。命にかかわるほどの傷。

〔**大事の前の小事**〕❶大事は小さな事からだめになることがあるので、大事を行う前には細かい事にも気をつけよということ。❷大事を行おうとするときには、細かい事にはこだわらなくてよいということ。＝大事の中に小事無し

だいしかう【大師講】［名］《仏教語》❶真言宗で、弘法大師の報恩のために行う法会。❷天台宗で、伝教大師の報恩のため忌日の陰暦六月四日に行う法会。❸中国天台宗で、開祖智者大師の忌日の陰暦十一月二十四日に行う法会。

だいしきでう【大食調】［名］（「たいじきてう」とも）雅楽の「六調子」のひとつ。

だいじざいてん【大自在天】［名］《仏教語》インドのバラモン教の最高神、シバ神。仏教に取り入れられ、仏法守護神とも仏敵の神ともされる。ふつう三つの目と八本の手を持ち、白牛にまたがる。自在天。

だいじだいひ【大慈大悲】［名］《仏教語》仏が一切衆生のすべての苦を取り除き、安楽を与えてくれる恵み。とくに、観世音菩薩の慈悲。

だいじな・い【大事無い】［形口語型］心配ない。差し支えない。構わない。例「産ませても**大事な・い**、命に障りはないはず」〈浄・堀川波鼓〉

たいしゃ【大社】［名］❶神社で、格の高いもの。大・中・小の三つの格がある。❷大規模で有名な神社。

たいしゃ【大射】［名］「じゃらい」に同じ。

たいしゃ【大赦】［名］（「だいしゃ」とも）吉凶諸事を理由に、天皇の命令により、広く罪人を減刑あるいは赦免すること。

たいじゃう【怠状】［名］❶わび状。謝罪文。＝怠り文。❷わびること。謝ること。謝罪。

だいしゃう【大将】［名］（「たいしゃう」とも）❶左右の「近衛府」の長官。各一名。従三位。多く大納言が兼任した。❷軍の指揮官。

だいじゃうくゎん【太政官】［名］（「だじゃうくゎん」「おほいまつりごとのつかさ」とも）令制で行政の最高機関。中央の「八省」以下、諸役所・諸国を統轄して国を治めた。いまの内閣に当たる。「太政大臣」と「左大臣」「右大臣」を長官とし、「大納言」「中納言」「参議」で構成される。その下に少納言、左右弁官の三局があり、実務に当たった。＝政官②。➡［表見返し］大内裏俯瞰図

だいじゃうくゎんちゃう【太政官庁】［名］「太政官」の役所。大内裏の「八省院」の東にあり、列見・定考（役人の昇任式）などの儀式も行われ、平安末期以降は即位の式も行われた。

だいじゃうくゎんぷ【太政官符】［名］「太政官」から「八省」、諸役所、諸国などに命令を伝える公文書。＝官符

たいしゃうぐん【大将軍】［名］（「だいしゃうぐん」とも）❶天皇の命令を受け、戦争に出征する軍の長官。❷一般に、軍の総指揮者。総大将。❸かしら。首領。❹（「征夷大将軍」の略）鎌倉から江戸時代、武家政権の長。❺陰陽道の「八将神」のひとつ。太白星（金星）の精。三年ごとにいる方角を変え、その方角は何事につけても忌まれた。

だいしゃうこく【大相国】［名］「太政大臣」の唐名。

だいじゃうさい【大嘗祭】［名］（「おほなめまつり」とも）天皇即位後、初めての「新嘗の祭り」。一代一度の最大の祭儀。即位が七月以前ならその年の、八月以降なら翌年の陰暦十一月の中の卯の日に行うことを例とした。＝大嘗・大嘗・大嘗会。→「にひなめのまつり」。（季—冬）

だいしゃうじ【大床子】［名］天皇用の四脚の低い台座。清涼殿の「昼の御座」に置かれ、食事などの際用いられた。➡図版「碁」、［古典参考図］清涼殿

〔**大床子の御膳**〕天皇が清涼殿の「昼の御座」の大床子で食べる食事。殿上人が給仕する正式なもの。

だいじゃうだいじん【太政大臣】［名］（「だじゃうだいじん」「おほきおとど」「おほきおほいどの」「おほきおほいまうちぎみ」「おほまつりごとのおほまへつきみ」とも）令制で「太政官」の最高位の長官。実際の政務は「左大臣」「右大臣」が執った。適任者のいないときは欠員にしたので「則闕の官」ともいう。

だいじゃうてんわう【太上天皇】［名］（「だじゃうてんわう」とも）譲位した天皇の敬称。上皇。＝下り居の帝

〔**太上天皇に准ふ御位**〕太上天皇に準じる地位。上皇と同じ待遇の身分。准太上天皇。『源氏物語』藤裏葉の巻では、源氏が臣下でありながら准太上天皇になるという、歴史上にはない例がみられる。

だいじゃうにふだう【太政入道】［名］（「だじゃうにふだう」とも）太政大臣で出家した人。

だいじゃうほふわう【太上法皇】［名］（「だじゃうほふわう」とも）出家した「太上天皇」の敬称。

だいじゃうゑ【大嘗会】［名］「だいじゃうさい」に同じ。

〔**大嘗会の御禊**〕「大嘗会」に先立って、陰暦十月下旬に、天皇が賀茂川で行う禊ぎ。＝豊の禊ぎ

たいしゃく【帝釈】［名］《仏教語》「帝釈天」の略。

たいしゃくてん【帝釈天】［名］《仏教語》仏教の守護神で、天上界の王。須弥山上の城に住み、阿修羅を征服し、天下万民を見守る。梵天と対で扱われることが多い。＝帝釈

たいしゃづくり【大社造り】［名］出雲大社本殿に代表される、神社本殿の建築様式。切妻屋根で、棟の上に千木・堅魚木を載せる。二間四方で内部は中央に太い心柱、奥に神座がある。

たいしゅ【太守】［名］❶平安以降、上総（いまの千葉県）・常陸（いまの茨城県）・上野（いまの群馬県）の守のこと。❷鎌倉以降、一国の領主。

だいしゅ【大衆】［名］《仏教語》貴族出身でない、多くの一般の僧。衆徒。

たいしょう【太衝】［名］陰陽道で、陰暦九月

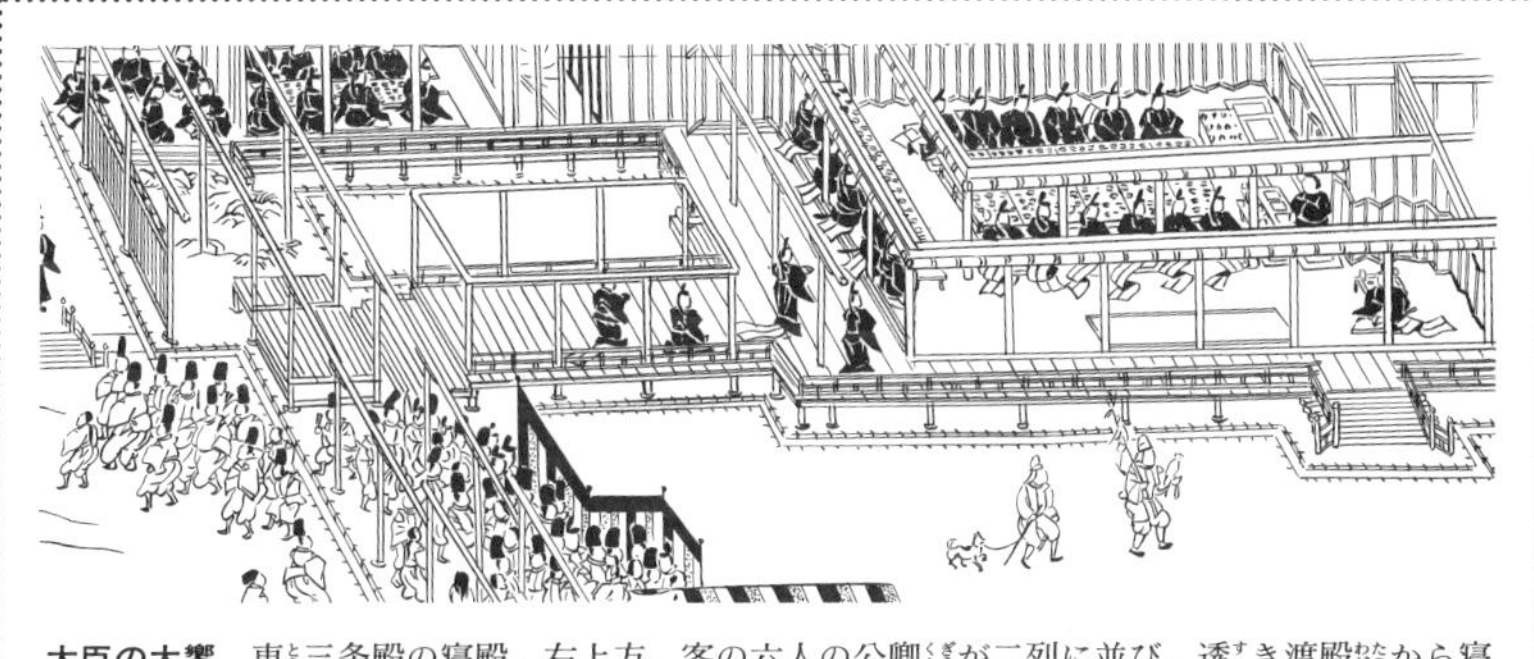

大臣の大饗　東三条殿の寝殿。右上方、客の六人の公卿が二列に並び、透き渡殿から寝殿に向かう四人が酒食を運ぶ。前庭をわたるのは、犬飼ひと鷹飼ひ。（年中行事絵巻）

の神。転じて、陰暦九月のこと。

だいじょう【大乗】［名］《仏教語。「だいぞう」とも。「乗」は彼岸へ行く乗り物の意》個人の解脱を説く小乗に対して、人間全体の平等と成仏救済を最終目標と考える仏教流派。＝上乗。↔小乗

だいじょう【大判官】［名］令制の官職名のひとつ。「判官」が複数名置かれるとき、その上位の方。役所によって当てる字が異なる。

だいじょうきゃう【大乗経】［名］《仏教語》大乗の教えを説く経典。

だいじょうけう【大乗教】［名］《仏教語》大乗の教え。三論・法相・天台・真言・律・浄土・禅・法華などの宗派が属する。

たいしょくくゎん【大織冠】［名］臣下の最高位の冠。のちの正一位に当たる。また、唯一実際に授けられた藤原鎌足を指す。

たいじん【大人】［名］❶徳の高い人。度量の大きい人。❷身分・地位の高い人。①②↔小人③④

だいじん【大臣】［名］《「おとど」「おほまうちぎみ」「おほいまうちぎみ」「おほまへつきみ」とも》令制で「太政官」の上官。「太政大臣」「左大臣」「右大臣」「内大臣」をいう。

〔**大臣の大饗**〕大臣がほかの大臣以下、殿上人たちを屋敷に招いて行う盛大な饗宴。毎年正月、または新しく大臣に任ぜられたときに行われる。

だいじん【大進】［名］《「たいしん」「だいしん」とも》令制で「中宮職」「大膳職」「京職」「修理職」「東宮坊」などの役人。「少進」の上位。

だいじんぐう【大神宮・太神宮】［名］❶天照大神を祭る神社。伊勢の皇大神宮（内宮）。❷伊勢の内宮・外宮。両宮を合わせた呼び名。

だいじんけ【大臣家】［名］公家の家格のひとつ。摂家・清華に次ぐ家柄。大臣に欠員があれば任ぜられ、内大臣から太政大臣には昇進できるが、近衛大将は兼任できない。藤原氏の正親町三条・三条西と源氏の中院の三家の称。

だいじんけち【大臣闕】［名］大臣に欠員があること。

だいじんめし【大臣召し】［名］平安時代、天皇が命じて、大臣任命のため当人を宮中に呼ぶこと。転じて、大臣任命の儀式。

たい・す【帯す】［他サ変］{せ・し・す・する・すれ・せよ}❶身に着ける。帯びる。例「この守る人々も、弓矢を**帯・して**をり」〈竹取・かぐや姫の昇天〉❷持つ。携える。例「所帯所職を**帯・する**程の人」〈平家・三・御産〉

だいす【台子】［名］《近世語》正式の茶の湯で用いる棚。四本柱の上下に横板が付いていて、風炉・水差し・茶碗・茶入れなどを載せる。

だいず【大呪】［名］《仏教語。「だいじゅ」とも》「陀羅尼」の敬称。仏教の呪文で長文のもの。

たいせい【大勢】［名］《「たいぜい」とも》大きな勢力。また、大人数の集団。おおぜい。↔小勢

だいせいし【大勢至】［名］《仏教語》「大勢至菩薩」の略。

だいせいしぼさつ【大勢至菩薩】［名］《仏教語》阿弥陀三尊のひとつ。観世音菩薩とともに阿弥陀如来を助けて衆生を導く。阿弥陀の知恵を表す。＝勢至菩薩・大勢至

たいせう【大小】［名］❶大きいことと小さいこと。大きいものと小さいもの。❷大刀と小刀。太刀と脇差し。❸大鼓と小鼓。❹大の月と小の月。また、ある年の月の大小を一覧にした印刷物。

〔**大小の神祇**〕大社・小社の神々。誓詞の終わりに「大小の神祇御罰云々」と記した。

だいせうねつ【大焦熱】［名］《仏教語。「大焦熱地獄」の略》八大地獄のひとつ。他の地獄の十倍の責め苦を際限なく受けるという。

たいせち【・なり】【大切】［名・形動ナリ］「たいせつ」に同じ。

たいせつ【・なり】【大切】［名・形動ナリ］《「たいせち」とも》❶緊急であること。後回しにできないこと。例「大切・に申すべき事の侍るなり」〈今昔・二七・二〇〉❷貴重であること。重要であること。

たいぜん【大膳】［名］「大膳職」の略。

たいせんかい【大千界】［名］《仏教語》「大千世

界」の略。

だいぜんしき【大膳職】[名]（「おほかしはでのつかさ」とも）令制で「宮内省」に属し、天皇の食事や臣下に賜る饗膳など、宮廷用の飲食関係のことをつかさどった役所。＝大膳

だいせんせかい【大千世界】[名]（仏教語）須弥山を中心として、日・月・四大州・四大海・六欲天・梵天などがあるものを一世界と考え、一世界の千個あるものを小千世界、小千世界の千個あるものを中千世界、中千世界の千個あるものを大千世界という。大千。＝大千界

だいぜんのだいぶ【大膳大夫】[名]令制で「大膳職」の長官。「大膳頭」ともいう。

だいぞう【大乗】[名]「だいじょう（大乗）」に同じ。

だいそうじゃう【大僧正】[名]僧が朝廷から与えられる官の最高位。「僧正」のさらに上。

だいだい【大内】[名]（「たいだい」とも）「大内裏」の略。

だいだいき【大内記】[名]「だいないき」に同じ。

たいだい・し【怠怠し】[形シク]（しから・しく(しかり)・し・しき・しかれ・〇）もってのほかだ。とんでもない。不届きだ。例「たいだい・しとおぼしたるなりけり」〈大和・一三〉

だいだいり【大内裏】[名]古代の政治・行政の中心地。平安京では、その北辺の中央にあり、周りは築地がめぐらされ、南中央の朱雀門をはじめとする門が設けられている。天皇が住む内裏と諸官庁からなる。＝大内

だいだう【大道】[名]❶広い道路。大通り。❷道徳。人として正しい道。

だいたうごめ【大唐米】[名]（「だいたうまい」とも）うすい赤みのある下等の米。＝赤米

だいたふ【大塔】[名]（仏教語）❶真言宗の寺院にある、密教独特の塔。❷高野山金剛峰寺にある多宝塔。❸比叡山延暦寺の大塔をめぐる寺域内の寺院。

[**大塔の宮**]（比叡山の大塔に住んでいたことから）天台座主になった皇族の称号。とくに、後醍醐天皇の皇子護良親王を指す。

たいぢ[・す]【退治・対治】[名・他サ変]❶攻めて降参させること。攻撃し、退けること。❷（仏教語）仏道精進を妨げるものを退け、煩悩を断つこと。

だいち【大智・大知】[名]（「たいち」とも）すばらしい知恵。また、その持ち主。多く仏教の知恵に用いる。

だいぢから【大力】[名]非常に強い力。怪力。また、その力の持ち主。

〔俳句〕**たいちまい…【田一枚植ゑて立ち去る柳かな】**〈おくのほそ道・殺生石・蘆野・芭蕉〉

訳 西行が「しばし」といって立ち寄った柳のもとで昔を偲んでいると、いつの間にか早乙女は田一枚（＝田の一区画）を植え終わっていた。思わずときを過ごしたものだと、心を残しつつ柳のもとを立ち去って行くことだ。（季—田植ゑ—夏）

〈参考〉「植ゑて」を作者が手向けのために早乙女とともに植えるとする説、「立ち去る」を早乙女を含めてとらえる説などもある。

たいてい【大抵・大体】[名・副]❶おおよそ。大部分。❷（下に打消の語を伴って）程度が普通であること。なみたいてい。たいがい。例「自慢ぢゃないが髪は大てい上手ぢゃござらぬ」〈浄・新版歌祭文〉❸（②の打消の語が省略されて）かなり。非常に。例「たいてい心づかひをしたわいなあ」〈伎・助六所縁江戸桜〉

たいてん【大典】[名]令制で「大宰府」の「主典」。「少典」の上位。

たいてん[・す]【退転】[名・自サ変]❶（仏教語）修行によって得た地位を失い、転落すること。↔不退転。❷だんだん衰えること。しだいに小さく、少なくなること。例「法花問答講、今の世にいたるまで、毎日退転なし」〈平家・一・願立〉❸途絶えること。なくなること。

だいどうじ【大童子】[名]❶大人になっても童子の髪型をした者。❷寺院で召し使う童子で、最上位の上童子に次ぐ位の童子。

だいとく【大徳】[名]（仏教語。「だいとこ」とも）❶徳の高い僧。❷僧一般に対する敬称。

だいとくじん【大徳人】[名]裕福な人。

だいとこ【大徳】[名]「だいとく」に同じ。

だいないき【大内記】[名]（「だいだいき」とも）令制で「中務省」の役人である「内記」の上位の者。

だいなごん【大納言】[名]（「おほいものまうすつかさ」とも）令制で「太政官」の次官。「右大臣」の下位で「中納言」の上位。大臣とともに政治に参与し、宣旨の奏上などをつかさどった。

だいなし[名]（近世語）中間や下男が着用した紺無地の布でできた筒袖の着物。

だいに【大弐】[名]令制で「大宰府」の次官。少弐の上位。権帥を置かないとき帥の下に置いた。

だいにち【大日】[名]「大日如来」の略。

だいにちにょらい【大日如来】[名]（仏教語）真言宗の本尊。宇宙の実相を仏格化した根本仏で、理徳の面を表す胎蔵界大日如来と知徳の面を表す金剛界大日如来の二体がある。摩訶毘盧遮那仏。天照大神の本地とされる。＝大日。↓[古典参考図]主要仏像

だいにのさんゐ【大弐三位】[人名]（一〇〇〇?〜一〇八二?）平安中期の女流歌人。本名は藤原賢子。父は藤原宣孝、母は紫式部。後冷泉天皇の乳母となった。『後拾遺和歌集』などに入集。

だいにほんこくほけきゃうげんき【大日本国法華経験記】[作品名]平安中期の説話集。『本朝法華験記』『法華験記』ともいう。鎮源編。法華経の功徳を実証する説話を唐の『法華経集験記』にならって集成。

だいにほんし【大日本史】[作品名]江戸前期から明治にかけて（一六五七から一九〇六編纂）成った歴史書。徳川光圀（彰考館）編。神武天皇から後小松天皇までの歴史を漢文・紀伝体で記す。典拠を注記するなど実証的な記述を旨とするが、独自の歴史観も明示されている。

だいねんぶつ【大念仏】[名]（仏教語）❶大勢の人が集まり、念仏を唱えること。❷京都嵯峨の清凉寺釈迦堂で陰暦三月六日から十五日まで行われた大念仏の法会。

たいのうへ【対の上】[名]「対の屋」に住んでいるお方。貴族の妻を指す。

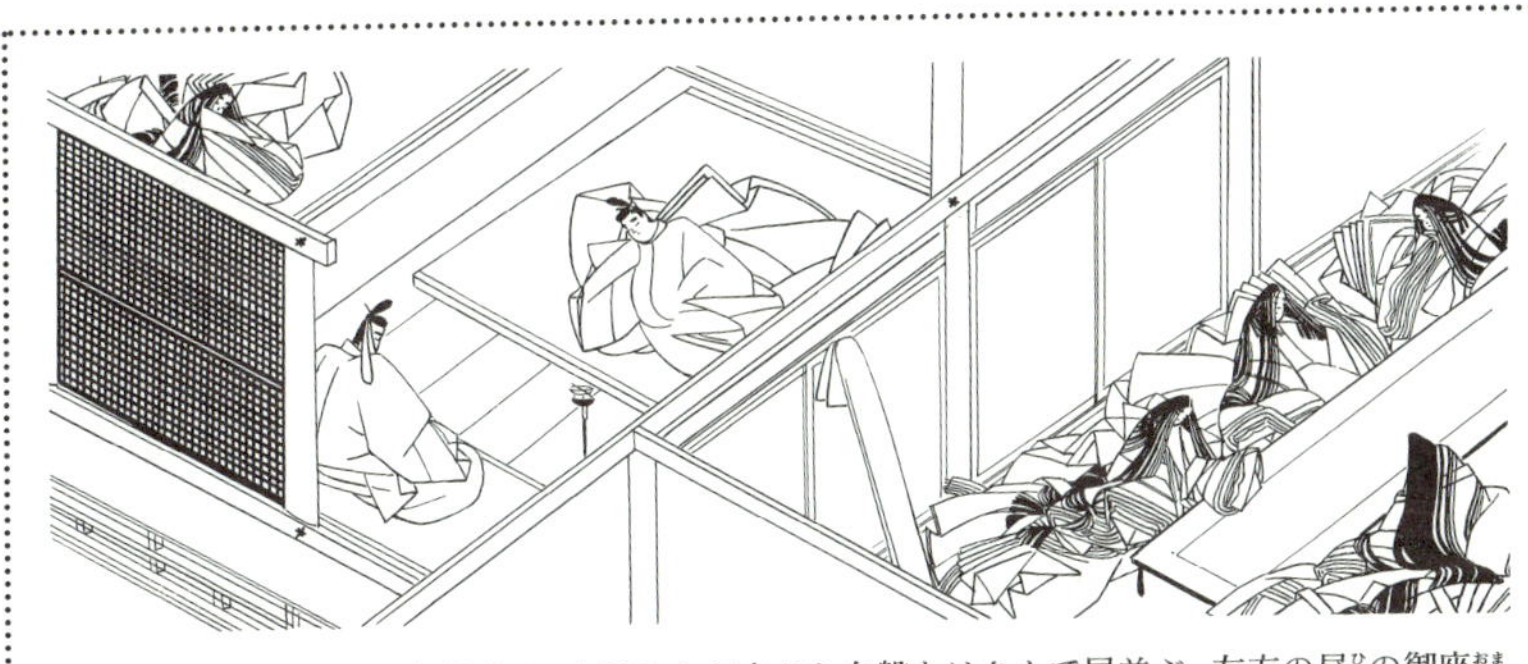

台盤所　清涼殿の台盤所で、女房たちが大きな台盤をはさんで居並ぶ。左方の昼の御座では、御引き直衣姿の高倉天皇と藤原隆房が対座する。（隆房卿艶詞絵巻）

たいのかた【対の方】［名］「たいのうへ」に同じ。

たいのや【対の屋】［名］寝殿造りにおいて、正殿の寝殿の東西や背後（北）に建てられた建物。寝殿とは「渡殿」でつながっており、多く夫人や家族が住んだ。「北の対」「東の対」などと称した。＝対

たいはい【帯佩・体拝】［名］❶太刀を身につけること。また、その姿。❷武芸や芸能などの型。構え。

たいはうりつりゃう【大宝律令】［名］上代の基本法典。大宝元年（七〇一）成立。藤原不比等らの編。養老律令施行まで律令国家の基本法となった。

たいはく【太白】［名］「太白星」の略。

たいはくせい【太白星】［名］金星の別名。＝太白

だいばん【台盤】［名］《「だいはん」とも》宮中や貴族の家などで、食物や食器を載せるための台。朱塗りまたは黒塗りで、四脚、横長のもの。

だいはんじ【大判事】［名］令制で「刑部省」や「大宰府」に属する最上級の裁判官。

だいばんじゃく【大磐石・大盤石】［名］❶大きな岩。❷物が堅固で動かないようす。また、落ち着いていること。

だいばんどころ【台盤所】［名］❶内裏の清涼殿西側にある女房の詰め所。ここに台盤を置く。臣下の家では、食物を調理する所。台所。❷貴人の妻の敬称。＝御台所

だいはんにゃ【大般若】［名］《仏教語》「大般若経」の略。

だいはんにゃきゃう【大般若経】［名］《仏教語。「大般若波羅蜜多経」の略》般若（根本的な知恵）によって見ると、すべてのものはみな空であるということを説いた経典。大乗仏教の初期の経典で、唐の玄奘三蔵の訳。＝大般若

だいひ【大悲】［名］《仏教語》❶衆生を苦しみから救う仏の大きな慈悲。❷「大悲菩薩」の略。

だいひさ【大悲者】［名］《仏教語》（「大慈悲者」の意から）諸仏・諸菩薩。とくに、観世音菩薩。

だいひつ【大弼】［名］❶令制で「弾正台」の次官。「少弼」の上位。❷孝謙天皇のときに置かれた、紫微中台（皇后宮職）の次官。

だいひのせんろくほん【大悲千禄本】［作品名］江戸後期（一七八五刊行）の黄表紙。芝全交作。山東京伝画。千手観音が、不景気のため自分の手を切り、損料貸しにするため、山師に権利を与えて大もうけをする話。京伝の画も見事で、大評判となった黄表紙の傑作。

だいひぼさつ【大悲菩薩】［名］《仏教語》観世音菩薩の別称。＝大悲②

たいふ［名］㊀【大夫】❶中国の官名のひとつ。卿の下、士の上にあたる官職。❷令制で一位以下五位以上の者の総称。平安以降は、五位の者の通称として用いられた。㊁【大夫・太夫】❶能・狂言などの役者で、とくに技芸にすぐれた者。または、その一座の座長。❷歌舞伎で、女形の最上位の役者。または、その一座の座頭。❸官許の遊女で、最上位の階級の者。❹神主。❺伊勢神宮の下級神官である、「御師」。または、その神官が営む宿。

発展学習ファイル　各職や東宮坊の長官も「大夫」と書くが、「だいぶ」と読み区別する。

たいふ【大副】［名］令制で「神祇官」の次官。「少副」の上位。

たいふ【大輔】［名］《「たゆう」とも》令制で「八省」の次官。「少輔」の上位。

だいふ【内府】［名］《「ないふ」とも》「内大臣」の唐名。

だいぶ【大夫】［名］中宮・修理・京などの各職や東宮坊の長官。

発展学習ファイル　位階が一位以下五位以上の者も「大夫」と書くが、「たいふ」と読み区別する。

だいふく【大福】［名］大いに富み栄え、福運のあること。

だいぶく【大服】［名］「おほぶく」に同じ。

だいふくちゃうじゃ【大福長者】［名］とても裕福な暮らしぶりの人。大金持ち。

だいふくちゅう【大腹中】［名・形動ナリ］《近世語》気が大きく小事にこだわらないこと。太

っ腹。例「江戸気性の**大腹中**にて」〈膝栗毛〉

たいふのげん【大夫の監】[名]「大宰府」で従五位下に叙せられた「大監」。

たいふのはうぐゎん【大夫の判官】タイフノホウガン[名]令制で「検非違使」で五位に叙せられた「尉」。大夫の尉。

たいへい【太平・泰平】[名]❶世の中が平和でよく治まっていること。❷「太平楽②」の略。

たいへいき【太平記】[作品名]南北朝時代の軍記。作者は小島法師との記録があるが、玄恵法印なども作者に擬される。後醍醐天皇の討幕運動、南北朝の争乱を、中国故事などを引用しながら、和漢混交文で叙述する。

たいへいらく【太平楽】[名]❶雅楽の曲名。左方大食調の舞楽で、天下泰平を祝って、即位の大礼の大饗などに行われた。鴻門の会の剣舞を模したものといわれ、甲冑を着けた四人の舞人が鉾や太刀を持って舞う。❷いい加減なことをいったり、好き勝手に行ったりすること。のんびり構えていること。＝太平②

だいべん【大弁】[名]（「おほいおほともひ」とも）令制で太政官の「判官」のひとつ。左右の弁官局の長官。

だいほふ【大法】ダイホウ[名]（仏教語）❶仏の教えに対する敬称。また、大乗の法。❷密教で最も重要な修法。普賢延命法・七仏薬師法など。

だいぼん【大犯】[名]（「たいぼん」とも）大罪。放火・殺人・窃盗などを指す。また、それを犯した人。

だいぼんげ【大凡下】[名]身分の低い者をののしっていう語。例「汝ら程の**大凡下**の奴原が」〈太平記・一五〉

たいぼんげじょう【退凡下乗】[名]（仏教語）釈迦が霊鷲山で説法したとき、摩訶陀国王頻婆沙羅がこれを聞くために道を開き、その途中に立てた二つの卒塔婆。ひとつには「下乗」と記し王はそこから車馬を降りて歩き、ひとつには「退凡」と記し凡人がそこより内に入ることを禁じたという。

たいま【当麻】[地名]大和国の地名。いまの奈良県北葛城郡當麻町。中将姫の伝説と当麻曼荼羅の信仰で有名な当麻寺がある。

たいまつ【松明】[名]（「たきまつ」のイ音便）松のやにの多い部分に火をつけて照明具としたもの。竹やアシを束ねたものもいう。＝打ち松・続松①・松②

たいまつ・る【奉る】〔ら・り・る・る・れ・れ〕（「たてまつる」のイ音便）一[他ラ四]（「与ふ」の謙譲語）差し上げる。例「うれしと思ひ給ふべきもの**奉り給へ**」〈土佐〉二[補動ラ四]謙譲の意を表す。…申し上げる。…て差し上げる。例「父が生学生に使はれ**たいまつり**て」〈大鏡・序〉

発展学習ファイル　「たてまつる」に比べて、くだけた語感をもつとされる。用例は『土佐日記』『宇津保物語』『大鏡』などに限ってみられる。

だいみゃう【大名】ダイミョウ[名]（「大名主」の意から）❶平安末期から鎌倉時代にかけて、多くの名田を所有していた名主。❷鎌倉時代、広い領地を所有していた勢力ある武士。守護・地頭の敬称。❸江戸時代、禄高一万石以上の将軍直属の武家。藩主。①②↔小名

だいみゃうじん【大明神】ダイミョウジン[名]❶神に対する尊称。明神をさらに敬っていう語。❷人名や事物名の下に付け、神に見立てて、それに対する敬意や願望などを表す語。

だいみゃうそう【題名僧】ダイミョウソウ[名]「経供養」のとき、経典の題目を読み上げる役目の僧。

たいめ【・す】【対面】[名・自サ変]（「たいめん」の撥音無表記）「たいめん」に同じ。

たいめん【・す】【対面】[名・自サ変]（「たいめ」とも）直接顔を合わせること。会って話すこと。例「かくありがたき人に**対面**したるよろこび」〈源氏・桐壺〉

たいめんじょ【対面所】[名]大名・小名などの屋敷で来客の応接に用いた表座敷。現在の応接間。

だいもく【題目】[名]❶書物などの表題。外題。❷名称。❸箇条。条件。❹（仏教語）日蓮宗で唱える「南無妙法蓮華経」の名号。お題目。

だいもくだいこ【題目太鼓】[名]日蓮宗で、題目を唱えながらたたく団扇太鼓。

だいもん【大門】[名]外構えの大きな正門。社寺などの総門。また、大内裏の応天門。

だいもん【大紋・大文】[名]❶大きな模様。また、それがついたもの。❷大形の紋所。❸大形の家紋を、背中、左右の胸、左右の袖の五か所に染め出した布製の「直垂」。室町時代に始まり、江戸時代には五位以上の武士の礼服となった。↓[古典参考図]男子の服装〈3〉

だいもんじ【大文字】[名]❶大きな文字。❷「大」という文字。❸「大文字の火」の略。（季-秋）

〔**大文字の火**〕陰暦七月十六日の夜、盂蘭盆の送り火として、京都東山の如意岳（通称、大文字山）の西の中腹に大の字をかたどってたかれる篝火。＝大文字③。（季-秋）

たいやう【・す】【対揚】タイヨウ[名・自サ変]❶匹敵すること。例「御辺への道におきてはまた**対揚なし**」〈古今著聞・二九〉❷対抗すること。例「中々何ともなき取り集め勢を**対揚**して合戦をせば」〈太平記・二三〉❸（仏教語）法会で、仏法・世法の常住安穏を願う偈を唱えること。また、その僧。

たいらう【大粮】タイロウ[名]（「だいらう」とも）令制で諸司・諸衛府の下級官吏に支給した米・塩などの総称。

だいり【大理】[名]❶「検非違使の別当」の唐名。❷「刑部省」に属する判事の唐名。

だいり【内裏】[名]❶（「うち」とも）古代における、天皇が住む御殿を中心とした区域。平安京では、大内裏の中央やや東北寄りにあり、周りは築地がめぐらされ、南中央の建礼門をはじめとする門が設けられている。広さは、東西七十三丈（約二二〇メートル）、南北百丈（約三〇三メートル）で、正殿である紫宸殿、天皇の日常の御殿である清涼殿や、弘徽殿・飛香舎などの後宮七殿五舎、その他から成る。**皇居**。**宮中**。**禁中**。↓[表見返し]内裏略図。❷転じて、**天皇**。**帝**。例「かかるついでに**内裏**に奏すべきことあるによりなむ急ぎ上りぬる」〈源氏・明石〉（係結び）「なむ」→急ぎ上りぬる(体)（敬語）「奏すべき」→「そうす」。❸（「内裏雛」の略）**天皇・皇后の姿に似せた男女一対の雛人形**。

たいりゃう【大領】[名]（「だいりゃう」とも）平安時代の郡の長官。国司のもとで郡内の政務を行う。地方の有力な豪族が任命された。

たいりゃく【大略】[名・副]おおかた。あらまし。

だいゐとく【大威徳】[名]《仏教語》「大威徳明王」の略。

だいゐとくみゃうわう【大威徳明王】[名]《仏教語》「五大尊明王」のひとつ。西方を守護し、衆生を害する一切の毒蛇や悪魔を征服するという。六面・六臂（六本の腕）・六足で、怒りの相で水牛に乗る。＝大威徳

だいゑ【大会】[名]《仏教語》大規模な法会。

たう-【当】[接頭]（名詞に付いて）この、その、現在の、今年のなどの意を表す。また、「の」を伴うこともある。「当今」「当歳児」「当の矢」など。

たう-【唐】[接頭]（名詞に付いて）❶中国から渡来してきた事物を表す。「唐人」「唐船」など。❷西欧・南洋から渡来してきた事物を表す。「唐犬」「唐桟」など。❸ふつうのものとは違った形をもつ物を表す。「唐臼」「唐鍬」など。→「から（唐）」

たう【当】[名]❶《仏教語。「当来」の略》来世。未来。❷「当番」の略。

たう【党】[名]仲間。集団。とくに、平安末期から鎌倉時代にかけて、地方の豪族が結成した地縁的・血縁的な武士の集団。

たう【唐】[名]❶中国で隋の次に興った統一王朝（六一八～九〇七）の名。当時、世界で最も進んだ文明を備えた国であり、日本も遣唐使などを通して多大な影響を受けた。❷中国の称。もろこし。唐。

-だう【堂】[接尾]❶多く、他人の母への敬意を表す。例「大塔の宮の御母堂にて」〈太平記・六〉❷雅号・屋号・建物の名などに添える。「善法堂」など。

だう【堂】[名]❶客と接したり、礼楽を行ったりする所。正殿。表御殿。❷神仏を祭る建物。

たうい【擣衣】[名]（「たうえ」とも）砧で衣を打って、柔らかくし光沢を出すこと。

だういん【道因】[人名]（一〇九〇～一一八二?）平安後期の歌人。俗名は藤原敦頼。大臣家の歌合わせに出席、『住吉社歌合』『広田社歌合』を勧進した。『千載和歌集』などに入集。

たうか【堂下】[名]（「だうか」とも）❶建物の周辺の地上。御殿の前の庭。堂の下。❷清涼殿への昇殿を許されていない、身分の低い者。＝地下。①②↔堂上

たうか【蹈歌】[名]「たふか」に同じ。

だうか【道歌】[名]和歌の分類のひとつ。道徳的な教訓をこめた通俗的な和歌。教訓歌。

たうがく【唐楽】[名]（「からがく」とも）❶中国、唐から渡来した舞楽。❷日本の雅楽のひとつ。唐楽、林邑楽、およびその様式に従い、作曲された日本製の曲。左楽。

だうきゃう【道鏡】[人名]（?～七七二）奈良時代の法相宗の僧・政治家。弓削氏の出。孝謙天皇の庇護を受け、法王に任じられた。皇位をねらったが、和気清麻呂らに阻止され失脚。

たうぎん【当今】[名]現天皇。今上天皇。

だうぐ【道具】[名]❶仏具。❷一般の器物。調度品。❸武家で、槍・長刀などの武具。

たうけん【唐犬】[名]江戸初期に渡来した舶来犬。体型は大きく勇猛で、おもに猟犬として飼われた。オランダ犬。

たうけん【倒懸】[名]手足を縛って逆さまにつるすこと。転じて、激しい苦痛のたとえ。

だうげん【道元】[人名]（一二〇〇～一二五三）鎌倉中期の僧。曹洞宗の開祖。父は大臣源（久我）通親。延暦寺で天台宗を学び、次いで栄西に臨済宗を学ぶ。宋に渡り、帰朝後、永平寺を開創、曹洞宗を開いた。著書に『正法眼蔵』などがある。

たうご【倒語】[名]和歌の表現方法のひとつ。思うことを直接表さず、人に察知させる表現方法。

たうざ【当座】[名]❶**その場。その座。その席上。**例「当座の御面は優にて、それにぞ人々ゆるし申し給ひける」〈大鏡・道隆〉《係結び》「ぞ」→ゆるし申し給ひける㊍」。《敬語》「ゆるし申し給ひ」→「まうしたまふ」。❷**即座。即刻。その場ですぐ。**例「相手を切り殺し、その身も当座に相果て申され候ふ」〈狂・双六僧〉❸**さしあたり。一時。**また、**当分の間。**❹即興で和歌や俳句を詠むこと。また、その題。**即詠。即吟。**↔兼題

【当座の花】その場だけでの魅力。差し当たっての慰みもの。

たうざいご【当歳児・当歳子】[名]その年に生まれた子供。

たうさん【当参】[名・自サ変]主君のもとに参集したばかりであること。また、その人。

たうざん【当山】[名]❶この山。❷この寺。

たうし【唐紙】[名]中国から輸入された紙。楮と若竹の繊維で作られ、書画などに用いられた。

たうじ【当時】[名]❶いま。現在。❷そのとき。そのころ。

だうし【道士】[名]（「だうじ」とも）❶道教を修めた人。道者。転じて、神仙の術を会得した人。仙人。方士。❷俗人に対して僧をいう語。

だうし【道志】[名]（「道」は明法道、「志」は主典の意）大学の明法道出身者で、左右の衛門府の「志」と検非違使の「志」とを兼ねた者。

だうし【導師】[名]《仏教語》❶衆生を仏道に導く者。とくに、仏・菩薩をいう。❷供養や法会のとき、衆僧の首席となって儀式を執り行う僧。

たうじき【当色】[名]❶陰陽道で、その年の「吉方」に当たる色。❷位階に相当する色。令制では一位は深紫、二位・三位は薄紫、四位は深緋…と定められていた。❸宮中の儀式で、その役を務める者に賜った装束。あるいは、官給品。

だうじま【堂島】[地名]摂津国の地名。いまの大阪市北区堂島。堂島川と曾根崎川に囲まれた地域で古くは川中島。大阪の経済的中心地。

だうしゃ【堂舎】[名]（「だうじゃ」とも）大きな家と小さな家。また、社寺の建物。

だうしゃ【道者】[名]❶道教の修行者。道士。❷仏道修行者。僧。❸連れ立って社寺や霊場を参詣して回る人々。巡礼。

たうしゃう[-す]【堂上】（「だうしゃう」「だうじゃう」とも）一[名]❶建物の床の上。とくに清涼殿な

どの上。❷四位・五位で清涼殿に昇殿を許された者。六位でも蔵人は許された。↕地下①。❸広く公卿をいう。①②↕堂下。㊁[名・自サ変]清涼殿に昇殿すること。例「宣命を取らずして、**堂上せ**られにけり」〈徒然・一〇一〉

だうしゅ【堂衆】[名]《仏教語。「だうじゅ」とも》寺院の諸堂に属し、雑役に従事した身分の低い僧。平安末期から武力を持ち、僧兵の性格を帯びるようになった。→「がくしゃう(学生)」

たうしょく【当職】[名]《「たうじき」とも》現在の職務。現職。

たうじん【唐人】[名]❶中国人。❷外国人。❸道理が分からない人をあざけっていう語。

たうじん【盗人】[名]盗賊。ぬすびと。

だうしん【道心】[名]《仏教語》❶仏道を信仰する心。❷慈悲心。道徳心。❸成人したのちに仏道に入った者。

だうじん【道人】[名]❶道教の修行者。道士。また、神仙の術を得た人。方士。❷「だうにん」に同じ。❸世捨て人。また、その自称。

たうじんがさ【唐人笠】[名]中央が高く突き出た笠。祭礼で唐人囃子の者がかぶる。

だうしんざ【道心者】[名]「だうしんじゃ」に同じ。

だうしんじゃ【道心者】[名]《「だうしんざ」とも》仏教の信者。

たうせい【当世】[名]❶**現代。いまの世。** 例「いはんやこれは、当家の棟梁、**当世の賢人にておはしければ**」〈平家・三・医師問答〉《敬語》「賢人にておはし」→「おはす」。❷《「当世風」の略》**現代風。今風。** 例「**当世**の下げ島田、惣釣りといふ事を結ひ出だし」〈浮・好色一代女〉

たうせい【桃青】[人名]「まつをばせう」に同じ。

たうせん【唐船】[名]《「からのふね」「もろこしぶね」とも》中国の船。中国様式の船。

たうぜん【当千】[名]《のちに「たうせん」とも》《多く「一人当千」の形で》ひとりで千人に匹敵するほどの勇気や武力があること。＝一人当千・一騎当千

だうぞく【道俗】[名]道人と俗人。僧と俗人。

だうそじん【道祖神】[名]村境・峠・辻・橋のたもとなどに祭られ、他国からの悪霊・疫病神の侵入を防ぐ神。または、路上の悪霊を防いで旅人の安全を守る神。＝塞への神・道陸神

たうた【田歌】[名]田植え歌。（季－夏）

たうだい【当代】[名]❶いまの世。当世。❷いまの天皇。今上天皇。

たうだ・く【手抱く】[自カ四]｛か・き・く・く・け・け｝「たむだく」に同じ。

たうちゃ【唐茶】[名]中国から渡来した茶。

だうぢゃう【道場】[名]❶《仏教語》(釈迦が悟りを開いた地の意から)僧が仏道修行をする所。寺。❷武道の稽古をする場所。

だうちゅうすごろく【道中双六】[名]絵双六のひとつ。東海道五十三次の風景などを描き、江戸品川を振り出しに、賽の目に従ってこまを進め、早く京都に上った者を勝ちとする。（季－春）

たうど【唐土】[名]日本からの中国の呼び名。＝唐・唐土

だうどうじ【堂童子】[名]❶寺院で法会や雑役に従事する、僧の姿でない少年。❷宮中の法会で、花籠(散華の花びらを入れる皿)を配る役。蔵人や五位の殿上人などから選んだ。

-だうな【接尾】(体言または動詞の連用形に付いて)無益に費やす意を表す。「矢だうな」など。

だうにん【道人】[名]《仏教語。「だうじん」とも》仏道を修めて悟りを開いた人。仏道修行者。

だうねん【道念】[名]《仏教語》求道心。

たうばり【賜ばり】[名]たまわること。いただくこと。また、いただきもの。位階や俸禄にいう。

たうば・る【似る】[自ラ四]｛ら・り・る・る・れ・れ｝《上代語》(貴人の容姿・資質を賜る意から)先人に似る。

たうば・る【賜ばる】[他ラ四]｛ら・り・る・る・れ・れ｝《動詞「たまはる」の変化形。「受く」「もらふ」の謙譲語》たまわる。いただく。例「御返りは、必ずあらむ。**賜ばりて**、まうで来む」〈宇津保・藤原の君〉

たうばん【当番】[名]❶その番に当たること。また、その人。❷泊まり番。宿直。＝当②

たう・ぶ【賜ぶ・給ぶ】[他バ四]｛ば・び・ぶ・ぶ・べ・べ｝㊀「与える」「くれる」の意の尊敬語。主語(与える人、くれる人)を高める。**お与えになる。くださる。** 例「それは隆円に**給・べ**」〈能因本枕・無名といふ琵琶〉㊁[補動バ四]動詞の連用形に付いて、その主語を高める尊敬語。**お(ご)…になる。…なさる。…てくださる。** 例「船酔ひしたう・べりし御顔には、似ずもあるかな」〈土佐〉

発展学習ファイル
(1)四段活用の「**たまふ**」と親類関係にある語。「たまふ」より敬意は軽かった模様。「**たぶ**(賜ぶ・給ぶ)」も類語。
(2)上代から用いられた語であるが、平安時代には堅く古めかしい感じを伴う語として残る程度で、類義語の四段活用の「**たまふ**」の方が主として用いられた。
(3)丁寧語「はべり」に付く特殊な用法をもつ。→「はべりたうぶ」

たう・ぶ【食ぶ】[他バ下二]｛べ・べ・ぶ・ぶる・ぶれ・べよ｝❶「食べる」「飲む」の意の謙譲語。実際の働きは丁寧語に近い。食べる人、飲む人(主語)を低め、聞き手に対して丁重に述べ敬意を示す。**いただきます。** 例「かれこれ大御酒**たう・べける**ついでに」〈後撰・春下・一三五詞書〉❷**食べる。飲む。** 例「この酒を一人**たう・べん**がさうざうしければ」〈徒然・二一五〉

発展学習ファイル
「くださる」意の尊敬語の「**たうぶ**」(四段活用)と対になる語で、本来は「ものをいただいて飲食する」意で、与える人を高める謙譲語であったかと思われる。それが、もらって飲食する人を低め、聞き手に対して敬意を示す語(①)として用いられ、さらに敬意を失って②となった。ただし、①か②かはっきり区別しにくい場合もある。類語に「**たぶ**(食ぶ)」がある。

たうぶく【当腹】[名]《「たうふく」とも》いまの本妻から生まれたこと。また、その人。＝向かひ腹。↕先腹

だうぶく【道服】[名]《「だうふく」とも》❶僧衣または「袈裟」の別称。❷室町時代に、公卿や大納言以上の人が着た普段着。

たうぶつ【唐物】トウブツ[名]「からもの(唐物)」に同じ。

たうまちくゐ【稲麻竹葦】トウマチクイ[名](法華経の方便品による語)(稲・麻・竹・葦が密生しているさまから)人や物が入り乱れて群がること。幾重にも取り囲んで立ち並ぶこと。

たうまる【唐丸・鶤鶏】トウマル[名]鶏の一品種。体型は大きく長鳴きする。闘鶏用・愛玩用。

たうみゃう【唐名】トウミョウ[名](「たうめい」とも)「からな①」に同じ。

だうむかへ【道迎へ】ドウムカエ[名]参詣などから帰ってくる人を途中まで出迎えること。

たうめ【専女】トウメ[名]❶老女。❷老狐の別名。

たうめ【唐目】トウメ[名](「からめ」とも)重さの単位の一種。一斤を百六十匁(六百グラム)とするもの。↔大和目

たうめ【専】トウメ[副](「たくめ」の変化形)もっぱら。専門に。例「汝専東国を領めよ」〈紀・景行〉

たうやく【当薬】トウヤク[名]センブリの別称。とくに、その根や茎を干してつくった胃の薬。(季―秋)

たうらい【当来】トウライ[名](仏教語)これから来ようとする時。未来。来世。

〔**当来の導師**〕トウライノドウシ(仏教語)釈迦入滅後、五十六億七千万年ののちに出現して衆生を救うという弥勒菩薩のこと。

〔**当来の値遇**〕トウライノチグウ(仏教語)来世で弥勒菩薩に会い、仏道を成就して救われること。

たうらい【到来】トウライ[名]❶やって来ること。到着。❷贈り物が届くこと。

たうらう【蟷螂】トウロウ[名](「たうろぎ」とも)カマキリ。(季―秋)

〔**蟷螂が斧**〕トウロウガオノ(カマキリが、前足を振り上げて強いものに立ち向かうことから)身のほど知らず。

たうり【桃李】トウリ[名]桃とスモモ。

〔**桃李もの言はざれども下おのづから蹊を成す**〕トウリモノイワザレドモシタオノズカラケイヲナス(『史記』から)桃やスモモは何もいわなくても、その下には花の美しさにひかれて人が集まるので、自然と道ができるの意。徳の高い人のもとには、自然と人が集まってくるというたとえ。

だうり【道理】ドウリ[名]物事の正しい筋道。

たうりう【当流】トウリュウ[名]❶自分の属する流派。わが流派。❷当世の流行。現代風。例「連俳も当流の行きかたを覚え」〈浮・日本永代蔵〉

たうりてん【忉利天】トウリテン[名](仏教語。「忉利」は梵語の音訳で三十三の意)「欲界」六天の第二天。須弥山の山頂にあり、帝釈天の居城である喜見城を中心に、四方に各八天があり、合わせて三十三天となる。人の願うところが思いのままになる天界とされる。＝三十三天

たうろぎ【蟷螂】トウロギ[名]「たうらう」に同じ。

だうろくじん【道陸神】ドウロクジン[名]「だうそじん」に同じ。

たうゑざうし【田植草紙】タウエゾウシ[作品名]歌謡集。編者未詳。室町後期から安土桃山時代にかけて中国地方で歌われていた田植歌をまとめたもの。

たえ【妙・栲】歴史的かなづかい「たへ」

たえ-い・る【絶え入る】[自ラ四]{ら・り・る・る・れ・れ}❶気絶する。気を失う。例「今日のいりあひばかり(＝日没ゴロ)に絶え入りて」〈伊勢・四〇〉❷息が絶える。死ぬ。例「歌ヲ書キ終エルトスグニ、絶え入りたまひぬ」〈竹取・燕の子安貝〉

たえこも・る【絶え籠る】[自ラ四]{ら・り・る・る・れ・れ}世間との交流を絶って引きこもる。例「ひたぶるに絶え籠りたまへりし住まひの心細さよりも」〈源氏・早蕨〉

たえ・す【絶えす】■[自サ変]{せ・し・す・する・すれ・せよ}絶える。尽きる。例「篝火にたちそふ恋の煙こそ世には絶えせぬほのほなりけれ」〈源氏・篝火〉■[他サ四]{さ・し・す・す・せ・せ}絶えるようにする。絶やす。例「紙入れに金銀を絶え・さず」〈浮・西鶴織留〉

たえだえ【絶え絶え】[副]絶えそうになりながらも、わずかに続くさま。とぎれとぎれに。例「心細げなる御声絶え絶え聞こえて」〈源氏・若紫〉

たえて【絶えて】[副](動詞「絶ゆ」の連用形＋接続助詞「て」)❶(下に打消の語を伴って)まったく。少しも。いっこうに。例「世の中にたえて桜のなかりせば春の心はのどけからまし」〈古今・春上・五三〉訳→(和歌)よのなかにたえてさくらの…。❷すっかり。とくに。はなはだしく。例「さすがに、絶えて思ほし忘れなんことも、いと言ふかひなくかるべきことに思ひて」〈源氏・夕顔〉《敬語》「思ほし忘れ」→「おもほす」

たえは・つ【絶え果つ】[自タ下二]{て・て・つ・つる・つれ・てよ}❶すっかりなくなる。例「いとど人目の絶えはつるも」〈源氏・椎本〉❷息が絶える。死ぬ。例「ただ冷えに冷え入りて、息はとく絶えはてにけり」〈源氏・夕顔〉

たえま【絶え間】[名]❶物のとだえた間。切れ目。❷(人との交際や連絡が)とだえている間。無沙汰。例「いみじう日来の絶え間歎かれつる」〈枕・殿などのおはしまさで後〉

たおやか【嫋やか】歴史的かなづかい「たをやか」

たおやめ【手弱女】歴史的かなづかい「たをやめ」

たか-【高】[接頭](名詞・動詞に付いて)高い、大きな、立派であるの意を表す。「高坏」「高御座」「高知る」「高照らす」など。

たか【高】■[名]❶田畑の収穫量。また、知行や扶持などの額。禄高。❷あげくのはて。究極。例「生きらるるだけ、添はるるだけ、高は死ぬると覚悟しや」〈浄・冥途の飛脚〉❸程度。せいぜい。ほど。例「たかが後家の身」〈浄・薩摩歌〉■《形容詞「高し」の語幹》高い、立派な、の意を添える。例「高光る日の大朝廷」〈万葉・五・八九四長歌〉

たか【鷹】[名]ワシタカ科の中で、やや小形の鳥をいう。古来、鷹狩りに用いられた。(季―冬)

〔**鷹は飢ゑても穂をつまず**〕タカハウエテモホヲツマズ高潔な人は、どんなに行きづまって困っても不正な金品を受けないというたとえ。＝鷹は死すとも穂はつまず

〔**鷹を合はす**〕タカヲアワス鷹を放って獲物をとらせる。

たが【誰が】《代名詞「誰」＋格助詞「が」》❶(連体修飾語として)だれの。例「立てるは愛しき誰が妻」〈万葉・二〇・四三九七〉❷(主語として)だれが。例「仏師知らずは、誰が知らんぞ」〈宇治拾遺・九・五〉

たかあし【高足】[名]❶田楽の道具のひとつで、竹馬のようなもの。また、それに乗って行う曲芸。＝鷺足。❷高足駄。歯の高い下駄。❸歌舞伎で、舞台を高くするための台のうち、最も高いもの。高さ二尺八寸(約八十五センチメートル)。

たかあふぎ【高扇】[名]❶扇を高く上げ、ゆっくりとあおぐこと。得意げなようすを表す。❷田楽の道具で、竿の先に大きな扇を付けたもの。

たかい【・す】【他界】㊀[名]別の世界。㊁[名・自サ変]死ぬこと。例「一人他界して夢に告げていはく」〈沙石集〉

たかう【高う】形容詞「たかし」の連用形「たかく」のウ音便。

たかうすべう【鷹護田鳥尾】[名]（「たかうすべを」とも）矢羽の一種。鷲の羽で中央に薄黒い斑の模様のあるもの。

たかうな【筍・笋】[名]（「たかむな」の変化形）「たかむな」に同じ。（季－夏）

たかがひ【鷹飼ひ】[名]鷹を飼いならして、狩猟に従事すること。また、その役人。＝鷹師・鷹匠（季－冬）。⇩図版「大臣の大饗」

たかがみね【鷹峯】[地名]山城国の地名。いまの京都市北区鷹峯。江戸時代、本阿弥光悦が徳川家康から拝領した地。

たかがや【高草・高萱】[名]ススキなどの背丈の高い草。

たかがり【鷹狩り】[名]飼いならした鷹や隼などを放して、野鳥や小さい獣を捕らえる狩猟。冬に行うのを「大鷹狩り」、秋に行うのを「小鷹狩り」という。＝鷹野（季－冬）

たかき【高城】[名]高い丘や山の上に築いた砦。

〔和歌〕**たかきやに…**【高き屋に登りて見れば煙立つ民のかまどはにぎはひにけり】〈新古今・賀・七〇七・仁徳天皇〉訳高い御殿に登って見ると、家々からは炊事の煙が立ちのぼっている。民の暮らしは豊かになったことだ。

たかくはらんかう【高桑闌更】[人名]「らんかう」に同じ。

たかくら【高座】[名]一段高い座席。天皇の玉座。

たかくらてんわう【高倉天皇】[人名]（一一六一〜一一八一）第八十代天皇。父は後白河天皇。後白河院と平清盛との間が悪化すると板狭みとなって苦しみ、安徳天皇に譲位した。

たかくらの【高座の】[枕詞]（高座には御蓋がつるされていることから）同音の地名「三笠」にかかる。例「高座の三笠の山に」〈万葉・三・三七三〉

たかごし【高腰】[名]腰を低くかがめないこと。傲慢な態度をいう語。

たかさご【高砂】[作品名]室町前期の謡曲。古名『相生』『相生松』ともいう。世阿弥作。肥後国の神主友成が、播磨国高砂の浦で老夫婦から高砂・住吉の相生松の由来を聞き、のちに住吉で再会する。『古今和歌集』の奥義を示す意図をもって作られたが、長寿の夫婦のめでたさから、婚礼の席上よく謡われ、有名曲となった。

たかさご【高砂】[歌枕]播磨国の地名。いまの兵庫県高砂市。加古川河口にあり、播磨灘に臨む。高砂神社にある「相生の松」で有名。

〔和歌〕**たかさごの…**【高砂の尾の上の桜咲きにけり外山の霞たたずもあらなむ】〈後拾遺・春上・一二〇・大江匡房〉〈百人一首・権中納言匡房〉訳高い山の峰の桜が咲いたことだ。人里近い山の霞は立たないでほしいものだ。〈参考〉「高砂」は、兵庫県の地名を指す場合と高い山を指す場合があるが、ここは後者。

たかし【鷹師】[名]「たかがひ」に同じ。

たか・し

たか・し【高し】[形ク]❶**位置が上の方だ。高い。**例「沖つ波高・く立ち来ぬ」〈万葉・一五・三六二七長歌〉❷**音が大きい。声高だ。**例「沖つ潮さゐ高く立ち来ぬ」〈万葉・一五・三七一〇〉❸**評判だ。名高い。有名だ。**例「名に高・き錦のうらをきてみれば」〈後拾遺・雑四・一〇七五〉❹（身分が）**高い。高貴だ。**例「なにの身の高・きにもあらず」〈平中・一四〉❺**すぐれている。よい。優秀だ。**例「おぼえ高・くやむごとなき殿上人」〈源氏・行幸〉❻**はるか昔だ。遠い時代だ。年老いている。**例「この人々の思ひ入れて優れたる歌は、高・き世にも及びてや侍らむ」〈近代秀歌〉

〔**高き人**〕身分の高い人。高貴な人。貴人。例「あやしき海人どもなどの、**たかき人**おはする所とて、集まり参りて」〈源氏・明石〉

〔**高き交じらひ**〕上流階級との交際。

〔**高き身**〕高い身分。高貴な出自。例「**高き身**には生まれながら、また人よりことに口惜しき契り（＝運命）にもありけるかな」〈源氏・幻〉

〔**高き屋**〕高い建物。高殿。また、高い場所にある建物。

たかし・く【高敷く】[他カ四]❶立派に建造する。例「長柄の宮に真木柱太**高敷・き**て」〈万葉・六・九二八長歌〉❷立派に統治する。例「我が大君の**高敷・かす**大和の国は」〈万葉・六・一〇四七長歌〉

たかしこ【竹矢籠】[名]竹の筒で作った箙。

たかしのはま【高師の浜】[歌枕]和泉国の海岸。いまの大阪府高石市から堺市にかけての、松原の美しさで知られた景勝地。

たかしほ【高潮】[名]陸まで押し寄せてくる高波。

〔和歌〕**たかしまや…**【高島やゆるぎの森の鷺すらもひとりは寝じと争ふものを】〈古今六帖・六〉訳高島の、ゆるぎの森に住むサギでさえも、ひとりでは寝るまいと妻争いをするのになあ。〈参考〉「高島」「ゆるぎの森」は歌枕。この歌は『枕草子』の「鳥は」にも引かれている。

たかじゃう【鷹匠】[名]「たかがひ」に同じ。

たがじゃう【多賀城】[地名]陸奥国の地名。いまの宮城県多賀城市。国府が置かれ蝦夷征討、東北政治の中心地であった。多賀城跡、古碑、歌枕として有名な「末の松山」が周辺にある。

たかし・る【高知る】[他ラ四]❶（宮殿などを）立派に建造する。例「わご大君の**高知・らす**吉野の宮は」〈万葉・六・九二三長歌〉❷立派に統治する。

たかしるや【高知るや】[枕詞]（高くそびえる宮殿が天日を覆って影をつくる意から）「天の御陰」にかかる。例「**高知るや**天の御陰」〈万葉・一・五二長歌〉

たかすがき【竹簀掻き】[名]竹で編んだ簀の子。また、それを敷いた床。

たかすなご【高砂子】[名]海辺で、砂が高く盛り上がっている所。砂丘。

たかせ【高瀬】[名]❶川のとくに浅い所。浅瀬。❷「高瀬舟」の略。

たかせぶね【高瀬舟】[名]小形の川舟。古くは小形で底が深かったが、後世のは大形で底が平たくて浅い。＝高瀬②

たがそで【誰が袖】[名]（『古今和歌集』の「色よりも香こそあはれと思ほゆれ誰が袖触れし宿の梅ぞも」〈春上・三三〉訳→(和歌)いろよりも…から）江戸時代の匂い袋の名。（季―夏）

たかだか【・なり】【高高】[形動ナリ]{なら・なり(に)・なり・なる・なれ・なれ}（「たかたか」とも）背伸びするようにして心待ちするさま。例「高々・に我が待つ君を待ち出でむかも」〈万葉・二〇・二八〇四〉

たかだか【高高】[副]❶（多く「たかだかと」の形で）とくに高いさま。例「その塚一つぞ高々としてありける」〈宇治拾遺・三・一五〉❷（多く「たかだかと」の形で）声高く。朗々と。例「高々と読うでたもれ」〈狂言記・俄道心〉❸高く見積もっても。せいぜい。例「高々銀一両」〈浮・傾城禁短気〉

たかだま【竹玉・竹珠】[名]細い竹を輪切りにして、ひもを通したもの。神事に用いる。一説に、竹につけた玉ともいう。

たかちほ【高千穂】[地名]日向国にある天孫降臨神話の伝説地。その位置についてはふたつの説がある。ひとつは、いまの宮崎県西臼杵郡高千穂町。天岩戸神社、高天原の地名が残る。他のひとつは、いまの宮崎県南西部と鹿児島県との境にある高千穂峰。建国神話にちなむ銅製の「天の逆鉾」がある。

たかぢゃうちん【高提灯】[名]「たかはりぢゃうちん」に同じ。

たかつき【高坏】[名]❶高い脚をつけた、食べ物を載せる器。↓[古典参考図]調度類〈2〉。❷（「高坏灯台」の略）①を逆さにして、底の部分に灯明皿を置いたもの。ふつうの灯台よりも低く、近い所を照らすのに用いた。

たかつくばしふ【鷹筑波集】[作品名]江戸前期の俳諧撰集。山本西武編。松永貞徳が三十年来判じた発句・付句を、門弟西武に編集させたもの。書名は、山崎宗鑑の『犬筑波集』（室町後期の俳諧撰集）に対しての命名。

たかづの【高角】[名]兜の鍬形の大ぶりのもの。鹿の角製という説もあるが、実際の例がない。

【**高角打つ**】「高角」を兜に取り付ける。

たかづらひげ【高面髯】[名]高く盛り上がっているほおひげ。

たかで【高で】[副]（近世語）❶たかが。せいぜい。例「これ皆ひとつにしてから、高で二貫目か三貫目」〈浮・世間胸算用〉❷もともと。初めから。例「命惜しいほどなら高で身をうつこともない」〈浄・生玉心中〉

たかてこて【高手小手】[名]両腕を後ろに回し、首から手首、ひじにかけて縛り上げること。例「高手小手にいましめて六波羅へぞ渡しける」〈太平記・六〉

たかてらす【高照らす】[枕詞]（空高く照らす意から）「日」にかかる。例「高照らす日の皇子」〈万葉・一・四五長歌〉

たかどの【高殿】[名]高く造られた建物。高楼。

たかと・ぶ【高飛ぶ】[自バ四]{ば・び・ぶ・ぶ・べ・べ}空高く飛ぶ。例「高飛・ぶ鳥にもがも」〈万葉・四・五三四長歌〉

たかとり【竹取り】[名]（「たけとり」の変化形）竹取りの翁。

たが・ぬ[他ナ下二]{ね・ね・ぬ・ぬる・ぬれ・ねよ}語義未詳。当てる意か。一説に、ひとつにまとめる意とも。例「手束杖腰にたが・ねて」〈万葉・五・八〇四長歌〉

たかね【高根・高嶺】[名]高い峰。

たがね【鉊】[名]（手のひらと指とで握り固める意から）握り固めた鉊。固鉊。

たかねおろし【高根颪】[名]高い峰から吹き下ろす冷たい風。

たかねんぶつ【高念仏】[名]声高く念仏を唱えること。

たかの【鷹野】[名]「たかがり」に同じ。

たかのは【鷹の羽】[名]❶鷹の尾の羽。矢羽に用いる。❷紋所の名。①を図案化したもので、「並び鷹の羽」「違い鷹の羽」などがある。

たかはし【高橋】[名]高くかけた橋。

たかはしうぢぶみ【高橋氏文】[作品名]奈良後期（七八九ごろ成立）の歴史書。高橋（膳部）氏が家記を朝廷に奏上したもの。完本はない。

たかはしのむしまろ【高橋虫麻呂】[人名]（生没年未詳）奈良時代の歌人。『常陸国風土記』の編纂にかかわったといわれるが未詳。伝説に取材した詠歌が多く「伝説歌人」と呼ばれる。『万葉集』に入集。

たかはま【高浜】[名]砂が高く積もっている浜。

たかはりぢゃうちん【高張り提灯】[名]長いさおの先に取りつけて高く掲げられるようにした提灯。＝高張り・高提灯

たかひ【高日】[名]天に高く輝く日。また、天上。

【**高日知る**】（天に上り、天上を治める意）天皇・皇子が死去される。例「我ご大君は高日知・らしぬ」〈万葉・二・二〇二〉

たかひかる【高光る】[枕詞]（空高く光る意から）「日」にかかる。例「高光る日の皇子」〈万葉・二・二〇四長歌〉

たかひざまづき【高跪き】[名]両膝をついて、腰を伸ばした姿勢。

たかひとつ…【鷹一つ見つけてうれし伊良湖崎】〈笈の小文・芭蕉〉訳古歌に「鷹」が詠まれた伊良湖崎。その伊良湖崎で、鷹が一羽飛んでいるのを見つけ、何ともうれしいことだ。（季―鷹―冬）

〈参考〉古歌として、西行の「巣鷹渡る伊良胡が崎を疑ひてなほ木に帰る山帰りかな」〈山家集・下〉などがある。追放され、謫居していた愛弟子杜国に会えた喜びをも込めた句。

たがひに【互ひに】[副]相互に。ともに。かわるがわる。↓「かたみに」。例「御心をたがひに慰めたまふほどに」〈竹取・かぐや姫の昇天〉

発展学習ファイル　おもに漢文訓読文で用いた語。和文では「かたみに」が用いられた。

たがひめ【違ひ目】[名]意に反する事態。事の食い違い。行き違い。

たかひも【高紐】[名]鎧の胴の「綿上」と前胴をつなぐひも。胸板のひもと結んで胴をつる。脱いだ兜

とかぶをこの「高紐」にかけて背負うこともある。➡［古典参考図］武装・武具〈1〉

たが・ふ【違ふ】ウタガ(ゴ)［自ハ四］［他ハ下二］

> **アプローチ**
> ▼「たがふ」は、本来あるべき状態と異なる意。上代から見られる。
> ▼類義語「ちがふ」は、動作がすれ違う意。中古では、「行きちがふ」「飛びちがふ」など複合動詞をつくることが多かった。
> ▼中世以降、「ちがふ」が「たがふ」にとってかわり、「ちがふ」単独で用いられるようになる。

一［自ハ四］{は・ひ・ふ・ふ・へ・へ}❶**食い違う。** **一致しない。** **相違する。** 例「かぐや姫ののたまふやうに**違**・**は**ず作りいでつ」〈竹取・蓬萊の玉の枝〉 訳かぐや姫がおっしゃるように、すこしも**相違し**ないで作り上げてしまった。《敬語》「のたまふやうに」→「のたまふ」

❷**そむく。** **反対する。** 例「死にも生きも同じ心と結びてし友や**違**・**は**む我も寄りなむ」〈万葉・一六・三七九七〉 訳死ぬのも生きるのも皆一緒にと約束したその友だちに**反対し**ようか、いや私もなびき寄りましょう。《係結び》「や」→違はむ(体)」

❸**変わる。** **ふつうでなくなる。** 例「いといと恥づかしきに、顔の色**違**・**ふ**らむとおぼえて」〈源氏・若菜・下〉 訳まことに気おくれがして、(自分の)顔色も**変わって**いるであろうと感じられて。

❹**間違う。** **誤る。** 例「仏の御しるべは、暗きに入りてもさらに**違**・**ふ**まじかなるものを」〈源氏・若紫〉 訳仏のお導きは、暗いところ(=死後の世界)に入っても、けっして**間違う**はずはないだろうに。《音便》「まじかなる」は「まじかるなる」の撥音便「まじかんなる」の撥音無表記。

二［他ハ下二］{へ・へ・ふ・ふる・ふれ・へよ}❶**違うようにさせる。** 例「かう心に入れて思ひたることを、**たが・へ**つれば、罪得らむ」〈枕・職の御曹司におはしますころ、西の廂に〉 訳こんなに執心して思い詰めたことを、**違うようにさ**せたのだから、仏罰をうけるだろう。《音便》「かう」は「かく」のウ音便。

❷**そむくようにする。** 例「かの御遺言**違**・**へ**ず仕うまつりおきてしかば」〈源氏・若菜・上〉 訳あの御遺言に**そむか**ないようお取りはからい申し上げておきましたので。《敬語》「仕うまつりおきて」→「つかうまつる」

❸**方違えをする。** 例「今年よりは塞がりける方にはべりければ、**違**・**ふ**とて」〈源氏・夕顔〉 訳今年からは方塞がりの方角に当たっておりましたから、**方違え**をするということで。《敬語》「方にはべり」→「はべり」

❹**間違える。** **しそこなう。** 例「聞こえさせ**違**・**ふる**ことどももはべりなむ」〈源氏・夕霧〉 訳申し上げ**間違える**ことなどもございましょう。《敬語》「聞こえさせ違ふる」→「きこえさす」、「はべりなむ」→「はべり」

たかふだ【高札】［名］(「かうさつ」とも)中世・近世に、法令や禁令、また罪状などを、世間に広く知らせるために街頭に立てた木の札。

たかべ【沈鳧・鸍】［名］コガモの古名。(季―冬)

たがへ・す【耕す】タガエス［他サ四］{さ・し・す・す・せ・せ}(「たかへす」とも。「田返す」の意)田畑を掘り返す。

たかまがはら【高天原】［名］「たかまのはら」に同じ。

たかまくら【高枕】［名］❶高く作った枕。また、それで寝ること。❷安心しきって寝ること。

たかまとやま【高円山】［歌枕］(「たかまどやま」とも)大和国の山。いまの奈良市白毫寺高円町にある。聖武天皇の離宮があった。「萩」「月」を景物とする。

たかまのはら【高天原】［名］(「たかまがはら」とも。「たかあまのはら」の変化形)❶日本の神話で、神々が住む天上の世界。人々が生活する「葦原の中つ国」、死者の住む「根の国」「黄泉の国」に対していう。❷大空。天空。

たかまのやま【高間の山】［歌枕］大和国の山。いまの奈良県御所市にある金剛山の古称。古くから修験道の霊場として知られ、役行者の創建とされる金剛山寺がある。

たがみ【手上】［名］(「た」は手の意)剣の柄。

たかみくら【高御座】［名］❶即位や朝賀などの際、大極殿や紫宸殿の中央に設けられた天皇の玉座。❷天皇の位。皇位。例「**高御座**登らむとならば、まづ大蔵の官を取れ」〈紀・清寧〉

たかみつにっき【高光日記】［作品名］「たふのみねのせうしゃうものがたり」に同じ。

たかむこのくろまろ【高向玄理】［人名］(?～六五四)(「たかむくのくろまろ」とも)飛鳥時代の漢学者。小野妹子とともに遣隋使の学生として渡海。大化の改新後の政治の推進に尽力。

たかむな【筍・笋】［名］(「たかうな」「たかんな」とも)竹の子。(季―夏)

たかむなさか【高胸坂】［名］あおむけに寝たときの、高くそりあがった胸を坂にたとえた語。

たかむら【竹叢・篁】［名］竹やぶ。竹林。

たかむらものがたり【篁物語】［作品名］物語。『小野篁集』『篁日記』ともいう。作者未詳。小野篁の異母妹との恋、右大臣の姫との結婚と栄達などを描く。

たかやか［・なり］【高やか】［形動ナリ］{なら・なり(に)・なり・なる・なれ・なれ}❶いかにも高いと感じられるさま。例「いと白く枯れたる荻を**高やか**にかざして」〈源氏・若菜・下〉❷音や声が大きく響くさま。例「『あな』と、**高やか**にうちひ呻きたるも」〈枕・懸想人にて来たるは〉

たかやぐら【高櫓】［名］高く築いたやぐら。

たかやまそうぜい【高山宗砌】［人名］「そうぜい」に同じ。

たかやりど【高遣り戸】［名］❶高く作った引き戸。❷清涼殿の西南の渡殿にある引き戸。

たかゆ・く【高行く・高往く】［自カ四］{か・き・く・く・け・け}空高く飛んで行く。例「**高往く**鵠の音」〈記・中〉

たかゆくや【高行くや】［枕詞］(空高く飛んで行く意から)「はやぶさ」にかかる。例「**高行くや**速総別の御襲料」〈記・下・歌謡〉

たから【宝・財】［名］❶大切なもの。貴重なもの。❷金銭。財貨。財産。

〔**宝の樹**・**宝の植木**〕タカラノウエキ 極楽浄土にある、宝のなる木。また、それを模して作った木。

〔**宝の王**〕多くの財宝を所有する人。長者。

〔**宝は身の差し合はせ**〕所持している財宝が持ち主の身を救い、役立つこと。

たから 願望の助動詞「たし」の未然形。例「敵にあうてこそ死にたけれ、悪所におちては死にたからず」〈平家・九・老馬〉《音便》「あう」は「あひ」のウ音便。《係結び》「こそ→死にたけれ㊐」

たからか【・なり】【高らか】[形動ナリ]いかにも高いようす。また、音や声が大きいようす。例「勧進帳をひきひろげ、たからかにこそよみけれ」〈平家・五・勧進帳〉

たからぶね【宝船】[名]宝物と七福神を乗せた帆掛け船。また、それを描いた絵。この絵に廻文歌を付け、節分の夜や正月二日の夜に枕の下に敷いて縁起のよい夢を見る呪いとした。（季−春）

たからゐきかく【宝井其角】[人名]「えのもときかく」に同じ。

たかり 願望の助動詞「たし」の連用形。例「ちかう参って見参にも入りたかりつれども」〈平家・一〇・維盛出家〉《音便》「ちかう」は「ちかく」のウ音便、「参っ」は「参り」の促音便。《敬語》「参って」→「まゐる（四段）」

たかる 願望の助動詞「たし」の連体形。

たかゐきとう【高井几董】[人名]（一七四一〜一七八九）江戸中期の俳人。与謝蕪村の門人となる。『あけ烏』などの句集を刊行し、『蕪村句集』を編纂。

たかを【高雄】[地名]山城国の地名。いまの京都市右京区高雄。清滝川沿いの山間部にあり、山腹には神護寺がある。紅葉の名所。「高尾」とも表記し栂尾・槇尾とともに三尾のひとつ。

たかんな【筍・笋】[名]「たかむな」に同じ。

たき【丈・長】[名]「たけ（丈）①」に同じ。

たき【滝】[名]《上代には「たぎ」とも》❶川や瀬の流れの急な所。急流。早瀬。❷がけから落下する水。瀑布。（季−夏）

発展学習ファイル ②の意は中古以後のようで、上代には「垂水」といった。

〔**滝の糸**〕「たきのしらいと」に同じ。

〔**滝の白糸**〕滝の水の落ちるさまを白い糸に見立てていった語。＝滝の糸

〔**滝の白玉**〕滝のしぶきの水滴を白玉にたとえた語。例「滝の白玉千代の数かも」〈古今・賀・三五〇〉

たき 願望の助動詞「たし」の連体形。例「かく有るべし（＝コノヨウニ死ヌ定メダ）とだに知りたらば、言ひ置きたき事ども有りつるを」〈保元・下〉

たぎ【弾碁】[名]《「たんぎ」の撥音無表記》中国伝来の遊戯の一種。中央が高くなっている四角の盤の両側に石を置き、ふたりが対座して石をはじき合い、相手の石に当たれば取り、取った石の多少で勝負がつく。

〔**弾碁の盤**〕弾碁に使用する盤。

だきう【打毬】[名]❶中国伝来の古代の室外遊戯。唐人の装束を着た競技者が、徒歩または馬に乗って、まりを木の杖で打ち合って遊ぶ。❷江戸時代の室外遊戯。競技者が、紅白二組に分かれて馬に乗り、紅白のそれぞれのまりを杖で打って、味方のまりを早く毬門に入れた方が勝ちとなる。

だきうらく【打毬楽】[名]《「たぎうらく」「だぎうらく」とも》雅楽の曲名。唐楽で、騎射・競馬・相撲などのときに行われる。四人または六人の舞人が唐人の装束でまりを杖で打つさまを舞う。

たきがは【滝川】[名]岩の間を激しくぶつかりあいながら勢いよく流れる川。早瀬。激流。

たきぎ【薪】[名]燃料用の木。まき。

〔**薪樵る**〕仏を信仰する。釈迦の教えや法華経に心を寄せる。また、「薪の行道」を行う。例「薪こる思ひは今日をはじめにてこの世にねがふ法ぞはるけき」〈源氏・御法〉

〔**薪の行道**〕《仏教語》「法華八講会」の三日目に、「法華経を我が得しことは薪こり菜摘み水汲み仕へてぞ得し（行基菩薩の作という）」の歌を唱えながら、薪を背負い、水桶を持って、僧たちのあとをついて歩く行事。

〔**薪の能**〕「たきぎのう」に同じ。

たきぎこる【薪樵る】[枕詞]（薪を伐る鎌意のから）同音を含む地名「鎌倉山」にかかる。例「薪こる鎌倉山の木垂る木を」〈万葉・一四・三四三三〉

たきぎつ・く【薪尽く】❶《仏教語》釈迦が入滅する。❷人が死ぬ。例「かぎりとて薪尽きなんことの悲しさ」〈源氏・御法〉

たきぎのう【薪能】[名]陰暦二月、奈良興福寺の修二会の期間中の七日間、南大門の芝生の上で、夜、薪の明かりの中で演じられる神事能。陰暦十一月に春日若宮で催されたものを指すこともある。＝薪の能。（季−春）

たきぐち【滝口】[名]❶滝の流れ落ちる所。❷清涼殿の北東にある「御溝水」の流れ落ちる所。❸蔵人所に属し、宮中の警備に当たった武士。

[古典参考図]清涼殿。②に詰め所があったのでこの名がある。

たきぐちどころ【滝口所】[名]「滝口」の武士が交替で勤務する所。＝滝口の陣

[俳句]**たきぐちに…**【滝口に灯を呼ぶ声や春の雨】〈自筆句帳・蕪村〉訳禁中警護の武士たちが詰める清涼殿の滝口に「明かりをもて」との声が飛び交う。そんな夕暮れ時の内裏のざわめきとは裏腹に、表は春雨が音もなく降り続いていることだ。（季−春の雨−春）

たきぐちにふだう【滝口入道】[人名]（生没年未詳）平安後期の武士・僧。俗名は斎藤時頼。滝口の武士であったが平重盛の家臣となる。建礼門院に仕える横笛との悲恋により出家、高野山に入った。

たきぐちのぢん【滝口の陣】[名]宮中警備の武士の詰め所。清涼殿の北東の「御溝水」の流れ落ちる所にあった。＝滝口所

たきざはばきん【滝沢馬琴】[人名]（一七六七〜一八四八）江戸後期の戯作者。別号は曲亭馬琴など。山東京伝に師事、合巻や読本を多数発表。儒教倫理、因果応報、勧善懲悪を作品に投影した。著書『南総里見八犬伝』『椿説弓張月』など。

たきし・む【焚き染む・薫き染む】[他マ下二]〈め・め・む・むる・むれ・めよ〉香をたいて、その香りを衣服などに染み込ませる。例「桜の御直衣にえならぬ御衣ひき重ね

て、**たきし・め**装束きたまひて」〈源氏・薄雲〉

たぎたぎ・し［形シク］｛しから・しく(しかり)・し・しき(しかる)・しけれ・しかれ｝❶道などがでこぼこして歩きにくいさま。例「道狭く地たぎたぎ・しかりき」〈常陸国風土記〉❷足の運びのはかどらないさま。例「今吾が足歩むこと得ずして、たぎたぎ・しく成りぬ」〈記・中〉

たぎち【滾ち・激ち】［名］水が激しく流れること。わき上がること。

たぎ・つ【滾つ・激つ】［自タ四］｛た・ち・つ・つ・て・て｝❶水が激しく流れる。わき上がる。例「山下たぎ・つ岩浪の」〈新古今・恋一・一〇六七〉❷心が騒ぐ。感情が高ぶる。例「たぎ・つ心を堰きぞかねつる」〈古今・恋一・四九一〉〔滾つ心・激つ心〕わき返るように激しく動く心。

たきつせ【滝つ瀬・滾つ瀬】［名］(「たぎつせ」とも。中古以降、「滝」と「瀬」を格助詞「つ」で結んだものと解された)激しく流れる瀬。激流。

たぎつせの【滾つ瀬の・激つ瀬の】［枕詞］(激しく流れる瀬の意から)「はやし(激しい)」にかかる。例「たぎつ瀬のはやき心を」〈古今・恋三・六六〇〉

たきどの【滝殿】［名］滝のほとりに造った建物。

たきなみ【滝波】［名］落下する滝の水。

だきに【荼枳尼】［名］(「だぎに」とも。梵語の音訳)「荼枳尼天」の略。

だきにてん【荼枳尼天】［名］(仏教語)インドの密教で説く鬼神の名。夜叉・羅刹の類で、自在の通力をもち、六か月以前に人の死を知り、その心臓を取って食うという。また、荼枳尼の真言の法を修得すると、自在の通力を得るとされた。日本では稲荷神などと同一視して信仰された。＝荼枳尼

たきにほは・す【焚き匂はす・薫き匂はす】［他サ四］｛さ・し・す・す・せ・せ｝香をたいて、香りを漂わせる。例「源中納言は、かうざまに好ましうはたき匂は・さで」〈源氏・紅梅〉

〔和歌〕**たきのおとは…**【滝の音は絶えて久しくなりぬれど名こそ流れてなほ聞こえけれ】〈千載・雑上・一〇三五・藤原公任〉(百人一首・大納言公任)

訳 水がかれ、滝の音は絶えてからずいぶん長い年月がたったけれども、その滝の名声は流れ伝えられて、いまもなお聞こえていることだ。(係結び)「こそ→聞こえけれ(已)」

〈参考〉「流れ」は「滝」の、「聞こえ」は「音」の縁語。この滝は、京都の嵯峨にある大覚寺にあった。

たきふさ【髻・頂髪】［名］もとどりの古名。たぶさ。

たきまさ・る【焚き増さる】［自ラ四］｛ら・り・る・る・れ・れ｝ますます燃え盛る。一段と火勢が強まる。例「海人の藻塩火たきまさ・るらん」〈新古今・雑中・一六一〇〉

たきもと【滝本】［名］滝の水が落ちてたまる所。滝壺。

たきもとりう【滝本流】［名］書道の一派。江戸初期、山城国(いまの京都府)の男山八幡宮(石清水八幡宮)の滝本坊にいた松花堂昭乗が創始。松花堂流。滝本様。

たきもの【薫き物】［名］種々の香木を粉にひき、練り合わせて作った香。例「よき薫き物たきて、ひとり臥したる」〈枕・心ときめきするもの〉

古典の世界 王朝貴族の間では、男女を問わず薫き物を部屋にくゆらしたり、衣服にたきしめたりして、盛んに用いた。衣服の場合は、「火取り」の上に「薫き物の籠」を伏せて、その上に衣服をかけ、香をたく。

たきものあはせ【薫き物合はせ】［名］「物合はせ」のひとつ。競技者が左右に分かれ、持ち寄った薫き物をたき、その優劣を競う遊び。＝香合はせ

たぎゃう［・す］【他行】［名・自サ変］外出。例「ついたち障子に松をかかせんとて、常則をめしければ、他行・したりけり」〈古今著聞・三八九〉

たぎらか・す【滾らかす】［他サ四］｛さ・し・す・す・せ・せ｝煮立たせる。例「湯をたぎらか・しつつ」〈大鏡・道長・下〉

たぎりゆ【滾り湯】［名］沸騰した湯。煮え立っている湯。煮え湯。

たぎ・る【滾る】［自ラ四］｛ら・り・る・る・れ・れ｝❶水が激しく流れる。逆巻く。＝滾つ。例「たぎ・りて流れゆく水」〈更級〉❷湯が沸き返る。例「この水、熱湯にたぎ・りぬれば」〈大和・一四九〉❸感情が高ぶる。例「たぎ・る心は運次第」〈浄・鑓の権三重帷子〉

たく【栲】［名］クワ科の落葉低木、楮の古名。樹皮から繊維をとり、織物や縄・紙などを作った。

たく【鐸】［名］(「ぬて」「ぬりて」とも)大形の鈴の一種。銅または青銅製で、鐘を偏平にしたような形をしている。中に舌があり、柄を持って振り鳴らす。

た・く【焚く・薫く】［他カ四］｛か・き・く・く・け・け｝❶火を燃やす。❷香をくゆらす。例「いみじき香の香こそすれ。尼君のた・きたまふにやあらむ」〈源氏・宿木〉

た・く【綰く】［他カ四］｛か・き・く・く・け・け｝❶(髪を)かき上げる。束ねる。例「た・けばぬれた・かねば長き妹が髪」〈万葉・二・一二三〉❷舟を漕ぐ。力をこめて漕ぐ。例「大船を荒海に漕ぎ出でや船た・け」〈万葉・七・一二六六〉❸綱や手綱などを操る。例「海人の縄た・き漁りせむとは」〈古今・雑下・九六一〉

た・く【長く・闌く】［自カ下二］｛け・け・く・くる・くれ・けよ｝❶(日が)高くのぼる。(日が)高くなる。例「日た・くるまで出でさせたまはねば」〈源氏・薄雲〉(敬語)「出でさせたまはねば」→「させたまふ」。❷盛りになる。十分になる。円熟する。例「徳た・け、人に許されて」〈徒然・一五〇〉❸盛りが過ぎる。末になる。例「年すでにた・けたり」〈平家・四・厳島御幸〉

たく 願望の助動詞「たし」の連用形。例「昔の人に聞かせ奉りたくてまた打ちしほれぬ」〈十六夜〉

た・ぐ【食ぐ】［他ガ下二］｛げ・げ・ぐ・ぐる・ぐれ・げよ｝(上代語)食べる。飲む。

だくあし【跑足・諾足】［名］馬術で、やや早足に駆けること。＝跑

たくあん【沢庵】［人名］(一五七三〜一六四五)安土桃山時代から江戸前期の臨済宗の僧・歌人。養生や医術に関する著書もあるが、宮本武蔵らと交流することによって諸芸に通じ、『不動智神妙録』を著す。

たぐう【比う・類う・副う】歴史的かなづかい「たぐふ」

たぐさ【手草】［名］(「たくさ」とも)歌舞をするときに手に持つもの。

たくしょ【謫所】［名］流刑地。＝配所

たくせん［・す］【託宣】［名・自サ変］神が人に乗り移ったり、夢に現れたりして、その意思を告げ知らせること。神のお告げ。神託。

たくづの【栲綱】［名］楮で作った綱。

たくづのの【栲綱の】［枕詞］「栲綱」の色から「白」に、また「白」と同音を含む国名「新羅(しらぎ)」にかかる。例「たくづのの新羅の国ゆ」〈万葉・三・四六〇長歌〉

たくなは【栲縄】(タクナワ)［名］楮(こうぞ)で作った縄。歌では多く「繰り返し」を導く序詞を構成する。

たくなはの【栲縄の】(タクナワノ)［枕詞］（「栲縄」が長いところから）「長き」「千尋(ちひろ)」にかかる。例「**栲縄の長き**命を欲しけくは」〈万葉・四・七〇四〉

たくぬの【栲布】［名］楮(こうぞ)の繊維で織った白い布。

たくはつ【・す】【托鉢】［名・自サ変］修行僧が経文をよみながら家々を回り、鉢に米や銭をもらうこと。＝乞食(こつじき)・乞者(こつしや)・頭陀(づだ)

たくは・ふ【貯ふ・蓄ふ】(タクワ(オ)ウ)一［他ハ四］｛は・ひ・ふ・ふ・へ・へ｝ためておく。備えておく。例「み櫛笥(くしげ)に**貯ひ置き**て斎(いつ)くとふ」〈万葉・一九・四二二〇長歌〉二［他ハ下二］｛へ・へ・ふ・ふる・ふれ・へよ｝一に同じ。例「よからぬ物**蓄へ置き**たるもつたなく」〈徒然・一四〇〉

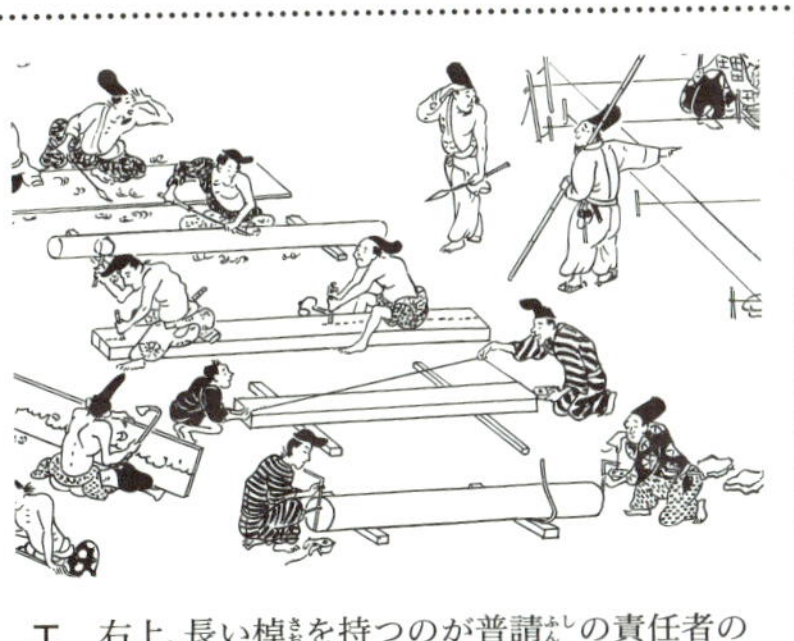

工　右上、長い棹(さお)を持つのが普請(ふしん)の責任者の棟梁(とうりょう)。工匠(こうしょう)たちは鑿(のみ)や槍鉋(やりがんな)・手斧(ちょうな)を使い、木材を加工する。（春日権現験記絵）

たぐひ【比・類】(タグイ)［名］❶**同じようなもの。同類。**例「その世の歌には、姿・言葉、このたぐひのみ多し」〈徒然・一四〉❷**並ぶもの。匹敵するもの。**例「ますらをもかく恋ひけるをたわやめの恋ふる心に**たぐひ**あらめやも」〈万葉・四・五八二〉❸**類。種類。**例「この娘、ただ栗(くり)をのみ食ひて、更に米(よね)の**たぐひ**を食はざりければ」〈徒然・四〇〉❹**いっしょにいる人。仲間。**例「同じさまにものしたまふなるを、**たぐひ**になさせたまへ」〈源氏・若紫〉（敬語）「なさせたまへ」→「せたまふ」

たぐひな・し【比無し・類無し】(タグイナシ)［形ク］｛から・く(かり)・し・き(かる)・けれ・かれ｝比べるものがないほどすぐれている。例「かたじけなき御心ばへの**たぐひなき**を頼みにて」〈源氏・桐壺〉

たくひれ【栲領巾】［名］「栲布(たくぬの)」で作った、首にかける飾りの布。

たくひれの【栲領巾の】［枕詞］「栲領巾」が白いところから「白」「鷺(さぎ)」に、また、首にかけて垂らすことから「懸(か)く」にかかる。例「**栲領巾の鷺坂山の**」〈万葉・九・一六九四〉

たぐ・ふ【比ふ・類ふ・副ふ】(タグウ)一［自ハ四］｛は・ひ・ふ・ふ・へ・へ｝❶**並ぶ。一緒にいる。**例「冬は、雪・霰(あられ)などの、風に**たぐひ**て降り入りたるも、いとをかし」〈枕・内裏の局〉❷**似合う。つりあう。匹敵する。**例「君達(きむだち)の上(かみ)なき御選びには、まして、いかばかりの人かは**たぐひ**たまはむ」〈源氏・帚木〉（係結び）「かは→たぐひたまはむ(体)」。二［他ハ下二］｛へ・へ・ふ・ふる・ふれ・へよ｝❶**並ばせる。一緒にいさせる。**例「花の香を風のたよりに**たぐへ**てぞ鶯(うぐひす)さそふしるべには遣(や)る」〈古今・春上・一三〉❷**まねる。なぞらえる。**例「鳥類、畜類の、人に**たぐへ**て歌を詠む」〈謡・白楽天〉

たくぶすま【栲衾】一［名］楮(こうぞ)の繊維で作った夜具。二［枕詞］（一は色が白いことから）「しら」にかかる。例「**栲衾新羅(しらぎ)**へいます」〈万葉・一五・三五八七〉

たくぶら【手腓】［名］「たこむら」に同じ。

たくぼく【啄木】［名］❶キツツキの漢名。❷琵琶(びわ)の秘曲の名。❸「啄木組み」の略。

たくぼくぐみ【啄木組み】［名］ひもの組み方のひとつ。白・萌葱(もえぎ)・紫などの色糸でまだらに組み、鎧(よろい)の縅(おどし)・刀の下げ緒・掛け軸・鼓の緒のひもなどに使う。キツツキが木をついばんだ跡に似ていることからいう。＝啄木③・啄木打ち

たくまし・う・す【逞しうす】(タクマシュウス)［他サ変］｛せ・し・す・する・すれ・せよ｝（「たくましくす」のウ音便）❶**勢いを盛んにする。**例「傍(かたはら)に武具を集めて士卒を**逞しうす**」〈太平記・三〉❷**好き勝手に振る舞う。**

たくみ【内匠】［名］❶宮廷の工匠。❷「内匠寮(たくみりょう)」の略。

たくみ【工・巧み・匠】一［名］❶**職人。細工師(さいくし)。**例「木の道の**匠**のよろづの物を心にまかせて作り出(い)だすも」〈源氏・帚木〉❷**大工。**例「多くの**工**の心をつくしてみがきたて」〈徒然・一〇〉❸**仕事。しわざ。**例「明け暮れは物思ふことを**たくみ**にてわりさく胸を知る人ぞなき」〈散木集〉❹**企(くわだ)て。たくらみ。くふう。**例「またいろいろの**たくみ**どもせられけり」〈伽・熊野の御本地のさうし〉二［形動ナリ］｛なら・なり(に)・なり・なる・なれ・なれ｝**上手なさま。手ぎわのよいさま。器用な。**例「**巧み・にし**てほしきままなるは、失(しつ)の本(もと)なり」〈徒然・一八七〉

たくみづかさ【内匠寮】［名］「たくみれう」に同じ。

たくみどり【巧み鳥】［名］（巣作りがたくみなところから）ミソサザイの別称。（季—冬）

たくみのかみ【内匠頭】［名］（「うちのたくみのかみ」とも）令制で「内匠寮(たくみれう)」の長官。

たくみれう【内匠寮】(タクミリョウ)［名］（「うちのたくみのつかさ」「たくみづかさ」とも）令外(りょうげ)の官のひとつ。「中務省(なかつかさしやう)」に属し、宮中の調度・器物の製作、殿舎の装飾などをつかさどった役所。＝内匠②

たく・む【工む・巧む】［他マ四］｛ま・み・む・む・め・め｝❶**企てる。たくらむ。**❷**工夫する。趣向をこらす。**例「さても**たくみ**し小袖(こそで)に、十二色の畳帯(たたみおび)」〈浮・好色五人女・三〉

たくも【焚く藻】［名］塩を取るためにたく海草。

たくら・ぶ【た比ぶ・た較ぶ】［他バ下二］｛べ・べ・ぶ・ぶる・ぶれ・べよ｝（「た」は接頭語）比べる。比較する。例「御方(みかた)をこれに合はせば、百にしてその一二をも**たくらぶ**べ

しとは見えねども」〈太平記・八〉

たぐり【吐り】[名]〈上代語〉嘔吐。また、吐いたもの。

たく・る【手繰る】[他ラ四]{ら・り・る・る・れ・れ}〈近世語〉❶奪い取る。ひったくる。例「御堪忍と縋りつき、はうきをたくれば」〈浄・堀川波鼓〉❷せがむ。例「『拝み申すくれ申せ』とたくりかかれば」〈浄・心中宵庚申〉

たぐ・る【吐る】[他ラ四]{ら・り・る・る・れ・れ}❶吐く。もどす。❷せきをする。せき上げる。例「言ひたらて胸のたぐる折しも」〈浄・嫗山姥〉

たけ【丈・長】[名]❶〈「たき」とも〉物の高さ。長さ。とくに、身長。❷馬の蹄から肩までの高さ。四尺（約一二〇センチメートル）を標準とし、それ以上を「寸」でいった。❸程度。また、限度。❹勢い。例「軍の長劣りたるに依りて」〈今昔・二〇・一〉❺格調。品位。例「昔、貫之、歌の心巧みに、たけ及び難く」〈近代秀歌〉

たけ【竹】[名]❶タケ類の総称。清涼殿の東庭の北側には「呉竹」、南側には「川竹」が植えられていた。❷竹を用いた楽器。管楽器。❸①の葉や幹を図案化した紋所の名。

〔**竹の編み戸**〕細い竹を編んで作った粗末な戸。

〔**竹の台**〕清涼殿の東側にある籬垣の小さな四角い囲いで、それぞれ漢竹と呉竹を植えたもの。

〔**竹の園**〕❶竹の生えている園。❷〈中国で梁の孝王が庭に竹を植え、修竹苑と称したことから〉皇族の別称。①②＝竹の園生

〔**竹の園生**〕「たけのその」に同じ。

〔**竹の葉**〕〈「竹葉」の訓読語〉酒の別称。

〔**竹の緑**〕竹の葉の緑。色の変わらないことのたとえ。

〔**竹の節**〕竹の、節と節との間。

たけ【岳・嶽】[名]〈中世以降は「だけ」とも〉高くて険しい山。また、その頂。

たけ【茸】[名]キノコの別称。(季-秋)

たけ【他家】[名]よその家。自分の一族でない家筋。自分の親族でない家。

たけう【猛う】形容詞「たけし」の連用形「たけく」のウ音便。

たけかは【竹河】[作品名]『源氏物語』の四十四番目の巻名。

たけきこと【猛き事】[名]精いっぱいでできること。最大になし得ること。

たけくま【武隈】[歌枕]陸奥国の地名。いまの宮城県岩沼市。歌枕「武隈の松」が有名。日本三大稲荷のひとつ竹駒神社がある。

〔和歌〕**たけくまの…**【**武隈の松はこのたびあともなし千歳を経てやわれは来つらん**】〈後拾遺・雑四・一〇四二・能因〉訳武隈の松は、こんどの旅では跡形もない。千年もたって私はふたたびこの地にやって来たのだろうか。

〈参考〉「武隈の松」は、いまの宮城県岩沼市にあった二本の松。古くから歌に多く詠まれた。

〔俳句〕**たけくまの…**【**武隈の松見せ申せ遅桜**】〈おくのほそ道・武隈の松・挙白〉訳陸奥の遅桜よ、師翁がそちらにお出でになったら、武隈の松をお見せしておもてなしせよ。(季-遅桜-春)。(敬語)「見せ申せ」→「まうす」

〈参考〉おくのほそ道の旅に出立する芭蕉に贈った句。→〔俳句〕さくらより…

たけくまのまつ【武隈の松】[歌枕]陸奥国の松。いまの宮城県岩沼市にあったといわれる。能因・西行・芭蕉などが訪れた古来有名な歌枕。根元から二株に分かれた松。「二木」から「見き(三木)」を導く詠み方が多い。

たけ・し【猛し】[形ク]{から・く(かり)・し・き(かる)・けれ・かれ}❶**勇ましい。強い。**例「たけ・き武士の心をも慰むるは歌なり」〈古今・仮名序〉❷**勢いが盛んだ。**例「生・住・異・滅の移りかはる、実の大事は、たけ・き河のみなぎり流るるが如し」〈徒然・一五五〉〔注〕「生・住・異・滅」は、仏教語で「四相」または「四有為相」と呼ばれ、物が生じ、生じた物が存続し、存続する物が変化し、やがて滅び去ってゆくという、あらゆる現象の発生から消滅に至る経過を表す。❸**すぐれている。たいしたものだ。**例「わが宿世はいとたけ・くぞおぼえたまひける」〈源氏・若菜・上〉(係結び)「ぞ→おぼえたまひける(体)」。❹**しっかりしている。強気だ。**例「さこそたけ・うおぼし捨つとも、名残いかにおぼされむ」〈夜の寝覚〉(音便)「たけう」は「たけく」のウ音便。❺**丈夫である。堅固だ。**例「いとたけ・かりつる輪、折れにけりや」〈落窪・三〉❻〈多く「たけきこと」の形で〉**精一杯である。**例「手習ひをのみ、たけきことにて書きつけたまふ」〈源氏・手習〉

〔**猛き家**〕武士の家。武家。

たけじざいてん【他化自在天】[名]〈仏教語〉「六欲天」のうち最上位にある天。他の天の楽しみを自在に受けて楽しむことができるという。＝自在天・第六天

たけそかに[副]〈上代語〉語義未詳。思いがけなくの意か。「たまさかに」と同義とも。例「たけそかに来たる今夜し楽しく思ほゆ」〈万葉・六・一〇一五〉

たけだいづも【竹田出雲】[人名]江戸時代の浄瑠璃作者。竹本座の座元。初世から三世までおり、初世(?～一七四七)の子二世(一六九一～一七五六)のころ浄瑠璃の全盛期を迎えた。二世は並木宗輔らと『菅原伝授手習鑑』『義経千本桜』『仮名手本忠臣蔵』を合作する。三世(生没年未詳)のころになると浄瑠璃の人気は衰え、竹本座は明和四年(一七六七)に廃座。

たけたか・し【長高し】[形ク]{から・く(かり)・し・き(かる)・けれ・かれ}歌学で、崇高・壮大な美しさがある。例「その歌はまづ心ふかくたけ高・く、たくみに」〈毎月抄〉

たけだち【丈立ち】[名]背丈。身長。

たけち【高市】[名]〈「たかいち」の変化形〉土地の高い所にある市。高い所にある人の集まる場所。

たけち【高市】[地名]大和国の地名。いまの奈良県高市郡の古称。

たけちのくろひと【高市黒人】[人名]〈生没年未詳〉飛鳥時代の歌人。『万葉集』に十八首入集する。すべて旅の歌で、叙景歌にすぐれる。

たけとりものがたり【竹取物語】[作品名]平安前期の物語。一巻。作者は男性かと思われるが未詳。「物語の出で来始めのおや」と呼ばれ、初期の物語として

重視された。漢文訓読体の影響を受けた創生期の和文でつづられる。

たけなが【丈長】〔名〕❶《「丈長奉書」の略》厚手で糊気がなく、ふつうのものより長い奉書紙。❷①を畳んで「元結ひ」としたもの。＝平元結ひ

たけなは〔・なり〕【酣・闌】〔形動ナリ〕{なら・なり(に)・なり・なる・なれ・なれ}❶最も盛んである。真っ盛りだ。❷最盛期を過ぎ、やや衰えかけている。例「酒酣にして、次第に儛ひ訖る」〈紀・顕宗〉

たけのうちのすくね【武内宿禰】〔人名〕「建内宿禰」ともいう。『古事記』『日本書紀』に見える伝承的人物。葛城・平群・巨勢・蘇我など有力諸氏の共通祖先とされる。

たけのこの【竹のこの】〔枕詞〕（竹の節を「節」ということから）「うきふし」にかかる。同音の「世」はつらいことが多いことから「うきふし」にかかる。例「今さらになに生ひ出づらむ竹のこの憂き節しげきよとは知らずや」〈古今・雑下・九五七〉

たけのみや【多気の宮】〔名〕伊勢神宮で「斎宮」のいる宮殿。伊勢の国（いまの三重県）多気郡にあった。＝多気の都

たけのみやこ【多気の都】〔名〕「たけのみや」に同じ。

たけ・ぶ【猛ぶ】〔自バ上二〕{び・び・ぶ・ぶる・ぶれ・びよ}荒々しい行動をする。勇ましく振る舞う。例「天仰ぎ叫びおらび地を踏みきかみたけ・びて」〈万葉・九・一八〇九長歌〉

たけべあやたり【建部綾足】〔人名〕（一七一九〜一七七四）江戸中期の俳人・読本作者・国学者。多分野に才能を発揮し、読本では『西山物語』を著す。

たけもとぎだいふ【竹本義太夫】〔人名〕（一六五一〜一七一四）江戸前・中期の浄瑠璃太夫。竹本座で近松門左衛門作の『世継曾我』や『出世景清』が評判となり、義太夫節を不動のものとした。

たける【梟帥・建】〔名〕勇ましく強い男。とくに、上代、異種族の勇猛な首領の称。

たけ・る【哮る】〔自ラ四〕{ら・り・る・る・れ・れ}大声で叫ぶ。激しくほえる。例「熊は、手をおひ、滝口にたけ・りてかかる」〈曾我・一〉

たけ・る【猛る】〔自ラ四〕{ら・り・る・る・れ・れ}暴れる。荒々しく行動する。荒れる。

たけれ 願望の助動詞「たし」の已然形。例「同じあそび女とならば（＝同ジ遊女トイウナラ）、誰もみな、あのやうでこそありたけれ」〈平家・一・祇王〉《係結び》「こそ→ありたけれ㊁」

たけを【猛男・猛夫】〔名〕強くて勇敢な男。＝益荒男

たご【田子】〔名〕田を耕す人。農民。＝田人・田人

たこく〔・す〕【他国】㊀〔名〕自分の生国でない国・土地。よその国・土地。㊁〔名・自サ変〕よその国・土地へ出かせぎなどに行くこと。例「その家たたむ時は、他国・して二たびかせぎ出し」〈浮・西鶴織留〉

たごし【手輿】〔名〕《「てごし」とも》前後二人が、手で轅を腰の辺りまで持ち上げて運ぶ輿。＝下げ輿・腰輿。↓〔古典参考図〕乗輿

たごし【手越し】〔名〕物を手から手へと渡していくこと。手渡し。

〔俳句〕**たこつぼや…**【蛸壺やはかなき夢を夏の月】〈笈の小文・芭蕉〉訳海の底に沈められている蛸壺よ、その中では明朝引き上げられて捕らえられてしまうとも知らずに、蛸がはかない夢を結んでいることだろう。空には明けやすい短夜の夏の月が海上を照らしている。（季—夏の月—夏）

たこのうら【多祜の浦】〔歌枕〕越中国の地名。いまの富山県氷見市にあった湖「布勢の湖」の湖岸。藤の名所。

たごのうら【田子の浦】〔歌枕〕駿河国の地名。いまの静岡県富士市の海岸一帯。駿河湾と富士山の眺望がよい景勝地。

〔和歌〕**たごのうらに…**【田子の浦にうち出でて見れば白妙の富士の高嶺に雪は降りつつ】〈新古今・冬・六七五・山部赤人〉〈百人一首〉訳田子の浦に出て眺めてみると、真っ白な富士の高嶺に雪は降り続いている。

〈参考〉原歌は『万葉集』の富士山をたたえた長歌の返歌で歌句が異なる。→〔和歌〕たごのうらゆ…

〔和歌〕**たごのうらゆ…**【田子の浦ゆうち出でて見ればま白にそ富士の高嶺に雪は降りける】〈万葉・三・三一八・山部赤人〉訳田子の浦を通って出て見ると、真っ白に富士の高嶺に雪が降り積もっていることよ。《係結び》「そ→降りける㊃」

〈参考〉歌句を変えて『新古今和歌集』『百人一首』に入集。

たこむら【手腓】〔名〕《「たくぶら」とも》二の腕の内側の肉のふくれている所。

ださい【大宰・太宰】〔名〕《古くは「だざい」とも》「大宰府」の略。また、その役人。

ださい・〔・す〕【堕罪】〔名・自サ変〕罪に陥ること。罪人となること。

だざいしゅんだい【太宰春台】〔人名〕（一六八〇〜一七四七）江戸中期の儒学者・経済学者。荻生徂徠に学び、経済・政治思想を継承。著書『聖学問答』など。

だざいのごんのそち【大宰権帥】〔名〕「大宰府」の長官である「帥」に準じる職。親王が帥に任じられた場合、代わって権帥か大弐が置かれて事務を執った。また、大臣が左遷によって任じられることもあり、その際には、事務にかかわらなかった。＝権帥

だざいのそち【大宰帥】〔名〕令制で「大宰府」の長官。弘仁十四年（八二三）以降は多く親王が任じられた。

だざいふ【大宰府】〔名〕令制で、筑前国（いまの福岡県）に置かれた役所。九州および壱岐・対馬の行政管理だけでなく、外交・防衛面での重要な役目を担った。

-た・し〔接尾ク型〕{から・く(かり)・し・き(かる)・けれ・かれ}《形容詞「いたし（甚し）」が複合語を作るときに「い」が脱落したもの》（名詞・動詞の連用形に付いて）程度がはなはだしい意を表す。「こちたし」「めでたし」「らうたし」など。

たし〔助動ク型〕{たから・たく(たかり)・たし・たき(たかる)・たけれ・○}❶話し手の自己の行為に関する願望を表す。…たい。例「今はいかにもして、父のおはしまさん所へぞ参りたき」〈平家・二・六代〉訳（父も死に母にも別れた）いまとなってはどのようにでもして、父がいらっしゃるであろう所（＝あの世）へ参りたい。《係結び》「ぞ→参りたき㊃」。《敬語》「おはしまさん」→「おはします」、「参りたき」→

「まゐる(四段)」。❷話し手の他への願望・誂えを表す。…てほしい。例「家にありたき木は、松・桜」〈徒然・一三九〉訳家にあってほしい木(=家に植えたい木)は、松、桜。❸話し手以外の願望を表す。…たい。例「我が食ひたき時、夜中にも暁にも食ひて、ねぶたければ昼もかけこもりて」〈徒然・六〇〉訳(盛親僧都は)自分が食べたいときは夜中でも明け方でも食べて、眠ければ昼間でも掛け金をして自室にこもり。

〈接続〉動詞、動詞型活用語の連用形に付く。

発展学習ファイル 「まほし」とほとんど同じ。成立は平安末ごろといわれ、中世初期には「まほし」に対する俗語として用いられたが、鎌倉後期には「まほし」に代わり広く用いられるようになった。

たし【立し】(上代東国方言。動詞「立つ」の連用形「たち」の変化形)立って。

たしか[・なり]【確か】[形動ナリ]❶しっかりして動かない。動揺しない。例「仕うまつる人の中に心確かなるを選びて」〈竹取・火鼠の皮衣〉❷信頼・信用できる。安心できる。例「確か・なる使ひをなみと心をそ使ひに遣りし」〈万葉・一二・二八七四〉❸間違いない。確実だ。例「命を終ふる大事、今ここに来たれりと、たしかに知らざればなり」〈徒然・一三四〉❹はっきりしている。例「宇治山の僧喜撰は、言葉かすかにして、始め終はり、たしか・ならず」〈古今・仮名序〉

たしけ・し【確けし】[形ク]確かだ。十分だ。例「金かもたしけ・くあらむ」〈万葉・一八・四〇九四長歌〉

たしだしに[副]しっかりと。確かに。丁寧に。＝たしに。例「笹葉に打つや霰のたしだしに率寝てむ後は」〈記・下・歌謡〉

たしな・し[形ク]物が不足して苦しい。例「困しくたしな・きをすくふ」〈紀・仁徳〉

たじな・し【他事無し】❶ひとつのことに熱中して他のことを顧みない。例「ただ囲碁を打つ外は他事な・し」〈宇治拾遺・二・一〉❷仲がよい。親しい。例「それほど他事な・い仲で訳の悪い仕方」〈浄・博多小女郎波枕〉〈音便〉「他事ない」は「他事なき」のイ音便。

たしなみ【嗜み】[名]稽古。研究。修業。

たしな・む【窘む・困む】㊀[自マ四](上代語)苦しむ。困窮する。悩む。例「留まり休むこと得ずしてたしな・みつつ降る」〈紀・神代・上〉㊁[他マ下二]苦しめる。困らせる。悩ませる。例「如何にぞ我を陸にたしな・め」〈紀・神武〉

たしな・む【嗜む】[他マ四]❶愛好する。好んで励む。❷前もって用意する。心掛ける。例「坐禅豆をたしな・みおけば」〈伽・猫の草子〉❸きちんとした身なりをする。飾る。例「俄かに嗜・む衣紋附き」〈浄・博多小女郎波枕〉❹遠慮する。慎む。例「涙たしな・む顔付きは泣き叫ぶより哀れにて」〈浄・鑓の権三重帷子〉

たしに[副]しっかりと。確かに。丁寧に。例「この国は、たしに造れる国なり」〈出雲国風土記〉

だしぬ・く【出し抜く】[他カ四]他人のすきを見て、また他人をだまして自分が先に事を行う。

だしべい【出し塀】[名]射撃や物見に便利なように、また、下から登りにくくするために、城の塀の一部を外側へ突き出したもの。

たじま【但馬】歴史的かなづかい「たぢま」

たしみだけ【たしみ竹】[名](「た」は接頭語)生い茂っている竹。

たしゃう【他生】[名](仏教語)現世から見た前世と来世の生。↔今生

〈他生の縁〉「多生の縁」の誤り。→「たしゃうのえん(多生の縁)」

たしゃう【多生】[名](仏教語)何度も生死を繰り返すこと。輪廻すること。→「りんゑ」

〈多生の縁〉生死を繰り返して輪廻する間に結ばれた因縁。

たしゃうくゎうごふ【多生曠劫】[名](仏教語)生死を繰り返して輪廻する、極めて長い時間。＝多生劫

だじゃうくゎん【太政官】[名]「だいじゃうくゎん」に同じ。

たしゃうごふ【多生劫】[名]「たしゃうくゎうごふ」に同じ。

だじゃうだいじん【太政大臣】[名]「だいじゃうだいじん」に同じ。

だじゃうてんわう【太上天皇】[名]「だいじゃうてんわう」に同じ。

だじゃうにふだう【太政入道】[名]「だいじゃうにふだう」に同じ。

だじゃうほふわう【太上法皇】[名]「だいじゃうほふわう」に同じ。

たしょ[・す]【他所】㊀[名]ほかの場所。よそ。㊁[名・自サ変]よそへ移ること。

たしょう【他生・多生】歴史的かなづかい「たしゃう」

だじょう【太政…・太上…】歴史的かなづかい「だじゃう」

たじろき 歴史的かなづかい「たぢろき」

たじろく 歴史的かなづかい「たぢろく」

たしろしょうい【田代松意】[人名](生没年未詳)江戸前期の俳人。貞門の古風を不満とする在色・雪柴ら八名と俳諧結社を作り「俳諧談林」の中心人物となる。『談林三百韻』などを刊行。

たず【鶴・田鶴】歴史的かなづかい「たづ」

だ・す【堕す】[自サ変]落ちる。堕落する。例「奈落の底に堕・す」〈古活字本保元・中〉

たすき【手繦・襷】[名]❶神事などの際、供物に袖が触れないように束ねて肩にかけたひも。❷幼児の衣服の大きな袖をまくり上げたり、労働したりする際に袖が邪魔にならないように袖をかかげたりするためのひも。❸ひもなどを斜めに打ち違えること。その模様。

たす・く【助く・輔く・扶く】[他カ下二]❶補佐する。助力する。例「朝廷のかためとなりて、天の下を輔・くる方にて見れば」〈源氏・桐壺〉❷倒れるのを支える。手を添える。例「左右の戸もみなよろぼひ倒れにければ、男ども助・けてとかく開け騒ぐ」〈源氏・蓬生〉❸苦難・危険から救う。例「天地の神も助・けよ」〈万葉・四・五四九〉

たぜり【田芹】[名](多く田に生えていることから)セリの別称。(季―春)

たそ【誰そ】(代名詞「誰」＋係助詞「そ」)だれだ。例「誰そ。この門たたくは」〈宇治拾遺・一〇・九〉

たそかれ【黄昏・誰そ彼】〔名〕《近世以降は「たそがれ」》「黄昏時(たそかれどき)」の略。

たそかれどき【黄昏時・誰そ彼時】〔名〕《薄暗くて人の顔・姿が見分けにくく、「誰(た)そ彼(かれ)(誰だあれは)」といぶかる時刻の意》夕方の薄暗い時分。夕暮れ時。＝黄昏(たそかれ)

ただ【・なり】{なら・なり(に)・なり・なる・なれ・なれ}【直・常・徒・只】〔形動ナリ〕

> **アプローチ**
> ▼対象に向かって、何の隔たりもなく、直接的である意が原義。
> ▼転じて、生地のまま、何の飾りもなく、加工もない意から、平凡・ふつう・無事の意に用いられた。
> ▼さらに、副詞として、単に・ひたすら・まったく、などの意に発展した。

一【直】❶**まっすぐだ。直接である。** 例「よしゑやし**直(ただ)・ならず**ともぬえ鳥のうら嘆(なげ)け居(を)りと告げる子もがも」〈万葉・一〇・二〇三一〉訳えい、ままよ、**直接でなく**とも、〔ぬえ鳥の〕ひそかに嘆いていると、あの人に告げてくれる子でもいないものだろうか。〔注〕「ぬえ鳥の」は「うら嘆く」の枕詞。

❷**生地のままである。かざり気がない。** 例「**ただ・なる**絹、綾(あや)などとり具(ぐ)したまふ」〈源氏・宿木〉訳**生地のままの**絹や綾などをおそろえになられる。

二【常・徒・只】❶**ふつうだ。平凡だ。** 例「まだいと若うて、后(きさき)の**ただ・に**おはしける時とや」〈伊勢・六〉訳まだたいそう若くて、后が**ふつう**(の身分)でいらっしゃったときのことだとかいうことだ。《音便》「若う」は「若く」のウ音便。《係結び》「とや」→(省略)。《敬語》「ただにおはしける」→「おはす」

❷何もしないさま。**むだだ。むなしい。** 例「朝露のおくる思ひにくらぶれば**ただ・に**帰らむ宵はまされり」〈和泉式部日記〉訳朝露がおりるころに起きて送る気持ちにくらべると、**むなしく**帰る夜の別れのつらさの方がまさっている。

〔**ただの衣(きぬ)**〕「平絹(ひらぎぬ)」で作った衣服。

〔**直(ただ)の人(ひと)**〕❶並みの人。とくに、高位高官の人に対して、身分の低い者。❷専門家に対して、ふつうの人。一般の人。❸俗人。出家していない人。

ただ【直・只・唯】〔副〕

> **アプローチ**　→ただ【直・常・徒・只】〔形動ナリ〕

一【直】❶**じかに。直接に。** 例「み熊野の浦(うら)の浜木綿(はまゆふ)百重(ももへ)なす心は思へど**直に**逢(あ)はぬかも」〈万葉・四・四九六〉訳→〔和歌〕みくまのの…

❷(距離的に)**すぐ近い所に。すぐそばに。** 例「**ただ**この西面(にしおもて)にしも、持仏(ぢぶつ)すゑたてまつりて行ふ、尼なりけり」〈源氏・若紫〉訳**すぐそば**の西向きの部屋に、守り本尊を安置申して読経する尼であった。

❸(時間的に)**ほんの最近。すぐ。** 例「そのわたりには、**ただ**近きころほひまで、人多う住みはべりけるを」〈源氏・夢浮橋〉訳そのあたりには、**ほんの**最近まで、人がたくさん住んでおりましたけれども。

❹形や状態がよく似ているさま。**ぴったり。ちょうど。** 例「二尺ばかりなる蛇(くちなは)の、**ただ**おなじ長さなるを『これは、いづれか雄(を)、雌(め)』とて、たてまつれり」〈枕・社は〉訳二尺(＝約六一センチメートル)ほどの蛇で、**ちょうど**同じ長さなのを、「これはどちらが雄か雌か」と言って献上した。

二【只・唯】❶事態が限定されているさま。**唯一。それだけ。まったく。他に何もなく。** 例「**ただ**かの遺言を違(たが)へじとばかりに出(い)だし立てはべりしを」〈源氏・桐壺〉訳**唯一**あの遺言に背くまいとだけ思って、(娘を)内裏に出しましたが。《敬語》「出だし立てはべりし」→「はべり」。

❷(数を限定して)**たった。わずかに。単に。** 例「山峡(やまがひ)に咲ける桜を**ただ**一目君に見せてば何をか思はむ」〈万葉・一七・三九六七〉訳山あいに咲いている桜を、**たった**一目だけあなたにお見せできたら、何を不足に思おうか。《係結び》「か」→思はむ(体)

❸**ひたすら。まったく。むやみに。** 例「**ただ**涙にひちて明かし暮らさせたまへば」〈源氏・桐壺〉訳(帝(みかど)は)**ひたすら**涙にぬれて、日をお送りになっておられるので。《敬語》「暮らさせたまへば」→「せたまふ」

❹**やっと。ほんの。たかが。** 例「**ただ**、木の端などのやうに思ひたるこそ、いといとほしけれ」〈枕・思はむ子を法師に〉訳(世間の人が坊さんを)**たかが**木の切れはしのように思っているのは、ひどくかわいそうだ。《係結び》「こそ→いとほしけれ(已)」

❺(意志・願望・命令などの表現を伴って)**どうでもいいから。ただもう。** 例「**ただ**死ぬるものにもがなと思へども」〈蜻蛉・上〉訳**ただもう**死んでしまいたいと思うけれども。

> **発展学習ファイル**　類義語「**ひた(直)**」は、それのみに徹して、まじりけや介在するものがまったくないさま。「**なほ(直)**」は、まっすぐで、飾り気などのない意で、「ただ」に近い意で使われることがある。

ただあり【・なり】{なら・なり(に)・なり・なる・なれ・なれ}〔形動ナリ〕飾ったところのないさま。ありのままだ。平凡だ。例「をかしき筋など立てたることはなう、**ただあり・なる**やうなるを」〈枕・職の御曹司の西面の〉

ただいきに【直行きに・只行きに】〔副〕ひたすらに。ひたむきに。わき目もふらずに。例「網代車(あじろぐるま)に乗せ奉りて、**ただ行きに**率(ゐ)て奉れば」〈栄花・一〉

ただいま【只今】〔名・副〕❶現在。今この時。❷ごく近い過去。たった今。つい今しがた。例「**ただ今**おはするやうにて(格子(かうし))うち叩(たた)きたまふ」〈源氏・末摘花〉❸ごく近い未来。すぐさま。今すぐ。

たたうがみ【畳紙】(タトウガミ)〔名〕《「たたんがみ」とも。「たたみがみ」のウ音便》折り畳んで懐中に入れておく紙。歌を書きつけたり、鼻をかんだりするときに用いた。＝懐紙(ふところがみ)。➡図版「踏歌(たふか)」

ただうど【直人・徒人】(タダウド)〔名〕《「ただびと」のウ音便》「ただびと」に同じ。

ただか【直処・直香】〔名〕その人自身。その人の姿・ようす。例「我(あれ)はそ恋ふる妹(いも)が**ただかに**」〈万葉・九・一七八七〉

ただがほ【只顔・唯顔】(タダガオ)〔名〕化粧をしていない

顔。素顔。

たた・く【叩く・敲く】{か・き・く・く・け・け}㊀[自カ四]（鳴き声が戸などをたたく音に似ていることから）水鶏（水鳥の一種）が鳴く。例「早苗とるころ、水鶏のたたくなど、心ぼそからぬかは」〈徒然・一九〉㊁[他カ四]❶打って音を立てる。続けて打つ。例「御扇をたた・きて笑はせたまふに」〈大鏡・道長・上〉❷なぐる。ぶつ。

ただこえ【直越え】[名]山などをまっすぐに越えて行くこと。

ただこと【直言・徒言】[名]（「ただごと」とも）❶比喩などの技巧や歌語を用いない表現。日常語。❷口頭でいうこと。

ただこと【徒事】[名]ふつうのこと。常にあること。

ただことうた【直言歌・徒言歌】[名]『古今和歌集』仮名序で説かれた「六義」のひとつ。技巧をこらさずに、日常語でありのままに詠んだ歌をさす。

たたさ【縦さ】[名]（「さ」は接尾語）縦の方向。縦。↔横さ

たださ・す【直差す】[自サ四]{さ・し・す・す・せ・せ}（日光が）直接に照らす。直射する。例「〔コノ地ハ〕朝日の直さ・す国、夕日の日照る国なり」〈記・上〉

たたさま[・なり]【縦様】[形動ナリ]{なら・なり(に)・なり・なる・なれ・なれ}（「たたざま」とも）❶たてになっている。垂直になっている。↔横様①。例「琵琶の御琴を、縦ざま・に持たせたまへり」〈枕・上の御局の〉❷まっすぐだ。例「草生ひしげりたるを、長々と縦ざま・に行けば」〈枕・五月ばかりなどに〉

ただ・し【正し】[形シク]{しから・しく(しかり)・し・しき(しかる)・しけれ・しかれ}❶道理・規範・法・事実などに合っている。正しい。❷整っている。ちゃんとしている。例「襁褓のなかにつつまれて、衣帯をただ・しうせざっしかども」〈平家・四・厳島御幸〉《音便》「ただしう」は「ただしく」のウ音便。

ただし【但し・唯し】㊀[副]（副詞「ただ」＋副助詞「し」。「ただ」の意を強めた語）ただ(…だけ)。わずかに。㊁[接]❶（条件や例外を示す語）しかし。もっとも。例「仰せのことは、いとも尊し。ただし、この玉、たはやすくえ取らじを」〈竹取・竜の頸の玉〉❷（疑問や推量を加える語）あるいは。ひょっとしたら。例「すべてその儀あるまじ。但し祇王があるをはばかるか」〈平家・一・祇王〉❸（話題をかえる語）ところで。ともかく。例「この二所の御有り様、かくのごとし。ただし、殿の御前は三十より関白せさせたまひて」〈大鏡・道長・上〉

ただしう【正しう】形容詞「ただし」の連用形「ただしく」のウ音便。

たた・す【立たす】（上代語。動詞「立つ」の未然形＋上代の尊敬の助動詞「す」）お立ちになる。例「二柱の神、天の浮き橋に立た・して」〈記・上〉

ただ・す[他サ四]{さ・し・す・す・せ・せ}㊀【正す】正しくする。整える。例「古人冠をただ・し、衣装を改めし事など」〈おくのほそ道・白川の関〉㊁【糺す】罪の有無を調べる。問いただす。例「なほざりごとをまづやただ・さむ」〈源氏・賢木〉

ただすつかさ【弾正台】[名]「だんじゃうだい」に同じ。

ただすのかみ【糺の神】[名]京都下鴨の糺の森の神。賀茂御祖神社およびその摂社河合神社の祭神としてまつられている。「ただす」という地名にちなみ、偽りをただす神とされていた。

ただすのもり【糺の森】[歌枕]山城国の森。いまの京都市左京区下鴨神社付近の森。古くから納涼とホトトギスの名所。和歌では「糺す」をかけることが多い。例「いつはりをただすの森の木綿だすきかけつつ誓へわれを思はば」〈新古今・恋三・一二二〇〉

たたずまひ【佇まひ】[名]ありさま。ようす。

たたずま・ふ【佇まふ】[自ハ四]{は・ひ・ふ・ふ・へ・へ}（動詞「佇む」の未然形＋上代の反復・継続の助動詞「ふ」）立ち止まっている。じっと立っている。例「このわたりにたたずま・ひ明かしけれど」〈夜の寝覚〉

たたずみあり・く【佇み歩く】[自カ四]{か・き・く・く・け・け}辺りをうろつく。さまよい歩く。例「かの家に行きてたたずみ歩・きけれど」〈竹取・石作の皇子〉

たたずみよ・る【佇み寄る】[自ラ四]{ら・り・る・る・れ・れ}その辺りをうろついて近寄る。例「さてたたずみ寄・るならむ」〈源氏・若紫〉

たたず・む【佇む・彳む】[自マ四]{ま・み・む・む・め・め}❶その場にずっと立っている。立ち止まる。❷同じ所を行ったり来たりする。例「まだ暁に、門のわたりをたたず・めば」〈堤中納言・貝合〉

ただただ[副]いちもくさんに。ひたすら。例「ただただおん供申さん」〈謡・正尊〉

ただぢ【直路・直道】[名]（「ただち」とも）まっすぐな道。回り道しない道。

ただちに【直ちに】[副]❶直接に。じかに。例「土器より、直ちに移すべし」〈徒然・二一三〉❷時間をおかず。すぐに。即刻。

ただて【直手】[名]他人を介さないで直接受け渡しをする手。じかの手。

ただなか【只中・直中】[名]❶真ん中。物事の中心。❷真っ盛り。最中。❸物事の典型。代表。

たたなづ・く【畳なづく】[自カ四]{か・き・く・く・け・け}（上代語）幾重にも連なる。重なり合う。例「たたなづ・く青垣山の隔りなば」〈万葉・一二・三一八七〉

たたなは・る【畳なはる】[自ラ四]{ら・り・る・る・れ・れ}畳み重ねたように連なる。重なり合う。例「髪のうちたたなは・りてゆるるかなるほど」〈枕・七月ばかり〉

たたなめて【楯並めて】[枕詞]（楯を並べて弓を射る意から）「射る」の「い」と同音を含む地名「いなさ」「いづみ」にかかる。例「楯並めて泉の川の水脈絶えず」〈万葉・一七・三九〇八〉

ただなら・ず【徒ならず】❶訳ありげだ。ふつうでない。例「かくて閉ぢめてんと思ふものから、ただなら・ずながめがちなり」〈源氏・空蝉〉❷並々でない。すぐれている。例「きよげにて、ただなら・ず気色よしづきて」〈源氏・夕顔〉❸ふつうのからだではない。懐妊したようだ。例「東宮の斎院ただなら・ずならせ給ひぬ」〈栄花・三七〉

語構成　ただなら：形動「ただなり」㊍　ず：打消「ず」

ただなりに【直成りに】[副]ひたすらに。ただもう。例「ただなりに花の都ゐなかになるこそかなしけれ」〈平家・五・都遷〉

ただに【啻に】[副]（下に打消や反語の表現を伴って）ただ単に。ひとり。例「大保（＝右大臣）をばた

だに卿とのみは思ほさず」〈続日本紀〉

たた・ぬ【畳ぬ】[他ナ下二]{ね・ね・ぬ・ぬる・ぬれ・ねよ}たたむ。例「君が行く道の長手を繰り畳・ね焼き滅ぼさむ」〈万葉・一五・三七二四〉訳→〔和歌〕きみがゆく…

ただのりに【直乗りに】[副]ひたすら乗るさま。一心に乗るさま。例「**直乗りに**妹は心に乗りにけるかも」〈万葉・一一・二七四九〉

たたは・し タタワシ[形シク]{しから・しく(しかり)・し・しき(しかる)・しけれ・しかれ}❶満ち足りている。完全無欠だ。例「望月の**たたは・しけむ**と」〈万葉・二・一六七長歌〉〔注〕「たたはしけ」は上代の未然形。❷いかめしい。立派に整っている。例「これぞ、**たたは・しき**やうにて、馬のはなむけしたる」〈土佐〉

ただはてに【直泊てに】[副]（船が）まっすぐ目的地に行って泊まるさま。例「**直泊てに**御船は泊てむ」〈万葉・五・八九四長歌〉

ただびと【直人・徒人】[名]《「ただうど」とも》❶（神仏や変化の者に対して）ふつうの人。一般の人。例「げに**ただ人**にはあらざりけりと思して」〈竹取・かぐや姫の昇天〉《敬語》「思して」→「おぼす」。❷（天皇や皇族に対して）臣下。例「まだ帝にも仕うまつりたまはで、**ただ人**にておはしましける時のことなり」〈伊勢・三〉《敬語》「仕うまつりたまはで」→「つかうまつる」「たまふ(四段)」、「おはしましける」→「おはします」。❸（摂関や公卿に対して）官位の低い人。普通の貴族。例「**ただ人**も、舎人など賜るきはは、ゆゆしと見ゆ」〈徒然・一〉《敬語》「舎人など賜る」→「たまはる」。❹凡人。世俗の人。例「天下を保つ程の人を、子にて持たれける、誠に、**ただ人**にはあらざりけるとぞ」〈徒然・一八四〉《係結び》「とぞ↓(省略)」

たた・ふ タトウ【湛ふ】━[自ハ四]{は・ひ・ふ・ふ・へ・へ}満ちる。いっぱいになる。□二[他ハ下二]{へ・へ・ふ・ふる・ふれ・へよ}満たす。いっぱいにする。例「なみだ**たた・ふる**袖のうらに」〈山家集・中〉

たた・ふ タトウ【称ふ】[他ハ下二]{へ・へ・ふ・ふる・ふれ・へよ}褒めていう。褒めたたえる。

たたふしのまひ【楯節舞・楯伏舞】タタフシノマイ[名]上代の歌舞の一種。鎧を着け刀や楯を持って舞う。

ただま【手玉】[名]手に巻き付けて装飾とした玉。

たたみ【畳】[名]❶むしろ・こも・毛皮などの敷物の総称。❷裏と縁をつけたむしろ。薄縁。板敷きの上に敷いて座ったり寝たりした。➡[古典参考図]調度類〈1〉

ただみ【正身・直身】[名]本人自身。まさにその人。その人自身。

たたみがみ【畳紙】[名]「たたうがみ」に同じ。

たたみけめ【畳薦】[枕詞]《「たたみこも」の上代東国方言》地名「牟良自」にかかる。例「**畳薦**牟良自が磯の離り磯の」〈万葉・二〇・四三三八〉

たたみこも【畳薦】[枕詞]（薦を幾重にも重ねるの意から）「重」の音をもつ「平群」にかかる。上代のみの使用。例「命の全けむ人は**畳薦**平群の山の」〈記・中・歌謡〉訳→〔歌謡〕いのちの…

たたみざん【畳算】[名]《近世語》おもに遊里で行われた占いの一種。かんざしを畳の上に落とし、脚の向き方、落ちた場所から畳の端までの畳の編み目の数の奇数・偶数から、事の是非や吉凶を占った。

たたみな・す【畳みなす】[他サ四]{さ・し・す・す・せ・せ}畳んで作り上げる。幾重にも重ねる。例「すくよかならぬ山のけしき、木深く世離れて**畳みな・し**」〈源氏・帚木〉

たたみよ・す【畳み寄す】[他サ下二]{せ・せ・す・する・すれ・せよ}一方にたたんでまとめる。例「屏風などもみな**たたみ寄・せ**」〈源氏・野分〉

たた・む【畳む】{ま・み・む・む・め・め}━[自マ四]積み重なる。幾重にも重なる。例「月さゆるあかしのせとに風ふけばこほりのうへに**たた・む**しらなみ」〈山家集・上〉□二[他マ四]❶幾重にも重ねる。積み重ねる。例「屏風の一ひら、**畳・まれ**たるより」〈源氏・東屋〉❷まとめる。片づける。

ただむか・ふ タダムコウ【直向かふ】[自ハ四]{は・ひ・ふ・ふ・へ・へ}面と向き合う。まっすぐに向かう。例「淡路の島に**直向か・ふ**敏馬の浦の」〈万葉・六・九四六長歌〉

ただむき【腕・臂】[名]《「ただむぎ」とも》ひじから手首まで。うで。

ただめに【直目に】[副]《上代語》自分の目でじかに。目の前に。例「**直目に**見けむ古壮士」〈万葉・九・一八〇三〉

〔川柳〕**ただもゆかれぬが…**【ただも行かれぬが無沙汰のなりはじめ】〈柳多留・七〉訳手ぶらでは訪ねて行けないと思うと行くのがおっくうになり、長く御無沙汰をするきっかけになることだ。

ただよは・し タダヨワシ【漂はし】[形シク]{しから・しく(しかり)・し・しき(しかる)・しけれ・しかれ}落ち着かない。不安定である。例「御後ろ見なくて**ただよは・しく**おはしまさむよりは」〈源氏・若菜・下〉

ただよは・す タダヨワス【漂はす】[他サ四]{さ・し・す・す・せ・せ}❶漂わせる。❷不安定な立場におく。例「残りの人々のものはかなからん、**ただよは・し**たまふな」〈源氏・鈴虫〉

ただよひあり・く タダヨイアリク【漂ひ歩く】[自カ四]{か・き・く・く・け・け}あてもなく、さまよい歩く。落ち着きなくあちこち動き回る。

ただよ・ふ タダヨウ【漂ふ】[自ハ四]{は・ひ・ふ・ふ・へ・へ}❶浮かんでゆらゆらと動く。漂う。❷さすらう。さまよう。例「横さま(＝無実)の罪に当たりて、思ひかけぬ世界に**漂・ふ**も」〈源氏・明石〉❸落ち着かない。例「怒れる手の、そのすぢとも見えず、**ただよ・ひ**たる書きざま」〈源氏・常夏〉❹ひるむ。たじろぐ。例「少しも**漂・は**ず戦ひける間」〈太平記・一四〉

たたら【踏鞴】[名]足で踏んで空気を送る大型のふいご。＝地踏鞴

ただら・す【爛らす】[他サ四]{さ・し・す・す・せ・せ}ただれさせる。赤くはれさせる。

たたり【祟り】[名]神仏・怨霊などによってもたらされる災い。

たたり【絡垜】[名]方形の台に柱を立てて、糸を引きかける道具。糸巻き。

たた・り【立たり】《上代東国方言。動詞「立つ」の命令形＋完了の助動詞「り」＝「たてり」の変化形》立っている。

ただ・る【爛る】[自ラ下二]{れ・れ・る・るる・るれ・れよ}ただれる。例「このことを嘆くに、鬚も白く、腰もかがまり、目も**ただ・れ**にけり」〈竹取・かぐや姫の昇天〉

ただゐ[・す]【徒居・只居】イタダ[名・自サ変]《近世語》何もしないで無駄に過ごすこと。例「**只居・せ**ずか

せげども、毎年餅搗きおそく」〈浮・日本永代蔵〉

たたんがみ【畳紙】[名]《「たたみがみ」の撥音便》「たたうがみ」に同じ。

たち-【立ち】[接頭](動詞に付いて)意味を強める。「立ち後る」「立ち返る」「立ち騒ぐ」「立ち勝る」など。

-たち【達】[接尾]《「だち」とも》❶(主として人を表す名詞・代名詞に付いて)敬意を含んだ複数の意を表す。「神達」「男達」など。❷(単数の人を表す語に付いて)漠然と敬意を表す。「公達」「友達」など。

発展学習ファイル 身分や資格などを表す人間に関する語だけに付き、「ども」とくらべ尊敬の意がある。

たち【館】[名]❶貴人や官吏などの官舎。❷貴人の邸宅。❸《「たて」とも》規模の小さな城。

たち【太刀・大刀】[名]❶上代の刀や剣の総称。多くは直刀。❷中古以降の反りのある大刀。➡[古典参考図]武装・武具〈1〉

〔太刀の緒〕太刀を腰に下げるためのひも。

-だち【立ち】[接尾](地名に付いて)その地で育ったなどの意を表す。…出身。…産。例「この馬は信濃国井上立ちにてありければ」〈平家・九・知章最期〉

たちあかし【立ち明かし】[名]地上に立てて、あるいは人が掲げて火をともすたいまつの類。=立て明かし。➡図版「内宴」

たちあか・す【立ち明かす】[自サ四]{さ・し・す・す・せ・せ}立ったまま夜を明かす。例「あるべきやうもなくて、立ち明か・すも、なほをかし」〈枕・内裏の局〉

たちあか・る【立ち離る】[自ラ下二]{れ・れ・る・るる・るれ・れよ}《「たち」は接頭語》その場を離れる。退出する。例「御前の人々すこし立ちあか・れて」〈源氏・夢浮橋〉

たちあが・る【立ち上がる】[自ラ四]{ら・り・る・る・れ・れ}❶座から身を起こす。起立する。❷髪が逆立つ。例「〈急ニ篳篥ノ音ガ〉吹き昇りたるこそ、ただいみじううるはし髪持たらむ人も、みな〈髪ガ〉立ち上が・りぬべき心ちすれ」〈枕・笛は〉

たちあざ・る[自ラ四]{ら・り・る・る・れ・れ}語義未詳。うろうろ動き回る意か。例「神のまにまと立ちあざ・り我乞ひ禱のめど」〈万葉・五・九〇四長歌〉

たちあ・ふ【立ち会ふ・立ち合ふ】[自ハ四]{は・ひ・ふ・ふ・へ・へ}《「たち」は接頭語》❶(両方が)互いに行き合う。例「山並みの宜しき国と川並みの立ち合・ふ里と」〈万葉・六・一〇五〇長歌〉❷対戦する。例「その国の兵なるべし。我立ち合・ふべからず」〈水鏡〉❸その場に居合わせる。例「人あまた立ちあ・ひて、あなあはれなんどいふ音するを」〈太平記・三〇〉

たちい【立ち居・起ち居】歴史的かなづかい「たちゐ」

たちい・づ【立ち出づ】[自ダ下二]{で・で・づ・づる・づれ・でよ}❶立って外へ出て行く。立ち去る。例「ただ、『うけたまはりぬ』とて、立ち出・ではべるに」〈源氏・帚木〉❷立って来る。その場に出て来る。例「西の対の姫君も立ち出・でたまへり」〈源氏・行幸〉❸表面に出る。現れ出る。例「もとよりの憎さも立ち出・でてものしと思ぼしたり」〈源氏・桐壺〉

たちい・る【立ち入る】[自ラ四]{ら・り・る・る・れ・れ}《「たち」は接頭語》中へ入る。立ち寄る。例「先づ使ひを遣はして、立ち入・られたりけるに」〈徒然・三六〉

たちえ【立ち枝】[名]高く伸びている枝。

たちおく・る【立ち後る】[自ラ下二]{れ・れ・る・るる・るれ・れよ}《「たち」は接頭語》❶遅くなる。遅れる。例「小鷹にかかづらひて立ちおく・れはべりぬる」〈源氏・松風〉❷死に遅れる。先立たれる。例「睦ましかるべき人にも立ちおく・れはべりにければ」〈源氏・若紫〉❸劣る。ひけをとる。例「夜昼、学問をも遊びをももろともにして、をさをさ立ちおく・れず」〈源氏・帚木〉

たちかか・る【立ち掛かる】[自ラ四]{ら・り・る・る・れ・れ}❶寄りかかる。❷立ち上がり腕力でかかっていく。例「うつぶしに倒れたりけるを、ちがひて立ちかか・りて」〈宇治拾遺・二・八〉❸歌舞伎で、舞台の上に突っ立つ。

たちがく【立ち楽】[名]節会の折、楽人が庭上で立ったまま音楽を奏すること。また、その音楽。

たちかく・す【立ち隠す】[他サ四]{さ・し・す・す・せ・せ}霞・霧・雲などが立ち込めて、さえぎり隠す。隠す。例「春霞立ち隠・すらむ山の桜を」〈古今・春上・五八〉

たちかく・る【立ち隠る】《「たち」は接頭語》㊀[自ラ四]{ら・り・る・る・れ・れ}隠れる。物陰に隠れる。例「柴な刈りそねありつつも春し来たらば立ち隠・るがね」〈万葉・四・五二九旋頭歌〉㊁[自ラ下二]{れ・れ・る・るる・るれ・れよ}㊀に同じ。例「蔭につきてたち隠・れたまへば」〈源氏・末摘花〉

発展学習ファイル 上代ではおもに四段活用。平安以降下二段活用に転じた。

たちかけ【太刀懸け】[名]❶太刀をかけておく台。❷(「太刀懸けの草摺り」の略)鎧の胴の左側にある草摺り。弓手の草摺り。射向けの草摺り。

たちかさ・ぬ【立ち重ぬ】[他ナ下二]{ね・ね・ぬ・ぬる・ぬれ・ねよ}波・雲などが立ち、幾重にも重ねる。和歌では、多く「裁ち重ぬ」にかける。例「たちかさ・ね引きてかへりし波のなごりに」〈源氏・紅葉賀〉

たちかさ・ぬ【裁ち重ぬ】[他ナ下二]{ね・ね・ぬ・ぬる・ぬれ・ねよ}布を裁ち、それを縫って衣とし、重ねて着る。和歌では、多く「立ち重ぬ」にかける。例「寄る浪にたちかさ・ねたる旅衣」〈源氏・明石〉

たちかは・る【立ち代はる・立ち替はる】[自ラ四]{ら・り・る・る・れ・れ}《「たち」は接頭語》移り変わる。交替する。例「立ちかは・り古き都となりぬれば」〈万葉・六・一〇四八〉

たちか・ふ【裁ち替ふ・裁ち変ふ】[他ハ下二]{へ・へ・ふ・ふる・ふれ・へよ}新たに布などを裁って、衣服を作り、着替える。例「君のみや花の色にもたちか・へで」〈後拾遺・哀傷・五八一〉

たちかへり【立ち返り】[副]❶(多くは返事をする場合に用いて)折り返し。すぐに。例「『鶏の声は、孟嘗君の』ときこえたれば、たちかへり、『孟嘗君の鶏は…』とあれば」〈枕・頭弁の、職にまゐりたまひて〉❷繰り返し。また、ふたたび。例「立ち返りあはれとぞ思ふよそにても」〈古今・恋一・四七四〉

たちかへ・る【立ち返る・立ち帰る】[自ラ四]{ら・り・る・る・れ・れ}❶(波が)寄せては返る。例「風の吹くことやまねば、岸の波立ち返・る」〈土佐〉❷(もとの場所に)戻る。引き返す。例「また都へ立ち帰・る事候はば」〈平家・七・経正都落〉❸(昔に)返る。たち戻る。例「古になほたちかへ・る御心の出でくれば」〈栄花・五〉❹繰り返す。例「初瀬川たちかへ・りつつたづぬれば」〈更級〉❺(「年たちかへる」の形で)年が改まる。例「あらたまの年立ちかへ・る朝より」〈拾遺・春・五〉訳→〈和歌〉あらたまのとしたちかへる…

たぢから【手力】[名]手の力。腕力。

たぢから【田力・租】[名]《「たちから」とも》田地からの収穫に対して課せられた租税。

たちぎき【立ち聞き】[名]立ったままで聞くこと。他人の話をこっそりと聞くこと。盗み聞き。

たちき・く【立ち聞く】[他カ四]｛か・き・く・く・け・け｝❶立ったままの状態で聞く。例「軽の市に我が**立ち聞・け**ば」〈万葉・二・二〇七長歌〉訳→(和歌)あまとぶや…。❷立ち聞きする。盗み聞きをする。例「来ざりける男、〔女ガ歌ヲ口ズサムノヲ〕**立ち聞・きて**」〈伊勢・二七〉

たち・く【立ち来】[自カ変]｛こ・き・く・くる・くれ・こ(こよ)｝❶(波・雲・風などが)わき起こってくる。例「大船を漕ぎ我が行けば沖つ波高く**立ち・来ぬ**」〈万葉・一五・三六二七長歌〉❷(出立して)やって来る。例「大君の任けのまにまに島守に我が**立ち・来れば**」〈万葉・二〇・四四〇八長歌〉

たちく・く【立ち潜く】[自カ四]｛か・き・く・く・け・け｝《「たち」は接頭語》間をくぐって行く。くぐる。くぐり抜ける。例「ほととぎす**立ち潜・く**と羽触れに散らす藤波の」〈万葉・一九・四一九二長歌〉

たちくだ・る【立ち下る】[自ラ四]｛ら・り・る・る・れ・れ｝《「たち」は接頭語》劣る。程度が低く、見劣りがする。例「名も**立ち下・り**たるやうなれど」〈源氏・常夏〉

たちこ・む【立ち込む・立ち籠む】[一][自マ四]｛ま・み・む・む・め・め｝(人・馬・車などが)立て込む。混雑する。例「人多く**立ちこ・み**て、分け入りぬべきやうもなし」〈徒然・四一〉[二][自マ下二]｛め・め・む・むる・むれ・めよ｝(煙・霧などが)一面に広がる。立ちこめる。例「麓をば宇治の川霧**立ちこ・めて**」〈新古今・秋下・四九四〉

たちこも【立ち鴨】[名]《上代東国方言》騒がしく飛び立つ鴨。一説に「立薦」の意とも。

たちこもの【立ち鴨の】[枕詞](飛び立つ鴨が騒ぐところから)「たちの騒き」にかかる。例「**立ち鴨の**発ちの騒きに」〈万葉・二〇・四三五四〉

たちこ・ゆ【立ち越ゆ】[自ヤ下二]｛え・え・ゆ・ゆる・ゆれ・えよ｝《「たち」は接頭語》❶すぐれている。まさる。例「むかしにもなほ**たち越・ゆる**みつぎもの」〈増鏡・老のなみ〉❷行く。出掛けて行く。例「彼が私宅へ**立ち越・え**」〈狂言記・富士松〉❸来る。やって来る。例「折檻をせうと思うて**立ち越・え**たれども」〈狂言記・菊の花〉

たちさか・ゆ【立ち栄ゆ】[自ヤ下二]｛え・え・ゆ・ゆる・ゆれ・えよ｝《「たち」は接頭語》草木が盛んに生い茂る。また、栄える。繁栄する。例「我が時と**立ち栄・ゆ**とも草な手折りそ」〈万葉・七・一二八六旋頭歌〉

たちさ・ふ【立ち塞ふ・立ち障ふ】[他ハ下二]｛へ・へ・ふ・ふる・ふれ・へよ｝立ってふさぎとめる。立って行く手をさえぎる。例「波**立ちさ・へ**て入れずもあらなむ」〈土佐〉

発展学習ファイル　『万葉集』には、「とゐ波の**立ち塞・ふ**道を」〈一三・三三三五長歌〉のように、四段活用で詠まれている例もある。

たちさまよ・ふ【立ち彷徨ふ】[自ハ四]｛は・ひ・ふ・ふ・へ・へ｝立ってうろつき回る。あちこち動く。例「若き者どもは、とかく局どものあたりに**立ちさまよ・ひて**」〈枕・正月に寺に籠りたるは〉

たちさもら・ふ【立ち候ふ】[自ハ四]｛は・ひ・ふ・ふ・へ・へ｝《「たち」は接頭語》警護する。伺候する。例「外の重に**立ち候・ひ**」〈万葉・三・四四三長歌〉

たちさ・る【立ち去る】[自ラ四]｛ら・り・る・る・れ・れ｝その場を去る。立って離れる。

たちさわ・ぐ【立ち騒ぐ】[自ガ四]｛が・ぎ・ぐ・ぐ・げ・げ｝《「たち」は接頭語》騒ぐ。大騒ぎする。

たちし・く【立ち頻く】[自カ四]｛か・き・く・く・け・け｝波などが次から次へと立つ。例「英遠の浦に寄する白波いや増しに**立ちし・き**寄せ来」〈万葉・一八・四〇九三〉

たちしな・ふ【立ち撓ふ】[自ハ四]｛は・ひ・ふ・ふ・へ・へ｝しなやかに立っている。例「**立ちしな・ふ**君が姿を忘れずは」〈万葉・二〇・四四四一〉

たちじに【立ち死に】[名]立ったままで死ぬこと。

たちすくみ【立ち竦み】[名]《「たちずくみ」とも》❶立ったまま、身体が硬直して動かなくなること。❷斎宮の忌み詞で、仏のこと。

たちすく・む【立ち竦む】[自マ四]｛ま・み・む・む・め・め｝じっと立ち続ける。立ったまま身動きができなくなる。例「やうやう腰いたきまで**立ちすく・み**たまへど」〈源氏・宿木〉

たちそばの【立ち柧棱の】[枕詞](「柧棱の木」の実は少ないところから)「実の無し」にかかる。例「**立ち柧棱の**実の無けくを」〈記・中・歌謡〉

たちそ・ふ【立ち添ふ】[自ハ四]｛は・ひ・ふ・ふ・へ・へ｝❶寄り添って立つ。付き添う。例「親など**立ち添・ひ**もてあがめて」〈源氏・帚木〉❷加わる。例「親の御ゆかしさ**たち添・ひて**」〈源氏・常夏〉❸あとを追って死ぬ。例「〔夕顔ノ死後〕ほどもなく、また、**立ち添・ひ**ぬべきが口惜しくもあるべきかな」〈源氏・夕顔〉

たちた・つ【立ち立つ】[自タ四]｛た・ち・つ・つ・て・て｝次から次へと立つ。次々と飛び立つ。例「国原は煙**立ち立・つ**海原はかまめ**立ち立・つ**」〈万葉・一・二長歌〉訳→(和歌)やまとには…

たちつ・ぐ【立ち継ぐ】[他ガ四]｛が・ぎ・ぐ・ぐ・げ・げ｝あとを継ぐ。あとを継いで立つ。例「光隠れたまひにし後、かの御影に**たちつ・ぎ**たまふべき人」〈源氏・匂宮〉

たちつら・ぬ【立ち連ぬ】[自ナ下二]｛ね・ね・ぬ・ぬる・ぬれ・ねよ｝一列に並んで立つ。立ち並ぶ。

たちど【立ち所・立ち処】[名]❶立っている場所。立っている足もと。足場。❷置き所。位置。例「書きたるさよ、筆の**たちど**も知らぬやうなるに」〈浜松中納言・五〉

たちどころに【立ち所に】[副]すぐに。直ちに。

たちとどま・る【立ち止まる】[自ラ四]｛ら・り・る・る・れ・れ｝❶歩くのをやめて立ちどまる。立ったままとどまる。❷《「たち」は接頭語》他へ行かずその場にとどまる。例「**立ちとどま・り**たまはむも、所のさまよりはじめまばゆき御ありさまなれば」〈源氏・蓬生〉

たちどま・る【立ち止まる】[自ラ四]｛ら・り・る・る・れ・れ｝《「たちとまる」とも》❶歩くのをやめて止まる。❷《「たち」は接頭語》他へ行かずその場にとどまる。例「男君は、**立ちとま・り**たる心地もいと人わろく胸ふたがりて」〈源氏・少女〉❸《「たち」は接頭語》(妻や愛人の所に)泊まる。例「しばしも**立ちとま・ら**まほしく思さるれど」〈源氏・浮舟〉

たちとり【太刀取り】[名]罪人の首を切る役の者。また、切腹の介添えをする者。介錯。

たちながら【立ちながら】立ったままの状態で。転じて、少しの間。短時間。例「**立ちながら**〔オ会イシタイ〕と、たびたび御消息ありければ」〈源氏・賢木〉

たちなげ・く【立ち嘆く】[自カ四]｛か・き・く・く・け・け｝立ってた

め息をつく。嘆息する。

たちなほ・る【立ち直る】タチナオル〔自ラ四〕{ら・り・る・る・れ・れ}《「たち」は接頭語》悪い状態になったものが、もとのよい状態に戻る。回復する。直る。

たちな・む【立ち並む】〔自マ四〕{ま・み・む・む・め・め}立ち並ぶ。例「行く道に**立ち並・み**たる見物の者ども」〈宇治拾遺・二・九〉

たちなら・す【立ち均す・立ち平す】〔他サ四〕{さ・し・す・す・せ・せ}地を踏みつけ、地を平らにする。地を平らにするほど、頻繁に行き来する。例「朝庭に出で**立ち平・し**夕庭に踏み平らげず」〈万葉・一七・三九五七長歌〉

たちなら・す【立ち馴らす】〔他サ四〕{さ・し・す・す・せ・せ}慣れ親しませる。例「など今まで〔六条御息所ノ住ム野宮に〕**立ちなら・さ**ざりつらむ」〈源氏・賢木〉

たちなら・ぶ【立ち並ぶ】㊀〔自バ四〕{ば・び・ぶ・ぶ・べ・べ}❶並ぶ。並んで立つ。例「熊谷親子は、なかをわられじと**たちなら・ん**で」〈平家・九・一二之懸〉《音便》「たちならんで」は「たちならびて」の撥音便。❷同じくらいになる。匹敵する。例「わが丈**立ちなら・ぶ**までやしなひたてまつりたる我が子を」〈竹取・かぐや姫の昇天〉❸肩を並べて競う。張り合う。例「内裏にのみさぶらひたまへば、**立ち並・ぶ**人なう心やすげなり」〈源氏・葵〉㊁〔他バ下二〕{べ・べ・ぶ・ぶる・ぶれ・べよ}同等に扱う。同列にみる。例「明石の列には、**立ち並・べ**たまはざらまし」〈源氏・玉鬘〉

たちな・る【立ち馴る】〔自ラ下二〕{れ・れ・る・るる・るれ・れよ}なじむ。慣れ親しむ。例「歌をうたひて、局どもの前わたる、いみじう**立ち馴・れ**たらむ心ここちも、騒ぎぬべしかし」〈枕・内裏は、五節のころこそ〉

たちぬ・ふ【裁ち縫ふ】タチヌウ〔他ハ四〕{は・ひ・ふ・ふ・へ・へ}布を裁って衣服などに縫い上げる。裁縫をする。例「**裁ち縫・は**ぬ衣着し人もなきものを」〈古今・雑上・九二六〉〔**裁ち縫はぬ衣着る人**〕タチヌワヌキヌキルヒト（裁縫した布の衣服でなく、木の葉などを着ている人の意から）仙人。

たちぬ・る【立ち濡る】〔自ラ下二〕{れ・れ・る・るる・るれ・れよ}立っていて雨・露にぬれる。ぬれながら立つ。例「我が背子を大和へ遣るとさ夜ふけて暁露に我が**立ち濡・れ**し」〈万葉・二・一〇五〉訳→〈和歌〉わがせこを…

たちの・く【立ち退く】〔自カ四〕{か・き・く・く・け・け}❶その場をしりぞく。例「立てる所のあらはになれば、恐ろしくて**立ち退・き**ぬ」〈源氏・野分〉❷離れる。離れて住む。例「すこし**立ち退・き**て、異腹など思はむは」〈源氏・野分〉

たちのしり【太刀の後・大刀の後】〔枕詞〕（太刀の鞘の先を玉などで飾るところから）地名「玉纏」にかかる。例「**大刀の後**玉纏田居に」〈万葉・一〇・三二四五〉

たちのぼ・る【立ち上る】〔自ラ四〕{ら・り・る・る・れ・れ}（雲や煙などが）空に高く上がる。

たちはき【帯刀】❶《「たてはき」とも》東宮坊の役人。皇太子の警護に当たる。武芸のすぐれた者を任じた。＝帯刀舎人。❷中世、将軍の身辺警護者。帯刀役。

たちはきせんじゃう【帯刀先生】タチハキセンジョウ〔名〕「帯刀①」の長官。＝先生③

たちはきとねり【帯刀舎人】〔名〕「たちはき①」に同じ。

たちはきのぢん【帯刀の陣】タチハキノジン〔名〕「帯刀①」の詰め所。

たちはし・る【立ち走る】〔自ラ四〕{ら・り・る・る・れ・れ}立って走って行く。走り回る。例「**立ち走・り**叫び袖振りける」〈万葉・九・一七四〇長歌〉

たちばな【橘】〔名〕❶木の名。**タチバナ**。和歌では多くホトトギスと取り合わされる。平安京の内裏には、「右近の橘」が植えられていた。（季－夏）＝花－夏・実－冬）。❷キシュウミカンやコウジなど、食用となるミカン類の総称。❸襲の色目の名。表は朽ち葉色で裏は黄。一説に、表は白で裏は青。

たちばなあけみ【橘曙覧】〔人名〕（一八一二～一八六八）江戸後期の歌人。号は志濃夫廼舎。田中大秀の門下。万葉的単純率直、自由な感情の吐露を主張、『志濃夫廼舎歌集』などを残す。

たちばななんけい【橘南谿】〔人名〕（一七五三～一八〇五）江戸中・後期の医師・歌人・紀行文学者。『雑病紀聞』の脚気についての説は医学史上注目に値する。ほかに『北窓瑣談』など。

たちばなの…【橘のにほふあたりのうたた寝は夢も昔の袖の香ぞする】〈新古今・夏・二四五・藤原俊成女〉訳橘の花の香のにおうあたりでのうたた寝は、夢の中まで昔の人の袖の香がすることだ。《係結び》「ぞ→する㊍」

たちばなのこじま【橘の小島】〔歌枕〕山城国の地名。いまの京都府宇治市を流れる宇治川にあったとされる島。ヤマブキが景物。

たちばなのなりすゑ【橘成季】タチバナノナリスエ〔人名〕（生没年未詳）鎌倉中期の説話集編者。説話集『古今著聞集』を著す。

たちばなのもろえ【橘諸兄】〔人名〕（六八四～七五七）奈良前・中期の歌人・政治家。父は敏達天皇子孫の美努王。初名は葛城王。諸兄を総裁として大伴家持らが『万葉集』を編纂したという。

たちばなもりべ【橘守部】〔人名〕（一七八一～一八四九）江戸後期の国学者。本居宣長など国学の権威とされる先学の説を批判し、一家をなす。主著に『稜威道別』『万葉集要解』など。

たちはな・る【立ち離る】〔自ラ下二〕{れ・れ・る・るる・るれ・れよ}離れて行く。隔たる。例「あしひきの山**立ち離・れ**行く雲の」〈古今・物名・四三〇〉

たちばら【立ち腹】〔名〕❶怒りっぽいこと。腹をたてやすいこと。短気。例「聖人はきはめて**立ち腹**にぞありける」〈今昔・一九・一〇〉❷立ったまま切腹すること。

たぢひ【多遅】タジヒ〔名〕草の名。イタドリの古名。（季－春）

たちへだ・つ【立ち隔つ】〔他タ下二〕{て・て・つ・つる・つれ・てよ}（雲・霧・人などが）立って間を隔てる。さえぎる。例「雲の波煙の浪を**たちへだ・て**」〈栄花・五〉

たぢま【但馬】タジマ〔地名〕旧国名。山陰道八か国のひとつ。いまの兵庫県北部にあたる。＝但州

たちまさ・る【立ち勝る】〔自ラ四〕{ら・り・る・る・れ・れ}《「たち」は接頭語》他より勝っている。例「〔春ノ夜ノ風情ハ〕秋の夜のあはれに多く**たちまさ・れ**り」〈源氏・須磨〉

たちまさ・る【立ち増さる】〔自ラ四〕{ら・り・る・る・れ・れ}（雲・波などが）いっそう立つ。例「峰の白雲**立ちまさ・り**け

た

り」〈後撰・春下・二八〉

たちまじら・ふ【立ち交じらふ】〔自ハ四〕{は・ひ・ふ・ふ・へ・へ}《「たち」は接頭語》付き合う。交際する。例「ものの心得ずひがひがしき人は、**たちまじら・ふ**につけて人のためさへからきことありかし」〈源氏・若菜・上〉

たちまじ・る【立ち交じる】〔自ラ四〕{ら・り・る・る・れ・れ}《「たち」は接頭語》入り交じる。その中に加わる。

たちまち【立ち待ち】〔名〕「立ち待ちの月」の略。

たちまち【忽ち】〔副〕❶突然。にわかに。❷ただ今。今まさに。現に。例「文を学して年月を送る間に、忽ちに夕さり、食すべき物なし」〈今昔・一〇・三五〉❸すぐに。そのまま。例「或いは焰にまぐれて**たちまち**に死ぬ」〈方丈記〉❹何かの拍子に。ふと。例「忽ちに見れば、庭の中に燭有り」〈今昔・七・三三〉

たちまちづき【立ち待ち月】〔名〕「たちまちのつき」に同じ。(季-秋)

たちまちのつき【立ち待ちの月】《立って待っている間に出てくる月の意》陰暦十七日の夜の月。＝立ち待ち・立ち待ち月。(季-秋)。例「今やいづるとた**ちまちの月**」〈為忠百首〉

〈参考〉近世に入って、連歌・俳諧では、とくに八月十七日の月をいうことがある。

たちま・つ【立ち待つ】〔他タ四〕{た・ち・つ・つ・て・て}立ったまま待つ。例「妹に逢ふ時さもらふと**立ち待・つ**に」〈万葉・一〇・二〇九二長歌〉

たちま・ふ【立ち舞ふ】〔自ハ四〕{は・ひ・ふ・ふ・へ・へ}❶立って舞を舞う。❷世間に立ち交じる。交わる。例「見知りたまはぬ世のうさに、**立ちま・ふ**べくも思されず」〈源氏・賢木〉❸(雲などが)立って、舞うようにあちこちと動く。立ち漂う。例「きのふけふ雲の**立ち舞・ひ**かくろふは」〈伊勢・六七〉

たちみ・つ【立ち満つ】〔自タ四〕{た・ち・つ・つ・て・て}霧・霞などが一面に立ちこめる。

たちむか・ふ【立ち向かふ】〔自ハ四〕{は・ひ・ふ・ふ・へ・へ}❶立って向かう。面と向かう。例「ますらをのさつ矢手挟み**立ち向か・ひ**射る的形は」〈万葉・一・六一〉❷手向かう。敵対する。例「水に入り火にも入らむと**立ち向か・ひ**競ひし時に」〈万葉・九・一八〇九長歌〉

たちめぐ・る【立ち巡る・立ち回る】〔自ラ四〕{ら・り・る・る・れ・れ}めぐり歩く。歩き回る。例「ことごとしくにはかに**立ちめぐ・り**し宿直人どもも見咎めず」〈源氏・蜻蛉〉

たちもとほ・る【立ち徘徊る】〔自ラ四〕{ら・り・る・る・れ・れ}あちらこちら歩き回る。例「**立ちもとほ・る**にさ夜更けにけり」〈万葉・一一・二八二一〉

たちやく【立ち役】〔名〕❶能・狂言で、地謡・囃子方に対して、立って演技する役者。❷歌舞伎で、女形・子役以外の男役。❸歌舞伎で、適役・老け役などに対して、善良な男の役。主役となることが多い。

たちやすら・ふ【立ち休らふ】〔自ハ四〕{は・ひ・ふ・ふ・へ・へ}❶進むのをためらう。立ち止まる。たたずむ。例「雪降りたりし暁に**立ちやすら・ひ**て」〈源氏・幻〉❷(近くを)歩きさまよう。例「庭に出でて**立ちやすら・へ**ば」〈古今・雑躰・一〇〇二長歌〉

たちゆ・く【立ち行く】〔自カ四〕{か・き・く・く・け・け}旅立つ。出立する。例「あしひきの片山雉**立ち行・か**む」〈万葉・一三・三二二〇〉

たちよそ・ふ【立ち装ふ】〔自ハ四〕{は・ひ・ふ・ふ・へ・へ}《「たち」は接頭語》飾る。装う。例「山吹の**立ちよそ・ひ**たる山清水」〈万葉・二・一五八〉

たちよ・る【立ち寄る】〔自ラ四〕{ら・り・る・る・れ・れ}❶ちょっと訪れる。訪ね寄る。❷《「たち」は接頭語》近寄る。寄り添う。例「**立ち寄・る**けはひの花よりもしるく」〈源氏・竹河〉❸波が立って打ち寄せる。例「**立ち寄・る**浪のめづらしきかな」〈源氏・賢木〉

たぢろき〔名〕ひるむこと。ためらうこと。動揺。

たぢろ・く〔自カ四〕{か・き・く・く・け・け}《後世「たぢろぐ」》❶しりごみする。ひるむ。❷劣る。ひけをとる。例「書の道は、少し**たぢろ・く**とも、その筋は多かり」〈宇津保・俊蔭〉❸傾く。よろめく。例「御信心**たぢろ・が**せたまはずして」〈末灯鈔〉

たちわか・る【立ち別る】〔自ラ下二〕{れ・れ・る・るる・るれ・れよ}《「たち」は接頭語》別れて行く。別れ去る。例「しくしくに思ほえむかも**立ち別・れ**なば」〈万葉・一七・三九八九〉

〔和歌〕**たちわかれ…**【立ち別れいなばの山の峰に生ふるまつとし聞かば今帰り来む】〈古今・離別・三六五・在原行平〉《百人一首・中納言行平》訳あなた方と別れて、因幡国へ行きますが、その因幡の山の峰に生えている松ではないが、私を待っていると聞きましたなら、すぐにでも帰って来ましょう。

〈参考〉「いなば」は「去なば」と「因幡(いまの鳥取県)」、「まつ」は「松」と「待つ」をかける。「いなばの山の峰に生ふる」は、「まつ」を導く序詞。

たちわた・る【立ち渡る】〔自ラ四〕{ら・り・る・る・れ・れ}❶雲や霧などが辺り一面を覆う。例「夕霧**たちわた・り**ていみじうをかしければ」〈更級〉❷移動する。渡って行く。例「雁が音の聞こゆる空ゆ月**立ち渡・る**」〈万葉・一〇・二二二四〉❸車や人などが立ち並ぶ。一面に並ぶ。例「〔物見車ガ〕隙もなう**立ちわた・り**たるに」〈源氏・葵〉

たちわづら・ふ【立ち煩ふ】〔自ハ四〕{は・ひ・ふ・ふ・へ・へ}❶出発しにくく思う。立ち去りにくい。例「とかく**立ちわづら・ふ**なる庭のたたずまひも」〈源氏・賢木〉❷立ちくたびれる。例「昔の御事ども、かの野宮に**立ちわづら・ひ**し曙などを」〈源氏・薄雲〉❸車などの置き場に困る。立つのに困る。例「よそほしうひきつづきて**立ちわづら・ふ**」〈源氏・葵〉

たちゐ【立ち居・起ち居】〔名〕❶立つことと座ること。簡単な日常の動作。❷雲などが現れていること。例「**立ち居**の空も思ほえなくに」〈古今・恋二・五八〇〉

たち・ゐる【立ち居る】〔自ワ上一〕{ゐ・ゐ・ゐる・ゐる・ゐれ・ゐよ}❶立ったり座ったりする。例「手一つ弾き取れば、師を**立ち・居**拝みてよろこび」〈源氏・東屋〉❷雲などが浮かんでいる。例「中空に**たち・ゐる**雲のあともなく」〈伊勢・二一〉

たちをど・る【立ち踊る・立ち躍る】〔自ラ四〕{ら・り・る・る・れ・れ}(悲しさやくやしさのあまり)立ってはね回る。跳び上がる。例「〔我ガ子ノ〕命絶えぬれ**立ち踊・り**足すり叫び」〈万葉・五・九〇四長歌〉

-た・つ【立つ】〔接尾タ下二型〕{て・て・つ・つる・つれ・てよ}(動詞の連用形に付いて)その動詞の意味を強める。しきりに…する。ひどく…する。とくに…する。例「律師も、

騒ぎた・ちたまうて」〈源氏・夕霧〉

たつ【辰】[名] ❶「十二支」のひとつ。第五番目。❷東南東の方角。❸現在の午前八時ごろ、およびその前後二時間。一説に、その後二時間。

たつ【竜】[名]「りゅう(竜)」に同じ。

た・つ【立つ】㊀[自タ四]{た・ち・つ・つ・て・て} ❶(雲や霧などが)**立ちのぼる。わき上がる。** 例「み吉野の三船の山に**立・つ**雲の」〈万葉・三・二四四〉 ❷(風や波などが)**生じる。** 例「ひねもすに波風**た・たず**」〈土佐〉 ❸(日や月、虹などが)**空高く現れる。のぼる。** 例「味酒の三諸の山(=三輪山)に**立・つ**月の」〈万葉・一一・二五一二〉 ❹(幻影などが)**現れる。** 例「忘らるる時しなければおもかげに**た・つ**」〈伊勢・四六〉 ❺**季節になる。季節がくる。** 例「袖ひちてむすびし水のこほれるを春**立・つ**今日の風やとくらむ」〈古今・春上・二〉 訳→(和歌)そでひちて…。❻(音が)**響く。** 例「音しば**立・ち**ぬ水脈速みかも」〈万葉・一五・三四六〇〉 ❼**評判になる。人に知れわたる。** 例「あだなりと名にこそ**立・て**れ桜花年にまれなる人も待ちけり」〈古今・春上・六二〉 訳→(和歌)あだなりと…。❽(「耳にたつ」「目にたつ」の形で)**際だつ。はっきりする。** 例「まめやかなることども言ふ人々もあれど、耳にも**た・たず**」〈和泉式部日記〉 ❾**起き上がる。立つ。** 例「**立・ち**て居て見れども異し」〈万葉・一七・四〇〇三長歌〉 ❿**出発する。** 例「都をば霞とともに**立・ち**しかど秋風ぞ吹く白河の関」〈後拾遺・羇旅・五一八〉 訳→(和歌)みやこをば…。⓫**去る。退く。退出する。** 例「今日のみと春を思はぬ時だにも**立・つ**ことやすき花の陰かは」〈古今・春下・一三四〉 訳→(和歌)けふのみと…。⓬**時が経過する。** ⓭**決意する。** 例「つれなくて**た・ち**ぬ」〈源氏・紅葉賀〉 例「わたくしには思ひも**た・たず**、宮をすすめ申したりける」〈平家・四・競〉 《敬語》「すすめ申し」→「まうす」。⓮(「腹」を主語として)**興奮する。激高する。** 例「これにぞ腹さへ**た・ち**ぬる」〈和泉式部日記〉 ⓯**直立する。まっすぐになる。** 例「額をつきし薬師仏の**立・ち**たまへるを、見捨てたてまつる悲しくて」〈更級〉 《敬語》「見捨てたてまつる」→「たてまつる」。⓰**位置を占める。位置する。** 例「人麿は赤人が上に**立・た**むことかたく」〈古今・仮名序〉 ⓱**位につく。位にのぼる。** 例「春宮に**た・たせ**給ふ」〈大鏡・村上天皇〉 《敬語》「たたせ給ふ」→「せたまふ」。⓲**置いてある。とどまる。** 例「ここにやは**立・た**せたまはぬ」〈源氏・葵〉 《係結び》「やは→立たせたまはぬ(体)」。⓳**役立つ。用にたえる。** 例「さ様にうちとけさせ給ひては、なんの用にか**た・た**せ給ふべき」〈平家・九・老馬〉 《係結び》「か→たたせ給ふべき(体)」。《敬語》「うちとけさせ給ひ」→「させたまふ」、「たたせ給ふ」→「せたまふ」。⓴**言い分が認められる。面目がそこなわれずにすむ。** 例「祐経が申し状、**た・た**ざる事こそ無念なれ」〈曾我・一〉

㊁[他タ下二]{て・て・つ・つる・つれ・てよ} ❶(雲や霧などを)**起こす。生じさせる。** 例「舟子どもは腹鼓を打ちて、海をさへ驚かして、波**た・て**つべし」〈土佐〉 ❷**高く上らせる。** 例「かまどには火気吹き**立・て**ず甑には蜘蛛の巣かきて」〈万葉・五・八九二長歌〉 ❸**高く響かせる。大きな音を出す。** 例「楽器をとれば音を**た・て**んと思ふ」〈徒然・一五七〉 ❹**評判にする。知れわたらせる。** 例「偽りかざりて名を**立・て**んとす」〈徒然・八五〉 ❺**立たせる。直立させる。** 例「大伴の遠つ神祖の奥つ城は著く標**立・て**人の知るべく」〈万葉・一八・四〇九六〉 ❻**出発させる。出向かせる。** 例「祇王がもとへ使者を**立・て**て」〈平家・一・祇王〉 ❼**去らせる。追い出す。** 例「朝狩りに五百つ鳥**立・て**」〈万葉・一七・四〇一一長歌〉 ❽(時を)**経過させる。過ごす。** 例「五月のつごもりより御気色ありて、その月を**た・て**て、六月の一日」〈栄花・三〉 ❾(誓いや願いを)**おこす。決意する。** 例「祈りをし、願を**た・つ**」〈竹取・石作の皇子〉 ❿(「腹(を)たつ」の形で)**興奮する。怒る。** 例「腹**た・て**て怒る事なのめならず」〈保元・下〉 ⓫**集中する。** 例「ただ力を**立・て**て引き給へ」〈徒然・五三〉 ⓬**直立させる。まっすぐにする。** 例「東の妻戸に**立・て**たてまつりて」〈源氏・空蟬〉 《敬語》「立てたてまつりて」→「たてまつる」。⓭**位置を占めさせる。** 例「小さき童を先に**立・て**て」〈伊勢・六九〉 ⓮**置く。** 例「知足院などの前に、車を**立・て**たれば」〈枕・鳥は〉 ⓯**位につかせる。** 例「三条院の御時に、后に**た・て**奉らむ、とおぼしける」〈大鏡・師尹〉 《敬語》「たて奉らむ」→「たてまつる」、「おぼしける」→「おぼす」。⓰**閉じる。閉める。** 例「障子をちゃうど**た・て**てぞ出でられける」〈平家・二・小教訓〉 《係結び》「ぞ→出でられける(体)」。⓱**押し通す。** 例「心を**立・て**て世の中に過ぐさむことも」〈源氏・若菜・上〉

た・つ【断つ・裁つ・絶つ】[他タ四]{た・ち・つ・つ・て・て} ❶**切り離す。断ち切る。** ❷**布を切る。裁断する。** ❸**縁を切る。関係を絶つ。** ❹**やめる。止める。** 例「(願ヲ掛ケテ)五穀を**断・ち**て」〈竹取・蓬萊の玉の枝〉 ❺**終わらせる。滅ぼす。** 例「空言も祖の名**絶・つ**な」〈万葉・二〇・四四六五長歌〉

た・つ【奉つ】[他タ下二]{て・て・つ・つる・つれ・てよ}「贈る」の意の謙譲語。「(AがBに)たつ」でB(贈る相手)を高める。**差し上げる。献上する。** 例「九重に今日**た・て**そむる氷こそ」〈千五百番歌合〉

たづ【鶴・田鶴】[名]鶴の別称。

〔**鶴の一声**〕❶鶴の一鳴き。❷(鶴の鳴き声が周囲によく響きわたることから)権力や権威のある人の一言。衆人の千声を一声で鎮めることのできる力を持った声。

-だ・つ[接尾タ四型]{た・ち・つ・つ・て・て}(名詞・形容詞語幹・形容動詞語幹・副詞などに付いて)あるものが目に見えるかたちで現れる、あるようすを帯びるの意を表す。…のようになる。…らしくなる。…がかる。例「紫**だち**たる雲の、細くたなびきたる」〈枕・春は、あけぼの〉

だつえば【奪衣婆】[名]《仏教語》三途川のほとりにある衣領樹の下にいて、死人の衣服をはぎ取るという鬼の老婆。

たつか【手束】[名]握り持つこと。また、弓の手に握る部分。

たつがしら【竜頭】[名]《「りゅうづ」とも》竜の頭をかたどった飾り。兜の前立て物などにする。

たつかづゑ【手束杖】[名]手に握り持つ杖。

たづかな・し【方便無し】[形ク]{から・く(かり)・し・き(かる)・けれ・かれ}頼りとするものがない。心もとない。おぼつかない。例「たづかな・き雲居にひとりねをぞ泣く」〈源氏・須磨〉

たづがね【鶴が音・田鶴が音】㊀鶴の鳴く声。

た

二[名]鶴の別名。

たつかゆみ【手束弓】[名]手に握り持つ弓。握りの太い弓。

たつき【立つ木】[名]立ち木。

たつぎ【鐇】[名]《「たつき」とも》刃の広い斧。木を縦に割ったり削ったりするのに用いる。

たづき【方便】[名]《「たつき」「たつぎ」とも》❶**手がかり**。**手段**。**方法**。例「恋ふといふはえも名付けたり言ふすべの**たづき**もなきは我が身なりけり」〈万葉・一八・四〇七八〉❷**見当**。**ありさま**。**状態**。例「をちこちの**たづき**も知らぬ山中におぼつかなくも呼子鳥かな」〈古今・春上・二九〉訳→〔和歌〕をちこちの…

発展学習ファイル　「手付き」が語源で、上代には、多く下に打消の語（「知らず」「なし」）を伴って①の意で用いられたが、平安以降は、打消の語を伴わなくなった。

たづきな・し【方便無し】[形ク]{から・く(かり)・し・き(かる)・けれ・かれ}方法がない。手だてがない。頼りどころがない。例「心にこめてのみ過ぐる身なれば、さすがに**たづきな・く**おぼゆるに」〈源氏・総角〉

たづくり【田作り】[名]《「たつくり」とも》❶田を作ること。また、その人。❷素干しにしたカタクチイワシ。ごまめ。正月料理に用いる。（季―春）

たづく・る【手作る】[他ラ四]{ら・り・る・る・れ・れ}繕う。着る。装う。例「若草の足結ひ**たづく・り**群鳥の朝立ち去いなば」〈万葉・一七・四〇〇八長歌〉

たつごも【立薦】[名]むしろをつなぎ合わせて、屏風のように立て、風を防いだもの。

たづさは・る【携はる】[自ラ四]{ら・り・る・る・れ・れ}❶互いに手を取る。例「夕星の夕になればいざ寝よと手を**携は・り**」〈万葉・五・九〇四長歌〉❷連れ立つ。いっしょになる。例「仙宮の賓と**携は・り**」〈霊異記〉❸かかわり合う。従事する。例「世俗の事に**携は・り**て」〈徒然・一五一〉❹物にひっかかる。

たづさ・ふ【携ふ】一[自ハ四]{は・ひ・ふ・ふ・へ・へ}❶手を取り合う。連れ立つ。例「我妹子と**携・ひ**行きてたぐひて居らむ」〈万葉・四・七二八〉❷関係する。かかわる。例「和歌の浦の道に**たづさ・ひ**ては」〈新葉集〉二[他ハ下二]{へ・へ・ふ・ふる・ふれ・へよ}手に持つ。提げる。例「樫の杖を**携・へ**て」〈おくのほそ道・尿前の関〉

たっしゃ〔・なり〕【達者】[名・形動ナリ]❶学問や技芸の道にすぐれていること。また、その人。達人。名人。❷からだが丈夫なこと。壮健。

たつじん【達人】[名]❶広く物事の道理に通じた人。❷学問や技芸の道をきわめた人。

たつた【竜田・立田】[歌枕]大和国の地名。いまの奈良県生駒郡斑鳩町竜田。竜田川沿いにあり、紅葉の名所。大和と河内を結ぶ要所。

たつたがは【竜田川・立田川】[歌枕]大和国の川。いまの奈良県生駒山地から平群谷を流れ斑鳩町の南で大和川に注ぐ。下流の竜田神社付近は紅葉の名所。

〔和歌〕**たつたがは…**【**竜田川もみぢ乱れて流るめり渡らば錦中や絶えなむ**】〈古今・秋下・二八三・よみ人しらず〉訳竜田川にはもみじが乱れて流れているようだ。川を渡ったならば、もみじの錦が途中で切れてしまうだろうか。《係結び》「や→絶えなむ㊍」

たづたづ・し[形シク]{しから・しく(しかり)・し・しき(しかる)・しけれ・しかれ}「たどたどし」に同じ。

たつたひめ【竜田姫・立田姫】[名]いまの奈良県生駒郡にある竜田山を神格化したもの。竜田山の女神。竜田山が奈良の西方にあり、五行説では西は秋に当たることから、秋の女神。この神が木々を紅葉に染めると信じられた。↔佐保姫。（季―秋）

たつたやま【竜田山・立田山】[歌枕]大和国の山。いまの奈良県生駒郡三郷町にある。大和川北岸から生駒山南端の山々の総称。「神奈備山」「三室山」とも呼ばれる。紅葉の名所。

〔和歌〕**たつたやま…**【**立田山梢まばらになるままに深くも鹿のそよぐなるかな**】〈新古今・秋下・四五一・俊恵〉訳立田山は、木々の葉が落ちて梢がまばらになるにつれて、山の奥で鹿が落ち葉を踏んで音を立てているのが聞こえるよ。

たっちゅう【塔頭】[名]《仏教語》❶禅宗で、祖師や各派の開祖の塔のある所。また、その院をつかさどる僧。❷大寺の境内にある小さな寺。わき寺。

たつまひ【殊儛】[名]古代の舞踊のひとつ。立ったり座ったりして舞うものという。

たづな【手綱】[名]❶馬の轡の左右につけ、手に持って馬を操る綱。⇒[古典参考図]武装・武具〈1〉。❷鎧を着て烏帽子をつけるときに、その上に巻く鉢巻き。❸ふんどしの別称。

たづ・ぬ【尋ぬ】[他ナ下二]{ね・ね・ぬ・ぬる・ぬれ・ねよ}❶**さがす**。例「かの撫子のらうたくはべりしかは、いかで**尋・ね**むと思ひたまふるを」〈源氏・帚木〉《副詞の呼応》「いかで→尋ねむ」。《敬語》「らうたくはべり」→「はべり」、「思ひたまふる」→「たまふ(下二段)」。❷(理由や事情を)**せんさくする**。例「これを真実かと**たづ・ぬれ**ば」〈方丈記〉❸**問いただす**。**質問する**。例「『いかなる人の御馬ぞ、あまりに尊く見ゆるは』と**尋・ね**給ひければ」〈徒然・一四四〉❹**訪問する**。**訪れる**。例「三輪の山いかに待ち見む年経とも**たづ・ぬる**人もあらじと思へば」〈古今・恋五・七八〇〉訳→〔和歌〕みわのやま…

たづねあ・ふ【尋ね逢ふ】[自ハ四]{は・ひ・ふ・ふ・へ・へ}さがし求めて会う。例「後にたびたび尋ねけれど、**尋ねあ・は**ずしてやみにけり」〈宇治拾遺・四・一三〉

たづねあり・く【尋ね歩く】[他カ四]{か・き・く・く・け・け}あちこち尋ねて歩き回る。

たづねいだ・す【尋ね出だす】[他サ四]「たづねいづ」に同じ。

たづねい・づ【尋ね出づ】[他ダ下二]{で・で・づ・づる・づれ・でよ}さがし出す。例「亡き人の住み処**尋ね出・で**たりけんしるしの釵」〈源氏・桐壺〉

たづねい・る【尋ね入る】[自ラ四]{ら・り・る・る・れ・れ}尋ねて入り込む。(山奥などに)分け入ってさがし求める。例「ある山里に〔人ヲ〕**尋ね入・る**こと侍りしに」〈徒然・一一〉

たづねおも・ふ【尋ね思ふ】[他ハ四]{は・ひ・ふ・ふ・へ・へ}心の中でさがし求める。例「いかになりにけむと**尋ね思・う**たまへしさまは」〈源氏・行幸〉《音便》「尋ね思う」は「尋ね思ひ」のウ音便。

たづね・く【尋ね来】[自カ変]{こ・き・く・くる・くれ・こ(こよ)}❶さ

立て蔀 醍醐だいご天皇の朝覲ちょうきん行幸を迎える父帝宇多法皇の朱雀すざく院。画面中央、色格子をはめた市松模様の立て蔀があざやか。(北野天神縁起)

がしに来る。❷訪れる。訪問する。訪ねて来る。

〈和歌〉**たづねつる…**【たづねつる宿は霞かすみにうづもれて谷の鶯うぐひす一声ひとこゑぞする】〈後拾遺・春上・三・藤原範永〉訳さがし求めてやって来た宿は霞にすっかり埋もれ、谷からウグイスのひと声がするばかりだ。

たづねと・ふ【尋ね問ふ】タズネトウ[他ハ四]{は・ひ・ふ・ふ・へ・へ}❶(わけなどを)いろいろと尋ね聞く。❷訪問する。慰問する。ねぎらう。例「山々寺々の僧どもを**たづね問・は**せたまへば」〈栄花・三〉

たづねとぶら・ふ【尋ね訪ふ】タズネトブラウ[他ハ四]{は・ひ・ふ・ふ・へ・へ}❶尋ねて調べる。例「まことにさやうに触ればひぬべきしるしやあると**尋ねとぶら・ひ**はべりける」〈源氏・常夏〉❷尋ね出して訪問する。例「おのれも人のごともならば、かならず**たづねとぶら・は**む」〈大和・一四八〉

たづねと・る【尋ね取る】タズネトル[他ラ四]{ら・り・る・る・れ・れ}❶さがし出して手に入れる。例「類にふれて**尋ねと・り**て」〈源氏・若紫〉❷修得する。学び取る。例「〈琴ノ弾キ方ヲ〉まことに跡のままに**尋ねと・り**たる昔の人は」〈源氏・若菜・下〉

たづねまか・る【尋ね罷る】タズネマカル[自ラ四]{ら・り・る・る・れ・れ}「尋ね行く」「尋ね来く」の謙譲語。おうかがいする。例「わたのべの聖ひじりのがり**尋ねまか・ら**ん」〈徒然・一八八〉

たづねまどは・す【尋ね惑はす】タズネマドワス[他サ四]{さ・し・す・す・せ・せ}さがしにくくし、心を混乱させる。例「背きもせず、**尋ねまどは・さ**むとも隠れ忍びず」〈源氏・帚木〉

たづねまゐ・る【尋ね参る】タズネマイル[自ラ四]{ら・り・る・る・れ・れ}「尋ね行く」「尋ね来く」の謙譲語。おうかがいする。例「千人にもかへつべき御さまにて、深う**尋ね参・り**たまへるを見るに」〈源氏・賢木〉

たづね・みる【尋ね見る】タズネミル[他マ上一]{み・み・みる・みる・みれ・みよ}❶訪れて会う。❷根源を探ってみる。例「**尋ね・見る**つらき心の奥の海よ」〈新古今・恋四・一三三二〉

〈和歌〉**たづねゆく…**【たづねゆくまぼろしもがなつてにても魂たまのありかをそこと知るべく】〈源氏・桐壺〉訳亡き人の魂をさがしにいく幻術を行う人がいてほしいものだ。人づてにでも魂のありかをどこそこと知ることができるように。

たづねわ・ぶ【尋ね侘ぶ】タズネワブ[他バ上二]{び・び・ぶ・ぶる・ぶれ・びよ}さがしあぐねる。容易にさがし出せない。例「あとはかもなくなくいかに**たづねわ・び**けむ」〈更級〉

たつのいち【辰の市】[名]辰の日に立った市。いまの奈良県添上そえかみ郡の市が有名。

たつのうま【竜の馬】[名]「たつのま」に同じ。

たつのま【竜の馬】[名](「たつのうま」とも)足が速い立派な馬。＝竜馬りゅうめ

たっぱい【答拝】[名](「たふはい」の促音便)❶「たふはい」に同じ。❷丁重なもてなし。

だつま【達摩】[名]数珠ずじゅ玉のうち、とめにする大きな玉の称。

たつみ【辰巳・巽】[名]❶方角の名。「辰」と「巳」の間で、東南。❷(近世語)江戸深川の遊里。また、そこの芸者。

たつみあがり[・なり]【辰巳上がり】[名・形動ナリ](近世語)調子の外れたかん高い声。興奮して言動が荒々しいさま。

たつみのその【辰巳之園】[作品名]江戸中期(一七七〇刊行)の洒落本しゃれぼん。夢中散人寝言むちゅうさんじんねごと先生作。如雷にょらいという男が深川の遊里で遊びに興じる一幕を描く。

たづら【田面】[名]田のおもて。田の辺り。

‐たて【立て】[接尾]❶勝負事などの回数を数える語。「一立て」など。❷(動詞の連用形に付いて)その動作が終わって間もないことを表す。「起き**たて**」など。

たて【楯・盾】[名]❶戦場で、敵の矢や剣から身を守る防具。厚い木の板のものが多いが、鉄製もある。儀式に用いる場合もある。⇒武装・武具〈3〉。❷守り防ぐための存在。

たて【縦・経・竪】[名]❶上下・前後の方向、また距離。方角では南北をいう。❷織物の縦糸。⇔緯ぬき

たで【蓼】[名]草の名。食用になるものもあるが、苦みをもつ。(季-夏)

‐だて【立て】[接尾](名詞・動詞の連用形・形容詞の語幹などに付いて)ことさらそのようなふりをする意を表す。…のふり。…ぶること。例「賢人**だて**かと思ひて侍はべりつるに」〈古今著聞・四二三〉

だて[・なり]【伊達】[名・形動ナリ](近世語)❶派手に振る舞うようす。粋いきに見せるようす。また、その姿。❷見栄みえをはるようす。

たてあかし【立て明かし】[名]「たちあかし」に同じ。

たてあけ[名]戸や門など開け閉め。

たてあつ・む【立て集む】[他マ下二]{め・め・む・むる・むれ・めよ}たくさん集めて立てる。立て並べる。例「かの社やしろに**立て集・め**たる願文ぐわんぶみどもを」〈源氏・若菜・上〉

たてあ・ふ【立て合ふ】タテアウ[自ハ四]{は・ひ・ふ・ふ・へ・へ}張り合う。手向かう。抵抗する。例「**たてあ・ふ**者をば射ふせ、きりふせ」〈平家・六・飛脚到来〉

たていし【立て石】[名]❶庭に飾りとして立てて置いた石。庭石。❷道しるべとして道ばたに立てた石。

たていた【立て板】[名]❶立てかけてある板。❷「牛車ぎっしゃ」の車の箱の両側の称。物見窓のあるものとないものとがある。

たていれ【立て入れ】［名］義理立てすること。意地を見せること。

たてえぼし【立て烏帽子】［名］頂の部分が立っている、ふつうの烏帽子。↔折り烏帽子。➡［古典参考図］男子の服装〈2〉、冠物・装具

たてくび【項・頸】［名］うなじ。えり首。

だてくらべおくにかぶき【伊達競阿国戯場】［作品名］江戸中期（一七七八初演）の歌舞伎。桜田治助・笠縫専助作。『伽羅先代萩』など で知られる「伊達騒動」の筋に、累・与右衛門の死霊解脱物語を組み合わせた作品。

たてこ・もる【立て籠る・楯籠る】［自ラ四］〔ら・り・る・る・れ・れ〕《「たてごもる」とも》❶戸などをしめきって、室内に閉じこもる。❷城やとりでの中にこもって敵と対抗する。籠城する。

たてさま【縦様】［名］《「たてざま」とも》縦方向。縦向き。縦。↔横様①

たてじとみ【立て蔀】［名］移動用の障屏具のひとつ。細い木を格子に組んで、裏面に板を張り、衝立のようにして、屋内が見えないようにしたもの。

たてそ・ふ【建て添ふ】［他ハ下二］〔へ・へ・ふ・ふる・ふれ・へよ〕新しく建物を加える。例「えもいはぬ堂のめでたき、べちにたてそへて」〈浜松中納言・二〉

たてだて・し【立て立てし】［形シク］〔しから・しく（しかり）・し・しき（しかる）・しけれ・しかれ〕《「たてだてし」とも》意地っ張りだ。とげとげしい。例「腹あしく、**たてだて・しかりけるが**」〈沙石集〉

たてちが・ふ【立て違ふ】［他ハ下二］〔へ・へ・ふ・ふる・ふれ・へよ〕互い違いに立てる。交錯させて立てる。例「几帳どもの**立てちが・へたる**あはひより」〈源氏・蜻蛉〉

たてつき【楯突き】［名］《「たてづき」とも》❶戦場で楯を立てて、敵の矢を防ぐ役目の者。❷たてつくこと。逆らうこと。反抗。

たてつづ・く【立て続く】［他カ下二］〔け・け・く・くる・くれ・けよ〕続けて並べる。例「御車ども**立てつづ・けつれば**、副車の奥に押しやられて」〈源氏・葵〉

たてて【立てて】［副］《動詞「立つ」の連用形＋接続助詞「て」》取り立てて。もっぱら。とくに。例「学問をたててしたまひければ」〈源氏・少女〉

たてど【立て所・立て処】［名］物を立てる所。物の置き場所。

たてぬき【経緯】［名］機の縦糸と横糸。

たてば【立て場】［名］《近世語》江戸時代の街道の休息所。人夫が駕籠や荷を下ろし、客待ちをしたり、駕籠や馬を交替したりする。

たてはき【帯刀】［名］「たちはき①」に同じ。

たてひき【立て引き・達引き】［名］《近世語》意地を張り合って争うこと。

たてひ・く【立て引く・達引く】［自カ四］〔か・き・く・く・け・け〕《近世語》❶意地を張って争う。例「**立て引・く**どころか俺もともどもお世話さして下され」〈浄・夏祭浪花鑑〉❷意地を見せて他人のために金銭を払う。とくに、遊女が客のために費用を負担する。

たてぶみ【立て文】［名］正式の書状の一形式。書状を包み紙で縦に包んだもの。＝捻り文②。↔包み文。➡図版「妻戸」。例「紫の紙、**立て文**すくやかにて」〈源氏・少女〉

古典の世界　「立て文」には、「すくよかなり」「すくやかなり」「すくすくし」といった、きまじめで愛想がない・きちんとしている意の形容語が添えられることが多く、恋文とはっきり区別されている。

たてへだ・つ【立て隔つ】［他タ下二］〔て・て・つ・つる・つれ・てよ〕ものを立てて両者を隔てる。例「おろし籠めたる中の二間に**立て隔・てたる**障子の穴より」〈源氏・宿木〉

たてまだ・す【立て遣す・奉遣す・献遣す】《「たてまたす」とも。「まだす」は遣るの意の謙譲語》❶［他サ四］〔さ・し・す・す・せ・せ〕（上位者へ使いを）派遣いたす。（使いをやって物を）差し上げる。例「密しのびに使ひを**奉遣・して**」〈紀・継体〉❷［他サ下二］〔せ・せ・す・する・すれ・せよ〕❶に同じ。例「御使ひ朝にたちびつるは、御まぼり物**たてまだ・せ**む」〈宇津保・藤原の君〉

たてまつら・す【奉らす】❶《「たてまつらす」で一語。本動詞》［他サ下二］〔せ・せ・す・する・すれ・せよ〕「贈る」の意の謙譲語。「（AがBに）たてまつらす」で、B（贈る相手）を高める。**差し上げる**。**献上する**。例「蓑虫のやうなる童の大きなる、白き木に立文をつけて、『これ、**たてまつら・せむ**』と言ひければ」〈枕・円融院の御はての年〉❷《動詞「たてまつる」の未然形＋使役の助動詞「す」》「贈らせる」の意で、「（人を通してAがBに）たてまつらす」のB（贈る相手）を謙譲語「たてまつる」が高める。**差し上げさせる**。**献上させる**。例「惟光朝臣出で来たるして〔随身ハ源氏ニ花ヲ〕**たてまつら・す**」〈源氏・夕顔〉❸《「たてまつらす」で一語。補助動詞》［補動サ下二］〔せ・せ・す・する・すれ・せよ〕（動詞や動詞型活用の助動詞の連用形に付いて）「（AがBに）…たてまつらす」で、B（行為の向かう先）を高める謙譲語。**お（ご）…申し上げる**。例「御硯取りまかなひ、〔源氏ハ明石ノ姫君ニ〕書かせ**たてまつら・せ**たまふ」〈源氏・初音〉→「たまふ（四段）」。《敬語》「書かせたてまつらせたまふ」→「たまふ（四段）」。❹《補助動詞「たてまつる」の未然形＋使役の助動詞「す」》（動詞や動詞型活用の助動詞の連用形に付いて）「…させる」の意で、「（人を通してAがBに）…たてまつらす」のB（行為の向かう先）を謙譲語「たてまつる」が高める。**お（ご）…申し上げさせる**。例「香どもは、昔今の取り並べさせたまひて、御方々に配り**たてまつら・せ**たまひて」〈源氏・梅枝〉《敬語》「取り並べさせたまひて」「配りたてまつらせたまふ」→「たまふ（四段）」

発展学習ファイル　「たてまつらす」は本来、謙譲語「たてまつる」に使役の助動詞「す」が付いたもので、「さしあげさせる」、つまり高貴な人にさしあげる場合に、直接ではなく、「間に仲介者（侍女など）を通してさしあげさせる」意だったが、しだいに「たてまつらす」全体で「身分の高い人にさしあげる」という意味で（仲介者を通さずに直接さしあげる場合も含めて）使われるようになった。こうなると、「す」の使役の意味は薄れ、「す」が単に謙譲語「たてまつる」を強め、「たてまつらす」全体でひとつの謙譲語のようになっていった。これが❶である。したがって、謙譲語「たてまつらす」は「たてまつる」よりも敬度が高く、かなり身分の高い人にさしあげる場合に使う。

ただし、仲介者があり、使役の意味が明らかな場合は、謙譲語「たてまつる」＋使役の助動詞「す」と分析できる。これが本来の用法で、❷である。

補助動詞の場合の㊂と㊃の違いも、㊀と㊁の違いと同様である。

たてまつらせたま・ふ【奉らせ給ふ】(タテマツラセタマ(モ)ウ) ㊀《謙譲の動詞「たてまつらす」(本動詞)の連用形＋補助動詞「たまふ」》「贈る」の意の二方面敬語。「(AがBに)たてまつらせたまふ」で、謙譲語「たてまつらす」がB(贈る相手)を高め、尊敬語「たまふ」がA(贈る人＝主語)を高める。**さしあげなさる。おさしあげになる。** 例「中納言まゐりたまひて、〔中宮定子ニ〕御扇**たてまつらせたまふ**に」〈枕・中納言まゐりたまひて〉(敬語)「まゐりたまひて」→「まゐる(四段)」「たまふ(四段)」。㊁《謙譲の動詞「たてまつる」(本動詞)の未然形＋助動詞「す」の連用形＋補助動詞「たまふ」》❶(「せ」が尊敬の場合)「贈る」の意の二方面敬語。「(AがBに)たてまつらせたまふ」で、謙譲語「たてまつる」がB(贈る相手)を高め、尊敬語「せたまふ」がA(贈る人＝主語)を高める。**さしあげなさる。おさしあげになる。** 例「院にもかかる事聞かせたまひて、梅壺(うめつぼ)に御絵ども**たてまつらせたまへり**」〈源氏・絵合〉(敬語)「聞かせたまひて」→「せたまふ」。❷(「せ」が使役の場合)「贈らせる」の意の二方面敬語。「(AがBに人を通して)たてまつらせたまふ」で、尊敬語「たまふ」がA(贈らせる人)を高め、謙譲語「たてまつる」がB(贈る相手)を高める。**さしあげさせなさる。** 例「〔源氏ハ人ニ〕向かひの院の御倉あけさせて、絹綾(きぬあや)など**たてまつらせたまふ**」〈源氏・初音〉㊂《謙譲の補助動詞「たてまつらす」の連用形＋補助動詞「たまふ」》「(AがBに)…たてまつらせたまふ」で、尊敬語「たまふ」がA(行為を行う人＝主語)を高め、謙譲語「たてまつらす」がB(行為の向かう先)を高める二方面敬語。**お(ご)…申し上げなさる。** 例「御硯(すずり)取りまかなひ、〔源氏ハ明石(あかし)ノ姫君ニ〕書かせ**たてまつらせたまふ**」〈源氏・初音〉㊃《謙譲の補助動詞「たてまつる」の未然形＋助動詞「す」の連用形＋補助動詞「たまふ」》❶(「せ」が尊敬の場合)「(AがBに)…たてまつらせたまふ」で、尊敬語「せたまふ」がA(行為を行う人＝主語)を高め、謙譲語「たてまつる」がB(行為の向かう先)を高める二方面敬語。**お(ご)…申し上げなさる。** 例「〔桐壺(きりつぼ)ノ帝(みかど)ハ〕一の宮を見**たてまつらせたまふ**にも」〈源氏・桐壺〉❷(「せ」が使役の場合)「(AがBに人を通して)…たてまつらせたまふ」で、尊敬語「たまふ」がA(行為をさせる人)を、謙譲語「たてまつる」がB(行為の向かう先)を高める二方面敬語。**お(ご)…申し上げさせなさる。** 例「香どもは、昔今の取り並べさせたまひて、御方々に配り**たてまつらせたまふ**」〈源氏・梅枝〉(敬語)「取り並べさせたまひて」→「たまふ(四段)」。㊄《尊敬の動詞「たてまつる」の未然形＋尊敬の助動詞「す」の連用形＋補助動詞「たまふ」》「着る」「乗る」などの意の最高敬語。**お召しになる。お乗りになる。** 例「〔道長ハ〕御髪(みぐし)など削(そ)らせたまひて、御袈裟(けさ)、衣(ころも)など**奉らせたまひて**」〈栄花・三〇〉

発展学習ファイル　**「たてまつらせたまふ」の識別**(本動詞の場合)…㊀と㊁①とは、どちらも「AがBに贈る」ことを、A・Bの両方を高めて述べる言い方で、「さしあげなさる」「おさしあげになる」という現代語訳になる。その意味で、解釈上は㊀と㊁①を区別する意味はあまりないが、文法的には次のように区別して考えることができる。

(1)Aがきわめて身分の高い人(最高敬語にふさわしい人)の場合は㊁①。「せたまふ」はきわめて身分の高い人の行為に使うので、Aがそのような人の場合は、謙譲語「たてまつる」＋尊敬語「せたまふ」(さらに分解すれば尊敬の助動詞「す」＋尊敬の補助動詞「たまふ」)と見られる。

(2)AよりもBが身分が高い場合は㊀。「たてまつらす」はかなり身分の高い人に贈る場合に使うので、Bがそのような人の場合は、謙譲語「たてまつらす」＋尊敬語「たまふ」と見られる。

また、㊁②は、「Aが誰かを通してBに贈らせる」ということに仲介者があり、仲介者を通して贈らせることを、A・Bの両方を高めて述べるもの。この場合は「さしあげさせなさる」と訳す。謙譲語「たてまつる」＋使役の助動詞「す」＋尊敬語「たまふ」である。

補助動詞の場合の㊂と㊃①・㊃②の識別も、本動詞の場合と同様である。ただし、これらの区別は、判断が難しい場合もある。

㊄は「たてまつる」が「着る」「乗る」などの尊敬語の場合で、用例はそれほど多くない。

たてまつりか・ふ【奉り換ふ】(タテマツリカ(コ)ウ)［他ハ下二］{へ・へ・ふ・ふる・ふれ・へよ}《「着換ふ」の尊敬語》お召しかえになる。例「御衣ども、**奉りか・へよ**」〈源氏・総角〉

たてまつりもの【奉り物】［名］❶献上する品物。貢ぎ物。❷貴人の衣服。お召し物。

たてまつ・る【奉る】［他ラ四］［自ラ四］［補動ラ四］［他ラ下二］

アプローチ
▼四段活用の「たてまつる」は、本来「さしあげる」という謙譲語(㊀①②)。
▼そこから「さしあげたものを…なさる」の意味で、「食べる」「飲む」「着る」「乗る」の尊敬語としての用法(㊀③④、㊁)が生じた。また、動詞などに付いて謙譲語をつくる補助動詞の用法(㊂)もある。
▼下二段活用の「たてまつる」は、四段活用の「たてまつる」の使役形といわれ、本来「さしあげさせる」の意と考えられるが、四段活用の「たてまつる」と意味上の区別がつかない場合も多い。

㊀［他ラ四］{ら・り・る・る・れ・れ}❶「(ものを)贈る」の意の謙譲語。「(AがBに)たてまつる」で、B(贈る相手)を高める。**さしあげる。献上する。** 例「ゆかしくし給ふものを**たてまつ・らむ**」〈更級〉訳(あなたが)見たいと思っていらっしゃるものを**さしあげ**よう。❷「(人を)送る・つかわす」の意の謙譲語。「(AがBに人を)たてまつる」で、B(送る先)を高める。**参上させる。** 例「いざ人して見せに**たてまつ・らん**」〈蜻蛉・中〉訳どれ、人に(兼家のようすを)見せに**参上させ**よう。❸「食べる」「飲む」の意の尊敬語。食べる人、飲む人(主語)を高める。**召し上がる。お飲みになる。** 例

た

「壺なる御薬**たてまつ・れ**」〈竹取・かぐや姫の昇天〉
訳 壺にある御薬を**お飲みなさいませ**。

❹「着る」「身につける」の意の尊敬語。着る人、身につける人(主語)を高める。**お召しになる**。**身におつけになる**。例「鈍める御衣**たてまつ・れる**も、夢の心地して」〈源氏・葵〉訳 灰色になった御服(=喪服)を**お召しになっている**のも、夢のような心地がして。

二[自ラ四]{ら・り・る・る・れ・れ}「乗る」の意の尊敬語。乗る人(主語)を高める。**お乗りになる**。例「例の、ことごとしからぬ御車に**たてまつ・りて**」〈源氏・若菜・上〉訳 いつものように、(源氏は)仰々しくない御車に**お乗りになって**。

三[補動ラ四]{ら・り・る・る・れ・れ}(動詞や動詞型活用の助動詞の連用形に付いて)「(AがBに)…たてまつる」でB(行為の向かう先)を高める謙譲語。**お(ご)…する**。**お(ご)…申し上げる**。例「かくいまいましき身の添ひ**たてまつ・らむ**も、いと人聞きうかるべし」〈源氏・桐壺〉訳 このように慎むべき(出家した)身が(若君に)お付き添い**申し上げよう**ことも、たいへん人聞きの悪いことにちがいない。

四[他ラ下二]{れ・れ・る・るる・るれ・れよ}❶「(人を通してものを)贈らせる」あるいは「(ものを)贈る」の意の謙譲語。「(AがBに)たてまつる」で、B(贈る相手)を高める。**さしあげさせる**。**さしあげる**。例「若君して**たてまつ・れ**たまへる、はかなき紙の端に」〈源氏・夕霧〉訳 (息子の)若君を介して(雲居雁が夫の夕霧に)**さしあげさせ**なさった何ということもない紙の端に。《敬語》「たてまつれたまへる」→「たまふ(四段)」

❷ 一②に同じ。例「君の御もとよりは、惟光を**たてまつ・れ**たまへり」〈源氏・若紫〉訳 君(=源氏)のもとからは、(紫の上の屋敷に)惟光を**差し上げ**なさった。《敬語》「たてまつれたまへり」→「たまふ(四段)」

発展学習ファイル (1)四段活用の「たてまつる」は、「さしあげる」という謙譲語から、「さしあげたものを…なさる」の意に転じた尊敬語を派生したが、同様のことは「**まゐる**」にも見られる。
(2)平安時代の女性の手による仮名文学作品において、謙譲の補助動詞として三の「たてまつる」とともに「**きこゆ**」も多く用いられるが、ア「たてまつる」は助動詞「る」「らる」「す」「さす」「しむ」に付くが、「**きこゆ**」は付かない。イ「たてまつる」は多く「見る」「聞く」などの動作を表す動詞に付き、「**きこゆ**」は多く「思ふ」など心の動きを表す動詞に付く、といった使い分けがなされている。
(3)四は平安時代のみの用法で、未然形と連用形しかない。「(AがBに人を通して)たてまつる」で、Aに使役される人(AからBへの仲介者)が存在していると考えられる用例が多いが、本来の使役性が薄れ、四段活用の「たてまつる」と意味上区別がつかなくなっていると思われる用例もある。

たてまつれ【奉れ】下二段動詞「奉る」の未然形・連用形。例「『少将、中将、これかれ、さぶらへ』とて**たてまつ・れ**たまひけれど」〈大和・二〉(注)連用形の例。

たてもの【立て物】[名]❶埴輪の別称。❷兜の装飾のひとつで、威容を誇示するために、鉢の頂上または前後左右につけるもの。装着する位置によって頭立て・前立て・後立て・脇立てなどという。

たてやま【立山】[歌枕]越中国の山。いまの富山県中新川郡立山町にある立山連峰の主峰。富士山・白山とともに日本三大霊峰のひとつ。修験道の霊場として発展した。

-だてら[接尾](身分・職業を表す名詞に付いて)振る舞いなどが、その分際にふさわしくない意を表す。…に似合わず。…の分際で。「法師**だてら**」など。

たてりあきなひ【たてり商ひ】[名]米市で、実際に米の受け渡しをせず、相場で取り引きすること。

たてわき【立涌】[名]《「たちわき」「たてわく」「たてわけ」とも》文様の名。流線形を連続させて並べた縦筋文様。「雲立涌」「藤立涌」「大立涌」など多くの種類があり、袍や指貫などに用いる。

たてわた・す【立て渡す】[他サ四]{さ・し・す・す・せ・せ}一面に立てめぐらす。立て連ねる。例「外に**立てわた・し**たる屏風の中をすこしひき開けて」〈源氏・若紫〉

たてわづら・ふ【立て煩ふ】[他ハ四]{は・ひ・ふ・ふ・へ・へ}立てにくくて困る。例「馬場殿のほどに**立てわづら・ひ**て」〈源氏・葵〉

たと【立と】《上代東国方言。動詞「立つ」の連体形》立つ。例「**立と**月のぬがなへ行けば(=流レ去ッテユクノデ)」〈万葉・一四・三四七六〉

たとうがみ【畳紙】歴史的かなづかい「たたうがみ」

たどうど【直人・徒人】歴史的かなづかい「ただうど」

たどき【方便】[名]《「たづき」の変化形》たより。手がかり。方法。

たとしへなう【譬へ無う】形容詞「たとしへなし」の連用形「たとしへなく」のウ音便。

たとしへな・し【譬へ無し】[形ク]{から・く(かり)・し・き(かる)・けれ・}比べものにならない。はなはだしい。例「残りたまはむ末の世などの、**たとしへなき**衰へなどを」〈源氏・藤裏葉〉

たどたど・し[形シク]{しから・しく(しかり)・し・しき(しかる)・しけれ・しかれ}《「たづたづし」の変化形か》❶不慣れで滞りがちだ。危なっかしい。おぼつかない。例「いざ、しるべしたまへ。まろはいと**たどたど・し**」〈源氏・竹河〉❷(姿・音などが)はっきりしない。よく見えない。例「黒き紙に、夜の墨つぎも**たどたど・しけれ**ば」〈源氏・椎本〉

たとひ【譬ひ・喩ひ】[名]「たとへ(譬へ)」に同じ。

たとひ【縦ひ・仮令】[副]❶(下に接続助詞「ば」を伴って)もし…ならば。例「**たとひ**、汝この国を治らば」〈紀・神代・上〉❷(下に接続助詞「とも」「ども」を伴って)たとえ…しても。かりに…しても。例「**たとひ**縄に扶かるとも」〈紀・顕宗〉

たと・ふ【譬ふ・喩ふ】[他ハ下二]{へ・へ・ふ・ふる・ふれ・へよ}あるものを他の物事になぞらえていう。たとえる。

たとへ【譬へ・喩へ】[名]他の物事にたとえること。たとえ話。=譬ひ

たとへうた【譬へ歌】[名]『古今和歌集』の仮名序にいう、和歌の「六義」のひとつ。たとえるものとたとえられるものとの対応がはっきりしている歌。

たとへば【例へば・譬へば】[副]❶(多く下に「ごとし」を伴って)他のものにたとえていえば。例「延暦、園城ノ二寺ハ、**たとへば**鳥の左右の翅のごとし」〈平家・山門牒状〉❷(前に述べた内容を)具体的にいえば。例を挙げていうと。例「**たとへば**一行は玄

宗皇帝の御加持の僧にて御座しが」〈盛衰記・五〉 ❸端的にいえば。すなわち。いうなれば。例「たとへば日本国二人の将軍といはればや」〈平家・六・廻文〉 ❹たとえ。かりに。よしんば。例「ただ頼めたとへば人のいつはりを」〈新古今・恋三・一二三三〉

たどほ・し【た遠し】［形ク］{から・く(かり)・し・き(かる)・けれ・かれ}（「た」は接頭語）非常に遠い。例「玉鉾の道をた遠み間使ひもやるよしもなし」〈万葉・一七・三九六二長歌〉

たどり【辿り】［名］❶迷い、さがしながら行くこと。例「暗きに入らむ道のたどりも堪へがたからむ」〈夜の寝覚〉 ❷あれこれと思いをめぐらすこと。物事を深く探り知ること。例「そのたどり深き人の今の世にをさをさなければ」〈源氏・若菜・下〉

たどりあ・ふ【辿り合ふ】［自ハ四］{は・ひ・ふ・ふ・へ・へ}皆でいろいろと考えをめぐらす。例「『夜を明かしてこそは』とたどりあ・へるに」〈源氏・明石〉

たどりあり・く【辿り歩く】［自カ四］{か・き・く・く・け・け}うろうろと歩き回る。また、さがし求めて回る。例「『など（＝ナゼ）、宮より召しあるには参りたまはぬ』とて、たどり歩・く」〈源氏・須磨〉

たどりし・る【辿り知る】［他ラ四］{ら・り・る・る・れ・れ}あれこれ考えてのち、理解する。例「人わろき名の流れ侍らんもすべてたどり知・られず」〈とりかへばや〉

たどりよ・る【辿り寄る】［自ラ四］{ら・り・る・る・れ・れ}あちこち手がかりをさがして目的に近づく。例「あながちにかかづらひたどり寄・らむも人わろかるべく」〈源氏・空蟬〉

たど・る【辿る】{ら・り・る・る・れ・れ}■一［他ラ四］❶たずね求める。例「かならず分けたる跡あなる三つの径とたど・る」〈源氏・蓬生〉 語構成「跡あなる」→「あなり」。❷あれこれと考える。例「幼な心地に深くしもたど・らず」〈源氏・帚木〉 ❸（知らない道や暗い道を）迷いながらたずねて行く。例「夜深き霧のまよひに、たど・り出づ」〈十六夜〉 ■二［自ラ四］思い迷う。判断に苦しむ。悩む。例「しばしは夢かとのみたど・られしを」〈源氏・桐壺〉

たどるたどる【辿る辿る】［副］迷い迷い。例「死出の山たどるたどるも越えななで」〈後撰・雑三・一二六六〉

たな-［接頭］（動詞に付いて）広く、一面に、十分になどの意を表す。「たな曇る」「たな知る」など。

たな【店・棚】［名］❶（「見世棚」の略）店。商店。❷自分が勤める店。おたな。❸貸家。借家。

たな【棚】［名］❶物を載せる台として差し渡した板。❷「船棚」の略。

たなうら【掌】［名］（手の裏の意）手のひら。＝掌

たなおろし【店卸し・棚卸し】［名］（近世語）❶商人が決算の時に、在庫の商品の数量や品質を調べてその価格を見積もること。❷欠点をひとつひとつ指摘すること。あらさがし。

たなかおほひで【田中大秀】［人名］（一七七七～一八四七）江戸後期の国学者。本居宣長の門下。『竹取翁物語解』などを著し、橘曙覧ら門人を育てた。

たなかみ【田上】［歌枕］近江国の地名。いまの滋賀県大津市田上町。「田上川」や「田上山」という形で多く詠まれた。前者は「網代」「氷魚」、後者は「峰の紅葉」を景物とする。

たながり【店借り・棚借り】［名］家を借りて商売すること。また、その人。

たなぎら・ふ【棚霧らふ】［自ハ四］{は・ひ・ふ・ふ・へ・へ}（上代語。動詞「棚霧る」の未然形＋反復・継続の助動詞「ふ」）辺り一面に霧がかかる。例「たな霧らひ雪も降らぬか梅の花」〈万葉・八・一六四二〉

たなぐも【棚雲】［名］空にたなびく雲。

たなぐも・る【棚曇る】［自ラ四］{ら・り・る・る・れ・れ}（「たな」は接頭語）空一面に曇る。＝との曇る。例「たな曇・り雪は降り来」〈万葉・一三・三三一〇長歌〉

たなごころ【掌】［名］（手の心の意）手のひら。＝掌

〔掌の中〕自分の手の中にあるもののように、自由になること。

〔掌を返す〕物事の非常にたやすいことのたとえ。また、たやすく変化することのたとえ。

〔掌を指す〕物事の明白であることのたとえ。また、きわめてたやすいことのたとえ。

たなしね【稲種】［名］稲の種。種籾。

たなし・る【たな知る】［自ラ四］{ら・り・る・る・れ・れ}（「たな」は接頭語）十分にわきまえる。よくよく知る。例「夜中にも身はたな知・らず出でてそあひける」〈万葉・九・一七三九〉

たなする【手末】［名］（手の末の意）手の先。指先。

〔手末の調〕（手先で作った「調」の意）上代、租税のひとつとして女性が納めた織物。

たなそこ【掌・手掌】［名］（「たなぞこ」とも。手の底の意）手のひら。たなごころ。

たなづし【棚厨子】［名］棚のついている「厨子」。

たなつもの［名］（「つ」は上代の格助詞）■一【穀】穀物。■二【水田種子】（「陸田種子（畑つ物）」に対して）稲。

たななしをぶね【棚無し小舟】［名］「船棚」のない小さな船。

たなは【手縄】［名］❶鵜飼いのときに鵜匠が鵜につけて使う縄。❷馬をつなぐ縄。差し縄。

たなはし【棚橋】［名］手すりがなく、棚のように板を渡しただけの橋。

たなばた【棚機・七夕】［名］❶布を織る道具。はた。織機。❷「棚機津女」の略。❸「棚機祭り」の略。（季－秋）

〔七夕の契り〕七夕の夜に牽牛と織女の二星が会うこと。また、そのように固い男女の契り。

たなばたつめ【棚機津女・織女】［名］（「つ」は上代の格助詞）❶機を織る女。❷織女星の別称。（季－秋）。①②＝棚機②

たなばたまつり【棚機祭り・七夕祭り】［名］陰暦七月七日に行われた年中行事。牽牛（鷲座のアルタイル）・織女（琴座のベガ）の二星を祭る祭り。＝棚機③・乞巧奠。（季－秋）

古典の世界　中国における七夕伝説は、一年に一度、七月七日の夜に織女が天の川を渡って牽牛に会いに行くというもので、奈良時代にわが国に伝えられた。しかし、日本の古代においては男性が女性のもとに通う「**通い婚**」の風習があったために、しだいに**牽牛が織女のもとに通うように変えられた**。『万葉集』にはすでに、牽牛が天の川を渡って織女に会いに行くと歌われた歌の方が多い。

たなび・く【棚引く】{か・き・く・く・け・け}■一［自カ四］雲・霞・

霧・煙などが、帯のように長く引いている。例「紫だちたる雲の、細くたなび・きたる」〈枕・春は、あけぼの〉二［他カ四］たなびかせる。長く連ねる。例「数千騎(せすんぎ)の軍兵(ぐんびやう)をたなび・いて、都へ入り給ふ」〈平家・三・法印問答〉《音便》「たなびい」は「たなびき」のイ音便。

たなべのさきまろ【田辺福麻呂】［人名］（生没年未詳）奈良時代の歌人。『万葉集』に入集。

たなまた【手股・手俣】［名］《手の股の意》指と指との間。

た‐なり …たらしい。…たようだ。…たそうだ。例「守(かみ)の館(たち)より、呼びに文持て来たなり」〈土佐〉訳（新任の）国司の家から招待のために、手紙を持って来たようだ。

語構成　た（完「たり」㊀体）＋なり（伝・推「なり」）＝「たるなり」の撥音便「たんなり」の撥音無表記。

たなれ【手馴れ・手慣れ】［名］❶扱い慣れていること。❷動物を飼いならしてあること。

たなゐ【種井】(タナイ)［名］苗代(なはしろ)にまく前に、稲の種籾(たねもみ)を浸すために掘る井戸。（季—春）

たに【商布】［名］奈良・平安時代に、「調(てう)」「庸(よう)」としてではなく、自家用、または交易用にあてた布。

だに［副助］⇨七七四ページ「特別コーナー」

だにあ・り《副助詞「だに」＋補助動詞「あり」》…でさえ…である。…だけでも…である。例「一事のすぐるるだにあ・るに、かくいづれの道も抜け出(い)で給ひけむは、いにしへも侍(はべ)らぬことなり」〈大鏡・頼忠〉訳ひとつの事に秀でているだけでもめったにないことであるのに、このようにどの道にも抜きん出ていらしたのは、昔にもございませんことです。《敬語》「侍らぬ」→「はべり」

発展学習ファイル　多く下に接続助詞「に」「を」が付く。解釈するときは、文脈に応じて適当な語を補う。右の例の場合、「めったにない」を補う。

〈和歌〉**たにかぜに…【谷風に解くる氷のひまごとに打ち出(い)づる波や春の初花】**〈古今・春上・一二・源当純〉訳谷を吹く春風によって解けた氷のすき間から吹き出る波、これこそが春一番に咲く花なのだろうか。

たにぎ・る【手握る】{ら・り・る・る・れ・れ}一［自ラ四］こぶしを握る。例「手握・りて打てども懲(こ)りず恋といふ奴(やつこ)」〈万葉・一一・二五七四〉二［他ラ四］握る。つかむ。例「はじ弓を手握・り持たし」〈万葉・二〇・四四六五長歌〉

たにぐく【谷蟇】［名］ヒキガエルの古名。

たにぐちぶそん【谷口蕪村】［人名］「よさぶそん」に同じ。

たにのしたみづ【谷の下水】(タニノシタミズ)谷間を流れる水。また、日陰者の意の比喩(ひゆ)にも用いられる。

たにのと【谷の戸】［名］谷の出入り口。

たにふけ【谷深】［名］谷の深い所。谷底の湿地。

たにぶんてう【谷文晁】(タニブンチョウ)［人名］（一七六三—一八四〇）江戸後期の画家。初め狩野派(かのうは)に学んだが、諸派合法の画風を展開した。『公余探勝図巻』（重要文化財）などの作品がある。

たにべ【谷辺】［名］《「たにへ」とも》谷のほとり。

だにも《副助詞「だに」＋係助詞「も」》❶（下に意志・願望・命令の表現を伴って）せめて…だけでも。例「忘れ貝拾ひしもせじ白玉(しらたま)を恋(こ)ふるをだにもかたみと思はむ」〈土佐〉訳→〈和歌〉わすれがひ…。❷…さえも。例「をさまれる世だにもかくのごとし」〈平家・七・主上都落〉訳安定している世の中でさえもこのようである。

〈参考〉接続、意味・用法は「だに」に同じ。

たぬき【狸】［名］❶動物の名。（季—冬）❷他人をだますこと。また、うそつき。❸《「狸寝入り」の略》寝たふりをすること。

たね【種】［名］❶植物の種子。❷《「胤」とも書く》血筋。子孫。❸根拠。原因。よりどころ。例「やまと歌は人の心を種として、よろづの言(こと)の葉とぞなれりける」〈古今・仮名序〉

たねがしま【種子島】［地名］大隅国(おほすみのくに)の島。いまの鹿児島県大隅半島の南方にある島。天文十二年（一五四三）漂着したポルトガル人によって鉄砲がもたらされた地。火縄銃の別称でもある。

たねん【他念】［名］ほかのことを思う心。余念。

たのうだひと【頼うだ人】《「たのみたるひと」の変化形》自分の主人として信頼し仕える人。＝頼うだ者

たのごひ【手拭ひ】(タノゴイ)［名］《「たなごひ」「てのごひ」とも》てぬぐい。

たの・し【楽し】［形シク］{しから・しく(しかり)・し・しき(しかる)・しけれ・しかれ}❶（肉体的・精神的に）快適だ。楽しい。❷（経済的に）満ち足りている。豊かだ。裕福だ。例「家内富貴(ふっき)して、たの・しい事なのめならず」〈平家・一・祇王〉《音便》「たのしい」は「たのしき」のイ音便。

たのしび【楽しび】［名］楽しみ。

たのし・ぶ【楽しぶ】［自バ四］{ば・び・ぶ・ぶ・べ・べ}楽しむ。

〈和歌〉**たのしみはそぞろよみゆく…【たのしみはそぞろ読みゆく書(ふみ)の中(うち)に我とひとしき人を見し時】**〈志濃夫廼舎歌集・橘曙覧〉訳私の楽しみは、これという当てもなしに読んでいく書物の中に、自分と同じ人を見つけたときである。

〈和歌〉**たのしみはまれにうをにて…【たのしみはまれに魚煮て児等(こら)皆(みな)がうましうましといひて食(く)ふ時】**〈志濃夫廼舎歌集・橘曙覧〉訳私の楽しみは、たまに魚を煮て、子供たちみんながうまいうまいといって食べるときだ。

たのし・む【楽しむ】{ま・み・む・む・め・め}一［自マ四］❶楽しく思う。愉快に思う。❷豊かになる。例「娑婆(しゃば)の栄花(えいぐわ)は夢の夢、楽し・み栄えて」〈平家・一・祇王〉二［他マ四］楽しみを感じる。楽しむ。

たのしや【楽し屋】［名］豊かな家。裕福な家。

たのみ【頼み】［名］❶頼むこと。当て。頼り。また、頼りとする人。❷結婚の結納。

たのみ【田の実】［名］稲の実。和歌では、多く「頼み」をかけて用いる。（季—秋）。例「あきかぜにあふたのみこそ悲しけれ我がみ空しくなりぬと思へば」〈古今・恋五・八二二〉

たのみすぐ・す【頼み過ぐす】［他サ四］{さ・し・す・す・せ・せ}当てにして時を過ごす。例「いかで思ふさまにて見たてまつらむと、年月を頼み過ぐ・し」〈源氏・明石〉

たのみだる【頼み樽】［名］結納として贈る酒樽。

たのみどころ【頼み所】［名］頼りにするところ。

たのみなら・ふ【頼み慣らふ】(タノミナラ(ロ)ウ)［他ハ四］{は・ひ・ふ・ふ・へ・へ}いつも頼みにする。例「世をもてひがむるやうな

だに〔副助詞〕

アプローチ 「せめて…だけでも」と訳すべき場合(①)と、「…さえ」と訳すべき場合(②)とがある。①が本来の用法だが、②で用いられる場合も多い。

接続 体言、活用語の連体形、助詞などに付く。

意味	訳語	用例
❶**最小限に限定する。**最小限の事柄を示し、「それ以上は無理でも、せめてそれだけでも…しよう(せよ、してほしい)」などという気持ちを表す。一般に後半に意志・願望・命令など、話し手の意向を表す表現を伴う。	せめて…だけでも	例「もとの御かたちとなりたまひね。それを見て**だに**帰りなむ」〈竹取・かぐや姫の昇天〉 訳もとのお姿になってください。(お連れするのはあきらめますが)**せめて**もとのお姿を見て帰りましょう。〔注〕帝(みかど)が宮中にかぐや姫を連れて行こうとすると、姫が姿を消してしまったので、帝があわてて述べたことば。 例「散りぬとも香を**だに**残せ梅の花恋しき時の思ひ出にせむ」〈古今・春上・四八〉 訳散ってしまっても**せめて**香り**だけでも**残しておくれ、梅の花よ。その香りを、恋しくなったとき思い出すよすがにしよう。
❷**類推させる。**ある事柄(最小限のこと、程度のはなはだしいこと)をあげて、それさえこうなのだから、ましてそれ以上(以外)の事柄についてはなおさらだという気持ちを表す。	…さえ	例「かぐや姫、光やあると見るに、蛍ばかりの光**だに**なし」〈竹取・石作の皇子〉 訳かぐや姫は、(この鉢には)光があるかしらと思って見ると、蛍ほどの(わずかな)光**さえ**もない。 例「たまさかに立ち出づる**だに**、かく思ひの外(ほか)なることを見るよ」〈源氏・若紫〉 訳たまに出かけて**さえ**、このように思いがけない(きれいな女性に出会う)経験をすることだよ。〔注〕源氏が若紫をかいまみたあとの感想。

発展学習ファイル (1)①の用法の場合、「…は無理でも、せめて」の「…」にあたる内容をおさえることが大切。第一例では「かぐや姫を宮中にお連れすることは無理でも」、第二例では「梅の花そのものを散らさずに残すことは無理でも」をおさえる。

(2)②の用法の場合、「まして…」の「…」にあたる内容は述べられないことが多いが、この部分を的確に類推しておさえることが大切。第一例では「まして、特別に作られたとされる鉢がもっているはずのみごとな光沢は少しもない(だから、にせものの鉢だ)」、第二例では「まして、しばしば出歩いていれば、出会いのチャンスもいっそう多いだろう」をおさえる。

(3)類語に「すら」、まぎらわしい語に「さへ」がある。この三語については「さへ」の項参照。

りしを、若きどち**頼みならひて**」〈源氏・若菜・上〉

たのみは・つ【頼み果つ】〔他タ下二〕{て・て・つ・つる・つれ・てよ}ずっと頼り通す。頼りきる。例「たれかこの世を**たのみは・つべき**」〈伊勢・五〇〉

たのみわた・る【頼み渡る】〔自ラ四〕{ら・り・る・る・れ・れ}ずっと頼りにする。末長く頼りに思う。例「人となさせたまひてんと**頼みわたり**はべりつるに」〈源氏・少女〉

たのむ【田の面】〔名〕《「たのも」の変化形》田の表面。和歌では、多く、「頼む」にかける。例「忘るなよ**たのむ**の沢を立つ雁(かり)も」〈新古今・春上・六一〉

〔**田(た)の面(む)の雁(かり)**〕田に降り立った雁。和歌では、多く、「頼む」にかける。例「みよしの**のたのむの雁**もひたぶるに」〈伊勢・一〇〉

たの・む【頼む】〔他マ四〕〔他マ下二〕

アプローチ ▼四段活用の「頼む」は、人の力を期待して、まかせる意が原義。
▼下二段活用の「頼む」は、使役性が加わったもので、とくに、男性が女性に将来を期待させる、約束するの意で用いられることが多い。

一〔他マ四〕{ま・み・む・む・め・め}❶**あてにする。期待する。**例「初心の人、二つの矢を持つ事なかれ。後の矢を**頼み**て、はじめの矢になほざりの心あり」〈徒然・九二〉 訳初心者は、二本の矢を持ってはならない。あとの矢を**あてにして**、初めの矢にいいかげんな心が生じる。

❷**信頼する。頼りに思う。**例「船に乗りては、楫(かぢ)取りの申すことをこそ、高き山と**頼・め**、など、かくたのもしげなく申すぞ」〈竹取・竜の頸の玉〉 訳船に乗ったときには、船頭の申すことを、高い山のように**信頼する**のに、どうして、(船頭は)こんなに頼りなさそうに申すのか。〔係結び〕「こそ→頼め(已)」。〔敬語〕「申すこと」「申すぞ」→「まうす」

❸**主人として仕える。**例「頼朝を**たの・ま**ばたすけてつかはんはいかに」〈平家・一一・六代被斬〉 訳頼朝を**主人として仕える**ならば命を助けて、家臣として使おう

と思うがどうだ。❹**依頼する。願う。** 例「かかることの侍るを、こなたへ寄らせ給へと**頼・み聞こゆる**」〈堤中納言・逢坂越えぬ権中納言〉訳このようなことがございますので、こちらへお寄りくださいと**お願い**申し上げます。《敬語》「侍るを」→「はべり」、「寄らせ給へ」→「せたまふ」、「頼み聞こゆる」→「きこゆ」

二［他マ下二］{め・め・む・むる・むれ・めよ}**あてにさせる。期待させる。** 例「**頼・め**聞こえしやうにほのめかし聞こえしも、いかに思ひたまふらん」〈源氏・竹河〉訳**期待させ**申し上げたかのようにそれとなく申し上げたことも、どう思っていらっしゃるのだろうか。《疑問語との呼応》「いかに」→「思ひたまふらん(体)」。《敬語》「頼め聞こえし」「ほのめかし聞こえし」→「きこゆ」、「思ひたまふ」→「たまふ（四段）」

発展学習ファイル　類義語「**たよる**」は、何かの手がかりに寄りかかって、相手に依存する意。

たの・む【手飲む】［他マ四］{ま・み・む・む・め・め}手ですくって飲む。和歌では、多く「頼む」にかける。例「手にむすびたの・みしかひもなき世なりけり」〈伊勢・一二三〉

たのむのいはひ【田の実の祝ひ・頼むの祝ひ】［名］❶陰暦八月一日に新穀を「産土神」に供えて祝う祭り。（季―秋）。❷武家の年中行事のひとつ。陰暦八月一日に君臣間などで物を贈答し、君臣の誓いを新たにする儀式。＝八朔

たのむらちくでん【田能村竹田】［人名］（一七七七〜一八三五）江戸後期の漢詩人・画家。絵画を谷文晁に学ぶ。画論『山中人饒舌』などを著す。

たのめ【頼め】［名］相手に対し、頼みに思わせること。当てにさせること。例「この御行く先の**頼め**は、いでやと思ひながらも」〈源氏・宿木〉

たのめ・く【頼め来】《下二段動詞「頼む」の連用形＋動詞「来」》頼りに思わせてきた。例「**頼め・こし**言の葉今は返してむ我が身ふるれば置き所なし」〈古今・恋四・七三六〉

〔和歌〕**たのめしを…【頼めしをなほや待つべき霜枯れし梅をも春は忘れざりけり】**〈更級・菅原孝標女〉訳あなたは私に約束してあてにさせたけれど、やはりまた待たなければならないのでしょうか。霜に枯れていた梅をも春は忘れずに花を咲かせたのに。《係結び》「や→待つべき(体)」

たのめちぎ・る【頼め契る】［自ラ四］{ら・り・る・る・れ・れ}約束してあてにさせる。例「限りなく深きことを**頼め契・り**たまへれば」〈源氏・総角〉

たのも【田の面】［名］《「田の面」の略。「たのむ」とも》田の表面。

たのもし【頼母子】［名］《「頼母子講」の略》融資を目的とする民間の金融組織。＝無尽②

たのも・し【頼もし】［形シク］{しから・しく(しかり)・し・しき(しかる)・しけれ・しかれ}

アプローチ
▼動詞「たのむ」の形容詞化。
▼信頼感のもてるさまであることが基本義。
▼信頼感から発する将来に向けての期待感や、頼りがいのある豊かさの意が派生した。

❶**頼りになる。心強い。** 例「**頼も・しき**もの。心ちあしきころ、伴僧あまたして、修法したる」〈枕・頼もしきもの〉訳**心強い**もの。病気のときに（阿闍梨が）伴僧を大勢従えて修法をしているようす。❷**期待できる。将来が楽しみだ。** 例「この夢語りを、かつは行く先**頼も・しく**」〈源氏・若菜・上〉訳この夢の話を読んで、（悲しい思いがする）一方では、**将来が楽しみで。** ❸**豊かだ。裕福だ。** 例「我は、若かりし折は、まことに**頼も・しく**てありし身なり」〈宇治拾遺・一〇・一〇〉訳私は若かったころは、まことに**裕福な**身の上だった。

たのもしう【頼もしう】形容詞「たのもし」の連用形「たのもしく」のウ音便。

たのもしげ【-・なり】【頼もしげ】［形動ナリ］{なら・なり(に)・なり・なる・なれ・なれ}《「げ」は接尾語》頼りになりそうに見える。信頼がおけそうだ。例「卑下しものしたまへるしもぞ、なかなか行く先**頼もしげ・に**」〈源氏・若菜・下〉

たのもしげな・し【頼もしげ無し】［形ク］{(から)・く(かり)・し・き(かる)・けれ・かれ}頼りない。不安だ。心もとない。例「などかく**たのもしげな・く**申すぞ」〈竹取・竜の頸の玉〉

たのもしづく【-・なり】【頼もし尽く】［名・形動ナリ］《近世語》親切にして頼もしく思わせること。互いに信頼し合うこと。例「今時の仲人**頼もしづく・に**はあらず」〈浮・日本永代蔵〉

たのもしどころ【頼もし所】［名］頼りに思う所。

たのもしびと【頼もし人】［名］頼りにする人。

たばかり【謀り】［名］❶思案。計画。工夫。❷策略。計略。

たばかりごと【謀り事】［名］はかりごと。策略。計略。

たばか・る【謀る】［他ラ四］{ら・り・る・る・れ・れ}

《「た」は接頭語》❶**計画を立てる。工夫する。配慮する。** 例「父大臣など、賢く**たばか・り**たまひてなん、御暇許されたまひける」〈源氏・真木柱〉《係結び》「なん→許されたまひける(体)」。❷**相談する。** 例「『かかることなむあるを、いかがすべき』と**たばか・り**たまひけり」〈大和・一七一〉❸**だます。偽る。欺く。ごまかす。** 例「梶原**たばか・られ**ぬとや思ひけん、やがてうち入れたり」〈平家・九・宇治川先陣〉〔注〕「たばかられぬとや思ひけん」の部分は挿入句。《係結び》「や→思ひけん(体)」

たは・く【戯く】［自カ下二］{け・け・く・くる・くれ・けよ}みだらな行いをする。例「天皇のまさに幸さむとするに違ひて、石川楯に**たは・け**ぬ」〈紀・雄略〉

たはこと【戯言】［名］でたらめなことば。根拠のないことば。妄語。

たばさ・む【手挟む】［他マ四］{ま・み・む・む・め・め}脇に抱え込む。例「もろ矢を**たばさ・み**て的に向かふ」〈徒然・九二〉

たは・し【戯し】［形シク］{しから・しく(しかり)・し・しき(しかる)・しけれ・しかれ}みだらである。好色である。例「九条の師輔の大臣、いと**たはしく**おはして」〈栄花・一〉

たばし・る【た走る】［自ラ四］{ら・り・る・る・れ・れ}《「た」は接頭語》激しい勢いで飛ぶ。ほとばしる。例「我が袖に霰**たばし・る**」〈万葉・一〇・二三一二〉

たばせたま・ふ【賜ばせ給ふ】《動詞「賜ぶ」

の未然形＋尊敬の助動詞「す」の連用形＋補助動詞「給ふ」。中世以降の用法》❶（「たば」が本動詞の場合）「与えてくれる」の意の尊敬語。与えてくれる人（主語）を高める。くださる。例「〔天皇ハ〕御遊の御ついでに左中将を召され、御酒たばせたま・ひけるに」〈太平記・三〇〉❷（「たば」が補助動詞の場合）（動詞などの連用形＋接続助詞「て」に付いて）その行為をしてくれる人を高める尊敬語。…してくださる。例「願はくは、あの扇のまんなか射させてたばせたま・へ」〈平家・一一・那須与一〉

たばなれ【手離れ・手放れ】［名］手を離れること。別れること。

たばね【束ね】［名］まとめること。取り締まること。また、その人。まとめ役。

たばねぎ【束ね木】［名］束ねたたきぎ。

たば・ふ【庇ふ】［他ハ四］｛は・ひ・ふ・ふ・へ・へ｝かばう。助ける。例「虫食ひの旨にまかせて尋ね入るうへは、身をたば・ふべきにあらずとて」〈伽・熊野の御本地のさうし〉

たはぶ・る【戯る】［自ラ下二］｛れ・れ・る・るる・るれ・れよ｝《「たはむる」とも》❶ふざける。冗談をいう。例「『酔ひて本性現し給へとぞや』とたはぶ・れ給ひて」〈宇津保・俊蔭〉❷遊び興じる。例「うつくしげなる御乳をくくめたまひつつ戯・れゐたまへる御さま」〈源氏・薄雲〉❸みだらな行為をする。例「裏もなくたはぶ・るれば、いとねたさに」〈蜻蛉・中〉

たはぶれ【戯れ】［名］《「たはむれ」とも》❶ふざけること。冗談ですること。❷遊び興じること。

たはぶれがたき【戯れ敵】［名］遊び友達。

たはぶれごと【戯れ言】［名］《「たはむれごと」「たはれごと」とも》冗談でいうことば。

たはぶれごと【戯れ事】［名］《「たはむれごと」とも》ふざけてすること。いたずら。

たはぶれにく・し【戯れにくし】［形ク］｛から・く（かり）・し・き（かる）・けれ・かれ｝その場限りのことでは済まされない。例「心づから戯れにく・き折多かれど」〈源氏・梅枝〉

たはみづら［名］語義未詳。ミクリ、ジュンサイ、ヒルムシロなど諸説ある。

たはむ・る【戯る】［自ラ下二］｛れ・れ・る・るる・るれ・れよ｝「たはぶる」に同じ。

たはむれ【戯れ】［名］「たはぶれ」に同じ。

たはむれごと【戯れ言】［名］「たはぶれごと」に同じ。

たはやす・し【容易し】［形ク］｛から・く（かり）・し・き（かる）・けれ・かれ｝❶たやすい。容易である。例「継母、君だち、たはやす・く渡らじとおぼして」〈落窪・三〉❷軽はずみだ。考えが足りない。例「並々のたはやす・き御ふるまひならねば心苦しきを」〈源氏・末摘花〉

たはらとうだものがたり【俵藤太物語】［作品名］室町時代の御伽草子。作者未詳。俵藤太（藤原秀郷）の武勇談（百足退治と平将門征伐）を御伽草子化した作品。

たはらもの【俵物】［名］「へうもの」に同じ。

たはらやそうたつ【俵屋宗達】［人名］（生没年未詳）江戸前期の画家。大らかな構図、装飾的で華やかな色彩、奇抜な着想で京都に新様式の画派を形成した。代表作『風神雷神図』。

たは・る【戯る・狂る】［自ラ下二］｛れ・れ・る・るる・るれ・れよ｝❶たわむれる。ふざける。例「おほやけざまは、すこしたは・れて、あざれたる方なりし」〈源氏・藤裏葉〉❷みだらな振る舞いをする。色恋におぼれる。例「うちしなひ寄りてそ妹はたは・れてありける」〈万葉・九・一七三八長歌〉

たば・る【賜ばる・給ばる】［他ラ四］｛ら・り・る・る・れ・れ｝《上代語。「たまはる」の変化形か》「もらう」の意の謙譲語。「（AがBに）たばる」で、B（与えてくれる人）を高める。いただく。例「針袋これはたば・りぬ」〈万葉・一八・四一三三〉

〈参考〉「賜ぶ」と対になる語。

たはれごと【戯れ言】［名］「たはぶれごと」に同じ。

たはれごま【戯れ駒】［名］放されて戯れ遊ぶ馬。

たはれね【戯れ寝】［名］男女がたわむれに共寝をすること。

たはれめ【戯れ女・遊女】［名］歌や踊りで人を楽しませたり売春をしたりする女。遊女。

たはれを【戯れ男】［名］好色な男。放蕩をする男。遊び人。

たはわざ【戯業】［名］ふざけた行為。

たひ【鯛】［名］タイ科の魚の総称。一般にはマダイ。

-たび【度】［接尾］…度。…回。「二度」「百度」「千度」「万度」「幾十度」など。

たび【度】［名］❶回数。度数。❷折。時。

たび【旅】［名］❶自分の土地を離れて、一時、他の土地にいること。また、その途中。例「草枕旅にしあれば椎の葉に盛る」〈万葉・二・一四二〉訳→〔和歌〕いへにあれば…。❷（遠方ではなく近くの場所で）自宅以外の場所に、一時いること。また、その途中。例「しばし旅なる所（＝外出先）にあるに、〔夫ノ兼家ガ〕ものして（＝訪レテ）」〈蜻蛉・上〉

〔旅の庵〕旅先で泊まる仮小屋。

〔旅の日〕旅の日数。例「思ひそ我が来る旅の日長がみ」〈万葉・六・九四二長歌〉

〔旅の心地〕「たびごこち」に同じ。

〔旅の心〕「たびごこち」に同じ。＝旅の心地

〔旅の衣〕「たびごろも」に同じ。

〔旅の空〕❶旅をしている土地で眺める空。例「旅のそらとぶ声の悲しき」〈源氏・須磨〉訳→〔和歌〕はつかりは…。❷旅先の土地。例「旅の空にて年の暮れぬる」〈山家集・上〉

たび【手火】［名］《「たひ」とも》手に持つ照明用の火。

だび【茶毘・茶毗】［名］《仏教語》火葬。

たびごこち【旅心地】［名］旅をしているときの心持ち。旅情。＝旅の心地・旅の心

たびごろも【旅衣】［名］《「たびころも」とも》旅で着る衣服。＝旅の衣・旅行き衣

たびしかはら【礫瓦】［名］小石や瓦のように、取るに足りない者。下賤の者。

たびすずり【旅硯】［名］旅行に携帯するための小さな硯。「矢立て」の類。

たびずみ【旅住み】［名］旅先の住まい。仮の住居。

たびだ・つ【旅立つ】［自タ四］｛た・ち・つ・つ・て・て｝❶自宅以外の所に滞在する。よそに泊まる。例「しばし旅だ・ちたることそ、目さむる心地すれ」〈徒然・一五〉❷旅に出る。例「旅立つ暁髪を剃りて」〈おくのほそ道・日光〉❸（「だつ」は接尾語）旅らしいようすである。例

「たてる人も、旅だ・ちて狩衣なり」〈蜻蛉・上〉
〔旅立ちたる所〕外泊した先。ちょっとした旅先。例「旅だちたるところにて、下種ども(=下男タチ)の戯れゐたる」〈枕・かたはらいたきもの〉

たびたま・ふ【賜び給ふ】(タビタマ(モ)ウ)《中世以降の用法。動詞「賜ぶ」の連用形＋補助動詞「給ふ」》❶《「たび」が本動詞の場合》「与える」「くれる」の意の尊敬語。与える人、くれる人(主語)を高める。くださる。例「わらはにたびたま・へ」〈曾我・一〉❷《「たび」が補助動詞の場合》(動詞の連用形や動詞＋接続助詞「て」に付いて)「…てくれる」の意の尊敬語。主語(…てくれる人)を高める。…してくださる。例「その船これへ寄せてたびたま・へ」〈太平記・三〉

〈参考〉用例は命令形に限られる。

たびづと【旅苞】[名]旅に持って行く荷物の包み。また、旅のみやげもの。

たびと【田人・耕人】[名]「たご」に同じ。

たびと【旅人】[名]《「たびびと」の変化形》旅行者。

たびと【旅人】[人名]「おほとものたびと」に同じ。

たびどころ【旅所】[名]旅の宿り。仮の住まい。

〔和歌〕**たびにして…**【旅にしてもの恋しきに山下の赤のそほ船沖を漕ぐ見ゆ】〈万葉・三・二七〇・高市黒人〉訳旅にあってふるさとをなんとなく恋しく思っているとき、さっき山のふもとにいた鮮やかな朱塗りの船が、沖の彼方を漕ぎ進むのが見える。

〔俳句〕**たびにやんで…**【旅に病んで夢は枯れ野をかけ廻る】〈笈日記・芭蕉〉訳旅の途中で病にかかり、床に伏せっている。けれども、病床に見る夢の中では、私は漂泊の旅を続け、冬の荒涼とした枯れ野をかけめぐっている。(季-枯れ野-冬)

〈参考〉芭蕉、最後の吟。

たびね[・す]【旅寝】[名・自サ変]旅先で寝ること。また、自宅以外の場所で寝ること。＝旅枕。例「旅寝やすらむ荒き浜辺に」〈万葉・四・五〇〇〉

〔俳句〕**たびねして…**【旅寝して見しや浮き世の煤払ひ】〈笈の小文・芭蕉〉訳旅寝の日々を重ねて、今年も師走を迎えた。その旅の境涯で、世間の人々が忙しく働いている煤払いを何もせずにただながめて過ごしたことだ。(季-煤払ひ-冬)

たびねろん【旅寝論】[作品名]江戸中期(一六九九成立)の俳諧論書。向井去来著。のちの『去来抄』の土台といえる作品。

たひのみそづ【鯛の味噌津】(タイノミソズ)[作品名]江戸中期(一七七九刊行)の噺本。大田南畝作。四十五話の笑話集。江戸小噺本中の秀作のひとつ。

〔俳句〕**たひははなは…**【鯛は花は見ぬ里もありけふの月】〈阿蘭陀丸二番船・西鶴〉訳鯛を食べることのできない里や、美しい桜を見ることのできない里もあるだろうが、今日の名月だけはどこの誰もが賞美することのできるものだ。(季-けふの月-秋)

たびびと【旅人】[名]「たびと[名]」に同じ。

〔俳句〕**たびびとと…**【旅人と我が名よばれん初しぐれ】〈笈の小文・芭蕉〉訳折からの初しぐれに興じつつ旅に出よう。そして、私が敬愛する昔の漂泊の詩人たちのように、「旅人」と私の名も人々から呼ばれたいものだ。(季-初しぐれ-冬)

〔和歌〕**たびびとのそでふきかへす…**【旅人の袖吹きかへす秋風に夕日寂しき山の掛橋】〈新古今・羇旅・九五三・藤原定家〉訳旅人の袖を吹きひるがえす秋風の中、夕日が寂しく照らしている山のかけはしよ。

〔和歌〕**たびひとのやどりせむのに…**【旅人の宿りせむ野に霜降らば我が子羽ぐくめ天の鶴群】〈万葉・九・一七九一・遣唐使の母〉訳旅人が宿を取るであろう野に霜が降るならば、私の子を羽で包みかばっておくれ、空の鶴の群れよ。

〔和歌〕**たびびとは…**【旅人は袂すずしくなりにけり関吹きこゆる須磨の浦風】〈続古今・羇旅・八六八・在原行平〉訳旅人は袂が涼しくなったことだ。関所を吹き越えてくる須磨の海辺の風で。

〈参考〉「須磨」は歌枕。

たびまくら【旅枕】[名]「たびね」に同じ。

たびまね・し【度遍し】[形ク]{から・く(かり)・し・き(かる)・けれ・かれ}回数が多い。たびたびである。例「古ゆなかりし瑞度まね・く申したまひぬ」〈万葉・一九・四二五四長歌〉

たびやかた【旅館】[名]旅人を泊める家。宿屋。

たびやどり【旅宿り】[名]旅先で寝ること。旅寝。

たびゆきごろも【旅行き衣】[名]「たびごろも」に同じ。

たひら[・なり]【平ら】(タイラ)一[名]平らな土地。二[形動ナリ]{なら・なり(に)・なり・なる・なれ・なれ}❶平らなさま。❷あぐらをかくさま。

たひらか[・なり]【平らか】(タイラカ)[形動ナリ]{なら・なり(に)・なり・なる・なれ・なれ}❶高低のないさま。平らなさま。例「王、平らか・なる道を示して」〈今昔・一四・三〇〉❷穏やかだ。平安だ。無事だ。例「昔は人の心たひらか・にて」〈源氏・若菜・上〉❸平らか・に願立つ」〈土佐〉

たひら・ぐ【平らぐ】(タイラグ)一[自ガ四]{が・ぎ・ぐ・ぐ・げ・げ}❶平らになる。例「山のいただきのすこし平ら・ぎたるより、煙は立ち上る」〈更級〉❷静まる。平静になる。例「御物のけ平ら・ぎたる様なれば」〈栄花・二九〉❸(病気などが)治る。例「朱雀院の御薬のこと、なほ平ら・ぎはてたまはぬ」〈源氏・若菜・上〉二[他ガ下二]{げ・げ・ぐ・ぐる・ぐれ・げよ}❶平らにする。ならす。例「朝庭に出で立ち平らし夕庭に踏み平ら・げず」〈万葉・一七・三九五七長歌〉❷静める。治める。例「肥後守貞能、鎮西の謀反たひら・げて」〈平家・七・主上都落〉

たひらけ・し【平らけし】(タイラケシ)[形ク]{から・く(かり)・し・き(かる)・けれ・かれ}無事だ。平穏だ。例「平らけ・く船出はしぬと親に申さね」〈万葉・二〇・四四〇九〉

たびらこ【田平子】[名]ホトケノザの別称か。春の七草のひとつ。(季-春)

たひらのあつもり【平敦盛】(タイラノアツモリ)[人名](一一六九～一一八四)平安後期の武将。父は平経盛。元暦元年(一一八四)、一の谷の戦いで戦死。『平家物語』や謡曲『敦盛』にその伝承が残る。

たひらのかげきよ【平景清】(タイラノカゲキヨ)[人名](?～一一九六)平安後期から鎌倉前期の武将。父は藤原忠清。本姓は藤原であるが平氏を称した。叔父の大日坊能忍を殺害。そのため「悪七兵衛」と呼ばれた。浄瑠璃・文学・演劇の好材となった。

たひらのかねもり【平兼盛】(タイラノカネモリ)[人名](?～九九〇)平安中期の歌人。三十六歌仙のひとり。父は平篤

行。壬生忠見との歌競べで勝負がつかず、村上天皇が兼盛の歌を口ずさんだので兼盛の勝ちとした逸話を残す。家集『兼盛集』。

たひらのきよもり【平清盛】［人名］（一一一八―一一八一）平安後期の武将。法号は浄海。通称、平相国。父は平忠盛。保元・平治の乱で政界を把握し、娘徳子を入内させ安徳天皇の外祖父となって独裁政権を樹立。

たひらのこれもり【平維盛】［人名］（一一五八―一一八四）平安後期の武将。父は平重盛。清盛の嫡孫。源頼朝征討に向かうが富士川の戦いで敗走。木曾義仲にも惨敗し、平家都落ちの原因を作る。

たひらのさだふん【平貞文】［人名］（？―九二三）（「たひらのさだふみ」とも）平安前期の歌人。「平定文」とも書き「平中」ともいう。中古三十六歌仙のひとり。桓武天皇の皇子仲野親王の曾孫。色好みとして『平中物語』に描かれている。

たひらのしげこ【平滋子】［人名］（一一四二―一一七六）（「たひらのじし」とも）院号は建春門院。父は平時信。応保元年（一一六一）高倉天皇を産む。

たひらのしげひら【平重衡】［人名］（一一五七？―一一八五）平安後期の武将。平清盛の五男。源平争乱では平家方の主力となる。一の谷の戦いで捕虜となり、元暦二年（一一八五）木津川で処刑された。

たひらのしげもり【平重盛】［人名］（一一三八―一一七九）平安後期の武将。平清盛の長男。保元・平治の乱で活躍し、武勇がある一方、仏教にも造詣が深く、『平家物語』には理想的人物として描かれている。

たひらのじし【平滋子】［人名］「たひらのしげこ」に同じ。

たひらのただのり【平忠度】［人名］（一一四四―一一八四）平安後期の武将・歌人。父は平忠盛。清盛の弟。藤原俊成に師事し、平家西走の途中、都に引き返して自分の歌集を託したという。家集『平忠度朝臣集』。

たひらのただもり【平忠盛】［人名］（一〇九六―一一五三）平安後期の武将・歌人。父は平正盛。清盛の父。文武両道をこなし政才にも優れ、平家全盛の基盤を作る。家集『忠盛集』。

たひらのつねまさ【平経正】［人名］（？―一一八四）平安後期の武将・歌人。父は平経盛。武将としてより歌人として有名。琵琶の名手でもあった。家集『経正朝臣集』。

たひらのときこ【平時子】［人名］（一一二六―一一八五）（「たひらのじし」とも）平清盛の妻。出家後は「二位の尼」と呼ばれた。父は平時信。壇の浦で安徳天皇を抱き入水したことが『平家物語』に見える。

たひらのとくこ【平徳子】［人名］（一一五五―一二一三）（「たひらのとくし」とも）院号は建礼門院。父は平清盛。高倉天皇に入内し、安徳天皇を産む。平家西走の際に同道し、壇の浦で入水するが、源氏の軍に救助されて帰京。のちに出家し大原寂光院で余生を送る。

たひらのとももり【平知盛】［人名］（一一五二―一一八五）平安後期の武将。平清盛の四男。勇将で、清盛最愛の息子。安徳天皇入水後に同じく入水。その武勇は謡曲『船弁慶』などに語り継がれた。

たひらののりつね【平教経】［人名］（一一六〇？―一一八五？）平安後期の武将。父は平清盛の弟の教盛。剛勇で、『平家物語』には源義経の好敵手として描かれている。

たひらののりもり【平教盛】［人名］（一一二八―一一八五）平安後期の武将。父は平忠盛。清盛とは異母兄弟。『平家物語』によると壇の浦で入水。

たひらのまさかど【平将門】［人名］（？―九四〇）平安中期の武将。地方勢力の争いに巻き込まれ、それが一族紛争、内乱へと発展したが、藤原秀郷らに討たれた。

たひらのむねもり【平宗盛】［人名］（一一四七―一一八五）平安後期の武将。平清盛の三男。重盛病没後は家督を相続。壇の浦で捕らえられ、のちに近江で獄門にされる。

たひらのやすより【平康頼】［人名］（生没年未詳）平安後期の武士。法号は性照。説話集『宝物集』の編者として有名。鹿が谷の陰謀に加担、俊寛らとともに鬼界が島へ流される。

たひらのよりもり【平頼盛】［人名］（一一三一―一一八六）平安後期の武将。法名は重蓮。父は平忠盛。清盛の異母弟。平家西走の中、帰京して源頼朝の保護を受ける。平家滅亡ののち出家。

たびゐ【旅居】［名］旅の住まい。常の家を離れての生活。

たふ【答】［名］❶こたえ。❷返礼。❸仕返し。

〔答の拝〕返しの拝礼。＝答拝。

〔答の矢〕敵の矢に射返す矢。

たふ【塔】［名］仏舎利を納めるためなどに建てた高層建造物。仏塔。塔婆。

たふ【太布・答布】［名］布の一種。シナやコウゾなどの樹皮の繊維で織った粗い布。（季―夏）

た・ふ【堪ふ・耐ふ】［自ハ下二］｛へ・へ・ふ・ふる・ふれ・へよ｝❶**たえる。我慢する。** 例「女子のなきのみぞ悲しび恋ふる。ある人々もえ堪・へず」〈土佐〉《係結び》「ぞ→恋ふる体」。《副詞の呼応》「え→堪へず」。❷**負担できる。能力がある。** 例「仲忠が堪・へぬことは、よにありなむや」〈宇津保・内侍のかみ〉

た・ぶ【賜ぶ・給ぶ】｛ば・び・ぶ・ぶ・べ・べ｝㊀［他バ四］「与える」「くれる」の意の尊敬語。「(AがBに)たぶ」でA（与える人＝主語）を高める。**お与えになる。くださる。** 例「上下の僧ども、そのわたりの山がつまで〈源氏八〉物**た・び**」〈源氏・賢木〉㊁［補動バ四］（動詞の連用形に付いて）その主語を高める尊敬語。**お(ご)…になる。…なさる。…(て)くださる。** 例「なほ、嬉しし、と思ひ**た・ぶ**べき物奉り**た・べ**」〈土佐〉《敬語》「奉りたべ」→「たいまつる」

発展学習ファイル　(1)四段活用の「**たまふ**」と親類関係の語。「たまふ」より敬意は軽かったようである。「**たうぶ**（賜ぶ・給ぶ）」も類語。(2)㊁は、中世以降、上に付く動詞との間に接続助詞「て」が入る形が見られる。また、さらに下に「たまふ」「せたまふ」の付いた「**たびたまふ**」「**たばせたまふ**」の形でも用いられた。→「たびたまふ」「たばせたまふ」

た・ぶ【食ぶ】［他バ下二］｛べ・べ・ぶ・ぶる・ぶれ・べよ｝❶「食べる」「飲む」の意の謙譲語。「(AがBに)たぶ」で、B（飲食物をくれる人）を高める。**いただく。** 例「仏の御弟子にさぶらへば、御仏供のおろしたた・べむと申すを」〈枕・職の御曹司におはしますころ、西の廂に〉《敬語》「さぶらへば」→「さぶらふ」、「申すを」→「まうす」。❷「食べる」「飲む」の意の謙譲語。実際の働きは丁寧語に近い。主語を低めて、聞き手に対して丁重に述べ敬意を示す。**食べます。飲みます。** 例「養老の滝とて薬の水が出で来て、老いたる者が**た・ぶれ**ば」〈狂・薬水〉

発展学習ファイル (1)本来、「くださる」意の尊敬語である四段活用の「**たぶ**」と対になる語。もらうものが飲食物の場合に限って用いられ、「食べる」「飲む」の謙譲語となった。類語に「**たうぶ(食ぶ)**」がある。(2)後代は敬語性を失って現代語「たべる」となった。ただし、現代語「たべる」も「食う」に比べれば〝よい言葉〟であり、この点で過去の敬語性をいくらかとどめているともいえる。

踏歌　紫宸殿での女踏歌。右手に檜扇、左手に畳紙をかざした伎女が舞う。(年中行事絵巻)

たふか【踏歌】［名］《「たうか」とも》宮中で、年始に歌舞の巧みな男女を召して、祝歌を歌い、舞を舞わせた儀式。「男踏歌」と「女踏歌」があった。中国から伝わった、集団で足を踏みならしながら歌い舞う舞踏が、日本古来の歌垣の習俗と結びついて儀式化したもの。

たふかのせちゑ【踏歌の節会】陰暦正月十五日・十六日に宮中で行われた年中行事。天皇が、「踏歌」をご覧になったのち、五位以上の官人に宴を賜った行事。(季―春)

たぶさ【髻】［名］髪の毛を頭の上に集めて束ねたところ。もとどり。

たぶさ【手房】［名］手首。また、腕。

たふさぎ【犢鼻褌】［名］《「たふさき」とも》男性の肌に直接つける下袴。下帯。ふんどし。

たぶせ【田伏せ・田盧】［名］田の中に作った仮小屋。番小屋。

たぶて【礫・飛礫】［名］投げつける小石。つぶて。

たふとう【尊う・貴う】形容詞「たふとし」の連用形「たふとく」のウ音便。

たふと・し【尊し・貴し】［形ク］｛から・く(かり)・し・き(かる)・けれ・かれ｝❶**崇高だ。敬うべきだ。** 例「神さびて高く**貴・き**駿河なる富士の高嶺を」〈万葉・三・三一七長歌〉❷**すばらしい。価値がある。** 例「極まりて**貴・き**ものは酒にしあるらし」〈万葉・三・三四二〉❸**感謝すべきだ。ありがたい。** 例「賜ることは**尊・けれ**ど」〈宇津保・藤原の君〉

〔**尊き業**〕仏事。法会。

たふと・ぶ【尊ぶ・貴ぶ】《「たふとむ」とも》■一［他バ四］｛ば・び・ぶ・ぶ・べ・べ｝敬い大切にする。あがめる。尊重する。例「目をいやしみ、耳を**たふと・ぶる**あまり」〈新古今・仮名序〉■二［他バ上二］｛び・び・ぶ・ぶる・ぶれ・びよ｝■一に同じ。

たふと・む【尊む・貴む】■一［他マ四］｛ま・み・む・む・め・め｝「たふとぶ■一」に同じ。■二［他マ上二］｛み・み・む・むる・むれ・みよ｝■一に同じ。

たふのみね【多武の峰】［地名］大和国の山。いまの奈良県桜井市にある。古称は倉橋山。大化の改新以前に、中大兄皇子と中臣鎌足が、蘇我氏討伐の密談を交わした所と伝えられ、鎌足を祭神とする談山神社がある。

たふのみねのせうしゃうものがたり【多武峯少将物語】［作品名］平安中期の日記文学。作者・成立年未詳。『高光日記』ともいう。物語としての性格もある。応和元年(九六一)の藤原高光の山家の際の人々の悲しみを、和歌を中心に構成した作品。

たふば【塔婆】［名］「卒塔婆」の略。

たふはい【答拝】［名］相手の拝礼に答えてする拝礼。とくに大饗の折など、大切な客が来たときに主人が出迎えて拝礼すること。＝答拝・答の拝

たぶやか【・なり】［形動ナリ］｛なら・なり(に)・なり・なる・なれ・なれ｝《「やか」は接尾語》ゆったりしている。たっぷりしている。例「散飯**たぶやか・に**取って仏前に供へて」〈盛衰記・四五〉

たぶらか・す【誑かす】［他サ四］｛さ・し・す・す・せ・せ｝《「たぶろかす」とも。「かす」は接尾語》だます。まどわす。

たふ・る【倒る】［自ラ下二］｛れ・れ・る・るる・るれ・れよ｝❶横になる。伏す。❷転ぶ。❸折れる。屈する。例「今様の君達といふもの、**たふ・るる**方にて(＝傾向ガアリ)」〈紫式部日記〉❹滅ぶ。死ぬ。

〔**倒るる所に土をつかむ**〕転んでもただでは起きない。どんな場合でも自分の利益を忘れず追求することのたとえ。

たぶ・る【狂る】［自ラ下二］｛れ・れ・る・るる・るれ・れよ｝気が狂う。正気を失う。例「狐などいふなるもののた**ぶ・れ**たるが」〈源氏・若菜・下〉

たふれふ・す【倒れ伏す・倒れ臥す】［自サ四］｛さ・し・す・す・せ・せ｝倒れて横になる。倒れて泣く。例「おびえて、父母も、**倒れ臥・しぬ**」〈堤中納言・はいずみ〉

たふれまど・ふ【倒れ惑ふ】［自ハ四］｛は・ひ・ふ・ふ・へ・へ｝倒れて途方にくれる。例「大納言殿は御車のしりにあゆませたまふも、ただ**倒れまど・ひ**」〈栄花・二〉

たぶろか・す【誑かす】［他サ四］｛さ・し・す・す・せ・せ｝「たぶらかす」に同じ。

たふわ【答話・答和】［名］❶返答。返事。❷仕返し。

たぶん【多分】［名］大部分。大勢。

たへ【栲】[名]❶(「たく」とも)楮の古名。樹皮を繊維として、布や綱などを作る。一説に「梶木」のことども。❷①で織った布。①②＝白栲①

たへ【妙】[形動ナリ]{なら・なり(に)・なり・なる・なれ・なれ}❶霊妙だ。この世のものとは思えない。例「海神の神の宮の内の重への**妙なる**殿に携はり二人入り居て」〈万葉・九・一七四〇長歌〉❷(多く、芸能や技芸について)極めてすぐれている。とても上手だ。例「詩歌にたくみに、糸竹に**妙なる**は」〈徒然・一二二〉

〔**栲の穂**〕純白。まっしろ。

たべ【田部】[名]大化の改新以前、朝廷の直轄領である「屯倉」を耕作した農民。

たへがたげ[・なり]【堪へ難げ】[形動ナリ]{なら・なり(に)・なり・なる・なれ・なれ}(「げ」は接尾語)我慢できそうにないようすだ。こらえられないようすだ。例「いみじう**たへがたげ**にまどふわざをしたまへば」〈源氏・葵〉

たへがた・し【堪へ難し】[形ク]{から・く(かり)・し・き(かる)・けれ・かれ}我慢できそうにない。こらえがたい。

たへか・ぬ【堪へ兼ぬ】[自ナ下二]{ね・ね・ぬ・ぬる・ぬれ・ねよ}我慢することができなくなる。

たほう【多宝】[名]「多宝如来」の略。

たほうたふ【多宝塔】[名]《仏教語》❶「多宝如来」の舎利(骨)を納めた塔。❷①に模した二重の塔。上層は円形で、上下の屋根と下層とは方形、上下の連接部はまんじゅう形。

たほうにょらい【多宝如来】[名]《仏教語》五如来のひとつ。東方の宝浄世界の教主で、釈迦が霊鷲山で「法華経」の説法をしたとき、宝塔を出現させ、その説法が真実であることを証明し賛美したという仏。多宝仏。＝多宝

たま‐【玉】[接頭](名詞に付いて)美しいもの、貴重なものの意を添える。「玉かづら」「玉くしげ」など。

たま【玉・珠】[名]❶**美しい石**。宝石・宝玉の類をいう。例「銀も金も**玉**もなにせむに優れる宝子に及しかめやも」〈万葉・五・八〇三〉訳→〔和歌〕しろかねも…。❷**美しい貝**。とくに、**真珠**。例「海人娘子**玉**求むらし」〈万葉・六・一〇〇三〉❸(「玉の」の形で)すぐれて美しいものをたとえていう語。例「世になくきよらなる**玉**の男御子さへ生まれたまひぬ」〈源氏・桐壺〉❹(涙や露など)丸い形のものをたとえていう語。例「数珠の数に紛らはしてぞ、涙の**玉**をばもて消ちたまひける」〈源氏・御法〉(係結び)「ぞ」→もて消ちたまひける(体)。❺策略の手段として使うもの。例「この贋金を**玉**に使うて」〈伎・韓人漢文手管始〉❻美女をたとえていう語。転じて、**遊女**。**芸者**。

〔**玉敷く**〕(道や庭などに)玉石を敷きつめる。客を迎えるため家を飾る意の常套句。例「**玉敷・け**る家も何せむ」〈万葉・一一・二八二五〉

〔**玉と砕く**〕正義や名誉のために潔く死ぬ。

〔**玉貫く**〕(露・花・実などを玉に見立てて)玉に穴をあけて緒を通す。

〔**玉の台**〕美しく豪華な建物。

〔**玉の簪**〕玉で飾ったかんざし。美しいかんざし。

〔**玉の瑕**〕ほぼ完全だが、その中にたまたま一つだけある欠点。＝玉に瑕

〔**玉の軸**〕巻物の軸に玉の飾りのあるもの。

〔**玉の箱**〕玉で飾られた箱。美しい箱。

〔**玉の井**〕清らかに澄んだ水の湧く井戸。

〔**玉の小櫛**〕美しい櫛。

〔**玉の小琴**〕美しい琴。

たま【魂・霊】[名]人や動植物などの体内に宿って精神活動を営むもの。霊魂。

〔**魂合ふ**〕互いの魂が結ばれる。気が合う。

〔**魂のかげ**〕死者の霊。

たまう【給う・賜う】歴史的かなづかい「たまふ」

たまう【給う・賜う】動詞「たまふ」の連用形「たまひ」のウ音便。

たまか[・なり][形動ナリ・形動口語型]《近世語》❶まじめである。例「博奕後家狂ひもせず**たまか**ならば」〈浮・五人女〉❷倹約するさま。例「源氏火にて文を読むなど**たまか・な**事なり」〈浮・二代男〉

たまがき【玉垣】[名](「たまかき」とも。「たま」は接頭語)神社の周囲に聖域の印としてめぐらした垣。＝斎垣・神垣・瑞垣

たまがきの【玉垣の】[枕詞]玉垣をめぐらした神域の内の意で「うち」に、また、玉垣を「瑞垣」ともいうところから「みつ」にかかる。例「**たまがきの**内つ国」〈紀・神武〉

たまかぎる【玉かぎる】[枕詞](玉がほのかに輝く意から)「ほのか」「夕」などにかかる。例「**玉かぎる**ほのかに見えて別れなば」〈万葉・八・一五二六〉

たまがしは【玉柏】[名](「たま」は接頭語)柏の美称。(季―夏)

たまがしは【玉堅磐】[名](「たま」は接頭語)水底の固い岩。

たまかつま【玉勝間】[作品名]江戸後期の随筆。本居宣長著。書名は、折々の言草のたまる「玉(美称)の竹籠」の意。宣長の学問が集約され、人間性を知るうえでも重要な作品。

たまかつま【玉勝間・玉籠】[枕詞]「かつま」は竹のかごのことで、その蓋と身とが合う意から「逢ふ」に、また、それと同音を含む地名「安倍島山」にかかる。また、地名「島熊山」にかかる。例「**玉かつ**ま逢はむといふは誰なるか」〈万葉・一二・二九一六〉

たまかつら【玉桂】[名](「たまかづら」とも。「たま」は接頭語)❶月にあるという桂の木。❷月の別称。

たまかづら【玉葛・玉蔓】[名](「たま」は接頭語)つる草類の総称。和歌で用いられることが多い。

たまかづら【玉鬘】■一[名]多くの玉に糸を通して髪の飾りとしたもの。■二[枕詞](■一を頭にかけるところから)「かけ」及び類音の「かげ」にかかる。例「**玉鬘**かけぬ時なく恋ふれども」〈万葉・三・三九九四〉

たまかづら【玉鬘】[人名]『源氏物語』の登場人物。頭中将と夕顔の娘。鬚黒の大将と結婚する。

たまかづら【玉鬘】[作品名]『源氏物語』の二十二番目の巻名。

たまがは【玉川】[歌枕]歌枕として有名な玉川は六か所あり、「六玉川」といわれる。❶「井手の玉川」は、山城国の川。いまの京都府綴喜郡井手町を流れる。❷「野路の玉川」は近江国の川。いまの滋賀県草津市野路を流れ琵琶湖に注ぐ。❸「野田の玉川」は、陸奥国の川。いまの宮城県多賀城市を流れる。❹「三島の玉川」は、摂

津国の川。いまの大阪府摂津市・高槻市・茨木市一帯を流れる。❺「調布の玉川」は、武蔵国の川。いまの東京都と神奈川県の境を流れる。❻「高野の玉川」は、紀伊国の川。いまの和歌山県伊都郡高野を流れる。

〔和歌〕**たまがはに…【多摩川にさらす手作りさらさらになにぞこの児のここだかなしき】**〈万葉・一四・三三七三・東歌〉訳多摩川にさらす手織りの布のように、いまさらのように何だってこの娘がこんなにもいとしいのか。

〈参考〉上二句が「さらさらに」を導く序詞。

たまき【手纏・環】[名]❶古代の装身具。玉や鈴をひもに通した腕飾り。腕輪。❷弓を射るとき左のひじに付けるもの。のちの弓籠手。

たまぎぬ【玉衣】[名]《「たまきぬ」とも。「たま」は接頭語》美しい衣服。

たまぎぬの【玉衣の】[枕詞]《衣ずれの音から》「さゐさゐ」にかかる。例「**玉衣のさゐさゐしづみ**」〈万葉・四・五〇三〉

たまきはる タマキワル[作品名]「けんしゅんもんゐんのちゅうなごんにっき」に同じ。

たまきはる タマキワル[枕詞]魂がきわまって内にみなぎる意で、「うち」「いのち」などにかかる。例「**たまきはる**命も我は惜しけくもなし」〈万葉・九・一七六九〉

〔和歌〕**たまきはる…【たまきはる宇智の大野に馬並めて朝踏ますらむその草深野】**〈万葉・一・四・中皇命〉訳(たまきはる)宇智の原野に馬を並べて、この朝、ちょうどいま大地を踏み立てて獲物を追い求めておられるであろう、その草深い野を。

〈参考〉「たまきはる」は「宇智」の枕詞。「宇智の大野」はいまの奈良県五条市宇智。

たまぎ・る【魂消る】[自ラ四]{ら・り・る・る・れ・れ}驚く。こわがる。肝をつぶす。たまげる。例「主上、よなよな、おびえ**たまぎ・らせ**給ふ事ありけり」〈平家・四・鵼〉

たまぐし【玉串】[名]❶神前に供えるために、榊の枝に木綿をつけたもの。のちに紙になった。❷榊。

たまくしげ【玉櫛笥・玉匣】一[名]櫛を入れる美しい箱。二[枕詞]櫛箱を開く意から「ひらく」「あく」などに、また、箱の蓋・身の意から「ふた」「み」にかかる。例「**玉櫛笥**二上山に」〈万葉・一七・三九八七〉

たまくしげ【玉くしげ】[作品名]江戸後期(一七八九刊行)の国学書。本居宣長著。古道論の立場から、治者にとって古代の神々の道に従うことの大切さを説いた書。

たまくしろ【玉釧】一[名]玉をつないで作った腕に巻く装身具。二[枕詞]「手に取り持つ」「まく」にかかる。例「**玉釧**まき寝し妹を」〈万葉・一二・三一四八〉

たまくら【手枕】[名]腕を枕にすること。てまくら。

〔和歌〕**たまくらの…【手枕の野辺の草葉の霜枯れに身はならはしの風のさむけさ】**〈新続古今・冬・六五〇・吉田兼好〉訳腕を枕にして寝た野辺の草葉は霜のために枯れた中、この身はすっかり慣らされて耐えられる風の寒さであるよ。

たまご【卵】[名]鶏の卵。＝卵・卵子

たまさか【(・なり)】【偶】[形動ナリ]{なら・なり(に)・なり・なる・なれ・なれ}❶思いがけない。たまたま。偶然。例「**たまさかに**我が見し人を」〈万葉・一一・二三九六〉❷まれだ。時たま。例「通ふ人もいと**たまさか・なり**」〈源氏・手習〉❸(仮定条件として)万一。例「もし、天竺に、**たまさか・に**持て渡りなば」〈竹取・火鼠の皮衣〉

古語深耕　**「たまさか」と「たまたま」との違い**

奈良時代は「**たまさか**」だけが使われたが、平安時代には女性的な「**たまさか**」と、男性的・漢文・話しことばの「**たまたま**」が使い分けられ、意味も違っていた。どちらもまれなのだが、「**たまさか**」は時間の間隔をおいて物事の起こるさまである。「たまに」「時たま」の意で、それを待ち続けた場合は「やっと」「ようやく」の意となる。転じて「万一」と、めったに起こらない状況を想像する。「**たまたま**」は、起きる可能性が低い「偶然」である。だから「意外な偶然で」のニュアンスがある。簡単に遭遇できることではないので「ありがたいことにも、偶然」の意ともなる。

たまさかる【魂離る】魂がからだから離れる。死ぬ。また、魂が抜けてしまったようにぼんやりする。例「皇子の、御供に隠し給はむとて、年ごろ見えたまはざりけるなりけり。これをなむ、『**たまさかる**』とは言ひはじめける」〈竹取・蓬萊の玉の枝〉

たまざさ【玉笹・玉篠】[名]《「たま」は接頭語》ササの美称。和歌で、霜や霰など冬の景物とともに用いられることが多い。例「**玉笹**の葉分けの霜を消たずもあらなむ」〈源氏・藤袴〉

たましき【玉敷き】[名]玉を敷いたように美しいこと。また、その場所。例「**たましき**の都のうちに、棟を並べ、甍を争へる」〈方丈記〉

たましづめのまつり タマシズメノマツリ**【鎮魂の祭り】**[名]《「ちんこんのまつり」とも》❶遊離した霊魂をふたたび肉体に戻して鎮める儀式。❷天皇・皇后・皇太子などの魂に活力を与え再生する呪術を行い、健康と長寿を願う儀式。宮中で、陰暦十一月の「新嘗会」の前日、中の寅の日に行われた。

たましひ タマシイ**【魂】**[名]❶霊魂。例「もの思ふ人の**魂**は、げにあくがるるものになむありける」〈源氏・葵〉❷精神。気力。思慮分別。例「心、**魂**も失せにけるにや、なやましうさへ思さるる」〈源氏・賢木〉❸素質。天分。才気。例「筆とる道と碁打つことぞ、あやしう**魂**のほど見ゆるを」〈源氏・絵合〉❹(武士の魂の意から)刀。

たまずさ【玉梓・玉章】歴史的かなづかい「たまづさ」

たますだれ【玉簾】[名]《「たま」は接頭語》玉で飾った美しい簾。＝玉垂れ。(季-夏)

たまだすき【玉襷】一[名]《「たま」は接頭語》❶「たすき」の美称。美しいたすき。例「狩衣に**玉だすき**あげ、小柴垣やぶり」〈平家・三・法皇被流〉❷「たすき」は「懸く」ものであることから、中途でかかずらって物事がすすまないことのたとえ。例「ことならば思はずとやは言ひ果てぬなぞ世の中の**玉襷**なる」〈古今・雑躰・一〇三七〉二[枕詞]「たすき」はうなじにかけるものであることから、「かく」にかかる。また「うなじ」に類音の「うな」「うね」「うねび」などにかかる。例「**玉だすき**かけぬ時なく我が恋ひは」〈万葉・一〇・一二三六〉

〔和歌〕**たまだすき…【玉だすき 畝火の山の 橿原の 聖の 御代ゆ 生れましし 神のことごと つがの木の いや継ぎ継ぎに 天の下 知らしめししを 天にみつ 大和を置きて あをによし 奈良山を越え いかさまに 思ほしめせか 天離る 鄙にはあれど 石走る 近江の国の 楽浪の 大津の宮に 天の下 知らしめしけむ 天皇の 神の尊の 大宮は ここと聞けども 大殿は ここと言へども 春草の 繁く生ひたる 霞立ち 春日の霧れる ももしきの 大宮所 見れば悲しも】**〈万葉・一・二九 長歌・柿本人麻呂〉訳 たすきのような畝傍山の、そのふもとにある橿原で即位された天皇の、その御世いらい神としてこの世に姿を現された歴代の天皇たちが、つがの木のように次々とあの地で天下を治められてきたのに、〔そらにみつ〕そのすばらしい地を捨てて、〔あをによし〕奈良山を越え、いったいどうお考えになってなのか、畿内を離れたいなかではあるが、〔いはばしる〕近江の国の、楽浪の、大津の宮で、天下を治められたという、その天皇の宮殿はここだと聞くけれど、その御殿はここだというけれど、春草が茂り生えている、霞が立って春の日がおぼろに霞んでいる、荒涼とした〔ももしきの〕宮殿の廃墟、そこを見ると悲しいことだ。《係結び》「か→知らしめしけむ㊝」。《敬語》「生れましし」→「ます(座す)」、「知らしめしし」「知らしめしけむ」→「しらしめす」、「思ほしめせか」→「おもほしめす」

〈参考〉「玉だすき」は「畝傍」の、「つがの木の」は「いや継ぎ継ぎに」の、「天にみつ」は「大和」の、「あをによし」は「奈良」の、「天離る」は「鄙」の、「石走る」は「近江」の、「霞立ち」は「春日」の、「ももしきの」は「大宮所」の、それぞれ枕詞。近江大津宮は打ち捨てられ廃墟となったが、その地を通り過ぎた人麻呂が荒都の魂を鎮めるために詠んだ長歌。

たまだな【霊棚・魂棚】［名］「しょうりょうだな」に同じ。

たまたま【偶・適】［副］❶たまに。まれに。例「愚かなる人は、**たまたま**賢なる人を見て、これを憎む」〈徒然・八五〉❷たまたま。偶然に。

類義語「**たまさか**」がある。⇨「たまさか」

発展学習ファイル〈古語深耕〉

たまだれ【玉垂れ】［名］「たますだれ」に同じ。

たまだれの【玉垂れの】［枕詞］玉を貫いて垂らす緒の意から「を」と同音を含む地名「小簾」「越智」に、玉で作った簾の意から「御簾」及び類音の「見ず」にかかる。例「**玉垂れの越智の大野の朝露に**」〈万葉・二・一九四長歌〉

たまちはふ【霊ちはふ】［枕詞］(「たまぢはふ」とも)「神」にかかる。枕詞ととらず、霊力で加護する意ととる説もある。例「**霊ぢはふ神も我をば打棄てこそ**」〈万葉・一一・二六六一〉

たまづさ【玉梓・玉章】［名］(「たまあづさ」の変化形。「たま」は接頭語)❶使者。使い。❷手紙。消息。

たまづさの【玉梓の・玉章の】［枕詞］(手紙の使者が梓の杖を持ってゆくことから)「使ひ」「人」「妹」などにかかる。例「なびきし妹はもみち葉の過ぎて去にきと**玉梓の**使ひの言へば」〈万葉・二・二〇七長歌〉訳→〔和歌〕あまとぶや…。

たまつしま【玉津島】［歌枕］紀伊国の地名。いまの和歌山市和歌浦、玉津島神社のある所。島であったが、いまは丘陵地となり奠供山がある。また一説に旧和歌の浦の入江にある小島、妹背山の古称とも。

たまつしまじんじゃ【玉津島神社】［名］いまの和歌山市和歌浦にある神社。祭神は稚日女命・神功皇后・衣通姫。とくに衣通姫は和歌の神として信仰された。＝玉津島明神・玉津島の社

たまつしまのやしろ【玉津島の社】［名］「たまつしまじんじゃ」に同じ。

たまつしまみょうじん【玉津島明神】［名］「たまつしまじんじゃ」に同じ。

たまつばき【玉椿】［名］(「たま」は接頭語)ツバキの美称。(季―春)

たまどの【霊殿・魂殿】［名］「たまや①」に同じ。

たまのを【玉の緒】［名］❶(複数の)玉を貫き通すひも。例「初春の初子の玉箒手に取るからに揺らく**玉の緒**」〈万葉・二〇・四四九三〉❷(①が細くて絶えやすいことから)短い時間のたとえ。少しの間。わずかな間。例「あふことは**玉の緒**ばかりおもほえてつらき心の長く見ゆらむ」〈伊勢・三〇〉❸(「玉」に「魂」をかけて、魂をつなぐひもの意から)命。生命。例「**玉の緒よ絶えなば絶えね**ながらへば忍ぶることの弱りもぞする」〈新古今・恋一・一〇三四〉訳→〔和歌〕たまのをよ…

発展学習ファイル 「玉の緒」を実際のひもの意で表した例は①の『万葉集』の一例のみで、ほとんどは、その「絶えやすさ」「はかない魂」のイメージから、比喩的にかなわぬ恋を嘆くためのものとして用いられている。

たまのをの【玉の緒の】［枕詞］(玉を貫く緒の状態から)「長し」「短し」「乱る」「絶ゆ」「継ぐ」「間をおかず」「うつし心」などにかかる。例「**玉の緒の**短き心思ひあへず」〈古今・雑躰・一〇〇二長歌〉

〔和歌〕**たまのをよ…【玉の緒よ絶えなば絶えねながらへば忍ぶることの弱りもぞする】**〈新古今・恋一・一〇三四・式子内親王〉《百人一首》訳 わが命よ、絶えてしまうなら絶えておくれ。生き長らえていると、恋心を内に秘めている力が弱まるといけないから。《係結び》「ぞ→する㊝」

〈参考〉「絶え」「ながらへ」「弱り」は、「緒」の縁語。「絶えなば絶えね」の「な」は、完了の助動詞「ぬ」の未然形、「ね」は命令形。二句切れ。

たまはく【給はく】《尊敬の補助動詞「給ふ」の名詞化したもの》…なさること。…なさることには。例「帝仰せたまはく、『みやつこまろが家は山もと近かなり』」〈竹取・かぐや姫の昇天〉

たまは・す【賜はす】

［他サ下二］{せ・せ・す・する・すれ・せよ}《動詞「たまふ」の未然形＋尊敬の助動詞「す」》「与える」「くれる」意の尊敬語。「(AがBに)たまはす」で、A(与える人。主語)を高める。**お与えになる。くださる。**例「〔夕霧ノ息子ガ〕いとうつくしかりければ〔帝ハ〕御衣**たまは・す**」〈源氏・宿木〉

発展学習ファイル 同じ「与える」「やる」の意の尊敬語である「たまふ」より、主語を高める働きが強い。

たまばはき【玉箒】[名]《「たまははき」「たまばわき」とも》❶コウヤボウキ、またはホウキグサの古名かという。(季―秋)。❷古代、正月初子(はつね)の日に、蚕室を掃くための、玉飾りを付けたほうき。(季―春)

たまはやす【玉囃す】[枕詞]地名「武庫(むこ)」にかかる。例「たまはやす武庫の渡りに」〈万葉・一七・三八九五〉

たまは・る【賜る・給る】(タマワル)[他ラ四][補動ラ四]{ら・り・る・る・れ・れ}

アプローチ ▼本来、「いただく」意の謙譲語(一①)で、「くださる」意の四段活用の尊敬語「たまふ」と対になる。▼中世に入り、「たまふ」と同義の尊敬語としても用いられ(一②)、また、尊敬の補助動詞の用法(二)も生じた。

一[他ラ四]❶「もらう」「受ける」意の謙譲語。「(AがBに)たまはる」でB(与える人)を高める。**いただく。お受けする。** 例「身にあまるまで御かへりみを**たまは・り**て」〈源氏・少女〉訳(源氏の息子の師は)身に余るまでのご配慮を(源氏に)**いただいて**。❷「与える」「くれる」意の尊敬語。「(AがBに)たまはる」で、A(与える人。主語)を高める。**お与えになる。くださる。** 例「備前の児島を佐々木に**たまは・り**ける」〈平家・一〇・藤戸〉訳(頼朝(よりとも)は)備前国の児島を佐々木(三郎盛綱(もりつな))に**お与えになった**。

二[補動ラ四]動詞などの連用形に付いて(間に接続助詞「て」が入る場合もある)、「…てくれる」の意の尊敬語。「(AがBに)…(て)たまはる」で、A(行為を与える人。主語)を高める。…**(て)くださる。** 例「山陰・山陽の両道を杉坂・舟坂の殺所(せっしょ)にて支へて**たまは・り**候へ」〈太平記・二七〉訳山陰・山陽の両道を杉坂・舟坂の難所で防ぎとめて**ください**ませ。

たまひ【田舞・田儛】(タマイ)[名]《「でんぶ」とも》古代の舞のひとつ。五穀豊穣(ごこくほうじょう)を祈って、朝廷の儀式の際に行われた舞。

たまひか・る【玉光る】[自ラ四]{ら・り・る・る・れ・れ}玉のように美しく輝く。例「**玉光・る**女、一人乗りたり」〈今昔・五・二〉

たま・ふ【給ふ・賜ふ】(タマ(モ)ウ)[他ハ四][補動ハ四]{は・ひ・ふ・ふ・へ・へ}

アプローチ ▼尊敬語。主語を高める。▼本来は「(物や人を)くださる」意の動詞(本動詞一)であるが、そこから、いろいろな動詞に付いて「(何かを)してくださる」意や「お(ご)…になる」意を表す補助動詞としての用法を派生した。▼本動詞・補助動詞を問わず、この四段活用の「たまふ」は尊敬語であるが、一方、下二段活用の「たまふ」(次項)は謙譲語あるいは丁寧語なので注意を要する。

一[他ハ四]❶《「与ふ」の尊敬語》**お与えになる。お贈りになる。くださる。** 与える人(主語)を高める。例「仁和帝(にんなのみかど)、親王(みこ)におましましける時に、人に若菜**たま・ひ**ける御歌」〈古今・春上・二一詞書〉訳仁和の帝(=光孝天皇)が親王でいらっしゃったときに、人に若菜を**お贈りになった**ときのお歌。《敬語》「親王におましましける」→「おまします」❷(人を)よこしてくれる意の尊敬語。**おつかわしになる。くださる。** よこしてくれる人(主語)を高める。例「かくあまたの人を**賜・ひ**て」〈竹取・かぐや姫の昇天〉訳このように多くの人を**おつかわしになって**。

二[補動ハ四]❶いろいろな動詞に付いて、その主語を高める尊敬語。**…てくださる。お(ご)…くださる。お(ご)…になる。…なさる。** 例「かぐや姫あひ**たま・は**ず」〈竹取・火鼠の皮衣〉訳かぐや姫は(右大臣と)ご結婚**なさら**ない。例「ただ一所(ひとところ)、深き山へ入り**たま・ひ**ぬ」〈竹取・蓬莱の玉の枝〉訳ただおひとりで、深い山へ**お入りになった**。

❷いろいろな動詞のあとに「せたまふ」「させたまふ」「しめたまふ」の形で続き、その主語を高める(「せ」「させ」「しめ」は、それぞれ尊敬の助動詞「す」「さす」「しむ」の連用形)。①より敬度の高い尊敬語。**お(ご)…くださる。お(ご)…になる。** 例「まかでなんとしたまふを、暇(いとま)さらにゆるさせ**たま・は**ず」〈源氏・桐壺〉訳(桐壺更衣(きりつぼのこうい)が)里帰りしようとなさるのを、(帝(みかど)は)いっこうに退出を**おゆるしにならない**。《敬語》「まかでなん」→「まかづ」。例「ここへ入らせ**給・へ**」〈徒然・四一〉訳ここへ**お入りください**。

発展学習ファイル **(1)最高敬語** 「たまふ」は奈良時代にはきわめて敬度の高い尊敬語で、主語は神や天皇などに限られていたが、平安時代に入ると奈良時代よりも敬度が低下し、種々の人物に使われるようになった。かわって「**せたまふ**」「**させたまふ**」「**しめたまふ**」(一②)が最も敬度の高い尊敬語として使われるようになった。これらは最高敬語と呼ばれ、地の文では、天皇や中宮などについてだけ使われる。ただし、会話では、もっと広い範囲の人物について使われる。→「せたまふ」「させたまふ」「しめたまふ」

(2)最高敬語の現代語訳 ただの「たまふ」と最高敬語を区別しておさえることは大切だが、現代語訳は、最高敬語だからといって無理に過度の訳を与えると不自然になる。たとえば「お(ご)…になられる」などは、現代語の表現としては過剰でむしろ不適切な敬語なので、最高敬語の場合も「お(ご)…になる」程度にとどめて訳すしかないし、それで十分であろう。ただし、ただの「たまふ」の場合も含めて、「…(ら)れる」程度の訳では敬度が不十分である。

(3)使役の場合との識別 「**せたまふ**」「**させたまふ**」「**しめたまふ**」の「せ」「させ」「しめ」は、尊敬の意の場合も、使役の意の場合もある(たとえば「聞かせたまふ」は、「お聞きになる」の場合も、「お聞かせになる」の場合もあるので、注意を要する。

(4)命令形「たまへ」 「たまふ」の命令形「たまへ」は、下に来るはずの動詞を述べないで、「…てください」「…なさい」の意を表す。→「いざたまへ」「あなかまたまへ」。例「君は、いざ**たま・へ**。もろともに見むよ」〈源氏・葵〉

訳 あなたは、さあいらっしゃい。一緒に見ようよ。例「いで、あなかま、**たま・へ**。みな聞きてはべり」〈源氏・若菜・上〉訳 いや、まあ、静かに**してください**。私はみな聞いているのです。

たま・ふ【給ふ・賜ふ】(タマ(モ)ウ)[他ハ下二][補動ハ下二]{へ・へ・(ふ)・ふる・ふれ・○}

アプローチ
▼四段活用の「たまふ」(前項)が、本動詞・補助動詞ともに尊敬語であるのに対し、下二段活用の「たまふ」は、本動詞・補助動詞ともに謙譲語であることに注意(ただし補助動詞のほうは、謙譲語といっても一般の謙譲語とややタイプが違い、丁寧語と見る立場もある)。
▼「たまふ」の解釈にあたっては、四段か下二段かの識別がポイントである。「発展学習ファイル(4)」参照のこと。

一 [他ハ下二]《「受ける」「(食べ物や飲み物を受け取って)食べる・飲む」意の謙譲語》与えてくれる側の人物を高め、受け取る側(主語)を低く位置づける。奈良時代の用法。**いただく。ちょうだいする。** 例「魂は朝夕に**賜・ふれ**ど我が胸痛し恋の繁きに」〈万葉・一五・三七六七〉訳 あなたのお気持ちは朝夕いつも**いただいて**(=感じて)おりますが、それでも私の胸は痛みます、あなたを恋しく思う気持ちが絶えないので。

二 [補動ハ下二]自分(あるいは近親者)の行為をあらわす動詞(たいていは「見る」「聞く」「思ふ」)のあとに添えて、その行為を、聞き手(または手紙の相手)に対してへりくだって述べる謙譲語。実際の働きは丁寧語に近い(「発展学習ファイル(1)」参照)。…(目に・耳に)**いたします。…ております。存じます。** 〔注〕「見たまふ」は「目に**いたします**」、「聞きたまふ」は「耳に**いたします**」、「思ひたまふ」「思うたまふ」は「**存じます**」と訳すのが近い。ただし、相手や高めるべき人の行為について使った「見たまふ」「聞きたまふ」「思ひたまふ」は尊敬語で(この場合「たまふ」は四段)、それぞれ「ごらんになる」「お聞きになる」「お思いになる」と訳さなければならない。例「あるじのむすめども多かりと聞き**たま・へ**て」〈源氏・帚木〉訳 主人には娘たちが大勢いると耳に**いたしまして**。例「いかで尋ねむと思ひ**たま・ふる**を」〈源氏・帚木〉訳 何とかして尋ねあてようと**存じます**が。(副詞の呼応)「いかで→尋ねむ」

発展学習ファイル (1)一般の謙譲語は、たとえば「(AがBに)きこゆ」という場合にはBを高めるというように、行為の関係する先を高める(つまり行為の関係する先に対する敬語である)が、下二段の補助動詞「たまふ」にはその働きがなく、話し手(または手紙の書き手)が、ただ自分を低めて(へりくだって)述べるだけである。そうすることで聞き手(または手紙の相手)に対して丁重に述べるのが、この敬語の働きである。
その意味で実際の働きは丁寧語(「はべり」「さぶらふ」や現代の「です」「ます」)に近く、丁寧語と見る立場もある。ただし、丁寧語は一般に主語が何でもよいのに対し、この「たまふ」の主語は話し手(または手紙の書き手)か、その近親者などに限られる。それを低めることで丁重さが出るわけである。この点で、やはり丁寧語と見るべきものではない。本来の謙譲語とはまた別のタイプの謙譲語だととらえておく。
(2)下二段の補助動詞「たまふ」は、会話か消息(手紙)だけで使われ、地の文では使われない。また、命令形は使われない。終止形もほとんど使われない。
(3)下二段の補助動詞「たまふ」の付く動詞は、「見る」「聞く」「思ふ」にほぼ限られ、「思ふ」に付くときは「思ひたまふ」となるほか、「思うたまふ」(「思う」は「思ひ」のウ音便)となることも多い。
(4)**四段の補助動詞「たまふ」(尊敬語)との識別の方法** ①活用で識別する。下二段の終止形はほとんど使われないので、終止形「たまふ」が出たら、まず四段と考えてよい。その他の各形は四段と下二段とで形が違うので、たとえば「たまはず」「たまひて」「たまふ」なら四段、「たまへず」「たまへて」「たまふる」なら下二段というように、問題なく識別できる。②相手や高めるべき人の行為に使っていれば尊敬語(四段)、話し手やその近親者の行為に使っていれば謙譲語(下二段)ということでも、識別できる。③下二段はほぼ「見る」「聞く」「思ふ」にしか付かないということからも、多くの場合識別できるが、「見る」「聞く」「思ふ」に付いているからといって下二段とは限らない。四段の場合もある。その場合は、①か②で識別する。
(5)「見る」「聞く」「思ふ」で始まる複合動詞に付く場合たとえば「思ひ知る→思ひたまへ知る」のようになる。

たまぶりぶり【玉振り振り】[名]「ぶりぶり」に同じ。

たまほこ【玉桙・玉鉾】[名](「たまぼこ」とも)(枕詞「たまほこの」が「道」にかかることから転じて)道。

たまほこの【玉桙の・玉鉾の】[枕詞](「たまぼこの」とも)「道」「里」にかかる。例「**玉桙の**道行き人もひとりだに似てし行かねば」〈万葉・二・二〇七長歌〉訳→(和歌)あまとぶや…

たままき【玉纏き】[名]玉を巻いて飾ること。また、飾ったもの。

たまま・く【玉纏く】[自カ四]{か・き・く・く・け・け}❶玉を巻き付けて飾る。玉を巻いて大切にする。例「梓弓末に**玉纏・き**」〈万葉・一四・三四八七〉❷葛などの若葉の葉の先が玉のような形で美しく巻く。例「まくず原**たまま・く**ばかりなりにけるかな」〈千載・夏・一四五〉

たままつ【玉松】[名](「たま」は接頭語)松の美称。

たままつり【魂祭り・霊祭り】[名]祖先の霊を祭る仏教行事。古くは陰暦十二月の晦日に行われたが、のちに、七月中旬に行われるようになった。精霊会。=盂蘭盆会。(季—秋)

(和歌)**たままつる…【魂祭る年の終はりになりにけり今日にやまたもあはむとすらむ】**〈詞花・冬・一六〇・曾禰好忠〉訳 亡き人の魂を祭る一年の終わりになったことだ。はたして魂祭りをする今日の日に(亡き人と)再びめぐり会えるのだろうか。

たまみづ【玉水】[名]❶(「たま」は接頭語)水の美称。清らかな水。❷雨だれ。しずく。

たまむすび【魂結び】[名]肉体から遊離していく魂を、肉体に結びとどめるまじない。

たまも【玉裳】[名](「たま」は接頭語)裳の美称。

たまも【玉藻】[名](「たま」は接頭語)藻の美称。

たまもかる【玉藻刈る】〔枕詞〕「玉藻」を刈る意から海浜の地名「敏馬(みぬめ)」、藻を刈る「をとめ」などに、また玉藻のある「沖」にかかる。例「玉藻刈る敏馬を過ぎて」〈万葉・三・二五〇〉訳→〔和歌〕たまもかる…

〔和歌〕**たまもかる…**【玉藻刈る敏馬を過ぎて夏草の野島の崎に船近付きぬ】〈万葉・三・二五〇・柿本人麻呂〉訳海女たちが藻を刈る敏馬を通り過ぎて、夏草の生い茂る野島の崎にはやくも船は近づいてしまった。
〈参考〉「玉藻刈る」は「敏馬」の、「夏草の」は「野」の枕詞。「敏馬」はいまの神戸港の東、岩屋付近。「野島」は淡路島北端の西海岸。

たまもなす【玉藻なす】〔枕詞〕(美しい藻が、水中でゆれうごくさまから)美しい藻のようにの意で、「浮かぶ」「なびく」「寄る」などにかかる。例「**玉藻なす**寄り寝し妹を」〈万葉・二・一三一長歌〉

たまものまへ【玉藻前】タマモノマエ〔人名〕鳥羽上皇に寵愛された美女で、その正体は狐であった。それを陰陽師に見破られ、下野国(いまの栃木県)那須に飛び去り、殺生石となったという。

たまもひ【玉盌】タマモイ〔名〕(「たもひ」とも。「たま」は接頭語)盌(=水を盛る器)の美称。美しい容器。

たまもよし【玉藻よし】〔枕詞〕(美しい海藻を産するところから)地名「讃岐」にかかる。例「**玉藻よし**讃岐の国は」〈万葉・二・二二〇長歌〉

〔和歌〕**たまもりに…**【玉守に玉は授けてかつがつも枕と我はいざ二人寝む】〈万葉・四・六五二・大伴坂上郎女〉訳玉守に大事な玉は授けて、ともかくも、枕と私はさあふたりで寝ることにしましょう。
〈参考〉「玉守」は玉を守る番人。娘を嫁がせた母親の歌。娘を「玉」にたとえ、その夫を「玉守」とする。

たまや【霊屋・廟】〔名〕❶葬儀の前、遺体を安置しておく建物。＝霊殿(たまどの)。❷霊魂を祭ってある建物。御霊屋(おたまや)。霊廟(れいびょう)。

たまやなぎ【玉柳】〔名〕(「たま」は接頭語)柳の美称。(季―春)

たまゆら【玉響】〔副〕(「ゆら」は揺れる意)ちょっとの間。しばらくの間。例「しばしもこの身をやどし、**たまゆら**も心を休むべき」〈方丈記〉

〔和歌〕**たまゆらの…**【玉ゆらの露も涙もとどまらずなき人恋ふる宿の秋風】〈新古今・哀傷・七八八・藤原定家〉訳ほんのしばらくの間、草葉に置いた玉のような露も、私が流す涙も、少しもとどまらずに乱れこぼれ散ることだ。なき人を恋い慕ってやってきたこの家に吹く秋風に。《副詞の呼応》「つゆも→とどまらず」
〈参考〉「玉ゆら」は、ほんのしばらくの意。「玉」の意を響かせ、「露」「涙」の縁語となる。「露も」は、少しもの意の副詞「つゆも」をかける。三句切れ。

たま・る【溜まる】〔自ラ四〕{ら・り・る・る・れ・れ}❶水などが一か所に集まる。❷集まる。積もる。例「御髪の**たまり**たるほどなど、ありがたく」〈源氏・総角〉❸とどまる。静止する。例「男も**たまら**ざりければ」〈宇治拾遺・九・三〉❹耐える。持ちこたえる。例「一人も(悪馬に)**たまる**物なかりけり」〈古今著聞・三六四〉

たまわす【賜わす】歴史的かなづかい「たまはす」

たまわる【賜る・給る】歴史的かなづかい「たまはる」

たみ【民】〔名〕君主の統治下にある人。臣民。

〔民の竈〕庶民が飯を炊くかまど。また、その生活。

だみかへ・す【彩み返す】ダミカエス〔他サ四〕{さ・し・す・す・せ・せ}(「たみかへす」とも)繰り返し染める。例「紅の打ち衣をかかやくばかり**だみかへし**て」〈増鏡・あすか川〉

たみのしま【田蓑の島】〔歌枕〕摂津国の地名。いまの大阪市、淀川の河口付近にあった島のひとつ。「蓑」の意をこめ、「鶴」を詠んだ歌が多い。

た・む【彩む】〔他マ四〕{ま・み・む・む・め・め}(「だむ」とも)いろどる。鮮やかに彩色する。金箔や銀箔を押す。例「源氏絵十巻**たみ**たる料紙に書きて」〈古今著聞・四〇三〉

た・む【回む・廻む】〔自マ上二〕{み・み・む・むる・むれ・みよ}めぐる。回る。例「**廻み**て漕ぎ来と聞こえ来ぬかも」〈万葉・一六・三八六七〉

た・む【溜む】〔他マ下二〕{め・め・む・むる・むれ・めよ}❶(水などを)集める。ためる。例「朝ごとに置く露袖に受け**ため**て」〈後撰・秋中・三五一〉❷とめる。せきとめる。

た・む【矯む・揉む】〔他マ下二〕{め・め・む・むる・むれ・めよ}❶形を整える。例「麻の中の蓬は**ため**ざるに、おのづから直し」〈十訓抄・五〉❷弓でねらいをつける。例「みちのくの安達の真弓君にこそ思ひ**ため**たることも語らめ」〈後拾遺・雑五・一一三七〉❸偽る。例「道鏡きほひて、宇佐の神勅を**矯め**さするに」〈春雨物語〉

だ・む【訛む】〔自マ四〕{ま・み・む・む・め・め}(「たむ」とも)ことばがなまる。例「言葉ざいと**たみ**たりける」〈源氏・玉鬘〉

たむ・く【手向く】〔他カ下二〕{け・け・く・くる・くれ・けよ}❶神仏に供え物をする。例「秋の山もみぢを幣と**手向くれ**ば」〈古今・秋下・二九九〉❷旅立つ人に餞別を贈る。例「ゆく年に涙の玉を**手向けつる**かな」〈新古今・雑上・一五八六〉

たむけ〔名〕㊀【手向け】❶神仏に供え物をすること。また、その物。❷旅の餞別(せんべつ)。はなむけ。❸「手向けの神」の略。㊁【手向け・峠】(そこで道祖神に手向けをする所の意から)とうげ。

〔手向けの神〕「手向け㊀①」をして旅の安全を祈る神。道祖神。＝手向け㊀③

たむけぐさ【手向け草】〔名〕「手向け㊀①」にする物。

たむけやま【手向山】〔名〕「手向けの神」を祭ってある山。

たむけやま【手向山】〔歌枕〕大和国の山。いまの奈良市雑司町若草山の西北、手向山八幡宮のあたりが有名。本来、固有名詞ではなく、旅の安全を祈って手向けの神を祭った所を指した。例「このたびは幣もとりあへず**手向山**紅葉の錦神のまにまに」〈古今・羇旅・四二〇〉訳→〔和歌〕このたびは…

たむざけ【甜酒】〔名〕(上代語。「たむさけ」「ためざけ」とも)うまい酒。

たむだ・く【拱く・手抱く】〔自カ四〕{か・き・く・く・け・け}両手を組む。何もしないで傍観している。＝手抱(たう)く。例「**手抱き**て事なき御代と」〈万葉・一九・四二五四長歌〉

ため【為】〔名〕❶目的。…の目的。例「説経師にならん**ため**に、先づ馬に乗り習ひけり」〈徒然・一八八〉❷利益。たすけ。…のため。例「君が**ため**春の野に出でて若菜摘む」〈古今・春上・二一〉訳→〔和歌〕きみがためはるののにいでて…。❸理由。原因。

…によって。例「既に敵のためにに討たれにけりと思ひて」〈今昔・二五・一三〉 ❹その人に関すること。…にとって。例「人のために便なきいひ過ぐしもしつべきところどころもあれば」〈枕・この草子〉

発展学習ファイル　全用例とも「の」「が」または用言の連体形に付いて用いられており、単独の名詞としての働きはない。古くは①または②の意で用いられていたが、のちに、「故」との混同から③や④の意が生じたと考えられる。

ためかねきゃうわかせう【為兼卿和歌抄】（タメカネキョウワカショウ）［作品名］鎌倉後期（一二八五ごろ成立）の歌論書。京極為兼著。京極派の歌論を主張し、二条派に対抗しようとした。

ためし【例・試し】［名］❶例。前例。例「楊貴妃の例も引き出でつべくなりゆくに」〈源氏・桐壺〉 ❷話の種。うわさ。例「世の例にもなりぬべき御もてなしなり」〈源氏・桐壺〉 ❸手本。鑑。例「世の中の人、これを例にて、心高くなりぬべきころなめり」〈源氏・若菜・下〉 語構成「ころなめり」→「なめり」。❹証拠。例証。例「左の根の中にことに長きを、ためしにもとて持たせ給へり」〈堤中納言・逢坂越えぬ権中納言〉

ためつもの【味物】［名］《「つ」は「の」の意の上代の格助詞》うまい食べ物。

ためながしゅんすい【為永春水】［人名］（一七九〇〜一八四三）江戸後期の戯作者。天保三年（一八三二）『春色梅児誉美』発表以来、江戸人情本の元祖となった。

ため・みる【矯め見る】［他マ上一］｛み・み・みる・みる・みれ・みよ｝あちこちの向きから、注意して見る。じろじろ見る。例「文覚をはるかに加様にため・見て」〈盛衰記・一九〉

ためら・ふ【躊躇ふ】（タメラウ（ロウ））｛は・ひ・ふ・ふ・へ・へ｝一［自ハ四］ぐずぐずする。迷う。例「たやすくうち出でんもいかがとためら・ひけるを」〈徒然・二三二〉 二［他ハ四］❶心を静める。心を落ち着かせる。例「悲しくとめがたく思さるれば、とみにもえためら・ひたまはず」〈源氏・若菜・上〉《副詞の呼応》「え」→「ためらひたまはず」。《敬語》「思さるれば」→「おぼす」。❷病気を落ち着かせる。療養する。例「風邪おこりて、ためら・ひはべるほどにて」〈源氏・真木柱〉《敬語》「ためらひはべる」→「はべり」

た-めり …たようだ。…ているようだ。例「せめて見れば、花びらのはしに、をかしき匂ひこそ、心もとなうつきためれ」〈枕・木の花は〉 訳よくよく見ると、花びらの端に美しいほんのりとした色が、かすかに付いているようだ。《音便》「心もとなう」は「心もとなく」のウ音便。《係結び》「こそ」→「つきためれ㊀」

> 語構成　た｜完「たり」㊍　めり｜推「めり」
> ＝「たるめり」の撥音便「たんめり」の撥音無表記。

だも［係助］《副助詞「だに」＋係助詞「も」の変化形》…さえも。→「だに」。例「男は侯にだも封ぜられず。女は妃たり」〈平家・六・葵前〉 訳男は（高い地位を得るどころか）諸侯にさえもなれない。（しかし）女は妃になれる。
〈接続〉種々の語に付く。
〈参考〉おもに漢文訓読文に用いられた。

たも・つ【保つ】｛た・ち・つ・つ・て・て｝一［自タ四］長く続く。例「齢は足らで官位高くのぼり世に抜けぬる人の、長くえ保・たぬわざなりけり」〈源氏・絵合〉 二［他タ四］❶保持する。例「親、大臣の位をたも・ちたまへりき」〈源氏・明石〉 ❷統治する。例「身を治め国を保・たん道も、またしかなり」〈徒然・一二〇〉

たもと【袂】［名］《「手の元」の意》❶肘から肩までの部分。❷袖。また、和服の袖の下の袋状の部分。
〔袂の露〕袂にかかる涙。

たもとほ・る【徘徊る】（タモトオル）［自ラ四］｛ら・り・る・る・れ・れ｝《「た」は接頭語》うろつく。さまよう。例「君を思ひ出でたもとほ・り来ぬ」〈万葉・一七・三九四四〉

たもんてん【多聞天】［名］《仏教語》四天王のひとつ。「須弥山」の北側にいて、北方を守護する神。「毘沙門天」の名で七福神のひとつとしても信仰されている。

たやす・し【容易し】［形ク］｛から・く（かり）・し・き（かる）・けれ・かれ｝《「た」は接頭語》❶簡単だ。❷軽々しい。例「官位高き人をばたやす・きやうなれば入れず」〈古今・仮名序〉

たやすむねたけ【田安宗武】［人名］（一七一五〜一七七一）江戸中期の国学者・歌人。八代将軍吉宗の二男。賀茂真淵に師事。古語や故実についての考説・考証を行った。

た・ゆ【絶ゆ】［自ヤ下二］｛え・え・ゆ・ゆる・ゆれ・えよ｝❶途中で切れる。断絶する。例「綱絶・ゆるすなはちに、やしまの鼎の上に、のけざまに落ちたまへり」〈竹取・燕の子安貝〉 ❷（多く「息絶ゆ」の形で）息がとまる。気絶する。死ぬ。例「いとど暑きほどは息も絶・えつついよいよのみ弱りたまへば」〈源氏・若菜・下〉 ❸縁が切れる。関係がなくなる。通わなくなる。例「故式部卿の宮、二条の御息所に絶・えたまひて」〈大和・一八〉 ❹人の行き来がなくなる。交通がなくなる。例「この御文書きたまひて、三日といふになむ、かの絶・えたる峰に移ろひたまひにし」〈源氏・若菜・上〉《係結び》「なむ」→「移ろひたまひにし㊍」

たゆう【大夫・太夫】［名］「たいふ（大夫）」に同じ。

たゆう【大輔】［名］「たいふ（大輔）」に同じ。

たゆ・し【弛し・懈し】［形ク］｛から・く（かり）・し・き（かる）・けれ・かれ｝❶力が入らない。だるい。例「都辺に君は去にしを誰が解けか我が紐の緒の結ふ手たゆ・きも」〈万葉・一二・三一八三〉 ❷ぼんやりしている。気が利かない。例「わがたゆ・く世づかぬ心のみ悔しく、御胸いたくおぼえたまふ」〈源氏・蜻蛉〉 ❸ゆったりしている。例「しばし格子はなまゐりそ。たゆ・くかまへてせむ」〈蜻蛉・下〉

たゆた・ふ【揺蕩ふ】（タユタウ（トウ））［自ハ四］｛は・ひ・ふ・ふ・へ・へ｝❶揺れ動く。漂う。例「天雲のたゆた・ひ来れば九月の」〈万葉・一五・三七一六〉 ❷ためらう。例「たゆた・ふ心君知るらめや」〈源氏・須磨〉

たゆみ【弛み】［名］気がゆるむこと。油断。怠り。

たゆみな・し【弛み無し】［形ク］｛から・く（かり）・し・き（かる）・けれ・かれ｝ずっとし続けるさま。怠りない。例「もの心細く思ほして、御行ひ常よりもたゆみな・くしたまふ」〈源氏・椎本〉

たゆ・む【弛む】一［自マ四］｛ま・み・む・む・め・め｝❶心の緊張がなくなる。気がゆるむ。油断する。例「取りにや来るとうかがわせけれど、たゆ・みたるにぞ、取りてける」〈平中・一九〉 ❷からだに勢いや力がなくなる。**疲れる。** 例「とがむなよ忍びにしぼる手も**たゆ・み**今日あらはるる袖のしづくを」〈源氏・藤裏葉〉〔注〕初句切れの倒置法の歌。「袖のしづく」は、涙の比喩。二［他マ四］{ま・み・む・む・め・め}**いい加減にすます。なまける。おこたる。** 例「入道もえたへで、供養法**たゆ・み**て急ぎ参れり」〈源氏・明石〉《敬語》「急ぎ参れり」→「まゐる(四段)」。《副詞の呼応》「え」→「たへで」。三［他マ下二］{め・め・む・むる・むれ・めよ}**心の緊張をなくさせる。油断させる。** 例「かくらなく**たゆ・め**て這ひ隠れなば、いづこをはかりとか我も尋ねん」〈源氏・夕顔〉《係結び》「か」→尋ねん㊡」

たゆら［・なり］［形動ナリ］{なら・なり(に)・なり・なる・なれ・なれ}《「たよら」とも》揺れ動くさま。ゆらゆら。例「よにも**たゆら・に**我が思はなくに」〈万葉・一四・三三九二〉

たよら［・なり］［形動ナリ］{なら・なり(に)・なり・なる・なれ・なれ}「たゆら」に同じ。

たより【便り・頼り】［名］

アプローチ
▼もとは「手寄り」で、依存する手がかりとなるものの意が原義。
▼古くは、他者への依存なくして、遠隔地との情報交換を行うことは不可能だったことから、手紙の意が派生した。

❶**頼みにするもの。よりどころ。** 例「女、親なく、頼りなくなるままに」〈伊勢・二三〉 訳 女は、親が死んで、**よりどころ**もなくなるにつれて。❷**ついで。機会。好機。** 例「**たより**ごとに、物も絶えず得させたり」〈土佐〉 訳（家を預かってくれている人には）**機会**があるごとに、絶えず付け届けをしてきた。❸**便宜。手段。** 例「手書く事、むねとする事はなくとも、これを習ふべし。学問に**便り**あらんためなり」〈徒然・一二二〉 訳 書道は専門にすることはなくても、習っておくべきだ。学問で**便宜**があるようにするためである。❹**縁故。つて。** 例「都へ**たより**求めて文やる」〈徒然・一五〉 訳 都へ、**つて**を求めて手紙を送る。❺**音信。手紙。** 例「花の香を風の**たより**にたぐへてぞ鶯さそふしるべには遣る」〈古今・春上・一三〉 訳 春風を**手紙**とし、それに花の香りを添えて、ウグイスを誘い出す案内として送る。《係結び》「ぞ」→遣る㊡」❻**配置。とり合わせ。** 例「簀の子・透垣の**たより**をかしく」〈徒然・一〇〉 訳 簀の子や透垣の**配置**も趣があり。

〔和歌〕**たよりあらば…**【たよりあらばいかで都へ告げやらむ今日白河の関は越えぬと】〈拾遺・別・三三九・平兼盛〉 訳 ついでがあったなら、何とかして都の人に知らせてやりたいものだ。今日、有名な白河の関を越えたと。

〈参考〉「白河の関」は、いまの福島県白河市旗宿にあった関所で、勿来・念珠とともに、奥羽三関のひとつ。

たよりごと【便り言】［名］手紙。音信。

たよりなし【便り無し】［名］（頼りとなる金銭がない）貧乏人。

たよりな・し【頼り無し】［形ク］{から・く(かり)・し・き(かる)・けれ・かれ}頼りになるものがない。心細い。例「女、親なく、**頼りな・く**なるままに」〈伊勢・二三〉

たよ・る【頼る・便る】［自ラ四］{ら・り・る・る・れ・れ}❶頼みとする。すがる。❷心が引かれる。つられる。例「笛の音に神の心や**たよ・る**らん」〈赤染衛門集〉

たよわ・し【手弱し】［形ク］{から・く(かり)・し・き(かる)・けれ・かれ}《「た」は接頭語》弱い。か弱い。例「岩戸割る手力もがも**手弱・く**」〈万葉・三・四一九〉

たら 完了の助動詞「たり」の未然形。例「玉に貫く棟を家に植ゑ**たら**ば山ほととぎす離れず来むかも」〈万葉・一七・三九一〇〉

たら 断定の助動詞「たり」の未然形。例「父父**たら**ずといふとも、子もって子**たら**ずんばあるべからず」〈平家・二・烽火之沙汰〉

たらう【足らう】歴史的かなづかい「たらふ」

たらう【太郎】［名］❶長男。❷物事の最初。第一。「太郎月（＝一月）」など。❸最もすぐれたもの、または、最も大きなものに付ける語。「駿河太郎（＝富士山）」など。

たらうくゎじゃ【太郎冠者】［名］狂言の役柄のひとつ。最も先輩格の召し使い。

だらすけ【陀羅助】［名］《近世語》「だらにすけ」に同じ。

-たらたら［接尾］《「たらだら」とも》そのことばかり、くどくどいう意を表す。「愛想たらたら」「小言たらたら」「追従たらたら」など。

たらちし【垂乳し】［枕詞］「母」「吉備」にかかる。例「**たらちし**母に抱かえ」〈万葉・一六・三七九一長歌〉

たらちしの【垂乳しの】［枕詞］「母」にかかる。例「**たらちし**の母が目見ずて」〈万葉・五・八八七〉

たらちしや【垂乳しや】［枕詞］「母」にかかる。例「**たらちしや**母が手離れ」〈万葉・五・八八六長歌〉

たらちね【垂乳根】［名］❶母。＝垂乳女。例「**たらちね**は黒髪ながらいかなれば」〈金葉・雑下・六三七〉❷父。＝垂乳男。例「**たらちね**も笑みて見るらん」〈宇津保・国譲・中〉❸両親。例「**たらちね**のこころのやみを知るものは」〈続古今・雑下・一七六九〉

たらちねの【垂乳根の】［枕詞］「母」また、平安以降「親」にかかる。例「**たらちねの**母に申さば」〈万葉・一一・二五五七〉

たらちめ【垂乳女】［名］母。↔垂乳男

〔和歌〕**たらちめは…**【たらちめはかかれとてしもむばたまの我が黒髪を撫でずやありけん】〈後撰・雑一・一二四〇・遍昭〉 訳 わが母は、このように髪をおろしてしまえと思って、〔むばたまの〕私の黒髪をなでたわけではなかったのではなかろうか。

〈参考〉「むばたまの」は、「黒髪」の「黒」の枕詞。

たらちを【垂乳男】［名］父。↔垂乳女

だらに【陀羅尼】［名］《仏教語》梵語のまま唱える経文。語のひとつひとつに無限の意味があり、原語で唱えることで功徳を得る呪文となるという。

だらにすけ【陀羅尼助】［名］《近世語》キハダの生皮、またはセンブリの根を煮つめて練って作った黒い薬。腹痛剤。苦いので、僧が長い陀羅尼経を読むときに眠けざましに使った。お百草。＝陀羅助

たらは・す【足らはす】［他サ四］{さ・し・す・す・せ・せ}満たす。例「天地に**足らは・し**照りて」〈万葉・一九・四二七二〉

たり［完了の助動詞］

アプローチ ▼①完了、②㋐存続、㋑継続と大別できるが、②の㋐㋑は近い。
▼①は「…た」、②は「…てある・…ている」と訳すのが基本(②の場合、連体形なら「…た」と訳してもよい場合もある)。

接続 ラ変以外の動詞、および動詞型活用の助動詞の連用形に付く。

活用 ラ変型

基本形	未然形	連用形	終止形	連体形	已然形	命令形
たり	たら	たり	たり	たる	たれ	たれ

《識別注意語》→付録「まぎらわしい品詞の識別」

意味	訳語	用例
❶**動作・作用が実現・完了したことを表す。**	…た	例「『くらもちの皇子おはし**たり**』と告ぐ」〈竹取・蓬萊の玉の枝〉 訳「くらもちの皇子がいらっしゃっ**た**」と(従者が)告げる。
❷㋐**動作・作用が完了し、その結果が存続していることを表す。**	…てある …ている …た (連体形)	例「愛しきもの。瓜に描き**たる**乳児の顔」〈枕・愛しきもの〉 訳かわいらしいもの。瓜にかい**てある**(かい**た**)幼子の顔。
㋑**動作・作用が継続・進行していることを表す。**	…てある …ている …た (連体形)	例「天人の中に持たせ**たる**箱あり」〈竹取・かぐや姫の昇天〉 訳天人の中の一人に持たせ**ている**(持たせ**た**)箱がある。

発展学習ファイル (1)働きは「り」と同様だが、「り」が四段・サ変にしか付かないのに対し、「たり」は一段・二段にも付く。
(2)完了の助動詞「つ」の連用形「て」に動詞「あり」が付いた「てあり」の約。「り」と同様、存続の意に用いられるのがもともとの用法である。
(3)②㋐の例文の場合、「かく」動作はすでに終わっていて、「かいた」結果が残っている。㋑の例文の場合は、「持つ」という動作が続いている。この違いにより、㋐は(結果の)存続、㋑は(動作の)継続と区別することがあるが、この違いはとくに重要ではなく、㋐㋑をまとめて「存続」の用法と呼んでもよい。
(4)なお、①の例文でも、「くらもちの皇子」はいらっしゃったあと、そこにしばらくとどまっているわけであり、「完了」の用法とはいっても、その結果を残す面がある。それは、前記(2)のように、「てあり」として成立したためである。
(5)中世以降「たる」の形で他の完了の助動詞「つ」「ぬ」「り」や過去の助動詞「き」「けり」の用法をも覆うようになり、過去・完了を表す唯一の助動詞となった。現代語の「た」は、この「たり」から生じたもの。

たらひ【盥】［名］手や顔を洗うための水や湯を入れる平たい器。左右に各二本、角のような柄がある。

たら・ふ【足らふ】［自ハ四］{は・ひ・ふ・ふ・へ・へ}《動詞「足る」の未然形＋上代の反復・継続の助動詞「ふ」》❶十分だ。例「何ごともあらまほしく、**足ら・ひ**てぞものしたまひける」〈源氏・紅葉賀〉❷満足である。例「不知足とは、財宝あき**たら・は**ぬ心なり」〈沙石集〉

たら‐まし …ていたら。…ていようかしら。例「出でしままに、稲荷に詣で**たらましか**ば、かからずやあらまし」〈更級〉訳(初瀬から)帰ってすぐに稲荷に参詣していたら、こんなこと(＝夫の死)にはならなかったのだろうか。《係結び》「や→あらまし(体)」。《敬語》「稲荷に詣で」→「まうづ」。

語構成 たら：完「たり」(未)　まし：推「まし」

たら‐む ❶動作が存続しているだろうという推測を表す。…**ているだろう**。例「このほどを見棄てて知らざらんもひがみた**らむ**と思ひ念じて」〈源氏・東屋〉訳このようなことをよそ事に見て構わずにいるのもひねくれて**いるだろう**とじっと我慢して。❷動作を存続させることについての意志・希望を表す。…**ていよう**。…**ていたい**。例「『いと忍びたる人、しばし隠い**たらむ**』と語らひたまひければ」〈源氏・浮舟〉訳「(世間には)まったく内々にしている女性を、しばらくかくまって**いたい**」と語られたところ。《音便》「隠い」は「隠し」のイ音便。❸完了した事態を想定して、婉曲に用いる。連体修飾や準体言として用いられることが多い。…**たような**。例「それを取りて奉り**たらむ**人には、願はむことをかなへむ」〈竹取・竜の頸の玉〉訳それ(＝竜の首にかかった五色の玉)を取ってきて差し出し**たような**人には願う事をかなえよう。《敬語》「奉りたらむ」→「たてまつる」。例「比叡の山を二十ばかり重ねあげ**たらむ**ほどして」〈伊勢・九〉訳比叡山を二十ほど重ね**たような**程度の高さがあって。

語構成 たら：完「たり」(未)　む：推「む」

‐たり【人】［接尾］(数詞に付いて)人を数えるのに用いる。「二**人**」「三**人**」など。

たり［助動ラ変型］⇨七八八ページ「特別コーナー」

たり［助動タリ型］⇨七九〇ページ「特別コーナー」

たりき【他力】［名］❶他人の力。他人の助け。❷《仏教語》衆生を救済する仏や菩薩の力。とくに、阿弥陀仏の力。①②↔自力

たりき《完了の助動詞「たり」の連用形＋過去の助動詞「き」》…た。…ていた。例「はかなきついで作り出でて、消息など遣はしたりき」〈源氏・夕顔〉訳ちょっとしたついでを作りだして、手紙など出してみました。

たりき《断定の助動詞「たり」の連用形＋過去の助動詞「き」》…だった。例「仏、太子とおはせし時、我れに娶ぎて御妻たりき」〈今昔・一・一七〉訳仏が太子でいらっしゃったとき、私と結婚して(私はその)妻だった。

たりきほんぐゎん【他力本願】［名］《仏教語》衆生を救済しようという阿弥陀仏の本願。また、その力で極楽往生することを願うこと。

たり-けむ《「けむ」は「けん」とも》…ていただろう。…たのだろう。例「能登殿ははやわざや劣られたりけん、やがてつづいても飛び給はず」〈平家・一一・能登殿最期〉訳能登殿は素早い技には劣っておられたのだろう、すぐにつづいてもお飛びにならない。《音便》「つづい」は「つづき」のイ音便。《係結び》「や」→劣られたりけん(体)。

語構成　たり 完「たり」(用)　けむ 過・推「けむ」

たりけり《完了の助動詞「たり」の連用形＋過去の助動詞「けり」》❶過去に動作・作用が完了・存続していたことを表す。…ていた。…てあった。例「国々より、田舎人多く詣でたりけり」〈源氏・玉鬘〉訳国々からいなか者が大勢参詣していた。《敬語》「詣でたりけり」→「まうづ」。例「うへは鞘巻の黒くぬりたりけるが」〈平家・一・殿上闇討〉訳上は鞘巻きを黒く塗ってあったが。❷過去に起こった動作・作用について述べる。…たのであった。例「男、御はぶり見むとて、女車にあひ乗りていでたりけり」〈伊勢・三九〉訳男は御葬送を見ようと女車に同乗して出かけたのであった。

たりけり《断定の助動詞「たり」の連用形＋過去の助動詞「けり」》…であった。例「具平親王家の作文の序者たりけるに」〈古今著聞・一三九〉訳(橘正通が)具平親王家の漢詩を作る会で序詩を作る役であったが。

たりし《完了の助動詞「たり」の連用形＋過去の助動詞「き」の連体形》…た。…ていた。例「まはりをきびしく囲ひたりしこそ」〈徒然・一一〉訳(木の)周囲を厳重に囲っていたのは。

たりし《断定の助動詞「たり」の連用形＋過去の助動詞「き」の連体形》…であった。例「故中御門藤中納言家成卿、いまだ播磨守たりし時」〈平家・一・殿上闇討〉訳故中御門藤中納言家成卿が、まだ播磨守であったとき。

たり-つ 動作・作用が継続して行われたのち、完了することを表す。「たり」は動作・作用の継続の意を表す。…ていた。…であった。例「この昼、殿おはしましたりつ」〈蜻蛉・中〉訳今日の昼、殿がおいでになっていた。《敬語》「おはしましたりつ」→「おはします」

語構成　たり 完「たり」(用)　つ 完「つ」

たりひづみ【たり歪み】［名］《近世語》たるみやゆがみ。転じて、欠点。

たりふし［副］《頭を垂れ伏しての意》切に。ねんごろに。例「法皇の御事を、たりふし申されければ」〈平家・四・鼬之沙汰〉

たりを【垂り尾】［名］長く垂れ下がっている尾。

た・る【足る】［自ラ四］{ら・り・る・る・れ・れ}❶十分である。不足がない。例「連れて来し数は足らでぞ帰るべらなる」〈古今・羇旅・四一三〉訳→〔和歌〕きたへゆく…。❷ふさわしい。価値がある。例「万事は皆非なり。言ふにたらず」〈徒然・三八〉❸満足する。例「求むる所はやすく、その心はやく足りぬべし」〈徒然・五八〉

た・る【垂る】一［自ラ四］{ら・り・る・る・れ・れ}❶垂れ下がる。❷したたる。例「涙のみたりくらすに」〈蜻蛉・中〉二［自ラ下二］{れ・れ・る・るる・るれ・れよ}❶ぶらさがる。例「荒菰が垂れてある」〈狂・六地蔵〉❷(「剃る」の忌み詞から変化して)(刃物が)切れる。例「はさみをくれる筈ぢゃが、たるるかしらぬ」〈浮・好色一代男〉三［他ラ下二］{れ・れ・る・るる・るれ・れよ}❶垂らす。下げる。したたらす。例「涙をたれて泣く」〈宇治拾遺・七・一〉❷現し示す。例「まことに跡を垂れたまふ神ならば助けたまへ」〈源氏・明石〉❸「剃る」の忌み詞。例「額たれうと思うて」〈浄・心中重井筒〉

たる 完了の助動詞「たり」の連体形。例「梅の花咲きたる園の青柳は縵にすべくなりにけらずや」〈万葉・五・八一七〉訳→〔和歌〕うめのはなさきたるそのの…

たる 断定の助動詞「たり」の連体形。例「清盛嫡男たるによって、その跡をつぐ」〈平家・一・鱸〉

だ・る【疲る】［自ラ四］{ら・り・る・る・れ・れ}《「たる」とも》疲れる。

たるき【垂木・椽】［名］屋根を支えるために、棟から軒にかけ渡す木材。

たるきばな【垂木鼻】［名］軒先に出た垂木の先。

たるひ【垂氷】［名］つらら。(季－冬)

たるひ【足る日】［名］満ち足りたよい日。

だるま【達磨】［人名］(生没年未詳)《梵語の音訳》禅宗の始祖。正確には「菩提達磨(摩)」という。南インドの生まれ。中国へ渡り、その間に培った思想を『二人四行論』にまとめた。

だるまうた【達磨歌】［名］何をいっているのか分からない歌。新古今時代、藤原定家らの新風で象徴的幽玄な和歌をあざけったことば。

だるまき【達磨忌】［名］《仏教語》陰暦十月五日に禅宗で行う、達磨大師の忌日の法会。(季－冬)

たるみ【垂水】［名］流れ落ちる水。滝。

たるゐ【垂井】［地名］美濃国の地名。いまの岐阜県不破郡垂井町。伊吹山地と鈴鹿山脈に挟まれ、中山道の美濃路と木曽路の分岐点にあたり宿駅として栄えた。

たれ【誰】［代名］《不定称の人称代名詞。江戸以降は「だれ」とも》だれ。例「誰をか恥ぢ、誰にか知られん事を願はん」〈徒然・三八〉

〔**誰しの人**〕《「し」は副助詞》どういう人。何とい

たり［断定の助動詞］《識別注意語》→付録「まぎらわしい品詞の識別」

活用 タリ活用型

基本形	未然形	連用形	終止形	連体形	已然形	命令形
たり	たら	たり と	たり	たる	たれ	たれ

アプローチ ▼格助詞「と」にラ変動詞「あり」が付いた「とあり」が変化したもの。
▼同じ断定を表す助動詞「なり」と比べると、「たり」は人や物の資格・立場などについていうことが多い。

接続 体言に付く。

意味	訳語	用例
断定の意を表す。	…だ …である	例「この聖教は、当流大事の聖教**たる**なり」〈歎異抄〉 訳この仏典は、当宗にとって大切な仏典**である**のだ。 例「六代は、諸国の受領**たり**しかども」〈平家・一・祇園精舎〉 訳（正盛に至る）六代は、諸国の受領**であっ**たが。

発展学習ファイル (1)「なり」のほうが広く一般に用いられる。「たり」は平安初期の漢文訓読文で生じ、中世の説話や軍記物などの和漢混交文に用いられた。和文ではほとんど用いられない。
(2)「なり」は「女もしてみむとてするなり」〈土佐〉、「これ事知れるによりてなり」〈方丈記〉のように活用語の連体形・助詞などにも付くが、「たり」は体言にだけ付く。
(3)完了の助動詞「たり」とは活用型が違う。完了の助動詞「たり」はラ変型で、連用形は「たり」だけで「と」はない。断定の助動詞「たり」の連用形には「たり」とともに「と」がある。例「かの隆海律師の魚つりの童とありけるとき」〈今昔・一五・二〉

う人。＝誰やし人

たれ〔誰やし人〕「たれしのひと」に同じ。

たれ 完了の助動詞「たり」の已然形・命令形。例「しばしは立て**たれ**閨の外に」〈梁塵秘抄〉〔注〕命令形の例。

たれ 断定の助動詞「たり」の已然形・命令形。例「大王はいま天下に君**たれ**ども」〈古活字本保元・下〉〔注〕已然形の例。

たれがし【誰某】［代名］《不定称の人称代名詞》だれそれ。例「**誰がし**が婿になりぬ」〈徒然・一九〇〉

たれかれ【誰彼】［代名］《不定称の人称代名詞》あの人この人。すべての人。例「**たれかれ**と我をな問ひそ」〈玉葉・恋二・一四一六〉

たれぎぬ【垂れ絹】［名］とばり。帳。

たれこ・む【垂れ籠む】［自マ下二］{め・め・む・むる・むれ・めよ}帳や簾などを垂らして、その中に閉じこもる。例「垂れこめて春の行方も知らぬ間に」〈古今・春下・八〇〉 訳→〔和歌〕たれこめて…

〔和歌〕**たれこめて…**【垂れこめて春の行方も知らぬ間に待ちし桜も移ろひにけり】〈古今・春下・八〇・藤原因香〉 訳部屋の中に閉じこもって、春の進みぐあいも知らないでいるうちに、早く咲いてほしいと待っていたこの桜も、もう散りぎわになってしまった。

たれす【垂れ簾】［名］すだれ。

たれぬの【垂れ布】［名］垂らした布。垂れ幕。

たれひ・く【垂れ引く】［他カ四］{か・き・く・く・け・け}衣服のすそを垂らし、引きずる。

たれびと【誰人】［代名］《不定称の人称代名詞》どういう人。なんぴと。だれ。例「今は昔、年若くして形美麗なる男ありけり。**誰人**と知らず」〈今昔・一四・五〉

〔和歌〕**たれをかも…**【誰をかも知る人にせむ高砂の松も昔の友ならなくに】〈古今・雑上・九〇九・藤原興風〉《百人一首》 訳老いた私は、だれを友とすればよいのだろうか。あの長寿の高砂の松も、昔からの友でもないのに。《係結び》「かも→せむ(体)」
〈参考〉「高砂」はいまの兵庫県高砂市。

たろしろ【太郎四郎】［名］《近世語》素人。また、ばか者。

たわ［・なり］【撓】一［名］❶山の尾根のくぼんだ所。鞍部。＝たをり。❷髪が枕などに押されてついたくせ。二［形動ナリ］{なら・なり(に)・なり・なる・なれ・なれ}「たわわ」に同じ。

たわす・る【た忘る】［自ラ下二］{れ・れ・る・るる・るれ・れよ}《「た」は接頭語》忘れる。

たわ・む【撓む】一［自マ四］{ま・み・む・む・め・め}❶押されて曲がる。しなう。ゆがむ。❷心弱くなる。飽きて疲れる。たゆむ。例「かくすこし**たわ**・みたまへる御気色を」〈源氏・梅枝〉 二［他マ下二］{め・め・む・むる・むれ・めよ}押して曲げる。たわませる。

たわやか［・なり］【嫋やか】［形動ナリ］{なら・なり(に)・なり・なる・なれ・なれ}《「やか」は接尾語》「たをやか」に同じ。

たわやめ【手弱女】［名］《「たをやめ」とも》かよわい女。↔益荒男①

たわらは【手童】［名］《「た」は接頭語》幼い子供。＝童

たわる【戯る・狂る】歴史的かなづかい「たはる」

たわわ［・なり］【撓】［形動ナリ］{なら・なり(に)・なり・なる・なれ・なれ}《「たわ」とも》しなうさま。＝撓。例「大きなる柑子の木の、枝も**たわわ**・になりたるが」〈徒然・一一〉

たわわざ【戯業】歴史的かなづかい「たはわざ」

たゐ【田居】［名］❶田。たんぼ。❷いなか。

たゐに【大為爾】［名］文字を習い覚えるために、仮名四十七文字を重複しないよう全部用いて作った歌。「いろはうた」に先行するもの。「たゐ(田居)にいで(出)で、なつ(菜摘)むわれ(我)をぞきみめ(君召)すと、あさ(求食)りおひゆくやましろ(山城)の、うちゑ(打酔)へるこ(子)ら、もは(藻葉)ほ(干)せよ、えふね(舟)か(繋)けぬ」というもので、万葉仮名で記されたものが天禄元年(九七〇)源為憲の

著した「口遊(くちずさみ)」に載る。冒頭の「大為爾」をとって名付けられた。

たをさ【田長】(タオサ)[名]❶田を作る農夫のかしら。❷〔「田長鳥」の略〕ホトトギスの別名。＝死出(しで)の田長

たをさどり【田長鳥】(タオサドリ)[名]ホトトギスの別称。「しでのたをさ」から生まれた語。

たをたを(タオタオ)[副]しなやかなさま。柔らかなさま。たおやか。例「細やかに**たをたを**として、ものうち言ひたるけはひ」〈源氏・夕顔〉

たをめか・す【撓めかす】(タオメカス)[他サ四]{さ・し・す・す・せ・せ}〔「めかす」は接尾語〕たわませる。

たをやか[・なり]【嫋やか】(タオヤカ)[形動ナリ]{なら・なり(に)・なり・なる・なれ・なれ}〔「やか」は接尾語〕❶しなやかなさま。例「いと色深う、枝**たをやか**に咲きたるが」〈枕・草の花は〉❷動作や態度がしとやかで美しい。性質が柔和である。例「心ばへも**たをやか**なる方はなく」〈源氏・宿木〉

たをや・ぐ【嫋やぐ】(タオヤグ)[自ガ四]{が・ぎ・ぐ・ぐ・げ・げ}しとやかになる。柔和になる。例「やはやはとぞ**たをやぎ**たまへりし」〈源氏・玉鬘〉

たをやめ【手弱女】(タオヤメ)[名]「たわやめ」に同じ。

たをやめぶり【手弱女振り】(タオヤメブリ)[名]『古今和歌集』を代表とする平安和歌の歌風。女性的で優美繊細な歌風をいう。江戸時代の国学者賀茂真淵(かものまぶち)が初めに用いた語。↕益荒男振(ますらをぶ)り

たをり【撓】(タオリ)[名]「たわ㊀①」に同じ。

たを・る【手折る】(タオル)[他ラ四]{ら・り・る・る・れ・れ}手で折る。

たん【丹】[名]❶赤色。❷鉛に硫黄(いおう)・硝石を加え、焼いて作った顔料。絵の具や薬に用いる。鉛丹。❸薬。とくに不老不死の薬。

たん【段・反】[名]❶田畑の面積の単位。上代から中世までは三百六十歩(ぶ)で約一一アール。太閤(たいこう)検地以後三百歩で約一〇アール。❷距離を測る単位。六間(けん)。約一一メートル。❸布の長さを測る単位。布の種類や時代により一定でない。

だん【緂】[名]様々な色の糸で組んだ平組みのひも。太刀(たち)の平緒(ひらお)、馬の手綱(たづな)などに用いた。

だん【壇】[名]❶土を高く盛り上げて築いた、祭事を行う場所。❷〔仏教語〕受戒のときの戒壇。❸物を置くため、一段高く造ってある場所。

たんいせう【歎異抄】(タンニショウ)[作品名]鎌倉中期の仏教書。唯円(ゆいえん)著か。親鸞(しんらん)最晩年の法語を死後にまとめたもの。悪人正機説をはじめ親鸞の思想が語られている。

たんか【短歌】[名]和歌の歌体のひとつ。五・七・五・七・七の五句三十一音から成る。五・七・五の三句を上(かみ)の句、七・七の二句を下(しも)の句と呼ぶ。長歌など他の歌体が衰退したのに対し、短歌は和歌の主流として長くその形を保ち続けた。

だんかふ[・す]【談合】(ダンコウ)[名・他サ変]話し合うこと。相談すること。また、そのために集まること。

だんかふづく【談合尽く】(ダンコウヅク)[名]〔近世語〕話し合って決めること。相談ずく。

たんぎ【弾碁】[名]「たぎ」に同じ。

だんぎ【談義】[名]❶相談。打ち合わせ。話し合い。❷道理や意義を説いて聞かせること。講義。❸〔仏教語〕仏法の教義を説き聞かせること。説法。説教。❹意見。小言。訓戒。

だんぎぼん【談義本】[名]江戸時代の小説の一形態。滑稽(こっけい)の中に教訓をまじえて世相・風俗などを描写した読み物。宝暦二年(一七五二)静観房好阿(じょうかんぼうこうあ)らの活躍によって江戸で流行した。

たんぎん【断金・断吟】[名]〔「断金調(てう)」の略〕雅楽の「十二律(りつ)」の、低い方から二番目の音。

だんきん【断金】[名]〔『易経(えききやう)』の「二人心を同じうすれば、その利(と)きこと金をも断つ」から〕非常に固く結ばれた友情。

たんご【端午】[名]「五節句」のひとつ。陰暦五月五日の節句。邪気を払うために、軒にショウブやヨモギをかけたり、粽(ちまき)などを食べたりした。のちに、三月三日の上巳(じょうし)が女子の節句となるのに対し、男子の節句となり、鯉(こい)のぼりや甲冑(かっちゅう)などを飾って祝うようになった。五が重なる日であることから、「重五(ちょうご)」ともいう。あやめの節句。端五の節句。(季－夏)

たんご【丹後】[地名]旧国名。山陰道八か国のひとつ。いまの京都市北部にあたる。＝丹州(たんしゅう)

たんごぶし【丹後節】[名]古浄瑠璃(じょうるり)の一派。江戸初期、杉山丹後掾(たんごのじょう)が江戸に下り、薩摩(さつま)浄雲とともに語り始めた浄瑠璃節。

たんざく【短冊・短尺】[名]〔「たんじゃく」とも〕❶字を書いたり、物に結びつけたりする細長い料紙。❷和歌や俳句などを書く細長い紙。江戸時代に縦約三五センチ、幅約六センチぐらいに定まった。金銀の箔(はく)や色模様、下絵を施したものも多い。

たんし【丹師】[名]〔「丹」を扱う人の意〕絵師。

だんし【檀紙】[名]和紙の一種。厚手で白い最上質の紙。平安時代には楮(こうぞ)を原料とし、陸奥国(むつのくに)で多く作られたので、「陸奥紙(みちのくがみ)」「陸奥国紙(みちのくにがみ)」ともいわれた。包装・文書・表具などに用いられた。

だんし[・す]【弾指】[名・自サ変]〔仏教語。「たんじ」「だんじ」とも〕❶曲げた指の爪(つめ)の先で親指の腹をはじいて、音を出すこと。後悔・不満・非難、また、許可などを表すしぐさ。つまはじき。❷きわめて短い時間を表す単位。

だんじゃう【弾正】(ダンジョウ)[名]弾正台の職員の総称。

だんじゃうだい【弾正台】(ダンジョウダイ)[名]〔「ただすつかさ」とも〕令制における警察機関。親王・大臣以下の非道を扱った。全国の監察を行ったが、のちには京中に限られ、検非違使(けびいし)にその職務は移った。➡[表見返し]大内裏俯瞰図

たんじゃく【短冊・短尺】[名]「たんざく」に同じ。

だんしょ【壇所】[名]「修法(すほふ)」のための壇を設けた所。

だん・ず【弾ず】[他サ変]{ぜ・じ・ず・ずる・ずれ・ぜよ}〔「だんず」とも〕楽器の弦を弾きならす。奏でる。弾く。例「菊亭大臣(きくていのおとど)〔＝藤原兼季(かねすえ)〕、牧馬(ぼくば)〔琵琶(びわ)ノ名器デアル〕を**弾じ**給ひけるに」〈徒然・七〇〉

たんせい[・す]【丹精・丹誠】[名・自サ変]〔「たんぜい」とも〕真心。真心をこめて事を行うこと。

たんぜん【丹前】[名]〔近世語〕❶広袖(ひろそで)で綿を入れた防寒着。どてら。(季－冬)❷雪駄(せった)の鼻緒の一種。❸「丹前姿」「丹前風」の略。❹歌舞伎(かぶき)で、花道から揚げ幕に入るときの役者の足の踏み方。

たんぜんすがた【丹前姿】[名]〔近世語〕江戸時

代、侠客や遊び人の間に流行した伊達姿。丹前風呂の湯女勝山の姿に始まるという。＝丹前③・丹前風

たんぜんふう【丹前風】[名]「たんぜんすがた」に同じ。＝丹前③

たんだい【探題】[名]❶詩歌の会で、いくつかの題を各人がくじなどでひとつずつ探り取って詠むこと。＝探り題。❷法会で経典の議論をする際に、論題を出し、その答弁の判定をする役僧。題者。❸鎌倉・室町時代に、遠隔の重要な地方に置いた職名。政治・訴訟・軍事をつかさどり、内乱や外敵に備えた。鎌倉幕府には六波羅・長門・鎮西、室町幕府には奥州・羽州・中国・九州の各探題があった。

たんたいぎ【炭太祇】[人名](一七〇九～一七七一)江戸中期の俳諧師。本名は未詳。雲津水国に学ぶ。法名は道源。京都島原に不夜庵を結び、与謝蕪村などとも交流があった。句集『太祇句選』。

たんだいせうしんろく【胆大小心録】[作品名]江戸後期(一八〇八成立)の随筆。上田秋成著。和歌・俳諧・学問論・古代史・仏教から世態・人物への批評まで幅広く書きつづる。

たんだ・ふ【探題ふ】[他ハ下二]{へ・へ・ふ・ふる・ふれ・へよ}探し求める。たずねる。例「この血を**探題**・へ、化生の者を退治つかまつらうずるにて候ふ」〈謡・土蜘蛛〉

だんだん【段段】一[名]❶項目のひとつひとつ。例「唯今の**段々**申し上げたれば」〈狂言記・鴈雁金〉❷いろいろ。重ね重ね。例「孫右衛門様お出でなされて、**だんだん**の御意見」〈浄・心中天の網島〉❸折れてばらばらになった状態。例「取り落としたる太刀を見れば、ふたつに折れて**段々**となる」〈謡・盛久〉二[副]❶しだいに。おいおいに。順を追って。例「**だんだん**出来まする」〈狂・萩大名〉❷いろいろ。例「これには言訳**だんだん**あり」〈浄・堀川波鼓〉

だんと【檀徒】[名]「だんぱう」に同じ。

だんな【檀那・旦那】[名]《梵語の音訳で、本来は布施の意》❶《仏教語》施主。金品を寺や僧に施す信者を僧の側からいう語。＝檀越。❷主人。下僕や召使いの側からいう語。❸妻が夫をいう語。

だんな・い[形口語型]《近世語。「だいじない(大事ない)」の変化形》心配ない。構わない。例「ちょき舟はだんな・いものと江戸なれる」〈川柳・柳多留〉

だんなでら【檀那寺・旦那寺】[名]その家が帰依して檀家となっている寺。

だんなやまぶし【檀那山伏】[名]その家の信仰を受けて常に出入りしている山伏。

たん-なり…たらしい。…たようだ。…たそうだ。↓「たなり」。例「祇王こそ入道殿よりいとま給はって出でたんなれ」〈平家・一・祇王〉《音便》「給はっ」は「給はり」の促音便。《係結び》「こそ」↓出でたんなれ(已)」。《敬語》「給はって」↓「たまはる」

語構成
たん　なり
完「たり」(体)　伝・推「なり」
＝「たるなり」の撥音便。

たんぬ【足んぬ】[名]《「たりぬ」の撥音便》満足すること。十分だと思うこと。例「そしりまはって、なほ足んぬせねば」〈天草本伊曾保〉

だんのうら【壇の浦】[地名]長門国の海岸。いまの山口県下関市壇の浦、関門海峡の東口、早鞆瀬戸付近の海辺。源平最後の合戦地。

たんば【丹波】[地名]旧国名。山陰道八か国のひとつ。京都府中部と兵庫県東部にあたる。＝丹州

たんばいろ【胆礬色】[名]《近世語。「たんばいろ」とも。「たんぱんいろ」の変化形》胆礬(硫酸銅の鉱石)のような半透明の真っ青な色。転じて、恐怖や驚きから青ざめた顔色のこと。

だんぱう【檀方】[名]《近世語》檀家の人々。＝檀徒

たんばぐち【丹波口】[地名]山城国の地名。いまの京都市下京区の中央部、丹波口駅あたり。京都から丹波へ通ずる街道の出発点。島原遊郭があり、島原通いの客でにぎわった。

たんばのよさくまつよのこむろぶし【丹波与作待夜の小室節】[作品名]江戸中期(一七〇八ごろ初演)の浄瑠璃。近松門左衛門作。丹波与作と関の小万の情話に取材した世話物。

だんばらみつ【檀波羅蜜】[名]《仏教語。「だんはらみつ」とも》「六波羅蜜」のひとつで、悟りの境地に至るための意》「檀」は布施、「波羅蜜」は彼岸に至るの意》善行や財宝を人に施すこと。

たんぽ【湯婆】[名]《近世語》❶湯たんぽ。(季-冬)。❷酒の燗をする金属器。＝銚釐

たん-めり…たようだ。…ているようだ。↓「ためり」。例「父の王を失ふためしだに、一万八千人までありけりとこそ、仏も説き給ひたんめれ」〈増鏡・新島守〉

語構成
たん　めり
完「たり」(体)　推「めり」
＝「たるめり」の撥音便。

たんりつ【単律】[名]雅楽で、「呂」「律」のふたつの音階に分けたとき、「律」だけあり、「呂」の音階がないこと。

たんりょ【短慮】[名]❶思慮が足りないこと。浅はかな考え。❷気が短いこと。せっかち。

たんりょくぼん【丹緑本】[名]《「たんろくぼん」とも》江戸初期の絵本の一種。幸若舞曲・仮名草子・古浄瑠璃などの版本で、挿絵の色が丹(赤)・緑を中心としている。古くは「ゑどり本」と呼ばれた。

だんりん【檀林・談林】[名]❶《仏教語。「栴檀林」の略》僧が修行や学問をする所。また、寺院の敬称。＝僧林・檀所。❷「談林風」の略。

だんりんとっぴゃくゐん【談林十百韻】[作品名]江戸前期(一六七五成立)の俳諧撰集。田代松意編。西山宗因から与えられた発句を継ぎ、江戸談林派の九人で巻いた百韻十巻。

だんりんふう【談林風・檀林風】[名]江戸時代、西山宗因とその門人たちの俳風。伝統・形式を重んじる貞門俳諧に対して、斬新奇抜な発想を自由な用語と思い切った破調で表現した。のち、蕉風に押されて衰退した。＝談林②

たんれんが【短連歌】[名]連歌の形式のひとつ。和歌の上句(五・七・五)と下句(七・七)を唱和することで終わるもの。↔長連歌

たんゐん【探韻】[名]韻字が書いてある紙片を一枚ずつさぐり取って、その韻を用いて漢詩を作ること。

だんをち【檀越】[名]「だんな①」に同じ。

ち

-**ち**［接尾］(代名詞に付いて)方角や場所を表す。「こち」「いづち」「遠をち」など。

-**ち【箇・個】**［接尾］《「ぢ」とも》物を数えるとき、数詞に添える。いまの「ひとつ」「ふたつ」の「つ」に当たる。例「〔富士山八〕ここ(＝京ノ都)にたとへば、比叡の山をはたちばかり重ね上げたらむほどして」〈伊勢・九〉

ち【千】［名］千。百の十倍。また、数が多いこと。

ち【父】［名］《「かぞ」とも》父親・祖先・天皇などの男子に対する敬称。

ち【血】［名］❶血液。❷血筋。

〔**血で血を洗ふ**〕❶悪事には悪事をもって、暴力には暴力をもって制することのたとえ。❷同じ血筋の者が争い合うことのたとえ。

〔**血の余り**〕末っ子。

〔**血の涙**〕深い悲しみや嘆きから流す涙。＝黄なる涙

ち【地】［名］すべての物質を構成する四つの元素の中のひとつ。大地。地面。→「しだい(四大)」。↕天

〔**地を反す**〕天地をひっくり返すように騒ぐ。例「京中**地をかへし**てありけるが」〈愚管抄〉

ち【知・智】［名］知能。知恵。知識。

ち【治】［名］《「ぢ」とも》❶世の中がよく治まること。❷まつりごと。政治。❸治療。治癒。

ち【乳】［名］❶乳汁。また、乳房。乳首。❷旗・幕・羽織などのへりに付ける、ひもや棒などを通す輪。

ち【茅】［名］《「ちがや」とも》草の名。チガヤ。和歌では、「浅茅」「浅茅生」「浅茅原」の形で詠まれることが多い。

ち【鉤・鈎】［名］釣り針。

ち【徴】［名］「五音」のひとつ。日本や中国の音階の第四音。「宮」についで中心となる音。

-**ぢ【路】**［接尾］❶(地名などに付いて)その方面への道、その地域を通過する道などの意を表す。❷(日数に付いて)その日数だけかかる道程である意を表す。「東路」「大和路」など。

-**ぢ【箇・個】**［接尾］「ち(箇・個)」に同じ。「三日路」など。

ぢ【地】［名］❶《「ち」とも》大地。↕天。❷陸地。❸その地方。その土地。郷土。❹生まれ付き。本性。持ち前。例「**地**に歌のさまを知りて讃め譏りする人はなし」〈無名抄〉❺布や紙などの生地。❻囲碁で、自分の石で囲み、勢力範囲にした部分。❼「地紙①」の略。❽能楽で、「地謡」の略。❾舞踊の伴奏の音楽。❿地の文。文章の、会話文以外の部分。⓫連歌・俳諧で、前句に気軽に応じた、素直な句。⓬素人。⓭現実。実際。

〔**地を引く**〕土地を平らに整地する。例「木を伐り棄てて、**地を引・きける**」〈太平記・二六〉

ぢ【柱】［名］《「ぢう」の変化形》弦楽器の弦と胴の間に挟み、弦を持ち上げ、張りを強めたり、音を調節したりするもの。

ぢ【持】［名］歌合わせ、囲碁などの勝負事で、双方に優劣がないこと。引き分け。

ぢあひ【地合ひ】［名］《近世語》布地の品質。

ちいほあき【千五百秋】［名］限りなく長い年月。永遠。

ちいみび【血忌み日】［名］暦で、嫁入り・鍼灸・殺生・奉公人を雇うことなどを嫌う日。

ちいん【知音】［名］❶親友。❷知人。知り合い。❸(遊里で)なじみの客。愛人。恋人。

ちう【宙】［名］❶空。宇宙。空中。虚空。❷暗記。そら。例「四書五経を**宙**で読む」〈浄・堀川波鼓〉

ぢう【柱】［名］「ぢゅう」に同じ。

ちうせい【小せい】《形容詞「小さし」の連体形の変化形。また、漢語「中勢」の意とも》小さい。少し背が低い。例「**ちうせい**折敷に、**ちうせい**高坏など」〈枕・大進生昌が家に〉

ぢうた【地唄・地歌】［名］❶その土地の俗謡。民謡。❷江戸時代、上方(京坂地方)で行われた三味線歌曲。多くは京都の検校・勾当らによって作られたので「法師唄」ともいう。

ぢうたひ【地謡】［名］能で、謡曲の地(会話以外の説明的詞章)の部分を、舞台の一隅で合同でうたうこと。また、その謡やそれをうたう数人の役者。

ちえ【千重】歴史的かなづかい「ちへ」

ちえ【千枝】［名］数多くの枝。茂っている枝。

ちかい【誓い】歴史的かなづかい「ちかひ」

ぢかい【持戒】［名］《仏教語》「六波羅蜜」のひとつ。戒律を堅く守ること。↕破戒

ちかう【近う】形容詞「ちかし」の連用形「ちかく」のウ音便

ちかおとり【近劣り】［名］近寄って見ると、遠くで見たときより劣って見えること。↕近勝り

ちかがつゑ【近餓ゑ】［名］《近世語》飲食後、すぐにまた食欲が起こること。また、その人。

ちかきまもり【近衛】［名］《「近衛府」の略》「このゑ」に同じ。

ちかきまもりのつかさ【近衛府】［名］「このゑふ」に同じ。

ちかごと【誓言】［名］誓いのことば。神仏にかけて誓うことば。約束。

ちかごろ【近頃】㊀［名・副］このごろ。㊁［副］(近頃狼藉なる者にて候ふ」〈謡・鞍馬天狗〉

ちかごろ【近頃】［形動ナリ］(なら・なり(に)・なり・なる・なれ・なれ)❶とてもすばらしい。例「それは**近頃・にて**ござ候ふ」〈謡・葵上〉❷はなはだ悪い。

ちか・し【近し】［形ク］(から・く(かり)・し・き(かる)・けれ・かれ)❶距離が隔たらない。**近い**。↕遠し①。例「荒磯越す波を恐み淡路島見ずや過ぎなむここだ**近・き**を」〈万葉・七・一一八〇〉❷時間が隔らない。**近い**。↕遠し②。例「君に別れむ日**近・く**なりぬ」〈万葉・一九・四二四七〉❸親しい。**仲がよい**。↕遠し③。例「おのづから**近・き**御仲らひにて」〈源氏・柏木〉❹血縁関係が近い。**近親者だ**。例「**近・き**ゆかりの君たちは、事わざしげきおのがじしの世の営みに紛れつつ」〈源氏・夕霧〉❺性質、形状などが似通う。**近似する**。↕遠し⑤。例「人倫に遠く、禽獣に**近・き**ふるまひ」〈徒然・八〇〉

〔近き境〕付近の土地。近辺。
〔近き世界〕(「世界」は、辺り一帯の意)近辺。
〔近き縁〕❶近親者。血縁の近い者。❷親しい関係。

ちかぢか【近近】[副]❶距離的に非常に近いさま。すぐ近くに。❷時間的にあまり隔たっていないさま。たびたび。例「ちかぢかに小童部あそびともなひて」〈古今著聞・六〇五〉

ちかつあふみ【近つ淡海】[地名]琵琶湖、または近江国(いまの滋賀県)の古称。「遠つ淡海(浜名湖)」に対する名称。

ちかづ・く【近付く】一[自カ四]{か・き・く・く・け・け}❶近寄る。そばに寄る。❷親しくなる。親密になる。例「〔若君〕兵部卿宮に近づ・ききこえにけり」〈源氏・紅梅〉❸期日が差し迫る。二[他カ下二]{け・け・く・くる・くれ・けよ}近寄らせる。近くに寄せる。

ちかひ【誓ひ】[名]❶誓うこと。神仏にかけて約束すること。❷衆生を救おうとする神仏の誓願。
〔誓ひの網〕衆生を救おうとする仏の誓願の広大さを網にたとえた語。例「知るも知らぬも心ひく、誓ひの網に洩るべきや」〈謡・実盛〉
〔誓ひの海〕衆生を救おうとする仏の誓願の深さ・広大さを海にたとえた語。＝弘誓の海
〔誓ひの船〕衆生を極楽の彼岸に渡そうとする仏の誓願を船にたとえた語。＝弘誓の船

ちか・ふ【誓ふ】[他ハ四]{は・ひ・ふ・ふ・へ・へ}❶神仏にかけて固く約束をする。❷人と固く約束をする。❸神仏が国家を守り、衆生を救うことを誓願する。例「北野の天神一日に三度かけってまぼらんとちか・はせ給ふなり」〈平家・一〇・千手前〉

ちが・ふ【違ふ・交ふ】一[自ハ四]{は・ひ・ふ・ふ・へ・へ}❶行き違いになる。擦れ違う。例「やりつる人はちが・ひぬらむと思ふに」〈蜻蛉・中〉❷入りまじる。交錯する。❸それる。外れる。〈新撰六帖〉❹一致しない。食い違う。背く。例「母や師匠の御心にちが・はん事」〈曾我・四〉二[他ハ下二]{へ・へ・ふ・ふる・ふれ・へよ}❶交差させる。例「経文などの紐を結ふに、上下よりたすきにちが・へて」〈徒然・二〇八〉❷悪夢が現実とならないよう「夢違へ」をする。例「しばしば夢のさとしありければ、ちが・ふるわざもがなと」〈蜻蛉・上〉

発展学習ファイル 上代では「ちがふ」の確例がなく、もっぱら類義語「たがふ」が用いられた。

ちかまさり【近勝り】[名]近寄って見る方が、遠くで見たときよりすぐれて見えること。↔近劣り

ちかまつはんじ【近松半二】[人名](一七二五〜一七八三)江戸中期の浄瑠璃作者。本名は穂積成章。父は儒学者の穂積以貫。二世竹田出雲に師事、近松門左衛門にも私淑し浄瑠璃作者となる。代表作『本朝廿四孝』『妹背山婦女庭訓』。

ちかまつもんざゑもん【近松門左衛門】[人名](一六五三〜一七二四)江戸前・中期の浄瑠璃・歌舞伎作者。本名は杉森信盛。当時の名優坂田藤十郎のための脚本を書き、元禄期を代表する歌舞伎作者となる。その後、世話浄瑠璃の嚆矢となった『曾根崎心中』を書いて大当たりをとり、浄瑠璃作者に転じた。代表作『心中天の網島』『女殺油地獄』など。

ぢがみ【地紙】[名]❶扇・傘などに張るため、その形に切った厚紙。また、それを張ったもの。＝地⑦。❷紋所の名。扇の地紙の形を図案化したもの。

ちがや【茅・白茅・茅萱】[名]「ち(茅)」に同じ。

ちかやか【近やか】[形動ナリ]{なら・なり(に)・なり・なる・なれ・なれ}(「やか」は接尾語)❶ごく近く。すぐそば。例「近やか・に臥したまへば」〈源氏・胡蝶〉❷親密だと感じさせるさま。例「あながちに近やか・なる御ありさまも」〈源氏・初音〉

ちから【力】[名]❶体力。腕力。❷気力。意気込み。例「女もいやしければ、すまふ力なし」〈伊勢・四〇〉❸骨折り。努力。❹効き目。効力。❺よりどころとなる力。能力。力量。
〔力入る〕力を入れる。例「〔兄弟〕同じやうに力入・り、親に孝したるだに」〈落窪・四〉
〔力及ばず〕自分なりの力ではどうすることもできない。仕方がない。
〔力を立つ〕力をとくに強く入れる。例「ただ力を立・てて引き給へ」〈徒然・五三〉

ちから【税】[名](人民の力の意か)農民が国に納める稲の束。また、租・庸・調などの租税の総称。＝田力

ちからあし【力足】[名]❶足に力を込めること。また、その足。❷相撲の四股。

ちからいり【力入り】[名]力を入れること。努力。尽力。

ちからがは【力皮・力革】[名]馬具の名。居木に通して鐙につなぐ革。

ちからぐら【税倉】[名]「税」を納めた倉庫。のちに正倉と呼ばれた。

ちからぐるま【力車】[名](「りきしゃ」とも)人力で引く荷車。

ちからしろ【税代】[名]国家に対し、労役に従事する代わりに納める、米や布などの物品。

ちからぜめ【力攻め】[名]策略を用いず、武力のみで攻めたてること。

ちからぢから・し【力力し】[形シク]{しから・しく(しかり)・し・しき(しかる)・しけれ・しかれ}力強い。例「爪弾きをいと力々・しうしたまひて」〈落窪・一〉《音便》「力々しう」は「力々しく」のウ音便。

ちからな・し【力無し】[形ク]{から・く(かり)・し・き(かる)・けれ・かれ}どうしようもない。仕方がない。例「力な・う涙をおさへて帰りけり」〈平家・一〇・横笛〉《音便》「力なう」は「力なく」のウ音便。

ちからね【力根】[名](「ね」は接尾語)ちから。力量。

ちからのかみ【主税頭】[名]「主税寮」の長官。

ちからのつかさ【主税寮】[名]「ちかられう」に同じ。

ちからまさり【力勝り】[名]すぐれた力の持ち主。

ちかられう【主税寮】[名](「しゅぜいれう」「ちからのつかさ」とも)令制で「民部省」に属し、諸国の田租の出納や管理をつかさどった役所。

ちぎ【千木】[名]古代の建築で、屋根の端の材が棟の上で交差し、突き出している部分。現在も神社建築で見られる。＝氷木

〔**千木の片削ぎ**〕「千木」の端の片方をそぐこと。また、そいだもの。

ちぎ【地祇】[名]地の神。国土の神。＝国つ神。↔天神

ちぎ【杠秤・扛秤】[名]（「ちき」「ちきり」とも）一貫目以上の重い物を計るさおばかり。

ぢき[・なり]【直】[名・形動ナリ]❶直接。じか。例「まったく人しては参らせじ。直に奉らん」〈平家・五・咸陽宮〉❷すぐ。即座。

ぢきさん【直参】[名]❶主君に直接仕えること。↔陪臣。❷江戸時代、将軍に直接仕えた御家人・旗本などの一万石以下の武士。

ぢきちゃう【直丁】[名]令制で宮中の諸司に当番として用いられた「仕丁」。

ぢきとつ【直綴・直裰】[名]腰から下にひだのある僧衣。上衣と下衣を直接とじ合わせたもの。

ぢきにん【直任】[名]（「ちょくにん」とも）位階や等級の順を越えて任官すること。

ぢきひつ【直筆】[名]自分で直接に書くこと。また、その文書。自筆。親書。

ちぎゃう【地形】[名]土地の形。土地のようす。

ちぎゃう【知行・智行】[名]《仏教語》知恵と徳行。知識と実行。

ちぎゃう[・す]【知行】㊀[名・他サ変]❶土地を領有・支配すること。また、その領有地。❷中世に、領主が私的に所領を支配すること。また、その土地。㊁[名]江戸時代、将軍・大名などが家臣に支給した土地。転じて、扶持・俸禄をもいう。給料。

ぢきゃう【持経】[名]《仏教語》経文を常にそばに置いて読誦すること。また、その経典。法華経を指していうことが多い。

ぢきゃうじゃ【持経者】[名]《仏教語》常に経、とくに、法華経を読誦する者。＝持者

ちぎょう【知行・智行・地形】歴史的かなづかい「ちぎやう」

ちきり【榺】[名]❶機の部品のひとつ。中央が細くくびれた棒状の木で、縦糸を巻き取るのに用いる。❷①を図案化した紋所の名。

ちきり【杠秤・扛秤】[名]「ちぎ（杠秤）」に同じ。

ちぎり【契り】[名]

アプローチ
▼「契る」の名詞形。人間同士の約束から、運命・因縁にいたるまで、その適用範囲は大きい。
▼とくに男女間の「契り」は結婚と同義になる。

❶**約束**。例「心の限り行く先の契りをのみしたまふ」〈源氏・明石〉訳（源氏は明石の君に）精一杯心を込めて、将来のことを約束なさるばかりであった。

❷**因縁**。**宿縁**。例「前の世にも、御契りや深かりけん」〈源氏・桐壺〉訳前世においても、ご宿縁も深かったのであろうか。（係結び）「や→深かりけん㊍」

❸**縁**。**夫婦の縁**。例「今はつらかりける人の契りになん」〈源氏・桐壺〉訳（桐壺更衣が亡くなった）いまにして思えば、つらいあの人との縁であったことだ。（係結び）「になん→（省略）」

❹**男女が会うこと**。**夫婦の交わり**。**逢瀬**。例「月に二度ばかりの御契りなめり」〈源氏・松風〉訳（明石の君と源氏は）月に二度ばかりの逢瀬となるようだ。語構成「御契りなめり」→「なめり」

〔**契りを結ぶ**〕約束を交わす。また、夫婦の縁を結ぶ。

〔和歌〕**ちぎりおきし…**【契りおきしさせもが露を命にてあはれ今年の秋もいぬめり】〈千載・雑上・一〇二六・藤原基俊〉《百人一首》訳お約束してくださいました「私を頼みにせよ」という、「させも草」に置く露のようなはかないおことばを命として待っていましたのに、今年の秋もむなしく去ってゆくようです。〈参考〉作者の子である僧光覚が維摩会の講師になれるように藤原忠通に頼んだところ、忠通は、私を頼りにしていなさいと答えた。ところが、選に漏れたので、この歌を詠んだという。「露」は、はかないもののたとえ。「秋」の縁語。

ちぎりお・く【契り置く】[他カ四]{か・き・く・く・け・け}互いに約束しておく。例「なほ頼め梅の立ち枝は契りおかぬ思ひのほかの人も訪ふなり」〈更級〉訳→〔和歌〕なほたのめうめのたちえは…

〔和歌〕**ちぎりおく…**【契りおく花とならびの丘のへにあはれ幾世の春を過ぐさむ】〈兼好法師集・吉田兼好〉訳死後も共にあろうと約束して、桜を植え、その木と並んで双岡のあたりに墓を作ったが、私はあとどれほどの年の春を過ごすのだろう。〈参考〉「花とならびの丘」は、「花と並び」と「双岡」との掛詞。「双岡」は兼好の隠棲の地。

ちぎりかたら・ふ【契り語らふ】[他ハ四]{は・ひ・ふ・ふ・へ・へ}男女が将来の愛を契る。例「後瀬の山を頼み契り語らはせたまひつつ」〈夜の寝覚〉

ちぎりかは・す【契り交はす】[他サ四]{さ・し・す・す・せ・せ}互いに（将来を）約束する。例「同じ蓮の座をも分けんと契りかはしきこえたまひて」〈源氏・御法〉

ちぎりき【乳切り木】[名]両端を太く、中央をやや細く削った棒。本来は物を担うための棒だが、護身用にも用いる。

〔和歌〕**ちぎりきな…**【契りきなかたみに袖をしぼりつつ末の松山波越さじとは】〈後拾遺・恋四・七七〇・清原元輔〉《百人一首》訳誓いあいましたね。お互いに涙でぬれた袖を何度も絞りながら、あの末の松山を波が越すことは絶対にあるまい、決して心変わりはするまいと。〈参考〉「末の松山」は、陸奥の歌枕で、「君をおきてあだし心を我が持たば末の松山波も越えなむ」〈古今・東歌・一〇九三〉訳→〔和歌〕きみをおきて…という歌で有名。元輔の歌は、この歌をふまえている。

ちぎりたの・む【契り頼む】[他マ下二]{め・め・む・むる・むれ・めよ}将来を約束して頼りに思わせる。例「この世のみならず契り頼めきこえたまへば」〈源氏・総角〉

ちぎ・る【契る】[他ラ四]｛ら・り・る・る・れ・れ｝❶約束する。**愛を誓う**。例「妻子、置きて猶ちぎ・りし日を待つ」〈霊異記〉❷**男女の交わりをもつ。夫婦関係をたもつ。**例「五百八十年、ちぎ・りける」〈仮・きのふはけふの物語〉

ちぎ・る【千切る・捩る】㊀[他ラ四]｛ら・り・る・る・れ・れ｝❶手で細かく切り取る。❷もぎ取る。ねじ切る。㊁[自ラ下二]｛れ・れ・る・るる・るれ・れよ｝ねじ切れる。切れて分かれる。㊂[補動ラ四]｛ら・り・る・る・れ・れ｝(動詞の連用形に付いて、その動作を強調する)さかんに…する。例「数珠を砕けぬと揉みちぎ・りて」〈宇治拾遺・三・四〉

ちぐ[・す]【値遇】[名・自サ変]《「ちぐう」とも》❶《仏教語》前世の宿縁により現世で出会うこと。❷親しくすること。厚遇。

ぢく【軸】[名]❶巻物や掛け物などの芯にする丸い棒。❷巻物。掛け物。❸車軸。車の心棒。❹俳句・川柳などの巻末に記す評者の句。

ちぐう[・す]【値遇】[名・自サ変]「ちぐ」に同じ。

ちくえふ【竹葉】[名]❶竹の葉。❷酒の別称。❸酒や水を入れる携帯用竹筒。❹竹筒製の弁当箱。

ちくご【筑後】[地名]旧国名。西海道十二か国のひとつ。いまの福岡県南部にあたる。古く筑紫国から分立。＝筑州

ちくさ【千草・千種】[名]《「ちぐさ」とも》❶さまざまな草。多くの草。(季－秋)。❷《「千草色」の略》薄い浅葱色。

ちくさ[・なり]【千種】[名・形動ナリ]《「ちぐさ」とも》種類が多いようす。いろいろ。さまざま。例「山の木の葉のちぐさ・なるらめ」〈古今・秋下・二五九〉

ちくさい【竹斎】[作品名]江戸前期(一六三二ごろ刊行)の仮名草子。富山道冶作。竹斎とにらみの介という主従ふたりの道中記を滑稽に描いた物語。当時広く読まれ、多くの類作・模倣作を生んだ。

ちくしゃう【畜生】[名]❶鳥・獣・虫・魚などの総称。❷「畜生道」の略。❸人をののしっていう語。

ちくしゃうざんがい【畜生残害】[名]「畜生①」が互いにかみ合い、傷つけ合うこと。

ちくしゃうだう【畜生道】[名]《仏教語》「六道」のひとつ。死者が生前の悪業の報いで、畜生に生まれ変わって、計り知れない苦しみを受けるという所。＝畜生②

ちくぜん【筑前】[地名]旧国名。西海道十二か国のひとつ。いまの福岡県北部にあたる。古く筑紫国から分立。＝筑州

ちくだい【竹台】[名]宮中の清涼殿東庭にある河竹・呉竹を植えた台。

ぢぐち【地口】[名]《近世語》世間で慣用されている成句に語呂合わせで別の意味をもたせて滑稽味を出す言語遊び。「ああ口惜しい」を「ああ櫛惜しい」とする類。

ちくてん[・す]【逐電】[名・自サ変]《のちに「ちくでん」とも》❶きわめて速いこと。❷跡をくらまして逃げ去ること。失踪。逃亡。例「かの夢見たる青侍、やがて逐電・してんげり」〈平家・五・物怪之沙汰〉

ちくと[副]ちょっと。少し。例「ちくと文字のある客の時、弟子出でてはばからず」〈醒睡笑〉

ちくばきゃうぎんしふ【竹馬狂吟集】[作品名]室町中期(一四九九成立)の俳諧撰集。編者未詳。連歌に対して軽視されていた俳諧を初めて編集収録した。滑稽味や通俗臭を示す句が多く、室町期俳諧のおおらかな笑いが感じとれる。

ちくふ【竹符】[名]国司に任ぜられた者に与えられる、竹の割り符。

〔**竹符を割く**〕(竹符の半分を都にとどめ、残り半分を携えて赴任したことから)国司に任ぜられる。例「その孫かの甥を、ことごとく竹符をさ・く」〈平家・四・南都牒状〉

ちくぶしま【竹生島】[地名]近江国の地名。いまの滋賀県東浅井郡びわ町にある琵琶湖北方の島。霊地として信仰され、宝厳寺、都久夫須麻神社などがある。謡曲「竹生島」で知られる。

ちくぶしま【竹生島】[作品名]室町中期の謡曲。脇能のひとつ。一説に、金春禅竹作。竹生島参詣の際に同乗した浦の女と漁師が明神のいわれを語り、女人禁制でないことを説く。

ちくへう【竹豹・筑豹】[名]ヒョウの毛皮で、黒く丸い斑点が大きなもの。

ちくらのおきど【千座の置き戸】[名]《「ちくら」は多くの台、「おきど」は置き所の意》罪やけがれを清め償うために神に供える品物を置く、たくさんの台。また、その置いた品物のこと。

ちくりんせう【竹林抄】[作品名]室町中期(一四七六ごろ成立)の連歌撰集。宗祇撰。連歌七賢と呼ばれる宗砌・宗伊(平賢盛)・心敬・行助・専順・智蘊(蜷川親当)・能阿の七人の発句・付句から名作を選んで収める。一条兼良が序を寄せる。

ちくろ[名]コオロギの別称。

ぢくゎろ【地火炉】[名]《「ちくゎろ」「ぢひろ」「ぢほろ」とも》いろり。地炉。

ぢげ【地下】[名]❶清涼殿にある「殿上の間」に昇殿することを許されない官人。また、その家柄。一般には、蔵人をのぞく六位以下の者。＝地下人・土。↔堂上・殿上人。例「殿をはじめたてまつりて、殿上人・地下なども、みなまゐりぬ」〈枕・関白殿、二月二十一日に〉❷宮中に仕える官人が、それ以外の人々をいう語。庶民。民間人。＝地下人。例「地下にも花の下、月の前の遊客、上手多く聞こゆ」〈連理秘抄〉❸《「治下」の誤用》(領地内の)村。また、村民。例「私は地下の会所にいましたが」〈狂・横座〉

ちけい【致景】[名]とても美しい景色。よい風情。

ぢげにん【地下人】[名]❶「ぢげ①」に同じ。↔殿上人。❷「ぢげ②」に同じ。❸その土地の人民。その土地の農民。土着民。

ちけん[・す]【知見・智見】㊀[名]悟り。知恵。見識。㊁[名・他サ変]《仏教語。「ちげん」とも》神仏が衆生のようす、願いなどを知ること。

ちご【児・稚児】[名]《「乳子」の意》❶乳児。赤ん坊。幼児。子供。例「二つ、三つばかりなる稚児の、いそぎて這ひ来るみちに」〈枕・愛しきもの〉❷寺院にあずけられ、学問や行儀作法を習いながら、雑事に召し使われた少年。＝児若衆。➡図版「懸け盤」。例「『いざ、搔い餅せん』といひけ

るを、この児心寄せに聞きけり」〈宇治拾遺・一・三〉❸寺の法会や神社の祭礼のときに、美しく着飾って行列に加わる男女の子供。

〔児の面嫌ひ〕幼児の人見知り。＝面嫌ひ。例「〔女三ノ宮ハ〕ことに恥ぢなどもしたまはず、ただ児の面嫌ひせぬ心地して、心やすくうつくしきさましたまへり」〈源氏・若菜・上〉

ちごうつくしみ【児慈しみ】[名]小さな子をかわいがること。

ちごおひ【児生ひ・稚児生ひ】[名]幼児が成長していくようす。幼い時のようす。

ぢごく【地獄】[名]❶《仏教語》現世で悪業をなした人が、死後に落ちて責め苦を受けるという所。＝地獄道。↔極楽①・極楽浄土。❷江戸後期の下級の売春婦。❸奈落。劇場の舞台の床下。

ぢごくざうし【地獄草紙】[作品名]平安後期から鎌倉前期の絵巻。作者・成立年未詳。地獄に落ちた人々の苦しむ姿を描き信仰を勧めるもの。六道絵のひとつ。

ぢごくだう【地獄道】[名]「ぢごく①」に同じ。

ぢごくてん【持国天】[名]《仏教語》「四天王」のひとつ。須弥山の中腹の東側に住み、東方を守護する。全身赤色の神。持国天王。東方天。

ぢごくへん【地獄変】[名]《仏教語。「地獄変相」の略》さまざまな恐ろしい地獄の責め苦のようす。また、それを描いた絵。

ぢごくゑ【地獄絵】[名]亡者が地獄で責め苦に遭っているようすを描いた絵。

ちごまげ【児髷・稚児髷】[名]《「ちごわげ」とも》少女が結う髷の一種。髪を輪の形にして頭上で左右に分け、高く結ったもの。もとは寺の稚児の髪型だった。＝児輪

ちごわ【児輪・稚児輪】[名]「ちごまげ」に同じ。

ちごわかしゅ【児若衆・稚児若衆】[名]「ちご②」に同じ。

ちごわげ【児髷・稚児髷】[名]「ちごまげ」に同じ。

ちさ【知者・智者】[名]「ちしゃ」に同じ。

ちさ【萵苣】[名]エゴノキの別称か。チシャノキとも、また、チサとも。

ちざい【笞罪】[名]刑罰の名。「五刑」のうち最も軽く、背中・尻・ももなどを、十回から五十回までの間、五段階に分けて打つもの。

ぢさい[-・す]【持斎】[名・自サ変]《仏教語》精進・潔斎し、心身を清らかにし、慎むこと。とくに、正午以降食事をしないという戒律を守ること。

ぢざう【地蔵】[名]《仏教語》「地蔵菩薩」の略。

ぢざうかう【地蔵講】[名]《仏教語》地蔵菩薩の功徳をたたえ、供養をする法要。また、法要の仲間の会。

ぢざうぼさつ【地蔵菩薩】[名]《仏教語》釈迦如来の入滅後、弥勒菩薩が現れるまで、仏のいない世界にあって六道の衆生を救い、教え導くという菩薩。ふつう、頭を丸めた僧形で、宝珠と錫杖を持つ。石に刻み路傍に建て、広く民衆が信仰した。俗に、小児を守り、夭折したときも賽の河原で救うという。＝地蔵

ぢざうぼん【地蔵盆】[名]「ぢざうゑ」に同じ。

ぢざうゑ【地蔵会】[名]《仏教語》陰暦七月二十四日に、灯明・供物を供えて地蔵菩薩を祭る法会。＝地蔵祭り・地蔵の縁日・地蔵盆。（季-秋）

ちさと【千里】[名]❶多くの村里。❷遠い道のり。長い距離。遠方。

〔千里の外〕千里も離れた所。遠い所。はるかかなた。

ちさん[-・す]【遅参】㊀[名・自サ変]定刻に遅れて参上すること。例「とかうこしらへおかんと遅参仕り候ひぬ」〈平家・七・一門都落〉㊁[名・他サ変]ためらって参上しないこと。おじけづき、遅れること。例「これほどの山河をば遅参・し給ふか」〈義経記・五〉

ぢさん【地算】[名]算術の初歩。加減法。

ちじ【知事】[名]《「知」はつかさどるの意》寺院の雑事や庶務をつかさどる僧職。禅宗では、都寺・監寺・副寺・維那・典座・直歳の六知事がある。

ちじ【致仕】[名]《「ちし」とも。「致」は返す、「仕」は官職の意》❶官職をやめること。辞職。退官。❷中国で七十歳になると退官が許されたことから）七十歳の別称。

ぢし【地子】[名]❶奈良・平安時代、諸国の公田の余りを国司から農民に貸して耕作させ、収穫の約五分の一を賃貸料として納めさせたもの。のちに荘園にも行った。❷室町から江戸時代にかけ、土地に課した税。米または銭で納めた。

ちしき【知識・智識】[名]❶《仏教語》人を仏道に導く、道理と知識をもった高徳の人。高僧。善知識。❷《仏教語。「知識物」の略》結縁や造堂・造仏などのための、寺への寄進。勧進。奉加。❸知人。友人。❹知恵と見識。

ぢしき【地敷き】[名]板敷きの床に敷いたござ。

ぢしでん【地子田】[名]令制で人民に貸し与え、「地子①」を納めさせる田地。

ちしほ【千入】[名]《「しほ」は染色のとき、液に浸す回数をいう語》何度も染め液に浸して染めること。

ちしほ【血潮・血汐】[名]勢いよく流れ出る血。

ちしゃ【知者・智者】[名]《「ちさ」とも》❶《仏教語》仏の教えをよく知っている僧。学僧。高僧。＝知識①。❷知恵・見識のある人。賢人。

〔知者は惑はず〕《『論語』子罕篇にある句》知者は道理をよくわきまえているから、どんな事に当たっても迷うことがない。

ぢしゃ【持者】[名]❶「持経者」の略。❷また、山伏などに類する行者の一種。

ぢしゅ【地主】[名]❶その土地の所有者。じぬし。❷その土地の守護神。とくに、寺院の建立された土地にそれ以前から祭られていた神を、寺の鎮守として祭ったもの。比叡山の日吉神社など。＝伽藍神・土地神・地主神

〔俳句〕**ぢしゅからは…**【地主からは木の間の花の都かな】〈花千句・季吟〉訳京都清水寺境内の地主権現では、満開の桜の木の間から、文字通りの花の都が遠望されることだ。（季-花-春）

参考 地主権現は、古くから桜の名所として知られた。

ぢじん【地神】[名]❶天照大神から鸕鷀草

葺不合尊までの五代の神。❷国つ神。地祇。↔天神。❸大地を堅固にする神。＝堅牢地神。

ちす【帙簀】[名]《「ぢす」とも》経巻などを包む帙。竹製のすだれを錦で縁どり、金襴などで裏打ちし、組み緒を付けたもの。

ぢ・す【治す】{せ・し・す・する・すれ・せよ} 一[自サ変]病気・けがが治る。二[他サ変]❶病気・けがを治す。治療する。例「わが腹のうちなる蛇ありきて肝を食む、これを**治せむ**やうは」〈蜻蛉・中〉❷(天下を)治める。平定する。例「かたきをほろぼして、天下を**治・する**事を得たりき」〈平家・九・樋口被討罰〉❸処置する。

ぢ・す【持す】[他サ変]{せ・し・す・する・すれ・せよ}❶保つ。もつ。例「読みし経と**持・せ**し水瓶等はこれなり」〈霊異記〉❷信じて固く守る。例「おのおの五戒を**持・し**仏の御名を念じ奉りて」〈今昔・五・一八〉

ちすいくゎふう【地水火風】[名]《仏教語》すべての物を構成する四大元素。→「しだい(四大)」

ぢすり【地擦り】[名]《近世語》地面と擦れ合うほど低い位置であること。

ぢずり【地摺り】[名]金泥や銀泥を使って模様をすり出した布。また、白地に藍色などで模様をすり出した布。

ぢずりはかま【地摺り袴】[名]地摺りをした布で仕立てた袴。

ちそう[・す]【馳走】[名・自サ変]❶走り回ること。奔走。例「『餓鬼ガ』音を挙げてほえ叫びて東西に**馳走・す**」〈今昔・二・三七〉❷(走り回って用意をする意から)振る舞い。ごちそう。

ちそばへ【血戯へ】[名]勇猛な武者が戦場で血を見て、ますます勇み立つこと。

ちだい【地台】[名]土を盛り上げて高くした所。

ぢたい【地体】一[名]物事の本質。二[副]もともと。本来。元来。例「**地体**その詞をこのむよと」〈毎月抄〉

ぢたたら【地踏鞴】[名]「たたら」に同じ。

ちたび【千度・千遍】[名]千回。また、度数のとても多いこと。

ちたびやちたび【千度八千度】[名]回数が非常に多いこと。何度も何度も。

ちた・る【千足る】[自ラ四]{ら・り・る・る・れ・れ}《「ちだる」とも》十分に備わっている。満ち足りる。→「ももだる」。例「細戈の**千足・る**国」〈紀・神武〉

ちぢ[・なり]【千ぢ・千千】一[名]千。転じて、数の多いこと。たくさん。二[形動ナリ]{なら・なり(に)・なり・なる・なれ・なれ}細かくさまざまに分かれるようす。いろいろ。例「月見れば**千々・に**ものこそ悲しけれ」〈古今・秋上・一九三〉訳→〔和歌〕つきみれば…

〔俳句〕**ちちありて…**【父ありてあけぼの見たし青田原】〈父の終焉日記・一茶〉訳父が生きている間にいっしょにこの明け方の景色を眺めたかったものだ。父の残した青田原(＝稲が生長し青々とした田)が朝の光を受けて輝いている。(季－青田原－夏)

〈参考〉享和元年(一八〇一)五月二十八日、亡父の初七日の日に詠んだもの。

ちぢ・く【縮く】[自カ下二]{け・け・く・くる・くれ・けよ}ちぢむ。萎縮する。縮こまる。例「人にふと越されて**ちぢ・け**だちぬれば」〈連理秘抄〉

ちちご【父御】[名]《「ててご」とも》(おもに他人の)父に対する敬称。尊父。父上。

ちちぬし【父主】[名]父の敬称。父君。父上。

ちちのしゅうえんにっき【父の終焉日記】[作品名]江戸後期(一八〇九ごろ成立)の日記。小林一茶著。故郷での父の死を見とどけるまでの約一か月間の看護中の日記。

ちちのみこと【父の命】[名]父の敬称。父上。

ちちのみの【乳の実の】[枕詞]同音の繰り返しから「父」にかかる。例「**ちちの実の**父の命」〈万葉・一九・四二六四長歌〉

〔和歌〕**ちちのみの…**【ちちのみの父いまさずて五十年に妻あり子ありその妻子あり】〈楫取魚彦歌集・楫取魚彦〉訳(ちちのみの)父がこの世にいらっしゃらなくなって五十年になり、私には妻や子があり、その子にも妻子がいます。

〈参考〉「ちちのみの」は「父」の枕詞。

〔和歌〕**ちちははが…**【父母が頭かき撫で幸くあれて言ひし言葉ぜ忘れかねつる】〈万葉・二〇・四三四六・防人歌・丈部稲麻呂〉訳父や母が、この頭をなでて、達者でいろよといったあのことばが忘れられない。

〈参考〉「幸くあれて」は「幸くあれと」、「ぜ」は係助詞「ぞ」の上代東国方言。《係結び》「ぜ(ぞ)」→忘れかねつる㊍

〔俳句〕**ちちははの…**【父母のしきりに恋し雉の声】〈笈の小文・芭蕉〉訳子を思うこと切なる鳥といわれる雉の声を聞くにつけても、亡き父母のことがしきりに恋しく慕われることだ。(季－雉－春)

ちちみかど【父帝】[名]父親である天皇。例「夢の中にも**父帝**の御教へありつれば」〈源氏・明石〉

ちちみこ【父御子・父親王・父皇子】[名]父である皇子・親王。

ちぢ・む[他マ四]{ま・み・む・む・め・め}《「とどむ」が変化したとされる語》とめる。例「桜人その舟**ちぢ・め**」〈催馬楽〉

ぢぢゃう[・す／・なり]【治定】一[名・自サ変]❶定まること。決定すること。例「『明日必ず配所へ赴き給ふべし』と**治定**ありける」〈太平記・一三〉❷連歌・俳諧で、句の形が決まること。とくに、「切れ字」について用いられることが多い。二[名・形動ナリ]確実なようす。**必定**。**必ず**。例「四方より鬨を作って攻め入るほどならば、御方の**治定**の勝ち軍とこそ存じ候へ」〈太平記・一五〉

ぢぢゃう【治定】[副]**必ず**。**きっと**。例「今日の軍には、**治定**勝つべきいはれ候ふ」〈太平記・一〇〉

ちちゅ【蜘蛛】[名]《「ちちゅう」とも》クモの別称。

ちちよちちよ[副]『枕草子』に見える、ミノムシの鳴き声。鬼の子として捨てられ、「父よ」または「乳よ」と鳴くとされる。例「〔ミノムシハ〕八月ばかりになれば、『**ちちよ、ちちよ**』とはかなげに鳴く」〈枕・虫は〉

ちちろむし【ちちろ虫】[名]コオロギの別称。(季－秋)

ちちわくに[副]あれこれと。さまざまに。例「**ちちわく**に人はいふとも織りて着む」〈拾遺・雑上・四七五〉

-ちつ【帙】[接尾]「帙」に入れた書物を数える語。

「一帙」など。

ちつ【帙】［名］書物を傷めないよう覆い包むもの。古くは竹製の「帙簀」であったが、のちには厚紙に布をはって作るようになった。

ちづか【千束】［名］《「つか」は束になった物を数える際の単位》千たば。あるいは、多くのたば。

ちっきょ［・す］【蟄居】［名・自サ変］❶虫などが土の中にこもっていること。❷外出しないこと。家にこもって暮らすこと。❸江戸時代の刑のひとつ。武士以上の者に科し、閉門のうえ一室に謹慎させること。

ぢっきんしゅう【昵近衆】［名］《「ぢっきんしゅ」とも》❶貴人の身近に仕える者。＝近習・昵近。❷将軍やその使いが京に上ったときの接待役。

ちっくり［副］《近世語》少し。ちょっと。例「おれもちっくりあやかりたい」〈浄・八百屋お七〉

ちっくゎい【蟄懐】［名］心がふさいでいること。心の中に不平をもっていること。

ちつけ【乳付け】［名］生まれた子に初めて乳を飲ませること。また、その役を務める乳母。

ちっ・す【蟄す】［自サ変］{せ・し・す・する・すれ・せよ}❶虫などが、冬に地中にこもる。例「潜竜は三冬(＝冬期三カ月ノ間)に蟄・して一陽来復の天を待つ」〈太平記・四〉❷世を逃れて隠れ住む。

ちっと【些と】［副］《「ちと」の促音便》少しばかり。例「ちっと寝て行かうず」〈狂言記・抜殻〉

ちっぺい［名］《近世語》幼い子供をののしっていう語。ちび。こわっぱ。

ちていき【池亭記】［作品名］平安中期(九八二成立)の漢文随筆。慶滋保胤の著。京都郊外の新居と閑雅な生活の楽しみについて中国文学の影響のもとに叙述した作品。『方丈記』への影響大。

ちと【雉兎】［名］❶キジとウサギ。❷キジやウサギなどを捕る猟師。

ちと［副］ちょっと。少し。例「定めて習ひあることに侍らん。ちと承らばや」〈徒然・二三六〉

ぢとう【地頭】［名］❶平安末期、荘園管理のため現地に置かれた荘官の名。多くは有力な貴族や寺社に荘領を寄進し、実質的支配を保証された在地領主。↕上頭。❷鎌倉幕府の職名。荘園国衙領における租税の徴収、治安維持、京・鎌倉の警備などに当たった。❸江戸時代、旗本や藩の家臣で知行地を与えられた者の称。

ぢとうてんわう【持統天皇】［人名］(六四五〜七〇二)第四十一代天皇。女帝。父は天智天皇。天武天皇の妃となり草壁皇子を産むが草壁の死により即位。六九七年に譲位し、初の太上天皇となる。『万葉集』に入集し、宮廷和歌の発達に貢献。

ちとせ【千歳・千年】［名］千年。また、限りなく多くの年数。

〔**千歳の形見・千年の形見**〕千年ののちまでも伝えることのできる思い出の品。千年後までの遺品。「かひなしと思ひなけちそ水ぐきの跡ぞ千とせのかたみともなる」〈古今六帖・五〉による。例「〔御筆跡ノ〕ただ今のやうなる墨つきなど、げに千年の形見にしつべかりけるを」〈源氏・幻〉

〔**千歳の声**〕(ノコエ齢)や御世が長く続くのを祈る声。また、千秋楽や万歳楽をうたう声。

〔**千歳の坂**〕千年の年月を長い坂にたとえたことば。

ちとせどり【千歳鳥】［名］鶴の別称。

ちとせやま【千歳山】［名］(千年の緑を保つということから)松の生えている山。

ちどり【千鳥・鵆】［名］❶数多くの鳥。❷チドリ科の鳥の総称。海岸や河原に群れをなしてすむ。(季－冬)。❸香の名。❹「千鳥掛け」の略。

ぢどり【地取り】［名］❶家を建てるときに、土地の区画を行うこと。❷相撲の稽古。❸能楽で、「次第」がうたわれたのち、地謡が同じ文句を低い声で繰り返すこと。

ちどりあし【千鳥足】［名］❶馬の足並みが、ばらばらと乱れ、千鳥が飛ぶ羽音のようであること。❷千鳥のように足を左右に踏み違えて歩くこと。とくに、酔ってよろめき歩くこと。

ちどりがけ【千鳥掛け】［名］❶糸やひもを斜めに交差させながら縫い付けること。❷左右に互い違いにすること。交互に行うこと。①②＝千鳥④

ちな【千名】［名］数々のうわさ。いろいろな評判。

ちなみ【因み】［名］❶ゆかり。因縁。えにし。例「丸岡天竜寺の長老、古き因みあれば、尋ぬ」〈おくのほそ道・汐越の松〉❷婚約。転じて、夫婦・恋人などの関係・契り。

ちな・む【因む】［自マ四］{ま・み・む・む・め・め}関係を頼って物事をする。また、縁を結ぶ。例「君が家に因・み給ふはた吉備なるべし」〈雨月・吉備津の釜〉

ちぬ【茅渟・海鯽魚】［名］クロダイの別称。(季－夏)

ちぬし【乳主】［名］❶乳母。めのと。❷乳母の子。めのとご。

ぢのうた【地の歌】［名］表現上の新しさはないが、ひととおりの体裁を備えた和歌。歌集や百首の歌にあって、秀歌を引き立たせる役割を担うとされた。

ちのわ【茅の輪】［名］茅を編んで作った輪。古くは腰などに着ける小さなものだったが、平安以降、陰暦六月晦日の「夏越しの祓へ」に、大きく作ったものをくぐるようになった。災難・疫病を除くことができると信じられた。＝菅抜き。(季－夏)

ぢはだ【地肌・地膚】［名］❶生まれつきの肌。素肌。❷刀身の表面に現れている波形の模様。

ちばな【茅花】［名］《「つばな」とも》茅の花。(季－春)

ちばの【千葉の】［枕詞］(葉が多い意から)地名「葛野」にかかる。例「千葉の葛野を見れば」〈記・中・歌謡〉

ちは・ふ【幸ふ】［自ハ四］{は・ひ・ふ・ふ・へ・へ}《「ち」は霊力の意》神・霊の威力によって守り助ける。加護する。例「女神もちは・ひたまひて」〈万葉・九・一七五三長歌〉

ちはや【襷・褌】［名］❶神に仕える女性が袖を束ねとめたたすき。のちに、一般にたすきのこともいった。❷巫女が神事の際に着た白衣の上着。脇は縫わず山藍で水草や蝶などの模様を染め付けた。

ちはやひと【千早人】［枕詞］(勇猛な人の意で、その「氏」の意から)同音の地名「宇治」にかかる。例「ちはや人宇治の渡りの瀬を速み」〈万葉・一一・二四二八〉

ちはやぶる【千早振る】［枕詞］❶(霊力がさかんで

あるという意から)「神」や神名・神社名など「神」に関係する語にかかる。例「ちはやぶる神の斎垣に這ふ葛も」〈古今・秋下・二六二〉❷(勢いのさかんな人の意で)「氏」と同音の「宇治」にかかる。例「ちはやぶる宇治の渡りの激つ瀬を」〈万葉・一三・三二四〇長歌〉

〔和歌〕**ちはやぶる…**【ちはやぶる神代も聞かず竜田川韓紅に水くくるとは】〈古今・秋下・二九四・在原業平、伊勢・一〇六〉(百人一首) 訳 (ちはやぶる)不思議なことが多い神代の昔でも聞いたことがない。竜田川で、鮮やかな紅色に水をくくり染めにしているとは。

〈参考〉二句切れで、倒置法となっている。「ちはやぶる」は「神」の枕詞。

ちびき【千引き】[名]千人の力で引くこと。また、千人もで引くほどの重さ。

〔**千引きの岩・千引きの石**〕千人がかりで引かなくては動かないほどの大岩。

〔**千引きの綱**〕千人もの力がいる重い物を引く綱。千引きの縄。

ちひさ【小さ】《形容詞「小さし」の語幹》小さい。幼ない。例「大宮の**小さ**小舎人や」〈神楽歌〉

ちひさう【小さう】形容詞「ちひさし」の連用形「ちひさく」のウ音便。

ちひさがたな【小さ刀】[名]室町・江戸時代、武士が出仕の際に礼服に差した短刀。殿中差し。

ちひさ・し【小さし】[形ク]{から・く(かり)・し・き(かる)・けれ・かれ}❶小さい。かさが少ない。❷幼い。例「**小さ・き**童をさきに立てて人立てり」〈伊勢・六九〉

ちひさやか[・なり]【小さやか】[形動ナリ]{なら・なり(に)・なり・なる・なれ・なれ}いかにも小さなようす。例「渚に**小さやか・なる**舟寄せて」〈源氏・明石〉

ちひと【千人】[名]千人の人。また、多くの人。

ちひろ【千尋】[名]《「ひろ」は長さなどの単位》とても長いこと。また、とても深いこと。

ちふ【地府】[名]《地の府庫の意》豊かな土地。

ちふ【茅生】[名]チガヤが一面に生えている所。

ちふ《上代語。「といふ」の変化形》…という。例「楽浪の連庫山に雲居れば雨そ降る**ちふ**帰り来我が背」〈万葉・七・一一七〇〉訳 ささなみの連庫山に雲がかかると必ず雨が降る**という**。早く帰ってきて。私のいとしい人よ。

発展学習ファイル 「**とふ**」とともに「ちふ」はおもに上代に用いられ、中古以降は「**てふ**」が用いられた。

ち・ぶ【禿ぶ】[自バ上二]{び・び・ぶ・ぶる・ぶれ・びよ}すり減る。例「歯禿・びて僅かに残れる杉の屐あり」〈太平記・二一〉

ぢぶ【治部】[名]「治部省」の略。また、治部省の役人。

ぢぶきゃう【治部卿】[名]「治部省」の長官。おさむるつかさのかみ。

ぢぶしゃう【治部省】[名]《「をさむるつかさ」とも》令制で「八省」のひとつ。五位以上の官人の戸籍・婚姻、雅楽・外交などをつかさどった役所。＝治部。

➡[表見返し]大内裏俯瞰図

ぢぶつ【持仏】[名]❶つねに身辺に安置し、または身につけて信仰する仏像。❷「持仏堂」の略。

ぢぶつだう【持仏堂】[名]「持仏①」や先祖の位牌を安置する堂。または、部屋。＝持仏②

ちふね【千船】[名]多くの船。

ぢぶのせう【治部少輔】[名]「治部省」の次官で「大輔」の下位。またとくに、豊臣秀吉の臣、石田三成をいう。

ちぶりのかみ【道触りの神】[名]《「ちふりのかみ」とも》旅人を守護し、道中の安全を守る神。

ちへ【千重】[名]幾重にも重なること。

〔**千重に頻く頻く**〕幾度も幾度も。きわめて頻繁に。例「一日にも**千重にしくしく**我が恋ふる」〈万葉・一〇・二二三四〉

〔**千重に百重に**〕《「千重」を強めていうこと ば》幾重にも幾重にも。例「心には**千重に百重に**思へれど」〈万葉・一二・二九一〇〉

〔**千重の一重**〕幾重にも重なっているうちのひとつ。数多くの中のごく一部分。例「我が恋の**千重の一重**も慰めなくに」〈万葉・七・一二一三〉

ちへなみ【千重波・千重浪】[名]幾重にも重なって寄せてくる波。つぎつぎに押し寄せる波。

〔**千重波頻きに**〕波が次々と寄せて来るように、しきりに。何度も何度も。例「一日には**千重波しきに**思へども」〈万葉・三・四〇九〉

ちまき【粽・茅巻】[名]《もとチガヤの葉で巻いたことから》もち米や米の粉を練って笹などの葉で巻き、蒸して作った餅。端午の節句に食べる。(季―夏)

ちまた【巷・岐・衢】[名]《「道股」の意》❶道が分かれる所。辻。❷街路。道。町の通り。❸場所。

〔**巷の神**〕❶道の分かれる所に祭られ、邪悪なものから村里や旅人の安全を守る神。道祖神。❷(天孫降臨を、天の八衢にいて先導したことから)猿田彦の神のこと。

ちまつり【血祭り】[名]出陣の際、勝利を祈っていけにえの血で軍神を祭ること。また、戦いのはじめに敵の首を切ること。

ちま・る[自ラ四]{ら・り・る・る・れ・れ}《上代東国方言か》とどまる。

ちみどろ[・なり]【血みどろ】[名・形動ナリ]血だらけになること。血まみれ。

ぢみゃうゐん【持明院】[名]京都市上京区にあった寺。藤原基頼の邸内の持仏堂を子の基通が寺にした。後堀河上皇から院の御所となり、後深草上皇から、後小松天皇に至るまでの系統を「持明院統」という。

ぢもく【除目】[名]《「除」は前の官を除く、「目」は新しい官を目録に載せるの意》大臣以外の官職を任命する朝廷儀式。定期のものとしては、国司などの地方官を任命する春の「県召しの除目」と、在京の諸官を任命する秋の「司召しの除目」があり、ほかに、「臨時の除目」もあった。

古典の世界 叙位・任官などを望む者は、朝廷に「申し文」という申請書を提出する。それにもとづいて大臣以下公卿が審議をし、「大間書」という文書に新任の人名を書き入れて、奏上する。

ぢもの【地者】[名]「ぢをんな」に同じ。

ちゃ【茶】[名]❶茶の木。(季＝茶摘―春・花―冬)。❷茶の葉を加工したもの、またはそれを抽出した飲み物。❸からかうことば。ちゃかすことば。

ぢゃ [助動特活]〈ぢやら・ぢやっ・ぢや・ぢや(ぢやる)・○・○〉《「である」→「であ」→「ぢゃ」と変化した語》❶(体言に付いて)断定を表す。…だ。例「こりゃ見よ、砂糖ぢゃ」〈狂・附子〉訳これを見ろ、砂糖だ。❷(活用語の連体形に付いて)断定を表す。…のだ。例「今宵一夜は蚤と蚊に、この肌を手向けるぢゃ」〈浄・今宮の心中〉訳今夜一晩は蚤と蚊にこの肌をささげるのだ。❸(親・父・母・おじ・おばなどの人を表す名詞を受けて)資格、続柄を表す。…にあたる。…である。例「いつも都の伯父ぢゃ人の方へやる荷拵へは出来てはあれども」〈狂・木六駄〉訳いつも都の伯父である人のところへ送る荷物の用意はできてはいるけれども。❹(疑問語を受けて)反語の意を表す。…だろうか(いや、…ではない)。例「某と取って打ち捨てて、誰が扶持するものぢゃ」〈狂・蚊相撲〉訳私と相撲をとって投げ飛ばして、(そんな失礼なことをした者を)だれが召し抱えるだろうか(いや、召し抱えるはずがない)。❺(疑問語を受けて「ぢゃ知らぬ」の形で)…のか。…だろうか。例「さてさて長い袴ぢゃ。どのやうにしてはくことぢゃ知らぬ」〈狂・二人袴〉訳いやいや長い袴だ。どのようにはくのか分からない。❻(「に」「て」を受けて)軽い敬意を表す。…しておいでだ。例「親仁様はいとしや、早う抜かしてくれよとて、狂乱になってぢゃ」〈浄・冥途の飛脚〉訳「親仁様はかわいそうに、早く逃がしてやってくれと、狂乱状態になっておいでだ。

ちゃいれ【茶入れ】[名]茶を入れておく器。入れる茶の種類によって大きさ・材質はさまざまなものがある。

-ちゃう【挺・丁】[接尾]❶櫂・鍬・銃・鋤・艪・墨・蠟燭など、細長いものを数えるのに用いる。「槍一挺」「墨一挺」「燭一挺」など。❷輿・駕籠などを数えるのに用いる。「駕籠一挺」など。

-ちゃう【張】[接尾]❶弓・琴・琵琶など弦を張ったものを数える。「弓一張」「琴・琵琶おのおの一張」など。❷幕・蚊帳など吊って張るものを数える。❸紙などを数える。「一張の文書」など。

ちゃう【庁】[名]❶役所。官庁。❷とくに、検非違使の役所。

ちゃう【町・丁】[名]❶土地の面積の単位。十段に同じで、約九九・二アール。❷長さの単位。六十間に同じで、約一〇九メートル。❸まち。❹官許の遊郭。とくに、江戸の吉原。

ちゃう【帳】[名]❶室内を仕切り、隔てとするために、部屋の上部から垂れ下げる布。とばり。垂れ絹。➡[古典参考図]調度類〈1〉。❷「ちゃうだい①」に同じ。❸金銭の出納。帳簿。

-ぢゃう【丈】[接尾]役者などの芸名に付けて呼ぶ敬称。「市川団十郎丈」など。

ぢゃう【丈】[名]長さの単位。一丈は十尺に相当し、約三メートル。

ぢゃう【杖】[名]❶つえ。❷「ぢゃうけい」に同じ。❸鎌倉・室町時代に行われた土地の面積の単位。一杖は六十歩に相当し、約一九八平方メートル。

ぢゃう【定】[名]❶それと定まっていること。必定。確実。例「老病すでに窮まれり。死去定なり」〈正法眼蔵〉❷真実。本当。例「あるが定か、ないが定か」〈狂・武悪〉❸《仏教語。「禅定」の略》精神を統一して真理を悟る禅の修行。禅定。例「心を静めて定を修せんとすれば」〈沙石集〉❹そのとおり。…のとおり。例「その里の人の夢にもこの定に見えたりとて」〈宇治拾遺・一・二〉❺程度。ようす。分。例「この定では、舞もさだめてよかるらむ」〈平家・一・祇王〉❻(逆接の接続助詞的に用いて)…(とはいう)ものの。…だが。例「小兵といふぢゃう十二束三伏、弓は強し」〈平家・一一・那須与一〉

ぢゃう【諚】[名](「御諚」の形で)貴人の命令。仰せ。

ちゃうあひ[・す]【帳合ひ】[名・自サ変]《近世語》❶現金・商品の勘定と帳簿とを照合して、計算の正否を確認すること。❷計算すること。

ちゃうあん【長安】[地名]❶前漢・隋・唐時代の都。いまの中国の陝西省西安市。洛陽とともに最も繁栄した古都。❷平安京の西半分である右京(西京)の雅称。

ちゃうか【長歌】[名]《「ながうた」とも》和歌の歌体のひとつ。五・七音の句を三回以上繰り返し、終わりを五・七・七で結ぶ形式。句数に制限はなく、短歌形式の反歌を伴うことが多い。柿本人麻呂によって形式が整えられたが、平安以降はほとんど詠まれなくなった。

ぢゃうがく【定額】[名]❶決められた額。一定の数量。❷「定額僧」の略。

ぢゃうがくじ【定額寺】[名]奈良・平安時代、朝廷が官寺でない寺のうちから数を限って定めた、官寺に準ずる寺格の寺。私寺の乱造防止のために制定したもの。醍醐寺・勧修寺など。

ぢゃうがくそう【定額僧】[名]天皇のために加持祈禱をする勅願寺・国分寺・官寺などに一定数置かれた役僧。＝定額②

ぢゃうがくのにょじゅ【定額の女孺】[名]後宮職員令で人数を決められた雑務係の女官。

ぢゃうぎ【仗議】[名]《「仗」は「仗座」、すなわち「陣の座」の意》宮中の「陣の座」での評議。

ぢゃうぎ【定器】[名]❶日常きまって使う器。❷仏前に供える米・飯などを盛る器。

ちゃうぎゃう[・す]【張行】[名・他サ変]❶物事を無理やり行うこと。勝手に振る舞うこと。強行。例「国務をおこなふ間、非法非例を張行し」〈平家・一・俊寛沙汰 鵜川軍〉❷興行。催すこと。例「一座を張行せんと思はば、まづ時分を選び眺望を尋ぬべし」〈連理秘抄〉

ちゃうぎん【丁銀・挺銀】[名]《近世語》江戸時代の銀貨の一種。なまこ形で、大黒天像や「宝」「常是」の文字などの刻印がある。鋳造年代によりさまざまな種類があるが、一枚約一六〇グラムで、豆板銀とともに計量して使われた。

ぢゃうく【定句】[名]連歌で、型にはまっておもしろみのない句。

ちゃうぐゎんでん【貞観殿】[名]内裏の後宮の建物のひとつ。中央北端にあり、皇后宮の正庁がある所。上臈の女房を長として後宮の事務を行った。「御匣殿」ともいう。➡[表見返し]内裏略図

ぢゃうけい【杖刑】[名]「五刑」のひとつ。杖で罪人を打つ刑罰。打つ数は、六十回から百回までの間、五段階に分けられる。＝杖②・杖罪

ぢゃうけい【定慶】[人名](生没年未詳)鎌倉時代の仏師。この時期同名の仏師が二人いた。❶運慶・快慶と同時代で興福寺維摩像や帝釈天像の作者。❷運慶の子、康運が改名したもの。東大寺維摩像の作者。

ぢゃうけい【貞慶】[人名](一一五五〜一二一三)平安後期から鎌倉前期の僧。藤原通憲(信西)の孫。法然の専修念仏に反対の立場をとった。著書『愚迷発心集』など。

ちゃうげいし【長慶子】[名]雅楽の曲名。唐楽のひとつで、源博雅の作。平調の曲で舞はなく、舞楽が終わって退出するときに奏する。

ちゃうけん【長絹】[名]❶絹布の一種。張りと美しい光沢があり、直衣・狩衣などに用いた。↔平絹。❷「長絹の水干」の略。元服前の武家の童の式服。もとは①を用いて仕立てたが、のちに紗やふつうの絹で作ることもあった。

ぢゃうごふ【定業】[名](仏教語)前世から定まっている、善悪二つの業報。善の定業は幸福を、悪の定業は苦悩を受ける。また、業によって定まっている運命、寿命。決定業。↔非業

ちゃうごんか【長恨歌】[名]唐の白楽天の作った百二十句からなる長編詩。唐の玄宗皇帝と寵妃の楊貴妃との愛とその死を悲しむもの。七言古詩。『源氏物語』などの日本文学に影響を与えた。〔**長恨歌の御絵**〕長恨歌の内容を絵に描いたもの。平安時代、巻き物や屏風、襖などに好んで描かれた。

ぢゃうざ【杖座】[名]宮中で、神事・節会・任官・叙位などの公事の際に、公卿が列座した場所。＝陣の座・陣

ぢゃうざ【定者】[名]「ぢゃうじゃ」に同じ。

ぢゃうざい【杖罪】[名]「ぢゃうけい」に同じ。

ぢゃうさう【定相】[名](仏教語)常に変わらないかたち。常住不変の相。

ぢゃうさう【丈草】[人名]「ないとうぢゃうさう」に同じ。

ちゃうじ【丁子・丁香・丁字】[名]❶木の名。つぼみは香料、染料、薬剤に用い、花や実から油をとる。❷(「丁子香」の略)①のつぼみを乾燥してつくった香。❸「丁子色」の略。❹「丁子頭」の略。❺①の実を図案化した紋所の名。

ちゃうじ【停止】[名・他サ変]差し止めること。禁止。例「明雲大僧正、公請を**停止せらるる**」〈平家・二・座主流〉

ちゃうじいろ【丁子色】[名]丁子染めの色。くすんだ赤味がかった黄色。＝丁子③

ちゃうしうえいさう【長秋詠藻】[作品名]平安後期の私家集。藤原俊成自撰。百首歌を巻頭に叙情性豊かな四百八十首を収める。六家集のひとつ。

ちゃうじがしら【丁子頭】[名](近世語)(チョウジの実に形が似ていることから)灯心の燃えさしの先にできた黒いかたまり。これを油の中に入れると財貨を得るとする俗信があった。＝丁子④

ちゃうじぞめ【丁子染め】[名]チョウジの実を煎じた汁で赤茶色に染めること。また、染めたもの。

ちゃうじゃ【長者】[名]❶年長者。人格者。❷富豪。❸氏族の長。とくに、藤原氏の「氏の長者」を指すことが多い。＝氏の上。❹(裕福な長者が駅家の長を兼ね、遊女を置いて貴人の宿としたことから)駅家の長。または、駅家の女主人。転じて、宿場の遊女の頭。❺京都の東寺の長官の称。〔**長者の万灯より貧者の一灯**〕貧しい人のわずかでも真心のこもった寄進は、金持ちの虚栄に満ちた多くの寄進より尊いということ。形式より誠意が大切だというたとえ。

ぢゃうじゃ【定者】[名](仏教語。「ぢゃうざ」とも)大法会の「行道」の際、香炉を持って先頭を進む僧。

ちゃうじゃけう【長者教】[作品名]江戸前期(一六二七刊行)の教訓書。作者未詳。三人の長者が、童のために長者となるべき心得・教訓を説いた書。

ちゃうじゅ【聴衆】[名](仏教語)❶説法などを聞く人々。聞き手。❷法会のとき、講師・問者などの役僧以外でその場に列し聴聞する僧。

ちゃうす【茶臼】[名]茶葉をひいて抹茶を作るのに使う石臼。

ちゃう・ず【長ず】[自サ変]{ぜ・じ・ず・ずる・ずれ・ぜよ}❶育つ。成長する。❷年長である。例「その中に年**長ぜる**を先達に作り立て」〈太平記・五〉❸すぐれる。例「経正は詩歌管絃に**長じ**給へる人なれば」〈平家・七・竹生島詣〉❹耽ける。例「酒に**長じ**たる男にて」〈義経記・五〉❺真っ盛りである。

ちゃう・ず【打ず】[他サ変]{ぜ・じ・ず・ずる・ずれ・ぜよ}打ちたたく。殴る。例「くらもちの皇子、血の流るるまで**打ぜ**させたまふ」〈竹取・蓬萊の玉の枝〉

ちゃうすげい【茶臼芸】[名](近世語)❶一芸に秀でること。↔石臼芸。❷(①を誤用して)諸芸をかじるが、どれも上達しないこと。＝石臼芸

ちゃうせいち【長生地】[名]狩猟を禁じ、鳥獣などを殺すことを禁止した地域。禁猟地。

ちゃうせいでん【長生殿】[名]中国唐代の皇帝の離宮の名。長安東方の驪山に太宗が設け、のちに玄宗皇帝が華清宮と名を改め、楊貴妃を伴いしばしば行幸した。

ちゃうぜつ【長舌】[名]ながながとしゃべること。口数が多いこと。おしゃべり。

ちゃうせん【庁宣】[名]❶「検非違使庁」の別当(長官)が発した公文書。勅宣に準じて重んじられた。＝別当宣。❷平安以降、国司が管轄地に発した公文書。❸「院の庁」から下された公文書。

ちゃうだい【町代】[名](近世語)江戸時代、町年寄や名主を補佐した有給の町役人。平常は、自身番や町会所に詰めていた。

ちゃうだい【帳台】[名]❶寝殿造りの母屋に据えた座敷。高さ二尺ほどの台(浜床)の回りに「帳①」をめぐらせたもの。貴人の居間や寝所として用いた。＝帳②。➡[古典参考図]建築〈1〉。❷「五節の帳台の試み」の略。❸江戸時代の町屋の主人の居間や寝室。

ち

〔帳台の試み〕（「五節の帳台の試み」の略）陰暦十一月中の丑の日に、常寧殿の帳台で天皇が「五節の舞」の練習を見ること。また、その練習。＝五節の試み・帳台

ちゃうちゃう【丁丁・打打】［副］物を連続して打つ音。例「鉦をあまたびちゃうちゃうと物さはがしげにうちて」〈古今著聞・五二一〉

ちゃうちゃく【［・す］】【打擲】［名・他サ変］殴ること。人を打ちたたくこと。

ちゃうちん【提灯】［名］細い割り竹の輪を骨として紙を張り、中にろうそくを入れてともす照明具。

〔提灯に釣り鐘〕（近世語）（形は似ているが、重さは比較にならないほど違うことから）つりあいがとれないこと。

〔提灯ほどな火が降る〕家計が苦しいことのたとえ。貧乏なさま。

ちゃうちんもち【提灯持ち】［名］（近世語）❶夜道や葬式などで、提灯を持って先導する者。❷人の手先として使われ、その人の長所などを吹聴してまわる者をあざけっていう語。

ちゃうづかけ【頂頭掛け・頂頭懸け】［名］❶「侍烏帽子」の上からかけてあごのところで結ぶひも。➡［古典参考図］男子の服装〈3〉。❷烏帽子をかけるための台や、柱などに打ちつけた釘。①②＝烏帽子掛け

ちゃうてい【長汀】［名］長く続いているなぎさ。

ちゃうていきょくほ【長汀曲浦】［名］曲がりくねって長く続く海岸。

ぢゃうてう【定朝】［人名］（？〜一〇五七）平安中期の仏師。平等院鳳凰堂の阿弥陀如来像を造り、寄せ木造りの手法と、定朝様と呼ばれる様式を完成させた。

ちゃうてん【長点】［名］和歌・連歌・俳諧などで、とくにすぐれた作品につけるしるし。ふつう二重の鉤点などを用いる。

ちゃうと【長途】［名］（「ちゃうど」とも）長い道のり。

ちゃうど【丁ど】［副］（「ちゃうと」とも）❶物と物が打ち合う音を表す。がちんと。例「障子をちゃうどたてて」〈平家・二・小教訓〉❷きちんと。きりりと。例「大内には西北〔ノ門〕をばちゃうとさし」〈平治・中〉❸目を大きく開き、にらみつけるさま。例「ちゃうどにらまへておはしければ」〈平家・五・物怪之沙汰〉

ちゃうとぢ【帳綴ぢ】［名］正月のはじめ（十日など）に、商家でその年に用いる帳簿を綴じて祝った行事。＝帳祝ひ。（季－春）

ちゃうにん【町人】［名］町に住む商人や職人。江戸以降、士・農と区別して、商工業に従事する者を表す。

ちゃうにん【［・す］】【停任】［名・他サ変］犯罪や過失などにより、官職を一時やめさせられること。

ちゃうにんもの【町人物】［名］井原西鶴の浮世草子のうち、町人の経済生活を描いた『日本永代蔵』『世間胸算用』などをいう。のちに、他の作者の同趣の作品にもいうようになった。

ちゃうはい【［・す］】【停廃】［名・他サ変］やめること。行わないこと。中止。廃止。

ちゃうはん【丁半】［名］（近世語）❶双六の采の目の偶数（丁）と奇数（半）。❷二個の采の目の合計が、偶数か奇数かを賭けて争うばくち。

ちゃうぶそうし【長奉送使】［名］斎宮が野の宮を出て、伊勢の斎宮御所に至るまで送った勅使。納言・参議などから任ぜられた。監送使。

ちゃうぼん【張本】［名］悪事のたくらみを起こした人。悪事の首謀者。＝張本人

ちゃうぼんにん【張本人】［名］「ちゃうぼん」に同じ。

〔俳句〕**ちゃうまつが…**【長松が親の名で来る御慶かな】〈すみだはら・野坡〉訳長松と呼ばれていた丁稚が、年季も明けて一人前になり、親の名を継いで新年の挨拶にやってきた。神妙な顔で「御慶申し上げます」などというようすは、頼もしくもあり、ほほえましくもあることだ。（季－御慶－春）〈参考〉「長松」は、丁稚の通り名。「御慶」は、新年の挨拶のことばをいう。

ちゃうめい【長命】［名］長生き。長寿。

ちゃうめいぐゎん【長命丸】［名］（近世語）江戸時代、江戸両国の四つ目屋で売った強壮剤。

ちゃうもん【［・す］】【聴聞】［名・他サ変］（仏教語）説法・法話などを聞くこと。

ぢゃうもんつき【定紋付き】［名］定紋が付いていること。また、そのもの。

ちゃうや【庁屋】［名］「院の庁」「検非違使庁」など諸官庁の建物。

ぢゃうや【長夜】［名］（仏教語。「ちゃうや」とも）煩悩のために悟りを得られず、無明の迷いから抜け出せないことを長い闇夜にたとえたもの。

〔長夜の闇〕「長夜」の状態を闇にたとえたもの。

ちゃうらい【［・す］】【頂礼】［名・他サ変］（仏教語。「頂戴礼拝」の略）仏教における最敬礼。尊者の前にひれ伏し、頭を地につけて相手の足下を拝すること。例「太子の御足を頂礼して」〈今昔・一・二〉

ちゃうらう【長老】［名］（仏教語）❶知徳にすぐれた年長の僧の敬称。❷とくに禅宗で、一寺の住職や先輩の僧を呼ぶ語。

ちゃうらか・す［他サ四］｛さ・し・す・す・せ・せ｝（近世語）からかう。なぶる。例「猫ちゃうらか・してござっても済まぬこと」〈浄・大経師昔暦〉

ちゃうり【長吏】［名］❶地方役人の長。中国では県吏・町村吏のおもだった役人、日本では里長や坊長をいう。❷（仏教語）勧修寺・園城寺・延暦寺などの長老で、一山の寺務を総括した僧。

ぢゃうりき【定力】［名］（仏教語）乱れている心を平静に保つ禅定の力。

ちゃうれんが【長連歌】［名］連歌の形式のひとつ。長句（五・七・五）と短句（七・七）を交互に三句以上続けてゆくもの。鎌倉時代には百韻（百句）が基本となった。＝鎖連歌。↔短連歌

ぢゃうろく【丈六】［名］❶一丈六尺（約四・八五メートル）の略。仏像の標準的な高さとされる。❷「丈六の仏」の略。❸（仏像がふつう「結跏趺坐像」であるところから）あぐらをかくこと。

〔丈六の仏〕立った高さが一丈六尺

(約四・八五メートル)になる仏像。一般には座像で、座高が八尺(約二・四メートル)ほどになる。＝丈六②

ちゃか・す【茶かす】[他サ四]{さ・し・す・す・せ・せ}(近世語)❶からかう。ばかにする。❷ごまかす。だます。ちょろまかす。例「人魚は人を**ちゃか・す**なり」〈風来六部集〉

ちゃく【笛】[名](「笛」の呉音)ふえ。

ちゃくけ【嫡家】[名]正統の血統の家柄。本家。宗家。

ちゃくこ【着袴】[名]「はかまぎ」に同じ。

ちゃくざ[・す]【着座】[名・自サ変]儀式などの際、定められた座に着くこと。

ちゃくし【嫡子】[名]正妻の生んだ子で、家督を相続する男子。世継ぎ。てきし。＝嫡男

ぢゃくしん【着心】[名](「ちゃくしん」とも)執着心。執念。執心。

ちゃく・す【着す・著す】{せ・し・す・する・すれ・せよ}㊀[自サ変]到着する。着く。例「舟をになひて岸に**着・し**けり」〈古今著聞・四九〉㊁[他サ変]着る。着用する。例「乙女は衣を**着・し**つつ」〈謡・羽衣〉

ぢゃく・す【着す・著す】[自サ変]{せ・し・す・する・すれ・せよ}執着する。執心する。例「誰か実有の相に**著・せ**ざる」〈徒然・二九〉

ちゃくそん【嫡孫】[名]嫡子の嫡子。嫡流の孫。跡取りになる孫。

ちゃくだ【着鈦・著鈦】[名](「鈦」は鉄製の足かせ)奈良・平安時代、令制で服役中の罪人に鈦をつけ、三、四人をつなげたまま労役させたこと。

ちゃくたい【着帯・著帯】[名]懐妊して五か月目に、腹帯(岩田帯)を締めること。また、その儀式。

ちゃくたう【着到・著到】[名]❶到着すること。❷役所に出勤した役人の氏名を記入した帳簿。出勤簿。❸出陣のとき、諸地方から集合した軍勢の到着を記録したもの。❹「着到和歌」の略。

ちゃくたうわか【着到和歌】[名]歌人数人が百日間、毎日題を変えて一首ずつ、一定の場所で和歌を詠むこと。また、その和歌。＝着到④

ちゃくだのまつりごと【着鈦の政】[名]平安時代、陰暦五月と十二月に行われた、検非違使が「鈦(鉄製の足かせ)」をつけた罪人を獄に送る儀式。のちに儀式化され、罪人になぞらえた者を鞍馬村から召集し、足かせをはめて、検非違使がむちで打つまねをした。

ちゃくちゃく【嫡嫡】[名]❶嫡子から嫡子へと家を継ぐこと。嫡流。❷正真正銘。ちゃきちゃき。

ちゃくぢん[・す]【着陣】[名・自サ変]❶公卿が、評定のために、内裏の「陣の座」に着くこと。❷武士が、戦の陣営に到着すること。

ちゃくなん【嫡男】[名]「ちゃくし」に同じ。

ちゃくりう【嫡流】[名]嫡子の血筋。本家の家筋。正統の流派。

ちゃたてむし【茶立て虫】[名]黄灰色の小さな昆虫。秋の夜、障子などにとまって紙をこする音が、茶をたてる音に似ていることからいう。(季-秋)

ちゃちゃ【茶茶】[名]❶(近世語。多く上方で女性が用いた語)お茶。❷邪魔。妨害。「茶々を入れる」「茶々を付ける」などの慣用句としてのみ用いられる。

ちゃちゃむちゃく【茶茶無茶苦】[形動口語型](近世語)めちゃくちゃなさま。無分別なさま。例「皆身上**茶茶むちゃく・だ**」〈浮世床〉

ちゃのこ【茶の子】(近世語)㊀[名]❶茶うけ。茶菓子。❷仏事・彼岸会の供物・配り物。㊁[名・形動口語型]物事が容易なさま。おちゃのこさいさい。

ちゃのみ【茶飲み】[名]❶茶をたくさん飲むこと。また、その人。❷茶の湯を心得ている人。茶の宗匠。

ちゃのゆ【茶の湯】[名]❶作法に従って抹茶や煎茶をたてること。❷「ちゃのゑ」に同じ。❸茶をたてるために沸かす湯。

ちゃのゑ【茶の会】[名]客を招いて抹茶をたて、会席の馳走などをしてもてなすこと。朝会・昼会・夜会のほか、不時会がある。＝茶の湯②

ちゃぶね【茶船】[名](近世語)❶運送用の小型の川船。多くは十石積みのものをいう。❷川遊びの船客に飲食物を売る小船。うろうろ船。

ちゃや【茶屋】[名]❶茶の葉を売る店。葉茶店。❷道端などで通行人に茶を飲ませる店。茶店。❸遊里外で、私娼を置いて遊興させる店。色茶屋。❹遊里で、下級の遊女を招いて遊ぶ家。「揚げ屋」よりも格下。❺吉原で、客を妓楼に案内するのを業とした店。引き手茶屋。❻(「茶屋女」「茶屋者」の略)色茶屋に奉公している女。

ちゃやま【茶山】[名]❶茶の木を植えた山。❷茶山で茶を摘むこと。茶摘み。(季-春)

ちゃら[名](近世語)出まかせ。また、それを言うこと。それを言う人。＝ちゃらくら・ちゃらぽこ

ちゃらくら[名]「ちゃら」に同じ。

ちゃらぽこ[名]「ちゃら」に同じ。

ちゃらめか・す[他サ四]{さ・し・す・す・せ・せ}(近世語)でたらめを言い、うまくごまかす。例「駕籠かきどもが銭を一本**ちゃらめか・し**」〈新内節・道中膝栗毛〉

ちゃり【茶利】[名]❶(近世語)滑稽な文句や動作。❷浄瑠璃や歌舞伎での滑稽な語り口や場面。

ちゃん【銭】[名](近世語)金銭。ぜに。＝ちゃんから・ちゃんころ①

ちゃんころ[名](近世語)❶「ちゃん」に同じ。❷つまらないもの。小さくて取るに足りないもの。

ちゅう…【宙…・昼…】歴史的かなづかい「ちう…」

ちゅう【中】[名]❶内側。内部。❷物事の程度や大きさが中くらいであること。❸空中。虚空。❹途中。中間。❺中間で仲立ちをすること。また、その人。❻中間で私利をむさぼること。口銭。❼偏らないこと。中庸。

ちゅう【誅】[名]罪のある者を討伐すること。死刑にすること。成敗。

ちゅう[・なり]【忠】[名・形動ナリ]❶真心をこめて相手に尽くすこと。誠実なこと。忠義。❷臣下が真心を尽くして国家や主君に仕えること。

-ぢゅう【中】[接尾]その範囲に入るすべてのものの意を表す。うち。間。例「おとっさんがいつか**中**お言ひだ」〈浮世風呂〉

-ぢゅう【重】[接尾]重なっている物を数える。かさね。例「重ね箪笥の引き出しの、一**重**足らぬごとくにて」〈浄・卯月の潤色〉

ぢゅう【重】[名]❶程度。段階。❷重箱。

ぢゅう【柱】[名]（「ぢう」とも）琵琶の、胴と弦との間に立てて弦を支える具。檜の製で四つあり、ここを左手の指で押さえて音の高さを変える。

〔**柱さす**〕左手で「柱」を押さえ、弦の音を加減する。例「『柱さ・すこと、うひしくなりにけりや』とのたまへど」〈源氏・少女〉

ちゅういうき【中右記】[作品名]平安後期の日記。藤原宗忠著。「宗忠公記」とも。寛治元年（一〇八七）から保延四年（一一三八）までの日記。

ちゅういん【中陰】[名]「ちゅうう」に同じ。

ちゅうう【中有】[名]《仏教語》人が死んでのち、次の生を受けるまで、その霊魂が迷っている四十九日の間。＝七七日・中陰

ちゅうか【中夏・仲夏】[名]陰暦五月の別称。夏三か月の、中の月。（季―夏）

ちゅうかじゃくぼくしせう【中華若木詩抄】[作品名]室町時代の抄物。如月寿印著。「じゃぼく」と読む説もあり、『禅林金詩集註』『支日集』などの別名も多い。日中詩人の漢詩に注釈を加え、作詩法、中国故事の啓蒙を期した書。

ちゅうがん【中眼】[名]目を半分開いていること。薄目。例「中眼に見ひらき」〈浮・日本永代蔵〉

ちゅうぎ【中儀】[名]宮中で行われる中程度の儀式の総称。元日・白馬・端午・豊の明かりの節会など。六位以上の者が参列した。↔大儀・小儀

ちゅうきん【忠勤】[名]忠義の心を尽くして勤めること。忠実に勤め励むこと。

ちゅうぐう【中宮】[名]❶内裏。宮中。皇居。❷平安初期までは、皇后・皇太后・太皇太后の総称。三后。三宮。とくに天皇の生母の皇太后。❸皇后の御所。❹醍醐天皇が藤原穏子を中宮としてから、皇后の別称となった。❺一条天皇の時代に、定子を皇后、彰子を中宮として、両宮が並立されてからは、皇后と同格の后の別称となった。

ちゅうぐうしき【中宮職】[名]（「なかのみやのつかさ」とも）令制で「中務省」に属し、皇后・皇太后・太皇太后に関する事務をつかさどった役所。一条天皇以降は、中宮に関する事務を扱った。＝職

ちゅうぐくり【中括り】[名]❶固くも緩くもない程度にくくること。❷いい加減にあしらうこと。例「高が知れてあると、中括りに括って」〈浮・傾城禁短気〉❸要点をつかむこと。大まかな見積もり。例「利発者ども、万を中ぐくりにして」〈浮・日本永代蔵〉

ぢゅうくゎ【重科】[名]重い罪。重罪。

ぢゅうくゎにん【重科人】[名]重罪を犯した者。重罪人。

ちゅうけい【中啓】[名]（半ば啓くものの意）親骨の上端を外側にそらし、畳んでも半ば開いているように作った扇子。僧が多く用いた。➡[古典参考図]男子の服装〈2〉

ちゅうげん【中元】[名]陰暦七月十五日のこと。陰暦正月十五日の上元、十月十五日の下元に対する道教の節日のひとつ。仏教の「盂蘭盆会」と結びついて、祖先を祭るようになった。↔下元。（季―秋）

ちゅうげん[・なり]【中間】㊀[名]❶物と物の間。中間。❷「中間男」の略。㊁[形動ナリ]（なら・なり(に)・なり・なる・なれ・なれ）どっちつかずだ。中途半端だ。例「中間・なるをりに、『大進生昌が家に』まづものきこえむとあり』といふを」〈枕・大進生昌が家に〉

ちゅうげんほふし【中間法師】[名]雑用などをする位の低い僧。

ちゅうげんをとこ【中間男・仲間男】[名]武家の召し使いの男。侍と小者の間に位置する。＝中間㊀②

ちゅうこく【中刻】[名]一刻（約二時間）を上・中・下に三分した、中間の時刻。↔上刻・下刻

ちゅうごく【中国】[名]❶国の中央部。都のある所。❷山陽道の称。山陰道と南海道との中間にあるのでいう。のち、山陰道も含めた称となった。❸令制で都からの遠近によって全国を遠国・中国・近国の三種に分けた中間の国のこと。延喜式では遠江・駿河・伊豆・甲斐・飛騨・信濃・越中・越前・加賀・能登・伯耆・出雲・備中・備後・阿波・讃岐の十六か国。❹令制で面積や人口などによって国の等級を大国・上国・中国・下国の四種に分けた第三位の国のこと。延喜式では安房・佐渡・能登・若狭・丹後・石見・長門・土佐・日向・大隅・薩摩の十一か国。

ちゅうごしゃう【中小姓】[名]江戸時代の武家の職名。小姓組と徒士衆との間の小姓。

ぢゅうさん【重三】[名]（「ちょうさん」とも）❶陰暦三月三日の節句。＝上巳。（季―春）❷双六で、二つの賽の目がともに三を出すこと。＝朱三

ぢゅうし【重四】[名]双六で、二つの賽の目がともに四を出すこと。＝朱四

ちゅうしう【中秋・仲秋】[名]❶陰暦八月の別称。秋三か月の、中の月。中の秋。（季―秋）。❷陰暦八月十五日のこと。

ちゅうしゃ【中社】[名]❶神社の格式を大社・中社・小社の三種に分けたうちの第二位の神社。賀茂神社・住吉神社など。❷神社で、奥社と里の宮との中間にある社殿。

ちゅうしゃう【中生】[名]《仏教語》極楽往生の階級のひとつ。上品・中品・下品のおのおのを三つに分けたそれぞれの中位のもの。→「くほん（九品）」①

ちゅうじゃう【中将】[名]左右近衛府の次官。正と権があった。従四位下相当官で、三位の者は「三位の中将」と称した。蔵人頭を兼ねるときは「頭の中将」、参議を兼ねるときは「宰相の中将」という。

ちゅうしゃうぎ【中将棋】[名]将棋の一種。盤面は縦横十二目、駒の数は九十二枚で、駒は取り捨て。中世から近世にかけて流行した。

ちゅうじゃうひめ【中将姫】[人名]伝説上の女性。父の死を悼んで出家し、曼陀羅を蓮糸で織った功徳により往生を遂げる。後世には歌舞伎や浄瑠璃の題材となった。

ちゅうしゅん【中春・仲春】[名]（「ちゅうじゅん」とも）陰暦二月の別称。春三か月の、中の月。中の

春。＝仲陽。（季―春）

ちゅうしょ【中書】［名］「中務省」の唐名。＝中書省

ちゅうしょしゃう【中書省】［名］「中務省」の唐名。＝中書

ちゅうしょわう【中書王】［名］親王で「中務省」の長官。唐風の呼称。

ちゅうしん［・す］【注進】［名・他サ変］朝廷や主君などに、事変や事情を詳しく上申すること。事件を急いで報告すること。

ちゅうじん【中人】［名］❶才能や身分などがふつうの人。並の人。❷（「ちゅうにん」とも）仲立ちになる人。仲人。媒酌人。

ちゅうしんぐら【忠臣蔵】［作品名］「かなでほんちゅうしんぐら」に同じ。

ちゅうしんすいこでん【忠臣水滸伝】［作品名］江戸後期の読本。山東京伝作。当時流行していた『水滸伝』翻案もののひとつで、『仮名手本忠臣蔵』の世界に舞台を移している。

ちゅう・す【誅す】［他サ変］{せ・し・す・する・すれ・せよ}罪のある者を殺す。死罪にする。成敗する。例「（師経八）六条河原にて**誅・せらる**」〈平家・二・西光被斬〉

ぢゅう・す【住す】［自サ変］{せ・し・す・する・すれ・せよ}❶住む。例「祖の御家よりは南に**住・し**給ひければ」〈今昔・三・二〉❷落ち着く。定まる。例「いまだ一日片時も安堵の思ひに**住・せず**」〈平家・十一・腰越〉❸停滞する。執着する。例「もし欲心に**住・せば**、これ第一、道の廃るべき因縁なり」〈風姿花伝〉

ちゅうせうしゃう【中少将】［名］近衛府の「中将」と「少将」。

ぢゅうそう【住僧】［名］その寺に住んで仏事を行う僧。＝住侶

ちゅうそん【中尊】［名］《仏教語。「ちゅうぞん」とも》中央にある尊像。三尊仏のうちの阿弥陀仏。また、密教五仏のうちの大日如来、五大明王のうちの不動明王などをいう。

ぢゅうだい【重代】［名］❶代を重ねること。先祖代々伝わること。また、祖先伝来の宝物。❷❸重代歌人のこと。祖先が代々勅撰集に和歌を採られた歌人で、その家系から出た歌人をいう。

ちゅうたう【偸盗】［名］《仏教語》❶「五悪」のひとつで、人の物を盗みとること。❷盗人。泥棒。

ちゅうだう【中堂】［名］《仏教語》本尊を安置する堂。本堂。とくに、比叡山延暦寺の根本中堂をいう。

ちゅうだん【中段】［名］❶真ん中の段。❷剣術や槍術などで、上段と下段との中間の構え方。正眼の構え。❸陰暦の暦の上段・中段・下段のうち、中段に書き込まれた十二語（建・除・満・平・定・執・破・危・成・納・開・閉）のこと。陰陽道では、これを各日に配当して吉凶を定める。❹書院造りで上段の間より一段低く造った所。中段の間。

ぢゅうぢ［・す］【住持】［名・他サ変］❶（世に安住して仏法を保持する意から）寺の主僧となり管理すること。また、その僧。例「多かるなかに寺をも**住持・せらるる**は」〈徒然・一四二〉❷仏法を保持すること。

ぢゅうぢゅう【重重】㊀［名］❶各層各層。❷いくつもの段階。㊁［副］かさねがさね。ますます。例「**重々**の御世話かたじけなし」〈浄・仮名手本忠臣蔵〉

ちゅうづもり【中積もり】［名］大体の見当。およその見積もり。当て推量。例「大かた**中積もり**にも違ふまじ、四十八、九か」〈浮・日本永代蔵〉

ちゅうでん【中殿】［名］❶内裏の建物のひとつ。清涼殿の別称。❷中央の宮殿または社殿。

ちゅうとう【中冬・仲冬】［名］陰暦十一月の別称。冬三か月の、中の月。（季―冬）

ちゅうどうじ【中童子】［名］寺で召し使う十二、三歳の少年。法会のとき、旗や綱などを持ち、高僧の外出のときはその供をした。＝童子

ちゅうなごん【中納言】［名］（「なかのものまうすつかさ」とも）令制で令外の官のひとつ。「太政官」で「大納言」に次ぐ。職務は大納言と同じ。

ぢゅうにん【重任】［名］（「ちょうにん」とも）重ねて同じ任務に就くこと。再任。

ちゅうばつ［・す］【誅罰】［名・他サ変］罪を犯した者を責めて罰を加えること。

ちゅうぶ【中風】［名］（「ちゅうぶう」とも）脳出血の後遺症で、半身不随になったり、手足が麻痺したりする病気。中気。卒中。

ぢゅうぶく【重服】［名］（「服」は喪に服すること、また、喪服の意）重い喪。父母が亡くなったときの喪。また、その際に着る喪服。↔軽服

ちゅうべん【中弁】［名］令制で「太政官」の「判官」のひとつ。「大弁」の下位、「少弁」の上位。左右の二つがある。正五位相当官。

ちゅうぼん【中品】［名］《仏教語》極楽往生の段階を上品・中品・下品の三つに分けた中位。それぞれがさらに三つに分けられた「九品」のうち、中品上生・中品中生・中品下生の三品の総称。

ちゅうもん【中門】［名］❶寝殿造りの、表門と寝殿との間にある門。対の屋から釣殿へ向かう長廊下の一部を切り開いて門としている。屋根だけがあり、車の通行ができる。客はここで下車し、案内を求める。➡［古典参考図］建築〈3〉。❷神社・仏閣の、楼門と拝殿との間の門。

〔中門の廊〕寝殿造りで、対の屋から釣殿に通じる長廊下。

ちゅうもん【注文・註文】［名］❶「注進」のときの文書。報告書。❷文書。書状。❸物をあつらえるときの希望・条件。また、その書き付け。

ちゅうや【中夜】［名］「六時」のひとつ。いまのおよそ午後十時から午前二時ごろ。

ちゅうらう【中老】［名］❶中年の人。❷武家の重臣のひとつ。㋐鎌倉・室町幕府の引き付け衆。㋑豊臣時代に、五大老と五奉行の中間で政務を行った者。㋒室町・江戸時代の武家で、家老の次席。❸武家の奥女中で、「老女」の次席。

ちゅうらふ【中臈】［名］❶宮中に仕える女房を上臈・中臈・下臈に分けたひとつ。殿上人・諸大夫などの娘をいう。❷近世、大奥女中の位のひとつ。上臈・年寄の次の位。

ちゅうりく［・す］【誅戮】［名・他サ変］罪をただして殺すこと。罪のある者を法のもとに殺すこと。

ち

ぢゅうりょ【住侶】［名］「ぢゅうそう」に同じ。

ちゅうる【中流】［名］律に定められた「流罪」のひとつ。流刑地が「遠流」より近く「近流」より遠い刑で、信濃（いまの長野県）や伊勢（いまの三重県）・伊予（いまの愛媛県）などへ追放した。

ちゅうれん【駐輦】［名］《「輦」は天皇が乗る車》天皇が、行幸の途中に車をとめること。また、行幸先に滞在すること。

ちゅうろくてん［・なり］【中六天】［名・形動ナリ］《近世語》深く考えず、いい加減にすること。例「天狗の金兵衛・中六天の清八・花火屋の万吉にてもあれ」〈浮・好色一代男〉

ちゅうゐん【中院】［名］❶上皇や法皇が同時に三人以上いるとき、本院の次の上皇の別称。なかのいん。→「ほんゐん」「しんゐん」。❷「斎宮寮」の役人の詰め所。

ちよ【千代・千世】［名］千年。非常に長い年月。永遠。例「世の中にさらぬ別れのなくもがな千代もとなげく人の子のため」〈古今・雑上・九〇一〉訳→〔和歌〕よのなかにさらぬわかれの…

〔千代に八千代に〕（「千代」を強調した語）千年も幾千年も。永久に。例「我が君は千代に八千代に」〈古今・賀・三四三〉訳→〔和歌〕わがきみは…

〔千代の挿頭〕千代までもと祝ってさす髪飾り。

〔千代の数〕千年の数。長い年月の数。例「滝の白玉千代の数かも」〈古今・賀・三五〇〉

〔千代の例〕千年後までも残る例。永久に残る先例。

〔千代の春〕千年ものちの春。また、末長く千年も栄えよと祝う初春。（季－春）

〔千代を籠む〕千年ののちまでも栄えるめでたいしるしを持っている。例「一節にちよをこ・めたる杖なれば」〈拾遺・賀・二七六〉

〔千代を並ぶ〕千代に千代を並べる。末長く栄える。例「武隈の松に小松の千代をなら・べん」〈源氏・薄雲〉

ちよ【千夜】［名］千の夜。数多くの夜。

ちょう…【丁…・打…・庁…・町…・長…・挺…・帳…・張…・頂…・停…・提…・聴…】歴史的かなづかい「ちやう…」

ちょう…【兆…・鳥…・超…・朝…・銚…・嘲…・調…】歴史的かなづかい「てう…」

ちょう…【喋…・蝶…】歴史的かなづかい「てふ…」

ちょう【寵】［名］情けをかけること。寵愛。

ちょうきう【重九】［名］「ちょうやう」に同じ。（季－秋）

ちょうさん【重三】［名］「ぢゅうさん」に同じ。

ちょうず【調ず】歴史的かなづかい「てうず」

ちょう・ず【懲ず】［他サ変］｛ぜ・じ・ず・ずる・ずれ・ぜよ｝こらしめる。罰を与えてこりさせる。例「この君の、懲・ぜられたまひしさまは、いといみじかりき」〈落窪・三〉

ちょうそ【重祚】［名］《「祚」は位の意》一度退位した天皇が、再び皇位に就くこと。再祚。復祚。

ちょうでふ［・す／・たり］【重畳】一［名・自サ変］幾重にも重なること。例「いまだ聞かざる狼藉なり。事すでに重畳・せり」〈平家・一・殿上闇討〉二［名・形動タリ］❶幾重にも重なっていること。例「外郭重畳・たる大極殿」〈古活字本平治・上〉❷この上もなく満足であること。

ちょうど【調度】歴史的かなづかい「てうど」

ちょうにん【寵人】［名］《「ちょうじん」とも》かわいがっている人。お気に入りの人。

ちょうばみ【重食】［名］「てうばみ」に同じ。

ちょうほう［・す／・なり］【重宝】一［名］《「ぢゅうほう」とも》大切な宝。貴重な宝物。二［名・他サ変］珍重すること。三［形動ナリ］｛なら・なり(に)・なり・なる・なれ・なれ｝❶貴重である。大切な宝である。例「鶯ほど重宝・な鳥はござるまい」〈狂言記・鶯〉❷便利だ。

ちょうやう【重陽】［名］（陽の数「九」が重なる意から）「五節句」のひとつで陰暦九月九日の節句。平安時代は、天皇が群臣に詩を献じさせ、菊酒・氷魚を賜るならわしがあった。＝重九。（季－秋）

ちょうやうのえん【重陽の宴】［名］宮中の年中行事。陰暦九月九日の重陽の日に催す観菊の宴。＝菊の宴。（季－秋）

ちょうろく【重六】［名］「でうろく」に同じ。

ぢょがく【女楽】［名］女性の奏する舞楽。また、その舞楽をする女性。うたいめ。

ちょがりか・す［他サ四］｛さ・し・す・す・せ・せ｝《近世語》ばかにする。からかう。例「金銀を湯水のやうに川遊び、ちょがらか・されにゃ来申さない」〈浄・女殺油地獄〉

ちょきゅう【儲宮】［名］《天子の位のためにあらかじめ儲けておく宮の意》皇太子。東宮。＝儲君。

ちょく【勅】［名］天皇のことば。天皇の命令。また、それを伝える文書。

〔勅の使ひ〕「ちょくし」に同じ。

ぢょくあく【濁悪】［名］《仏教語》「五濁」と「十悪」。汚れや罪悪に満ち満ちていること。

ちょくかん【勅勘】［名］勅命によって勘当されること。天皇のおとがめ。

ちょくかん［・す］【直諫】［名・他サ変］遠慮せずに、率直にいさめること。

ちょくきょ【勅許】［名］勅命による許可。天皇のお許し。

ちょくぐゎん【勅願】［名］勅命による祈願。天皇の祈願。

ちょくぐゎんじ【勅願寺】［名］天皇の祈願によって建立された寺。東大寺・大安寺・薬師寺・四天王寺など。

ちょくし【勅使】［名］勅命を伝える使者。＝勅の使ひ

ちょくしょ【勅書】［名］天皇の命令を記した文書。

ぢょくせ【濁世】［名］《仏教語。「五濁悪世」の略》汚れたこの世。現世。

ちょくせん【勅宣】［名］天皇の仰せ言。詔。

ちょくせん【勅撰】［名］天皇・上皇がみずから、または、勅命によって詩歌・文章を選ぶこと。

ちょくせんしふ【勅撰集】［名］《「勅撰和歌集」の略》歌集の形態の一種。天皇または上皇の命を受けて編集された公的な歌集。『古今和歌集』以下『新続古今和歌集』までの二十一代集を指す。

ちょくだい【勅題】［名］天皇の出された詩歌などの題。

ちょくたふ［・す］【勅答】［名・自サ変］❶天皇

が臣下に答えること。❷(①が誤用されて)臣下が天皇に答え奉ること。

ちょくぢゃう【勅諚・勅定】チョクジョウ[名]天皇の仰せ。詔。＝勅命

〈和歌〉**ちょくなれば…【勅なればいともかしこし鶯の宿はと問はばいかが答へむ】**〈拾遺・雑下・五三一・よみ人しらず〉訳勅命ですから(紅梅を献上するのをお断りするのは)畏れ多いことです。しかし、ウグイスがいったい私の宿はどこに行ったのかと尋ねたならば、どのように答えればよいのでしょう。

ちょくにん【直任】[名]「ぢきにん」に同じ。

ちょくひつ【勅筆】[名]「しんぴつ」に同じ。

ちょくめい【勅命】[名]「ちょくぢゃう」に同じ。

ちょくもん【勅問】[名]天皇からのお尋ね。

ちょくろ【直廬】[名]宮中における、摂政・関白・大臣・大納言などが休息・宿直する場所。

ちょくん【儲君】[名]❶皇太子の別称。嫡男。＝儲宮・儲けの君。❷諸侯の世継ぎの子。

ちょこざい【猪口才】[名・形動口語型]〈近世語〉なまいきなさま。こしゃくなさま。＝猪口

ちよぢょ【千代女】チヨジョ[人名]「かがのちよ」に同じ。

ちよとことばに【千代常磐に】[副]〈「ちよとことはに」とも〉永久に。例「我が御門千代とことばに栄えむと」〈万葉・二・一八三〉

ちょびと[副]〈近世語〉ちょっと。少し。

ぢょぶく【除服】ジョブク[名]〈「ぢょふく」とも〉服喪の期間が終わって喪服を脱ぐこと。忌み明け。

ちょぼ【点】[名]〈近世語〉❶印として打つ点。❷歌舞伎で、地の文を義太夫節で語ること。また、その義太夫節。台本中のその部分に点が打ってあることからいう。❸「点語り」の略。

ちょぼがたり【点語り】[名]歌舞伎で、「点②」を語る太夫。＝点③

ちょぼくさ[副]〈近世語〉❶気ぜわしいようす。ごちゃごちゃ。例「ちょぼくさと数多きは」〈風来六部集〉❷口先でうまくごまかすように言うようす。例「ちょぼくさと言ふておいた」〈伎・幼稚子敵討〉

ちょぼくれ[名]〈近世語〉江戸時代の大道芸のひとつ。上方で「ちょんがれ」といった俗謡の関東での称。＝ちょんがれ

-ぢょらう【女郎】ジョロウ[接尾]〈近世語〉(女性の名に付いて)親愛の意を表す。例「これ、おさか女郎」〈浮・新色五巻書〉

ぢょらう【女郎】ジョロウ[名]〈近世語。「じょうらふ(上臈)」の変化形〉❶(軽い敬意をこめていう語)女性。婦人。❷大名家の奥に勤める女房や局などの別称。❸遊女。

ちよろづ【千万】チヨロズ[名]数限りなく多いこと。

ぢょわう【女王】ジョオウ[名]〈「にょわう」とも〉❶女性の君主。女帝。❷令制で天皇の子孫であって、内親王とされない二世以下の皇族の女性。↔王。❸奈良末期以降、親王宣下を受けない皇族の女性。

ちょんがれ[名]〈近世語〉江戸時代の大道芸のひとつ。関東で「ちょぼくれ」といった俗謡の上方での称。また、それをうたい歩いた物乞いのこと。ちょんがれ坊主。＝ちょぼくれ

ちょんのま【ちょんの間】〈近世語〉わずかな時間。

ちら・す【散らす】[他サ四]{さ・し・す・す・せ・せ}❶ちりぢりに離す。散らかす。例「わが屋戸の一群萩を思ふ児に見せずほとほとちら・しつるかも」〈万葉・八・一五六五〉❷発散させる。例「若う盛りににほひを散ら・したまへり」〈源氏・夕霧〉(音便)「若う」は「若く」のウ音便。❸紛失する。落とす。例「かかる物を散ら・したまひて、我ならぬ人も見つけたらましかば」〈源氏・若菜・下〉❹分散する。分配する。例「勢どもちら・さで用心せさせ給へ」〈平家・一一・勝浦〉(敬語)「用心せさせ給へ」→「させたまふ」。❺言いふらす。口外する。例「かへすがへすも散ら・さぬよしを誓ひつる」〈源氏・橋姫〉❻ことばをかける。例「なげの言葉を散ら・したまふ」〈源氏・匂宮〉❼(動詞の連用形に付いて)荒々しく…する。やたらに…する。例「よろづに、をかしうすさび散ら・したまひけり」〈源氏・末摘花〉(音便)「をかしう」は「をかしく」のウ音便。

ちら・ふ【散らふ】チラ(ロ)ウ[自ハ四]{は・ひ・ふ・ふ・へ・へ}〈動詞「散る」の未然形＋上代の反復・継続の助動詞「ふ」〉散り続ける。しきりに散る。例「もみち葉の散ら・ふ山辺ゆ漕ぐ船の」〈万葉・一五・三七〇四〉

ちり【塵】[名]❶ほこり。ごみ。❷少しの汚れ。少しの傷。例「おのがじしは塵もつかじと身をもてなし」〈源氏・帚木〉❸ほんのわずかなこと。いささか。例「この帯を挙げむとするに、塵ばかりも動かず」〈今昔・三・二五〉❹つまらないもの。価値のないもの。例「風の上にありか定めぬ塵の身は行方も知らずなりぬべらなり」〈古今・雑下・九八九〉❺仏教で、俗世間を、浄土に対して卑しめて呼ぶ語。

〔塵に継ぐ〕(先人の歩みのあとに立つ塵に続く意から)遺業を継ぐ。跡を継ぐ。例「塵に継・げとや塵の身に積もれる言を」〈古今・雑躰・一〇〇三長歌〉

〔塵に交はる〕チリニマジワル 神仏が俗世とかかわりを持って衆生を救おうとする。世間に交わる。例「形は塵に交は・りて志し道をしたふ」〈沙石集〉

〔塵も付かず〕(汚れもつかないというところから)すこしも欠点がない。例「あたら大臣(＝源氏)の、塵もつか・ず」〈源氏・常夏〉

〔塵を出づ〕チリヲイズ 出家する。俗世を離れる。例「もとより塵を出・づるにはあらず」〈増鏡・月草の花〉

ちり【散り】[名]散ること。散るもの。例「はや漕ぐ船の櫂の散りかも」〈万葉・一〇・二〇五二〉

〔散り散らず〕散ったか散らないか。例「散り散らず聞かまほしきを」〈拾遺・春・四九〉訳→〈和歌〉ちりちらず…

〔散りの紛ひ〕チリノマガイ 花や紅葉が散り乱れること。しきりに散って、入り交じること。

ちりあか・る【散り別る】[自ラ下二]{れ・れ・る・るる・るれ・れよ}ちりぢりになる。離散する。例「いまは限りと侮なり果てて、さまざまに競ひ散りあか・れし」〈源氏・蓬生〉

ちりあくた【塵芥】[名]ちりとあくた。ごみくず。つまらないもの、価値のないものを比喩していう。

ちりがた【散り方】[名]散るころ。散りかかるころ。

ちりかひくも・る【散り交ひ曇る】チリカイクモル[自ラ四]{ら・り・る・る・れ・れ}花や雪などが散り乱れて、辺りが曇るほどになる。例「桜花散りかひくも・れ」〈古今・賀・三四九〉訳→〈和歌〉さくらばなちりかひくもれ…

ちりか・ふ【散り交ふ】[自ハ四]｛は・ひ・ふ・ふ・へ・へ｝あちこちに散り乱れる。入り乱れてとび散る。例「散りか・ふ花に道はまどひぬ」〈古今・春下・一一六〉

ちりけ【身柱・天柱】[名]《「ちりげ」とも》灸点のひとつ。襟首の下、両肩の中央の部分。小児の諸病に効果があるとされる。ぼんのくぼ。

ちりし・く【散り敷く】[自カ四]｛か・き・く・く・け・け｝(花や葉が)散って一面に敷きつめる。一面に散らばる。例「残る梢もなく**散り敷・きたる**紅葉を」〈源氏・宿木〉

ちりしを・る【散り萎る】[自ラ下二]｛れ・れ・る・るる・るれ・れよ｝(花が)散ってしおれる。例「**散りしを・れたる**庭などこそ見所多けれ」〈徒然・一三七〉

ちりす・く【散り透く】[自カ四]｛か・き・く・く・け・け｝(花や葉が)散ってまばらになる。例「かざしの紅葉いたう**散りす・きて**」〈源氏・紅葉賀〉

ちりす・ぐ【散り過ぐ】[自ガ上二]｛ぎ・ぎ・ぐ・ぐる・ぐれ・ぎよ｝すっかり散ってしまう。散り果てる。例「やどの梅の**散り過・ぐる**まで見しめずありける」〈万葉・二〇・四四九六〉

〔和歌〕**ちりちらず…**【散り散らず聞かまほしきをふる里の花見て帰る人も逢はなん】〈拾遺・春・四九・伊勢〉訳もう散ったのか、それともまだ散らずにいるのか、聞いてみたいのだが、あの昔なじみの里の花を見て帰ってくる人があれば会ってほしいものだ。

ちりぢり[・なり]【散り散り】[名・形動ナリ]離れ離れになるさま。例「我かしこげに物ひきしたため、**ちりぢり・に**行きあかれぬ」〈徒然・三〇〉

ちりづか【塵塚】[名]塵の捨て場。ごみを捨てる所。

ちりとどま・る【散り留まる】[自ラ四]｛ら・り・る・る・れ・れ｝(葉などが)散る途中、物にひっかかっている。例「汀の草に紅葉の**散りとどま・りて**」〈徒然・一九〉

ちりとり【塵取り】[名]❶塵やごみを集める道具。❷《「塵取り輿」の略》屋形がなく、高欄だけの簡素な輿。その形が①に似ていることからいう。❸城の堀ばたにめぐらした小さな土手。塵防ぎ。

ちりば・む【塵ばむ】[自マ四]｛ま・み・む・む・め・め｝《「ばむ」は接尾語》塵におおわれて白くなる。塵にまみれる。例「台盤などもかたへは**塵ば・みて**」〈源氏・須磨〉

ちりひぢ【塵泥】[名]❶塵と泥。塵あくた。❷取るに足りない者。つまらない者。

ちりふ【池鯉鮒・知立】[地名]三河国の地名。いまの愛知県知立市。東海道五十三次のひとつ。北東部の八橋町はカキツバタの名所。

ちりぶくろ【塵袋】[作品名]鎌倉中期(一二七四から一二八一)の事典。良胤著か。事物の起源や由来、語源を解いた一種の百科事典。

ちりぼ・ふ【散りぼふ】[自ハ四]｛は・ひ・ふ・ふ・へ・へ｝❶散乱する。散らばる。例「かかる所には自然から食物**散りぼ・ふ**物ぞかし」〈今昔・二七・四〇〉❷ちりぢりになる。離散する。また、落ちぶれてさまよう。例「殊なる事なくて、かたみに**散りぼ・はむ**も」〈源氏・東屋〉

ちりまが・ふ【散り紛ふ】[自ハ四]｛は・ひ・ふ・ふ・へ・へ｝散り乱れる。例「我が漕ぎ行けば乎布の崎花**散りまが・ひ**」〈万葉・一七・三九九三長歌〉

ちりみだ・る【散り乱る】[自ラ下二]｛れ・れ・る・るる・るれ・れよ｝花や葉が盛んに乱れ散る。例「〔桜ノ〕花はみな**散り乱・れ**、霞たどたどしきに」〈源氏・藤裏葉〉

ぢりん【地輪】[名]《仏教語》❶仏教の世界観で、地下でこの世界を支えているという四種の大円輪(金・水・風・空)のひとつ。＝金輪。❷五輪の塔の最下層の方形の部分。

ち・る【散る】[自ラ四]｛ら・り・る・る・れ・れ｝❶散らばる。散乱する。例「我が園に梅の花**散・る**ひさかたの天より雪の流れ来るかも」〈万葉・五・八二二〉訳→〔和歌〕わがそのに…。❷離れ離れになる。散り散りになる。例「この渡る者ども、さと**ち・りて**失せにけり」〈今昔・二七・三〇〉❸(秘密が)世間に広まる。漏れる。例「心よりほかに**散・り**もせば軽々しき名さへとり添へむ身」〈源氏・帚木〉❹落ち着かない。心が乱れる。例「いろいろ目移ろひ心**散・りて**」〈源氏・若菜・下〉

ぢるい【地類】[名]《「ちるい」とも》地上にあるすべての物。また、地上の諸神。

〔俳句〕**ちるはなに…**【散る花にたぶさ恥づかし奥の院】〈笈の小文・杜国〉訳高野山の奥の院に詣でてみると、桜の花びらが音もなく舞い散っており、世の無常を感じさせる。ふと我が身を振り返ると髻もそのままの俗人たる姿が恥ずかしく思われることだ。〈季―散る花―春〉

〔和歌〕**ちるはなも…**【散る花もまた来む春は見もやせむやがて別れし人ぞ恋しき】〈更級・菅原孝標女〉訳散る花も、また来るであろう春には見ることにもなるでしょう。しかし、そのまま死に別れてしまった(ふたたび会うことのできない)人が恋しいことだよ。《係結び》「や→せむ(体)」、「ぞ→恋しき(体)」

〔和歌〕**ちればこそ…**【散ればこそいとど桜はめでたけれ憂き世になにか久しかるべき】〈伊勢・八二〉訳散るからこそいっそう桜はすばらしいのです。つらいこの世にいったい何が久しく長らえることができましょうか。何も長らえることはできません。《係結び》「こそ→めでたけれ(已)」、「か→久しかるべき(体)」

ちろり【銚釐】[名]《近世語》酒の『燗』をするための容器。銅または真鍮製で、筒形のもの。

ぢわうぐゎん【地黄丸】[名]《近世語》ジオウ(薬草の名)の根から作った丸薬。強壮剤。

ちわ・く【道別く】[他カ四]｛か・き・く・く・け・け｝《「ち」は道の意》道をかき分けて進む。例「稜威の**道別・き**に**道別・き**て、天降りますす」〈紀・神代・下〉

ちゑ【知恵・智恵・智慧】[名]❶《仏教語》「六波羅蜜」のひとつ。迷いを断ち、悟りを開き真理に達する力。❷物事の道理を悟り、善悪をわきまえる心の働きや力。

ぢをんな【地女】[名]《近世語》(遊女に対して)素人の女。町女。＝地者

ちん【亭】[名]《「ちん」は唐音》眺望や休憩のために庭園に設けた風雅な建物。あずまや。

ちん【朕】[代名]《自称の人称代名詞。天皇が自分のことをいう語》われ。わたくし。

ぢん【沈】[名]「沈香①」の略。

ぢん【陣】[名]❶兵士を並べて、隊列をつくること。また、その隊列。例「陣のあはひわづかに二町ばかりに寄せあはせたり」〈平家・七・倶梨迦羅落〉❷軍勢が集結している所。陣営。陣所。例「その勢八万余騎、先づ天王寺・住吉に陣を張る」〈太平記・六〉❸宮中で、警備の武士が詰めている所。また、その武士。例「陣に左大臣殿の御車や

御前どものあるを、なまむつかしと思し召せど」〈大鏡・師尹〉《敬語》「思し召せど」→「おぼしめす」。❹僧たちの出入り口。例「いまだ果てぬほどに、僧正帰りて侍りしに、陣の外まで僧都見えず」〈徒然・二三八〉《敬語》「帰りて侍りし」→「はべり」。❺「ぢんのざ」に同じ。❻合戦。いくさ。例「大坂冬の陣のとき」〈常山紀談〉

【陣の定め】大臣以下の「公卿」が「陣の座」に着座して行った、日常の政務についての評議。＝陣の座の定め

古典の世界　王朝の閣議「陣の定め」

大臣以下、大納言・中納言・参議以上の公卿が出席する王朝の閣僚会議である。

「陣」とは近衛の詰め所のことである。大臣や納言は、左右近衛の大将（長官）を兼務することから公卿の部屋が近衛府におかれ、諸行事に際して公卿の着座するところを「陣の座」といった。陣の座での評議が「陣の定め」であるが、これが一定の議政形式となるのは、延喜十六年（九一六）に始まるとされる。

議題は内政・外政等国政全般にわたり、議長は上卿といわれ、大臣があたるのが原則。この会議には、天皇・摂関は出席しない。上卿が議案を示し、身分の上級者から順次回覧する。意見は、下級者から順に述べる。新任の参議は発言を控えるのが慣わしであった。出席者の意見は「**定め文**」として記録され、蔵人頭を通して天皇に奏上される。

「陣の定め」に議決権はなく、天皇・摂関が諸卿の並記された意見を参考に、最終決定する。一般的には「陣の定め」が尊重されるが、藤原道長などは公卿一致の意見を無視した決定をすることもあった。

【陣を合はす】合戦のため、敵味方の双方が隊列を寄せ近づける。例「源平両方**陣をあは・せて**時をつくる」〈平家・一一・鶏合 壇浦合戦〉

【陣を取る】軍勢を集めて戦いの準備をする。陣を構える。＝陣取る。例「〔木曾義仲ハ〕能登の小田中、親王の塚の前に**陣をと・る**」〈平家・七・倶梨迦羅落〉

【陣を引く】❶兵に整列させる。宮中の儀式や天皇などが外行するときに、宮中で近衛府の役人に隊列を組ませる。例「宸儀南殿に出御し、近衛階下（＝階段ノ前）に**陣をひ・き**」〈平家・五・富士川〉❷陣営を引きはらい撤退する。

ぢんかう【沈香】［名］❶木の名。ジンコウ。材質が重く、水に沈むところから付けられた名。熱帯地方の産で、良質の用材となるほか、香料を採る。＝沈・沈水。❷①から採った香料。とくに、黒く光沢のある優良品を「伽羅」と称する。

【沈香も焚かず屁も放らず】すぐれてはいないが悪くもないことのたとえ。

ぢんがさ【陣笠】［名］戦国時代から江戸時代にかけて足軽や雑兵が、陣中で兜の代わりにかぶった笠。薄い鉄、もしくは革で作り、漆を塗ったもの。江戸時代には火消しや、非常時に用いられた。

ぢんがね【陣鐘】［名］陣中で、兵士に進退の合図に打ち鳴らした貝鐘（ホラガイ）や、銅鑼もしくは半鐘のこと。

ちんきん【沈金】［名］蒔絵細工の一種。漆器に絵や模様を手彫りして、その彫り目に金粉をはめ込んだもの。室町時代に中国から伝来した。＝沈金塗り・沈金彫り・沈金蒔絵・鎗金

ちんこんのまつり【鎮魂の祭り】［名］「たましづめのまつり」に同じ。

ちんじ【珍事・椿事】［名］思いもよらない出来事。重大事件。珍しい出来事。

ちんじちゅうえう【珍事中夭】［名］（「中夭」は災難の意）思いがけない災難。

ちんじゃう【陳状】［名］❶陳述の文章。❷鎌倉・室町時代、訴訟の際に訴人（原告）の訴状に対して、論人（被告）が提出した答弁書。↔訴状。❸和歌で、歌合わせの判定に不服を申し立てた文章。

ちんじゅ【鎮守】［名］❶兵を置き、原住民の反乱などから、その土地を鎮め守ること。❷村落などの一定の地域で、地霊を鎮め、その土地を守る神。また、その神社。産土神。❸寺院内に安置して、その寺院を守護する神。また、その神を安置する建物。

ちんじゅしゃうぐん【鎮守将軍】［名］「ちんじゅふしゃうぐん」に同じ。

ちんじゅふ【鎮守府】［名］奈良・平安時代、蝦夷を鎮圧するために、陸奥（いまの東北地方）に置かれた役所。初め、多賀城（宮城県）に設置され、のち、胆沢城（岩手県）、平泉（岩手県）などに移った。

ちんじゅふしゃうぐん【鎮守府将軍】［名］「鎮守府」の長官。＝鎮守将軍

ぢんしょ【陣所】［名］「ぢん（陣）②」に同じ。

ちん・ず【陳ず】［他サ変］｛ぜ・じ・ず・ずる・ずれ・ぜよ｝《申し述べるの意》❶言い張る。釈明をする。例「『まったくさること候はず』と**陳・じ**申されければ」〈平家・五・物怪之沙汰〉❷うそをつく。作り事を述べる。

ちんすい［・す］【沈酔】［名・自サ変］はなはだしく酒に酔うこと。酩酊。

ぢんすい【沈水】［名］「ぢんかう①」に同じ。

ちんせい【鎮星】［名］土星の別名。＝填星。

ちんぜい【鎮西】［名］九州のこと。天平十五年（七四三）から二年間、「大宰府」を鎮西府といったことから。

ちんぜいしゃうぐん【鎮西将軍】［名］「鎮西府」の長官。

ちんぜいふ【鎮西府】［名］天平十五年（七四三）に一時、「大宰府」を改称して置かれた役所。将軍・副将軍各一名と判官・主典各二名で構成。

ちんせつゆみはりづき【椿説弓張月】［作品名］江戸後期（一八〇七から一八一一刊行）の読本。二十八巻二十九冊。曲亭馬琴作。源為朝の一代記をつづる。馬琴の長編読本の第一作。

ぢんだい【陣代】［名］❶室町以降の武家の職名。主君に代わって戦陣に赴く者。また、主君が幼いとき、軍務・政務を執る者。❷江戸時代、陣屋で

留守を守る役。地方の代官。

ぢんだいこ【陣太鼓】ジンダイコ[名]戦場で、兵士の進退の合図に鳴らした太鼓。

ぢんたう【陣刀】ジントウ[名]戦場で用いる刀。軍刀。

ぢんぢ【沈地】ジンジ[名]「沈香(ぢんかう)」の木の木地。

ちんちょう[・す／・なり]【珍重】[一][名・他サ変]珍しいものとして大切にすること。例「流俗(りう)の色にはあらず梅(むめ)の花珍重すべき物とこそ見れ」〈拾遺・雑賀・一一二九〉[二][名・形動ナリ]めでたいこと。祝うべきこと。また、そのようす。例「殊(こと)には二の瀬の源六を討ち取る事珍重の至りなり」〈浄・頼光跡目論〉

ちんちん[名]《近世語。「ちんちんかもかも」の略》男女の仲が親密であること。

ぢんぢんばしょりジンジンバショリ[名]「おしょぼからげ」に同じ。

ぢんてんあいなうせう【塵添壒嚢抄】ジンテンアイノウショウ[作品名]室町後期(一五三二成立)の事典。編者未詳。『壒嚢抄』に『塵袋(ちりぶくろ)』の内容を加えたもの。

ぢんとう【陣頭】ジントウ[名]❶軍隊の先頭。❷「陣の座」の席上。❸宮中での衛士(えじ)の詰め所の前。

ちんどく【鴆毒】[名]鴆(鳥の名)の羽にあるという猛毒。

ぢんど・る【陣取る】ジンドル[自ラ四]{ら・り・る・る・れ・れ}「ぢんをとる」に同じ。

ぢんのざ【陣の座】ジンノザ[名]内裏(だいり)での神事・節会(せちえ)・任官などの儀式に公卿(くぎやう)が座った席。＝陣⑤

【陣(ぢん)の座(ざ)の定(さだ)め】ジンノザダメ「ぢんのさだめ」に同じ。

ぢんばおり【陣羽織】ジンバオリ[名]戦場で鎧(よろひ)の上に着た、袖(そで)なしの羽織。具足羽織。

ぢんや【陣屋】ジンヤ[名]❶宮中警固の衛士の詰め所。また、その人。❷軍勢が集まっている所。軍営。陣営。❸江戸時代、居城のない小藩の大名の居所。また、郡代・代官などの役所。

ちんりん[・す]【沈淪】[名・自サ変]❶深く沈むこと。沈んで浮かばないこと。例「西海(さいかい)の波に漂ひ、生死(しやうじ)の海に沈淪せり」〈謡・八島〉❷落ちぶれること。零落すること。例「父子ともに沈淪のうれへをいだけり」〈保元・上〉

つ

―つ【個・箇】[接尾]《数詞に付いて》物を数えるときに用いる。例「白玉の五百(いほ)つ」〈万葉・一〇・二〇一二〉

つ【津】[名]船着き場。港。渡し場。

つ【唾】[名]つば。唾液(だえき)。よだれ。

つ[格助]《上代語》所属・位置を示し、連体修飾語をつくる。…の。…にある(いる)。例「わたつみの沖つ白波立ち来(く)らし海人娘子(あまをとめ)ども島隠(がく)る見ゆ」〈万葉・一五・三五九七〉訳海原の沖の白波が立って来たようだ。海人おとめたちが島に隠れるのが見える。

〈接続〉多く体言に付く。

[発展学習ファイル] 中古以降は「○つ○」という一熟語(複合語)として用いられ、「昼つ方」「天つ風」など、慣用的な言い方の中に残るのみとなった。

つ[接助]《完了の助動詞「つ」の転じたもの》《多く「…つ…つ」の形で》動作を並列的に示す。…たり…たり。例「かけ足になつつ、あゆませつ、はせつ、ひかへつ」〈平家・一一・勝浦〉訳駆け足になったり、歩ませたり、(馬を)馳(は)せたり、(手綱を)引いたりして(山を越えた)。〈音便〉「なっ」は「なり」の促音便。

〈接続〉動詞の連用形に付く。

〈参考〉完了の助動詞「つ」の用法に含める説もある。

つ[助動タ下二型]⇨八三ページ「特別コーナー」

つ【津】[地名]伊勢国(いせのくに)の地名。いまの三重県津市。伊勢湾に面し、古くから港(津)であったことが地名の由来。＝安濃津(あのつ)

づ【図】[名]❶絵図。地図。図式。❷ようす。光景。❸はかりごと。思うつぼ。❹十二律の各音階の正しい調子を書き表したもの。

づ【出】[自ダ下二]{で・で・づ・づる・づれ・でよ}出る。例「武蔵野のうけらが花の色に出(づ)なゆめ」〈万葉・一四・三三七六〉

つい【終】歴史的かなづかい「つひ」

つい―[接頭]《「つき」のイ音便》《動詞に付いて》素早く、ちょっと、ふと、突然になどの意を表す。「つい挿(さ)す」「つい立つ」など。

ついゐる【突い居る】歴史的かなづかい「ついゐる」

ついえ【費え・弊え】歴史的かなづかい「つひえ」

ついかう【追孝】ツイコウ[名]亡くなった父母や祖先の冥福(めいふく)を祈って孝養を尽くすこと。

ついがう【追号】ツイゴウ[名]天皇の崩御後に贈る名号。

ついがき【築垣・築墻】[名]《「ついかき」とも。「つきかき」のイ音便》「ついぢ①」に同じ。

ついがさね【衝重ね】[名]《「つきがさね」のイ音便》ヒノキの白木で作った四角形の折敷(をしき)に台をつけたものの総称。食器などを載せるのに用いた。台の三面に穴のあるものを三方(さんばう)、四方に穴のあるものを四方(しはう)、穴のないものを供饗(くぎやう)という。➡[古典参考図]調度類〈2〉

ついく【対句】[名]修辞法のひとつ。表現形式が同じで相対する内容をもつ二つ以上の句を並べて用いる手法。また、それらの句。もとは漢詩文の修辞であったが、わが国でも記紀歌謡などで古くから用いられ、とくに和漢混交文では『方丈記』『平家物語』が効果的に用いた。

ついくぐ・る【突い潜る】[自ラ四]{ら・り・る・る・れ・れ}《「つきくぐる」のイ音便》さっとくぐる。例「すこしもさわがず、あがる矢をばついくぐり、さがる矢をばをどりこえ」〈平家・四・橋合戦〉

ついさ・す【突い挿す】[他サ四]{さ・し・す・す・せ・せ}《「つきさす」のイ音便》無造作にちょいと挿す。挟む。例「紐(ひも)につい挿しなどしておはす」〈宇津保・国譲・上〉

ついじ【築地】歴史的かなづかい「ついぢ」

ついしょう[・す]【追従】[名・自サ変]《「ついそう」「ついせう」とも》❶人のあとにつき従うこと。例「童(わらは)なれば、宿直人(とのゐびと)などもことに見入れ追従せず」〈源氏・空蟬〉❷こびへつらうこと。ごきげんをとること。例「鹿(しか)を馬(むま)と言ひけむ人のひがめるやうに追従する」〈源氏・須磨〉

ついす・う【突い据う】[他ワ下二]{ゑ・ゑ・う・うる・うれ・ゑよ}《「つきすう」のイ音便》❶手荒く座らせる。例「おとどの御

つ［完了の助動詞］

アプローチ ▼〈行為・作用の実現した姿をしっかりとらえて述べる〉気持ちの助動詞。
▼基本的な用法は行為・作用が完成したことを表すこと(①)で、完了の助動詞と呼ばれる。「聞きつ」は「聞いた」というように、一般には「…た」と訳せばよい。
▼一部「…た」と訳せない場合があるので要注意。それが②で、確述(または強意)の用法と呼ばれる。

接続 活用語の連用形に付く。
活用 下二段型

基本形	未然形	連用形	終止形	連体形	已然形	命令形
つ	て	て	つ	つる	つれ	てよ

意味	訳語	用例
❶**完了を表す**。行為・作用が完結した意。	…た …てしまった	例「内裏(うち)にさぶらひ暮らしたまひ**つ**」〈源氏・末摘花〉 訳 宮中にお仕えして日暮れまでお過ごしになっ**た**。 例「まこと蓬萊(ほうらい)の木かとこそ思ひ**つれ**」〈竹取・蓬萊の玉の枝〉 訳 本当に蓬萊の木かと思っ**てしまった**。
❷**確述(強意)を表す**。「…た」の意味はない。 ㋐「つべし」「てむ」のように、下に推量の助動詞「べし」「む」が付く場合。その行為・作用が実現したイメージをしっかりとらえた上で、推量の意を付け加える。結果として下の「べし」「む」の意を強める。「べし」「む」が意志などを表す場合も同様。	きっと…(だろう・そうだ・にちがいない) …てしまう(にちがいない) …てしまおう	例「恥をも忘れ、盗みもし**つ**べきことなり」〈徒然・一四二〉 訳 恥をも忘れ、盗みもし**てしまう**にちがいないことである。 例「この酒を飲み**て**む」〈伊勢・八三〉 訳 この酒を飲ん**でしまお**う。 (注)強めの気持ちが出るように工夫して訳せばよい。「つべし」「てむ」の「つ」「て」には「…た」の意はないので「…ただろう」などと解釈しないこと。「てまし」の場合も同様。
㋑「てよ」(「つ」の命令形)や「てばや」(「つ」の未然形＋終助詞「ばや」)の場合。命令・願望の気分を強める。	…てしまえ …てしまい(たい)	例「門(かど)よくさし**てよ**」〈徒然・一〇四〉 訳 門をしっかり閉め**てしまえ**。 例「この童(わらは)殺し**て**ばや」〈和泉式部日記〉 訳 この子供を殺し**てしまい**たい。
㋒右の㋐㋑以外にも実現したイメージをしっかりとらえて述べる場合がたまにある。	(強めの気持ちが出るように訳す)	例「恐ろしげなること、命限り**つ**と思ひ惑はる」〈更級〉 訳 (波や風の)恐ろしそうなことといったら、間違いなく、命はおしまいだろうと思って、どうしてよいかわからない。

発展学習ファイル (1)**「つ」と「き」「けり」** 「つ」(①の用法)は、たとえば、「聞く」なら「聞く」という行為が、「いま始まったところだ」とか「いま行われているところだ」というのではなく、「すでに終わってしまった」ということを表す表現、つまり、行為の一連の過程に注目した場合に、「それが実現・完成した」ことを表す完了の助動詞である。これに対して、「き」「けり」は、その出来事が過去のことか現在のことかという時間に注目した場合に、「それが過去のことである」ことを表す過去の助動詞である。似てはいるが、このように性質が違うため、「つ」と「き」「けり」は併用されることがあり、その場合は「てき」(「つ」の連用形＋「き」)「てけり」(「つ」の連用形＋「けり」)となる。これらは「…てしまった」と訳せばよい。
(2)**「つ」と「ぬ」** 「つ」と似た完了・確述の助動詞に「ぬ」がある。「つ」と「ぬ」の違いは、「つ」が意志的で「ぬ」は自然推移的であるとだいたいはいえる。現代語に訳す場合は「つ」も「ぬ」も同じように訳してよい。
(3)「つ」(接続助詞)は、本項の「つ」が転じたもの。→「つ」〔接助〕

前(まへ)に引き出(い)で来て、はくりと(＝ドタリト)**ついすゑら**れて」〈落窪・一〉❷無造作に置く。

ついぜん【追善】〔名〕(仏教語)死者の冥福(めいふく)を祈り、その年忌などに仏事供養を営むこと。＝追福(ついふく)

ついそう［・す］【追従】〔名・自サ変〕「ついしょう」に同じ。

ついぞう［・す］【追贈】〔名・他サ変〕生前、勲功のあった人に、その死後、官位などを贈ること。

ついたう［・す］【追討】(ツイトウ)〔名・他サ変〕賊を追いかけて行って討つこと。討っ手を差し向けて征伐すること。＝追罰(ついばつ)

ついたち【朔日】〔名〕(「つきたち(月立ち)」のイ音便)❶(陰暦で)**月の上旬。月初め。** 例「四月の晦(つごもり)、五月の**朔日**(ついたち)のころほひ、橘(たちばな)の、葉の濃く青きに」〈枕・木の花は〉❷(陰暦で)月の第一日。**一日。** 例「時は三月(やよひ)の**ついたち**」〈伊勢・三〉①②↕晦日。

ついたちごろ【朔日頃】[名]月の初めの約十日間。上旬。初旬。

ついたちさうじ【衝立障子】[名]「ついたてしゃうじ」に同じ。

ついたちしゃうじ【衝立障子】[名]「ついたてしゃうじ」に同じ。

ついた・つ【突い立つ】《「つきたつ」のイ音便》一[自タ四]{た・ち・つ・つ・て・て}さっと立ち上がる。例「帰りたければ、ひとり**つい立ち**て行きけり」〈徒然・六〇〉 二[他タ下二]{て・て・つ・つる・つれ・てよ}突き立てる。例「火箸を忍びやかに**つい立つる**も」〈枕・心にくきもの〉

ついたてさうじ【衝立障子】[名]《「つきたてさうじ」のイ音便》「ついたてしゃうじ」に同じ。

ついたてしゃうじ【衝立障子】[名]《「ついたちさうじ」「ついたちしゃうじ」「ついたてさうじ」とも。「つきたてしゃうじ」のイ音便》「襖障子」に木の台をつけた形のもので、室内に立てて仕切りや隔てにする家具。多く、両面に絵を描く。現在の、ついたて。

ついぢ【築地】[名]《「つきひぢ」のイ音便「ついひぢ」の変化形》❶土塀。柱を立て、板を芯にして、泥で塗り固め、屋根を瓦で葺いた塀。＝築垣・築泥。↓[古典参考図]門・塀・垣。❷（①はもともと貴族の家だけに用いられたことから）公卿。上流貴族。

古典の世界　土で築いたものであるため、崩れたり草が生えたりすることも多く、屋敷の荒廃を表現するものとして、文学作品でもしばしば取り上げられた。

ついで【序】[名]

アプローチ ▼動詞「序づ」の連用形の名詞化で、序列、とくに身分の序列にかかわる語であった。
▼身分昇進の時期を表す場合が多かったため、「機会」「場合」の意となったという。

❶**序列。順序。** 例「多くの**序**を越してこそ、大臣の位にはなしつれ」〈宇津保・忠こそ〉 訳身分の**序列**を大幅に飛び越えさせて、とくに大臣の位につけたのだ。❷**折。機会。場合。** 例「人々集まりて、秋の夜惜しむ歌よみける**ついで**によめる」〈古今・秋上・一九〇詞書〉 訳歌人たちが集まって、秋の夜を惜しむ歌を詠んだ**折**に(私が)詠んだ(歌)。〔注〕勅撰和歌集の詞書では、「よめる歌」の「歌」の部分を省略する場合が多い。

〔**序無し**〕何のきっかけ・理由もない。突然だ。例「さるべき**ついでな**くて、院にもまた、え申したまはざりけり」〈源氏・柏木〉

ついと[副]《近世語》素早く。さっと。例「**ついと**立って廊下へ出てゆく」〈情・梅児誉美〉

ついな【追儺】[名]陰暦十二月の大晦日に宮中で行われた、悪鬼を追い払う中国伝来の儀式。「大舎人」が鬼に扮し、殿上人が桃の弓とアシの矢で射て追う。民間にも伝わった。いまの節分の豆まき。＝鬼遣らひ・儺。（季―冬）

ついはう[・す]【追放】[名・他サ変]❶追い払うこと。例「いふ甲斐無し。速やかに**追放せられよ**」〈今昔・二九・一〇〉 ❷江戸時代の刑罰のひとつ。犯罪者を一定の区域内で居住することを禁じること。

ついばつ[・す]【追罰】[名・他サ変]「ついたう」に同じ。

ついば・む【啄む】[他マ四]{ま・み・む・む・め・め}《「ついはむ」とも。「つきはむ」のイ音便》鳥がくちばしで物をつついて食べる。

ついひぢ【築泥・築地】[名]《「つきひぢ」のイ音便》「ついぢ①」に同じ。

〔**築泥の崩れ・築地の崩れ**〕「築泥」の崩れた所。例「わらはべの踏みあけたる**ついひぢの崩れ**より〔男ハ女ノモトニ〕通ひけり」〈伊勢・五〉

ついひらが・る【突い平がる】[自ラ四]{ら・り・る・る・れ・れ}《「つきひらがる」のイ音便》平べったくなる。はいつくばる。例「虎と、人の香を嗅ぎて**ついひらがりて**」〈宇治拾遺・三・一九〉

ついぶ[・す]【追捕】[名・他サ変]《「ついほ」「ついふく」「ついふ」とも》❶悪人を追って捕らえること。逮捕。例「祖の家に行きて、この由をいひて、**追捕せ**むとするに」〈今昔・二九・三〉 ❷奪い取ること。略奪。また、没収。例「一粒をも刈り採り、民屋の一つをも**追捕し**たらんずる者をば」〈太平記・一六〉

ついふく【追福】[名]「ついぜん」に同じ。

ついふく[・す]【追捕】[名・他サ変]「ついぶ」に同じ。

ついぶし【追捕使】[名]《「ついふし」「ついふくし」「ついぶくし」とも》「令外の官」のひとつ。平安時代に賊徒の逮捕や反乱の鎮圧にあたった臨時職。のちに常置となった。国司・郡司などから選ばれた。

ついまつ【続松】[名]《「つぎまつ」のイ音便》❶「たいまつ」に同じ。❷（斎宮の上の句に業平が「ついまつ」の墨で下の句を書き継いだという『伊勢物語』の故事から）歌がるたの別称。

つい・ゐる【突い居る】[自ワ上一]{ゐ・ゐ・ゐる・ゐる・ゐれ・ゐよ}《「つきゐる」のイ音便》❶かしこまって座る。例「『こちや(＝コチラヘ)』と言へば、**つい・ゐたり**」〈源氏・若紫〉 ❷軽く腰をおろす。例「法師の登りて、木の股に**つい・ゐて**物見るあり」〈徒然・四一〉

つう[・なり]【通】一[名]神通力。二[名・形動ナリ]世情や人情に通じているようす。とくに、遊里の事情に明るく、態度などが洗練されているようす。また、その人。↕野暮

つうげんそうまがき【通言総籬】[作品名]江戸後期（一七八七刊行）の洒落本。山東京伝作。遊里のうわさ話と遊びのようすを、実在の遊女屋・人物をモデルとし、流行の先端の風俗を交えて活写する。洒落本を完成の域にまで高めた作品。

つうじ[・す]【通事・通辞】[名・自サ変]❶通訳をすること。また、通訳をする人。❷間に入って取り次ぐこと。例「夫はなまなか目礼ばかり女房そばから**つうじ・して**」〈浄・傾城反魂香〉

つうじん【通人】[名]《近世語》世情に精通している人。遊里の事情に明るい人。粋人。＝通り者

つうりき【通力】[名]何事も自由自在にこなし得る超人的な力。神通力。霊力。＝通

つうろ[・す]【通路】[名・自サ変]❶通行の道路。

通り道。❷往来すること。通うこと。交際すること。

つか【束】[名]❶古代における長さの単位。親指以外の四本の指を握った幅ぐらいの長さ。例「その尺僅わづかに十と束なれば」〈太平記・三六〉❷束ねたものを数える単位。例「稲二ふた束二把たば」〈紀・孝徳〉

つか【柄】[名]❶刀剣や弓などの、手で握る部分。❷筆の軸。

つか【塚】[名]❶土を小高く盛り上げて築いた墓。また、一般に墓。❷目印にするために土を盛った所。

つが【栂】[名]（「とが（のき）」とも）木の名。

つがい【番い】歴史的かなづかい「つがひ」

つかうまつりさ・す【仕うまつり止す】ツコウマツリサス[自サ四]{さ・し・す・す・せ・せ}（「仕うまつり」は仕えるの意の謙譲語。「さす」は動作を中断する意の接尾語）❶お仕え申し上げることを途中でやめる。例「親にも仕うまつりさして」〈源氏・柏木〉❷（「仕うまつり」は奉仕する意の謙譲語）（目上の人のために何かを）行ったりつくったりし申し上げることを途中でやめる。例「かく朝廷おほやけの御後ろ見を仕うまつりさして」〈源氏・若菜・上〉

つかうまつりびと【仕うまつり人】ツコウマツリビト[名]朝廷や貴人にお仕え申し上げる人。奉公人。

つかうまつ・る【仕う奉る】ツコウマツル[自ラ四][他ラ四][補動ラ四]{ら・り・る・る・れ・れ}

アプローチ
▼本来「仕える」意の謙譲語(一)で、仕える相手を高める。
▼そこから、「…して奉仕する」意を経て「何かをする」意の謙譲語(二)①となり、一部、謙譲の補助動詞の用法(三)①も生じた。
▼数は少ないが、主語を低めて聞き手に対する敬意を示す丁寧語に近い用法(二)②、(三)②も生じた。

（「つかへまつる」のウ音便）(一)[自ラ四]「仕える」の意の謙譲語。「(AがBに)つかうまつる」で、B（仕える相手）を高める。お仕えする。例「深草のみかどになむつかうまつりける」〈伊勢・一〇三〉訳（男は）深草の帝みかど（＝仁明にんみやう天皇）にお仕えしたのだった。（係結び）「なむ→つかうまつりける(体)」

(二)[他ラ四]❶「何かをする・奉仕する」意の謙譲語。「(AがBに)つかうまつる」で、B（奉仕する相手）を高める。文脈に応じていろいろな意味になる。（お・ご）…申し上げる。例「菊の花のおもしろきを植ゑて、御まうけつかうまつれりけり」〈大和・一七三〉訳菊の花で趣深いのを植えて、（帝の石山詣もうでの）御準備をし申し上げたのだった。例「琵琶びはは少将命婦つかうまつる」〈源氏・絵合〉訳（宮中での宴で）琵琶は少将命婦がお弾き申し上げる。

❷「（何かを）する」意の謙譲語だが、行為の向かう先を高める働きを失い、単に主語を低めるもの。聞き手に対して丁重に述べ、聞き手への敬意を示す効果をもつので、実際の働きは丁寧語に近い。いたします。例「狐きつねのつかうまつるなり。この木のもとになん、時々あやしきわざしはべる」〈源氏・手習〉訳狐がいたしますのです。この木のもとで、時々奇怪なことをいたしますよ。（係結び）「なん→しはべる(体)」。（敬語）「しはべる」→「はべり」

(三)[補動ラ四]（動詞の連用形に付いて）❶「（AがBに）…つかうまつる」でB（行為の向かう先）を高める謙譲語。お（ご）…する。お（ご）…申し上げる。例「御乳母めのとたちだに、心にまかせたること、ひき出いだしつかうまつるな」〈源氏・澪標〉訳御乳母たちだけは、自分の考えにまかせたことを（前斎宮に対して）お引き起こし申し上げるな。

❷（(二)②の補助動詞用法）その主語を低め、聞き手に対して丁重に述べ敬意を示す謙譲語。実際の働きは丁寧語に近い。…ております。…ます。例「いかでか。片目もあきつかうまつらでは」〈枕・僧都の御乳母のままなど〉訳どうして（読めましょうか）。片目も開いておりません（＝読み書きできません）のでは。

発展学習ファイル　主として中古に用いられた語。中古後期以降は「つかまつる」に転じ、丁寧語に近い謙譲語の用法がさらに発達した。

つかえまつる【仕え奉る】歴史的かなづかい「つかへまつる」

つかさ【長・首】[名]主要人物。かしら。頭目。

つかさ【官・司・寮】[名]❶役所。官庁。例「かの寮におはして見たまふに」〈竹取・燕の子安貝〉。（敬語）「おはして見たまふ」→「おはす」「たまふ（四段）」。❷官職。官位。例「除目ぢもくに官得ぬ人の家」〈枕・すさまじきもの〉❸役人。官吏。例「六衛ゑの司あはせて二千人の人を」〈竹取・かぐや姫の昇天〉

つかさ【阜】[名]土地の小高くなっている所。

つかさかうぶり【官冠・官爵】ツカサコウブリ❶官職と位階。官位。❷「年官ねんくわん」と「年爵ねんしやく」。

つかさくらゐ【官位】ツカサクライ官職と位階。

つかさど・る【司る】[他ラ四]{ら・り・る・る・れ・れ}職務として執り行う。担当する。

つかさな【官名】[名]官名。役職の名。

つかさびと【官人】[名]役人。官吏。

つかさまうし【官申し】ツカサモウシ[名]官職を得たいという希望を上申すること。

つかさまさり[名]官位の昇進。

つかさめし【司召し】[名]「司召しの除目ぢもく」の略。↔県召あがためし

司召つかさめしの除目ぢもくツカサメシノジモク　在京の諸官を任命する朝廷儀式。平安中期以降、秋に行われたので、「秋の除目」ともいう。＝司召し。↔県召あがためしの除目。（季−秋）

つがていしょう【都賀庭鐘】[人名]（一七一八−一七九四？）江戸中期の読本よみほん作者。号は近路行者きんろぎょうじゃ。もと儒医だが、白話はくわ小説の影響を受け、翻案を手がけた。それがのちに『英草紙はなぶさぞうし』などとして発表された。

つかなみ【束並み・稾藉】[名]山家や農家などで用いる、わらを畳の広さに編んだ敷物。わらぐみ。

つか・ぬ【束ぬ】[他ナ下二]{ね・ね・ぬ・ぬる・ぬれ・ねよ}❶ひとつにまとめてくくる。束ねる。例「か黒し髪をま櫛くしもちここにかき垂たれ取り束・ね」〈万葉・一六・三七九一長歌〉❷一か所に集める。例「金を束・ねてその主ぬしへ早う届けて下さんせ」〈浄・冥途の飛脚〉❸両手を合わせる。例「〔鬼ハ〕この行ひ人にあひて手をつか・ねて泣く事限りなし」〈宇治拾遺・一・一〇〉

つかねを【束ね緒】ツカネオ[名]物を縛るひも。結びひも。

つかのあひだ【束の間】[名]《「つかのま」とも》ちょっとの間。ごく短い間のたとえ。

つがのきの【栂の木の・樛の木の】[枕詞]《「とがのきの」とも》「つが」の類音の繰り返しから「つぎつぎ」にかかる。例「**つがのき**のいや継ぎ継ぎに」〈万葉・一九・四二六六長歌〉

つかのま【束の間】[名]「つかのあひだ」に同じ。

つかはしめ【使はしめ】❶神仏の使い。使者。❷神仏が使役するという動物。比叡の猿、稲荷の狐、春日の鹿、八幡の鳩、弁天の蛇など。＝使ひ③

つかは・す [他サ四]{さ・し・す・す・せ・せ} 一【使はす】《動詞「す」の未然形＋上代の尊敬の助動詞「す」》**お使いになる。お召しになる。** 例「**使は・し**し御門の人も白たへの麻衣着て」〈万葉・二・一九九長歌〉 二【遣はす】❶《「遣る」の尊敬語》(人を使者として)**おやりになる。おつかわしになる。** 配流・追放の意にも用いる。例「常よりも思し出づること多くて、靫負命婦といふを**遣は・す**」〈源氏・桐壺〉《敬語》「思し出づる」→「おぼす」。❷《「与ふ」「贈る」の尊敬語》(使者を通じて物を)**お与えになる。お贈りになる。** 例「ありつる御随身して**遣は・す**」〈源氏・夕顔〉 ❸《①②の尊敬の意が薄れた用法。歌の詞書や会話・手紙文などで、聞き手に対するかしこまった言い方として用いられる》(人を)やります。行かせます。(物を)やります。贈ります。くれます。例「八重桜を折りて人の**遣は・し**て侍りければ」〈新古今・春上・九〇詞書〉

発展学習ファイル　中古までは、原則として「る」「給ふ」などの他の尊敬語を伴わないが、中世以降、敬意が薄れるにつれて、「上達部五人を**つかは・され**けり」〈古今著聞・六五九〉の例のように、他の尊敬語を伴うことが多くなった。

つかひ【使ひ・遣ひ】[名]❶使者。❷召し使い。側女。❸「つかはしめ②」に同じ。❹費用。

つがひ【番ひ】[名]❶一対。ひと組。組み合わせ。また、動物の雌雄一対。❷つなぎ目。関節。❸折。時分。ちょうどよい機会。

つかひがら【使ひ柄】[名]使者の役目。使者の仕事ぶり。

つかひざね【使ひ実】[名]使者の中の主要な人。正使。

つかひな・す【使ひ成す】[他サ四]{さ・し・す・す・せ・せ}使いこなす。例「たをやかに**つかひな・し**たる撥のもてなし」〈源氏・若菜・下〉

つかひばん【使ひ番】[名]❶室町中期、軍陣で伝令・敵陣への使者などの役を務めた者。❷江戸幕府の役職。若年寄の配下で、将軍の上使として諸国巡察や大名の監察などを行った。❸江戸時代、将軍家大奥の女中の職名。❹買い物など使い走りをする者。

つかひびと【使ひ人】[名]❶召し使い。使用人。❷使者。❸「しじん(資人)」に同じ。❹めかけ。側女。

つか・ふ【使ふ・遣ふ】[他ハ四]{は・ひ・ふ・ふ・へ・へ}❶**雇って働かせる。用事をさせる。** 例「下種にもあらねば、人にやとはれ、**使・は**れもせず」〈大和・一四八〉 ❷**用いる。役に立てる。** 例「竹をとりつつ、よろづのことに**つか・ひ**けり」〈竹取・かぐや姫〉 ❸(心を)**働かせる。** 例「わが心の乱れに任せて、あながちなる心を**つか・ひ**てのち」〈源氏・宿木〉 ❹(ことば・知恵・術などを)**操る。** 例「男も女も、言葉の文字いやしう**使・ひ**たるこそ、万のことよりまさりて、わろけれ」〈枕・ふと心劣りとかするものは〉《音便》「いやしう」は「いやしく」のウ音便。《係結び》「こそ→わろけれ(已)」。❺**方法をとる。行う。** 例「すべなくて、逃げめを**つか・ひ**て」〈源氏・帚木〉 ❻**消費する。費やす。**

つか・ふ【仕ふ】[自ハ下二]{へ・へ・ふ・ふる・ふれ・へよ}❶目上の人のそばにいて用をする。**仕える。** 例「遠長く**仕・へ**むものと思へりし君しまさねば心ど(＝シッカリシタ気持チ)もなし」〈万葉・三・四五七〉 ❷官職に就いて、その職務をする。**仕官する。** 例「古に君の三代経て**仕・へ**けり我が大主は七代申さね」〈万葉・一九・四二五六〉

つか・ふ【付かふ・着かふ】《動詞「付く」の未然形＋上代の反復・継続の助動詞「ふ」》たびたびつく。また、ついている。例「湊より辺へ**付か・ふ**時に放くべきものか」〈万葉・七・一四〇二〉

つが・ふ【番ふ】{は・ひ・ふ・ふ・へ・へ} 一[自ハ四]ふたつのものが組み合わさる。対になる。いっしょになる。例「池水に**つが・は**ぬ鴛鴦の思ふ心を」〈千載・恋三・七八七〉 二[他ハ四]❶ふたつのものを組み合わせる。対にする。いっしょにする。例「蔵人して、削りくづを**つが・は**してみよ」〈大鏡・道長・上〉 ❷矢を弓の弦にあてる。つがえる。例「与一鏑をとって**つが・ひ**、よっぴいてひゃうどはなつ」〈平家・一一・那須与一〉 ❸かたく約束する。例「『よろしく事をはからふべし』と初め**つが・ひ**し秩父の言葉」〈浄・ひらかな盛衰記〉

つがふ【都合】[副]合計。総計。ひっくるめて。

つが・ふ【継がふ】《上代語。動詞「継ぐ」の未然形＋反復・継続の助動詞「ふ」》長く継いで行く。例「言霊の幸はふ国と語り継ぎ言ひ**継が・ひ**けり」〈万葉・五・八九四長歌〉

つかぶくろ【柄袋】[名]刀や脇差の柄を覆う袋。雨や雪よけのもので、旅行のときなどに用いる。

つかぶな【束鮒】[名]《「束」は握った指四本の幅》こぶしほどの大きさのフナ。

つかへどころ【仕へ所】[名]❶仕える所。仕えることに適した場所。❷「検非違使」の庁。❸「院の庁」に仕える、無位無官の人。

つかへまつ・る【仕へ奉る】{ら・り・る・る・れ・れ}《動詞「仕ふ」の連用形＋補助動詞「奉る」》一[自ラ四]「仕える」意の謙譲語。「(AがBに)つかへまつる」で、B(仕える相手)を高める。**お仕えする。** 例「降る雪の白髪までに大君に**つかへまつ・れ**ば」〈万葉・一七・三九二二〉 二[他ラ四]「何かをして(つくって)奉仕する」意の謙譲語。「(AがBを)つかへまつる」で、B(奉仕する相手)を高める。**ご奉仕申し上げる。お造りする。** 例「天地とあひ栄えむと大宮を**つかへまつ・れ**ば」〈万葉・一九・四二七三〉

発展学習ファイル　平安時代に入ってからは「**つかうまつる**」「**つかまつる**」の形で用いられた。

つかまき【柄巻き】[名]組み糸や皮などで、刀剣の柄を巻くこと。また、それを職業とする者。

つかまつ・る【仕る】［自ラ四］［他ラ四］｛ら・り・る・る・れ・れ｝

> **アプローチ** ▼中古後期以降、「つかうまつる」にかわって用いられた語。
> ▼基本的に「つかうまつる」と同じ意味であるが、「仕える」の意の謙譲語（一）としてはあまり多く用いられず、「…する」の意の謙譲語としての用法（二）①や丁寧語に近い用法（二）②のほうが発達した。

《「つかうまつる」の変化形》**一**［自ラ四］「仕える」の意の謙譲語。「（AがBに）つかまつる」で、B（仕える相手）を高める。**お仕えする**。例「堀河の左大臣殿は、御社まで**つかまつ・ら**せ給ひて」〈大鏡・道長・下〉訳堀河の左大臣殿は、神社まで（上東門院のお出ましに）**お仕え**なさって。《敬語》「つかまつらせ給ひて」→「せたまふ」

二［他ラ四］❶「何かをする・奉仕する」の意の謙譲語。「（AがBに）つかまつる」で、B（奉仕する相手）を高める。文脈に応じていろいろな意味になる。（お・ご）…**申し上げる**。例「これは法皇の御幸ぞ、あやまちつか**まつ・る**な」〈平家・八・鼓判官〉訳これは法皇のお出ましだぞ。間違いを**し申し上げる**な。

❷「（何かを）する」意の謙譲語だが、行為の向かう先を高める働きを失い、単に主語を低めるもの。聞き手に対し丁重に述べ、聞き手への敬意を示すので、実際の働きは丁寧語に近い。漢語の後に付く場合は補助動詞用法となる。**いたします**。例「さがなきわらはべどもの**つかまつ・り**ける、奇怪に候ふことなり」〈徒然・二三六〉訳わんぱくな子供たちが**いたしました**ことで、けしからぬことでございます。《敬語》「奇怪に候ふ」→「さうらふ」。例「心の及び候はんほどは、奉公**仕・り**候ふべし」〈平家・一〇・千手前〉訳気のつきます限りは、奉公**いたしましょう**。《敬語》「及び候はん」「奉公仕り候ふ」→「さうらふ」

つかみづら【摑み面】［名］《近世語》欲張った顔つき。また、欲張りな者。

〔俳句〕**つかもうごけ…**【塚も動け我が泣く声は秋の風】〈おくのほそ道・金沢・芭蕉〉訳私の慟哭にこたえて、塚も動いてくれ。君を悼んで私の泣く声は、哀切な響きをさせて吹きわたる秋風と一体になって、君の塚の上をめぐっている。（季－秋の風－秋）

つがもな・い［形口語型］《近世語。「つがなし」を強調していう語》❶とんでもない。むちゃくちゃだ。例「あんまり**つがもな・い**よい天気ぢゃによって」〈洒・遊子方言〉❷あってはならない。不都合だ。例「父様に**つがもな・い**こと言やんなや」〈浄・百合若大臣野守鏡〉❸《他を卑しめ、あなどっていう語》ばかばかしい。

-づから［接尾］❶（人体の部分や動作を表す名詞に付いて）…から、…まま、…で。「心**づから**」「み**づから**」など。❷（人を表す名詞に付いて）…の関係にあるの意を表す。「従弟**づから**」など。

つからか・す【疲らかす】［他サ四］｛さ・し・す・す・せ・せ｝《「かす」は接尾語》❶疲れさせる。例「馬の足**つからか・して**」〈平治・上〉❷欠乏させる。例「京都を攻めて兵糧を**つからか・し**候ふ程ならば」〈太平記・一六〉

つか・る【疲る】［自ラ下二］｛れ・れ・る・るる・るれ・れよ｝❶疲れる。❷飢える。腹がへる。例「すでに峰にいたりて、**つか・れ**たまふ」〈紀・景行〉

つが・る【鎖る・連る】［自ラ四］｛ら・り・る・る・れ・れ｝つながる。連なる。→「いつがる」

つがる【津軽】［地名］陸奥国の地名。いまの青森県西半部の総称。江戸時代、津軽家弘前藩が治め、平野部では新田開発が進められた。

つかわす【遣わす・使わす】歴史的かなづかい「つかはす」

-つき［接尾］（人体各部を示す名詞に付いて）それらのようすや格好の意を表す。「顔**つき**」「口**つき**」など。

-つき【坏・杯】［接尾］器に盛った飲食物を数える語。…杯。

つき【月】［名］❶月。**月光**。とくに、秋の澄みわたった月。（季－秋）。❷月がまったく見えない夜から、次の見えない夜までの期間。**ひと月**。陰暦では二十九日か三十日。一年は十二か月または十三か月（閏月のある年）。❸**月経**。

〔**月変ふ**〕月が改まる。例「雁が音の聞こゆる空ゆ月立ち渡る」〈万葉・一〇・二二二四〉❷月が改まる。

〔**月立つ**〕❶月が出る。

〔**月に明かす**〕月を眺めながら夜を明かす。例「月立・たば時もかはさず」〈万葉・一七・四〇〇八長歌〉

〔**月に異に**〕毎月。月ごとに。

〔**月に日に異に**〕月がたち、日がたつとともに。例「我は恋増さる**月に日に異に**」〈万葉・四・六九八〉

〔**月に磨く**〕月光に照らし出され、景色が美しくなる。例「月に磨・ける玉津島」〈太平記・五〉

〔**月の色人**〕月の美しいことを美人にたとえていう語。例「その名も**月の色人**は、三五夜中の空にまた、満願真如の影となり」〈謡・羽衣〉

〔**月の宴**〕月見の宴。月を見ながら催す宴。陰暦八月十五日の夜に行う。（季－秋）

> **古典の世界**　**文学作品の中の「月の宴」**
>
> 宮廷での「月の宴」は、延喜（九〇一～九二三）のころから催されたという記録がある。村上天皇の康保三年の八月十五日に行われた「月の宴」は、人目をおどろかすほど雄大かつはなやかであったことが、『栄花物語』の「月の宴」の巻に描かれている。清涼殿の庭前に前栽を植え込み、宮廷の装飾を担当した「絵所」が大井川の景色などを描いて背景とし、宮中の調度品などを担当した「造物所」が洲浜に松竹などを彫りつけたりして飾り立てた、みごとな舞台づくりであった。そして、殿上人を左右に分けて、にぎやかに、前栽合わせや詠歌を競った。『源氏物語』の「須磨」の巻に、「月のいとはなやかにさし出でたるに、今宵は十五夜なりけり、と思し出でて、殿上の御遊び恋しく…」とあるのは、この月の宴を指している。
>
> 王朝時代には、大小公私の月の宴がしきりに催され、そういう機会に生まれた和歌や物語が、月の文学の一系列をかたちづくっている。

〔**月の面**〕「つきのかほ」に同じ。

〔**月の桂**〕中国の伝説で、月に生えている高さ五百丈(=約一五〇〇メートル)の桂の木。(季-秋)。例「久方の**月の桂**も秋はなほ紅葉すればや照りまさるらむ」〈古今・秋上・一九四〉訳→〔和歌〕ひさかたのつきのかつらも…

〔**月の顔**〕月の表面。また、月。とくに、照り輝いている月。=月の面。(季-秋)

古典の世界　月は賞美の対象として文学作品に盛んに描かれたが、その一方で、「月の顔見るは、忌むこと」〈竹取・かぐや姫の昇天〉という月についての禁忌があり、『伊勢物語』『源氏物語』『更級日記』をはじめ、歌集などにもしばしば触れられている。

〔**月の句**〕月を詠み込んだ句。連句では花の句とともに定座とされて、詠まれる句数や場所が定められた。

〔**月の頃**〕月の眺めのよいころ。陰暦で、十五日を中心に前後数日間。

〔**月の杯**〕杯がまるいのを月にたとえていう語。例「**月のさかづき**さす袖でも、雪を廻らす袂かな」〈謡・紅葉狩〉

〔**月の霜**〕月の光が白くさえているさまを霜にたとえていう語。(季-秋)

〔**月の出潮**〕(「つきのいでしほ」とも)月の出とともに満ちてくる潮。(季-秋)

〔**月の鼠**〕月日の移り行く早さをいう語。=月日の鼠

〔**月の林**〕公卿の仲間。=卿相・月卿。例「月の林の召しに入らねば」〈拾遺・雑上・四七二〉

〔**月の舟**〕大空を海に見立て、そこを渡って行く月を舟にたとえた語。例「天の海に雲の波立ち**月の舟**」〈万葉・七・一〇六八〉訳→〔和歌〕あめのうみに…

〔**月の宮**〕中国の伝説で、月の中にあるという宮殿。=月宮殿

〔**月の都**〕❶月にあるという都。また、その宮殿。例「おのが身はこの国の人にもあらず。**月の都**の人なり」〈竹取・かぐや姫の昇天〉❷月のような美しい都。例「住みわびて**月の都**は出でしかど」〈十六夜〉

〔**月の村戸**〕月光がさしこむ軒の編み戸。

〔**月の輪**〕(「月輪」の訓読語)❶月。とくに、満月。❷満月のようにまるいもの。輪。車輪など。

つき【坏・杯】〔名〕飲食物を盛るための深めの器。古くは土器だったが、しだいに、木や陶器・金属などでも作られるようになった。

つき【机】〔名〕つくえ。

つき【調】〔名〕古代における年貢、みつぎもの。

つき【槻】〔名〕(「つく」とも)木の名。ケヤキの古名。木目が美しいので、建材や器材として用いられるほか、弾力に富むので、弓の材料とされた。

つき【鴾】〔名〕トキの古名。

つき【付き・附き】〔名〕❶手がかり。頼り。❷格好。姿。❸貴人の付き人。❹人に対する態度。

-つぎ【継ぎ】〔接尾〕位や家を継いで、その地位にある期間を数える語。代。世。「十つぎ」「四つぎ」など。

つぎ【次】〔名〕❶後に続くこと。また、そのもの。❷一段劣っていること。❸次の間。❹江戸時代の宿場。「東海道五十三次」など。

〔**次の者**〕次の位に位置する人物。二流の人物。

つぎ【継ぎ・嗣ぎ】〔名〕❶後に続くこと。❷跡継ぎ。

つきあま・す【斎き余す】〔他サ四〕{さ・し・す・す・せ・せ}神にお仕えしているうちに、年の盛りを過ぎてしまう。例「御諸に築くや玉垣**つき余し**誰にかも依らむ神の宮人」〈記・下・歌謡〉

〈参考〉一説に、「築き余す」で、築くべき所をなお残す意から、取り残されたたとえともいう。

つきあま・る【着き余る】〔自ラ四〕{ら・り・る・る・れ・れ}(人が多く)席からはみ出る。例「うち橋などまで、**着きあまれり**」〈増鏡・あすか川〉

つきあり・く【突き歩く】〔自カ四〕{か・き・く・く・け・け}お辞儀をして回る。例「〈コメツキムシハ〉さる心ちに、道心(=信仰心)おこして、**つきありくらむよ**」〈枕・虫は〉

つきい・づ【突き出づ】〔自ダ下二〕{で・で・づ・づる・づれ・でよ}(「出づ」を強調した言い方)さっと飛び出す。さっと出る。例「『都合(=総計)七日八日には過ぐべからず』とて**つきいでぬ**」〈平家・五・福原院宣〉

つき・う【急居】〔自ワ上二〕{ゐ・ゐ・う・うる・うれ・ゐよ}どすんと尻もちをつく。急にしゃがむ。例「ここに倭迹迹姫命、仰ぎ見て悔いて**急居う**」〈紀・崇神〉

発展学習ファイル　上一段活用で、「居る」は上代では上二段活用で、「居う」はその終止形からきている。

つぎうた【継ぎ歌・続ぎ歌】〔名〕歌会で、歌題を書いた短冊を三つ折りにし、題を隠したままその短冊を各人が分けとって詠む方法。三十首・五十首・百首から千首に及ぶこともある。鎌倉中期より行われ、南北朝・室町時代に盛行した。

つきうつぶ・す【突き俯す】〔自サ四〕{さ・し・す・す・せ・せ}さっとふせる。身を低くする。例「則光**突き俯して**見るに、弓のかげは見えず」〈今昔・二三・一五〉

つきか・く【突き欠く】〔他カ四〕{か・き・く・く・け・け}突き当たってけがをする。例「築地の角にはしりあたりて、かほさきつき**か**きてありけり」〈古今著聞・五三九〉

つきかげ【月影】〔名〕❶月の光。月明かり。(季-秋)。例「月影に我が身をかふるものならばつれなき人もあはれとや見む」〈古今・恋二・六〇二〉訳→〔和歌〕つきかげに…。❷月の光に照らし出された人や物の姿。例「ほのかなりし月影の見劣りせずは、まほならんはや」〈源氏・橋姫〉❸月の姿。例「雲のうへに見しにかはらぬ月影のすむにつけてもものぞかなしき」〈平家・二・内侍所都入〉《係結び》「ぞ→かなしき(体)」

〔和歌〕**つきかげに…【月影に我が身をかふるものならばつれなき人もあはれとや見む】**〈古今・恋二・六〇二・壬生忠岑〉訳月の光にわが身を変えることができるものなら、つれないあの人もしみじみと感じ入って見てくれるだろうか。《係結び》「や→見む(体)」

つきがしら【月頭】〔名〕月の初め。↔月尻

つぎかみしも【継ぎ上下】〔名〕肩衣と袴の色や地質が異なる上下。江戸時代の中ごろから、幕府の役人の平服として用いられた。

〔俳句〕**つききよし…【月清し遊行の持てる砂の上】**〈おくのほそ道・敦賀・芭蕉〉訳天は晴れ、月は清らかに輝いている。歴代の遊行上人が持ち運ばれたという、この神前の白砂の上に照りそそぐ月光は、ことさら清浄に感じられることだ。(季-月-秋)

つききり［・なり］【突き切り】［形動ナリ］{なら・なり(に)・なり・なる・なれ・なれ}突き放していうさま。例「はしたなく**つききり**・なることなのたまひそよ」〈源氏・若菜・下〉

つきくさ【月草・鴨跖草】［名］❶草の名。ツユクサの古名。この花で染めた色があせやすいところから、人の心の移ろいやすさのたとえによく用いられた。（季―秋）。例「**月草**に衣は摺らむ朝露に濡れての後は移ろひぬとも」〈万葉・七・一三五一〉❷襲の色目の名。表は縹色で裏は薄縹。

つきくさの【月草の】［枕詞］（「月草」は色が褪せやすくてはかないことから）「移ろふ」「移し心」「消ゆ」「仮りなる命」などにかかる。例「**月草の**うつろひ易く思へかも」〈万葉・四・五八三〉

つきげ【月毛・鴾毛】［名］馬の毛色の名。鴾（トキの古名）の羽色のような白地に赤味を帯びたもの。また、月をたとえていう。例「秋の夜の**つきげの駒**よわが恋ふる雲居をかけれ時のまも見ん」〈源氏・明石〉
〔月毛の駒〕「月毛」の馬。

つきこ・む【築き込む・築き籠む】［他マ下二］{め・め・む・むる・むれ・めよ}❶塀などを築き上げる。例「堀川のわたりを四町**築きこ・めて**」〈狭衣・一〉❷死体を埋めて塚を築く。例「道のほとりに**築き籠・めて**」〈謡・隅田川〉

つきごろ【月頃】［名］**ここ数か月の間。数か月来。**→「ころ（頃）④」。例「**月ごろ**に、こよなうものの心知りねびまさりにけり」〈源氏・浮舟〉
《音便》「こよなう」は「こよなく」のウ音便。

つぎざま【次様】［名］二流であること。一段劣っていること。

つきし・む【付き染む】［自マ四］{ま・み・む・む・め・め}執念深くつきまとう。例「死ぬまじかりける人を、**つきし・み**領じたるものの去らぬにこそあめれ」〈源氏・手習〉語構成「こそあめれ」→「あめり」

つきじり【月尻】［名］月末。↕月頭

つきしろ［名］㊀【月白・月代】月の出の際、空が白んで見えること。（季―秋）。㊁【月代】❶月。（季―秋）。❷「さかやき」に同じ。

つきしろ・ふ【突きしろふ】［自ハ四］{は・ひ・ふ・ふ・へ・へ}（「しろふ」は接尾語）（互いに肩や膝などを）つつき合う。内緒でうわさ話をする動作。例「『たゆみなき御忍び歩きかな』と**つきしろ・ひつつ**」〈源氏・花宴〉

つき・す【尽きす】［自サ変］{せ・し・す・する・すれ・せよ}（下に打消の語を伴って）尽きる。最後まで何かをする。例「この昔物語は**尽き・す**べうなんあらぬ」〈源氏・橋姫〉

つきだし【突き出し】［名］（近世語）❶遊里で、「禿」からではなく、いきなり遊女となること。また、その遊女。❷遊女が初めて客を取ること。また、その遊女。

つぎ・つ【継ぎつ】［他タ下二］{て・て・つ・つる・つれ・てよ}次々にする。子から孫、孫から曾孫へと伝える。例「見る人の語り**つぎ・てて**」〈万葉・三・四二六長歌〉

つぎつぎ【次次・継ぎ継ぎ】㊀［名］❶次に続くこと。第二位以下。例「神武天皇を始め奉りて、**次々**の帝の御次第を覚え申すべきなり」〈大鏡・序〉❷子孫。例「かの御**次々**になりはてぬる世にて」〈源氏・橋姫〉❸その都度。例「葬礼の**つぎつぎ**に様子尋ねて」〈浮・好色一代男〉㊁［副］次々に。順次。例「〔舞人ガ〕**次々出づるに**」〈枕・なほめでたきこと〉

つきづき・し【付き付きし】［形シク］{しから・しく(しかり)・し・しき(しかる)・しけれ・しかれ}

アプローチ
▼動詞「付く」の連用形を重ねて形容詞化した語。
▼物事が別の物事にぴったりと一体化している意から、物事が周囲の状況にしっくりと調和し、ふさわしく感じられるさまを表す。

❶**似つかわしい。ふさわしい。**↕付き無し①。例「いと寒きに、火などいそぎおこして、炭もてわたるも、いと**つきづき・し**」〈枕・春は、あけぼの〉訳たいそう寒い朝に、火などを急いでおこして、炭を（部屋へ）運んでゆくのも、（冬の朝には）とても**似つかわしい**。例「家居の**つきづき・しく**、あらまほしきこそ、仮の宿りとは思へど、興あるものなれ」〈徒然・一〇〉訳住まいがしっくりと**ふさわしく**、好ましく造られているのは、短い人生の仮の宿とは思うものの、感興をおぼえるものである。《係結び》「こそ→ものなれ㊁」❷**もっともらしい。**例「言葉多かる人にて、**つきづきし・う**言ひつづくれど」〈源氏・若紫〉訳（惟光は）口の達者な人だから、もっともらしく言いつづけるのだが。《音便》「つきづきしう」は「つきづきしく」のウ音便。

つきづきしう【付き付きしう】形容詞「つきづきし」の連用形「つきづきしく」のウ音便。

つきつけ【突き付け】［名］（近世語）「突き付け商ひ」の略。

つきつけあきなひ【突き付け商ひ】［名］（近世語）無理に売りつけること。押し売り。＝突き付け

つきてんしん…【月天心貧しき町を通りけり】〈自筆句帳・蕪村〉訳月が夜空の真ん中に、凜として懸かっている。夜ふけに貧しく粗末な家の続く町並みを通り過ぎると、それらの家並みも、清らかな月の光に浄化され、清々しく感じられたことだった。（季―月―秋）〔俳句〕

つきなう【付き無う】形容詞「つきなし」の連用形「つきなく」のウ音便。

つきな・し【付き無し】［形ク］{から・く(かり)・し・き(かる)・けれ・かれ}❶**不適当である。そぐわない。似合わない。**↕付き付きし①。例「をりふしの色あひつきなく、はかばかしからぬは」〈源氏・帚木〉❷**おもしろくない。気に入らない。**例「翁、やもめにて、つきな・くおぼゆれば」〈宇津保・藤原の君〉❸**取り付く島もない。すべがない。**例「逢ふことの今ははつかになりぬれば夜深からでは**つきな・かりけり**」〈古今・雑躰・一〇四八〉❹**不案内だ。頼りない。**例「かやうのこともつきな・からず教へなさばや」〈源氏・東屋〉

つきなみ【月並み・月次】［名］❶月ごと。毎月。❷「月次の祭り」の略。❸月ごとに開かれる和歌・連歌・俳句などの会。
〔月並みの屏風・月次の屏風〕一年十二か月のそれぞれの月を代表する行事や風景を描いた屏風。宮中で儀式などに用いる。
〔月次の祭り〕陰暦六月と十二月の十一日に、神祇官が全国のおもな神社に幣帛を送って、天皇の健康や国家の安泰を祈る儀式。毎月行うべき

ものを、年二回に略して行った。＝月次②

つきな・む【着き並む・著き並む】［自マ四］｛ま・み・む・む・め・め｝並んで座る。例「女官などのやうに、着き並・みて」〈枕・五月の御精進のほど〉

〔俳句〕**つきにえを…【月に柄をさしたらばよき団扇かな】**〈誹諧初学抄・宗鑑〉訳暑さのひかぬ夏の夕べ、ふと空を見上げると一点の曇りもない満月が涼しげにかかっている。あの月に柄をさしたなら、さぞ具合のいい団扇になることだろう。（季―団扇―夏）

つきぬの【調布】［名］「てうふ①」に同じ。

つぎねふ［枕詞］地名「山城」にかかる。＝つぎねふや。例「つぎねふ山背道を」〈万葉・一三・三三一四長歌〉

つぎねふや［枕詞］「つぎねふ」に同じ。例「つぎねふやましろ河を河上り」〈記・下・歌謡〉

つぎのぼ・る【継ぎ登る】［自ラ四］｛ら・り・る・る・れ・れ｝麓から頂上まで連なっている。例「大坂に継ぎ登・れる石群を」〈紀・崇神〉

つきのわ【月の輪】［地名］山城国の地名。いまの京都市東山区月輪、東福寺から泉涌寺にかけての地域。関白九条兼実の山荘があった。

〔俳句〕**つきはあれど…【月はあれど留守のやうなり須磨の夏】**〈笈の小文・芭蕉〉訳秋の寂しい風情がよいとされた須磨に、夏来てみると、秋と同じように、月は空にあるけれども、まるで主人のいない留守に訪れたような物足りない思いがすることだ。（季―夏の月―夏）

つきばえ【月栄え・月映え】［名］月光に照り輝いて、物や人などが美しく映えること。

つぎはし【継ぎ橋】［名］水中に橋柱を立て、板などを継ぎ足した橋。

〔俳句〕**つきはやし…【月はやし梢は雨を持ちながら】**〈鹿島詣・芭蕉〉訳雨後、月の面を雲が去来し、あたかも明るい月が空を足早に走るようだ。木々の梢は、まだ先刻の雨の滴を宿しているままで、月光にきらめいている。（季―月―秋）

つきばん【月番】［名］近世、役人などが一か月交替で勤務すること。また、その月の当番の人。

つきひ【月日】［名］❶月と太陽。❷暦の上の月と日。❸歳月。

〔月日に添へて〕月日がたつにつれて、ますます。例「待ち過ぐす月日に添へて、いと忍びがたきは」〈源氏・桐壺〉

〔月日の鼠〕「つきのねずみ」に同じ。

〔月日の光〕月と太陽の光。美しいものや貴いもののたとえ。とくに、天皇の威光。例「〔皇子ト源氏ノ君トハ〕月日の光の空に通ひたるやうにぞ、世人も思へる」〈源氏・紅葉賀〉

つきびたひ【月額】［名］馬の額に白い斑毛のあるもの。また、その馬。

つきひと【月人】［名］「月人壮子②」の略。

つきひとをとこ【月人壮子】［名］❶月を舟に見たてて、それを漕ぐ人。❷月を擬人化していう語。＝月人。（季―秋）

つぎびは【継ぎ琵琶】［名］使わないときには、柄を取り外しできるように作った琵琶。

つきまうで【月詣で】［名］毎月一定の日に社寺に参詣すること。月参り。

つぎまつ【継ぎ松・続松】［名］《「ついまつ」とも》たいまつ。

つきまは・す【築き回す】［他サ四］｛さ・し・す・す・せ・せ｝塀などを築いて周りを囲む。例「白く高き築地を遠く築きまは・して」〈宇治拾遺・六・九〉

つきみ【月見】［名］❶月を眺め楽しむこと。陰暦八月十五夜と九月十三夜の月を観賞すること。とくに、（季―秋）。❷（供えた饅頭に穴をあけて月をのぞいたことから）女子の「鬢除ぎ」の祝い。

〔和歌〕**つきみれば…【月見れば千ぢにものこそ悲しけれ我が身一つの秋にはあらねど】**〈古今・秋上・一九三・大江千里〉（百人一首）訳月を見ていると、あれこれともの悲しい思いがつのる。なにも自分ひとりだけのために来た秋ではないのだけれど。《係結び》「こそ→悲しけれ㊁」

〈参考〉第五句の字余りを、近世歌学の祖細川幽斎は「一字千金の字余り」と激賞した。「千ぢ」の「千」と「一つ」の「一」とを対照させる。

つきむ【拒む】［他マ四］｛ま・み・む・む・め・め｝断る。こばむ。例「〔私ガ呼ンダノニ〕つき・みていふにこそと思ひて」〈宇治拾遺・四・七〉

つきめ【舂き女】［名］米をつく役目の女性。

つぎめ【継ぎ目】［名］❶つなぎ目。❷（からだの）関節。❸跡継ぎ。家督相続。

つきめで【月愛で】［名］月を観賞すること。

〔和歌〕**つきもいでで…【月も出でで闇にくれたる姨捨になにとて今宵たづね来つらむ】**〈更級・菅原孝標女〉訳月も出ないで闇にくれている姨捨山に、つまり、夫を失い暗い気持ちに沈んでいるこの老女のところに、どうして今夜あなた（＝甥）は尋ねて来てくれたのでしょうか。

つきもの【憑き物】［名］人にとりついて、災いをもたらす霊。物の怪。

〔和歌〕**つきやあらぬ…【月やあらぬ春や昔の春ならぬ我が身一つはもとの身にして】**〈古今・恋五・七四七・在原業平、伊勢・四〉訳この月は去年の月ではないのか。この春の景色も去年のそれではないのか。あの人を失った私の身ひとつがもとのままで、すべてが変わってしまったように思われる。《係結び》「月や→あらぬ㊨」、「春や→春ならぬ㊨」

〈参考〉「月やあらぬ」は、「月や昔の月ならぬ」の意。初句・三句切れ。

〔和歌〕**つきやどる…【月宿る沢田の面にふす鴫の氷より立つあけがたの空】**〈続草庵集・頓阿〉訳月が映っている沢田に寝るシギが、月光で凍ったように見える水面から飛び立つ明け方の空であるよ。

つぎゆ・く【継ぎ行く】［他カ四］｛か・き・く・く・け・け｝後世まで伝えて行く。継ぎ伝える。例「玉葛いや遠長く祖の名も継ぎ行・くものと」〈万葉・三・四四三長歌〉

つきゆみ【槻弓】［名］《「つくゆみ」とも》「槻」の材で作った丸木の弓。

つきよ【月夜】［名］❶月の明るい夜。月の美しく見える夜。❷月。月光。例「十二月の月夜の曇りなくさし出でたるを」〈源氏・総角〉❸とくに、秋の月夜。秋の月。（季―秋）。①②＝月夜。

〔月夜に釜を抜かる〕《近世語。「抜かる」は盗まれるの意》油断して失敗することのたとえ。

〔**月夜に提灯**〕《近世語》(明るい月夜に提灯をともす意から)無駄なこと、無用の見栄を張ることのたとえ。

つきよがらす【月夜烏・月夜鴉】[名]月の夜に浮かれて鳴く烏。＝浮かれ烏

つきよみ【月夜見・月読み】[名]「つくよみ」に同じ。

〔和歌〕**つきよみの…**【月よみの光を待ちて帰りませ山路は栗のいがの多きに】〈良寛歌集・良寛〉訳月の光が明るく照るのを待ってからお帰りなさい。山の道は栗のいがが多いので(危ないから)。

〔和歌〕**つきよよし…**【月夜よし夜よしと人に告げやらば来てふに似たり待たずしもあらず】〈古今・恋四・六九二・よみ人しらず〉訳月が美しい、すばらしい夜だと、あの人に告げてやったら、来てくださいといっているのと同じことになる。といって、待っていないわけではないのだけれど。

〈参考〉「月夜」は月のこと。

つきわ・く【築き分く】[他カ下二]{け・け・く・くる・くれ・けよ}築地塀の垣を造って区切る。例「西の町は、北面築きわ・けて、御倉町なり」〈源氏・少女〉

つきわた・る【着き渡る】[自ラ四]{ら・り・る・る・れ・れ}ずらりと並んで席に着く。例「大臣の君(＝源氏)をはじめたてまつりて、みな**着きわた・り**たまふ」〈源氏・胡蝶〉

〔和歌〕**つきをこそ…**【月をこそ眺めなれしか星の夜の深きあはれを今宵知りぬる】〈玉葉・雑二・二二五九・建礼門院右京大夫〉訳月を眺めることには慣れていたけれど、星の夜空の深くしみじみとした趣を今夜初めて知ったことだよ。

づきん【頭巾】[名]布製で袋状のかぶり物。

つく[名]語義未詳。「垂木」のことか。例「大炊寮の飯炊く屋の棟に、つくの穴ごとに、燕は巣をくひ侍る」〈竹取・燕の子安貝〉

つく【月】[名]《上代東国方言》月。

つく【銑】[名]❶弓につがえた矢が拳からはずれないように、弓の握りの上の部分に打ちつけた折れ釘状の金具。❷鉄棒や十手(捕り物の用具)に打ちつける折れ釘状の金具。

つく【槻】[名]「つき(槻)」に同じ。

つく【木菟】[名]ミミズクの古名。(季―冬)

つ・く【付く・着く・著く・就く・即く・憑く】一[自カ四]{か・き・く・く・け・け}❶くっつく。接する。例「心細くおぼえて、つとつ・きて抱かれたるも」〈源氏・浮舟〉❷色がつく。染まる。例「さ野榛の衣に付くなす(＝ツクヨウニ)目に付く我が背」〈万葉・一・一九〉❸身につく。備わる。例「聞き集め耳とどめたまふ癖のつ・きたまへるを」〈源氏・末摘花〉❹(心や目・耳などに)とまる。気に入る。例「御心につ・くことどもをしたまふ」〈源氏・若紫〉❺気が利く。例「心つ・きて色好みなる男」〈伊勢・五八〉❻(ある思いや考えが)生じる。起こる。例「わが方にまさる思ひはいかでつ・くべきぞ」〈源氏・浮舟〉❼加わる。例「かかる傷さへつ・きぬれば、いよいよまじらひをすべきにもあらず」〈源氏・帚木〉❽(火が)つく。発火する。例「冬ごもり春さり来れば野ごとに付・きてある火の」〈万葉・二・一九九長歌〉❾味方する。例「四国、鎮西の兵ども、みな平家をそむいて源氏につ・く」〈平家・一一・遠矢〉(音便)「そむい」は「そむき」のイ音便。❿従属する。付き従う。例「まめに思はむといふ人につ・きて、人の国へいにけり」〈伊勢・六〇〉⓫(多く「憑く」と書く)(物の怪や神などが)とりつく。のりうつる。例「物の怪、物つきに憑・きていふやう」〈宇治拾遺・四・一〉⓬落ち着く。身を置く。着座する。例「親王たちの御座の末に源氏着・きたまへり」〈源氏・桐壺〉⓭(位に)つく。例「用明天皇、位につ・き給ひぬ」〈今昔・一一・一〉⓮到着する。例「いと暗くなりて三条の宮の西なる所に着・きぬ」〈更級〉⓯(「…につき(て)」の形で)…に関して。例「師が物語につ・きて思ふに」〈雨月・夢応の鯉魚〉二[他カ四]{か・き・く・く・け・け}❶(知識や能力を)身につける。例「能をもつ・き、学問をもせん」〈徒然・一八〉❷(名前を)つける。命名する。例「人の名も、目なれぬ文字を付・かんとする、益なき事なり」〈徒然・一一六〉三[他カ下二]{け・け・く・くる・くれ・けよ}❶くっつける。付着させる。例「物語・集など書き写すに、本に墨つ・けぬ」〈枕・ありがたきもの〉❷色をつける。染める。例「かきつはた衣に摺り付・けますらをの着襲ひ狩りする月は来にけり」〈万葉・一七・三九二一〉❸着る。身につける。例「夏草の露分け衣着・けなくに我が衣手の乾る時もなき」〈万葉・一〇・一九九四〉❹加える。例「すこしけ近う、いまめきたるけをつ・けばや」〈源氏・末摘花〉(音便)「け近う」は「け近く」のウ音便。❺(火を)つける。例「火をつ・けて燃やすべきよし仰せたまふ」〈竹取・かぐや姫の昇天〉(敬語)「よし仰せたまふ」→「おほす」「たまふ(四段)」。❻尾行させる。例「心得で、人をつ・けて見さすれば」〈蜻蛉・上〉❼付き従わせる。従属させる。例「庄の者どもの田舎びたる召し出でつつ、つ・けよ」〈源氏・東屋〉(敬語)「召し出で」→「めす」。❽(和歌の上や下の句、連歌・俳諧の次の句を)詠み加える。例「これが本も、付・けてやらむ」〈枕・頭の中将の〉❾(地位に)つける。例「いかにもしてこの宮を位に即・け奉らん」〈平家・三・六代被斬〉(敬語)「即け奉らん」→「たてまつる」。❿ゆだねる。まかせる。例「世の政りごとを、皆、太子につ・け給へり」〈今昔・一一・一〉⓫(伝言や手紙を)託す。ことづける。例「京に、その人の御もとにとて、文かきてつ・く」〈伊勢・九〉⓬(名前を)つける。命名する。例「なよ竹のかぐや姫とつ・けつ」〈竹取・かぐや姫〉⓭関連づける。応じる。例「京のならひ、何わざにつ・けても皆もとは田舎をこそ頼めるに」〈方丈記〉(係結び)「こそ→(流れ)」。⓮到着させる。行かせる。例「この舟に乗せて、九国の地へつ・け給べ」〈平家・三・足摺〉(敬語)「つけ給べ」→「たぶ」。⓯(動詞の連用形に付いて)…し慣れる。例「親のおはしける時より使ひつ・けたる童」〈落窪・一〉

つ・く【漬く】一[自カ四]{か・き・く・く・け・け}水にぬれる。水に浸る。例「延槻の川の渡り瀬鐙漬・かすも」〈万葉・一七・四〇二四〉二[他カ下二]{け・け・く・くる・くれ・けよ}水にぬらす。水に浸す。例「潮満瓊を漬・けば、潮たちまちに満たむ」〈紀・神代・下〉

つ・く【吐く】[他カ四]{か・き・く・く・け・け}❶呼吸する。例「鳰鳥の潜き息づ・き」〈記・中〉❷吐く。排泄する。例「青へとをつ・きてのたまふ」〈竹取・竜の頸の玉〉

❸いう。口にする。例「権三が嘘をつ・くものか」〈浄・鑓の権三重帷子〉

つ・く【突く・衝く・撞く】[他カ四]{か・き・く・く・け・け}❶(刀などで)刺す。❷打つ。打ち鳴らす。例「鐘つ・きてとぢめむことはさすがにて」〈源氏・末摘花〉❸細長い物を立てて支えとする。例「天地の至れるまでに杖つ・きもつ・かずも行きて」〈万葉・三・四二〇長歌〉❹ぬかずく。礼拝する。例「『物語の多くさぶらふなる、あるかぎり見せたまへ』と、身を捨てて額をつ・き」〈更級〉

つ・く【搗く・舂く】[他カ四]{か・き・く・く・け・け}杵などの先で打つ。また、打って押しつぶす。例「稲搗・けば」〈万葉・一四・三四五九〉訳→〈和歌〉いねつけば…

つ・く【築く】[他カ四]{か・き・く・く・け・け}土石を突き固めて積み上げる。きずく。例「小山をつ・かせ、はじ、かへでのいろいろうつくしうもみぢたるを植ゑさせ」〈平家・六・紅葉〉

つ・く【尽く】[自カ上二]{き・き・く・くる・くれ・きよ}❶終わる。なくなる。例「思ひもいまだ尽・きねば」〈万葉・二・一九九長歌〉❷極致に達する。例「今日の試楽は、青海波に事みな尽・きぬな」〈源氏・紅葉賀〉

つ・ぐ【継ぐ・続ぐ・嗣ぐ】{が・ぎ・ぐ・ぐ・げ・げ}㊀[自ガ四]❶続く。継続する。例「春雨の継・ぎてし降れば」〈万葉・九・一七四七長歌〉❷あとに続く。次に位置する。例「かしづかむと思はむ女子をば、宮仕へにつ・ぎては」〈源氏・若菜・下〉㊁[他ガ四]❶続ける。例「妹が家も継・ぎて見ましを」〈万葉・二・九一〉❷つなぐ。例「いろいろの紙を継・ぎつつ、手習ひをしたまひ」〈源氏・須磨〉❸受け継ぐ。相続する。❹保つ。維持する。例「海の貝を取りて命をつ・ぐ」〈竹取・蓬萊の玉の枝〉

つ・ぐ【告ぐ】[他ガ下二]{げ・げ・ぐ・ぐる・ぐれ・げよ}知らせる。伝える。例「人には告・げよ海人の釣舟」〈古今・羇旅・四〇七〉訳→〈和歌〉わたのはらやそしまかけて…

-づく【尽く】[接尾](名詞、まれに活用語の語幹などに付いて)ある限りを尽くすこと、それに任せきることの意を表す。…ずくめ。…しだい。…まかせ。「面白づく」「金づく」「運づく」など。

-づ・く[接尾カ四型]{か・き・く・く・け・け}《動詞「就く」の接尾語化》(名詞に付いて)そういう状態になる、そういう状態らしくなるの意を表す。「秋づ・く」「夕づ・く」など。

つくえ【机・案】[名]飲食物や書物などをのせるための脚のついた台。〈参考〉従来、歴史的仮名遣いは、『和名類聚抄』の記述をもとに「つくゑ」とされてきたが、現在は「つくえ」とする説が強い。

つくし【筑紫】[地名]《「ちくし」とも》旧国名。いまの九州北部にあった。七世紀末まで存在し、のちに筑前・筑後の二国(いまの福岡県)に分かれた。九州全体、九州の北半分(豊国・肥国)、筑前国のみ、また、大宰府を指す場合もある。

-づくし【尽くし】[接尾](名詞に付いて)その類のものの全部を列挙する意を表す。「国づくし」「橋づくし」「花づくし」など。

つくしぐし【筑紫櫛】[名]筑紫で作られる櫛。

つくしこひし【筑紫恋し】[名]ツクツクボウシ(セミの名)の別称。

つくしぢ【筑紫路・筑紫道】[名]筑紫へ行く道。または筑紫の国々。

つくしは・つ【尽くし果つ】[他タ下二]{て・て・つ・つる・つれ・てよ}出しきる。し尽くす。例「人の御心をのみ尽くしは・てたまふべかめるをも」〈源氏・花散里〉語構成「たまふべかめる」→「べかめり」

つくしびと【筑紫人】[名]筑紫に住む人。九州出身の人。

つくしぶね【筑紫船】[名]筑紫地方に通う船。いまの瀬戸内海の辺りを運行した。

つくしみちのき【筑紫道記】[作品名]室町中期(一四八〇成立)の紀行。宗祇著。大内氏の招きで西国に下った宗祇が、歴史上の旧跡・歌枕を、弟子の宗長・宗作とともにめぐってつづった紀行。

つく・す【尽くす】[他サ四]{さ・し・す・す・せ・せ}❶なくす。終わりにする。例「年の恋今夜尽く・して」〈万葉・一〇・二〇三七〉❷ある限りを出し尽くす。例「いよいよ奉公の忠勤をつく・し」〈平家・二・教訓状〉❸極める。例「きよらをつく・していみじと思ひ」〈徒然・二〉

つくだ【佃】[名]《「つくりだ」の変化形》❶耕作をしている田。❷平安以降の領主直営の荘園。

つくづく【熟く】[副]《多く「と」を伴う》❶もの思いにふけるさま。しみじみ。ただひたすら。例「姉なる人、空をつくづくとながめて」〈更級〉❷することがなく、寂しく時を過ごすさま。ぽつねんと。ぼんやりと。例「つくづくと暇のあるままに、物縫ふことを習ひければ」〈落窪・一〉❸深く考えながら、何かを行うさま。念入りに。よくよく。例「ある時、鏡を取りて顔をつくづくと見て」〈徒然・一三四〉

つくづくし【土筆】[名]《「つくつくし」とも》ツクシの別称。若いツクシは食用となる。(季-春)

つくと[副]何もせずにぼんやりと。ぽつねんと。

つくにふ【木菟入】[名]《近世語。「木菟入道」の略》太っていて憎々しい僧や、坊主頭の人をののしっていう語。

つく・ねる【捏ねる】[他ナ下一]{ね・ね・ねる・ねる・ねれ・ねよ(ねろ)}《近世語》合わせて一つにする。まとめる。手でこねて固める。例「末座にきと手をつく・ね、言ひける事こそ腹筋なれ」〈醒睡笑〉

つくねんと[副]《近世語》することもなく、ひとりでぼんやりしているようす。＝つくと・つっくりと。例「つくねんとぜはあばたをかぞへられ」〈川柳・柳多留〉

つくの・ふ【償ふ】[他ハ四]{は・ひ・ふ・ふ・へ・へ}❶弁償する。例「償・ふに便無し。願はくは我に銭を施せ」〈霊異記〉❷罪や責任を免れるために、財物・労働などで補う。例「前の罪を償・ひ畢りて後」〈今昔・二・四〇〉

つくば【筑波】[地名]《古くは「つくは」》常陸国の地名。いまの茨城県南西部、筑波山を中心とした地域。「筑波嶺」という歌枕で詠まれた。

つくばしふ【菟玖波集】[作品名]南北朝時代(一三五六年成立)の最初の連歌撰集。準勅撰。二条良基編、救済が協力。連歌の付け句を前句とともに二句一組で和歌の勅撰集にならって部立てに分類し、発句も収める。古くからの連歌作品を集めるが、救済・尊胤法親王・良基ら当代の人の句が中心。

〔和歌〕**つくはねに…**【筑波嶺に雪かも降らるいなをかもかなしき児ろが布乾さるかも】〈万葉・一四・三三五一・東歌〉訳筑波の山の嶺に雪が降っているのかな。そうじゃないのかな。いとしいあの娘が布を乾しているのかな。

しているのかな。《係結び》「かも→降らる(降れる)㊍」

〈参考〉「降らる」は「降れる」、「布に」は「布ぬ」、「乾さる」は「乾せる」の上代東国方言。

つくばねの【筑波嶺の】[枕詞]「嶺ね」と同音の「見ね」にかかる。例「音に聞く人に心を**つくばねの**みねど恋しき君にもあるかな」〈拾遺・恋一・六二七〉

つくばねのこのもかのもに…【筑波嶺のこのもかのもに陰はあれど君が御陰にます陰はなし】〈古今・東歌・一〇九五・よみ人しらず〉訳筑波山のこちらの面にもあちらの面にも木陰はたくさんありますが、あなた様のお陰にまさる陰はありません。〈和歌〉

つくばねのみねよりおつる…【筑波嶺の峰より落つるみなの河恋ぞ積もりて淵となりぬる】〈後撰・恋三・七七六・陽成院〉《百人一首》訳筑波山の峰から流れ落ちるみなの川、その水がしだいに積もり積もって深い淵となるように、あなたを思う私の恋心も、積もり積もって深い淵となったことだ。《係結び》「ぞ→なりぬる㊍」〈和歌〉

つくばのみち【筑波の道】[名]連歌の別称。『古事記』の日本武尊と御火焼の翁との唱和「新治筑波を過ぎて幾夜か寝つる」「日日並べて夜には九夜日には十日を」訳→〔歌謡〕にひばりつくはを…を連歌の始まりとしたことによる。

つくば・ふ【蹲ふ・踞ふ】[自ハ四]{は・ひ・ふ・ふ・へ・へ}よつんばいになる。平伏する。また、うずくまる。しゃがむ。例「辻に立ったり、**つくば・うたり**」〈浄・心中重井筒〉《音便》「つくばう」は「つくばひ」のウ音便。

つくばもんだふ【筑波問答】[作品名]南北朝時代の連歌書。二条良基著。老翁との問答形式で連歌の歴史・稽古法・詠み方などを述べる。

つくひ【月日】[名]《上代東国方言》つきひ。

つく・ぶ【噤ぶ】[自バ四]{ば・び・ぶ・ぶ・べ・べ}(「つくふ」とも)(口を)つぐむ。(口を)閉じる。例「にはかに口**つく・び**て、言ふこと能はず」〈紀・天武・上〉

つくぼう【突く棒】[名]とがった歯を付けた丁字形の頭部に、長い木の柄を取り付けた道具。江戸時代、罪人の袖をからめて取り押さえるのに用いた。

つくま【筑摩】[地名]近江国の地名。いまの滋賀県坂田郡米原町朝妻筑摩。琵琶湖東北岸。

つくまのかみ【筑摩の神】[名]滋賀県坂田郡米原町にある筑摩神社の祭神。→「つくまのまつり」

つくまのまつり【筑摩の祭り】[名]滋賀県坂田郡米原町にある筑摩神社で行われる祭り。陰暦四月一日に行われ、村の婦女が関係を結んだ男の数だけ鍋を頭にかぶって参拝したという。(季―夏)

つく・む[他マ下二]{め・め・む・むる・むれ・めよ}《のちに四段活用》強く握る。例「堀江漕ぐ伊豆手の船の楫**つく・め**」〈万葉・二〇・四四六〇〉

つぐ・む【噤む】[他マ四]{ま・み・む・む・め・め}(多く「口をつぐむ」の形で)閉じる。黙る。

つくも【江浦草】[名]草の名。フトイの別称。

つくもがみ【江浦草髪・九十九髪】[名](「つくも」という草に似ているところから)老女の白髪をいう。「九十九」を当てるのは、「白」が、百から一を除いた字形であることから。

つくもどころ【作物所・造物所】[名]《「つくりものどころ」の変化形》蔵人所に属し、宮中の調度品の製作にあたった役所。内裏の西南の隅にある。⇒[表見返し]内裏略図

つくゆみの【槻弓の】[枕詞](槻弓は横にして射るところから)横に寝かせる意の「臥やる」にかかる。例「**槻弓の**臥やる臥やりも」〈記・下・歌謡〉

つくよ【月夜】[名]《「つきよ」とも》❶月。月光。❷月の明るく照る夜。

つくよみ【月夜見・月読み】[名]《「つきよみ」とも》月の別称。また、月の神。

つくよみをとこ【月夜見壮子・月読み男】[名]月を擬人化していう語。

つぐら[名]わらで編んだ保温用の丸かご。飯びつの保温、また、幼児を入れて置くのに用いる。

つくり【作り・造り】[名]❶作ること。作り方。また、作る人。❷耕作。また、農作物。❸装い。身なり。❹(接頭語的に用いて)偽ってそのさまを装うこと。「**作り**狂言」「**作り**顔」など。

つくりあは・す【作り合はす】[他サ下二]{せ・せ・す・する・すれ・せよ}調和するように作る。例「なほ殊更に**つくりあは・せ**たるやうなる空のけしき」〈源氏・若菜・下〉

つくりいだ・す【作り出だす】[他サ四]{さ・し・す・す・せ・せ}新しく作る。＝作り出づ。例「木の道の匠のよろづの物を心にまかせて**作り出だ・す**も」〈源氏・帚木〉

つくりい・づ【作り出づ】[他ダ下二]{で・で・づ・づる・づれ・でよ}「つくりいだす」に同じ。

つくりいとな・む【作り営む】[他マ四]{ま・み・む・む・め・め}物を作り出す。造営する。例「御前には、御冊子**つくりいとな・ませ**たまふとて」〈紫式部日記〉

つくりえだ【作り枝】[名]❶金銀などで作った草木の枝。❷手入れをしてさまざまな形に作った枝。

つくりごと【作り事・作り言】[名]❶人工的に作ったもの。❷作り話。そらごと。

つくりさ・す【作り止す】[自サ四]{さ・し・す・す・せ・せ}作りかけてやめる。例「まだ**つくりさ・し**たる所なれば」〈源氏・東屋〉

つくりざま【作り様】[名]作った感じ。作り具合。

つくりす・う【作り据う】[他ワ下二]{ゑ・ゑ・う・うる・うれ・ゑよ}作って、ある場所に据えて置く。例「わが国に七つ三つ**つくりす・ゑ**たる酒壺に」〈更級〉

つくりそそく・る[他ラ四]{ら・り・る・る・れ・れ}せわしげに作る。例「天児など御手づから**作りそそく・り**おはするもいと若々し」〈源氏・若菜・上〉

つくりだ【作り田】[名]「つくだ①」に同じ。

つくりた・つ【作り立つ】[他タ下二]{て・て・つ・つる・つれ・てよ}❶作り上げる。例「大きなる所に、よき屋を**つくりた・て**て」〈宇津保・藤原の君〉❷飾り立てる。例「さぶらふ女房を**つくり立・て**て出だし給ひて」〈徒然・二三八〉

つくりどり【作り取り】[名]年貢を免除され、田畑の収穫のすべてを自分のものとすること。

つくりな・す【作り成す】[他サ四]{さ・し・す・す・せ・せ}ことさらに作る。無理に作る。例「前栽の草木まで心のままならず**作りな・せる**は、見る目も苦しく」〈徒然・一〇〉

つくりには【作り庭】[名]庭師などによって風情あるように手入れされた庭。

つくりは・つ【作り果つ・造り果つ】[他タ下二]{て・て・つ・つる・つれ・てよ}すっかり作り上げる。造営し終える。

つくりばな【造り花】[名]造花。

つくりぼとけ【作り仏】[名]彩色を施した仏。一説に、石や木で作った仏像ともいう。

つくりまう・く【作り設く】[他カ下二]〔け・け・く・くる・くれ・けよ〕こしらえる。設置する。例「仮屋つくり**設・けたりければ**」〈更級〉

つくりまなこ【作り眼】[名]《「つくりめ」とも》❶わざと恐ろしい目つきをすること。❷色目を使うこと。

つくりみが・く【作り磨く】[他カ四]〔か・き・く・く・け・け〕きれいに飾り作る。立派に作る。例「〔法成寺八〕御堂殿（＝道長）の**作りみが・かせ給ひて**」〈徒然・二五〉

つくりみゃうが【作り冥加】[名]神仏の加護により、「作り（＝作物）」が多く収穫できること。

つくりものがたり【作り物語】[名]平安時代の物語文学のひとつ。民間伝承や中国伝来の伝奇物語などから発生した、虚構性・伝奇性の強い物語。『竹取物語』『宇津保物語』など。

つくりわた・す【作り渡す】[他サ四]〔さ・し・す・す・せ・せ〕❶（一座の）皆が作る。例「おのおの絶句など**作りわた・して**」〈源氏・松風〉❷向こうまで作る。例「**つくりわた・せる**野辺の色を見るに」〈源氏・野分〉

つくりゑ【作り絵】[名]墨の線で書いた下書きに、彩色すること。また、その絵。↕墨書き

つく・る【作る・造る】

[他ラ四]〔ら・り・る・る・れ・れ〕❶**製作する**。**建造する**。例「八雲立つ出雲八重垣妻籠みに八重垣**作・る**その八重垣を」〈記・上・歌謡〉訳→〔歌謡〕やくもたつ…。❷（田畑を）**耕す**。**耕作する**。例「いくばくの田を**作・れ**ばか時鳥しでの田長を朝な朝な呼ぶ」〈古今・雑躰・一〇一三〉❸（詩文を）**つくる**。**詠む**。例「別れ惜しみて、かしこの唐歌**つく・り**などしける」〈土佐〉❹**料理する**。例「この鳥の生けながら**つく・り**て食はむ」〈今昔・一九・二〉❺**似せてこしらえる**。例「庭を秋の野に**つく・りて**」〈古今・秋上・二四八詞書〉❻**飾る**。**装う**。**化粧する**。例「薄化粧に、眉細く**つく・りて**」〈義経記・一〉❼（偽って）**振りをする**。例「泣き顔**つく・り**、気色ことになせど」〈枕・はしたなきもの〉❽（「鬨を**つくる**」の形で）**声をあげる**。**気勢をあげる**。例「散々にしちらして、悦びの時を**つく・り**」〈平家・一・殿下乗合〉❾**行う**。例「かぐや姫は罪を**つく・り**給へりければ」〈竹取・かぐや姫の昇天〉

つくろひいだ・す【繕ひ出だす】[他サ四]〔さ・し・す・す・せ・せ〕整えて出す。例「大将の**つくろひ出だ・し**たまふ楽人、舞人の装束」〈源氏・若菜・下〉

つくろひた・つ【繕ひ立つ】[他タ下二]〔て・て・つ・つる・つれ・てよ〕美しく装う。飾り立てる。例「雛の中の源氏の君**繕ひた・てて**」〈源氏・紅葉賀〉

つくろひみが・く【繕ひ磨く】[他カ四]〔か・き・く・く・け・け〕手入れして飾り立てる。例「院にも御用意ことに**繕ひみが・かせたまひ**」〈源氏・少女〉

つくろ・ふ【繕ふ】

[他ハ四]〔は・ひ・ふ・ふ・へ・へ〕《動詞「つくる」の未然形＋上代の反復・継続の助動詞「ふ」＝「つくらふ」の変化形》❶**壊れたものをなおす**。**修理する**。**手入れをする**。例「鏡とりて、顔など**つくろ・ひて**」〈徒然・一九一〉❷**着飾る**。**化粧する**。❸**気取る**。例「声いといたう**つくろ・ひ**たなり」〈蜻蛉・下〉❹（表面を）**とりつくろう**。**ごまかす**。例「若き人々は、ただいひに見ぐるしきことどもなどつくろ・はずいふ」〈枕・職の御曹司の西面の〉❺**病気を治す**。**治療する**。例「息も出でがたかりければ、さまざまに**つくろ・ひけれど**」〈徒然・四二〉

つくゑ【机・案】[名]「つくえ」に同じ。

つげ【黄楊】[名]木の名。櫛や枕、印鑑の材料に用いられる。和歌では、「黄楊の櫛」や「黄楊の枕」を、恋にかかわらせて詠みこむ。「告げ」をかけることもある。例「君なくはなぞ身装はむ櫛笥なる**黄楊**の小櫛も取らむとも思はず」〈万葉・九・一七七七〉

〔**黄楊の枕**〕ツゲの木で作った枕。つげまくら。

〔**黄楊の小櫛**〕ツゲの木で作った櫛。

つけあひ【付け合ひ】[名]連歌や俳諧で、長句（五・七・五）と短句（七・七）を付け合わせること。先に出された句を「前句」、これに付ける句を「付け句」という。

つけいし【付け石】[名]《「金付け石」の略》硅石の一種で、これに金銀をこすりつけて質を調べるのに用いた石。試金石。

つけいだ・す【付け出だす】[他サ四]〔さ・し・す・す・せ・せ〕見つけ出す。捜し出す。例「志賀の里にて早広を**付け出だ・し**」〈浄・蟬丸〉

つけうた【付け歌】[名]神楽・催馬楽・今様などで、主唱者が第一句を歌うと、二句目からほかの人々がこれに和して歌うこと。

つけがみ【付け紙】[名]❶文章中の不審箇所や注意箇所に、目印として付けておく紙。付箋。不審紙。❷合図や目印とするために、門口などに張る紙。

つけく【付け句】[名]連歌や俳諧の「付け合ひ」で、「前句」に付ける句。→「つけあひ」

つげ・く【告げ来】[他カ変]〔こ・き・く・くる・くれ・こ（こよ）〕知らせてくる。例「春と**つげ・くる**鶯の声」〈源氏・少女〉

つげこ・す【告げこす】[他サ四]〔さ・し・す・す・せ・せ〕《「こす」は他にあつらえ望む意の上代の助動詞》告げてくれる。例「秋風吹くと雁に**告げこ・せ**」〈後撰・秋上・二五二〉訳→〔和歌〕ゆくほたる…

つけざし【付け差し】[名]《近世語》自分が口をつけた杯や煙草などを人に差し出すこと。親愛の情を表す動作。

つけじゃう【付け状】[名]❶添え状。❷貴人に手紙を出すときの礼儀として、あて名はそばに仕える人にし、内容は貴人にあてることば遣いとしたもの。

つけしょゐん【付け書院】[名]床の間のわきを出窓のように縁側に張り出し、下を机のように造ったもの。前に明かり障子を立てる。室町時代の書院造りの座敷に用いられた。

つげしら・す【告げ知らす】[他サ下二]〔せ・せ・す・する・すれ・せよ〕通知する。告知する。例「**告げ知ら・せ**まほしくはべれど」〈源氏・夢浮橋〉

つけずまひ【付け争ひ】[名]馬が、人を乗せたり荷物を付けたりするのを嫌って跳ねること。

つけもの【付け物】[名]京都の賀茂祭りで、鉾持ちの「放免」が水干の袖や袴に付ける飾り。

つげや・る【告げ遣る】[他ラ四]〔ら・り・る・る・れ・れ〕知らせてやる。

つこうまつる【仕う奉る】歴史的かなづかい「つかうまつる」

つごもり【晦・晦日】[名]《「つきごもり(月籠り)」の変化形。月が隠れて見えなくなる意》❶(陰暦で)月末。下旬。例「富士の山を見れば、五月のつごもりに、雪いと白うふれり」〈伊勢・九〉《音便》「白う」は「白く」のウ音便。❷(陰暦で)月の最終日。みそか。↕朔日。例「つごもりの夜、いたう暗きに、松どもともして」〈徒然・一九〉《音便》「いたう」は「いたく」のウ音便。

つごもりがた【晦方】[名]月末に近い日。下旬。

づざい【徒罪】[名]令制の刑罰の五刑のひとつ。一年から三年の一定期間労役に処したもの。＝徒

つし【地・土】[名]《上代東国方言》土。

つじ【辻】[名]《「つむじ」の変化形》❶十字路。四つ辻。❷道端。道筋。

づし【厨子・廚子】[名]❶仏像や経巻などを安置するための、両開きの扉のついた箱。❷書籍や調度品を載せるために室内に置かれた置き戸棚。→「にかいづし」＝厨子棚①。❸両開きの戸のついた押し入れ。

つじかぜ【辻風・旋風】[名]つむじ風。旋風。

つじがため【辻固め】[名]貴人の出入りの際、道筋や辻などを警固すること。

つじぎみ【辻君】[名]夜間、街頭に立って客を誘う売春婦。＝辻傾城

つじぎり【辻斬り】[名]武士が武道の熟達のためや刀の切れ味を試すためと称して、夜間不意に通行人を切ったこと。また、それをする者。

つじけいせい【辻傾城】[名]「つじぎみ」に同じ。

づしだな【厨子棚】[名]❶「づし②」に同じ。❷三層に分かれた置き戸棚で、下の二層の一部に両開きの戸をつけたもの。室町以降の武家の調度。

づしほとけ【厨子仏】[名]「厨子」に安置するのにふさわしい小さな仏像。

つしま【対馬】[地名]旧国名。西海道十二か国のひとつ。いまの長崎県北部にある島々。古くから大陸との海上交易の要所。＝対州

つし・む【黐む】[自マ四]{ま・み・む・む・め・め}《「ちしむ」の変化形か》肌に染みが出る。血などが皮膚ににじむ。例「所々刑鞭のために黐み黒みて」〈太平記・二四〉

づしゃうじ【通障子】[名]中央上部を長方形にくり抜き、そこに簾を張った衝立障子。

づしやか[・なり]【形動ナリ】{なら・なり(に)・なり・なる・なれ・なれ}《「や か」は接尾語》重々しい。落ち着いている。例「心の底のづしやか・なるところはこよなくもおはしけるかな」〈源氏・宿木〉

つじやしろ【辻社】[名]十字路などにある、道祖神を祭った小さな社。

づしょ【図書】[名]❶絵画と書物。書籍。❷「図書寮」の略。また、その官人。

づしょのかみ【図書頭】[名]「図書寮」の長官。

づしょれう【図書寮】[名]《「ふみのつかさ」「ふんのつかさ」「としょれう」とも》令制で「中務省」に属し、宮中の書籍の保管・書写、国史編纂など、また、紙・筆の製造・給付をつかさどった役所。

つた【蔦】[名]❶つる草の名。紅葉したものを「つたもみぢ」と称する。(季－秋)。❷ツタの葉を図案化した紋所の名。

〔**蔦の庵**〕ツタにおおわれ隠れている庵。

づだ【頭陀】[名]《仏教語。梵語の音訳》❶仏道修行で、衣食住に対する執着を捨てるために野宿して諸国を行脚し、食物を行く先々で請うこと。また、その僧。＝抖擻。❷「頭陀袋」の略。

つたかづら【蔦葛】[名]つる草類の総称。(季－秋)

つだつだ[・なり]【寸寸・段段】[形動ナリ]{なら・なり(に)・なり・なる・なれ・なれ}切れ切れになるさま。ずたずた。例「つだつだにその蛇を斬りたまふ」〈紀・神代・上〉

つたなう【拙う】形容詞「つたなし」の連用形「つたなく」のウ音便。

つたな・し【拙し】[形ク]{から・く(かり)・し・き(かる)・けれ・かれ}❶未熟だ。才能がない。例「愚かにつたなき人も、家に生まれ、時にあへば高き位にのぼり」〈徒然・三八〉❷運が悪い。不遇だ。例「かかる君に仕うまつらで、宿世つたな・く、悲しきこと」〈伊勢・六五〉《敬語》「仕うまつらで」→「つかうまつる」。❸意気地がない。臆病だ。例「吾は是れ乃の兄このなれども、つたな・く弱くして」〈紀・綏靖〉

つたはりもの【伝はり物】[名]代々伝わる品。由緒ある伝来の品。

つたは・る【伝はる】[自ラ四]{ら・り・る・る・れ・れ}❶(時間的に、または、空間的に)次々と伝えられる。㋐受け継がれる。引き継がれて残る。例「五継六継(＝五代六代)と伝は・れる帯を、かく、わが代にしも失ひつること」〈宇津保・忠こそ〉㋑語り継がれる。例「世に伝は・ることとは、久方の天にしては下照姫に始まり」〈古今・仮名序〉㋒伝来する。伝授される。例「御耳とまるばかりの手(＝琴ノ奏法)などは、いづくよりかここ(＝山里)までは伝は・り来ん」〈源氏・橋姫〉❷(ものに沿って)移動する。例「遥かなる世界より伝は・り参うで来て」〈源氏・橋姫〉

つた・ふ【伝ふ】㊀[自ハ四]{は・ひ・ふ・ふ・へ・へ}何かに沿って移って行く。伝わる。例「うぐひすの木末(＝梢)を伝・ひ鳴きつつもとな」〈万葉・一〇・一八二六〉㊁[他ハ下二]{へ・へ・ふ・ふる・ふれ・へよ}❶(技能・知識などを)授ける。教える。例「などて我に(琴ノ奏法ヲ)伝・へたまはざりけむ」〈源氏・若菜・下〉❷(技能・知識などを)教わる。学び取る。例「この御琴の音ばかりだに伝・へたる人をさをさあらじ」〈源氏・若菜・下〉❸(次々と)語り伝える。語り継ぐ。例「世がたりに人や伝・へん」〈源氏・若紫〉❹受け継ぐ。例「わがかみ父方の祖母の家を伝・へて、久しくかの所に住む」〈方丈記〉

づだぶくろ【頭陀袋】[名]《仏教語》❶「づだ①」の修行僧が、経巻や布施・手回り品などを入れて首にかけた袋。❷死者の首にかけて葬った袋。①②＝頭陀②

つたへ【伝へ】[名]❶言い伝え。秘伝書。❷伝授。伝え授けること。例「〔蹴鞠ノヨウナ〕はかなきことは伝へあるまじけれど」〈源氏・若菜・上〉❸伝言。ことづて。

つたへし・る【伝へ知る】[他ラ四]{ら・り・る・る・れ・れ}人から聞いて知る。例「かやうに忍びたらむことをば、いかでか伝へ知・るやうのあらむとする」〈源氏・薄雲〉

つたへつたへ【伝へ伝へ】[名]次から次へと伝えていくこと。言い伝え。また、伝授。

つたへと・る【伝へ取る】ツタエトル［他ラ四］{ら・り・る・る・れ・れ}伝授をうける。習得する。例「琴ヤ琵琶ノ演奏ニツイテ」はかばかしく伝へと・りたることはをさをさなけれど〈源氏・若菜・下〉

つたへほのめか・す【伝へ仄めかす】ツタエホノメカス［他サ四］{さ・し・す・す・せ・せ}それとなく伝える。例「大臣に知らせたてまつらむとも、誰かは伝へほのめか・したまはむ」〈源氏・玉鬘〉

つたへもの・す【伝へ物す】ツタエモノス［他サ変］{せ・し・す・する・すれ・せよ}取り次ぐ。例「大臣に聞こゆべきことのあるを、伝へもの・すべき人のなきに」〈大鏡・師尹〉

つだみ【吼吐】［名］（「つ」は「ち（乳）」の変化形）乳児が飲んだ乳を吐くこと。例「この君いたく泣きたまひて、つだみなどしたまへば」〈源氏・横笛〉

つたもみぢうつのやたうげ【蔦紅葉宇都谷峠】ツタモミジウツノヤトウゲ［作品名］江戸後期（一八五六初演）の歌舞伎。『文弥殺し』『座頭殺し』ともいう。河竹黙阿弥作。黙阿弥と四代目市川小団次が提携した第一作で、同様の世話物の傑作を生み出すきっかけとなった。

つたよ・ふ ツタヨウ［自ハ四］{は・ひ・ふ・ふ・へ・へ}漂う。さまよう。例「道路を知らずして、嶋浦につたよ・ひつつ」〈紀・垂仁〉

つち【土・地】［名］❶大地。地面。↔天。❷泥。❸（顔かたちの醜いものをたとえていう）土くれ。❹「ぢげ①」に同じ。

［**土裂く・地裂く**］大地が裂け、ひび割れる。日照りなどのために大地がひび割れる。例「六月の地さへ裂・けて照る日にも」〈万葉・一〇・一九九五〉

［**土降る**］土砂が大風に吹き上げられて降ってくる。例「雲端に土ふ・る心地して」〈おくのほそ道・尿前の関〉

［**土犯す**］ツチオカス「土忌み」を犯して工事をする。例「かしこに、土犯・すべきを、ここに渡せ」〈堤中納言・はいずみ〉

つち【槌】［名］物を打ちたたく道具。

［**槌で庭掃く**］ツチデニワハク（近世語）大あわてで人をもてなす。転じて、見えすいた世辞・追従をいう。

つちい【土居】歴史的かなづかい「つちゐ」

つちいみ【土忌み】［名］陰陽道で、地の神「土公神」のいる所を犯して工事するのを嫌うこと。やむを得ないときは、土公神を祭り、一度居所を移してこれを避けた。→「つちをかす」

つちおほね【土大根】ツチオオネ［名］大根の別称。

つちぎみ【土公】［名］「どくじん」に同じ。

つちぐも【土蜘蛛】［名］上代、朝廷に服しない地方の土着民を、その風俗や習性から卑しめていう語。

つちぐも【土蜘蛛】［作品名］室町時代の謡曲。作者・成立年未詳。『平家剣巻』に拠る。源頼光を襲った僧形の怪人を追った討手の前に土蜘蛛の精が現れ、苦戦の末退治する。

つちくればと【土塊鳩】［名］キジバトの別称。室町時代からこう呼ばれる。肉は美味で薬用にもした。

つちど【土戸】［名］表面に泥やしっくいを塗った引き戸。土蔵の戸口や「築地」の門などに用いる。

つちどの【土殿】［名］平安時代に、貴族が喪に服すときにこもる仮の屋。板敷きをはずし土間にした。

つちのえ【戊】［名］（「土の兄」の意）「十干」のひとつで、五番目に当たるもの。↔己

つちのと【己】［名］（「土の弟」の意）「十干」のひとつで、六番目に当たるもの。↔戊

つちはり【土針】［名］草の名。メハジキのほか、ツクバネソウ、ミソハギなどというが、未詳。

つちほぜり【土穿り】［名］（近世語）土をほじること。また、その人。農夫を卑しめていう語。

つちみかど【土御門】［名］大内裏の東西にあった「上東門」と「上西門」の別称。ともに屋根のない土の門であったことから。

つちみかどてんわう【土御門天皇】ツチミカドテンノウ［人名］（一一九五～一二三一）第八十三代天皇。父は後鳥羽天皇。四歳の即位は外祖父源通親の画策によるもので、在位中も後鳥羽上皇の裁下にあった。承久の乱後、自ら土佐国へ赴く。家集『土御門院御集』。

つちや【土屋】［名］「土屋倉」の略。

づちゃう【図帳】ズチョウ［名］令制で「民部省」が保管した、全国の田地台帳。＝水帳

つちやぐら【土屋倉】［名］土蔵の古称。土で塗り固めた倉。＝土屋

つちらう【土牢】ツチロウ［名］土を掘ってその中に造った牢獄。

つちゐ【土居】ツチイ［名］❶几帳や帳台などの柱の土台。❷泥土を固めてめぐらした所。築地や土塀。

つつ［名］鳥の名。セキレイの古名ともいわれるが未詳。

つつ【筒】［名］❶丸い形をした井戸の地上の囲い。＝井筒。井桁。❷丸くて中が空洞のもの。

つ・つ【伝つ】［他タ下二］{て・て・つ・つる・つれ・てよ}伝える。例「ほととぎす君につ・てなん」〈源氏・幻〉

つつ［接助］☆八二六ページ「特別コーナー」

つづ【十】［名］❶数のとお。じゅう。❷（誤って用いられて）十九のこと。❸射芸で、矢が全部的に当たること。例「五度の十をし給ひければ」〈太平記・一三〉

-づつ ヅツ［接尾］（「ひとつ」「ふたつ」の「つ」を重ねた語）❶数量・程度を表す語に付いて、同じ分量・程度の割合いを表す。…ずつ。例「鳥の子を十づつ十は重ぬとも」〈伊勢・五〇〉❷一定の数量や程度が繰り返されることを表す。…ずつ。例「すこしづつ語り申せ」〈源氏・帚木〉

発展学習ファイル　中古から用いられ出した語。和文系の文章に多く用いられる。なお、副助詞とする説もある。

つつお【筒落】［名］「筒落米」の略。

つつおごめ【筒落米】［名］米刺し（米俵に刺し、中の米を検査する先のとがった竹筒）からこぼれ落ちた米。＝筒落

つつおはき【筒落箒】［名］「筒落米」を掃くのに用いるほうき。

つつが【恙】［名］病気。災い。

つつがな・し【恙無し】［形ク］{から・く（かり）・し・かる・き（かる）・けれ・かれ}**無事だ。支障がない。**＝恙み無し。例「つつがな・くて思ふごと見なさむ」〈源氏・東屋〉

つつ・く【突く】［他カ四］{か・き・く・く・け・け}何回もこきざみに突く。突っつく。例「しただみ（＝小サナ巻キ貝）をい拾ひ

つつ［接続助詞］

アプローチ 動作・作用の反復、動作・作用の継続、ふたつの動作・作用の並列、逆接、詠嘆などの意を表す。

接続 動詞・助動詞の連用形などに付く。

意味	訳語	用例
❶**動作・作用の反復を表す。**	繰り返し…て 何度も…て	例「はかなきことどもをうち語らひ**つつ**、明け暮らしたまふ」〈源氏・椎本〉 訳 取るに足りないことなどを**繰り返し**話**して**、日々を暮らしなさっている。
❷**動作・作用の継続を表す。**	…続けて …ながら	例「かたはなるまで遊び戯れ**つつ**暮らしたまふ」〈源氏・浮舟〉 訳 見苦しいほど遊び戯れ**ながら**一日を暮らしなさる。
❸**ふたつの動作・作用が並列して行われることを表す。**	…て …ながら	例「母君、乳母などの、かやうに言ひ知らせ**つつ**、たびたび詣でさせしを、かひなきにこそあめれ、命さへ心にかなはず」〈源氏・手習〉 訳 母君、乳母などが、このように言い知らせ**て**、たびたびお参りさせてくれたのに、そのかいがなかったようだ、（死のうとした）命までも思うようにならず。
❹**逆接を表す。**	…ながらも	例「ひが心を得**つつ**、かかる筋とは思ひよらざりけり」〈源氏・行幸〉 訳（お供の人々は）見当違いをし**ながらも**、このようなこととは思いも寄らないのであった。
❺**歌の句末や文末に用いられ、詠嘆を表す。**	…ていることよ	例「宿りせし人の形見か藤袴忘られがたき香ににほひ**つつ**」〈古今・秋上・二四〇〉 訳 一夜泊まっていったあの人の形見か、この藤袴は忘れられない香りを放っ**ていることよ**。

ひ持ち来て石も**つつ・き**破り」〈万葉・一六・三八八〇長歌〉

つづ・く【続く】《上代は「つつく」》㊀［自カ四］{か・き・く・く・け・け}❶連続する。継続する。切れめなくつながる。例「〔源氏ノ〕おはしますに**続・き**たる廊に〔雷ガ〕落ちかかりぬ」〈源氏・明石〉❷あとに連なる。従う。例「宮は、**続・き**て着き給ふ」〈宇津保・蔵開・上〉㊁［他カ下二］{け・け・く・くる・くれ・けよ}❶連続させる。切れめなくつなげる。例「御念誦堂の間に廊を**つづ・け**て造らせたまふ」〈源氏・宿木〉❷述べる。ことばを連ねる。文章や和歌などを作る。例「さきざきよりはすこし言の葉**つづ・け**てものなどのたまへるさま」〈源氏・椎本〉

つつくら【つつ暗】［名］「つつやみ」に同じ。

つっくり［副］ひとりでぼんやりと何もせずにいること。＝つくねんと。例「ただ**つっくり**として居ればすむものでござる」〈狂・二人大名〉

つづけがら【続け柄】［名］和歌などのことばの続け方。歌詞の続けぐあい。和歌の優劣を判定する際に基準のひとつとされた。

つつじ【躑躅】［名］❶木の名。白や紅の花を美しい女性にたとえたりする。（季－春）。❷襲の色目の名。表は蘇芳で裏は青または紅。

つつじばな【躑躅花】［枕詞］「にほふ」にかかる。例「つつじ花にほえ娘子桜花栄え娘子」〈万葉・一三・三三〇五長歌〉

つつしみ【慎み・謹み】［名］❶（平安時代の生活習慣としての）物忌み。斎戒。例「御**つつしみ**、内裏にも宮にも限りなくせさせたまふ」〈源氏・明石〉❷江戸時代の武家や公家への刑罰のひとつ。謹慎。

つつし・む【慎む・謹む】［他マ四］{ま・み・む・む・め・め}❶（神や仏、高貴な人などに対して）**おそれはばかる**。例「『詣づるほどのありさま、いかならむ』など、**つつし・み**怖ぢたるに」〈枕・あはれなるもの〉

（敬語）「詣づるほど」→「まうづ」。❷**物忌みをする。斎戒する**。例「世の中いと騒がしかなれば**つつし・む**とて、え物せぬなり」〈蜻蛉・中〉❸**用心する**。例「落馬の相ある人なり。よくよく**慎・み**給へ」〈徒然・一四五〉

つづしりうた【嘰り歌】［名］一、二句ずつ短く切り、ぽつりぽつりと歌う歌。

つづしりうた・ふ【嘰り歌ふ】［他ハ四］{は・ひ・ふ・ふ・へ・へ}一、二句ずつ切れ切れに歌う。例「影もよしなど**つづしりうた・ふ**ほどに」〈源氏・帚木〉

つづし・る【嘰る】［他ラ四］{ら・り・る・る・れ・れ}❶少しずつものをいう。ぽつりぽつりと歌う。例「**つづし・り**歌うほどに」〈源氏・帚木〉❷少しずつ食べる。例「塩辛き物どもを**つづし・る**に」〈今昔・二八・五〉

つづしろ・ふ【嘰ろふ】［他ハ四］{は・ひ・ふ・ふ・へ・へ}《動詞「嘰る」の未然形＋上代の反復・継続の助動詞「ふ」＝「つづしらふ」の変化形》少しずつ食べ続ける。例「寒くしあれば堅塩を取り**つづしろ・ひ**」〈万葉・五・八九二長歌〉訳→〔和歌〕かぜまじり…

つっと [副]《「つと」の変化形》❶すばやく物事を行うさま。さっと。例「金子**つっと**立って」〈保元・中〉❷距離のあるさま。ずっと。例「これより**つっと**かみでござる」〈狂・餅酒〉

つつま・し【慎まし】[形シク] {しから・しく(しかり)・し・しき(しかる)・しけれ・しかれ}

> **アプローチ**
> ▼動詞「つつむ（慎む・包む）」の形容詞化したもの。
> ▼事柄や行動・ことば・感情などを包み隠し、表面化させないで抑制している状態を表す。
> ▼そこから、きまりが悪く恥ずかしいなどの情意を表現する場合に用いる。

❶**気おくれがする。気が引ける。** 例「久しくいかざりければ、**つつま・しく**て立てりけり」〈大和・一四九〉訳 長い間行かなかったので、（男は）**気が引けて**外に立っていた。

❷**遠慮される。はばかられる。** 例「例よりは**つつま・しく**て、御几帳に、はた隠れてさぶらふを」〈枕・殿などのおはしまさで後〉訳 いつもよりは**遠慮されて**、御几帳に、半分隠れるように控えているのを。《敬語》「さぶらふを」→「さぶらふ」

❸**恥ずかしい。きまりがわるい。** 例「うち出でで聞こえてけるをいかに思すにか、と**つつま・しく**思しけりとぞ」〈源氏・横笛〉訳 （夕霧は）口に出して申し上げてしまったことを、（源氏が）どのようにお考えでいらっしゃることか、と**きまりわるく**お思いでいらっしゃったとか。《係結び》「にか↓（省略）」、「とぞ↓（省略）」。《敬語》「うち出で聞こえ」→「きこゆ」、「いかに思す」「思しけり」→「おぼす」

つつましう【慎ましう】形容詞「つつまし」の連用形「つつましく」のウ音便。

つつましげ [・なり]【慎ましげ】[形動ナリ] {なら・なり(に)・なり・なる・なれ・なれ}《「げ」は接尾語》❶気がひけるようす。例「いと**つつましげ・に**思したれど」〈源氏・末摘花〉❷控え目なようす。例「**つつましげ・なる**書きざま、いとおほどかに」〈源氏・澪標〉❸恥ずかしそうなようす。例「御返り**つつましげ・に**書きたまひて」〈源氏・横笛〉

つつま・ふ【恙まふ・障まふ】[自ハ四] {は・ひ・ふ・ふ・へ・へ}《動詞「恙む」の未然形＋上代の反復・継続の助動詞「ふ」》病気になる。災害に遭う。例「事し終はらば**障ま・はず**帰り来ませと」〈万葉・二〇・四三三一長歌〉

つづまやか [・なり]【約まやか】[形動ナリ] {なら・なり(に)・なり・なる・なれ・なれ}《「やか」は接尾語》❶要領がよい。簡単明瞭である。例「色道奥義の説法**つづまやか・に**述べ給へば」〈浮・傾城禁短気〉❷質素なさま。つつましやか。例「人はおのれを**つづまやか・に**し、奢りを退けて」〈徒然・一八〉

つづま・る【約まる】[自ラ四] {ら・り・る・る・れ・れ}❶小さくなる。短くなる。例「虎の**つづま・り**居て物を伺ふ様にて有りければ」〈今昔・二九・三一〉❷金銭的に切迫する。金につまる。例「昨日聞けば父様が、今日に**つづま・る**お金の入り用」〈伎・小袖曾我薊色縫〉

つつみ【堤】[名]❶堤防。土手。❷貯水池。ため池。❸相撲のための盛り土。土俵。

つつみ【包み】[名]❶物を包むこと。また、包んだもの。❷物、とくに、着物などを包むのに用いる物。いまの風呂敷の類。

つつみ【慎み】[名]（多く下に「なし」を伴って）慎しみ隠すこと。遠慮。例「人のために、恥づかしろ悪しきことを、**つつみ**もなく言ひ居たる」〈枕・あさましきもの〉

つづみ【鼓】[名]❶円筒状で中空の胴の両端に革を張り、鳴らして音を出す打楽器の総称。太鼓の類。❷中世以降、とくに、胴の中央がくびれた長い鼓。↓[古典参考図]楽器。❸紋所の名。鼓の形を図案化したもの。

つつみがしら【裹み頭】[名]「くゎとう」に同じ。

つつみちゅうなごんものがたり【堤中納言物語】[作品名]短編物語集。作者・編者・成立年未詳。収録作品は『花桜折る少将』『このついで』『虫めづる姫君』『ほどほどの懸想』『逢坂越えぬ権中納言』『貝合』『思はぬ方にとまりする少将』『はなだの女御』『はいずみ』『よしなしごと』の十編と未完の『冬ごもる』。このうち、『逢坂越えぬ権中納言』は、天喜三年（一〇五五）に小式部という女房によって六条斎院祺子内親王の物語合わせに献じられた。

つつみな・し【恙み無し】[形ク] {から・く(かり)・し・き(かる)・けれ・かれ}「つつがなし」に同じ。

つつみぶみ【包み文】[名]薄様の紙などで上を包んだ手紙。平安時代、後朝の文や懸想文などの恋文に用いた。↔立て文

つつみもの【包み物】[名]布施や贈り物などにする金銀・絹布などを包んだもの。

つつみやき【包み焼き】[名]❶魚肉を葉や濡れ紙などに包んで焼くこと。また、そのもの。❷鮒の腹の中に昆布・串柿・胡桃・蒸し栗などを入れて、酒塩で調味して焼くこと。また、そのもの。

つつみゐ【包み井】[名]❶天然のわき水を石や板などで塞き止めた泉や井戸。❷宮中で、正月の「若水」として奉るため、前年からふたをして封じておく井戸。

つつ・む【恙む・障む】[自マ四] {ま・み・む・む・め・め}支障が起こる。さしつかえる。病気になる。例「**つつ・む**ことなく船は早けむ」〈万葉・二〇・四五一四〉

つつ・む {ま・み・む・む・め・め}

㊀【包む・裹む】[他マ四]❶覆って囲む。くるむ。例「千里に旅立ちて、路糧を**つつ・まず**」〈野ざらし紀行〉❷隠す。秘密にする。例「涙も**つつ・まず**、をこがましきまで」〈源氏・東屋〉

㊁【慎む】[他マ四]気にする。気がねする。遠慮する。例「人目も今は**つつ・み**給はず泣き給ふ」〈竹取・かぐや姫の昇天〉

㊂【慎む】[自マ四]遠慮する。気おくれする。例「おとなおとなしう恥づかしげなるに**つつ・ま**れて」〈源氏・若紫〉《音便》「おとなおとなしう」は「おとなおとなしく」のウ音便。

つづ・む【約む】[他マ下二] {め・め・む・むる・むれ・めよ}❶縮める。短縮する。例「幸ひある人こそ命は**つづ・むれ**、と思ふに」〈蜻蛉・下〉❷量を少なくする。簡単にする。

つつめ・く【囁く】[自カ四] {か・き・く・く・け・け}《「つつやく」とも》ひそかにささやく。こそこそという。ぶつぶついう。例「**つつめ・き**てやみぬ」〈土佐〉

つつもたせ【美人局】[名]《近世語》妻が夫と共謀して、他の男に密通を仕かけ、それを種に金銭をゆす

り取ること。

つつや・く【囁く】［自カ四］｛か・き・く・く・け・け｝「つつめく」に同じ。

つつやみ【つつ闇】［名］真っ暗闇。＝つつ暗。

つづら［名］一【葛・黒葛】つる草の総称。「あをつづら」「くまつづら」「はまつづら」「やまつづら」などの形で和歌によまれるが、ツヅラが丈夫で長いことから「頼む」「延ふ」を、長いつるを繰ることから「来る」「苦し」「暮る」などを導き出す。小倉山、鞍馬山、ひき野などが名所であった。（季―夏）。例「梓弓ひき野のつづら末つひに…」〈古今・恋四・七〇三〉 二【葛籠】つる草や竹などを編んで作った箱。衣服などを入れる。

つづらか［・なり］【円らか】［形動ナリ］｛なら・なり（に）・なり・なる・なれ・なれ｝（驚き・恐れなどで目が）丸く、くりくりしたさま。例「堀河殿の（怒リデ）目をつづらか・にさし出でたまへるに」〈大鏡・兼通〉

つづらぶみ【藤簍冊子】［作品名］江戸後期（一八〇六ごろ）の歌文集。上田秋成著。秋成晩年の歌文集で、自由に思うがままを詠んだ秋成の個性的な歌風をよく知ることのできる作品。

つづらをり【葛折り・九十九折り】［名］（葛のつるのように）幾重にも折れ曲がった坂道。

つづり【綴り】［名］布をつなぎ合わせて作った粗末な着物。また、僧衣。＝綴れ

〔**綴り刺せ**〕キリギリス（いまのコオロギ）の鳴き声。冬の準備に衣のほころびを「綴り刺せ」と促しているように聞こえたことからいう。例「藤袴つづりさせてふきりぎりす鳴く」〈古今・雑躰・一〇二〇〉

つづ・る【綴る】［他ラ四］｛ら・り・る・る・れ・れ｝継ぎ合わせる。縫い合わせる。例「もも引きの破れをつづ・り」〈おくのほそ道・出発まで〉

つづれ【綴れ】［名］「つづり」に同じ。

〔**綴れの錦**〕人物・花鳥などさまざまな模様を織り込んだ、京都西陣特産の錦。

つつゐ【筒井】［名］筒の形に作った井戸。

つつゐづつ【筒井筒】［名］「筒井」を囲む、筒状の外枠。円形の井桁。

〔和歌〕**つつゐつの…**【筒井つの井筒にかけしまろがたけ過ぎにけらしな妹見ざるまに】〈伊勢・二三〉訳 筒の形をした井戸の囲いで高さを比べた私の背丈も、囲いを越えたようです。あなたに会わないでいるうちに。

つて【伝て】［名］❶人づて。言づて。例「つてにても魂のありかをそこと知るべく」〈源氏・桐壺〉訳→〔和歌〕たづねゆく…。❷たより。手がかり。例「あらしのつてにもみぢをぞ見る」〈千載・秋下・三七三〉

つて【伝て】動詞「伝つ」の未然形・連用形。例「思ほしき言伝・てむやと」〈万葉・一三・三三六長歌〉

つてごと【伝て言】［名］（「つてこと」とも）❶伝言。言い伝え。❷いいふらすことば。うわさ。

つと【苞・苞苴】［名］❶物をわらなどで包んで、持ち運びに便利なようにしたもの。＝藁苞。例「しばしとて山井の清水むすびつつ乾飯のつとを取りぞ出でつる」〈新撰六帖〉❷名産。みやげ。

つと【髱】［名］（近世語）上方の語で、日本髪の後方に張り出した部分。江戸では「たぼ」「たぶ」という。

例「山橘をつとに摘み来な」〈万葉・二〇・四四七一〉

つと［副］❶動かず変わらず、ある状態が持続するさま。じっと。例「御胸のみつとふたがりて」〈源氏・桐壺〉❷さっと。急に。例「涙のつと出で来ぬ、いとはしたなし」〈枕・はしたなきもの〉

つどう【集う】歴史的かなづかい「つどふ」

つとに【夙に】［副］朝早く。例「つとに行く雁の鳴く音は我がごとく物思へかも声の悲しき」〈万葉・一〇・二一三七〉

つどひ【集ひ】［名］集まること。

つどひどころ【集ひ所】［名］集まる場所。

つどひまゐ・る【集ひ参る】［自ラ四］｛ら・り・る・る・れ・れ｝（「集ひ行く」「集ひ来」の謙譲語）集まって参上する。例「女房なども数知らず集ひ参・りて」〈源氏・賢木〉

つど・ふ【集ふ】一［自ハ四］｛は・ひ・ふ・ふ・へ・へ｝集まる。寄り合う。例「国々の防人集・ひ船乗りて」〈万葉・二〇・四三八一〉 二［他ハ下二］｛へ・へ・ふ・ふる・ふれ・へよ｝集める。例「もののふの八十伴の男を召し集・へ」〈万葉・三・四七八長歌〉

つと・む【勤む・務む・努む】［自マ下二］｛め・め・む・むる・むれ・めよ｝❶努力する。精を出して物事に当たる。例「御宿直所に宮仕へをつと・めたまふ」〈源氏・帚木〉❷勤行する。仏道修行に励む。例「静かに籠りゐて、後の世のことをつと・め」〈源氏・絵合〉

つとめ【勤め・務め】［名］❶（仏教語）毎日、仏前で読経・礼拝すること。勤行。❷任務。職務。❸（近世語）遊女が仕事をすること。また、その揚げ代。

つとめおこな・ふ【勤め行ふ】［他ハ四］｛は・ひ・ふ・ふ・へ・へ｝仏道修行をする。勤行する。例「いづれの山に勤め行・ふ人ぞ」〈宇津保・吹上・下〉

つとめて［名］❶早朝。朝早く。例「冬は、つとめて。雪の降りたるは、いふべきにもあらず」〈枕・春は、あけぼの〉❷（前夜、何か事のあった）その翌朝。例「男、いとかなしくて、寝ずなりにけり。つとめて、いぶかしけれど、わが人をやるべきにしあらねば」〈伊勢・六九〉

発展学習ファイル　平安時代の和文によく用いられるが、中世以降はほとんど見られなくなる。類義語に、夜の終わりを表す「あした」がある。➡「あした」〈古語深耕〉

つな【綱】［名］❶太くて丈夫な縄や紐。❷断ち切りがたいつながり。きずな。また、頼みとするところ。

つな【綱】［作品名］「らしゃうもん」に同じ。

つな・ぐ【繋ぐ・踵ぐ】［他ガ四］｛が・ぎ・ぐ・ぐ・げ・げ｝❶結びとめて離れないようにする。❷獲物を追う。追跡する。例「射ゆ鹿をつな・ぐ川辺のにこ草の」〈万葉・一六・三八七四〉❸途絶えぬようにする。継続させる。

〔**繋がぬ船**〕岸につながっていない船。転じて、ふらふらと定まらない心のたとえ。

つなし【鰶】［名］コノシロの古名。その幼魚の名。

つなしにく・し［形ク］｛から・く（かり）・し・き（かる）・けれ・かれ｝（「つなし」は「つれなし」の変化形）つれなくて、憎らしい。例「鬚がちにつなしにく・き顔を」〈源氏・松風〉

つなで【綱手】［名］（古くは「つなて」とも）船につなぎ引く縄。＝綱手縄。例「陸奥はいづくはあれど塩釜の浦漕ぐ舟の綱手かなしも」〈古今・東歌・一〇八八〉訳→〔和歌〕みちのくは…

つなでなは【綱手縄】一［名］「つなで」に同じ。

二［枕詞］「綱手」を繰るところから同音を含む「苦し」に、また、「綱手」をゆるめた時のようすから「たゆたふ」にかかる。例「**綱手縄**たゆたふ心君しるらめや」〈源氏・須磨〉

つなでひく【綱手引く】［枕詞］「海」にかかる。例「**綱手引く**海ゆまさりて深くしそ思ふ」〈万葉・二・二三八〉

つなどり【綱鳥】［名］ホトトギスの別称。（季―夏）

つなぬ・く【貫く】［他カ四］｛か・き・く・く・け・け｝（刀などで）突き通す。貫く。

つなね【綱根】［名］古代の建築で、柱の下の部分と横木を結びつけて固定するのに用いた綱。

つなひき［・す］【綱引き・綱曳き】［名・自サ変］牛馬が綱で引かれまいと抵抗をすること。例「春駒の**綱引き・する**ぞなはたつと聞く」〈拾遺・雑賀・一二〇五〉

つなひ・く【綱引く・綱曳く】［自カ四］｛か・き・く・く・け・け｝（「つなびく」とも）❶（牛馬などが）綱を引かれても強情に逆らう。例「**つなひ・く**駒も面馴れにけり」〈蜻蛉・中〉❷強情をはる。例「『しかあらためむ』とも言はず、いたく**綱び・き**て見せしあひだに」〈源氏・帚木〉

つね［・なり］【常・恒】［名・形動ナリ］❶**平常**。**ふだん**。いつものさま。例「野分だちて、にはかに肌寒き夕暮れのほど、**常**よりも思し出づること多くて」〈源氏・桐壺〉《敬語》「思し出づる」→「おぼす」。❷**人並み**。**あたりまえ**。ふつうの程度。例「世かはり時うつりにければ、世の**常**の人のごともあらず」〈伊勢・一六〉❸**永久**。**不変**。いつまでも変わらずに続くさま。例「世の中はなにか**常・なる**飛鳥川昨日の淵ぞ今日は瀬になる」〈古今・雑下・九三三〉訳→〔和歌〕よのなかはなにかつねなる…

〔**常ならず**〕「つねなし」に同じ。

〔**常ならぬ世**〕無常な世の中。変わりやすい人の世。例「われあきはてぬ**常ならぬ世**に」〈源氏・御法〉

〔**恒の産**〕（「恒産」の訓読語）定職。また、一定の財産。

〔**常は**〕いつもは。始終。例「**常は**うずくまりてのみぞありける」〈徒然・四九〉

つねな・し【常無し】［形ク］｛から・く（かり）・し・き（かる）・けれ・かれ｝（人間の世が）無常だ。変わりやすい。＝常ならず。例「**つねな・し**とこころ世を見る」〈源氏・蜻蛉〉

つねならぬ【常ならぬ】［枕詞］（人の世は無常であることから）「人」にかかる。例「**常ならぬ**人国山の秋津野の」〈万葉・七・一三五五〉

つねに【常に】［副］❶ふつう。いつも。❷永久に。不変に。例「三船の山に居る雲の**常に**あらむと我が思はなくに」〈万葉・三・二四三〉

〔**常にあひ見ぬ恋**〕いつも会うことのできない恋。例「〔薫る八浮舟ニ〕**常にあひ見ぬ恋**の苦しさを、さまよきほどにうちのたまへる」〈源氏・浮舟〉

づねん【頭燃・頭然】［名］《仏教語》（頭の上に燃える火の意から）激しい煩悩や俗念。

つの【綱】［名］「綱」の古形。

つのがみ【角髪】［名］「すみまへがみ」に同じ。

つのぎわり【角木割り】［名］鹿の角で作った矢じりの一種。舟や盾などを突き破るのに用いる。

つのくに【津の国】［歌枕］「摂津」の古称。

つのくにの【津の国の】［枕詞］「津の国」の地名「難波」「昆野」「長柄」「御津」など同音・類音の「名には」「来や」「此や」「ながらふ」「見つ」などにかかる。例「**津の国の**なには立たまく惜しみこそ」〈後撰・恋三・七六九〉

〔和歌〕**つのくにの…**【津の国の難波の春は夢なれや蘆の枯葉に風渡るなり】〈新古今・冬・六二五・西行〉訳摂津国の難波の浦の美しい春景色は夢であったのか。いまは、葦の枯れ葉に冬の風が音を立てて吹き渡っている。

つのぐ・む【角ぐむ】［自マ四］｛ま・み・む・む・め・め｝（「ぐむ」は接尾語）草木の芽が角のように出始める。例「**つのぐ・む**蘆の見えみ見えずみ」〈後拾遺・春上・四四〉

つのさはふ［枕詞］「いは」を含む人名・地名にかかる。例「**つのさはふ**石見の海の」〈万葉・二・一三五長歌〉

つのだる【角樽】［名］上に角のように二本の長い柄をつけた酒樽。多く朱塗りで、贈答用。＝柄樽

つのはず【角筈】［名］❶矢の筈（弓をかける所）を角で作ったもの。❷斎宮の忌み詞で優婆塞（在家で仏門に仕える男）をいう。

つのめだ・つ【角目立つ】［自タ四］｛た・ち・つ・つ・て・て｝《近世語》感情をあらわにする。いきり立つ。例「振り廻す頭の数々、**角目立・つ**とはこれなるべし」〈滑・根無草後編〉

つのやづくり【角屋造り】［名］母屋から、丁字型に別棟を突き出して造ること。また、その建物。

つの・る【贖る】［他ラ四］｛ら・り・る・る・れ・れ｝抵当にする。償う。あがなう。例「この得んずる物を**つの・り**て、人に物を借りて」〈宇治拾遺・九・四〉

つばいち【海柘榴市・椿市】［地名］大和国にあった我が国最古の市場。いまの奈良県桜井市金屋にあった。奈良時代は歌垣の場としても知られ、平安以降は、長谷寺参詣の入り口にあたり大いに繁栄。

つばいもちひ【椿餅】［名］椿の葉二枚で包んだ餅。中古、蹴鞠のあとのごちそうとして出された。つばきもち。（季―春）

つばおと【鍔音】［名］鍔で相手の刃物を受けとめるとき出る音。

つばき【椿】［名］❶木の名。（季＝花―春・実―秋）。❷襲の色目の名。表は蘇芳で裏は赤。冬の着用。

つは・く【唾吐く】［自カ四］｛か・き・く・く・け・け｝（「つばく」とも）唾を吐く。例「赤土を含みて**唾ば・き**出だしたまへば」〈記・上〉

つばくら【燕】［名］（「燕」の略）ツバメの別称。（季―春）

つばくらめ【燕】［名］ツバメの別称。（季―春）

つばな【茅花】［名］「ちばな」に同じ。（季―春）

つばひらか［・なり］【詳らか・審らか】［形動ナリ］｛なら・なり（に）・なり・なる・なれ・なれ｝「つまびらか」に同じ。

つばめ【燕】［名］❶（「つばくら」「つばくらめ」とも）春に渡来する小鳥の名。（季―春）。❷（「燕算用」の略）収支の決算。帳尻。

つはもの【兵】［名］❶**武士**。**兵士**。**勇士**。例「勢ひいかめしき**兵**ありけり」〈源氏・玉鬘〉❷戦争で用いる武器。**兵器**。例「**兵**尽き、

矢窮まりて、つひに敵に降らず」〈徒然・八〇〉

〔兵の道〕戦いのやり方。兵法。また、武術。武道。

つはものぐら【兵庫】[名] 武器の収蔵倉庫。

つはもののつかさ【兵部省】[名]「ひゃうぶしゃう」に同じ。

つばら[・なり]【委曲】[形動ナリ]{なら・なり(に)・なり・なる・なれ・なれ} 詳しいさま。つまびらかだ。例「つばら・にも見つつ行かむを」〈万葉・一・一七長歌〉訳→〔和歌〕うまさけ…

つばらか[・なり]【委曲か】[形動ナリ]{なら・なり(に)・なり・なる・なれ・なれ} ❶詳しいさま。例「国のまほら(=ヨイ所)をつばらか・に示したまへば」〈万葉・九・一七五三長歌〉❷十分であること。思い残すことのないさま。例「奥山の八つ峰の椿つばらか・に今日は暮らさねますらをの伴」〈万葉・一九・四一五二〉

つばらつばら[・なり]【委曲委曲】[形動ナリ]{なら・なり(に)・なり・なる・なれ・なれ} つくづく。しみじみ。まざまざと。例「つばらつばら・に我家し思ほゆ」〈万葉・一八・四〇六五〉

つは・る[自ラ四]{ら・り・る・る・れ・れ} ❶芽ぐむ。例「(木ノ葉ハ)下よりきざしつは・るに堪へずして落つるなり」〈徒然・一五五〉❷つわりが起こる。例「いつしかと(=早クモ)つは・りたまへば」〈落窪・二〉

つひ【終】[名]《「つひの」の形で、連体修飾語をつくる》(物事の)終わり。最期。ゆきつく所。例「つひの世の重しとなるべき心おきてをならひなば」〈源氏・少女〉

〔終の煙〕火葬のけむり。

〔終のこと〕結局はそうなること。

〔終の住処〕人生の最後に住む所。

〔終の道〕死出の道。例「いとまなみ行ふ法をつとにしてつひの道にはかてはおもはじ」〈新撰六帖〉

〔終の別れ〕(人との)死別。例「つひの別れをのがれぬわざなめれど」〈源氏・椎本〉語構成「わざなめれど」→「なめり」

つひえ[名] 一【費え】❶出費。物入り。❷損害。二【弊え・潰え】❶悪くなっていくこと。衰えること。❷疲労すること。

つひしか【終しか】[副]《近世語》(下に打消の語を伴って)ついぞ。いまだに。一度も。例「つひしかおめにはかからねど」〈浄・鑓の権三重帷子〉

つひに【終に・遂に】[副]《名詞「つひ」+格助詞「に」》❶(ある状況が最後にいたって実現されるさま。肯定的にも否定的にもいう)とうとう。最後には。例「つひに本意のごとくあひにけり」〈伊勢・二三〉❷(ある状況が最後まで実現されないさま)《多くは下に打消の表現を伴って》結局。最後まで。いつまでも。例「入道あまりに腹をたてて、教盛にはつひに対面もし給はず」〈平家・二・少将乞請〉❸(下に打消の表現を伴って)いままでに一度も。全然…ない。例「島原の門口につひに見ぬ図なる事あり」〈浮・好色一代女〉

〔終に行く道〕最後に行かなければならない道。あの世への道。死出の道。＝終の道

〔和歌〕**つひにゆく…**【つひに行く道とはかねて聞きしかど昨日今日とは思はざりしを】〈古今・哀傷・八六一・在原業平、伊勢・一二五〉訳だれもが最後には行く道だとは、以前から聞いていたけれど、昨日今日に差し迫ったものとは思っていなかったのだが。〈参考〉在原業平が病になって衰弱したときに詠んだ歌。

つひやしそこな・ふ【弊やし損なふ・費やし損なふ】[他ハ四]{は・ひ・ふ・ふ・へ・へ} 弱らせ駄目にする。例「その物につきて、その物を費やしそこな・ふ物、数を知らずあり」〈徒然・九七〉

つひや・す【費やす・弊やす・潰やす】[他サ四]{さ・し・す・す・せ・せ} ❶弱らせる。損わせる。例「程なき浮き世に、心を費や・しても何かはせん」〈平家・三・法印問答〉❷消費する。

つひ・ゆ【弊ゆ・潰ゆ・費ゆ】[自ヤ下二]{え・え・ゆ・ゆる・ゆれ・えよ} ❶衰える。弱る。例「年ごろ(=近年)いたうつひ・えたれど」〈源氏・蓬生〉❷使ってだんだん減っていく。消費する。例「損ひ費・ゆることときはめてはなはだし」〈紀・皇極〉❸崩れる。破れる。例「御所の師(=軍勢)潰・えしかば」〈雨月・浅茅が宿〉

つぶ【粒】[名]❶丸くて小さいもの。❷小銭に。❸人や物が集合体をつくるとき、その人や物の個々の性質。

つ・ぶ【禿ぶ】[自バ上二]{び・び・ぶ・ぶる・ぶれ・びよ} すり切れる。すり減る。例「六年苦行の山籠もり、数珠の禿・ぶるも惜しからず」〈梁塵秘抄〉

つぶさ[・なり]【具さ・備さ・審さ】[形動ナリ]{なら・なり(に)・なり・なる・なれ・なれ} ❶すべてが備わり完全なさま。例「備さ・にその言のごとくなりしかば」〈記・上〉❷詳細なさま。例「目のあたりにて、つぶさ・なる御物語も申し承らむ」〈宇津保・祭の使〉

つぶだ・つ【粒立つ】[自タ四]{た・ち・つ・つ・て・て} 多くの粒になって現れる。ぶつぶつと粒状になる。泡立つ。

つぶつぶと[副]❶こまごまと。詳しく。例「かくつぶつぶと書きたまへるさまの」〈源氏・夢浮橋〉❷ふっくらと肥えているさま。例「つぶつぶとまろに、うつくしう肥えたりし手あたりの」〈夜の寝覚〉❸文字を一字一字離して書くさま。ぽつぽつ。例「つぶつぶとあやしき鳥の跡のやうに書きて」〈源氏・橋姫〉❹(水や血などが)粒になってたくさん出るさま。ぽたぽた。例「血のつぶつぶといできけるを」〈宇治拾遺・四・七〉❺胸が騒ぐさま。どきどき。例「例のごとぞあらむと思ふに、胸つぶつぶと走るに」〈蜻蛉・中〉❻針や刀で、物を刺したり切ったりするさま。ぶつぶつ。例「つぶつぶと切りて、鍋に入れて、煮て」〈今昔・二〇・三四〉❼つぶやくさま。ぶつぶつ。例「口のうちつぶつぶと念じ給ひつつ」〈雨月・蛇性の婬〉❽水にたっぷりつかるさま。じゃぶじゃぶ。例「水をつぶつぶと歩ばして行けるに」〈今昔・二五・一二〉❾煮物が沸騰して泡立つさま。ぐつぐつ。例「豆を煮ける音の、つぶつぶと鳴るを」〈徒然・六九〉

つぶて【飛礫・礫】[名] 投げつける小石。＝礫

つぶと[副]《「つふと」とも》❶ぴったりと。ぴっしりと。例「陸奥紙を(壁二)つぶと押させたまへりけるが」〈大鏡・伊尹〉❷すっかり。一面に。完全に。例「二条の大路のつぶとけぶりみちたりしさま」〈大鏡・道長・下〉❸(下に打消の語を伴って)少しも。まったく。例「顔をつふと見せぬが」〈今昔・二七・三八〉

つぶなぎ【踝】[名]《「つぶなき」「つぶふし」とも》くるぶし。かかと。

つぶね【奴】[名]❶召し使い。下男・下女。❷仕え

ること。奉仕。例「朝夕の奴もことに実やかに」〈雨月・吉備津の釜〉

つぶぶし【踝】[名]「つぶなぎ」に同じ。

つぶら【・なり】【円ら】[形動ナリ]{なら・なり(に)・なり・なる・なれ・なれ}まるまるとしているさま。ふっくらとしているさま。＝円らか

つぶらか【・なり】【円らか】[形動ナリ]{なら・なり(に)・なり・なる・なれ・なれ}「つぶら」に同じ。

つぶらは・し【潰らはし】[形シク]{しから・しく(しかり)・し・しき(しかる)・しけれ・しかれ}(多く「胸つぶらはし」の形で)不安や心配で胸がつぶれそうだ。→「むねつぶる」。例「〈源氏ガ隠レテイル〉御帳のめぐりにも、人々しげく並みゐたれば、いと胸つぶらはしく思さる」〈源氏・賢木〉

つぶり【頭】[名]《「つむり」とも》あたま。

つぶり[副]《「づぶり」とも》水に落ち込むときの音。どぶり。ざぶん。例「川にのぞきてしたりければ、づぶりとおち入りぬ」〈大和・一四七〉

つぶ・る【潰る】[自ラ下二]{れ・れ・る・るる・るれ・れよ}❶原形が失われる。つぶれる。例「目つぶれ、足折れたまへりとも」〈源氏・玉鬘〉❷(多く「むねつぶる」の形で)驚き・悲しみなどで胸が痛む。例「『人づての仰せ書きにはあらぬなめり』と、胸つぶれて」〈枕・殿などのおはしまさで後〉

語構成「あらぬなめり」↓「なめり」

つぶれいし【円れ石】[名]《「つむれいし」とも。「つぶれ」は「つぶら」の変化形》丸い石。

つ-べし…てしまいそうだ、きっと…にちがいない、きっと…ことができそうだ、…てしまおう、など。

「べし」の意味によってさまざまな意を表す。例「『消息をつきづきしういひつべからむもの一人』と、召せば」〈枕・小白河といふところは〉訳「きっと伝言をうまくいうことができそうな者をひとり」とお呼び寄せになると。

語構成：つ｜べし　完「つ」㊀　推「べし」

《音便》「つきづきしう」は「つきづきしく」のウ音便。《敬語》「召せば」↓「めす」。例「船子どもは腹鼓を打ちて、海をさへおどろかして、波立てつべし」〈土佐〉訳水夫たちは腹鼓を打って(大騒ぎで)海をも驚かして、波を立ててしまいそうだ。

発展学習ファイル　「つ」には完了の意はない。「べし」の意(推量や意志など)を強める確述の用法である。

つべたま・し【冷たまし】[形シク]{しから・しく(しかり)・し・しき(しかる)・しけれ・しかれ}情がない。冷酷である。冷たい。例「まぶし(＝目ツキ)つべたましくて」〈源氏・柏木〉

つべら・し[形シク]{しから・しく(しかり)・し・しき(しかる)・しけれ・しかれ}むごたらしい。残酷である。

つぼ【坪・壺】[名]❶建物や垣根に囲まれた土地や庭。❷格子のます目。❸宮廷の部屋の仕切りの区分。中庭に植えた木の種類で桐壺・藤壺・梅壺・梨壺などと呼んだ。❹条里制における土地の面積の単位。❺近世以降の土地の面積の単位。六尺四方で約三・三平方メートルに当たる。

〔坪の内〕建物や塀に囲まれた狭い庭。中庭。

つぼ【壺】[名]❶口がつぼまった形の容器。❷深くくぼんで、水のたまった所。❸掛け金をかける金具。壺金。❹見当をつけてねらっていた所。❺お椀の形の容器。壺皿。

〔壺の口を切る〕陰暦十月ごろ、保存しておいた新茶の壺の封を切って茶会を催すこと。

つぼあぶみ【壺鐙】鐙の一種。壺を横倒しにしたような形状で、足の先だけをかけた。

つぼいり【壺入り】[名]《近世語》遊里で、なじみ客が遊女や若衆を揚げ屋や茶屋に呼ばず、直接置き屋へ行って遊ぶこと。

つぼうち【壺打ち】[名]壺の中に矢を投げ入れて、その入り方や数を競う中国伝来の遊戯。

つぼきりのごけん【壺切りの御剣】[名]立太子の儀に際して、皇位継承のしるしとして天皇から皇太子に伝えられる宝剣。藤原基経の献上した剣を、宇多天皇が皇太子(のちの醍醐天皇)に伝えたことに始まる。

つぼさうぞく【壺装束】[名]平安から鎌倉時代にかけて、女性が徒歩で外出する際などの装束。歩きやすいように、「袿」などの上着の左右の褄を折って腰帯に挟み込み、垂らした髪を上着の中に入れ、頭に「市女笠」をかぶる。⇩[古典参考図]女子の服装〈3〉

つぼ・し[形ク]{から・く(かり)・し・き(かる)・けれ・かれ}❶すぼんで細い。くぼんでいる。例「目こそはつぼ・けれ」〈狂・今参り〉❷かわいい。例「うち見に恐ろしけれど、馴れてつぼ・いは山伏」〈伽・酒呑童子〉《音便》「つぼい」は「つぼき」のイ音便。

つぼすみれ【壺菫】[名]草の名。一説に、花の形が壺に似ているところからの名で、スミレの総称かともいう。(季-春)

つぼせんざい【坪前栽・壺前栽】[名]中庭の植え込み。

つぼそで【壺袖】[名]❶鎧の袖の一種。肩の方が広く、上腕の方が狭くなっている。胴丸・腹巻とともに、鎌倉時代の末ごろから用いられた。❷「小袖」の袖の一種。袂がなく、袖口が細くなっている。

つぼつぼ【壺壺】[名]《近世語》子供の玩具。底が平らで中ほどがふくらみ、口が狭い土器で、振ると音がする。伏見稲荷の土産として知られる。

つぼ・ぬ【局ぬ】[他ナ下二]{ね・ね・ぬ・ぬる・ぬれ・ねよ}仕切りをつけて囲む。例「御物の怪うつりたる人々、御屏風一よろひをひきつぼ・ね」〈紫式部日記〉

つぼね【局】[名]❶宮殿や貴人の邸宅の中で、高貴な女房や女官の居室として仕切り隔てた部屋。＝曹司。例「かの右近を召し寄せて、局など近く賜ひてさぶらはせたまふ」〈源氏・夕顔〉《敬語》「召し寄せて」↓「めす」、「賜ひてさぶらはせたまふ」↓「たまふ(四段)」「さぶらふ」「たまふ(四段)」。❷①をもつ女官や女房。例「『いみじうなむ才がある』と殿上人などにいひちらして、日本紀の御局とぞつけたりける」〈紫式部日記〉❸《近世語》「局女郎」のいる部屋。また、「局女郎」の略。

つぼねあるじ【局主】[名]「局」に住む女官たちの代表者。

つぼね・す【局す】[自サ変]{せ・し・す・する・すれ・せよ}個人用の部屋を設ける。局をもつ。例「清水などに詣でて、局するほど」〈枕・正月に寺に籠りたるは〉

つぼねずみ【局住み】[名]宮中や貴族の邸宅に「局」をもって住むこと。

つぼねぢょらう【局女郎】[名]《近世語》遊

里で、下級の女郎。揚げ屋で客を迎える揚げ女郎に対し、自分の部屋で客をとった。＝局④

つぼねならび【局並び】［名］隣り合わせになっている「局」。

つぼみがさ【窄み笠】［名］すぼまった形のかぶり笠。

つぼ・む【蕾む】［自マ四］{ま・み・む・め}花がつぼみをつける。例「草も青くなり梅もつぼ・みぬ」〈徒然・一五五〉

つぼや【壺屋】［名］壁などで仕切られている部屋。納戸や物置の類。

つぼやなぐひ【壺胡簶】［名］「胡簶」の一種。近衛の武官が、節会や譲位などに際して警護のために着装するもの。七本の矢を差す。↓［古典参考図］武装・武具〈3〉

つぼを・る【壺折る】［他ラ四］{ら・り・る・れ・れ}着物の裾をはしょる。裾をからげて帯に挟む。例「衣を引き、壺折・りて胡簶を掻き負ひて」〈今昔・二五・一二〉

つま【夫・妻】［名］

> **アプローチ** ▼ものの「端」と同根の語で、ものの一方の端の意から配偶者・恋人を指す通称となった。男女とも相手を「つま」と呼び、より親しみをこめる場合には、それぞれ「兄」「妹」と呼んだ。
> ▼中古以降、「つま」は女性を指す例が多く、物語などの和文では、一般に妻を指す語は「妻」であった。

❶妻から夫を呼ぶ語。＝兄。例「汝を置きて男はなし、汝を置て**夫**はなし」〈記・上・歌謡〉訳あなた以外に男はなく、あなた以外に**夫**はいない。
❷夫から妻を呼ぶ語。＝妹。例「我が**妻**はいたく恋ひらし飲む水に影さへ見えてよに忘られず」〈万葉・二〇・四三二二〉訳（旅の途中で）飲む水に姿さえ映って、まったく忘れることができない。
❸動物の雄雌一対の一方。例「湊風寒く吹くらし奈呉の江に**妻**呼び交はし鶴さはに鳴く」〈万葉・一七・四〇一八〉訳河口に寒く風が吹いているようだ。奈呉の江に雄と雌が互いに**連れ合い**を求めて、鶴が数多く鳴き交わしている。

〔**夫の児・妻の児**〕夫または妻を親愛の情を込めて呼ぶ語。

〔**夫の命・妻の命**〕《「命」は敬称》夫または妻を敬って呼ぶ語。

〔**夫呼ぶ・妻呼ぶ**〕妻を恋い求めて呼ぶ。獣や虫が、相手を求めて鳴く。例「上辺には千鳥しば鳴く下辺にはかはづ**つま呼・ぶ**」〈万葉・六・九二〇長歌〉

つま【爪】［名］つめ。多く複合語になる。「爪音」「爪先」など。

つま【褄】［名］《「端」の意》着物の裾の左右両端の部分。

つま【端】［名］❶（物の）**はし。ふち。**例「御几帳より琴の**端**ばかりさし出で」〈狭衣・四〉❷**建物の側面。**ふつうは、棟と直角をなす方の面をいう。例「東にあれたるきはに、北南のつまに御簾をかけへだてて」〈紫式部日記〉❸**軒先。屋根の先端。**例「梅の木の、つま近くて、いと大きなるを」〈更級〉❹**きっかけ。端緒。**例「ほのかなる（蛍ノ）光、艶なることのつまにもしつべく見ゆ」〈源氏・蛍〉

つまおと【爪音】［名］❶琴爪で琴を弾く音。❷馬のひづめの音。

つまぎ【爪木】［名］《「つまき」とも》薪に用いる小枝。

つまぎぬ【妻衣】［名］（衣は身に着けて離さないところから）妻。

つまぐし【爪櫛】［名］歯の数が多い櫛。

つまぐ・る【爪繰る】［他ラ四］{ら・り・る・れ・れ}指先や爪先で繰る。例「高遠は長念珠を**爪繰・り**て」〈太平記・二四〉

つまくれなゐ【端紅・爪紅】［名］❶《「つま」は端の意》扇や巻紙などの縁を紅で染めること。また、その染めたもの。❷ホウセンカ（草の名）のこと。この花の汁で爪を赤く染めた。

つまぐろ【端黒・妻黒】［名］《「つま」は端の意》❶縁の黒いこと。また、そのもの。❷矢羽の一種。↓［古典参考図］武装・武具〈3〉

つまごひ【妻恋ひ・夫恋ひ】［名・自サ変］夫が妻を、あるいは妻が夫を恋い慕うこと。例「秋さらば今も見るごと**妻恋ひ**に」〈万葉・一・八四〉

つまごひどり【妻恋ひ鳥】［名］キジの別称。

つまごみに【妻籠みに】妻をこもり住まわせるために。例「八雲立つ出雲八重垣妻籠みに八重垣作る」〈記・上・歌謡〉訳→〔歌謡〕やくもたつ…

つまごも・る【妻隠る】［自ラ四］{ら・り・る・れ・れ}夫婦や雌雄が、外に出ないで、いっしょにこもっていること。例「つまごも・るともいふ人やなき」〈玉葉・春上・一七〉

つまごゑ【端声】［名］自分のいいたいことを他人にいわせ、そのことばのはしばしに自分もいい添えること。例「殿より申させたまはば、**つま声**のやうにて、御徳をも蒙りはべらむ」〈源氏・行幸〉

つましらべ【爪調べ】［名・自サ変］琴などを弾く前に、調子を整えるために軽く弾いてみること。

つまじるし【爪印・爪標】［名］書物の要所や不審な箇所に、爪でつけておく印。

つまづま【端端】［名］物事のはしばし。隅々。

つまで【嬬手】［名］《「つま」は稜角、「で」は材料の意》角のある荒けずりの材木。

つまど【妻戸】［名］《「端」にある戸の意》寝殿造りで建物の四隅にある両開きの戸。開き戸の一種。開くときには外側に開き、掛けをかけて留め、閉じるときは内側の掛けで締める。いまのひらき戸。

〔**妻戸の間**〕寝殿造りで、「妻戸」のある廂の間。

つまどひ【妻問ひ】［名・自サ変］女性に求婚すること。また、妻のもとへ通うこと。例「さ雄鹿をかそ露を別けつつ**妻問ひ・しける**」〈万葉・一〇・二一五三〉

つまど・ふ【妻問ふ】［自ハ四］{は・ひ・ふ・へ・へ}❶恋心を募らせていい寄る。求婚する。例「小竹田壮士の**妻問・ひし**菟原処女の」〈万葉・九・一八〇二〉❷妻を恋い求める。また、妻を訪れる。例「さ雄鹿の**妻問・ふ**時に月を良み」〈万葉・一〇・二一三一〉

つまど・る【褄取る・端取る】［他ラ四］{ら・り・る・れ・れ}鎧

の袖、または草摺りの端を、鎧とは別の色の糸や革でつづり合わせる。例「洗ひ革の鎧の**つま取・り**たるに」〈太平記・三三〉

つまなし【妻梨】［名］梨の一種。和歌で、「妻無し」または「妻成し（＝妻トスル）」にかけて用いる語。

つまはじき［・す］【爪弾き】［名・自サ変］人差し指の爪を親指の腹にかけて強くはじくこと。腹立たしいときなどにするしぐさ。例「日一日、風やまず、**爪はじき・し**て寝ぬ」〈土佐〉

つまびき【爪弾き】［名］《「つめびき」とも》琴・琵琶・三味線などの弦楽器を、撥などを用いずに指の爪で弾いて鳴らすこと。

つまび・く【爪引く・爪弾く】［他カ四］〔か・き・く・く・け・け〕弓の弦を指先ではじく。また、琴・三味線などの弦楽器を指の先で弾き鳴らす。例「梓弓**爪引・く**夜音の遠音にも」〈万葉・四・五三一〉

妻戸　画面は、寝殿中門廊の細殿の妻戸。下方では、いましも文使いが、立て文を手に出立する。（春日権現験記絵）

つまびらか［・なり］【詳らか・審らか】［形動ナリ］〔なら・なり（に）・なり・なる・なれ・なれ〕《古くは「つまひらか」。「つばひらか」とも。おもに漢文訓読体の文章に用いる》事が細かなさま。詳しいさま。明瞭なさま。例「大納言**つまびらか・に**申す旨なし」〈古今著聞・四〇三〉

つまべに【爪紅】［名］❶女性の爪に紅を塗る化粧。また、そのための紅。❷ホウセンカの別称。この花から、爪に塗る紅をとったことによる。（季－秋）

つまま［名］タブノキの別称かというが未詳。

つまむかへぶね【妻迎へ舟】［名］妻を迎えに行く舟。とくに、七夕で、牽牛が織女を迎えに行くときに乗る舟。（季－秋）

つまや【妻屋】［名］夫婦の寝屋。ねや。

つまやしろ【端社・妻社】［名］道端にある小さな神社。

つまや・る【爪遣る】［他ラ四］〔ら・り・る・る・れ・れ〕「つまよる」に同じ。

つまよ・る【爪縒る】［他ラ四］〔ら・り・る・る・れ・れ〕矢を左手の指に載せ、右手の指先で回しながら、矢のゆがみ・硬軟などを調べる。＝爪遣る。例「『給はって見候はん』とて、**つまよ・っ**て」〈平家・一一・遠矢〉《音便》「つまよっ」は「つまより」の促音便。

つまり【詰まり】━［名］行き詰まった場所。果て。すみ。━［副］結局。ついに。

つま・る【詰まる】［自ラ四］〔ら・り・る・る・れ・れ〕❶ふさがる。つかえる。❷返答やことばに困る。❸物が不足して窮する。❹（多く打消や反語表現を伴って）筋が通る。理屈に合う。例「〔殿様ダカラトイッテ〕やたらそんなことをして、**つま・る**ものかへ」〈膝栗毛〉

つまをりがさ【端折り傘・爪折り傘】［名］骨の端を内側に湾曲させて、長い柄をつけた傘。貴人や官人が用い、のちに儀式用となった。傘の部分は紙張りで油をひいた。＝端折り立て傘

つみ【柘】［名］木の名。ヤマグワの古名。葉は蚕のえさとされ、実は食用とされた。

つみ【罪】［名］❶法律・道徳・習慣に反する行為。けがれ・わざわい・悪行・過失など、嫌悪の対象となるもの。また、その結果として受ける責め。**罰**。❷《仏教語》仏法で禁じた戒めを破る行為。また、その行為に対する仏罰。**罪業**。❸欠点。非難すべき点。

〔**罪避りどころなし**〕罰を逃れようがない。また非難をまぬかれない。例「あまりけしからぬは、見たてまつる人も、**罪避りどころな・かる**べし」〈源氏・夢浮橋〉

〔**罪去る**〕謝罪する。罪をわびる。例「人の聞き思さむことの**罪さ・らむ**方なきに」〈源氏・夕霧〉

つみあま・る【積み余る】［自ラ四］〔ら・り・る・る・れ・れ〕物を積み上げても積みきれずに残る。例「わが身もみくらの山に**つみ余・る**ばかりにて」〈更級〉

つみおほ・す【摘み生ほす】［他サ四］〔さ・し・す・す・せ・せ〕実を摘んで、それをまいて育てる。例「我がやどの穂蓼古幹**摘み生ほ・し**」〈万葉・一一・二七五九〉

つみさりごと【罪去り事・罪避り事】［名］罪や責任を逃れるための行為。

つみしろ【罪代】［名］罪の償い。

つみ・す【罪す】［他サ変］〔せ・し・す・する・すれ・せよ〕罪をとがめて罰する。例「盗人をいましめ、僻事をのみ**罪・せむ**よりは」〈徒然・一四二〉

つみつくり【罪作り】［名］罪になるような行為。とくに、仏の教えに背くこと。

つみな・ふ【罪なふ】［他ハ四］〔は・ひ・ふ・ふ・へ・へ〕［他ハ下二］〔へ・へ・ふ・ふる・ふれ・へよ〕罰する。例「法を犯さしめて、それを**罪な・はん**事、不便のわざなり」〈徒然・一四二〉

つみは【鍔・鐔】［名］《「つみば」とも》鍔の古称。

つ・む【積む】〔ま・み・む・む・め・め〕━［自マ四］積もる。重なる。たまる。例「笹の葉に降り**つ・む**雪の末を重み」〈古今・雑上・八九一〉━［他マ四］❶積み上げる。重ねる。❷（苦しみや嘆きなどの感情を）増す。深める。例「松島に年ふるあまも嘆きを**ぞつ・む**」〈源氏・須磨〉❸ためる。増やす。

つ・む［他マ四］〔ま・み・む・む・め・め〕前歯でかじる。例「髯がちなるものの、椎**つ・みたる**」〈枕・似げなきもの〉

つ・む【抓む・摘む】［他マ四］〔ま・み・む・む・め・め〕❶指の先でつまむ。❷つねる。例「手をいたく**つ・ませ**たまひつる」〈源

氏・東屋〉❸つまみとる。

つ・む【詰む】{め・め・む・むる・むれ・めよ}㊀[自マ下二]❶主君の前などで離れずに控える。出仕する。例「御前に**詰・め**てあれば」〈狂言記・萩大名〉❷行き詰まる。窮する。例「義朝道理にや**つ・め**られけん」〈古活字本保元・中〉㊁[他マ下二]❶透き間をなくす。満たす。詰め込む。例「〔戸ノ〕内外に〔ツッカエ棒ヲ〕**つ・め**てければ、ゆるぎだにせず」〈落窪・二〉❷迫る。追い詰める。例「問ひ**つ・め**られて、え答へずなり侍りつ」〈徒然・二四三〉❸倹約する。例「随分わしが身を**つ・め**、三度つける油も一度つけ」〈浄・夕霧阿波鳴渡〉

つ・む【集む】[他マ下二]{め・め・む・むる・むれ・めよ}(多く動詞の連用形に付いて)集める。例「〔亡キ人ノ文ヲ〕かき**つ・め**て見るもかひなし藻塩草」〈源氏・幻〉

つむがりのたち【都牟刈りの太刀】[名]語義未詳。切れ味の鋭い太刀の意か。一説に「草薙剣」とも。

つむぎ【紬】[名]紬糸で織った絹布。

つむじ【旋風】[名]《「つむじかぜ」の略》せんぷう。

つめ【爪】[名]❶手や足の爪。❷琴を弾くときに指先にはめるもの。琴爪。❸《近世語》(①で物をかき集めることから)強欲な人。

〔**爪食ふ**〕つめをかむ。気後れしてはにかむ。恥ずかしがる。例「なま人わろく(=何ダカキマリガワルク)**爪く・はるれど**」〈源氏・帚木〉

〔**爪を弾く**〕不満を表すしぐさ。例「季英、**爪を弾・き**、天を仰ぎて候ふ」〈宇津保・祭の使〉

つめ【詰め】[名]❶透き間に詰め込むもの。詰め物。栓。❷役所などで勤務すること。またその場所。❸端。きわ。例「宇治橋の**つめ**にぞおし寄せたる」〈平家・四・橋合戦〉❹わきを縫い合わせた短い袖。詰め袖。振り袖に対していう。❺(④を着ることから)年増の女。

つめいくさ【詰め軍】[名]敵を最後のところに追い詰めて戦ういくさ。

つめいし【積め石】[名]柱の下の石。礎。

つめしゅう【詰め衆】[名]❶室町時代、毎夜当番で将軍のそばに控えた者。番衆の一種。❷安土桃山時代、殿中に伺候した者。❸江戸時代、将軍のそばに仕えた者。譜代大名から選ばれた。

つめのじゃう【詰めの城】ツメノジョウ[名]本丸の称。二の丸・三の丸に対していう。また、根城の称。

つめひも【詰め紐】[名]ひもを、目を詰めてしっかりと結ぶこと。

つめひらき[・す]【詰め開き】[名・自サ変]《近世語》❶貴人の前から退くとき、左か右にからだを回してから立つこと。❷かけひき。応対。談判。

つめふ・す【詰め伏す】[他サ下二]{せ・せ・す・する・すれ・せよ}説得する。説き伏せる。例「これほどに心地よく**つめふ・せ**たる事こそ候はね」〈古今著聞・五三九〉

つめらう【詰め牢】ツメロウ[名]からだがやっと入るほどの狭い牢。

つめろん【詰め論】[名]問い詰めての議論。

つ-も …てしまったことよ。例「玉藻刈る沖辺は漕がじしきたへの枕のあたり忘れかね**つも**」〈万葉・一・七二〉訳(たまもかる)沖辺は漕ぐまい。(しきたえの)枕のそばにいたあの女を忘れられなくなっ**てしまったことよ**。〔注〕「玉藻刈る」は「沖」の、「しきたへの」は「枕」の枕詞。

語構成　つ　完「つ」止｜も　終助

つもり【積もり】[名]❶積もり重なること。積もった結果。❷予想。推測。推量。❸見積もり。予算。❹程度。限度。

つも・る【積もる】{ら・り・る・る・れ・れ}㊀[自ラ四]❶積み重なる。❷年月・時間が長く経過する。例「**積も・り**ぬる年月のほどを思へば」〈源氏・松風〉㊁[他ラ四]《近世語》❶見積もる。見当をつける。❷推量する。想像する。例「よく**つも・っ**て見るがいい」〈情・梅児誉美〉《音便》「つもっ」は「つもり」の促音便。❸みくびってばかにする。だます。例「大臣は心に**積も・らるる**程な大様ながよし」〈浮・傾城禁短気〉

つや[・す]【通夜】[名・自サ変]《「つうや」とも》❶社寺にこもり、終夜、祈願すること。例「ある夜下の御社に**通夜・したる**夜」〈宇治拾遺・四・一三〉❷葬式の前に、死者のそばで、終夜棺を守ること。

つやつや [副]❶(下に打消の語を伴って)少しも。全然。例「くらさは闇し、**つやつや**入道の孫とも知らず」〈平家・一・殿下乗合〉❷すっかり。完全に。十分に。例「げに、**つやつや**忘れて」〈とはずがたり〉❸よくよく。例「国司の姿を**つやつや**と打ちながめ」〈浄・当流小栗判官〉

つやつや【艶艶】[副]美しい光沢のあるさま。つやつやと。多く、髪や衣服についていう。例「薄き御直衣、白き御衣の唐めきたるが、紋もけざやかに**艶々**と透きたるを」〈源氏・藤裏葉〉

つやめ・く【艶めく】[自カ四]{か・き・く・く・け・け}《「めく」は接尾語》つやつやとして見える。色つやがある。例「濃き紅葉の、**艶め・きて**」〈枕・花の木ならぬは〉

つややか[・なり]【艶やか】[形動ナリ]{なら・なり(に)・なり・なる・なれ・なれ}《「やか」は接尾語》❶つやつやと美しい。光沢があって美しいさま。例「桜の細長に、**艶やか・なる**掻練りとり添へて」〈源氏・玉鬘〉❷色っぽい。例「**つややか・なる**ことはものせざりけり」〈蜻蛉・下〉

つゆ【露】㊀[名]❶**露**。**水滴**。**涙**。(季-秋)。例「山田守る秋の仮庵に置く**露**は稲負鳥の涙なりけり」〈古今・秋下・三〇六〉❷**わずかなこと**。**ほんの少し**。例「**つゆ**にても心に違ふことはなくもがな」〈源氏・帚木〉❸(露の消えるように)**はかないこと**。例「思へどもなほ飽かざりし夕顔の**露**に後れし心地」〈源氏・末摘花〉❹狩衣の袖のひもの下がった部分。**括りひもの先**。→[古典参考図]男子の服装〈3〉。例「直垂の**露**結びて、肩にかけ」〈曾我・六〉㊁[副](下に打消の表現を伴って)**まったく**。**全然**。**少しも**。例「すべて、**露**たがふことなかりけり」〈枕・清涼殿の丑寅の角の〉《副詞の呼応》「つゆ→なかりけり」

〔**露の命**〕露のようにはかない命。

〔**露の底**〕露にぬれた草などの下。

〔**露の間**〕はかない間。わずかな間。

〔**露の身**〕露のようにはかない身。(季-秋)。例「**露の身**の消えばともにと契りおきてき」〈大和・一〇四〉

〔**露の宿り**〕❶露の置く所。涙のたまる所。❷露のような身をおく所。悲しみに耐えて住む家。例「浅茅生の**露のやどり**に君をおきて」〈源氏・賢木〉

〔露の世〕露のようにはかない世。無常の世。
〔露の我が身〕露のようにはかない自分の身。
〔露ばかりの命〕すこしばかりの命。
〔露分く〕露が置いた草原などを踏み分けて行く。

つゆがはなし【露がはなし】[作品名]江戸中期(一六九一刊行)の噺本。露の五郎兵衛作。三分の一は『醒睡笑』から採り、他の本による話もいくつかある。話の新しさより、口演での話術の巧みさ・おもしろさに見るべき所が多く、落ちもよく整っている。

つゆくさ【露草】[名]《古くは「つきくさ」とも》❶草の名。和歌では「露」の意をもたせ、はかないものとして詠むことが多い。(季-秋)。❷《「露草色」の略》ツユクサで染めた色。縹色に近い青。❸襲の色目の名。表は縹で裏は薄縹。

つゆけさ【露けさ】[名]露に濡れて湿っぽいこと。涙がちなことの意を含めて用いられることが多い。

つゆけ・し【露けし】[形ク]{から・く(かり)・し・き(かる)・けれ・かれ}《「けし」は接尾語》露がたくさん降りている。湿っぽい。多く、涙を流しがちだの意を含む。例「秋はわびしき時なれど露けかるらん袖をとしぞ思ふ」〈後撰・秋中・二七〇〉

つゆしぐれ【露時雨】[名]露が辺り一面に降りて、時雨が降ったようになること。(季-秋)

つゆしも【露霜】[名]《中世以降「つゆじも」とも》❶露と霜。また、秋の末に露が凍って霜のようになったもの。(季-秋)。❷歳月。

つゆしもの【露霜の】[枕詞]《露や霜が降りる季節や状態から》「秋」「置く」「消」「過ぐ」などにかかる。例「露霜の消易き我が身老いぬとも」〈万葉・一二・三〇四三〉

つゆちり【露塵】[一][名]❶ほんのわずかなことのたとえ。例「露塵のこともゆかしがり」〈枕・にくきもの〉❷価値がないもののたとえ。[二][副]《下に打消の語を伴って》少しも。全然。例「露塵物取らせむの心なし」〈宇津保・忠こそ〉

〔和歌〕**つゆとおち…**【露と落ち露と消えにしわが身かなにはのことも夢のまた夢】〈詠草・豊臣秀吉〉訳露のように生まれ落ち、露のようにはかなく消えてしまうわが身であることよ。何もかも、あの難波のことも、すべて夢の中の夢であった。
〈参考〉「なにはのこと」は、さまざまなことの意の「何はのこと」と、「難波のこと」の掛詞。秀吉の辞世の歌。

つゆどのものがたり【露殿物語】[作品名]江戸前期(一六二四ごろ成立)の絵巻。作者・画者未詳。先行物語に依拠するところが多いが、華やかに近世的風俗を描く絵と、近世的文章のおもしろ味が秀逸。

〔和歌〕**つゆながら…**【露ながらこぼさで折らん月影に小萩が枝の松虫の声】〈山家集・上・西行〉訳露の置いたままこぼさないで折ろう、月の光に照らされた小さい萩の枝を。そしてその枝の下に鳴く松虫の声もいっしょに。

〔俳句〕**つゆのよは…**【露の世は露の世ながらさりながら】〈おらが春・一茶〉訳この世は露のようにはかない世だと知ってはいるが、それにしてもあきらめきれないことだ。(季-露-秋)
〈参考〉長女さとを疱瘡で失った折の作。

つゆばかり【露ばかり】[副]《下に打消の語を伴って》少しも。ちっとも。例「心地もまことに苦しければ、物もつゆばかりまゐらず」〈源氏・総角〉

つゆはら【露原】[名]露の多く降りている原。

つゆはらひ【露払ひ】[名]❶蹴鞠の会で、開始の際、まず鞠をけりあげて「懸かり」の木の露を払い落とすこと。その役。❷先導すること。その人。❸演芸などで最初に演じる芸。それを演じる人。

つゆも【露も】[副]《多く下に打消の語を伴って》少しも。例「雨降れど露ももらじを」〈古今・秋下・二六一〉

つゆわけごろも【露分け衣】[名]露のおりた草原を踏み分けて行くために着る衣。

つよう【強う】形容詞「つよし」の連用形「つよく」のウ音便。

つよ・し【強し】[形ク]{から・く(かり)・し・き(かる)・けれ・かれ}(心・からだ・ものの勢いなどが)強い。しっかりしている。激しい。↔弱し。例「女も若うたをやぎて、強き心も知らぬなるべし」〈源氏・花宴〉

つよゆみ【強弓】[名]張りが強い弓。また、それを用いる人。強弓。

つより【強り】[名]強み。頼り。

つよ・る【強る】{ら・り・る・る・れ・れ}[一][自ラ四]❶強くなる。例「強る者をば頸を切り、弱き者をば虜にす」〈盛衰記・四二〉❷奮い立つ。例「味方の軍勢は皆兵粮に疲れ、敵陣の城にはいよいよ強り候はんか」〈太平記・一六〉[二][他ラ四]《「思ひ強る」の形で》気を張る。精神を奮い起こす。例「苦しき御心地を思し強りて」〈源氏・若菜・上〉

つら【列・連】[名]❶並んだもの。行列。❷仲間。同類。

つら【弦】[名]弓のつる。

つら【面】[名]❶顔。頬。❷物の表面。おもて。❸ある物に面した場所。わき。ほとり。

つら【蔓】[名]《上代語》草のつる。「いはゐづら」「ところづら」などの複合語の成分となる。

つらう【辛う】形容詞「つらし」の連用形「つらく」のウ音便。

つらく 完了の助動詞「つ」の名詞化したもの。…たこと。…たの。例「あしひきの山の木末のほよ取りてかざしつらくは千年寿くとぞ」〈万葉・一八・四一三六〉訳〈あしひきの〉山の梢のほよ(=宿り木)を取って髪に挿したのは、千年の命を祝う心からです。〔注〕「あしひきの」は「山」の枕詞。

つらさ【辛さ】[名]《「さ」は接尾語》❶冷淡なこと。冷淡さ。例「人の御つらさにのみ思ほすを」〈源氏・若菜・下〉❷冷淡なことを恨めしく思うこと。恨めしさ。例「日ごろのつらさも紛れぬべきほどなれど」〈源氏・総角〉

つら・し【辛し】[形ク]{から・く(かり)・し・き(かる)・けれ・かれ}

アプローチ
▼人の態度や仕打ちが冷淡で思いやりのない状態を表す。
▼そのような扱いを受けた自分の気持ちを、情意的に苦しく耐え難いものとして表現する。

❶思いやりがない。冷淡だ。例「死出の山ふもとを見てぞ帰りにしつらき人よりまづ越えじとて」〈古今・

恋五・七八九〉訳死出の山のふもとを見て帰ってきてしまった。冷淡なあなたよりも先に越えまいと思って(＝一緒に越えようと思って)。(係結び)「ぞ→帰りにし」体
❷耐え難い。うらめしい。例「さもさまざまに心をのみ尽くすべかりける人の御契りかな、とつらく思ひきこえたまふ」〈源氏・須磨〉訳このようにあれこれと心労を重ねなければならなかった前世の約束だったのだ、と耐え難くお思いになる。(敬語)「思ひきこえたまふ」→「きこえたまふ」

発展学習ファイル ①の類義語「つれなし」が、無関心・無表情な対人関係を形容するのに対し、「つらし」は、そうした相手の態度を非難する気持ちを表す。②に類義語「うし」がある。⇨「うし」〈古語深耕〉

つらだましひ【面魂】ツラダマシイ[名]気性の激しさが表れている顔つき。面構え。

つらつき【面付き】[名]ほおの辺りのようす。また、顔つき。

つらつら[副]つくづく。例「つらつら思へば、誉れを愛するは人の聞きをよろこぶなり」〈徒然・三八〉

つらつらつばき【列列椿】[名]たくさん連なっているツバキ。和歌では「つらつら」を導く序詞に用いる。例「巨瀬山のつらつら椿つらつらに」〈万葉・一・五四〉

つらづゑ【頰杖】ツラヅエ[名]ほおづえ。

つらなむ【連並む・列並む】[他マ下二]{め・め・む・むる・むれ・めよ}多数のものを横一列に並べる。連ねる。例「布勢の海に小舟つら並め」〈万葉・一九・四一八七長歌〉

つらなる【連なる・列なる】[自ラ四]{ら・り・る・る・れ・れ}❶並ぶ。列をなす。系列に入る。例「たちまちに王氏を出でて人臣につらなる」〈平家・一・祇園精舎〉❷連れ立つ。例「同じ郷の者三人とつらなりて水銀を掘る所に行きぬ」〈今昔・一七・一三〉

〔**連なる枝**〕(「連枝」の訓読語)兄弟。

つらぬ【連ぬ・列ぬ】{ね・ね・ぬ・ぬる・ぬれ・ねよ}一[自ナ下二]❶一列に並ぶ。連なる。例「雁の連ねて鳴く声」〈源氏・須磨〉❷連れ立つ。伴う。例「俊蔭と連ね給ひて、二つといふ山に入り給ふ時に」〈宇津保・俊蔭〉二[他ナ下二]❶一列に並べる。連ねる。例「皆歩みて袖を連ねたり」〈今昔・七・四七〉❷(ことばを連ねる意から)詩歌を作る。例「待つとし聞かば帰り来こんと、連ね給ひし言の葉はいかに」〈謡・松風〉

つらぬかる【貫かる】[自ラ四]{ら・り・る・る・れ・れ}他からの力によって貫く。例「太刀のさきを口にふくみ、馬よりさかさまにとび落ち、つらぬかってぞうせにける」〈平家・九・木曾最期〉(音便)「つらぬかっ」は「つらぬかり」の促音便。

つらぬき【頰貫】[名]縁にひもを通して結ぶ、毛皮製の浅沓。乗馬の際などに用いた。＝綱貫。⇨[古典参考図]武装・武具〈1〉

つらぬきかく【貫き掛く】[他カ下二]{け・け・く・くる・くれ・けよ}貫き通してかける。例「貫きかくる蜘蛛の糸すぢ」〈古今・秋上・二二五〉訳→(和歌)あきののにおくしらつゆは…

つらぬきとむ【貫き止む】[他マ下二]{め・め・む・むる・むれ・めよ}紐や緒を通して止める。例「白露に風の吹き敷く秋の野はつらぬきとめぬ玉ぞ散りける」〈後撰・秋中・三〇八〉訳→(和歌)しらつゆに…

つらぬく【貫く】[他カ四]{か・き・く・く・け・け}❶突き通す。例「心行くばかりに貫きあひて、共に死ににけり」〈徒然・一二五〉❷始めから終わりまで続けて通す。

つらねうた【連ね歌】[名]「れんが」に同じ。

つらむ…ただろう。例「心憂げなる虫をしも興じ給へる御顔を、見給ひつらむよ」〈堤中納言・虫めづる姫君〉訳いやらしい虫をおもしろがっていらっしゃった姫君のお顔を(右馬の助は)ご覧になっただろうよ。(敬語)「見給ひ」→「たまふ(四段)」

語構成 つ 完「つ」止 ／ らむ 推「らむ」

つらゆき【貫之】[人名]「きのつらゆき」に同じ。

つらら【氷・氷柱】[名]❶池などの水面に張った氷。(季―冬)。❷水滴が凍って、柱状に垂れ下がったもの。つらら。＝垂氷

つらら[・なり]【連ら・列ら】[形動ナリ]{なら・なり(に)・なり・なる・なれ・なれ}並び連なっているさま。ずらりと。例「いざりする海人の娘子は小舟乗りつららに浮けり」〈万葉・一五・三六二七長歌〉

つららく【連らく・列らく】[自カ四]{か・き・く・く・け・け}並び連なる。例「沖方には小船連らく黒鞘のまさづ子我妹国へ下らす」〈記・下・歌謡〉

つらを【弦緒】ツラオ[名]弓の弦。

つり【吊り・系】[名]系図。＝吊り書き

つりどの【釣殿】[名]寝殿造りで、東西の対の屋から延びた廊の南端にある、池に臨んだ建物。(季―夏)。⇨図版「簀の子」、[古典参考図]建築〈1〉

つりなは【釣り縄】ツリナワ[名]❶物をつるしておく縄。❷魚を釣るため、釣り針をたくさん付けて、川などに長く延ばしておく縄。

つりのを【釣りの緒】ツリノオ[名]釣り糸。

つる【鶴】[名]❶ツル科の鳥の総称。和歌では「たづ」が多く用いられた。❷①を図案化した紋所の名。

〔**鶴の毛衣**〕鶴の羽毛を衣に見たてていう。例「千歳をかねてあそぶ鶴の毛衣に、思ひまがへらる」〈源氏・若菜・上〉

〔**鶴の林**〕(釈迦が入滅の時に、沙羅双樹が鶴の白い羽毛のようになったということから)釈迦が入滅した沙羅双樹の林。

〔**鶴の齢**〕ツルノヨワイ(鶴は千年の寿命を保つという故事から)鶴の千年の寿命。長命、長寿のこと。『淮南子』「説林訓」などに見える中国の伝説に基づく。

つる【釣る・吊る】[他ラ四]{ら・り・る・る・れ・れ}❶釣り針を付けた糸を垂らして魚をとる。例「楫取りの昨日釣りたりし鯛に」〈土佐〉❷(上の物にかけて)垂れ下げる。つるす。例「籠に乗りて吊られのぼりて」〈竹取・燕の子安貝〉❸(餌などを与えて)獣をおびき寄せる。誘い出す。例「この間、狐を釣るほどに」〈狂・釣狐〉

つる【連る】{れ・れ・る・るる・るれ・れよ}一[自ラ下二]❶連れ立つ。同行する。例「殿上人四五人ばかり連れて参れり」〈源氏・松風〉❷列をつくる。連なる。例「北へ行く雁ぞ鳴くなる連れて来し数は足らでぞ帰るべらなる」〈古今・羈旅・四一二〉訳→(和歌)きたへゆく…。❸(「…につれて」の形で)…に従って。…に応じて。例「衣服の綺羅も世につれて戒むるとはなけれども」〈浄・心中宵庚申〉二[他ラ下二]伴う。引き連れ

る。例「これ（＝有名ナ草履取リノ美少年）をつ・る程の者をかるく思ふは」〈浮・好色一代男〉

つる 完了の助動詞「つ」の連体形。例「あはれなり**つる**こと忍びやかに奏す」〈源氏・桐壺〉（敬語）「忍びやかに奏す」→「そうす」

つるうち［．す］【弦打ち】［名・自サ変］弓に矢をつがえずに、弦をはじいて鳴らし、物の怪や邪気などを払う魔除けのまじない。＝鳴弦

つるおと【弦音】［名］矢を放つときに生ずる、弦の鳴る音。

つるが【敦賀】［地名］越前国の地名。いまの福井県敦賀市。日本海に面し、古く大陸との交易や国内の中継交易で栄えた。平安時代には、大陸からの使節を接待する国の施設「松原客館」が設けられた。

つるかめ【鶴亀】㊀［名］❶鶴と亀。ともに長命とされ、長寿などの祝い事に用いられる。❷亀の背に鶴を立たせた形にこしらえたろうそく立て。㊁［感］（鶴・亀ともにめでたいものとされていることから）不吉を払うために唱えるまじないのことば。

つるぎ【剣】［名］（「つるき」とも）古くは刀剣の総称。片刃の刀の登場以降は、おもに諸刃の刀を指す。

〔**剣の太刀**〕「つるぎたち㊀」に同じ。

つるぎたち【剣太刀・剣大刀】㊀［名］鋭利な諸刃の刀剣。＝剣の太刀。㊁［枕詞］刀剣を身につけること、研ぐことから「身に添ふ」「磨ぐ」に、また、古く「刃」を「な」といったことから同音の「名」「己」にかかる。例「**剣大刀**身にそへ寝ねば」〈万葉・二・一九四長歌〉

つるぎのえだ【剣の枝】［名］《仏教語》地獄にあるという葉や枝が剣になっている枝。刀葉の枝。

つるぎば【剣羽】［名］（形が剣の先に似ていることから）オシドリ・クジャク・キジなどの尾の両脇に立つ小さな羽。＝思ひ羽

つるのこほり【都留の郡・鶴の郡】［歌枕］甲斐国の地名。いまの山梨県南・北都留郡。長寿を象徴する「鶴」をかけて詠まれた。

つるはぎ【鶴脛】［名］衣服の裾からすねが長く出ていること。衣服の丈が短かったり、裾をたくし上げたりした姿。鶴のすねを連想させることからいう。

つるはしり【弦走り】［名］（「つるばしり」とも）鎧の胴の胸・腹の部分。染め革で包んで、弓の弦が当たるのを防ぐ。⇨［古典参考図］武装・武具〈1〉

つるばみ【橡】［名］（古くは「つるはみ」とも）❶ドングリの古名。❷ドングリのかさを煮た汁で染めた色。濃いねずみ色。＝鈍色。（季＝花－夏・実－秋）。❸つるばみ色に染めた衣服。上代では身分の低い人の衣服、中古では四位以上の「袍」。また、喪服。

つるぶくろ【弦袋】［名］「弦巻」の別称。のちに、予備の弓の弦を入れる袋。太刀につけて下げる。

つるべ【釣瓶】［名］（「べ」は瓶の意）縄・竿の先につけて井戸の水を汲み上げる桶。古くは土器、のち、木製のものが多い。

つるべおとし【釣瓶落とし】［名］井戸につるべを落とすように、急速に垂直に落下すること。また、転じて、秋の日が暮れやすいこと。

つるまき【弦巻】［名］予備の弓の弦を巻き付けておく輪状の道具。革やつる草などで作られる。太刀・箙などに付けて携行した。⇨［古典参考図］武装・武具〈1〉

つる・む［自マ四］{ま・み・む・む・め・め}㊀【連るむ】連れ立つ。例「あとから**つる・ん**で来申すは」〈膝栗毛〉（音便）「つるんで」は「つるみて」の撥音便。㊁【交む】交尾する。

つるめそ【弦召】［名］「いぬじんにん」に同じ。

つるやなんぼく【鶴屋南北】［人名］江戸中・後期の歌舞伎役者・作者。初世から五世まで存在。四世から作者として活躍。有名なのはこの四世（一七五五〜一八二九）で、大南北と呼ばれる。生世話物と呼ばれる町人たちの風俗を如実に描いた作品で知られる。代表作『東海道四谷怪談』。

つれ【連れ】［名］❶同伴者。仲間。❷種類。程度。たぐい。❸能や狂言でシテ・ワキを補佐する役。「ツレ」と表記。シテ方に属するシテヅレとワキ方に属するワキヅレがある。ふつうシテヅレを略してツレという。

つれ 完了の助動詞「つ」の已然形。例「さかしうのたまひ**つれ**ど」〈源氏・桐壺〉（音便）「さかしう」は「さかしく」のウ音便。（敬語）「のたまひつれど」→「のたまふ」

-づれ【連れ】［接尾］（人を表す名詞や代名詞に付いて）ののしったり、軽蔑したりする意を表す。…のようなつまらないもの。…のごときやつ。…の程度の連中。例「猿引き（＝猿回シ）**づれ**に、何も御用はござりますまい」〈狂・靫猿〉

つれだ・つ【連れ立つ】［自タ四］{た・ち・つ・つ・て・て}いっしょに行く。いっしょに物事をする。例「（供ノ者ノ）高き短き、あまた**連れ立・ち**たるよりも」〈枕・心にくきもの〉

つれづれ［．なり］【徒然】［名・形動ナリ］

> **アプローチ** ▼動詞「つる（連る）」の連用形を重ねた語で、同じ状態が変化なく長々と続くの意が原義。
> ▼そこから、単調な状態を表すようになり、さらに、そういう状態からもたらされた所在ない心持ちや、鬱屈したもの思いなども表すようになる。

❶**することがなく手持ちぶさたな状態。** 例「**つれづれ**なるままに、日くらし硯にむかひて」〈徒然・序〉訳何も**することがなく手持ちぶさたな状態**で、一日じゅう硯にむかって。

❷**孤独でもの寂しいさま。しんみりしてもの思いにふけるさま。** 例「そこはかとなく、**つれづれ・に**心細うのみおぼゆるを」〈源氏・末摘花〉訳なんとなく、**しんみりとしてもの思いにふけり**、心細くばかり思っているので。（音便）「心細う」は「心細く」のウ音便。

発展学習ファイル 類義語に「**さうざうし**」がある。⇨「さうざうし」〈古語深耕〉

つれづれ【徒然】［副］（近世語）しみじみ。つくづく。よくよく。例「顔を**つれづれ**眺むれば」〈浄・冥途の飛脚〉

つれづれぐさ【徒然草】［作品名］鎌倉後期の随筆。吉田（卜部）兼好作。二百四十四段から成る。仏教的な無常観に基づいて人事・自然・人生・社会・芸術などその内

容、長短は多岐にわたり、そこで語られる思想、文体もたいへん幅広い。

つれづれと【徒然と】［副］❶長々と。例「**つれづれ**と降り暮らして、しめやかなる宵の雨に」〈源氏・帚木〉❷所在なげに。することがなく退屈なようす。また、しみじみと。例「〔女ガ〕死にければ、〔男ハ〕**つれづれとこもりをりけり**」〈伊勢・四五〉

〔和歌〕**つれづれと…【つれづれと空ぞ見らるる思ふ人天降り来むものならなくに】**〈玉葉・恋二・一四六七・和泉式部〉訳所在なくしんみりともの寂しく、思わず空が眺められるよ。愛する人が空から降りて会いに来るようなものでもないのに。

つれなう 形容詞「つれなし」の連用形「つれなく」のウ音便。

つれなさ［名］《「さ」は接尾語》そっけないこと。冷淡さ。

つれな・し

［形ク］{から・く(かり)・し・き(かる)・けれ・かれ}

> **アプローチ**
> ▼「連無し」で、つながりや関連がない意が原義。
> ▼上代では、多く「つれもなし」の形で用いる。
> ▼中古以降、おもに、相手が自分の心情の動きに対して反応しない状態にあることを表す。

❶**関係がない。無関心である。**例「秋の田の穂向きの寄れる片寄りに我は物思ふ**つれなき**ものを」〈万葉・一〇・二二四七〉訳秋の田の稲穂の向きが一方になびき片寄るように、私は(ひたむきに)あなたのことを思っている、あなたは(私に)無関心なのに。

❷**冷淡だ。よそよそしい。**例「むかし、男、**つれなかりける**女にいひやりける」〈伊勢・五四〉訳昔、男が冷淡だった女に(歌を)詠んでやった。

❸**平然としている。さりげない。**例「この小野小町をあやしがりて、**つれなきやう**にて人をやりて見せければ」〈大和・一六八〉訳この小野小町は不思議に思って、**さりげない**ようすで人を遣わして見させたところ。

❹**何ごともない。変化が起こらない。**例「上は**つれなくて**、草生ひしげりたるを」〈枕・五月ばかりなどに〉訳うわべは**何ごともなく**、草が生い茂ったところを。

発展学習ファイル　類義語の「**つらし**」は、相手の冷淡な態度に対する非難の気持ちが込められているのに対して、「つれなし」は対人関係の冷ややかな状態を表す。

〔**つれなき命**〕思うとおりにならない命。命長らえたくない気持ちに反して、生き続けている場合に用いられる。例「〔娘(=桐壺更衣)ニ先立タレルト(ハ)〕かへすがへす**つれなき命**にもはべるかな」〈源氏・桐壺〉

〔**つれなき人**〕冷淡な仕打ちをする人。薄情な人。つれない人。例「すべて**つれなき人**(=源氏)にいかで心もかけきこえじ」〈源氏・葵〉

つれなしがほ［・なり］【つれなし顔】［名・形動ナリ］素知らぬ顔。何気ないようす。平気なさま。例「〔思イヲ寄セナガラモ〕うちつけにも言ひかけたまはず、**つれなし顔・なる**」〈源氏・東屋〉

つれなしづく・る【つれなし作る】［自ラ四］{ら・り・る・る・れ・れ}何気ないようすをする。平気なふうを装う。素知らぬ振りをする。例「**つれなしづくり**たまへど、もの思し乱るるさまのしるければ」〈源氏・若菜・上〉

つれもな・し［形ク］{から・く(かり)・し・き(かる)・けれ・かれ}❶関係がない。縁もゆかりもない。例「**つれもなき**佐田の岡辺に帰り居ば」〈万葉・二・一八七〉❷冷淡だ。無関心だ。例「『つつしむことありてなむ〔行カレナイ〕』とて〔夫ハ〕**つれもなけれ**ば」〈蜻蛉・下〉

つわもの【兵】 歴史的かなづかい「つはもの」

つゑ【杖】［名］❶歩行の助けにする棒。❷刑具の一種。杖罪の者を打つ棒。❸奈良時代の長さの単位。約一丈(約三メートル)。❹弓一張りの長さ。七尺五寸(約二・三メートル)。

つゑたらず【杖足らず】［枕詞］(「つゑ(=一丈)」に足りない意から)「八尺」にかかる。例「**つゑ足らず**八尺の嘆き嘆けども」〈万葉・一三・三三四四長歌〉

つんざ・く【劈く・擘く】［他カ四］{か・き・く・く・け・け}(「つみさく」の撥音便)強く破る。突き裂く。例「竜伯公が力を得ざれば山をも**擘きがたし**」〈太平記・七〉

て

て-【手】［接頭］一(名詞に付いて)❶自分の手や指を用いてすることを表す。手の、手で、手を用いての意。「**手車**」「**手すさび**」など。❷日常用いられる、小さな、身の回りのの意を表す。「**手鏡**」「**手箱**」「**手道具**」など。二(形容詞・形容詞の語幹に付いて)❶程度のはなはだしい意を表す。「**手痛し**」「**手強し**」など。❷やり方の意を表す。「**手遅し**」「**手重し**」など。

-て【手】［接尾］❶そのことをする人の意を表す。「**書き手**」「**使ひ手**」「**やり手**」など。❷方向・場所を表す。「**裏手**」「**行く手**」「**大手**」「**搦め手**」など。❸行為の結果の性質・種類を表す。「**痛手**」「**深手**」など。❹矢二筋を一組として数えるのに用いる。例「この弓に箭一**手**を取り具し」〈今昔・三・一五〉❺味方の「陣立て」を表す。敵の陣立ては「斬り」。例「三千余騎を七**手**に分かち」〈平家・六・横田河原合戦〉❻碁・将棋・相撲などの形や手数などを数えるのに用いる。

て【手】［名］❶人体の一部、またそれになぞらえるもの。㋐肩から指先に至る間をいう。特定の部分を指す場合もある。**手**。**手のひら**。**指**。例「来年の国々、**手**(=指)を折りて、うちかぞへなどして」〈枕・すさまじきもの〉㋑**器物の取っ手や横木**。例「南の遣り戸のそばの、几帳の**手**のさし出でたるにさはりて」〈枕・職の御曹司の西面の〉❷手を用いてすること。㋐**書かれた文字**。**筆跡**。例「その花びらに、いとをかしげなる女の**手**にて、かく書けり」〈大和・一七三〉㋑**演奏の仕方**。**調子**。**曲**。例「あまたの**手**を、片時の間に弾きとりつ」〈夜の寝覚〉㋒**技量**。**腕前**。例「たなばたの**手**にも劣るまじく、その方も具して」〈源氏・帚木〉㋓**所作**。**芸風**。例「舞の**手**の中に興ある事どもをえらびて」〈徒然・二二五〉㋔**仕方**。**手段**。**方法**。例「いづれの**手**かとく負けぬべきと案じて、その**手**を使はずして」〈徒然・一一〇〉《係結び》「か→負けぬべき」

体」。❸傷。負傷。受けた傷。例「さんざんに戦ひ、大事の手負ひ、腹かき切ってぞ死ににける」〈平家・四・宮御最期〉《音便》「かき切っ」は「かき切り」の促音便。《係結び》「ぞ→死ににける(体)」。❹配下の軍勢。部下。例「ここにしぐらうて見ゆるは、たが手やらむ」〈平家・九・木曾最期〉《音便》「しぐらう」は「しぐらひ」のウ音便。

【手負ふ】(テオウ)手傷を負う。負傷する。例「いかに小次郎、手負うたか」〈平家・九・一二之懸〉《音便》「手負う」は「手負ひ」のウ音便。

【手負ほす】(テオオス)傷を負わせる。負傷させる。例「やにはに十二人射ころして、十一人に手おほせたれば」〈平家・四・橋合戦〉

【手書く】文字を書く。とくに、美しい文字を書くこと。＝手を書く。例「仮名の定めをしたまひて、世の中に手書くとおぼえたる」〈源氏・梅枝〉

【手掻く】(物を掻き取るしぐさで)手を上下に振って制止する。例「よろしき大人出で来て、『あなかま』と手かくものから」〈源氏・夕顔〉

【手と身になる】全財産を失う。身一つになる。無一文になる。例「手と身になりての思案、何とも埒の明かぬ世渡り」〈浮・日本永代蔵〉

【手直す】(テナオス)先手と後手とを交代する。例「いとこよなければ、また手なほして打つ」〈源氏・手習〉

【手に掛かる】❶世話をしてもらう。例「継母の手にかかりていますかりければ」〈大和・一四三〉❷処分される。また、殺される。処刑される。例「心ならず敵の手にかかりしをだに」〈太平記・二一〉

【手に懸く】❶思ったとおりに行う。思いのままにする。例「手にかくるものにしあらば藤の花」〈源氏・竹河〉❷自分の手で殺す。例「人手に懸けて御覧候はんより、同じくは御手にかけまゐらせて」〈古活字本保元・中〉❸自分で世話をする。

【手に据ゑたる鷹を逸らす】(テニスエタルタカヲソラス)(飼いならした鷹を逃がす意から)一度手に入れたものを取り逃がすことのたとえ。

【手の際】(テノキワ)手の及ぶ限り。

【手の筋】(テノスジ)❶書風。文字の書きぶり。例「巻ごと」、御手の筋を変へつつ」〈源氏・梅枝〉❷(手相見が手の筋を見て、運勢をいい当てることから)物事や相手の身の上を的確にいい当てること。

【手の奴足の乗り物】(自分の手を召し使いに、足を乗り物にする意から)何事も他人の力を借りずに自力ですることのたとえ。

【手もすまに】語義未詳。手を休めずに、丹精込めてなどの意か。例「手もすまに植ゑし萩にやかへりては見れども飽かず心尽くさむ」〈万葉・八・一六三三〉

【手を打つ】❶(感情が高まったときや、合点がいったときに)掌を打ち合わせて鳴らす。あまり上品とはされない動作。例「この女の、手を打ちて」〈源氏・玉鬘〉❷契約などがまとまった際に手を打ち合わせる。また、和解や契約の成立を指す。❸必要な手段を用いる。

【手を書く】「てかく」に同じ。

【手を掻く】手を振って合図する。多く、制止を意味する。例「あなかま(＝静カニ)あなかまと、ただ手をかき、面を振り」〈蜻蛉・中〉

【手を砕く】さまざまに工夫をこらす。例「この度は我と手を砕き合戦仕り候はずは」〈太平記・二六〉

【手を擦る】両手をすり合わせる。また、もみ手をする。懇願・謝罪などをするさま。例「『娘を我に賜べ』と、伏し拝み、手をすりのたまへど」〈竹取・石作の皇子〉

【手を束ぬ】❶手を組み合わせて敬礼する。敬意を表す。例「首を地に着け手を束ね」〈太平記・五〉❷(腕組みをしたまま)何もしないで見ている。何もできないでいる。手を拱く。例「この行ひ人にあひて、手をつかねて泣く事限りなし」〈宇治拾遺・一一・一〇〉

【手を束ね膝を屈む】人にへつらう。例「貧者あつまり、手をつかね膝をかがめてはやしけり」〈醒睡笑〉

【手を作る】手を合わせて拝む。合掌する。例「手をつくりて額にあてつつ」〈源氏・葵〉

【手を馴らす】「てならす」に同じ。

【手を握る】危険な状況などを見てはらはらする。手に汗を握る。

【手を舐る】手につばをつける。意気込んださまを表す。例「目をいからかして、吾をとく得んと手をねぶりつる軍どもも失せにけり」〈宇治拾遺・八・四〉

【手を揉む】両手をもみ合わせる。怪しむさまにいう。例「『何者ならむ』とて、北の方、手をもみたまふ」〈落窪・二〉

【手を許す】囲碁で、相手の「待った」を許す。転じて、寛大に処置する。例「あはれとて手をゆるせかし生き死にを」〈源氏・竹河〉

【手を分かつ】手分けする。例「ここかしこ手を分かちて求めたまふ」〈落窪・二〉

【手を別る】手を切る。関係を断つ。例「こや(＝今度ノ)君が手を別るべきをり」〈源氏・帚木〉

【手を折る】(テヲオル)指を折って数を数える。例「手を折りてあひ見しことをかぞふれば」〈伊勢・一六〉

て【風】名「ち(風)」の変化形。風。熟語・複合語としてのみ用いる。「はやて」「おひて」など。

て［格助］《上代東国方言》格助詞「と」に同じ。例「父母が頭かき撫で幸くあれて言ひし言葉ぜ忘れかねつる」〈万葉・二〇・四三四六〉訳→〈和歌〉ちちははが…

て［接助］
⇨八四〇ページ「特別コーナー」

て［終助］《近世語》感動の気持ちを添えて、軽く主張する意を表す。…よ。…わい。例「これだから聖人もわこまりなすったこと、おもひやられて」〈浮世床〉

て 完了の助動詞「つ」の未然形・連用形。例「半蔀は下ろしてけり」〈源氏・夕顔〉〔注〕連用形の例。
《識別注意語》→付録「まぎらわしい品詞の識別」

で［格助］(格助詞「にて」が「んで」となり「で」と変化した語)❶動作の行われる場所や時を表す。…において。…で。例「おのおの、六波羅ではこの様申させ給へ」〈平家・三・行隆之沙汰〉訳 皆さん、六波羅ではこのようすを申し上げてください。《敬語》「申させ給へ」→「まうさせたまふ」。❷手段・方法・道具などを表す。…で。例「左の手で、蛇の尾をおさへ、右の手で、頭をとり」〈平家・四・競〉訳 左の手で蛇の尾

て［接続助詞］

アプローチ 前の事柄とあとの事柄を結びつけることが「て」の働きであって、用いられる位置によってさまざまな意味に区別される。

《接続》活用語の連用形に付く。

《識別注意語》→付録「まぎらわしい品詞の識別」

意味	訳語	用例
❶前の事柄とあとの事柄が時間的に先後関係であることを表す。	…て …てから	例「ゆかしければ、心の中(ち)に拝み**て**とりたまひつ」〈源氏・若菜・上〉訳（それが）知りたいので、心の中で拝ん**でから**（願文を）お取りになった。
❷前の事柄とあとの事柄が同時であることを表す。	…て …ながら	例「言葉など教へ**て**書かせたてまつりたまふ」〈源氏・若菜・下〉訳（返事の）ことばなどを教え**て**書かせ申し上げなさる。
❸順接を表す。	…て …から …ので	例「我はいかなる罪を犯し**て**かく悲しき目を見るらむ」〈源氏・明石〉訳私はどのような罪を犯した**ので**このように悲しい目に遭うのだろうか。
❹逆接を表す。	…のに …けれども	例「若君は、道にて寝たまひにけり。抱きおろされ**て**、泣きなどはしたまはず」〈源氏・薄雲〉訳若君は、途中でおやすみになってしまった。抱き下ろされた**のに**、泣いたりはなさらない。
❺（下の用言に連用修飾をして）状態を表す。	…て …のさまで	例「口々めづることどもを、すずろに笑(ゑ)み**て**聞きゐたり」〈源氏・東屋〉訳口々に賞賛することなどを、（母君は）何ということもなくほほえん**で**聞いている。
❻（多く「ては」の形で）仮定を表す。	…たら …なら	例「これに悪(あ)しくせられ**て**は、この近き世界にはめぐらひなむや」〈源氏・玉鬘〉訳この人に悪くされ**たら**、このあたりでは暮らしていけるだろうか。
❼補助動詞に続けるときに用いる。	…て	例「いかにしてかは心ゆくばかり描き**て**みるべき」〈源氏・絵合〉訳どうすれば満足するほど描い**て**みることができるだろうか。
❽知覚・感覚・思考の内容を表す。	…であるように。…ているように	例「いかなる者の集(つど)へるならむと様(やう)変はり**て**思(おぼ)さる」〈源氏・夕顔〉訳どんな者たちが集まっているのだろうと、ふつうと変わって**いるように**お思いになる。
❾（「ての」の形で）連体修飾する。	（文脈に応じて工夫する）	例「月たち**て**のほどに、御消息を申させはべらん」〈源氏・夢浮橋〉訳月が改まったころに、御案内を申し上げさせましょう。

を押さえ、右の手**で**頭をとり。❸どういう状態で動作が行われるかを表す。例「東の陣は、小松殿、大勢**で**かためられて候ふ」〈平家・一・御輿振〉訳東の陣は、小松殿が大勢**で**かためなさっています。《敬語》「かためられて候ふ」→「さうらふ」。❹由来・根拠・理由などを表す。…**だから**。…**で**。例「この定(ぢゃう)**で**は、舞もさだめてよかるらむ」〈平家・一・祇王〉訳このぶん**で**は、舞もきっとよいであろう。《接続》体言に付く。《参考》中古末くらいから用いられる。

で［接助］⇨八四三ページ「特別コーナー」

で［「にて」の変化形］…で。…**であって**。例「そもそもいかなる人**で**在(ま)しまし候ふぞ」〈平家・九・忠度最期〉訳そもそもどういう人**で**いらっしゃいますか。《敬語》「在まし候ふぞ」→「まします」「さうらふ」

でぁ［「である」の変化形］断定の意を表す。…だ。

てあたり【手当たり】［名］❶手に触れた感じ。手触り。❷手に触れるほど近い所にあること。手元。

てあはせ【手合はせ】(テアワセ)［名］❶最初の勝負。❷勝負すること。❸自分で薬を調合すること。❹契約を結ぶこと。手打ち。

であひぢゃや【出合ひ茶屋】(デアイヂャヤ)［名］《近世語》男女が密会に利用する茶屋。

であひやど【出合ひ宿】(デアイヤド)［名］《近世語》男女が密会に利用する宿。

であ・ふ【出合ふ・出会ふ】(デアウ・デオウ)［自ハ四］{は・ひ・ふ・ふ・へ・へ}❶行き合う。出くわす。❷応対する。出てきて相手をする。例「旅人立ち寄り一夜の宿を借りし。亭主**出合ひ**、物語のついでに」〈醒睡笑〉

てあやまち【手過ち】［名］過失。とくに、失火について言う。

てあらひ【手洗ひ】(テアライ)［名］手を洗い清めること。とくに、神仏に祈るときに行う。

-てい【体】［接尾］同類・同程度の意を表したり、謙遜(けんそん)や見下した意を表す。「中間(ちゅうげん)**てい**」「着物**てい**」など。

-てい【亭】［接尾］❶文人・芸人などの号に用いる。

「曲亭馬琴」「三遊亭円朝」など。❷文人の寓居、住居、寄席・料理屋・茶屋などの屋号に用いる。

てい【体・躰】[名]❶姿。かたち。ようす。例「事の体何となう哀れなり」〈平家・七・忠度都落〉❷和歌や連歌などの表現様式、または作風。＝風体。❸(接尾語的に用いて)…の類。…程度の者。…ふぜい。「職人**てい**の男」など。

てい【亭】[名]❶屋敷。住居。❷庭園の中にある休憩所。あずまや。ちん。

でい【泥】[名]❶どろ。❷絵の具の一種。金や銀の箔を粉末にして、にかわの液に溶かしてどろ状にしたもの。金泥。銀泥。

ていか【定家】[人名]「ふぢはらのさだいへ」に同じ。

〔**泥の如し**〕深酔いしたさま。泥酔。例「かくて、皆人、**泥のごと**酔ひて」〈宇津保・蔵開・上〉

ていきんわうらい【庭訓往来】[作品名]往来物。著者未詳。南北朝後期から室町前期の成立か。十二か月それぞれに往復の手紙文の模範例を付し、文章や、社会常識の学習の具とした。

ていけ【天気】[名]《「てんけ」の「ん」を「い」と表記したもの。「てけ」とも》てんき。空模様。

ていけ【手池・手活け・手生け】[名]《近世語》❶いけす。❷(「手活けの花」「手池の魚」の略)自分のものとして自由にすること。とくに、遊女や芸妓を身請けして妻や愛妾にすること。また、その女。

ていけつ【帝闕】[名]皇居の門。または皇居。

ていご【亭午】[名]まひる時。正午。

ていし【定子】[人名]「ふぢはらのていし」に同じ。

ていしつ【貞室】[人名]「やすはらていしつ」に同じ。

ていしゅ【亭主】[名]❶一家の主人。あるじ。❷妻に対する夫。❸茶の湯で客をもてなす人。

ていじゐんうたあはせ【亭子院歌合】[作品名]平安前期(九一三開催)の歌合わせ。宇多法皇主催・判、紀貫之・伊勢・坂上是則ら詠。初期の晴儀の歌合わせとして重要で、その判詞は現存最古のものである。また付載された仮名日記は、伊勢作と伝わる。

ていしん【鼎臣】[名](「鼎」が三本足であることから)三公の位にある臣。大臣。

ていしんこう【貞信公】[人名]「ふぢはらのただひら」に同じ。

ていしんこうき【貞信公記】[作品名]平安前・中期(九〇七から九四八)の日記。藤原忠平著。現存するのは子の実頼が抄出したもの。まとまった貴族日記としては現存最古のものである。

ていすうか【定数歌】[名]一定の歌数を定めて和歌を詠む形式またはその作品。百首歌を基本として、十首・三十首・五十首・三百首・五百首・千首などがある。

いた・し【手痛し】[形ク]{から・く(かり)・し・き(かる)・けれ・かれ}手ひどい。手厳しい。手荒い。例「**手いた・う**せめられ奉って」〈平家・九・六ヶ度軍〉

ていたらく【為体】[名]《「たらく」は断定の助動詞「たり」の名詞化したもの》ようす。ありさま。なりゆき。例「覚明が**ていたらく**、かちの直垂に黒革威の鎧着て」〈平家・七・願書〉

発展学習ファイル　悪い意味で用いられるのは、近世以降のことである。

ていど[副]《「ていと」とも》たしかに。きっと。必ず。しかと。例「**ていと**さう言ふか」〈狂・鍋八撥〉

でいど【泥土】[名]❶どろ。❷つまらないもの、汚れたもののたとえ。

ていとう[副]鼓を打つ音。玉や風鈴などの触れ合う音。例「夜ようち深ふけて、人しづまりて後の、**ていとうていとう**と、鼓を打ちて」〈一言芳談〉

ていとく【貞徳】[人名]「まつながていとく」に同じ。

ていとくおうたいおんき【貞徳翁戴恩記】[作品名]「たいおんき」に同じ。

ていばう【亭坊】[名]寺の住職。

ていはつ【剃髪】[名]❶髪をそること。出家すること。❷「剃髪の祝ひ」の略。❸江戸時代、女子に科した刑罰のひとつ。多く姦通罪の者に科し、髪をそって親族に下げ渡した。

〔**剃髪の祝ひ**〕誕生した児の産毛をそる祝い。＝剃髪②

ていもん【貞門】[名]松永貞徳を祖とする俳諧の一流派。また、その一派の俳諧。江戸初期に起こり、のちの談林・蕉門に対し、古風・貞徳風ともいう。

ていゐ【廷尉】[名]「検非違使」の佐・尉の唐名。

てう【朝】[名]❶朝廷。❷君主の治下。国。❸ひとりの君主・同じ血筋の君主が国を治めている期間。❹市中。まちなか。

てう【調】[名]❶上代の税制のひとつ。穀物以外の絹・綿など各地の物産を納めるもので、令制では成年男子に課せられた。→「そ(租)」「よう(庸)」。❷(「でう」とも)音楽の調子。調べ。音律。❸双六で、ふたつの賽に同じ目が出ること。

でう【条】[名]❶平城京・平安京の市内の行政上の区画名。左京・右京をそれぞれ南北に九つに分けたもの。条は朱雀大路をはさんで、東西それぞれ四つの「坊」に分かれる。❷(接続助詞のように用いて)…のこと。…の件。例「忠盛に知られずして、偸かに参候の**条**、力及ばざる次第なり」〈平家・一・殿上闇討〉

てうおん【朝恩】[名]朝廷から受ける恩。

てうか【朝家】[名]皇室。天皇。

てうが【朝賀】[名]元日の辰の刻(午前八時)、百官が大極殿に参集し、天皇に年賀を申し上げる儀式。＝朝拝

てうがい【超涯】[名]身分に過ぎたこと。分不相応。過分。

てうがく【調楽】[名]《「でうがく」とも》❶公事や宴席で行う舞楽の予行演習。❷とくに、賀茂神社・石清水八幡宮両神社の臨時の祭りで行う舞楽を、前もって清涼殿の東庭で練習すること。

てうぎ[名]一【調義・調儀】策略。かけひき。やりくり。工夫。また、その才覚。例「これはよい**調義**ぢゃ」〈狂・三本の柱〉二【調儀・調戯】からかうこと。おだてること。また、だまし取ること。詐取。例「竹斎は御**調儀**に乗り、威言をぞ申しける」〈仮・竹斎〉

てうきん[-・す]【朝覲】[名・自サ変]《「覲」は

で［接続助詞］

アプローチ 平安以降の語。奈良時代は「ずて」「ずして」が用いられた。↓「ずて」「ずして」

接続 活用語の未然形に付く。

意味	訳語	用例
上を打ち消して下へ続ける。	…ないで …なくて …ずに	例「かたちとても人にも似ず、心魂もあるにもあら**で**、かうものの要にもあらであるも」〈蜻蛉・上〉 訳容貌といっても人並みでもなく、思慮分別もあるわけでも**なくて**、このように役にも立た**ないで**いるのも。 例「起きもせず寝もせ**で**夜を明かしては春のものとてながめ暮らしつ」〈古今・恋三・六一六〉 訳↓〔和歌〕おきもせず…

発展学習ファイル 打消の助動詞「ず」に接続助詞「て」が付いた「ずて」が変化したものとされるが、「にて」（打消の助動詞「ず」の古い連用形「に」＋接続助詞「て」）が変化したものとする説もある。

謁見の意）天皇が、上皇や皇太后のもとに行幸して拝謁する儀式。年始や即位・元服に際して行われた。↓図版「鳳輦」

てう・ける【戯ける】チヨウケル〔自カ下二〕｛け・け・ける・けれ・けよ（けろ）｝（近世語）ふざける。からかう。例「『ませよませよ』と指さしててう・けかかるを」〈浄・菅原伝授手習鑑〉

てうさん【朝三】チヨウサン〔名〕「朝三暮四」の略。

てうさん［・す］【朝参】チヨウサン〔名・自サ変〕官吏が朝廷へ参上すること。参内。参朝。

てうさんぼし【朝三暮四】チヨウサンボシ〔名〕❶（飼っている猿に、朝三つ夕方四つの木の実をやるといったら怒ったので、朝四つ夕方三つやるといい直したら喜んだという、中国の『列子』『荘子』の故事から）目前の損得にこだわって結果は同じであるのを知らないこと。また、人をだまして操ること。❷生計。暮らし。例「**朝三暮四**の資けに心有る人もがなと」〈太平記・三八〉 ①②＝朝三

てうし【銚子】チヨウシ〔名〕❶酒を杯につぐための長い柄のついた金属製の器。❷酒の燗をする器。徳利。

てうし【調子】チヨウシ〔名〕❶音律の高低。調べ。❷雅楽で、楽器の調べを整えるために演奏する短い曲。❸口調。はずみ。勢い。きっかけ。

てうじい・づ【調じ出づ】チヨウジイズ〔他ダ下二〕｛で・で・づ・づる・づれ・でよ｝作りととのえて出す。調整する。例「よろづの御よそひ何くれとめづらしきさまに**調じ出・で**たまひつつ」〈源氏・帚木〉

てうじうぎぐゎ【鳥獣戯画】チヨウジユウギガ〔作品名〕平安後期から鎌倉前期ごろにかけての絵巻。鳥羽僧正覚猷画と伝えられる。擬人化された動物たちの構図の背後に託された意味については諸説がある。京都の高山寺蔵。

てうしふし【朝集使】チヨウシユウシ〔名〕令制で諸国の国司から朝集帳（年度ごとの行政報告書）を、中央政府の太政官に持参する使者。

てうしふだう【朝集堂・調集堂】チヨウシユウドウ〔名〕大内裏の八省院の南側に、東西に分かれて建てられている建物。大礼のときに、百官が参集した。

てうじゃくざふしき【朝夕雑色】チヨウジヤクゾウシキ〔名〕鎌倉幕府の職名。六波羅探題で雑役を務めた下級役人。朝夕人。

てうしん［・す］【調進】チヨウシン〔名・他サ変〕ととのえて届けること。注文品をととのえて納めること。例「三条殿より〔薬ヲ〕**調進・せ**られて候ふ」〈太平記・一九〉

てう・す【朝す】チヨウス〔自サ変〕｛せ・し・す・する・すれ・せよ｝❶朝廷に参る。参内する。例「天下の士を**朝・せ**しめんずる処を」〈太平記・三〉 ❷朝廷に貢ぎ物をする。❸川の水が海に注ぐ。

てう・ず【調ず】チヨウズ〔他サ変〕｛ぜ・じ・ず・ずる・ずれ・ぜよ｝❶調達する。こしらえる。整える。例「今、よからずとも、御装束は、**調・じ**て奉り侍らむ」〈宇津保・忠こそ〉 ❷調理する。料理する。例「とぶらひに薬の酒・肴など**調・じ**て、兵衛の命婦なむ遣りたまひける」〈大和・一七〇〉 ❸（加持祈禱で、物の怪などを）降伏する。調伏する。例「さすがにいみじう**調・ぜ**られて、心苦しげに泣きわびて」〈源氏・葵〉 （音便）「いみじう」は「いみじく」のウ音便。❹懲らしめる。いじめる。例「犬を流させたまひけるが、『帰りまゐりたる』とて、**調・じ**たまふ」〈枕・上にさぶらふ御猫は〉 （敬語）「流させたまひ」→「せたまふ」、「帰りまゐり」→「まゐる（四段）」

てうぜん【兆前】チヨウゼン〔名〕兆候の現れないうち。

てうだうゐん【朝堂院】チヨウドウイン〔名〕「はっしゃうゐん」に同じ。

てうち【手打ち・手討ち】〔名〕❶素手で打ち殺すこと。自分の手で討ち取ること。❷武士や大名などが、自分の手で目下の者の首を切ること。❸取り引きの成立や祝い事のときに、一同そろって手を打つこと。

てうづ【手水】チヨウズ〔名〕（「てみづ」のウ音便）手や顔などを洗い清めること。また、そのための水。

てうづてぬぐひ【手水手拭ひ】チヨウズテヌグイ〔名〕洗面用や手洗い用の手ぬぐい。

てうづばん【手水番】チヨウズバン〔名〕貴人に仕えて「手水」の係をする者。

てうてい【朝廷】チヨウテイ〔名〕天皇が政治を行う所。＝朝

てうてき【朝敵】チヨウテキ〔名〕朝廷や天皇にそむく賊。

てうど【調度】チヨウド〔名〕（古くは「でうど」とも）❶身近で**日常的に用いる道具類**。例「うちある

調度も昔覚えてやすらかなるこそ、心にくしと見ゆれ」〈徒然・一〇〉（係結び）「こそ→見ゆれ(已)」。❷武士が常に持っているものとしての弓と矢。または、矢を入れた胡簶などの武具。例「その後、おのおの調度を負ひ、甲冑を着て」〈今昔・二九・四〉

てうどがけ【調度懸け】[名]《古くは「でうどがけ」とも》❶朝廷で、儀式の際に弓矢を持って参列する役。❷主君の外出時に、弓矢を持って供をする役。❸江戸時代、弓矢を立てて飾った台。

てうはい【朝拝】[名]陰暦正月一日辰の刻に、大極殿に多くの官人たちが集まり、天皇に拝賀する儀式。＝朝賀。（季―春）

てうばみ【調食・調半】[名]双六で、ふたつの賽を同時に振って同じ目を出すことを競う遊び。＝重食

てうふ【調布】[名]《「つきぬの」とも》❶「調」として納める手織りの布。❷転じて、粗末な衣服。

てうふく【朝服】[名]宮中に出仕するときに着る、正式な服。

てうぶく【調伏】[名・他サ変]《「でうぶく」とも》❶《仏教語》自分の身・口・意の三業をよく調和・制御して、諸悪を取り除くこと。❷《仏教語》真言宗・天台宗などの密教で、仏力を頼み祈って怨敵や物の怪などを降伏させること。❸人を呪い殺すこと。

てうほふ【調法】一[名]❶《仏教語》密教などで悪魔や敵を屈服させるための呪法。❷物事がうまくいくように考えること。才覚。例「むかしの借銀済むべき調法もならず」〈浮・日本永代蔵〉二[名・形動口語型]便利なこと。役に立つこと。例「髱挿しだの、張り籠だのと調法なことになりました」〈浮世風呂〉

てうみん【朝民】[名]朝廷の統治下にある人民。国民。

でうり【条里】[名]《「条」は東西の、「里」は南北の町筋の意》市街の区画。

てうれつ【朝列】[名]朝廷の列に加わること。朝廷に仕えること。朝臣となること。

てうれん【調練・調錬】[名・自サ変]訓練すること。兵士を訓練すること。練兵。例「舟軍の様はいまだ調練せず」〈平家・一一・逆櫓〉

でうろく【調六】[名]双六で、二個の賽の目が両方とも六と出ること。＝重六・畳六

ておひ【手負ひ】[名]傷を受けること。負傷。また、負傷者。けが人。

ておほひ【手覆ひ】[名]❶《「たおほひ」とも》鎧の籠手の、手の甲を覆う部分。❷《「ておひ」とも》手の甲をおおう杓子形の布。＝手甲

てかがみ【手鑑】[名]鑑賞のため、古人の筆跡（古筆切）を集めて帖（折り本）に張りこんだもの。はじめは古筆の鑑定の基準としたが、のちに愛好者が鑑賞のために作るようになった。

てかき【手書き】[名]❶《「てがき」とも》文字を上手に書くこと。また、その人。能書家。❷ものを書く役目の者。書記。

てかけ【手掛け・妾】[名]《近世語》《手にかけて愛する意から》めかけ。そばめ。

でかけすがた【出掛け姿】[名]《近世語》客に呼ばれた遊女が、置き屋から揚げ屋へ行く際の道中姿。

てがし【手枷】[名]「てがせ」に同じ。

でか・す【出来す】[他サ四]{さ・し・す・す・せ・せ}❶作る。仕上げる。❷うまくやる。事をしとげる。見事にする。

てかぜ【手風】[名]手を動かすにつれて生じる風。

てかせ【手枷・手桎・手械】[名]《「てがし」の変化形。「てがせ」とも》罪人の両手にはめて、自由に動かせないようにする刑具。↓「あしかせ」

てがた【手形】[名]❶牛車の方立や、馬の鞍にあるくぼみで、つかまる際に手がかりとするもの。例「ふつふつと手形をきざみつけて、手綱をうちかけ乗りてんげり」〈平治・中〉❷墨などを塗って押した手の形。また、後日の証拠のために文書に押した手の形。❸印判を押した証文・証書・切手・証券の類。

でがち【出勝ち】[名]連歌・連句で、順序を決めないで、できた者から付け句を付けていくこと。

〈俳句〉**でがはりや…**【出替はりや幼ごころに物あはれ】〈猿蓑・嵐雪〉訳しばし親しんだ奉公人たちが出替わりの日を迎えて去っていく。主家の子は幼いながらも悲しさ寂しさを感じているのであろう、しょんぼりとしていることだ。（季―出替はり―春）〈参考〉「出替はり」は春秋の二回あるが、俳諧では春の季語として用い、秋の「出替はり」は、「後の出替はり」という。

てがひ【手飼ひ】[名]自分の手で飼うこと。自宅で飼うこと。また、そのもの。

てがらみ【手搦み】[名]両手の指をからみ合わせること。怒り、悔しがり、いらだつときの動作。

て-き 過去に自分がした動作・行為を確認または回想することを表す。…てしまった。例「いとねぶたし。昨夜もすずろに起き明かしてき」〈源氏・浮舟〉訳とても眠い。昨夜もなんとなく起きたまま明かしてしまった。

語構成　て　完「つ」用　き　過「き」

てきき【手利き】[名]腕前のすぐれていること。また、その人。腕利き。

てきくわ【荻花】[名]「荻」の花。

てきず【手疵】[名]戦いで受けた傷。負傷。

てきぜん【的然】[形動タリ]{たら・たり(と)・たり・たる・たれ・たれ}はっきりしているさま。明らかなさま。例「一凶一吉的然として耳に在り」〈太平記・一三〉

てくぐつ【手傀儡】[名]《「傀儡」は操り人形の意》手で舞わせる操り人形。また、それを舞わせる芸人。

てぐすねひ・く【手薬練引く】[自カ四]{か・き・く・く・け・け}《手に薬練を引く意。「薬練」は松脂に油を混ぜて煮たもの。弦に塗って強くしたり、手に塗ってすべりを止めたりする》❶手に薬練やつばを付けて弓を持つ。例「手ぐすね引き、そぞろ引いてぞ向かひたる」〈保元・中〉❷準備を整えて待つ。

てぐらまぐら【手暗目暗】[名]《近世語》見通しが立たないこと。その場しのぎ。ごまかし。

てぐり【手繰り】[名]❶糸などをたぐり寄せること。❷手から手へ順に受け渡し運ぶこと。例「燗鍋・塩辛壺を手ぐりにしてあげさせ」〈浮・西鶴諸国ばなし〉❸《「手繰り網」の略》手で繰って用いる引き網。❹《「手繰り船」の略》手繰り網を用いて漁をする船。

手車　内裏を退出する石山寺の大僧正を送るための手車が、帯刀によって引き出された。しかし、中央に立つ僧綱襟姿の大僧正は、手を振って車を遠慮している。（石山寺縁起）

てぐるま【手車・輦・輦車】[名]❶人が手で引く車。「牛車」に対していう。輿の形をした屋形に車輪をつけたもので、とくに、天皇から許された者が親王・摂関・大臣・僧・女御などが乗る。＝腰車・輦車。➡[古典参考図]乗輿。❷子供の遊びのひとつ。ふたりが両手で井桁の形を組み、その上に別の人を乗せて遊ぶ。❸子供の玩具のひとつ。小さな車の形をしたものに糸をつけ糸を上下させて車を回す。

〔**手車の宣旨**〕「手車①」に乗って、宮門を出入りすることを許す宣旨。＝輦車の宣旨

てけ【天気】[名]（「てんけ」の撥音無表記）天候。てんき。空模様。

てけむ（完了の助動詞「つ」の連用形「て」＋過去推量の助動詞「けむ」）…**てしまっただろう**。…**ただろう**。例「沖つ波高く立つ日に遭へりきと都の人は聞き**てけむ**かも」〈万葉・一五・三六七五〉訳沖の波が高く立つ（恐ろしい）目に遭ったと都の人（＝都に残してきた妻）は聞い**ただろうか**。

てけり（完了の助動詞「つ」の連用形「て」＋過去の助動詞「けり」）…**てしまった**。…**たのだった**。例「御簾などもみな吹き散らし**てけり**」〈源氏・明石〉訳御簾などもみな風が吹き飛ばし**てしまった**。

発展学習ファイル　この強調表現として「てんげり」が中世の軍記物語などに見られる。

てこ【手児】[名]（上代東国方言。「てご」とも）❶（手に抱かれている子の意から）幼児。❷少女。娘。

てごし【手輿】[名]「たごし」に同じ。

てこな【手児名】[名]（上代東国方言。「てごな」とも。「な」は愛称を表す接尾語）かわいい少女。

てこ・ねる[自ナ下一]{ね・ね・ねる・ねる・ねれ・ねよ(ねろ)}（近世語。死ぬことをののしっていう語）くたばる。例「旦那にがい顔して、『それは**てこ・ねた**』」〈浮・好色五人女〉

てごめ【手込め・手籠め】[名]（近世語）❶暴力で危害を加えること。❷女性を暴力で犯すこと。

てこらさ[名]（「さ」は接尾語）色濃く美しいようす。

てごり【手懲り】[名]こりごりすること。

てさう（接続助詞「て」＋補助動詞「さうらふ」の略「さう」。丁寧語）❶…**ました**。例「いけずきたまはらせ給ひ**てさう**な」〈平家・九・生ずきの沙汰〉訳いけずき（＝馬の名前）を（殿から）賜りなさい**ました**な。《敬語》「たまはらせ給ひ」→「たまはる」「せたまふ」。❷…**ています**。…**ております**。例「あの花は去年より開き**てさう**ものを」〈中華若木詩抄〉訳あの花は去年から開いて**おります**ものを。

発展学習ファイル　中世、会話に用いられた。丁寧の意を表すが、「候ふ」より敬度は低い。

てさき【手先】[名]❶指先。❷召し取り役人の部下。おかっぴき。目明かし。❸先頭の兵。❹雁股の鏃の先。❺兜の「吹き返し」の前の部分。

てしか[終助]（完了の助動詞「つ」の連用形＋願望の終助詞「しか」）自己の願望を表す。…**たいものだ**。例「朝な朝な上がるひばりになり**てしか**都に行きてはや帰り来む」〈万葉・二〇・四四三三〉訳毎朝、空高く上がるヒバリになり**たいものだ**。（そうすれば）都に行ってすぐに帰って来よう。

〈接続〉活用語の連用形に付く。

発展学習ファイル　平安以降は「**てしが**」と濁音化した。上代では詠嘆の終助詞「も」、中古以降は感動の終助詞「な」を伴って用いられることも多い。

てしが（願望の終助詞「てしか」が濁音化したもの）「てしか」に同じ。

てしかな[終助]（願望の終助詞「てしか」＋感動の終助詞「な」。「てしがな」とも）自己の願望を表す。…**たいものだなあ**。例「いかでこのかぐや姫を得**てしかな**、見**てしかな**と」〈竹取・かぐや姫〉訳どうにかしてこのかぐや姫を手に入れ**たいものだなあ**、妻とし**たいものだなあ**と。《副詞の呼応》「いかで→得てしかな・見てしかな」

〈接続〉活用語の連用形に付く。

てしかも（願望の終助詞「てしか」＋詠嘆の終助詞「も」）自己の願望を表す。…**たいなあ**。例「家にして恋ひつつあらずは汝が佩ける大刀になり**てしかも**斎ひて」〈万葉・二〇・四三四七〉訳家にいて恋しく思っているよりは、おまえが携えている大刀になってでも、守ってやり**たいなあ**。

〈接続〉活用語の連用形に付く。

てしげ・し【手繁し】[形ク]{から・く(かり)・し・き(かる)・けれ・かれ}繰り返し行うさま。次から次へと行うさま。また、手厳しい。例「敵手繁・く寄するならば」〈盛衰記・三二〉

でしほ【出潮・出汐】[名]月の出とともに満ちてくる潮。満ち潮。＝出ぃで潮

てしゃ【手者】[名]《近世語。「てじゃ」とも》武術や技芸に熟達した人。達人。名人。能書家。

でずいらず[・なり]【出ず入らず】[名・形動ナリ]《近世語》過不足がなく、ちょうどよいこと。例「髪は本多にあらず、茶洗坊にあらず、出ず入らずの男女好と結ひ」〈洒・辰巳之園〉

てすさび【手遊び】[名](退屈まぎれに)手でなんとなくする慰みごと。手あそび。＝手遊み・手慰み

てずさみ【手遊み】[名]「てすさび」に同じ。

てすぢ【手筋】[名]❶文学・絵画・武術などの素質や能力。また、師から継承した技法や芸風。❷手段。方法。例「その儀について、拙者方より手筋もあれば」〈伎・五大力恋緘〉❸つて。手がかり。例「手筋を頼み大名衆へあげて」〈浮・日本永代蔵〉

てずつ【手ずつ】歴史的かなづかい「てづつ」

てぜい【手勢】[名]手下の軍勢。部下の兵卒。

てぞめ【手染め】[名]自分で染めること。また、その染めたもの。

てだい【手代】[名]《近世語》❶江戸時代、郡代や代官、諸奉行の下で雑務を扱った下級役人。❷商家で、番頭と丁稚の間の立場にあった使用人。

てだて【手立て】[名]手段。方法。

てだて【手楯】[名]手に持って身を防ぐ細長い楯。持ち楯。

てたはぶれ【手戯れ】[名]手先でたわむれること。手を出していたずらをすること。

てだま【手玉】[名]❶《古くは「ただま」》手につける飾り玉。❷玉を使う曲芸。また、少女のするお手玉。

てだゆ・し【手懈し】[形ク]{から・く(かり)・し・き(かる)・けれ・かれ}手が疲れてだるい。例「しめてこそ千年の春は来つつ見め松を手だゆ・く何か引くべき」〈拾遺・雑春・一〇二四〉

てだり【手足り・手垂り】[名]腕前・技量のすぐれていること。また、その人。腕利き。＝手足れ

てだれ【手足れ・手垂れ】[名]「てだり」に同じ。

でっえふ【粘葉】[名]和本のとじ方のひとつ。紙を中央で二つ折りし、折り目の外側にのりを付けてとじていく。開いたときの形から「胡蝶装」ともいう。

でっかちな・い[形口語型]《近世語》非常に大きい。でっかい。例「この間はお上にはでっかちな・いお拵へ」〈浄・仮名手本忠臣蔵〉

てつがひ【手結ひ・手番ひ】[名]❶さまざまな競技で、競技者が左右に分かれて勝負すること。❷宮中で行われた「射礼」「賭弓」「騎射」「競べ馬」などで、左右に分かれて勝負する競技。競技の予行演習の「荒手番ひ」と本番の「真手番ひ」があった。→「あらてつがひ」「まてつがひ」。❸手はず。

てづかひ【手遣ひ・手使ひ】[名]❶手の使い方。手のこなし。❷手はず。手配り。

てっかふ【手甲】[名]《「てかふ(手甲)」の促音便》「ておほひ②」に同じ。

てづから【手づから】[副]《名詞「手」＋上代の格助詞「つ」＋名詞「から」》❶自分の手で。例「もの食ひて、手づから水飯などすることち」〈蜻蛉・中〉❷自分自身で。例「『いづくにかおはします』と、御手づから人ごとに尋ね申させ給へば」〈大鏡・伊尹〉（係結び）「か→おはします㊍」。（敬語）「いづくにかおはします」→「まうさせたまふ」「おはします」、「尋ね申させ給へば」→

でっく【重五・畳五】[名]《「でく」とも。「でふご」の変化形か》双六で、二個の賽の目がともに五と出ること。

てづくり【手作り】[名]❶自分の手で作ること。また、そのもの。手製。❷手織りの布。

てっくゎ【鉄火】[名]❶真っ赤に熱した鉄。❷中世、訴訟の申し立てで真偽がはっきりしないときなどに、神前で焼いた鉄を握らせたこと。火傷の軽重で裁定した。❸《「鉄火打ち」の略》ばくちうち。

〔鉄火の間〕戦場。戦地。

てっさつ【鉄札】[名]《仏教語》閻魔の庁で、「浄玻璃の鏡」に映して善悪を見分け、悪人を地獄に送るとき、その名を記す鉄製の札。↔金札②

でっち【丁稚・丁児】[名]《近世語。「でし(弟子)」の変化形》❶商家や職人の家に年季奉公をする少年。小僧。❷子供を卑しめていう語。

でっち【重一・畳一】[名]《「でふいち」の変化形か》双六で、二個の賽の目がともに一と出ること。

てづつ[・なり]【手づつ】[名・形動ナリ]下手なこと。不器用。不細工。例「一といふ文字をだに書きわたしはべらず、いとてづつ・にあさましくはべり」〈紫式部日記〉

てっぱう【鉄砲・鉄炮】[名]❶大砲や小銃の総称。とくに、小銃のこと。❷《近世語》風呂釜の一種。据え風呂に作り付けて、火をたく金属製の筒。❸《近世語》(当たれば死ぬことから)フグの別称。❹《近世語》ほら。うそ。❺《近世語》最下級の遊女。また、その遊女のいる店。＝鉄砲女郎・鉄砲見世

てっぱうみせ【鉄砲見世】[名]「てっぱう⑤」に同じ。

てっぱつ【鉄鉢】[名]僧が托鉢などの際、施しの食物を受ける鉄製の鉢。食器にも用いる。

てづめ【手詰め・手攻め】[名]手厳しく攻めたてること。容赦なく攻めること。

てて【父】[名]《「ちち」の変化形》ちち。父親。「ちち」より話しことば調で親愛感が強い。

ててき【父君】[名]「てぎみ」に同じ。

ててぎみ【父君】[名]《「ててき」とも》父の敬称。父上。おとうさま。

ててご【父御】[名]「ちちご」に同じ。

ででむし【でで虫】[名]《「でで」は「出でい出い」の意》カタツムリの別称。(季－夏)

〔でで虫の角目立つ〕「くゎぎうのつののあらそひ」に同じ。

てどり【手取り・手捕り】[名]❶素手で捕まえること。❷水を注ぐ道具。やかん。

てなが【手長】[名]❶中国古代の『山海経』にある、手が非常に長い想像上の人物。内裏の清涼殿の「荒海の障子」に描かれている。❷宮中・貴族の家で酒宴のときに配膳を取り次ぐ者。

てなぐさみ【手慰み】［名］「てすさび」に同じ。

てなし【手無し】［名］❶袖のない服。身分の低い者が着た。❷《女房詞》（その期間中は、天皇の御膳や調度に手を触れられないことから）月経。

てなみ【手並み】［名］腕前。手腕。技量。

てなら・す【手馴らす・手慣らす】［他サ四］〔さ・し・す・す・せ・せ〕《「たならす」とも》❶手なずける。飼い慣らす。[例]「手馴らしし猫の」〈源氏・若菜・下〉❷使い慣らす。[例]「かの手馴らしたまへりし螺鈿の箱なりけり」〈源氏・夕霧〉①②＝手を馴らす

てならひ【手習ひ】テナライ［名］❶文字を書く練習。習字。また、練習した紙。[例]「小さき人には、手習ひ、歌よみなど教へ」〈蜻蛉・下〉❷古歌や自作の歌を、思い浮かぶままに書きつけること。また、その書いたもの。[例]「畳紙に手習ひのやうに書きすさびたまふ」〈源氏・空蟬〉❸修業。稽古。学問。

古典の世界　藤原師尹（九二〇～九六九）は、娘の芳子に対し、まず第一に習字の稽古をするようにしつけたという（〈枕・清涼殿の丑寅の角の〉より）。習字は和歌・音楽と並んで、平安時代の貴族の女性に欠かせない教養とされた。

てならひ【手習】テナライ［作品名］『源氏物語』の五十三番目の巻名。

てなら・ふ【手習ふ】テナラ(ロ)ウ［自ハ四］〔は・ひ・ふ・ふ・へ・へ〕❶文字の書き方を習う。習字をする。[例]「この二歌は、歌の父母のやうにてぞ、手習ふ人の、始めにもしける」〈古今・仮名序〉❷思いつくままに、無造作に文字などを書き付ける。[例]「あやしき硯召し出でて、手習ひたまふ」〈源氏・浮舟〉

てな・る【手馴る・手慣る】［自ラ下二］〔れ・れ・る・るる・るれ・れよ〕❶使い慣れる。手になじむ。[例]「鈍色は手馴れにしことなれば」〈源氏・手習〉❷熟練する。[例]「笛竹の手馴・るるふしを忘るると思へば」〈落窪・一〉

てなれ【手馴れ・手慣れ】［名］手慣れること。使い慣れること。

〈俳句〉**てにとらばきえん…【手にとらば消えん涙ぞあつき秋の霜】**〈野ざらし紀行・芭蕉〉[訳]秋の霜のように白くまばらな母の遺髪。それを前にして、私の涙は熱くたぎり落ちる。手に取り上げたならば、その熱い涙で、霜のようにはかなく消えてしまうだろう。（季―秋の霜―秋）

てねば【手粘】［名・形動口語型］仕事や動作がのろいさま。また、その人。のろま。

てのうら【手の裏】［名］手のひら。＝掌・手の内

てのごひ【手拭ひ】テノゴイ［名］《「たのごひ」とも》てぬぐい。

てのした【手の下】［名］自分の手の中にあるようにたやすくできること。

てのび【手延び】［名］時機を失うこと。手遅れ。＝手延べ

てのべ【手延べ】［名］「てのび」に同じ。

ては《接続助詞「て」＋係助詞「は」》❶状態を表す。…ては。…の状態では。[例]「忍びては参りたまひなんや」〈源氏・桐壺〉[訳]こっそりと忍んでは参内なさいませんか。《敬語》「参りたまひなんや」→「まゐる（四段）」「たまふ（四段）」。❷順接仮定条件を表す。…たら。…なら。[例]「貧しくては生けるかひなし」〈徒然・二一七〉[訳]貧しくなら生きているかいがない。❸…た以上は。…たからには。[例]「かばかりになりては、飛びおるるともおりなん」〈徒然・一〇九〉[訳]（木の上から降りてきて）これくらい（の高さ）になったからには、飛び降りても降りられるだろう。❹ある動作・作用の実現を表す。…てからは。…たあとは。…てみると。[例]「妹とありし時はあれども別れては衣手寒きものにぞありける」〈万葉・一五・三五九一〉[訳]妻といっしょにいたときはそうでもなかったが、（恋人といっしょにいたときもあったが）別れてみると衣は冷たいものであることよ。《係結び》「ぞ→ありける体」。❺ある条件のもとで必ず同じ結果になることを表す。…ば必ず。…ときはいつも。[例]「月満ちては欠け、物盛りにしては衰ふ」〈徒然・八三〉[訳]月は満月になれば必ず欠け、物は盛りをきわめれば必ず衰える。❻動作・作用の反復を表す。つい…ては。何度も…ては。[例]「忘れては夢かとぞ思ふ思ひきや雪踏みわけて君を見むとは」〈古今・雑下・九七〇〉[訳]↓〈和歌〉わすれてはゆめかとぞおもふ…

てば《完了の助動詞「つ」の未然形「て」＋接続助詞「ば」》（下に意志や推量の表現を伴って）…たならば。[例]「信濃なる千曲の川の小石も君し踏みてば玉と拾はむ」〈万葉・一四・三四〇〇〉[訳]↓〈和歌〉しなのなるちぐまのかはの…

では【出端】［名］❶出ばな。出ぎわ。❷能楽で、後シテ、またはツレが登場するときの囃子。❸歌舞伎で、主役などが登場するときの演技。また、その際に伴奏として使われる囃子や歌。

では《打消の接続助詞「で」＋係助詞「は」》…ないでは。…以外には。[例]「この女見では世にあるまじき心地のしければ」〈竹取・石作の皇子〉[訳]この女と結婚しないではこの世に生きていられないような気持ちがしたので。

では【出羽】デワ［地名］旧国名。東山道八か国のひとつ。いまの山形・秋田両県。古くは蝦夷と呼ばれた。明治元年（一八六八）に羽前（いまの山形県）と羽後（いまの秋田県と山形県の一部）に分割。＝羽州

てばこ【手箱】［名］身の回りの小物類を入れる箱。↓［古典参考図］調度類〈1〉

ではさんざん【出羽三山】デワサンザン［地名］出羽国の山。いまの山形県中西部にある月山・湯殿山・羽黒山の三山。修験道の霊山で、江戸時代には出羽三山信仰が盛んであった。＝三山③

てば・し［形シク］〔しから・しく(しかり)・し・しき(しかる)・しけれ・しかれ〕《近世語》手早い。すばしこい。[例]「鍬にて、このてば・しき事、見て居るうちなり」〈浮・西鶴織留〉

てびき【手引き】［名］❶手で引くこと。手で糸などを引き出すこと。❷導き。案内。また、それをする人。❸盲人の手を引いて先導すること。また、その人。

てびと【手人】［名］《「てひと」とも》❶職人。❷技芸にすぐれた人。達人。❸手下。部下。＝手の者

てびろ・し【手広し】［形ク］〔から・く(かり)・し・き(かる)・けれ・かれ〕❶建物や場所などが広い。❷関係する範囲・規模・視野などが広い。[例]「大方この頼政は、歌においては手広・き者にぞ思し召されける」〈盛衰記・一六〉

てふ【牒】チョウ［名］❶令制で「主典」以上の役人が、直属関係にない役所・寺社などに送る文書。❷文書で告知すること。また、その文書。

てふ【蝶】［名］❶昆虫の名。(季-春)。❷紋所の名。①を図案化したもの。❸「こてふらく」に同じ。❹綿の花の別称。

てふ《「といふ」の変化形》…という。例「あはれてふ常ならぬ世のひと言もいかなる人にかくるものぞは」〈源氏・竹河〉訳あわれという、この無常の世の中の一言もどのような人に対していうことばなのでしょう。

〈参考〉おもに平安時代から和歌で用いられる。

-でふ【帖】［接尾］❶折り本を数える語。❷屏風・楯などを数える語。❸雅楽で楽章の単位。

でふ【帖】［名］❶折り本。折り手本。❷《「法帖」の略》古人のすぐれた筆跡などを石摺りにして、折り本としたもの。

でふく【畳句】［名］和歌で、一首中に同じ語句を重ねて詠むこと。たとえば、「心こそ心をはかる心なれ心のあたは心なりけり」〈古今六帖・四〉など。

でふくうた【畳句歌】［名］一首の中に同じことばを重ねて詠み込んだ歌。

でふご【畳五】［名］「でっく」に同じ。

てふし【手節】［名］《近世語》腕前。手並み。

てふじゃう【牒状】［名］❶順に回して用件を伝える書状。回状。❷訴えの文書。訴状。

てふそう［・す］【牒送】［名・自サ変］「牒状①」で通知すること。

でふだて【畳楯・帖楯】［名］立て並べて敵の矢を防ぐ楯。蝶番が付いていて、折り畳み式のもの。

てぶってう［・なり］【手不調】［形動ナリ］{なら・なり(に)・なり・なる・なれ・なれ}《近世語》手先が不器用なさま。ぶきっちょ。例「職人にはてぶってう・なり」〈浮世床〉

てぶり【手振り】［名］❶《「手風」とも書く》ならわし。風習。風俗。例「天離る鄙に五年住まひつつ都のてぶり忘らえにけり」〈万葉・五・八八〇〉訳→〔和歌〕あまざかるひなにいつとせ…。❷供人。従者。⇨図版「賀茂の祭り」。例「下仕へ、手振りなどが具しいけば」〈蜻蛉・中〉❸手に何も持っていないこと。手ぶら。また、無一文。例「手ぶりにて、やうやう今日の夕食前に、宿へ帰りしに」〈浮・世間胸算用〉

でふろく【畳六】［名］「でうろく」に同じ。

てへ《格助詞「と」＋動詞「言ふ」の已然形・命令形＝「といへ」の変化形》…といえば。…といいなさい。例「我のみや子持たるてへば高砂の尾の上に立てる松も子持たり」〈拾遺・雑賀・一一六八〉訳私だけが子を持っているのかといえば、高砂の山の峰に立っている松も子を持っていたよ。

てへれば【者】［接］《「といへれば」の変化形》…ということで。…というわけで。例「一方闕けんにおいては、いかでかその歎きなからんや。てへればことに合力いたして」〈平家・四・山門牒状〉

てへん【天辺・頂辺】［名］❶兜の鉢の頂上部。⇨〔古典参考図〕武装・武具〈1〉。❷てっぺん。頭頂部。頭。

てまさぐり【手弄り】［名］手先でもてあそぶこと。＝手遊び・手慰み

て-まし この「て」は確述の意。意味・用法は「まし」に準じ、仮想・推量・ためらいなどの意を表す。❶きっと…だろうに。…であったろうに。例「昼ならましかば、のぞきて見たてまつりてまし」〈源氏・帚木〉訳昼間であったら、きっとのぞいて拝見するだろうに。《敬語》「見たてまつり」→「たてまつる」。❷(上に疑問の表現を伴って)…(し)たものだろうか。…(し)てしまおうか。例「父大臣にも知らせやしてまし」〈源氏・胡蝶〉訳(玉鬘のことを)実の父の内大臣にも知らせてしまおうか。《係結び》「や→してまし(体)」

語構成　て：完「つ」(未)　まし：推「まし」

てまどはし【手惑はし】［名］うろたえること。あわてふためくこと。＝手惑ひ。例「身を投げたる手まどはしなどを見るぞをかしかりける」〈源氏・蛍〉

〈参考〉人の目を惑わすような巧みな技、秘術の意とする説もある。

てまどひ［・す］【手惑ひ】［名・自サ変］「てまどはし」に同じ。

てまへ【手前】一［名］❶自分の目の前。❷自分に近い方。こちら。❸自分の力ですること。自前。❹腕前。技量。❺《「点前」とも書く》茶をたてる作法・所作。❻暮らし向き。生活。生計。❼他人の見る前。人前での立場。二［代名］❶《自称の人称代名詞。自分を謙遜して用いた語》わたくし。例「すべて手まへの子に利を付けては済みません」〈浮世風呂〉❷対称の人称代名詞。「てめえ」とも。多く、同輩か目下の者に用いた語》おまえ。

てまへしゃ【手前者】［名］金持ち。資産家。

でまれ《「にてもあれ」が「でもあれ」となり「でまれ」と変化した語》…であっても。…であったとしても。例「なんでまれ、敵の方より出できたらんものをのがすべきやうなし」〈平家・九・坂落〉訳なんであっても、敵の方から出てきたものを逃してよいということはない。

てむ《「てん」とも。完了の助動詞「つ」の未然形「て」＋推量の助動詞「む」》❶推量(の強調)を表す。きっと…だろう。きっと…そうだ。きっと…にちがいない。例「鬼なども、我をば見ゆるしてん」〈源氏・夕顔〉訳鬼なども、私のことは、きっと見のがしてくれるだろう。❷可能の意を含む推量(の強調)を表す。きっと…できるだろう。例「書どもは、この国に多くひろまりぬれば、書き写してん」〈徒然・一三〇〉訳本などは、この国(＝日本)にたくさん広まったので、きっと書き写してしまうこともできるだろう。❸意志(の強調)を表す。…てしまおう。ぜひ…てみよう。例「さりとも、いとよう教へてむ」〈源氏・若紫〉訳そうはいっても、ぜひ(若紫を)見事に教育してみよう。《音便》「よう」は「よく」のウ音便。❹適当・当然(の強調)を表す。…てしまうほうがよい。例「心づきなき事あらん折は、なかなかそのよしをも言ひてん」〈徒然・一七〇〉訳気の進まないことがあるようなときは、かえってその旨をいってしまうほうがよい。

発展学習ファイル　(1)「つ」は、本来は完了の助動詞だが、「てむ」の場合は、行為・作用の完了を表すのではなく、行為・作用の実現した姿をしっかりイメージした上で「む」につなげる(結果として「む」を強める)だけの働きであって、「…た」の意はない。こうした「つ」を確述(強意)の用法という(→「つ」)。「てむ」は、「む」の強めなので、「む」と同じように、各種の用法がある。(2)類語に「なむ」(完了の助動詞「ぬ」の未然形＋推

量の助動詞「む」)や「つべし」「ぬべし」がある。「む」より「べし」のほうが強いので、「てむ」と「つべし」とでは、「つべし」のほうが強い。

て-む-や《「てんや」とも》❶「てむ」に疑問・反語の意が加わったもの。→「てむ」。例「なむぢ和歌はよみてむや」〈今昔・二四・五五〉 訳おまえは和歌を詠むことができるか。〔注〕この例の「てむ」は、可能の意を含む推量の意。❷「てむや」全体で、相手の意向を尋ねる形をとりながら、相手に対するやわらかい要求を表す。…してくれませんか。例「翁の申さむこと、聞きたまひてむや」〈竹取・石作の皇子〉 訳私の申し上げることを、お聞きくださいませんか。《敬語》「申さむ」→「まうす」、「聞きたまひ」→「たまふ(四段)」

語構成　て(完「つ」(未))　む(推「む」(止))　や(係助)

発展学習ファイル　「てむ」の場合と同様、「つ」には完了の「…た」の意はなく、確述(強意)の用法である。

てめ【手目】[名]《近世語》ばくちで、自分に利のあるように相手をごまかすこと。いかさま。いんちき。転じて、自分勝手にすること。

ても ［一］《接続助詞「て」+係助詞「も」》…てからも。…ても。例「咲かざりし花も咲けれど山をしみ入りても取らず草深み取りても見ず」〈万葉・一・一六長歌〉 訳→〔和歌〕ふゆごもり…。例「朝夕の宮仕へにつけても、人の心をのみ動かし」〈源氏・桐壺〉 訳朝夕の天皇のお世話をするにつけても、他のお妃たちの嫉妬心をかきたてるばかりで。［二］[接助]❶逆接の確定条件を表す。…けれども。…にもかかわらず。例「夜の御殿に入らせたまひても、まどろませたまふことかたし」〈源氏・桐壺〉 訳(帝は)御寝所にお入りになるけれども、うつらうつらなさることもあまりできない。《敬語》「入らせたまひ」「まどろませたまふ」→「せたまふ」。❷逆接の仮定条件を表す。たとえ…としても。例「年月へてもつゆ忘るるにはあらねど」〈徒然・三〇〉 訳たとえ年月がたっても、少しも忘れるわけではないが。《副詞の呼応》「つゆ→あらねど」

発展学習ファイル　接続助詞「て」+係助詞「も」の場合は「も」がなくても文が成り立つ。

でも《打消の接続助詞「で」+係助詞「も」》…ないで。…ずに。例「降る雪は消えでもしばしとまらなん花も紅葉も枝になき頃」〈後撰・冬・四九三〉 訳降る雪は消えないでしばらくは枝にとどまっていてほしい。いまは花も紅葉も枝にない季節なのだから。

てもち【手持ち】[名]❶手の構え方。手振り。❷身の振り方。物事の処置。

てもと【手許・手元】[名]❶手の届く辺り。手近な所。❷手で握る部分。❸手並み。腕前。

てや【手矢・手箭】[名]すぐに射られるように手に持つ矢。

てよ 完了の助動詞「つ」の命令形。例「今はおろしてよ」〈竹取・燕の子安貝〉

てら【寺】[名]❶寺院。❷(比叡山延暦寺を「山」と呼ぶのに対して)三井寺(園城寺)のこと。❸住職。❹「寺子屋」の略。❺「寺銭」の略。

てらいり【寺入り】[名]❶寺子屋に入学すること。また、その子供。❷室町時代、罪人を寺に預けて禁固すること。また、罪人が寺に逃げこみ剃髪して罪を許されること。❸江戸時代、自分の家の失火の際など、寺にこもって謹慎すること。

てらう【衒う】歴史的かなづかい「てらふ」

てらこや【寺子屋・寺小屋】[名]近世、庶民の子供に読書・習字・そろばんなどを教えた所。おもに僧が寺院で子供を教えたことによる。＝寺④・寺屋

てらさ・ふ【衒さふ】[他ハ四]{は・ひ・ふ・へ・へ}見せつける。見せびらかす。自慢する。＝衒ふ。例「里ごとにてらさ・ひあるけど人も咎めず」〈万葉・一八・四一三〇〉

てらせん【寺銭】[名]《「てらぜに」とも》ばくちをする場所の使用料として、出来高の中から貸し元や席主に支払う金。＝寺⑤

てらつつき【寺啄き・啄木】[名]キツツキの別称。

てら・ふ【衒ふ】[他ハ四]{は・ひ・ふ・へ・へ}ひけらかす。自慢する。＝衒さふ。例「山の辺の小島子故に人衒ふ馬の八匹は惜しけくもなし」〈紀・雄略・歌謡〉

てらほふし【寺法師】[名]三井寺(園城寺)の僧。↔山法師

てらや【寺屋】[名]「てらこや」に同じ。

てらゐ【寺井】[名]寺の境内にある井戸。

てりはたた・く【照り霹靂く】[自カ四]{か・き・く・く・け・け}太陽が照りつけ雷が鳴りとどろく。

てりみくもりみ【照りみ曇りみ】《「み」は接尾語。動作が重複して行われることを表す》照ったり曇ったり。

てりみ・つ【照り満つ】[自タ四]{た・ち・つ・つ・て・て}いっぱいに照り輝く。例「炭櫃などにいと多く熾こしたる火の、光ばかり照り満・ちたるに」〈枕・心にくきもの〉

〔和歌〕**てりもせず…**【照りもせず曇りも果てぬ春の夜の朧月夜にしくものぞなき】〈新古今・春上・五五・大江千里〉 訳照り輝くのでもなく、そうかといって、すっかり曇るわけでもない、春の夜のおぼろ月に勝るものはない。《係結び》「ぞ→なき(体)」

て・る【照る】[自ラ四]{ら・り・る・る・れ・れ}❶(太陽や月が)光り輝く。❷色美しく映える。(姿かたちが)輝くように美しい。例「照・りて立てるは愛しき誰が妻」〈万葉・二〇・四三九七〉❸能楽で、演者が、面を着けた顔を少し上向きにする。

〔照る鏡〕「ますみのかがみ」に同じ。

〔照る日〕❶太陽が強く照りつける日。❷太陽。❸(②より転じて)天下を治める天皇。

てるたへ【照る栲・照る妙】[名]つやのある白栲。光沢のある美しい織物。

〔和歌〕**てるつきの…**【照る月の流るる見れば天の川出づるみなとは海にざりける】〈土佐〉 訳照る月が流れるように移り動いていくのを見ると、天の川のそそぐ河口はやはり海であったのだ。〈参考〉「流るる」「みなと」「海」は「天の川」の縁語。

〔和歌〕**てるつきを…**【照る月を弓張りとしも言ふことは山辺をさしていればなりけり】〈大鏡・道長・下・凡河内躬恒〉 訳照り輝く月を弓張り月といいますのは、山の辺りをさして、矢を射るように入ってゆくからなのですよ。〈参考〉「いれば」は「射れば」と「入れば」との掛詞。

てれん【手練】[名]《近世語》人をだます手段。人をあしらう技巧。＝手管・手練手管

てれんてくだ【手練手管】[名]《近世語》「てれん」

に同じ。

でゐ【出居】イデ[名]「いでゐ②」に同じ。

〔俳句〕**てをついて…【手をついて歌申しあぐる蛙かな】**〈あら野・宗鑑〉訳蛙が手をついてちょこんとすわり、すました顔で鳴き声をあげている。そのようすはまるで貴人の前でかしこまって和歌を詠進しているかのようだ。（季－蛙－春）〈参考〉「花に鳴く鶯、水に住む蛙の声を聞けば、生きとし生けるもの、いづれか歌を詠まざりける」〈古今・仮名序〉を踏まえたもの。

でをんな【出女】デオンナ[名]《近世語》❶宿場で客引きや売春をした女。＝おちゃれ・はすは。❷江戸時代、江戸から関所を通って地方へ出て行く女。

てん【天】[名]❶空。↔地①。❷（中国古代の思想から）万物を創造し支配する神。天帝。❸（中国古代の思想から）自然の理。人の力がおよばない運命。天命。❹（仏教語）天上界。人間界の上に存在する理想世界。また、そこに住む天人や、仏教の守護神。❺（物の程度を、天・地・人と分けたうちの天の意で）最も大切なもの。最上のもの。例「食は人の天なり」〈徒然・一二二〉

〔**天の掟**〕人の力ではどうすることもできない、天の定めたおきて。自然の法則。運命。

〔**天の眼**〕（仏教語「天眼」から）天界の諸仏が持つ、様々な事象を自由自在に見通すことができる目。天の目。例「罪重くて、**天の眼**恐ろしく思ひたまへらるることを」〈源氏・薄雲〉

てん【点】[名]❶漢文を日本語として読み替えるために漢字のそばに付ける記号の総称。乎古止点・送りがな・返り点など。訓点。❷漢字の字画のうち、一点で示すもの。❸和歌・連歌・俳諧などの作品を批判・添削すること。また、その符号。批点。評点。❹高く評価したり、ひいきにしたりすること。❺（「灸点」の略）灸をすえる所を示す点。また、灸をすえること。❻時刻。刻限。❼（「点茶」の略）茶を立てること。

〔**点合ふ**〕テンアウ 和歌・連歌・俳諧などで、すぐれた作品の肩の部分に斜線を引くこと。合点する。例「この高間の歌を『よし』とて、**点合は**れたりしかば、書きて奉りてき」〈無名抄〉

〔**点付かる**〕（「付かる」は動詞「付く」の未然形＋受身の助動詞「る」）欠点をつかれる。非難される。後ろ指を指される。＝点付く。例「〔皇女タチハ〕なほ飽くかぎり人に**点つかる**まじくて」〈源氏・若菜・下〉

〔**点付く**〕（ふつう、受身の助動詞「る」を伴い、「てんつかる」の形で用いられる）「てんつかる」に同じ。

てん「てむ」の「む」が「ん」と発音されるようになり、「てん」と表記されたもの。→「てむ」

-でん【殿】[接尾]《「てん」とも》（建物の名に付いて）大きな建物の意を表す。「紫宸殿」「清涼殿」など。

でん【殿】[名]《「てん」とも》貴人の邸宅や社寺など、大きく立派な建物。

てんいち【天一】[名]「天一神」の略。

てんいちじん【天一神】[名]「なかがみ」に同じ。＝天一

てんいちたらう【天一太郎】テンイチタロウ[名]陰陽道で、その年で最初に「天一天上」となる日。この日の天候で、一年の吉凶を占った。

てんいちてんじゃう【天一天上】テンイチテンジョウ[名]陰陽道で、「天一神」が天上にいるという日で、癸巳の日から十六日間。この間は天一神が地上にいないので諸事に吉日とされた。

てんおん【天恩】[名]❶天からの恵み。❷天子・天皇の恩沢。朝恩。❸「天恩日」の略。

てんおんにち【天恩日】[名]陰陽道で、天から万民に恩恵がくだされるという、最高の吉日。＝天恩③

てんか【天下】[名]《「てんが」「てんげ」とも》❶全世界。世界。この世。世界じゅう。例「**天下**のいらなき軍なりとも、うち勝ちなむや」〈宇津保・藤原の君〉❷世間。世の中。社会。例「**天下**にすぐれたる鼓の上手でありければ」〈平家・八・鼓判官〉❸国じゅう。全国。一国。例「漸々にかたきをほろぼして、**天下**を治する事を得たりき」〈平家・九・樋口被討罰〉❹一国の政治。また、政権。支配権。例「**天下**を保つ程の人を、子にて持たれける」〈徒然・一八四〉❺天皇・上皇、また江戸時代の将軍など、最高権力者。例「**天下**の町人なれば、京の人心、何ぞといふ時は大気なる事」〈浮・世間胸算用〉❻ある場で最も権力をもつことを比喩的にいう。「かかあ天下」「一人天下」など。

てんが【殿下】[名]《近世以降「でんか」とも》皇族・摂政・関白・将軍などに対する敬称。

てんがい【天蓋】[名]❶古代インドや中国で、国王や貴人が、日よけに用いた絹笠。❷（仏教語）仏像や棺の上に差しかける絹笠。周囲に飾りを垂れ、先端の曲がった柄または天井につり下げる。❸虚無僧がかぶる深編み笠。❹僧家で、蛸の隠語。

てんがう【・なり】テンゴウ[名・形動ナリ]《近世語》冗談。いたずら。わるふざけをするさま。

でんがく【田楽】[名]❶平安中期以降から室町時代にかけて演じられた民間芸能のひとつ。もとは田植えの際に笛や太鼓を鳴らして豊作を神に祈る歌舞であったが、のちに田楽法師が職業的な座を結成し、寺社などの祭礼で演じるようになった。猿楽と影響し合い、鎌倉・室町時代には田楽能が盛行したが、しだいに猿楽能に押されて衰退した。❷①に用いる鼓や太鼓。❸「田楽法師」の略。❹（「田楽豆腐」の略）串にさした豆腐に味噌を塗って火であぶったもの。

でんがくほふし【田楽法師】デンガクホウシ[名]田楽①を舞う者。＝田楽③

てんかしゅぎゃう【天下執行】テンカシュギョウ[名]関白に代わって諸々の役人たちをまとめ、国の政務を執り行うこと。内覧。

てんき【天気】[名]《「てんけ」とも》❶天候。空模様。❷（「天機」とも書く）天皇のお気持ち。天皇のご機嫌。

てんきう【典厩】テンキュウ[名]左右の「馬寮」、また、その「頭（長官）」の唐名。

でんきものがたり【伝奇物語】[名]物語の分類のひとつ。現実からかけ離れた空想的な事柄や不思議な事件などを扱った物語。中国より渡来した伝奇小説の影響を受けて、平安時代には『竹取物語』『宇津

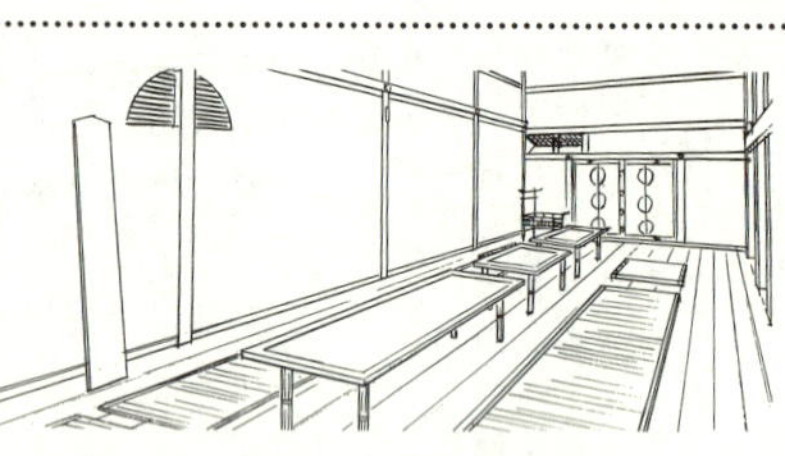

殿上の間　昇殿を許された蔵人と公卿の控えの間。中央に食卓・執務机となる台盤が据えられる。左上には櫛形の穴と呼ばれる窓があり、隣の鬼の間に通じる。天皇が殿上の間での勤務ぶりをのぞき見するために設けられたという。左の壁に立てかけられているのは、日給の簡。その日の出勤・当直者の名を記した放ち紙を貼り付けるもの。

保物語』などの作品が生まれた。

てんぐ【天狗】[名]❶流星の一種。天狗星。❷深山に住む山の神。また、人に取り憑っいてたたる魔物。❸深山に住む妖怪変化の一種。❹山伏・修験者の別称。❺(③の鼻が高いことから)うぬぼれること。慢心すること。また、高慢な人。

てんぐ【伝供】[名]《仏教語》供物を手から手に渡して仏壇に供える儀式。

てんぐかぜ【天狗風】[名]《近世語》つむじ風。

てんくゎ【天火】[名]❶落雷による火災。❷「天火日」の略。

てんくゎにち【天火日】[名]陰陽道で、天上に火気が盛んである、とする凶日。棟上げ・屋根葺き・種まき・かまど造りなどは避けるべきとされる。

てんくゎん【天冠】[名]《「てんぐゎん」とも》❶《仏教語》仏や天人などがかぶる宝冠。❷幼帝が即位するときにかぶる冠。❸騎射や舞楽のときに、おもに童がかぶる冠。

てんけ【天気】[名]「てんき」に同じ。

でんげうだいし【伝教大師】[人名]「さいちょう」に同じ。

てんげり…てしまったのであった。→「てけり」。例「六人にあたるかたきにあうて、長刀なかよりうち折って、すててんげり」〈平家・四・橋合戦〉訳六人目の敵に会って、長刀の真ん中から折れてしまい、捨ててしまったのであった。《音便》「あう」は「あひ」のウ音便、「うち折っ」は「うち折り」の促音便。

発展学習ファイル　「てけり」の強調した表現で、中世軍記物語などで多く見られる。

てんこち【天骨】[名]「てんこつ」に同じ。

てんこちもな・い【天骨も無い】《近世語》とんでもない。思いもかけない。例「てんこちも無い事明恵思ひ立ち」〈川柳・柳多留〉

てんこつ【天骨】[名]《「てんこち」とも》❶生まれつき。天性。❷生まれつきもっているすぐれた能力。才能。

てんじ【典侍】[名]「ないしのすけ」に同じ。

でんし【殿司】[名]「とのもづかさ㊀」に同じ。

てんじく【天竺】歴史的かなづかい「てんぢく」

てんじゃ【点者】[名]連歌・俳諧などで、作品を批評し、点をつけて、その優劣を判定する人。判者。

でんじゃ【田舎】[名]《「でんしゃ」とも》いなか。また、いなかにある家。

てんじゃう【天井】[名]❶屋根裏を隠すため建物の室内の上部に張ってある板。❷事物の最も高い部分。

てんじゃう[・す]【天上】㊀[名]❶空。上空。❷《仏教語》天上界。人間界の上に存在する理想的世界。天人や仏教の守護神などが住む。❸最上のもの。最高。㊁[名・自サ変]天に昇ること。この世を去ること。昇天。

〔**天上天下唯我独尊**〕《仏教語。「てんげ」は呉音。「てんが」とも》釈迦が生まれてすぐ、七歩歩いて話したという語。この宇宙の中で、私より尊いものはないという意。＝唯我独尊

〔**天上の五衰**〕「てんにんのごすい」に同じ。

てんじゃう[・す]【殿上】㊀[名]❶内裏の清涼殿にある「殿上の間」の略。❷「殿上人①」の略。❸宮殿の上。御殿の上。㊁[名・自サ変]内裏の殿上の間や、東宮・中宮・院などの御殿に昇ること。また、それを許可されること。殿上に出入りして仕えること。例「忠こそ十歳になる年、殿上せさせ給ひつ」〈宇津保・忠こそ〉

古典の世界　ふつう殿上するには蔵人で六位以上、それ以外は五位以上でなくてはならず、またどの場合も天皇の許可が必要である。しかし名家の子息の場合、元服前で位がなくても殿上することがあった。これを「童殿上」といい、帝のそばで用をつとめたり、御子の遊び友達としてつとめたりした。

〔**殿上の御遊び**〕清涼殿の殿上の間まで催された管弦詩歌の宴。

〔**殿上の逍遥**〕殿上人たちが詩歌などを作ったりしながら、郊外を遊び歩くこと。

〔**殿上の仙籍**〕「殿上人」としての籍。また、その籍に入ること。

〔**殿上の賭弓**〕殿上の間の侍臣に弓を競争させ、それを天皇がご覧になる臨時の儀式。

〔**殿上の簡**〕「にっきふのふだ」に同じ。

〔**殿上の間**〕内裏の清涼殿の南廂にある殿上人の詰め所。＝殿上㊀①。↓[古典参考図]清涼殿

てんじゃうびと【殿上人】[名]❶清涼殿の殿上の間に昇ることを許された人の総称。広くは上達部も含むが、とくに、上達部を除いた四位と五位の人、および、六位の蔵人のうち、昇殿を許された人をいう。↓「かんだちめ」。＝上人①・上の男・雲の上人・雲上人・雲客・殿上㊀②。↔地下①・地下人。❷院や東宮の御所への昇殿を許された人。＝院の殿上人・東宮の殿上人。

古典の世界　「殿上人」の地位の向上

天皇に伺候して政治の中心の場に参加することは、栄達の大きな目標である。内閣を構成する「**公卿**」以外に、清涼殿の殿上の間に昇ることを許された者を「殿上人」という。現任の公卿（＝大臣・納言・参議）以外の三位以上の者、四・五位で勅許によって昇殿を許された者がそれである。殿上には、ほかに六位の蔵人も昇殿できる。これら昇殿を許された者は「**堂上**」といわれ、殿上に昇殿を許されない者を「**地下**」と称しこれと区別した。四・五位の勅許による「殿上人」は天皇の代替わりごとに新たに選ばれる。したがって、位階は中堅であっても名誉は高く、また公卿への予備軍的意識が強かった。

「殿上人」は、蔵人頭の指揮に従って、天皇の側近として諸事に仕え、宿直や食膳の給仕などの奉仕にあたった。このような昇殿の制度は、平安朝初期の弘仁年間に成立したらしいが、殿上人が公的な存在として政治的に重要な位置を占めるようになるのは、「殿上の間」が設けられた平安中期の宇多天皇のころからといわれている。王朝貴族集団の中で、ごく少数の高級貴族の位置を得ることができるかどうかは、「殿上への昇殿」を許されるかどうかにかかっていたのである。

てんじゃうほふし【殿上法師】テンジョウホウシ［名］❶院の殿上を許された僧。❷門跡家で、事務をつかさどる、僧形の家司。剃髪しているが、帯刀・妻帯もした。＝坊官

てんじゃうまゆ【殿上眉】テンジョウマユ［名］平安時代以降の貴族の風俗。殿上人は、眉をそり落とし、その上に丸い二点を墨をぼかして描いた。公卿の子弟は、元服と同時に行った。＝高眉

てんじゃうわらは【殿上童】テンジョウワラワ［名］❶貴族の子弟で、元服前に宮中での作法を見習うために昇殿を許され、出仕している少年。↓「わらはてんじゃう」。＝上童・上人③。❷宮中や院の殿上で、貴人の身の回りに仕える少年。↓「こどねりわらは」

てんしゃにち【天赦日】［名］《暦の用語。陰陽道で、天がすべてを赦すという意》何事につけても最も縁起のよい吉日。春は戊寅、夏は甲午、秋は戊申、冬は甲子の日といわれる。

てんじゅ【転手・伝手・点手】［名］琵琶や三味線の棹の上部にあり、弦を巻きつける小さな棒。ここをねじのように回して、弦を張る強さを調節する。＝天柱・転軫

でんじゅ［・す］【伝受】［名・他サ変］学問・芸能などで、最も大切な奥義・秘伝などを伝え受けること。↕伝授。例「法皇は、三井寺の公顕僧正を御師範として、真言の秘法を**伝受・せ**させましましけるが」〈平家・二・山門滅亡　堂衆合戦〉

でんじゅ［・す］【伝授】［名・他サ変］学問・芸術などで、奥義・秘伝などを伝え授けること。↕伝受

〈**参考**〉実子に伝授するものを「子相伝」、弟子に伝授するものを「弟子相伝」という。

てんしゅけう【天主教】テンシュキョウ［名］キリスト教の一派。カトリックの別称。

てんしん【天心】［名］❶空のまん中。とくに、天の北極。❷天帝の心。また、天子・天皇の心。

てんじん【天神】［名］❶天の神。あまつかみ。↕地神・地祇。❷《仏教語》天上界にいる神。❸菅原道真。また、道真を祭った神社。天満宮。また、道真その人。❹《近世語》京の島原・大坂の新町などで、遊女の階級をいう語。最高位の「大夫」につぐ。

てんじん【点心】［名］（「てんしん」とも）❶《仏教語》禅宗で、定時の食事以外に、軽く食べること。また、そのための食べ物。❷（①より転じて）おやつ。間食。茶菓子。

てん・ず【点ず】［他サ変］｛ぜ・じ・ず・ずる・ずれ・ぜよ｝❶点を打つ。点を打ったように見える。❷漢詩文に訓点をつける。読み下す。例「法華経の心釈き顕はせる書も、**点・じ**したためて」〈今鏡・真の道〉❸（適当な時・所・人などを選んで）選定する。調達する。例「畝傍の山を**点・じ**て帝都をたて」〈平家・五・都遷〉❹点検する。調査する。例「しらん所（＝領地）ども**点・ぜよ**」〈宇治拾遺・三・一四〉❺火をつける。明かりをともす。❻茶をたてる。

でんす【殿主・殿司】［名］《仏教語》禅宗で、仏殿の清掃・荘厳・灯燭・香華・供物などをつとめる役目の僧。

てんすい【天水】［名］❶大空と水。水天。❷雨水。雨水をためた水。

てんせい【天性】［名］天から授かった性質。生まれつき。生得。

てんそう［・す］【伝奏】［名・自サ変］（「でんそう」とも）❶親王・摂家・社寺などの奏請を、上皇・天皇にお伝えすること。また、その役。❷江戸時代、幕府からの奏請を伝える役として置かれた武家伝奏。

てんだい【天台】［名］「天台山」「天台宗」の略。

てんだいざす【天台座主】［名］《仏教語。「座主」は本来、一座の主という意》比叡山延暦寺で最高位にある僧。天台宗派全体を統率する。

てんだいさん【天台山】［地名］❶中国の浙江省にある山。天台大師智顗が天台宗を開いた所。日本で天台宗を広めた最澄や、臨済宗の栄西が修行した場所として知られる。❷天台宗延暦寺のある「比叡山」の別称。①②＝天台

てんだいしゅう【天台宗】［名］大乗仏教の一派。日本には、奈良時代に鑑真が伝えた。のちに、九世紀初めに最澄が渡唐し、帰国後、比叡山延暦寺を建立しここを本山として広めた。仏教八宗のひとつで、朝廷とも関係が深かった。＝天台

てんたう【天道】テントウ［名］（「てんだう」とも）❶天地自然の摂理。道理。❷（①を神格化して）万物を支配する神。天帝。❸（①を象徴する）太陽。おてんとうさま。❹《仏教語》「六道」のひとつ。天上界。

てんぢ【天柱】テンジ［名］「てんじゅ」に同じ。

てんぢく【天竺】テンジク［名］❶日本や中国で用いたインドの古い呼び名。❷天。空。天空。

てんぢくらうにん【天竺浪人】テンジクロウニン［名］住所不定の浪人。浮浪者。宿なし。

てんぢてんわう【天智天皇】テンジテンノウ［人名］（六二六〜六七一）第三十八代天皇。「近江天皇」ともいう。父は舒明天皇。母は皇極（斉明）天皇。即位前は中大兄皇子といい、中臣鎌足とともに大化の改新を実施。斉明天皇死後大津に遷都し即位。庚午年籍の作成、近江令の制定など執り行う。『万葉集』に入集。

てんちゃ【奠茶】［名］《仏教語》禅宗で、仏前または霊前に茶を供えること。

でんちゅう【殿中】［名］《「てんちゅう」とも》❶朝廷・貴族の邸宅などの、御殿の中。❷《室町以降》将軍の居所。江戸時代には江戸城。❸《「殿中羽織」の略》木綿でできた袖なし羽織。❹《近世語》菅笠の一種。江戸末期に流行した男子用の平たい形をした編み笠。

てんでに【手手に】［副］《「てんでんに」とも。「てにてに」の変化形》それぞれに。めいめいに。例「都合その勢一千人、手々にたい松もって」〈平家・四・大衆揃〉

てんてん［・す］【輾転・展転】［名・自サ変］《「てんでん」とも》❶からだを転がす。しきりに寝返りをうつ。もの思いで眠れないさま。例「君展転の思ひを計るに」〈太平記・四〉❷次々に変わること。移り変わること。

てんでんに［副］「てんでに」に同じ。

てんと［副］《近世語》❶（下に打消の語を伴って）まるで。一向に。てんで。例「てんと女郎の指切るは珍しからぬとて」〈浮・傾城禁短気〉❷この上なく。例「名ばかり聞いて逢うたは今、てんと〔美シイ〕御器量」〈浄・菅原伝授手習鑑〉

でんど【出所】［名］《近世語。「でどころ」の意》❶多くの人が出ている所。人なか。往来。❷（最後に出るべき所の意から）奉行所など、公の場所。

てんどう【天童】［名］❶《仏教語》童子の姿をした天人や神々。❷祭礼などのとき、天人の役をする子供。＝児

てんどう【纏頭】［名］《「てんとう」とも》❶（衣服をもらったときに、それを頭にまとったことから）歌舞や芸能をした際に褒美として与える衣服や金銭。＝被け物。❷転じて、当座の祝儀として与えるもの。

でんとう【伝灯】［名］《仏教語。「でんどう」とも。仏法の灯を伝えるという意》正しい仏法を伝え、受け継いで行くこと。また、その伝統。転じて、一般の芸能などの伝統を受け継ぐことをもいう。

てんどく［・す］【転読】［名・他サ変］《仏教語》❶経文を読み上げること。❷巻数の多い経典で、一部分や題目だけを読んで、全体を読誦したことにする読み方。↔真読

てんとくじ【天徳寺】［名］「かみぶすま」に同じ。

てんとくよねんだいりうたあはせ【天徳四年内裏歌合】テントクヨネンダイリウタアワセ［作品名］平安中期（九六〇）開催の歌合わせ。村上天皇主催、藤原実頼判、壬生忠見・平兼盛など十二人が参加。大規模な晴儀歌合わせで、天皇の御記・殿上日記・三種の仮名日記が残る。

てんなが［・なり］【点長】［形動ナリ］（なら・なり(に)・なり・なる・なれ・なれ）筆で文字を書くときに、点画を長く続けて走り書きにすること。気取った書き振りをいう。例「ここかしこの、点長に走り書き」〈源氏・帚木〉

てんにょ【天女】［名］❶美しい女性の姿をした「天人」。❷《仏教語》欲界六天に住む女神の呼び名。「吉祥天女」「弁財天女」など。

てんにん【天人】［名］天上界に住む想像上の人。多くは女性の姿で、容姿端麗。頭には華鬘（装身具）や宝冠をつけ、羽衣をまとい、空中を自由に飛翔する。歌舞音曲とともに現れることが多い。

てんにんのごすい【天人の五衰】［名］《仏教語》「天人」の臨終に現れるという五つの死相。＝天上の五衰

てんば【天馬】［名］天上界で天帝が乗り、空を駆けるという伝説上の馬。非常にすぐれた馬。駿馬。

〔天馬の駒〕「天馬」のようにすぐれた馬。

てんば【転婆】［名］《近世語》つつしみがなく、出しゃばりな女。たしなみのない女。おてんば。

てんぱい【天杯・天盃】［名］天皇から賜る酒杯。

てんびゃうがは【天平革】テンピョウガワ［名］武具に用いる染め革の名。白地の革を藍色や柿色に染め、不動尊像や梵字などを白く浮かし、「天平十二年八月」などの文字を入れたもの。

てんびん【天秤】［名］はかりの一種。さおの中央に支点を置き、両端に皿をつるし、一方に分銅、一方に量ろうとするものを置いて、そのつりあいで重量を量る器具。おもに銀貨を量るのに用いられた。

でんぶ【田夫】［名］《「でんぷ」とも》❶農民。百姓。いなか者。❷（形容動詞的に用いられて）教養がなく粗野なこと。

でんぶ【田舞・田儛】［名］「たまひ（田舞）」に同じ。

でんぶやじん【田夫野人】［名］《「でんぷやじん」とも》無学で粗野な人。いなか者。

てんべん【天変】［名］《「てんぺん」とも》空に異変が起こること。五色の雲・暴風・落雷・大雨・日食・月食・彗星など、広く気象・天文の現象を含む。

てんぽ［・なり］［名・形動ナリ］《近世語。「てんぽう」とも》運にまかせること。一か八か。行き当たりばったり。＝てんぽの皮。例「『てんぽにして銀四匁』と札を入れける程に」〈浮・日本永代蔵〉

〔てんぽの皮〕《近世語》「てんぽ」に同じ。

てんぽふりん【転法輪】テンポウリン［名］《仏教語》仏の教えを説いて、あらゆる煩悩を打ち砕き、人々を正道に導くこと。

てんま【天魔】［名］❶《仏教語》欲界六天に住む魔王とその一族。仏道を妨げ、人心を惑わせるという。＝天魔波旬。❷（①から転じて）人の心を惑わせる魔物。悪魔。

てんま【伝馬】［名］❶令制で各郡に用意された公用馬。❷鎌倉以降、幹線道路の宿駅などに置かれ、運送に従事した馬。江戸時代に入ると、交通網として本格的に整備された。❸「伝馬船」の略。

てんまはじゅん【天魔波旬】［名］「てんま（天魔）①」に同じ。

てんまぶね【伝馬船】［名］《「てんません」とも》はしけ。海上の本船と、陸との往来に用いられる小舟。＝伝馬③

てんむてんわう【天武天皇】テンムテンノウ［人名］（？〜六八六）第四十代天皇。父は舒明天皇。天智天皇の実弟。即位前は大海人皇子という。壬申の乱後に即位。八色姓の制定など律令体制の基

礎を固めた。『万葉集』に入集。

てんめい【天命】[名]❶天に定められた運命。❷天寿。寿命。❸天皇の命令。

てんめいてう【天明調】[名]江戸時代、天明年間(一七八一〜一七八九)ごろ、俗化した俳諧を革新し、蕉風の復興を唱えた蕪村・暁台らの俳風。

てんもく【天目】[名]❶茶道で用いる天目茶碗。浅いすり鉢型で、黒や柿色のうわぐすりをかける。中国浙江省の天目山の寺院で用いられ、日本には、鎌倉時代に禅僧によってもたらされた。最も格の高い抹茶茶碗のひとつ。❷茶碗の別称。

てんもくざや【天目鞘】[名]槍の鞘のひとつで、天目茶碗のような形のもの。

てんもくぢゃわん【天目茶碗】[名]「てんもく①」に同じ。

てんもんはかせ【天文博士】[名]令制の「陰陽寮」の官。天文・暦数をつかさどり、天文を学ぶ天文生の教育も担当した。

てんやく【天役・点役】[名]中世に、朝廷から課せられた臨時税。のちに、領主など、支配層から臨時に課せられる雑税を広くいうようになった。

てんやく【典薬】[名]❶宮中や幕府、地方の役所などで医薬のことに携わる人。❷「典薬寮」「典薬頭」の略。

てんやくのかみ【典薬頭】[名]《「くすりのかみ」とも》令制で「典薬寮」の長官。＝典薬②

てんやくのすけ【典薬助】[名]《「くすりのすけ」とも》令制で「典薬寮」の次官。

てんやくれう【典薬寮】[名]《「くすりのつかさ」とも》令制で「宮内省」に属し、宮中の医薬のことをつかさどった役所。＝典薬②

てんり【天理】[名]天地万物を支配する正しい道理。天道。

てんりゃう【天領】[名]❶天皇の直轄領。❷江戸時代、幕府が直接管理した領地。幕府領。

てんりゅうがは【天竜川】[地名]信濃国・遠江国を流れる川。長野県諏訪湖を水源とし、伊那谷から静岡・愛知の県境を流れ、浜名湖の東で遠州灘に注ぐ川。

てんりゅうじ【天竜寺】[名]京都五山のひとつ。京都市右京区嵯峨にある、臨済宗天竜寺派の大本山。貞和元年(一三四五)足利尊氏の創建。

てんりゅうじぶね【天竜寺船】[名]南北朝・室町時代に、幕府の許可を得て中国と貿易した商船。足利直義が、天竜寺造営の資金を得るため始めたといわれる。

てんりょ【天慮】[名]天皇のおぼしめし。

てんりんじゃうわう【転輪聖王】[名]《仏教語》古代インドの伝説的な帝王。天から「輪宝」という宝器を授かり、各地を巡行して、理想的政治を行うと考えられた。また、仏と同じ「三十二相」をもつともいわれる。

てんわう【天王】[名]《仏教語》❶天上界の王。とくに、欲界第六天の「四天王」をいうことが多い。→「してんわう」。❷「牛頭天王」の略。

てんわうにょらい【天王如来】[名]《仏教語》悪業深い提婆達多が、来世で悟りを開いて仏となったときの名。

と

-と【所・処】[接尾]《「ど」とも》所・場所・ありどころの意を表す。「隈処」「さ寝処」「立ち処」など。

と[名]《多く、連体修飾語＋「とに」の形で用いて》❶…しているときに。…するところに。例「桜花散りか過ぎなむ我が帰るとに」〈万葉・二〇・四三九五〉❷(打消の表現を受けて)(…しない)うちに。(…しない)あいだに。例「速やけくはや帰りませ恋ひ死なぬとに」〈万葉・一五・三七四八〉

と【外】[名]そと。とくに、屋外・室外。↕内

と【利・鋭・疾】[名]《形容詞「とし」の語幹から》複合語の一部となって、鋭い、しっかりしたなどの意を表す。「鋭目」「鋭鎌」など。

と【門・戸】[名]❶(地域や建物など、ある境界への)出入り口。❷(①にたてる)とびら。❸岸や山が両側に迫って、通路のようになった地形。海峡。山あい。

と【音】[名]《「おと」の変化形》(多く「…のと」の形で)おと。響き。例「風の音の遠き我妹が着せし衣」〈万葉・一四・三四五三〉

と【鳥】[名](体言に付いて複合語を作り)鳥の意を表す。「鳥座」「鳥屋」「鳥網」など。

と【跡】[名]あと。足あと。

と[副]《指示副詞。多くは、副詞「かく」と組み合わせて「と…かく…」という形で慣用句を作る》そのように。あのように。例「と見かう見、見けれど、いづこをはかりともおぼえざりければ」〈伊勢・二一〉「かう」は「かく」のウ音便。《音便》

発展学習ファイル 中古になってから現れ、近称の「かく」と対称の指示副詞と考えられることから、中称または遠称の指示副詞として用いられるが、その性格ははっきりしない。そのため漠然と対象を指示する語として、訳語も文脈に応じてさまざまなものが考えられる。格助詞「と」と関係があるといわれている。

【とありかかり】《「かかり」は「かくあり」の略》ああだこうだ。なんだかんだ。例「『とあり、かかり』と、ものごとに言ひて」〈徒然・一三七〉

【とありともかかりとも】どうあってもこうあっても。例「天下のことは、とありとも、かかりとも、御命の危ふさこそ大きなる障りなれば」〈竹取・かぐや姫の昇天〉

【と言ひかく言ふ】さまざまな内容の発言をする。ああいったりこういったりする。いろいろにいう。例「心得がたく思ほされて、と言ひかく言ひ恨みたまふ」〈源氏・東屋〉

と[格助][接助]⇨八四四ページ「特別コーナー」

と タリ活用形容動詞の連用形活用語尾。例「手づから大師に授け給ひし紫の袈裟には、光明赫奕として新たに御座します」〈平治・上〉《識別注意語》→付録「まぎらわしい品詞の識別」

と 断定の助動詞「たり」の連用形。例「人の友とあるも

と［格助詞］［接続助詞］

アプローチ 引用を表す働きと、並立・対等の関係を表す働きとのふたつが大本で、そこからさまざまな用法が分化したもの。

〔**識別注意語**〕→付録「まぎらわしい品詞の識別」

一［格助詞］**接続** 体言、体言に準ずる語、または引用内容に付く。

意味	訳語	用例
❶**動作をともにする相手を表す。**	…と …といっしょに …とともに …に対して	例「若宮も人に抱かれておはしまして、こなたの若君**と**走り遊び」〈源氏・幻〉 訳 若宮も人（＝女房）に抱かれていらっしゃって、こちらの若君**とともに**走りまわって遊び。 例「香具山は畝火を惜しと耳梨**と**相争ひき」〈万葉・一・一三長歌〉 訳 →〔和歌〕かぐやまは…
❷**引用を表す。**	…と …と言って …と思って	例「無期の後に『えい』**と**いらへたりければ」〈宇治拾遺・一・一二〉 訳 しばらくしたあとで「はい」**と**返事をしたので。 例「『道長は承明門より出でよ』**と**、それをさへ分かたせたまへば」〈大鏡・道長・上〉 訳「道長は承明門から出よ」**と言って**、それ（＝門）までも別々になさったので。
❸**自分の決心などを表す。**	…から	例「三十あまりにしてさらにわが心**と**一つの庵をむすぶ」〈方丈記〉 訳 三十歳をすぎて自分の決心**から**一つの草庵を結ぶ。
❹**変化の結果を表す。**	…と	例「古き墳はすかれて田**と**なりぬ」〈徒然・三〇〉 訳 古い墓は鋤で掘り返されて田**と**なってしまう。
❺**比較の基準を表す。**	…と比べて …に対して	例「容貌などは、かの昔の夕顔**と**劣らじや」〈源氏・玉鬘〉 訳 容姿などは、あの昔の夕顔**と比べて**負けないであろうか。
❻**比喩を表す。**	…のように …のごとく	例「立ち止まり見てを渡らむもみぢ葉は雨**と**降るとも水は増さらじ」〈古今・秋下・三〇五〉 訳 立ち止まって見てから（川を）渡ろう。もみじ葉なら、雨の**ように**降っても水が増すこともないだろう。
❼**資格を表す。**	…として	例「人**と**生まれたらんしるしには」〈徒然・五八〉 訳 人間**として**生まれたしるしには。

のは」〈方丈記〉

-ど【所・処】［接尾］「と（所）」に同じ。

ど【土】［名］❶（「土地」という意から）国土。地方。世界。ところ。❷「五行」の第三位。つち。季節では各季節の前後の十八日間、つまり季節と季節の変わり目、方位では中央、色では黄を表す。

ど【度】［名］《仏教語。梵語の意訳で、もとは「彼岸に達する」という意》❶悟りを開くこと。また、人々を悟りに導くこと。＝済度。❷仏門に入って戒を受けること。＝得度。❸「涅槃」にいたること。転じて、死ぬこと。＝滅度。

ど［接助］

⇨八五六ページ「特別コーナー」

とある［連体］《副詞「と」＋動詞「あり」の連体形》偶然にそこにある。ちょっとした。例「宮をば**とある**辻堂の内に置き奉り」〈太平記・五〉

とあればかかり 一方があああだと他方はこうだ。一方がよければ他方が悪く。例「**とあればかかり**、あふさきるさにて（＝ウマクイカズ）」〈源氏・帚木〉

どい【土居】歴史的かなづかい「どゐ」

と-いへ-ども【と雖も】［接助］逆接の確定条件を表す。…（だ）けれども。…であっても。例「いみじき絵師**といへど**も、筆限りありければ」〈源氏・桐壺〉 訳 すぐれた絵師**であっても**、技術には限界があるので。〈参考〉本来は確定条件を表す語であったが、のちに仮定条件も表すようになった。

語構成 と｜格助　いへ｜八四「言ふ」巳　ども｜接助

とう…【刀…・当…・到…・倒…・党…・唐…・桃…・盗…・稲…・蟷…】歴史的かなづかい「たう…」

とう…【答…・踏…・塔…】歴史的かなづかい「たふ…」

とう【問ふ・訪ふ】歴史的かなづかい「とふ」

とう【頭】［名］❶かしら。集団を代表し、統率する人。❷「蔵人の頭」の略。❸行事などの世話役。

とう【疾う】［副］《形容詞「疾し」の連用形「とく」のウ音便》❶早く。すぐに。例「さらば**とう**帰られよ」〈平家・三・行隆之沙汰〉❷以前に。とっくに。先程

意味	訳語	用例
❽同じ動詞を重ねて、その動詞の意味を強調したり、その動作が進行することを表したりする。	…に… どんどん…	例「秋風の吹きと吹きぬる武蔵野はなべて草葉の色変はりけり」〈古今・恋五・八二一〉 訳秋風が吹きに吹いた武蔵野では、あたり一面草葉の色が変わってしまった。 例「食ひと食ひたる人々も、子どもも我も、物をつきて惑ふほどに」〈宇治拾遺・三・一六〉 訳どんどん食べた人々も、子供も自分も、物をはいて苦しむうちに。
❾並立を表す。	…と…と	例「唐土とこの国とは、言異なるものなれど」〈土佐〉 訳唐とこの国(=日本)とは、ことばは違うものだけれど。
二［接続助詞］接続 動詞(型活用語)、形容動詞(型活用語)は終止形に、形容詞(型活用語)は連用形に付く。		
意味	**訳語**	**用例**
❶逆接の仮定条件を表す。	たとえ…ても	例「あらしのみ吹くめる宿に花薄穂に出でたりとかひやなからむ」〈蜻蛉・上〉 訳嵐ばかり吹くような家にたとえススキが穂を出したとしても、かいがないのではないでしょうか。
❷《室町以降の用法》順接の仮定条件を表す。	…と …たら	例「おまへさん、そんなにあがるとぽんぽんが痛くなりますよ」〈浮世床〉 訳おまえさん、そんなに召し上がると、おなかが痛くなりますよ。
❸《室町以降の用法》順接の恒常条件を表す。	…といつも	例「ほんに友だちと寄ると、おめへがたのうわさばかりしているよ」〈洒・二筋道〉 訳本当に友だちと集まるといつも、あなたのうわさ話ばかりしているよ。
❹《江戸以降の用法》順接の即時条件を表す。	…とすぐに	例「今朝むっくり起きると、据え膳で飯を食らって日本橋まで行ったが」〈浮世床〉 訳今朝むくっと起きるとすぐに、用意してあった飯を食って日本橋まで行ったが。

から。例「われも、とういぶかしさに、呼び出でたり」〈蜻蛉・下〉

とう【利う・鋭う】形容詞「とし」の連用形「とく」のウ音便。

とう【敏う】形容詞「とし」の連用形「とく」のウ音便。

どう…【堂…・道…・導…】歴史的かなづかい「だう…」

どう【胴】［名］❶(人や動物の)からだ。頭や手足以外の、中心部。❷鎧の一部。①を覆う本体の部分。❸楽器の一部。太鼓・三味線などの打楽器・弦楽器で、音を共鳴させるための中空の部分。④心。肝っ玉。

どう【筒】［名］❶さいころを入れて、振り出す筒。博打・双六などで用いる。また、さいころを振る役。❷《「胴」とも書く》博打で、場所を提供し、勝負を開く人。賭け金の一部を自分の取り分とする。胴元。❸牛車の車輪の中心部。=轂

とうい【東夷】［名］《漢語。東方の未開人の意》❶中国で、東方の異民族をいう称。❷日本の「蝦夷」の別称。❸《「あづまえびす」とも》京または京方の人間から、東国武士を卑しめて呼ぶ語。

とうかいだう【東海道】［名］❶「五畿七道」のひとつ。畿内より東、東山道より南で、いまの太平洋岸地方の十五か国。伊賀・伊勢・志摩(三重県)、尾張・三河(愛知県)、遠江・駿河・伊豆(静岡県)、甲斐(山梨県)、相模(神奈川県)、武蔵(七七一年に追加。東京都・埼玉県・神奈川県)、安房・上総(千葉県)、下総(千葉県・茨城県)、常陸(茨城県)を指す。また、その国々を結ぶ街道。❷江戸時代の「五街道」のひとつ。江戸日本橋から京都三条大橋まで約五〇〇キロメートルの街道。五街道のうちでも最も重要な街道として整備され、五十三の宿駅(東海道五十三次)が設けられた。①②=海道③

とうかいだうちゅうひざくりげ【東海道中膝栗毛】［作品名］江戸後期(一八〇二から一八二二刊行)の滑稽本。十返舎一九作・画。『道中膝栗毛』と総称し、『東海道中膝栗毛』は正編。続編は『続膝栗毛』という。別名『浮世道中膝栗毛』など。道楽者の弥次郎兵衛と旅役者の喜多八の二人連れの道中記。主人公ふたりのおどけた性格のおもしろさ、庶民の旅への関心から好評を得て、二十年書き継がれて長編化し、近世道中記の一大傑作となった。

とうかいだうめいしょき【東海道名所記】［作品名］江戸前期(一六六一ごろ刊行)の仮名草子。浅井了意作。楽阿弥という道心者が、若者と連れだって江戸から京都へ上る道中を描き、折にふれての発句・狂歌を配す。実用性と娯楽性をかねた読み物。

とうかいだうよつやくゎいだん【東海道四谷怪談】［作品名］江戸後期(一八二五初演)の歌舞伎。鶴屋南北作。四谷左門町に住んでいた田宮の娘お岩が嫉妬のために怨霊と化して夫や一族を悩ませた、との実話をもとに脚色・演出を加えた作品。人形浄瑠璃や講談にも翻案され、怪談の代表作となった。

とうがく【等覚】［名］《仏教語》❶(仏と等しい悟りを得たという意から)菩薩の最高位。また、その位

ど［接続助詞］

アプローチ ▼①の条件を表す部分は既定のこと、あとに続く部分は予想や期待に反する結果を表す。
▼②は既定未定にかかわらず、物事の一般的性質や特定の人の思考・行動傾向を表す。

接続 活用語の已然形に付く。

意味	訳語	用例
❶逆接の確定条件を表す。	…が …けれども …のに	例「その後、翁、嫗、血の涙を流して惑へ**ど**、かひなし」〈竹取・かぐや姫の昇天〉 訳（かぐや姫が月へ帰ってしまった）その後、老人と老婆は血の涙を流して心が乱れる**けれども**、どうしようもない。 例「あをによし奈良の大路は行き良け**ど**この山道は行き悪しかりけり」〈万葉・一五・三七二八〉 訳〔あをによし〕奈良の都の大通りは歩きやすい**が**、この山道は歩きにくいのだなあ。〔注〕「あをによし」は「奈良」の枕詞。
❷逆接の恒常条件を表す。	…ても、いつも …ても、やはり	例「よき造紙などは、いみじう心して書け**ど**、かならずこそ、きたなげになるめれ」〈枕・ありがたきもの〉 訳（書き写すとき）上等のとじ本などは、たいそう注意して書い**ても**、**いつも**必ず汚らしくなってしまうようだ。 例「あづさ弓引け**ど**引かねど昔より心は君によりにしものを」〈伊勢・二四〉 訳↓〔和歌〕あづさゆみひけどひかねど…

発展学習ファイル (1)奈良時代から平安時代にかけて用いられた。中世になると、「ども」が多くなり、「ど」は少なくなる。(2)平安時代の例では、和文に「ど」が多く、漢文訓読文は「ども」のみ。

に達した菩薩。❷（諸仏の悟りはすべて等しいという意から）仏の別称。→「ぼさつ」「ほとけ」

どうがね【胴金・筒金】［名］刀の鞘や柄つか、槍柄やりにはめる輪状の金具。また、それをはめた刀。

とうかん【・す】【等閑】［名・自サ変］《「とうがん」とも》❶いい加減にすること。なおざりにすること。❷（「等閑無し」の意で用いて）懇意。ていねい。心を許しあっていること。

どうぎゃう【同行】(ドウギョウ)［名］❶《仏教語》ともに仏道修行をする仲間。（とくに、浄土真宗で）門徒。信者。❷寺社参詣・巡礼などにいっしょに出かける人。❸旅などの道連れ。同行者。

どうぎゃう【童形】(ドウギョウ)［名］《「とうぎゃう」とも》元服前で、髪を結わずに垂らしている子供・少年。また、そのような姿。

とうぎゃうのにしき【東京の錦】(トウギョウノニシキ)［名］中国から渡来した高級な錦。のちにはわが国で模倣して作った錦をもいう。＝東京錦

とうきょく【登極】［名］《「とうぎょく」とも。「極」は北極で、天子の位の象徴》即位すること。

どうぎり【胴切り】［名］（人や動物の）胴体を水平に切ること。

とうぐう【東宮・春宮】［名］❶**皇太子の住む御殿**。皇太子の宮殿が、皇居の東にあったことから、また、東の方角は中国の五行説で春に当たることから。❷**皇太子**。＝春の宮・儲けの君・日継ぎの御子

〔**東宮の女御**〕❶東宮の生母である女御。実家は大臣家など、高い家柄であることが多い。❷東宮の后である女御。皇太子妃。東宮妃。

とうぐうのだいぶ【東宮の大夫・春宮の大夫】［名］「東宮坊」の長官。

とうぐうのふ【東宮の傅・春宮の傅】［名］令制で東宮を助け導く役。皇太子の守り役。「大臣」または「大納言」が兼任する。

とうぐうばう【東宮坊・春宮坊】(トウグウボウ)［名］《「みこのみやのつかさ」とも》令制で皇太子に関するいっさいの事務をつかさどった役所。＝坊

とうくゎでん【登花殿・登華殿】(トウカデン)［名］内裏の後宮の建物のひとつ。弘徽殿の北にあり、渡り廊下・切馬道で他の建物に通じる。皇后・中宮・女御などの居所。↓［表見返し］内裏略図

とうくゎん【東関】(トウカン)［名］❶京の東にある関所。とくに、「逢坂の関」。❷逢坂の関より東の地域。関東。

とうくゎんきかう【東関紀行】(トウカンキコウ)［作品名］鎌倉中期（一二四二ごろ成立）の紀行。作者未詳。京都から鎌倉への旅の記録を装飾的な和漢混交文で記す。

どうご【同居】［名］《仏教語。「どうこ」とも。「凡聖同居土」の略》凡人と聖人がともにいること。また、そのような場所。人間界もこれに当たる。

とうごく【東国】［名］都（奈良・京都）から東の地方。範囲は時代により一定しないが、奈良・平安時代には東海道・北陸道・東山道（いまの中部・東海地方から東北地方まで）、院政期からは箱根以東（いまのほぼ関東地方）をいうことが多い。↕西国①

どうざ［・す］【動座】［名・自サ変］❶座席を下りて、上位の人に敬意を表すこと。❷貴人が座をほかに移すこと。❸神輿などをほかの場所に移すこと。

とうざい【東西】㊀［名］❶東と西。❷あちこち。まわり。❸方角。方向。㊁［感］相撲や芝居などのかけ声。観客の注意を集めたり、ざわめきを静めたりするときにいう。

〔**東西を失ふ**〕❶東も西も分からなくなる。方向を見失う。例「山の中にして道に迷ひて東西を失ひつ」〈今昔・三一・一〉❷途方に暮れる。例「新院（＝崇徳上皇）東西を失・はせ給ひ、左府も前後に迷ひ給ふ」〈保元・中〉

とうざい［・す］【東西】［名・自サ変］体を動かす。移動する。例「ただ、手を捕らへて、東西・せさせず」〈枕・頭の中将の〉

とうさいずいひつ【東斎随筆】［作品名］室町中期の説話集。一条兼良編。成立年未詳。『古事談』『十訓抄』『大鏡』などから説話を抽出し一書にまとめたもの。

とうさく【東作】［名］（「春」は東の方角に当たると考えられたことから）春の種まきや耕作などの農作業。田作り。↔西収

とうさんだう【東山道】［名］《「とうせんだう」とも》❶「五畿七道」のひとつ。畿内より東、「東海道」と「北陸道」の間のいまの中部から東北地方にまで及ぶ八か国。近江（滋賀県）、美濃・飛驒（岐阜県）、信濃（長野県）、上野（群馬県）、下野（栃木県）、陸奥（福島県・宮城県・岩手県・青森県）、出羽（山形県・秋田県）を指す。明治元年（一八六八）には陸奥が磐城・岩代・陸前・陸中・陸奥に、出羽が羽前・羽後に分割されて十三か国となった。❷①の国々を結ぶ街道。室町時代以降、中山道と呼ばれ、のちに五街道のひとつとなる。鎌倉時代以後、東海道が整備されるまでは、東国への主要な交通路であった。「山道」とも。

とうし【藤氏】［名］《「とうじ」とも》藤原の姓をもつ氏族。藤原一族。

とうじ【刀自】［名］「とじ①」に同じ。

とうじ【冬至】［名］二十四節気のひとつ。陰暦十一月中旬、陽暦で十二月二十二日ごろ。北半球では昼の長さが最も短い。この日、民間では粥や南瓜を食べ、柚湯に入る習慣がある。↔夏至（季―冬）

-どうし【同志・同士】［接尾］「どし［接尾］」に同じ。

どうじ【童子】［名］❶子供。わらべ。❷《仏教語》仏や菩薩につき従う眷族。また、その名の下に付ける称号。❸寺院などで、剃髪せず「童形」のまま僧に仕えて雑用をする者。ふつうは少年だが、さまざまな年齢の者がいた。

とうしうさいしゃらく【東洲斎写楽】［人名］（生没年未詳）江戸後期の浮世絵師。歌舞伎役者絵や相撲絵を寛政六、七年（一七九四、九五）の間に百四十種余残した。

とうしみ【灯心】［名］《「とうじみ」とも》「とうしん」に同じ。

とうじゃう【闘諍】［名］争うこと。けんか。

どうしゅく［・す］【同宿】［名・自サ変］《「どうじゅく」「どうじく」とも》❶同じ所に泊まり合わせること。また、同じ所に住むこと。❷僧などが生活をともにして、学んだり、修行したりすること。また、その人。転じて、仲間・友人。

とうしん【灯心】［名］《「とうしみ」「とうじみ」とも》灯油に浸して、その先に火をともす細いひも。古くはイグサの芯を用いたが、綿糸なども用いられる。

とうじん【等身】［名］《「とうしん」とも》高さが人の身長と同じこと。仏像の大きさについていうことが多い。

どうしん［・す］【同心】［名・自サ変］❶心をひとつにすること。心を通わせること。例「頼時その夷と同心の聞こえ有りて」〈今昔・三一・一一〉❷味方をすること。また、その人。例「平家に同心・せんといふ大衆も候ふらん」〈平家・七・木曾山門牒状〉❸歌病のひとつ。一首の中で、同じ語、または同じ意味の語を重ねて用いること。＝同心の病。❹鎌倉時代、武家に付属した兵卒。❺江戸時代、幕府の諸奉行・所司代・城代・大番頭・書院番頭などの配下に属し、与力の下で庶務や警察などのことをつかさどった役人。

とうじんえ【等身衣】［名］法衣の一種。裾の短い「直綴」の衣。

どう・ず【同ず】［自サ変］{ぜ・じ・ず・ずる・ずれ・ぜよ}同意する。意見が一致する。くみする。例「当座の公卿、みな長方の義に同・ず」〈平家・二・座主流〉

どう・ず【動ず】［自サ変］{ぜ・じ・ず・ずる・ずれ・ぜよ}動く。とくに、心が動く。驚き慌てる。例「おほかたおぼろけの軍に動・ずべうもなくなりゆくを」〈大鏡・道隆〉

どうずり【胴掏摸】［名］《近世語》すりや泥棒をののしっていう語。また、人を卑しめののしっていう語。

とうせいゑでん【東征絵伝】［作品名］鎌倉後期の絵巻。六郎兵衛入道蓮行画。『唐大和上東征伝』などを参考に鑑真の一生を描く。

とうそ【屠蘇】［名］「とそ」に同じ。

とうたい【凍餒】［名］寒さと飢え。

とうだい【灯台】［名］木の台の上に油皿を置いて、灯心に火をともす室内照明具。

とうだう【東堂】［名］《仏教語》禅寺で、前任の住職のいる所。また、その引退した住職。転じて、長老の僧。

どうたく【銅鐸】［名］弥生時代の日本に特有な青銅器。偏平なつり鐘状で、表面にさまざまな文様や絵がある。正確な用途は不明だが農耕祭祀に関係があるらしい。

とう・づ【取う出】［他ダ下二］{で・で・づ・づる・づれ・でよ}《「とりいづ」の変化形》取り出す。例「いささか物も取う・ではべらず」〈枕・僧都の御乳母のままなど〉

発展学習ファイル　未然形・連用形「とうで」の形でのみ用いられる。

どうで［副］《近世語》どうせ。いずれにしても。例「どうで徳様、一所に死ぬる」〈浄・曾根崎心中〉

どうていこ【洞庭湖】［地名］中国の湖南省北部にある湖。周辺に瀟湘八景などの景勝地がある。

とうとう【疾う疾う】［副］《「とくとく」のウ音便。多く命令表現とともに用いられて相手をせきたてる意を表す》はやくはやく。さっさと。例「とうとうまかり出でよ」〈平家・一・祇王〉

どうな・し【動無し】[形ク]{から・く(かり)・し・き(かる)・けれ・かれ}動じるようすがない。泰然としている。例「さらに例の**動なき**を、せめて言はれて」〈源氏・明石〉

どうなん【童男】[名]男の子。↔童女

どうにょ【童女】[名]女の子。＝女の童。↔童男

とうにん【頭人】[名]❶鎌倉・室町時代の「引き付け衆」の長官。❷(会合などの)当番制による世話人。主人役。❸(集団の)長。かしら。

とうのちゅうじょう【頭の中将】[名]近衛府の中将で「蔵人頭」を兼ねている人。蔵人頭の定員は二名。もうひとりは弁官の中弁が兼任し、「頭の弁」といった。名門の子弟が任ぜられた。

とうのつねより【東常縁】[人名](一四〇一?～一四八四??)室町中期の歌人。号は東野州。父は下野守平益之。正徹・尭孝と交流をもち、『東野州聞書』を残す。「古今伝授」の創始者でもある。

とうのべん【頭の弁】[名]弁官の中弁で「蔵人頭」を兼ねている人。

どうばち【銅鈸・銅鉢】[名](「とうはつ」とも)仏事に用いる打楽器のひとつ。銅製でいまのシンバルのような形のもの。誦経などの前後や段落に鳴らす。＝銅鈸子・銅拍子

どうばちし【銅鈸子】[名]「どうばち」に同じ。

とうはっかこく【東八箇国】[名]足柄の関より東に位置する八か国。いまの関東地方。相模・武蔵・安房・上総・下総・常陸・上野・下野をいう。＝関八州

どうはらまき【胴腹巻】[名]胴を保護するための腹巻。歩兵用の鎧の一種で、腹部に巻いて背中で合わせる。

とうぶ【食ぶ・賜ぶ・給ぶ】歴史的かなづかい「たうぶ」

どうぶく【胴服】[名]上半身から腰を覆う衣。羽織の古称。＝胴衣

どうぶくら【胴脹ら】[名]《近世語》❶両端が細く、中央がふくれていること。❷中央。真ん中。中心。❸真っ最中。さなか。真っ盛り。

どうぼう【同朋】[名]❶友人。❷武家時代に将軍や諸大名に仕え、雑事や茶事を勤めた僧形の者。

どうぼく【童僕・僮僕】[名]召し使いの少年。下男。

どうぼね【胴骨】[名]《近世語》❶胴の骨。あばら骨。❷度胸。肝っ玉。例「大方の**胴骨**にては成るまじ」〈浮・傾城禁短気〉

どうまる【胴丸】[名]《「どうまろ」とも》鎧の一種。胴を丸く囲み、右の脇で合わせるようにしたもの。➡[古典参考図]武装・武具〈2〉

どうまんごゑ【胴間声・胴満声】[名]《近世語。「どうまごゑ」とも》調子外れの太い声。＝胴声

どうみゃくせんせい【銅脈先生】[人名]「はたなかくわんさい」に同じ。

とうよう[・す]【登用・登庸】[名・他サ変]《「とよう」とも》人材を官職にとりたてて用いること。

どうよく【胴欲・胴慾】[名・形動口語型]《近世語》❶欲深いこと。例「**どう慾**・なくだ巻舌に同じ事を幾度か」〈滑・風流志道軒伝〉❷無情なこと。残酷なこと。例「心立て**胴欲・に**」〈仮・浮世物語〉

とうりう[・す]【逗留】一[名・自サ変]❶とどまって先へ進まないこと。ぐずぐずすること。例「さばかりのことになりて、**逗留・せ**させ給はむや」〈大鏡・師尹〉❷旅先に一定期間、滞在すること。例「おのづから郷に要事ありて**逗留・する**なり」〈今昔・一三・一八〉二[名]時間。ひま。合い間。

とうりゃう【棟梁】[名]❶建物の棟と梁。❷一国を支える重要な人。重臣。❸かしら。おさ。首領。❹大工のかしら。

どうれい【同隷】[名]同じ主人に仕える仲間。同輩。同僚。

とうろ【灯籠】[名]「とうろう①」に同じ。

とうろう【灯籠】[名]❶(「とうろ」とも)木・石・金属などの枠に紙や薄い絹を張った戸外用の照明具。釣り下げるものを「釣り灯籠」、立てて置くものを「台灯籠」という。❷江戸の吉原で、陰暦六月三十日から七月中、盆灯籠をともした行事。

どえん【度縁】[名]《仏教語。「とえん」とも》得度を認められた僧尼に官庁から与えられた許可証。＝度牒

とお…【遠…】歴史的かなづかい「とほ…」

とお…【十…】歴史的かなづかい「とを…」

とおる【通る・透る・徹る】歴史的かなづかい「とほる」

とか《格助詞「と」＋係助詞「か」》❶(文中に用いて結びを伴って)…と(いうことで)…(だろう)か。例「海原の沖行く船を帰れ**とか**領巾振らしけむ松浦佐用姫」〈万葉・五・八七四〉訳海原の沖を遠ざかって行く船よ、帰れと領巾を振ったのだろうか。松浦佐用姫は。(係結び)「か→振らしけむ㊍」。❷(文末に用いて「いふ」などの結びが省略されて)伝聞の意を表す。…というのか。とかいうことだ。例「唐土も、ここも、思ふことに堪へぬ時のわざ**とか**」〈土佐〉訳中国にしても、わが国(日本)にしても、(詩や歌を作るのは)思うことに堪えかねた時のことだとかいうことだ。

とが【咎・科】[名]❶(人から非難されるような)あやまち。過失。また、欠点。短所。例「光源氏、名のみことごとしう、言ひ消たれたまふ**咎**多かなるに」〈源氏・帚木〉(音便)「ことごとしう」は「ことごとしく」のウ音便。「多かなる」は「多かるなる」の撥音便「多かんなる」の撥音無表記。❷罪。罪悪。例「親を射るとも、汝が**咎**とは咎めじ」〈宇津保・忠こそ〉

発展学習ファイル「罪」が、意識して犯した悪事で罰によって償われるのに対し、「とが」は世間が批判する欠点や行為をいい、生まれつきのものや、罰などによって償われないものも含まれる。

〔**咎を負ふ・科を負ふ**〕❶非難を受ける。例「なほすきずきしき**咎を負・ひ**て、世にはしたなめられき」〈源氏・梅枝〉❷罰を受ける。例「国王の為に犯しを成してその**とがを負・へり**」〈今昔・四・二〉

とかい【渡海】[名]❶航海。❷(「渡海船」の略)江戸時代、主要都市間を航行した貨客船。

とかう[副](「とかく」のウ音便)❶あれこれと。いろいろと。例「**とかう**聞こえたまふに、いたう恥ぢらひて」〈源氏・末摘花〉❷なんとかかんとか。例「春、夏、なやみ暮らして、八月つごもりに**とかう**ものしつ」〈蜻蛉・上〉❸(下に打消の語を伴って)とやかく。例「**と**

かう申すにはおよび候はねども」〈平家・六・小督〉

とがおひびくに【科負ひ比丘尼】[名]良家の妻女の過失を代わりに引き受ける役目の老女。＝比丘尼③・屁負ひ比丘尼

とかく[副]《副詞「と」＋副詞「かく」》❶**あれやこれやと。いろいろと。なんのかのと。**例「しばし船をとどめて、**とかく**定むることあり」〈土佐〉❷とくに、望ましくないこと、わずらわしいことを婉曲に指示する。**とやかく。**例「蓬萊の玉の枝を、一つの所あやまたず持ておはしませり。何をもちて、**とかく**申すべき」〈竹取・蓬萊の玉の枝〉《敬語》「おはしませり」→「おはします」、「申すべき」→「まうす」。❸**とにかく。ともかく。いずれにせよ。**例「**とかく**汝になるほどに、構へて山の神に見せるな」〈狂言記・花子〉❹**ともすれば。ややもすると。**例「**とかく**人目のしげしげなれば、忍ぶ山道、忍びて通ふ」〈松の葉〉

発展学習ファイル ③④は中世から現れ、現代語の「とかく」に通じる用法である。

〔とかくの事〕❶あれやこれやのことがら。❷人の死や葬式のことを間接的な表現でいう。例「**とかくのこと**、いと尊き老僧のあひ知りてはべるに」〈源氏・夕顔〉

とがくしやま【戸隠山】[地名]信濃国の山。いまの長野県上水内郡戸隠村北西部にある。平安時代から修験道の霊場となり、戸隠神社奥社・中社・宝光社がある。

とかげ【常陰】[名]いつも陰になっていて日の当たらない場所。

とがとが・し[形シク]{しから・しく(しかり)・し・しき(しかる)・しけれ・しかれ}口うるさい。例「〔若イ女房ガ姫君ノカゲ口ヲイウノヲ〕**とがとがしき**女聞きて」〈堤中納言・虫めづる姫君〉

とがのき【栂の木】[名]ツガの別称。

とがのきの【栂の木の】[枕詞]《「とが」は「つが」の変化形》「つがのきの」に同じ。例「**とがの木の**いや継ぎ継ぎに万代にかくし知らさむ」〈万葉・六・九〇七長歌〉

とがのを【栂尾】[地名]山城国の地名。いまの京都市右京区梅ヶ畑栂尾町。高尾・槙尾とともに「三尾」のひとつ。明恵が再興した高山寺があり、北山杉や紅葉の名所として知られる。

とかへり【十返り】[名]❶十回繰り返すこと。❷(松の花は百年に一度咲くといわれ、それを十回繰り返すという意から)千年もの長い間。例「**十返りの**霜には朽ちず」〈浄・平家女護島〉

〔十返りの花〕松の花の別名。非常に長い年月を祝う語として用いられる。

とかへ・る[自ラ四]{ら・り・る・る・れ・れ}鷹の羽が抜けかわる。例「鶬のとかへる山の椎柴の葉がへはすとも君はかへせじ」〈拾遺・雑恋・一二三〇〉

とかま【利鎌】[名]《「とがま」とも》よく切れる鎌。

とが・む【咎む】[他マ下二]{め・め・む・むる・むれ・めよ}❶**非難する。罪や欠点を責める。**例「我がするわざを**とが・め**たまふな」〈万葉・四・七二二〉❷**怪しむ。不審に思う。**例「信濃なるあさまのたけに立つけぶりをちこち人の見やは**とが・め**ぬ」〈伊勢・八〉《係結び》「や」は→とがめぬ㊍。❸(不審に思って)**問いただす。**例「たたけどもたたけども、**とが・むる**人もなかりけり」〈平家・六・小督〉

とがめ【咎め】[名]❶(悪事や過ちなどを)非難すること。また、それに対する罰。❷(不審なものとして)見とがめること。注意すること。

とがめい・づ【咎め出づ】[他ダ下二]{で・で・づ・づる・づれ・でよ}口に出してとがめる。例「『なほいとねぶたげなり』と**咎め出で**つつ」〈源氏・末摘花〉

とかや《格助詞「と」＋係助詞「か」＋間投助詞「や」》❶(文中に用いて、とくに人物名・地名などの下に付いて)…**とかいう**(人・所・物・事)。例「なにがしの大納言**とかや**は、『数ならぬ身は、え聞き候はず』と(人)は、「とるに足りない私のような者は聞くことができない」と答えられた。《副詞の呼応》「え」→聞き候はず」。《敬語》「聞き候はず」→「さうらふ」。❷(文末に用いて)㋐伝聞の意を表す。…**とかいうことだ。**例「火元は樋口富の小路**とかや**」〈方丈記〉訳出火元は樋口富の小路**とかいうことだ。**㋑詠嘆の気持ちを表す。…**ことであろうよ。**例「後の世までの佳例と**とかや**」〈謡・嵐山〉訳後世の人々にまで佳例として伝えられる**ことであろうよ。**

とがり【鳥狩り】[名]鷹を使って小鳥を狩ること。鷹狩り。

とがりや【尖り矢】[名]とがった鏃に羽を四枚つけた矢。

とき【時】[名]❶(刻々と流れ行く)**時間。**例「いかが要なき楽しみを述べて、あたら**時**を過ぐさむ」〈方丈記〉《疑問語との呼応》「いかが」→過ぐさむ㊍」。❷一日を十二等分した時刻法によるその一単位。**時。時刻。**例「宵うちすぎて、子の**時**ばかりに、家のあたり、昼の明かさにも過ぎて、光りたり」〈竹取・かぐや姫の昇天〉❸(何か事が生じた)**その時点。その折。その時期。**例「昔、阿倍仲麻呂といひける人は、唐土に渡りて、帰り来ける**時**に、船に乗るべきところにて」〈土佐〉❹**季節。**例「**時**知らぬ山は富士の嶺いつとてか鹿の子まだらに雪の降るらん」〈新古今・雑中・一六一六〉訳→〔和歌〕ときしらぬ……。❺**時代。**例「天地の分かれし**時**ゆ神さびて高く貴き駿河なる富士の高嶺を」〈万葉・三・三一七長歌〉訳→〔和歌〕あめつちの……。❻**治世。**例「村上の御**時**に、宣耀殿の女御ときこえけるは」〈枕・清涼殿の丑寅の角の〉《敬語》「きこえける」→「きこゆ」。❼**ある一時期。当時。**例「時の太政大臣、御願ありて、賀茂に詣で給ひけるを」〈宇津保・俊蔭〉❽**よい時期。栄えている時期。時勢。**例「いみじかりし賢人・聖人、自ら賤しき位にをり、**時**にあはずしてやみぬる、また多し」〈徒然・三八〉

古典の世界

「時」の分類方法

宮中では天智天皇の時代から、漏刻によって**一日を十二等分して時刻を定める**ということが行われていたらしい。一日を二十四時間とする現代の考え方に対応させると、二時間を一単位として「とき」と称していたことになる。二時間ごとに「十二支」の名称を与え、十一時から午前一時までを「子のとき」、午前一時から午前三時までを「丑のとき」、といった具合に称して

きた。この二時間を正式には「一辰刻」という。

　こうした「とき」を時報として宮中の人々に知らせるために**太鼓を打つ**方法が取られた。「子のとき」のはじめに九つ、「丑のとき」のはじめに八つ、というふうに打って「とき」を知らせ、順に数を減らしていき「巳のとき」のはじめに太鼓を四つ打つところから繰り返す、というふうにして時刻が知らされていた。そのため例えば「子のとき」を「九つ」、「午のとき」のはじめからはまた九つ太鼓を打ち、「丑のとき」を「八つ」というふうに呼ぶこともあった。しかし、一般的には基準としやすい日の出・日の入りを、右に述べた太鼓の数による呼び方にならってそれぞれ「明け六つ」・「暮れ六つ」と呼び、「暮れ六つ」から「明け六つ」までの夜と「明け六つ」から「暮れ六つ」までの昼とを、それぞれ六等分して時刻を定める方法が採られていた。

　六等分されたそれぞれの「とき」は六つ・七つ・八つ・九つ・四つ・五つと呼ばれる。この方法だと当然昼の「一とき」と夜の「一とき」の長さは等しくならないし、昼の「一とき」の長さや夜の「一とき」の長さは季節によって異なることとなる。漏刻によって常に一刻が等しくなる**定時法**に対して、これを**不定時法**と呼んでいる。平安時代にはこうした定時法と不定時法とが併用されていたと思われ、江戸時代などは不定時法によるのが普通であったと思われる。

〔**時有り**〕時節や時季がやって来る。時勢に合って栄える。例「**時あ・る**も時なきも、御心ざしの程こよなけれど」〈栄花・一〉

〔**時失ふ**〕「ときをうしなふ」に同じ。

〔**時移る**〕時がたつ。時世が移り変わる。例「たとひ時移・り、事去り、楽しび悲しび行き交ふとも」〈古今・仮名序〉

〔**時交はさず**〕すぐに。例「**時かはさ・ず**、あまたして、縫ひてまゐらせよ」〈枕・ねたきもの〉

〔**時知らず**〕時が移って行くのに気付かない。また、季節に関係しない。時節を選ばない。例「**時知ら・ぬ**山は富士の嶺いつとてか鹿の子まだらに雪のふるらん」〈伊勢・九〉 訳→〔和歌〕ときしらぬ…

〔**時知る具**〕時刻を知るための漏刻(水時計)などの器具。現在の時計のような役割をするもの。

〔**時過ぐ**〕ふさわしい時期が過ぎる。例「簾巻き上げてなどあるに、この**時過・ぎ**たる鶯の、鳴き鳴きて」〈蜻蛉・中〉

〔**時(を)奏す**〕(「奏す」は言うの意の謙譲語)(中古ごろ、宮中で夜の警備に当たっていた官人が)時刻を奏上する。→「そうす」。例「時奏する、いみじうをかし」〈枕・時奏する〉

〔**時ぞともなし**〕いつと決まっていない。いつも。例「**時ぞともな・く**恋ひわたるかな」〈拾遺・恋一・六四五〉

〔**時違ふ**〕予定の時刻が過ぎる。遅刻する。例「『**時たが・ひぬ**。夜も更けぬべし』と、みな騒ぐ」〈源氏・夕霧〉

〔**時として**〕❶(下に打消の語を伴って)少しの間も。ひとときも。例「心念々に動きて、**時として**安からず」〈方丈記〉 ❷たまには。時によると。例「**ときとして**さきつく花の色々を」〈新撰六帖〉

〔**時となく**〕常に。いつと時を定めず。例「**時となく**雲居雨降る筑波嶺を」〈万葉・九・一七五三長歌〉

〔**時取る**〕他の人の好機・寵愛などを奪って、自分のものとする。例「〔東宮ハ、以前ハアナタノコトヲ〕いとしげう思ほしまとはすめりしを、〔今ハアナタノ姉君ニ〕**時と・られ**て人わろかめり」〈源氏・紅梅〉(**音便**)「人わろかめり」は「人わろかるめり」の撥音便「人わろかんめり」の撥音無表記。

〔**時ならず**〕時節に合わない。季節はずれである。例「**時なら・ぬ**霜雪を降らせ」〈源氏・若菜・下〉

〔**時成る**〕予定した時刻になる。時季が来る。好機が訪れる。例「さ額田の野辺の秋萩**時な・れ**ば今盛りなり折りてかざさむ」〈万葉・一〇・二一〇六〉

〔**時に当たる**〕❶ちょうどその時期である。その時にぶつかる。その時節にめぐりあう。例「まして人の心の、**時に当た・り**て気色ばめらむ見る目の情けをば」〈源氏・帚木〉 ❷(その状態に)ふさわしい時になる。時流に合っている。例「今の太政大臣は**時に当た・る**職達、世に聞こえたる才翰なり」〈太平記・二六〉

〔**時に合ふ**〕❶ちょうどその時期や時節に合う。例「紅葉葉は**時にあ・ひて**ぞ色まさりける」〈蜻蛉・上〉 ❷時勢に合って栄える。時めく。例「ある人の、いみじう**時にあ・ひたる**人の婿になりて」〈枕・いみじう仕立てて〉

〔**時に移る**〕当代の権勢におもねる。時流に寄る。例「ただ**時に移・る**心の、今はじめて変はりたまふにもあらず」〈源氏・真木柱〉

〔**時に移ろふ**〕時がたつにつれて物の状態が変化する。時の流れに従って心変わりする。例「咲く花も**時にうつろ・ふ**うつせみ(=コノ世ノ人)も常なくありけり」〈万葉・一九・四二一四長歌〉

〔**時におはします**〕(「おはします」はいるの意の尊敬語)時流に乗って栄えていらっしゃる。寵愛を受けていらっしゃる。例「〔娘ノ詮子ヲ〕参らせ給へる(=入内オサセニナッタ)かひありて、〔兼家ハ〕ただ今はいと**時におはしま・す**」〈栄花・二〉

〔**時に従ふ**〕時勢に従う。権力に身を寄せる。時流に乗る。例「**時に従・ふ**世人の、下には鼻まじろきをしつつ、追従し」〈源氏・少女〉

〔**時につく**〕その時々に応じる。例「**時につ・け**つつあはれてふことをいひつつ」〈古今・雑躰・一〇〇三長歌〉

〔**時に取りて**〕❶場合によって。例「人、木石にあらねば、**時にとりて**、ものに感ずる事なきにあらず」〈徒然・四一〉 ❷当時。例「信西は**時にとりて**さうなき者なれば」〈愚管抄〉

〔**時に臨む**〕ちょうどその時を迎えようとする。例「亡くなり侍りぬべき**時に臨・みて**」〈拾遺・哀傷・一三二詞書〉

〔**時に寄る**〕❶当代の権勢のある方にへつらう。時流に従う。例「世の人も、**時によ・る**心ありて」〈源氏・紅梅〉 ❷時節にふさわしいようにする。折に合う。例「**時によ・り**たるもの、うち誦じなど」〈源氏・幻〉 ❸その時々に応じる。状況に応じる。例「**時によ・り**すぐれば民のなげきなり」〈金槐集・下〉 訳→〔和歌〕ときにより…

〔時の風〕その時代の風潮。その時その時の流行。

〔時の鐘〕《近世語》時刻を知らせるために打つ鐘。また、その音。

〔時の綺羅〕よい時勢にめぐり合い、意気の盛んなこと。

〔時の杙・時の杙〕「時の簡」を立てるくい。時刻を掲示するくい。

〔時の盛り〕時流にうまく乗って勢いが盛んなこと。時を得て栄えていること。

〔時の調子〕❶雅楽で、季節季節にふさわしいとされた調子。春は双調、夏は黄鐘調、秋は平調、冬は盤渉調など。＝時の音。❷その場にふさわしい調子。

〔時の所〕時流に乗って栄えている人の家。その時、権勢をふるっている人の家。

〔時の音〕「ときのてうし①」に同じ。

〔時の花〕四季折々の花。

〔時の花をかざす〕四季の花々を髪に挿す。転じて、時勢に乗って羽振りがよくなる。例「なほなほしき(＝身分ノ低イ)人の譬ひにいふ時の花をかざ・す心ばへにや」〈栄花・八〉

〔時の人〕❶その時代の人。❷時めいている人。羽振りのよい人。

〔時の簡〕宮中で、木釘をさして時刻を示すために、清涼殿の殿上の間の小庭に立てられた札。

〔時の程〕少しの間。＝時の間。例「時の程もおぼつかなう候ふに、帰り参らん」〈平家・三・六代〉

〔時の間〕少しの間。＝時の程。例「よろづに思ほしつづけられて、時の間もおぼつかなかりしを」〈源氏・桐壺〉

〔時の物〕その季節に似つかわしい品物。

〔時分かず〕四季の別なく。例「妹に恋ふれや時わか・ず鳴く」〈万葉・六・九六一〉

〔時を得〕時流に乗って栄える。時めく。例「このころ、時を・得て世をも恐れず」〈太平記・三〉

〔時を失ふ〕時流に合わず、勢力が衰える。失意の人となる。＝時失ふ。例「あるは、昨日は栄えおごりて、時を失・ひ」〈古今・仮名序〉

〔時を移す〕余計な時間がかかる。暇がかかる。また、無駄に時間を過ごす。暇をつぶす。例「無益の事をなし、無益の事を言ひ、無益の事を思惟して時を移・すのみならず」〈徒然・一〇八〉

とき【斎】[名]《仏教語。食すべき「時」の食事の意》❶仏家の食事。午前中にする正規の食事。↔非時②。❷仏事のとき、僧や参会者に出す食事。

とき【鬨・鯨波】[名]戦闘の初めに全軍で発する叫び声。大将が「えいえい」というところに、一同が「おう」と合わせ、三度繰り返すのを通例とした。＝鬨の声

〔鬨の声〕「とき(鬨)」に同じ。

〔鬨を作る〕(戦場で)鬨の声を上げる。

とぎ【伽】[名]❶話し相手をして退屈を慰めること。また、その人。❷寝室の相手をすること。また、その人。❸看病をすること。また、その人。

ときあらひぎぬ【解き洗ひ衣】[名]《「ときあらひごろも」とも》糸を解きほどき洗い張りした衣服。

ときい・づ【説き出づ】[他ダ下二]{で・で・づ・づる・づれ・でよ}説き始める。説明し出す。例「『いかで、語り伝ふばかり』と、説き出・でたなり」〈枕・説経の講師は〉 語構成「説き出でたなり」→「たなり」

ときおろ・す【解き下ろす】[他サ四]{さ・し・す・す・せ・せ}几帳・帳などの帷子を結んだ紐などを、ほどいて垂らす。例「『丁のはしらにゆひつけたりし小弓の矢とりて』とあれば、これぞありけるかしとおもひて、ときおろ・して」〈蜻蛉・上〉

ときがし【時貸し】[名]《近世語》保証人や期限を定めずに一時的に金を貸すこと。

ときかは・す【解き交はす】[他サ四]{さ・し・す・す・せ・せ}男女が互いの着物の帯・紐などを解き合う。共寝する。＝解き交ふ①。例「高麗錦紐解き交は・し天人の妻問ふ夕ぞ」〈万葉・一〇・二〇九〇〉

ときか・ふ【解き交ふ】[他ハ下二]{へ・へ・ふ・ふる・ふれ・へよ}❶「ときかはす」に同じ。❷解いて他のものと交換する。例「〔菊ヲ〕薬玉に解きか・へてぞ、棄つめる」〈枕・節は〉

ときぎぬの【解き衣の】[枕詞]《糸を解いた衣は乱れやすいところから》「乱る」を含む「思ひ乱る」「恋ひ乱る」にかかる。例「解き衣の恋ひ乱れつつ」〈万葉・一一・二五〇四〉

ときくだ・す【解き下す】[他サ四]{さ・し・す・す・せ・せ}(髪を)ときおろす。例「手づから、はた、えせぬことなれば、ただすこしとき下・して」〈源氏・手習〉

ときさ・く【解き放く】[他カ下二]{け・け・く・くる・くれ・けよ}解きほどく。例「ぬばたまの夜の紐だに解き放・けずして」〈万葉・一七・三九三八〉

とき・じ【時じ】[形シク]{じから・じく(じかり)・じ・じき(じかる)・じけれ・じかれ}《「じ」は打消の意をもつ形容詞を作る接尾語》❶時節はずれだ。その時でない。例「我がやどの時・じき藤のめづらしく今も見てしか妹が笑まひを」〈万葉・八・一六二七〉❷時節を問わない。常にある。例「その雪の時・じきがごと間も落ちず」〈万葉・三・三二三長歌〉

ときじくのかくのこのみ【時じくの香の木の実】[名]《夏に実り、秋冬になっても枝にあって、いつもその香を保っていることから》橘の実。

ときしも【時しも】ちょうどその時。折も折。例「あはれなる時しも秋のねざめかな」〈玉葉・秋上・五六六〉

とき-し-も-あれ【時しもあれ】ちょうどその時。時も時。例「出でて見るに、時しもあれ、この風の簾を外へ吹き、内へ吹きまどはせば」〈蜻蛉・下〉

語構成	とき	し	も	あれ
	名	副助	係助	ラ変「あり」(已)

〔和歌〕**ときしらぬ…**【時知らぬ山は富士の嶺いつとてか鹿の子まだらに雪の降るらん】〈新古今・雑中・一六一六・在原業平、伊勢・九〉訳季節を知らない山は富士の山だ。いったいいまをいつと思って、鹿の子まだらに雪が降り積もっているのであろうか。《係結び》か→降るらん(体)

ときしりがほ【時知り顔】[名・形動ナリ]時節を心得ているかのように、誇らしげなようす。例「いとものすさまじき年なるを、〔花ハ〕心やりて時知り顔・なるもあはれにこそ」〈源氏・薄雲〉

ときづかさ【時司】[名]《「ときつかさ」とも》時刻を知らせることを担当した「陰陽寮」の役人。また、その役所。＝漏刻博士

ときつかぜ【時津風】㊀[名]《「つ」は上代の格助詞》❶満潮時など時を定めて吹く風。❷その時にふさわしく吹く風。順風。㊁[枕詞]「吹く」と同音を含む地名「吹飯」にかかる。例「時つ風吹飯の浜に出で居つつ」〈万葉・一二・三二〇一〉

ときどり【時取り】[名]何かをする際にあらかじめ時間を決めておくこと。また、その時刻。例「七つの**時取り**をして、灰寄せに行くに」〈浮・西鶴諸国ばなし〉

ときなか【時中・時半】[名]一時の半分。いまの一時間。例「**時中**ばかりありて」〈大鏡・師輔〉

ときな・し【時無し】[形ク]{から・く(かり)・し・き(かる)・けれ・かれ}❶絶え間がない。例「**時な・く**そ雪は降りける」〈万葉・一・二六〉❷栄えていない。例「時あるも**時な・き**も、御心ざしの程こよなけれど」〈栄花・一〉

〔和歌〕**ときにより…**【時によりすぐれば民のなげきなり八大竜王雨やめたまへ】〈金槐集・下・源実朝〉訳時と場合によっては降り過ぎると民の嘆きとなります。八大竜王よ、雨をやめてください。〈参考〉「八大竜王」は雨の神と信じられていた。

ときは[・なり]【常磐・常盤】[名・形動ナリ]《「とこいは」の変化形》❶(大きな岩のように)永久に変わらないようす。例「**常磐**にいませ尊き我が君」〈万葉・六・九八八〉❷樹木などの葉が常に緑色であること。常緑。

ときは【常盤・常磐】[歌枕]山城国の地名。いまの京都市右京区御室双ヶ岡の西南、妙心寺の西にある丘陵地。「常盤山」「常盤の里」「常盤の森」などと詠まれた。常緑で紅葉しないという意で用いられる。

ときはかきは[・なり]【常磐堅磐】[名・形動ナリ]永久に変わらないこと。例「山階の山の岩根に松を植ゑて**ときはかきは**に祈りつるかな」〈拾遺・賀・二七三〉

ときはぎ【常磐木】[名]一年中葉が緑の木。常緑樹。

〔俳句〕**ときはふゆ…**【時は冬吉野をこめん旅のつと】〈笈の小文・露沾〉訳いまは寒さ厳しき冬。その中を旅立つあなたではあるが、春ともなれば、花の吉野に遊んで、すばらしい句を旅の土産に持って帰られることでしょう。(季―冬―冬)

ときめか・し【時めかし】[形シク]{しから・しく(しかり)・し・しき(しかる)・しけれ・しかれ}よい時節にあって、栄えているさま。例「さわがしう**時めか・しき**所に、うち古めきたる人の、…ことなることなき歌よみしておこせたる」〈能因本枕・すさまじきもの〉

ときめか・す【時めかす】[他サ四]{さ・し・す・す・せ・せ}(身分の高い者が、目下の者を)寵愛する。とくに引き立てて繁栄させる。例「帝、皇后宮をねんごろに**ときめか・させ**たまふゆかりに」〈大鏡・道長・上〉

ときめき[・す][名・自サ変]「こころときめき」に同じ。

ときめ・く【時めく】[自カ四]{か・き・く・く・け・け}《「めく」は接尾語》❶時勢にあって栄える。例「かくあやしき人の、いかで**ときめ・き**給ふらむ」〈宇津保・忠こそ〉❷寵愛を受けて栄える。例「いとやむごとなき際にはあらぬが、すぐれて**時め・き**たまふありけり」〈源氏・桐壺〉

ときもり【時守】[名]「陰陽寮」の役人。漏刻を守り、時を知らせる鐘を打った。＝守辰丁

どきゃう[・す]【読経】[名・自サ変]《「どっきゃう」とも》声に出して経文を読むこと。

どきゃうあらそひ【読経争ひ】[名]読経の声や調子の優劣を競う遊び。一説に、どこまですらすら読み続けられるかを争うものとも。

ときよ【時世】[名]❶時代。年月。❷その時の世の中。時勢。また、その時に勢力を得ているもの。

〔**時世に従ふ**〕世の風潮に従う。例「時世に従・ふ目移りにや」〈栄花・八〉

とぎょ[・す]【渡御】[名・自サ変]天皇・皇后をはじめ貴人や神輿が出かけることの尊敬語。お出まし。

ときれう【斎料】[名]僧の食事のための米や金銭。

ときわ【常磐・常盤】歴史的かなづかい「ときは」

ときんば【時んば】[接]《「ときには」の撥音便》ときには。場合には。例「所に約する**時んば**、三界の外なり」〈仮・夫婦宗論物語〉

とく【得】[名]利益。ためになること。成功。成就。↔失①③④

とく【徳】[名]❶正しい心をもって人の道にかなった行いをすること。道徳。倫理。❷後世のためになること。功徳。❸能力。はたらき。役に立つ点。❹おかげ。恩恵。おめぐみ。余徳。❺御威光。権威。人望。名望。❻富。財産。❼利益。もうけ。

〔**徳に隠る**〕恩恵を受ける。恩顧をこうむる。例「かうぶりなど得しまで、この(＝源氏ノ)御徳に**隠・れ**たりしを」〈源氏・関屋〉

〔**徳を見る**〕恩恵をこうむる。例「(老婆ヲ)召す御徳をなむ見る」〈枕・さかしきもの〉

と・く【着く】[自カ四]{か・き・く・く・け・け}《上代語》到着する。着く。

と・く【解く】㊀[他カ四]{か・き・く・く・け・け}❶結んであるものをほどく。例「そろへける舟ども、ともづなすでに**と・か**んとす」〈平家・一一・逆櫓〉❷髪を櫛で整える。すく。例「**と・き**はてたれば、つやつやとけうらなり」〈源氏・手習〉❸解明する。答えを出す。例「なぞなぞを作りて**解・かれ**けるところへ」〈徒然・一〇三〉❹外す。脱ぐ。例「御車の装束**解・き**て」〈蜻蛉・中〉㊁[自カ下二]{け・け・く・くる・くれ・けよ}❶結んであるものがほどける。例「赤紐の**解・け**たるを『これ、結ばや』と言へば」〈枕・宮の、五節出ださせたまふに〉❷打ち解ける。なれ親しむ。例「君が心は我に**解・け**なむ」〈古今・恋一・五四二〉❸わだかまりがなくなる。例「年ごろすこしかたはらいたくおぼされける御心**と・け**て」〈大鏡・仲平〉〈敬語〉「おぼされ」→「おぼす」。❹安心する。気がゆるむ。例「人離れたる所に心**と・け**て寝ぬるものか」〈源氏・夕顔〉❺任務や役職から離れる。例「左近将監**と・け**て侍りける時に」〈古今・雑下・九六三詞書〉〈敬語〉「とけて侍り」→「はべり」

と・く【説く】[他カ四]{か・き・く・く・け・け}説明する。分かりやすく言い聞かせる。例「昔仏の法を**説・き**給ひし竹林精舎」〈平家・二・山門滅亡〉

とく【疾く】[副]すぐに。急いで。早く。例「心苦しう思さるるを、**とく**参りたまへ」〈源氏・桐壺〉

と・ぐ【遂ぐ】〔他ガ下二〕{げ・げ・ぐ・ぐる・ぐれ・げよ}果たす。例「心にかからん事の本意を遂げずして」〈徒然・五九〉

とくい【得意】〔名〕❶自分の望み通りになって満足すること。❷親しい友人。親友。❸ひいきにすること。また、その人。❹得意先。よく買ってくれる客。

とくいだ・つ【得意立つ】〔自タ四〕{た・ち・つ・つ・て・て}親しい友だという顔をする。例「守の子なる若き者に会ひて、得意立ち」〈今昔・二六・四〉

どくう【土公】〔名〕「どくじん」に同じ。

とくがはいへみつ【徳川家光】〔人名〕（一六〇四〜一六五一）江戸幕府の第三代将軍。父は二代将軍秀忠。職制や兵制の確立、法制整備・鎖国体制の完成など、安定した幕府支配体制の基盤を固めた。

とくがはいへやす【徳川家康】〔人名〕（一五四二〜一六一六）江戸幕府の初代将軍。父は三河国岡崎城主松平広忠。織田信長と結び、信長死後も豊臣秀吉の天下統一に協力。江戸を本拠と定め、検地、農政の統一を行い、開幕後も諸法度を制定させ、幕府の基礎を固めた。

とくがはつなよし【徳川綱吉】〔人名〕（一六四六〜一七〇九）江戸幕府の第五代将軍。父は三代将軍家光。幕府の実権を掌握すると、賞罰厳明策を意欲的に進める。生類憐みの令を発令するなど、後年になると悪政を行い、世人の不満をかった。

とくがはみつくに【徳川光圀】〔人名〕（一六二八〜一七〇〇）江戸前期の水戸藩主。「水戸光圀」ともいう。権中納言に任じられ、中納言の唐名（黄門）から「水戸黄門」とも呼ばれる。『釈万葉集』や『大日本史』の編纂に着手した。名君の誉れが高い。

とくがはよしむね【徳川吉宗】〔人名〕（一六八四〜一七五一）江戸幕府の第八代将軍。元紀州藩主。徳川宗家の血が絶えた後、将軍に擁立された。享保の改革を断行。幕府の綱紀粛正をはかった。

どくぎん〔・す〕【独吟】〔名・他サ変〕❶詩歌をひとりで吟ずること。❷連歌や連句を、付け合いをしないでひとりで詠むこと。また、その作品。

とくこ【独鈷】〔名〕《「独鈷杵」の略。「とこ」とも》密教の仏具のひとつ。「金剛杵」の一種で、鉄製または銅製の柄の両端がとがっているもの。

とくこかまくび【独鈷鎌首】〔名〕議論好きの歌人のこと。

とくごふ【得業】〔名〕《仏教語》僧の学問上の階級の名。奈良では、興福寺の維摩会・法華会・薬師寺の最勝会（合わせて三会）に参加した者、比叡山では横川の四季講と定心房の三講に参列した者をいう。

とくごふしゃう【得業生】〔名〕《「とくごふのしゃう」とも》「大学寮」の「四道」の「学生」のうち、成績優秀な少数の者に与えられる身分。

とくさ【木賊】〔名〕❶草の名。茎は乾かして木材などを磨くのに用いる。（季‐秋）。❷「木賊色」の略。

とくさいろ【木賊色】〔名〕❶染め色の名。黒みがかった鈍い緑色。❷襲の色目の名。表は黒みがかった青、裏は白。一説に、表はもえぎ、裏は白、または表と同色とも。老人が用いる。

とくし【読師】〔名〕《「どくし」「とくじ」とも》❶《仏教語》諸国の国分寺に置かれた僧官。講師より一等級低い。❷《仏教語》法会や論議のとき、講師と相対して高座にのぼり、経題を読み上げる役の僧。❸歌合わせや作文の会のときに、和歌や漢詩を記した懐紙や短冊を整理して講師に渡す役。

とくしち【得失】〔名〕「とくしつ」に同じ。

とくしつ【得失】〔名〕《「とくしち」とも》❶損得。利害。❷成功と失敗。❸長所と短所。

どくじゅ〔・す〕【読誦】〔名・他サ変〕《仏教語》経文を声を出して読み上げること。読経。

とくしょはじめ【読書始め】〔名〕「ふみはじめ」に同じ。

とくしよろん【読史余論】〔作品名〕江戸中期（一七一二成立）の歴史書。新井白石著。摂関政治から武士の台頭を経て江戸幕府の成立に至るまでの歴史を述べた書。

どくじん【土公神】〔名〕陰陽道で土の神。春はかまどに、夏は門に、秋は井戸に、冬は庭にいて、その季節にその場所を動かすとたたりがあるといわれる。＝土公・土公

とくせい【徳政】〔名〕❶人民に対して徳を施す政治。減税・大赦などを行う政治。❷鎌倉・室町幕府が出した売買・貸借の契約を無効にさせる法令。

とくせにこ【得選子】〔名〕《「こ」は接尾語》「得選」を親しんで呼ぶ名。

とくせん【得選】〔名〕「御厨子所」の女官。采女の中から選ばれたのでこの名がある。定員三名で、食事その他の雑用に従事した。

とくだいじさねさだ【徳大寺実定】〔人名〕「ふぢはらのさねさだ」に同じ。

とくたい〔・す〕【得替・得代】〔名・自サ変〕❶国司・守護・地頭・大番などが任期を終了して交替すること。❷現在の領主を退けて新領主に替えること。また、領土がその所領を召し上げられること。

とくだう〔・す〕【得道】〔名・自サ変〕❶《仏教語》仏道を修め悟りを開くこと。❷納得すること。

とくだつ〔・す〕【得脱】〔名・自サ変〕《仏教語》生死の苦を脱し煩悩を断って、悟りを得ること。例「三会に得脱・せらむ者は」〈今昔・四・三九〉

とぐちより…〔俳句〕**とぐちより人影さしぬ秋の暮れ**〈青蘿発句集・青蘿〉訳【戸口より人影さしぬ秋の暮れ】人の訪れた気配に、戸口に目をやると、その影が細く長くのびている。そのさまに、よりいっそう物寂しさの増していく秋の夕暮れ時であることだ。（季‐秋の暮‐秋）

とくつ・く【得付く・徳付く】〔自カ四〕{か・き・く・く・け・け}《「とくづく」とも》裕福になる。例「命生き給ふのみならず、徳つ・いてぞ帰りのぼられける」〈平家・一〇・三日平氏〉

とくど〔・す〕【得度】〔名・自サ変〕《仏教語。「度」は生死の苦海を渡って悟りを得ること》❶涅槃の彼岸に達するために出家をし、修行すること。❷出家して僧や尼になること。

とくとく【疾く疾く】〔副〕早く早く。さっさと。

とくにん【徳人】〔名〕《「とくじん」とも》❶徳のある人。❷富豪。金持ち。

とくぶん【得分・徳分】〔名〕❶利益。もうけ。❷分け前。取り分。

とくよう【徳用】〔名〕❶徳が高く応用の才があるこ

と。❷功徳の力。お徳用。❸もうけ。利潤。❹用いてもうけのあること。

とぐら【鳥座・塒】[名]鳥のねぐら。

とくわかごまんざいしふ【徳和歌後万載集】[作品名]江戸後期(一七八五刊行)の狂歌集。四方赤良(大田南畝)編。二百数十名の作者による八百余首の狂歌を、部立に分類し収録。『万載狂歌集』の成功を受けて編集したものだが、新たに参加した当代の狂歌人の歌が多く、狂歌大流行の天明期を代表する歌集となっている。

どげざ[・す]【土下座】[名・自サ変]貴人の通行に際して、地面にひざまずいて敬礼すること。

とけしな・し[形ク]{から・く(かり)・し・き(かる)・けれ・かれ}《近世語》じれったい。もどかしい。待ち遠しい。例「〔金ガ〕溜まるはとけしな・く、減るは早し」〈浮・日本永代蔵〉

とげっぽう【吐月峰】[地名]駿河国の山。いまの静岡市郊外にある。連歌師宗長の開山とされ、臨済宗妙心寺派の柴屋寺がある。付近の丸子は東海道五十三次のひとつ。

とげな・し[形ク]{から・く(かり)・し・き(かる)・けれ・かれ}《「利気なし」または「遂げなし」か》語義未詳。気持ちがしっかりしていない。また、張り合いがない意とも。例「とげな・きものをば、『あへなし』といひける」〈竹取・火鼠の皮衣〉

とこ-【常】[接頭]《名詞・形容詞に付いて》いつも変わらない、永遠であるの意を表す。「常世」「常闇」「常乙女」「常なつかし」など。

とこ【床】[名]❶寝床。❷牛車の屋形。車箱。❸床の間。❹《「髪結ひ床」の略》江戸時代の床屋。男性の髪を結い、月代などをそった。❺桟敷。涼み床。

〔**床の月影**〕寝床にさし込んでいる月の光。

〔**床の辺**〕寝床の辺り。

〔**床の澪**〕寝床でつらさに流す涙。深い川の流れに見立てていう。

〔**床離る**〕(寝床を別々にする意から)夫婦の関係が絶える。例「年ごろあひ馴れたる妻、やうやう床はな・れて」〈伊勢・一六〉

〔**床旧る**〕夫婦が長く連れ添う。例「年経れどいかなる人か床ふ・りて」〈拾遺・哀傷・一二九六〉の促音便「とっこ」の促音無表記》「とくこ」に同じ。

とこ【独鈷】[名]《「とくこ」の促音便「とっこ」の促音無表記》「とくこ」に同じ。

とごころ【利心】[名]しっかりした心。

とこ・し【常し】[形シク]{しから・しく(しかり)・し・しき(しかる)・しけれ・しかれ}永久である。不変である。例「天皇の神の宮人ところづらいや常・しくに我かへり見む」〈万葉・七・一一三三〉

とこしなへ[・なり]【常しなへ・長しなへ】[名・形動ナリ]永久不変であること。例「心とこしなへに安く楽し」〈徒然・二二七〉

とこしばり【床縛り】[名]牛車の屋形を車の軸に結び付けるための縄。

とこしへ[・なり]【常しへ・長しへ】[名・形動ナリ]永久不変であること。＝常しなへ

とこそ《格助詞「と」＋係助詞「こそ」》❶(文中に用いて結びを伴って)「と」で受ける内容を強める。…と。例「命長くとこそ思ひ念ぜめ」〈源氏・桐壺〉訳長生きして(若宮の将来を楽しみに)と思ってこらえていてほしい。《係結び》「こそ→念ぜめ(已)」。❷(文末に用いて「いへ」「聞け」などの結びが省略されて)伝聞の意を表す。…ということだ。例「一期の間、香ばしかりけるとこそ」〈沙石集〉❸(中世以降、動詞の命令形に付いて、「いへ」などの結びが省略されて)命令の意を強める。…というのに。…ってば。例「それ地獄遠きにあらず極楽はるかなり、いかに罪人、急げとこそ」〈狂・朝比奈〉訳地獄は近いが極楽は遠いぞ、どうした罪人、急げというのに。

とこつみかど【常つ御門】[名]《「つ」は上代の格助詞》永久に変わることのない宮殿。＝常宮

とこなか【床中】[名]寝床の中。

とこなつ【常夏】[名]❶ナデシコの別称。和歌では、妻と共寝する「床」をかけることもある。(季‐夏)。例「咲きしより妹と我が寝るとこなつの花」〈古今・夏・一六七〉❷襲の色目の名。表は紅梅、裏は青。

とこなつ【常夏】[作品名]『源氏物語』の二十六番目の巻名。

とこなつか・し【常懐し】[形シク]{しから・しく(しかり)・し・しき(しかる)・しけれ・しかれ}いつも心がひかれる。和歌で「常夏」とかけて用いることが多い。例「なでしこのとこなつか・しき色を見ば」〈源氏・常夏〉

とこなつに【常夏に】[副]夏中ずっと。また、夏ごとに永久に。また、永久不変に。例「立山に降り置ける雪の常夏に消ずて渡るは神ながらとぞ」〈万葉・一七・四〇〇四〉

とこなめ【常滑】[名]苔が付いた川底の石。一説に、そこに付いている苔とも。

とこのうら【鳥籠の浦】[歌枕]近江国鳥籠(いまの滋賀県彦根市)にある、不知哉川の川口付近の入り江。同音の「床」とかけて用いられることが多い。例「うべこそは急ぎ立ちけれとこの浦の波のよるべはなかりけりやは」〈浜松中納言・四〉

とこのやま【鳥籠の山・床の山】[歌枕]近江国の山。いまの滋賀県彦根市正法寺町を流れる不知哉川北岸の正法寺山。同音の「床」とかけて用いられることが多い。「鹿」「鶉」が景物。

とこは【常葉】[名]冬でも変色しない常緑樹の葉。

とこはつはな【常初花】[名]いま咲いたばかりのようにいつまでも新鮮で美しい花。

とこはな【常花】[名]いつまでも咲いている花。

とこ・ふ【呪ふ・詛ふ】[他ハ四]{は・ひ・ふ・ふ・へ・へ}《上代語。「とごふ」とも》のろう。

とこぼ・ゆ【常吠ゆ】[自ヤ下二]{え・え・ゆ・ゆる・ゆれ・えよ}《近世語》声を立てて泣き続ける。例「流涕こがれてとこぼ・え申す」〈滑・根無草後編〉

とこみや【常宮】[名]いつまでも変わらない宮殿。＝常つ御門

とこやみ【常闇】[名]永遠の闇夜。永遠の暗闇。

とこよ【常世】[名]❶永遠に変わらないこと。❷「常世の国」の略。

〔**常世の神**〕常世の国から人間界に現れて、長寿・幸福・富などを授けるという神。

〔**常世の国**〕海のかなたにある、祖先の霊が集まっている国。また、不老不死の理想郷。

〔**常世の虫**〕常世の国にいる虫。霊力をもつと考えられた。

とこよ【常夜】[名]夜ばかりで昼が来ないこと。永遠

に夜であること。
〔和歌〕**とこよいでて…**【常世いでて旅の空なるかりがねも列におくれぬほどぞなぐさむ】〈源氏・須磨〉訳常世の国を出て旅の空にいる雁も、列に遅れないで仲間といる間は気持ちがなごみます。《係結び》「ぞ→なぐさむ体」

とこよべ【常世辺】[名]《「とこよへ」とも》常世の国の方。
〈参考〉「かりがね」は雁のことで「列」の縁語。

〔和歌〕**とこよへに…**【常世辺に住むべきものを剣大刀汝が心からおそやこの君】〈万葉・九・一七四一・高橋虫麻呂歌集〉訳常世の国の方にわが家として住むべきだったのに。〔つるぎたち〕あなた自身の考えのせいで、愚かだなあ、このお方は。
〈参考〉「剣太刀」は「汝」の枕詞。水江の浦島子(いわゆる浦島太郎)を詠む長歌の反歌。

とこよもの【常世物】[名](田道間守が常世の国から持ってきたことから)橘の別名。

-ところ【所・処】[接尾]《「どころ」とも》貴人を数えるのに用いる。かた。例「宮の御腹に、十五歳より生み給ふ、男八所、女九所」〈宇津保・藤原の君〉

ところ【所・処】[名]❶場所。例「信濃の国に更級といふ所に、男すみけり」〈大和・一五六〉❷物事や出来事の、全体の中の一部分。部分。問題点。箇所。点。例「この皇子に申したまひし蓬萊の玉の枝を、一つの所あやまたず持ておはしませり」〈竹取・蓬萊の玉の枝〉《敬語》「申したまひし」→「まうしたまふ」、「おはしませり」→「おはします」。❸その土地。例「武蔵国金沢といふ浦にありしを、所の者は、『へなだりと申し侍る』とぞ言ひし」〈徒然・三四〉《係結び》「ぞ→言ひし体」。《敬語》「へなだりと申し侍る」→「まうす」「はべり」。❹(「蔵人所」「台盤所」「大歌所」などの)官庁・役所の略称。例「〔蔵人〕所の衆どもの、衝重ね取りて、前どもに据ゑわたしたる」〈枕・なほめでたきこと〉❺(形式名詞として)時。場所。折。場合。例「待つ人あるところに、夜すこし更けて、忍びやかに門叩けば」〈枕・すさまじきもの〉

〔所置く〕遠慮する。控え目にする。例「中宮の御事をば所置き参らせさせ給ひて」〈栄花・三八〉
〔所変ふ〕=所去る。(物忌みなどで)ある場所を避けてよそに移る。例「つつしむべきことはべりて、しばし所か・へさせむと思ひたまふるに」〈源氏・東屋〉
〔所去る〕場所をゆずる。別の場所に移る。所さ・りきこえむ」〈源氏・葵〉例「ここにやは〔車ヲ〕立たせたまはぬ。
〔所に従ふ〕場所がらに合わせる。例「〔明カリヲ〕なほ持て来や。〔遠慮モ〕所に従・ひてこそ」〈源氏・夕顔〉
〔所に付く〕その場所にふさわしい。例「倶舎の頌など誦じつつありくこそ、ところにつ・けては、をかしけれ」〈枕・正月に寺に籠りたるは〉
〔所の雑色〕「蔵人所」で雑務を行う無位の者。

ところ【野老】[名]草の名。オニドコロの別称。根は苦みを抜いて食用にする。新年の飾りに用いる。(季－春)

ところあらそひ【所争ひ】[名]場所を確保しようと争うこと。例「かの御車の所争ひをまねびきこゆる人ありければ」〈源氏・葵〉

ところあらはし【所顕し】[名]平安時代、結婚数日後に新婦の家で婚姻を公表し宴を開くこと。ここで婿は新婦の家族と対面した。=露顕

古典の世界　**結婚のあかし「所顕し」**

平安時代の結婚は、夫が妻のところに通う(通い婚)か、夫がまず妻の家に住みこむ(婿取り)の場合が多いが、夫の家に妻を迎える(嫁迎え)もしだいに現れる。
結婚に至る男女の出会いは、消息(手紙)の贈答に始まる。まず男側が求婚の消息を送り、それに対して女方から応諾の返事が届く。女が自ら決めるのではなく、親などが判断して男方に応ずるのが一般的である。『伊勢物語』の中で、筒井筒の男女が親の進める縁談に応じようとしなかったのは、当時の社会通念からいえば特筆すべきことだったのである。
女方の応諾があると、男は吉日を定めて、その夜に女の家に向かう。道中からの松明の灯をかざして、女の部屋(帳の内)に入る。通い始めて三日間は、男は密かに女方に通う。この間、松明の灯は帳前の灯籠に移されて、三日間ともし続けられる。三日目の夜、男は三枚の銀盤に盛られた餅を食する。いわゆる「三日の餅」の儀である。夫婦の和合と子孫の繁栄を祈るものである。現代でも一部の結婚式に「おちつきの餅」を供する風習が残るのは、これに由来する。「三日の餅」の儀のあと、親族・知友が参会して結婚披露が行われる。「所顕し」とは、この結婚披露の宴のことである。こうして「所顕し」の終わった後は、男は公然と昼間まで女の所にとどまったり、また住みついたりできるようになるのである。

ところ・う【所得】[他ア下二]{え・え・う・うる・うれ・えよ}❶よい地位を得る。例「京にてこそところ・えぬやうなりけれ、〔明石デハ〕そこら遥かにいかめしう占めて造れる」〈源氏・若紫〉❷得意になる。幅をきかす。例「馴れたるさまに上手めき、ところ・えたるけしきにて」〈徒然・二三三〉

ところえがほ【所得顔】[名・形動ナリ]「[・なり]」(ふさわしい場所や地位を得て)得意そうなさま。満足げなさま。例「狐、梟やうの物も、人気にせかれねば、所得顔・に入り棲み」〈徒然・二三五〉

ところから【所柄】[名]《「ところがら」とも》場所がら。例「所からなめり、さすがに虫の声などきこえたり」〈枕・故殿の御服の頃〉語構成「所からなめり」→「なめり」

ところせう【所狭う】形容詞「ところせし」の連用形「ところせく」のウ音便。

ところせが・る【所狭がる】[自ラ四]{ら・り・る・る・れ・れ}厄介に感じる。例「これ(=伯母ノ腰ガ曲ガッテイルコト)をなほ、この嫁、ところせが・りて」〈大和・一五六〉

ところせさ【所狭さ】〔名〕（「さ」は接尾語）窮屈さ。場所のせまさ。例「かく古めかしき身の**ところせさ**に、思ふに従ひて対面なきも」〈源氏・若菜・上〉

ところせ・し【所狭し】〔形ク〕{から・く(かり)・し・き(かる)・けれ・かれ}

アプローチ
▼空間がいっぱいで狭く感じられる意が原義。
▼それを心理的な面に用いて、周囲の状況から気詰まりや不自由を感じる場合に用いる。
▼転じて、周囲が狭く感じられるほど、威圧感があるさまを表す。

❶**場所が狭い**。**いっぱいである**。例「もろこし船のたやすからぬ道に、無用の物どものみ取り積みて、**所狭**・く渡しもて来る」〈徒然・一二〇〉訳中国船が、困難な航路なのに、不必要な物ばかりを積み込んで、船内が**狭いくらい**ぎっしりと輸送してくる。❷**不自由で窮屈だ**。**気詰まりだ**。例「かかるありさまもならひたまはず、**ところせ・き**御身にて、めづらしう思されけり」〈源氏・若紫〉訳このような(山の)景色も見慣れていらっしゃらず、(外出もできない)**不自由で窮屈な**ご身分のこととて、(山を)新鮮だとお思いになるのだった。《音便》「めづらしう」は「めづらしく」のウ音便。《敬語》「思され」→「おぼす」❸**うっとうしい**。**めんどうだ**。例「この生絹だに、いと所狭・く、暑かはしく」〈枕・風は〉訳この生絹の単衣でさえたいそう**うっとうしく**、暑苦しくて。❹**いかめしい**。**重々しい**。**おおげさだ**。例「ただ近きところなれば、車は**ところせ・し**」〈堤中納言・はいずみ〉訳ただ近い所なので車は**おおげさだ**。
〔所狭き身〕高貴な生まれで、軽々しいことのできない身分。窮屈な身分。

ところたがへ【所違へ】〔名〕場所を間違えること。例「所違へなどならば、おのづからまたいひに来なむ」〈枕・御前にて、人々とも〉

ところづら【野老葛】一〔名〕「野老」のつる。二〔枕詞〕同音の繰り返しから「常しく」に、また、つるをたどって「野老」を掘るところから「尋め行く」にかかる。例「**ところづら**いや常しくに」〈万葉・七・一一三三〉

ところどう【所籐】〔名〕あちこちに籐を巻いた弓。

ところどころ【所所・処処】〔名〕❶あちこち。かたがた。❷（「人々」の尊敬語）身分の高い人々。例「所どころの心を尽くしたまへらむ匂ひどもの」〈源氏・梅枝〉❸別々の所。例「**所々**でうたれんよりも、一所でこそ打ち死にをもせめ」〈平家・九・木曾最期〉

ところのしゅう【所の衆】〔名〕（「蔵人所の衆」の略）「蔵人所」で雑務にあたった者。五位・六位の侍の中から選ばれる。

とこをとめ【常少女】〔名〕永久に若々しい娘。

とさ【土佐】〔地名〕旧国名。南海道六か国のひとつ。いまの高知県。＝土州

どざ【土座】〔名〕屋内で地面のままの部分。土間。

とざし【鎖し・扃し】〔名〕❶門や通路などを閉ざすこと。また、そのための錠・掛け金など。❷門。

とざ・す【鎖す】〔他サ四〕{さ・し・す・す・せ・せ}（「とさす」とも）門や戸を閉じて錠や門をさす。例「旅店なほ**とざ・せ**り」〈和漢朗詠集・下〉

とさにっき【土佐日記・土左日記】〔作品名〕平安中期の日記文学。一冊。紀貫之作。国司の任を終え、土佐から帰京した作者が、その間の出来事を亡児への追想や、歌論を交えつつつづった作品。漢文日記にならって日次形式を取るが、女性に仮託され仮名文で記された。仮名文学の先駆的作品として意義が大きい。

とさぶらひ【外侍】〔名〕（「とさむらひ」とも）武家の屋敷で、本邸から離れた所につくった警備の武士の詰め所。＝遠侍。↔内侍

とざま【外様・外方】〔名〕❶ほかの方。よその方。❷鎌倉以降の譜代ではない臣下や大名。↔譜代・御内③。❸公の場。世間。表向き。

とざまかうざま〔副〕（「とさまかうざま」「とさまかくさま」とも。「とざまかくざま」のウ音便）あれこれ。とやかく。例「**とざまかうざま**につけて、育くまむに」〈源氏・夕顔〉

とざまだいみゃう【外様大名】〔名〕「外様②」の大名。江戸時代の呼び名。↔譜代大名

とさん【土産】〔名〕（「どさん」とも）❶その土地の産物。❷みやげ。

とし【年・歳】〔名〕❶一年。十二か月。正月から次の正月までの間。❷**歳月**。**年月**。**長い期間**。**世**。❸**年齢**。**年限**。**としまわり**。❹**季節**。❺（古代、年に一度の穀物の収穫が重要事だったことから）**穀物**。とくに、**稲**。また、その**実り**。

〔年有り〕穀物がよく実る。例「あらはれて**とし・あ・る**御世のしるしにや」〈新勅撰・冬・四二〇〉

〔年急ぐ〕季節が早く来る。例「今年は、あやしく、**年急・ぎ**て、遅き花とく咲き」〈宇津保・春日詣〉

〔年得〕穀物が豊かに実る。例「**年・えたる**玉田の稲をかり積みて」〈栄花・一三〉

〔年返る〕新年になる。年が改まる。（季―春）。例「あらたまの**年かへ・る**まで相見ねば」〈万葉・一七・三九七九〉

〔年越ゆ〕その年が過ぎて、次の年になる。＝年を越ゆ

〔年高し〕高齢である。年長である。例「仏の御年よりは御**年高・し**といふ」〈大鏡・陽成院〉

〔年長く〕年を取る。老年になる。例「**年た・け**てまた越ゆべしと思ひきや命なりけりさやの中山」〈新古今・羇旅・九八七〉訳→〔和歌〕としたけて…

〔年立つ〕年が改まる。新しい年になる。（季―春）。例「**年た・て**ば花乞ふべくもあらなくに春いまさらに雪の降るらん」〈貫之集〉

〔年積もる〕長い年月がたつ。年を重ねる。年をとる。例「**年つも・り**ぬる人はしひて心強うさましはべるを」〈源氏・柏木〉

〔年ねぶ〕成長する。大人の年齢になる。例「御供に大童子の大きやかに**年ね・び**たる四十人」〈栄花・八〉

〔年の内〕❶一年中。例「**年の内**の節会どもの面白く興あるを」〈源氏・絵合〉❷年内。その年のうち。（季―冬）

〔年の数〕生まれてからの年の数。年齢。

〔年の此方〕年内。今年のうち。例「いつしかと山の桜も我がごとく年のこなたに春を待つらん」〈後撰・冬・四九八〉

〔年の此の頃〕ここ数年来。例「物をそ思ふ年のこのころ」〈万葉・一四・三五二一〉

〔年の恋〕一年間に及ぶ恋。例「年の恋日長き児らが妻問ひの夜ぞ」〈万葉・一八・四一二七〉

〔年の積もり〕年が重なること。年齢が増すこと。例「年の積もりに、世の中のありさまを、とかく思ひ知りゆくままに」〈源氏・若菜・上〉

〔年の名残〕年の暮れ。一年の終わり。歳暮。

〔年の残り〕❶一年の残り。❷年齢の残り。余生。晩年。

〔年の端〕❶毎年。＝年の端毎。例「年のはに春の来たらば」〈万葉・五・八三三〉❷年齢。＝年端

〔年の端毎〕「としのは①」に同じ。

〔年の始め〕一年の始め。年始。年頭。

〔年の星・歳の星〕陰陽道で、各人が属する星。子年の人は貪狼星、丑年は巨門星など。

〔年の程〕年齢の頃合い。

〔年の雪〕毎年積もる雪。白髪を雪に見立てた歌詞。例「新しき春さへ近くなりゆけばふりのみまさる年の雪かな」〈拾遺・冬・二五五〉

〔年の夜〕大晦日の夜。（季－冬）

〔年の齢〕年齢。とし。

〔年の渡り〕一年に一度、彦星が天の川を渡って織女星に会うこと。（季－秋）。例「年の渡りにはたちまさりぬべかめるを」〈源氏・松風〉語構成「たちまさりぬべかめる」→「べかめり」

〔年の緒〕《長く続く年を緒にたとえた語》年月。例「年の緒長く恋ひやわたらむ」〈古今・秋上・一八〇〉

〔年の終はり〕一年の終わり。年末。

〔年経〕❶年月が経過する。何年もたつ。例「われよりはまさりたる人を思ひかけて、年・経ける」〈伊勢・八九〉❷年齢を重ねる。例「色も香も同じ昔に咲くらめど年・経る人ぞあらたまりける」〈古今・春上・五七〉①②＝年を経

〔年を送る・歳を送る〕❶旧年を送り、新年を迎える。（季－冬）。❷年を重ねる。例「このごろは〔賀茂ノ祭リノ行列ニ参加スル者ノ〕付け物、年を送りて過差ことのほかになりて」〈徒然・二二一〉

〔年を越ゆ〕「としこゆ」に同じ。

〔年を積む〕年を重ねる。年齢を積み重ねる。例「いたづらに年を積・むにも」〈新古今・春上・一五〉

〔年を経〕「としふ」に同じ。

〔年を渡る〕翌年にまたがる。例「荒玉の年を渡・りてあるが上に降り積む雪の絶えぬ白山」〈後撰・冬・四八二〉

と・し【利し・鋭し】［形ク］｛から・く(かり)・し・き(かる)・けれ・かれ｝切れ味がよい。鋭利だ。例「剣大刀両刃の利・きに足踏みて死なば死なむよ君によりては」〈万葉・一一・二四九八〉

と・し【疾し】［形ク］｛から・く(かり)・し・き(かる)・けれ・かれ｝❶（速度が）速い。素早い。例「命婦の乳母、いと疾・く縫ひはてて」〈枕・ねたきもの〉❷（時期が）早い。例「格子とく下ろしたまひて、御殿油まるらせて」〈源氏・夕顔〉《敬語》「まるらせて」→「まゐる（四段）」。❸（風などが）激しい。強い。例「ぬばたまの夜さり来れば巻向の川音高しも嵐かも疾・き」〈万葉・七・一一〇一〉〔注〕「ぬばたまの」は「夜」の枕詞。

と・し【敏し】［形ク］｛から・く(かり)・し・き(かる)・けれ・かれ｝❶敏捷だ。すばしっこい。例「いとと・く這ひ隠れたまひぬ」〈源氏・総角〉❷敏い。鋭敏だ。例「忍びやかにいひけるを、耳と・く聞きて」〈宇治拾遺・四・一〇〉

とじ【刀自】［名］《「とぬし（戸主）」の変化形》❶《「とうじ」とも》一家の主婦。老若や既婚未婚を問わず、家事をとりしきる女性をいう。❷女性の敬称。多く年をとった女性に用いる。❸宮中の下級女官の役職名。御厨子所・台盤所などで下働きにあたった。❹貴人の雇った下働きの女性の職で、家事の雑役にあたったもの。女中。

-どし【同志・同士】［接尾］《「どうし」とも。「どち」の変化形》（名詞に付いて）互いにその関係にある、同類であるの意を表す。仲間。「女同士」など。

どし【同士・同志】［名］《「どち」の変化形》仲間。友達。連れ。

どしいくさ【同士軍】［名］味方同士の合戦。＝同士討ち

どしうち【同士討ち】［名］「どしいくさ」に同じ。

としぎ【年木・歳木】［名］新年の用意として年末に切り出しておく薪。（季－冬）

とじき【屯食】［名］《「とんじき」の撥音無表記》「とんじき」に同じ。

としきみ［名］㊀【戸閾】門の内外を区切るため、下に敷き渡した横木。しきい。＝閾。㊁【軾】牛車の前後の口に敷き渡した仕切りの横木。

としぎり【年切り】［名］樹木が年によって実を結ばないこと。転じて、物事がとだえること。＝年切れ

〔俳句〕**としくれぬ…**【年暮れぬ笠きて草鞋はきながら】〈野ざらし紀行・芭蕉〉訳漂泊生活を続けるうちに今年も暮れてしまった。正月の準備に忙しい人々に対して、私は笠を着、草鞋をはいたままの旅姿で歳末を迎えることだ。（季－年暮る－冬）

〔和歌〕**としごとに…**【年ごとにもみぢ葉流す竜田川みなとや秋のとまりなるらむ】〈古今・秋下・三一一・紀貫之〉訳毎年もみじ葉を流している竜田川、その竜田川が流れつく河口が、秋という船が行き着く港なのだろうか。《係結び》「や→なるらむ(体)」

としごひのまつり【祈年祭】［名］《「きねんさい」とも》陰暦二月四日、大臣以下の官人が神祇官の西院（斎院）に集まり、天皇の健康やその年の豊作を祈った祭儀。諸国の国司でも行われた。

としごもり【年籠り】［名］❶大晦日の夜、社寺に参籠して新年を迎えること。（季－冬）。❷家に閉じこもって年を送ること。

としごろ【年頃】［名］《「としころ」とも》❶長年。多くの歳月。例「年ごろあひ馴れたる妻、やうやう床はなれて」〈伊勢・一六〉❷（副詞的に用いて）数年。しばらく。数年来。例「越前の権守兼盛、兵衛の君といふ人にすみけるを、年ごろはなれてまた行きける」〈大和・五六〉❸年齢の程。それ相応の年加減。また、年配。例「年ごろなる男来たりて、若き者に向かひ」〈鹿の巻筆〉

〈和歌〉**としたけて…**【年たけてまた越ゆべしと思ひきや命なりけりさやの中山】〈新古今・羇旅・九八七・西行〉訳このように年老いて、再び越えることができると思っただろうか、いや思いもしなかった。命あってのことなのだなあ。いま越えているさ夜の中山よ。

としつき【年月】[名]❶歳月。月日。❷長い年月。数年来。〔**年月に添ふ**〕年月がたつのに従う。例「**年月にそ・へて**、御息所の御事を思し忘るるをりなし」〈源氏・桐壺〉

と-して❶…であって。…として。…の立場で。例「人の親の身**として**、かやうの事を申せば」〈平家・三・無文〉訳親の立場でこのような事を申すと。❷(下に打消の語を伴って)…も。…さえも。例「一事**として**おろそかに軽め申したまふべきにはべらねば」〈源氏・若菜・上〉訳ひとつもおろそかに軽くお扱いになるはずはございませんから。《敬語》「軽め申したまふべきにはべらねば」→「まうしたまふ」「はべり」

語構成　と(断「たり」用)　して(接助)

としとく【歳徳】[名]❶「歳徳神」の略。❷「歳徳神」のいる方角。歳徳の方。＝吉方・明きの方

としとくじん【歳徳神】[名]陰陽道で正月に祭る神。その年のふさがりと反対の方向をつかさどる。この神のある方角を「明きの方」「吉方」といい、万事に吉とする。＝歳徳・吉方神。(季-春)

としとり【年取り】[名]大晦日や節分に行う一つ年をとる祝いの儀式。また、その日。(季-冬)

としとりもの【年取り物】[名]正月を迎えるために必要な品物や費用。(季-冬)。例「**年とり物**をも師走のはじめころより調へ」〈浮・日本永代蔵〉

としなか【年中・年半】[名]一年の半ば。半年。

としなみ【年並・年次】[名]❶毎年。年ごと。❷年数。年齢。和歌では、「波」をかけることが多い。

としなみ【年波】[名]年を積み重ねてゆくこと。年をとることを、波が幾重にも押し寄せて来るのにたとえていう。

としに【年に】❶毎年。年ごとに。例「**年に**二たび住吉に詣でさせけり」〈源氏・須磨〉❷一年間。一年中。例「君が舟出は**年にこそ**待て」〈万葉・一〇・二〇五五〉

〈和歌〉**としのうちに…**【年のうちに春は来にけり一年を去年とや言はむ今年とや言はむ】〈古今・春上・一・在原元方〉訳旧年のあいだに早くも立春が来てしまった。はて、いままでの一年を、去年と呼ぼうか、それとも今年と呼ぼうか。《係結び》「去年とや→言はむ(体)」、「今年とや→言はむ(体)」

〈参考〉陰暦では、新年と立春がほぼ重なるが、二年に一度くらい年内に立春が来ることがあった。

としは【年端】[名]年齢。年のほど。多く「年端も行かぬ」の形で幼い・若いの意を表す。

〈和歌〉**としふれば…**【年経ればよははひは老いぬしかはあれど花をし見れば物思ひもなし】〈古今・春上・五二・藤原良房〉訳年月を重ねたので、私はすっかり年老いてしまった。そうはいうものの、この美しい花を見ていると、なんの思いわずらいもない。

〈参考〉「花」は、文徳天皇の中宮になり、清和天皇を生んで栄華をきわめた娘の明子をなぞらえている。

としぶんしふ【都氏文集】[作品名]平安前期(八七九ごろ成立)の漢詩文集。都良香の作の詩文を、死後、後人が編纂したもの。

としみ【落忌】[名](「おとしいみ」の変化形)精進の期間が終わって平常通りの食事になること。また、「賀の祝ひ」の法要のあとに饗宴を行うこと。＝精進落ち・精進明け

どしめ・く[自カ四]{か・き・く・く・け・け}(「めく」は接尾語)大きな音を立てる。騒ぎ立てる。例「何とも知れぬ者ども、夜更け、多くあつまり、**どしめ・き**ののしり」〈醒睡笑〉

としゃう【都省】[名]「太政官」の別称。

どしゃかぢ【土砂加持】[名]《仏教語》真言宗で行う儀式で、土砂を清水で洗い清め、本尊に供えて祈ること。その土砂を死体や墓にかけると、罪過が消滅して極楽往生できるという。土砂供養。

としよはひ【年齢】[名]年齢。年のほど。

としより【年寄り】[名]❶老人。❷武家時代の重臣の称。室町幕府の評定衆や引き付け衆、江戸幕府の老中や大名家での家老など。❸室町中期以降、町や村での指導者の称。村年寄り・町年寄りなど。❹江戸城大奥での女中の重職。

としよりずいなう【俊頼髄脳】[作品名]平安後期(一一一五ごろ成立)の歌学書。源俊頼著。『俊頼無名抄』『俊秘抄』『俊頼口伝集』ともいう。珍しい趣向や練られた表現を重視し、和歌に関する故事・説話を多く含む点に特色がある。

としょれう【図書寮】[名]「づしょれう」に同じ。

としわすれ【年忘れ】[名]年末に親戚や友人などを集めて催す酒宴。忘年会。(季-冬)

〈和歌〉**としをへし…**【年を経し糸の乱れの苦しさに衣のたてはほころびにけり】〈古今著聞・三三六・安倍貞任、源義家〉訳長い年月を経た古糸がばらばらに乱れて耐えきれぬ苦しさに、衣の経糸が切れてほつれてしまったことだよ。そのように衣川の館も敗れてしまったことだ。

〈参考〉「糸」「乱れ」「衣」「たて」「ほころび」は縁語。

〈和歌〉**としをへて…**【年を経て住み来し里を出でて往なばいとど深草野とやなりなむ】〈古今・雑下・九七一・在原業平、伊勢・一二三〉訳何年もの間、あなたとともに住んできたこの里を私が出て行ったならば、この深草の里は、いっそう草深い野となってしまうのでしょうか。《係結び》「や→なりなむ(体)」

〈参考〉「深草」は地名の深草に、草深い意をかける。

ど・す【度す】[他サ変]{せ・し・す・する・すれ・せよ}❶《仏教語》迷いから救い、悟りへと導く。済度する。例「菩薩、道を成じ給はむ時にまづ我を**度・し**給へ」〈今昔・一・六〉❷官府から度牒(証明書)を与え、僧・尼とする。❸道理を説いて納得させる。

-とせ【年・歳】[接尾]年齢や歳月を数えるのに用いる。「一年」「百年」「千年」など。

とせい【渡世】[名]暮らし。世渡り。生業。

とぜん【・なり】【徒然】[名・形動ナリ]することがなく暇をもて余していること。手持ちぶさたなようす。例「**徒然・に**皆堪へかねて」〈太平記・七〉

とそ【屠蘇】［名］《「とうそ」とも》中国伝来の薬。肉桂・山椒・桔梗・防風・赤小豆などを調合し、紅絹の三角袋に入れ、酒や味醂に浸して飲む。元旦に飲むと、一年の邪気を払い、寿命が延びるという。屠蘇散。屠蘇延命散。（季―春）

とぞ《古くは「とそ」とも。格助詞「と」＋係助詞「ぞ」》❶（文中に用いて結びを伴って）「と」で受ける内容を強める。…**と**。例「春来ぬと人は言へども鶯の鳴かぬかぎりはあらじ**とぞ**思ふ」〈古今・春上・一一〉訳→（和歌）はるきぬと…。❷（物語などの文末に用いて「いふ」「聞く」などの結びが省略されて）伝聞の意を表す。…**ということだ**。例「『やんごとなき事なり』とかへすがへす感ぜさせ給ひける**とぞ**」〈徒然・四八〉訳「立派なことだ」とかえすがえす感心なさった**ということだ**。（敬語）「感ぜさせ給ひ」→「させたまふ」

とそう【抖擻・斗藪】［名］❶《仏教語》衣食住の欲望を捨て、仏道修行に励むこと。＝頭陀。例「斗藪修行の後、再び高雄の辺に居住して」〈盛衰記・一八〉❷行脚。また、行脚する僧。

とそつ【兜率・都率】［名］「兜率天」の略。

とそつてん【兜率天・都率天】［名］《仏教語》欲界にある六天の第四天。須弥山の頂上にあって内外二院あり、内院は菩薩が住む所、外院は天人が遊楽する所という。＝兜率

とだえ［・す］【途絶え・跡絶え】［名・自サ変］行き来が絶えること。例「久しき御対面の**とだえ**を」〈源氏・御法〉

〔途絶え置く〕絶え間を置く。しばらく行き来をせずにいる。例「**とだえお・き**はべりしほどに、跡もなくこそかき消ちて失せにしか」〈源氏・帚木〉

とだち【鳥立ち】［名］❶鳥が飛び立つこと。❷鷹狩りのため、鳥の集まるように作っておく草むらや沢地。

とだもすい【戸田茂睡】［人名］（一六二九〜一七〇六）江戸前・中期の歌人。伝統歌学を批判し、歌学書『百人一首雑談』や『梨本集』を著す。

とだ・ゆ【跡絶ゆ】［自ヤ下二］{え・え・ゆ・ゆる・ゆれ・えよ}行き来が絶える。手紙など消息がなくなる。例「久しう**とだ・え**たまはむは、心細からむ」〈源氏・総角〉

とだ・る［自ラ四］{ら・り・る・る・れ・れ}《上代語》語義未詳。十分に足り備わるの意で、居所を褒める語か。

とたん【塗炭】［名］（泥と炭の意から）泥にまみれ、火で焼かれるような苦しみ。例「今より後朝儀（＝朝廷ノ儀式）久しく**塗炭**に落ちて」〈太平記・一七〉

とち【栃・橡】［名］トチノキ。実は、でんぷんを多量に含み、食用となる。（季―秋）

-どち［接尾］（名詞に付いて）…どうし、…仲間の意を表す。「おのが**どち**」「思ふ人**どち**」「女**どち**」など。

どち［名］**親しい人。仲間。連れ**。＝同士。例「君が家に植ゑたる萩の初花を折りて挿頭さな（＝髪ニ挿ソウ）旅別る**どち**」〈万葉・一九・四二五二〉

どち【何方】［代名］《不定称の指示代名詞。場所・方向を示す語》どちら。どっち。どの方。例「これこれ、その樽を**どち**へ持って行くぞ」〈狂・千鳥〉

とぢあつ・む【綴ぢ集む】［他マ下二］{め・め・む・むる・むれ・めよ}紙片などをとじて一つに集める。例「**綴ぢあつ・め**したたむるを役にて、明かし暮らす」〈紫式部日記〉

とぢかさ・ぬ【閉ぢ重ぬ】［自ナ下二］{ね・ね・ぬ・ぬる・ぬれ・ねよ}厚く氷が張る。例「夜の程に、いとど**閉ぢ重・ね**てける氷の楔は」〈狭衣・三〉

とぢかさ・ぬ【綴ぢ重ぬ】［他ナ下二］{ね・ね・ぬ・ぬる・ぬれ・ねよ}紙などをとじ合わせて重ねる。布を重ねて縫い合わせる。例「衣ども**綴ぢ重・ね**」〈枕・関白殿、二月二十一日に〉

とちぐる・ふ【とち狂ふ】［自ハ四］{は・ひ・ふ・ふ・へ・へ}《近世語。「どちぐるふ」とも》ふざけ合う。戯れ合う。例「きいきいといって**どちぐる・ふ**」〈浮世風呂〉

とぢこ・む【閉ぢ込む】［他マ下二］{め・め・む・むる・むれ・めよ}閉じ込める。幽閉する。例「葎は西東の御門を**閉ぢこ・め**たるぞ頼もしけれど」〈源氏・蓬生〉

とぢこも・る【閉ぢ籠もる】［自ラ四］{ら・り・る・る・れ・れ}戸を閉じて中にこもる。籠居する。例「（薫ガ）おぼつかなくて**閉ぢ籠も・り**たまへることを」〈源氏・総角〉

とぢつ・く【綴ぢ付く】［他カ下二］{け・け・く・くる・くれ・けよ}とじ合わせて離れないようにする。縫い付ける。例「これまづ**とぢつ・け**させたまへ」〈源氏・紅葉賀〉

とぢ・む【閉ぢむ】［他マ下二］{め・め・む・むる・むれ・めよ}❶事を終わらせる。し遂げる。例「よきほどに、かくて**閉ぢ・め**てん」〈源氏・空蟬〉❷臨終となる。死ぬ。例「重き病者のにはかに**とぢ・め**つるさまなりつるを」〈源氏・若菜・下〉

とぢめ【閉ぢめ】［名］❶終わり。しまい。果て。例「今日や見聞きたまふべき**とぢめ**なるらむ」〈源氏・御法〉❷臨終。死に際。❸葬儀。❹《「綴ぢめ」と書く》縫い糸の結び目。❺物の末端。例「眼尻の**とぢめ**をかしうかをれるけしきなど」〈源氏・横笛〉

〔閉ぢめの事〕葬儀。葬送。

とちめ・く［自カ四］{か・き・く・く・け・け}《「めく」は接尾語》あわてふためく。うろたえる。

とちめんばう【栃麺棒】［名］《近世語》あわてふためくこと。うろたえること。また、その人。

とちゃう【斗帳・戸帳】［名］帳台の上や、神仏を安置した厨子などに垂らす小さな帳。

どちりなきりしたん［作品名］安土桃山時代（一五九二刊行）のキリシタン教義書。国字本・ローマ字本の二種がある。師弟の問答形式で教義を解説。

と・づ【閉づ】{ぢ・ぢ・づ・づる・づれ・ぢよ}㊀［自ダ上二］❶ふさがる。閉ざされる。例「空さへ**閉・づる**心地して」〈源氏・明石〉❷凝結する。凍る。例「つらら**と・ぢ**駒ふみしだく山川を」〈源氏・椎本〉㊁［他ダ上二］❶閉じる。例「門戸を**閉・ぢ**て開かず」〈平家・七・忠度都落〉❷閉じ込める。例「まだ夕暮れの、霧に**と・ぢ**られて」〈源氏・夕霧〉❸黙る。つぐむ。例「我さへ口**と・ぢ**たる心地したまへど」〈源氏・末摘花〉

とつかのつるぎ【十拳の剣・十握の剣】［名］《「つか」は親指以外の四本の指の握りこぶしの幅》刀身の長さが十握りほどもある長い剣。

とつがは【十津川】［地名］大和国の地名。いまの奈良県吉野郡十津川村。付近を流れる十津川は、和歌山県に入り熊野川に合流して太平洋に注ぐ。崇神天皇の創建とされる玉置神社や護良親王の御所跡など南朝に関する史跡が多い。

どっきゃう［・す］【読経】［名・自サ変］「どきゃう」に同じ。

とて［格助詞］

アプローチ ▼格助詞「と」に接続助詞「て」が付いて一語化したもの。

▼③㋑を接続助詞とする説もある。

接続 格助詞「と」に同じ。

意味	訳語	用例
❶**言った内容や思った内容などを受け下に続ける。**	…と言って …と思って	例「『この御格子は鎖してん』**とて**鳴らすなり」〈源氏・空蝉〉訳「この格子は閉めてしまいましょう」**と言って**、（格子を）ガタガタといわせているのが聞こえる。
❷**下に続く動作の目的を表す。**	…ということで …として	例「あがたへゆく人に馬のはなむけせむ**とて**、呼びて」〈伊勢・四四〉訳地方へ行く人のためにお別れの宴をしよう**ということ**で、（本人を）呼んで。
❸**原因・理由を表す。**下に打消や疑問・反語の表現がある場合は㋑になる。	㋐…というので …というわけで	例「つれもなき人を恋ふ**とて**山彦の答へするまで嘆きつるかな」〈古今・恋一・五二一〉訳薄情者のあの人に恋をした**というわけで**、（あの人の代わりに）山彦が返事をしてくれるほど大きな嘆息をしてしまった。
	㋑…からといって	例「老いぬ**とて**などか我が身をせめきけむ老いずは今日に逢はましものか」〈古今・雑上・九〇三〉訳年老いた**からといって**どうして自分自身を責め恨んだりしたのだろう、年をとらなかったら、今日のような楽しい日にめぐりあえただろうか。
❹**人や物事の名を表す。**	…という名で …といって	例「真乗院に盛親僧都**とて**、やんごとなき智者ありけり」〈徒然・六〇〉訳仁和寺真乗院に、盛親僧都**といって**、並々ならぬ知識をもった僧がいたそうだ。

とつぎをしへどり【嫁ぎ教へ鳥】［名］「こひをしへどり」に同じ。

とつ・ぐ【娶ぐ・嫁ぐ】{が・ぎ・ぐ・ぐ・げ・げ}㊀［自ガ四］❶異性と関係する。男女が情を通じる。例「聖人すでに**娶・ぎ**て後の、懐妊する事を待つといへども」〈今昔・六・五〉❷（女が）結婚して相手のもとに行く。嫁に行く。㊁［他ガ四］結婚する。

とづ・く【届く】㊀［自カ四］{か・き・く・く・け・け}とどく。例「海は櫓櫂の**とづ・か**ん程せめゆくべし」〈平家・一一・逆櫓〉㊁［他カ下二］{け・け・く・くる・くれ・けよ}とどける。例「形見を**届・くる**音づれは」〈謡・柏崎〉

とつくに【外つ国】［名］《「つ」は上代の格助詞》❶畿内以外の国。❷外国。異国。↔内つ国③

とっけもな・い［形口語型］《近世語。「とりつけもない（取り付けもない）」の変化形》途方もない。とんでもない。例「わっちらが仲間内でも、**とっけもな・い**豪気にいいと言ひやす」〈伎・お染久松色読販〉

とっつけ【取っ付け】［名］❶鞍の後輪につけたひも。↓［古典参考図］武装・武具〈1〉。❷刀剣の柄口の金具。

とってかへ・す【取って返す】［自サ四］{さ・し・す・す・せ・せ}引き返す。戻る。例「七騎**取って返・し**」〈平家・七・忠度都落〉

とってもつかぬ【取っても付かぬ】《近世語》全く寄せつけない。とても話にならない。例「**取ってもつかぬ**あいさつに重ねて返す詞もなく」〈浄・心中二つ腹帯〉

どっと［副］❶多人数が一度に声を上げたり、押し寄せて来たりするさま。例「二三十人が声して、**どっと**わらふことありけり」〈平家・五・物怪之沙汰〉❷多量に。例「一度に**どっと**置こう」〈狂・今参り〉

とっぱくさ［副］「どっぱさっぱ」に同じ。

どっぱさっぱ［副］《近世語。「とっぱさっぱ」とも》あわただしいようす。どたばた。＝とっぱかは・とっぱくさ。例「日頃は**どっぱさっぱ**とどしめけど（＝ドシドシ音ヲ立テルガ）」〈浄・仮名手本忠臣蔵〉

とつび【突鼻】［名］主君からおとがめを受けること。＝鼻を突く

とつみや【外つ宮・離宮】［名］《「つ」は上代の格助詞》❶離宮。❷伊勢神宮の外宮。豊受大神宮。＝外宮

とつみやどころ【外つ宮所・離宮所】［名］❶離宮のある場所。❷伊勢神宮の外宮のある場所。

とて［格助］⇨八七〇ページ「特別コーナー」

とてつ【途轍】［名］筋道。道理。方法。

とては《格助詞「と」＋接続助詞「て」＋係助詞「は」》❶引用を受けて、下に続ける。…**といっては**。例「『かう病みたまふがわびしさ』**とては**、また寝入りぬ」〈落窪・二〉訳「こんなに病んでいらっしゃるとはつらいことだ」**といっては**また寝入ってしまった。《音便》「かう」は「かく」のウ音便。❷下に続く動作の目的を示す。…**場合には**。…**としては**。例「よきさまに言ふ**とて**

は、よきことのかぎり選り出でて」〈源氏・蛍〉訳人のことをよいようにいう場合には、その人のよい所の全てを選び出して。❸(下に打消の語を伴って)強く物事を指示する。…だって。…なんて。例「いや、出見世でついに酒飲まず、酒とてはござらぬ」〈浄・生玉心中〉訳いいえ、出店ではいつも酒は飲みませんし、それに酒なんてありませんよ。

どてふ【度牒】[名]僧や尼になることを許可した官の証明書。＝度縁

とても［副］《「とてもかくても」の略》❶㋐いずれにせよ。どうせ。結局は。例「人買ひ舟は沖を漕ぐとても売らるる身を」〈閑吟集〉訳→〔歌謡〕ひとかひぶねは…。㋑(下に打消の語を伴って)どうしても(…ない)。とうてい(…ない)。例「とてものがれざらんものゆゑに」〈平家・三・行隆之沙汰〉❷逃れられない結果は思い切って受け入れ、よりよい状況にしようとする気持ちを表す。いっそのこと。どうせなら。例「とても物狂ひ(＝能ノ代表的役柄)に事寄せて、時によりて、何ともはなやかに出で立つべし」〈風姿花伝〉

〔**とてもかくても**〕《「とてもかうても」とも》どちらにしても。結局。また、どのようにしてでも。例「わが世のほどはとてもかくても同じことなれど」〈源氏・蛍〉

〔**とてものことに**〕どうせ同じことなら。いっそのこと。いっそ。例「とてものことに先達ひとさし御舞ひ候へ」〈謡・安宅〉

とても《格助詞「とて」＋係助詞「も」》❶…**といっても**。…**というにつけても**。例「『げにこそ心細き夕べにはべれ』とても泣きたまひぬ」〈源氏・葵〉訳「ほんとうに心細い夕べでございます」**というにつけても**お泣きになられた。《係結び》「こそ→はべれ㊂」。《敬語》「夕べにはべれ」→「はべり」。❷…**であっても**。例「いつとても月はかくこそあれ」〈徒然・二三〉訳いつ**であっても**月はこのようなものであろう。《係結び》「こそ→あれ㊂」。❸…**だって**。例「我とても遅れうか、息は一度に引き取らん」〈浄・曾根崎心中〉訳私**だって**おくれようか、息はいっしょに引き取ろう。

とてん【渡天】[名]天竺(インド)へ渡ること。

とど［副］《近世語》(出世魚であるボラの最後の名トドから)結局。とどのつまり。

どど【度度】［副］たびたび。何度も。例「度々の高名肩をならぶる者なし」〈平家・九・木曾最期〉

ととく【都督】[名]「大宰帥」の唐名。

ととくふ【都督府】[名]「大宰府」の唐名。

とどこ【外床】[名]入り口近くの寝床。↔奥床

とどこほり【滞り】[名]さしつかえ。支障。例「太政大臣にあがり給はんに、なにの滞りかおはせんなれども」〈徒然・八三〉

とどこほ・る【滞る】［自ラ四］{ら・り・る・る・れ・れ}❶うまく進まない。停滞する。例「とどこほらず、ききようぐずぐずする。例「とどこほる所なかりける軽々しさをば思ひながら」〈源氏・蜻蛉〉

ととのひすぐ・す【調ひ過ぐす・整ひ過ぐす】［自サ四］{さ・し・す・す・せ・せ}ふつう以上に整う。十二分に整う。例「〔夕霧ハ〕二十にもまだわづかなるほどなれど、いとよくととのひすぐ・して」〈源氏・若菜・上〉

ととの・ふ【調ふ・整ふ】㊀［自ハ四］{は・ひ・ふ・ふ・へ・へ}❶欠ける所なくそろう。**調和がとれる**。例「人柄もあるべき限りととの・ひて」〈源氏・紅葉賀〉❷(楽器や声などの)**調子が合う**。例「御琴どもの調べどもととの・ひはてて」〈源氏・若菜・下〉❸**仕上がる**。**できあがる**。例「いかなる人、今よりかくととの・ひたらむ」〈源氏・竹河〉㊁［他ハ下二］{へ・へ・ふ・ふる・ふれ・へよ}❶**そろえる**。**用意する**。例「よろづの楽器ども、金銀・瑠璃をみがきととの・へて」〈宇津保・吹上・下〉❷(楽器や声などの)**調子を合わせる**。例「鼓を打ち、声をととの・へて」〈平家・二・卒都婆流〉❸**結婚を取り決める**。**結婚させる**。例「一人にあたるをば帝に奉りつ。そのつぎことごとくにととの・へたり」〈宇津保・藤原の君〉❹**買いそろえる**。例「いかなる太夫も十両十五両がもてあそびをととの・へ慰む事ぞかし」〈浮・好色一代男〉

ととのへい・づ【調へ出づ・整へ出づ】［他ダ下二］{で・で・づ・づる・づれ・でよ}うまく調整する。整えて表す。例「四季につけて変はるべき響き、空の寒さ温さを調へ出・でて」〈源氏・若菜・下〉

ととのへし・る【調へ知る】［他ラ四］{ら・り・る・る・れ・れ}思うままにうまく調和させる。例「次に、食は人の天なり。よく味はひを調へ知・れる人、大きなる徳とすべし」〈徒然・一二二〉

ととのへた・つ【調へ立つ・整へ立つ】［他タ下二］{て・て・つ・つる・つれ・てよ}立派に整える。例「菓子など器量いかめしく調へ立・てて」〈今昔・三〇・四〉

ととのへと・る【調へ取る・整へ取る】［他ラ四］{ら・り・る・る・れ・れ}うまく調子をとる。調子を合わせる。例「和琴八多くの遊びもの(＝楽器)の音、拍子をととのへと・りたる」〈源氏・常夏〉

ととのへな・す【調へ為す・整へ為す】［他サ四］{さ・し・す・す・せ・せ}意識して整える。きちんとしつける。例「さぶらふ人々も、心をかけたる女房の用意ありさまへ、いみじくととのへな・したまへり」〈源氏・藤裏葉〉

ととのほ・る【調ほる・整ほる】［自ラ四］{ら・り・る・る・れ・れ}❶すべてそろう。完備する。例「うちすぐし、けづかしげに、さかりにととのほ・りて見えたまふ」〈源氏・紅葉賀〉❷(楽器の音色などが)調和する。例「ものの音のめでたくととのほ・り侍ること」〈徒然・二二〇〉❸秩序がある。安定する。例「朝廷静かならずして、人の心もととのほ・らず」〈平家・三・法印問答〉

とどま・る【止まる・留まる・停まる】［自ラ四］{ら・り・る・る・れ・れ}❶同じ場所にあって動かない。例「よどみに浮かぶうたかたは、かつ消え、かつ結びて、久しくとどま・りたるためしなし」〈方丈記〉❷宿泊する。逗留する。例「越え出でて、関山(＝関所ノアル山)にとどま・りぬ」〈更級〉❸中止になる。例「年ごとの祭りの使ひも止ま・りて」〈栄花・四〉❹あとに残る。残留する。例「召され候ひし御声も、耳にとどま・り」〈平家・二・大納言死去〉《敬語》「召され候ひし」→「めす」「さうらふ」。❺(興味・関心で、心・目・耳が)引き付けられる。例「いづれにか御心とどまる」〈更級〉《係結び》「か→とどまる㊍」。❻(獣などが)とどめを刺される。例「鹿は少しもはたらかず、二つの矢にてぞとどま・りける」〈曾我・八〉

ととみ［名］《「とどみ」とも》満潮時、潮がいっぱいに満ちてとどまっていること。例「夕潮の満ちのとどみに」

〈万葉・九・一七八〇長歌〉

とど・む【止む・留む・停む】㊀[他マ上二]{み・み・む・むる・むれ・みよ}とどめる。ひきとめる。例「行く船を振り留・みかねいかばかり恋しくありけむ松浦佐用姫」〈万葉・五・八七五〉㊁[他マ下二]{め・め・む・むる・むれ・めよ}❶とどめる。ひきとめる。例「沖つ渚に船は留・めむさ夜更けにけり」〈万葉・一四・三三四八〉❷制止する。おさえる。例「いといたく、えもとど・めず泣きたまふ」〈源氏・夕顔〉《副詞の呼応》「え」→「とどめず」。❸中止する。やめる。例「何事によりてとど・め給ふぞ」〈宇治拾遺・一三・一三〉❹あとに残す。例「帝、かぐや姫をとど・めて帰り給はむことをあかず口惜しくおぼしけれど」〈竹取・かぐや姫の昇天〉（敬語）「おぼしけれど」→「おぼす」。❺注意を向ける。心をとめる。例「常よりも心とど・めたる色あひ、しざまいとあらまほしくて」〈源氏・帚木〉❻とどめを刺す。しとめる。殺す。例「山より鹿ども多く追ひ降ろし、思ひ思ひにとど・めて」〈曾我・八〉

とどめ【止め】[名]最後にのどを刺して息の根を止めること。転じて、のど。

〔和歌〕**とどめおきて…**【とどめおきて誰をあはれと思ふらん子はまさるらん子はまさりけり】〈後拾遺・哀傷・五六八・和泉式部〉訳この世に残して、あの子はいまだれのことをしみじみと思い返しているのだろう。きっとわが子を思う気持ちがまさっているのだろう。私にしたって死別したあの子のことをひたすら思っているのだから。

とどめ・く【轟めく】[自カ四]{か・き・く・く・け・け}《「どどめく」とも。「とど」は擬声語。「めく」は接尾語》がやがやと騒ぐ。どよめく。例「遥かより人の音多くして、とどめ・き来る音す」〈宇治拾遺・一・一三〉

とどろ【轟】[副]大きな音が響き渡るさま。ごろごろ。どうどう。例「大海の磯もとどろによする波われてくだけて裂けて散るかも」〈金槐集・下〉訳→〔和歌〕おほうみの…

とどろか・す【轟かす】[他サ四]{さ・し・す・す・せ・せ}鳴り響かせる。例「天の原踏みとどろか・し鳴る神（＝雷神）も思ふ仲をばさくるものかは」〈古今・恋四・七〇一〉

とどろ・く【轟く】[自カ四]{か・き・く・く・け・け}鳴り響く。響き渡る。

とどろとどろ【轟轟】[副]《「とどろ」を重ねて強めた語》どうどう。ごろごろ。例「渡殿の橋の、とどろとどろと踏み鳴らさるる」〈紫式部日記〉

とどろめ・く【轟めく】[自カ四]{か・き・く・く・け・け}《「めく」は接尾語》とどろく。大きな音が鳴り響く。例「谷へとどろめ・きて逃げ行く音す」〈宇治拾遺・八・六〉

とな《格助詞「と」＋終助詞「な」》相手に問い返して確かめたりする意を表す。…というのだね。例「かぐや姫にすみたまふとな」〈竹取・火鼠の皮衣〉訳（阿倍の大臣は）かぐや姫と結婚なさるというのだね。

となか【門中】[名]海峡の中。

となせのたき【戸無瀬の滝】[歌枕]山城国の滝。いまの京都市西京区嵐山付近、大堰川の一部を戸無瀬川と呼び、そこに落ちる滝を指すという。紅葉の名所。

とな・ふ【唱ふ】[他ハ下二]{へ・へ・ふ・ふる・ふれ・へよ}（呪文や経文などを）声高く読む。読み上げる。例「南無と唱・ふる声もせず」〈平家・二・山門滅亡〉

とな・ふ【調ふ・整ふ】[他ハ下二]{へ・へ・ふ・ふる・ふれ・へよ}ひとつに集める。集中する。（耳を）澄ます。例「耳をとな・へてきくに」〈枕・殿上の名対面こそ〉

となみ【門波・戸波】[名]海峡に立つ波。

となみ【鳥網】[名]《「とのあみ」の変化形》鳥を捕るために張る網。

となみはる【鳥網張る】[枕詞]（「鳥網」を坂に張るところから）「坂」にかかる。例「鳥網張る坂手を過ぎ」〈万葉・一三・三二三〇長歌〉

とな・む【歴む】[他マ下二]{め・め・む・むる・むれ・めよ}めぐる。順に回る。例「群臣に歴・め問ひて」〈紀・雄略〉

となめ【臀呫】[名]トンボの雌雄が、互いに尾をくわえ合い、輪になって飛ぶこと。

となり《格助詞「と」＋断定の助動詞「なり」》…ということだ。…というわけだ。例「仏の教へ給ふおもむきは、事にふれて執心なかれとなり」〈方丈記〉訳仏がお教えになるご趣旨は、何事においても執着する心を持ってはいけないということだ。

とにかくに[副]《副詞「と」＋格助詞「に」＋副詞「かく」＋格助詞「に」》❶あれこれと。何かにつけて。例「とにかくに定めなき世の物語を隔てなく聞こえて」〈源氏・総角〉❷いずれにせよ。ともかく。例「とにかくにうき世を夢と知りながら」〈新続古今・雑中・一九一六〉

と-に-は-あら・ず …ということではない。…というわけではない。例「かたちを改め、齢を若くせよとにはあら・ず」〈徒然・一三四〉訳容貌を変えて、年齢を若くしろということではない。

語構成
と（格助）に（断「なり」用）は（係助）あら（ラ変「あり」未）ず（打消「ず」）

と-に-も-あら・ず …ということでもない。…というわけでもない。例「同じ事、また今さらにいはじとにもあら・ず」〈徒然・一九〉訳同じことを、またいまさら言うつもりはないということでもない。

語構成
と（格助）に（断「なり」用）も（係助）あら（ラ変「あり」未）ず（打消「ず」）

とにもかくにも[副]《副詞「と」＋格助詞「に」＋係助詞「も」＋副詞「かく」＋格助詞「に」＋係助詞「も」》❶あのようにも、このようにも。例「とにもかくにもつかで世に経る人ありけり」〈蜻蛉・上〉❷いずれにしても。ともかくも。例「とにもかくにもそらごと（＝ウソ）多き世なり」〈徒然・七三〉

とね【刀禰・刀根】[名]❶主典（四等官）以上の役人の称。❷平安時代、郷村や荘園などの役人の称。❸伊勢神宮や賀茂神社などに置かれた神職。転じて、神官の称。

とねがは【利根川】[地名]いまの群馬県利根郡から流れ、関東平野の中央を横切って千葉県銚子市で太平洋に注ぐ川。坂東太郎の別名がある。

とねり【舎人】[名]❶天皇や皇族などのそばに仕え、護衛や雑事にあたる職名。また、その役人。平安時代には貴族の家にも置かれた。＝舎人男。❷貴人に仕える雑役夫。牛飼いや馬の口取りにあたった。

とねりしんわう【舎人親王】(トネリシンノウ)[人名](六七六〜七三五)飛鳥・奈良時代の政治家・歌人。父は天武天皇。『日本書紀』の編纂を主宰。『万葉集』に入集。

とねりをとこ【舎人男】(トネリオトコ)[名]「とねり①」に同じ。

との【殿】[名]❶貴人の邸宅。**御殿**。例「この殿のおもしろきをほむる歌よむ」〈伊勢・八一〉❷①の主人である、貴人の男性の敬称。**ご主人様**。**殿様**。例「殿は今こそ出でさせたまひけれ」〈源氏・少女〉《係結び》「こそ→出でさせたまひけれ(已)」。《敬語》「出でさせたまひ」→「させたまふ」。❸妻から夫を呼ぶ敬称。**だんな様**。例「故姫君は、十ばかりにて殿におくれたまひしほど」〈源氏・若紫〉❹女性から男性を呼ぶ語。**殿方**。

〔殿の上〕(トノノウエ)貴人の妻の敬称。奥方様。

とのあつかひ【殿扱ひ】(トノアツカイ)[名]御殿の世話。御殿の守り。

とのい【宿直】歴史的かなづかい「とのゐ」

とのうつり【殿移り】[名]貴人の引っ越し。転居。

とのかた【外の方】[名]外の方。

とのぐもる【との曇る】[自ラ四]{ら・り・る・る・れ・れ}(「との」は一面にの意)空が一面すっかりくもる。＝棚曇る。例「三諸の神奈備山ゆ**との曇り**雨は降り来ぬ」〈万葉・一三・三二六八長歌〉

とのご【殿御】[名]女性が男性を呼ぶ敬称。殿方。例「いとし**殿御**のござるやら」〈狂・靫猿〉

とのごもる【殿隠る・殿籠る】[自ラ四]{ら・り・る・る・れ・れ}❶「死ぬ」の意の尊敬語。死ぬ人(主語)を高める。お隠れになる。お亡くなりになる。例「大殿を仕へ奉りて**殿隠り**隠りいませば」〈万葉・一三・三三二六長歌〉❷「寝る」の意の尊敬語。寝る人(主語)を高める。お眠りになる。お休みになる。例「夜は、こなたに**殿籠れ**」〈宇津保・国譲・上〉

とのづくり【殿作り・殿造り】[名]御殿を造ること。また、その御殿のようす。

とのど【殿戸・殿門】[名]❶御殿の戸口。❷転じて、相手への敬意を表す語。殿。例「奴こそ我はありける主の**殿門に**」〈万葉・一八・四一三二〉

とのばら【殿ばら】[名](「ばら」は複数を表す接尾語)❶高貴な身分の男性たちの敬称。殿方たち。❷武士など男性たちの敬称。

とのびと【殿人】[名]貴人に仕える人。また、貴族の家人。

とのへ【外の重】(トノエ)[名](「重」は「九重」の意)宮中の外の門。また、門を警備する左・右衛門の陣のこと。↔内の重

とのも【主殿】[名]「とのもづかさ㊀」に同じ。

とのもづかさ[名](「とのもんづかさ」とも。「とのもりづかさ」の変化形)㊀【主殿司・殿司】令制で「後宮十二司」のひとつ。乗り物・清掃・湯あみ・灯火などをつかさどった女官の役所。また、その女官。＝殿司・主殿。㊁【主殿寮】「とのもれう」に同じ。

とのものかみ[名]㊀【主殿頭】「主殿寮」の長官。㊁【尚殿】「主殿司」の長官。

とのものすけ[名]㊀【主殿助】「主殿寮」の次官。㊁【典殿】「主殿司」の次官。

とのもり【主殿・殿司】[名](殿守りの意)❶「とのもれう」に同じ。❷「主殿の官人」の略。

とのもりづかさ[名](「とのもりのつかさ」とも)㊀【主殿司・殿司】「とのもづかさ㊀」に同じ。㊁【主殿寮】「とのもれう」に同じ。

とのもりのくゎんにん【主殿の官人】(トノモリノカンニン)[名]「主殿寮」の役人。

とのもりのとものみやつこ【主殿の伴の御奴】[名]「主殿寮」の下級役人で、庭掃除などを行う者。＝伴の御奴㊁

とのもれう【主殿寮】(トノモリョウ)[名](「とのもりづかさ」「とのもづかさ」「しゅでんれう」とも)令制で「宮内省」に属し、天皇の輿・湯あみ・灯火・燃料・庭の清掃などをつかさどった役所。＝主殿①

とのゐ【宿直】(トノイ)[名](「殿居」の意)❶宮中や役所などに泊まりこんで、夜間の警備や仕事にあたること。**宿直**。例「君ませば常つ御門と**とのゐ**するかも」〈万葉・二・一七四〉❷(女性が)夜間、帝や高貴な人のそばに仕え、相手をすること。**夜のお相手**。例「御方々の御**宿直**なども絶えてしたまはず」〈源氏・桐壺〉

とのゐぎぬ【宿直衣】(トノイギヌ)[名]「とのゐさうぞく」に同じ。↔昼の装束

とのゐさうぞく【宿直装束】(トノイソウゾク)[名]官人が宮中で「宿直」をするときに着た装束。男性貴族の場合は衣冠や直衣を、女性の場合は小袿を用いる。＝宿直衣。↔昼の装束

とのゐすがた【宿直姿】(トノイスガタ)[名]「宿直装束」の姿。宿直の際の身支度。

とのゐどころ【宿直所】(トノイドコロ)[名]宮中で「宿直」に当たる人々(大臣・納言・蔵人頭・近衛の大将・兵衛督など)が宿直する人。

とのゐびと【宿直人】(トノイビト)[名]「宿直」をする人。また、貴人の邸宅で留守番や夜番をする人。

とのゐまうし【宿直奏し】(トノイモウシ)[名]宮中で「宿直」をしている近衛府の官人や滝口の武士が、夜、定められた時刻に自分の氏名を名乗ること。殿上人以上の場合は「名対面」といった。

とのゐもの【宿直物】(トノイモノ)[名]「宿直」に用いる衣服や夜具。

〔宿直物の袋〕(トノイモノノフクロ)「宿直物」を入れる袋。

とは【永久】(トワ)[名・形動ナリ]長く変わらないさま。とこしえ。永遠。例「風吹けば**とはに**浪こす岩なれやわが衣手のかはくときなき」〈伊勢・一〇八〉

発展学習ファイル　古くは「とことば(常永久)」の形で用いられた。のち、「とこ」と「とば」が分離し、平安以降「とは」となった。

とば【鳥羽】[地名]山城国の地名。いまの京都市南区上鳥羽と伏見区下鳥羽。鴨川と桂川の合流地点。天皇や貴族の別荘が多くあった。

とはう【途方・十方・度方】(トホウ)[名]手段・方法。また、道理・すじみち。

どはう【土芳】(ドホウ)[人名]「はっとりどはう」に同じ。

とばかり[副](副詞「と」＋副助詞「ばかり」)少しの間。しばらく。例「高欄におしかかりて、**とばかり**まもりゐたれば」〈蜻蛉・中〉

とばかり(格助詞「と」＋副助詞「ばかり」)「と」の受ける内容を限定する意を表す。**…とだけ**。**…とぐら**

い。例「奥より端へよみ、端より奥へ読みけれども、二人にとばかり書かれて」〈平家・三・足摺〉訳（赦免状の）終わりの方から始めの方へ読み、始めの方から終わりの方へ読むけれども、ふたりとだけ書かれていて。

とばし・る【迸る】［自ラ四］{ら・り・る・る・れ・れ}飛び散る。ほとばしる。例「内供が顔にも童の顔にも粥**とばしりて**」〈宇治拾遺・二・七〉

とば・す【飛ばす】［他サ四］{さ・し・す・す・せ・せ}❶飛ぶようにする。❷（矢を）射る。放つ。例「矢を**飛ばす**こと雨のごとし」〈十訓抄・六〉❸（馬や車を）走らせる。例「車を**とばし**て西八条へぞおはしたる」〈平家・二・教訓状〉❹失う。死なせる。例「手に持てる我が子**飛ばしつ**」〈万葉・五・九〇四長歌〉

とはずがたり【問はず語り】［名］聞かれもしないのに自分から話すこと。また、その話。

とはずがたり［作品名］鎌倉後期の日記文学。後深草院二条（久我雅忠女）作。前半は後深草院に女房として仕え、寵愛を受けた作者の複数の男性との恋愛を含む宮廷生活の苦悩と栄光、後半は出家して旅する作者の信仰と忠誠、歌道精進がそれぞれ描かれる。物語文学からの影響も強い。

とばそうじょう【鳥羽僧正】［人名］（一〇五三〜一一四〇）平安後期の画僧。本名は顕智。諱は覚猷。父は源隆国。天台宗の僧であるが、『鳥獣戯画』『信貴山縁起絵巻』の作者と目されている。

とばつ・く［自カ四］{か・き・く・く・け・け}（近世語）そわそわする。騒ぎ立てる。例「**とばつい**て怪我しやんな」〈浄・仮名手本忠臣蔵〉《音便》「とばつい」は「とばつき」のイ音便。

とばてんわう【鳥羽天皇】［人名］（一一〇三〜一一五六）第七十四代天皇。父は堀河天皇。白河院のあとを受けて院政を行う。子の崇徳上皇と争ったことから保元の乱が起こる。

〔俳句〕**とばどのへ…**【鳥羽殿へ五六騎いそぐ野分かな】〈自筆句帳・蕪村〉訳火急の事態なのであろうか、鳥羽の離宮に向け、五、六騎の武者が馬を走らせている。風雲急を告げることを伝えているかのように、野分の風が激しく吹き渡り、辺りの草木をざわめかせていることだ。（季－野分－秋）

とばり【帷・帳】［名］（「とはり」とも）室内の仕切りや、戸外との隔てのために垂れ下げる布。

とばりあげ【帳褰げ】［名］即位や朝賀などの大礼のときに、高御座の南面にある「帷」をあげる儀式。また、その役の女官。

とひあは・す【問ひ合はす】［他サ下二］{せ・せ・す・する・すれ・せよ}聞いて確認する。相談する。例「**問ひあはす**べき人だになきを」〈源氏・桐壺〉

とひあらは・す【問ひ顕す】［他サ四］{さ・し・す・す・せ・せ}尋ねてはっきりさせる。例「ものの心を**問ひあらはさ**んもことごとしくおぼえたまふ」〈源氏・橋姫〉

とびあり・く【飛び歩く】［自カ四］{か・き・く・く・け・け}（虫や鳥が）飛んで動き回る。例「蚊の、細声に、わびしげに名のりて、顔のほどに**飛びありく**」〈枕・にくきもの〉

とひい・づ【問ひ出づ】［他ダ下二］{で・で・づ・づる・づれ・でよ}あれこれと尋ねて事情を聞き出す。例「あながちにも**問ひ出**でたまはず」〈源氏・夕顔〉

とびうめ【飛び梅】［名］菅原道真が大宰府に左遷されるとき、日ごろ愛してきた梅との別れを惜しみ、「東風吹かばにほひおこせよ梅の花主なしとて春を忘るな」〈拾遺・雑春・一〇〇六〉訳→〔和歌〕こちふかば…と詠んだところ、梅が歌に感じて、のちに大宰府まで飛んでいったという故事。また、その梅。（季－春）

とびうめせんく【飛梅千句】［作品名］「もりたけせんく」に同じ。

〔俳句〕**とびうめや…**【飛び梅やかろがろしくも神の春】〈守武千句・守武〉訳かつて、菅原道真の愛でた梅が都から大宰府まで飛んだという。まるで紙のような、その軽々とした飛びぶりも神の力によるもの、まことその通り神々の威徳にあふれためでたい春であることだ。（季－飛び梅・神の春－春）〈参考〉「神の春」は、神々にとっての新春の意で、神前に春をことほぐことば。この句では、「神」に「紙」の意をかけている。

とびかけ・る【飛び翔る】［自ラ四］{ら・り・る・る・れ・れ}空高く飛ぶ。例「卯の花の咲きたる野辺ゆ**飛び翔り**来鳴きとよもし」〈万葉・九・一七五五長歌〉（ホトトギスガ）

とびか・ふ【飛び交ふ】［自ハ四］{は・ひ・ふ・ふ・へ・へ}入り交じって飛ぶ。飛び違う。例「雲近く**飛びかふ**鶴も」〈源氏・須磨〉

とひぐすり【問ひ薬】［名］❶病状の判断のために、試みに用いる薬。❷それとなく相手の気を引いてみること。かまをかけること。また、そのことば。例「女郎の好く**問ひ薬**を申せど」〈浮・好色一代女〉

とひさ・く【問ひ放く】［自カ下二］{け・け・く・くる・くれ・けよ}問いかける。遠くからことばをかける。例「**問ひ放くる**親族兄弟なき国に」〈万葉・三・四六〇長歌〉

とひじゃう【問ひ状】［名］❶鎌倉・室町時代、訴訟に当たって被告に答弁を求めるために発する令状。＝問状。❷罪を問うこと。

とびたつばかり【飛び立つ許り】❶飛んで行きたいくらい遠方のことを懐かしむさま。例「宿雁がねの旅衣、**飛び立つばかり**の心かな」〈謡・花筐〉❷非常にうれしいさま。例「**とびたつばかり**今ぞうれしき」〈清輔集〉

とびちが・ふ【飛び違ふ】［自ハ四］{は・ひ・ふ・ふ・へ・へ}入り乱れて飛ぶ。飛び交う。例「蛍のおほく**飛びちがひ**たる」〈枕・春は、あけぼの〉

とひつ・む【問ひ詰む】［他マ下二］{め・め・む・むる・むれ・めよ}厳しく問いただす。問い詰める。例「**問ひつめ**られて、え答へずなり侍りつ」〈徒然・二四三〉

〔俳句〕**とびのはも…**【鳶の羽も刷ひぬ初しぐれ】〈猿蓑・去来〉訳初しぐれがさっと通りすぎた。梢の上の鳶の羽もこの雨できれいに羽づくろいしたように見えることだ。（季－初しぐれ－冬）

とびのを【鵄の尾】［名］（「鵄尾」の訓読語）❶（「とみのを」とも）牛車の後ろに突き出た二本の短い棒。❷「しび（鵄尾）」に同じ。

とひまる【問丸】［名］（主として中世に）港湾や重要都市に住み、物資の管理・運送・取り引きの仲介を行った業者。近世の「問屋」。

とひみとはずみ【問ひみ問はずみ】（「み」接尾語。「…み…み」の形で、動作が重複して行われることを表す》たずねたり、たずねなかったり。

とひもんだふ【都鄙問答】［作品名］江戸中期（一七三九刊行）の心学書。石田梅岩著。実生活上のさまざまな例を引き、問答形式で心学を解説した書。町人階級への心学の普及に貢献した。

とひや【問屋】［名］❶商品を買い集めて、卸し売りをする商家。❷《「問屋場」の略》近世、街道の宿駅で人馬や駕籠などの継ぎ替えをした所。

〔**問屋長者に似る**〕問屋は表面的には裕福に見えるが、内情は苦しくつぶれやすいことから、いつ落ちぶれるか分からないことのたとえ。

どびゃうし【銅拍子】［名］「どうばち」に同じ。

と・ふ【問ふ・訪ふ】［他ハ四］❶問いただす。尋ねる。例「大臣・上達部を召して、『いづれの山か天に近き』と問はせたまふに」〈竹取・かぐや姫の昇天〉《係結び》「か」→近き㊍。《敬語》「召して」→「めす」、「問はせたまふ」→「せたまふ」。❷安否を尋ねる。見舞う。例「『一日の風は、いかに』とも、例の人はと・ひてまし」〈蜻蛉・上〉❸詰問する。責め問う。取り調べる。例「博打を左衛門の陣に召して、問・はせ給へば」〈宇津保・忠こそ〉❹占う。例「門に立ち夕占問・ひつつ我を待つと」〈万葉・一七・三九七八長歌〉〔注〕「夕占」は、日暮れに辻に立って、道行く人のことばを聞いて吉凶を占うこと。❺訪問する。訪れる。例「宮にまるること絶えて、里にありけるに、さらにと・ひたまはざりけり」〈大和・八一〉❻弔問する。弔う。例「あだし野の草葉の露の跡と・ふと行き交ふ人もあはれいつまで」〈とはずがたり〉

発展学習ファイル　類義語に「おとづる（訪ふ）」「とぶらふ（訪る）」がある。➡「とぶらふ」〈発展学習ファイル〉

とふ《上代語。「といふ」の変化形》…という。→「ちふ」。例「時々の花は咲けども何すれそ母とふ花の咲き出来ずけむ」〈万葉・二〇・四三二三〉訳時節時節の花は咲くけれども、なぜ母という花が咲きでて来なかったのだろう。《副詞の呼応》「何すれそ」→咲き出来ずけむ㊍」

と・ぶ【飛ぶ】［自バ四］❶空を飛ぶ。❷空中に舞い上がる。例「み苑生の百木の梅の散る花し天に飛・び上がり雪と降りけむ」〈万葉・一七・三九〇六〉❸駆ける。速く走る。例「簾のもとにとまりて、見立てる心地こそ、飛・びも出でぬべき心地すれ」〈枕・ねたきもの〉❹ふつうとはかけ離れる。奇抜である。例「一足と・んだる作意もをかしく」〈貝おほひ〉《音便》「とんだる」は「とびたる」の撥音便。

とぶくるま【飛ぶ車】天を駆ける車。中国の神仙思想を背景とし、風に乗って飛行するとされる。

とぶさ【鳥総】［名］梢や枝葉の茂った先の部分。きこりが木を切ったあとに、これを立てて山の神を祭る風習があった。

とぶとりの【飛ぶ鳥の】［枕詞］❶地名「あすか」にかかる。例「飛ぶ鳥の明日香の里を置きて去なば」〈万葉・一・七八〉❷（鳥が飛ぶように、という意から）「はやく」にかかる。例「冬ごもり春さり行かば飛ぶ鳥の早く来まさね」〈万葉・六・九七一長歌〉

とふのすがごも【十編の菅薦】［名］十筋の編み目がある幅広い菅のむしろ。東北地方の名産。

とぶひ【飛ぶ火】［名］奈良時代、外敵来襲に備えて設けた施設。山の頂上などに壇を築き、草木を燃やして煙を上げ非常を知らせた。のろし。

とぶひの【飛火野】［歌枕］大和国の地名。いまの奈良市春日野町、奈良公園一帯の春日野を指す。飛火は「のろし」の意。

とぶらひ【訪ひ】［名］訪問。見舞い。例「心細き住まひなれど、かかる御とぶらひたゆまざりければ」〈源氏・宿木〉

とぶらひい・づ【訪ひ出づ】［他ダ下二］さがし出して訪れる。例「昔知れりける人の残りたりけるをとぶらひ出・でて」〈源氏・玉鬘〉

とぶらひもの・す【訪ひ物す】訪れる。お見舞いをする。例「私の心ざしの深からぬにや、さしもとぶらひもの・しはべらず」〈源氏・行幸〉

とぶら・ふ［他ハ四］《「とむらふ」とも》一【訪ふ】❶訪問する。訪れる。訪ねる。例「京にのぼり、宮仕へをもせよ。よろしきやうにもならば、われをもとぶら・へ」〈大和・一四八〉❷（訪問・手紙・贈り物などにより）見舞う。例「悩ましと聞こえたりしを、いかがととぶら・ひたまへり」〈源氏・浮舟〉《敬語》「聞こえたりし」→「きこゆ」。❸面倒をみる。世話をやく。例「こまやかなる内々の御あつかひは、ただこの殿より、思ひ寄らぬことなくとぶら・ひきこえたまふ」〈源氏・早蕨〉《敬語》「とぶらひきこえたまふ」→「きこえたまふ」。❹調べる。尋ね求める。例「まづ異朝の先蹤をとぶら・ふに、震旦の則天皇后は、唐の太宗の后、高宗皇帝の継母なり」〈平家・一・二代后〉二【弔ふ】❶弔問する。とむらう。例「かの御法事などしたまふにも、いかめしうとぶら・ひ聞こえたまへり」〈源氏・紅葉賀〉《音便》「いかめしう」は「いかめしく」のウ音便。《敬語》「とぶらひ聞こえたまへり」→「きこえたまふ」。❷死者を哀悼する。冥福を祈る。供養する。例「もし命生きて、生ひ立ちたらば、法師になり、わが後の世とぶら・へよ」〈平家・二・阿古屋之松〉

発展学習ファイル　類義語「とふ（問ふ・訪ふ）」は、疑問を相手に問いただして、返事を求めるのが原義。それに対して、「とぶらふ（訪ふ）」は、温かい気持ちをもって相手を見舞い、慰める意。また、「おとづる（訪る）」は、絶えず声をかけたり、手紙を出したりする意。

とほ【遠】《形容詞「遠し」の語幹》（単独または「遠つ」「遠の」の形で体言に付いて）時間的・空間的に非常に隔たっている。遠方。「遠名」「遠の国」など。

〔**遠の国**〕遠方の国。遠い国。

〔**遠の朝廷**〕❶都から遠く離れた地方の役所。諸国の国府や大宰府をいう。❷朝鮮半島の新羅にある日本府のこと。

とほう【遠う】形容詞「とほし」の連用形「とほく」のウ音便。

とほかけ【遠駆け・遠懸け】［名］馬で遠距離を駆りること。

とほかみゑみため　亀の甲を焼く占いのとき、甲の裏に「と・ほ・かみ・ゑみ・ため」と五本彫りつけた線。転じて、神道の禊教の祈禱の際の呪文。

とほかりがね【遠雁】［名］❶遠い空を飛ぶ雁

か。❷紋様のひとつ。雁の飛ぶさまを図案化したもの。Vの字に似ている。

とほざか・る【遠離る】〔自ラ四〕{ら・り・る・る・れ・れ}❶遠くに離れる。遠のく。例「雁がねの声遠ざかる雲隠るらし」〈万葉・一〇・二一三六〉❷疎遠になる。例「京のことはいや遠ざかるやうに隔たり行く」〈源氏・玉鬘〉

とほさぶらひ【遠侍】〔名〕（「とほざむらひ」とも）武家屋敷で母屋から遠く離れた中門の近くにある、警護番の侍の詰め所。＝外侍。↔内侍。

とほざむらひ【遠侍】〔名〕「とほさぶらひ」に同じ。

とほ・し【遠し】〔形ク〕{から・く(かり)・し・き(かる)・けれ・かれ}❶距離が隔たっている。遠い。↔近し①。例「かぎりなく遠くも来にけるかな」〈伊勢・九〉❷時間が隔たっている。遠い。↔近し②。例「皇祖の遠き御代にもおしてる難波の国に天の下知らしめしきと」〈万葉・二〇・四三六〇長歌〉❸間柄が遠い。疎遠だ。親密でない。↔近し③。例「近うて遠きもの。宮咩の祭り」〈枕・近うて遠きもの〉《音便》「近う」は「近く」のウ音便。❹気が進まない。興味がわかない。例「学問などに身を苦しめむことは、いと遠くなむおぼゆべかめる」〈源氏・少女〉《係結び》「なむ→おぼゆべかめる㊍」。語構成「おぼゆべかめる」→「べかめり」。❺性質・形状などがかけ離れている。似ていない。↔近し⑤。例「人倫に遠く、禽獣に近きふるまひ」〈徒然・八〇〉

〔遠き境〕遠い地方。遠方。

〔遠き守り〕遠くにいて守ること。冥途にいてこの世の人を加護すること。

〔遠き代・遠き世〕遠く過ぎ去った時代。また、遠い未来の時代。永代。

とぼ・し【乏し】〔形シク〕{しから・しく(しかり)・し・しき(しかる)・しけれ・しかれ}（「とも し」の変化形）❶足りない。少ない。例「よろづに乏しき物、つゆなし」〈古本説話集〉❷貧しい。

とほしきゃうげん【通し狂言】〔名〕ひとつの芝居を最初（序幕）から最後（大切り）まですべて一度に上演すること。また、その芝居。

とほしや【通し矢】〔名〕❶遠くの的を射ること。また、そのための矢。❷江戸時代に、一昼夜を通して行われた、京都の三十三間堂の軒下を射通した矢の数を競う競技。→「やかず」。（季―夏）

とほしろ・し〔形ク〕{から・く(かり)・し・き(かる)・けれ・かれ}❶雄大だ。偉大だ。例「明日香の古き都は山高み川とほしろし」〈万葉・三・三二四長歌〉❷和歌で、白色の美をふくむ雄大・崇高な美しさをいう。例「姿うるはしく清げにいひ下して、長高くとほしろきなり」〈無名抄〉

とほ・す【通す・徹す】〔他サ四〕{さ・し・す・す・せ・せ}❶貫く。突き抜く。例「人の善悪は錐袋をとほすとてかくれなし」〈平家・二・吉田大納言沙汰〉❷（小さな穴や細い管などの）一方から差し入れて他方へ出す。例「木の間より紙捻りを通して結ひつく」〈徒然・二三七〉❸通過させる。通行させる。例「関の戸あけてぞとほしける」〈平家・四・大衆揃〉❹（ある動作を）長時間継続させる。越す。例「夜を徹して、昔物語もきこえ明かさむと」〈枕・頭弁の、職にまゐりたまひて〉❺透かす。例「玉垂の小簾の間通しひとり居て見る験なき夕月夜かも」〈万葉・七・一〇七三〉❻通じさせる。例「南の池の、こなたにとほし通はしなさせたまへるを」〈源氏・胡蝶〉❼（動詞の連用形に付いて）終わりまで成し遂げる。例「これ（＝横笛）が音の限りはえ吹き通さず」〈源氏・横笛〉

とぼ・す【点す】〔他サ四〕{さ・し・す・す・せ・せ}❶（「ともす」とも）明かりをつける。点火する。❷男女が交合する。

とぼそ【枢・扉】〔名〕（「戸臍」の意）梁と敷居にあけた穴。これに「枢」を差し込んで戸を回す。転じて、戸。扉。回転扉。

とほそ・く【遠退く】〔自カ四〕{か・き・く・く・け・け}遠く離れる。遠ざかる。例「妹が門いや遠そきぬ筑波山隠れぬほとに袖は振りてな」〈万葉・一四・三三八九〉

とほたふみ【遠江】〔地名〕旧国名。東海道十五か国のひとつ。いまの静岡県西部、浜名湖を中心とする地域。都に近い琵琶湖を「近つ淡海」と呼び「近江」とするのに対して、浜名湖を「遠つ淡海」と呼んだことによる。＝遠州。

とほぢ【遠方】〔名〕遠い所。＝彼方。

とほつ【遠つ】（「つ」は上代の格助詞）遠くの。はるか昔の。

とほつあふみ【遠つ淡海・遠江】〔地名〕「とほたふみ」に同じ。

とほつおや【遠つ祖】〔名〕先祖。祖先。

とほつかみ【遠つ神】〔枕詞〕（遠い神代から代々続いてきた天皇の意から）「大君」にかかる。例「遠つ神我が大君の」〈万葉・一・五長歌〉

とほつかむおや【遠つ神祖】〔名〕「遠つ祖」の敬称。祖先に当たる神。

とほつくに【遠つ国】〔名〕はるか遠くの国。とくに、黄泉の国をいう。

とほつひと【遠つ人】〔枕詞〕遠くの人を待つ意から「待つ」と同音の「松」に、また、遠くから飛んで来ることから「雁」にかかる。例「遠つ人松浦の川に」〈万葉・五・八五七〉

とほづま【遠夫・遠妻】〔名〕（「とほつま」とも）遠く別れて会えない妻、または夫。とくに、織女星・牽牛星をいう。

とほと【遠音】〔名〕（「とほおと」の変化形）遠くから聞こえてくる音。また、遠方のうわさ。

とほとほ・し【遠遠し】〔形シク〕{しから・しく(しかり)・し・しき(しかる)・しけれ・しかれ}（「とほどほし」とも）❶はるかに遠い。非常に離れている。例「遠々し高志の国に賢し女をありと聞かして」〈記・上・歌謡〉❷きわめて疎遠なさま。例「うたて、遠々しくのみもてなさせたまへば」〈源氏・総角〉

とほな【遠名】〔名〕遠くまで伝わっている評判。例「人の遠名を立つべきものか」〈万葉・一一・二七七二〉

とほなが・し【遠長し】〔形ク〕{から・く(かり)・し・き(かる)・けれ・かれ}❶（距離が）長くはるかなさま。例「富士の嶺のいや遠長き山路をも」〈万葉・一四・三三五六〉❷永遠であるさま。例「さな葛いや遠長く我が思へる君によりては」〈万葉・一三・三二八八長歌〉

とほひがた【遠干潟】〔名〕沖の方まで潮の引いた海岸。

とほびき【遠引き】〔・す〕〔名・自サ変〕軍勢を戦場から遠い所まで退却させること。例「敵は今朝の軍に遠引き・して気疲れ」〈太平記・三八〉

とほびと【遠人】〔名〕（「とほひと」とも）昔から生き

と

ている人。長寿の人。＝長人(ながひと)

とほまけ【遠負け】(トオマケ)[名]敵とまだ遠く離れている間に、負けたと思うこと。

とほみ【遠見】(トオミ)[名]❶遠くを見ること。また、遠くからの眺め。❷見張ること。また、その人。❸歌舞伎(かぶき)の大道具で、遠景を描いた背景。

とほめづら[・なり]【遠珍】(トオメズラ)[形動ナリ]〔なら・なり(に)・なり・なる・なれ・なれ〕めったにないさま。たいへんまれなさま。例「など我が恋の**とほめづら・なる**」〈夫木・雑一八〉

とほや【遠矢】(トオヤ)[名]遠距離の物を射ること。遠くから射かけること。また、その矢。

とほやま【遠山】(トオヤマ)[名]遠くの山。

とほやまずり【遠山摺り】(トオヤマズリ)[名]「遠山」の図柄を布地などに薄青く摺(す)り出すこと。また、その衣。

とほやまどり【遠山鳥】(トオヤマドリ)[名]山鳥の別称。

とほり【通り】(トオリ)[名]❶通行。人通り。❷通る道。往来。道路。❸(鼻・背などに)通った筋。❹同様であること。❺(「お通り」の形で)貴人から注がれる酒。

とほりじ【通り字】(トオリジ)[名]一族で、先祖代々名前に用いる字。平氏の忠盛・清盛の「盛」の字など。

とほりにとほ・る【通りに通る】(トオリニトオル)《動詞「通る」の連用形＋格助詞「に」＋動詞「通る」。「通る」動作を強めた言い方》どんどん先に進む。

とほりもの【通り者】(トオリモノ)[名]《近世語》❶世情や人情に精通している人。通人。❷ばくち打ち。

とほ・る【通る・透る・徹る】(トオル)[自ラ四]〔ら・り・る・る・れ・れ〕❶通過する。通行する。例「本寺の前を**通・る**下法師(しもほふし)に、狐(きつね)三つ飛びかかりて」〈徒然・二一八〉❷貫く。突き抜ける。例「二刀は鎧(よろひ)の上なれば**とほ・らず**」〈平家・九・忠度最期〉❸到達する。届く。例「薫(た)き物の匂(にほ)ひは雲の上までも**とほ・る**ばかり心にくき気はひ」〈夜の寝覚〉❹上達する。熟達する。例「文を習ひよみたれば、ただ**通・り**に**通・り**て、才ある人になりぬ」〈宇治拾遺・一三・五〉❺希望がかなう。例「おのづから本意(ほい)**とほ・らぬ**事多かるべし」〈徒然・一四一〉❻世間に広く知られる。例「詞(ことば)づかひもいけぞんざいが**通・ったやつ**なり」〈浮世風呂〉❼透けて見える。《音便》「通っ」は「通り」の促音便。例「夜に入りぬれば、御前(きさき)の松の光に**とほ・り**て見ゆるに」〈大鏡・道隆〉❽察しがよい。気がきく。例「ええ**通・らぬ**奴(やつ)」〈浄・仮名手本忠臣蔵〉

とほんと[副]《近世語》ぼんやりと。ぼう然と。例「身をも所も、うち忘れ、**とほんと**してゐたりける」〈浄・卯月の潤色〉

とま【苫】[名]菅(すげ)や茅(ちがや)などをむしろ状に編み、覆いとして用いる粗末なもの。

とまびさし【苫庇】[名]「苫」をかけて葺(ふ)いた粗末なひさし。

とまや【苫屋】[名]「苫」をかけて屋根にした粗末な小屋。

とまら【枢】[名]開き戸の一端の天地に設けた凸部。これをおのおの敷居と梁(はり)の凹部(「枢(とぼそ)」)にはめて戸を固定し、また回転させる。

とまり[名]一【止まり・留まり】❶終わり。果て。行き着く所。❷最後まで愛し連れ添う人。本妻。二【泊まり】❶船着き場。港。津。❷宿泊。また、その客・その場所。

とま・る[自ラ四]〔ら・り・る・る・れ・れ〕一【止まる・留まる】❶立ち止まる。停止する。例「先追ふ車**とま・りて**」〈更級〉❷あとに残る。生き残る。例「ありけるは去(い)ぬ。頭弁(とうのべん)は、**とま・り**たまへり」〈枕・五月ばかり〉❸(目・耳に)つく。(心が)ひきつけられる。例「ふと、目ぞ**とま・る**」〈源氏・末摘花〉《係結び》「ぞ→とまる(体)」。❹付着する。例「『**とま・り**たる匂(にほ)ひなどもなべてならず』と人々めであへり」〈栄花・三四〉❺(鳥や虫などが)木の枝などにつかまる。例「春の鳥の、桜ひとつに**とま・らぬ**心よ」〈源氏・若菜・上〉❻中止になる。例「いつしかと待つ事の、障りあり、にはかに**とま・りぬる**」〈枕・口惜しきもの〉二【泊まる】❶船が停泊する。例「今宵(こよひ)、浦戸に**とま・る**」〈土佐〉❷宿泊する。例「下総(しもつさ)の国のいかだといふ所に**とま・りぬ**」〈更級〉❸宿直する。例「御宿直所(とのゐどころ)にやがて**とま・り**たまひぬるやうにて」〈源氏・末摘花〉

とまれかうまれ(トマレコウマレ)《「とまれかくまれ」の変化形》ともかく。例「**とまれかうまれ**とく破(や)りてん」〈土佐〉

とまれかくまれ《「ともあれかくもあれ」の変化形》ともかくも。いずれにせよ。＝かくまれ・とまれかうまれ。例「**とまれかくまれ**、思(おぼ)したちてのたまふを」〈源氏・手習〉

とみ【富】[名]❶裕福。財産。❷「富籤(とみくじ)」の略。

とみ【跡見】[名]狩で動物の足跡を調べ、その行方を採ること。また、その人。

とみ[・なり]【頓】[名・形動ナリ]にわかであるさま。急なこと。至急であること。例「十一月(しはす)ばかりに、**とみ**のこととて御文(ふみ)あり」〈伊勢・八四〉

とみかうみ[・す]【と見かう見・左見右見】(トミコウミ)[名・自サ変]《「とみかくみ」のウ音便》あちこちを見ること。例「いづかたに求めゆかむと、門(かど)にいでて、**と見かう見**、見りれど」〈伊勢・二一〉

とみくさ【富草】[名]稲の別称。稲の実りをよくする草の意で、レンゲソウのこととも。(季-秋)

とみくじ【富籤】[名]江戸時代に流行した賭博(とばく)の一種。いまの宝くじ。＝富(とみ)②

とみこうみ【と見かう見・左見右見】歴史的かなづかい「とみかうみ」

とみに【頓に】[副](多く下に打消の語を伴って)急に(は)。すぐに(は)。にわかに(は)。例「南面(みなみおもて)におろして、母君も**とみに**えものもたまはず」〈源氏・桐壺〉《副詞の呼応》「え→のたまはず」。《敬語》「のたまはず」→「のたまふ」

とみのを【鵄の尾】(トミノオ)[名]「とびのを①」に同じ。

とみはた・す【富み果たす】[自サ四]〔さ・し・す・す・せ・せ〕富み豊かなまま一生を終える。また、富裕をきわめる。例「富み果た・してむ命長くは」〈拾遺・雑賀・一一七八〉

とみひとの…【富人の家(へ)の子どもの着る身なみ腐(くた)し捨つらむ絁綿(きぬわた)らはも】〈万葉・五・九〇〇・山上憶良〉訳富裕な人の家の子たちが、着るからだの方がたくさんはないので、持ち腐れにしては捨てているであろう、その絹や綿の着物よ。

とみもとぶし【富本節】[名]江戸浄瑠璃(じょうるり)の一流派。宮古路豊後掾(みやこじぶんごのじょう)門下の富本豊前掾(ぶぜんのじょう)が語りはじめたもの。常磐津(ときわず)の分派。

とも [接続助詞]

アプローチ ▼接続助詞「と」に係助詞「も」が付いて一語化したものとされる。
▼実現していないことを仮定する用法(①)のほかに、確かな事実を、強調するためにわざと仮定する用法(②)がある。
▼②は、仮定にこだわらず、単なる逆接として「たしかに…だが」のように訳してもよい。

接続 ▼動詞(型活用語)・形容動詞(型活用語)の終止形、形容詞(型活用語)の連用形、打消の助動詞「ず」の連用形などに付く。
▼室町以降は、動詞(型活用語)・形容動詞(型活用語)の連体形にも付く。

意味	訳語	用例
❶逆接の仮定条件を表す。	たとえ…としても / かりに…としても	例「用ありて行きたり**とも**、その事果てなば、とく帰るべし」〈徒然・一七〇〉 訳**たとえ**用があって(そこへ)行っていた**としても**、その用事が終わってしまったら、すぐ帰るのがよい。
❷既定の事実について仮定表現を用い、強調する。	…ても / 確かに…ても	例「かく鎖し籠めてあり**とも**、かの国の人来ば、みなあきなむとす」〈竹取・かぐや姫の昇天〉 訳(かぐや姫を渡さないために)このように錠をかけて閉じこめてはあっ**ても**、あの国(=月の国)の人が来たらすべて開いてしまうだろう。 例「わが身は女なり**とも**、かたきの手にはかかるまじ」〈平家・一一・先帝身投〉 訳**確かに**わが身は女ではあっ**ても**、敵の手にはかからないつもりだ(=いさぎよく自害する)。

発展学習ファイル (1)成立については、「アプローチ」で示したもののほかに格助詞「と」に係助詞「も」が付いたものとする説もある。 (2)江戸以降、「ても」にとってかわられ、「とも」は衰退した。

と・む【富む】[自マ四]{ま・み・む・む・め・め} ❶財産が増える。金持ちになる。 ❷豊富である。たくさんある。

と・む [他マ下二]{め・め・む・むる・むれ・めよ} 一【止む・留む・停む】❶**動きを止める。進行を止める。** 例「車と・めて、湯、まるり(=薬湯ヲサシアゲ)など、したまふ」〈源氏・手習〉 ❷**制止する。さえぎる。禁じる。** 例「流るる涙止・めぞかねつる」〈万葉・二・一七八〉 《係結び》「ぞ→かねつる(体)」。 ❸**あとに残す。とどめる。** 例「月かげのやどれる袖ははせばくともと・めても見ばやあかぬひかりを」〈源氏・須磨〉 ❹**関心をもつ。気にかける。** 例「よき物は、心をと・めけんとはかなし」〈徒然・一四〇〉 二【泊む】**宿泊させる。** 例「人のおはしまさぬ跡に泊・め参らせては」〈義経記・三〉

と・む【尋む・覓む・求む】[他マ下二]{め・め・む・むる・むれ・めよ}(跡をたどるの意から)探し求める。尋ねて行く。 例「香をと・めて来つるかひなく」〈源氏・幻〉

とむら・ふ【訪ふ・弔ふ】[他ハ四]{は・ひ・ふ・ふ・へ・へ}《「とぶらふ」の変化形》「とぶらふ」に同じ。

とめ・く【尋め来】[自カ変]{こ・き・く・くる・くれ・こ(こよ)} さがし求めて来る。 例「花散れる水のまにまに尋め・来れば山にも春はなくなりにけり」〈古今・春下・一二九〉

〔和歌〕**とめこかし…**【とめ来かし梅さかりなるわが宿をうときも人は折にこそよれ】〈新古今・春上・五二・西行〉 訳尋ねてきてくださいよ。梅が花盛りのわたしの家を。疎遠にするのも時によりけりですよ。 《係結び》「こそ→よれ(已)」 〈参考〉初句で切れるが、二句、三句と倒置されている。

とめすり【止め摺り】[名]染色法のひとつ。のりを付けた形木の上に布を止めて固定して染める方法。

とめでた【外目出度】[名]外見ばかりが立派なこと。表向きは評判がよいこと。また、そのような人。

とめゆ・く【尋め行く】[自カ四]{か・き・く・く・け・け} さがし求めて行く。 例「花の香をにほはす宿にとめゆ・かば」〈源氏・紅梅〉

とも【友・伴】[名] ❶仲間。連れ。 ❷ひとくくりの集団。連中。
〔**友の兵・伴の兵**〕武器をもって戦うことで仕える武士。また、味方の兵。
〔**友の剣・伴の剣**〕武士の携えている剣。または、いっしょに戦っている仲間の兵の剣。
〔**友の並み並み**〕仲間と同様。 例「否も諾も友の並み並み我も寄りなむ」〈万葉・一六・三七九八〉
〔**友待つ雪**〕《前に降った雪が次に降る雪を待っているような状態をいう》次の雪が降るまで消えずに残っている雪。 例「降りそめて友待つ雪はむばたまの我が黒髪の変るなりけり」〈後撰・冬・四七一〉
〔**友惑はす**〕仲間を見失って離れ離れになる。 例「夕されば佐保の河原の河霧に友まどは・せる千鳥鳴くなり」〈拾遺・冬・二三八〉

とも【鞆】[名]弓を射る際に、左手首に結びつける革製のもの。手首の保護のため、また、釧(腕飾り)が弦に触れるのを防ぐため、など諸説がある。

とも【艫】[名]船の後部の端の方。船尾。↔舳へ

とも［接助］⇨八七六ページ「特別コーナー」

とも《格助詞「と」＋係助詞「も」》❶…ということも。例「ことにあづからずして心を安くせんこそ、暫く楽しぶとも言ひつべけれ」〈徒然・七五〉訳俗事に関与せず心を安らかにしてこそ、かりそめにも人生を楽しむということもいうことができるにちがいない。《係結び》「こそ→言ひつべけれ㊁」。❷同じ語を重ねた間に置いて意味を強める。**ほんとに…だ。まったく…だ。**例「また、蝶はとらふれば、瘧病せさすなり。あなゆゆしとも、ゆゆし」〈堤中納言・虫めづる姫君〉訳それに蝶をつかまえると、おこりの病にかかるといいます。ああまったく気味の悪いことときたら。

-ども［接尾］❶（体言に付いて）複数の意を表す。人以外、また生き物以外にも用いる。**…のいくつか。…ら。**例「いにしへ、ゆくさきのことどもなどいひて」〈伊勢・三〉❷（中世以降、自称の語や身内の者を表す語に付いて）単数・複数にかかわらず、謙譲の意を示す。**…め。拙…。**例「菅秀才の成人以後、身どもからまた伝授」〈浄・菅原伝授手習鑑〉

発展学習ファイル　類義語に「たち」「ばら」などがある。「たち」は身分や資格などを表す語だけに付き、尊敬の意を含む。「ばら」は中古のころには身分の高い者にも付いたが、中世以後は見下げた表現となった。

ども［接助］⇨八八〇ページ「特別コーナー」

ともある《副詞「と」＋係助詞「も」＋動詞「あり」の連体形》ちょっとした。何かある。例「ともあるごとには、まづ酒をすすめて強ひ飲ませたるを」〈徒然・一七五〉

ともあれかくもあれ《副詞「と」＋係助詞「も」＋動詞「あり」の命令形＋副詞「かく」＋係助詞「も」＋動詞「あり」の命令形》ともかく。ほかのことはひとまずおいて。何はともあれ。＝とまれかくまれ。例「ともあれかくもあれ、ただいとあやしきを」〈蜻蛉・中〉

ともいは・ず【とも言はず】《「とも」は格助詞「と」＋係助詞「も」》…をはばからず。…を無視して。例「当時は仏法ともいはず、寺をほろぼし僧をうしなひ」〈平家・七・木曾山門牒状〉

ともえ【鞆絵・巴】歴史的かなづかい「ともゑ」

ともかうも［副］《「ともかくも」のウ音便》どのようにでも。どうであっても。何にせよ。例「ともかうも言はで」〈古今・離別・三七五左注〉

ともかがみ【友鏡・共鏡】［名］❶鏡を二つ使い、背側の見えない部分を映して見ること。合わせ鏡。❷二つのものを対照すること。

ともがき【友伴・朋友・友垣】［名］《「ともかき」とも》友だち。友。朋友。

ともかくも［副］《副詞「と」＋係助詞「も」＋副詞「かく」＋係助詞「も」》❶**何とでも。どうとでも。**例「さらばともかくも、そこに（＝アナタノ方デ）思ひ定めてものしたまへ」〈蜻蛉・下〉❷（下に打消の語を伴って）**何とも。**例「ともかくもはべらざりつれば、『さば、帰りまゐりなむ』とて」〈枕・小白河といふところは〉《敬語》「はべらざりつれば」→「はべり」、「帰りまゐりなむ」→「まゐる（四段）」

〔ともかくもなる〕なるようになる。また、とくに死ぬ意をほのめかす。例「かくながら、ともかくもならむを御覧じはてむ」〈源氏・桐壺〉

〔俳句〕**ともかくも…【ともかくもあなた任せの年の暮】**〈おらが春・一茶〉訳いろいろあった年ですが、とにもかくにもあなた様（＝阿弥陀仏）にすがって、無事年の暮れを送っていることです。（季―年の暮―冬）

ともがら【輩・儕】［名］仲間。同輩。同族。

ともし［名］㊀【灯し】明かり。灯火。㊁【照射】夏の夜、狩りで獲物の鹿をおびき寄せるために山路にかがり火をともしておくこと。また、その火。（季―夏）

とも・し【乏し・羨し】［形シク］❶**心ひかれる。慕わしい。**例「見まく欲り来しくもしるく吉野川音のさやけさ見るにともしく」〈万葉・九・一七二四〉〔注〕「まく欲り」は、推量の助動詞「む」の名詞化した「まく」＋動詞「欲る」の連用形が接続したもので、…したいと望む意を表す。❷**うらやましい。**例「風をだに恋ふるはともし風をだに来むとし待たば何か嘆かむ」〈万葉・四・四八九〉❸**不十分だ。少ない。**例「薪さへともしくなりゆけば」〈方丈記〉❹**貧しい。貧乏だ。**例「乏しくかなはぬ人のみあれば、おのづから本意とほらぬこと多かるべし」〈徒然・一四一〉

発展学習ファイル　中世以降は「とぼし」に転じ、語義も情的な意味が希薄な③④に限られるようになって、現代語「乏しい」の基礎が整えられてゆく。

ともしさ【羨しさ】［名］《「さ」は接尾語》うらやましいこと。うらやましさ。

ともし・く【灯し点く】［他カ下二］明かりをつける。灯火をつける。ともす。例「火ともしつけよ。いと暗し」〈蜻蛉・上〉

ともしづま【乏し妻】［名］なかなか会えない恋しい妻。多く、七夕の織女星を指して用いる。

ともじにふ・む【十文字に踏む】前後左右に「十」という文字の形に歩く。千鳥足になる。

ともしび【灯・灯火】［名］ともした火。室内の明かりのほか、松明などもいう。＝灯

ともしびの【灯火の】［枕詞］（灯火は明るいことから）地名「明石」にかかる。例「灯火の明石大門に入らむ日や漕ぎ別れなむ家のあたり見ず」〈万葉・三・二五四〉訳→〔和歌〕ともしびのあかしおほとに…

〔和歌〕**ともしびの…【灯火の明石大門に入らむ日や漕ぎ別れなむ家のあたり見ず】**〈万葉・三・二五四・柿本人麻呂〉訳ともしびの明るいという明石の大きな海峡にさしかかる日には、故郷から漕ぎ別れてしまうのか。家族の住む大和の地の山々を見ることなく。《係結び》「や→漕ぎ別れなむ㊅」

〈参考〉「灯火の」は「明石」の枕詞。

〔和歌〕**ともしびのかげにてみると…【灯のかげにて見ると思ふまに文のうへしろく夜は明けにけり】**〈桂園一枝・香川景樹〉訳灯火の光で本を見ていると、まだ夜だと思っている間に、本の上が朝日に白くなって、夜が明けてしまったことだよ。

ともし・ぶ【乏しぶ・羨しぶ】［自バ上二］珍しく思う。まれで貴重だと思う。うらやましがる。例「いまだ見ぬ人にも告げむ音のみも名のみも聞きてともしぶるがね」〈万葉・一七・四〇〇〇長歌〉

ども [接続助詞]

アプローチ ▼接続助詞「ど」に係助詞「も」が付いて一語化したものとされる。▼①の条件を表す部分は既定のこと、あとに続く部分は予想や期待に反する結果を表す。▼②は既定未定にかかわらず、物事の一般的性質や、特定の人の思考・行動傾向を表す。

接続 活用語の已然形に付く。

意味	訳語	用例
❶逆接の確定条件を表す。	…が …けれども …のに	例「足ずりをして泣けども**か**ひなし」〈伊勢・六〉 訳地団駄を踏んで泣く**けれども**どうしようもない。 例「かた時の間とて、かの国よりまうで来しか**ども**、かくこの国にはあまたの年を経ぬるになむありける」〈竹取・かぐや姫の昇天〉 訳ほんの少しの間ということで、あの国(=月の国)から参りました**のに**、このようにこの国で多くの年月を過ごしてしまったのです。
❷逆接の恒常条件を表す。	…ても、いつも …ても、やはり	例「子孝せんと思へ**ども**、親待たず」〈栄花・一五〉 訳子供が親孝行しようと思っ**ても**、**いつも**親はそれを待たない(=親はそのときまで長生きはしない)。 例「いかなる大事あれ**ども**、人の言ふ事聞き入れず」〈徒然・六〇〉 訳どんなに重大なことがあっ**ても**、**いつも**、人の言うことを聞き入れず。

発展学習ファイル 接続助詞「ど」と意味・用法は同じ。平安時代の例では、漢文訓読文は「ども」のみなのに対し、和文には「ど」が多いという傾向がある。

ともし・む【乏しむ・羨しむ】㊀[自マ四]{ま・み・む・む・め・め}珍しく貴重だと思う。うらやましいと思う。例「見ればともし・み大和偲ひつ」〈万葉・三・三六七〉㊁[他マ下二]{め・め・む・むる・むれ・めよ}満足させない。不足に思わせる。例「今だにも目な乏し・めそ相見ずて」〈万葉・一一・二五七七〉

とも・す【点す・灯す】[他サ四]{さ・し・す・す・せ・せ}(「とぼす」とも)明かりをつける。点火する。

ともすれば[副](「と」は副詞)ややもすると。何かというと。例「**ともすれば**、人間にも、月を見ては、いみじく泣きたまふ」〈竹取・かぐや姫の昇天〉

ともちどり【友千鳥】[名]数多く群れをなしている千鳥。(季―冬)

ともづな【纜・艫綱】[名]船尾から張って船をつなぎ止める綱。

ともとりめ【艫取り女】[名]船の舵取りをする女。平安・鎌倉時代ごろ、客を呼ぶ遊女が乗った小舟の櫓を漕ぐ役目をした老女。

ともな・ふ【伴ふ】㊀[自ハ四]{は・ひ・ふ・ふ・へ・へ}いっしょに行く。連れだつ。㊁[他ハ四]{は・ひ・ふ・ふ・へ・へ}連れ添わせる。引き連れる。㊂[他ハ下二]{へ・へ・ふ・ふる・ふれ・へよ}㊁に同じ。

ともに【共に】(「と」「の」または名詞に付いて)ある物と同じように。ある物に伴って。いっしょに。例「露とともに起きて」〈枕・小白河といふところは〉

とものうら【鞆の浦】[地名]備後国の地名。いまの広島県福山市鞆町。海上交通の拠点として栄えた。一帯は景勝地として有名。

とものみやつこ [名]㊀【伴造】大和朝廷において、大王のもとに置かれた四つの支配身分(臣・連・伴造・国造)のひとつ。専門職を代々行う伴や部を首長として統率した。㊁【伴の御奴】「主殿寮の伴の御奴」の略。

とものを【伴の緒】[名]「ともべ」に同じ。

ともびきにち【友引日】[名]暦の「六曜」のひとつ。吉でも凶でもない日。江戸末期から、「陰陽道」の凶事が友に及ぶという友引の方位と混同され、この日に葬式を出すのを避ける風習が生まれた。

ともぶね【友船・伴船】[名]連れ立って行く船。

ともべ【品部】[名](「しなべ」とも)令制以前、「伴造」に統率されて、朝廷のためにおのおの決まった技芸に当たった人々の集団。令制以後も一部は据え置かれ、専門的技術者集団となった。=伴の緒

どもまた【吃又】[作品名]「けいせいはんごんかう」に同じ。

ともゑ【鞆絵・巴】[名]❶模様の名。水が渦を巻いて外へめぐる形を図案化したもの。右巴・左巴・二つ巴・三つ巴などがある。❷紋所の名。

とや【鳥屋】[名]❶鳥小屋。とくに鶏や鷹の飼育小屋。(季―冬)。❷鷹の羽が夏の終わりから冬にかけて抜け、生え変わること。

とや《格助詞「と」+係助詞「や」》❶(文中に用いて結びを伴って)疑問の意を表す。…と…だろうか。…というのか。例「近き火などに逃ぐる人は、『しばし』とや言ふ」〈徒然・五九〉 訳近所の火事などで逃げる人は「ちょっと待とう」と**いうだろうか**。《係結び》「や→言ふ(体)」。❷(文末に用いて「いふ」などの結びが省略されて)疑問の意を表す。…だろうか。…というのか。

と

例「はるばると鳥の子にしもあらねども産毛も変はらで帰れとや」〈梁塵秘抄〉訳（甲斐国を出て）はるばる京へ来たのに、鳥の子というわけではないが産毛も変わらないうちに（早々に）国へ帰れというのか。❸（昔話などの文末に用いて「いふ」「聞く」などの結びが省略されて）伝聞の意を表す。…ということだ。…とさ。例「この事をなむ語りて笑ひける、となむ語り伝へたるとや」〈今昔・二八・四〉訳この話を語って笑い合った、とこう語り伝えているとさ。❹詠嘆の意を表す。…と…だろうな。例「安芸国沼田郡に住む人は厳島をば三島とや見る」〈梁塵秘抄〉訳安芸国沼田郡に住む人は厳島を大三島と見るだろうな。❺相手に問い返す意を表す。…というのか。例「なほその苦患を見せんとや」〈謡・通小町〉訳なおもこの上に地獄の苦しみにあわせようというのか。

とやかくや［副］（副詞「と」＋係助詞「や」＋副詞「かく」＋係助詞「や」）あれやこれや。例「とやかくやとはかばかしう悟る人もなし」〈源氏・明石〉

とやがへ・る【鳥屋返る】［自ラ四］晩夏から初冬のころ、「鳥屋」の中の鷹の羽が抜けて生え変わる。例「とやがへり我が手ならしし鷂の来ると聞こゆる鈴虫の声」〈後拾遺・秋上・二六七〉

どや・く［自カ四］（近世語。「どやぐ」とも）どなる。わめく。例「『それぞれ、持仏堂の脇にもたし掛けて置きました』とどや・きける」〈浮・好色五人女〉

とやま【外山】［名］里に近い山。里山。＝端山。↔奥山・深山

とよ（格助詞「と」＋間投助詞「よ」）❶念を押す意を表す。㋐…と思うよ。例「我が妹子が偲ひにせよと付けし紐糸になるとも我は解かじとよ」〈万葉・二〇・四四〇五〉訳いとしい妻が自分のことを思い出すようにと付けてくれたひもは糸になっても私は決して解かないと思うよ。㋑…とね。例「やよや待て山時鳥ことづてむ我世の中にすみわびぬとよ」〈古今・夏・一五二〉訳もしもし、待ってください、ホトトギスよ。（山ごもりしている友人に）伝えてちょうだい、「私も世間に暮らすのがいやになった」とね。㋒…ですよ。例「今の事とよ。お腰の物の柄に懸けられ、我がうすぎぬのあらく裂きたまふこそ」〈浮・好色一代男〉訳ただいまのことですよ。あなたのお腰の物の柄にひっかかって私の着物がこんなにひどく裂けました。❷伝聞を表す。…ということだ。例「あれは鶴賀新内の元祖の家元だとよ」〈浮世風呂〉訳あれは鶴賀新内（＝新内節の名家）の元祖の家元だということだ。〈参考〉係助詞「か」に付いて疑問を含んだ断定を表す場合もある。→「かとよ」

とよ【豊】たくさんあって満ち足りていること、豊かであること、褒めたたえる意を添える語。「豊秋津島」「豊葦原」「豊御酒」など。

〔**豊の遊び**〕「豊の明かりの節会」で上演される舞や管弦。

〔**豊の年**〕穀物の収穫量の多い年。豊年。

〔**豊の禊ぎ**〕「ごけい（御禊）①」に同じ。

〔**豊の宮人**〕「豊の明かりの節会」に奉仕する大宮人。舞人や、その介添えの人々などをいう。

とよあきづしま【豊秋津島】［名］（「とよあきつしま」とも）豊かな実りに満ちた国。大和地域。転じて、日本国の美称。

とよあしはら【豊葦原】［名］豊かに葦の茂った原。日本国の美称。

〔**豊葦原の中つ国**〕豊かに葦の茂った、天上と地下の間にある国。日本国の美称。

〔**豊葦原の瑞穂の国**〕豊かな葦原の、みずみずしい稲穂の実る国。日本国の美称。

どよう【土用】［名］陰暦で、年に四回、立春・立夏・立秋・立冬の前の各十八日間をいう。一般には立秋前の夏の土用を指す。（季―夏）

とようけのかみ【豊受けの神】［名］五穀をつかさどる女神。伊勢神宮の外宮の祭神。

とよさかのぼ・る【豊栄昇る】［自ラ四］朝日が美しく輝いて昇る。例「曇りなくとよさかのぼるあさひには君ぞ伝へん万代までも」〈散木集〉

とよのあかり【豊の明かり】［名］（「とよ」は豊かの意。「明かり」は（顔が）赤くなる意）❶酒などを飲んで顔が赤くなること。❷酒宴。とくに、内裏である饗宴。❸「豊の明かりの節会」の略。

とよのあかりのせちゑ【豊の明かりの節会】［名］「大嘗会」「新嘗会」の翌日（陰暦十一月の中の辰の日、大嘗会は丑の日）、天皇が新穀を食べたのち、豊楽殿で行われた節会。＝豊の明かり③。（季―冬）

とよはたくも【豊旗雲】［名］（「とよはたぐも」とも）旗が風になびくように大きくたなびく美しい雲。

とよみ【響み・動み】［名］（「どよみ」とも）鳴り響くこと。大声で騒ぐこと。

とよみき【豊御酒】［名］酒の美称。美酒。

とよみてぐら【豊御幣】［名］「幣帛」の美称。すばらしい御供物。

とよ・む【響む・動む】㊀［自マ四］（「どよむ」とも）❶**大きな音で鳴る。鳴り響く。**例「巨椋の入り江響むなり射目人の伏見が田居に雁渡るらし」〈万葉・九・一六九九〉〔注〕「射目人」は「伏見」の枕詞。❷**大声で騒ぐ。叫ぶ。**例「宮人の脚結ひの小鈴落ちにきと宮人とよむ。里人もゆめ」〈記・下・歌謡〉㊁［他マ下二］**鳴り響かせる。**例「夜を長み眠の寝らえぬにあしひきの山彦響めさ雄鹿鳴くも」〈万葉・一五・三六八〇〉

どよ・む【響む】［自マ四］「とよむ㊀」に同じ。

どよめ・く【動めく】［自カ四］（「めく」は接尾語）大きな音や声を上げる。大きな音や声が鳴り響く。例「源氏のかたにはまた箙をたたいてどよめきけり」〈平家・一一・弓流〉

とよも・す【響もす】［他サ四］音や声を響かせる。騒がす。例「橘の花散る里に通ひなば山ほととぎすとよもさむかも」〈万葉・一〇・一九七八〉

とよ・る【と寄る】［自ラ四］（副詞「と」＋動詞「寄る」）短時間立ち寄る。

とよ・る【外寄る】［自ラ四］いまに近づく。時代が新しくなる。当世風になる。例「妙にをかしきことは、外よりてこそ書き出づる人々ありけれど」〈源氏・梅枝〉

とら【虎】［名］猛獣の名。

〔**虎が雨**〕陰暦五月二十八日に降る雨。建久四年（一一九三）のこの日、曾我兄弟は父の仇を討った

が、兄の十郎は討ち死にした。その死を悲しんだ愛人の虎御前の涙が雨に変じたとされることからいう。＝虎が涙・虎が涙雨・曾我の雨。（季－夏）

〔**虎に羽**〕ただでさえ勢力の強い者が、さらに強い威力を得ることのたとえ。鬼に金棒。＝虎に翼

〔**虎の皮の褌**〕❶鬼や雷神が用いたという虎の皮でつくった褌。❷思いどおりにはいかないこと。「とらの皮」を「獲らぬ狸の皮算用」としゃれた語。

〔**虎の口**〕《「虎口」の訓読語》非常に危険な事柄や場所のたとえ。

〔**虎の尾を踏む**〕非常に危険なことをするたとえ。

とら【寅】［名］❶「十二支」の第三番目。❷年・月・日に「十二支」を当てた、その寅に当たる年・月・日の名。❸時刻の名。いまの午前四時ごろ、およびそれを中心にした二時間。一説に、その後二時間。❹方角の名。東北東。

とらか・す【盪かす・蕩かす】［他サ四］{さ・し・す・す・せ・せ}❶固形物を液体に溶解させる。溶かす。❷たぶらかす。例「人の心を**蕩か・して**」〈太平記・四〉

とら・く【盪く・蕩く】［自カ下二］{け・け・く・くる・くれ・けよ}《「とろく」の変化形》❶固体が溶解または融解する。ばらばらになる。❷緊張・嫌悪などがなくなる。心が和らぐ。例「執心やおのづから**とら・くる**とおもひて」〈沙石集〉

とらげ【虎毛】［名］❶虎の毛。❷馬の毛色のひとつ。濃い黒が灰色上にぶちになったもの。

とら・す【取らす】{せ・せ・す・する・すれ・せよ}㊀［他サ下二］《動詞「取る」の未然形＋使役の助動詞「す」》与える。やる。例「禄いと多く**取ら・せ**たまふ」〈竹取・蓬萊の玉の枝〉㊁［補動サ下二］（動詞の連用形＋接続助詞「て」に接続して）…てやる。例「この方から野送りもして**とら・せう**と思ふが」〈浮・傾城禁短気〉

発展学習ファイル 類義語として「**得さす**」があるが、「取らす」が（相手に）与える意（やる）を表すのに対して「得さす」は（自分に）与える意（くれる）を表す。

とら・す【取らす】《上代語。動詞「取る」の未然形＋上代の尊敬の助動詞「す」》お取りになる。例「**取ら・さ**む鮎のしが鰭は」〈万葉・一九・四一九一〉

とらは・る【囚はる】［自ラ下二］{れ・れ・る・るる・るれ・れよ}《動詞「捕らふ」の未然形＋受身の助動詞「る」》捕まる。例「今度の生きながら**とらは・れ**て候ひけるは」〈平家・一〇・戒文〉

とら・ふ【捕らふ・捉らふ・執らふ】［他ハ下二］{へ・へ・ふ・ふる・ふれ・へよ}❶**手で持つ**。**つかむ**。**にぎる**。例「逃げて入る袖を**とら・へ**たまへば」〈竹取・かぐや姫の昇天〉❷**つかまえる**。**とらえる**。例「羊を**とら・へ**て四足を切りて」〈今昔・二・二九〉❸**問題にする**。例「ただ我が心の立てつる筋を**とら・へ**て、人をば無きになすめり」〈紫式部日記〉

とらへどころ【捉らへ所・捕らへ所・執らへ所】［名］証拠や論点としてとらえるべきところ。手がかり。例「かの一夜ばかりの御恨み文を**とらへどころ**にかこちて」〈源氏・夕霧〉

とり-【取り】［接頭］（動詞に付いて）語勢を強める語。「取り繕ふ」「取り賄ふ」など。

とり【酉】［名］❶「十二支」の第十番目。❷年・月・日に「十二支」を当てた、その酉に当たる年・月・日の名。❸時刻の名。いまの午後六時ごろ、およびそれを中心にした二時間。一説に、その後二時間。❹方角の名。西。

とり【鳥】［名］❶鳥類の総称。❷鶏。例「まだ、鳥の鳴くになむ、出だし立てさせたまへる」〈源氏・蜻蛉〉❸キジ。

〔**鳥の跡**〕❶文字。筆跡。古代中国で、蒼頡という人が、鳥の足跡を見て文字をつくったという故事による。❷へたな字、乱れた筆跡のたとえ。

〔**鳥の声・鶏の声**〕「とりのね」に同じ。

〔**鳥の空音**〕鶏の鳴きまねをすること。斉の孟嘗君が秦の国から脱出するとき、函谷関で、食客のひとりが鶏の鳴きまねをして関所の番人をだまし、無事通過したという故事による。例「夜をこめて**鳥のそらね**にはかるともよに逢坂の関はゆるさじ」〈後拾遺・雑二・九三九〉訳→〈和歌〉よをこめて…

〔**鳥の司・鳥の官**〕❶大化の改新以前、食用や観賞用の鳥の飼育を職務として朝廷に仕えた人。❷平安時代、宮中で時刻を知らせる役目の人。

〔**鳥の音・鶏の音**〕❶鳥の鳴き声。❷鶏の鳴き声。とくに一番鶏の鳴き声。例「**鶏の音**待ち出でたまへれば、夜深きも知らず顔に急ぎ出でたまふ」〈源氏・若菜・上〉①②＝鳥の声

とりあ・ぐ【取り上ぐ】［他ガ下二］{げ・げ・ぐ・ぐる・ぐれ・げよ}手で拾い上げる。持ち上げる。例「蓮の浮き葉のいと小さきを、池より**取り上・げ**たる」〈枕・愛しきもの〉

とりあし【鳥足】［名］修験者などが履く高下駄の一種。下駄の歯に長い鉄の棒を用いて、その先端を鳥の足のように前三本、後ろ一本にしたもの。

とりあつか・ふ【取り扱ふ】［他ハ四］{は・ひ・ふ・ふ・へ・へ}面倒をみる。世話をする。例「大宮こそは**取りあつか・ひ**きこえたまふべけれど」〈栄花・二六〉

とりあつ・む【取り集む】［他マ下二］{め・め・む・むる・むれ・めよ}寄せ集める。多くのものをひとつにまとめる。例「御物語ども、昔今の**とり集・め**聞こえたまふ」〈源氏・行幸〉

とりあは・す【取り合はす】［他サ下二］{せ・せ・す・する・すれ・せよ}❶寄せ集める。❷ちょうどよい具合に組み合わせる。

とりあはせ【鶏合はせ】［名］《「にはとりあはせ」とも》鶏を勝負させる遊戯。宮中では、陰暦三月三日の節会に際して行われた。（季－春）

とりあ・ふ【取り合ふ】［他ハ下二］{へ・へ・ふ・ふる・ふれ・へよ}取り合わせをよくする。似合うようにする。調和させる。例「青摺りの紙よく**とりあ・へ**て」〈源氏・少女〉

とりあ・ふ【取り敢ふ】［他ハ下二］{へ・へ・ふ・ふる・ふれ・へよ}❶取ることができる。例「とる物も**とりあ・へ**ず、我さきにとぞ落ちゆきける」〈平家・五・富士川〉❷前もって準備する。用意する。例「かねてしも**とりあ・へ**たるやうなり」〈源氏・胡蝶〉❸こらえる。我慢する。例「もろき御涙は、まして**取りあ・へ**たまはず」〈源氏・葵〉

とりあへず【取り敢へず】［副］❶すぐに。たちまち。例「高潮といふものになむ、**取りあへず**人損なはる」〈源氏・須磨〉❷何はさておき。まずは。急いで。例「女の物言ひかけたる返り事、**とりあへず**よきほどにする男は、ありがたきものぞとて」〈徒然・一〇七〉

とりあやま・つ【取り過つ】［他タ四］{た・ち・つ・つ・て・て}❶取り扱いを間違う。失敗する。例「（源氏カラノ恋文ヲ

小君ガ」**とりあやま・ちて**、少将も見つけて」〈源氏・夕顔〉❷過ちを犯す。間違って犯す。例「帝の御妻をも**とり過・ちて**」〈源氏・若菜・下〉

とりあやま・る【取り誤る】[他ラ四]{ら・り・る・る・れ・れ}取り間違える。思い違いをする。例「**とりあやま・り**つつ見ん人の、わが心にかなはず」〈源氏・梅枝〉

とりいだ・す【取り出だす】[他サ四]{さ・し・す・す・せ・せ}❶取り出す。持ち出す。❷多くの中から選び出す。

とりい・づ【取り出づ】[他ダ下二]{で・で・づ・づる・づれ・でよ}❶取り出す。❷選び出す。抜き出す。例「かの中の品に**とり出・でて**言ひし、この並ならむかし」〈源氏・帚木〉❸(事を)引き起こす。例「宮仕へに出で立ちて、思ひがけぬ幸ひ**とり出・づる**例しども」〈源氏・帚木〉

とりい・る【取り入る】㊀[自ラ四]{ら・り・る・る・れ・れ}❶入り込む。自分からかかわる。例「こはき御物の気ども、**取りい・り**奉る」〈平家・三・赦文〉❷こびる。へつらう。例「大名方に**取り入・り**」〈仮・浮世物語〉㊁[他ラ下二]{れ・れ・る・るる・るれ・れよ}❶取って中に入れる。受け取る。例「〔文ヲ〕**取り入・れて**見て」〈蜻蛉・下〉❷物の怪が、取り憑いた人の魂を自分の方に引き込み、苦しめる。例「御物の怪のたびたび**取り入・れ**たてまつりしを」〈源氏・葵〉

とりうしな・ふ【取り失ふ】[他ハ四]{は・ひ・ふ・ふ・へ・へ}(「とり」は接頭語)失う。なくす。

とりうち【鳥打ち】[名]弓の上端から握りまでの間の、反りのある辺りの称。➡[古典参考図]武装・武具〈3〉

とりおき【取り置き】[名]❶処分。処置。例「諸道具の**取り置き**もやかましきとて」〈浮・日本永代蔵〉❷身持ち。やりくり。例「身代の**取り置き**を案じ」〈浮・世間胸算用〉

とりお・く【取り置く】[他カ四]{か・き・く・く・け・け}❶おさめておく。取っておく。例「〔大切ナ手紙ハ〕深く**とり置・きたまふべかめれば**」〈源氏・帚木〉語構成「たまふべかめれば」→「べかめり」。❷始末する。処理する。とくに、死体を葬る。例「往生いたされしを、各々嘆きを止めて**取り置・きける**」〈浮・日本永代蔵〉❸やめる。中止する。例「私らが商売は**取り置・くだや**」〈浄・博多小女郎波枕〉

とりおこな・ふ【執り行ふ】㊀[自ハ四]{は・ひ・ふ・ふ・へ・へ}ともに酒を飲む。例「思ひの外に友の入りきて、**とりおこな・ひ**たるも、心なぐさむ」〈徒然・一七五〉㊁[他ハ四](行事や事務などを)執行する。行う。例「殿の事**とり行・ふ**べき上下」〈源氏・須磨〉

とりおと・す【取り落とす】[他サ四]{さ・し・す・す・せ・せ}(「とり」は接頭語)❶うっかりなくす。紛失する。❷(入れるべきものを)うっかりして抜かす。気がつかないでもらす。

とりお・ふ【取り負ふ】[他ハ四]{は・ひ・ふ・ふ・へ・へ}取って背負う。

とりおや【取り親】[名]❶養父母。育ての親。↔取り子。❷奉公などの身元保証人としてたてた仮の親。仮親。

とりおろ・す【取り下ろす】[他サ四]{さ・し・す・す・せ・せ}❶取って下に置く。例「紙一巻、御硯の蓋に**取りおろ・して**奉れば」〈源氏・野分〉❷貴人の前から下げる。下ろす。例「御硯**取り下ろ・して**書かせさせたまふ」〈枕・羨ましげなるもの〉

とりかか・る【取り掛かる】[他ラ四]{ら・り・る・る・れ・れ}❶し始める。手を付ける。❷すがりつく。寄りかかる。例「いぬ宮、這ひ出で給ひて、物どもに**取りかか・り**て」〈宇津保・国譲・中〉❸関心をもつ。気にかける。例「思ひ余りてはまた宮の上に**とりかか・りて**」〈源氏・蜻蛉〉❹打ちかかって行く。敵とする。例「心も知らざらん人に**とりかか・りて**、汝あやまちすな」〈宇治拾遺・二・一〇〉

とりか・く【取り掛く】㊀[自カ下二]{け・け・く・くる・くれ・けよ}攻め寄せる。襲いかかる。例「北狄の数万騎、時を作って、どっと**取りか・け**」〈浄・国性爺後日合戦〉㊁[他カ下二]❶手に取ってかける。例「ももしきの大宮人は鶉鳥〔ノヨウニ〕領布**とりか・けて**」〈記・下・歌謡〉❷代金として支払う。例「銭なければ、米を**とりか・けて**」〈土佐〉

とりかく・す【取り隠す】[他サ四]{さ・し・す・す・せ・せ}取り上げて隠す。隠す。例「御鋏などやうのものはみな**とり隠・して**」〈源氏・夕霧〉

とりかさ・ぬ【取り重ぬ】[他ナ下二]{ね・ね・ぬ・ぬる・ぬれ・ねよ}さらに重ねる。合わせる。例「なよびたる御衣ども脱いたまうて、心ことなるを**とり重・ねて**」〈源氏・夕霧〉

とりかぢ【取り舵・取り梶】[名]❶船首を左に向けるときの舵のとり方。❷左舷。①②↔面舵

とりがなく【鳥が鳴く・鶏が鳴く】[枕詞]「あづま」にかかる。東国のことばが鳥のさえずりのように分かりにくく聞こえることからともいうが、諸説ある。例「鶏が鳴く東の国の」〈万葉・二・一九九長歌〉➡「あづま(東)」〈古語深耕〉

〈和歌〉**とりがなく…【鶏が鳴く　東の国に　古に　ありけることと　今までに　絶えず言ひける　葛飾の　真間の手児名が　麻衣に　青衿着け　ひたさ麻を　裳には織り着て　髪だにも　搔きは梳らず　沓をだに　はかず行けども　錦綾の　中に包める　斎ひ児も　妹に及かめや　望月の　足れる面わに　花のごと　笑みて立てれば　夏虫の　火に入るがごと　湊入りに　船漕ぐごとく　行きかぐれ　人の言ふ時　いくばくも　生けらぬものを　なにすとか　身をたな知りて　波の音の　騒く湊の　奥つ城に　妹が臥やせる　遠き代に　ありけることを　昨日しも　見けむがごとも　思ほゆるかも】**〈万葉・九・一八〇七長歌・高橋虫麻呂歌集〉訳鶏が鳴くという東の国に大昔にあったことだといまに至るまで絶えることなくいい継いできた葛飾の真間の手児名が、粗末な麻の着物に青色の襟を着け麻だけで裳を織って着て、髪だってくしけずらず沓さえ履かずに素足で行くのだけれど、立派な錦や綾の着物に包まれ大切に守り育てられた姫君も、美しさはこの娘に及びはしない。満月のように満ち足りた柔和な丸顔に花のように笑みを浮かべて立っていると、夏虫が火に飛び込むように、港に入ろうと舟が漕ぎ寄せるように、思い焦がれて男たちがいい寄るときに、いくらも生き続けられないものなのに、どういうつもりで、自分をわきまえ、波の音が騒がしい港の墓所にこの娘が横になっていらっしゃるのか。遠い昔にあったことを、つい昨日見たかのように思われ

ることだ。《係結び》「か→臥やせる（体）」〈参考〉「鶏が鳴く」は「東」の、「望月」は「足れる」の枕詞。「真間」はいまの千葉県市川市真間。美しさが際立っていたため、多くの男性からいい寄られ入水したという伝説上の少女を現地を訪れた虫麻呂が長歌としたもの。

とりか・ふ【取り飼ふ】［他ハ四］{は・ひ・ふ・ふ・へ・へ}（「とり」は接頭語）飼う。えさを与える。例「これ（＝鷹）をあづかりて、**とりか・ひたまふほどに**」〈大和・一五三〉

とりか・ふ【取り替ふ・取り換ふ】［他ハ下二］{へ・へ・ふ・ふる・ふれ・へよ}新しいものとかえる。

とりかぶと【鳥兜・鳥甲】［名］雅楽の楽人がかぶる鳳凰をかたどった兜。錦や金襴などで作る。

とりかへし【取り返し】［副］改めて。初めに立ち戻って。例「背きにし世の中も**とり返し**思ひ出でぬべくはべり」〈源氏・明石〉

とりかへ・す【取り返す】［他サ四］{さ・し・す・す・せ・せ}❶ふたたび自分のものにする。取り戻す。❷以前の状態にする。例「ありしながらのわが身ならばと、**とり返・す**ものならねど」〈源氏・空蟬〉

とりかへばやものがたり【とりかへばや物語】［作品名］平安後期の物語。作者未詳。現存しない古「とりかへばや」を改作したのが現存本（「今とりかへばや」とも呼ぶ）。女装の兄と男装の妹が、本来の性を取り戻すまでの物語。

とりきこ・ゆ【取り聞こゆ】［他ヤ下二］{え・え・ゆ・ゆる・ゆれ・えよ}（「とり」は接頭語。「聞こゆ」は言うの意の謙譲語）申し上げる。例「**とり聞こ・ゆ**べきことあり。おはしませ」〈蜻蛉・下〉

とりきゃうおう【取り饗応・取り供応】［名］あれこれともてなすこと。

とりぐ・す【取り具す】［他サ変］{せ・し・す・する・すれ・せよ}取りそろえる。いろいろ備える。完備する。例「これはかれはと取り具・しつつ（箱ニ）入る」〈源氏・玉鬘〉

とりくだ・す【取り下す】［他サ四］{さ・し・す・す・せ・せ}捕らえて都から地方へ下向させる。捕まえて地方へ護送する。例「東の人は情けなしと聞けば、今に**取り下・さ**れて、如何なる憂き目をか見せられん」〈義経記・五〉

とりくは・ふ【取り加ふ】［他ハ下二］{へ・へ・ふ・ふる・ふれ・へよ}（「とり」は接頭語）加える。さらに別の物事を添える。

とりくばり【取り配り】［名］分配すること。

とりくび・る【取り縊る】［他ラ四］{ら・り・る・る・れ・れ}固く握りしめる。例「香炉取りくび・りて、額に香炉を当てて祈請し給ふ事」〈宇治拾遺・二・二〉

とりけいめい【取り経営】［名］（「とり」は接頭語）行事の準備や、接待のために忙しく支度すること。

とりこ【取り子】［名］養子。↕取り親①

とりこ・む【取り込む】{ま・み・む・む・め・め}㊀［自マ四］雑多な用で多忙である。例「手前**取りこ・み**、早々申しのこし候ふ」〈浮・好色一代男〉㊁［他マ四］❶取り入れる。中に入れる。例「をかしき古言をもはじめより（＝歌ノ初句カラ）**とりこ・みつつ**」〈源氏・帚木〉❷自分のものにする。例「一度一度にくだされ物ぱっとこの沙汰あって、皆々**取り込・む**事を願ひ」〈浮・本朝桜陰比事〉❸まるめ込む。

とりこ・む【取り籠む】［他マ下二］{め・め・む・むる・むれ・めよ}❶閉じ込める。むりやり押し込める。例「宮より召すにもまゐらせず、**とり籠・めて**」〈源氏・若菜・下〉❷包囲する。囲い込む。例「つひに**取り籠・め**助けにけり」〈仮・伊曾保物語〉

とりころ・す【取り殺す】［他サ四］{さ・し・す・す・せ・せ}（悪霊・物の怪・鬼などが）とりついて人を殺す。例「彼らが生まれ変はりまかる後までも知りて、**取り殺・さん**」〈宇治拾遺・一二・一〇〉

とりざた［・す］【取り沙汰】［名・他サ変］（「とりさた」とも）❶取り扱い。処理。取り計らい。❷うわさ。評判。

とりさ・ふ【取り支ふ】［他ハ下二］{へ・へ・ふ・ふる・ふれ・へよ}（「とり」は接頭語）仲裁する。例「（子供ノケンカニ親ガ）出でて**取りさ・へ**んとするに」〈宇治拾遺・一〇・一〉

とりしたた・む【取り認む】［他マ下二］{め・め・む・むる・むれ・めよ}（「とり」は接頭語）片付ける。きちんと始末する。例「さしも深き御心ざしなかりけるをだに、落としあぶさず**取りしたた・め**たまふ御心長さ」〈源氏・玉鬘〉

とりし・づ【取り垂づ】［他ダ下二］{で・で・づ・づる・づれ・でよ}垂らす。かける。例「斎瓮に木綿**取り垂・でて**斎ひつつ」〈万葉・九・一七九〇長歌〉

とりじもの【鳥じもの】［枕詞］（「じもの」は接尾語）（鳥のようなものの意から）「朝立ち」「浮き」「なづさひ」にかかる。例「**鳥じもの**朝立ちいまして」〈万葉・二・二一〇長歌〉

とり・す【執す】［自サ変］{せ・し・す・する・すれ・せよ}熱中する。打ち込む。例「はかなく**とり・する**ことども（＝片手間ニ習ウ芸事ナドモ）、もののはえありて」〈源氏・若菜・下〉

とりす・う【取り据う】［他ワ下二］{ゑ・ゑ・う・うる・うれ・ゑよ}人や物を決まった場所に置く。例「皇子に、我**取り据・ゑ**て、御菓物参り給へど」〈宇津保・楼の上・下〉

とりす・つ【取り捨つ】［他タ下二］{て・て・つ・つる・つれ・てよ}取って捨てる。取り除く。例「人の憎みて、**取り捨・て**侍る」〈枕・職の御曹司におはしますころ、西の廂に〉

とりす・ぶ【取り総ぶ】［他バ下二］{べ・べ・ぶ・ぶる・ぶれ・べよ}ひとつに取りまとめる。取り集める。例「秋の野の花のいろいろ**取り総・べ**て我が衣手に移してしがな」〈拾遺・雑秋・一〇九九〉

とりぞめ【取り染め】［名］絞り染めの一種。間隔を置き横向きに細い筋が出るように絞り染めしたもの。染め色により「紫の取り染め」「赤の取り染め」という。

とりたが・ふ【取り違ふ】［他ハ下二］{へ・へ・ふ・ふる・ふれ・へよ}取り違える。別のものと間違える。例「人のもとに、さるものつつみて贈るやうやはある。**取りたが・へたる**」〈枕・里にまかでたるに〉

とりだち【取り立ち】［名］（近世語）幼児が物につかまって立つこと。つかまり立ち。

とりた・つ【取り立つ】［他タ下二］{て・て・つ・つる・つれ・てよ}❶手に持つ。取り上げる。例「弓矢を**とりた・て**むとすれども、手に力もなくなりて」〈竹取・かぐや姫の昇天〉❷取りそろえる。並べる。例「小車二つづつ、白銀・黄金の馬、さまざま色々**取り立・てて**」〈宇津保・蔵開・下〉❸とくに数え上げる。とくに選び出す。例「**とりた・て**てこのことと心得ることもはべらざりき」〈源氏・絵合〉❹建築する。建てる。例「金堂はその後倒れ伏したるままにて、**とり立・つる**わざもなし」〈徒然・二五〉❺目をかけて昇進させる。抜擢する。例

「国もとへ下ったならば、くわっと取り立ててやろうぞ」〈狂・入間川〉

とりちが・ふ【取り違ふ】(トリチガ(ゴ)ウ)〔他ハ下二〕{へ・へ・ふ・ふる・ふれ・へよ} ❶他のものと交換する。取り換える。例「これは、もとのをば**取り違・へて**」〈宇津保・国譲・上〉 ❷互いに取る。取り合う。例「諏方の五郎と播州とは手に手を**取り違・へ**」〈太平記・二九〉

とりちら・す【取り散らす】〔他サ四〕{さ・し・す・す・せ・せ} ❶(「とり」は接頭語)あちこちに物を散乱させる。散らかす。❷取り分ける。分配する。例「人々に**とり散ら・し**などしたれば、おのおのさし縫ひなどす」〈源氏・宿木〉

とりつか・ぬ【取り束ぬ】〔他ナ下二〕{ね・ね・ぬ・ぬる・ぬれ・ねよ} 束ねる。例「か黒し髪をま櫛もちここにかき垂れ**取り束・ね**上げても巻きみ」〈万葉・一六・三七九一長歌〉

とりつか・ふ【取り使ふ】(トリツカ(ゴ)ウ)〔他ハ四〕{は・ひ・ふ・ふ・へ・へ} 使用する。例「明け暮れ**取り使・ひし**」〈蜻蛉・上〉

とりつ・く【取り付く】[一]〔自カ四〕{か・き・く・く・け・け} ❶すがりつく。例「若草の妻は**取り付・き**」〈万葉・二〇・四三九八長歌〉 ❷物の怪・鬼などが乗り移る。例「御もののけの**とりつ・き**奉りにければ」〈栄花・二六〉 ❸端緒をつかむ。例「御詞のありける。これに**とりつ・きて**」〈愚管抄〉 ❹とりかかる。例「やうやう願ひかなひ、作事に**取りつ・き**」〈浮・日本永代蔵〉 [二]〔他カ下二〕{け・け・く・くる・くれ・けよ} ❶とりつける。作りつける。例「馬じもの縄**取り付・け**」〈万葉・六・一〇一九長歌〉 ❷(霊などを)乗り移らせる。例「己命の和魂を八咫の鏡に**取りつ・けて**」〈祝詞〉

とりつ・ぐ【取り次ぐ】〔他ガ四〕{が・ぎ・ぐ・ぐ・げ・げ} 間に立って、品物を渡し、また、用件を伝える。例「御粥など急ぎまゐらせたれど、**取りつ・ぐ**御まかなひ(=給仕)うちあはず」〈源氏・夕顔〉

とりつく・る【取り作る】〔他ラ四〕{ら・り・る・る・れ・れ}(「とり」は接頭語)作る。

とりつくろ・ふ【取り繕ふ】(トリツクロウ)〔他ハ四〕{は・ひ・ふ・ふ・へ・へ}(「とり」は接頭語)❶修繕する。手入れする。例「御髭などもとりつくろ・ひたまはねば」〈源氏・柏木〉 ❷うわべをひき繕う。飾り立てる。例「ありつかず**とりつくろ・ひたる**姿どもの」〈源氏・総角〉

とりつた・ふ【取り伝ふ】(トリツタ(ト)ウ)〔他ハ下二〕{へ・へ・ふ・ふる・ふれ・へよ} ❶取り次ぐ。例「〔文ヲ〕**とりつた・へたる**女房にもあはずして」〈平家・九・小宰相身投〉 ❷伝承する。受け伝える。例「もののふの**とりつた・へ**たるあづさ弓」〈平家・九・二度之懸〉

とりつづ・く【取り続く】(「とり」は接頭語)[一]〔自カ四〕{か・き・く・く・け・け}(上代は「とりつつく」)次々と続く。引き続く。例「**取り続・き**追ひ来るものは百種にせめ寄り来たる」〈万葉・五・八〇四長歌〉 [二]〔他カ下二〕{け・け・く・くる・くれ・けよ} 次々と続ける。例「空消息をつきづきしく**とりつづ・けて**」〈源氏・藤袴〉

とりつ・む【取り詰む】〔他マ下二〕{め・め・む・むる・むれ・めよ} 厳しく迫る。例「冷泉院を**とりつ・め**まゐらせたり」〈愚管抄〉

とりて【捕り手】〔名〕❶罪人を召し捕る人。また、その役職。捕り方。❷柔術で、人を捕縛する方法。また、その心得のある人。

とりで【砦・塁】〔名〕本城近くに一時的に設けた小規模な要塞。

とりどころ【取り所】〔名〕❶とりえ。長所。❷(器物の)取っ手。

とりとどこほ・る【取り滞る】(トリトドコオル)〔自ラ四〕{ら・り・る・る・れ・れ} 取りすがって動かない。例「衣手に**取りとどこほ・り**泣く子にも」〈万葉・四・四九二〉

とりと・む【取り留む】〔他マ下二〕{め・め・む・むる・むれ・めよ} 引き留める。例「**取りと・むる**ものにしあらねば年月をあはれあな憂と過ぐしつるかな」〈古今・雑上・八九七〉

〔俳句〕**とりどもも…**【鳥どもも寝入ってゐるか余吾の海】〈猿蓑・路通〉 訳 夜もすっかり更け、余吾の海は、しんとした静寂につつまれている。昼はにぎやかだった水鳥たちも寝入ってしまっているのだろうか。(季―水鳥―冬)

とりどり[・なり]〔形動ナリ〕{なら・なり(に)・なり・なる・なれ・なれ}(それぞれ異なっているさま。とくに、独自の個性や趣をもつさま)**さまざまだ。まちまちだ。思い思いだ。**例「人はみな**とりどり・にて**、こよなう劣りまさることも侍らず」〈紫式部日記〉

とりな・す【取り成す・執り成す】〔他サ四〕{さ・し・す・す・せ・せ} ❶作りかえる。例「湯津爪櫛にその をとめを**とりな・して**」〈記・上〉 ❷見なす。解釈する。例「ひがひがしくねぢけたるやうに**とりな・す**人もあらん」〈源氏・東屋〉 ❸調子を合わせる。例「**とりな・せ**ば、あだめく」〈源氏・帚木〉

とりな・づ【取り撫づ】(トリナズ)〔他ダ下二〕{で・で・づ・づる・づれ・でよ} 手に取ってなでる。例「〔梓弓ヲ〕**取り撫・で**たまひ」〈万葉・一・三長歌〉

とりなほ・す【取り直す】(トリナオス)〔他サ四〕{さ・し・す・す・せ・せ} ❶持ち直す。持ち代える。例「勧進帳を**とりなほ・し**」〈平家・五・文覚被流〉 ❷直す。改めてする。例「灯**とりなほ・し**、格子放ちて入れたてまつる」〈源氏・末摘花〉 ❸もとの状態に戻す。例「流石に今は心地**取り直・し**たる気色にて」〈義経記・七〉

とりな・む【取り並む】〔他マ下二〕{め・め・む・むる・むれ・めよ} 並べる。取りそろえる。例「まそ鏡**取り並・め**掛けて己が顔かへらひ見つつ」〈万葉・一六・三七九一長歌〉

とりなら・ぶ【取り並ぶ】〔他バ下二〕{べ・べ・ぶ・ぶる・ぶれ・べよ} ❶並べる。取りそろえる。例「香どもは、昔今の**取り並・べ**」〈源氏・梅枝〉 ❷二つのものを兼ね備えて持つ。取り合わせる。例「絵のさまも唐土と日本とを**とり並・べ**」〈源氏・絵合〉

とりのいはくすぶね【鳥の岩樟船】(トリノイワクスブネ)〔名〕鳥のように速く走り、岩のように丈夫な、楠でできた船。天の岩樟船。

とりのこ【鳥の子】〔名〕❶卵。とくに、鶏卵。❷「鳥の子紙」の略。

とりのこがみ【鳥の子紙】〔名〕雁皮(木の名)を主原料として作られる上質の和紙。鳥の卵のような淡黄色をしており、表面はなめらかで光沢がある。＝鳥の子②

とりのまひ【鳥の舞】(トリノマイ)〔名〕雅楽のひとつ。「迦陵頻伽」の鳥のように舞うもの。

とりばかま【取り袴】〔名〕袴の「股立ち」を取ること。急ぎのときにする。

とりは・く【取り佩く】〔他カ四〕{か・き・く・く・け・け} 腰に帯び

る。例「剣大刀腰に取り佩き」〈万葉・五・八〇四長歌〉

とりは・く【取り矧く】[他カ下二]{け・け・く・くる・くれ・けよ}弓に弦を取り付ける。例「梓弓(あづさゆみ)弦緒(つらを)取りはけ引く人は」〈万葉・二・九九〉

とりはづ・す【取り外す】トリハズス[他サ四]{さ・し・す・す・せ・せ}❶取り落とす。取り損なう。例「細長(=女子ノ衣服)を、心なかりける御前(=前駆)の取りはづして、遣り水に落とし入れたりけるを」〈宇治拾遺・七・六〉❷不注意で失敗する。例「取りはづして落窪(おちくぼ)といひたらん、何かひがみたらん」〈落窪・四〉

とりはな・つ【取り放つ】[他タ四]{た・ち・つ・つ・て・て}❶別々にする。引き離す。例「(姫ヲ母カラ)とり放ちきこえたまひて」〈源氏・少女〉❷取り外す。例「北の御障子(みさうじ)もとり放ちて御簾(みす)かけたり」〈源氏・鈴虫〉

古典の世界 ❶の「取り放つ」という表現は、何らかの事情で祖父母が自分の息子の子である嫡孫(ちゃくそん)を手もとに引き取る時にも用いられた。かつての婚姻形態は婿取り婚であったため、祖父母と嫡孫の縁は薄く、原則的に孫は外祖父母が養育するものであったという状況による。

とりはは【取り母】[名]実母に代わって、育ての親としてその子を育てる女性。養母。

とりばみ【鳥食み・取り食み】[名]宴会の料理の残りを投げて与えること。それを食べる下賤(げせん)な者。

とりはや・す【取り囃す】[他サ四]{さ・し・す・す・せ・せ}興を添え、座を取りもつ。にぎやかにする。例「御菓子(おんくだもの)まゐるなど、とりはやして」〈枕・宮にはじめてまゐりたる頃〉

とりはら・ふ【取り払ふ】トリハラ(ロ)ウ[他ハ四]{は・ひ・ふ・ふ・へ・へ}すっかり片付ける。

とりひし・ぐ【取り拉ぐ】[他ガ四]{が・ぎ・ぐ・ぐ・げ・げ}押しつぶす。例「骨をとりひしぎにけるにこそ、目おどろきたる事なり」〈古今著聞・三八〇〉

とりひそ・む【取り潜む】[他マ下二]{め・め・む・むる・むれ・めよ}(「とり」は接頭語)❶じっと潜ませる。隠す。例「つとめてはとりひそめけり」〈古今著聞・五六一〉❷静まらせる。例「酒宴取りひそめて」〈盛衰記・三〉

とりぶき【取り葺き】[名]屋根の葺(ふ)き方のひとつ。並べたそぎ板を竹で押さえ石を載せたもの。

とりべの【鳥部野・鳥辺野】[地名]山城国(やましろのくに)の地名。いまの京都市東山区、東山西麓(せいろく)の清水寺から今熊野(いまくまの)にかけての丘陵地。平安時代からの代表的な葬送の地。

とりべやま【鳥辺山・鳥部山】[歌枕]山城国(やましろのくに)の山。いまの京都市東山区にある阿弥陀ヶ峰(あみだがみね)をいう。葬送の地として有名。

[和歌]**とりべやま…【鳥辺山谷に煙(けぶり)の燃え立たばはかなく見えし我と知らなん】**〈拾遺・哀傷・一三二四・よみ人しらず〉訳もし鳥辺山の谷に火葬の煙が燃え立ったなら、弱々しげに見えていた私が死んだのだと知ってほしい。

とりまう・く【取り設く】トリモウク[他カ下二]{け・け・く・くる・くれ・けよ}(「とり」は接頭語)準備する。しつらえる。設ける。

とりまう・す【取り申す】トリモウス[他サ四]{さ・し・す・す・せ・せ}(「申す」は言うの意の謙譲語)❶取り次いで申し上げる。また、とりなして申し上げる。例「いとも易(やす)きことなり。いとよく取り申さむ」〈宇津保・忠こそ〉❷(「とり」は接頭語)とくに取り立てて申し上げる。例「何事をとり申さむと思ひめぐらすに」〈源氏・帚木〉

とりまかな・ふ【取り賄ふ】トリマカナウ[他ハ四]{は・ひ・ふ・ふ・へ・へ}(「とり」は接頭語)世話をする。用意し整える。例「すべて、余所(よそ)の人の取りまかなひたらん、うたて心づきなき事多かるべし」〈徒然・二四〇〉

とりまぎらは・す【取り紛らはす】トリマギラワス[他サ四]{さ・し・す・す・せ・せ}(「とり」は接頭語)目立たぬように取り計らう。まぎらわす。例「『そ(=ソレ)こそは世の常のこと』と、取り紛らはしつつ」〈源氏・蓬生〉

とりまど・ふ【取り惑ふ】トリマドウ[他ハ四]{は・ひ・ふ・ふ・へ・へ}あわてて取る。うまく取れなくて取ろうとあせる。

とりまはし【取り回し・取り廻し】トリマワシ[名]❶とりなし。処置。工夫。例「この取り回しが京にて出(い)づれば、遠い江戸までは行かずに済む事を」〈浮・日本永代蔵〉❷風体。なりふり。立ち居振る舞い。例「御所被衣(かづき)の取りまはし」〈浮・好色五人女〉❸力士の化粧回し。

とりみだ・す【取り乱す】{さ・し・す・す・せ・せ}(「とり」は接頭語)一[自サ四]心の平静を失う。例「やがて(病ガ)重りぬれば、我にもあらず、取り乱して果てぬ」〈徒然・二四一〉二[他サ四]取り散らす。だらしないようすをする。例「すこしなやむ風情に、袖枕(そでまくら)取り乱して」〈浮・好色五人女〉

とりみだ・る【取り乱る】{ら・り・る・るる・るれ・れ}(「とり」は接頭語)一[自ラ四]心の安定を失う。取り乱す。二[他ラ四]散らかす。散らし乱す。

とり・みる【取り見る】[他マ上一]{み・み・みる・みる・みれ・みよ}❶手に取って見る。例「秋さり衣誰(たれ)か取り見む」〈万葉・一〇・二〇三四〉❷世話をする。看病する。例「国にあらば父取り見まし家にあらば母取り見まし」〈万葉・五・八八六長歌〉

とりむか・ふ【取り向かふ】トリムカ(コ)ウ[自ハ四]{は・ひ・ふ・ふ・へ・へ}❶(「とり」は接頭語)向き合う。相対する。例「山名伊豆守(やまなのいづのかみ)と陣を取り向かうて」〈太平記・三七〉(音便)「取り向かう」は「取り向かひ」のウ音便。❷筆をとって机に向かう。例「『この返りごとたてまつらむ』とて、とり向かふに」〈枕・五月の御精進のほど〉

とりむ・く【取り向く】[他カ下二]{け・け・く・くる・くれ・けよ}手に取って差し出す。手向(たむ)ける。神に供える。例「幣(ぬさ)取り向けてはや帰り来(こ)ね」〈万葉・一・六二〉

とりむすめ【取り娘・取り女】[名]実の子ではなく、もらいうけた娘。養女。

とりもあへず【取りも敢へず】トリモアエズ(多く、副詞的に用いて)取るべきものも取ることができないほど急である。また、どうしようもない。例「さかさまに年もゆかなむ取りもあへず過ぐる齢(よはひ)やともに帰ると」〈古今・雑上・八九六〉

とりもうす【取り申す・執り申す】歴史的かなづかい「とりまうす」

とりもし【取り持し】(動詞「取り持つ」の連用形「取り持ち」の上代東国方言)手に持って。例「白玉を手に取り持して見るのすも」〈万葉・二〇・四四一五〉

とりも・つ【取り持つ・執り持つ】[他タ四]{た・ち・つ・つ・て・て}❶手に持つ。例「大御手(おほみて)に弓取り持たし」〈万葉・二・一九九長歌〉❷引き受けて執り行う。例

「宰相の君は、まして、よろづを**とりも・ちて**」〈源氏・藤裏葉〉❸もてなす。世話をする。例「おほかたのことどもは**とりも・ちて**親めききこえたまふ」〈源氏・絵合〉

とりもて・く【取り持て来】［自カ変］｛こ・き・く・くる・くれ・こ(こよ)｝奪ってくる。さらってくる。

とりもの【採り物】［名］祭事の際に神官が手に持つ物。とくに、神楽のとき舞人が持って舞う物。榊・幣・弓・剣・鉾など。

とりもののうた【採り物の歌】［名］神楽歌の曲種のひとつ。神楽で舞人が手に持った「採り物」にちなんで歌われる歌。

とりや・る【取り遣る】［他ラ四］｛ら・り・る・る・れ・れ｝取り除く。取りのける。取り捨てる。例「散りたるもの**取りや・り**などするに」〈枕・宮にはじめてまゐりたる頃〉

とりゆ【取り由・取り揺】［名］雅楽で箏の技巧の一種。左手で弦を押さえて弾く技法。

とりよ・す【取り寄す】［他サ下二］｛せ・せ・す・する・すれ・せよ｝❶手元に引き寄せる。例「灯近う**取りよ・せて**」〈枕・虫は〉❷持ってこさせる。例「御琴**とり寄・せ**て弾かせたてまつりたまふ」〈源氏・紅葉賀〉❸人を呼び寄せる。例「実法なる人(=律義者)のゆるぎ所あるまじきをとて**取り寄・せ**もてかしづきたまふ」〈源氏・真木柱〉

とりよそ・ふ【取り装ふ】［他ハ四］｛は・ひ・ふ・ふ・へ・へ｝《「とり」は接頭語》身支度をする。装う。例「**取り装・ひ**門出をすれば」〈万葉・二〇・四三九八長歌〉

とりよ・る【取り寄る】［自ラ四］｛ら・り・る・る・れ・れ｝《「とり」は接頭語》近くに寄る。親しく交際する。例「君も、いとあらまほしく、心賢く**とり寄・り**にけり(=縁組ミヲシタモノダ)と思ひけり」〈源氏・東屋〉

とりよろ・ふ【取り具ふ】［自ハ四］｛は・ひ・ふ・ふ・へ・へ｝《上代語》語義未詳。草木が繁茂している意、足りている意、都近くに寄っている意などの説がある。例「大和には群山あれど**とりよろ・ふ**天の香具山」〈万葉・一・二長歌〉訳→〈和歌〉やまとには…

とりわき【取り分き】［副］特別に。きわだって。とりわけ。=とりわきて。例「**とりわき**仰せ言ありて、きよらを尽くして仕うまつれり」〈源氏・桐壺〉

とりわきて［副］「とりわき」に同じ。

とりわ・く【取り分く】㊀［他カ四］｛か・き・く・く・け・け｝❶(一部分を他のものから)分けて別にする。例「心とどめ**とりわ・き**植ゑたまふ竜胆、朝顔の」〈源氏・野分〉❷特別扱いする。とくに重んじる。例「女院は、入道殿を**とりわ・き**たてまつらせたまひて」〈大鏡・道長・上〉《敬語》「とりわきたてまつらせたまひて」→「たてまつらせたまふ」。㊁［他カ下二］｛け・け・く・くる・くれ・けよ｝㊀①に同じ。例「(日ニ干シタ海藻ナドヲ)紙に**取り分・け**て、炭取りに入れて」〈落窪・一〉

とりゐしゃうじ【鳥居障子】［名］襖障子で、上部が鳥居に似た形のもの。清涼殿の台盤所から鬼の間まで立て渡した。

とり・ゐる【取り率る】［他ワ上一］｛ゐ・ゐ・ゐる・ゐる・ゐれ・ゐよ｝強制的に連れて行く。例「許さぬ迎へまうで来て、**取り・率**てまかりぬれば、口惜しく悲しきこと」〈竹取・かぐや姫の昇天〉

とりをさ・む【取り納む】［他マ下二］｛め・め・む・むる・むれ・めよ｝❶しまっておく。収める。例「図籍文書を**とりをさ・む**」〈紀・神功〉❷墓におさめる。あとを弔う。例「僧たちをやりたてまつり、成等正覚、頓証菩提とぞ**とりをさ・める**」〈曾我・一〇〉

と・る【照る】［自ラ四］｛ら・り・る・る・れ・れ｝《上代東国方言》てる。例「日が**照・れ**ば」〈万葉・一四・三五六一〉

と・る【取る】［他ラ四］｛ら・り・る・る・れ・れ｝❶手に持つ。つかむ。にぎる。例「君が手**取・ら**ば言寄せむかも」〈万葉・七・一一〇九〉❷つかまえる。とらえる。例「若君を昨日武士に**と・られ**てさぶらふ」〈平家・一二・六代〉《敬語》「とられてさぶらふ」→「さぶらふ」。❸収穫する。採取する。例「草こそば**取・り**て飼ふといへ」〈万葉・一三・三三二七長歌〉❹取り上げる。奪う。平らげる。例「脱ぎすべしたる薄衣を**と・り**て出でたまひぬ」〈源氏・空蝉〉❺採用する。選択する。決定する。例「二十八日になむ、舟に乗るべき日**と・り**たりければ」〈落窪・四〉❻身に受ける。例「なき名**取・り**ては苦しかりけり」〈古今・恋三・六二八〉❼(「…にとりて」の形で)…については。例「竜秋は、道に**と・り**てはやんごとなき者なり」〈徒然・二二九〉

〔**取る所**〕取り上げて用いるべき点。とくによい点。長所。取り柄。例「みなおのおの得たる方ありて、**取るところ**なくもあらねど」〈源氏・若菜・上〉

とるかたな・し【取る方なし】なんのとりえもない。少しもよいところがない。例「**とる方な・く**口惜しき際ど」〈源氏・帚木〉

どれ［名］《近世語》酔いどれ。酔っ払い。例「両方ともに、**どれ**になって」〈浮・西鶴諸国ばなし〉

どれ【何】［代名］《「いづれ」の変化形》❶《不定称の指示代名詞》㋐事物をさす。どのもの。いずれ。㋑場所をさす。どこ。例「比叡の山は**どれ**より」〈義経記・三〉❷《不定称の人称代名詞》だれ。例「**どれ**ぞ腰元衆の内をひとり馬にして身どもがそばに置いてたもれ」〈狂言記・人馬〉

とろか・す【蕩かす・盪かす】［他サ四］｛さ・し・す・す・せ・せ｝❶固体のものを溶解させる。❷惑わせて本心を失わせる。たぶらかす。失神させる。例「(蛇ハ)女を守りて(=見ツメテ)**蕩か・して**ありけるに」〈今昔・二九・三九〉

とろとろ［副］❶粘液などがたらたらと落ちるさま。例「よだれ**とろとろ**垂らして見入り給へり」〈盛衰記・一七〉❷落ち着いて。ゆっくり。例「ひき固めて**とろとろ**と放ちて、弓倒して見やれば」〈宇治拾遺・一五・四〉❸眠気のさしてくるさま。

とろめ・く【盪めく・蕩めく】［自カ四］｛か・き・く・く・け・け｝❶眠気がさしてくる。例「かく**とろめ・き**て寝をのみ眠給ふは」〈今昔・四・三一〉❷うっとりする。例「扇の陰で目を**とろめ・かす**」〈閑吟集〉

とわ【永久】歴史的かなづかい「とは」

とわた・る【門渡る】［自ラ四］｛ら・り・る・る・れ・れ｝瀬や海峡などを渡る。例「淡路島**門渡・る**船の梶間にも」〈万葉・一七・三八九四〉

どゐ【土居】［名］城や家の周囲にめぐらした土の垣。

とゑら・ふ［自ハ四］｛は・ひ・ふ・ふ・へ・へ｝《上代東国方言。「とをらふ」の変化形》波がうねり立つ。

とをかあまり【十余日】［名］❶(日付を特定する意で)十日過ぎ。❷(時間の経過を指して)十日以上。

〔俳句〕**とをだごも…**【十団子も小粒になりぬ秋の風】〈韻塞・許六〉訳秋風がもの寂しく吹く

中、宇津谷峠を通り過ぎると、名物の十団子も、心なしかいっそう小粒になったように思われることだ。

〔和歌〕**とをちには…**【**十市には夕立すらしひさかたの天の香具山雲隠れゆく**】〈新古今・夏・二六六・源俊頼〉訳遠く十市の里は夕立になっているらしい。〔ひさかたの〕天の香具山が雲に隠れてゆく。
〈参考〉「十市」はいまの奈良県橿原市十市町。「十市の里」は、「遠」にかけて遠い所を詠んだ歌の名所。「ひさかたの」は、「天」にかかる枕詞。

とをちのさと【**十市の里**】〔歌枕〕大和国の地名。いまの奈良県橿原市十市町。「遠い」という意をこめて詠まれる。

とをつら【**十列**】〔名〕❶十人。十人の列。❷近衛府の官人が十騎で行う競技。十騎一組で行うとも、二騎ずつ十番行うともいう。

とを・む【**撓む**】〔自マ四〕{ま・み・む・む・め・め}たわむ。うねる。例「沖つ波**撓む**眉引き大船のゆくらゆくらに」〈万葉・一九・四二二〇長歌〉

とをよ・る【**撓よる**】〔自ラ四〕{ら・り・る・る・れ・れ}(からだが)しなやかにたわむ。例「なよ竹の**とをよる**児らはいかさまに思ひ居れか」〈万葉・二・二一七長歌〉

とをら・ふ〔自ハ四〕{は・ひ・ふ・ふ・へ・へ}うねる。揺れ動く。例「釣り舟の**とをらふ**見れば古のことぞ思ほゆる」〈万葉・九・一七四〇長歌〉

とをを〔・なり〕【**撓**】〔形動ナリ〕{なら・なり(に)・なり・なる・なれ・なれ}弓なりにしなうさま。たわむさま。例「秋萩の枝も**とををに**置く露の」〈万葉・八・一五九五〉

どん〔・なり〕【**鈍**】〔形動ナリ〕{なら・なり(に)・なり・なる・なれ・なれ}間が抜けている。愚かだ。

とんあ【**頓阿**】〔人名〕(一二八九〜一三七二)鎌倉後期から南北朝時代の歌人。俗名は二階堂貞宗。父は下野守二階堂光貞。出家後は二条為世に歌学を学ぶ。著書に『井蛙抄』『愚問賢注』など。

どんがめ【**団亀**】〔名〕(「どろがめ」の変化形)スッポンの別称。

とんぐう【**頓宮**】〔名〕仮に造った宮。仮宮。行宮。

どんごん〔・なり〕【**鈍根**】〔名・形動ナリ〕(「どんこん」とも)頭の回転の鈍いさま。⇔利根

どんこんさう【**鈍根草**】〔名〕(「どんごんさう」「どごんさう」とも)(ミョウガを食べ過ぎると愚鈍になるという俗信から)ミョウガの別称。

とんじき【**屯食**】〔名〕(「とじき」とも)「強飯」を握って、卵形にしたもの。平安時代、宮廷または貴人の饗応のとき、下臈などに弁当として賜った。

どんじき【**鈍色**】〔名〕(「にびいろ」「にぶいろ」とも)❶染め色の名。濃いねずみ色。喪服や僧服に用いることが多かった。❷(「鈍色の衣」の略)僧服のひとつ。高僧が儀式などのときに着る袍。

とんしゃ【**頓写**】〔名〕急いで書き写すこと。

とんしょうぼだい【**頓証菩提**】〔名〕(仏教語)速やかに悟りの境地を得ること。願文や回向文などで祈りをこめて唱えられる。

どんす【**緞子**】〔名〕中国渡来の絹織物の一種。繻子地に模様を織り出したもの。

とんせい〔・す〕【**遁世**】〔名・自サ変〕(「とんぜい」とも)俗世間を逃れて仏門に入ること。

とんせいしゃ【**遁世者**】〔名〕(「とんぜいじゃ」とも)俗世間を捨てた人。世捨て人。

とんちき〔名〕(近世語)人をののしっていう語。とんま。まぬけ。

とんてき〔・なり〕【**頓敵・頓的**】〔名・形動ナリ〕(近世語)思慮が浅く軽はずみなこと。ひょうきんなこと。まぬけなこと。また、その人。例「いかな**とん的**どもも、有頂天の野暮すけなりとも」〈松の葉〉

とんでん【**屯田**】〔名〕❶令制以前の皇室の御料田。❷平安時代、鎮守府のために陸奥国に置いた田地。

どんど〔副〕❶水が音を立てて勢いよく流れるさま。❷大声で呼び立てる声。

とんばう【**蜻蛉**】〔名〕カゲロウの別称。(季―秋)

とんばうがへり【**蜻蛉返り**】〔名〕❶身をひるがえすこと。❷歌舞伎で役者が宙返りすること。

とんよく〔・なり〕【**貪欲**】〔名・形動ナリ〕(仏教語。「どんよく」とも)「十悪」のひとつ。むさぼって飽くことを知らないこと。欲の深いこと。

な

な【**名**】〔名〕❶**名前。名称。**例「妹が**名**呼びて袖ぞ振りつる」〈万葉・二・二〇七長歌〉訳→〔和歌〕あまとぶや…。❷**評判。うわさ。**例「逢ふことは玉の緒ばかり**名**の立つは吉野の川のたぎつ瀬のごと」〈古今・恋三・六七三〉❸**名ばかりで中身の伴わないこと。**例「家島は**名**にこそありけれ海原を我が恋ひ来つる妹もあらなくに」〈万葉・一五・三七一八〉

〔**名有り**〕有名である。名声を博している。例「我らはさすが(=ナントイッテモ)東国では皆人に知られて、**名ある**者でこそあれ」〈平家・七・篠原合戦〉

〔**名流る**〕評判が世間に広まる。名声が広く伝わる。例「**名こそ流れ**てなほ聞こえけれ」〈千載・雑上・一〇三五〉訳→〔和歌〕たきのおとは…。

〔**名に負ふ**〕❶名前としてもつ。例「神無月時雨降りおける楢の葉の**名に負ふ**宮の古言ぞこれ」〈古今・雑下・九九七〉訳→〔和歌〕かむなづき…。❷有名だ。名高い。例「これやこの**名に負ふ**鳴門の渦潮に」〈万葉・一五・三六三八〉

〔**名に聞く**〕うわさに聞く。名高い。例「まことに**名に聞く**ところ羽根ならば飛ぶがごとくにみやこへもがな」〈土佐〉

〔**名にこそ負へれ**〕(名詞「名」+格助詞「に」+係助詞「こそ」+動詞「負ふ」の已然形+助動詞「り」の已然形)評判であるが。有名であるが。例「花橘は**名にこそ負へれ**」〈徒然・一九〉

〔**名にし負ふ**〕(「なにおふ」を強意の副助詞「し」によって意味を強めた表現)「なにおふ」に同じ。

〔**名に立つ**〕評判になる。世の中に知られる。例「**名に立ち**てふしみの里といふ事は紅葉を床に敷けばなりけり」〈後撰・雑四・一二九〇〉

〔**名に流る**〕名声が世に広まる。名高くなる。例「うつろはぬ**名に流れ**たる川竹の」〈後撰・雑四・一二七二〉

〔名を揚ぐ〕名声をあげる。有名になる。例「巨唐(＝偉大ナ中国)に名をあ・げ」〈海道記〉

〔名を著す〕ナヲアラワス 名声をあげる。有名になる。評判になる。例「五月闇名をあらは・せるこよひかな」〈平家・四・鵼〉

〔名を得〕名声を得る。評判を得る。例「この世に名を・得たる舞の男ども」〈源氏・紅葉賀〉

〔名を掛く〕❶名をつらねる。名を知られる。有名である。例「新後撰集にはじめて名をか・け侍りける時」〈新千載・雑中・一九七三詞書〉❷名を口に出していう。

〔名を腐す〕名をけがす。面目をつぶす。例「われのみやうき世(＝ツライ男女ノ仲)を知れるためしにて濡れそふ袖の名をくた・すべき」〈源氏・夕霧〉

〔名を正す〕物事の正邪を明らかにする。例「とどまらむ名をばただ・すの神にまかせて」〈源氏・須磨〉

〔名を立つ〕❶名声をあげる。例「後の世の語り継ぐべく名を立・つべしも」〈万葉・一九・四一六四長歌〉❷評判を立てる。例「玄宗の后、楊貴妃に名をた・ち給へり」〈平家・二・一行阿闍梨之沙汰〉

〔名を保つ〕名声・名誉を守り続ける。例「うれしくぞ名を保・つだにあだならぬ御法の花に身をむすびける」〈千載・釈教・一二二四〉

〔名を散らす〕世に名声を広める。評判を立てる。また、浮き名を流す。例「花もえならぬ名をや散ら・さむ」〈源氏・紅梅〉

〔名を留む〕後世に名を残す。後世まで名を残すような功績を立てる。例「名をと・むる世々はむかしにたえねども」〈新勅撰・雑二・一一五五〉

〔名を取る〕名声をあげる。例「すべてただ今世に名を取・れる人々、かきなでの心やりばかりにのみあるを」〈源氏・明石〉

〔名を流す〕名声を世に広める。例「汝ら、君の使ひと名を流・しつ」〈竹取・竜の頸の玉〉

〔名を残す〕名声を後世にとどめる。

〔名を広む〕広く世間に名声を広める。世間に名を知られる。

〔名を施す〕名声を世間に広める。例「世に、琴仕うまつる名を施・してき」〈宇津保・吹上・下〉

〔名を惜しむ〕ナヲオシム 名声が失われるのを残念に思う。例「磯の上に生ふる小松の名を惜し・み人に知らえず恋ひ渡るかも」〈万葉・一二・二八六一〉

〔名を折る〕ナヲオル 名誉を失う。例「武勇に携はりて八代、いまだ一度も名を折・らず」〈盛衰記・三〇〉

な【字】〔名〕文字。字。

な【肴】〔名〕魚・肉・野菜など副食物の総称。おかず。

な【魚】〔名〕食用にする魚の総称。

な【菜】〔名〕食用となる草本類や海草類の総称。

な【儺】〔名〕「ついな」に同じ。

な【汝】〔代名〕《対称の人称代名詞。目下の者や親しい者に対していう語》おまえ。↔我。例「時鳥汝が鳴く里のあまたあれば」〈古今・夏・一四七〉

な【無】《形容詞「無し」の語幹》ない。例「『心もなのことや』ときくほどに」〈枕・かへる年の〉

な〔副〕❶《上代語》(動詞の連用形(カ変・サ変は未然形)、または、動詞＋助動詞の連用形を下に伴って)…するな。…してくれるな。例「我なしとなわび我が背子ほととぎす鳴かむ五月は玉を貫かさね」〈万葉・一七・三九九七〉❷(下に終助詞「そ」「そね」を伴って「な…そ(ね)」の形で)…してくれるな。

〔な…そ〕(「な」は副詞。「そ」は終助詞)「…」の部分は動詞(型活用語)の連用形(カ変・サ変は未然形)。(どうか)…しないでほしい。…しないでくれ。例「むかし思ふ草の庵の夜の雨に涙な添へそ山郭公」〈新古今・夏・二〇一〉訳→〔和歌〕むかしおもふ…

発展学習ファイル　終助詞「な」より、やわらかな禁止を表し、懇願的な気持ちを含む。平安時代の女性が用いることが多かった。

な〔格助〕一《上代語》連体格を示す。…の。例「まなかひにもとなかかりて安眠しなさぬ」〈万葉・五・八〇二長歌〉訳→〔和歌〕うりはめば…。二《上代東国方言》格助詞「に」に同じ。…に。例「草陰の安努な行かむと墾りし道安努は行かずて荒草立ちぬ」〈万葉・一四・三四四七〉訳〔くさかげの〕安努(＝地名)に行こうと開いた道だが、安努には行かないので、雑草が茂ってきました。〔注〕「草陰の」は「安努」の枕詞。

な〔係助〕係助詞「は」が撥音の下に付き、連声によって「な」と発音されたもの。は。中世以降現れた。例「論な(議論ハ)いるまい、急いで舞へ」〈狂言記・茶壺〉

な〔終助〕《上代語》❶自己の意志や願望を表す。…(よ)う。…たい。例「熟田津に船乗りせむと月待てば潮もかなひぬ今は漕ぎ出でな」〈万葉・一・八〉訳→〔和歌〕にきたつに…。❷他へのあつらえや勧誘を表す。…てほしい。…(よ)うよ。例「馬並めていざ打ち行かな渋谿の清き磯廻に寄する波見に」〈万葉・一七・三九五四〉訳馬を並べてさあ行こうよ。渋谷の清い磯辺に寄せる波を見に。

〈接続〉動詞・助動詞の未然形に付く。

発展学習ファイル　主語が一人称だと①、一人称複数・二人称・三人称だと②の意になる。

な〔終助〕感動・詠嘆、念押しを表す。

▷八九〇ページ「特別コーナー」

な〔終助〕禁止を表す。

▷八九〇ページ「特別コーナー」

な 打消の助動詞「ず」の古い形の未然形。「なな」「なふ」などの形に現れる。例「我が門の片山椿まこと汝我が手触れなな地に落ちもかも」〈万葉・二〇・四四一八〉

な 断定の助動詞「なり」の連体形「なる」の撥音便「なん」の撥音無表記。例「海竜王の后になるべきいつきむすめななり」〈源氏・若紫〉語構成「いつきむすめなり」→「ななり」

〈参考〉推定の助動詞「なり」「めり」と共に用いられ、「ななり」「なめり」の形が多い。

な 完了の助動詞「ぬ」の未然形。例「暁には、(自分ノ部屋へ)『疾く下りなむ』と、急がるる」〈枕・宮にはじめてまゐりたる頃〉《識別注意語》→付録「まぎらわしい品詞の識別」

ない 歴史的かなづかい「なゐ」

ない【地震】

ない〔感〕《近世語》相手の呼びかけに答えることば。はい。武家に仕える下僕などが使った。例「詞に従ひ『ない、ない』と、供の下部は帰りける」〈浄・仮名手本忠臣蔵〉

な [終助詞]

アプローチ 感動・詠嘆を表す場合(①)と、念押しを表す場合(②)とがある。

接続 体言、活用語の終止形、助詞などに付く。

〈識別注意語〉→付録「まぎらわしい品詞の識別」

意味	訳語	用例
❶**感動・詠嘆の意を表す。**	…なあ …ことだなあ	例「蟬の声聞けばかなし**な**夏衣うすくや人のならむと思へば」〈古今・恋四・七一五〉訳 蟬の声を聞くと悲しい**なあ**。薄い夏衣(=夏の衣服)のようにあの人の心も薄情になりはしないかと思われるので。
❷**念を押す意を表す。**	…ね	例「かれぞこの常陸守の婿の少将**な**」〈源氏・東屋〉訳 あれがこの常陸守の婿の少将なの**ね**。

な [終助詞]

アプローチ 禁止を表す終助詞。同様に禁止を表す副詞「な」が用いられる「な…そ」の表現よりも、禁止の度合いが強い。

接続 活用語の終止形に付く。ただし、ラ変型活用語には連体形に付く。

〈識別注意語〉→付録「まぎらわしい品詞の識別」

意味	訳語	用例
禁止を表す。	…な …てはいけない	例「かの尼君などの聞かむに、おどろおどろしく言ふ**な**」〈源氏・夕顔〉訳 あの尼君などが聞くかもしれないから、大げさに言う**な**。

ないえん【内宴】[名]平安時代、宮中で、正月の年中行事が一段落したのちに行われた天皇の私的な宴会。陰暦正月二十一日を原則として、二十三日までに子の日があれば、子の日の宴とともに、仁寿殿で催された。文人に詩を作らせ、内教坊舞妓に女楽を奏させた。(季-春)

ないがしろ【蔑】[形動ナリ]{なら・なり(に)・なり・なる・なれ・なれ}(「なきがしろ」のイ音便)❶(人を、いないも同然に扱うという意から、多く「ないがしろにす」の形で)軽んじるようす。あなどるようす。例「万の咎は、馴れたるさまに上手めき、所得たるけしきして、人を**ないがしろ**にするにあり」〈徒然・二三三〉❷(周囲の人がいないように振る舞うという意から)人目を気にしない。しどけないようす。例「二藍の小袿だつもの**ないがしろ**に着なして」〈源氏・空蟬〉

ないがま【薙い鎌】[名](「なぎがま」のイ音便)「なぎがま」に同じ。

ないき【内記】[名](「うちのしるすつかさ」とも)令制で「中務省」の役人。詔勅・宣命・位記の起草、宮中の記録などをつかさどった。↔外記

ないぎ【内儀・内義】[名]❶内輪のこと。内証。❷人妻の敬称。奥様。江戸時代、とくに町家の主婦に対していう。

ないぎ【内議・内義】[名]内々の相談。内輪の評議。例「そも**内義**支度はさまざまなりしかども、義勢ばかりでは、この謀反かなふべうも見えざりしかば」〈平家・二・西光被斬〉

ないぐ【内供】[名]「内供奉」の略。

ないくう【内宮】[名]伊勢の皇大神宮。↔外宮

ないぐぶ【内供奉】[名]宮中に奉仕し、御斎会の講師を務めたり、清涼殿で夜居を勤めたりする僧。高徳の僧十人を選んだ。=供奉②・内供

ないくゎん【内官】[名]令制における中央官庁の職員の総称。京官。↔外官

ないげ【内外】[名]❶うちとそと。❷出入りすること。とくに、貴人の家や、女性の部屋に出入りすること。❸奥向きと表向き。転じて、すべての面。万事。❹内教と外教。仏教と、それ以外の宗教・学問。❺「内外典」の略。

〔**内外の文**〕「ないげでん」に同じ。

ないけう【内教】[名](仏教語)仏家で儒教や道教を外教というのに対して、仏の教えをいう。また、仏教の教典。

ないけうばう【内教坊】[名]宮中で舞姫に女楽・踏歌を教習させた所。

ないげでん【内外典】[名](「ないげてん」とも)内典と外典。仏教の書物とそれ以外の書物。=内外⑤・内外の文

ないし【内侍】[名]❶**内侍司の女官の総称**。尚侍・典侍・掌侍のうち、とくに、掌侍を指すことが多い。❷女院・中宮・斎宮・斎院などに仕える女房のうち、**内務をつかさどる者の名称**。❸**安芸の国の厳島神社に奉仕する巫女**。

内宴　仁寿殿で行われる内宴。手前の屏風を背に天皇と武官が着座し、その前で公卿たちが献詩を披講する。料理が盛られた台盤の左右には草墩が並べられ、饗宴の準備が整った。庭には立ち明かし三人が松明をかざす。（年中行事絵巻）

古典の世界

女性のあこがれの職業「内侍」

天皇に奉仕する女官は、職種別に十二の役所（十二司）で構成され、各司には尚・典・掌のほか多数の女孺・采女が配属される。そのうち、天皇の秘書業務や宮廷行事に奉仕するのが内侍司。その長官が「**尚侍**」で定員二名。天皇に直接仕えるので、その地位は向上した。しかし次第に実務を執ることがなくなり、平安中期には天皇の侍妾的な立場の尚侍がいた。『源氏物語』で朱雀帝に仕えた朧月夜などが、その例である。こうして尚侍が実質的な職掌を失うと、その権能は「**典侍**」にうつり、典侍の地位が向上した。しかし、その典侍もまた后妃に準ずる扱いを受けるようになり、また天皇の乳母は典侍として処遇されるなど、名誉職的になっていくと、今度は内侍の実際的な権能は「**掌侍**」が果たすことになる。平安中期以降に、単に「**内侍**」とあるのは多く「掌侍」を指すことになる。その第一の内侍を「**勾当内侍**」といい、かつての尚侍の職掌をこなすことになる。

尚侍は大臣の娘が任命されることが多かったが、典侍以下は中・下流の貴族の娘からも昇進できたから、女官の中ではあこがれの官職とされた。清少納言の「女は、典侍。内侍」〈枕・女は〉というのも、「女（の職）なら、典侍、内侍（がいい）」という意。

内侍の女官は、本来天皇側近の秘書的な重職だったが、側近ゆえに后妃化していくこととなり、それにしたがって次官・三等官へとその実務・権能が移っていったのである。

ないし【乃至】［接］❶《物事を列挙するに際して、その初めと終わりや、主だったものを挙げ、その他を省略する場合に用いる語》…から（…まで）。例「蹴鞠・能書の輩、**ないし**衛府・諸司・官女・官僧に至るまで」〈太平記・二三〉❷または。もしくは。あるいは。例「そこそこの河辺に、**ないし**それの岳の彼方面に」〈今昔・二五・五〉

ないしせん【内侍宣】［名］《「だいしせん」とも》「勾当内侍」が天皇の御意を奉じて出す文書。

ないしどころ【内侍所】［名］❶「内侍司」の置かれた所。内裏の温明殿にあり、内侍が詰めていた。❷（初め内侍司のあった場所を用いたことから）「三種の神器」のひとつである「八咫の鏡」を安置した温明殿内の「賢所」。❸転じて、八咫の鏡。

〔**内侍所の御神楽**〕陰暦十二月に、宮中の「内侍所」で、神鏡に奉納された神楽。

ないしのかみ【尚侍】［名］《「しゃうじ」「しゃうし」とも》令制で「内侍司」の長官。天皇への取り次ぎ、天皇のことばの伝達などをつかさどったが、のちに、女御・更衣に準ずる地位となった。

ないしのじょう【掌侍】［名］《「しゃうじ」とも》令制で「内侍司」の三等官。定員四名で、その長を「勾当内侍」という。単に「内侍」という。

ないしのすけ【典侍】［名］《「てんじ」「すけ」とも》令制で「内侍司」の次官。公卿・殿上人などの娘が任じられた。

ないしのつかさ【内侍司】［名］令制で後宮十二司のひとつ。天皇に近侍して、天皇の取り次ぎ、宮中の礼式などをつかさどった。職員はすべて女子で、「尚侍」「典侍」「掌侍」などがある。

ないしばら【内侍腹】［名］内侍である女性から生まれること。また、その子。

ないじゃく【内戚】［名］《「ないしゃく」「ないせき」とも》父方の親戚。↔外戚。

ないじゅ【内豎】［名］宮中で雑務に使われた少年。良家の子弟から選ばれ、時刻を奏したりした。

ないじゅどころ【内豎所】［名］宮中で「内豎」を指揮・監督し、その事務をつかさどった所。

ないしょ【内所・内緒】［名］「ないしょう③⑤⑨」に同じ。

ないしょう【内証・內證】［名］❶《仏教語》心の奥深くで、仏教の真理を悟ること。また、その真理。

❷内意。内心。多く、神仏や貴人についていう。❸表に表さず、内に秘めていること。内密。秘密。＝内所。❹公事に対して内々のこと。奥向き。内輪。❺（家の中で、玄関や客間など、表向きの場所に対して）奥向きの場所。居間・台所など。勝手。＝内所。❻（客に対して、一家の中にいる人という意で）身内。親戚。❼一家のうちうちの経済状態をいう。家計。暮らし向き。資産。❽他人の妻や妾に対する敬称。＝内儀。❾（近世語）遊女屋で主人がいる所。居間・帳場など、店に対して奥向きの所。また、その主人。＝内所

ないしんわう【内親王】［名］天皇の姉妹および皇女。奈良末期以降、内親王としての宣下を受けた者。＝内の御子・姫御子。↕親王

ないせき【内戚】［名］「ないじゃく」に同じ。

ないぜん【内膳】［名］「内膳司」の略。

ないぜんし【内膳司】［名］《「うちのかしはでのつかさ」とも》令制で「宮内省」に属し、天皇の食事の調理・毒味などをつかさどった役所。＝内膳

ないぜんのかみ【内膳正】［名］「内膳司」の長官。

ないだいじん【内大臣】［名］《「うちのおとど」「うちのおほおみ」とも》令制で「太政官」の職のひとつで、令外の官。左右大臣の補佐役。初め員外の大臣だったが、のちに常置となった。＝内府

ないだうぢゃう【内道場】［名］宮中に設けられた仏道修行のための道場。真言院。

ないだん【内談】［名］内々の話。密談。

ないぢん【内陣】［名］社寺で、本殿・本堂の奥にある、神体や本尊を安置する所。↕外陣

ないでん【内典】［名］《仏教語。「ないてん」とも》仏家の側から、仏教の教典を指していう語。↕外典

ないとうぢゃうさう【内藤丈草】［人名］（一六六二〜一七〇四）江戸前・中期の俳人。蕉門十哲のひとり。別号は仏幻庵。もと犬山藩士。『猿蓑』に入集、松尾芭蕉の信頼あつく、その跋文も書く。随筆『寝ころび草』、漢詩集『驢鳴草』。

ないない【内内】［副］ひそかに。こっそり。例「ないうけ給はりてこそまいり来め」〈浜松中納言・一〉

ないはう【内方】［名］《「うちかた」とも》他人の妻の敬称。奥様。

ないはらをた・つ【ない腹を立つ】《「ないばらをたつ」とも》なんでもないことに腹を立てる。例「馬の上にて、ない腹を立・ちて」〈大鏡・伊尹〉

〈参考〉「ない腹」は「無き腹」とも「泣き腹」ともいう。

ないふ【内府】［名］《「だいふ」とも》内大臣の唐名。

ないべん【内弁】［名］平安時代、節会のとき、承明門内において重要な役目を担う大臣。門外の大臣を外弁という。↕外弁

ないみゃうぶ【内命婦】［名］《「うちのみゃうぶ」とも》令制で五位以上の女官。↕外命婦

ないめ【泣い目】［名］《「なきめ」のイ音便》つらい思い。つらいめ。

ないらん【内覧】［名］天皇に奉呈された文書を、事前に見ることが許されること。摂政・関白または内覧の宣旨を受けた大臣がこれにより政務を執り行う。

〔**内覧の臣**〕内覧の宣旨を下された臣下。

〔**内覧の宣旨**〕「内覧」を許す旨の宣旨。

ないり【泥梨・泥犁・奈利】［名］《仏教語。梵語の音訳。「なり」とも》地獄。奈落。

ないゐ【内位】［名］令制で氏姓の尊卑などによって、位に内・外の別を記した。五位以下に内位と外位があり、内位は有力貴族に授けられた。↕外位

ないゐん【内院】［名］❶伊勢神宮の斎宮の居所。内院・外院・中院とがあった。ここで祈年・新嘗などの祭儀を行った。❷《仏教語》兜率天の中にあり、弥勒菩薩が法を説く所。

なう【萎う・綯う・納】歴史的かなづかい「なふ」

なう［感］❶人に呼びかけるときの語。もし。例「これはなう母御、何くへ行き給ふぞ」〈太平記・二〉❷感動したときに発する語。ああ。例「なうこれは夢かやあらあさましや候ふ」〈謡・隅田川〉

なう □一［終助］感動や同意を求める呼びかけの意を表す。…なあ。…ねえ。例「春に問はばやもの言ふ月に会ひたやなう」〈閑吟集〉訳（だれの移り香か）春に尋ねたいものだ、ものをいう月に会って問いたいものだなあ。□二［間助］強調の意を表す。例「うしろ影を見んとすればなう朝霧が」〈閑吟集〉訳→〈歌謡〉うしろかげを…

なう【無う】ウ形容詞「なし」の連用形「なく」のウ音便。

なうなう［感］《感動詞「なう」を重ねた語》❶人を呼ぶときの語。もしもし。例「なうなう旅人御宿参らせうなう」〈謡・鉢木〉❷感動を表す語。ああ。例「なうなううれしやうれしや」〈狂・末広がり〉

なえさうぞく【萎え装束】［名］《「なえしゃうぞく」とも》糊をつけない柔らかな装束。平安中期までは、糊をつけないのがふつうだった。↕強装束

なえたるきぬ【萎えたる衣】糊気が落ちて柔らかになった衣服。例「〔浮舟ハ〕萎えたる衣を顔に押し当てて、臥したまへり」〈源氏・浮舟〉

なえとほ・る【萎え通る】［自ラ四］｛ら・り・る・る・れ・れ｝すっかりなえる。隅々までよれよれになる。例「萎え通・りたる衣に袈裟なども所々破れたり」〈宇治拾遺・五・九〉

なえなえ【萎え萎え】［副］❶ぐったりしているさま。なえているさま。例「なえなえとして、いける物にもあらず」〈古今著聞・六〇五〉❷衣服が汚れてくたくたになったさま。例「枯れ野の直垂の雉を縫ひたりしが、なえなえとなりたるに」〈とはずがたり〉

なえば・む【萎えばむ】［自マ四］｛ま・み・む・む・め・め｝《「ばむ」は接尾語》衣服などが着なれて柔らかくなる。例「袙どもの、いとあざやかなるにはあらで萎えば・みたるに」〈枕・ものへいく道に〉

なえやか［・なり］［形動ナリ］｛なら・なり(に)・なり・なる・なれ・なれ｝「なよよか」に同じ。

なお【直・猶・尚】歴史的かなづかい「なほ」

なおざり【等閑】歴史的かなづかい「なほざり」

なか【中・仲】［名］❶ふたつのものに挟まれた空間。真ん中。中間。例「なほゆきゆきて、武蔵の国と下つ総の国とのなかにいと大きなる河あり」〈伊勢・九〉❷中位。中流。中流階級。例「枝を折りて、かざしにさして、かみ、なか、しも、みな歌よみけり」〈伊勢・八二〉❸中旬。例「八月中の十日ばかりなれば、野辺のけしきもをかしきころなるに」〈源氏・夕霧〉❹内側。内部。範囲内。例「あやしがりて、

寄りて見るに、筒の**なか**光りたり」〈竹取・かぐや姫〉❺**ふたりの人物の間がら。**とくに、**男女の間がら。関係。**例「男女の**なか**をも和らげ、猛き武士の心をも慰むるは歌なり」〈古今・仮名序〉❻（遊郭の大門の内という意から）**江戸の吉原、大坂の新町**の称。

〔**仲違ふ**〕仲たがいをする。仲が悪くなる。**仲違・ひにたり** 例「まれまれの兄弟は、この監に同じ心ならずとて」〈源氏・玉鬘〉

〔**中絶ゆ**〕交際が途絶える。例「**中絶・え**むものならなくに橋姫のかたしく袖や夜半にぬらさん」〈源氏・総角〉

〔**中に就いて**〕（「就中」の訓読語）とくに。とりわけ。なかんずく。例「**中に就いて**、この一品の宮の御為を思ふ給ふれば」〈栄花・三〉

〔**仲の秋・中の秋**〕（「仲秋」の訓読語）陰暦八月。秋のうちのまん中。

〔**中の五日**〕（月の）十五日。

〔**中の劣り**〕いくつかある中で劣っているもの。

〔**中の思ひ**〕心の中に秘めた思い。とくに、胸の内に秘めた恋の思い。「思ひ」の「ひ」を「火」の掛詞として用いる。また、石を打ち合わせると火を発するから、和歌では、「石」に寄せて詠まれることが多い。例「白山の雪の下なるさざれ石の**なかの思ひ**は消えむものかは」〈更級〉

〔**中の通ひ・仲の通ひ**〕両者の間を行き来すること。

〔**中の君**〕姉妹の中の二番目の姫君。

〔**中の兄**〕兄弟姉妹の中で、もっとも年長の者。

〔**中の衣**〕上着と下着の間に着る衣。和歌では多く、「中」に男女の「仲」をかけて用いられる。例「かたみにぞかふべかりける逢ふことの日数へだてん**中の衣**を」〈源氏・明石〉

〔**中の下紐**〕単衣の上、直衣の下に着る中の衣に締める「下紐」。

〔**中の品**〕❶中ほどの位。中流階級。❷中ほどの所。中央。中段。

〔**中の対**〕寝殿造りで、北にある対の屋。北の対。

〔**中の契り**〕ふたりの間で交わされた契り。

〔**中の十日**〕❶一か月の中旬の十日間。❷（月の中旬の十日目の意から）二十日。

〔**中の柱**〕部屋の中央付近にあって、壁と接していない柱。＝中柱

〔**中の細緒**〕箏の琴（十三弦）の第十二弦、または、第十三弦の称。

〔**中の程**〕❶ある時期・期間のうちの半ばあたり。なかごろ。❷物や場所の真ん中のあたり。中央。

〔**中の宮**〕二番目の皇子・皇女。

〔**中の廊**〕貴族の邸宅で、区画の区切り・隔てになるように作ってある渡殿。中隔ての廊。

〔**中の緒**〕箏の琴（十三弦）の中央の弦の意で、第六弦から第十弦までの称。「中」に、男女の「仲」をかけて用いられることが多い。例「逢ふまでのかたみに契る**中の緒**のしらべはことに変はらざらなむ」〈源氏・明石〉

ながいほあき【長五百秋】〔名〕限りなく長い年月。（＝変ワラズニイテホシイ）

なかいり【中入り】〔名〕❶能楽で、前後二場ある曲のとき、シテがいったん楽屋または作り物の中に退場すること。❷興行物の途中で休憩すること。

ながう【長う・永う】形容詞「ながし」の連用形「ながく」のウ音便。

ながうた〔名〕一【長歌】「ちゃうか」に同じ。↕短歌　二【長唄】❶地唄の一種。江戸初期に上方で行われた三味線を伴奏とする歌曲。↓「ぢうた（地唄）」。❷江戸長唄。上方の長唄が江戸に移り、歌舞伎の伴奏音楽として発達した長編の三味線歌曲。のちに江戸庶民の間に広く流行した。

なかうち【中打ち】〔名〕魚を三枚におろしたときの、中央の背骨の部分。中落ち。

〔川柳〕**なかうどに…**【仲人にかけては至極名医なり】〈柳多留・三〉訳本業では藪医者で通っているあの人も、仲人に関しては名人であることだ。

ながえ〔名〕一【轅・長柄】（長い柄の意）❶牛車の前や輿・輦の前後につけた長い棒。牛車は牛につけ、輿は人が腰に添え、輦は人が肩に担ぐ。↓図版「筵道」。❷（「轅輿」の略）「板輿」の類の近世の呼称。二【長柄】❶長い柄。❷柄の長いもの。槍や長柄の傘など。

〔**長柄の傘**〕（「ながえのからかさ」とも）柄を長く作った傘。馬に乗った貴人に後ろから差しかけた。江戸時代には、遊女の道中にも用いた。

なかえとうじゅ【中江藤樹】〔人名〕（一六〇八〜一六四八）江戸前期の儒学者。「近江聖人」と称せられる。米子藩士の祖父中江吉長の養子となるが脱藩。日本陽明学の祖となる。門下に熊沢蕃山らがいる。

ながえぼし【長烏帽子】〔名〕（「ながえぼうし」とも）「立て烏帽子」の丈の長いもの。

なかおび【中帯】〔名〕上着の下、小袖の上に結ぶ帯。したおび。

ながおひ【長追ひ】〔名〕逃げる者を遠くまで追いかけること。

なかがき【中垣】〔名〕隣家との隔ての垣根。

なかがは【中川】〔歌枕〕山城国の川。いまの京都市の鴨川と並行して流れていたとされる。和歌で多く「仲」をかけて詠まれる。

なかがみ【天一神・中神】〔名〕陰陽道で、八方を運行し、人の吉凶禍福をつかさどる神。また、悪い方角をふさいで守るという。己酉の日に天から下って、東北隅に六日、東方に五日、というように八方を回り、四方（東・西・南・北）に五日ずつ、四隅（北東・南東・南西・北西）に六日ずつ、計四十四日地上にいたのち、癸巳の日に北から天に上り、十六日間滞留する。この神が地上にいるときの方角を「ふたがり」「ふさがり」といい、その方角へ向かうのを忌み、「方違へ」を行う。＝天一神

ながかみしも【長上下・長裃】〔名〕江戸時代の武家の礼服。同色の「肩衣」と「長袴」を着る。大名・高家・御目見以上の旗本が、江戸城に出仕するときに着た。

〔和歌〕**ながからむ…**【長からむ心も知らず黒髪の乱れて今朝はものをこそ思へ】〈千載・恋三・〇三・待賢門院堀河〉〈百人一首〉訳末長く変わら

ないお心かどうか分かりませんが、黒髪が寝乱れるように、お逢いして別れた今朝は心も千々に思い乱れています。《係結び》「こそ→思へ(已)」〈参考〉「黒髪の」は「乱れ」を導く序詞的用法。

なかぐろ【中黒】[名]❶矢羽の一種。上下が白で中央部が黒いもの。「切斑」のひとつで、黒い部分が大きい物を「大中黒」、小さい物を「小中黒」という。❷紋所の名。丸の中に一の字を太く書いたもの。新田氏の紋として有名。一つ引き両。

ながくゑにち【長凶会日】[名]陰陽道で、万事を凶とする凶会日が長く続くこと。

ながけ・し【長けし】[形ク]{から・く(かり)・し・き(かる)・けれ・かれ}長い。例「**長け・く**も頼みけるかな世の中を」〈大和・一二六〉

なかご【中子】[名]❶物の中心部。❷刀剣で柄に入った部分。❸鏃の根で矢柄に入った部分。❹斎宮の忌み詞で、仏のこと。

なかごと【中言】[名]中傷。例「けだしくも人の**中言**聞かせかもここだく待てど君が来まさぬ」〈万葉・四・六八〇〉

ながごと[名]㊀【長言】長話。㊁【長事】長々しいこと。

ながこひ【長恋ひ・永恋ひ】[名]長い間恋い慕うこと。

なかごろ【中頃】[名]それほど遠くない昔。ひところ。例「**中ごろ**、身のなきに沈みはべりしほど」〈源氏・薄雲〉

なかさうじ【中障子】[名]《「なかしゃうじ」とも》部屋と部屋とを仕切る襖障子。

ながさき【長崎】[地名]肥前国の地名。いまの長崎市。戦国時代から海外との貿易で発達した港町。江戸時代の鎖国政策下では、日本で唯一の開港場として繁栄。シーボルトの鳴滝塾などに蘭学を学ぶため全国から俊才が集まった。

なかざし【中差し】[名]箙に差してある戦闘用の矢。鏑矢などの「上差し」に対していう。

なかさだ【中定・中比】[名]上代風でも当世風でもなく、その中間の時代風であること。やや古風なこと。例「手(=筆跡)はさすがに文字強う、**中さだ**の筋にて」〈源氏・末摘花〉

ながざま[・なり]【長様】[形動ナリ]{なら・なり(に)・なり・なる・なれ・なれ}長いさま。例「畳一枚を**長ざま・に**、端をはしにして」〈枕・関白殿、二月二十一日に〉

なが・し【長し・永し】[形ク]{から・く(かり)・し・き(かる)・けれ・かれ}❶距離が隔たっている。遠い。長い。例「かたち清げに髪**長・く**などして」〈大和・一〇三〉❷時間が隔たっている。長い。永遠である。例「命**長・く**て、思ふ人々におくれなば」〈源氏・須磨〉

〔**長き眠り**〕❶長い夜の眠り。迷いが長くさめないことのたとえ。❷死。

〔**長き世・永き代**〕❶未来永劫に続く世。後世。❷死後、永遠に続く世界。来世。

〔**長き夜**〕❶長い夜。❷死後の世界。

〔**長き夜の闇**〕煩悩のため悟りを得られないことを、闇夜にたとえたもの。例「もしはあはれとも思ふにまつはれてこそは、**長き夜の闇**にもまどふわざななれ」〈源氏・横笛〉語構成「わざななれ」→「ななり」

〔**長き夜の夢**〕(人の生死を悟ることができずに迷い続ける人の世のはかなさをたとえていう。=無明長夜の夢。例「きのふ見し人はいかにとおどろけどなほ**長き夜の夢**にぞありける」〈新古今・哀傷・八三三〉

〔**長き別れ**〕長期間におよぶ別れ。また、永遠の別れ。死別。

ながしか・く【流し掛く】[他カ下二]{け・け・く・くる・くれ・けよ}❶杭などに引っ掛けて流れに漂わせる。例「水のそこには乱杭うって大綱はり、逆茂木つないで**ながしか・けたり**」〈平家・九・宇治川先陣〉❷(水などを)流してかける。注ぎかける。例「根津は刀を以って己が額を突き切りて、血を面に**流しか・け**」〈太平記・三二〉

ながしそ・ふ【流し添ふ】[他ハ下二]{へ・へ・ふ・ふる・ふれ・へよ}❶さらに涙も流す。流す涙を添える。例「枕も浮きぬばかり人やりならず(=自ラ招イタコトデ)**流し添・へ**つつ」〈源氏・柏木〉❷(とくに、醜聞などを)いっそう知れ渡らせる。うわさを広めることまで付け加える。例「疎ましげなる名をさへ**流し添・へ**」〈夜の寝覚〉

ながしつかは・す【流し遣はす】[他サ四]{さ・し・す・す・せ・せ}(「流し遣る」の尊敬語)流罪になさる。配所におやりになる。例「后をば他の国に**流し遣は・し**つ」〈今昔・四・三〉

なかじま【中島】[名]川や池の中にある島。とくに、寝殿造りで庭園の池の中に造った島。

なかじまひろたり【中島広足】[人名](一七九二〜一八六四)江戸後期の歌人・国学者。号は橿園。本居大平に国学を学び、本居学を継承。歌文集『橿園集』、国語学書『詞の玉緒補遺』など。

なが・す【流す】[他サ四]{さ・し・す・す・せ・せ}❶(汗・涙などを)**流す**。**こぼす**。例「その後、翁・嫗、血の涙を**流・して**惑へど」〈竹取・かぐや姫の昇天〉❷(川などの)**流れに浮かべて運ぶ**。**流してゆく**。例「蛇をば、大井河に**流・してげり**」〈徒然・二〇七〉❸(汚れなどを)**洗い流す**。とくに、**風呂で背中を流す**。例「鳥の行水早拵へ、ざっと**なが・して**しかいふ」〈浮世風呂〉❹(人を)**流罪にする**。**左遷する**。例「西の宮の左大臣**流・され**たまふ」〈蜻蛉・中〉❺(多く「名を流す」の形で)**世間に広める**。**流布する**。例「あぢきなきすき心にまかせて、さるまじき名をも**流・し**」〈源氏・澪標〉❻(自分に向かってくる勢いをそらすの意)**受け流す**。**聞き流す**。例「さう問はれては、この藤作も**なが・さ**にゃならぬ」〈浄・源平布引滝〉❼《近世語》**遊里にいつづける**。**滞在しつづける**。

ながすびつ【長炭櫃】[名]長方形のいろり。一説に、長方形の火鉢とも。=長櫃②

なかせんだう【中山道・中仙道】[名]江戸時代の五街道のひとつ。江戸から上野(群馬県)・信濃(長野県)・美濃(岐阜県)を経て、近江(滋賀県)草津宿で東海道に合流し、京都に至る街道。江戸・草津間には六十七宿が置かれ、東海道の裏街道としての役割を果たした。

なかぞら[・なり]【中空】㊀[名]❶空の中ほど。天空。空中。❷(目的地への)途中。㊁[形動ナリ]{なら・なり(に)・なり・なる・なれ・なれ}❶落ち着かないさま。うわの空。例「初雁のはつかに声を聞きしより**中空・に**のみものを思ふかな」〈古今・恋一・四八一〉訳→〈和歌〉はつかりの…。

な

❷どっちつかずで、中途半端なさま。はっきりしないさま。例「葛木や久米地の橋にあらばこそ思ふ心を**中空・に**せめ」〈後撰・恋三・七四〉

なかたえ【中絶え】[名]《「なかだえ」とも》交際が途絶えること。

なかだち【仲立ち・中立ち・媒】[名]間に立って、事を取り次ぎ関係を結ばせること。また、その人。とくに、男女の仲を取りもつことをいう。仲介。仲人。

ながたていりう【永田貞柳】[人名]「ゆえんさいていりう」に同じ。

なかち【仲子】[名]《上代語。「なかちこ」とも》長子・末子を除いた中の子供。また、次男・次女の意とも。＝中つ子

ながち【長道】[名]《「ながぢ」とも》長い道のり。

なかつえ【中つ枝】[名]《「つ」は上代の格助詞》中ぐらいの高さの枝。↔下枝

なかつかさ【中務】[人名]（生没年未詳）平安中期の女流歌人。三十六歌仙のひとり。父は宇多天皇の皇子敦慶親王、母は伊勢。当時最高の女流専門歌人と評価される。家集『中務集』。

なかづかさ【中務】[名]《「なかつかさ」とも》❶「中務卿」の略。❷「中務省」の略。

なかづかさきゃう【中務卿】[名]令制で「中務省」の長官。＝中務①

なかづかさしゃう【中務省】[名]《「なかつかさしゃう」「なかのまつりごとのつかさ」とも》令制で「八省」のひとつ。天皇に侍従し、詔勅の宣下、上奏の取り次ぎ、国史の監修、叙位など、宮中の政務一切をつかさどった役所。＝中務②。➡[表見返し]大内裏俯瞰図

なかつかさのないし【中務内侍】[人名]（生没年未詳）鎌倉後期の日記作者。本名は藤原経子。父は藤原永経。伏見天皇の内侍として出仕。『中務内侍日記』を残す。

なかつかさのないしにっき【中務内侍日記】[作品名]鎌倉後期（一二九二ごろ成立）の日記文学。中務内侍（藤原永経女藤原経子）作。伏見院に内侍として仕えた作者が宮廷生活の思い出を憂愁を交えつつつづったもの。

なかつかみ【中津神】[名]《「つ」は上代の格助詞》（陰陽道で、八将神の豹尾神が中央に位置することから）豹。

ながつき【長月】[名]《「ながづき」とも》陰暦九月の別名。（季-秋）

なかつくに【中つ国】[名]《「つ」は上代の格助詞》（高天原と黄泉の国の）中間にある国。

なかつせ【中つ瀬】[名]《「つ」は上代の格助詞》海の潮流が速すぎもせず、遅くもない、中ほどの瀬。また、川の中ほどにある浅瀬。

なかつに【中つ土】[名]《「つ」は上代の格助詞》地中の中ほどにある土。↔底土・初土

ながつぼね【長局】[名]❶宮中や幕府の大奥などにある、女房の局（部屋）をいくつも収めた長い建物。局町。❷武家の奥女中の称。

なかて【中手】[名]早生と奥手との中間の時期に花を咲かせたり実をつけたりする植物。とくに、早稲と晩稲との間に実る稲。↔奥手②・晩稲・早稲①。（季-秋）

ながて【長手】[名]長い道のり。＝長道。例「今夜さへ我を帰すな道の**長手を**」〈万葉・四・七八一〉

なかど【中戸】[名]❶部屋を二つに仕切る戸。❷近世、商家で店と奥へ通ずる土間との間を仕切る戸。

ながと【長門】[地名]旧国名。山陽道八か国のひとつ。いまの山口県西部にあたる。＝長州

ながとこ【長床】[名]寺院などで、板の間に一段座を高くして畳を長く敷いた所。

ながとたんだい【長門探題】[名]鎌倉幕府の職名。文永四年（一二六七）、元の来襲に備えて北条一族を長門守護に任じたことに始まる。中国地方の政務・訴訟もつかさどった。

ながとの【長殿】[名]平安時代の大蔵省の倉庫のひとつ。長く造った倉庫で、諸国からの貢ぎ物を国ごとに収納した。

なかとみのかまこ【中臣鎌子】[人名]「ふぢはらのかまたり」に同じ。

なかとみのかまたり【中臣鎌足】[人名]「ふぢはらのかまたり」に同じ。

なかとみのはらへ【中臣の祓へ】[名]朝廷で陰暦六月と十二月の晦日に、けがれや罪を祓い清めるために行われた神事。中臣氏がつかさどり、「大祓へ」のときに祝詞を詠みあげた。

なかとみのやかもり【中臣宅守】[人名]（生没年未詳）奈良時代の歌人。父は神祇伯中臣東人。狭野茅上娘子と通じて、配流。のち許されて戻るが、恵美押勝（藤原仲麻呂）の乱に連座して政界から除名。『万葉集』に入集。

なかとり【中取り】[名]《「中取り机」の略》食器などを載せる台。

なかなか【・なり】[形動ナリ]{なら・なり(に)・なり・なる・なれ・なれ}

アプローチ
▼中途、半ばの意の「なか」をふたつ重ねた語。
▼中途半端でどっちつかずの状態をいい、そこから、いっそない方がました、他をとった方がよいなどの意を生じた。
▼上代には、「なかなかに」の形であったが、中古以降、「なかなかなり」の形容動詞とともに、副詞的に「なかなか」だけが用いられるようになった。

❶**中途半端だ。なまじっかだ。**例「東路の小夜の中山**なかなか・に**なにしか人を思ひ初めけむ」〈古今・恋二・五九四〉訳東国路の小夜の中山というわけでもないのに、**なまじっかに**どうしてあのような人を思い初めてしまったのだろう。

❷**かえってしない方がいい。**例「はかばかしう後ろ見思ふ人もなきまじらひは、**なかなか・なる**べきことと思ひたまへながら」〈源氏・桐壺〉訳しっかりとした後ろだてになってくれる人もない宮仕えは、**かえってしない方がいい**だろうと存じておりますものの。《音便》「はかばかしう」は「はかばかしく」のウ音便。《敬語》「思ひたまへながら」→「たまふ（下二段）」

なかなか 〔副〕〔感〕

> **アプローチ** →なかなか〔・なり〕

一〔副〕❶**なまじっか。** 例「**なかなか**恥ぢかかやかんよりは罪ゆるされてぞ見えける」〈源氏・夕顔〉 訳**なまじっか**恥ずかしがって顔を赤くしたりするよりは罪がないように見えた。(係結び)「ぞ→見えける(体)」

❷**かえって。むしろ。** 例「世のうけひくまじきことなりければ、**なかなか**あやふく思し憚りて」〈源氏・桐壺〉 訳世間が承知するはずのないことなので、(源氏を皇太子にすることは)**かえって**危ないと(帝は)ご遠慮なされて。(敬語)「思し憚りて」→「おぼす」

❸(中世後期以降、下に打消の語を伴って)**とても。容易には。** 例「最前も申すとおり、すわってはなかなか声が出ませぬ」〈狂・寝音曲〉 訳先ほどから申し上げておりますように、座っていては**とても**声が出ません。

❹(中世後期以降の用法)**かなり。ずいぶん。** 例「**なかなか**いい菓子だぞ」〈膝栗毛〉 訳**かなり**よい菓子だぞ。

二〔感〕(謡曲・狂言などで、相手のいうことを肯定するときに用いる)**そのとおり。いかにも。** 例「『それでは字が足りませぬ』『なんぢゃ足らぬ』『**なかなか**』」〈狂・萩大名〉 訳「それでは(歌の)文字が足りません」「何、足りないか」「(はい)**そのとおり**」。

〔**なかなかでもない**〕とんでもない。思いも寄らない。 例「たとへ人が言ふともそのやうな事を取り次ぐ物か**なかなかでもな・い**」〈狂言記・米市〉

〔**なかなかの事**〕もちろん。そのとおりだ。 例「『なにおん暇と候ふや』『**なかなかのこと**、疾く疾く下り給ふべし』」〈謡・熊野〉

なかなが・し【長長し】〔形シク〕{しから・しく(しかり)・し・しき(しかる)・しけれ・しかれ} とても長い。 例「あしひきの山鳥の尾のしだり尾の**なが**なが・し夜をひとりかも寝む」〈拾遺・恋三・七七八〉 訳→〔和歌〕あしひきのやまどりのをの…

〔和歌〕**なかなかに人とあらずは酒壺に成りにてしかも酒に染みなむ**〈万葉・三・三四三・大伴旅人〉 訳なまじっか(こんな分別くさい)人間として生きていないでいっそ、酒壺になってしまいたい。それでもって酒に身を浸してしまおう。

ながなきどり【長鳴き鳥】〔名〕鶏の別称。

なかなほし【仲直し】〔名〕仲直りをさせること。

なかな・る【中馴る】〔自ラ下二〕{れ・れ・る・るる・るれ・れよ} 少し古びている。ほどよく使いならしてある。 例「四尺の屏風の**中馴れたる**立てたり」〈今昔・二四・三一〉

なかに【中に】多くの中で、とくに。 例「御髪も、中に、長く清らなり」〈宇津保・楼の上・上〉

なかのおほえのわうじ【中大兄皇子】〔人名〕「てんぢてんわう」に同じ。

なかのしま【中之島】〔地名〕摂津国の地名。いまの大阪市北区中之島。堂島川と土佐堀川に挟まれた中州の地。水運によって栄え、江戸時代には各藩の蔵屋敷が建ち並んでいた。

なかのぼり【中登り】〔名〕❶平安時代、国守が任期の途中で一度都に上ること。❷江戸時代、上方から江戸に出て修業や奉公をしている者が、その途中でいったん帰郷すること。

なかのまつりごとのつかさ【中務省】〔名〕「なかづかさしゃう」に同じ。

なかのみかど【中御門】〔名〕❶皇居の外郭中央にある門。❷(「なかみかど」とも)大内裏の「待賢門」の別称。

なかのみやのつかさ【中宮職】〔名〕「ちゅうぐうしき」に同じ。

なかのものまうすつかさ【中納言】〔名〕「ちゅうなごん」に同じ。

なかのゐんみちかつ【中院通勝】〔人名〕(一五五六〜一六一〇)安土桃山時代の和学者・歌人。父は内大臣中院通為。『源氏物語』の注釈書『岷江入楚』を完成。『中院通勝集』がある。

なかば【半ば】一〔名〕❶半分。❷真ん中。中ほど。❸真っ最中。 例「枝の**半ば**に鳥を付く」〈徒然・六六〉 二〔副〕ほとんど。かなり。 例「やうやう秋も**なかば**になりゆけば」〈平家・五・月見〉

心地して身氷る様にす」〈今昔・二五・一〇〉

〔**半ばの月**〕❶半円形の月。半月。❷月半ばの月。満月。とくに、中秋の名月。❸(胴の表面に三日月型の穴があることから)琵琶の別称。

ながばうかご【長棒駕籠】〔名〕長い棒を数人で担ぐ、貴人が用いる駕籠。＝長棒

ながばかま【長袴】〔名〕裾の長い袴。足を包み、後ろに引きずって歩く。素襖・直垂・大紋・長上下など、武家の礼服として用いた。↕半袴。
➡〔古典参考図〕男子の服装〈3〉

ながはかめすけ【奈河亀輔】〔人名〕(生没年未詳)三世まである歌舞伎作者。うち二世は初代奈河篤助が一時期名乗ったものともいわれる。著名なのは初代で、『伽羅先代萩』や『加々見山廓写本』を製作。

ながはし【長橋】〔名〕❶長い橋。❷内裏の清涼殿から紫宸殿に通じる廊下。

ながびつ【長櫃】〔名〕❶衣服や調度品などを入れておく、ふたのある長方形の箱。短い脚があり、運ぶときは、長持のように、多く、棒を通してふたりで担いだ。❷「長炭櫃」の略。

なかびと【中人・仲人】〔名〕仲立ちをする人。なこうど。ちゅうにん。

ながひと【長人】〔名〕長命の人。長寿の人。

ながふくりん【長覆輪】〔名〕(「ながぶくりん」とも)武士の太刀の装飾のひとつ。柄・鞘の峰と刃の部分を金属の板で全面に縁どって覆ったもの。

〔**長覆輪の太刀**〕「長覆輪」をかけた太刀。

なかへ【中重・中陪】〔名〕❶重なったものの中間に挟み込まれたもの。❷装束の襲の表と裏との間に着ける衣服。

なかへだて【中隔て】〔名〕間を隔てるもの。中間の仕切り。

ながまき【長巻】〔名〕柄が刃の部分よりも長い特殊な太刀。また、それを持った兵士。薙刀に似て、柄は布などで巻く。中世後期に流行した。

なかみかど【中御門】〔名〕「なかのみかど②」に同じ。

なかみち【中道】〔名〕男女の間の通い路。

なが・む【眺む】〔他マ下二〕{め・め・む・むる・むれ・めよ}

アプローチ
▼名詞「長目」が動詞化したものとも、「長見る」が変化したものともいわれ、長い間見続ける意が原義。
▼目をそらさずに見続ける意の「守る」に対して、ぼんやりと見る意で用いられ、もの思いに沈む意も生じた。
▼中世以降、現代語とほぼ同じ意の用例が現れる。
▼和歌では、「ながめ」を「長雨」とかける掛詞として用いられることが多い。

長櫃 修法の施物が入った長櫃には、中締めの紐とかつぎ棒がついたままで、届けられたばかりのようす。（石山寺縁起）

❶**じっと見つめる。** 例「屋の上を**眺・むれ**ば、巣くふ雀ども、瓦の下を出で入りさへづる」〈蜻蛉・下〉 訳屋根の上を**じっと見つめる**と、巣を作っている雀たちが、瓦の下を出たり入ったりしてさえずっている。
❷**ぼんやり見ながらもの思いに沈む。** 例「いたづらに日を経れば、人々海を**眺・め**つつぞある」〈土佐〉 訳むだに日かずを過ごすものだから、人々は海を**ぼんやり見ながらもの思いに沈んで**いる。《係結び》「ぞ→ある(体)」
❸**もの思いに沈む。もの思いにふける。** 例「はかなき仲なれば、かくてやむやうもありなむかし、と思へば、心細うて**眺・むる**ほどに」〈蜻蛉・上〉 訳はかない（夫婦の）仲だから、このまま終わってしまうこともきっとあるだろうな、と思うと、心細くて**もの思いに沈んで**いるうちに。《音便》「心細う」は「心細く」のウ音便。
❹**見渡す。眺望する。** 例「郭公鳴きつるかたを**眺・むれ**ばただ有り明けの月ぞ残れる」〈千載・夏・一六一〉 訳→〔和歌〕ほととぎすなきつるかたを…

なが・む【詠む】〔他マ下二〕{め・め・む・むる・むれ・めよ}**声を長くのばして詩歌を吟ずる。吟詠する。** また、**詩歌を作って詠ずる。** 例「かの在原のなにがし（＝在原業平）の、唐衣着つつなれにしと**なが・め**けん、三河国八橋にもなりぬれば」〈平家・一〇・海道下〉〔注〕「唐衣着つつなれにし」→〔和歌〕からころも…

なかむかし【中昔】〔名〕大昔と当世の中間を指す。また、中古。

ながむし【長虫】〔名〕蛇の別称。（季―夏）

ながむしろ【長筵】〔名〕丈の長いむしろ。とくに、「筵道」や畳表を指す。

〔俳句〕**ながむとて花にもいたし頸の骨**〈牛飼・宗因〉 訳その昔西行は「眺め続けているうちにすっかり馴染みになってしまったので、今、散りゆく花との別れがなんとも悲しいことだ」と詠んだが、わたしもそれにならって桜の花を見上げ、飽くこともなく眺め続けているうちに、首の骨が痛くなってしまったことだ。（季―花―春）〈参考〉西行の本歌は「ながむとて花にもいたくなれぬれば散る別れこそ悲しかりけれ」〈新古今・春下・一二六〉。本歌の「いたく」はすっかり、たいそうの意だが、それを「痛し」とすり替えた。

ながめ【眺め】〔名〕❶**もの思いに沈むこと。ぼんやり外を見やること。** 例「花の色は移りにけりないたづらに我が身世にふる**ながめ**せしまに」〈古今・春下・一一三〉 訳→〔和歌〕はなのいろは…。❷（遠くの方を）**見渡すこと。** また、**その風景。** 例「松嶋・象潟の**眺め**、ともにせむ事をよろこび」〈おくのほそ道・日光〉

〔眺めの末〕もの思いにふけりながら眺める視線の先。

〔眺めの空〕もの思いにふけりながら眺める空。和歌では多く、「長雨の空」にかけて用いる。

ながめ【長雨】〔名〕《「ながあめ」の変化形》長い間降り続く雨。和歌では「眺め」にかけて用いられることが多い。例「いかに**ながめの空**もものの忘れしはべらむ」〈源氏・賢木〉 例「花の色は移りにけりないたづらに我が身世にふる**ながめ**せしまに」〈古今・春下・一一三〉 訳→〔和歌〕はなのいろは…

ながめあか・す【眺め明かす】〔他サ四〕{さ・し・す・す・せ・せ}一晩中、もの思いにふけって夜を明かす。例「明くるまで**ながめあか・い**て、夜明けてぞみな人寝ぬる」〈更級〉《音便》「ながめあかい」は「ながめあかし」のイ音便。

ながめいだ・す【眺め出だす】〔他サ四〕{さ・し・す・す・せ・せ}もの思いにふけりながら、ぼんやりと外に目をやる。＝眺め出づ。例「朔日ごろの夕月夜に、少し端近く臥して**ながめ出だ・し**たまへり」〈源氏・浮舟〉

ながめい・づ【詠め出づ】〔他ダ下二〕{で・で・づ・づる・づれ・でよ}歌を詠んで人に送る。人に向かって歌を詠み出す。＝詠め出だす。例「中の秋十日五日の月を見て、とやうやうしく**ながめ出・でられ**しかば」〈無名抄〉

ながめい・る【眺め入る】〔他ラ四〕{ら・り・る・る・れ・れ}深くもの思いに沈んで、つくづくと見つめる。例「夕暮れの空を**ながめ入・り**て臥したまへるところに」〈源氏・夕霧〉

ながめがち【眺めがち】〔形動ナリ〕{なら・なり(に)・なり・なる・なれ・なれ}《「がち」は接尾語》もの思いに沈みがちなさま。例「御**ながめがち・に**て、よるのおとどにのみぞ

いらせ給ふ」〈平家・六・葵前〉

ながめくら・す【眺め暮らす】［他サ四］{き・し・す・す・せ・せ}もの思いにふけって一日を過ごす。和歌では、多く「長雨」にかけて用いられる。例「ここちあやしうなやましうて暮れはつるまで、**ながめ暮ら・し**つ」〈蜻蛉・下〉

ながめすぐ・す【眺め過ぐす】［他サ四］{き・し・す・す・せ・せ}もの思いに沈みながら日々を過ごす。＝眺め過ごす。例「つくづくと**ながめすぐ・し**て星合ひの空をかはらずながめつるかな」〈右京大夫集〉

ながめな・る【眺め慣る・眺め馴る】［他ラ下二］{れ・れ・る・るる・るれ・れよ}もの思いにふけっては、たびたびあるものに目をやる。例「月をこそ**ながめ馴・れ**しか星の夜のふかきあはれを今宵しりぬる」〈右京大夫集〉

ながめ・ふ【眺め経】［他ハ下二］{へ・へ・ふ・ふる・ふれ・へよ}もの思いにふけって過ごす。和歌では多く、「長雨降る」にかけて用いる。例「一人のみ**ながめ・ふる**やのつまなれば」〈古今・恋五・七六九〉

ながめふ・す【眺め臥す】［自サ四］{さ・し・す・す・せ・せ}もの思いに沈みながら横になる。例「しるしあらじかしとくづほれて**ながめ臥・し**たまへるに」〈源氏・紅葉賀〉

ながめまさ・る【眺め増さる】［自ラ四］{ら・り・る・る・れ・れ}いっそうもの思いにふけりがちになる。和歌では多く、「長雨」にかけて用いる。例「かくしつつ日ごろになり、**ながめまさ・る**に」〈蜻蛉・中〉

ながめ・みる【眺め見る】［他マ上一］{み・み・みる・みる・みれ・みよ}もの思いにふけって眺める。また、気持ちを込めて見つめる。例「山の端に入るまで月を**ながめ・みん**閨の板間もしるしありやと」〈源氏・手習〉

ながめや・る【眺め遣る】［他ラ四］{ら・り・る・る・れ・れ}もの思いにふけって遠くを見やる。例「山のはに入り日の影は入りはてて心ぼそくぞ**ながめや・られ**し」〈更級〉

なか・めり ないようだ。ないように見える。例「家の内に足らぬことなど、はた、**なか・める**まに」〈源氏・帚木〉訳家の中に足りないことなどは、やはりないようだから。

> 語構成　なか 形ク「なし」㊍　めり 推「めり」
> ＝「なかるめり」の撥音便「なかんめり」の撥音無表記。

ながめわ・ぶ【眺め侘ぶ】［他バ上二］{び・び・ぶ・ぶる・ぶれ・びよ}もの思いのあまりつらい気持ちになる。寂しく思う。例「例は暮らしがたくのみ、霞める山際を**ながめわ・び**たまふに」〈源氏・浮舟〉

ながめ・ゐる【眺め居る】［他ワ上一］{ゐ・ゐ・ゐる・ゐる・ゐれ・ゐよ}もの思いにふけりながら、ぼんやりと外などを眺めている。（また、自動詞的に用いて）もの思いにふけって、じっと座っている。例「人もなき方に出でて、うち泣きて**ながめ・ゐ**たれば」〈古本説話集〉

ながもち【長持】［名］衣服や調度品などを入れておく、ふたのある長方形の箱。多く、運搬用に用いた。中世の「長櫃」が改良された家具。

〔俳句〕**ながもちに…**【長持に春ぞ暮れ行く更衣】〈歌仙大坂俳諧師・西鶴〉訳衣替えの時期がやって来た。春の着物が一枚一枚長持の底にしまわれていく。こうして春は長持の中へと暮れて行った。（季－更衣－夏）

ながや【長屋】［名］❶棟を長い形に造った建物。❷一棟の中を区切り、数戸の家を収めた長い建物。

ながやか［・なり］【長やか】［形動ナリ］{なら・なり(に)・なり・なる・なれ・なれ}（「やか」は接尾語）とても長いようす。例「薄らかなる刀の**長やか・なる**持ちたるが」〈宇治拾遺・一・一八〉

なかやどり【中宿り】［名］旅や外出などの途中で宿泊や休憩をすること。また、その場所。

ながやのおほきみ【長屋王】［人名］（六八四－七二九）（「ながやわう」とも）天武天皇の孫。『万葉集』や『懐風藻』に作品があり、詩宴や歌宴の記録が残る。いわゆる「長屋王の変」で自殺。

なかゆひ【中結ひ】［名］衣服を着る際、裾が邪魔にならないように少し引き上げ、腰のあたりに紐や細い帯を結ぶこと。また、その紐や帯。

なかゆ・ふ【中結ふ】［自ハ四］{は・ひ・ふ・ふ・へ・へ}「中結ひ」にする。腰のあたりで衣服の長さを調節して、帯などを結ぶ。例「二十余り三十ばかりの女、**中結・ひ**て歩み行くが」〈宇治拾遺・四・五〉

なかよど【中淀】［名］水の流れが途中でよどむこと。また、その場所。

なから【半ら・中ら】［名・副］（「ら」は接尾語）❶（数量の）半分ほど。例「田を**半ら**は人に作らせ、いま**半ら**は我が料に作らせたりけるが」〈宇治拾遺・七・五〉❷（時間や距離など、長さの）中ほど。途中。例「御前の階をなから**なから**ばかりおりさせ給へるところに」〈平家・四・鵼〉❸（空間的に）まん中。中心。例「同じもの（＝矢）を〔的ノ〕**なから**には当たるものかは」〈大鏡・道長・上〉❹（程度の）半ば。半分。

-ながら［接尾］❶上に付く語の本質・特性に基づいている意を表す。…のままに。…として。例「我が大君神**ながら**神さびせすと」〈万葉・一・三八長歌〉❷（多く数詞に付いて）上に付く語の全体・全部の意を表す。…とも。…全部。例「二人**ながら**、その月の十六日に亡くなりぬ」〈蜻蛉・下〉

ながら［接助］⇨九〇〇ページ「特別コーナー」

なからすぎ【半ら過ぎ】［名］半ばを過ぎること。

ながらに《接続助詞「ながら」＋格助詞「に」》❶ある状態の継続を表す。…まま。例「御車**ながらに**かきおろして納め奉る」〈栄花・二七〉訳（棺をのせた）お車のまま（車を）止めて（車箱を）納め申し上げる。（敬語）「納め奉る」→「たてまつる」。❷…ごとに。…たびに。…全部。例「別れてはほどを隔つと思へばやかつ見**ながらに**かねて恋しき」〈古今・離別・三七三〉訳別れると遠く距離が隔たると思うからであろうか、会うたびに別れる前から恋しく思ってしまう。

ながらのはし【長柄の橋】［歌枕］摂津国の橋。いまの大阪市大淀区を流れる新淀川にかかっていた。「ながらふ」を導いたり、古びて朽ちたものの比喩として詠まれることが多い。

ながらのやま【長等山】［歌枕］近江国の山。いまの滋賀県大津市西部、三井寺の背後にある。「志賀山」ともいう。桜の名所。

なからひ【仲らひ】［名］❶人と人との間柄。とくに、男女の仲。例「年月にそへて、御心の隔てもなく、あはれなる御**仲らひ**なり」〈源氏・初音〉❷血縁関係にある者。親類。一族。例「同じ御**仲らひ**の君たち、大人たちなど舞ひける」〈源氏・若菜・下〉

ながら・ふ【長らふ・永らふ・存ふ】[自ハ下二]（へ・へ・ふ・ふる・ふれ・へよ）❶長く生きる。生き延びる。例「磯の苔に露の命をかけてこそ、今日までもながら・へたれ」〈平家・三・有王〉❷同じ状態が長く続く。継続する。例「ただすこしのおぼつかなきこと残りければ、今まで〔明石ノ浦ニ〕長ら・へけるを」〈源氏・若菜・上〉

ながら・ふ【流らふ】[自ハ下二]（へ・へ・ふ・ふる・ふれ・へよ）《動詞「流る」の未然形＋上代の反復・継続の助動詞「ふ」》❶流れ続ける。流れるように絶えず降る。例「流ら・ふるつま吹く風の寒き夜に」〈万葉・一・五九〉❷時を経る。継続する。例「世の中は常なきものと語り継ぎ流ら・へ来たれ」〈万葉・一九・四一六〇長歌〉

〔和歌〕**ながらへば…**【長らへばまたこのごろやしのばれむ憂しと見し世ぞ今は恋しき】〈新古今・雑下・一八四三・藤原清輔〉（百人一首）訳 生きながらえるならば、また、このころが懐かしく思い返されることであろうか。つらいと思った昔の世が、いまでは恋しく思われるので。《係結び》「や→しのばれむ(体)」、「ぞ→恋しき(体)」

ながらへは・つ【永らへ果つ・存へ果つ】[自タ下二]（て・て・つ・つる・つれ・てよ）無事に天寿をまっとうする。例「いづくへゆかばのがるべきかは。ながらへは・つべき身にもあらず」〈平家・八・太宰府落〉

ながらも《接続助詞「ながら」＋係助詞「も」》逆接の確定条件を表す。…のに。…けれども。例「定めなき世といひながらも、さして厭はしきことなき人の、さはやかに背き離るるもありがたう」〈源氏・鈴虫〉訳 無常の世の中というけれども、たいして嫌なことがない人が、さらりと出家してしまうこともめったになく。《音便》「ありがたう」は「ありがたく」のウ音便。

なからゐぼくやう【半井卜養】[人名]（一六〇七〜一六七八）江戸前期の狂歌師・俳人。御番医師に抱えられ、法眼に叙せられた。狂歌を得意とし、俳諧では江戸五俳哲のひとり。仮名草子『和薬物語』、家集『卜養狂歌集』。

なかりせば《「せ」は過去の助動詞「き」の未然形》下の「まし」と呼応して、事実に反する仮想を表す。（もし）…なかったら。例「世の中にたえて桜のなかりせば春の心はのどけからまし」〈古今・春上・五三〉訳→〔和歌〕よのなかにたえてさくらの…

なが・る【流る】[自ラ下二]（れ・れ・る・るる・るれ・れよ）❶水などが線状に高い所から低い所へ移動する。流れる。例「水の流・れたるさま、草木の姿など、をかしく見所あり」〈宇津保・俊蔭〉❷水などの流れに乗って物が移動する。流れる。例「川水まさりて人流・ると言ふ」〈蜻蛉・下〉❸涙や汗がしたたり落ちる。流れる。例「嘆きつつ空なる月を眺むれば涙ぞ天の川と（＝天ノ川ヨウニ）流・るる」〈平中・一〉❹雨や雪などが降る。例「巻向の檜原もいまだ雲居ねば小松が末ゆ沫雪流・る」〈万葉・一〇・二三一四〉訳→〔和歌〕まきむくの…❺月日がたつ。時が過ぎる。例「その日しも京をふり出でて行かむも、いとものぐるほしく、なが・れての物語ともなりぬべきことなり」〈更級〉❻しだいに広がる。例「仏法、東に流・れて、盛りにわが国にとどまり」〈三宝絵詞〉❼人の手を順々にめぐる。例「土器あまたたび流・れ、皆酔ひになりて」〈源氏・行幸〉❽流罪になる。例「天下の人々流・るるとののしること出で来て」〈蜻蛉・中〉

〔**流れての物語**〕後世の話題。のちの世の語りぐさ。

〔**流れての世**〕のちの世。末世。

なかれ【無かれ・勿れ・莫れ・毋れ】《形容詞「なし」の命令形》とくに「…ことなかれ」の形で禁止の表現として用いられる。…てはいけない。…な。例「初心の人、二つの矢を持つことなかれ」〈徒然・九二〉

ながれ【流れ】[名]❶流れること。流れるもの。❷杯に残った酒のしずく。❸血統。血筋。子孫。❹流派。流儀。❺あてのない境遇。また、その者。とくに、遊女。

〔**流れの末**〕流れて行く末の方。また、末流の者。

〔**流れを汲む**〕系統に属する。流儀に従う。

ながれあ・ふ【流れ合ふ】[自ハ四]（は・ひ・ふ・ふ・へ・へ）複数の流れが合わさってひとつになる。例「のちにまたながれあ・ふ瀬の頼まずは」〈夜の寝覚〉

ながれう・す【流れ失す】[自サ下二]（せ・せ・す・する・すれ・せよ）流れて消える。流れ去る。

ながれぎ【流れ木】[名]浮いて漂う木。流木。和歌では、流罪者をたとえていうことが多い。

ながれくわんぢやう【流れ灌頂】[名]《仏教語》川や海の中に卒塔婆を立て、幡や樒の葉を飾りつけて、魚類や無縁の亡者に回向すること。＝水施餓鬼

ながれそ・ふ【流れ添ふ】[自ハ四]（は・ひ・ふ・ふ・へ・へ）流れて、その上に加わる。そって流れる。例「見たまふ人の涙さへ水茎（＝筆跡）に流れそ・ふ心地して」〈源氏・梅枝〉

ながれづくり【流れ造り】[名]神社の社殿の建築様式のひとつ。屋根の側面を破風造りにして、前の軒先を後ろよりも長くしたもの。京都賀茂神社の本殿がその代表。

〔和歌〕**ながれては…**【流れては妹背の山の中に落つる吉野の川のよしや世の中】〈古今・恋五・八二八・よみ人しらず〉訳 流れ流れて妹山と背山の間に流れ落ちる吉野の川ではないが、時の流れは、男と女の間を隔てる、まあ、そんなものなのか、男女の仲は。〈参考〉「流れては」は、「永らへて」の意を響かせる。初句から四句まで、同音反復によって「よしや」を導き出す序詞。

ながれとどま・る【流れ留まる】[自ラ四]（ら・り・る・る・れ・れ）流されて消えずに、ずっと残りとどまる。例「とても消ゆべき水の泡の流れ留ま・る処とて」〈太平記・二七〉

ながれ・ひる【流れ干る】[自ハ上一]（ひ・ひ・ひる・ひる・ひれ・ひよ）潮が流れて沖の方へ引く。例「満つ潮の流れひ・るまを逢ひがたみ」〈古今・恋三〉

ながれゆ・く【流れ行く】[自カ四]（か・き・く・く・け・け）❶流れに乗って運ばれる。例「我が袖に降りつる雪も流れ行・きて」〈万葉・一〇・二三二〇〉❷流罪を受けて遠方へ行く。例「流れゆ・くわれは水屑となりはてぬ」〈大鏡・時平〉訳→〔和歌〕ながれゆく…

〔和歌〕**ながれゆく…**【流れゆくわれは水屑となりはてぬ君しがらみとなりてとどめよ】〈大鏡・時平・菅原道真〉訳 遠くに流れてゆく私は水の中のくずのようになり果ててしまいました。わが君（＝宇多

ながら［接続助詞］

アプローチ ▼逆接で用いられる場合(①)が多い。▼動作・状態の継続と動作の並列との区別は、はっきりと分けることができない場合が多い。▼接尾語「ながら」が転じたものとされる。

接続 ▼動詞・動詞型活用語の連用形、形容詞の語幹(シク活用は終止形)、形容動詞の語幹、打消の助動詞「ず」の連用形、体言などに付く。▼活用語の連体形に付くこともある。

意　味	訳　語	用　例
❶逆接の確定条件を表す。	…けれども …のに	例「家司望みたまひし大納言も、やすからず思ひながらさぶらひたまふ」〈源氏・若菜・上〉訳家司の職をお望みになった大納言も、心穏やかでなく思うけれどもお仕えなさる。 例「身はいやしながら、母なむ宮なりける」〈伊勢・八四〉訳身分は低いけれども、母は宮様だった。
❷動作・状態の継続を表す。	…(の)まま	例「定めてさならむとも知らずながら、恥づかしげなる人に、うち出でのたまはせむもつつましく」〈源氏・手習〉訳きっとそうであろうとも知らないまま、気がひける人に、打ち明けなさるのもはばかられ。
❸二つの動作の並列を表す。	…ながら	例「手に氷を持ちながら、かくあらそふを」〈源氏・蜻蛉〉訳手に氷を持ちながら、このように争うのを。 例「笑ひながら涙を流す者もありけり」〈今昔・二四・二三〉訳(笑いすぎて苦しいので)笑いながら涙を流す者もいた。

法皇)よ。くずをせきとめる柵となって、私を引きとどめてください。〈参考〉「流れゆく」「水屑」「しがらみ」「とどめ」は縁語。

ながれわたり【流れ渡り】［名］❶流れにまかせて川などを渡ること。❷成り行きにまかせて生きること。

ながわきざし【長脇差し】［名］❶丈の長い脇差し。＝大脇差し。❷江戸時代、関東地方で博打打ちの別称。①を差していたことからいう。

ながゐ［・す］【長居】［名・自サ変］長い間同じ場所にとどまること。

ながゐさぶら・ふ【長居候ふ】(「候ふ」は仕える・いるの意の謙譲語)長い間お仕え申し上げる。例「内裏の御物忌みさしつづきて、いとど長居さぶら・ひたまふを」〈源氏・帚木〉

ながゐのうら【長居の浦】［歌枕］摂津国の海岸。いまの大阪市住吉区・東住吉区長居。「長居」「長し」をかける。

なが・ゐる【長居る】［自ワ上一］{ゐ・ゐ・ゐる・ゐる・ゐれ・ゐよ}長く一か所にとどまる。例「いづこにかこころひさしくなが・ゐつる山より月の出でているまで」〈和泉式部続集〉

なかんづく【就中】［副］(「なかにつく」の撥音便)なかでも。とりわけ。＝就中に。例「就中天下の乱をしづめ給はむずる人の身にて」〈保元・上〉

なかんづくに【就中に】「なかんづく」に同じ。

なかん・めり ないようだ。↓「なかめり」。例「親なかん・めれば『いかでよろしく思はれにしがな』とこそ思はめ」〈落窪・一〉

語構成 なかん 形ク「なし」体 ／ めり 推「めり」
＝「なかるめり」の撥音便。

なぎ【梛・竹柏】［名］木の名。熊野地方では神木とされた。音が「凪」に通ずるところから、葉は災難よけとして、守り袋や鏡の裏に入れられた。

なぎ【水葱】［名］草の名。食用とされたが、高級な食材ではなかった。ミズアオイやコナギの古称。(季―夏)

なきあか・す【泣き明かす】［他サ四］{さ・し・す・す・せ・せ}❶一晩中泣き続けて夜を明かす。例「思ひかへし思ひかへしゐて、夜ひと夜泣きあか・しけり」〈大和・一六八〉❷泣きながら月日を送る。例「なほ昔を恋ひつつ泣き明か・してあるに」〈蜻蛉・上〉

なきあ・ぐ【鳴き上ぐ】［自ガ下二］{げ・げ・ぐ・ぐる・ぐれ・げよ}声を高く上げて鳴き立てる。例「犬の、諸声に、ながながとなきあ・げたる」〈枕・にくきもの〉

なきいさ・ちる［自タ上一］{ち・ち・ちる・ちる・ちれ・ちよ}泣きわめく。例「何の由にか、汝が、事依さえし(＝委任サレタ)国を治めずして、なきいさ・ちる」〈記・上〉

なきい・る【泣き入る】［自ラ四］{ら・り・る・る・れ・れ}激しく泣く。例「飽かず悲しくて、御供に参りなんと泣き入・りたまひて」〈源氏・明石〉

なきおぼ・る【泣き溺る】［自ラ下二］{れ・れ・る・るる・るれ・れよ}ひどく泣いて取り乱す。例「あるかぎりの人泣きおぼ・れて、浅ましげなるけしきにて」〈浜松中納言・五〉

なきかげ【亡き影】死者の霊。死者の面影。

なきかず【亡き数】死んだ人の数。死人のうち。

なきかへ・る【泣き返る】［自ラ四］{ら・り・る・る・れ・れ}ひたすら泣く。激しく泣く。例「諸声に今日ばかりとぞ泣きかへ・りぬる」〈後撰・雑四・一二七六〉

なぎがま【薙ぎ鎌】［名］鎌に長い柄をつけて、敵をなぎ払う武器。＝薙鎌。

なきがら【亡き骸】［名］死人のからだ。死骸。

なきから・す【泣き嗄らす・鳴き嗄らす】［他サ四］{さ・し・す・す・せ・せ}泣き過ぎて声をからす。例「松虫の**鳴きから・したる**声も、をり知り顔なるを」〈源氏・賢木〉

なきか・る【泣き嗄る・鳴き嗄る】［自ラ下二］{れ・れ・る・るる・るれ・れよ}泣き過ぎて声がかれてくる。激しく泣いてかすれ声になる。例「虫の音も**鳴きか・れて**」〈源氏・夕顔〉

なきくら・す［他サ四］{さ・し・す・す・せ・せ}〔一〕【泣き暮らす】（人が）一日中泣いて過ごす。泣いて日々を送る。〔二〕【鳴き暮らす】（鳥・獣・虫が）一日中鳴き続ける。例「ほととぎすけふ日ねもすに**鳴き暮ら・す**かな」〈更級〉

なきこが・る【泣き焦がる】［自ラ下二］{れ・れ・る・るる・るれ・れよ}胸が焦がれるほどに恋い慕って泣く。例「母北の方、〔娘ノ亡キ骸ヲ焼クノト〕同じ煙にのぼりなむと**泣きこが・れたまひて**」〈源氏・桐壺〉

なきこと【無き事】身に覚えのないこと。無実の罪。

なぎさ【渚・汀】［名］（海・湖・川などの）波がうち寄せるところ。

なぎさのいへ【渚の家】［名］「なぎさのゐん」に同じ。

なぎさのみや【渚の宮】［名］「なぎさのゐん」に同じ。

なぎさのゐん【渚の院】［名］平安時代、交野の（いまの大阪府交野市・枚方市の辺り）にあった文徳天皇の離宮。のちに第一皇子である惟喬親王の御領となる。＝渚の家・渚の宮

なきさわ・ぐ【泣き騒ぐ】［自ガ四］{が・ぎ・ぐ・ぐ・げ・げ}《古くは「なきさわく」》大声で激しく泣く。例「『夜半うち過ぐるほどになむ、絶えはてたまひぬる』とて**泣き騒・げば**」〈源氏・桐壺〉

なきしき・る【鳴き頻る】［自ラ四］{ら・り・る・る・れ・れ}（鳥や虫などが）しきりに鳴く。盛んに鳴き立てる。例「蜩の**鳴きしき・りて**」〈源氏・夕霧〉

なきしづ・む【泣き沈む】［自マ四］{ま・み・む・む・め・め}泣き伏す。激しく泣きくずれる。例「『いみじき道に出で立ちて悲しきめをみる』と**泣き沈・みて**」〈源氏・明石〉

なきしを・る【泣き萎る】［自ラ下二］{れ・れ・る・るる・るれ・れよ}泣いてしょんぼりする。例「らうたげなるさまに**泣きしを・れて**おはするもいと心苦し」〈源氏・椎本〉

なきすぐ・す【泣き過ぐす】［他サ四］{さ・し・す・す・せ・せ}一日中泣いて過ごす。泣き暮らす。例「心のままに**なきすぐ・す**」〈右京大夫集〉

なきす・つ【鳴き捨つ】［他タ下二］{て・て・つ・つる・つれ・てよ}鳴いたきり、あとを顧みずに立ち去る。鳴き声を残して去る。例「**なきす・てて**いづちいく田の時鳥などりをとむる杜の下かげ」〈玉葉・雑一・一九三八〉

なきそほ・つ【泣き濡つ】［自タ四］{た・ち・つ・つ・て・て}《「なきそぼつ」とも》泣きぬれる。

なきた・む【泣き溜む】［他マ下二］{め・め・む・むる・むれ・めよ}泣いて目に涙をためる。とめどなく涙を流す。例「**泣き溜・むる**涙の川の激つ瀬も」〈宇津保・吹上・上〉

なきちら・す【鳴き散らす】［他サ四］{さ・し・す・す・せ・せ}鳥などが鳴きながら羽ばたいて、花などを散らす。例「うぐひすの**鳴き散ら・す**らむ春の花」〈万葉・一七・三九六六〉

なきつた・ふ【鳴き伝ふ】［他ハ下二］{へ・へ・ふ・ふる・ふれ・へよ}もとの鳴き声を再現する。同じ鳴き方を繰り返す。例「〔庭二放たせたまへる〔松虫ノナカデ〕、しるく**鳴き伝・ふる**こそ少なかなれ」〈源氏・鈴虫〉《音便》「少なかなれ」は「少なかるなれ」の撥音便「少なかんなれ」の撥音無表記。

なきとよ・む【泣き響む】［自マ四］{ま・み・む・む・め・め}《「なきどよむ」とも》大勢の人が泣き叫ぶ。例「まして女宮たち、女御、更衣、ここらの男女、上下ゆすり満ちて**泣きとよ・むに**」〈源氏・若菜・上〉

なきとよ・む【鳴き響む】《「なきどよむ」とも》〔一〕［自マ四］{ま・み・む・む・め・め}響き渡るように鳴く。例「ほととぎす**鳴きとよ・む**なる声の遥けさ」〈万葉・八・一四九四〉〔二〕［他マ下二］{め・め・む・むる・むれ・めよ}鳴き声を響き渡らせる。＝鳴き響もす。例「恋ひ死なば恋ひも死ねとやほととぎす物思ふ時に来**鳴きとよ・むる**」〈万葉・一五・三七八〇〉

なきとよも・す【鳴き響もす】［他サ四］{さ・し・す・す・せ・せ}「なきとよむ（鳴き響む）〔二〕」に同じ。例「ほととぎす花橘の枝に居て**鳴きとよも・せば**花は散りつつ」〈万葉・一〇・一九五〇〉

なきな【無き名】いわれのないうわさ。身に覚えのない評判。

〔川柳〕**なきなきもよい方をとる かたみわけ**【泣き泣きもよい方をとる形見分け】〈柳多留・一七〉訳 親の死を泣きながらも、形見分けではよい方を選んで取ることだ。

なさなげ・く【泣き嘆く】［自カ四］{か・き・く・く・け・け}泣いて嘆き悲しむ。例「罪の限りはてぬれば、かく迎ふるを、翁は**泣き嘆・く**」〈竹取・かぐや姫の昇天〉

なぎなた【薙刀・長刀】［名］長い柄に広幅で反り返った長い刀身の武器。人や馬を薙ぎ払うのに用いた。のちに、僧兵や武家の婦女子などが使用した。↓古典参考図 武装・武具〈3〉

なきぬら・す【泣き濡らす】［他サ四］{さ・し・す・す・せ・せ}泣いて流れる涙で、袖などをぬらす。例「袖のいたう**泣き濡ら・したまへり**けるをひき隠し」〈源氏・幻〉

なきのし・る［自ラ四］{ら・り・る・る・れ・れ}〔一〕【泣き罵る】（人が）大声で泣きわめく。泣き騒ぐ。例「『我こそ死なめ』とて、**泣きののし・る**」〈竹取・かぐや姫の昇天〉〔二〕【鳴き罵る】（鳥や獣が）鳴き騒ぐ。やかましく鳴く。例「この猫を北面にのみあらせて呼ばねば、かしがましく**鳴きののし・れども**」〈更級〉

なぎのはなのみこし【葱の花の御輿】［名］「そうくわれん」に同じ。

なきは・る【泣き腫る】［自ラ下二］{れ・れ・る・るる・るれ・れよ}ひどく泣いて、まぶたがはれる。例「面もあかみて、げにくるしげなるまで、御目も**泣きは・れ給へり**」〈落窪・一〉

なきひとのわかれ【亡き人の別れ】死別。

なきふ・す【泣き伏す】［自サ四］{さ・し・す・す・せ・せ}❶泣きくずれてうつぶせになる。身を投げ出して泣く。例「君は、上を恋ひきこえたまひて**泣きふ・したまへる**に」〈源氏・若紫〉❷泣いているうちに寝てしまう。泣きながら寝入る。例「『いかが候ふべき』と**泣きふ・したる**程に、夜明けぬれば」〈古本説話集〉

なきふ・る【鳴き旧る】［自ラ上二］{り・り・る・るる・るれ・りよ}鳴き声が耳慣れて、珍しいと感じなくなる。例「**鳴きふ・りて**後にかたらへ時鳥」〈新千載・夏・二三〇〉

なきふる・す【鳴き旧るす】［他サ四］{さ・し・す・す・せ・せ}何度も鳴いて、珍しいと感じなくさせる。例「去年の夏**鳴きふる・してし**時鳥」〈古今・夏・一五九〉

なきまさ・る〔自ラ四〕{ら・り・る・る・れ・れ}一【泣き勝る】(人が)いっそう激しく泣く。例「『しかじかの事いひ出でたるなりけり』と〔阿漕ガ〕申せば、〔落窪ノ姫君ハ〕いとど**泣きまさり**給ふ」〈落窪・一〉二【鳴き勝る】(鳥や虫などが)さらに激しく鳴き立てる。例「虫の音はこの秋しもぞ**鳴きまさる**わかれの遠くなる心ちして」〈金葉・雑下・七〇六〉

なきまど・ふ【泣き惑ふ】〔自ハ四〕{は・ひ・ふ・ふ・へ・へ}激しく泣いて取り乱す。例「女房などの悲しびにたへず、**泣きまどひ**」〈源氏・夕顔〉

なきみだ・る【鳴き乱る】〔自ラ下二〕{れ・れ・る・るる・るれ・れよ}やかましく鳴く。鳴き声が騒々しく入り乱れる。例「壁の中のきりぎりすだに間遠に聞きならひたまへる御耳に、さし当てたるやうに**鳴き乱るる**を」〈源氏・夕顔〉

なきみ・つ〔自タ四〕{た・ち・つ・つ・て・て}一【泣き満つ】満座の人々が泣く。泣き声がその場に満ちる。例「〔藤壺中宮ガ〕御髪おろしたまふほどに、宮の内ゆすりてゆゆしう**泣きみちたり**」〈源氏・賢木〉二【鳴き満つ】鳥や虫などの鳴き声が、その場に満ちる。例「ひぐらしさかりと**鳴きみちたり**」〈蜻蛉・中〉

なきみわらひみ【泣きみ笑ひみ】(「み」は動詞の連用形に付いて「…み…み」の形で、動作が重複して行われることを表して)泣いたり笑ったり。

なきめ【泣き女・哭き女】〔名〕葬送の際、儀礼的に泣く役目の女性。

なきもの〔名〕一【亡き者】生きていない人。死んだ人。亡き人。二【無き物】現存しないもの。ないに等しいもの。例「人の思ひ消ち、**なきもの**にもてなさまなりし御禊の後」〈源氏・葵〉

なきよ【無き世】死んだのちの世。

なきよわ・る【鳴き弱る】〔自ラ四〕{ら・り・る・る・れ・れ}鳴く声がしだいに弱まる。例「**鳴きよわる**まがきの虫もとめがたき秋の別れやかなしかるらん」〈千載・離別・四七八〉

なきわた・る【鳴き渡る】〔自ラ四〕{ら・り・る・る・れ・れ}(鳥が)鳴きながら飛んで行く。例「桜田へ鶴**鳴き渡る**年魚市潟潮干にけらし鶴**鳴き渡る**」〈万葉・三・二七一〉訳→〔和歌〕さくらだへ…

なきわ・ぶ【泣き侘ぶ・鳴き侘ぶ】〔自バ上二〕{び・び・ぶ・ぶる・ぶれ・びよ}悲しがってなく。つらそうになく。例「いみじう調ぜられて、心苦しげに**泣きわびて**」〈源氏・葵〉

な・く【泣く・哭く】一〔自カ四〕{か・き・く・く・け・け}悲しみなどで声を立てて涙を流す。例「憶良らは今は罷らむ子**泣く**らむそれその母も我を待つらむぞ」〈万葉・三・三三七〉訳→〔和歌〕おくららは…。二〔他カ下二〕{け・け・く・くる・くれ・けよ}《上代東国方言》泣かせる。例「夢のみにもとな見えつつ我を音し**泣くる**」〈万葉・一四・三四七一〉

な・く【鳴く・啼く】〔自カ四〕{か・き・く・く・け・け}(鳥・虫・獣などが)声を立てる。鳴く。例「かはづ**鳴く**清き川原を」〈万葉・七・一一〇六〉

なく 打消の助動詞「ず」の名詞化したもの。文末に用いられると詠嘆の気持ちが加わる。…**ないこと**。…**ないことよ**。例「天の川去年の渡り瀬荒れにけり君が来まさむ道の知ら**なく**」〈万葉・一〇・二〇八四〉訳天の川の去年の渡り瀬が荒れてしまった。あなた(=彦星)がおいでになる道がわから**ないことよ**。(敬語)「来まさむ」→「ます(座す)」

な・ぐ【薙ぐ】〔他ガ四〕{が・ぎ・ぐ・ぐ・げ・げ}横方向に切り払う。例「尊はき給へる霊剣をぬいて草を**なぎ**給へば」〈平家・一一・剣〉

な・ぐ【凪ぐ・和ぐ】〔自ガ上二〕{ぎ・ぎ・ぐ・ぐる・ぐれ・ぎよ}❶波風が静まって穏やかになる。例「海の面うらうらと**なぎ**わたりて」〈源氏・須磨〉❷心が落ち着き、穏やかになる。例「はや行きていつしか君を相見むと思ひし心今ぞ**なぎぬる**」〈万葉・一一・二五七九〉

な・ぐ【投ぐ】〔他ガ下二〕{げ・げ・ぐ・ぐる・ぐれ・げよ}❶(物を)**遠くに投げる**。また、**投げ捨てる**。例「金は山に捨て、玉は淵に**投ぐ**べし」〈徒然・三八〉❷**身投げをする**。**入水する**。例「世の中の憂きたびごとに身を**投げ**ば深き谷こそ浅くなりなめ」〈古今・雑躰・一〇六一〉(係結び)「こそ」→「なりなめ(已)」

なくこなす【泣く子なす】〔枕詞〕(「なす」は接尾語)(泣いている子供のようにの意から)「慕ふ」「言問はず」「音のみし泣かゆ」にかかる。例「**泣く子なす**慕ひ来まして」〈万葉・五・七九四長歌〉

なぐさ【慰】〔名〕《動詞「和ぐ」の終止形＋接尾語「さ」》心を慰めるもの。

なぐさのはま【名草の浜】〔歌枕〕紀伊国の地名。いまの和歌山市南部、名草山のふもとにある海岸。「浜千鳥」が景物。「慰む」をかける。例「跡見れば心**なぐさの浜**千鳥今は声こそ聞かまほしけれ」〈後撰・恋二・六三五〉

なぐさみ【慰み】〔名〕❶心を慰めること。心をはらすもの。❷楽しみ。遊び。

なぐさ・む【慰む】一〔自マ四〕{ま・み・む・む・め・め}心配や怒りなどがなくなってすっきりした気分になる。**心が晴れる**。**すっきりする**。例「この子を見れば苦しきこともやみぬ。腹立たしきことも**なぐさみけり**」〈竹取・かぐや姫〉二〔他マ下二〕{め・め・む・むる・むれ・めよ}❶**気分を晴らす**。**心を楽しませる**。例「御屏風どもなど、いとをかしき絵を見つつ、**慰めて**おはするもはかなしや」〈源氏・若紫〉(敬語)「慰めておはする」→「おはす」。❷**人の心を穏やかにさせる**。**なだめる**。例「例の人のやうに恨みのたまはば、我もうらなくうち語りて**慰めきこえてんものを**」〈源氏・紅葉賀〉(敬語)「恨みのたまはば」→「のたまふ」、「慰めきこえ」→「きこゆ」。❸**疲れをいやす**。**気晴らしをする**。例「下向には京へ寄りて、四五日も**なぐさめ**」〈浮・好色五人女〉三〔他マ四〕{ま・み・む・む・め・め}《中世以降》❶**気分を晴らす**。**心を楽しませる**。例「人に本意なく思はせて、わが心を**慰まん**事、徳に背けり」〈徒然・一三〇〉❷**慰みものにする**。**満足させる**。**もてあそぶ**。**からかう**。例「この年寄りを**慰んで**、今逃げることはござらぬ」〈膝栗毛〉(音便)「慰んで」は「慰みて」の撥音便。

なぐさめ【慰め】〔名〕**心を慰めること**。また、そのもの。**心を静まらせるもの**。例「かの人(=藤壺中宮)の御かはりに、〔紫ノ上ヲ〕明け暮れの**慰め**にも見ばや」〈源氏・若紫〉

なぐさめぐさ【慰め種】〔名〕心を慰める材料・手段。

なぐさめどころ【慰め所】〔名〕心の慰めとなる所や物。気晴らしになる所や物。

なぐさめわ・ぶ【慰め侘ぶ】〔他バ上二〕{び・び・ぶ・ぶる・ぶれ・びよ}どう慰めてよいか分からず困る。慰めかねる。例「かくてはいかでか過ぐしたまはむと**慰めわびて**、乳母も

泣きあへり」〈源氏・若紫〉

なぐさもる【慰もる】《下二段動詞「慰む」の連体形「なぐさむる」の変化形》気が紛れる。慰める。例「**慰もる**心は無しにかくのみし恋ひやわたらむ月に日に異に」〈万葉・一一・二五九六〉

なくな・す【無くなす・亡くなす】[他サ四]{さ・し・す・す・せ・せ} ❶なくす。喪失する。❷死なせる。失う。例「人を**亡くな・し**て、限りなく恋ひて」〈後撰・哀傷・一四三〇詞書〉 ❸勢力を失わせる。例「東三条の大将をば**なくな・し**奉り給ひてき」〈栄花・二〉

なくな・る【無くなる・亡くなる】[自ラ四]{ら・り・る・る・れ・れ} ❶あったものが消える。尽きる。例「手に力も**なくな・り**て」〈竹取・かぐや姫の昇天〉 ❷死ぬ。例「父の大納言は**亡くな・り**て」〈源氏・桐壺〉

なく-に ❶**…ないので。…ないのだから。**例「誰をかも知る人にせむ高砂の松も昔の友なら**なくに**」〈古今・雑上・九〇九〉 訳↓〔和歌〕たれをかも…。❷**…ないのに。**例「深山には松の雪だに消えな**くに**都は野辺の若菜摘みけり」〈古今・春上・一九〉 訳↓〔和歌〕みやまにはまつのゆきだに…。❸**…ないのだなあ。…ないことだなあ。**例「いかにして忘るるものぞ我妹子に恋は増されど忘らえ**なくに**」〈万葉・一一・二五九七〉 訳どのようにして忘れるものなのであろうか。いとしいあの子への恋は増すばかりで忘れられ**ないことだ。**

語構成	なく	に
	打消「ず」・名詞化	格助

なくは・し【名細し・名美し】[形シク]{しから・しく(しかり)・し・しき(しかる)・しけれ・しかれ}《「なぐはし」とも。「くはし」はすぐれているの意》よい名である。名高い。例「をちこちの島は多けど**なぐは・し**狭岑の島の」〈万葉・二・二二〇長歌〉

なくもがな【無くもがな】《形容詞「無し」の連用形＋願望の終助詞「もがな」》ないといい。なければなあ。例「世の中にさらぬ別れの**なくもがな**千代もとなげく人の子のため」〈古今・雑上・九〇一〉 訳→〔和歌〕よのなかにさらぬわかれの…

なぐや【投ぐ矢・投ぐ箭】[名]「なげや」に同じ。

なぐるさの【投ぐる箭の】[枕詞]《「さ」は矢の意》(投げる矢が遠くまで飛ぶ意から)「遠ざかる」にかかる。例「**投ぐるさの**遠ざかり居て思ふそら」〈万葉・一三・三三三〇長歌〉

なげ[・なり]【無げ】[形動ナリ]{なら・なり(に)・なり・なる・なれ・なれ}《形容詞「無し」の語幹＋接尾語「げ」》❶**なさそうなさま。**例「かく口惜しき際の者だに、もの思ひ**なげ・にて**」〈源氏・澪標〉 ❷**いい加減なさま。投げやりなさま。**例「**なげの**走り書いたまへる御筆づかひ言の葉も」〈源氏・椎本〉《音便》「走り書い」は「走り書き」のイ音便。

〔**無げのあはれ**〕かりそめの同情や愛情。例「**なげのあはれ**をもかけたまふ人あらむをこそは、一つ思ひに燃えぬるしるしにはせめ」〈源氏・柏木〉

〔**無げの答へ**〕心のこもっていない返事。いい加減な返答。例「**なげの答へ**をだに〔姫君タチ二〕せさせたまはず」〈源氏・椎本〉

〔**無げの老人**〕いてもいなくても同じような老人。おろそかに扱われる老人。いやしい老人。

〔**無げの言の葉**〕心のこもっていない、いい加減なことば。あいさつ程度の手紙や和歌。＝無げの言葉。例「かう思ひよるべうもあらぬ方にしも、**なげの言の葉**を尽くしたまふ」〈源氏・紅梅〉

〔**無げの言葉**〕「なげのことのは」に同じ。

なげい・づ【投げ出づ】[他ダ下二]{で・で・づ・づる・づれ・でよ} 投げ出す。ほうる。

なげお・く【投げ置く】[他カ四]{か・き・く・く・け・け} ぞんざいに置く。ほうり出して置く。

なげか・く【投げ掛く】[他カ下二]{け・け・く・くる・くれ・けよ} ❶投げつける。例「荊軻いかって、つるぎを**投げか・け**たてまつる」〈平家・五・咸陽宮〉 ❷(衣服を)投げるようにして着せる。例「草摺り軽げに、ざっくと**投げ掛・け**」〈謡・夜討曾我〉

なげかく【嘆かく】《動詞「嘆く」の名詞化したもの》嘆くこと。例「思ふそら安くあらねば**嘆かく**を留めもかねて」〈万葉・一七・四〇〇八長歌〉

なげか・し【嘆かし】[形シク]{しから・しく(しかり)・し・しき(しかる)・しけれ・しかれ} 嘆かわしい。例「秋は我が心の露にあらねども物**なげか・し**き頃にもあるかな」〈拾遺・恋二・七七六〉

なげかしが・る【嘆かしがる】[自ラ四]{ら・り・る・る・れ・れ}《「がる」は接尾語》嘆かわしいようすをする。例「湯水飲まれず、同じ心に**嘆かしが・り**けり」〈竹取・かぐや姫の昇天〉

なげがね【投げ金・投げ銀】[名]《近世語》投資。投機的な出資。

なげか・ふ【嘆かふ】《上代語。動詞「嘆く」の未然形＋継続の助動詞「ふ」》嘆き続ける。例「隠り恋ひ息づき渡り下思ひに**嘆か・ふ**我が背」〈万葉・一七・三九七三長歌〉

なげき【嘆き・歎き】[名]❶**ためいき。嘆息。**悲しんだり、がっかりしたときに長く息をはくこと。例「つねは嘆くことなきに、今夜大き一つの**嘆き**をし」〈記・上〉 ❷**悲しみ。悲嘆。**例「などかかる**なげき**は繁さまさりつつ人のみかかる宿となるらん」〈蜻蛉・上〉 ❸**嘆願。**人の同情をひくように頼むこと。また、権威のあるところに切実に訴えでること。例「一門はせあつまり、御不審の**なげき**を申しあげ候ふべし」〈曾我・三〉

発展学習ファイル 和歌では②の例のように「投げ木」「木」をかけて用いられることがある。

〔**嘆きの色**〕悲しみ嘆くさま。和歌では、「嘆き」に「投げ木」をかけて詠まれることが多い。例「夏山の木のしたつゆの深ければかつぞ**なげきの色**もえにける」〈蜻蛉・下〉

〔**嘆きの霧**〕嘆いてため息をつくときに出る息を霧にたとえていう語。例「沖つ風いたく吹きせば我妹子が**嘆きの霧**に飽かましものを」〈万葉・一五・三六一六〉

なげきあか・す【嘆き明かす】[他サ四]{さ・し・す・す・せ・せ} ❶一晩中嘆いて夜を明かす。例「夜、目も合はぬままに、**嘆き明か・し**つつ」〈蜻蛉・上〉 ❷嘆きながら月日を送る。例「泣きくらし、**嘆きあか・す**月日、はかなく過ぎ行く」〈宇津保・俊蔭〉

なげきあつか・ふ【嘆き扱ふ】[他ハ四]{は・ひ・ふ・ふ・へ・へ} 心をくだいて世話を焼く。あれこれ心配して面倒を見る。例「ただかかるありさまを**嘆き扱・は**れたてまつるよりほかのことなきよ」〈夜の寝覚〉

なげきあま・る【嘆き余る】[自ラ四]{ら・り・る・る・れ・れ} 嘆いても嘆ききれない。例「**嘆きあま・り**つつひに色にぞ出

でぬべき」〈拾遺・恋二・六三五〉

なげきあり・く【嘆き歩く】[自カ四]{か・き・く・く・け・け}悲嘆に暮れて歩き回る。嘆いておろおろする。例「大将は、ましていとよき御仲なれば、けぢかくものしたまひつつ、いみじく**嘆き歩き**たまふ」〈源氏・若菜・下〉

なげきおも・ふ【嘆き思ふ】ナゲキオモウ[他ハ四]{は・ひ・ふ・ふ・へ・へ}嘆き悲しむ。例「月日は多く隔てはべりしかど、〔我ガ子ヲ亡クシタ〕悲しびたへず**嘆き思ひ**たまへはべるに」〈源氏・夢浮橋〉

なげきぐさ【嘆き種】[名]嘆き・悲しみの原因となるもの。

なげきくら・す【嘆き暮らす】[他サ四]{さ・し・す・す・せ・せ}一日中嘆いて過ごす。嘆きながら日々を送る。例「おろかならず**嘆き暮らし**たまへり」〈源氏・総角〉

なげきこ・る【嘆き凝る】[自ラ四]{ら・り・る・る・れ・れ}嘆いてばかりいる。ずっと悲嘆に暮れている。例「**なげきこる**(=「嘆き凝る」ト、「投げ木樵る」トヲカケル)山とし高くなりぬれば」〈古今・雑躰・一〇五六〉

なげきしづ・む【嘆き沈む】ナゲキシズム[自マ四]{ま・み・む・む・め・め}嘆いて悲しみに沈む。深く嘆いて気持ちが落ち込む。例「年ごろよろづに**嘆きしづみ**」〈源氏・藤裏葉〉

なげきしを・る【嘆き萎る】ナゲキシオル[自ラ下二]{れ・れ・る・るる・るれ・れよ}深い悲しみに沈んで気力をなくす。例「親はらから、あまたの人々、さる高き御仲らひの**嘆きしをれ**たまへるころほひにて」〈源氏・若菜・下〉

〔和歌〕**なげきつつ…【嘆きつつひとり寝(ぬ)る夜(よ)のあくる間(ま)はいかに久しきものとかは知る】**〈拾遺・恋四・九一二・右大将道綱母〉〈百人一首〉訳嘆き嘆きひとりで寝る夜の明けるまでの間が、どんなに長いものと、あなたはお分かりでしょうか。《係結び》「かは→知る体」

なげきわた・る【嘆き渡る】[他ラ四]{ら・り・る・る・れ・れ}ずっと嘆いて過ごす。例「ものいひわたる人に逢(あ)ひがたきよしを**なげきわたり**侍(はべ)りけるに」〈後拾遺・雑四・一〇九四詞書〉

なげきわ・ぶ【嘆き侘ぶ】[自バ上二]{び・び・ぶ・ぶる・ぶれ・びよ}悲嘆に暮れる。思い悩んで憂いに沈む。例「**嘆きわび**つつ明かし暮らすほどに」〈和泉式部日記〉

なげ・く【嘆く】[自カ四]{か・き・く・く・け・け}

> **アプローチ**
> ▼語源は「長息(ながいき)」の変化形の動詞化とも、「長生(ながい)く」の変化形ともいわれるが、未詳。
> ▼長く息を吐く、ため息をつくが原義。
> ▼そこから、ため息をつくような思いをする、悲しむ意で用いられ、さらに実現困難なことを願う意も生じた。

❶**ため息をつく。**例「あかねさす日の暮れぬればすべをなみ千度(ちたび)**嘆き**て恋ひつつそ居る」〈万葉・一二・二九〇一〉訳日が暮れてしまうと、どうにもしようがないので、何度も**ため息をついて**恋しく思い続けている。〔注〕「あかねさす」は「日」の枕詞。「すべをなみ」は「体言＋を＋形容詞の語幹＋み(接尾語)」の形で、原因・理由を表す。《係結び》「そ→居る体」

❷**悲しむ。**例「この国に生まれぬるとならば、**嘆かせ**奉らぬほどまで侍(はべ)らん」〈竹取・かぐや姫の昇天〉訳(私が)この国に生まれたということならば、(翁(おきな)と嫗(おうな)を)**悲しませ**申し上げることのないころまでおそばにお仕えすることができましょう。《敬語》「嘆かせ奉らぬ」→「たてまつる」、「侍らん」→「はべり」

❸**実現困難なことを願う。嘆願する。**例「世の中にさらぬ別れのなくもがな千代(ちよ)もと**なげく**人の子のため」〈古今・雑上・九〇一〉訳→〔和歌〕よのなかにさらぬわかれの…

なげぐし【投げ櫛】[名]櫛(くし)を投げること。また、その櫛。夫婦絶縁や不吉を意味するものとして忌み嫌われた。

なげくび【投げ首】[名]〔近世語〕思案にくれること。うなだれること。

〔和歌〕**なげけとて…【なげけとて月やはものを思はするかこち顔(がほ)なるわが涙かな】**〈千載・恋五・九二九・西行法師〉〈百人一首〉訳嘆けといって、月が私にもの思いをさせるのであろうか、いやそうではない。恋しい人のせいなのに、まるで月のせいであるかのように、こぼれ落ちる私の涙であるよ。《係結び》「やは→思はする体」

なげし【長押】[名]寝殿造りなどの屋敷の母屋(もや)と廂(ひさし)の間(ま)、または、廂の間と簀(す)の子の境で、柱と柱をつなぐ水平の材木。床の部分を「下長押(しもなげし)」、上に渡したものを「上長押(うはなげし・かみなげし)」という。➡図版「唐櫃(からひつ)」

なげす・つ【投げ捨つ】[他タ下二]{て・て・つ・つる・つれ・てよ}ほうり出す。投げ捨てる。うっちゃる。

なげたいまつ【投げ松明】[名]焼き討ちにするために、敵の陣中に投げ込むたいまつ。

なけなくに【無けなくに】《形容詞「無し」の古い未然形＋打消の助動詞「ず」の名詞化したもの＋助詞「に」》ないことはないのに。あるのに。例「皇神(すめかみ)の副(そ)へて賜(たま)へる我が**なけなくに**」〈万葉・一・七七〉

なげや【投げ矢・投げ箭】[名]弓を使わずに、手で投げ放つ矢。＝投ぐ矢

〔和歌〕**なけやなけ…【なけやなけ蓬(よもぎ)が杣(そま)のきりぎりす過ぎゆく秋はげにぞかなしき】**〈後拾遺・秋上・二七三・曾禰好忠〉訳鳴けよ、鳴け。杣木(そまき)のように生い茂ったヨモギの中にいるコオロギよ。過ぎてゆく秋は、お前が鳴くとおり本当に悲しいものだ。〈参考〉「杣」は、材木にするために植林した木。「蓬が杣」は、コオロギの視点に立って、生い茂るヨモギを杣にたとえた表現。

なげや・る【投げ遣る】[他ラ四]{ら・り・る・る・れ・れ}投げ与える。投げて渡す。例「帥(そち)、**投げやり**つる文(ふみ)を取りて」〈宇津保・藤原の君〉

なごう【和う】形容詞「なごし」の連用形「なごく」のウ音便。

なごし【夏越し・名越し】[名]「夏越しの祓(はらへ)」の略。

〔**夏越(なご)しの月(つき)**〕夏越しの祓(はら)えが行われる月。陰暦六月の別称。

なご・し【和し】[形ク]{から・く(かり)・し・き(かる)・けれ・かれ}なごやかだ。のどかだ。穏やかだ。やわらかみがある。例「鶏の声など、さまざま**なごう**聞こえたり」〈蜻蛉・下〉《音便》「など

う」は「なごく」のウ音便。

なごしのはらへ【夏越しの祓へ】ナゴシノハラエ［名］陰暦六月の晦日に、半年間の罪や汚れを払う行事。チガヤの輪をくぐったり、人形を水に流したりする。＝夏越し・夏祓へ・水無月祓へ。（季－夏）

なこそのせき【勿来の関】［歌枕］陸奥国の関所。いまの福島県いわき市勿来町にある。白河の関・念珠の関とともに奥羽三関のひとつ。「な来そ（来るな）」をかける。例「吹く風を**なこその関**と思へども」〈千載・春下・一〇三〉訳→〔和歌〕ふくかぜを…

なごのうみ【那古の海・奈呉の海】［歌枕］❶越中国の海。いまの富山県新湊市北西部の海。❷摂津国の海。いまの大阪市住吉区の海岸の一部。

〔和歌〕**なごのうみの…**【なごの海の霞の間よりながむれば入る日をあらふ沖つ白波】〈新古今・春上・三五・藤原実定〉訳などの海の霞の間から眺めやると、いま波間に沈んでゆく赤い夕日を洗っているように見える沖の白波よ。

なごは・し【和はし】ナゴワシ［形シク］{しから・しく(しかり)・し・しき(しかる)・しけれ・しかれ}和やかだ。穏やかだ。柔らかだ。例「葦の若葉のなごはしみ、風も音せで寄る波の」〈謡・梅〉

なご・む【和む】一［自マ四］{ま・み・む・む・め・め}和やかになる。穏やかになる。和らぐ。例「おのづから和・みつつものしたまふを」〈源氏・夕霧〉二［他マ下二］{め・め・む・むる・むれ・めよ}和やかにする。和らげる。鎮める。例「さて腹だてなむ。なほなご・めさせおはしませ」〈落窪・二〉

なごや【和や】［名］《「や」は接尾語》和やかなこと。柔らかなこと。また、そのもの。

なごやか［・なり］【和やか】［形動ナリ］{なら・なり(に)・なり・なる・なれ・なれ}《「やか」は接尾語》温和なさま。穏やかなさま。例「おどろき顔にはあらず、**なごやか・に**もてなしてやをら隠れぬるけはひども」〈源氏・橋姫〉

夏越しの祓へ　遣り水のほとり、陰陽師が束帯に威儀を正して立つ。庭の左方に修祓のための案が置かれる。（年中行事絵巻）

なごり【余波・名残】［名］

アプローチ
▼語源は「波残り」といわれ、波が引いたあとに、なお残っているものが原義。
▼転じて、あることが過ぎ去ったあとも尾を引く気分や感情を表し、さらに、物事の最後をいう意にも用いられる。

一【余波】❶**波が引いたあと海岸に残っている海水や海藻。**例「名児の海の朝明のなごり今日もかも磯の浦廻に乱れてあるらむ」〈万葉・七・一一五五〉訳今日もまた名児の海の明け方の**海岸に残った海水**は、今日もまた磯の入り海でざわついているだろうか。《係結び》「かも→あるらむ㊍」

❷《「なごろ」とも》**海の荒れがおさまってもなおしばらく立っている波。**例「風しも吹けば余波しも立てれば」〈催馬楽〉訳風が吹くので、**なお静まらない波**が立っているので。〔注〕「しも」は強意の助詞が二つ重なったもの。

二【名残】❶物事が終わったあとにその気分や状態が残っていること。**余情。余韻。気配。**例「おびたたしくふることは、しばしにて止みにしかども、そのなごりしばしは絶えず」〈方丈記〉訳ひどく(地が)揺れることは、しばらくで終わったのだが、その**余韻**(＝揺れ)は、しばらくは終わらない。

❷**故人の代わりに残されたもの。代わり。忘れ形見。子孫。**例「昔の御名残に思しなずらへて、け遠からずもてなさせたまはば」〈源氏・澪標〉訳昔(亡くなった母上)の御**代わり**とお考えなさって、遠慮なくお付き合いくださるならば。《敬語》「思しなずらへて」→「おぼす」、「もてなさせたまはば」→「せたまふ」

❸**別れたあと、その気分。おもかげなどが心に残ること。**また、例「例の所に帰りて、今日はつねよりもなごり恋しう思ひ出でられて」〈和泉式部日記〉訳いつもの所に帰って、今日はいつもよりも**心に残る気分**が恋しく思い出されて。《音便》「恋しう」は「恋しく」のウ音便。

❹**別れを惜しむこと。**例「仁和寺の法師、童の法師にならんとする名残とて、おのおのあそぶ事ありけるに」〈徒然・五三〉訳仁和寺の僧が、稚児が僧になろうとする**別れを惜しむ**ということで、(僧たちが)めいめい芸をして楽しむことがあったときに。

❺連歌で、懐紙に書くときの最後の一折。**最後の一面。**例「先師曰く、『一巻、表より名残まで一体ならんは見苦しかるべし』」〈去来抄〉訳亡くなった先生がいったことには、「一巻が、最初の一面から**最後の一面**まで同じ詠み方であるのはみっともないことである」と。

〔**名残の袖**〕別れを惜しんで分かつ袂。別れを惜しむことのたとえ。＝名残の袂

〔**名残の袂**〕「なごりのそで」に同じ。

〔名残の花〕散り残った花。花盛りをしのばせる花。（季－春）

なごりな・し【名残なし】［形ク］{から・く(かり)・し・き(かる)・けれ・かれ} ❶心残りがない。執着しない。例「名残なき御心かな」〈堤中納言・はいずみ〉 ❷あとかたもない。例「いにしへのありさまなごりな・し」〈源氏・松風〉

なごりなみ【名残波】［名］風がおさまってもなおしばらく波の静まらないこと。また、その波。＝名残㊀

なごりやみ【名残病み】［名］以前の病気がもとで再発した病気。病後に出る病気。

なごろ【余波】［名］「なごり（余波）㊀②」に同じ。

なさけ【情け】［名］

> **アプローチ** ▼他のものに寄せる思いやりと理解を示す心の働きを表すのが原義。人ばかりでなく、物に対しても用いられる。
> ▼このことから、物に対する洗練された心の動きや、心を動かす物の性質を表し、さらに、男女間の情愛も意味する。

❶思いやり。いたわり。人情。情愛。例「情けなき御心にぞものし給ふらんと、いと恐ろし」〈徒然・一四二〉訳（子供がいないのであれば）思いやりのない御心でいらっしゃるのであろうと、ほんとに恐ろしい。《係結び》「ぞ→ものし給ふらん体」

❷風流な心。例「田舎人なれども心に情けある者なりけり」〈今昔・三〇・一三〉訳いなかの人であったが風流な心がある者であった。

❸情趣。趣。例「ものの情け知らぬ山がつも、花の蔭にはなほ休らはまほしきにや」〈源氏・夕顔〉訳ものの情趣を知らない山暮らしの者でも、花の陰ともなればやはり休息したいのであろうか。《係結び》「にや↓（省略）」

❹男女の情愛。愛情。例「男女の情けも、ひとへに逢ひ見るをばいふものかは」〈徒然・一三七〉訳男女の情愛も、ただひたすらに逢瀬を交わすことを（趣あること）いうであろうか、いや、そうではない。〔注〕「ものかは」は連語で反語。

〔情けの末〕情愛の及ぶ末端。例「ああ、情けの末とて忝い」〈浄・長町女腹切〉

〔情けの文〕恋文。艶書。

〔情けの道〕恋の道。人情の道。

〔情けは人の為ならず〕他人に情けをかけることは、めぐりめぐって自分によい報いをもたらすので、結局は自分のためになるということ。

〔情けを交はす〕互いに心を通わせる。愛し合う。例「我も人も情けをかは・しつつ過ぐしたまふなりけり」〈源氏・花散里〉

〔情けを尽くす〕真心を尽くす。できる限りの親切をする。例「ありがたきまで情けを尽く・したまへど」〈源氏・澪標〉

なさけおく・る【情け後る】［自ラ下二］{れ・れ・る・るる・るれ・れよ} 思いやりに欠ける。優しさが足りない。例「重りかにおはする人の、ものに情けおく・れ、すくすくしきところつきたまへるあまりに」〈源氏・葵〉

なさけが・る【情けがる】［自ラ四］{ら・り・る・る・れ・れ}《「がる」は接尾語》好意をもっているふりをする。親切そうに振る舞う。例「河内守のみぞ、昔よりすき心ありてすこし情けが・りける」〈源氏・関屋〉

なさけだ・つ【情け立つ】［自タ四］{た・ち・つ・つ・て・て}《「だつ」は接尾語》❶情愛があるように振る舞う。好意があるようにみせる。例「わざとならねど情けだ・ちたまふ若人は、〔夕霧ヲ〕恨めしと思ふもありけり」〈源氏・藤裏葉〉 ❷風雅を解しているように振る舞う。必要以上に風流ぶる。例「〔昔ノ人ハ〕情けだ・ちたる筋は、このごろの人にえしもまさらざりけんかし」〈源氏・初音〉

なさけづく・る【情け作る】［自ラ四］{ら・り・る・る・れ・れ} 情愛があるふりをする。親切そうに振る舞う。例「情けづく・れど、うはべこそあれ、つらきこと多かり」〈源氏・関屋〉

なさけなう【情け無う】形容詞「なさけなし」の連用形「なさけなく」のウ音便。

なさけなさけ・し【情け情けし】［形シク］{しから・しく(しかり)・し・しき(しかる)・しけれ・しかれ} いかにも愛情が深そうなようす。思いやりがあるさま。例「宮の御心ざまの心深う情け情け・しうおはせしなどを」〈源氏・真木柱〉《音便》「情け情けしう」は「情け情けしく」のウ音便。

なさけな・し【情け無し】［形ク］{から・く(かり)・し・き(かる)・けれ・かれ} ❶思いやりがない。薄情だ。例「二人の子は、なさけなくいらへてやみぬ」〈伊勢・六三〉 ❷風情がない。情趣に乏しい。例「白き単衣の、いとなさけなくあざやぎたるに」〈源氏・手習〉 ❸あきれるほどだ。嘆かわしい。例「これを聞き知らぬやうなるは、いとなさけなし」〈宇津保・藤原の君〉

発展学習ファイル 同義語に、否定の度合が強く、なじる気持ちの含まれる「こころなし」がある。⇨「こころなし〈発展学習ファイル〉」

なさけば・む【情けばむ】［自マ四］{ま・み・む・む・め・め}《「ばむ」は接尾語》思いやりを見せる。愛情があるように振る舞う。例「内々の御心づかひは、このたまふさまにかなひても、しばしは情けば・まむ」〈源氏・夕霧〉

なさけ・ぶ【情けぶ】［自バ上二］{び・び・ぶ・ぶる・ぶれ・びよ}《「ぶ」は接尾語》情けがあるように振る舞う。例「いと情け・び、きらきらしくものしたまひしを」〈源氏・玉鬘〉

なさけふか・し【情け深し】［形ク］{から・く(かり)・し・き(かる)・けれ・かれ} ❶風情を解する心が深い。❷人情深い。

なさ・る【為さる】{れ・れ・る・るる・るれ・れよ}{ら・り・る・る・れ・れ}《動詞「為す」の未然形＋尊敬の助動詞「る」》㊀［他ラ下二・四］《「為す」「為す」の尊敬語》なさる。例「楢の葉の葉守りの神のましけるを知らでぞ折りし祟りなさ・るな」〈後撰・雑二・一一八三〉 ㊁［補動ラ下二・四］（動詞の連用形に付いて）尊敬の意を表す。お…になる。例「稚児、御里にひさびさ御遊びなさ・るる」〈仮・きのふはけふの物語〉

発展学習ファイル 古くは下二段活用だったが、江戸時代に四段活用化した。

‐な・し［接尾ク型］{から・く(かり)・し・き(かる)・けれ・かれ}（状態・性質を表す語に付いて）意味を強め、状態性をもつ形容詞をつくる。「うしろめたな・し」「はしたな・し」など。

なし【梨】［名］木の名。実は食用。和歌では、「無し」をかけて詠みこまれることはあったが、花に着目したものはそれほど多くはなかった。「山梨」などもよく題

材となった。（季＝花-春-実-秋）

なし【為し】［名］ある状態にすること。しむけること。例「思ひきこえし心のなしにやありけん」〈源氏・紅梅〉

な・し【無し】［形ク］{から・く(かり)・し・き(かる)・けれ・かれ}❶存在しない。ない。例「思ふこともな・し」〈竹取・かぐや姫の昇天〉❷**生きていない。この世にいない。亡くなっている。**例「なかりしもありつつ帰る人の子をありしもな・くて来るがかなしさ」〈土佐〉❸**いないに等しい状態である。死にそうだ。意識がない。人と交際しない。おちぶれる。**例「中ごろ、身のな・きに沈みはべりしほど」〈源氏・薄雲〉《敬語》「沈みはべりし」→「はべり」。❹**またとない。無類である。**例「さる世にな・き宿世にて」〈源氏・常夏〉❺**少ない。あまりない。**例「人目しな・き所なれば、心やすく入りたまふ」〈源氏・末摘花〉❻（形容詞・形容動詞型活用の連用形、副詞「さ」、助詞「と」、およびそれらに係助詞の付いたものに付いて）打消の意を表す。…**でない。**例「暮れがたき夏のひぐらしながむればそのこととな・くものぞ悲しき」〈伊勢・四五〉訳→〔和歌〕くれがたき…

〔**無き手を出だす**〕またとない秘術を使う。方法がなくても工夫する。例「いかでかこの人のためには、**なき手を出だ・し**」〈源氏・帚木〉

〔**無きにしも非ず**〕ないというわけではない。少しはある。また、大いにある。確かにある。例「京に思ふ人**なきにしもあら・ず**」〈伊勢・九〉

〔**無きになす**〕ないものとする。

〔**無きになる**〕まるで存在しないかのようになる。ないがしろにされる。

なしあ・ぐ【成し上ぐ】［他ガ下二］{げ・げ・ぐ・ぐる・ぐれ・げよ}官位などを高くする。引き立てて昇進させる。＝成し出づ②。例「いかでこの右大臣今すこし**なし上・げ**てわが代はりの職をも譲らん」〈栄花・二〉

なしい・づ【成し出づ・為し出づ】［他ダ下二］{で・で・づ・づる・づれ・でよ}❶意図してする。行う。❷引き立てて昇進させる。抜擢する。＝成し上ぐ。例「その弟の右近将監解けて(＝解任サレテ)〔源氏ノ〕御供に〔須磨へ〕下りし〔者〕をぞ、とりわきて**なし出・で**たまひければ」〈源氏・関屋〉

なしうちえぼし【梨子打ち烏帽子】［名］（「梨子打ち」は当て字。「なやしうち(萎やし打ち)」の変化形）表は「五倍子鉄漿染め」の綾、裏は漆塗りの薄様で、柔らかく作った烏帽子。多く、兜の下にかぶった。

なしおと・す【成し落とす】［他サ四］{さ・し・す・す・せ・せ}官位や待遇を下げる。例「我思はば、な**なしおと・し**そ」〈落窪・四〉

なじかは［副］（副詞「何」＋副助詞「し」＋係助詞「か」＋係助詞「は」＝「なにしかは」の変化形）❶疑問の意を表す。なぜ…か。例「さばかりならば、**なじかは**〔世ヲ〕捨てし」〈徒然・五八〉❷反語の意を表す。どうして…か、いや…ない。例「数千丈みなぎりおつる滝なれば、**なじかは**たまるべき」〈平家・五・文覚荒行〉

なした・つ【成し立つ】［他タ下二］{て・て・つ・つる・つれ・てよ}一人前に育てて世に出す。育て上げる。例「〔内大臣ハ子供タチノ〕人柄に従ひつつ、心にまかせたるやうなるおぼえ、勢ひにて、みな**なした・て**たまふ」〈源氏・蛍〉

なしぢ【梨子地】［名］蒔絵の一種。下地の漆の上に金銀の粉末を散らし、その上を透明な梨子地漆で覆って、梨の実の表面のような模様を透かして見せる技法。

なしつぼ【梨壺】［名］「昭陽舎」の別称。

〔**梨壺の五人**〕天暦五年(九五一)宮中の「梨壺」で、『後撰和歌集』の撰進と『万葉集』の訓読に当たった五人の歌人。坂上望城、紀時文、大中臣能宣、清原元輔、源順。

なじに［副］（代名詞「何」＋動詞「為」の連用形＋格助詞「に」＝「なにしに」の変化形）何ゆえ。どうして。なぜ。例「我はまま(＝乳母)よりさきに心えたるぞ。**なじに**さかしく教ふる」〈沙石集〉

なしのもとしふ【梨本集】［作品名］江戸中期の歌論書。戸田茂睡著。伝統歌学における歌詞の制限を具体的に批判した書。

なしゑ【梨子絵】［名］「梨子地」の蒔絵。

-なす［接尾］（多くは体言、まれに動詞の連体形に付いて）…のように、…のような の意を表す。「衣に付く**なす**」「真珠**なす**」「くらげ**なす**」など。

な・す【寝す】{さ・し・す・す・せ・せ}一［自サ四］（動詞「寝」の未然形＋上代の尊敬の助動詞「す」＝「ねす」の変化形。「寝」の尊敬語）おやすみになる。例「眠は**寝・さ**ずとも君は通はせ」〈万葉・一一・二三五六〉二［他サ四］寝させる。例「まなかひにもとなかかりて安眠し**な・さ**ぬ」〈万葉・五・八〇二長歌〉訳→〔和歌〕うりはめば…

な・す【生す】［他サ四］{さ・し・す・す・せ・せ}生む。生み出す。例「おのが**生・さ**ぬ子なれば、心にもしたがはずなむある」〈竹取・石作の皇子〉

な・す【成す】［他サ四］{さ・し・す・す・せ・せ}❶作る。例「東の門は四つ足に**な・し**て」〈枕・大進生昌が家に〉❷成し遂げる。例「一事を必ず**成・さ**んと思はば、他の事の破るるをもいたむべからず」〈徒然・一八八〉❸出御させる。例「王上をたすけ乗せまいらせて、陽明門より**成・し**奉る」〈太平記・二〉

な・す【為す】［他サ四］{さ・し・す・す・せ・せ}❶**あえてする。行う。する。**例「国のため、君のために、止むことを得ずして**な・す**べき事多し」〈徒然・一二三〉❷**代わりに用いる。代用する。する。**例「鳥が音のかしまの海に高山を隔てに**な・し**て」〈万葉・一三・三三三六長歌〉❸**あえてそのように見なす。**例「日ごろ月ごろわづらひてかくなりぬる人をば、今は言ふかひなきものに**な・し**て」〈蜻蛉・上〉〔注〕「かくなりぬる」は、作者の母が亡くなったことをいう。❹**別のものに変える。作り変える。**例「この殿の御門を四脚に**な・す**をこそ見しか」〈蜻蛉・下〉〔注〕「四脚」は四脚門のことで、大臣以上の屋敷の門。ここは、作者の夫藤原兼家が大臣にまで出世する夢である。❺**官職や位につかせる。任命する。**例「わづらはしさに、親王にも**な・さ**ず、ただ人にて、朝廷の御後ろ見をせさせむと思ひたまへしなり」〈源氏・賢木〉《敬語》「思ひたまへし」→「たまふ(下二段)」。❻**その時になるのを待つ。**例「夜に**な・し**て、京には入らむと思へば、急ぎしもせぬほどに、月出でぬ」〈土佐〉

な・す【済す】［他サ四］{さ・し・す・す・せ・せ}❶義務を果たす。支払いを済ませる。例「いつの度に山伏の関**な・す**(＝関賃ヲ支払ウ)法やある」〈義経記・七〉❷返済する。例「何とぞ借銭も**な・し**て」〈浮・世間胸算用〉

な・す【鳴す】[他サ四]{さ・し・す・す・せ・せ}鳴らす。例「末辺をば笛に作り吹き**鳴・す**」〈紀・継体・歌謡〉

なすのよいち【那須与一】[人名]（生没年未詳）平安後期から鎌倉前期の武将。名は宗高。父は下野国の那須太郎資高。屋島の戦いの折、平家方の舟に掲げた的を射て、敵味方の喝采をあびた話は『平家物語』などに取り上げられた。

なすび【茄子】[名]草の名。ナス。実は食用。（季―夏）

なずむ【泥む】歴史的かなづかい「なづむ」

なずらひ【準ひ・准ひ・擬ひ】[名]匹敵すること。また、そのもの。同類。例「ほかには**なずらひ**なるべき人を求め出づべき世かは」〈源氏・匂宮〉

なずら・ふ【準ふ・准ふ・擬ふ】（「なぞらふ」とも）一[自ハ四]{は・ひ・ふ・ふ・へ・へ}肩を並べる。準じる。同列に扱われる。例「女御子たち二ところ、この御腹におはしませど、**なずら・ひ**たまふべきだにぞなかりける」〈源氏・桐壺〉 二[他ハ下二]{へ・へ・ふ・ふる・ふれ・へよ}**準じるものと見なす。同列に扱う。**例「太上天皇に**なずら・へ**て御封賜らせたまふ」〈源氏・澪標〉

なずらへ【準へ・准へ・擬へ】[名]同類として扱うこと。準ずること。また、そのもの。

なずらへい・ふ【準へ言ふ】[他ハ四]{は・ひ・ふ・ふ・へ・へ}同じもののように考えていう。同列にみなしていう。例「かやうの推しはかりにて、仏法までを**なずらへ言・ふ**べきにはあらず」〈徒然・一九四〉

なずらへうた【準へ歌】[名]『古今和歌集』仮名序の和歌の「六義」のひとつ。心情を景物になぞらえて詠んだ歌。漢詩の六義の「比」に相当する。

なせ【汝兄・汝背】[名]《上代語》女性が男性に対して親しみをこめて呼ぶ語。あなた。↕汝妹

なぞ【何ぞ】《「なにぞ」の変化形「なんぞ」の撥音無表記》一（疑問・反語表現の文末に用いて）❶（不定の事物について）**なにか。なにものか。なにごとか。どういうことか。**例「こはなぞ。御格子の鳴りつるを、なぞと見む」〈落窪・一〉 ❷（原因・理由について）**なぜか。どうしてか。**例「月もなく花も見ざりし冬の夜の心にしみて恋しきや**なぞ**」〈更級〉 二[副]（多く推量の表現を伴って）❶疑問の意を表す。**なぜ。どうして。**例「**なぞ**、かくあいなきわざをして、やすからぬもの思ひをすらむ」〈源氏・常夏〉《**疑問語との呼応**》「なぞ→すらむ㊍」。❷反語の意を表す。**どうして…か、いや…ない。**例「君なくは**なぞ**身装はむ」〈万葉・九・一七七七〉《**疑問語との呼応**》「なぞ→装はむ㊍」

発展学習ファイル　一の連語の「なぞ」が文末で用いられるのに対し、二の副詞の「なぞ」は文中で用いられた。結びは連体形となる。会話文や和歌で多く用いられた。

なぞなぞ【謎謎】[名]《「何ぞ何ぞ」の意》ことばの中にある意味を隠し、それを当てさせる遊び。＝謎謎物語①

なぞなぞあはせ【謎謎合はせ】[名]「物合はせ」のひとつ。左右二組に分かれて謎をかけ合い、それを互いに解いて優劣を競う遊び。＝謎合はせ・謎謎物語②

なぞなぞものがたり【謎謎物語】[名]❶「なぞなぞ」に同じ。❷「なぞなぞあはせ」に同じ。

なぞの【何ぞの】不明の事物に対して怪しみとがめる意を表す。どういう。何の。例「**何ぞの**車ぞ。暗きほどに急ぎ出づるは」〈源氏・東屋〉

発展学習ファイル　「なぞ」に格助詞「の」の付いた形。この「なぞ」は代名詞の「なに」に係助詞「ぞ」の付いた「なにぞ」の変化形「なんぞ」の撥音無表記。平安時代の会話で用いられた。

なぞ・ふ【準ふ】[他ハ下二]{へ・へ・ふ・ふる・ふれ・へよ}《上代は「なそふ」》ひき比べる。重ね合わせる。なぞらえる。例「何に**なぞ・へ**て妹を偲はむ」〈万葉・一一・二四六三〉

なぞへ【準へ】[名]ひき比べること。なぞらえること。例「あふなあふな思ひはすべしなぞへなくたかきいやしき苦しかりけり」〈伊勢・九三〉

なぞへな・し【準へなし】比べようがない。なぞらえることがない。例「あふなあふな思ひはすべし**なぞへな**くたかきいやしき苦しかりけり」〈伊勢・九三〉

なぞも【何ぞも】《副詞「何ぞ」＋係助詞「も」》いったいどうして。例「幾世しもあらじ我が身を**なぞも**かく海人の刈る藻に思ひ乱るる」〈古今・雑下・九三四〉

なぞや【何ぞや】《副詞「何ぞ」＋係助詞「や」》❶疑問の意を表す。どうして…か。例「かれにし人の**なぞやこひしき**」〈詞花・恋下・二六四〉 ❷反語の意を表す。どうして…か、いや…ない。例「おほかたは**なぞや**我が名の惜しからん」〈後撰・恋二・六三三〉

なぞら・ふ【準ふ・准ふ・擬ふ】{へ・へ・ふ・ふる・ふれ・へよ}一[自ハ下二]準ずる。肩を並べる。例「譲位の帝に**なぞら・へ**て女院と聞こえさす」〈栄花・四〉 二[他ハ下二]ひき比べる。重ね合わせる。例「今の世のありさま、昔に**なぞら・へ**て知りぬべし」〈方丈記〉

なそり【納蘇利・納曾利】[名]「なっそり」に同じ。

なだ【灘】[名]波風や潮の流れが激しく、航海のむずかしい海。

〔**灘の塩屋**〕灘の辺りの塩を焼く家。

〔**灘の塩焼き**〕灘近くに住み塩を焼く人。

なだい【名代】[名]《近世語》❶名目。名義。❷評判が高いこと。著名。高名。

なだい【名題・名代】[名]《近世語》❶芝居の題名。外題。❷「名題看板」の略。❸「名題役者」の略。

なだいかんばん【名題看板】[名]《近世語》歌舞伎で、上演狂言の題や出演役者名を記して掲げる表看板。＝名題②

なだいめん【名対面】[名]❶宮中で「宿直」をした殿上人以上の者が、夜、定められた時刻に自分の氏名を名乗ること。近衛府の官人や滝口の武士などの「宿直奏し」に先立って行われた。＝問籍く。❷行幸や行啓などに供奉した親王・公卿などが、自分の名を名乗ること。❸武士が、戦場で名を名乗り合うこと。

なだいやくしゃ【名題役者】[名]《近世語》名題看板に名前を記される資格のある役者。上級の役者。＝名題③

なだ・す【撫だす】[他サ四]{さ・し・す・す・せ・せ}《上代語。動詞「撫づ」の未然形＋上代の尊敬の助動詞「す」》＝「なです」の変化形。「撫づ」の尊敬語》お撫でになる。例「臣の子は栲の袴を七重をし庭に立たして脚帯**撫だ・す**も」〈紀・雄略・歌謡〉

なだた・し【名立たし】［形シク］{しから・しく(しかり)・し・しき(しかる)・しけれ・しかれ}うわさが立ちそうだ。評判が立ちそうだ。例「ましてこれはいとよう言ひなしつべきたよりなりと思ぼすに、いと**名立た・しう**」〈源氏・葵〉《音便》「名立たしう」は「名立たしく」のウ音便。

なだた・り【名立たり】［自ラ変］{ら・り・り・る・れ・れ}《名詞「名立て」＋動詞「有り」の変化形か。多くは連体修飾語》名高い。有名である。評判が高い。例「**名だた・る**宿の露とならなん」〈後撰・秋下・三九四〉

なた・つ【名立つ】［自タ四］{た・ち・つ・つ・て・て}世間の評判になる。また、浮き名が立つ。例「宮内卿は、甥にてある人に**名た・ち**し人なり」〈古今著聞・三三八〉

なだて【名立て】［名］うわさが立つようにすること。評判が立つようにすること。また、そのうわさや評判。

なだ・む【宥む】［他マ下二］{め・め・む・むる・むれ・めよ}❶穏やかにする。和らげる。例「大納言が死霊をなだ・めんとおぼしめさんにつけても」〈平家・三・赦文〉❷寛大に処置する。許容する。例「賢才の聞こえ有りとて、関東別儀をもってその罪を**宥・め**」〈太平記・五〉❸とりなす。調停する。例「内府(＝平重盛)が身にかへて申し**なだ・め**、頸をつぎ奉っしはいかに」〈平家・二・小教訓〉〔注〕「奉っし」は「奉りし」の変化形。

なだらか［・なり］［形動ナリ］{なら・なり(に)・なり・なる・なれ・なれ}❶かどがない。滑らかだ。例「なだらか・なる石、角ある岩など拾ひたてたる中より」〈宇津保・祭の使〉❷平穏だ。無事だ。例「避り憚るさまにて過ぐしたまへばこそ、事なく**なだらか・にもあれ**」〈源氏・若菜・上〉《係結び》「こそ→あれ㊁」。❸心が穏やかだ。落ち着いている。例「なだらか・にて、御仲よくて語らひてものしたまへ」〈源氏・真木柱〉❹無難だ。程よい。例「ものかしこげに、なだらか・に修理して」〈枕・女ひとり住むところは〉❺流暢だ。筆跡がよどみない。例「才芸拙からず、手跡もなだらか・に」〈保元・下〉

なだら・む［他マ下二］{め・め・む・むる・むれ・めよ}なだらかにする。穏やかにする。例「今は、世の中を、みなさまざまに思ひなだら・めて」〈源氏・若菜・上〉

なち【那智】［地名］紀伊国の地名。いまの和歌山県東牟婁郡那智勝浦町。那智山から流れ、滝を作り、熊野灘に注ぐ那智川の流域。熊野三山のひとつである那智熊野権現の門前町として発達。

なつ【夏】［名］四季のひとつ。陰暦の四月から六月に当たる。立夏から立秋の前日まで。

〔**夏掛く**〕春から夏にわたる。夏の季節に入る。例「池の藤波**夏か・け**て、これも御幸を、待ち顔に」〈謡・大原御幸〉

〔**夏の暮れ**〕夏の終わるころ。晩夏。また、夏の夕暮れ。(季―夏)

〔**夏設けて**〕夏を待ち受けて。夏になって。例「**夏まけて**咲きたるはねず」〈万葉・八・一四八五〉

な・づ【撫づ】［他ダ下二］{で・で・づ・づる・づれ・でよ}❶なでる。❷かわいがる。例「遠きをあはれみ、近きを**な・で**給ふ御恵み」〈増鏡・新島守〉❸斎宮の忌み詞で、打つ。

なつかぐら【夏神楽】［名］「夏越しの祓へ」の際に演じられる神楽。(季―夏)

なつかげ【夏陰】［名］夏の物陰の涼しい場所。(季―夏)

なつか・し【懐かし】［形シク］{しから・しく(しかり)・し・しき(しかる)・しけれ・しかれ}

> **アプローチ**
> ▼動詞「なつく」の形容詞化。
> ▼人や物に寄り添い、慣れ親しんでいたい気持ちを表すのが原義。
> ▼そのことから、そのような気持ちにさせる対象を魅力的だ、好ましいと好意的に評価する。
> ▼中世以降、懐古的な意味で用いる、なつかしいの語義が生じた。

❶**心がひかれる。好ましい。親しみが感じられる。**例「さ夜ふけて暁月に影見えて鳴くほととぎす聞けば**なつか・し**」〈万葉・一九・四一八一〉訳夜が更けて明け方の月に、姿を見せて鳴くホトトギスの声を聞くと**心がひかれる**。

❷**手放したくない。かわいらしい。いとしい。**例「あさましきにあきれたるさま、いと**なつか・しう**をかしげなり」〈源氏・花宴〉訳(朧月夜の)驚きのあまりあっけにとられているようすは、とても**かわいらしく**風情のあるさまである。

❸**昔のことが思い出されて慕わしい。なつかしい。**例「もとの主の移し植ゑたりけん花橘の、軒近く風**なつか・しう**かをりけるに」〈平家・灌頂・女院出家〉訳もとの主人が移し植えたのであろう花橘が、軒近くに風に吹かれて**なつかしい**香りを放っているときに。②③《音便》「なつかしう」は「なつかしく」のウ音便。

発展学習ファイル ①②の対義語として「うとし」がある。「うとし」〈発展学習ファイル〉

なつかしう【懐かしう】形容詞「なつかし」の連用形「なつかしく」のウ音便。

なつかし・む【懐かしむ】［他マ四］{ま・み・む・む・め・め}懐かしく思う。

〔俳句〕**なつかはを…**【夏河を越すうれしさよ手に草履】〈自筆句帳・蕪村〉訳夏の暑い日中、はだしで小川を渡るとひんやりとして心地よい。そのうれしさに、両手に草履をぶら下げて、思わず子供のようにはしゃいでしまったことだ。(季―夏河―夏)

なつかりの【夏刈りの】［枕詞］「葦」や「藺」は夏に刈り取ることから「葦」、地名「芦屋」に、また「藺」と同音を含む地名「猪名」にかかる。例「**夏かりの**めしやの里の」〈続拾遺・夏・一八三〉

なづき【脳・髄】［名］❶脳。脳髄。頭蓋。❷(転じて)頭。

なづき【名付き】［名］「みゃうぶ(名簿)」に同じ。

なつ・く【懐く】㊀［自カ四］{か・き・く・く・け・け}なれ親しむ。なれる。例「**なつ・き**にし奈良の都の荒れ行けば」〈万葉・六・一〇四九〉㊁［他カ下二］{け・け・く・くる・くれ・けよ}なれ親しませる。手なずける。例「春の野に鳴くやうぐひす**なつ・け**むと」〈万葉・五・八三七〉

なづ・く【名付く】［他カ下二］{け・け・く・くる・くれ・けよ}名をつける。命名する。また、称する。

なつくさ【夏草】［名］夏、生えている草。和歌では、生い茂ったり、しおれたりすることとかかわらせて詠みこまれる。(季―夏)。例「恋の繁けく夏草の刈り

払へども生ひ及くごとし」〈万葉・一〇・一九八四〉

なつくさの【夏草の】［枕詞］夏草の状態から「繁し」「深し」「思ひ萎ゆ」、草を刈ることから「かりそめ」、また地名「あひね」「野島」などにかかる。例「**夏草**の思ひしなえて」〈万葉・二・一三一長歌〉訳→〔和歌〕いはみのうみ…

〔俳句〕**なつくさや…【夏草や兵どもが夢の跡】**〈おくのほそ道・平泉・芭蕉〉訳ここ高館は、源義経以下の勇士たちが、功名の夢を抱いて奮戦した所だが、その功名も夢と消え去り、いまはただ茫々と夏草が生い茂っているのみである。（季－夏草－夏）

なつくずの【夏葛の】［枕詞］（夏のクズはつるが長く伸び続くことから）「絶えぬ」にかかる。例「**夏葛の**絶えぬ使ひのよどめれば」〈万葉・四・六四九〉

なつげ【夏毛】［名］白の斑点がはっきりと出た夏の鹿の毛。毛皮は「行縢」に、毛は筆に用いる。

なづけ【名付け】［名］❶名を付けること。命名。❷許婚。婚約者。

なづけそ・む【名付け初む】［他マ下二］｛め・め・む・むる・むれ・めよ｝初めて名を付ける。いい始める。例「草の葉を誰かわら火と**名づけそめけむ**」〈古今・物名・四三三〉

なつこだち【夏木立】［名］夏のころの茂った木立。（季－夏）

なつごろも【夏衣】㊀［名］薄いひとえの夏の着物。（季－夏）。㊁［枕詞］（夏に着る着物の意から）「ひとへ」「薄し」「着る」「裁つ」「裾」などにかかる。例「**夏衣**うすくや人のならむと思へば」〈古今・恋四・七一五〉

なづさひ・みる【なづさひ見る】［自マ上一］｛み・み・みる・みる・みれ・みよ｝親しくなって姿を見る。例「常に参らまほしく、**なづさひ・見**たてまつらばやとおぼえたまふ」〈源氏・桐壺〉

なづさひゆ・く［自カ四］｛か・き・く・く・け・け｝水に浮かびながら行く。波間に漂いながら進む。例「浦廻を過ぎて鳥じものなづさひ行けば」〈万葉・四・五〇九長歌〉

なづさ・ふ［自ハ四］｛は・ひ・ふ・ふ・へ・へ｝❶水に浮かぶ。浮きさまよう。例「いざりする海人の灯火沖に**なづさ・ふ**」〈万葉・一五・三六二三〉❷なれ親しむ。いつもそばにいる。例「いときなきよりなづさひし者のいまはのきざみにつらしとや思はん」〈源氏・夕顔〉

なっしょ【納所】［名］❶年貢などを納める倉庫。また、その仕事をする役人。❷禅寺で施物を納める所。また、その管理や事務をする僧。❸「納所坊主」の略。

なっしょばうず【納所坊主】［名］「納所」の管理や事務をする僧。＝納所③

なつそ【夏麻】［名］収穫期の夏に畑からとった麻。

なつそひく【夏麻引く】［枕詞］夏、麻を畑から引いて「績む」ところから、「う」の音を含む「海上」にかかる。また、麻を引いて糸を作るところから、糸の「い」の音をもつ「命」にもかかる。例「**夏麻引く**海上潟の沖つ渚に」〈万葉・七・一一七六〉

なっそり【納蘇利・納曾利】［名］（「なそり」とも）舞楽の曲名。二人舞で、「右方」の曲。「左方」の「蘭陵王」と対になって奏される。紺色と藍色の、凸眼、大口、二つの牙のある面をかぶって舞う。競べ馬・節会・賀の祝いなどに舞う。

〔和歌〕**なつとあきと…【夏と秋と行きかふ空の通ひ路はかたへ涼しき風や吹くらむ】**〈古今・夏・一六八・凡河内躬恒〉訳去りゆく夏とやって来る秋とが行きちがう空の通路は、片側だけに涼しい風が吹いているだろうか。《係結び》「や↓吹くらむ㊍」

なづな【薺】［名］草の名。ナズナ。春の七草のひとつ。若い茎葉は食用となる。実は平たく、三味線のバチに似ているところから、「ペンペングサ」「三味線草」とも呼ばれる。（季－春）

なつの【夏野】［名］夏の多くの草が茂っている野原。（季－夏）

なづのき【漬の木】［名］語義未詳。「木」は「草」に通じ、「漬」は水につかる意であることから、海藻をいうか。

〔和歌〕**なつののの…【夏の野の繁みに咲ける姫百合の知らえぬ恋は苦しきものぞ】**〈万葉・八・一五〇〇・大伴坂上郎女〉訳夏の野の繁みにひっそりと咲いている姫百合のように、相手に知られない恋は苦しいものです。

〈参考〉上三句は「知らえぬ」を導く序詞。

〔和歌〕**なつのよの…【夏の夜の臥すかとすれば時鳥鳴くひと声に明くるしののめ】**〈古今・夏・一五六・紀貫之〉訳夏の夜は、横になったかと思うと、ホトトギスが鳴くひと声とともにたちまちに明けてゆく、いまはもう明け方よ。

〔和歌〕**なつのよは…【夏の夜はまだ宵ながら明けぬるを雲のいづこに月宿るらむ】**〈古今・夏・一六六・清原深養父〉（百人一首）訳短い夏の夜は、まだ宵のうちと思っている間に明けてしまったが、雲のどの辺りに西まで行く暇もない月は、宿をとっているのだろうか。

〈参考〉「まだ宵ながら」の「ながら」は、逆接の接続助詞。まだ宵であるのに明けてしまったの意。

なつはぎ【夏萩】［名］❶夏に咲く萩。（季－夏）。❷襲の色目の名。表は青で裏は紫。夏の着用。

なつばらへ【夏祓へ】［名］「なごしのはらへ」に同じ。

なつびき【夏引き】［名］夏に蚕や麻の糸を紡ぐこと。また、その糸。（季－夏）

なつびきの【夏引きの】［枕詞］（夏に、蚕の糸や麻糸をつむぐ意から）同音の「いと」「いとま」「いとほし」などにかかる。例「**夏引きの**いとほしとだに言ふと聞かばや」〈金葉・恋上・三五五〉

なつまつりなにはかがみ【夏祭浪花鑑】［作品名］江戸中期（一七四五初演）の浄瑠璃。世話物。並木宗輔・三好松洛・竹田出雲の合作。三人の侠客とその女房たちの義侠心に満ちた行動を生き生きと描いた傑作。

なづみ・く【泥み来】［自カ変］｛こ・き・く・くる・くれ・こ（こよ）｝苦労しながらやって来る。例「岩根さくみて**なづみ・来**し」〈万葉・二・二一〇長歌〉

なづ・む【泥む】［自マ四］｛ま・み・む・む・め・め｝❶先に進めずに難儀する。行き悩む。例「いはけなき鶴の一声聞きしより葦間に**なづ・む**舟ぞえならぬ」〈源氏・若紫〉《係結び》「ぞ↓えならぬ㊍」。❷思い悩む。苦しがる。《副詞の呼応》「え↓ならぬ」。例「まことに、この君なづみて、泣きむつかり明かしたまひつ」〈源氏・横笛〉❸なかなか成長しない。伸び

悩む。例「色づける葉のなづみて立てるを見れば、いと悲しくて」〈蜻蛉・中〉❹ひとつのことにこだわる。執着する。例「死を軽くして、少しもなづまざる方のいさぎよく覚えて」〈徒然・一二五〉❺ひとつのことに打ち込む。思い焦がれる。思いを寄せる。例「いつとなく女臈なづみて、我が黒髪も惜しからず切るほどの首尾になりて」〈浮・日本永代蔵〉〔注〕「黒髪を惜しからず切る」のは、遊女がなじみの客に髪を切って与えて実意を示すことをいう。

なつむし【夏虫】〔名〕夏にあらわれる虫の総称。蛾・蚊・蟬・蛍などをいう。（季―夏）

《夏虫の色》染め色の名。青蛾の色。瑠璃色。浅葱の涼しげな色。

なつめ【棗】〔名〕木の名。ヨーロッパ南東部からアジア東部原産。実は甘酸っぱく、食用となる。（季＝花―夏・実―秋）

なつめせいび【夏目成美】〔人名〕（一七四九―一八一六）江戸後期の俳人。本名は包嘉。別号は随斎。江戸蔵前の札差で小林一茶の庇護者でもあった。『随斎諧話』『四山藁』などを著す。

〔俳句〕**なつやまに…【夏山に足駄を拝む首途かな】**〈おくのほそ道・黒羽・芭蕉〉訳はるかに連なる夏山を望んで、役の行者の足駄を拝み、その健脚にあやかりたいとの祈願をこめて、また新たな気持ちで門出をすることだ。（季―夏山―夏）

〔和歌〕**なつやまの…【夏山の青葉まじりの遅桜はつはなよりもめづらしきかな】**〈金葉・夏・九五・藤原盛房〉訳夏山の青葉にまじって咲いている遅咲きの桜は、この春最初に咲いた桜よりも新鮮に感じられることだ。

なつやまのしげき【夏山繁樹】〔人名〕『大鏡』の登場人物。藤原忠平の小舎人童であったことが明かされている。『大鏡』舞台設定の年、康平八年（一〇六五）に百八十歳ぐらい。

なで〔完了の助動詞「ぬ」の未然形＋打消の接続助詞「で」〕…**てしまわないで。…てしまうことなく。**例「潮に濡れたる衣だに脱ぎかへなでなむ、こちまうで来つる」〈竹取・蓬萊の玉の枝〉訳潮で濡れた衣さえ着替えてしまわないで、こちらに参上した。《係結び》「なむ」→まうで来つる㊍」。《敬語》「まうで来つる」→「まうでく」

なでおほ・す【撫で生ほす】〔他サ四〕{さ・し・す・す・せ・せ}なでるように、大切に育てる。例「撫子はなでおほ・したりや、呉竹はたてたりや」〈蜻蛉・中〉

なでかしづ・く【撫で傅く】〔他カ四〕{か・き・く・く・け・け}なでるように大切に養い育てる。例「〔母君ハ〕わが姫君を、思ふやうにて見たてまつらばやと、明け暮れまもりて、撫でかしづくこと限りなし」〈源氏・東屋〉

なでしこ【撫子・瞿麦】〔名〕❶草の名。秋の七草のひとつ。初秋に淡紅色の花をつける。＝形見草。（季―秋）。❷（かわいがり「撫でた子」の意を①のナデシコにかけて）いとしい子。幼い子。例「かの撫子の生ひ立つありさま聞かせまほしけれど」〈源氏・夕顔〉❸襲の色目の名。表は紅梅、裏は青か赤。または、表が薄紫、裏が青か紅梅。夏の着用。❹紋所の名。①の花を図案化したもの。

なでつ・く【撫で付く】〔他カ下二〕{け・け・く・くる・くれ・けよ}なでてくっつける。なでるように押して付着させる。例「額（＝額髪）など撫でつけておはするに」〈源氏・柏木〉

なでつくろ・ふ【撫で繕ふ】〔他ハ四〕{は・ひ・ふ・ふ・へ・へ}なでて整える。身繕いをする。例「常よりもこの君を撫でつくろひつつ見ゐたり」〈源氏・薄雲〉

なでつけ【撫で付け】〔名〕（「撫で付け髪」の略）結わずに後ろになで付けて垂らした髪。また、その髪型の人。易者・儒者・医者などに多い。

なでふ ナジョウ（「なんでふ」の撥音無表記）㊀〔連体〕❶不定の意を表す。**何々という。しかじかの。**例「年かへりて、なでふこともなし」〈蜻蛉・上〉❷疑問の意を表す。**どんな。**例「なでふことと知る人はなけれど、いみじうわらふ」〈枕・方弘は〉《音便》「いみじう」は「いみじく」のウ音便。❸反語の意を表す。**どういう（…か、いや…ない）。**例「下が下のなかには、なでふことか聞こしめしどころはべらむ」〈源氏・帚木〉《係結び》「か」→はべらむ㊍」。《敬語》「はべらむ」→「はべり」。㊁〔副〕**どうして…か。**例「なでふ物をか嘆きはべるべき」〈竹取・かぐや姫の昇天〉《敬語》「嘆きはべる」→「はべり」

《なでふことかあらむ》 ナジョウコトカアラム（連体詞「なでふ」＋名詞「こと」＋係助詞「か」＋動詞「有り」の未然形＋推量の助動詞「む」の連体形）どれほどのことがあろうか。例「ただ浄き衣を着て詣うでむに、なでふことかあらむ」〈枕・あはれなるもの〉

《なでふことなし》 ナジョウコトナシ（連体詞「なでふ」＋名詞「こと」＋形容詞「なし」）どうということもない。取り立てていうほどのこともない。例「なでふことなき人の、笑がちにて、ものいたういひたる」〈枕・にくきもの〉

なでもの【撫で物】〔名〕禊などに用いる、紙製の人形や衣服。それでからだをなでて汚れや災いを移し、水に流した。

なでん【南殿】〔名〕（「なんでん」の撥音無表記）内裏の紫宸殿の別称。

《南殿の鬼》南殿に住むという鬼。例「南殿の鬼のなにがしの大臣おびやかしける例を思ほし出でて」〈源氏・夕顔〉

古典の世界　『大鏡』忠平伝に、忠平が若いころ、夜間、人気のない南殿で鬼に出会ったが追い払ったとあり、その話が平安中期には説話化されていたらしい。

《南殿の桜》「さこんのさくら」に同じ。

など〔副〕（副詞「何」＋格助詞「と」＝「なにと」の変化形か。結びは連体形）（多く推量の表現を伴って）疑問・反語の意を表す。**なぜ。どうして。**例「かう長かるまじきにては、などさしも心にしみてあはれとおぼえたまひけん」〈源氏・夕顔〉《音便》「かう」は「かく」のウ音便。《疑問語との呼応》「など」→おぼえたまひけん㊍」

など〔副助〕⇨九三ページ「特別コーナー」

などか〔副〕（副詞「など」＋係助詞「か」。結びは連体形）（多く下に打消の表現を伴って）❶疑問の意を表す。**どうして…か。なぜ…か。**例「あはれとも憂しとももの思ふときなどか涙のいとなかるらむ」〈古今・恋五・八〇五〉《疑問語との呼応》「などか」→なかるらむ㊍」。❷反語の意を表す。**どうして…か、いや…ない。**例「心はなどか賢きより賢きにも移さば移

など ［副助詞］《「なんど」とも》

アプローチ ▼疑問の代名詞「なに」に格助詞「と」が付いた「なにと」がつづまったもの。
▼例をあげて、同様のものがほかにもあることを表すこと(①)が基本である。複数の意は表さない。

接続 体言、活用語の連用形・連体形、助詞、引用内容などに付く。

意味	訳語	用例
❶例をあげて、同様のものがほかにもあることを表す。	…など …などのような	例「御送りの上達部、殿上人、六位など、言ふ限りなききよらを尽くさせたまへり」〈源氏・宿木〉 訳お供の上達部、殿上人、六位などの人には、言いようもないほどの美しい物を身に着けさせなさっている。
❷婉曲に表現する場合に用いられる。	…など	例「童のをかしき宿直姿にて、二、三人出でて歩きなどしけり」〈源氏・蜻蛉〉 訳童がかわいらしい宿直姿で、二、三人出て歩き回ったりなどしていた。
❸強調を表す。	…など …なんて	例「みづからなど聞こえたまふことはさらになし」〈源氏・夕霧〉 訳自分からなんて申し上げなさることはまったくない。
❹引用であることを表す。	…などと …と	例「『あまりやつしけるかな。聞きもこそすれ』などのたまふ」〈源氏・若紫〉訳「あまりにみすぼらしく姿を変えてしまったことよ。(私のことを)聞いたりしたら困る」などとおっしゃる。

らざらん」〈徒然・一〉《**疑問語との呼応**》「などか→移らざらん㊍」

〔などか無からむ〕《副詞「など」+係助詞「か」+形容詞「無し」の未然形+推量の助動詞「む」の連体形》反語の意を表す。どうしてないことがあろうか、いや必ずあるはずだ。例「まことに知らぬ人もなどかなからん」〈徒然・二三四〉

などかは《副詞「など」+係助詞「か」+係助詞「は」》❶疑問の意を表す。なぜ…か。例「雲居なる雁だに鳴きて来る秋になどかは人のおとづれもせぬ」〈新古今・恋五・一四二六〉❷反語の意を表す。どうして…か、いや…ない。例「〔鬚黒大将トハ〕などかは似げなからむ」〈源氏・真木柱〉

などかも《副詞「など」+係助詞「か」+係助詞「も」》どうしてまあ。例「などかも妹に告らず来にけむ」〈万葉・四・五〇九長歌〉

などころ【名所】［名］❶器物の各部分の名称とその場所。❷有名な場所。名のある所。名所。

などて ［副］《副詞「など」+接続助詞「て」》。結びは連体形》疑問・反語の意を表す。**どうして。なぜ。なんで。** 例「などてあやなきすさび事につけても、さ思はれたてまつりけむ」〈源氏・明石〉《**疑問語との呼応**》「などて→たてまつりけむ㊍」。《**敬語**》「思はれたてまつりけむ」→「たてまつる」

などて《副助詞「など」+格助詞「とて」=「などとて」の略》…**などといって。** 例「『急ぎ出でぬる』などて、見えたりし人」〈蜻蛉・下〉訳「(こちらに)急いで出かけました」などといって訪ねてきた人は。

などてか《副詞「など」+接続助詞「て」+係助詞「か」》反語・疑問の意を表す。どうして…か。例「などてか軽々しき人の家の飾りとはなさむ」〈源氏・蓬生〉

などや《副詞「など」+係助詞「や」》疑問の意を表す。どうして…か。例「などや三人ながされたる人の、二人は召しかへされてさぶらふに、今まで御のぼりさぶらはぬぞ」〈平家・三・僧都死去〉

などやう《副助詞「など」+接尾語「やう」》例をあげるときに用いられる語。似たような例を類推させる場合もある。…**などのような。** 例「命婦、中納言の君、中務などやうの人々」〈源氏・紅葉賀〉訳命婦、中納言の君、中務などのような人々。

などり【汝鳥】［名］《上代語》あなたの意のままになる鳥。あなたの鳥。

なとりがは【名取川】［歌枕］陸奥国の川。いまの宮城県名取市を流れ仙台湾に注ぐ。無き名(根拠のないうわさ)を取ること、埋もれ木が現れるように名が立つことなどのたとえとして詠まれる。

なな《上代東国方言》…**ないで。** 例「しらとほふ小新田山の守る山のうらがれせなな常葉にもがも」〈万葉・一四・三四三六〉訳〔しらとほふ〕小新田山の人が守っている山の(木々の)ように枯れないでみずみずしくあっておくれ。〔注〕「しらとほふ」は「小新田山」の枕詞。〈**参考**〉「なな」の上の「な」は打消の助動詞「ず」の古い未然形、下の「な」は格助詞、終助詞などとする説がある。

な-な 願望の意を表す。…**てしまいたい。** 例「秋の田の穂向きの寄れる片寄りに君に寄りななな言痛くありとも」〈万葉・二・一一四〉訳秋の田の稲穂の向きが一方に片寄るように私もひたむきにあなたに寄りそってしまいたい。周りがうるさくても。

語構成　な（完「ぬ」㊍）＋な（終助）

ななくさ【七種・七草】［名］❶七種類、または多くの種類。❷秋の七草。萩・尾花(ススキ)・クズ・ナデシコ・フジバカマ・オミナエシ・朝顔(いまのキキョウか)の七種の花。❸春の七草。セリ・ナズナ・御形(ハハコグサ)・ハコベ・仏の座・スズナ(カブ)・スズシロ(大根)の七種。❹《「七種の節句」の略》陰暦正月七日(＝人日)に「七種の粥」を食べて祝う節句。万病を除き、邪気を払うとされた。(季―春)

〔**七種の粥・七草の粥**〕春の七種の若菜を入れて炊いた粥。陰暦正月七日(＝人日)に食べると、一年間の邪気を払うと考えられた。また、正月十五日に米・大豆・小豆など七種の穀物を入れて炊いた粥。(季―春)

〔**七種の宝**〕《仏教語。「七宝」の訓読語》「しっぽう①」に同じ。

〔**七種を囃す**〕陰暦正月七日の朝、または前日の夕方に、「春の七草」をまないたにのせ、「七種なづな、唐土の鳥が日本の土地へ渡らぬ先に、七草なづな手に摘み入れて」などとはやしながらきざんだ風習。(季―春)

ななくさぞうし【七草草紙】[作品名]室町時代の御伽草子。作者未詳。孝行な主人公が、七草の効能で両親を若返らせたいという七草粥の由来を説く。

ななしおよび【名無し指】[名]薬指。なしゆび。

ななせ【七瀬】[名]❶七つの瀬。多くの瀬。❷「七瀬の祓へ」を行う七か所の瀬。

〔**七瀬の祓へ**〕毎月、または、ことが起こったときは臨時に、天皇の災禍を負わせた人形を七か所の瀬で祓えをして流す行事。＝七瀬の禊ぎ

ななそ【七十】[名]ななじゅう。しちじゅう。

〔**七瀬の御禊**〕「ななせのはらへ」に同じ。

ななそぢ【七十】[名]しちじゅう。七十年。七十歳。

ななつ【七つ】[名]❶数字の七。❷《「七つ時」の略》時刻の名。いまの午前・午後の四時ごろ。❸七歳。

〔**七つの道**〕「しちだう」に同じ。

ななつだち【七つ立ち】[名]《近世語》朝の七つ時(午前四時ごろ)に旅立つこと。

ななつぼし【七つ星】[名]❶北斗七星。❷七つの小丸を六角に組み合わせた紋所の名。

ななつを【七つ緒】[名]七本の、または多くの、糸やひも。

ななぬか【七七日】[名]《仏教語》人の死後四十九日目。また、その日に行う法事。

ななぬかのわざ【七七日の業】四十九日の法事。

ななのさかしきひと【七の賢しき人】[名]中国晋代の竹林の七賢人。世俗を避けて竹やぶに集まり清談をしたという。

ななのやしろ【七の社】[名]「さんわうしちしゃ」に同じ。

〈和歌〉**ななへやへ…**【七重八重花は咲けども山吹のみのひとつだになきぞあやしき】〈後拾遺・雑五・一一五四・兼明親王〉訳山吹の花は七重にも八重にも咲くけれども、実がひとつさえつかないのは不思議なことです。お貸しする蓑がひとつもなかったのです。

〈参考〉「みのひとつだに」の「みの」は、「実の」と「蓑」をかける。簑を乞われたときに山吹を与えたのは、貸すべき蓑がないという意のなぞであったことを後日明かした歌。

ななまはり【七回り】[名]《干支一回りの六十年が七度回ってくる意》長寿を祝うことば。

ななむ《「ななん」とも。完了の助動詞「ぬ」の未然形＋終助詞「なむ」》他へあつらえ望む意を表す。…てしまってほしい。例「墨染めの鞍馬の山に入る人はたどるたどるも帰り来**ななむ**」〈後撰・恋四・八三三〉訳僧として「暗い」という名の鞍馬山に入るあなたは、暗い中をたどりたどりでよいから帰ってきて**しまってほしい**。

ななめ[・なり]【斜め】一[名]❶傾いていること。❷太陽が傾いていること。夕暮れ。例「秋の日既に**斜めになれば**」〈野ざらし紀行〉二[形動ナリ]{なら・なり(に)・なり・なる・なれ・なれ}❶ひととおりだ。平凡だ。例「げに**斜め・に**かたほなる「子」だに、人の親の習ひいかが思ふめるに」〈浮・男色大鑑〉❷(「ななめならず」の意に用いて)ひととおりでない。はなはだしい。

ななめならず【斜めならず】「なのめならず」に同じ。

なーなり・・であるようだ。…だということだ。例「扇の骨にはあらで、海月の**ななり**」〈枕・中納言まゐりたまひて〉訳扇(の骨)ではなくて、海月(の骨)で**あるようだ**。例「神代より世にあることを記しおきける**ななり**」〈源氏・蛍〉訳(物語というものは)神代からこのかた、世間に起こったことを記しおいたの**だということだ**。

> 語構成
> な　断「なり」体　なり　伝・推「なり」
> ＝「なるなり」の撥音便「なんなり」の撥音無表記。

ななわだ【七曲】[名]《「ななわた」とも》幾重にも曲がっていること。

ななん「ななむ」の「む」が「ん」と発音されるようになり、「ななん」と表記されたもの。→「ななむ」

なに【何】一[代名]❶《不定称の指示代名詞。名や正体の分からない事物を指す》**なにもの**。**なにごと**。**どういうもの**。**どういうこと**。例「心おくべきこともおぼえぬを、**何**によりてか、かからむ」〈伊勢・二一〉

《係結び》「か」→かからむ(体)。❷《名前の不明な場合や名前を呼ぶまでもないとき、名前の代わりに用いる》**だれそれ**。**なにがし**。**しかじか**。例「『何の折、**何**』とのたまひし」〈源氏・宿木〉

《敬語》「のたまひし」→「のたまふ」。二[副]《疑問・反語の表現を伴って》**どうして**。**なぜ**。**なんのために**。例「今さらに**なに**生ひ出づらむ竹の子の憂き節しげきよとは知らずや」〈古今・雑下・九五七〉

《疑問語との呼応》「なに」→生ひ出づらむ(体)。三[感]《聞き返す語。また、相手の言い分を軽く打ち消す語》**何だと**。**いやいや**。**なあに**。例「『その面は、別はござらぬ、堂宮の鬼瓦でござる』『**何**、鬼瓦ぢゃ』」〈狂・縄綯ひ〉

なにか【何か】[感]相手の発言や、前述の事態を軽く否定する表現。いや。なあに。例「**なにか**。心もとなくてはべらむに、ふと御幸して御覧ぜば、御覧ぜられなむ」〈竹取・かぐや姫の昇天〉

なにか【何か】一《代名詞「何」＋係助詞「か」》疑問・反語の意を表す。何が…か。何を…か。例「世の中

はなにか常なる飛鳥川昨日の淵ぞ今日は瀬になる」〈古今・雑下・九三三〉 訳 →〈和歌〉よのなかはなにかつねなる…。 二［副］《副詞「何」＋係助詞「か」。結びは連体形》❶疑問の意を表す。なぜ。どうして。例「木の暗くなるまでになにか来鳴かぬ」〈万葉・八・一四八七〉 ❷反語の意を表す。どうして…か、いや…ない。例「何か隔てきこえさせはべらん」〈源氏・夕顔〉

なにか【何彼】《代名詞「何」＋代名詞「彼」》何やかや。など。例「顔より始め、着たる物、馬、**何か**にいたるまで夢に見しに違はず」〈宇治拾遺・六・七〉

なにが【何が】《代名詞「何」＋格助詞「が」》❶反語の意を表す。どうして…か、いや…ではない。例「**なにが**惜しかろ」〈狂言記・秀句大名〉 ❷（原因・理由を表す語句の上に添えて）当然の意を表す。なにしろ。例「さうあらば、**なにが**遣ひつけぬ人を遣ふ事でござるによって」〈狂・止動方角〉

〈和歌〉**なにかおもふ…**【なにか思ふなにとか嘆く世の中はただ朝顔の花の上の露】〈新古今・釈教・一九一七〉 訳 何を思い悩むのか、どうだといって嘆くのか。この世の中は、まったく朝咲いて夕暮れを待たずにしぼむ朝顔の花の上に置いた、はかない露のようなものだというのに。（係結び）「なにか→思ふ㊍」、「なにとか→嘆く㊍」

なにがし【某・何某】《「がし」は接尾語》一［名］《人や事物・場所などを、不定のものとして指し示す》❶（具体的な名称が不明だったり、はっきりいうのを避ける場合）**なんとか。だれそれ。どこそこ。** 例「しだの**なにがし**とかやしる所なれば」〈徒然・二三六〉 ❷（周知のことがらを意識的にぼかしていう場合）**なんとかいう。** 例「『**なにがし** 一声の秋』と、誦してまゐる音すれば」〈枕・職の御曹司におはしますころ〉（敬語）「誦してまゐる」→「まゐる（四段）」。 二［代名］《自称の人称代名詞》**わたくし。** 例「**なにがし**は、痴れ者の物語をせむ」〈源氏・帚木〉

発展学習ファイル 二は平安時代に、男性が謙譲の意を込めて用いたが、中世以降は「**それがし**」が代わって用いられる。

〔**某かがし**〕だれそれ。人の名を明示する必要のない場合や、わざと明示しない場合などに、人名を列挙する代わりに用いる。＝某くれがし。例「**なにがしかが**しといふいみじき源氏の武者たちを」〈大鏡・花山院〉

〔**某くれがし**〕「なにがしかがし」に同じ。

〔**某の院**〕ナニガシノイン 名指しするのがはばかられる、どこそこの院。何々の院。

なにがな【何がな】《代名詞「何」＋副助詞「がな」》何か適当なものがあれば。＝何をがな。例「『御肴**何がな**』など言ひて」〈徒然・二一五〉

なにかは【何かは】ナニカワ 一《代名詞「何」＋係助詞「か」＋係助詞「は」。多く、反語の意を表す》**何が…か。何を…か。何に…か。** 例「折にふれば、**何かは**あはれならざらん」〈徒然・二一〉（係結び）「かは→あはれならざらん㊍」。 二［副］《副詞「何」＋係助詞「か」＋係助詞「は」。結びは連体形》❶（疑問の意を表す）**なぜ…か。どうして…か。** 例「蓮葉のにごりに染まぬ心もて**なにかは**露を玉とあざむく」〈古今・夏・一六五〉 訳 →〈和歌〉はちすばの…。（疑問語との呼応）「なにかは→あざむく㊍」。 ❷（反語の意を表す）**なぜ…か、いや…ない。どうして…か、いや…ない。** 例「**何かは**女のはづかしからん」〈徒然・一〇七〉（疑問語との呼応）「何かは→はづかしからん㊍」。 三［感］《相手の発言や、前述の事態を否定する表現》**いやあ。なんのかまわない。とんでもない。** 例「文字おとしぞ侍らむ。それは、**何かは**、御覧じも漏らさせ給へかし」〈紫式部日記〉

発展学習ファイル 基本的には「**なにか**」を強めた語と考えてよいが、「かは」（係助詞「か」＋係助詞「は」）と同様、多くは反語表現で用いられる。感動詞の用法も、それに準じて考えられ、否定の度合いが強い。

なにくれ【何くれ】［代名］❶（不定称の指示代名詞）**なにやかや。あれこれ。** 例「旅の御装束よりはじめ人々のまで、**何くれ**の御調度など」〈源氏・賢木〉 ❷（不定称の人称代名詞）**だれそれ。だれかれ。** 例「山の座主、**何くれ**やむごとなき僧ども」〈源氏・葵〉

なにくれと【何くれと】［副］なにやかやと。あれやこれやと。例「よろづの御よそひ**何くれと**めづらしきさまに調じ出でたまひつつ」〈源氏・帚木〉

なにごこち【何心地】［名］❶どんな気持ち。例「白雲の立ちなむ後は**なに心地**せむ」〈古今・離別・三七一〉 ❷どんな病気。例「**何心地**ともおぼえはべらず、ただいと苦しくはべり」〈源氏・東屋〉

なにごころ【何心】［名］どんな心。どんなつもり。例「**何心**ありて、海の底まで深う思ひ入るらむ」〈源氏・若紫〉

なにごころな・し【何心無し】［形ク］｛から・く（かり）・し・き（かる）・けれ・かれ｝何気ない。無心である。無邪気だ。例「若き人は**何心な**くいとようまどろみたるべし」〈源氏・空蝉〉

なにごと【何事】［名］《「なにわざ」とも》❶どんなこと。何のこと。例「**何ごと**かあらむとも思したらず」〈源氏・桐壺〉 ❷（「なにごとも」の形で）すべての事柄。一切。例「四条大納言のかく**何事**もすぐれ、めでたくおはしますを」〈大鏡・道長・上〉 ❸（多く「なにごとぞ」の形で、とがめる意を込めるときなどに用いて）どうしたこと。例「**何ごと**ぞや。童べと腹立ちたまへるか」〈源氏・若紫〉 ❹不特定のことがらを表す語。なになに。例「何事の式といふ事は」〈徒然・一六九〉

〈和歌〉**なにごとの…**【何事のおはしますをば知らねどもかたじけなさに涙こぼるる】〈西行法師家集・西行〉 訳 どのようなお方がいらっしゃるのか知らないけれども、ただありがたさに涙がこぼれることよ。

なにさま【何様】一［名］《「なにざま」とも》どのよう。どんなふう。どんなようす。例「**何ざま**のことぞ。我にはつつむことあらじ」〈源氏・末摘花〉 二［副］❶いかにも。なるほど。例「**何様**坐ながら敵を京都にて相待たん事は、武略の足らざるに似たり」〈太平記・八〉 ❷ともかく。いずれにせよ。例「**なにさま**にも院宣の御返事に参るべきよし申さるべし」〈保元・上〉

〈和歌〉**なにしおはばあふさかやまの…**【名にし負はば逢坂山のさねかづら人に知られでくるよしもがな】〈後撰・恋三・七〇〇・藤原定方〉《百人一首・三条右大臣》 訳 会って寝るという名を持っているのなら、その逢坂山のさねかずらを繰るように、人に知られないで、あなたのもとへ来るすべがあればよいなあ。

〈参考〉「逢坂山」に「逢ふ」を、「繰る」に「来る」をかける。「逢坂山」は、山城（いまの京都府）と近江（いまの滋賀県）の国境にある山。

〔和歌〕**なにしおはばいざこととはむ…**【名にしおはばいざ言問はむ都鳥我が思ふ人はありやなしやと】〈古今・羇旅・四一一・在原業平、伊勢・九〉訳 都という名をもっているのなら、さあ尋ねてみよう。都鳥よ、私が愛する都の人は、いまでも無事に過ごしているのかどうかと。

なにしか【何しか】［副］《副詞「何」＋副助詞「し」＋係助詞「か」。結びは連体形》どうして…か。どういうわけで…か。例「夢にだに**なにしか**人の言の繁けむ」〈万葉・一二・二八四八〉

なにしに【何為に】［副］《代名詞「何」＋動詞「為」の連用形＋格助詞「に」。結びは連体形》❶何のために。なぜ。例「**何しに**、かかる者には使はるるぞ」〈枕・方弘は〉❷（推量表現を伴って）反語の意を表す。どうして…か、いや…ない。例「**なにしに**、悲しきに、見送りたてまつらむ」〈竹取・かぐや姫の昇天〉

なにすれぞ【何為れぞ】［副］《上代語。「なにすれそ」「なんすれぞ」「なすれぞ」とも。代名詞「何」＋動詞「為」の已然形＋係助詞「ぞ」。結びは連体形》どうして。なぜ。例「時々の花は咲けども**何すれぞ**母とふ花の咲き出来ずけむ」〈万葉・二〇・四三二三〉

〔歌謡〕**なにせうぞ…**【何せうぞ燻んで一期は夢よただ狂へ】〈閑吟集〉訳 何になるのだろう、きまじめに過ごしていても、一生は夢なのだよ、ただわれを忘れて遊び戯れよ。

なにせむ【何為む】《代名詞「何」＋動詞「為」の未然形＋助動詞「む」》反語の意を表す。何になろうか。何にしよう。例「奥山の真木の板戸を押し開きしゑや出で来ね後は**何せむ**」〈万葉・一一・二五一九〉

なにせむに【何為むに】《代名詞「何」＋動詞「為」の未然形＋助動詞「む」の連体形＋格助詞「に」》❶反語の意を表す。どうして…か、いや…ない。例「銀も金も玉も**なにせむに**優れる宝子に及かめやも」〈万葉・五・八〇三〉訳→〔和歌〕しろかねも…。❷疑問の意を表す。何のために…か。なぜ…か。例「**なにせむに**身をさへ捨てむと思ふらむ」〈和泉式部日記〉

なにぞ【何ぞ】《「なにそ」「なんぞ」「なぞ」とも》一《代名詞「何」＋係助詞「ぞ」》❶何であるか。何だ。例「白玉か**なにぞ**と人の問ひしとき」〈新古今・哀傷・八五一〉訳→〔和歌〕しらたまか…。❷（「…かなにぞ」の形で）…（か）何か。それとも別の何か。例「見やりなる倉か**何ぞ**なる稲とり出でて」〈源氏・須磨〉二［副］《副詞「何」＋係助詞「ぞ」。結びは連体形》なにゆえ。なぜ。どうして。例「多摩川にさらす手作りさらさらに**なにそ**この児のここだかなしき」〈万葉・一四・三三七三〉訳→〔和歌〕たまがはに…

なにぞの【何ぞの】《代名詞「何」＋係助詞「ぞ」＋格助詞「の」》何という。どういう。例「鮒一つふためく。**何ぞの**鮒にかあらんと思ひて」〈宇治拾遺・一五・一二〉

なにぞは【何ぞは】《代名詞「何」＋係助詞「ぞ」＋係助詞「は」》❶（その価値を否定して）なんだそんなもの。つまらない。例「命やは**なにぞは**露のあだものを（＝ハカナイモノナノニ）」〈古今・恋二・六一五〉❷（副詞的に）どうして。なぜ。例「見し人を音にも聞かぬ滝つせの**なにぞは**袖に絶えず落つらん」〈続古今・恋五・一三三〇〉

なにと【何と】一［副］《副詞「何」＋格助詞「と」。結びは連体形》❶原因・理由を尋ねる。なぜ。どうして。例「わが身さへ**なにと**うきよにむすぼほるらん」〈続古今・雑中・一六七三〉❷どのように。どう。例「**何と**なりぬる事やらん」〈平家・一二・六代〉二［感］❶聞き返すときに発する語。なんだって。なに。例「『御身の名を名のり給へ』『**なにと**名を名のれと候ふや』」〈謡・檜垣〉❷問いかけるときに発する語。どうだい。いかに。例「やい、して、**何と**明日の襟付けは、だうした物であらふぞ」〈狂言記・烏帽子折〉

なにと【何と】《代名詞「何」＋格助詞「と」》❶なんであると。例「**何と**わくまじき山伏などまで惜しみきこゆ」〈源氏・薄雲〉❷他に同類があることを指す。など。何やかやと。例「これかれ、酒**なにと**持て追ひ来て」〈土佐〉

なにとかして【何とかして】《代名詞「何」＋格助詞「と」＋係助詞「か」＋動詞「為」の連用形＋接続助詞「て」》どのようにして…か。どうしたわけで…か。例「両使すでに京着して未だ文箱をも開かぬ先に**何とかして**聞こえけん」〈太平記・二〉

なにとかは【何とかは】《代名詞「何」＋格助詞「と」＋係助詞「か」＋係助詞「は」》❶疑問の意を表す。どうして…か。どのように…か。例「松の雪をも**なにとか**は見る」〈源氏・椎本〉❷反語の意を表す。どうして…か、いや…ない。例「つれなき人の御心をば、**何とかは**見たてまつりとがめん」〈源氏・初音〉

なにとかも【何とかも】《代名詞「何」＋格助詞「と」＋係助詞「か」＋係助詞「も」》どうして…か。なぜ…か。例「本毎に花は咲けども**何とかも**愛し妹がまた咲き出来ぬ」〈紀・孝徳・歌謡〉

なにとした【何とした】❶（体言を修飾して）どのような。どうした。例「烏帽子髪などといふ物は、結ひ付けめ者は、え結わぬといふが、**何とした**物であらうぞ」〈狂言記・烏帽子折〉❷どうしたか。例「たしかに持って来たはずぢゃが、**何としたか**知らぬ」〈狂・千鳥〉❸驚いたときに発する語。なんだって。

なにとして【何として】《「代名詞「何」＋格助詞「と」＋動詞「為」の連用形＋接続助詞「て」》❶どのようにして。どうしたわけで。なぜ。例「人は**何として**仏には成り候ふやらん」〈徒然・二四三〉❷反語の意を表す。どうして…か、いや…ない。例「身どもがためにもまま子ぢゃ物を、**なにとして**喰ふ物ぢゃ」〈狂・鬼の継子〉

なにとて【何とて】《代名詞「何」＋格助詞「と」＋接続助詞「て」》どうして。なぜ。例「月も出でで闇にくれたる姨捨に**なにとて**今宵たづね来つらむ」〈更級〉訳→〔和歌〕つきもいでで…

なにとな・し【何と無し】《代名詞「何」＋格助詞「と」＋形容詞「無し」》❶とくに取り上げていうこともない。それほど重要ではない。例「位浅く**何とな・き**身のほど」〈源氏・梅枝〉❷全般にわたっている。すべてにわたっている。例「**何とな・く**葵かけわたしてなまめかしきに」〈徒然・一三七〉❸これという目的もない。何となく。例「あからさまに聖教の一句を見れば、**何とな・く**前後の文も見ゆ」〈徒然・一五七〉

なにとにはな・し【何とには無し】《代名詞「何」+格助詞「と」+断定の助動詞「なり」の連用形+係助詞「は」+形容詞「無し」》取り立てていうほどのことはない。たいしたことではない。例「このことば、**何とにはな・けれ**ども、ものいふやうにぞ聞こえたる」〈土佐〉

なにとはな・し【何とは無し】「なにとにはなし」に同じ。

なにとやら【何とやら】「なにとやらん」に同じ。

なにとやらん【何とやらん】《「やらん」は「にやあらん」の変化形》❶いったいどういうものか。何であろうか。例「**なにとやらん**物を木のまたに置くやうにするをみれば、子ざるなりけり」〈古今著聞・七一七〉❷何となく。どことなく。例「**何とやらん**心ぼそうて、徒然なるに」〈平家・二・徳大寺厳島詣〉①②=何とやら

なにならず【何ならず】《代名詞「何」+断定の助動詞「なり」の未然形+打消の助動詞「ず」》何でもない。ものの数ではない。取るに足りない。例「長浜のまさごの数も**なにならず**」〈金葉・賀・三二〉

〔俳句〕**なににこの…**【何にこの師走の市に行く鳥】〈花摘・芭蕉〉訳何のために、この歳末の忙しい町中へ、鳥が飛んで行くのだろう。その鳥同様、世間では無用の私のような者までも、師走の町の雑踏に心ひかれるとは、どうしたことであろうか。（季―師走―冬）

なにの【何の】《代名詞「何」+格助詞「の」》❶《「の」が主格の場合》何が。誰が。例「『**なにの**いふにかあらむ』とて、たち出でて見るに」〈枕・職の御曹司におはしますころ、西の廂に〉❷《「の」が連体格の場合》㋐（人や事物を漠然という語）何々の。誰それの。例「因幡国に、**何の**入道とかやいふ者の娘」〈徒然・四〇〉㋑（下に打消の語を伴って）何ほどの。どれほどの。少しの。例「聞こえさせ知らせたまふとも、さらに**何の**しるしもはべらじものを」〈源氏・若紫〉㋒どんな。何という。例「あはれ、**何の**契りにて、かかる御さまながら、いとむつかしき日本の末の世に生まれたまへらむ」〈源氏・若紫〉

〔何の数〕（下に打消の語を伴って）もののかず（にも入れない）。例「高き人は我を**何の数**にも思さじ」〈源氏・須磨〉

〔俳句〕**なにのきの…**【何の木の花とは知らず匂ひかな】〈笈の小文・芭蕉〉訳何の木の花の香りとは分からないが、ほのかに漂ってくる清らかな匂いに、伊勢神宮の御神域のありがたさを感じることだ。（季―花―春）

なには【難波・浪速・浪華】〔歌枕〕摂津国の地名。いまの大阪市とその付近一帯の古称。応神天皇の大隅宮、仁徳天皇の高津宮、孝徳天皇の長柄豊碕宮、聖武天皇の難波宮があった。

〔難波の葦は伊勢の浜荻〕物の名や風俗が、場所によって違うことのたとえ。

なにはえ【難波江・浪速江・浪華江】〔歌枕〕摂津国の入り江。いまの大阪市の湾岸一帯。難波湾。=難波潟

〔和歌〕**なにはえのあしのかりねの…**【難波江の蘆のかりねの一夜ゆゑ身をつくしてや恋ひわたるべき】〈千載・恋三・八〇七・皇嘉門院別当〉《百人一首》訳難波江に生える蘆の刈り根の一節のように、仮り寝の短い一夜の契りのために、難波江の澪標ではないが、わが身を尽くしてあなたを恋し続けるのでしょうか。（係結び）「や↓恋ひわたるべき㊍」

〈参考〉「難波江の蘆の」までが「かりねの一夜」を導く序詞。「かりね」は、「刈り根」と「仮寝」の掛詞、「ひとよ」は、「一節」と「一夜」の掛詞で、「刈り根」「一節」は、「蘆」の縁語。「みをつくし」は、「澪標」と「身を尽くし」の掛詞、「わたる」は、「渡る（入り江を渡航する）」意を響かせ、「澪標」「渡る」は、「難波江」の縁語。

〔和歌〕**なにはえのあしまにやどる…**【難波江の蘆間に宿る月見ればわが身ひとつはしづまざりけり】〈詞花・雑上・三四七・藤原顕輔〉訳難波江の蘆と蘆の茂みの間（の水面）に映っている月を見ると、わが身ひとつだけが沈み落ちぶれているのではなかったよ。

なにはがた【難波潟・浪速潟・浪華潟】〔歌枕〕「なにはえ」に同じ。

〔和歌〕**なにはがたかすまぬなみも…**【難波潟かすまぬ波もかすみけりうつるも曇る朧月夜に】〈新古今・春上・五七・源具親〉訳霞むはずのない波までも難波潟では霞んでいる。波に映っている姿も曇っている朧月のために。

〔和歌〕**なにはがたみじかきあしの…**【難波潟短き蘆のふしの間も逢はでこの世を過ぐしてよとや】〈新古今・恋一・一〇四九・伊勢〉《百人一首》訳難波潟の短い葦の節と節の間のように、ほんの短い間も、会わずにこの世を過ごせと、あなたはおっしゃるのでしょうか。（係結び）「とや↓（省略）」

〈参考〉「この世」の「世」は、「節」をかけ、「蘆」の縁語。

なにばかり【何ばかり】《副詞「何」+副助詞「ばかり」》❶どれくらい。どれほど。例「**何ばかり**の過ちにてかこの渚に命をばきはめん」〈源氏・明石〉❷（下に打消の語を伴って）たいした。それほど。例「**なにばかり**ならねど、使ふ人などだに、いとかたはらいたし」〈枕・かたはらいたきもの〉

なにはぐさ【難波草】〔名〕葦の別称。「難波の葦は伊勢の浜荻（同じものでも場所によって呼び名が違うこと）」ということわざからの名称。

なにはすがかさ【難波菅笠】〔名〕「難波」で産するスゲで編んだ笠。

なにはづ【難波津・浪速津・浪華津】〔歌枕〕摂津国の港。「難波江」にあった。御津。大陸の使節を迎える鴻臚館が設置されていた。

〔和歌〕**なにはづに…**【難波津に咲くやこの花冬ごもり今は春べと咲くやこの花】〈古今・仮名序・王仁〉訳難波津に咲くよ、この花が。いまはもう春だと、美しく咲いているよ、この花が。

〈参考〉「咲くやこの花」の「や」は、詠嘆の間投助詞。『古今和歌集』仮名序に、手習い（習字）の最初に習うと記されている、有名な歌。

〔和歌〕**なにはひと…**【難波人葦火焚く屋のすしてあれど己が妻こそ常めづらしき】〈万葉・一一・二六五一・作者未詳〉訳難波の人が葦火を焚く家のようにすすけているが、おれの妻こそがいつもかわらずかわいい。

〈参考〉上二句は「すして」を導く序詞。

なにはみやげ【難波土産】〔ナニワミヤゲ〕[作品名]江戸中期(一七三八刊行)の浄瑠璃注釈書。三木貞成(きだなり)著。近松門左衛門の作品など九編の浄瑠璃について、原文の注釈や各段の批評を試みた書。冒頭の穂積以貫(ほづみいかん)によるとされる近松門左衛門からの聞き書き「虚実皮膜論(きょじつひまくろん)」が有名。

なにほど【何程】《副詞「何」＋副助詞「ほど」》❶どの程度。どのくらい。例「金(かね)の値を聞いて来たか、何程するぞ」〈狂言記・鐘の音〉❷どんなに。いかに。例「何ほどそのやうに吠(ほ)えたとても」〈狂言記・貰聟〉

なにも【汝妹】[名]《上代語。「なのいも」の変化形》男性から女性を親しみを込めて呼ぶことば。⇔汝兄(なせ)

なにや【何や】《代名詞「何」＋間投助詞「や」》なにか。…など。例「殿上人の、直衣(なほし)脱ぎ垂れて、扇やなにやと拍子(はうし)にして」〈枕・内裏は、五節のころこそ〉

〔何(なに)や彼(か)や〕あれやこれや。いろいろと。

なにわ【難波・浪速・浪華】歴史的かなづかい「なには」

なにわざ【何業】[名]「なにごと」に同じ。

なにをがな【何をがな】《代名詞「何」＋格助詞「を」＋副助詞「がな」》何か。何か適当なものを。例「何をがな形見に嫗(おう)に取らせむ」〈今昔・二六・九〉

なぬか【七日】[名]❶七日間。❷月の第七日。とくに、正月七日、七月七日をいう。❸「しちや(七夜)」に同じ。

〔七日(なぬか)の節会(せちゑ)〕〔ナヌカノセチエ〕「あをうまのせちゑ」に同じ。

〔七日(なぬか)の日(ひ)の節会(せちゑ)〕〔ナヌカノヒノセチエ〕「あをうまのせちゑ」に同じ。

〔七日(なぬか)の夜(よ)〕❶月の七日目の夜。とくに、陰暦七月七日の夜(たなばた)。(季ー秋)。❷「しちや(七夜)」に同じ。

なぬかなぬか【七日七日】七日ごとに営む死者の供養をする日。初七日から四十九日に至る各七日目の日。また、その供養。

なぬし【名主】[名]《「名主(みやうしゆ)」の訓読語》❶江戸時代、村方三役(名主・組頭・百姓代)のひとつで、村の長。関東では「名主」、関西では「庄屋(しやうや)」といった。❷江戸時代、町役人のひとつ。

なね【汝ね】[名]《上代語。代名詞「汝(な)」＋接尾語「ね」》人を親しんで呼ぶ語。男女ともに用いる。

〔俳句〕**なのはなの…【菜の花のとっぱづれなり富士の山】**〈七番日記・一茶〉訳一面の菜の花畑。そのいちばん向こうのはずれに富士山が見える。(季ー菜の花ー春)

〈参考〉「とっぱづれ」は、ずっと端っこの意。

〔俳句〕**なのはなや…【菜の花や月は東に日(ひ)は西(にし)に】**〈自筆句帳・蕪村〉訳春の野に一面、菜の花が咲き乱れている。東には昇り始めた月が、西には沈み行く夕日が、それぞれ野を照らしていることだ。(季ー菜の花ー春)

なのめ【・なり】【斜め】[形動ナリ]{なら・なり(に)・なり・なる・なれ・なれ}

アプローチ
▼語源的には山や丘などのなだらかに傾いているさまから、激しくなく「平凡な」の意味となったとも、また、水平でも垂直でもないのを中途半端とみなしたともいわれる。
▼「なのめ」は平安時代の和文のみに用いられ、漢文訓読体では「ななめ」が用いられた。
▼中世以降、「なのめなり」で「なのめならず」と同じ、格別だなどの意で用いられる。

❶**ふつうだ。ありふれている。**例「かく世の聞き耳もなのめ・ならぬ事の出(い)で来ぬるよ」〈源氏・若菜・上〉訳このように世間への聞こえも**ふつうで**ないことが起こってしまったことよ。

❷**不十分だ。いい加減だ。**例「なのめ・にさてもありぬべき人の少なきを」〈源氏・帚木〉訳(主婦として)**不十分ながら**でも、何とかやっていけそうな人が少ないのですから。

❸《中世以降の用法》格別だ。並ひととおりでない。例「主(あるじ)なのめ・によろこびて、またなき者と思ひける」〈伽・文正草子〉訳主人は**並ひととおりでなく**喜んで、(力持ちの文太を)またとない者と思った。

なのめなら・ず【斜めならず】《「なのめならず」とも》ひととおりではない。なみなみではない。際立っている。例「苦しき御心地(ここち)にも、なのめなら・ずかしこまりかしづききこえたまふ」〈源氏・夕霧〉

なのり【・す】【名告り・名乗り】[名・自サ変]❶自分の姓名をいうこと。❷公家(くげ)や武家の男子が、元服するときに、幼名にかえて付ける実名。❸売り物の名を呼んで歩くこと。

なのりか・く【名告り掛く】[自カ下二]{け・け・く・くる・くれ・けよ}相手に自分の名をいう。例「『左衛門佐重盛(さゑもんのすけしげもり)、生年十三』と名のりか・けければ」〈古活字本平治・中〉

なのりじ【名乗り字】[名]元服の際に新しくつける実名。また、それに用いる漢字。

なのりそ【莫告藻・神馬藻】[名]《「なのりそも」とも》海藻の名。ホンダワラの古名。食料や肥料とされた。『万葉集』では、「勿(な)告(の)りそ(告げるな)」や「名告りそ(名を告げるな)」にかけるなど、しばしば詠まれたが、それ以降はあまりかえりみられることがなかった。

なのりその【莫告藻の】[枕詞]《名前を名乗る意から》「名」にかかる。例「なのりその己(おの)が名惜しみ」〈万葉・六・九四六長歌〉

なのりそも【莫告藻】[名]「なのりそ」に同じ。

なの・る【名告る・名乗る】[自ラ四]{ら・り・る・る・れ・れ}❶自分の名をいう。名を明かす。❷自称する。称する。❸虫や鳥が音を立てたり、鳴き声をあげたりする。例「蚊の、細声に、わびしげに名の・りて、顔のほどに飛びありく」〈枕・にくきもの〉

なは《打消の助動詞「なふ」の未然形。例「さ衣(ごろも)の小筑波嶺(をづくはね)ろの山の岬(さき)忘ら来(こ)ばこそ汝(な)をかけなはめ」〈万葉・一四・三三九四〉《係結び》「こそ→かけなはめ(已)」

なーば …てしまったら。例「その事果てなば、とく帰るべし」〈徒然・一七〇〉訳その用事が終わって**しまったら**すぐ帰るのがよい。

語構成　な　完「ぬ」(未)｜ば　接助

なはえい【縄纓】〔ナワエイ〕[名]黒と黄の縄と、布またはあらぎぬをより合わせて作った冠の纓。天皇が父母の喪に服するときに使う。

なはしろ【苗代】ナワシロ［名］晩春に、籾をまいて稲の苗を育てる所。（季－春）

なはしろみづ【苗代水】ナワシロミズ［名］苗代に引く水。（季－春）

なはぜみ【蚱蟬】ナワゼミ［名］セミの一種。鳴かない雌のセミ、クマゼミ、ヤマゼミなど諸説ある。（季－夏）

なはて【縄手・畷】ナワテ［名］田の間の小道。あぜ道。

なはとり【縄取り】ナワトリ［名］罪人をしばった縄の端を持って追い立てること。また、その役人。

なはのり【縄海苔】ナワノリ［名］語義未詳。海藻のウミソウメンかともいう。和歌では、「なびく」、「繰る」や「名は告る」の序詞として用いられた。例「海原の沖つ縄のりうちなびく」〈万葉・一一・二七七九〉

なはのりの【縄海苔の】ナワノリノ［枕詞］「縄海苔」が切れやすいところから「引けば絶ゆ」に、また、頭音の「な」を重ねて「名」にかかる。例「**縄のりの引けば絶ゆとや**」〈万葉・一三・三三〇二長歌〉

なびか・す【靡かす】［他サ四］｛さ・し・す・す・せ・せ｝❶なびかせる。なびくようにする。例「竹敷の玉藻**なびか・し**漕ぎ出でなむ」〈万葉・一五・三七〇五〉❷従わせる。例「天の下を**なびか・し**たまへるさま」〈源氏・賢木〉

なびか・ふ【靡かふ】ナビカ(コ)ウ《上代語。動詞「靡く」の未然形＋反復・継続の助動詞「ふ」》なびき合う。寄り添う。例「臥やせば川藻のごとく**なびか・ひ**の宜しき君が」〈万葉・二・一九六長歌〉

なびき【靡き】［名］❶なびくこと。❷「指し物」の一種。幟が風によって反り返ったような形のもの。

なびきかしづ・く【靡き傅く】ナビキカシズク［自カ四］｛か・き・く・く・け・け｝一斉に奉仕する。一様に心服する。例「世人の**なびきかしづ・き**たてまつるさま」〈源氏・総角〉

なびきざま【靡き様】［名］物のなびくようす。

なびき・ぬ【靡き寝】［自ナ下二］｛ね・ね・ぬ・ぬる・ぬれ・ねよ｝寄り添って寝る。例「白たへの袖さし交へて**なびき・寝**し」〈万葉・三・四八一長歌〉

なびきも【靡き藻】［名］波に浮き漂っている藻。和歌では、「なびき」の意を込めて用いる。

なびきやす［・なり］【靡き易】［形動ナリ］｛なら・なり(に)・なり・なる・なれ・なれ｝異性に従いやすいさま。例「こよなくもて離るる心なく**なびきやす・なる**ほどに」〈源氏・匂宮〉

なび・く【靡く】■一［自カ四］｛か・き・く・く・け・け｝❶**風や水などの力に押されて横に傾き伏す。**例「〔藤ガ〕木高き木より咲きかかりて、風に**なび・き**たるにほひは」〈源氏・野分〉❷**相手の意に添う。心を寄せる。**例「心弱く**なび・き**ても人笑へならましこと」〈源氏・梅枝〉■二［他カ下二］｛け・け・く・くる・くれ・けよ｝❶**横に倒れさせる。横に押し流す。なびかせる。**例「おほかたは誰が見むとかもぬばたまの我が黒髪を**なび・け**て居らむ」〈万葉・一一・二五三二〉❷**意に従わせる。同意させる。**例「越前の軍兵を**靡・け**て」〈義経記・一〉

なびやか［・なり］［形動ナリ］｛なら・なり(に)・なり・なる・なれ・なれ｝《「やか」は接尾語》しなやかで優美なさま。なよなよとしているさま。＝なびらか。例「その国はふれけん鳥も羽やすみ草のはがひも末**なびやか・に**」〈散木集〉

なびらか［・なり］［形動ナリ］｛なら・なり(に)・なり・なる・なれ・なれ｝「なびやか」に同じ。

-な・ふナ(ノ)ウ ■一［接尾ハ四型］｛は・ひ・ふ・ふ・へ・へ｝《名詞・形容詞の語幹などに付いて》なす、行うなどの意の動詞をつくる。「諾な・ふ」「おとな・ふ」など。■二［接尾ハ下二型］｛へ・へ・ふ・ふる・ふれ・へよ｝■一に同じ。「罪な・ふ」など。

なふ【衲】ノウ［名］「なふえ」に同じ。

な・ふ【綯ふ】ナ(ノ)ウ［他ハ四］｛は・ひ・ふ・ふ・へ・へ｝多くの糸・わら・ひもなどをより合わせる。よる。例「葛をな・ひて縄にうけておとしいれつ」〈三宝絵詞〉

な・ふ【萎ふ】ナ(ノ)ウ［自ハ下二］｛へ・へ・ふ・ふる・ふれ・へよ｝《「なゆ」の変化形》❶故障があって、手や足が思うように動かせなくなる。❷（衣服などが着古されたり、のりが落ちたりして）柔らかくなる。くたくたになる。例「**萎・へ**たる直垂」〈徒然・二一五〉

なふナ(ノ)ウ［助動特活］｛なは・○・なふ・なへ(のへ)・なへ・○｝《上代東国方言》打消の意を表す。…**ない**。例「水久君野に鴨の這ほのす児ろが上に言をろ延へていまだ寝**なふ**も」〈万葉・一四・三五二五〉訳みくくのに鴨がはうようにあの娘のもとにことばは久しく通わせたがまだ寝て**いない**ことだ。

〈接続〉動詞の未然形に付く。

〈参考〉打消の助動詞「ず」の古い未然形「な」に、反復・継続の助動詞「ふ」が付いてできたとされる。

な・ぶ【並ぶ】［他バ下二］｛べ・べ・ぶ・ぶる・ぶれ・べよ｝並べる。連ねる。例「日日**並・べ**て夜には九夜日には十日を」〈記・中・歌謡〉訳→〈歌謡〉にひばりつくはを…

な・ぶ【靡ぶ】［他バ下二］｛べ・べ・ぶ・ぶる・ぶれ・べよ｝なびかせる。例「尾花押し**な・べ**置く露に」〈万葉・一〇・二一七二〉

なふえ【衲衣・納衣】ノウエ［名］《仏教語》人が捨てたぼろ布を集めて作った僧衣。また、それを着る僧のこともいう。＝衲・衲袈裟

なふじゅ［・す］【納受】ノウジュ［名・他サ変］神仏が祈願を聞き入れること。例「天神の御**納受**あったものでござろう」〈狂・八句連歌〉

なへナエ［接助］《上代語》…**と同時（期）に。…とともに。**例「秋風の寒く吹く**なへ**我がやどの浅茅が本にこほろぎ鳴くも」〈万葉・一〇・二一五八〉訳秋風が寒く吹く**とともに**我が家の庭の浅茅のもとでコオロギが鳴くよ。

〈接続〉活用語の連体形に付く。

なへナエ 打消の助動詞「なふ」の連体形・已然形。例「昼解けば解け**なへ**紐の我が背なに相寄るとかも夜解けやすけ」〈万葉・一四・三四八三〉［注］連体形の例。

なへ・ぐ【蹇ぐ】ナエグ［自ガ四］｛が・ぎ・ぐ・ぐ・げ・げ｝足が悪くて、歩くのが自由ではない。例「昼つかた、**なへ・ぐなへ・ぐ**と見えたりしは」〈蜻蛉・中〉

なべす・う【並べ据う】［他ワ下二］｛ゑ・ゑ・う・うる・うれ・ゑよ｝（物などを）並べて置く。（人を）並べて座らせる。例「こころめでたき人々を**なべす・ゑ**て」〈春曙抄本枕草子〉

なべて【並べて】［副］《「なめて」とも。動詞「並ぶ」の連用形＋接続助詞「て」》❶**すべて。おしなべて。一般に。総じて。**例「あまりうるさくもあれば、『このたび、いづく』と、**なべて**には知らせず」〈枕・里にまかでたるに〉❷**一面に。一帯に。**例「梅の花それとも見えず久方の天霧る雪の**なべて**降れれば」〈古今・冬・三三四〉訳→〈和歌〉うめのはなそれともみえず…。❸（多く「なべての」の形で）**ふつうの。並ひととおりの。**例「いと若うをかしげなる声の、**なべての**人とは聞こえぬ」〈源氏・花宴〉

〈音便〉「若う」は「若く」のウ音便。

な

〔並べての人〕並々の人。世間並みの人。例「〔柏木〕(=世間ノ)人目にこそ、なべての人にはまさりてめでられ」〈源氏・若菜・下〉

なべてならず【並べてならず】なみなみではない。格別だ。＝並めてならず。例「**なべてならず**・もてひがみたること好みたまふ御心なれば」〈源氏・若紫〉

なべとり【鍋取り】〔名〕❶つるのない鍋や釜を火から下ろすときに用いる道具。わら製で扇形をしている。また、鍋や釜の下にも敷いた。❷(形が①に似ていることから)冠の「老い懸け」の俗称。また、これを着た下級の公家の別称。鍋取り公家。

なへに〔接助〕《接続助詞「なへ」＋格助詞「に」》…と同時に。…とともに。→「なへ〔接助〕」。例「あしひきの山川の瀬の鳴る**なへに**弓月が岳に雲立ち渡る」〈万葉・七・一〇八八〉訳→〈和歌〉あしひきのやまがはのせの…

なほ〔・なり〕【直】〔名・形動ナリ〕まっすぐなさま。例「真直・にしあらば何か嘆かむ」〈万葉・七・一三九三〉

なほ【猶・尚】〔副〕

> **アプローチ**
> ▼ある事態に変化がなく、そのまま持続しているさまを表すのが原義。
> ▼変化がないことから、何もしないで、同様に、の意を表す。
> ▼さらに、時間が継続して延長されていくことから、さらに、ますます、の意に発展する。

❶(変化のない意を表す)**やはり。相変わらず。依然として。**例「元日。**なほ**同じ泊まりなり」〈土佐〉訳元日。**相変わらず**同じ港である。

❷(明らかと思われる対象を強調して)**なんといっても。やはり。**例「郭公は、**なほ**さらにいふべきかたなし」〈枕・鳥は〉訳ホトトギスは、**なんといっても**改めていうべきことばもない(ほどすばらしいものだ)。

❸(ある事態を否定する状況があるにもかかわらず肯定的な意を表して)**それでもやはり。そうはいってもやはり。…でさえやはり。**例「年を経て消えぬ思ひはありながら夜の袂は**なほ**凍りけり」〈古今・恋二・五九六〉訳年月がたっても消えない恋の思いの火は燃えていながら、ひとり寝の夜着の袂は**それでもやはり**涙で凍っていることだ。

❹**何もしないで。ふつうと同じで。平凡に。**例「宮仕へのはじめに、ただ**なほ**やはあるべき」〈伊勢・七八〉訳宮中のおつとめはじめに、ただ**何もしなくて**よいものか。〈係結び〉「やは→あるべき(体)」

❺**同じく。同様に。**例「夏は、夜。月のころは、さらなり。闇も**なほ**、蛍のおほく飛びちがひたる」〈枕・春は、あけぼの〉訳夏は夜がいい。月の出ているころは、いうまでもない。月のない闇夜も**同様に**、ホタルがたくさん飛びかっているのはいい。

❻**さらに。ますます。いっそう。もっと。**例「**なほ**ゆきゆきて、武蔵の国と下つ総の国とのなかにいと大きなる河あり」〈伊勢・九〉訳**さらに**旅を続けていくと、武蔵国と下総国との間にじつに大きな川がある。

❼(比況の助動詞「ごとし」を伴って)**まるで(…ようだ)。ちょうど(…ようだ)。**漢文訓読的表現。例「上古**なほ**かくのごとし。いはんや末代においてをや」〈平家・二・小教訓〉訳上古でも**ちょうど**このようである。ましてのちの世はいうまでもないことだ。

〔**猶あらじ**〕このまま黙ってはいられない。このまま捨ててはおけない。＝猶もあらじ。例「語らふべき戸口も鎖してければ、うち嘆きて、**なほあら・じ**に弘徽殿の細殿に立ち寄りたまへれば、三の口開きたり」〈源氏・花宴〉

〔**猶あらじごと**〕このままですておくわけにいかないと思っていってよこしたことば。心からでなく、義理でいってきたことば。例「耳馴れにたる**なほあらじごと**と見るにつけても」〈源氏・総角〉

〔**猶もあらじ**〕「なほあらじ」に同じ。

〔和歌〕**なほききに…**【直き木に曲がれる枝もあるものを毛を吹き疵を言ふがわりなさ】〈後撰・雑二・一一五五・高津内親王〉訳真っすぐな木にも曲がっている枝があるものなのに、毛を吹き分けて傷をさがし出すように、欠点をさがして非難するのは道理に合わないことです。

なほざり〔・なり〕【等閑】〔名・形動ナリ〕❶**特別に意にとめないさま。何でもない。**例「**なほざり・に**折りつるものを梅の花こき香に我や衣そめてん」〈後撰・春上・一六〉〔注〕「梅の花」は女性を暗示。❷**本気でない。いい加減だ。**例「後の矢を頼みて、はじめの矢に**なほざり**の心あり」〈徒然・九二〉❸**適度だ。ほどほどである。**例「よき人は、ひとへに好けるさまにも見えず、興ずるさまも**なほざり・なり**」〈徒然・一三七〉

〔**等閑のすさび**〕かりそめの慰みもの。適当な遊び相手や遊び事。例「**なほざりのすさび**と、はじめより心をとどめぬ人」〈源氏・若菜・下〉

なほざりごと【等閑言】〔名〕いい加減で真実味のこもっていないことば。

なほざりごと【等閑事】〔名〕いい加減にすること。その場限りのこと。

なほし【直衣】〔名〕《正服や礼服でない直の服、平服の意》平安以降の天皇や男性貴族の日常の装束。形は「袍」と似ているが、位階による色の規定がなかったので、「雑袍」ともいう。下に「指貫」をはき、頭に「烏帽子」をつけるのが常だが、改まった際には冠をかぶることがあり、これを「冠直衣」といった。参内する際には衣冠・束帯を着る定めであったが、天皇の許可があれば、直衣を着て参内することができた。→〔古典参考図〕男子の服装〈2〉。九三〇ページ「直衣」図版参照

〔**直衣の位**〕直衣を着て参内することが許された位。三位以上の位をいう。

なほ・し【直し】〔形ク〕{から・く(かり)・し・き(かる)・けれ・かれ}❶**まっすぐだ。**例「いと**直・き**木をなむおし折りためる」〈枕・小白河といふところは〉《係結び》「なむ→おし折りためる(体)」。語構成「おし折りためる」→「ため」❷**正しい。偽りがない。**例「御心の**直・き**にあのよりつくぞ」〈春雨物語〉❸**平らだ。きちんと整っている。**例「えせものの家の、荒畑といふもの

の、土うるはしうもなほ・からぬ」〈枕・正月十余日のほど〉《音便》「うるはしう」は「うるはしく」のウ音便。❹ふつうだ。正常だ。例「目も鼻もなほ・しとおぼゆるは」〈源氏・総角〉

なほし【猶し】《副詞「猶」＋副助詞「し」。「猶」を強めていう語》それでもやはり。まったく。＝猶しも。例「なほし恋しく思ひかねつも」〈万葉・一二・三〇九六〉

なほしさうぞく【直衣装束】［名］「直衣」を着用していること。また、その装束で、烏帽子・直衣・単・指貫・下袴・襪・腰帯・浅沓・檜扇からなる。

なほしすがた【直衣姿】［名］「直衣」を着用した姿。➡［古典参考図］男子の服装〈2〉

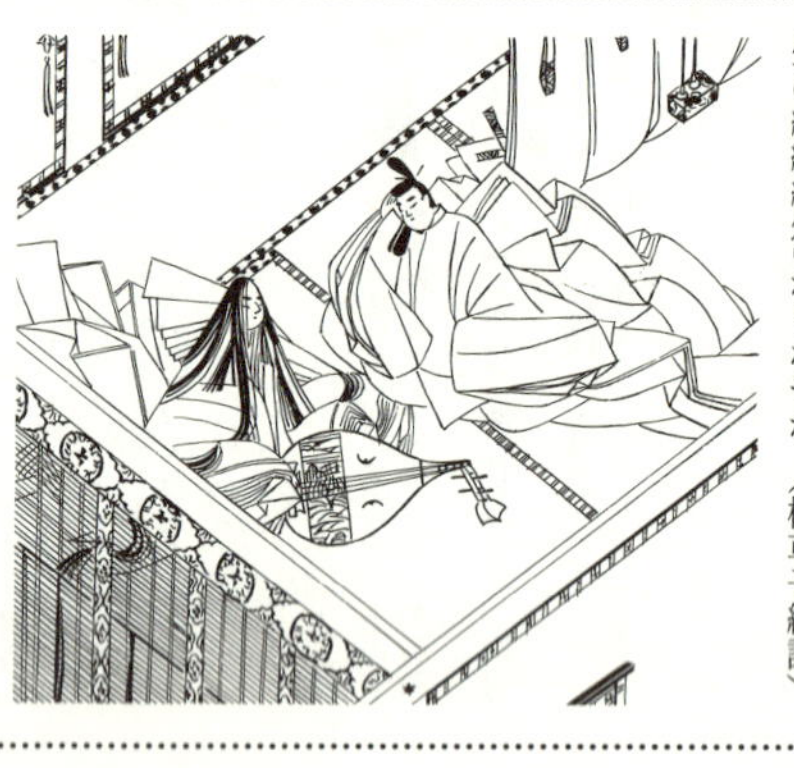

直衣　中宮定子の御曹司にお渡りになった、御引き直衣姿の一条天皇。無名という琵琶の名器を弾奏するよう中宮にお渡しするが、中宮はただ さわるだけだった。畳の繧繝縁がきわやか。（枕草子絵詞）

なほした・つ【直し立つ】［他タ下二］もとの状態に戻す。例「ものの報いありぬべく思しけるを、なほし立・てたまひて」〈源氏・澪標〉

なほしどころ【直し所】［名］❶直すべき点。欠点。❷直す価値。直しがい。

なほしはじめ【直衣始め】［名］関白や大臣が「直衣」を着て参内することを許され、初めて「冠直衣・直衣」姿で参内すること。

なほしほうこ【直衣布袴】［名］束帯の「袍」と「表の袴」の代わりに、「直衣」と「指貫」をつけた姿。男性貴族の平常服の最も改まったもの。

なほしも【猶しも】《副詞「猶」＋副助詞「しも」》「なほし（猶し）」に同じ。

なほしもの【直し物】［名］「除目」ののち、誤りなどを調べ、訂正や追加任命を行う儀式。「除目」ののち、一か月以内に行うのが原則。

なほ・す【直す】［他サ四］❶（不正や誤りを）正す。（欠点などを）修正する。例「かたち（＝容貌）は直・すべきところなし」〈紫式部日記〉❷修繕する。手入れをする。例「（水車ヲ）とかくなほ・しけれども、終ひにまはらで」〈徒然・五一〉❸その場をつくろう。取りなす。例「（清盛ノ横暴モ）この人（＝重盛）のなほ・しなだめられつれば」〈平家・三・医師問答〉❹しかるべき場所に置く。安置する。例「（藁人形ノ）見ぐるしき有り様を松飾りの中になほ・して」〈浮・日本永代蔵〉❺「切る」の忌み詞。

〈和歌〉**なほたのめうめのたちえは…**【なほ頼め梅の立ち枝は契りおかぬ思ひのほかの人も訪ふなり】〈更級・菅原孝標女継母〉訳やはり約束をあてにしていなさい。梅の伸びた枝には、約束しなかった思いがけない人も訪ねて来るといいますから。〈参考〉「頼めしをなほや待つべき霜枯れし梅をも春は忘れざりけり」〈更級〉訳→〈和歌〉たのめしを…に対する返歌。

〈和歌〉**なほたのめしめぢがはらの…**【なほ頼め標茅が原のさせも草わが世の中にあらん限りは】〈新古今・釈教・一九一六〉訳やはり私を頼みにし続けなさい。たとえあなたが、標茅が原のさせも草のように、胸を焦がして悩むことがあっても。私がこの世の中に存在する限りは。〈参考〉初句切れ。「標茅が原」は、いまの栃木県栃木市の地名。「させも草」は、ヨモギの別名。

なほなほ【猶猶・尚尚】一［副］❶やはりなお。まだまだ。例「なほなほさまことになまめかしからずのみある世の中に」〈浜松中納言・一〉❷ますます。いよいよ。さらに。例「御髪の、こぼれかかりたる肩のわたりなど、なほなほ、様殊に見えさせ給ふ」〈狭衣・二〉二［感］相手を促すときに用いる語。ぜひぜひ。さあさあ。例「わたらせたまはぬを、たびたび『なほなほ』と御消息ありければ」〈大鏡・師輔〉

なほなほ・し【直直し】［形シク］❶通りいっぺんだ。ふつうだ。例「『忘れで待ちたまへよ』など、なほなほ・しく語らひたまふ」〈源氏・空蟬〉❷平凡でつまらない。卑しい。例「なほなほ・しく下れる際（＝身分）のすき者どもに名を立ち」〈源氏・若菜・上〉

なほなほしう【直直しう】形容詞「なほなほし」の連用形「なほなほしく」のウ音便。

なほなほに【直直に】［副］素直に。おとなしく。平凡に。例「なほなほに家に帰りて業をしまさに」〈万葉・五・八〇一〉

なほびと【直人】［名］ふつうの身分・家柄の人。

なほも【猶も】《副詞「猶」＋係助詞「も」》やはり。まったく。例「山にても世の憂きことはなほも絶えぬか」〈大和・二七〉

なほもって【猶以て】❶それでもやはり。例「数通の起請文を書き進ずといへども、猶以て御宥免なし」〈平家・一一・腰越〉❷なおさら。いっそう。例「『それがし練って進ぜう』『それはなほもっての事ぢや』」〈狂言記・松の精〉

なほらひ【直会】［名］（「なほりあひ」の変化形。忌みを解いて平常に直る意）神事のあと、供物を取り下げて飲食すること。また、その供物。解斎。

なほ・る【直る】［自ラ四］❶（不正や悪習・欠点などが）改まる。矯正される。例「今はと見飽きたまひにける身なれば、今、はた、**なほ・る**べきにもあらぬを」〈源氏・夕霧〉❷（人の健康・機嫌、天候などが）回復する。よくなる。例「これを食ひて暫くあらば、おのづから風**直・りなむ**」〈今昔・三・一六〉❸（罪などが）許される。名誉が回復する。例「同じさまなる物ども事**なほ・りて**上るると聞こえける時」〈千載・雑中・二一八詞書〉❹姿勢がまっすぐになる。例「〔投ゲラレタ善雄ハ〕ただ**なほ・って**倒れず」〈平家・八・名虎〉《音便》「なほっ」は「なほり」の促音便。❺正座する。例「佐殿の敷き皮を去り、わが身は畳にぞ**直・られ**ける」〈義経記・四〉❻「死ぬ」の忌み詞。

なま-【生】〔接頭〕❶（体言に付いて）若い、未熟な、不徹底な、新しい、中途半端なの意を示す。「**生**女房」「**生**侍」「**生**道心」など。❷（用言に付いて）なんとなく、どことなく、中途半端にの意を示す。「**生**憧る」「**生**隠す」「**生**ゆかし」など。

なま【生】〔名〕❶生きたままのもの。自然のままの状態。❷なまいき。生きのよいこと。

なまあくが・る【生憧る】〔自ラ下二〕{れ・れ・る・るる・るれ・れよ}（「なま」は接頭語）何となくさまよい出る。何となくそわそわする。例「まめ心も**なまあくが・るる**心地す」〈源氏・野分〉

なまあらあら・し【生荒荒し】〔形シク〕{しから・しく(しかり)・し・しき(しかる)・しけれ・しかれ}（「なま」は接頭語）何となく荒々しい。

なまうかび【生浮かび】〔名〕（「なま」は接頭語）中途半端な仏道修行をして悟りきれないこと。

なまうらめ・し【生恨めし】〔形シク〕{しから・しく(しかり)・し・しき(しかる)・しけれ・しかれ}（「なま」は接頭語）何となく恨めしい。例「〔源氏ガ〕おはしながらとくも（＝スグニハ）渡りたまはぬ、**なま恨め・しかり**ければ」〈源氏・紅葉賀〉

なまおぼえ【生覚え】〔名〕（「なま」は接頭語）❶はっきりと覚えていないこと。うろ覚え。❷あまり信用のないこと。お気に入りでないこと。

なまがくしゃう【生学生】〔名〕（「なま」は接頭語）未熟な学生。年若い学生。

なまかく・す【生隠す】〔他サ四〕{さ・し・す・す・せ・せ}（「なま」は接頭語）何となく隠す。少し隠す。例「**なま隠・す**気色なれば、人にも語らず」〈源氏・手習〉

なまかたくな・し【生頑し】〔形シク〕{しから・しく(しかり)・し・しき(しかる)・しけれ・しかれ}（「なま」は接頭語）どことなく強情である。気がきかなそうである。例「宿直人めく男**なまかたくな・しき**出で来たり」〈源氏・橋姫〉

なまかたは【生片端】〔形動ナリ〕{なら・なり(に)・なり・なる・なれ・なれ}（「なま」は接頭語）どことなく不完全だ。＝生片ほ。例「**なまかたは・なる**こと（＝歌）を、『かくなん聞こえたまふ』と言ふに」〈源氏・手習〉

なまかたほ【生片ほ】〔形動ナリ〕{なら・なり(に)・なり・なる・なれ・なれ}（「なま」は接頭語）「なまかたは」に同じ。

なまかは【生皮】〔名・形動ナリ〕ものぐさなさま。なまけるさま。

なまきんだち【生公達・生君達】〔名〕（「なま」は接頭語）それほど地位の高くない貴族の子弟。年若く未熟な貴族の子弟。

なまく【曩謨】〔名〕（仏教語。「なうまく」の変化形）「なむ（南無）[一]」に同じ。

なまぐさ・し【生臭し・腥し】〔形ク〕{から・く(かり)・し・き(かる)・けれ・かれ}❶（生の魚や肉などの）嫌なにおいがする。❷生意気だ。こしゃくだ。例「**生臭・い**男呼ばり、おけおけ、おいてくれ」〈浄・山崎与次兵衛寿の門松〉❸僧として堕落している。例「法然とやらがまた妄念とやらの持った**生臭・い**数珠は戴きたうおりない」〈狂・宗論〉②③《音便》「生臭い」は「生臭き」のイ音便。

なまくび【生首】〔名〕切り取って間もない首。

なまくら・し【生暗し】〔形ク〕{から・く(かり)・し・き(かる)・けれ・かれ}（「なま」は接頭語）うす暗い。例「御車のあたりに、**なま暗・き**をりに立てりけり」〈大和・一六八〉

なまごころ【生心】〔名〕（「なま」は接頭語）中途半端な気持ち。また、淡い恋心。

なまさか・し【生賢し】〔形シク〕{しから・しく(しかり)・し・しき(しかる)・しけれ・しかれ}（「なま」は接頭語）こざかしい。例「**なまさか・しき**事しいでてはあしかりなん」〈古今著聞・三三五〉

なまさぶらひ【生侍】〔名〕（「なま」は接頭語。「なまさむらひ」とも）未熟で若い侍。官位の低い侍。

なま・し【生し】〔形シク〕{しから・しく(しかり)・し・しき(しかる)・しけれ・しかれ}❶なまである。新鮮だ。なまなましい。例「**生・しき**鯛はいみじきものなり」〈今昔・二六・三〇〉❷未熟だ。不十分である。例「**なま・し**といふは、罪障の水の障りありて、慈悲の応火つく事なし」〈沙石集〉

な-まし（「な」は確述の意。意味・用法は「まし」に準じ、仮想・推量・ためらいなどの意を表す）❶**きっと…しただろうに**。例「まして竜を捕へたらましかば、またこともなく我は害せられ**なまし**」〈竹取・竜の頸の玉〉訳まして竜を捕まえていたならば、また問題もなく私は**きっと殺されただろうに**。❷（上に疑問の語を伴って）**…てしまおうか**。例「なほかくてや過ぎ**なまし**」〈和泉式部日記〉訳やはりこんな風に（宮のもとへ行って）過ごし**てしまおうか**。《係結び》「や→過ぎなまし(体)」

語構成：な｜完「ぬ」(未)　まし｜推「まし」

なましぞく【生親族】〔名〕（「なま」は接頭語）あまり近くない親族。あまり親しくない親族。

なまじひ【生強ひ・憖】〔形動ナリ〕{なら・なり(に)・なり・なる・なれ・なれ}❶**無理にするさま**。**強いてするさま**。例「物思ふと人に見えじと**なまじひ・に**常に思へりありそかねつる」〈万葉・四・六一三〉❷**しぶしぶするさま**。**いやいやするさま**。例「あながちに敬ひて請ずれば、僧**なまじひ・に**行きぬ」〈今昔・二〇・二五〉❸**なまじっか**。例「よくせざらんほどは、**なまじひ・に**人に知られじ」〈徒然・一五〇〉❹**中途半端なさま**。例「今生も後生も、**なまじひ・にし**損じたる心地にてありつるに」〈平家・一・祇王〉

なます【膾・鱠】〔名〕❶魚や肉を細かく切り刻んだ食品。❷中世以降、①を酢であえた料理。のちには、大根や人参などの細切りを混ぜたものや、野菜だけのものにもいう。

なまずりゃう【生受領】〔名〕（「なま」は接頭語）権勢も実力もない受領。たいしたことのない国司。

なまそんわう【生孫王】〔名〕（「なま」は接頭語）皇統からだいぶ隔たっている一族。

なまづら【生面】〔名〕（近世語。「なま」は接頭語）恥を恥とも思っていない顔をののしっていう語。

なまづを【鯰尾】〔名〕❶刀の形の名。＝菖蒲作り。❷槍の形の名。先端が平たく反る。❸兜の形の名。黒塗りでひれの飾りがある。

なまなま［**・なり**］【**生生**】［形動ナリ］{なら・なり(に)・なり・なる・なれ・なれ}❶いい加減なさま。しぶしぶするさま。例「その御琴を取り依せて、**なまなま・に**控き坐しき」〈記・中〉❷中途半端である。例「**なまなま・に**まねびて、思ひかなはぬたぐひありける後の」〈源氏・若菜・下〉

なまなま・し【**生生し**】［形シク］{しから・しく(しかり)・し・しき(しかる)・しけれ・しかれ}生きたままである。なま身である。例「君を思ひ**なまなま・し**身をやく時は」〈大和・六〇〉

なまにく・し【**生憎し**】［形ク］{から・く(かり)・し・き(かる)・けれ・かれ}《「なま」は接頭語》こ憎らしい。例「いとつつみなくもの馴れたる**もなま憎・き**ものから」〈源氏・橋姫〉

なまにょうばう【**生女房**】［名］《「なま」は接頭語》まだ宮仕えに慣れていない女房。新参の女房。

なまはしたな・し【**生はしたなし**】［形ク］{から・く(かり)・し・き(かる)・けれ・かれ}《「なま」は接頭語》きまりが悪い。何となく興ざめだ。例「答へたまはではほど経ければ、**なまはしたな・きに**」〈源氏・夕顔〉

なまば・む【**生ばむ**】［自マ四］{ま・み・む・む・め・め}あやしく見える。うさんくさい。例「用心の最中、**なまば・うたる**人のつかれ乞ひするは」〈太平記・三三〉《音便》「なまばう」は「なまばみ」のウ音便。

なまびゃうはふ【**生兵法**】［名］《近世語。「なまへいはふ」とも。「なま」は接頭語》❶中途半端で未熟な兵法。❷中途半端な知識。未熟な知識。

なまふがふ［**・なり**］【**生不合**】［形動ナリ］{なら・なり(に)・なり・なる・なれ・なれ}《「なま」は接頭語》ちょっと金に困っているさま。暮らしがあまり豊かでないさま。例「大学の衆どもの、**なま不合・に**いましかりしを」〈大鏡・時平〉

なまふせがしげ［**・なり**］【**生防がしげ**】［形動ナリ］{なら・なり(に)・なり・なる・なれ・なれ}《「なま」は接頭語》何となく邪魔そうなさま。多少迷惑そうなようす。例「**なまふせがしげ・に**思ひていらふるにも」〈枕・宮仕へ人の里なども〉

な-まほし…してしまいたい。例「かう心憂ければこそ、今宵の風にもあくがれ**なまほしく**はべりつれ」〈源氏・野分〉訳このようにつらいので、昨夜の野分の風にでも乗って、あてもなくさまよい**出てしまいとう**ございました。《音便》「かう」は「かく」のウ音便。《係結び》「こそ→はべりつれ㊁」。《敬語》「はべりつれ」→「はべり」

語構成
な　完「ぬ」㊍
まほし　願望「まほし」

なまみや【**生宮**】［名］《「なま」は接頭語》名前だけの皇族。不遇な宮さま。

なまみやづかへ【**生宮仕へ**】［名］《「なま」は接頭語》形ばかりで実務の伴わない宮仕え。

なまむつか・し【**生難し**】［形シク］{しから・しく(しかり)・し・しき(しかる)・しけれ・しかれ}《「なま」は接頭語》何となく面倒だ。ちょっとうるさい。少しわずらわしい。例「誰ともえ思ひたどられず、**なまむつか・しきに**」〈源氏・少女〉

なまめ【**生海布**】［名］なまの海藻。

なまめか・し

【**生めかし・艶めかし**】［形シク］{しから・しく(しかり)・し・しき(しかる)・しけれ・しかれ}

アプローチ　この語が生まれた中古では、未成熟ながら清新でみずみずしい美、しなやかでしっとりとした品位のある美、を表す。

❶**みずみずしい。若々しい。** 例「かくてしもうつくしき子どもの心地して、**なまめか・しう**をかしげなり」〈源氏・柏木〉訳（女三の宮は）このように（＝出家）なさっていても、可憐な子供のような感じがして、**みずみずしく**かわいらしいお姿である。《音便》「なまめかしう」は「なまめかしく」のウ音便。

❷**しっとりとして上品だ。優美である。** 例「例の、中将の御かをりのいとどしくもてはやされて、いひ知らず**なまめか・し**」〈源氏・匂宮〉訳いつものように、中将（＝薫）の御薫りがいっそう引き立って、何ともいえないほど**優美である**。

❸**色っぽい。あでやかだ。** 例「濃き打ちたる上着に、紅梅萌黄など重ね着て、**なまめか・しく**歩びたり」〈今昔・二八・一〉訳濃い紫のつややかな上着に、紅梅色や萌黄色の着物を重ね着て、**あでやかに**歩いている。

発展学習ファイル　動詞「なまめく」の形容詞化した語。➡「なまめく」〈古語深耕〉

なまめかしう【**生めかしう・艶かしう**】形容詞「なまめかし」の連用形「なまめかしく」のウ音便。

なまめきすがた【**艶き姿**】［名］美しく上品な姿。

なまめきた・つ【**生めき立つ**】［自タ四］{た・ち・つ・つ・て・て}みずみずしく美しいようすで立つ。例「秋の野に**なまめきた・てる**女郎花あなかしがまし花も一時」〈古今・雑躰・一〇一六〉訳→〔和歌〕あきののになまめきたてる…

なまめ・く

【**生めく・艶めく**】［自カ四］{か・き・く・く・け・け}《「めく」は接尾語》❶**みずみずしく新鮮である。若く美しく感じられる。** 例「その里に、いと**生め・いたる**女はらから住みけり」〈伊勢・一〉❷**優雅である。上品な感じがする。** 例「さま容貌はめでたくをかしげにて、静やかに**生め・いたまへれば**」〈源氏・少女〉❸**優雅に振る舞う。風流な態度をとる。** 例「うちつけに、細やかに**生め・きても**入り給ひぬるかな」〈落窪・三〉❹**好色な振る舞いをする。色めかしいそぶりをする。** 例「この車を女車と見て寄り来てとかく**なまめ・く**あひだに」〈伊勢・三九〉①②《音便》「生めい」は「生めき」のイ音便。

古語深耕　「なまめく」と「なまめかし」との違い

葉なら若葉、花ならつぼみのような、成熟し完成する直前の美しさをいう。みずみずしく、飾り気がなく、自然のままで魅力的なさまである。若い人はそれだけで「**なまめかし**」であるが、若くなくても、さりげなさやしなやかさを持ち、しっとりと美しければ「**なまめかし**」である。強く主張しないが自然にしていて美しい。それは性的魅力にも通じるので、文脈によっては色っぽい意味にも用いる。「**なまめく**」は「**なまめかし**」く振る舞うことで、異性相手に意識的にしていればやはり「色っぽくしてみせる」の意になる。しかし、ただ優雅で洗練された仕草をする意も多い。現代語のイメージを持ち込むことは、注意すべきである。

なまめとま・る【生目留まる】[自ラ四]{ら・り・る・る・れ・れ}(「なま」は接頭語)なんとなく目につく。どことなく注意がひかれる。例「**なま目とま・る**心も添ひて見ればにや」〈源氏・横笛〉

なまもの【生者】[名](「なま」は接頭語)生意気な者。未熟な者。身分の低い者。

なまやか[・なり]【生やか】[形動ナリ]{なら・なり(に)・なり・なる・なれ・なれ}(「やか」は接尾語)若々しく美しい。優美で情趣がある。例「いと**なまやか・なる**女房一人ふしたりけり」〈古今著聞・四三二〉

なまゆが・む【生歪む】[自マ四]{ま・み・む・む・め・め}(「なま」は接頭語)どことなくゆがむ。少しよこしまである。例「[柏木ハ女三ノ宮ヘノ恋慕ノアマリ]**なまゆが・む**心や添ひにたらむ」〈源氏・若菜・下〉

なまゆふぐれ【生夕暮れ】[名](「なま」は接頭語)夕暮れ間近なころ。薄暮。

なまよみの[枕詞]「甲斐」にかかる。例「**なまよみの**甲斐の国」〈万葉・三・三一九長歌〉

なま・る【隠る】[自ラ四]{ら・り・る・る・れ・れ}(上代語。「なばる」とも)隠れる。例「難波の小江に盧作り**隠・りて**居る葦蟹を」〈万葉・一六・三八八六長歌〉

なまわづらは・し【生煩はし】[形シク]{しから・しく(しかり)・し・しき(しかる)・しけれ・しかれ}(「なま」は接頭語)何となくわずらわしい。ちょっと迷惑だ。例「さかしら人のそひたまへるぞ、恥づかしくもありぬべく、**なまわづらは・しく**思へど」〈源氏・総角〉

なまわろ[・なり]【生悪】[形動ナリ]{なら・なり(に)・なり・なる・なれ・なれ}(「なま」は接頭語)何となく見苦しい。どことなく悪い。例「無才の人、**なまわろ・ならむ**ふるまひなど見えむに」〈源氏・帚木〉

なまをんな【生女】[名](「なま」は接頭語)❶世慣れていない女。未熟な女。❷身分の低い女。

なみ【波・浪】[名]❶水面に生じる起伏。なみ。❷①のように、起伏が生じたものをたとえていう語。例「天の海に雲の**波**立ち」〈万葉・七・一〇六八〉訳→〔和歌〕あめのうみに…。❸年老いて肌に生じるしわをたとえていう語。例「年ごとに鏡の影に見ゆる雪と**波**とを嘆き」〈古今・仮名序〉❹波乱。ごたごた。例「海内**なみ**おさまって」〈古活字本平治・中〉❺消えやすいもの、はかないものをたとえていう語。例「世の中を何にたとへむ朝ぼらけ漕ぎ行く舟の跡の白**波**」〈拾遺・哀傷・一三二七〉訳→〔和歌〕よのなかをなににたとへむ…

〔**波にも磯にもつかず**〕中途半端なさま。落ち着かないさま。例「**波にも磯にもつか・ぬ**心地ぞせられける」〈平家・七・一門都落〉

〔**波の綾**〕小さく立つ波のようすを綾織物にたとえていう語。波紋。例「飛びちがふ、鴛鴦の**波の綾**に文をまじへたるなど」〈源氏・胡蝶〉

〔**波の通ひ路**〕船が通う海上の道。船路。

〔**波の柵**〕大きな波が波頭から白く砕け散るようすを「柵」に見立てていう語。例「見渡せば**波のしがらみ**かけてけり」〈後拾遺・夏・一七五〉

〔**波の白木綿**〕白波を白い「木綿」にたとえていう語。例「住吉の浜松が枝に風吹けば**波の白木綿**かけぬ間ぞなき」〈新古今・神祇・一九一三〉

〔**波の楯**〕打ち寄せる波のように、一面に立て並べた楯。例「舟よりは鬨の声、陸には**波の楯**」〈謡・八島〉

〔**波の鼓**〕波の音を鼓を打つ音にたとえていう語。例「**波の鼓**どうど打ち」〈謡・猩猩〉

〔**波の花**〕❶波の白く上がるしぶきや泡を花にたとえていう語。例「**波の花**沖から咲きて散り来めり」〈古今・物名・四五九〉❷(女房詞)食塩。

〔**波の穂**〕波の高く盛り上がった所。波頭。

〔**波の緒**〕(箏や琴などの弦を波に見立てることから、逆に)波を弦にたとえて、その波の音をいう語。例「都まで響き通へる唐琴は**波のを**すげて風ぞ弾きける」〈古今・雑上・九二一〉

なみ[・なり]【並み】㊀[名]❶並び。列。❷同列。同等。例「我は恋ふるか**並み**ならなくに」〈万葉・七・一三三一〉❸共通する性質。例「おいの**なみ**に、いひすぐしもぞし侍る」〈大鏡・道隆〉㊁[形動ナリ]{なら・なり(に)・なり・なる・なれ・なれ}並ひととおりであるさま。ふつうだ。並みだ。例「**なみ・にし**思はば我恋ひめやも」〈万葉・五・八五八〉

なみ【無み】(形容詞「無し」の語幹＋原因・理由を表す接尾語「み」)ないので。ないために。例「若の浦に潮満ち来れば潟を**なみ**葦辺をさして鶴鳴き渡る」〈万葉・六・九一九〉訳→〔和歌〕わかのうらに…

なみかけごろも【波掛け衣】[名]波がかかってぬれた衣。

なみかぜ【波風】[名]❶波と風。また、風が吹いて波が高く立つこと。❷騒ぎ。もめごと。

なみがへし【波返し】[名]雅楽の「青海波」の曲で用いる、秘伝の太鼓の打ち方。

なみきごへい【並木五瓶】[人名]江戸中期の歌舞伎作者。三世あるうち、著名なのは初世(一七四七〜一八〇八)で、並木正三の弟子。代表作『金門五三桐』『五大力恋緘』など。

なみきしゃうざう【並木正三】[人名](「なみきしょうぞう」とも)江戸中期の歌舞伎・狂言作者。二世あるうち初世(一七三〇〜一七七三)が著名。通称は和泉屋正三。並木宗輔に師事。せり出し・回り舞台の考案者。代表作『三十石艠始』など。

なみきそうすけ【並木宗輔】[人名](一六九五〜一七五一)江戸中期の浄瑠璃・歌舞伎作者。五瓶・正三らなど並木姓の作者の祖。通称は松屋宗介。西沢一風の門人。『義経千本桜』『菅原伝授手習鑑』『仮名手本忠臣蔵』などを、二世竹田出雲と合作。

なみくもの【波雲の】[枕詞](「なみくもの」とも)波のような雲が美しいところから「うつくし」にかかる。例「**波雲の**愛しき妻と」〈万葉・一三・三二七六長歌〉

なみくら【並み蔵】[名]並んで建っている多くの蔵。

〔俳句〕**なみこえぬ…**【波越えぬ契りありてやみさごの巣】〈おくのほそ道・象潟・曾良〉訳その昔、人は、もし心変わりすることがあったら、末の松山を波が越えてしまうだろうと、男女の仲の変わらぬことを歌ったというが、文字通り波の越えぬ契りを結んだのであろうか、海辺の岩の上にミサゴが巣をかけている。(季―みさごの巣―夏)

〈参考〉「波越えぬ契り」は、「契りきなかたみに袖をしぼりつつ末の松山波越さじとは」〈後拾遺・恋四・七七〇〉訳→〔和歌〕ちぎりきな…などの古歌による。

なみじ【波路】歴史的かなづかい「なみぢ」

なみ・す【無みす・蔑す】[他サ変]{せ・し・す・する・すれ・せよ}ないがしろにする。軽んじる。例「安元・治承のいまは、また君をなみ・し奉る」〈平家・三・城南之離宮〉

なみだ【涙】[名]《上代は「なみた」とも》❶なみだ。❷泣くこと。涙を流すこと。

〔涙にくる〕涙で目が曇る。泣き沈んで途方に暮れる。例「若き人々さへ、世の常なさ思ひ知られて涙にく・れたり」〈源氏・須磨〉

〔涙に沈む〕泣き沈む。例「中宮は涙に沈・みたまへるを」〈源氏・賢木〉

〔涙に迷ふ〕悲しみの涙で途方に暮れる。例「たらちねのあらばといとどかきくれて涙にまよ・ふしき島の道」〈新千載・雑中・一九二一〉

〔涙に咽す〕涙で声がつまる。涙にむせぶ。例「吉平も涙にむ・せて、何事もすがすがしうも申さで」〈栄花・二六〉

〔涙の雨〕涙が雨のようにとめどなく流れることのたとえ。例「いとせきがたき(=セキトメガタイ)涙の雨のみ降りまされば」〈源氏・幻〉

〔涙の色〕❶(深く悲嘆にくれて流す涙を「血の涙」を流すということから)血のような涙の色。紅涙。例「ことならば(=同ジコトナラ)あかしはててよ衣手にふれる涙の色も見すべく」〈大和・付載三〉❷ひどく泣き悲しむようす。例「天の河漕ぎはなれゆく舟の中のあかぬ涙の色をしぞ思ふ」〈右京大夫集〉

〔涙の川〕「なみだがは」に同じ。

〔涙の底〕悲しみのどん底。例「涙の底に身は沈むかな」〈千載・恋五・九四七〉

〔涙の玉〕こぼれ落ちる涙の粒を玉に見立てていう語。大粒の涙。玉のような涙。=涙の数珠・涙の水晶。

〔涙の露〕涙のしずくを露に見立てていう語。

〔涙の氷柱〕涙が流れてつららとなったもの。悲しみを強調する表現。=涙の氷。

なみだがは【涙川】[名]涙がたくさん流れるさまを川にたとえていう語。あふれる涙。涙の川。

なみだぐ・む【涙ぐむ】[自マ四]{ま・み・む・む・め・め}《「ぐむ」は接尾語》目に涙を浮かべる。涙がこぼれそうになる。

なみたち【並み立ち】[名]並んで立っていること。

なみた・つ【並み立つ】[自タ四]{た・ち・つ・つ・て・て}並び立つ。並んで立つ。例「なみた・てる松のしづ枝(=下ノ方ノ枝)をくもでにて」〈詞花・雑上・二七四〉

なみだもろ[・なり]【涙脆】[形動ナリ]{なら・なり(に)・なり・なる・なれ・なれ}涙もろいようす。

なみぢ【波路】[名]海上の船の通るみち。航路。

なみと【波音】[名]《「なみおと」の変化形》波の音。

なみなみ[・なり]【並み並み】一[名]❶同じ程度であること。同等。同様。例「否も諾も友の並み並み我も寄りなむ」〈万葉・一六・三七九八〉❷平凡なこと。例「〔今マデノ源氏ハ〕かやうの(=空蟬ノヨウナ)並み並みまでは思ほしかからざりつるを」〈源氏・夕顔〉二[形動ナリ]{なら・なり(に)・なり・なる・なれ・なれ}(多く「なみなみならず」の形で)世間並みだ。ふつうだ。平凡だ。例「女も並み並み・ならずかたはらいたしと思ふに」〈源氏・空蟬〉

〔和歌〕**なみのうへに…**【波の上にうつる夕日の影はあれど遠つ小島は色暮れにけり】〈玉葉・雑二・二〇九五・京極為兼〉訳波の上に映える夕日の光はまだ残っているけれど、遠い小島は夕日の色もなく、暮れてしまっていることだよ。

なみのほの【波の穂の】[枕詞](波頭が揺れ動くようにの意から)ひどく揺れて落ち着かない意の「いたぶらし」にかかる。例「波のほのいたぶらしもよ昨夜ひとり寝て」〈万葉・一四・三五五〇〉

〔俳句〕**なみのまや…**【波の間や小貝にまじる萩の塵】〈おくのほそ道・種の浜・芭蕉〉訳さざ波の寄せては返す種の浜、その波の絶え間に見ると、砂浜の上には、西行が歌に詠んだ「ますほの小貝」にまじって、散りこぼれた萩の花びらも見えることだ。(季－萩－秋)

〈参考〉「種の浜」は、いまの福井県敦賀市の色ヶ浜。「ますほの小貝」は淡紅色の小さな貝。西行の「潮染むるますほの小貝拾ふとて色の浜とは言ふにやあるらん」〈山家集・下〉で知られる。

なみま【波間】[名]波と波の間。次の波が岸に打ち寄せるまでの時間。

なみまくら【波枕】[名]船の中で旅寝すること。また、波の音を枕もとに聞きながら寝ること。のちには、男女が枕を交わすことにもいう。

なみよ・る【並み寄る】[自ラ四]{ら・り・る・る・れ・れ}並んで一方に寄る。例「〔源氏ガ玉鬘ヲ〕引き寄せたまへるに、御髪のなみ寄・りて」〈源氏・野分〉

なみ・ゐる【並み居る】[自ワ上一]{ゐ・ゐ・ゐる・ゐる・ゐれ・ゐよ}並んで座る。例「御帳のめぐりにも、人々しげく並み・ゐたれば」〈源氏・賢木〉

なむ【南無】一[名]《仏教語。梵語の音訳。「なも」とも》仏・菩薩・経文の名などの上に付けて、帰依する対象に心から信心をささげる意を表す。=曩謨。二[感]「南無三宝(二)」の略。

な・む【並む】一[自マ四]{ま・み・む・む・め・め}並ぶ。連なる。例「松の木の並・みたる見れば」〈万葉・二〇・四三七五〉二[他マ四]{ま・み・む・む・め・め}並べる。連ねる。例「秋されば霧立ち渡る天の川石並・み置かば継ぎて見むかも(=続ケテ会エルダロウカ)」〈万葉・二〇・四三一〇〉三[他マ下二]{め・め・む・むる・むれ・めよ}並べる。連ねる。例「石瀬野に秋萩しのぎ(=踏ミ分ケ)馬並・めて」〈万葉・一九・四二四九〉

な・む【嘗む・舐む】[他マ下二]{め・め・む・むる・むれ・めよ}❶舌先で物に触れる。なめる。例「〔天人ガ薬ヲ〕持て寄りたれば、〔カグヤ姫ハ〕いささかな・めたまひて」〈竹取・かぐや姫の昇天〉❷(人や物事を)甘く見る。見くびる。

なむ[係助]⇨九三五ページ「特別コーナー」

なむ[終助]⇨九三六ページ「特別コーナー」

な-む《「なん」とも。「な」は確述の意》❶動作・状態の実現することを強く推量する意を表す。…てしまうだろう。きっと…だろう。例「かくても、おのづから、若宮など生ひ出でたまはば、さるべきついでもありなむ」〈源氏・桐壺〉訳こうした(=桐壺更衣が亡くなった)状況だけれども、そのうちに、若宮でもご成人なさったなら、きっとしかるべきよい機会もあるだろう。❷動作・状態を実現しようとする強い意志を表す。…てしまおう。きっと…よう。例「暁には、『疾く下

語構成
な｜む
完「ぬ」未｜推「む」

なむ

［係助詞］《「なん」とも》

アプローチ ▼口頭語的性格が強く、会話文を中心に、手紙、和歌の詞書、歌物語の地の文などに用いられ、上に付く語を強調する意を表す。「なむ」自身は、現代語として訳出しがたい。
▼文中の語句に付いて、意味上の係り先にあたる文末の結びの活用語と呼応して活用語の活用形が変化する(「係り結び」)が、「なむ」の結びの活用語は連体形となる。ただし、そこで言い切らずにあとに続いていくために活用語が結びの形をとらなかったり(「結びの流れ」「結びの消滅」などという)、結びにあたる活用語が省略されたり(「結びの省略」)することもある。
▼とくに、会話文や手紙などでは、結びを省略し、述語をはっきり言わないことで表現をやわらげる語法が多用される。

接続 体言、副詞、助詞、活用語の連用形・連体形などに付く。

《識別注意語》→付録「まぎらわしい品詞の識別」

意味	訳語	用例
❶文中に用いられる場合。上に付く語を強調する。	(とくに訳出する必要はない)	例「燕子産まむとするときは、尾を捧げて、七度めぐりて**なむ**産み落とすめる」〈竹取・燕の子安貝〉 訳燕が子を産もうとするときは、尾を高く上げて、七回まわって、産み落とすようです。《係結び》「なむ」→産み落とすめる㊟体」 例「さ**なむ**思ひはべれど、かしこもいともの騒がしくはべり」〈源氏・浮舟〉 訳そのように(=浮舟を常陸介邸に連れて帰ろうと)思いはしますけれど、あちら(=常陸介邸)も、ほんとに何かと騒がしくしています。《係結び》「なむ」→(流れ)」。「なむ」→思ひはべる㊟体」となるところ、接続助詞「ど」が付いたので、結びが流れた。
❷文末に用いられる場合。①の結びにあたる活用語が省略される場合。	(とくに訳出する必要はない)	例「今日だにのどかにと思ひつるを、便なげなりつれば。いかにぞ。身には山隠れとのみ**なむ**」〈蜻蛉・上〉 訳せめて今日だけでもゆっくり(過ごそう)と思っていたが、都合が悪そうだったので(帰った)。どんなようすだ。私には、ただ(私を避けて)山に隠れているとばかり(思える)。《係結び》「なむ」→(省略)」。たとえば「なむ」→おぼゆる㊟体」となるところ。 例「参り来べきを、内裏より召しがあれば**なむ**」〈源氏・若紫〉 訳(私が)参上すべきですが、宮中からお召しがありまして(参上することができません)。《係結び》「なむ」→(省略)」。たとえば「なむ」→立ち参らぬ㊟体」となるところ。

発展学習ファイル (1)「なむ」は、似た意味を表す係助詞「ぞ」とは異なり、断定の助動詞「なり」に通じるような指示・断定の意味はもたない。そのために、「なむ」は文末にある場合でも、「ぞ」の文末用法のように「強く断定している」というのではなく、あとに続く述語を省略し、表現をやわらげる語法となっている。→「ぞ」［係助詞］
(2)「なむ」は上代における係助詞「なも」が音変化を起こした形である。上代においても、和歌に用いられることはまれで、もっぱら「宣命」(天皇の勅命を記した文書)に多くみられる。
(3)「なむ」の係り結びの機能については、平安時代からすでに終止形で結ぶなど破格の用法が認められる。「なむ」自体は平安末期ごろから衰退しはじめ、室町時代には口頭語から姿を消した。

りなむ』と、急がるる」〈枕・宮にはじめてまゐりたる頃〉 訳明け方には「早く退出して**しまおう**」と、おのずと急がれる。❸動作・状態の実現が可能であることを推量する意を表す。…(**ことが**)**できるだろう**。例「あのもの射もころし、きりもとどめ**なんや**」〈平家・六・祇園女御〉 訳あのものを射殺するなり、斬って仕留めるなりで**きるだろう**か。❹当然・適当の意を表す。…**のがよい**。…**すべきだ**。例「知らぬ道のうらやましく覚えば、『あなうらやまし。などか習はざりけん』と言ひてありなん」〈徒然・一六七〉 訳(自分の)知らない道がうらやましく思われるなら、「ああ、うらやましい。どうして習わなかったのだろう」といっている**のがよい**。《疑問語との呼応》「などか」→習はざりけん㊟体」。❺仮定の意を表す。…**としたら**。…**てしまったならば**。例「さばかりになりなむには」〈大鏡・師尹〉 訳それほどになって**しまったならば**。❻(多く「なむや」の形で)勧誘や婉曲な命令の意を表す。…**てくれないか**。…**たらどうか**。例「忍びては参りたまひ**なむや**」〈源氏・桐壺〉 訳内々で参内なさって**くれないか**。《敬語》「参りたまひなむや」→「まゐる(四段)」「たまふ(四段)」。①〜⑥《識別注意語》→付録「まぎらわしい品詞の識別」

なむ［終助詞］《「なん」とも》

アプローチ ▼他に対して、自分の考えにそった動作・状態になることを希望する意を表す。
▼願望を表す他の終助詞に「ばや」があるが、「ばや」は話し手自身の動作・行為についての願望を表すところが「なむ」と異なる。
▼上代では「なも」の形でも用いられた。→「なも［終助］」

接続 動詞・助動詞の未然形に付く。

《識別注意語》→付録「まぎらわしい品詞の識別」

意味	訳語	用例
他にあつらえ望む意を表す。	…てほしい …てもらいたい	例「入らせたまはぬさきに雪降ら**なむ**、この御前の有り様、いかにをかしからむ」〈紫式部日記〉 訳(中宮が宮中に)お戻りにならぬ前に雪が降っ**てほしい**、この御前の(庭の)ようすはどんなにすばらしいことだろう。 例「桜花散らば散ら**なむ**散らずとて故里人の来ても見なくに」〈古今・春下・七四〉 訳→〔和歌〕さくらばなちらばちらなむ…

なむあみだぶつ【南無阿弥陀仏】［名］《仏教語。「なもあみだぶつ」とも》阿弥陀仏に帰依する意。浄土宗や浄土真宗で、極楽往生を願って唱える名号。＝六字の名号

なむきみゃう【南無帰命】［名］《仏教語。梵語の「南無」と、その漢訳語「帰命」とを重ねた語》心から仏・菩薩に帰依すること。

なむきみゃうちゃうらい【南無帰命頂礼】《仏教語。「南無」は梵語、「帰命」はその漢訳語。「頂礼」は仏・菩薩の足下に頭を付けて礼拝すること》仏・菩薩にすべてをささげて帰依する意。

なむさんぼう【南無三宝】 一［名］《仏教語》仏・法・僧の三宝に帰依する意。三宝に呼びかけて仏の助けを願うときに発する語。二［感］驚いたり失敗したりしたときに発する語。大変だ。しまった。＝南無二。例「**南無三宝**、しないたるなりかな(＝シ損ナッタヨツダナ)」〈狂・粟田口〉

なむず《「なんず」とも。完了の助動詞「ぬ」の未然形「な」＋推量の助動詞「むず」》…**てしまうだろう**。…**てしまうにちがいない**。例「しひて仕うまつらせたまはば、消え失せ**なむず**」〈竹取・かぐや姫の昇天〉 訳無理に宮仕えをおさせなさったら、(私は)消え失せ**てしまうだろう**。**《敬語》**「仕うまつらせたまはば」→「つかうまつる」「たまふ(四段)」

なむぢ【汝】［代名］《対称の人称代名詞。「なむち」「なんぢ」とも。対等または目下の者に対していう語》おまえ。例「あ、**なむぢ**軽皇子」〈紀・孝徳〉

なーむーとーす《「なんとす」とも》その事態に至ることが近々に迫っている、または確信されることを表す。…**てしまうだろう**。…**てしまおうとする**。→「なむ」。例「親王、酔ひて入りたまひ**なむとす**」〈伊勢・八三〉 訳親王は、酔って(寝所に)入っ**てしまおうとなさる**。

語構成
な：完「ぬ」㊤
む：推「む」㊥
と：格助
す：サ変「す」

なむめうほふれんげきゃう【南無妙法蓮華経】［名］《仏教語。「南無」は梵語》「妙法蓮華経(法華経)」に帰依する心を表して唱える語。日蓮宗で唱える題目。＝妙法蓮華経②

なめう 形容詞「なめし」の連用形「なめく」のウ音便。

なめげ［・なり］［形動ナリ］｛なら・なり(に)・なり・なる・なれ・なれ｝《形容詞「なめし」の語幹＋接尾語「げ」》無礼だ。**礼儀知らずだ**。例「心強くうけたまはらずなりにしこと、**なめげなる**ものに思しめしとどめられぬるなむ、心にとまりはべりぬる」〈竹取・かぐや姫の昇天〉 **《係結び》**「なむ」→とまりはべりぬる㊥。**《敬語》**「うけたまはらず」→「うけたまはる」、「思しめしとどめ」→「おぼしめす」、「とまりはべり」→「はべり」

なめげさ［名］《「さ」は接尾語》無礼なこと。無作法なこと。

なめ・し［形ク］｛から・く(かり)・し・き(かる)・けれ・かれ｝**無礼だ**。**不作法だ**。**失礼だ**。例「文言葉なめき人こそ、いと憎けれ」〈枕・文言葉なめき人こそ〉 **《係結び》**「こそ」→憎けれ㊦

発展学習ファイル 「なめし」が、多く、上位・下位に関係なく相手をとがめるのに対し、類義語の「**めざまし**」は、上の者が下の者に対して用いることが多い。

なめづ・る【嘗めづる・舐めづる】［他ラ四］｛ら・り・る・る・れ・れ｝舌なめずりをする。例「七かしらの牛聞きて、舌を**嘗めづり**唾を飲み」〈霊異記〉

なめて【並めて】［副］「なべて」に同じ。

なめてならず【並めてならず】「なべてならず」に同じ。

なーめり …**であるようだ**。…**であるらしい**。例「これも昔の契り**なめり**かし」〈源氏・蓬生〉 訳これも前世からの因縁というもの**であるようだ**。例「殿上人わらふとて、いひたる**なめり**」〈枕・弘徽殿とは〉 訳殿上人たちが(私を)ばかにするから(あんなことを)いったの**であろう**。

語構成
な：断「なり」㊥
めり：推「めり」
＝「なるめり」の撥音便「なんめり」の撥音無表記。

なめ・る【滑める】[自ラ四]｛ら・り・る・る・れ・れ｝滑らかである。つるつるしていて滑る。例「わづかに掛かる石の橋、苔は滑めりて足もたまらず」〈謡・石橋〉

なも【南無・南謨】[名]「なむ(南無)[一]」に同じ。

なも[係助]《上代語》係助詞「なむ」に同じ。例「何時はなも恋ひずありとはあらねどもうたてこのころ恋し繁しも」〈万葉・一二・二八七七〉訳いつだって恋しくないということはないけれどなんだかこのごろ恋が激しい。《係結び》「なも→(流れ)」

なも[終助]《上代語》あつらえの終助詞「なむ」に同じ。…**てほしい**。…**てもらいたい**。例「三輪山を然も隠すか雲だにも心あらなも隠さふべしや」〈万葉・一・一八〉訳→〈和歌〉みわやまを…

〈参考〉上代では、「なも」と「なむ」とどちらも用いられるが、「なも」の方が用例は少ない。

なや・す【萎す】[他サ四]｛さ・し・す・す・せ・せ｝柔らかくする。くたくたにする。例「太刀のみね、長刀の柄にてうちなや・してからめとり」〈平家・一二・六代被斬〉

なやま・し【悩まし】[形シク]｛しから・しく(しかり)・し・しき(しかる)・しけれ・しかれ｝**気分が悪い**。**病気でつらい**。**疲れてからだが重い**。例「久しく参り給はぬは、**悩ましく**し給へばにこそありけれ」〈宇津保・忠こそ〉

なやましう【悩ましう】形容詞「なやまし」の連用形「なやましく」のウ音便。

なやましが・る【悩ましがる】[自ラ四]｛ら・り・る・る・れ・れ｝《「がる」は接尾語》病気などで気分の悪い思いをする。苦しい思いをする。例「**なやましが・り**て臥したまへれど」〈源氏・胡蝶〉

なやましげ[・なり]【悩ましげ】[形動ナリ]｛なら・なり(に)・なり・なる・なれ・なれ｝《「げ」は接尾語》気分が悪く苦しそうなさま。例「いとものうくて、**なやましげ・に**のみもてなし」〈源氏・葵〉

なやま・す【悩ます】[他サ四]｛さ・し・す・す・せ・せ｝悩ませる。苦しめる。例「針はあれど妹しなければ付けめやと我を悩まし絶ゆる紐の緒」〈万葉・一二・二九八二〉

なやみ【悩み】[名]病気。苦しみ。

なや・む【悩む】[自マ四]｛ま・み・む・む・め・め｝❶**病気や出産で苦しむ**。**わずらう**。**病む**。例「御目にわづらひたまひて、耐へがたう**悩・みたまふ**」〈源氏・明石〉《音便》「耐へがたう」は「耐へがたく」のウ音便。❷**苦労する**。**苦しむ**。**困る**。例「いぶせくも心にものを**悩・む**かなやよやいかにと問ふ人もなみ」〈源氏・明石〉〔注〕「やよ」は呼びかけることば。「なみ」は形容詞「なし」の語幹に原因・理由を表す接尾語「み」が付いたもの。❸**あれこれ非難する**。**とやかくいう**。例「うち続き、春日の神もいかがおぼさむと、世の人々は**悩・めど**」〈狭衣・四〉❹他の動詞の連用形に付いて、その動作がうまく進行しない意を表す。「思ひ**なやむ**」「行き**なやむ**」など。

発展学習ファイル　類義語「**わづらふ**」が、困難が多くて身動きできなくなる意であるのに対して、「なやむ」は体力が衰えて肉体的・精神的に弱る意を表す。

なやら・ふ【儺遣らふ】[自ハ四]｛は・ひ・ふ・ふ・へ・へ｝「追儺」をする。(季‐冬)。例「『**儺やら・ふ儺やら・ふ**』と騒ぎののしるを」〈蜻蛉・中〉

な・ゆ【萎ゆ】[自ヤ下二]｛え・え・ゆ・ゆる・ゆれ・えよ｝❶力がなくなってなよなよとなる。ぐったりする。例「弓矢をとりたてむとすれども、手に力もなくなりて、**萎・えかかりたる**」〈竹取・かぐや姫の昇天〉❷衣服の糊けがなくなって柔らかくなる。着古してくたくたになる。例「**萎・えたる**衣を顔に押し当てて」〈源氏・浮舟〉❸(植物が)しおれる。

なゆた【那由他・那由多】[名]《梵語の音訳。古代インドの数の名》極めて大きい数のこと。

なゆたけ【萎竹】[名]「なよたけ」に同じ。

なゆたけの【萎竹の】[枕詞]「なよたけの」に同じ。例「なゆ竹のとをよる御子」〈万葉・三・四二〇長歌〉

なゆ・む【悩む】[自マ四]｛ま・み・む・む・め・め｝《「なやむ(悩む)」の上代東国方言》なやむ。

なよし【名吉・鯔】[名]ボラの別称。成長した大きさによって呼び名が変わる出世魚で、その名がよくなっていくということで「なよし」と呼ばれる。(季‐秋)

なよたけ【弱竹】[名]《「なよだけ」とも》細くしなやかな竹。なよなよとした竹。＝萎竹

なよたけの【弱竹の】[枕詞]細い竹がよくしなう意から、「とをよる」にかかる。また、竹の「節」の意から、同音の「夜」「世」「齢」などにかかる。＝萎竹の。例「なよ竹のよ長き上に」〈古今・雑下・九九三〉

なよたけのかぐやひめ【なよ竹のかぐや姫】[人名]「かぐやひめ」に同じ。

なよなよと[副]萎えて弱々しいさま。しなやかに。例「〔桐壺更衣〕いとど**なよなよと**われかの気色にて臥したれば」〈源氏・桐壺〉

なよびか[・なり][形動ナリ]｛なら・なり(に)・なり・なる・なれ・なれ｝❶(人の容姿・人柄などが)もの柔らかで美しい。上品で優美だ。例「いといたく**なよびか・なり**」〈紫式部日記〉❷色好みだ。色っぽい。例「もてなしなど、らうたげに**なよびか・に**を世を憚り、まめだちたまひけるほど、なよびかにをかしきことはなくて」〈源氏・帚木〉❸(物が)しなやかだ。上品で美しい。例「白き御衣どものなよびかなるに」〈源氏・総角〉

なよびかか・る【なよび掛かる】[自ラ四]｛ら・り・る・る・れ・れ｝なよなよとしたようすで物に寄りかかる。例「ささやかになよびかか・りたまへるに」〈源氏・若菜・下〉

なよびす・ぐ【なよび過ぐ】[自ガ上二]｛ぎ・ぎ・ぐ・ぐる・ぐれ・ぎよ｝なよなよとしすぎている。物腰が柔らかすぎる。例「すこし弱きところつきて、**なよび過・ぎ**たりしけぞかし」〈源氏・柏木〉

なよびやはら・ぐ【なよび柔らぐ】[自ガ四]｛が・ぎ・ぐ・ぐ・げ・げ｝なよなよとしなやかになる。もの柔らかになる。例「すこし**なよびやはら・ぎ**て、すいたる方にひかれたまへり」〈源氏・匂宮〉

なよ・ぶ[自バ上二]｛び・び・ぶ・ぶる・ぶれ・びよ｝❶(性格や動作が)なよなよとする。ぐったりとする。温和に振る舞う。例「いといたう**なよ・び**て、つつましからず添ひ臥したる男もあり」〈源氏・賢木〉❷(衣服や紙が)しなやかである。やわやわとしている。例「いといたう**なよ・び**たる薄様に」〈源氏・明石〉

〈参考〉連用形の用例しかないので、四段活用とする説もある。

なよやか[・なり][形動ナリ]｛なら・なり(に)・なり・なる・なれ・なれ｝「なよよか」に同じ。

なよよか[・なり][形動ナリ]｛なら・なり(に)・なり・なる・なれ・なれ｝《「なえやか」「なよやか」「なよらか」とも》❶(衣服などが)しなや

かなさま。着ならして柔らかいさま。例「白き袷、薄色のなよよか・なるを重ねて」〈源氏・夕顔〉❷(態度などが)もの柔らかく優美なさま。例「髪の手あたりなど、いとつややかに、あてに、なつかしく、なよよか・なる気配」〈夜の寝覚〉

なよらか【・なり】[形動ナリ]{なら・なり(に)・なり/なる・なれ・なれ}「なよよか」に同じ。

なら【楢】[名]木の名。コナラ。葉には葉を守る「葉守の神」がいるという。樹皮を染料とする。和歌では、時雨や霜、雪などと取り合わされることもあるが、葉を吹く風の涼感を表すものが多い。(季-秋)。例「夏山の夕下風の涼しさに楢の木陰のたたま憂きかな(=立チ去ルノガツライコトダ)」〈山家集・上〉

〔楢の葉柏〕ナラノハガシワ ナラの木の葉。

〔楢の葉守〕ナラの葉を守護するという神。

なら 伝聞・推定の助動詞「なり」の未然形。例「いかなる者の集へるならむと様変はりて思さる」〈源氏・夕顔〉《敬語》「思さる」→「おぼす」

なら 断定の助動詞「なり」の未然形。例「竜ならばや雲にも乗らむ」〈方丈記〉《係結び》「や→乗らむ(体)」

なら【奈良】[地名]大和国の地名。いまの奈良市を中心とした、東の春日山・北の奈良山・西の生駒山などに囲まれた奈良盆地の地域。「南都」ともいう。元明天皇の和銅三年(七一〇)に唐の長安を模した平城京が置かれ、延暦三年(七八四)に、桓武天皇が長岡宮を造営するまで都として栄えた。

ならい【習い・慣らい】歴史的かなづかい「ならひ」

ならえん【那羅延】[名](仏教語。梵語の音訳)天上の力士の名で、非常に力の強い仏教の守護神。一般的には金剛力士という。

ならく 伝聞・推定の助動詞「なり」の名詞化したもの。…こと。…ことには。例「いふならく、奈落の底におちぬれば刹利も首陀もかはらざりけり」〈十訓抄・五〉訳(仏典に)いうことには、地獄の底に落ちてしまうと、王族も奴隷も変わらないのだ。

ならく 断定の助動詞「なり」の名詞化したもの。…であること。例「支麦は則ち俳魔ならくのみ」〈春泥句集〉訳 支麦(=人名。支考と麦林)は結局のところ俳諧の魔物であることでしかない。

ならざか【奈良坂・平城坂】[地名]大和国の地名。いまの奈良市北東部と京都府との境にある地区。もとは平城京の大内裏の北側から奈良山を越えて、山城国(いまの京都府)の木津へ出る坂で、交通の要所。

ならし【馴らし・慣らし】[名]❶慣れるようにすること。練習。❷習わし。習慣。

ならし [助動特活]{○・○・ならし/○・○・○}❶断定して推量する意を表す。…であるらしい。…にちがいない。例「新たしき年の初めに豊の稔しるすとならし雪の降れるは」〈万葉・一七・三九二五〉訳 新年の初めに豊作の予兆であるらしい。雪が降っているのは。❷(近世の文語の用法として)「なり」とほとんど同じ意味に用いられる。…であるよ。…だなあ。例「これに稲積みたるをや、稲舟とはいふならし」〈おくのほそ道・最上川〉訳 これに稲を積んでいるのを、稲舟というのだなあ。
《接続》体言、活用語の連体形、助詞などに付く。
〈参考〉断定の助動詞「なり」の連体形に推量の助動詞「らし」の付いた「なるらし」の変化形。「なり」が形容詞化したものという説もある。

ならしば【楢柴】[名]ナラの木の枝で、燃料にするのに適した大きさのもの。

ならしばの【楢柴の】[枕詞]「なら」の類音から「馴る」にかかる。例「ならしばの馴れは増さらず」〈万葉・一二・三〇四八〉

なら・す【馴らす・慣らす】[他サ四]{さ・し・す/す・せ・せ}❶慣れ親しませる。慣れさせる。例「かの薄衣は小袿のいとなつかしき人香に染めるを、身近く馴らして見ゐたまへり」〈源氏・空蟬〉❷習わせる。練習させる。例「(御賀ヲ)十余日と定めて、舞ども馴らし、殿の内ゆすりてののしる」〈源氏・若菜・下〉

ならず (断定の助動詞「なり」の未然形「なら」+打消の助動詞「ず」)❶…ではない。例「事理もとより二つならず」〈徒然・一五七〉訳 現象と真理はもともと二つのものではない。❷…どころではない。例「海ならず湛へる水の底までに清き心は月ぞ照らさん」〈新古今・雑下・一六九九〉訳→〔和歌〕うみならず…

ならだいしゅ【奈良大衆】[名]「ならほふし」に同じ。

ならで (断定の助動詞「なり」の未然形「なら」+接続助詞「で」)…でなくて。…以外に。例「君ならで誰にか見せむ梅の花色をも香をも知る人ぞ知る」〈古今・春上・三八〉訳→〔和歌〕きみならで…

ならでは (断定の助動詞「なり」の未然形「なら」+接続助詞「で」+係助詞「は」)…でなくては。…以外には。例「木の葉に埋もるる懸樋の雫ならでは、つゆおとなふものなし」〈徒然・一一〉訳 木の葉に埋もれた筧の雫以外には、まったく音をたてるものもない。
《副詞の呼応》「つゆ→おとなふものなし」

なら-なく-に …ではないのに。例「陸奥のしのぶもぢずり誰ゆゑに乱れそめにし我ならなくに」〈古今・恋四・七二四〉訳→〔和歌〕みちのくのしのぶもぢずり…

語構成		
なら	なく	に
断「なり」(未)	打消「ず」・名詞化	格助

ならのをがは【楢の小川】[歌枕]山城国の川。いまの京都市北区の上賀茂神社境内を流れる御手洗川。賀茂川から引いた川で、禊ぎや祓いが行われた。

ならはか・す【習はかす】[他サ四]{さ・し・す/す・せ・せ}(「かす」は接尾語)こらしめる。例「おもてをならべたる物(=同輩ノ遊女)に心うつして、ねたきめ見するに、物ならはか・さん」〈古今著聞・三八一〉

ならはし【習はし・慣らはし】[名]❶習わせること。しつけ。仕込み。例「琴ならはし、碁打ち、偏つぎなどはかなき御遊びわざにつけても」〈源氏・橋姫〉❷習慣。しきたり。風習。

なら・はす【習はす・慣らはす】[他サ四]{さ・し・す/す・せ・せ}❶慣れさせる。習慣づける。例「片時の間も立ち離れたてまつりたまはでならは・したてまつりたまひて」〈源氏・澪標〉❷習わせる。学ばせる。例「御琴なども習は・しきこえたまふ」〈源氏・篝火〉❸こらしめる。思い知らせる。例「『この女に物習は・さん』といひて」〈今昔・二四・五六〉

ならひ【習ひ・慣らひ】[名] ❶慣れ。習慣。習性。しきたり。❷世間によくあること。世の中のさだめ。例「朝に死に夕べに生まるるならひ」〈方丈記〉❸ものごとのいわれ。由緒。とくに、長く伝えられた口伝。例「この御社の獅子の立てられやう、定めて習ひあることに侍らん」〈徒然・二三六〉《敬語》「侍らん」→「はべり」。❹学ぶこと。習練。また、それによって身についた技能。例「いまだ習ひうすき人なり」〈今昔・四・一〉

ならひ・う【習ひ得】[他ア下二]{え・え・う・うる・うれ・えよ}習って理解する。習得する。例「うちうち〔技能ヲ〕よく習ひ・得て」〈徒然・一五〇〉

ならひ・く [自カ変]{こ・き・く・くる・くれ・こ(こよ)} 一【慣らひ来】慣れ親しんでいまに至る。例「昔よりさまことなる(=格別ナ)頼もし人にならひ・来て」〈源氏・宿木〉 二【習ひ来】世の習わしとなっていまに至る。しだいに習慣となってくる。例「ならひ・来したが偽りもまだ知らで」〈新古今・恋四・一二八五〉

ならひつた・ふ【習ひ伝ふ】[他ハ下二]{へ・へ・ふ・ふる・ふれ・へよ}習得して人に伝授する。例「昔、慈覚大師仏法を習ひ伝・へんとて」〈宇治拾遺・一三・一〇〉

ならひと・る【習ひ取る】[他ラ四]{ら・り・る・る・れ・れ}習って自分のものにする。習得する。例「〔紫ノ上ハ〕いと聡くて、〔箏ノ琴ノ〕かたき調子どもを、ただひとわたりに習ひと・りたまふ」〈源氏・紅葉賀〉

ならびな・し【並びなし】[形ク]{から・く(かり)・し・き(かる)・けれ・かれ}比べるものがない。例「なつかしくうつくしきことの並びな・きこそ、世にありがたけれ」〈源氏・若菜・上〉

ならびに【並びに・併びに・幷びに】一[副]《前掲の事柄を総括する》ともに。すべて。例「その罪並びに懺悔し畢りて、罪を滅除せり」〈今昔・七・四八〉 二[接]《二つの事物を並列する》また。および。

ならびのをか【双の岡】[地名]山城国の地名。いまの京都市右京区御室双ヶ岡。嵯峨野の東、仁和寺の南、妙心寺の西にある三つの小丘陵。古くからの景勝地。吉田兼好の隠棲地。=双が岡

ならひまね・ぶ【習ひ学ぶ】[他バ四]{ば・び・ぶ・ぶ・べ・べ}学習する。練習して身につける。学ぶ。例「よろづのこと、道々につけて習ひまね・ばば、才といふもの、いづれも際なくおぼえつつ」〈源氏・若菜・下〉

なら・ふ【慣らふ・馴らふ・倣ふ・習ふ】[自ハ四][他ハ四]{は・ひ・ふ・ふ・へ・へ}

> **アプローチ**
> ▼「慣る・馴る」に、反復・継続の意の上代の助動詞「ふ」がついた語。
> ▼物事を繰り返し経験しているうちに慣れる意を表す。
> ▼慣れるように繰り返す意から、現代語の習うの意が生じた。

一[自ハ四]❶習慣となる。(経験を重ねて)慣れる。例「何ごとも思ひ知り侍らざりける程より、親などは見ぬものに馴ら・ひ侍りて、ともかくも思うたまへられずなむ」〈源氏・胡蝶〉訳何ごとも分別がつきませんでしたときから、親などはないものと慣れておりまして、どうとも考えられないのでございます。《音便》「思う」は「思ひ」のウ音便。《係結び》「なむ」→(省略)。《敬語》「思うたまへられず」→「たまふ(下二段)」

❷慣れ親しむ。親しくする。なじむ。例「ここには、かく久しく遊び聞こえて、慣ら・ひ奉れり」〈竹取・かぐや姫の昇天〉訳ここでは、こうして長い間楽しく滞在いたして、慣れ親しみ申し上げました。《敬語》「遊び聞こえて」→「きこゆ」、「慣らひ奉れり」→「たてまつる」

❸模倣する。準じる。同じように…する。例「昔に馴ら・ひ侍りにける御装ひも、月ごろはいとど涙に霧り塞がりて、色あひなく御覧ぜられはべらむと思ひたまふれど」〈源氏・葵〉訳昔と同じようにお調えしましたご装束も、(私が)ここ何か月もいっそう涙でかすんだようにふさがっていて、色合いもよくないとご覧あそばすかと存ぜられますけれど。《敬語》「馴らひ侍り」→「はべり」、「御覧ぜられはべらむ」→「ごらんず」「はべり」、「思ひたまふれど」→「たまふ(下二段)」

二[他ハ四]繰り返し学ぶ。習得する。学習する。例「その者を師としてなむ、わづかなる腰折れ文作ることなど習・ひ侍りしかば、今にその恩は忘れ侍らねど」〈源氏・帚木〉訳その者を師匠として、いささかの腰折れ文(=下手な漢詩)を作ることなどを習得しましたので、いまでもその恩は忘れておりませんけれど。《係結び》「なむ」→(流れ)。《敬語》「習ひ侍り」「忘れ侍らねど」→「はべり」

なら・ぶ【並ぶ】一[自バ四]{ば・び・ぶ・ぶ・べ・べ}❶一列に連なる。そろう。例「一人並・び居手折りても見せましものを」〈万葉・三・四六六長歌〉❷匹敵する。及ぶ。例「院の御ありさまに並・ぶべきおぼえ具したるやはおはすめる」〈源氏・若菜・上〉 二[他バ下二]{べ・べ・ぶ・ぶる・ぶれ・べよ}❶並べる。そろえる。例「つばさ並・べし友を恋ひつつ」〈源氏・須磨〉❷匹敵させる。比べる。例「これをありし住まひにならぶるに、十分が一なり」〈方丈記〉

ならほふし【奈良法師】[名]奈良の興福寺や東大寺などにいた僧兵。=奈良大衆

ならむ 《断定の助動詞「なり」の未然形「なら」+推量の助動詞「む」》…であろう。…なのだろう。例「いとうつくしかりつる児かな、何人ならむ」〈源氏・若紫〉訳たいそうかわいらしい子供だったな。どういう人なのだろう。

ならやま【奈良山・平城山】[歌枕]山城国と大和国の境にある丘陵。いまの京都府相楽郡木津町と奈良市の境にある。古くから交通の要所。

ならわし【習わし・慣らわし】歴史的かなづかい「ならはし」

なり【形・態】[名]❶物のかたち。格好。❷服装。身なり。

なり【業】[名]職業。生業。多くは農業を指す。

なり【鳴り】[名]音声が出ること。また、その音声。とくに、騒がしい声や音をいう。

なり【奈利】[名]「ないり」に同じ。

なり [助動ラ変型] ⇨九三〇ページ「特別コーナー」

なり [助動ナリ型] ⇨九三二ページ「特別コーナー」

なり［伝聞・推定の助動詞］

アプローチ ▼現代語の「音がする」というような意から伝聞まで、多くは聴覚と関係する判断を表す。▼聴覚に基づくという点が薄れて単なる推定の意になるものもある。

接続 活用語の終止形に付く。ただし、ラ変型活用語には連体形に付く。

活用 ラ変型

基本形	未然形	連用形	終止形	連体形	已然形	命令形
なり	○	なり	なり	なる	なれ	○

〈識別注意語〉→付録「まぎらわしい品詞の識別」

意味	訳語	用例
❶**何かの音や声が聞こえることを表す。**	…の音(声)がする …が聞こえる	例「我のみや夜船は漕ぐと思へれば沖辺の方に梶の音す**なり**」〈万葉・一五・三六二四〉訳私だけが夜に行く船をこいでいると思っていると、沖のほうに梶の音**が聞こえる**。
❷**音や声などに基づいて状況を推定する。**	…ようすだ …らしい	例「弓弦いとつきづきしくうち鳴らして、『火危ふし』と言ふ言ふ、預かりが曹司の方に去ぬ**なり**」〈源氏・夕顔〉訳弓弦をまことに似つかわしくうち鳴らして、「火の用心」と言いながら、番人の詰め所のほうに行く**ようすだ**。
❸**伝聞を表す。**	…という …そうだ	例「男もす**なる**日記といふものを、女もしてみむとてするなり」〈土佐〉訳男の人も書く**という**日記というものを、女(の私)も書いてみようと思って書くのです。
❹**推定を表す。**伝聞に基づいた判断であることが多い。	…らしい …ようだ	例「海竜王の后になるべきいつきむすめな**なり**」〈源氏・若紫〉訳(娘は)海竜王(＝海にすむ竜王)の后になるべき箱入り娘である**ようだ**。〔注〕父の思いどおりにならなかったら、海に身を投げよという娘への遺言を伝え聞いた人たちのことば。

発展学習ファイル (1)上代ではラ変型活用語の終止形にも付いた。例「葦原の中つ国はいたくさやぎてあり**なり**」〈記・中〉

(2)ラ変型活用語に付く場合、前の語の語尾が撥音便化し、さらに、その撥音が無表記になることが多い。たとえば、断定の助動詞「なり」＋「なり」＝「なるなり」→「なんなり」→「ななり」、推量の助動詞「べし」＋「なり」＝「べかるなり」→「べかんなり」→「べかなり」。

(3)**断定の「なり」と伝聞・推定の「なり」** 同じ「なり」でも、意味が大きく異なるので注意が必要。接続で見分けるのが基本だが、接続の違いで見分けることのできない場合(四段動詞や一段動詞に付く場合)の判別の基準は次のとおり。㋐〜㋓は形の区別だが、㋔㋕は意味の区別になっているので、文脈をよく読みこむことが大切である。

㋐活用語ではないものに付くのは断定の「なり」。

㋑「なり」「あなり」などラ変型活用語の語尾が無表記になったもの(あるいは「なんなり」「あんなり」など撥音表記のもの)に付くのは伝聞・推定の「なり」。

㋒形容詞型活用語のカリ活用に付くのは伝聞・推定の「なり」(断定の「なり」は「なきなり」「楽しきなり」「べきなり」などとなる)。

㋓推量の助動詞「む」「べし」などが下に付いているもの(「ならむ」「なるべし」)は断定の「なり」。

㋔自分のことを推定や伝聞という形で語ることはありにくいので、主語が一人称の場合は断定の「なり」。

㋕文の内容、とくに上に付く動詞が、音声にかかわるようなものの場合、伝聞・推定の「なり」。

なりあが・る【成り上がる】［自ラ四］｛ら・り・る・る・れ・れ｝低い身分から高い地位に上がる。出世する。また、貧乏から金持ちになる。＝成り上る。↔成り下がる。例「受領したる人の、宰相になりたるこそ、もとの君達の、**成り上が・り**たるよりもしたり顔に、け高う、いみじう思ひためれ」〈枕・したり顔なるもの〉 語構成「思ひためれ」→「ためり」

なりあ・ふ【成り合ふ】［自ハ四］｛は・ひ・ふ・ふ・へ・へ｝❶できあがる。完成する。例「まだ**なりあ・は**ぬ仏の御飾りなど見たまへおきて」〈源氏・東屋〉❷十分に成長する。成熟する。例「よきほどに**なりあ・ひ**たる心地したまへるを」〈源氏・宿木〉❸連絡してひとつになる。内応する。例「葛山は、平一揆の者ども畠山と**成り合・ひ**て」〈太平記・三七〉

なりあま・る【成り余る】［自ラ四］｛ら・り・る・る・れ・れ｝でき上がってまだ余分がある。例「我が身は、成り成りて**成り余・れる**処一処あり」〈記・上〉

なりい・づ【生り出づ・成り出づ】［自ダ下二］｛で・で・づ・づる・づれ・でよ｝❶生まれ出る。例「何の契りにて、かう安からぬ思ひそひたる身にしも**なり出・で**けん」〈源氏・匂宮〉❷成長する。例「いつしかも人と**なり出・で**て悪しけくも良けくも見むと」〈万葉・五・九〇四長歌〉❸立身出世する。例「**なりい・づ**べきほどにわが身のえなりい・でぬこと」〈大和・三〇〉

なりお・く【成り置く】［自カ四］｛か・き・く・く・け・け｝なった状態でいる。また、生まれつき、そのような状態である。例「あだあだしく心弱く**なりお・き**にけるわが怠りに、かかることも出で来るぞかし」〈源氏・若菜・上〉

なり［断定の助動詞］

アプローチ ▼現代語の「だ」にほぼ相当し、断定の助動詞と呼ばれる(❶❷)。
▼ただし、「だ」と違い、場所を表す語に付いたものについては「…にある」と訳さなければならないものがあるので注意(❸)。

接続 体言、活用語の連体形、一部の副詞、助詞などに付く。

活用 ナリ活用型

《識別注意語》→付録「まぎらわしい品詞の識別」

基本形	未然形	連用形	終止形	連体形	已然形	命令形
なり	なら	なり に	なり	なる	なれ	なれ

意味	訳語	用例
❶物事の関係・状態などを提示・断定する意を表す。	…だ …である …にあたる …の	例「これよき事なり」〈竹取・石作の皇子〉 訳これはよいことだ。 例「せうとなる人いだきて率て行きたり」〈更級〉 訳兄である人が抱いて連れて行った。 例「扇のにはあらで、くらげのななり」〈枕・中納言まゐりたまひて〉 訳扇の(骨)ではなく、くらげの(骨)であるようだ。〔注〕「ななり」については発展学習ファイル(3)を参照。
❷前の部分で述べられたことなどについて説明する意を表す。	…のだ …のである	例「人の程にあはねば、とがむるなり」〈土佐〉 訳(さっきの船頭のことばは、船頭という)人の分際にあわないので、気にとめるのである。
❸(場所を表す語に付いて)そこに存在する意を表す。	…にある …にいる	例「昔、武蔵なる男、京なる女のもとに」〈伊勢・一三〉 訳昔、武蔵国にいる男が、京にいる女のもとに。

発展学習ファイル (1)この「なり」は「にあり」が縮約されたもの。係助詞は、「…にぞある」「…にこそあれ」のように、もとの「に」と「あり」の間に入ることが多い(このような「に」は「なり」の連用形。この場合「にある」と訳さずに、「なり」と同様「だ」「のだ」などと訳す。
(2)❶の用法はいわゆる断定だが、具体的な中身はさまざまである。「だ」と訳せるものの中を細かく「続柄を表す」「状態を表す」などと分けることもできるが、「のだ」(❷)や存在(❸)ではなく、「だ」と訳せる類としてまとめられる。
(3)断定の助動詞「なり」の連体形「なる」のあとに伝聞・推定の助動詞「なり」や推量の助動詞「めり」が続くと、「なるなり」「なるめり」となるはずのところ、「なんなり」「なんめり」という発音になり、文字の上では「ななり」「なめり」となる。
(4)場所を表す語に付く場合、必ず❸になるというわけではないので注意すること。
(5)名称を表す用法もある。「…という(名の)」と訳す。近世以降の用法。例「この一巻や、信濃の俳諧寺一茶なるものの草稿にして」〈おらが春〉

なりお・と・る【成り劣る】［自ラ四］{ら・り・る・る・れ・れ}官職などが劣ってゆく。地位が落ちる。例「故大納言の、いま一階なり劣りたまひて」〈源氏・薄雲〉

なりかは・る ナリカワル［自ラ四］{ら・り・る・る・れ・れ}一【成り変はる】変化する。例「淵は瀬になり変はるてふ飛鳥河」〈後撰・恋一・七五〇〉 二【成り代はる】その人の代わりになる。例「三月のうちに亡くなりて、またなりかはりたるも」〈更級〉

なりかぶら【鳴り鏑】［名］「かぶらや」に同じ。

なりかへ・る ナリカエル【成り返る・成り反る】［自ラ四］{ら・り・る・る・れ・れ}❶元の状態に戻る。例「いまめかしくもなり返る御ありさまかな」〈源氏・若菜・上〉 ❷裏返る。ひっくり返る。例「秋萩は下葉や上になりかへるらん」〈拾遺・雑下・五二四〉 ❸そのものになりきる。例「心の底まで歌になりかへりて」〈無名抄〉

なり-き …であった。例「いと思ひの外なりし事なり」〈方丈記〉 訳(遷都は)ほんとうに意外であった事だ。

語構成 なり　断「なり」用　き　過「き」

なり・く【成り来】［自カ変］{こ・き・く・くる・くれ・こ(こよ)}❶変化して、別の状態になってくる。他の状態に近づいていく。例「白雲も千重になり来ぬ」〈万葉・六・九四三長歌〉 ❷同じ状態でいまに至る。ずっと継続していまに至る。例「家の営みたてたらぬ人なむ、いにしへより尚侍(ないしのかみ)になり来にける」〈源氏・行幸〉

なり-けむ …であっただろう。例「かの人々の言ひし葎の門は、かうやうなる所なりけむかし」〈源氏・末摘花〉 訳あの人たちがいっていた(美人の住む)葎の門というのは、こういう所であっただろうよ。《音便》「かうやうなる」は「かくやうなる」のウ音便。

語構成 なり　断「なり」用　けむ　過・推「けむ」

なり-けり ❶…であった。…だったということだ。例「良覚僧正と聞こえしは、きはめて腹あしき人なりけり」〈徒然・四五〉 訳良覚僧正と申し上げた方は、とてもおこりっぽい人だったということだ。

語構成 なり　断「なり」用　けり　過「けり」

《敬語》「聞こえし」↓「きこゆ」。❷（気がついてみると）…であったのだなあ。例「吹く風の色のちぐさに見えつるは秋の木の葉の散ればなりけり」〈古今・秋下・二九〇〉訳吹いている風にいろいろな色がついているように見えたのは、秋で紅葉した木の葉が散っているからであったのだなあ。

なりこ・む【鳴り込む】［自マ四］{ま・み・む・む・め・め}《近世語》大きく響く。どなり込む。例「入相の梅になり込・むひびきかな」〈猿蓑〉

なりさが・る【成り下がる】［自ラ四］{ら・り・る・る・れ・れ}落ちぶれる。零落する。↕成り上がる・成り上る。例「なりさが・りたる身こそつらけれ」〈沙石集〉

なりそ・ふ【成り添ふ】［自ハ四］{は・ひ・ふ・ふ・へ・へ}ますますその状態になる。例「やすからぬこと多くなり添・ひはべりつるに」〈源氏・桐壺〉

なりそ・む【成り初む】［自マ下二］{め・め・む・むる・むれ・めよ}（ある状況・状態に）なり始める。例「疎々しきやうに（＝疎遠ナ間柄二）なりそ・めにしかど」〈源氏・蓬生〉

なりたか・し【鳴り高し】［形ク］{から・く（かり）・し・き（かる）・けれ・かれ}騒々しいのをしずめるときのことば。やかましい。うるさい。例「鳴り高・し。鳴りやまむ」〈源氏・少女〉

なりた・つ【生り立つ・成り立つ】［自タ四］{た・ち・つ・つ・て・て}❶成長する。成長して世に出る。例「かく心おくべきわたりぞとさすがに知られて、人にもなり立・たむこと難し」〈源氏・真木柱〉❷すっかりそういう状態になる。できあがる。例「恋しさになりた・つ中のながめには面影ならぬ草も木もなし」〈風雅・恋三・一二三四〉

なりどよ・む【鳴り響む】［自マ四］{ま・み・む・む・め・め}（「なりとよむ」とも）激しく鳴り響く。大きな音を立てる。例「（旋風デ家ガ壊レテ飛ブ音ガ）おびただしく鳴りとよ・むほどに、もの言ふ声も聞こえず」〈方丈記〉

なりな・る【成り成る】［自ラ四］{ら・り・る・る・れ・れ}❶だんだんできあがる。例「我が身は、なりな・りて成り余れる処一処あり」〈記・上〉❷順々になる。例「をのこ子、女子あまた産み続けて、またそれが妻男になりな・りしつつ」〈宇治拾遺・四・四〉

なりぬ・べし【成りぬべし】《動詞「成る」の連用形＋完了の助動詞「ぬ」の終止形＋推量の助動詞「べし」》きっとなるに違いない。なってしまいそうだ。例「ながれての物語ともなりぬ・べきことなり」〈更級〉

なりのぼ・る【成り上る】［自ラ四］{ら・り・る・る・れ・れ}高い地位にのぼる。出世する。＝成り上がる。↕成り下がる。例「はなやかなる心ばへものしたまひし人にて、なりのぼ・りたまふ年月にそへて」〈源氏・紅梅〉

なりは・つ【成り果つ】［自タ下二］{て・て・つ・つる・つれ・てよ}❶終わってしまう。例「たひらかに事なりは・てぬれば」〈源氏・葵〉❷すっかり変わる。変わり果てる。死ぬ。例「さりともいたづらになりは・てたまはじ」〈源氏・夕顔〉❸落ちぶれ果てる。例「つひに乞食のごとく成り果・てて」〈太平記・一二〉

なりはひ【生業】［名］❶農作。また、その作物。❷生計をたてるための仕事。職業。

なりひさご【生り瓢】［名］（「なりひさこ」「なりびさこ」とも）❶ヒョウタンの別称。❷ヒョウタンの実で作った、酒を入れる容器や水などをすくうひしゃく。

なりひら【業平】［人名］「ありはらのなりひら」に同じ。

なりまさ・る【成り増さる・成り勝る】［自ラ四］{ら・り・る・る・れ・れ}ますます…になる。例「この児養ふほどに、すくすくと大きになりまさ・る」〈竹取・かぐや姫〉

なりみ・つ【鳴り満つ】［自タ四］{た・ち・つ・つ・て・て}音が辺りに鳴り響く。鳴り渡る。例「（雷ガ）なほやまず鳴りみ・ちて」〈源氏・須磨〉

なりもてゆ・く【成りもて行く】［自カ四］{か・き・く・く・け・け}しだいにそうなっていく。だんだん…になってゆく。例「鏡を見れば、痩せ痩せになりもてゆ・く」〈源氏・総角〉

なりもの【生り物】［名］実のなるもの。また、その実。くだもの。

なりや【鳴り矢】［名］「かぶらや①」に同じ。

な・る【生る】［自ラ四］{ら・り・る・る・れ・れ}❶生まれる。生じる。例「石木より生・り出し人か汝が名告らさね」〈万葉・五・八〇〇長歌〉❷実を結ぶ。実がなる。例「橘は己が枝々生・れれども」〈紀・天智・歌謡〉

な・る【成る】{ら・り・る・る・れ・れ}㊀［自ラ四］❶実現する。成就する。例「思ふこと成・らで、世の中に生きて何かせむと思ひしかば」〈竹取・蓬萊の玉の枝〉《係結び》「か↓せむ㊍」。❷成長する。変化する。例「この子いと大きにな・りぬれば、名を、御室戸斎部の秋田をよびて、つけさす」〈竹取・かぐや姫〉❸（その時刻や状態・状況などに）達する。なる。例「今日、船に乗りし日よりかぞふれば、三十日あまり九日になな・りにけり」〈土佐〉❹《尊敬語》貴人の動作にいう語。…なさる。あそばす。お出ましになる。例「安元二年七月十四日御年十三にて崩御な・りぬ」〈平家・三・法皇被流〉❺できる。例「大俗の身として、何としてそのような荒行がな・るものでおりゃるぞ」〈狂・花子〉❻（多く打消の語を伴って）許される。例「こなたは、お師匠のお目にかからせらるることはな・りませぬ」〈狂・塗師〉㊁［補動ラ四］しぜんに…するようになる。だんだん…するようになる。例「『もていまして、深き山に捨てたうびてよ』とのみ責めければ、責められわびて、さしてむと思ひな・りぬ」〈大和・一五六〉

な・る【業る】［自ラ四］{ら・り・る・る・れ・れ}生計をたてる。生業とする。例「防人に発たむ騒きに家の妹が業・るべきことを言はず来ぬかも」〈万葉・二〇・四三六四〉訳↓〈和歌〉さきむりに…

な・る【鳴る】［自ラ四］{ら・り・る・る・れ・れ}音がする。鳴り響く。例「あしひきの山川の瀬の鳴・るなへに」〈万葉・七・一〇八八〉訳↓〈和歌〉あしひきのやまがはのせの…

な・る【萎る・褻る】［自ラ下二］{れ・れ・る・るる・るれ・れよ}❶（衣服が）よれよれになる。着古して糊気がなくなる。例「紐解かず丸寝をすれば我が着たる衣はな・れぬ」〈万葉・九・一七八七長歌〉❷（道具などが）使い古してくたびれる。例「網代のすこしな・れたるが」〈源氏・葵〉

な・る【慣る・馴る】［自ラ下二］{れ・れ・る・るる・るれ・れよ}❶習慣になる。慣れる。例「ちはやぶる神も耳こそ慣・れぬらし」〈後撰・恋三・六五九〉❷経験を積む。物なれている。例「大きやかなる童の、濃き衵、紫苑の織物重ねて、赤朽葉の羅の汗衫いといたう馴・れて」〈源氏・少女〉《音便》「いたう」は「いたく」のウ音便。❸親しくなる。うち解ける。なじむ。例「宮腹の中将は、中に親しく馴・れきこえたまひて、遊び戯れをも人よりは心やすく馴れ馴れしくふるまひたり」〈源氏・帚木〉❹使いつけている。使いなれる。例「御調度どもも、いと古代に馴れたるが昔様にてうるはしきを」〈源氏・蓬生〉

なる 伝聞・推定の助動詞「なり」の連体形。例「男もすなる日記といふものを、女もしてみむとてするなり」〈土佐〉

なる 断定の助動詞「なり」の連体形。例「をばなる人の田舎より上りたる所に」〈更級〉

なるいた【鳴る板】［名］清涼殿孫廂の南端の階段の下にある床板。踏むと音が鳴る仕かけで、天皇にお目通りする合図になっていた。＝見参の板

なるかみ【鳴る神】［名］《雷を神のなすわざと考えたことによる》雷。＝雷。（季－夏）

なるかみ【鳴神】［作品名］江戸前期（一六八四初演）の歌舞伎。初世市川団十郎作。歌舞伎十八番のひとつ。竜神を封じ込めた鳴神上人が、美女の色香に迷って戒を破り、竜神は天に上り雨を降らせる。上人は怒り狂って悪鬼と変じる。『太平記』や謡曲にみえる一角仙人の伝説を題材としたもの。

なるかみの【鳴る神の】［枕詞］（雷の音の意から）「音」にかかる。例「**鳴る神の**音のみ聞きし」〈万葉・七・一〇九二〉

なるたき【鳴滝】［地名］山城国の地名。いまの京都市右京区鳴滝。御室川とその支流がなす滝の音に由来する地名。景勝地で、梅の名所。

なると【鳴門】［名］干満によって潮が激しく流れ、渦を巻き鳴り響く海峡。

なると【鳴門】［歌枕］阿波国の海峡。いまの徳島県鳴門市と淡路島の間。潮の干満で潮流がぶつかり、音が鳴り響くことに由来する名。渦潮で有名。

なると【鳴る戸】［名］東宮御所にあった戸。開閉時、大きな音をたてたのでいう。

なる-べし …であるにちがいない。…だろう。例「これは病をすればよめる**なるべし**」〈土佐〉訳これ（＝歌）は、病気をして詠んだの**だろう**。

語構成
なる｜べし
断「なり」体｜推「べし」

なるほど【成程】［副］❶できるだけ。なるべく。例「この所で**なるほど**いき過ぎて、男ふるほどの女郎よべ」〈浮・好色一代男〉❷（相手のことばを肯定して）まことに。確かに。例「**なるほど**人が居ると見えて、松明を投げたれば、踏み消した」〈謡・烏帽子折〉❸いかにも。なかなか。例「『何と、その柿は渋うはないか』『いやいや、**成程**甘うござる』」〈狂・合柿〉

なるみ【鳴海】［歌枕］尾張国の地名。いまの名古屋市緑区鳴海町。東海道五十三次のひとつ。「成る」「成る身」をかける。「鳴海潟」は付近の海浜を指し、交通の難所であった。

なるみしぼり【鳴海絞り】［名］鳴海地方（いまの名古屋市緑区有松町）産の、木綿地を主とする絞り染め。藍染めを主とし、染色がさめにくい。浴衣・へこ帯・手ぬぐい地などに用いる。

なるや【鳴る矢・鳴る箭】［名］「かぶらや①」に同じ。

なる-らむ …であるのだろう。例「年ごとにもみぢ葉流す竜田川みなとや秋のとまり**なるらむ**」〈古今・秋下・三一一〉訳→〔和歌〕としごとに…

語構成
なる｜らむ
断「なり」体｜推「らむ」

なれ【汝】［代名］《対称の人称代名詞。親しい者や目下の者に対していう語》おまえ。例「**汝**をしぞあはれとは思ふ年の経ぬれば」〈古今・雑上・九〇四〉

発展学習ファイル　「な」が格助詞を伴って用いられるのに対し、「なれ」は単独でも文節を構成する。平安以降は「**なんぢ**」が用いられ、「なれ」はわずかに和歌に用例が見える程度である。

なれ 伝聞・推定の助動詞「なり」の已然形。例「男といふものは、そら言をこそいとよくす**なれ**」〈源氏・総角〉《係結び》「こそ→すなれ㊁」

なれ 断定の助動詞「なり」の已然形・命令形。例「高き賤しき人の住まひは、世々を経て尽きせぬもの**なれ**ど」〈方丈記〉〔注〕已然形の例。

なれがほ［・なり］【馴れ顔】［名・形動ナリ］親しそうなさま。打ち解けたそぶり。例「いと**馴れ顔・に**御帳の内に入りたまへば」〈源氏・若紫〉

なれこまひ【馴子舞・馴講舞】［名］❶旅人が寺社の前を通るとき手向けとして踊る舞。❷人々が互いに親睦を深めるために踊る舞。

なれごろも【馴れ衣】［名］着なれた衣。

なれす・ぐ【馴れ過ぐ】［自ガ上二］〔ぎ・ぎ・ぐ・ぐる・ぐれ・ぎよ〕なれなれしすぎる。親しくなりすぎる。例「これより**馴れ過ぎ**たることは、さらに〔アナタノ〕御心ゆるされでは御覧ぜられじ」〈源氏・夕霧〉

なれそ・む【馴れ初む】［自マ下二］〔め・め・む・むる・むれ・めよ〕親しい関係になり始める。なじみ始める。例「くやしきはよしなき君に**馴れそめ**て」〈山家集・中〉

なれつかうまつ・る【馴れ仕う奉る】［自ラ四］〔ら・り・る・る・れ・れ〕「仕う奉る」「仕えるの意の謙譲語」親しみお仕え申し上げる。例「紛れなく見たてまつる慰めにて〔女房ハ源氏ニ〕**馴れ仕うまつる**」〈源氏・幻〉

なれども ［接］《断定の助動詞「なり」の已然形＋接続助詞「ども」》ではあるが。だが。しかし。例「さぞ御心にかかりはべるらうらめ**なれども**、且つは八幡の御けからひかとおぼしめして」〈保元・下〉

なれなれ・し【馴れ馴れし】［形シク］〔しから・しく（しかり）・し・しき（しかる）・しけれ・しかれ〕❶とても親密だ。なれ親しんでいる。例「九の君に**馴れ馴れ・しき**ことあらむ」〈宇津保・嵯峨の院〉❷ぶしつけだ。図々しい。例「いと**馴れ馴れ・しき**こと聞こえつけたりしを」〈源氏・梅枝〉

なれなれしう【馴れ馴れしう】形容詞「なれなれし」の連用形「なれなれしく」のウ音便。

なれば・む ［自マ四］〔ま・み・む・む・め・め〕着古されてくたくたになる。例「狩衣は何もうちな**れば・み**たる」〈能因本枕・よろづよりは、牛飼童べの〉

なれむつ・ぶ【馴れ睦ぶ】［自バ上二］〔び・び・ぶ・ぶる・ぶれ・びよ〕なれ親しむ。例「年ごろ**馴れむつ・び**きこえたまひつるを」〈源氏・桐壺〉

なれもの【馴れ者】［名］世慣れた人。

なれや 《断定の助動詞「なり」の已然形＋助詞「や」》❶疑問の意を表す。…**なのだろうか**。例「誰がために引きてさらせる布**なれや**世を経て見れど取る人もなき」〈古今・雑上・九二四〉訳だれのために引っ張ってさらしてある布**なのだろうか**。長い間見ているが、取り込

む人もいないことだ。❷反語の意を表す。…だろうか、いや、そんなことはない。例「津の国の難波の春は夢なれや」〈新古今・冬・六二五〉訳→〔和歌〕つのくにの…。❸詠嘆の意を表す。…だなあ。例「風吹けば波うつ岸の松なれやねにあらはれて泣きぬべらなり」〈古今・恋三・六七一〉訳まるで風が吹くと波が打ちつけてくる海岸の松だなあ。松の根は波に洗われるが、私は悲しみが音に表れて泣き出しそうだ。

〔和歌〕**なれやしる…**【汝や知る都は野辺の夕ひばりあがるを見ても落つる涙は】〈応仁記・飯尾彦六佐衛門尉〉訳おまえ夕ヒバリよ、知っているだろうか、京の都は焼け野原となり、その野原から夕ヒバリ、おまえが空高く飛ぶのを見ても、落ちる涙を。

なれよ・る【馴れ寄る】〔自ラ四〕{ら・り・る・る・れ・れ}なれて近寄る。なれなれしくして近寄る。例「女房にもけ近く馴れ寄り・りつつ、思ふことを語らふ」〈源氏・竹河〉

なゐ【地震】イナ〔名〕地震。

なをり【名折り】ナオリ〔名〕不名誉。名折れ。

なをり【波折り】ナオリ〔名〕波が幾重にも重なっているところ。例「潮瀬の波折りを見れば」〈記・下・歌謡〉

なん【難】〔名〕❶非難。そしり。❷欠点。短所。おちど。❸和歌の欠点。耳ざわりなことばや、歌病にふれるようなことば。❹わざわい。災難。❺苦労。困難。

〔難付く〕欠点を指摘する。非難する。例「人の上を難つ・け」〈源氏・蛍〉

なん　係助詞「なむ」の「む」が「ん」と発音されるようになり、「なん」と表記されたもの。

なん　終助詞「なむ」の「む」が「ん」と発音されるようになり、「なん」と表記されたもの。

なん　「なむ」(完了の助動詞「ぬ」の未然形「な」＋推量の助動詞「む」)の「む」が「ん」と発音されるようになり、「なん」と表記されたもの。

なんえんぶだい【南閻浮提】〔名〕《仏教語》人間世界。「閻浮提」が須弥山の南側に位置するので「南」を冠する。

なんかい【南階】〔名〕❶南向きの階段。南に面して作られた階段。❷紫宸殿の南面中央の階段。

↓〔古典参考図〕紫宸殿・清涼殿図

なんかいだう【南海道】ナンカイドウ〔名〕❶「五畿七道」のひとつ。いまの四国全土と紀伊半島南部・淡路島を含む六か国。紀伊(和歌山県・三重県)、淡路(兵庫県)、阿波(徳島県)、讃岐(香川県)、伊予(愛媛県)、土佐(高知県)を指す。❷①の国々を結ぶ街道。

なんぎ〔・なり〕**一**【難儀・難義】〔名・形動ナリ〕❶困難なさま。例「宮は、この事いづれも難儀・なりとおぼしめして」〈太平記・五〉❷苦しいさま。とくに、傷や病気の重いさま。例「膝の口を射させ、すでに難儀・に候ひしを」〈謡・朝長〉❸わずらわしいさま。面倒。例「あの盗人ゆゑに難儀をかけまする」〈狂言記・長光〉
二【難義】〔名〕難解なことば・意味や事柄。

なんぎゃう【難行】ナンギョウ〔名〕厳しく困難な修行。

なんぎゃうだう【難行道】ナンギョウドウ〔名〕《仏教語》自力本願の法。自分の力によって悟りを開く修行の方法。↔易行道

なんくゎ【南華】ナンカ〔名〕❶《「南華真経」の略》『荘子』の別名。❷《近世語》愚か者。やぼな男。上方の遊里で用いられた。

なんけ【何家】〔名〕《「なにけ」の撥音便》だれそれの家。某家。

なんし【男子】〔名〕男。男の子。

なんしゅう【南宗】〔名〕❶《仏教語》唐の慧能を開祖とする、中国禅宗の一派。主として江南地方で行われた。↔北宗①。❷《「南宗画」の略》中国画の二大流派のひとつ。南画。

なんじょ【難所】〔名〕《「なんしょ」とも》山道や海岸など通行困難な場所。

なんじょう【何じょう】歴史的かなづかい「なんでふ」

なんしょくおほかがみ【男色大鑑】ナンショクオオカガミ〔作品名〕江戸前期(一六八七刊行)の浮世草子。井原西鶴作。副題「本朝若風俗」。前半部には、武家社会での衆道(男色)咄を収め、後半部では、歌舞伎役者にかかわる衆道咄を集成。

なん・ず【難ず】〔他サ変〕{ぜ・じ・ず・ずる・ずれ・ぜよ}非難する。責める。例「このさまざまのよきかぎりをとり具し、難・ずべきくさはひ(＝種)まぜぬ人は」〈源氏・帚木〉

なんず　「なむず」の「む」が「ん」と発音されるようになり、「なんず」と表記されたもの。

なんすれぞ【何為れぞ】〔副〕《「なにすれぞ」の変化形》「なにすれぞ」に同じ。

なんぞ【何ぞ】《「なぞ」とも。「なにぞ」の変化形》**一**何か。例「『宣旨とはなんぞ』とて」〈平家・四・信連〉**二**〔副〕《結びは連体形》❶疑問の意を表す。なぜ…か。例「拙きを知らば、なんぞやがて退かざる」〈徒然・一三四〉❷反語の意を表す。どうして…か、いや…ない。例「心を西方にかけんに、なんぞ志を遂げざらん」〈宇治拾遺・五・四〉

なんそうさとみはっけんでん【南総里見八犬伝】〔作品名〕江戸後期(一八一四から一八四二刊行)の読本。曲亭(滝沢)馬琴作。中国の『水滸伝』を目標にした長編伝奇小説。八犬士が離合集散し里見家に仕えるまでの列伝を記す本編と、管領家の戦いを描く続編とから成る。勧善懲悪主義を内容とし、読本の完成された一形態を示す。

なんだ【難陀】〔名〕《仏教語》「難陀竜王」の略。

なんだりゅうわう【難陀竜王】ナンダリュウオウ〔名〕《仏教語》八大竜王のひとつで、首座に置かれる。跋難陀竜王の兄弟。摩伽陀国を守るという。＝難陀

なんたる【何たる】〔連体〕《近世語。代名詞「何」＋助動詞「たり」の連体形＝「なにたる」の変化形》なんという。どのような。

なんぢ【難治】ジナン〔名〕❶治めにくいこと。❷むずかしいこと。困難。

なんぢ【汝】ジナン〔代名〕《「なむぢ」の変化形》「なむぢ」に同じ。

なんてい【南庭】〔名〕殿舎の南方にある庭。とくに、紫宸殿の正面(南側)の庭。

なんてう【南朝】ナンチョウ〔名〕❶中国で五世紀前半から約百七十年続いた王朝の名。のちに隋によって統一された。❷延元元年(一三三六)に後醍醐天皇が吉野に都を移して以降、四代およそ五十七年続いた大覚

な

寺統の朝廷の総称。↕北朝

なんでふ【何でふ】一［連体］《「なんでう」とも》どういう。なんという。何ほどの。どんな。例「なんでふ恐ろしき物か詣で来ん」〈狭衣・二〉 二［副］何だって…か、いや…ない。どうして…か、いや…ない。例「何でふ物の憑っくべきぞ」〈宇治拾遺・三・六〉 三［感］とんでもない。何をいうか。例「何でふ、この御所ならでは、いづくへかわたらせ給ふべかんなる」〈平家・四・信連〉《敬語》「わたらせ給ふ」→「せたまふ」。《係結び》「か→べかんなる㊍」。

語構成 「給ふべかんなる」→「べかんなり」

発展学習ファイル 「なにといふ(代名詞「何」+格助詞「と」+動詞「言ふ」の連体形)」が「なにてふ」となり「なんでふ」と変化した語。撥音無表記の「**なでふ**」でも用いられる。→「なでふ」

なんでん【南殿】［名］❶南にある殿舎。❷《「なでん」とも》「紫宸殿」の別称。

なんと【南都】［名］❶(京都を北都というのに対して)奈良の別称。❷(比叡山延暦寺を北嶺というのに対して)奈良の興福寺の別称。

なんど［副助］《代名詞「なに(何)」+格助詞「と」=「なにと」の変化形》副助詞「など」に同じ。例「『さだめて御出家**なんど**やあらむずらむ』と人々内々は申しあへりしかども」〈平家・一・鹿谷〉

なんとしちだいじ【南都七大寺】［名］奈良の七つの大寺の総称。東大寺・興福寺・西大寺・大安寺・薬師寺・法隆寺・元興寺をいう。南都七堂。=七大寺

なんと・す「なむとす」の「む」が「ん」と発音されるようになり、「なんとす」と表記されたもの。

なんとほくれい【南都北嶺】［名］大和の奈良と近江の比叡山のこと。また、奈良の興福寺と比叡山の延暦寺のこと。

なんな・し【難無し】［形ク］{から・く(かり)・し・き(かる)・けれ・かれ}欠点がない。非難するところがない。例「〔夕霧ノ〕大将の聞きたまはむに、**難な・かる**べくと〔源氏ハ〕思ぼす」〈源氏・若菜・下〉

なん-なり…であるようだ。…だということだ。→「なりなり」。例「いと有職の者の限り**なんなり**かし」〈宇津保・嵯峨の院〉

語構成 なん 断「なり」㊍ ＋ なり 伝・推「なり」
=「なるなり」の撥音便。

なんなんと・す［自サ変］{せ・し・す・する・すれ・せよ}《「なりなむとす」の撥音便》まさになろうとする。

なんにょ【男女】［名］男と女。だんじょ。

なんばう【男房】［名］宮中に局を与えられて仕える男子。蔵人のこと。↕女房①

なんばうろく【南方録】［作品名］江戸前期の茶道書。南坊宗啓筆録。寛永から元禄(一六二四〜一七〇四)ごろまでに成立。茶道の大成者千利休に近侍した宗啓が、利休の茶の教えを筆録。茶道の古典。

なんばん【南蛮】［名］❶南方の外国人。また、南方の賊徒。❷室町以降、東南アジア諸国やそこに植民地をもつポルトガル・スペインなどの国々の称。❸②からもたらされる品々。また、異国風のものの意。

なんばんじ【南蛮寺】［名］安土桃山時代のキリスト教寺院。

なんばんじん【南蛮人】［名］東南アジア方面経由で我が国に渡来したポルトガル人・スペイン人など。

なんぶ【南部】［地名］近世、陸奥国の、南部藩の領地を指す呼称。いまの青森県の東半分、岩手県釜石市以北、秋田県の毛馬内・花輪地方からなる。とくに、盛岡を指すこともある。

なんぽ【南畝】［人名］「おほたなんぽ」に同じ。

なん-めり…であるようだ。…であるらしい。…でしょう。→「なめり」。例「ここぞ、よき堂所**なんめれ**」〈大鏡・道長・上〉《係結び》「こそ→なんめれ㊀」

語構成 なん 断「なり」㊍ ＋ めり 推「めり」
=「なるめり」の撥音便。

なんめん【南面】［名］❶南向き。南おもて。❷(中国で君主は臣下に南面して対面したことから)君主の位に就くこと。またその位。

〔**南面の徳**〕君主としての徳。

なんれう【南鐐】［名］❶良質の銀。❷江戸時代の貨幣。「二朱銀」の別称。

に

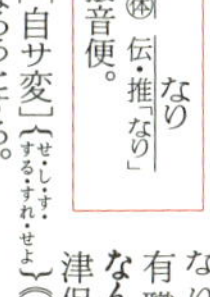

に【土】［名］《上代語》つち。赤土。また、それで作った赤色の顔料。

に【丹】［名］❶(色彩としての)赤色。

に【瓊】［名］《上代語。「ぬ」とも》玉。

に［格助］［接助］⇨九七ページ「特別コーナー」

に断定の助動詞「なり」の連用形。例「これは、竜の頸の玉をとれとなむ、わざにこそありけれ」〈竹取・竜の頸の玉〉《係結び》「こそ→ありけれ㊀」。《識別注意語》→付録「まぎらわしい品詞の識別」

に完了の助動詞「ぬ」の連用形。例「宮は大殿籠りにけり」〈源氏・桐壺〉《敬語》「大殿籠りにけり」→「おほとのごもる」。《識別注意語》→付録「まぎらわしい品詞の識別」

に打消の助動詞「ず」の古い連用形。例「昨日今日君に逢はずてするすべのたどきを知らにに音のみしそ泣く」〈万葉・一五・三七七七〉《係結び》「そ→泣く㊍」

〈参考〉上代語で、「知らに」「飽かに」などに限定されて中古以降にはほとんど見られなくなる。

にあ・ふ【似合ふ】［自ハ四］{は・ひ・ふ・ふ・へ・へ}相応する。よく調和する。つり合う。例「御容貌どもいときよらに似あひたり」〈源氏・東屋〉

にい…【新…】歴史的かなづかい「にひ…」

にうなん［・なり］【柔軟】［形動ナリ］{なら・なり(に)・なり・なる・なれ・なれ}《仏教語》心が穏やかで慈悲深いこと。おとなしいようす。

にうばう【女房】［名］《「にょうばう」の変化形》「にょうばう」に同じ。

にうめん【入麵】［名］そうめんに醬油か味噌を加えて煮たもの。

にえ【贄・牲】歴史的かなづかい「にへ」

にえい・る【にえ入る】［自ラ四］{ら・り・る・る・れ・れ}没入する。

はまり込む。

にえこ・む【にえ込む】［自マ四］{ま・み・む・む・め・め}《近世語》めり込む。はまり込む。例「響き渡ってはっしと当たれば首は胴にぞ**にえ込・みける**」〈浄・出世景清〉

にえ・ぶ【呻吟ぶ】［自バ四］{ば・び・ぶ・ぶ・べ・べ}「によふ」に同じ。

にお【鳰】歴史的かなづかい「にほ」

におい【匂い】歴史的かなづかい「にほひ」

において【に於いて】《格助詞「に」＋「於きて」＝「におきて」のイ音便》…で。…に。…**において**。例「この事天下**において**ことなる勝事なれば」〈平家・一・二代后〉訳この事は天下**において**特別な大事件であるから。

に-か ❶（文中に用いて結びを伴って）…**だろうか**。例「これはいかなることに**か**はべらん」〈源氏・東屋〉訳これはどうしたことでございましょう。《係結び》「か→はべらん(体)」。《敬語》「はべらん」→「はべり」。❷（文末に用いて多く「にかあらむ」の「あらむ」が省略されて）…**だろうか**。例「いかに思ひはじめけることに**か**」〈更級〉訳どうして(そんなことを)思い始めたの**だろうか**。

語構成　に　断「なり」(用)　か　係助

にかい【二階】［名］❶「二階厨子」「二階棚」の略。❷二階建て。また、その部分。

にかいだな【二階棚】［名］二段で扉のない棚。＝二階①

にかいづし【二階厨子】［名］書籍や調度品を載せるために室内に置かれた二段の置き戸棚で、下の段が両開きの袋戸棚になっているもの。➡図版「国司」

にかう【二更】［名］一夜を五分した「五更」のうちの第二。いまの午後十時ごろ、およびその前後二時間。＝乙夜・亥の刻

にが・し【苦し】［形ク］{から・く(かり)・し・き(かる)・けれ・かれ}❶苦味がある。にがい。❷不快だ。気まずい。例「興もさめて、こと苦・うなりぬ」〈大鏡・道長・上〉《音便》「苦う」は「苦く」のウ音便。

にがたけ【苦竹】［名］マダケ、メダケの別称。竹の子が苦みをもっていることによる。

にがにが・し【苦苦し】［形シク］{しから・しく(しかり)・し・しき(しかる)・しけれ・しかれ}とても不愉快だ。まったくおもしろくない。例「国土の岸をうがちける事、**にがにが・しく**」〈伽・梵天国〉

にがびゃくだう【二河白道】［名］《仏教語》入信から往生までの心の経過をたとえたもの。南の火の河(怒り)と北の水の河(貪欲)の間に挟まれた白い道(往生を願う清浄な心)。この道を西へ進む旅人が水火に脅かされるが、東岸からの声(釈迦)に励まされ、西岸からの声(阿弥陀)に導かれて、西岸(極楽浄土)に達することができたという。＝白道

にがみか・く【苦み掛く】［自カ下二］{け・け・く・くる・くれ・けよ}苦々しげな顔を向ける。苦々しげなようすで詰め寄る。例「『いでやいでや』と**苦みか・くる**気色」〈狭衣・三〉

にが・む【苦む】㊀［自マ四］{ま・み・む・む・め・め}❶苦々しい顔をする。顔をしかめる。例「御物語聞こえたまふを、『暑きに』と**にが・みたまへば**」〈源氏・帚木〉❷しわが寄る。例「暖かなる時、酢をかけつれば、すむつかりとて、**にが・みてよく挟まるるなり**」〈宇治拾遺・四・一七〉㊁［他マ下二］{め・め・む・むる・むれ・めよ}(顔などを)しかめる。例「面摸(＝仮面)の下にて鼻を**にか・むる**事に侍るなり」〈盛衰記・四〉

にがむにがむ【苦む苦む】［副］いやいやながら。しぶしぶ。苦い顔をして。例「いま二所も、**苦む苦む**おのおのおはさうじぬ」〈大鏡・道長・上〉

にかよ・ふ【似通ふ】［自ハ四］{は・ひ・ふ・ふ・へ・へ}互いに似ている。類似する。

にがりわら・ふ【苦り笑ふ】［自ハ四］{は・ひ・ふ・ふ・へ・へ}苦笑する。苦々しく思いつつ笑う。

にが・る【苦る】［自ラ四］{ら・り・る・る・れ・れ}顔をしかめる。不愉快な表情をする。例「しからざらむ人は、きはめて**苦・りて**」〈今昔・二六・一〇〉

にき-【和】［接頭］《「にこ」と同じ語源。中古以降は「にぎ」》❶穏やかな、温和なの意を表す。「和魂」など。❷柔らかな、細かいの意を表す。「和膚」など。❸精製した、良質の、の意を表す。「和銅」など。

にき【日記】［名］《「にっき」の促音無表記》「にっき」に同じ。

〔日記の家〕《「にっきのいへ」とも》(日記は有職故実の重要な資料であったことから)官職・故実・儀式などによく通じている家柄。また、武官に対して文官の家。

に-き …た。…てしまった。例「にはかに胸を病みて亡せ**にき**となん聞く」〈源氏・橋姫〉訳急に胸を患って亡くな**った**と聞いています。《係結び》「なん→聞く(体)」

語構成　に　完「ぬ」(用)　き　過「き」

にぎ-【和】［接頭］「にき(和)」に同じ。

にきしね【和稲】［名］《「にこしね」とも。また、中古以降「にぎしね」とも。「しね」は稲の意》籾をすり取った米。↔荒稲

にきたつ【熟田津】［地名］伊予国の港。いまの愛媛県松山市道後温泉付近にあった。百済に向かう斉明天皇の一行が滞在した折に、額田王が詠んだ歌で知られる。

〔和歌〕**にきたつに…**【熟田津に船乗りせむと月待てば潮もかなひぬ今は漕ぎ出でな】〈万葉・一・八・額田王〉訳熟田津で船出をしようと月の出を待っていると、月も出て潮の具合もよくなった。さあいまこそ漕ぎ出そう。

にきたへ【和栲・和妙】［名］《中古以降「にぎたへ」》細かい繊維の布。また、打って柔らかくした布。神に供える。↔荒栲

にきたま【和魂・和霊】［名］《中古以降「にぎたま」》「にきみたま」に同じ。

にきて【和幣】［名］《中古以降「にぎて」》楮や麻の繊維で織った布。木の枝にかけて神にささげる。のちには絹や紙を用いた。＝幣

にぎは・し【賑はし】［形シク］{しから・しく(しかり)・し・しき(しかる)・しけれ・しかれ}「にぎはし」に同じ。

にきはだ【柔肌・和肌】［名］《「やははだ」とも》柔らかな肌。

にぎはは・し【賑ははし】［形シク］{しから・しく(しかり)・し・しき(しかる)・しけれ・しかれ}《「にぎはし」とも》❶栄えている。豊かだ。例「物いと多く取り広げて、**にぎはは・しければ**」〈宇津保・蔵開・下〉❷華やかだ。にぎやかだ。例「声、いとほこりかに、**にぎはは・しきものから**」〈宇津保・蔵開・

に

〔格助詞〕〔接続助詞〕

アプローチ ▼格助詞「に」(一)の基本的な意味は、動作・作用が行われたり、ある状態が成立するにあたっての、空間的・時間的な位置を指定することにある。
▼連用修飾語を構成し、下にくる動詞の意味により、さまざまな意味関係をになうこととなる。現代語の「に」に比べ、やや広い範囲で用いられるので注意すること。
▼接続助詞(二)は、格助詞から派生した。
▼格助詞との差異は微妙で、とくに、順接用法については格助詞とみる説もある。

《識別注意語》→付録「まぎらわしい品詞の識別」

一〔格助詞〕接続 体言、副詞、活用語の連用形・連体形などに付く。

意味	訳語	用例
❶動作・作用の行われる場所を表す。	…に …で	例「昔、男、片田舎に住みけり」〈伊勢・二四〉 訳昔、男が、片田舎に住んでいた。
❷動作・作用の行われる時間を表す。	…に	例「五節は二十日に参る」〈紫式部日記〉 訳五節の舞姫は、二十日に(内裏に)参入する。
❸動作・作用の対象を表す。	…に	例「都出でて君に逢はむと来しものを来しかひもなく別れぬるかな」〈土佐〉 訳都を出立して、あなたにお目にかかろうとやって来たのに、来たかいもなく、もう別れてしまうのですね。
❹動作の到着点や方向を表す。	…に	例「亭子の帝、鳥飼院におはしましにけり」〈大和・一四六〉 訳亭子の帝が、鳥飼院においでになった。
❺変化の結果を表す。	…に …として	例「かたみに導きかはしたまふべき心を願文に作らせたまへり」〈源氏・鈴虫〉 訳互いに浄土に導きあおうという(源氏の)お気持ちを、願文(＝施主の願意を書いた文)としてお作らせになった。
❻原因・理由を表す。	…のために	例「春の野に若菜摘まむと来しものを散りかふ花に道はまどひぬ」〈古今・春下・一一六〉 訳春の野に若菜を摘もうとして来たのだが、散り乱れる花のために道に迷ってしまった。
❼手段・方法を表す。	…で	例「この皮衣は、火に焼かむに、焼けずはこそ、まことならめ」〈竹取・火鼠の皮衣〉 訳この皮衣は、火で焼いても、焼けなければ(そのときこそ)、本物だろう。

上〉❸多い。たくさんある。例「**にぎはは・しく**、草子どもとり散らしたるを」〈源氏・初音〉

にぎははしう【賑はははしう】ニギワワシュウ 形容詞「にぎははし」の連用形「にぎははしく」のウ音便。

にぎは・ふ【賑はふ】ニギワ(オ)ウ〔自ハ四〕{は・ひ・ふ・ふ・へ・へ}❶富み栄える。❷にぎやかになる。

にき・ぶ【和ぶ】〔自バ上二〕{び・び・ぶ・ぶる・ぶれ・びよ}心が和らぐ。慣れ親しむ。なごむ。↕荒ぶ①②③。例「**にき・び**し家ゆ出でて」〈万葉・三・四八一長歌〉

にきみ【面皰・痤】〔名〕はれ物の一種。いまのにきびとも。

にきみたま【和御魂・和魂】〔名〕《中古以降「にぎみたま」》徳を備えた温和な神霊。＝和魂。↕荒御魂。

にきめ【和海藻・和布】〔名〕《中古以降「にぎめ」とも》ワカメなどの柔らかな海藻。和歌では、「和女(たをやかな女性)」にかけることが多い。↕荒布。(季－春)

にきりぶと【握り太】〔名〕弓の握りの部分を、皮などを厚く巻いて太くしたもの。また、その弓。全体が太い弓ともいう。➡〔古典参考図〕武装・武具〈3〉

にぎ・る【握る】〔他ラ四〕{ら・り・る・る・れ・れ}❶手の指を内側に折りまげる。物をつかむ。❷自分のものにする。手中におさめる。掌握する。例「一天四海を、掌の内ににぎ・られしうへは」〈平家・一・鱸〉

にく【褥】〔名〕敷き物。とくに、毛皮の敷き物。

にく【憎】《形容詞「憎し」の語幹》憎い。腹立たしい。

に・ぐ【逃ぐ】〔自ガ下二〕{げ・げ・ぐ・ぐる・ぐれ・げよ}逃げる。避ける。

にくう【憎う】形容詞「にくし」の連用形「にくく」のウ音便。

にくうのだいきゃう【二宮の大饗】ニグウノダイキョウ《「二宮」は、中宮と東宮のこと》陰暦正月二日に、親王以下の諸臣が中宮と東宮に拝賀したのちに、饗宴を賜る儀式。(季－春)

にくから・ず【憎からず】《形容詞「憎し」の未然形＋打消の助動詞「ず」》❶情愛が細やかだ。好感がもてる。例「若き声ども**憎から・ず**」〈源氏・帚木〉❷愛らしい。かわいい。例「人がらの、いとあてに、わかく

❽動作の目的を表す。	…(のため)に	例「君により言の繁きをふるさとの明日香の川に禊しに行く」〈万葉・四・六二六〉訳あなたのためにうわさをされ(身が汚れ)ているので旧都の明日香川に禊をしに行きます。
❾受身の表現で、動作主を表す。	…に	例「盗人なりければ、国の守にからめられにけり」〈伊勢・一二〉訳(男は)盗人であるので、国守に捕縛されてしまった。
❿使役の表現で、動作の働きかけを受ける対象を表す。	…に	例「いと弱き心に、頭もたげて、人に紙を持たせて、苦しき心地にからうじて書きたまふ」〈竹取・燕の子安貝〉訳たいそう心は弱っていたが、(病床にありながら)頭を起こして、人に紙を持たせて、苦しい気分のまま、どうにかお書きになる。
⓫比較の基準を表す。	…に …より	例「この人々の深き志は、この海にも劣らざるべし」〈土佐〉訳この人々の深い厚意は、この海(の深さ)にも劣らないだろう。
⓬資格や地位を表す。	…として	例「臨時の祭り、明後日とて、助にはかに舞人に召されたり」〈蜻蛉・下〉訳賀茂の臨時の祭りが明後日だということで、助(=道綱)が急に舞人として召された。
⓭知覚の内容を表す。	…に …と	例「瓦の目ごとに入りて、黒う丸に見えたる、いとをかし」〈枕・雪は〉訳(雪が)瓦の目ごとに吹きだまり、(瓦が)黒い丸に見えているのは、たいへん趣深い。
⓮動作・作用の状態を表す。	…で	例「ただ翁びたる声に額づくぞ聞こゆる」〈源氏・夕顔〉訳実に年寄りじみた声で(仏前に)額ずく声が聞こえる。
⓯比喩を表す。	…のように	例「幾世しもあらじ我が身をなぞもかく海人の刈る藻に思ひ乱るる」〈古今・雑下・九三四〉訳どれほど生きられるわけでもないわが身だというのに、いったいどうして、漁師の刈る海藻のように思い乱れているのか。
⓰その人のいる場所を示すことで動作主を間接的に表す(尊敬表現)。	…(に)は	例「弘徽殿には、久しく上の御局にも参上りたまはず」〈源氏・桐壺〉訳弘徽殿女御は、久しく上の御局(=天皇のお側近くに賜る控えの間)にも参上なさらず。
⓱動詞や形容詞の繰り返しの間に用いて強意を表す。	ひたすら… …ばかり	例「ただ泣きに泣きたまふ」〈源氏・野分〉訳ひたすらお泣きになるばかりである。
⓲累加・添加の基盤を表す。	…(のうえ)に	例「削り氷に甘葛入れて、あたらしき鋺に入れたる」〈枕・貴なるもの〉訳(高貴で繊細なものといえば)かき氷に甘葛のみつを入れて、あたらしい金属製の椀に入れたもの。

らうたげなるも、にくから・ず」〈夜の寝覚〉

にくげ【**・なり**】【**憎げ**】[形動ナリ]{なら・なり(に)・なる・なれ・なれ}(「げ」は接尾語)❶**他者を憎んでいるようす**。例「中将などがにくげ・に〔私ノ事ヲ〕思ひたるむつかしさに」〈和泉式部日記〉❷**他者から見て憎らしげだ**。例「腹立たしくなりて、憎げ・なることどもを言ひはげましはべるに」〈源氏・帚木〉(敬語)「言ひはげましはべる」→「はべり」。❸**醜いようす**。**愛想がない**。例「人(=人柄)、物いひ憎げ・なる気色したり」〈今昔・二八・二七〉

にくけい【**肉髻**】[名](仏教語)仏に備わる「三十二相」のひとつ。頭の頂上の肉が隆起して、髻のような形をしたもの。

にくげごと【**憎げ言**】[名]憎まれ口。悪口。

にくさげ【**・なり**】【**憎さげ**】[形動ナリ]{なら・なり(に)・なる・なれ・なれ}(形容詞「憎し」の語幹＋接尾語「さ」＋接尾語「げ」)憎らしげだ。品がない。醜い。例「上童のいと憎さげ・なるが」〈宇治拾遺・一四・八〉

-にく・し【**憎し**】[接尾ク型]{から・く(かり)・し・き(かる)・けれ・かれ}(動詞の連用形に付いて)…するのが嫌だ。…するのが困難だ。例「いと立ち離れにく・き草のもとなり」〈源氏・桐壺〉

にく・し【**憎し**】[形ク]{から・く(かり)・し・き(かる)・けれ・かれ}

> **アプローチ**
> ▼不快で気に入らないさまを表す。
> ▼また、対象を評価して、外見上の体裁の悪さ・醜さを表す。
> ▼対象が、憎らしいと思うほどすぐれている場合にも用いられる。

❶**嫌いだ**。**いやだ**。**わずらわしい**。**しゃくにさわる**。例「紫草のにほへる妹を憎・くあらば人妻故に我恋ひめやも」〈万葉・一・二一〉訳→〔和歌〕むらさきのにほへるいもを…

❷**見苦しい**。**醜い**。**体裁が悪い**。例「これはこの比やうの事なり。いとにく・し」〈徒然・二〇八〉訳これ(=お経の巻物などのひもの結び方)は当世風の結び方だ。

二［接続助詞］ 接続 活用語の連体形に付く。

意味	訳語	用例
❶逆接の確定条件を表す。	…けれども …のに	例「翼をならべ、枝をかはさむと契らせたまひしに、かなはざりける命のほどぞ尽きせずうらめしき」〈源氏・桐壺〉 訳（帝と桐壺更衣とは）比翼の鳥、連理の枝となろう（＝深い愛情で一心同体となろう）とお約束なさったのに、それがかなわなかった（更衣の）寿命（のはかなさ）が、限りなく恨めしい。
❷順接の確定条件を表す。	…ので …から	例「涙のこぼるるに目も見えず、ものも言はれず」〈伊勢・六二〉 訳涙がこぼれるので、目も見えず、ものも言えません。
❸順接の偶然条件を表す。	…と …ところ	例「あやしがりて、寄りて見るに、筒の中光りたり」〈竹取・かぐや姫〉 訳不思議に思って近寄って見ると、竹筒の中が光っている。
❹前の出来事に続いて次の出来事が起きることを表す。	…と そして	例「急ぎ参らせて御覧ずるに、めづらかなる児の御容貌なり」〈源氏・桐壺〉 訳（帝は若宮を）急いで宮中に参上させてご覧になると、非常に優れた赤子のご器量である。
❺添加・並立の関係を表す。	…のに、そのうえ	例「旅の空を思ひやる心地いとあはれなるに、人の心もいと頼もしげには見えずなむありける」〈蜻蛉・上〉 訳旅先（の父）を思う気持ちは、ほんとに切ないものであるのに、そのうえ、あの人（＝作者の夫）の心もとても頼りになりそうには見えないのであった。

発展学習ファイル (1)動作・作用の行われる場所や、到着点を表す用法は、格助詞「へ」にもある。基本的に、「に」はある一定の場所を表し、「へ」は方向を表すとされる。
(2)一⑭⑮の用法は、断定の助動詞「なり」の連用形であるとする説もある。
(3)「にて」（格助詞「に」＋接続助詞「て」）は、原因・理由を表したり、資格や状態を表すなど、さまざまな意味があるので注意するべき語法である。→「にて」
(4)上代には、格助詞「に」は、助動詞などが名詞化したものに付いて文末に用いることがあった。この種の「に」は余情を含ませて詠嘆的に使われているので、終助詞性を帯びていると考えられる。例「降る雪はあはにな降りそ吉隠の猪養の岡の寒からまくに」〈万葉・二・二〇三〉
(5)また、「希求を表す」として終助詞「に」を認める立場もあるが、その「に」は終助詞「な」の変化した形と見る説も有力である。
(6)接続助詞は格助詞から派生したものなので、両者ははっきり区別しにくい場合もあるが、上に付く語が判別の手がかりになる。まず、接続助詞は名詞には付かない。また、「活用語の連体形＋に」という形をとる場合は、上に付く活用語の連体形が準体言（何らかの名詞を補う必要がある）ならば格助詞である。

とても見苦しい感じだ。❸**あっぱれだ。感心だ。** 例「にく・い剛の者かな」〈古活字本保元・中〉 訳あっぱれな勇者よ。《音便》「にくい」は「にくき」のイ音便。
❹（動詞の連用形に付いて）**…しづらい。…しにくい。** 例「よからぬ者どもの言ひ出づることと聞きにく・く思して」〈源氏・葵〉 訳よくない連中の口にすることだと聞きづらく（＝不快に）お思いになって。《敬語》「思して」→「おぼす」

発展学習ファイル 類義語に、「くやし」「くちをし」「ねたし」がある。🔽「ねたし」〈古語深耕〉

古語深耕
「にくし」の意味と用法
「にくし」は、不快・嫌悪の感情を表す場合にしばしば用いられるが、気に入らない、嫌だという程度の反発の感情を表す語で、現代語の「にくい」のような強い憎悪の感情は含まれない。また、「にくくあらず」「にくからず」のように否定の形で用いられたときには、むしろ、好ましい意を表すことが多い。

にくじき【肉食】［名］《仏教語》鳥獣・魚などの肉を食べること。

にくどころ【憎所】［名］憎らしい人の住む所。

にく・む【憎む】［他マ四］{ま・み・む・む・め・め} ❶**嫌う。不快に思う。** 例「春宮の女御のあながちに〔源氏ヲ〕憎・みたまふらんも」〈源氏・花宴〉 ❷**反対する。非難する。なじる。** 例「これ（＝追贈）につけても、〔桐壺更衣ヲ〕憎・みたまふ人々多かり」〈源氏・桐壺〉

にぐら【荷鞍】［名］荷馬に置く鞍。

にくらか【・なり】【憎らか】［形動ナリ］{なら・なり（に）・なり・なる・なれ・なれ}（「らか」は接尾語）憎らしいさま。こ憎らしい。例「憎らか・にもうけばらぬ（＝出シャバラナイ）などをほめぬ人なし」〈源氏・若菜・上〉

にぐろ・し【土黒し】［形ク］{から・く（かり）・し・き（かる）・けれ・かれ} 土のように黒い。

にぐゎつだう【二月堂】［名］奈良東大寺の仏堂のひとつ。毎年二月に大法会を行った。開基は天平勝宝四年(七五二)。本尊は十一面観音。

にげ【二毛】［名］馬の毛色の名。白と黒の二色の毛が交じっているもの。

にげう・す【逃げ失す】［自サ下二］{せ・せ・す・する・すれ・せよ}逃げて行方をくらます。逃亡する。例「(工匠・タチハ)逃げう・せにけり」〈竹取・蓬萊の玉の枝〉

にげく【逃げ句】［名］付け句のひとつ。連句で、むずかしい前句が出て付けにくい場合や、展開が渋滞しているときに、天象や季節などを軽く詠んであっさりと付ける句。遣り句。

にげさわ・ぐ【逃げ騒ぐ】［自ガ四］{が・ぎ・ぐ・ぐ・げ・げ}大騒ぎをして逃げ回る。例「せみ声にのたまふ声の、いみじうをかしければ、人々**にげさわ・ぎて**」〈堤中納言・虫めづる姫君〉

にげづ・く【似気付く】［自カ四］{か・き・く・く・け・け}(「にげつく」とも)似合う。しっくりとしている。例「げに『(御方々ニ贈ッタ着物ガソレゾレニ)**似げづ・いたる**見ん』の御心なりけり」〈源氏・玉鬘〉〔音便〕「似げづい」は「似げづき」のイ音便。

にげなう【似げ無う】形容詞「にげなし」の連用形「にげなく」のウ音便。

にげなさ【似気無さ】［名］(「さ」は接尾語)似合わないこと。不相応なこと。

にげな・し【似げ無し】［形ク］{(から)・く(かり)・し・き(かる)・けれ・かれ}**似つかわしくない。似合わない。ふつりあいだ。**例「いと若うおはすれば、**似げな・く**恥づかしと思いたり」〈源氏・桐壺〉〔音便〕「若う」は「若く」のウ音便。「思い」は「思し」のイ音便。〔敬語〕「若うおはすれば」→「おはす」、「思いたり」→「おぼす」

にげの・く【逃げ退く】［自カ四］{か・き・く・く・け・け}逃げて後ろへ下がる。逃げ去る。例「弟子どもは物の後ろに**逃げ退・きて**」〈宇治拾遺・二・七〉

にげまうけ【逃げ設け】［名］逃げる準備。

にげみづ【逃げ水】［名］蜃気楼の一種。春の晴れた日に草原などで、遠くからは水があるように見えるのが、近づくと遠のいて見える現象。(季―春)

に-けむ …てしまったのだろう。例「五年六年のうちに、千歳や過ぎ**にけむ**、かたへはなくなりにけり」〈土佐〉訳(留守にしていた)五、六年の間に千年もたって**しまったのだろう**か、(千年の樹齢を保つという松の)一部分はなくなってしまっていた。〔係結び〕「や」→過ぎにけむ(体)

語構成　に：完「ぬ」用　けむ：過・推「けむ」

にげめをつか・ふ【逃げ目を使ふ】逃げる機会をうかがう目つきをする。逃げ腰になる。例「怪しく**逃げ目をつか・ひて**ただ騒ぎに騒ぐ」〈今昔・三一・三一〉

に-けらし …てしまったようだ。…たらしい。例「春過ぎて夏来**にけらし**白妙の衣干すてふ天の香具山」〈新古今・夏・一七五〉訳→〈和歌〉はるすぎてなつきにけらし…

語構成　に：完「ぬ」用　け：過「けり」体　らし：推「らし」
＝「にけるらし」の変化形。

に-けり ❶…てしまった。例「極楽寺・高良などを拝みて、かばかりと心得て帰り**にけり**」〈徒然・五二〉訳極楽寺や高良大明神などを拝んで、これだけと思って帰っ**てしまった**。❷…てしまったなあ。例「うつせみの世にも似たるか花桜咲くと見しまにかつ散り**にけり**」〈古今・春下・七三〉訳はかない世にも似て、桜の花は咲いたと思ったそばから次々と散っ**てしまったなあ**。

語構成　に：完「ぬ」用　けり：過「けり」

にこ-【和・柔】［接頭］(「にき」と同じ語源)柔らかい、柔和なの意を表す。「和草」「和毛」など。

にこう【尼公】［名］出家して尼になった貴婦人の敬称。＝尼君

にこぐさ【和草】［名］生え始めたばかりで、茎や葉の柔らかい草。一説に、ハコネシダのことども。

にこぐさの【和草の】［枕詞］同音の繰り返しから「にこよか」にかかる。例「**にこ草の**にこよかにしも思ほゆるかも」〈万葉・一四・三四〇九〉

にこ・し【和し・柔し】［形ク］{(から)・く(かり)・し・き(かる)・けれ・かれ}柔らかい。穏やかだ。例「山に住む物(＝獣)は、毛の**和・き**物、毛の荒き物」〈祝詞〉

にこや【和や・柔や】［名］(「や」は接尾語。「なごや」とも)柔らかいこと。

にこやか【・なり】【和やか】［形動ナリ］{なら・なり(に)・なり・なる・なれ・なれ}❶もの柔らかなさま。しとやかなさま。温和なさま。例「**にこやか・なる**方(＝筆致)のなつかしさは」〈源氏・梅枝〉❷にっこり笑うさま。①②＝和よか

にこよ【和世】［名］陰暦六月と十二月の「大祓」の際、神祇官が天皇の「贖物」の料として献上した「和栲」の衣。↔荒世

にこよか【・なり】【和よか】［形動ナリ］{なら・なり(に)・なり・なる・なれ・なれ}(「よか」は接尾語)「にこやか」に同じ。

にごり【濁り】［名］❶よごれ。けがれ。❷やましいところがあること。不正。例「**濁り**なき心にまかせてつれなく(＝平気デ)過ぐし侍らむも」〈源氏・須磨〉❸(仏教語)邪念。煩悩。欲望。

〔**濁りに染む**〕濁りの中にいて、それに染まる。この世の汚れに染まって、清らかさ・純粋さが失われる。例「蓮葉の**にごりに染・まぬ**心もてなにかは露を玉とあざむく」〈古今・夏・一六五〉訳→〈和歌〉はちすばの…

にごりえ【濁り江】［名］水の濁っている入り江。

にご・る【濁る】［自ラ四］{ら・り・る・る・れ・れ}❶水などが不透明になる。汚れる。❷邪念を抱く。煩悩にとらわれる。例「石清水**にご・らじ**と思ふわが心」〈新後撰・神祇・七三〉❸濁音になる。例「行法も、法の字を清みていふわろし。**濁・りて**いふ」〈徒然・一六〇〉①②③↔澄む

にさい【二歳・二才】［名］(近世語)若く、未熟な者をののしっていう語。未熟者。若造。青二才。

にし【西】［名］❶方角の名。日没の方角。❷西風。❸(西方にあるとされることから)極楽浄土。

〔**西の海**〕❶西の方角にある海。❷西海道のこと。＝西海②

〔**西の京**〕「うきゃう(右京)」に同じ。

〔**西の国**〕京都より西国。とくに、九州。

〔**西の対**〕寝殿造りの寝殿の西側にある対の屋。

↔東の対

〔西の光〕西方浄土に満ちている、阿弥陀如来の光明。

〔西の迎へ〕西方にあるという極楽浄土から、阿弥陀如来が迎えに来ること。

にし【螺・辛螺】［名］巻き貝の総称。

に-し …に。…によって。例「あしひきの山にし居をれば風流みやびなみ我がするわざをとがめたまふな」〈万葉・四・七二一〉訳山に住んでいるので風雅もわきまえることもない、私の振る舞いでもどうかお咎めくださいますな。

語構成　に 格助／し 副助

に-し （「にしあらねば」などの形で）…で。…では。例「世の中を憂しとやさしと思へども飛び立ちかねつ鳥にしあらねば」〈万葉・五・八九三〉訳→〔和歌〕よのなかをうしとやさしと…

語構成　に 断「なり」用／し 副助

に-し …てしまった。例「故里となりにし奈良の都にも色は変はらず花は咲きけり」〈古今・春下・九〇〉訳かつての都となってしまった平城京でも、色は昔と変わることなく花が咲いていることだ。

語構成　に 完「ぬ」用／し 過「き」体

にじ【二字】［名］❶（人名には多く、漢字二字を用いることから）実名。例「一門の子息ら二字を僧正に献ず」〈古事談〉❷「武士」の二字。武士の身分。

にしおもて【西面】［名］❶西側。西の方角。❷建物の西向きの部屋。❸「さいめんのぶし」に同じ。

に-しか ［終助］（「にしが」とも）自己の願望を表す。…たいものだ。…たいなあ。例「伊勢の海に遊ぶ海人あまともなりにしか浪かきわけて見るめかづかむ」〈後撰・恋五・八九一〉訳伊勢の海に気楽に過ごす海人にでもなりたいものだ。そうすれば波をかき分けて海松布みるめを取りに潜るでしょう（「見る目」つまり会う機会があるだろう）。〈接続〉活用語の連用形に付く。

語構成　に 完「ぬ」用／しか 終助

に-しか …てしまった。例「めらめらと焼けにしかばかぐや姫あひたまはず」〈竹取・火鼠の皮衣〉訳（火鼠の皮衣は）めらめらと燃えてしまったので、かぐや姫は結婚なさらなかった。

語構成　に 完「ぬ」用／しか 過「き」已

にしが ［終助］《完了の助動詞「ぬ」の連用形＋願望の終助詞「しが」＝「にしか」の変化形》「にしか［終助］」に同じ。例「花も香も残る菊ともなりにしが我よりはまたあらじと思はむ」〈平中・二〉

にしがな ［終助］《願望の終助詞「にしが」＋感動の終助詞「な」》自己の願望を表す。…たいものだなあ。例「命をしむと人に見えずもありにしがな」〈蜻蛉・中〉訳命を惜しむと人に見られずにいたいものだなあ。〈接続〉活用語の連用形に付く。

にしき【錦】［名］❶絹織物の一種。金・銀および種々の色糸で模様を織りだした、美しい厚地の織物。❷とりわけ多彩で美しいもののたとえ。

〔錦の御旗〕錦地に日・月を金銀で描き出した旗。官軍の標章。

にしきぎ【錦木】［名］陸奥みちのくの風習で、男が思いを寄せる女の家の門に立てた、一尺（約三〇センチメートル）ほどの五色に彩色した木のこと。女が男の思いを承諾すれば家中に取り入れられるが、取り入れられないと男は毎日一束ずつ重ね、千束になるまで誠意を示したという。＝染め木②

にしきのうら【錦之裏】［作品名］江戸後期（一七九一刊行）の洒落本しゃれぼん。山東京伝さんとうきょうでん作・画。遊里の夜を錦の表に、昼の情景を裏にたとえ、生活のようすを時刻を追って克明に描写した作品。

にしきぶんりゅう【錦文流】［人名］（生没年未詳）江戸前・中期の浄瑠璃・浮世草子作者。井原西鶴らと交流をもち、雑俳前句付けや、竹本義太夫のために『本海道虎石ほんかいどうとらいし』を製作。

にしきゑ【錦絵】［名］多色刷りの浮世絵版画の総称。鈴木春信を創始者とし、明和（一七六四〜一七七二）ごろから興隆した。江戸絵。

にしざはいっぷう【西沢一風】［人名］（一六六五〜一七三一）江戸中期の浄瑠璃・浮世草子作者。家業の正本屋しょうほんやを継ぐ一方で豊竹座上演曲の版元ともなる。『新色五巻書しんしきごかんしょ』『風流御前義経記ふうりゅうごぜんぎけいき』などの浮世草子を書いたのち浄瑠璃へと移行。

にしさま【西様】［名］（「さま」は接尾語）西の方向。

にしだん【尼師壇】［名］《仏教語。梵語の音訳》僧が所持する、長さ一・二メートル、幅一メートルほどの布片。座臥ざがするときに敷物にする。

に-して ❶場所を示す。…で。…において。例「外山とやまの庵いほりにしてこれをしるす」〈方丈記〉訳（日野の）外山の庵において、これ（＝『方丈記』）を記す。❷時間を示す。…に。例「三十みそぢあまりにしてさらにわが心と一つの庵をむすぶ」〈方丈記〉訳三十歳を少し過ぎたところに私のかねてよりの思いとしてひとつの草庵を結ぶ。

語構成　に 格助／して 接助

に-して ❶…であって。…で。例「月日は百代はくたいの過客くわかくにして、行きかふ年もまた旅人なり」〈おくのほそ道・出発まで〉訳月日は永遠に旅を続けるものであって、来ては去り、去っては来る年というものもまた旅人である。❷…でありながら。…のに。例「韓衣裾に取り付き泣く子らを置きてそ来きぬや母おもなしにして」〈万葉・二〇・四四〇一〉訳→〔和歌〕からころむ…

語構成　に 断「なり」用／して 接助

にしのいちのつかさ【西の市の司】［名］「右京職うきょうしき」に属する、平城京・平安京の西の市場を管理した役所。↔東ひがしの市の司

にしのみや【西宮】［地名］播磨国はりまのくにの地名。いまの兵庫県西宮市。中世に広田神社・西宮戎えびす神社の門前町として栄えた。

にじふいちだいしふ【二十一代集】［名］勅撰和歌集の総称。平安初期の『古今和歌集』から室町中期の『新続古今和歌集』までの二十一集。→「じふさんだいしふ」「はちだいしふ」

にじふご【二十五】［名］❶数の名。❷「二十五菩薩」の略。❸「観音経」の別称。

にじふごう【二十五有】［名］《仏教語》衆生

の輪廻する「三界」を、欲界十四有、色界七有、無色界四有に分けた二十五の世界のこと。

にじふごぼさつ【二十五菩薩】［名］《仏教語》極楽往生を願う者を守護し、その臨終のとき、阿弥陀如来に率いられて来迎するという、観世音・勢至をはじめとする二十五の菩薩。＝二十五②

にじふしかう【二十四孝】［作品名］室町後期の御伽草子。作者・成立年未詳。中国の『二十四孝』を日本の中世小説に書き直したもの。

にじふしき【二十四気】［名］陰暦で、太陽の黄道上の位置を二十四等分して示した季節区分。五日を一候とし、三候を一気として一年間を二十四気に区分する。二十四節気。

にじふはっしゅく【二十八宿】［名］黄道に沿って天球を二十八に区分したもの。これによって月の動きを識別し、日や星の所在を表した。

にじふろくやまち【二十六夜待ち】［名］陰暦正月・七月の二十六日の夜半、月の出を待って拝むこと。月光の中に阿弥陀・観世音・勢至の三尊の姿が現れるという。＝六夜待ち。（季―秋）

にしやま【西山】［地名］山城国の山地。いまの京都市北西部の竜安寺・御室一帯の山地。いまの西山は、京都府の西南部、京都盆地の西にある山々の総称。

にしやまそういん【西山宗因】［人名］（一六〇五～一六八二）江戸前期の連歌作家・俳人。別号は梅翁・西翁など。談林俳諧の宗枢となると松永貞徳の貞門を排し、その風潮は西鶴に継承された。句集『宗因五百句』など。

にしやまものがたり【西山物語】［作品名］江戸中期（一七六八刊行）の読本。建部綾足作。京都で起きた、渡辺源太が妹やゑを斬殺するという異常事件に取材し、舞台を西山に移し、武家社会での恋愛悲劇として脚色したもの。

にじ・る【躙る】{ら・り・る・る・れ・れ} 一［自ラ四］座ったまま膝を押し付けるようにして、じりじりと動く。例「まだ〔殿ノ〕お前をにじ・りも致しませぬ」〈狂・今参り〉 二［他ラ四］なすりつける。押しつけてねじ回す。例「炭櫃を押しにじ・りて」〈義経記・三〉

に・す【似す】［他サ下二］{せ・せ・す・する・すれ・せよ}似せる。似るようにする。まねる。

にせ【二世】［名］《仏教語》現世と来世。この世と死後の世。

〔二世の縁〕（親子は一世、夫婦は二世、主従は三世の縁があるということから）夫婦の縁。

〔二世の契り〕来世でも夫婦として連れ添おうという約束。

にせごと【似せ事】［名］（「にせこと」とも）まねをすること。物まね。

にせむらさきゐなかげんじ【修紫田舎源氏】［作品名］江戸後期（一八二九から一八四二刊行）の合巻。柳亭種彦作、歌川国貞画。書名の「修紫」は、似せ（または偽）紫式部をかけ、「田舎」は、卑俗、まがい物の意。『源氏物語』の舞台を室町時代に移し、和歌を俳句に詠みかえ、草双紙式の翻案を試みた長編小説。天保の改革により絶版を命じられ、未完のまま中絶。

にせものがたり【仁勢物語】［作品名］江戸前期（一六三九ごろ成立）の仮名草子。作者未詳。『伊勢物語』百二十五段を逐語的にもじり、狂文化した擬物語。近世の擬伊勢物語流行の先駆的作品。

にせゑ【似せ絵】［名］平安後期から鎌倉時代にかけて盛行した、大和絵に属する肖像画。画家は藤原隆信、その子信実らが著名。

にせんせき【二千石】［名］（「じせんせき」とも）（中国で漢の地方長官の年給が二千石だったことから）地方長官の別称。

に-たり …てしまっている。…てしまった。例「時は山寺わざの、貝四つ吹くほどになりにたり」〈蜻蛉・中〉 訳時刻は山寺らしいわざの法螺貝を四つ吹く時分になってしまった。

語構成	
に	たり
完「ぬ」用	完「たり」

にちれん【日蓮】［人名］（一二二二～一二八二）鎌倉中期の僧。日蓮宗の開祖。家系は未詳。幼時に出家。初め天台宗を学ぶが、仏法の真随が『法華経』にあることを悟り、日蓮宗を開く。他宗を批判し、北条時頼に諫言したことから迫害を受け、配流。のち身延山久遠寺を開山。著書に『立正安国論』『開目鈔』などがある。

にちゐき【日域】［名］「じちゐき」に同じ。

につかは・し【似つかはし】［形シク］{しから・しく(しかり)・し・しき(しかる)・しけれ・しかれ}ふさわしい。似合っている。例「漢詩ども、時に似つかは・しきいふ」〈土佐〉

につか・ふ【丹つかふ】［自八四］{は・ひ・ふ・ふ・へ・へ}赤味がつく。赤味がかる。＝さ丹つかふ。例「さ丹つか・ふ色なつかしき紫の」〈万葉・一六・三七九一長歌〉

にっき【日記】［名］《平安時代までの仮名表記は「にき」》毎日の出来事の記録。→「にっきぶんがく」

古典の世界　平安時代の公卿の日記は、「具注暦」の余白に記された。

にっきふ【日給】［名］宮中での当直の日。また、出仕すること。

〔日給の簡〕内裏の清涼殿の殿上の間に仕える者の官位・姓名を書いた札。殿上人の出勤簿。＝仙籍・殿上の簡・日給ひの簡

にっきぶんがく【日記文学】［名］文学のジャンルのひとつ。毎日の出来事を記した実用的記録ではなく、作者の人生観照を仮名文字で文学的に表した作品。『土佐日記』を祖とし、以後、中流貴族の女性により自省性、回想性の強い作品が生み出された。

につ・く【似つく】［自カ四］{か・き・く・く・け・け}よく似合う。よく似る。例「偽りも似つ・きてぞする」(＝デタラメモ本当ラシクイウモノデス)〈万葉・一一・二五七三〉

にっくゎう【日光】［名］「日光菩薩」の略。

にっくゎう【日光】［地名］下野国の地名。いまの栃木県日光市。奈良時代、二荒山神社などが開かれて信仰を集めた。江戸時代には、徳川家康をまつる東照宮が建造され、門前町として繁栄。

にっくゎうぼさつ【日光菩薩】［名］《仏教語》月光菩薩とともに薬師如来の脇侍の仏。左側に立つ。＝日光。↔月光菩薩

にっくゎもん【日華門】［名］（「じっかもん」と

も》内裏の中にある門のひとつ。紫宸殿の東南にあり、宜陽殿と春興殿との間に位置する。西側の月華門と相対する。近衛府が守る。➡[古典参考図]紫宸殿・清涼殿図

につこら・し【似つこらし】[形シク]{しから・しく(しかり)・し・しき(しかる)・しけれ・しかれ}《近世語。「らし」は接尾語》似つかわしい。まことしやかだ。例「**似つこら・しき**出家さへ見れば」〈浮・新色五巻書〉

にったう【入唐】[名]《「にふたう」とも》日本から唐へ行くこと。

にっちゅう【日中】[名]「六時」のひとつ。正午。また、その時間に行う勤行。

につつじ【丹躑躅】[名]赤い花の咲くツツジ。印象深いイメージをもつ。

にってん【日天】[名]「日天子」の略。

にってんし【日天子】[名]❶《仏教語》十二天のひとつ。太陽を宮殿として住み、世界を照らす神。観世音菩薩、あるいは大日如来の化身とされる。＝日天。❷太陽。

にっぽじしょ【日葡辞書】[作品名]江戸前期（一六〇三刊行）の辞書。日本イエズス会編。外国人宣教師用の日本語学習のための辞書で、ローマ字表記。アルファベット順にローマ字で見出し語を配列、各語にポルトガル語で意味を解説し、ローマ字書きの日本語用例などを添えている。とくに発音・用例面における中世国語研究の貴重な資料。

にっぽん【日本】[名]わが国の称。日本国。

にっぽんいち【日本一】[名・形動ナリ]❶日本中で第一番。❷この上もない。最上。例「日本一のご機嫌にて候ふ」〈謡・西行桜〉

にっぽんえいたいぐら【日本永代蔵】[作品名]《「にほんえいたいぐら」とも》江戸前期（一六八八刊行）の浮世草子。井原西鶴作。「大福新長者教」と副題にあり、富を築き長者になるべき教訓を町人に示すことを意図した作品。「金」にまつわる人間の諸相をおもしろおかしく描いた西鶴の代表作のひとつ。

につら・ふ【丹つらふ】[自ハ四]{は・ひ・ふ・ふ・へ・へ}《後世は「にづらふ」とも》赤く照り映える。顔が赤みをおびて美しい色をしている。＝さ丹つらふ。例「かきつはたにつら・ふ妹はいかにかあるらむ」〈万葉・一〇・一九六八〉

にて
⇨九四四ページ「特別コーナー」

に-て[格助]❶…で。…であって。…の状態で。例「月の都の人にて父母あり」〈竹取・かぐや姫の昇天〉訳月の都の人で、父母がある。

語構成
に｜断「なり」用
て｜接助

❷（「にてあり」「にて侍り」「にて候ふ」などの形で）断定を表す。…である。例「みなし子にてありしを、三位入道養子にして」〈平家・四・宮御最期〉訳（仲家は）みなし子であったが、三位入道（頼政）が養子にして。《識別注意語》→付録「まぎらわしい品詞の識別」

に-て…てしまって。例「なやましきに、いといたう強ひられてわびにてはべり」〈源氏・花宴〉訳気分のすぐれないところに、ひどく（酒を）無理強いされて、困ってしまっております。《敬語》「わびにてはべり」→「はべり」《音便》「いたう」は「いたく」のウ音便。

語構成
に｜完「ぬ」用
て｜接助

にでう【二条】[地名]山城国の地名。平安京を東西に走る大路のひとつ。いまの京都市中京区二条。＝二条大路

にでうけ【二条家】[名]藤原為家の子、為氏を祖とする歌道の家柄。異母兄弟為教を祖とする京極、同じく為相を祖とする冷泉の両家と対立した。京極家が清新な歌風を好むのに対して二条家は伝統的な優美で穏やかな歌風を理想とした。『続拾遺和歌集』以下の勅撰集の撰に当たり、頓阿、二条良基らを輩出した。

にでうためうぢ【二条為氏】[人名]「ふぢはらのためうぢ」に同じ。

にでうためよ【二条為世】[人名]「ふぢはらのためよ」に同じ。

にでうてんわう【二条天皇】[人名]（一一四三〜一一六五）第七十八代天皇。父は後白河天皇。父の院政に天皇親政で対抗。平治・保元の乱で衰微していた歌壇再興に尽力、数多くの歌会を催した。

にでうよしもと【二条良基】[人名]（一三二〇〜一三八八）南北朝時代の歌人・連歌作者。関白。父は関白二条道平。和歌を頓阿に、連歌を救済に学んだ。『菟玖波集』を撰した。連歌論書『筑波問答』、歌論書『近来風体抄』など。

にでうゐんさぬき【二条院讃岐】[人名]（生没年未詳）平安後期から鎌倉前期の女流歌人。単に「讃岐」ともいう。父は源頼政。二条天皇に出仕し、のち宜秋門院に再出仕した。家集『二条院讃岐集』。

にてん【二天】[名]《仏教語》❶日天子と月天子。また、転じて、太陽と月とも。❷四天王のうち、多聞天と持国天。あるいは多聞天と増長天とも。❸帝釈天と梵天。

にどのかけ【二度の駆け】一の谷の合戦のとき、生田の森を退いた梶原景時が、息子の景季の苦戦を見て、ふたたび平家軍に攻め入り、息子を救い出したこと。転じて、戦場で一度退いたのちに、ふたたび攻め込むこと。

にな【蜷】[名]「みな（蜷）」に同じ。

になう【二無う】形容詞「になし」の連用形「になく」のウ音便。

にな・し【二無し】[形ク]{から・く(かり)・し・き(かる)・けれ・かれ}ふたつとない。比類ない。めったにないほどだ。例「にな・き生の声々いたすなりつるを」〈宇津保・内侍のかみ〉

になひいだ・す【担ひ出だす】[他サ四]{さ・し・す・す・せ・せ}かつぎ出す。やっとのことで作り出す。例「この海辺にてになひ出だせる歌」〈土佐〉

になひぢゃや【担ひ茶屋・荷ひ茶屋】[名]茶器や茶釜など茶を立てる道具一式をかついで歩いて、通行人に茶を立てて売る商人。（季―春）

にな・ふ【担ふ・荷ふ】[他ハ四]{は・ひ・ふ・ふ・へ・へ}物を肩にのせて運ぶ。かつぐ。例「青き草（＝菖蒲草）多く、いとうるはしく切りて、左右にな・ひて」〈枕・五月四日の夕つかた〉

ににんびくに【二人比丘尼】[作品名]江戸前期

にて［格助詞］

アプローチ ▼基本的には場所または時間のある点を表すもの、状態に関係するもの、方法や理由を表すものに分けられる。

▼格助詞「に」に接続助詞「て」が付いて一語化したもので、のちにはさらにつづまって「で」となった。

接続 体言、活用語の連体形などに付く。

〔識別注意語〕↓付録「まぎらわしい品詞の識別」

意味	訳語	用例
❶場所を表す。	…で …において	例「千住といふ所**にて**船をあがれば」〈おくのほそ道・旅立〉 訳 千住という所**で**船から降りると。
❷年齢を表す。	…で	例「長くとも四十に足らぬほど**にて**死なんこそ、めやすかるべけれ」〈徒然・七〉 訳 長くても四十歳に足りないくらいの年齢**で**死んでしまうのがちょうどよいだろう。
❸時間を表す。	…で	例「かくおびたたしくふることは、しばし**にて**止みにしかども」〈方丈記〉 訳（地震で）このようにものすごく揺れることは、すこしの時間**で**止んでしまったが。
❹状態を表す。	…で	例「あるかなきかの気色**にて**臥したまへるさま、いとらうたげに心苦しげなり」〈源氏・葵〉 訳 朦朧としたようす**で**臥せていらっしゃるさまは、実に弱々しく心苦しいものだ。
❺資格を表す。	…で …として	例「太政大臣**にて**位を極むべし」〈源氏・澪標〉 訳 太政大臣**として**地位を極めることでしょう。
❻手段・方法・材料を表す。	…で …を使って	例「蛤の貝**にて**髭を抜くもあり、塵紙**にて**仏を作るもあり」〈浮・西鶴諸国ばなし〉 訳（獄中で）はまぐりの貝殻**で**ひげを抜く者もいれば、ちり紙**を使って**仏像を作る者もいて。
❼原因・理由を表す。	…によって …で	例「我朝ごと夕ごとに見る竹の中におはする**にて**知りぬ」〈竹取・かぐや姫〉 訳 私が朝夕ごとに見る竹の中に（姫が）いらっしゃること**によって**、（姫のことを）知りました。

（一六三三ごろ成立）の仮名草子。鈴木正三作。夫の菩提を弔うため戦場を訪れた妻が、世の無常を悟り、出家して往生を遂げる物語。

にぬり【丹塗り】［名］丹または朱で赤く塗ること。また、その塗ったもの。

にの【布】［名］《上代東国方言》ぬの。

にのぐも【布雲】［名］《上代東国方言》ぬのを広げたようにたなびく雲。

にのたい【二の対】［名］寝殿造りで、寝殿に向かって左側（西側）の建物。西の対。

にのたち【二の太刀】［名］（一度打ったあとに）ふたたび切りつけること。二の刀。

にのひと【二の人】［名］宮中の席次が摂政・関白（一の人）に次ぐ人。

にのほ【丹の穂】［名］（「ほ」は秀でていることの意から）美しい赤。赤が目を引くこと。

にのま【二の間】［名］貴族の屋敷で、一の間に続く二番目の部屋。

にのまち【二の町】［名］（「町」は田地の一区画の意）第二流。二番目。二級。↔上の町②

にのまひ【二の舞】［名］❶舞楽の曲名。安摩の舞の次に、翁の笑面、嫗の腫面をつけ、安摩の所作をまねて舞う滑稽な舞。❷人のあとでそのまねをすること。人の失敗を繰り返すこと。

にのみや【二の宮】［名］❶天皇の二番目の皇子・皇女。❷「一の宮」に次ぐ格式の神社。

にのや【二の矢】［名］最初の矢の次に射る矢。

にのを【荷の緒】［名］荷物を縛るのに用いるひも。

には【庭】［名］❶**家屋の周りの空き地**。また、庭園。❷神事・狩猟・説教など、**物事が行われる場所**。例「僉議（＝評議）の庭にすすみいでて」〈平家・四・永僉議〉❸**広い水面**。**海面**。例「いざ子どもあへて漕ぎ出むにはも静けし」〈万葉・三・三八八長歌〉

発展学習ファイル 貴族の家に構築された庭園のうち、技巧的なものを「しま（山斎）」、草木や果樹を植える場所を「その（園）」と呼んで区別したらしい。

〔**庭の拝**〕大饗の儀式などで、昇殿の前や

退出の際に、階下の中庭で主客の間に行われる礼。〔**庭の訓へ**〕《「庭訓」の訓読語》家庭で親が子に授ける教育。〔**庭も狭に**〕庭一面。庭いっぱいに。例「**庭**もせに積もれる雪とみえながら」〈詞花・春・四三〉

に-は（多く下に打消の語を伴って）…では。例「ただ人に**は**あらざりけるとぞ」〈徒然・一八四〉訳凡人ではなかったということだ。

語構成 に｜断「なり」用　は｜係助

に-は …には。…では。《係結び》「とぞ」→（省略）」例「山籠りの僧ども、このごろの嵐に**は**いと心細く苦しからんを」〈源氏・橋姫〉訳山籠りをしている僧たちはこのごろの嵐にはじっさい心細くつらい思いをしていることだろうし。

語構成 に｜格助　は｜係助

にはか［・なり］【俄】一［名］「俄狂言」の略。二［形動ナリ］｛なら・なり（に）・なり・なる・なれ・なれ｝突然だ。急だ。出し抜けだ。例「野分だちて、**にはか**に肌寒き夕暮れのほど」〈源氏・桐壺〉

にはかきゃうげん【俄狂言】［名］即興に行う滑稽な演芸。＝俄 一

にはかごと【俄事】［名］急なできごと。突然に起こったできごと。

にはかし【俄師】［名］「俄狂言」を演じることを職業とする人。

にはかだうしん【俄道心】［名］「あをだうしん①」に同じ。

にはかぶげん【俄分限】［名］急に金持ちになること。また、その人。成金。↔楠分限

にはくなぶり［名］セキレイ（鳥の名）の古名。（季―秋）

にはぐら【庭蔵】［名］物や穀類などを入れておくための、屋外に造られた蔵。↔内蔵

にはざくら【庭桜】［名］庭にある桜。（季―春）。例「朝ごとに我がはく宿の**庭桜**」〈拾遺・春・六一〉

には・し【俄し・遽し】［形シク］｛しから・しく（しかり）・し・しき（しかる）・しけれ・しかれ｝《上代東国方言》突然だ。あわただしい。例「**には・し**くもが負ふせたまほか（＝任命ナサルトハ）思はへなくに」〈万葉・二〇・四三八九〉

にはすずめ【庭雀】［名］庭に来るスズメ。

にはせん【庭銭】［名］《近世語》遊里で、五節句などの祝日に、遊女がその位に応じて揚げ屋や置き屋の奉公人に贈った祝儀の金銭。客が負担した。

にはたづみ【行潦・庭潦】一［名］雨が降って、地上にたまり流れる水。二［枕詞］「流る」「川」にかかる。例「**にはたづみ**流るる涙」〈万葉・二・一七八〉

にはつとり【庭つ鳥】一［名］《「つ」は上代の格助詞。庭にいる鳥の意》鶏の別称。二［枕詞］（庭で飼う鳥の意から）「鶏」にかかる。例「**庭つ鳥**鶏は鳴く」〈記・上・歌謡〉

にはとり【鶏】［名］鳥の名。ニワトリ。

にはとりあはせ【鶏合はせ】［名］闘鶏。昔の中国の風習だったが、日本でも陰暦三月三日、清涼殿の南階で行われ、しだいに民間に広まった。とりあわせ。（季―春）

にはにたつ【庭に立つ】［枕詞］（庭に植えてあるまっすぐに立つ麻の意から）「麻」にかかる。例「**庭に立つ**麻手刈り干し」〈万葉・四・五二一〉

〔和歌〕**にはのおもは…**【庭の面はまだかわかぬに夕立の空さりげなく澄める月かな】〈新古今・夏・二六七・源頼政〉訳庭の表面はまだ乾かないのに夕立を降らせた空は、そのようなようすもなく、そこには澄んだ月が出ているよ。

にはのり［・す］【庭乗り】［名・自サ変］庭などで馬を馴らすこと。例「汝ほどの物が、貞弘を呼びて**庭乗り・せ**させて見るべき事かは」〈古今著聞・一〇〉

〔俳句〕**にははきて…**【庭掃きて出でばや寺に散る柳】〈おくのほそ道・全昌寺・芭蕉〉訳全昌寺を出立しようとすると、折しも寺中の柳が散り落ちている。せめて一宿のお礼に、庭を掃除して出発したいものです。（季―散る柳―秋）

〈参考〉いまの石川県加賀市大聖寺神明町にある全昌寺で一泊後、立ち去る時の句。禅寺などに泊まると、出立時、寝た所や庭を掃除する決まりがあった。

にはび【庭火・庭燎】［名］庭でたいて明かりとする火。とくに、宮中で神楽を奏するときのかがり火。

にば・む【鈍む】［自マ四］｛ま・み・む・む・め・め｝《「にぶむ」とも》「鈍色」になる。「鈍色」が喪服の色であることから、多く、喪服を着ることにいう。＝鈍ぶ。例「よき童のこまやかに**鈍・める**汗衫のつま」〈源氏・柏木〉

にばん【二番】［名］《近世語》❶（最大のものを一番というのに対して）中くらいの大きさのもの。❷（賢い者を一番というのに対して）愚か者。ばか者。例「**二番**にかまへられんる婿殿」〈醒睡笑〉

にひ-【新】［接頭］（名詞に付いて）初めての、新しいの意を表す。「**新**草」「**新**枕」「**新**室」など。

にび【鈍】［名］「鈍色」の略。

にびいろ【鈍色】［名］《「にぶいろ」とも》染め色の名。濃いねずみ色。喪服の色として用いられ、死者との縁故関係によって、色の濃淡も着分けた。＝鈍び。↓

〔古典参考図〕男子の服装〈4〉

にひくさ【新草】［名］春、新しく芽を出した草。若草。（季―春）。例「古草に**新草**交じり生ひは生ふるがに」〈万葉・一四・三四五二〉

にひぐはまよ【新桑繭】［名］《「まよ」は「まゆ」の古形》その年に新しく出た桑の葉で育てた蚕の繭。

にひさきもり【新防人】［名］新しく派遣された防人。

にひ・し【新し】［形シク］｛しから・しく（しかり）・し・しき（しかる）・しけれ・しかれ｝新しい。例「別に**新・しき**鉤を作りて」〈紀・神代・下〉

にひしまもり【新島守】［名］《「にいじまもり」とも》新しく島の番人になった人。新人の島守。

にひたまくら【新手枕】［名］男女が初めて枕を交わすこと。初夜。＝新枕

にひなへ【新嘗】［名］「にひなめ」に同じ。

にひなへや【新嘗屋】［名］「新嘗の祭り」を行うための御殿。

にひなめ【新嘗】［名］《「にひなへ」「にふなみ」とも》「新嘗の祭り」の略。

にひなめのまつり【新嘗の祭り】［名］陰暦十一月の中の卯の日に、天皇が、その年の新穀を神々に供え、みずからも食べた儀式。とくに、天皇の

即位後に行われるものを、「大嘗祭」という。＝新嘗祭・新嘗会・新嘗

にひはだ【新肌・新膚】[名]男女が初めてふれ合う肌。初めて共寝をして男性に触れる女性の肌。

にひばり【新治・新墾】[名]《「にひはり」とも》新たに土地を開墾すること。また、その田。新田。

〔歌謡〕**にひばりつくはを…**【新治筑波を過ぎて幾夜か寝つる　日日並べて夜には九夜日には十日を】〈記・中〉訳新治や筑波の地を通り過ぎて、どれほどの夜を寝たであろうか。日数を重ねて、夜では九夜、昼では十日でございますよ。

にひまくら【新枕】[名]「にひたまくら」に同じ。

にひまなび【新学】[作品名]江戸中期の国学・歌論書。賀茂真淵著。和歌を論じつつ国学を説いた入門書。『古今和歌集』以降の弱々しい歌風を批判し、『万葉集』の「ますらをぶり」を中心に古代学の方法を具体的に述べた書。

にひまなびいけん【新学異見】[作品名]江戸後期(一八一四刊行)の歌論書。香川景樹著。賀茂真淵の『新学』に対する反論を述べた書。『万葉集』を理想とする真淵に対し、『古今和歌集』第一主義の景樹が、桂園歌風を貫く自己の立場を主張したもの。

にひまゐり【新参り】[名]新しく宮仕えすること。また、その人。新参者。＝今参り

にひむろ【新室】[名]新築した家。また、その部屋。

にひも【新喪】[名]最近亡くした近親者のために新たに服す喪。

に・ぶ【鈍ぶ】[自バ上二]{び・び・ぶ・ぶる・ぶれ・びよ}「にばむ」に同じ。〈参考〉一説に四段活用とも。

にぶいろ【鈍色】[名]「にびいろ」に同じ。

にふぎょ【入御】[名]「じゅぎょ」に同じ。

にふじ【・す】【入寺】《仏教語》一[名]平安時代、真言宗の大寺での僧の階級のひとつ。阿闍梨の下、衆分の上。二[名・自サ変]寺に入って僧や住職になること。

にぶ・し【鈍し】[形ク]{から・く(かり)・し・き(かる)・けれ・かれ}❶刃物の切れ味が悪い。鋭利でない。例「紙をあまたおし重ねて、いと鈍き刀して切るさまは」〈枕・さかしきもの〉❷勘が悪い。動作や反応がのろい。

にふしつ【・す】【入室】[名・自サ変]《仏教語。「にっしつ」とも》師の部屋に入って道を問い教えを受けること。弟子となること。

にふじゃく【・す】【入寂】[名・自サ変]《仏教語。「寂滅」に入る意》高僧が死ぬこと。＝遷化・入定・入滅

にふだう【・す】【入道】[名・自サ変]❶《仏教語》仏門に入って修行すること。また、その人。❷剃髪し僧衣を着ているが、寺に入らず、在俗のまま仏道修行している者。平安以降、皇族や貴族などの例が多い。

〔入道の宮〕出家した親王・内親王・女院などの称。

にふだうしんわう【入道親王】[名]親王になったのち、出家した者の称。→「ほふしんわう」

にふぢゃう【・す】【入定】[名・自サ変]《仏教語。「定」は無念無想になる意》❶精神を統一して無我の境地に入ること。↔出定 ❷高僧が死ぬこと。＝遷化・入寂・入滅

にふなみ【新嘗】[名]《上代東国方言》「にひなめ」に同じ。

にふぶ【・す】【入部】[名・自サ変]国司や守護などの地方官が任国に赴くこと。また、領主が領地内に入ること。

にふぶに[副]にこやかに。にっこりと。例「花笑みににふぶに笑みて」〈万葉・一八・四一一六長歌〉

にぶ・む【鈍む】[自マ四]{ま・み・む・む・め・め}「にばむ」に同じ。

にふめつ【・す】【入滅】[名・自サ変]《仏教語。「滅度(涅槃)に入る意》死ぬこと。とくに、釈迦や高僧の死をいう。＝遷化・入寂・入定

にへ【贄・牲】[名]❶新穀を神に供え感謝する行事。また、その供え物。❷宮中や神仏に奉納する土地の産物。獣・魚・鳥・野菜など。❸贈り物。進物。貢ぎ物。

にべ【鰾膠】[名]❶ニベやハモなどの魚の浮き袋から作る強い粘着力のあるにかわ。❷つや。光沢。❸愛嬌。情味。お世辞。

にへさ【・なり】[形動ナリ]{なら・なり(に)・なり・なる・なれ・なれ}《上代語》数量や程度のはなはだしいさま。たくさんあるさま。例「吾が国ににへさにこの珍宝あり」〈紀・神功〉

にへ・す【饗す】[他サ変]{せ・し・す・する・すれ・せよ}神にその年の新穀を供えまつる。例「にほ鳥の葛飾早稲をにへすとも」〈万葉・一四・三三八六〉訳→〈和歌〉にほどりの…

にへどの【贄殿】[名]❶「大嘗祭」のときに造られる殿舎のひとつ。神に供える「贄」を納めて置く。❷宮中の内膳司の中にある、諸国から献納された「贄」の保管所。また、調理する所。❸貴族の家で、食物を入れて置く所。

にへびと【贄人】[名]「贄」として献上する魚・鳥などを捕らえる人。

にほ【鳰】[名]カイツブリの古称。池・沼・湖にすみ水上に巣を作る。＝鳰鳥・みほ。(季－冬)

〔鳰の浮き巣〕鳰が葦やその他の水草を集めて水上に作った巣。和歌では、頼りない状態のたとえとして用いられる。(季－夏)

にほ・す【匂す】[他サ四]{さ・し・す・す・せ・せ}草木・赤土などで染める。色付ける。例「ま榛もちにほし衣に高麗錦紐に縫ひ付け」〈万葉・一六・三七九一長歌〉

にほてるや【鳰照るや】[枕詞]地名「近江の海」「志賀の浦」「八橋」にかかる。例「にほてるや志賀の浦風春かけて」〈新千載・春上・一六〉

にほどり【鳰鳥】[名]「にほ」に同じ。「にほどり」は奈良時代から、「にほ」は平安時代から用いられる。

にほどりの【鳰鳥の】[枕詞]「鳰鳥」が水に長くもぐるところから「息長川」「潜く」に、繁殖期には雌雄並んでいることが多いところから「二人並び居」「なづさふ」にかかる。また、「葛飾」にかかる。例「にほ鳥の息長川は絶えぬとも」〈万葉・二〇・四四五八〉

〔和歌〕**にほどりの…**【にほ鳥の葛飾早稲をにへすともそのかなしきを外に立てめやも】〈万葉・一四・三三八六・東歌〉訳〔にほどりの〕葛飾の早稲の新米を神にささげるときでさえ、あのいとしいお方を外に立たせたりしようか。

〈参考〉「にほ鳥の」は「葛飾」の枕詞。「葛飾」はいまの荒川の下流、東京湾に至る周辺。

にほのうみ【鳰の海】［歌枕］近江国の地名。いまの滋賀県琵琶湖の別称。

〔和歌〕**にほのうみや…【鳰の海や月の光のうつろへば波の花にも秋は見えけり】**〈新古今・秋上・三八九・藤原家隆〉訳鳰の海よ、月の光が湖面に映ると、四季の区別はないという波のくだけた白い花にも、秋の色が見えたことよ。

にほは・し【匂はし】［形シク］{しから・しく(しかり)・し・しき(しかる)・しけれ・しかれ}つやつやして美しい。例「ねびれて(=年ヲトッタ感ジデ)、にほはしきところも見えず」〈源氏・空蟬〉

にほは・す【匂はす】［他サ四］{さ・し・す・す・せ・せ}❶染める。色どる。例「秋の野をにほはす萩は咲けれども」〈万葉・一五・三六七七〉❷かおらせる。香りを漂わせる。例「そらだきもの心にくきほどに匂はして」〈源氏・蛍〉❸ほのめかす。それと知らせる。例「今なむ、とだににほはしたまはざりけるつらさを」〈源氏・若菜・下〉

にほひ【匂ひ】［名］❶美しく映える色。美しい色合い。例「もみち葉の散らふ山辺ゆ漕ぐ船のにほひにめでて出で来にけり」〈万葉・一五・三七〇四〉〔注〕「ゆ」は経由を示す上代の助詞。❷対象物から周囲に発散される魅力。気品。例「笑ひなどそぼるれば、にほひ多く見えて、さる方にいとをかしき人ざまなり」〈源氏・空蟬〉❸見事さ。威光。栄華。例「殿の上も参り給ひつつ、もてかしづききこえ給ふ。にほひいと心ことなり」〈紫式部日記〉❹香り。例「散ると見てあるべきものを梅の花うたてにほひの袖に留まれる」〈古今・春上・四七〉❺染め色、または襲の色目で、袿の重ね方を、濃い色からだんだん薄い色のものにしていくこと。または鎧の縅で、上から下に向けて色を薄くして染めたもの。例「萌黄匂ひの鎧着て」〈平家・九・敦盛最期〉❻俳諧で、句の余韻・余情をいう。例「前句に、言外に侘びたる匂ひ、ほのかに聞き得て」〈三冊子〉

古典の世界　襲の色目で、「にほひ」の類義語に「うすやう」がある。これは袿の重ね方を下の方ほど色を薄くし、最後の一枚を白くすることで、「にほひ」と異なるのは白がある点である。

にほひあ・ふ【匂ひ合ふ】［自ハ四］{は・ひ・ふ・ふ・へ・へ}❶色が映え合う。色の調和がよい。例「女房の装束の、匂ひ合ひて」〈枕・関白殿、二月二十一日に〉❷ふたつ以上の香りがいっしょに香る。調和して立ちこめる。例「焚き匂はしたる、ひとつかをりに匂ひあひていとなつかし」〈源氏・鈴虫〉

にほひい・づ【匂ひ出づ】［自ダ下二］{で・で・づ・づる・づれ・でよ}❶美しい色が外に現れ出る。例「紅の深染めの衣を下に着ば人の見らくににほひ出でむかも」〈万葉・一一・二六二八〉❷においが辺りに漂う。例「冷ややかに匂ひいでたる香をかぐに」〈古本説話集〉

にほひが【匂ひ香】［名］においと香り。美しい色と香気。

にほひ・く【匂ひ来】［自カ変］{こ・き・く・くる・くれ・こ(こよ)}❶におってくる。例「梅の花ただかばかりも匂ひこじとや」〈源氏・真木柱〉❷栄華や吉事が及ぶ。例「思ひかしづかれたまへる(紫ノ上ノ)御宿世をぞ、わが家まではにほひ来ねど、面目に思すに」〈源氏・少女〉

にほひこぼ・る【匂ひ零る】［自ラ下二］{れ・れ・る・るる・るれ・れよ}よい香りが外にあふれ出る。美しさや華やかさが外にあふれ出る。例「なまめかしく、心にくく、指貫の裾までにほひこぼるるやうなり」〈夜の寝覚〉

にほひち・る【匂ひ散る】［自ラ四］{ら・り・る・る・れ・れ}色鮮やかに美しく照り輝いて散る。魅力あふれる。例「愛敬はにほひ散りて」〈源氏・野分〉

にほひぶくろ【匂ひ袋】［名］「掛け香」のひとつ。種々の香料を入れて、身に着けたり物にかけたりしておく袋。（季―夏）

にほひみ・つ【匂ひ満つ】［自タ四］{た・ち・つ・つ・て・て}❶辺り一面に美しさが充満する。例「いろいろを尽くし植ゑおきたまひしかば、時を忘れずにほひ満ちたるに」〈源氏・幻〉❷辺り一面に芳香が満ちあふれる。例「名香の香など匂ひ満ちたるに」〈源氏・若紫〉

にほひやか【・なり】【匂ひやか】［形動ナリ］{なら・なり(に)・なり・なる・なれ・なれ}（「やか」は接尾語）つやがあって美しいさま。華麗なさま。例「いとにほひやかにうつくしげなる人の」〈源氏・桐壺〉

にほひやかげさ【匂ひやかげさ】［名］（「げ」「さ」はともに接尾語）色がつやつやとして美しいようす。

にほひわた・る【匂ひ渡る】［自ラ四］{ら・り・る・る・れ・れ}一面に芳香、美しさが漂う。例「花のいろいろ、なほ春に心とまりぬべくにほひわたりて」〈源氏・御法〉

にほひをどし【匂ひ縅】［名］鎧の縅の名。縅糸を濃い色から薄い色にぼかしたもの。＝匂ひ

にほ・ふ【匂ふ】［自ハ四］［他ハ下二］

アプローチ
▼「に」は「丹」で赤い色の意、「ほ」は「秀」でそれが表面に現れる意、「ふ」はそのような状態になる意の動詞を作る接尾語。
▼このことから、赤く色づく意が原義で、ぱっと目に飛び込んでくるような視覚的な美しさに用いられた。
▼中古以降、強い香りを放つ意も生じた。

一［自ハ四］{は・ひ・ふ・ふ・へ・へ}❶赤く色が映える。赤く色づく。美しく色づく。例「春の苑紅にほふ桃の花下照る道に出で立つ娘子」〈万葉・一九・四一三九〉訳→〔和歌〕はるのその…

❷明るく輝く。つややかと照り輝く。例「朝日影にほへる山に照る月の飽かざる君を山越しに置きて」〈万葉・四・四九五〉訳朝日の光が明るく輝いている山に照る残月のように、見飽きることのないあなたを山の向こうに残して。

❸若々しく美しく見える。例「こまかに匂へる所はなくて、父宮に似奉りて、なまめいたる容貌したまへるを」〈源氏・真木柱〉訳（鬚黒の北の方は）きめ細かに若々しく美しく見える所はなくて、父宮（＝式部卿宮）に似申し上げて、優美な容貌をしていらっしゃるが。（音便）「なまめい」は「なまめき」のイ音便。（敬語）「似奉りて」→「たてまつる」

❹よい香りを放つ。よい香りがする。香る。例「君恋ひ世を経る宿の梅の花昔の香にぞなほ匂ひけ

る」〈土佐〉訳主人を恋い慕って世を過ごしている宿の梅の花が、昔のままの香で、相変わらず**よい香りを放っている**ことだ。《係結び》「ぞ→匂ひける(体)」 ❺**恩恵を受けて栄える。はぶりがよくなる。** 例「もとよりかく匂・ひたまふ御身どもよりも、いみじかりける契りあらはに思ひ知らるる人の御有り様なり」〈源氏・若菜・下〉訳もともとこうして（源氏の）**恩恵を受けて栄えて**いらっしゃる方々以上に、じつにすばらしい因縁がはっきりと分かる人（＝明石の尼君）のごようすである。

㊁[他ハ下二]{へ・へ・ふ・ふる・ふれ・へよ}**美しく色づける。美しい色に染める。** 例「住吉の岸野の榛に匂・ふれど匂はぬ我や匂ひてをらむ」〈万葉・一六・三八〇二〉訳住吉の岸の野原の榛の木で**美しい色に染めよう**としても、色づくことのない私は、（老人の心には）染められておりましょう。《係結び》「や→をらむ(体)」

にほふみや【匂宮】[人名]《「にほふのみや」とも》『源氏物語』の登場人物。源氏の孫。ライバル薫に対抗して、常に香をたきしめている。

にほふみや【匂宮】[作品名]『源氏物語』の四十二番目の巻名。

にほ・ゆ【匂ゆ】[自ヤ下二]{え・え・ゆ・ゆる・ゆれ・えよ}《上代語。「匂ふ」の古形》美しく照り輝く。例「春花の**にほ・え**栄えて秋の葉のにほひに照れる」〈万葉・一九・四二一一長歌〉

にほん【二品】[名]❶親王の位階で、一品から四品までの第二位。❷「二位」の唐名。

にほんえいたいぐら【日本永代蔵】[作品名]「にっぽんえいたいぐら」に同じ。

にほんぎ【日本紀】[作品名]「にほんしょき」に同じ。

にほんぎしき【日本紀私記】[作品名]注釈書。奈良時代から平安時代にかけて宮廷で行われた『日本書紀』の講釈の覚え書。

にほんぐゎいし【日本外史】[作品名]江戸後期の歴史書。頼山陽著。尊王思想を根底に、武家興亡の歴史を家別に叙述し、論文を付した書。迫力ある漢文体の文章は高く評価されている。

にほんこうき【日本後紀】[作品名]平安前期（八四〇成立）の歴史書。藤原緒嗣ら撰。『続日本紀』のあとの歴史を記す。六国史のひとつ。

にほんこくげんぽうぜんあくりゃういき【日本国現報善悪霊異記】[作品名]奈良後期から平安前期の説話集。『日本霊異記』『霊異記』ともいう。薬師寺の僧景戒編。日本初の仏教説話集で、「現報」の不思議を説く説話などが漢文体で叙述される。

にほんさんだいじつろく【日本三代実録】[作品名]平安前期の歴史書。藤原時平・源能有ら撰。延喜元年（九〇一）醍醐天皇に奏上。『日本文徳天皇実録』のあとを受け、清和・陽成・光孝天皇三代の歴史を記す。六国史のひとつ。

にほんしょき【日本書紀】[作品名]奈良前期（七二〇成立）の歴史書。『日本紀』ともいう。舎人親王撰。巻一・二は神代、巻三から三十は神武天皇から持統天皇までの歴代の歴史を編年体で叙述する准勅撰の歴史書。『古事記』に比べて、純粋な漢文で記述される点、神代記は多くの別伝を収載する点などに特色がある。

にほんだいぶんてん【日本大文典】[作品名]江戸初期（一六〇四から一六〇八刊行）の語学書。『ロドリゲス日本大文典』ともいう。ロドリゲス著。イエズス会宣教師用の日本語学習のための実用的な文法書。

にほんばし【日本橋】[地名]江戸の地名。または橋。いまの東京都中央区日本橋。江戸時代から商業の中心地。慶長八年（一六〇三）に神田川支流の日本橋川に橋がかけられ、諸街道の起点となった。

にほんもんとくてんわうじつろく【日本文徳天皇実録】[作品名]平安前期（八七九成立）の歴史書。『文徳実録』ともいう。清和天皇の命により藤原基経・都良香ら撰。『続日本後紀』のあとを受け、文徳天皇一代の歴史を記す。六国史のひとつ。

にほんりゃういき【日本霊異記】[作品名]「にほんこくげんぽうぜんあくりゃういき」に同じ。

にほんわうじゃうごくらくき【日本往生極楽記】[作品名]平安中期（九八七ごろ成立）の仏教伝記。慶滋保胤の著。往生した人の実例を列挙し、後世に大きな影響を与えた。

に-も (多く下に打消の語を伴って)**…でも。** 例「かつ破り捨つべき物なれば、人の見るべき**にも**あらず」〈徒然・一九〉訳（一方では筆にまかせて書きちらし）また一方では破り捨てるはずの物だから、人が見るべきもの**でも**ない。

語構成 に：断「なり」(用)　も：係助

に-も ❶**…にも。…においても。…でも。** 例「唐土**にも**、かかる事の起こりにこそ、世も乱れあしかりけれ」〈源氏・桐壺〉訳唐土**でも**このような原因で世の中が乱れひどいことになった。《係結び》「こそ→あしかりけれ(已)」。❷**…からも。** 例「人**にも**言ひ消たれ」〈徒然・一六七〉訳人**からも**非難され。❸**…よりも。** 例「聞きし**にも**過ぎて、尊くこそおはしけれ」〈徒然・五二〉訳聞いていたの**よりも**まさって尊いものでありました。《敬語》「おはしけれ」→「おはす」。《係結び》「こそ→おはしけれ(已)」。❹尊敬の意を表す。**…におかれても。** 例「上**にも**よろしからず思しのたまはすなる」〈源氏・竹河〉訳主上**におかれても**よろしくないこととお思いになられて仰せられるそうです。《敬語》「思しのたまはすなる」→「おぼす」「のたまはす」

語構成 に：格助　も：係助

にもに・ず【似も似ず】《「似ず」を強めた語》まったく似ていない。

に-や (下に動詞を伴って)疑問・反語の意を表す。**…に(で)…だろうか。** 例「風ふけば沖つ白波たつた山夜半**にや**君が一人越ゆらむ」〈古今・雑下・九九四〉訳→〔和歌〕かぜふけばおきつしらなみ…

語構成 に：格助　や：係助

に-や ❶(文中に用いて多く「あらむ」「ありけむ」「はべらむ」などの結びを伴って)**…だろうか。** 例「恨みを負ふつもり**にや**ありけん」〈源氏・桐壺〉訳恨みを受けることが積り積もってのこと**だろうか**。《係結び》「や→ありけん(体)」。❷(文末に用いて①の結びが省略されて)**…だ**

語構成 に：断「なり」(用)　や：係助

ろうか。例「けづりつくろはねばにや、しぶげに見ゆるを」〈堤中納言・虫めづる姫君〉訳（髪も）櫛で手入れをしないからだろうか、ぼさぼさに見えるが。例「昔の人は、ただ、いかに言ひ捨てたることぐさも、皆いみじく聞こゆるにや」〈徒然・一四〉訳「昔の人のことは、ただ、どんなに無造作に言い捨てたことばでも、みなすばらしく聞こえるのだろうか。

にゅう…【柔…】歴史的かなづかい「にう…」

にゅう…【入…・新…】歴史的かなづかい「にふ…」

にょ【如】[名]《仏教語》すべての根底にある永久不変の真理。＝真如

にょい【如意】[名]❶思いどおりになること。❷《仏教語》僧が説法のときに手に持つ道具のひとつ。鉄・骨・角・竹・木などで作り、杖に似て先端が手の指を内側に曲げたような形をしている。

にょいほうじゅ【如意宝珠】[名]《仏教語》不思議な宝玉。これを持っていると災難をまぬがれ、思いのままに願いがかなうという。＝宝珠

にょいりん【如意輪】[名]「にょいりんくゎんおん」に同じ。

にょいりんくゎんおん【如意輪観音】[名]「六観音」のひとつ。六本の腕があり、左に如意宝珠、右に宝輪を持つ。人々の願いをかなえ、苦しみから救うという。＝如意輪

にょう…【鐃…】歴史的かなづかい「ねう…」

にょうくゎん【女官】[名]宮中に仕える女性の総称。各司には尚・典・掌があった。

にょうご【女御】[名]《「にょご」とも》**天皇の寝所に仕える女性の地位のひとつ。**令制では、天皇の妻は「妃」「夫人」「嬪」の三種に組織化されていたが、この制度ははやくに廃れ、平安時代にはいると、「女御」「更衣」という地位が設けられた。当初は身分が低かったが、醍醐天皇の女御、藤原穏子以降、正妃である「中宮（皇后）」は、「女御」から立后することが通例となり、天皇の正式な妻としての地位が確立する。それとともに「女御」を出す家格も上がり、皇族や摂関・大臣家の姫が女御となるのがふつうとなった。また、平安時代には、上皇や皇太子の妻も「女御」と呼ばれることがある。

古典の世界　**「女御」は皇后候補生**

桓武天皇のときに新たに置かれた令外の官。摂関家・大臣あるいは親王の娘から出るのがふつう。平安前期には、妃はほとんど置かれず、たくさんの女御がおかれた。さらに文徳天皇などは女御の子であったこともあり、女御の地位はしだいに向上していった。平安中期には、女御から皇后が選ばれることになった。その結果、女御は皇后への予備的存在と位置づけられるようになった。また平安中・後期には、更衣から女御へ、あるいは尚侍、御息所、御匣殿別当などを経て女御になっている。

一代の天皇に多くの女御がいたので、住まう殿舎によって、弘徽殿女御、承香殿女御、藤壺女御、梅壺女御などと呼ばれた。あるいは父の邸地や小路名により、堀河女御、高倉女御と称されたり、またもと斎宮であったのは斎宮女御と称された。

にょうごだい【女御代】[名]「大嘗祭」の御禊の際、天皇が幼少で、まだ女御がいない場合に、選ばれて臨時に女御の代わりをつとめる女官。

にょうごばら【女御腹】[名]母親が女御であること。また、その人。

にょうごまゐり【女御参り】[名]女御として入内すること。

にょうじゅ【女嬬・女孺】[名]「にょじゅ」に同じ。

にょうばう【女房】[名]《「にょばう」とも。「ばう」は「部屋」の意》❶**宮中や院中、貴人の邸宅などに仕える女性。**一室を賜るほどの上級の侍女や女官。↔男房。例「親しき**女房**、御乳母などを遣はしつつありさまを聞こしめす」〈源氏・桐壺〉（敬語）「ありさまを聞こしめす」→「きこしめす」。❷（一般的に）**女性。夫人。**例「この**女房**と思ひ住むこといみじ」〈宇治拾遺・一〇・六〉❸**妻。**

古典の世界　**女流文学の担い手「女房」**

宮中で天皇や中宮の身の回りの世話をしたり、貴人の家に出て奉仕する女性の召し使いを女房という。ひとり住みの部屋（これを「房」とか「曹司」「局」という）を与えられて、知識・教養が豊かで主人との知的な応答にたけた者たちであった。女房同士の競い合いも激しく、女房として宮仕えに出ることは「まじらひ」といわれた。女房には、童や女童が仕えた。女童は女房の予備軍的存在で、部屋の外との取り次ぎの役目などをこなした。

女房は、主人の恋の仲立ちをしたり、逆に姫君などの保護者としていい寄る男たちから守るなど、王朝の貴族男女の出会いの場面では重要な役目を果たす。一方、女房にはぶりのよい所を渡り歩く現金な面もあり、必ずしも主人に忠実というわけではない。そこに物語などに見られる女房の役割の面白さもある。

宮廷で天皇に仕える女房は「**上（内）の女房**」という。中宮や女御・更衣付きの女房もいて、いずれも相当な教養の持ち主で、主人との応対はもちろん皇子皇女の教育のこともこなした。

出仕した女房は女房名（「召し名」という）をもち、例えば定子皇后に仕えた清少納言は、歌人清原元輔の娘で、清原氏の清の一字と近親にいた少納言の名からとったもの、また彰子中宮に仕えた紫式部は、漢詩人の式部の丞藤原為時の娘で、初め藤式部といわれたが、紫の物語『源氏物語』の作者にちなんで紫式部と称されたという。歌人や漢詩人などを父にもち、同時に受領を中心とした中流貴族出身の才女たちが女房として后妃に仕え、やがて物語や日記・随筆などの作者として活躍し、平安時代の女流文学を創出する中心的存在となるのである。

〔**女房の侍ひ**〕「清涼殿」内の女房の詰め所。「台盤所」があてられた。

〔**女房の簡**〕「清涼殿」の「台盤所」にあるもので、女房の勤務当番を記している。殿上の間の「日給の簡」に相当する。

にょうばうぐるま【女房車】［名］「をんなぐるま」に同じ。

にょうばうしゃうぞく【女房装束】宮中及び貴族の家に仕える女官の装束。打ち袴をはき、単衣の上に重ねた袿と表着を着て、裳と唐衣をつけるのが正装。➡［古典参考図］女子の服装〈1〉

にょうばうぶんがく【女房文学】［名］平安中期から後期にかけて、宮廷や貴族に仕えた女房によって生み出された文学作品。『源氏物語』など。

にょうゐん【女院】［名］《「にょゐん」とも》三后（皇后・皇太后・太皇太后）や天皇の生母の女御などに授けられた尊号。また、その尊号を授けられた人。正暦二年（九九一）に一条天皇の母皇太后藤原詮子が出家して東三条院の号を授けられたのが最初の例で、待遇は上皇（院）に準じた。院号は、居所や、宮城の門の名称で付けられた。＝仙院③

にょくらうど【女蔵人】［名］宮中で雑役に従事した下級の女官。「内侍」「命婦」の下位。＝蔵人②

にょくゎん【女官】［名］宮中に仕える女性の官人の総称。

にょぐゎん【如願】［人名］「ふぢはらのひでよし」に同じ。

にょご【女御】［名］「にょうご」に同じ。

にょし【女子】［名］《「ぢょし」とも》女の子。むすめ。女性。

にょしゃう【女性】［名］女の人。女性。婦人。

にょじゅ【女嬬・女孺】［名］《「にょうじゅ」とも》内侍司・中宮職・掃部寮などに属し、殿舎内の掃除・点灯などをつかさどった下級の女官。

にょぜがもん【如是我聞】［名］《仏教語。このように私は聞いたの意》釈迦の死後、その弟子の阿難が経典を編集した際、それらが師から親しく聞いたものであることを示すために、諸経の冒頭に付けた語。

にょたい【女体】［名］女性のからだ。また、姿・形が女性であること。

〔俳句〕**にょっぽりと…【にょっぽりと秋の空なる富士の山】**〈大悟物狂・鬼貫〉訳富士の山は、澄み切った秋の空の中に、にょっぽりとそびえていることだ。（季－秋の空－秋）

にょでいにん【如泥人】［名］《「じょでいにん」とも》だらしのない人。しまりのない人。

にょにん【女人】［名］女性。女の人。婦人。

にょにんけっかい【女人結界】［名］《仏教語》女人禁制の地域。結界石を立てて示した。

にょばうむまかた【女房馬方】［名］女の馬方。

によ・ふ【呻吟ふ】［自ハ四］《「にえぶ」「によぶ」とも》❶うめく。うんうんうなる。例「手輿作らせたまひて、によ・ふによ・ふ荷はれて」〈竹取・竜の頸の玉〉❷苦心して歌を詠む。例「『文やらむ』とて、歌をによ・ひをるほどに」〈落窪・二〉

にょべったう【女別当】［名］斎宮・斎院に仕える女官。

にょほふ［・なり］【如法】［形動ナリ］《法の如しの意》❶《仏教語》仏の教えどおりだ。法式どおりだ。例「如法・に写し奉る法華経だ」❷穏やかだ。柔和だ。例「菱屋介五郎は如法・なる、気もまる額火に焼けぬ縁」〈霊異記〉…「にこやかに」〈浄・今宮の心中〉

にょほふ【如法】［副］❶まったく。文字どおり。もとより。例「如法夜半の事なれば、内侍も女官も参りあはずして」〈平家・一一・鏡〉❷たいそう。ひどく。例「如法上下酔ひ過ぎさせおはしましたる後」〈とはずがたり〉

にょぼん【女犯】［名］《仏教語》僧が邪淫戒の戒律を犯して女性と交わること。

にょらい【如来】［名］《仏教語。真如から現れてきた者の意》仏の尊称。「釈迦如来」・「薬師如来」など。

にょらいし【如儡子】［人名］（一六〇三？－一六七四）《「じょらいし」とも》江戸前期の仮名草子作者。本名は斎藤親盛。父は酒田城代斎藤筑後守盛広。浪人後江戸に出て、『可笑記』を著す。

にょらいばい【如来唄】［名］仏のすぐれた徳を賛美する「勝鬘経」の中の八句の偈を「梵唄」の調子で声を長く引いて歌うもの。

にょらいはだ［・なり］【如来肌・如来膚】［名・形動ナリ］如来のように肉づきがよく滑らかで、美しい女の肌。また、ほんのりと暖かみのあること。

にょゐん【女院】［名］「にょうゐん」に同じ。

にら・ぐ【焠ぐ】［他ガ四］焼いた鉄を水に入れて鍛える。焼きを入れる。例「かの竜泉（＝中国湖南省ニアッタ霊泉）に剣をにら・ぐとかや」〈おくのほそ道・出羽三山〉

にらま・ふ【睨まふ】［他ハ下二］《動詞「睨む」の未然形＋接尾語「ふ」》にらみつける。何度もにらむ。例「（平清盛ハ）ちゃうど（＝目ヲ大キク見開イテ）にらま・へておはしければ」〈平家・五・物怪之沙汰〉

にる【似る】［自ナ上一］❶他のものと同じように見える。似る。❷釣り合う。調和がとれる。例「着たる物のさまに似ぬは、ひがひがしくもありかし」〈源氏・玉鬘〉

にる【煮る】［他ナ上一］器に食料などと水を入れて火にかけ、熱を通す。

発展学習ファイル　ナ行上一段活用の動詞は「煮る」「似る」のふたつだけ。

にれうちか・む【齝打ち嚙む】［他マ四］《「うち」は接頭語》「にれかむ」に同じ。

にれか・む【齝む】［他マ四］（牛や羊などが）一度かんで飲み込んだ物をふたたび口の中に戻してかむ。反芻する。＝齝打ち嚙む

にろくじちゅう【二六時中】［名］昼夜それぞれを六等分した時刻法から、十二時すなわち一昼夜。一日中。

にわ…【庭…】歴史的かなづかい「には…」

にわう【仁王・二王】［名］《仏教語》仏法を守護するために、寺門の両脇に安置した「金剛力士」二神の別称。左を密迹金剛、右を那羅延金剛と称する。

にわうだち【仁王立ち・二王立ち】［名］「仁王」像のように、力強くいかめしく立つこと。

にんがい【人界】［名］《仏教語》「十界」のひとつ。人間界。俗世。＝人道

にんがのさう【人我の相】［名］《仏教語》人間は本来は常住不変ではないのに、常に定まった実体があると考えて、それに固執すること。我執。

にんぎゃうじゃうるり【人形浄瑠璃】［名］浄瑠璃の語りと三味線の演奏に、操り人形の演技が加わる劇。→「じゃうるり」

にんぎょ【人魚】［名］上半身が人間で、下半身は魚の形をした想像上の動物の名。その肉を食べると長寿を保つとする俗信があった。

にんげん【人間】［名］❶《仏教語》六道のひとつ。人間界。この世。世間。例「**人間**常住の思ひに住して」〈徒然・二七〉❷人間界に住む者。ひと。

にんこく【任国】［名］《「にんごく」とも》国司として任命された国。

にんじ【人事】［名］❶人間の行動。人間社会の事柄。❷人間との交際。付き合い。

にんじゃう【刃傷】［名］刃物で人を傷つけること。例「おほくの庁の下部を、**刃傷**殺害したんなり」〈平家・四・信連〉

にんじゃうぼん【人情本】［名］江戸時代の小説の一形態。洒落本の流れを受け、町人社会の恋愛を写実的に描いた。天保年間（一八三〇～一八四四）には為永春水の『春色梅児誉美』が出て最盛期を迎えた。

にんじゅ【人数】［名］《「にんず」とも》❶人の数。にんずう。❷多数の人。顔ぶれ。仲間。例「調伏の法行はれたる**人数**には入り給はねども」〈太平記・二〉

にんじゅだて【人数立て】［名］《「にんじゅたて」とも》人数の配列。軍勢の手分け。

にんじん【人身】［名］《「じんしん」とも》人としてのからだ。人間。

にんだいじん【任大臣】［名］大臣に任命すること。また、大臣に任命されること。

にんだう【人道】［名］❶《仏教語》六道のひとつ。人間の住む世界。人間界。＝人界。❷人として行うべき道。じんどう。

にんぢゃう【人定】［名］《「じんてい」とも》人が寝静まるころ。亥の刻。いまの午後十時ごろ。

にんちゅう【人中】［名］鼻と上唇との間の中央にあるくぼみ。鼻溝。

にんぢゅう【人中】［名］《仏教語。「にんちゅう」とも》人間の世界。人間界。

にんとくてんわう【仁徳天皇】［人名］（生没年未詳）五世紀前半ころの第十六代天皇。名は大鷦鷯尊。『日本書紀』によれば在位は八十七年に及ぶ。農業の奨励、開拓事業、朝鮮・宋への遣使などを行い聖帝といわれる。

にんにく【忍辱】［名］《仏教語》「六波羅蜜（悟りを開くため菩薩が行う六種の修行）」のひとつ。侮辱や迫害などに耐え忍び、心を動かさないこと。

〔**忍辱の袈裟**〕「にんにくのころも」に同じ。

〔**忍辱の衣**〕《仏教語》忍辱の心があらゆる侮辱・迫害を防ぐということを、身にまとう衣にたとえたことば。「袈裟」の別称。＝忍辱の袈裟

にんぴにん【人非人】［名］（人にして人にあらずの意）❶《仏教語》「八部衆」の鬼神。とくに、そのひとつ、緊那羅の別称。人間ではないが仏のもとでは人間の姿で現れる。❷人にして人の心をもたない者。人の道にはずれた者。ひとでなし。

にんべつ【人別】［名］❶ひとりひとりに割り当てること。各人別。❷各人に割り当てる税。❸「人別帳」の略。

にんべつちゃう【人別帳】［名］江戸時代の戸籍簿。＝人別③

にんわうゑ【仁王会】国家の無事安穏を祈り宮中の大極殿・紫宸殿・清涼殿などで仁王経を講じた行事。天皇即位後の大仁王会、陰暦三月・七月の仁王会のほか、臨時にも行われた。

ぬ

ぬ【沼】［名］ぬま。多く、他の語に付いて複合語をつくる。「籠り沼」「小沼」など。

ぬ【野】［名］野。野原。
〈参考〉「の」と読むべきものを「ぬ」と誤読したとする説、東国方言であるとする説などがある。

ぬ【瓊】［名］《上代語。「に」とも》玉。赤色の玉。複合語の中に用いられる。「瓊音」「瓊矛」など。

ぬ【寝・寐】［自ナ下二］{ね・ね・ぬ・ぬる・ぬれ・ねよ}寝る。眠る。横になる。また、共寝する。例「嘆きつつひとり寝ぬる夜のあくる間はいかに久しきものとかは知る」〈拾遺・恋四・九一二〉訳→（和歌）なげきつつ…

ぬ［接助］《完了の助動詞「つ」の転じたもの》（多く「…ぬ…ぬ」の形で）動作を並立的に示す。…たり…たり。例「備中守うきぬ沈みぬ（＝浮イタリ沈ンダリ）し給ひけるを」〈平家・九・落足〉
〈接続〉動詞の連用形に付く。

ぬ［助動ナ変型］⇨九五二ページ「特別コーナー」

ぬ 打消の助動詞「ず」の連体形。例「旅行きもし知らぬ君を恵みたまはな」〈万葉・一七・三九三〇〉《識別注意語》
↓付録「まぎらわしい品詞の識別」

ぬい…【縫い…】歴史的かなづかい「ぬひ…」

ぬえ【鵺・鵼】［名］❶トラツグミの別称。＝鵺子鳥 ❷想像上の獣。頭は猿、体は狸、尾は蛇、手足は虎の姿をしているという。

ぬえくさ【萎草】［名］《「ぬえぐさ」とも》なえてしまった草。しおれた草。

ぬえくさの【萎草の】［枕詞］「女」にかかる。例「ぬえ草の女にしあれば」〈記・中・歌謡〉

ぬえこどり【鵺子鳥・鵼子鳥】［名］㊀「ぬえ①」に同じ。㊁［枕詞］悲壮な鳴き声から「うらなく」にかかる。例「**ぬえこ鳥**うらなけ居れば」〈万葉・一・五長歌〉

ぬ〔完了の助動詞〕

アプローチ ▼〈行為・作用の実現した姿をしっかりとらえて述べる〉気持ちの助動詞。
▼基本的な用法は行為・作用が完成したことを表すこと(①)で、完了の助動詞と呼ばれる。一般には「…た」と訳せばよい。
▼一部「…た」と訳せない場合があるので要注意。「しっかりとらえて述べる」という方の側面が強い場合(②)で、これは確述(または強意)の用法と呼ばれる。

《識別注意語》→付録「まぎらわしい品詞の識別」

接続 活用語の連用形に付く。

活用 ナ変型

基本形	未然形	連用形	終止形	連体形	已然形	命令形
ぬ	な	に	ぬ	ぬる	ぬれ	ね

意味	訳語	用例
❶**完了を表す。**行為・作用が完結した意。	…た …てしまった	例「一百九十歳にぞ、今年はなりはべり**ぬる**」〈大鏡・序〉 訳 百九十歳に、今年はなりまし**た**よ。 例「いくばくもなくて持て来(き)**ぬ**」〈伊勢・七八〉 訳 いくらもたたないで持ってき**た**。
❷**確述(強意)を表す。**行為・作用が実現したイメージをしっかりとらえて述べる働き。「…た」の意はない。 ㋐「ぬべし」「なむ」のように、推量の助動詞「べし」「む」が下に付く場合。結果として推量や意志などの意を強める。	きっと…(だろう・そうだ・にちがいない) …てしまう(にちがいない) …てしまお(う)	例「潮満ちぬ。風も吹き**ぬ**べし」〈土佐〉 訳 潮が満ちた。風も**きっと**吹くにちがいない。 例「一生に男せでやみ**な**む」〈大和・一四二〉 訳 一生夫をもたずに終わっ**てしまお**う。 〔注〕強めの気持ちが出るように工夫して訳せばよい。「ぬべし」「なむ」の「ぬ」「な」には「…た」の意はないので「…ただろう」などと解釈しないこと。「なまし」「ぬらむ」の場合も同様。
㋑「ね」(「ぬ」の命令形)の場合。命令の意を強める。	きっと…(なさい)	例「げに、はや参(まう)でたまひ**ね**」〈源氏・野分〉 訳 いかにも、**きっと**早く参上なさい。
㋒右の㋐㋑以外にも意味を強めるだけで「…た」と訳せない場合がある。	(工夫して訳す)	例「はや船に乗れ、日も暮れ**ぬ**」〈伊勢・九〉 訳 早く船に乗れ。日が暮れ**てしまうぞ**。〔注〕文意から、まだ日は暮れていないので、「暮れた」(完了)ではなく、確述の用法である。このような場合は、強めの気持ちが出るように工夫して訳す。

発展学習ファイル (1)完了の助動詞「ぬ」の終止形「ぬ」と、打消の助動詞「ず」の連体形「ぬ」の識別は、読解上きわめて重要。その識別については、「ず」の発展学習ファイル(1)を参照。
(2)「ぬ」と似た働きをするものに「つ」がある。「ぬ」と「つ」の違いは「つ」の発展学習ファイル(2)を参照。
(3)院政期までは、ナ変活用の動詞「死ぬ」「去(い)ぬ」に接続した例はみられない。
(4)「ぬ」(接続助詞)は、本項の「ぬ」が転じたもの。

ぬえどり【鵼鳥・鵺鳥】〔名〕「ぬえ①」に同じ。

ぬえどりの【鵼鳥の・鵺鳥の】〔枕詞〕(「鵼鳥」の悲しげな鳴き声から)「うらなく」「のどよふ(=細々トナク)」などにかかる。例「**ぬえ鳥の**のどよひ居(を)るにいとのきて」〈万葉・五・八九二長歌〉 訳 →〔和歌〕かぜまじり…

ぬか【額】〔名〕❶ひたい。❷ぬかずくこと。礼拝。

額(ぬか)をつく(神仏などを)額を地面や床につけるようにして、拝む。礼拝する。例「身を捨てて**額をつき**祈り申すほどに」〈更級〉

ぬ-か ❶(多く「…も…ぬか」の形で)願望の意を表す。…**ないものか**。…**てほしい**。例「もみち葉の過ぎまく惜しみ思ふどち遊ぶ今夜(こよひ)は明けずもあら**ぬか**」〈万葉・八・一五九一〉 訳 紅葉(もみぢ)の散るのが惜しさに親しい仲間同士が遊ぶ今夜は明けないで**ほしい**。❷…**ないのか**。例「今は来(こ)じと思ふものから忘れつつ待たるることのまだもやま**ぬか**」〈古今・恋五・七七四〉 訳 もう来てくれないと思うものの(そんな思いを)忘れて待とうという気が起こることがまだやま**ないのか**。

語構成 ぬ(打消「ず」㊍)＋か(係助)

発展学習ファイル ①は上代の用法。『万葉集』の表記では、打消の意の「ず」「ぬ」には多く「不」があてられるが、「ぬか」にはその例がないことから、「ぬか」を一語の願望の助詞とする説がある。

ぬかご【零余子】〔名〕ムカゴの別称。ヤマイモなどの葉のつけ根にできる、芋のような芽。食用。(季-秋)

ぬかたのおほきみ【額田王】(ヌカタノオオキミ)〔人名〕(生没年未詳)飛鳥(あすか)時代の女流歌人。鏡王(かがみのおおきみ)の娘。大海人皇子(おおあまのおうじ)との間に十市皇女(とおちのひめみこ)を産むが、のちに天智(てんじ)天皇の妃(きさき)となる。『万葉集』に十二首残っており、その作風は高雅で格調高い。

ぬかづき【酸漿】 ヌカヅキ[名]ホオズキの別称。(季-秋)

ぬかづきむし【額突き虫】 ヌカヅキムシ[名]《「ぬかつきむし」とも》甲虫類のコメツキムシの別称。(季-秋)

ぬかづ・く【額突く】 ヌカヅク[自カ四]{か・き・く・く・け・け}《「ぬかつく」とも》額を床につけるようにして礼拝する。最敬礼する。例「大寺(おほてら)の餓鬼(がき)の後(しり)へに**額(ぬか)づ・く**ごとし」〈万葉・四・六〇八〉 訳→〈和歌〉あひおもはぬ…

ぬ-がに …てしまうほどに。…てしまうばかりに。→「がに」。例「秋付(あきづ)けば水草(みくさ)の花のあえ**ぬがに**思へど知らじ直(ただ)に逢(あ)はざれば」〈万葉・一〇・二二七二〉 訳秋になると水草の花が落ちてしまうほどに思っているけれど(あなたは)知らないでしょう。直接会ったわけではないので。

語構成　ぬ 完「ぬ」止／がに 接助

ぬ-か-も 願望の意を表す。…ならよいのに。…であってほしいなあ。例「朝ごとに我(あ)が見るやどのなでしこが花にも君はありこせ**ぬかも**」〈万葉・八・一六一六〉 訳毎朝私が見る庭さきのナデシコの花であなたがあってくれるならよいのに。

語構成　ぬ 打消「ず」体／か 係助／も 係助

発展学習ファイル　上代の用法。「ぬか」の①と同様「ぬかも」を一語の助詞とする説がある。

ぬか・る【抜かる】 [自ラ四]{ら・り・る・る・れ・れ}うっかりして失敗する。例「**ぬか・る**ことではござらぬ」〈狂・粟田口〉

ぬき【緯】 [名]織物の横糸。↔経(たて)②

ぬきい・づ【抜き出づ】 ヌキイズ{で・で・づ・づる・づれ・でよ} 一[自ダ下二]他より著しくすぐれる。ぬきんでる。例「永手(ながて)・百川(ももかは)とて**ぬきい・で**たる人々ありて」〈愚管抄〉 二[他ダ下二]❶抜き出す。引き抜く。例「剣大刀(つるぎたち)鞘(さや)ゆ**抜き出・でて**」〈万葉・一三・三三四〇長歌〉❷抜擢(ばってき)する。

ぬきうち【抜き討ち・抜き打ち】 [名]刀を抜くやいなや切りつけること。

ぬぎか・く【脱ぎ掛く】 [他カ下二]{け・け・く・くる・くれ・けよ}❶着物を脱いで物に掛ける。例「何人(なにびと)か来て**ぬぎか・け**し藤袴(ふぢばかま)」〈古今・秋上・二三九〉❷着物を脱いで人の肩に掛け、褒美として与える。例「皆人(みなひと)の**脱ぎか・け**たる物のいろいろなども」〈源氏・御法〉❸襟がでるように着る。例「衣(きぬ)**ぬぎか・け**たるやうだい、ささやかに、いみじう見(み)こめいたり」〈堤中納言・花桜折る少将〉

ぬぎか・ふ【脱ぎ換ふ】 ヌギカウ[他ハ下二]{へ・へ・ふ・ふる・ふれ・へよ}別の衣服に着替える。例「潮に濡(ぬ)れたる衣(きぬ)だに**脱ぎか・へ**なで」〈竹取・蓬萊の玉の枝〉

ぬきぐし【抜き櫛】 [名]❶髪の飾りにさす櫛。さし櫛。❷髪を強くすくこと。また、その櫛。

ぬきさ・く【抜き放く】 [他カ下二]{け・け・く・くる・くれ・けよ}刀などを一気に抜く。抜き放つ。例「本院の大臣(おとど)、太刀(たち)を**抜きさ・け**て」〈大鏡・時平〉

ぬぎさ・く【脱ぎ放く】 [他カ下二]{け・け・く・くる・くれ・けよ}衣服を一気に脱ぐ。脱ぎ放つ。

ぬきす【貫き簀】 [名]細く削った竹で編んだ簀。手を洗うとき、水が飛び散るのを防ぐため、たらいの上などに掛けた。

ぬぎす・ぶ【脱ぎ滑ぶ】 [自バ下二]{べ・べ・ぶ・ぶる・ぶれ・べよ}「ぬぎすべす」に同じ。

ぬぎすべ・す【脱ぎ滑す】 [他サ四]{さ・し・す・す・せ・せ}着物などを滑らせるように脱ぐ。＝脱ぎ滑ぶ。例「かの**脱ぎすべ・し**たると見ゆる薄衣(うすごろも)(＝薄イ着物)をとりて出(い)でたまひぬ」〈源氏・空蟬〉

ぬきた・る【貫き垂る】 [他ラ下二]{れ・れ・る・るる・るれ・れよ}玉などを貫き、垂れるようにする。例「竹玉(たかたま)をしじに**貫き垂・れ**」〈万葉・三・三七九長歌〉

ぬぎた・る【脱ぎ垂る】 [他ラ下二]{れ・れ・る・るる・るれ・れよ}着物などの片方の肩を脱いで、片袖(かたそで)を垂らす。例「直衣(なほし)のいと白き、紐(ひも)を解きたれば**脱ぎ垂・れ**られて」〈枕・十二月二十四日、宮の御仏名の〉

ぬぎ・つ【脱ぎつ】 [他タ下二]{て・て・つ・つる・つれ・てよ}《「ぬきうつ」の変化形》脱ぎ捨てる。例「うけ沓(ぐつ)を**脱き・つる**ごとく踏み脱(ぬ)きて」〈万葉・五・八〇〇長歌〉

ぬきと・む【貫き止む・貫き留む】 [他マ下二]{め・め・む・むる・むれ・めよ}緒を通してつらねる。例「**ぬきと・むる**秋しなければ白露の千種(ちくさ)に置ける玉もかひなし」〈後撰・秋中・三二五〉

ぬきほ【抜き穂】 [名]大嘗祭(だいじょうさい)のとき、神に供える稲の穂を悠紀(ゆき)・主基(すき)の斎田(さいでん)から採取すること。また、その穂。

ぬきみ【抜き身】 [名]《近世語》鞘(さや)から抜いた刀や槍(やり)。

ぬきみだ・る【貫き乱る】 {ら・り・る・る・れ・れ} 一[自ラ四]貫いていた糸が抜けたために玉が乱れ散る。例「**貫き乱る**涙の玉もとまるやと」〈拾遺・恋一・六四七〉 二[他ラ四]貫いていた糸を抜き取って玉を散らす。例「**抜き乱る**人こそあるらし」〈古今・雑上・九二三〉

ぬく【温】 [名]《近世語》のろま。ばか。愚か者。

ぬ・く【脱く】 [他カ四]{か・き・く・く・け・け}《中古末に「ぬぐ」と濁音化》(衣服を)脱ぐ。例「直(ただ)に逢(あ)ふまでは我(あれ)**脱・か**めやも」〈万葉・四・七四七〉

ぬ・く【貫く】 [他カ四]{か・き・く・く・け・け}つらぬく。例「白露を消(け)たずて玉に**貫・く**ものにもが」〈万葉・八・一五七二〉

ぬ・く【抜く】 一[自カ下二]{け・け・く・くる・くれ・けよ}❶抜ける。例「古杭(ふるくひ)はくつろぎながら**ぬ・くる**世もなし」〈夫木・雑六〉❷群衆から離れる。例「群(むれ)に**ぬ・け**て」〈平家・八・瀬尾最期〉❸他よりすぐれる。例「すこし人に**抜・け**たりける御心とおぼえける」〈源氏・藤裏葉〉 二[他カ四]{か・き・く・く・け・け}❶抜き取る。例「大太刀(おほたち)を垂れ佩(は)き立ちて**抜・か**ずとも」〈紀・武烈・歌謡〉❷攻め落とす。例「五つの城(しき)を**抜・き**とる」〈紀・継体〉❸ごまかす。例「太郎冠者(くわじゃ)は都へ上って、**ぬ・か**れて参ったとみえた」〈狂・末広がり〉

ぬけい・づ【抜け出づ】 ヌケイズ[自ダ下二]{で・で・づ・づる・づれ・でよ}❶群を抜く。例「なかなか、世に**ぬけ出・で**ぬる人の御あたりは、ところせきこと多くなむ」〈源氏・賢木〉❷中から抜け出る。例「あまりあたらしきさまして、ものより**抜け出・で**たるやうにぞおはせし」〈大鏡・道隆〉

ぬけがけ【抜け駆け】 [名]❶人を出し抜いて先駆けすること。例「高橋又四郎、**抜けがけ**して、ひとり高名に備へんとや思ひけん」〈太平記・三〉❷他人を出し抜くこと。

ぬけぬけ【抜け抜け】 [副]❶しだいに列を離れて行くさま。例「すでに先懸(さきがけ)の兵(つはもの)ども、**ぬけぬけ**に赤坂の城へ向かって」〈太平記・六〉❷愚かなさま。例「**ぬけぬけ**とぞみえける」〈沙石集〉

ぬけまゐり【抜け参り】 ヌケマイリ[名]親や主人の許しを得ずにひそかに家を抜け、「伊勢(いせ)参り」をすること。

幣　幣をかついだ男を先頭に、華やかな行列が町屋を練り歩く。(年中行事絵巻)

ぬさ【幣】[名]❶神に祈るときにささげるもの。❷餞別。

ぬさぶくろ【幣袋】[名]旅行のとき幣を入れて携える袋。

ぬし【主】㊀[名]❶主人の敬称。**ご主人**。例「ろたてある主の御許に仕うまつりて」〈竹取・竜の頸の玉〉《敬語》「仕うまつりて」→「つかうまつる」。❷(物の)**持ち主**。**所有者**。(動物などの)**飼い主**。例「はからざるに牛は死し、はからざるに主は存ぜり」〈徒然・九三〉❸**夫**。また、恋の相手。例「ぬしあるおれを何とかしようか」〈閑吟集〉〔注〕「おれ」はここでは、女性を指す自称。❹ある場所にすみついて、そこを支配していると考えられる**霊的存在**。例「大きなる沼の畔へ具して行きて、この沼の主に申す」〈沙石集〉❺人を指す敬称。㋐(人の呼称などの下に、助詞「の」を介して付いて)…**さん**。…**どの**。例「仲麻呂のぬし」〈土佐〉㋑(軽い敬意や親愛をこめて人を指すときに用いて)**お人**。**お方**。例「若きぬしたちは、習ひ給へ」〈宇津保・国譲・中〉㊁[代名]《対称の人称代名詞》あなた。例「みづからが小童にてありし時、ぬしは二十五、六ばかりのをのこにてこそはいませしか」〈大鏡・序〉《係結び》「こそ→いませしか㊁」。《敬語》「いませし」→「います」

〔**主知らぬ香**〕どこから漂ってくるのか分からない香り。貴人の装束にたきしめられた薫香を指す。例「(薫ノ)隠れなき御匂ひぞ、風に従ひて、主知らぬ香とおどろく寝覚めの家々ありける」〈源氏・橋姫〉

〔**主強くなる**〕夫または妻がはっきりと決まる。例「いま一方は、主強くなるとも、変はらずうちとけぬべく見えしさまなるを頼みて」〈源氏・夕顔〉

ぬしづ・く【主付く】[他カ四]《近世語》所有する。自分のものにする。例「山田あまたぬしづきて」〈春雨物語〉

ぬしどの【主殿】[代名]《対称の人称代名詞。対等または目下の者に対していう語》おまえさん。例「いかに、ぬし殿は拝み奉るや」〈宇治拾遺・八・六〉

ぬすびと【盗人】[名]❶泥棒。❷人をののしっていう語。

〔**盗人に追ひ銭**〕《近世語》損した上にまた損を重ねること。

〔俳句〕**ぬすびとに…**【盗人に鐘つく寺や冬木立】〈太祇句選・太祇〉訳盗人の入ったことを知らせる寺の鐘が激しく打ち鳴らされ村中に響き渡っている。駆けつけた人々で辺りは騒然となっているが、対照的に、寺のかたわらには冬枯れた木々が何事にも動じぬようすで立ち並んでいる。(季―冬木立―冬)

ぬすま・ふ【盗まふ】[他ハ四]《動詞「盗む」の未然形＋上代の反復・継続の助動詞「ふ」》❶人目を忍んでひそかに行う。例「切に思ほす所ばかりにこそぬすま・はれたまへ」〈源氏・末摘花〉❷人をだます。例「言はず言ひしと我がぬすま・はむ」〈万葉・一二・二五七三〉

ぬすみい・づ【盗み出づ】[他ダ下二]盗み出す。例「年を経てよばひわたりける〔女ヲ〕を、からうじて盗みい・でて」〈伊勢・六〉

ぬすみに【盗みに】[副]ひそかに。例「露やぬすみにうつろはすらん」〈散木集〉

ぬす・む【盗む】[他マ四]❶ひそかに行う。例「身を強く動かす時は、足踏みを盗・むべし」〈風姿花伝〉❷ひそかに自分のものとする。例「手習ひすさびたまへるを盗・みたる」〈源氏・夕霧〉❸まねて学ぶ。例「満沙弥が風情を盗・み」〈方丈記〉

ぬため【鮒目】[名]鹿の角で、波のような紋のあるもの。

〔**鮒目の鏑**〕鹿の角の「鮒目(表面の波のような模様)」を削らずに残したもので作る鏑矢。➡[古典参考図]武装・武具〈3〉

ぬっぺり[副]《近世語》❶ずうずうしいようす。ぬけぬけと。例「うはべはぬっぺり、裏はびっくり」〈浄・源平布引滝〉❷顔つきなどが整っていて、こぎれいなようす。例「ぬっぺりとしてやわらかな讒諂面諛(＝他人ニヘツラウ)の者にあらざれば」〈滑・風流志道軒伝〉

ぬて【鐸】[名]《「ぬりて」とも》大きな鈴。＝鐸

ぬなと【瓊音】[名]《「ぬなおと」の変化形。「ぬ」は玉の意。「な」は上代の格助詞》玉が触れ合って出す音。

ぬなは【蓴】[名]《「沼縄」の意か》水草の名。ジュンサイの古名。沼や池に生え、若芽は食用。和歌では、茎が長く伸びていることから「繰る」を縁語とすることが多い。＝根蓴菜・蓴繰り。(季―夏)

ぬなはくり【蓴繰り】[名]「ぬなは」に同じ。

ぬ-なり…ないのである。例「あの国の人をえ戦はぬなり」〈竹取・かぐや姫の昇天〉訳月の国の人を相手に戦うことはできないのである。《副詞の呼応》「え→戦はぬ」

語構成　ぬ（打消「ず」㊅）　なり（断「なり」）

ぬ-なり…てしまったそうだ。…てしまったということだ。例「みな人は花の衣になりぬなり苔の袂よかわきだにせよ」〈古今・哀傷・八四七〉訳→〔和歌〕みなひとは…

語構成　ぬ（完「ぬ」㊀）　なり（伝・推「なり」）

ぬの【布】[名]麻・からむし・葛などの繊維で織った織物の総称。

ぬのかたぎぬ【布肩衣】[名]布で作った肩衣。下層階級の人が着る。

ぬのきぬ【布衣】[名]布で作った衣服。

ぬのこ【布子】[名]木綿の綿入れ。↕小袖。（季－冬）

ぬのさうじ【布障子】[名]白布を張った襖障子。

ぬのびきのたき【布引滝】[作品名]「げんぺいぬのびきのたき」に同じ。

ぬのびきのたき【布引の滝】[歌枕]摂津国の滝。いまの兵庫県神戸市中央区、生田川の中流にある。雄滝・雌滝・鼓ヶ滝・夫滝があり、白布のように流れ落ちている。

ぬばかま【奴袴】[名]「さしぬき」に同じ。

ぬ-ばかり …ないだけ。例「はやき瀬にたた**ぬばかり**ぞ水車われも憂き世にめぐるとを知れ」〈金葉・雑上・五六二〉訳流れの速い瀬に立って**いないだけ**のことだ、水車よ、私もこの憂き世の中でせわしくまわっていると知ってくれ。

語構成　ぬ（打消「ず」体）　ばかり（副助）

ぬ-ばかり ❶**いまにも…てしまうほどに。** 例「『見たまふる人さへ心苦しく』など、泣き**ぬばかり**思へり」〈源氏・末摘花〉訳「（はたで）お見受けする者まで（姫君のことが）おいたわしくて」などと、**いまにも泣いてしまうほどに**思っている。《敬語》「見たまふる」→「たまふ（下二段）」。❷**…てしまっただけ。** 例「年をへてまつしるしなきわが宿を花のたよりにすぎ**ぬばかり**か」〈源氏・蓬生〉訳長い年月を過ごしてあなたのおいでをお待ちしていましたが、そのかいもなかった私の宿に、（藤の）花を御覧になるついでにお立ち寄りになって**てしまっただけ**ですか。

語構成　ぬ（完「ぬ」止）　ばかり（副助）

ぬばたま【射干玉】[名]《「うばたま」「むばたま」とも》ヒオウギの実かというが、未詳。

ぬばたまの【射干玉の】[枕詞]《平安以降、「うばたまの」「むばたまの」とも》「ぬばたま」の実が黒いことから、「黒」「髪」「夜」「夕べ」「宵」「月」「夢」、また類音の「妹」などにかかる。例「**ぬばたまの**夜は更けにつつ逢はぬ彦星」〈万葉・一〇・二〇七六〉

〔和歌〕**ぬばたまの夜霧の立ちておほほしく照れる月夜の見れば悲しさ**〈万葉・六・九八二・大伴坂上郎女〉訳（ぬばたまの）夜の霧が立ちこめていてぼんやりと照っている月のようすを見ると、もの悲しいことよ。〈参考〉「ぬばたまの」は「夜」の枕詞。

〔和歌〕**ぬばたまのよのふけゆけば…**【ぬばたまの夜のふけゆけば久木生ふる清き川原に千鳥しば鳴く】〈万葉・六・九二五・山部赤人〉訳（ぬばたまの）夜が更けてゆくと、ヒサギが生えている清らかな川原に千鳥がしきりに鳴いている。〈参考〉「ぬばたまの」は「夜」の枕詞。

ぬは・る【縫はる】[自ラ下二]{れ・れ・る・るる・るれ・れよ}草などに覆われるように隠れる。例「草繁み沢に**縫は・れ**て伏す鴫の」〈山家集・下〉

ぬひ【奴婢】[名]《「ぬび」とも》❶令制下での、最も低い身分の男女。男を奴、女を婢と称し、公私の別があった。❷下男と下女のこと。召し使い。

ぬひいだ・す【縫ひ出だす】[他サ四]{さ・し・す・す・せ・せ}縫い上げる。＝縫ひ出づ。例「夜のうちに、**縫ひ出だ・さ**ずは、〔私ノ〕子とも見えじ」〈落窪・一〉

ぬひい・づ【縫ひ出づ】[他ダ下二]{で・で・づ・づる・づれ・でよ}「ぬひいだす」に同じ。

ぬひいとな・む【縫ひ営む】[他マ四]{ま・み・む・む・め・め}縫い物に精を出す。例「をささあへしらはず、物**縫ひいとな・む**けはひなどしるければ」〈源氏・若紫〉

ぬひい・る【縫ひ入る】[他ラ下二]{れ・れ・る・るる・るれ・れよ}布などを縫いとじて、中に物を入れる。例「〔反古ノ〕黴くさきを袋に**縫ひ入・れ**たる」〈源氏・橋姫〉

ぬひざま【縫ひ様】[名]《「ぬひさま」とも》縫い方。縫ってあるようす。

ぬひどの【縫殿】[名]「縫殿寮」の略。〔縫殿の寮〕「ぬひどのれう」に同じ。

ぬひどのれう【縫殿寮】[名]《「ぬひどののつかさ」「ぬひれう」とも》令制で「中務省」に属し、後宮の女官の人事や朝廷の衣服の裁縫などをつかさどった役所。＝縫殿

ぬひのつかさ【縫の司】[名]「後宮十二司」のひとつ。衣装や裁縫などをつかさどった。

ぬひはく【縫ひ箔】[名]金糸や銀糸を用いた刺繍。また、その模様に、金・銀の箔を押したもの。

ぬひもの【縫ひ物】[名]❶衣服などを縫うこと。❷縫い取りをした物。刺繍。

ぬひもん【縫ひ紋】[名]❶縫い取りで作った羽織などの紋所。❷刺繍した模様。

ぬひれう【縫殿寮】[名]「ぬひどのれう」に同じ。

ぬ・ふ【縫ふ】[他ハ四]{は・ひ・ふ・ふ・へ・へ}❶糸を通した針で布や皮をつなぎ合わせる。衣服を作る。❷（笠などを）編む。例「皆人の笠に**縫・ふ**といふ有間菅」〈万葉・一二・三〇六四〉❸縫い取りをする。刺繍をする。

ぬ-べし 「ぬ」は完了の意ではなく「べし」の意を強調する確述の用法。「べし」の意によって、さまざまな意を表す。❶強い推量・予想を表す。**…てしまいそうだ。きっと…てしまうにちがいない。** 例「世の中の人の心は、目離るれば忘れ**ぬべき**ものにこそあめれ」〈伊勢・四六〉訳世の中の人の心というものは、会わなくなるときっと忘れ**てしまうにちがいない**もののようだ。《係結び》「こそ→あめれ㊀」。語構成「ものにこそあめれ」→「あめり」。例「黒き雲にはかに出で来**ぬ**。風吹き**ぬべし**」〈土佐〉訳黒い雲が急に出て来た。風が吹いて来**そうだ**。❷可能を表す。**きっと…（ことが）できる。…できそうだ。** 例「今の世のありさま、昔になぞらへて知り**ぬべし**」〈方丈記〉訳今の世の有り様は昔になぞらえて知る**ことができる**。❸適当・義務を表す。**…のが適当だ。…てしまわなければならない。** 例「いとさわがしければあしきを、ちかうさり**ぬべき**ところ、いできたい」〈蜻蛉・上〉訳まことに騒々しくて都合が悪いところを、近くに**適当な**所ができた。《音便》「ちかう」は「ちかく」のウ音便。例「さらずまかり**ぬべけれ**ば、思しき嘆かむが悲しきことを」〈竹取・かぐや姫の昇天〉訳どうしても行っ**てしまわなければならない**ので、あなた方が思い嘆くであろうことが悲しいということを。《敬語》「まかりぬべければ」→「まかる」、「思し嘆かむ」→「おぼす」。❹意志・決意を表す。**…てしまうつも**

語構成　ぬ（完「ぬ」止）　べし（推「べし」）

りだ。例「われはかくて閉ぢこもりぬべきぞ」〈更級〉訳私はこのまま家に閉じこもってしまうつもりだよ。

ぬ-べ-み …てしまいそうなので。例「佐保山の柞のもみぢ散りぬべみ夜さへ見よと照らす月影」〈古今・秋下・二八一〉訳佐保山のははその紅葉が散ってしまいそうなので夜にも見よと照らしている月の光よ。

語構成　ぬ 完「ぬ」止　べ 推「べし」・語幹相当　み 接尾

ぬぼこ【瓊矛】［名］（「ぬ」は玉の意）玉で美しく飾った矛。

ぬみぐすり［名］❶木の名。クコの古名。❷草の名。シャクヤクの古名。

ぬ-めり …てしまったようだ。…てしまうように思われる。例「あひ思はで離れぬる人をとどめかねわが身は今ぞ消えはてぬめる」〈伊勢・二四〉訳私の愛にこたえてくれることもなく離れて行ってしまった人をとどめかねて、私はもう死んでしまうように思われる。《係結び》「ぞ→消えはてぬめる体」

語構成　ぬ 完「ぬ」止　めり 推「めり」

ぬめ・る【滑る】［自ラ四］{ら・り・る・る・れ・れ}《近世語》❶すべる。❷なまめく。粋なようすにする。例「ぬめ・らしやんすは、二人が外に名取川」〈浄・心中宵庚申〉❸浮かれ歩く。例「花の立木のそのままにぬめ・り出でたるごとくなり」〈浄・傾城反魂香〉

ぬ-らし …てしまったらしい。…てしまっているらしい。例「ぬばたまの夜は更けぬらし玉櫛笥二上山に月傾きぬ」〈万葉・一七・三九五五〉訳（ぬばたまの）夜は更けてしまったらしい。（たまくしげ）二上山に月が傾いた。〔注〕「ぬばたまの」は「夜」の、「玉櫛笥」は「二上山」のそれぞれ枕詞。

語構成　ぬ 完「ぬ」止　らし 推「らし」

ぬらしそ・ふ【濡らし添ふ】［他ハ下二］{へ・へ・ふ・ふる・ふれ・へよ}ぬらしてある上にさらにぬらす。例「〔夢ノ中デ〕涙も流れ出でにけり。〔夢カラ覚メタ〕今もいみじく濡らし添・へたまふ」〈源氏・朝顔〉

ぬ-らむ …ただろう。…てしまったのだろう。例「宿りせし花橘も枯れなくになど時鳥声絶えぬらむ」〈古今・夏・一五五〉訳ねぐらにしていた花橘も枯れないのに、どうしてホトトギスの鳴き声がしなくなってしまったのだろう。《疑問語との呼応》「など→絶えぬらむ体」

語構成　ぬ 完「ぬ」止　らむ 推「らむ」

ぬりかく・す【塗り隠す】［他サ四］{さ・し・す・す・せ・せ}塗りつぶす。塗って見えなくする。例「二筋（＝足利氏ノ紋）の中の白みを塗り隠・し」〈太平記・一五〉

ぬりがさ【塗り笠】［名］薄い板に紙を張り、黒漆を塗った笠。女性が用いた。↔木地笠

ぬりかた・む【塗り固む】［他マ下二］{め・め・む・むる・むれ・めよ}塗り固める。

ぬりこ・む【塗り籠む・塗り込む】［他マ下二］{め・め・む・むる・むれ・めよ}❶中に物を入れて、その外側を塗り固める。❷透き間なく塗る。例「〔貝ヲ〕塗り籠・めたるところに、みな取り置きつれば」〈堤中納言・貝合〉

ぬりごめ【塗籠】［名］❶寝殿造りの母屋の一部に設けられた小部屋で、周囲を塗りこめて壁とし、出入りの妻戸を設けたもの。本来は寝室であったが、のち、多く納戸として用いられた。❷「塗籠籐」の略。

ぬりごめどう【塗籠籐】［名］弓の幹を籐で巻き、全体を漆で塗り固めたもの。

ぬりつ・く【塗り付く】［他カ下二］{け・け・く・くる・くれ・けよ}❶物に塗ってつける。❷罪や責任を他人に負わせる。例「たれにぬりつ・けんとて、かくほどに人をいだしぬかんとするぞ」〈古今著聞・五四九〉

ぬりて【鐸】［名］「ぬて（鐸）」に同じ。

ぬりの【塗り箆】［名］矢の竹の部分を漆で塗ったもの。

ぬりべのつかさ【漆部司】［名］令制で「大蔵省」に属し、漆塗りのことをつかさどった役所。

ぬりや【塗り屋】［名］外側の壁を土で厚く塗った家。土蔵造りの家。

ぬりやかた【塗り屋形】［名］色を塗った屋形船。＝染め屋形。例「沖つ国うしはく君（＝冥界ヲ統治スル王）が塗り屋形」〈万葉・一六・三八八八〉〈参考〉用例の原文には「柒屋形」とあり、「柒（漆）」を「染」とし、「そめやかた」と読む説もある。

ぬ・る【塗る】［他ラ四］{ら・り・る・る・れ・れ}❶物の表面に墨・絵の具などの液・塗料をなすり付ける。❷土や漆喰などをなすり付けて壁や塀などを造る。

ぬ・る［自ラ下二］{れ・れ・る・るる・るれ・れよ}ゆるんでほどける。例「たけばぬ・れたかねば長き妹が」〈万葉・二・一二三〉

ぬ・る【濡る】［自ラ下二］{れ・れ・る・るる・るれ・れよ}❶ぬれる。例「暁露に我が立ち濡・れし」〈万葉・二・一〇五〉訳→〔和歌〕わがせこを…。❷《近世語》情事を行う。

〔濡るる顔〕濡れているような顔。とくに、涙に濡れたような顔つき。

〔濡るる袖〕涙で濡れている袖。「袖」「涙」「濡る」は、和歌においてよく詠まれる組み合わせ。例「朝露のところせきまでぬるる袖かな」〈源氏・東屋〉

ぬる 完了の助動詞「ぬ」の連体形。例「親族なる人、尼になりて修学院に入りぬるに」〈更級〉

ぬるう【微温う】形容詞「ぬるし」の連用形「ぬるく」のウ音便。

〔和歌〕**ぬるがうちに…【寝るがうちに見るをのみやは夢と言はむはかなき世をもうつつとは見ず】**〈古今・哀傷・八三五・壬生忠岑〉訳寝ているうちに見るものだけを夢といってよいのだろうか、いや、そうではない。このはかない世をも私は現実とは思っていない。すべてが夢だ。《係結び》「やは→言はむ体」

ぬる・し【微温し】［形ク］{から・く(かり)・し・き(かる)・けれ・かれ}❶なま暖かい。❷機敏でない。鈍い。例「はかばかしき方にはぬる・くはべる家の風の」〈源氏・若菜・上〉❸情熱的でない。熱意がない。薄情だ。冷淡だ。例「かかればこそ世のおぼえのほどよりは、内々の御心ざしぬる・きやうにはありけれ」〈源氏・若菜・上〉

ぬるで【白膠木】［名］木の名。葉にできる虫こぶは「五倍子」といい、お歯黒などに用いた。

ぬるぬる［副］《抜け落ちる意の「ぬる」を重ねた語》ほどけるさま。例「安波をろのをろ田に生はるたはみづら引かばぬるぬる我を言な絶え」〈万葉・一四・三五〇一〉

ぬるみごこち【温み心地】［名］病気で体温が高く

不快なこと。

ぬる・む【温む】[自マ四]{ま・み・む・む・め・め}❶生暖かくなる。例「人恋ふる涙は春ぞ**ぬる・み**ける」〈後撰・恋一・五四六〉❷体温が上がる。例「御身も**ぬる・み**て、御心地もいとあしけれど」〈源氏・若菜・下〉

ぬれ【濡れ】[名]❶ぬれること。例「女君のかかる**濡れ**をあやしと咎めたまひぬべければ」〈源氏・夕霧〉❷恋愛。

ぬれ 完了の助動詞「ぬ」の已然形。例「身もといと恥づかしくこそなり**ぬれ**」〈源氏・帚木〉《係結び》「こそ→なりぬれ㊁」

ぬれあし【濡れ足】[名]ぬれた足。ぬれたように感じる足。

〔俳句〕**ぬれえんや…**【濡れ縁や薺こぼるる土ながら】〈続猿蓑・嵐雪〉訳濡れ縁(=雨戸の敷居の外にある縁)の上に、今摘んできたばかりか、土のついたままのナズナが少しばかり、無造作に置かれている。(季-薺-春)

ぬれぎぬ【濡れ衣】[名]❶ぬれた衣服。❷根も葉もないうわさ。無実の罪。

ぬれごと【濡れ事】[名]❶情事。色事。❷歌舞伎で、男女の情事を演じること。また、その場面。

ぬれごとし【濡れ事師】[名]❶情事に巧みな人。女たらし。❷「濡れ事②」を得意とする役者。

ぬれそ・ふ【濡れ添ふ】[自ハ四]{は・ひ・ふ・ふ・へ・へ}ぬれている上にさらにぬれる。一度涙を流した上に、さらにまた涙を流して、いっそう袖がぬれる。例「われのみやうき世を知れるためしにて**濡れそ・ふ**袖の名をくたすべき」〈源氏・夕霧〉

ぬれそぼ・つ【濡れそぼつ】[自タ四]{た・ち・つ・つ・て・て}びしょびしょにぬれる。例「ふたりの御涙に、しぼれあふべくもあらず**濡れそぼ・ち**たる御衣ども」〈夜の寝覚〉

ぬれとほ・る【濡れ通る】[自ラ四]{ら・り・る・る・れ・れ}雨や水などが衣服を染みとおって、肌までぬれる。例「しぐれ降り**濡れ通る**・とも我帰らめや」〈万葉・九・一七六〇〉

ぬればむ【濡ればむ】[自マ四]{ま・み・む・む・め・め}ぬれたように見える。例「鼻高なるものの、先は赤みて穴のあたり**濡ればみ**たるは」〈宇治拾遺・一・一八〉

ね

-ね[接尾]《上代語》人を親しんで呼ぶのに用いる。「汝**ね**」など。

ね【子】[名]❶十二支の一番目。ねずみ。❷時刻の名。午前零時ごろ。また、その前後二時間。❸方角の名。北。

ね【音】[名](人の)**声**。**泣き声**。(虫や動物などの)**鳴き声**。(楽器などの)**音**。**響き**。例「風の音、虫の音につけて、もののみ悲しう思さるるに」〈源氏・桐壺〉《音便》「悲しう」は「悲しく」のウ音便。《敬語》「思さるる」→「おぼす」

〔**音こそ泣く**〕声をたてて泣く。例「昔を偲ぶ**ねこそ泣・かるれ**」〈金葉・雑上・五九八〉

〔**音に立てて鳴く**〕声を立てて鳴く。例「葦引きの山郭公今日とてや菖蒲の草の**ねにたててて鳴・く**」〈拾遺・夏・一一一〉

〔**音に泣く**〕声を出して鳴く。例「**音に泣・きて**ひちにしかども」〈古今・恋二・五七七〉

〔**音のみ泣く**〕(「音泣く」を強めた語)泣きに泣く。ひたすら声を出して泣く。例「手童(=幼児)の**音のみ泣・きつつ**」〈万葉・四・六一九長歌〉

〔**音をのみぞ泣く**〕声をたてて泣くばかりだ。例「思ひくらしの**音をのみぞ泣・く**」〈古今・恋五・七七一〉

ね【峰・嶺・根】[名]山の頂上。みね。

ね【根】[名]❶植物の根。❷物事の始まり。根源。例「愛著の道、その**根深く**」〈徒然・九〉

〔**根を引く**〕❶(菖蒲の)根に寄せて歌を詠む。端午の節会に催される菖蒲の「根合はせ」での詠歌を指す。「ね」「ひく」はともに「菖蒲」の縁語であり、「文目」も掛詞として引き出されるが、いずれも一種のことば遊び。例「五月の節に急ぎ参る朝、何のあやめも思ひしづめられぬにえならぬ**根を引・きかけ**」〈源氏・帚木〉❷あとあとまで遺恨や未練を残す。

ね［終助］《上代語》他へあつらえ望む意を表す。…てほしい。…てくれ。例「ありねよし対馬の渡り海中に幣取り向けてはや帰り来**ね**」〈万葉・一・六二〉訳「ありねよし」対馬へ渡る港から(出船の折)海の中に海神への幣をささげてはやく帰って来**てくれ**。〔注〕「ありねよし」は「対馬」の枕詞。〈接続〉動詞型活用語の未然形、及び禁止を表す「な…そ」の終助詞「そ」に付く。

ね 打消の助動詞「ず」の已然形。例「鳴く鶏はいやしき鳴けど降る雪の千重に積めこそ我が立ちかて**ね**」〈万葉・一九・四二三四〉《係結び》「こそ→立ちかてね㊁」。《識別注意語》→付録「まぎらわしい品詞の識別」

ね 完了の助動詞「ぬ」の命令形。例「この思ひおきつる宿世違はば、海に入り**ね**」〈源氏・若紫〉《識別注意語》→付録「まぎらわしい品詞の識別」

ねあはせ【根合はせ】[名]「物合はせ」のひとつ。陰暦五月五日の端午の節句に、競技者が左右に分かれ、菖蒲の根の長さを競う遊び。「歌合はせ」を伴うことも多かった。=菖蒲根合はせ。(季-夏)

ねいじん【佞人】[名]口がうまく、こびへつらう人。心の曲がった者。

ねい・る【寝入る】[自ラ四]{ら・り・る・る・れ・れ}眠りに入る。深い眠りに入る。熟睡する。例「はや静まりて、人も**寝入・り**て侍らむ」〈宇津保・楼の上・上〉

ねう【鐃】[名]中国から伝わり、仏具に取り入れられた楽器の一種。鈴に似て柄があり、中に舌がなく銅丸が入れてあって、振って音を出す。

ねうはち【鐃鈸】[名]寺院で用いる楽器の一種。銅製の皿のような形の円盤を二枚打ち合わせて音を出す。

ねお・く【寝起く】[自カ上二]{き・き・く・くる・くれ・きよ}目覚めて起き上がる。例「〔源氏ハ〕日高う**寝起・き**たまひて」〈源氏・若紫〉

ねおどろ・く【寝驚く】[自カ四]{か・き・く・く・け・け}ふと目覚める。はっと目を覚ます。例「月のころは、**寝おどろ・き**て見出だすに、いとをかし」〈枕・七月ばかり〉

ねおび・る【寝おびる】[自ラ下二]{れ・れ・る・るる・るれ・れよ}寝ぼける。一説に、夢におびえて目を覚ます意ともいう。例

「寝おびれて起きたる心地もわななかれて」〈源氏・浮舟〉

〈川柳〉**ねかすこを…**【寝かす子をあやして亭主叱られる】〈柳多留・七〉訳 寝かそうとする子をあやして起こしてしまい、亭主は妻にしかられていることだ。

ねがはく-は【願はくは】ネガワクワ[副] 願うことは。どうか。どうぞ。例「**願はくは**花の下にて春死なんそのきさらぎの望月のころ」〈山家集・上〉訳 →〈和歌〉ねがはくは…

語構成　ねがはく（ハ四「願ふ」・名詞化）＋は（係助）

発展学習ファイル　文頭に用いて、文末は命令や意志の表現で結ぶことが多い。漢文訓読文で多く用いられ、和文の「いかで…がな」に対応する表現である。

〈和歌〉**ねがはくは…**【願はくは花の下にて春死なんそのきさらぎの望月のころ】〈山家集・上・西行〉訳 私が願っていることは、桜の花の下で春に死にたい、その二月の満月のころに、ということだ。〈参考〉「花」は桜の花を指す。

ねがは・し【願はし】ネガワシ[形シク]{しから・しく(しかり)・し・しき(しかる)・しけれ・しかれ} 望ましい。欲しい。例「いで、その御肴もてはやされんさまは**願は・しから**ず」〈源氏・常夏〉

ねがひ【願ひ】ネガイ[名] ❶願望。望み。❷祈願。❸誓願。仏が、一切の苦しみを救うという願いを達成することを誓うこと。

【**願ひの糸**】ネガイノイト 陰暦七月七日、七夕の夜に願いごとを託して竿の先にかけ、織女星にささげた五色の糸。(季-秋)

ねが・ふ【願ふ】ネゴウ[他ハ四]{は・ひ・ふ・ふ・へ・へ}《動詞「祈ぐ」の未然形＋上代の反復・継続の助動詞「ふ」》❶神仏に祈る。例「なほし**願・ひ**つ千年の命を」〈万葉・二〇・四四七〇〉❷得たいと思う。望む。

ねから【根から】[副]《近世語。「ねっから」とも》❶もとから。すっかり。例「謡の**ねから**つくり事なるにはまされり」〈鶉衣〉❷(下に打消の語を伴って)いっこうに。全然。例「**根から**忘れぬ紙入れの」〈浄・女殺油地獄〉

ねき[名]《近世語。「ねぎ」とも》かたわら。そば。例「つかつかと挑灯の**ねき**へ行き」〈伎・幼稚子敵討〉

ねぎ【禰宜】[名] 神主の下位、「祝」の上位にある神官。

ねぎか・く【祈ぎ掛く・祈ぎ懸く】[他カ下二]{け・け・く・くる・くれ・けよ}(神仏に)願い事をする。例「**ねぎか・くる**日吉の社のゆふだすき」〈拾遺・神楽・五九三〉

ねぎごと【祈ぎ事】[名](神仏に対する)願い事。

ね・ぐ【祈ぐ】[他ガ四]{が・ぎ・ぐ・ぐ・げ・げ} 神仏に祈る。願い事をする。例「何事を**ね・ぐ**水鶏なるらん」〈清輔集〉

ね・ぐ【労ぐ】[他ガ上二]{ぎ・ぎ・ぐ・ぐる・ぐれ・ぎよ} ねぎらう。いたわる。例「天皇朕珍の御手もちかき撫でそ**ね・ぎ**たまふ」〈万葉・六・九七三長歌〉

ねくた・る【寝腐る】[自ラ下二]{れ・れ・る・るる・るれ・れよ} 寝姿が乱れてだらしなくなる。例「二十日ばかりに、人**寝くた・れ**たるほど見え」〈蜻蛉・下〉

ねくたれ【寝腐れ】[名] 寝て姿が乱れること。

ねくたれがみ【寝腐れ髪】[名] 寝て乱れた髪。

ねくたれすがた【寝腐れ姿】[名] 寝乱れて、だらしのない姿。寝起き姿。

ねぐら【塒】[名] 鳥の寝る所。

ねこ【猫】[名] ❶動物の名。平安時代、貴族社会では猫を愛玩することが流行した。中国渡来の唐猫が、とくに愛育された。❷(猫の皮を胴に用いることから)三味線の別称。また、芸妓の別称。

【**猫に鰹節**】ネコニカツオブシ あやまちを犯しやすく、油断のならないたとえ。

【**猫に傘**】(猫の目の前で、傘を急に開くと恐れて嫌がることから)嫌がることのたとえ。

【**猫に小判**】(猫に小判を与えても、何の効果もないことから)貴重なものでも、価値の分からない者にとっては何の意味もないことのたとえ。

【**猫の恋**】ネコノコイ 交尾期の猫のありさま。(季-春)

ねご・い【寝濃い】[形口語型]《近世語》寝坊である。なかなか目を覚まさない。例「**寝ご・い**八千代さへ目覚めて」〈浮・好色一代男〉

ねこおろし【猫下ろし】[名] 猫が食物を残すこと。食べ残し。

ねこじ【根掘じ】[名](草や木を)根の付いたまま掘り出すこと。

ねこ・ず【根掘ず】[他ザ上二]{じ・じ・ず・ずる・ずれ・じよ}(草や木を)根の付いたまま掘りとる。例「去にし年**根こ・じ**て植ゑし」〈拾遺・雑春・一〇〇八〉

ねこのさうし【猫の草子】ネコノソウシ[作品名] 江戸前期(一六〇二ごろ成立)の御伽草子。作者未詳。猫をつないで飼うことを禁止する法令の発布を受けて、猫とネズミがそれぞれの立場を弁解する内容。

ねこま【猫ま】[名] 猫の古名。

ねこまた【猫股】[名] 想像上の獣。猫が年老いて、尾が二つに分かれ、化けて災いをなすというもの。

ねごめ【根込め】[名] 根の付いたまま。根こそぎ。

ねさう【年星】ネソウ[名](「ねんさう」の撥音無表記)陰陽道で、その人の生まれた年に当たる「属星」を祭り、開運を願うこと。

ねさうぞく【寝装束】ネソウゾク[名] 寝るときの衣服。

ねざさ【根笹】[名] タケササ類の常緑のササ。

ねざし【根差し】[名] ❶地中に根をのばすこと。例「巌に生ひたる松の**根ざし**も」〈源氏・明石〉❷生まれつき。素性。❸根源。由来。

ねざ・す【根差す】[自サ四]{さ・し・す・す・せ・せ} ❶根が付く。例「隠れ沼の下より**根ざ・す**あやめ草」〈拾遺・雑下・五七三長歌〉❷基づく。例「**ねざ・し**たる所存あるよな」〈浄・曾我会稽山〉

ねざめ【寝覚め】[名] 眠りから覚めること。例「いとどかくつらき御夜離れの**寝ざめ寝ざめ**、思ほししをることいとさまざまなり」〈源氏・夕顔〉

古典の世界　「寝覚め」は、深夜または暁の、人が皆寝静まっている時刻に、眠れずに独り目覚めている場合について用いられることが多い。とくに中古の作品における「寝覚め」の語は、そのほとんどが恋人に逢えずに悶々と夜を過ごしたことを表している。

ねざめ【寝覚】[作品名]「よるのねざめ」に同じ。

ねざめがち【寝覚め勝ち】[形動ナリ]{なら・なり(に)・なり・なる・なれ・なれ}(「がち」は接尾語)何回も目をさますようす。たびたび眠りからさめるさま。

ねざめのきみ【寝覚の君】[人名]『夜の寝覚』の女主人公。太政大臣の中の君で、中納言を姉の婚約者と知らず契りを結び子供を産む。

ねざめのとこ【寝覚の床】[地名]信濃国(しなののくに)の地名。いまの長野県木曾(きそ)郡上松(あげまつ)町、木曾川上流にある景勝地。浦島太郎伝説で知られる。

ねじけがまし【拗けがまし】歴史的かなづかい「ねぢけがまし」

ねじに【寝死に】[名]寝たまま死ぬこと。

ねじろ【根白】[名]水に洗われたりして、草木の根が白いこと。

ねじろ【根城】[名]❶本拠とする城。❷根拠地。

ねじろたかがや【根白高萱】[名]川の水などに洗い出されて、白い根が高く現れているカヤ。

ね・す【熱す】[自サ変]{せ・し・す・する・すれ・せよ}(「ねっす」の促音無表記)熱が生じる。発熱する。例「御瘡(かさ)の**熱・せ**させたまふなりけり」〈栄花・八〉

ねず【鼠】[名]「鼠(ねずみ)」の略。

ねずがせき【念珠が関】[地名]出羽国(でわのくに)と越後国(えちごのくに)の境の関所。いまの山形県と新潟県の境。北陸道から出羽に入る関門であった。「勿来(なこそ)の関」「白河の関」と並ぶ奥羽三関のひとつ。

ねずなき【鼠鳴き】[名]鼠(ねずみ)の鳴き声をまねすること。幼児をあやしたり、人を秘かに呼んだりするときにする。

ねずみ【鼠】[名](「ねず」とも)動物の名。

〔**鼠(ねずみ)が塩(しほ)を引(ひ)く**〕ネズミガシオヲヒク(ネズミが塩を少しずつ引いて行くのは目立たないが、積もり積もって多量になるところから)目立たない小事が、いつのまにか大事に至ることのたとえ。

ねずみど【鼠戸】[名]木戸や門などに設ける小さなくぐり戸。

ねす・む【寝住む】[自マ四]{ま・み・む・む・め・め}住み着いてともに暮らす。夫婦となって長く暮らす。例「年を経て君をのみこそ**ねす・み**つれ」〈拾遺・物名・四二二〉

ねずもち【鼠黐】[名]木の名。ネズミモチの別称。果実がネズミの糞(ふん)に似ることからの名称。(季―夏)

ねずり【根摺り】[名]紫草(むらさき)の根の汁で摺り染めること。

〔**根摺(ねず)りの衣(ころも)**〕紫草の根で摺(す)って染めた衣服。

ねすりごと【ねすり言】[名](近世語。「ねずりごと」とも)嫌み。あてこすり。皮肉。

ねぜり【根芹】[名]早春のセリ。根まで食べることからの名称。(季―春)

ねそ・む【寝初む】[自マ下二]{め・め・む・むる・むれ・めよ}男女が初めて共寝をする。例「いかにせむとか我が**寝そ・め**けむ」〈万葉・一一・二六五〇〉

ねた【妬】[名](形容詞「妬し」の語幹)ねたましく思うこと。例「ねたのわざや」〈源氏・宿木〉

ねた・う【妬う・嫉う】ネトウ 形容詞「ねたし」の連用形「ねたく」のウ音便。

ねたが・る【妬がる】[自ラ四]{ら・り・る・る・れ・れ}悔しがる。例「頭(かしら)を掻(か)きて**妬が・る**といへども」〈今昔・一六・二一〉

ねたげ[・なり]【妬げ】[形動ナリ]{なら・なり(に)・なり・なる・なれ・なれ}❶憎く恨めしいと思っているようすだ。例「この紅葉(もみぢ)の御消息(せうそこ)、いと**ねたげ・な**めり」〈源氏・少女〉《音便》「ねたげな」は「ねたげなる」の撥音便「ねたげなん」の撥音無表記。❷憎らしいほど立派だ。例「心ばせのなだらかに**ねたげ・なりし**を」〈源氏・末摘花〉

ねた・し【妬し・嫉し】[形ク]{から・く(かり)・し・き(かる)・けれ・かれ}

アプローチ
▼「名(な)痛(いた)し」の約か。相手が自分より評判が高く、優位な立場にあることを悔しく残念に思う気持ちを表す。
▼また、自分の失敗などに対して後悔し、残念に思う気持ちを表す。
▼さらに、悔しい気持ちを起こさせるほど相手がすぐれている場合にも用いる。

❶(相手のまさっていることが)**しゃくにさわる。憎らしい。**例「頭中将(とうのちゅうじゃう)は、この君の、いたうまめだち過ぐして、常にもどきたまふが**ねた・き**を」〈源氏・紅葉賀〉訳頭中将はこの君(=源氏)が、とてもまじめくさって、いつも自分を非難なさるのが**しゃくにさわる**ので。《音便》「いたう」は「いたく」のウ音便。

❷**自分の失敗が悔やまれる。しまった。残念だ。**例「『**ねた・き**。いはざらましものを』と悔しがるうちに」〈土佐〉訳「**しまった**。歌なんか詠まなければよかったのに」と後悔するあいだに。

❸**悔しいほどすぐれている。憎らしいほどだ。**例「これはあくまで弾き澄まし、心にくく**ねた・き**音(ね)ぞまされる」〈源氏・明石〉訳こちら(=明石(あかし)の君(きみ))はどこまでも見事に弾きすまし、奥ゆかしく**憎らしくなるほど**音色が**すぐれている**。《係結び》「ぞ」→まされる(体)

古語深耕
「ねたし」と「にくし」「くやし」「くちをし」との違い
「ねたし」の類義語として、「にくし」「くやし」「くちをし」がある。「にくし」は対象を憎らしいと思う点で①と重なり、一方、「くやし」は、過去の自己の行為を悔やむ場合に用いられる点で、また、「くちをし」は、結果を残念に思う点で、それぞれ、②に類似するが、自分よりも優位な立場にある相手に対して、心中穏やかでない気持ちを抱く「ねたし」とは、いずれも異なっている。

ねたば【寝刃】[名](近世語)切れ味が鈍くなってしまった刀の刃。

〔**寝刃(ねたば)を合(あ)はす**〕ネタバヲアワス(近世語)刀の刃をとぐ。また、転じて、ひそかに事をたくらむことのたとえ。

ねたま・し【妬まし】[形シク]{しから・しく(しかり)・し・しき(しかる)・しけれ・しかれ}憎らしい。例「東八か国打ち勝(すぐ)りたるよし自称仕うまつる、**ねたま・しう**おぼえ候へば」〈古今著聞・三八〇〉《音便》「ねたましう」は「ねたましく」のウ音便。

ねたましがほ【妬まし顔】ネタマシガオ[名]人にねたましい思いをさせたり、悩ませたりするような顔つきやようす。

ねたま・す【妬ます】[他サ四]{さ・し・す・す・せ・せ}悔しがらせる。憎らしいと思わせる。例「『なべてやは』など、**ねたま・し**聞こゆれば」〈源氏・総角〉

ねた・む【妬む・嫉む】[他マ四]{ま・み・む・む・め・め}憎む。いまいましく思う。例「**嫉・み**、怒り、欲多く」〈徒然・一二八〉

ねたりがほ【寝たり顔】ネタリガオ[名]寝ているような顔。寝たふり。

ね

ねだ・る【根足る】[自ラ四]〔ら・り・る・る・れ・れ〕根がしっかりと張る。例「竹の根の**根足・る**宮」〈記・下・歌謡〉

ねだれごと【強請言】[名]《近世語。「ねだりごと」とも》言いがかりのことば。ゆすりや強迫のことば。

ねだれもの【強請者】[名]《近世語。「ねだりもの」とも》ゆすり。たかり。

ねぢ・く【拗く】ネジク[自カ下二]〔け・け・く・くる・くれ・けよ〕❶ひねくれる。例「かやうの御返しを、思ひまはさむも**ねぢ・け**たれば」〈源氏・蛍〉❷筋道が違う。例「うちつけに**ねぢ・け**たる事は好まずかしと」〈源氏・真木柱〉❸ねじれる。ゆがむ。例「八重桜は異様の物なり。いとこちたく**ねぢ・け**たり」〈徒然・一三九〉

ねぢけがま・し【拗けがまし】ネジケガマシ[形シク]〔(しから)・しく(しかり)・し・しき(しかる)・しけれ・しかれ〕《「がまし」は接尾語》❶ひねくれている。素直でない。例「いと口惜しく**ねぢけがま・しき**おぼえだになくは」〈源氏・帚木〉❷ふつうでない。不自然だ。変だ。例「ゆかりむつび、**ねぢけがま・しき**さまにて」〈源氏・少女〉

ねぢけひと【拗け人・佞人】ネジケヒト[名]心のひねくれた人。

ねぢころ・す【捩ぢ殺す・捻ぢ殺す】ネジコロス[他サ四]〔さ・し・す・す・せ・せ〕ねじって殺す。ひねって殺す。例「〔大雁ヲ〕打ちふせ、**ねぢ殺・しけれ**ば」〈徒然・一六二〉

ねぢじゃうご【捩ぢ上戸】ネジジョウゴ[名]《近世語》酒に酔うと理屈をこねる癖のあること。また、その人。

ねちゃう【根帳】ネチョウ[名]根本の帳面。元帳。

ねぢよ・る【捩ぢ寄る】ネジヨル[自ラ四]〔ら・り・る・る・れ・れ〕にじり寄る。例「花のもとには、**ねぢ寄・り**立ち寄り」〈徒然・一三七〉

ね・づ【捩づ・捻づ】ネズ[他ダ上二]〔ぢ・ぢ・づ・づる・づれ・ぢよ〕ねじる。ひねる。例「鳴かぬ雁の首を**ね・ぢ**て」〈今昔・一〇・一三〉

ねった・い【妬い】[形口語型]《「ねたし」の口語型「ねたい」を促音化させて強めた語》悔しい。残念だ。例「**ねった・い**、さらば景季も盗むべかりける物を」〈平家・九・生ずきの沙汰〉

〈川柳〉**ねてゐても…**【**寝てゐても団扇の動く親心**】〈柳多留・初〉訳添い寝していても、ハエを払うため無意識のうちに団扇が動く。これが親心というものだ。

ねど【寝所・寝処】[名]寝る所。寝床。

ねどころ【根所】[名]根もと。

ねどころ【寝所】[名]❶寝床。＝寝所。❷《鳥の》ねぐら。

ねとり【音取り】[名]演奏の前に、楽器の調子を合わせること。また、そのための音楽。

ねと・る【音取る】[他ラ四]〔ら・り・る・る・れ・れ〕「音取り」をする。例「一臈(＝最長老ノ人)笛を**ねと・る**。その後朗詠あり」〈古今著聞・六三五〉

ねな・く【音泣く・音鳴く】[自カ四]〔か・き・く・く・け・け〕声を立てて泣く。例「新喪のごとも**音泣・き**つるかも」〈万葉・九・一八〇九長歌〉

ねなしぐさ【根無し草】[名]浮き草。漂って居場所の定まらないことや、根拠のないことのたとえに用いることが多い。（季－夏）

ねなしぐさ【根南志具佐】[作品名]江戸中期（一七六三刊行）の談義本。平賀源内作。外題は「根無草」。本草学者として知られていた源内の戯作として最初の作品。女形荻野八重桐が隅田川の舟遊び中に溺死した実話を素材とし、地獄を舞台として当世をうつす地獄物の小説。

ねぬなは【根蓴菜】ネヌナワ[名]「ぬなは」に同じ。和歌では、同音反復で「寝」「寝ぬ名は」「ねたし」などの序詞としたり、茎が長く伸びていることから「繰る」をかけて「来る」や「苦し」などの序詞としたりする。

ねぬなはの【根蓴菜の】ネヌナワノ[枕詞]「根蓴菜」の長い根を手繰りよせてとることから、「長き」及び「繰る」と同音を含む「苦し」に、また同音の繰り返しから「寝ぬな」にかかる。例「**ねぬなはの**寝ぬ名は立てじくるな厭ひそ」〈古今・雑躰・一〇三六〉

ねのくに【根の国】[名]地下、または、海のかなたにあると考えられた死後の世界。黄泉の国。

ねのひ【子の日】[名]❶十二支の「子」に当たる日。❷正月初めの子の日に行われた年中行事。不老長寿を願って、野外に出て小松を引き、若菜を摘んだ。また、その小松や若菜を贈る風習もあり、多く和歌がつけられた。和歌では「根延び」とかけられることも多い。奈良時代から見られる行事だが、平安時代に入って一般に広まり、また、この日は宮中でも宴が催された。＝子の日の遊び。（季－春）

古典の世界 「子の日②」とよく似た内容の初春の行事として、正月七日に若菜を摘む「人日」の行事がある。この二つは別種の行事として区別されていた。とくに、「子の日②」では、小松を根付きのまま引き、その生命力を摂取することに重点が置かれた。

〔**子の日の遊び**〕「ねのひ②」に同じ。

〔**子の日の松**〕正月初めの子の日に、不老長寿を願って引く小松。

ねのび【寝伸び】[名]寝た状態で、そのまま手足を伸ばすこと。

ね-ば ❶順接の確定条件を表す。…**ないから**。…**ないので**。例「人、木石にあら**ねば**、時にとりて、ものに感ずる事なきにあらず」〈徒然・四一〉訳人間は木や石では**ないので**、時によっては物事に感動することがないわけではない。❷《多く「…も…ねば」の形で》逆接の確定条件を表す。…**ないのに**。…**ないというのに**。例「我がやどの萩の下葉は秋風もいまだ吹か**ねば**かくそもみてる」〈万葉・八・一六二八〉訳私の家の萩の下葉は、まだ秋風も吹か**ないのに**こんなに紅葉していることよ。《係結び》「そ→もみてる㊍」。❸逆接の恒常条件を表す。…**しないと**。…**しなければ**。例「鼻ひたる時、かくまじなは**ねば**死ぬるなりと申せば」〈徒然・四七〉訳くしゃみをしているとき、このように(くさめ、くさめと)おまじないをし**ないと**死んでしまうものだといいますから。《敬語》「申せば」→「まうす」

語構成　ね（打消「ず」㊀已）　ば（接助）

ねば・ふ【根延ふ】ネバウ[自ハ四]〔は・ひ・ふ・ふ・へ・へ〕根が長くのびる。根がはびこる。例「竹の根の根垂る宮木の根の**根延・ふ**宮」〈記・下・歌謡〉

〈和歌〉**ねはみねど…**【**ねは見ねどあはれとぞ思ふ武蔵野の露わけわぶる草のゆかりを**】〈源氏・若紫〉訳紫草の根は見ることがないように、共寝したことはないですがいとしいと思うよ、武蔵野の露をかき分けにくいように近寄りがたい紫草のゆかりの人をであるあなたを。《係結び》「ぞ→思ふ㊍」〈参考〉「ね」は「根」と「寝」とをかける。「根」「野」「露」は縁語。

ねはりあづさ【根張り梓】(ネハリアズサ)[名]根をはっている梓、または、それで作った弓。

ねは・る【寝腫る】[自ラ下二]{れ・れ・る・るる・るれ・れよ}寝起きで、顔がはれぼったくなる。例「えせ容貌（＝器量ノヨクナイ人）は、つやめき、**寝腫・れて**」〈枕・見苦しきもの〉

ねはん【涅槃】[名]《仏教語。梵語の音訳》❶いっさいの煩悩を超越した悟りの境地。❷釈迦の入滅。また、人の死。❸「涅槃会」の略。

ねはんかう【涅槃講】(ネハンコウ)[名]「ねはんゑ」に同じ。

ねはんゑ【涅槃会】(ネハンエ)[名]陰暦二月十五日に釈迦の入滅(死)を追悼し、その恩に報いるために行う法会。涅槃図を掲げて、仏遺教経を読誦する。＝涅槃講。（季－春）

ねびき【根引き】[名]❶草木を根の付いたまま引き抜くこと。❷《近世語》遊里で、遊女を請け出すこと。身請け。

ねびきのかどまつ【寿の門松】[作品名]「やまざきよじべゑねびきのかどまつ」に同じ。

ねびごたち【ねび御達】[名]《「御」は女性の敬称。「たち」は接尾語》長年仕えて、経験豊富な老女房たち。古参の女房たち。

ねびす・ぐ【ねび過ぐ】[自ガ上二]{ぎ・ぎ・ぐ・ぐる・ぐれ・ぎよ}ひどく老けている。例「声いたう**ねび過・ぎ**たれど、聞きし老人と聞き知りたり」〈源氏・蓬生〉

ねひとつ【子一つ】[名]子の刻(午後十一時から午前一時まで)を四等分した第一の時間。いまの午後十一時半ごろ。

ねびととの・ふ【ねび整ふ】(ネビトトノウ)[自ハ四]{は・ひ・ふ・ふ・へ・へ}成長して容姿が整う。大人びる。＝ねび整ほる。例「この君(＝玉鬘)、**ねびととの・ひ**たまふままに、母君(＝夕顔)よりもまさりてきよらに」〈源氏・玉鬘〉

ねびととのほ・る【ねび整ほる】(ネビトトノオル)[自ラ四]{ら・り・る・る・れ・れ}「ねびととのふ」に同じ。

ねびな・る【ねび成る】[自ラ四]{ら・り・る・る・れ・れ}成長する。例「いかに**ねびな・り**たまひぬらむ」〈源氏・澪標〉

ねびは・つ[自タ下二]{て・て・つ・つる・つれ・てよ}すっかり年を取ってしまう。老け込む。例「春宮むげに**ねびは・て**させ給へれば」〈栄花・八〉

ねびびと【ねび人】[名]年齢を重ねて経験豊かな人。老人。

ねびまさ・る【ねび勝る】[自ラ四]{ら・り・る・る・れ・れ}❶成長するに従ってさらに美しくなる。例「君はまづ**ねびまさ・り**て、いとめでたうて居たまへれば」〈落窪・二〉❷実年齢よりも大人びて見える。例「御弟にこそものしたまへど、**ねびまさ・り**てぞ見えたまひける」〈源氏・蛍〉

ねびゆ・く【ねび行く】[自カ四]{か・き・く・く・け・け}成長していく。年を取っていく。例「**ねびゆ・か**むさまゆかしき（＝見タイ）人かな」〈源氏・若紫〉

ねび・る[自ラ下二]{れ・れ・る・るる・るれ・れよ}老人くさくなる。老ける。例「鼻などもあざやかなる所なう、**ねび・れ**て」〈源氏・空蝉〉

ねぶ【合歓・合歓木】[名]《「ねぶり」「ねぶりのき」とも》ネムノキの別称。夜になると葉が閉じて垂れ下がり、眠ったように見えることからの名称。（季＝花－夏・実－秋）

ね・ぶ[自バ上二]{び・び・ぶ・ぶる・ぶれ・びよ}❶年齢を重ねる。年をとる。例「**ね・び**たまふままに、ゆゆしきまでなりまさりたまふ御ありさまかな」〈源氏・紅葉賀〉❷大人っぽくなる。ませる。例「御としの程よりはるかに**ね・び**させ給ひて、御かたちうつくしく」〈平家・一・先帝身投〉

ねぶか【根深】[名]ネギの別称。（季－冬）

〔俳句〕**ねぶかかうて…**【葱買うて枯木の中を帰りけり】〈自筆句帳・蕪村〉訳買い求めたネギを手に提げ、枯れ木ばかりとなった冬の道を帰っていく。荒涼とした辺りの風景とは対照的に、ネギは色も香りもみずみずしい。（季－葱－冬）

〔俳句〕**ねぶかしろく…**【葱白く洗ひたてたる寒さかな】〈韻塞・芭蕉〉訳泥を流し、真っ白に洗いあげたネギ。そのネギの白さが、身もひきしまるような冬の寒さを感じさせることだ。（季－葱・寒さ－冬）

ねぶたげ[・なり]【眠たげ・睡たげ】[形動ナリ]{なら・なり(に)・なり・なる・なれ・なれ}《「げ」は接尾語》眠たそうである。

ねぶた・し【眠たし・睡たし】[形ク]{から・く(かり)・し・き(かる)・けれ・かれ}《「ねぶりいたし」の変化形》非常に眠い。眠たい。例「あこは、そこに。**眠た・からむ**」〈宇津保・俊蔭〉

ねぶと【根太】[名]《根が太く張る意》はれものの一種。いまの癰。

ねぶり【眠り・睡り】[名]眠ること。睡眠。

ねぶりごゑ【眠り声】(ネブリゴエ)[名]眠そうな声。寝ぼけ声。

ねぶりめ【眠り目・眠り眼】[名]眠たそうな目。

ねぶ・る【眠る・睡る】[自ラ四]{ら・り・る・る・れ・れ}ねむる。また、目を閉じてねむったようにしている。例「柱によりかからせたまひて、すこし**眠・らせ**たまふを」〈枕・大納言殿まゐりたまひて〉

ねぶ・る【舐る】[他ラ四]{ら・り・る・る・れ・れ}なめる。しゃぶる。例「常灯の油を**舐・り**失ひき」〈今昔・一四・一九〉

ねぼ・く【寝惚く】[自カ下二]{け・け・く・くる・くれ・けよ}「ねほる」に同じ。

ねほ・る【寝惚る】[自ラ下二]{れ・れ・る・るる・るれ・れよ}寝ぼける。＝寝惚く。例「それ(＝水鳥ノ羽音)に驚きて敵の時を造るかとて、京家の者どもなれば、**寝ほ・れ**て逃げたるよなど笑ひけり」〈盛衰記・二三〉

ねまち【寝待ち】[名]❶寝て待つこと。❷「寝待ちの月」の略。

ねまちのつき【寝待ちの月】[名]月の出がやや遅くなり、寝て待っている間にでてくる月の意。陰暦十九日の夜の月。＝寝待ち・寝待ち月。（季－秋）

ねまつり【子祭り】[名]陰暦十一月の子の日に行われる大黒天の祭り。一家の繁栄を祝い、玄米・黒豆などを供える。（季－冬）

ねまど・ふ【寝惑ふ】(ネマドウ)[自ハ四]{は・ひ・ふ・ふ・へ・へ}寝ぼける。寝ぼけてまごまごする。例「老いたる男の、**寝まど・ひ**たる」〈枕・似げなきもの〉

ねま・る[自ラ四]{ら・り・る・る・れ・れ}《近世語》❶一か所にいる。座る。例「大星由良之介の殿といふは、この屋台に**ねま・り**めさるか」〈浄・碁盤太平記〉❷ひれ伏す。例「軍右衛門が**ねま・り**申して手をつかへる」〈浄・心中宵庚申〉❸寝る。横になる。くつろぐ。例「涼しさを我が宿にして**ねま・る**なり」〈おくのほそ道・尾花沢〉

ねみみ【寝耳】[名]眠っているときに、夢うつつに聞くこと。

ね・む【睨む】［他マ下二］{め・め・む・むる・むれ・めよ}にらむ。例「**ね・め**つつ見かへり見かへりにらみけり」〈古今著聞・五四三〉

ねむごろ［［・なり］］【懇ろ】［形動ナリ］{なら・なり(に)・なり・なる・なれ・なれ}「ねんごろ」に同じ。

ねめか・く【睨めかく】［他カ下二］{け・け・く・くる・くれ・けよ}にらみつける。例「**ねめか・け**て帰りにければ」〈宇治拾遺・九・四〉

ねもころ［［・なり］］【懇】［形動ナリ］{なら・なり(に)・なり・なる・なれ・なれ}《「ねもごろ」とも。「ねんごろ」の古形》心をこめて丁寧にするさま。例「**ねもころ・に**君が聞こして年深く」〈万葉・四・六一九長歌〉

ねもころ【懇】［副］徹底的に。熱心に。細やかに。＝懇ごろに。例「**ねもころ**見れど飽かぬ川かも」〈万葉・九・一七二三〉

ねもころごろに【懇ごろに】［副］「ねもころ［副］」に同じ。

ねや【閨・寝屋】［名］❶寝室。❷奥深くにある女性の部屋。

ねや【根矢】［名］征矢・鏑矢・雁股などのように、矢じりが大きい矢のこと。

ねや・す【黏す】［他サ四］{さ・し・す・す・せ・せ}❶泥や粘土などを練ってねばり気を出すことによって像を造る。例「四大天王の像四身を**ねや・す**」〈性霊集〉❷ねばりを持たせる。しつこく重々しく演じる。例「少し心を破に持ちて、さのみに**ねや・さ**で」〈花鏡〉

ねやど【寝屋処・寝屋戸】［名］寝る場所。一説に、寝所の戸ともいう。

ねよとのかね【寝よとの鐘】人々に寝よと告げるために、亥の刻(午後十時ごろ)に鳴らした鐘。

ねら【嶺ら】［名］《「ら」は接尾語》山の峰。＝嶺ろ

ねり【練り・煉り】［名］❶巧みであること。練達。例「諸弟らが**練り**の言葉は我は頼まじ」〈万葉・四・七七四〉❷「練り絹」の略。❸「練り貫」の略。

ねりい・づ【練り出づ】［自ダ下二］{で・で・づ・づる・づれ・でよ}ゆっくりと静かに歩み出る。例「笏取り縊りてぞ**練り**出・でにたりし」〈宇津保・蔵開・上〉

ねりいろ【練り色】［名］染め色の名。白みを帯びた淡い黄色。

ねりかう【練り香・煉り香】［名］香の一種。諸種の香料を粉末にし、それに「貝香」を混ぜて蜜で練り合わせたもの。＝合はせ薫き物

ねりがね【練り鉄・錬り鉄】［名］《「ねりかね」とも》精錬して純度を高めた鉄。

ねりぎぬ【練り絹】［名］練ってしなやかにした絹糸。また、練り糸で織った絹布。＝練り②。↔生絹

ねりくやう【練り供養】［名］陰暦四月の十三・十四日に、奈良県の当麻寺で行われた来迎会の儀式。当麻寺に二十五菩薩が来迎したのを模して、二十五人の僧が、二十五菩薩の面をかぶって行列する。(季―夏)

ねりさまよ・ふ【練り徘徊ふ】［自ハ四］{は・ひ・ふ・ふ・へ・へ}あちこちを練り歩く。ゆっくりと歩き回る。例「『定者(＝行列ノ先導ノ僧)』などいふ法師のやうに、**練りさまよ・ふ**」〈枕・ころは、正月、三月〉

ねりそ【練り麻】［名］藤蔓や小枝などをねじり合わせて縄の代用としたもの。

ねりつば【練り鍔・煉り鍔】［名］刀の鍔で、革を重ね合わせて膠で固めたもの。

ねりぬき【練り貫】［名］縦糸を生糸、横糸を練り糸で織った絹織物。＝練り③

ねりぬきざけ【練り貫酒】［名］白酒の一種。色が練り絹に似ていることからこの名がつけられた。筑前(いまの福岡県)博多産がとくに有名。＝練り酒

ねりばかま【練り袴】［名］「練り絹」で作った袴。

ね・る【練る】［自ラ四］{ら・り・る・る・れ・れ}ゆっくりと歩く。例「北の方、『あらあら』とまどひ給へば、**ね・り**つつやる」〈落窪・二〉

ね・る【練る・粘る・錬る・煉る】［他ラ四］{ら・り・る・る・れ・れ}❶(泥土や粉末などを)こね混ぜる。例「うるはしき糸の、**練・り**たる、合はせ繰りたる」〈枕・心ゆくもの〉❸(塩などを)精製する。精錬する。例「伊勢のあまの**ね・る**やうしほの」〈夫木・雑七〉❹物に力を加えてひねる。例「焼き大刀の手かみ押し**ね・り**」〈万葉・九・一八〇九長歌〉❺物をねじ曲げる。例「縄をなみ**ね・る**やねりそのくだけてぞ思ふ」〈拾遺・恋三・八一三〉❻推敲する。

ねろ【嶺ろ】［名］《上代東国方言。「ろ」は接尾語》峰。＝嶺ら。

ねわたし【嶺渡し】［名］高い峰から峰へと吹く風。

ねをな・く【音を泣く】声を上げて泣く。例「うちはへて**音をな・き**くらす空蟬のむなしき恋も我はするかな」〈後撰・夏・一九三〉

発展学習ファイル　用例のように、「泣く」と「鳴く」が掛詞として用いられることも多い。

ねん【念】［名］❶考え。思索。例「死におもむかざる程は、常住や平生の**念**に習ひて」〈徒然・二四一〉❷気を配り注意すること。❸願い。執心。例「一目見えさせたまひて、かれが**念**をもはらさせたまへかし」〈曽我・四〉

ねんき【年忌】［名］「くゎいき」に同じ。

ねんきり【年切り】［名］《近世語》❶年季を切って奉公すること。その奉公人。❷奉公の契約期間が終わる時。

ねんきりをんな【年切り女】［名］奉公の年季を区切って雇われた女。年季奉公の女。

ねんぐ【年貢】［名］荘園領主や封建領主に対して、毎年、農民が納める地代。

ねんくゎん【年官】［名］平安以降、上皇・三宮・皇太子・女院・親王などに与えられた年給の一種。「除目」に際して、官職を与えるべき者を推薦し、その任命料を自分の収入とした制度。

ねんげみせう【拈華微笑】［名］《仏教語》心から心に伝えること。以心伝心。釈迦が霊鷲山で説法した際、何もいわずに蓮の華(＝花)を拈って皆に見せたところ、一同の中にいた迦葉だけが、その意味を理解して微笑したという故事による。

ねんごろ［［・なり／・す］］【懇ろ】《上代語。「ねもころ」の変化形。「ねむごろ」とも。》一［形動ナリ］{なら・なり(に)・なり・なる・なれ・なれ}❶心のこもったさま。手厚いさま。ていねいにするさま。例「親の言となりければ、いと**ねむごろ・に**いたはりけり」〈伊勢・六九〉❷親しいさま。仲がよいさま。例「**ねむごろ・に**語らふ人の、かうて後のおとづれぬに」〈更

級〉《音便》「かうて」は「かくて」のウ音便。**ひたすらだ。むやみだ。**❸程度がなみはずれているさま。**たいへん。**例「世俗の虚言をねんごろ・に信じたるもをこがましく」〈徒然・七三〉㊁[名・自サ変]《近世語》男女が親しくすること。とくに、**契りを結ぶこと。肉体関係をもつこと。**例「鼓の師匠源右衛門と、ねんごろ・してござらぬか」〈浄・堀川波鼓〉

ねんごろあひ【懇合ひ】[名]《近世語》親密な関係。また、情交を結んだ間柄。

ねんごろが・る【懇がる】[自ラ四]{ら・り・る・る・れ・れ}《「がる」は接尾語》親密なようすをする。親しみなれる。例「この宮に心かけ聞こえたまひて、かく**ねんごろが・り**聞こえたまふぞ」〈源氏・横笛〉

ねんじあま・る【念じ余る】[自ラ四]{ら・り・る・る・れ・れ}我慢できなくなる。思いあまる。例「静心なく、この御局のあたり思ひやられたまへば、**念じあま・り**て聞こえたまへり」〈源氏・真木柱〉

ねんじい・る【念じ入る】[自ラ四]{ら・り・る・る・れ・れ}深く祈りをこめる。一心に祈る。例「額に手を当てて**念じ入・りてをり**」〈源氏・玉鬘〉

ねんじかへ・す【念じ反す】[他サ四]{さ・し・す・す・せ・せ}何度も思い直して辛抱する。例「いかで気色に出ださじと、**念じかへ・しつつ**」〈源氏・宿木〉

ねんじすぐ・す【念じ過ぐす】[他サ四]{さ・し・す・す・せ・せ}辛抱して時を過ごす。例「かの〔須磨ノ〕御住まひには、久しくなるままに、え**念じ過ぐ・す**まじうおぼえたまへど」〈源氏・須磨〉

ねんじは・つ【念じ果つ】[自タ下二]{て・て・つ・つる・つれ・てよ}堪えきる。我慢しとおす。例「我らもえこそ**念じは・つ**まじけれ」〈源氏・蓬生〉

ねんじゃ【念者】[名]《近世語》❶物事に念を入れる人。❷男色関係における兄分。↔若衆②

〔**念者の不念**〕何事にも念入りで注意深い人が、かえってうっかりして間の抜けたことをすること。

ねんしゃく【年爵】[名]平安以降、上皇・三宮・女院などに与えられた年給の一種。「除目」に際して一定の人員を従五位下に叙するよう申請し、その叙位料を自分の収入とした制度。＝冠⑤

ねんじゅ【念珠】[名]《仏教語。「ねんず」とも》仏に祈るときに、手に掛ける仏具。数珠。

ねんじゅ[・す]【念誦】[名・自サ変]《仏教語。「ねんず」とも》仏の加護を心に念じながら、経文や仏の名などを口に唱え続けること。

ねんじわ・ぶ【念じ侘ぶ】[自バ上二]{び・び・ぶ・ぶる・ぶれ・びよ}こらえきれなくなる。例「〔女ハ〕いと久しくありて、**念じわ・び**てにやありけむ、いひおこせたる」〈伊勢・二一〉

ねんず[・す]【念誦】[名・自サ変]「ねんじゅ(念誦)」に同じ。

ねん・ず【念ず】[他サ変]{ぜ・じ・ず・ずる・ずれ・ぜよ}

アプローチ
▼漢語の「念」がサ変動詞化した語。願いがかなうように、心身を集中してひたすら祈る意が原義。
▼病苦から逃れられるように祈る場合などは、苦しさを耐えていることでもあり、そこから、我慢する、こらえるなどの意も生じた。
▼中世以降、祈る意にしか用いられなくなる。

❶**祈願する。祈る。**例「神仏に願を立ててなむ**念・じける**」〈源氏・玉鬘〉訳神仏に願を立てて**祈る**のであった。《係結び》「なむ」→念じける㊍」
❷**我慢する。こらえる。**例「ただ一人、ねぶたきを**念・じて**さぶらふに」〈枕・大納言殿まゐりたまひて〉訳ただ自分ひとりが、眠たいのを**我慢して**お仕えしていると。《敬語》「さぶらふに」→「さぶらふ」

発展学習ファイル　複合語の場合、「**念じ入る**」は、ひたすら祈る意になるが、「**念じ余る**」「**念じ返す**」「**念じ過ぐす**」「**念じ果つ**」などの「念じ」は、すべて我慢する意になる。

ねん・ず【拈ず】[他サ変]{ぜ・じ・ず・ずる・ずれ・ぜよ}ひねる。つまむ。例「一枝の花を**拈・じ**給ひしに」〈太平記・二四〉

ねんずだう【念誦堂】[名]《「ねんじゅだう」とも》「念誦」を行うために建てた堂。

ねんぢゅうぎゃうじ【年中行事】[名]《「ねんちゅうぎゃうじ」とも》宮中で一年間に行われる公の行事。のちに民間での行事もいうようになった。

〔**年中行事の御障子**〕宮中で行われる年中行事の日時と名を、年頭から順に、両面に列記した衝立障子。清涼殿の殿上の間の東の上戸の前に立てられていた。

ねんぢゅうぎゃうじゑまき【年中行事絵巻】[作品名]平安後期の絵巻。後白河院の命により常磐光長らの筆。保元年間(一一五六〜一一五九)ごろ成立。江戸時代に原本は焼失したが、住吉如慶・具慶筆のものなどの模本が残っている。王朝の行事次第を知るうえで貴重。製作にあたっても鑑賞とともに行事次第の記録が期されたかと思われ、大部で大型の絵巻である。

ねんなう【念なう】形容詞「ねんなし」の連用形「ねんなく」のウ音便。

ねんな・し【念なし】[形ク]{から・く(かり)・し・き(かる)・けれ・かれ}❶残念だ。口惜しい。例「一の矢を射損じて、**念な・く**思ひなして」〈義経記・五〉❷意外だ。思いがけない。例「**念なう**早かった」〈狂・末広がり〉《音便》「念なう」は「念なく」のウ音便。❸容易だ。たやすい。例「高櫓一つ、**念な・く**攻め破られて」〈太平記・一七〉

ねんにょ【年預】[名]《「ねんよ」の連声》「ねんよ」に同じ。

ねんにん【念人】[名]物合わせ・賭弓・競べ馬などで、競技者の世話や勝負の検証などをする人。

ねんねん【念念】[名]❶《仏教語》一瞬一瞬。一刹那ごと。❷さまざまな思い。

ねんねんずいひつ【年年随筆】[作品名]江戸後期(一八〇三ごろ成立)の随筆。石原正明著。言語・有職故実などの考証、歌論・歌話に関するもの、師事した人の逸話、学問論など、深い学識をもとに書き付けた随想集。

ねんぶつ[・す]【念仏】[名・自サ変]《仏教語》仏の相好や功徳を心に念じて、仏の名を口で唱えること。また、とくに、浄土宗で「南無阿弥陀仏」を唱えること。

ねんぶつかう【念仏講】[名]《近世語》念仏

修行の信者が講を作り、当番を決めて行った集まり。

ねんぶつしゅう【念仏宗】[名]《仏教語》ひたすら仏の名を唱えることによって、極楽往生ができるとする宗派。浄土宗・浄土真宗・時宗など。

ねんぶつだう【念仏堂】[名]念仏を行うために建てられた堂。

ねんぶつわうじゃう【念仏往生】[名]《仏教語》ひたすら念仏をして、極楽往生すること。

ねんぶつをどり【念仏踊り】[名]念仏を唱え、鉦や太鼓などを鳴らしながら踊るように行道すること。「空也念仏」に始まるといわれ、江戸時代の盆踊りへとつながり、女歌舞伎にも取り入れられた。＝踊り念仏。(季‐秋)

ねんよ【年預】[名]《「ねんにょ」とも》❶上皇などに奉仕する院庁の次官。執事のもとで雑務を行う。❷摂関家・女院などで雑務を行う者。①②とも四位、五位が任じられた。❸その年の祭礼の世話役。

ねんりき【念力】[名]❶一心に思う力。一念を込めた力。❷神仏の加護を求める祈りの力。

の

の‐【野】[接頭]いなかの、粗野である、野生のなど卑しむ気持ちを表す。「**野太し**」など。

‐の【幅】[接尾]布の幅を数える単位を表す。一幅は鯨尺で一尺(約三八センチメートル)。例「九**幅**なる筵」〈宇津保・藤原の君〉

の【野】[名]野原。人の住まない広い平地。

〔**野の上**〕ノヘ その野の辺り。野辺。

〔**野の行幸**〕ノノギョウコウ 天皇が鷹狩りをご覧になるために、紫野・大原野・嵯峨野など、京都郊外の野原にお出かけになること。＝野行幸

〔**野の盛り**〕野辺の草花の盛りの時。秋の草花の見ごろ。

の【箆】[名]矢の竹の部分。＝矢柄。➡[古典参考図]武装・武具〈3〉

の [格助][終助] ⇨九六ページ「特別コーナー」

の 《中世以降の語》格助詞「を」が連声によって「の」と発音されたもの。例「身共が思案**の**した」〈虎明本狂言・なるこ〉

のいふ・す【偃す】[自サ四]《さ・し・す・す・せ・せ》《「のきふす(仰き臥す)」のイ音便》仰向けになって寝る。倒れ伏す。例「帯ひもをとき、門をだにささで、やすらかに**のいふし**たれば」〈大鏡・道長・上〉

のう…【悩…・脳…・嚢…】歴史的かなづかい「なう…」

のう…【衲…・納…】歴史的かなづかい「なふ…」

のう【能】[名]❶能力。才能。❷芸能。技芸。例「法師の無下に**能**なきは、檀那すさまじく思ふべしとて」〈徒然・一八八〉❸中世芸能のひとつ。田楽・猿楽・延年などの歌舞劇。田楽の能・猿楽の能など。❹とくに室町時代、観阿弥・世阿弥によって芸術的に大成された猿楽の能。＝能楽

〔**能を付く**〕芸能を身につける。例「**能をつ・か**んとする人、『よくせざらんほどは、なまじひに人に知られじ。…』と常に言ふめれど」〈徒然・一五〇〉

のう [終助]《感動の終助詞「な」「なう」の変化形か》感動を表す。例「ましてや男はもっともな事さ**のう**」〈浮世風呂〉

のういん【能因】[人名](九八八‐?)平安中期の歌人。中古三十六歌仙のひとり。俗名は橘永愷。「数寄の歌人」「旅の歌人」ともいわれた。家集『能因法師集』、私撰集『玄々集』、歌学書『能因歌枕』など。

のうがく【能楽】[名]鎌倉時代の猿楽を主流とし、観阿弥・世阿弥父子が室町時代に大成した舞と謡を主とする能。観世・宝生・金春・金剛・喜多の五流派が現存する。

のうけ【能化】[名]《仏教語。「のうげ」とも》あらゆる人間を、教え導く者のこと。仏や菩薩、または、長老・学僧などをいう。⇔所化

のうげい【能芸】[名]身につけた芸。

のうさくしょ【能作書】[作品名]「さんだう」に同じ。

のうじゃ【能者】[名]《「のうしゃ」とも》❶学問や芸能に才能のある人。❷能役者。

のうしょ【能書】[名]《「のうじょ」とも》文字を書くのが上手なこと。また、その人。＝能筆

のうひつ【能筆】[名]「のうしょ」に同じ。

のうぶたい【能舞台】[名]能楽を上演する舞台。奥行き四間半(約八・二メートル)、間口三間(約五・五メートル)。板張りで四隅に柱があり、舞台後方に囃子方、右に地謡が着座、左に橋懸かりがある。

のうりき【能力】[名]寺で、力仕事や雑役を行う下僕。寺男。

のおくり【野送り】[名]「のべのおくり」に同じ。

のかぜ【野風】[名]野原を吹き渡る風。

のかづき【箆被き】[名]鏃と箆が接する部分の称。➡[古典参考図]武装・武具〈3〉

のがひ【野飼ひ】[名]家畜を野原に放し飼いすること。放牧。

のが・ふ【野飼ふ】[他ハ四]《は・ひ・ふ・ふ・へ・へ》家畜を野原に放し飼いする。例「**野飼・ひ**がてらに放ち捨てたる」〈古今・雑躰・一〇四五〉

のがらか・す【逃らかす】[他サ四]《さ・し・す・す・せ・せ》《「かす」は接尾語》逃れさせる。逃す。例「思ひの罪**逃らか・し**給へ」〈宇津保・蔵開・上〉

のが・る【逃る・遁る】[自ラ下二]《れ・れ・る・るる・るれ・れよ》❶**捕まらないように逃げ去る。**例「これやこのわれにあふみを**のが・れ**つつ」〈伊勢・六三〉❷(思わしくない状況から)**逃れる。まぬがれる。**例「今日まで**遁・れ**来にけるは、ありがたき不思議なり」〈徒然・一三七〉❸**言い逃れをする。辞退する。**例「(朱雀院ガ)人づてに気色ばませたまひしには(＝内意ヲ仰セニナッタ折ニハ)、(源氏ハ)とかく**のが・れ**きこえしを」〈源氏・若菜・上〉《敬語》「気色ばませたまひ」→「せたまふ」、「のがれきこえし」→「きこゆ」

のがれことば【逃れ言葉・遁れ言葉】[名]いい逃れのことば。逃げ口上。

のがれどころ【逃れ所・遁れ所】[名]逃げ場。避難所。隠れ家。

のがれや・る【逃れ遣る・遁れ遣る】[自ラ四]〔ら・り・る・る・れ・れ〕❶遠くへ逃げる。逃げおおす。例「出でてだに会ひなば**逃れや・ら**んやうなしと思ふに」〈とりかへばや〉❷完全にまぬがれる。例「罪**のがれや・る**べきかたなく侍れば」〈夜の寝覚〉

のがれわ・ぶ【逃れ侘ぶ・遁れ侘ぶ】[自バ上二]〔び・び・ぶ・ぶる・ぶれ・びよ〕逃れることがむずかしい。例「宿世といふもの**のがれわ・び**ぬることなり」〈源氏・夕霧〉

のき【軒】[名]屋根の下端の四方に張り出した部分。

〔**軒の菖蒲**〕陰暦五月五日の端午の節句に、邪気を払うものとして軒先にさす菖蒲。

〔**軒の玉水**〕軒から落ちる雨垂れ。

〔**軒の端**〕軒のはし。軒先。軒端。

〔**軒を争ふ**〕❶家が立て込んでいる。人家が密集している。例「**軒を争・ひ**し人の住まひ」〈方丈記〉❷草などが軒を覆うほど高く生い茂る。例「しげき蓬は**軒をあらそ・ひ**て生ひのぼる」〈源氏・蓬生〉

のぎ【鯁】[名]《上代語》のどに刺さった魚の骨。

のきば【軒端】[名]軒の先端。軒に近い所。軒下。

の・く【退く】一[自カ四]〔か・き・く・く・け・け〕❶**しりぞく。どく。立ち去る。**例「狭き所に雑人いと多く払はれて、おしかけられ奉りぬれば、とみにえ**退・か**で、いとこそ不便に侍りけれ」〈大鏡・道隆〉《係結び》「こそ→侍りけれ(已)」。《副詞の呼応》「え→退かで」。《敬語》「おしかけられ奉り」→「たてまつる」、「不便に侍り」→「はべり」。❷**間を置く。離れる。**例「これより西に二十四町**退・き**て麻の畠あり」〈宇治拾遺・三・一九〉❸**地位や職を離れる。辞退する。やめる。**例「一条院位につかせ給ひしかば、関白**退・か**せ給ひにき」〈大鏡・頼忠〉《敬語》「退かせ給ひ」→「せたまふ」。❹**関係を離れる。手を引く。縁が切れる。**例「この宮の御具にてはいとよきあはひなり、と思ひも譲りつべく、**退・く**心地したまへど」〈源氏・浮舟〉〔注〕「思ひも譲り」は複合動詞「思ひ譲り」の間に係助詞「も」が入ったもの。二[他カ下二]〔け・け・く・くる・くれ・けよ〕❶**しりぞける。どける。立ち去らせる。**例「おとど人を遥かに**の・け**て御対面あり」〈平家・三・無文〉❷**隔てる。離す。**例「この穴を吹く時は、必ず**の・く**」〈徒然・二一九〉三[補動カ下二]〔け・け・く・くる・くれ・けよ〕（多く、接続助詞「て」の下に付いて）…**してしまう。**例「ほんにどこでやら落として**の・け**た」〈浄・心中天の網島〉

のけかぶと【仰け兜】[名]かぶっていた兜のひもが緩んで、仰向けに傾くこと。

のけくび【仰け領】[名]衣服の着方のひとつ。後ろの襟を引き下げて、襟足が多く見えるように着ること。＝抜き衣紋

のけざまに【仰け様に】[副]あおむけに。＝仰けに。例「**のけざまに**落ちたまへり」〈竹取・燕の子安貝〉

のけに【仰けに】[副]「のけざまに」に同じ。

のこぎりあきなひ【鋸商ひ】[名]鋸が押すときも引くときも物を切るように、巧みな駆け引きで抜け目なく商売をすること。また、その商売人。

のこぎりびき【鋸引き】[名]死刑の一種。中世末期に多く、近世には親殺しや主殺しの大罪人に適用された。市中にさらし、通行人に任意で首を竹鋸で引かせた後、はりつけにした。

のこ・す【残す・遺す】[他サ四]〔さ・し・す・す・せ・せ〕❶残るようにする。なくさずに取っておく。❷隠す。いわずに取っておく。例「しばし心に隔て**残・し**たることあらむも」〈源氏・若菜・上〉❸死後にとどめる。後世に伝える。例「埋もれぬ名を長き世に**残・さ**んこそ、あらまほしかるべけれ」〈徒然・三八〉

のご・ふ【拭ふ】[他ハ四]〔は・ひ・ふ・ふ・へ・へ〕手でふいて取り去る。ぬぐう。例「水茎の水城の上に涙**拭・は**む」〈万葉・六・九六八〉訳→（和歌）ますらをと…

のこりおほ・し【残り多し】[形ク]〔から・く(かり)・し・き(かる)・けれ・かれ〕心残りである。残念だ。例「今日は、**残り多・かる**心地なむする」〈枕・頭弁の、職にまゐりたまひて〉

のこりのきく【残りの菊】陰暦九月九日の菊の節句を過ぎても、まだ咲き残っている菊。残菊。

のこりのよはひ【残りの齢】老い先短い年齢。余命。余生。

のこ・る【残る】[自ラ四]〔ら・り・る・る・れ・れ〕❶他のものがなくなったあとにとどまる。残存する。❷死におくれる。生き残る。例「**残・ら**む人の思ひ出でにも見よとて、絵をぞかく」〈蜻蛉・下〉❸死後にもとどまる。後世に伝わる。例「むなしき骸の名にや**残・ら**む」〈古今・恋二・五七一〉❹（下に打消の語を伴って）漏れる。落ちる。例「案内（＝家ノ内情）も**残・る**所なく見たまへおきながら」〈源氏・夕顔〉

のこんの【残んの】[連体]（「のこりの」の撥音便）残っている。残った。例「壁にそむける**残んの**灯の影かすかに」〈平家・灌頂・女院出家〉

〔**残んの雪**〕消えずに残っている雪。残雪。

のさき【荷前】[名]（「荷前」は「はつほ」とも読み、初穂の意）年末に諸国から朝廷に献上された初物の貢ぎ物。陰暦十二月に、「荷前の使ひ」によって、伊勢神宮をはじめとする諸国の神社や山陵に奉納された。

〔**荷前の使ひ**〕年末、諸国から献上される貢ぎ物を神仏に奉るために派遣される使者。（季―冬）

のさのさ[副]❶平然と。ゆうゆう。例「いと閑かに馬を飼うて**のさのさ**としてぞ居たりける」〈太平記・三六〉❷横柄に。例「城の麓を**のさのさ**と通しければ」〈太平記・三二〉

のざはぼんてう【野沢凡兆】[人名]（?～一七一四）江戸前・中期の俳人。加賀金沢の人。京都で医者となるが芭蕉に入門。向井去来とともに『猿蓑』の編者となる。妻の羽紅も女流俳人。

のざらし【野晒し】[名]❶野外で風雨にさらされること。また、そのもの。❷風雨にさらされて白骨化した頭蓋骨。されこうべ。

のざらしきかう【野ざらし紀行】[作品名]江戸前期（一六八七ごろ成立）の俳諧紀行。『甲子吟行』ともいう。松尾芭蕉著。貞享元年八月から翌年四月までの約九か月に及ぶ旅を、四十五の発句を中心にまとめた芭蕉最初の紀行。門人千里を伴い、江戸から諸国を経て木曾路から帰京した旅を記す。のちの紀行に比べて、紀行文は簡略なものが多く、四季別の句集的性格が強いとされる。

〔俳句〕**のざらしを…【野ざらしを心に風のしむ身かな】**〈野ざらし紀行・芭蕉〉訳旅の途中で倒れ、野辺に自らの髑髏をさらす姿を心に覚悟しながらも、いざ旅立とうとすると、秋風が心にしみ透って

の ［格助詞］［終助詞］

アプローチ ▼格助詞「の」(一)には、連体修飾語を作り所有や所属など種々の意味を表したり、主語や対象を表すなど、さまざまな用法がある。
▼格助詞「が」と用法的に重なるところが多いが、「が」が上にくる語に重点を置くのに対し、「の」は下の語に対し従属的に続いていく性質がある。
▼ほぼ現代語の「の」に相当するが、現代語よりも広い範囲に用いられるので要注意。
▼終助詞「の」(二)は、室町時代以降の用法。

一［格助詞］ 接続 体言、助詞、活用語の連体形などに付く。

意味	訳語	用例
❶連体修飾用法。 **㋐所有・所属を表す。**	…の	例「采女(うねめ)**の**袖(そで)吹き返す明日香風(あすかかぜ)京(みやこ)を遠みいたづらに吹く」〈万葉・一・五一〉訳采女たち**の**袖を吹き返した明日香を吹く風は、(いまは)都が遠いのでむなしく吹いている。 例「月**の**都**の**人にて、父母(ちちはは)あり」〈竹取・かぐや姫の昇天〉訳(私は)月**の**都**の**人で、(故郷に)父母がいます。
㋑時を表す。	…の(ときの)	例「初春(はつはる)**の**初子(はつね)**の**今日**の**玉箒(たまばはき)手に取るからに揺(ゆ)らく玉の緒(を)」〈万葉・二〇・四四九三〉訳新春**の**初子(＝その月最初の子の日)**の**今日**の**玉箒よ、手に取るだけで揺れて鳴るその玉の緒であることよ。
㋒資格を表す。	…の …である	例「中納言**の**乳母(めのと)といふ召し出(い)でて」〈源氏・若菜・上〉訳(紫の上は)中納言**の**乳母を召し出して。
㋓比喩(ひゆ)を表す。	…のような	例「後(のち)つひに妹(いも)は逢(あ)はむと朝露**の**命は生(い)けり恋は繁(しげ)けど」〈万葉・一二・三〇四〇〉訳最後には、恋しいあの娘は会ってくれるだろうと思い、朝露**のような**はかなさで生き長らえている。恋は激しいけれど。
❷同格を表す。	…で(あって)	例「白き鳥**の**、嘴(はし)と脚(あし)と赤き、鴫(しぎ)の大きさなる」〈伊勢・九〉訳白い鳥**で**、くちばしと脚とが赤い、鴫の大きさであるもの(が)。
❸下の体言を表現せず、助詞だけで体言相当の意味を表す。 準体用法。	…のもの (適当な名詞を補って訳す)	例「草の花は、瞿麦(なでしこ)。唐(から)**の**はさらなり」〈枕・草の花は〉訳草の花は、なでしこ(がよい)。唐**のなでしこ**はいうまでもない。

発展学習ファイル (1)**同格の用法(一)②は下の句も体言相当句** 格助詞「が」も格助詞「の」も、古くは連体修飾用法が、本来の働きであったであろうといわれる。「が」の項でも触れたように、実際、「が」は平安時代中期までは、主語用法であっても、述語が体言相当句であることを要求した。ただし、「の」には上代から述語にそのような制約はみられない。ところで、同格用法も、下の句が体言相当でなければならないという事情は共通する。そもそも、同格ということからして、「が」「の」の上の句が体言相当であるなら、下の句も体言相当であることを意味している。したがって、下の句に含まれる述語用言は名詞に連体修飾するか、連体形のまま体言相当の働きをする(準体ともいう)ことになる。

(2)(一)③の「の」の用法については、「準体助詞」とする説もある。

(3)格助詞「が」と比較すると、格助詞「の」が広く一般の名詞に付くのに対して、「が」はおもに固有名詞・代名詞に付くなどの違いがみられる。詳しくは「が」の発展学習ファイル参照。

(4)比喩用法(一)①㋓には、「…のように」という意味で、連用修飾的に用いられることもある。例「このほどの事くだくだしければ、例**の**もらしつ」〈源氏・夕顔〉訳この間のことは煩雑でわずらわしいので、いつも**のように**省くことにした。

(5)格助詞「の」は、活用語に接尾語「さ」が付いて体言化したものに付くこともある。例「今夜(こよひ)のおほつかなきにほととぎす鳴くなる声**の**音の遥(はる)けさ」〈万葉・一〇・一九五二〉訳今夜のもどかしいようなおぼろな夜に、ほととぎすが鳴いている声の音**が**遥かなことよ。

(6)形容詞の語幹(シク活用の場合は終止形)を受け、感動・詠嘆を表す間投助詞「や」を伴う用法がある。例「まことにあなめでた**の**物の香や」〈源氏・宿木〉訳本当にすばらしい薫物(たきもの)の香りですこと。〔注〕間投助詞「や」を伴う場合、形容詞は「めでたき」のように連体形にはならない。

(7)格助詞「の」は、格助詞「が」とは異なり、接続助

❹主格を表す。	…が …の	例「かぐや姫**の**、皮衣を見ていはく」〈竹取・火鼠の皮衣〉 訳かぐや姫**が**皮衣を見て言うには。
❺希望や好悪、能力などの対象を表す。	…が …を	例「宮の御事**の**なほ言はまほしければ」〈源氏・若菜・上〉 訳(柏木は)宮のこと**を**もっと話したいので。
❻対象を表す。	…が …を	例「めづらしきさま**の**したれば」〈源氏・末摘花〉 訳めったに見られない容姿**を**しているので。

二［終助詞］接続 体言、文末の活用語などに付く。

意味	訳語	用例
感動や強調、確認、念押しなどの意を表す。	…(だ)な …(だ)ね	例「真実、入間川でござる**の**」〈狂・入間川〉 訳本当に、(この川が)入間川でございます**ね**。

詞へと発展しなかったが、接続助詞的に用いられることもある。例「人より先に進みにし心ざし**の**、人に後れて、気色とり従ふよ」〈源氏・真木柱〉訳人より先んじて(あなたを)思っていた(私の)心であった**のに**、(いまは)他の人に後れをとって、ご機嫌をうかがっているとは。

(8)室町時代以降には、いくつかの事柄を並立して述べる用法もある。たたみかける口調で用いられることが多い。例「己が気ではいっぱし能書の心いきで、祐筆にもなりたい**の**、物書きにもなりたい**の**と、ほらばかりふいてゐるだ」〈浮世床〉訳(手紙一通、まともに書けないのに)自分では一人前に能書(=文字の上手な人)のつもりで、書記役になりたい**だの**、代書人になりたい**だの**と、大げさなことばかり言っているんだ。

くるのをどうしようもないわが身であることだ。(季-身にしむ-秋)

〈参考〉『野ざらし紀行』旅立ちの吟。「心に」は、「野ざらし」を受けるとともに、下の「風のしむ」にもかかっている。

のし【熨斗】［名］❶「火熨斗」の略。❷「熨斗鮑」の略。❸紋所の名。熨斗鮑を図案化したもの。

のじ【虹】［名］〈上代東国方言〉虹。

のしあはび【熨斗鮑】ノシアワビ［名］アワビの肉を薄く削るように切って、それを引き伸ばして干したもの。初めは食用だったが、儀式用の肴に用いたり、祝いごとの贈り物に添えたりした。＝打ち鮑・熨斗。(季-春)

のしつけ【熨斗付け】［名］〈「のしづけ」とも〉装飾に金・銀などを薄く延ばして刀の鞘にかぶせたもの。

のしひとへ【伸し単衣】ノシヒトエ［名］練り絹を張って、火熨斗をかけて伸ばした単衣。

のしぶき【伸し葺き】［名］屋根の檜皮葺きの一種。檜の生皮を打ち広げて、平たくしたもので、葺き足(檜皮が重なって隠れる部分)を少なくした方法。

のしめ【熨斗目】［名］練り絹の一種。練り糸を縦に生糸を横にして織った柔らかな絹布。また、これを用い、袖と腰、あるいは腰だけに縞を織りだしてある衣服。江戸時代には武家の礼服として用いた。

のしろ【箆代】［名］鏃の部分のうち、「箆」(＝矢竹)」の中に差し込まれた箇所。

-のす［接尾］〈「なす」の上代東国方言〉…のように、…のようなの意を表す。例「高き嶺に雲の付く**のす**我さへに君に付きなな」〈万葉・一四・三五一四〉

の・す【乗す・載す】［他サ下二］{せ・せ・す・する・すれ・せよ}❶乗せる。例「〔夕顔ヲ牛車ニ〕軽らかにうち**乗・せ**たまへれば」〈源氏・夕顔〉❷書き記す。記載する。例「九郎判官(＝源義経)の事はくはしく知りて書き**載・せ**たり」〈徒然・二二六〉❸おだてる。だます。❹(音曲で)調子を合わせる。

のすぢ【野筋】ノスジ［名］庭園の中に、実際の野中の道筋になぞらえてつくった道。

のせざるざうし【のせ猿草子】ノセザルゾウシ［作品名］室町時代の御伽草子。作者未詳。猿の若君とウサギの姫の異類恋愛物。

のぞき【覗き・覘き】［名］「覗き機関」の略。

のぞきからくり【覗き機関】［名］〈近世語〉箱の中に何枚もの絵を入れ、それらを次々と回転させて動画のように見せる見せ物の一種。客は箱の前にあるめがねからのぞく。のぞきめがね。＝絡繰り④・覗き

のぞ・く【臨く】［自カ四］{か・き・く・く・け・け}ある物に対して向かい合う。例「五葉百樹ばかり、あるは川に**臨・き**立てるに」〈宇津保・吹上・上〉

のぞ・く【覗く・覘く】［他カ四］{か・き・く・く・け・け}❶物の透き間から見る。❷近づいて見下ろす。例「立ち出でて、庭の木立、池の方など**のぞ・き**たまへば」〈源氏・若紫〉❸ちょっとようすを見る。

のぞこ・る【除こる】［自ラ四］{ら・り・る・る・れ・れ}取り除かれて消える。例「御障り(＝罪障)も**除こ・ら**せ給ひ、御功徳も重ならせおはしましなば」〈今鏡・祈る験〉

のぞみ【望み】［名］❶こちらから向こうを遠く眺めること。眺望。❷願望。希望。

のぞ・む【臨む】［自マ四］{ま・み・む・む・め・め}❶まともに向かい合う。例「これより大きなる恥に**のぞ・ま**ぬさきに世をのがれなむ」〈源氏・須磨〉❷出席する。例「一道に携はる人、あらぬ道の筵(＝自分ノ専門トシナイ席)に**臨・み**て」〈徒然・一六七〉

のぞ・む【望む】［他マ四］{ま・み・む・む・め・め}❶こちらから向こうを遠く眺める。例「日を**望・め**ば都遠し」〈土佐〉❷願望する。

のたう・ぶ【宣ぶ】ノトウ［他バ四］{ば・び・ぶ・ぶ・べ・べ}〈「のたまふ」あるいは「のたぶ」の変化形か〉❶「言ふ」の意の尊敬語。言う人(主語)を高める。おっしゃる。例「人の気配しければ、寄りて『かく』と**のたう・び**ければ」〈大鏡・師輔〉❷「(AがBに)のたうぶ」で、「言ふ」の意に、聞

き手に対する丁重さや敬意を添える。Bは話し手側の人物である。申します。→「のたまふ」。例「思ふ人侍りける女にもののたう・びけれど」〈後撰・恋一・五七二詞書〉

発展学習ファイル (1)②は、平安時代の勅撰集の詞書や一部の仮名文学作品中の会話文にみられる。なお、勅撰集は天皇に奏上するものなので、詞書は天皇を聞き手として書かれる。
(2)「のたうぶ」の成立については、さらに、「宣る」に補助動詞「たぶ」あるいは「たうぶ」の付いた「宣りたぶ」「宣りたうぶ」の変化したものともいわれる。

のだち【野太刀・野剣】[名] ❶衛府の官人や公家が用いた兵仗の太刀。飾り太刀に対して、より太身の実用的な太刀。➡[古典参考図]男子の服装〈4〉。❷野戦用の大太刀。武士が背負って用いた。❸短刀の称。

のたばく【宣ばく】《動詞「のたぶ」の名詞化したもの》「言うことには」の意の尊敬語。おっしゃることには。例「父の命はたくづのの白ひげ上ゆ涙垂り嘆きのたばく」〈万葉・二〇・四四〇八長歌〉

のた・ぶ【宣ぶ】[他バ四]{ば・び・ぶ・ぶ・べ・べ}《動詞「宣る」の連用形＋補助動詞「たぶ」＝「のりたぶ」の変化形》「言う」の意の尊敬語。言う人(主語)を高める。おっしゃる。例「ぬしののたぶ事も、あまのがはをかきながすやうに侍れど」〈大鏡・道長・上〉

のたまはく【宣はく・曰はく】《動詞「のたまふ」の名詞化したもの》「言うことには」の意の尊敬語。おっしゃることには。例「中納言、くらつまろにのたまはく、『燕は、いかなる時にか子うむと知りて、人をば(燕ノ巣ヘ)上ぐべき』」〈竹取・燕の子安貝〉《係結び》「か→うむ㊍」

のたまは・す【宣はす】[他サ下二]{せ・せ・す・する・すれ・せよ}《動詞「のたまふ」の未然形＋尊敬の助動詞「す」》「言う」の意の尊敬語。言う人(主語)を高める。おっしゃる。例「『鶯のむかしを恋ひてさへづるは木伝ふ花の色やあせたる』とのたまはする御ありさまこよなくゆゑゆゑしくおはします」〈源氏・少女〉《係結び》「や→あせたる㊍」。《敬語》「ゆゑゆゑしくおはします」→「おはします」

発展学習ファイル 同じ「言う」の意の尊敬語「のたまふ」よりも敬意が高い。物語などの地の文では、帝などのきわめて高貴な人に対して用いられ、最高敬語と呼ばれる。

のたまひあは・す【宣ひ合はす】[他サ下二]{せ・せ・す・する・すれ・せよ}《「言ひ合はす」の尊敬語》話し合いなさる。相談なさる。例「人騒がしけれども、はかばかしうものをのたまひあは・すべき人しなければ」〈源氏・須磨〉

のたまひいだ・す【宣ひ出だす】[他サ四]{さ・し・す・す・せ・せ}《「言ひ出だす」の尊敬語》口に出しておっしゃる。例「『情けなしと恨み奉る人なんある』とのたまひ出・したるに」〈徒然・二三八〉

のたまひさ・す【宣ひさす】[他サ四]{さ・し・す・す・せ・せ}《「言ひさす」の尊敬語》おっしゃりかけて途中でやめる。例「『思し知る方もあらむものを』とばかりのたまひさ・して」〈源氏・柏木〉

のたまひな・す【宣ひ做す】[他サ四]{さ・し・す・す・せ・せ}《「言ひ做す」の尊敬語》(意識してそのように)おっしゃる。例「いささかも他人と隔てあるさまにものたまひな・さず」〈源氏・玉鬘〉

のたま・ふ【宣ふ】[他ハ四]{は・ひ・ふ・ふ・へ・へ}

アプローチ
▼「上位の人から下位の人へ言う」の意をもととする語。
▼「上位の人から言う」意から生じたのが、①の尊敬語の用法で、言う人(主語)を高める。
▼「下位の人へ言う」意から生じたのが②の用法。会話において、「(AがBに)のたまふ」のAが話し手、Bが話し手側の人物である場合の「言う」行為を表すのに用い、話し手側の人物であるBを下位に位置づけ低めることで、聞き手に対して丁重な態度を示し敬意を表す。

《動詞「宣る」の連用形＋動詞「給ふ」＝「のりたまふ」の変化形》❶「言う」の意の尊敬語。言う人(主語)を高める。おっしゃる。例「母君もとみにえものものたま・はず」〈源氏・桐壺〉訳(桐壺更衣の)母君もすぐにものをおっしゃることができない。《副詞の呼応》「え→のたまはず」
❷会話において、話し手が話し手側の人物に「言う」行為を、聞き手に対して丁重に述べ敬意を示す。申します。例「姉なる人にのたま・ひみむ」〈源氏・桐壺〉訳(小君の)姉である人に(源氏のもとに小君を出仕させるよう私が)申してみましょう。

発展学習ファイル (1)①のような「言う」の意の尊敬語として、他に「のたまはす」があり、「のたまはす」のほうが、敬意が高い。
(2)②は、平安時代の一部の仮名文学作品中の会話などに少数用例が見られる。

のため【篦撓め】[名]《「のだめ」とも》篦(＝矢竹)のひずみや反りなどを直すこと。また、その道具。

のためがた【篦撓め形】[名]「篦撓め」に似た、斜めに交差している形。

のち【後】[名]《ある時点から、時間が経過したあとをいう》❶あと。以後。例「今日だに言いがたし。まして、後にはいかならむ」〈土佐〉❷将来。行く末。❸とくに、人の死後。来世。例「わが世の後さへ思ふこそ苦しけれ」〈源氏・柏木〉《係結び》「こそ→苦しけれ㊒」。❹子孫。後裔。末裔。例「元輔がのちといはるる君しもやこよひの歌にはづれてはをる」〈枕・五月の御精進のほど〉《係結び》「や→をる㊍」

〔後の秋〕翌年の秋。次の秋。
〔後の朝〕男女がふたりで一夜を過ごした翌朝。＝後朝
〔後の逢ふ瀬〕のち会う機会。契りを交わしたのち、別の日にふたたび会うこと。＝後瀬
〔後の葵〕賀茂の祭りの当日に簾などにかけた葵で、祭りを過ぎてもそのまま残っているもの。
〔後の親〕実の親の死んだあと、親と頼む人。養父母。まま親。
〔後の聞こえ〕これからの評判や非難。後世でのうわさ。例「あなかしこ。〔御断リスルノハ〕心なきやう

の

に**後の聞こえやはべらむ**」〈源氏・橋姫〉

〔**後の悔い**〕あとになって悔やむこと。後悔。

〔**後の事**〕❶将来のこと。死後のこと。❷葬送の儀式。例「命尽きぬと聞こし召すとも、**後のこと**思しいとなむな」〈源氏・松風〉❸出産の後産。

〔**後の七日**〕「ごしちにち」に同じ。

〔**後の千金**〕必要なときに金を得られず、あとになって大金を与えられても仕方がないという意味で、機会を逃した援助は役に立たないことのたとえ。

〔**後の頼み**〕死後の、極楽往生への期待。来世のたのみ。

〔**後の月**〕❶閏月。❷陰暦八月十五夜の月に対し、陰暦九月十三夜の月。＝十三夜。（季－秋）

〔**後の春**〕翌年の春。次の春。

〔**後の仏**〕釈迦如来の入滅後に、そのあとを継ぐ弥勒菩薩。

〔**後の物**〕後産。または、そのときに排出される胎盤。胞衣。

〔**後の世**〕❶将来。後世。❷《仏教語》来世。

〔**後の世様**〕来世の安楽を望む方面。後生を願うこと。例「年ごろは、ただ**後の世ざま**の心ばへにて進み参りそめしを」〈源氏・総角〉

〔**後の業**〕葬儀。法事。

のちせ【後瀬】［名］❶下流の瀬。❷のちに会う機会。再会。

のちのち【後後】［名］❶ある事が起こったのち。ある時からあと。❷人の死後に営まれる、七日目ごとの法事。初七日・二七日・四十九日など。

のづかさ【野阜・野司】［名］野原の中で小高くなっている所。

のづち【野槌】［名］《「のっち」とも》❶《野の精霊の意》野の神。❷語義未詳。マムシ・サソリの類という。また、深山に住み、槌に似た形をして人を食うという妖怪の一種とも。

のっと【祝詞】［名］《「のりと」の促音便》「のりと」に同じ。

のと【祝詞】［名］《「のりと」の促音便「のっと」の促音無表記》「のりと」に同じ。

のと【能登】［地名］旧国名。北陸道七か国のひとつ。いまの石川県北部、能登半島。＝能州

のど【喉】［名］《「のみと（飲み門）」の変化形》口の奥の部分。

のど［・なり］【和・長閑】［形動ナリ］のどかだ。穏やかだ。のんびり。例「吹く風も**和**には吹かず」〈万葉・一三・三三五長歌〉

のどか［・なり］【長閑】［形動ナリ］❶穏やかで静かなさま。平穏なさま。例「おほかた世の中騒がしくて、公ざまに物のさとしげく、**のどか・ならで**」〈源氏・薄雲〉〔注〕「世の中騒がし」とは、具体的には天災や疫病などがあって世情が騒然としていること。❷（とくに、天候について）うららかなさま。穏やかなさま。（季－春）。例「三月。三日は、うららとのどか・に照りたる」〈枕・ころは、正月、三月〉〔注〕「照りたる」の「たる」は連体形、準体法。❸（時間的・精神的に）のんびりしているさま。ゆったりしているさま。くつろいでいるさま。例「そのこととなきに人の来たりて、**のどか・に**物語りして帰りぬる」〈徒然・一七〇〉①～③＝のどやか

のどけ・し【長閑けし】［形ク］（天気や雰囲気が）のどかだ。❶穏やかだ。静かだ。例「艮の方より吹きはべれば、この御前は**のどけ・きなり**」〈源氏・野分〉《敬語》「吹きはべれば」→「はべり」。❷（気持ちが）のんびりしている。平静だ。くつろいでいる。例「世の中にたえて桜のなかりせば春の心は**のどけ・からまし**」〈古今・春上・五三〉訳→〈和歌〉よのなかにたえてさくらの…

〈和歌〉**のとならば…**【野とならばうづらと鳴きて年は経へむかりにだにやは君は来ざらむ】〈古今・雑下・九七二・よみ人しらず〉訳あなたに見捨てられて、ここが草深い野となったなら、私はウズラと一緒に泣いて年月を過ごしましょう。たとえ仮そめの心であっても、せめてウズラ狩りにでも、あなたは来てくださるだろうと思いますから。《係結び》「やは→来ざらむ㊍」〈参考〉「かり」は、「仮」と「狩り」をかける。「やは」は、反語の係助詞。

のどのどと［副］のどかに。ゆったりと。のんびりと。例「**のどのどと**霞み渡りたるに」〈更級〉

のどま・る【和まる】［自ラ四］のどかになる。静まる。例「何となく心の**のどま・る**世なくこそありけれ」〈源氏・須磨〉

のど・む［他マ下二］❶心を落ち着かせる。静める。例「心地すこし**のど・めたまひて**」〈源氏・葵〉❷のんびりさせる。ゆったりさせる。例「このもの宣ふ声を、すこし**のど・めて**」〈源氏・常夏〉❸控えめにする。ゆるめる。例「織女の裁ち縫ふ方を**のど・めて**」〈源氏・帚木〉❹時間の進行をゆるめる。猶予する。例「限りある御命にてこの世尽きたまひぬとも、ただ、いましばし**のど・めたまへ**」〈源氏・若菜・下〉

のどやか［・なり］【長閑やか】［形動ナリ］《「やか」は接尾語》「のどか」に同じ。

のどよ・ふ［自ハ四］細く弱々しい声を出す。例「飯炊くことも忘れてぬえ鳥の**のどよ・ひ**居るに」〈万葉・五・八九二長歌〉訳→〈和歌〉かぜまじり…

のどわ【喉輪】［名］武具の一種。首にかけて、顎・喉・胸の上部などを防御するもの。＝涎掛

のなか【野中】［名］野原の中。

のなか【篦中】［名］矢の竹の中央部の称。➡［古典参考図］武装・武具〈3〉

のなかのしみづ【野中の清水】［歌枕］野原の中の清水。とくに播磨国の清水。いまの兵庫県印南野にあったという。疎遠になった恋人・友人のたとえとして詠まれる。

ののぐちりふほ【野野口立圃】［人名］（一五九五～一六六九）江戸前期の俳人・画家。本名・親重。寛永七年（一六三〇）ごろより松永貞徳に俳諧を学ぶが、のちに袂を分かつ。撰集『俳諧発句帳』。

ののしりた・つ［自タ四］《「たつ」は接尾語》しきりに騒ぐ。大騒ぎする。例「殿には**ののしりた・ち**て、いみじく思しあわてさせたまふ」〈栄花・二五〉

ののしりみ・つ【喧り満つ】［自タ四］まわりじゅうが騒ぎ立てる。例「いみじう騒がしう**ののしりみ・ちたれど**」〈蜻蛉・上〉

ののし・る【罵る】〔自ラ四〕{ら・り・る・る・れ・れ}

> アプローチ
> ▼大声をあげる、大きな音を立てるが原義。
> ▼転じて、世間で評判になる、時めくなどの意で用いられた。
> ▼古語では悪い意味とは限らない。

❶**大声をあげる。大声をあげて騒ぐ。** 例「さて、二十五日の夜、宵うち過ぎてののし・る。火のことなりけり」〈蜻蛉・下〉 訳ところで、二十五日の夜、宵が少し過ぎて大声をあげて騒ぐ。火事であった。
❷**大きな音を立てる。** 例「響きののし・る水の音を聞くにも」〈源氏・蜻蛉〉 訳大きな響きを立てている水の音を聞くにつけても。
❸**世間で大騒ぎする。** 例「人々流るるとののし・ること出で来て、紛れにけり」〈蜻蛉・中〉 訳人々が流罪になると世間で大騒ぎすることが起こって、取り紛れてしまった。
❹**しきりにうわさになる。世間で評判になる。** 例「この世にののし・りたまふ光源氏、かかるついでに見奉りたまはんや」〈源氏・若紫〉 訳この世でしきりにうわさになっていらっしゃる源氏を、この機会に見申し上げなさいませんか。《敬語》「見奉りたまはんや」→「たてまつる」「たまふ(四段)」
❺**羽振りがよくなる。時めく。** 例「右の大殿の、さばかりめでたき御勢ひにて、いかめしうののし・りたまふなれど」〈源氏・浮舟〉 訳右大臣(＝夕霧)が、あれほどすばらしいご威勢で、盛大に時めいていらっしゃるそうですが。《音便》「いかめしう」は「いかめしく」のウ音便。
❻**大声で非難する。やかましくいう。** 例「おはしまさむとすれば、后の、腹立ちて、ののし・り給ひて、いみじきことをし給ひて」〈宇津保・国譲・下〉 訳(朱雀院が女一の宮のもとに)おいでになろうとすると、后が、怒って、大声で非難しなさって、ひどいことをなさって。

発展学習ファイル (1)「ののしる」が大きな音・大きな声を立てるのに対して、類義語の「**さわぐ**」は、音・声と動きが同時に起きる意が原義。
(2)動詞の連用形に「ののしる」を下接した複合語を多くつくり、大騒ぎして…する意を表す。「**いとなみののしる**」「**いひののしる**」「**うたひののしる**」「**ずんじののしる**」など。

ののみや【野の宮】〔名〕斎宮・斎院となる皇女が、斎戒のために一年間こもる仮の宮殿。斎宮の野の宮は京都西嵯峨の有栖川、斎院の野の宮は京都北の紫野にあった。

ののめ・く〔自カ四〕{か・き・く・く・け・け}《「めく」は接尾語》声高に騒ぐ。例「見る人皆ののめ・き感じ、あるいは泣きけり」〈宇治拾遺・三・六〉

のばう【延ばう・述ばう】歴史的かなづかい「のばふ」

のば・す【延ばす・伸ばす】〔他サ四〕{さ・し・す・す・せ・せ}❶逃がす。例「父をのば・さんと、かへしあはせかへしあはせふせぎ戦ふ」〈平家・四・宮御最期〉 ❷長びかせる。延期する。❸盛んにする。また、財産などをふやす。

のば・ふ【延ばふ】〔他ハ下二〕{へ・へ・ふ・ふる・ふれ・へよ}長くする。延ばす。例「数知らず君が齢を延ば・へつつ」〈後撰・秋下・三九四〉

のば・ふ【述ばふ】〔他ハ下二〕{へ・へ・ふ・ふる・ふれ・へよ}述べる。語る。例「いかにして思ふ心を述ば・へまし」〈古今・雑躰・一〇〇三長歌〉

のび【野火】〔名〕早春、草がよく生えるように山野の枯れ草を焼く火。(季－春)

のびらか〔-・なり〕【伸びらか】〔形動ナリ〕{なら・なり(に)・なり・なる・なれ・なれ}《「らか」は接尾語》❶長く伸びたさま。例「〔鼻ハ〕あさましう高うのびらか・に先の方少し垂りて」〈源氏・末摘花〉 ❷ゆったりとくつろいださま。のんびりしているさま。例「〔元日は〕おのづから人の心ものびらか・にぞ見ゆるかし」〈源氏・初音〉 ❸落ち着いているさま。例「まみ(＝目モト)のびらか・に」〈源氏・横笛〉

の・ぶ【延ぶ・伸ぶ】━〔自バ上二〕{び・び・ぶ・ぶる・ぶれ・びよ}❶(時間的に)長くなる。延びる。遅くなる。例「老い忘れ、よはひのぶる心地して」〈源氏・明石〉 ❷(空間的に)長くなる。伸びる。ゆるむ。例「老いの波の皺ものぶばかりに」〈源氏・若菜・下〉 ❸逃げのびる。例「いまは宮もはるかにの・びさせ給ひぬらんとや思ひけん」〈平家・四・宮御最期〉 ❹(精神的に)のびのびとする。くつろぐ。例「空もうららかにて、人の心もの・び」〈源氏・絵合〉 ❺財産などがふえる。例「親方に渡されし二百貫目今に延・びず」〈浮・西鶴織留〉 ━〔他バ下二〕{べ・べ・ぶ・ぶる・ぶれ・べよ}❶(時間的に)長くする。例「御修法延・べさせたまへば」〈源氏・手習〉 ❷(空間的に)長くする。例「頸をの・べてぞ切らせられける」〈平家・一一・重衡被斬〉 ❸(精神的に)のびのびさせる。例「春の野に心延・べむと」〈万葉・一〇・一八六三〉

の・ぶ【述ぶ・陳ぶ】〔他バ下二〕{べ・べ・ぶ・ぶる・ぶれ・べよ}説明する。述べる。例「要なき楽しみを述・べて」〈方丈記〉

のぶか〔-・なり〕【箆深】〔形動ナリ〕{なら・なり(に)・なり・なる・なれ・なれ}矢が、「箆(＝矢竹)」の部分まで深くささるさま。例「馬の額を箆深・に射させて」〈平家・九・宇治川先陣〉

のぶし【野伏・野臥】〔名〕❶山野に寝起きして修行する僧。＝山伏。❷山野に隠れ、追いはぎや強盗を働いた武士や土民の集団。

のべ【延べ】〔名〕《近世語》「のべがみ」に同じ。

のべ【野辺】〔名〕❶野の辺り。❷埋葬地。火葬場。

〔**野辺の送り**〕遺体を埋葬したり火葬にしたりすること。葬送。＝野送り・野辺送り
〔**野辺の煙**〕火葬の煙。
〔**野辺の錦**〕野原に咲く色とりどりの草花。色鮮やかで美しい野原を織物の錦に見立てた語。
〔**野辺の緑**〕野原に草木が生い茂り、美しい緑色に色づいているようすをいう。

のべがみ【延べ紙】〔名〕《近世語》縦七寸(約二一センチメートル)、横九寸(約二七センチメートル)の小型の杉原紙。鼻紙として使われた。＝延べ

のぼ・す【上す】━〔他サ下二〕{せ・せ・す・する・すれ・せよ}❶上へ移す。高い所へ移動させる。例「高き木にのぼ・せて」〈徒然・一〇九〉 ❷川をさかのぼらせる。例「筏に作りのぼ・すらむ」〈万葉・一・五〇長歌〉 ❸召し寄せる。呼び寄せる。例「下なる(＝局ニサガッテイル女房)をも呼びのぼ・せ」〈枕・職の御曹司の西面の〉 ❹地方から

都へ送る。都へ行かせる。例「都へのぼ・せられけり」〈平家・一〇・首渡〉 二［他サ四］{さ・し・す・す・せ・せ}おだてる。例「のぼ・せばこいつがのぼ・されて」〈浄・丹波与作〉 三［自サ四］{さ・し・す・す・せ・せ}上気する。のぼせる。例「買ひ手のお身もすたらず女郎ものぼ・さぬやうに」〈浄・反魂香〉

発展学習ファイル もと下二段活用であったが、近世以降、四段活用となる。

のぼの【能褒野】［地名］伊勢国の地名。いまの三重県鈴鹿市から亀山市にかけての丘陵地の古称。日本武尊が東国を平定した帰途、病死した地と伝えられる。

のぼり【幟】［名］旗の一種。細長い長方形の布のへりに輪を付け、竿に通して縦に立てたもの。標識として戦陣で用いたが、のちには、祭礼や儀式、端午の節句にも用いた。（季―夏）

のぼり【上り・登り・昇り】［名］❶のぼること。❷地方から京都へ行くこと。❸京都で、内裏のある方角である北へ向かって行くこと。①②③↔下り

のぼり・く【上り来】［自カ変］{こ・き・く・くる・くれ・こ(こよ)}上京して来る。例「かへる年の四月に上り・来て」〈更級〉

のぼりしほ【上り潮】［名］満ちてくる潮。あげしお。↔落ち潮

のぼりた・つ【登り立つ】［自タ四］{た・ち・つ・つ・て・て}山や高い所に登って立つ。

のぼりつ・く【上り着く・登り着く】［自カ四］{か・き・く・く・け・け}地方から京に到着する。例「上り着・きたりし時」〈更級〉

のぼ・る【上る・登る・昇る】［自ラ四］{ら・り・る・る・れ・れ}❶**高い方、上の方に移動する。上昇する。**のぼる。例「我を、いかにせよとて、捨ててはのぼ・り給ふぞ」〈竹取・かぐや姫の昇天〉❷**川の上流に行く。**さかのぼる。例「川の水干て、悩みわづらふ。船の上・ること、いとかたし」〈土佐〉❸**地方から都に行く。**上京する。のぼる。例「京にのぼ・り、宮仕へをもせよ」〈大和・一四八〉❹**宮中や貴人のもとに行く。**参上する。例「宮のぼ・らせたまふべき御使ひにて、馬の典侍まゐりたり」〈枕・淑景舎〉《敬語》「のぼらせたまふ」→「せたまふ」、「まゐりたり」→「まゐる（四段）」。❺**官職や官位が高くなる。昇進する。**例「昔の例を見聞くにも、齢足らで官位高くのぼ・り世に抜けぬる人の」〈源氏・絵合〉❻**時代をさかのぼる。**例「上・りての世を聞きあはせはべらねばにや」〈源氏・若菜・下〉《係結び》「にや→（省略）」。《敬語》「聞きあはせはべらねば」→「はべり」。❼**のぼせる。**上気する。例「むげに恥づかしと思ひたりつるに、気ののぼ・りたらむ」〈落窪・一〉

〔上りての世〕昔にさかのぼった時代。上代。

〔和歌〕**のぼるべき…**【のぼるべきたよりなき身は木のもとにしゐを拾ひて世をわたるかな】〈平家・四・鵼・源頼政〉訳木の上にのぼるべき手段のないわが身は、木の下に落ちている椎の実を拾って、世を渡り過ごしていることだ。〈参考〉「のぼる」は、木に「上る」と「昇進する」、「しゐ」は、「椎」の木と官位の「四位」との掛詞。

のみ【絮・袽】［名］檜の甘皮を砕いて柔らかくしたもの。船や桶などの水漏れを防ぐ詰め物とした。

のみ［副助］⇨九七二ページ「特別コーナー」

〔俳句〕**のみしらみ…**【蚤虱馬の尿する枕もと】〈おくのほそ道・尿前の関・芭蕉〉訳やむなく山家に宿を借りたが、一晩中、ノミやシラミにせめられ、おまけに馬の小便をする音が寝ている枕もとに響いてくる、なんとも侘しい旅寝であるよ。（季―蚤―夏）

のみち【野道・野路】［名］❶野中の道。❷京都の丹波口から島原へ通じる野道。

のみとりまなこ【蚤取り眼】［名］ノミを取るときのような、あちらこちらに気を配った鋭い目つき。

の・む【祈む】［他マ四］{ま・み・む・む・め・め}頭を下げて神仏に祈る。懇願する。例「天地の神祇をそ我が祈・む」〈万葉・一三・三二八四長歌〉

のむらばうとうに【野村望東尼】［人名］（一八〇六〜一八六七）《「のむらもとに」とも》江戸後期の女流歌人。本名は、もと。勤王の志士の庇護者となり、長州の高杉晋作や対馬の平田大江らをかくまう。

のもせ 一【野も狭】《「のもせに」の変化形》野も狭いほど。野原一面。例「秋くれば野もせに虫の織り乱る声の綾をば誰か着るらむ」〈後撰・秋上・二六二〉 二【野面】［名］野原。例「よられつる野もせの草のかげろひて」〈新古今・夏・二六三〉訳→〔和歌〕よられつる…

のもり【野守】［名］禁猟の野を守る番人。

〔野守の鏡〕（雄略天皇が鷹狩りのとき、野守が水鏡で見て、逃げた鷹を発見したという故事から）野中の水たまり。

のや【野矢】［名］征矢の簡略なもの。狩猟用。

のやき【野焼き】［名］早春、草がよく生えるように、山野の枯れ草を焼くこと。（季―春）

のら［名］《近世語》❶怠けること。また、怠け者。❷遊びに身を持ち崩すこと。放蕩者。

〔のらをかわく〕《近世語》怠ける。油を売る。例「どこにのらをかわくやら」〈浄・大経師昔暦〉

のら【野ら】［名］《「ら」は接尾語》❶野原。❷田。畑。また、田畑の仕事。

のらがらす【のら烏】［名］❶辺りをうろつき回って飛んでいる烏。❷（①のように遊び歩く意から）ふらふらと遊び回っている者。遊び人。ならず者。

のら・す【宣らす・告らす】《動詞「宣る」の未然形＋上代の尊敬の助動詞「す」》「言う」「告げる」の意の尊敬語。言う人、告げる人（主語）を高める。**おっしゃる。お告げになる。**例「石木より生り出し人か汝が名告ら・さね」〈万葉・五・八〇〇長歌〉

のらやぶ【野ら藪】［名］野にあるやぶ。庭などの荒れているさまをいう。

のらろ【告らろ】《動詞「告る」の已然形＋完了の助動詞「り」の連体形＝「のれる」の上代東国方言》告げている。例「夕占にも今夜と告らろ我が背なは」〈万葉・一四・三四六九〉

-のり［接尾］《「箙の入り」の略》靫などに入れる矢の量を表す。例「そそびら（＝背中）に千のりの靫（＝矢入れ）を負ひ」〈記・上〉

のり【法・則】［名］《基準として従うべきものの意》❶模範。手本。基準となるやり方。❷法令。法律。❸仏法。仏道。仏の教え。

〔法の衣〕《「法衣」の訓読語》僧の着る衣服。

のみ〔副助詞〕

アプローチ　物事を取りたてて強調し限定する。

接続　体言、副詞、活用語の連体形、助詞などに付く。

意味	訳語	用例
❶限定する。	…だけ	例「その沼の底を見るに、ただ、人の屍のみあり」〈肥前国風土記〉 訳その沼の底を見ると、ただ、人の死体だけがある。
❷断定し、強調する。	とくに… とりわけ… (ただ)…ばかり	例「御胸のみつとふたがりて、つゆまどろまれず」〈源氏・桐壺〉 訳(天皇は)ただずっとお胸がいっぱいになるばかりで、少しも寝られない。〔注〕「御胸」ではなく「御胸つとふたがる」全体を強調する。
❸(文末に用いられて)断定し強調する。	…だけだ	例「しまらくかりに住めるのみ」〈丹後国風土記・逸文〉 訳ちょっとかりにここに住んだだけだ。

発展学習ファイル　(1)「のみ」は、のちに、話しことばでは「ばかり」と交替し、室町以降は漢文訓読文や文語的なものに限られる。
(2)奈良時代には体言に直接付くものがほとんどだが、平安時代では格助詞や句相当のものにも付く。
(3)似た意味を表す「ばかり」と「のみ」との違いについては、「ばかり」の発展学習ファイル参照。

〔**法の声**〕(ノリノコエ) 読経や説法の声。

〔**法の師**〕(「法師」の訓読語)僧。

〔**法の皇**〕(「法皇」の訓読語)出家して仏門に入った上皇。法皇。

〔**法の力**〕(「法力」の訓読語)仏法の威力。仏法の功徳。

〔**法の司**〕「式部省」の別称。

〔**法の友**〕ともに仏道修行に励む友人。

〔**法の灯**〕(「法灯」の訓読語)❶仏法を、現世の闇を照らすともしびにたとえていう語。❷仏前にともす灯明。

〔**法の場**・**法の庭**〕(ノリノニワ) 法事を営み、法会・説経などの仏事を行う場所。＝法の筵

〔**法の舟**〕仏法は、その力で人々を極楽の彼岸へと運ぶことから、これを舟にたとえていう語。

〔**法の道**〕(「法道」の訓読語)仏道。

〔**法の筵**〕「のりのには」に同じ。

〔**法の山**〕仏道修行を行う山。山にある寺院。また、仏道の奥深さを山にたとえていう語。

のり【海苔】〔名〕海の岩石につき、食用とする藻類の総称。(季―春)

のりあひ【乗り会ひ・乗り合ひ】(ノリアイ)〔名〕❶馬や乗り物に乗ったままで人に出会うこと。貴人に対して、無礼とされた。例「なむぢ何によりて我れに**乗り合ひ**をして無礼をいたせるぞ」〈今昔・一七・四二〉❷同じ乗り物に乗り合わせること。また、その人。

のりあ・ふ【罵り合ふ】(ノリア(オ)ウ)〔自ハ四〕{は・ひ・ふ・ふ・へ・へ}ののしり合う。例「下ざまの人は、**罵りあ・ひ**」〈徒然・一七五〉

のりいち【乗り一】〔名〕馬などの乗り心地が非常によいこと。

のりうち【乗り打ち】〔名〕乗り物や馬などに乗ったまま通り過ぎること。

のりうつ・る【乗り移る】〔自ラ四〕{ら・り・る・る・れ・れ}❶別の乗り物に乗り換える。❷神仏や霊魂が人にとりつく。

のりがへ【乗り替へ・乗り換へ】(ノリガエ)〔名〕❶乗り換えるために用意した乗り物。とくに、馬についていう。❷主君の乗り換え用の馬を預かる役の侍。

のりぐ・す【乗り具す】〔自サ変〕{せ・し・す・する・すれ・せよ}連れて行っていっしょに乗る。相乗りをする。例「帥内大臣の御車に**乗り具・して**」〈十訓抄・一〉

のりくち【乗り口】〔名〕馬の引き方の一種。鐙に寄ってさし縄を取ること。また、手綱を引くことともいう。↕諸口

のりご・つ【詔つ・令つ】〔自タ四〕{た・ち・つ・つ・て・て}(「言ふ」「命ず」の尊敬語)仰せになる。ご命令になる。例「諸国に**令・ちて**、船舶を造らしめよ」〈紀・崇神〉

のりこぼ・る【乗り溢る】〔自ラ下二〕{れ・れ・る・るる・るれ・れよ}多くの人が乗り込み、乗り物の外に衣などがはみ出す。例「よろしき女車のいたう**乗りこぼ・れ**たるより」〈源氏・葵〉

のりさだま・る【乗り定まる】〔自ラ四〕{ら・り・る・る・れ・れ}(馬などに)乗って、腰が落ち着く。例「鞍壺によく**乗りさだま・って**」〈平家・四・橋合戦〉(音便)「乗りさだまっ」は「乗りさだまり」の促音便。

のりじり【乗り尻・騎尻】〔名〕❶競べ馬の騎手。乗り手。❷馬に乗り、行列の最後に供をする者。

のりそ・ふ【乗り添ふ】(ノリソウ)〔自ハ四〕{は・ひ・ふ・ふ・へ・へ}いっしょに乗り、そのそばに付き添う。同乗する。例「などて**乗り添・ひ**て行かざりつらん」〈源氏・夕顔〉

のりそん・ず【乗り損ず】〔自サ変〕{ぜ・じ・ず・ずる・ずれ・ぜよ}作法と違う馬の乗り方をする。(他動詞のように用い)乗り過ぎて、乗り物を傷める。例「〔ソノ馬ハ〕このほどあまりに、**乗り損・じ**て候ひつるあひだ」〈平家・四・競〉

のりた・つ【乗り立つ】〔自タ四〕{た・ち・つ・つ・て・て}船や馬に乗って出発する。例「近江道にい行き**乗り立・ち**」〈万葉・一七・三九七八長歌〉

のりた・ぶ【告り給ぶ】(動詞「告る」の連用形＋尊敬の補助動詞「給ぶ」)おっしゃる。お述べになる。

の

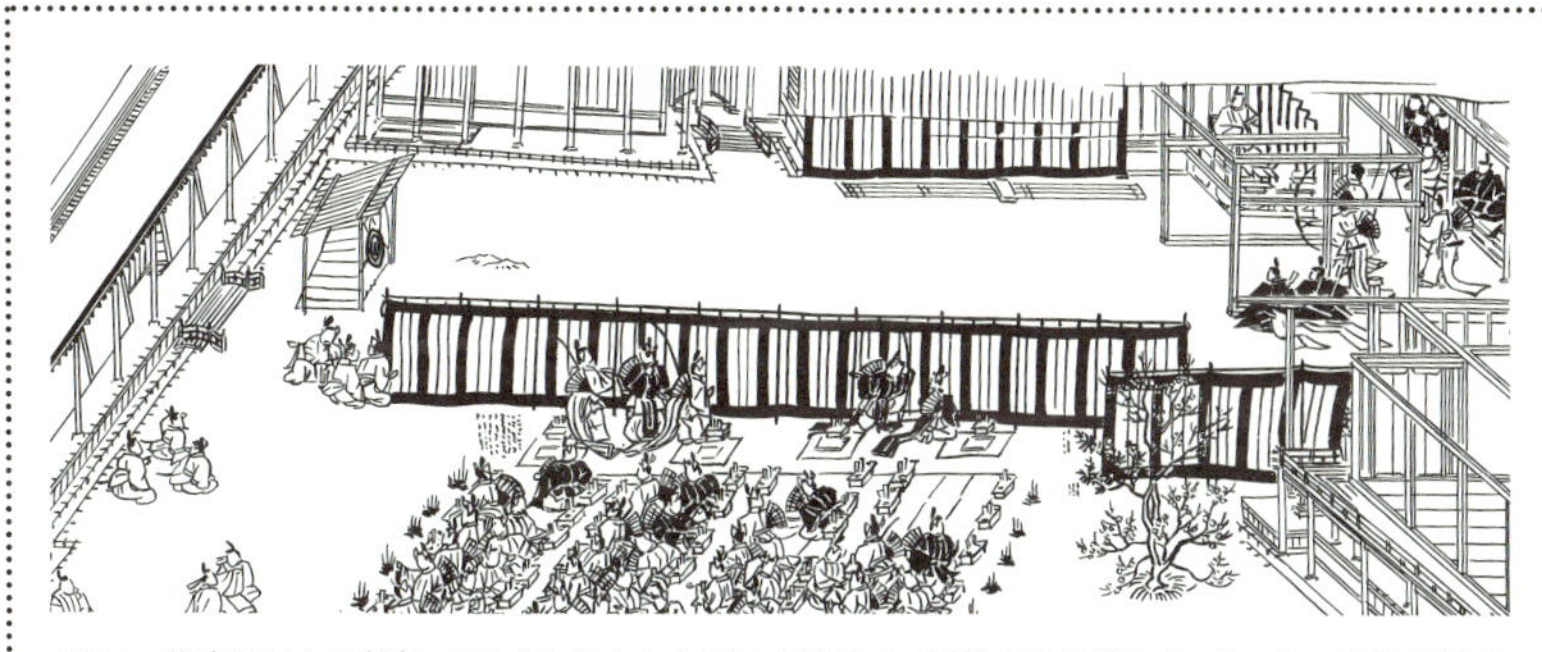

賭弓　紫宸殿の南庭、幔で仕切られた奥の弓場で、賭弓がとり行われている。手前が射手の饗饌の場。右奥で、天皇が倚子に座して競技を見守る。（年中行事絵巻）

のりつづ・く【乗り続く】［自カ四］{か・き・く・く・け・け}乗り物に乗り、あとに続く。例「みな、**乗り続・き**て立てるに」〈枕・関白殿、二月二十一日に〉

のりつら・ぬ【乗り連ぬ】［自ナ下二］{ね・ね・ぬ・ぬる・ぬれ・ねよ}馬などに乗り、整列して進む。例「皆、**乗り連・ね**て、埒よりのぼる」〈宇津保・祭の使〉

のりつ・る【乗り連る】［自ラ下二］{れ・れ・る・るる・るれ・れよ}乗り物や馬などに乗って続いて行く。例「馬に**乗り連・れ**てうち出でたり」〈宇治拾遺・一五・二〉

のりと【祝詞】［名］（「のと」「のっと」とも）神に告げ申すことば。独自の文体をもち、朝廷の祭儀や「祓へ」の際に読まれた。『延喜式』所収のものが代表的。

のりまじ・る【乗り交じる】［自ラ四］{ら・り・る・る・れ・れ}他の人たちの中に交じって乗る。いっしょに乗る。例「さらぬ上達部あまたこれかれに**乗りまじ・り**、いざなひたてて」〈源氏・匂宮〉

のりもの【賭物】［名］「かけもの」に同じ。

のりもの【乗り物】［名］❶馬・車・輿など、人を乗せて運ぶものの総称。❷江戸時代、貴人や僧、限られた町人に許された、引き戸のある上等な駕籠の称。

のりや・る【乗り遣る】［自ラ四］{ら・り・る・る・れ・れ}乗ろうとする。例「〔牛車二〕えも**乗りや・らず**」〈源氏・桐壺〉

のりゆみ【賭弓】［名］❶物品を賭けて弓の競技をすること。❷「賭弓の節」の略。（季―春）

〔**賭弓の還り饗**〕ノリユミノカエリアルジ「賭弓の節」のあとで、勝った方の近衛大将が、部下の近衛の官人たちを屋敷に招いて催す饗宴。→「かへりあるじ」。＝賭弓の還り立ち

〔**賭弓の還り立ち**〕ノリユミノカエリダチ「のりゆみのかへりあるじ」に同じ。

〔**賭弓の節**〕陰暦正月十八日（「射礼」の翌日）に、弓場殿で、左右の近衛・兵衛府の舎人が天皇の前で弓を射る行事。＝賭弓②。（季―春）

の・る【似る】［自ラ四］{ら・り・る・る・れ・れ}《上代語》似る。例「赤かがち（＝ホオズキ）に**似・れり**」〈紀・神代・下〉

の・る【伸る・仰る】［自ラ四］{ら・り・る・る・れ・れ}曲がる。そり返る。例「太刀の少し**仰・っ**たるを門の扉に当てて」〈太平記・八〉《音便》「仰っ」は「仰り」の促音便。

の・る【乗る・載る】［自ラ四］{ら・り・る・る・れ・れ}❶ある物が、別の物の上に接して存在している。のっている。例「〔畳二〕この草子、**載・り**て出でにけり」〈枕・この草子〉❷乗り物や、動物の上に位置する。のる。例「はや船に**乗・れ**」〈伊勢・九〉❸（多く「心に乗る」の形で）心から離れない。例「心に**乗・り**て思ほゆる妹」〈万葉・四・六九一〉❹（神や霊魂などが）乗り移る。例「われ十禅師権現**乗・り**ゐさせ給へり」〈平家・二・一行阿闍梨之沙汰〉《敬語》「乗りゐさせ給へり」→「させたまふ」。❺《上代語》（多く「道に乗る」の形で）道にそって進む。例「海原の路に**乗・り**てや我が恋ひ居らむ大船のゆたにあるらむ人の児故に」〈万葉・一一・二三六七旋頭歌〉❻（多く、「口に乗る」の形で）話題にのぼる。評判になる。例「今に人の口に**の・り**たる秀歌にて侍めり」〈大鏡・師輔〉語構成「秀歌にて侍めり」→「はべめり」。❼勢いにのる。調子にのる。例「酔ひに**の・り**て、子どもの上など申しけるついでに」〈後撰・雑一・一一〇三詞書〉❽相手の話にのる。策略にはまる。例「口三味線にのりかけても、**の・る**やうな男ではない」〈浄・冥途の飛脚〉

の・る【宣る・告る】［他ラ四］{ら・り・る・る・れ・れ}いう。宣言する。告げる。述べる。例「あさりする人とを見ませ草枕旅行く人に我が名は**告・らじ**」〈万葉・九・一七二七〉

の・る【罵る】［他ラ四］{ら・り・る・る・れ・れ}ののしる。悪口をいう。例「若けむ児らに**罵・らえ**かねめや」〈万葉・一六・三七九三〉

の・る【賭る】［他ラ四］{ら・り・る・る・れ・れ}勝負に物を賭ける。例「かたみに（＝互イニ）**の・り**などして」〈続詞花〉

のろ【野ろ】［名］（「ろ」は接尾語）野原。

のろし【狼烟・狼煙・烽火】［名］戦争や非常の際に、合図のために打ち上げる煙。初めは木や竹を燃やしていたが、のちには火薬を用いるようになった。中世以前は「飛ぶ火」といった。＝狼煙・烽火

のろ・し【鈍し】［形ク］{から・く(かり)・し・き(かる)・けれ・かれ}❶ゆっくりしている。遅い。鈍い。例「**のろ・き**淵を、水につけてぞ引き越しける」〈義経記・五〉❷女性に甘い。例「『御新造さんには御意次第、何でもかでもをいさ』『よっぽ

どのろ・い男だの』」〈浮世風呂〉《音便》「のろい」は「のろき」のイ音便。

のろのろ・し【呪呪し】[形シク]{しから・しく(しかり)・し・しき(しかる)・しけれ・しかれ}のろいたくなるほどに憎い。いまいましい。例「聞きにくく呪々・しきことども多かり」〈栄花・二〉

のろ・ふ【呪ふ】[他ハ四]{は・ひ・ふ・ふ・へ・へ}《動詞「告る」の未然形＋反復・継続の助動詞「ふ」＝「のらふ」の変化形》恨みのある人、憎い人に、災いが起こるようにと、神仏に祈る。のろう。

のわき【野分】[名]秋から冬にかけて吹く激しい風。台風。野の草を吹き分ける風の意。（季―秋）

のわき【野分】[作品名]『源氏物語』の二十八番目の巻名。

のわきだ・つ【野分だつ】[自タ四]{た・ち・つ・つ・て・て}《「だつ」は接尾語》野分らしい風が吹く。例「野分だ・ちて、にはかに肌寒き夕暮れのほど」〈源氏・桐壺〉

〔俳句〕**のをよこに…**【野を横に馬牽きむけよほととぎす】〈おくのほそ道・殺生石・蘆野・芭蕉〉

訳広大な那須野を馬に乗って分け進んで行くと、ホトトギスが野を横切って鳴き過ぎて行った。馬子よ、あのホトトギスの去った方向へ馬の首を引きめぐらせよ。もう一度、ホトトギスの声を聞きたいから。（季―ほととぎす―夏）

〈参考〉馬の口取りから短冊を乞われて詠んだ句。

のんれう【暖寮】[名]《仏教語》禅宗で、新たに寺院に入る者が、前からいる僧に茶菓子などを振る舞うこと。また、寺院に入る者を祝うこと。＝暖寺

は

は【羽】[名]❶鳥や虫のはね。羽毛。つばさ。❷矢羽。

は【破】[名]芸能・文芸の表現形式・構成を三部に分けたひとつ。「序破急」の中間の主要な部分。

は【歯】[名]❶動物の歯。口の中にあり、物をかみ砕く用をなす。❷げたの歯。げたの裏の突起した板。

は【端】[名]物の先端。ふち。へり。例「山の端にいさよふ月を外に見てしか」〈万葉・三・三九三〉

は[係助][終助]⇨九七六ページ「特別コーナー」

は　助動詞「ふ」の未然形。例「君の御代御代隠さはぬ明き心を皇辺に極め尽くして仕へ来る」〈万葉・二〇・四四六五長歌〉

ば[接助]⇨九七八ページ「特別コーナー」

ば　係助詞「は」が格助詞「を」に付いて濁音化したもの。→「をば」。例「おのがかく今日明日におぼゆる命をば何とも思したらで」〈源氏・若紫〉

はい【灰・蕋】歴史的かなづかい「はひ」

はい【拝】[名]拝むこと。拝礼。敬礼。

はい【俳】[名]「俳諧」の略。

ばい【枚】[名]夜討ちのときなど、人馬に声を立たせないために口に含ませる箸状の道具。横にくわえ、両側にひもをつけ、頭上で結びつけた。

ばい【唄】[名]❶仏教儀式で唱える声明のひとつ。梵語で偈や頌をうたい、仏徳を賛美するもの。＝梵唄。❷法会で用いる錫杖・鈴などの楽器。唄器。

はいが[・す]【拝賀】[名・自サ変]❶目上の人に拝謁して祝辞を申し述べること。とくに、新年の挨拶をいう。❷任官や叙位をした者が、天皇・目上の人・神仏などに謝意を申し上げること。

はいかい【俳諧・誹諧】[名]❶たわむれ。滑稽。おどけ。❷「俳諧歌」の略。❸「俳諧の連歌」の略。❹発句の称。俳句。①〜④＝俳

〔**俳諧の連歌**〕連歌の分類のひとつ。滑稽味のある俳諧体の連歌。室町末期から流行し、江戸時代には略して俳諧と呼ばれた。＝俳諧③

はいかい[・す]【沛艾】[名・自サ変]馬の性質が荒っぽく、勇み暴れること。また、その馬。

はいかいうた【俳諧歌・誹諧歌】[名]和歌の分類のひとつ。正統的な歌に対して、破格のことばや表現を用いた滑稽味のある歌。『古今和歌集』の部立て名に用いられたのが最初。＝俳諧②

はいかいごさん【俳諧御傘】[作品名]江戸前期（一六五一刊行）の俳諧書。松永貞徳作。近世初期俳諧の普及につれて式目（作法や規則を記したもの）の必要が生じたため、貞徳が門人のために記した作法書。和歌・連歌と俳諧との異同を述べ、俳諧独自の式目制定の必要性を説く。

はいかいしちぶしふ【俳諧七部集】[作品名]江戸中期（一七三二ごろ成立）の俳諧撰集。佐久間柳居編。芭蕉一代の撰集の中から主な七部を集め編集したもの。『冬の日』『春の日』『あら野』『ひさご』『猿蓑』『炭俵』『続猿蓑』を収録。芭蕉の生涯にわたる作風の変遷をよく示しており、蕉風俳諧の聖典とされる。

はいかいじふろん【俳諧十論】[作品名]江戸中期（一七一九刊行）の俳諧論書。各務支考著。蕉風俳諧を組織的・体系的に論じた書。

はいかいしょがくせう【誹諧初学抄】[作品名]江戸前期（一六四一刊行）の俳諧書。斎藤徳元著。連歌の式目（作法や規則を記したもの）にならい、俳諧の作法を記した書。

はいかいつねのすがた【誹諧中庸姿】[作品名]江戸前期（一六七九刊行）の俳諧撰集。菅野谷高政編。高政が、自作を含む宗因一派の連句十一巻を編集したもの。

はいかいのれんがどくぎんせんく【誹諧之連歌独吟千句】[作品名]「もりたけせんく」に同じ。

はいかいれんがせう【誹諧連歌抄】[作品名]「いぬつくばしふ」に同じ。

はいかん【肺肝】[名]肺臓と肝臓。転じて、心の奥底。心底。

ばいくゎ【梅花】[名]❶梅の花。❷《「梅花方」の略》薫き物の一種。春に用いられた。❸《「梅花油」の略》整髪油の一種。＝梅花香

はいくゎい[・す]【徘徊】[名・自サ変]❶あてもなくぶらつくこと。歩き回ること。❷立ち寄ること。

はいごん【俳言】[名]俳諧で用いることば。和歌や連歌に用いない俗語・漢語などをいう。松永貞徳

によって提唱された。

はいしょ【配所】［名］罪によって流された場所。流罪の地。＝謫所

ばいしょうろん【梅松論】［作品名］南北朝時代(一三四九成立か)の歴史書。作者未詳。南北朝時代を中心にした歴史を足利氏側の立場から問答形式で記した作品。

ばいしん【陪臣】［名］臣下の臣。又家来。天皇に対して将軍の家来。将軍に対して諸大名の家来。↕直参

はい・す【拝す】{せ・し・す・する・すれ・せよ}一［他サ変］❶頭を深く下げて礼をする。拝む。例「下りて拝・したてまつりたまふ」〈源氏・桐壺〉❷官職を授ける。官に任ずる。二［自サ変］叙位や任官、禄を受けたときなどに、感謝の意を表すために舞踏する。拝舞の礼をする。↓「ぶたふ(舞踏)」。例「禄を出ださるれば、肩にかけて、拝・して退く」〈徒然・六六〉

はいずみ【掃墨】［名］《「はきずみ」のイ音便》ごま油や菜種油などの油煙を掃き集めた墨。眉墨や薬にしたり、膠を混ぜて墨に、また、漆や渋などを入れて塗料にも用いた。

はいずみ［作品名］『堤中納言物語』所収の短編物語。

はいぜん［・す］【陪膳】［名・自サ変］《「ばいぜん」とも》天皇の食事のときや、公家や武家での儀式のときなどに、膳部の給仕をつとめること。また、その人。

〔**陪膳の采女**〕「膳司」「主水司」に属する「采女」。節会のときに天皇の御膳の給仕をつとめる女性。

はいぜんばん【陪膳番】［名］「陪膳」の当番。

はいだて【脛楯】［名］《「はぎだて」のイ音便》鎧に付ける防具の一種。腰の前から左右に垂らし、ももとひざの防御に用いた。

はいでん【拝殿】［名］神社の本殿前にある、拝礼するための建物。

ばいにん【売人】［名］《近世語》商売人。あきんど。

はいばん【杯盤】［名］杯や皿・鉢など。宴席に用いる食器。

はいぶ［・す］【拝舞】［名・自サ変］《「はいむ」とも》叙位や任官をした者や、禄を受けた者が、感謝の気持ちを表す舞踏。一定の方式があった。

はいふうすゑつむはな【誹風末摘花】［作品名］江戸後期(一七七六から一八〇一刊行)の川柳句集。作家雨譚編か。柄井川柳評の『万句合』から好色な句を選び集めたもの。

はいふうやなぎだる【誹風柳多留】［作品名］江戸後期(一七六五から一八三八刊行)の川柳句集。呉陵軒可有(木綿)ら編。柄井川柳評の『万句合』から、前句を省いても意味の通じる句を集めた前句付集。付句のみを独立鑑賞する試みは画期的なことで、俳諧の付合性を無視した新しい文芸様式(十七字のみの庶民詩)、川柳の誕生する素地が固められた。

はいぶん【俳文】［名］俳諧の形式や表現を盛り込んで書かれた文章。漢語や俗語を用い、独特のリズムをもつ。『幻住庵記』『鶉衣』が有名。

はいらい【拝礼】［名］❶頭を下げて礼をすること。❷年賀の儀式。

はいり【這入り】歴史的かなづかい「はひり」

はいりつ【排律】［名］漢詩の形式のひとつ。十句以上からなる近体詩。律詩がしだいに長編化したもので、百句以上に及ぶ作品もある。多くは五言排律で、七言排律は少ない。

はいりょう［・す］【拝領】［名・他サ変］もらうことの謙譲語。主君や貴人などから物をいただくこと。例「頼政は階の三階に右の膝を突き、左の袂を拡げて、畏まってこれを拝領・す」〈盛衰記・一六〉

はいる［・す］【配流】［名・他サ変］流罪にすること。例「伊豆の国に配流・せられて」〈今昔・二七・二一〉

はいろ【倍臚・陪臚】［名］《「ばいろ」とも》雅楽の曲名。唐楽で平調の一種。太平楽の答舞として、剣を帯して鉾・楯を持った四人が舞う。

はう【這う・延う】歴史的かなづかい「はふ」

はう【方】［名］❶方向。方角。❷一方の面。がわ。❸正方形。正方形の一辺。平方。❹香の調合。薬の処方。例「荷葉の方を合はせたる名香」〈源氏・鈴虫〉❺方法。わざ。

はう【袍】［名］男性貴族が、衣冠・束帯の正装をする際に着た上着。腋のところを縫わない「闕腋」があり、前者は文官が、後者は武官が着た。位階によって色が異なる。↓「ゐはう」。＝上の衣・上の御衣。➡［古典参考図］男子の服装〈1〉

―ばう【房・坊】［接尾］僧の名前の下に付ける語。「武蔵坊」など。

ばう【坊】［名］❶**都の区画単位。**平城京・平安京で、**四方を大路でかこまれた四角形の一区画。**❷《「東宮坊」の略》**東宮の御所。**転じて、**東宮**(皇太子)のこと。❸**僧の住まい。僧坊。**＝房②。例「坊のかたはらに、大きなる榎の木のありければ」〈徒然・四五〉❹**僧。僧侶。**＝房②。例「御仏供のおろしたべむと申すを、この御坊たちの惜しみたまふ」〈枕・職の御曹司におはしますころ、西の廂に〉《敬語》「たべむと申す」→「たぶ(食ぶ)」「まうす」。❺**宿坊。**寺院の中にあって、参詣者などが宿泊する建物。例「砧打ちて我にきかせよや坊が妻」〈野ざらし紀行〉❻《近世語》子供などを親しんで呼ぶ語。例「坊はおとっさんにおんぶだからいいの」〈浮世風呂〉

古典の世界　唐の都城制にならった土地区画は、条坊制と呼ばれ、藤原京でも行われていたらしい。平城京以後、一坊は、小路によって十六に分けられ、その最小の単位を「町」、四町を「保」とよんだ。

〔**坊定まる**〕東宮が決まる。例「坊定まり」たまふにも、〔第一皇子ヨリモコノ若宮(源氏)ヲ〕いとひき越さまほしう思せど」〈源氏・桐壺〉

古典の世界　東宮に立つためには、生母の身分、後見人の財力も問題にされるため、必ずしも長男が東宮になれるとは限らなかった。

〔**坊に立つ**〕皇太子として立てる。例「東の御方の若宮を坊にた・てまつりぬ」〈増鏡・草枕〉

ばう【房】［名］❶へや。小部屋。❷「ばう(坊)」③④に同じ。

はうい【芳意】［名］他人の親切な心遣いを敬っていう語。芳志。

は［係助詞］［終助詞］

アプローチ ▼係助詞「は」㊀は、文末の活用語に特定の活用形を要求しないが、意味的には述語と強く結びついていると考えられるので、係助詞とされる。

▼係助詞「も」が、基本的に同類の事柄を包み込んで提示する働きをするのとは対照的に、「は」は、あるひとつの事柄を他から切り離して提示する働きをもつ。そのため、対比・限定・強調といった意味を帯びることが多い。ほぼ、現代語の「は」と同じである。

▼終助詞「は」㊁は、文末に用いられて強い感動・詠嘆を表す。

▼上代には単独で用いられた例はまれで、他の助詞と複合した形で用いられる。平安時代には、単独で用いられることが多くなり、また、他の助詞と複合して用いられることも盛んである。

㊀［係助詞］ 接続 体言、副詞、助詞、活用語の連用形・連体形などに付く。

意味	訳語	用例
❶**主題として取り立てる。**	…は	例「かぐや姫**は**、『あな、うれし』と喜びてゐたり」〈竹取・火鼠の皮衣〉 訳かぐや姫**は**、「ああ、うれしい」と喜んでいる。 例「この長櫃(ながびつ)の物**は**、みな人、童(わらは)までにくれたれば」〈土佐〉 訳この長櫃(=木箱の一種)の物**は**、すべての人、子供にまでやったので。
❷**複数の事柄を、対比的に表す。**	…(の方)は	例「黒崎の松原を経(へ)て行く。所の名**は**黒く、松の色**は**青く、磯(いそ)の波**は**雪のごとくに」〈土佐〉 訳黒崎の松原を(船で)過ぎて行く。土地の名**は**黒く、松の色**は**青く、磯の波**は**雪のように(白く)。
❸**間投助詞的に用いられ、語勢を強めたり、感動の意を表す。**	(「確かに」など強調を表すことばを補って訳す)	例「人あまたもなうて出(い)で立ちたるも、わが心のおこたりに**は**あれど」〈蜻蛉・上〉 訳供の者を多くは連れずに出立したのも、確かに私の不用意ではあったけれども。
❹(打消の助動詞「ず」の連用形、形容詞の連用形に付いて)**順接の仮定条件を表す。**	(もし)…ならば …たら	例「それ侍(はべ)らず**は**、布べりさしたらむ破(や)れ畳にてまれ貸したまへ」〈堤中納言・よしなしごと〉 訳**もし**、それ(=高級な畳)がない**ならば**、布縁を付けた破れ畳でもお貸しください。 例「我が庵は三輪の山もと恋しく**は**とぶらひ来(き)ませ杉立てる門(かど)」〈古今・雑下・九八二〉 訳→〔和歌〕わがいほはみわのやまもと…

発展学習ファイル (1)係助詞「は」は、格助詞「が」と重ねて用いられることはない。「から」「より」などの他の格助詞には付いて、「…からは」「…よりは」の形でそれぞれ上に付く語を取り立てる。

(2)係助詞「は」は複合動詞の間に挿入されることもある。例「うぐひすの鳴くくら谷にうちはめて焼け**は**死ぬとも君をし待たむ」〈万葉・一七・三九四一〉 訳うぐいすの鳴く谷間に(この身を)投げて、(地獄の炎に)焼け死ぬことがあっても、あなたを待とう。

(3)係助詞「は」は、格助詞「を」に付くとき「をば」と濁音化する。例「男女(をとこをんな)の情けも、ひとへに逢(あ)ひ見る**をば**いふものかは」〈徒然・一三七〉 訳男女の情愛も、ただ契りを結ぶことだけ**を**いうものだろうか、いや、そうではない。→「をば」

(4)また、中世以降、撥音「ん」に付くときに「人間な」(=人間は)、促音「っ」に付くときに「言っぱ」(=言ふは)、漢語のt音で終わる語に付くときには「こんにった」(=今日は)と発音されることがあった。

(5)係助詞「は」の慣用的な用法として「今は昔」(いまとなっては昔のこと)、「我は顔」(得意げな顔つき)などがある。

(6)㊀④の「は」は、活用語の未然形に付くとする説もある。

(7)「ずは」(㊀④)に関しては、上代特有の慣用表現として「二者択一」という意味を表すと考えられる用法もある。どちらも好ましくない二者を並べて、「…ないで」「…くらいなら」などという意で用いられることが多い。平安時代にも、和歌には用いられることがある。例「かくばかり恋(こ)ひつつあら**ずは**朝(あさ)に日(け)に妹(いも)が踏むらむ土にあらましを」〈万葉・一一・二六九三〉 訳これほど恋をし続け**ないで**、いっそ、朝も昼もあの娘が踏んでいる土でありたいのだが。→「ずは」

(8)係助詞「は」に係助詞「こそ」が付くときの語順は、ふつうは「こそは」となるが(第一例)、㊀④の場合は「はこそ」となる(第二例)。例「かやうの事こそ**は**、かたはらいたき事のうちに入れつべけれど」〈枕・中納言まゐりたまひて〉。例「この皮衣(かはぎぬ)は、火に焼かむに、焼

二［終助詞］接続 文を言い切った形、動詞・助動詞の連体形などに付く。

意味	訳語	用例
強い感動・詠嘆を表す。	…なあ …よ	例「夜半も過ぎにけんかし、風のやや荒々しう吹きたる**は**」〈源氏・夕顔〉訳 夜中も過ぎたのだろうか、風が少し荒々しく吹いているなあ。

げず**は**こそ、まことならめ」〈竹取・火鼠の皮衣〉
(9)終助詞「は」は、間投助詞「や」や終助詞「も」を伴って「…はや」「…はも」の形で用いられることが多い。例「あはれ、いとめづらかなる音に掻き鳴らしたまひし**はや**」〈源氏・横笛〉訳 ああ、(あの方は)ほんとに結構な音色で(琴を)お弾きになった**ことよ**。→「はや」「はも」
(10)一は係助詞「は」の文末用法とする説もある。

はういつ［・なり］【放逸】［名・形動ナリ］❶勝手気ままに振る舞うこと。わがままなようす。例「わが主、邪見・**放逸**・**に**して仏を供養し奉らず」〈今昔・一・三四〉❷乱暴なこと。情け容赦もないさま。例「さらば**放逸**・**に**当たれとて糾問せられ」〈義経記・六〉

はうえん【芳縁】［名］めでたい因縁。よい因縁。

はうか［・す］【放下】一［名・他サ変］《仏教語。「放下」を漢音で読んだもの》「はうげ」に同じ。二［名］「放下師」「放下僧」の略。その演ずる芸能。

はうかし【放下師】［名］「はうかそう」に同じ。

はうかそう【放下僧】［名］鎌倉後期以降、江戸時代にかけて見られた僧の姿をした旅芸人。頭巾の上に烏帽子をかぶったり背に笹をさしたりして、「小切り子」を鳴らしながら、街頭で歌舞を演じたり手品・曲芸をしたりした。＝放下・放下師

はうき【伯耆】［地名］旧国名。山陰道八か国のひとつ。いまの鳥取県西部にあたる。＝伯州

はうきゃう【方磬・方響】［名］《「ほうきゃう」とも》打楽器の名。長方形の鋼板十六枚を上下二段に木製の架にかけ、小さな銅のばちで打ち鳴らすもの。

はうぎゃう【方形・方桁・宝形】［名］屋根の作り方の一種。四方の隅棟が中央に集まるようにし、頂上部に宝珠や露盤などを置いたもの。

はうぐみ【方組み】［名］《「ほうぐみ」とも》薬の調合法。また、それを記録したもの。処方箋。

はうくゎ【半靴】［名］《「はんくゎ」の変化形》「深沓」の上部がやや短いもの。中世以降は、儀式の際の騎馬用のものとなった。

はうぐゎん【判官】［名］《「はんぐゎん」のウ音便》❶官職名。令制で各官庁の第三等官。❷「検非違使庁」の第三等官。また、衛門府の三等官(尉)で、検非違使をかねているもの。❸(検非違使尉に任ぜられたことから)源義経の通称。

ばうくゎん［名］一【坊官】「春宮坊」の役人。皇太子に仕え、執務した。二【坊官・房官】「門跡」に仕え、僧坊の事務を執る在家の僧。諸大夫および北面の武士の子がなり、帯刀・妻帯を許された。

はうぐゎんだい【判官代】［名］❶「院の庁」に仕える事務官。多く五位・六位の蔵人を任命した。❷地方の国府や荘園に置かれ、農政に関することをつかさどった官職。

はうぐゎんびいき【判官贔屓】［名］《「はんぐゎんびいき」とも》弱者や不運な人に同情して肩をもつこと。判官(源義経)をひいきする意で、江戸時代、庶民の間でよく用いられた語。

はうげ［・す］【放下】［名・他サ変］《仏教語。「はうか」とも》心身の一切の執着を捨てさること。例「諸縁を**放下**・**す**べき時なり」〈徒然・一一二〉

ばうこん【亡魂】［名］死者の魂。亡霊。幽霊。

ばうざ【病者】［名］《「びゃうじゃ」の変化形。「びゃうざ」とも》病人。

はうさう【方相】［名］《「はうしゃう」とも》❶「追儺」の式のとき、黄金の四つ目の仮面をかぶり、右手に矛、左手に楯を持ち、内裏の四門を回り悪鬼を追い払う役。❷天皇・親王・太政大臣などの葬儀で①のいでたちで棺の先導をする役。

はうし【方士】［名］《「はうじ」とも》神仙の術を修めた者。道士。

はうし【拍子】［名］《「はくし」のウ音便》❶ひょうし。❷「笏拍子」の略。

はうじゃう【放生】［名］《仏教語》功徳を積むため、捕らえた生き物を放してやること。

はうじゃうゑ【放生会】［名］《仏教語》捕らえた生き物を放す法会。多く陰暦八月十五日に行う。石清水八幡宮の神事が有名。(季―秋)

はうじゅつ【方術】［名］仙人の術。

はうしん［・す］【芳心】［名・自サ変］《「はうじん」とも》親切を尽くすこと。また、その気持ち。

ばうず【坊主・房主】［名］❶一房・一寺の主である僧。住職。❷僧一般。❸武家の城中などで茶の湯や給仕などの雑用をしたもの。

ばう・ず【亡ず】［自サ変］{ぜ・じ・ず・ずる・ずれ・ぜよ}❶滅びる。例「久しからずして、**亡**・**じ**にし者どもなり」〈平家・一・祇園精舎〉❷死ぬ。例「我が大娘(＝正妻)ありき、早く**亡**・**じ**にき」〈今昔・七・二〇〉

ばうずもち【坊主持ち】［名］《近世語》旅などで、同行者の荷物を、僧と出会うたびに交代して持ち合うやり方。

はうすん【方寸】［名］《「ほうすん」とも》(心は胸中の一寸四方の間にあるとされることから)心。胸中。例「今象潟に**方寸**を責む」〈おくのほそ道・象潟〉

ばうぞく［・なり］【［名・形動ナリ］】《「はうぞく」とも》品性が下劣なこと。また、無遠慮なさま。例「胸あらはに、**ばうぞく**・**なる**もてなしなり」〈源氏・空蟬〉

はうた【端歌・端唄】［名］三味線歌曲の一種。歌詞の短い歌。江戸後期に上方で起こり、江戸では新曲が多く作られた。→「ながうた」

ば［接続助詞］

アプローチ ▼「ば」の前後の二句が接続関係にあることを表す。
▼多く、ある事柄が起こったために次の事柄が起こるという関係（順接の条件関係）を表すが、それ以外もあるので注意。

接続 ▼①は、活用語の未然形に付く。
▼②は、活用語の已然形に付く。

意味	訳語	用例
❶（未然形に付いて）**順接の仮定条件を表す。**《もしある事柄が成立する場合には、べつの事柄が成立する》関係を表す。	…たら …なら	例「かしこより人おこせ**ば**、これをやれ」〈伊勢・九六〉 訳あちら（＝男の所）から使いの人をよこし**たら**、これをやれ。
❷（已然形に付いて）**順接の確定条件を表す。** ㋐**必然条件を表す。**《ある事柄が起こったために、べつの事柄が起きた》関係を表す。原因・理由にあたる。	…ので	例「暁より雨降れ**ば**、同じ所に泊まれり」〈土佐〉 訳夜明け前から雨が降っている**ので**、同じ所に停泊している。
㋑**偶然条件を表す。**《ある事柄が起きたとき、たまたまべつの事柄が起きた》場合を表す。	…ところ …と	例「上よりおるる途に、弁の宰相の君の戸口をさしのぞきたれ**ば**、昼寝したまへるほどなりけり」〈紫式部日記〉 訳中宮の御座所から下がってくる途中に弁の宰相の君の（部屋の）戸口をのぞいた**ところ**、昼寝をなさっているところだった。
㋒**恒常条件を表す。**《ある事柄が起きると、常にべつの事柄が起きる》関係を表す。	…と（いつも） …と（必ず）	例「命長けれ**ば**恥多し」〈徒然・七〉 訳命が長い**と必ず**恥も多い。 例「明けぬれ**ば**暮るるものとは知りながらなほうらめしき朝ぼらけかな」〈後拾遺・恋二・六七二〉 訳→〔和歌〕あけぬれば…

発展学習ファイル （1）已然形に付いて逆接の確定条件を表す場合がある。多く打消の助動詞「ず」の已然形「ね」に付いて「…ねば」の形で用いられる。「…ないうちに」と訳せる。例「天の川浅瀬しらなみたどりつつ渡りはて**ねば**明けぞしにける」〈古今・秋上・一七七〉 訳（彦星は）天の川の浅瀬を知らないので、その白波のなかを迷い迷いしていて渡りきら**ないうちに**、夜が明けてしまった。
（2）鎌倉以降の用法には、「ば」でつながれる二つの事柄を対照的に並列するものがある。例「鏑は海へ入りけれ**ば**扇は空へぞあがりける」〈平家・一一・那須与一〉 訳鏑矢の方は海に入っ**て**扇の方は空へ舞い上がった。
（3）室町時代から江戸時代にかけて、確定の恒常条件から仮定条件を生じ、現代では活用形も已然形ではなく、仮定形と呼ぶが、訳出のときに「已然形＋ば」を仮定条件とするまちがいが多いので注意を要する。

ばうだい【傍題】［名］❶和歌・連歌・俳諧で、主題を詠まずに題と関連する他の題材を中心に詠むこと。また、主題よりも副題を中心に詠むこと。❷「定数歌」などで、同じことがらが詠まれていること。

はうたう【餺飥】［名］「はくたく」に同じ。

はうだたり【方祟り】［名］陰陽道で凶とされる金神のいる方角を犯して遭う災難。

はうだて【方立】［名］（「ほうだて」とも）❶門柱の両わきに立て、扉をつけておく木。❷牛車の幡の（車の覆いの）前後の、簾を垂らした出入り口の左右にある手をかけるための木。❸箙の下の方の矢じりを差し込む箱の部分。➡［古典参考図］武装・武具〈3〉。❹廊下や橋などの高欄の端に突き出ている反り返った木。

はうちゃう【庖丁】［名］❶（『荘子』に見える料理の名人の名から）料理人。❷料理の腕前。料理をすること。❸（「庖丁刀」の略）料理に用いる刃物。

はうぢゃう【方丈】［名］（「ほうぢゃう」とも）❶一丈（約三メートル）四方。❷（仏教語）（インドの維摩居士の居室が一丈四方であったことから）寺院の住職の部屋。また、住職。

はうぢゃうき【方丈記】［作品名］鎌倉前期（一二一二成立）の随筆。一巻。鴨長明作。天変地異などが頻発した当時の不安な世相の中で苦しむ人々と、それに対比される方丈の庵での孤独な暮らしの落ち着きとを和漢混交文で叙述する。

はうちゃうじゃ【庖丁者】［名］料理人。

はうづ【方図】［名］（近世語）限度。限り。例「儲けるには方図がある」〈浄・博多小女郎波枕〉

ばうて［・す］【場打て】［名・自サ変］（近世語）その場の雰囲気に圧倒されておじけづくこと。例「書き出しや反古の裏に書けならば**場打て**もせまい」〈浄・菅

原伝授手習鑑〉

はうべん【方便】[名]❶《仏教語》仏が衆生を仏の道に導くために用いる便宜上のてだて。❷目的のためのてだて・方法。

はうべん【放免】[名]「はうめん」に同じ。

〔**放免の付け物**〕「放免」が水干の上に付けた花鳥などの飾り物。賀茂の祭りのときに、

はうめん【放免】[名]《「はうべん」とも。罪人を放ち許すの意》「検非違使庁」に使われる下部。罪人の追捕・護送などをした者。

ばうもん【坊門】[名]《「坊」は市街の意》❶市街の門。平安京では朱雀大路に面し、三条から九条まで各坊の東西に門があった。❷平安京の二条大路以南を東西に走る道。

はうらつ[・なり]【放埒】[名・形動ナリ]《「はうらち」とも。馬が埒から外に出る意》勝手気ままに振る舞うこと。身持ちのよくないさま。例「道の掟正しく、これを重くして**放埒**せざれば」〈徒然・一五〇〉

はうりやう【方量】[名]《「ほうりゃう」とも》限り。限度。きり。

はうりやう【方領】[名]《「ほうりゃう」とも》❶方形の襟。いまの和服のように正面中央で合わせる襟。「直垂」「素襖」の襟など。↔盤領。❷公家・貴族の家督を相続していない部屋住みの子息が出仕した場合に、家領とは別に与えられる知行。

はうりやく【方略】《「ほうりゃく」とも》奈良・平安時代、文章得業生（「文章生」の中から選ばれた人）が官吏登用試験で、天皇の宣旨で政治問題に関する答案を奉ったこと。また、その答案。

はえ【映え・栄え】[名]❶見栄えがすること。華やかさ。❷名誉。面目。

はえ・す【生えす】[自サ変]{せ・し・す・する・すれ・せよ}生える。生えてくる。例「楊こそ伐れば**生え・すれ**世の人の恋に死なむをいかにせよとそ」〈万葉・一四・三四九一〉

はえな・し【映え無し】[形ク]{から・く(かり)・し・き(かる)・けれ・かれ}引き立たない。見栄えがしない。例「今は何ごとも**はえな・き**世を、いと口惜しとなん思しける」〈源氏・竹河〉

はえばえ・し【映え映えし】[形シク]{しから・しく(しかり)・し・しき(しかる)・しけれ・しかれ}❶見栄えがする。輝いて見える。華々しい。例「うち笑ひたるは、いと**はえばえ・し**」〈枕・ころは、正月、三月〉❷光栄だ。はれがましい。例「講師も、**映え映え・しく**おぼゆるなるべし」〈枕・説経の講師は〉

はか【果・計】[名]❶(多く「果(が)ゆく」の形で)仕事の進み具合。はかどり具合。❷見当。目当て。

はかい[・す]【破戒】[名・自サ変]《仏教語》仏教帰依者の守るべき戒律を破ること。受戒した者が戒律に背くこと。↔持戒

はがい【羽交い】歴史的かなづかい「はがひ」

はかいむざん【破戒無慚】《仏教語》戒律を破って良心に恥じないこと。

はかう【八講】[名]《「はっかう」の促音無表記》「ほっけはっかうゑ」に同じ。

はがき【羽搔き】[名]「はねがき」に同じ。

はがくれ【葉隠れ】[名]草木の葉の陰に隠れていること。葉陰。

はがくれ【葉隠】[作品名]江戸中期(一七一六ごろ成立)の教訓書。山本常朝口述、田代陣基筆録。鍋島藩の武士常朝が語った武士道に関する教訓を筆録した書。

はかし【佩刀・帯刀】[名]《「はかせ」とも。動詞「佩く」の未然形＋上代の尊敬の助動詞「す」＝「佩かす」の連用形の名詞化》(多く「御はかし」の形で)貴人の太刀の敬称。

はかじるし【墓標】[名]墓の印として立てる木や石。墓標。卒塔婆・石塔など。

はが・す【放す】[他サ四]{さ・し・す・す・せ・せ}《上代東国方言》はなす。はなつ。例「赤駒を山野に**はが・し**」〈万葉・二〇・四四一七〉

ばか・す【化かす・魅す】[他サ四]{さ・し・す・す・せ・せ}《古くは「はかす」》だます。たぶらかす。例「その時関守鳥のそらねに**ばか・され**て」〈平家・四・大衆揃〉

はかせ【佩刀・帯刀】[名]《「はかし」の変化形》「はかし」に同じ。

はかせ【博士】[名]❶官職名。**専門の学問や技芸にたずさわって、学生の教授・試験をつかさどる官。**中央では、大学寮・陰陽寮・典薬寮に各専門ごとに博士がおかれ、地方では大宰府に博士が一名、諸国に「国博士」一名がおかれた。❷**学問や芸道に通じた人。先生。**❸「節博士」の略。❹基準となるもの。**模範。手本。**

はかぜ【羽風】[名]❶鳥・虫などが飛ぶとき、はばたきによって起こる風。❷舞人のひるがえす袖から生じる風。例「求子(＝曲名)舞ひてかよる(＝ヒルガエル)袖どものうち返す**羽風**に」〈源氏・匂宮〉

はかたこぢょらうなみまくら【博多小女郎波枕】[作品名]江戸中期(一七一八初演)の浄瑠璃。近松門左衛門作。同年に判決のあった密貿易事件に取材した世話物。主人公惣七は、博多の遊女小女郎を身請けするが、密貿易に関与していたことが露顕し、捕えられて自害する。

はがため【歯固め】[名]《「歯」は、齢の意。齢を固める(のばす)こと》正月の三が日に、鏡餅・イノシシや鹿の肉・大根・芋などを食べて長寿を願う儀式。その食物。（季―春）

はかどころ【墓所】[名]墓のある所。

はかな【果無】《形容詞「はかなし」の語幹》頼りなくはかないこと。例「**はかな**の御頼もし人(＝頼リニスル人)や」〈源氏・椎本〉

はかなう【果無う・果敢無う】形容詞「はかなし」の連用形「はかなく」のウ音便。

はかなくな・る【果無くなる】(人が)死ぬ。なくなる。例「故権大納言の君の、世とともにものを思ひつつ、病づき**はかなくな・り**たまひにしありさまを」〈源氏・橋姫〉

はかなげ[・なり]【果無げ・果敢無げ】[形動ナリ]{なら・なり(に)・なり・なる・なれ・なれ}《形容詞「はかなし」の語幹＋接尾語「げ」》❶頼りない。心細そうだ。例「八月ばかりになれば、『ちちよ、ちちよ』と、**はかなげ・に**鳴く」〈枕・虫は〉❷かりそめだ。たいしたことはなさそうだ。例「もろともに物などまゐる。いと**はかなげ・に**すさびて」〈源氏・紅葉賀〉

発展学習ファイル　原義は他から見て「**はかなし**」と感じられるさまであり、「はかなし」の文脈上の意味によって訳語も異なる。

はかな・し【果無し・果敢無し】{から・く(かり)・し・き(かる)・けれ・かれ}［形ク］

アプローチ ▼処理すべき仕事量の区分・目安を表す名詞「はか」に形容詞「なし」が複合した語。
▼努力してもめざす結果を得られなくて、むなしい気持ちを表す。
▼また、量や内容が明確でないところから、取るに足りない無益なさまを表す。
▼さらに、あっけないさまを表し、「はかなくなる」の形で「死ぬ」を表す。

❶**頼むべきめどがつかない。頼りない。** 例「世の中いとはかな・ければ、今はかたちをも異になしてむとてなむ、ささの所に月頃はものせらるる」〈蜻蛉・下〉 訳身の上もじつに頼りないので、いまはもう出家して(＝尼になって)しまおうと、しかじかの所にここ数か月は行っておられます。(係結び)「なむ→ものせらるる(体)」
❷**むなしい。かいがない。** 例「ゆく水に数書くよりもはかな・きは思はぬ人を思ふなりけり」〈古今・恋一・五二二〉 訳流れる水に数を書くよりももっとむなしいのは、愛してくれない人を慕うことであった。
❸**取るに足りない。つまらない。何ということもない。** 例「はかな・く秋は過ぎて冬にもなりぬれば」〈栄花・一〇〉 訳何ということもなく秋は過ぎて冬にもなったので。
❹**ほんの少しの程度である。あっけない。** 例「夢よりもはかな・き世のなかを、嘆きわびつつ明かし暮らす程に」〈和泉式部日記〉 訳(はかないものとされる)夢よりもあっけないあの方との仲を、嘆き悲しみながら日々を過ごすうちに。
❺**分別がない。幼稚だ。たわいない。** 例「いとはかな・うものしたまふこそ、あはれにうしろめたけれ」〈源氏・若紫〉 訳ほんとうにたわいなくていらっしゃるのが、おかわいそうで心配なのです。(音便)「はかなう」は「はかなく」のウ音便。(係結び)「こそ→うしろめたけれ(已)」
❻(「はかなくなる」の形で)**亡くなる。死ぬ。** 例「三条宮にはべりし小侍従はかな・くなりはべりにけるとほの聞きはべりし」〈源氏・橋姫〉 訳三条宮にお仕えしていた小侍従はもう亡くなってしまったとそれとなく耳にいたしました。(敬語)「はべりし」「なりはべり」「ほの聞きはべり」→「はべり」

〔果無きこと〕ちょっとしたことやことば。とりとめもないことばや和歌。例「昔恋しき慰めに、はかなきことをも聞こえん」〈源氏・胡蝶〉

はかなだ・つ【果無立つ】［自タ四］{た・ち・つ・つ・て・て}(「だつ」は接尾語)心細く見える。頼りなく見える。例「のたまふさま、はかなだ・ちていとをかし」〈源氏・賢木〉

はかな・ぶ【果無ぶ】［自バ上二］{び・び・ぶ・ぶる・ぶれ・びよ}頼りなさそうに見える。例「はかな・びたるこそ女はらうたけれ」〈源氏・夕顔〉

はかな・む【果無む】［自マ四］{ま・み・む・む・め・め}頼りなく思う。例「この世をはかな・み、必ず生死を出でんと思はんに」〈徒然・五八〉

はかなもの【果無物・果無者】［名］つまらないもの。弱々しいもの。

はかばか・し【果果し・捗捗し】{しから・しく(しかり)・し・しき(しかる)・しけれ・しかれ}［形シク］

アプローチ ▼処理すべき仕事量の区分・目安を表す名詞「はか」を重ねて形容詞化した語。
▼物事が遅れずに進むさまを表すところから、しっかりしていて頼もしいさまを表す。
▼また、仕事の状況や実績をとらえて、際立っている、はっきりしているなどの意を表す場合もある。
▼いずれの場合も打消の語を伴って、否定的な意味で用いられることが多い。

❶**てきぱきと進むさま。はきはきとしている。** 例「はかばか・しうものたまはせやらず」〈源氏・桐壺〉 訳(帝は)はきはきと仰せになることがまったくできず。(音便)「はかばかしう」は「はかばかしく」のウ音便。(敬語)「のたまはせやらず」→「のたまはす」
❷**しっかりしている。頼もしい。** 例「おのづからこの族に、はかばか・しき人なくて」〈落窪・三〉 訳しぜんと私たち一族には、頼もしい人物がいなくて。
❸**際立っている。はっきりしている。** 例「やうやう入り立つふもとのほどだに、空のけしき、はかばか・しくも見えず」〈更級〉 訳だんだん入り込んでいくふもとのあたりでさえ、空のようすは、はっきりと見えない。
❹**表立っている。公的である。** 例「はかばか・しき方にはぬるくはべる家の風の、さしも吹き伝へはべらむに」〈源氏・若菜・上〉 訳公的な面(＝政務)では劣っております家風を、(蹴鞠の技の面で)そのように吹き伝えましても。(敬語)「ぬるくはべる」「吹き伝へはべらむ」→「はべり」

はかばかしう【果果しう・捗捗しう】形容詞「はかばかし」の連用形「はかばかしく」のウ音便。

はがひ【羽交ひ】［名］❶鳥の両方のつばさが重なり合った所。❷つばさ。はね。

はがへ［・す］【葉替へ】［名・自サ変］新しい葉にかわること。

はかま【袴】［名］❶下半身につける衣類の総称。肌に直接着ける「下袴」と、上着の上から覆う「上の袴」「指貫」などがある。❷「袴着」の略。

〔袴の稜〕袴の端。袴のひだの部分。

はがま【羽釜・歯釜・刃釜】［名］(近世語)周りにつばのある釜。飯炊き釜。

はかまぎ【袴着】［名］幼児が初めて袴をつけて、その成長を祝う儀式。男女ともに三歳の年に行うのが通例であったが、諸事情で、七、八歳まで延期される場合もあった。＝着袴・袴②。(季－冬)

はからざるに【計らざるに】思いがけず。例「はからざるに宝出で来て、家の内ゆたかになりぬ」〈宇治拾遺・三・一六〉

はからひ【計らひ】［名］取り計らうこと。処置。

はから・ふ【計らふ】［他ハ四］{は・ひ・ふ・ふ・へ・へ}❶思い計る。考慮する。例「艶に人の目とどめつべき程を計

ら・ひつつおとづれければ」〈宇治拾遺・三・一〇八〉❷相談する。例「衆僧聞きて、**はから・ひ**て言はく」〈霊異記〉❸見はからう。考えて定める。例「日を**はから・ひ**て、いつしかと思すほどに」〈源氏・東屋〉

はかり【計り・量り】［名］❶計ること。計画。❷目当て。❸（「…をはかりに」「はかりなし」の形で）限り。限度。際限。例「声を**はかり**にぞをめきさけび給ひける」〈平家・七・維盛都落〉❹（物の量・長さ・大小などを）計量すること。また、計量・測定器具。

ばかり［副助］⇨九八二ページ「特別コーナー」

はかりい・づ【謀り出づ】［他ダ下二］{で・で・づ・づる・づれ・でよ}だまして連れ出す。例「東山に湯沸かしたりとて、人を**はかり出・でて**」〈宇治拾遺・一・一八〉

はかりご・つ【謀りごつ】［他タ四］{た・ち・つ・つ・て・て}❶計画をめぐらす。計画する。例「舎利弗に会ひて秘術を相競べむ事を**謀りご・つ**」〈今昔・一・九〉❷だます。例「人に**はかりご・た**れても」〈源氏・手習〉

はかりこと【謀り事・謀・策】［名］（江戸中期以降、「はかりごと」とも。「計り事」の意）❶思いつき。趣向。❷計略。たくらみ。❸仕事。

はかりな・し【計り無し・量り無し】［形ク］{から・く（かり）・し・き（かる）・けれ・かれ}計り知れない。際限がない。例「**はかりな・き**千尋の底の海松ぶさの」〈源氏・葵〉

ばかりに《副助詞「ばかり」＋格助詞「に」》❶程度を表す。…ほどに。…くらいに。例「直衣の袖でもしぼる**ばかりに**涙をながし、かきくどかれければ」〈平家・二・烽火之沙汰〉訳直衣の袖をしぼる**ほどに**涙を流し、くどくどおっしゃったので。❷限定を表す。…だけで。…**ばっかりに**。例「今来むと言ひし**ばかりに**九月の有り明けの月を待ち出でつるかな」〈古今・恋四・六九一〉訳→〈和歌〉いまこむと…

はか・る【計る・量る・謀る】［他ラ四］{ら・り・る・る・れ・れ}❶（重さ・長さ・量・時間などを）測定する。計測する。例「身を**はか・り**て、像を作る」〈霊異記〉❷推し量る。推察する。例「暗き人の、人を**はか・り**て、その智を知れりと思はん、さらにあたるべからず」〈徒然・一九三〉❸予想する。予測する。例「**はか・ら**ざるに病を受けて、たちまちにこの世を去らんとする時にこそ、初めて過ぎぬる方の誤れることは知らるなれ」〈徒然・四九〉❹見計らう。機をうかがう。例「人目を**はか・り**て捨てんとし」〈徒然・一七五〉❺相談する。例「国母・大臣、一つ心にてこそ、ことを**計・りけれ**」〈宇津保・国譲・下〉❻計画する。たくらむ。例「あは（＝オヤ）、これらが内々**計・り**しことのもれにけるよ」〈平家・二・西光被斬〉❼だます。あざむく。例「立つ波を雪か花かと吹く風ぞ寄せつつ人を**謀・る**べらなる」〈土佐〉

はか・る【別る】［自ラ下二］{れ・れ・る・るる・るれ・れよ}《上代東国方言》わかれる。例「からまる君を**はか・れ**か行かむ」〈万葉・二〇・四三五二〉

はぎ【脛】［名］膝とくるぶしの間の部分。すね。

〔**脛に挙ぐ**〕❶衣をまくり上げすねを現す。例「心にもあらぬ（＝ウッカリト）**脛にあ・げ**て見せける」〈土佐〉❷現し示す。例「いつしかとまたぐ心を**脛にあ・げ**て」〈古今・雑躰・一〇一四〉

はぎ【萩】［名］❶木の名。秋の七草のひとつ。『万葉集』ではもっとも多く詠まれている植物で、鹿と取り合わされることが多い。（季－秋）。❷襲の色目の名。表は蘇芳で裏は青。秋の着用。❸萩の花や葉を図案化した紋所の名。

〔**萩の遊び**〕萩の花の美しさを観賞すること。＝萩遊び

〔**萩の上露**〕萩の葉についている水滴。はかないもののたとえとして用いられる。（季－秋）

〔**萩の宴**〕萩の花の美しさを観賞して楽しむ宴。

〔**萩の錦**〕萩が一面に咲き乱れているようすを、美しい錦の織物に見立てた語。（季－秋）

〔**萩の花**〕❶萩に咲く花。萩の花。❷ぼたもち。おはぎ。＝萩の餅

〔**萩の花摺り**〕萩の花を布に摺り込んで染めること。また、そのようにして染めた衣。

はきき【羽利き】［名］《近世語》はぶりがよいこと。権勢のあること。また、その人。

はききよ・む【掃き清む】［他マ下二］{め・め・む・むる・むれ・めよ}❶掃いて清潔にする。❷討ち従える。平定する。乱を鎮める。例「まつろはぬ人をも和し**掃き清・め**仕へ奉りて」〈万葉・二〇・四四六五長歌〉

はきぞへ【佩き添へ・帯き副へ】［名］通常の太刀に添えて腰に着ける小太刀。脇差。

はぎだいみゃう【萩大名】［作品名］室町時代の狂言。作者・成立年未詳。在京中の大名が、萩の花を見物する折に、和歌を詠もうと用意するが、うまく見えられず、本番でも失態を演じてしまう。

はぎだか［・なり］【脛高】［名・形動ナリ］着物などをすねの上まで出して着ること。

はぎのと【萩の戸】［名］清涼殿の部屋の名。藤壺の上の御局と弘徽殿の上の御局の間にあった。戸障子に萩が描かれていたからとも、庭に萩が植えられていたからともいう。↓［古典参考図］清涼殿

〈和歌〉**はぎのはな…**【萩の花尾花葛花なでしこが花をみなへしまた藤袴朝顔が花】〈万葉・八・一五三八旋頭歌・山上憶良〉訳（秋の野に咲く花は）萩の花、尾花、葛花、ナデシコの花、オミナエシ、それから藤袴、朝顔の花。

はぎはら【萩原】［名］萩が生い茂った原。（季－秋）

はぎま・す【矧ぎ交ず】［他ザ下二］{ぜ・ぜ・ず・ずる・ずれ・ぜよ}数種類の羽を交ぜて矢を作る。例「うす切り斑に鷹の羽**はぎま・ぜ**たるぬた目の鏑」〈平家・一一・那須与一〉

はきゃく［・す］【破却】［名・他サ変］めちゃくちゃに壊すこと。

ばきん【馬琴】［人名］「たきざはばきん」に同じ。

はく【箔】［名］金や銀などの金属をたたいて、紙のように薄く平らに延ばしたもの。物に押して飾りとする。

はく【魄】［名］この世に残るという死者の魂。

は・く【佩く・帯く】㊀［他カ四］{か・き・く・く・け・け}腰につける。身につける。例「直衣着て太刀**佩・き**たるあり」〈源氏・東屋〉㊁［他カ下二］{け・け・く・くる・くれ・けよ}腰につけさせる。身につけさせる。例「一つ松人にありせば太刀**佩・け**ましを」〈記・中・歌謡〉

は・く【掃く】［他カ四］{か・き・く・く・け・け}掃除する。

は・く【着く・著く】㊀［他カ四］{か・き・く・く・け・け}身に着ける。例「若き法師ばらの、足駄といふものを**は・き**て」〈枕・正月に寺に籠りたるは〉㊁［他カ下二］{け・け・く・くる・

ばかり〔副助詞〕

アプローチ ▼①が本来の用法。「計る」の連用形「計り」から生じたとされ、だいたいを推量する意を添える。▼この本来の意味から限定を表す用法をも表すようになった。

接続 体言、活用語の終止形・連体形、助詞などに付く。

意味	訳語	用例
❶数量・時間・場所・程度について、おおよその見当を表す。	…ほど …くらい	例「八つ、九つ、十**ばかり**などの男児(をのこ)の、声はをさなげにて」〈枕・愛しきもの〉 訳八つ、九つ、十**くらい**の男の子の、声は幼げで。
❷程度を表す。 ㋐程度がはなはだしいことを表す。	…ほど	例「持ちたりつる太刀(たち)をも落としつ**ばかり**こそふるひつれ」〈今昔・二八・四二〉 訳持っていた太刀をいまにも落としてしまう**ほど**ふるえていた。
㋑(下に打消の語を伴って)最高の程度であることを表す。	…ほど(…ない)	例「こと夏はいかが鳴きけむほととぎすこの宵**ばかり**あやしきぞなき」〈大鏡・道長・下〉 訳これまでの夏はどのように鳴いたのだろうか、ほととぎすは。今宵(こよい)(のほととぎすの鳴き声)**ほど**不思議に心ひかれるものはない。
㋒程度を測定する、状態を推量する意を表す。	…ほど	例「広瀬川袖(そで)漬(つ)く**ばかり**浅きをや心深めて我(あ)が思へるらむ」〈万葉・七・一三八一〉 訳広瀬川は袖がぬれる**ほど**浅い川だ。そのように浅い心の人を深く私は思っているのだろうか。
❸限定を表す。	…だけ	例「紅梅の織物の御衣(ぞ)に、たたなはりたる御髪(みぐし)の、すそ**ばかり**見えたるに」〈堤中納言・このついで〉 訳紅梅の織物の衣に、重なった髪の端**だけ**が(御帳(みちょう)から)見えているが。

発展学習ファイル (1)③は平安時代から現れた用法。「ばかり」は平安時代の中ごろからその用法を広げ、従来「のみ」の表していた限定の意味も受け持つようになった。また、程度を表す用法は、鎌倉以降に「ほど」、江戸以降に「くらい」が現れ、使い分けが生じるようになった。

(2)**「のみ」と「ばかり」の違い** 語誌的には「ばかり」が新しい。「のみ」はそのこと自体を限定するのが基本で、「ばかり」は程度の測定が基本にあるから、②のような用法も存在する。

{くれ・けよ}弓に弦を張る。例「梓弓(あづさゆみ)弦緒(つらを)取り**は・け**引く人は」〈万葉・二・九九〉

は・ぐ【矧ぐ】㊀[他ガ四]{が・ぎ・ぐ・ぐ・げ・げ}羽を竹につけて矢を作る。例「八橋(やばせ)の篠(しの)を矢**は・が**ずて」〈万葉・七・一三五〇〉㊁[他ガ下二]{げ・げ・ぐ・ぐる・ぐれ・げよ}弓に矢をつがえる。例「矢を**は・げ**ずはかなひがたし」〈平家・九・老馬〉

は・ぐ【剝ぐ】㊀[他ガ四]{が・ぎ・ぐ・ぐ・げ・げ}❶表面をむき取る。はがす。❷服をむしり取る。脱がす。裸にする。㊁[自ガ下二]{げ・げ・ぐ・ぐる・ぐれ・げよ}❶はがれる。例「〔黒塗リノ箱ノ〕古めきまどひて所々**は・げ**たるを」〈落窪・一〉❷毛が抜け落ちる。はげる。例「鬢(びん)**は・げ**たるをのこの」〈宇治拾遺・五・八〉❸色があせる。

ばく【貘・獏】[名]中国の想像上の動物。鼻は象、目は犀(さい)、尾は牛、足は虎(とら)に似て、人の悪夢を食うとされた。その皮を敷いて寝ると疫病を避けることができ、その絵は邪気を避けるといわれた。節分の宝船の絵の帆にも「貘」の字を書いて厄よけとした。

ばくか【幕下】[名]❶近衛(このゑ)の大将の唐名。❷将軍・大将軍の称。❸将軍の配下に属する者。旗本。

ばくぎゃく【莫逆】[名]「ばくげき」に同じ。

はぐくみ【育み】[名]大切に育てること。養育。

はぐくみた・つ【育み立つ】[他タ下二]{て・て・つ・つる・つれ・てよ}大事に育て上げる。養育する。例「いはけなき人々を、ひとり**はぐくみた・て**むほど」〈源氏・橋姫〉

はぐく・む【育む】[他マ四]{ま・み・む・む・め・め}《「はごくむ」とも。親鳥が、雛(ひな)を守る「羽(は)含(くく)む」の意》❶**羽で包み込む。**例「旅人の宿りせむ野に霜降らば我(あ)が子**羽ぐく・め**天(あめ)の鶴群(たづむら)」〈万葉・九・一七九一〉訳→〔和歌〕たびひとのやどりせむのに…。❷**育てる。**例「ここ(=紫ノ上(うへ)ノモト)にて〔明石(あかし)ノ君(きみ)ヲ〕**はぐく・み**たまひてんや」〈源氏・松風〉❸**大切にする。慈しむ。**例「人を**はぐく・め**ば心恩愛につかはる」〈方丈記〉❹**保護する。面倒をみる。**例「衆徒を**はぐく・む**心ざしも深かりき」〈平家・二・一行阿闍梨之沙汰〉

はぐくも・る【羽含もる】[自ラ四]{ら・り・る・る・れ・れ}(親鳥の羽に雛鳥(ひなどり)が包まれるように)大切に育てられる。例

「武庫の浦の入り江の渚鳥羽ぐくもる君を離れて恋に死ぬべし」〈万葉・一五・三五七八〉

ばくげき【莫逆】[名]（「ばくぎゃく」とも）（心に逆らうこと莫しの意から）とても親密な仲。また、その友人。例「常に**莫逆**の交はり深く」〈野ざらし紀行〉

はぐさ【莠】[名]（「はくさ」とも）水田に生える雑草。

はくさん【白山】[地名]（古くは「しらやま」）加賀国と越前国の境にある火山。いまの岐阜・石川・福井の三県にまたがる。富士山・立山とともに日本三名山のひとつ。古くから信仰の対象。

ばくしう【麦秋】[名]麦を取り入れる季節。初夏。＝麦秋。（季―夏）

はくしもんじふ【白氏文集】[作品名]中国唐の漢詩文集。白居易（白楽天）作。早くから日本に伝わり、日本漢文学だけでなく、『和漢朗詠集』などを通じて『源氏物語』など仮名文学にも大きな影響を与えた。

はくじゃう【白状】[-す]【一】[名・他サ変]罪人が自分の罪を申し述べること。自白。【二】[名]自白した内容を記録した書状。口述書。＝口書き

ばくすい【麦水】[人名]「ほりばくすい」に同じ。

ばくすいらう【白水郎】[名]（「白水」は、中国の地名）（「白水」では、よく水中にもぐって物をとるといわれることから）海人。漁師。

はくせい【百姓】[名]（「はく」「せい」は漢音）「ひゃくしゃう」に同じ。

はくせき【白石】[人名]「あらゐはくせき」に同じ。

はくたい【百代】[名]（「はく」「たい」は漢音。「ひゃくだい」とも）長い年月。永遠。

はくたく【餺飥】[名]（「はうたう」とも）小麦粉を練って方形に切った食べ物。煮たりゆでたりして食べる。

はくぢ【薄地】[名]（仏教語）凡夫の境界。無知・凡庸なこと。

ばくち【博打・博奕】[名]（「ばくうち」の変化形）金品を賭けて、賽などで勝負を争うこと。賭博。また、それを職とする人。博打打ち。

ばくちく【爆竹】[名]陰暦一月十五日の「左義長」でたく火。中国では元旦に竹を焼き爆発させ、悪鬼を追い払った行事のこと。（季―春）

はくちゃう【白丁・白張】[名]❶糊を強くきかせた白布で作った狩衣。＝白張り。↓[古典参考図]男子の服装〈4〉。❷①を着た雑役の男。履や傘を持ったり、馬の口取りをしたりして、公卿の供をした。

〔俳句〕**はくばいや…【白梅や墨芳しき鴻臚館】**〈自筆句帳・蕪村〉訳 異国からの使節が滞在している鴻臚館。庭の白梅は、その清らかな香りを辺りに漂わせている。折しも、中では詩文のやり取りでも行われているのだろうか、墨の香りがほのかに香ってくることだ。（季―白梅―春）

ばくふ【幕府】[名]❶（将軍が陣中に幕を張り、中で執務したことから）将軍がいる場所。本営。❷近衛府の唐名。また、近衛大将やその居館。❸征夷大将軍の別称。❹武家政権。

はくぶん【白文】[名]❶本文だけで注釈のついていない漢文。❷句読点・返り点・送り仮名などの訓点が付いていない漢文。

はぐま【白熊】[名]中国・チベットなどに産する、ヤクの尾の毛。払子（仏具の一種）を作るのに用い、また、槍・兜・旗などの飾りにもした。

はくらう【伯楽・馬喰・博労】[名]（中国の馬の名鑑定家「伯楽」の変化形）牛や馬のよしあしを上手に見分ける人。牛や馬の売買をする人。

はくりょう【白竜】[名]白い竜。天帝の使者といわれる。

はくれい【魄霊】[名]たましい。亡霊。幽霊。

はぐろ【歯黒】[名]「はぐろめ」に同じ。

はぐろさん【羽黒山】[地名]出羽国の山。いまの山形県鶴岡市の東部にある。月山・湯殿山とともに出羽三山のひとつ。古くから修験道の霊場として栄えた。

はぐろめ【歯黒め】[名]歯を、鉄片を酸化させて作った液で黒く染めること。また、その液。↓「かね（鉄漿）」。＝御歯黒・歯黒

はくわかう【百和香】[名]（「ひゃくわかう」とも）さまざまな香料を合わせて作った薫き物。

はくをく【白屋】[名]白い茅で屋根をふいた、貧しい人の家。また、その住人。庶民。

はぐん【破軍】[名]「破軍星」の略。

はぐんせい【破軍星】[名]（「はぐんしゃう」とも）北斗七星の七番目の星。柄杓の柄の先端の星。陰陽道では剣先になぞらえ、その指す方角を凶とした。＝破軍

ばけ【術】[名]手だて。手段。はかりごと。

ばけ【化け】[名]❶ばけること。❷欺くこと。ごまかし。❸歌舞伎の「所作事」で、役者が数回姿を変えて演じるとき、そのひとつひとつ。

はげ・し【激し・烈し】[形シク]｛しから・しく（しかり）・し・しき（しかる）・しけれ・しかれ｝❶勢いが強い。あらあらしい。例「さばかり**はげ・しかり**つる波風に」〈源氏・明石〉❷はなはだしい。例「雪うち散りつつ、いみじく**はげ・しく**、さえ凍る暁がたの月の」〈更級〉❸険しい。厳しい。例「麓より峰へ登るほど、険しく、**はげ・しく**」〈宇治拾遺・一二・一三〉

はげ・む【励む】｛ま・み・む・む・め・め｝【一】[自マ四]奮い立つ。また、一事に集中して打ち込む。精を出す。例「なほ口惜しくは見えじと思ひ**励み**つつ」〈源氏・帚木〉【二】[他マ四]気力を奮い起こす。例「強き力を**励み**て、海・川、峰・谷を越えて」〈宇津保・俊蔭〉

ばけものざうし【化物草子】[作品名]室町後期の御伽草子・絵巻。五話の怪異譚が収められる。絵巻は伝土佐光茂画のものが伝わる。

はこ【糞器・筥】[名]❶便器。❷大便。

はごく・む【育む】[他マ四]｛ま・み・む・む・め・め｝「はぐくむ」に同じ。

はこざき【箱崎】[歌枕]筑前国の地名。いまの福岡市東区箱崎町。博多湾に臨む地区で、古くから大陸文化が輸入された所。筥崎八幡宮がある。

はごし【葉越し】[名]葉と葉の透き間から物が透けて見えること。

ばこそ（接続助詞「ば」＋係助詞「こそ」）❶（活用語の未然形に付いて）㋐順接の仮定条件を強調する。…なら、**そのときこそ**。例「文書きて渡さ**ばこそ**請け取らめ」〈宇治拾遺・六・四〉訳 証文を書いて渡すな

ら、そのときこそ受け取ろう。《係結び》「こそ」→請け取らめ㊁。㋑仮定であるということを強調し、それが実現していないことを表す。…なら…だが（そうではない）。例「法皇のゆづりましましたる世ならばこそ」〈平家・三・城南之離宮〉訳法皇のお譲りになった政権ならばともかくだが（そうではない）。《係結び》「こそ」→（省略）」。《敬語》「ゆづりましまし」→「まします」。❷（活用語の已然形に付いて）順接の確定条件を強調する。…からこそ。例「散ればこそいとど桜はめでたけれ憂き世になにか久しかるべき」〈伊勢・八二〉訳↓〔和歌〕ちればこそ…

ば-こそ-あら-め（活用語の未然形に付いて）…ならともかく。例「たひらかにあらむとも仏をも念じたまはばこそあらめ、なほかかるついでにいかで亡せなむ」〈源氏・総角〉訳病平癒をとでも仏にお祈りなさるのならともかく、この機会にどうにか死んでしまいたい（とお思い込みになって）。《副詞の呼応》「いかで→亡せなむ」

語構成　ば（接助）　こそ（係助）　あら（ラ変「あり」㊍）　め（推「む」㊁）

はこどり【箱鳥】〔名〕「貌鳥」の別称。一説に、いまのカッコウとも。（季－春）

はこね【箱根】〔歌枕〕相模国の地名。いまの神奈川県足柄下郡箱根町。東海道五十三次のひとつ。鎌倉時代以来、交通の要所で江戸時代には関所が設けられた。

はこねぢ【箱根路】〔歌枕〕相模国の箱根山を越える道。東海道の小田原宿から箱根宿を経て三島宿に至る道。箱根八里と呼ばれる難所であった。

〔和歌〕**はこねぢを…**【箱根路をわが越え来れば伊豆の海や沖の小島に波の寄る見ゆ】〈金槐集・下・源実朝〉訳箱根の山を私が越えて来ると、伊豆の海や沖の小島に波が寄せているのが見えるよ。

はこねやま【箱根山】〔歌枕〕相模国の山。いまの神奈川県南西部、静岡県との境にそびえる火山。関所が置かれた。

はこぶみ【筥文】〔名〕叙位や除目などの儀式のとき、その旨を記し、すずり箱のふたに入れ、天皇の御前に置く上奏文。

はこべ【繁縷】〔名〕《「はくべら」「はこべら」とも》草の名。「春の七草」のひとつで、食用。（季－春）

はこべら【繁縷】〔名〕「はこべ」に同じ。（季－春）

はこまくら【箱枕】〔名〕《近世語》木製の箱形の上に、「括り枕」をのせたもの。

はこやのやま【藐姑射の山】〔名〕❶中国で、仙人が住むという想像上の山。姑射山。❷上皇の御所をあがめていう語。仙洞。

はこ・ゆ〔他ヤ下二〕{え・え・ゆ・ゆる・ゆれ・えよ}「ひきはこゆ」に同じ。

はごろも【羽衣】〔作品名〕室町前期の謡曲。一説に世阿弥作とするが未詳。成立年未詳。古伝承に見える羽衣説話を舞台化した作品。

はささ・ぐ【馳ささぐ】〔他ガ下二〕{げ・げ・ぐ・ぐる・ぐれ・げよ}《「はさせあぐ」の変化形か》語義未詳。馬を駆け上がらせるの意か。例「小林に駒をはささげ」〈万葉・一四・三三八六左注〉

はさ・す【馳さす】〔他サ下二〕{せ・せ・す・する・すれ・せよ}走らせる。例「小石に駒を馳させて」〈万葉・一四・三五四二〉

はざま【狭間・迫間】〔名〕《中世以降「はさま」》❶物と物との間の狭い所。透き間。❷谷。谷間。❸事と事との間の時間。その間。❹矢を射、銃を撃つため、城壁にあけた穴。

はさみばこ【挟み箱】〔名〕外出の際に具足や衣服を入れ、棒を通して従者に担がせた箱。

はさみもの【挟み物】〔名〕的のひとつ。串に、紙・扇・板など、さまざまな物を挟んで立てて的としたもの。多く、正式な儀式のあとに余興として行われた。

はさ・む【挟む】㊀〔他マ四〕{ま・み・む・む・め・め}物の間に入れて押さえ、落ちないようにする。例「火桶の火をはさみ上げて」〈枕・常に文おこする人の〉㊁〔他マ下二〕{め・め・む・むる・むれ・めよ}㊀に同じ。例「（櫛箱ノ中ニ鏡ヲ）うちはさめて置きたるにならひて」〈大鏡・後一条院〉

はざめ【挟間】〔名〕《「はさま」の変化形か。「はさめ」とも》物と物との間の部分。

ばさら【婆娑羅】〔名〕《「ばしゃら」「ばしゃれ」とも》❶見栄を張って派手に振る舞うこと。ぜいたくなこと。❷《近世語》無遠慮に振る舞うこと。乱脈。放逸。

ばざら【跋折羅・伐折羅】〔名〕「こんがらしょ」に同じ。

ばさらがみ【婆娑羅髪】〔名〕乱れた髪。ざんばら髪。

ばさらゑ【婆娑羅絵】〔名〕扇・うちわ・絵馬などに描いた、自由奔放な風流画。

はし【階・梯】〔名〕❶階段。＝階。例「階の底の薔薇けしきばかり咲きて」〈源氏・賢木〉↓図版「挿頭」。❷はしご。例「昨日の裏板にものすすけて見ゆる所のありければ、はしに上りて見るに」〈大鏡・時平〉❸位階。例「二の階をのぼりしも、八島の内の大臣宗盛生け捕りの賞と聞こえき」〈増鏡・新島守〉

はし【端・間】〔名〕（中心から離れた部分をいうのが原義）❶先。先端。へり。例「いとのきて短き物を端切ると言へるがごとく」〈万葉・五・八九二長歌〉訳↓〔和歌〕かぜまじり…。❷（建物の）外側に近いところ。縁側。例「奥の方は暗うものむつかしと、女は思ひたれば、端の簾を上げて」〈源氏・夕顔〉《音便》「暗う」は「暗く」のウ音便。❸物事のはじめ。はじめの方。例「奥より端へ読み、端より奥へと読みけれども」〈平家・三・足摺〉❹全体の中の一部分。断片。きれっぱし。かけら。例「ただ、木の端などのやうに思ひたるこそ、いといとほしけれ」〈枕・思はむ子を法師に〉《係結び》「こそ」→いとほしけれ㊁」。❺（時間的に、中心となる事態と別の事態とが交錯する時点）…しているあいだ。例「うち嘆き萎えうらぶれしのひつつ争ふはしに木の暗れの四月し立てば」〈万葉・一九・四一六六長歌〉❻中途半端。どっちつかず。例「木にもあらず草にもあらぬ竹の節の端に我が身はなりぬべらなり」〈古今・雑下・九五九〉❼《近世語。「端女郎」の略》女郎屋の局で客をとる下級の遊女。

〔端が端〕取るに足らないもの。足元にも及ばないもの。例「（源氏ニ比べ）端が端にもおぼえたまはぬは、なほ類あらじ」〈源氏・紅梅〉

はし【箸】〔名〕物を挟むために用いる、二本の細い棒状のもの。木や竹のほか、象牙や金属でも作る。

はし【嘴】[名]くちばし。

はし【愛し】[形シク]{しから・しく(しかり)・し・しき(しかる)・しけれ・しかれ}かわいらしい。いとおしい。懐かしい。例「昔こそ外にも見しか我妹子が奥つきと思へば**愛しき**佐保山」〈万葉・三・四七四〉

はじ【恥・辱】歴史的かなづかい「はぢ」

はじ【櫨・黄櫨】[名]❶木の名。ハゼノキの別称。弓の材としても適し、樹皮は染色に用いられる。(季-秋)。❷襲の色目の名。表は黄で、裏は萌黄。晩秋から初冬にかけての着用。❸染色の名。くすんだ黄赤。

はじ【土師】[名]《「はにし」の変化形》「はにし」に同じ。

ばし[係助]《係助詞「は」＋副助詞「し」＝「はし」の変化形。中世以降の語》(多く疑問・推量・禁止・仮定の表現を伴って)上接語句を強く取り立てる。…**でも**。…**など**。…**なんか**。例「その日やがて追うて**ばし**寄せたらば、義貞ここにて討たれ給ふべかりしを」〈太平記・一〇〉訳その日そのまま(敵が)追ってでも攻め寄せたならば、(新田)義貞はここで討たれなさったろうに。

〈接続〉体言に付くほか、格助詞「に」「を」「と」、接続助詞「て」などに付く。

はしい【端居】歴史的かなづかい「はしゐ」

はしうら【橋占】[名]占いの一種。橋のたもとに立ち、行き来する人のことばを聞いて吉凶を占う。

はしがかり【橋懸かり・橋掛かり】[名]❶能舞台の一部で、楽屋である鏡の間から斜めに舞台へ渡してある通路。舞台に向かい左手にあり、欄干をつける。❷初期の歌舞伎の舞台の一部。観客席から見て左奥の板敷きの部分。役者の登場・退場に用いる。

はしがき【端書き】[名]❶手紙の末尾などに、書き添えたことば。❷和歌・俳句などの前に、詠まれた事情を書き添えたことば。＝詞書

はしがくし【階隠し】[名]寝殿の正面中央の階段の前に、柱を二本立て屋根を出した所。車や輿を寄せるための設備。↓[古典参考図]建築〈3〉

〔**階隠しの間**〕《「間」は柱と柱の間の意》階段を上り簀の子を通って入った所にある「廂の間」。＝日隠しの間 ↓[古典参考図]建築〈1〉

はじかみ[名]❶木の名。サンショウの古名。果実は香辛料や薬用となる。❷ショウガの古名。(季-秋)

はしき-やし【愛しきやし】《上代語》愛惜・追慕・嘆息などの気持ちを表す。ああいとしい。恋しいなあ。ああ。＝愛しきよし・愛しけやし。例「**はしきやし**我が妻の児が」〈万葉・二・一三八長歌〉

語構成
はしき　やし
形シク「はし」(体)　間助

発展学習ファイル　「はしけやし」が古形で、「はしきやし」「はしきよし」に転じたと思われる。

はしきよし【愛しきよし】「はしきやし」に同じ。

はしげた【橋桁】[名]橋脚の上に渡してある、橋板を支える材。

はしけやし【愛しけやし】「はしきやし」に同じ。

〔歌謡〕**はしけやし…**【愛しけやし我家の方よ雲居立ち来も】〈記・中・倭建命〉訳ああ懐かしいわが家の方から、雲が立ち上ってくるよ。

はしこく【波斯国】[名]六朝・隋・唐時代の中国におけるペルシアの呼称。

はしことば【端言葉・端詞】[名]詩歌などの前に、それが詠まれた由来などを書き記したもの。＝詞書・端書き②

はじし【歯肉・齗】[名]《「はしし」とも》歯ぐき。

はした[・なり]【端】㊀[名・形動ナリ]中途半端だ。どっちつかずだ。例「むすめにや、孫にや、**はしたなる**大きさの女の」〈源氏・末摘花〉㊁[名]❶㊀のような状態で不完全なもの。半端もの。❷端数。❸《「端女」「端者」の略》召し使いの女。

はしたか【鷂】[名]小形の鷹。ハイタカの古名。雄をとくに「兄鷂」という。鷹狩りに用いられる。

はしたかの【鷂の】[枕詞]「鷂」が「とかへる(毛が抜けかわる)」ところから、「と」の音を含む「外山」などに、またその羽から「は」の音を含む「羽易の山」「端山」にかかる。例「**はしたかの**とやまのいほのゆふぐれを」〈新勅撰・恋五・九六六〉

はしたて【梯立て】[名]《「はしだて」とも》高くはしごを立てかけること。また、そのはしご。天と地との通路として多く用いられる。

はしたての【梯立ての】[枕詞]はしごを立てる意から、「倉」「険し」にかかる。また、「熊来」にかかる。例「**梯立ての**倉橋山に」〈万葉・七・一二八二旋頭歌〉

はしたなう【端なう】形容詞「はしたなし」の連用形「はしたなく」のウ音便。

はしたなげ[・なり]【端なげ】[形動ナリ]{なら・なり(に)・なり・なる・なれ・なれ}《「げ」は接尾語》中途半端であるさま。体裁が悪い。例「文ものすれど、返りごともなく、**はしたなげ**にのみあめれば」〈蜻蛉・中〉語構成「はしたなげにのみあめれば」→あめり

はしたな・し【端なし】[形ク]{(から)・く(かり)・し・き(かる)・けれ・かれ}

アプローチ
▼中途半端であるさまを表す「はした」に、程度のはなはだしさを表す接尾語「なし」が複合した語で、中途半端もはなはだしいの意を表す。
▼どっちつかずでどうしようもない状態を表す。
▼そこから生じる心理的な恥ずかしさや困惑なども表す。

❶**中途半端だ**。**不都合だ**。**不似合いだ**。例「人の心とどめたまふべくもあらず、**はしたな・う**てこそ漂はめ」〈源氏・真木柱〉訳人(＝父君)はあなたたちに心をとめなさりそうになく、**中途半端な**状態で過ごしてゆくことでしょう。(係結び)「こそ→漂はめ(已)」

❷**きまりが悪い**。**恥ずかしい**。**困惑する**。例「わがさまのいといらなくなりたるを思ひけるに、いと**はしたな・く**て」〈大和・一四八〉訳自分の姿がじつにひどくなっているのを思うと、たいそう**きまりが悪く**て。

❸**見苦しい**。**みっともない**。**不作法だ**。例「さばかり乱れて**はしたな・かり**つるに、こと人のゑひざまには似ずかし」〈宇津保・俊蔭〉訳(酒宴は)あれほど乱れて**見苦しい**さまであったのに、(正頼殿は)他の人々の酔い方には似ていませんでしたよ。

❹人情味がない。そっけない。例「命婦も、宮の思ほしたるさまなどを見奉るに、えはしたな・うもさし放ちきこえず」〈源氏・紅葉賀〉訳命婦も、宮が思い悩んでいらっしゃるごようすなどを拝見しているので、そっけなくお断り申し上げることもできない。《副詞の呼応》「え」→さし放ちきこえず」。《敬語》「思ほしたる」→「おもほす」、「見奉る」→「たてまつる」、「さし放ちきこえず」→「きこゆ」

❺程度がはなはだしい。ひどい。激しい。例「雨風はしたな・くて帰るに及ばで、山の中に心にもあらずとまりぬ」〈宇治拾遺・一・三〉訳雨風がひどくて帰ることができず、山の中にやむを得ず泊まることになった。①④《音便》「はしたなう」は「はしたなく」のウ音便。

発展学習ファイル 「はしたなし」の「なし」は、「おぼつかなし」「かたじけなし」などの場合と同様に、程度のはなはだしいさまを表す要素であり、上接語を否定する「なさけなし」「はかなし」などの「無し」とは異なっている。

はしたな・む【端なむ】[他マ下二]{め・め・む・むる・むれ・めよ}❶恥をかかせる。困らせる。例「こなたかなた、心を合はせて、はしたな・めわづらはせたまふ時も多かり」〈源氏・桐壺〉❷厳しくたしなめる。戒める。例「あなものぐるほしとはしたな・めさし放たんにもやすかるべきを」〈源氏・宿木〉

はしため【端女・婢女】[名]召し使いの女。身分の低い女中。下女。＝端た□二③・端者

はしたもの【端者】[名]「はしため」に同じ。＝端た□二③

はしたわらは【端童】[名]召し使いにしている子供。

はしぢか[「・なり」]【端近】[名・形動ナリ]❶家の中で外に近いこと。また、その場所。例「常よりも端近・なる、そら恐ろしうおぼゆ」〈源氏・賢木〉❷奥ゆかしくないこと。浅はかなようす。例「御心掟・有り様などは、いかでかくこたいならず今めかしろ、さりとて端近・にやはおはします」〈栄花・一四〉

はしぢか・し【端近し】[形ク]{から・く(かり)・し・き(かる)・けれ・かれ}家の内で、外に近い。例「端近・き御座所なりければ」〈源氏・夕顔〉

はしつかた【端つ方】[名]《「つ」は上代の格助詞》端の方。

はしづま【愛し妻】[名]かわいい妻。いとおしい妻。

はしづめ【橋詰め】[名]橋が尽きる所。橋のたもと。橋ぎわ。

はしどの【橋殿】[名]谷やがけ・低地などに、床を高くして橋のように架け渡して造った家。

はじとみ【半蔀】[名]戸の一種。下半分を固定して格子・鰭板などを打ち、上半分を「蔀」にして外側につり上げられるようにしたもの。

はじとみぐるま【半蔀車】[名]牛車の形態のひとつ。網代車の物見の窓に「半蔀」をつけた車。摂関・大臣・高僧などが用いた。➡[口絵]牛車彩々

はじにほひ【櫨匂ひ・黄櫨匂ひ】[名]鎧の縅の色目の名。上から紅・薄紅・黄・白の順に配色し、下に行くに従い薄くぼかすように縅したもの。

はしのり【端乗り】[名]物の端に乗ること。また、ちょっと乗ること。一説に、前駆けすること。例「この馬、はしのりに賜り候はん」〈宇治拾遺・九・四〉

はしばし【端端】[名]❶(物事の)あちらこちらの端。あれこれ。例「また思さるらむはしばしをも、明らめきこえまほしくなむ」〈源氏・椎本〉❷町はずれ。場末。へんぴな場所。❸取るに足らないもの。つまらないもの。例「数ならぬ身をうぢ川のはしばしと言はれながらも恋ひわたるかな」〈金葉・恋下・四〇九〉

はしばのけむり【橋場の煙・羽柴の煙】(江戸郊外、千住の東の橋場というところに火葬場があったところから)火葬の煙。

はしひめ【橋姫】[名]橋を守る女神。とくに、京都の宇治橋にいる女神をいう。宇治に住む愛人をたとえていうことが多い。

はしひめ【橋姫】[作品名]『源氏物語』の四十五番目の巻名。

はしぶね【端舟】[名]《「はしふね」とも》小舟。はしけ。

はじべ【土師部・土部】[名]上代の部曲のひとつ。土器や埴輪などを作った。↓「かきべ(部曲)」

はしべんけい【橋弁慶】[作品名]室町時代の謡曲。作者・成立年未詳。弁慶と牛若の出会いを描く。弁慶が京の五条橋で牛若を討とうとし、逆に翻弄され、主従の縁を結ぶ。同名の御伽草子のほか、後世の浄瑠璃などにも採り入れられる。

はじ・む【始む】[他マ下二]{め・め・む・むる・むれ・めよ}❶新たに動作を開始する。事を起こす。❷(「…をはじめて」「…よりはじめて」などの形で)最初とする。第一のものとする。例「今日を始・めて鏡なすかくし常見む面変はりせず」〈万葉・一八・四一一六長歌〉

はじめ【初め・始め】[名]❶根源。もと。❷最初。始まり。❸第一のもの。主だったもの。❹いきさつ。一部終始。

はじめそ・ふ【始め添ふ】[他ハ下二]{へ・へ・ふ・ふる・ふれ・へよ}以前に行っていて、それに加えてさらに始める。例「御修法など、所どころ(ノ寺)にてあまたせさせたまふに、またまたはじめそ・へさせたまふ」〈源氏・宿木〉

はじめたる【初めたる・始めたる】[連体]初めての。最初の。例「はじめたる御幸なれば、御覧じなれたるかたもなし」〈平家・灌頂・大原御幸〉

はじめつかた【初めつ方】[名]《「つ」は上代の格助詞》最初のころ。当初。

はじめて【初めて・始めて】[副]《動詞「始む」の連用形＋接続助詞「て」》❶最初に。いままで経験したことがなく。例「今宵なむ初めてうしと世を思ひ知りぬれば」〈源氏・空蟬〉❷いまさら。改めて。例「事あたらしう初めて申すべきにあらず」〈平家・一〇・千手前〉❸すぐに。直ちに。例「生まれて後初めて、般若の名を唱ふ」〈今昔・七・四〉❹以前に変わり、今度は。例「仏御前が所縁の者どもぞ、始めて楽しみ栄えける」〈平家・一・祇王〉

はしもと【橋本】[地名]❶駿河国の地名。いまの静岡県浜名郡新居町にあった東海道の宿場。❷山城国の地名。いまの京都市の上賀茂神社の社内にある末社の名。

はじもみぢ【櫨紅葉・黄櫨紅葉】[名]❶紅葉したハゼノキ。(季－秋)。❷襲の色目の名。表は蘇芳で裏は黄。秋の着用。

はしもり【橋守】[名]橋の番人。橋を守る人。

ばじゃう【馬上】[名]《古くは「ばしゃう」》❶馬の上。❷乗馬。❸騎馬の人。

ばじゃうぢゃうちん【馬上提灯】[名]乗馬用の提灯。丸形で長い柄があり、腰に差す。

ばしゃく【馬借】[名]宿駅で馬方に馬を賃貸したり、また自分でも馬で物資を輸送したりした、中世・近世の運送業者。馬貸し。

ばしゃくどひや【馬借問屋】[名]江戸時代、宿駅で馬方に馬を貸すことを業とした問屋。

ばしゃれもの【婆娑れ者】[名]《近世語》派手でしまりのない人。だらしのない人。

ばしゃ・れる【婆娑れる】[自ラ下一]{れ・れ・れる・れる・れれ・れよ(れろ)}《近世語》だらしなくなる。例「**ばしゃ・れ**たなりで会はれもせず」〈浄・心中刃は氷の朔日〉

はじゆみ【櫨弓・黄櫨弓】[名]ハゼノキで作った丸木の弓。

はじゅん【波旬】[名]《仏教語。梵語の音訳。漢訳では悪者・殺者》欲界第六天の王。釈迦の修行を妨げようとした魔王の名。

-はしら【柱】[接尾]神仏や貴人・賢者を敬って数えるのに用いる。「二柱の神」「十柱の賢者」など。

はしら【柱】[名]❶直立して支えとなる材。支柱。❷頼りとなる人や物をたとえていう。大黒柱。

はしらがくれ【柱隠れ】[名]柱の陰に隠れること。

はしらか・す【走らかす】[他サ四]{さ・し・す・す・せ・せ}《「かす」は接尾語》❶走らせる。例「をのこどもあまた**走らか・し**たれば」〈徒然・八七〉❷屏風や幕などを引きめぐらす。例「金屏風**はしらか・し**」〈仮・東海道名所記〉❸ひびを入れる。例「素頭微塵に**はしらか・し**」〈浄・義経千本桜〉❹流し込む。煮立たせる。例「薄鍋に醤油を**はしらか・し**」〈浮・好色二代男〉

はしらだて【柱立て】[名]家を新築するとき、初めて柱を立てること。また、その祝いの儀式。

はしらまつ【柱松】[名]根元を地中に埋めて立てて燃やす大きな松明。＝立ち明かし

はしらもち【柱餅】[名]長崎地方で行われた風習。年末の餅つきのとき、最後の一臼の餅を家の大黒柱に巻きつけ、供え餅とし、陰暦一月十五日、「左義長」の火であぶって食べた。(季-冬)

はしらもと【柱下・柱許】[名]柱の下。

はしらよせ【柱寄せ】[名]❶柱の側面につけ、建具と柱との間に透き間ができないようにする角材。❷柱の上を横に貫く材木。柱ぬき。

はしり【走り】[名]❶走ること。❷敵を倒すため、高い所から木を滑らせ転がすこと。走り木。❸台所の流し。❹野菜。果物などの初物。＝走り物②

はしりあそ・ぶ【走り遊ぶ】[自バ四]{ば・び・ぶ・ぶ・べ・べ}走り回って遊ぶ。例「(若宮(＝匂宮)ガ)こなたの若君(＝薫)と**走り遊・び**」〈源氏・幻〉

はしりあり・く【走り歩く】[自カ四]{か・き・く・く・け・け}あちらこちらと走り回る。

はしりうま【走り馬】[名]❶競馬。競馬用の馬。❷急使の乗る馬。早馬。

はしりかか・る【走り掛かる・走り懸かる】[自ラ四]{ら・り・る・る・れ・れ}❶飛びかかる。例「大納言に**走り懸か・っ**て髻の髪を掴んで」〈太平記・一三〉《音便》「走り懸かっ」は「走り懸かり」の促音便。❷水などがはねかかる。例「その石の上に**走りかか・る**水は」〈伊勢・八七〉

はしりか・く【走り書く】[他カ四]{か・き・く・く・け・け}すらすらと手早く文字を書く。すらすらと書き流す。例「ただうはべばかりの情けに手**走り書・き**」〈源氏・帚木〉

はしりしゅう【走り衆】[名]鎌倉・室町時代、将軍が外出するとき、徒歩で前駆・警護をつとめた者。江戸時代には、大名・旗本などにも置かれ、「若党」を指す称にもなった。

はしりす・ぐ【走り過ぐ】[自ガ上二]{ぎ・ぎ・ぐ・ぐる・ぐれ・ぎよ}走って通り過ぎる。例「恐ろしく思ひて、**走り過・ぎ**むとするに」〈今昔・三一・一四〉

はしりち・る【走り散る】[自ラ四]{ら・り・る・る・れ・れ}走って散り散りになる。例「物恐ろしかりければ、やがて向きたる方ざまにみな**走り散・る**」〈宇治拾遺・一〇・八〉

はしりぢゑ[・なり]【走り知恵】[名・形動ナリ]早飲み込みで思慮の浅いこと。浅はかな知恵。

はしりで【走り出】[名]《「わしりで」とも》(家の門から走り出た所の意から)門口に近い所。一説に、山地が走り出たように裾をひいている姿をいう。

はしりのぼ・る【走り上る】[自ラ四]{ら・り・る・る・れ・れ}走って都へ行く。急いで上京する。例「思ふ方の風さへ進みて、危ふきまで**走り上・り**ぬ」〈源氏・玉鬘〉

はしりび【走り火】[名]ぱちぱちと飛びはねる火。

はしりまど・ふ【走り惑ふ】[自ハ四]{は・ひ・ふ・ふ・へ・へ}あわてふためいて走る。右往左往する。例「天の下ゆすりて西の宮へ、人**走りまど・ふ**」〈蜻蛉・中〉

はしりまは・る【走り回る】[自ラ四]{ら・り・る・る・れ・れ}ある物の周りをぐるぐる走る。例「庭火を十まはりばかり**走りまは・り**たるに」〈宇治拾遺・五・五〉

はしりもの【走り物】[名]❶雅楽の舞楽で、走るように舞うもの。❷初物。魚、野菜、果実などその季節に初めてとれた物。＝走り④

はしりゆ【走り湯】[名]出湯。温泉。

はしりゐ【走り井】[名]水が盛んに吹き出る井戸。勢いよく、わき出て流れる泉。

はし・る【走る・奔る】[自ラ四]{ら・り・る・る・れ・れ}❶**人が駆ける。速く勢いよく進む。走る。**❷(車や舟などが)**速く進む。走る。**例「物見のかへさに、乗りこぼれて、郎等いと多く、牛よくやる者の、車**走・らせ**たる」〈枕・心ゆくもの〉❸**激しく流れる。ほとばしる。**例「成村、築地の内に立ちて足を見ければ、血**走・り**てとどまるべくもなし」〈宇治拾遺・二・一三〉❹(丸い物が)**早くころがる。**例「身を危ふめて砕けやすきこと、珠を**走・らし**むるに似たり」〈徒然・一七二〉❺(ほかの動詞の上に付けて)**走るように…する。はねるように…する。すばやく…する。**例「人などの歩むに、**はし・り**あがりたる、いとをかし」〈枕・五月ばかりなどに〉❻(「胸走る」の形で)**胸騒ぎがする。胸がどきどきする。**例「この人のは、いと荒々しく恐ろしくおぼえて、胸なむ**走・り**し」〈宇津保・国譲・上〉

はしゐ【端居】[名]涼を求めて家の縁先に出てくつろいでいること。(季-夏)

はす【蓮】[名]「はちす」に同じ。(季-夏)

〔**蓮の糸**〕《仏教語》蓮の葉・茎から取った繊維。極楽往生の縁を結ぶという。

〔**蓮の台**〕「はちすのうてな」に同じ。

は・す【馳す】〔せ・せ・す・する・すれ・せよ〕一［他サ下二］❶走らせる。例「その馬を**馳・す**べからず」〈徒然・一八六〉❷遠くへ届かせる。例「思ひを雁山の暮の雲に**馳・す**」〈和漢朗詠集・下〉二［自サ下二］❶走る。例「悪所をは・すれども、馬を倒さず」〈平家・五・富士川〉❷（多く「馳せ…」の形で）急いで…する。例「源氏ども、**馳・せ**来たって」〈平家・五・富士川〉

はず【恥ず・羞ず】歴史的かなづかい「はづ」

はず【筈・弭】［名］❶弓の上下の弦輪をかける部分。❷矢の後方の、弦をかけるためのくぼみ。❸（弦と筈はよく合うことから）道理。当然のこと。

はずす【外す】歴史的かなづかい「はづす」

はずたか［・なり］【筈高】［名・形動ナリ］（「はずだか」とも）箙や胡籙に差して背負った矢筈が高く突き出て見えること。例「たかうすべ尾の矢三十六指いたるを、**筈高・に**負ひなし」〈太平記・九〉

はすなは［名］浮き草の一種で、つる状になって海上に浮かび、葉の裏には貝がついているという。

はすは［・なり］【蓮葉】［名・形動ナリ］（近世語。「はすば」「はすわ」とも）❶「蓮葉女」の略。❷女性のようすが下品で身持ちが悪いこと。浮気なこと。❸派手で軽薄なこと。

はすはをんな【蓮葉女】［名］（近世語）上方の問屋に雇われ、客の接待をした女性。＝蓮葉①

はせ【初瀬】［地名］（「長谷」とも書く）「はつせ」に同じ。

はせ【長谷】［地名］相模国の地名。いまの神奈川県鎌倉市長谷。長谷寺の門前町。長谷の切り通し、鎌倉の大仏で知られる。

はせあつま・る【馳せ集まる】［自ラ四］〔ら・り・る・る・れ・れ〕急いで集まる。例「三百余騎ぞ**はせ集ま・る**」〈平家・九・木曾最期〉

はせあ・ふ【馳せ合ふ】［自ハ四］〔は・ひ・ふ・ふ・へ・へ〕馬を走らせて行って敵と対面する。例「打ち物ぬいてあれには**せあ・ひ**、これに**馳せあ・ひ**」〈平家・九・木曾最期〉

はせい・る【馳せ入る】［自ラ四］〔ら・り・る・る・れ・れ〕走ったり、馬を走らせて中に入る。駆け込む。例「もしやたすかると前の海へぞおほく**はせい・りける**」〈平家・九・坂落〉

ばせう【芭蕉】［人名］「まつをばせう」に同じ。

〔俳句〕**ばせうのわきして…**【芭蕉野分して盥に雨を聞く夜かな】〈武蔵曲・芭蕉〉訳草庵の外では、芭蕉の葉が嵐に破れはためく音、内では、たらいに受け止める雨漏りの滴の音、孤独をかみしめながらその音を聞く夜であるよ。（季―芭蕉・野分―秋）

はせおく・る【馳せ後る】［自ラ下二］〔れ・れ・る・るる・るれ・れよ〕いっしょに走っていた人のあとになる。取り残される。例「**はせおく・れ**てとどまったりけるを」〈平家・四・競〉

はせか・く【馳せ掛く】［他カ下二］〔け・け・く・くる・くれ・けよ〕素早くかける。勢いよく浴びせる。例「くさき尿をさと**馳せか・け**たりければ」〈今昔・二七・三九〉

はせがはとうはく【長谷川等伯】［人名］（一五三九～一六一〇）安土桃山時代の画家。長谷川派の創始者。水墨画の日本化を目指し、狩野派の対極にあった。代表作『花鳥図屏風』など。

はせかへ・る【馳せ帰る】［自ラ四］〔ら・り・る・る・れ・れ〕急ぎ戻る。例「使ひはこれを渡してすなはち**馳せかへ・りぬ**」〈今昔・二〇・一〇〉

はせくだ・る【馳せ下る】［自ラ四］〔ら・り・る・る・れ・れ〕急いで地方に赴く。例「都を立ちて播磨国に**馳せ下・り**」〈太平記・二七〉

はせさん・ず【馳せ参ず】［自サ変］〔ぜ・じ・ず・ずる・ずれ・ぜよ〕（「参ず」は行く・来るの意の謙譲語）馬を走らせて参上する。また、急ぎ参上する。例「御所守護のために**はせ参・じ**て候ふ」〈平家・九・河原合戦〉

はせちが・ふ【馳せ違ふ】［自ハ四］〔は・ひ・ふ・ふ・へ・へ〕あちこち走って入り交じる。例「馬車の**はせちが・ふ**音」〈平家・六・入道死去〉

はせちら・す【馳せ散らす】［自サ四］〔さ・し・す・す・せ・せ〕馬を全速で駆けさせる。例「守のいふに随ひて**馳せ散ら・し**て逃げて去にけり」〈今昔・二五・一二〉

はぜちら・す【爆ぜ散らす】［他サ四］〔さ・し・す・す・せ・せ〕辺りにはじけ散らせる。例「尿とさむざむに**はぜちら・され**にけり」〈古今著聞・五四六〉

はせち・る【馳せ散る】［自ラ四］〔ら・り・る・る・れ・れ〕馬を走らせて散り散りになる。また、走って散り散りになる。例「おのおの**馳せ散・り**て行き分かれて」〈今昔・二三・一七〉

はせつ・く【馳せ着く】［自カ四］〔か・き・く・く・け・け〕急いで追いつく。例「狐を捕らへたる所に**馳せ着・き**たれば」〈今昔・二六・一七〉

〔俳句〕**はぜつるや…**【はぜ釣るや水村山郭酒旗の風】〈虚栗・嵐雪〉訳川に糸を垂らし、ハゼを釣る。水辺の村や山の麓の村には、酒屋の看板の旗が秋風に翻っている。（季―はぜ―秋）

はせなら・ぶ【馳せ並ぶ】一［自バ四］〔ば・び・ぶ・ぶ・べ・べ〕駆け寄ったり、馬を急がせて相手と並ぶ。また、並んで走る。例「よき敵と思ひけるにや、**馳せなら・ん**で組まんとしけるを」〈太平記・一四〉（音便）「馳せならんで」は「馳せならびて」の撥音便。二［他バ下二］〔べ・べ・ぶ・ぶる・ぶれ・べよ〕馬を走らせて、相手の馬に追いつき並ばせる。例「新中納言にくみ奉らんと**馳せなら・べ**けるを」〈平家・九・知章最期〉

はせぬ・く【馳せ抜く】［自カ四］〔か・き・く・く・け・け〕急いで駆け抜ける。例「佐々木はつっと**はせぬ・い**て、河へざっとぞうち入れたる」〈平家・九・宇治川先陣〉（音便）「はせぬい」は「はせぬき」のイ音便。

はせのぼ・る【馳せ上る】［自ラ四］〔ら・り・る・る・れ・れ〕走ったり、馬を走らせて高い所へ登る。また、急いで都へ向かう。例「都へ**はせのぼ・り**」〈平家・四・鼬之沙汰〉

はせまは・る【馳せ回る】［自ラ四］〔ら・り・る・る・れ・れ〕辺りを走り回る。また、馬に乗って駆け回る。例「**馳せまは・って**もよほす（＝召集スル）」〈平家・二・西光被斬〉（音便）「馳せまはっ」は「馳せまはり」の促音便。

はせまゐ・る【馳せ参る】［自ラ四］〔ら・り・る・る・れ・れ〕（「参る」は行く・来るの意の謙譲語）馬を走らせて参上する。急ぎかけつけて参る。例「資成いそぎ御所へ**はせ参・り**」〈平家・二・西光被斬〉

はせゆ・く【馳せ行く】［自カ四］〔か・き・く・く・け・け〕走って、または、馬などで急いで行く。例「近衛の御門にいでたちて、待ちつけて乗りて**はせゆ・く**」〈大和・一〇二〉

はせよ・す【馳せ寄す】［他サ下二］〔せ・せ・す・する・すれ・せよ〕馬を走らせて相手に近寄る。例「馬強ならん若党ども、**はせ寄・せ**てけちらせ」〈平家・一一・弓流〉

はせよ・る【馳せ寄る】［自ラ四］〔ら・り・る・る・れ・れ〕馬を走らせ

て近寄る。急いで駆け寄る。例「『何わざするにかあらむ』と思ひて、**馳せ寄りて見れば**」〈今昔・三一・三一〉

ばせを【芭蕉】[名]《「ばせう」とも》❶草の名。和歌では「ばせをば」の形で詠まれることが多い。(季-秋)。❷バショウの葉を図案化した紋所の名。

はそで【羽袖】[名]天人の羽衣の袖。羽のように美しい袖。

-はた【杯】[接尾]器に満たした量を数える単位を表す。杯。例「湯舟に藁をこまごまと切りて、一**はた**入れて」〈宇治拾遺・三・五〉

はた【端・傍】[名]❶へり。ふち。❷わき。まわり。

はた【旗・幡】[名]❶朝廷の儀式の際に立てるもの。「四神旗」など。❷合戦のとき、紋をつけたりして味方同士の目印とするもの。❸《仏教語》法会や説法のときに立てる装飾。幡。

〔**旗を挙ぐ**〕挙兵する。また、新しく物事を始める。例「**旗を挙・げ**んと企つる」〈太平記・一三〉

〔**旗を巻く**〕戦いに敗れる。降参する。

はた【機・服】[名]布を織る機械。また、その機械で織った布。

はた【鰭】[名]魚のひれ。

〔**鰭の狭物**〕鰭の狭い魚。小さい魚。↔鰭の広物

〔**鰭の広物**〕鰭の広い魚。大きな魚。↔鰭の狭物

はた【二十】[名]にじゅう。

はた【将】[副]

> **アプローチ**
> ▼二つの事柄について、一方と他方が並立している場合や対立している場合について述べるときに用いる語。
> ▼一方に対して、他方の可能性を認めて、もしやと想定したり、当然のことと肯定したり、あるいは類似していることを列挙したりする意を表す。

❶(ある可能性を認めながらも、他の可能性について仮想したり危惧したりする意を表す)**もしかすると。ひょっとすると。** 例「み吉野の山のあらしの寒けくに**はたや**今夜も我がひとり寝む」〈万葉・一・七四〉 訳吉野の山のあらしが寒いことだのに、**もしかすると**今夜も私はひとりで寝るのだろうか。《係結び》「や」→寝む体」

❷(前に述べたことを受けて、それに反する意を表す)**そうはいっても。とはいえ。** 例「春は惜し郭公**はた**聞かまほし思ひわづらふ静心かな」〈拾遺・雑春・一〇六六〉 訳春の過ぎ去るのは惜しい。ホトトギスの声も**そうはいっても**、聞きたいと思う。あれこれ思い悩んで落ち着いた気持ちではいられない。

❸(前に述べたことを受けて、それとは別のことを並立的に述べる意を表す)**また。これもまた。これはこれでほかにまた。** 例「男、われて『あはむ』といふ。女も**はた**、いとあはじとも思へらず」〈伊勢・六九〉 訳男は、ぜひとも「会いたい」という。女も**また**、絶対に会うまいとも思っていない。

❹(多く下に打消の語を伴って、それを強調する意を表す)**やはり。何といっても。きっと。およそ。** 例「日入りはてて、風のおと、虫の音など、**はた**いふべきにあらず」〈枕・春は、あけぼの〉 訳日がすっかり沈んで、(聞こえてくる)風の音、虫の鳴き声などは、**やはり**なんともいえない(ほどすばらしい)。

❺(疑問や感動を表す文などで、それを強調する意を表す)**何だってまた。いったい。なんとまあ。** 例「など、その門**はた**、狭くは造りて住みたまひける」〈枕・大進生昌が家に〉 訳どうして、あの門は**何だってまた**、狭く造ってお住まいになったのか。

❻(二つの事柄のどちらを選ぶか迷う気持ちを表す)**それとも。はたまた。** 例「いかに老いさらぼひてあるにや、**はた**死にけるにやと、人に尋ね侍れば」〈おくのほそ道・福井〉 訳どれほどに老いぼれてしまっているだろうか、**それとも**死んでしまっただろうかと、人に聞きましたところ。《係結び》「死にけるにや→(省略)」。《敬語》「尋ね侍れば」→「はべり」

はだ【肌・膚】[名]❶表皮。表面。❷皮膚。❸きめ。❹気質。

はたあし【旗足・旒】[名]長い旗の、風にひるがえる旗先の部分。＝旗手

はたいた【端板・鰭板】[名]家の中が外から見えないよう覆い隠すための板。板塀。

はだえ【肌・膚】歴史的かなづかい「はだへ」

はたおり【機織り】[名]❶機で布を織ること。また、その人。❷キリギリスの古名。＝機織り女②。(季-秋)

はたおりめ【機織り女】[名]❶機で布を織る女性。❷「はたおり②」に同じ。

はだか【裸】[名・形動ナリ]《「はだあか(肌赤)」の変化形か》❶裸体。(季-夏)。❷むき出し。❸ありのまま。❹無一文。

はだかうま【裸馬】[名]背中に鞍を置いていない馬。＝肌背馬。↔鞍置き馬

はたかくる【半隠る】[自ラ下二]{れ・れ・る・るる・るれ・れよ}半ば隠れる。少し隠れる。例「几帳に**はた隠・れ**たるかたはら目」〈源氏・松風〉

はたがしら【旗頭】[名]❶旗の上の部分。❷地方武士団の頭。❸江戸時代、彦根藩・津藩のように、事あるときに他藩を率いて、京都守護に当たった有力藩の俗称。

はだかる【開かる】[自ラ四]{ら・り・る・る・れ・れ}《「はたかる」とも》❶大きく開く。広がる。例「落窪の君の手なれば、目も口も**はだか・り**ぬ」〈落窪・三〉❷手足を大きく広げて立つ。立ちはだかる。例「清弁、その戸に**はだか・り**て多くの人に告げていはく」〈今昔・四・二七〉

はたき【叩き】[名]《近世語》失敗。失敗談。

はたく【砕く・叩く】《近世語》㊀[他カ四]{か・き・く・く・け・け}❶たたいてこなごなにする。くだく。❷ありったけ出す。金や物を使い果たす。例「おのおの(知恵袋ヲ)**はた・く**内が奇絶だの」〈浮世風呂〉❸損をする。しくじる。㊁[他カ下二]{け・け・く・くる・くれ・けよ}金や物を使い果たす。

はだく㊀【刷く】(髪などを)かき上げる。例「旦暮れになで**はだ・け**奉りて」〈古活字本保元・下〉㊁【開く】[他カ下二]{け・け・く・くる・くれ・けよ}広げる。大きく開く。例「大手を**はだ・け**て追ひける間」〈太平記・一〇〉

はだけがみ【開け髪】[名]ばらばらに乱れた髪。

はたけすいれん【畑水練・畠水練】[名]《畑で水泳の練習をする意》実際には何の役にも立たない議論や研究。空理空論。

はたこ【畑子・畠子】[名]《上代語》畑で働く農夫。

はたご【旅籠】[名]❶旅行中の必要品を入れて運ぶかご。馬の飼料や人の食糧・衣類・身のまわりの品などを入れた。❷(「旅籠屋」の略)宿屋。食事付きの旅館。❸旅籠屋でとる食事。❹《近世語》旅籠屋に支払う代金。

はたごうま【旅籠馬】[名]旅行者の日用品や食べ物を入れたかごを運ぶ馬。

はたごどころ【旅籠所】[名]旅人が、食事や休憩のために利用した所。

はたさし【旗差し・旗指し】[名]戦場で、馬に乗り、大将の旗印を持つ武士。旗手。

はたした【旗下】[名]「旗頭②」の直属の部下であること。また、その人。

はたしと・ぐ【果たし遂ぐ】[他ガ下二]{げ・げ・ぐ・ぐる・ぐれ・げよ}最後まで成し遂げる。成就させる。例「必ず**果たし遂・げ**んと思はん事は」〈徒然・一五五〉

はたじるし【旗印・旗標】[名]戦場での目印として、旗に付ける紋や文字。また、それを付けた旗。

はた・す【果たす】[他サ四]{さ・し・す・す・せ・せ}❶成し遂げる。❷神仏にかけていた願がかない、願ほどきのお礼参りをする。例「住吉の御願かつがつ**はた・し**たまはむとて」〈源氏・若菜・下〉❸しとめる。殺す。例「是非出でよ。**はた・さ**ん」〈醒睡笑〉

はたすすき【旗薄】[名]長く伸びた穂が旗のようになびいているススキ。(季―秋)

はだすすき【はだ薄】[枕詞]旗のように風になびくススキの穂の意から「穂」に、また穂の「末」の意から同音の「うら」にかかる。例「**はだすすき**穂にはな出でそ」〈万葉・一六・三八〇〇〉

はだせ【肌背】[名]❶はだ。❷「肌背馬」の略。

はだせうま【肌背馬】[名]鞍を載せていない馬。裸馬。＝肌背②

はたそで【端袖・鰭袖】[名]直衣・直垂・袍などの、袖を長くするため、袖の端にもう一幅(三八センチメートル)か半幅付け加えた部分。

はたたがみ【霹靂神】[名]《「はたた」は雷鳴の擬音語》激しい雷。(季―夏)

はたたぎ[名]《上代語》語義未詳。「端たぎ」で、袖の端をたぐり上げ、自分の装いを見ることとも、また、「羽叩き」で、鳥が羽ばたきをすることともいう。

はたた・く【霹靂く】[自カ四]{か・き・く・く・け・け}《「はたた」は擬声語》雷が激しく鳴り響く。例「六月の照り**はたた・く**にも」〈竹取・石作の皇子〉

はたち【二十】[名]❶にじゅう。❷二十歳。

はだつき【肌付き・膚付き】[名]❶(色や感触など)肌のようす。❷肌着。❸直接肌に着けること。

はたつもの【畑つ物・陸田種子】[名]《「つ」は上代の格助詞。「はたけつもの」とも》畑からとれる農作物。↔水田種子㊁

はたつもり【畑つ守】[名]リョウブ(木の名)の別名。歌語として多く用いられた。

はたて【果たて】[名]果て。限り。極まり。

はたと[副]《「はったと」とも》❶ぱしんと。ぴしゃりと。❷にらみつけるさまを表す。例「入道を**はたと**睨みたり」〈盛衰記・二六〉❸急につかえたようすを表す。ぐっと。例「大納言入道、**はたと**詰まりて」〈徒然・一三五〉❹すっかり。❺しっかりと。❻(下に打消の語を伴って)決して。

はたなかくゎんさい【畠中観斎】[人名](一七五二～一八〇一)江戸中期の狂詩作者。狂号は銅脈先生・片屈道人など。大田南畝と並び称される。滑稽・風刺に富み、『忠臣蔵人物評論』などの戯作も書いた。

はだばかま【肌袴】[名]肌にじかに着ける裾の短い袴。今のさるまた・ももひきの類。

はたばり【端張り・機張り】[名]《「はたはり」とも》❶物の幅。❷権勢。財産。

はたば・る【端張る】[自ラ四]{ら・り・る・る・れ・れ}❶幅が広くなる。例「太く逞しきこたへ馬の、**はたは・り**たる逸物なり」〈盛衰記・三六〉❷幅を利かせる。いばる。例「執権の威を**はたば・り**」〈浄・鎌倉三代記〉

はたぶぎゃう【旗奉行】[名]❶室町幕府や諸大名が置いた、主君の旗を預かる役目の武将。＝旗大将・幟奉行❷江戸幕府の職名。老中に属し、幕府の軍旗を預かる役目。＝御旗奉行

はだへ【肌・膚】[名]はだ。皮膚。

はたほこ【幢・幡幢】[名]《「はたぼこ」とも》上部に小旗を付けた矛。唐式の朝儀や法会などの飾り物や、舞楽の儀仗として用いられた。

はたまた【将又】[副](二つの疑問文の間にあって)あるいは。もしくは。例「貧賤の報いのみづから悩ますか、**はたまた**妄心の至りて狂せるか」〈方丈記〉

はたもと【旗本】[名]❶戦場で、大将がいる所。本陣。本営。❷大将直属で、本陣を守る家臣・部隊。❸江戸時代、将軍直属の武士で、家禄一万石未満、「御目見得」以上の者。

はたもの【機・機物】[名]❶布を織る道具。機織。❷機で織った布。織物。

はたもの【幡物・機物】[名]はりつけに用いる台木。また、はりつけに処すること。

はたや【将や】[副]《副詞「将」+係助詞「や」》ひょっとしたら。もしかすると。例「**はたや**今夜も我がひとり寝む」〈万葉・一・七四〉

はたやはた【将や将】[副]《「将や」に「将」を重ねて強調した語》ひょっとしたら。もしや。万一。例「**はたやはた**かくして後にさぶしけむかも」〈万葉・四・七六二〉

はだら[・なり]【斑】[名・形動ナリ]「はだれ」に同じ。

はたらきうご・く【働き動く】[自カ四]{か・き・く・く・け・け}(なんらかの作用が及んで)動き出す。例「加持するに、かばね**はたらきうご・き**て」〈古今著聞・四六〉

はたら・く【働く】[自カ四]{か・き・く・く・け・け}❶動く。活動する。❷仕事に精を出す。❸役に立つ。機能する。

はた・る【徴る】[他ラ四]{ら・り・る・る・れ・れ}催促する。請求する。取り立てる。例「里長が課役**徴・ら**ば汝も泣かむ」〈万葉・一六・三八四七〉

はだれ[・なり]【斑】《「はだら」とも》㊀[形動ナリ]{なら・なり(に)・なり・なる・なれ・なれ}はらはらと雪が降るさま。また、雪や霜がうっすらと降り積もるさま。例「沫雪か**はだれ・に**

降ると見るまでに」〈万葉・八・一四二〇〉㊁[名]「斑雪」の略。

はだれしも【斑霜】[名]薄くまだらに降りた霜。(季－冬)

はだれゆき【斑雪】[名]（「はだらゆき」とも）薄くまだらに降った雪。＝斑㊁。(季－冬)

はち【鉢】[名]❶僧が施しを受けるのに用いる容器。また、僧の食器。❷托鉢。また、托鉢をして受けた施し物。❸大型のどんぶり。❹頭蓋骨。❺兜の頭頂部を覆う部分。鉄または革で作る。

〔**鉢を托く・鉢を開く**〕「鉢①」を持って、米や銭などの施しを請い歩く。托鉢をする。

はぢ【恥・辱】[名]❶恥ずべきこと。不名誉。不面目。また、人から受ける侮辱。屈辱。❷名誉を重んじること。例「恥をも思ひ、名をも惜しむほどの者は」〈平家・五・奈良炎上〉

〔**恥あり**〕恥を知る。名誉を重んじる。例「**恥ある**者は討ち死にし」〈平家・八・鼓判官〉

〔**恥隠る**〕（恥が隠れるの意）恥ずかしい思いをしないですむ。例「『知る』とだにのたまはば、**恥隠れ**ぬべし」〈宇津保・蔵開・下〉

〔**恥に臨む**〕恥をかくことになる。例「大きなる**恥にのぞ・まぬ**さきに世をのがれなむ」〈源氏・須磨〉

〔**恥を雪む・恥を清む**〕前にかいた恥の仕返しをする。恥をきれいにぬぐう。不名誉を償う。＝恥を濯ぐ

〔**恥を捨つ・恥を棄つ**〕恥を恥とも思わない。厚顔無恥になる。例「面なき事をば『**はぢをすつ**』とはいひける」〈竹取・石作の皇子〉

〔**恥を見す**〕恥ずかしい思いをさせる。例「さが尻をかきいでて、ここらの朝廷人に見せて、**恥を見・せむ**」〈竹取・かぐや姫の昇天〉

〔**恥を見る**〕恥ずかしい思いをする。例「『かかる**恥を見・ること**』と思ほし嘆きて」〈宇津保・国譲・下〉

ばち【撥】[名]琵琶・三味線などの弦をはじいて音を出す道具。また、太鼓などを打つ棒状の道具。

〔**撥の音**〕琵琶を奏でるために撥で弦を弾く音。箏や和琴の場合は「爪音」という。＝撥音

はちえふ【八葉】[名]❶八枚の花びら。とくに蓮の花の八枚の花びらが広がった形。❷①の形をかたどった文様・紋所の名。

〔**八葉の車**〕牛車の形態のひとつ。網代車の屋形に「八葉」の紋を散らし描いた車。紋の大きなものを「大八葉の車」、紋の小さなものを「小八葉の車」という。大臣・公卿から地下の者まで、また、男女・僧俗にかかわらず広く用いられた。➡[口絵]牛車彩々

〔**八葉の蓮**〕花びらが八枚ある蓮の花。極楽浄土のしるし。＝八葉の蓮華

〔**八葉の蓮華**〕「はちえふのはちす」に同じ。

はぢかかや・く【恥ぢ赫く】[自カ四]恥ずかしさで顔が赤くなる。例「なかなか**恥ぢかかや・か**んよりは罪ゆるされてぞ見えける」〈源氏・夕顔〉

はぢかく・る【恥ぢ隠る】[自ラ下二]恥ずかしがって隠れる。例「さまあしう**恥ぢ隠・る**べきにもあらず」〈和泉式部日記〉

はちかづき【鉢かづき】[作品名]室町時代の御伽草子。作者・成立年不明。継母のねたみにより家を追い出された鉢かずき姫が、国司の末子に見そめられ、鉢がとれると美しい顔と宝が現れ、のちには幸福に暮らす。長谷観音の霊験による至福を背景とする代表的な継子いじめ物語。

はぢがは・し【恥ぢがはし】[形シク]（「がはし」は接尾語）何となく恥ずかしい。例「大人しく**恥ぢがは・しく**、互ひに今はなりにけり」〈謡・井筒〉

はぢかは・す【恥ぢ交はす】[自サ四]互いに恥ずかしがる。互いに気がねする。例「おとなになりにければ、男も女も**はぢかは・して**」〈伊勢・二三〉

はぢがま・し【恥ぢがまし】[形シク]（「がまし」は接尾語）恥をかくようだ。体裁が悪い。例「あるまじき疵もつき、**恥ぢがま・しき**ことかならずありなん」〈源氏・真木柱〉

はちかんぢごく【八寒地獄】[名]（仏教語。「はっかんぢごく」とも）亡者が厳寒の責め苦を受ける八つの地獄。頞部陀・尼剌部陀・頞哳吒・臛々婆・虎々婆・嗢鉢羅・鉢特摩・摩訶鉢特摩の八地獄の総称。＝氷の地獄。↕八大地獄・八熱地獄

はちぎゃく【八逆・八虐】[名]律の規定で、最も重いとされた八種の罪。謀反・謀大逆・謀叛・悪逆・不道・大不敬・不孝・不義のこと。

はちくどくすい【八功徳水】[名]（仏教語。「はっくどくすい」とも）極楽浄土などにある、八つの功徳（澄清・清冷・甘美・軽軟・潤沢・安和・除患・増益）をもつという水。

はちざ【八座】[名]（定員が八名だったことから）「参議」の別名。

はちじふのが【八十の賀】[名]八十歳の長寿を祝う賀宴。

はちじふはちや【八十八夜】[名]立春から数えて八十八日目の日。霜の心配がなくなり、農家では種まきの時期。いまの五月二日ごろ。(季－春)

はちじふはっかしょ【八十八箇所】[名]四国の八十八の霊場。弘法大師が定めたといわれる。

はちじふまっしゃ【八十末社】[名]❶伊勢神宮の内宮に属する八十の末社。❷取り巻き。多くの部下。

はぢし・む【恥ぢしむ】[他マ下二]❶辱める。例「**恥ぢし・むる**は、ことわりなることになむ」〈源氏・真木柱〉❷責める。例「我心を**恥ぢし・めて**今より後、咎なく罪なき身となりて」〈沙石集〉

はぢしら・ふ【恥ぢしらふ】[自ハ四]（「しらふ」は接尾語）恥ずかしがる。はにかむ。例「**恥ぢしら・ひて**、遠くそばみて居たれば」〈今昔・二三・七〉

はちす【蓮】[名]（「はす」とも）（実がハチの巣の形に似ているところから名付けられたか）ハス。

〔**蓮の台**〕（仏教語。「はすのうてな」とも）極楽往生した者が座るという台座。＝蓮華の座

〔**蓮の上**〕蓮の花の上。極楽浄土。

〔**蓮の上の願ひ**〕来世では極楽浄土に生まれたいとする願い。

〔**蓮の座**〕極楽浄土に往生する者が座るとされる蓮の花。蓮華座。＝蓮の台

は

〔**蓮の中の世界**〕極楽。極楽浄土。

〔**蓮の法**〕「法華経」の別名。

〔**蓮の宿**〕極楽浄土で同じ蓮の花の上に生まれ、ともに暮らすこと。一蓮托生。

はちすば【蓮葉】[名]ハスの葉。この上においた露や水滴は球状となる。

〈和歌〉**はちすばの…**【蓮葉のにごりに染まぬ心もてなにかは露を玉とあざむく】〈古今・夏・一六五・僧正遍昭〉訳ハスの葉は、泥の中から育ちながら、少しも濁りに染まらない清らかな心をもっているのに、どうしてその上に置く露を玉と見せかけて人をあざむくのか。《疑問語との呼応》「なにかは→あざむく(体)」

はちだいしふ【八代集】[名]平安前期から鎌倉初期にかけて成立した八つの勅撰和歌集。『古今和歌集』『後撰和歌集』『拾遺和歌集』『後拾遺和歌集』『金葉和歌集』『詞花和歌集』『千載和歌集』『新古今和歌集』の総称。

はちだいぢごく【八大地獄】[名]《仏教語》熱と炎で亡者に責め苦を与えるという八種の地獄。等活・黒縄・衆合・叫喚・大叫喚・焦熱・大焦熱・無間(阿鼻)の八地獄の総称。＝八熱地獄。↔八寒地獄

はちだいりゅうじん【八大竜神】[名]《仏教語》雨をつかさどり、仏法を守る八体の竜神。難陀・跋難陀・沙羯羅・和修吉・徳叉迦・阿那婆達多・摩那斯・優鉢羅の総称。＝八大竜王

はちだいりゅうわう【八大竜王】[名]「はちだいりゅうじん」に同じ。

はちたたき【鉢叩き】[名]空也上人の忌日(陰暦十一月十三日)から除夜までの四十八日間、鉢やひさごをたたき、鉦を鳴らし、念仏を唱えながら施しを請い歩く修行。また、その修行僧。(季-冬)

はちぢく【八軸】[名]「法華経」八巻のこと。

はちぢゃう【八丈】[名]❶「八丈絹①」の略。❷「八丈絹②」の略。

はちぢゃうぎぬ【八丈絹】[名]❶一疋の長さが八丈(約三〇メートル)ある、上等の絹織物。美濃や尾張のものが有名。黄八丈・黒八丈など。❷伊豆八丈島で産する平織りの絹布。①②＝八丈

はちぢん【八陣】[名]兵法でいう八種類の陣の立て方。魚鱗・鶴翼・長蛇・偃月・鋒矢・方円・衡軛・井雁行の八種。また、天・地・風・雲・竜・虎・鳥・蛇にかたどったものとも。中国の孫子・呉起・諸葛亮が伝えたといわれる。

はちつけ【鉢付け】[名]「鉢付けの板」の略。

〔**鉢付けの板**〕兜の鉢から左右と後ろに垂れる錣の一枚目の板。＝鉢付け。➡[古典参考図]武装・武具〈1〉

はぢな・し【恥無し】[形ク]{(から)・く(かり)・し・き(かる)・けれ・かれ}❶恥ずかしくない。見劣りしない。例「をかしきことをもいひかけられて、いらへ、恥なからずすべき人」〈紫式部日記〉❷恥を知らない。厚かましい。例「うちあはずかたくなしき姿などをも恥なく」〈源氏・少女〉

はちなん【八難】[名]❶《仏教語》仏を見、法を聞くのを妨げる八つの障害。地獄・畜生・餓鬼・長寿天・辺地・盲聾瘖瘂・世智弁聡・仏前仏後の総称。❷八つの災難。飢・渇・寒・暑・水・火・刀・兵の総称。

はちにんがた【八人肩】[名]「はちまいがた」に同じ。

はちねつぢごく【八熱地獄】[名]「はちだいぢごく」に同じ。↔八寒地獄

はちのき【鉢の木】[名]鑑賞用に植木鉢に植えた木。盆栽の木。

はちのき【鉢木】[作品名]室町時代の謡曲。作者・成立年未詳。落ちぶれたある侍が、大雪の夜に一人の旅僧を家に泊め、秘蔵の鉢の木を薪にたいてもてなす。実はこの旅僧は最明寺入道時頼で、その侍はお礼に所領を賜る。

はちのごとくおこ・る【蜂の如く起こる】蜂がそろって巣から飛び立つように、大勢の者がいっせいに行動を起こす。蜂起する。例「諸侯**蜂の如く起こり**し時」〈平家・九・樋口被討罰〉

はちばうず【鉢坊主】[名](「はっちばうず」とも)托鉢して歩く僧。托鉢僧。＝鉢開き

はちびたひ【鉢額】[名]広くて突き出ている額。おでこ。

はちびらき【鉢開き】[名]「はちばうず」に同じ。

はちぶ【八部】[名]《仏教語》「八部衆」の略。

はちぶ・く【蜂吹く】[自カ四]{か・き・く・く・け・け}ふくれ面をしてぶつぶついう。不快・嫌悪の表情を浮かべる。例「鼻などうち赤めつつ**はちぶき**言へば」〈源氏・松風〉

はちぶしゅう【八部衆】[名]《仏教語》仏法を守護する八種の神と異類。天・竜・夜叉(鬼)・乾闥婆(楽神)・阿修羅(戦神)・迦楼羅(金翅鳥)・緊那羅(歌神)・摩睺羅迦(蛇神)の総称。＝八部

はちへい【八病】[名](「はちびゃう」とも)和歌における八つの歌病。平安中期に成立した『孫姫式』にみられる同心・乱思・欄蝶・渚鴻・花橘・老楓・中飽・後悔の八種。

はちへいじ【八平氏】[名]桓武平氏の流れをくむ関東の八氏の豪族。千葉・上総・三浦・土肥・秩父・大庭・梶原・長尾の諸氏。

はちぼく【八木】[名](「米」の字は「八」と「木」に分解できるところから)米の別称。

はちまいがた【八枚肩】[名]《近世語》八人が交代で駕籠を担ぐこと。また、その駕籠。＝八人肩

はちまん【八幡】一[名]❶神の名。若宮、つまり小児の形をした神がその原形。のちに祭神が応神天皇となり、その信仰は全国に広まった。❷源義家のこと。石清水八幡宮で元服し、八幡太郎と名乗ったことから。二[副]《八幡の神に誓う意》❶まったく。本当に。例「**八まん**気に入り申し候ふ」〈浮・好色一代男〉❷(下に打消の語を伴って)けっして。断じて。例「**八幡**我らも心底変はらぬ」〈浄・鑓の権三重帷子〉

はちまんざ【八幡座】[名](八幡神の宿る所の意から)兜の鉢の頂上。真ん中の穴を神宿といい、その縁に台座・菊座・上げ玉の金物がある。＝天辺

はちまんだいぼさつ【八幡大菩薩】一[名]八幡の神を、本地(本来の姿)が菩薩であるとして呼ぶ語。二[副]「はちまん二②」に同じ。

古典の世界　全国各地に広まった「八幡」信仰

源平合戦の折、船上の扇の要を見事に射落とした那須与一の話は有名である(『平家物語』)。ときに、彼が真っ先に矢の的中を祈ったのが、㊀の八幡大菩薩であった。神様でありながら「大菩薩」と呼ばれるのは、当時すでに定着していた神仏習合の教えによる。

八幡信仰は、古く宇佐の八幡宮(いまの大分県)に始まるが、清和天皇の時代に王城鎮護のために石清水に勧請されて以来、平安貴族たちにも馴染みの神社となった。文学作品にも、しばしばその名がみえている。その後、石清水社前で元服した源義家が「八幡太郎」を名乗ったことから、清和源氏の氏神とされ、もっぱら武神としての性格を強くしていった。さらに源頼朝が鶴岡八幡宮として鎌倉に勧請してからは、その信仰が全国各地に広まっていく。

たとえば、先の那須与一の逸話などが、戦乱の世を生きる武士たちの心をいかに打つものであったかは想像に難くないだろう。やがて室町以降、その信仰は「神は八幡」といわれるほどの隆盛をきわめていく。

はちまんたらうよしいへ【八幡太郎義家】[人名]「みなもとのよしいへ」に同じ。

はちまんぢごく【八万地獄】[名]《仏教語。「八万」は「八万四千」の略》八万四千あるという煩悩のために、人が受ける多くの苦しみを地獄にたとえていう語。＝八万奈落

はちまんならく【八万奈落】[名]「はちまんぢごく」に同じ。

はちもんじじせう【八文字自笑】[人名](？～一七四五)江戸中期の浮世草子作者。三代あり、初世は江島其磧作の『傾城色三味線』を出版するなど、版元として活躍。二世(？～一七六六)は初世の孫、瑞笑。三世(一七三八～一八一五)は瑞笑の弟で与謝蕪村門下の俳人。

はちもんじやぼん【八文字屋本】[名]京都の書店「八文字屋」から刊行された浮世草子。また、同時代の同種の浮世草子。元禄十四年(一七〇一)に刊行された江島其磧の『傾城色三味線』にはじまり明和三年(一七六六)ごろまで流行した。

はちゃみせ【葉茶店・葉茶見世】[名]《「はぢゃみせ」とも》葉茶(茶の木の若葉でつくる茶)を売る店。

はぢら・ふ【恥ぢらふ】[自八四]{は・ひ・ふ・ふ・へ・へ}恥ずかしがる。はにかむ。例「いたう恥ぢら・ひて、口おほひしたまへるさへ」〈源氏・末摘花〉

は・つ【泊つ】[自タ下二]{て・て・つ・つる・つれ・てよ}停泊する。例「秋さらば我が船泊・てむ」〈万葉・一五・三六二九〉

は・つ【果つ】{て・て・つ・つる・つれ・てよ}㊀[自タ下二]❶終わる。尽きる。済む。なくなる。例「辰の時ばかりより楽始まりて、申の時ばかりに果・てぬ」〈宇津保・春日詣〉❷(転じて)死ぬ。亡くなる。例「灯火などの消え入るやうにては・てたまひぬれば」〈源氏・薄雲〉㊁[補助タ下二]…し終わる。…しきる。すっかり…する。例「碁打ちは・てつるにやあらむ」〈源氏・空蟬〉《係結び》「や→あらむ㊍」

は・づ【恥づ・羞づ】[自ダ上二]{ぢ・ぢ・づ・づる・づれ・ぢよ}❶恥ずかしく思う。恥ずかしがる。恥じらう。例「『書きそこなひつ』と恥・ぢて隠したまふを」〈源氏・若紫〉❷遠慮する。はばかる。気にする。例「治まれる世には、白髪も恥・ぢず出で仕へけるをこそ、まことの聖にはしけれ」〈源氏・澪標〉《係結び》「こそ→しけれ㊁」。❸ひけをとる。劣る。例「天王寺の舞楽のみ、都に恥・ぢず」〈徒然・二二〇〉

はつう【初卯】[名]陰暦正月の最初の卯の日。この日、神社に参詣し、卯の札を受ける習わしがあった。(季－春)

はつうま【初午】[名]《「はつむま」とも》陰暦二月の最初の午の日。この日、各地の稲荷神社で初午祭りが行われた。(季－春)

ばつえふ【末葉】[名]《「まつえふ」とも》末裔。末孫。子孫。

はつか[・なり]【僅か】[形動ナリ]{なら・なり・(に)・なり・なる・なれ・なれ・}《物事のほんの一部分が把握できるさま》ほんのちょっと。ちらっと。多くは、視覚・聴覚でとらえた印象についていう。例「むかし、男、はつか・なりける女のもとに」〈伊勢・一二〇〉

発展学習ファイル　分量・数量的な少なさを表す類義語「わづか」とともに奈良時代から見えるが、意味・用法ともに混合されて、「はつか」は鎌倉時代には衰えた。

はっかう【八講】[名]《仏教語》「ほっけはっかう」に同じ。

はっかう[・す]【発向】[名・自サ変]❶目的地に出発すること。例「その勢四万余騎で、南都へ発向・す」〈平家・五・奈良炎上〉❷流行すること。例「塩浜がはっかう・しやした」〈洒・古契三娼〉

はつかぐさ【二十日草】[名](白楽天の「牡丹芳」の詩の一節「花開キ花落ツ二十日」による語)牡丹の別名。(季－夏)

はづか・し【恥づかし】[形シク]{しから・しく(しかり)・し・しき(しかる)・しけれ・しかれ}

アプローチ
▼世間一般や目前の相手よりも劣っていると意識したときに生じる、ひりめの気持ちを表す。
▼そのような意識のために、相手に対して打ち解けられず、気詰まりに思う気持ちを表す。
▼また、そのように感じる相手を評価して、こちらが気後れするほど、相手がすぐれているさまを表す。

❶気後れがする。きまりが悪い。恥ずかしい。例「いとこよなく田舎びたらむものをと、はづか・しく思いたり」〈源氏・玉鬘〉訳ほんとにこの上なくいなかじみているだろうにと、きまりが悪く思っていらっしゃる。《音便》「思い」は「思し」のイ音便。《敬語》「思いたり」→「おぼす」

❷気詰まりだ。打ち解けられない。↔侮らはし

②。例「隔てなく慣れぬる人も、程経へて見るは、**はづかしからぬかは**」〈徒然・五六〉訳分け隔てなくなじんでいた人も、しばらくしてから会うのは、いや気詰まりでないことがあろうか、いや気詰まりなものだ。❸(こちらが気後れがするほど)**すぐれている。立派だ。** 例「**はづかしき**人の、歌の本末問ひたるに、ふとおぼえたる、われながら嬉し」〈枕・嬉しきもの〉訳**立派な**人が、(自分に)歌の上の句や下の句を尋ねたところ、とっさに頭に浮かんだのは、我ながらうれしい。

古語深耕 **「はづかし」と「やさし」「おもなし」との違い**

類義語に「**やさし**」「**おもなし**」があり、「**はづかし**」が、対象から受けた劣等感からくる気後れや羞恥心を表すところに原義があるのに対して、「**やさし**」の場合は、同様の意味はあるものの、肩身が狭く身が細る思いを表す点で異なっている。また、「**おもなし**」は人に顔を合わせられない意から発する羞恥の感情を表す語であり、これも「**はづかし**」とは異なる。

はづかしう【恥づかしう】形容詞「はづかし」の連用形「はづかしく」のウ音便。

はづかしげ【・なり】【恥づかしげ】[形動ナリ]{なら・なり(に)・なり・なる・なれ・なれ}(「げ」は接尾語)❶こちらが恥ずかしくなるほどすばらしい。立派だ。例「いと**恥づかしげ**に、気高ううつくしげなる御容貌なり」〈源氏・若紫〉❷恥ずかしそうだ。例「**はづかしげ**・**なる**御けしきにて、もののたまはぬに」〈大鏡・道長・上〉

はづかしのもり【羽束師の森】[歌枕]山城国の森。いまの京都市伏見区羽束師志水町の羽束師神社の森。「恥づかし」をかける。

はづかし・む【辱む】[他マ下二]{め・め・む・むる・むれ・めよ}恥をかかせる。侮辱する。例「親の御亡き影を**辱め**むことのいみじさに」〈源氏・松風〉

はつかしゃうぐゎつ【二十日正月】[名]陰暦正月二十日のこと。正月の祝い納めをした。(季―春)

はつかまど【初竈】[名]新年になり、はじめてかまどに火を入れること。(季―春)

はつかみ【初髪】[名]新年になり、はじめて女性が髪を結うこと。(季―春)

はつかり【初雁】[名]秋になって、はじめて北方から渡ってくる雁。(季―秋)

はつかりがね【初雁が音】[名]初雁の声。また、初雁。(季―秋)。例「秋風に**初雁が音**ぞ聞こゆなる誰が玉梓をかけて来つらむ」〈古今・秋上・二〇七〉訳→〈和歌〉あきかぜにはつかりがねぞ…

〈和歌〉**はつかりの…**【**初雁のはつかに声を聞きしより中空にのみものを思ふかな**】〈古今・恋一・四八一・凡河内躬恒〉訳初雁の声を聞くように、ほんのわずかにあの人の声を聞いたそのときから、私はまったく上の空の状態でもの思いにふけっているよ。

〈和歌〉**はつかりは…**【**初雁は恋しき人のつらなれや旅のそらとぶ声の悲しき**】〈源氏・須磨〉訳初雁は恋しい人の仲間であるからか、旅の空を飛ぶ鳴き声が悲しく聞こえるよ。

〈参考〉「つら」は「列」の意も含み「雁」の縁語。

はっかんぢごく【八寒地獄】[名]「はちかんぢごく」に同じ。

はつき【泊木】[名]物を干すため、枝のある二本の木を柱にして、それに竿や縄を渡したもの。

はつき【葉月・八月】[名](「はづき」とも)陰暦八月の別称。(季―秋)

はっく【八苦】[名](仏教語)人間が生涯で受ける八種の苦しみ。生・老・病・死の「四苦」と、愛別離苦・怨憎会苦(怨み憎む人と会う苦)・求不得苦(求めるものが得られない苦)・五陰盛苦(心身に生じる欲望の苦)の総称。

はつくさ【初草】[名]❶春の初めに生え出したばかりの草。若草。(季―春)。❷幼い子や初々しい女性などのたとえに用いる。

〈和歌〉**はつくさの…**【**初草の生ひゆく末も知らぬ間にいかでか露の消えんとすらむ**】〈源氏・若紫〉訳初草の生長する行く先も分からない間に、どうして露は消えようとするのでしょうか。

〈参考〉「露」は「消ゆ」の縁語。

はっくどくすい【八功徳水】[名]「はちくどくすい」に同じ。

はつくに【初国・肇国】[名]最初に建設された国。

【**初国知らす天皇**】(「知らす」は治めるの意の尊敬語)(「初国」をお治めになる天皇の意で)神武天皇・崇神天皇を呼ぶ称。

はづくろひ【・す】【羽繕ひ】[名・自サ変]鳥や虫が、飛ぶ前に羽を整えること。

はっくゎう【八荒】[名](「荒」は最果ての地の意)八方の果ての地。国のすみずみ。

ばっくん【・なり】【抜群】[名・形動ナリ](のちに「ばつぐん」とも)❶とびぬけてすぐれていること。例「**抜群**の忠ありといふとも」〈太平記・七〉❷程度がはなはだしいこと。例「『まづ六波羅へ寄せ候はん』と申されけるは、**抜群にぞ聞こえし**」〈古活字本平治・上〉

〈俳句〉**はつこひや…**【**初恋や灯籠に寄する顔と顔**】〈太祇句選後篇・太祇〉訳初めての恋なのであろう、灯をともした盆灯籠に寄せる年若い男女の互いに頬を染めた顔と顔が、その明かりの中に照らし出されている。(季―灯籠―秋)

ばつざ【末座】[名](「まつざ」とも)末席。下座。

はっさい【八災】[名](仏教語。「八災患」の略)禅定を妨げる八つの災い。憂・喜・苦・楽・尋・伺・出息・入息の総称。

はっさう【八相】[名](仏教語)衆生を救うため、釈迦がこの世で示したという八種の相。降兜率・入胎・住胎・出胎・出家・成道・転法輪・入滅の総称。＝八相成道

はっさうじゃうだう【八相成道】[名]「はっさう」に同じ。

はっさく【八朔】[名]❶陰暦八月一日の別称。❷農家で、「田の実の祝ひ」として、その年の新穀を主家などに贈って収穫を祝う行事。のち、一般にも広まり、進物の贈答をして祝うようになった。(季―秋)。❸江戸時代の武士の祝日。徳川家康が天正十八年(一五九〇)の八月一日に江戸城に入城したことを記念

した日。❹江戸の遊里、吉原での風俗。「紋日」のひとつで、遊女が白い小袖を着た。

はつざくら【初桜】[名]その年最初に咲いた桜。(季—春)

はっしき【八識】[名]《仏教語》人間のもつ八種の認識作用。眼識・耳識・鼻識・舌識・身識・意識・末那識・阿頼耶識の総称。

はつしぐれ【初時雨】[名]その年、初めて降る時雨。(季—冬)

〈俳句〉**はつしぐれ…**【初しぐれ猿も小蓑をほしげなり】〈猿蓑・芭蕉〉訳今年初めての時雨がはらはらと降ってきた。猿もこの初時雨に興じ浮かれ歩きたいのであろうか、小さな蓑をほしそうであることだ。(季—初しぐれ—冬)

はつしほ【初入】[名]染め物を最初に一度、染料に入れて浸すこと。和歌では、春に草木が萌え始めることや、秋に木々が紅葉し始めること、また、袖の色が涙で変わることなどを比喩的にいう場合に用いる。

はつしほ【初潮・初汐】[名]❶陰暦八月十五日の大潮。(季—秋)。❷製塩で、その年初めてくむ海水。

はつしも【初霜】[名]その年の秋、初めて降りた霜。(季—冬)

はっしゃう【八姓】[名]「やくさのかばね」に同じ。

はっしゃう【八省】[名]❶令制で「太政官」に属する八つの中央行政官庁。中務・式部・治部・民部・兵部・刑部・大蔵・宮内の各省の総称。＝省。❷「八省院」の略。

はっしゃうじん【八将神】[名]陰陽道で、吉凶の方位をつかさどるといわれる八柱の神。太歳・大将軍・大陰・歳刑・歳破・歳殺・黄幡・豹尾の総称。

はっしゃうゐん【八省院】[名]大内裏の中で「八省」の役人たちが政務をとった所。その正殿を大極殿という。＝朝堂院・八省②。➡[表見返し]大内裏俯瞰図

はっしゅう【八宗】[名]《仏教語》日本の仏教の八つの宗派。南都(奈良)六宗の倶舎・成実・律・法相・三論・華厳と、平安二宗の天台・真言とを合わせたものの総称。

はっしゅうけんがく【八宗兼学】[名]❶「八宗」の教義を広く学び修めること。❷広く物事や諸芸に通じていること。

はづ・す【外す】[他サ四]❶取り除く。取り去る。❷取り損なう。❸ねらいや的などをそらす。❹避ける。よける。遠慮する。例「これ忠兵衛外・すまい外・すまいと」〈浄・冥途の飛脚〉❺脱ぐ。例「一方の肩を外・いて臥せって」〈狂・茶壺〉《音便》「外い」は「外し」のイ音便。❻かすめとる。例「人の脱ぎ捨てし豊島筵をはづ・し」〈浮・日本永代蔵〉

はつせ【初瀬・泊瀬】[歌枕]《「はせ」とも》大和国の地名。いまの奈良県桜井市初瀬町。観音信仰の霊場として有名な長谷寺の門前町。

はっせい[・す]【発声】[名・自サ変]宮中の歌会で、講師が歌を講じたあとを受けて、節を付けて歌を読み上げること。また、その役。

はっせうじん【八笑人】[作品名]「はなごよみはっせうじん」に同じ。

はつせがは【初瀬川・泊瀬川】[枕詞](初瀬川の流れがはやいことから)「早し」にかかる。例「初瀬川はやくのことは知らねども」〈源氏・玉鬘〉

はつせがは【初瀬川・泊瀬川】[歌枕]大和国の川。いまの奈良県桜井市の初瀬を流れる川。佐保川と合流し大和川となる。「二本の杉」が景物。

〈和歌〉**はつせがは…**【初瀬川布留川の辺に二本ある杉年を経てまたも逢ひ見む二本ある杉】〈古今・雑躰・一〇〇九旋頭歌・よみ人しらず〉訳初瀬川のこの古い川のほとりに、二本並んで立っている杉。年月を経ても、ふたたびお会いしたいものです。あの二本の杉のように。

はつせめ【初瀬女・泊瀬女】[名]「初瀬」の里の女性。＝初瀬少女

はつせやま【初瀬山・泊瀬山】[歌枕]大和国の山。いまの奈良県桜井市初瀬にある山。

はつせをとめ【初瀬少女・泊瀬少女】[名]「はつせめ」に同じ。

はっせん【八専】[名]陰暦で、壬子の日から癸亥の日までの十二日間のうち、間日(丑・辰・午・戌の日)を除いた八日間。年に六回あり、雨が多く降るといわれ、嫁取り・売買・造作などを避けた。

はつぞら【初空】[名]❶初めてその季節らしくなった空。❷元日の空。(季—春)

はったい【糗・麨】[名]《近世語》米や麦の新穀を煎り、ひいて粉にしたもの。麦こがし。(季—夏)

はったと[副]「はたと」に同じ。

はつたり【初垂り】[名]製塩で、海水を砂でこしたとき、最初に得られる塩水。一説に、塩を焼く前にくみ取った濃い塩水とも。

はっちん【八珍】[名]八種類の珍味。豪華なごちそう。

はっつけ【磔】[名]《「はりつけ」の促音便》「はりつけ」に同じ。

はっつけばしら【磔柱】[名]《近世語。「はりつけばしら」の促音便》人をののしっていう語。はりつけにされるような悪い人。

はっつけやらう【磔野郎】[名]《近世語。「はりつけやらう」の促音便》男をののしっていう語。はりつけにされるような悪い男。

はつとがり【初鷹狩り・初鳥狩り】[名]小鷹を用いた、秋になって初めて行う鷹狩り。(季—秋)

はつとら【初寅】[名]新年の最初の寅の日。この日、毘沙門天に参詣する習わしがあった。(季—春)

はっとりどはう【服部土芳】[人名](一六五七—一七三〇)江戸中期の俳人。服部家の養子となり、のちに松尾芭蕉に入門。蕉風俳論を体系化した『三冊子』は芭蕉の主張も忠実に記録され、貴重。

はっとりなんくゎく【服部南郭】[人名](一六八三—一七五九)江戸中期の儒学者・漢詩人。最初和歌を学び、柳沢吉保に歌人として召し抱えられた。儒学を荻生徂徠に学んだ。

はっとりらんせつ【服部嵐雪】[人名](一六五四—一七〇七)江戸前・中期の俳人。蕉門十哲のひとり。榎本

其角と江戸蕉門の双璧と称された。著書『其袋』。

はつなり【初生り・初成り】[名]穀物・野菜・果実などがその年はじめてできること。また、そのもの。

はつに【初土】[名]最初に掘った土。上層の土。↔底土・中つ土

はつね【初子】[名]陰暦正月の最初の子の日。この日、宮中では宴や野に行幸を催し、一般では野外に出て小松を引き、若菜を摘んで、不老長寿を願った。→「ねのひ」

はつね【初音】[名]鳥の、その季節に初めて鳴く声。(季―春)

はつね【初音】[作品名]『源氏物語』の二十三番目の巻名。

はつはつ[副]ちょっと。わずかに。かすかに。例「白たへの袖を**はつはつ**見しからに」〈万葉・一一・二四一一〉

はつはな【初花】[名]❶その季節、その年、あるいはその草木に、初めて咲いた花。❷若い女性をたとえていう語。

はつはなぞめ【初花染め】[名]ベニバナなどの「初花①」で染めること。また、そのもの。

はつはる【初春】[名]春の初め。新春。(季―春)

はっぴ【法被・半被】[名]❶禅宗で、僧の座るいすを覆う布。❷武家で、中間などが着用したはんてん。多く、その家の紋などが付いている。❸職人などが着る上着。しるしばんてん。❹能装束のひとつ。武士・鬼神などの役を演じるときに着用する。

はつぶり【半首・半頭】[名]防具の一種。兜や烏帽子の下につけ、顔面の上部と両頰を覆う鉄製の面。→「はんぼほ」

はつほ【初穂】[名]❶その年、最初に実った稲の穂。または、その年最初にできた穀物や野菜、果物など。❷①を神仏や朝廷に奉ること。またその初物。❸その年に初めて食べる物。初物。

はつめい[・す／・なり]【発明】[一][名・自他サ変]❶物事の道理や意味を明らかにすること。例「念仏を行じて、浄土に生じ、大事を**発明す**べしといへり」〈沙石集〉❷工夫。創案。[二][名・形動ナリ]賢いこと。また、そのさま。利発。利口。例「御器用にはあり御**発明**にはあり」〈狂・止動方角〉

はつもとゆひ【初元結ひ】(ハツモトユイ)[名]元服で初めて髪を結ぶために用いるひも。また、元服すること。

はつもみぢ【初紅葉】(ハツモミジ)[名]秋、最初に色づいたもみじ。＝初紅葉葉。(季―秋)

はつもみぢば【初紅葉葉】(ハツモミジバ)[名]《上代は「はつもみちば」》「はつもみぢ」に同じ。

はつゆめ【初夢】[名]大晦日の夜から元旦の朝にかけて見る夢。古くは、節分の夜から立春の朝にかけて見る夢をいった。(季―春)

はつり[名]絹布の類をほぐし、糸として縫い物などに用いるもの。

はつ・る【削る・剝る】[他ラ四]{ら・り・る・る・れ・れ}はぐ。けずる。例「兎を捕らへ皮を**剝りて**」〈霊異記〉

はつ・る[自ラ下二]{れ・れ・る・るる・るれ・れよ}ほどける。ほつれる。例「藤衣**はつるる**糸はわび人の涙の玉の緒とぞなりける」〈古今・哀傷・八四一〉訳→〔和歌〕ふぢごろも…

はづ・る【外る】(ハズル)[自ラ下二]{れ・れ・る・るる・るれ・れよ}❶はみ出る。例「御衣のわざとならずはつかに**はづれ**て出でたる程の匂ひ」〈栄花・一七〉❷離れる。それる。例「急ぎてとらへて、折らむとするほどに、ふと過ぎて**はづれ**たる」〈枕・五月ばかりなどに〉❸及ばない。例「髪のまだ丈には**はづれ**たる末の」〈源氏・野分〉❹ある範囲に入らない。選にもれる。例「一度も御供には**はづれ**ざりしものをとて」〈平家・二・大納言流罪〉

はづれ【外れ】(ハズレ)[名]❶端。果て。❷はしばし。❸(「褄外れ」の略)振る舞い。態度。

はづれはづれ【外れ外れ】(ハズレハズレ)[副]《「はつれはつれ」とも》はしばし。ところどころ。例「けはひなど、**はつれはつれ**聞こえたるもゆかし」〈徒然・一〇五〉

はつを(ハツオ)[名]語義未詳。その年最初に採れた麻、「初麻」か。例「山鳥の尾ろの**はつを**に鏡掛け」〈万葉・一四・三四六八〉

はて【果て】[名]❶**最後**。**結末**。**終わり**。❷(時間的に、ある一定の期間の終わり)㋐(季節・年月・時刻などの)**終わり**。**最後**。㋑**人生の終わり**。**人の最期**。㋒**喪に服する期間の終わり**。また、その時の仏事。多くは**四十九日**、**一周忌**についていう。例「年かはりて、宮の御**はて**も過ぎぬれば、世の中色あらたまりて」〈源氏・少女〉❸(空間的に、ある限界に達すること)**限り**。**さいはて**。**終点**。❹(とくに、人の行く末が悪くなる場合に用いて)**なれのはて**。**末路**。

〔**果ての事**〕「はてのわざ」に同じ。

〔**果ての月**〕❶一年最後の月。十二月の別称。❷四十九日、または一周忌を迎える月。

〔**果ての年**〕「諒闇」の明ける年。

〔**果ての業**〕四十九日または一周忌の仏事。＝果ての事

はて[感]❶戸惑いや意外な気持ちを表す語。はてな。例「**はて**、ひょんな事をおしゃれまする」〈狂言記・抜殻〉❷相手の疑問に答えて説明するときに発する語。それは。例「**はて**、なにがしぢゃによってなにがしと」〈狂・入間川〉

はですがたをんなまひぎぬ【艶容女舞衣】(ハデスガタオンナマイギヌ)[作品名]江戸中期(一七七二初演)の浄瑠璃。竹本三郎兵衛・豊竹応律・八民平七作。大坂でおきた三勝・半七の心中事件に取材した作品。上塩町の段「酒屋の段」がよく上演される。

はては【果ては】[副]ついには。しまいには。最後には。例「ただ人のうちとけさぶらひて、**はては**宴や何やと」〈源氏・宿木〉

はてはて【果て果て】[名]挙げ句のはて。とどのつまり。例「みやび好める人の**はてはて**は、ものきよくもなく」〈源氏・東屋〉

バテレン【伴天連】[名]❶キリスト教が伝来した当時の宣教師・神父に対する呼称。❷キリスト教・キリスト教徒の俗称。

はと【鳩】[名]❶鳥の名。❷紋所の名。①を図案化したもの。

ばとう【撥頭・抜頭】[名]雅楽の曲名。髪を振り乱した、恐ろしい形相の面を着けて、ばちを持ってひとりで舞う。

ばとうくゎんぜおん【馬頭観世音】(バトウカンゼオン)[名](仏教語)六観音のひとつ。ふつう宝冠に馬頭をいただき、三つの顔と八本の腕をもつ姿で、怒りの相を表

す。江戸時代には、とくに馬・旅の守護神として信仰された。

はとのかい【鳩の戒】［名］《近世語》詐欺師。熊野神社の霊験を語っては、鳩の飼料にといって金品をだまし取る者がいたことからというが、諸説ある。

はとのつゑ【鳩の杖】［名］《「鳩杖」の訓読語》握りのところにハトの飾りをつけた杖。ハトは物を食べるときにむせないと考えられたことから、老人にハトの飾りをつけた杖を贈った中国の風習にならった。

はとのめ【鳩の目】［名］《「鳩の目銭」の略》伊勢神宮の賽銭に用いられた、まるい穴の開いた銭。表裏には文字がない。

はとふ・く【鳩吹く】［自カ四］{か・き・く・く・け・け}鳩の鳴き声のような音を出す。猟師が鹿をおびき寄せたり、仲間どうしの合図として用いたりした。（季―秋）

はとり【服部・服織】［名］《「はたおり」の変化形》機を織ること。また、それを職業とする人。

はな【花】［名］❶**植物の花**。平安初期までは多く**梅の花**を、中期以降は**桜の花**を指す。例「梅の木の、つま近くて、いと大きなるを、『これが花の咲かむをりは来むよ』と言ひおきて渡りぬるを」〈更級〉❷**華やかなこと。美しいこと。**例「今の世の中、色につき、人の心、花になりにけるより」〈古今・仮名序〉❸**栄えること。時めくこと。**例「時の花をかざす心ばへにや」〈栄花・八〉❹**うわべだけ美しく、誠実さがないこと。**また、**移ろいやすいこと。**例「霞立つ春日の里の梅の花花に問はむと我が思はなくに」〈万葉・八・一四三八〉❺**露草の花からとった絵の具。藍色。**例「色は花を塗りたるやうに青白にて」〈宇治拾遺・二・一〉❻歌論で意味を「実」というのに対して**表現**をいう。例「古の歌は皆実を存して花を忘れ、近代の歌は花をのみ心にかけて実には目もかけぬから」〈毎月抄〉❼能楽で、**人を引き付ける芸の華やかさ**。例「五十以来まで花の失せざらんほどの為手には、いかなる若き花なりとも、勝つ事はあるまじ」〈風姿花伝〉❽芸人に与える**金銭・祝儀**。例「内証より近づきの芸者に花をとらせ」〈浮・世間胸算用〉

発展学習ファイル　平安中期に、「花」が梅から桜に交替したとされるが、実際には単に「花」といったとき、それが桜の花であるかどうかは、にわかには決まらないので、場面の季節・文脈・歌の詞書などから何の花であるかを吟味する。秋にうつろう「花」であれば菊であるし、香を愛で雪に見立てられる「花」は梅であるし、散るのを惜しむ「花」は桜である。

古語深耕　**歌論の「花」と能楽論の「花」**

歌論では「**花実**」の形で用いられることが多く、一般的には華麗な表現（花）と質実な内容（実）をともに兼ね備えた和歌が理想とされた。ただし、時には花本位、実本位のいずれか一方に比重を置く考え方もみられ、『古今和歌集』は花実相兼であるのに対し、『新古今和歌集』は「花」に傾いているとされる。

連歌論では二条良基が詞の幽玄は「**花香**」であるとの考えを示したが、のちに「花香」は連歌にふさわしい華やかな詞としての意味合いが強まり、「**幽玄**」と対語的に用いられるようになった。

能楽論では世阿弥が良基の説を継いで、美的理念としての「**花**」をさらに深化させた。『風姿花伝』では観客に新鮮な感動を与えるような芸の魅力を「**花**」と呼び、一時的な若さが引き出す魅力を「**時分の花**」、稽古をきわめた役者に備わる真の芸力を「**真の花**」とした。

〔花の兄〕（他の花よりも時期的に早く咲くところから）梅の別名。↔花の弟。（季―春）

〔花の主〕花の咲いた木の持ち主。（季―春）

〔花の甍〕華やかで美しい建物。

〔花の台〕❶萼の別名。❷極楽往生した者が座るとされる蓮の花の台。＝蓮の台

〔花の枝〕花の咲いた木の枝。

〔花の宴〕季節の花を見ながら行う酒宴。花見の宴会。（季―春）。例「八月中の十日のほどに、帝、花の宴し給ふ」〈宇津保・吹上・下〉

古典の世界　**天皇も臨席された「花の宴」**

嵯峨天皇の弘仁三年（八一二）、神泉苑の桜花の宴が始まりとされる。舞楽や詠詩を行うわが国風の華やかな宴で、琴・詩・酒を楽しみ、平安中期には最も盛んに行われた。天皇が主催して内裏の清涼殿や紫宸殿（南殿）で行われることが多かった。また、寛弘三年（一〇〇六）三月四日、藤原道長主催で東三条第で行われた「花の宴」は、豪華な船上での音楽や妓女の舞を伴った盛大なものであった。一条天皇も出御し、道長の娘、中宮彰子も参加している。作文といわれる当日の詠詩は、「水を渡りて落花舞ふ」という詩題で詠まれ、当時の漢詩集『本朝麗藻』に収められている。

『源氏物語』には、「花宴」という華やかな巻があり、それは延喜・天暦ごろの様式にもとづくものといわれるが、紫式部の目には、この寛弘三年の道長邸の花の宴が映っていたことであろう。

〔花の弟〕（他の花より時期的に遅く咲くところから）菊の別名。↔花の兄。（季―秋）

〔花の賀〕花咲くころ行われる賀の祝い。（季―春）

〔花の鏡〕花の影が映った水面を鏡にたとえた語。（季―春）

〔花の陰〕花の咲いている木の下のかげの部分。

〔花の笠〕花が咲き乱れているさまを、笠に見立てていう語。（季―春）

〔花のかたはらの深山木〕《「深山木」は、山奥に生えている木。だれにも賞美されないもののたとえ》すぐれたもののそばにあって、はなはだしく見劣りするもののたとえ。例「頭中将、容貌用意人にはことなるを、〔源氏ト〕立ち並びては、なほ**花のかたはらの深山木**なり」〈源氏・紅葉賀〉

〔花の形見〕花を思い出すきっかけとなるもの。

(季―春)

〔**花の顔**〕《「はなのかんばせ」とも》花の姿。転じて、花のように美しい顔。

〔**花の句**〕花を詠み込んだ句。連句では月の句とともに定座とされ、詠まれる句数や場所が定められた。

〔**花の御所**〕(庭に種々の花を植えたところから)足利義満が京都室町に造った邸宅。のちに室町幕府の政庁。＝室町殿・室町御所

〔**花の衣**〕❶花のように美しい衣服。❷梅の花を鶯の衣にたとえた表現。❸「花染め」の衣。

〔**花の下紐**〕花のつぼみが開くことを下紐がほどけることにたとえていう語。＝花の紐。例「春雨に**花の下紐**いかに解くらん」〈新古今・春上・八四〉

〔**花の雫**〕花についた露。花からしたたり落ちる露。

〔**花の撓ひ**〕花房が垂れ下がっていること。

〔**花の袂**〕❶花のように美しい袂。❷花を袂にたとえた表現。

〔**花の便り**〕❶花が咲いた折。❷花が咲いた知らせ。花だより。

〔**花の常磐**〕花が長く美しく咲いていること。

〔**花の枢**〕花が一面に咲いている状態をとぼそ(扉)にたとえた表現。

〔**花の紐**〕「はなのしたひも」に同じ。

〔**花の父母**〕(草木をうるおし、親のように育てるところから)雨や露のこと。

〔**花の都**〕都の美称。華やかな都。

〔**花の下**〕❶花の咲いている木の下。(季―春)❷鎌倉・室町以降、連歌の宗匠の称号。後土御門天皇が飯尾宗祇に賜り、のち、一時代にひとりだけ朝廷から許されて連歌師の頭領となった。転じて、一般に連歌師を指す。

〔**花の宿**〕花のたくさん咲いている家。花のある宿。(季―春)

〔**花の雪**〕白く咲いている花。また、花が散る状態を雪にたとえた表現。(季―春)

〔**花も実も具す**〕花も実もともにある。また、見た目に美しく、内容もすぐれている。名実相伴う。例「五月待つ花橘、**花も実も具・し**て押し折れるかをりおぼゆ」〈源氏・若菜・下〉

〔**花を散らす**〕❶(風などが)花を舞い飛ばせる。例「**花を散ら・さ**ぬ嵐しなりせば」〈山家集・上〉❷法会の際、仏への供養として、五色の紙で作った蓮華の花びらを撒き散らす。散華する。

〔**花を折る**〕(花を折ってかざすことから)衣服を着飾ったり、容姿を華やかにしたりする。例「**花を折・り**てさうぞきて、いとよしと思へる」〈落窪・三〉

はな【鼻】［名］❶顔にある鼻。❷鼻水。❸《「鼻歌」の略》鼻にかかた小声で歌うこと。また、その歌。❹(「この鼻」の形で)男が自分を指していう語。おれ。

〔**鼻欠く**〕多くの犠牲を払う。大きな損失をする。例「一日のいくさに、**鼻か・き**てけり」〈平治・中〉

〔**鼻びしびしに**〕鼻汁をすすり上げて音を立てるさま。ぐすぐす。例「しはぶかひ**鼻びしびしに**」〈万葉・五・八九二長歌〉訳→〔和歌〕かぜまじり…

〔**鼻を突く**〕主君からとがめを受ける。例「大いに**鼻をつ・か**せ追ひ込みける間」〈太平記・三六〉

はなあはせ【花合はせ】［名］「物合はせ」のひとつ。競技者が左右に分かれ、花(多くは桜)を出し合って、その優劣を競ったり、その花を和歌に詠み合って比べたりする遊び。(季―春)

はなあやめ【花菖蒲】［名］❶アヤメの美称。(季―夏)。❷襲の色目の名。表が白、裏が萌黄。夏の着用。

はないばら【花茨】［名］野バラの花。(季―夏)

〔俳句〕**はないばら…【花茨故郷の路に似たるかな】**〈自筆句帳・蕪村〉訳真っ白な野バラの花が芳しい香りを放って群がり咲いている道。それは、故郷の道にそっくりで、懐かしさとともに郷愁をそそられることだ。(季―花茨―夏)

はないろ【花色】［名］❶花の色。❷薄い藍色。縹色。

はないろぎぬ【花色衣】［名］「はないろごろも②」に同じ。

はないろごろも【花色衣】［名］❶花を衣服に見立てた表現。また、その花の色の衣服。例「山吹の**花色衣**主や誰れ」〈古今・雑躰・一〇一二〉訳→〔和歌〕やまぶきの…。❷《「はないろぎぬ」とも》縹色(薄い藍色)に染めた衣。＝花色衣

はなかいらぎ【花梅花皮】［名］梅の花のような形をした粒状の突起のあるサメ皮。刀の鞘や柄の装飾に用いた。

はなかうじ【花柑子】［名］花の咲いているコウジ(ミカン)の木。

はなかぜ【花風】［名］陰暦三月ごろに、桜の花を散らすように吹く風。

はながたみ【花筐】㊀［名］若菜や花をつみ入れるかご。花かご。㊁［枕詞］(㊀の編み目が並んでいることから)「目並ぶ」にかかる。例「**花筐**目並ぶ人の」〈古今・恋五・七五四〉

はながつみ【花がつみ】［名］《「はなかつみ」とも》水辺に生える草の名。マコモやハナショウブなどの別称というが未詳。和歌では、「かつ」やを導く序詞となることが多い。

はなかづら【花鬘】［名］❶季節の花に糸などを通して作った髪飾り。❷山の上に咲きそろった花を①に見立てていう語。

はながみぶくろ【鼻紙袋】［名］鼻紙・小銭・薬品などを入れる懐中用の布製や革製の小さな袋。

はながら【花殻】［名］❶仏に供えた花で、古くなって不用になった花。❷施しの銭。

はなぐはし【花細し】［枕詞］(花が美しい意から)「桜」「葦」にかかる。例「**花細し**葦垣越しに」〈万葉・一一・二五六五〉

はなぐもり【花曇り】［名］桜が咲くころの、空がどんよりと曇っている状態。(季―春)

はなくやう【花供養】［名］四月八日の「灌仏会」に、種々の花で飾った花御堂をつくり、仏を供養すること。(季―夏)

はなこ【花籠】［名］花かご。＝花筐。(季―春)

はなごころ【花心】［名］(花は、咲いてすぐに散ってしまうことから)移りやすい心。浮気心。

はなごめに【花籠めに】［副］花ごと。花ぐるみ。例

「我がやどの花橘を花ごめに玉にそ我が貫く」〈万葉・一七・三九九八〉

はなごよみはっせうじん【花暦八笑人】ハナゴヨミハッショウジン［作品名］江戸後期（一八〇三から一八四九刊行）の滑稽本。『八笑人』ともいう。初〜四編は滝亭鯉丈作、五編は一筆庵主人・与鳳亭枝成作。会話文とト書きから成り、茶番（落ちを伴う滑稽な寸劇）を中心に、八人ののらくら者（遊民）がくり広げる失敗話をおもしろおかしく描く。

はなごろも【花衣】［名］❶「桜襲」の衣。春に着用した。❷華やかな衣服。❸花見に行くときに着る晴れ着。（季―春）

はなざくら【花桜】［名］❶桜の花。（季―春）。❷襲の色目の名。表は白、裏は青または紅とも。

はなざくらをるせうしゃう【花桜折る少将】ハナザクラオルショウショウ［作品名］『堤中納言物語』所収の短編物語。

〔和歌〕**はなさそふあらしのにはの…**【花さそふ嵐の庭の雪ならでふりゆくものは我が身なりけり】〈新勅撰・雑一・一〇五三・藤原公経〉《百人一首・入道前太政大臣》訳花を誘って散らせる嵐の吹く庭の降りゆく花吹雪ではなくて、古りゆくものは私の身であったことだ。

〈参考〉「ふり」は「降り」と「古り」との掛詞。

〔和歌〕**はなさそふひらのやまかぜ…**【花さそふ比良の山風吹きにけり漕ぎゆく舟の跡見ゆるまで】〈新古今・春下・一二八・宮内卿〉訳桜の花をさそって散らせる比良の山風が吹いたのだな。漕いでゆく舟の通った跡がくっきりと見えるほどに、湖面に花が散り浮かんで。

はなししゅう【話衆・咄衆】［名］安土・桃山時代以来の職制。将軍・大名の側近くに仕えて話し相手をした者。

はなしづめのまつり【花鎮めの祭り】ハナシズメノマツリ［名］陰暦三月の桜の花が散るころに、疫病の流行を鎮めるため、神祇官が、大和（奈良県）の大神・狭井の二神を祭った儀式。鎮花祭。（季―春）

はなしぼん【噺本】［名］江戸時代の小説の一形態。「軽口咄」「落とし咄」などの短い笑話集。

はなしめしうど【放し召人】ハナシメシュウド［名］武家時代の刑罰のひとつ。刑具を用いずに、一定の場所に拘置した刑。また、その受刑者。＝放ち召人

はなしめぬき【放し目貫】［名］刀の柄の目釘の上に何も巻かないもの。目貫に施した彫刻の美しさを見せる、礼式用の意匠。

はなじろ【・なり】【鼻白】［形動ナリ］｛なら・なり(に)・なり・なる・なれ・なれ｝❶鼻と鼻を突き合わせるさま。出会いがしら。例「はなじろ・にはたと行き合うたり」〈浄・曾我扇八景〉❷気おくれするさま。例「滝口が小股をかいて、はなじろ・におしすゑたり」〈曾我・一〉

はなじろ・む【鼻白む】［自マ四］｛ま・み・む・む・め・め｝気おくれしてとまどう。例「さての人々は、みな臆しがちにはなじろ・める多かり」〈源氏・花宴〉

はなすすき【花薄】一［名］❶穂の出たススキ。（季―秋）。❷襲の色目の名。表は白、裏は薄縹色。秋の着用。二［枕詞］（ススキの「穂」と同音の「ほ」を含むことから）「ほに出づ」「ほのか」にかかる。例「花薄ほのかに見てぞ」〈拾遺・恋二・七三二〉

はなすすり【洟啜り】［名］❶鼻汁をすすること。❷すすり泣き。

はなずり【花摺り】［名］萩や露草などの花を衣に摺りつけて、色を染めること。また、その衣服。

はなずりごろも【花摺り衣】［名］「花摺り」で染めた衣服。

はなぞのてんわう【花園天皇】ハナゾノテンノウ［人名］（一二九七〜一三四八）第九十五代天皇。父は伏見天皇。藤原為兼に和歌を学び、京極風を維持。後年南北朝の騒乱など波乱の多い中、『風雅和歌集』など勅撰集や私撰集に百五十首あまり残す。

はなぞめ【花染め】［名］露草の花の汁で染めること。また、その染めたもの。色がさめやすいことから、移ろいやすいものにたとえられる。

はなぞめごろも【花染め衣】［名］「花染め」にした衣服。

はなだ【縹】［名］❶「縹色」の略。❷襲の色目の名。表も裏も薄い藍色。❸《女房詞》海鼠。

はなだいろ【縹色】［名］薄い藍色。花色。浅葱色。＝縹①

はなたちばな【花橘】［名］❶花の咲いているタチバナ。和歌ではホトトギスと取り合わされることが多い。（季―夏）。例「宿りせし花橘も枯れなくになどほととぎす声絶えぬらむ」〈古今・夏・一五五〉❷襲の色目の名。表は朽ち葉色で裏は青。夏の着用。

はなだのにょうご【はなだの女御】［作品名］『堤中納言物語』所収の短編物語。

はなちあ・ぐ【放ち上ぐ】［他ガ下二］｛げ・げ・ぐ・ぐる・ぐれ・げよ｝声を高らかにはりあげる。例「歌をぞ放ちあ・げてうたはせたまふ」〈栄花・一〇〉

はなちいで【放ち出で】寝殿・母屋などに続けて外へ建て増した形で建てた建物。➡［古典参考図］建築〈3〉

はなちがき【放ち書き】［名］文字をつなげて書く連綿体に対して、一字一字を独立させ離して書く書き方。とくに、幼い筆跡のさまにいう。「かの御放ち書きなむ、なほ見たまへまほしき」〈源氏・若紫〉

はなちがみ【放ち紙】［名］「日給の簡」の名の下に、午・未などと、当番の日付を書いてはる紙。

はなちごま【放ち駒】［名］《「はなちごま」とも》放し飼いの馬。

はなちつかは・す【放ち遣はす】ハナチツカワス［他サ四］｛さ・し・す・す・せ・せ｝《「放ち遣る」の尊敬語》（目上の者が命令して）追放して遠方にお行かせになる。例「遠く放ちつかは・すべき定めなどもはべるなるは」〈源氏・須磨〉

はなちどり【放ち鳥】［名］❶羽を切って池などに放し飼いにした水鳥。❷追善などのため、飼っている鳥を放してやること。（季―秋）

はなちや・る【放ち遣る】［他ラ四］｛ら・り・る・る・れ・れ｝遠くへ追放する。例「そこを放ちや・りては、我はあるべくもあらず」〈宇津保・蔵開・下〉

〔和歌〕**はなちらす…**【花散らす風の宿りは誰か知る我に教へよ行きて恨みむ】〈古今・春下・七六・素性〉訳花を散らす風の宿る場所をどなたか知っていますか。もし知る人がいたら私に教えておくれ。そこへ行って恨みごとをいおう。《係結び》「か→知る㊤」

はなちるさと【花散里】［人名］『源氏物語』の登場人物。源氏の恋人。決して美人ではなかったが、その心根の優しさ、細やかさから、夕霧の養育や玉鬘の後見を任された。姉は桐壺の帝の女御。

はなちるさと【花散里】［作品名］『源氏物語』の十一番目の巻名。

〔俳句〕**はなちるや…【花散るや伽藍の枢落とし行く】**〈猿蓑・凡兆〉訳境内の桜の花が静かに散っている夕暮れ時、僧がお堂の扉を次々に閉め、枢をゴトンと落としていく。（季―花散る―春）

はな・つ【放つ・離つ】［他タ四］{た・ち・つ・つ・て・て}（束縛を解き、離れた所へ自由に行かせる意）❶（多く、打消の語を伴って）**離す**。例「御衣はまことに身は**な・た**ず」〈源氏・須磨〉❷**取り外す**。**はがす**。例「物見ける衣被きの、寄りて（琵琶ノ柱ヲ）**放・ち**て」〈徒然・七〇〉❸（上代語）**壊す**。**崩す**。例「田のあ（＝畔）を**離・ち**、溝を埋むは」〈記・上〉❹**遠ざける**。**追いやる**。例「風に**放・た**れて、かの嶋に行きたりければ」〈今昔・二六・九〉❺**追放する**。**職を解く**。例「北面を**放・た**れにけり」〈徒然・九四〉❻（多く「はなちて」の形で副詞的に用いて）**除く**。例「中納言を**放・ち**て、みな、御供にまでで給ふ」〈宇津保・蔵開・下〉❼**手放す**。**売り払う**。例「これ（＝赤子）人に**放・た**む」〈大鏡・序〉❽**解放する**。（動物などを）**放す**。❾（格子や戸などを）**開け放す**。（家具などを）**取り払う**。❿（光や声、火などを）**発する**。⓫（矢を）**射る**。**発射する**。

はなつき［・なり］【鼻突き】［名・形動ナリ］（「はなづき」とも）❶（鼻と鼻をつき合わせることから）出会いがしら。＝鼻白。例「（資盛朝臣）殿下の御出に、**はなづき・に**参りあふ」〈平家・一・殿下乗合〉❷突然である。例「**はなつき・に**すこし吹き出だされたりける程に」〈宇治拾遺・四・四〉

はなづくえ【花机】［名］仏前にすえて経や仏具・花などを載せる机。足に花形の彫刻がされている。

はなつづま【花つ妻】［名］（「つ」は上代の格助詞）「はなづま❶」に同じ。

はなづま【花妻】［名］❶花のように美しい妻。新婚の妻。＝花つ妻。❷萩の花。鹿が萩を好むことから、鹿の妻に見なしていう。

はなつみ【花摘】［作品名］江戸前期（一六九〇成立）の俳諧句文集。其角編。亡母命日にあたり、宗祇の日次発句にならって追悼の百句を思い立ちつづった句日記。自身の句のほか、芭蕉・曾良らとの歌仙や、去来らの俳文なども多数収録している。

はなづら【糜・牛糜】［名］「はななは」に同じ。

はなとり【花鳥】［名］花や鳥。

〔**花鳥の使ひ**〕「くゎてうのつかひ」に同じ。

はななは【鼻縄】［名］牛の鼻につける縄。鼻綱。＝糜

はなにほひ【花匂ひ】［名］花が照り映えるような、美しいようす。例「向かつ峰の上の**花にほひ**照りて立てるは愛しき誰が妻」〈万葉・二〇・四三九七〉

はなの【花野】［名］花が多く咲いている野原。とくに、萩などの咲いている秋の野。（季―秋）

〔和歌〕**はなのいろは…【花の色は移りにけりないたづらに我が身世にふるながめせしまに】**〈古今・春下・一一三・小野小町〉（百人一首）訳花の色は色あせてしまったことよ。むなしく私が世を過ごしもの思いにふけっているうちに、長雨が降り続いて。〈参考〉「ふる」は「経る」と「降る」の、「ながめ」は「眺め」と「長雨」の掛詞。花の色の移ろいと我が身の衰えとの、二重の文脈を形成している。

〔和歌〕**はなのうへに…【花の上にしばしうつろふ夕づく日入るともなしに影消えにけり】**〈風雅・春中・一九九・永福門院〉訳桜の花の上に少しの間照り映えている夕日は、いつ沈んだというわけでもなくその光が消えてしまったよ。

はなのえん【花宴】［作品名］『源氏物語』の八番目の巻名。

〔和歌〕**はなのきも…【花の木も緑にかすむ庭の面にむらむら白き有り明けの月】**〈雪玉集・三条西実隆〉訳桜の木も緑にかすんでいる庭の表に、まだらに白く照らしている月の光よ。

〔俳句〕**はなのくも…【花の雲鐘は上野か浅草か】**〈続虚栗・芭蕉〉訳深川の草庵から遠く見渡せば、桜の花が咲き連なって、薄紅色の雲のようだ。その雲の彼方から聞こえてくる鐘の音は、上野の寛永寺か、それとも浅草の浅草寺の鐘であろうか。（季―花の雲―春）

はなは【塙】［名］山の突き出した所。また、土の盛り上がった小高い所。

はなはだ【甚だ】［副］❶とても。非常に。例「今日、風、雲の気色**はなはだ**悪し」〈土佐〉❷（下に打消の表現を伴って）全然。例「天地の神も**はなはだ**我が思ふ心知らずや」〈万葉・一三・三二五〇〉

発展学習ファイル 中古には、おもに漢文訓読体の文に用いられ、和文では「**いと**」「**いたく**」「**いみじく**」が用いられた。

はなばちす【花蓮】［名］ハスの花。または、花の咲いているハス。

〔和歌〕**はなはちり…【花は散りその色となくながむればむなしき空に春雨ぞ降る】**〈新古今・春下・一四九・式子内親王〉訳桜の花はすっかり散り、とくに眺めるものもなく、ぼんやりともの思いに沈んで外に目をやっていると、見るべきものもない空にただ春雨ばかりが降っているよ。〈参考〉「色」は物の意で、「花」の縁語。（係結び）「ぞ」→降る㊍

はなばな・し【花花し・華華し】［形シク］{（しから）・しく/しかり・し・しき/しかる・しけれ・しかれ}華やかである。派手だ。例「色このむ男にて、**花々・しき**事をなん好みけるが」〈春雨物語〉

はなばなと【花花と・華華と】［副］華やかに。派手に。例「御顔はことさらに染めにほはしたらむやうに、いとをかしく**はなばなと**して」〈源氏・総角〉

〔和歌〕**はなはねに…【花は根に鳥はふるすにかへるなり春のとまりを知る人ぞなき】**〈千載・春下・一二二・崇徳院〉訳春がゆくと、花は根に、鳥は古巣に帰ると聞く。しかし、春が行きつく所を知っている人はだれもいない。

はなはほきのいち【塙保己一】［人名］（一七四六～一八二一）（「はなはほきいち」とも）江戸後期の国学者。賀茂真淵に入門。『史料』編纂の幕命を受け、『六国史』に続く国史を編成した。日本の古書を集録、合刻した『群書類従』も企画した。

はな・ひる【嚔ひる】[自ハ上一]{ひ・ひ・ひる・ひるる・ひれ・ひよ}《上代は上二段活用「はなふ」》くしゃみをする。例「鼻・ひたる時、かくまじなはねば死ぬるなり」〈徒然・四七〉

はな・ふ【嚔ふ】[自ハ上二]{ひ・ひ・ふ・ふる・ふれ・ひよ}《上代語。中古以降は「はなひる」で上一段活用》くしゃみをする。例「眉根掻きはな・ひ紐解け」〈万葉・一一・二八〇八〉

はなぶさざうし【英草紙】[作品名]江戸中期(一七四九刊行)の読本。都賀庭鐘作。九編の怪奇談を収める。中国の白話小説(俗語体小説)を、『太平記』などの軍記物語の世界へ翻案した話が多い。上田秋成ら後代の読本作者に多大な影響を与えた。

はなまじろき【鼻まじろき】[名]鼻をひくつかせること。心中では小ばかにしたり、従う気持ちがなかったりしたときに、ふんと鼻であしらうこと。

はなむけ【餞・贐】[名]「餞(うまのはなむけ)」の略。

はなむすび【花結び】[名]ひもなどを花の形に結んだもの。多く、衣服や調度などの飾りとして用いた。

はなめ・く【花めく・華めく】[自カ四]{か・き・く・く・け・け}❶華やかになる。例「人々参り集まりて、さうぞき花め・きたる」〈落窪・四〉❷もてはやされる。栄える。例「時にあひはなめ・かせ給ふ后おはしましけり」〈唐物語〉

はなもちり…【花も散り人も都へ帰りなば山寂しくやならんとすらん】〈山家集・上・西行〉訳桜の花も散り、花見に来た人々も都へ帰ってしまったならば、この山はもとどおり寂しくなってしまうのだろうか。（和歌）

はなもの【花物】[名]花のように移ろいやすいもの。

はなもみぢ【花紅葉】[名]花や紅葉。春秋の自然の美しさをいう語。

（俳句）**はなもりや…**【花守や白き頭をつき合はせ】〈薦獅子集・去来〉訳満開の桜の下、花守の老人たちが白髪頭をくっつけ合わせて、何やら話しこんでいることだ。（季－花守－春）

はなやか［・なり］【花やか・華やか】[形動ナリ]{なら・なり(に)・なり・なる・なれ・なれ}《「やか」は接尾語》❶(光や色彩などが)明るく美しいさま。例「夕日のいとはなやか・にさしたるに」〈更級〉❷くっきりと美しい。あでやかだ。例「姿つき、もてなし、いささかはづれて見ゆるかたはらめ、はなやか・にきよげなり」〈紫式部日記〉❸(声や物音が)高らかだ。はれやかだ。例「上に待ちとる御琴どもの調べ、いとはなやか・に搔きたてて」〈源氏・胡蝶〉❹(香や物のにおいなどが)強烈だ。例「薫き物の匂ひのはなやか・なれば」〈古本説話集〉❺きらびやかだ。はでだ。例「聟に取ってはなやか・にもてなされければ」〈平家・一・殿上闇討〉《音便》「取っ」は「取り」の促音便。❻にぎやかだ。陽気だ。例「はなやか・なりしあたりも人住まぬ野らとなり」〈徒然・二五〉

はなや・ぐ【花やぐ・華やぐ】[自ガ四]{が・ぎ・ぐ・ぐ・げ・げ}❶華やかによそおう。陽気に振る舞う。栄える。例「かつは籠りゐたるたまひしを、とり返しはなや・ぎたまへば」〈源氏・澪標〉❷もてはやされる。

はなゆ【花柚】[名]ユズの一種。花や実の皮などを刻んで、吸い物や酒に入れる。（季－夏）

（俳句）**はなよりも…**【花よりも団子やありて帰る雁】〈犬子集・貞徳〉訳人々が待ち望んだ花開く季節になったというのに雁が北へと帰っていく。「花より団子」というが、花には目もくれない雁たちの帰る先にはさぞかしうまい団子が待っているのだろう。（季－花・帰る雁－春）

はなり【放り】[名]「髫髪放り」の略。

はなりそ【離り磯】[名]「はなれそ」に同じ。

はなりのかみ【放りの髪】[名]「うなゐはなり」に同じ。

はな・る【離る・放る】一[自ラ四]{ら・り・る・る・れ・れ}《上代東国方言か》離れる。隔たる。例「愛しけ真子が手離・り島伝ひ行く」〈万葉・二〇・四四一四〉
二[自ラ下二]{れ・れ・る・るる・るれ・れよ}❶一に同じ。例「我は少し離・れたるところに渡りぬれば」〈蜻蛉・中〉❷別々になる。例「(乳母ハ)境にて子生みたりしかば、はな・れてべちに上る」〈更級〉❸(夫婦や恋人・親子などが)離別する。例「千年万年とちぎれども、やがてはな・るる中もあり」〈平家・一・祇王〉❹(苦しみや疑いなどから)解き放たれる。例「もの思ひ離・れぬ身にて」〈源氏・若菜・下〉❺(家畜などが)逃げる。自由になる。例「官人章兼が牛(＝牛車カラ)はな・れて」〈徒然・二〇六〉❻(官職などを)解かれる。退任する。例「大将離・れて歎くこと侍りける」〈新古今・雑中・一七四八詞書〉❼(格子や戸などが)開く。例「とかう探りたまふに、離・るる所もありけり」〈狭衣・二〉

〔離れぬ仲〕血縁関係。切っても切れない間柄。

はなれうま【放れ馬】[名]綱や柵から放れている馬。

はなれごま【放れ駒】[名]「はなれうま」に同じ。＝放れ駒

はなれそ【離れ磯】[名]《「はなれいそ」の変化形》陸から離れて海上に突き出ている磯。＝離り磯

はなわけごろも【花分け衣】[名]花の咲く野山を分け行くときに着る衣服。

はなゑみ【花笑み】[名]花が咲くこと。また、花が咲いたような、華やかな笑み。

はに【埴】[名]きめの細かい赤黄色の粘土。染料や陶器などに用いた。＝真赤土

はにし【土師】[名]《「はじ」とも》上代、埴輪などの土器を作ることをつかさどった人。のちに葬祭・陵墓などの管理をするようにもなり、氏族となった。

はにふ【埴生】[名]❶「埴」のある土地。また、埴。❷「埴生の小屋」の略。

―**埴生の小屋**土で塗っただけの粗末な家。＝埴生②

はにやすのいけ【埴安の池】[地名]大和国の池。いまの奈良県橿原市の香具山の西北にあったとされる池。

はにゅう【埴生】歴史的かなづかい「はにふ」

はにわ【埴輪】[名]古墳の周囲に置かれた粘土製の焼き物。人・馬・家屋などをかたどったもの。

は・ぬ【跳ぬ・撥ぬ・刎ぬ】一[自ナ下二]{ね・ね・ぬ・ぬる・ぬれ・ねよ}❶飛び上がる。跳ね上がる。例「熊谷は馬の太腹射させてはぬれば」〈平家・九・一二之懸〉❷飛び散る。はじける。例「さあさあ皆さまは・ねます」〈浮世風呂〉❸芝居など、その日の興行が終わる。
二[他ナ下二]❶勢いよく上げる。例「漕ぎ来る船沖つ櫂いたくなは・ねそ」〈万葉・二・一五三長歌〉❷首などを切る。❸人の取り分の一部分をかすめ取る。❹拒絶する。

例「そんな阿呆ぬかす客は、**撥・ねて撥・ね散らかせ**」〈浮・傾城禁短気〉

-はね【刎】[接尾]兜を数えるのに用いる。例「鎧一領に兜一刎」〈謡・碇潜〉

はね【羽・羽根】[名]❶鳥の羽毛、または翼。❷ムクロジの種子に穴をあけ、色を付けた羽毛を差し込んだもの。羽子板でついて遊ぶ。

〔**羽を交はす**〕鳥が互いに羽を重ね合わせる。転じて、男女間の愛情の深さを表す。例「**はねをかは・し**枝をつらぬる契りの末も、終にはかくのごときと」〈おくのほそ道・末の松山〉

〔**羽を垂る**〕頭を低く下げる。降伏して従順に振る舞うさまにいう。例「父子十騎ばかり**羽をた・れて**、鎌倉殿へぞまゐりける」〈古活字本平治・下〉

〔**羽を並ぶ**〕❶（雌雄二羽の鳥が常に一緒にいることから）男女の間柄がこまやかなことのたとえ。❷臣下が力を合わせて天子を補佐することのたとえ。

はねうまのしゃうじ【跳ね馬の障子】[名]跳ね馬の絵が描いてある衝立の障子。清涼殿の西側の渡殿にあった。＝馬形の障子

はねがき【羽掻き】[名]（「はがき」とも）鳥がくちばしで羽づくろいすること。一説に、鳥のはばたき。

はねか・く【羽掻く】[自カ四]{か・き・く・く・け・け}羽づくろいする。一説に、はばたく。多く鴫にいう。例「百羽がき**羽か・く**鴫も我がごとく」〈拾遺・恋二・七二四〉

はねかづら【はね蘰】[名]古代の髪飾りの一種。大人になりたての少女が着けた。

はねき・る【羽霧る】[自ラ四]{ら・り・る・る・れ・れ}鳥が羽ばたいて水を跳ね上げる。例「鴨もそ**はね霧・る**己が尾に降り置ける霜を払ふとにあらし」〈万葉・九・一七四四旋頭歌〉

はねぎ・る【跳ねぎる・撥ねぎる】[自ラ四]{ら・り・る・る・れ・れ}忙しく飛び回る。はしゃぐ。例「『明日の臨時の祭りに、三の君に見せたてまつらむ、蔵人の少将の渡りたまふを』と、北の方**はねぎ・り**居るを」〈落窪・二〉

はねず[名]植物の名。初夏に赤い花をつける。ニワウメ・ニワザクラ・モクレンなど諸説あるが未詳。

はねずいろ【はねず色】[名]「はねず」の花のような赤い色。

はねずいろの【はねず色の】[枕詞]（「はねず」の花で染めた色は褪せやすいところから）「移ろひやすし」にかかる。例「**はねず色の**うつろひ易き我が心かも」〈万葉・四・六五七〉

はねもの【跳ね者】[名]《近世語》とっぴな言動をする人。軽率な人。おっちょこちょい。

はのじ【巴の字】[名]❶（巴の篆書体の字形から）回転や曲折を繰り返すさま。❷（水に杯を流すと巴の字に回ることから）曲水。また、曲水の宴。

はは【母】[名]母親。親のうち女性の方。

〔**母の命**〕母の敬称。母上。

〈川柳〉**ははおやは…【母親はもったいないがだましよい】**〈柳多留・初〉訳母親は頼めば何とかいうことを聞いてくれる。恐れ多いが、子供にとってはだましやすい存在だ。

ははか【朱桜】[名]桜の一種。ウワミズザクラの別称。カニワザクラ、またカバノキとも。

はばかり【憚り】[名]❶恐れ慎むこと。遠慮。恐縮。❷差し障り。支障。

はばかりながら【憚りながら】[副]恐れ多いが。無遠慮なことだが。

はばか・る【憚る】{ら・り・る・る・れ・れ}一[自ラ四]❶（「行き憚る」「い行き憚る」などの形で）**行くことをためらう。行き悩む。**例「富士の嶺を高み恐み天雲もい行き**はばか・り**たなびくものを」〈万葉・三・三二一〉❷**全体に広がる。いっぱいになる。はびこる。**例「一間に**憚・る**ほどの物の面出で来て」〈平家・五・物怪之沙汰〉二[他ラ四]（人の目などを）**気にする。気がねする。遠慮する。**例「無礼をもえ**はばか・らず**、かくらうがはしき方に案内申しつるなり」〈大鏡・道兼〉《副詞の呼応》「え」→「はばからず」。《敬語》「案内申しつる」→「まうす」

ははき【帚・箒】[名]ほうき。

はばき【鎺】[名]「鎺金」の略。

はばき【脛巾・半履・行纏】[名]（「脛巾裳」の略）外出の際にすねに巻きつける布。後世の脚絆。
↓[古典参考図]武装・武具〈2〉

はばきがね【鎺金・脛巾金】[名]（脛巾を履いたような形であることから）刀や槍の鍔元にはめて、刀が鞘走らないように止めておく金具。＝鎺

ははきぎ【帚木】[名]❶草の名。ホウキグサの古名。乾燥させてホウキにする。（季‐夏）。❷信濃国園原に生えていたという伝説上の木。遠くからは見えるが、近づくと見えなくなってしまうという「帚木（ほうき）」に似た木。遠くから見えても近づいて触れることができないことや、見せかけだけで実のないことのたとえなどに用いる。また、「母」をかけることもある。

ははきぎ【帚木】[作品名]『源氏物語』の二番目の巻名。

ははきさき【母后】[名]（「ははぎさき」「ははきさい」「ははぎさい」とも）母である后。

ははきたのかた【母北の方】[名]母である「北の方」。母で、父には正妻に当たる人。

ははくそ【黒子】[名]（「ははくろ」とも）ほくろ。

ははこ【母子】[名]「母子草」の略。

ははこぐさ【母子草】[名]草の名。「春の七草」のひとつ。＝御形・母子。（季‐春）

ははごぜん【母御前】[名]（「ははごぜ」とも）母の敬称。母上。お母様。

ははこもちひ【母子餅】[名]「母子草」の葉を交ぜた餅。陰暦三月三日に作った。（季‐春）

ははしろ【母代】[名]母親代わり。

ははそ【柞】[名]コナラ、またはナラやクヌギなどの総称。紅葉が美しく、佐保山が有名。和歌では「母」をかけることが多い。（季‐秋）。例「佐保山の**柞**の紅葉よそにても見む」〈古今・秋下・二六六〉

ははそのもり【柞の森】[歌枕]山城国の森。いまの京都府相楽郡精華町祝園にある。紅葉の名所。

ははそはの【柞葉の】[枕詞]（「ははそばの」とも）「はは」という同音の繰り返しから「母」にかかる。例「**ははそ葉の**母の命は」〈万葉・二〇・四四〇八長歌〉

ははそはら【柞原】[名]「柞」が群生する原。また、「柞」の林。

ははとじ【母刀自】[名]母の敬称。母上。

ははみや【母宮】[名]母である皇女や女王。

ははや【羽羽矢】[名]語義未詳。羽が広く大きな矢の意か。

ばはん【八幡】[名]（「倭寇」の船の旗に書かれた「八幡」の文字を、中国明の人が「ばはん」と読んだことから）❶「倭寇」の別称。❷国禁を犯して海外に密航し、貿易を行うこと。❸「八幡船」の略。

ばはんせん【八幡船】[名]（「ばはんぶね」とも）「倭寇」の船。また、海賊船や密貿易船。＝八幡

はひ【灰】[名]物の燃焼後に残る粉状のもの。灰。

〔**灰後る**〕紫の色がさめる。染色で、紫を鮮やかにするために発色剤として加えたツバキの灰の気がぬけて、色があせる。＝灰返る。例「紫の紙の年経にければ灰おく・れ古めいたるに」〈源氏・末摘花〉

〔**灰返る**〕「はひおくる」に同じ。

〔**灰差す**〕染色で、紫色の発色をよくするためにツバキの灰を加えること。例「はひさ・し染むる藤ぞうれしき」〈宇津保・春日詣〉

〔**灰になる**〕燃え尽きて灰になる。茶毘に付される。また、価値がなくなる。例「灰にな・りたまはむを見たてまつりて、今は亡き人とひたぶるに思ひなりなん」〈源氏・桐壺〉

はひ【蔤】[名]蓮の地下茎。蓮根。

〔俳句〕**はひいでよ…**【這ひ出でよ飼屋が下の蟾の声】〈おくのほそ道・尾花沢・芭蕉〉訳『万葉集』の歌のように、蚕飼をする飼屋の床下で鳴いているヒキガエルよ。そんな所で忍んで鳴いていないで、こちらに這い出して来いよ。（季－飼屋－夏）

〈参考〉「朝霞かひやが下の鳴くかはづしのびつつありと告げむ児もがも」〈万葉・一六・三八一八〉などを踏まえる。『万葉集』の「かひや」については諸説があるが、この句では、養蚕の小屋の意として用いている。

はひいり【這ひ入り】[名]「はひり①」に同じ。

はひい・る【這入る】[自ラ四]{ら・り・る・る・れ・れ}はって中に入る。はうようにそっと入る。

はひうら【灰占・灰卜】[名]火桶の灰や灰中の埋み火をかくなどして吉凶を占うこと。また、その占い。灰占い。

はひおほと・る【延ひおほとる】[自ラ四]{ら・り・る・る・れ・れ}草木がのび放題に乱れはびこる。例「蓬莱(＝草ノ名)に延ひおほと・れる屎葛絶ゆることなく宮仕へせむ」〈万葉・一六・三八五五〉

はひかか・る【這ひ掛かる】[自ラ四]{ら・り・る・る・れ・れ}はってまつわりつく。例「ただ笑ひに笑ひて、二の宮に這ひかか・り給へば」〈宇津保・国譲・下〉

はひかく・る【這ひ隠る】[自ラ下二]{れ・れ・る・るる・るれ・れよ}はうように逃げて身を隠す。例「女君、例の、這ひ隠・れてとみにも出でたまはぬを」〈源氏・若紫〉

はびこ・る【蔓延る】[自ラ四]{ら・り・る・る・れ・れ}（上代は「ほびこる」）❶草木が一面にのび広がる。❷広まる。蔓延する。❸勢力を伸ばす。勢いが盛んになり、栄える。例「一類天下にはびこ・りて」〈太平記・一〉

ばひしらが・ふ【奪ひしらがふ】[自ハ四]{は・ひ・ふ・ふ・へ・へ}（「ばひ」は「うばひ」の変化形。「しらがふ」は争って…する意の接尾語）争って奪う。互いに奪い合う。例「羅刹(＝鬼)奪ひしらが・ひて、これを破り食ひけり」〈宇治拾遺・六・九〉

はひたもとほ・る【這ひ徘徊る】[自ラ四]{ら・り・る・る・れ・れ}（「はひもとほる」とも）はい回る。例「みどり子の這ひたもとほ・り」〈万葉・三・四五八〉

はひで【這ひ出】[名]（近世語）いなかから都会に出てきたばかりであること。また、その人。

ばひと・る【奪ひ取る】[他ラ四]{ら・り・る・る・れ・れ}（「うばひとる」の変化形）むりやり取り上げる。奪い取る。例「〔隠シタ和歌ヲ〕奪ひ取・りて返ししたり」〈蜻蛉・上〉

はひの・る【這ひ乗る】[自ラ四]{ら・り・る・る・れ・れ}はい上がるようにして乗る。かじりついて乗る。例「赤駒に倭文鞍うち置き這ひ乗・りて」〈万葉・五・八〇四長歌〉

はひひろご・る【這ひ広ごる】[自ラ四]{ら・り・る・る・れ・れ}（つる草などが）はい伸びて広がる。例「野辺に生ふる葛の這ひひろご・り」〈古今・仮名序〉

はひぶし【這ひ臥し】[名]腹部を下に伏すこと。

はひまぎ・る【這ひ紛る】[自ラ下二]{れ・れ・る・るる・るれ・れよ}こっそり隠れる。人目を忍ぶ。例「思ひ離れず這ひ紛・れたまふべき」〈源氏・藤裏葉〉

はひまじ・る【這ひ交じる】[自ラ四]{ら・り・る・る・れ・れ}（つる草などが）はいのびて他の植物に絡みつく。はって交じり合う。例「心とどめとりわき植ゑたまふ竜胆、朝顔の這ひまじ・れる籬も」〈源氏・野分〉

はひまつは・る【這ひ纏はる】[自ラ下二]{れ・れ・る・るる・るれ・れよ}（つる草などが）はいのびて巻きつく。例「朝顔のこれかれに這ひまつは・れて」〈源氏・朝顔〉

はひもとほ・る【這ひ徘徊る】[自ラ四]{ら・り・る・る・れ・れ}「はひたもとほる」に同じ。

はひもとほろ・ふ【這ひ徘徊ろふ】[自ハ四]{は・ひ・ふ・ふ・へ・へ}（上代語。動詞「這ひ徘徊る」の未然形＋上代の反復・継続の助動詞「ふ」＝「はひもとほらふ」の変化形）はい回っている。例「稲幹に這ひもとほろ・ふ野老蔓」〈記・中・歌謡〉

はひり【這入り】[名]（「はひいり」の変化形）❶家の入り口。❷非常に狭いこと。例「さらでだにいぶせきはひりの小屋」〈醒睡笑〉

はびろ【葉広】[名]葉が大きいこと。また、その草木。

はひわた・る【這ひ渡る】[自ラ四]{ら・り・る・る・れ・れ}❶ずっとはって伸びる。伝って伸びる。❷はうようにそっと行く。こっそり行く。例「物のそばより、ただ這ひわた・りたまふ」〈源氏・野分〉❸（近い距離を）車などを用いず、歩いて行く。気軽に行く。例「ゆくりもなく軽らかに這ひ渡・りたまへり」〈源氏・常夏〉

は・ふ【這ふ・延ふ】[自ハ四]{は・ひ・ふ・ふ・へ・へ}❶姿勢を低くし、両手足を使って進む。うつぶせの姿勢で動く。❷つるや根が伝いのびる。はびこる。❸（「行く」をおとしめていう語）うろつく。例「如何にも覚ぼさんままに、は・ふ方へは・ひ給へとて」〈盛衰記・四六〉

は・ふ【延ふ】[他ハ下二]{へ・へ・ふ・ふる・ふれ・へよ}❶ひも状の物をのばす。張りめぐらす。例「磯の上のつまま(＝タブノ木)を見れば根を延・へて」〈万葉・一九・四一五九〉❷思いを寄せる。心をはせる。例「谷狭み峰辺に延へる玉葛〔ノヨウニ〕延・へてしあらば」〈万葉・一二・三〇六七〉

ば・ふ【奪ふ】[他ハ四]{は・ひ・ふ・ふ・へ・へ}（「うばふ」の変化形）うばう。無理に取る。例「いと心づきなしと思ぼせど、ありしやうにも〔文ヲ〕奪・ひたまはず」〈源氏・夕霧〉

はぶき【羽振き】[名]はばたき。羽を震わせること。

はぶきかく・す【省き隠す】[他サ四]{さ・し・す・す・せ・せ}（人の

欠点などを）あえて秘密にする。例「他人の言ひおとしめむをだに省き隠したまへ」〈源氏・若菜・下〉

はぶきす・つ【省き捨つ】［他タ下二］{て・て・つ・つる・つれ・てよ}取り除いて捨てる。例「あながちに人の譏りあらむことは**はぶきすて**」〈源氏・夕霧〉

はぶ・く【羽振く】［自カ四］{か・き・く・く・け・け}羽をばたばた動かす。羽ばたく。例「**羽振き**鳴く鴫誰が田にか住む」〈万葉・一九・四一四一〉

はぶ・く【省く】［他カ四］{か・き・く・く・け・け}❶取り除く。減らす。排除する。❷簡略にする。節約する。❸分け与える。分配する。例「かの庄園を没取してみだりがはしく子孫に**はぶく**」〈平家・七・木曾山門牒状〉

はふくずの【這ふ葛の】ハウクズノ［枕詞］（クズのつるの長く伸びるようすから）「遠長し」「行くへなし」「絶えず」「下」「たづぬ」などにかかる。例「**はふ葛の**いや遠長く万代に」〈万葉・三・四二三長歌〉

はぶくら【羽ぶくら】［名］矢の羽根の付いた部分。＝羽房

はぶさ【羽房】［名］「はぶくら」に同じ。

はふさう【法曹】ホウソウ［名］法律家。明法家。

はぶし【羽節】［名］羽の付け根。羽の茎。

はぶし【歯節】［名］（近世語）歯ぐき。

ばふせう［・なり］【乏少】ボウショウ［名・形動ナリ］「ぼくせう」に同じ。

はふつたの【這ふ蔦の】ハウツタノ［枕詞］（ツタのつるがあちらこちらに這ってゆくことから）「おのがむきむき」「別れ」にかかる。例「**はふつたの**己が向き向き天雲の別れし行けば」〈万葉・九・一八〇四長歌〉

はふに【白粉】ハ(ホ)ウニ［名］おしろい。

はふはふ【這ふ這ふ】ハ(ホ)ウハ(ホ)ウ［副］❶やっとのことで。はうように。例「**はふはふ**家に入りにけり」〈徒然・八九〉❷大あわてで。ほうほうの体で。例「あるいは馬をすてて、**はふはふ**にぐる者もあり」〈平家・八・鼓判官〉

はふらか・す【放らかす】［他サ四］{さ・し・す・す・せ・せ}（「かす」は接尾語）ほうり出す。放置する。＝放らす。例「すずろなることにて身を**はふらかす**らむ」〈源氏・明石〉

はふら・す【放らす】［他サ四］{さ・し・す・す・せ・せ}「はふらかす」に同じ。

はふり【祝】［名］神社に属する神職。また、その人。神主・禰宜の下の位を指す。＝祝り子

はぶり【葬り】［・す］［名・自サ変］葬ること。葬送。例「うせたまひて、御**はぶり**の夜」〈伊勢・三九〉

はふりこ【祝り子】［名］「はふり」に同じ。

はふ・る【溢る】［自ラ四］{ら・り・る・る・れ・れ}あふれる。例「射水川雪消**溢りて**」〈万葉・一八・四一一六長歌〉

はふ・る【羽振る】［自ラ四］{ら・り・る・る・れ・れ}（「はぶる」とも）（鳥が）羽ばたき飛び立つ。また、（風・波・雲が）鳥の羽ばたきのように立つ。例「朝**はふる**風こそ寄せめ」〈万葉・二・一三一長歌〉訳→〈和歌〉いはみのうみ…

はふ・る【放る】㊀［自ラ下二］{れ・れ・る・るる・るれ・れよ}放浪する。さまよう。零落する。例「あやしきさまにて**はふれ**やすらむ」〈源氏・蛍〉㊁［他ラ四］{ら・り・る・る・れ・れ}❶ほうりやる。捨て去る。例「その軍士を斬り**はふりしき**」〈記・中〉❷見捨てる。世話をしない。例「汝大臣家の内の子どもをも**放り**賜はず」〈続日本紀〉

はぶ・る【葬る】［他ラ四］{ら・り・る・る・れ・れ}（「はふる」とも）❶死体を埋葬する。ほうむる。例「この母を石淵寺の山の麓に**葬りつ**」〈三宝絵詞〉❷火葬にする。例「薪を積みて、**葬りて**」〈古今著聞・四六六〉

はぶ・る【棄る】［他ラ四］{ら・り・る・る・れ・れ}（「はふる（放る）」と同語か）放ち捨てる。追放する。例「王を島に**はぶらば**船余りい帰り来むぞ」〈記・下・歌謡〉

はぶれ【羽触れ】［名］羽が触れること。＝羽触り

はふれまど・ふ【放れ惑ふ】ハフレマドウ［自ハ四］{は・ひ・ふ・ふ・へ・へ}落ちぶれて途方にくれる。例「いかなるさまに**はふれまどふ**べきにかあらん」〈源氏・関屋〉

はべし【侍し】（動詞「侍り」の連用形＋過去の助動詞「き」の連体形＝「はべりし」の促音便「はべっし」の促音無表記）丁寧語「はべり」によって聞き手に敬意を示した上で、過去の意を添える。おりました。ございました。…ておりました。…(で)ございました。…ました。例「昨夜にはかに消え入る人の**はべし**により」〈源氏・真木柱〉

〈川柳〉**はへばたて…【はへば立て立てばあゆめの親心】**〈柳多留・四五〉訳赤ん坊がはうようになれば、次は立て、立つようになれば、次は歩けと、我が子の成長に次々と願いをかける。これが親心というものだ。

はべ・めり【侍めり】丁寧語「はべり」によって聞き手に敬意を示した上で、視覚に基づく推量の意を添える。いるようでございます。あるようでございます。…ているようでございます。…ようでございます。例「御文はいとたびたび**はべめり**しかど」〈源氏・蜻蛉〉

語構成　はべ（ラ変「侍り」体）＋めり（推「めり」）
＝「はべるめり」の撥音便「はべんめり」の撥音無表記。

はべ・り【侍り】

［自ラ変］［補動ラ変］{ら・り・り・る・れ・れ}

アプローチ
▼本来は「伺候する」の意の謙譲語（㊀①）で、伺候する対象である貴人を高めた。
▼のち、「ある」「いる」の意を主語を低めて述べる（それによって聞き手に対して敬意を示す）だけとなり、さらに主語を低める働きも薄れて、単に聞き手に対して敬意を示す丁寧語（㊀②）となった。㊁はその補助動詞用法。
▼㊀②・㊁の場合、主語は話し手側の人・物事である場合が多いものの、それ以外についても「はべり」を使った例も見られる（したがって丁寧語化したと見られる）。

（動詞「這ふ」の連用形＋動詞「あり」＝「はひあり」の変化形か）㊀［自ラ変］❶貴人のそばや貴所に謹んで控えて（伺候して）いる意の謙譲語。「（AがBに）はべり」で、B（貴人、貴所の主）を高める。**おそばにお控え申し上げる。お仕え申し上げる。**例「もの恐ろしき夜のさまなめるを、宿直人にて**はべらむ**」〈源氏・若紫〉訳なんとなく恐ろしい夜のようすのようなので、宿直する人として（姫君の）**おそばにお控え申し上げよう**。語構成「さまなめる」→「なめり」
❷「いる」「ある」の意の丁寧語。聞き手に対し丁重に

述べ敬意を示す。おります。ございます。例「よくさまざまなる物どもこそはべりけれ」〈源氏・帚木〉訳よくもまあいろいろなものがございましたなあ。《係結び》「こそ→はべりけれ(已)」

二［補動ラ変］(動詞・形容詞の連用形や、助動詞「る」「らる」「す」「さす」「しむ」の連用形、形容動詞・形容動詞型活用語の連用形などに付いて)その行為・状態を丁重に述べ、聞き手に対し敬意を示す丁寧語。…ております。…(で)ございます。…ます。…です。例「桜の花の散り侍りけるを見てよみける」〈古今・春下・六六詞書〉訳桜の花が散りましたのを見て詠んだ(歌)。例「とかう紛らはさせたまひて、思ほし入れぬなんよくはべる」〈源氏・若紫〉訳なにやかやと気を紛らわしなさって、お思い詰めにならないのがよろしゅうございます。《音便》「とかう」は「とかく」のウ音便。《係結び》「なん→よくはべる(体)」。《敬語》「紛らはさせたまひて」→「せたまふ」、「思し入れぬ」→「おぼす」

発展学習ファイル (1)平安時代には、謙譲語(一)①としてはほとんど用いられず、丁寧語の用法(一)②、(二)が盛んであった。「いる」「ある」の謙譲語として平安時代おもに用いられたのは「さぶらふ」であり、平安中期以降、その「さぶらふ」が丁寧語の用法を発達させ、「はべり」より敬意の高い語として用いられるようになった。そして「はべり」はしだいに「さぶらふ」にとってかわられ、中世に入ると日常語としては衰退した。(2)(二)は上に付く活用語との間に接続助詞「て」や係助詞・副助詞が入る場合がある。

はべりたう・ぶ【侍り給ぶ】ハベリトウブ(動詞「侍り」の連用形＋補助動詞「給ぶ」)❶(「はべり」が謙譲の本動詞の場合)「いる」の意で、「(AがBに)はべりたうぶ」のB(いる場所およびその場所の主)を謙譲語「はべり」が高め、A(いる人＝主語)を尊敬語「たうぶ」が高める。おそばにお控え申し上げなさる。お仕え申し上げなさる。例「大将は下臈なれど、行く末ただ今、物の固めと(朝廷ニ)はべりたうぶ人なり」〈宇津保・国譲・下〉❷(「はべり」が丁寧の本動詞の場合)「いる」の意で、丁寧語「はべり」が「いる」ことを聞き手に対して丁重に述べ敬意を示し、尊敬語「たうぶ」が主語(いる人)を高める。いらっしゃいます。例「(兼正ハ)そこになん、花、見給へんとて、日頃はべりたうぶなり」〈宇津保・梅の花笠〉❸(「はべり」が丁寧の補助動詞の場合)(動詞の連用形などに付いて)丁寧語「はべり」が、その行為・状態を聞き手に対して丁重に述べ敬意を示し、尊敬語「たうぶ」がその主語を高める。お(ご)…になります。…なさいます。例「(浮舟ノ母親ハ)みづから会ひはべりたうびて」〈源氏・蜻蛉〉

発展学習ファイル 丁寧語「はべり」の下に尊敬の動詞が付いて用いられることは一般にはなく、②③は特殊な用法といえる。本来①であったものが、「はべり」が丁寧語としておもに用いられるようになったのちも、慣用句的な言い方として残存したものか。高貴な人を聞き手に、話し手から見て敬意を払う必要のある人の行為を述べる場合に使われる。「はべりたぶ」「はべりたまふ」とともに平安時代に少数例見られるだけで、当時すでに古めかしい言い方であったようである。

はべりたま・ふ【侍り給ふ】ハベリタマ(モウ)(動詞「侍り」の連用形＋補助動詞「給ふ」)❶「はべりたうぶ①」に同じ。例「左衛門督の君、宰相中将、左大弁などはべりたま・ひて」〈宇津保・国譲・下〉❷「はべりたうぶ③」に同じ。例「今となりては、心苦しき女子どもの御上をえ思ひ棄てぬとなん、(八ノ宮ハ)嘆きはべりたま・ふ」〈源氏・橋姫〉

〔俳句〕**はへわらへ…**【這へ笑へ二つになるぞけさからは】〈おらが春・一茶〉訳元日になった。早くはえ、早く笑え。お前も今日からは二歳になるのだぞ。(季－けさ(の春)－春)

はほ【這ほ】ハオ(上代東国方言。動詞「這ふ」の連体形)はう。

はま【浜】[名]❶海や湖の岸辺の砂からなる平地。浜辺。❷(近世語)川岸。河岸。❸囲碁で、相手方から取った石。揚げ石。

〔**浜の手**〕海岸の側。また、浜辺を守る兵隊。

〔**浜の苫屋**〕浜辺にある粗末な家。

〔**浜の真砂**〕砂浜の砂。数え切れないほど多いもののたとえ。

はまいでのさうし【浜出草子】ハマイデノソウシ[作品名]室町時代の幸若舞曲(『御伽草子』に収められる)。作者未詳。鎌倉を舞台にした祝言物。

はまぐり【蛤】[名]❶海産の貝。二枚貝の一種。(季－春)。❷①の貝殻。❸紋所の名。①を図案化したもの。

〔俳句〕**はまぐりの…**【蛤のふたみに別れ行く秋ぞ】〈おくのほそ道・大垣・芭蕉〉訳離れにくい蛤のふたと身が別れるような辛い思いで人々と別れ、二見が浦を目ざして旅立って行く。折から秋も去り行こうとして、別れの寂しさが、いっそう身にしみることだ。(季－行く秋－秋)

参考『おくのほそ道』結びの句。「ふたみ」は地名の「二見」と「ふた(と)身」の掛詞、「行く」は「別れ行く」と「行く秋」をかける。

はまぐりのさうし【蛤の草子】ハマグリノソウシ[作品名]御伽草子。『しじら』『秀祐之物語』ともいう。作者未詳。原作は鎌倉末期にでき、現形は室町初期ごろの成立か。孝子が、助けたハマグリの化身の妻の援助により、幸福になる物語。

はましばゐ【浜芝居】ハマシバイ[名]近世、大坂の道頓堀や天満の川岸にあった芝居小屋。

はますどり【浜州鳥・浜洲鳥】[枕詞](浜の州にいる鳥が歩きにくそうに見えることから)「足悩む」にかかる。例「はますどり足悩む駒の惜しけくもなし」〈万葉・一四・三五三三〉

はまだちんせき【浜田珍碩】[人名](?～一七三七)江戸前・中期の俳人。元禄五年(一六九二)以降は洒堂と号す。蕉門に入り、『ひさご』『深川』を編集。

はまちどり【浜千鳥】[名]浜辺にいる千鳥。＝浜つ千鳥。(季－冬)

はまつちどり【浜つ千鳥】[名](「つ」は上代の格助詞)「はまちどり」に同じ。

はまつづら【浜葛】[名]浜に生えているつる草。

はまづと【浜苞】[名](「つと」は土産の意)浜に行ったみやげ。

はまづら【浜面】[名]陸側で浜に近い辺り。浜辺。

はまな【浜菜】[名]浜辺に生えている食用の草。一説に、海藻とも。

はまなのはし【浜名の橋】［歌枕］遠江国の橋。いまの静岡県浜名湖の出口、浜名川にかかっていた。東海道の交通の要所。中世に地震で浜名湖が海つづきになり、橋はなくなった。

はまなりしき【浜成式】［作品名］「かきゃうへうしき」に同じ。

はまび【浜び】［名］浜辺。

はまひさぎ【浜楸・浜久木】［名］（「はまひさき」とも）浜に生えているヒサギ。和歌では同音反復で「久し」の序詞となることが多い。

はまびさし【浜庇】［名］浜辺の家の庇。また、浜辺の砂が波にえぐられて庇状になったものともいう。多く、「久し」を導く序詞に用いられる。例「波間より見ゆる小島の**はまびさし**久しくなりぬ」〈伊勢・一一六〉〈参考〉『万葉集』の語「浜久木」を読み誤ってできた語という。

はままつ【浜松】［名］浜辺に生えている松。

はままつちゅうなごんものがたり【浜松中納言物語】［作品名］平安後期の物語。『みつの浜松』ともいう。著者は菅原孝標女とする説がある。夢と転生、親子愛などを重要なモチーフとして、主人公中納言の日本と唐での人生を描く。浪漫性と異国趣味に特色がある。

はまも【浜藻】［名］浜辺に打ち寄せられる海藻。とくに、「なのりそ（ホンダワラ）」をいうこともある。

はまや【破魔矢・浜矢】［名］❶「破魔弓」につがえて放つ矢。いまは正月の縁起物。（季―春）。❷棟上げ式で「破魔弓」とともに屋根に飾る二本の矢。

はまやき【浜焼き】［名］タイなどを、塩をふって蒸し焼きにすること。もとは、浜の塩焼きがまの下に生きたまま埋めて焼いた。

はまゆか【浜床】［名］❶貴人の帳台の台座になる黒塗りで四角形の台。上に畳を敷き、四隅に柱を立て帳をかけて用いる。❷神社などの殿舎に昇る階段の下に設けられた板床。

はまゆふ【浜木綿】［名］草の名。ハマオモトの古名。和歌では、葉が何重にも茎を包んでいるところから、「百重」「幾重」「重ね」などの序詞となることが多い。三熊野の浦が名所。（季―夏）

はまゆふの【浜木綿の】［枕詞］（葉が何重にも茎を包み、他と隔絶しているところから）「隔つ」にかかる。例「**はまゆふの**心へだてておもふものかは」〈新拾遺・雑上・一七〇三〉

はまゆみ【破魔弓・浜弓】［名］❶玩具の小弓。わらで作った円形の「破魔」を的として射た。のち、男児に贈る正月の飾り物となった。（季―春）。❷棟上げ式で「破魔矢」とともに屋根に飾る縁起物の弓。

はまり【塡まり・嵌まり】［名］《近世語》❶策略に陥ること。だまされること。❷女色におぼれること。

はま・る【塡まる・嵌まる】［自ラ四］｛ら・り・る・る・れ・れ｝《近世語》❶陥る。落ち込む。❷夢中になる。とくに、女色におぼれる。例「たつみの里のおまづといふいろに**はま・り**」〈黄・金々先生栄花夢〉❸策略にかかる。だまされる。例「さばけた談合をうまく**はま・り**し親馬鹿の」〈情・春色辰巳園〉

はまわ【浜曲】［名］海岸線の湾曲した浜辺。

はまをぎ【浜荻】［名］❶浜辺に生えている荻。（季―秋）。❷「葦」の伊勢地方の方言。

はみ【馬銜】［名］轡で、馬の口に入れる部分。

はみかへ・る【食み返る】［自ラ四］｛ら・り・る・る・れ・れ｝❶魚などが、水面で呼吸してもぐる。例「このいるか、**はみかへ・り**候はば」〈平家・一一・遠矢〉❷快方に向かった病がまた悪化する。ぶり返す。例「跡から**はみ返・る**ぞもいかなる病ぞや」〈浄・心中天の網島〉

はみだしつば【食み出し鍔】［名］鞘と柄の上に少しはみ出している刀の鍔。短刀に用いる。

はみもの【食み物】［名］家畜や鳥の食べ物。餌。

は・む【食む】［他マ四］｛ま・み・む・む・め・め｝❶かむ。食べる。飲む。例「爪**食・め**ば子ども思ほゆ」〈万葉・五・八〇二長歌〉訳→（和歌）うりはめば…。❷食う。むしばむ。例「肝を**食・む**」〈蜻蛉・中〉❸魚などが水面から口を出してぱくぱく動かす。❹俸禄・知行などをもらう。例「平家の禄を**は・む**」〈浄・平家女護島〉

は・む【塡む・嵌む】［他マ下二］｛め・め・む・むる・むれ・めよ｝❶はめる。大きさや形を合わせて差し込む。❷落とす。投げ込む。例「うぐひすの鳴くくら谷にうち**は・めて**」〈万葉・一七・三九四一〉❸だます。陥れる。❹零落させる。例「嘉平次故に身を**は・めて**」〈浄・生玉心中〉

-ばむ［接尾マ四型］｛ま・み・む・む・め・め｝（名詞、形容詞語幹、動詞の連用形などに付いて）…の性質・状態に少しなる意を表す。…を少しおびる。…めく。…じみる。…がかる。「気色**ばむ**」「ぬれ**ばむ**」「黄**ばむ**」など。

はむけ【葉向け】［名］（風などが）葉を同じ方向になびかせること。

はむしゃ【葉武者・端武者】［名］下っ端の武者。木っ端武者。雑兵。

はも《上代語》㊀《終助詞「は」＋終助詞「も」》文末で用いられ、強い詠嘆を表す。思慕表現に多い。…**よ**。例「泊瀬川速み早瀬をむすび上げて飽かずや妹と問ひし君**はも**」〈万葉・一一・二七〇六〉訳泊瀬川の流れが速いので、早瀬の水をすくって「まだ物足りないかい妻よ」ときいてくれた夫**よ**。㊁《係助詞「は」＋係助詞「も」》文中で用いられ、上接語を強く取り立てる。…**は**。例「早川の瀬に居る鳥のよしをなみ思ひてありし我が子**はも**あはれ」〈万葉・四・七六一〉訳早川の瀬にいる鳥のように、頼れる物がないので、物思いにふけっていたわが子**は**かわいそうなことだ。

はもの【端物】［名］《近世語》❶半端な物。↔円物①。❷浄瑠璃で、段物に対して短編のもの。

はもりのかみ【葉守の神】［名］樹木に宿って葉を守る神。一般に柏の木に宿るという。

はや【甲矢】［名］弓術で、一手（二本一組の矢）のうち、初めに射る矢。↔乙矢

はや【早】［副］❶**早くも**。**すでに**。**たちまち**。例「鬼**はや**一口に食ひてけり」〈伊勢・六〉❷（促す口調で）**早く**。**急いで**。**さっさと**。例「**はや**思したつべきになん」〈源氏・竹河〉（係結び）「なん」→（省略）」。（敬語）「思したつ」→「おぼす」。❸（多く「はや…けり」の形で）**実は**。**何と**。**果たして**。例「よそに思ひて候へば、**はや**成経が身の上にて候ひけり」〈平家・二・少将乞請〉（敬語）「思ひて候へば」「候ひけり」→「さうらふ」

はや［終助］感動・詠嘆を表す。…**ことよ**。…**よ**。例「誰ならむ、乗り並ぶ人けしうはあらじ**はや**」〈源氏・

葵〉訳だれであろう。いっしょに乗る人なら変な人ではないのだろうよ。

ばや［終助］⇨100八ページ「特別コーナー」

ば-や ❶（動詞の未然形に付いて）仮定条件の疑問を表す。…ならば…だろうか。例「心あてに折らばや折らむ初霜の置きまどはせる白菊の花」〈古今・秋下・二七七〉訳→〔和歌〕こころあてにをらばやをらむ…。❷（動詞の已然形に付いて）確定条件の疑問を表す。…だから…なのか。例「思ひつつ寝ればや人の見えつらむ夢と知りせば覚めざらましを」〈古今・恋二・五五二〉訳→〔和歌〕おもひつつ…。

語構成　ば 接助｜や 係助

①②《識別注意語》→付録「まぎらわしい品詞の識別」

はやう【早う】［副］「はやく①②④」に同じ。例「わが知る人にてある人の、はやう見し女のこと、褒め言ひ出でなどするも」〈枕・にくきもの〉

発展学習ファイル　形容詞「はやし」の連用形「はやく」がウ音便化して副詞として用いる語（単に「早い」の意のときは形容詞）。類義語として「すでに」がある。⬇「すでに」〈発展学習ファイル〉

はやう【早う・速う】形容詞「はやし」の連用形「はやく」のウ音便。

はやうた【早歌】［名］❶「神楽歌」の一種。拍子の早いもの、かけ合いの早いものをいう。❷「さうか（早歌）」に同じ。

はやうち【早打ち】［名］❶馬やかごを使った急な連絡。また、その使者。❷江戸時代、江戸幕府から京都への急ぎの使い。

はやうま【早馬】［名］急使が乗る馬。また、その急使。

はやおひ【早追ひ】［名］昼夜の別なく駕籠や馬を急ぎ走らせること。また、その使者。

はやがね【早鐘】［名］急を知らせるため、連続して打ち鳴らす鐘。

はやく【早く】［副］《形容詞「はやし」の連用形の副詞化》❶（下に過去の助動詞を伴って）以前に。昔。例「早く住みける所にて」〈古今・夏・一六三詞書〉❷（下に完了・過去の助動詞を伴って）とっくに。すでに。例「涙のみせきとめがたき清水にて行き逢ふ道ははやく絶えにき」〈源氏・若菜・上〉❸（下に断定・推量の表現を伴って）もともとは。そもそもは。例「はやく跡なき事にはあらざめり」〈徒然・五〇〉語構成「あらざめり」→「ざめり」。❹（多く「はやく…けり」の形で）なんとまあ。実は。例「いかなる船なるといふ事を知らざるに、早く、賊船なりけり」〈今昔・六・六〉①②④＝早う

はやし【林】［名］❶樹木が集まって生えている所。❷ものごとのたくさん集まっている所。

はやし【栄やし】［名］引き立たせるもの。飾り。例「大君に我は仕へむ我が角のはやし」〈万葉・一六・三八八五長歌〉

はや・し【早し・速し】［形ク］（から・く(かり)・し・き(かる)・けれ・かれ）❶（速度が）速い。急だ。例「さみだれをあつめて早し最上川」〈おくのほそ道・最上川〉❷（時刻や時期が）早い。例「朝鳥の早くな鳴きそ我が背子が朝明の姿見れば悲しも」〈万葉・一二・三〇九五〉❸時間をおかない。即座にするさま。↔遅し㊀。例「などか、さてはものし給ふ。早・う来や」〈平中・一七〉《音便》「早う」は「早く」のウ音便。❹きつい。激しい。強烈だ。厳しい。例「梅花はなやかにいまめかしう、すこしはや・き心しらひを添へて」〈源氏・梅枝〉《音便》「いまめかしう」は「いまめかしく」のウ音便。

はやしらざん【林羅山】［人名］（一五八三〜一六五七）江戸前期の儒学者。藤原惺窩を師とし、徳川家光の命でのちに昌平黌の基となる学塾を開いた。日本の朱子学の祖であり、儒学興隆の基を築いた。

はや・す【囃す】［他サ四］（さ・し・す・す・せ・せ）❶囃子を奏する。例「よろづの楽、笛の音をはや・し」〈宇津保・楼の上・下〉❷声を出して調子をとる。例「人々拍子をかへて、『伊勢平氏はすがめなりけり』とぞはや・されける」〈平家・一・殿上闇討〉❸盛んにいう。いいはやす。例「『法成就の池にこそ』とはや・すは、神泉苑の池をいふなり」〈徒然・一〇〉

はや・す【生やす】［他サ四］（さ・し・す・す・せ・せ）❶生えさせる。成長させる。例「椎・栗、森を生や・したらむごとく」〈宇津保・俊蔭〉❷「切る」の忌み詞。例「御爪をもはや・させ給はず」〈保元・下〉

はや・す【栄やす・映やす】［他サ四］（さ・し・す・す・せ・せ）❶映えるようにする。引き立てる。例「何ごとも、さしいらへしたまふ御光にはや・されて」〈源氏・初音〉❷興を引き立たせる。興を添える。例「この殿は、折節ごとに、かならずかやうのことを仰せられて、ことをはやさせ給ふなり」〈大鏡・道長・上〉

はやずし【早鮨・早鮓】［名］「いちやずし」に同じ。

はやち【疾風】［名］（「はやて」とも。「ち」は風の意）突然の強風。突風。

はやて【疾風】［名］「はやち」に同じ。

はやと【隼人】［名］「はやひと」に同じ。

はやにへ【速贄】［名］初物の貢ぎ物。

はやはや【早早】［副］人を急がせるときにいう語。早く早く。例「はやはや西施を呉のこきう（＝後宮）へ冊入し奉り」〈曾我・五〉

はやひと【隼人】［名］（「はやと」とも）古代、九州南部（いまの鹿児島県一帯）地方に住み、長く大和政権に服属せず独自の勢力をもっていた民。

はやふね【早舟・早船】［名］（「はやぶね」とも）❶船足の速い船。❷軍用の快速船。

はやま【端山】［名］人里に近い山。＝外山。↔奥山・深山

はやま・る【早まる】［自ラ四］（ら・り・る・る・れ・れ）事を急いでしくじる。あわてて早くし過ぎる。例「追ふ者の走りははやま・りてえとどまりあへず」〈宇治拾遺・二・八〉

はやみしんが【早見晋我】［人名］「しんが」に同じ。

はやみち【早道】［名］❶近道。❷速く行くこと。速足。❸馬術で、馬を早足で駆けさせること。❹飛脚。❺財布。巾着。銭入れ。

はや・む【早む】㊀［自マ四］（ま・み・む・む・め・め）はやり立つ。勢いづく。例「五節に蔵人の頭たちの舞ひ給はざりければ、殿上人たちはや・みて」〈今鏡・雁がね〉㊁［他マ下二］（め・め・む・むる・むれ・めよ）速くする。急がせる。例「駒ひきとどむるほどもなくうち早・めて」〈源氏・椎本〉

はやものがたり【早物語】［名］盲人の芸能のひと

は

ばや［終助詞］

アプローチ ▼本来は、実現が不可能なわけではないが、自分の力だけでは実現が難しいような事柄についての、話し手の「…できたらいいのだが」という願望を表すのに用いられた。
▼室町以降、自分の力だけできわめて容易に実現できるような事柄について用いられるようになる。自分で実現できることを「できたらいい」というのは、「しよう」という意志の表れであり、意志の用法(②)が生じた。

接続 動詞・動詞型活用語の未然形に付く。

《識別注意語》→付録「まぎらわしい品詞の識別」

意味	訳語	用例
❶**自己の願望を表す**	…たい …たいものだ …できたらなあ	例「思ひ知る人に見せ**ばや**山里の秋の夜ふかき有り明けの月」〈更級〉 訳風流をわきまえた人に見せ**たいものだ**、この山里の秋の夜もふけて空にかかる有り明けの月を。 例「しばし生きてはべら**ばや**と思ひたまふるこそ罪ふかく」〈和泉式部日記〉 訳いましばらく生きてい**たい**と思いますことは、罪深いことです。
❷**話し手の意志を表す。**	…う …よう	例「今日(こんにつ)た舟を急ぎ人々を渡さ**ばや**と存じ候」〈謡・隅田川〉 訳今日は舟をはやく進めて人々を渡そ**う**と思います。
❸(多く「…あらばや」の形で)**打消の意を表す。**	…ない	例「魚はなくとも、家に銭もあらば買うて飲まんずることなれども、それもあら**ばや**」〈中華若木詩抄〉 訳魚はなくても、家にお金があれば(それで酒を)買って飲むこともできようが、まったく**ない**。

発展学習ファイル (1)①は平安以降の用法。②③は室町以降の用法で、③はとくに室町時代に見られる。
(2)②の用法は、推量の助動詞「む」の意志の用法に近い。
(3)もとは、仮定条件を表す接続助詞「ば」に詠嘆を表す間投助詞「や」(あるいは疑問の係助詞「や」)が付いたものとされる。
(4)**「ばや」と終助詞「もが」「もがな」「なむ」の違い** 同じように願望を表す終助詞に、「もが」「もがな」「なむ」がある。「もが」「もがな」は実現不可能に近い空想的なことを願望し、「なむ」は他人の行為の実現を願望する。これに対して、「ばや」は、比較的実現できそうなこと、他人ではなく自分の行為についての願望である点で異なっている。

つ。物語などを早口で語るもの。また、その物語。

はやらか【・なり】【早らか・速らか】［形動ナリ］{なら・なり(に)・なり・なる・なれ・なれ}(「らか」は接尾語)実に早いさま。速やか。例「家へ〔牛車(ぎっしゃ)ヲ〕**はやらか・に**やりて」〈宇治拾遺・三・五〉

はやりか【・なり】【逸りか】［形動ナリ］{なら・なり(に)・なり・なる・なれ・なれ}(「か」は接尾語)❶軽快なさま。調子よくするさま。例「**はやりか・に**走り書きて」〈源氏・若菜・上〉❷軽率なさま。無配慮なさま。例「女君の御乳母子(めのとご)、侍従(じじゅう)とて、**はやりか・なる**若人(わかうど)」〈源氏・末摘花〉❸せっかちなさま。せかせかとするさま。例「ものづつみせず**はやりか・に**おぞき人にて」〈源氏・東屋〉❹血気盛んなさま。勇ましいさま。例「おほかた御本上**はやりか・に**おはして」〈増鏡・むら時雨〉

はやりき・る【逸り切る】［自ラ四］{ら・り・る・る・れ・れ}すっかり勇み立つ。例「〔馬ハ〕ぬしの心はしらねども、**はやりき・りたる**逸物なり」〈平治・中〉

はやりごころ【逸り心】［名］はやる気持ち。気負い立つ心。

はやりご・つ【逸りごつ】［自タ四］{た・ち・つ・つ・て・て}いきり立つ。血気にはやる。＝逸り立つ。例「はじめはゆゆしく**はやりご・ち**たりけれど」〈十訓抄・七〉

はやりた・つ【逸り立つ】［自タ四］{た・ち・つ・つ・て・て}「はやりごつ」に同じ。

はやりを【逸り男・逸り雄】(ハヤリオ)［名］血気にはやる若者。いきり立った若者。

はや・る【逸る・早る】［自ラ四］{ら・り・る・る・れ・れ}❶夢中になる。心を傾ける。例「面白き手どもを遊ばし**逸・りて**」〈宇津保・国譲・上〉❷気がせく。❸勇み立つ。例「互ひに勝負をせんと**はや・り**けれども」〈平家・七・倶梨迦羅落〉

はや・る【流行る】［自ラ四］{ら・り・る・る・れ・れ}❶時流に乗って栄える。例「堀河の摂政の**はや・り**たまひし時に」〈大鏡・兼家〉❷流行する。❸商売などが繁盛する。

はやを【早緒】(ハヤオ)［名］❶船の櫓(ろ)と船体をつなぐ綱。❷そりや車などにつけて引く綱。

はやをけ【早桶】(ハヤオケ)［名］(近世語)桶の形をした粗末な棺(ひつぎ)。手早く作った棺桶(かんおけ)。

は・ゆ【映ゆ・栄ゆ】［自ヤ下二］{え・え・ゆ・ゆる・ゆれ・えよ}❶引き立つ。さらに美しく見える。例「をかしげなる姿、頭つきども月に**映えて**」〈源氏・朝顔〉❷さらに勢いづく。募る。例「あやしくも厭(いと)ふに**はゆる**心かな」〈後撰・恋三・六〇八〉

はゆ・し【映ゆし】［形ク］{から・く(かり)・し・き(かる)・けれ・かれ}まばゆいようで顔が合わせられない。体裁が悪い。おもはゆい。例「ただ今思ひやらるる心地(ここち)だに、**はゆく**、やるかたなう思ひたまへらるる」〈夜の寝覚〉

はゆま【駅・駅馬】［名］《「はやうま」の変化形》令制で国の輸送機関として各地の宿駅に置かれた馬。

はゆまうまや【駅馬駅】［名］「駅(はゆま)」を置く駅。

はゆまぢ【駅路】ハユマジ［名］「駅(はゆま)」の通り道。駅間の幹線道路。

はゆまづかひ【駅使ひ】ハユマヅカイ［名］《「はゆまつかひ」とも》「駅(はゆま)」を使って急いで行く公用の使い。

はら【腹】［名］❶腹部。おなか。❷その女性の腹から生まれたこと。また、その子。例「少将たちの同じ**腹**よ」〈大鏡・伊尹〉❸心中。内心。思い。例「〔コノ歌ハ〕心とどめて〔返事ハ〕よまず、**腹**に味はひて」〈伊勢・四四〉❹物の中央の部分やふくれた部分。

〔**腹(はら)悪(あ)しき人(ひと)**〕怒りっぽい人。意地悪の人。

〔**腹(はら)が居(ゐ)る**〕ハラガイル 腹立ちがおさまる。例「この詞(ことば)に**腹がゐて**」〈平家・九・生ずきの沙汰〉

〔**腹(はら)に味(あぢ)はふ**〕ハラニアジワ(オ)ウ 心の中でよくかみしめて深く味わう。例「この歌は、あるがなかにおもしろければ、心とどめてよまず、**腹にあぢはひて**」〈伊勢・四四〉

〔**腹(はら)脹(ふく)る・腹(はら)膨(ふく)る**〕❶太って腹回りが大きくなる。❷いいたいことを言わず、心中に不満がくすぶる。例「おぼしき事言はぬは**腹ふくるる**わざなれば、筆にまかせつつ」〈徒然・一九〉

〔**腹(はら)を切(き)る**〕❶「はらわたをきる」に同じ。❷切腹する。

〔**腹(はら)を据(す)う**〕❶怒りをこらえる。気を静める。例「入道なほ**腹をす・ゑかねて**」〈平家・二・小教訓〉❷覚悟を決める。❸恨みや鬱憤(うっぷん)を晴らす。例「日ごろの**腹をばす・ゑ侍(はべ)らめとて**」〈古今著聞・五二八〉

はら【大角】［名］古代、軍用に用いた吹奏楽器。＝大角(はら)の笛

-ばら【接尾】(人を表す語に付いて)複数を表す。…たち。…ら。…ども。中世以降は見下げた表現となる。「殿**ばら**」「女**ばら**」など。

はらあ・し【腹悪し】［形シク］{しから・しく(しかり)・し・しき(しかる)・しけれ・しかれ}❶怒りっぽい。例「**腹あ・しく**してものねたみうちしたる」〈源氏・若菜・下〉❷腹黒い。意地悪だ。

はらあて【腹当て】［名］鎧(よろい)の一種。袖(そで)・草摺(くさずり)はなく、ただ胸と腹を覆うだけのもの。雑兵用。↓［古典参考図］武装・武具〈2〉

はらいた・し【腹痛し】［形ク］{から・く(かり)・し・き(かる)・けれ・かれ}こっけいだ。おかしくてたまらない。＝片腹痛し。例「この事、他門の人聞き侍(はべ)らば、**腹いた・く**」〈去来抄〉

はらか【腹赤・鰚】［名］《「はらあか」の変化形》海産魚。ニベ、マス、タイなどの別称とする諸説があるが未詳。元日の節会(せちえ)などのために、大宰府(だざいふ)から毎年朝廷に献上した。

〔**腹赤(はらか)の使(つか)ひ**〕ハラカノツカイ 大宰府(だざいふ)から「腹赤」を朝廷に献上する使者。

はらから【同胞】［名］《「から」は血縁関係をいう接尾語か》**同じ母親から生まれた兄弟姉妹**。転じて、一般に**兄弟姉妹**をいう。

はらぎたな・し【腹汚し・腹穢し】［形ク］{から・く(かり)・し・き(かる)・けれ・かれ}意地が悪い。例「けはひ恥づかしく思ふも、心の中(うち)ぞ**腹ぎたな・かり**ける」〈源氏・若菜・下〉

はらぐろ・し【腹黒し】［形ク］{から・く(かり)・し・き(かる)・けれ・かれ}意地が悪い。人が悪い。例「**腹黒・う**、〔灯ガ〕消えぬとものたまはせで」〈蜻蛉・下〉《音便》「腹黒う」は「腹黒く」のウ音便。

はらすぢ［・なり］【腹筋】ハラスジ ㊀［名］腹の筋肉。㊁［形動ナリ］{なら・なり(に)・なり・なる・なれ・なれ}おかしくてたまらないさま。

はらだちな・す【腹立ち為す】［自サ四］{さ・し・す・す・せ・せ}腹を立ててみせる。意識して腹を立てる。例「なかなか愛敬(あいぎやう)づきて**腹立ちな・し**たまふを」〈源氏・澪標〉

はらだ・つ【腹立つ】㊀［自タ四］{た・ち・つ・つ・て・て}❶怒る。例「いよいよ**腹立・ちて**」〈徒然・四五〉❷けんかする。例「童(わらは)べと**腹立・ち**たまへるか」〈源氏・若紫〉㊁［他タ下二］{て・て・つ・つる・つれ・てよ}腹を立てる。しかる。例「あなかま。幼き人〔二〕な**腹立・てそ**」〈源氏・浮舟〉

はらつづみ【腹鼓】［名］《「鼓腹撃壌(こふくげきじやう)」の故事から》腹いっぱい食べて満足し、腹部を鼓のように手でたたいて鳴らすこと。食べ物が豊かで幸福なさま。

はらば・ふ【腹這ふ】ハラバウ［自ハ四］{は・ひ・ふ・ふ・へ・へ}❶腹を下につけて、手足をすり動かして進む。また、うつぶせに寝そべる。❷はうようにして進む。例「赤駒(あかごま)の**腹這ふ**田居(たゐ)を都となしつ」〈万葉・一九・四二六〇〉

はらはら［副］❶物が触れ合って立てる音を表す。さらさら。ぱらぱら。例「衣(きぬ)の音なひ**はらはら**として」〈源氏・帚木〉❷物が破けたり砕けたりするときの音を表す。ばりばり。ぼりぼり。例「石を**はらはら**と食へば」〈今昔・三〇・一〇〉❸物が焼けてはじける音を表す。ぱちぱち。例「焚(た)かるる豆殻(まめがら)の、**はらはら**と鳴る音は」〈徒然・六九〉❹雨・涙・葉・花びらなどが次々と落ちるさま。ぽろぽろ。例「その時少将涙を**はらはら**と流いて」〈平家・二・阿古屋之松〉❺髪が垂れかかるさま。さらさら。例「御髪(みぐし)のなみ寄りて**はらはら**とこぼれかかりたるほど」〈源氏・野分〉❻多くの人や物が次々と動くさま。ばらばら。例「十余疋(ひき)ばかりの馬に、この白装束したる男ども、**はらはら**と乗りぬ」〈今昔・二六・七〉❼気をもむさま。

はらばら【腹腹】［名］異母兄弟・姉妹の、それぞれの母たち。同じ夫の子を産んだ妻妾(さいしやう)たち。

はらひ【祓ひ】ハライ［名］「はらへ」に同じ。

はらひしつら・ふ【払ひしつらふ】ハライシツラウ［他ハ四］{は・ひ・ふ・ふ・へ・へ}不用の物を片付け新しく設備を整える。例「宮の東(ひむがし)の対を**払ひしつら・ひて**」〈源氏・真木柱〉

はらひす・つ【払ひ捨つ】ハライスツ［他タ下二］{て・て・つ・つる・つれ・てよ}思い切りよく除いて捨てる。振るい落として捨てる。例「こまかなる灰の目鼻にも入りて、おぼほれてものもおぼえず。**払ひす・て**たまへど」〈源氏・真木柱〉

はらひす・つ【祓ひ捨つ】ハライスツ［他タ下二］{て・て・つ・つる・つれ・てよ}神に祈って、罪やけがれ、災いを除き去る。例「物の怪(け)など**祓ひ捨・て**ける律師(りし)」〈源氏・夕霧〉

はらひや・る【払ひ遣る】ハライヤル［他ラ四］{ら・り・る・る・れ・れ}追い払って遠ざける。取り去る。例「人々おのがじしはかなき物どもなど、里に**払ひや・り**つつ」〈源氏・真木柱〉

はら・ふ【払ふ・掃ふ】（ハラ(ロ)ウ）［他ハ四］｛は・ひ・ふ・ふ・へ・へ｝❶（邪魔になるものを）払いのける。取り除く。例「下部どもなど遣はして、蓬払はせ」〈源氏・蓬生〉❷ごみやちりをはき清める。掃除する。例「御随身召して、遣り水はら・はせたまふ」〈紫式部日記〉❸人を追い払う。「先払ひ」をする。例「人いみじう払・ふべかなり」〈大鏡・道長・上〉《音便》「いみじう」は「いみじく」のウ音便。語構成「払ふべかなり」→「べかなり」。❹追討する。平定する。例「天降りまし（＝天下リサレ）払・ひ平らげ」〈万葉・一九・四二五四長歌〉

はら・ふ【祓ふ】（ハラ(ロ)ウ）［他ハ下二］｛へ・へ・ふ・ふる・ふれ・へよ｝《「払ふ」と同じ語源》神に祈って、罪・災い・けがれなどを除き去って清める。例「祓・へけるままに、いと悲しきこと数まさりて」〈伊勢・六五〉

はらへ［・す］【祓へ】（ハラエ）［名・自サ変］❶神に祈って罪やけがれを取り除くこと。また、その儀式。❷罪のある者に金品を支払わせたり刑を受けさせたりして、つぐなわせること。また、その金品や刑罰。①②＝祓ひ

〔祓への具〕（ハラエノグ）祓えのときに用いる道具。形代・幣・祓え串・祓え箱など。＝祓へ物

はらへぐし【祓へ串】（ハラエグシ）［名］伊勢神宮で祓いに用いる玉串。榊の枝の先に細長い紙を付けたもの。

はらへどの【祓へ殿】（ハラエドノ）［名］神社で、祓いの行われる建物。

はらへどのかみ【祓へ戸の神】（ハラエドノカミ）［名］「大祓へ」のときに祭る四柱の神々。

はらへばこ【祓へ箱】（ハラエバコ）［名］「祓へ串」を入れる箱。伊勢神宮の御師によって家々に配られた。

はらまき【腹巻】［名］鎧の一種。腹に巻いて背中で合わせるもので、右脇で合わせる「胴丸」と同様、歩兵用の略式のもの。→「おほよろひ」。⇩［古典参考図］武装・武具〈2〉

はらま・る【孕まる】［自ラ下二］｛れ・れ・る・るる・るれ・れよ｝《動詞「孕む」の未然形＋受身の助動詞「る」》❶母の胎内に宿される。例「わが君孕ま・れおはしましたりし時より」〈源氏・薄雲〉❷生まれ出る。はぐくまれる。例「国にはらま・れては見参にも参らぬぞ」〈宇治拾遺・三・一四〉

はらみく【孕み句】［名］❶連歌や俳諧で、会席に出る前にあらかじめ考えておいた句。❷転じて、前々からの考え。腹案。

はらみつ【波羅蜜】［名］《仏教語。梵語の音訳》迷いの状態から悟りの彼岸に到達すること。また、そのために菩薩がする修行。＝波羅蜜多

はらみった【波羅蜜多】［名］「はらみつ」に同じ。

はら・む【孕む】｛ま・み・む・む・め・め｝㊀［自マ四］❶妊娠する。身ごもる。例「七月よりは孕・みたまひにけり」〈源氏・竹河〉❷穂が出ようとしてふくらむ。例「屋の軒にあてて（苗ヲ）植ゑさせしが、いとをかしうはら・みて」〈蜻蛉・中〉㊁［他マ四］❶妊娠する。胎内に宿す。例「この太政大臣殿をはら・みたてまつり給まて」〈大鏡・公季〉❷内側に含んでふくらむ。含み持つ。例「船の帆のはら・める風に」〈徳和歌後万載集〉

はらめ・く［自カ四］｛か・き・く・く・け・け｝《「めく」は接尾語》❶はらはら・ぱらぱらと音を立てる。例「雨いといたうはらめ・きて」〈蜻蛉・中〉❷ぼろぼろに裂ける。切れ切れになる。例「布のつづり、紙衣なんどの、いふばかりなくゆゆしげに破れはらめ・きたるを」〈発心集〉

ばらもん【婆羅門・波羅門】［名］《梵語の音訳》古代インドにおけるカースト制度の四階級中、最高位。僧族。

はらや【水銀粉・軽粉】［名］《近世語》水銀に明礬と塩を混ぜ、焼いて作ったおしろい。

はらら［・なり］［形動ナリ］｛なら・なり(に)・なり・なる・なれ・なれ｝ばらばらなさま。散り散りなさま。点々と。例「海人小舟はらら・に浮きて」〈万葉・二〇・四三六〇長歌〉

はららか・す【散かす】［他サ四］｛さ・し・す・す・せ・せ｝ばらばらにする。散り散りにする。例「沫雪のごとくに蹴ゑ散か・し」〈紀・神代・上〉

はらわた【腸】［名］❶大腸。❷大腸と小腸。❸臓腑。内臓。

〔腸断ゆ〕《「断腸」の訓読語》はらわたがちぎれるほど悲しむ。断腸の思いである。

〔腸を切る〕おかしさに堪えられずに大笑いをする。＝腹を切る①・腸を断つ②。例「満座興に入りて腸をき・りけるとぞ」〈古今著聞・一三〉

〔腸を断つ〕《「断腸」の訓読語》❶あまりの悲しみに堪えられない。例「懐旧に腸を断・ちて」〈おくのほそ道・あさか山〉❷「はらわたをきる」に同じ。

ばらを【ばら緒】（バラオ）［名］《近世語》細い緒をより合わせないで作った鼻緒。

はり【針】［名］❶縫い針。また、釣り針。❷（「鍼」とも書く）鍼術。または、それに用いる針。❸人を傷つけるもののたとえ。悪意。

はり【榛】［名］木の名。ハンノキの別称。染料に用いられた。＝真榛

はり【張り】［名］《近世語》❶たるみがなく、開いたり伸びたりしていること。❷意気地。意地。例「京の女郎に江戸の張りを持たせ」〈浮・好色一代男〉

はり【玻璃】［名］《梵語の音訳》❶《仏教語》「七宝」のひとつ。水晶。❷ガラス。

はりい・づ【張り出づ】（ハリイズ）［他ダ下二］｛で・で・づ・づる・づれ・でよ｝❶前方に突き出す。例「簾張り出・でて」〈徒然・一三七〉❷引っ張り出す。例「老法師を石卒都婆の北の方に張り出・でて」〈今昔・二〇・三〉

はりおこな・ふ【張り行ふ】（ハリオコナ(ノ)ウ）［他ハ四］｛は・ひ・ふ・ふ・へ・へ｝《「張行」の訓読語》強引に振る舞う。押し切って事をする。例「木曾（＝義仲）は都にはりおこな・ふ」〈平家・八・法住寺合戦〉

はりかはご【張り皮籠】（ハリカワゴ）［名］皮や紙などを張ったつづら。

はりぎぬ【張り衣】［名］張り板に張ってつやを出し、ぴんとさせた布地で仕立てた衣。

はりくち【針口】［名］《「はりぐち」とも》天秤の支柱の上で、平均を示す針のある所。はかる際に、ここを槌でたたいて針の動きを調節する。

はりごし【張り輿】［名］「手輿」の形態のひとつ。屋形の外側に畳表を張ったもの。あまり身分が高くない者が用いた。貴人が略式として用いることもあった。

はりしづ・む【張り鎮む】（ハリシズム）［他マ下二］｛め・め・む・むる・むれ・めよ｝きちんと張って動かないように押さえる。例「琴柱の立ちど乱るるものなり。よくその心しらひとどのふべきを、女はえ張りしづ・めじ」〈源氏・若菜・下〉

はりすり【榛摺り】[名]ハンノキの実(または皮とも)を蒸して作った染料で染めること。また、染めた布。

はりだ・つ【張り立つ】[他タ下二]{て・て・つ・つる・つれ・てよ}張って立たせる。広げて立てる。例「幡張り立・て」〈記・下・歌謡〉

はりたて【針立て・鍼立て】[名]鍼で治療すること。また、その医者。

はりつ・く【磔く】[他カ下二]{け・け・く・くる・くれ・けよ}はりつけにする。例「よせばし(=寄せ柱)掘り立てて身をはたらかさぬやうにはりつ・けて」〈宇治拾遺・二・四〉

はりつけ【磔】[名]《「はっつけ」とも》罪人を板や柱に縛りつけ、下から槍で突き殺す刑罰。

はりばかま【張り袴】[名]固く織った布でつくった袴。また、板張りをして糊をきかせて固くした袴。貴族の女性や天皇などが用いた。

はりはら【榛原】[名]ハンノキの生えている原。

はりぶくろ【針袋】[名]針を入れておく袋。

はりま【播磨】[地名]旧国名。山陽道八か国のひとつ。いまの兵庫県の南西部にあたる。＝播州

はりまがた【播磨潟】[歌枕]播磨国の地名。いまの兵庫県明石市から西の海岸。「明石」「月」とともに詠まれる。

はりまのくにふどき【播磨国風土記】[作品名]奈良前期の地誌。編者未詳。現存する五つの風土記のうち最古のもの。記紀神話と内容の通じる説話を含む。

はりみせ【張り見世・張り店】[名]《近世語》遊女が客を招き入れるために、店先にめぐらした格子の内に並ぶこと。また、その店。＝陰見世

はりみち【墾り道】[名]新しく切り開かれた道。例「信濃道は今の墾り道刈りばねに足踏ましむな」〈万葉・一四・三三九九〉訳→〈和歌〉しなぬぢは…

はりむしろ【張り筵】[名]雨を防ぐために、牛車に張り渡したむしろ。

はりや・る【張り破る】[他ラ四]{ら・り・る・る・れ・れ}張り板に、布を強く張り過ぎて破る。例「うへのきぬの肩を張り破・りてけり」〈伊勢・四一〉

はりゆみ【張り弓】[名]❶弦を張った弓。また、その形のもの。❷弓状に竹を張って仕掛けるわな。

はる【春】[名]❶四季のひとつ。立春から立夏前まで。陰暦正月から三月のころ。(季‐春)。❷新年。

〔**春片設く**〕春になる。また、春を待ち受ける。例「うぐひす鳴くも春かたま・けて」〈万葉・五・八三八〉

〔**春去る**〕春になる。春が来る。例「春さ・らば逢はむと思ひし梅の花」〈万葉・五・八三五〉

〔**春立ちける日**〕立春になった日。立春の日。旧暦では、この日から春とした。

〔**春立つ**〕立春になる。春になる。(季‐春)。例「袖ひちてむすびし水のこほれるを春立・つ今日の風やとくらむ」〈古今・春上・二〉訳→〈和歌〉そでひちて…

〔**春に会ふ**〕❶めぐってきた春にあう。例「もの思ひ暮らす春にあ・ふらん」〈新古今・恋一・一〇一七〉❷時めいて栄える。最盛期を迎える。例「春にあ・はぬ身をしる雨の降り込めて」〈長秋詠藻〉

〔**春の県召し**〕「あがためしのぢもく」に同じ。

〔**春の曙**〕春の夜明け方。春暁。(季‐春)

〔**春の雨**〕春に降る雨。春雨。(季‐春)

〔**春の急ぎ**〕新春を迎える用意。正月の準備。

〔**春の色**〕春めいた景色。春らしい雰囲気。春色。(季‐春)。例「春の色の至り至らぬ里はあらじ」〈古今・春下・九三〉訳→〈和歌〉はるのいろの…

〔**春の鶯囀るといふ舞**〕唐楽「春鶯囀」のこと。「天長宝寿楽」「天寿楽」ともいう。唐の太宗の作と伝えられるが、鶯の声に感動した高宗が、楽工白明達に命じて作らせたともいう。

〔**春の限り**〕春の終わり。例「をしめども春のかぎりの今日の日の」〈伊勢・九一〉

〔**春の形見**〕春を想起させるきっかけとなるもの。または、春の名残として惜しむもの。(季‐春)

〔**春の暮れ**〕春の終わりのころ。晩春。暮春。また、春の夕暮れ。(季‐春)

〔**春の心**〕(春を人に見立てて)春のころののどかな人の心。例「春の心はのどけからまし」〈古今・春上・五三〉訳→〈和歌〉よのなかにたえてさくらの…

〔**春の杯**〕春に酒を飲む杯。また、曲水の宴で、水に浮かべる杯。春觴。(季‐春)

〔**春の隣**〕春に近いころ。年の暮れ。(季‐冬)。例「冬ながら春の隣の近ければ」〈古今・雑躰・一〇二一〉

〔**春の鳥**〕ウグイスの別名。

〔**春の名残**〕春の終わりごろに、春の趣を感じさせるものとしてわずかに残っているもの。(季‐春)

〔**春の名立て**〕春の景物としてふさわしくないもの。春の不名誉。

〔**春の錦**〕❶春に多くの花が、色とりどりに美しく咲いているようすを錦に見立てた語。例「都ぞ春の錦なりける」〈古今・春上・五六〉訳→〈和歌〉みわたせばやなぎさくらを…。❷春にふさわしい、きらびやかな晴れ着。

〔**春の花**〕春に咲く花。(季‐春)

〔**春の光**〕❶春の太陽の光。また、春めいた景色。❷恵みが多く、満ち足りているようす。

〔**春の湊**〕春の行きとまる所を、船の行き着く港にたとえた語。春の終わり。例「暮れてゆく春のみなとは知らねども」〈新古今・春下・一六九〉訳→〈和歌〉くれてゆく…

〔**春の宮**〕《「春宮」の訓読語》皇太子の宮殿。また、皇太子。

〔**春の宮人**〕「春宮坊」に仕える役人。

〔**春の物**〕春に特有の景物。ホトトギス・若菜・春雨・霞など。例「春のものとてながめ暮らしつ」〈古今・恋三・六一六〉訳→〈和歌〉おきもせず…

〔**春の山**〕春の装いをした山。薄緑に色づいて、色とりどりの花が咲き乱れる山のようす。(季‐春)

〔**春の行方**〕春が来て、盛りを経て、やがて過ぎていくという、春の進みよう。(季‐春)。例「垂れこめて春の行方も知らぬ間に」〈古今・春下・八〇〉訳→〈和歌〉たれこめて…

〔**春の夕べ**〕春の夕暮れ時。(季‐春)

〔**春の夜の月**〕春の夜の朧月。春霞にかすむ月。

〔**春の夜の夢**〕春の夜に見る夢。はかないもののたとえ。例「おごれる人も久しからず、ただ春の夜の夢のごとし」〈平家・一・祇園精舎〉

〔**春の別れ**〕春が終わること。春という季節に別れ

を告げること。（季―春）

〔**春設けて**〕春を待ち受けて。春を迎えて。例「**春まけて**もの悲しきにさ夜更けて」〈万葉・一九・四一四一〉

〔**春待つ**〕春の到来を心待ちにする。（季―春）。例「雪深き山地に何に帰るらん**春待つ**花の陰に留まらで」〈拾遺・冬・二五九〉

は・る【張る】〔ら・り・る・る・れ・れ〕一［自ラ四］❶**芽がふくらむ。芽ぶく。**例「春の日には・れる柳を取り持ちて見れば都の大路し思ほゆ」〈万葉・一九・四一四二〉❷**ふくらむ。はち切れそうになる。**例「わが張・らぬ乳を夜もすがら吸はすれば」〈今昔・一九・四三〉❸**一面に広がる。**例「薄氷は**張・っ**たりけり、深田ありとも知らずして、馬をざっとうち入れたれば」〈平家・九・木曾最期〉《音便》「張っ」は「張り」の促音便。二［他ラ四］❶**糸・綱・弓の弦・琴の弦などを引いてのばして固定する。**例「父大臣は、琴の緒もいとゆるに**張・り**て、いたう下して調べ」〈源氏・若菜・上〉《音便》「いたう」は「いたく」のウ音便。❷**布などを広げる。**例「海の面は、衾を**張・り**たらむやうに光り満ちて」〈源氏・須磨〉❸**布地を洗ってのりをつけて板に広げてのばす。洗い張りをする。**例「袙・袴着たる女ども二十人ばかりありて、色々の物**張・り**たり」〈宇津保・吹上・上〉❹**陣地や罠などを設置する。構える。**例「宇陀（＝地名）の高城に鴫罠**張・る**」〈記・中・歌謡〉❺**平手で叩く。なぐる。**例「わ殿を鼓判官といふは、よろづの人にうたれたうたか、**は・られ**たうたか」〈平家・八・鼓判官〉〔注〕「うたれたうたか」「はられたうたか」の「打たれ」「張られ」は、「鼓判官」という名にかけたしゃれ。また、「たうたか」は、「たまひたるか」の変化形。❻（「気を張る」の形で）**気持ちを緊張させる。気を強く持つ。**例「『旦那おいで』と言はるるまでの外聞に、無用の気を**張・り**ける」〈浮・世間胸算用〉❼**勝負に金銭などを賭ける。**

は・る【墾る】［他ラ四］〔ら・り・る・る・れ・れ〕土地を新たに開く。開墾する。例「住吉の岸を田に**墾・り**蒔きし稲」〈万葉・一〇・二二四四〉

は・る【晴る】［自ラ下二］〔れ・れ・る・るる・るれ・れよ〕❶晴れる。例「**雨は・れて**清く照りたるこの月夜」〈万葉・八・一五六九〉❷心が晴れ晴れとする。例「心の闇も**晴・るる**やうなり」〈源氏・松風〉❸広々としている。見晴らしがよい。例「谷しげけれど西**晴・れ**たり」〈方丈記〉

はる［・なり］【遥】［形動ナリ］〔なら・なり（に）・なり・なる・なれ・なれ〕《多く「目もはるに」の形で用い、「芽も張るに」をかける》はるかだ。例「紫の色濃き時はめも**はる・に**」〈古今・雑上・八六八〉訳→〔和歌〕むらさきのいろこきときは…

はるあき【春秋】［名］❶春と秋。❷年月。また、年齢。例「千歳の**春秋**を過ぐしてぞ」〈梁塵秘抄〉

〔**春秋の争ひ**〕《「しゅんじうのあらそひ」とも》春と秋のどちらがすぐれているか、また好ましいかを論じること。春秋優劣論争。＝春秋の定め。例「**春秋のあらそひ**に、昔より秋に心寄する人は数まさりけるを」〈源氏・野分〉

古典の世界

伝統ある論争「春秋の争ひ」

春と秋の情趣の優劣を論ずることは、わが国では『古事記』以来の伝統としてある。『源氏物語』や『更級日記』には「もろこし」の春秋優劣論を引き合いに出しており、中国から伝来したものであろう。『万葉集』巻一に、天智天皇が「春山万花の艶」と「秋山千葉の彩」とを競わせ、額田王が歌で判じて秋山を支持した長歌がある。平安初期には「論春秋歌合」があり、『源氏物語』では、野分の巻の秋好中宮の町の秋の景観をいう場面（右の用例）をはじめ、薄雲・少女・胡蝶の各巻にもあり、物語の展開に深くかかわっている。紀貫之の「春秋に思ひみだれて分きかねつ時につけつつ移る心は」〈拾遺・雑下・五〇九〉は「春秋いづれかまさる」と問われて詠んだものだが、春秋どちらにも心ひかれて判断しかねると応じている。四季の自然美を重んじた王朝人は、とりわけ春秋の情趣を論じることで、花鳥風月の美への感覚を大事にしたのである。

〔**春秋の定め**〕「はるあきのあらそひ」に同じ。

〔**春秋を送る**〕《「しゅんじうをおくる」とも》四季を過ごす。年月を費やす。例「陸奥に十二年の**春秋をおく・り**けり」〈古今著聞・三三六〉

はるか［・なり］【遥か】［形動ナリ］〔なら・なり（に）・なり・なる・なれ・なれ〕《遠く隔たっているさまをいうのが原義》❶**遠く離れているさま。**また、**遠くまで続いているさま。**例「ありありてかく**はるか・なる**国になりにたり」〈更級〉❷**年月が隔たっているさま。**また、**将来まで長く続いていくさま。**例「**はるか・なる**もの。陸奥国へいく人、逢坂越ゆるほど。うまれたる乳児の、おとなになるほど」〈枕・はるかなるもの〉❸**手がとどかない。気持ちが進まない。**例「大床子の御膳などは、いと**はるか・に**思しめしたれば」〈源氏・桐壺〉《敬語》「思しめしたれば」→「おぼしめす」。❹**うとましい。疎遠だ。無関係だ。**例「大臣のいとけ遠く**はるか・に**もてなしたまへるは」〈源氏・野分〉❺**程度の差がはなはだしいさま。ずっと。**例「深き水は涼しげなし。浅くて流れたる、**遥か・に**すずし」〈徒然・五五〉

はるか・す【晴るかす】［他サ四］〔さ・し・す・す・せ・せ〕（思いを）晴らす。例「胸にみつ思ひをだにも**晴るか・さ**で」〈千載・哀傷・五七五〉

はるがすみ【春霞】一［名］《「はるかすみ」とも》春のかすみ。（季―春）。二［枕詞］「かすみ」の同音が反復することから、「春日」に、また春霞のさまから「立つ」「竜田」、さらに「よそ」などにかかる。例「**春霞**春日の里の植ゑ小水葱苗なりと言ひし柄はさしにけむ」〈万葉・三・四〇七〉

〔**春霞立つ**〕春霞が（野や山に）立ちこめる。たなびく。例「**春霞立・つ**を見捨てて行く雁は花なき里に住みやならへる」〈古今・春上・三一〉訳→〔和歌〕はるがすみたつをみすてて…

〔和歌〕**はるがすみかすみていにし…【春霞かすみて去にし雁は今ぞ鳴くなる秋霧の上に】**〈古今・秋上・二一〇・よみ人しらず〉訳春霞にかすみながら北へ去った雁が、いままた飛んで来て鳴いているよ。この秋霧の上で。《係結び》「ぞ→鳴くなる㊍」〈参考〉「かりがね」はここでは「雁」の意。

〔和歌〕**はるがすみたつをみすてて…【春霞立つを見捨てて行く雁は花なき里に住みやならへる】**〈古今・春上・三一・伊勢〉訳春霞が立つのを見捨てて北へ帰ってゆく雁は、花のない里に住みなれているのだろうか。《係結び》「や→ならへる体」

〔和歌〕**はるがすみたてるやいづこ…【春霞立てるやいづこみ吉野の吉野の山に雪は降りつつ】**〈古今・春上・三・よみ人しらず〉訳春霞が立っているのは、いったいどこなのだろう。ここ、み吉野の吉野の山では、まだ雪が降り続いていて。

〔和歌〕**はるかぜの…【春風の花を散らすと見る夢はさめても胸のさわぐなりけり】**〈山家集・上・西行〉訳春風が吹いて桜の花を散らしている、と見た夢は目が覚めても胸騒ぎがすることだ。
〈参考〉「さわぐ」は「風」の縁語。

〔和歌〕**はるきてぞ…【春来てぞ人も訪ひける山里は花こそ宿の主なりけれ】**〈拾遺・雑春・一〇一五・藤原公任〉訳春がやって来て、やっと人も訪ねて来た。この山里では、花こそが宿の主人であったのだ。

〔和歌〕**はるきぬと…【春来ぬと人は言へども鶯の鳴かぬかぎりはあらじとぞ思ふ】**〈古今・春上・一一・壬生忠岑〉訳春が来たと人はいうけれども、ウグイスが鳴かない間は、まだ春は来ていないと私は思っている。《係結び》「ぞ→思ふ体」

はる・く【晴るく】〔他カ下二〕{け・け・く・くる・くれ・けよ}❶晴らす。例「手足もひたしたれば、ここちもの思ひ**はる・くる**やうにぞおぼゆる」〈蜻蛉・中〉❷取り除く。掃除する。例「岩隠れに積もれる紅葉の朽ち葉すこし**はる・け**」〈源氏・総角〉

はるくさの【春草の】〔枕詞〕春に萌え出る草をほめたたえるところから「いやめづらし」に、また、生い茂るところから「繁し」にかかる。例「**春草の**いやめづらしき」〈万葉・三・二三九長歌〉

〔和歌〕**はるくれば…【春来れば雁帰るなり白雲の道行きぶりに言やつてまし】**〈古今・春上・三〇・凡河内躬恒〉訳春が来たので、雁は北国へ帰ってゆくようだ。白雲の中の道を飛んでゆくついでに、友人へのことづてを託そうかしら。《係結び》「や→つてまし体」

はるけ・し【遥けし】〔形ク〕{から・く(かり)・し・き(かる)・けれ・かれ}❶(空間的・時間的に)遠く隔たっている。久しい。例「波路はいとど**はるけ・かり**けり」〈土佐〉❷(心理的に)かけ離れている。隔たっている。例「**はるけ・き**仲と神やいさめし」〈源氏・絵合〉

はるけどころ【晴るけ所】〔名〕思いの晴れるところ。例「女は、かう**はるけどころ**なくなよびたるを」〈源氏・若菜・下〉

はるけや・る【晴るけ遣る】〔他ラ四〕{ら・り・る・る・れ・れ}気持ちを晴れやかにする。例「尽きせぬ御物語をえ**はるけや・り**たまはで夜もいたう更けぬ」〈源氏・早蕨〉

〔和歌〕**はるごとに…【春ごとに花の盛りはありなめど会ひ見むことは命なりけり】**〈古今・春下・九七・よみ人しらず〉訳毎春、花の盛りはあるだろうが、その花盛りに出会うのは命あってのことなのだ。

はるごま【春駒】〔名〕❶春の野にいる馬。❷(近世語)新春に、馬の首の作り物を持ち、家々を歌い舞って歩いた門付け芸人の一種。(季-春)

〔和歌〕**はるさめの…【春雨の降るは涙か桜花散るを惜しまぬ人しなければ】**〈古今・春下・八八・大伴黒主〉訳春雨が降るのは、だれかの涙なのか。桜花が散るのを惜しまない人はひとりもいないのだから。
〈参考〉二句切れ。春雨を、落花を惜しむ人々の涙に見立てている。

はるさめものがたり【春雨物語】〔作品名〕江戸後期(一八〇八成立)の読本。上田秋成作。伝説や当時の実話に取材した話など多様な内容で、秋成の思想の総決算ともいうべき物語集。

〔俳句〕**はるさめやくはれのこりの…【春雨や食はれ残りの鴨が鳴く】**〈七番日記・一茶〉訳春雨がしとしと降り続く中、運よく冬の間に人間に食われなかった鴨がひとりぼっちで鳴いている。(季-春雨-春)

〔俳句〕**はるさめやくれなんとして…【春雨や暮れなんとしてけふも有り】**〈自筆句帳・蕪村〉訳春雨が静かに降り続いている。そろそろ日も暮れようという時分になり、何事もなく過ぎていった今日という一日を、しみじみと振り返ることだ。(季-春雨-春)

〔俳句〕**はるさめやこいそのこがひ…【春雨や小磯の小貝ぬるるほど】**〈蕪村句集・蕪村〉訳春雨が細く静かに降っている。小さな磯辺の小さな貝をわずかに濡らすほどに。(季-春雨-春)

〔俳句〕**はるさめやはちのすつたふ…【春雨や蜂の巣つたふ屋根の漏り】**〈すみだはら・芭蕉〉訳春雨が音もなく降り続いている。春雨は降るとも見えないが、屋根を漏り、軒に下がっている蜂の巣を伝って滴となって落ちていることだ。(季-春雨・蜂の巣-春)

〔俳句〕**はるさめやひとすみてけぶり…【春雨や人住みて煙壁を洩る】**〈自筆句帳・蕪村〉訳まるで化け物でも出て来そうに見える荒れ果てた家に、春雨が降り注いでいる。そんな家にも人が住むようになったのであろう、煙が壁からうっすらともれている。(季-春雨-春)

〔俳句〕**はるさめやものがたりゆく…【春雨やものがたりゆく蓑と傘】**〈自筆句帳・蕪村〉訳しめやかに降り続く春雨の中を、かたや蓑を着、かたや傘を持った二人連れが親しく語らいながら歩いて行く。(季-春雨-春)

〔和歌〕**はるすぎてなつきたるらし…【春過ぎて夏来たるらし白たへの衣干したり天の香具山】**〈万葉・一・二八・持統天皇〉訳春が過ぎて夏がやってきたらしい。まっ白な、衣が干してある、この天の香具山に。
〈参考〉歌句を変えて『新古今和歌集』『百人一首』に入集。

〔和歌〕**はるすぎてなつきにけらし…【春過ぎて夏来にけらし白妙の衣干すてふ天の香具山】**〈新古今・夏・一七五・持統天皇〉《百人一首》訳春が過ぎて、もう夏が来てしまったらしい。真っ白な夏衣を干すという天の香具山に。
〈参考〉『万葉集』では二句が「夏来たるらし」、四句が「衣干したり」となっている。

〔和歌〕**はるたつと…【春立つといふばかりにやみ**

吉野の山も霞みて今朝は見ゆらん】〈拾遺・春・一・壬生忠岑〉訳暦のうえで立春になったというだけで、あの雪深く春の遅い吉野山も、霞んで今朝は見えるのだろうか。

はるつかた【春つ方】[名]（「つ」は上代の格助詞）春のころ。春の季節。

はるつげどり【春告げ鳥】[名]ウグイスの別称。一説に「鶯の谷より出づる声なくは春来ることを誰か知らまし」〈古今・春上・一四〉訳→〈和歌〉うぐひすのたによりいづる…に基づく語とも。（季―春）

はるつげどり【春告鳥】[作品名]江戸後期（一八三六から一八三七刊行）の人情本。為永春水作。富豪の若旦那と小間使いとの恋を中心に、通人と年増との恋などをからませて描く。春水の「梅暦」シリーズの姉妹編。

〈俳句〉**はるなれや…【春なれや名もなき山の薄霞】**〈野ざらし紀行・芭蕉〉訳ああ、もう春だなあ。名もない山々にも、うっすらと霞がかかっているよ。（季―春・薄霞―春）

はるの【春野】[名]春の野原。

〈和歌〉**はるのいろの…【春の色の至り至らぬ里はあらじ咲ける咲かざる花の見ゆらむ】**〈古今・春下・九三・よみ人しらず〉訳春の気配が及んでいる里と及んでいない里という差別などあるまい。それなのになぜ、咲いている花と咲いていない花が見えるのだろう。〈参考〉「春の色」は春の気配の意。助動詞「らむ」は現在の事実の原因推量を表し、どうして…なのだろうの意。開花に時期の差があることを歌っている。

〈俳句〉**はるのうみ…【春の海終日のたりのたりかな】**〈自筆句帳・蕪村〉訳眼前に広がる春の穏やかな海は、一日中ゆったりゆるやかに波が寄せては返し、まったく「のたりのたり」としていることであるよ。（季―春の海―春）

〈和歌〉**はるのその…【春の苑紅にほふ桃の花下照る道に出で立つ娘子】**〈万葉・一九・四一三九・大伴家持〉訳春の庭園に、紅に照り映えている桃の花、その木々の下が紅に色づき輝いている道に、出て立っている乙女よ。

はるのななくさ【春の七草】[名]陰暦正月七日、粥に入れて食べた七種類の菜。セリ・ナズナ・ゴギョウ・ハコベラ・ホトケノザ・スズナ（いまのカブ）・スズシロ（いまの大根）。↕秋の七草。→「ななくさ」

〈和歌〉**はるののにかすみたなびき…【春の野に霞たなびきうら悲しこの夕影にうぐひす鳴くも】**〈万葉・一九・四二九〇・大伴家持〉訳春の野に霞が横に長く連なり、何となくもの悲しい、この夕暮れのほのかな光の中にウグイスが鳴いている。

〈和歌〉**はるののにすみれつみにと…【春の野にすみれ摘みにと来し我そ野をなつかしみ一夜寝にける】**〈万葉・八・一四二四・山部赤人〉訳春の野にすみれを摘もうとやって来た私は、野辺に心ひかれたためにここで一夜を明かしてしまった。（係結び）「そ→寝にける体」

はるのひ【春の日】[作品名]江戸前期（一六八六刊行）の俳諧撰集。山本荷兮編。『俳諧七部集』のひとつ。『冬の日』の続編としての性格をもち、連句は春季のもののみ収録。芭蕉の句は「古池や」のほか二句だけで、荷兮らによる歌仙や表六句、尾張地方の諸家の発句を収める。

〈和歌〉**はるのよのやみはあやなし…【春の夜の闇はあやなし梅の花色こそ見えね香やはかくるる】**〈古今・春上・四一・凡河内躬恒〉訳闇とはあらゆるものを隠すものだが、春の夜の闇は筋のとおらないことをしている。梅の花の、色こそ見えはしないが、その香りは隠れるだろうか（いや隠れることはない）。（係結び）「こそ→見えね已」、「やは→かくるる体」

〈和歌〉**はるのよのゆめのうきはし…【春の夜の夢の浮橋とだえして峰に別るる横雲の空】**〈新古今・春上・三八・藤原定家〉訳春の夜の短くはかない夢がふととぎれて、まださめやらぬわが目には、峰に別れを告げて、横にたなびく雲が昇ってゆく美しい空が見えた。

〈参考〉「夢の浮橋」は、『源氏物語』の最終巻名によったもので、薫と浮舟の悲恋を想起させる。

〈和歌〉**はるのよのゆめばかりなる…【春の夜の夢ばかりなる手枕にかひなく立たむ名こそをしけれ】**〈千載・雑上・九六四・周防内侍〉〈百人一首〉訳春の夜の夢ほどにはかないお戯れの手枕を借りたために、何の甲斐もなく立ってしまう浮き名がまことに残念でございます。（係結び）「こそ→をしけれ已」

〈参考〉作者が「枕がほしい」というと大納言忠家が腕を御簾の下から差し入れてきたので、この歌を詠んだという。「かひなく」は「甲斐なく」に「腕」をかける。

〈俳句〉**はるのよや…【春の夜や籠り人ゆかし堂の隅】**〈笈の小文・芭蕉〉訳春の夜、参籠している人が薄暗い御堂の片隅で祈りを捧げている。その人はどのような人であろうか。心にひかれることだ。（季―春の夜―春）

〈和歌〉**はるはただ…【春はただ花のひとへに咲くばかり物のあはれは秋ぞまされる】**〈拾遺・雑下・五一一・よみ人しらず〉訳春はただひたすら花が咲くだけで、しみじみとした情趣は何といっても秋の方がすぐれている。

はるはな【春花】[名]春に咲く花。

はるはなの【春花の】[枕詞]春の花が美しく咲くところから「にほえ栄ゆ」「いやめづらし」「さかり」「貴し」に、また、色褪せて散るところから「うつろふ」にかかる。例「春花のにほえ栄えて秋の葉のにほひに照れる」〈万葉・一九・四二一一長歌〉

はるばる【・なり】【遥遥】[形動ナリ]｛なら・なりに・なり・なる・なれ・なれ｝（距離や時間が）遠く隔たっているさま。例「松原、目もはるばる・なり」〈土佐〉

はるばる【遥遥】[副]はるかに遠く。広々と。例「はるばると物のどこほりなき海づらなるに」〈源氏・明石〉

はるひ【春日】[名]春の日。

はるび【腹帯】[名]（「はらび」とも。「はらおび」の変化形）鞍を馬に固定するために、馬の腹にかける帯。⇩[古典参考図]武装・武具〈1〉

はるひの【春日の】[枕詞]（春の日がかすむことから）同音を含む地名「春日」にかかる。＝春日を。例「春日の春日の国に」〈紀・継体・歌謡〉

はるひを【春日を】[枕詞]「はるひの」に同じ。例「春日を春日の山の」〈万葉・三・三七二長歌〉

はるべ【春べ】[名]《「古くは「はるへ」」》春。春のころ。（季―春）

はるみちのつらき【春道列樹】[人名]（?―九二〇）平安前期の歌人。『古今和歌集』『後撰和歌集』に五首入集。百人一首にも採られている。

〔和歌〕**はるやとき…**【春やとき花や遅きと聞き分かむ鶯だにも鳴かずもあるかな】〈古今・春上・一〇・藤原言直〉訳暦の上の春が早く来すぎたのか、それとも、花が咲くのが遅すぎるのか、その声を聞いて判断しようと思うウグイスさえもまだ鳴かないことだ。《係結び》「春や→とき体」、「花や→遅き体」

〔和歌〕**はるやなぎ…**【春柳葛城山に立つ雲の立ちても居ても妹をしそ思ふ】〈万葉・一一・二四五三・作者未詳〉訳〔はるやなぎ〕葛城の山にしきりに立つ雲のように、立っても座ってもいつもあの娘のことばかりを思っている。《係結び》「そ→思ふ体」〈参考〉「春柳」は「葛城山」の枕詞。上三句は「立ち」を導く序詞。

はれ【晴れ】[名]❶空に雲や霧などがない状態。❷日の当たる場所。日なた。❸さえぎる物のない広々とした場所。例「〔源氏ノ〕ゐたまへる御さま、さる晴れに出でて、言ふよしなく見えたまふ」〈源氏・須磨〉❹晴れがましい場所。また、その状態。❺正式・公式的なこと。↕褻。❻晴れ着。晴れ姿。

〔晴れの歌〕宮廷で催される歌合わせや賀宴など、公式の場で詠まれる和歌。↕褻の歌

はれがま・し【晴れがまし】[形シク]《「がまし」は接尾語》❶晴れやかだ。華やかだ。例「晴れがま・しくなる女房達」〈中務内侍〉❷表立っている。公である。❸きまりが悪い。例「聟入りといふ物は晴れがま・しい事であらう」〈狂言記・料理聟〉《音便》「晴れがましい」は「晴れがましき」のイ音便。

はればれ・し【晴れ晴れし】[形シク]❶空が晴れ渡っている。例「今朝まで晴れ晴れ・しかりつる空」〈枕・成信の中将は、入道兵部卿宮の〉❷気分がすっきりしている。例「〔藤壺中宮ガ〕晴れ晴れ・しからで月ごろ過ぎさせたまふことをだに」〈源氏・薄雲〉❸華やかである。広々として明るい。例「〔部屋ヲ〕はればれ・しくしつらひたれば」〈源氏・蜻蛉〉❹格式ばっている。公的である。例「堀河院をば、さるべきことの折、はればれ・しき料にさせ給ふ」〈大鏡・基経〉

はれまじらひ【晴れ交じらひ】[名]晴れがましい場での交際。

はれまど・ふ【腫れ惑ふ】[自ハ四]ひどくはれあがる。例「目・眉・額なども**はれまど・ひて**、うちおほひければ、物も見えず」〈徒然・四二〉

はれらか【・なり】【晴れらか】[形動ナリ]《「らか」は接尾語》晴れやかだ。さっぱりしている。例「額髪**はれらか・にかきやり**」〈徒然・一七五〉

はろはろ【・なり】【遥遥】[形動ナリ]《上代語。「はろばろ」とも》はるかに遠い。例「**はろはろ・に**思ほゆるかもしかれども異しき心を我が思はなくに」〈万葉・一五・三五八八〉

はわけ【葉分け】[名]葉を一枚一枚分けること。

はゑ【・す】【破壊】[名・自他サ変]破れ壊れること。また、壊すこと。

はをく【破屋】[名]あばら家。荒れ果てた家。

はん【半】[名]❶半分。半ば。❷奇数。

はん【判】[名]❶批判。判定。とくに歌合わせなどの優劣の判定。❷裁判。判決。❸書き判。花押。

〔判の詞〕「はんし」に同じ。

ばん-【番】[接頭]粗末なものの意を表す。「番茶」「番鑓」など。

ばん【番】[名]❶順番。❷当番。❸番人。❹歌合わせなどで、勝負を争う組。

ばん【盤】[名]❶皿などの食器類。❷食器などを載せる台。❸碁・双六・将棋などの台。

はんえん【・す】【攀縁】[名・自サ変]《古くは「へんえん」とも》❶《仏教語》外界のものに心が乱されること。❷怒ること。気分を害すること。例「右中弁かく言はれて少し**攀縁**おこりければ」〈今昔・二八・二三〉

はんか【反歌】[名]和歌の歌体のひとつ。長歌のあとに詠み添えられる短歌。長歌の内容を要約したり補足したりするもので、ふつうは一首または二首からなる。

ばんか【挽歌】[名]《「挽」は柩をひく意》❶葬送のとき、柩を載せた車をひく者が歌う歌。❷『万葉集』の部立てのひとつ。人の死にかかわる歌を集める。『古今和歌集』以降の哀傷歌に相当する。

ばんかうけい【伴蒿蹊】[人名]（一七三三―一八〇六）江戸後期の歌人・国学者。名は資芳。別号は閑田子。剃髪後、蒿蹊と号す。『近世畸人伝』正続、『閑田詠草』などがある。

はんぎ【板木・版木】[名]印刷用に文字や絵などを彫った木の板。

ばんき【万機】[名]政治上の重要事。とくに、帝王の政務。例「御出家の後も、**万機**の政をきこしめされしめひだ」〈平家・一・殿下乗合〉

はんぎやう【判形】[名]書き判。印形。

はんきゅう【半弓】[名]通常の弓の半分ほどの大きさの弓。座射が可能。

はんぎり【半切り】[名]《近世語。「半切り桶」の略》底の浅いたらい状の桶。

ばんきん【万金】[名]多くの金銭。

ばんきん【判金・版金】[名]《「はんきん」とも》大判金と小判金。とくに、大判金を指していう。

はんぐゎん【判官】[名]「はうぐゎん」に同じ。

はんげ【半夏】[名]❶「半夏生」の略。❷カラスビシャク（草の名）の別名。根は薬用。①②（季―夏）

ばんけい【晩景】[名]《「ばんけい」とも》❶夕方の景色。❷夕方。夕暮れ。

はんげしゃう【半夏生】[名]陰暦で夏至から数えて十一日目の日。いまの七月二日ごろに当たる。（季―夏）

はんごん【反魂】[名]死者の魂を呼び返すこと。

はんごんかう【反魂香】[名]（中国の漢の孝武帝が、李夫人の死後、恋しさのあまり魂を呼び返そうとして香をたき、煙の中に夫人の面影を見たという故事から）たくと死者の魂を呼び返し、その面影を煙の中に見ることができるという、想像上の香。

はんごんたん【反魂丹・返魂丹】[名]《近世語》万病に効くという丸薬。

はんざ【半座】[名]❶座席の半分。❷宴会や話など

の途中。座半ば。

はんざ【判者】[名]「はんじゃ」に同じ。

はんさい[・す]【半済】[名・自サ変]「はんぜい」に同じ。

はんざふ【半挿】[名]（「はざふ」とも）湯や水をつぐ器。管状になっている柄を、半分、器の中に挿し込んであることから。➡[古典参考図]調度類〈2〉

はんし【判詞】[名]（「はんじ」とも）歌合わせ・句合わせで、判者が優劣判定の根拠などを述べたことば。＝判の詞

ばんじかぎり【万事限り】（近世語）手の施しようのないこと。万事休すること。例「ただ一人の男子の万事かぎりにわづらひける」〈浮・日本永代蔵〉

ばんしき【盤渉】[名]「十二律」のひとつ。壱越から十番目の音。西洋音楽の「ロ」に近い音。

ばんしきでう【盤渉調】[名]（「ばんしきてう」とも）雅楽の「六調子」のひとつ。「盤渉」を主音とする調子。

ばんしせんこう【万紫千紅】[作品名]江戸後期（一八一八刊行）の狂歌・狂文集。蜀山人（大田南畝）作。南畝晩年の作になる狂歌が多数を占め、狂詩・狂文も収録。前年刊行の『千紅万紫』の後編として題名を逆さにしたことによる書名。

はんじゃ【判者】[名]（「はんざ」とも）歌合わせ・句合わせ・物合わせなどで、作品や物の優劣を判定する人。

ばんじゃう【番匠】[名]飛驒・大和などから朝廷に召された大工。のち、一般に大工の称。

ばんじゃうがさ【番匠笠】[名]大工などが用いた、マダケの皮で作った粗末な笠。

はんしゃうぞくのじゅず【半装束の数珠】（すべての玉が水晶である晴れの儀式用の数珠に対して）玉の半分を水晶玉、残り半分を瑪瑙の玉や琥珀などで作った数珠。

ばんじゃく【盤石・磐石】[名]❶大きな石。いわお。❷きわめて堅いこと。堅固。

ばんしゅう【番衆】[名]（「ばんしゅ」とも）❶番に当たる人。当番の人。❷武家の職名。殿中や本陣に宿直・勤番して、主君の護衛などに当たった者。

ばんじょう【万乗】[名]天子。天皇。中国周代に天子は直轄地から乗（兵車）一万を出したことから。

〔**万乗の主**〕天下を統治する君主。天子。＝万乗の君

〔**万乗の位**〕天子の位。

はん・ず【判ず】[他サ変]{ぜ・じ・ず・ずる・ずれ・ぜよ}判断する。とくに、和歌などの優劣を判定する。例「この道（＝和歌ノ道）の聖たち判じけるに」〈増鏡・おどろのした〉

ばん・ず【晩ず】[自サ変]{ぜ・じ・ず・ずる・ずれ・ぜよ}日が暮れる。例「日も晩じてござるほどに」〈狂言記・宗論〉

ばんすらく【万春楽】[名]（「ばんずらく」「ばんしゅんらく」とも。「ばんすんらく」の撥音無表記）「男踏歌」のときに奏する楽。また、そのときに歌う七言八句の詩。（季―春）

はんぜい[・す]【半済】[名・自サ変]（「はんせい」「はんさい」とも）貴族や社寺の荘園の年貢の半分を守護が徴収すること。室町幕府が軍費調達のために行った制度。荘園侵略の手段となった。

ばんぜい【万歳】㊀[名]❶（「まんざい」とも）万年。長い間。また、長生きすること。❷めでたいこと。❸（長く生きたあとでの意から）貴人の死。㊁[感]めでたいことなどを祝って叫ぶ声。ばんざい。

ばんそう【伴僧】[名]法会・葬式・修法などのとき、導師に従う僧。

ばんた【番太】[名]「番太郎」の略。

ばんだいなごんゑことば【伴大納言絵詞】[作品名]平安後期の絵巻。絵は常磐光長が画、詞書は藤原雅経筆と伝えられる（藤原教長筆とも）。伴善男（伴大納言）が応天門に放火して出世をはかるが、策謀が露見して流罪になるまでを描く。平安時代の大和絵の代表作のひとつ。

ばんたらう【番太郎】[名]（近世語）江戸時代、各町村で夜回りや浮浪者の取り締まりなどにあたった者。とくに、江戸市中の木戸の番小屋に住み、昼は荒物や駄菓子を売りながら番をした者。＝番太

はんでふ【半畳・半帖】[名]❶一畳の半分の畳。❷（近世語）芝居小屋で、客が賃料を払って借りた小さい畳。または、ござ。

〔**半畳を打ち込む**〕（近世語）（役者の芸に不満なとき、観客が「半畳②」を舞台に投げ入れたことから）非難する。やじる。

はんてん【半天】[名]空の中ほど。中天。

はんでん【班田】[名]令制で朝廷が公民に口分田を支給すること。また、その口分田。

ばんどう【坂東】[名]❶足柄峠・碓氷峠から東の国。関東。❷（①が八国で成ることから）八百屋・魚屋・駕籠かきなどの隠語で、八。

ばんどうごゑ【坂東声】[名]関東人特有の音声やアクセント。

ばんどうたらう【坂東太郎】[地名]利根川の別称。筑後川（筑紫二郎）、吉野川（四国三郎）とともに日本三大河のひとつ。

ばんどうむしゃ【坂東武者】[名]坂東生まれの武士。勇猛で知られた。

はんとき【半時】[名]❶一時の半分。いまの約一時間。❷わずかな時間。少しの間。

はんどくがぐちももんじゅのちゑ【槃特が愚痴も文殊の知恵】愚者でも修行に励めば、知者と同じように悟りを開くというたとえ。

はんにゃ【般若】[名]（梵語の音訳）❶（仏教語）真実を正しく見きわめる知恵。❷恐ろしい顔つきの鬼女。また、その能面。❸紋所の名。②の面を図案化したもの。

〔**般若の船**〕仏の真の知恵を、衆生を悟りの彼岸に至らせる船にたとえた語。

はんにゃしんぎゃう【般若心経】[名]（「摩訶般若波羅蜜多心経」の略）「大般若経」六百巻の教義を一巻に要約したもの。

はんにゃたう【般若湯】[名]僧の隠語で酒。

はんにん【判人】[名]❶判を押す人。証人。❷遊女の口入れ屋。女衒。

ばんのだいなごん【伴の大納言】[人名]伴善男（八〇九～八六八）のこと。伴国道の五男。仁明天皇の信任を受け、貞観六年（八六四）には大納言に昇進した。貞観八年（八六六）閏三月十日の応天門放火事件ののち、伊豆に流罪となり、五十八歳で没した。

は

ばんのぶとも【伴信友】〔人名〕（一七七三～一八四六）江戸後期の国学者。随筆『仮字本末』『比古婆衣』。

はんばかま【半袴】〔名〕裾が足首あたりまでの長さでくくり緒のない袴。＝切り袴。↔長袴

はんぴ【半臂】〔名〕束帯のとき、袍と下襲の間に着た、袖のない短い衣。

〔**半臂の句**〕和歌・連歌で、無用のものに見えながら、一首の表現効果を高める役割を果たしている句。また、第三句目に枕詞を置いた歌。

はんぺい【藩屏】〔名〕❶皇室を守護すること。また、その人。❷直轄の領地。

はんべつ【蕃別】〔名〕古代、中国・朝鮮から渡来した民族の総称。秦氏・漢氏・百済氏など。

はんぼほ【半頰】〔名〕防具の一種。顔面の頰から下を覆う鉄製の面。→「はつぶり」

はんぽん【版本・板本】〔名〕（「はんぼん」とも）板木に彫って印刷した書物。＝刊本。↔写本

はんめう【斑猫】〔名〕❶ハンミョウ科の甲虫の総称。青緑色や金緑色で強い光沢があり美しい。（季－夏）。❷ツチハンミョウ科の甲虫マメハンミョウの通称。乾燥して毒薬として用いた。

はんや【半夜】〔名〕❶夜半。真夜中。❷江戸時代、昼夜を分けて客をとった遊女。

ばんりゃう【盤領】〔名〕袍や水干、狩衣などの、丸く仕立てた襟。＝頸上。↔方領①

ばんゑ【蛮絵・盤絵】〔名〕❶鳥獣、草花などを円形に図案化した模様。袍・舞楽の装束・調度などに用いられた。➡〔古典参考図〕男子の服装〈4〉。❷中世末期に伝来した西欧の絵画。また、その手法を模したもの。＝南蛮絵

ひ

ひ【日】〔名〕❶**太陽。日光。日差し。** 例「贄野の池のほとりへいきつきたるほど、**日**は山の端にかかりにたり」〈更級〉❷**日の神。** 太陽の神としての**天照大神**。また、その子孫である**天皇や皇子。** 例「やすみしし我が大君高照らす**日**の皇子」〈万葉・一・四五長歌〉〔注〕「やすみしし」は「我が大君」の、「高照らす」は「日」の枕詞。❸**昼。昼間。** ↔夜。例「日々並べて夜には九夜**日**には十日を」〈記・中・歌謡〉訳→〔歌謡〕にひばりつくはを…。❹（時間の単位としての）**日。日にち。** 例「**日**を経つつ世の中浮き立ちて」〈方丈記〉❺**日限。期日。** 例「つつしみて、かかる所に**日**を限りて籠りたればなむ」〈源氏・蜻蛉〉〔係結び〕「なむ」→（省略）」。❻**日柄。日取り。** 例「吉凶は人によりて、**日**によらず」〈徒然・九一〉❼（一般的に）**とき。折。ころ。** 例「秋風の吹きにし**日**より」〈古今・秋上・一七三〉❽**天候。天気。** 例「**日**あしければ、船いださず」〈土佐〉

〔**日出づる国**〕日本の美称。

〔**日闌く**〕日が高く昇る。例「**日た・くる**まで大殿籠れり」〈源氏・須磨〉

〔**日たけゆく**〕日が高くのぼる。昼に近くなる。例「**日たけゆ・き**て、儀式もわざとならぬさまにて出でたまへり」〈源氏・葵〉

〔**日に異に**〕日増しに。毎日。例「我がやどの葛葉**日に異に**色付きぬ」〈万葉・一〇・二二九五〉

〔**日に添へて**〕日増しに。例「ただ、**日にそへて**弱りたまふさまにのみ見ゆれば」〈源氏・若菜・下〉

〔**日の脚・日の足**〕❶雲間などから差し込んでくる日光。例「**日の脚**わづかに見えて」〈蜻蛉・上〉❷太陽の動き。また、その速さ。ひあし。

〔**日の入る国**〕（日本の西方で、太陽の没する方角にあることから）中国。

〔**日の中**〕日中。また、その日のうち。

〔**日の御物**〕天皇の毎日の食事。

〔**日の暮れ**〕日暮れ時。

〔**日のことごと**〕一日中。例「夜はも夜のことごと昼はも**日のことごと**」〈万葉・二・一五五長歌〉

〔**日の下開山**〕（「開山」は開祖の意）武芸・相撲などで、かなう者がいないこと。天下一。

〔**日の経**〕東。また、東西とも。↔日の緯

〔**日の御陰・日の御蔭**〕❶宮殿。皇居。例「天知るや**日の御陰**の水こそば常にあらめ」〈万葉・一・五二長歌〉❷日の神の威光。例「つゆも曇らぬ**日のみかげ**かな」〈新古今・神祇・一八七七〉

〔**日の御門**〕皇居。

〔**日の御子**〕天皇。または、皇子。

〔**日の貢**〕日々の献上品。天皇の日常の食料として、占く、和泉・紀伊・淡路・近江・若狭の五か国が日割りで献納した。

〔**日の宮人**〕朝廷に仕える者。大宮人。

〔**日の緯**〕西。また、南北とも。↔日の経

〔**日を取る**〕吉日を選ぶ。日を定める。

ひ【火】〔名〕❶**ほのお。火炎。** 例「さねさし相武の小野に燃ゆる**火**の」〈記・中・歌謡〉訳→〔歌謡〕さねさし…。❷**ともし火。灯火。** 例「旅にあれど夜は**火**灯し居る我を」〈万葉・一五・三六六九〉❸**炭火。** 例「**火**などいそぎおこして、炭もてわたるも、いとつきづきし」〈枕・春は、あけぼの〉❹**火事。火災。** 例「四月の夜中ばかりに**火**の事ありて」〈更級〉❺**のろし。** 例「所々に**火**をあげ、大鼓をうって兵を召すはかり事あり」〈平家・二・烽火之沙汰〉〔敬語〕「兵を召す」→「めす」。〔音便〕「うっ」は「うち」の促音便。❻**燃えるような思い。** 例「心には**火**さへ燃えつつ思ひ恋ひ」〈万葉・一七・四〇一一長歌〉

〔**火危ふし**〕宮中などで夜番の者が巡回のときに発した語。火の用心。例「弓弦いとつきづきしくうち鳴らして、『**火危ふ・し**』と言ふ言ふ」〈源氏・夕顔〉

〔**火たく衛士**〕（「衛士」は宮中の警備に当たった兵士。常時武装し、夜間は篝火をたいて服務した）警固のために篝火をたいている衛士。

〔**火の家**〕（「火宅」の訓読語）「くわたく」に同じ。

〔**火の車**〕（「火車」の訓読語）「くわしゃ①」に同じ。

〔**火の輿**〕葬儀の行列に用いる、内部に灯火をともした輿。

〔**火の事**〕火事。火災。

〔**火の騒ぎ**〕火災が起こって騒ぐこと。

〔**火を挙ぐ**〕❶火をともす。明かりをつける。例「御琴の音聞こえず。すなはち**火を挙げ**て見れば、すでに崩りましおはりぬ」〈記・中〉 ❷火の手をあげる。火をつけて攻撃の合図にする。例「大講堂・文殊楼の辺にひかへて、**火を挙・げられそろへ**」〈太平記・一七〉

ひ【氷】［名］❶こおり。❷雹。氷雨。（季―夏）

ひ【妃】［名］❶きさき。皇后。❷令制で天皇に仕える女性のうち、皇后の次に位する人。

ひ【非】［名］❶不正。道理に反すること。例「万事は皆**非**なり。言ふにたらず願ふにたらず」〈徒然・三八〉 ❷欠点。短所。例「一道にも誠に長じぬる人は、自ら明らかにその**非**を知る故に」〈徒然・一六七〉 ❸不利な立場や地位。例「**非**なる時は恨みず」〈徒然・二一一〉

ひ【杼・梭】［名］機織りの用具。縦糸に横糸を通す木製の具で、舟形をしている。

ひ【婢】［名］召し使われる女性。下女。はしため。

ひ【緋】［名］❶茜で染めた濃く明るい朱色。緋色。❷緋色の練り絹。

ひ［名］㊀【樋】❶竹・木などで作り、水を遠くへ送る管。「筧」「下樋」「埋み樋」など。❷刀身の側面に刻んである溝。軽くし、血走りを防ぐためという。㊁【械】かわやに設け、大小便を受ける箱。便器。

ひ【檜】［名］木の名。ヒノキの古名。「檜原」「檜垣」などのように、語の一部となることが多い。

〔**檜の嬬手**〕檜を荒削りにした角材。

〔**檜の御門**〕檜の造りの宮殿。また、その門。

ひ 助動詞「ふ」の連用形。例「若狭なる三方の海の浜清みい行き反らひ見れど飽かぬかも」〈万葉・七・一二七七〉

-び【傍・廻】［接尾］《上代語》（山・川・岡・浜などの名詞に付いて）ほとり、そのまわりの意を添える。

び【便】［名］「びん①」に同じ。

ひあい［・なり］【非愛】［名・形動ナリ］❶無遠慮。無愛想。例「これを公任卿の**非愛・なる**にてぞありける」〈十訓抄・四〉 ❷危ないさま。危険なこと。例「加賀房はわが馬の**ひあい・なり**とて、主の馬に乗りかへたれども」〈平家・八・法住寺合戦〉

びあうのやなぎ【未央の柳】漢代に、長安の西にあった未央宮（宮殿の名）に生えていた柳。『長恨歌』で楊貴妃の美しさにたとえられ、以後、美人の形容に用いられる。→「たいえきのふよう」

ひあふぎ【檜扇】［名］ヒノキの薄板を重ねて、要のところを金具で留め、上の部分を白糸でつづった扇。男性官人が、衣冠・直衣を着るときに、笏の代わりに持った。のちには、女性が正装のときに持った「衵扇」をも指した。➡図版「踏歌」

〔俳句〕**びいとなく…【びいと啼く尻声悲し夜の鹿】**〈杉風宛書簡・元禄七年九月十日・芭蕉〉訳秋の夜ふけ、妻を呼ぶ鹿の声が聞こえてきた。びいと長く語尾を引いて啼くその声のなんとも哀切なことよ。（季―鹿―秋）

ひいな【雛】［名］《「ひひな」の変化形》「ひひな」に同じ。

ひいひいたもれ［名］《近世語》（火種をもらいに行くようすをまねた子供の遊びから）子供っぽさの残る女性。小娘。

ひいふっ［副］《「ひふっ」「ひゃうふっ」とも》射た矢が風を切って飛び、勢いよく命中するときの音を表す。例「ひいふっと射きって」〈平家・四・鵼〉

ひ・う【磊う】［他ワ下二］｛ゑ・ゑ・う・うる・うれ・ゑよ｝薄くそぎ取る。例「立ち枛棱の実の無けくをこきし**ひ・ゑね**」〈記・中・歌謡〉

ひうが【日向】［地名］旧国名。西海道十二か国のひとつ。いまの宮崎県全域と鹿児島県の一部にあたる。＝日州

ひうち【火打ち・燧】［名］❶火打ち石と火打ち金とを打ち合わせて、火を出すこと。また、その道具。❷《近世語》紙子や合羽などの袖付けの下に当てた、三角形の紙や布。

ひうちいし【火打ち石】［名］火打ち金と打ち合わせて火を出すのに用いた石。

ひうちば【火打ち羽】［名］鷹の翼のつけ根の羽。

ひうちばこ【火打ち箱】［名］❶火打ち石と火打ち金を入れておく箱。❷狭苦しい家をあざけっていう語。

ひえ【稗】［名］❶草の名。五穀のひとつ。（季―秋）。❷草の名。イヌビエ。田畑の雑草として嫌われた。

ひえいざん【比叡山】［地名］山城国と近江国の境の山。いまの京都市左京区と滋賀県大津市の境界にある山地。古くから山岳信仰の対象とされ、山上には最澄の開いた天台宗総本山延暦寺がある。平安京北東の鬼門にあたるため、王城鎮護の霊山とされた。＝叡山・日枝の山・北嶺

ひえい・る【冷え入る】［自ラ四］｛ら・り・る・る・れ・れ｝すっかり冷える。亡くなって体温がなくなる。例「**冷え入・り**にたれば、けはひもの疎くなりゆく」〈源氏・夕顔〉

ひえだのあれ【稗田阿礼】［人名］（生没年未詳）『古事記』の撰録の際、太安万呂に『帝紀』『旧辞』を口誦した天武天皇の舎人とね。口誦という役割、猿女君の一族という点で女性、舎人（男職）から男性の両説がある。

ひえどり【鵯】［名］ヒヨドリの別称。（季―秋）

ひえん【飛簷】［名］《「飛簷垂木」の略》寺の軒先の、地垂木の先の二重の垂木で、上向きに反っているもの。

ひお【氷魚】歴史的かなづかい「ひを」

ひおけ【火桶】歴史的かなづかい「ひをけ」

ひおどし【緋縅】歴史的かなづかい「ひをどし」

ひおむし【蜏】歴史的かなづかい「ひをむし」

ひか【非家】［名］《「ひけ」とも》専門家でない人。素人。

ひが-【僻】［接頭］（名詞に付いて）正しくない。間違っている、ひねくれているなどの意を表す。「僻覚え」「僻事」「僻耳」「僻者」など。

ひがいす［名・形動口語型］《近世語》やせて弱々しいようす。虚弱。＝ひがへす・ひがやす。例「世に**ひがいす・な**娘をば」〈浄・八百屋お七〉

ひかう［・す］【披講】［名・他サ変］詩歌の会で、作られた詩歌を読み上げること。また、その役。

ひがおぼえ【僻覚え】［名］記憶違い。いい加減な記憶。例「この世の外なるやうなる**ひがおぼえ**どもにとりまぜつつ」〈源氏・若菜・上〉

ひがかぞへ【僻数へ】［名］数え違い。計算違い。例「（四十ノ）御賀などいふことは、**ひが数へ**にやと

おぼゆる」〈源氏・若菜・上〉

ひがき【檜垣】［名］❶檜の薄い板を網代のように斜めに編んで作った垣根。➡［古典参考図］門・塀・垣。❷江戸時代、大坂・江戸間の貨物輸送に用いられた、囲いに①を用いた大形の荷船。

ひがぎき【僻聞き】［名］《「ひがきき」とも》聞き違い。そら耳。＝僻耳。例「もし**ひがきき**かと、人をかへてきかするに」〈古今著聞・七〇二〉

ひがく【非学】［名］《仏教語》仏の教えを身をもって実践しないこと。無学であること。

ひがくし【日隠し】［名］日よけ。ひさし。

〔**日隠しの間**〕「はしがくしのま」に同じ。

ひかげ【日陰・日蔭】［名］❶日の当たらない所。日陰。❷社会的に恵まれないことのたとえ。例「**日陰**に生ふる身を如何にせん」〈後撰・雑二・一一二五〉❸「日蔭の蔓①」の略。❹「日蔭の蔓②」の略。

ひかげ【日影】［名］❶日の光。日ざし。例「のどかなる**日影**に、垣根の草萌えいづるころより」〈徒然・一九〉❷太陽。

ひかげぐさ【日陰草・日蔭草】［名］「ひかげのかづら①」に同じ。

ひかげのかづら【日蔭の蔓・日蔭の鬘・日陰の葛】［名］❶草の名。神事の際の装飾に用いられた。＝蘿・葛蘿・日陰③・日陰草・山蔓・山鬘蘿。❷大嘗祭や新嘗祭の奉仕者の冠の左右や、五節の舞姫が冠の笄につける、青または白の糸で組んだ装飾。もとは①を用いた。＝日陰④・日陰の糸。（季―冬）。➡［古典参考図］冠物・装具

ひがけ・る【日がける】［自ラ四］{ら・り・る・る・れ・れ}《上代語》語義未詳。日光がさす意か。例「朝日の日照る宮夕日の**日かげ・る**宮」〈記・下・歌謡〉

ひがごころ【僻心】［名］誤解。間違った思い込み。

ひがこと［・す］【僻事】［名・自サ変］《「ひがごと」とも》❶事実と異なること。間違い。誤り。例「**ひが事**聞きたまへるならむ」〈源氏・若紫〉《敬語》「聞きたまへる」→「たまふ（四段）」。❷道理にはずれたこと。不都合なこと。悪事。例「盗人をいましめ、**僻事**をのみ罪せんよりは」〈徒然・一四二〉

ひがさ【檜笠】［名］檜を薄くはいで作った晴雨兼用の網代笠。

ひがざま［・なり］【僻様】［形動ナリ］{なら・なり（に）・なり・なる・なれ・なれ}事実と異なるさま。事実と違って不都合なさま。例「御心ざしを、**ひがざま・に**こそ人は申すなれ」〈源氏・藤袴〉

ひかさ・る【引かさる】［自ラ下二］{れ・れ・る・るる・るれ・れよ}引かれる。引き付けられる。例「さりともと思ふ心に**ひかさ・れ**て」〈後拾遺・恋一・六五三〉

ひがし【東】［名］《「ひむがし」の変化形》❶太陽の出る方向。❷東から吹いてくる風。東風。❸京都に対して鎌倉幕府をいう。

〔**東の京**〕「さきゃう」に同じ。

ひがしやま【東山】［地名］山城国の山。いまの京都市東部を南北に連なる丘陵の総称。山地が連続して東山三十六峰と呼ばれ、山麓には銀閣寺・南禅寺・清水寺などの名所・旧跡がある。

ひがしやまさくらさうし【東山桜荘子】［作品名］江戸後期（一八五一初演）の歌舞伎。『佐倉宗吾』『佐倉義民伝』ともいう。瀬川如皐作。下総佐倉の領主の圧政に苦しむ領民のために将軍家に直訴した木内宗吾の実録本、講談（「佐倉義民伝」）をもとに、当時流行の『偐紫田舎源氏』（柳亭種彦作の合巻）の一部を織り込んだ長編の作品。

ひかた【干潟】［名］引き潮で遠くまで泥土の現れた砂浜。ひがた。

ひかた【日方】［名］《日のある方向から吹く風の意》東南の風。地方によっては西南の風。

ひがた・し【干難し】［形ク］{から・く（かり）・し・き（かる）・けれ・かれ}乾きにくい。なかなか乾かない。

ひがひが・し【僻僻し】［形シク］{しから・しく（しかり）・し・しき（しかる）・しけれ・しかれ}❶正常でない。調子がおかしい。変だ。例「耳などもすこし**ひがひが・しく**なりにたるにやあらむ」〈源氏・若菜・下〉《係結び》「や→あらむ㊀」。❷ひねくれている。ひがんでいる。例「幼きほどはうつくしき御心ならで、うたて**ひがひが・しく**痴れ**ばみて**」〈栄花・一〉❸見苦しい。みっともない。例「着たる物のさまに似ぬは、**ひがひが・しく**もありかし」〈源氏・玉鬘〉❹情趣を解さない。無風流だ。例「この雪いかが見ると、ひと言のたまはせぬほどの**ひがひが・しから**ん人のおほせらるる事、聞き入るべきかは」〈徒然・三一〉《敬語》「のたまはせぬ」→「のたまはす」、「おほせらるる」→「おほす（仰す）」

ひがひがしう【僻僻しう】形容詞「ひがひがし」の連用形「ひがひがしく」のウ音便。

ひか・ふ【控ふ】㊀［自ハ下二］{へ・へ・ふ・ふる・ふれ・へよ}《動詞「引く」から派生》動かずにじっとしている。待機する。例「〔源大判官〕はるかの門前に**ひか・へ**たり」〈平家・四・信連〉㊁［他ハ下二］❶引っ張る。例「その舎人の男の袖を**ひか・へ**て」〈今昔・二六・一六〉❷引き留める。例「あやしき下人を**ひか・へ**てぞ御返り賜ふ」〈源氏・総角〉❸とどめる。表に出さずにおく。例「その一事をば**控・へ**て教へざりけり」〈宇治拾遺・一四・一一〉

ひがみみ【僻耳】［名］聞き違い。そら耳。＝僻聞き。例「**ひが耳**にやありけむ」〈源氏・野分〉

ひが・む【僻む】㊀［自マ四］{ま・み・む・む・め・め}ひねくれる。偏っている。例「参らざらんも**ひが・み**たるべし」〈源氏・蜻蛉〉㊁［他マ下二］{め・め・む・むる・むれ・めよ}《動詞の連用形に付いて》道理をまげる。事実をゆがめる。例「もし思し**ひが・むる**方ある」〈源氏・朝顔〉

ひがめ【僻目】［名］見間違い。そら目。例「『もし**僻目**か』と見れども、実に死にし人なり」〈今昔・二七・二四〉

ひがもの【僻者】［名］変わり者。ひねくれ者。

ひがらかさ【日傘】［名］貴人が外出のときにさしかける大きな日傘。（季―夏）

ひかり【光】［名］❶光ること。輝くこと。❷輝くように美しい容姿。光沢。例「この御光を見たてまつるあたりは」〈源氏・夕顔〉《敬語》「見たてまつる」→「たてまつる」。❸勢い。威光。例「並びなき御光をまばゆからずもてしづめたまひ」〈源氏・匂宮〉❹栄え。光栄。例「花ぞこの世の光なりける」〈新古今・雑上・一四八六〉❺心を明るくするもの。光明。例「かしこき仰せ言を光にてなん」〈源氏・桐壺〉《係結び》「なん→（省略）」

ひかりあ・ふ【光り合ふ】ヒカリア(オ)ウ［自ハ四］{は・ひ・ふ・ふ・へ・へ}互いに光る。照り合う。反映する。例「月は限なきに、雪の**光りあ・ひ**たる庭のありさまも」〈源氏・賢木〉

ひかりだう【光堂】ヒカリドウ［名］黄金で装った仏堂。金色堂。とくに、岩手県平泉にある中尊寺金色堂の称。

ひかりみ・つ【光り満つ】［自タ四］{た・ち・つ・つ・て・て}一面に光る。辺りが光り輝く。例「海の面は、衾(=掛ケ布団)を張りたらむやうに**光り満・ちて**」〈源氏・須磨〉

ひかりもの【光り物】［名］❶光を放つ物。光りながら空を飛ぶ物。流星・鬼火など。❷金銀貨などの称。

ひか・る【光る】［自ラ四］{ら・り・る・る・れ・れ}❶光を放つ。照る。❷(容姿・才能などが)すぐれて見える。例「**光・る**とはこれを言ふべきにやと見ゆる」〈源氏・若菜・上〉

ひかるげんじ【光源氏】［人名］『源氏物語』の主人公。父桐壺帝の妻藤壺中宮と密通し、不義の子冷泉をもうける。その罪を背負って須磨・明石へ謫居。その間に明石の君を知り、明石の姫君が誕生。冷泉が即位したことによって准太上天皇となり、その後明石の姫君が今上帝の后となることによって、最上の栄達を遂げる。

ひがわざ【僻業】［名］間違っていること。道理にはずれた振る舞い。＝僻事。例「そのをりは、さる**ひがわざ**とも明かしはべらずありしかば」〈源氏・行幸〉

ひがん【彼岸】［名］❶《仏教語》悟りの境地。煩悩を川の流れにたとえ、この世を「此岸」というのに対し、向こう岸の意。＝彼の岸。❷春分・秋分を中日とした前後七日間。この間に先祖を供養する。

ひがんゑ【彼岸会】ヒガンエ［名］《仏教語》春と秋の彼岸の期間に行われる仏事。

ひき-【引き】［接頭］(動詞に付いて)その動作の意味を強める。「**引き**違ふ」「**引き**繕ふ」など。

-ひき【匹・疋】［接尾］❶馬などの動物を数えるのに用いる。❷布地、とくに、絹織物二反を表すのに用いる。例「絹五十**疋**、俵に入れて三俵」〈宇津保・蔵開・下〉❸銭を数えるのに用いる。古くは十文を一疋、のちに二十五文を一疋とした。例「三万**疋**を芋頭の銭とさだめて」〈徒然・六〇〉

ひき【蟇】［名］ヒキガエル。ガマガエル。(季-夏)

ひき【引き】［名］❶引くこと。率いていくこと。例「新た代の事にしあれば大君の**引き**のまにまに」〈万葉・六・一〇四七長歌〉❷引き立てること。とくに、目をかけて助けること。縁故。つて。❸「引き出物」の略。

ひき【非器】［名］それだけの器量ではないこと。また、その人。

ひぎ【氷木】［名］「ちぎ(千木)」に同じ。

ひきあ・く【引き開く】［他カ下二］{け・け・く・くる・くれ・けよ}引いて開ける。強く開ける。開く。例「(手紙ヲ)**ひき開・く**るより、いと汀まさりぬべく」〈源氏・明石〉

ひきあ・ぐ【引き上ぐ】［他ガ下二］{げ・げ・ぐ・ぐる・ぐれ・げよ}❶引いて高く上げる。❷予定の日時を繰り上げる。例「三日とさだめられたりしが、いま一日**ひきあ・げて**」〈平家・五・都遷〉❸目をかけて用いる。登用する。

ひきあし【引き足】［名］退却する足取り。例「後陣は**ひき足**に成りて進み得ず」〈太平記・二九〉

ひきあ・つ【引き当つ】［他タ下二］{て・て・つ・つる・つれ・てよ}❶なでるように物に押し当てる。例「やはらこの刀をぬき出だし、鬢に**ひきあ・てられ**けるが」〈平家・一・殿上闇討〉❷くじなどをひいて賞金や賞品をあてる。

ひきあは・す【引き合はす】ヒキアワス［他サ下二］{せ・せ・す・する・すれ・せよ}❶寄せて合わせる。❷比べ合わせる。比較して校合する。例「皇代年代記あれば**ひきあは・せ**つつみて」〈愚管抄〉

ひきあはせ【引き合はせ】ヒキアワセ［名］❶合わせ目。とくに、鎧の右脇で、胴の前と後ろを引き締めて合わせる所。❷紙の一種。薄くしわのない檀紙。男女を引き合わせる恋文に用いたことからいう。のち、檀紙そのものも指す。❸紹介。手引き。

ひきあ・ふ【引き合ふ】ヒキア(オ)ウ［自ハ四］{は・ひ・ふ・ふ・へ・へ}❶助け合う。例「平一揆は、葛山と**引き合・ひて**」〈太平記・三七〉❷取り引きをする。約束をする。例「先刻内々**ひきあ・うて**おいた」〈膝栗毛〉《音便》「ひきあう」は「ひきあひ」のウ音便。❸割に合う。

ひきあらは・す【引き現す】ヒキアラワス［他サ四］{さ・し・す・す・せ・せ}隠れているものを表に引き出す。例「小障子のうしろにて食ひければ、**ひきあらは・し**」〈枕・方弘は〉

ひきいた【引き板】［名］「ひきた」に同じ。

ひきいだ・す【引き出だす】［他サ四］{さ・し・す・す・せ・せ}❶引いて外へ出す。❷事件を引き起こす。例「心にまかせたること、**引き出だ・し**仕うまつるな」〈源氏・澪標〉

ひきい・づ【引き出づ】ヒキイズ［他ダ下二］{で・で・づ・づる・づれ・でよ}❶引き出す。取り出す。❷例としてあげる。❸引き出物として贈る。❹事を起こす。しでかす。例「さるまじき過ちを**引き出・でて**」〈源氏・柏木〉

ひきいでもの【引き出で物】［名］「ひきでもの」に同じ。

ひきい・る【引き入る】㊀［自ラ四］{ら・り・る・る・れ・れ}❶引き下がる。例「わが御車に乗せたてまつりたまうて、みづからは**ひき入・りて**奉れり」〈源氏・若紫〉《音便》「たまう」は「たまひ」のウ音便。《敬語》「乗せたてまつりたまうて」→「たてまつる」「たまふ(四段)」、「奉れり」→「たてまつる」。❷**引きこもる**。例「もののあはれ、をりをかしきことをも見知らぬさまに**引き入・り**」〈源氏・夕霧〉❸**遠慮がちにする**。例「ひとへにものづつみし、**ひき入・りたる**方はしも」〈源氏・末摘花〉❹**息を引きとる。死ぬ**。例「まさしき最後にて**ひきい・らせ**給ひにけり」〈愚管抄〉㊁［他ラ下二］{れ・れ・る・るる・るれ・れよ}❶**引き込む**。例「粟田山より駒牽く、そのわたりなる人の家に**引き入・れて**見るところあり」〈蜻蛉・中〉❷(物の怪などが)**人の心を引き入れる**。例「例の御物の怪の**ひき入・れたてまつる**」〈源氏・夕霧〉《敬語》「ひき入れたてまつる」→「たてまつる」。❸**かぶる**。例「烏帽子を鼻の許に**引き入・れて**」〈今昔・二八・二〉

ひきいれ【引き入れ】［名］❶元服のときに冠をかぶらせること。また、その役の人。❷手引き。〔**引き入れの大臣**〕「引き入れ①」の役をする大臣。

ひきいれえぼし【引き入れ烏帽子】［名］烏帽子を、緒をかけずに頭を深く入れてかぶること。

ひきう・う【引き植う】［他ワ下二］{ゑ・ゑ・う・うる・うれ・ゑよ}植物を根から引き抜いて植えかえる。例「夏の野のさ百合**引き植・ゑ**て咲く花を」〈万葉・一八・四一一三長歌〉

ひきうごか・す【引き動かす】［他サ四］{さ・し・す・す・せ・せ}❶

物を引いて移動させる。揺り動かす。例「**引き動か・し**たまへど、なよなよとして」〈源氏・夕顔〉❷人にそうしたいと思わせる。例「『御答へばかりはきこえたまへかし』など、**ひき動か・し**つべく言ふ」〈源氏・手習〉

ひきうしな・ふ【引き失ふ】(ヒキウシナ(ノ)ウ)[自ハ四]{は・ひ・ふ・ふ・へ・へ}(《「ひき」は接頭語》物をなくす。例「よろしう書きかへたりしは、みな**ひきうしな・ひ**て」〈紫式部日記〉

ひきうつ・す【引き移す】[他サ四]{さ・し・す・す・せ・せ}《「ひき」は接頭語》❶立場や境遇などを変える。例「世のつねの人ざまに、**ひき移・さ**れ、我が身をば恥づかしう」〈夜の寝覚〉❷家や位を継がせる。例「法皇の御かはりに**ひきうつ・し**て、さぞあらんと世の人も思ひきこえけるに」〈増鏡・あすか川〉

ひきうと【低人・侏儒】[名]《「ひきうど」とも。「ひきひと」のウ音便》身長の低い人。

ひきおこ・す【引き起こす】[他サ四]{さ・し・す・す・せ・せ}❶横になっているものを引っ張って起こす。❷衰退した国や家などを再興する。例「ふるきを更に**引き起こ・さ**ん」〈玉葉・雑三・二三三九〉

ひきおと・す【引き落とす】[他サ四]{さ・し・す・す・せ・せ}高いところから引っ張って落とす。堕落させる。例「すなはち悪趣に**引き落と・す**」〈海道記〉

ひきおどろか・す【引き驚かす】[他サ四]{さ・し・す・す・せ・せ}❶引っ張って注意を促す。例「裳の裾を**引きおどろか・し**たまへれば」〈源氏・紅葉賀〉❷引っ張って目を覚まさせる。例「ことのほかに見えさせたまへれば、**ひき驚か・し**たてまつりたまふに」〈栄花・二〉

ひきおび【引き帯】[名]直衣・袍などを着たときに締める小さな帯。

ひきかがふ・る【引き被る】[他ラ四]{ら・り・る・る・れ・れ}《上代語》引っかぶる。例「寒くしあれば麻衾**引き被・り**」〈万葉・五・八九二長歌〉訳→〔和歌〕かぜまじり…

ひきがき【引き柿・曳き柿】[名]布を柿の渋で染めること。また、その布。

ひきか・く【引き掛く・引き懸く】[他カ下二]{け・け・く・くる・くれ・けよ}❶掛ける。掛けて下げる。❷引いて覆う。かぶせる。例「衾**ひきか・け**て臥したまへり」〈源氏・柏木〉❸引き合いに出す。例「おのが身を**ひきか・け**て言ひ出でたる、いとわびし」〈徒然・二三六〉

ひきかく・す【引き隠す】[他サ四]{さ・し・す・す・せ・せ}(物を中に)引き入れて隠す。引っ込めて見えなくする。

ひきかさ・ぬ【引き重ぬ】[他ナ下二]{ね・ね・ぬ・ぬる・ぬれ・ねよ}上に重ねる。例「ただ御直衣に**ひき重・ね**て」〈枕・関白殿、二月二十一日に〉

ひきかた・む【引き堅む・引き固む】[他マ下二]{め・め・む・むる・むれ・めよ}弓などを十分に引きしぼる。例「〔弓ヲ〕**ひき固・め**てとろとろと放ちて」〈宇治拾遺・一五・四〉

ひきかづ・く【引き被く】(ヒキカズク)[他カ四]{か・き・く・く・け・け}頭からかぶる。例「のぞきたまへば、いよいよ御衣**ひき被・き**て臥したまへり」〈源氏・葵〉

ひきかなぐ・る[他ラ四]{ら・り・る・る・れ・れ}乱暴に引き離す。はねのける。例「御簾をも**引きかなぐ・る**などして」〈栄花・五〉

ひきかは・す【引き交はす】(ヒキカワス)[他サ四]{さ・し・す・す・せ・せ}互いに引き合う。例「**引きかは・し**かくほころぶる中の衣に」〈源氏・紅葉賀〉

ひきかは・る【引き変はる】(ヒキカワル)[自ラ四]{ら・り・る・る・れ・れ}《「ひき」は接頭語》(世の情勢などが)変わる。例「世の中を**ひき変は・ら**せたまはむこと」〈大鏡・道長・上〉

ひきか・ふ【引き替ふ】(ヒキカ(コ)ウ)[他ハ下二]{へ・へ・ふ・ふる・ふれ・へよ}取り替える。交換する。例「牛など**ひきか・ふ**べき心設けしたまへりけり」〈源氏・東屋〉

ひきかへし【引き返し】(ヒキカエシ)㊀[名]女性の盛装で、袖口・裾回しに表と同じ布地を裏に返して用いること。＝引っ返し。㊁[副]前と変わって。打って変わって。例「息も絶えたるやうにおはせしが、**ひき返し**つぶつぶと、のたまひしことども」〈源氏・葵〉

ひきかへ・す【引き返す】(ヒキカエス)㊀[他サ四]{さ・し・す・す・せ・せ}❶もとの状態に戻す。例「御馬に乗りたまふほど、**引き返・す**やうにあさましけれど」〈源氏・浮舟〉❷裏返す。例「畳所どころ**ひき返・し**たり」〈源氏・須磨〉❸繰り返す。例「御文をうちも置かず**ひき返・し**ひき返・し見るたまへり」〈源氏・宿木〉㊁[自サ四]もとの位置や状態に戻る。例「敵陣こはしとて、**引き返・す**やうや有るべき」〈古活字本保元・中〉

ひききす【引き着す】[他サ下二]{せ・せ・す・する・すれ・せよ}着物を引き寄せて着せる。例「御衣**ひき着・せ**たてまつりたまふに」〈源氏・総角〉

ひききり【［・なり］】【引き切り】[形動ナリ]{なら・なり(に)・なり・なる・なれ・なれ}いらだつさま。せっかちだ。例「いと**ひききり**にはないたまへる人々にて」〈源氏・夕霧〉

ひきき・る【引き着る】[他カ上一]{き・き・きる・きる・きれ・きよ}夜具などを頭からかぶる。また、御簾などに首だけ突っ込む。例「〔安養ノ〕尼上は紙衾といふものばかり、**ひき着・て**ゐられたりけるに」〈十訓抄・六〉

ひきくく・む【引き包む】[他マ四]{ま・み・む・む・め・め}中に包む。大切にくるむ。例「単衣の御衣を御髪こめ**ひきくく・み**て」〈源氏・夕霧〉

ひきぐ・す【引き具す】[他サ変]{せ・し・す・する・すれ・せよ}❶引き連れる。伴う。例「中将、人々**引き具・し**て帰り参りて」〈竹取・かぐや姫の昇天〉❷才能や条件を備える。例「いかでかうのみ**ひき具・し**けむ」〈源氏・薄雲〉

ひきごし【引き腰】[名]女性が裳を着ける際に、裳の腰から後ろに長く垂らした二本の装飾的なひも。
↓[古典参考図]女子の服装〈1〉

ひきこ・す【引き越す】[他サ四]{さ・し・す・す・せ・せ}❶上位の者を追い越させる。追い越す。例「小千代君とて、かのほかばらの大千代君にはこよなく**ひきこ・し**」〈大鏡・道隆〉❷後ろから前へ肩を越えさせる。例「纓を**ひき越・し**て、顔にふたぎて」〈枕・細殿の遺戸を〉

ひきこ・む【引き込む・引き籠む】㊀[自マ四]{ま・み・む・む・め・め}内に閉じこもる。隠退する。例「作病して**引き込・み**ければ」〈仮・浮世物語〉㊁[他マ下二]{め・め・む・むる・むれ・めよ}隠しておく。引き込める。例「かかる山ふところに**ひきこ・め**てはやまずもがな」〈源氏・椎本〉

ひきこ・む【弾き籠む】[他マ下二]{め・め・む・むる・むれ・めよ}(琴の)弾き方をひそかに伝える。例「ここにから**弾きこ・め**たまへりける、いと興ありけることかな」〈源氏・明石〉

ひきこ・ゆ【引き越ゆ】[自ヤ下二]{え・え・ゆ・ゆる・ゆれ・えよ}❶引きながら越える。例「関**引き越・ゆる**夕かげの駒」〈拾遺・雑秋・一一〇八〉❷他の人を追い越して昇進する。例「司召しに、**引き越・え**、中納言になりたまひぬ」〈落窪・二〉

ひきさが・す【引き捜す・引き探す】[他サ四]

{き・し・す・す・せ・せ}（「ひき」は接頭語）さがす。さぐり求める。例「手づから引き探し出でて」〈枕・人映えするもの〉

ひきさ・く【引き避く・引き放く】［他カ下二］{け・け・く・くる・くれ・けよ}引き離す。遠ざける。例「御座のあたり、ひき避・けつつ」〈源氏・幻〉

ひきさ・ぐ【引き下ぐ】［他ガ下二］{げ・げ・ぐ・ぐる・ぐれ・げよ}❶手に下げて持つ。例「鋤などひきさ・げて、ただ掘りに掘りていぬる」〈枕・ねたきもの〉❷引き連れる。伴う。例「子引きさ・げてゐたらむ、いと見苦しからむ」〈落窪・四〉❸身分や地位を下げる。身を落とす。

ひきさ・す【弾きさす】［他サ四］{さ・し・す・す・せ・せ}弦楽器を途中で弾きやめる。例「われながらいとすごう聞こゆれば、〔琴ヲ〕弾きさ・したまひて」〈源氏・須磨〉

ひき・し【低し】［形ク］{から・く(かり)・し・き(かる)・けれ・かれ}背丈や身分などが低い。例「顔大きに、せいひき・かりけり」〈平家・八・征夷将軍院宣〉

ひきしじ・む【引き縮む】［他マ下二］{め・め・む・むる・むれ・めよ}小さくする。抑える。控えめにする。例「声ひきしじ・め、かしこまりて物語しをるを」〈源氏・浮舟〉

ひきしたた・む【引き認む】［他マ下二］{め・め・む・むる・むれ・めよ}取りまとめる。整理する。例「われ賢げに物ひきしたた・め」〈徒然・三〇〉

ひきしづ・む【弾き鎮む】［他マ下二］{め・め・む・むる・むれ・めよ}（琴や琵琶を）弾きこなす。＝弾き澄ます。例「まことの音を弾きしづ・むる人」〈源氏・明石〉

ひきしの・ぶ【引き忍ぶ】［自バ四］{ば・び・ぶ・ぶ・べ・べ}（「ひき」は接頭語）人目を避ける。潜む。例「をこがましう若々しきやうにはひき忍・ばむ」〈源氏・夕霧〉

ひきしろ・ふ【引きしろふ】［他ハ四］{は・ひ・ふ・ふ・へ・へ}❶引っ張り合う。引き争う。例「左右の手足を取りて引きしろ・ふ」〈今昔・二七・二九〉❷引きずる。例「物も着あへず抱き持ち、ひきしろ・ひて逃ぐる」〈徒然・一七五〉❸引き連れる。例「つぎざまの人どもは、さのみ〔妻子ヲ〕ひきしろ・ふに及ばねば」〈平家・七・福原落〉❹引き延ばす。延引する。

ひきす・う【引き据う】［他ワ下二］{ゑ・ゑ・う・うる・うれ・ゑよ}座らせる。据える。例「〔源氏ハ〕隅の間の高欄にしばし〔侍女ヲ〕ひき据・ゑたまへり」〈源氏・夕顔〉

ひきす・ぐ【引き過ぐ】［自ガ上二］{ぎ・ぎ・ぐ・ぐる・ぐれ・ぎよ}（馬や車を）引いて通り過ぎる。

ひきすぐ・す【引き過ぐす】［他サ四］{さ・し・す・す・せ・せ}引きすぎる。引っ張りすぎる。例「綱を引きすぐ・して綱絶ゆるすなはちに」〈竹取・燕の子安貝〉

ひきすぐ・る【引き勝る】㊀［他ラ四］{ら・り・る・る・れ・れ}えりすぐる。多くの中から選び出す。例「われらは手勢を引き勝・って」〈太平記・八〉（音便）「引き勝っ」は「引き勝り」の促音便。㊁［自ラ下二］{れ・れ・る・るる・るれ・れよ}（「ひき」は接頭語）すぐれる。まさっている。例「いかでひきすぐ・れて面だたしきほどにしなしても」〈源氏・東屋〉

ひきすさ・ぶ【弾き遊ぶ】［他バ四］{ば・び・ぶ・ぶ・べ・べ}（弦楽器を）弾き興ずる。心にまかせて弾く。例「琴を弾きすさ・びたまひて」〈源氏・須磨〉

ひきす・つ【引き捨つ・引き棄つ】［他タ下二］{て・て・つ・つる・つれ・てよ}❶引っ張っていって捨てる。例「〔犬ガ〕死にければ、陣の外にひき棄・てつ」〈枕・上にさぶらふ御猫は〉❷引き抜いて捨てる。例「引き捨・つる岩垣沼のあやめぐさ」〈後拾遺・雑一・七五〉

ひきすま・す【弾き澄ます】［他サ四］{さ・し・す・す・せ・せ}（弦楽器を）音色を澄ませて弾く。例「広陵といふ手（＝曲）をあるかぎり弾き澄ま・したまへるに」〈源氏・明石〉

ひきずみ【引き墨】［名］❶書状の封じ目に墨を引くこと。たとえば「〆」などの印。❷眉を剃り落としたあとに墨を引くこと。また、その墨。

ひきそば・む【引き側む】㊀［他マ四］{ま・み・む・む・め・め}近くへ引き寄せて隠すようにする。例「〔女房タチガ〕ひき側・みつつ持て参る御文どもを」〈源氏・藤袴〉㊁［他マ下二］{め・め・む・むる・むれ・めよ}❶近くへ引き寄せる。例「五尺二寸の太刀をひきそば・めて」〈太平記・八〉❷身を引いて横を向く。例「ひきそば・めて急ぎ書きたまふは」〈源氏・松風〉

ひきそ・ふ【引き添ふ】［他ハ下二］{へ・へ・ふ・ふる・ふれ・へよ}❶引き寄せて加える。例「大船に小舟引き添・へ潜くとも」〈万葉・一六・三八六九〉❷引き合いに出す。例「この入道殿をかならずひきそ・へ奉りて申す」〈大鏡・道長・上〉

ひきた【引き板】［名］（「ひきいた」とも）田畑に板をつり下げた縄を引き、それを鳴らして鳥獣を追い払う道具。鳴子。＝引板。（季-秋）

ひきたが・ふ【引き違ふ】［他ハ下二］{へ・へ・ふ・ふる・ふれ・へよ}（「ひき」は接頭語）❶予想に反する。期待を裏切る。例「世の中の人もさやうに思ひよりぬべきことなるを、ひき違・へ心清くて」〈源氏・澪標〉❷これまでと打って変わる。例「うつし心をばひきたが・へ、たとしへなくよろづ忘らるるも」〈紫式部日記〉

ひきたす・く【引き助く】［他カ下二］{け・け・く・くる・くれ・けよ}引っ張って助ける。引くのを助ける。例「翁、門をさえ開けやらねば、寄りてひき助・くる」〈源氏・末摘花〉

ひきた・つ【引き立つ】㊀［自タ四］{た・ち・つ・つ・て・て}逃げ腰になる。浮き足だつ。例「これ程に引き立・ったる大勢の中より、ただ二人返し合はする」〈太平記・八〉（音便）「引き立っ」は「引き立ち」の促音便。㊁［自タ下二］{て・て・つ・つる・つれ・てよ}㊀に同じ。例「大勢の引き立・てたる事なれば、一返しも返さず」〈太平記・六〉㊂［他タ下二］{て・て・つ・つる・つれ・てよ}❶引っ張って立たせる。例「御手を取りて引き立・てたまふ」〈源氏・明石〉❷（屏風などを）しきりとして立てる。また、戸を閉める。例「〔源氏ガ〕引きた・てたまへる屏風のもとに寄りて」〈源氏・紅葉賀〉❸目をかけて用いる。登用する。例「重代稽古のものなりけれども、引きた・つる人もなかりけるに」〈古今著聞・二九〉❹無理に連れて行く。例「この人を引き立・てて、推しはかりに入りたまふ」〈源氏・夕霧〉❺心をふるい立たせる。

ひきた・つ【引き断つ】［他タ四］{た・ち・つ・つ・て・て}引っ張って切断する。引き裂く。

ひきたてえぼし【引き立て烏帽子】［名］兜の下に折り畳んでつけた烏帽子を、兜を脱いだときに引き立てるようにすること。また、そのようにした烏帽子。➡［古典参考図］冠物・装具

ひきたふ・す【引き倒す】［他サ四］{さ・し・す・す・せ・せ}倒す。引っ張り転がす。

ひきた・ゆ【引き絶ゆ】［自ヤ下二］{え・え・ゆ・ゆる・ゆれ・えよ}（「ひき」は接頭語）完全に途絶える。例「ひき絶・え参らずは、人の御名いかがはいとほしかるべき」〈源氏・夕

ひ

霧〉

ひきた・る【引き垂る】［他ラ下二］{れ・れ・る・るる・るれ・れよ}垂れ下げる。引っ張るように垂らして下ろす。例「御下簾うるはしく**ひき垂・れ**て」〈大鏡・師輔〉

ひきちが・ふ【引き違ふ】［他ハ下二］{へ・へ・ふ・ふる・ふれ・へよ}❶《「ひき」は接頭語》間違える。違える。例「左大臣殿はまた**引きちが・へ**て仙洞に御祇候あり」〈保元・上〉❷交差させる。例「色紙を**引き違・へ**つつ、碁手多く包みて」〈宇津保・蔵開・下〉

ひきちら・す【引き散らす】［他サ四］{さ・し・す・す・せ・せ}ものを広く散らす。散らかす。

ひきつ・く【弾き付く】［他カ下二］{け・け・く・くる・くれ・けよ}弾きなれる。演奏方法のひとつに加える。例「今の世に聞こえぬ筋**弾きつ・け**て」〈源氏・明石〉

ひきつくろ・ふ【引き繕ふ】［他ハ四］{は・ひ・ふ・ふ・へ・へ}《「ひき」は接頭語》❶（身なりや体裁を）**整える**。例「御よそひ（＝衣装）など、ことに**ひきつくろ・ひ**て出でおはします」〈源氏・明石〉《敬語》「出でおはします」→「おはします」。❷とくに**気を配る**。**取り繕う**。例「例よりも**ひきつくろ・ひ**て、らうたげに（＝弱々シゲニ）書いたり」〈蜻蛉・下〉

ひきつけ【引き付け】［名］❶後日の判例とするために記録した文書。また、それにより処分を行うこと。❷鎌倉・室町幕府の訴訟を取り扱う機関。

ひきつけしゅう【引き付け衆】［名］鎌倉・室町幕府の職名。評定衆を補佐し、「引き付け②」に配属されて訴訟の審理の実務に当たった。

ひきつた・ふ【弾き伝ふ】［他ハ下二］{へ・へ・ふ・ふる・ふれ・へよ}奏法をいまに伝える。また、奏法を後人に伝える。

ひきつづ・く【引き続く】㊀［自カ四］{か・き・く・く・け・け}すぐあとに続く。次々と続く。㊁［他カ下二］{け・け・く・くる・くれ・けよ}続ける。連ねる。

ひきつつ・む【引き包む】［他マ四］{ま・み・む・む・め・め}《「ひき」は接頭語》つつむ。くるむ。包囲する。

ひきつぼ・ぬ【引き局ぬ】［他ナ下二］{ね・ね・ぬ・ぬる・ぬれ・ねよ}屏風や几帳などを並べて、小さく囲う。例「はかなく屏風・几帳ばかりを**ひきつぼ・ね**て」〈栄花・二四〉

ひきつ・む【引き抓む】［他マ四］{ま・み・む・む・め・め}《「ひき」は接頭語》つねる。例「『埋もれたり（＝ヒッコミ思案ダ）』と**引きつ・み**たまへば、いとわりなし」〈源氏・蛍〉

ひきつ・む【引き詰む】［他マ下二］{め・め・む・むる・むれ・めよ}手早く次々に弓を引いて射る。例「究竟の弓の上手どもが、矢さきをそろへて、さしつめ**ひきつ・め**さんざんに射る」〈平家・四・橋合戦〉

ひきつ・る【引き連る】［他ラ下二］{れ・れ・る・るる・るれ・れよ}連れて行く。率いる。

ひきづゑ【引き杖・曳き杖】［名］杖を引きずること。また、その杖。

ひきでもの【引き出物】［名］《馬を庭に引き出して贈ったことから》祝宴などの際、主人方から客に贈られる贈り物。＝引き③・引き出で物・引き物

ひきど【引き戸】［名］横に引いて開閉する構造の戸。＝遣り戸

ひきと・く【引き解く】［他カ四］{か・き・く・く・け・け}（結び目などを）引いてほどく。例「中将の帯を**ひき解・き**て脱がせたまへば」〈源氏・紅葉賀〉

ひきととの・ふ【引き整ふ】［他ハ下二］{へ・へ・ふ・ふる・ふれ・へよ}整列させる。例「御馬四十疋、左右の馬寮、六衛府の官人、上よりつぎつぎに**ひきととの・ふる**ほど」〈源氏・若菜・上〉

ひきととの・ふ【弾き調ふ】［他ハ下二］{へ・へ・ふ・ふる・ふれ・へよ}弦楽器を弾いて調子を正す。

ひきとど・む【引き止む】［他マ下二］{め・め・む・むる・むれ・めよ}引き止める。

ひきと・る【引き取る】{ら・り・る・る・れ・れ}㊀［自ラ四］退却する。例「戦ひ負けたる体にして十里ばかり**引きと・る**べし」〈浄・国性爺合戦〉㊁［他ラ四］❶引き寄せて取る。例「〔紅葉ヤ蔦ヲ〕すこし**引き取・ら**せたまひて」〈源氏・宿木〉❷奪い取る。例「君にかく**ひき取・ら**れぬる帯なれば」〈源氏・紅葉賀〉❸手もとに引き取って育てる。❹息絶える。死ぬ。

ひきと・る【弾き取る】［他ラ四］{ら・り・る・る・れ・れ}弾き方を会得する。弾き覚える。例「手（＝曲）一つ**弾きと・れ**ば、師を起ち居拝みて喜び」〈源氏・東屋〉

ひきな・す【引き為す】［他サ四］{さ・し・す・す・せ・せ}❶あえてそのように引く。例「御几帳をさへあらはに**引きな・し**てけるよ」〈源氏・蜻蛉〉❷あえてそのようにする。例「しどけな姿に**引きな・され**て」〈源氏・紅葉賀〉

ひきな・す【弾き為す】［他サ四］{さ・し・す・す・せ・せ}あえてそのように弾く。例「御琴掻き鳴らして、なつかしう**弾きな・し**たまひし爪音」〈源氏・真木柱〉

ひきなほし【引き直衣】［名］裾を長く仕立てた直衣。天皇の日常の装束として用いられた。
↓図版「直衣」

ひきなほ・す【引き直す】［他サ四］{さ・し・す・す・せ・せ}もとのとおりに直す。例「御簾のそばいとあらはに引き上げられたるをとみに**引きなほ・す**人もなし」〈源氏・若菜・上〉

ひきなら・す【引き鳴らす】［他サ四］{さ・し・す・す・せ・せ}引いて鳴らす。引いて音を立てる。例「引板（＝鳴子）**ひきなら・す**音など」〈更級〉

ひきなら・す【弾き馴らす】［他サ四］{さ・し・す・す・せ・せ}楽器をいつも弾いて慣れた状態にする。弾き込む。

ひきぬ・く【引き抜く】［他カ四］{か・き・く・く・け・け}❶引いて抜く。❷持ちさる。盗む。例「釜はしも**ひきぬ・か**れなば、いかにすべきぞと思ひて」〈更級〉

ひきぬ・ぐ【引き脱ぐ】［他ガ四］{が・ぎ・ぐ・ぐ・げ・げ}引っ張り脱ぐ。

ひきぬら・す【引きぬらす】［他サ四］{さ・し・す・す・せ・せ}解きほどく。例「ぬばたまの我が黒髪を**引きぬら・し**」〈万葉・二・三六〇〉

ひきの・く【引き退く】㊀［自カ四］{か・き・く・く・け・け}退く。例「〔船ニ〕取りつき給へる手を**引きの・け**て」〈平家・三・足摺〉㊁［他カ下二］{け・け・く・くる・くれ・けよ}引き離す。

ひきの・ぶ【引き伸ぶ】［他バ下二］{べ・べ・ぶ・ぶる・ぶれ・べよ}引き伸ばす。引っ張って伸ばす。例「日々に、物を**ひきの・ぶる**やうにおよすけたまふ」〈源氏・若菜・上〉

ひきば【引き場】［名］退却すること。また、退却して逃げ込む場所。

ひきはぎ【引き剝ぎ】［名］追いはぎ。＝引っ剝ぎ・引剝

ひきは・く【引き佩く】［他カ四］{か・き・く・く・け・け}《「ひき」は接頭語》（太刀を）腰に下げる。身に着ける。例「太刀を取りて**引きは・き**て」〈今昔・二九・二三〉

ひきはこ・ゆ【引きはこゆ】〔他ヤ下二〕{え・え・ゆ・ゆる・ゆれ・えよ}(動きやすいように)衣の裾をたくし上げて、ふくらむようにする。＝はこゆ。例「壺装束などにはあらで、ただ**ひきはこ・え**たるが」〈枕・羨ましげなるもの〉

ひきはだ【蟇肌・蟇皮】〔名〕❶(「蟇肌革」の略)ヒキガエルの背に似たしわのある革。❷蟇肌革で作った刀のさや袋。

ひきはな・つ【引き放つ】〔他タ四〕{た・ち・つ・つ・て・て}❶弓を引き矢を射る。例「**引き放・つ**矢の繁けく」〈万葉・二・一九九長歌〉❷引っ張って離す。例「(馬ガ手綱ヲ)**引き放・ち**て、走りければ」〈平中・三〉❸間隔を置く。また、放ち書きにする。例「歌は、わざとがましく**ひき放・ち**てぞ書きたる」〈源氏・早蕨〉

ひきはな・る【引き離る】〔自ラ下二〕{れ・れ・る・るる・るれ・れよ}(「ひき」は接頭語)別れる。例「**引き離・れ**たてまつりて、いかに恋しく、つれづれならむ」〈夜の寝覚〉

ひきは・ふ【引き延ふ】ヒキハ(ホ)ウ〔他ハ下二〕{へ・へ・ふ・ふる・ふれ・へよ}引き延ばす。長く延ばす。例「道のべの山田の御標**ひきは・へ**て」〈新後撰・夏・二〇六〉

ひきは・る【引き張る】〔他ラ四〕{ら・り・る・る・れ・れ}引っ張る。

ひきひき【引き引き】〔名・形動ナリ〕(「ひきびき」とも)各人が自分のしたいようにするようす。思い思い。例「皆人々、**引き引き・に**思ひ挑まれてある身なれば」〈宇津保・楼の上・下〉

ひきひと【低人・侏儒】〔名〕「ひきうと」に同じ。

ひきひろ・ぐ【引き広ぐ】〔他ガ下二〕{げ・げ・ぐ・ぐる・ぐれ・げよ}引っ張って広げる。

ひきふ・す【引き伏す】〔他サ下二〕{せ・せ・す・する・すれ・せよ}引き倒す。例「髪を取りて**引き伏・せ**て、『いかなることぞ』と問ひければ」〈宇治拾遺・二・一〉

ひきふだ【引き札】〔名〕(近世語)商品の宣伝・広告のためのちらし。

ひきぶと【・なり】【低太・短太】〔名・形動ナリ〕(「ひきふと」とも)背が低くて太っていること。また、そのようす。例「**短太・に**ていかめしく力強く」〈今昔・二三・二四〉

ひきふね【引き船・引き舟・曳き船】〔名〕❶綱をつけて船を引くこと。また、その船。❷(近世語。「引き舟女郎」の略)京都島原・大坂新町の遊郭で、太夫に付いて座の取り持ちをした遊女。

ひきへだ・つ【引き隔つ】〔他タ下二〕{て・て・つ・つる・つれ・てよ}(屏風や几帳などを)間に置いて隔てる。しきりをする。例「御几帳を**ひき隔・て**させたまひければ」〈枕・清涼殿の丑寅の角の〉

ひきほころば・す【引き綻ばす】〔他サ四〕{さ・し・す・す・せ・せ}下の着物などが見えるように着物をゆるめる。例「蘇芳襲の葡萄染めの袖をにはかに**ひき綻ば・し**たるに」〈源氏・若菜・下〉

ひきほし【引き干し】〔名〕(「ひきぼし」とも)海藻の類を天日で干したもの。

ひきほ・す【引き干す】〔他サ四〕{さ・し・す・す・せ・せ}引き抜いて(または広げて)日に干して乾かす。例「小垣内の麻を**引き干・し**」〈万葉・九・一八〇〇長歌〉

ひきまう・く【引き設く】ヒキモウク〔他カ下二〕{け・け・く・くる・くれ・けよ}弓を引きしぼって待ち構える。例「**引きまう・け**たる矢なれば、ひゃうど射る」〈保元・中〉

ひきまさぐ・る【引き弄る】〔他ラ四〕{ら・り・る・る・れ・れ}引っぱり回す。もてあそぶ。例「御衣の袖を**引きまさぐ・り**などしつつ」〈源氏・幻〉

ひきまさぐ・る【弾き弄る】〔他ラ四〕{ら・り・る・る・れ・れ}楽器を手慰みに弾く。例「箏の琴なつかしく**弾きまさぐ・り**ておはする」〈源氏・若菜・下〉

ひきま・ず【引き混ず】〔他ザ下二〕{ぜ・ぜ・ず・ずる・ずれ・ぜよ}引いてきてまぜる。間に挟む。例「同じ仏の御教へをも、耳近きたとひに**ひきま・ぜ**」〈源氏・橋姫〉

ひきま・ず【弾き混ず】〔他ザ下二〕{ぜ・ぜ・ず・ずる・ずれ・ぜよ}他の人にまじって演奏する。合奏する。例「ほのかなる女たちの御中に**弾きま・ぜ**たらむに」〈源氏・若菜・下〉

ひきまつは・る【弾き纏はる】ヒキマツワル〔自ラ下二〕{れ・れ・る・るる・るれ・れよ}着物の袖や裾を引いてまとわりつく。例「御袖を**引きまつは・れ**たてまつりたまふさまいとうつくし」〈源氏・横笛〉

ひきまど【引き窓】〔名〕(近世語)綱を引いて開閉する、屋根につけた窓。天窓。

ひきまは・す【引き回す・引き廻す】ヒキマワス〔他サ四〕{さ・し・す・す・せ・せ}❶幕などを一面に張りめぐらす。例「破子(＝弁当)などものすとて、幕**引きまは・し**て」〈蜻蛉・中〉❷包囲する。例「出で立ちて、高松山を**引き廻・し**」〈盛衰記・四三〉❸指図する。世話する。例「万事よいように**引き廻・い**て下されい」〈狂・今参り〉《音便》「引き廻い」は「引き廻し」のイ音便。

ひきまひ【侏儒舞】ヒキマイ〔名〕猿楽のひとつで、侏儒が演じる舞。ひきひとまい。

ひきまゆ【匹繭】〔名〕一匹の蛹が入っている繭。一つ繭。和歌では「こもる」「いと」などの縁語として用いられる。(季—夏)。例「**ひきまゆ**のかくふた籠りせまほしみ」〈後撰・恋四・七四〉

ひきまゆ【引き眉】〔名〕眉毛をそったあとに、墨で描いた眉。引き眉毛。＝作り眉・眉引き

ひきまゆの【匹繭の】〔枕詞〕(「匹繭」の中に蚕がこもっている意から)「こもる」「こむる」に、また、繭から糸を引くことから同音の「いと」「いとふ」にかかる。例「**ひき繭の**厭ふ心の」〈金葉・恋下・四七五〉

ひきみだ・る【引き乱る】〔他ラ四〕{ら・り・る・る・れ・れ}乱す。例「御装束も**引きみだ・り**て」〈大鏡・道隆〉

ひき・みる【引き見る】〔他マ上一〕{み・み・みる・みる・みれ・みよ}❶(多くの中から)探し出して見る。例「なほよく**引き・見よ**と仰せ事にて、求むるなり」〈徒然・二三八〉❷手もとに引き寄せて見る。❸試す。

ひきむ・く【引き向く】〔他カ下二〕{け・け・く・くる・くれ・けよ}(ある方向に)向かせる。例「いたく背きたまへば、強ひて、**ひき向・け**たまひつつ」〈源氏・宿木〉

ひきむす・ぶ【引き結ぶ】〔他バ四〕{ば・び・ぶ・ぶ・べ・べ}❶引き寄せて結ぶ。例「枕とて草**ひきむす・ぶ**こともせじ」〈伊勢・八三〉❷(粗末な住居を)構える。例「柴の庵を**ひきむす・び**」〈平家・一・祇王〉

ひきめ【蟇目・引き目】〔名〕(「ひびきめ」の変化形)鏑矢の一種。ホオノキまたはキリで作った大型の鏑で、中を空洞にして数個の穴を開けたもの。犬追物や笠懸けなどで、射るものを傷つけないために用いられたほか、その鳴る音に妖魔退散の力があるとされた。➡〔古典参考図〕武装・武具〈3〉

〔**蟇目の当番**〕ヒキメノトウバン 蟇目を射て鳴り響かせ、魔物を退散させる役目の侍。

ひきめかぎはな【引き目鉤鼻】[名]大和絵の顔の描写手法。目は細長い一線を横に引き、鼻は、「く」の字状のかぎ形で表現した。

ひきめぐら・す【引き回らす】[他サ四]{さ・し・す・す・せ・せ}周りにめぐらせる。

ひきもの【引き物】[名]❶「ひきでもの」に同じ。❷壁代・帳・几帳など、布を引くなどして屋内の隔てとするもの。

ひきもの【弾き物】[名]（琴・琵琶などの）弦楽器。

ひぎゃう【非形】[名]異様な姿をしているもの。異形。

ひぎゃうしゃ【飛香舎】[名]内裏の後宮の建物のひとつ。南側に打ち橋・渡り廊下があり、清涼殿に通じている。中宮や女御の居所。南面の中庭に藤が植えてあったことから「藤壺」ともいう。➡[表見返し]内裏略図

ひきやか[・なり]【低やか】[形動ナリ]{なら・なり(に)・なり・なる・なれ・なれ}《「やか」は接尾語》（身長や声などが）低いようす。=低らか。例「長低やかにて、中にすぐれて、『鳴り制せん(=ウルサイ)』といひて」〈宇治拾遺・二・一三〉

ひきゃく【飛脚】[名]❶急用を遠方へ知らせるための使者。❷江戸時代、手紙・金銭・物品の運送を職業とした者。

ひきや・る【引き破る】[他ラ四]{ら・り・る・る・れ・れ}引き裂く。例「恥づかしくて（紙ヲ）ひき破・りつ」〈源氏・浮舟〉

ひきや・る【引き遣る】[他ラ四]{ら・り・る・る・れ・れ}押しのける。引いてどかす。例「御几帳ひきや・りたれば、（女君ハ）御頭もたげて」〈源氏・夕顔〉

ひきゆるが・す【引き揺るがす】[他サ四]{さ・し・す・す・せ・せ}引っ張って揺り動かす。ゆさぶる。例「かたはらなる人をひきゆるが・せば」〈枕・弘徽殿とは〉

ひきょう【非興】[名・形動口語型]おもしろくないさま。浅ましいさま。例「はてさてこなたは非興・な事を仰せらるる」〈狂・米市〉

ひきょう[・なり]【比興】[名・形動ナリ]おもしろいさま。興あるさま。例「比興の事なり。卿きかれて、入興せられけるとなむ」〈古今著聞・五六三〉

ひきよ・く【引き避く】㊀[他カ四]{か・き・く・く・け・け}《「ひき」は接頭語》避けて通る。捨てておく。例「苦しげにはべるを、え引き避・かでなむ」〈源氏・葵〉㊁[他カ上二]{き・き・く・くる・くれ・きよ}引いて避ける。よける。例「その御船を引き避・き」〈記・下〉

ひきょく【秘曲】[名]秘伝の曲。特別に許された者にしか伝授しない楽曲。

ひきよ・す【引き寄す】[他サ下二]{せ・せ・す・する・すれ・せよ}近くに引く。引き寄せる。

ひきよ・づ【引き攀づ】[他ダ上二]{ぢ・ぢ・づ・づる・づれ・ぢよ}つかんでたぐり寄せる。例「引き攀・ぢて折らば散るべみ梅の花」〈万葉・八・一六四四〉

ひきらか[・なり]【低らか】[形動ナリ]{なら・なり(に)・なり・なる・なれ・なれ}「ひきやか」に同じ。

ひきり【火鑽り】[名]「火鑽り臼」に「火鑽り杵」をあて、強くもんで火をおこすこと。また、その道具。

ひきりうす【火鑽り臼】[名]火鑽りに用いる小穴のあいた台。臼にたとえた語。

ひきりぎね【火鑽り杵】[名]火鑽りに用いる先のとがった棒。杵にたとえた語。

ひきりゃう【引き両】[名]紋所の名。輪の中に一本から三本の横線を引いたもの。新田氏や足利氏の引き両紋が有名。

ひき・る【引入る】[他ラ下二]{れ・れ・る・るる・るれ・れよ}《「ひきいる」の変化形》引き入れる。誘い込む。

ひきわか・る【引き別る】[自ラ下二]{れ・れ・る・るる・るれ・れよ}《「ひき」は接頭語》離れ離れになる。別れる。例「ひきわか・れ年は経れども」〈源氏・初音〉

ひきわ・く【引き分く】[他カ下二]{け・け・く・くる・くれ・けよ}別々に引き離す。分ける。例「額の髪をすこしひきわ・けて」〈平家・二・重衡被斬〉

ひきわけ【引き分け】[名]❶勝負のつかないまま中止すること。❷陰暦八月に行われる「駒牽き」で、諸国から奉った馬を、院・東宮などに分けて賜ること。

〔引き分けの使ひ〕「引き分け②」の使者。

ひきわた【引き綿】[名]木綿の綿が切れないように、その上に薄く引きのばして包む真綿。また、そのもの。

ひきわたし【引き渡し】[名]❶張りめぐらすこと。幕などを一面に引くこと。例「風すくまじく、ひきわたしなどしたるに」〈更級〉❷本膳に杯が三つ付いた食膳。❸遊女を客に引き合わせる儀式。

ひきわた・す【引き渡す】[他サ四]{さ・し・す・す・せ・せ}❶（縄などを）方から他方へ届かせる。長く引く。❷（布などを）一面に引き広げる。例「浅緑の擣ちたるを引きわた・したるやうにて」〈枕・うちとくまじきもの〉❸馬を引いて通らせる。

ひき・ゐる【率ゐる】[他ワ上一]{ゐ・ゐ・ゐる・ゐる・ゐれ・ゐよ}❶引き連れる。❷軍勢を統率する。例「共に軍をひき・ゐて」〈今昔・二・二〉

ひきを【引き尾】[名]雉・山鳥などの長い尾羽根。矢羽を作るのに用いる。

ひきを・る【引き折る】[他ラ四]{ら・り・る・る・れ・れ}❶物を二重に折る。（裾などを）たくし上げる。例「衣一つばかりを引き折・りて」〈今昔・二九・二八〉❷（舟の櫓や櫂が）折れるほど強く漕ぐ。例「行く船の梶引き折・りて」〈万葉・二・二三〇長歌〉

ひ・く【引く】㊀[自カ四]{か・き・く・く・け・け}❶後退する。退く。逃げる。例「うしろへ一ひきもひ・かず、いよいよまへへぞすすみける」〈平家・九・一二之懸〉《係結び》「ぞ」→すすみける㊇。❷（心が）ある方向に進む。赴く。例「あながちなりし心のひ・く方にまかせず」〈源氏・須磨〉㊁[他カ四]{か・き・く・く・け・け}❶引き寄せる。引っ張る。例「朝北の、出で来ぬ先に、綱手はや引・け」〈土佐〉❷引き抜く。引き取る。例「君のみや野辺に小松を引・きに行く」〈後撰・春上・七〉❸取り除く。取り去る。例「大将軍十郎行家、三河国にうちこえて、矢作河の橋をひ・き」〈平家・六・祇園女御〉❹引き連れる。例「垂尻の、装束して、御馬、左、右と引・かせて参りたり」〈宇津保・祭の使〉❺長く引きずる。例「（髪ガ）袿の裾にたまりて引・かれたるほど、一尺ばかり余りたらむと見ゆ」〈源氏・末摘花〉❻引きめぐらせる。例「あらはなるべき所には軟障をひ・き、いつくしうしなさせたまへり」〈源氏・藤裏葉〉《音便》「いつくしう」は「いつくしく」のウ音便。《敬語》「しなさせたまへり」→「せたまふ」。❼（線を）長く書く。長く伸びている。例「額いたうはれたる人の、まじ

りいたうひ・きて」〈紫式部日記〉❽(弓を)射る。例「弓をなんいとよくひ・きける」〈源氏・東屋〉《係結び》「なん→ひきける㊍」。❾誘う。例「さるここちなからむ人にひ・かれて」〈蜻蛉・下〉❿引き抜く。選び出す。例「『まづ、引・け』とおほせられしかば、引・きしに」〈讃岐典侍日記〉⓫引き合いに出す。引用する。例「史書の文を引・きたりし」〈徒然・二三二〉⓬ひいきにする。例「この弟の左の大臣を院とともにひ・き給ひて」〈今鏡・藤波〉⓭(声を)長く伸ばす。例「才の男召して、声引・きたる人長の心ちよげさこそ、いみじけれ」〈枕・なほめでたきこと〉《係結び》「こそ→いみじけれ㊐」。⓮贈り物や引き出物にする。例「千両を僧にひ・き、二千両をば御門へ参らせ」〈平家・三・金渡〉《敬語》「御門へ参らせ」→「まゐらせ」。⓯(湯を)浴びる。例「御湯ひ・かせ奉る」〈平家・一〇・千手前〉《敬語》「ひかせ奉る」→「たてまつる」。三[自カ下二]{け・け・く・くる・くれ・けよ}引っ張られる。連れられる。例「引け鳥の我が引・け往なば」〈記・上・歌謡〉

ひ・く【弾く】[他カ四]{か・き・く・く・け・け}(弦楽器を)演奏する。かき鳴らす。つまびく。例「これ(＝箏ノ琴)は、女のなつかしきさまにてしどけなう弾・きたるこそをかしけれ」〈源氏・明石〉

びく【比丘】[名]《仏教語。梵語の音訳》僧。出家して定められた戒律を受けた男性。↕比丘尼

ひくて【引く手】[名]❶引っぱる手。また、その人。❷誘う人。❸舞で、手前に引く手。↕差す手

びくに【比丘尼】[名]❶《仏教語。梵語の音訳》尼。出家して戒律を受けた女性。↕比丘。❷江戸時代、尼の姿をした売春婦。❸「科負ひ比丘尼」の略。

〈和歌〉**ひくまのに…【引馬野ににほふ榛原入り乱れ衣にほはせ旅のしるしに】**〈万葉・一・五七・長忌寸奥麻呂〉訳 引馬野の色付いたハンノキの原。みなさん、ここに入って、ちりぢりになって衣に色を付けなさいよ、旅の証拠に。

ひくらうど【非蔵人】[名]❶「蔵人所」の職員。蔵人の事務見習い。非職。良家の男子で六位の者を四～六人選んだ。禁色を着ずに昇殿を許されている。❷江戸時代、神職の家から選ばれ、無位無官で宮中の雑用をつとめた者。

ひぐらし【蜩】[名]セミ科の虫の名。カナカナと高い音をたてて鳴く。＝かなかな・かなかなぜみ。(季―夏)

ひぐらし【日暮らし】[名・副]一日じゅう。朝から晩まで。例「物語のことを、昼は日ぐらし思ひつづけ」〈更級〉

〈和歌〉**ひぐらしの…【ひぐらしの鳴きつるなへに日は暮れぬと思ふは山の陰にぞありける】**〈古今・秋上・二〇四・よみ人しらず〉訳 ヒグラシが鳴いたと同時に、その名のように日が暮れた、と思ったのは、山の陰に入ったからであった。《係結び》「ぞ→ありける㊍」〈参考〉「ひぐらし」は、セミの「蜩」から夕暮れの意の「日暮らし」を連想する。

ひくら・す【日暮らす】[自サ四]{さ・し・す・す・せ・せ}❶日暮れまで時間を過ごす。例「故八の宮の住みたまひし所におはして、日暮ら・したまひし」〈源氏・手習〉❷生計をたてる。

〈俳句〉**ひくれたり…【日暮れたり三井寺下る春の人】**〈暁台句集・暁台〉訳 春の長い日も暮れた。三井寺の階段を春の一日を惜しむかのように静かに人が降りていく。(季―春―春)

ひぐろみ【日黒み】[名]日焼けして黒くなること。(季―夏)

ひくゎらくえふ【飛花落葉】花が散り、葉が落ちること。自然の移り変わりのさまで、とどまることのない、物事のはかなさをたとえる語。

ひくゎん【被官・被管】[名]❶令制で上級の役所に直属する下級官庁。各省の下にある寮・司など。❷中世、公家や武家に仕える家臣・従者。❸(「被官百姓」の略)室町末期以降、在地領主や地主に隷属した農民。

ひぐゎん【悲願】[名]《仏教語》仏・菩薩が、衆生の苦悩を救うために慈悲の心を起こし、誓願を立てること。また、その誓願。

ひけ【引け】[名]《近世語》❶勝負に負けること。敗北。❷肩身が狭いこと。引け目。❸《「引け四つ」の略》江戸、新吉原の遊郭で、遊女が張り見世を引き揚げる時間。

ひげ[・す／・なり]【卑下】一[名・自サ変]へりくだること。謙遜すること。例「(明石ノ君ハ)いたく卑下・せずなどして」〈源氏・薄雲〉二[形動ナリ]{なら・なり(に)・なり・なる・なれ・なれ}(相手を)さげすむさま。例「ひげ・なる声にて『む』と答へて立ちぬ」〈宇治拾遺・五・八〉

〈俳句〉**ひげかぜをふいて…【髭風ヲ吹いて暮秋歎ズルハ誰ガ子ゾ】**〈虚栗・芭蕉〉訳 髭を風になびかせながら、晩秋の哀れを嘆いているのは、いったいだれであろうか。(季―暮秋―秋)〈参考〉「髭風ヲ吹いて」は、「風髭を吹いて」とするところを、表現の順序をかえる漢詩の修辞法による。

ひげがち[・なり]【鬚勝ち】[形動ナリ]{なら・なり(に)・なり・なる・なれ・なれ}ひげの多いさま。ひげもじゃ。

ひげこ【鬚籠】[名]竹などで編み、編み残した端をそのまま鬚のように出したかご。➡[古典参考図]調度類〈2〉

ひけとり【引け鳥】[名]一羽が飛び立つと、つられてともに飛び立つ鳥。

ひけん【疋絹】[名]《「ひきけん」の変化形》一疋(布地二反)の絹。「被け物」とした。

ひけん[・す]【披見】[名・他サ変](文書などを)開き見ること。例「告げ文を受け取りて、すなはち(＝スグニ)披見・せんとしけるを」〈太平記・一〉

ひこ【彦】[名]男子の美称。多く名の下に付けて用いる。↕姫①。「天稚彦」「猿田彦」など。

ひご【肥後】[地名]旧国名。西海道十二か国のひとつ。いまの熊本県。＝肥州

ひこう【披講】歴史的かなづかい「ひかう」

ひこえ【孫枝】[名]枝からさらに生えた小枝。枝の枝。(季―春)

ひこさん【彦山・英彦山】[地名]《「ひこやま」とも》豊前国の山。いまの福岡県と大分県の境にある英彦山山地の主峰。英彦山神宮があり、修験場として知られた。

ひこしろ・ふ【引こしろふ】[他ハ四]{は・ひ・ふ・ふ・へ・へ}

《「ひこじろふ」「ひこしらふ」とも》むりに引っ張る。むりやり取り返す。例「惜しみ顔にも**ひこじろ・ひ**たまはねば、さすがにふとも見で、持たまへり」〈源氏・夕霧〉

ひこづら・ふ【引こづらふ】[他ハ四]{は・ひ・ふ・へ・へ}❶強く引っ張る。例「そほ舟(＝朱塗リノ船)に綱取り掛け**引こづら・ひ**」〈万葉・一三・三三〇〇長歌〉❷つかむ。絡みつく。例「台には八竜を**ひこづら・は**せたる〔太鼓〕が顕れ出でたり」〈太平記・三六〉

ひこね【彦根】[地名]近江国の地名。いまの滋賀県彦根市。活津彦根命が彦根山に降臨した伝説による命名。江戸時代、井伊氏の彦根藩の城下町として栄えた。

ひこばえ【蘖】[名]《「孫生え」の意》草木の切り株から生えた芽。(季－春)

ひこば・ゆ【蘖ゆ】[自ヤ下二]{え・え・ゆ・ゆる・ゆれ・えよ}《「孫生ゆ」の意》切った草木の根株から新たに芽が出る。例「今は春べと**ひこば・え**にけり」〈新古今・春上・七七〉

ひごふ【非業】[名]《仏教語》前世からの業の報いによらないこと。災難などで天寿を全うせずに早死にすること。↔定業

ひこふね【引こ船】[名]《上代東国方言》引く舟。

ひこぼし【彦星】[名]《上代は「ひこほし」。男の星の意》七夕伝説で、織女星の夫とされる牽牛星。(季－秋)

ひごろ【日頃】[名・副]❶**何日か。数日間。**例「そこにて**日ごろ**過ぐるほどにぞ、やうやうおこたる」〈更級〉《係結び》「ぞ→おこたる(体)」。❷**ここ数日。近ごろ。このところ。**例「手をひてて寒さも知らぬ泉にぞ汲むとはなしに**日頃**経にける」〈土佐〉《係結び》「ぞ→経にける(体)」。❸**ふだん。平生。いつも。**例「**日ごろ**はなにともおぼえぬ鎧が今日は重うなったるぞや」〈平家・九・木曾最期〉《音便》「重う」は「重く」のウ音便、「なっ」は「なり」の促音便。

ひさ[・なり]【久】[形動ナリ]{なら・なり(に)・なり・なる・なれ・なれ}長い時間が立つさま。例「住の江のまつ(＝「松」ト「待つ」トヲカケル)ほど**久・に**なりぬれば」〈古今・恋五・七七九〉

ひさう【非想】[名]《仏教語》「非想非非想天」の略。

びさう【美相】[名]美しい顔立ち。美しい姿。

ひさう[・す]【秘蔵】[名・他サ変]《近世中期以降「ひざう」》大切にしまっておくこと。また、そのもの。例「『世にありがたき物には侍りけれ』とて、いよいよ**秘蔵・しけり**」〈徒然・八八〉

ひざう[・なり]【非常】[名・形動ナリ]「ひじゃう(非常)」に同じ。

ひさうひひさうてん【悲想非非想天】[名]《仏教語》煩悩の範囲を超越した、観念や概念があるのでもなく、ないのでもないという境界。＝非想・非想天・有頂天

ひさかたの【久方の】[枕詞]「天・雨」「日」「月」「雲」「光」など天に関係する語にかかる。例「久方の天の川原の渡し守君渡りなば楫隠してよ」〈古今・秋上・一七四〉

〔和歌〕**ひさかたのあめのかぐやま…**【ひさかたの天の香具山この夕霞たなびく春立つらしも】〈万葉・一〇・一八一二・柿本人麻呂歌集〉訳〔ひさかたの〕天の香具山に、今宵、霞がたなびいている。春になったらしい。

〈参考〉「ひさかたの」は「天」の枕詞。

〔和歌〕**ひさかたのつきにおひたる…**【ひさかたの月に生ひたる桂川底なる影も変はらざりけり】〈土佐〉訳〔ひさかたの〕月に生えている常住不変の桂の木と同じ名をもつ桂川は、その水底に映る月の光も以前と少しも変わっていないことだよ。

〈参考〉二句までは「桂川(の「桂」)」を導くための序詞。「ひさかたの」は「月」の枕詞。「生ひ」に「負ひ」の意をかけ、「底」には代名詞の「そこ」の意をかける。

〔和歌〕**ひさかたのつきのかつらも…**【久方の月の桂も秋はなほ紅葉すればや照りまさるらむ】〈古今・秋上・一九四・壬生忠岑〉訳地上の木々だけでなく、〔ひさかたの〕月の世界にあるというカツラも秋にはやはり紅葉するので、月の光がいちだんと照り輝くのだろうか。《係結び》「や→照りまさるらむ(体)」

〈参考〉「ひさかたの」は「月」の枕詞。「月の桂も」の「も」は、他に類例があることを示す係助詞。地上の木々だけでなく、月のカツラもの意。月の中にはカツラの木が生えているという中国の伝説をふまえる。

〔和歌〕**ひさかたのひかりのどけき…**【久方の光のどけき春の日にしづ心なく花の散るらむ】〈古今・春下・八四・紀友則〉〈百人一首〉訳〔ひさかたの〕日の光がのどかに照る春の日に、どうして落ち着いた心もなく桜の花は散ってゆくのだろうか。

〈参考〉「ひさかたの」は「光」の枕詞。

ひさぎ【楸・久木】[名]《「ひさき」とも》木の名。キササゲの古名というが未詳。和歌では「久し」の序詞として用いられることがある。(季－秋)

ひさぎめ【販ぎ女・販ぎ婦・鬻ぎ女】[名]《「ひさきめ」とも》物売りの女性。女の行商人。＝販女

ひさく【杓・柄杓】[名]《「ひさご」の変化形》水を汲む道具。ひしゃく。

ひさ・ぐ【拉ぐ】一[他ガ四]{が・ぎ・ぐ・ぐ・げ・げ}押しつぶす。例「杖ともにかれが手をにぎり**ひさ・ぎ**給ふにより、骨くだけ」〈戴恩記〉二[自ガ下二]{げ・げ・ぐ・ぐる・ぐれ・げよ}押されてつぶされる。例「家の**ひさ・げ**ける時」〈撰集抄〉

ひさ・ぐ【販ぐ・鬻ぐ】[他ガ四]{が・ぎ・ぐ・ぐ・げ・げ}《古くは「ひさく」》物を売って生計を立てる。商う。例「棺を**ひさ・く**もの、作りてうち置くほどなし」〈徒然・一三七〉

ひさ・ぐ【塞ぐ】[他ガ四]{が・ぎ・ぐ・ぐ・げ・げ}ふさぐ。閉じる。例「ひまひまに目を**ひさ・ぎ**つつ」〈発心集〉

ひさ・ぐ【提ぐ】[他ガ下二]{げ・げ・ぐ・ぐる・ぐれ・げよ}《動詞「ひきさぐ(引き下ぐ)」の促音便「ひっさぐ」の促音無表記》引きさげる。手にさげて持つ。

ひさげ【提・提子】[名]鉉とつぎ口のついた鍋のような形で、酒などを入れて火にかけて温め、そのまま杯につぐ容器。↓図版「懸け盤」、[古典参考図]調度類〈2〉

ひさご【瓠・匏・瓢】[名]《古くは「ひさこ」》❶《「ふくべ」とも》夕顔やヒョウタンなどの総称。また、その実。＝生り瓢。(季－秋)。❷《「ふくべ」とも》ヒョウタンの実を繰り抜いて作った容器。❸ひしゃく。❹①を図案化した紋所の名。

ひさご[作品名]江戸前期(一六九〇刊行)の俳諧撰集。浜田珍碩(洒堂)編。『俳諧七部集』の

ひとつ。『おくのほそ道』の行脚後、近江の湖南に旅寝を続けていた芭蕉のもとで、門人たちとともに興行された歌仙五巻を収めた作品集。

ひさごばな【瓠花・瓢花】[名]（「ひさこはな」とも）❶ヒサゴの花。〈季―夏〉。❷額の上で①の形に結った古代の少年の髪型。❸①をかたどった髪飾り。「相撲の節会」で、右方の者が髪に挿した。

ひさし【廂・庇】[名]❶寝殿造りで、母屋の外側、簀の子との間に設けられた細長い部屋。＝廂の間・広廂。例「おはします殿の東の廂、東向きに倚子立てて」〈源氏・桐壺〉〈敬語〉「おはします殿の」→「おはします」。⬇[古典参考図]建築〈3〉。❷出入り口や縁側、牛車の窓などの上に、造りたし突き出ている小屋根。例「廂なき糸毛三つ」〈源氏・宿木〉

〔**廂の御座**〕廂の間にある貴人の御座所。

〔**廂の車**〕（「網代廂の車」の略）唐風の屋形に、廂がついた牛車。貴人が乗る。

〔**廂の大饗**〕（寝殿の廂の間で行われたことから）初めて大臣に任ぜられたときに行われる宴会。毎年の恒例の大饗は、「母屋の大饗」という。

〔**廂の間**〕「ひさし（廂）①」に同じ。

ひさ・し【久し】[形シク]{しから・しく(しかり)・し・しき(しかる)・しけれ・しかれ}❶長い間である。時が長く待ち遠しい。例「嘆きつつひとり寝る夜のあくる間はいかに久・しきものとかは知る」〈拾遺・恋四・九一二〉[訳]→〔和歌〕なげきつつ…。❷しばらくぶりだ。久しぶりだ。例「さてもさても久・しうて参ってござるが」〈狂・鐘の音〉〈音便〉「久しう」は「久しく」のウ音便。❸（近世語）相変わらずだ。珍しくもない。例「『今日は御褒美に、お弁当にしておやりと』『また久・しいものさ』」〈浮世風呂〉〈音便〉「久しい」は「久しき」のイ音便。

ひさしう【久しう】形容詞「ひさし」の連用形「ひさしく」のウ音便。

ひざつき【膝突き・膝衝き】[名]宮中の儀式などの際、庭でひざまずくときに膝に土がつかないように下に敷く、半畳ほどの大きさの敷物。

ひざのさら【膝の皿】[名]膝頭にある皿のような形の骨。膝小僧。

ひざま・く【膝枕く】[自カ四]{か・き・く・く・け・け}他人の膝を枕にする。膝枕をする。例「宮の我が背は大和女の膝ま・くごとに我を忘らすな」〈万葉・一四・三四五七〉

ひさめ[名]一【大雨】大雨。豪雨。二【氷雨】雹。または、霰。〈季―夏〉

ひさめ【販女・販婦】[名]「ひさぎめ」に同じ。

ひさめ・く[自カ四]{か・き・く・く・け・け}（「めく」は接尾語）ざわつく。例「結縁せむとて、ここら（＝タクサン）集まりひさめ・きて」〈沙石集〉

ひざら【火皿】[名]❶火縄銃の起爆薬を盛る小皿。❷煙管の煙草を詰める所。雁首。

ひさんぎ【非参議】[名]❶三位以上だが、まだ参議に任ぜられない者。❷四位で功績により参議になる資格のある者。四位で参議になったことのある者。

ひし[名]（近世語）災難。不幸。

ひし【菱】[名]❶水草の名。実は食用。〈季＝花―夏・実―秋〉。❷菱形を組み合わせた紋所の名。❸鉄製の、菱形あるいは刺股の形に多くのとげを付けた武器で、地上にさして敵を防いだ。❹ヒシの実の形で先端を鋭くした武器。地上や川中に置いて敵を防ぐ。

ひじ【泥】歴史的かなづかい「ひぢ」

ひじ【州・洲】[名]（「ひし」とも）海中にできる州。

ひじ【非時】[名]（仏教語）❶僧が食事をとってはならない時間帯。日中（正午ごろ）から後夜（午前四時ごろ）までの間。❷「非時食」の略。＝世事。↔斎①

ひしかはもろのぶ【菱川師宣】[人名]（?～一六九四）江戸前期の画家。狩野派・土佐派を習得。風俗描写を主とした「浮世絵」を広めたところから、一枚摺り版画発展の端緒となった。肉筆の『見返美人図』はとくに有名。

ひじきも【ひじき藻】[名]海藻の名。ヒジキの古名。食用。〈季―春〉

ひしきもの【引敷き物】[名]（「ひじきもの」とも）敷物。しとね。

ひし・ぐ【拉ぐ】一[自ガ下二]{げ・げ・ぐ・ぐる・ぐれ・げよ}押しつぶされる。ひしゃげる。例「（大地震デ）家の内にをれば、たちまちにひし・げなんとす」〈方丈記〉二[他ガ四]{が・ぎ・ぐ・ぐ・げ・げ}❶押しつぶす。例「蓬の、車におしひし・がれたりけるが」〈枕・五月ばかりなどに〉❷風靡する。例「梅幸、浪花をひし・げば」〈風来六部集〉

ひしげくだ・く【拉げ砕く】[自カ下二]{け・け・く・くる・くれ・けよ}つぶれて砕ける。例「狭き時はひしげくだ・く」〈徒然・二一〉

ひじじき【非時食】[名]（仏教語）僧が「非時①」に食事をすること。また、その食事。＝非時②

ひしづめのまつり【鎮火祭】[名]朝廷の祭りのひとつ。陰暦六月、十二月の晦日の夜に、皇居の四隅で卜部が火を打ち出して行ったもの。

ひしと[副]❶物が押されて鳴る音。ぎしぎしと。例「この床のひしと鳴るまで嘆きつるかも」〈万葉・一三・三二七〇長歌〉❷透き間なく。ぴったりと。例「陣頭に馬・車ひしとたてたるを」〈古今著聞・三七六〉❸しっかりと。確実に。例「心にひしとかけて、つかのまも忘るまじきなり」〈徒然・四九〉❹ぱったりと（やむ）。ぴたりと。例「そこらののしりつる（＝大声デ祈ッテイタ）久住者ども、ひしとやみぬ」〈讃岐典侍日記〉

ひじに【干死に】[名]空腹によって死ぬこと。餓死。

ひしぬひ【菱縫ひ】[名]鎧の袖・草摺り・兜の錣などの下端に糸や皮で菱形につづったもの。

〔**菱縫ひの板**〕「菱縫ひ」を施した小板。→「すそがなもの」。⬇[古典参考図]武装・武具〈1〉

びしびし[副]（上代語）鼻水をすする音の形容。ぐすぐす。

ひしひしと[副]❶物がきしむ音。みしみしと。例「部などは、ひしひしと紛るる音に」〈源氏・総角〉❷物を食べる音。むしゃむしゃと。例「ひしひしとただ食ひに食ふ音のしければ」〈宇治拾遺・一・一二〉❸密着するさま。ぴったりと。しっくりと。例「五百余騎ひしひしとくつばみをならぶるところに」〈平家・九・宇治川先陣〉❹気持ちに隔てがないさま。例「近づかまほしき人の、上戸にてひしひしと馴れぬる」〈徒然・一七五〉❺厳しく迫るさま。例「（平家打倒ヲ）ひしひしとおぼしめしたたせ給ひけり」〈平家・四・源氏揃〉

ひ

ひしほ［名］㊀【醬】調味料の一種。麦と大豆を混ぜた麴に塩水を加え、数十日蓄えて作る。㊁【醢】塩漬けにした肉や魚の類。

ひしほす【醬酢】［名］「ひしほ㊀」に酢を混ぜて、酢みそのようにしたもの。

ひしめ・く【犇く】［自カ四］{か・き・く・く・け・け}《「めく」は接尾語》❶ぎしぎし鳴る。例「片つ方なれば、**ひしめ・く**に」〈能因本枕・職の御曹司におはしますころ、西の廂に〉❷押し合いして騒ぎ立てる。

ひじゃう【非情】［名］《仏教語》心や感情をもたないこと。また、そうしたもの。木石の類。↕有情

ひじゃう［・なり］【非常】《「ひざう」とも》㊀［名・形動ナリ］ふつうでないさま。異常なさま。㊁［名］❶思わぬ出来事。不測の事態。❷貴人の死。

びしゃもん【毘沙門】［名］《「梵語」の音訳》「毘沙門天」の略。

びしゃもんてん【毘沙門天】［名］四天王のひとつ。須弥山の北側に住み、人間世界の北方を守護する。鎧・兜を着け、鬼神を従えて仏法を守り、また、福徳を与える神とされる。日本では七福神のひとり。毘沙門天王。＝多聞天・毘沙門。➡［古典参考図］主要仏像

びしゅかつま【毘首羯磨】［名］《梵語の音訳》帝釈天の臣下で、建築・工芸をつかさどる神。転じて、工芸に巧みな人。

ひしゅひがく【悲修非学】［名］《仏教語》仏道修行も学問も行わないこと。

ひしょ【秘書】［名］秘蔵の書。秘伝書。

ひしょく【非職】［名］官職がないこと。その人。

ひじり【聖】［名］《「日知り」の意か。知恵や徳にすぐれた人物をいう》❶君主。とくに、天皇。例「橿原の聖の御代ゆ生れまし神のことごと」〈万葉・一・二九長歌〉訳→［和歌］たまだすき…。❷すぐれた徳を身につけた人。とくに、儒教でいう聖人。例「人の才能は、文あきらかにして、聖の教へを知れるを第一とす」〈徒然・一二二〉❸（諸道で）非常にすぐれた人。達人。例「柿本人麿なむ、歌の聖なりける」〈古今・仮名序〉❹徳の高い僧。高僧。❺修行者。遊行僧。例「さてかの外法おこなひける聖を追出せむとしければ」〈平家・一・鹿谷〉❻仙人。神仙。❼「清酒」の別名。

〔聖の親王〕聖としての生活を送っている親王。

〔聖の道〕仏教や儒教で説く聖人の道。

〔聖の宮〕聖のような生活を送っている親王。また、その屋敷。

ひじりごころ【聖心】［名］「聖」らしい心。高徳の心。道心。

ひじりことば【聖言葉】［名］「聖」らしいことば遣い。僧めいたいい方。

ひじりだ・つ【聖だつ】［自タ四］{た・ち・つ・つ・て・て}「聖」らしくする。徳の高そうなようすである。例「この宇治山に、聖だ・ちたる阿闍梨住みけり」〈源氏・橋姫〉

ひじりづか【聖柄】［名］刀の柄の一種。装飾を施さない、木地のままのもの。

ひじりのいうくゎく【聖遊廓】［作品名］江戸中期（一七五七刊行）の洒落本。作者未詳。孔子・老子・釈迦の聖人三人が、李白の揚屋にあがり、遊女と遊ぶさまを描く。

ひじりほふし【聖法師】［名］修行僧。

ひじりめ【聖目】［名］《「聖目」の訓読語》「せいもく①」に同じ。

ひすい【翡翠】［名］❶カワセミの別称。❷カワセミの羽色のように光沢のある美しい髪。＝翡翠の髪状

〔翡翠の髪状〕「ひすい②」に同じ。

ひすかし［・なり］【佷し・嚚し】［形動ナリ］{なら・なり（に）・なり・なる・なれ・なれ}《近世語》ひねくれているようす。怒りっぽいようす。例「父かたくなに母**ひすかし・に**」〈浄・天智天皇〉

ひすがら【終日・日すがら】［名・副］一日じゅう。朝から晩まで。ひねもす。↕夜すがら

ひすまし【樋洗し】［名］宮中で、便器の掃除などをした身分の低い女性。＝御厠人

ひすましわらは【樋洗し童】［名］宮中の便所、貴人の便器などを清掃する下仕えの童女。

ひすらこ・し［形ク］{から・く（かり）・し・き（かる）・けれ・かれ}《近世語》悪賢い。ずるい。欲深い。＝ひすらし。例「ただ**ひすらこ・き**は日本」〈浮・日本永代蔵〉

ひすら・し［形ク］{から・く（かり）・し・き（かる）・けれ・かれ}《近世語》「ひすらこし」に同じ。

ひぜめ［名］㊀【火攻め】火をつけて攻めること。焼き討ち。㊁【火責め】罪人を火で拷問すること。

ひぜん【肥前】［地名］旧国名。西海道十二か国のひとつ。いまの佐賀県と壱岐・対馬を除く長崎県とからなる。＝肥州

びぜん【備前】［地名］旧国名。山陽道八か国のひとつ。いまの岡山県南東部にあたる。＝備州

ひぜんのくにふどき【肥前国風土記】［作品名］奈良前期の地誌。編者未詳。景行天皇の九州征伐のときの話を中心に多くの説話を含む。

びぜんもの【備前物】［名］備前国（いまの岡山県）で作られた刀剣の総称。平安時代から優れた刀工が出て、多くの名刀を生んだ。＝備前作り

ひそか［・なり］【密か・窃か・私か】［形動ナリ］{なら・なり（に）・なり・なる・なれ・なれ}❶人に知られないようにするさま。こっそり。❷私物化するさま。例「ほしいままに国威を**ひそか・にし**」〈平家・四・南都牒状〉

発展学習ファイル 「ひそか」は漢文訓読文に用いられた語。中古の仮名文では「**みそか**」が用いられた。

ひそく【秘色】［名］❶中国、越の国産出の青磁。唐代に民間での使用を禁じたため、この名がある。❷染め色の名。藍色。るり色。❸襲の色目の名。表は縦糸が紫、横糸が青、裏は薄色（薄紫）。

ひそま・る【潜まる】［自ラ四］{ら・り・る・る・れ・れ}❶黙るようになる。静かになる。❷寝る。眠りにつく。

ひそ・む【潜む】㊀［自マ四］{ま・み・む・む・め・め}ひそかに隠れる。㊁［他マ下二］{め・め・む・むる・むれ・めよ}隠す。しのばせる。例「岩窟に身を**ひそ・め**入りて」〈おくのほそ道・日光〉

ひそ・む【顰む】㊀［自マ四］{ま・み・む・む・め・め}❶顔をしかめる。泣き顔になる。例「いと悲しと見たてまつるにただひそみにひそむ」〈源氏・東屋〉❷（「口ひそむ」の形で）口がゆがむ。苦々しく思う。例「口**ひそ・む**も知らず」〈宇津保・忠こそ〉㊁［他マ下二］{め・め・む・むる・むれ・めよ}（「眉（を）ひそむ」の形で）しかめつらをする。例「いと堪へがたげに眉を**ひそ・め**」〈徒然・一七五〉

ひそめ・く【密めく】［自カ四］｛か・き・く・く・け・け｝《「めく」は接尾語》ひそひそと語る。ひそやかな音がする。例「はるかに夜更けて、内陣に**ひそめ・きたり**」〈義経記・三〉

ひぞり【乾反り】［名］《近世語》乾いてそり返ること。転じて、すねて無理をいうこと。例「**ひぞり**し直し裃を盤にかけて」〈浄・今宮の心中〉

ひぞ・る【乾反る】［自ラ四］｛ら・り・る・る・れ・れ｝《近世語》❶乾いてそり返る。例「焼きするめ、ぴんと**ひぞ・るも**」〈黄・江戸生艶気樺焼〉❷すねる。ひがむ。ひねくれる。例「大臣**ひぞ・られて**」〈浮・傾城禁短気〉

ひた-【直】［接頭］❶直接の、じかの意を表す。「**直**面」「**直**土」など。❷純粋な、まったくの意を表す。「**直**さ麻」など。❸いちずな、むやみなの意を表す。「**直**心」「**直**騒ぎ」など。❹一面の、すべての意を表す。「**直**青」「**直**照り」など。

ひた【引板】［名］「ひきた」に同じ。

ひだ【飛騨】［地名］旧国名。東山道十三か国のひとつ。いまの岐阜県北部にあたる。＝飛州

〔**飛騨の工・飛騨の工匠**〕❶飛騨国出身の大工。令制時代に調庸免除の代わりとして、毎年交代で都に上り、公役に従事した。＝飛騨匠・飛騨人。❷（①から転じて）大工。

びた【鐚】［名］「鐚銭」の略。

ひたあを［・**なり**］【直青】［名・形動ナリ］《「ひた」は接頭語》一面すべて青いこと。まっさお。例「随身もみな**ひた青・なる**装束をして」〈今昔・二八・二〉

ひだう［・**なり**］【非道】［名・形動ナリ］❶道理や常識にはずれるさま。無理。例「いと**非道・なる**事かな」〈今昔・五・一九〉❷人情にはずれるさま。

ひたうち【直打ち】［名］《「ひた」は接頭語》❶しきりに打つこと。例「〔落武者ヲ〕**ひた打ち**に打ちければ」〈盛衰記・三四〉❷たたいて一面に薄く延ばすこと。例「銀にて**ひた打ち**にして」〈増鏡・あすか川〉

ひたうらのころも【直裏の衣】［名］表裏が同じ色の衣。

ひたおもて［・**なり**］【直面】［名・形動ナリ］《「ひた」は接頭語》面と向かうこと。例「殿上人の**ひたおもて・に**さし向かひ」〈紫式部日記〉

ひたおもむき［・**なり**］【直趣】［名・形動ナリ］《「ひた」は接頭語》ひたすらそれに向かうこと。いちずなさま。例「さまあしき人なれど、**ひたおもむき・に**二心なきを見れば」〈源氏・東屋〉

ひたかぶと【直兜】［名］《「ひた」は接頭語》全員が鎧兜に身を固めること。また、その人々。

ひたき【火焚き・火焼き】［名］夜間、照明や警護のためにかがり火などをたくこと。また、その役の人。

ひたきや【火焚き屋・火焼き屋】［名］衛士（警護の兵士）がかがり火をたいて見張りをする小屋。内裏・東宮・后宮などに設けられた。

ひたぎり［・**なり**］【直切り・直斬り】［名・形動ナリ］《「ひた」は接頭語》めった切り。また、そのさま。例「怒りて、**ひた斬り・に**斬り落としつ」〈徒然・八七〉

ひたくれなゐ［・**なり**］【直紅】［名・形動ナリ］《「ひた」は接頭語》全体が赤いこと。残らず赤いこと。真っ赤。例「三輪山を**ひたくれなゐ・に**にほはせるらん」〈古今六帖・五〉

ひたぐろ［・**なり**］【直黒】［名・形動ナリ］《「ひた」は接頭語》全体が黒いこと。真っ黒。例「**ひた黒・なる**田楽〔ノ鼓〕を腹に結ひ付けて」〈今昔・二八・七〉

ひたごころ［・**なり**］【直心】［名・形動ナリ］《「ひた」は接頭語》思いつめる心。ひたむきな心。例「**ひた心・に**亡くもなりつべき身を」〈蜻蛉・中〉

ひたさわぎ［・**なり**］【直騒ぎ】［名・形動ナリ］《「ひた」は接頭語》大騒ぎすること。また、そのさま。例「**ひたさわぎ・に**見えつる間」〈平家・二・烽火之沙汰〉

ひたさを【直さ麻】［名］《「ひた」「さ」は接頭語》他の糸のまじらない純粋な麻糸。

ひた・す【養す】［他サ四］｛さ・し・す・す・せ・せ｝《「ひだす」とも》養い育てる。例「『これ吾が児なり』とのたまひて、すなはち取りて**養・したまふ**」〈紀・神代・上〉

ひたすら［・**なり**］【頓・一向・只管】［形動ナリ］｛なら・なり（に）・なり・なる・なれ・なれ｝ひたむきなさま。いちずなさま。例「**ひたすら・に**わが思はなく己れさへかりかりとのみ鳴き渡るらん」〈後撰・秋下・三六四〉

ひたすら【頓・一向・只管】［副］❶もっぱら。いちずに。例「**ひたすら**世をむさぼる心のみ深く」〈徒然・七〉❷すっかり。まったく。例「**ひたすら**世に亡くなりなむは言はむ方なくて」〈源氏・須磨〉

びたせん【鐚銭】［名］《「びたぜに」とも》❶表面が磨滅したり、傷ついた銭。❷善銭に対し価値の低い悪銭をいう。室町時代は永楽銭以外の銭を、江戸時代には寛永鉄銭の一文銭を指す。＝鐚

ひたた・く【滔く・混く】［自カ下二］｛け・け・く・くる・くれ・けよ｝❶乱れる。秩序や節度に欠ける。例「あまり**ひたた・け**て頼もしげなきも、いと口惜しや」〈源氏・若菜・上〉❷入り交じってごたごたする。例「人繁く**ひたた・け**たらむ住まひは、いと本意なかるべし」〈源氏・須磨〉

ひだたくみ【飛騨匠】［名］「ひだのたくみ①」に同じ。

ひたたれ【直垂】［名］❶**衣服の名。**もとは庶民が着たが、鎌倉以降に武家の平服となり、さらに出仕の際に着られるようになった。また、江戸時代には、礼服となった。➡［古典参考図］男子の服装〈3〉。❷《「直垂衾」の略》公家で用いた**夜具の一種。**袖と襟をつけて①の形に作り綿を入れた。

ひたたればかま【直垂袴】［名］鎌倉以降、武家の常服とされた袴。元来、上衣の名であった直垂と共布の袴を用いるようになったもの。→「ひたたれ」

ひたち【常陸】［地名］旧国名。東海道十五か国のひとつ。茨城県東部と北部にあたる。＝常州

ひだち【非太刀】［名］《多く「非太刀を打つ」「非太刀を入る」の形で》とがめだて。非難。例「**非太刀**打たれぬ取り捌き」〈浄・鎌倉三代記〉

ひたちおび【常陸帯】［名］占いのひとつ。常陸（いまの茨城県）の鹿島神宮で正月十四日の祭りに、男女が布の帯に意中の人の名を書いて供え、神主がそれを結び合わせ、そのようすから結婚を占った。

ひたちのくにふどき【常陸国風土記】［作品名］奈良前期の地誌。編者は石川難波麻呂・春日老などが擬されるが未詳。開拓史や風俗の叙述に特色がある。

ひたつち［・**なり**］【直土】［名・形動ナリ］《「ひた」は接頭語》地面に直接ついていること。例「**直土・に**藁解き敷きて」〈万葉・五・八九二長歌〉訳→〔和歌〕かぜ

まじり…

ひたてり[・なり]【直照り】[名・形動ナリ]《「ひた」は接頭語》ひたすら照り輝くこと。また、そのようす。例「橘のなれるその実は**ひた照り・に**」〈万葉・一八・四一一一長歌〉

ひたと【直と・専と】[副]❶じかに接触しているさま。ぴったりと。例「**ひたと**抱き付きて」〈今昔・二七・三五〉❷ひたすら。いちずに。❸急に。突然に。ふと。

ひたひ【額】[名]❶額の上部の髪の生え際から眉までの部分。ひたい。❷「額髪」の略。❸宮廷の女官の正装の髪飾り。❹冠・烏帽子などの額に当たる部分。厚額・薄額・透き額などがある。❺物の突き出た部分。例「あやふ草は、岸の**額**に生ふらむも」〈枕・草は〉

〔**額に手を当つ**〕感激して喜ぶときや祈るときなどの動作をいう語。例「みな人々、媼・翁、**額に手を当て**て喜ぶこと二つなし」〈土佐〉

〔**額を合はす**〕額がくっつくほど近づく。例「**額を合は・せ**て向かひたまへり」〈竹取・燕の子安貝〉

〔**額を集ふ**〕額をつきあわせる。額を近付けて相談する。＝額を集む。例「三人の人、**額を集・へ**て、涙を落として、出で立ちて」〈宇津保・俊蔭〉

ひたひあて【額当て】[名]冠の縁の称。＝磯

ひたひえぼし【額烏帽子】[名]ひもがついた三角形の黒い小さな紙や布を、子供の額につけて後ろで結んだもの。

ひたひがみ【額髪】[名]女性の、額から左右のほおの辺りに長く垂らした二条の髪。＝額②

ひたひた[副]❶すみやかに。さっさと。素早く。例「**ひたひた**と乗って駆けよ」〈平家・一一・勝浦〉❷密着するさま。ぴったりと。例「膠をもって**ひたひた**と付けますれば」〈狂言記・仏師〉❸風が物に吹き当たる音。例「あちやこち風**ひたひた**」〈浄・曾根崎心中〉❹水が物を浸すようにして打ち当たる音。❺(水が浸すように)しだいに迫ってくるさま。

ひたひつき【額月】[名]男性の、額の上の髪を半月形にそり上げた部分。＝月代

ひたひつき【額付き】[名]額のようす。例「髪のこぼれかかりたる**額つき**いとあてやかに」〈源氏・浮舟〉

ひたひつき【額突き】[名]部屋の壁の中央に出入り口を作り、上部を半月形に塗ったもの。

ひだひと【飛騨人】[名]飛騨国(いまの岐阜県北部)の人。とくに、「飛騨の匠」のこと。

ひたぶる[・なり]

【頓・一向】[形動ナリ]{なら・なり(に)・なり・なる・なれ・なれ}

> **アプローチ**
> ▼「ひた」は「ひたむき」「ひたすら」などの「ひた」と同じで、一筋にの意。「ぶる」は接尾語。
> ▼ひとつの方向にのみ気持ちが向かっているさまを表す。
> ▼行為に関しては、いちずにするさま、また、状態や性質などに関しては、まったく…だ、すっかり…だの意を表す。

❶**ひたすらするさま。いちずだ。ひたむきだ。** 例「**ひたぶる・に**仏を念じたてまつりて、宇治の渡りに行き着きぬ」〈更級〉訳「**ひたすらに**仏をお祈り申し上げて、宇治の渡し場にたどり着いた。《敬語》「念じたてまつりて」→「たてまつる」

❷**ただもう…だ。まったく…だ。** 例「**ひたぶる・に**若びたるものから、世をまだ知らぬにもあらず」〈源氏・夕顔〉訳**ただもう**若々しくうぶであるものの、男女の仲をまだ知らないでもない。

❸**乱暴だ。向こう見ずだ。** 例「海賊の**ひたぶる・な**らむよりも、かの恐ろしき人の追ひ来るにやと」〈源氏・玉鬘〉訳海賊の**乱暴な**のよりも、あの恐ろしい人が追ってくるのではないかと。《係結び》「にや→(省略)」

❹(下に打消の語を伴って)**まったく。一向に。** 例「**ひたぶる・に**見も入れたまはぬなりけり」〈源氏・末摘花〉訳**まったく**(お手紙を)ご覧なさろうとしなかった。

発展学習ファイル 「ひたぶる」は、あたりかまわず強引に」の意から転じて、もっぱらだ、いちずだの意になった。類義語「**ひたすら**」も、古くは、すっかりなくなる意の動詞を形容していたのが、のちにいちずの意となり、「ひたぶる」の意に近づいた。

ひたぶるごころ【一向心】[名]ひたむきな心。いちずで向こう見ずな心。

ひだまひのふだ【日給ひの簡】[名]「にっきふのふだ」に同じ。

ひたみち[・なり]【直路】[形動ナリ]{なら・なり(に)・なり・なる・なれ・なれ}❶いちずなさま。ひたすらだ。例「**ひたみち・に**行ひにおもむきなんに」〈源氏・御法〉❷すっかり。完全だ。例「**ひたみち・に**若びたまへり」〈源氏・若菜・上〉

ひためん【直面】[名]面をつけないで能を演じること。素顔で舞台に立つこと。

ひたもの【直物】[副]❶入れ物に物を満たすさま。いっぱい。❷むやみと。ひたすら。いちずに。例「振る舞ひありて、**ひたもの**諸白をしひて」〈醒睡笑〉

ひたやごもり[・なり]【直屋隠り・直屋籠り】[名・形動ナリ]《「ひた」は接頭語》ひたすら家にこもっていること。例「気色ばめる消息もせで、いと**ひたや籠り・に**情けなかりしかば」〈源氏・帚木〉

ひだり【左】[名]❶左の方。左側。❷左右のある官職の左の方の官職。通常、左の方が右より上位。❸歌合わせなど、左右に分かれてする競技の左方。❹酒を飲むこと。酒好き。①②↔右①②

ひだりなは【左縄】[名]❶ふつうとは反対に、左によった縄。❷《近世語》思うようにことが進まない状態。不運。例「かう**左縄**になるからは、父様とも埒明かぬ」〈浄・丹波与作待夜の小室節〉

ひだりのうまづかさ【左馬寮】[名]「さまれう」に同じ。

ひだりのうまのかみ【左馬頭】[名]「さまのかみ」に同じ。

ひだりのおとど【左大臣】[名]「さだいじん」に同じ。

ひだりのおほいまうちきみ【左大臣】[名]「さだいじん」に同じ。

ひだりのおほとねり【左大舎人】[名]左右の「大舎人」のうち、左の方。→「おほとねり」。↔右大舎人

ひだりのつかさ【左の司】[名]令制で左右の部局をもつ役所の左の部局。「左近衛府」「左馬寮」など。また、その役人。↕右の司

ひだりみぎに【左右に】[副]あれこれと。とやかく。例「左右に苦しく思へど」〈源氏・空蟬〉

ひだりをり【左折り】[名]烏帽子の先を左に折ること。一般には右に折る。

ひだる・し[形ク]{から・く(かり)・し・き(かる)・けれ・かれ}空腹だ。腹が減った。ひもじい。例「この一両日食物絶えて、せんなくひだる・く候ふままに」〈古今著聞・四四〇〉

ひぢ【泥】[名]どろ。ぬかるみ。

ひぢかさ【肘笠】[名]雨を防ぐために、ひじを頭上にかざして、袖を笠の代わりとすること。

ひぢかさあめ【肘笠雨】[名](笠をかぶる暇もなく肘笠で防ぐ雨の意から)にわか雨。

ひぢき【肘木】[名]宮殿・寺社などの建築で、柱の上にあって上部の重みを支える横木。腕木。

ひぢく・る[他ラ四]{ら・り・る・る・れ・れ}(「ひちくる」とも)手でこね合わす。例「野老・合はせ薫き物を薬にひちく・りて」〈今昔・三〇・一〉

ひちちか[・なり][形動ナリ]{なら・なり(に)・なり・なる・なれ・なれ}ぴちぴちと元気で活気のあるさま。例「容貌はひちちか・に、愛敬づきたるさまして」〈源氏・常夏〉

ひぢは・る【肘張る】[自ラ四]{ら・り・る・る・れ・れ}威張る。意地を張る。例「ひぢ張・らせ給ふもあはれに見奉る」〈栄花・一六〉

ひぢまき【臂巻】[名]「くしろ」に同じ。

ひちまさ・る【漬ち増さる・沾ち増さる】[自ラ四]{ら・り・る・る・れ・れ}(「ひぢまさる」とも)よりひどくぬれる。例「秋の野に笹わけし朝の袖よりも逢はで来し夜ぞひちまさ・りける」〈古今・恋三・六二三〉

ひぢもち【肘持ち】[名]扇や笏を持って、ひじを横に張った姿勢。

ひちりき【篳篥】[名]雅楽の管楽器の一種。約一八センチメートルの竹製の縦笛。表に七つ、裏に二つの穴がある。➡[古典参考図]楽器

ひつ【弼】[名]令制で「弾正台」の次官。のち、定員二名となり、大弼・少弼とした。

ひつ【櫃】[名]ふたをかぶせた大型の木の箱。「長櫃」「唐櫃」「折り櫃」「小櫃」などの種類がある。

ひ・つ【漬つ・沾つ】(近世以後は「ひづ」)㊀[自タ四]{た・ち・つ・つ・て・て}水につかる。水に浸る。(水や涙などで)ぬれる。例「白露のおくにも外にも袖のみぞひ・つ」〈後撰・恋五・九六四〉㊁[自タ上二]{ち・ち・つ・つる・つれ・ちよ}(平安中期以降)㊀に同じ。例「袖ひ・つる時をだにこそ嘆きしか身さへ時雨のふりもゆくかな」〈蜻蛉・中〉㊂[他タ下二]{て・て・つ・つる・つれ・てよ}水につける。水に浸す。(水や涙などで)ぬらす。例「天雲のはるかなりつる桂川袖をひ・ててもわたりぬるかな」〈土佐〉訳→〔和歌〕あまくもの…

発展学習ファイル 連用形で「袖漬ちて」や終止形で「袖漬つ」とあるものは、形の上では四段活用か上二段活用か区別できないが、上二段活用は平安中期以降に現れた。歌に多く用いられ、「浸る」「浸す」に対する歌語であったらしい。

ひ・づ【秀づ】[自ダ下二]{で・で・づ・づる・づれ・でよ}(名詞「秀」+動詞「出づ」=「ほいづ」の変化形)❶穂が出る。例「あしひきの山田作る児秀・でずとも縄だに延へよ守ると知るがね」〈万葉・一〇・二二一九〉❷他より抜きんでる。例「和漢の才にみなひ・でて」〈愚管抄〉

ひついで【日次いで】[名](暦の上で)その日の吉凶の具合。日どり。日がら。

ひっか・く【引っ駆く】[自カ下二]{け・け・く・くる・くれ・けよ}(「ひきかく」の促音便)馬を急がせる。例「武者二騎ひっか・けひっか・け出できたり」〈平家・九・宇治川先陣〉

ひっかづ・く【引っ被く】[他カ四]{か・き・く・く・け・け}(「ひきかづく」の促音便)ひっかぶる。例「馬の頭しづまば、ひきあげよ。いたうひいてひっかづ・くな」〈平家・四・橋合戦〉

ひっかへし【引っ返し】[名](「ひきかへし」の促音便)「ひきかへし㊀」に同じ。

ひつぎ【棺・柩】[名](古くは「ひつき」)遺体を入れて葬る木製の箱。棺。

ひつぎ【日次ぎ】[名]❶日ごと。毎日。❷毎日、献上する貢ぎ物。❸日柄。その日の吉凶の都合。

ひつぎ【日嗣ぎ】[名]天皇の位。その皇位を継承すること。また、その継承者。

〔日嗣ぎの御子〕皇太子の敬称。

ひっきゃう【畢竟】[副]結局。しょせん。例「畢竟そのお布施がほしさのまま」〈狂・布施無経〉

ひつこ・し[形ク]{から・く(かり)・し・き(かる)・けれ・かれ}(近世語。「しつこし」の変化形)❶味などがくどい。❷執念深い。うるさい。

ひっさ・ぐ【引っ提ぐ】[他ガ下二]{げ・げ・ぐ・ぐる・ぐれ・げよ}(「ひきさぐ」の促音便)手にさげる。例「二人の頸をひっさ・げ」〈保元・中〉

ひつじ【未】[名]❶「十二支」の八番目。❷時刻の名。いまの午後二時ごろ。また、その前後二時間。一説に、その後二時間。❸方角の名。南南西。

ひつじ【羊】[名]❶動物の名。❷(近世語)髪結いの別称。羊は紙を好んで食べるところから、「かみ」で食べているという洒落でいう。

〔羊の歩み〕屠殺場に近づく羊のように、人の命がしだいに死に近づくことのたとえ。

ひっしき【引っ敷き】[名](「ひきしき」の促音便)❶毛皮で作ってひもをつけた腰当て。座るときに敷物にした。❷敷物。❸「引っ敷きの板」の略。

〔引っ敷きの板〕鎧の後方の草摺りの称。引っ敷きの草摺り。＝引っ敷き③

ひつじぐさ【未草】[名]スイレンの別称。未の刻(いまの午後二時ごろ)に花が開くことからの名称というが、必ずしも咲く時刻は一定していない。(季―夏)

ひつじさる【未申・坤】[名]「十二支」による方角の名。「未」と「申」の間で、南西の方向。

ひっしょな・し[形ク]{から・く(かり)・し・き(かる)・けれ・かれ}(近世語)無遠慮である。無愛想である。容赦ない。例「傍輩の機嫌取る手をひっしょな・く」〈浄・新版歌祭文〉

ひっそば・む【引っ側む】[自マ下二]{め・め・む・むる・むれ・めよ}(「ひきそばむ」の促音便)そばに引き寄せる。例「太刀をひっそば・めて」〈平家・二・六代〉

ひった・つ【引っ立つ】[他タ下二]{て・て・つ・つる・つれ・てよ}(「ひきたつ」の促音便)❶引き起こす。引いて立たせる。例「馬の頭を、くだり様にひった・てて」〈平家・九・二之懸〉❷無理に連れて行く。例「中門の前に馬に

鞍おいてひったてたり」〈平家・一二・土佐房被斬〉

ひつち【穭】[名]《「ひつぢ」「ひづち」とも》稲を刈り取ったあとの株にまた生えた芽。ひこばえ。（季―秋）

ひづちな・く【漬ち泣く】[自カ四]〔か・き・く・く・け・け〕涙で袖がぬれるほど泣く。例「臥いまろびひづち泣・けども飽き足らぬかも」〈万葉・一三・三三六長歌〉

ひつぢゃう[・なり]【必定】[名・形動ナリ]必ずそのようになるさま。例「入道相国(=清盛)、朝家(=朝廷)を恨み奉るべき事、必定と聞こえしかば」〈平家・三・法印問答〉

ひつぢゃう【必定】[副]きっと。必ず。確かに。

びっちゅう【備中】[地名]旧国名。山陽道八か国のひとつ。いまの岡山県西部。七世紀に吉備国が備前・備中・備後に分かれた。＝備州

ひづ・つ【漬つ・泥つ】[自タ四]〔た・ち・つ・つ・て・て〕水にぬれる。また、泥で汚れる。例「朝露に玉裳はひづ・ち夕霧に衣は濡れて」〈万葉・二・一九四長歌〉

ひってん[名・形動口語型]《近世語》貧乏。何もないこと。

ひっぱぎ【引っ剝ぎ】[名]《「ひきはぎ」の促音便》追いはぎ。

ひっぱく[・す]【逼迫】[名・自サ変]❶苦しみが身に迫ること。悩み苦しむこと。例「身心悩乱して、五体逼迫・しければ」〈太平記・二三〉❷経済的に余裕がなくなること。困窮。貧乏。

ひっぱなし【引っ放し】[名]《近世語。「ひきはなし」の促音便》言動のはしばしに感じられること。例「頼む詞のひっぱなし」〈浄・用明天王職人鑑〉

ひつみゃう【畢命】[名]命が終わること。

ひつら【純裏】[名]《「ひたうら」の変化形》「純裏の衣」の略。

〔**純裏の衣**〕衣服の表裏が同色であること。＝純裏

ひでんゐん【悲田院】[名]奈良時代に諸大寺などに置かれ、平安時代には左右京・諸国・諸寺に置かれた公共の救護施設。

ひと-【一】[接頭]❶一つの、一度のの意を表す。「一目」「一枝」など。❷ある、先ごろの意を表す。「一年」「一夜」など。❸全体の、全部のの意を表す。「一山」「一日」など。❹ふつうとは違っている意を表す。「一節」など。

ひと【人】[名]❶生物としての人。人間。例「命あるものを見るに、人ばかり久しきはなし」〈徒然・七〉❷世間の人。世の人。例「坊の傍らに、大きなる榎の木のありければ、人、『榎木僧正』とぞ言ひける」〈徒然・四五〉《係結び》「ぞ→言ひける㊍」。❸一人前の人。大人。成人。例「いつしかも人と成り出でて」〈万葉・五・九〇四長歌〉❹人並みな者として数に入るような人。相当な人。例「我を除きて人はあらじと誇ろへど」〈万葉・五・八九二長歌〉訳→〔和歌〕かぜまじり…。❺人がら。人品。例「年いたう老いたる典侍、人もやむごとなく心ばせありて」〈源氏・紅葉賀〉《音便》「いたう」は「いたく」のウ音便。❻身分。人の分際。例「人もいやしからぬ筋に、容貌などねびたれどきよげにて」〈源氏・夕顔〉❼家来。召し使い。女房。例「をかしげなる女子ども、若き人、童べなん見ゆる」〈源氏・若紫〉《係結び》「なん→見ゆる㊍」。❽(特定の人物を漠然と指して)ある人。あの人。例「『うすものの表紙は、とく損ずるがわびしき』と人の言ひしに」〈徒然・八二〉❾自分以外の人。他人。第三者。例「人に勝らん事を思はば、ただ学問して、その智を人に勝らんと思ふべし」〈徒然・一三〇〉❿親しみを込めて動物を指していう。例「御猫どもあまた集ひはべりにけり。いづら、この見し人は」〈源氏・若菜・下〉《敬語》「集ひはべり」→「はべり」

発展学習ファイル　基本的には人間を指すが、文脈などによっては人間に付随する人がらや身分などさまざまな意味を託されることもある。また、ある人物を漠然と示すのにも用いられる。とくに、贈答歌のときには相手のことを「人」と詠むことが多い。

〔**人と為す**〕一人前にする。立派な大人に育てる。成人させる。例「〔我ガ子ヲ〕人とな・して、うしろやすき妻などにあづけて」〈蜻蛉・中〉

〔**人と為る・人と成る**〕❶一人前になる。成人する。例「人となりて後は、限りあれば、朝夕にしもえ見たてまつらず」〈源氏・夕顔〉❷正気になる。生き返る。例「やうやう生き出でて人とな・りたまへりけれど」〈源氏・夢浮橋〉

〔**人に染む**〕異性に執着する。例「いとかく人にしむことはなきをいかなる契りにかはありけん」〈源氏・夕顔〉

〔**人の上**〕身の上。とくに、他人の身の上。例「さまざまにめづらかなる人の上などを」〈源氏・蛍〉

〔**人の親**〕❶祖先。先祖。❷親。父または母。

〔**人の鏡**〕人々の手本となるような行為。また、そのような人。

〔**人の許**〕人のもとへ。

〔**人の口**〕「ひとぐち」に同じ。

〔**人の国**〕❶日本以外の国。外国。異国。❷都以外の地方の国。いなか。

〔**人の子**〕❶子孫。❷子。親の子。

〔**人の日**〕《「人日」の訓読語》「五節句」のひとつで、陰暦正月七日。（季―春）

〔**人の程**〕人柄。品格。または、その人の身分。

〔**人の朝廷**〕外国の朝廷。

〔**人の様**〕人並み。世間並みの人。例「人のやうなるむとも念ぜられず」〈更級〉

〔**人の業**〕故人の追善供養のための法要。中陰の法事。

〔**人木石に非ず**〕人は木や石と違い、感情がある。例「人木石にあら・ざれば、みな情けあり」〈源氏・蜻蛉〉

〔**人を済す**〕《仏教語》衆生を救う。仏や僧が人々を迷いから救って浄土や悟りの世界に至らせる。

〔**人を分かず**〕人に対して分け隔てしない。例「何事にもまことありて、人を分か・ず」〈徒然・一四一〉

ひとあきびと【人商人】[名]女や子供をだまし連れ出して売買する者。人買い。

ひとあつかひ【人扱ひ】[名]親身になって世話をすること。

ひとあて【一当て】[名]❶一度むちなどで打つこと。❷一度相手に戦などをしかけてみること。例「汝向かって一当てあててみよ」〈古活字本保元・中〉

ひとあひ【人間】[名]人付き合い。例「人あひ、心ざま優に情けありければ」〈平家・八・瀬尾最期〉

ひとい【一寝】[名]ひとねむり。一睡。

ひといへ【一家】[名]家じゅう。一家全部。例「ひと家泣きののしるに」〈宇治拾遺・一〇・一〉

ひとうと・し【人疎し】[形ク]{から・く(かり)・し・き(かる)・けれ・かれ}人と親しくしない。人づきあいが悪い。例「この姫君は、かく人疎き御癖なれば」〈源氏・蓬生〉

ひとえに【偏に】歴史的かなづかい「ひとへに」

ひとおと【人音】[名]人のいる気配。人が立てる音。

ひとが【人香】[名]他人の衣にたきしめた香のにおい。人の移り香。例「小袿のいとなつかしき人香に染しめるを」〈源氏・空蟬〉

ひとかず【・なり】【人数】一[名]人の数。人数。二[形動ナリ]{なら・なり(に)・なり・なる・なれ・なれ}取り立てて数えられる人の中に入ること。人並み。例「(内大臣ニナッテ)すこし人数にもなりはべるにつけて」〈源氏・行幸〉

ひとかすみ【一霞】一[名]一面にたなびく霞。また、一筋の霞。(季―春)。二[副]❶いっそう。ひとしお。例「(舟ヲ)押し出だす程、いま一かすみ心細うあはれにて」〈増鏡・久米のさら山〉❷見渡す限り。

ひとかた【・なり】【一方】一[名]片一方。一方の人。例「いま一方は主強くなるとも」〈源氏・夕顔〉二[形動ナリ]{なら・なり(に)・なり・なる・なれ・なれ}ひととおりである。例「ひとかたにやはものは悲しき」〈源氏・須磨〉

ひとがた【人形】[名]《「ひとかた」とも》❶人の形をしたもの。にんぎょう。❷「かたしろ」に同じ。❸身代わり。例「かの人形求めたまふ人に見せたてまつらばや」〈源氏・東屋〉❹人相。人相書き。

ひとかたならず【一方ならず】《形容動詞「一方なり」の未然形＋打消の助動詞「ず」》❶あれこれとさまざまに。例「(北ノ方ハ)一かたならぬ御思ひにしづませ給ひ」〈平家・三・僧都死去〉❷《あれこれと重なって、程度がはなはだしくなるさま》ひととおりではない。並々ではない。例「もの思ひの、一方ならず身に添ひにたるは」〈源氏・柏木〉

ひとかたひとかた【一方一方】[名]❶どちらか一方。❷ひとりひとり。例「一方一方につけて、いとうたてあることは出で来なん」〈源氏・浮舟〉

ひとかたらひ【人語らひ】[名]人に相談すること。例「紫のゆかりを見て、つづきの見まほしくおぼゆれど、人かたらひなどもえせず」〈更級〉

ひとがち【・なり】【人勝ち】[形動ナリ]{なら・なり(に)・なり・なる・なれ・なれ}《「がち」は接尾語》人の多いさま。↔人少な。例「いと人がちにて、え申させたまはじ」〈大鏡・師尹〉

ひとがひ【人甲斐・人詮】[名]人間としての資格。人間らしいしるし。例「人がひもなき今の身を語れば」〈謡・烏帽子折〉

〈歌謡〉**ひとかひぶねは…**【人買ひ舟は沖を漕ぐとても売らるる身をただ静かに漕げよ船頭殿】〈閑吟集〉訳人買い舟は沖を漕いで行く。どうせ売られる身。せめて静かに漕いでおくれ、船頭さん。

ひとかへり【一返り】[副]❶一度。一回。例「ただ一かへり舞ひて入りぬるは」〈源氏・若菜・下〉❷いっそう。ひときわ。例「いまひとかへり悲しさの数添ふ心地し給ひて」〈狭衣・四〉

ひとがま・し【人がまし】[形シク]{しから・しく(しかり)・し・しき(しかる)・しけれ・しかれ}《「がまし」は接尾語》❶人並みらしい。一人前らしい。例「十人並みに人がましう、当世女房(＝イマフウノ女性)に生まれ付くと思へば」〈浮・世間胸算用〉(音便)「人がましう」は「人がましく」のウ音便。❷相当な人物らしい。例「世の中に少し人に知られ、人がましき名僧などは」〈栄花・六〉

ひとがら【人柄】[名]人の品格。人品。また、品格のよいこと。

ひとぎき【人聞き】[名]世間のうわさ。外聞。評判。例「かくいまいましき身の添ひたてまつらむも、いと人聞きうかるべし」〈源氏・桐壺〉

ひときざみ【一刻み】[名]❶一段階。一階級。例「いま一きざみの位をだにと、贈らせたまふなりけり」〈源氏・桐壺〉❷第一流。第一位。例「ひときざみに選ばるる人々」〈源氏・若菜・下〉

ひときは【一際】一[名]❶官職・身分などの一階級。例「同じ筋(＝皇族)にはおはすれど、いま一際は心苦しく」〈源氏・若菜・上〉❷ひとしきり。一度。例「(雷ハ)ひときはは、いと高く鳴れど」〈大鏡・道長・上〉二[副]❶一段と。いっそう。❷《多く「ひときはに」の形で》もっぱら。一概に。例「世の中はいと常なきものを、一際に思ひ定めて」〈源氏・若菜・下〉

ひときゃう【一京】[名]《「ひと」は接頭語》都じゅう。例「一京まかり歩きしかども」〈大鏡・道長・下〉

ひとく[副]ウグイスの鳴き声を表す語。歌で、「人来く」にかけて用いる。例「よもぎ生ひて荒れたる宿をうぐひすのひとくと鳴くやたれとか待たむ」〈大和・一七三〉

ひとくさ【一種】[名]一種類。ひといろ。

ひとくさ【人草】[名]多くの人々。人民。

ひとくだり[名]一【一行・一下り】手紙・文章の一行。例「御文一行賜へ」〈源氏・夢浮橋〉二【一領】衣装などの一そろい。例「宮の御装束一領かづけたてまつりたまふ」〈源氏・若菜・下〉

ひとくち【一口】[名]❶一度に食べること。❷ごく少しばかり飲食すること。また、その量。❸ひっくるめていうこと。まとめて簡単にいうこと。

ひとぐち【人口】[名]うわさ。評判。＝人の口。例「めでたき歌とて、世の人口にのりて」〈宇治拾遺・一・一〇〉

ひとくどり【人来鳥】[名]ウグイスの別称。「梅の花見にこそ来つれ鶯のひとくひとくと厭ひしもをる」〈古今・雑躰・一〇一一〉とあるところから。

ひとくに【人国・他国】[名]都以外のよその国。他の地。外国。＝人の国。例「他国は住み悪しとぞいふ」〈万葉・一五・三七四八〉

ひとけ【人気】[名]人のいる気配。人のいるようす。

ひとげなう【人気無う】形容詞「ひとげなし」の連用形「ひとげなく」のウ音便。

ひとげな・し【人気無し】[形ク]{から・く(かり)・し・き(かる)・けれ・かれ}人並みでない。人の数に入らない。例「もとの品たかく生まれながら、身は沈み、位みじかくて人げなき」〈源氏・帚木〉

ひとごこち【人心地】[名]生きているような気持ち。正気。＝人心。

ひとごころ【人心】[名]❶人の心。❷人情。情

け。❸正気。＝人心地

〈和歌〉**ひとごころ…【人心うしみつ今は頼まじよ夢に見ゆやとねぞ過ぎにける】**〈拾遺・雑賀・二八四・女、良岑宗貞〉訳あなたを待って丑の三刻になってしまい、あなたのお心のつれなさが分かりました。いまはもうあなたのおことばをあてにはしますまい。あなたのことが夢に見えるかと思って寝ているうちに、寝過ごして、約束の子の刻が過ぎてしまったのです。〈参考〉宮中に仕える女性と良岑宗貞との短連歌。「うしみつ」は、「丑三つ(午前二時から二時半の間)」と「憂し見つ」をかける。「ね」は、「寝」と「子(午前零時およびその前後の二時間)」をかける。

ひとごと【人毎】[名]《「ごと」は接尾語》どの人もみな。だれもかれも。

ひとごと【人言】[名]❶他人のことば。例「人言の憂きをも知らず」〈後撰・恋五・九一一〉❷うわさ。評判。例「この世には**人言繁し**」〈万葉・四・五四一〉

ひとごと【人事】[名]他人のこと。よそごと。

〈和歌〉**ひとごとを…【人言を繁み言痛み己が世にいまだ渡らぬ朝川渡る】**〈万葉・二・一一六・但馬皇女〉訳人のうわさが頻繁なのでそのうわさが耳にうるさいので、この世に生を受けて以来いまだ渡ったこともない、暗い朝の川を渡るのです。

ひとごのかみ【魁帥・首長】[名]《上代語》人の上に立つ者。首領。

〈俳句〉**ひとこひし…【人恋し灯ともしごろを桜ちる】**〈白雄句集・白雄〉訳なんとなく人恋しい春の夕暮れ、そろそろ灯をともそうかというころ合いに、そのおぼろな薄明かりの中を桜の花びらが音もなく舞い散っている。その一抹の寂しさを含んだ美しさに、人恋しさがいっそう募っていくことだ。(季―桜―春)

ひとさかり【一盛り】[名]しばらく盛んなこと。一時の盛り。

ひとさし【一差し・一指し】[名](相撲・将棋・舞などの)一回。一番。一曲。

ひとざま【人状・人様】[名]その人の状態。人柄。例「人ざまのわららかに(＝明朗デ)け近くものしたまへば」〈源氏・蛍〉

ひと・し【等し・均し・斉し】[形シク]{(しから)・しく(しかり)・し・しき(しかる)・しけれ・しかれ}❶同じだ。似ている。例「われとひと・しき人しなければ」〈伊勢・一二四〉❷そろっている。整っている。例「容貌きよげに丈だち等・しきかぎりを選らせたまふ」〈源氏・若菜・下〉《敬語》「選らせたまふ」→「せたまふ」。❸(連用形を、副詞的に用いて)いっしょに。同時に。例「暮るるとひと・しく参り給ひて」〈讃岐典侍日記〉

ひとしう【等しう・均しう・斉しう】形容詞「ひとし」の連用形「ひとしく」のウ音便。

ひとしご【等し碁】[名]力量が同じくらいの碁打ち。互角の碁打ち。

ひとしなみ[・なり]【等し並み】[名・形動ナリ]同列。同等。例「さりとも、其奴ばらを、等しなみ・にはし侍り」〈源氏・玉鬘〉

ひとしほ【一入】一[名]染め物を染め汁に一度浸すこと。＝初入。例「ひとしほも染むべきものか紫の雲より降れる乙女なりとも」〈宇津保・菊の宴〉二[副]ひときわ。一段と。

ひとしぼり【一絞り】[名]❶雨がひとしきり激しく降ること。例「ひとしぼり雨は過ぎぬる庭のおもに」〈風雅・秋上・四八一〉❷絞るほどぬれること。ずぶぬれ。例「これはいかなこと、耳へも水が入る。一しぼりになった」〈狂・井礑〉

ひとしれ・ず【人知れず】❶人に知られない。ひそかに。❷人から忘れられる。例「いまは人知れ・ぬさまになりゆくものをと思ひ過ぐして」〈蜻蛉・下〉❸思いもよらない。思いがけず。例「か様に人知れ・ずかれこれ恥をさらし候ふも」〈平家・一〇・戒文〉《敬語》「さらし候ふ」→「さうらふ」

〈和歌〉**ひとしれぬ…【人知れぬ我が通ひ路の関守は宵宵ごとにうちも寝ななむ】**〈古今・恋三・六三二・在原業平、伊勢・五〉訳人には知られない、私の恋の通い路を守る番人は、夜ごと夜ごと、ほんの少しの間でも眠って(私を見逃して)ほしいものだ。〈参考〉「うちも寝ななむ」の「うち」は、接頭語。ほんの少しの間でもよいという意を添える。

ひとずくな[・なり]【人少な】[形動ナリ]{なら・なり(に)・なり・なる・なれ・なれ}人の少ないさま。↔人勝ち。例「夜ふけて、人ずくな・にてものしたまふかな」〈大和・一七一〉

ひとすぢ[・なり]【一筋】一[名]❶(長く細いもの)一本。例「もと光る竹なむ一すぢありける」〈竹取・かぐや姫〉❷血筋。一族。一門。例「多くは、ただこの九条殿の御一筋なり」〈大鏡・師輔〉二[形動ナリ]{なら・なり(に)・なり・なる・なれ・なれ}❶一様だ。なみひととおりだ。例「〔女三ノ宮ハ〕いと若く、おほどきたまへる一筋・にて」〈源氏・若菜・上〉❷(多く「ひとすぢに」の形で副詞的に用いて)ひたすら。いちずに。

ひとすぢなは【一筋縄】[名]ふつうの方法。通常の手段。

〈和歌〉**ひとすまぬ…【人住まぬ不破の関屋の板廂荒れにしのちはただ秋の風】**〈新古今・雑中・一六〇一・藤原良経〉訳人が住まなくなった不破の関の番小屋の板びさしよ。荒れ果ててしまったのちは、ただ秋風が吹き越えるばかりだ。

ひとぞう【一族】[名]《「ぞう」は「ぞく」のウ音便》一族。

ひとたがへ【人違へ】[名]他人と間違えること。例「人違へにこそはべるめれ」〈源氏・帚木〉

ひとだ・つ【人立つ】[自タ四]{た・ち・つ・つ・て・て}一人前になる。成人する。例「人だ・ちたまひなば、大臣の君も尋ね知り聞こえたまひなむ」〈源氏・玉鬘〉

ひとだのめ[・なり]【人頼め】[名・形動ナリ]人に頼もしく思わせること。また、期待させて、その実がないこと。そら頼み。例「かつ越えて別れも行くか逢坂は人頼め・なる名にこそありけれ」〈古今・離別・三九〇〉

ひとだま【人魂】[名]夜間、空中を飛ぶ青白い火。古来、死んだ人の魂が抜け出たものと信じられていた。

ひとだまひ【人賜ひ・人給ひ】[名]❶人々に物をくださること。また、その物。❷従者用として貸し与えられる牛車。随行者の乗る車。副車。

ひとたまり【一溜り】[名]しばらくの間もちこたえること。少しの間耐えること。例「ひとたまりもせず、はね落とされけるを」〈古今著聞・三六五〉

ひとつ【一つ】一[名]❶(数の名)ひとつ。例「麓に一つの柴の庵あり」〈方丈記〉❷

（順序が）第一。最初。例「よき友、三つあり。一つには、物くるる友」〈徒然・一一七〉 ❸（時刻に付いて）時刻の名。「一刻」を四つにわけて、時刻をしるすときの第一。例「女、人をしづめて、子一つばかりに、男のもとに来たりけり」〈伊勢・六九〉 ❹いっしょ。同時。例「冠者の君、ひとつにて生ひ出でたまひしかど」〈源氏・少女〉 ❺同じ。同一。一体。例「浅緑花もひとつにかすみつつおぼろに見ゆる春の夜の月」〈新古今・春上・五六〉訳→〔和歌〕あさみどりはなもひとつに…。 ❻一杯。例「それならも一つ飲んで覚え」〈狂言記・寝声〉 ❼（接尾語的に用いて）…だけ。唯一。例「月見れば千々にものこそ悲しけれ我が身一つの秋にはあらねど」〈古今・秋上・一九三〉訳→〔和歌〕つきみれば…。 ❽（多く「ひとつは」「ひとつには」の形で）一方では。一面では。例「一つは懺悔の回心ともなるべし」〈謡・実盛〉 ㊁［副］ちょっと。試しに。例「『なんとひとつ舞ひましょか』と言へば」〈浄・大経師昔暦〉

ひとつがき【一つ書き】［名］（「一つ…」と書くことから）箇条書きにすること。

ひとづかひ【人使ひ・人遣ひ】［名］❶召し使い。使者。使い。❷人の使い方。

ひとつきさいばら【一つ后腹】［名］《「ひとつきさきばら」のイ音便》皇后・中宮を生母とする、同腹の兄弟姉妹。同じ后腹。天皇・皇后を両親とするので、最も高貴な出生となる。→「ひとつはら」

ひとつくち【一つ口】［名］❶対等な口のきき方。例「ひとつ口に言葉なまぜられそ」〈源氏・常夏〉 ❷口をそろえていうこと。異口同音。

ひとつくるま【一つ車】［名］同じ車（牛車）。いっしょに乗る車。

ひとつご【一つ子】［名］❶ひとりっ子。❷一歳の子供。例「一つ子、二つ子をのこさず（殺サレテシマッタ）」〈平家・一二・六代被斬〉

ひとづて【人伝て】［名］他人を通してことばを伝えたり聞いたりすること。言づて。

〔狂歌〕**ひとつとり…【ひとつとりふたつとりては焼いて食ふ鶉なくなる深草の里】**〈蜀山百首・四方赤良〉訳一羽とり、二羽とりしては焼いて食べるので、俊成の歌で有名になった深草の里にも鶉がすっかりいなくなってしまうことだ。〈参考〉「夕されば野辺の秋風身にしみてうづら鳴くなり深草の里」〈千載・秋上・二五九〉訳→〔和歌〕ゆふさればのべのあきかぜ…をもじったもの。

〔俳句〕**ひとつぬいで…【一つ脱いで後ろに負ひぬ衣がへ】**〈笈の小文・芭蕉〉訳ふつうの衣がえならば、綿入れを脱いで袷に着替えるのだが、旅中の私は、重ね着を一枚脱いで、後ろの荷物に背負いこむだけだ。（季―衣がへ―夏）

ひとつばし【一つ橋】［名］❶一本の丸木などを渡しただけの橋。一本橋。丸木橋。❷江戸城の外堀にかけてある橋のひとつ。

ひとつはら【一つ腹】［名］《「ひとつばら」とも》同じ母親から生まれた間柄。また、その兄弟姉妹。

ひとつぶて【人礫】［名］つぶて（小石）のように、人を軽々と投げること。

ひとづま［名］㊀【人妻・他妻】他人の妻。㊁【他夫】他人の夫。

ひとつまつ【一つ松】［名］一本だけ生えている松。一本松。

ひとつむすめ【一つ娘】［名］ひとり娘。

ひとつもの【一物】［名］❶唯一のもの。他にないただそれだけのもの。❷同じもの。かわらないもの。

ひとつや【一つ家】［名］❶山や野などにある一軒家。❷同じひとつの家。

〔俳句〕**ひとつやに…【一つ家に遊女も寝たり萩と月】**〈おくのほそ道・市振・芭蕉〉訳世俗を捨てた僧形の旅人である私が、奇しくも同じ一軒の宿に、華やかだが罪深いあわれな遊女と泊まり合わせたことだ。庭には萩がなまめかしく咲き、澄んだ月の光が照らしている。（季―萩・月―秋）
〈参考〉「一つ家」は「ひとつい」と読む説もある。

ひとつら【一連・一列・一行】［名］❶ひとつらね。一列。❷同じ程度。同列。

ひとづゑ【人杖】［名］人を杖のように持ち上げたり振り回したりして、軽々と扱うこと。

ひとて【一手】［名］❶片手。❷一組み。一隊。❸技能や舞・音曲、勝負事などの一回のわざ。一番。例「碁をうつ人、一手も徒らにせず」〈徒然・一八八〉 ❹弓術で、内向きと外向きの二本の矢のこと。

ひとでにかか・る【人手に掛かる】他人の手で殺される。

ひととき【一時】［名］❶少しの間。しばらくの間。❷時間区分で、一日を十二に分けたうちのひとつ。いまの約二時間。

ひとところ【一所】［名］❶同じ場所。❷《「ところ」は貴人を数えるときに用いる接尾語》ひとりの意の尊敬語。おひとり。例「〔クラモチノ皇子〕ただ一所深き山へ入りたまひぬ」〈竹取・蓬萊の玉の枝〉

ひととせ【一年】［名］❶一年。一年間。❷過去のある年。先年。

ひととなり【為人】［名］❶もって生まれた性質。性分。❷からだつき。体格。

〔和歌〕**ひととはば…【人問はば見ずとや言はむ玉津島かすむ入り江の春のあけぼの】**〈続後撰・春上・四一・藤原為氏〉訳人が尋ねたなら、見なかったと言おうか。玉津島のかすむ入り江の春の曙の景色を。
〈参考〉「玉津島」は歌枕。

ひとなか【人中】［名］❶多くの人の見ている中。衆人の中。例「にはかにまばゆき人中いとはしたなく（＝キマリガ悪ク）」〈源氏・松風〉 ❷世間。

ひとなみ【［・なり］】【人並み】［名・形動ナリ］一般の人と同じ程度であること。世間並み。＝人並み並み。例「わくらばに人とはあるを人並みに我もなれるを」〈万葉・五・八九二長歌〉訳→〔和歌〕かぜまじり…

ひとなみなみ【［・なり］】【人並み並み】［名・形動ナリ］「ひとなみ」に同じ。

ひとならはし【人習はし】［名］人を教えて感化を及ぼすこと。教化。

ひとな・る【人馴る】［自ラ下二］{れ・れ・る・るる・るれ・れよ}❶世間なれする。人ずれする。例「男の御教へなれば、すこし人馴れたることや交じらむ」〈源氏・花宴〉 ❷動物が人なれする。

ひとにく・し【人憎し】[形ク]{から・く(かり)・し・き(かる)・けれ・かれ}憎らしい。いやな感じだ。例「**人憎・から**ぬさまにて、十といひて一つ二つの年はあまりにけり」〈蜻蛉・上〉

ひとには【一庭】[名]庭じゅう。庭一面。

〔和歌〕**ひとのおやの…**【人の親の心は闇にあらねども子を思ふ道に惑ひぬるかな】〈後撰・雑一・一一〇二・藤原兼輔、大和・四五〉訳子をもつ親の心は思慮分別がないわけではないけれども、子を思うときには、理性を失って何も見えなくなって闇夜の道に迷うように、ただ迷ってしまうことです。

〔和歌〕**ひとはいさ…**【人はいさ心も知らず故里は花ぞ昔の香ににほひける】〈古今・春上・四二・紀貫之〉《百人一首》訳人は、さあどのようなものだか、その心のうちは分かりませんが、懐かしいこの土地では、梅の花が昔のままの香りで咲きにおっています。《係結び》「ぞ」→にほひける(体)」。《副詞の呼応》「いさ」→知らず」

〈参考〉長谷寺に参詣するたびに宿泊していた家を久々に訪れたところその家の主人が、足が遠のいていたことを皮肉ったので、咲いていた梅の花を折ってこの歌を詠んで応酬した。

ひとばえ【人映え】[名]人前で調子づくもの。また人前で調子づき得意になること。例「**人映え**するもの。ことなることなき人の子の、さすがにかなしうしならはしたる」〈枕・人映えするもの〉

ひとはし【人橋】[名]《近世語》(多く「人橋かける」の形で)急ぎの用で、次々に使いの者を出すこと。

ひとばしら【人柱】[名]城・橋・堤防などを築く際、神の心をしずめ和らげるために、人を生きたまま水底や地中に埋めること。また、その人。

ひとはた【一坏・一杯】[副](容器などにあふれるくらい)いっぱい。例「湯舟に藁をこまごまと切りて、**一はた**入れて」〈宇治拾遺・三・五〉

ひとはな【一花】[名]❶一輪の花。❷一時的に栄えること。

ひとはなごころ【一花心】[名]一時の情け心。

ひとはなごろも【一花衣】[名]一回染めただけの、薄い色の衣。

ひとばな・る【人離る】[自ラ下二]{れ・れ・る・るる・るれ・れよ}(「ひとはなる」とも)人里を遠く離れる。人気がない。例「あはれに**人はな・れ**て、いづこともなくておはする仏かな」〈更級〉

ひとひ【一日】[名]❶**いちにち**。例「**一日**も妹を忘れて思へや」〈万葉・一五・三六〇四〉❷**終日**。**一日じゅう**。例「**ひと日**、ひと夜、よろづのことをいひ語らひて」〈大和・一四一〉❸**先日**。**ある日**。例「**一日**の興ありしこと聞こえたまふ」〈源氏・花宴〉《敬語》「聞こえたまふ」→「きこえたまふ」。❹**ついたち**。**月の最初の日**。例「とはいかに今日は卯月の**ひとひ**かは」〈今昔・二六・二三〉

ひとびと【人人】一[名](多く女房を指して)多くの人。二[代名]《対称の人称代名詞》あなた方。みなさん。例「あれご覧ぜよや**人びと**」〈謡・芦刈〉

ひとびと・し【人人し】[形シク]{しから・しく(しかり)・し・しき(しかる)・しけれ・しかれ}❶(身分・位・品などが)立派な人だ。ひとかどの人だ。例「この大夫を**人々・しく**てあらせ給へ」〈蜻蛉・下〉❷人並みだ。人間並みだ。例「**人々・しう**、仇などにすべきものの大きさにはあらねど」〈枕・虫は〉《音便》「人々しう」は「人々しく」のウ音便。

ひとびとしう【人人しう】形容詞「ひとびとし」の連用形「ひとびとしく」のウ音便。

ひとひまぜ【一日交ぜ】[名]一日おき。例「〔地震ガ〕**一日まぜ**、二三日に一度など」〈方丈記〉

ひとひめぐり【一日回り】[名]陰陽道の神の名。戦争や凶事をつかさどる太白神。その神のとどまる方向は何事につけても避けるものとする。＝一夜回り

ひとふし【一節】[名]❶(物事の)ある一点。特徴のある部分。例「**一節**あはれともをかしとも聞きおきつるものは」〈枕・花の木ならぬは〉❷ある一時点。例「かの**一ふし**の別れより」〈源氏・若菜・下〉❸特別なひとつのできごと。例「**ひとふし**の、思ひ出でらるべきこととなくて」〈紫式部日記〉❹(楽曲の)一区切り。一曲。

ひとふで【一筆】[名]❶ちょっと書きつけること。また、短い手紙を書くこと。例「**一筆**のたまはせぬほどの」〈徒然・三一〉❷筆を休めず一気に書くこと。

ひとへ[名]一【一重】**一枚だけで重なっていないもの**。例「世をそむく苔の衣はただ**一重**貸さねば疎しいざ二人寝ん」〈後撰・雑三・一一九六〉二「単・単衣」「単衣」の略。↔袷。(季-夏)

ひとへがさね【単襲】[名]「単衣」を重ねて袖口や裾の部分で縫い重ねた衣。女房の夏の装束とし、「上着」の下に着た。

ひとへぎぬ【単衣】[名]一枚だけで裏のない衣。装束のいちばん下などに着た。＝単二。(季-夏)

ひとへごころ【偏心】[名]ひたすらに思う心。いちずに思い込んだ心。例「幼き程の御**ひとへごころ**にかかりて、いと苦しきまでぞおはしける」〈源氏・桐壺〉

ひとへに【偏に】[副]❶ひたすら。いちずに。例「男女の情けも、**ひとへに**逢ひ見るをばいふものかは」〈徒然・一三七〉❷(多く下に「のごとし」「に同じ」を伴って)まるで。まったく。例「たけき者もつひにはほろびぬ、**偏**に風の前の塵に同じ」〈平家・一・祇園精舎〉

ひとへばかま【単袴】[名]❶裏地のつかない袴。しばしば夏季の袴として着用される。↔袷袴。❷単衣の上に袴をつけた姿。

ひとま【一間】[名]❶寝殿造りで、柱と柱の間。❷四辺がそれぞれ柱と柱の間一つの小さな部屋。＝一間所。❸障子や襖の一区切り。

ひとま【人間】[名]人のいないあいだ。人のいないすき。例「**人ま**には参りつつ、額をつきし薬師仏の立ちたまへるを」〈更級〉

ひとまうけ【人設け】[名]人が来るのを待つこと。人待ち。

ひとまど[副]《「ひとまづ」の変化形》とにかく。ひとまず。例「**ひとまど**落ちて見ばや」〈太平記・二〉

ひとまどころ【一間所】[名]「ひとま(一間)②」に同じ。

ひとまへ【人前】[名]❶人の目の前。人の見ている前。❷体面。面目。

ひとみ【一身】[名]からだじゅう。全身。

ひとみち【一道】[名・形動ナリ]いちずなこと。また、そのさま。例「かにかくに物は思はじ飛騨

人の打つ墨縄のただ一道に」〈万葉・一一・二六四八〉

ひとみち【一道】〔副〕その道中ずっと。例「ひとみち『公成おぼしめせよ公成おぼしめせよ』と、同じ事を啓せさせ給ひける」〈大鏡・公季〉

ひとみな【人皆】〔名〕すべての人。

ひとむら【一叢・一群】〔名〕一か所にかたまっている群れ。とくに、植物の群生。ひとかたまり。一団。

ひとむらすすき【一叢薄】〔名〕ひとかたまりのススキ。

ひとめ【一目】〔名〕❶ちょっと見ること。❷目の中いっぱい。例「涙を一目浮けて」〈源氏・須磨〉

ひとめ【人目】〔名〕❶人の目。世間のおもわく。例「人目も、今はつつみたまはず泣きたまふ」〈竹取・かぐや姫の昇天〉❷人の姿。人の出入り。例「おはする時こそ人目も見え、さぶらひなどもありけれ、この日ごろは人声もせず」〈更級〉《係結び》「こそ→ありけれ㊁」。《敬語》「おはする時」→「おはす」

〔人目無し〕訪れる人がいない。例「人目なく静かにておはするありさま」〈源氏・花散里〉

〔人目の飾り〕他人からよく見えるように装うこと。人目をとりつくろうこと。

〔人目守る〕人目をはばかる。例「人目守る乏しき妹に今日だに逢はむを」〈万葉・一二・三二三〉

〔人目を飾る〕体裁をつくろう。例「心知らぬ人目を飾りて、なほ世の常の作法に」〈源氏・行幸〉

〔人目を謀る〕他人の目をうかがう。＝人目を盗む。例「〔酒ヲ〕飲む人の顔、いと堪へがたげに眉をひそめ、人目をはかりて捨てんとし」〈徒然・一七五〉

ひとめか・し【人めかし】〔形シク〕{しから・しく(しかり)・し・しき(しかる)・しけれ・しかれ}❶立派だ。一人前だ。例「老いの波の皺のぶばかりに、人めかしくて〔住吉ニ〕詣でさせむ」〈源氏・若菜・下〉❷世間並みだ。俗世の人らしい。例「入道の宮もこの世の人めかしき方はかけ離れたまひぬれば」〈源氏・横笛〉

ひとめか・す【人めかす】〔他サ四〕{さ・し・す・す・せ・せ}《「めかす」は接尾語》人並みに扱う。一人前として重んじる。例「かの大臣も〔玉鬘ヲ〕人めか・いたまふなめり」〈源氏・藤袴〉《音便》「人めかい」は「人めかし」のイ音便。語構成「人めかいたまふなめり」→「なめり」

ひとめ・く【人めく】〔自カ四〕{か・き・く・く・け・け}《「めく」は接尾語》❶一人前に見える。人並みに振る舞う。例「けはひいたう人め・きて、よしある声なれば」〈源氏・橋姫〉《音便》「いたう」は「いたく」のウ音便。❷(人間ではないものがまるで)人間のように見える。例「かの白く咲けるをなむ、夕顔と申しはべる。花の名は人め・きて」〈源氏・夕顔〉《係結び》「なむ→申しはべる㊍」。《敬語》「申しはべる」→「まうす」「はべり」

ひとめづつみ【人目包み】〔名〕人目をはばかること。和歌では多く、「包み」を「堤」にかける。例「思へども人目づつみの高ければ」〈古今・恋三・六五九〉

ひともじ【一文字】〔名〕❶ひとつの文字。❷《女房詞》(ネギを「き」と一字でいったことから)ネギの別称。

〔和歌〕**ひとも なき空しき家は草枕旅にまさりて苦しかりけり**【人もなき空しき家は草枕旅にまさりて苦しかりけり】〈万葉・三・四五一・大伴旅人〉訳人もいない空っぽな家は、草を枕に寝る旅にもまさってつらいことだ。

〈参考〉「草枕」は「旅」の枕詞。

ひともの【一物】〔副〕入れ物にいっぱい。例「水を一物入れて」〈今昔・二六・二三〉

〔和歌〕**ひともをし…**【人もをし人もうらめしあぢきなく世を思ふゆゑにもの思ふ身は】〈続後撰・雑中・一二〇二・後鳥羽院〉(百人一首)訳人がいとおしくもあり、人が恨めしくも思われるよ。おもしろくないものと世の中を思うために、あれこれともの思いをする私の身には。

ひとや【人屋・獄】〔名〕牢屋。牢獄。＝獄屋

ひとやど【人宿】〔名〕❶旅館。旅籠屋。❷奉公先を周旋する業者。口入れ宿。

ひとやま【一山】〔名〕全山。山全体。山じゅう。

ひとやり【人遣り】〔名〕他の人がさせること。他人から強制されること。例「人やりの道ならなくに」〈古今・離別・三八八〉

ひとやり-なら・ず【人遣りならず】《自分の意志で物事を行うさま》自ら望んで。だれのせいでもなく自分のせいで。例「人やりなら・ず、心づくしに思し乱るることどもありて」〈源氏・夕顔〉《敬語》「思し乱る」→「おぼす」

語構成 ひとやり 名 ／ なら 断「なり」㊍ ／ ず 打消「ず」

ひとよ【一世】〔名〕この世に生きている間。一生。例「一世には二度見えぬ父母を」〈万葉・五・八九一〉

ひとよ【一夜】〔名〕❶一晩。❷終夜。一晩じゅう。❸先夜。ある夜。例「ひと夜見し月ぞと思へばながむれど」〈和泉式部日記〉

ひとよぎり【一節切り】〔名〕長さ約三〇センチメートル余りの、尺八の一種。竹の一節で作るところからいう。

ひとよざけ【一夜酒・醴酒】〔名〕(一晩でできることから)甘酒。(季―夏)

ひとよづま〔名〕㊀【一夜妻】(多く、遊女を指して)一晩だけ関係をもった女性。㊁【一夜夫】一晩だけ関係をもった男性。

ひとよめぐり【一夜回り】〔名〕「ひとひめぐり」に同じ。

ひとよろひ【一具】〔名〕ひとそろい。ひと組み。

ひとり【一人・独り】〔名〕❶ひとり。一名。単独であること。❷独身。❸他のひとり。ある人。

ひとり【火取り】〔名〕❶香を薫くための香炉。外側を木、内側を銅や陶器などで作り、銀や銅の籠で覆って、衣に香を薫きしめたりするのに用いた。⇒〔古典参考図〕調度類〈1〉。❷「火取りの童」の略。

〔火取りの童〕「五節の舞姫」の参入時に「火取り①」を持って先に立つ童女。＝火取り②

ひとりごち〔作品名〕江戸後期(一八四四ごろ成立)の歌論書。大隈言道著。和歌に関する随想を三十一か条につづったもの。個性を尊重して自由な発想に基づくべきと、独自の歌論を展開。

ひとりご・つ【独りごつ】〔自タ四〕{た・ち・つ・つ・て・て}ひとりごとを言う。つぶやく。例「『年くれてわが世ふけゆく風の音に心のうちのすさまじきかな』とぞひとりご・たれし」〈紫式部日記〉

ひとりごと［作品名］室町後期（一四六八成立）の連歌学書。心敬著。「冷艶」と呼ばれる美意識の主張や無常観の表明に特徴がある。

ひとりごと【独ごと】［作品名］江戸中期（一七一八刊）の俳諧論書。上島鬼貫著。鬼貫の主張する「まこと」論（句はまず心を主とし、詞を従とすべきという俳論）を説く。

ひとりずみ【独り住み】［名］ひとり暮らし。

ひとりびとり【一人一人】［名］どちらかひとり。だれかひとり。例「思ひさだめて、**一人一人**にあひたてまつりたまひね」〈竹取・石作の皇子〉

ひとりぶし【独り臥し】［名］ひとり寝。

ひとりむし【火取り虫】［名］夏の夜、灯火に集まる蛾の総称。（季―夏）

ひとりむしゃ【一人武者】［名］ひとりだけ抜きんでて強い武士。

ひとりゑみ【一人笑み・独り笑み】（ヒトリエミ）［名・自サ変］ひとりでにやにやすること。

ひど・る【日取る】［自ラ四］｛ら・り・る・る・れ・れ｝（「ひとる」とも）日を選んで設定する。例「四月二十日のほどに**日取り**て来むとするほどに」〈源氏・玉鬘〉

ひとわき【人別き】［名］人によって対応を変えること。差別すること。

ひとわたり【一渉り・一渡り】［名］❶（全体を通して）一回。例「**ひとわたり**読ませたてまつりたまふに」〈源氏・少女〉❷一曲演奏し終わること。例「娘、**一わたり**に楽一つを習ひて」〈宇津保・俊蔭〉

ひとわらはれ【人笑はれ】（ヒトワラワレ）［形動ナリ］｛なら・なり(に)・なり・なる・なれ・なれ｝世間の笑いものになるさま。軽蔑され笑われるさま。＝人笑へ。例「いかで〔アナタヲ〕**人笑はれ・ならず**しなしたてまつらむ」〈源氏・常夏〉

ひとわらへ【人笑へ】（ヒトワラエ）［形動ナリ］｛なら・なり(に)・なり・なる・なれ・なれ｝「ひとわらはれ」に同じ。

ひとわろう【人悪う】形容詞「ひとわろし」の連用形「ひとわろく」のウ音便。

ひとわろ・し【人悪し】［形ク］｛(から)・く(かり)・し・き(かる)・けれ・かれ｝みっともない。**体裁が悪い**。例「烏帽子のさまなどぞ、すこし**人わろき**」〈枕・あはれなるもの〉（係結び）「ぞ→人わろき㊍」。例「榻などもみな押し折られて、すずろなる車の筒にうちかけたれば、またなう**人わろく**」〈源氏・葵〉（音便）「またなう」は「またなく」のウ音便。

発展学習ファイル 類義語「**はづかし**」が、自分のコンプレックスにもとづくのに対し、「ひとわろし」は、他人から見た自分の言動への評価を意識した語。

ひな【鄙】［名］❶都から離れた所。地方。❷朝廷の支配が及んでいない土地の住人。夷。

鄙の長道（ひなのながぢ）いなかから都への長く遠い道。例「天離る**鄙の長道**ゆ恋ひ来れば」〈万葉・三・二五五〉訳→〔和歌〕あまざかるひなのながちゆ…

鄙の別れ（ひなのわかれ）都から遠いいなかへ別れて行くこと。例「思ひきや**ひなの別れ**に衰へて」〈古今・雑下・九六一〉

ひなあそび【雛遊び】［名］「ひひなあそび」に同じ。

ひなくもり【日な曇り】［枕詞］（日が曇っている意から）薄日と同音の地名「碓氷」にかかる。例「**日な曇り**碓氷の坂を越えしだに」〈万葉・二〇・四四〇七〉

ひなさか・る【鄙離る】［自ラ四］｛ら・り・る・る・れ・れ｝（「ひなざかる」とも）都から遠く離れている。例「大君の命恐み**鄙離る**国を治むと」〈万葉・一九・四二一四長歌〉

びな・し【便無し】［形ク］｛(から)・く(かり)・し・き(かる)・けれ・かれ｝（形容詞「びんなし」の撥音無表記）「びんなし」に同じ。

ひなたぼこり【日向ぼこり】［名］ひなたで暖まること。ひなたぼっこ。（季―冬）

ひなつめ【鄙つ女】［名］（「つ」は上代の格助詞）いなかの女。いなか娘。

ひなは【火縄】（ヒナワ）［名］檜の皮や竹の繊維、木綿糸などで作った縄に、硝石を染み込ませたもの。銃やたばこに火をつけるために用いた。

ひな・ぶ【鄙ぶ】［自バ上二］｛び・び・ぶ・ぶる・ぶれ・びよ｝（「ぶ」は接尾語）**いなか風である。いなかめく。野暮ったくなる**。例「ただいと**鄙び**、あやしき下人の中に生ひ出でたまへれば、物言ふさまも知らず」〈源氏・常夏〉

発展学習ファイル 同義語に「**さとぶ**（里ぶ）」「**ゐなかぶ**（田舎ぶ）」、対義語に「**みやぶ**（雅ぶ）」がある。

ひなぶり【鄙振り・夷振り】［名］❶上代歌謡の歌曲の名。『古事記』『日本書紀』に見える。❷狂歌。

ひなべ【鄙辺・夷辺】［名］（「ひなへ」とも）いなかの方。地方。

ひなみ【日次み・日並み】［名］❶毎日行うこと。毎日。❷日のよしあし。日柄。日取り。例「**日次み**よろしからざるによりて、弟子らこれを忌みて七日葬せり」〈今昔・三一・三一〉

ひなら・ぶ【日並ぶ】［自バ下二］｛べ・べ・ぶ・ぶる・ぶれ・べよ｝（「けならぶ」とも）日々を重ねる。例「あかねさす**日並べ**なくに我が恋は」〈万葉・六・九一六〉

ひにん【非人】［名］❶〈仏教語〉人間以外のもの。竜・夜叉・畜生・悪鬼など。❷罪人。❸世捨て人。出家した人。また、非常に貧しい人。❹江戸時代、士農工商の下におかれた下層の身分の人。

ひねずみ【火鼠】［名］中国の想像上の動物で、火山の中にすむという白鼠。その毛で織った布は「火浣布」といわれ、火に燃えないとされた。

火鼠の皮衣（ひねずみのかはぎぬ）（ヒネズミノカワギヌ）「ひねずみのかはごろも」に同じ。

火鼠の皮衣（ひねずみのかはごろも）（ヒネズミノカワゴロモ）（「ひねずみのかはぎぬ」とも）火鼠の毛皮で作った火に燃えない布。

ひねひね・し【陳陳し】［形シク］｛(しから)・しく(しかり)・し・しき(しかる)・しけれ・しかれ｝古米を「ひね」ということから古びているさま。干からびて古くさくなったさま。例「あな**ひねひねし**我が恋ふらくは」〈万葉・一六・三八四〇〉

ひねもす【終日・尽日】［副］（「ひめもす」とも。「ひねもすに」の形でも用いる）一日じゅう。朝から晩まで。↔夜もすがら。例「**終日**にいりもみつる雷の騒ぎに」〈源氏・明石〉

〈参考〉中世以降、表記が一定しない。「ひめもす」「ひねむす」「ひめむす」などの形が現れ、

ひねもの【陳者】［名］老巧な人。老練な人。

ひねり【捻り】［名］縫い物をする際、ほころびを防ぐために、袖口や褄のところで布の端を内側に折り込んで縫い重ねること。

ひねりいだ・す【捻り出だす】［他サ四］｛さ・し・す・す・せ・せ｝（「ひねりだす」とも）やっとのことで考え出す。苦心して作り出す。例「〔和歌ヲ〕からく**ひねり出だし**て」〈土佐〉

ひねりがさね【捻り重ね】[名]「単衣」を何枚も重ねて、袖口や褄のところで縫って着ること。また、その衣。

ひねりふくさ【捻り袱紗】[名]袱紗をひねって財布にしたもの。

ひねりぶみ【捻り文】[名]❶細かく切った紙をひねって作ったくじ。＝揉み鬮。❷「たてぶみ」に同じ。

ひね・る【捻る・拈る・撚る】{ら・り・る・る・れ・れ}㊀[自ラ四]《近世語》ふつうとは違う変わったことをする。しゃれたことをする。例「ぐっと捻って俗物なる跋」〈浮世風呂〉《音便》「捻っ」は「捻り」の促音便。㊁[他ラ四]❶指先でねじる。よじる。❷指先で回す。❸考案する。考えて工夫する。例「怪しき歌捻り出だせり」〈土佐〉❹試みる。やってみる。例「若い時は小相撲の一番もひね・ったおれぢゃ」〈浄・五十年忌歌念仏〉《音便》「ひねっ」は「ひねり」の促音便。

ひ・ねる【陳る・古る】[自ナ下二]{ね・ね・ねる・ねる・ねれ・ねよ(ねろ)}《近世語》古くさくなる。ませる。例「年よりひ・ねた徒ら者」〈浄・ひらかな盛衰記〉

ひのえ【丙】[名]《「火の兄」の意》「十干」の三番目。

ひのえうま【丙午】[名]「干支」の四十三番目。また、それに当たる年・月・日。この年に生まれた女性は夫を殺すとして、縁組みで敬遠された。

ひのおまし【昼の御座】[名]《「ひのござ」「ひるのおまし」とも》清涼殿にある、天皇が昼の間いらっしゃる所。➡図版「台盤所」、[古典参考図]清涼殿

〔俳句〕**ひのかげや…**【日の影やごもくの上の親すずめ】〈猿蓑・洒堂〉訳春の日ざしが暖かに降りそそぐ中で、ごみの上を親雀がちょんちょんと飛びまわりながら、子雀のためにえさをあさっている。（季－親すずめ－春）

ひのかは【簸川】[地名]出雲神話に出てくる川。いまの島根県東部を流れる斐伊川とされる。素戔嗚尊が八岐大蛇を退治したという川。

ひのきがさ【檜笠】[名]《「ひがさ」とも》ヒノキの木を薄く細い板にして編んだ笠。（季－夏）

ひのくまがは【檜隈川】[歌枕]大和国の川。いまの奈良県高市郡明日香村檜前の西部を流れる。「陽の隈」をかける。

ひのござ【昼の御座】[名]「ひのおまし」に同じ。

〔川柳〕**ひのころも…**【緋の衣着れば浮世が惜しくなり】〈柳多留・一〉訳執着心など断ち切ったはずなのに、高僧のしるしである緋の衣を着ると地位が惜しくなり、この世への未練が出てくることだ。

ひのさうぞく【昼の装束】[名]宮中に出仕する際などに着る正装。男性貴族は束帯、女性は裳・唐衣をいう。＝昼の装ひ。↔宿直装束

ひのさうぞく【緋の装束】[名]濃く明るい朱色の装束。令制の四位・五位の役人が着る。四位は深緋、五位は浅緋の「袍」を身に着ける。

ひのし【火熨斗】[名]木の柄を付けた底が平たい鉄製の容器で、中に炭火を入れて、布のしわや縮みを伸ばす道具。いまのアイロン。＝熨斗の①

ひのした【日の下】[名]天下。世の中。

ひのためし【氷の様】[名]《「氷の様の奏」の略》元日の節会に、前年「氷室」におさめられた氷のようすを天皇に報告する儀式。氷の厚いときは豊年、薄いときは凶年の兆しとされた。（季－春）

ひのと【丁】[名]《「火の弟」の意》「十干」の四番目。

ひのはかま【緋の袴】[名]細かい緋色の生地の絹で仕立てた袴。宮中の女官が用いた。

〔俳句〕**ひのはるを…**【日の春をさすがに鶴の歩みかな】〈続虚栗・其角〉訳元日の朝日の中を鶴が歩いている。そのゆったりとした歩みは、さすがにのどかな元日にふさわしく、めでたいことだ。（季－日の春－春）

ひのもと【日の本】[名]「日の本の国」の略。〔日の本の国〕日本国の美称。日が昇るもとにある国の意。

ひのもとの【日の本の】[枕詞]「大和」にかかる。例「日の本の大和の国の」〈万葉・三・三一九長歌〉

ひのやま【日野山】[地名]山城国の地名。いまの京都市伏見区日野。日野薬師の別名のある法界寺や、『方丈記』の著者鴨長明が晩年に隠棲した地として知られる。

ひのよそひ【昼の装ひ】[名]「ひのさうぞく」に同じ。

びは【琵琶】[名]弦楽器の一種。木製の楕円形の胴に四本または五本の弦を張り、撥で弾く。奈良時代ごろまでに中国から伝来した。＝琵琶の琴。➡図版「直衣」、[古典参考図]楽器

ひはう【誹謗】[名・他サ変]《「ひばう」とも》人のことを悪くいうこと。

ひはぎ【引剝ぎ】[名]《「ひきはぎ」の変化形》「ひきはぎ」に同じ。

ひはし【檜橋】[名]檜で造った橋。

ひはだ【檜皮】[名]❶檜の皮。屋根を葺くのに用いる。❷「檜皮葺き」の略。❸「檜皮色」の略。

ひはだいろ【檜皮色】[名]染め色の一種。「蘇芳」の黒みがかった色。＝檜皮③

ひはだぶき【檜皮葺き】[名]檜の皮で屋根を葺くこと。また、その屋根。＝檜皮②

ひはだや【檜皮屋】[名]屋根を檜の皮で葺いた家。

ひはづ[・なり]【繊弱】[形動ナリ]{なら・なり(に)・なり・なる・なれ・なれ}弱々しいさま。きゃしゃなさま。＝繊弱。例「常の御悩みにやせ衰へひはづ・にて」〈源氏・真木柱〉

びはのこと【琵琶の琴】[名]「びは」に同じ。

〔俳句〕**ひははなに…**【日は花に暮れてさびしやあすならう】〈笈の小文・芭蕉〉訳花見に過ごした春の一日も暮れようとする夕べ、残照に染まる華やかな花のあたりに黒々と立つアスナロの木が、ことに寂しく思われることだ。（季－花－春）

びはほふし【琵琶法師】[名]琵琶を弾き、「平曲」などを語った盲目の法師。

ひはやか[・なり]【繊弱】[形動ナリ]{なら・なり(に)・なり・なる・なれ・なれ}「ひはづ」に同じ。

ひはら【脾腹】[名]横っ腹。わき腹。

ひばら【檜原】[名]《「ひはら」とも》檜がたくさん茂っている原。

ひばり【雲雀】[名]鳥の名。春に空をさえずりながら飛ぶ。（季－春）

ひばりげ【雲雀毛】［名］馬の毛色の名。黄色と白色のまだら模様。たてがみと尾は黒色。背に黒い筋がある。ヒバリの毛色に似ているところからいう。

ひばりぼね【雲雀骨】［名］《近世語》ヒバリの脚のように、骨ばって細くやせていること。

ひはん【裨販】［名］小売りの商人。転じて、人を卑しめていう語。

ひばん【日番】［名］日中の当番。その日の当番。

ひび【篊】［名］❶魚をとる仕掛けのひとつ。海の中に枝のついた竹や木などを並べ、一方に口を設けて、そこに魚が入ると出られないようにしたもの。❷ノリやカキを付着させて養殖する、枝のついた竹や木。

ひびか・す【響かす】［他サ四］｛さ・し・す・す・せ・せ｝❶音や声を響くようにさせる。とどろかせる。❷評判を立てさせる。例「かく世を**ひびか・す**御孫の出でおはしましたる」〈大鏡・道長・上〉

ひびき［名］蕉風俳諧における句の付け方のひとつ。前句に対して、打てば響くように緊張感のある句を付けること。「にほひ」「うつり」とともに蕉風の付け合いの基本とされた。

ひびきかよ・ふ【響き通ふ】［自ハ四］｛は・ひ・ふ・ふ・へ・へ｝響きとおる。また、うわさ・評判などが聞こえる。例「都まで**ひびきかよ・へ**る唐琴は」〈古今・雑上・九二〉

ひびきそ・ふ【響き添ふ】［自ハ四］｛は・ひ・ふ・ふ・へ・へ｝ひとつの音に他の音が加わる。例「虫の声よりあはせたる、ただならず、こよなく**響きそ・ふ**心地すかし」〈源氏・若菜・下〉

ひびきのぼ・る【響き上る】［自ラ四］｛ら・り・る・る・れ・れ｝音がだんだんと高く鳴り響く。例「ただはかなき同じ菅掻きの音に、よろづの物の音籠もり通ひて、いふ方もなくこそ**響きのぼ・れ**」〈源氏・常夏〉

ひびきゆす・る【響き揺する】［自ラ四］｛ら・り・る・る・れ・れ｝大騒ぎする。大評判になる。例「世の中**響きゆす・れ**る御いそぎなるを」〈源氏・少女〉

ひひ・く【疼く】［自カ四］｛か・き・く・く・け・け｝ひりひりする。＝疼らく。例「山椒口**疼・く**」〈記・中・歌謡〉

ひび・く【響く】［自カ四］｛か・き・く・く・け・け｝❶音が辺りに鳴り渡る。鳴り響く。❷評判になる。例「軽々しき御名さへ**響・き**て」〈源氏・若菜・上〉❸騒ぎ立てる。例「〔藤壺中宮ノ御遺体ヲ〕をさめたてまつるにも、世の中**響・き**て悲しと思はぬ人なし」〈源氏・薄雲〉

ひひこ【曾孫】［名］《「ひまご」とも》孫の子。

びび・し【美美し】［形シク］｛しから・しく（しかり）・し・しき（しかる）・しけれ・しかれ｝美しい。華麗である。立派である。例「八月待つほどは、そこに**びび・しう**もてなしたまふ」〈蜻蛉・下〉《音便》「びびしう」は「びびしく」のウ音便。

ひひとひ【日一日】［名］朝から晩まで。一日じゅう。例「双六を**日一日**うちて」〈枕・清げなる男の〉

ひひな【雛】［名］《「ひいな」「ひな」とも》女の子が遊ぶ紙などで作った人形。（季―春）。例「いと美しげに雛のやうなる御ありさまを」〈源氏・藤裏葉〉

古典の世界　右の用例からも分かるように、「雛」は、少女の小さくてかわいらしく、しかも整った容姿を形容するのに用いられる。平安時代の貴族社会では、小柄なことが美人の条件のひとつであった。

ひひなあそび【雛遊び】［名］《「ひいなあそび」「ひなあそび」とも》雛人形に供え物をしたり調度を飾ったりして遊ぶこと。江戸時代に「上巳の祓へ」と結びつき、三月三日の雛祭りとなった。（季―春）

ひひめ・く［自カ四］｛か・き・く・く・け・け｝《「めく」は接尾語》ぴいぴいと声を上げて鳴く。＝ひめく。例「鵼、鏑の音に驚いて、虚空にしばし**ひひめ・いたり**」〈平家・四・鵼〉《音便》「ひひめい」は「ひひめき」のイ音便。

ひひらぎ【柊】［名］❶木の名。葉の縁に鋭いトゲがある。節分の夜、イワシの頭とともに門口に飾り、邪気を払った。（季―冬）。❷①の葉を図案化した紋所の名。

ひひら・く［自カ四］｛か・き・く・く・け・け｝べらべらとしゃべる。例「馬頭、物定めの博士になりて、**ひひら・き**ゐたり」〈源氏・帚木〉

ひひら・く【疼らく】［自カ四］｛か・き・く・く・け・け｝《「ひびらく」とも》ひりひり痛む。ずきずきする。＝疼く。例「切り焼くがごとく、うづき、**ひびら・き**」〈発心集〉

ひひる【蛾】［名］蛾の古名。とくに蚕の蛾をいう。（季―夏）

ひひ・る【沖る・冲る】［自ラ四］｛ら・り・る・る・れ・れ｝ひらひらと舞い上がる。高く飛び上がる。例「竜のごとくに**ひひ・り**」〈紀・欽明〉

ひふ【一二】［名］（数を「ひ・ふ・み」と数えるところから）お手玉。

ひふ【秘府】［名］貴重な文書や器物などを保管しておく倉庫。秘庫。秘閣。

ひふ【被風・被布】［名］羽織りに似た形で立ち襟がありひもで左右をとめるようにした防寒具。

びふく【微服】［名］人目につかない格好。例「**微服**潜行して時分を伺ひけれども」〈太平記・四〉

びふくもん【美福門】［名］大内裏の外郭門のひとつ。南側、朱雀門の東に位置する。↓［表見返し］大内裏俯瞰図

ひぶん［・なり］【非分】［名・形動ナリ］❶分不相応であること。例「**非分**の官位心に任せ、過分の俸禄思ひのごとくなり」〈盛衰記・三〇〉❷道理に合わないこと。例「**非分・に**命を奪はれたり」〈今昔・六・四一〉

ひへぎ【引倍木】［名］《「ひきへぎ」の変化形》下襲の裏地をはがし、中の綿を抜いて表地だけにしたもの。陰暦四月から九月までの「晴れ」の場で着た。

ひほふ【秘法】［名］《仏教語》密教、とくに、真言宗で行う秘密の加持・祈禱。

ひぼろき【神籬】［名］「ひもろき」に同じ。

ひま【隙・暇】［名］❶**すき間**。例「あれたる板屋のひまより月のもり来て、児の顔にあたりたる」〈更級〉❷**絶え間**。例「あまたの御方々を過ぎさせたまひて隙なき御前渡りに」〈源氏・桐壺〉《敬語》「過ぎさせたまひて」→「させたまふ」。❸**人と人の心のすきま**。**不和**。例「うはべはいとよき御仲の、昔よりさすがに隙ありける」〈源氏・常夏〉❹**合間**。**空いた時間**。例「僧ども念仏のひまに物語するを聞けば」〈蜻蛉・上〉❺（何かを行うのに）**よい機会**。**具合のよいとき**。例「例の、隙もやとうかがひ歩きたまふ」〈源氏・紅葉賀〉《係結び》「や」→（省略）」。❻**主従の関係を切ること**。**休暇**。**いとま**。

〔隙行く駒・暇行く駒〕（壁の透き間から見る馬はたちまち通り過ぎてしまうことから）年月のたつのが早いことのたとえ。

ひまご【曾孫】[名]「ひひこ」に同じ。

ひまぜ【日交ぜ】[名]一日おき。隔日。＝一日交。例「日まぜなどにうち通ひたれば」〈蜻蛉・中〉

ひまつり【火祭り】[名]神招ぎ・神送り・清め・悪魔払いなどの目的のために、火を燃やして行う祭り。

ひまなう【隙無う】ヒマノウ 形容詞「ひまなし」の連用形「ひまなく」のウ音便。

ひまな・し【隙無し】[形ク]{から・く(かり)・し・き(かる)・けれ・かれ}❶すきまがない。余地がない。例「御前の松灯もしたること、埒より南に、御前に向きて、馬出しより馬とどめまで、隙な・く」〈宇津保・祭の使〉❷絶え間ない。ひっきりなしである。例「上も御涙の隙な・く流れおはしますを」〈源氏・桐壺〉

《敬語》「流れおはします」→「おはします」

ひまはざま【隙狭間】[名]ひま・透き間を強めていう語。

ひまはし【火回し】ヒマワシ[名]（近世語）数人が円座し、火をつけ線香やこよりを順に回しながら、しり取りのように物の名などを言っていく遊び。火が消えたものが負けとなる。＝火渡し

ひみこ【卑弥呼】[人名]（「ひめこ」とも）（生没年未詳）二世紀末から三世紀初の邪馬台国の女王。呪術に長じ、魏の明帝より「親魏倭王」の金印を授かったとされる。

ひみづ【氷水】ヒミズ[名]氷を溶かした水。氷を入れた冷たい水。（季―夏）

ひみづにい・る【火水に入る】ヒミズニイル 火や水に入る。また、転じて、危険を恐れずに力を尽くす。例「心ざしのかぎり火水に入・り惑ひあつかひ」〈栄花・四〉

ひ・む【秘む】[他マ下二]{め・め・む・むる・むれ・めよ}隠す。秘密にする。例「うるはしき袋どもして秘・めおかせたまへる」〈源氏・初音〉

ひむがし【東】[名]「ひんがし」に同じ。

ひむがしおもて【東面】[名]東向き。東側。また、東向きの部屋。東側の部屋。

〈和歌〉**ひむがしの…**【東の野にかぎろひの立つ見えてかへり見すれば月傾きぬ】〈万葉・一・四八・柿本人麻呂〉訳東の原に、あけぼののほの明るい光がさしそめるのが見えて、そのときに振り返って見ると、西空に月が傾いている。

〈参考〉賀茂真淵以前の読みは、「あづま野のけぶりの立てる所見てかへり見すれば月傾きぬ」であった。

ひむし【火虫・蛾】[名]蛾。とくに蚕の蛾をいう。（季―夏）

ひむろ【氷室】[名]冬の氷を夏まで蓄えておく室。朝廷用の氷室は、山城国（いまの京都府）・大和国（いまの奈良県）などにあり、陰暦六月一日に献上された。（季―夏）

ひめ-【姫・媛】[接頭]小さくて、かわいらしいの意を表す。「姫小松」「姫垣」「姫百合」など。

ひめ【姫・媛】[名]❶女性の美称。↔彦。❷貴人の娘の呼称。❸「ひめいひ」に同じ。

ひめ【鳲】[名]鵤の古名。

びめい【未明】[名]（「みめい」とも）夜の明けきらないころ。夜明け前。

ひめいひ【姫飯】ヒメイイ[名]釜炊きの飯。いまの飯と同じもの。＝姫③。↔強飯

ひめうり【姫瓜】[名]マクワウリの一種。小形で食用にならず、京都では、これに顔を描き、着物を着せ、「姫瓜の雛」として遊んだ。（季―夏）

ひめがき【姫垣】[名]（「ひめ」は接頭語）低い垣根。

ひめかぶら【ひめ鏑】[名]語義未詳。鏑矢の一種で、形の小さいもの、先の鋭いもの、などの説がある。

ひめぎみ【姫君】[名]貴人の娘の敬称。お姫様。

発展学習ファイル 貴人の娘で、姉を「姫君」、妹を「若君」ということもある。

ひめ・く[自カ四]{か・き・く・く・け・け}「ひひめく」に同じ。

ひめごぜ【姫御前】[名]（「ひめごぜん」の変化形）❶貴人の娘の敬称。姫君。❷未婚の若い女性の敬称。

ひめこまつ【姫小松】[名]小さな松。長久を象徴する。＝小松・姫松

ひめつ【非滅】[名]（仏教語）釈迦の入滅（死去）は、衆生を救うための方便で、本当の入滅ではなく、その命は永遠であるということ。

ひめなそび【姫遊び】[名]（「ひめのあそび」の変化形）女性と戯れること。

ひめはじめ【姫始め】[名]さまざまなことをその年初めて行う日。行為の内容は諸説あるが、近世では、男女が交わることとするのが一般的。（季―春）

ひめまうちきみ【姫大夫】ヒメモウチキミ[名]宮中の内侍所に属し行幸のときに乗馬してお供をする女官。＝東孺

ひめまつ【姫松】[名]「ひめこまつ」に同じ。

ひめみこ【姫御子・姫皇女】[名]皇女。狭義には、内親王宣下をうけた皇女。＝姫宮

ひめみや【姫宮】[名]「ひめみこ」に同じ。

ひめもす【終日】[副]「ひねもす」に同じ。

ひめや【氷目矢・茹矢】[名]語義未詳。木を割るときに、その割れ目に打ち込むくさびのことか。

ひも【氷面】[名]氷の張っている水面。和歌では、多く「紐」にかけて用いられる。

ひもかがみ【紐鏡】㊀[名]鏡の裏面のつまみに紐をつけたもの。㊁[枕詞]（㊀の紐を解くなの意の「な解き」から）その類音の地名「能登香」にかかる。例「紐鏡能登香の山も」〈万葉・一一・二四二四〉

びもく【眉目】[名]（「びぼく」とも）❶眉と目。また転じて、顔だち。❷名誉。面目。例「秘曲を吹くあひだ、白髪たちまちに、もとのごとし。もっとも道の眉目といふべし」〈十訓抄・一〇〉

ひもさ・す【紐差す】❶ひもを結ぶ。例「ひもさ・しあへず郭公なく」〈好忠集〉❷つぼみが開かずにいる。例「まだひもさ・せる山ざくらかな」〈夫木・春四〉

ひもと・く【紐解く】[自カ四]{か・き・く・く・け・け}❶衣の下ひもを解く。下ひもを解くことは、男女が共寝をすることを意味した。例「妹と我と何事あれそ紐解・かずあらむ」〈万葉・一〇・二〇三六〉❷（転じて）花のつぼみが開く。ほころぶ。例「前栽どもこそ残りなく紐と・きはべりにけれ」〈源氏・薄雲〉

〔**紐解く花**〕つぼみがほころんで咲き開いた花。「ひもとく」には、下ひもを解いて契りを交わすという意味もあるので、「花」を女性にたとえて、深い仲になった女を表す。例「夕露に紐解く花は玉ぼこのたよりに見えしえにこそありけれ」〈源氏・夕顔〉

ひものざいく【檜物細工】[名]檜や杉などの薄

い木の板を曲げて器などを作ること。その細工物。

ひものを【紐の緒】[名]着物に付けたひも。また、下ひも。

ひものをの【紐の緒の】[枕詞]紐を結ぶときに、一方を輪にしそこに通すところから「心に入る」に、また紐がつながる意から「いつがる」にかかる。例「紐の緒の心に入りて恋しきものを」〈万葉・三・三九七七〉

ひもろき[名]《「ひもろぎ」「ひぼろぎ」とも》㊀【神籬】上代、神霊が宿るとされた場所の周囲に常磐木を植え、神座としたもの。のちには、広く神社のことや、室内・庭などに注連縄を張り、中央の机に榊を立てたものをもいう。㊁【胙】(㊀に供える物の意)神に供える米・肉・餅など。

ひや【火矢・火箭】[名]火を仕込んで放つ矢。のちに、火薬によって発射する火器の称となった。

ひや【火屋】[名]火葬場。焼き場。

ひやい[形動口語型]《近世語。「ひあい(非愛)」の変化形》危ないこと。ひやひやすること。例「ひやい・な事でござったなう」〈伎・幼稚子敵討〉

〔俳句〕**びゃうがんの…**【病雁の夜寒に落ちて旅寝かな】〈猿蓑・芭蕉〉訳秋も深まり寒さの身にしみる夜、病んだ雁が一羽、群れから離れ湖に降りている。私もまた、そのように独りでわびしく旅寝をすることだ。(季―雁・夜寒―秋)

ひゃうぐ【兵具】[名]武具。甲冑・太刀・弓矢などの総称。

ひゃうご【兵庫】[名]❶武器を納めてある倉庫。❷「兵庫寮」の略。❸「兵庫髷」の略。

ひゃうごぐさり【兵庫鎖・兵庫鏁】[名]太刀を腰につけるための精巧な鎖。＝兵具鎖

ひゃうごまげ【兵庫髷】[名]《近世語》近世前半に流行した女性の髪型の一種。兵庫の遊女が始めたといわれ、うなじの後ろに髪を集めて結い、末をねじ巻いて上に高く突き出させたもの。＝兵庫③

ひゃうごれう【兵庫寮】[名]令制で「兵部省」に属し、兵庫(武器庫)や兵器の管理・出納・修理などをつかさどった役所。＝兵庫②

びゃうざ【病者】[名]《「びゃうじゃ」「ばうざ」とも》病人。

ひゃうし【拍子】[名]❶《「はうし」「ひゃくし」とも》音楽や歌舞に合わせて取る調子。❷神楽や催馬楽などに用いる楽器のひとつ。笏拍子。❸警戒や合図のために太鼓や拍子木などを鳴らすこと。❹もののはずみ。調子。

ひゃうじ【兵士】[名]《「へいじ」とも》兵士。軍兵。武装した者。

ひゃうしあはせ【拍子合はせ】[名]楽器の拍子を合わせること。合奏。

ひゃうしと・る【拍子取る】手を打ったり楽器を鳴らしたりして調子を取る。例「我も時々拍子と・りて、声うち添へたまふを」〈源氏・明石〉

びゃうすい【瓶水】[名](瓶の水を漏らさず他の瓶に移すのにたとえて)師から弟子に伝授すること。

ひゃうせん【兵船】[名]軍船。いくさぶね。

ひゃうたくれ[名]《近世語》人をののしっていう語。ばか。あほう。

ひゃうぢゃう【兵仗】[名]《「へいぢゃう」とも》❶武器や兵器。❷護衛の武官である随身や内舎人などの称。❸武器による危害。

【**兵仗の難**】武器に関する災難。剣難など。例「おのれ、もし兵仗の難やある」〈徒然・一四六〉

ひゃうぢゃう【評定】[名・自サ変]大勢の者が集まって相談し、決定すること。例「中門にて使庁の評定おこなはれける程に」〈徒然・二〇六〉

ひゃうぢゃうしゅう【評定衆】[名]鎌倉・室町時代の職名。執権のもとに「政所」に出席し、政策について議論をし、行政に当たった。

ひゃうぢゃうしょ【評定所】[名]❶鎌倉幕府における「評定衆」の役所。❷江戸幕府における最上級の裁判所。

ひゃうづば[副]矢が飛んでゆき、物に命中するときの音の形容。例「みをの屋の十郎が馬の左のむながいづくしを、ひゃうづばと射て」〈平家・一一・弓流〉

ひゃうでう【平調】[名]❶「十二律」のひとつ。基音となる壱越より二律高く、西洋音階のホに近い音。❷雅楽の「六調子」のひとつ。①を基音とする調子。

ひゃうど[副]《「ひゃうと」とも》❶ひょっこり。いきなり。突然。例「うち臥す所に、ここにある人、ひゃうと寄り来て言ふ」〈蜻蛉・中〉❷矢が弦を離れて飛んでゆく音の形容。ひゅっと。例「よっぴいてひゃうどはなつ」〈平家・一一・那須与一〉

ひゃうはふ【兵法】[名]《「へいはふ」とも》❶戦のやり方。❷剣術。武芸。

ひゃうばんき【評判記】[名]江戸時代に刊行された、特定の分野についての品評を記した書物。「遊女評判記」「役者評判記」など。

ひゃうぶ【兵部】[名]「兵部省」の略。

びゃうぶ【屏風】[名]物の隔てや装飾として立てた室内家具。もとは衝立障子のように一枚のものだったが、のちに、二枚・四枚・六枚などにつなぎ合わせて折り畳めるようにした。これを、二曲・四曲・六曲という。(季―冬)。⬇[古典参考図]調度類〈1〉

びゃうぶうた【屏風歌】[名]屏風に描かれた絵に添えられた和歌。屏風の絵を題として詠まれ、絵とともに鑑賞された。平安前期から中期にかけて多く詠まれた。

ひゃうぶきゃう【兵部卿】[名]❶令制で「兵部省」の長官。❷絹の匂い袋に入れて身につける香の名。

ひゃうぶしゃう【兵部省】[名]《「つはもののつかさ」とも》令制で「八省」のひとつ。軍事一般と、武官の人事をつかさどった役所。＝兵部。⬇[表見返し]大内裏俯瞰図

ひゃうふっ[副]矢が飛んでゆき、的を射抜くときの音の形容。例「新居の紀四郎親清がまっただなかをひゃうふっと射て」〈平家・一一・遠矢〉

びゃうまん【平満】[名]平等で円満なこと。あまねく行き渡ること。

ひゃうもん【平文】[名]❶漆塗りの一種。金・銀・貝などの薄片で文様をかたどって漆地に塗り込め、磨ぎ出して平らにしたもの。❷《「評文」とも書く》紋を組み合わせて種々の色で彩色したもの。また、文様を不規則に散らしたものともいう。

ひゃうらう【兵糧・兵粮】[名]軍隊の陣中での食糧。

ひゃうらうまい【兵糧米】[名]「兵糧」として用いる米。戦乱に際して軍隊の食糧に当てるため、諸国に割り当てて徴収した米穀。

ひゃうゑ【兵衛】[名]❶「兵衛府」の略。❷「兵衛府」の兵士。

ひゃうゑのかみ【兵衛督】[名]令制で「兵衛府」の長官。左右各ひとり。

ひゃうゑのすけ【兵衛佐】[名]令制で「兵衛府」の次官。

ひゃうゑふ【兵衛府】[名]（「ひゃうゑづかさ」「つわもののとねりのつかさ」とも）令制で「六衛府」のひとつ。内裏外側の諸門の警護や行幸の供奉などをつかさどった。＝兵衛①

びゃくえ【白衣】[名]❶白い色の衣。❷男性が、直衣・直垂・肩衣などの上着を着ずに、白小袖に指貫や袴だけでの姿でいること。のちには、指貫や袴もつけずに白小袖だけの姿もいった。❸僧が墨染めの衣を着ずに下着姿でいること。❹（仏教語）僧を「黒衣」というのに対して、俗人のこと。

ひゃくがいきうけう【百骸九竅】[名]多くの骨と九つの穴（両眼・両耳・両鼻・口・両便孔）。人体。

びゃくがう【白毫】[名]（仏教語）如来の「三十二相」のひとつ。眉間にあって光を放つという白色の毛。

ひゃくかにち【百箇日】[名]人の死後百日目。また、その日に行う仏事。

ひゃくきやぎゃう【百鬼夜行】[名]さまざまな鬼や妖怪などの化け物の類が、夜間、列をなして出歩くこと。＝夜行②

ひゃくくゎん【百官】[名]多くのあらゆる役人。

ひゃくくゎんな【百官名】[名]官職の名をとって人の名としたもの。式部・内記・主水など。

びゃくげつ【白月】[名]（「はくげつ」「びゃくぐゎつ」とも）陰暦で、月の一日から十五日までの十五日間の称。また、新月から満月までの月の称。

びゃくこ【白虎】[名]「四神」のひとつ。西方の守護神で、虎に似た形をしている。

びゃくごふ【白業】[名]（仏教語）よい果報が得られるような行い。正しい行い。善行。

びゃくさん【白散】[名]正月に、酒に入れて飲む屠蘇の一種。一年の病気を治し、延命の効があるとされた。（季‐春）

ひゃくし【拍子】[名]「ひゃうし①」に同じ。

ひゃくしちゃう【百子帳】[名]（百子は檳榔の異名）檳榔の葉で屋根を葺いたあずまや。

ひゃくしゃう【百姓】[名]（「はくせい」「ひゃくせい」とも）❶万民。人民。一般の人々。❷農民。

ひゃくしゃういっき【百姓一揆】[名]江戸時代、農民が結束して、年貢の減免・代官の交替などを要求して起こした、領主に対する集団的反抗運動や訴願運動。

ひゃくしゅ【百首】[名]「百首の歌」の略。

〔**百首の歌**〕定数歌のひとつ。いくつかの題を設け、ひとりあるいは数人の歌人が計百首の歌を詠むことで成立した作品。百首歌。＝百首

びゃくじゅつ【白朮】[名]キク科の多年草で、ウケラの別称。若根の外皮をはいで乾燥させ、胃薬・屠蘇散などに用いた。

ひゃくせい【百姓】[名]「ひゃくしゃう」に同じ。

ひゃくだい【百代】[名]「はくたい」に同じ。

ひゃくだいふ【百大夫】[名]遊女や傀儡の守り神である、道祖神の別称。

びゃくだう【白道】[名]（仏教語）「にがびゃくだう」に同じ。

びゃくだん【白檀】[名]❶木の名。皮は香料に、材は仏像や器物の用材にされた。❷（「白檀香」の略）①から作る、香の一種。

びゃくち[・す]【躄地】[名・自サ変]（「びゃくぢ」とも）地に倒れ、のたうちまわること。例「（清盛ハ）悶絶躄地して、遂にあつち死にぞし給ひける」〈平家・六・入道死去〉

ひゃくにじふまっしゃ【百二十末社】[名]❶伊勢神宮の内宮八十社、外宮四十社の総称。❷（遊里の客を「大尽」ということから「大神」にかけ、それを取り巻く者の意から）太鼓持ち。

ひゃくにち【百日】[名]百日間。

〔**百日の鯉**〕百日間毎日続ける誓いを立てて一日も欠かさず料理する鯉。料理修業の一種。

ひゃくにんいっしゅ【百人一首】[作品名]「をぐらひゃくにんいっしゅ」に同じ。

ひゃくぶ【百歩】[名]（「はくほ」とも）百歩。歩くほどの距離。一歩は六尺ともいい、遠い距離をいう。

〔**百歩の香**〕百歩の外まで香るという、薫香の一種。

ひゃくまんたふ【百万塔】[名]孝謙天皇が作らせ、奈良の諸大寺に納めた百万基の供養塔。木造の三重の小塔で、中に世界最古の印刷物といわれる陀羅尼が納められている。

ひゃくまんべん【百万遍】[名]（仏教語）❶念仏を百万遍唱えること。❷浄土宗の信者が集まって、千八十粒の大数珠を回し、極楽往生を願いながら、念仏を百遍唱えて百万遍唱えたと考える仏事。京都知恩寺のものが有名。

ひゃくみ【百味】[名]（「百味の飲食」の略）数多くの味。いろいろなごちそう。

ひゃくものがたり【百物語】[名]（近世語）夜、多くの人が集まって怪談話をすること。百本のろうそくに火をつけ、一話ごとに一本の火を消していき、全部消えたときに怪異が起こるという俗信があった。

ひゃくやく【百薬】[名]多くの薬。いろいろな薬。

〔**百薬の長**〕あらゆる薬の中で最高のものの意で、酒を褒めていう語。

ひゃくやまゐり[・す]【百夜参り】[名・自サ変]神仏に願を立て、百日の間、毎夜ひそかにその寺社に参拝すること。

ひゃくれう【百僚・百寮】[名]百官。数多くの官吏。

ひゃくわかう【百和香】[名]「はくわかう」に同じ。

ひゃくゐん【百韻】[名]連歌・連句の形式のひとつ。五・七・五の長句と、七・七の短句を交互に連

ひ

ねて百句とし、一巻としたもの。四枚の懐紙を用い、初折の表には八句、その裏以下各面に十四句ずつ、最後の名残の折の裏には八句を書く。

ひやしもの【冷やし物】[名]冷やした食物。とくに、野菜や果物。

ひやひやと…【ひやひやと壁をふまへて〔俳句〕昼寝かな】〈笈日記・芭蕉〉訳残暑に疲れ、壁に足をもたせかけてあおむけに寝ころんでいる。冷やかな心地よい秋の感触を、壁を踏みつけた足の裏に感じながら、昼寝をすることだよ。(季-ひやひや-秋)

ひ・ゆ【冷ゆ】[自ヤ下二]{え・え・ゆ・ゆる・ゆれ・えよ}❶冷える。❷ぞっとする。例「老いはてて雪の山をばいただけどしもと見るにぞ身は冷えにける」〈拾遺・雑下・五六四〉

ひょう…【平…・兵…・拍…・評…】歴史的かなづかい「ひゃう…」

ひょう…【表…・俵…・標…・瓢…】歴史的かなづかい「へう…」

びょう…【平…・屏…・病…・瓶…】歴史的かなづかい「びゃう…」

びょう…【苗…・廟…】歴史的かなづかい「べう…」

ひょうりん【氷輪】[名]月の別称。とくに、凍ったように冷たく輝いている月。

ひよく【比翼】[名]❶「比翼の鳥」の略。❷〔「比翼仕立て」の略〕一枚の着物が二枚重ねに見えるように、袖口・襟・裾だけを二枚重ねにし、中は一枚に仕立てたもの。

ひよくづか【比翼塚】[名]情死した男女、あるいは後追い心中した男女を合葬した墓。夫婦塚。

ひよくのとり【比翼の鳥】中国の伝説上の鳥。雄雌それぞれは一目一翼で、二羽そろってはじめて空を飛ぶことができる。白楽天の『長恨歌』に詠まれて以降、男女が永遠の愛情で結ばれることのたとえとなった。＝比翼①

〈参考〉『長恨歌』の中で、玄宗皇帝と楊貴妃は、七月七日の夜、「天にありては願はくは比翼の鳥作らむ、地にありては願はくは連理の枝為らん」と愛情を誓った。

ひよくれんり【比翼連理】[名]「比翼の鳥」と「連理の枝」。男女の契りが深いことの表現。

ひよどりごえ【鵯越】[地名]摂津国の地名。いまの神戸市中南部にある峠。六甲山地の西を横断する古道がある。寿永三年(一一八四)一の谷の戦いで、源義経が平家方を奇襲した「鵯越のさか落とし」で知られる。

ひよひよ 一[名]❶鳥のひな。ひよこ。❷赤ん坊。また、赤ん坊の衣類。二[副]ひな鳥などの鳴き声。ぴよぴよ。

ひよみ【日読み】[名]暦のこと。また、「十二支」の別称。

ひよやか[・なり]【形動ナリ】{なら・なり(に)・なり・なる・なれ・なれ}〔「やか」は接尾語〕弱々しい感じだ。いかにもひよわである。例「ひよやかなる声にて泣きければ」〈曾我・二〉

ひよりみ【日和見】[名]❶空模様を見ること。また、その人。とくに、航海のとき船首で空模様を観察する人。❷事の成り行きをうかがっていて、自分の去就を明らかにしないこと。

ひら-【平】[接頭]❶ふつうである、並であるの意を表す。「平殿上人」「平宰相」など。❷ひたすら、一途にの意を表す。「平討ち」「平攻め」など。

-ひら【枚・片・葉】[接尾]薄くて平たいものを数えるのに用いる。まい。「畳二枚」など。

ひら【枚・片】[名]紙・葉など、薄くて平らなもの。例「白き赤きなど、掲焉なる枚は」〈源氏・梅枝〉

ひら[・なり]【平】一[形動ナリ]{なら・なり(に)・なり・なる・なれ・なれ}平らなさま。例「屋のさま、いと平に短く」〈枕・故殿の御服の頃〉二[名]〔「平椀」の略〕底が浅く平たい椀。

ひら【比良】[歌枕]近江国の地名。いまの滋賀県滋賀郡志賀町の北部、比良山系の東麓。春先に北から山を越して琵琶湖に吹き下ろす激しい風が有名で、「比良の山風」と呼ばれる。

ひらあしだ【平足駄】[名]歯が低く平たい下駄。いまの下駄に同じ。日和下駄。

ひらいづみ【平泉】ヒライズミ[地名]陸奥国の地名。いまの岩手県西磐井郡平泉町。平安後期から奥州藤原氏三代(清衡・基衡・秀衡)によって栄えた地。中尊寺・毛越寺や源義経最期の地である高館で知られる。

びらうげ【檳榔毛】ビロウゲ[名]〔「びりゃうげ」とも〕❶白くさらした檳榔の木の葉を細く裂いたもの。❷「檳榔毛の車」の略。

「**檳榔毛の車**」ビロウゲノクルマ牛車の形態のひとつ。屋根を「檳榔毛①」で葺き、左右の側面にもそれを張りつけた車。上皇・親王、大臣・公卿や高位の女官や僧などが用いた。＝檳榔毛②。↓[口絵]牛車彩々

ひらおび【褶・枚帯】[名]古代の裳に似た装束。男性は袴の上、女性は唐裳の上に着けた。＝褶・褶

ひらか【平瓮】[名]平たい土器。

ひらがげんない【平賀源内】[人名](一七二八～一七七九)江戸中期の本草学者・戯作者。本名は国倫。源内は通称。「風来山人」「福内鬼外」ともいう。日本初の物産会を開催、舶来の寒暖計やエレキテル(摩擦起電器)を模造した。浄瑠璃『神霊矢口渡』など。

ひらかど【平門】[名]〔「ひらもん」とも〕柱二本の上に平らな屋根をつけた門。

ひらがなせいすいき【ひらがな盛衰記】[作品名]江戸中期(一七三九初演)の浄瑠璃。文耕堂・三好松洛・浅田可啓・初世竹田出雲・二世竹田出雲合作。『源平盛衰記』を平俗にしたもので、源義経の源義仲討伐から一の谷合戦までを、梶原源太の逸話などを交えて描く。歌舞伎にも移された人気作で、「逆櫓」と「無間の鐘」が有名。

ひらがもとよし【平賀元義】[人名](一八〇〇～一八六五)江戸後期の国学者・歌人。賀茂真淵に傾倒して独学で古典研究に努める。

ひらが・る【平がる】[自ラ四]{ら・り・る・る・れ・れ}平たくなる。ひれ伏す。例「門の脇になむ平がり居て侍る」〈今昔・四・三六〉

ひらぎぬ【平絹】[名]平織りにした模様のない絹布。へいけん。羽二重の類。

ひら・く【開く】一[自カ四]{か・き・く・く・け・け}〔合戦や婚礼のときの忌み詞〕**退散する。落ちる。**例

「ただ先づ筑紫へ御開・き候へかし」〈太平記・一五〉［二］［自カ下二］〔け・け・く・くる・くれ・けよ〕❶（花が）咲く。ほころびる。例「とくひら・けたる桜の色も」〈源氏・少女〉❷始まる。起こる。例「天地開・け始まりける時より」〈古今・仮名序〉❸盛んになる。繁栄する。例「入道殿下の御栄花もなにによりひら・けたまふぞ」〈大鏡・後一条院〉❹心が晴れる。例「白き花ぞ、おのれひとり笑みの眉ひら・けたる」〈源氏・夕顔〉❺文明が進む。開化する。《係結び》「ぞ→ひらけたる㊍」。［三］［他カ四］〔か・き・く・く・け・け〕❶（閉じているものを）開ける。広げる。例「ひさかたの天の門開・き」〈万葉・二〇・四四六五長歌〉❷盛んにする。例「栄花を一生の春の風にひら・き」〈平治・下〉❸疑いを解く。解明する。例「不審を開・かんために」〈太平記・三五〉

ひらくび【平首・平頸】［名］馬の首の、たてがみの下の左右の平らな部分。

ひらけい・づ【開け出づ】［自ダ下二］〔で・で・づ・づる・づれ・でよ〕花などが開き始める。例「春の花いづれとなく、みな開け出・づる色ごとに」〈源氏・藤裏葉〉

ひらけさ・す【開けさす】［自サ四］〔さ・し・す・す・せ・せ〕（「さす」は接尾語）花が半ば開く。ほころびかける。例「花はほのかにひらけさ・しつつ」〈源氏・幻〉

ひらけゆ・く【開け行く】［自カ四］〔か・き・く・く・け・け〕花が次々に開いてゆく。例「廊をめぐれる藤の色もこまやかにひらけゆ・きにけり」〈源氏・胡蝶〉

ひらざ【平座】［名］床に畳・敷物を敷いてすわる座。平敷き。平敷きの座。

ひらざむらひ【平侍】［名］官位の低い侍。

ひらざやのたち【平鞘の太刀】［名］「ゐふのたち」に同じ。

ひらさん【比良山】［歌枕］近江国の山。いまの滋賀県西部、琵琶湖西岸を南北に走る山地。雪景色は「比良の暮雪」といわれる近江八景のひとつ。

ひらしきのおまし【平敷きの御座】［名］（「ひらしきのござ」とも）天皇・皇后・東宮・上皇などの出御のときに用いる平敷きの座。畳二畳を敷き、その上に錦の縁をつけた唐綾の茵を重ねて置いた座。

ひらじゃう【平城】［名］（「ひらじろ」とも）平地に築いた城。↔山城

ひらしょゐん【平書院】［名］書院造りで、床の間の横に窓だけがあって床棚のないもの。

ひらせ【平瀬】［名］川の流れがゆっくりとして、波のたたない平らな瀬。

ひらぜめ【平攻め】［名］一気に攻めること。ひたすら攻めること。

ひらたあつたね【平田篤胤】［人名］（一七七六〜一八四三）江戸後期の国学者。本居宣長の影響で国学に励む。著書に『古史徴』など多数あり、国学だけではなく、神学にも深い影響を与えた。

ひらたけ【平茸】［名］キノコの一種。食用。（季―秋）

ひらたぶね【平田舟】［名］（「ひらだぶね」とも）底が浅く平らで、丈長の船。

ひらづけ【平付け・平着け】［名］❶乗り物などを、ある場に直接寄せつけること。❷連歌・連句の付け方のひとつ。用語・内容・付け合いのすべてに趣向をこらさず、ありのままに付けること。

ひらづつみ【平包み】［名］物を包むための布。のちの袱紗・風呂敷の類。また、それで包んだもの。

ひらで【枚手・葉盤】［名］柏の葉を竹の針で綴じて作った上代の食器。大嘗祭などで神に供える器として用いた。のちに、この形の土器をもいう。

ひらに【平に】［副］❶しきりに。ひたすら。例「新大納言成親卿もひらに申されけり」〈平家・一・鹿谷〉❷やすやすと。無事に。例「直実だにも平に渡りつく事難かるべし」〈盛衰記・三五〉❸なにとぞ。ぜひ。例「ひらに一夜を明かさせて給はり候へ」〈謡・松風〉

ひらばり【平張り】［名］儀式などのときに、幕を張って作った仮屋。天井を平らに張る。また、その張り方。↔揚げ張り

ひらびたひ【平額】［名］女官や女房が、正装の際に、髪を上げるために用いた髪飾り。平たい金銅製の半円形の板で、前髪の前面を覆った。

ひらみ【褶】［名］（「ひらび」とも。「ひらおび」の変化形）「ひらおび」に同じ。

ひら・む【平む】［一］［自マ四］〔ま・み・む・む・め・め〕❶平たくなる。例「手に平・める物さはる時に」〈竹取・燕の子安貝〉❷ひれ伏す。はいつくばる。例「蝦蟆平・みて居りけり」〈今昔・二六・四二〉［二］［他マ下二］〔め・め・む・むる・むれ・めよ〕平らにする。平たくする。＝平めかす。例「鼻をおし平・めて、顔をさし入れて」〈徒然・五三〉

ひらめか・す【平めかす】［他サ四］〔さ・し・す・す・せ・せ〕「ひらむ」［二］に同じ。

ひらめ・く【閃く】［自カ四］〔か・き・く・く・け・け〕（「めく」は接尾語）❶閃光を放つ。ぴかりと光る。例「神（＝雷）いと騒がしく閃・きて」〈宇津保・楼の上・下〉❷はためく。ひらひらする。例「船はゆりあげゆりすゑただよへば、扇も串にさだまらずひらめ・いたり」〈平家・一一・那須与一〉《音便》「ひらめい」は「ひらめき」のイ音便。

ひらもとゆひ【平元結ひ】［名］「たけなが②」に同じ。

ひらやなぐひ【平胡簶】［名］儀式用の胡簶。近衛の武官や随身が用いるもので、箱状で装飾を施したもの。→「つぼやなぐひ」

ひらやまとうご【平山藤五】［人名］「ゐはらさいかく」に同じ。

ひらを【平緒】［名］組み糸の平たい緒。もとは太刀の緒であったが、のち、束帯のとき、飾りとして腰に巻き付けて正面前方に垂らした。男子の服装〈1〉 ➡［古典参考図］

ひり・ふ【拾ふ】［他ハ四］〔は・ひ・ふ・ふ・へ・へ〕（上代語）拾う。

びりゃうげ【檳榔毛】［名］「びらうげ」に同じ。

びりょ【尾閭】［名］（『荘子』秋水篇に見える語）大海の底にあり、絶えず水を漏らしているという穴。それによって、大海から水が満ちあふれることがないという。

ひる【蒜・葫】［名］草の名。ノビル。臭気が強いが、食用や薬用に用いられた。

ひ・る【放る・痢る】［他ラ四］〔ら・り・る・る・れ・れ〕屁や糞などをする。例「穀糞を多く痢・り置きたり」〈宇治拾遺・一三・九〉

ひる【干る・乾る】［自ハ上一］〔ひ・ひ・ひる・ひる・ひれ・ひよ〕（上代の上二段動詞「干ふ」の上一段化）❶干上がる。乾く。例「衣の袖の干る時もなし」〈古今・哀傷・八四四〉❷潮が

ひく。例「満つ潮の流れ**ひる**まを逢ひがたみ」〈古今・恋三・六六五〉①②＝干ふ

ひる【嚏る】［他ハ上二］〔ひ・ひ・ひる・ひるる・ひれ・ひよ〕《上代の上二段動詞「嚏ふ」の上一段化》くしゃみをする。＝嚏ふ。例「隣の方に鼻も**ひ**ぬかな」〈古今・雑躰・一〇四三〉

ひる【簸る】［他ハ上一］〔ひ・ひ・ひる・ひる・ひれ・ひよ〕箕で穀物などを振るうことにより、くずを取り除く。例「ただぬかのみ多く候へば、それを**ひ**させむとて」〈古今著聞・五三〇〉

ひるがこじま【蛭ヶ小島】［地名］伊豆国の地名。いまの静岡県田方郡韮山町西部にあったとされる。源頼朝の配流の地。＝蛭ヶ島

ひるげ【昼食】［名］❶昼食。❷昼食を入れる器。

ひるこ【蛭子】［名］骨のない子。伊奘諾尊と伊奘冉尊の間に生まれた初めの子。

びるしゃな【毘盧遮那】［名］《梵語の音訳》「毘盧遮那仏」の略。

びるしゃなぶつ【毘盧遮那仏】［名］華厳宗の本尊。天台宗では法身仏、密教では大日如来と同体とする。全宇宙をあまねく照らす仏の叡知の象徴。＝遮那・毘盧遮那・盧遮那仏

ひるつかた【昼つ方】［名］《「つ」は上代の格助詞》昼の時分。昼のころ。

ひるとんび【昼鳶】［名］《近世語。「とんび」は盗人の意》昼間、人の家に忍び込み、金品などを盗む者。

ひるのおまし【昼の御座】［名］「ひのおまし」に同じ。

ひるのこがよはひ【蛭の子が齢】三歳。蛭子の神は三歳まで立つことができなかったという『日本書紀』の故事から。

ひるまき【蛭巻】［名］槍・薙刀の柄つか、刀の鞘などに、幅の細い籐や金・銀などを用いて、ヒルが巻き付いたように間を隔てて斜めに巻いたもの。

ひる・む【怯む・痿む】［自マ四］〔ま・み・む・む・め・め〕❶しびれる。なえる。まひする。例「心驚き身**ひる・む**事」〈三宝絵詞〉❷気力が弱まる。おじけづく。例「兼綱内甲を射させて**ひる・む**ところに」〈平家・四・宮御最期〉

ひれ【鰭】［名］❶魚のひれ。❷添え物。おひれ。❸からだが太っていて横幅がある人。転じて、貫禄。

ひれ【平礼】［名］「平礼烏帽子」の略。

ひれ【領巾・肩巾】［名］❶肩にかけて左右に垂らした帯状の白布。その呪力で虫や蛇などを追い払った。神事の際にも、男女ともにつけた。❷女官や女房が正装する際に、首から肩にかけた帯状の白い布。

ひれえぼし【平礼烏帽子】［名］《「ひれ」は平たいの意》烏帽子の頂の部分が折れているもの。「風折烏帽子」の古称。＝平礼

ひれふ・す【平伏す】［自サ四］〔さ・し・す・す・せ・せ〕身を平たくして伏す。身を曲げてうつむく。例「うち泣きて**ひれふ・し**たまへれば」〈源氏・夢浮橋〉

ひれふりやま【領巾振山】［地名］肥前国の山。いまの佐賀県唐津市にある鏡山。古くは松浦山ともいう。新羅征討の命を受けた大伴狭手彦が朝鮮半島の任那に渡るとき、土地の長者の娘、松浦佐用姫がこの山から領巾を振って別れを惜しみ石になったという伝説がある。

ひれん【飛簾・蜚簾】［名］❶風の神。❷想像上の鳥。頭は雀に似て、角があり、からだは鹿に、尾は蛇に似て、よく風をおこす。❸陰陽道で、歳神の名。この神のいる方に土を動かしたり、結婚や転居をすると、口舌の病など災いがあるという。

ひろ【尋】［名］長さの単位。両手を左右に広げた長さをいう。一尋は約五尺（約一・五メートル）から六尺（約一・八メートル）。水深や布・縄などの長さを表すのに用いる。

ひろ【日ろ】［名］《「ろ」は接尾語》日。

ひろい‐【従】［接頭］《「ひろき」のイ音便》同じ位階のうちで低い方。「正」に対する「従」。「**従**三位」など。↔大①

ひろう【ーす】【披露】［名・他サ変］❶文書などを開いて見せること。上申すること。❷口伝えで広く人に告げること。例「人に**披露・す**な」〈平家・五・咸陽宮〉

ひろう【広う】形容詞「ひろし」の連用形「ひろく」のウ音便。

びろう【ー・なり】【尾籠】［名・形動ナリ］《「をこ」の当て字「尾籠」の音読語》❶無礼。無作法。例「乗り物よりおり候はぬこそ、**尾籠・に候へ**」〈平家・一・殿下乗合〉❷恥ずかしいこと。ばかばかしいこと。例「申さば**尾籠・にて候へ**ども」〈平治・中〉❸汚らしいこと。例「食べると**尾籠**ながら吐きまする」〈浮世風呂〉

ひろえん【広縁】［名］❶幅が広い縁側。❷寝殿造りで母屋と簀の子の間にある部屋。＝広廂

ひろきもちひ【広き餅】［名］薄く平たくのばした餅。いまののし餅の類か。

ひろ・ぐ【広ぐ】㊀［他ガ四］〔が・ぎ・ぐ・ぐ・げ・げ〕❶広がる。例「左右の手足をもって竿を**ひろ・がせ**」〈古活字本平治・下〉❷他人の行為をののしっていう語。ほざく。しやがる。例「横着**ひろ・ぐ**故にこそ人々にも怪しまれ」〈浄・出世景清〉㊁［他ガ下二］〔げ・げ・ぐ・ぐる・ぐれ・げよ〕❶広げる。広くする。例「髪は扇を**ひろ・げ**たるやうにゆらゆらとして」〈源氏・若紫〉❷散らかす。一面に置く。例「ところせきまで遊び**ひろ・げ**たまへり」〈源氏・紅葉賀〉❸繁栄させる。例「なほこの門（＝一門）**ひろ・げ**させたまひて」〈源氏・薄雲〉

ひろご・る【広ごる】［自ラ四］〔ら・り・る・る・れ・れ〕❶（閉じている）ものが広がる。開く。例「朴に紫の紙張りたる扇、**ひろご・り**ながらあり」〈枕・七月ばかり〉❷（うわさなどが）広まる。例「すきたまへる御名の**ひろご・り**て」〈源氏・椎本〉❸大きくなる。繁栄する。例「一叢薄も頼もしげに**ひろご・り**て」〈源氏・柏木〉

ひろさはのいけ【広沢の池】［歌枕］山城国の池。いまの京都市右京区嵯峨、遍照寺山のふもとにある。月の名所。

ひろ・し【広し】［形ク］〔から・く（かり）・し・き（かる）・けれ・かれ〕❶**広い**。**広大だ**。例「天地は**広・し**といへど我がためは狭くやなりぬる」〈万葉・五・八九二長歌〉訳→〔和歌〕かぜまじり…。❷**多い**。**数多い**。例「その後のなむ門広・くもなりはべる」〈竹取・石作の皇子〉《係結び》「なむ→なりはべる体」。《敬語》「なりはべる」→「はべり」❸**広くゆきわたる**。**隅々にまでわたる**。例「天皇、正妃を立てむとす。改めて**広・く**よきやからを求め給ふ」〈紀・神武〉❹**寛大だ**。**おうようだ**。**ゆったりしている**。例「古き跡は、定まれるやうにはあれど、**ひろ・き**心ゆたかならず」〈源氏・梅枝〉

ひろしき【広敷】［名］《近世語》❶広間。❷台所の土間からの上がり口になっている板の間。❸江戸城中

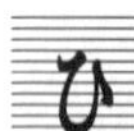

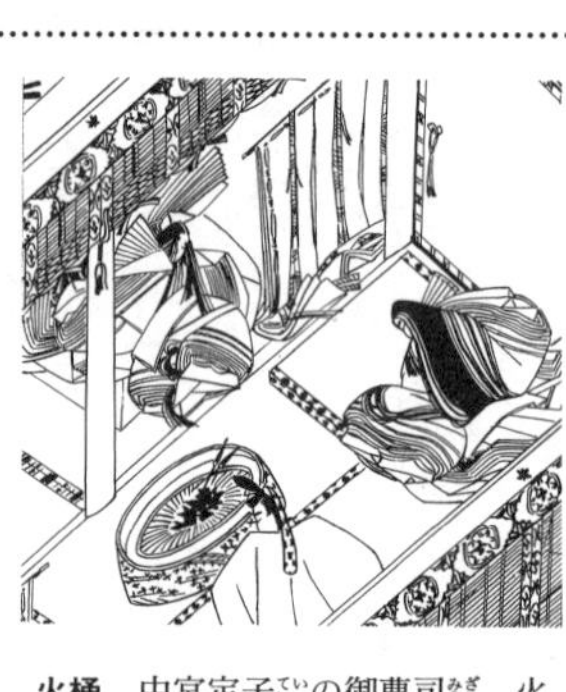

火桶　中宮定子の御曹司。火桶で暖をとる。（枕草子絵詞）

の本丸と西の丸の大奥にあり、大奥の事務を扱うところ。広敷用人（大奥の雑務担当役人）の詰め所。

ひろせ【広瀬】［名］広い浅瀬。

ひろせたんさう【広瀬淡窓】［人名］（一七八二〜一八五六）江戸後期の儒学者・漢詩人。私塾咸宜園を経営、頼山陽や田能村竹田らと交遊。幕末・維新に活躍した門人も多く輩出した。

ひろせゐぜん【広瀬惟然】［人名］（？〜一七一一）江戸前・中期の俳人。元禄四年（一六九一）に松尾芭蕉に会い、蕉門となる。俳諧は無分別に作れという芭蕉のことばから、俗語調、口語句を詠んだ。

ひろそで【広袖】［名］❶鎧の袖の一種。肩の方から上腕の方にかけて順に広くしたもの。❷着物の袖口の下を縫わずに開けてあるもの。

ひろには【広庭】［名］❶玄関先にある広い庭。❷民家の中にある広い土間。

ひろのき【広軒】［名］「ひろびさし」に同じ。

ひろはし【広橋】［名］幅の広い橋。一説に、間をおいて石を並べた橋とも。

ひろびさし【広廂】［名］《「ひろひさし」とも》「ひさし①」に同じ。＝広軒

ひろ・ふ【拾ふ】［他ハ四］❶落ちているものを取り上げる。拾う。❷《ぬかるんでいない所を拾って歩く意から》徒歩で歩く。

ひろぶた【広蓋】［名］❶《もと、衣類などを入れる箱のふたを用いたことより》人に物品を贈るとき、贈り物や引き出物などを入れる大きな方形の底の浅い容器。❷客に出す料理などを載せる台。

ひろまへ【広前】［名］《神前・仏前の尊敬語》御前。

ひろ・む【広む・弘む】［他マ下二］広める。広く行き渡らせる。

ひろみ【広み】［名］《「み」は接尾語》広い場所。

ひろめ【広布】［名］コンブの古名。

ひろめか・す【閃かす】［他サ四］ひらひらさせる。例「赤き扇をひろめかし使ひて」〈栄花・八〉

ひろめきた・つ［自タ四］ひょろひょろと立つ。立ってふらつく。例「いときはやかに起きて、広めき立ちて」〈枕・暁に帰らむ人は〉

ひろめ・く［自カ四］《「めく」は接尾語》ふらふらと動き回る。例「ゐもさだまらず（＝座ッテモ落チ着カズ）ひろめきて」〈枕・にくきもの〉

ひろめ・く【閃く】［自カ四］《「めく」は接尾語》（雷・いなびかりなどが）ぴかぴかと光る。ひらめく。例「その雷ひかりひろめきて」〈紀・雄略〉

ひろらか［・なり］【広らか】［形動ナリ］広々としたさま。幅が広いさま。例「鮨鮎の大きに広らかなるを」〈今昔・二八・二三〉

ひろ・る【広る】［自ラ四］広がる。例「葉広斎つ真椿そが葉の広り坐し」〈記・下・歌謡〉

ひろろ・ぐ［自ガ四］ぐらつく。よろめく。例「錠あけて遣り戸あくるに、いとかたければ、立ちゐひろろぐ程に」〈落窪・二〉

ひわか・し【ひ若し】［形ク］《「ひ」は接頭語》若々しい。若い。例「あはれにらうたき声どもの、ひ若く細くうつくしげに」〈栄花・一六〉

ひわだ【檜皮】歴史的かなづかい「ひはだ」

ひわたし【火渡し】［名］「ひまはし」に同じ。

ひわりご【檜破子・檜破籠】［名］檜の薄板で作った「破子①」。

ひわ・る【干割る】［自ラ下二］乾燥などによってひびが入る。割れ目ができる。例「柱のひわれたるはさまに」〈源氏・真木柱〉

ひゐ【非違】［名］「検非違使」の略。

ひゐきょ【脾胃虚】［名］《近世語》過食による胃弱。子供に多い。

ひを【氷魚】［名］《「ひうを」の変化形》鮎の稚魚。氷のように無色半透明であることからいう。晩秋から冬にかけて、琵琶湖や宇治川でとれるものがとくに有名。（季－冬）

ひをけ【火桶】［名］木製の丸火鉢。桐の木などをくり抜き、内に真鍮を張り、胴に彩色を施したりしたもの。（季－冬）

ひをどし【緋縅】［名］鎧の縅の名。華やかな赤色に染めた糸や革でつづり合わせたもの。

ひをのやま【標の山】［名］「へうのやま」に同じ。

ひをむし【蜉】［名］虫の名。カゲロウの類を指すか。朝に生まれ夕方には死ぬところから、はかないもののたとえにされる。

ひをり【引折・日折】［名］年中行事のひとつ。陰暦五月五日に左近衛の舎人が、六日には右近衛の舎人が、宮中の馬場で競べ馬・騎射を行うこと。また、その日。

ひん【嬪】［名］令制で天皇の寝所に仕える女性のうち、夫人に次ぐ地位の女性。四位・五位の女性に限られた。のちに「更衣」と呼ばれるようになる。

ひん［・なり］【貧】［名・形動ナリ］貧乏。貧困。また、貧乏な人。

びん【便】［名］❶《「び」とも》便宜。都合。具合。❷手紙。音信。訪れ。

びん【鬢】［名］頭の左右側面の髪。耳の上の髪。

ピン［名］《近世語。ポルトガル語 Pinta から》かるたやさいころなどの目の数で、一を表す。

びんあ・し【便悪し】［形シク］都合が悪い。具合が悪い。例「山里などにうつろひて、便あしく狭き所にあまたあひ居て」〈徒然・三〇〉

びんが【頻伽】［名］「迦陵頻伽」の略。

ひんかく【賓客】［名］❶客人。客。❷中国で、皇

太子に付き添って指導する官。

ひんがし【東】[名]《「ひむがし」とも》ひがし。

〔**東の対**〕寝殿造りで、寝殿の東側にある対の屋。↔西の対

ひんがしおもて【東面】[名]《「ひむがしおもて」とも》❶東に面した方。東側。❷東向きの部屋。建物の東側にある部屋。

ひんがしのいちのつかさ【東の市の司】[名]「左京職」に属し、平城京・平安京の東の市場を管理した役所。↔西の市の司

ひんがしのぢん【東の陣】[名]「せんやうもん」に同じ。

びんがてう【頻伽鳥】[名]「かりょうびんが」に同じ。

びんぎ【便宜】[名]❶好都合。便利。例「国の内に居たるは、きはめたる**便宜なり**」〈今昔・三〇・二五〉❷好機。適当な機会。例「その事かの事、**便宜**に忘るな」〈徒然・一五五〉❸手紙。音信。便り。

びんぐう【・なり】【貧窮】[名・形動ナリ]《「ひんきゅう」とも》貧乏。貧困。また、貧相なようす。

びんぐき【鬢茎】[名]髪の毛筋。

ひんけい【牝鶏】[名]めすの鶏。めんどり。

〔**牝鶏晨す**〕めんどりがおんどりより先に時を告げることから、女が権勢をふるい災いを招くたとえ。

びんご【備後】[地名]旧国名。山陽道八か国のひとつ。いまの広島県東部。七世紀に吉備国が備前・備中・備後の三国に分かれた。＝備州

ひんじゅつ【・す】【擯出】[名・他サ変]《「ひんしゅつ」とも》人を退けること。人を拒むこと。

びんずら【鬢頰】歴史的かなづかい「びんづら」

びんせん【便船】[名]折よく来合わせた船に乗ること。また、その船。

びんそぎ【鬢除ぎ】[名]女子の成人の儀式。十六歳の陰暦六月十六日に、鬢の末を切った。近世、この日、供えられた饅頭のひとつに穴をあけて月をのぞく風習があり、「月見」ともいった。男子の元服に当たる。

びんづら【鬢頰】[名]《「びづら」とも》❶「みづら」に同じ。❷髪の毛。

びんづる【賓頭盧】[名]《梵語の音訳。「賓頭盧頗羅堕」の略》「十六羅漢」の第一尊者。白頭・長眉を持つ。この像をなでて病気回復を祈る風習があったことから、「なで仏」ともいう。＝御賓頭盧

びんてう【頻鳥】[名]「かりょうびんが」に同じ。

びんなう【便無う】形容詞「びんなし」の連用形「びんなく」のウ音便。

びんな・し【便無し】[形ク]{から・く(かり)・し・き(かる)・けれ・かれ}

アプローチ
▼「都合」の意の漢語「便」に形容詞「無し」が複合した語。
▼物事の条件が整わず、都合が悪い状態を表すのが本来の意。
▼また、そのような状態にあるものをよくないこととしてとがめるさまを表す。
▼さらに、近世では、「不便・不憫」からの連想で、気の毒だなど哀れに思う心情を表す。

❶**都合が悪い。具合が悪い。**例「今日はいと便なくなむはべるべき」〈源氏・若紫〉訳今日はまことに**都合が悪う**ございましょう。（係結び）「なむ→はべるべき（体）」。（敬語）「はべるべき」→「はべり」

❷**不届きだ。無礼だ。**例「その時美濃の狐、この言を、『**便無し**』と思ひて、尾張の女を討たむとして」〈今昔・二三・一七〉訳そのとき美濃の狐は、このことばを「**無礼だ**」と思って、尾張の女を討とうとして。

❸《近世語》**気の毒だ。かわいそうだ。**例「わが身は後やすくとも、彼らはいよいよ**便な・からん**」〈椿説弓張月・後〉訳わが身（為朝）は心配なくても、娘たちはますます**かわいそう**だろう。

びんふく【鬢幅】[名]❶貴族の少年の髪型。耳の後ろの髪をふくらませ耳が隠れるようにした。❷江戸時代、公家の若者が用いた髪飾り。入れ髪を輪にして伽羅の油で固めたもので、額の上部につけた。

ひんぷん【・たり】【繽紛】[形動タリ]{たら・たり(と)・たり・たる・たれ・たれ}多くが入り乱れているさま。例「天の星ことごとく動き、**繽紛・と**まがひ飛びうつる」〈霊異記〉

びんぼうし【鬢帽子】[名]❶帽子の一種。両側に布を垂らし、鬢の辺りまで覆うようにしたもの。烏帽子の下につけた。❷手ぬぐいを頭に巻き、端を鬢のところで垂らしたもの。病人が用いた。

びんぼふがみ【貧乏神】[名]人にとりついて、その人を貧乏にする神。↔福の神

びんみづいれ【鬢水入れ】[名]髪油を入れておく小判形の入れ物。

びんよ・し【便良し】[形ク]{から・く(かり)・し・き(かる)・けれ・かれ}都合がよい。具合がよい。例「双の岡の**便よ・き**所に埋みおきて」〈徒然・五四〉

びんらうじ【檳榔子】[名]❶木の名。ビンロウジュの実。薬用や染料に用いられた。❷《「檳榔子染」の略》①から作った汁で暗黒色に染めること。また、染めた布。

ふ

-ふ[接尾ハ四型]{は・ひ・ふ・ふ・へ・へ}《助動詞「ふ」が平安以降、接尾語化したもの》《おもに四段動詞の未然形に付いて》反復・継続の意を表す。繰り返し…する。…し続ける。「語ら・ふ」「住ま・ふ」「呼ば・ふ」など。

ふ【生】[名]《多く、接尾語的に用いて》草木が生い茂る所。または植物を栽培する所。

ふ【府】[名]❶役所。❷近世、国々の役所のあった所。国府。❸近世、江戸の称。

ふ【封】[名]与えられた領地。＝封戸・食封

ふ【符】[名]❶公式令に定められた公文書のひとつ。太政官などの監督官庁から、所管の下級官庁へ下す公文書。❷神仏の守り札。お札。護符。❸運。めぐり合わせ。

ふ【傅】［名］《「傅く」の意》東宮の職員で、皇太子を助け導く役。多くは「大臣」「納言」が兼任した。＝東宮の傅

ふ【腑】［名］❶はらわた。臓腑。❷分別。考え。

ふ【節】［名］こも・むしろなどの編み目。垣の結び目。

ふ【干・乾】［自ハ上二］{ひ・ひ・ふ・ふる・ふれ・ひよ}《上代語。中古以降は上一段活用》「ひる(干る)」に同じ。

ふ【嚔】［他ハ上二］{ひ・ひ・ふ・ふる・ふれ・ひよ}《上代語。中古以降は上一段活用》「ひる(嚔る)」に同じ。

ふ【経・歴】［自ハ下二］{へ・へ・ふ・ふる・ふれ・へよ}❶時間が経過する。時がたつ。例「なほ日の悪しければ、居ざるほどにぞ、今日、二十日あまりへぬる」〈土佐〉《係結び》「ぞ」→へぬる㊤」。❷空間を移動する。通って行く。通過する。例「木曾は長坂をへて丹波路へおもむくともきこえけり」〈平家・九・木曾最期〉❸段階をふんでいく。経験する。例「願はくはわが子の邦綱、一日でもさぶらへ、蔵人の頭経させ給へ」〈平家・六・祇園女御〉《敬語》「一日でもさぶらへ」→「さぶらふ」、「経させ給へ」→「たまふ(四段)」

ふ【綜】［他ハ下二］{へ・へ・ふ・ふる・ふれ・へよ}縦糸を引き伸ばして、機織りの機械にかける。例「ささがにの花にも葉にも糸をみな綜へし」〈古今・物名・四三七〉

ふ［助動ハ四型］{は・ひ・ふ・ふ・へ・へ}《上代語》❶動作の反復を表す。繰り返し…する。何度も…する。例「三輪山を然も隠すか雲だにも心あらなも隠さふべしや」〈万葉・一・一八〉訳→(和歌)みわやまを…。❷動作の継続を表す。…し続ける。例「もみち葉の散らふ山辺ゆ漕ぐ船のにほひにめでて出でて来にけり」〈万葉・一五・三七〇四〉訳もみじ葉が散り続けている山辺を通って漕ぐ船の美しさに心ひかれて出てきてしまいました。

〈接続〉四段動詞の未然形に付く。

発展学習ファイル　(1)中古になると種々の動詞に接続する助動詞としての用法は衰え、接尾語として「語らふ」「住まふ」「呼ばふ」等の派生動詞を作る働きが中心となる。
(2)①②の意は必ずしも明確に区別できるとは限らない。基本は継続を表す。その動作が度数的に継続すれば①の意となり、時間的に継続すれば②となる。

-ぶ［接尾バ上二型］{び・び・ぶ・ぶる・ぶれ・びよ}《体言や形容詞の語幹に付いて》そのような状態になる、そのような状態で振る舞うの意を表す。「哀れぶ」「怪しぶ」「荒ぶ」「うつくしぶ」「翁ぶ」「大人ぶ」「鄙ぶ」など。

ぶ【夫】［名］造営や土木工事などの夫役の人夫。徴用された人足。

ぶ【分】［名］❶決まった数量をいくつかに等分すること。また、その等分した数量。❷長さの単位のひとつ。一寸の十分の一。一尺の百分の一。❸重さの単位。一匁の十分の一。❹(「歩」とも書く)貨幣の単位。一両の四分の一。❺物事の度合。

ぶ【歩】［名］❶長さの単位。六尺(約一・八メートル)。間。❷土地の面積を測る際の単位。六尺四方(約三・三平方メートル)をいう。坪。❸利益やもうけの率。歩合。利回り。利息。

ぶ【武】［名］❶武力。武術。兵法。軍事。❷勇ましいこと。雄々しいこと。武勇。

ぶあい［・なり］【不愛・無愛】［名・形動ナリ］愛想のないこと。興ざめなこと。例「なにがしぬしの引き留められけるこそ、いと無愛のことなりや」〈大鏡・師尹〉

ぶあんない［・なり］【無案内】［名・形動ナリ］物事のようすや勝手が分からないこと。例「いやいや私は、無案内でござる。こなたからござれ」〈狂・今参り〉

ぶいん【無音】［名］連絡がないこと。音沙汰なし。無沙汰。あいさつしないこと。

ふう［・なり］【風】㊀［名］❶風俗。習慣。❷容姿。体裁。❸様式。流儀。❹『詩経』の「六義」のひとつ。世俗を風刺した民謡風のもの。❺風邪。風病。㊁［形動ナリ］{なら・なり(に)・なり・なる・なれ・なれ}趣のあるさま。しゃれたさま。例「女郎に風なる仕出しして見せて」〈浮・傾城禁短気〉

ふううん【風雲】［名］❶風と雲。大自然。❷(風や雲のように)行き交うもの。

〔風雲の思ひ〕英雄が大業をなそうとする志。立身出世の欲望。

〔風雲の便り〕自然に親しむ手がかり。例「山舘・野亭のくるしき愁ひも、かつは話の種となり、風雲の便りとも思ひなして」〈笈の小文〉

ふうえふわかしふ【風葉和歌集】［作品名］鎌倉中期(一二七一成立)の私撰和歌集。藤原為家撰か。後嵯峨院皇后大宮院姞子の命により、当時伝存していた物語から和歌が抄出編纂された。散逸物語研究の重要資料。

ふうが［・なり］【風雅】㊀［名］《もとは、漢詩の「六義」のうちの「風」と「雅」のこと》❶文学。とくに、詩歌・文章の道。例「慈鎮和尚の風雅にも越えたり」〈太平記・一〉❷(近世語)蕉門の俳諧における用語。俳諧やその境地をいう。例「師の風雅に万代不易あり」〈三冊子〉㊁［名・形動ナリ］(㊀より転じて)みやびやかなこと。上品で趣があること。例「さてさて風雅な住まひぢゃな」〈伎・東海道四谷怪談〉

〔風雅の誠〕(おもに蕉門で)俳諧の真髄・基本理念。→「ふえきりうかう」

ふうがわかしふ【風雅和歌集】［作品名］南北朝時代(一三四九成立)の第十七番目の勅撰和歌集。光厳院撰・花園院監修。伏見院・永福門院・花園院・京極為兼などの作を中心に収める。二十巻。歌数二千二百十一首。『玉葉和歌集』と並ぶ京極派の粋を集めた勅撰集。

ふうき［・す／・なり］【富貴】［名・自サ変・形動ナリ］《「ふっき」とも》財産があり地位が高いこと。富み栄えること。

ふうぎ【風儀・風義】［名］❶姿態。身のこなし。❷慣習。習わし。❸作法。仕方。

ふうきゃう【風狂】［名］❶気が狂っていること。狂気。❷風雅の道に徹すること。

ふうくゎう【風光】［名］すばらしい自然の景色。すぐれた風景。

ふうげつ【風月】［名］《「ふげつ」とも》❶清風と明月。自然の美しい風物。❷風に詩を吟じ、月を眺めて風雅を楽しむこと。風流。❸詩文を作ること。

ふうこつ【風骨】［名］❶姿。風采。例「この皇子、風骨世間の人に似ず」〈懐風藻〉❷歌論や連歌論などで、歌の詠みぶり。また、歌を詠む能力。

ふ

ふうさう【風騒】(フウソウ)[名]〈「風」は『詩経(しきょう)』の国風、「騒」は『楚辞(そじ)』の離騒で、ともに詩文の模範とされることから〉詩文を作り、楽しむ風流。風雅。文雅。

ふうし【風姿】[名]中世以降の芸術論で、表現された姿。とくに、趣のある姿。

ふうじ【封事】[名]〈「ほうじ」とも〉密封して上司に奉る文書。意見封事。

ふうしくゎでん【風姿花伝】(フウシカデン)[作品名]室町時代の能楽書。世阿弥(ぜあみ)著。略して『花伝』、俗に『花伝書』ともいう。父観阿弥(かんあみ)の遺訓を基礎に、稽古(けいこ)のありさま、演技の具体的方法とともに、「花」について詳しく説いている。

ふうじぶみ【封じ文】[名]封書。

ふう・ず【封ず】[他サ変]{ぜ・じ・ず・ずる・ずれ・ぜよ}〈「ふんず」とも〉❶(箱や袋などを)封じる。封をする。❷神仏の力などによって魔力を封じる。❸禁じる。

ふうぜん【風前】[名]風の吹き当たる所。

〔**風前の塵(ちり)**〕(風の吹き当たる所にある塵の意から)物事、とくに、栄華のはかないさまのたとえ。

ふうぞく【風俗】[名]❶風習。世の中の慣習。しきたり。❷身なり。服飾。容姿。また、身振り。身のこなし。❸「風俗歌(ふうぞくうた)」の略。

ふうぞくうた【風俗歌】[名]〈「ふぞくうた」とも〉古代歌謡のひとつ。諸国の民謡が平安時代に宮廷や貴族社会に取り入れられ、宴遊などで歌われた。主として東国地方の歌謡をいう。＝風俗③

ふうぞくもんぜん【風俗文選】[作品名]江戸中期(一七〇六)の俳文集。森川許六(きょりく)編。別名『本朝文選』。芭蕉(ばしょう)および蕉門の諸家二十八人の俳文約百二十編を辞・賦・説・記など二十一の文体に分類して収録。芭蕉の遺志を継ぎ完成した、最初の俳文集で、文章史上重要。

ふうたい【風帯】[名]❶几帳(きちょう)の上から垂らす細長い二本の布。❷掛け軸の上部に垂らす細長い二条の布、または紙の飾り。

ふうてい【風体】[名]❶和歌や能などで、内面的な情緒を含んだ表現様式。歌風。芸風。❷なりふり。姿。外見。

ふうはく【風伯】[名]風の神。

ふうらいさんじん【風来山人】[人名]「ひらがげんない」に同じ。

ふうらばう【風羅坊】(フウラボウ)[人名]「まつをばせう」に同じ。

ふうりう[・なり]【風流】(フウリュウ)[名・形動ナリ]❶みやびやかなこと。風雅。また、そのもの。➡図版「賀茂(かも)の祭り」。❷美しく飾ること。意匠をこらすこと。また、そのもの。例「風流の破子(わりご)やうのもの、ねんごろに営(いとな)み出でて」〈徒然・54〉❸伝統。先人が伝えた美風。例「古きを学び、新しきを賞する中にも、まったく風流を邪(よこしま)にする事なかれ」〈風姿花伝〉❹〈「風流韻事」の略〉みやびやかなことをして遊ぶこと。❺〈「ふりう」とも〉祭礼の行列などで、華美な仮装をして囃子(はやし)物を伴って踊る踊り。また、その囃子物。

ふうりうぎけいき【風流義経記】(フウリュウギケイキ)[作品名]「ふうりうごぜんぎけいき」に同じ。

ふうりうきょくじゃみせん【風流曲三味線】(フウリュウキョクジャミセン)[作品名]江戸中期(一七〇六刊行)の浮世草子。江島其磧(きせき)作。敵討ち・心中のほか、前年に起きた富豪の財産没収事件を脚色した長編小説。

ふうりうごぜんぎけいき【風流御前義経記】(フウリュウゴゼンギケイキ)[作品名]江戸中期(一七〇〇刊行)の浮世草子。『御前義経記』『風流義経記』ともいう。西沢一風(いっぷう)作。『平家物語』や『義経記』ほかの義経伝説を翻案・脚色した作品。

ふうりうしだうけんでん【風流志道軒伝】(フウリュウシドウケンデン)[作品名]江戸中期(一七六三刊行)の談義本。風来山人(平賀源内)作。講釈師深井志道軒を主人公に借り、その伝記に託して自身の世界観を述べたもの。以後の遍歴小説の流行を促した。

〔俳句〕**ふうりうの…【風流の初(はじ)めや奥(おく)の田植歌(うた)】**〈おくのほそ道・須賀川・芭蕉〉訳 白河の関を越え、耳にした奥州地方の田植歌、それが今度の旅で最初に経験した風流であった。(季―田植歌―夏)

ふうりん【風輪】[名]〈仏教語〉世界を構成する四輪(金輪・水輪・風輪・空輪)のひとつ。水輪の下にあり、その下は空輪(＝虚空)とされている。

ふうん【浮雲】[名]空に浮かんでいる雲。転じて、はかない事のたとえ。

ふえ【吭】[名]のど。のどぶえ。

ふえ【笛】[名]❶横笛。❷管楽器の総称。横笛・笙(しょう)・篳篥(ひちりき)など。弦楽器の総称「琴」に対する。

ふえきりうかう【不易流行】(フエキリュウコウ)[名]蕉風俳諧(しょうふうはいかい)の基本理念。「不易」は俳諧における永遠不変の価値、「流行」は時代とともに変化するさまをいう。表面的な新しさだけを追求するのではなく、「風雅の誠(まこと)」を目指し不断の努力を重ねて、はじめて永遠不変の価値をもつ俳諧が生まれ得るという考え方。

古語深耕

「不易」と「流行」の両立

向井去来(むかいきょらい)の『去来抄』によれば、松尾芭蕉(ばしょう)が初めて「不易流行」の考えを説いたのは、『おくのほそ道』の旅を終えた元禄二年(一六八九)の冬であったという。ただし、芭蕉自身が「不易流行」について直接書き残したものはないので、門人たちの解説からその真義を類推するしかないが、実際はさまざまな解釈が行われている。

その中でも、服部土芳(はっとりとほう)の『三冊子(さんぞうし)』による「不易流行」についての説明、「師の風雅に万代(ばんだい)不易あり。一時の変化あり。この二つにきはまり、その本(もと)一つなり。その一つといふは風雅の誠なり」という一節は有名である。これによれば、芭蕉の求めた俳諧(はいかい)の本質とは、常に新しさを求めて変化する流行性こそが、俳諧の永遠に変わらない不易性を支えるものであり、それが風雅の誠を実現することにつながるということである。

これは、俳諧に限らず広く芸術にも敷衍(ふえん)できる考え方で、普遍的な美の価値を保ち続ける不易の芸術性と、その時その時に絶えず変化を続ける芸術の流行性とが一つになることで、すぐれた芸術作品が生み出されるのである。

ふえざ【笛座】[名]能舞台で、囃子(はやし)方のうち、横笛を吹く人が座る場所。舞台後方の向かって右端。

ふえたけ【笛竹】[名]竹で作った笛。転じて、音楽・管弦のこと。

ぶえん【無塩】[名]❶保存用の塩を用いていないこと。新鮮なこと。❷(近世語)うぶな人。純粋な人。

ふかう【深う】形容詞「ふかし」の連用形「ふかく」のウ音便。

ふかうでう【風香調】[名]琵琶の調子のひとつ。「黄鐘調」の一種という。その華やかさは平安時代の公家たちに親しまれたらしい。

ふかがは【深川】[地名]武蔵国の地名。いまの東京都江東区の北西部。隅田川河口に近い埋め立て地で、芭蕉の芭蕉庵があった。

〔俳句〕**ふかがはや…【深川や芭蕉を富士に預け行く】**〈野ざらし紀行・千里〉訳この深川の地から今旅立とうとしている。草庵の庭先に植えてある芭蕉が倒れたり枯れたりはしまいかと心配ではあるが、いつもここから眺められる富士の山に見守ってもらうことにして出発することにしよう。(季―芭蕉―秋)

ふかく[・なり/・す]【不覚】[名・形動ナリ・自サ変]((もとは漢語))❶**思慮が浅いこと。愚かなこと。**例「母にも似ず、きはめたる**不覚**の者にてありければ」〈今昔・三一・三〇〉❷(病気・眠りなどで)**意識がなくなること。人事不省。前後不覚。**例「しりの方を枕にて、**不覚**に大殿籠りぬ」〈大鏡・道隆〉(敬語)「大殿籠りぬ」→「おほとのごもる」。❸**思わずしてしまうこと。**また、**そのさま。**例「あまり哀れで**不覚**の涙のこぼれ候ふぞや」〈平家・七・実盛〉(敬語)「こぼれ候ふ」→「さうらふ」。❹**思わぬ失敗。油断。不注意。**例「いかに佐々木殿、高名せうどて**不覚**し給ふな」〈平家・九・宇治川先陣〉[注]「せうどて」は「せむとて」の変化形。❺**臆病。ひきょうな行い。**例「降人にいでたる**不覚**の者どもが」〈太平記・三〉

ぶがく【舞楽】[名]雅楽を伴奏とする古代の舞踊。国風舞楽と外来の舞楽とに分かれるが、ふつうは中国・朝鮮から渡来した外来の舞楽をいう。唐楽の演奏で舞うものを左方舞(左舞)、高麗楽の演奏で舞うものを右方舞(右舞)という。

ふかくさ【深草】[歌枕]山城国の地名。いまの京都市伏見区深草。皇室や権門の陵墓が多く、貴族の別荘地でもあった。草深い野というイメージがあり、「鶉」が景物。

〔和歌〕**ふかくさの…【深草の野辺の桜し心あらば今年ばかりは墨染めに咲け】**〈古今・哀傷・八三二・上野岑雄〉訳深草の野辺に咲く桜が、もし人のような心をもっているのならば、せめて今年だけは、喪服と同じ墨染め色に咲いてほしいものだ。〈参考〉藤原基経が亡くなったときの歌。

ふかくさのさと【深草の里】[歌枕]山城国の歌枕。いまの京都市伏見区深草の辺り。例「うづら鳴くなり**深草の里**」〈千載・秋上・二五九〉訳→〔和歌〕ゆふさればのべのあきかぜ…

ふかくさのみかど【深草の帝】[人名]仁明天皇のこと。深草(いまの京都市伏見区深草)にある御陵の名(深草陵)に因んで、この名で称された。

ふかくじん【不覚人】[名]((「ふかくにん」とも))❶思慮の浅い人。❷卑怯な者。愚か者。

ふかぐつ【深沓・深履】[名]底の深いくつ。黒漆を塗った革製で、上部には錦を張った。貴族が雪や雨の外出の際などに用いた。↔浅沓。(季―冬)

➡[古典参考図]冠物・装具

ふか・し【深し】[形ク]((から・く(かり)・し・き(かる)・けれ・かれ))❶**表面からの距離が大きく隔たっている。深い。**例「我が欲りし野島は見せつ底**深き**阿古根の浦の珠そ拾はぬ」〈万葉・一・一二〉❷**奥まっている。奥深い。**例「峰高く、**深き**岩の中にぞ、聖入りゐたりける」〈源氏・若紫〉(係結び)「ぞ→ゐたりける(体)」。❸**時刻・季節・年月が経過している。たけなわである。更けている。**例「冬**深く**なりたれば、河風けはしく吹き上げつつ、耐えがたくおぼえけり」〈更級〉❹**色や香りが濃厚である。**例「おく山に心をいれてたづねずは**ふかき**もみぢの色を見ましや」〈大和・四七〉❺**関係が親密だ。親しい。**例「女どちも、契り**ふかく**て語らふ人の、末まで仲よき人、かたし」〈枕・ありがたきもの〉❻**愛情が強い。情けや志が厚い。**例「心ざし**深**・からむ男をおきて」〈源氏・帚木〉❼**思慮・理解がある。知識・教養がすぐれている。**例「まめやかに才**深き**師に預けきこえたまひてぞ、学問せさせたてまつりたまひける」〈源氏・少女〉(係結び)「ぞ→たまひける(体)」。(敬語)「預けきこえたまひて」→「きこえたまふ(四段)」、「学問せさせたてまつりたまひける」→「たてまつる」「たまふ」。❽**物事の度合いが進んでいる。はなはだしい。強い。**例「ひたすら世をむさぼる心のみ**深く**、もののあはれも知らずなりゆくなん浅ましき」〈徒然・七〉(係結び)「なん→浅ましき(体)」

発展学習ファイル　色彩の濃淡を表す場合、上代では「ふかし」とその対義語「あさし」が用いられたが、中古になると、「こし」とその対義語「うすし」も用いられるようになり、この意味については、しだいに後者が優勢になっていった。

ふかし・い【深しい】[形口語型]❶詳しい。奥が深い。例「**深し・い**ことこそ、この家屋敷相応に」〈浄・心中重井筒〉❷格別である。重大である。❸多い。例「**ふかし・う**とりはいたさぬ」〈狂・瓜盗人〉

ふか・す【深す・更かす】[他サ四]((さ・し・す・す・せ・せ))夜更けを待つ。夜更けまで起きている。例「(源氏ハ)いとものうくて、いたう**更か・し**ておはしたれば」〈源氏・須磨〉

ふかぜり【深芹】[名]根が深く伸びているセリ。

ふかた【深田】[名]((「ふかだ」「ふけた」「ふけだ」とも))泥深い田。沼田。↔浅田

ふかで【深手】[名]深い傷。重傷。戦で負った痛手。↔浅手・薄手

ふがふ[・なり]【不合】[名・形動ナリ]❶不和。折り合わないこと。❷経済的に苦しいこと。貧乏。例「身**不合・に**して与ふべき物なし」〈今昔・一六・二五〉❸不幸。不運。例「その宮仕へも、**不合・に**ては難げになむあめる」〈宇津保・沖つ白波〉

ふかみぐさ【深見草】[名]ボタンの別称。(季―夏)

ふかみる【深海松】[名]海の底深くに生えている海松。(季―春)

ふかみるの【深海松の】[枕詞]((同音を重ねて))「深む」「見る」にかかる。例「**深海松の**深めて思へど

〈万葉・二・一三五長歌〉

ふか・む【深む】［他マ下二］{め・め・む・むる・むれ・めよ}深くする。深く思う。[例]「広瀬川袖漬くばかり浅きをや心深・めて我が思へるらむ」〈万葉・七・一三八一〉

ふかん［・なり］【不堪】［名・形動ナリ］❶技や芸が未熟なこと。不器用。↔堪能。[例]「よろづの道の人、たとひ**不堪・なり**といへども」〈徒然・一八七〉❷我慢できないこと。↔堪忍

ふかんでん【不堪田】［名］平安時代、災害や農民の逃亡などによって耕作できなくなった田。

ふぎ【不義】［名］❶人の道にはずれた行為。❷《近世語》男女の道にはずれた関係。密通。姦通。❸「八逆」のひとつ。立場が上の者を殺す罪。

ふきあ・ぐ【吹き上ぐ】{げ・げ・ぐ・ぐる・ぐれ・げよ}[一]［他ガ下二］❶風が吹いて物を持ち上げる。❷笛などを音高く鳴らす。[二]［自ガ下二］風が低い所から吹き上げてくる。

ふきあげ【吹き上げ】［名］❶風が吹き上がる所。❷水を吹き上げる装置。噴水。❸女性の髪型のひとつ。髻をふくらませて上げた髷。

ふきあげのはま【吹上の浜】［歌枕］紀伊国の地名。いまの和歌山市湊から雑賀の西浜にかけての海岸。「月」「千鳥」が景物。

ふきあは・す【吹き合はす】［他サ下二］{せ・せ・す・する・すれ・せよ}❶管楽器を合奏する。[例]「**吹きあは・せ**たる笛の音に、月もかよひて澄める心地すれば」〈源氏・手習〉❷笛などの調子をほかの音に合わせて吹く。[例]「木枯らしに**吹きあは・す**める笛の音を」〈源氏・帚木〉❸風がほかの音に調子を合わせるように音をたてて吹く。[例]「虫の音に、松風すごく**吹きあは・せ**て」〈源氏・賢木〉❹風が吹いて香りなどを混ぜ合わせる。[例]「〈吹ク風ニ〉えならず匂ひたる御簾の内の薫りも**吹きあは・せ**て」〈源氏・若菜・下〉

ふきあは・す【葺き合はす】［他サ下二］{せ・せ・す・する・すれ・せよ}両端の軒から棟で合うように屋根を葺き上げる。また、二つの屋根を葺いてつなげる。

ふきいた【葺き板】［名］屋根を葺くための薄い板。屋根板。

ふきい・づ【吹き出づ】{で・で・づ・づる・づれ・でよ}[一]［自ダ下二］風が吹き始める。[例]「めづらしく**吹き出・づる**風の涼しきは」〈宇津保・内侍のかみ〉[二]［他ダ下二］楽器などを吹く。吹き鳴らす。[例]「かたはらに貝（＝ホラ貝）をにはかに**吹き出・でたる**」〈枕・正月に寺に籠りたるは〉

ふきい・る【吹き入る】[一]［自ラ四］{ら・り・る・る・れ・れ}風などが吹き込む。[例]「風はいと冷ややかに**吹き入・りて**」〈源氏・東屋〉[二]［自ラ下二］{れ・れ・る・るる・るれ・れよ}[一]に同じ。[例]「風のさと**吹き入・るる**に」〈源氏・早蕨〉[三]［他ラ下二］{れ・れ・る・るる・るれ・れよ}吹いて中に入れる。[例]「格子の壺などに、木の葉をことさらにしたらむやうに、こまごまと**吹き入・れたる**」〈枕・野分のまたの日こそ〉

ふきおほ・ふ【吹き覆ふ】［他ハ四］{は・ひ・ふ・ふ・へ・へ}全体に吹く。辺り一面に吹く。[例]「秋の錦を風の**吹きおほ・ふか**」〈源氏・松風〉

ふきおろ・す【吹き下ろす】{さ・し・す・す・せ・せ}[一]［自サ四］上から下に風が吹く。吹き下る。[例]「松風木高く**吹きおろ・し**」〈源氏・初音〉[二]［他サ四］鋳造する。金属を溶かして地金をつくる。[例]「この観音は銅をもって鋳奉りたれば、これを盗み取りて、**吹き下ろ・して**売りつつ、世を渡らむ」〈今昔・一六・三九〉

ふきか・く【吹き掛く】［他カ下二］{け・け・く・くる・くれ・けよ}❶（風が）吹きつける。[例]「風のいたう吹きて、横ざまに雪を**吹きか・くれば**」〈枕・雪高う降りて〉❷口からぷっと吹きつける。

ふきがたり【吹き語り】［名］自慢話。自分のことを自慢げに話すこと。

ふきか・ふ【吹き交ふ】［自ハ四］{は・ひ・ふ・ふ・へ・へ}風がいろいろな方向から吹く。[例]「**吹きか・ふ**風も近きほどにて」〈源氏・賢木〉

ふきかへし【吹き返し】［名］《「ふきがへし」とも》兜の部分の名。眉庇の左右に耳のように出ていて、後方へ反り返って裏を見せているもの。➡［古典参考図］武装・武具〈1〉

ふきかへ・す【吹き返す】［他サ四］{さ・し・す・す・せ・せ}❶吹いて元に戻す。[例]「久方の月**吹きかへ・せ**秋の山風」〈古今・物名・四五三〉❷吹いて着物の袖や裾をひるがえす。[例]「采女の袖**吹き返・す**明日香風」〈万葉・一・五一〉[訳]↓〔和歌〕うねめの…

ふきかよ・ふ【吹き通ふ】［自ハ四］{は・ひ・ふ・ふ・へ・へ}風が吹き通る。[例]「川風も心わかぬさまに**吹き通・ふ**物の音どもおもしろく遊びたまふ」〈源氏・椎本〉

ふきき・る【吹き切る】［他ラ四］{ら・り・る・る・れ・れ}風などが強く吹いて物を引き裂く。[例]「風に堪へず、**吹き切・ら**れたる焔飛ぶがごとくして」〈方丈記〉

ふきけ・つ【吹き消つ】［他タ四］{た・ち・つ・つ・て・て}吹き消す。息などで火を消す。

ふきこ・す【吹き越す】［自サ四］{さ・し・す・す・せ・せ}風が物の上を吹いて通り過ぎる。[例]「筑波嶺の山を**吹き越・す**風も浮きたる心地して」〈源氏・関屋〉

ふきこ・ゆ【吹き越ゆ】［自ヤ下二］{え・え・ゆ・ゆる・ゆれ・えよ}風が物の上を越えて吹いてくる。[例]「行平の中納言の、関**吹き越・ゆる**と言ひけん浦波」〈源氏・須磨〉

ふきさ・す【吹き止す】［他サ四］{さ・し・す・す・せ・せ}吹いていたのをやめる。曲などを演奏の途中でよす。[例]「盤渉調のなからばかり**吹きさ・して**」〈源氏・横笛〉

ふきし・く【吹き頻く】［自カ四］{か・き・く・く・け・け}風が吹きしきる。しきりに吹く。[例]「秋風の**吹きし・く**松は山ながら浪立ちかへる音ぞ聞こゆる」〈後撰・秋上・二六四〉

ふきし・く【吹き敷く】［他カ四］{か・き・く・く・け・け}風が吹いて木の葉などを辺り一面に敷く。[例]「夕風の**吹き敷・く**紅葉のいろいろ濃き薄き」〈源氏・藤裏葉〉

ふきしを・る【吹き萎る】[一]［他ラ四］{ら・り・る・る・れ・れ}風が吹きつけて草木をしおれさせる。[例]「**吹きしを・る**べ山風の嵐山」〈続拾遺・秋下・三五三〉[二]［自ラ下二］{れ・れ・る・るる・るれ・れよ}風に吹きつけられ、力がなくなる。[例]「峰の梢を払ひし嵐の響きに、思はぬ谷の下草まで**吹きしを・れて**」〈海道記〉

〔和歌〕**ふきしをる…**【吹きしをる四方の草木の裏葉見えて風に白める秋のあけぼの】〈玉葉・秋上・五四二・永福門院内侍〉[訳]風に吹きたわみ、辺り一面の草木の葉の白い裏側が見える。その風の中に白んできた秋の夜明け方よ。

ふきすさ・ぶ【吹きすさぶ】{ば・び・ぶ・ぶ・べ・べ}《「ふきすさむ」とも》[一]［自バ四］風が荒々しく吹く。[例]「五月雨の雲**吹きすさ・ぶ**夕風に」〈玉葉・夏・三七四〉[二]［他バ四］笛などを心任せに吹く。[例]「笛をえならず**吹きすさ・**

びたる」〈徒然・四四〉

ふきすま・す【吹き澄ます】［他サ四］{さ・し・す・す・せ・せ}笛などを澄んだ音色に吹く。例「笛をいとをかしく吹きすま・して、過ぎぬなり」〈更級〉

ふきそ・ふ【吹き添ふ】(フキソウ)［自ハ四］{は・ひ・ふ・ふ・へ・へ}風などが吹き加わる。吹きまさる。例「うち払ふ袖も露けきとこなつに嵐吹きそ・ふ秋も来にけり」〈源氏・帚木〉

ふきた・つ【吹き立つ】一［自タ四］{た・ち・つ・つ・て・て}風が吹き始める。例「少し秋風吹きた・ちなむ時」〈伊勢・九六〉 二［他タ下二］{て・て・つ・つる・つれ・てよ}❶吹いて空中に舞い上がらせる。吹き上げる。例「塵を煙のごとく吹き立・てたれば、すべて目も見えず」〈方丈記〉 ❷笛などを吹き鳴らす。例「をりにあひたる調子、雲居にとほるばかり吹きた・てたり」〈源氏・梅枝〉

ふきたわ・む【吹き撓む】［他マ下二］{め・め・む・むる・むれ・めよ}風が吹いて木の幹や枝などを押し曲げる。

ふきちら・す【吹き散らす】［他サ四］{さ・し・す・す・せ・せ}❶風が吹いて物を散らす。吹いてばらばらに乱す。例「御簾などもみな吹き散ら・してけり」〈源氏・明石〉 ❷うわさをまき散らす。吹聴する。例「『思ふやうなる婿どもを取るかな。ただ今、この君、おとどがね』と吹き散ら・し給へば」〈落窪・二〉

ふきつ・く【吹き付く】［他カ下二］{け・け・く・くる・くれ・けよ}❶風が吹いて押しつけてくる。吹き寄せる。例「羅刹国へぞ吹きつ・けたり」〈伽・梵天国〉 ❷風が吹いて火を燃えつかせる。例「雪の下草打ち払ひ、処々刈り集めて幽かに火を吹きつ・けたれば」〈太平記・一四〉

ふきつた・ふ【吹き伝ふ】(フキツタ(ト)ウ)［他ハ下二］{へ・へ・ふ・ふる・ふれ・へよ}❶笛などの管楽器の吹き方を伝承する。例「いにしへを吹き伝・へたる笛竹に」〈源氏・少女〉 ❷有職故実を伝える。風習・作法などを伝える。例「かたみとてかへすも世々の家の風ふきつた・へよと思ふとをしれ」〈玉葉・雑三・二三七七〉

ふきと・く【吹き解く】［他カ四］{か・き・く・く・け・け}吹いて拡散させる。吹いてほどく。例「さし越えて入ることかたみ三笠山霞ふきと・く風をこそ待て」〈紫式部集〉

ふきと・づ【吹き閉づ】(フキトズ)［他ダ上二］{ぢ・ぢ・づ・づる・づれ・ぢよ}吹き寄せて閉ざす。例「天つ風雲の通ひ路吹きと・ぢよ」〈古今・雑上・八七二〉 訳→〈和歌〉あまつかぜ…

ふきとほ・す【吹き通す】(フキトオス){さ・し・す・す・せ・せ}一［自サ四］風が絶え間なく吹き続ける。風が吹き抜ける。例「木枯らしのたへがたきまで吹きとほ・したるに」〈源氏・宿木〉 二［他サ四］笛などをずっと吹き続ける。例「なほ吹きとほ・せ夜半の笛竹」〈源氏・梅枝〉

ふきなし【吹き成し】［名］吹き方。吹き具合。

ふきな・す【吹き成す】［他サ四］{さ・し・す・す・せ・せ}(上に連用修飾語を伴って)風が吹いて、そのような状態にする。例「御几帳などを、風のあらはに吹きな・せば、中の宮奥に入りたまふ」〈源氏・総角〉

ふきな・す【吹き鳴す】［他サ四］{さ・し・す・す・せ・せ}吹き鳴らす。例「吹き鳴・せる小角(＝笛ノ一種)の音も」〈万葉・二・一九九長歌〉

ふきぬき【吹き抜き・吹き貫き】［名］❶旗印の一種。丸い輪に幾条かの長い絹の布を付け、これを竿の先に取り付けたもの。吹き流しの類。❷襦袢を着けないで、着物を直接着ること。

ふきのぼ・る【吹き上る】［自ラ四］{ら・り・る・る・れ・れ}❶風などが下から上に向かって吹く。例「秋風、谷より遥かに吹き上・りて」〈源氏・玉鬘〉 ❷笛など管楽器を低い音から高い音へと奏で上げる。例「『ヒチリキノ』うち添へて、吹きのぼ・りたる」〈枕・笛は〉

ふきはな・つ【吹き放つ】［他タ四］{た・ち・つ・つ・て・て}❶吹き飛ばす。例「この渡殿の格子も吹き放・ちて」〈源氏・野分〉 ❷笛などを吹き鳴らす。

ふきはら・ふ【吹き払ふ】(フキハラ(ロ)ウ)［他ハ四］{は・ひ・ふ・ふ・へ・へ}風が吹いて物を払いのける。吹き飛ばす。例「木の葉さそふ風あわたたしう吹きはら・ひたるに」〈源氏・葵〉

ふきまが・ふ【吹き紛ふ】(フキマガ(ゴ)ウ)［自ハ四］{は・ひ・ふ・ふ・へ・へ}風に吹き乱されて入り交じる。吹き乱されて区別がつかなくなる。例「梅の香も御簾の内の匂ひに吹き紛・ひて」〈源氏・初音〉

ふきま・く【吹き捲く】［他カ四］{か・き・く・く・け・け}風が吹きまくる。激しく吹く。例「秋風の袖に吹きま・く峰の雲を」〈新古今・秋下・五〇六〉

ふきまどは・す【吹き惑はす】(フキマドワス)［他サ四］{さ・し・す・す・せ・せ}風が吹いて物を散らしたり乱したりする。吹き乱す。例「さと吹く風に灯籠も吹きまどは・して、空暗き心地するに」〈源氏・幻〉

ふきまど・ふ【吹き惑ふ】(フキマドウ)［自ハ四］{は・ひ・ふ・ふ・へ・へ}風が吹き荒れる。例「木枯らしも荒々しう吹きまど・ひて、色々の紅葉も散りまがひて」〈狭衣・二〉

ふきまは・す【吹き回す・吹き廻す】(フキマワス)［他サ四］{さ・し・す・す・せ・せ}風が吹いて物を回す。吹いて思うままにする。例「船を海中にまかり入りぬべく吹き廻・して」〈竹取・竜の頸の玉〉

ふきま・ふ【吹き舞ふ】(フキマウ)［自ハ四］{は・ひ・ふ・ふ・へ・へ}風が巻くように吹き荒れる。吹きすさぶ。例「風の吹き舞・ふほど」〈源氏・野分〉

ふきまよは・す【吹き迷はす】(フキマヨワス)［他サ四］{さ・し・す・す・せ・せ}風が強く吹いて物の状態を乱す。例「髪は風に吹きまよは・されて、すこしうちふくだみたるが」〈枕・野分のまたの日こそ〉

ふきまよ・ふ【吹き迷ふ】(フキマヨウ)［自ハ四］{は・ひ・ふ・ふ・へ・へ}風が方向を定めずに吹き乱れる。例「吹きまよ・ふ風に〔火ハ〕とかく移りゆくほどに」〈方丈記〉

ふきみだ・る【吹き乱る】一［他ラ四］{ら・り・る・る・れ・れ}吹き乱す。吹き散らす。例「吹きみだ・る風のけしきに女郎花しをれしぬべき心地こそすれ」〈源氏・野分〉 二［自ラ下二］{れ・れ・る・るる・るれ・れよ}強風のために物の状態が乱れる。例「吹き乱・れたる刈萱につけたまへれば」〈源氏・野分〉

ふきむす・ぶ【吹き結ぶ】［他バ四］{ば・び・ぶ・ぶ・べ・べ}風が吹いて草木をからみ合わせる。また、草葉の露をつなげて玉にする。例「夕暮れの露吹き結・ぶ木がらしや身にしむ秋の恋のつまなる」〈狭衣・一〉

ふきめ【葺き目】［名］屋根をふいた板・茅・瓦などのつなぎ目。

ふきもの【吹き物】［名］管楽器(吹き鳴らす楽器)の総称。笛・笙・尺八など。

ふきや【吹き矢】［名］竹や木の筒の中に紙製の羽根のついた矢を入れ、息で吹き出すもの。小鳥をとる際や、的当て遊びに用いた。

ぶぎゃう【［・す］】【奉行】(ブギョウ) 一［名・他サ変］上からの命を受けて事を行うこと。また、その担当者。例「大仏殿奉行の時は、これ(=笏)をもつべし」〈平家・六・祇園女御〉 二[名]武家の職名。部局の長官。鎌倉・室町幕府は「評定衆」「引き付け衆」を公事奉行人として設置、豊臣秀吉は大老の下に「五奉行」を定めた。江戸幕府では「町奉行」「寺社奉行」「勘定奉行」などが置かれた。

ぶぎゃうしょ【奉行所】[名]「奉行二」が執務する役所。

ぶぎゃうにん【奉行人】[名]命令を受けて事を行う人。

ふきょう【不孝】歴史的かなづかい「ふけう」

ぶきょう[・す／・なり]【不興・無興】[名・自サ変・形動ナリ]《「ふきょう」とも》❶おもしろくなくなること。不愉快。例「上下ともに露けき色、無興といふもあまりあり」〈曾我・五〉 ❷機嫌を損なうこと。勘当。例「久しく父為義が不興を得て豊後のかたに身を寓せし」〈椿説弓張月・前〉

ぶぎょう【奉行】歴史的かなづかい「ぶぎゃう」

ぶきょく【部曲】[名]「かきべ」に同じ。

ぶきりゃう[・なり]【無器量】[名・形動ナリ]❶才能がないこと。また、その者。例「この身こそ無器量の者で候へば、自害をも仕り候ふべきに」〈平家・八・瀬尾最期〉 ❷容貌の醜いこと。

ふぎん【諷経】[名]《仏教語》❶声を出して経文を読むこと。↕看経①。❷禅宗で、仏前の勤行。

ふく【福】一[名]❶神仏が恵み与える幸い。幸運。❷神仏に供えたあと下げたもの。お下がり。二[形動口語型]裕福だ。

ふ・く【吹く】{か・き・く・く・け・け} 一[自カ四]風が起こる。吹く。 二[他カ四]❶息を吹き出す。例「この灯火を吹・け」〈万葉・一六・三七九一題詞〉 ❷笛などを吹き鳴らす。例「〈高麗笛ヲ〉いとおもしろう吹・きたまふ」〈源氏・末摘花〉 ❸外へわき出す。吹き出す。例「かまどには火気吹・き立てず」〈万葉・五・八九二長歌〉 訳→〔和歌〕かぜまじり…。❹風が吹きつける。例「我がやどのいささ群竹吹・く風の」〈万葉・一九・四二九一〉 訳→〔和歌〕わがやどのいささむらたけ…。❺鉱石から金属を抽出すること。例「真金吹・く丹生のま朱の色に出で」〈万葉・一四・三五六〇〉

ふ・く【葺く】[他カ四]{か・き・く・く・け・け}❶瓦・茅・板などで屋根を覆う。例「内裏に茨をふ・き」〈平家・五・都遷〉 ❷草木を軒先にさして飾る。例「五月、あやめふ・くころ」〈徒然・一九〉

ふ・く【更く】[自カ下二]{け・け・く・くる・くれ・けよ}❶時・季節が経過する。例「秋更・けぬ鳴けや霜夜のきりぎりす」〈新古今・秋下・五一七〉 ❷夜が更ける。例「夜いたう更・けぬれば」〈源氏・桐壺〉《音便》「いたう」は「いたく」のウ音便。❸老いる。年をとる。例「ふ・けにけるわが世の影を思ふ間に」〈新古今・雑上・一五三六〉

ぶく【服】[名]❶喪服。❷喪に服すること。また、その期間。

> 古典の世界　**「服」の種類と着用規定**
>
> 近親者が亡くなると喪に服する。喪中には喪服を着用するが、喪の軽重によって、「**重服**」と「**軽服**」とを区別する。親や夫の場合は重服、妻子・兄弟姉妹・伯叔父母などは軽服を着用する。軽重によって喪服の色の濃淡も使い分ける。重服の場合は、黒色、濃い鈍色。軽服は、薄鈍色、つまり鼠色である。男子の衣冠・束帯も無文にして華美を避けた。また、喪服は、もと藤葛を素材につくられたので、「**藤衣**」ともいうが、一般には麻を用いる。和歌では「藤衣」と詠まれる。喪が果てて喪服を脱ぐ「除服」は、「**服直し**」、また「**色直し**」ともいう。

〔**服脱ぐ**〕喪があけて、喪服を脱ぐ。↓「ぶくなほし」。例「やがて服ぬ・ぐに、鈍色のものども(=喪服)、扇まで祓へなどするほどに」〈蜻蛉・上〉

ぶく【仏供】[名]《「ぶっく」の促音無表記》❶仏に物を供えること。また、供物。❷供物を盛る器具。

ぶぐ【仏具】[名]「ぶつぐ」に同じ。

ぶぐ【武具】[名]武器。兵器。とくに、鎧・兜のことを指す。

ふくうけんじゃく【不空羂索】[名]《仏教語。「ふくうけんさく」とも》六観音・七観音のひとつ。慈悲の羂索(鳥獣を捕らえる道具)をもって衆生を導き救済する。多くは三つの目と八本の腕をもつ。

〔和歌〕**ふくかぜは…**【吹く風は涼しくもあるかおのづから山の蟬鳴きて秋は来にけり】〈金槐集・上・源実朝〉 訳 吹いている風のなんと涼しいことだろう。いつの間にか山のセミが鳴いて、秋はやって来たのだ。

〔和歌〕**ふくかぜを…**【吹く風をなこその関と思へども道もせに散る山桜かな】〈千載・春下・一〇三・源義家〉 訳 吹く風を「来るな」とせき止めるはずの勿来の関だと思うのに、道も狭くなるほどに散り敷いている山桜であるよ。〈参考〉「なこその関」に、来るなの意の「な来そ」をかける。

〔和歌〕**ふくからに…**【吹くからに秋の草木のしをるればむべ山風を嵐といふらむ】〈古今・秋下・二四九・文屋康秀〉《百人一首》 訳 吹くとたちまちに秋の草木がしおれるので、なるほどそれで山風をあらしというのだろう。〈参考〉「あらし」は、「嵐」と「荒し」をかける。また、「山」と「風」という文字を一つにすると、「嵐」という文字になるということば遊び的な歌。

ぶくき【服忌】[名]《「服」は喪服を着ること、「忌」はけがれを忌むことの意》親族の死のために、一定期間喪に服すること。また、その期間。

ふくさ【袱紗・服紗】[名]❶柔らかい絹。❷進物にかけたり物を包んだりする、正方形の絹や縮緬の布。❸茶の湯で用いる茶器をふいたり、茶碗を受けたりする布。

ふくし【掘串】[名]《「ふぐし」「ぶくし」とも》竹や木の先をとがらせて作った、土を掘るへら。

ふくし【副使】[名]正使(大使)に付き添い、補佐し代理を務める使者。=副使

ふくじゅかいむりゃう【福聚海無量】[名]《仏教語。法華経普門品にある語》福

徳が広大な海のように集まること。観音の恵みが広大で限りないことのたとえ。

ふくしん【腹心】［名］❶腹と胸。❷心の奥底。心底。❸心の底から頼みにできる者。

〔**腹心の病**〕救いがたい重病。腹、または胸中にある病気。

ふくじん【福人】［名］《近世語。「ふくにん」とも》裕福な人。金持ち。

ぶく・す【服す】{せ・し・す・する・すれ・せよ} 一［自サ変］喪に服する。二［他サ変］《近世以降「ふくす」とも》❶薬などを服用する。飲む。❷食べる。飲む。

ふくだ・む 一［自マ四］{ま・み・む・む・め・め}紙や髪などがけば立つ。ぼさぼさになる。例「すこしふくだみたる髪のかかりなど」〈源氏・幻〉 二［他マ下二］{め・め・む・むる・むれ・めよ}けば立たせる。例「ありつる文、立て文をも結びたるをも、いときたなげに取りなし、ふくだめて」〈枕・すさまじきもの〉

ふくちのその【福地の園】［名］福徳を生じる園。幸福をもたらす所。極楽浄土。

ふくつけが・る［自ラ四］{ら・り・る・る・れ・れ}《「がる」は接尾語》欲張る。例「〔雪ヲ〕いと多う転ばさむとふくつけがれど」〈源氏・朝顔〉

ふくつけ・し［形ク］{から・く(かり)・し・き(かる)・けれ・かれ}欲が深い。強欲だ。物を欲しがる。例「例の鉢来にたり。ゆゆしくふくつけき鉢よ」〈宇治拾遺・八・三〉

ふくでん【福田】［名］《仏教語》（穀物が田に生じるように）福徳を生む根源を田にたとえた語。善行を積めば福徳を得ることができると考え、とくに、三宝（仏・法・僧）・父母・貧者が三福田として重視される。

ふくとく【福徳】［名］（とくに、仏教で）善行による幸福。幸福と利益。

ふくとみさうし【福富草紙】［作品名］室町時代の御伽草子。作者未詳。霊験によって自由に放屁することができるようになった主人公がその芸によって富を得るが、真似た隣人が失敗する話。

ぶくなほし【服直し】［名］喪があけて、喪服を脱ぎ、ふだんの着物に着替えること。服脱ぎ。

ふくのかみ【福の神】［名］幸福を授ける神。福神。↔貧乏神

ふくはら【福原】［地名］摂津国の地名。いまの神戸市兵庫区福原町。平家一門の別荘が置かれ、平清盛は治承四年（一一八〇）六月にこの地へ遷都を行ったが、造営がはかどらず同年十一月に平安京へ都を戻した。

ふくべ【匏・瓠・瓢】［名］❶「ひさご①」に同じ。（季-秋）。❷「ひさご②」に同じ。

ふく・む【含む】 一［自マ四］{ま・み・む・む・め・め}ふくらむ。ふくらんでいる。例「指貫の裾つ方すこしふくみて」〈源氏・若菜・上〉 二［他マ四］{ま・み・む・む・め・め}❶中に入れる。口の中に入れる。例「この人この菓を口に含・みつ」〈今昔・五・三〉❷心中にとどめる。例「南風と申す、これふく・みて最愛（＝夫婦）とす」〈伽・御曹子島渡〉 三［他マ下二］{め・め・む・むる・むれ・めよ}❶含ませる。口に入れる。❷言い聞かせる。理解させる。例「勅定の趣を仰せ含・めんとするに」〈平家・三・頼豪〉

ふくめん【覆面】［名］❶布などで顔を覆い隠すこと。また、その布。❷神仏に供物を捧げるときや、貴人に食物を給仕するときに、息がかからないように、紙や布などで口や鼻を覆うこと。また、その紙や布。

ふくやか［・なり］【脹やか】［形動ナリ］{なら・なり(に)・なり・なる・なれ・なれ}「ふくよか」に同じ。

ふくよか［・なり］【脹よか】［形動ナリ］{なら・なり(に)・なり・なる・なれ・なれ}《「よか」は接尾語》ふくらみがあって柔らかそうなさま。ふっくら。＝脹やか・脹らか。例「ふくよかなる陸奥国紙に」〈源氏・胡蝶〉

ふくらか［・なり］【脹らか】［形動ナリ］{なら・なり(に)・なり・なる・なれ・なれ}「ふくよか」に同じ。

ふくらすずめ【脹ら雀】［名］❶太った雀の子。❷防寒のために全身の羽毛をふくらませて、ふっくらと見える雀。❸紋所の名。①を正面から見た姿を図案化したもの。❹近世末期の女性の髪型。中央を締め、左右に髻を出すもの。

ふぐり［名］❶きんたま。陰嚢。❷《「松陰嚢」の略》松ぼっくり。＝松笠

ふくりふ［・す］【腹立】［名・自サ変］《「腹立ち」の音読語》腹を立てること。

ぶくりやう【茯苓】［名］サルノコシカケ科のキノコの菌核。松の根に生ずることが多い。利尿などの薬用に用いられた。

ふくりん【覆輪・伏輪】［名］❶鎧・鞍・刀の鍔や鞘などの縁を、金や銀などで覆って飾ったもの。↓［古典参考図］武装・武具〈1〉。❷女性の着物の袖口などをほかの布で縁取りしたもの。袖覆輪。

ふく・る【脹る】［自ラ下二］{れ・れ・る・るる・るれ・れよ}中が充満して外側が盛り上がる。ふくれる。例「風（＝風邪）いと重き人にて、腹いとふく・れ」〈竹取・竜の頸の玉〉

ふぐるま【文車】［名］《「ふみぐるま」とも》室内で書籍を運ぶために用いられた、板張りの小型の車。

ふくろ【袋・嚢】［名］ふくろ。巾着や財布。

ふくろくじゅ【福禄寿】［名］七福神のひとつ。福・禄・寿の三徳を備えた神。福禄神。短身長頭でひげが長く、経巻を結んだ杖を持ち、鶴を伴う仙人という。中国では南極星の化身ともいう。

ふくろざうし【袋草紙】［作品名］平安後期（一二五七ごろ成立）の歌学書。藤原清輔著。歌会・歌合わせの故実、和歌集や歌人の考証や逸話などから成る。

ふくろもち【袋持ち】［名］《近世語》❶金袋を持って主人の供をする者。❷何をしても人におくれる者。❸年老いるまで疱瘡にかからない者。❹美人。

ふくゎん【府官】［名］❶国府の役人。❷「大宰府」の役人。

ぶけ【武家】［名］武士の家筋。鎌倉以降、将軍・大名・小名およびその家人の総称。侍。武士。↔公家③

ふけう［・す／・なり］【不孝】 一［名・他サ変］勘当すること。例「瓜取りたる児を永く不孝・して」〈今昔・二九・三〉 二［名・形動ナリ］親不孝。例「不孝なるは仏の道にも忌みじくこそ言ひたれ」〈源氏・蛍〉

ぶけぎりものがたり【武家義理物語】［作品名］江戸前期（一六八八刊行）の浮世草子。井原西鶴作。義理を重んじて生きる武士たちを中心に描く。ほとんどが中国の説話や史談から題材を採り再構成したもの。

ふけしゅう【普化宗】[名]禅宗の一派。唐の普化禅師を祖とする。日本には東福寺の覚心が建長六年(一二五四)に宋より伝えた。江戸時代には、罪を犯した武士が免罪のために虚無僧や梵論字となり、半僧半俗の身分で諸国を行脚した。→「こむそう」

ふけた【深田】[名]「ふかた」に同じ。

ふげつ【風月】[名]「ふうげつ」に同じ。

ぶけづくり【武家造り】[名]鎌倉以降の武家の住宅様式。寝殿造りを簡素化したもので、侍の詰め所や番所を置き、溝をめぐらして防御に留意した。

ぶけてんそう【武家伝奏】[名]《「ぶけでんそう」とも》武家からの要請を天皇・上皇に取り次ぐ職名。室町幕府の初期に制度化され、公卿のなかの適任者を幕府が任命した。

〈和歌〉**ふけにけり…【更けにけり山の端近く月冴えて十市の里に衣打つ声】**〈新古今・秋下・四八五・式子内親王〉訳夜が更けたことだ。西の山の端近くに月が寒々と澄み、はるか遠い十市の里で衣を打つ音が聞こえる。〈参考〉「十市の里」は、大和国の歌枕。いまの奈良県橿原市十市町。

ふけひのうら【吹飯の浦】[歌枕]和泉国の地名。いまの大阪府泉南郡岬町の海岸。「更け」をかける。「月」「千鳥」が景物。

ふけゆ・く【更け行く】[自カ四]｛か・き・く・く・け・け｝夜が深まる。夜が更けてゆく。

ふけ・る【耽る】[自ラ四]｛ら・り・る・る・れ・れ｝深く心を奪われる。没頭する。おぼれる。例「色に**ふけ・り**情けにめで、行ひをいさぎよくして百年の身を誤り」〈徒然・一七二〉

ふげん【普賢】[名]《仏教語》「普賢菩薩」の略。

ぶげん【分限】[名]《「ぶんげん」の変化形》❶身のほど。分際。例「いやしき身の**分限**に過ぎたる財を得たるは」〈雨月・貧福論〉❷富裕な者。金持ち。例「両方、牛角の**分限**」〈浮・本朝二十不孝〉

ぶげんしゃ【分限者】[名]《近世語》金持ち。

ふげんぼさつ【普賢菩薩】[名]《仏教語。「ふげんぼさち」とも》仏の理・定・行の三徳をつかさどり、延命の功徳を備える菩薩。白象・蓮華の上に座し、文殊菩薩とともに釈迦の脇士をする。＝普賢
➡[古典参考図]主要仏像

ふこ【封戸】[名]令制で親王・諸王・諸臣の位官や勲功に応じて賜った民戸。租の半額、庸・調の全額が支給された。＝食封

ふご【畚】[名]竹・わらなどで編んだかご。農夫などが物の運搬に用いるもっこ。

ぶこう[・なり]【無功】[名・形動ナリ]経験が浅く未熟なさま。功績がないこと。下手。また、その者。

ぶこつ[・なり]【無骨】[名・形動ナリ]❶失礼なこと。無作法。無風流。例「御遊なれば、さましまいらせむも**無骨・なる**べし」〈平治・上〉❷具合の悪いこと。例「二三千人の客人を一人にあづくる事、**無骨・なり**」〈曾我・一〉❸役に立たないこと。例「我、**無骨・なり**といへども」〈曾我・五〉

ふさ[・なり][形動ナリ]｛なら・なり(に)・なり・なる・なれ・なれ｝多いさま。たくさんだ。例「わたつうみと人や見るらむあふことのなみだを**ふさ・に**泣きつめつれば」〈大和・一四四〉

ふさ[副]多く。いろいろ。たくさん。例「**ふさ**手折り来けるをみなへしかも」〈万葉・一七・三九四三〉

ぶさい【無菜】[名]《「菜」はおかずの意》おかずが少ないこと。粗末な食事。

ふさう【相応う】歴史的かなづかい「ふさふ」

ふさう【扶桑】[名]❶中国で、東海の日の出る島にあるとされていた神木。❷日本の別称。

ぶさう[・なり]【無双】[名・形動ナリ]《「むさう」とも》比類ないこと。

ふさがり【塞がり】[名]❶ふさがること。差し障ること。❷陰陽道で、大将軍・太白神・天一神などのいる方角。その方向に向かって事をするのは不吉とされて、避けた。

ふさが・る【塞がる】[自ラ四]｛ら・り・る・る・れ・れ｝❶胸が詰まる。胸が込み上げてくる。例「むねせき**ふさがっ・て**御箸をだにもたてられず」〈平家・二・大納言流罪〉《音便》「ふさがっ」は「ふさがり」の促音便。❷詰まる。立ちふさがる。例「馬の頭をたてならべて、大将軍の矢おもてに**ふさが・り**ければ」〈平家・一一・嗣信最期〉❸陰陽道で「塞がり②」の方角に当たる。

ふさ・ぐ【塞ぐ】一[他ガ四]｛が・ぎ・ぐ・ぐ・げ・げ｝❶流れや通行を遮る。閉ざす。例「旧苔の道を**ふさ・ぎ**、秋の草門を閉ず」〈平家・七・福原落〉❷門や戸などを閉める。例「たそがれ時も過ぎぬれば、竹の編み戸を閉ぢ**ふさ・ぎ**」〈平家・一・祇王〉❸場所を占める。❹悩みなどで胸をいっぱいにする。二[他ガ下二]｛げ・げ・ぐ・ぐる・ぐれ・げよ｝❶通れないように遮る。❷場所を占める。例「おほくの国々を**ふさ・げ**らるる事」〈平家・一一・逆櫓〉

ぶさた[・なり]【無沙汰・不沙汰】[名・形動ナリ]❶適切な処理をしないこと。例「これを**無沙汰・に**て閣きしかば、今将軍の逝去に力を得て」〈太平記・三三〉❷訪問のないこと。例「御見舞ひも申さず、**無沙汰**致して御ざる」〈狂言記・こんくわい〉❸関心をもたないこと。知らないこと。例「世間の事は、無下に**無沙汰・なり**」〈沙石集〉❹おろそかにすること。不注意。例「**無沙汰**の僧たちや。そこのき給へ」〈浄・用明天王職人鑑〉

ふさ・ぬ【総ぬ】[他ナ下二]｛ね・ね・ぬ・ぬる・ぬれ・ねよ｝まとめる。総括する。

ふさは・し【相応し】[形シク]｛しから・しく(しかり)・し・しき(しかる)・しけれ・しかれ｝似つかわしい。適当である。

ふさ・ふ【相応ふ】[自ハ四]｛は・ひ・ふ・ふ・へ・へ｝調和する。つり合う。似合う。適する。

ぶざめ・く【武左めく】[自カ四]｛か・き・く・く・け・け｝《近世語。「めく」は接尾語》いなか侍のような野暮な言動をする。例「おのが身の**ぶざめ・い**たるは、あさましくもありけり」〈浮世風呂〉《音便》「ぶざめい」は「ぶざめき」のイ音便。

ふさやか[・なり]【多やか】[形動ナリ]｛なら・なり(に)・なり・なる・なれ・なれ｝《「やか」は接尾語》多くふさふさしているさま。豊か。例「髪はいと**ふさやか・に**て」〈源氏・空蟬〉

ふし【柴】[名]❶「しば(柴)」に同じ。❷冬、魚を集めるために水につけておく柴の束。

ふし【節】[名]《平らにまっすぐのびているものの一部分が、盛り上がって、区切り目のようになっている部分をいうのが原義》❶(葦・竹・木材などの)**ふし**。ふしくれ。❷関節。ふしぶし。例「景能が膝の

節を片手切りに射きりて」〈保元・中〉❸(糸や縄、織物などで盛り上がっている部分)こぶ。だま。例「暈繝端の畳の、節出で来たる」〈枕・昔おぼえて不用なるもの〉❹**心のとまる点**。**事柄**。例「なげの筆づかひにつけたる言の葉、あやしくらうたげに、目とまるべき**ふし**加へなどして」〈源氏・夕顔〉❺**機会**。**きっかけ**。例「春秋をしらせたまひけむことの**ふし**なむ、いみじう承らまほしき」〈更級〉(音便)「いみじう」は「いみじく」のウ音便。(係結び)「なむ」→承らまほしき㊍」。(敬語)「しらせたまひ」→「せたまふ」、「承らまほしき」→「うけたまはる」。❻音楽・歌謡などの**曲調の変わり目**。転じて、**旋律**。**歌い回し**。

〔**節の間**〕節と節の間。転じて、ごく短い時間。例「難波潟短き蘆の**ふしの間**も逢はでこの世を過ぐしてよとや」〈新古今・恋一・一〇四九〉訳→〔和歌〕なにはがたみじかきあしの…

ふし【五倍子・付子】[名]《近世語》ヌルデの木に寄生する虫によってできるこぶ状のもの。粉にして染料や歯黒染めに用い、また、薬用とした。(季-秋)

ふじ【藤】歴史的かなづかい「ふぢ」

ふじ【富士・不尽・不二】[地名]「ふじさん」に同じ。

ぶし【仏師】[名]「ぶっし」に同じ。

ふしあふ・ぐ【伏し仰ぐ】[自ガ四]{が・ぎ・ぐ・ぐ・げ・げ}うつぶしたり天を仰いだりする。また、身を伏せて顔を上に向ける。

ふしう【俘囚】[名]奈良・平安時代、律令国家に帰順した陸奥・出羽地方の「蝦夷」の称。

ふしおき【臥し起き】[名]寝ることと起きること。日常の生活。

ふじがは【富士川】[地名]甲斐国・駿河国を流れる川。いまの山梨県北西部を源流とし静岡県を南流して駿河湾に注ぐ。山形の最上川、熊本の球磨川とともに日本三急流のひとつ。

ふしかへ・る【臥し返る】[自ラ四]{ら・り・る・る・れ・れ}寝返りをうつ。例「『う』といひて後ろざまにこそ**臥しかへ・りたれ**」〈宇治拾遺・三・三〉

ふしき【節木】[名]❶節の多い木。❷節や穴があり、中空である木。

ふしぎ[-・なり]【不思議】[名・形動ナリ]❶思いがけないこと。理解を超えていること。例「歴却**不思議**力及ばず」〈平家・一・清水寺炎上〉❷非常識なこと。例「人の嘲りをもかへりみず、**不思議**の事をのみし給へり」〈平家・一・祇王〉

ふじさん【富士山】[地名]駿河国・甲斐国の境の山。いまの静岡県と山梨県にまたがる日本の最高峰。古代から霊峰として信仰の対象になり、修験道が盛んになるにつれ登山者も増え、江戸時代には集団で登拝する富士講が始まった。文学作品においても、万葉の時代から畏敬の念をこめて表現された。＝富士・不尽・不二

ぶじしうい【無事志有意】[作品名]江戸後期(一七九八刊行)の噺本。烏亭焉馬編。焉馬の主催する咄の会の成果を編集した第三番目の笑話集。新鮮味に欠ける改作話が多いが、内容は多彩。『宇治拾遺物語』をもじった書名。

ふししづ・む【伏し沈む】[自マ四]{ま・み・む・む・め・め}物思いに沈む。嘆き悲しむ。例「**伏し沈・み**、病になりてありしを」〈宇津保・春日詣〉

ふししば【ふし柴】[名]❶「しば」に同じ。❷「まこも」に同じ。

ふしぞめ【柴染め】[名](「しばぞめ」とも)染め色のひとつ。クロモジの木で製した染料で染める。黒みのある淡紅色。

ふじたになりあきら【富士谷成章】[人名](一七三八〜一七七九)江戸中期の国学者。その業績は国語学に多く、助詞・助動詞の語義・用法の研究など、国文法の基礎を築いた。著書『脚結抄』など。

ふじたにみつゑ【富士谷御杖】[人名](一七六八〜一八二三)江戸後期の国学者・歌人。成章の子。神道を取り入れた歌道論(言霊倒語説)を展開した。著書『百人一首灯』『万葉集灯』など。

ふしぢか[-・なり]【節近】[名・形動ナリ]竹などの節と節との間隔が短いさま。

ふじつ【不日】[名](副詞的に用いて)何日もたたない間。短い日数。即刻。

ふしづ・く【柴漬く】[自カ下二]{け・け・く・くる・くれ・けよ}「柴漬け①」をする。例「**ふしづ・け**し淀のわたりを今朝見ればとけん期もなく氷しにけり」〈拾遺・冬・二三四〉

ふしづけ【柴漬け】[名]❶冬に柴を束ねて水中につけておき、集まってきた魚を春になって囲んで捕らえるもの。(季-冬)。❷人を簀巻きにして水中に投げ入れること。私刑の一種。

ふしど【臥し所】[名]夜寝る所。ねや。寝所。

ふしなはめ【伏し縄目・節縄目】[名]鎧の縅の名。白・薄藍・紺を波状の模様に染めた革でつづり合わせたもの。

ふしな・む【伏し並む】[自マ四]{ま・み・む・む・め・め}並んで伏す。並んで倒れる。

ふしなや・む【臥し悩む】[自マ四]{ま・み・む・む・め・め}横になってあれこれ思い悩む。また、病気で寝こむ。例「ただあやしうほけほけしうて、つくづくと**臥しなや・み**たまふを」〈源氏・葵〉

ふしのくすり【不死の薬】[名]服用すれば死を免れるという薬。永遠の命を保つことのできる仙薬。中国の神仙思想を背景としている。

〔狂歌〕**ふじのやま…**【**不尽の山夢に見るこそ果報なれ路銀もいらず草臥もせず**】〈貞柳翁狂歌全集類題・油煙斎貞柳〉訳富士の山は夢で見るのが最もよい。旅費もいらないし、くたびれもしない。

ふしはかせ【節博士】[名]音の長短・高低を表す符号。声明・平曲・謡曲・浄瑠璃などの歌詞のかたわらに記す。

〔俳句〕**ふじひとつ…**【**不二ひとつ埋み残して若葉かな**】〈自筆句帳・蕪村〉訳はるかに臨む富士山だけを残し、大地一面をみずみずしい若葉が埋め尽くしている。(季-若葉-夏)

ふしぶし【節節】[名]❶いろいろな点。箇所箇所。多くのところ。❷その時々。折々。

ふしまきのゆみ【節巻きの弓】[名]竹の節の上ごとに籐を巻いた弓。

ふしまちのつき【臥し待ちの月】[名](月の出が遅いので臥して待つ意から)陰暦十九日の夜の月。寝待ちの月。→「たちまちのつき」「ゐまちづき」。(季-秋)

ふしまろ・ぶ【臥し転ぶ】[自バ四]{ば・び・ぶ・ぶ・べ・べ}(非常な

喜びや悲しみを表し）からだを投げ出して転げ回る。例「御馬を賜（た）びたりければ、ふし転・び悦（よろこ）びて」〈宇治拾遺・五・六〉

ふしみ【伏見】［歌枕］❶山城国（やましろのくに）の地名。いまの京都市伏見区伏見。平安時代には貴族の別荘が多くあったが、豊臣秀吉が伏見城を建てたのちは城下町として発展した。京都と大阪を結ぶ淀川（よどがわ）水運の起点でもある。❷大和国（やまとのくに）の地名。いまの奈良市菅原（すがわら）町。菅原氏ゆかりの地で、古くは「菅原の伏見」と呼ばれた。荒れ果てたイメージがあり、和歌では「臥（ふ）し身」をかけることが多い。

ふしみさんずん【伏見三寸】［名］《「伏見三寸の葛籠（つづら）」の略》庶民の婦女が婚礼に用いた、衣類を入れる小型のつづら。

ふしみてんわう【伏見天皇】（フシミテンノウ）［人名］（一二六五～一三一七）第九十二代天皇。「伏見院」ともいう。父は後深草天皇。京極為兼（ためかね）に和歌を学び、京極派を統率した。『玉葉和歌集』編纂（へんさん）を為兼に命じた。

ふしみぶぎゃう【伏見奉行】（フシミブギョウ）［名］江戸幕府の職名。伏見・近江（おうみ）・丹波の幕府直轄地の行政・裁判をつかさどり、宇治川・木津川の船舶の管理を行った。

ふしみゐん【伏見院】（フシミイン）［人名］「ふしみてんわう」に同じ。

ふしもの【賦し物】［名］連歌・俳諧（はいかい）で、連句の中に物の名を詠み込むこと。のちに発句にだけ詠まれた。

ぶしゃ【奉射】［名］神事の際、神前で大きな的に矢を射て神に手向けること。↔騎射（きしゃ）①

ぶしゃ【歩射】［名］「かちゆみ」に同じ。

ふしゃう【府生】（フショウ）［名］「六衛府（ろくえふ）」で四等官の下の職員。

ふしゃう［・す／・なり］【不請】（フショウ）㊀［名］《仏教語》仏・菩薩（ぼさつ）が、衆生（しゅじょう）から望まれなくても慈悲の心をもって救いの手を差し伸べること。㊁［名・自サ変］嫌々ながらすること。自分からは望まないこと。㊂［名・形動ナリ］不満に思うこと。迷惑なこと。㊁㊂＝不承（ふしょう）

ふしゃう［・なり］【不祥】（フショウ）［名・形動ナリ］不吉。不運。不幸。災難。例「兼好が不祥、公儀（きんよし）が高運、栄枯一時に地を易（か）へたり」〈太平記・二一〉

ふじゃう［・なり］【不浄】（フジョウ）㊀［名・形動ナリ］汚れていること。㊁［名］大小便。また、月経。

ふしゃくしんみゃう【不惜身命】（フシャクシンミョウ）［名］《仏教語》仏道修行のためにからだも生命も惜しまないこと。死をもいとわないこと。

ふじゅ【諷誦】［名］《「ふうじゅ」とも》❶経文や偈（げ）を声を上げて読むこと。❷「諷誦文（ふじゅもん）」の略。

ふじゅもん【諷誦文】［名］《仏教語》死者を供養するために、その趣旨を記し、施物を供えて、僧に読経（どきょう）を願う文。＝諷誦②

ふじゅん【不順】［名］❶ものの道理や年長者のいうことに従わないこと。例「老母の命（めい）に従はざる不孝不順の過ち」〈醒睡笑〉❷体調が悪いこと。健康をそこねること。

ふしょう【鳧鐘】［名］❶中国の伝説で、鳧（ふ）氏が造ったといわれる鐘。転じて、釣り鐘。鉦鼓（しょうこ）。❷日本音楽の音名。十二律のひとつで、七番目。

ふしょう［・す］【不承】［名・自サ変］「ふしゃう（不請）㊁㊂」に同じ。

ふじょう【不定】歴史的かなづかい「ふぢゃう」

ふしわづらふ【臥し煩ふ】（フシワズラウ）［自ハ四］｛は・ひ・ふ・ふ・へ・へ｝病気で寝こむ。寝たきりになる。例「いとど御心地（ここち）もあやまりて、うちはへ臥しわづらひたまふ」〈源氏・真木柱〉

ふしをがみ【伏し拝み】（フシオガミ）［名］神社などを遠くから拝む場所。入り口などに横木があり、その手前から拝む。遥拝所（ようはいじょ）。

ふしをが・む【伏し拝む】（フシオガム）［他マ四］｛ま・み・む・む・め・め｝ひれ伏して拝む。遠いところからはるかに拝む。

ふしん［・す］【普請】［名・他サ変］❶禅宗の寺院で、人々が集まり労役に従事すること。❷多くの人から寄付を受けて、堂や塔などを建築・修理すること。❸一般に土木・建築などをすること。

ふしん［・なり］【不審】［名・形動ナリ］❶疑わしいこと。❷嫌疑をかけること。疑い。

ふじん【夫人】［名］《「ぶにん」とも》❶令制で定められた後宮の女官の称。「妃（ひ）」の下、「嬪（ひん）」の上に位置し、三位以上の三人が選ばれた。❷貴人の妻の称。

ぶしんちゅう【不心中】（ブシンジュウ）［名］《近世語》義理や愛情がなく、不誠実なこと。

ふしんぶぎゃう【普請奉行】（フシンブギョウ）［名］室町・江戸幕府の職名。老中に属し、土木・建築工事などをつかさどった。

ふ・す【伏す・臥す】㊀［自サ四］｛さ・し・す・す・せ・せ｝❶**からだを横たえる。寝る。**例「船底（ふなぞこ）に臥・したまへり」〈竹取・竜の頸の玉〉❷**倒れる。倒れ伏す。**例「女いとかなしくて、しりにたちておひゆけど、えおひつかで、清水（しみず）のある所にふ・しにけり」〈伊勢・二四〉《副詞の呼応》「え↓おひつかで」。❸**物陰に隠れる。ひそむ。**例「木のもとごとに臥・せる武士（もののふ）ども」〈宇津保・俊蔭〉❹**うつむく。うつ伏す。**例「伏・し仰ぎ胸打ち嘆き」〈万葉・五・九〇四長歌〉㊁［他サ下二］｛せ・せ・す・する・すれ・せよ｝❶**横にする。寝かせる。**例「『よし、あこだにな棄（す）てそ』とのたまひて、御かたはらに臥・せたまへり」〈源氏・帚木〉《副詞の呼応》「な↓棄てそ」。《敬語》「のたまひて」↓「のたまふ」。❷**押し倒す。組み伏せる。**例「堀弥太郎（ほりのやたろう）乗りうつって、三郎左衛門にくんでふ・す」〈平家・一一・能登殿最期〉《音便》「乗りうつって」は「乗りうつり」の促音便、「くんで」は「くみて」の撥音便。❸**物陰に隠す。ひそませる。**例「かの道に夜ごとに人を伏・せて守らすれば」〈古今・恋三・六三二詞書〉❹**下を向かせる。うつむかせる。**例「天の岩屋戸にうけを伏・せて踏みとどろこし」〈記・上〉❺**網などをかぶせて捕らえる。つかまえる。**例「子供が千鳥を伏・するところがござったが」〈狂・千鳥〉

ふ・す【賦す】［他サ変］｛せ・し・す・する・すれ・せよ｝❶割り当てる。配る。❷題に応じて詩を作る。

ぶす【附子】［名］《「ぶし」とも》毒薬のひとつ。鳥兜（とりかぶと）という草の根の汁を日にさらして作ったもの。

ぶす【附子】［作品名］室町時代の狂言。作者・成立年未詳。主人が従者ふたりに、附子という毒がある大切なものの番を命じ、ふたりは恐れつつも砂糖と知り全部食べてしまい、言い訳に、主人の大切な物を壊して死ぬつもりで附子を食べたと述べる。

ふずく【粉熟】[名]《「ふんずく」とも。「ふんじゅく」の変化形》平安時代の菓子の一種。米・麦・豆・胡麻などの粉を餅にし甘葛とこね合わせて竹筒に入れて固め、突き出して切って食べるもの。

ふすさに[副]たくさん。例「麻苧らを麻笥にふすさに績まずとも」〈万葉・一四・三四八四〉

ふす・ぶ【燻ぶ】[自バ下二]{べ・べ・ぶ／ぶる・ぶれ・べよ}❶いぶる。例「蚊遣り火ふす・ぶるもあはれなり」〈徒然・一九〉❷嫉妬する。例「(安子が)中宮(ハ)帝をもつねにふす・べまうさせたまひて」〈大鏡・師輔〉❸いさかいをする。機嫌を損ねる。例「富士の山辺の煙にはふす・ぶる(=①ノ意ヲカケル)ことの絶えもせず」〈蜻蛉・上〉

ふすべがは【燻べ革】[名]革をわらや松葉などの煙でいぶし、地を黒くし、模様を白く残した革。

ふすぼ・る【燻ぼる】[自ラ四]{ら・り・る／る・れ・れ}《「ふすぶ」の変化形》くすぶる。煙でいぶされる。例「以ての外にふすぼ・うたる持仏堂に立てごもって」〈平家・三・頼豪〉(音便)「ふすぼっ」は「ふすぼり」の促音便。

ふすま【衾・被】[名]❶寝るときにからだにかける夜具。夜の掛け布団。❷一面を覆うようになっているさまの形容。例「雪、衾のごとく凝りて降る」〈宇津保・俊蔭〉

〔**衾を張る**〕水面が、稲光により、白い夜具を敷いたように輝いて見えるさま。例「海の面は、衾を張・りたらむやうに光り満ちて」〈源氏・須磨〉

ふすましゃうじ【襖障子】[名]《「ふすまさうじ」とも》細い木で骨組みをして両面に布や紙を張った障子。いまの襖・唐紙と同じ。↔紙障子

ふすゐ【臥す猪】[名]寝ている猪。

〔**臥す猪の床**〕猪が雑草などを敷いて寝る所。また、猪。

-ふせ【伏せ】[接尾]《多く「ぶせ」と連濁する》矢の長さをはかる単位。指一本の幅を表す。例「十二束二つ伏せ、よっぴいてひゃうど放つ」〈平家・一一・嗣信最期〉

ふせ【布施】[名]《仏教語》慈悲の心によって他人に物を施すこと。とくに、僧に施す品物や金銭。

-ふぜい【風情】[接尾]❶《名詞に付いて》…のようなものの意を表す。例「箱風情の物にしたため入れて」〈徒然・五四〉❷《人を表す語に付いて》そのものを卑しめていう意を表す。「私風情」「うぬら風情」など。
〈参考〉中世は①、中世後期に②の意となった。

ふぜい【風情】[名]❶しみじみとした趣。情趣。趣向。多く、文学作品についていう。例「岡の屋に行き交ふ船をながめて満沙弥が風情をぬすみ」〈方丈記〉(注)満沙弥の和歌は「世の中を何にたとへむ朝ぼらけ漕ぎ行く舟の跡の白波」〈拾遺・哀傷・一三二七〉訳↓(和歌)よのなかをなににたとへむ…。『万葉集』にも異なった形で載せられ、平安時代から世の無常をあらわすとして、好まれた和歌。❷事柄や人のありさま。ようす。例「はじめの景気今の風情、相違して見えたり」〈義経記・三〉❸(近世語)身だしなみ。容姿に気をつかうこと。例「人の風情とて、朝に髪結はするも」〈浮・好色一代男〉

ふせいほ【伏せ庵・伏せ廬】[名]「ふせや」に同じ。

ふせう[・なり]【不肖】[名・形動ナリ]❶子が親に似ないで愚かなこと。❷愚かなこと。自分をへりくだっていう。例「身不肖の間、かれもって服膺せず」〈平家・三・医師問答〉❸みじめなこと。不遇。例「慶運は身の程や不肖・なりけむ」〈ささめごと〉

ふせきや【防き矢】[名]《のちに「ふせぎや」とも》敵の攻撃を防ぐために矢を射ること。また、その矢。

ふせ・く【防く】[他カ四]{か・き・く／く・け・け}《のち「ふせぐ」とも》❶敵の攻撃や侵入を食い止める。例「城の内の兵ども、しばしささへてふせ・ぎけれども」〈平家・七・火打合戦〉❷遮り止める。例「朝日夕日をふせ・ぐ蓬葎の蔭に」〈源氏・蓬生〉

ふせご【伏せ籠】[名]伏せておいてその上に衣をかけるかご。中に香炉を置いて香をたきしめたり、火鉢を入れて乾かしたり暖めたりする。＝焙り籠・籠

ふせつ【浮説】[名]根拠のないうわさ。風聞。

ふせのうみ【布勢の海】[地名]越中国の湖。いまの富山県氷見市の窪・布施・神代・上田子・下田子・十二町などの地に囲まれていた広大な湖。現在は帯状の小湖十二町潟を残すのみ。

ふせや【伏せ屋】[名]屋根を地に伏せたような小さい粗末な家。＝伏せ庵

ふせ・る【臥せる・伏せる】[自ラ四]{ら・り・る／る・れ・れ}横になっている。

ぶぜん【豊前】[地名]旧国名。西海道十二か国のひとつ。いまの福岡県東部と大分県北部にあたる。＝豊州

ふせんりょう【浮線綾】[名]紋様を浮き織りにした綾織物。のちには、蝶が羽を広げた大型の円形の模様をいった。

ふそく[・す]【不足】[名・自サ変]❶足りないこと。不十分。❷不満足。不平。

ふぞく【風俗】[名]「ふうぞく」に同じ。

ふぞく[・す]【付属・付嘱】[名・他サ変]❶《仏教語》仏法を伝授すること。❷あずけること。任せること。例「家業及び妻子・眷属を弟に付嘱・して出家して山に入りぬ」〈今昔・二・三三〉

ふぞくうた【風俗歌】[名]「ふうぞくうた」に同じ。

ぶそん【蕪村】[人名]「よさぶそん」に同じ。

ぶそんくしふ【蕪村句集】[作品名]江戸中期(一七八四刊行)の俳諧句集。与謝蕪村作、高井几董編。蕪村没後に弟子の几董が師の秀句を集め、一周忌にあたって刊行したもの。蕪村の遺句八百六十八句を四季別に類集。秀句ぞろいの定評があり、蕪村の代表句を網羅する。

ぶそんしちぶしふ【蕪村七部集】[作品名]江戸後期(一八〇九刊行)の俳諧撰集。菊舎太兵衛編。芭蕉の『俳諧七部集』以来の七部集ものの流行に刺激され、書肆が蕪村の七部集を企画し刊行したもの。八部を収めるなど編集にずさんな点はあるが、蕪村および一門の俳風を代表的に示す妥当な選択がなされている。

ふだ【札・簡】[名]《「ふみいた」の変化形》❶《「日給の簡」の略》殿上人の官職や氏名、女房の当直日などを記した札。❷立て札。❸神仏の守り札。おふだ。❹木戸札。入場券。

〔**簡削る**〕殿上の間の出勤簿から名前を削除する。昇殿が差し止めになる。

ふたあや【二綾】［名］二色の糸で織った綾織物。

ふたあゐ【二藍】［名］❶染め色の名。紅花と藍で染めた、赤みがかった青色。薄紫のような色。❷襲の色目の名。表は赤みがかった濃い藍色で、裏は縹色（薄い藍色）。

ふたい【不退】［名］《仏教語》仏道修行の上で、すでに得た悟りや功徳を失うことがないこと。また、怠ることなく修行すること。＝不退転

ふだい【譜第・譜代】［名］❶代々、家系・家職を継承すること。また、その記録系図。❷中世以降、代々、臣下として主人に仕えること。また、その臣下。↔外様②。❸「譜代大名」の略。

ぶたいこ【舞台子】［名］《近世語》舞台に出て歌舞をする若衆。一方で、男色をも売った。＝色子

ふだいた【札板】［名］祈願のお札をはって柱などにかけておく板。また、木のお守り札。

ふだいだいみゃう【譜代大名】［名］江戸時代の大名の中で、関ヶ原の戦い以前から徳川氏に仕えていたもの。＝譜代③。↔外様大名

ふたいてん【不退転】［名］「ふたい」に同じ。↔退転①

ぶたう［-・す］【舞蹈】［名・自サ変］「ぶたふ」に同じ。

ぶたう［-・なり］【無道】［名・形動ナリ］《「むだう」「ぶだう」とも》道理・道義に背くこと。非道。

ふたうじん【不当人】［名］《「ふたうにん」とも》無道な者。無法者。

ぶだうでんらいき【武道伝来記】［作品名］江戸前期（一六八七刊行）の浮世草子。井原西鶴作。敵討ちの話を収めた短編集。敵討ちが悲劇を招く作品が多く、討つ者・討たれる者の苦悩を描く。

ふたがみやま【二上山】［歌枕］❶大和国の山。いまの奈良県北葛城郡當麻町にある二上山。死罪となった大津皇子が山頂に葬られた。❷越中国の山。いまの富山県高岡市と氷見市の境にある。

ふたが・る【塞がる】［自ラ四］{ら・り・る・る・れ・れ}《他動詞「塞ぐ」に対する自動詞》❶ふさがる。つまる。例「道すがら面影につと添ひて、胸もふたがりながら」〈源氏・須磨〉❷陰陽道で、吉凶禍福をつかさどる中神（天一神）の巡行する方角にあたる。例「今宵、中神、内裏よりは塞がりてはべりけり」〈源氏・帚木〉《敬語》「はべりけり」→「はべり」

ふた・ぐ【塞ぐ】㊀［他ガ四］{が・ぎ・ぐ・ぐ・げ・げ}覆う。ふさぐ。例「面をふたぎてさぶらへど」〈竹取・かぐや姫の昇天〉㊁［他ガ下二］{げ・げ・ぐ・ぐる・ぐれ・げよ}❶（場所などを）占める。いっぱいにする。例「寝殿は塞げたまはず」〈源氏・松風〉❷（道や方角などを）遮る。閉ざす。例「今参りのぼりける道に、ふたげられて」〈源氏・蜻蛉〉

ふたごころ【二心】［名］❶浮気心。❷主君に背く心。不忠誠な心。

ふたごもり【二籠り】［名］❶ふたつのものがひとつに包まれていること。また、そのもの。❷蚕が二匹でひとつの繭に入っていること。あるいは、一匹の蚕が二度繭にこもることをもいう。

ふたしなみ［-・なり］【不嗜み】［名・形動ナリ］日常の用意や心がけの足りないこと。

ふたしへ【二し重】［名］《「し」は強意の助詞。多く下に「に」を伴い副詞的に用いる》二重。重ね重ね。

ふたせ【二瀬】［名］《近世語》女中と妾など、ひとりでふたつの役を兼ねた雇い女。二瀬女。

ふだせん【札銭】［名］《近世語》芝居や見世物などの入場料。木戸銭。

ふたつ【二つ】［名］❶数字の二。❷二歳。❸ふたたび。二度。

〔二つの海〕生と死の二つの世界。例「生き死にの二つの海を厭はしみ」〈万葉・一六・三八四九〉

〔二つの道〕❶（『白氏文集』の「秦中吟」から）貧家の女性の品行と富家の女性の品行。貧と富の二つの道。❷忠と孝の道。

ふたつぎぬ【二つ衣】［名］「袿」を二枚重ねたもの。

ふたつてふてふくるわにっき【双蝶蝶曲輪日記】［作品名］江戸中期（一七四九初演）の浄瑠璃。世話物。竹田出雲・三好松洛・並木宗輔合作。大坂の遊郭を舞台に、二人の力士の義侠心あふれる行動を描く世話物。歌舞伎に移されたあとも人気が高く、数々の改作を生んだ作品。

ふたつな・し【二つ無し】二つとない。すぐれている。かけがえのない。例「この大臣の君の世に二つなき御ありさまながら世に仕へたまふは」〈源氏・薄雲〉

ふたつひきりゃう【二つ引き両】［名］紋所の名。輪の中に太い横線を二本引いたもの。足利氏の家紋として有名。

ふたつもじ【二つ文字】［名］平仮名の「こ」の字。

〔和歌〕**ふたつもじ…**【ふたつ文字牛の角文字すぐな文字ゆがみ文字とぞ君は覚ゆる】〈徒然・六二・延政門院〉訳「こいしく」父君（＝後嵯峨上皇）のことが思われます。《係結び》「ぞ→覚ゆる㊍」〈参考〉「ふたつ文字」は「こ」、「牛の角文字」は「い」、「すぐな文字」は「し」、「ゆがみ文字」は「く」で、「恋しく」という意味になる。

ぶだて【部立】［名］歌集を編集するため、和歌を主題や素材で部類分けすること。また、その部類名。

ふたと［副］ものが勢いよく打ち当たるときの音を表す語。はたと。ぱたっと。ぽんと。例「男の尻をふたと蹴たりければ」〈今昔・二三・二〇〉

ふたところどう【二所籐】［名］弓の籐の巻き方の名。二箇所ずつを一定の間隔をおいて巻いたもの。

ふたなぬか【二七日】［名］❶十四日間。病気療養の区切り。❷死後十四日目の忌日。また、その日に行う仏事。

ふたば【二葉】［名］芽を出したばかりの草木の二枚葉。人の幼少の時期にたとえる。

〔二葉の人〕まだ幼い人。幼児。

ぶたふ［-・す］【舞踏】［名・自サ変］《「ぶたう」とも》宮廷などでの拝礼の作法のひとつ。初め再拝して笏を置き、立って身を左、右、左とひねり、次に座って同じようにし、笏をとって拝して、立ってまた再拝する。朝賀・即位・節会などの際に、皇太子以下が行う。また、叙位・任官などの際にも行う。

ふたふた［副］ぱたぱた。ばたばた。また、慌てふためくさま。例「雉を生けながら持て来たりて揃らする

に、暫くはふたふたと為るを」〈今昔・一九・三〉

ふたへ【二重】[名]❶二つ重なること。❷年老いて腰が曲がること。❸襲の色目の名。表と裏が同色のもの。とくに、紫や萌葱などにいう。

ふたへおりもの【二重織物】[名]綾織りの地紋に、別の色糸で模様を浮き織りにしたもの。

ふたほがみ[名]語義未詳。二心ある人、また、不人情な人の意か。「悪し」にかかる枕詞とも。例「ふたほがみ悪しけ人なり」〈万葉・二〇・四三八二〉

ふたま【二間】[名]❶柱と柱との間が二つあること。❷寝殿造りの廂の間で、柱間が二つある部屋。持仏を安置したり、貴人を迎えたりする。❸清涼殿の東廂にある部屋の名。僧が伺候して、天皇守護の祈禱をする部屋。➡[古典参考図]清涼殿

ふたまた【二股・二俣】[名]❶もとがひとつで、末が二つに分かれたもの。❷二つのどちらか一方に態度が定まらないこと。また、その人。二股膏薬。

ふたみのうら【二見浦】[歌枕]❶伊勢国の地名。いまの三重県度会郡二見町の海岸。❷但馬国の地名。いまの兵庫県城崎郡城崎町二見、円山川河口の渓谷。❸播磨国の地名。いまの兵庫県明石市二見町の海岸。

ふたむねのごしょ【二棟の御所】[名]寝殿造りで母屋の東北に棟を突き出して造られた別棟の建物。寝殿造りの一変形。

ふたむらやま【二村山】[歌枕]三河国の山。いまの愛知県額田郡にある山という。東海道の道筋にあたり古くからの景勝地。「二疋」をかけて、多く「錦」「綾」などとともに詠まれる。

ふためか・す[他サ四]{さ・し・す・す・せ・せ}(「めかす」は接尾語)ばたばたさせる。例「(スズメガ)羽をふためかして惑ふ程に」〈宇治拾遺・三・一六〉

ふため・く[自カ四]{か・き・く・く・け・け}(「めく」は接尾語)❶ばたばた音をたてる。例「雄を近付きてふためくなりけり」〈今昔・一九・六〉❷うろたえて騒ぐ。例「所従十余人、倒れふためき」〈平家・八・緒環〉

ふたゆ・く【二行く】[自カ四]{か・き・く・く・け・け}❶二度通る。二度繰り返す。例「うつせみの世やも二行く(=二度トアロウカ、イヤ、ナイ)」〈万葉・四・七三三〉❷心が両方に通う。二心を抱く。例「我が心二行くなもとなよ思はりそね」〈万葉・一四・三五二六〉

ふだらく【補陀洛・補陀落】[名]《梵語の音訳》インドの南海岸にあるという八角形の山。観世音菩薩が住むという浄土。＝補陀洛山

ふだらくせん【補陀洛山】[名]《仏教語》「ふだらく」に同じ。

ふたり[副]物が落ちる音。ぽとり。例「鼻外れて粥の中へ、ふたりとうち入れつ」〈宇治拾遺・二・七〉

ふたりだいみゃう【二人大名】[作品名]室町時代の狂言。作者・成立年未詳。二人の大名が、通りすがりの使いの者に刀を持たせるが、使いの者は刀を抜いて二人に迫り、鶏の蹴り合い・犬の噛み合い・起き上がり小法師のまねをさせ、そのすきに逃げ去ってしまう。下剋上の時代背景を思わせるが、大名の物まね芸が見どころの狂言。

〔和歌〕**ふたりゆけど…**【二人行けど行き過ぎ難き秋山をいかにか君がひとり越ゆらむ】〈万葉・二・一〇六・大伯皇女〉訳二人で行っても行き過ぎにくい寂しい秋山を、いまごろどのようにしてあなたはひとりで越えているだろう。

ふだん[・なり]【不断】[名・形動ナリ]絶え間ないこと。例「御修法はいつとなく不断にせらるれば」〈源氏・柏木〉

〔不断の御読経〕毎日昼夜の絶え間なく、僧が交替で経を読むこと。死者の供養や病気平癒のため、七日間・十四日間などの一定期間、大般若経・法華経・最勝王経などを読むこと。またそれらの経。＝不断経

ふだん【不断】[副]日常。平生。いつも。

ふだんぎゃう【不断経】[名]《仏教語》日夜間断なく経を読むこと。とくに、追善や安産祈願などのために、一定の期間、大般若経、最勝王経、法華経などを毎日読誦すること。

ふち【淵】[名]水がよどんで深い所。⇔瀬①

ふち【斑】[名]色がまだらに混じっていること。馬などの毛色が種々混じっているもの。ぶち。

ふち[・す]【扶持】一[名・他サ変]❶助力すること。力を貸すこと。❷俸禄を与えて家来として養うこと。二[名]「扶持米」の略。

ふぢ【藤】[名]❶植物の名。フジ。和歌では、「淵」をかけたり、藤原氏をたとえたりすることもあった。(季-春)。例「藤の花もとよりみずは紫にさける松とぞおどろかれまし」〈貫之集〉❷染め色の名。藤色。例「藤の裾濃の織物の御几帳に」〈栄花・一九〉❸襲の色目の名。表は薄紫で裏は青というが諸説ある。＝藤襲。❹「藤衣」の略。

〔藤の御衣〕「藤衣②」の敬称。

〔藤の衣〕「ふぢごろも」に同じ。

〔藤の袂〕藤衣の袂。喪服の袂。また、藤衣。

〔藤の花の宴〕藤の花を見ながらする酒宴。

ぶち【鞭】[名]「むち」に同じ。

ぶちあ・げる【打ち上げる】[他ガ下一]{げ・げ・げる・げる・げれ・げよ}《近世語。「ぶち」は接頭語》❶取り上げる。奪い取る。例「海道筋の御器の実をぶちあげ」〈浄・丹波与作待夜の小室節〉❷(「あげる」を強めた語)すっかり上げる。例「あの野郎、この頃ご血道をぶち上げて居るぜ」〈浮世床〉❸(「言ふ」を卑めていう語)ぬかす。ほざく。例「ぬけぬけとした事をぶち上げるぜ」〈浮世床〉

ふぢがさね【藤襲】[名]「ふぢ③」に同じ。

ふぢかは【藤川】[地名]三河国の地名。いまの愛知県岡崎市藤川町。東海道五十三次のひとつ。脇本陣跡・一里塚跡が残っている。

ふぢごろも【藤衣】[名]❶藤や葛の繊維で織った布の衣。粗末な着物。❷喪服。＝藤の御衣①②＝藤④

古典の世界　②は、臣下の場合は一般に父母や妻子が亡くなった場合に用いた。ふつう麻布製で、色は上代では白、のちには薄墨色(鈍色)が用いられた。薄墨色には死者との親疎により濃淡の区別があった。②を着ることを「やつる」、または「やつす」という。

〔和歌〕**ふぢごろも…**【藤衣はつるる糸はわび人の涙の玉の緒とぞなりける】〈古今・哀傷・八四一・壬生忠岑〉訳長い間着ている喪服のほつれてきた糸

は、父を失って悲しみにくれる私の涙の玉をつなぐ緒となったことだ。《係結び》「ぞ→なりける(体)」

ふぢさは【藤沢】[地名]相模国の地名。いまの神奈川県藤沢市。中世には清浄光寺(遊行寺)の門前町。江戸時代は東海道五十三次のひとつ。

〈参考〉父の喪中に詠んだ歌。

ふちせ【淵瀬】[名]❶淵と瀬。川の深い所と浅い所。❷世の中の移ろいやすいことのたとえ。例「**淵瀬**ありとはむべもいひけり」〈大和・一〇〉

〈参考〉②は「世の中はなにか常なる飛鳥川昨日の淵ぞ今日は瀬になる」〈古今・雑下・九三三〉訳→〔和歌〕よのなかはなにかつねなる…の歌意に基づく。

ふぢたとうこ【藤田東湖】[人名](一八〇六―一八五五)江戸後期の儒学者・勤王家。水戸藩士。水戸学の振興につとめた。徳川斉昭の藩主擁立にもかかわる。藩政にも参与し、天保の藩政改革に貢献した。

ふぢつぼ【藤壺】[名]「飛香舎」の別称。

ふぢつぼ【藤壺】[人名]『源氏物語』の登場人物。二人いて、❶桐壺帝中宮。源氏と不義密通し、のちの冷泉帝を産む。源氏の永遠の恋人。❷①の妹で、朱雀帝との間に女三の宮を産む。

ふぢなみ【藤波・藤浪】[名]藤の花房が風に揺られるさまを、波がうねる姿に見立てたもの。藤の花、または藤。藤原氏をたとえていうこともある。和歌では池や海などをともに詠みこむのがふつう。(季―春)

ふぢなみの【藤波の・藤浪の】[枕詞]藤のつるがまつわりつくことから「まつはる」に、波の縁で「寄る」「立つ」などにかかる。例「**藤波の**思ひ纏はり若草の思ひつきにし」〈万葉・一三・三二四八長歌〉

ふぢのうらば【藤裏葉】[作品名]『源氏物語』の三十三番目の巻名。

ふぢばかま【藤袴】[名]❶草の名。香料や利尿剤に用いられた。「秋の七草」のひとつ。和歌では、香を焚きしめた袴に見立てて詠む。(季―秋)。❷襲の色目の名。表、裏ともに紫。秋の着用。❸藤色の袴。

ふぢばかま【藤袴】[作品名]『源氏物語』の三十番目の巻名。

ふぢはらせいくゎ【藤原惺窩】[人名](一五六一―一六一九)安土桃山時代から江戸前期の儒学者。儒学を独自に体系化し、京学派確立。門人に林羅山などがいる。著書に『寸鉄録』『大学要略』など。

ふぢはらのあきすけ【藤原顕輔】[人名](一〇九〇―一一五五)平安後期の歌人。父は同じく歌人の顕季。父を通して大江匡房・源俊頼・周防内侍らと交流があった。『金葉和歌集』以降の勅撰集に八十四首入集。

ふぢはらのあきすゑ【藤原顕季】[人名](一〇五五―一一二三)平安後期の歌人。藤原顕輔や長実の父。六条家の始祖。歌風は穏和。『後拾遺和歌集』以降の勅撰集に五十七首入集。

ふぢはらのあきひら【藤原明衡】[人名](九八九?―一〇六六)平安中期の漢詩人。後冷泉朝随一の詩人といわれ、『本朝文粋』『明衡往来』『新猿楽記』などを編著述した。

ふぢはらのあきらけいこ【藤原明子】[人名](八二八―九〇〇)《「ふぢはらのめいし」とも》父は藤原良房。文徳天皇女御で清和天皇を産んだ。物の怪に悩む話が『今昔物語集』などに伝わる。

ふぢはらのあさただ【藤原朝忠】[人名](九一〇―九六六)平安中期の歌人。三十六歌仙のひとり。和歌ばかりではなく笙の才にも恵まれていた。『後撰和歌集』以降の勅撰集に入集。家集『朝忠集』。

ふぢはらのあつただ【藤原敦忠】[人名](九〇六―九四三)平安中期の歌人。三十六歌仙のひとり。父は左大臣藤原時平。『後撰和歌集』以降の勅撰集に四十首入集。家集『敦忠集』。

ふぢはらのあつより【藤原敦頼】[人名]「だういん」に同じ。

ふぢはらのありいへ【藤原有家】[人名](一一五五―一二一六)平安後期から鎌倉前期の歌人。九条兼実の門下で、『新古今和歌集』撰者のひとり。『千載和歌集』以降の勅撰集に六十八首入集。

ふぢはらのいへたか【藤原家隆】[人名](一一五八―一二三七)《「ふぢはらのかりゅう」とも》平安後期から鎌倉前期の歌人。『千載和歌集』以降の勅撰集に二百八十二首入集。平淡で率直に詠じたものが多い。家集『壬二集』。

ふぢはらのうまかひ【藤原宇合】[人名](六九四?―七三七)奈良前期の政治家・漢詩人・歌人。父は藤原不比等。式家の祖。『懐風藻』や『経国集』に漢詩が、『万葉集』に和歌がそれぞれ残る。

ふぢはらのおきかぜ【藤原興風】[人名](生没年未詳)平安前・中期の歌人。三十六歌仙のひとり。『古今和歌集』歌壇の重鎮。『古今和歌集』以降の勅撰集に入集。家集『興風集』。

ふぢはらのかねいへ【藤原兼家】[人名](九二九―九九〇)平安中期の歌人。父は藤原(九条)師輔。妻時姫との間に道隆・道兼・道長、藤原倫寧女との間に道綱がおり、娘では冷泉天皇女御の超子・円融天皇皇后詮子らがいる。倫寧女との贈答歌は『蜻蛉日記』により知られ、『拾遺和歌集』以降の勅撰集に十六首入集。

ふぢはらのかねざね【藤原兼実】[人名](一一四九―一二〇七)平安後期から鎌倉前期の公卿。「九条兼実」「月輪殿」「法性寺殿」ともいう。当時の歌壇庇護者として活躍。『千載和歌集』以降の勅撰集に六十二首入集、公家日記屈指といわれる『玉葉』を残した。

ふぢはらのかねすけ【藤原兼輔】[人名](八七七―九三三)平安前期の歌人。三十六歌仙のひとり。賀茂川の堤に家があったことから堤中納言と呼ばれる。藤原定方とともに文学サロンを作り、そこに紀貫之・藤原仲平・清原深養父・大江千古などが出入りしていた。『古今和歌集』以降の勅撰集に五十五首入集。

ふぢはらのかまたり【藤原鎌足】[人名](六一四―六六九)飛鳥時代の政治家・歌人。「中臣鎌子」「中臣鎌足」ともいう。六四五年中大兄皇子(天智天皇)とともに蘇我氏を滅ぼし、大化の改新を決行。内臣となり天智天皇の政治を補佐。のち藤原の姓を賜る。『万葉集』に和歌が二首残る。

ふぢはらのかりゅう【藤原家隆】［人名］「ふぢはらのいへたか」に同じ。

ふぢはらのきよすけ【藤原清輔】［人名］（一一〇四〜一一七七）平安後期の歌人。歌学・歌論に長じ、藤原俊成以前の歌壇の指導者として活躍。とくに『古今和歌集』などの校訂書写の歴史的意義は大きい。歌学書『奥儀抄』『袋草紙』。

ふぢはらのきよただ【藤原清正】［人名］（？〜九五八）平安中期の歌人。三十六歌仙のひとり。『後撰和歌集』以降の勅撰集に二十八首入集するほか、屏風歌を多数詠む。家集『清正集』。

ふぢはらのきんたふ【藤原公任】［人名］（九六六〜一〇四一）平安中期の歌人。中古三十六歌仙のひとり。「四条大納言」ともいう。漢詩・和歌・管弦の才にすぐれる。歌風は『古今和歌集』以来の平明さに主眼をおいている。『拾遺抄』を撰定。『拾遺和歌集』以降の勅撰集に九十一首入集、漢詩も『和漢朗詠集』などに十三首現存している。

ふぢはらのきんつね【藤原公経】［人名］（一一七一〜一二四四）鎌倉前・中期の歌人。「西園寺公経」ともいう。西園寺家の祖。『新古今和歌集』以降の勅撰集に百十四首入集している。

ふぢはらのこうぜい【藤原行成】［人名］「ふぢはらのゆきなり」に同じ。

ふぢはらのこれちか【藤原伊周】［人名］（九七四〜一〇一〇）平安中期の廷臣・漢詩人。「儀同三司」ともいう。父は中関白藤原道隆。母方の血縁に儒者が多く、漢詩文に親しむなど学問的雰囲気の中に育ち、自らも詩宴を催すなどの漢文学サロンを形成しつつあったが、政治的に失脚すると消滅した。『本朝文粋』『和漢朗詠集』などに作品が残る。

ふぢはらのこれまさ【藤原伊尹】［人名］（九二四〜九七二）（「ふぢはらのこれただ」とも）平安中期の歌人。一条摂政と称される。諡号は謙徳公。父は藤原（九条）師輔。「梨壺の五人」の『万葉集』訓読や『後撰和歌集』撰集の仕事を指揮した。『後撰和歌集』以降の勅撰集に三十七首入集。家集『一条摂政御集』。

ふぢはらのさだいへ【藤原定家】［人名］（一一六二〜一二四一）（「ふぢはらのていか」とも）鎌倉前・中期の歌人。父は藤原俊成。定家の家、御子左家は代々歌人を輩出し、父俊成も当時の宮廷和歌の指導者であった。定家もその影響下で『千載和歌集』勅撰を手伝い、『新古今和歌集』では撰者の中心に置かれた。日本和歌史上の中心でもある。古典学者としての業績も多大で、日記『明月記』は一一八〇年（治承四）から一二三五年（嘉禎元）にわたり、当時の数少ない文化人の記録として評価される。歌風は余情・妖艶の体、また『毎月抄』では有心体を理想とした。私撰した『小倉百人一首』も有名。

ふぢはらのさだかた【藤原定方】［人名］（八七三〜九三二）平安前期の歌人。三条右大臣。『古今和歌集』成立後の宮廷歌壇の重鎮となり、紀貫之らに恩顧を与えた。家集『三条右大臣集』。

ふぢはらのさだなが【藤原定長】［人名］「じゃくれん」に同じ。

ふぢはらのさだより【藤原定頼】［人名］（九九五〜一〇四五）平安中期の歌人。中古三十六歌仙のひとり。四条中納言。父は藤原公任。能書家としても名を残す。『後拾遺和歌集』以降の勅撰集に四十六首入集。家集『権中納言定頼卿集』。

ふぢはらのさねかた【藤原実方】［人名］（？〜九九八）平安中期の歌人。中古三十六歌仙のひとり。『拾遺和歌集』以降の勅撰集に六十七首入集。家集『実方朝臣集』。

ふぢはらのさねさだ【藤原実定】［人名］（一一三九〜一一九一）平安後期の歌人。「徳大寺実定」ともいう。後徳大寺左大臣。『千載和歌集』以降の勅撰集に七十三首入集。

ふぢはらのさねすけ【藤原実資】［人名］（九五七〜一〇四六）平安中期の歌人。「小野宮実資」ともいう。先例故実に詳しく、日記『小右記』を、また故実書『小野宮年中行事』を著した。

ふぢはらのさねより【藤原実頼】［人名］（九〇〇〜九七〇）平安中期の歌人。小野宮殿と号し、諡は清慎公。関白太政大臣、摂政となり権力の中央にいるとともに和歌・有職に優れ、『小野宮故実旧例』を著した。

ふぢはらのしゃうし【藤原彰子】［人名］（九八八〜一〇七四）「上東門院」ともいう。父は藤原道長。母は源雅信の娘の倫子。一条天皇女御となり、先に中宮となっていた藤原定子を皇后に昇格させ、のちに中宮。後一条天皇・後朱雀天皇の母。紫式部・和泉式部・赤染衛門ら才媛が仕え、一大サロンを形成。

ふぢはらのしゅんぜい【藤原俊成】［人名］「ふぢはらのとしなり」に同じ。

ふぢはらのすけまさ【藤原佐理】［人名］（九四四〜九九八）（「ふぢはらのさり」とも）平安中期の公卿・書家。能書家として知られる。筆跡は「佐跡」といい、小野道風の「野跡」、藤原行成の「権跡」とともに「三跡」といわれる。

ふぢはらのたかいへ【藤原隆家】［人名］（九七九〜一〇四四）平安中期の公卿。父は中関白藤原道隆。中宮定子・藤原伊周の弟。父の死後、兄とともに花山院を弓矢で威嚇した罪で失脚、この事件で中関白家は衰退した。

ふぢはらのたかとほ【藤原高遠】［人名］（九四九〜一〇一三）「大弐高遠」ともいう。平安中期の歌人。中古三十六歌仙のひとり。祖父は実頼。弟に実資がいる。一条天皇の笛の師。『拾遺和歌集』以下の勅撰集に二十七首入集。家集『大弐高遠集』。

ふぢはらのたかのぶ【藤原隆信】［人名］（一一四二〜一二〇五）平安後期から鎌倉前期の歌人・画家。藤原定家の異父兄にあたる。藤原俊成や九条（藤原）兼実らと歌会や歌合わせに出席、また建礼門院右京大夫と恋愛の贈答歌を残している。勅撰集や私撰集に数多くの歌を残し、また物語も作ったが散逸。家集『隆信朝臣集』。

ふぢはらのたかみつ【藤原高光】［人名］（九四〇？〜九九四？）平安中期の歌人。三十六歌仙のひとり。多武峯少将。法名は如覚。二十歳で出家。

理由は、前年父に死別して無常を悟ったとも政治上の争いを嫌ったからともいわれる。この出家の経緯を『多武峯少将物語』は詳述している。

ふぢはらのただひら【藤原忠平】[人名]（八八〇〜九四九）平安中期の歌人。小一条太政大臣。諡号は貞信公。勅命の『延喜式』を完成させ、日記『貞信公記』を残す。

ふぢはらのただみち【藤原忠通】[人名]（一〇九七〜一一六四）平安後期の歌人・詩人・書家。法性寺関白と称せられる。家集『田多民治集』、歌集『法性寺関白御集』などが現存。

ふぢはらのためいへ【藤原為家】[人名]（一一九八〜一二七五）鎌倉中期の歌人。父は藤原定家。二条家祖の為氏、京極家祖の為教のほか、阿仏尼との間には冷泉家祖の為相をもうけた。為相を溺愛したため、三家の不和分裂が生じた。

ふぢはらのためうぢ【藤原為氏】[人名]（一二二二〜一二八六）鎌倉中期の歌人。「二条為氏」ともいう。和歌の家二条家の祖となるが、家族仲は悪く、弟為教は京極家を起こし、継母阿仏尼とも荘園相続をめぐって対立、阿仏尼の子為相は冷泉家を起こし、のちに歌の家分裂を招来する。『大納言為氏卿集』を残す。

ふぢはらのためかね【藤原為兼】[人名]（一二五四〜一三三二）鎌倉後期の歌人。「京極為兼」ともいう。革新的な歌風や歌道を示して京極派歌壇の中心となると、穏健な二条派を攻撃した。『続拾遺和歌集』以降の勅撰集に百三十余首入集。

ふぢはらのためすけ【藤原為相】[人名]（一二六三〜一三二八）鎌倉後期の歌人。冷泉家の祖。父は藤原為家。母は阿仏尼。『新後撰和歌集』以降の勅撰集に六十五首入集。

ふぢはらのためつね【藤原為経】[人名]「じゃくてう」に同じ。

ふぢはらのためなり【藤原為業】[人名]「じゃくねん」に同じ。

ふぢはらのためのり【藤原為教】[人名]（一二二七〜一二七九）鎌倉中期の歌人。「京極為教」ともいう。為兼の父。父は藤原為家。京極家の祖。

ふぢはらのためよ【藤原為世】[人名]（一二五〇〜一三三八）鎌倉後期の歌人。「二条為世」ともいう。父は藤原(二条)為氏。二条家の歌道を伝授した。歌風は穏健かつ典雅で、『続拾遺和歌集』以降の勅撰集に百七十余首入集。

ふぢはらのていか【藤原定家】[人名]「ふぢはらのさだいへ」に同じ。

ふぢはらのていし【藤原定子】[人名]（九七七〜一〇〇〇）一条天皇の皇后。父は中関白藤原道隆。兄弟に伊周・隆家がいる。兄弟の花山院への反逆で一時宮廷から退出したが復帰。しかし道長の娘の彰子が入内し、中宮になるにつれて、皇后に祭り上げられた。清少納言の『枕草子』は定子礼賛の文章で満ちている。

ふぢはらのときひら【藤原時平】[人名]（八七一〜九〇九）平安前期の歌人。本院大臣、中御門左大臣と称する。父は太政大臣藤原基経。菅原道真を左遷し、以後の藤原氏中心の政治体制の基礎を築いた。国家事業として『延喜式』や『古今和歌集』編纂の主導者としても活躍。

ふぢはらのとしなり【藤原俊成】[人名]（一一一四〜一二〇四）《「ふぢはらのしゅんぜい」とも》平安後期から鎌倉前期の歌人。関白藤原道長から五代目にあたり、その家を御子左家という。勅撰集『千載和歌集』の撰者としても活躍。『万葉集』や『古今和歌集』の伝統を尊び、叙情性あふれる歌風を確立。

ふぢはらのとしなりのむすめ【藤原俊成女】[人名]（一一七一？〜一二五四？）《「ふぢはらのしゅんぜいのむすめ」とも》平安後期から鎌倉前期の女流歌人。俊成の孫だが養女となった。『無名草子』の作者ともいわれている。家集『俊成卿女集』。

ふぢはらのとしゆき【藤原敏行】[人名]（？〜九〇一）平安前期の歌人。三十六歌仙のひとり。家集『敏行朝臣集』が現存し、『古今和歌集』以降の勅撰集に二十九首入集。

ふぢはらのともやすのむすめ【藤原倫寧女】[人名]「ふぢはらのみちつなのはは」に同じ。

ふぢはらのなかふみ【藤原仲文】[人名]（九二三〜九九二）平安中期の歌人。三十六歌仙のひとり。『拾遺和歌集』以降の勅撰集に八首あるが、実数は五首である。家集『仲文集』。

ふぢはらのながよし【藤原長能】[人名]（九四九？〜一〇一七？）《「ふぢはらのながたふ」とも》平安中期の歌人。中古三十六歌仙のひとり。父は藤原倫寧。『蜻蛉日記』の作者、道綱母の弟。『拾遺和歌集』以下の勅撰集に五十二首入集。家集『長能集』。

ふぢはらののぶざね【藤原信実】[人名]（一一七六〜？）鎌倉前期の歌人・画家。和歌では『新勅撰和歌集』以降の勅撰集に百三十二首入集。絵画では『三十六歌仙絵』の作者と伝えられ、また後鳥羽院の似絵を描いたともいわれる。

ふぢはらのはまなり【藤原浜成】[人名]（七二四〜七九〇）奈良中・後期の公卿。父は藤原不比等の子、麻呂。日本初の歌学書『歌経標式』を撰集したことで有名。

ふぢはらのひでさと【藤原秀郷】[人名]（生没年未詳）平安中期の武人。俗称は俵藤太。平将門の乱の折、将門を討伐。その武勇から近江三上山のむかで退治の伝承が生まれ、御伽草子『俵藤太物語』などが成立。

ふぢはらのひでよし【藤原秀能】[人名]（一一八四〜一二四〇）《「ふぢはらのひでたふ」とも》鎌倉前期の歌人。後鳥羽院の北面の武士だが和歌をよく詠み、承久の乱には後鳥羽院側でよく戦ったが敗北。のちに出家　如願と名乗る。家集『如願法師集』。

ふぢはらのふひと【藤原不比等】[人名]（六五九〜七二〇）飛鳥時代から奈良前期の漢詩人。父は藤原鎌足。武智麻呂（南家祖）・房前（北家祖）・麻呂（京家祖）・宇合（式家祖）や宮子（文武天皇妃・聖武天皇の母）・聖武天皇妃、光明皇后の父。『大宝律令』『養老律令』を撰定。『懐風藻』にその作品が残っている。

ふぢはらのふゆつぐ【藤原冬嗣】[人名]（七七五〜八二六）平安前期の漢詩人。閑院大臣と称する。良岑安世の同母兄で、良房・順子（文徳天皇の母）らの父。『日本後紀』や『文華秀麗集』の編纂を行い、教育機関として勧学院を創設。

ふぢはらのまさつね【藤原雅経】［人名］「あすかゐまさつね」に同じ。

ふぢはらのみちつなのはは【藤原道綱母】［人名］（九三六？〜九九五？）平安中期の女流歌人。「右大将道綱母」「藤原倫寧女」ともいう。中古三十六歌仙のひとりで、また王朝三美人のひとり。父は藤原倫寧。藤原兼家との間に道綱を産んだ。兼家との生活を『蜻蛉日記』の中に記し、のちの女流文学に大きな影響を与えた。

ふぢはらのみちとし【藤原通俊】［人名］（一〇四七〜一〇九九）平安中・後期の歌人。『後拾遺和歌集』の撰者。源経信・大江匡房と並んで、当時の歌壇の指導者として活躍。

ふぢはらのみちなが【藤原道長】［人名］（九六六〜一〇二七）御堂関白・法成寺入道の別称がある。父は藤原兼家、母は藤原中正の娘時姫。兄の関白道隆・道兼の病死後、政治の実権を掌握。娘の彰子を一条天皇の、妍子を三条天皇の、威子を後一条天皇の中宮に立て、「一家三后」を実現した。その生涯は『栄花物語』『大鏡』に詳述され、自ら日記『御堂関白記』を残した。

ふぢはらのみちのぶ【藤原道信】［人名］（九七二〜九九四）平安中期の歌人。中古三十六歌仙のひとり。「いみじき和歌の上手」（『大鏡』）だったが二十余歳で逝去した。家集『道信朝臣集』。

ふぢはらのみちのり【藤原通憲】［人名］「しんぜい」に同じ。

ふぢはらのみちまさ【藤原道雅】［人名］（九九二〜一〇五四）平安中期の歌人。中古三十六歌仙のひとり。父は中関白家の伊周。道長に対する恨みからか奇行が多く、内親王と密通事件などを起こしている。自己を投影した哀切な歌も多い。

ふぢはらのみや【藤原の宮】［地名］大和国にあった都。いまの奈良県橿原市高殿町を中心とした一帯の地。北の耳成山、東の香具山、西の畝傍山に囲まれた地域で、持統天皇の八年（六九四）から元明天皇の和銅三年（七一〇）まで唐の長安をまねて造った大規模な都があった。

ふぢはらのめいし【藤原明子】［人名］「ふぢはらのあきらけいこ」に同じ。

ふぢはらのもとざね【藤原元真】［人名］（生没年未詳）平安前期の歌人。三十六歌仙のひとり。家集『元真集』。

ふぢはらのもとつね【藤原基経】［人名］（八三六〜八九一）平安前期の摂政・関白。昭宣公、あるいは「堀川のおとど」などと呼ばれた。史書『日本文徳天皇実録』の編者のひとり。

ふぢはらのもととし【藤原基俊】［人名］（？〜一一四二）平安後期の歌人・漢詩人。中古六歌仙のひとり。『新撰朗詠集』などを撰集。

ふぢはらのゆきなが【藤原行長】［人名］（生没年未詳）鎌倉前期の人。「信濃前司行長」ともいう。『徒然草』の二百二十六段に『平家物語』の作者説がある。

ふぢはらのゆきなり【藤原行成】［人名］（九七二〜一〇二七）（「ふぢはらのこうぜい」とも）平安中期の歌人・能書家。三跡のひとり。権大納言であったことから行成の日記を『権記』と呼び、書を「権跡」と称す。

ふぢはらのよしたか【藤原義孝】［人名］（九五四〜九七四）平安中期の歌人。中古三十六歌仙のひとり。二十一歳の若さで没したが、『大鏡』や『今昔物語集』に伝承されている。日記があったが現存しない。

ふぢはらのよしつね【藤原良経】［人名］（一一六九〜一二〇六）鎌倉前期の歌人。「九条良経」ともいう。父は九条兼実。叔父慈円の影響もあって漢詩や和歌をよくした。『新古今和歌集』仮名序の作者。後鳥羽院歌壇の庇護者としても活躍した。自ら「秋篠月清」と号し、家集『秋篠月清集』を残す。気品高雅に満ちた歌を詠み、新古今歌風の一面を形成。『千載和歌集』以降の勅撰集に三百二十首入集。

ふぢはらのよしふさ【藤原良房】［人名］（八〇四〜八七二）平安前期の公卿。基経・高子（清和天皇女御、陽成天皇の母）の養父。父は藤原冬嗣。人臣で初めて太政大臣となり、文徳天皇に入内した娘の明子が清和天皇を産むと、摂政となって活躍。『続日本後紀』を編纂。

ふぢはらのよりなが【藤原頼長】［人名］（一一二〇〜一一五六）平安後期の漢学者。左大臣。「悪左府頼長」と呼ばれる。父は知足院関白忠実。近衛天皇に近侍するが帝崩御後、鳥羽院の信任を失い、これが契機となって保元の乱が起こる。戦場で負傷し、のち落命。日記『台記』を残し、宇治に文庫（宇治文庫）を建てた。

ふぢはらのよりなり【藤原頼業】［人名］「じゃくぜん」に同じ。

ふぢはらのよりみち【藤原頼通】［人名］（九九二〜一〇七四）平安中期の歌人・政治家。父は関白道長。宇治に平等院を建立し、『万葉集』や三代集を奉納。源隆国らとも交流をもった。

ふぢはらのをつぐ【藤原緒嗣】［人名］（七七四〜八四三）平安前期の公卿。式家百川の長子。『日本後紀』編纂の中心人物。

ふちまい【扶持米】［名］主君から給与される米。＝扶持㊁

ふぢゃう［・なり］【不定】［名・形動ナリ］確かでないこと。**あてにならないこと。物事が定まっていないこと。**⇔一定。例「不定・なりつる御出で立ちの、かく定まりゆくを、うれしとのみおぼしたり」〈源氏・賢木〉《敬語》「おぼしたり」→「おぼす」

〔不定の雲〕常に変化し、一定することのない雲。世の無常にたとえる。

ふちゅう【府中】［名］令制で「国府」の所在地。「国司」がいて政務をとる役所のある土地。

ふぢゐたかなほ【藤井高尚】［人名］（一七六四〜一八四〇）江戸後期の国学者。本居宣長に入門。中古文学の注釈も行い、『伊勢物語新釈』はとくに有名。

ふ・つ【捨つ・棄つ】［他タ下二］｛て・て・つ・つる・つれ・てよ｝すてる。＝棄つ。例「この水、熱湯にたぎりぬれば、湯ふてつ」〈大和・一四九〉

ぶっかく【仏閣】［名］寺の建物。伽藍。寺院。

ふっき［・す／・なり］【富貴】［名・自サ変・形動ナリ］《「ふうき」の促音便》「ふうき」に同じ。

ふづき【文月・七月】［名］「ふみづき」に同じ。（季―秋）

ぶっきゃう【仏経】［名］仏の教理を説いた書。仏教の経典。経文。

ぶっく【仏供】［名］「ぶく（仏供）」に同じ。

ぶつぐ【仏具】［名］《「ぶぐ」とも》花瓶や香炉など、仏事に用いる器具。仏器。法具。

ふづくえ【文机】［名］《「ふづくゑ」「ふみづくゑ」とも。「ふみづくえ」の変化形》読書のために書物を載せる机。書机。

ふつくに【悉に】［副］ことごとく。すっかり。例「朝庭悉に異しがる」〈紀・敏達〉

ふつく・む【憤む・恚む】［自マ四］｛ま・み・む・む・め・め｝怒る。腹を立てる。例「〔素戔嗚尊ハ〕常に哭き恚むことを好む」〈紀・神代・上〉

ふづく・る【文作る・符作る】［他ラ四］｛ら・り・る・る・れ・れ｝《近世語》❶手はずを整える。物事を整える。例「さっきの女が後に忍んでくるはづに、ふづく・っておいたから」〈膝栗毛〉《音便》「ふづくっ」は「ふづくり」の促音便。❷たくらむ。あざむく。例「この家の奥さまとならうとふづく・りました女を」〈浮・傾城禁短気〉

ぶっくゎ【仏果】［名］《仏教語》仏道修行をすることで得られる、成仏という結果。↕仏種

ふづくゑ【文机】［名］「ふづくえ」に同じ。

ぶっけ【仏家】［名］❶寺。寺院。❷仏教界。また、僧。

ぶっけうせつわ【仏教説話】［名］説話文学の分類のひとつ。仏教信仰に関する話を記したもの。『日本霊異記』にはじまり、『宝物集』『発心集』『沙石集』などの仏教説話集が作られた。

ぶっこつ【仏骨】［名］「ぶっしゃり」に同じ。

ぶっし【仏師】［名］《「ぶし」とも》仏像を造る職人。

ぶつじ【仏事】［名］仏教の儀式。法会。法事。

ぶっしゃう【仏性】［名］《仏教語》衆生が本来もっている、仏となることのできる性質。

ぶっしゃう【仏餉・仏聖】［名］仏に米飯を供えること。また、その米飯。

ぶっしゃうどうたい【仏性同体】［名］《仏教語》衆生はだれでも仏性をもっているので、仏と同体であるということ。

ぶっしゃうび【仏生日】［名］釈迦の誕生日。陰暦四月八日。＝灌仏会。（季―夏）

ぶっしゃうゑ【仏生会】［名］「くゎんぶつゑ」に同じ。（季―夏）

ぶっしゃり【仏舎利】［名］《仏教語》釈迦の遺骨。＝仏骨

ぶっしゅ【仏種】［名］《仏教語》仏となるべき性質。仏性。↕仏果

ぶっしょ【仏所】［名］❶仏像を安置する所。❷仏のいる所。極楽。❸仏師たちが住んでいる所。

ぶっそくせき【仏足石】［名］釈迦の入滅前に残した足の裏の形を刻みつけた石。奈良の薬師寺、長野の善光寺のものが有名。

ぶっそくせきか【仏足石歌】［名］古代歌謡の一形態。奈良の薬師寺にある仏足石の歌碑に刻まれた二十一首の歌を指す。五七五七七七の六句から成るが、この歌体を仏足石歌体という。

ぶっだ【仏陀】［名］《梵語の音訳。悟りに到達した者の意》ほとけ。とくに、釈迦のこと。

ぶつだう【仏道】［名］仏の説いた道。仏教。＝法の道

ふつつか［・なり］【不束】［名・形動ナリ］❶太く丈夫なさま。しっかりしたさま。例「頼もしげなく頸細しとて、ふつつか・なる後ろ見まうけて、かく侮りたまふなめり」〈源氏・帚木〉語構成「侮りたまふなめり」→「なめり」。❷不格好なさま。例「黒方（＝薫香ノ名）を押しまろがして、ふつつか・にしりさき切りて」〈紫式部日記〉❸ぶしつけ。無骨なさま。例「いと荒々しくふつつか・なるさましたる翁の」〈源氏・浮舟〉❹思慮がなく、かたくななさま。不調法なこと。例「不幸に愁へにしづめる人の、頭おろしなど、ふつつか・に思ひとりたるにはあらで」〈徒然・五〉

ぶってん【仏天】［名］《仏教語》仏を天として尊んでいう語。

ふっと［副］（下に打消の語を伴って）❶全然。まったく。例「ふっとうごきもせず」〈大鏡・伊尹〉❷急に。にわかに。例「たぎり湯を面にかくるやうに覚えて、ふっと〔門内ニ〕え入らず」〈宇治拾遺・三・一〉

ふっと［副］❶物を勢いよく断ち切るさま。ぷっつりと。すっぱりと。例「頸をふっと咋ひ切り落として」〈今昔・二七・一三〉❷ふと。突然。例「ふっと言ひしも互ひの不運」〈浄・長町女腹切〉❸急に笑ったり、吹いたりするさま。ぷっと。例「をかしさどうもたまられずふっと吹き出すばかりなり」〈浄・蝉丸〉

ぶつど【仏土】［名］❶仏の住む国。浄土。❷仏の教えや感化の及ぶ国土。仏国土。

ふつに［副］❶（下に打消の語を伴って）まったく。全然。少しも。例「人の声あり。すなはち驚きて求むるに、ふつに見ゆる所なし」〈紀・神代・上〉❷ことごとく。完全に。例「ふつに斬きると言ひし所は、今、布都奈の村と謂ひ」〈常陸国風土記〉

ぶつにち【仏日】［名］《仏教語》仏を太陽にたとえていう語。

ふつふつ［副］❶物を勢いよく断ち切る音。ぶつぶつ。ぷつぷつ。例「荒巻きの縄をふつふつと押し切りて」〈今昔・二八・三〇〉❷鳥のはばたく音。ぱたぱた。例「ふつふつとびてかへるをみれば鴛の雌なりけり」〈沙石集〉❸思い切って。ふっつり。例「身のいたづらふつふつとやめて」〈浮・好色一代女〉

ぶっぽふ【仏法】［名］仏の教え。仏道。

ぶっぽふそう【仏法僧】［名］❶仏教で宝とする仏と経典と僧。三宝。❷ブッポウソウ科の鳥。その鳴き声が「ぶっぽうそう」と聞こえることからいう。（季―夏）

ふつまに［副］すっかり。すべて。例「片思ひを馬にふつまに負ほせ持て」〈万葉・一八・四〇八一〉

ぶつみゃう【仏名】［名］《仏教語》❶仏の名号。「阿弥陀仏」「薬師如来」などの類。❷「仏名会」の略。

ぶつみゃうゑ【仏名会】［名］《仏教語》陰暦

十二月十九日から三日間、仏名を唱え、一年の罪障消滅を祈る儀式。宮中では清涼殿・仁寿殿、諸国では国衙で行われた。＝仏名②。（季―冬）

ぶつめつ【仏滅】[名]❶釈迦が死ぬこと。入滅。涅槃。❷「仏滅日」の略。

ぶつめつにち【仏滅日】[名]「六曜」のひとつ。万事に不吉であるという大悪日。＝仏滅②

ぶつりそしつ【仏籬祖室】[名]《仏教語》（「仏陀の籬」「祖師（達磨大師）の室」の意から）仏門・禅門。仏の道。

ぶつるいしょうこ【物類称呼】[作品名]江戸中期（一七七五刊行）の辞書。越谷吾山編。部門別に配列した全国方言辞書。分類された方言約四千語を収録。『俚言集覧』（太田全斎著）とともに、江戸時代の俗語研究に有益な書。

ふで【筆】[名]（「ふみて」の変化形）❶文字や絵を書くのに用いる筆記具。❷筆で書くこと。また、書いたもの。筆跡。

〔筆取る道〕書画の道。

〔筆に任す〕筆のおもむくままに書く。勢いに任せて書く。

〔筆の跡〕筆跡。書いた文字。

〔筆の海〕書いたものの多いことのたとえ。例「ことばの園に遊び、**筆の海**を汲みても」〈新古今・仮名序〉

〔筆の掟〕筆法。書法。

〔筆の飾り〕描き手の技術による装飾。筆の技巧による飾り。例「ただ**筆の飾り**、人の心に作りたてられて」〈源氏・絵合〉

〔筆の尻〕筆の軸の後端部。

〔筆の尻取る〕詩歌や文章などを、その場で手をとって指導する。添削指導する。

〔筆のすさび〕（「ふでのすさみ」とも）気の向くままに書くこと。また、その書いたもの。

〔筆のすさみ〕「ふでのすさび」に同じ。

〔筆を染む〕❶筆に墨を染み込ませる。❷筆をとる。執筆にかかる。例「冥官**筆を染・めて**一々にこれを書く」〈平家・六・慈心房〉

ふでう[・なり]【不調】[名・形動ナリ]整わないさま。常識はずれなこと。欠点の多いさま。例「いと**不調・なる**むすめまうけはべりて」〈源氏・野分〉

ふてき[・なり]【不敵】[名・形動ナリ]大胆でものにおそれないさま。また、乱暴・無法なさま。

ふでたて【筆立て】[名]文章の書き出し。起筆。

ふでづか【筆柄】[名]筆の軸。筆の柄。

ふでづかひ【筆遣ひ】[名]筆の使い方。また、書風。

ふでとり【筆執り】[名]筆をとって書くこと。また、その役。書記。右筆。

ふでゆひ【筆結ひ】[名]筆を作ること。また、その人。筆師。筆匠。

ふてん【普天】[名]天の覆う限りの範囲。天下。世界じゅう。＝普天の下

〔普天の下〕「ふてん」に同じ。

ふてんそっと【普天率土】[名]（「率土」は国の果ての意）天下。世界全体。また、天下を治める者。

ふと-【太】[接頭]（神や天皇などに関する名詞・動詞に付いて）立派な、尊い、神聖なの意を表す。「太祝詞」「太敷く」など。

ふと【浮屠・浮図】[名]《仏教語》❶仏陀。ほとけ。❷僧。❸塔。卒塔婆。

ふと[副]（動作や状態の変化が、突然素早く起こるさま）❶急に。すっと。例「『我が名はうかんり』と言ひて、**ふと**、山の中に入りぬ」〈竹取・蓬萊の玉の枝〉❷突然。不意に。例「気色ばみて、**ふと**背き隠るべき心ざまなどはなければ」〈源氏・夕顔〉❸さっと。たやすく。例「（木ノ枝ヲ）急ぎとらへて、折らむとするほどに、**ふと**過ぎてはづれたる」〈枕・五月ばかりなどに〉

ふとう【太う】形容詞「ふとし」の連用形「ふとく」のウ音便。

ふどう【不動】[名]「不動明王」の略。

ふどうげさ【不動袈裟】[名]修験者が着用する袈裟。結い袈裟。

ふとうじん【不当人】歴史的かなづかい「ふたうじん」

ふどうそん【不動尊】[名]「ふどうみゃうわう」に同じ。

ふどうのじゅ【不動の呪】[名]（「不動」は「不動明王」のこと）不動明王の加護を念ずる梵語の呪文。→「ふどうみゃうわう」

ふどうみゃうわう【不動明王】[名]《仏教語》五大明王のひとつ。憤怒の相を表し、右手に降魔の剣、左手に衆生を救う羂索（縄）を持ち、背に火炎を負い、一切の悪魔・煩悩を取り除く。＝不動・不動尊。➡[古典参考図]主要仏像

ふとくしん[・なり]【不得心】[名・形動ナリ]❶気に入らないさま。納得できないさま。例「**不得心・なり**と思ひて、なほも『なし』と答へければ」〈盛衰記・一四〉❷不心得なさま。不作法。例「色殊なる紅葉の下枝を、**不得心・なる**下部どもが引き折りけるを」〈太平記・三二〉

ぶとくでん【武徳殿】[名]大内裏の建物のひとつ。宜秋門の西、右兵衛府の東にあり、東面した広場では競べ馬・騎射などが行われた。

ふところ【懐】[名]❶着物と胸との間。懐中。❷（山などに）周りを囲まれた所。

ふところあらそひ【懐争ひ】[名]懐に抱かれようと争うこと。

ふところがみ【懐紙】[名]懐中に入れておく紙。畳紙。

ふところご【懐子】[名]（近世語）大切に育てられた子。秘蔵っ子。箱入り娘。

ふところすずり【懐硯】[作品名]江戸前期（一六八七ごろ刊行）の浮世草子。井原西鶴作。諸国の奇談を収めた短編集。半僧半俗の伴山という道人を道案内に設定し、国々で見聞した恐ろしく、おかしく、心に残る話を物語る。

ふところでひきなほ・す【懐手引き直す】（懐手をやめて）座っている姿勢を正す。

ふと・し【太し】[形ク]｛から・く（かり）・し・き（かる）・けれ・かれ｝❶太い。肉づきがよい。幅がある。例「黒き馬の**ふと・う**たくましいに」〈平家・五・富士川〉（音便）「ふとう」は「ふとく」のウ音便。❷しっかりしている。動揺しない。強い。例「真木柱**太・き**心はありしかど」〈万葉・二・一九〇〉

ふとし・く【太敷く】［他カ四］{か・き・く・く・け・け}《「ふと」は接頭語》❶立派に統治する。例「瑞穂の国を神ながら**太敷・きまして**」〈万葉・二・一九九長歌〉❷宮殿の柱などをしっかりと打ち立てる。＝太知る・太高敷く。例「宮柱**太敷・きませば**」〈万葉・一・三六長歌〉

ふとしも《「しも」は副助詞》(下に打消の語を伴って)すぐには(…ない)。急には(…ない)。例「新しき年はふとしもえとぶらひきこえざらん」〈源氏・椎本〉

ふとし・る【太知る】［他ラ四］{ら・り・る・る・れ・れ}《「ふと」は接頭語。「しる」は領有する意》「ふとしく②」に同じ。例「底つ石根に宮柱**ふとし・り**」〈記・上〉

ふとたかし・く【太高敷く】［他カ四］{か・き・く・く・け・け}《「ふと」「たか」ともに接頭語》「ふとしく②」に同じ。

ふどの【文殿】［名］《「ふみどの」の変化形》❶書籍・文書を収めておく所。書庫。❷摂関・大臣家で、所領関係などの文書を保管しておく所。

ふとのりとごと【太祝詞・太祝詞言】［名］《「ふと」は接頭語》「祝詞」の美称。→「のりと」

ふとばし【太箸】［名］正月、雑煮を食べる際に用いる太い箸。多く、柳でつくる。（季－春）

ふとばら【太腹】［名］馬などの腹の肥え太った部分。

ふとまに【太占】［名］《「ふと」は接頭語》古代の占いのひとつ。鹿の肩の骨を焼いて、その割れ方で吉凶を占った。

ふともの【太物】［名］《近世語》(絹織物を「呉服」というのに対し)綿や麻などの太い糸で織った織物。

ふとり【太織】［名］《「ふとおり」の変化形》粗末な太い絹糸で織った丈夫な絹織物。

ふとりせ・む【太り責む】［自マ下二］{め・め・む・むる・むれ・めよ}肥満する。例「**ふとりせ・めたる**大男の」〈平治・中〉

ふとん【蒲団】［名］❶蒲の葉で編んだり、蒲の穂を布でくるんだりした円形の敷物。❷綿や羽毛を布地の袋の中に詰めてとじた寝具。（季－冬）

〔俳句〕**ふとんきて…**【蒲団着て寝たる姿や東山】〈枕屏風・嵐雪〉訳夕暮れの東山。夕日に浮かび上がったそのなだらかな輪郭は、人が蒲団をかぶって寝ている姿のようであることだ。（季－蒲団－冬）

ふなあまり【船余り】［名］語義未詳。船が岸に着くとき、反動で少し岸から離れることか。一説に、船に乗る人が多くて乗りはぐれる意から、「帰る」にかかる枕詞とも。例「大君を島に放らば**船余り**い帰り来むぞ」〈記・下・歌謡〉

ふないくさ【船軍】［名］❶兵船の軍隊。水軍。❷水上で、船で戦うこと。海戦。

ふながく【船楽】［名］船中で音楽を演奏すること。また、その音楽。

ふなかざり【船飾り】［名］出帆のとき、船を飾ること。

ふなぎほ・ふ【船競ふ】［自ハ四］{は・ひ・ふ・ふ・へ・へ}船を漕ぎ競う。競争で漕ぐ。

〔和歌〕**ふなぎほふ…**【舟競ふ堀江の川の水際に来居つつ鳴くは都鳥かも】〈万葉・二〇・四四六二・大伴家持〉訳舟を競い漕いでいる堀江の川の水際に、やって来ては鳴くのは都鳥なのだろうか。〈参考〉「都鳥」は都をしのぶよすが。

ふなぎみ【船君】［名］船客の中心の人物。

ふなこ【船子・舟子】［名］楫取りのもとで船を操る人。水夫。舟方。水手。

ふなごころ【船心】［名］❶船に乗った気分。❷船酔い。

〔俳句〕**ふなずしや…**【鮒ずしや彦根の城に雲かかる】〈新花摘・蕪村〉訳琵琶湖のほとりで、名物の鮒ずしを味わう。ふと目を上げると、夏の空に浮かんだ雲がゆっくりと動いていき、かなたの彦根城の天守閣のあたりにかかっている。（季－鮒ずし－夏）

ふなせ【船瀬】［名］船が風波を避けるために泊まる所。船泊まり。＝船津

ふなぞろへ【船揃へ】［名・自サ変］「・す」多くの船が出航するための準備をすること。例「摂津国渡辺より**ふな揃へ・して**」〈平家・一一・逆櫓〉

ふなだな【船棚・船枻】［名］船の両側の船ばたに渡した板。その上で船頭が漕いだり、棹をさしたりする。＝船枻・棚②

ふなだま【船霊・船玉】［名］《近世語》海路の安全を祈って祭る船の守護神。住吉の神・金毘羅・水天宮など。＝船霊神

ふなだまがみ【船霊神】［名］「ふなだま」に同じ。

ふなぢ【船路】［名］《「ふなみち」とも》船の通行する道。転じて、船の旅。↔陸路

ふなつ【船津・舟津】［名］船が停泊する所。港。船着き場。＝船瀬

ふなて【船手】［名］❶船の通路。航路。❷船隊。水軍。海軍。

ふなどのかみ【岐神】［名］「くなどのかみ」に同じ。

ふなども【船艫】［名］船尾。↔船の舳

ふなのへ【船の舳】［名］船首。↔船艫

ふなはし【船橋】［名］《「ふなばし」とも》船を並べてつなぎ、その上に板を渡して橋としたもの。＝浮き橋

ふなはて【船泊て】［名］船が港に停泊すること。

ふなばり【船梁】［名］船の強度を保つため、両側の板の間に、突っかえ棒のように横に渡した角材。

ふなびと【船人】［名］❶船の中にいる人。船客。❷船を操る人。船頭。船方。

ふなぶぎゃう【船奉行】［名］中世、武家の職名のひとつ。水軍・軍船などを指揮する役。

ふなべんけい【船弁慶】［作品名］室町時代の謡曲。観世信光の作。成立年未詳。源義経の西国下向にあたり、摂津の大物浦から船出する。門出に際しての静御前との別れ、海上での平家一門の亡霊に対する弁慶の活躍を見せ場とする。

ふなみち【船路】［名］「ふなぢ」に同じ。

ふなやかた【船屋形】［名］船の上にしつらえた屋根つきの部屋。

ふなよそひ【船装ひ・船艤】［名］出船の準備。

ふなよばひ【船呼ばひ】［名］船を呼び寄せること。また、その声。

ふなわたり【船渡り】［名］川や海を船で渡ること。また、その場所。

ふなゑひ【船酔ひ】［名］船の揺れのために気分が悪くなること。ふなよい。

ふなをかやま【船岡山】［歌枕］山城国の山。いまの京都市北区紫野にある丘陵。平安時代から貴族の遊宴の地、葬送の地として知られる。

ふなをさ【船長】［名］船頭。船員の頭。

ふにょい［・なり］【不如意】［名・形動ナリ］❶思うようにならないこと。不便。❷経済状態が思わしくないこと。貧乏なさま。

ふにん［・す］【補任】［名・自サ変］（「ぶにん」とも）❶官職に任ずること。❷（「補任状」の略）将軍や大名が、部下を任命するときに与える文書。辞令。

ぶにん【夫人】［名］「ふじん」に同じ。

ふね【舟・船・槽】［名］❶ふね。水上運送用の乗り物。❷箱形の入れ物。水などの液体を入れる桶・水槽や、ひつぎ、馬のかいば桶など。

〔**船の楽**〕船上で演奏する音楽。船楽。

ふねい【不佞】［代名］（自称の人称代名詞）（学者・文人など）男性が自分を謙遜していう語。拙者。私。例「不佞少年のころより俳諧を好み」〈鶉衣〉

ぶねう［・なり］【豊饒】［名・形動ナリ］豊かなこと。物がたくさんあるさま。

ぶねん［・なり］【無念・不念】［名・形動ナリ］不注意なこと。行き届かないさま。手抜かり。

ふばこ【文箱】［名］「ふみばこ」に同じ。

ふばさみ【文挟み】［名］「ふみばさみ」に同じ。

ふはのせき【不破の関】［歌枕］美濃国の関所。いまの岐阜県不破郡関ケ原町にあった。古代の東山道に置かれた関所で、鈴鹿・愛発とともに古代三関のひとつ。延暦八年（七八九）に廃されてのち、廃屋の関屋の荒涼とした情景が詠まれた。

ふはのせきや【不破の関屋】［歌枕］「ふはのせき」に同じ。

ふはやがした【ふはやが下】（「ふはや」はふんわりしたさまの意か）布などがふわりとかかった下。

ふびと【史】［名］（「ふひと」とも。「ふみひと」の変化形）❶上代、朝廷で記録などを職とした役人。また、その役。❷古代の姓のひとつ。①の役職が姓となったもので、多くは渡来人の子孫であった。

ふびゃう【風病】［名］かぜの病。感冒。

ふびん［・なり］【不便・不憫】［名・形動ナリ］❶不都合なさま。具合が悪い。例「虚言は不便・なれども」〈徒然・一二八〉❷気の毒なこと。かわいそうなさま。例「はかなきことにつけても、涙もろにものしたまへば、いと不便・にこそはべれ」〈源氏・野分〉《係結び》「こそ→はべれ㊀」。《敬語》「不便にこそはべれ」→「はべり」。❸（多く「ふびんにす」の形で）かわいがる。目をかける。例「みなし子にてありしを、三位入道（＝源頼政）養子にして、不便・にし給ひしが」〈平家・四・宮御最期〉

発展学習ファイル ③の「ふびんにす」と同意のことばとして「ふびんをくはふ（加ふ）」「ふびんをかく（掛く）」が中世末期ごろから現れた。

ふふき【蕗】［名］フキの古名。

ふぶ・く［自カ四］｛か・き・く・く・け・け｝雨や雪を伴った風が吹き荒れる。例「風はげしう吹きふぶ・きて」〈源氏・賢木〉

ふふま・る【含まる】［自ラ四］｛ら・り・る・る・れ・れ｝（動詞「含む」の自動詞形。一説に、動詞「含む」に完了の助動詞「り」の連体形「る」の付いた「ふふめる」の上代東国方言とも）花や葉がつぼんだまま、まだ開かないでいる。例「阿自久麻山のゆづるはの含ま・る時に風吹かずかも」〈万葉・一四・三五七二〉

ふふ・む【含む】｛ま・み・む・む・め・め｝**一**［自マ四］内部にひそむ。花や葉がまだ開かないで、つぼんだままでいる。例「梅の花咲けるが中に含・めるは」〈万葉・一九・四二八三〉**二**［他マ四］内部にふくみもつ。ふくむ。

ふべん［・なり］【不弁】［名・形動ナリ］物事が思うようにならないこと。また、貧しいさま。

ぶへん【武辺】［名］❶武道に関すること。武術。武芸。❷武士。

ぶほうこう【無奉公・不奉公】［名］まじめに主人に仕えないこと。

ふぼくわかせう【夫木和歌抄】［作品名］鎌倉後期（一三一〇ごろ成立）の私撰和歌集。藤原長清撰。歌題別に上代から当代までの約一万七千三百五十首ほどを集成した類題集。勅撰集の素材となるなど広く享受された。

ふぼん【不犯】［名］（仏教語）僧や尼が戒律を犯さないこと。とくに、異性と交わらないこと。

ふま・ふ【踏まふ】［他ハ下二］｛へ・へ・ふ・ふる・ふれ・へよ｝❶踏んで押さえつける。踏みつける。例「木の枝の障へつれば、それを踏ま・へて」〈今昔・二八・三〇〉❷根拠に構える。支配する。例「石川の城をふま・へさせて」〈太平記・二七〉❸思案する。考える。

ふみ【文・書】［名］❶書物。本。例「ひとり灯のもとに文をひろげて、見ぬ世の人を友とするぞ、こよなう慰むわざなる」〈徒然・一三〉《係結び》「ぞ→わざなる㊍」。《音便》「こよなう」は「こよなく」のウ音便。❷手紙。例「京に、その人の御もとにとて、文かきてつく」〈伊勢・九〉❸漢詩。例「夜もすがらまどろまず文作り明かしたまふ」〈源氏・須磨〉

〔**文の才**〕（「文」も「才」も漢学・漢詩を指すことが多い）漢文の学才。漢詩文の才能。また、漢詩文。

〔**文の師**〕学問の師。天皇に学問を講ずる人。

ふみあ・く【踏み開く】［他カ下二］｛け・け・く・くる・くれ・けよ｝踏みつけて道をつける。道を開く。例「踏みあ・けたるあともなく、はるばると荒れ渡りて」〈源氏・末摘花〉

ふみあだ・す【踏みあだす】［他サ四］｛さ・し・す・す・せ・せ｝踏み散らす。踏み荒らす。例「天雲をほろに踏みあだ・し鳴る神も」〈万葉・一九・四二三五〉

ふみいた【踏み板】［名］牛車の前後の入り口に横に渡した板。乗降のときに用いる。＝敷き板

ふみおこ・す【踏み起こす】［他サ四］｛さ・し・す・す・せ・せ｝❶地面を踏んで鳥獣を追い立てる。例「朝狩りに鹿猪踏み起こ・し」〈万葉・三・四七八長歌〉❷興す。再興する。例「中頃絶えたる足利の家、踏み起こ・す掘り起こす」〈浄・津国女夫池〉

ふみがき【文書き】［名］手紙などの書きぶり。

ふみかよはし【文通はし】［名］手紙のやりとりをすること。文通。

ふみかよ・ふ【踏み通ふ】［自ハ四］｛は・ひ・ふ・ふ・へ・へ｝踏んで行き来する。徒歩で往来する。和歌では、多く「踏み」と「文」をかけて用いる。例「ふみかよ・ふ跡をも見ぬは苦しき物を」〈後撰・恋二・六三二〉

ふみぎ【踏み木】［名］（「ふみき」とも）機織り機で、縦糸を上下に操作するため、足で左右代わる代わるに踏み動かす板。

ふみくく・む【踏み含む】［他マ四］｛ま・み・む・む・め・め｝物の中へ踏み込む。また、袴などを裾長にはいて足を包む。例「素絹の衣のみじからかなるに、白き大口

（＝大口袴）ふみくくみ」〈平家・二・小教訓〉

ふみことば【文言葉・文詞】［名］手紙や文章の用語。

ふみごほめか・す【踏みごほめかす】［他サ四］｛さ・し・す・す・せ・せ｝ごとごとと踏み鳴らす。足音を立てる。例「蔵人の、いみじく高く**踏みごほめか・して**」〈枕・殿上の名対面こそ〉

ふみさく・む【踏みさくむ】［他マ四］｛ま・み・む・む・め・め｝踏み分けて進む。例「磐ね木ね**ふみさく・みて**」〈祝詞〉

ふみしか・る【踏みしかる】［自ラ四］｛ら・り・る・る・れ・れ｝ふんばる。例「四天王をつくり損じたるさまにて、**ふみしか・りてぞ**立ちたりけれ」〈曾我・六〉

ふみしだ・く【踏みしだく】［他カ四］｛か・き・く・く・け・け｝踏みにじる。踏み散らす。例「我が宿の花**踏みしだ・く**」〈古今・物名・四四二〉

ふみすか・す【踏み透かす】［他サ四］｛さ・し・す・す・せ・せ｝鐙に置いた両足を開いてふんばり、鐙と馬の腹の間をあける。例「左右の鐙を**ふみすか・し**」〈平家・九・宇治川先陣〉

ふみた・つ【踏み立つ】［他タ下二］｛て・て・つ・つる・つれ・てよ｝❶地面を踏んで鳥獣を追い立てる。例「夕狩りに千鳥**踏み立・て**追ふごとに」〈万葉・一七・四〇一一長歌〉❷踏みしめて立つ。例「はかばかしく**踏み立・つる**こともはべらず」〈源氏・若菜・下〉

ふみちら・す【踏み散らす】［他サ四］｛さ・し・す・す・せ・せ｝❶踏み荒らす。例「この雪の山いみじうまもりて、童などに**踏み散ら・させ**ず」〈枕・職の御曹司におはしますころ、西の廂に〉❷指貫や袴の裾を踏んで左右に蹴り広げる。例「淡二藍、青鈍の指貫など**踏みちら・して**」〈枕・説経の講師は〉

ふみづかひ【文使ひ】［名］手紙を相手に届ける使いの者。

ふみづき【文月・七月】［名］《「ふづき」「ふんづき」とも》陰暦七月の称。（季－秋）

〔俳句〕**ふみづきや…**【**文月や六日も常の夜には似ず**】〈おくのほそ道・越後路・芭蕉〉訳旅泊を重ねて、はや文月を迎えた。明日は牽牛と織女の二星が一年に一度の逢瀬を楽しむ七夕。それを思うとその前日の六日でさえも、ふだんの夜とは異なり、なんとなくはなやいだ風情が感じられることだ。（季－文月－秋）

ふみづくえ【文机】［名］「ふづくえ」に同じ。

ふみつくり【文作り】［名］漢詩を作ること。また、その人。

ふみづくゑ【文机】［名］「ふづくえ」に同じ。

ふみとどろか・す【踏み轟かす】［他サ四］｛さ・し・す・す・せ・せ｝踏みしめて大音響を立てる。例「天の原**踏みとどろか・し**鳴る神も」〈古今・恋四・七〇一〉

ふみどの【文殿・書殿】［名］❶「ふどの①」に同じ。❷「校書殿」の別称。

ふみと・む【踏み留む】［他マ下二］｛め・め・む・むる・むれ・めよ｝足跡を残す。和歌では、多く「踏み」と「文」をかけて用いる。例「春霞立ちながら見し花ゆゑに**ふみと・めて**けるあとのくやしさ」〈後撰・春下・九九〉

ふみなら・す【踏み均す・踏み平す】［他サ四］｛さ・し・す・す・せ・せ｝足で踏みつけて平らにする。また、道が平らになるほど人が往き来する。例「さす竹の大宮人の**踏み平・し**通ひし道は」〈万葉・六・一〇四七長歌〉

ふみなら・す【踏み鳴らす】［他サ四］｛さ・し・す・す・せ・せ｝踏んで音を立てる。踏んで鳴り響かせる。

ふみぬ・く【踏み抜く】［他カ四］｛か・き・く・く・け・け｝❶足で踏んで突き通す。踏み込む。例「ひた土に足**踏みぬ・き**」〈万葉・一三・三二九五長歌〉❷踏んで足の裏に突き刺す。

ふみぬ・ぐ【踏み脱ぐ】［他ガ四］｛が・ぎ・ぐ・ぐ・げ・げ｝《古くは「ふみぬく」とも》足で踏んで脱ぐ。例「足に大きなる杙を**ふみぬ・きたり**」〈今昔・五・二七〉例「うけ沓を脱ぎ棄つるごとく**踏み脱・きて**」〈万葉・五・八〇〇長歌〉

ふみのつかさ［名］㊀【書司】「ふんのつかさ㊀」に同じ。㊁【図書寮】「づしょれう」に同じ。

ふみばこ【文箱】［名］《「ふばこ」「ふんばこ」とも》❶書物を入れておく箱。また、書物を入れて背負う箱。❷手紙を入れておく箱。手紙を入れて持ち運ぶ箱。

ふみばさみ【文挟み】［名］《「ふばさみ」「ふんばさみ」とも》文書を挟んで貴人に差し出すために用いる白木の杖。長さは一・五メートルくらいで、先に鳥のくちばしに似た金具（鳥口）が付いている。

ふみはじめ【書始め】［名］天皇・皇太子・親王などが、初めて漢籍の講義を受ける儀式。七、八歳のころに行われた。＝読書始

ふみはだか・る【踏みはだかる】［自ラ四］｛ら・り・る・る・れ・れ｝《「ふみはたかる」とも》両足を広げて踏みしめて立つ。ふんばる。＝踏み広ごる。例「牛の**踏みはだか・りて**動かで立てりければ」〈今昔・二七・二七〉

ふみひと【史】［名］「ふびと①」に同じ。

ふみひろご・る【踏み広ごる】［自ラ四］｛ら・り・る・る・れ・れ｝「ふみはだかる」に同じ。

ふみまど・ふ【踏み惑ふ】［自ハ四］｛は・ひ・ふ・ふ・へ・へ｝行き迷う。さまよう。＝踏み迷ふ。例「思はぬ山に**ふみまど・ふかな**」〈源氏・夢浮橋〉

ふみまよ・ふ【踏み迷ふ】［自ハ四］｛は・ひ・ふ・ふ・へ・へ｝「ふみまどふ」に同じ。

ふみ・みる【踏み見る】［他マ上一］｛み・み・みる・みる・みれ・みよ｝踏んでみる。行ってみる。和歌では、多く、「文見る」とかける。例「**ふみ・みれ**ど雲のかけはしあやふしと思ひしらずも頼むなるかな」〈蜻蛉・下〉

ふみよ・る【踏み寄る】［自ラ四］｛ら・り・る・る・れ・れ｝歩み寄る。近づいてくる。例「竹河うたひて、御階のもとに**踏み寄・るほど**」〈源氏・竹河〉

ふみわ・く【踏み分く】［他カ下二］｛け・け・く・くる・くれ・けよ｝（山道や雪などを）踏んで分け入る。例「奥山にもみぢ**踏みわ・け**鳴く鹿の声聞くときぞ秋は悲しき」〈古今・秋上・二一五〉訳→（和歌）おくやまに…

ふ・む【踏む・践む】［他マ四］｛ま・み・む・む・め・め｝❶足で押さえる。**踏みつける**。例「土を**踏・む**がごとく池の水の上を**踏・みて**」〈今昔・一三・三九〉❷**進んで行く**。**歩く**。**訪れる**。例「思ひきや天つ空なるあまぐもを袖してわくる山**踏・まむ**とは」〈蜻蛉・下〉❸（舞や踊りなどで）**足を踏みおろす**。**足踏みをする**。例「足は十文字に**踏・みてぞ**遊ぶ」〈土佐〉《係結び》「ぞ→遊ぶ㊍」。❹（多く「位をふむ」の形で）**特別な地位につく**。**地位を継承する**。例「天子、位を**ふ・む**先蹤（＝前例）」〈平家・四・厳島御幸〉❺評価する。値段をつける。

ぶめ・く［自カ四］｛か・き・く・く・け・け｝《「めく」は接尾語》虻・蜂

ち・蚊などがぶんぶんと羽音を立てる。例「大きなる蜂一つ飛び来て、御堂の檐にぶめ・き行く」〈今昔・二九・三七〉

ぶも【父母】[名]父と母。ふぼ。

ふもだし【絆】[名]馬の足につないで歩けないようにする綱。＝絆

ぶやく【夫役】[名]《「ふやく」「ぶえき」とも》領主などが、公用のため強制的に人民に兵士や人夫として徴発すること。

ぶやく【賦役】[名]《「ふやく」「ふえき」とも》令制で調・庸などの租税と歳役・雑徭などの労役。

ふゆ【冬】[名]四季のひとつ。立冬から立春前日まで。陰暦十月から十二月ころの季節。

〔**冬片設く**〕冬が近づく。冬を待ち受ける。例「雁が音聞こゆ**冬かたま・けて**」〈万葉・一〇・二一三三〉

〔**冬去る**〕《「去る」はその時が来るの意》冬になる。冬が来る。例「**冬さ・れば**嵐の声も高砂の松につけてぞ聞くべかりける」〈拾遺・冬・二三六〉

〔**冬立つ**〕冬になる。立冬となる。例「**冬立・つ**日なりけるもしるく、うちしぐれて」〈源氏・夕顔〉

ふ・ゆ【振ゆ】[自ヤ下二]{え・え・ゆ・ゆる・ゆれ・えよ}《上代語》揺れ動く。例「佩かせる太刀、本吊るぎ、末**振・ゆ**」〈記・中・歌謡〉

〔俳句〕**ふゆうぐひす…**【**冬鶯むかし王維が垣根かな**】〈から檜葉・蕪村〉訳冬鶯の鳴く声が夢うつつに聞こえてくる。遠い昔、唐の詩人王維の垣根で鳴き、詩にうたわれた鶯も、こんな声で鳴いていたのだろうか。（季—冬鶯—冬）

ふゆがまへ【冬構へ】[名]風よけを作ったり、作物や庭木を囲ったりして、冬を越す準備をすること。（季—冬）

ふゆがれ【冬枯れ】[名]冬に草木の枯れること。冬の景色の寒く寂しいさまにいう。（季—冬）

〔和歌〕**ふゆがれの…**【**冬枯れの野辺と我が身を思ひせば燃えても春を待たましものを**】〈古今・恋五・七九一・伊勢〉訳もし私の身を冬枯れの野辺と思うことができたなら、あの燃えさかる野火のように恋の炎に燃えても、若草が芽ぶくようにふたたび恋が芽生える春を待つのだけれど。

ふゆくさ【冬草】[名]冬の草。また、枯れ草。（季—冬）

ふゆくさの【冬草の】[枕詞]（冬草は枯れることから）同音の「離る」にかかる。例「**冬草の**離れにし人は訪れもせず」〈古今・冬・三三八〉

ふゆごもり【冬籠もり】《上代は「ふゆこもり」》㊀[名]寒さがきびしい冬の間、人が家に閉じこもっていること。また、動植物が活動や成長を止めること。（季—冬）。㊁[枕詞]「春」や同音の「張る」にかかる。例「**冬ごもり**春さり来れば」〈万葉・一・一六長歌〉訳→〔和歌〕ふゆごもり…

〔和歌〕**ふゆごもり…**【**冬ごもり 春さり来れば 鳴かざりし 鳥も来鳴きぬ 咲かざりし 花も咲けれど 山をしみ 入りても取らず 草深み 取りても見ず 秋山の 木の葉を見ては 黄葉をば 取りてそしのふ 青きをば 置きてそ嘆く そこし恨めし 秋山そ我は**】〈万葉・一・一六長歌・額田王〉訳（ふゆごもり）春がやって来ると、いままで鳴かなかった鳥も来てしきりと鳴く。いままで咲かなかった花も咲くけれど、山が茂っているので、山に分け入って手に取って見もしない。草が深いので、手に取って見もしない。秋の山の、木の葉を見ては、色づいた葉を、手に取って賞美する。青い葉を、そのままに置いて嘆く。そこだけが残念です。秋山がよいと思います私は。《係結び》「取りてそ→しのふ㊍」、「置きてそ→嘆く㊍」

〈参考〉「冬ごもり」は「春」にかかる枕詞。天智天皇が春山の花と秋山の紅葉との優劣を判定させたときに額田王が歌で判じたもの。

ふゆごも・る【冬籠る】[自ラ四]{ら・り・る・る・れ・れ}冬の間、外に出ずに過ごす。例「**冬ごも・り**雪にまどひしをり過ぎて」〈蜻蛉・下〉

ふゆそ【不輸租】[名]令制で租税を国家に納めないこと。

ふゆそでん【不輸租田】[名]令制で租税を国家に納めなくてもよいとされた田。神田・寺田・職田などをいう。

〔和歌〕**ふゆながら…**【**冬ながら空より花の散りくるは雲のあなたは春にやあるらむ**】〈古今・冬・三三〇・清原深養父〉訳冬であるのに空から花が散ってくるのは、雲の向こうはもう春だからなのだろう。《係結び》「や→あるらむ㊍」

〈参考〉「ながら」は、…であるのにの意。雪を花に見立てる。

ふゆの【冬野】[名]冬の枯れ野。（季—冬）

〔和歌〕**ふゆのきて…**【**冬の来て山もあらはに木の葉降り残る松さへ峰に寂しき**】〈新古今・冬・五六五・祝部成茂〉訳冬がやって来て、山肌があらわになるほど木の葉が散り落ち、変わらず残っている緑の松までが峰にさびしく立っているよ。

ふゆのひ【冬の日】[作品名]江戸前期（一六八五刊行）の俳諧撰集。山本荷兮編。『俳諧七部集』の第一集。紀行を経て、わびの閑寂の世界に共感した芭蕉の、風狂の精神に貫かれた俳風を示す、画期的な作品。

〔俳句〕**ふゆのひや…**【**冬の日や馬上に氷る影法師**】〈笈の小文・芭蕉〉訳冬の薄い日ざしのもと、寒風にすくみながら馬に乗って行く。馬上の私は凍りついた影法師さながらだ。（季—冬の日・氷る—冬）

〔俳句〕**ふゆのよや…**【**冬の夜や針失うておそろしき**】〈梅室家集・梅室〉訳しんと静まり返った冬の夜。縫い物を片づけて針を数えてみると、針を見失ったことに気づいた。あちこち探すが見つからず、それを踏んだ鋭い痛みを想像すると、厳しい寒さとあいまって、そら恐ろしく感じられることだ。（季—冬の夜—冬）

ふよう【芙蓉】[名]❶蓮の花の漢名。❷木の名。＝木蓮。（季—秋）

ふよう[・なり]【不用】[名・形動ナリ]❶不必要なこと。❷役に立たないこと。無益。❸乱暴。ぶしつけ。例「あまりに**不用・に**候ひしかば、幼少より西国に追ひ下して候ふが」〈古活字本保元・上〉❹怠惰なこと。例「心も**不用・に**なり、学問をも怠りなんず」〈義経記・一〉

ぶよう[・なり]【武勇】[名・形動ナリ]《「ぶゆう」と

も》強く勇ましいこと。

ふらうもん【不老門】[名]❶中国・漢の都洛陽にある門のひとつ。❷大内裏の豊楽院の北面にある門。

ぶらくゐん【豊楽院】[名]大内裏の南西部、八省院の西にある一区画。大嘗会・節会・射礼・競べ馬・相撲などが行われた。正殿を豊楽殿、後房を清暑堂という。➡[表見返し]大内裏俯瞰図

〔俳句〕**ふらここの…**【ふらここの会釈こぼるるや高みより】〈太祇句選・太祇〉訳春のやわらかな日差しの中、高い枝にかけたぶらんこが高く上がったところから、娘がこぼれるばかりの笑顔で会釈を送ってきた。(季-ふらここ-春)

ふらば・ふ【触らばふ】[自ハ下二]｛へ・へ・ふ・ふる・ふれ・へよ｝繰り返し触れる。＝触ればふ。例「上つ枝の枝の末葉は中つ枝に落ち触らば・へ」〈記・下・歌謡〉

-ふり【振り】[接尾]刀剣の数を数える語。…本。

ふり【瓜】[名]「うり」に同じ。

ふり【振り・風】[名]❶姿。なりふり。振る舞い。❷そぶり。それらしいようす。❸和歌の風体。趣向。❹歌謡などの調子。曲調。❺舞踊・演劇などで音楽に合わせてするしぐさ。所作。❻習慣。しきたり。ならわし。❼ゆがみ。ずれ。❽「振り袖」の略。また、振り袖を着るような年頃の娘。❾「振り売り」の略。❿《近世語》店に初めて来る客。予約や紹介のない客。一見。

-ぶり[接尾]❶(名詞またはそれに準ずる語に付いて)調子・曲調の意を表す。…風。「万葉ぶり」「ますらをぶり」など。❷(名詞や動詞の連用形に付いて)物事のようす・状態の意を表す。…のようす。…風。…ざま。「声ぶり」「手ぶり」など。❸(時間を表す語に付いて)時の経過の程度を表す。「一年ぶり」など。

ふりあか・す【降り明かす】[自サ四]｛さ・し・す・す・せ・せ｝明け方まで降り続ける。例「夜一夜降り明か・しつる雨の、今朝はやみて」〈枕・九月ばかり〉

ふりあふ・ぐ【振り仰ぐ】[自ガ四]｛が・ぎ・ぐ・ぐ・げ・げ｝さっと顔を上げる。上を見る。例「〈蟬ガ〉にはかにいちはやう鳴きたれば、驚きて、ふり仰・ぎて言ふやう」〈蜻蛉・下〉

ふりあ・る【降り荒る】[自ラ下二]｛れ・れ・る・るる・るれ・れよ｝(雨や雪などが)激しく降る。例「霰降り荒・れて、すごき夜のさまなり」〈源氏・若紫〉

ふりいだ・す【振り出だす】[他サ四]｛さ・し・す・す・せ・せ｝声を張り上げる。＝振り出づ。例「例のかみごゑふり出だ・したるも」〈蜻蛉・中〉

ふりい・づ【振り出づ】[他ダ下二]｛で・で・づ・づる・づれ・でよ｝❶思いきって出かける。(人の制止などを)振りきって出て行く。例「京をふり出・でていかむもいとものぐるほしく」〈更級〉❷声を張り上げる。例「声々聞こえたる中に、鈴虫のふり出・でたるほど」〈源氏・鈴虫〉❸紅の染料を水に溶かし出す。例「紅の振り出・でつつ泣く涙には袂のみこそ色まさりけれ」〈古今・恋二・五九八〉①②③＝振り出づ

ふりう【風流】[名]「ふうりう⑤」に同じ。

ふりうづ・む【降り埋む】[他マ四]｛ま・み・む・む・め・め｝(雪や木の葉が)降り積もって物を覆い隠す。例「卒都婆も苔むし、木の葉ふり埋・みて」〈徒然・三〇〉

ふりうり【振り売り】[名]商品を肩に担いだり、手に提げたりして、声を出しながら売り歩くこと。またその人。＝振り⑨

ふりお・く【降り置く】[自カ四]｛か・き・く・く・け・け｝雪などが降り積もる。例「富士の嶺に降り置・く雪は」〈万葉・三・三二〇〉

ふりおこ・す【振り起こす】[他サ四]｛さ・し・す・す・せ・せ｝❶勢いよく振り動かして引き起こす。例「ますらをの弓末振り起こ・し」〈万葉・七・一〇七〇〉❷(気持ちなどを)奮い立たせる。奮い起こす。例「ますらをの心振り起こ・し取り装ひ門出をすれば」〈万葉・二〇・四三九八長歌〉

ふりかか・る【降り掛かる】[自ラ四]｛ら・り・る・る・れ・れ｝雨が降り注ぐ。また、雪・あられなどが降って当たる。

ふりか・く【振り掛く】[他カ下二]｛け・け・く・くる・くれ・けよ｝❶髪などを顔に垂らして覆いかける。例「髪を振りか・けて泣くけはひ」〈源氏・若菜・下〉❷水や塩などをぱらぱらと散らしかける。例「畳綿の雪の降りか・けたるやうなるが」〈宇津保・内侍のかみ〉

ふりがた・し【旧り難し】[形ク]｛から・く(かり)・し・き(かる)・けれ・かれ｝❶昔と変わらない。例「ふりがた・く同じさまなる御心ばへを」〈源氏・朝顔〉❷忘れがたい。飽きがこない。例「ふりがた・くあはれと見つつゆき過ぎて」〈蜻蛉・中〉

ふりくら・す【降り暮らす】[自サ四]｛さ・し・す・す・せ・せ｝(雪や雨などが)一日じゅう降り続く。日暮れまで降っている。例「日ぐらし雨降りくら・いたる夜」〈更級〉《音便》「降りくらい」は「降りくらし」のイ音便。

ふりこ・む【降り籠む】[他マ下二]｛め・め・む・むる・むれ・めよ｝雨や雪が降って屋内に閉じ込める。

ふりさ・く【振り放く】[他カ下二]｛け・け・く・くる・くれ・けよ｝はるか遠くを仰ぎ見る。例「振り放・けて三日月見れば」〈万葉・六・九九四〉訳→〔和歌〕ふりさけて…

〔和歌〕**ふりさけて…**【振り放けて三日月見れば一目見し人の眉引き思ほゆるかも】〈万葉・六・九九四・大伴家持〉訳空を振り仰いで三日月を見ると、一目だけ見たあの人の眉引きのようすが思われることよ。

ふりさけ・みる【振り放け見る】[他マ上一]｛み・み・みる・みる・みれ・みよ｝はるか遠くを仰ぎ見る。例「天の原ふりさけ・見れば春日なる」〈古今・羇旅・四〇六〉訳→〔和歌〕あまのはらふりさけみれば…

ふりしき・る【降り頻る】[自ラ四]｛ら・り・る・る・れ・れ｝絶え間なく降る。盛んに降り続ける。＝降り頻く。例「白雪庭に降りしき・りつつ」〈万葉・一〇・一八三四〉

ふりし・く【降り敷く】[自カ四]｛か・き・く・く・け・け｝敷きつめたように一面に降る。例「沫雪のほどろほどろに降り敷・けば」〈万葉・八・一六三九〉訳→〔和歌〕あわゆきの…

ふりし・く【降り頻く】[自カ四]｛か・き・く・く・け・け｝「ふりしきる」に同じ。

ふりし・む【降り染む】[自マ下二]｛め・め・む・むる・むれ・めよ｝降って染み込む。例「春雨は降りし・むれども鶯の声はしをれぬ物にぞありける」〈金葉・春・一六〉

ふり・す【旧りす】[自サ変]｛せ・し・す・する・すれ・せよ｝(多く、下に打消の語を伴って)古くなる。過去のものとなる。例「なほ鈴虫の声ぞふり・せぬ」〈源氏・鈴虫〉

ふりす・つ【振り捨つ・振り棄つ】[他タ下二]｛て・て・つ・つる・つれ・てよ｝❶振り切る。見捨てる。例「この女君

みのいとらうたげにてあはれにうち頼み聞こえたまへるを、**ふり棄・て**むこといとかたし」〈源氏・賢木〉❷神輿などを担ぎ出して置き去る。例「大衆、神輿をば、陣頭に**ふりす・て**奉り」〈平家・一・御輿振〉

ふりそで【振り袖】[名]江戸時代に元服前の男女が着た、袖丈を長くし、腋の部分を開けたまま縫わない着物。また、その袖。それを着た男女のこともいう。＝振り⑧

ふりそ・ふ【降り添ふ】[自ハ四]〔は・ひ・ふ・ふ・へ・へ〕降っていた上にさらに降る。降り続ける。例「元結ひに**降り添・ふ**雪の雫には」〈拾遺・雑秋・一一五三〉

ふりそぼ・つ【降り濡つ】[自タ四]〔た・ち・つ・つ・て・て〕《「ふりそほつ」「ふりそほづ」とも》びしょぬれになるほど激しく降る。例「雨も涙も**降りそぼ・ち**つつ」〈古今・恋三・六三九〉

ふりた・つ【振り立つ】[他タ下二]〔て・て・つ・つる・つれ・てよ〕❶勢いよく立てる。例「大船にかし**振り立・て**て」〈万葉・一五・三六三二〉。❷声を張り上げる。例「声**ふりた・て**て鳴く時鳥」〈古今・夏・一五八〉❸勢いよく振って鳴らす。例「誦する声、高麗鈴を**振り立・つる**に劣らず」〈宇津保・祭の使〉

ふり・づ【振り出】[他ダ下二]〔で・で・づ・づる・づれ・でよ〕「ふりいづ」に同じ。

ふりつづみ【振り鼓】[名]舞楽で用いる楽器の一種。二個の小形の太鼓を柄で貫き、鼓の胴の両側に玉をつけた糸を結びつけたもの。柄を動かすと玉が鼓の面を打ち音が出る。

〔和歌〕**ふりつみし…**【降り積みし高嶺のみ雪解けにけり清滝川の水の白波】〈新古今・春上・二七・西行〉訳冬の間降り積もっていた高い峰の雪が解けたのだな。清滝川の水に立つこの白波よ。

ふりつ・む【降り積む】[自マ四]〔ま・み・む・む・め・め〕雪などが降り積もる。

ふりぬ・く【振り抜く】[他カ四]〔か・き・く・く・け・け〕振り放す。例「相撲(＝力士)をば投げければ、**振りぬ・き**て二三段ばかり投げられて」〈宇治拾遺・二・一三〉

ふりのこ・す【降り残す】[他サ四]〔さ・し・す・す・せ・せ〕雨などがある場所にだけ降らないで残す。例「五月雨の**降り残・し**てや光堂」〈おくのほそ道・平泉〉

ふりは・つ【旧り果つ】[自タ下二]〔て・て・つ・つる・つれ・てよ〕古くなってしまう。すっかり年老いる。例「神代より**ふりは・て**にける雪なれど」〈和泉式部日記〉

ふりはな・る【振り離る】[自ラ下二]〔れ・れ・る・るる・るれ・れよ〕思いきって遠く離れる。きっぱりと別れる。例「出でたまふ〈源氏ノ〉御さまのをかしきにも、なほ**ふり離・れ**なんことは思しかへさる」〈源氏・葵〉

ふりは・ふ【振り延ふ】[自ハ下二]〔へ・へ・ふ・ふる・ふれ・へよ〕《「延ふ」は遠くへ延ばすの意》わざわざ…する。例「異腹にてこまかになどしもあらぬ人の**ふりは・へ**たるをあやしがり」〈蜻蛉・下〉

ふりはへ【振り延へ】[副]ことさらに。わざわざ。＝振り延へて。例「かれよりも**ふりはへ**たづね参れり」〈源氏・須磨〉

ふりはへて【振り延へて】[副]《動詞「振り延ふ」の連用形＋接続助詞「て」》「ふりはへ」に同じ。

ふりふぶ・く【降り吹雪く】[自カ四]〔か・き・く・く・け・け〕激しく降り、強い風が吹きまくる。例「その夜、雨風、岩も動くばかり**降りふぶ・き**て」〈更級〉

ふりふもんじ【不立文字】[名]《仏教語》禅宗の教理。悟りの境地は文字やことばでは伝えられず、心から心へ伝えられるものであるとすること。以心伝心。＝教外別伝

ふりふり[副]揺れ動きながら落下するさま。ひらひら。例「〈童ガ〉**ふりふり**と落つる程に、遥かなりけり」〈今昔・二六・三〉

ぶりぶり【振り振り】[名]江戸時代の子供の玩具。八角形の槌に小さな車をつけ、ひもで引いたり玉を打ったりして遊ぶ。槌の表面に尉・姥・鶴・亀などの絵を描いて、正月の縁起物にしたり、魔よけとして室内に飾ったりもした。＝玉振り振り。(季―春)

ふりまが・ふ【降り紛ふ】〔へ・へ・ふ・ふる・ふれ・へよ〕一[自ハ下二]入り交じって降り乱れる。例「時雨とぞ千種の花は**ふりまが・ふ**なにふるさとに袖ぬらすらん」〈宝物集〉二[他ハ下二]盛んに降り乱れて、周囲のものを見分けにくくする。例「草も木も**降りまが・へ**たる雪もよに春待つ梅の花の香ぞする」〈新古今・冬・六八四〉

ふりまさ・る【旧り増さる】[自ラ四]〔ら・り・る・る・れ・れ〕どんどん古くなる。ますます老いてゆく。例「雪も我が身も**ふりまさ・り**つつ」〈古今・冬・三二九〉

ふりまさ・る【降り増さる】[自ラ四]〔ら・り・る・る・れ・れ〕ますます激しく降る。例「まづいとせきがたき涙の雨のみ**降りまさ・れ**ば」〈源氏・幻〉

ふりみだ・る【降り乱る】[自ラ下二]〔れ・れ・る・るる・るれ・れよ〕激しく降る。交じり合って降る。例「夜昼、時雨、あられ**降りみだ・れ**て」〈更級〉

ふりみふらずみ【降りみ降らずみ】《「み」は、動作が交互に繰り返される意を添える接尾語》降ったり、やんだり。例「神無月**降りみ降らずみ**定めなき時雨ぞ冬のはじめなりける」〈後撰・冬・四四五〉訳→〔和歌〕かみなづき…

ぶりゃく【武略】[名]戦略。いくさの駆け引き。

ふりゆ・く【旧り行く】[自カ四]〔か・き・く・く・け・け〕年月がたって古くなってゆく。年老いてゆく。例「ものごとにあらたまれども我ぞ**ふりゆ・く**」〈古今・春上・二八〉

ふりょ【・なり】【不慮】[名・形動ナリ]思いがけないこと。

ふりわけ【振り分け】[名]❶物を二つに振り分けること。❷「振り分け髪」の略。

ふりわけがみ【振り分け髪】[名]八歳ごろまでの子供の髪型のひとつ。頭頂から左右に髪を振り分けて垂らし、肩のあたりでそろえて切る形。＝振り分け②

ふ・る【降る】[自ラ四]〔ら・り・る・る・れ・れ〕❶雨や雪などが空から落ちてくる。ふる。❷(比喩的に)涙が流れ落ちる。例「鈴虫の声のかぎりを尽くしても長き夜あかず**ふ・る**涙かな」〈源氏・桐壺〉訳→〔和歌〕すずむしの…

ふ・る【触る】一[自ラ四]〔ら・り・る・る・れ・れ〕《上代東国方言か》軽くさわる。ふれる。例「大君の命恐み磯に**触・り**海原渡る父母を置きて」〈万葉・二〇・四三二八〉訳→〔和歌〕おほきみの…。二[自ラ下二]〔れ・れ・る・るる・るれ・れよ〕❶一に同じ。例「色よりも香こそあはれと思ほゆれ誰が袖**触・れ**し宿の梅ぞも」〈古今・春上・三三〉訳→〔和歌〕いろよりも…。❷(異性に)近づく。契りをむすぶ。例「常に女に**触・れ**む事を願ふ」〈今昔・一三・三七〉❸(食べ物を)少し食べる。箸をつける。例「朝餉のけしきばかり**ふ・れ**させたまひ

て」〈源氏・桐壺〉《敬語》「ふれさせたまひて」→「させたまふ」。❹(物事に)かかわり合う。(ある機会に)出会う。例「仏の教へ給ふ趣(おもむき)は、事にふ・れて、執心なかれとなり」〈方丈記〉❺(目や耳に)自然に入ってくる。例「目に見え耳にふ・るる事」〈平家・七・福原落〉 三 [他ラ下二]{れ・れ・る・るる・るれ・れよ}広く知らせる。(命令などを)行き渡らせる。例「侍(さぶらひ)どもにその用意せよと触・るべし」〈平家・二・教訓状〉

ふ・る【震る】[自ラ四]{ら・り・る・る・れ・れ}揺れ動く。震動する。例「大地震(おほなゐ)ふ・ること侍(はべ)りき」〈方丈記〉

ふ・る【振る】[他ラ四]{ら・り・る・る・れ・れ}❶**揺り動かす。ふるう。**例「あかねさす紫野(むらさきの)行き標野(しめの)行き野守(のもり)は見ずや君が袖(そで)振・る」〈万葉・一・二〇〉訳→〈和歌〉あかねさす…。❷(神体・神輿(みこし)などを)**移す。遷座(せんざ)させる。**例「その義ならば、神輿(しんよ)をふ・りくだし奉りて」〈平家・四・厳島御幸〉《敬語》「ふりくだし奉り」→「たてまつる」。❸(相手を)**嫌ってそっけなくする。冷淡にする。**例「あやしう人に似ぬ心強さにてもふ・り離れぬるかな」〈源氏・夕顔〉《音便》「あやしう」は「あやしく」のウ音便。❹**割り当てる。**

ふ・る【旧る・古る】[自ラ上二]{り・り・る・るる・るれ・りよ}❶**古くなる。古びる。**例「古・りにける岩の絶え間より落ち来る水の音さへ、ゆゑびよしある所なり」〈平家・灌頂・大原御幸〉❷**年をとる。老いる。**例「ありがたくめでたく見えたまふを、この古・りぬる齢(よはひ)の僧は、あいなう涙もとどめざりけり」〈源氏・幻〉《音便》「あいなう」は「あいなく」のウ音便。❸**古くから親しんでいる。昔なじみである。**例「うつつにも夢(いめ)にも我は思はずき古・りたる君にここに逢(あ)はむとは」〈万葉・一一・二六〇一〉〔注〕三句切れ・倒置法の歌。❹(「世に古る」の形で)**世間でいい古される。珍しくなくなる。過去のものになる。**例「世に古・りぬることをも、おのづから聞き漏らすあたりもあれば」〈徒然・二三四〉

ふる【布留】[歌枕]大和国(やまとのくに)の地名。いまの奈良県天理市布留町・石上(いそのかみ)町の地区。市街を流れる布留川の上流一帯を布留野と呼び、石上(いそのかみ)神社がある。「古(ふ)る」「経る」「降る」をかける。

〈俳句〉**ふるいけや…**【古池や蛙(かはづ)飛(と)び込む水の音】〈はるの日・芭蕉〉訳ひっそりと静まりかえっている古池。そこに蛙が水に飛び込む音が聞こえ、またもとの静けさにもどって行く。(季-蛙-春)

ふるう【古う・故う・旧う】形容詞「ふるし」の連用形「ふるく」のウ音便。

ふるうた【古歌】[名]古人の詠んだ歌。古歌(こか)。

ふるえ【古江・旧江】[名]古くさびれた入り江。

ふるえ【古枝】[名]古い枝。もとの枝。

ふるおほぎみをんな【古大君女・旧大君女・古王女(フルオオギミオンナ)】[名]年老いて世間から忘れられた女。

ふるから【古幹】[名]《上代語》古い茎。

ふるかんだちめ【古上達部】[名]《「ふるかんだちべ」とも》「上達部」として年数のたったもの。

フルキ【黒貂】[名]《蒙古(もうこ)語で黒貂(くろてん)の意のブルガンからという》黒貂の古名。朝鮮半島や中国遼東(りょうとう)半島などに棲息。その毛皮を皮衣(かわぎぬ)として用いた。

ふるごたち【古御達】[名]《「御」は女性の敬称。「たち」は接尾語》年をとった女房たち。

ふること【古言】[名]《「ふるごと」とも》❶古い詩歌。古歌。また、古歌に用いられている歌詞。❷古いことば。昔からの言い伝え。

ふること【故事】[名]《「ふるごと」とも》昔あったことがら。故事(こじ)。

ふるころも【古衣】一[名]着ふるした着物。二[枕詞]古い衣服をほどき、その布を砧(きぬた)で打ち直すことから「また打ち」の変化した「まつち」と同音を含む地名「まつち山」にかかる。例「古衣真土山(まつちやま)より帰り来(こ)ぬかも」〈万葉・六・一〇一九長歌〉

ふるごゑ【古声(フルゴエ)】[名]昔のままの声。

ふるさと【古里・故郷】[名]❶**由緒のある土地。旧跡。**とくに、**昔の都。古都。**例「ふるさととなりにし奈良の都にも色は変らず花は咲きけり」〈古今・春下・九〇〉❷**生まれ故郷。自分が生まれ育った所。**例「故郷の人の来たりて物語すとて」〈徒然・一四一〉❸**なじみの土地。住み慣れた場所。**例「仮の庵(いほり)もややふるさととなりて」〈方丈記〉❹(宮仕え先や、旅先に対して)**自宅。わが家。**例「見どころもなきふるさとの木立を見るにも」〈紫式部日記〉

ふるさとびと【故郷人・故里人】[名]昔なじみの人。故郷の人。

〈俳句〉**ふるさとやへそのをになく…**【旧里や臍の緒に泣く年の暮(くれ)】〈笈の小文・芭蕉〉訳故郷伊賀(いまの三重県)に帰ってきた年の暮。自分の臍の緒を手に取ってみると、亡き父母や幼少のころがしきりに思われて、涙を流すことだ。(季-年の暮-冬)

〈俳句〉**ふるさとやよるもさはるも…**【古郷や寄るも触るも茨(ばら)の花(はな)】〈七番日記・一茶〉訳故郷の人たちはいついかなる時でも冷たい態度で私をあしらう。まるで茨(いばら)の花が近づくものや触れるものを棘(とげ)で傷つけるようだ。(季-茨の花-夏)

ふる・し【古し・故し・旧し】[形ク]{から・く(かり)・し・き(かる)・けれ・かれ}❶**昔である。過去のことである。**例「立ち変はり古・き都となりぬれば」〈万葉・六・一〇四八〉❷**古びている。新鮮みがない。陳腐だ。**例「鶯(うぐひす)鳴く古・しと人は思へれど花橘(はなたちばな)のにほふこのやど」〈万葉・一七・三九二〇〉❸**年を経ている。長年続けている。**例「やや御辺(ごへん)は、ふる・い人とこそ見奉れ」〈平家・二・阿古屋之松〉《音便》「ふるい」は「ふるき」のイ音便。《係結び》「こそ→見奉れ(已)」。《敬語》「見奉れ」→「たてまつる」

ふる・す【旧す・古す】[他サ四]{さ・し・す・す・せ・せ}❶**古くする。新鮮味を失わせる。**例「かひなかるべき声なふる・しそ」〈蜻蛉・上〉❷**飽きて見捨てる。疎んじる。**例「秋(=「飽き」ヲカケル)といへばよそにぞ聞きしあだ人の我を古・せる名にこそありけれ」〈古今・恋五・八二四〉

ふるつはもの【古兵(フルツワモノ)】[名]老練な武士。実戦経験の豊かな武士。

ふるて【古手】《近世語。「ふるで」とも》一[名]古着や古道具など、使い古した物。二[形動口語型]ありきたりだ。決まりきっていて陳腐だ。例「古手・な事して後悔すな」〈浄・菅原伝授手習鑑〉

ふるとし【旧年・古年】[名]❶新年から見て過ぎた年をいう。去年。(季-春)。❷年内に立春がある場合、まだ改まらない年の内をいう。年内。例「ふる年に春立ちける日よめる」〈古今・春上・一詞書〉

〔和歌〕**ふるはたの…**【古畑のそばの立つ木にゐる鳩の友呼ぶ声のすごき夕暮れ】〈新古今・雑中・一六七六・西行〉訳荒れた畑の崖に立つ木にとまっている鳩の、友を呼んでいる声がぞっとするほどもの寂しく聞こえるこの夕暮れよ。

ふるひあが・る【震ひ上がる】[自ラ四]{ら・り・る・る・れ・れ}恐怖や寒さでぶるぶる震える。震え上がる。

ふるひと【古人・旧人】[名]（「ふるびと」とも）❶昔の人。すでに亡くなった人。故人。❷年老いた人。老人。❸長年仕えている人。古参の者。❹古くから親しくしている人。❺昔かたぎな人。古風な人。

ふる・ふ【震ふ】[自ハ四]{は・ひ・ふ・ふ・へ・へ}❶揺れ動く。鳴り響く。例「六師雷のごとく震・ひ」〈記・上〉❷（恐怖や寒さで）震える。わななく。

ふる・ふ【振るふ・揮ふ】[他ハ四]{は・ひ・ふ・ふ・へ・へ}❶震わせる。例「俄かに雨降り雷電して、山を振る・ふ事有り」〈今昔・七・四五〉❷自由自在に使う。勢いよく動かす。例「造化の天工、いづれの人か筆をふる・ひ、詞を尽くさむ」〈おくのほそ道・松嶋〉❸（力を）思う存分発揮する。例「いよいよ威を振る・ひて」〈今昔・二六・一三〉❹ありったけのものを出す。例「大納言殿の年頃の御物、ただこの度（＝法事）、ふる・ひ給ふ」〈栄花・二七〉

ふる・ぶ【旧ぶ・古ぶ】[自バ上二]{び・び・ぶ・ぶる・ぶれ・びよ}（形容詞「古し」の語幹＋接尾語「ぶ」）古めかしくなる。年老いる。例「心ばせなどの古・びたる方こそあれ、いとうしろやすき後ろ見ならむ」〈源氏・蓬生〉

ふるぶる・し【旧旧し・古古し】[形シク]{しから・しく(しかり)・し・しき(しかる)・しけれ・しかれ}いかにも古風だ。たいへん年をとっている。例「いとさだすぎ（＝盛リノ年ヲ過ギ）、ふるぶる・しき人の」〈枕・かへる年の〉

ふるへ【古家】[名]（「ふるいへ」の変化形）以前住んでいた家。もとのすみか。また、古い家。

ふるまひ【振る舞ひ】[名]❶行動。動作。挙動。❷もてなし。馳走。

ふるまひな・す【振る舞ひ為す】[補動サ四]{さ・し・す・す・せ・せ}（「為す」はわざわざするの意）意図してそのように行動する。わざとそうしてみせる。例「衣の音なひいとはなやかにふるまひな・して」〈源氏・花宴〉

〔俳句〕**ふるまひや…**【振る舞ひや下座に直る去年の雛】〈猿蓑・去来〉訳三月三日、桃の節句を祝う饗応の席で、飾られた雛人形を見ると、去年の古雛は、新しい雛に上座を譲って、下座に座っている。（季―雛―春）

〈参考〉「振る舞ひ」は、挙動の意とする説もある。

ふるま・ふ【振る舞ふ】一[自ハ四]{は・ひ・ふ・ふ・へ・へ}❶行動する。動作する。例「かやうにてもやすらかにふるま・ふ身ならざりけんを嘆きたまふ」〈源氏・真木柱〉❷目立つ振る舞いをする。大げさな身振りをする。例「初雪の朝、枝を肩にかけて、中門より振る舞・ひて参る」〈徒然・六六〉（敬語）「振る舞ひて参る」→「まゐる（四段）」。❸とくに趣向を凝らす。ことさらにこしらえる。例「ふるま・ひて興あるよりも、興なくてやすらかなるが、まさりたる事なり」〈徒然・二三一〉二[他ハ四]もてなす。ごちそうする。例「今夜、新蔵人ふるま・はれて候ふ。康光すでに沈酔におよべり」〈古今著聞・六三五〉

ふるみや【古宮】[名]❶古びた宮殿。❷世間から忘れられた皇族。高齢の皇族。

ふるめ【古妻】[名]昔から連れ添っている妻。また、昔連れ添っていた妻。

ふるめか・し【古めかし】[形シク]{しから・しく(しかり)・し・しき(しかる)・しけれ・しかれ}❶古風だ。昔風だ。↔今めかし①。例「御返事なからむは、いと古めか・しからむ」〈堤中納言・ほどほどの懸想〉❷昔のことだ。過去のことだ。例「古めか・しきことどもを、わななき出でつつ語りきこゆ」〈源氏・若菜・上〉❸年寄りくさい。老人らしい。例「古めか・しうわななきたまへるを」〈源氏・行幸〉（音便）「古めかしう」は「古めかしく」のウ音便。

ふるめかしう【古めかしう】形容詞「ふるめかし」の連用形「ふるめかしく」のウ音便。

ふるめきごころ【古めき心】[名]昔風な考え方。古めかしい心。

ふるめ・く【古めく】[自カ四]{か・き・く・く・け・け}（形容詞「古し」の語幹＋接尾語「めく」）❶古い感じがする。古風に見える。例「返し、いと古め・きたり」〈蜻蛉・上〉❷年老いて見える。例「円融院の御世より参りたりける人の、いといみじく神さび、古め・いたるけはひの」〈更級〉（音便）「古めい」は「古めき」のイ音便。

ふるものあつかひ【古者扱ひ】[名]老人や古馴染みの世話をすること。

ふるものがたり【古物語】[名]❶昔話。思い出話。❷古い時代の物語。とくに、『源氏物語』以前の物語を指すことがある。

ふるや【古屋】[名]古びた家。古い家。

ふるゆきの【降る雪の】[枕詞]（雪の色や状態から）「白」「消」「日」「行き」などにかかる。例「降る雪の消ぬとか言はも」〈万葉・八・一六五五〉

〔和歌〕**ふるゆきの…**【降る雪の白髪までに大君に仕へ奉れば貴くもあるか】〈万葉・一七・三九二二・橘諸兄〉訳降っている雪のような、白髪頭になるまでも大君にお仕え申し上げているので、何ともありがたいことでありますよ。（敬語）「仕へ奉れば」→「つかへまつる」

ふれい【不例】[名]ふだんの状態ではないこと。病気。とくに、貴人の病気をいう。

ぶれいかう【無礼講】[名]身分の上下や礼儀を抜きにして開く宴会や会合。↔慇懃講

ふれじゃう【触れ状】[名]あて名を連名にして回覧した文書。

ふれば・ふ【触ればふ】[自ハ四]{は・ひ・ふ・ふ・へ・へ}❶繰り返し触れる。触る。＝触らばふ。例「香の薫りも、触れば・ひたまへる御けはひにや」〈源氏・野分〉❷かかわりをもつ。例「我れいまだ男に触れば・ふ事なし」〈今昔・三一・三四〉

ふろ【降ろ】（上代東国方言）降る。

ぶゐ【無為】[名・形動ナリ]❶何もしないこと。自然で作為がないさま。例「無為・に事いで来ば、わが親たちいかにおはせむ」〈宇治拾遺・一〇・六〉❷何事もなく平穏なこと。無事。太平。例「天下久しく無為・なるまじき表示なりけり」〈太平記・一三〉

ぶゑい【武衛】[名]「兵衛府」の唐名。

ぶん【分】[名]（分けられたものの意が原義）❶取り分。分け前。例「おのれが分とて、作りたるは」

〈宇治拾遺・七・五〉❷(ある範囲に限られた)分量。決まった程度。例「その〔巫女ノ〕ありさま尋常なるは、なかなかお初尾のぶんにてはなるまじ」〈浮・好色一代男〉〔注〕「初尾」は賽銭のこと。この巫女は、ときによって売色をする。❸(人の社会的地位や能力について)分際。身の程。例「貧しくて分を知らざれば盗み」〈徒然・一三一〉❹(その時点に限られた)ようす。ありさま。❺(状態やようすを仮に限定するさま。名詞に付いて接尾語的に用いることも多い)…ということ。…のふり。例「これから泊まり泊まりでは、なんと、親子のぶんにしようぢゃあねえか」〈膝栗毛〉

ぶんきゃうひふろん【文鏡秘府論】〔作品名〕平安前期(八〇九から八二〇成立)の漢詩論。空海編著。空海が中国の多くの詩論書を引用することによって編んだ詩論。六朝から唐にかけての詩文を評論する。資料的にも貴重である。

ぶんくゎ【文華・文花】〔名〕文章がはなやかで卓越していること。詩文の流麗なこと。また、その詩文・詩才。

ぶんくゎしうれいしふ【文華秀麗集】〔作品名〕平安前期(八一八成立)の第二番目の勅撰漢詩集。嵯峨天皇の勅により藤原冬嗣らが撰。中国の詩文集『文選』にならい題材別に並べる。

ぶんげん【分限】〔名〕❶可能な範囲・限度。また、その能力。❷(「ぶげん」とも)身分。身のほど。＝分限①。❸(「ぶげん」とも)財力のあること。また、その人。金持ち。財産家。＝分限②

ぶんこ【文庫】〔名〕❶書籍や文書を入れておく蔵。書庫。❷書籍や雑品を入れる手箱。

ぶんご【豊後】〔地名〕旧国名。西海道十二か国のひとつ。いまの大分県の大半にあたる。＝豊州

ぶんごのくにふどき【豊後国風土記】〔作品名〕奈良前期の地誌。編者未詳(藤原宇合参与との説あり)。地名の由来を説く説話が中心。

ぶんごぶし【豊後節】〔名〕❶江戸浄瑠璃の一流派。宮古路豊後掾が始めた。享保年間(一七一六〜三六)に流行したが、風俗を乱すという理由で、元文四年(一七三九)禁止された。❷①から出た常磐津・富本・清元・新内・薗八などの流派の総称。

ふんごみ【踏ん込み】〔名〕(「踏ん込み袴」の略)野袴のひとつ。裾の細い袴。庶民が用いた。

ぶんざい【分際】〔名〕❶限度。程度。数。例「敵の分際を問ふに」〈太平記・三六〉❷身のほど。身分。

ふんざうえ【糞掃衣】〔名〕(人の捨てたぼろぎれで作ったところから)僧が身にまとう衣。

ぶんさん【－・す】【分散】㊀〔名・自サ変〕❶散り散りになること。❷破産。倒産。㊁〔名・他サ変〕分け散らすこと。

ふんじこ・む【封じ籠む】〔他マ下二〕{め・め・む・むる・むれ・めよ}(「ふうじこむ」の変化形)中に入れて、出てこないように閉じる。例「なぞの箱ぞ。深き心あらむ。懸想人の長歌詠みて**封じこ・め**たる心地こそすれ」〈源氏・若菜・上〉

ぶんしちもとゆひ【文七元結ひ】〔名〕(近世語)白くつやのある「杉原紙」で作った上品な元結い。

ぶんしゃうさうし【文正草子】〔作品名〕室町時代の御伽草子。作者未詳。塩焼きによって裕福となった文正が、鹿島大明神の霊験で美しい女子ふたりを授かり、姉は貴公子、妹は帝と結婚し富み栄える。祝言物のひとつで広く流布した。

ふんじん【分身】〔名〕(「ぶんしん」とも)❶(仏教語)仏が衆生を救うために十方の世界にさまざまな姿で現れること。また、その姿。❷ひとつのからだがふたつ以上に分かれること。また、その姿。

ふん・ず【封ず】〔他サ変〕{ぜ・じ・ず・ずる・ずれ・ぜよ}(「ふうず」の変化形)封をする。例「想ふ人の文を得て、固く**封じ**たる続飯(＝糊)など開くるほど、いと心もとなし」〈枕・心もとなきもの〉

ぶんだい【文台】〔名〕書籍・短冊などを載せる小机。⇒〔古典参考図〕調度類〈1〉

ぶんだん【分段】〔名〕(仏教語)❶六道に輪廻する凡夫の生と死。衆生の生死。分段生死。❷「分段身」の略。❸「分段同居」の略。

ぶんだんしん【分段身】〔名〕(仏教語)凡夫の身。＝分段②

ぶんだんどうご【分段同居】〔名〕(仏教語。仏・菩薩が人を導くために凡夫とともに住む意)この世。＝分段③

ふんづき【文月・七月】〔名〕(「ふみづき」の撥音便)「ふみづき」に同じ。

ぶんどり【分捕り】〔名〕戦場で敵の首や武器などを奪い取ること。

ぶんない【分内】〔名〕定めた領分の内。境界の内。

ふんのつかさ〔名〕㊀【書司】(「ふみのつかさ」の撥音便)❶後宮十二司のひとつ。後宮の書籍や楽器などをつかさどった役所。また、その女官。❷和琴の別称。㊁【図書寮】「づしょれう」に同じ。

ふんばこ【文箱】〔名〕(「ふみばこ」の撥音便)「ふみばこ」に同じ。

ふんばさみ【文挟み】〔名〕(「ふみばさみ」の撥音便)「ふみばさみ」に同じ。

ぶんぶ【文武】〔名〕(「ぶんぷ」とも)文事と武事。学問と武道。

ぶんぶにだうまんごくとほし【文武二道万石通】〔作品名〕江戸後期(一七八八刊行)の黄表紙。朋誠堂喜三二作。寛政の改革に取材し、松平定信をなぞらえ、「うがち」を意図した作品。

ふんべつ【分別】〔名〕理性的な判断。思慮。例「分別みだりにおこりて、得失やむ時なし」〈徒然・七五〉

ふんみゃう【－・なり】【分明】〔名・形動ナリ〕はっきりしていること。明らかなさま。例「その仮名・実名**分明・ならず**」〈平家・一一・嗣信最期〉

ふんやのあさやす【文屋朝康】〔人名〕(生没年未詳)平安前期の歌人。父は文屋康秀。『古今和歌集』『後撰和歌集』に入集。

ふんやのやすひで【文屋康秀】〔人名〕(生没年未詳)平安前期の歌人。六歌仙・中古三十六歌仙のひとり。『古今和歌集』『後撰和歌集』に入集。百人一首にも選ばれる。

ぶんやぶし【文弥節】〔名〕浄瑠璃の一流派。大坂の岡本文弥が語り始め、延宝七年(一六七九)ごろから元禄七年(一六九四)ごろまで上方で流行。哀調を帯びた語り口に特徴があり、「泣き節」ともいわれた。

-へ【辺・方】[接尾]《「べ」とも》❶その辺り、その方の意を表す。「沖辺」「岡辺」「山辺」など。↔沖①。❷だいたいそのころの意を表す。例「(青垣山)春へには花かざし持ち」〈万葉・一・三八長歌〉

-へ【重】[接尾]囲みや重なったものを数える語。「千重」「八重」など。

へ【上】[名]うえ。

へ【戸】[名]戸籍としての家。人家。また、それを数える語。

へ【辺・方】[名]❶辺り。ほとり。そば。❷(沖に対して)海岸。海辺。

へ【瓮】[名]酒などを入れる器。瓶。

へ【家】[名]《「いへ」の略》いえ。

へ【舳】[名]船の前の方。船首。へさき。↔艫

へ[格助]
⇨一〇八〇ページ「特別コーナー」

へ 助動詞「ふ」の已然形・命令形。例「万代に語り継がへと始めてし」〈万葉・一三・三二三九長歌〉

へ【言】《上代東国方言。動詞「いふ」の已然形の変化形》いえ。例「旅とへど真旅(=本格的ナ旅)になりぬ」〈万葉・二〇・四三八八〉

-べ【辺】[接尾]「へ(辺)[接尾]」に同じ。

べ【部】[名]❶群れ。組。❷大化の改新以前に朝廷や豪族に種々の職能をもって奉仕した人々の集団。

へあが・る【経上がる・歴上がる】[自ラ四]{ら・り・る・る・れ・れ}❶下からしだいに昇進する。成り上がる。例「検非違使五位尉に経あが・って」〈平家・一・俊寛沙汰鵜川軍〉《音便》「経あがっ」は「経あがり」の促音便。❷年を経て正体が変化する。例「猫の経あが・りて、猫またに成りて」〈徒然・八九〉

へい【丙】[名]「十干」のひとつで、三番目に当たる。ひのえ。

へい【塀】[名]❶囲い。垣根。❷(土塀などに対して)とくに、板塀。

へい【幣】[名]❶神に祈るためにささげるもの。ぬさ。＝幣帛。❷貢ぎ物。贈り物。

べい 一推量の助動詞「べし」の連体形「べき」のイ音便。例「命こそ〔心二〕かなひがたかべいものなれ」〈源氏・澪標〉《音便》「かなひがたか」は「かなひがたかる」の撥音便「かなひがたかん」の撥音無表記。《係結び》「こそ→なめれ(已)」。語構成「ものなめれ」→「なめり」。二[助動特活]{○・○・べい・べい・○・○}《近世語》「べし」に準じ、推量や意志を表す。…だろう。…よう。例「開帳場の大金もうけべいと思って」〈浮世風呂〉訳さかり場の大金をもうけようと思って。〈接続〉二は活用語の終止形・連体形に付くほか、未然形・連用形に付くこともある。〈参考〉二は関東方言。

へいあんきゃう【平安京】[名]延暦十三年(七九四)、桓武天皇により造営されてから、明治元年(一八六八)東京遷都に至るまでの千七十五年間続いた都。いまの京都市の中心部。＝平安城。⬇[古典参考図]平安京と条坊図

古典の世界 **「平安京」の発展**

桓武天皇は、二度都を造営している。はじめは寺院の勢力を抑えるなどの政治的ねらいで、平城京から長岡京に遷った。ところが、長岡京は造営者の藤原種継が暗殺されたり、身内に不幸が続いたり、洪水が起きたりなど不吉なことが相次いだ。そこで天皇は、わずか十年後に新たな都を求めた。山背に遷都の直後、天皇は「この国の山河襟帯にして、自然に城を作す。…山背国を改めて山城国となすべし。又子来の民、謳歌の輩、異口同辞して、号して平安京といふ」との詔を発した。また遷都の翌年正月、宮中の宴で歌われた踏歌の歌詞にも、「平ら安し」京、「たひらのみやこ」の願いが込められている。

平安京の宅地造成は、はじめ「東の京(内裏からみて左にあたるので左京ともいう)」から進んだ。高級貴族の邸宅や寺社も左京に多く集まって発達する。「西の京(右京)」は湿地帯で開発が遅れたのである。『伊勢物語』二段の「西の京」の女など、西の京には暗い影を負うイメージの女が造型されるのもそのためだろう。

唐風文化を積極的に取り入れた嵯峨天皇の時代、唐の都にちなんで左京を洛陽城、右京を長安城と称した。左京中心に発達した平安京は、やがて「洛陽」に擬せられ、「洛」はすなわち「都」を意味するようになる。今日にいたるまで、京都には「洛中」「洛外」「上洛」など、「洛」にちなむ言い方が生きている。

へいあんじゃう【平安城】[名]「へいあんきゃう」に同じ。

へいかく【兵革】[名]《「へいがく」「ひゃうがく」とも》❶武器の総称。「兵」は武器、「革」は甲冑の意。❷合戦。戦争。

へいきょく【平曲】[名]『平家物語』を琵琶に合わせて語る音曲。鎌倉時代、盲目の琵琶法師生仏が語り始めたと伝えられる。一方流と八坂流に分かれて流布したが、南北朝時代、一方流の覚一によって大成された。＝平家琵琶・平家

へいぐゎい【・なり】【平懐】[名・形動ナリ]❶和歌・連歌・俳諧で、発想や用語などが平凡なさま。陳腐なさま。例「やの字、平懐・に聞こゆ」〈去来抄〉❷無遠慮なさま。無作法なさま。

へいけ【平家】[名]❶「平」の姓を名乗る一族。平氏。とくに、桓武平氏の一族を指す。❷『平家物語』の略。❸「平家琵琶」の古名。平曲。

へいげい【埤堄】[名]《「へいけい」とも》城壁の上の低い垣。矢を射るための穴が開けてある。

へいけにょごのしま【平家女護島】[作品名]江戸中期(一七一九初演)の浄瑠璃。時代物。近松門左衛門作。『平家物語』の諸事件を脚色。俊寛の逸話を改作した「鬼界が島」の場は有名。

へいけびは【平家琵琶】[名]「へいきょく」に同じ。

へいけものがたり【平家物語】[作品名]鎌倉時代の軍記物語。多くは十二巻。『徒然草』に信濃前司行長が作ったとの説が載るが、そのほかにも葉室時長ほか、さまざまな人物が作者に擬せられてきた。源平争乱直後からの伝承をもとにして段階的に増補改編が繰り返されたかと思われ、成立年についても諸説ある。平清盛の栄達と暴政、源平の合戦と平家の滅亡などが和漢混交文で叙述される。多くの異本があり、琵琶法師の語りによって享受された語り本と、読み本に分けられる。＝平家②

へいこう【・す】【閉口】[名・自サ変]❶口をきかないこと。口を閉じものをいわないこと。❷困ること。

へいさ【平沙】[名]起伏の少ない平らな砂原。

へいじ【瓶子】[名]❶酒を入れて注ぐための器。徳利。❷紋所の名。①を図案化したもの。

べいじゅう【陪従】[名]（「ばいじゅう」とも）❶貴人の供。❷祭りの楽人。宮中の音楽は近衛府が担当し、六位以下の者がこれに当たった。賀茂の祭りでは東遊びの楽を社前にて、演奏する。

へいしょく【秉燭】[名]（「ひんしょく」とも。燭を手に持つ時刻の意）夕方。火ともしごろ。

へいぜいてんわう【平城天皇】[人名]（七七四～八二四）第五十一代天皇。桓武天皇の皇子。母は藤原良継の娘。譲位後、薬子の変で重祚をはかり失敗。孫に在原業平がいる。

へいだん【餅餤】[名]食品のひとつ。アヒルやカモなどの卵と野菜を煮合わせたものを餅の中に入れ、四角に切ったもの。二月の「列見」や八月の「定考」のときに公卿らに供した。

へいぢものがたり【平治物語】[作品名]鎌倉時代の軍記物語。作者未詳。平治元年（一一五九）に起こった平治の乱を文学化した軍記で、鎌倉時代には琵琶法師によって語られていた。

へいぢものがたりゑまき【平治物語絵巻】[作品名]鎌倉中期の絵巻。作者未詳。平治の乱の顛末を絵巻化したもの。集団を一まとまりとして描く技法などに特色がある。

へいぢもん【平地門】[名]「へいぢゅうもん」に同じ。

へいぢゃう【兵仗】[名]「ひゃうぢゃう（兵仗）」に同じ。

へいちゅう【平中・平仲】[人名]「たひらのさだふん」に同じ。

へいちゅうものがたり【平中物語・平仲物語】[作品名]平安時代の物語。作者未詳。平貞文（平中）を主人公とする和歌のやり取りを中心とする短編の恋物語を集成する。深刻というより、軽妙でユーモアのあふれる話が多い。

へいぢゅうもん【屏中門・屏重門】[名]表門と母屋の間にある門。左右の角柱の上に「笠木」はなく、二枚の開き扉からなる。＝平地門。➡[古典参考図]門・塀・垣

へいとうのやまひ【平頭の病】[名]歌学で、歌病（修辞的欠陥のこと）のひとつ。短歌の上の句と下の句の最初の文字が同字のもの。

へいはく【幣帛】[名]神前に供えるものの総称。麻・絹・紙などが主。貨幣や武具などを供える例もある。＝幣①・幣・みてぐら

へいはふ【兵法】[名]「ひゃうはふ」に同じ。

へいまん【屏幔】[名]幕。幔幕。

へいもん【・す】【閉門】[名・自サ変]❶門を閉めて家の中にこもること。❷江戸時代、武士や僧に科した刑罰のひとつ。「蟄居」より軽く、「逼塞」より重い刑で、五十日または百日の間、外から門扉を閉じ、昼夜とも出入りを許さなかった。

へう【表】[名]臣下から天皇や君主に対して、意見や祝辞・官職の拝辞などのことを記して奉る文書。

べう 推量の助動詞「べし」の連用形「べく」のウ音便。例「げにいささかも（病ニ）隙ありつるをり、聞こえうけたまはる**べう**こそはべりけれ」〈源氏・柏木〉《係結び》「こそ→はべりけれ㊁」。《敬語》「聞こえうけたまはるべうこそはべりけれ」→「きこゆ」「うけたまはる」「はべり」

べうえい【苗裔】[名]子孫。末裔。

へうきんだま【瓢金玉・剽軽玉】[名]（近世語）ひょうきんな人。浮かれ者。

へう・す【僄す】[他サ変]{せ・し・す・する・すれ・せよ}ばかにする。軽んじる。例「例の内府が、世を**へう・する**やうにふるまふ」〈平家・二・教訓状〉

へうとく【表徳】[名]（近世語）雅号。別号。あだ名。また、遊郭などでの替え名。

へうのやま【標の山】[名]（「ひをのやま」とも）大嘗祭のとき、東（左）側の悠紀と西（右）側の主基の両国司が立つ位置を示すためのしるし。榊を山形に作り、木綿・日月などの装飾を施した。

へうびゃく【・す】【表白】[名・自サ変]（仏教語）法会のとき、その趣旨を記した文を、導師が仏前で読むこと。また、その文。

へうもの【俵物】[名]（「たはらもの」「へうもつ」とも）米や豆など、俵に入れたもの。

へおひびくに【屁負ひ比丘尼】[名]良家の子女や若い嫁などに付き添って、彼らの過失を代わりに引き受ける役目の女。＝科負ひ比丘尼

べかかう[名]「べかこ」に同じ。

べかこ[名]（近世語。「べかかう」の変化形）あかんべい。

べかし[助動シク型]{○・べかしく（べかしう）・○・べかしき・○・○}《推量の助動詞「べし」の連用形「べかり」を形容詞シク型に活用させたもの》当然・義務などの意を表す。……べきだ。例「おほかたのある**べかしき**ことどもは」〈源氏・総角〉訳おおよそのなす**べき**事がらは。

〈接続〉動詞「あり」の連体形に付く。

〈参考〉「べくあるらし」→「べくあらし」→「べからし」→「べかし」と変化してできたものとする説もある。

べか‐なり …はずのようだ。…はずだと聞いている。例「寅の時になむ、渡らせたまふ**べかなる**」〈枕・関白殿、二月二十一日に〉訳寅のときにお越しになる**はずだと聞いている**。《係結び》「なむ→渡らせたまふべかなる㊍」。《敬語》「渡らせたまふ」

語構成　べか：推「べし」㊍　なり：伝・推「なり」
＝「べかるなり」の撥音便「べかんなり」の撥音無表記。

へ［格助詞］

アプローチ ▼動作・作用が及んでいく方向・対象を表すことが基本（①）。これに対し、格助詞「に」は動作・作用の及んだ先、到着点を表す。
▼②③の用法は、「に」の用法と混同したもので、中世あたりから盛んにみられる。
接続 体言に付く。

意味	訳語	用例
❶**動作・作用が及んでいく方向を表す。**	…へ …の方へ	例「朝には海辺にあさりし夕されば大和**へ**越ゆる雁しともしも」〈万葉・六・九五四〉 訳朝がたは海辺で餌をあさって夕方になると大和の**方へ**越えて飛んで行く雁がうらやましいことよ。
❷**動作・作用の到着点を表す。**	…に	例「この大童子走り添ひて、鮭を二つ引き抜きて懐**へ**引き入れてんげり」〈宇治拾遺・一・一五〉 訳大童子（＝童子の髪形をした大人）は（馬のわきに）走り寄り、（積み荷の）鮭をふたつ引き抜いて懐**に**押し込んでしまった。
❸**動作・作用がなされる相手を表す。**	…に …に対して	例「平家の余党の都にあるを、国々へつかはさるべきよし、鎌倉殿より公家**へ**申されたりければ」〈平家・一二・平大納言被流〉 訳平家の残党で都にいる者を、国々へ遣わすようにとの旨を、鎌倉殿から朝廷**に対して**申されたので。

→「せたまふ」。例「ただひたみちにそむきても、雲に乗らぬほどのたゆたふべきやうなむはべる**べかなる**」〈紫式部日記〉訳ただいちずに出家しても、極楽浄土に至らぬ間の定まらず迷うことがある**はずのようです**。（係結び）「なむ→はべるべかなる(体)」。（敬語）「はべるべかなる」→「はべり」

べか-めり …ようにみえる。…にちがいないようだ。例「大夫ばかりぞ、えもいはずしたには思ふ**べかめる**」〈蜻蛉・下〉訳大夫だけは、すばらしいことと内心には思っている**ように**みえる。（係結び）「ぞ→思ふべかめる(体)」。（副詞の呼応）「え→いはず」

語構成 べか｜推「べし」(体)　めり｜推「めり」
＝「べかるめり」の撥音便「べかんめり」の撥音無表記。

べから 推量の助動詞「べし」の未然形。例「『言ひしやうに、三日さぶらはんずるか。帰る**べから**ん日聞きて、迎へにだに』とぞある」〈蜻蛉・上〉（係結び）「ぞ→ある(体)」。（敬語）「さぶらはんずる」→「さぶらふ」

べから-ず ❶不適当・禁止を表す。…**てはならない**。例「勅書を馬の上ながら捧げて見せ奉るべし、下る**べからず**」〈徒然・九四〉訳勅書を馬に乗ったまま捧げ持ってお見せするべきで、馬から下り**てはならない**。（敬語）「見せ奉る」→「たてまつる」。❷不可能の意を表す。…**できない**。例「数ならぬたぐひ、尽くしてこれを知る**べからず**」〈方丈記〉訳それほど名もない（一般の）人々の死をすべてもらさず知ることは**できない**（＝それくらい大勢死んでいる）。❸そのことがあり得ないという判断を表す。…**はずがない**。例「もろこしの人は、これをいみじと思へばこそ、記しとどめて世にも伝へけめ、これらの人は、語りも伝ふ**べからず**」〈徒然・一八〉訳唐の人はこれを大事だと思ったから記録し世に伝えたのだろうが、わが国の人は（そんなことを）語り伝える**はずがない**。（係結び）「こそ→伝へけめ(已)」

語構成 べから｜推「べし」(未)　ず｜打消「ず」

発展学習ファイル 「べからず」はおもに漢文訓読文で用いられ、中古の和文ではほとんど用いられない。

べかり 推量の助動詞「べし」の連用形。例「松の葉にかかれる雪のそれをこそ冬の花とはいふ**べかり**けれ」〈後撰・冬・四九三〉

べかり-き …はずだった。…べきだった。例「すなはちもきこえさす**べかりし**を」〈蜻蛉・下〉訳すぐにも（返事を）申し上げる**べきだった**ところを。（敬語）「きこえさすべかりし」→「きこえさす」

語構成 べかり｜推「べし」(用)　き｜過「き」

べかり-けり …べきだった。…ほうがよかった。…はずだった。例「げに千年の形見にしつ**べかりける**を、見ずなりぬべきよ」〈源氏・幻〉訳（紫の上からの手紙は）まこと千年後までの形見になる**はずだった**のを、見なくなってしまうにちがいないことだ。

語構成 べかり｜推「べし」(用)　けり｜過「けり」

発展学習ファイル 多く、予定だけで実現しなかったことを表すのに用いられる。

べかり-つる …べきであった。…はずだった。例「内裏の御前に、今宵は月の宴ある**べかりつる**を」〈源氏・鈴虫〉訳主上の御前において、今夜は月の宴がある**はずだった**のを。

語構成 べかり｜推「べし」(用)　つる｜完了「つ」(体)

へが・る【剝がる】［自ラ下二］{れ・れ・る・るる・るれ・れよ}はがれる。薄くなる。少なくなる。例「ところせかりし御髪のす

こしへがれた」〈源氏・明石〉

べかる 推量の助動詞「べし」の連体形。例「海にのみひちたる(=ヒタスラ海ニ浸ッテイル)松の深緑いくしほとかは知るべかるらん」〈拾遺・雑上・四五七〉

べかん-なり …はずのようだ。…はずだと聞いている。

語構成 べかん 推「べし」体 なり 伝・推「なり」 ＝「べかるなり」の撥音便。

↓「べかなり」。例「この御所ならでは、いづくへかわたらせ給ふべかんなる」〈平家・四・信連〉《係結び》「か↓べかんなる体」。《敬語》「わたらせ給ふ」↓「せたまふ」

べかん-めり …ようにみえる。…にちがいないようだ。

語構成 べかん 推「べし」体 めり 推「めり」 ＝「べかるめり」の撥音便。

↓「べかめり」。例「いまいまも、さこそははべるべかんめれ」〈大鏡・道長・上〉《係結び》「こそ↓はべるべかんめれ已」。《敬語》「さこそははべる」↓「はべり」

べき 推量の助動詞「べし」の連体形。例「自ら戒めて恐るべく、慎むべきはこのまどひなり」〈徒然・九〉

へきしょ【壁書】[名]《「壁書き」の音読語》❶一般の人に布告するための文書の張り紙。掲示。❷戦国時代の武家などの家法・法度・掟などを壁に掲示したもの。

べき-なり …べきである。例「転び落ちぬやうに、心得て炭を積むべきなり」〈徒然・二一三〉訳(火種が)転げ落ちないように注意して炭を積むべきである。

語構成 べき 推「べし」体 なり 断「なり」

へきらく【碧落】[名]青空。大空。転じて、遠方。果て。

へ・ぐ【剝ぐ・折ぐ】[他ガ四]{が・ぎ・ぐ・ぐ・げ・げ}❶薄く削りとる。はがす。そぎとる。例「五月雨や色紙へぎたる壁の跡」〈嵯峨日記〉❷減らす。少なくする。例「来む年に、まさにその代を折ぐべし」〈紀・持統〉

べく 推量の助動詞「べし」の連用形。例「むかし、男、わづらひて心地死ぬべくおぼえければ」〈伊勢・一二五〉

べくさかづき【可杯・可盃】[名]《近世語》(「可」の字は、「可行候」のように動詞の上に書かれ、下には置かないことから)つがれた酒を飲み干すまでは下に置けないよう、底をとがらせるなどした杯。

べくは《推量の助動詞「べし」の連用形＋係助詞「は」》仮定条件を表す。…できるならば。…はずならば。例「ゆく蛍雲の上までいぬべくは秋風吹くと雁に告げこせ」〈後撰・秋上・二五二〉訳↓〔和歌〕ゆくほたる…

へぐひ【竈食ひ】[名]「よもつへぐひ」に同じ。

べく-も-あら・ず ❶ありえないだろうという判断を表す。…そうにもない。…はずもない。例「まして、かぐや姫聞くべくもあらず」〈竹取・かぐや姫の昇天〉訳(出仕せよとの帝の命に背くなど論外といわれて)なおさらにかぐや姫はいうことを聞くはずもない。❷不可能であると推量する。…できそうもない。例「いづれまされりといふべくもあらず」〈大和・一四七〉訳どちら(の愛情)がまさっているということはできそうもない。

語構成 べく 推「べし」用 も 係助 あら ラ変「あり」未 ず 打消「ず」

へぐり【平群】[地名]大和国の地名。いまの奈良県生駒郡平群町。古代の豪族平群氏の領地。

へげ【変化】[名]「へんげ」に同じ。

へげたれ[名]《近世語》人をののしっていう語。ばか。あほう。甲斐性なし。

べけ-む 推量の意を表す。係助詞「や」を伴い「べけむや」の形で反語の意を表すことが多い。…だろう。…はずであろう。例「何ぞ、たちまちに死ぬべけむや」〈今昔・九・三二〉

語構成 べけ 推「べし」未(古い形) む 推「む」

べけれ 推量の助動詞「べし」の已然形。例「唐土とこの国とは、言異なるものなれど、月の影は同じことなるべければ、人の心も同じことにやあらむ」〈土佐〉《係結び》「や↓あらむ体」

べし[助動ク型]

⇨一〇八二ページ「特別コーナー」

へしぐち【圧し口】[名]《「べしぐち」とも》不愉快そうに唇を「へ」の字にゆがめること。また、その口つき。

べしみ【癋見・圧面】[名]《「へしみ」とも。「べしめん」の変化形》能面のひとつ。唇を「へ」の字にした表情の面。天狗や鬼神などに用いる。

へ・す【圧す】[他サ四]{さ・し・す・す・せ・せ}❶押しつける。押さえつける。例「二藍・葡萄染めなどの裂帛(=布切レ)の、おしへされて草子のなかなどにありたる」〈枕・過ぎにしかた〉❷圧倒する。へこませる。例「『逢坂』の歌は、へ・されて、返しも得せずなりにき」〈枕・頭弁の、職にまゐりたまひて〉

へ・す【減す】[他サ四]{さ・し・す・す・せ・せ}減らす。例「とてものことに、いま一人減・させられい」〈狂・今参り〉

へそ【巻子】[名]つむいだ糸をつないで環状に巻きつけたもの。＝苧環

へた【辺・端】[名]ほとり。はた。とくに、水際。

べたう【別当】[名]《「べったう」の促音無表記》「べったう」に同じ。

へだし【隔し】[名]《上代東国方言》隔て。しきり。

へだた・る【隔たる】[自ラ四]{ら・り・る・る・れ・れ}❶離れる。遠ざかる。例「(母ト子ガ)かく隔たりて過ぐしたまふを」〈源氏・藤裏葉〉❷間に物があってさえぎられている。例「(阿弥陀仏ハ)霧ひとへ隔たれるやうに、透きて見えたまふを」〈更級〉❸時間の間隔がある。月日がたつ。例「久しく隔たりて逢ひたる人の」〈徒然・五六〉❹疎遠になる。例「あはれもさめつつ、かく御仲も隔たりぬるを」〈源氏・賢木〉❺両者の間に割って入る。例「新中納言にくみ奉らんと馳せならべけるを、御子武蔵守知章なかにへだたり」〈平家・九・知章最期〉①〜⑤＝隔つ

へだ・つ【隔つ】㊀[自タ四]{た・ち・つ・つ・て・て}《動詞「隔たる」の古い形》「へだたる」に同じ。㊁[他タ下二]{て・て・つ・つる・つれ・てよ}❶さえぎる。仕切りをおく。例「天の河へだつる関を今はやめてよ」〈伊勢・九五〉❷距離をおく。遠ざける。例「源平の陣のあはひ、海のおもて二十五町ばかりをへだ・てたり」〈平家・一〇・藤戸〉❸時間的に間をおく。時間を経過させる。例「一二三年、四五年へだ・てたることを」〈更級〉❹

べし［推量の助動詞］

アプローチ ▼本来は「道理や経験に照らして、…する（である）のが理にかなっている、当然である」という意味を表す。
▼そこから、実際にそのことが起こりそうだという判断を述べる場合（推量・予定）と、そのことが妥当だという判断を述べる場合（適当・義務など）とに大別され、さらに、文脈により細分化される。

接続 活用語の終止形に付く。ただし、ラ変型活用語には連体形に付く。

活用 ク活用型

基本形	未然形	連用形	終止形	連体形	已然形	命令形
べし	べから	べく べかり	べし	べき べかる	べけれ	○

意味	訳語	用例
❶推量を表す。 ㋐確信をもった推測を表す。	（きっと）…にちがいない	例「この人は日本紀をこそ読みたる**べけれ**」〈紫式部日記〉 訳この人は日本書紀を読んでいる**にちがいない**。
㋑単なる推量を表す。	…だろう	例「人はいかがは思ふ**べき**」〈蜻蛉・上〉 訳人はどう思う**だろう**か。
❷予定を表す。	…ことになっている	例「この国来年あく**べき**にも」〈更級〉 訳この国（の国司の職）は来年あく**ことになっている**が。
❸それが当然である意を表す。	…はずだ …のが当然だ …べきだ	例「いとやむごとなくおはす**べかり**しかど」〈大鏡・基経〉 訳（基経の三男は、母が親王の娘で）たいそう高い身分にご出世なさる**はずだっ**たのに。
❹それが適当である意を表す。	…とよい …のが適当だ	例「家の作りやうは、夏をむねとす**べし**」〈徒然・五五〉 訳家の作り方は夏を中心に考える**とよい**。
❺（終止形を用いて）**強い勧誘や命令を表す。**	…がよい …なさい	例「権現の御利生なり。いそぎ参る**べし**」〈平家・一・鱸〉 訳（これは）権現のご利益だ。早速お召し上がり**なさい**。
❻必要・義務を表す。	…なければならない	例「せちに聞こえさす**べき**ことなむある」〈大和・一五五〉 訳どうしても申し上げ**なければならない**ことがある。
❼（多く終止形で）**意志・決意を表す。**	…う …つもりだ	例「入道も年こそよって候ふとも、子どもひき具して参り候ふ**べし**」〈平家・四・源氏揃〉 訳私（＝入道）も年をとってはおりますが、子供たちを引き連れて馳せ参じる**つもり**でおります。
❽可能の意あるいは可能性がある意を表す。	…ことができる（はずだ）	例「羽なければ、空をも飛ぶ**べからず**」〈方丈記〉 訳羽がないので、空も飛ぶ**ことができ**ない。

発展学習ファイル (1)上一段動詞には古くは未然（あるいは連用）形に付いた。例「をみなへし咲きたる野辺を行きつつ見**べし**」〈万葉・一七・三九五一〉 (2)中世に入ると一段動詞・二段動詞には未然（あるいは連用）形に付く場合もみられるようになる。 (3)ラ変型の語に付く場合、上接語の語尾「る」が撥音便化して無表記になることが多い。「あべし」（「あんべし」と発音。「あるべし」の意）など。

心理的に遠ざける。うとんじる。 例「尽きせず**隔・て**たまへるつらさに」〈源氏・夕顔〉 ❺**分け隔てをする。差別する。** 例「大小のことを**隔・て**ず何ごとも御後ろ見と思せ」〈源氏・賢木〉 （敬語）「御後ろ見と思せ」→「おぼす」

へだて【隔て】［名］❶**仕切り。障害物。** 例「かしまの海に高山を**隔て**になして」〈万葉・一三・三三三六長歌〉 ❷**時間の経過。間隔。** 例「一夜ばかりの**隔て**だに」〈源氏・真木柱〉 ❸**気持ちの隔たり。疎遠さ。** 例「年の重なるに添へて、御心の**隔て**もまさるを」〈源氏・若紫〉 ❹**違い。差異。区別。** 例「幸ひのなきとあるとは**隔て**あるべきわざかな」〈源氏・玉鬘〉 〔注〕「かな」は詠嘆の終助詞。

〔**隔て置く**〕間を置く。遠ざかる。例「人目を思して**隔てお・き**たまふ夜な夜などは、いと忍びがたく」〈源氏・夕顔〉

〔**隔ての垣**〕しきりとなっている隔ての垣。

〔**隔ての関**〕間をさえぎり関となっているもの。

へだておも・ふ【隔て思ふ】［他ハ四］｛は・ひ・ふ・ふ・へ・へ｝よそよそしくする。他人行儀に扱う。例「深く**隔て思・ひ**たまふることはいかでかはべらむ」〈源氏・少女〉

へだてごころ【隔て心】［名］打ち解けない心。

べち［・なり］【別】［名・形動ナリ］❶**同じでないこと。別々であるさま。** 例「（乳母ハ）境にて子生みたりしかば、はなれて**べち・に**上る」〈更級〉 ❷**特別なこと。格別であるさま。** 例「まことに**別**の子細なく取りえ奉るべくは」〈平家・二・一行阿闍梨之沙汰〉

べちぎ【別儀】［名］「べつぎ」に同じ。

べちなふ【別納】［名］物などを置くために、母屋から離れて別に建てた家屋。

へちま【糸瓜】［名］❶つる草の名。垢すりなどに用いる。（季―秋）。❷役に立たないもの、価値の無いものや醜い女性のたとえ。＝糸瓜の皮

〔**糸瓜の皮**〕「へちま②」に同じ。

へつ【辺つ】《「つ」は上代の格助詞》海や湖の岸のあたり。岸べの。↕沖つ

へつかい【辺つ櫂】［名］《「つ」は上代の格助詞》海岸を漕ぐ船のかい。↕沖つ櫂

へつかぜ【辺つ風】［名］《「つ」は上代の格助詞》岸辺を吹く風。↕沖つ風

べつぎ【別儀】［名］《「べちぎ」とも》❶別の事柄。他のこと。❷特別なこと。格別の事情。❸(下に打消の語を伴って)差しつかえ。

べつぎゃう【別行】［名］仏事や修行などを特別に行うこと。

へつ・く【辺付く】［自カ四］｛か・き・く・く・け・け｝浜辺に寄る。船が岸に近づいて来る。↕沖放く。例「沖放けて漕ぎ来る船**辺付き**て漕ぎ来る船」〈万葉・二・一五三長歌〉

べつげふ【別業】［名］別荘。別邸。＝別墅

べっこん【別懇】［名・形動口語型］とくに親しいさま。昵懇。

べっしつ【別室】［名］本宅とは別に離れた所にある家。別荘。また、寺院の七堂伽藍以外の僧の住む小さな庵。

べっして【別して】［副］特別に。殊に。例「平家を**別して**私のかたきと思ひ奉る事、ゆめゆめ候はず」〈平家・一〇・千手前〉

べつじねんぶつ【別時念仏】［名］《仏教語》浄土宗などの信者が特別の日時や期間を定めて道場に集まり、称名念仏を行うこと。別時称名。

べっしょ【別墅】［名］別荘。別宅。＝別業

べっそく【別足】［名］料理の名。雉などの股を焼き、足先を紙で包んだもの。これを「大饗」のとき、親王または高位の人に供した。

べったう【別当】［名］《「べたう」とも。もとは本官のほかに、別の職も担当するという意》❶平安以降、朝廷におかれたいくつかの役所の長官の称。「蔵人所」「検非違使庁」「内蔵寮」などの長をいう。❷とくに、検非違使庁の長官。❸院・親王・摂関・大臣家などで、政務をとりしきる者。また、庁・政所・政所・厩など各機関の長。❹《寺の事務を統括する者。のちには一般の寺の住職・住持などをもいう》㋐僧官のひとつ。東大寺・興福寺・法隆寺などの大寺の長。㋑神宮寺の僧官のひとつ。「検校」の下位。❺荘官のひとつ。荘園の事務をつかさどる役人。❻鎌倉幕府において、政所・侍所などの長官。

べったうせん【別当宣】［名］検非違使の別当(長官)の出す公文書。

べったうだい【別当代】［名］寺院において、別当(大寺の長)の代理をする者。

べったうにふだう【別当入道】［名］《「別当」は、ここでは検非違使庁の長官》元別当で出家している人。

べったうほふし【別当法師】［名］《「別当」は、ここでは東大寺・興福寺などの大寺で寺を統括する僧》別当である僧。高位にありながら色事を好む別当の話が『今昔物語集』などにみられることから、それを背景として、さげすんで呼んだもの。

べっとう【別当】歴史的かなづかい「べったう」

へつなみ【辺つ波】［名］《「つ」は上代の格助詞》岸辺に寄せる波。↕沖つ波㊀

へっひ【竃】［名］《「つ」は上代の格助詞。「ひ」は「霊」の意》❶かまどを守る神。❷かまど。へっつい。

へつへ【辺つ方】［名］《「つ」は上代の格助詞》岸辺。

へつも【辺つ藻】［名］《「つ」は上代の格助詞》岸辺近くに生えている藻。↕沖つ藻

へつら・ふ【諂ふ】［自ハ四］｛は・ひ・ふ・ふ・へ・へ｝相手に気に入られるように振る舞う。ご機嫌取りをする。

へなたり【甲香】［名］アカニシ(巻き貝の一種)のふた。これを粉にして練り香の材料にした。

へなみ【辺波】［名］岸辺に寄せる波。＝辺つ波

へな・る【隔る】［自ラ四］｛ら・り・る・る・れ・れ｝隔たっている。遠く離れる。例「一重山**隔れる**ものを月夜良み」〈万葉・四・七六五〉

べにばな【紅花・紅藍花】［名］草の名。花は染料や薬用とされ、化粧にも用いられた。＝紅・末摘花。（季―夏）

へのじなり【へ・なり】【への字形】［名・形動ナリ］《近世語》❶「へ」の字のように曲がっていること。（「一」の字を雑に書くと「へ」に似ることから）いい加減にすること。手際が悪いこと。例「どうやらかうやら**への字なり・に**埒明けさせて」〈浮・好色一代男〉

へまさ・る【経優る】［自ラ四］｛ら・り・る・る・れ・れ｝時間が経過するにつれてよくなる。例「昔よりも、あまた**経まさ・り**て思ほさるれば」〈源氏・朝顔〉

へみ【蛇】［名］《上代語》蛇。（季―夏）

べ-み …にちがいないので。…そうなので。例「思へどもかひなかる**べみ**忍ぶればつれなきともや人の見るらむ」〈大和・一四三〉訳 あなたを思ってもしょせんかいのないことに**ちがいないので**、思いは胸に秘めているが、そうするとあなたは私を薄情だと見るのだろうか。

語構成
べ｜み
推「べし」・語幹相当｜接尾

発展学習ファイル おもに上代の用法。平安時代の和歌では多く「**ぬべみ**」の形で使われる。

へめぐ・る【経巡る・経廻る】［自ラ四］｛ら・り・る・る・れ・れ｝遍歴する。方々をめぐり歩く。例「千葉屋より降参して、京都にぞ**へめぐ・りける**」〈太平記・一一〉

へやかた【舳屋形】［名］船の舳先(＝前部)に造りつけた屋形。

へら・ず【減らず】《動詞「減る」の未然形＋打消の助動詞「ず」》ひるまない。おじけづかない。例「義長は暫くは**へら・ぬ**体に打ち笑うて」〈太平記・三五〉

べらなり ［助動ナリ型］｛○・べらに・べらなり・べらなる・べらなれ・○｝《推量の助動詞「べし」の語幹相当部分「べ」＋接尾語「ら」＋接尾語「に」＋動詞「あり」＝「べらにあり」の変化形》推量の意を表す。…ようだ。…そうだ。例「秋霧の立ちし隠せばもみぢ葉はおぼつかなくて散りぬ**べらなり**」〈後撰・秋下・三九二〉訳 秋霧が立って隠すので、紅葉ははっきり見えずに散ってしまう**ようだ**。

〈接続〉ラ変型以外の活用語の終止形、ラ変型の活用語の連体形に付く。

発展学習ファイル　平安初期に漢文訓読文に用いられ、和歌でも三代集を中心に用例がみられる。

べらなる 推量の助動詞「べらなり」の連体形。例「久方の天つ空にも住まなくに人はよそにぞ思ふべらなる」〈古今・恋五・七五一〉《係結び》「ぞ→思ふべらなる㊰」

べらなれ 推量の助動詞「べらなり」の已然形。例「もみぢ葉に溜まれる雁の涙には月の影こそうつるべらなれ」〈後撰・秋下・四三三〉

へりぬり【縁塗り】[名]《「へんぬり」とも》烏帽子の縁を漆塗りして光沢を出したもの。＝縁塗り烏帽子

へ・る【謙る】[自ラ四]{ら・り・る・る・れ・れ}へりくだる。謙遜する。例「『かかる事はおほくこそ候ふらめ』と、へ・りもをかずいひければ」〈古今著聞・三九六〉

へろ【辺ろ】[名]《「ろ」は接尾語》ほとり。辺り。

へろへろや【へろへろ矢】[名]力弱く飛ぶ矢。

へを【攣】[名]鷹狩りのとき、鷹の足に結びつけるひも。これを解いて鷹を放つ。

へん【辺】[名]❶ほとり。あたり。そば。❷国境。くにざかい。❸おおよそ。ほど。

へん【版】[名]❶朝廷の儀式のとき、参列者の位置を示すために目印として置いた木の板。＝版位 ❷①によって定める序列。

べん【弁】[名]令制で「太政官」に属する役所。また、その役人。左右の弁官局に分かれ、大・中・小の各弁がいる。諸官庁・諸国との連絡に当たり、太政官内の文書のいっさいをつかさどった。＝弁官

べんくゎん【弁官】[名]「べん」に同じ。

べんけい【弁慶】[人名]（？―一一八九）平安後期の僧。「武蔵坊弁慶」ともいう。牛若丸、のちの源義経から千本目の刀を京都五条大橋で奪おうとしたが敗れ、義経の家臣となったという。文治五年（一一八九）衣川の戦いで義経に殉じた。

へんげ【・す】【変化】[名・自サ変]《「へげ」「へんぐゑ」とも》❶神や仏が仮に人の姿となって現れること。また、その姿。例「我が子の仏。変化の人と申しながら」〈竹取・石作の皇子〉❷動物などが姿を変えて現れること。化け物。妖怪。

へんげのもの【変化の者】[名]神仏や動物などが、仮に人間の姿となって現れたもの。→「へんげ」

へんさい【辺際】[名]《「へんざい」とも》限り。果て。例「男女死ぬるもの数十人、馬牛のたぐひ辺際を知らず」〈方丈記〉

べんざいてん【弁才天・弁財天】[名]もと古代インドの神の名。音楽・知恵・弁舌・福徳などをつかさどる女神。後世、吉祥天と混同して弁財天の字を当てた。わが国では七福神のひとつ。宝冠・青衣を着し琵琶を弾く美しい女性の姿をしている。＝弁天・妙音天。➡[古典参考図]主要仏像

へんさつ【返札】[名]返事の手紙。返信。

へんざん【偏衫・褊衫・偏袗】[名]《仏教語。「へんさん」とも》左肩から右わきにかけて上半身を覆う僧衣。インドで礼のために衣の右肩を脱ぐ習慣があり、それをかたどったものという。

へんし【片時】[名]わずかの間。かたとき。

へんしふ【・す】【偏執】[名・自サ変]《「へんじふ」「へんしゅ」「へんじゅ」とも》❶《仏教語》偏見を固持し、他の人の意見を受け入れないこと。片意地なこと。❷ねたましく、不愉快なこと。例「聞く人見る人何れも偏執の思ひを成しにけり」〈太平記・一七〉

へんぜう【遍昭】[人名]「そうじゃうへんぜう」に同じ。

へんぜうこんがう【遍照金剛】[名]❶《仏教語。光明が遍く世界を照らし、その本体が金剛のように堅固であるという意》密教で大日如来をいう語。❷弘法大師空海の尊号。

へんぜうはっきせいれいしふ【遍照発揮性霊集】[作品名]平安前期の漢詩文集。空海作、真済（空海弟子）編。「性霊集」と略され、また「しょうりょうしゅう」ともいう。形式別に空海の詩文を分類して収める。

へんたんうけん【偏袒右肩】[名]《仏教語》僧の袈裟の着方のことで、袈裟を左肩から右のわき下へ斜めにかけ、右肩を現すもの。古代インドの僧の最高の敬意を示すときの姿に由来する。

へんち【辺地】[名]都から遠く離れた土地。片いなか。＝辺土

へんつぎ【偏継ぎ】[名]《「へんつき」とも》文字遊戯のひとつ。漢字の旁を出し、それに偏を多く継いだものを勝ちとするもの。

べんてん【弁天】[名]「べんざいてん」に同じ。

べんてんこぞう【弁天小僧】[作品名]「あをとざうしはなのにしきゑ」に同じ。

へんど【辺土】[名]「へんぢ」に同じ。

へんぬり【縁塗り】[名]《「へりぬり」の撥音便》「へりぬり」に同じ。

へんねんたい【編年体】[名]歴史記述の一体裁。年月の順を追って記述する方法。日本では六国史などの通史や『栄花物語』に用いられている。→「きでんたい」

べんのないし【弁内侍】[人名]（生没年未詳）鎌倉中期の女流歌人・日記文学作者。後深草天皇に出仕。『弁内侍日記』を残したほか、数多くの和歌を歌合わせに出詠、勅撰集に入集。連歌の面でも『菟玖波集』に採られるなどの活躍をした。

べんのないしにっき【弁内侍日記】[作品名]鎌倉中期（一二五九ごろ成立）の日記文学。弁内侍作。後深草天皇に仕えた作者が宮廷生活の思い出を、明るい機知を交えつつ和歌を中心に叙述した作品。

へんばい【反閇・返閉・反陪】[名]陰陽道で、天皇や貴人の神拝・外出のときに、邪気を払うために陰陽師の行った地を踏みしめるまじない。

べんべん【便便】[副]❶太って腹が出たさま。太鼓腹で。例「あまりに斎を食ひ過ごして、腹便便と帰るさに」〈醒睡笑〉❷だらだらと長びくさま。例「病死するまでべんべんとも待たれまい」〈浄・国性爺合戦〉

へんやく【変易】[名]《「へんえき」とも》変わること。また、変えること。

べんり【便利】[名]大小便の便通。また、排泄物。

へんれい【返礼】[名]❶礼に報いること。恩返し。❷恨みに報いること。仕返し。報復。

へんろ【遍路】[名]弘法大師の遺跡である四国八十八か所の霊場をめぐって参拝すること。また、その人。

へんゐ【版位】[名]「へん（版）①」に同じ。

ほ

ほ【火】［名］火。多く、他の語と結合して複合語として用いられる。「**火中**」「**火群**」など。

ほ【百】［名］ひゃく。単独では用いられず、何百という場合に用いられる。「**五百**」「**八百**」など。

ほ【帆】［名］風を受けて船を進ませるために、柱を立てて張る布。

ほ【秀】［名］高くひいでているもの。目立つもの。例「千葉の葛野を見れば百千足る家庭も見ゆ国の秀も見ゆ」〈記・中・歌謡〉

ほ【穂】［名］茎の先端に花や実が集まって付いたもの。

〔**穂に出づ**〕❶穂先に実を結ぶ。例「**穂に出**でたる田を、人いと多く見騒ぐは、稲刈るなりけり」〈枕・八月晦、太秦に詣づとて〉❷外に現れる。人目につくようになる。例「秋の野の草の袂か花すすき**穂に出**でて招く袖と見ゆらむ」〈古今・秋上・二四三〉

ほい【布衣】［名］《「ほうい」とも》❶「狩衣」の別称。とくに、六位以下の人が着た無紋の狩衣。また、それを着る身分の人。❷私服。平服。❸江戸時代の御目見以上六位以下の武士の礼服。また、それを着る身分の人。

ほい【本意】［名］《「ほんい」の撥音無表記》❶**本来の意志。前からの考え、望み**。例「つひに本意のごとくあひにけり」〈伊勢・二三〉❷**本当の意味。本来のあり方**。例「宮仕への筋は、あまたある中に、すこしのけぢめをいどまむこそ**本意**ならめ」〈源氏・梅枝〉《係結び》「こそ→本意ならめ㊁」

ほいたう【・す】【陪堂】［名・自サ変］❶禅宗で、僧堂の外で食事を受けること。また、その客僧。❷僧などに食物を施すこと。また、その食物。❸物乞いをすること。また、その人。乞食。

ほいなう【本意無う】形容詞「ほいなし」の連用形「ほいなく」のウ音便。

ほいな・し【本意無し】［形ク］｛から・く(かり)・し・き(かる)・けれ・かれ｝

> **アプローチ**
> ▼意志・目的の意を表す「本意」に形容詞「無し」が複合した語。
> ▼本来の意志・目的に反している状態に対し、期待はずれで残念だという気持ちを表す。

❶**不本意である。残念だ**。例「この国に生まれぬるとならば、嘆かせたてまつらぬほどまで侍らん。過ぎ別れぬること、かへすがへす**本意な・く**こそおぼえ侍れ」〈竹取・かぐや姫の昇天〉訳（私が）この（人間の）国に生まれたというのならば、お嘆かせ申し上げないころまでお側にいられるでしょう。去り別れてしまうことは、つくづく**不本意な**ことと思っております。《係結び》「こそ→おぼえ侍れ㊁」。《敬語》「嘆かせたてまつる」、「侍らん」「おぼえ侍れ」→「たてまつる」、「侍らん」「おぼえ侍れ」→「はべり」

❷**期待はずれだ。心外だ。気に入らない**。例「中将を厭ひたまふこそ、大臣は**本意な・けれ**」〈源氏・常夏〉訳中将（＝夕霧）をおきらいになるとは、大臣は**心外な**お人ですよ。《係結び》「こそ」→「本意なけれ㊁」

ほいやり［副］《近世語》やさしく微笑するさま。うれしそうに。例「母**ほいやり**と笑顔して」〈浄・宵庚申〉

ほいろ【焙炉】［名］炉の火であぶって、茶葉や薬を乾燥させる道具。木枠に紙をはったもの。（季―春）

ほう…【方…・芳…・放…・庖…・袍…】歴史的かなづかい「はう…」

ほう…【法…】歴史的かなづかい「はふ・ほふ…」

ほう【保】［名］《「ほ」とも》❶令制で定めた、五戸を単位とした地方行政組織の最下位単位。❷平安京の行政区画のひとつ。町四つを合わせて一保とし、四保で一坊とした。❸平安後期から中世にかけての地方行政組織の単位。

ほう【報】［名］むくい。応報。

ぼう…【亡…・坊…・忘…・房…・茅…・傍…】歴史的かなづかい「ばう…」

平安京の行政区分「保」

右京一条三坊四保九町の建物復元図

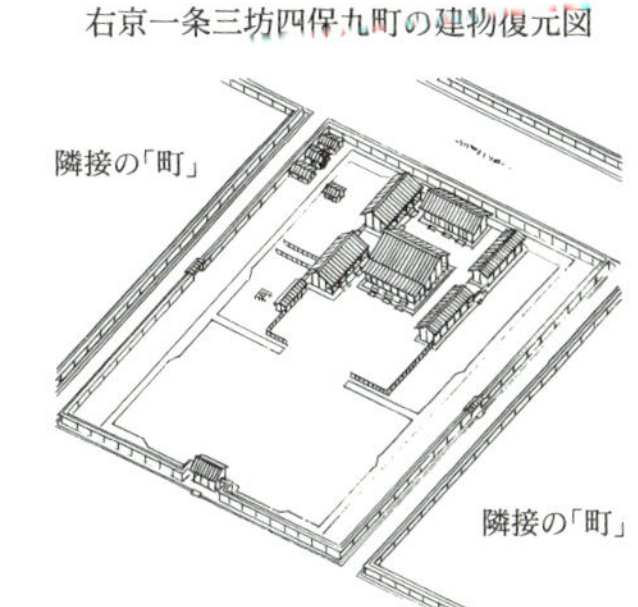

左京の「坊」「保」「町」

一町	八町	九町	十六町
二町	七町	十町	十五町
三町	六町	十一町	十四町
四町	五町	十二町	十三町

一保（一町・二町・七町・八町）、二保（三町・四町・五町・六町）、三保（十一町・十二町・十三町・十四町）、四保（九町・十町・十五町・十六町）

120m　12m　約500m　約500m　（朱雀大路側）

一条＝四坊
一坊＝四保＝十六町

ぼう…【乏…】歴史的かなづかい「ぼふ…」

ぼう【棒】[名]❶細長い木・竹・金属などの総称。棒。❷六尺(約一・八メートル)ほどのかたい木でつくった棒で、敵を攻撃する武術。また、その棒。棒術。

ほうい【布衣】[名]「ほい」に同じ。

ほういはじめ【布衣始め】[名]天皇が退位して太上天皇となったあと、在位中に着用しなかった狩衣と烏帽子を初めて着ける儀式。

ほうえき【縫腋】[名]「縫腋の袍」の略。↔闕腋①②

ほうえきのはう【縫腋の袍】(「まとはしのうへのきぬ」とも)両わきの部分を縫いつけた「袍」。天皇・文官および四位以上の武官が用いた。=縫腋。↔闕腋の袍。
➡[古典参考図]男子の服装〈1〉

ほうおんかう【報恩講】[名]「おかう②」に同じ。(季-冬)

ほうか【半靴】歴史的かなづかい「はうくゎ」

ほうが【・す】【奉加】[名・自サ変]寺社へ財物などを寄進すること。また、その財物。

ほうがん【判官】歴史的かなづかい「はうぐゎん」

ほうき【・す】【蜂起】[名・自サ変](蜂が巣から飛びたつように)一斉に事を起こすこと。

ほうぎょ【崩御】[名]天皇・皇后・上皇・法皇・皇太后などがお亡くなりになること。

ほう・く【惚く】[自カ下二]{け・け・く・くる・くれ・けよ}(「ほく」の変化形)❶ぼんやりする。ぼける。❷夢中になる。例「博打の打ちほう・けてゐたるが見て」〈宇治拾遺・一・一六〉

ほうぐ【反古・反故】[名]「ほぐ」に同じ。

ぼうぐみ【棒組み】[名]《近世語》❶駕籠かきの相方。❷仲間。一味。

ほうくゎ【烽火】[名]のろし。

ほうけつ【鳳闕】[名](中国漢代に、王宮の門の上に銅製の鳳凰を置いたことから)皇居の門。また、転じて、皇居。

ほうけん【宝剣】[名]宝物としている剣。また、とくに、三種の神器のひとつである天の叢雲の剣(草薙の剣ともいう)のこと。

ほうげんものがたり【保元物語】[作品名]鎌倉時代の軍記物語。作者未詳。保元元年(一一五六)に起こった保元の乱を源為朝の活躍、崇徳院の怨念などを中心に和漢混交文で活写する。

ほうこ【布袴】[名]《布製の袴の意》❶「指貫」の別称。❷束帯に着ける表の袴と大口袴の代わりに指貫と下袴を着けた姿。束帯よりも略式で、衣冠よりも改まった男性貴族の正装。

ほうご【反古・反故】[名]「ほぐ」に同じ。

ほうこう【・す】【奉公】[名・自サ変]❶朝廷に仕え、国のために尽くすこと。❷主君・主人に仕えること。❸仕えて功績があること。例「文覚は故頭殿の御ためにも奉公の者でこそ候へ」〈平家・五・福原院宣〉❹近世、他家へ住み込んで働くこと。

ぼうざ【病者】歴史的かなづかい「ばうざ」

ぼうざや【棒鞘】[名]白木で作った刀剣の鞘。

ほうさん【宝算】[名]天皇の年齢の尊敬語。御歳。宝寿。

ほうし【方士・拍子】歴史的かなづかい「はうし」

ほうしゃ【・す】【報謝】[名・自サ変](「ほうじゃ」とも)❶恩に報いて感謝の意を表すこと。❷報恩の意味で神仏に慈善を施すこと。僧に布施をすること。

ほうじゃう【鳳城】[名](中国漢代に、王宮の門に銅製の鳳凰を飾ったことから)皇居。宮城。

ほうしゃうりう【宝生流】[名]能のシテ方の流派。観世流とともに「上掛かり」と呼ばれた。

ほうじゅ【宝珠】[名]「にょいほうじゅ」に同じ。

ほうしょ【奉書】[名]❶臣下が天皇や上皇などの意を受けて、下位の者に下す文書。❷鎌倉・室町時代に幕府の執事・管領・奉行が上意を受けて下す公文書。❸江戸時代、将軍の命を受けて老中が下した文書。❹「奉書紙」の略。

ほうしょがみ【奉書紙】[名](「奉書」を書くのに用いたことから)楮を原料とした、純白でしわがなく、きめの細かい美しい紙。=奉書④

ほうじん【封人】[名]国境を守る人。転じて、国境の近くに住む人。

ほう・ず【崩ず】[自サ変]{ぜ・じ・ず・ずる・ずれ・ぜよ}(「死す」の尊敬語)(天皇・皇后・上皇・法皇・皇太后などが)お亡くなりになる。崩御する。

ほう・ず【奉ず】[他サ変]{ぜ・じ・ず・ずる・ずれ・ぜよ}謹んでうけたまわる。おしいただく。例「三度諫めて納れざるときは身を奉・じてもって退く」〈太平記・五〉

ほう・ず【封ず】[他サ変]{ぜ・じ・ず・ずる・ずれ・ぜよ}領地を与えてその支配者とする。大名に取り立てる。例「宗室といふを以って王に封・ず」〈今昔・九・三〉

ほう・ず【報ず】[他サ変]{ぜ・じ・ず・ずる・ずれ・ぜよ}報いる。返す。例「あやしの鳥獣も恩を報・じ、徳をむくふ心は候ふなり」〈平家・七・福原落〉

ほうせいだうきさんじ【朋誠堂喜三二】[人名](一七三五〜一八一三)江戸中期の黄表紙作者。恋川春町とともに黄表紙の草分け的存在。代表作『文武二道万石通』など、三十種以上の黄表紙本を残した。

ほうそ【宝祚】[名]天皇の位の尊敬語。皇位。

ぼうたん【牡丹】[名](「ぼたん」とも)❶木の名。ボタン。大きな花を付け、「花王」と称される。根は薬用とされる。和歌では「深見草」の形で詠まれる。=牡丹草。(季-夏)。❷襲の色目の名。表は蘇芳で裏は白。表は白で裏は紅梅とも。❸①の花や葉などを図案化した紋所の名。

ほうでうさねとき【北条実時】[人名](一二二四〜一二七六)鎌倉中期の武将。学問に関心をもち、書写などをして蔵書を増やす。武蔵国(いまの神奈川県横浜市)の自邸に称名寺を建立し、境内に金沢文庫を造営。膨大な蔵書を納めた。

ほうでうだんすい【北条団水】[人名](一六六三〜一七一一)江戸前・中期の浮世草子作者・俳人。井原西鶴の門人で、西鶴遺作『西鶴置土産』や『西鶴織留』などの編纂をした。自身の作では『日本新永代蔵』などがある。

ほうでうときまさ【北条時政】[人名](一一三八〜一二一五)平安後期から鎌倉前期の武将。娘政子が源頼朝と婚姻した関係から、平家追討を補佐した。のちに将軍外戚として、また政所別当の立場から、幕府の実権を握る。初代執権。

鳳輦　武装した近衛府の官人たちが見守る中、紫宸殿の南面に駕輿丁たちに担がれた鳳輦が到着した。階の上でお待ちになっていた天皇は、これに乗って朝覲へと向かう。（年中行事絵巻）

ほうでうときむね【北条時宗】［人名］（一二五一～一二八四）鎌倉幕府第八代執権。父は北条時頼。文永・弘安の役で蒙古軍に悩まされ、その戦死者を弔うため鎌倉山に円覚寺を建立したと伝えられる。

ほうでうときより【北条時頼】［人名］（一二二七～一二六三）鎌倉幕府第五代執権。父は北条時氏。三浦氏を滅亡させると同時に引付衆を付設、幕政の発展と、北条氏独裁体制の確立に努めた。

ほうでうまさこ【北条政子】［人名］（一一五六～一二二五）源頼朝の正妻。源頼家・実朝の母。頼朝没後、動揺する幕府を結束させ、北条氏の幕府内での地位向上と実権の掌握に努めた。

ほうでうやすとき【北条泰時】［人名］（一一八三～一二四二）鎌倉幕府第三代執権。北条時政や義時・政子に続く独裁政治から、合議政治への転換を図るため、評定衆を設置。貞永元年（一二三二）には武家最初の法典『御成敗式目』を制定。

ほうと［副］勢いをつけて、物を突いたり置いたりするさま。ぽんと。どんと。例「〔盗人ノ〕尻を**ほうと**蹴たれば」〈宇治拾遺・一四・一〉

ほうとう【宝灯】［名］神仏に供える灯火。神灯。

ほうびゃう【宝瓶】［名］《仏教語》仏具用の花瓶・水瓶などの美称。とくに、真言宗で「灌頂」の水を入れる器。

ほうぶつしふ【宝物集】［作品名］平安後期（一一七九ごろ成立）の説話集。平康頼作。説話とともに証歌を列挙する特徴的な方法によって六道の苦しみ、それから逃れる方法を説く。

ほうへい【奉幣】［名］神に幣を奉ること。

ほうほう［副］（多く下に「と」を伴って）物を投げたりたたいたりするようすや音を表す語。ぽんぽん。例「傘をほうほうと打てば」〈落窪・一〉

ほうもち【捧物】［名］《「ほうもつ」とも》神仏や貴人にささげるもの。

ほうらい【蓬萊】［名］❶「蓬萊山」の略。❷「蓬萊山」をかたどって、松竹梅・鶴亀・尉姥などを配して作った飾り物。祝儀の際に用いられた。❸「蓬萊山」をかたどった正月用の飾り。三方の上に米を盛り、アワビ・エビ・昆布・勝栗・ダイダイなどを飾る。＝食ひ積み②。（季―春）

ほうらいさん【蓬萊山】［名］中国の想像上の理想郷。はるか東方の海中にあり、不老不死の仙人が住むという霊山。＝蓬萊①・蓬萊の島・蓬萊の山

〔**蓬萊の島**〕「ほうらいさん」に同じ。

〔**蓬萊の山**〕「ほうらいさん」に同じ。

ほうれん【鳳輦】［名］屋形の屋根に金の鳳凰をつけた輿。即位・大嘗会・御禊などの際に、天皇が用いた。＝鸞輿・鳳輿。➡［古典参考図］乗輿

ほうわう【鳳凰】［名］❶中国の想像上の鳥の名。頭は鶏、首は蛇、あごは燕、背は亀、尾は魚に似ていて、羽に五色の模様がある。天下に正しい道が行われると現れるめでたい鳥とされる。❷紋所の名。①を図案化したもの。❸（着物に①の模様が多かったことから）江戸吉原で、太夫職の遊女の別称。

ほうをく【蓬屋】［名］蓬で屋根を葺いた質素な家。みすぼらしい家。自宅を謙遜してもいう。

ほお【朴】歴史的かなづかい「ほほ」

ほお…【頬…】歴史的かなづかい「ほほ…」

ほか【外】［名］❶外側。そと。表。❷別の場所。よそ。❸外の世界。世間。例「身の上の非を知らねば、まして**外**の譏りを知らず」〈徒然・一三四〉❹そのほか。それ以外。❺外見。うわべ。例「**外**には随ふといへども、内には謀りの心有り」〈今昔・二五・一三〉

ほかありき【外歩き】［名］外出。

ほかげ【火影】［名］❶ともしびの光。火の光。例「火影に見し顔」〈源氏・夕顔〉❷灯火の光で見える姿や影。例「書に向かひたる**火影**」〈宇津保・蔵開・中〉

ほかごころ【外心】［名］ほかの人を思う心。

ほかざま【外方・外様】［名］《「ほかさま」とも》よその方。ほかの方。

ほかと［副］❶大きく口を開けるさま。ぱくっと。例「手を広げ見せけるが、何の詮もなく**ほかと**食うたり」〈醒睡笑〉❷激しく急に何かをするさま。ぱっと。例

「酒をほかとこぼしたれば」〈醒睡笑〉

ほかのちり【外の塵】[名]〈仏教語〉外界のけがれ。煩悩を起こさせる俗世間のけがれ。眼・耳・鼻・舌・身・意(心)のそれぞれが外界で受ける刺激(色・声・香・味・触・法)は「六塵」と呼ばれ、心をけがすもととされる。

ほかばら【外腹】[名]本妻以外の女性の腹から生まれること。また、その子。＝脇腹。↔向かひ腹

ほかひびと【乞児・乞食者】[名]人の家の門に立って寿言(祝いのことば)をいいながら、食べ物などを請い歩いた者。転じて、こじき。

ほか・ふ【祝かふ・寿かふ】[他ハ四](は・ひ・ふ・ふ・へ・へ)〈「ほがふ」とも。動詞「祝く」の未然形＋反復・継続の助動詞「ふ」〉ことばを唱えながら神に祈る。また、祝いのことばをいう。ことほぐ。例「松のにはかに枯れけるをほが・ひて人々歌よみけるに」〈続詞花〉

ほかほか【外外】■一[名]別々の所。他の所々。よそ。例「みな外々へと出でたまふほど」〈源氏・賢木〉■二[形動ナリ](なら・なり(に)・なり・なる・なれ・なれ)別々に離れているさま。よその場所にいるさま。離れ離れだ。例「〈源氏ガ〉月ごろかくほかほか・にて、〈女三ノ宮ノトコロニ〉渡りたまふこともをさをさなきやうに人の奏しければ」〈源氏・若菜・下〉

ほかめ【外目】[名]よそ見。転じて、興味や関心を、他に移すこと。

ほがらか【朗らか】[形動ナリ](なら・なり(に)・なり・なる・なれ・なれ)〈「か」は接尾語〉❶明るく照っているさま。例「秋の月のほがらか・に」〈後拾遺・序〉❷はっきりしているさま。例「しののめのほがらか・にだにゆめをみぬかな」〈紫式部集〉❸物事によく通じているさま。聡明なさま。例「顕密ともに朗らか・なるをば」〈栄花・一五〉❹晴れやかなさま。さわやかなさま。

ほがらほがら【朗ら朗ら】[副]朝日が昇り始めてだんだんと明るくなっていくさま。例「しののめのほがらほがらと明けゆけば」〈古今・恋三・六三七〉

ほかゐ【外居・行器】[名]食べ物などを入れて運ぶ器具。脚がついた丈の高い円筒形の器で、ふたがあり、持ち運びしやすいようにひもがついている。

ほき【崖】[名]山腹の険しい所。がけ。

ほきうた【祝き歌・寿き歌】[名]祝福して詠じる歌。賀の歌。

ほきくるほ・す【祝き狂ほす】[他サ四](さ・し・す・す・せ・せ)踊り狂って祝福する。＝祝き回ほす

ほきぢ【崖路】[名]山腹の険しい山道。

ほきもとほ・す【祝き回ほす】[他サ四](さ・し・す・す・せ・せ)踊り回って祝福する。＝祝き狂ほす

ほ・く【発句】[名]「ほっく」に同じ。

ほ・く【惚く・呆く】(「ほぐ」「ほうく」とも)■一[自カ四](か・き・く・く・け・け)ぼんやりする。ぼける。例「世にもほ・きたることを譏りきこゆ」〈源氏・常夏〉■二[自カ下二](け・け・く・くる・くれ・けよ)■一に同じ。例「みづからをほ・けたり、ひがひがしとのたまひ恥ぢしむるは」〈源氏・真木柱〉

ほ・く【祝く・寿く】[他カ四](か・き・く・く・け・け)(後世「ほぐ」)よい結果を生むように祝い言をいう。祝う。例「ますらをの寿・く豊御酒に我酔ひにけり」〈万葉・六・九八九〉

ほぐ【反古・反故】[名](「ほご」「ほうぐ」「ほうご」「ほんご」とも)❶書画などを書き損じて不用になった紙。ほご紙。❷不用なもの。無駄。

ほくきょく【北極】[名]❶北極星。❷天子の高い位をたとえていう語。例「昨日は紫宸の北極の高きに座して」〈太平記・三〉

ほくこく【北国】[名]❶北陸道の諸国。とくに、越後(いまの新潟県)。❷(江戸城の北に位置することから)江戸の遊里「吉原」の別名。＝北州

ほぐし【火串】[名]狩りのとき、鹿などをおびき寄せるための松明を挟んでおく木。(季−夏)

ほくしう【北州】[名]❶〈仏教語。「北倶盧州」の略〉須弥山の四方にある州(島)のひとつ。北方にあり、他の三州より勝り、住む者は千年の寿命を保つという。❷「ほくこく②」に同じ。

ほくしゅう【北宗】[名]❶中国における禅宗の一派。中国北部に流行したのでこの名がある。神秀を開祖とする。我が国では道璿が伝えた。↔南宗①。❷「北宗画」の略。

ほくしゅうぐゎ【北宗画】[名]唐の李思訓を祖とする中国画のひとつ。我が国には鎌倉時代に渡来し、室町時代に栄えた。江戸時代にも、狩野派の山水画の描法として盛んであった。＝北宗②

ぼくせう【乏少】[名・形動ナリ]〈「ばふせう」の変化形〉少ないさま。わずかなさま。貧しいこと。例「所従なんども乏少・なりけり」〈平家・三・公卿揃〉

ぼくせき【木石】[名]木や石。非情のもの。また、人情を解さない人をたとえていう。例「人、木石にあらざればみな情けあり」〈源氏・蜻蛉〉

ほくそ【火糞】[名]❶ろうそくの燃え殻。❷火打ち石と火打ち金とを打ちつけて出した火を移し取るもの。イチビ(草の名)の殻などで作った。＝火口

ほくそづきん【苧屑頭巾】[名]「やまをかづきん」に同じ。

ほくだう【北堂】[名](中国では家の北にある建物が主婦の居所で、北堂といったところから)母の称。または、他人の母の敬称。

ほくち【火口】[名]「ほくそ②」に同じ。

ほくてう【北朝】[名]足利尊氏が京都に擁立した持明院統の朝廷。光明・崇光・後光厳・後円融・後小松天皇の五代、約六十年間の称。後小松天皇のとき南北朝合一が行われた。↔南朝②

ほくてき【北狄】[名]❶中国で、北方の遊牧民を指す卑称。❷日本で、北方の野蛮な人間。

ほくと【北斗】[名](「北斗星」の略)北斗七星。

ほくばう【北邙】[名](中国の洛陽の北の邙山が、漢以来墳墓の地として知られたことから)墓地。

〔北邙の露〕はかなく葬られること。

ほくみ【穂組み】[名](「ほぐみ」とも)刈った稲穂を乾かすために、組み、積んで置くこと。

ほくめん【北面】[名]❶上皇御所の北側に設けられた、警護の武士の詰め所。❷「北面の武士」の略。

ほくめんのぶし【北面の武士】上皇や上皇御所の警護にあたった武士。白河上皇によって創設され、院の北側にある詰め所に伺候した。四位・五位に叙せられた者を「上北面」、それ以下を「下北面」と呼ぶ。＝北面②

ぼくやう【卜養】[人名]「なからゐぼくやう」に同じ。

ぼくやうきょうかしふ【卜養狂歌集】[作品名]江戸前期(一六八一刊行)の狂歌集。半井卜養作。江戸前期の幕医であった作者の狂歌を、四季・雑に分類した作品集。日常の交遊での即興歌が多い。

ほくら【神庫・宝倉】[名]❶神宝を納める蔵。❷小さい社。祠。

ほくりくだう【北陸道】[名]「ほくろくだう」に同じ。

ほくれい【北嶺】[名]比叡山延暦寺の別称。奈良の興福寺を「南都」と呼ぶのに対していう。

ほくろくだう【北陸道】[名](「ほくりくだう」とも)❶「五畿七道」のひとつ。京都の北方から奥羽地方に及ぶ日本海沿岸の七か国。若狭・越前(福井県)、加賀・能登(石川県)、越中(富山県)、越後・佐渡(新潟県)を指す。❷①の国々を結ぶ街道。越の道。越路。

ほくゑつせっぷ【北越雪譜】[作品名]江戸後期(一八三七〜一八四二刊行)の随筆。『越後雪譜』ともいう。鈴木牧之著。越後国塩沢(いまの新潟県南魚沼郡)に住む著者が、雪国の生活を全国に知らせようと執筆した。すぐれた地誌的随筆として名高く、雪の科学書・民俗書としても大きな意義をもつ。

ほけきゃう【法華経】[名](「妙法蓮華経」の略)大乗仏教の教典のひとつ。もと七巻、のちに八巻二十八品。釈迦の教えの中で最もすぐれたものとされ、天台・華厳・法相・法華など各宗で重んずる。＝法華。

ほけし・る【惚け痴る】[自ラ下二]{れ・れ・る・るる・るれ・れよ}もうろくして愚かになる。ぼける。例「いよいよ**ほけ痴・れ**てものしたまふ」〈源氏・真木柱〉

ほけびと【惚け人】[名]ぼけてしまった人。

ほけほけ・し【惚け惚けし】[形シク]{しから・しく(しかり)・し・しき(しかる)・しけれ・しかれ}ひどくぼんやりしている。気が抜けている。例「人に**ほけほけ・しき**さまに見えじ」〈源氏・御法〉

ほけほけしう【惚け惚けしう】形容詞「ほけほけし」の連用形「ほけほけしく」のウ音便。

ほこ【矛・鉾・戈・鋒・桙・戟】[名]❶古代の武器の一種。諸刃の剣に長い柄のついたもので、しだいに儀式・祭祀用のものとなった。➡図版「竜頭鷁首」。❷武器一般の総称。❸弓の幹。ゆがら。❹①状のものを立てて飾った山車。鉾山車。(季-夏)

〔**戈を倒しまにす**〕味方を攻撃する。裏切る。例「ふたごころある者出で来て、**戈を倒しまにする**事あるべし」〈太平記・三八〉

ほこしうもな・し[形ク]{から・く(かり)・し・き(かる)・けれ・かれ}(近世語)おもしろくない。気乗りがしない。ばかばかしい。＝ほっこしうもない・ほこしもない・ほこしゅもない。例「**ほこしうもな・き**湯の山の道連れども」〈仮・是楽物語〉

ほこしもな・い[形口語型](近世語)「ほこしうもなし」に同じ。

ほこしゅもな・い[形口語型](近世語)「ほこしうもなし」に同じ。

ほこすぎ【矛杉・鉾杉】[名]矛のようにまっすぐ立っている杉。

ほこら【祠・叢祠】[名](「ほくら」の変化形)小さな社。

ほこらか[・なり]【脹らか】[形動ナリ]{なら・なり(に)・なり・なる・なれ・なれ}「ふくよか」に同じ。

ほこらか・す【誇らかす】[自サ四]{さ・し・す・す・せ・せ}《動詞「誇る」の未然形＋接尾語「かす」》誇らしいようすをする。得意げなようすをする。例「さばかりの人のいみじうかしづき**ほこらか・し**給へるに」〈浜松中納言・五〉

ほこら・し【誇らし】[形シク]{しから・しく(しかり)・し・しき(しかる)・しけれ・しかれ}得意なさま。誇らしい。例「一つ心ぞ**誇ら・しき**」〈古今・雑躰・一〇〇三長歌〉

ほこらしげ[・なり]【誇らしげ】[形動ナリ]{なら・なり(に)・なり・なる・なれ・なれ}(「げ」は接尾語)得意げなさま。例「あさりする海人ども**ほこらしげ・なり**」〈源氏・明石〉

ほこりか[・なり]【誇りか】[形動ナリ]{なら・なり(に)・なり・なる・なれ・なれ}(「か」は接尾語)誇らしいさま。得意げなさま。例「面もち気色**ほこりか・に**」〈源氏・蓬生〉

ほこりなら・ふ【誇り馴らふ】[自ハ四]{は・ひ・ふ・ふ・へ・へ}勝手気ままに振る舞う習慣がついている。例「わがままに**誇りなら・ひ**たる乳母の懐にならひたるさまに」〈源氏・常夏〉

ほこ・る【誇る】[自ラ四]{ら・り・る・る・れ・れ}❶得意になる。自慢する。例「志常に満たずして、終に物に**ほこ・る**事なし」〈徒然・一六七〉❷豊かな生活をする。例「人倫(＝人々)は心調へて**誇・る**ともおごらず」〈海道記〉

ほころび【綻び】[名]❶ほころびた部分。❷衣服や几帳などで、合わせ目の一部をわざと縫い合わせないでおく部分。

ほころびい・づ【綻び出づ】[自ダ下二]{で・で・づ・づる・づれ・でよ}おさまりきらずに外に出る。こぼれ出る。例「御簾の下より、裳の裾など**ほころび出・づる**ほどほどに」〈紫式部日記〉

ほころびた・ゆ【綻び絶ゆ】[自ヤ下二]{え・え・ゆ・ゆる・ゆれ・えよ}縫い目が切れる。例「生絹の単衣の、いみじう**綻び絶・え**」〈枕・野分のまたの日こそ〉

ほころ・ふ【誇ろふ】[自ハ四]{は・ひ・ふ・ふ・へ・へ}(上代語。「誇る」の未然形＋反復・継続の助動詞「ふ」＝「ほこらふ」の変化形)得意がる。自慢する。例「我を除きて人はあらじと**誇ろ・へ**ど」〈万葉・五・八九二長歌〉訳➡(和歌)かぜまじり…

ほころ・ぶ【綻ぶ】[自バ上二]{び・び・ぶ・ぶる・ぶれ・びよ}❶(衣服などの)縫い目が解ける。また、わざと縫い合わせずにおく。例「桜の直衣のいたう萎**れ綻・び**たるを着て」〈宇津保・楼の上・上〉❷つぼみが開く。花が咲き始める。例「青柳の糸よりかくる春しもぞ乱れて花の**ほころ・び**にける」〈古今・春上・二六〉訳➡(和歌)あをやぎのいとよりかくる…。❸(鳥の声、楽器の音などが)聞こえてくる。鳴り始める。例「ねぐらの鳥も**ほころ・び**なまし」〈源氏・梅枝〉❹緊張が解ける。気持ちが外に現れる。例「その御心ばへ**ほころ・ぶ**べからむと」〈源氏・若菜・上〉

発展学習ファイル　活用は、多くは上二段活用だが、『源順集』に「ほころぶ花」という四段活用の連体形の用例があり、平安時代には上二段活用のほかに四段活用も使われていたとする説がある。

ぼさち【菩薩】[名]「ぼさつ」に同じ。

ぼさつ【菩薩】(「ぼさち」とも。梵語の音訳。「菩提薩埵」の略)❶(仏教語)仏に次ぐ位の者。自らは悟りを求め、また、大慈悲の心で衆生を導き救おうとつとめる修行者。❷高徳の僧に朝廷から賜った称号。❸(仏・菩薩が仮に日本の神々となって現れたとする本地垂迹説の立場から)日本の神につける尊号。❹米の別名。❺雅楽の曲名。

ぼさつかい【菩薩戒】[名]大乗仏門に入る人が受ける戒律。また、それを授ける行事。

ほし【星】[名]❶空の星。❷神楽歌の分類名。明け方に歌われた歌。❸兜の鉢に並べて打ちつけた鋲の頭。❹「九星」のうち、その人の生まれ年に当たるもの。(その星のめぐり合わせにより人の吉凶が決まることから)運勢。吉凶。

〔星の位〕❶星座。❷「三公」。また、「公卿」「殿上人」の称。①②=星の宿り

〔星の林〕星のたくさん集まっているさまを林に見立てていう語。例「月の舟**星の林**に漕ぎ隠る見ゆ」〈万葉・七・一〇六八〉訳→(和歌)あめのうみに…

〔星の宿り〕❶「ほしのくらゐ①」に同じ。❷「ほしのくらゐ②」に同じ。

〔星を戴く〕星の残る早朝から、星の出る夜まで勤める。熱心に勤め励むことのたとえ。例「年をへて**星をいただく**黒髪のひとよりしもになりにけるかな」〈詞花・雑下・三七四〉

〔星を指す〕(近世語)言い当てる。急所をつく。例「**星を指し**たる一言に」〈浄・神霊矢口渡〉

ほ・し【欲し】[形シク]{しから・しく(しかり)・し・しき(しかる)・しけれ・しかれ}❶自分のものにしたい。欲しい。例「我を**欲し**と言ふ山背の久世」〈万葉・一一・二三六二旋頭歌〉❷ある行為がしたい。ある状態が望ましい。そうありたい。例「見まくの**欲しき**君にもあるかも」〈万葉・四・五八四〉

ほしあひ【星合ひ】[名]陰暦七月七日の夜、牽牛・織女の二星が会うこと。(季―秋)

〔星合ひの空〕牽牛・織女の二星が会うというたなばたの空。(季―秋)

ほしあ・ふ【乾し敢ふ・干し敢ふ】[他ハ下二]{へ・へ・ふ・ふる・ふれ・へよ}(下に打消の語を伴って)すっかり乾かす。例「**干しあへ**ぬ袖の果てを知らばや」〈新古今・恋二・一〇八三〉

ほしいひ【乾し飯・糒】[名](「ほしひ」とも)干した飯。水や湯で戻して食べる。旅行用・軍用の食糧とした。=乾飯。(季―夏)

ほしいまま【擅・恣・縦】[形動ナリ]{なら・なり(に)・なり・なる・なれ・なれ}(「ほしきまま」のイ音便)「ほしきまま」に同じ。

ほしかぶと【星兜】[名]兜の鉢に星状の鋲を数多く打ちつけたもの。→「すぢかぶと」。↓[古典参考図]武装・武具〈1〉

ほしきまま【擅・恣・縦】[形動ナリ]{なら・なり(に)・なり・なる・なれ・なれ}(「ほしいまま」とも)心のままだ。勝手気ままだ。例「巧みにして**ほしきままなる**は、失(=失敗)の本なり」〈徒然・一八七〉

ほしじろのかぶと【星白の兜】[名]「星兜」の一種で、星(鋲)を銀で包んだもの。

ほしづきよ【星月夜】[名](「ほしづくよ」とも)❶月はないが星の輝きで明るい夜。星明かりの夜。❷(「われ一人鎌倉山を越えゆけば星月夜こそうれしかりけれ」〈永久百首〉の歌を踏まえて)謡曲などで、「鎌倉」を導く語。

ほしひ【糒】[名]「ほしいひ」に同じ。

ほしゃう【歩障】[名]❶(「ほうしゃう」とも)戸外に木や竹などを立てて幕を張り、貴人の姿を隠すための囲い。❷女性が外出の際に、顔を隠すためにかぶったもの。❸貴人の葬礼の際に張りめぐらした幕。

ほ・す【干す・乾す】[他サ四]{さ・し・す・す・せ・せ}❶水分や湿気を取り除くために、日光や火・熱に当てる。乾かす。❷涙を乾かす。泣くのをやめる。例「**乾す**世もなくて過ぐしたまふに」〈源氏・椎本〉❸全部飲み尽くす。飲み干す。例「その盃を、五郎三度**ほし**ておきければ」〈曾我・七〉

ほずゑ【穂末】[名]穂先。

ほぞ【臍】[名](古くは「ほそ」)へそ。

〔臍の緒〕(古くは「ほそのを」)へその緒。出産後保存しておき、死去の際に棺に入れる風習があった。

〔臍を固うす〕固く決意する。覚悟をする。

〔臍を噬む・臍を嚙む〕後悔する。

ほそう【細う】形容詞「ほそし」の連用形「ほそく」のウ音便。

ほそえ【細江】[名]細長い入り江。

ほそえい【細纓】[名]「さいえい」に同じ。

ほそえぼし【細烏帽子】[名]武士がかぶる、頂が細長い烏帽子。

ほそかはいうさい【細川幽斎】[人名](一五三四〜一六一〇)安土桃山時代の和学者・武将。三条西実枝より「古今伝授」を授けられ、『三十六人歌仙家集解難抄』や『岷江入楚』を手がける。連歌の興行をよくし、烏丸光広・木下長嘯子・松永貞徳らの指導にあたった。

ほそくび【細首・細頸】[名](相手の首を卑しめていう)やせて細い首。

ほそごゑ【細声】[名]小さな声。かぼそい声。

ほそ・し【細し】[形ク]{から・く(かり)・し・き(かる)・けれ・かれ}❶細い。幅が狭い。やせている。❷量が少ない。わずかだ。例「あやしき風**細う**吹きて」〈源氏・明石〉❸音が小さい。声がかぼそい。例「楽の声は、沈み、**細う**聞こゆ」〈宇津保・楼の上・下〉❹衰えるさま。不振である。例「御末(=御子孫)**細く**ぞ」〈大鏡・為光〉❺和歌・連歌などの評語。洗練されている。こまやかだ。例「口**細く**優しく詞ききたらんは」〈連理秘抄〉②③(音便)「細う」は「細く」のウ音便。

ほそだち【細太刀】[名]公家が用いた儀式用の細身の太刀。正規の飾り太刀から、装飾の金物を省略したもの。

ほそたにがは【細谷川】一[名]流れの細い谷川。狭い谷川。二[歌枕]備中国の川。いまの岡山市吉備津の吉備津神社付近を流れる川。

ほぞち【臍落・熟瓜】[名](「ほぞぢ」とも。「ほぞおち」の変化形)❶赤ん坊のへその緒がとれること。❷よく熟れた瓜。

ほそどの【細殿】[名]❶殿舎どうしをつなぐ渡り廊下。渡殿。↓[古典参考図]建築〈3〉。❷殿舎の側面や後面の「廂の間」を区切って、女房の局

などにあてた所。

ほそなが【細長】[名]❶幅が狭く、丈が長い、女性の上着。ふつう、「袿」「小袿」の上に着る。❷貴族の男女の子供が着た狩衣に似た着物。

ほそぬの【細布】[名]❶幅の狭い布。とくに、奥州特産の「狭布の細布」の称。❷「細布衣」の略。

ほそぬのごろも【細布衣】[名]「細布①」で作った衣。＝細布②

ほそびつ【細櫃】[名]細長い唐櫃。

ほそみ【細み】[名]蕉風俳諧における美的理念のひとつ。「さび」「しをり」とともに重視された。どんな小さな対象であってもおろそかにせず、その中に深く観入して繊細な美をとらえようとする心、およびそれが句に反映していることをいう。

古語深耕　**美的理念のひとつ「ほそみ」**

平安末期から鎌倉初期の歌人藤原俊成の歌論には、歌の作者の心の深さを賞賛する場合に、しばしば「**心細し**」という評語が用いられている。また、室町時代の連歌師心敬の連歌論『ささめごと』では、秀歌とは「心をも細く艶にのどめて、世の哀れをも深く思ひ入れたる人の胸の内」から出てくるといっている。こうした和歌・連歌観が江戸時代の俳人松尾芭蕉に影響を与え、俊成や西行の和歌の伝統を継承することについて、「その細き一筋をたどりうしなふ事なかれ」(『許六離別の詞』)と強く主張している。

芭蕉にとって、作者の繊細で深い感受性が、句に詠まれる対象の本質に迫りながら表現として結実し、しみじみとした情趣のかもし出されることが、俳諧の美にとって重要な要素であったことが分かる。もっとも、芭蕉の門人向井去来は、その著書『去来抄』で、「**ほそみ**」を初めとする芭蕉の俳諧の美的理念について、ことばでは説明し尽くすことは困難であるともいっている。

ほそみ【細身】[名]刀身の細いこと。また、その刀。

ほそやか[・なり]【細やか】[形動ナリ]{なら・なり(に)・なり・なる・なれ・なれ}(「やか」は接尾語)❶(物の形や、人の姿態などが)ほっそりしているさま。＝細らか。例「ささやけ人の、いと**ほそやか・に**そびえて」〈紫式部日記〉❷(数量や程度が)小さいさま。少ないさま。例「声、**細やか・に**て、面瘦せにたる」〈蜻蛉・中〉

ほそや・ぐ【細やぐ】[自ガ四]{が・ぎ・ぐ・ぐ・げ・げ}(「やぐ」は接尾語)細くなる。ほっそりとする。例「まろにうつくしく肥えたりし人の、すこし**細や・ぎ**たるに」〈源氏・宿木〉

ほそらか[・なり]【細らか】[形動ナリ]{なら・なり(に)・なり・なる・なれ・なれ}「ほそやか①」に同じ。

ほそ・る【細る】[自ラ四]{ら・り・る・る・れ・れ}❶やせる。ほっそりとする。例「いとど小さう**細・り**たまひて」〈源氏・柏木〉❷(人目を避けて)身をすぼめる。例「やをらかい**細・り**て出でたまふ道に」〈源氏・少女〉

ほそろくせり【保曾路久勢利】[名](「ほそろぐせり」とも)雅楽の曲名。長保楽の「破」拍子のもの。

ほた【榾】[名]たき物にする木の切れ端や枯れ枝など。(季―冬)

ほだ【穂田】[名]稲穂が出そろった田。(季―秋)

ぼだい【菩提】[名]❶(仏教語。梵語の音訳)煩悩を断って、悟りをひらくこと。また、その悟りの境地。❷極楽往生すること。成仏すること。❸死後の冥福。死者の供養。例「なき人の御**菩提**をもとぶらひ参らせ給へかし」〈平家・九・小宰相身投〉

〔**菩提の種**〕悟りを開く機縁、動機。

〔**菩提の勤め**〕悟りを得るための修行。

ぼだいかう【菩提講】[名](仏教語)極楽往生を求めて、法華経を講ずる法会。

ぼだいし【菩提子】[名]インドのヒマラヤ地方産の木の実。数珠の材料にする。(季―秋)

ぼだいじ【菩提寺】[名]先祖代々の墓・位牌をまつり、冥福を祈る寺。＝檀那寺・菩提所

ぼだいじゅ【菩提樹】[名](「ぼだいず」とも)インド原産の木の名。釈迦がこの木の下で悟りを開いたという。(季＝花―夏・実―秋)

ぼだいしょ【菩提所】[名]「ぼだいじ」に同じ。

ぼだいず【菩提樹】[名]「ぼだいじゅ」に同じ。

ほたえじに【ほたえ死に】[名](近世語)ふざけた行いをしたあげくに死んでしまうこと。

ほたき【火焚き】[名]陰暦十一月八日、陽気を迎えるために火をたいて行った神事。

ほだし【絆】[名]❶馬の足にかけて、自由に動けなくする縄。＝絆。❷(身体的に)人の**手足の自由を奪うもの**。**手かせ・足かせ**。例「山だし七―五人して曳いたる楠の木にて上げ**ほだし**を打たせ」〈浄・出世景清〉❸(心理的に)**人を自由に行動できなくするもの**。**さまたげ**。**束縛**。多くは、家族・妻子・係累などをいう。例「世の憂きめ見えぬ山路へ入らむには思ふ人こそ**絆**なりけれ」〈古今・雑下・九五五〉〔注〕「山路へ入る」は、俗世を逃れて、仏道修行をすること。

ほだ・す【絆す】[他サ四]{さ・し・す・す・せ・せ}つなぎとめる。束縛する。例「この男に**ほだ・され**て」〈伊勢・六五〉

ほたち【穂立ち】[名](「ほだち」とも)稲の穂が出ること。また、その穂。

ほたほた[副]❶うれしがるさま。いそいそ。ほくほく。例「五十両渡すと悦んで戴き、**ほたほた**いふて戻られしは」〈浄・仮名手本忠臣蔵〉❷しずくや花などが続いて落ちる音。ぽたぽた。

ほだり【秀罇】[名](上代語)酒を入れて杯につぐのに使う丈の高い器。

ほたる【蛍】[名]虫の名。夜、青白い光を出す。日本ではゲンジボタル、ヘイケボタルが有名。(季―夏)

ほたる【蛍】[作品名]『源氏物語』の二十五番目の巻名。

ほたるび【蛍火】[名]蛍の放つ光。(季―夏)

ぼたん【牡丹】[名]「ぼうたん」に同じ。

ぼたんくゎせうはく【牡丹花肖柏】[人名](一四四三―一五一七)室町中・後期の連歌師。宗祇に師事し、さらには一条兼良にも学ぶ。自身の作で『水無瀬三吟百韻』『湯山三吟』など優れた連歌集を残した。『新撰菟玖波集』の撰集作業にも従事した。

〈俳句〉**ぼたんちりて…**【牡丹散りて打ち重なりぬ二三片】〈ももすもも・蕪村〉訳牡丹の花が盛りを過ぎ散りはじめたらしく、その華麗で大きな花びらが二、三枚地上に重なっている。（季－牡丹－夏）

〈俳句〉**ぼたんをりし…**【牡丹折りし父の怒りぞなつかしき】〈蘆陰句選・大魯〉訳庭の牡丹が見事な花を咲かせている。父が丹精込めて手入れしていたその花を見るたびに、子供のころ枝を折ってしかられた記憶が懐かしくよみがえってくることだ。（季－牡丹－夏）

ほつえ【上枝・秀つ枝】［名］（「つ」は上代の格助詞）上の方の枝。↔下枝。

ぼっか・ける［他カ下一］｛け・け・ける・けれ・けよ（けろ）｝（近世語）追いかける。あとから追う。

ほっき［・す］【発起・発企】［名・自サ変］❶（仏教語）悟りを求めて仏道に入ること。＝発心。❷思い立つこと。❸あきらめること。

ほつ・く｛か・き・く・く・け・け｝（近世語）一［自カ四］うろうろと歩き回る。うろつく。二［他カ四］金銭をつぎ込む。使いきる。例「稼ぐほど使ひほつ・く」〈浄・女殺油地獄〉

ほっく【発句】［名］（「ほく」とも）❶和歌の初句。漢詩の起句。❷連歌・俳諧で、長連歌および連句の第一句。五七五の十七字で、季語と切れ字を詠みこむ。↔挙げ句。❸②が独立して文芸となったもの。俳句。

ほつぐゎん［・す］【発願】［名・自サ変］（仏教語）神仏に願を立てること。

ぼっくゎん【没官】［名］「もっくゎん」に同じ。

ほっけ【法華】［名］（仏教語）❶「ほけきゃう」に同じ。❷「法華宗」の略。

ほっけう【法橋】［名］❶（仏教語。「法橋上人位」の略）僧位の名。「法眼」の次の位。五位に準じ、「律師」に相当する。❷鎌倉以降、①に準じて、医者・仏師・絵師・連歌師などに授けた称号。

ほっけげんき【法華験記】［作品名］「だいにほんこくほけきゃうげんき」に同じ。

ほっけざんまい【法華三昧】［名］（仏教語。「ほけざんまい」「ほっけさんまい」とも）法華経により、仏法の妙理を悟ること。また、そのために一心に法華経を読誦すること。

ほっけしゅう【法華宗】［名］（仏教語）（法華経をよりどころにしていることから）❶天台宗の別称。❷（鎌倉以降、多く）日蓮宗の別称。①②＝法華。

ほっけせんぼふ【法華懺法】［名］（仏教語）天台宗で、法華経を読誦して、「六根罪障」を懺悔する儀式。

ほっけだう【法華堂】［名］（仏教語。「ほけだう」とも）法華三昧を行う堂。

ほっけはっかうゑ【法華八講会】［名］（仏教語）法華経八巻を、朝夕一巻ずつ四日間で講読する法会。追善供養で多く行われた。＝結縁八講・法華八講・八講。

ほっこしうもな・い［形口語型］（近世語）「ほこしうもなし」に同じ。

ぼっこ・む【ぼっ込む】［他マ四］｛ま・み・む・む・め・め｝（近世語）❶追い込む。ぶっ込む。❷刀などを腰に無造作に差す。例「嗜みの朱鞘の脇指し、腰にぼっ込・みかけ出す」〈浄・義経千本桜〉

ほっさう【法相】［名］（仏教語）❶万物の本質は同一であるが、その現れる姿はそれぞれ異なるという教理。❷「法相宗」の略。

ほっさうしゅう【法相宗】［名］（仏教語）「八宗」のひとつ。唐の玄奘を祖とし「法相①」を窮めることを旨とする。奈良の法隆寺・興福寺・薬師寺などが大本山。＝法相②

ほっしゃう【法性】［名］（仏教語）万物の本質。宇宙の本体。＝法性真如

ほっしゃうしんにょ【法性真如】［名］「ほっしゃう」に同じ。

ほっしん【法身】［名］（仏教語）❶仏の「三身」のひとつ。仏の本性である宇宙の真理。❷僧の身。

ほっしん［・す］【発心】［名・自サ変］（仏教語。「発菩提心」の略）悟りを求めて仏道に入ること。出家すること。＝発起

ほっしんしふ【発心集】［作品名］鎌倉前期の説話。鴨長明作。百余りの仏教説話が集められる。

ほっしんせっぽふ【法身説法】（仏教語）仏は宇宙のあらゆる所に存在するので、松風や虫の音など自然の声も仏の説法であるということ。

ほっす【払子】［名］仏具の名。獣毛・麻などをたばねて柄を付けたもの。元来、インドで僧が蠅や蚊を払う道具であったが、のちには禅僧が煩悩を払う象徴として用いるようになった。

ほっ・す【欲す】［他サ変］｛せ・し・す・する・すれ・せよ｝（「ほりす」の促音便）❶望む。欲しいと思う。❷（「…むとほっす」の形で）㋐…しようとする。…したいと思う。例「平家をほろぼさんとほっ・す」〈平家・七・木曾山門牒状〉㋑…しそうになる。例「殃ひに合はんと欲・する事」〈宇治拾遺・二・一〉

ほっせ【法施】［名］「ほふせ」に同じ。

ほったい【法体】［名］（仏教語）❶万有の本体。実体。❷出家すること。また、その姿。僧形。

ほつたか【秀つ鷹】［名］（「つ」は上代の格助詞）すぐれた鷹。

ほつて【秀つ手・最手】［名］（「つ」は上代の格助詞）すぐれた技。立派な技術。上手。

ほってと［副］（「ぽってと」とも）十分に。たっぷりと。腹いっぱいに。例「ほしうもない水を、ぽってとお飲ましやった」〈狂・入間川〉

ほっと［副］（近世語）❶退屈するさま。うんざりするさま。例「物を懸けると、穴が明くのでほっとした」〈伎・幼稚子敵討〉❷ため息をつくさま。息を吹くさま。

ほっとう【法灯】［名］「ほふとう」に同じ。

ぼっとりもの【ぼっとり者】［名］（近世語）柔和で愛敬のある女性。

ぼつらく［・す］【没落】［名・自サ変］❶城や陣地などが、敵に攻め落とされること。また、そのためにさすらうこと。❷破滅すること。破産すること。例「六波羅没落・して」〈太平記・一〇〉

ほて【帆手】［名］船具の名。帆綱。

ほて【最手・秀手】［名］「相撲人」の中で最も強

い者の称。

ほで [名]《近世語。「ほて」とも》手や腕を卑しめていう語。例「つめたいほでぢゃ」〈浄・義経千本桜〉

ほてい【布袋】[名]「七福神」のひとつ。僧形で、肥満した腹を露出し、大きな布の袋を担いでいる。中国後梁の禅僧、布袋和尚を神格化したもの。

ほてくろ・し [形シク]{しから・しく(しかり)・し・しき(しかる)・しけれ・しかれ}《近世語》腹黒い。あつかましい。しつこくいやらしい。＝ほてくるし。例「**ほてくろ・しい**事さらしたな」〈膝栗毛〉《音便》「ほてくろしい」は「ほてくろしき」のイ音便。

ほてっぱら【布袋腹】《近世語。「ほていばら」の変化形》㊀[名]❶布袋のように大きく突き出した腹や、その腹の人をののしっていう語。❷馬子が馬をののしっていう語。㊁[形動口語型]おかしくてしかたない。笑止千万だ。例「あの時代は**ほてっぱら・な**事がいけえこと(＝数多ク)ごぜえましたよ」〈浮世風呂〉

ほでてんがう [名]《近世語。「ほててんがう」とも》悪ふざけをすること。いたずら。

ほてふり【棒手振り】[名]《近世語。「ぼていふり」とも。「ぼうてふり」の変化形》魚や野菜などをかつぎ、呼び声を立てて売り歩くこと。また、その人。

ほど【程】[名]❶(…している)うち。(…の)間。例「この児、やしなふ**ほど**に、すくすくと大きになりまさる」〈竹取・かぐや姫〉❷**時分**。**ころ**。例「夕月夜のをかしき**ほど**に出だし立てさせたまひて」〈源氏・桐壺〉《敬語》「出だし立てさせたまひて」→「させたまふ」。❸**時間**。**時日**。**月日**。例「汝が助けにとて、かた時の**ほど**とてくだしを」〈竹取・かぐや姫の昇天〉❹**場所の広さ**。**大きさ**。例「いと**ほど**狭き崎にて、下の方は、水際に車立てたり」〈蜻蛉・中〉❺**長さ**。**限度**。例「かなはざりける命の**ほど**ぞ尽きせずうらめしき」〈源氏・桐壺〉《係結び》「ぞ→うらめしき(体)」。❻**あたり**。**付近**。例「中御門京極の**ほど**より、大きなる辻風おこりて」〈方丈記〉❼**距離**。例「忘るなよ**ほど**は雲居になりぬとも」〈伊勢・一一〉❽**程度**。**ほど**。**くらい**。例「才の**ほど**すでにあらはれにたり」〈徒然・二三六〉❾**身分**。**地位**。例「同じ**ほど**、それより下﨟の更衣たちはましてやすからず」〈源氏・桐壺〉❿**ようす**。**ぐあい**。例「荒れたる籬の**ほど**うとましく」〈源氏・末摘花〉⓫**年配**。**年齢**。例「十一になりたまへど、**ほど**より大きにおとなしうきよらにて」〈源氏・澪標〉《音便》「おとなしう」は「おとなしく」のウ音便。

〔程に付く〕身分・家柄などに応じる。例「車の五つ緒は、必ず人によらず、**ほどにつ・けて**、きはむる官・位に至りぬれば、乗るものなり」〈徒然・六四〉

ほど [副助]❶物事の分量・程度を表す。**…ほど**。**…ぐらい**。例「されどもこれ**ほど**美しき稚児具し奉ることは」〈義経記・三〉訳けれども、これほどきれいな少年をお連れになったことは。❷限度を表す。**…限り**。例「矢だねのある**程**射つくして、打ち物ぬいてたたかひけるが」〈平家・九・知章最期〉訳手持ちの矢のある限り射尽くして、刀を抜いて戦ったが。❸(おもに否定語と結びついて)程度を比べる基準を表す。**…ほど**。**…ぐらい**。例「恋**ほど**悲しきものはなし」〈伽・文正草子〉訳恋ほど悲しいものはない。❹ある事柄に比例して変化する意を表す。(…ば)**…ほど**。例「聞けば聞く**ほど**胸痛み」〈浄・曾根崎心中〉訳聞けば聞くほど胸が痛む。

〈接続〉体言または活用語の連体形に付く。

発展学習ファイル (1)平安時代には程度を示す副助詞として「**ばかり**」があった。しかし、「**ばかり**」はその後、おもに限定を示すようになり、これに代わって「ほど」が大体の分量・程度を示すようになった。

(2)「ほど」の語源は名詞の「程」である。名詞の「程」は本来時間・空間の広がりを示すが、さらに物事のおよその分量・程度を示すようになり、中世以降に副助詞化した。

ほとぎ【缶・瓫】[名]《古くは「ほとき」》湯や水などを入れた素焼きの土器。胴が太く、口の小さなもの。

ほとけ【仏】[名]❶《仏教語》**仏陀**。**仏教の真理を体現し、衆生を導く者**。例「仏はいかなるものにか候ふらん」〈徒然・二四三〉《係結び》「か→候ふらん(体)」。《敬語》「候ふらん」→「さうらふ」。❷**釈迦**。**釈迦牟尼仏**。例「開きたる掌の中に仏の舎利二粒あり」〈今昔・一二・二〉❸**仏像**。**仏画**。例「東大寺の仏の御首落ちなど」〈方丈記〉❹**仏教**。**仏法**。例「夢をも仏をも用ゐるべしや」〈蜻蛉・中〉❺**仏事**。**仏教上の行事**。例「あさて、仏にいとよき日なり」〈栄花・一六〉❻(仏道修行により、極楽往生して仏になれると考えられたことから)**死者**。**死者の霊**。**なきがら**。例「こりゃあ、仏をさかさまに入れたのでござる」〈膝栗毛〉❼(多く「あが仏」の形で)大切に思う相手を親愛をこめていう語。例「あが仏、何事思ひたまふぞ」〈竹取・かぐや姫の昇天〉《敬語》「思ひたまふ」→「たまふ(四段)」。❽**仏のように慈悲深い人**。転じて、**お人よし**。例「たとへ私が仏でも男が茶屋者請け出だすそのひいきせうはずがない」〈浄・心中天の網島〉

〔仏の道〕仏の教え。仏道。

ほとけなぶり【仏嬲り】[名]本当の道心からではなく、道楽半分に仏事を営むこと。仏いじり。

ほとけのみいしのはち【仏の御石の鉢】[名]四天王が仏に奉ったという石の鉢。天竺(インド)の霊鷲山にあり、紺青の光を発するという。

〔歌謡〕**ほとけはつねに…【仏は常に在せども現ならぬぞあはれなる人の音せぬ暁にほのかに夢に見えたまふ】**〈梁塵秘抄・法文歌〉訳仏は常にいらっしゃるけれど、現実に拝することはできず、それが尊くありがたいのだ。しかし、人の物音のしない夜明けに、かすかに夢の中に現れなさる。

ほどこ・す【施す】[他サ四]{さ・し・す・す・せ・せ}❶広く行き渡らせる。世間に広める。例「各、勢、長じて分々に威勢を**施し**」〈今昔・三・一五〉❷与える。恵む。例「恵みを**ほどこ・し**」〈徒然・一七一〉❸付け加える。工夫をこらす。例「透き長櫃に丹青を**ほどこ・して**」〈古今著聞・六六八〉❹行う。施行する。例「仁徳の行ひを**ほどこ・させ**まします事も」〈平家・六・紅葉〉

ほどこ・る【播る・延る】[自ラ四]{ら・り・る・る・れ・れ}延び広がる。行き渡る。充満する。はびこる。例「酷毒、民庶に**ほどこ・り**なむ」〈紀・雄略〉

ほとど【殆ど】[副]《「ほとほと(殆)」の変化形》ほとんど。例「**ほとど**、〔墨挟ミノ〕継ぎ目も放ちつべし」〈枕・清涼殿の丑寅の角の〉

ほととぎす【時鳥・杜鵑・郭公・子規】一 [名]鳥の名。日本には五月に渡来する。古来、夏の鳥として親しまれ、伝説や別称も多い。＝網鳥・沓手鳥・死出の田長・田長鳥。（季-夏）。例「かひもなき巣を頼めばや時鳥」〈宇津保・祭の使〉 二 [枕詞]「飛ぶ」と同音を含む地名「飛幡」にかかる。例「ほととぎす飛幡の浦にしく波の」〈万葉・一二・三一六五〉

〈俳句〉**ほととぎすおほたけやぶを…**【ほととぎす大竹藪を漏る月夜】〈嵯峨日記・芭蕉〉訳夜の空を、ホトトギスが鋭い鳴き声を残して飛び過ぎて行く。振り仰ぐと、大竹藪の茂みから清浄な月光が漏れてくる。（季-ほととぎす-夏）

〈俳句〉**ほととぎすこゑよこたふや…**【郭公声横たふや水の上】〈藤の実・芭蕉〉訳ホトトギスが川の上を鋭く鳴きわたっていく。その声の余韻は、飛び去ったあとも水上にただよい、まさに鳴き声が水の上に横たわっているといった感じだ。（季-郭公-夏）

〈狂歌〉**ほととぎすじゆうじざいに…**【ほととぎす自由自在にきく里は酒屋へ三里豆腐やへ二里】〈万代狂歌集・頭光〉訳ホトトギスの鳴き声を思うがままに聞くことのできる風流な里は、酒屋へは三里、豆腐屋へは二里と不便な土地であるにちがいない。ほんとに風流と実生活はうまくかみ合わないことよ。

〈狂歌〉**ほととぎすなきつるあとに…**【ほととぎすなきつるあとにあきれたる後徳大寺の有り明けの顔】〈蜀山百首・四方赤良〉訳ホトトギスが一声鳴いて飛び過ぎて行った。その後にはただ、ホトトギスを見失ってあっけにとられている後徳大寺実定のねぼけまなこの顔があるだけだ。〈参考〉「郭公鳴きつるかたを眺むればただ有り明けの月ぞ残れる」〈千載・夏・一六一〉訳→〈和歌〉ほととぎすなきつるかたを…をもじっている。

〈和歌〉**ほととぎすなきつるかたを…**【郭公鳴きつるかたを眺むればただ有り明けの月ぞ残れる】〈千載・夏・一六一・藤原実定〉（百人一首・後徳大寺左大臣）訳ホトトギスがいましがた鳴いた方角に目をやると、ただ有り明けの月だけが空に残っていることだ。〈係結び〉「ぞ」→残れる(体)」

〈俳句〉**ほととぎすなくやこすいの…**【郭公啼くや湖水のささにごり】〈芭蕉庵小文庫・丈草〉訳降り続く五月雨に水かさを増した琵琶湖は、湖水がわずかに濁っている。その湖上をホトトギスが一声鳴いて飛び過ぎて行った。（季-郭公-夏）

〈和歌〉**ほととぎすなくやさつきの…**【時鳥鳴くや五月の菖蒲草あやめも知らぬ恋もするかな】〈古今・恋一・四六九・よみ人しらず〉訳ホトトギスが鳴く五月、アヤメグサも咲いた、そのアヤメではないが、私は分別もない、無我夢中の恋もすることだ。〈参考〉第三句まで序詞。同音反復で第四句の「あやめ」を導く。

〈俳句〉**ほととぎすへいあんじゃうを…**【ほととぎす平安城を筋違に】〈自筆句帳・蕪村〉訳ホトトギスの鋭い鳴き声がしたと思ってながめやると、すでにその姿はなく、碁盤の目のように区切られた京の町をはすがいに鳴き過ぎて行った、その声の余韻が残るばかりである。（季-ほととぎす-夏）

ほどなう【程無う】形容詞「ほどなし」の連用形「ほどなく」のウ音便。

ほどな・し【程無し】[形ク]{から・く(かり)・し・き(かる)・けれ・かれ}❶間もない。若い。❷近い。小さい。狭い。例「ほどな・き所なれば、君もやがて聞きたまふ」〈源氏・若紫〉❸身分が低い。卑しい。例「程な・き窓のうちにのみ籠り居て侍りてむものを」〈夜の寝覚〉

ほどに 一（古くは「ほとに」。名詞「ほど」＋格助詞「に」）時間の経過や限界・程度を表す。…と。…うちに。例「人のむすめを盗みて、武蔵野へ率てゆくほどに、盗人なりければ、国の守にからめられにけり」〈伊勢・一二〉訳人の娘を盗んで、武蔵野へ連れて行こうとしているうちに、盗人だったので国司に捕らえられてしまった。二 [接助]《中世以降の用法》原因・理由を表す。…ので。…から。例「さだめていつもの檀那衆も見ゆるであらうほどに、そなたはまづ水を汲うでわたしめ」〈狂・栗隈神明〉訳きっといつものごひいきの方々も見えるであろうから、そなたはまず水をくんできなさい。

ほとばし・る【迸る】[自ラ四]{ら・り・る・る・れ・れ}（「ほとはしる」「ほどばしる」とも）❶躍り上がる。飛び上がる。例「ほどはし・りうれしびて」〈紀・舒明〉❷勢いよく飛び散る。

ほと・ぶ【潤ぶ】[自バ上二]{び・び・ぶ・ぶる・ぶれ・びよ}ふやける。水などにつかる。例「かれいひの上に涙おとしてほと・びにけり」〈伊勢・九〉

ほとほと [副]《擬音語》戸をたたく音や、斧で木を切る音を表す語。とんとん。こんこん。例「戸をほとほとうちたたく者出で来たり」〈平家・一・祇王〉

ほとほと【殆・幾】[副]❶もう少しで。危うく。例「ほとほと笑ひぬべし」〈源氏・紅葉賀〉❷ほとんど。だいたい。例「智海ほとほといひまはされけり」〈宇治拾遺・四・一三〉❸ひょっとして。もしかすると。例「ほとほとに奈良の都を見ずかなりなむ」〈万葉・三・三三一〉訳→〈和歌〉わがさかり…

発展学習ファイル 平安末期以降には、発音の変化に従って「ほとほど」「ほとをと」となり、のちに「ほとんど」となって現代に至る。

ほどほど【程程】[名]❶（多く、「ほどほどにつけて」の形で）それぞれの身分。各自の分際。例「さぶらふ人々にも、ほどほどにつけて物賜ひなど」〈源氏・幻〉❷それぞれにふさわしい程度。ちょうどよいぐらい。

ほとほと・し【殆し・幾し】[形シク]{しから・しく(しかり)・し・しき(しかる)・しけれ・しかれ}❶あやうく…しそうだ。もう少しで…しそうだ。例「漕げども漕げども、後へ退きに退きて、ほとほと・しくうちはめつべし」〈土佐〉❷今にも死にそうだ。危篤状態だ。例「その罪に、恐ろしき病つきて、ほとほと・しくいますがり」〈宇津保・藤原の君〉

ほどほど・し【程程し】[形シク]{しから・しく(しかり)・し・しき(しかる)・しけれ・しかれ}長い時間がたっている。久しい。例「斧の柄のほどほど・しくもなりにけるかな」〈拾遺・恋四・九一三〉

ほとほとしう【殆しう・幾しう】形容詞「ほとほとし」の連用形「ほとほとしく」のウ音便。

ほどほどのけさう【ほどほどの懸想】[作品名]『堤中納言物語』所収の短編物語。

ほ

ほとほ・る【熱る】(ホトオル)［自ラ四］{ら・り・る・る・れ・れ}❶熱を出す。身体がほてる。例「頭痛み、ここちあしく、身**ほとほ・りて**」〈発心集〉❷かっとなる。腹を立てる。例「**ほとほ・り**出でたまふやう〔理由〕こそはあらめ」〈枕・弘徽殿とは〉

ほとめ・く［自カ四］{か・き・く・く・け・け}《「めく」は接尾語》ことこと音を立てる。例「障子なども、ごほめかしう**ほとめ・く**こそしるけれ」〈枕・にくきもの〉

ほどらひ【程らひ】(ホドライ)［名］ほどあい。程度。

ほとり【辺】［名］❶端の方。果て。辺境。例「かしこよりも広く**辺**無き国にて」〈今昔・三・二〉❷(池・川・海などの)かたわら。岸辺。❸その辺り。近辺。❹近辺にいる人。また、縁故のある人。関係者。例「ほとりにつきて案内し申さするを」〈源氏・蓬生〉

ほとりば・む【辺ばむ】［自マ四］{ま・み・む・む・め・め}《「ばむ」は接尾語》❶(建物などの)いかにも端近である。奥まっていない。例「廊などほとりば・みたらむに住ませたてまつらむも」〈源氏・東屋〉❷ずれている。あさはかである。例「もはら、さやうのほとりば・みたらむふるまひすべきにもあらず」〈源氏・東屋〉

ほどろ［名］(「ほどろ」とも)伸び過ぎたワラビの穂。

ほどろ［名］《「ろ」は接尾語》(「夜のほどろ」の形で用いて)夜が明け始めるころ。未明。

ほどろ［・なり］【斑】［形動ナリ］{なら・なり(に)・なり・なる・なれ・なれ}雪などがまだらに降り積もっているさま。＝斑斑(ほどろ)。例「沫雪降れり庭も**ほどろ・に**」〈万葉・一〇・二三二三〉

ほどろほどろ［・なり］【斑斑】［形動ナリ］{なら・なり(に)・なり・なる・なれ・なれ}《「ほどろ」を重ねて意味を強めた語》「ほどろ」に同じ。

ほとんど【殆ど】［副］《「ほとほと」の変化形》❶もう少しで。すんでのところで。❷おおかた。だいたい。❸本当に。まったく。例「拙者殆ど疲れ申す」〈浄・伽羅先代萩〉

ほなか【火中】［名］火の中。

ほなが【穂長】［名］ウラジロ(シダ植物の一種)の別称。(季－春)

ほなみ【穂波】［名］麦や稲などの穂が波のように順になびいてゆくこと。また、その穂。

ぼに【盆】［名］《「ぼん」の変化形》盂蘭盆。

ほねしば【骨柴】［名］葉や枝を取り去った柴。

ほの【仄】(動詞・形容詞の上に付いて)かすかに。わずかに。「仄かたらふ」「仄聞く」「仄暗し」など。

ほのあ・く【仄開く】［他カ下二］{け・け・く・くる・くれ・けよ}ちょっと開ける。例「いといぶかしくて、片端**ほのあ・けて**見るに銭なり」〈増鏡・おどろのした〉

ほのか［・なり］【仄か】［形動ナリ］{なら・なり(に)・なり・なる・なれ・なれ}❶(光・色・形などが)ぼんやりする。はっきりしない。例「**ほのか・に**うち光りて行くも、をかし」〈枕・春は、あけぼの〉❷(音・声などが)かすかである。例「**ほのか・なる**御声を慰めにて」〈源氏・桐壺〉❸(時間・分量などが)わずかである。ちょっと。例「なかなか**ほのか・に**て、かく急ぎ渡りたまふを」〈源氏・若菜・上〉

発展学習ファイル 類義語「**かすか**」が、あるかなきかのさまをいうのに対して、「ほのか」は、背後に、大きな、強い、確かなものの存在が感じられる場合に用いられる。

ほのかたら・ふ【仄語らふ】(ホノカタラ(ロ)ウ)［自ハ四］{は・ひ・ふ・ふ・へ・へ}少しだけ話をする。(また、ホトトギスを擬人化して)ホトトギスがかすかに鳴く。例「ほととぎす**ほの語ら・ひ**し宿の垣根に」〈源氏・花散里〉

ほのき・く【仄聞く】［他カ四］{か・き・く・く・け・け}かすかに聞く。例「かねても**ほの聞・き**たまひけれど」〈源氏・若菜・上〉

ほのきこしめ・す【仄聞こし召す】［他サ四］{さ・し・す・す・せ・せ}《「仄聞く」の尊敬語》小耳に挟まれる。ちょっとお聞きになる。例「あなむくつけや。後言(しりうごと)や**ほの聞こしめ・し**つらん」〈源氏・少女〉

ほのきこ・ゆ【仄聞こゆ】［自ヤ下二］{え・え・ゆ・ゆる・ゆれ・えよ}かすかに聞こえる。例「数珠の脇息にひき鳴らさるる音**ほの聞こ・え**」〈源氏・若紫〉

ほのこころ・う【仄心得】［他ア下二］{え・え・う・うる・うれ・えよ}なんとなく分かる。うすうす気づく。例「**ほの心・得**て思ひよらるることもあれば」〈源氏・横笛〉

ほのし・る【仄知る】［他ラ四］{ら・り・る・る・れ・れ}なんとなく知る。かすかに知る。少し知る。例「内々のことも**ほのし・り**たるに」〈源氏・若菜・上〉

ほのす・く【仄好く】［自カ四］{か・き・く・く・け・け}いくらか好色である。少し好色めく。例「なほ下(＝内心)には**ほのす・き**たる筋の心をこそとどむべかめれ」〈源氏・初音〉
語構成「とどむべかめれ」→「べかめり」

ほのほ【炎・焰】［名］《「火(ほ)の穂(ほ)」の意》❶火炎。❷心中に燃え上がる情念。激情。

ほのぼの【仄仄】㊀［名］夜明け方。未明。例「夜の**ほのぼの**と明くるに」〈伊勢・四〉㊁［副］❶ほのかに。かすかに。❷わずかに。うすうす。例「『かくささめき嘆きたまふ』と**ほのぼの**あやしがる」〈源氏・夕顔〉

ほのぼのと【仄仄と】［枕詞］(夜がかすかに明けてゆく意から)「あかし」にかかる。例「**ほのぼのと**あかしの浦の朝霧に」〈古今・羇旅・四〇九〉訳→〔和歌〕ほのぼのとあかしのうらの…

〔和歌〕**ほのぼのとあかしのうらの…**【ほのぼのとあかしの浦の朝霧に島隠れ行く船をしぞ思ふ】〈古今・羇旅・四〇九・よみ人しらず〉訳ほのぼのと明けゆく明石の浦の朝霧の中、島かげに隠れていく船をしみじみと思うことだ。《係結び》「ぞ→思ふ㊍」〈参考〉「あかしの浦」に「明かし」をかける。

〔和歌〕**ほのぼのとあけゆくそらも…**【ほのぼのと明けゆく空も紫ににほふや春の武蔵野の原】〈うけらが花・橘千蔭〉訳ほのかに夜が明けていく空も、紫に染まることだよ、春の武蔵野の原は。

〔和歌〕**ほのぼのとありあけのつきの…**【ほのぼのと有り明けの月の月影に紅葉吹きおろす山颪の風】〈新古今・冬・五九一・源信明〉訳ほのかに明けてゆく空に残る有り明けの月の光の中、紅葉を吹き下ろす山おろしの風よ。

〔和歌〕**ほのぼのとはるこそそらに…**【ほのぼのと春こそ空に来にけらし天の香具山霞たなびく】〈新古今・春上・二・後鳥羽院〉訳ほのぼのと、春が空にやって来たらしい。あのように天の香具山に霞がたなびいている。《係結び》「こそ→来にけらし㊁」

ほのみ・す【仄見す】［他サ下二］{せ・せ・す・する・すれ・せよ}ちらりと見せる。かすかに見せる。例「さまを変へ、顔をも**ほの見・せ**たまはず」〈源氏・夕顔〉

ほのみ・ゆ【仄見ゆ】[自ヤ下二]｛え・え・ゆ・ゆる・ゆれ・えよ｝かすかに見える。ちらっと見える。例「隙々よりほの見・えたる薄鈍、梔子の袖口など」〈源氏・賢木〉

ほの・みる【仄見る】[他マ上一]｛み・み・みる・みる・みれ・みよ｝ちらりと見る。かすかに見る。例「もの遠からでほの・見たてまつる御さま容貌を」〈源氏・須磨〉

ほのめかしい・づ【仄めかし出づ】[他ダ下二]｛で・で・づ・づる・づれ・でよ｝なんとなく表にあらわす。それとなくにおわせる。例「いとわづらはしげなる世なれば、はかなきことも、えほのめかし出・づまじ」〈源氏・蜻蛉〉

ほのめか・す【仄めかす】[他サ四]｛さ・し・す・す・せ・せ｝（「めかす」は接尾語）それとなく知らせる。それとなくいう。におわせる。例「恨めしげなる気色など、おぼろけにて見知り顔にほのめか・す」〈源氏・若菜・下〉

ほのめきよ・る【仄めき寄る】[自ラ四]｛ら・り・る・る・れ・れ｝❶それとなく姿を見せつつ、近づく。例「少将は、この源侍従の君（＝薫）からほのめき寄・るめれば」〈源氏・竹河〉❷ちょっとだけ会う。少しだけ親しむ。例「ただ一目ほのめき寄・りて」〈夜の寝覚〉

ほのめ・く【仄めく】[自カ四]｛か・き・く・く・け・け｝（「めく」は接尾語）かすかに…する。ほのかに…する。少し…する（見える・聞こえる・薫る・いう・立ち寄るなど）。人や物の姿、音、香りなど知覚できるもののほか、人の訪問や手紙、気持ちなど広く用いる。例「時々ほのめ・きし御返りも見えずなりぬるは」〈宇津保・菊の宴〉

ほびこ・る【蔓延る】[自ラ四]｛ら・り・る・る・れ・れ｝「はびこる」に同じ。

ほふ【法】[名]《仏教語》❶存在しているものすべて。また、それを成り立たせる普遍的な真理。❷仏法。仏教。❸祈禱の儀式。修法。❹戒律。のり。

発展学習ファイル　「法」は呉音で「ほふ」、漢音で「はふ」。仏教関係の場合は多く呉音の「ほふ」で読み、法律・規則の意の場合は漢音の「はふ」で読む。

ほふいん【法印】[名]《仏教語》❶仏法が不変不動であることを示するし。❷（「法印大和尚位」の略）僧位の最高位。僧官の「僧正」に当たる。❸中世以降、僧位に準じて仏師・医師・絵師などに授けた称号。❹「山伏」の俗称。

ほふえ【法衣】[名]《仏教語》僧の衣服。本来は袈裟のことであるが、その下に着る衣のこともいった。＝法服

ほふおん【法恩】[名]《仏教語》「四恩」のひとつ。三宝（仏・法・僧）の恩をいう。

ほふかい【法界】[名]《仏教語。「ほっかい」とも》❶この世。全宇宙。全世界。❷「法界悋気」の略。❸自分と関係のないこと。赤の他人。

ほふかいりんき【法界悋気】[名]《近世語》自分とは無関係のことに嫉妬すること。他人の恋をねたむこと。＝法界②

ほふけづ・く【法気付く】[自カ四]｛か・き・く・く・け・け｝人間離れして、仏くさくなる。抹香くさくなる。例「法気づき霊しからむこそ、また、わびしかりぬべけれ」〈源氏・帚木〉

ほふげん【法眼】[名]《仏教語》❶五眼（肉眼・天眼・慧眼・法眼・仏眼）のひとつ。一切の諸法を観察する仏・菩薩の眼。❷（「法眼大和尚位」の略）「法印」に次ぐ僧位。僧官の「僧都」に当たる。❸中世以降、僧位に準じて、仏師・医師・絵師などに授けた称号。

ほふご【法語】[名]《仏教語》仏法を説き明かしたことば。また、それを記した文章。法話。法談。

ほふざう【法蔵】[名]《仏教語》仏の説く教え。また、経典。

ほふし【法師】[名]❶《仏教語。「ほっし」とも》仏法によく通じ、衆生を導く師となる人。僧。出家。❷（頭髪をそっていたことから）男の子。❸俗人で、僧の姿をしている者。

ほふじ【法事】[名]《仏教語》追善供養のために執り行う仏事。とくに、死後四十九日目に行う供養。

ほふしまさり【法師勝り】[名]法師となって、人柄が以前より立派になること。

ほふしむしゃ【法師武者】[名]僧の姿をした武士。僧兵。

ほふじゃうじゅ【法成就】[名]《仏教語》密教の祈禱・修法により、その効果が現れたこと。

ほふしんわう【法親王】[名]（「ほっしんわう」とも）出家したのち、親王宣下を受けた皇子。↓「にふだうしんわう」

ほふすい【法水】[名]《仏教語。「ほっすい」とも》衆生の煩悩を洗い清める仏法を、水にたとえていう語。

ほふせ【法施】[名]《仏教語。「ほっせ」とも》三施（財施・法施・無畏施）のひとつ。仏法を人に説き聞かせること。また、神仏に対し、経を読み法文を唱えること。

ほふだん【法談】[名]《仏教語》仏法を説き語ること。法話。説法。説経。

ほふとう【法灯】[名]《仏教語。「ほっとう」とも》❶この世の闇を照らし、衆生を導く仏法を灯火にたとえた語。＝法の灯。❷高徳の僧。一宗の中心となる僧。

ほふねん【法然】[人名]（一一三三〜一二一二）平安後期から鎌倉前期の僧。諱は源空。浄土宗の開祖。比叡山で出家受戒し、恵心流の浄土教を学び、源信の『往生要集』により浄土宗開立を決意。専修念仏による往生を説いた。九条兼実の要請で『選択本願念仏集』を著した。

ほふねんしゃうにんゑでん【法然上人絵伝】[作品名]鎌倉前期以降の伝記絵巻。法然上人の生涯を絵巻にしたもの。中世の民衆の姿を復元する資料としての価値も大きい。

ほふぶく【法服】[名]《仏教語。「ほふふく」とも》僧の着る衣。＝法衣

ほふみ【法味】[名]《仏教語》仏法の妙味。

ほふみゃう【法名】[名]《仏教語》❶出家し僧になったときに授けられる名。❷死者につけるおくり名。戒名。↔俗名①

ほふもん【法文】[名]《仏教語》仏の教えを記した文章。経典の文。

ほふもん【法門】[名]《仏教語》（仏の道へ入る門の意から）仏の教え。仏法。仏門。

ほふらく【法楽】[名]❶《仏教語》読経や奏楽などをして神仏を楽しませること。❷慰み。遊び。

ほふらくか【法楽歌】［名］神社や仏閣に奉納する和歌。平安末期から行われ、中世には広く流行した。定数歌や歌合わせの形態によるものが多い。

ほふりき【法力】［名］《仏教語》仏法の威力。

ほふりんてん・ず【法輪転ず】《仏教語》仏の教えを説くこと。説法すること。

ほふ・る【屠る】［他ラ四］｛ら・り・る・る・れ・れ｝（「ほぶる」とも）❶鳥や獣などのからだを切り裂く。例「一つの鹿を求め得てそれを**屠・る**間」〈今昔・二・三〉 ❷敵を攻め滅ぼす。例「新羅に入りて、行く行く傍らの郡を**屠・りとる**」〈紀・雄略〉

ほふわう【法皇】［名］出家した上皇の呼称。宇多天皇から始まる。

ほふゑ【法会】［名］《仏教語》仏法を説いたり、死者の追善供養をしたりする集会。

ほほ【朴・厚朴】［名］❶「ほほがしは」に同じ。❷ホオノキの樹皮から作ったかぜ薬。

ほほあて【頰当て】［名］目の下からあごまでを保護する鉄製の面。鉄面。

ほほがしは【朴・厚朴】［名］木の名。樹皮は染料や薬用に、材は器材などに用いられる。大きな葉は、古くから食物などを盛るのに用いられていた。＝朴①。（季―夏）

ほほげた【頰桁】［名］《近世語》❶頰骨。頰。あごの骨。❷話すことを卑しめていう語。口先。例「**頰げた**ばかりの腕なしめ」〈浄・菅原伝授手習鑑〉

ほほづき【酸漿】［名］草の名。根は薬用、実は種を出して口中にふくんで鳴らして遊ぶ。（季―秋）

ほほま・る【含まる】［自ラ四］｛ら・り・る・る・れ・れ｝（花がまだ開かず）つぼみのままである。成熟していない。例「千葉の野の児手柏の**含ま・れ**ど」〈万葉・二〇・四三八七〉

ほほゆが・む【頰ゆがむ】㊀［自マ四］｛ま・み・む・む・め・め｝❶頰がゆがむ。❷話が事実と異なる。誤って伝わる。例「そのをりは罪なきことも、つきづきしくまねびなすには、**ほほゆが・む**こともあめれば」〈源氏・朝顔〉 語構成 「あめれば」→「あめり」。㊁［他マ下二］｛め・め・む・むる・むれ・めよ｝事実をゆがめる。誤って伝える。例「朝顔奉りたまひし歌などを、すこし**頰ゆが・め**て語るも聞こゆ」〈源氏・帚木〉

ほほろ・ぐ［他ガ下二］｛げ・げ・ぐ・ぐる・ぐれ・げよ｝（「ほろろぐ」とも）ばらばらに崩しほぐす。例「荷葉（＝薫キ物ノ名）の方を合はせたる名香、蜜をかくし**ほほろ・げ**て焚き匂はしたる」〈源氏・鈴虫〉

ほほゑ・む【微笑む】［自マ四］｛ま・み・む・む・め・め｝❶にっこり笑う。微笑する。❷花のつぼみが少し開く。例「梅は気色ばみ**ほほ笑・み**わたれる」〈源氏・末摘花〉

ほまれ【誉】［名］名誉。名声。

ほ・む【誉む・褒む】［他マ下二］｛め・め・む・むる・むれ・めよ｝❶祝う。例「真木柱**ほ・め**て造れる殿のごと」〈万葉・二〇・四三四二〉 訳→〈和歌〉まけばしら…。❷褒める。たたえる。

ほむき【穂向き】［名］稲穂が一方になびいていること。

ほむぎ【穂麦】［名］穂の出た麦。（季―夏）

ほむけ【穂向け】［名］稲やススキなどの穂を一方になびかせること。また、その穂。

ほむら【焰】［名］（「火群」の意）❶ほのお。火炎。❷恨み・怒り・嫉妬など、心中に燃え上がる感情。例「思ひせく胸の**ほむら**はつれなくて」〈蜻蛉・中〉

ほめな・す【誉めなす】［他サ四］｛さ・し・す・す・せ・せ｝ことさらに褒めたてる。例「おのれが好むかたに**ほめな・す**こそ、その人の日頃の本意にもあらずや」〈徒然・一四三〉

ほめののし・る【誉め喧る】［他ラ四］｛ら・り・る・る・れ・れ｝盛んに褒める。大勢で褒めたてる。例「この句ことなる秀句にて、よの人**ほめののし・り**けり」〈古今著聞・一一九〉

ほめもの【誉め物】［名］人から褒められるもの。

ほや【火屋・火舎】［名］❶香炉・手あぶりなどのふた。また、香炉。❷（「ひや」とも）火葬場。

ほや【海鞘・老海鼠】［名］ホヤ目に属する海産動物の総称。厚くてかたい皮で包まれたからだは、海中の岩に付着している。食用になる。（季―夏）

ほや【寄生】［名］（「ほよ」とも）木の名。ヤドリギ。他の大きな木の幹に寄生して生長する。繁栄をもたらす木とされていた。

ほや【穂屋】［名］ススキの穂で葺いた神事用の仮屋。

ぼや・く［他カ四］｛か・き・く・く・け・け｝《近世語》ぶつぶつ不平や小言をいう。

ほやほや［副］《近世語》❶できたばかりで柔らかなさま。例「たった今出来たての**ほやほや**だから」〈浮世床〉 ❷うれしそうに、にこやかに笑うさま。例「**ほやほや**笑顔」〈浄・平家女護島〉

ほ・ゆ【吠ゆ】［自ヤ下二］｛え・え・ゆ・ゆる・ゆれ・えよ｝❶犬などが声を立てて鳴く。❷「泣く」を卑しめていう語。泣きわめく。例「討って捨てうといふのに**吠・ゆる**は」〈狂言記・一千石〉 ❸やかましくいう。どなりたてる。

ほよ【寄生】［名］「ほや（寄生）」に同じ。

ほら［・なり］【法螺・宝螺】㊀［名］「ほらがひ②」に同じ。㊁［形動ナリ］｛なら・なり（に）・なり・なる・なれ・なれ｝予想外の大もうけであるさま。例「これを思ふに、**ほら・なる**金銀まうくる故なり」〈浮・日本永代蔵〉

ほらがたうげ【洞ヶ峠】［地名］山城国と摂津国の境の峠。いまの京都府八幡市と大阪府枚方市との境界にある。洛中や淀川対岸の天王山を眺望できる交通の要所で、中世以後しばしば合戦場となった。天正十年（一五八二）の山崎の戦いで、筒井順慶が峠上で戦況を眺めていたことから、日和見主義を「洞ヶ峠をきめこむ」というようになった。

ほらがひ【法螺貝】［名］❶大形の巻き貝。❷①の殻に穴をあけ、吹き鳴らすようにしたもの。修験者が山中で獣よけに用いたり、戦陣で進退の合図に用いたりした。

ほらほら［副］❶中ががらんとしているさま。例「内はほらほら外はすぶすぶ（＝スボマッテ狭イ）」〈記・上〉 ❷着物の裾などがひるがえるさま。ひらひら。例「裾も**はらはら**踏みかへす」〈浄・伽羅先代萩〉

ほり【欲り】［名］《上代語》欲しがること。欲望。

ほりう・う【掘り植う】［他ワ下二］｛ゑ・ゑ・う・うる・うれ・ゑよ｝山野から草木を掘り採ってきて植える。

ほりえ【堀江】［歌枕］摂津国の川の名。いまの大阪府を流れる淀川の下流、天満川のこととされるが、諸説あり未詳。水害を防ぐために掘られた運河の名称。「難波の堀江」と詠まれ、「棚無し小舟」が景物。

ほりかは【堀川・堀河】［地名］山城国の

ほ

川。いまの京都市街の中央を南流し、鴨川に合流。平安京造営のとき、人工的に直線の水路として造られた。清澄な川として詠まれる。

ほりかはてんわう【堀河天皇】[人名](一〇七九〜一一〇七)第七十三代天皇。父は白河天皇。和歌を好み、『堀河院艶書合』『堀河院御時百首和歌』を献上させている。

ほりかはひゃくしゅ【堀河百首】[作品名]平安後期の百首歌。源俊頼の企画により、大江匡房・藤原基俊・藤原顕季ら十六人がそれぞれ百首ずつを詠進した。長治二年(一一〇五)、堀河天皇に奏覧された。複数歌人による百首歌の試みとしては初めてのもので文学史的意義は大きい。新奇な歌語を多く含み、表現面の特色も際だっている。

ほりきり【堀切り】[名]地を掘って造った水路。

ほりくび【堀首・堀頸】[名]人を生きたまま地中に埋め、その首を切る刑。

ほり・す【欲りす】[他サ変]{せ・し・す・する・すれ・せよ}欲しがる。願う。望む。例「欲り・せしものは酒にしあるらし」〈万葉・三・三四〇〉訳→(和歌)いにしへのななのさかしき…

ほりばくすい【堀麦水】[人名](一七一八〜一七八三)江戸中期の俳人。初期芭蕉への復帰を目指し、『貞享正風句解伝書』などの俳論を執筆した。

ほ・る【欲る】[他ラ四]{ら・り・る・る・れ・れ}欲しがる。願う。望む。例「君が目を欲・り」〈万葉・四・七六六〉

ほ・る【掘る】[他ラ四]{ら・り・る・る・れ・れ}❶地面や岩、木材などに穴をあける。例「宮の北の郊原を掘・りて、南の水を引きて西の海に入る」〈紀・仁徳〉❷埋まっているものを取り出す。掘り出す。

ほ・る【惚る・耄る】[自ラ下二]{れ・れ・る・るる・るれ・れよ}❶ぼんやりする。放心する。例「走りていそがはしく、ほ・れて忘れたる事」〈徒然・一七二〉❷年老いてもうろくする。ぼける。例「老いに耄・れては七つを八つと数へた」〈田植草紙〉❸(異性に)恋する。ほれる。

ほれぼれ【惚れ惚れ】[副](「ほれほれ」とも)放心状態であるさま。ぼんやり。うっとり。例「命ばかりは生きたりけれども、ほれぼれとして」〈十訓抄・七〉

ほれぼれ・し【惚れ惚れし】[形シク]{しから・しく(しかり)・し・しき(しかる)・しけれ・しかれ}(「ほれほれし」とも)❶放心しているさま。また、気力や能力が劣っているさま。ぼんやりしている。例「宰相の中将はながめがちにて、ほれぼれ・しき心地するを」〈源氏・藤裏葉〉❷年老いてもうろくしているさま。例「歳高くなり侍りて、心地の惚れ惚れ・しうなり侍るに」〈宇津保・楼の上・下〉(音便)「惚れ惚れしう」は「惚れ惚れしく」のウ音便。

ほれもの【耄れ者・惚れ者】[名]ばか者。うつけ者。例「さてさて、そちどもはほれ者や」〈醒睡笑〉

ほろ【母衣・幌】[名]矢を防ぐため、鎧の背に着けた大型の布。後世は竹を骨として籠状にもした。

ほろ【保呂】[名](「保呂羽」の略)タカの両翼の下の長い羽。矢羽根としてとくに珍重した。

ほろ[・なり][形動ナリ]{なら・なり(に)・なり・なる・なれ・なれ}ばらばらになるさま。例「天雲をほろ・に踏みあだし(=荒ラシ)鳴る神も」〈万葉・一九・四二三五〉

ぼろ【梵論・暮露】[名]有髪の乞食僧。のちの虚無僧。=梵論梵論・梵論字②

ほろ・ぶ【滅ぶ・亡ぶ】[自バ上二]{び・び・ぶ・ぶる・ぶれ・びよ}❶なくなる。消滅する。例「たびたびの炎上にほろ・びたる家」〈方丈記〉❷滅亡する。破滅する。例「平家たのしみさかへて二十余年、されども悪行法に過ぎて、すでに亡・び候ひなんず」〈平家・三・法皇被流〉❸衰える。落ちぶれる。例「(任国ノ)いと異様に亡・びてはべるなれば」〈枕・したり顔なるもの〉

ほろぼ・す【滅ぼす・亡ぼす】[他サ四]{さ・し・す・す・せ・せ}❶なくす。消滅させる。例「私の罪も、それにて滅ぼ・したまふらむ」〈源氏・浮舟〉❷滅亡させる。

ほろほろ[副]❶木の葉や花が散るさま。はらはら。例「木の葉ほろほろと滝の方ざまにくづれ」〈堤中納言・このついで〉❷涙がこぼれるさま。ぽろぽろ。はらはら。例「涙ぞほろほろとこぼるる」〈蜻蛉・中〉❸物が壊れたり、裂けたりするさま。ばらばら。ぼろぼろ。例「(荒巻ノ中カラ)ほろほろとこぼれ出づ」〈今昔・二八・三〇〉❹人が別れていくさま。ばらばら。例「修法の壇こぼちて(僧タチガ)ほろほろと出づるに」〈源氏・夕霧〉❺物をかみ砕く音。ぽりぽり。例「栗などやうのものにや、ほろほろと食ふも」〈源氏・宿木〉❻山鳥などの鳴き声。ほろほろ。=ほろろ。例「(雉ハ)ほろほろと飛びてこそ去にしか」〈大鏡・兼通〉

ぼろぼろ【梵論梵論・暮露暮露】[名]「ぼろ」に同じ。

(俳句)**ほろほろと…**【ほろほろと山吹散るか滝の音】〈笈の小文・芭蕉〉訳岸辺に咲く山吹の花が、風をもたのまず、はらはらと散っていることよ。あたりには、川の急流の音が鳴り響いている。(季−山吹−春)

ほろろ[副]「ほろほろ⑥」に同じ。

ほろろ・ぐ[他ガ下二]{げ・げ・ぐ・ぐる・ぐれ・げよ}「ほほろぐ」に同じ。

ぼろんじ【梵論字・梵論師】[名]❶(仏教語)インドの婆羅門教で、人の師たる者のこと。❷「ぼろ」に同じ。

ほん【品】[名]❶(仏教語)仏典の編や章のひとまとまり。❷親王の位の称。一品から四品まであり、位のない者は無品という。❸位階。官位を唐風にいうときに用いる。❹身分。分際。

ほん[・なり]【本】一[名]❶原本。❷手本。模範。❸根本。基本。二[名・形動ナリ]まこと。ほんと。例「たんとぶたれさんしたと聞いたが、ほんか」〈浄・曾根崎心中〉

ぼん【盆】[名](「ぼに」とも)❶「うらぼん」に同じ。(季−秋)。❷「盂蘭盆会」の際に供える供物や布施。(季−秋)

ほんあみくゎうえつ【本阿弥光悦】[人名](一五五八〜一六三七)安土桃山時代から江戸前期にかけての工芸家・書家・茶人。豊臣秀吉・徳川家康らに重んじられた。書道は光悦流を興し、その書跡の『立正安国論』は重要文化財に指定されている。絵画や蒔絵では尾形光琳に影響を与えた。

ほんい【本意】[名](「ほい」とも)❶「ほい(本意)」に同じ。❷和歌・連歌に詠まれる事物の本質や情趣。題詠意識の深まりとともに形成された美や情緒。

ほんえん【本縁】[名](「ほんねん」とも)事の起こり。由来。縁起。

ほんか【本歌】[名](「もとうた」とも)❶古歌の心や語句の一部を用いて別の歌を作った場合の、もとの歌。❷（狂歌・俳諧などに対して）和歌。

ほんがう【本郷】[名]❶生まれ故郷。❷一郡中の郡司の庁のある所。

ほんがく【本覚】[名]《仏教語》衆生が本来備えている、悟りを開くことができるという性質。

ほんかどり【本歌取り】[名]おもに和歌で、有名な古歌の表現を意識的に取り入れて作歌すること。とくに、『新古今和歌集』の時代に確立された和歌の創作技巧をいう。

ほんき【本器】[名]升の一種。基準の計量器として用いられたもの。

ほんぐゎん【本願】[名]❶《仏教語》仏や菩薩が一切の衆生を救おうと誓った大願。阿弥陀仏の四十八願、薬師如来の十二願など。❷寺院・塔・像などの創建者・造立者。❸本来の願望。

ぼんげ【凡下】[名]❶平凡なこと。また、平凡な人。❷（おもに鎌倉時代、貴族や侍などに対して）一般庶民。

ほんけがへり【本卦帰り・本卦還り】[名]（「本卦」は、自分が生まれた年の干支の意）数え年の六十一歳になること。還暦。

ほんご【反古・反故】[名]「ほぐ」に同じ。

ほんざ【本座】[名]❶納言・参議などの辞任後も、前官礼遇でなおその座につかせること。❷鎌倉・室町時代の田楽の座で、新しく分派して起こった新座に対し、もとから存在していた座。↔新座①。❸もともとの座席。本来の場所。

ほんざい【本才】[名]実際に役に立つ才能。政治上の学問、また、芸能や儀式などに関する才能。↔文才。

ぼんさい【梵妻】[名]僧の妻。＝大黒。

ほんざう【本草】[名]薬用とする植物・動物・鉱物の総称。また、それについての書物。

ほんざん【本山】[名]一宗・一派の長で、各地の末寺を統轄する寺。総本山・大本山などの別がある。＝本寺①。↔末寺。

ぼんさん【盆山】[名]❶庭に石などを積み上げて造った山。❷箱庭のように、盆や浅い鉢の上に石や砂で山水の形などを作って観賞するもの。

ぼんさん【梵讃・梵賛】[名]《仏教語》（和讃や漢讃に対して）梵語で唱えて仏徳をたたえる韻文。

ほんじ【本寺】[名]❶「ほんざん」に同じ。❷寺の本堂。

ほんじ【本辞】[作品名]天武天皇の命により、稗田阿礼が「誦習」した資料のひとつ。現存しない。

ぼんじ【梵字】[名]梵語を書き表すのに用いる文字。全四十七字で、母音十二字、子音三十五字からなる。日本では、経文や卒塔婆などの文字として用いる。＝悉曇。

ほんじゃ【本社】[名]（「ほんしゃ」とも）ひとつの神社の神域内で、主となる神社。本宮。↔末社①

ほんしゃう【本性】[名]（「ほんじゃう」とも）❶生まれつきの性質。天性。❷正気。本心。

ぼんじゃり[副]《近世語》柔和で愛らしいさま。おっとりとしたさま。例「男の身にて傾城のあどめもなく、ぼんじゃりとしたる事は」〈役者論語〉

ほんじょ【本所】[名]❶荘園領主の上位にある名義上の所有者。本家。❷蔵人所。とくに、「滝口の陣」。❸本来の居所。本邸。本国。

ぼん・ず【犯ず】[他サ変]｛ぜ・じ・ず・ずる・ずれ・ぜよ｝戒律などを破る。例「いまだ禁戒を犯・ぜず」〈平家・一〇・高野巻〉

ほんぜい【本誓】[名]《仏教語》仏・菩薩が衆生を救おうとして立てた根本的な誓願。本願。

ほんぜつ【本説】[名]❶（「ほんせち」とも）根拠となるべき確かな説。正しい典拠。❷和歌・連歌を作るとき、典拠とした物語や漢詩文。

ほんぜん【本膳】[名]正式の膳立てで、二の膳・三の膳に対し主となる膳。飯・汁・肴などを載せ、正面に据える。

ぼんぞく【・なり】【凡俗】[名・形動ナリ]平凡で取り得のないこと。また、その人。

ほんそご【奔走子】[名]《近世語。「ほんそうご」の変化形》最愛の子。秘蔵っ子。

ほんぞん【本尊】[名]《仏教語。「ほぞん」とも》信仰のおもな対象として、寺院や仏壇に祭られる仏像。また、信仰の対象とする仏。

ほんたい【本体】[名]（「ほんだい」とも）❶本当の姿。正体。❷事物の根本。本質。❸（副詞的に用いて）本来。もともと。例「本体はまゐらせたまふまじきを」〈大鏡・道隆〉

ほんだう【本堂】[名]寺院の中心となる殿堂。本尊を安置する仏堂。

ほんだう【本道】[名]❶主となる道。❷正しい筋道。正しい方法。❸漢方の用語で、内科。

ほんち【本知】[名]もとから支配している土地。旧領地。＝本領。

ほんぢ【本地】[名]❶《仏教語》仏・菩薩の本来の姿。❷物の本体。本性。

ほんぢすいしゃく【本地垂迹】[名]《仏教語。「ほんぢすいじゃく」とも》神仏習合思想の教説。本地である仏・菩薩が衆生を救うために、日本の神々の姿を借りて現れたとする説。たとえば、大日如来が天照大神となって現れたとする。

ほんちょう【本朝】歴史的かなづかい「ほんてう」

ほんぢん【本陣】[名]❶陣中で大将のいる所。❷江戸時代の宿場で、大名・幕府の役人や勅使・宮家などの貴人が宿泊した旅館。

ほんて【本手】[名]❶本物。その道の達人。玄人。❷三味線・琵琶などの基本の旋律。❸（「本手組」の略）三味線組み歌のうち、最古の形式。また、その歌。

ほんてう【本朝】[名]日本の朝廷。転じて、日本のこと。↔異朝。

ぼんてう【凡兆】[人名]「のざはぼんてう」に同じ。

ほんてうあういんひじ【本朝桜陰比事】[作品名]江戸前期（一六八九刊行）の浮世草子。井原西鶴作。犯罪や訴訟を名判官が巧みな裁きによって解決していく裁判小説。機知やユーモアに富み、笑話風の作品が目立つ。

ほんてうし【本調子】[名]（「ほんでうし」とも）❶三味線の基本的な調弦法。第一弦と第二弦は四度、第二弦と第三弦は五度の音程とする。❷物事の運びが本式なこと。荘厳で落ち着いた感じの調子。

ほんてうすいこでん【本朝水滸伝】[作

品名］江戸中期（一七七三ごろ刊行）の読本。『吉野物語』ともいう。建部綾足作。奈良時代、政治をあやつる道鏡と、対立する恵美押勝・和気清麻呂・大伴家持らの活躍や離合集散を描く。奔放な構想で、大胆に史実を改変している。作者の死により未完に終わったが、初期読本の中で最初の長編構想の作品として意義深い。

ほんてうにじふしかう【本朝廿四孝】［作品名］江戸中期（一七六六初演）の浄瑠璃。近松半二・三好松洛ら合作。武田・上杉両家の不和を背景とし、斎藤道三の政治的謀略や、諏訪湖の白狐伝説・二十四孝の説話などを織り交ぜて脚色した時代物。

ほんてうにじふふかう【本朝二十不孝】［作品名］江戸前期（一六八六刊行）の浮世草子。井原西鶴作。地方色・女性主人公・孝行者との対照など、構成に数々の工夫を加え、最終話のみは不孝者の改心を描き、祝儀の結末となる。

ほんてうほっけげんき【本朝法華験記】［作品名］「だいにほんこくほけきょうげんき」に同じ。

ほんてうもんずい【本朝文粋】［作品名］平安後期の漢詩文集。藤原明衡編。弘仁年間（八一〇〜八二四）から長元年間（一〇二八〜一〇三七）の詩文を、内容別に分類して収載する。時期的には延喜・天暦ころの作が多く、実用的な文章をも多く含む点に特色がある。

ほんてうもんぜん【本朝文選】［作品名］「ふうぞくもんぜん」に同じ。

ぼんてん【梵天】［名］《梵語の音訳。「ぼんでん」とも》❶《仏教語》人間の住む欲界の上にあり、欲望のない清浄な世界。❷《仏教語》①にいる最高神。大梵天王。❸修験道で、祈禱に用いる幣束。

ぼんてんこく【梵天国】［作品名］室町時代の御伽草子。作者未詳。梵天王の姫と結婚した主人公が、奪われた妻を取り返す。

ぼんとうあん【梵灯庵】［人名］（一三四九〜？）南北朝時代から室町中期の連歌師。連歌を二条良基に学んだ。のちの心敬や宗祇の先駆的存在。

ぼんなう【煩悩】［名］《仏教語》人間の心身を悩ませ苦しめる、欲望・怒り・愚痴などの精神作用。

ぼんにん【凡人】［名］❶ただの人。ふつうの人。❷臣下。平民。

ぼんにん【犯人】［名］罪を犯した人。犯罪人。

ぼんのう【煩悩】歴史的かなづかい「ぼんなう」

ぼんのくぼ【盆の窪】［名］《「ぼのくぼ」とも》首の後ろの中央のくぼんだ所。

ほんのまま【本の儘】書物などを書写・校合する際に、不明の部分を原本どおり写し取ったこと。また、そのしるし。「ママ」と傍記することがある。

ぼんばい【梵唄】［名］《仏教語》「声明」の一種。法会のときに、仏徳を賛美して唱える歌唱。

ほんばう【本坊】［名］❶寺院で住職の住む所。❷自分の住む僧坊。自坊。

ぼんぶ【凡夫】［名］❶《仏教語》煩悩に縛られて、悟りの境地に達しない人。❷ふつうの人。凡人。

〔川柳〕**ほんぶりに…**【本降りになって出て行く雨やどり】〈柳多留・初〉訳すぐやむだろうと待っていたが、雨はいっこうにやむ気配がない。本降りになってからしびれをきらして飛び出して行くことだ。

ぼんぼり［名］❶扇子の一種。先が内側に反っていて中広がりになっている「中啓」。❷小さな行灯。

ほんまる【本丸】［名］城の中心部にあって、天守閣を築いた最も主要な建物。城主のいる所。

ほんもん【本文】［名］❶古い詩歌や文章に見える文句。典拠のある気のきいた句。例「（扇ニ）心ばへある本文うち書きなどして」〈紫式部日記〉❷和歌を詠む際に典拠とした古歌や漢詩。

ほんりゃう【本領】［名］❶代々伝えられた領地。＝本知。❷本来の特色。能力。

ほんりゃうあんど【本領安堵】［名］武家社会で、時世の変転にあっても、主君が臣下に対してもとの領地の所有権を認めること。また、一時絶えていた旧領地の所有をふたたび認めること。

ほんゐん【本院】［名］❶上皇や法皇が同時にふたり以上いるとき、第一の上皇や法皇の称。↓「しんゐん」「ちゅうゐん」。❷分院に対して、主となる院。とくに斎院の御所を指す。

ま

ま-【真】［接頭］《名詞・形容詞・形容動詞・副詞などに付いて》❶真実の、本物の、完全な、純粋な、などの意を表す。「真心」「真直」「真木」「真玉」など。❷褒めたたえる意を表す。「真櫂」「真砂」など。

-ま［接尾］《動詞の未然形・形容詞の語幹・打消の助動詞「ず」・接尾語「ら」などに付いて》そういう状態にあるの意を表し、多くは助詞「に」を伴って副詞句を作る。「逢はずまに」「かへらまに」「まほらまに」など。

ま【目】［名］目。複合語を作る。「目つげ」「目ゆげ」「目なざし」「目たたく」「目どろむ」など。

ま【馬】［名］馬。

ま【間】［名］《ある物と物とのあいだという意が原義》❶（時間的に）㋐ひま。すき。例「ささら波まもなく岸を洗ふめり」〈大和・一七三〉㋑一定の時間的広がり。あいだ。例「朝のま、雨降る」〈土佐〉❷（空間的に）㋐物と物との隔たり。すきま。例「玉垂の小簾の間通し」〈万葉・七・一〇七三〉㋑ある物が占めている一定の空間。あたり。例「三諸つく鹿脊山のまに咲く花の」〈万葉・六・一〇五九長歌〉㋒（とくに、建築物において）柱と柱のあいだ。例「いふべくもあらぬ綾織物に絵をかきて、間ごとに張りたり」〈竹取・竜の頸の玉〉㋓建物の内部で、壁・ふすま・屏風などで他からしきられた空間。部屋。例「遣り戸は蔀の間よりも明かし」〈徒然・五五〉

〔間を配る〕間隔をとる。例「（横笛ノ）五の穴のみ、上の間に調子を持たずして、しかも間をくばる事等しきゆゑに、その声不快なり」〈徒然・二一九〉

ま【際】［名］きわ。辺り。

ま 一般に「まく（推量の助動詞「む」の名詞化したもの）」の形で用いられる。「ま」の部分を「む」の未然形と見る考え方もある。例「我が里に大雪降れり大原の古りにし里に降らまくは後」〈万葉・二・一〇三〉訳→

〔和歌〕わがさとに…

-まい【枚】[接尾]❶紙などの薄く平たいものを数える語。「紙四五**枚**」など。❷大判金・銀貨・銭などを数える語。「銭三十**枚**」など。❸田の区画を数える語。「田一**枚**」など。❹駕籠かきの人数を数える語。「**六枚**肩」など。❺魚を数える語。「鮒百**枚**」など。

まい[助動特活]{○・○・まい・まい・○・○}❶打消の推量を表す。…**ないだろう**。例「盆と正月その上に、十夜お祓ひ煤掃きを一度にするともかうはある**まい**」〈浄・曾根崎心中〉訳(このところの私の苦労は)盆と正月、そのうえ十夜とお祓いと煤掃きを一度にやったとしても、これほどでは**ないだろう**。❷打消の意志を表す。…**つもりはない**。…**ないぞ**。例「あの横着者、誰そ捕らえて下されい。やる**まい**ぞやる**まい**ぞ」〈狂・佐渡狐〉訳あの図太いやつめ、だれか捕まえてください。逃がさ**ないぞ**。逃がさ**ないぞ**。❸打消の当然・適当の意を表す。…**はずがない**。…**ないほうがよい**。例「汝が知らずはある**まい**」〈狂・末広がり〉訳お前が知らないという**はずがない**。❹禁止を表す。…**てはいけない**。例「私が二階にゐることを必ず必ずいふ**まい**ぞ」〈浄・冥途の飛脚〉訳私が二階に居ることを絶対にいっ**てはいけない**よ。❺(「…まいか」の形で)勧誘を表す。…**ないか**。…**てくれないか**。例「どうぞおまへつれ立ってゐって、おくんなさいます**まい**か」〈洒・遊子方言〉訳どうぞあなた様つれていってください**ません**か。

〈接続〉四段・ナ変型活用語の終止形、ラ変型活用語の連体形、その他の活用語の未然形に付く。

〈参考〉打消推量の助動詞「まじ」の連体形「まじき」のイ音便「まじい」から変化してできた語とする説などがある。中世以降の語。

まいげつせう【毎月抄】[作品名]鎌倉前期(一二一九ごろ成立)の歌論書。藤原定家著とされる。書簡体で和歌の学び方を説く。「有心体」を最重要なものとして、「和歌十体」を説く。

まいす【売僧】[名]❶《仏教語》仏法を売り物にして利益を得ようとする悪徳僧。❷僧をののしっていう語。くそ坊主。❸うそ。また、うそつき。

まいて【況いて】[副]《副詞「まして」のイ音便》「まして」に同じ。

まいど【毎度】[副]そのたびに。いつも。

まいみ【真忌み】[名]神事を行う人が、「荒忌み」に続けてさらに厳重に身を清めること。↔荒忌み

まう[・なり]【猛】[名・形動ナリ]❶勢いが盛んなこと。また、そのさま。例「いと**猛**に、きらきらしき法事」〈落窪・四〉❷広大なこと。また、そのさま。例「法住寺いと**猛**・なれど」〈大鏡・道長・上〉

まうか【孟夏】[名]《「孟」は初めの意》夏の初め。初夏。陰暦四月。(季―夏)

まうきのふぼく【盲亀の浮木】出会うのが難しいことや、めったにない幸運にめぐり会うことのたとえ。大海に棲み百年に一度水面に浮かぶ盲目の亀が、浮木に出会いその穴に入ろうとするが、なかなかできないという法華経の話に由来する。

まう・く【設く・儲く】[他カ下二]{け・け・く・くる・くれ・けよ}

> **アプローチ**
> ▼将来の事態に備えて、それに応ずる準備をするというのが原義。
> ▼そこから、設置する、つくる、得る、手に入れるなどに意味が派生した。
> ▼名詞形は「まうけ」で、次の天皇として準備されている皇太子を「まうけの君」という。

❶**前もって用意する**。**準備する**。例「打出の浜に死にかへりていたりたれば、先立ちたりし人、舟に菰屋形引きて**設・けたり**」〈蜻蛉・中〉訳打出の浜に死んだようになってたどり着いたところ、先発をしていた人が、舟に菰屋形をつけて**用意して**いた。❷**作り構える**。**設置する**。例「かやうの方違へ所と思ひて、小さき家**設・けたりけり**」〈源氏・東屋〉訳このような方違え所と思って、小さい家を**作っておいた**のであった。❸(妻や子を)**得る**。**つくる**。例「年ごろ住みけるほどに、男、妻**設・けて**」〈大和・一五七〉訳長年住んでいたうちに、男が、(新しい)妻を**得て**。❹**思いがけず自分のものとなる**。**手に入れる**。例「三百貫の物を貧しき身に**設・けて**」〈徒然・六〇〉訳三百貫の銭を貧しい身に**手に入れて**。❺(「病をまうく」の形で)**病気にかかる**。例「この世には、過ち多く、財を失ひ、病を**設・く**」〈徒然・一七五〉訳この世には、過ちが多く、財産を失い、病**にかかる**。❻**待ち迎える**。例「誰を**設・け**んための座席やらん」〈太平記・三〉訳だれを**待ち迎える**ための座席であろうか。

〔注〕「やらん」は「にやあらん」に同じ。

まう・く【参来】[自カ変]{こ・き・く・くる・くれ・こ(こよ)}《「まゐく」の変化形》「来」の謙譲語。「(AがBのもとに)まうく」で、B(来る先)を高める。参上する。例「(天皇ハ兄猾・弟猾ノ二人ヲ召シタガ)時に兄猾**まう**・こず」〈紀・神武〉

まうけ【設け・儲け】[名]❶準備。用意。支度。例「よるのおましの**設け**せさせたまふ」〈伊勢・七八〉《敬語》「せさせたまふ」→「たまふ(四段)」。❷もてなし。饗応。**ごちそうの用意**。例「〔道中ノ〕ところどころに**まうけ**などして行きもやらず」〈更級〉❸食事。食物。例「紙の衾、麻の衣、一鉢のまうけ」〈徒然・五八〉

〔儲けの君〕《「儲君」の訓読語。次の天皇として用意されている皇子の意》皇太子。

まうけうま【儲け馬】[名]予備の馬。

まうご[・す]【妄語】[名・自サ変]《仏教語》❶《「妄語戒」の略》「五戒」または「十戒」のひとつ。うそをつくことを禁じた戒め。❷「五悪」または「十悪」のひとつ。うそをつくこと。

まうざう【妄想】[名]《仏教語》みだりな思い。邪念。例「すべて所願皆**妄想**なり」〈徒然・二四一〉

まうさく【申さく・白さく】《「まをさく」とも。動詞「申す」の名詞化したもの》「言うことには」の意の謙譲語。申し上げることには。例「男ども、仰せのことをうけたまはりて**申さく**」〈竹取・竜の頸の玉〉

まうさ・す【申さす】㊀[他サ下二]{せ・せ・す・する・すれ・せよ}《「まうす」で一語。㊁が一語化したもの》「言う」の意の謙譲語。「(AがBに)まうさす」で、B(言う相

手)を高める。申し上げる。例「『典侍あきたるに』と〔惟光ガ源氏ニ〕**まうさ・せ**たれば」〈源氏・少女〉 二《動詞「まうす」の未然形＋使役の助動詞「す」》「言わせる」の意で、「(人を通してAがBに)まうさす」のB(言う相手)を謙譲語「まうす」が高める。申し上げさせる。例「住吉にも、たひらかにて、いろいろの願はたし申すべきよし、御使ひして〔源氏八〕**まうさ・せ**たまふ」〈源氏・明石〉《敬語》「はたし申す」→「まうす」。 三 一 二の補助動詞の用法。一般に「まうさせたまふ」の形で使う。→「まうさせたまふ」

発展学習ファイル 「まうさす」は本来、謙譲語「まうす」に使役の助動詞「す」が付いたもので、「申し上げさせる」、つまり高貴な人に申し上げる場合に、直接ではなく「間に仲介者(侍女など)を通して申し上げさせる」意だったが、しだいに「まうさす」全体で「身分の高い人に申し上げる」という意味で(仲介者を通さずに直接申し上げる場合も含めて)使われるようになったと見られる。こうなると、「す」の使役の意味は薄れ、「す」が単に謙譲語「まうす」を強め、「まうさす」全体でひとつの謙譲語として働いていると見られることになる。これが一である。したがって、謙譲語「まうさす」は「まうす」よりも敬度が高く、かなり身分の高い人に申し上げる場合に使う。
　ただし、仲介者があり、使役の意味が明らかな場合は、謙譲語「まうす」＋使役の助動詞「す」と分析できる。これが本来の用法で、二である。

まうさせたま・ふ【申させ給ふ】(モウサセタマ(モ)ウ) 一《動詞「まうさす」(本動詞)の連用形＋補助動詞「たまふ」》「言う」の意の二方面敬語。「(AがBに)まうさせたまふ」で、尊敬語「たまふ」がA(主語)を、謙譲語「まうさす」がB(言う相手)を高める。**申し上げなさる。** 例「なほ、いとかたはならむと、〔アナタガ匂宮ニ〕**申させたま・へ**」〈源氏・浮舟〉 二《動詞「まうす」(本動詞)の未然形＋助動詞「す」の連用形＋補助動詞「たまふ」》❶《「せ」が尊敬の意を強める場合》「言う」の意の二方面敬語。「(AがBに)まうさせたまふ」で、尊敬語「せたまふ」がA(主語)を、謙譲語「まうす」がB(言う相手)を高める。**申し上げなさる。** 例「まづ東にむかはせ給ひて伊勢大神宮に御いとま**まうさせたま・ひ**」〈平家・一一・先帝身投〉《敬語》「むかはせ給ひて」→「せたまふ」。❷《「せ」が使役の意の場合》「言わせる」の意の二方面敬語。「(人を通してAがBに)まうさせたまふ」で、尊敬語「たまふ」がA(言わせる人)を、謙譲語「まうす」がB(言う相手)を高める。**申し上げさせなさる。** 例「うちやすみたると人々して〔柏木ハ父大臣ニ〕**申させたま・へ**ば」〈源氏・柏木〉 三《補助動詞「まうさす」の連用形＋補助動詞「たまふ」》「(AがBに)…まうさせたまふ」で、尊敬語「たまふ」がA(主語)を、謙譲語「まうさす」がB(行為の向かう先)を高める二方面敬語。**お(ご)…申し上げなさる。** 例「〔入道殿ガ花山院ヲ〕迎へ**申させたま・ひ**けるに」〈大鏡・伊尹〉 四《補助動詞「まうす」の未然形＋尊敬の助動詞「す」の連用形＋補助動詞「たまふ」》「(AがBに)…まうさせたまふ」で、尊敬語「せたまふ」がA(主語)を、謙譲語「まうす」がB(行為の向かう先)を高める二方面敬語。**お(ご)…申し上げなさる。** 例「〔帝ガ母上ニ〕かしこまり**申させたま・ふ**が、世に知らずいみじきに」〈能因本枕・はしたなきもの〉

発展学習ファイル **「まうさせたまふ」の識別**(本動詞の場合)…一と二①とは、どちらも「AがBに言う」ことをA・Bの両方を高めて述べる言い方で、「申し上げなさる」という現代語訳になる。その意味で、解釈上は一と二①を区別する意味はあまりないが、文法的には次のように区別して考えることができる。
(1)Aがきわめて身分の高い人(最高敬語にふさわしい人)の場合は二①。「せたまふ」はきわめて身分の高い人の行為に使うので、Aがそのような人の場合は、謙譲語「まうす」＋尊敬語「せたまふ」(さらに分解すれば尊敬の意を強める助動詞「す」＋尊敬の補助動詞「たまふ」)と見られる。
(2)AよりもBが身分が高い場合は一。「まうさす」はかなり身分の高い人に対して言う場合に使うので、Bがそのような人の場合は、謙譲語「まうさす」＋尊敬語「たまふ」と見られる。
　また、二②は、「Aが誰かを通してBに言わせる」ということを、A・Bの両方を高めて述べるもの。この場合は「申し上げさせなさる」と訳す。謙譲語「まうす」＋使役の助動詞「す」＋尊敬語「たまふ」である。
　補助動詞の場合の三と四の違いも、一と二①の違いと同様である。

まうさんや【申さんや】(モウサンヤ)《動詞「申す」の未然形＋推量の助動詞「ん(む)」の終止形＋係助詞「や」。「況んや」の謙譲語》いまさら取り立てて申すまでもなく。まして。例「たとひ卿相の位に昇るとも堅かるべしや。**申さんや**今の所望無下にたやすき事にあらずや」〈保元・上〉

まうし【申し】(モウシ) 一[名]申し上げること。申し願うこと。 二[感]呼びかけの語。もしもし。例「これ**申し**、とどめは、こなた様にさし給へ」〈浮・武道伝来記〉

まうし [助動ク型]{○・まうく・まうし・まうき・まうけれ・○}希望しない意を表す。**…のがつらい。…のがいやだ。** ↔まほし。例「もろともにをりし春のみ恋しくて一人見**まうき**花盛りかな」〈拾遺・雑春・一〇三九〉訳あなたといっしょにいて桜の花を折ったあの春のことばかりが恋しくて、あなたなしにひとりで見る**のがつらい**、この花の盛りであるよ。
〈接続〉動詞の未然形に付く。

発展学習ファイル 「まく(推量の助動詞「む」の名詞化したもの)」＋「憂し」＝「まくうし」から変化したものとも、対義語「まほし」からの類推によって生まれたものともいわれる。

まうしあきら・む【申し明らむ】(モウシアキラム)[他マ下二]{め・め・む・むる・むれ・めよ}《「申し」は言うの意の謙譲語》はっきりと申し上げる。申し上げて明らかにする。例「仏神にもこの御心ばせのありがたく罪軽きさまを**申しあきら・め**させたまふ」〈源氏・若菜・下〉

まうしあ・ぐ【申し上ぐ】(モウシアグ)[他ガ下二]{げ・げ・ぐ・ぐる・ぐれ・げよ}《「言ふ」の謙譲語》目上の相手にうやうやしくいう。言上する。↔仰せ下す。例「大臣殿へもこのやうを**申し上・げ**て候ふぞ」〈平家・七・篠原合戦〉

まうしあは・す【申し合はす】(モウシアワス)[他サ下二]{せ・せ・す・する・すれ・せよ}❶《「言ひ合はす」の謙譲語》ご相談申し上げる。例「判官、平大納言に**申しあは・せ**て」

〈平家・二・能登殿最期〉❷話し合って約束する。取り決める。例「さる方に**申し合は・せ**てつかはし侍る」〈浮・好色一代男〉

まうしあ・ふ【申し合ふ】[自ハ四]{は・ひ・ふ・ふ・へ・へ}《「言ひ合ふ」の謙譲語》(貴人の前で)互いに話す。口々に申し上げる。例「女房、『あなきたな、誰に取れとてか』など**申しあ・はれ**ければ」〈徒然・四八〉

まうしあやま・る【申し誤る】[他ラ四]{ら・り・る・る・れ・れ}《「言ひ誤る」の謙譲語》誤って申し上げる。例「ひとつも**申しあやま・り**侍らじ」〈徒然・一三六〉

まうしい・づ【申し出づ】[他ダ下二]{で・で・づ・づる・づれ・でよ}《「言ひ出づ」の謙譲語》口に出して申し上げる。例「もの馴れてえ**申し出・でず**」〈源氏・浮舟〉

まうしい・る【申し入る】[他ラ下二]{れ・れ・る・るる・るれ・れよ}《「言ひ入る」の謙譲語》外から中の人に申し上げる。例「まづ案内を**申し入・れられ**ければ」〈平家・三・少将乞請〉

まうしう【孟秋】[名]《「孟」は初めの意》秋の初め。初秋。陰暦七月。(季―秋)

まうしう・く【申し受く・申し請く】[他カ下二]{け・け・く・くる・くれ・けよ}《「申し」は言うの意の謙譲語》❶(許可を受けたいと)お願い申し上げる。例「義経が**申しう・くる**旨にまかせて」〈平家・三・判官都落〉❷お願いして受け取る。拝借する。例「大臣の大饗は、さるべき所を**申しう・け**て行ふ」〈徒然・一五六〉

まうしうけたまは・る【申し承る】[他ラ四]{ら・り・る・る・れ・れ}《「申し」は言うの意の、「承る」は聞くの意の謙譲語》お願いしてお話をうかがう。例「年来〔和歌ニツイテ〕**申し承・って**後」〈平家・七・忠度都落〉

《音便》「申し承っ」は「申し承り」の促音便。

まうしお・く【申し置く】[他カ四]{か・き・く・く・け・け}《「言ひ置く」の謙譲語》申し上げておく。前もって申し上げる。例「後生のことを**申しお・か**ばや」〈平家・二・重衡被斬〉

まうしおこな・ふ【申し行ふ】[他ハ四]{は・ひ・ふ・ふ・へ・へ}《「申し」は言うの意の謙譲語》❶進言する。例「和銅三年といふ年、天皇に**申し行・ひ**て」〈今昔・二・一四〉❷処置する。執行する。例「和歌の道をぞ**申しおこな・は**せ給ひける」〈増鏡・おどろのした〉

まうしかは・す【申し交はす】[他サ四]{さ・し・す・す・せ・せ}《「言ひ交はす」の謙譲語》お話し合い申し上げる。親しくお付き合い申し上げる。例「さまざまに心憎く**申し交は・し**給ふ」〈宇津保・楼の上・上〉

まうしか・ふ【申し替ふ】[他ハ下二]{へ・へ・ふ・ふる・ふれ・へよ}《「申し」は言うの意の謙譲語》申し出によって替える。願い出ることとひきかえにする。例「則綱が勲功の賞に**申しか・へ**てたすけ奉らん」〈平家・九・越中前司最期〉

まうしかへさ・ふ【申し返さふ】[他ハ四]{は・ひ・ふ・ふ・へ・へ}《謙譲の動詞「申し返す」の未然形＋上代の反復・継続の助動詞「ふ」》幾度も反論申し上げる。また、ご辞退申し上げ続ける。例「大臣も憎からぬさまに一言うち出で恨みたまはむに、とかく**申し返さ・ふ**ことえあらじかし」〈源氏・行幸〉

まうしかへ・す【申し返す】[他サ四]{さ・し・す・す・せ・せ}《「言ひ返す」の謙譲語》反論申し上げる。また、ご辞退申し上げる。例「〔源氏ニ譲位シタイトイウ帝ノ仰セニ、源氏ハ〕さらにあるまじきよしを**申し返・し**たまふ」〈源氏・薄雲〉

まうしき・る【申し切る】[他ラ四]{ら・り・る・る・れ・れ}《「言ひ切る」の謙譲語》きっぱりと申し上げる。断言する。例「『世の人の、物思はぬが言はむ事をいかが捕へ仰せ給ふ』と**申し切・りつ**」〈今昔・四・一二〉

まうしくだ・す【申し下す】[他サ四]{さ・し・す・す・せ・せ}《「申し」は言うの意の謙譲語》❶願い出て下げていただく。申し受ける。例「輦車の宣旨を**申し下・さむ**」〈宇津保・国譲・下〉❷願い出て下向していただく。申し出て来ていただく。例「貴族を一人、鎌倉へ**申し下・し**奉って」〈太平記・一〉

まうしごと【申し事・申し言】[名]❶申し上げる事柄。申し分。❷願い事。

まうしじゃう【申し状】[名]❶申し入れ。願い出。申し分。❷官庁や上位の人への上申書。

まうしたまは・る【申し賜る】[他ラ四]{ら・り・る・る・れ・れ}《「申し」は言うの意の、「賜る」はもらうの意の謙譲語》申し出て、いただく。例「〔国司職ハ〕近衛中将を捨てて**申し賜は・れ**りける司なれど」〈源氏・若紫〉

まうしたま・ふ【申し給ふ】❶《「まうし」が本動詞の場合》「言う」の意の二方面敬語。「(AがBに)まうしたまふ」で、尊敬語「たまふ」がA(言う人＝主語)を、謙譲語「まうす」がB(言う相手)を高める。申し上げなさる。例「〔内大臣ハ娘ノ雲居雁ニ〕よろづに**まうしたま・へ**ども、かひあるべきにもあらねば」〈源氏・少女〉❷《「まうし」が補助動詞の場合》(動詞の連用形に付いて)「(AがBに)…まうしたまふ」で、尊敬語「たまふ」がA(主語)を、謙譲語「まうす」がB(行為の向かう先)を高める。例「〔太政大臣ハ〕院の御言を昔より背き**まうしたま・は**ねば」〈源氏・若菜・上〉

まうしつかは・す【申し遣はす】[他サ四]{さ・し・す・す・せ・せ}《「言ひ遣る」のかしこまった表現》❶お伝え申し上げる。遠方に手紙などで申し上げる。例「ことのついでに**申しつかは・す**」〈右京大夫集〉❷目上の者からの命令を目下の者に伝える。いい送ってやる。例「討ち奉れと**申し遣は・し**たりければ」〈太平記・二七〉

まうしつぎ【申し次ぎ・申し継ぎ】[名]❶取り次いでお伝え申し上げること。また、その役。❷《「申し次ぎ衆」の略》室町幕府の職名。将軍に用件を取り次ぐ役。

まうしつ・く【申し付く】[他カ下二]{け・け・く・くる・くれ・けよ}《「言ひ付く」の謙譲語》❶お願いして預ける。例「暮れには、こなたざまにものしたまふべき人のさるべきに〔子供ヲ〕**申しつ・け**て」〈蜻蛉・中〉❷申し上げ慣れる。例「〔念仏ハ〕**申し付・け**て候ふ事なれば、怠る事候はず」〈今昔・一九・三七〉

まうしつ・ぐ【申し次ぐ・申し継ぐ】[他ガ四]{が・ぎ・ぐ・ぐ・げ・げ}《「言ひつぐ」の謙譲語》取り次いで申し上げる。取り次ぎを介して申し上げる。例「かしこにも、女房につけて**申しつ・が**せければ」〈蜻蛉・下〉

まうしつた・ふ【申し伝ふ】[他ハ下二]{へ・へ・ふ・ふる・ふれ・へよ}《「言ひ伝ふ」の謙譲語》お伝えする。取り次いで申し上げる。例「人々の御消息も〔源氏ニ〕

え申し伝・へたまはず」〈源氏・若菜・下〉

まうしな・す【申し做す・申し為す】(モウシナス)[他サ四]{さ・し・す・す・せ・せ}❶《「言ひなす」の謙譲語》いいつくろって申し上げる。あえて申し上げる。例「(右近ハ)御使ひの申すよりも、今すこしあわただしげに申しな・せば」〈源氏・東屋〉❷申請して、人を地位などに就ける。例「尚侍におのれを申しな・したまへ」〈源氏・行幸〉

まうしなほ・す【申し直す】(モウシナオス)[他サ四]{さ・し・す・す・せ・せ}《「言ひ直す」の謙譲語》よいようにとりなして申し上げる。例「御許も、これ、なほ、申し直・させ給へ」〈狭衣・一〉

まうしな・る【申し成る】(モウシナル)[他ラ四]{ら・り・る・る・れ・れ}《「言ひ成る」の謙譲語》申し上げているうちに話題がその方面になる。例「むかしおそろしかりけることどもなどに申しな・り給へるに」〈大鏡・道長・上〉

まうしの・ぶ【申し述ぶ】(モウシノブ)[他バ下二]{べ・べ・ぶ・ぶる・ぶれ・べよ}《「申し」は言うの意の謙譲語》お述べ申し上げる。ご説明申し上げる。例「事のありさま、また申し述・べなどしけり」〈今鏡・御法の師〉

まうしひら・く【申し開く】(モウシヒラク)[他カ四]{か・き・く・く・け・け}《「言ひ開く」の謙譲語》事情をご説明申し上げる。いいわけを申し上げる。例「誰の人か愚意の悲歎を申しひら・かむ」〈平家・一二・腰越〉

まうしふ【妄執】(モウシュウ)[名]《仏教語。「まうじふ」とも》心の迷いから事物へ執着すること。

まうしぶみ【申し文】(モウシブミ)[名]❶平安時代、叙位・任官・昇進などを朝廷へ申請した文書。❷朝廷へ上申する文書。

まうしむつ・ぶ【申し睦ぶ】(モウシムツブ)[自バ上二]{び・び・ぶ・ぶる・ぶれ・びよ}《「言ひ睦ぶ」の謙譲語》親しくお付き合いする。例「なまめきたる遁世の僧を、こじうとなりければ、常に申しむつ・びけり」〈徒然・八七〉

まうじゃ【亡者】(モウジャ)[名]《仏教語》死者。また、霊魂が成仏できずに冥途で迷っている者。

まうしや・る【申し遣る】(モウシヤル)[他ラ四]{ら・り・る・る・れ・れ}《「言ひ遣る」の謙譲語》❶手紙などでお伝え申し上げる。例「ながめあかして、つとめて申しや・る」〈右京大夫集〉❷ことばにして申し上げる。例「申しや・るかたなくうれしくさぶらふ」〈大鏡・師尹〉

まうしゅん【孟春】(モウシュン)[名]《「孟」は初めの意》春の初め。初春。陰暦正月。(季-春)

まうしん【妄心】(モウシン)[名]《仏教語》迷いのある心。煩悩にけがれた心。

まう・す【申す】(モウス)[他サ四][補動サ四]{さ・し・す・す・せ・せ}

> **アプローチ**
> ▼「言う」の意の謙譲語(㊀①②)が本来の用法。
> ▼「言う」の意が薄くなり、「…する」の意の謙譲語(㊀③)や謙譲の補助動詞(㊁)の用法ももつ。
> ▼行為の向かう先を高める謙譲語としての働きから、主語を低めることで聞き手に敬意を示す丁寧語に近い用法(㊀④)も生じた。

㊀[他サ四]❶「言う」の意の謙譲語。「(AがBに)まうす」で、B(言う相手)を高める。申し上げる。例「例のうるさき御心とは思へども、えさはまう・さで」〈源氏・夕顔〉訳例のやっかいな(色好みの)御心だとは思ったけれども、(惟光は源氏に)そのようには申し上げることができなくて。《副詞の呼応》「え」→「さはまうさで」

❷「言う」の意の謙譲語。「(AがBを…と)まうす」で、B(話題となる人)を高める。申し上げる。例「むかし、多賀幾子とまう・す女御おはしましけり」〈伊勢・七七〉訳昔、多賀幾子と(世の人が)申し上げる女御がいらっしゃった。《敬語》「おはしましけり」→「おはします」

❸「…する」の意の謙譲語。「(AがBに)まうす」で、B(する相手)を高める。文脈によっていろいろな意味になる。お(ご)…申し上げる。例「堀江より水脈引きしつつ御船さす賤男の伴は川の瀬まう・せ」〈万葉・一八・四〇六一〉訳堀江からずっと水先案内をして御船を進める身分の低い男連中は川の瀬を心してお進め申し上げろ。

❹「言う」の意の謙譲語だが、言う相手を高める働きを失い、単に主語を低めるもの。聞き手に対し丁重に述べ、聞き手への敬意を表すので、実際の働きは丁寧語に近い。申します。例「かの白く咲けるをなむ、夕顔とまう・しはべる」〈源氏・夕顔〉訳あの白く咲いているのを、夕顔と(世の人は)申します。《係結び》「なむ」→「まうしはべる㊡」。《敬語》「まうしはべる」→「はべり」

㊁[補動サ四]《動詞や動詞型活用の助動詞の連用形に付いて》「(AがBに)…まうす」で、B(行為の向かう先)を高める謙譲語。お(ご)…する。お(ご)…申し上げる。例「あはれにもうれしくも会ひまう・したるかな」〈大鏡・序〉訳感慨深くもうれしくも(あなたに)お会いしたことだなあ。

発展学習ファイル (1)漢文訓読の文章でおもに用いられ、かたく改まった男性的な語感をもつ語。
(2)女性の手による仮名文学作品では「まうす」はあまり用いられず、㊀①②としては「きこゆ」「きこえさす」が、㊁としては「きこゆ」「きこえさす」「たてまつる」「まゐらす」が用いられた。

まうぜい【猛勢】(モウゼイ)[名]荒々しく強い軍勢。

まうちきみ【公卿】(モウチキミ)[名]《「まうちぎみ」とも。「まへつきみ」のウ音便》「まへつきみ」に同じ。

まうちきみたち【諸公卿・諸大夫】(モウチキミタチ)[名]天皇の御前に伺候する臣たち。平安以降は、とくに五位を中心とした殿上人を指すことが多い。

まう・づ【参づ・詣づ】(モウズ)[自ダ下二]{で・で・づ・づる・づれ・でよ}

> **アプローチ**
> ▼「行く」「来る」の意の謙譲語。「(AがBのもとに)まうづ」で、B(行く先、来る先)を高める(①)。
> ▼とくに、Bが神仏の場合、「参詣する」の意(②)となる。

《「まゐづ」の変化形》❶「行く」「来く」の謙譲語。「(AがBのもとに)まうづ」で、B(行く先、来る先)を高める。参上する。例「かかるたよりを過ぐさず、かの宮にまう・でばや」〈源氏・椎本〉訳このような機会を逃さず、あちらの宮(＝八の宮)のもとに参上したいものだ。❷(神社・寺に)参詣する。お参りする。例「石山にをとどしまう・でたりしに」〈蜻蛉・下〉訳石山寺におととし参詣していたときに。

発展学習ファイル　平安以降では、「行く」「来」の謙譲語としては「まゐる」がおもに用いられ、「まうづ」は②の意で用いられることが多い。

まうであ・ふ【参で合ふ・詣で合ふ】〔自ハ四〕{は・ひ・ふ・ふ・へ・へ}寺や神社などに参って偶然会う。例「年ごろはうとうとしきやうにて過ぐしたまひしを、初瀬に詣であ・ひたまひて」〈源氏・手習〉

まうであり・く【参で歩く・詣で歩く】〔自カ四〕{か・き・く・く・け・け}(「まうで」は行くの意の謙譲語)(貴人の前に)参上するため出歩く。例「八の宮の姫君にも、御心ざし浅からで、いとしげう参で歩・きたまふ」〈源氏・紅梅〉

まうでかよ・ふ【参で通ふ・詣で通ふ】〔自ハ四〕{は・ひ・ふ・ふ・へ・へ}(「行き通ふ」の謙譲語)貴人の所に出入りする。頻繁に参上する。例「むげに知らぬ所よりは、親どもも参で通・ひしをと思ひて」〈源氏・蓬生〉

まうで・く【参で来・詣で来】〔自カ変〕{こ・き・く・くる・くれ・こ(こよ)}(「までく」とも。動詞「参づ」の連用形＋動詞「来」)❶「(ある場所に)来る」の意の謙譲語。「(AがBに)まうでく」で、B(その場所および場所の主)を高める。参上する。うかがう。例「小野房守まうでき・て」〈竹取・火鼠の皮衣〉❷「来る」の意の謙譲語だが、参上する先を高める働きを失い、ただ主語を低めるもの。聞き手に対し丁重に述べ敬意を表す効果をもつので、実際の働きは丁寧語に近い。参ります。例「桜の花の咲けりけるを〔私ノ家ニ〕見にまうでき・たりける人に」〈古今・春上・六七詞書〉

発展学習ファイル　(1)②の例文で、敬意をうける聞き手は天皇である。『古今和歌集』などの勅撰集は天皇に奏上するものなので、詞書は天皇を聞き手として書かれている。(2)おもに平安時代に用いられた語。本来の用法は①であったと考えられるが、ほとんどが会話・手紙や勅撰集の詞書で用いられており、②の用法が主流となっている。「行く」の意を丁重に言う「まかる」と対になる語である。→まかる

まうでこ・む【参で込む・詣で籠む】〔自マ四〕{ま・み・む・む・め・め}参拝のため混雑する。例「〔御堂八〕いとさわがしく、人詣でこ・みてののしる」〈源氏・玉鬘〉

まうでつ・く【詣で着く】〔自カ四〕{か・き・く・く・け・け}(「行き着く」の謙譲語)参って到着する。＝まで着く。例「その夜御寺に詣で着・きぬ」〈更級〉

まうでとぶら・ふ【詣で訪ふ】〔他ハ四〕{は・ひ・ふ・ふ・へ・へ}(「訪ふ」の謙譲語)訪ねる。うかがう。また、お見舞いに参上する。例「国の司まうでとぶら・ふにも」〈竹取・竜の頸の玉〉

まうと【真人】一〔名〕(「まひと」のウ音便)貴人。また、人の敬称。お方。二〔代名〕(対称の人称代名詞)目下を呼ぶ語。お前。

まうとう【孟冬】〔名〕(「孟」は初めの意)冬の初め。初冬。陰暦十月。(季－冬)

まうねん【妄念】〔名〕(仏教語)迷いのある心。

まうのぼ・る【参上る】〔自ラ四〕{ら・り・る・る・れ・れ}(「まゐのぼる」のウ音便。「行く」の謙譲語)(貴人のもとに)参上する。参る。例「夜更けてなん上に参上・りたまひける」〈源氏・竹河〉

まうぼ・る〔他ラ四〕{ら・り・る・る・れ・れ}(「まほる」「まうほる」とも。「食ふ」の尊敬語)召し上がる。例「まうぼ・る物、日に橘一つ」〈宇津保・藤原の君〉

まうりゃう【罔両】〔名〕影のまわりに生じるぼんやりした影。また、影法師。

まうりゃう【魍魎】〔名〕山や川、木や石などに宿る精霊。人を害するという妖鬼。

まえつきみ【公卿】歴史的かなづかい「まへつきみ」

まえん【魔縁】〔名〕(仏教語)仏道修行・勉学などを妨げる悪魔。

まおす【申す・白す】歴史的かなづかい「まをす」

まか【摩訶】〔名〕(仏教語。梵語の音訳)偉大であること。すぐれていること。

まが【禍】〔名〕悪いこと。災い。

まかい【真櫂】〔名〕(「ま」は接頭語)「櫂」の美称。一説に、舟の両側に備わった櫂ともいう。

まかい【魔界】〔名〕(仏教語)悪魔の住む世界。また、そこにいる悪魔。＝魔道

まがう【紛う】歴史的かなづかい「まがふ」

まがき【籬】〔名〕❶(「ませ」とも)柴や竹で、目を粗く作った垣根。籬垣。❷江戸時代の遊郭で、入り口の土間と見世を区切る格子戸。

まがきのしま【籬の島】〔歌枕〕陸奥国の島。いまの宮城県塩竈市の松島湾にある。「籬」をかけ、「松」を景物する。わびしいイメージで詠まれる。

まかげ【目陰・目蔭】〔名〕❶(遠方を見るときなどに)光をさえぎるため、手のひらを目の上にかざすこと。❷疑わしげなまなざし。

まがこと〔名〕一【禍言・悪言】不吉なことば。二【禍事・悪事】不吉な事。災い。↔善事

まかごや【真鹿児矢】〔名〕(「ま」は接頭語)語義未詳。古代、鹿や猪などの大きな獣を「まかごゆみ」で射るために用いた矢か。

まかごゆみ【真鹿児弓】〔名〕(「ま」は接頭語)古代、鹿など大きな獣を射るのに用いた弓。

まかしくゎん【摩訶止観】〔作品名〕中国隋代の仏教書。天台宗の根本教典。天台智顗述。五九七年ごろ成立。止観について説き、その方法のひとつとして座禅にも触れる。＝止観②

まか・す【引す】〔他サ下二〕{せ・せ・す・する・すれ・せよ}水を引く。例「亀山殿の御池に、大井川の水をまか・せられんとて」〈徒然・五一〉

まか・す【任す・委す】〔他サ下二〕{せ・せ・す・する・すれ・せよ}❶(相手の)自由にさせる。例「われは出でなむ。きんぢにまか・す」〈蜻蛉・中〉❷(成り行きに)まかせる。ゆだねる。例「船の行くにまか・せて、海に漂ひて」〈竹取・蓬莱の玉の枝〉❸(多く「心にまかす」の形で)思いどおりにする。また、思いどおりにさせる。例「木の道の匠のよろづの物を心にまか・せて作り出だすも」〈源氏・帚木〉❹(他の行動や、規則などに)応じる。従う。例「故院の御遺誡に任・せ

ま

て」〈平家・二・教訓状〉

まかず【罷ず】歴史的かなづかい「まかづ」

まかせは・つ【任せ果つ】[自タ下二]{て・て・つ・つる・つれ・てよ}すっかりゆだねる。任せきる。例「飽かぬ心に**まかせは・てて**む」〈古今・賀・三五〉

まかだち【侍女・侍婢・従婢】[名]（「まかたち」とも）貴人に仕える女性。腰元。

まがたま【曲玉・勾玉】[名]上代の装身具のひとつ。翡翠・水晶・瑪瑙などの石や純金・ガラス・粘土で巴形に作った玉。穴をあけ、ひもを通して、首飾りや襟飾りにした。

まかぢ【真楫】[名]（「ま」は接頭語）「楫」の美称。一説に、舟の左右に備わった櫂とも。〔**真楫繁貫く**〕船の左右に「楫」をたくさんとり付ける。

まか・つ【目勝つ】[自タ四]{た・ち・つ・つ・て・て}相手を恐れずにらみつける。例「皆**目勝・ちて**相問ふこと得ず」〈紀・神代・下〉

まか・づ【罷づ】{で・で・づ・づる・づれ・でよ}[自ダ下二][他ダ下二]

アプローチ
▼本来、「（ある場所から）出る、行く、来る」の意で、退出する場所およびその場所の主を高める謙譲語（〖一〗①）で、その場所から物を下げる場合に用いて「お下げする」となるのが〖二〗である。
▼「（ある場所に）行く、来る」「贈る、渡す」の意の謙譲語「まゐる」と対になる語。
▼退出するところを高める謙譲語の用法から、単に主語を低めることで聞き手に対して敬意を示す丁寧語に近い用法（〖一〗②）が生じた。

（動詞「罷る」＋動詞「出づ」＝「まかりいづ」の変化形）〖一〗[自ダ下二]❶「（ある場所から）出る、行く、来る」の意の謙譲語。「（AがBから）まかづ」で、B（その場所および場所の主）を高める。**おいとま申し上げる。退出させていただく。失礼申し上げる。**例「御息所、はかなき心地にわづらひて、**まか・で**なんとしたまふを」〈源氏・桐壺〉訳御息所は、なんということもない病気にかかって、（宮中を）**退出申し上げ**てしまおうとなさるけれども。

❷「出る」「行く」の意の謙譲語だが、退出するところを高める働きを失い、ただ主語を低めるだけのもの。聞き手に対し丁重に述べ、聞き手への敬意を示すので、実際の働きは丁寧語に近い。**出て参ります。参ります。**例「老いかがまりて室の外にも**まか・でず**」〈源氏・若紫〉訳老いて腰も曲がって、僧坊の外にも**参りません。**

〖二〗[他ダ下二]「（貴人のもとから物を）下げる」の意の謙譲語。「（AがBから）まかづ」でB（その場所および場所の主）を高める。**お下げする。お下げ申し上げる。**例「つとめて、この箱を**まか・で**させたまへる」〈源氏・葵〉訳翌朝、（源氏が紫の上のもとから）この箱を**お下げ申し上げ**させなさった。

（敬語）「まかでさせたまへる」→「たまふ（四段）」

発展学習ファイル 平安以降、用いられた語。〖一〗②の用例は少なく、その意味でおもに用いられたのは「まかる」である。→「まかる」

まがつひ【禍津日】[名]（「つ」は上代の格助詞）災難・凶事などを引き起こす神。

まかでおんじゃう【罷出音声】[名]「節会」などで、舞楽が終わり、楽人が退出するときに演奏する音楽。また、その演奏。↔参り音声

まがな【真鉋】[名]（「ま」は接頭語。「まがんな」の撥音無表記）上代の鉋のひとつ。刃は槍の先のような形で、柄を付けたもの。

まかな・し【真愛し】[形シク]{しから・しく(しかり)・し・しき(しかる)・しけれ・しかれ}（「ま」は接頭語）いとしい。かわいい。いじらしい。例「置きて行かば妹は**まかな・し**」〈万葉・一四・三五六七〉

まかなひ【賄ひ】[名]❶食事や宴会の準備をすること。また、その人。❷貴人の食事の世話など、身の回りの雑事をすること。また、その人。❸やりくり。

まかな・ふ【賄ふ】[他ハ四]{は・ひ・ふ・ふ・へ・へ}❶用意する。準備を整える。支度する。例「御硯などまかな・ひて責めきこゆれば、しぶしぶに書いたまふ」〈源氏・柏木〉❷酒食を用意する。酒食を整えて出す。例「自らとかく**賄・はせ給ひて**」〈狭衣・一〉

まかなもち【真鉋持ち】[枕詞]（鉋で弓を削る意から）地名「弓削」にかかる。例「**ま鉋持ち**弓削の川原の」〈万葉・七・一三八五〉

まかね【真金】[名]（「ま」は接頭語。「まがね」とも）鉄。

まかねふく【真金吹く】[枕詞]（「まがねふく」とも。「吹く」は精錬する意）砂鉄を含む赤土である「丹生」に、また、鉄の産地である「吉備」にかかる。

〔和歌〕**まがねふく…**【真金ふく吉備の中山帯にせる細谷川の音のさやけさ】〈古今・神遊びの歌・一〇八二〉訳（まがねふく）鉄を精錬する吉備の中山が帯のようにめぐらしているこの細谷川の流れる音の、なんとすがすがしいことか。

〈参考〉「真金ふく」は「吉備」の枕詞。「細谷川」は、吉備津神社境内を流れる川。

まかは【眼皮・目皮】[名]まぶた。

まがは・し【紛はし】[形シク]{しから・しく(しかり)・し・しき(しかる)・しけれ・しかれ}「まぎらはし②」に同じ。

まがひ【紛ひ】[名]❶入り乱れて見分けられないこと。❷見間違えるほど似せてあること。偽物。

まが・ふ【紛ふ】〖一〗[自ハ四]{は・ひ・ふ・ふ・へ・へ}❶**混じり合う。入り乱れる。**例「山桜散りてみ雪に**紛・ひなば**」〈新古今・春下・一〇七〉❷**入り乱れて見分けがつかなくなる。はっきりしなくなる。**例「春山の嵐の風に朝まだき散りて**紛・ふ**は花か雪かも」〈平中・七〉❸**見分けがつかないほど似ている。似ていて間違えられる。**例「波とのみひとつに聞けど色見れば雪と花とに**まが・ひ**けるかな」〈土佐〉〖二〗[他ハ下二]{へ・へ・ふ・ふる・ふれ・へよ}❶**混じり合わせる。入り乱れさせる。区別がつかないようにさせる。**例「いかにせむ室の八島に宿もがな恋の煙を空に**紛・へん**」〈千載・恋一・七〇三〉❷**似ていて間違える。**例「盛りに咲ける梅の花残れる雪を**まが・へ**つるかも」〈万葉・八・一六四〇〉

まかぶら【眶】[名]「まなかぶら」に同じ。

まがまが・し【禍禍し】[形シク]{しから・しく(しかり)・し・しき(しかる)・しけれ・しかれ}❶縁起が悪い。忌まわしい。例「人をのろひ、

まがまが・しくいふもある」〈枕・ころは、正月、三月〉❷憎たらしい。いまいましい。例「おのれはまがまが・しかりける心持ちたる者かな」〈宇治拾遺・二・七〉

まかまんじゅしゃけ【摩訶曼殊沙華】［名］《仏教語。梵語の音訳》「四華」のひとつ。天上に咲くという大きな赤い蓮の花。

まかまんだらけ【摩訶曼陀羅華】［名］《仏教語。梵語の音訳》「四華」のひとつ。天上に咲くという大きな白い蓮の花。

まかみ【真神】［名］オオカミの別称。

まかみのはら【真神の原・真髪の原】［地名］大和国の地名。いまの奈良県高市郡明日香村の飛鳥寺の南方一帯の古称。甘樫丘陵の東、飛鳥川に沿った南北の平野を指す。

まがよ・ふ【紛よふ】［自ハ四］{は・ひ・ふ・ふ・へ・へ}入り交じって区別がつかなくなる。はっきりしないようすである。例「月にまがよ・ふ白菊の花」〈山家集・上〉

まかり【罷り】［名］❶いとまごい。辞去。❷お下がり。下げた膳部。

まがり【鋺】［名］水・酒などを飲むのに用いる器。一説に、柄杓とも。

まがり【糫】［名］「糫餅」の略。

まかりあか・る【罷り散る】［自ラ下二］{れ・れ・る・るる・るれ・れよ}《「散る」の謙譲語》退出して散って行く。散り散りに退出する。例「これかれまかりあか・るる所にて思ひめぐらせば」〈源氏・帚木〉

まかりあ・ふ【罷り逢ふ・罷り合ふ】［自ハ四］{は・ひ・ふ・ふ・へ・へ}《「逢ふ」「合ふ」の謙譲語》❶お会いする。お顔を合わせる。例「世ののしる大法会ならぬには、まかりあ・ふこともなかりしに」〈大鏡・道長・下〉❷対抗する。立ち向かう。例「いかにも我が身をばなきになしてまかりあ・へば」〈宇治拾遺・三・一九〉

まかりあり・く【罷り歩く】［自カ四］{か・き・く・く・け・け}《「歩く」の謙譲語》歩き回ります。例「一京まかり歩・きしかども」〈大鏡・道長・下〉

まかりい・づ【罷り出づ】［自ダ下二］{で・で・づ・づる・づれ・でよ}《「出づ」の謙譲語》❶（貴人のもとから）退出する。例「梅壺より雨にぬれて人のまかりい・づるを見て」〈伊勢・一三二〉❷（貴人のもとへ）参上する。例「早く罷り出・でよ。出でずは射殺してむ」〈今昔・二四・一四〉

まかりい・る【罷り入る】［自ラ四］{ら・り・る・る・れ・れ}《「入る」の謙譲語》入る。例「たまたまこの道にまかり入・りにければ」〈枕・大進生昌が家に〉

まかりう・す【罷り失す】［自サ下二］{せ・せ・す・する・すれ・せよ}《「失す」の謙譲語》（貴人の前から）姿を消す。例「人ひとりの御身にかへたてまつりていづちもいづちもまかり失・せなむに咎あるまじ」〈源氏・玉鬘〉

まかりお・る【罷り下る・罷り降る】［自ラ上二］{り・り・る・るる・るれ・りよ}《「下る」「降る」の謙譲語》退出する。下る。下向する。例「（坂本へ）まかり降・りむこと、今日明日は障りはべる」〈源氏・夢浮橋〉

まかりかく・る【罷り隠る】［自ラ下二］{れ・れ・る・るる・るれ・れよ}《「隠る」の謙譲語》❶見つからないようにする。身をひそめる。例「『そ（＝主人ノ参上）を待ちて必ず殺し奉れ』と、この殿の上の仰せられつれば、罷り隠・れて候ひつるに」〈今昔・二四・一四〉❷亡くなる。また、出家する。例「まれまれよろしかりし（子供）は、はかなくまかり隠・れにしか」〈宇津保・蔵開・上〉

まかりかへ・る【罷り帰る】［自ラ四］{ら・り・る・る・れ・れ}《「帰る」の謙譲語》退去する。帰る。例「まかり帰・らむこともかたかるべきここちしける」〈蜻蛉・中〉

まかりかよ・ふ【罷り通ふ】［自ハ四］{は・ひ・ふ・ふ・へ・へ}《「通ふ」の謙譲語》通っております。例「あやしき山里に、年ごろまかり通・ひ見たまへしを」〈源氏・手習〉

まかりくだ・る【罷り下る】［自ラ四］{ら・り・る・る・れ・れ}《「下る」の謙譲語》下向する。都から地方へ参る。例「今は、国のこともはべり、まかり下・りぬべし」〈源氏・夕霧〉

まかりこも・る【罷り籠る】［自ラ四］{ら・り・る・る・れ・れ}《「籠る」の謙譲語》身をひそめて出ないようにする。隠れる。例「この山にまかり籠・りにしこと、五歳よりなり」〈宇津保・俊蔭〉

まかりす・ぐ【罷り過ぐ】［自ガ上二］{ぎ・ぎ・ぐ・ぐる・ぐれ・ぎよ}《「過ぐ」の謙譲語》❶通り過ぎる。すれ違う。寄らずに行き過ぎる。例「一日まかり過・ぎしかしこまりなど申す」〈源氏・関屋〉❷時間がたつ。例「いとかしこき仰せなりと、心の底に思い給ひてなむ、まかりす・ぎ侍る」〈今鏡・花の山〉

まかりた・つ【罷り立つ】［自タ四］{た・ち・つ・つ・て・て}《「立つ」の謙譲語》席を立って退出する。出発する。例「まかり立・ちなむ。今しばしも候はば、また聞こえ過ぐしもし侍りなん」〈宇津保・蔵開・上〉

まかりぢ【罷り道・罷り路】［名］死者が通る、冥途への道。また、葬送の道。

まかりつ・く【罷り着く】［自カ四］{か・き・く・く・け・け}《「着く」の謙譲語》到着する。着座する。例「父おとど、『はやまかり着・け』とのたまふ」〈宇津保・蔵開・上〉

まかりとぶら・ふ【罷り訪ふ】［他ハ四］{は・ひ・ふ・ふ・へ・へ}《「訪ふ」の謙譲語》訪ねる。うかがう。例「宮仕へすとて、時々もえまかり訪・はず侍りければ」〈古今・雑上・九〇〇詞書〉

まかりとま・る【罷り止まる】［自ラ四］{ら・り・る・る・れ・れ}《「止まる」の謙譲語》停止する。立ち止まる。そのままとどまる。例「まかでにしままに、やがてまかりとま・りにしかば」〈宇津保・蔵開・下〉

まかりとま・る【罷り泊まる】［自ラ四］{ら・り・る・る・れ・れ}《「泊まる」の謙譲語》宿泊する。例「大納言の家にまかりとま・らむとするに」〈源氏・帚木〉

まかりな・る【罷り成る】［自ラ四］{ら・り・る・る・れ・れ}《「成る」の謙譲語》（ある状態に）なる。例「事大きに罷り成・りて公に奏せられなどして」〈今昔・一九・三三〉

まかりな・る【罷り馴る】［自ラ下二］{れ・れ・る・るる・るれ・れよ}《「罷り」は行くの意の謙譲語》何度も行って馴れる。通ってなじむ。例「（女ノトコロニ）しばしばまかり馴・るるにはすこしまばゆく」〈源氏・帚木〉

まかりに・ぐ【罷り逃ぐ】［自ガ下二］{げ・げ・ぐ・ぐる・ぐれ・げよ}《「逃ぐ」の謙譲語》逃げる。退散する。例「いと恐ろしくて、まかり逃・げぬべく」〈宇津保・国譲・中〉

まかりのぼ・る【罷り登る・罷り上る】［自ラ四］{ら・り・る・る・れ・れ}《「登る」「上る」の謙譲語》❶高い所へ行く。のぼる。例「昨日、山へまかり登・りにけり」〈源氏・夕顔〉❷京の方向へ行く。上京する。例「いと遥かなるほどよりまかり上・りては」〈源氏・須磨〉

まかりはな・る【罷り離る】［自ラ下二］{れ・れ・る・るる・るれ・れよ}

《「離る」の謙譲語》離別する。退去する。例「草の庵(いほり)まかり離・れて」〈源氏・若菜・上〉

まかりまうし【罷り申し】(マカリモウシ)［名］地方官が赴任するとき、参内していとまごいをすること。のちには一般に、貴人にいとまごいをすること。

まかりまう・す【罷り申す】(マカリモウス)［自サ四］{さ・し・す・す・せ・せ}《謙譲語》(貴人に)いとまごいを申し上げる。また、赴任のあいさつを申し上げる。例「暁(あかつき)出(い)で立つとて、**まかり申・しければ**」〈古今・離別・三七七詞書〉

まかりむか・ふ【罷り向かふ】(マカリムカ(コ)ウ)［自ハ四］{は・ひ・ふ・ふ・へ・へ}《「行き向かふ」の謙譲語》出向く。赴く。例「(母ガ病ト)告げに、人のまうで来(き)たりしかば、**まかりむか・ひたりしに**」〈源氏・夢浮橋〉

まがりもちひ【糫餅】(マガリモチイ)［名］菓子の一種。米や麦の粉にあめを混ぜ、細くしたものを曲げて輪のようにして揚げたもの。＝糫

まかりよ・る【罷り寄る】［自ラ四］{ら・り・る・る・れ・れ}《「寄る」の謙譲語》❶立ち寄る。例「『この蔵ばかりは、物ども侍(はべ)らむ』とて、**まかり寄・る**者は」〈宇津保・蔵開・上〉❷(年齢などを)多く重ねる。例「年**まかりよ・り**て、風重くなりて」〈宇治拾遺・一二・七〉

まかりわた・る【罷り渡る】［自ラ四］{ら・り・る・る・れ・れ}《「渡る」の謙譲語》移動する。移転する。参る。例「三条に**まかり渡・りて**」〈宇津保・国譲・上〉

まか・る【罷る】［自ラ四］{ら・り・る・る・れ・れ}

アプローチ
▼本来、「(ある場所から)出る、行く」の意で、退出する場所およびその場所の主を高める謙譲語(①)。
▼その「場所」が「この世」である場合が③。
▼退出するところを高める謙譲語の用法から、単に主語を低めることで聞き手に対して敬意を表す丁寧語に近い用法(④)が生じた。
▼「来(く)」を丁重に述べる「まうでく」に対応する語。

❶「(ある場所から)出る、行く」の意の謙譲語。「(AがBから)まかる」で、B(その場所および場所の主)を高める。**おいとま申し上げる。退出させていただく。失礼申し上げる。** 例「うけたまはりて、**まか・れり**」〈竹取・かぐや姫の昇天〉訳(中臣(なかとみ)のふさ子は帝(みかど)のご命令を)うけたまわって、(帝のもとを)**退出申し上げ**(かぐや姫のもとへ向かっ)た。《敬語》「うけたまはりて」→「うけたまはる」。

❷(都から地方に)**下る。** 例「我が背子(せこ)しけだし**まか・らば**しろたへの袖(そで)を振らさね見つつ偲(しの)はむ」〈万葉・一五・三七二五〉訳あなたが万一(都から地方に)**下る**ならば、(しろたへの)袖をお振りになってほしい。(それを)見続けて恋い慕いましょう。〔注〕「しろたへの」は「袖」の枕詞。

❸「(この世を)去る」「死ぬ」の意の謙譲語。本来は、この世に残される人に対して、あの世へ失礼するという気持ちであったろう。例「妾(やっこ)**まか・る**といふとも、敢(あ)へて天皇(すめらみこと)の恩(みうつくしび)をのみ忘れじ」〈紀・垂仁〉訳私が(天皇のいらっしゃるこの世を)**失礼申し上げて**も、決して天皇の御恩だけは忘れますまい。

❹「行く」意の謙譲語だが、退出するところを高める働きを失い、ただ主語を低めるもの。聞き手に対して丁重に述べ、聞き手への敬意を表すので、実際の働きは丁寧語に近い。**参ります。** 例「いときなきよりなづさひし者のいまはのきざみにつらしとや思はんと思うたまへて、**まか・れりしに**」〈源氏・夕顔〉訳(私が)幼いころから慣れ親しんだ者が臨終のときに(私が見舞いに来ないとは)思いやりがないと思うだろうかと存じまして、(見舞いに)**参りました**折に。《係結び》「や↓思はん(体)」。《音便》「思う」は「思ひ」のウ音便。《敬語》「思うたまへて」→「たまふ(下二段)」

❺連用形「まかり」の形で動詞の上に付いて、謙譲語を作る。先方を高める働きをとどめている場合と、単に主語を低めて聞き手に対する敬意を表すだけの(丁寧語に近い)場合とがある。また、「行く」意をとどめている場合と失っている場合とがある。**…ます。** 例「琴笛などして遊び、物語などしはべりけるほどに、夜ふけにければ、**まか・りとまりて**」〈後撰・春下・一二八詞書〉訳琴、笛などを奏して遊び、話などをしておりましたあいだに、夜が更けてしまったので、泊まり**まして**。

発展学習ファイル (1)⑤の例文で、敬意をうける聞き手は天皇である。『後撰和歌集(ごせんわかしゅう)』などの勅撰集は天皇に奏上するものなので、詞書は天皇を聞き手として書かれている。
(2)平安時代には、会話・手紙や勅撰集の詞書に用いられ、聞き手に対し丁重に述べる丁寧語に近い謙譲語(④⑤)の用法を主とした。平安時代、①の意でおもに用いられたのは「**まかづ**」である。→「まかづ」

-まき【巻】［接尾］❶巻物や巻いてあるものを数える語。❷巻物の区分を表す語。

まき【牧】［名］(「むまき」とも)牧場。

まき【巻】［名］書画の巻物。また、その中の区分。

まき【真木・槙】［名］(「ま」は接頭語)立派な木。杉やヒノキなど、良質の木材となる木の総称。

〔**真木(まき)立(た)つ山(やま)・槙(まき)立(た)つ山(やま)**〕杉や檜(ひのき)などが生い茂っている山。

〔**真木(まき)の嬬手(つまで)**〕杉や檜(ひのき)などの荒けずりの角材。一説に、檜の丸太ともいう。

〔**真木(まき)の戸(と)**〕立派な木の戸。＝真木の戸口。例「げにやげに冬の夜(よ)ならぬ**真木の戸**もおそくあくるはわびしかりけり」〈蜻蛉・上〉訳→〔和歌〕げにやげに…

発展学習ファイル 多くは和歌に用いられる。その場合、男が、女の屋敷の閉ざされた「真木の戸」を、心を開かない女のつれなさにかけて詠む。

〔**真木(まき)の戸口(とぐち)**〕「まきのと」に同じ。

まぎ【間木】［名］(「まき」とも)長押(なげし)の上に設けられた棚。

まきあ・ぐ【巻き上ぐ】［他ガ下二］{げ・げ・ぐ・ぐる・ぐれ・げよ}巻いて上にあげる。

まきあげのふで【巻き上げの筆】［名］軸を糸で美しく巻いた筆。

まきえい【巻き纓】［名］「けんえい」に同じ。

まきがり【巻き狩り】［名］狩猟法のひとつ。獲物を四方から取り囲んで、中に追い詰めて捕らえること。

まきさく【真木割く】［枕詞］(「真木」を割くには「ひ(割れ目)」を入れることから)同音の「日」「檜(ひ)」にかか

る。例「真木さく檜のつまでを」〈万葉・一・五〇長歌〉

まきぞめ【巻き染め】[名]絞り染めの一種。布を固く巻いた上にさらに糸をくくって染め、白い模様を残す染め方。また、その模様。

まぎとほ・る【覓ぎ通る】[自ラ四]{ら・り・る・る・れ・れ}探し求めながら通る。例「笠沙の御前を**まき通・り**て」〈記・上〉

まき・ぬ【枕き寝・纏き寝】[他ナ下二]{ね・ね・ぬ・ぬる・ぬれ・ねよ}互いの腕を枕にして寝る。共寝をする。例「今更に君が手枕**まき・寝**めや」〈万葉・一一・二六一一〉

まきはしら【真木柱】一[名]《「まきばしら」とも》杉や檜で作った、太くて立派な柱。＝真木柱。二[枕詞](一が太いことから)「太し」にかかる。例「**真木柱**太き心はありしかど」〈万葉・二・一九〇〉

まきばしら【真木柱】[作品名]『源氏物語』の三十一番目の巻名。

まきほ・す【枕干す】[他サ四]{さ・し・す・す・せ・せ}(涙に)ぬれた袖を枕にしていっしょに寝て乾かす。例「白たへの袖**まきほ・さ**む人もあらなくに」〈万葉・一〇・二三二一〉

まきむく【巻向・纏向】[歌枕]《「まきもく」とも》大和国の地名。いまの奈良県桜井市穴師を中心とした一帯。垂仁天皇の珠城の宮、景行天皇の日代の宮があった。

〔和歌〕**まきむくの…**【巻向の檜原もいまだ雲居ねば小松が末ゆ沫雪流る】〈万葉・一〇・二三一四・柿本人麻呂歌集〉訳巻向山のヒノキの茂った原にもまだ雲もかかっていないのに、松の梢からあわ雪が流れてくる。

まきむくやま【巻向山・纏向山】[歌枕]《「まきもくやま」とも》大和国、いまの奈良県桜井市三輪の東北にある山。「巻向」の地の東にある山。三輪山・穴師の山・弓月が嶽などを含めていう。

まきめ【巻き目】[名]紙などを巻きたたんだときにつく折り目。一説に、巻き終わりの、端の部分とも。

まきも・つ【纏き持つ・巻き持つ】[他タ四]{た・ち・つ・つ・て・て}手に巻きつけて持つ。例「玉ならば手に**巻き持・ち**て」〈万葉・二・一五〇長歌〉

まきもの【巻物】[名]❶書画などを横長に表装して、軸に巻いたもの。主として高級品。↔草子。❷折りたたまず軸に巻いた反物。

まぎらはし【紛らはし】[名]❶ごまかすこと。取り繕うこと。❷気持ちをまぎらわすこと。

まぎらは・し【紛らはし】[形シク]{しから・しく(しかり)・し・しき(しかる)・しけれ・しかれ}❶《上代は、「まきらはし」とも》まぶしい。例「朝日さし**まきらは・し**もな」〈万葉・一四・三四〇七〉❷区別がつかない。まぎれやすい。＝紛はし。❸とりまぎれている。雑事で忙しい。例「その後は、何となく**まぎらは・しき**に、物語のこともうち絶え忘られて」〈更級〉

まぎらはしどころ【紛らはし所】[名]退屈をまぎらわす所。

まぎらは・す【紛らはす】[他サ四]{さ・し・す・す・せ・せ}❶**区別をつけにくくする。**例「紫の紙に、墨つき濃く薄く**紛らは・して**」〈源氏・明石〉❷(都合の悪いことを)**ごまかす。取り繕う。**例「中納言の君**紛らは・して**入れたてまつる」〈源氏・賢木〉《敬語》「入れたてまつる」→「たてまつる」。❸**気持ちをまぎらわせる。気持ちをそらせる。**例「西国のおもしろき浦々、磯の上を言ひ続くるもありて、よろづに**紛らは・しきこゆ**」〈源氏・若紫〉《敬語》「紛らはしきこゆ」→「きこゆ」

まぎ・る【紛る】[自ラ下二]{れ・れ・る・るる・るれ・れよ}❶**ほかの物に混じって見分けがつかなくなる。混じり合う。**例「月隈なう澄みわたりて、霧にも**紛・れ**ずさし入りたり」〈源氏・夕霧〉《音便》「隈なう」は「隈なく」のウ音便。❷**ほかの物に混じって姿を隠しながら行動する。ほかの物で姿を隠す。**例「夕暮れのいたう霞みたるに**紛・れ**て、かの小柴垣のもとに立ち出でたまふ」〈源氏・若紫〉《音便》「いたう」は「いたく」のウ音便。❸**ほかの物事に心が移ってうやむやになる。取り紛れる。**例「天下の、人々流るるとののしること出で来て、**紛・れ**にけり」〈蜻蛉・中〉❹**ほかの物事に心が移って悩みや痛みなどがなくなる。気が紛れる。**例「とかくもの言ひなどするにぞ、少し**紛・れ**たる」〈蜻蛉・中〉❺**ほかのことで忙しくなる。取り込む。**例「日ごろも、そこはかとなく**紛・るる**こと侍りて」〈源氏・夕霧〉《敬語》「侍りて」→「はべり」

まぎれ【紛れ】[名]❶**入り交じって見分けがつきにくいこと。他のものに隠れること。**例「山風に桜吹きまき乱れなむ花の**まぎれ**に立ち止まるべく」〈古今・離別・三九四〉❷**さまざまな事態が交錯していること。取り込み。ごたごた。**例「ものさわがしき**紛れ**にとぶらはねば」〈源氏・若菜・上〉❸**心がほかのことに取りまぎれること。気晴らし。**例「酔いの**まぎれ**をあなづり聞こえ」〈紫式部日記〉

まぎれあり・く【紛れ歩く】[自カ四]{か・き・く・く・け・け}❶人目をしのんで歩き回る。例「心もやなぐさむと立ち出でて**紛れ歩・き**たまふ」〈源氏・少女〉❷人々にまじって歩く。例「若君の何心なく**紛れ歩・き**て」〈源氏・須磨〉

まぎれい・づ【紛れ出づ】[自ダ下二]{で・で・づ・づる・づれ・でよ}人目につかないように出る。忍び出る。例「夕霧に立ち隠れて、**まぎれ出・で**て」〈堤中納言・貝合〉

まぎれくら・す【紛れ暮らす】[他サ四]{さ・し・す・す・せ・せ}他のことに気をとられて日を暮らす。例「あらぬ急ぎ先まづ出で来て、**まぎれ暮ら・し**」〈徒然・一八九〉

まぎれところ【紛れ所】[名]見分けにくい所。物陰になる所。

まきゑ【蒔絵】[名]漆工芸の技法のひとつ。漆器の下地に、金・銀・白金などの粉や顔料を用いて、器の表面に絵模様を描き、磨いてつやを出したもの。

ま・く【枕く】[他カ四]{か・き・く・く・け・け}❶**枕にする。枕にして寝る。**例「大和女の膝**ま・く**ごとに我を忘らすな」〈万葉・一四・三四五七〉❷**いっしょに寝る。**また、**妻とする。**例「七行く(＝七人デ通ッテ行ク)媛女どもを誰をし**枕・かむ**」〈記・中・歌謡〉

ま・く【巻く・捲く・纏く】[他カ四]{か・き・く・く・け・け}❶まきつける。からませる。例「玉ならば手にも**巻・かむ**を」〈万葉・四・七二九〉❷端からまるめる。例「(手紙ヲ)**巻・き**て文箱に入れてあり」〈伊勢・一〇七〉❸取り囲む。例「御所を**ま・き**て火をかけてけり」〈愚管抄〉

ま・く【蒔く・撒く】[他カ四]{か・き・く・く・け・け}❶種子を散らし、植える。❷蒔絵をする。例「(硯箱ハ)「海賦(＝海辺ノ景色ノ図)に蓬莱山・手長・足長、金して**蒔・かせ**たまへりし」〈大鏡・伊尹〉

ま・く【負く】{け・け・く・くる・くれ・けよ} 一［自カ下二］❶（戦いや勝負ごとなどで）負ける。敗れる。❷ひけめを感じる。負担に感じる。例「にぎははしきやうなれど、**負・くる**心地す」〈土佐〉❸相手の意見に従う。譲る。例「女にては〔源氏ノ説得ニ〕**負・け**きこえたまへらむに、罪ゆるされぬべし」〈源氏・関屋〉 二［他カ下二］値引きする。安くする。

ま・く【任く】［他カ下二］{け・け・く・くる・くれ・けよ}官職に任ずる。任命して派遣する。例「土部の職に**任・け**給ふ」〈紀・垂仁〉

〈参考〉『万葉集』巻十八に、四段活用らしい例があるが、万葉仮名の本文を、後世の人が誤読したものかといわれる。

ま・く【設く】［他カ下二］{け・け・く・くる・くれ・けよ}❶準備する。設ける。例「夕さらば屋戸開け**設・け**て我待たむ」〈万葉・四・七四四〉❷その時期を待ち受ける。例「春**ま・け**てかく帰るとも」〈万葉・一九・四二四五〉

ま・く【罷く】［他カ下二］{け・け・く・くる・くれ・けよ}命じてその場を去らせる。退出させる。例「姉は醜しと謂して、めさずして**罷・け**たまふ」〈紀・神代・下〉

まく 推量の助動詞「む」の名詞化したもの。…だろうこと。例「生きてあらば見**まく**も知らずなにしかも死なむよ妹と夢に見えつる」〈万葉・四・五八一〉

ま・ぐ【覓ぐ・求ぐ】［他ガ四］{が・ぎ・ぐ・ぐ・げ・げ}探し求める。尋ねる。例「宮造作るべき地を出雲の国に**求・ぎ**たまひき」〈記・上〉

ま・ぐ【曲ぐ・枉ぐ】［他ガ下二］{げ・げ・ぐ・ぐる・ぐれ・げよ}❶まっすぐなものを屈曲した状態にさせる。例「糸を輪に**曲・げ**て組みて」〈宇津保・国譲・中〉❷道理や精神をゆがめる。例「世にいささかも人の心を**ま・げ**たることはあらじと思ふを」〈源氏・桐壺〉❸意志・願望などを押さえる。自制する。例「物に争はず、己を**枉・げ**て人に従ひ」〈徒然・一三〇〉

まくさ【真草】［名］《「ま」は接頭語》草の美称。とくに屋根を葺くのに用いる草をいう。〈和歌〉**まくさかる…**【**ま草刈る荒野にはあれどもみち葉の過ぎにし君の形見とそ来し**】〈万葉・一・四七・柿本人麻呂〉 訳〔まくさかる〕この安騎の野は荒涼たる原野ではあるが、〔もみちばの〕亡くなった皇子の、形見のしのぶべき地としてやって来たのだ。《係結び》「そ→来し(体)」

〈参考〉「ま草刈る」は「荒野」の、「もみち葉の」は「過ぐ」の枕詞。

まくし【真櫛】［名］《「ま」は接頭語》櫛の美称。

まくず【真葛】［名］《「ま」は接頭語》葛の美称。（季－秋）

まくずがはら【真葛が原】［名］「まくずはら」に同じ。

まくずはら【真葛原】［名］クズの生えている野原。＝真葛が原。（季－秋）

まくだり【［・なり］】【真下り】［名・形動ナリ］《「まっくだり」とも》❶京都で、御所と反対の南へ向かってまっすぐに進むこと。例「東の河原を**まっ下り・に**、捨て鞭を打ってぞ逃げける」〈保元・中〉❷高い所からまっすぐにおりること。例「長刀打ち振り**真下り・に**喚いて懸かる」〈義経記・三〉

まくなぎ［名］《古くは「まぐなき」とも》❶羽虫の名。糠蚊の古名。（季－夏）。❷まばたき。目くばせ。

まぐは・し【目細し】［形シク］{しから・しく(しかり)・し・しき(しかる)・しけれ・しかれ}見て美しく感じられる。きれいだ。例「**まぐは・し**児ろは誰が笥か持たむ」〈万葉・一四・三四二四〉

まぐはひ【目合ひ】［名］❶目と目を見合わせて愛情を通わせること。❷男女の性交。＝みとの目合ひ

まくひ【真杙】［名］《「ま」は接頭語》杭の美称。神聖な杭。

まくほ・し【まく欲し】《推量の助動詞「む」の名詞化したもの「まく」＋形容詞「欲し」》願望を表す。…たい。…であることが望ましい。例「あしひきの山に生ひたる菅の根のねもころ見**まく欲・しき**君かも」〈万葉・四・五八〇〉 訳〔あしひきの〕山に生い茂っている菅の根、その根のようにねんごろに見たいと思われる君だよ。〔注〕「あしひきの」は「山」の枕詞。

発展学習ファイル おもに、上代に用いられる。「まく」と「欲し」の間に「の」「し」などの助詞の介在する「見渡せば春日の野辺に立つ霞見**まくの欲しき**君が姿か」〈万葉・一〇・一九一三〉のような例も見られる。

まく－ほり・す【まく欲りす】…たがる。…たいと思う。例「恋ひ死なむ時は何せむ生ける日のためこそ妹を見**まく欲り・すれ**」〈万葉・四・五六〇〉 訳恋い焦がれ死んでしまったらどうしようもない。生きている間のためにこそ、あなたに会いたいと思うのだ。《係結び》「こそ→見まく欲りすれ(已)」

語構成
まく　推「む」・名詞化
ほり　ラ四「ほる」(用)
す　サ変「す」

まくも【莫目】［名］管楽器の一種。古代、高麗楽や百済楽に用いた。形状は不明。

まくら【枕】［名］❶寝るときに頭をのせる寝具。まくら。⇒［古典参考図］調度類〈2〉❷（「新枕」「草枕」などの形で）寝ること。❸枕の辺り。頭の方。例「**枕**より後より（＝足元ノ方カラ）恋のせめくれば」〈古今・雑躰・一〇二三〉❹物事のよりどころとするもの。❺（落語・講談などで）本題の前の短い話。前口上。

〔**枕浮く**〕枕も浮いてしまうほど、寝ていてたくさんの涙を流すことの形容。例「涙落つともおぼえぬに**枕浮・く**ばかりになりにけり」〈源氏・須磨〉

〔**枕片去る**〕枕を寝床の片側に寄せて寝る。また、枕の片方をあけて寝る。上代、共寝する相手が通って来るのを待っているありさまをいう。例「しきたへの**枕片去・る**夢に見えける」〈万葉・四・六三三〉

〔**枕交はす**〕男と女が共寝をする。例「しきたへの**枕かは・して**一夜寝にきと」〈拾遺・雑賀・一二九〇〉

〔**枕定む**〕❶寝るときの頭の方向を決める。決めた方向によって恋人を夢見るという。例「宵々に**枕定・めむ**方もなし」〈古今・恋一・五一六〉❷遊里などで、枕を交わす相手の女性を決める。

〔**枕と枕く**〕枕にする。例「しきたへの**枕とま・き**て寝せる君かも」〈万葉・二・二二二〉

〔**枕の塵**〕使われない枕につもるほこり。夫が通って来ず、女性の独り寝の久しいことのたとえ。例「**枕の塵**も独り寝の数にし取らば」〈蜻蛉・上〉

〔**枕枕く**〕枕をする。枕をして寝る。

〔**枕結ぶ**〕「まくらゆふ」に同じ。

〔枕結ふ〕枕にするために草を束ねて結ぶ。旅寝をする。野宿をする。＝枕結ぶ

〔枕を欹つ〕（よく聞こえるように、また、ものをいうために）枕の一方を高くして、頭を傾ける。例「枕をそばだてて、ものなど聞こえたまふ」〈源氏・柏木〉

まくらがへし【枕返し】[名]❶死者の枕を北向きに変えること。❷木枕を用いて曲芸を行うこと。また、その曲芸。

まくらがみ【枕上】[名]枕もと。

まくら・く【枕く】[他カ四]{か・き・く・く・け・け}枕にする。例「人の膝の上へ我が枕かむ」〈万葉・五・八一〇〉

まくらごと【枕言】[名]いつもいうことば。口癖。

まくらことば【枕詞・枕言葉】[名]和歌の修辞技巧。ある特定の語句をいい出すために、その上に置かれる五音または四音の詞句。「年」をいい出す「あらたまの」、「奈良」をいい出す「あをによし」など。

まくら・す【枕す】[自サ変]{せ・し・す・する・すれ・せよ}枕にする。頭をのせる。例「硯の筥にまくらして臥し給へる額つき」〈紫式部日記〉

まくらたし【枕太刀・枕大刀】[名]《上代東国方言。「まくらたち」とも》寝るときも手離さず枕もとに置く刀。

まくらづく【枕付く】[枕詞]（枕を並べくっつけて寝る意から）「妻屋（夫婦の寝室）」にかかる。例「枕づくつま屋の内に」〈万葉・二・二一〇長歌〉

まくらのさうし【枕草子】[作品名]平安中期の随筆。清少納言作。長保二、三年（一〇〇〇、一〇〇一）ごろ成立。章段の配列その他によって雑纂本と類纂本に分けられ、前者はさらに能因本と三巻本、後者は前田家本、堺本に分けられるが、原初的形態については諸説ある。諸段は、類聚的章段（物尽くしなど）・日記的章段（中宮定子周辺などの記録）・随想的章段（自然や宮廷生活など）に分類される。

まくらのさうししゅんしょせう【枕草子春曙抄】[作品名]江戸前期（一六七四成立）の古典注釈書。北村季吟著。『枕草子』の本文を示し、頭注・傍注を併用する形式の注釈書。本文の詳細な考証、清少納言の伝記、書名の意義、諸本解説など見るべき所が多く、『枕草子』流布に役割を果たした書。

まくらのさうしゑまき【枕草子絵巻】[作品名]鎌倉後期の絵巻。作者未詳。白描絵巻で女絵かともいわれる。繊細な墨線で王朝風の華麗で典雅な場面を中心に描き出す。

まくらばこ【枕箱】[名]❶箱の形をした木枕。❷枕を入れる箱。手回り品や金銭なども入れた。

まくり【捲り】[名]❶めくること。❷屏風・襖などにはってあった書画などをはがしたもの。

まくり【海人草・海仁草】[名]《「かいにんさう」とも》海藻の名。乾燥させて、虫下し、また甘草を加えて湯に浸し、新生児の胎毒下しとした。

まくりた・つ【捲り立つ】[他タ下二]{て・て・つ・つる・つれ・てよ}盛んに追い立てる。例「わづかの勢にまくり立てられて」〈太平記・九〉

まくりで【捲り手】[名]袖まくり。腕まくり。

まぐ・る【眩る】[自ラ下二]{れ・れ・る・るる・るれ・れよ}《「目暗る」の意》目がくらむ。気絶する。例「焰にまぐれてたちまちに死ぬ」〈方丈記〉

まけ【任け】[名]（多く「まけのまにまに」の形で）官職に任ずること。地方官に任命して派遣すること。例「大君の任けのまにまに聞くといふものぞ」〈万葉・三・三六九〉

まげいほ【曲げ庵・曲げ廬】[名]ゆがんで倒れそうな粗末な家。

まけいろ【負け色】[名]負けそうなようす。敗色。

まけがた【負け方】[名]負けた方。敗者の側。

まけじだましひ【負けじ魂】[名]他人に負けてはならないと奮い立つ精神。負けん気。

まげて【枉げて】[副]《道理を曲げての意》是非とも。無理にも。例「『鯉ヲ』まげて申し請けん』とて切られける」〈徒然・二三一〉

まけなが・し【真日長し】[形ク]{から・く(かり)・し・き(かる)・けれ・かれ}《上代語。「ま」は接頭語》日数が多い。久しい。＝日長し。例「真日長く恋ふる心ゆ秋風に妹が音聞こゆ紐解き行かな」〈万葉・一〇・二〇一六〉

まけはしら【真木柱】[名]《上代東国方言。「まけばしら」とも》「まきはしら□一」に同じ。

（和歌）**まけばしら…【真木柱ほめて造れる殿のごといませ母刀自面変はりせず】**〈万葉・二〇・四三四二・防人歌・坂田部首麻呂〉訳よい材木の太い柱をほめて建てた御殿のように、ゆるぎなく達者でいてください、母上よ。面やつれなさらずに。《敬語》「殿のごといませ」→「います」

参考「面」は「面」の上代東国方言。

まけみぞ【儲け溝】[名]池などが増水した場合に備え、放流用に設けた溝。

まけわざ【負け業・負け態】[名]歌合わせ・碁・賭弓などで、勝負事で負けた方が勝った方にごちそうや贈り物をすること。

まこ【真子】[名]《「ま」は接頭語》子供や妻を親しみいつくしんでいう語。いとしい子。いとしい妻。

まこそに《「まこそ」は、真実の意の「真」＋係助詞「こそ」とも、「まこと」の変化形とも》本当に。

まこと【真・実・誠】[名][副][感]□一[名]❶本当。真実。本物。例「うるはしき皮なめり。わきてまことの皮ならむとも知らず」〈竹取・火鼠の皮衣〉語構成「皮なめり」→「なめり」。❷真情。誠意。例「今さらに誰がまことをか我は頼まむ」〈古今・恋四・七一三〉□二[副]まったく。本当に。例「まこと蓬莱の木かとこそ思ひつれ」〈竹取・蓬莱の玉の枝〉《係結び》「こそ→思ひつれ(巳)」。□三[感]そういえば。あっそうそう。話の途中で思いついたことや語り忘れたことを差し挟むときに用いる語。＝誠や。例「まこと、講の庭にもその蛇侍りしかども」〈宇治拾遺・四・五〉《敬語》「侍りしかども」→「はべり」

〔真の花〕能楽で、厳しい鍛練と工夫により会得した、真実の芸の美しさ。↔時分の花。⇩「はな(花)」〈古語深耕〉

〔真の人〕真理を究めた人。＝真人

〔真の道〕仏の道。仏道。

まこと・し【真し・実し】[形シク]{しから・しく(しかり)・し・しき(しかる)・しけれ・しかれ}❶本物だ。また、本当らしい。本物めいている。例「わ殿は東国そだちの者の、今日はじめて見る西国の山の案内者、大きにまことしからず」〈平家・九・老

ま

馬〉❷実直だ。まじめだ。例「**まこと・しう**清げなる人の」〈枕・野分のまたの日こそ〉❸本格的だ。正統だ。例「今の世に〔琵琶ノ演奏法ヲ〕**まこと・しう**伝へたる人」〈源氏・少女〉《音便》「まことしう」は「まことしく」のウ音便。

まことしう【真しう・実しう】形容詞「まことし」の連用形「まことしく」のウ音便。

まことと・ふ【真言問ふ・真事問ふ】［自ハ四］{は・ひ・ふ・ふ・へ・へ}《「ま」は接頭語》口をきく。ものをいう。＝言問ふ。例「この御子、八拳鬚の心前に至るまで、**真事と・はず**」〈記・中〉

まことに【誠に・実に】［副］本当に。まったく。実に。例「**まことに**、つゆ思ふことなく、めでたくぞおぼゆる」〈枕・清涼殿の丑寅の角の〉

まことまこと【実実】［感］《感動詞「まこと」を重ねて強めた語》まったく本当に。そうそう。例「**まことまこと**、帝の、母后の御もとに行幸せさせたまひて御輿寄することは、深草の御時よりありけることとこそ」〈大鏡・道長・下〉

まことまこと・し【実実し】［形シク］{（しから）・しく（しかり）・し・しき（しかる）・しけれ・しかれ}《形容詞「まことし」を強めた語》真実味がある。誠実だ。例「**まことまこと・しき**念ひ人の、いひ慰めたる」〈枕・頼もしきもの〉

まことや【誠や】［感］「まこと㊂」に同じ。

まごびさし【孫庇・孫廂】［名］❶寝殿造りの建物で、母屋の庇の外にさらに小さく出した庇。❷寝殿造りの建物で、母屋の「廂の間」の外側にさらに設けられた部屋。＝又廂。⇩［古典参考図］清涼殿

まこも【真菰・真薦】［名］《「ま」は接頭語》水草の名。池や沼に群生する。秋、茎の先に円錐形の大きな花穂を伸ばし、上部に淡緑色の雌花穂を、下部に赤紫色の雄花穂をつける。実は食用。葉茎でむしろや枕を作る。＝菰・ふし柴②・真菰草。（季－夏）

まこもかる【真菰刈る】［枕詞］真菰の多いとされる「大野川原」「淀」「伊香保の沼」などにかかる。例「**まこも刈る**大野川原の」〈万葉・一一・二七〇三〉

まさか【目前】［名］目の前。まの当たり。現在。

まさかき【真榊】［名］《「ま」は接頭語》サカキ。

まさかどき【将門記】［作品名］「しょうもんき」に同じ。

まさかり［・なり］【真盛り】［名・形動ナリ］最も盛りであること。真っ最中。ちょうどそのとき。

まさきく【真幸く】［副］《上代語。「ま」は接頭語》無事に。幸せに。＝幸く。例「**ま幸く**あらばまたかへり見む」〈万葉・二・一四一〉訳→〈和歌〉いはしろの…

まさきのかづら【柾木の葛・真拆の葛】［名］木の名。テイカカズラ、またはツルマサキの古名。古代、神事に用いられた。（季－秋）

まさぐりもの【弄り物】［名］もてあそぶ物。なぐさみとなる物。

まさぐ・る【弄る】［他ラ四］{ら・り・る・る・れ・れ}《「ま」は接頭語》もてあそぶ。手でいじる。例「細櫃めくものに、綿ひきかけて**まさぐ・る**若人どもあり」〈源氏・野分〉

まさご【真砂】［名］《「ま」は接頭語。「まなご」とも》細かい砂。

〔**真砂の数**〕数の限りなく多いこと、また、尽きることのないことのたとえにいう。例「長浜の**真砂の数**はよみつくすとも」〈古今・神遊びの歌・一〇八五〉

まさごぢ【真砂路】［名］細かい砂を敷きつめた道。また、海岸線。砂路。＝真砂地

まさざま［・なり］【勝様】［形動ナリ］{なら・なり（に）・なり・なる・なれ・なれ}㊀【勝様】他よりすぐれている。＝勝り様。例「〔白居易ハ〕ノ詩ニモ〕**まさざま・に**作らしめたまへり」〈大鏡・時平〉㊁【増様】いっそうはなはだしい。例「疫癘うちそひて、**まさざま・に**、あとかたなし」〈方丈記〉

まさ・し【正し】［形シク］{（しから）・しく（しかり）・し・しき（しかる）・しけれ・しかれ}❶現実だ。確かだ。例「**まさ・しく**見参にいるべしとは存ぜず候ひき」〈平家・一〇・千手前〉❷正当だ。正しい。例「善も悪も空なりと観ずるが、**まさ・しく**仏の御心にあひかなふ事にて候ふなり」〈平家・二・大臣殿被斬〉

まさしう【正しう】［副］《形容詞「正し」の連用形「まさしく」のウ音便の副詞化》実際に。例「鹿谷に寄り合ひたりし事は、**まさしう**見聞かれ」〈平家・三・法印問答〉

まさしに【正しに】［副］はっきりと。確かに。例「**まさしに**知りて我が二人寝し」〈万葉・三・一〇九〉

まさづこ【美児】［名］語義未詳。美しい娘、いとしい子の意か。

まさでに【正でに】［副］《上代語》本当に。まさしく。ありのままに。例「**まさでにも**告らぬ君が名占に出でにけり」〈万葉・一四・三三七四〉

まさな【正無】形容詞「まさなし」の語幹。例「あな、**まさなや**」〈枕・上にさぶらふ御猫は〉

まさなう【正無う】形容詞「まさなし」の連用形「まさなく」のウ音便。

まさなごと【正無事】［名］《形容詞「正無し」の語幹＋名詞「事」》たわいもないこと。戯れ事。冗談。

まさな・し【正無し】［形ク］{から・く（かり）・し・き（かる）・けれ・かれ}❶よくない。不都合である。例「まめまめしき物は、**まさな・かりなむ**」〈更級〉❷みっともない。見苦しい。例「屋の上にをる人どもの聞くに、いとま**さな・し**」〈竹取・かぐや姫の昇天〉❸思いがけない。ふつうでは考えられない。例「いとかう**まさな・き**まで、いにしへの墨書きの上手ども、跡をくらうなしつべかめるは」〈源氏・絵合〉《音便》「かう」は「かく」、「くらう」は「くらく」のウ音便。語構成「なしつべかめる」→「べかめり」。❹正しくない。間違っている。例「これほどにきたなく濁り**まさな・き**心にては」〈沙石集〉

まさに【正に・当に・将に・方に】［副］❶確かに。実際に。例「占に**正に**告る妹は相寄らむと」〈万葉・一一・二五〇六〉❷（下に反語表現を伴って）どうして（…しようか、いや…しない）。例「今のおきな、**まさに**〔コノヨウナモノ思イヲ〕しなむや」〈伊勢・四〇〉❸たった今。ちょうどこれから。例「**方に今**、伊豆国の流人、源頼朝の、その身の咎を悔いず、かへって朝憲を嘲る」〈平家・七・平家山門連署〉❹（下に推量の助動詞「べし」「む」を伴って）きっと。必ず。例「**当に**浄土に生まるべし」〈今昔・六・一五〉

発展学習ファイル　④は漢文訓読文から発達した用法で、平安中期までは「む」「むとす」などとも呼応したが、のちに「まさに…べし」と用法が固定した。和文では②の用法が多い。

まさひ【真鉏】(マサイ)[名]《「ま」は接頭語》鋭利な剣。

まさ・ふ【坐さふ】(マサ(ソ)ウ)[自ハ四]{は・ひ・ふ・ふ・へ・へ}《動詞「坐(ま)す」の未然形＋上代の反復・継続の助動詞「ふ」。尊敬語》(ずっと)…(し)ていらっしゃる。例「脇足(けふそく)を抑へて**まさ・へ**万代(よろづよ)に花の盛りを心静かに」〈後撰・慶賀・一三七七〉

まざまざ・し[形シク]{しから・しく(しかり)・し・しき(しかる)・しけれ・しかれ}《近世語》❶目の前にありありと見えるさま。例「**まざまざ・しい**夢を見ました」〈浄・薩摩歌〉《音便》「まざまざしい」は「まざまざしき」のイ音便。❷しらじらしい。例「まこと**まざまざ・しき**顔して」〈浮・好色二代男〉

〔俳句〕**まざまざと…**【まざまざといますが如(ごと)し魂(たま)祭り】〈師走の月夜・季吟〉訳盂蘭盆会(うらぼんえ)の魂祭りの日、仏前に向かっていると、今も目の前にありありとご先祖が生きていらっしゃるように感じられることだ。(季-魂祭り-秋)

まさめ【正目】[名]じかに見ること。まのあたり。

まさやか[・なり][形動ナリ]{なら・なり(に)・なり・なる・なれ・なれ}《「ま」は接頭語》はっきりしているさま。例「み坂賜(ばたら)ば**まさやか・に**見む」〈万葉・二〇・四四二四〉

まさりがほ【勝り顔・優り顔】(マサリガオ)[名]得意そうな顔つき。自分がすぐれていると思い込んでいるようす。

まさりぐさ【勝り草・優り草】[名]菊の別称。

まさりざま[・なり]【勝り様】[形動ナリ]{なら・なり(に)・なり・なる・なれ・なれ}他よりすぐれている。↔劣り様。例「(明石(あかし)ノ入道ノ住マイノ)艶(えん)にまばゆきさまは(都ノ貴族ノ邸宅ヨリ)**まさりざま・に**ぞ見ゆる」〈源氏・明石〉

まさ・る[自ラ四]{ら・り・る・る・れ・れ}㊀【増さる・益さる】多くなる。ふえる。例「数知らず苦しきことのみ**まさ・れば**」〈源氏・桐壺〉㊁【勝る・優る】すぐれる。(身分や地位が)上になる。↔劣る。例「**優・れる**宝(たから)子に及(し)かめやも」〈万葉・五・八〇三〉訳↓〔和歌〕しろかねも…

まし【猿】[名]「ましら」に同じ。

まし【汝】[代名]《対称の人称代名詞。対等または目下の者に対していう語》おまえ。例「**まし**が常に見るらむもうらやましきを」〈源氏・少女〉

まし[助動特殊型]⇨一二四ページ「特別コーナー」

まじ[助動シク型]⇨一二六ページ「特別コーナー」

ましか推量の助動詞「まし」の未然形・已然形。例「その(ホトトギスノ声ヲ)ききつらむところにて、きと(=サット)こそは、(歌ヲ)詠ま**ましか**」〈枕・五月の御精進のほど〉〔注〕已然形の例。《係結び》「こそ↓詠ましか㊁」

ましかば《推量の助動詞「まし」の已然形(一説に未然形)＋接続助詞「ば」》もし…であったなら。例「この木なからま**しかば**と覚えしか」〈徒然・一一〉訳この木がなかったなら(よかったのに)と思われた。

まじから打消推量の助動詞「まじ」の未然形。例「及ぶ**まじから**む際をだに『めでたし』と思はむを死ぬばかりも想ひかかれかし」〈枕・男こそ、なほいとありがたく〉

まじかり打消推量の助動詞「まじ」の連用形。例「人の恨みも負ふ**まじかり**けり」〈源氏・葵〉

まじかる打消推量の助動詞「まじ」の連体形。多く撥音便「まじかん」の撥音無表記「まじか」となる。例「仏の御しるべは、暗きに入りてもさらに違(たが)ふ**まじか**なるものを」〈源氏・若紫〉

まじき打消推量の助動詞「まじ」の連体形。例「後世(ごせ)を思はん者は、糂汰瓶(じんだがめ)(=糠味噌(ぬかみそ)瓶)一つも持つ**まじき**ことなり」〈徒然・九八〉

まじく打消推量の助動詞「まじ」の連用形。例「かの国人(くにびと)、聞き知る**まじく**、思ほえたれども」〈土佐〉

ましぐら【驀地】[副]《「ましくら」とも》激しい勢いで進むさま。まっしぐら。例「**ましくら**に打って出(い)でたり」〈太平記・九〉

-まじくら[接尾](名詞に付いて)…とともに、…まじりにの意を表す。例「悪口仲間二、三人、座頭**まじくら**、どっと来たり」〈浄・曾根崎心中〉

まじけれ打消推量の助動詞「まじ」の已然形。例「あこはらうたけれど、つらきゆかりにこそ思ひはつ**まじけれ**」〈源氏・空蟬〉《係結び》「こそ↓思ひはつまじけれ㊁」。《副詞の呼応》「え↓思ひはつまじけれ」

まじこ・る【蠱る】[自ラ四]{ら・り・る・る・れ・れ}呪力(じゅりょく)に引き入れられる。災難に遭う。例「悪事(まがこと)にあひ**まじこ・り**」〈祝詞〉

まじじ[助動特活]{○・○・まじじ・まじじき・○・○}《上代語。打消推量の助動詞「まじ」の古い形》打消の推量を表す。…まい。…ないだろう。例「堀江(ほりえ)越え遠(とほ)き里まで送り来(け)る君が心は忘らゆ**ましじ**」〈万葉・二〇・四四八二〉訳堀江を越えて遠い里まで送ってきたあなたの心は忘れられないだろう。

〈接続〉ラ変型以外の活用語の終止形、ラ変型活用語の連体形に付く。

発展学習ファイル　上に付く語は「敢(あ)ふ」「得(う)」「克(か)つ」「堪ふ」、助動詞「ゆ」などにほぼ限られている。

まして【況して】[副]《「まいて」とも》❶いっそう。よけいに。例「同じほど、それより下臈(げらふ)の更衣たちは**まして**やすからず」〈源氏・桐壺〉❷なおさら。いうまでもなく。例「身の上の非を知らねば、**まして**、外(ほか)の譏(そし)りを知らず」〈徒然・一三四〉

ましとと【真鵐】[名]《「ま」は接頭語》「しとと(鵐)」に同じ。

まじなひ【呪ひ】(マジナイ)[名]災いや病気から逃れようとして、神仏などに祈ること。まじない。

まじな・ふ【呪ふ】(マジナ(ノ)ウ)[他ハ四]{は・ひ・ふ・ふ・へ・へ}❶災難に遭わないよう神仏に祈る。例「鼻ひたる時、かく**まじな・は**ねば死ぬるなり」〈徒然・四七〉❷神仏に祈って病気を治す。例「人々**まじな・ひ**わづらひしをやがてとどむるたぐひあまたはべりき」〈源氏・若紫〉❸災難が起きるよう祈る。のろう。例「太子(ひつぎのみこ)彦人皇子(ひこひとのみこ)の像(みかた)と竹田皇子の像とを作りて**まじな・ふ**」〈紀・用明〉

〈参考〉②は当時、公的に認められていた治療法で、「典薬寮(てんやくれう)」には、そのための職員として呪禁(じゅごん)の師などが置かれていた。

ましば【真柴】[名]《「ま」は接頭語》柴。

ましばに【真屢に】[副]《上代語。「ま」は接頭語》(下に打消の語を伴って)めったに。例「**ましばにも**得難きかげを置きや枯らさむ」〈万葉・一四・三五七三〉

まじは・る【交はる】(マジワル)[自ラ四]{ら・り・る・る・れ・れ}❶入り交じる。例「〔金堂ハ七宝ガ〕色々**交は・り**輝けり」〈栄花・一七〉❷分け入る。俗世から隠れる。例「世を遁(のが)れて、山林に**交は・る**は」〈方丈記〉❸人と付き合う。仲間に加わる。❹異性と親しむ。契りを結ぶ。

まし〔推量の助動詞〕

アプローチ ▼現実に反することを「かりに…だったとしたら…だろう」と仮想して述べる(反実仮想)。
▼①㋐の場合、「…ましかば…まし」「…ませば…まし」「…せば…まし」などの構文をとることが多い。

接続 活用語の未然形に付く。

活用 特殊型

基本形	未然形	連用形	終止形	連体形	已然形	命令形
まし	ましか(ませ)	○	まし	まし	ましか	○

意味	訳語	用例
❶現実に反することを仮想する。 ㋐(「…ましかば」「…ませば」「…せば」など仮定条件を表す句を受けて)「かりに…たら、…だろう」と仮想する。	(もし)…たら…だろう	例「世にある物ならば、この国にも持てまうで来きな**まし**」〈竹取・火鼠の皮衣〉訳(火鼠ひねずみの皮衣かわぎぬが)この世にあるものなら、この国(=唐)にも持って参っている**だろう**。 例「出いでしままに、稲荷いなりに詣もうでたら**ましか**ば、かからずやあら**まし**」〈更級〉訳(夢のお告げにしたがって初瀬から)帰ってすぐに稲荷に参詣けいさんしてい**たら**、こんなふう(=夫に先立たれる)にはならなかったの**だろう**。
㋑反現実的な願望を表す。	…ばよいのに …ばよかったのに …であればなあ	例「見る人もなき山里の桜花ほかの散りなむのちぞ咲か**まし**」〈古今・春上・六八〉訳見に来る人もない山里の桜花よ、ほかの桜が散ってしまったあとに咲け**ばよいのに**(そうすれば人が見に来るだろうに)。 例「白玉かなにぞと人の問ひしとき露と答へて消けな**まし**ものを」〈新古今・哀傷・八五一〉訳→(和歌)しらたまか…
❷(一人称主語で疑問を表す語とともに用いられて)**ためらいながらの意志を表す。**	…ようかしら …たものか	例「捕らへさせやせ**まし**と思ひけれど」〈平中・一七〉訳(法師を)捕らえさせ**ようかしら**と思ったが。

発展学習ファイル (1)①㋐が基本的な用法。①㋑は、現実に実現しないこと・しなかったことについて「…であってほしい(…すればよい)のに」「…すればよかったのに」などの気持ちを表す。①㋐㋑とも、現実に反することを想定するという点は共通。
(2)中世以降、「む」と同じように単なる推量の意で用いられるようになる。例「ゆきくれて木このしたかげを宿とせば花やこよひの主あるじなら**まし**」〈平家・九・忠度最期〉訳旅行く途中で日が暮れて(桜の)木陰をその夜の宿としたなら花が今宵こよいの主人(としてもてなしてくれる)だろう。〔注〕「旅宿花りょしゅくのはな」と題した歌で、実際に花の下に宿るときの心を歌ったものと考えられるので、「現実ではない」状況ではないことになる。

まじ・ふ【交じふ・雑じふ】マジウ〔他ハ下二〕{へ・へ・ふ・ふる・ふれ・へよ} 交ぜ合わせる。交ぜる。例「五月さつきの玉に**交じへ**て貫ぬかむ」〈万葉・一〇・一九三九〉

ましま・す【坐します】〔自サ四〕〔補動サ四〕{さ・し・す・す・せ・せ}

アプローチ ▼敬意の高い尊敬語。
▼「いる、ある、行く、来る」の意で主語を高める用法から、補助動詞としていろいろな動詞に付いてその主語を高める用法を派生した。
▼鎌倉以降、漢文訓読体によく用いられた。

一〔自サ四〕「いる」「ある(所有)」の意の尊敬語。いる人(主語)を高める。**いらっしゃる。おいでになる。おありになる。** 例「三条高倉に**ましまし**ければ高倉の宮とぞ申しける」〈平家・四・源氏揃〉訳(以仁王もちひとおうは)三条高倉に**いらっしゃっ**たので高倉の宮と申し上げたのだった。(係結び)「ぞ」→申しける(体)。(敬語)「申しける」→「まうす」。例「天下第一の美人の聞こえ**ましまし**ければ」〈平家・一・二代后〉訳天下第一の美人だという評判が**おありだっ**たので。

二〔補動サ四〕❶(いろいろな動詞・形容詞の連用形や、形容動詞・形容動詞型活用語の連用形などに付いて)「…て(で)いる」「…である」の意の尊敬語。…て(で)いる人、…である人(主語)を高める。**…て(で)いらっしゃる。…て(で)おいでになる。** 例「主上は、今年六歳、いまだいとけなう**ましませ**ば、なに心もなう召されけり」〈平家・七・主上都落〉訳帝みかどは今年六歳、まだ幼く**ていらっしゃる**ので、無邪気にお乗りになった。(音便)「いとけなう」は「いとけなく」、「なに心もなう」は「なに心もなく」のウ音便。(敬語)「召され」→「めす」

❷(いろいろな動詞の連用形に付いて)その主語を高める尊敬語。**お(ご)…になる。…なさる。** 例「法王のゆづり**ましまし**たる世ならばこそ」〈平家・三・城南之離宮〉訳法皇が**お**譲り**になっ**ている政務ならば(私が

執るけれども。《係結び》「こそ」→（省略）」❸いろいろな動詞の未然形に「せまします」「させまします」の形で付いて（「せ」「させ」は、それぞれ尊敬の助動詞「す」「さす」の連用形）、その動詞の主語を高める尊敬語。**お（ご）…になる。…なさる。** 例「あきれて立たせ**まします**たるところに」〈平家・灌頂・大原御幸〉 訳（女院が）途方にくれて**お**立ち**になっ**ているところに。

発展学習ファイル (1)平安時代の仮名文では、「いる」「ある」「行く」「来る」の意の尊敬語としては「**おはします**」「**おはす**」の方が一般的であり、「まします」はおもに神仏を主語とする限られた場合に用いられた。しかし、院政期・鎌倉時代に入り、「**おはします**」とともに、主語を高める敬意の強い尊敬語として用法を広げ、㊁②③の用法も派生した。→「おはします」「おはす」
(2)㊁①は、上に付く語との間に接続助詞「て」や係助詞・副助詞・間投助詞などが挟まる場合がある。
(3)㊁③の「せまします」「させまします」は「**せおはします**」「**させおはします**」とともに、「**せたまふ**」「**させたまふ**」「**しめたまふ**」よりもさらに敬意が強い、いわゆる最高敬語。→「おはします」「せたまふ」「させたまふ」「しめたまふ」

ましみづ【真清水】マシミズ[名]（「ま」は接頭語）澄んだ清らかな水。清水。（季－夏）

まじもの【蠱物】[名]神霊に祈り、他に災難が及ぶようにすること。また、その術。

まし-ものを …したらよかったのに。…であろうに。例「かく世を離るべき身と思ひたまへましかば、おなじくは慕ひきこえ**ましものを**」〈源氏・須磨〉 訳このように私も都を離れなければならない身だと思っておりましたなら、同じ都を離れるにしても（伊勢へ）あなたをお慕いして行った**でしょうに**。《敬語》「思ひたまへましかば」→「たまふ（下二段）」、「慕ひきこえ」→「きこゆ」

語構成　まし｜ものを　推「まし」体｜終助

ましゃう【魔障】マショウ[名]《仏教語》仏道修行を妨げる悪魔。また、その妨害。

ましゃく【間尺】[名]工事の寸法。転じて、計算。

ましら【猿】[名]（「まし」とも）猿の古名。

ましらが【真白髪】[名]（「ま」は接頭語）真っ白な髪。

まじらひ【交じらひ】マジライ[名]人との交際。とくに、宮仕えに出ること。

まじらひあり・く【交じらひ歩く】マジライアリク[自カ四]{か・き・く・く・け・け}あちこちで人と交際する。社交的に世を立ち回る。例「身をあらぬさまに**交じらひありく**は、うつつの事にはあらずかし」〈とりかへばや〉

まじらひい・づ【交じらひ出づ】マジライイズ[自ダ下二]{で・で・づ・づる・づれ・でよ}自分から出ていって付き合う。例「おとどの『今はなまじらひそ』と制しのたまふをだに聞き入れず、**まじらひ出で**てものしたまふ」〈源氏・真木柱〉

まじらひた・つ【交じらひ立つ】マジライタツ[自タ四]{た・ち・つ・つ・て・て}世の人々とわたり合う。一人前に付き合う。例「中納言、今はさる方に、世にならびなく**交じらひたち**たれば」〈とりかへばや〉

まじらひつ・く【交じらひ付く】マジライツク ㊀[自カ四]{か・き・く・く・け・け}親しく付き合う。例「召し出でて使ひなどすれば、ほどなく〈他ノ女房トモ〉**まじらひつき**たり」〈源氏・夕顔〉 ㊁[他カ下二]{け・け・く・くる・くれ・けよ}人付き合いさせる。世の中とうまく交際させる。例「君達御かへりみありて、これ**交じらひつけ**させたまへ」〈落窪・二〉

ましらふ【真白斑】[名]（「ま」は接頭語）鷹などの羽毛にあるまっ白な斑紋。また、その鷹。

まじら・ふ【交じらふ】マジラ(ロ)ウ[自ハ四]{は・ひ・ふ・ふ・へ・へ}（動詞「交じる」の未然形＋上代の反復・継続の助動詞「ふ」。「まじろふ」とも）❶**交ざる。入り交じる。** 例「楠の木は、木立多かるところにも、ことに**まじらひ**立てらず」〈枕・花の木ならぬは〉❷**仲間に入る。** とくに、**朝廷などへ出仕する。** 例「埋もれ木を折り入れたる心ばせにて、かの院に**まじらひ**はべらば」〈紫式部日記〉

まじり【眦・目尻】[名]❶目じり。❷目つき。

まじりた・つ【交じり立つ】マジリタツ[自タ四]{た・ち・つ・つ・て・て}加わる。参加する。例「すでに童女の姿と成りて、女人の中に**交じり立ち**て」〈記・中〉

まじ・る【交じる・雑じる】[自ラ四]{ら・り・る・る・れ・れ}❶交ざる。交じっている。例「（庭ノ松ノ中ニハ）今生ひたるぞ、**まじれる**」〈土佐〉❷入ってゆく。分け入る。例「野山に**まじり**て竹をとりつつ」〈竹取・かぐや姫〉❸人に立ちまじる。仲間に入る。例「人多く行き訪ふ中に、聖法師の**まじり**て」〈徒然・七六〉

まじろ・く【瞬く】[自カ四]{か・き・く・く・け・け}（「まじろぐ」とも）まばたきをする。

まじわざ【蠱業】[名]神霊に祈り、人に災難が及ぶようにする術。

ま・す【申す】{さ・し・す・す・せ・せ}（動詞「まうす（申す）」の変形、または「う」を表記しなかったもの）㊀[自サ四]「言う」の意の謙譲語。「（AがBを…と）ます」で、B（話題となる人）を高める。申し上げる。例「一の御子敦仁親王と**ま・し**けるぞ」〈栄花・一〉 ㊁[補動サ四]（動詞の連用形に付いて）その行為の向かう先を高める謙譲語。お（ご）…する。お（ご）…申し上げる。例「天照御神を念じ**ま・せ**」〈更級〉

ま・す【座す・坐す】[自サ四][補動サ四][他サ下二]

アプローチ ▼上代に広く用いられた敬語。▼四段活用の「ます」は「いる、ある、行く、来る」の意を含み、主語を高める尊敬語。▼下二段活用の「ます」は「いさせる、来させる」意の謙譲語。

㊀[自サ四]{さ・し・す・す・せ・せ}❶「いる」の意の尊敬語。いる人（主語）を高める。**いらっしゃる。おいでになる。** 例「大君は常磐に**ま**さむ橘の殿の橘ひた照りにして」〈万葉・一八・四〇六四〉 訳大君は永久に**いらっしゃる**だろう。橘氏のお屋敷の橘を一面に照らして。❷「行く」「来」の尊敬語。行く人、来る人（主語）を高める。**いらっしゃる。おいでになる。** 例「我が背子が国へ**ま・し**なばほととぎす鳴かむ五月はさぶしけむかも」〈万葉・一七・三九九六〉 訳あなたが故郷へ**おいでになっ**てしまったならば、ホトトギスが鳴く五月はさびしい

まじ［打消推量の助動詞］

アプローチ ▼推量の助動詞「べし」の打消にほぼ相当する。
▼したがって、そのことが起こりそうにもないという判断を述べる場合と、そのことが妥当ではないという判断を述べる場合とに大別される。

接続 活用語の終止形に付く。ただし、ラ変型活用語には連体形に付く。

活用 シク活用型

基本形	未然形	連用形	終止形	連体形	已然形	命令形
まじ	まじから	まじく まじかり	まじ	まじき まじかる	まじけれ	○

意味	訳語	用例
❶打消の推量を表す。	…ないだろう …そうにない	例「それも、ただ雀などのやうに、常にある鳥ならば、さもおぼゆ**まじ**」〈枕・鳥は〉訳それも、単に雀などのように、いつもいる鳥ならば、そんなふうにも思われ**ないだろう**。 例「なほもの思ひたゆ**まじき**身かなと思ふ」〈和泉式部日記〉訳それにつけてももの思いの絶え**そうにない**身だなあと思う。
❷そうでないのが当然である意（打消の当然）を表す。	…はずがない …てはならない	例「戯れにてもある**まじき**ことなり」〈源氏・須磨〉訳たわむれとしても、（源氏を婿とすることは）ある**はずがない**ことだ。 例「桂のみこ、いとみそかに、あふ**まじき**人にあひたまひたりけり」〈大和・二六〉訳桂の皇女が、まことにひそかに、会っ**てはならない**人にお会いなさっていた。
❸打消の意志を表す。	…ないつもりだ …まい	例「返りごともす**まじ**と思ふも」〈蜻蛉・上〉訳返事も出す**まい**と思うけれども。
❹不適当・禁止の意を表す。	…ないほうがよい …てはいけない	例「御文にも、おろかにもてなし思ふ**まじ**と、かへすがへす戒めたまへり」〈源氏・澪標〉訳お便りにも、姫君を粗略に扱ったり考えたりし**てはいけない**と、繰り返しいましめなさった。
❺不可能の意を表す。	…できない …できそうもない	例「なほ世に経**まじき**心地しければ、夜、みそかにいでて、猿沢の池に身を投げてけり」〈大和・一五〇〉訳このまま生きて行くことは**できない**気持ちがしたので、夜、ひそかにでかけて、猿沢の池に身を投げてしまった。

発展学習ファイル (1)中古以降の語で、上代の助動詞「ましじ」の転じたものといわれる。
(2)連用形「まじく」は中古から「まじう」に、連体形「まじき」は中世から「まじい」に、それぞれ音便化することがある。
(3)「まじ」の①③の用法と似た語に「じ」があるが、「まじ」は「じ」よりも話し手の確信の程度が強いといえる。また、「じ」は和歌でも使われるが、「まじ」は伝統的な和歌ではほとんど使われない。

だろうなあ。
二［補動サ四］{さ・し・す・す・せ・せ} ❶（いろいろな動詞・形容詞の連用形や、形容動詞・形容動詞型活用語の連用形などに付いて）「…て（で）いる」「…である」の意の尊敬語。…て（で）いる人、…である人（主語）を高める。**…て（で）いらっしゃる。…て（で）おいでになる。** 例「打ち麻を麻績王海人なれや伊良虞の島の玉藻刈り**ま・す**」〈万葉・一・二三〉訳（うちそを）麻績王は漁夫なのだろうか、いやそうではないのに、伊良虞の島の海藻を刈っ**ていらっしゃる**。〔注〕「打ち麻を」は「麻績」の枕詞。
❷（動詞の連用形に付いて）その主語を高める。**お（ご）…になる。…なさる。** 例「来目皇子、筑紫に薨せ**ま・し**ぬ」〈紀・推古〉訳来目皇子は、筑紫（＝九州）で**お**亡くなりに**なった**。
三［他サ下二］{せ・せ・す・する・すれ・せよ} ❶「いさせる」の意の謙譲語。「（AがBを）ます」で、B（いさせる相手＝いる人）を高める。**いらっしゃらせる。いさせ申し上げる。** 例「すなはち柴の宮をたてて、かりに**ま・せ**まつる」〈紀・清寧〉訳すぐに柴で造った（粗末な）お屋敷を建てて、（億計王と弘計王を）仮に**いさせ申し上げる**。
❷「来させる」の意の謙譲語。「（AがBを）ます」で、B（来させる相手＝来る人）を高める。**いらっしゃらせる。来させ申し上げる。** 例「皇太子の僧を**ま・せ**てをがみす」〈紀・推古〉訳（亡くなった）皇太子（＝聖徳太子）のために、僧を**来させ申し上げ**

て施し物をする。

発展学習ファイル (1)奈良時代に、「います」とともに盛んに用いられるが、平安時代になると「おはします」「おはす」が一般的になり、「ます」は和歌など限られた場合に古語的に用いられるに過ぎなくなった。ただし、漢文を訓読する文では「ます」が「います」とともに用いられ、「おはします」「おはす」はまれである。→「おはします」「おはす」「います」
(2)二①は、上に付く語との間に接続助詞「て」や副助詞などが入る場合がある。
(3)三は、いる(来る)人を高める点は一と同じだが、三の場合、主語がいさせる(来させる)人なので、敬語の種類としては謙譲語と見るべきことになる。

ま・す【増す・益す】{さ・し・す・す・せ・せ} 一［自サ四］❶数量が多くなる。ふえる。❷すぐれる。まさる。例「衣に**増・せ**る児ろが肌はも」〈万葉・二〇・四四三一〉 二［他サ四］❶(数量や程度を)増加させる。ふやす。❷勝るようにする。すぐれるようにする。例「色をも音をも**ま・す**けぢめ」〈源氏・初音〉

ます［助動特活］{ませ(ましよ)・まし・ます(まする)・ます(まする)・ますれ・ませ(まし)} ❶謙譲の意を表す。**お…する。お…申し上げる。**例「ちょっとなりとも呼び**まし**たい」〈浄・夕霧阿波鳴渡〉訳ちょっとだけでも**お呼びし**たい。❷丁寧の意を表す。…**ます。**例「私の目つまをしのんでは休みたがり**ます**」〈浮世風呂〉訳私の目を盗んでは休みたがり**ます。**
〈接続〉動詞、助動詞の連用形に付く。
発展学習ファイル 「**参らす**」の連体形「まゐらする」から「まらする」「まっする」「まする」を経て「ます」となった。「坐す」「おはす」「申す」からとする説もある。

まず【先ず・参ず・詣づ】歴史的かなづかい「まづ」

ま・ず【交ず・雑ず・混ず】［他ザ下二］{ぜ・ぜ・ず・ずる・ずれ・ぜよ} ❶交ぜあわせる。加え入れる。例「紅の三重五重、三重五重と**ま・ぜ**つつ」〈紫式部日記〉❷口を挟む。口を出す。例「何にさまで言をも**ま・ぜ**はべりけむ」〈源氏・行幸〉

ますが【真菅】［名］《「ま」は美称の接頭語》「すげ」に同じ。

ますかがみ【真澄鏡】一［名］「ますみのかがみ」に同じ。二［枕詞］鏡を見るところから「見る」及び同音を含む「みぬめ」に、また、鏡に向かって姿を映すところから「向かふ」「うつる」にかかる。例「**ます鏡**見る影さへにくれぬと思へば」〈古今・冬・三四二〉

ますかがみ【増鏡】［作品名］歴史物語。作者は二条良基とする説が強い。治承四年(一一八〇)から元弘三年(一三三三)までの歴史を朝廷中心に叙述する。後鳥羽・後醍醐天皇の討幕運動のほか、宮廷でのうわさ話などを描く。「四鏡」のひとつ。

ますかき【枡搔き・升搔き】［名］升に盛った穀類を升のふちと同じ高さにならすのに用いる、木や竹の丸くて短い棒。
〔**枡搔きを切る**〕枡搔きを作る。米寿(八十八歳)の人が作った枡搔きを用いると縁起がいいとされた。例「世の人あやかり物とて、**枡搔きを切・らせ**ける」〈浮・日本永代蔵〉

ますがた【枡形・斗形】［名］❶枡のような四角い形。❷宮殿や社寺などの建築で、柱の上に置く四角い木。❸城の一の門と二の門との間にある広くて平らな方形の土地。出陣の際に軍勢が集まった。＝武者溜まり・馬溜まり

ますげ【真菅】［名］《「ま」は美称の接頭語》「すげ」に同じ。

ますだのいけ【益田の池】［歌枕］大和国の池。いまの奈良県橿原市にあった、嵯峨天皇の時代に作られた貯水池。「増す」をかけ、池から産する「ぬなは(ジュンサイ)」を景物として詠む。

ますほ【真赭】［名］「まそほ②」に同じ。

ますみ【真澄み】［名］《「ま」は接頭語。「まそみ」とも》澄みきっていること。よく澄んでいること。
〔**真澄みの鏡**〕まったく曇りがなく、はっきり映る鏡。＝照る鏡・真澄み鏡・真澄鏡・まそか鏡一

ますら【益荒】［名］《「ます」はすぐれている意。「ら」は接尾語》雄々しく立派なこと。例「しなざかる越を治めに出でて来し**ますら**我すら」〈万葉・一七・三九六九長歌〉

ますらがみ【益荒神】［名］荒くたけだけしい神。

ますらたけを【益荒猛男】［名］「ますらを①」に同じ。

ますらを【益荒男・丈夫・大夫】［名］❶**立派な男子。偉丈夫。**上代には、多く朝廷に仕える官僚や武人をいう。＝益荒猛男。↔手弱女。例「**ますらを**と思へる我も草枕旅にしあれば思ひ遣るたづきを知らに」〈万葉・一・五長歌〉❷狩人・漁師・農夫などを指す歌語。例「雨降れば小田の**ますらを**いとまあれや」〈新古今・春上・六八〉

〔和歌〕**ますらをと…【ますらをと思へる我や水茎の水城の上に涙拭はむ】**〈万葉・六・九六八・大伴旅人〉訳自身を立派な男子だと思っているこの私が、(みずくきの)水城の堤の上で女々しく涙を拭うのだろうか。《係結び》「や↓拭はむ体」〈参考〉「水茎の」は「水城」の枕詞。「水城」は堤を築き水をたたえた砦。

ますらをの【益荒男の】［枕詞］(「益荒男」が「手結ひ(袖や手に付ける飾り)」をしていることから)地名「手結」にかかる。例「**ますらをの**手結が浦に」〈万葉・三・三六六長歌〉

〔和歌〕**ますらをの…【ますらをの弓末振り起こし射つる矢を後見む人は語り継ぐがね】**〈万葉・三・三六四・笠金村〉訳勇ましい男子である私が弓の上端を振り立て勢いよく射放った矢を、やがてのちに見る人は語り継いでくれ。

ますらをぶり【益荒男振り・丈夫振り】［名］江戸時代の国学者賀茂真淵や、その一門の歌人たちが理想とした歌風。男性的で雄大な歌風で、『万葉集』の歌をその典型とした。↔手弱女振り

ませ【籬】［名］《「まがき」とも》木や竹などで作った、目の粗い低い垣根。＝籬垣

ませ 推量の助動詞「まし」の未然形。例「うちわびておち穂ひろふと聞か**ませ**ばわれも田づらにゆかましものを」〈伊勢・五八〉

-まぜ［接尾］間を置くこと。…おき。例「一、二、三日まぜに召すぞかし」〈大鏡・道長・上〉

ませがき【籬垣】［名］「ませ(籬)」に同じ。

ませごし【籬越し】［名］❶「籬」ごしに物事を行う

こと。垣根越し。例「**ませごし**に麦はむこまの」〈古今六帖・二〉❷（①の用例の歌から）よそからのもらい物。到来物。一説に、麦菓子とも。

まぜまぜに【雑ぜ雑ぜに・混ぜ混ぜに】［副］いろいろと取り混ぜて。例「呉橋（くれはし）は、色々の木を**混ぜ混ぜに**造りて」〈宇津保・楼の上・上〉

まそ【真麻】［名］《「ま」は接頭語》麻（あさ）の美称。

まそかがみ【真澄鏡】《「ますかがみ」とも》㊀［名］「ますみのかがみ」に同じ。㊁［枕詞］鏡を見るところから「見る」及び「み」の音を含む地名「敏馬（みぬめ）」に、鏡に映る姿の意から「面影」にかかる。また、鏡を磨（と）ぐ・掛ける・床（とこ）の辺りに置くの意から「磨ぐ」「掛く」「床」に、清く光っているところから「清し」「照る」にかかる。例「**まそ鏡**清き月夜（つくよ）に」〈万葉・八・一五〇七長歌〉

まそで【真袖】［名］《「ま」は接頭語》両袖。

まそほ【真赭・真朱】（マソオ）［名］《「ま」は接頭語》❶赤い土。❷《「ますほ」とも》赤い色。

まそみかがみ【真澄み鏡】［名］「ますみのかがみ」に同じ。

まそむら【真麻群】［名］密生した麻。麻の群生。一説に、刈り取って束ねた麻とも。

まそゆふ【真麻木綿】（マソユウ）［名］麻で作った「木綿」。

また【又・亦・復】㊀［副］❶**ふたたび。もう一度。**例「み吉野の秋津（あきづ）の川の万代（よろづよ）に絶ゆることなく**また**かへり見む」〈万葉・六・九一一〉❷**同じように。やはり。**例「立てば立つゐれば**また**ゐる吹く風と波とは思ふどちにやあるらむ（体）」〈土佐〉《係結び》「や→あるらむ（体）」。❸**そのほかに。別に。**例「〔源氏トノ逢瀬（おうせ）ハ〕**また**知る人もなきことなれば、人知れずうちながめてゐたり」〈源氏・空蟬〉㊁［接］❶**あるいは。同時に。**例「かぎりなくうれしく、**またう**たがはしかりければ」〈伊勢・九〇〉❷**その上。さらに。**例「似てははべれど、これはゆゆしげにこそはべるめれ。**また**『翁丸（おきなまろ）（＝犬ノ名）か』とだにいへば、よろこびてまうで来（く）るものを、〔コノ犬ハ〕呼べど寄り来（こ）ず」〈枕・上にさぶらふ御猫は〉《係結び》「こそ→はべるめれ（已）」。《敬語》「はべれど」「はべるめれ」→「はべり」、「よろこびてまうで来る」→「まうでく」。❸**それから。そしてまた。**例「**また**

同じころかとよ、おびたたしく大地震（おほなゐ）ふること侍（はべ）りき」〈方丈記〉《敬語》「侍りき」→「はべり」

まだ【未だ】［副］《「いまだ」の変化形》いまもなお。まだ。例「**まだ**いと下﨟（げらふ）にはべりし時」〈源氏・帚木〉

まだう【魔道】（マドウ）［名］悪魔のすむ世界。＝魔界

またうど【［・なり］】【真人・全人】（マトウド）《「全（まった）き人」の意の「またびと」の変化形》㊀［名］完全で欠点のない人。正直者。律儀な人。㊁［形動ナリ］｛なら・なり（に）・なり・なる・なれ・なれ｝愚かなさま。

まだき【夙】［副］《「まだきに」「まだきも」の形で用いられることも多い》**まだその時期ではないのに。早くも。**例「女郎花（をみなへし）なぞ色に出（い）でて**まだき**移ろふ」〈古今・秋上・二三二〉

また・く【急く】［自カ四］｛か・き・く・く・け・け｝《「またぐ」とも》待ちかねる。心がはやる。例「いつしかと**また・ぐ**心をはぎにあげて」〈古今・雑躰・一〇一四〉

またく【全く】［副］まったく。完全に。

また・ぐ【跨ぐ】［他ガ下二］｛げ・げ・ぐ・ぐる・ぐれ・げよ｝両足を広げ、ものを越すようにする。またぐ。

またく・す【全くす】［他サ変］｛せ・し・す・する・すれ・せよ｝まっとうする。例「もしたちなほりて命を**全く・せ**ば」〈徒然・二四一〉

またけむ【全けむ】《形容詞「全し」の古い未然形＋推量の助動詞「む」》無事であろう。完全であろう。例「命の**全けむ**人は」〈記・中・歌謡〉訳→〔歌謡〕いのちの…

また・し【全し】［形ク］｛から・く（かり）・し・き（かる）・けれ・かれ｝❶無事である。健やかだ。例「あらたまの年の緒（を）長くかく恋ひばまこと我が命（いのち）**全・からめ**やも」〈万葉・一二・二八九一〉❷完全だ。ちゃんとしている。整っている。例「酒をもちて御衣（みけし）を腐（くた）し、**全・き**衣（きぬ）のごとく服（き）たり」〈記・中〉❸正直だ。誠実だ。愚直だ。例「人に侮（あな）づらるる物。…あまり**また・き**人」〈仮・犬枕〉

まだ・し【未だし】［形シク］｛しから・しく（しかり）・し・しき（しかる）・しけれ・しかれ｝❶**まだその時期でない。時期が早すぎる。**例「山の錦（にしき）は、**まだ・しう**侍（はべ）りけれ」〈源氏・松風〉《音便》「まだしう」は「まだしく」のウ音便。《敬語》「まだしう侍り」→「はべり」。❷**未熟である。不十分だ。**例「**まだ・しき**ほどは、『これがやうにいつしか』とおぼゆらめ」〈枕・羨ましげなるもの〉

まだしう【未だしう】（マダシュウ）形容詞「まだし」の連用形「まだしく」のウ音便。

〔和歌〕**まだしらぬ…**【**まだ知らぬ人もありける東路（あづまぢ）に我も行きてぞ住むべかりける**】〈後撰・哀傷・一三八六・藤原実頼〉訳 息子が死んだことをまだ知らない人もいたという東（あづま）の国に、私も出かけて行って住むべきでした。〈参考〉「人もありける」の「ける」は、詠嘆の助動詞「けり」の連体形で、「東路」にかかる。

まだ・す【奉す・献す・遣す】［他サ四］｛さ・し・す・す・せ・せ｝《「またす」とも》《「（使いの人や物を）送る・さしだす」意の謙譲語。「（AがBに）まだす」で、B（送る先）を高める。》献じる。差し上げる。例「百済国（くだらのくに）麻那君（まなきし）を〔日本二〕**まだ・し**て、調（みつき）たてまつる」〈紀・武烈〉

またた・く【瞬く】［自カ四］｛か・き・く・く・け・け｝《「目（ま）叩（たた）く」の意。「まだたく」とも》❶まばたきをする。例「目のきろきろとして、**またた・き**居（ゐ）たり」〈堤中納言・はいずみ〉❷星や灯火などが明滅する。ちらちらする。例「灯はほのかに**またた・きて**」〈源氏・夕顔〉❸やっとのことで生き長らえている。例「若君のらうたくあはれにておはしますを、冥途（よみぢ）の絆（ほだし）（＝往生ノ障害）にもてわづらひきこえてなむ、**瞬・き**はべる」〈源氏・玉鬘〉

またなう【又無う】（マタノウ）形容詞「またなし」の連用形「またなく」のウ音便。

またな・し【又無し】［形ク］｛から・く（かり）・し・き（かる）・けれ・かれ｝**二つとない。並びない。最高だ。**例「昔、光る君と聞こえしは、さる**またな・き**御おぼえながら」〈源氏・匂宮〉《敬語》「聞こえし」→「きこゆ」

またの【又の】（名詞の上に付いて）翌。次の。

〔**又の朝**（またのあした）〕次の日の朝。翌朝。

〔**又のつとめて**（またのつとめて）〕次の日の早朝。翌朝早く。

〔**又の年**（またのとし）〕次の年。翌年。

〔**又の日**（またのひ）〕翌日。あくる日。

〔**又の世**（またのよ）〕来世。のちの世。

〔**又の夜**（またのよ）〕翌日の夜。

または【又は】（下に打消の表現を伴って）二度と。ふたたび。例「このたび行きては、**または**来（こ）じと思へ

るけしきなれば」〈伊勢・三〉

またび【真旅】[名]《「ま」は接頭語》本格的な旅。長期の旅。

またびさし【又廂・又庇】[名]「まびさし②」に同じ。

またひと【又人】[名]別の人。

またぶり【杈椏】[名]ふたまたになっている木の枝。

またま【真玉】[名]《「ま」は接頭語》玉の美称。

またまた【又又】[副]《「また」を重ねた語》さらにまた。さらに重ねて。

またまつく【真玉付く】[枕詞]〔玉を付ける「緒」の意から〕同音を含む「をちこち」「をち」にかかる。例「ま玉つくをちこち兼ねて言は言へど」〈万葉・四・六七四〉

またまで【真玉手】[名]《「ま」「たま」は接頭語》手の美称。

またみる【俣海松】[名]《茎が股のように分かれているところから》「海松」の別称。

〔和歌〕**またやみん…【またや見ん交野のみ野の桜狩り花の雪散る春のあけぼの】**〈新古今・春下・一一四・藤原俊成〉訳ふたたび見ることがあろうか、いやないだろう。交野のみ野の桜狩りで出会った、桜の花が雪のように散る春の明け方の景色は。《係結び》「や→見ん㊓」

〈参考〉初句切れ。『伊勢物語』八二段の、惟喬親王が在原業平らとともに交野で桜狩りを楽しんだという話をふまえた歌。

まだら【曼陀羅】[名]「まんだら」に同じ。

まだら[・なり]【斑】[名・形動ナリ]いろいろな色や濃淡がまざり、むらになっていること。またそのようす。例「皆を張りかへ候はんは、はるかにたやすく候ふべし、**まだら・に**候ふも見苦しくや」〈徒然・一八四〉

まだらぶすま【斑衾】[名]色をまだら模様に染めた布の夜具。

まだる・し【間怠し】[形ク]{から・く(かり)・し・き(かる)・けれ・かれ}《近世語》じれったい。気が利かない。例「町人の**まだる・き**付き会い酒ならば」〈浮・男色大鑑〉

まち【町】[名]❶田地の区画。❷都城制で、市街の一区画。❸宮殿・大邸宅など、いくつかの殿舎からなる建物の一区画。❹階級。等級。程度。❺物を売る家。商店。また、商店がたち並んでいる所。

> **古典の世界　平安京の一区画「町」**
>
> 平安京は、条坊制といって碁盤の升目のように区画されていた。「坊」「条」と分割されていった、その一区画を「町」といい、四十丈(約一二〇メートル)四方と定められていた。町は、道幅四丈の小路、八丈(あるいは一〇丈、一七丈など)の大路によって区割りされている。これが平安京を構成する基本単位である。町をさらに三十二分してできた東西に細長い一区割りを一戸主といい、これが庶民の宅地の最小単位(単純計算では約四五〇平方メートル)とされていた。
>
> 一般に高級貴族の邸宅は、一町(約一四、四〇〇平方メートル)が上限であるが、藤原良房が創建し代々摂関家に伝えられた「東三条第」や、藤原道長の「土御門第」などは、二町の面積を有する。またのちの藤原頼道は四町もあった。逆に藤原定家の邸は一町の四分の一にも満たないもの。物語では『源氏物語』の光源氏の「六条院」は、春・夏・秋・冬の四つの町からなる広大なもので、それぞれに女君が住まうものであった。

まち【待ち】[名]高い木のまたに結びつけた横木から獲物が下に来るのを待って射る狩りの方法。＝待ち木

まちあか・す【待ち明かす】[他サ四]{さ・し・す・す・せ・せ}人がやって来るのを待って夜を明かす。また、転じて、長い間待つ。例「みゆきせし賀茂の川波かへるさに立ちや寄るとぞ**待ちあか・しつる**」〈後拾遺・雑五・一一〇九〉

まちい・づ【待ち出づ】[他ダ下二]{で・で・づ・づる・づれ・でよ}出て来るのを待つ。待ち受けて会う。＝待ち出づ。例「そこにはなほ思ひしやうなる御世を**待ち出・で**たまへ」〈源氏・若菜・上〉

まち・う【待ち得】[他ア下二]{え・え・う・うる・うれ・えよ}ずっと待って、手に入れる。待ち迎える。例「優曇華の花**待ち・得**たる心地して」〈源氏・若紫〉

まちか・く【待ち掛く】[他カ下二]{け・け・く・くる・くれ・けよ}待ち受ける。待ち構える。例「剣を抜いて**待ちか・け**給へば」〈謡・紅葉狩〉

まぢか・し【間近し】[形ク]{から・く(かり)・し・き(かる)・けれ・かれ}《「まちかし」とも》(空間的、または時間的に)間隔が少ない。ごく近い。↔間遠し。例「葦垣の**間近・けれ**ども逢ふよしのなき」〈古今・恋一・五〇六〉

まちがたに【待ち難に】《動詞「待つ」の連用形＋形容詞「難し」の語幹＋格助詞「に」》待つことができずに。待ちかねて。＝待ちかてに。例「うべなうべな君**待ち難に**」〈記・中・歌謡〉

まちかてに【待ちかてに】《「まちがてに」とも。動詞「待つ」の連用形＋補助動詞「かつ」の未然形＋打消の助動詞「ず」の連用形の古い形》待ちかねて。待ちきれずに。例「うぐひすの**待ちかてに**せし梅が花」〈万葉・五・八四五〉

まちか・ぬ【待ち兼ぬ】[他ナ下二]{ね・ね・ぬ・ぬる・ぬれ・ねよ}これ以上待てない。例「大宮人の船**待ちか・ねつ**」〈万葉・一・三〇〉訳→〔和歌〕ささなみのしがのからさき…

まちがほ[・なり]【待ち顔】[名・形動ナリ]〔人の訪れなどを〕いかにも待っているような顔つき。また、そのさま。例「山郭公の一声も、君の御幸を**まちがほ・なり**」〈平家・灌頂・大原御幸〉

まちぎみ【公卿・卿】[名]《「まへつきみ」のウ音便「まうちぎみ」の略》「まへつきみ」に同じ。

まちざけ【待ち酒】[名]来客用にあらかじめ造り、用意しておいた酒。

まちすぐ・す【待ち過ぐす】[他サ四]{さ・し・す・す・せ・せ}待ちつつ月日を送る。例「ほど経ば少しうち紛るることもやと、**待ち過ぐ・す**月日に添へて」〈源氏・桐壺〉

まぢち【貧鉤】[名]これを持つ人が貧しくなるようにと呪いをかけた釣り針。

まち・づ【待ち出づ】[他ダ下二]{で・で・づ・づる・づれ・でよ}「まちいづ」に同じ。

まちつ・く【待ちつく】[他カ下二]{け・け・く・くる・くれ・けよ}待ち受ける。待っていて会う。例「近衛の御門に出でたちて、**待ちつ・け**て乗りてはせゆく」〈大和・一〇一〉

まちどしより【町年寄】[名]《近世語》江戸時代、江戸・京都・大坂・長崎などの町ごとに置いた町役人。町奉行の下で公用雑事を行った。

まちどほ[・なり]【待ち遠】[形動ナリ]{なら・なり(に)・なり・なる・なれ・なれ}待ち遠しいようす。例「いでやいとど待ち遠・になりたまはむ」〈源氏・葵〉

まちと・る【待ち取る】[他ラ四]{ら・り・る・る・れ・れ}❶待ち受けて捕らえる。待ち受けて殺す。例「風の音の竹に待ちと・られてうちそよめくに」〈源氏・少女〉❷待ち受ける。例「かしこに待ちと・りてよくしも思ふまじき人のものしたまふなるがいとほしさに」〈源氏・真木柱〉

まちなげ・く【待ち嘆く】[他カ四]{か・き・く・く・け・け}嘆きながら待つ。待ちわびる。例「たのむ人のよろこび(=任官)のほどを、心もとなく待ち嘆・かるるに」〈更級〉

まち・みる【待ち見る】[他マ上一]{み・み・みる・みる・みれ・みよ}❶待ち続けた末に見る。例「めでたからむ御文などを、時々待ち・見などこそせめ」〈更級〉❷ためしに待ってみる。例「桜花今日は待ち・見て散らば散らなむ」〈古今・春下・七八〉

まちや【町屋】[名]町人の家。商家。また、町中。➡図版「幣」

まちやっこ【町奴】[名]《近世語》江戸前期、「旗本奴」に対抗し町民から出た侠客。幡随院長兵衛・花川戸助六が有名。男伊達。

まちわた・る【待ち渡る】[他ラ四]{ら・り・る・る・れ・れ}長い月日待ち続ける。例「沖つ波高師の浜の浜松の名にこそ君を待ちわた・りつれ」〈古今・雑上・九一五〉

まちわ・ぶ【待ち侘ぶ】[他バ上二]{び・び・ぶ・ぶる・ぶれ・びよ}待ちくたびれる。例「来べきほど時過ぎぬれや待ちわ・びて鳴くなる声の人をとよむる」〈古今・物名・四二三〉

まち・ゐる【待ち居る】[自ワ上一]{ゐ・ゐ・ゐる・ゐる・ゐれ・ゐよ}座って待っている。例「父母て、炭櫃に火などおこして待ち・ゐたりけり」〈更級〉

まつ【松】[名]❶木の名。松は繁栄、不変の象徴であり、長寿のシンボルとして千歳の齢をもつとされ、庭などにはよく植えられていた。例「我妹子を来むか来じかと我がまつの木ぞ」〈万葉・一〇・一九二三〉❷「松明」の略。❸正月の松飾り。門松。❹《女房詞》マツタケ。❺「松の位」の略。

〔松の浮き根〕松の根が、水に洗われ、地表に出たもの。和歌では多く「待つ」「浮き寝」とかけて用いる。例「片岸の松のうきねと忍びしはさればよつひにあらはれにけり」〈拾遺・恋二・七四三〉

〔松の思はむこと〕老松に「まだ生きているのか」と思われること。長寿を恥じる際に用いる。例「寿いとつらう思ひたまへ知らるるに、松の思はむことだに恥づかしう」〈源氏・桐壺〉

〔松の煙〕たいまつの煙。

〔松の蘿〕松に生えた苔。一説に地衣類のサルオガセをいう。

〔松の声〕松の梢に吹く風の音。

〔松の千歳〕松の寿命が長いこと。人の長寿。

〔松の戸〕松の木で作った戸。粗末な戸。=松の枢

〔松の枢〕(「とぼそ」は「戸」の意)「まつのと」に同じ。

〔松の雪〕❶松の木に降り積もっている雪。(季—冬)。❷襲の色目の名。表が白、裏が青で冬用。

〔松の齢〕松のように寿命が長いこと。末永く変わらずにあること。

ま・つ【待つ】[他タ四]{た・ち・つ・つ・て・て}❶人や物事などの到来を期待して時を過ごす。❷停止する。延期する。例「ゆく水とすぐるよはひと散る花といづれ待・ててふ言を聞くらむ」〈伊勢・五〇〉

ま・づ【参づ・詣づ】[自ダ下二]{で・で・づ・づる・づれ・でよ}(「まうづ」の変化形)「まうづ」に同じ。

まづ【先づ】[副]❶真っ先に。最初に。例「春さればまづ咲く宿の梅の花」〈万葉・五・八一八〉❷なにはともあれ。ともかく。例「まづとどまり給へ」〈狂言記・七騎落〉❸実に。なんとも。例「浮舟の女君のやうにこそあらめと思ひける心、まづいとはかなくあさまし」〈更級〉

まつえしげより【松江重頼】[人名](一六〇二〜一六八〇)江戸前期の俳人。松永貞徳の門下。のちには貞門から離れ、独自の道を開拓する。編著『犬子集』『毛吹草』『名取川』など。

まつえふ【末葉】[名]❶(「ばつえふ」とも)子孫。末裔。❷末の時代。末期。

まっかいさま[・なり]【真っ返様】[名・形動ナリ]《近世語。「まっかへさま」の変化形》正反対。まっさかさま。

まっかう【抹額・末額】[名](「まっかく」のウ音便)冠を頭に固定するため、冠のへりに巻いて後ろで結んだ紅の絹布。下級武官が公式の際に用いた。

まっかう【真っ向】[名]❶額の中央部。❷兜の鉢の前面部。➡[古典参考図]武装・武具〈1〉

まつがうらしま【松が浦島】[歌枕]陸奥国の地名。いまの宮城県宮城郡七ヶ浜町の海岸付近にある島とされる。「待つ」をかけ、「月」「雪」「霞」とともに詠まれた。

まつかさ【松笠・松毬】[名]❶松の実。=松陰嚢 ❷紋所の名。①を図案化したもの。

まつがさね【松襲】[名]襲の色目の名。表が萌葱、一説に青で、裏が紫。

まつかざり【松飾り】[名]正月に門口などに飾る松。門松。=飾り⑤。(季—春)

まつかぜ【松風】[名]❶松のこずえに吹く風。また、その音。しばしば琴の音にたとえられる。❷香の名。丁字香・沈香・甘松香・鬱金香・朴の根を練り合わせたもの。

まつかぜ【松風】[作品名]室町前期の謡曲。『松風村雨』ともいう。観阿弥作曲の原作を世阿弥が改作。須磨の浦で旅僧が松風・村雨という姉妹の霊が在原行平を恋慕し舞う姿を見る。『古今和歌集』行平歌と『源氏物語』須磨巻とを題材とし、雅びな歌語を巧みにつづる傑作。

まつかぜ【松風】[作品名]『源氏物語』の十八番目の巻名。

まっかせ[感]《近世語》任せよ。承知した。

まつかぜむらさめ【松風村雨】[作品名]「まつかぜ」に同じ。

まつがね【松が根】[名]松の根。

まつがねの【松が根の】[枕詞]「松」と同音の「待つ」に、また松の根が長く伸びることから「絶ゆることな

く」にかかる。例「**松が根の絶ゆることなく**」〈万葉・一九・四二六六長歌〉

まづかひ【間使ひ】［名］人と人との間を往来し、消息などを伝える使い。

まっかへさま［・なり］【真っ返様】［名・形動ナリ］「まっかいさま」に同じ。

まつがへり【松反り】［枕詞］「しひ」にかかる。例「松反りしひにてあれかも」〈万葉・一七・四〇一四〉

まっくろ［・なり］【真っ黒】［形動ナリ］｛なら・なり(に)・なり・なる・なれ・なれ｝《「まっ」は接頭語》❶完全に黒いさま。❷夢中になるさま。例「この船目当ての一文字、**真っ黒になって漕ぎつけたり**」〈浄・博多小女郎波枕〉

まつげ【睫・睫毛】［名］《「目つ毛」の意。「つ」は「の」の意の上代の格助詞》まぶたの縁に生えている毛。

まつご【末期】［名］一生の終わり。臨終。最期。

まつざ【末座】［名］《「ばつざ」とも》末席。下座。また、末席にいる人。

まつさか【松坂】［地名］伊勢国の地名。いまの三重県松阪市。蒲生氏郷が築いた松坂城の城下町。江戸時代の国学者本居宣長が生まれ活躍した地。

まつじ【末寺】［名］本山の支配を受ける寺。また、本寺に付属する寺。↕本山

まづ・し【貧し】［形シク］｛しから・しく(しかり)・し・しき(しかる)・しけれ・しかれ｝《「まどし」とも》貧乏である。

まつしま【松島】［歌枕］陸奥国の地名。いまの宮城県松島湾一帯の名称。安芸の宮島・天の橋立とともに日本三景のひとつ。

〔俳句〕**まつしまや…**【**松島や鶴に身を借れほととぎす**】〈おくのほそ道・松嶋・曾良〉訳松島の眺めは、まことにすばらしい。折からホトトギスが一声鳴き過ぎたが、松島の絶景に、その姿はふさわしくない。ホトトギスよ、声はそのままに、姿は鶴に身を借りて鳴き渡れよ。（季－ほととぎす－夏）

まっしゃ【末社】［名］❶本社に付属している小さな神社。↕本社。❷《近世語》（客の意の「大尽」を、「大神」にかけて本社にたとえ、それを取り巻くもの の意から）太鼓持ち。幇間。

まつすぎ【松過ぎ】［名］正月、門松や注連飾りを取り去った後のころ。七日過ぎ、または十五日過ぎ。↕松の内。（季－春）

まっせ【末世】［名］《仏教語》仏法の衰えた末の世。＝末代①・末法

まつだい【末代】［名］❶仏法が衰え、人心も乱れ、道義もすたれた時代。＝末法・末世。❷死んだ後の世。後世。

まったう・す【全うす】［他サ変］｛せ・し・す・する・すれ・せよ｝《「まったくす」のウ音便》最後まで完全にやり通す。また、完全に保つ。例「宿病（＝長年患ッテイタ病気）たちどころにいえて、天命を**全う・す**」〈平家・一・禿髪〉

まったく【全く】［副］❶すべて。全部。完全に。例「弟の頼長公は、**全く経をむねとして**」〈撰集抄〉❷（下に打消の語を伴って）ぜんぜん。決して。例「まったく義仲においては、御辺に意趣思ひ奉らず」〈平家・七・清水冠者〉

まった・し【全し】［形ク］｛から・く(かり)・し・き(かる)・けれ・かれ｝《「またし」の変化形》❶欠けているところがない。完全だ。十分だ。❷安全だ。無事だ。例「片手は折れたれども、命は**全・かりけり**」〈十訓抄・六〉

〔俳句〕**まづたのむ…**【**まづ頼む椎の木も有り夏木立**】〈猿蓑・芭蕉〉訳ここ幻住庵を包んでいる夏木立。その中には、わが草庵生活のより所として、何はさておき頼りにしたい椎の木もあって、心安らぐことだ。（季－夏木立－夏）

〈参考〉元禄三年（一六九〇）四月、大津（いまの滋賀県大津市）の国分山の幻住庵に入庵した折の句。

まつだひらさだのぶ【松平定信】［人名］（一七五八～一八二九）江戸後期の白河藩主。父は田安宗武。老中に就任後、田沼意次を批判、寛政の改革を断行した。和歌をよく詠み、歌集『三草集』のほか随筆『花月草紙』など。

まつちやま【真土山・待乳山】［歌枕］❶大和国と紀伊国の境の山。いまの奈良県五条市と和歌山県橋本市の境にある。和歌では多く「待つ」をかける。❷江戸の地名。いまの東京都台東区浅草の本竜院境内にある小丘。山上に聖天宮がある。

まっと［副］《近世語》もっと。もう少し。

まっとうせう【末灯鈔】［作品名］鎌倉後期（一三三三成立）の仏教書。従覚編。親鸞晩年の書簡や法語を収録したもの。

まつながていとく【松永貞徳】［人名］（一五七一～一六五三）江戸前期の俳人・歌人・歌学者。和歌・連歌・俳諧に多くの優れた門人を育て、貞門派の祖となった。著書に『俳諧御傘』など。

〔俳句〕**まつにすめ…**【**松にすめ月も三五夜中納言**】〈玉海集・貞室〉訳かつてこの須磨の地に流寓した在原行平の中納言ゆかりの松に、月よ、澄みわたれ。折しも八月十五夜、人々よ、この松陰に住んで、ともに月を眺め、行平をしのぶことにしようではないか。（季－月－秋）

〈参考〉「すめ」に「澄め」と「住め」の意をかける。

まつのうち【松の内】［名］正月、門松を立てておく期間。元日から十五日まで。近世、江戸では七日まで。↕松過ぎ。（季－春）

まつのくらゐ【松の位】［名］（秦の始皇帝が雨宿りした松に「大夫」の位を与えたという故事から）❶令制で「大夫」の別称。❷遊女の最高位である「大夫」の別称。①②↕松⑤

まつのは【松の葉】［作品名］江戸中期（一七〇三刊行）の歌謡集。秀松軒編。近世前期における上方の三味線歌謡を集大成した作品集。長唄・端唄・吾妻浄瑠璃など、流行歌謡を分類編集。

まつのはの【松の葉の】［枕詞］（松が常緑樹であることから）「いつともわかぬ」「散りうせず」にかかる。例「松の葉のいつともわかぬ恋もするかな」〈古今・恋一・四九〇〉

まつのやぶんしふ【松屋文集】［作品名］江戸後期（一八二四刊行）の随筆。藤井高尚著。ことばや故事などに関する随想をつづった和文集。

まつのをやま【松の尾山】［歌枕］山城国の山。いまの京都市西京区嵐山にある松尾大社の裏山。「待つ」をかける。神祇歌や賀歌に詠まれることが多い。

まづは【先づは】［副］❶最初に。初めに。例「ま

づは神分の心経・表白のたうびて」〈大鏡・道長・下〉❷ともかく。差し当たって。例「まづは興あり、めづらしき御かしづきに」〈源氏・葵〉❸とりわけ。実に。例「まづは色の悪い茶ぢゃなあ」〈狂・簸屑〉

まつは・す【纏はす】マツワス{さ・し・す・す・せ・せ}一[自サ四]つきまとう。絡みつく。例「**まつは・し**きこえけるこそあさましき心なりけれ」〈源氏・葵〉二[他サ四]絶えずそばにつきまとわせる。＝纏はす。例「わりなく**まつは・さ**せたまふあまりに」〈源氏・桐壺〉

まつばやし【松囃子・松拍子】[名]《松の内の囃子の意》❶室町時代、正月のめでたいしきたりとして行われた歌舞。❷江戸時代、正月三日の夜に殿中や町家で行われた謡初めの儀式。（季－春）

まつは・る【纏はる】マツワル[自ラ四]{ら・り・る・る・れ・れ}[自ラ下二]{れ・れ・る・るる・るれ・れよ}《「まとはる」とも》❶絡みつく。巻きつく。例「唐衣なれば身にこそ**まつは・れ**め」〈古今・恋五・七八六〉❷つきまとう。くっついて離れない。例「**まつは・れ**にくし虫の姿は」〈堤中納言・虫めづる姫君〉

まつ・ふ【纏ふ】マツウ[自・他ハ四]{は・ひ・ふ・ふ・へ・へ}「まとふ」に同じ。

まつふぐり【松陰嚢・松毬】[名]松かさの別称。マツボックリ。（季－秋）

まつぶさ【真具さ・委曲】[形動ナリ]{なら・なり(に)・なり・なる・なれ・なれ}《「ま」は接頭語》すべてがよく整い、そろっているさま。完全だ。十分だ。例「ぬばたまの黒き御衣を**まつぶさ**に取り装ひ」〈記・上・歌謡〉

まつ・べる[他バ下一]{べ・べ・べる・べる・べれ・べよ(べろ)}《近世語》ひとつに集め、まとめる。例「沓つ見**まつ・べ**て腰に付け」〈浄・丹波与作待夜の小室節〉

まつほのうら【松帆の浦】[歌枕]淡路国の地名。いまの兵庫県津名郡淡路町の海岸。淡路島の最北端で、明石海峡に臨む。

まっぽふ【末法】マッポウ[名]《仏教語》釈迦の入滅後を三つの時期に分け、「正法」・「像法」に続く三番目の時期。一万年続き、仏法が衰え、社会が乱れるとされた。日本では永承七年(一〇五二)に末法に入ったとされる。＝末世・末代①。↔正法②

まつむし【松虫】[名]鈴虫の古名。和歌では「待つ」とかける場合が多い。（季－秋）

発展学習ファイル　中古では「まつむし」がいまの「すずむし」に、「すずむし」がいまの「まつむし」にあたるという江戸時代の説による。ほかに、秋の虫の名とする説もある。

まつよひ【待つ宵】マツヨイ[名]❶来ることになっている人を待つ宵。❷《次の日の十五夜の月を待つ意から》陰暦八月十四日の夜。（季－秋）

〔和歌〕**まつよひに…【待つ宵に更けゆく鐘の声聞けばあかぬ別れの鳥はものかは】**〈新古今・恋三・一一九一・小侍従〉訳いとしい人を待っている夜に、夜更けを告げる鐘の声を聞くと、飽くことのない恋人との別れを知らせる暁の鶏の声を聞いたときのつらさなどものの数ではありません。

〈参考〉『平家物語』〈巻五・月見〉に「待つ宵」と「帰るあした」の優劣を問われた作者がこの歌を詠み、以来「待つ宵の小侍従」と呼ばれたという話がある。

まつら【松浦】[歌枕]肥前国の地名。いまの佐賀県東松浦郡と唐津市を中心とする地域。任那へ赴く大伴狭手彦の船を、高山から領巾を振って見送った松浦佐用姫の伝説で有名。

まつらさよひめ【松浦佐用姫】[人名]伝説上の女性。朝鮮に渡る大伴狭手彦に向かって領巾を振り、そのまま石になったと伝える。

まつらのみやものがたり【松浦宮物語】[作品名]平安後期から鎌倉前期の物語。藤原定家作か。主人公の日中二国での恋が、転生や戦乱をモチーフに描かれる。あとがきに記す年号を偽るなど、古代の物語と見せる手法に特色がある。

まつらぶね【松浦船】[名]肥前国松浦地方で造られた船。堀江に漕ぎ入ることができ、櫓の音が高いことで知られた。

まつり【祭り】[名]❶神をまつること。例「**祭り**、祓へ、よろづにいたらぬことなくしたまへど」〈源氏・総角〉❷京都の賀茂神社の祭り。陰暦四月の中の酉の日に行い、装飾に葵を用いるので、「葵祭り」ともいった。（季－夏）

〔**祭りの帰さ**〕マツリノカエサ　賀茂神社の祭りの翌日、斎王が上社から斎院に帰ること。また、その行列。勅使や大勢の供を連れてはなやかな行列をする。

〔**祭りの使ひ**〕マツリノツカイ　賀茂神社の祭りのときなどに、奉幣のため、宮中より遣わされる使い。

まつりご・つ【政つ】[他タ四]{た・ち・つ・つ・て・て}❶政治を行う。例「北野(＝菅原道真)と世を**政ご・た**せたまふあひだ」〈大鏡・時平〉❷世話をやく。とりしきる。例「家の事ども**政ご・ち**てありければ」〈今昔・二六・五〉

まつりごと【政】[名]《「祭り事」の意》(古代では神を祭ることと関係が深かったことから)政治。政務。

まつりごとあづかりまうすつかさ【政関白】マツリゴトアズカリモウスツカサ[名]「くわんばく」に同じ。

まつりごとどの【政殿・庁】[名]政治を行う役所。官庁。

まつりごとびと【判官】[名]令制で「四等官」のうちの第三等官である「判官」の和訓。

まつりだ・す【奉り出す】[他サ四]{さ・し・す・す・せ・せ}《「奉り」はやるの意の謙譲語》さしあげる。献上する。例「まそ鏡かけて偲へと**まつり出・す**形見の物を人に示すな」〈万葉・一五・三七六五〉

まつ・る【奉る】{ら・り・る・る・れ・れ}一[他ラ四]「贈る」の意の謙譲語。「(AがBに)まつる」で、B(贈る相手)を高める。**さしあげる。献上する。**例「国々の社の神に幣**まつ・り**」〈万葉・二〇・四三九一〉二[補動ラ四]《動詞の連用形に付いて》「(AがBに)…まつる」で、B(行為の向かう先)を高める謙譲語。**お(ご)…する。お(ご)…申し上げる。**例「見**まつ・り**ていまだ時だに変はらねば」〈万葉・四・五七九〉三[他ラ四]「飲む」「食ふ」の尊敬語。**めしあがる。**例「豊御酒**まつ・る**」〈続紀・聖武・歌謡〉

発展学習ファイル　二は「仕ふ」に付いて「つかへまつる」で一語化して用いられる場合も多い。

まつ・る【祭る】[他ラ四]{ら・り・る・る・れ・れ}供物をささげたり、音楽を奏したりして、神仏などを敬い、祈願する。

まつろ・ふ【服ふ・順ふ】マツロウ一[自ハ四]{は・ひ・ふ・ふ・へ・へ}《動詞「奉る」の未然形＋上代の反復・継続の助動詞「ふ」＝「まつらふ」の変化形》従う。服従する。例「東の方の十二道の荒ぶる神、また**まつろ・は**ぬ

ま

人どもを言向け和せ(=平定セヨ)」〈記・中〉 二 [他ハ下二]{へ・へ・ふ・ふる・ふれ・へよ}従わせる。服従させる。例「ちはやぶる神を言向けまつろへぬ人をも和し」〈万葉・二〇・四四六五長歌〉

まつわす【纏わす】歴史的かなづかい「まつはす」

まつをばせう【松尾芭蕉】マツオバショウ[人名](一六四四〜一六九四)江戸前期の俳人。本名は松尾宗房。号は芭蕉・桃青・風羅坊など。伊賀上野の藩に仕えた。北村季吟に貞門俳諧を学び、談林派・蝶々子派とも交流、協力があって万句興行を敢行した。其角・嵐雪・去来ら蕉門十哲は、多くの弟子の中でとくに有名。『冬の日』『猿蓑』『炭俵』『続猿蓑』が代表作。作風はそれまでの諧謔を主とした俳諧に高い文学性を与え、「わび」「さび」「かるみ」を根本理念とした。『おくのほそ道』『野ざらし紀行』『笈の小文』は、旅人としての芭蕉の記録文ともなっている。蕉風俳諧は以後長期にわたって影響を与え続けている。

まて【真手】[名]《「ま」は接頭語。「まで」とも》両手。↔片手①

まで [副助][格助][終助] ⇨一二四ページ「特別コーナー」

まで【詣で】動詞「まうづ」の未然形・連用形「まうで」の変化形。例「常に詣でまほしうなりて」〈枕・説経の講師は〉

までい [終助]《終助詞「まで」の変化形》…よ。…なあ。例「この太刀に目を懸けてうろうろするが、好かぬやつぢゃまでい」〈狂言記・長光〉訳この太刀にねらいをつけてうろうろするが、嫌なやつだよ。

まで・く【詣で来】[自カ変]{こ・き・く・くる・くれ・こ(こよ)}《「まうでく」の変化形》「まうでく」に同じ。

まてつがひ【真手番ひ】マテツガイ[名]《正式な「手番ひ」の意》宮中で行われた「射礼」など、左右に分かれて勝負する競技。→「あらてつがひ」「てつがひ」

までつ・く【まで着く】[自カ四]{か・き・く・く・け・け}《「まで」は「まうで」の略》「まうでつく」に同じ。

までに《副助詞「まで」+格助詞「に」》程度・限界・範囲・添加などを表す。…ほど。…まで。→「まで」。例「淀瀬には浮き橋渡しあり通ひ仕へ奉らむ万代までに」〈万葉・一七・三九〇七長歌〉訳淀瀬には浮き橋を渡し、つねに通ってお仕えいたしましょう。万代まで。(敬語)「仕へ奉らむ」→「つかへまつる」

までも《副助詞「まで」+係助詞「も」》「ぬまでも」の形で仮定条件を表す。…ないとしても。例「用ゐさせたまはぬまでも、このいましめの日を過ぐさず、このよしを告げ申しはべらん」〈源氏・明石〉訳お取り上げにならないとしても、このお告げの日をそのままにせず、このことをお告げ申しましょう。(敬語)「用ゐさせたまはぬ」→「させたまふ」、「告げ申しはべらん」→「まうす」「はべり」

まと【待と】《動詞「待つ」の終止形・連体形の上代東国方言》待つ。例「雨を待とのす」〈万葉・一四・三五六一〉

まど【窓】[名]採光や通風などのために壁や屋根に設けた穴。

(窓の中) 女性がまだ若く、人目にふれないよう、家の奥深くで大事に育てられている状態。深窓。例「生ひ先籠もれる窓の中なるほどは」〈源氏・帚木〉

まとい【円居・団居】歴史的かなづかい「まとゐ」

まとう【纏う】歴史的かなづかい「まとふ」

まどう【惑う・迷う・償う】歴史的かなづかい「まどふ」

まどお【間遠】歴史的かなづかい「まどほ」

まどか【円か】[形動ナリ]{なら・なり(に)・なり・なる・なれ・なれ}《「まとか」とも》❶まるいさま。例「望月のまどかなる事は、暫くも住せず、やがて欠けぬ」〈徒然・二四一〉❷穏やかであるさま。

まどころ【政所】[名]《「まんどころ」の撥音無表記》「まんどころ」に同じ。

まど・し【貧し】[形シク]{しから・しく(しかり)・し・しき(しかる)・しけれ・しかれ}《「まづし」の変化形》❶貧乏だ。例「まどしき小家に一夜をあかして」〈おくのほそ道・石の巻〉❷不十分だ。例「財多ければ身を守るに貧し」〈徒然・三八〉

(和歌)**まどちかき…**【窓近き竹の葉すさぶ風の音にいとど短きうたた寝の夢】〈新古今・夏・二五六・式子内親王〉訳窓のそばの竹の葉をもてあそぶ風の音に、いっそう短くなった仮寝の夢よ。

まどはか・す【惑はかす】マドワカス[他サ四]{さ・し・す・す・せ・せ}《「かす」は接尾語》「まどはす」に同じ。

まどはしがみ【惑はし神・迷はし神】マドワシガミ[名]人にとりついて、道などを迷わせるという神。=迷はかし神・迷はし神・迷ひ神

まとはしのうへのきぬ【縫腋の袍】マトワシノウエノキヌ[名]《「縫腋の袍」の訓読語》「ほうえきのはう」に同じ。

まとは・す【纏はす】マトワス[他サ四]{さ・し・す・す・せ・せ}《「まつはす」とも》からみ付かせる。離れずそばにいさせる。例「この若君を内裏にてなど見つけたまふ時は、召しまとはし」〈源氏・紅梅〉

まどは・す【惑はす】マドワス[他サ四]{さ・し・す・す・せ・せ}《上代は「まとはす」とも》❶(人や物を)見失わせる。(場所や方角を)分からないようにする。例「幼き人まどはしたりと中将の愁へしは」〈源氏・夕顔〉❷うろたえさせる。(心身を)苦しめる。例「心をまどはしたるけしきどもの、いとことわりなるに」〈紫式部日記〉❸夢中にさせる。心を奪う。例「(女性ハ)ことにふれて、うちあるさまにも人の心をまどはし」〈徒然・九〉①②③=惑はかす

まとは・る【纏はる】マトワル[自ラ四]{ら・り・る・る・れ・れ}[自ラ下二]{れ・れ・る・るる・るれ・れよ}「まつはる」に同じ。

まとひ【纏ひ】マトイ[名]❶馬印の一種。大将の本陣であることを示すもの。竿の先にさまざまな飾りものを付け、その下に「馬簾」を下げた。❷江戸時代、町火消しが①を模して組の目印として用いたもの。

まどひ【惑ひ】マドイ[名]《上代は「まとひ」とも》❶迷い。心が乱れること。❷あわてること。狼狽すること。

まどひあ・ふ【惑ひ合ふ】マドイアウ[自ハ四]{は・ひ・ふ・ふ・へ・へ}互いに思い悩む。例「垣根二穴をくじり、垣間見、惑ひあへり」〈竹取・かぐや姫〉

まどひあり・く【惑ひ歩く】マドイアリク[自カ四]{か・き・く・く・け・け}あてもなくさまよう。例「むかし、男、武蔵の国までまどひ歩きけり」〈伊勢・一〇〉

まどひい・づ【惑ひ出づ】マドイイズ[自ダ下二]{で・で・づ・づる・づれ・でよ}あわてて外に出る。急いで退出する。例「にはかにまどひ出でたまひし騒ぎに」〈源氏・玉鬘〉

まどひいら・る【惑ひ焦らる】マドイイラル[自ラ下二]{れ・れ・る・るる・るれ・れよ}どうしてよいかわからず、焦る。どうしよう

まで〔副助詞〕〔格助詞〕〔終助詞〕

アプローチ　㈠④と㈢終助詞は室町以降の用法。

㈠〔副助詞〕接続 体言、活用語の連体形などに付く。

意味	訳語	用例
❶程度を表す。	…ほど …くらい	例「里人の聞き恋(こ)ふるまで山彦(やまびこ)の相(あひ)とよむまでほととぎす妻恋(つまごひ)すらしさ夜中に鳴く」〈万葉・一〇・一九三七長歌〉 訳 里人がそれを聞いて恋しく思うほど、山彦がそれに答えるほど、ホトトギスが妻を恋しく思っているらしい、夜中に鳴いている。 例「いまめかしうをかしげに、目も輝くまで見ゆ」〈源氏・絵合〉 訳 今風ですばらしく、目も輝くほど(美しく)見える。
❷限界・範囲を表す。	…まで	例「はかなき旅の御座所(おましどころ)は奥まで隈(くま)なし」〈源氏・須磨〉 訳 かりそめの旅の御座所は奥まで暗いところがない。
❸添加を表す。	…までも	例「人々の上まで思(おぼ)しやりつつ、とぶらひきこえたまへば」〈源氏・蓬生〉 訳 (召し使う)人々のことまでも心配なさっては、お世話申し上げなさるので。
❹限定を表す。	…だけ …のみ	例「某(それがし)までにてもなし、今一人申し合はせて立たる人が御ざるが」〈狂・腹立てず〉 訳 私だけでもない。もうひとり申し合わせて(小庵(しょうあん)を)立てた人がいますが。

㈡〔格助詞〕接続 体言、活用語の連体形などに付く。

意味	訳語	用例
到着点を表す。	…まで	例「今日までながらへはべりにけるよ」〈源氏・葵〉 訳 今日まで生き続けてきたものだなあ。

㈢〔終助詞〕接続 文末の種々の語に付く。とくに助動詞「ぢゃ」に付く。

意味	訳語	用例
強調・確認・念押しなどを表す。	…だね …だな	例「すればそなたは、越前の国のお百姓ぢゃまで」〈狂・餅酒〉 訳 それでは、おまえは、越前の国のお百姓なのだな。

もなくていらいらする。例「この人いたづらになしたてまつらじとまどひ焦ら・れて」〈源氏・夢浮橋〉

まどひい・る【惑ひ入る】(マドイイル)〔自ラ四〕{ら・り・る・る・れ・れ}あわてて中に入る。例「舟の人々もまどひ入・りぬ」〈紫式部日記〉

まどひ・く【惑ひ来】(マドイク)〔自カ変〕{こ・き・く・くる・くれ・こ(こよ)}あわてやって来る。例「みのもかさもとりあへで、しとどに〔雨ニ〕濡(ぬ)れてまどひ・来にけり」〈伊勢・一〇七〉

まどひた・つ【惑ひ立つ】(マドイタツ)〔自タ四〕{た・ち・つ・つ・て・て}まどい始める。おろおろしだす。例「ののしりて、もの来(き)ぬ。さなめりと思ふに、こころまどひた・ちぬ」〈蜻蛉・中〉

まどひふため・く【惑ひふためく】(マドイフタメク)〔自カ四〕{か・き・く・く・け・け}あわてふためく。例「大きなる糞鳶(くそとび)の羽折れたる、土に落ちて惑ひふため・くを」〈宇治拾遺・二・一四〉

まどひもの【惑ひ者】(マドイモノ)〔名〕行くあてのない者。浪人。さすらい人。

まと・ふ【纏ふ】(マトウ){は・ひ・ふ・ふ・へ・へ}(「まつふ」とも)㈠〔自ハ四〕まきつく。からみつく。例「法衣自然(じねん)に身にまと・って肩にかかり」〈平家・六・慈心房〉(音便)「まとっ」は「まとひ」の促音便。㈡〔他ハ四〕絡ませる。身に着ける。例「〔蛇ハ〕大きなる木の根のありけるに、頭(かしら)の方(かた)をあまた返りまと・ひて」〈宇治拾遺・一四・三〉

まど・ふ【惑ふ・迷ふ】(マドウ)〔自ハ四〕{は・ひ・ふ・ふ・へ・へ}

> アプローチ
> ▼上代は「まとふ」で清音。
> ▼事態を見きわめられなくて、心が乱れ、どうしたらよいか、分別をなくすというのが本来の意。
> ▼「泣きまどふ」「走りまどふ」など他の動詞の連用形に付いて、動作・状態のはなはだしいことを表す。

❶道を失う。迷う。途方に暮れる。例「あづさ弓いるさの山にまど・ふかなほのみし月の影や見ゆると」〈源

氏・花宴〉訳（私は）〔あづさゆみ〕いるさの山に迷っているのですよ。ほかに見た月の光が見えるかと思って。〔注〕「あづさ弓」は「いる」の枕詞。《係結び》「や」→「見ゆる体」

❷心が乱れる。思い悩む。悲しむ。例「『いかで、このかぐや姫を得てしかな、見てしかな』と、音に聞き、めでて惑ふ」〈竹取・かぐや姫〉訳「なんとかして、このかぐや姫を手に入れたいものだ、妻として見たいものだ」と、うわさに聞き、感心し思い悩む。《副詞の呼応》「いかで」→「得てしかな・見てしかな」

❸分別を失う。とり乱す。うろたえる。例「我も後れじとまどひはべりて、今朝は谷に落ち入りぬとなむ見たまへつる」〈源氏・夕顔〉訳（右近は）自分も（夕顔の）後にのこされまいととり乱しまして、今朝などは谷に飛び込んでしまいそうだと見ておりました。《係結び》「なむ」→「見たまへつる体」。《敬語》「まどひはべりて」→「はべり」、「見たまへつる」→「たまふ（下二段）」

❹（ほかの動詞の連用形に付いて）夢中になって…する。ひどく…する。例「家のさまも言ひ知らず荒れまどひて、さすがに大きなる所の、木立など疎ましげに、いかで過ぐしつらむと見ゆ」〈源氏・澪標〉訳家のようすもいいようもないほどひどく荒れていて、そうはいってもやはり大きな地所で、木立など気味が悪そうで、（ここに）どのように暮らしてきたのだろうかと思われる。《疑問語との呼応》「いかで」→「過ぐしつらむ体」

発展学習ファイル　「まどふ」が、もっぱら人について、判断しかねている心理状態を表すのに対して、類義語の「まよふ」は平安女性文学では、人・車・風や髪筋・織り糸などの動きを客観的に述べるのに用いられた。なお、平安後期には、両者の区別が明確でなくなった。

まど・ふ【償ふ】マドウ［他ハ四］｛は・ひ・ふ・ふ・へ・へ｝《近世語》弁償する。埋め合わせる。例「一両の銀子は私がまど・ひます」〈浮・好色一代女〉

まどほ【間遠】マドオ［・なり］［名・形動ナリ］（「まとほ」とも）❶時間的・空間的に離れていること。また、そのさま。例「壁の中のきりぎりすだに間遠・に聞きならひたまへる御耳に」〈源氏・夕顔〉❷織物の目が粗いこと。また、そのさま。例「藤衣間遠・にしあればいまだ着馴れず」〈万葉・三・四一三〉

まどほ・し【間遠し】マドオシ［形ク］｛から・く（かり）・し・き（かる）・けれ・かれ｝（「まとほし」とも）時間的・空間的に離れている。遠い。↔間近し。例「ま遠・くの雲居に見ゆる妹が家に」〈万葉・一四・三四四一〉

まとや【的矢】［名］❶的と矢。❷的を射るための練習・競技用の矢。鏃が小さい。

まとり【真鳥】［名］（「ま」は接頭語）立派な鳥。多くは鷲の別称。鷹・鶴・雉・鵜などについてもいう。

まどろみ【微睡み】［名］うとうとと眠ること。

まどろ・む【微睡む】［自マ四］｛ま・み・む・む・め・め｝浅く眠る。うつらうつらする。例「夜もすがらまどろ・まず、文作り明かしたまふ」〈源氏・須磨〉

まとわす【纏はす】歴史的かなづかい「まとはす」

まどわす【惑はす】歴史的かなづかい「まどはす」

まとゐ【円居・団居】マトイ［・す］［名・自サ変］（「まどゐ」とも）❶円陣を組んで座り、楽しむこと。だんらん。車座。❷会合。集まり。宴会。

まと・ゐる【円居る・団居る】マトイル［自ワ上一］｛ゐ・ゐ・ゐる・ゐる・ゐれ・ゐよ｝集まってまるく輪になって座る。だんらんする。例「氏人の円・居る今日は春日野の松にも藤の花ぞ咲くらし」〈宇津保・春日詣〉

まな【真字・真名】［名］（「まんな」とも。正式な文字という意）❶漢字。↔仮名。例「さばかりさかしだち、真名書き散らして侍るほども」〈紫式部日記〉❷楷書。漢字の書体のひとつ。例「草にも真字にも、さまざまめづらしきさまに書きまぜたまへり」〈源氏・葵〉〔注〕「草（仮名）」で和歌、「真名（漢字の楷書）」で漢詩を書いてあることになる。

まな【真魚】［名］❶食用の魚。食事に出す魚。❷「真魚の祝ひ」の略。また、そのときの膳。

〔真魚の祝ひ〕マナノイワイ　幼児に初めて魚肉を食べさせる儀式。平安時代は生後二十か月に、鎌倉時代は三歳、室町時代には百一日目、江戸時代には百二十日目に行った。＝魚味・真魚・真魚始め

まな【勿・莫】［副］（禁止・制止の意を表す）だめ。やめろ。…するな。例「それを、『まな』とも取り隠さで」〈枕・人映えするもの〉

まなう【間無う】マノウ　形容詞「まなし」の連用形「まなく」のウ音便。

まなか【真中】［名］（「ま」は接頭語）まんなか。中央。中心。＝最中

まなかひ【眼間・目交ひ】マナカイ［名］（「目な交ひ」の意）目と目の間。視野。眼前。

まなかぶら【眶】［名］（「まかぶら」とも）眼のふち。まぶた。

まなが・る［他ラ四］｛ら・り・る・る・れ・れ｝語義未詳。かわいがる意とも、抱く意とも、目を見合わす意ともいう。例「胸をそ叩き叩きまなが・り」〈記・上・歌謡〉

まなぐひ【真魚咋】マナグイ［名］魚類を料理したもの。

まなこ【眼】［名］（「目の子」の意）目。ひとみ。

〔眼を曝す〕じっと見る。本などを真剣に見、また読むさまをいう。例「（法橋八）他事なく、聖教に眼をさらし」〈沙石集〉

まなご【真砂】［名］（「まさご」とも）細かい砂。

まなご【愛子】［名］いとしい子。かわいい子。

まなごつち【真砂地】［名］（「まさごち」とも）「真砂」のある土地。砂地。

まなこゐ【眼居】マナコイ［名］物を見るさま。目つき。＝眼指し

まなざし【眼指し・目指し】［名］目つき。＝眼居

まな・し【間無し】［形ク］｛から・く（かり）・し・き（かる）・けれ・かれ｝❶絶え間ない。間断がない。＝隙無し。例「しぐれの雨間な・く降れば」〈万葉・八・一五五三〉❷間もない。すぐだ。例「さりとはにくき御しかた。まな・くもとのごとくに」〈浮・好色一代男〉

まなしかたま【無目籠】［名］編み目にすき間ができないように固く編んだ竹かご。＝無目勝間

まなしかつま【無目勝間】［名］「まなしかたま」に同じ。

まなじり【眥・眦】［名］（「目の後」の意。古くは「まなしり」とも）❶目じり。

まなばし【真魚箸】［名］魚の調理用の鉄や木製の長い箸。

まなはじめ【真魚始め】[名]「まなのいはひ」に同じ。

まなばしら[名]セキレイ(鳥の名)の古名。

まな・ぶ【学ぶ】[他バ四]{ば・び・ぶ・ぶ・べ・べ}[他バ上二]{び・び・ぶ・ぶる・ぶれ・びよ}《古くは「まねぶ」とも》「まねぶ」に同じ。例「六波羅様といひてんげれば、一天四海の人、皆、これをまな・ぶ」〈平家・一・禿髪〉

まなぶた【瞼】[名]《「目の蓋」の意》まぶた。

まなぶみ【真名文】[名]漢字だけで書かれた文章。漢文。↔仮名文

まなほ[・なり]【真直】[形動ナリ]{なら・なり(に)・なり・なる・なれ・なれ}《「ま」は接頭語》まっすぐだ。正直だ。例「真直にしあらば何か嘆かむ」〈万葉・七・一三九三〉

まなまな[副]《副詞「勿(まな)」を重ねた語。禁止・制止の意を表す》…するな。…してはならない。例「君、『まなまな』とそらぜいしをし給ふ」〈落窪・二〉

まなむすめ【愛娘】[名]いとしい娘。最愛の娘。

-まに[接尾]《動詞の未然形・形容詞の語幹・打消の助動詞「ず」などに付いて》…の状態で。…ままで。「逢はずまに」など。

まに【摩尼】[名]《仏教語。梵語の音訳》❶珠玉の総称。＝摩尼珠・摩尼宝。❷竜王の脳から出たという宝珠の名。願いをかなえる魔力をもつという。

まにじゅ【摩尼珠】[名]「まに(摩尼)①」に同じ。

まにほう【摩尼宝】[名]「まに(摩尼)①」に同じ。

まにほうでん【摩尼宝殿】[名]《仏教語》「兜率天」にある、宝玉で飾られた弥勒菩薩の宮殿。

まにま【随】[名]《連体修飾語を受けて、連用修飾句を構成する》❶事の成り行きや他の意志に従うさま。…に任せて。…のままに。例「大君の命のまにまますらをの心を持ちて」〈万葉・二〇・四三三一長歌〉❷事の状態が変わらず続くさま。…したまま。例「去年の秋相見しまにま今日見れば」〈万葉・一〇・二一七〉

まにまに【随に】[副]❶事の成り行きに任せて。思うままに。例「惜しき我が身は君がまにまに」〈万葉・二〇・四五〇五〉❷…につれて。…に従って。例「なるるまにまにあぜかかなしけ」〈万葉・一四・三五七六〉

まぬか・る【免る】[他ラ下二]{れ・れ・る・るる・るれ・れよ}《危険なことと・不利なことなどに》かかわらないですむ。逃れる。

まぬ・く【間抜く】[他カ四]{か・き・く・く・け・け}間のものを抜き取る。まびく。例「〔碁石ヲ〕かれこれ間抜・き行くほどに」〈徒然・一二七〉

まぬら・る【真罵らる】《接頭語「ま」＋動詞「罵る」の未然形＋受身の助動詞「る」＝「まのらる」の変化形》しかりつけられる。ののしられる。例「熊来酒屋にまぬら・るる奴わし」〈万葉・一六・三八七九旋頭歌〉

まねう【多う・数多う】形容詞「まねし」の連用形「まねく」のウ音便。

まね・く【招く】[他カ四]{か・き・く・く・け・け}❶手・袖などで合図して、近くに呼び寄せる。例「花すすき穂に出でて招・く袖と見ゆらむ」〈古今・秋上・二四三〉❷身に受ける。引き起こす。

まね・し【多し・数多し】[形ク]{から・く(かり)・し・き(かる)・けれ・かれ}多い。たび重なる。＝さまねし。例「逢はずてまね・く月の経ぬれば」〈万葉・一二・二八九二〉

まねびいだ・す【学び出だす】[他サ四]{さ・し・す・す・せ・せ}見聞きしただけのことをいかにも事実らしく伝える。例「見る人、おくれたる方をば言ひ隠し、さてありぬべき方をばつくろひてまねび出だ・すに」〈源氏・帚木〉

まねびし・る【学び知る】[他ラ四]{ら・り・る・る・れ・れ}《学問や技術を》学んで知識として習得する。例「はかばかしき(＝本格的ナ)事は、片端も学び知・り侍らねば」〈徒然・一三五〉

まねびた・つ【学び立つ】[他タ下二]{て・て・つ・つる・つれ・てよ}見聞きしたことを詳しく話す。例「このほどの儀式などもまねびた・てむに」〈源氏・若菜・上〉

まねびつた・ふ【学び伝ふ】[他ハ下二]{へ・へ・ふ・ふる・ふれ・へよ}見聞きした情報をそのまま人に伝達する。語り伝える。例「『〔女三ノ宮ハ〕対の上(＝紫ノ上)の御けはひには、なほ圧されたまひてなむ』と、世人もまねびつた・ふるを聞きては」〈源氏・若菜・上〉

まねびどころ【学び所】[名]手本として学ぶ価値のある点。学びがいのあるところ。

まねびと・る【学び取る】[他ラ四]{ら・り・る・る・れ・れ}《学問や技術などを》学んで身につける。習得する。

まねびな・す【学び為す】[他サ四]{さ・し・す・す・せ・せ}それらしく仕立てて語り伝える。例「そのをりは罪なきことも、つきづきしくまねびな・すにはほほゆがむこともあめれば」〈源氏・朝顔〉語構成「あめれば」→「あめり」

まねびに・す【学び似す】[他サ下二]{せ・せ・す・する・すれ・せよ}そっくりにまねる。似せて話す。例「『まづ開けよ』とのたまふ声、いとようまねび似・せたまひて忍びたれば」〈源氏・浮舟〉

まねびや・る【学び遣る】[他ラ四]{ら・り・る・る・れ・れ}《見たり聞いたりしたことを》そのまま伝え尽くす。例「思ほし残すことなき御仲らひに、聞こえかはしたまふことども、まねびや・らむ方なし」〈源氏・賢木〉

まね・ぶ【学ぶ】[他バ四]{ば・び・ぶ・ぶ・べ・べ}《「まなぶ」とも》❶まねをする。まねをしていう。口まねをする。例「帰りし時のなぐさめにいま来むといひし言の葉をさもやとまつのみどりこのたえずまね・ぶも」〈蜻蛉・上〉〔注〕「さもやとまつの」の「まつ」に、「待つ」「松」をかける。「まつ」は「みどりご」の「みどり(緑)」の縁語。❷見聞きしたとおりに人に話す。ありのままに話す。例「かの〔源氏ガ〕聞こえたまひしこと、〔僧都ハ尼君ニ〕学・び聞こえたまへど」〈源氏・若紫〉《敬語》「聞こえたまひし」「学び聞こえたまへど」→「きこえたまふ」。❸ほかのものを例とする。倣う。模倣する。例「内裏に参りたまふ人の作法を学・びて、かの院よりも御調度など運ばる」〈源氏・若菜・上〉《敬語》「内裏に参りたまふ」→「まるる(四段)」「たまふ(四段)」。❹人の学問・技芸などを例として自分のものとする。習得する。例「殿上の若き人々もこのこと学・ぶをば、御心とどめてをかしきものに思ほしたれば」〈源氏・絵合〉《敬語》「思ほしたれば」→「おもほす」

発展学習ファイル　同義語の「まなぶ」は、鎌倉以降、一般に用いられた。

まのあたり[・なり]【目の当たり】[名・形動ナリ]❶目の前。❷面と向かって。直接。例「目のあたりにて、つぶさなる御物語も申し承らむ」〈宇津保・祭の使〉❸明らかだ。当然だ。例「慈尊弥勒の出世いまだ遠しといへども、仏法を尋ぬるにまのあたり・なり」〈仮・夫婦宗論物語〉

まのあたり【目の当たり】[副]❶直接に。じかに。例「大臣の病おこりて、まのあたり桜井臣に言

ふことあたはず」〈紀・舒明〉❷すぐに。たちまち。例「まのあたりうき目を見せ参らせむも」〈平家・七・主上都落〉❸確かに。実際。例「〔養和ノ飢渇ノアリサマ〕まのあたりめづらかなりし事なり」〈方丈記〉

まのし〔・す〕［名・自サ変］語義未詳。すました顔をすることとの意とか、目を見はることとの意ともいう。例「聖まのしをして阿弥陀仏申して」〈宇治拾遺・一・六〉

まののいりえ【真野の入り江】［歌枕］近江国の地名。いまの滋賀県大津市真野の琵琶湖岸。古代に真野臣が治めた地。

まののかやはら【真野の萱原】［歌枕］陸奥国の地名。いまの福島県相馬郡鹿島町を流れる真野川流域一帯。

まのまへ【眼の前】［名］目の前。眼前。

まはし【回し・廻し】［名］《近世語》❶金銭のやりくりをすること。❷会合などを順番に交代して行うこと。❸ふんどし。❹《「回し方」の略》遊女や客の送迎係の男。❺遊女が一晩で多くの客を扱うこと。

まは・す【回す・廻す】［他サ四］❶周囲をとり巻く。❷すみずみまで行き渡らせる。心をめぐらす。例「ええ**廻・す**は**廻・す**は、どれおれが毒味してやろ」〈浄・妹背山婦女庭訓〉❸金などを運用する。例「利を一ケ月も重ねぬやうに**まは・せば**」〈浮・日本永代蔵〉❹思うままにする。例「あの女に**まは・さるる**女郎」〈浮・好色盛衰記〉❺《近世語》客が遊女などを意のままにする。例「太鼓持ちは有る知恵を隠して、我より鈍い客に**廻・さるる**がよし」〈浮・傾城禁短気〉

まはに【真赤土】［名］《「ま」は接頭語》「はに」に同じ。

まばゆ・し【目映ゆし・眩し】［形ク］❶まぶしい。**目がくらむようだ**。例「さやけき影を、**まばゆ・く**思し召しつるほどに」〈大鏡・花山院〉《敬語》「思し召しつる」→「おぼしめす」。❷**目がくらむほど美しい**。**華やかだ**。例「**まばゆ・き**色にはあらで、紅、紫、山吹の地のかぎり織れる御小袿などを着たまへるさま、いみじういまめかしうをかしげなり」〈源氏・紅葉賀〉《音便》「いみじう」は「いみじく」、「いまめかしう」は「いまめかしく」のウ音便。❸**恥ずかしい**。**きまりが悪い**。**照れくさい**。例「髪の筋なども、なかなか昼よりも顕証に見えて、**まばゆ・けれど**」〈枕・宮にはじめてまるりたる頃〉❹**顔をそむけたいほどいやだ**。**気にくわない**。例「いまはいと**まばゆ・き**ここちもしにたれば、几帳引き寄せて、気色ものしげなるを見て」〈蜻蛉・中〉

まはり【回り・廻り】［名］❶周囲。めぐり。❷酒宴の、杯をさしつさされつする作法。

まはり【真榛】［名］《「ま」は美称の接頭語》「はり（榛）」に同じ。

まは・る【回る・廻る】［自ラ四］❶《「めぐる」とも》回転する。❷あちこちへ行く。❸縁に沿って行く。例「山を**まは・って**滝の宮へ参らせ給ふ」〈平家・四・還御〉❹回り道をする。例「上へ**まは・って**も下へ**まは・って**もなかなか渡らるる川ではおりないぞ」〈狂・薩摩守〉❺行きわたる。薬・酒などが効く。例「さりとは**廻・る**この薬」〈浮・新色五巻書〉❻《近世語》遊里で、客の思いに従ってつとめる。❼《近世語》利益が出る。利回りがある。③④《音便》「まはっ」は「まはり」の促音便。

まひ【幣】［名］謝礼としての神への供物。また、人への贈り物。＝賂ひ

まひ【舞】［名］❶舞うこと。音楽や歌謡に合わせ、ゆっくりした調子でいろいろな所作を演じる芸能。❷「幸若舞」の略。

〔**舞の師**〕「雅楽寮」の職員で、舞楽の伝授をする人。

まひ【真日】［名］《「ま」は接頭語》日。

まひあそ・ぶ【舞ひ遊ぶ】［自バ四］舞って楽しむ。舞い興じる。

まひい・づ【舞ひ出づ】［自ダ下二］❶舞いながら登場する。❷舞い始める。舞い出す。＝舞ひ出だす。例「翁もほとほと**舞ひ出・で**ぬべき心地なむしはべりし」〈源氏・花宴〉

まひうど【舞人】［名］《「まひびと」のウ音便》「まひびと」に同じ。

まひかな・づ【舞ひ奏づ】［自ダ下二］舞い踊る。舞を舞う。例「この尼どものかく**舞ひかな・で**て来たるは」〈今昔・二八・二八〉

まびき【目引き】［名］目くばせ。

まひぎぬ【舞衣】［名］❶舞の衣装。舞うときに着る衣服。❷能装束のひとつ。「長絹」に似た薄手の単衣で、女役に用いる上衣。

まびさし【目庇・眉庇】［名］兜の鉢の前面の一部で、額を覆うために付けられた金属製の庇。⇩［古典参考図］武装・武具〈1〉

まひたけ【舞茸】［名］《「まひだけ」とも》キノコの一種。香りがあり味もよいため食用にされる。灰色または淡褐色のへら状のかさをもつ。

まひた・つ【まひ立つ】［自タ四］回って上に上がる。

まひづる【舞鶴】［名］❶舞い遊ぶ鶴。❷紋所の名。

まひと【真人】［名］《「まうと」「まっと」とも》天武十三年（六八四）に制定された「八色の姓」の最高位。皇族に与えられた。

まひとこと【真人言】［名］《「ま」は接頭語》他人のいうこと。うわさ。

まひなか【真日中】［名］《「ま」は接頭語》真昼。真っ昼間。

まひなひ【賂ひ・幣】［名］謝礼として物を贈ること。また、その品物。贈り物。とくに、わいろ。

まひな・ふ【賂ふ・賄ふ・幣ふ】［他ハ四］神にささげ物をする。人に贈り物をする。また、わいろを贈る。例「〔神ヲ祭ルタメニ〕これらの物を以て**幣**・ひたまへ」〈紀・仲哀〉

まひびと【舞人】［名］《「まひうど」とも》舞を舞う人。

まひひめ【舞姫】［名］《「まひびめ」とも》舞を舞う少女。とくに、「五節の舞」で舞う少女。

まひろ・く【真広く】［他カ下二］《「まひろぐ」とも。「ま」は接頭語》衣服を緩めてだらしなく着る。はだける。例「指貫直衣などを引き下げて、**真広・け**て出で来たり」〈宇津保・蔵開・上〉

まひろげすがた【真広げ姿】［名］衣服をゆったり

と着てくつろいだ姿。

ま・ふ【舞ふ】[自ハ四]{は・ひ・ふ・ふ・へ・へ}❶まわる。めぐる。例「匏、浪の上にま・ひつつ沈まず」〈紀・仁徳〉❷舞を舞う。

まぶし【射翳】[名]猟のとき、射手が獲物から身を隠すもの。枝や木など。

〔射翳さす〕「射翳」で身を隠す。

まぶし【目伏し】[名]まなざし。目つき。

まふたぎ【間塞ぎ】[名]《「まふさぎ」とも》刀剣の柄が抜けぬよう、柄と刀の根の部分を貫きとめる金具。

まぶち【真淵】[人名]「かものまぶち」に同じ。

まへ【前】[名]❶(空間的に)前の方。前方。正面。❷庭前。庭。例「前近き透垣のもとにをかしげなる檀の少しもみぢたるを」〈和泉式部日記〉❸(人体の前面という意で)㋐(着物・装束の)正面。㋑陰部。男女ともにいう。例「女の尿しける前を見て」〈今昔・二九・三九〉❹(神仏や貴人の前。多く接頭語「御」を伴って用いる)㋐神仏や貴人の面前に伺候すること。対面を許されること。例「あへなきまで御前ゆるされたるは」〈枕・宮にはじめてまゐりたる頃〉㋑神仏や貴人そのものをいう語。例「御前にこそわりなく思さるらめ」〈源氏・夕顔〉《係結び》「こそ→思さるらめ㊁」。《敬語》「思さる」→「おぼす」。㋒(僧などの)食事。食膳。例「七僧の前のこともせさせたまひけり」〈源氏・蜻蛉〉《敬語》「せさせたまひ」→「たまふ(四段)」。❺(「…の前」の形で)女性の名前に付ける敬称。例「名をば千手の前と申し候ふ」〈平家・一〇・千手前〉《敬語》「申し候ふ」→「まうす」「さうらふ」。❻(時間的に)ある時点より前。以前。過去。例「まへの年、かくのごとく、からうじて暮れぬ」〈方丈記〉❼(多く「…の前」の形で)…のとおり。…の上。例「これは存じの前にて候へば、おどろくべきにはあらず」〈平治・上〉

まへいた【前板】[名]❶牛車の前の出入り口に設置した板。乗り降りするときの踏み板とする。❷鎧の胴の前面に垂れた草摺りの称。

まへく【前句】[名]連歌や俳諧の「付け合ひ」で、「付け句」を付けるべき前の句。↓「つけあひ」

まへくづけ【前句付け】[名]雑俳の一種。出題された前句に付け句を付けるもの。前句が短句(七・七)であれば長句(五・七・五)を付け句とし、長句が前句であれば短句を付け句とした。のち、長句の付け句が独立して川柳となった。

まへごし【前腰】[名]袴の腹部を覆う部分。

まへしりへ【前後】[名]二手に別れて勝負を争う場合の先手組と後手組。

まへだて【前立て】[名]《「前立て物」の略》兜の「立て物」のひとつ。鍬形・高角などがある。⇩[古典参考図]武装・武具〈2〉

まへだれ【前垂れ】[名]❶前下がり。前部が下がっていること。❷前掛け。

まへつきみ【公卿】[名]《「まうちきみ」「まちぎみ」とも。「つ」は上代の格助詞》天皇の前に仕える人の尊敬語。朝廷の上級官。

まへつと【前つ戸】[名]《「つ」は上代の格助詞》前方の戸。↕後つ戸

まへのよ【前の世】[名]「ぜんぜ」に同じ。

まへのりやうたく【前野良沢】[人名]（一七二三～一八〇三）江戸中・後期の蘭学者・蘭方医。青木昆陽についてオランダ語を学び、解剖書『ターヘル＝アナトミア』を手本に解剖を行う。杉田玄白の提案で同書の訳読をし、それが『解体新書』となった。

まへひき【前引き】[名]客や主人の前に引き出物を置くこと。また、その引き出物。

まへびき【前弾き】[名]歌に入る前の楽器のみの演奏部分。前奏。

まへびろに【前広に】[副]《近世語》❶大げさに。❷前々から。あらかじめ。例「鳥(＝酉ノ刻)を待たず前広に参上致す」〈浄・関八州繋馬〉

まへまうし【前申し】[名]主人の前でものをいうこと。取り次ぎ。また、その人。

〔歌謡〕**まへまへかたつぶり…**【舞へ舞へかたつぶり舞はぬものならば馬の子や牛の子に蹴ゑさせてん踏み破らせてんまことにうつくしく舞うたらば華の園まで遊ばせん】〈梁塵秘抄・四句神歌〉訳舞えよ、舞えよカタツムリ。舞わなければ馬の子や牛の子に蹴らせてしまおう。踏んでわらせてしまおう。ほんとにかわいらしく舞ったならば、花園にまでも遊ばせよう。

まへわ【前輪】[名]馬具の名。鞍の前部にあり山形に高くなっている部分。↕後輪。⇩[古典参考図]武装・武具〈1〉

まへわたり【前渡り】[名]❶前を素通りして行くこと。❷上位の人を飛び越えて昇進すること。

まほ【真帆】[名]帆をいっぱいに張って、順風を全面に受けること。また、その帆。↕片帆

まほ[・なり]【真秀・真面】[名・形動ナリ]《「ま」は接頭語》❶完全であるさま。すぐれて整っているさま。例「女君の御容貌の、まほ・にうつくしげにて」〈源氏・総角〉❷十分であるさま。確かなこと。例「この落窪の君の御事、まほ・に知り侍らず」〈落窪・一〉❸正式であること。例「まほ・には立てず。少しは立てなどしければ」〈宇治拾遺・一四・一一〉❹直接であるさま。真正面。あからさま。例「いとほしと思せば、まほ・にも向かひたまはず」〈源氏・初音〉《敬語》「思せば」→「おぼす」。①～④↕片秀

発展学習ファイル　和歌では多く「まほ(真帆)」と掛詞として用いられる。

まほし[助動シク型]⇨一二三〇ページ「特別コーナー」

まほしから　願望の助動詞「まほし」の未然形。例「さこそはあらまほしからめと御覧じゆるしつつ」〈源氏・若菜・上〉《係結び》「こそ→あらまほしからめ㊁」。《敬語》「御覧じゆるし」→「ごらんず」

まほしかり　願望の助動詞「まほし」の連用形。例「かくてありわたるに、逍遥せまほしかりければ」〈平中・九〉

まほしかる　願望の助動詞「まほし」の連体形。例「心の中には、あらまほしかるべき御事どもをと思へど」〈源氏・総角〉

まほしき　願望の助動詞「まほし」の連体形。例「少しのことにも先達はあらまほしき事なり」〈徒然・五二〉

まほしく　願望の助動詞「まほし」の連用形。例「いと

恋しければ、行かまほしく思ふに」〈更級〉

まほしけれ 願望の助動詞「まほし」の已然形。例「まゐり来まほしけれど、つつましうてなむ」〈蜻蛉・上〉《音便》「つつましう」は「つつましく」のウ音便。《係結び》「なむ→(省略)」。《敬語》「まゐり来まほしけれど」→「まゐる(四段)」

まほら［名］《「ま」は接頭語。「ほ」は抜きんでたものの意。「ら」は場所を表す接尾語》すぐれたすばらしい地。＝まほらま・まほろば

まぼら・ふ【守らふ】［他ハ下二］《動詞「守る」の未然形＋上代の反復・継続の助動詞「ふ」》❶じっと見る。見守る。例「〔赤ン坊ガ〕白くをかしければ、前に臥せて、常に、まぼらへてぞある」〈宇津保・国譲・上〉❷保護する。守る。大事にする。例「朝夕に、まぼらへさせ給ひても、何の甲斐侍るべくばこそ」〈狭衣・一〉①②＝まもらふ

まほらま［名］「まほら」に同じ。

まぼ・る［他ラ四］《「まうぼる」の変化形。「食ふ」の尊敬語》召し上がる。例「摘んだる菜を親やまぼ・るらむ」〈土佐〉

まぼ・る【守る】［他ラ四］《「まもる」の変化形》❶見守る。じっと見る。例「〔虫ヲ〕手のうらにそへふせてまぼり給ふ」〈堤中納言・虫めづる姫君〉❷警護する。敵から守る。保護する。例「城の口をかためてまぼ・るべし」〈平家・三・六代被斬〉

まぼろし【幻】［名］❶実在しないものがあるように見えるもの。実体のないもの。はかないもののたとえにもいう。❷幻術師。魔術使い。

〔幻の巷〕まぼろしのようにはかないこの人生での別れ道。例「幻のちまたに離別の涙をそそぐ」〈おくのほそ道・旅立〉

〔幻の世〕幻のようにはかない世。

まぼろし【幻】［作品名］『源氏物語』の四十一番目の巻名。

まほろば［名］《「まほらま」の変化形》「まほら」に同じ。

まま-【継・庶】［接頭］(親族に関する語に付いて)❶実の親子ではない意を表す。❷腹違いの兄弟姉妹である意を表す。

まま【崖】［名］急斜面。がけ。

まま【儘・随】［名］(多く「連体修飾語＋まま」、「…のまま」の形で)❶《事態のなりゆきにまかせるさま》…のとおり。…にまかせて。例「午の時ばかりより雨になりてしづかに降り暮らすままにしたがひて、世の中あはれげなり」〈蜻蛉・下〉❷(「心のまま」の意で)思いどおり。思いのまま。望みどおり。例「そのころの叙位・除目と申すは、…ただ一向平家のままにてありしかば」〈平家・一・鹿谷〉《敬語》「申すは」→「まうす」。❸《ある状態が持続しているさま》そのまま。…のまま。例「金堂は、その後倒れ伏したるままにて」〈徒然・二五〉

まま【乳母】［名］うば。めのと。

まま【間間】一［名］あいだあいだ。間ごと。例「〔横笛八〕かやうに間々に皆一律をぬすめるに」〈徒然・二一九〉
二［副］時々。たまに。例「位を退いて後は、ままさるためしもあんなり」〈平家・六・葵前〉語構成「ためしもあんなり」→「あんなり」

ままき【真巻・細射】［名］木と竹を張り合わせた合わせ弓。また、それに用いる矢。「的弓」に用いた。

ままこ【継子】［名］実子ではない子。

ままこかしづき【継子傅き】［名］継子を養育すること。また、継子扱いに養育すること。

ままこだて【継子立て】［名］碁石を用いる遊戯のひとつ。白黒の石十五個ずつを交ぜて円形に並べ、起点の石から数えて十番目ごとに石を抜いてゆき、最後に残った石を勝ちとする。

ままに【儘に・随に】《名詞「まま」＋格助詞「に」。中古以降、接続助詞のように用いられる》
❶《成り行きにまかせて別の動作・事態が導かれるさま》…にまかせて。…のとおりに。例「つれづれなるままに、日くらし硯にむかひて」〈徒然・序〉❷…につれて。…に従って。例「入りもておはするままに、霞みのたたずまひもをかしう見ゆれば」〈源氏・若紫〉《音便》「をかしう」は「をかしく」のウ音便。《敬語》「入りもておはする」→「おはす」。❸…するやいなや。…するとすぐ。例「『今さへ、なにかといふべからず』といふままに、縁に這ひのぼりたまひぬ」〈竹取・蓬萊の玉の枝〉❹…ので。…から。例「女、親なく、頼りなくなるままに、もろともにいふかひなくてあらむやは、とて」〈伊勢・二三〉〔注〕「やは」は反語。

ままのつぎはし【真間の継橋】［歌枕］下総国の国の橋。いまの千葉県市川市真間を流れる真間川流域の州にかかっていたとされる継ぎ橋。多くの男性に求婚され、苦悩の末に入水した美女「真間の手児奈」の伝説で知られる。

ままのてこな【真間の手古奈】［人名］伝説上の女性。下総国(千葉県)真間に住んでいたという。絶世の美人で、多数の男性に求婚されたため入水することにより解決を図ったと『万葉集』にある。

まみ【目見】［名］❶ものを見る目つき。例「まみなどもいとたゆげにて」〈源氏・桐壺〉❷目もと。例「額つきまみのかをりたる心地して」〈源氏・東屋〉

まみ【魔魅】［名］人をまどわす魔物。転じて、邪悪な人のたとえ。

まみ・ゆ【見ゆ】［自ヤ下二］《「目見ゆ」の一語化。「会ふ」の謙譲語》お会いする。お目にかかる。例「我、東海の公に見・えて」〈今昔・九・三〇〉

まみ・る【塗る】［自ラ下二］(汗・血・泥などが)大量に付着して汚れる。まみれる。

まめ【豆】［名］実を食用とするマメ科の植物の総称。とくに大豆をいうこともある。

まめ［・なり］【実・忠実】［形動ナリ］❶まじめだ。誠実だ。実直だ。例「いとまめ・にじちようにて、あだなる心なかりけり」〈伊勢・一〇三〉❷勤勉だ。忠実だ。例「行ひをまめ・にしたまひつつ明かし暮らしたまふ」〈源氏・葵〉❸実用的なさま。実際的なさま。例「車にてまめなる物、さまざまにもて来たり」〈大和・一七三〉❹健康なさま。丈夫なさま。例「苦しむ時は休めつ、まめなれば使ふ」〈方丈記〉

発展学習ファイル　対義語に、内容がない・空虚である意を原義とする「あだ［・なり］」がある。

まめいた【豆板】［名］《「豆板銀」の略》江戸時代の扁平な円形の銀貨。重さが一定の丁銀の補助貨幣。秤量で通用。＝小玉銀

まほし［願望の助動詞］

アプローチ ▼願望を表し、現代語の「たい」にあたる。
▼ただし、「まほし」の付く動詞が「あり」の場合や、その動詞の主語が人以外の場合は、話し手の他へのあつらえを表し、「…てほしい」意となる。

接続 活用語の未然形に付く。

活用 シク活用型

基本形	未然形	連用形	終止形	連体形	已然形	命令形
まほし	まほしから	まほしく まほしかり	まほし	まほしき まほしかる	まほしけれ	○

意味	訳語	用例
❶話し手の願望を表す。	…たい	例「花ならで折ら**まほしき**は難波江の蘆の若葉に降れる白雪」〈後拾遺・春上・四九〉訳花でないのに手折り**たい**ものは難波江の蘆の若葉に降り積もっている（白い花のような）白雪であるよ。
❷話し手以外の人の願望を表す。	…たい …たがる	例「世の中に多かる人をだに、すこしもかたちよしと聞きては、見**まほしう**する人どもなりければ」〈竹取・石作の皇子〉訳（この人たちは）世の中にざらにいるような女性であってさえ、少しでも顔かたちがよいと聞いたら、我が物にし**たがる**人たちだったので。
❸（多く「あらまほし」の形で）他へあつらえ望む意を表す。	…てほしい	例「身を分けてあら**まほしく**ぞ思ほゆる人は苦しと言ひけるものを」〈後撰・恋一・五七五〉訳（どうしても来られないというなら）身をふたつに分け**てほしい**と思われる。あなたは、別れが苦しい、必ず来ると言ったのに（来ないのだから）。 例「花といはば、かくこそ匂は**まほしけれ**な」〈源氏・若菜・上〉訳花というなら、このくらい薫っ**てほしい**ものだな。

発展学習ファイル (1)連用形「まほしく」はウ音便化して「まほしう」となることがある。
(2)③の意で「あらまほし」は転じて「理想的だ」と解されることもある。
(3)上代の「まくほし」（推量の助動詞「む」の名詞化したもの「まく」＋形容詞「欲し」）の変化した語といわれ、中古から用例がみられる。鎌倉時代に入ると「たし」が用いられるようになり、「まほし」は擬古文などに用いられるだけになる。

ま

まめがら【豆幹】［名］豆の実を取ったあとに残る茎やさや。燃料に用いた。

まめごころ【忠実心】［名］まじめな気性。誠実な心。↔徒心

まめごと【忠実事・実事】［名］❶まじめなこと。真剣なこと。例「あやしく、**まめごと**きこゆればそらめきおはするかな」〈宇津保・内侍のかみ〉❷実務。公務。例「年ごろ、**まめ事**にもあだ事にも、召しまつはし」〈源氏・若菜・下〉①②↔徒事

まめざう【豆蔵】ゾウ マメ［名］（近世語）❶江戸時代の大道芸人。手品や曲芸と滑稽な身振りや話で金銭を得た。❷小男。

まめざま【忠実様】［名］まじめなさま。誠実なさま。

まめだ・つ【忠実立つ】［自タ四］（た・ち・つ・つ・て・て）（「だつ」は接尾語）まじめな態度になる。まじめくさる。例「**まめだ・ち**たる人には、もの言ひにくし」〈大鏡・道長・下〉

まめびと【忠実人】［名］きまじめな人。実直な人。

まめぶみ【忠実文】［名］真実味のある手紙。まじめな手紙。

まめまめ・し【忠実忠実し】［形シク］（しから・しく（しかり）・し・しき（しかる）・しけれ・しかれ）❶非常に誠実である。生まじめである。真剣である。↔徒徒し①②。例「『想ふ人の、人に褒めらるるは、いみじう嬉しき』など、**まめまめ・しう**のたまふも、をかし」〈枕・頭弁の、職にまゐりたまひて〉（音便）「いみじう」は「いみじく」、「まめまめしう」は「まめまめしく」のウ音便。（敬語）「まめまめしうのたまふ」→「のたまふ」。❷実用的である。実生活向きである。例「思ほしやることもありがたうめでたきさまにて、**まめまめ・しき**御とぶらひもあり」〈源氏・澪標〉（音便）「ありがたう」は「ありがたく」のウ音便。（敬語）「思しやる」→「おぼす」

まめまめしう【忠実忠実しう】マメマメシュウ 形容詞「まめまめし」の連用形「まめまめしく」のウ音便。

まめまめしさ【忠実忠実しさ】［名］（「さ」は接尾語）誠実さ。まじめなこと。

まめめいげつ【豆名月】［名］（枝豆を供えることから）陰暦九月十三日の月。また、その夜の月見。＝栗名月・十三夜・後の月。（季－秋）

まめやか［・なり］【忠実やか】［形動ナリ］{なら・なり(に)・なり・なる・なれ・なれ}

> **アプローチ**
> ▼まじめ・誠実の意の「まめ」に、いかにも…のような感じがする意を添える接尾語「やか」が付いた語。
> ▼まじめで誠実であるさまを表す。
> ▼また、日常生活に関して、現実的だ、実用的だなどの意にも用いられる。

❶**まじめだ。誠実だ。** 例「『物見で、かうこそ思ひ立つべかりけれ』と**まめやか・に**いふ人一人ぞある」〈更級〉 訳「見物などに行かないで、こうして(参詣を)思い立つべきだった」と**まじめに**いう人がひとりいた。《音便》「かう」は「かく」のウ音便。《係結び》「こそ→べかりけれ㊁」、「ぞ→ある㊍」
❷**本格的だ。** 例「雪いたう降りて**まめやか・に**積もりにけり」〈源氏・幻〉 訳雪がひどく降って**本格的に**積もってしまった。《音便》「いたう」は「いたく」のウ音便。
❸**実用的だ。実際的だ。** 例「をかしきやうにも、**まめやか・なる**さまにも心寄せつかうまつりたまふこと、三年ばかりになりぬ」〈源氏・橋姫〉 訳風流の面でも、**実際的な**面でも心をお寄せしてお世話申し上げることが、三年ほどにもなった。《敬語》「心寄せつかうまつりたまふ」→「つかうまつる」「たまふ(四段)」

まめやかごと【忠実やか事】［名］本格的なこと。実用向きであること。また、ゆきとどいて心のこもっていること。

まめわざ【忠実業】［名］実用的な作業。実生活に役立つ仕事。↕徒業

まめをとこ【忠実男】［名］❶真心のある男。❷好色な男。間男。

まもら・ふ【守らふ】［他ハ下二］{へ・へ・ふ・ふる・ふれ・へよ} ❶見続ける。見つめる。見守る。例「あはれに心細げにておはするを**まもら・へ**ならひて」〈落窪・一〉 ❷守る。大切にする。例「よろしうなりぬる男の、かくまがふ方なく、ひとつ所を**守ら・へ**て」〈源氏・夕霧〉

まもら・ふ【守らふ】《上代語。動詞「守る」の未然形＋上代の反復・継続の助動詞「ふ」》じっと見る。見守る。例「楯並めて伊那佐の山の樹の間よもい行き**まもら・ひ**戦へば」〈記・中〉

まもり【守り・護り】［名］❶守護。守備。警護。また、それに当たる人。❷神仏などの加護。また、守護神。❸守り札。守り袋。

まもりあ・ふ【守り合ふ】［他ハ四］{は・ひ・ふ・ふ・へ・へ}互いに見つめ合う。例「荒れも戦はで、心地ただ痴れに痴れて**まもりあ・へ**り」〈竹取・かぐや姫の昇天〉

まもりがたな【守り刀】［名］護身用の短刀。

まもりぶくろ【守り袋】［名］守り札を入れた袋。

まもりめ【守り目】［名］守る役割の人。番人。

まもり・ゐる【守り居る】［他ワ上一］{ゐ・ゐ・ゐる・ゐる・ゐれ・ゐよ} ❶じっと見つめている。例「高欄におしかかりて、とばかり**まもり・ゐ**たれば」〈蜻蛉・中〉 ❷たいせつに守っている。大事にしている。例「〔立派ナ女ナラバ男ヲ〕あが仏と**まもり・ゐ**たらめ」〈徒然・一九〇〉

まも・る【守る】［他ラ四］{ら・り・る・る・れ・れ}

> **アプローチ**
> ▼「目守る」が一語化したもの。目をそらさずに見続けるが原義。
> ▼そこから、監視する、警護する、保護するなどの意味に転じた。

❶**目をそらさずに見続ける。じっと見つめる。** 例「殿上の御遊び恋しく、所々眺めたまふらむかしと、思ひやりたまふにつけても、月の顔のみ**まも・られ**たまふ」〈源氏・須磨〉 訳(八月十五夜の)殿上での管弦のお遊びが恋しく、(都の)あちらこちらで(この月を)眺めていらっしゃるだろうと、思いをはせなさるにつけても、月の面ばかり**じっと見つめて**いらっしゃる。
❷**警戒のために見続ける。見張る。番をする。警護する。** 例「家の人々多かりけるに合はせて、あける隙もなく**守・らす**」〈竹取・かぐや姫の昇天〉 訳家の人々が多かったのに合わせて、あいているすき間もなく**警護**させる。
❸**大事にする。保護する。守護する。** 例「昔、天照大神、百王を**守・ら**むと御誓ひありける」〈平家・一一・剣〉 訳昔、天照大神が、代々の天皇を**守護**しようと御誓約なさった。
❹**戒律や命令などを破らないようにする。遵守する。** 例「必ず禁戒を**守・る**としもなくとも、境界なければ何につけてか、破らん」〈方丈記〉 訳必ずしも戒律を**遵守**しようとしなくても、(戒律を破るような)環境がないので、何によって破るだろうか、いや、破るはずがない。《係結び》「か→破らん㊍」

発展学習ファイル 類義語「**もる**(守る)」が、おもにある地点を監視する意に用いられたのに対し、「まもる」は広くいろいろの物事を見守る場合に用いられた。

まや【真屋・両下】［名］切妻造りの家。また、切妻屋根。↓「きりづまやね」

まや【馬屋】［名］馬を飼育する小屋。馬小屋。

まゆ【眉】［名］《「まよ」の変化形》❶眉毛。❷「眉墨②」の略。❸牛車の屋形の前後の出入り口に張り出したひさし。

〔**眉を揚ぐ**〕❶眉をきっと上げる。怒ったさまにいう。例「顔を赤くなし、**眉をあ・げ**」〈宇治拾遺・一〇・六〉 ❷眉を上げて明るい表情をする。喜ぶさまにいう。例「老翁眉を揚・げ面を低れて」〈太平記・三八〉

〔**眉を顰む**〕(心配ごと、不快なことなどで)顔をしかめる。嫌な顔をする。

〔**眉を開く**〕緊張・心配・悩みなどが解けてほっとする。安心する。例「今年天下すでに同時に乱れて、宮方眉を開・きぬと見えけるが」〈太平記・三八〉

まゆぐろ［・なり］【眉黒】［名・形動ナリ］女性が眉の手を抜いたりそり落としたりせず、黒く生やしたままにしていること。また、そのようす。

まゆごもり【繭籠り】［名］《「まよごもり」とも》蚕が繭の中に入っていること。転じて、人、とくに少女が家の外に出ずに暮らすこと。

まゆすひ【真結ひ】［名］《上代東国方言。「ま」は接頭語》固く結ぶこと。まむすび。

まゆずみ【眉墨・黛】［名］❶眉を描く化粧用の墨。

また、その墨で眉を描くこと。その描かれた眉のこともいう。❷遠くに連なる山のたとえ。＝眉②

まゆとじめ【眉刀自女】[名]成人しても眉毛を生やしている女性。一般には、女性は成人すると眉をそったり抜いたりした。

まゆなかば【眉半ば】[名]頭巾などを深くかぶって、眉が半分ほど隠れること。また、その状態。

まゆね【眉根】[名]「まよね」に同じ。

〔俳句〕**まゆはきを…**【眉掃きを俤にして紅粉の花】〈おくのほそ道・尾花沢・芭蕉〉訳化粧道具の眉掃きの小さな刷毛をおもかげに思い浮かべさせるかのように、紅粉の花が咲いていることだ。（季－紅粉の花－夏）

まゆふ【真木綿】[名]《「ま」は接頭語》「ゆふ（木綿）」に同じ。

まゆみ【檀・檀弓・真弓】[名]《「ま」は接頭語。よい弓の材料であったところから》❶木の名。樹皮は檀紙の原料となり、幹は、よくしなるので弓に用いられた。❷①の幹で作った丸木の弓。

〔**檀の紙**・**真弓の紙**〕マユミの木の繊維からつくった紙。まゆみがみ。だんし。

まゆみのをか【真弓の岡】[地名]大和国の地名。奈良県高市郡明日香村真弓から高取町佐田にかけての丘陵地。草壁皇子の陵がある。

まよ【眉】[名]《「まゆ」の古形》眉毛。

まよ【繭】[名]《繭の古形》蚕の繭。（季－夏）

まよがき【眉書き】[名]眉毛を抜いて、眉墨で眉を描くこと。眉をひくこと。＝眉引き

まよごもり【繭籠り】[名]「まゆごもり」に同じ。

まよね【眉根】[名]《「まゆね」とも》眉。

〔**眉根搔く**〕眉を搔く。眉がかゆくなるのは恋人に会える前兆とされ、また、恋人に会うためのまじないにもした。例「めづらしき君を見むとこそ左手の弓取る方の眉根搔きつれ」〈万葉・一一・二五七五〉

まよはかしがみ【迷はかし神】[名]「まどはしがみ」に同じ。

まよはしがみ【迷はし神】[名]「まどはしがみ」に同じ。

まよは・す【迷はす】[他サ四]{さ・し・す・す・せ・せ}迷うようにする。惑わせる。また、乱れさせる。

まよひ【迷ひ】[名]❶髪の毛や糸、布の織り目などが乱れること。ほつれること。❷紛れること。入り乱れて区別がつかないこと。❸人が入り乱れること。混雑。❹心が乱れること。判断力をなくすこと。

まよひがみ【迷ひ神】[名]「まどはしがみ」に同じ。

まよびき【眉引き】[名]眉毛を抜いて眉墨で眉をひくこと。また、その眉。＝眉書き

まよびきの【眉引きの】[枕詞]（眉墨で描いた眉の形が横たわる山の稜線に似ていることから）「よこ」「横山」にかかる。例「眉引きの横山辺ろの」〈万葉・一四・三五三一〉

まよ・ふ【迷ふ】[自ハ四]{は・ひ・ふ・ふ・へ・へ}❶布の織り糸が乱れて片寄る。糸がほつれてゆるむ。例「御褥のすこしまよひたるつまより」〈源氏・若菜・下〉❷髪の毛が乱れる。ほつれる。例「髪は梳ることもしたまはでほど経ぬれど、迷・ふ筋なくうちやられて」〈源氏・総角〉❸行ったり来たりする。うろつく。さまよう。例「まかで参りする車多くまよ・ふ」〈源氏・玉鬘〉❹見まがう。紛れる。例「今や夢昔や夢と迷・はれて」〈右京大夫集〉❺思い乱れる。思い悩む。例「よしやまた慰めかはせ七夕よかかる思ひに迷・ふ心を」〈右京大夫集〉

発展学習ファイル　類義語に、もっぱら人について迷いの心理状態を表す「まどふ」がある。⇨「まどふ」〈発展学習ファイル〉

まらうと【客人・賓】[名]《「まれうと」「まれびと」「まらうど」とも。「まらひと」のウ音便》客。客人。**よそから来た人**。↔主①①。例「にくきもの。急ぐことあるをりに来て、長言する客人」〈枕・にくきもの〉

まらうとざね【客人ざね】[名]《「ざね」は接尾語》主賓。正客。最も重くもてなす客。

まらうとゐ【客人居・客居】[名]来客用の部屋。客間。客殿。

まらひと【客人・賓】[名]「まらうと」に同じ。

-まり【余り】[接尾]《「あまり」の「あ」の脱落した形》「あまり[接尾]」に同じ。

まり【椀・鋺】[名]水や酒を入れる円形の器。＝盌

まり【鞠・毬】[名]❶蹴鞠に用いるまり。鹿のなめし皮を二枚縫い合わせて作る。❷「けまり」に同じ。❸紋所の名。①を図案化したもの。

〔**鞠の懸かり**〕「蹴鞠」をする場所。その範囲を示すため、四すみに桜・柳・松・楓の木を植えた。⇩図版「旬の鞠」

まりお・く【放り置く】[自カ四]{か・き・く・く・け・け}鳥などが糞尿をしたままにしておく。例「燕のまり置・ける古糞を握りたまへるなりけり」〈竹取・燕の子安貝〉

まりこ【丸子・鞠子】[地名]駿河国の地名。静岡市丸子町。鎌倉時代からの宿名で、江戸時代には東海道五十三次のひとつとして栄えた。名物のとろろ汁は『東海道中膝栗毛』にも登場。連歌師宗長が庵を結んだ吐月峰柴屋寺がある。

まりしてん【摩利支天】[名]《仏教語。「摩利支」は梵語の音訳》古代インドの神。陽炎を神格化した女神で、日の神に仕える。わが国では、武士の守護神として信仰された。

まりや[名]語義未詳。矢の一種で、形・素材などは未詳。先の丸い鏑矢の類か。

まる-【丸】[接頭]（数詞や名詞に付いて）欠けていない、完全である意を表す語。「丸三年」など。

-まる【丸】[接尾]《「まろ（麻呂）」の変化形》人・動物の名、刀剣・器具の名作の名などに付いて、親しみの意を表す。「妻丸」「牛若丸」など。

まる【丸・円】[名]《「まろ」の変化形》❶円形または球形。❷完全なこと。すっかり。全部。例「年明きといふものは借金が多くて、丸の裸で出ますさうだから」〈浮世風呂〉❸城郭。また、その内部。❹和紙を数える単位。半紙なら六締め（一万二千枚）が一丸。❺（形が丸いことから）貨幣。銭。❻（近世語）（甲羅が丸いことから）すっぽんの別称。❼綿や銅・銀などの重さの単位。五十斤（三十キログラム）。

まる【丸】[代名]《自称の人称代名詞。「まろ（麻呂）」の変化形。天皇や、それに準ずる人が用いる語》

わたし。

ま・る【放る】〔他ラ四〕{ら・り・る・る・れ・れ}大小便をする。例「屎遠くまれ櫛造る刀自」〈万葉・一六・三八三二〉

まるあんどん【丸行灯・円行灯】〔名〕円筒形に作った行灯。

まるごし【丸腰】〔名〕武士などが刀を腰に差さないでいること。無腰。

まるざやのたち【丸鞘の太刀】〔名〕刀の鞘まで金属で覆った太刀。鞘に丸みのある太刀ともいう。

まるね【丸寝】〔名〕「まろね」に同じ。

まるびたひ【丸額】〔名〕《近世語》江戸時代、髪の生え際を丸くそった額。元服前の少年・少女または召し使いの風俗。後には成人男子にも広まった。

まるほん【丸本】〔名〕浄瑠璃などで、全詞章を一冊にまとめた版本。＝院本

まるほんもの【丸本物】〔名〕義太夫の浄瑠璃芝居の歌舞伎化。丸本歌舞伎。院本物。

まるもの【丸物・円物】〔名〕《近世語》❶完全に整っているもの。↔端物①。❷小袖の別称。❸弓の的の一種。❹金銭を示す隠語。❺歌舞伎で、立体的な舟や鐘などの舞台道具。

まるやまおうきょ【円山応挙】〔人名〕(一七三三～一七九五)江戸中期の画家。狩野派に学び、のちに円山派画風を開く。代表作『雪松図屏風』は国宝。

まるわげ【丸髷】〔名〕❶女性の髪型のひとつ。近世前期、無造作に丸く巻き上げたもの。❷既婚者の髪型のひとつ。近世後期、後頭部にやや平たい髷をつけたもの。

まれ〔［・なり］〕【稀】〔形動ナリ〕{なら・なり(に)・なり・なる・なれ・なれ}珍しいさま。めったにないさま。＝稀ら

〔**稀の細道**〕人跡のまれな細道。

まれ《係助詞「も」＋動詞「あり」の命令形＝「もあれ」の変化形》…であっても。…でも。例「鬼にまれ神にまれ、寄りて懐け」〈今昔・二〇・一〇〉

〈参考〉「…にまれ」の形が多いが、「とまれかくまれ」のような慣用句もある。

まれうと【客人・賓】〔名〕「まらうと」に同じ。

〔和歌〕**まれにくる…**【まれに来る夜半もかなしき松風を絶えずや苔の下に聞くらん】〈新古今・哀傷・七九六・藤原俊成〉訳私がたまに来る夜でも悲しく聞こえる松風の音をあの人はいつも墓の下で聞いているのだろうか。《係結び》「や→聞くらん㊍」

まれびと【客人・賓】〔名〕「まらうと」に同じ。

まれまれ【稀稀】〔副〕❶ごくまれに。たまに。また、偶然。たまたま。例「この大夫のまれまれ京にものしては」〈蜻蛉・中〉❷ごく少数。わずかに。例「まれ残りてさぶらふ人は」〈源氏・蓬生〉

まれら〔［・なり］〕【稀ら】〔形動ナリ〕{なら・なり(に)・なり・なる・なれ・なれ}《「ら」は接尾語》「まれ(稀)」に同じ。

まろ-【丸・円】〔接頭〕❶かどばらず円形であるの意を表す。「丸頭」など。❷そのままの状態であるの意を表す。「丸寝」など。❸加工していない、粗末なの意を表す。「丸屋」「丸殿」など。

-まろ【麻呂・麿・丸】〔接尾〕❶おもに男子の名の下に付けて用いる。「人麻呂」「清麿」など。例「翁麻呂」❷動物・刀剣・楽器などの名に付けて用いる。例「(＝犬ノ名)いづら」〈枕・上にさぶらふ御猫は〉

まろ〔［・なり］〕【丸】〔名・形動ナリ〕円形。球形。また、ふっくらとしたさま。例「つぶつぶとまろに、うつくしう肥えたりし手あたりの」〈夜の寝覚〉

まろ【麻呂・麿】〔代名〕《自称の人称代名詞。男女・老若・貴賤の別なく用いる。中世以後は帝や君主のみの語となる》わたくし。例「宮の御父にてまろわろからず」〈紫式部日記〉

まろうと【客人・賓】歴史的かなづかい「まらうと」

まろがしら【円頭】〔名〕頭髪をそり落とした頭。

まろか・す【丸かす・円かす】〔他サ四〕{さ・し・す・す・せ・せ}《「まろがす」とも》丸める。球形にする。例「(股ノ肉ヲ)猿の子二つが大きさに丸かして」〈今昔・二五・一四〉

まろか・る【丸かる・円かる】〔自ラ下二〕{れ・れ・る・るる・るれ・れよ}〔自ラ四〕{ら・り・る・る・れ・れ}《「まろがる」とも》丸まる。ひとかたまりになる。固まる。例「御額髪の濡れまろがれたるひきつくろひ」〈源氏・夕霧〉

まろ・ぐ【丸ぐ・円ぐ】〔他ガ下二〕{げ・げ・ぐ・ぐる・ぐれ・げよ}丸める。また、まとめる。例「これをまろげてみな買はん人もがな」〈宇治拾遺・二・四〉

まろ・し【丸し・円し】〔形ク〕{から・く(かり)・し・き(かる)・けれ・かれ}丸い。かどばっていない。また、太って丸々としている。

まろね【丸寝】〔名〕《「まるね」とも》普段着を着たまま、帯も解かず寝ること。ごろ寝。多く、旅寝やひとり寝をいう。＝丸臥し

まろばか・す【転ばかす】〔他サ四〕{さ・し・す・す・せ・せ}《「かす」は接尾語》「まろばす」に同じ。

まろば・す【転ばす】〔他サ四〕{さ・し・す・す・せ・せ}転がす。＝転ばかす。例「鼠の子の、毛もまだ生ひぬを、巣の中よりまろばし出でたる」〈枕・むつかしげなるもの〉

まろびあ・ふ【転び合ふ】〔自ハ四〕{は・ひ・ふ・ふ・へ・へ}転がって近づく。とくに、男女が共寝する。例「離かりて寝たれども転びあひけり」〈催馬楽〉

まろびお・つ【転び落つ】〔自タ上二〕{ち・ち・つ・つる・つれ・ちよ}転がり落ちる。例「夢路にまどふ心地して、車よりもまろび落ちぬべきをぞ」〈源氏・御法〉

まろ・ぶ【転ぶ】〔自バ四〕{ば・び・ぶ・ぶ・べ・べ}❶ころがる。ころがり落ちる。例「大地さけて水わきいで、盤石われて谷へまろぶ」〈平家・一二・大地震〉❷倒れる。例「なのめならぬ大地震ありき。古き堂のまろばぬなし」〈愚管抄〉

まろぶし【丸臥し】〔名〕「まろね」に同じ。

まろほや【丸寄生】〔名〕《「まろぼや」とも》寄生(ヤドリギ)を円形に図案化した模様。

まろ・む【丸む・円む】㊀〔自マ四〕{ま・み・む・む・め・め}丸くなる。丸まる。例「袖口は丸・み出でたる程」〈栄花・二四〉㊁〔他マ下二〕{め・め・む・むる・むれ・めよ}❶丸める。丸い形にする。例「日蔭をまろ・めて」〈紫式部日記〉❷剃髪する。例「やいわ坊主、頭はまろ・めても物は知らぬ」〈狂・左近三郎〉❸それだけで全体を作る。例「たとひこがれをまろ・めたる馬なりとも」〈平家・四・競〉

まろや【丸屋】〔名〕葦や茅などで屋根部分を覆っただけの粗末な家。

まろらか〔［・なり］〕【丸らか・円らか】〔形動ナリ〕{なら・なり(に)・なり・なる・なれ・なれ}《「らか」は接尾語》丸々としたさま。ふっくらと丸みを帯びたさま。例「腕をさし出でたるが、まろらかにをかしげなるほども」〈源氏・宿木〉

まわ・ふ【参会ふ】〔自ハ四〕{は・ひ・ふ・ふ・へ・へ}《「まゐあふ」

の変化形。一説に、接頭語「真」に動詞「会ふ」が付いた「まあふ」の変化形とも)行き会う。めぐり会う。

まわる【回る・廻る】歴史的かなづかい「まはる」

まゐ-【参】イマ[接頭]（ものが移動する意の動詞に付いて）謙譲の意を表す。「参来」「参上る」など。

まゐ・く【参来】クマイ[自カ変]｛こ・き・く・くる・くれ・こ(こよ)｝《「来」の謙譲語》(貴人のもとへ)参上する。うかがう。例「我れは参来む年の緒長く」〈万葉・二〇・四三九八〉

まゐ・づ【参出】ズマイ[自ダ下二]｛で・で・づ・づる・づれ・でよ｝《「まゐいづ」の変化形。「出づ」の謙譲語》参上する。例「迎へ参出む君が来まさば」〈万葉・六・九七一長歌〉

まゐで・く【参出来】デクマイ[自カ変]｛こ・き・く・くる・くれ・こ(こよ)｝《「来」の謙譲語》(貴人のもとへ)参上する。うかがう。例「田道間守常世に渡り八矛持ち参出来し時」〈万葉・一八・四一一一長歌〉

まゐのぼ・る【参上る】ボルマイノ[自ラ四]｛ら・り・る・る・れ・れ｝《「行く」の謙譲語》(貴人のもとへ、また、地方から都へ)参上する。参る。例「参上る八十氏人の手向けする恐の坂に」〈万葉・六・一〇二二長歌〉

まゐら・す【参らす】ラスマイ

アプローチ ▼㊀は㊂の「まゐらす」が一語化したもの。㊂の使役性が薄れ、「さしあげる」意の謙譲語として用いられる。▼㊁の補助動詞の用法は、平安時代半ばから見られる。謙譲の補助動詞「聞こゆ」「奉る」「申す」より、行為の向かう先を高める働きが強い。

㊀《「まゐらす」で一語。本動詞》[他サ下二]｛せ・せ・す・する・すれ・せよ｝「贈る・渡す」の意の謙譲語。「(AがBに)まゐらす」で、B(渡す相手)を高める。**さしあげる。献上する。** 例「蔵人ども御まかなひの髪上げてまゐらするほどは」〈枕・淑景舎〉 訳女蔵人たちがお給仕のために髪を結い上げて(御膳を中宮定子に)さしあげるときは。

㊁《「まゐらす」で一語。補助動詞》[補動サ下二]｛せ・せ・す・する・すれ・せよ｝(動詞や動詞型活用の助動詞の連用形に付いて)その行為の向かう先を高める謙譲語。**お(ご)…する。お(ご)…申し上げる。** 例「極楽浄土とてめでたき所へ具しまゐらせさぶらふぞ」〈平家・一一・先帝身投〉 訳極楽浄土という、すばらしい所へ(あなた様を)**お連れする**のでございますよ。（敬語）「具しまゐらせさぶらふぞ」→「さぶらふ」

㊂《動詞「まゐる㊀」の未然形＋使役の助動詞「す」》「行かせる」の意で、「(Aが人をBに)まゐらす」のB(行かせる先)を謙譲語「まゐる」が高める。**参上させる。参内させる。入内させる。** 例「急ぎ参らせて御覧ずるに」〈源氏・桐壺〉 訳(帝が)急いで(若宮を)**参内させてご覧になる**と。（敬語）「御覧ずるに」→「ごらんず」

㊃《動詞「まゐる㊁」の未然形＋使役の助動詞「す」》「贈らせる」「奉仕させる」意で、「(AがBに人を通して)まゐらす」のB(贈る先・奉仕する先)を高める。**さしあげさせる。奉仕してさしあげさせる。** 例「大殿油など急ぎまゐら・せて」〈源氏・夕霧〉 訳御灯火などを急いでさしあげさせて。

発展学習ファイル 「まゐらす」は本来、謙譲語「まゐる」に使役の助動詞「す」が付いたもので、「まゐる」ようにさせる、つまり高貴なところに仲介者(侍女など)を通して届くようにさせる意から、「身分の高い人にさしあげる」という意を生じた。これが「まゐらす㊀」である。一方、「まゐる」自体にも(つまり使役の助動詞「す」を伴わなくても)、高貴なところに何かが届くようにする意から「さしあげる・奉仕する」という使い方が生じた。これが「まゐる㊁」であるが、「まゐらす㊀」は「まゐる㊁」よりも敬度が高かったと見られる。なお、仲介者があり、使役の意味が明らかな場合は、謙譲語「まゐる」＋使役の助動詞「す」と分析できる。これが「まゐらす㊂㊃」(本来の用法)である。

まゐらせたま・ふ【参らせ給ふ】マイラセタマ(モ)ウ ㊀《動詞「まゐらす」(本動詞)の連用形＋補助動詞「たまふ」》「贈る・渡す」の意の二方面敬語。「(AがBに)まゐらせたまふ」で、尊敬語「たまふ」がA(主語)を、謙譲語「まゐらす」がB(渡す相手)を高める。**さしあげなさる。おさしあげになる。** 例「若宮の御前にとて、(浮舟ガ)卯槌まゐらせたま・ふ」〈源氏・浮舟〉 ㊁《補助動詞「まゐらす」(動詞などの連用形に付いて)「(AがBに)…まゐらせたまふ」で、尊敬語「たまふ」がA(行為を行う人＝主語)を高め、謙譲語「まゐらす」がB(行為の向かう先)を高める二方面敬語。**お(ご)…申し上げなさる。** 例「この御娘、皇子あまた生み参らせ給へり」〈平家・八・山門御幸〉 ㊂《動詞「まゐる㊀」の未然形＋助動詞「す」の連用形＋補助動詞「たまふ」》❶(「せ」が尊敬の意を強める場合)「(ある場所に)行く、来る」の意の二方面敬語。「(AがBに)まゐらせたまふ」で、尊敬語「せたまふ」がA(主語)を、謙譲語「まゐる」がB(参上する先)を高める。**参上なさる。** 例「中宮も〔宮中ニ〕参らせたま・へるころにて」〈源氏・絵合〉 ❷(「せ」が使役の意の場合)「(ある場所に)参上させる」の意の敬語。「(Aが人をBに)まゐらせたまふ」で、尊敬語「たまふ」がA(参上するよう命ずる人)を、謙譲語「まゐる」がB(参上する先)を高める。AとBが別人の場合は二方面敬語になるが(第一の例)、AとBが同一人物の場合は、高貴な人が自分のところに人を参上させることを、その高貴な人を高めて述べる敬語になる(第二の例)。**参上させなさる。** 例「〔源氏ハ朱雀院ノ〕御送りに人々参らせたま・ふ」〈源氏・柏木〉 例「〔帝ハ〕さるべき人々参らせたま・へど」〈源氏・桐壺〉 ㊃《動詞「まゐる㊁」の未然形＋助動詞「す」の連用形＋補助動詞「たまふ」》❶(「せ」が尊敬の意を強める場合)「贈る・渡す」の意の二方面敬語。「(AがBに)まゐらせたまふ」で、尊敬語「せたまふ」がA(主語)を、謙譲語「まゐる」がB(渡す相手)を高める。**さしあげなさる。** 例「〔道長様カラ公任殿ニ〕御装束一領して参らせたま・ふ」〈栄花・二七〉 ❷(「せ」が使役の意の場合)「贈らせる」「奉仕させる」の意の敬語。「(AがBに人を通して)まゐらせたまふ」で、尊敬語「たまふ」がA(贈らせる人・奉仕させる人)を高め、謙譲語「まゐる」がB(贈る相手・奉仕する相手)を高め

ま

る。AとBが別人の場合は二方面敬語になるが(第一の例)、AとBが同一人物の場合は、高貴な人が自分に対して誰かを奉仕させることを、その高貴な人を高めて述べる敬語になる(第二の例)。**さしあげさせなさる。ご奉仕させなさる。** 例「(匂宮ニ)絵をいと多く持たせて参りたまへりける、女房してあなた(=女一ノ宮)に(絵ヲ)**まゐらせたま・ひて**(=サシアゲサセナサッテ)」〈源氏・蜻蛉〉《敬語》「参りたまへりける」→「まゐる(四段)」「たまふ(四段)」。例「(源氏ハ)よろづにまじなひ、加持**まゐらせたま・へど**(=ゴ奉仕サセナサルケレド)」〈源氏・若紫〉

発展学習ファイル　「**まゐらせたまふ**」㈠と㈣の識別…㈠と㈣①とは、どちらも「AがBにさしあげる」ことをA・Bの両方を高めて述べる言い方で、「さしあげなさる」「おさしあげになる」という現代語訳になる。その意味で、解釈上は㈠と㈣①を区別する意味はあまりないが、文法的には次のように区別して考えることができる。

(1)Aがきわめて身分の高い人(最高敬語にふさわしい人)の場合は㈣①。「せたまふ」はきわめて身分の高い人の行為に使うので、Aがそのような人の場合は、謙譲語「まゐる」＋尊敬語「せたまふ」(さらに分解すれば尊敬の意を強める助動詞「す」＋尊敬の補助動詞「たまふ」)と見られる。

(2)AよりもBが身分が高い場合は㈠。「まゐらす」はかなり身分が高い人に贈る場合に使うので、Bがそのような人の場合は、謙譲語「まゐらす」＋尊敬語「たまふ」と見られる。

また、㈣②は、「Aが誰かを通してBに贈らせる」というように仲介者があり、仲介者を通して贈らせることを、A・Bの両方を高めて述べるもの。この場合は「さしあげさせなさる」と訳す。謙譲語「まゐる」＋使役の助動詞「す」＋尊敬語「たまふ」である。

まゐり【参り】〔名〕❶貴人の所へ参上すること。とくに、宮中へ参上すること。❷参詣すること。

まゐりあつま・る【参り集まる】〔自ラ四〕{ら・り・る・る・れ・れ}《「参り」は行く・来るの意の謙譲語》(貴人の所や寺社などに多くの人が)参上して集まる。＝参り集ふ

まゐりあ・ふ【参り合ふ】〔自ハ四〕{は・ひ・ふ・ふ・へ・へ}《「行き合ふ」「来合ふ」の謙譲語》(貴人の所や寺社などに)参上して出会う。また、(高貴な場所での会合に)参加する。

まゐりおんじゃう【参り音声】〔名〕節会などで、楽人が入場するときに演奏する音楽。↕罷出音声

まゐりかよ・ふ【参り通ふ】〔自ハ四〕{は・ひ・ふ・ふ・へ・へ}《「行き通ふ」「来通ふ」の謙譲語》(貴人のもとへ)お通い申し上げる。頻繁に参上する。例「童より参り通・ふゆゑはべりしかば」〈源氏・橋姫〉

まゐり・く【参り来】〔自カ変〕{こ・き・く・くる・くれ・こ(こよ)}《「来」の謙譲語》(貴人のもとへ)参上する。うかがう。例「心にては、夢にても疎かなるまじけれど、**参り・来む**ことのわりなかるべきこと」〈宇津保・俊蔭〉

まゐりげかう【参り下向】〔名〕参上と下向。寺社に参詣して帰ること。また、その人。

まゐりす・う【参り据う】〔他ワ下二〕{ゑ・ゑ・う・うる・うれ・ゑよ}《「参り」は贈る・渡すの意の謙譲語》(貴人に物を)さしあげて、その方の前に置く。お供えする。

まゐりそ・ふ【参り添ふ】〔他ハ下二〕{へ・へ・ふ・ふる・ふれ・へよ}《「参り」は贈る・渡すの意の謙譲語》あるものに加えて別のものを、貴人のためにお出しする。添えてさしあげる。例「(宮ガイラシタノデ、源氏ハ)御しとねまゐり添・へさせたまひて」〈源氏・梅枝〉

まゐりちが・ふ【参り違ふ】〔自ハ四〕{は・ひ・ふ・ふ・へ・へ}《「参り」は行く・来るの意の謙譲語》(貴人の所に多くの人が)入れ代わり立ち代わり参上する。

まゐりつかうまつ・る【参り仕うまつる】〔自ラ四〕{ら・り・る・る・れ・れ}《「参り」は行く・来るの意の、「仕うまつる」は仕えるの意の謙譲語》(貴人のもとに)参上してお仕えする。例「右の大殿の、**参り仕うまつ・り**たまふこと」〈源氏・若菜・下〉

まゐりつ・く【参り着く】〔自カ四〕{か・き・く・く・け・け}《「行き着く」「来着く」の謙譲語》(貴人のもとへ)参上し到着する。例「二条の宮に**まゐりつ・き**たり」〈枕・関白殿、二月二十一日に〉

まゐりつど・ふ【参り集ふ】〔自ハ四〕{は・ひ・ふ・ふ・へ・へ}「まゐりあつまる」に同じ。

まゐりな・る【参り馴る】〔自ラ下二〕{れ・れ・る・るる・るれ・れよ}《「参り」は行く・来るの意の謙譲語》貴人のもとにつねづね参上し、なれ親しむ。例「宮の御方に**まゐり馴・れ**、物をも啓せさせ給ふは」〈紫式部日記〉

まゐりまか・づ【参り罷づ】〔自ダ下二〕{で・で・づ・づる・づれ・でよ}《「参り」は行く・来るの意の、「罷づ」は出るの意の謙譲語》(高貴な場所に)参上し、また退出する。出入りする。

まゐりもの【参り物】〔名〕召し上がり物。

まゐりよ・る【参り寄る】〔自ラ四〕{ら・り・る・る・れ・れ}《「参り」は行く・来るの意の謙譲語》おそば近くに参上する。例「大将も(明石ノ中宮ノ)近く**参りよ・り**たまひし」〈源氏・蜻蛉〉

まゐりわた・す【参り渡す】〔他サ四〕{さ・し・す・す・せ・せ}《「参り」は贈る・渡す・奉仕するの意の謙譲語》全員に差し上げる。また、すべてにわたってして差し上げる。

まゐ・る【参る】〔自ラ四〕〔他ラ四〕{ら・り・る・る・れ・れ}

アプローチ
▼「(ある場所に)行く、来る」の意で、その場所および場所の主を高める謙譲語(㈠①)が本来の用法で、その場所に物が届くようにする場合に用いて「さしあげる」「奉仕する」意となるのが㈡である。
▼「ある場所から)出る、行く、来る、下げる」の意の謙譲語「まかづ」と対になる。
▼「さしあげたものを…なさる」という意から「…する」の意の尊敬語(㈢)の用法が生じた。
▼さらに、行為の向かう先を高める謙譲語の用法から、主語を低め聞き手に対して敬意を表す丁寧語に近い用法(㈠④)が生じた。

《「まゐいる」の変化形》㈠〔自ラ四〕❶「(ある場所に)行く、来る」の意の謙譲語。「(AがBに)まゐる」で、B(その場所および場所の主)を高める。**参上する。**

うかがう。例「からうじて惟光朝臣参れり」〈源氏・夕顔〉訳やっとのことで惟光朝臣が(源氏のところへ)参上した。

❷「出仕する」の意で、「(AがBに)まゐる」で、B(出仕する相手)を高める謙譲語。例「宮にはじめてまゐりたるころ」〈枕・宮にはじめてまゐりたる頃〉訳宮(=中宮定子)に初めて出仕したころ。

❸「入内する」の意で、「(AがBに)まゐる」で、B(入内する相手)を高める謙譲語。例「人よりさきにまゐりたまひて」〈源氏・桐壺〉訳(弘徽殿女御は)他の人より先に(桐壺の帝に)入内なさって。(敬語)「まゐりたまひて」→「たまふ(四段)」

❹「行く」「来る」の謙譲語だが、行き先を高める働きを失い、単に主語を低めるもの。聞き手に対して丁重に述べ、聞き手への敬意を表す効果をもつので、実際の働きは丁寧語に近い。参ります。例「所用あって川向かひへ参る」〈狂・入間川〉訳用事があって対岸へ参ります。

二[他ラ四]❶「贈る・渡す」の意の謙譲語。「(AがBに)まゐる」で、B(渡す相手)を高める。さしあげる。例「親王に馬の頭、大御酒まゐる」〈伊勢・八三〉訳親王に馬の頭が、御酒をさしあげる。

❷「奉仕する」の意の謙譲語。「(AがBに)まゐる」で、B(奉仕する相手)を高める。奉仕の内容は、文意に応じていろいろな場合がある。してさしあげる。例「さるべきもの作りて、すかせたてまつり、加持などまゐるほど」〈源氏・若紫〉訳しかるべきもの(=護符)を作って、(源氏に)お飲ませ申し上げ、加持などをしてさしあげるうちに。(敬語)「すかせたてまつり」→「たてまつる」

三[他ラ四]「食べる」「飲む」など「…する」の意の尊敬語。主語(…する人)を高める。文脈に応じていろいろな意味になる。お(ご)…になる。…なさる。例「御湯まゐり、物などをも聞こしめせ」〈源氏・柏木〉訳御薬湯もお飲みになり、食べ物なども召し上がれ。(敬語)「聞こしめせ」→「きこしめす」。例「夜深く御手水まゐり、御念誦などしたまふも」〈源氏・須磨〉訳(源氏が)夜が更けて御手水をお使いになり、念仏などをなさるのも。

発展学習ファイル (1)「まゐる」は「さしあげる」「奉仕する」という謙譲語(二)から、「さしあげたものを…なさる」「奉仕されて…なさる」(三)の意に転じた尊敬語を派生したが、同様のことは「たてまつる」にも見られる。
(2)一④の用法は、室町時代ごろから見られる。

ま・ゐる【参る】[自ワ上一](ゐ・ゐ・ゐる・ゐる・ゐれ・ゐよ)(「行く」「来」の謙譲語)参上する。例「山越え野行き都辺に参ゐし我が背を」〈万葉・一八・四一一六長歌〉

発展学習ファイル 連用形の用例しかないため、ワ行上二段動詞「まう」だと考える説もある。

まを【真麻・真苧】[名]カラムシの別称。(季－夏)

まをごも【真小薦】[名](「ま」「を」ともに接頭語)薦のこと。一説に、「真苧」でカラムシ、またカラムシで編んだ「薦」とも。

まをさく【申さく・白さく】(動詞「申す」の名詞化したもの。平安以降「まうさく」)「まうさく」に同じ。

まを・す【申す・白す】(さ・し・す・す・せ・せ)一[他サ四]「言う」の意の謙譲語。「(AがBに)まをす」で、B(言う相手)を高める。申し上げる。例「旅行きに行くと知らずて母父に言申さずて」〈万葉・二〇・四三七六〉二[補動サ四](動詞の連用形に付いて)「(AがBに)…まをす」で、B(行為の向かう先)を高める謙譲語。お(ご)…する。お(ご)…申し上げる。例「天飛ぶや鳥にもがもや都まで送りまをして飛び帰るもの」〈万葉・五・八七六〉

発展学習ファイル (1)のちに「まうす」に変化する。(2)「まをす」に「たまふ」の付いた「まをしたまふ」で一語化し、「(政務を)上奏する」「(政務を)執行する」の意で用いられることがある。

まをとこ【間男・密男】[名]「かくしをとこ」に同じ。

まん【幔】[名]幕のひとつ。縦に筋模様のあるもの。幔幕。＝幔の幕。➡図版「賭弓」

(幔の幕)「まん」に同じ。

まんえふかう【万葉考】[作品名]江戸中・後期の『万葉集』注釈書。『万葉集考』ともいう。賀茂真淵著。現行の巻序を改め、原万葉集の形に整えて注釈を施す。実証的な読みに裏付けられた新解釈など独創に富む。『万葉集』の本質として「ますらをぶり」を説いて、柿本人麻呂を高く評価している。

まんえふしふ【万葉集】[作品名]奈良時代の私撰和歌集。二十巻。最終的な成立は、延暦元、二年(七八二、七八三)ごろ、大伴家持らの作業の完成と思われる。伝承的な作品を除くと、舒明朝時代から天平宝字三年(七五九)までの作品約四千五百首余りを収め、作者は天皇から東国農民など各階層に及ぶ。形式的には短歌を主とするが二百六十五首の長歌、六十二首の旋頭歌などをも含む。すべて漢字を用いて表記されるが、漢字の訓を用いる場合、一字一音の万葉仮名を用いる場合などその用法は多岐にわたっている。

まんえふしふかう【万葉集考】[作品名]「まんえふかう」に同じ。

まんえふしふくゎんけん【万葉集管見】[作品名]江戸前期の『万葉集』注釈書。下河辺長流著。難解語に注解を施した書。古文献に用例を求め考証する実証的な注釈方法の萌芽が見られ、契沖らに影響を与えた。

まんえふしふこぎ【万葉集古義】[作品名]江戸後期の『万葉集』注釈書。鹿持雅澄作。注釈と総論・人物論・用語解説など研究の書。従来の万葉学を再検討し集大成で、漢籍の素養と本文校訂に定評がある。

まんえふしふせう【万葉集抄】[作品名]「まんえふしふちゅうしゃく」に同じ。

まんえふしふだいしゃうき【万葉集代匠記】[作品名]「まんえふだいしゃうき」に同じ。

まんえふしふちゅうしゃく【万葉集註釈】[作品名]鎌倉中期(一二六九)の『万葉集』注釈書。『仙覚抄』『仙覚万葉集抄』『万葉集抄』ともいう。仙覚著。各巻順に難解な歌をあげて注を加え、長歌の注釈に新見解を示す。新しく訓を付けた歌もあり仙覚新点本として注釈史上画期的な意義をもつ。

まんえふしふりゃくげ【万葉集略解】[作品名]江戸後期の『万葉集』注釈書。加藤千蔭著。全歌について、本文を示し、左に訓を加えて注釈を付す。契沖・賀茂真淵の著作を基盤とし、以後の万葉研究の指針となった。本居宣長の新学説が引用・紹介されている。

まんえふだいしゃうき【万葉代匠記】[作品名]江戸前期の『万葉集』注釈書。名義や作者(大伴家持私撰説)・地名などの概説、さらに枕詞の実証的考察を記す。水戸の徳川光圀の命を受け継ぎ、実証中心主義により大幅な本文改訂・改訓を試み、約二千が現在も通説として残っている。

まんえふてう【万葉調】[名]『万葉集』の特色となっている歌の様式。実感を率直に表現した素朴で力強い歌風や、五七調・二句切れ・四句切れの歌が多いという韻律的な特徴をいう。万葉風。→「こきんてう」「しんこきんてう」

まんがち[・なり][形動ナリ]{なら・なり(に)・なり・なる・なれ・なれ}《近世語》身勝手である。例「そのごとく**まんがち**にては、いかな如来も迷惑なり」〈浄・佐々木大鑑〉

まんぎゃう【万行】[名]《仏教語》仏教徒や修験者が修行する多くの行。

まんぐゎん【満願】[名]《仏教語》最初に日数を定めて神仏に参拝祈願し、その日数を祈り終えること。＝結願

まんごうがしゃ【万恒河沙】[名]《仏教語。「恒河沙」は恒河(ガンジス川)の砂の意》無限に数の多いことのたとえ。

まんごふ【万劫】[名]《仏教語》無限の時間。きわめて長い年月。→「ごふ(劫)」

まんざ【満座】[名]同席したすべての人。

まんざい【万歳】[名]❶万年。永年。また、長い繁栄や長寿を祝うことば。❷芸能のひとつ。新年に、その年の平和と繁栄を祈る歌をうたい、こっけいな身振りで舞って歩いた門付け芸。また、その芸人。(季-春)

まんざいきゃうかしふ【万載狂歌集】[作品名]江戸後期(一七八三刊行)の狂歌集。四方赤良(大田南畝)・朱楽菅江編。『千載和歌集』の部立てにならい、編集・収録した狂歌集。

まんざいせんしう【万歳千秋】[名]《「ばんぜいせんしう」とも》「せんしうまんざい」に同じ。

まんざいらく【万歳楽】[名]雅楽の曲名。舞は、もとは六人の女舞だったが、のちに四人の男舞となった。即位など祝賀の宴で用いられた。

まんじうらく【万秋楽】[名]《「まんじゅらく」「まんずらく」とも》雅楽の曲名。唐楽、盤渉調の舞楽。六人で舞う。

まんしん【慢心】[名]おごりたかぶった心。うぬぼれ。

まんぜい【満誓】[人名]「さみまんぜい」に同じ。

まんだら【曼陀羅・曼荼羅】[名]《「まだら」とも。梵語の音訳》❶諸仏を安置するために設けた壇。❷諸仏の悟りの境地を図案化したもの。金剛界曼荼羅・胎蔵界曼荼羅などがある。

まんだらけ【曼陀羅華・曼荼羅華】[名]《「まんだらげ」とも。梵語の音訳》「四華」のひとつ。天上に咲く白い花で、見る者に悦楽を与えるという。

まんどう【万灯】[名]❶仏前に供える多くの灯火。❷祭礼のときなどに用いる四角い箱形の枠に紙を張り、中に灯火をともして持ち歩いたもの。＝万度

まんどころ【政所】[名]《「まどころ」とも》❶平安以降、皇族・貴族の邸宅、寺社などで、家政や荘園事務などを担当する機関。❷鎌倉・室町幕府における政庁のひとつ。財政や訴訟をとりあつかった。また、その役人。❸「北の政所」の略。

まんな【真名・真字】[名]《「まな」の変化形》漢字。↔仮名

まんなほし【間直し】[名]《近世語》悪運を改めて良運に変えようとすること。

まんねんぐさ【万年草】[名]高野山や吉野に生える苔の一種。乾燥させたものを水に入れ、開いたときは旅人が無事であると信じられていた。(季-夏)

まんねんごよみ【万年暦】[名]開運・相性・日の吉凶などを記した長年役に立つ暦。永代暦。

まんぼふ【万法】[名]《仏教語》物質的・精神的なすべての存在。また、それらのもつ法則。

まんまん【漫漫】[・たり][形動タリ]{たら・たり(と)・たり・たる・たれ・たれ}広々としたさま。果てしないさま。例「南を望めば、海漫々として」〈平家・二・康頼祝言〉

まんろく[・なり][名・形動ナリ]《近世語》物事が正しいこと。公平。例「**まんろく**を言ふ時に、皆与兵衛めが悪いぞや」〈浄・ひぢりめん卯月の紅葉〉

み

み-【御・美・深】[接頭]㊀【御】尊敬の意を示す。「み灯」「み格子」「み法」「み子」など。㊁【御・美・深】美称、また、語調を整える語。「み草」「み空」「み山」「み雪」「み吉野」など。

発展学習ファイル 「御」の読みには、「み」の他に「お」「おほん」「おん」があり、注意が必要である。⇒「おほん」「接頭」〈古語深耕〉

古語深耕 **「み(御・美・深)」の用法**

上代では神・天皇に所属する物を示すために多く用いられたが、平安以降は衰退し、特定の語とともに用いられるだけとなる。また、「み草」「み空」「み山」といったように何に対して敬意を示すのか不明の場合は、ほめたたえる意を添える美称という説明を施すが、元来はそれらが神に関係をもつものと認識され、畏敬の念を示すために冠したものと理解される。時代が下ると美称とも理解できず、語調を整えるために用いられていると見なされる場合もある。また「道」「嶺」「宮」のように、一音節の語(「ち」「ね」「や」)に付いて、敬意に関係なく一語化したものもある。

-み[接尾]❶《形容詞の語幹や形容詞型の活用をする助動詞「べし」「まじ」の語幹相当部分に付い

て)原因・理由を示す。…ので。…から。例「若の浦に潮満ち来れば潟をなみ葦辺をさして鶴鳴き渡る」〈万葉・六・九一九〉訳→〔和歌〕わかのうらに…。❷(「形容詞語幹＋「み」の形で後ろに来る動詞「す」「思ふ」を修飾して)…のように(する)。…と(思う)。例「我妹子をあひ知らしめし人をこそ恋の増されば恨めしみ思へ」〈万葉・四・四九四〉❸(形容詞の語幹に付いて)その形容詞を体言にする。…こと。…ところ。例「浅みにや人はおり立つわが方は身もそぼつまで深きこひぢを」〈源氏・葵〉〔注〕①②③で、シク活用形容詞には終止形に付く。《係結び》「や→おり立つ㊍」。❹(多く対立する意をもつ動詞の連用形に付いて、並べ用いて)…したり…したり。例「夜更くるまで、泣きみ笑ひみして、皆寝ぬ」〈蜻蛉・下〉

-み【廻・回・曲】[接尾]山・川・海などの入り曲がった所の意を表す。…の辺り。…のめぐり。「磯み」「浦み」「隈み」「里み」「島み」など。

み【巳】[名]❶十二支の六番目。蛇。❷時刻の名。いまの午前十時ごろを中心とする二時間。一説に、午前十時からの二時間。＝巳の刻・巳の時。❸方角の名。南南東。

〔巳の刻〕❶「み(巳)②」に同じ。❷「みのとき②」に同じ。

〔巳の時〕❶「み(巳)②」に同じ。❷物が新しいこと。＝巳の刻②。❸たけなわのとき。

〔巳の日の祓へ〕「じゃうしのはらへ」に同じ。

み【水】[名]みず。多く、複合語として用いられる。「水草」「垂水」など。

み【身】㊀[名]❶からだ。肉体。❷分際。身の上。例「かずかずに思ひ思はず問ひがたみ身をしる雨はふりぞまされる」〈伊勢・一〇七〉〔注〕「問ひがたみ」の「み」は接尾語。《係結び》「ぞ→まされる㊍」。❸命。例「身のさぶらはばこそ、仰せ言もうけたまはらめ」〈大鏡・道長・上〉《係結び》「こそ→うけたまはらめ㊋」。《敬語》「さぶらはば」→「さぶらふ」、「うけたまはらめ」→「うけたまはる」。❹本体。中身。刀身。容器の物を入れる部分。❺自分自身。私。例「これは、身のため、人のためにも、いみじき慶びにはべらずや」〈枕・頭の中将の〉《敬語》「はべらずや」→「はべり」。㊁[代名]《自称の人称代名詞。男性が用いる。㊀⑤の変化形で、中世以降の用法》われ。例「身が家は三条東洞院にありしなり」〈正徹物語〉

〔身に余る〕その人にとって十分すぎる。過分だ。

〔身に負ふ〕身分にふさわしい。分相応である。

〔身に換ふ〕わが身にかえる。また、自分の命にかえても惜しくないほどに思う。

〔身に沁む〕❶しみじみと感じる。痛切に感じる。❷秋の冷気や寒気を強く感じる。(季-秋)

〔身に添ふ〕いつもからだから離さずに持つ。

〔身に成る〕❶親身になる。和歌では多く、草木の「実」にかける。例「花薄穂に出でやすき草なればなるらむとはたのまれなくに」〈後撰・秋下・三五四〉❷役に立つ。例「随分身になる手代よりは、愚かなる我が子がましなり」〈浮・世間胸算用〉

〔身の毛よだつ〕恐怖や感動などのためからだの毛が逆立つように感じる。ぞくっとする。

〔身の毛を詰める〕恐怖を感じる。心配する。

〔身の代〕❶身がわり。❷身売りの代金。身の代金。

〔身の徳〕身についた収入。

〔身のなる果て〕身の終わり。最期。

〔身の後〕死後。

〔身の程〕❶身分や能力の程度。また、それにふさわしいこと。❷身の上。境遇。

〔身は習はしのもの〕人は日ごろの習慣しだいでどうにでも変わるということ。

〔身二つと成る〕出産する。＝身身となる

〔身を合はす〕一体となる。合体する。

〔身をいたづらになす〕身を滅ぼす。命を捨てる。

〔身を受く〕(ある境涯に)生まれつく。

〔身を変ふ〕❶生まれ変わる。別人になる。❷ようすを変える。尼となる。

〔身を砕く〕❶身を粉にする。非常に努力する。❷身を捨てて仏に仕える。

〔身を心ともせず〕自分のからだを自分の心の思うとおりにできないこと。例「憂き物は身を心ともせぬ世なりけり」〈後撰・恋五・九三七〉

〔身を沈む〕❶身投げをする。❷落ちぶれる。

〔身を知る雨〕(自分の悲しい運命や境遇を知る雨の意から)涙。

〔身を捨つ〕❶身を投げ出す。すべてを捨てて打ちこむ。❷出家する。

〔身を立つ〕《「立身」の訓読語》立身出世する。一人前になる。

〔身を辿る〕自分の身の上について思い悩む。例「我か人かと身をたど・る世に」〈古今・雑下・九六三〉

〔身を尽くす〕わが身のありったけを尽くす。わが身を滅ぼす。和歌では多く「澪標」の意をかける。

〔身を抓む〕身につまされる。

〔身をなきになす〕身を捨てる。

〔身を投ぐ〕❶身投げをする。❷物事に打ちこむ。例「身を投・げたる手まどはしなどを見るぞをかしかりける」〈源氏・蛍〉❸身を投げ出すようにして速く走る。転がるように走る。例「狐身を投・げて逃ぐれども」〈宇治拾遺・一・一八〉

〔身をなす〕❶身仕度する。例「雨の薦に身をな・して入り申さるる」〈三冊子〉❷夢中になる。一生懸命になる。例「十四の秋より色道に身をな・し」〈浮・好色五人女〉

〔身を持つ〕立身出世する。例「思ひしやうに身を持・たず、悔ゆれども」〈徒然・一八八〉

〔身をもてなす〕自分の身を処する。振る舞う。

〔身を窶す〕みすぼらしい姿に身を変える。

〔身を寄す〕❶(他のものに)わが身をたとえる。なぞらえる。例「もし跡の白波にこの身を寄・する朝には」〈方丈記〉❷他人の家に住みこんで世話になる。

〔身を分く〕❶からだを二つに分ける。❷人の間に分け入る。例「秋風は身を分・けてしも吹かなくに人の心の空になるらむ」〈古今・恋五・七八七〉

〔身を修む・身を治む〕身を正しく整える。例「道を知れる教へ、身を治・め、国を保たん道も、またしかなり」〈徒然・一二〇〉

み【実】[名]❶果実。❷内容。実質。

み

み【海】［名］「海」の略。

みあかし【御明かし・御灯明・御灯】［名］《「み」は接頭語》神仏に供えるともしび。お灯明。

みあかしぶみ【御明かし文】［名］《「み」は接頭語》願い事などを書いて神仏に奉る文書。＝願文

みあがた【御県】［名］《「み」は接頭語》上代、天皇の食べる野菜などを産した朝廷の直轄領。

みあがり【身揚がり・身上がり】［名］《近世語》遊里で、遊女が自分で揚げ代を払って勤めを休むこと。

みあきら・む【見明らむ】［他マ下二］{め・め・む・むる・むれ・めよ}はっきり見極める。

みあ・く【見飽く】［他カ四］{か・き・く・く・け・け}見たくなくなるほど見る。見飽きる。

みあさ・む【見あさむ】［他マ四］{ま・み・む・む・め・め}見てびっくりする。見聞きして驚く。例「そのあたりの人々、これを聞きて、見あさ・みけり」〈宇治拾遺・六・五〉

みあしまゐり【御足参り】［名］《「み」は接頭語》貴人の足をもみさすってさしあげること。＝足参り

みあつか・ふ【見扱ふ】［他ハ四］{は・ひ・ふ・ふ・へ・へ}❶あれこれと世話をする。看護をする。例「いろいろの病者を見あつか・ひ」〈源氏・若菜・下〉❷かかずらって処置に手を焼く。もてあます。例「心から、などかかうき世を見あつか・ふらむ」〈源氏・末摘花〉

みあつ・む【見集む】［他マ下二］{め・め・む・むる・むれ・めよ}いろいろな物事を見る。多くの事柄を経験する。例「さまざまなる人のありさまを見集・めたまふ」〈源氏・若菜・下〉

みあは・す【見合はす】［他サ下二］{せ・せ・す・する・すれ・せよ}❶互いに顔を見合わせる。❷目と目を合わす。目くばせをする。❸見比べる。照らし合わせる。例「幸ひのなきとあるとは隔てあるべきわざかなと〔紫ノ上ト玉鬘ヲ〕見あは・せらる」〈源氏・玉鬘〉

みあ・ふ［自ハ四］{は・ひ・ふ・ふ・へ・へ}《「見合ふ」の意。一説に、「み」は接頭語で「御合ふ」の意とも》結婚する。

みあ・ふ【見合ふ】［他ハ四］{は・ひ・ふ・ふ・へ・へ}㊀❶互いに見交わす。例「〔女房タチハ〕いとつつましうて、うつぶしつつ見あ・ひたり」〈落窪・三〉❷見つける。例「おのづから人有りて、生命を害せむを見合・はば」〈今昔・九・八〉❸〈複数の人々が〉いっしょに見る。大勢で見る。例「上り、下る者、市をなして、行きもやらで見合・ひたり」〈宇治拾遺・一・一五〉㊁［自ハ四］出会う。行き合う。例「心付きに見えむ人に見合・はば、それに引き移りなむ」〈今昔・二八・一〉

みあへ【御饗】［名］《「み」は接頭語》貴人に飲食をもてなすこと。ごちそうすること。

みあま・る【見余る】［自ラ四］{ら・り・る・る・れ・れ}見るに見かねる。見ていられないほど多く見る。

みあらか【御殿】［名］《「み」は接頭語》宮殿や邸宅の敬称。御殿。

みあらは・す【見顕す】［他サ四］{さ・し・す・す・せ・せ}隠されているものを見つけ出す。見つけて明らかにする。また、正体をあばく。見破る。例「狐の変化したる。憎し。見あらは・さむ」〈源氏・手習〉

みあれ【御生れ】［名］《「み」は接頭語。「あれ」は生まれることの意》陰暦四月の中の午の日、京都の上賀茂神社で葵祭りに先立って行われた神を迎える神事。また、賀茂神社の別称。

〔御生れの宣旨〕賀茂の祭りに関する宣旨を斎院に伝達する女官。

みいくさ【御軍・皇師】［名］《「み」は接頭語》天皇の軍隊の尊称。＝皇軍

みいだ・す【見出だす】［他サ四］{さ・し・す・す・せ・せ}❶内から外を見る。外を見やる。例「遣り戸を引き開けて、もろともに見出だ・したまふ」〈源氏・夕顔〉❷見つけ出す。さがし出す。例「白髪ぞ一筋見出だ・し給ひたりける」〈発心集〉❸目を見開く。目をむく。例「〔十郎ハ〕もちたる扇をさっと開き、大きに目を見いだ・し」〈曾我・七〉

みいつ【御稜威・御厳】［名］《「み」は接頭語》「厳」の尊敬語。神や天皇などの強い御威勢。ご威光。

みい・づ【見出づ】［他ダ下二］{で・で・づ・づる・づれ・でよ}❶見つけ出す。例「いと清らなる緑衫のうへのきぬを見い・でてやるとて」〈伊勢・四一〉❷外を見る。外の方を眺める。例「〔娘ノ君ハ〕うちはを手まさぐりにして見出・でて臥したり」〈浜松中納言・一〉

みい・る【見入る】㊀［他ラ下二］{れ・れ・る・るる・るれ・れよ}❶外から内を見る。のぞき込む。例「御座所もあらはに見入・れらる」〈源氏・須磨〉❷注目して見る。関心を持って見る。例「鳶・烏などのうへは、見入・れきき入れなどする人、世になしかし」〈枕・鳥は〉❸執念をこめて見る。取り憑く。例「荒れたりし所に棲みけんものの我に見入・れけんたよりに」〈源氏・夕顔〉❹目をかける。世話をする。例「かくて籠りおはせむ人を、あながちに勧め出だして、見入・れぬやうはありなむや」〈宇津保・俊蔭〉㊁［他ラ四］{ら・り・る・る・れ・れ}興味深く見る。一心に見る。また、とりつく。例「夜のふくるも知らずみい・りてあれば」〈蜻蛉・中〉

みいれ【見入れ】［名］❶中をのぞき込むこと。❷〈霊的存在や人の執念などが〉とりつくこと。

みうけ【身請け】［名］《近世語》遊女などの身の代金や前借り金を抱え主に払い、年季が終わる前に勤めから身を引かせること。請け出し。

みうち【御内】《「み」は接頭語》㊀［名］❶貴人の邸内の敬称。❷貴人や主君の敬称。また、その奥方の敬称。❸直属の家臣。譜代の家臣。⇔外様②。例「九郎大夫判官殿の御内に伊勢三郎義盛と申す者で候ふが」〈平家・一一・志度合戦〉❹家来。家臣。㊁［代名］《対称の人称代名詞》あなた様。貴下。例「花を散らしつるはみ内でわたり候ふか」〈謡・雲林院〉

みうちき【御打ち着・御袿】［名］《「み」は接頭語》貴人が装束を召しになること。

〔御打ち着の人・御袿の人〕「御打ち着」のときに奉仕する人。

みうらばいゑん【三浦梅園】［人名］（一七二三～一七八九）江戸中期の漢学者・思想家。独創的条理哲学を提唱、その成果が著書『玄語』『贅語』『敢語』のいわゆる「梅園三語」である。

みえあ・ふ【見え逢ふ】［自ハ四］{は・ひ・ふ・ふ・へ・へ}出会う。

みえあり・く【見え歩く】［他カ四］{か・き・く・く・け・け}人目につくようにして歩き回る。見せるようにして歩き回る。

みえい【御影】［名］《「み」は接頭語》神仏や貴人の肖像の敬称。

み

みえかは・す【見え交はす】［自サ四］{さ・し・す・す・せ・せ}互いに相手に顔を見せるようにする。対面する。例「心おきたまへりし人を、今は、かくゆるして**見えかは・し**などしたまふも」〈源氏・若菜・下〉

みえかへ・る【見え返る・見え反る】［自ラ四］{ら・り・る・る・れ・れ}何度も見える。例「我が背子が夢に夢にし**見え反・るらむ**」〈万葉・一二・二八九〇〉

みえきこ・ゆ【見え聞こゆ】［自ヤ下二］{え・え・ゆ・ゆる・ゆれ・えよ}❶見えたり聞こえたりする。例「花の色・鳥の声、ほかの里には、まだ古りぬにやと、めづらしう**見え聞こ・ゆ**」〈源氏・胡蝶〉❷見受けられ、評判になる。例「なかなか今めかしきやうに**見えきこ・えて**」〈源氏・朝顔〉❸姿を見られたり、声を聞かれたりする。例「さもありぬべき人々だに、とぶらひ数まへきこえたまふも**見え聞こ・え**ずのみなりまさりはべるめるに」〈源氏・橋姫〉

みえ・く【見え来】［自カ変］{こ・き・く・くる・くれ・こ(こよ)}現れる。やって来る。例「なにかも君が**見え・来**ざるらむ」〈万葉・一三・三三〇三〉

みえぐる・し【見え苦し】［形シク］{しから・しく(しかり)・し・しき(しかる)・しけれ・しかれ}見られることが心苦しい。例「すずろに、**見え苦・しう**恥づかしくて」〈源氏・東屋〉《音便》「見え苦しう」は「見え苦しく」のウ音便。

みえしらが・ふ【見えしらがふ】［自ハ四］{は・ひ・ふ・ふ・へ・へ}わざと目立つように振る舞う。例「ことさらに**見えしらが・ふ**人もあり」〈源氏・総角〉

みえそ・む【見え初む】［自マ下二］{め・め・む・むる・むれ・めよ}❶見え始める。例「春の色は柳の上に**見えそ・めて**」〈風雅・春上・四三〉❷男女が、初めて夫婦となる。また、連れ添い始める。例「**見え初・めぬる**人に忘らるるをと聞くばかりいみじき事なし」〈とりかへばや〉❸見初める。恋情を抱くようになる。例「唐崎の明神に**見え初・めさせ給ひて**」〈義経記・七〉

みえな・す【見えなす】［自サ四］{さ・し・す・す・せ・せ}気のせいか、そう見える。例「木草の葉もただすごくあはれに**見えな・されし**を」〈源氏・蓬生〉

みえにく・し【見え難し】［形ク］{から・く(かり)・し・き(かる)・けれ・かれ}見られるのが嫌だ。顔を合わすのが気づまりだ。例「大臣などをば、うちとけて**見えにく・く**、ことごとしきものに思ひ聞こえたまへり」〈源氏・椎本〉

みえぬ【見えぬ】《動詞「見ゆ」の未然形＋打消の助動詞「ず」の連体形》❶見えない。姿が現れない。❷見たことがない。珍しい。例「京には**見えぬ**鳥なれば、みな人見しらず」〈伊勢・九〉

みえまが・ふ【見え紛ふ】［自ハ四］{は・ひ・ふ・ふ・へ・へ}区別がつかないように見える。見間違える。例「山藍に摺れる竹の節は、松の緑に**見えまが・ひ**」〈源氏・若菜・下〉

みえわか・る【見え分かる】［自ラ下二］{れ・れ・る・るる・るれ・れよ}自然と区別がつく。見分けがつく。例「いと白き庭の、ふと〔白イ雪ト白砂トノ〕けぢめ(＝区別)**見えわか・れぬ**ほどなるに」〈源氏・若菜・上〉

みえわ・く【見え分く】［自カ四］{か・き・く・く・け・け}はっきり見分けがつく。例「みな白妙におしなべて、四方の梢も**見えわ・かず**」〈平家・五・文覚荒行〉

みえわたさ・る【見え渡さる】［自ラ下二］{れ・れ・る・るる・るれ・れよ}全体が見える。一面に見える。例「宇治橋のいともの古りて**見えわたさ・るる**など」〈源氏・総角〉

みえわた・る【見え渡る】［自ラ四］{ら・り・る・る・れ・れ}❶(空間的に)一面に見渡される。例「草葉も水も、いと青く**見えわた・り**たるに」〈枕・五月ばかりなどに〉❷(時間的に)ずっと見えている。長い間見える。例「面影にのみ**見えわた・る**かな」〈古今・墨滅歌・一一〇三〉

みお【水脈・澪】歴史的かなづかい「みを」

みお・く【見置く】［他カ四］{か・き・く・く・け・け}❶前もって見ておく。見定めておく。例「〔弁当ヲ〕埋みけるを人の**見お・きて**」〈徒然・五四〉❷あらかじめ処置しておく。例「幼き人々を、いかにもいかにも、わがあらむ世に**見お・く**こともがなと」〈更級〉❸見捨てる。置き去りにする。例「御有り様を**見お・き**奉るに、さらに行くべき空も覚えず」〈平家・三・足摺〉

みおく・る【見送る】［他ラ四］{ら・り・る・る・れ・れ}❶去って行くものを後ろから見る。送り出して姿を見守る。❷旅立つ人を送る。送別する。

みおこ・す【見遣す】［他サ下二］{せ・せ・す・する・すれ・せよ}こちらの方を見る。↔見遣る。例「月のいでたらむ夜は、**見おこ・せ**たまへ」〈竹取・かぐや姫の昇天〉

みおつくし【澪標】歴史的かなづかい「みをつくし」

みおと・す【見貶す】［他サ四］{さ・し・す・す・せ・せ}見下す。軽蔑する。例「無下に色なき人におはしけりと、**見おと・し**奉ることなんありし」〈徒然・二三八〉

みおとり【見劣り】［名・自サ変］かねて想像していたよりも、劣って見えること。↔見優り

みおどろか・す【見驚かす】［他サ四］{さ・し・す・す・せ・せ}見て驚くようにする。例「人にも**見おどろか・さむ**の心あり」〈源氏・野分〉

みおどろ・く【見驚く】［自カ四］{か・き・く・く・け・け}見て驚く。

みおほ・す【見果す】［他サ下二］{せ・せ・す・する・すれ・せよ}見きわめる。最後まで見る。例「手などこよなくまさりにけり、と**見おほ・せ**たまひて」〈源氏・明石〉

みおも【御母】［名］《「み」は接頭語》母または乳母の敬称。

みおも・し【身重し】［形ク］{から・く(かり)・し・き(かる)・けれ・かれ}権力があり、人望が高い。例「いよいよ**身重・く**勢ひそふ事かぎりなく、うけばりたるさまなり」〈増鏡・新島守〉

みおも・ふ【見思ふ】［他ハ四］{は・ひ・ふ・ふ・へ・へ}見てあれこれ考える。見て思う。例「思ひかけず長き命いとつらくおぼえはべるを、人もゆゆしく**見思・ふ**べければ」〈源氏・早蕨〉

みおや【御祖】［名］《「み」は接頭語》親や祖先の敬称。多く、母・祖母を尊んでいう。

みおよ・ぶ【見及ぶ】［他バ四］{ば・び・ぶ・ぶ・べ・べ}目が届く。見ることができる。例「称名を追福に修して巨益あるべしと説ける経文を**見及・ば**ねば」〈徒然・二二二〉

みおろ・す【見下ろす】［他サ四］{さ・し・す・す・せ・せ}❶上から下の方を見る。みおろす。❷心の中で見下げる。あなどる。例「『この勢にてはたやすくこそ』と、六波羅を**みおろ・し**ける」〈太平記・八〉

みか【甕】［名］《「み」は接頭語。「か」は容器の意》水を貯蔵したり酒を醸造したりする大きなかめ。＝甕

みか【三日】［名］❶三日間。❷(結婚・出産などからの)三日目。❸月の第三日。

〔**三日が程**〕三日間。とくに婚儀の行われる三日間。例「**三日がほど**、かの院よりも、主の院方

よりも、いかめしくめづらしきみやびを尽くしたまふ」〈源氏・若菜・上〉

〔**三日過ごす**〕三日間を送る。とくに婚儀の行われる三日間を過ごす。例「〔明石ノ姫君ガ入内シテ〕**三日過ごし**てぞ、上（＝紫ノ上）はまかでさせたまふ」〈源氏・藤裏葉〉

〔**三日の設け**〕結婚後三日目に行う祝宴。また、その準備。

〔**三日の餅**〕平安時代、結婚後三日目の夜に新郎・新婦が餅を食べる習俗。また、その餅。これによって婚姻成立とされた。↓「ところあらはし」。＝三日の夜の餅

〔**三日の夜**〕結婚後三日目の夜。結婚披露の祝宴が行われるのが通例。この夜、帳中で新郎・新婦は祝いの餅を食う儀式を行う。

〔**三日の夜の餅**〕「みかのもちひ」に同じ。

みかうし【御格子】[名]《「み」は接頭語》「格子」の敬称。

〔**御格子参る**〕《「参る」は謙譲語》❶格子をお上げする。例「掃司まゐりて、**御格子まゐる**」〈枕・関白殿、二月二十一日に〉❷格子をお下げする。例「例ならず**御格子まゐりて**、炭櫃に火熾こして」〈枕・雪の、いと高う降りたるを〉①②↓「まゐる（四段）㊁②」

みかうのこ【御神の子】[名]《「みかみのこ」の変化形》神に仕える少女。また、神前で奏する神楽の舞姫。みかんこ。みかんなぎ。

みかき【御垣】[名]「垣」の敬称。神社や皇居などの周りの垣根。

〔**御垣の内**〕垣に囲まれた宮中。禁中。

〔**御垣の原**〕宮中や貴人の邸宅の築垣のあたりの野原。また、宮中や貴人の邸内の庭。

みかきがはら【御垣ヶ原】[歌枕]大和国の原。奈良県吉野郡、吉野離宮の外垣の中にあったとされる原。荒れ果てた古い都のイメージで詠まれる。

みがきそ・ふ【磨き添ふ】[他ハ下二]{へ・へ・ふ・ふる・ふれ・へよ}さらに磨く。例「いよいよ**磨きそ・へ**つつ、こまかにしつらはせたまふ」〈源氏・宿木〉

みがきとと の・ふ【磨き整ふ】[他ハ下二]{へ・へ・ふ・ふる・ふれ・へよ}磨いて整える。美しく作り立てる。例「道々の上手どもを召し集めて、こまかに**磨きととの・へ**させたまふ」〈源氏・梅枝〉

みがきな・す【磨きなす】[他サ四]{さ・し・す・す・せ・せ}磨いて輝くようにする。磨いて美しくする。例「おはせし宮をば造り改めて、いみじう**みがきな・す**」〈増鏡・さしぐし〉

みがきま・す【磨き増す】[他サ四]{さ・し・す・す・せ・せ}ますます磨き立てる。例「**磨きま・し**たまへる御方々の〔オ住マイノ〕ありさま」〈源氏・初音〉

みかきもり【御垣守】[名]宮門警護兵。衛士。

〔和歌〕**みかきもり…**【御垣守衛士のたく火の夜は燃え昼は消えつつものをこそ思へ】〈詞花・恋上・二二五・大中臣能宣〉《百人一首》訳皇居の御門を守る衛士がたくかがり火が、夜は燃え昼は消えてしまうように、夜は恋しい思いに燃え、昼は身も消え入るほどに、いつもの思いをしていることだ。《係結び》「こそ→思へ㊁」

〈参考〉初・二句は、「夜は燃え昼は消えつつ」を導く序詞。

みか・く【見掛く】[他カ下二]{け・け・く・くる・くれ・けよ}目をとめる。気がつく。例「つゆ目も**見か・くる**人もなきに」〈宇治拾遺・一五・六〉

みが・く【磨く・研く】[他カ四]{か・き・く・く・け・け}❶擦って光沢を出す。みがく。❷美しく装う。飾り立てる。立派に調える。例「二条院とて造り**磨・き**」〈源氏・匂宮〉❸一段と立派になる。輝きを増す。例「対の上の御もてなしに**磨・かれて**」〈源氏・若菜・上〉

みかく・す【見隠す】[他サ四]{さ・し・す・す・せ・せ}《多く、都合の悪い事を》見て見ぬ振りをする。例「いみじきかたはありとも、我は**見隠・して**持たらむ」〈源氏・玉鬘〉

みがく・る【水隠る】[自ラ下二]{れ・れ・る・るる・るれ・れよ}水中に隠れる。例「逢ふことのなみの下草**みがく・れて**」〈新古今・恋五・一三六〇〉

みがく・る【見隠る】[他ラ下二]{れ・れ・る・るる・るれ・れよ}見え隠れする。例「尻にさしさがりて、**みかく・れみかく・れ**行くに」〈古今著聞・四三三〉

みがくれ【水隠れ】[名]水中に隠れること。水中に入って姿の見えなくなること。

みかけ【水陰】[名]水辺の物陰。

みかげ【御陰・御蔭】[名]《「み」は接頭語》「陰」の尊敬語。神や天皇から受ける恵み。御庇護。

みかげ【御影】[名]《「み」は接頭語》亡くなった人の姿や面影の尊称。

みかさ【水嵩】[名]みずかさ。水量。

みかさのやま【三笠の山】[名]❶「みかさやま」に同じ。❷《天皇の御蓋として身辺の警護に当たる意から》近衛の大将・中将・少将などの称。多く歌に用いる。

みかさやま【三笠山・御蓋山・御笠山】[歌枕]大和国の山。いまの奈良市街の東部、若草山の南にある春日大社の裏山。「笠の山」ともいう。笠を伏せた形に見えることに由来する名称。

みかた【御方・身方】[名]《「み」は接頭語》❶天皇の側の軍勢。官軍。❷自分の属する軍勢。味方。

みかため【身固め】[名]身を守るための呪法。からだを丈夫にする加持・祈禱。

みがたり【身語り】[名]《「みかたり」とも》身の上話。

みかづき【三日月】[名]陰暦で、毎月三日の月。また、とくに八月三日の月。（季－秋）

みがてり[副]見がてら。見るついでに。見ながら。例「山の辺の御井を**見がてり**」〈万葉・一・八一〉

みかど【御門】[名]《「み」は接頭語》❶「門」の尊敬語。**ご門**。とくに、**皇居の門**。例「御門引き入るるより、けはひことに広々として、まかで参りする車多くまよふ」〈源氏・玉鬘〉❷**皇居**。また、**朝廷**。例「家は、九重の**御門**」〈枕・家は〉❸**天皇の敬称**。**帝**。例「**御門**の御位は、いともかしこし」〈徒然・一〉❹**天皇の治める国**。**国家**。例「御門の守り我をおきてまた人はあらじといや立て」〈万葉・一八・四〇九四長歌〉

みかどもり【御門守】[名]宮門や貴人の家の門を警固すること。また、その人。門番。

みか・ぬ【見兼ぬ】[他ナ下二]{ね・ね・ぬ・ぬる・ぬれ・ねよ}見ることができない。見ていられない。例「墨吉に帰り来たりて家見れど家も**見か・ねて**」〈万葉・九・一七四〇長歌〉

みかのはら【甕原】〔歌枕〕（「三日の原」「三香の原」とも書く）山城国の地名。いまの京都府相楽郡加茂町瓶原。元明・聖武両天皇の離宮や、聖武天皇の恭仁京があった地。

〔和歌〕**みかのはら…**【みかの原わきて流るるいづみ川いつ見きとてか恋しかるらん】〈新古今・恋一・九九六・藤原兼輔〉〈百人一首・中納言兼輔〉訳 みかの原に湧いて、みかの原を二つに分けて流れる泉川、その川の名ではないが、いつあの人を見たというので、こんなにも恋しいのだろうか。（係結び）「か」→恋しかるらん(体)

〈参考〉「わきて」は、「分きて」と「湧きて」をかけ、「いずみ」の縁語になる。上三句は、「いつ見き」を導く序詞。

みかは【御溝】〔名〕「御溝水」の略。

みかは【三河】〔地名〕旧国名。東海道十五か国のひとつ。いまの愛知県東半部にあたる。＝三州

みかはき【三河記】〔作品名〕「みかはものがたり」に同じ。

みかは・す【見交はす】〔他サ四〕{さ・し・す・す・せ・せ}❶互いに見る。❷付き合う。交際する。例「女の仕うまつるを、つねに見かは・して」〈伊勢・九五〉

みかはみづ【御溝水】〔名〕宮中の建物や塀に沿う溝に流れる水。清涼殿東庭のものが有名。＝御溝

みかはものがたり【三河物語】〔作品名〕江戸前期（一六二六ごろ成立）の軍記。『参州記』『三河記』ともいう。大久保彦左衛門忠教著。徳川家代々の事跡について、合戦話・体験談・世評などを交えて記す。

みかはやうど【御厠人】〔名〕（「みかはやびと」の変化形）宮中で便器の清掃などを担当した下級の女官。＝桶洗ひすまし

みかへ・す【見返す】〔他サ四〕{さ・し・す・す・せ・せ}「みかへる」に同じ。

みかへ・る【見返る】〔他ラ四〕{ら・り・る・る・れ・れ}うしろを振り向く。＝見返す。例「見返・りたまひて、隅の間の高欄にしばしひき据ゑたまへり」〈源氏・夕顔〉

みがほ・し【見が欲し】〔形シク〕{しから・しく(しかり)・し・しき(しかる)・しけれ・しかれ}見たい。会いたい。例「二神の貴き山の並み立ちの見が欲し・山と」〈万葉・三・三八二長歌〉

みがほ・る【見が欲る】〔他ラ四〕{ら・り・る・る・れ・れ}見たく思う。見ようと思う。

みかまぎ【御薪】〔名〕（「み」は接頭語。「かまぎ」は竈木の意）新年に、臣下が朝廷に献上した薪。また、その儀式。のちに、陰暦正月十五日の行事となった。（季—春）

みがまま【身が儘】〔名〕自分勝手。思うがまま。

みかも【水鴨】〔名〕水の上に浮かんでいる鴨。

みがら【身柄】〔名〕❶からだ。自分自身。❷身分。身のほど。

みかわやうど【御厠人】歴史的かなづかい「みかはやうど」

みき【御酒】〔名〕（「み」は接頭語）酒の敬称。おさけ。とくに、神に供える酒。おみき。

みぎ【右】〔名〕❶右側。右の方。❷左右ある官職の右の方。通常、左が上位で右が下位。❸（中国で、左より右を上席としたことから）すぐれた方。上位。優位。①②↔左①②

みききい・る【見聞き入る】〔他ラ下二〕{れ・れ・る・るる・るれ・れよ}見聞きしたことを心に受け入れる。例「（恋文ヲ）見聞き入・るべくもあらざりしを」〈源氏・藤袴〉

みききな・す【見聞き為す】〔他サ四〕{さ・し・す・す・せ・せ}見たり聞いたりしてそのように理解する。例「いかで人笑へなるさまに見聞きな・さむと」〈源氏・藤袴〉

みき・く【見聞く】〔他カ四〕{か・き・く・く・け・け}見たり聞いたりする。例「いまはいかで見聞・かずだにありにしがなと思ふに」〈蜻蛉・上〉

みぎどもゑ【右巴】〔名〕右巻きの巴の紋所の名。

みぎのうまづかさ【右馬寮】〔名〕「うまれう」に同じ。

みぎのうまのかみ【右馬頭】〔名〕「うまのかみ」に同じ。

みぎのおとど【右大臣】〔名〕「うだいじん」に同じ。

みぎのおほいまうちぎみ【右大臣】〔名〕「うだいじん」に同じ。

みぎのおほとねり【右大舎人】〔名〕左右の「大舎人」のうち、右の方。↔左大舎人

みきのつかさ【造酒の司】〔名〕（「さけのつかさ」とも）令制で「宮内省」に属し、朝廷で用いる酒や酢を作ったり、酒宴をつかさどった役所。

みぎのつかさ【右の司】〔名〕令制で左右の部局をもつ役所の右の部局。「右近衛府」「右馬寮」など。また、その役人。↔左の司

みぎは【汀】〔名〕（水の際の意）（川・池・海などの）水のほとり。水際。

〈参考〉水と陸地が接する境目という意で、水のそばの陸地だけでなく、陸のそばの浅瀬をもいう。

〔汀勝る〕（汀の水が増す意から）涙がとめどなく流れる。例「来し方行く先かきくらし、汀まさりてなん」〈源氏・須磨〉

みぎはまさり【汀勝り・汀優り】〔名〕ひときわすぐれていること。

みぎり【右】〔名〕（「ひだり」の語形にあわせて「り」を添えた語か）みぎ。

みぎり【砌】〔名〕（「水限」の意）❶軒下などに敷かれた、雨滴を受けるための石。❷庭。❸（「みぎん」とも）場所。❹（「みぎん」とも）時。時節。

みぎわ【汀】歴史的かなづかい「みぎは」

みぎん【砌】〔名〕（「みぎり」の撥音便）「みぎり③④」に同じ。

みくさ【み草】〔名〕（「み」は美称の接頭語）建築用材として屋根や壁を葺くススキや茅などの草。

みくさ【水草】〔名〕水草。

みくさ【皇軍・御軍】〔名〕「みいくさ」に同じ。

みぐし〔名〕（「み」は接頭語）〔一〕【御髪】貴人の髪の敬称。おぐし。＝髪。例「梳ることをうるさがりたまへど、をかしの御髪や」〈源氏・若紫〉〔二〕【御首・御頭】貴人や神仏の頭部の敬称。例「大地震振りて、東大寺の仏の御ぐし落ちなど」〈方丈記〉

〔御髪下ろす〕貴人が髪を剃って出家する。例「（惟喬ノ親王ガ）思ひのほかに、御ぐしおろしたまうてけり」〈伊勢・八三〉

〔御髪の下がり〕貴人の女子の髪の毛が肩に垂れ下がっていること。また、その姿。

みぐしあげ【御髪上げ】［名］貴人の髪を結うこと。また、それをする人。＝髪上げ

〔御髪上げの調度〕貴人の髪を結うのに用いる道具。鬘、笄、挿し櫛などの類。

みくしげ【御櫛笥・御匣】［名］《「み」は接頭語》貴人の化粧道具などを入れる箱の敬称。

みくしげどの【御匣殿】［名］❶貞観殿の別称。❷貞観殿の中にあった、装束を調える場所。また、貴人の家の、装束を調える場所。❸②に仕える「上﨟女房」。＝御匣殿の別当

みぐしごめ【御髪籠め】［名］頭ごと包みこむこと。衣服などを頭からかぶること。

みくだりはん【三行半】［名］《近世語》《簡略に書くと三行半になることから》妻へ渡す離縁状。

みくづ【水屑】［名］水中のごみ。

〔水屑となる〕水中で死ぬことをたとえていう語。溺死する。例「いまだ十歳のうちにして、底の水屑とならせたまふ」〈平家・一一・先帝身投〉

みくに【御国】［名］《「み」は接頭語》国の敬称。とくに、日本国の敬称。

みくにゆづり【御国譲り】［名］《「み」は接頭語》天皇が皇太子に位をお譲りになること。御譲位。

みぐま【水隈】［名］水流が岸に入りこんでいる所。

〔和歌〕**みくまのの…【み熊野の浦の浜木綿百重なす心は思へど直に逢はぬかも】**〈万葉・四・四九六・柿本人麻呂〉訳 熊野の海岸の浜木綿、その葉が幾重にも重なっているように、心にあなたのことを幾重にも恋い焦がれていますが、直接にはお会いできないことだ。

〈参考〉三句目までは「百重なす」を導く序詞。

みくまののうら【三熊野の浦】［歌枕］紀伊国から伊勢国にかけての海岸。いまの和歌山県熊野から三重県志摩郡麦崎までの海岸線。「浜木綿」が景物。

みくまり【水分り】［名］《水配りの意》山からの水の流れが別々の方向に分かれる所。

みくまりやま【水分り山】［名］分水嶺。

みくら【御倉】［名］《「み」は接頭語》❶皇室や貴人が所有する倉の敬称。❷「蔵人所」の敬称。

みくらのこどねり【御倉の小舎人】［名］「蔵人所」の下級職員。御物の出納をつかさどった。

みくら・ぶ【見較ぶ】［他バ下二］《べ・べ・ぶ・ぶる・ぶれ・べよ》（二つ以上の物を）見て比較する。

みくらゐ【御位】［名］《「み」は接頭語》❶天皇の位の敬称。皇位。また、その位にあること。在位。❷一般に、位の敬称。

みくり【三稜草】［名］水草の名。沼や沢などに生える。三稜形をした茎はすだれの材料とする。

〔三稜草の簾〕ミクリの茎を干し、それを編んで作った簾。

みくりなは【三稜草縄】［名］ミクリが水に漂うさまが、縄のようによじれて見えるもの。

みくりや【御厨】［名］《「み」は接頭語》❶皇室の供御を調達する土地。❷神饌（神に供える食物）を調理する所。とくに、伊勢神宮のものをいう。❸諸国の神社に神饌を献上するためにある土地。

みぐる・し【見苦し】［形シク］《しから・しく（しかり）・し・しき（しかる）・しけれ・○》❶みっともない。みにくい。例「それもいと見苦・しきに住みわびたまひて」〈源氏・夕顔〉❷見ていてつらい。気の毒で見ていられない。例「容貌よき君達の、弾正の弼にておはする、いと見苦・し」〈枕・似げなきもの〉《敬語》「弼にておはする」→「おはす」。❸見分けがつかない。例「見苦しう、まだあやめも見えざりしをだに」〈宇津保・楼の上・下〉《音便》「見苦しう」は「見苦しく」のウ音便。

みぐるしう【見苦しう】形容詞「みぐるし」の連用形「みぐるしく」のウ音便。

みくるべか・す【見回かす・見転べかす】［他サ四］《さ・し・す・す・せ・せ》目玉をぎょろつかせる。例「〔盗跖ハ〕目大きにして、見くるべか・す」〈宇治拾遺・一五・一三〉

みけ【御食・御饌】［名］《「み」は接頭語》神または天皇に献納する食物の尊敬語。お食事。

みげ【肶】［名］牛・鹿・羊などの胃袋。塩辛の材料として、食用にした。

みげうしょ【御教書】［名］《「み」は接頭語》「下し文」の敬称。三位以上の公卿の家司が主人の命により出した奉書形式の書状。綸旨・院宣・令旨、また、鎌倉時代以降は、将軍家が出す文書についてもいう。＝教書

みけし【御衣】［名］《「み」は接頭語。「けし」は「着る」の尊敬語「着す」の連用形の名詞化》貴人の衣服の尊敬語。お召し物。

みけ・つ【見消つ】［他タ四］《た・ち・つ・つ・て・て》見ていながら無視する。例「しひて思ひ知らぬ顔に見消・つも」〈源氏・帚木〉

みけつかみ【御食津神】［名］❶《「つ」は上代の格助詞》食物をつかさどる神。❷宇賀御魂神すなわち稲荷の神の別称。俗に「三狐神」と当て字し、この神に狐をこじつける。

みけつくに【御食つ国】［名］《「つ」は上代の格助詞》天皇の食料を献納する国。

みけむかふ【御食向かふ】［枕詞］食膳に上る食物である「葱」「粟」「鴨」などの音を含む地名「城の上」「淡路」「味原」にかかる。例「御食向かふ城上の宮を」〈万葉・二・一九六長歌〉

みけん【眉間】［名］眉と眉との間。

〔眉間の光〕仏の眉間にある白毫が放つという光。

〔眉間の白毫〕仏の眉間にある細い白色の巻き毛。右巻きで常に光を放つという。

みけんびゃくがうさう【眉間白毫相】［名］《仏教語》仏の三十二相のひとつ。仏の眉間にある白い巻き毛が光を放つ相。

みこ【巫女・神子】［名］神に仕え、神楽を舞ったり、神託を告げたりする女性。

みこ［名］一【御子・皇子】天皇の子女。または子孫の敬称。例「生まれまさむ御子の継ぎ継ぎ天の下知らしまさむと」〈万葉・六・一〇四七長歌〉二【親王】親王。天皇の子のうち、とくに、親王宣下を受けた者。例「今までこの君を、親王にもなさせたまはざりけるを」〈源氏・桐壺〉《敬語》「なさせたまはざりける」→「せたまふ」

発展学習ファイル　「子」の敬称は、平安時代までは、「おほんこ」「おんこ」であり、「みこ」とは区別されていた。㊁の「みこ」は、古くは、天皇の子女、孫などをいう語だったが、大宝令以後は天皇の子女に限られるようになった。

みこき【御国忌】[名]《「み」は接頭語》「国忌」の尊敬語。

みこころを【御心を】[枕詞]（御心を寄せる意から）「寄す」の類音を含む「吉野」にかかる。例「**御心を**吉野の国の花散らふ」〈万葉・一・三六長歌〉

みこし【御輿・神輿】[名]《「み」は接頭語。「輿」の尊敬語》❶天皇や貴人の乗る輿。❷神霊の乗る輿。おみこし。神輿。

みこしぢ【み越路】[名]《「み」は接頭語》越前・越中・越後の三国へ通じる道。北陸道。一説に、「み」は「三」で、越前・越中・越後の三国を指すとも。

みこしやどり【御輿宿り】[名]神輿を納める庫。また、祭礼の際、社を出た神輿がしばらく鎮座する所。御旅所。

みこしろ【御子代】[名]《「み」は接頭語》「子代」の尊敬語。＝御名代

みこと【命・尊】《「み」は、敬意を表す接頭語》㊀[名]神・天皇・目上の人などを呼ぶときに付ける敬称。例「天皇の神の尊の大宮はここと聞けども」〈万葉・一・二九長歌〉訳→〔和歌〕たまだすき…。㊁[代名]❶《対称の人称代名詞》あなた。おまえ。例「さるはみことの筋は離るまじかなり」〈宇津保・沖つ白波〉❷《他称の人称代名詞》ひと。もの。やつ。例「その尊は我に挑むべきことかは」〈今昔・二五・三〉

〈参考〉㊁の用法は、人を軽んじる気持ちを表すことがある。②の用例参照。

みこと【御言・命】[名]《「み」は接頭語》ことばの意の尊敬語。神仏や天皇などのおことば。仰せ。

みごと【見事】㊀[名]見るべき事物。見もの。㊁[形動口語型]すばらしいさま。すぐれているさま。

みことのり【勅・詔】[名]《御言宣りの意》天皇の仰せ。詔勅。

みこともち【宰・司】[名]《御言持ちの意》天皇の仰せを受けて政務を行う人。地方に赴き政務をつかさどる官人。地方官。のちの国司。

みこのみや【東宮・春宮】[名]《御子の宮の意》❶皇太子のいる宮殿。❷皇太子の敬称。＝東宮

みこばら【皇女腹】[名]皇女から生まれること。また、その子。内親王の子。＝宮腹

みこも【水薦・水菰】[名]《「み」は水、美称の接頭語とも》水中から生えているマコモ。

みこもかる【水薦刈る】[枕詞]（「水薦」が多く生えていることから）地名「信濃」にかかる。例「み薦刈る信濃の真弓我が引かば」〈万葉・二・九六〉

みごもり【水籠り・水隠り】[名]《「みこもり」とも》❶水中に隠れること。❷心に秘めて表に表さないこと。

みごも・る【水籠る】[自ラ四]{ら・り・る・る・れ・れ}《「みこもる」とも》水の中に隠れる。転じて、思いを心の中に秘めて外に表さないことのたとえ。例「みごもりながら年ぞへにける」〈後撰・恋四・八九〇〉

みごり【見懲り】[名]見て懲りること。見せしめ。

みさう【御荘】[名]《「み」は接頭語》「荘園」の尊敬語。貴人の荘園。

みさお【操・水棹】歴史的かなづかい「みさを」

みさか【御坂】[名]《「み」は接頭語》坂の尊敬語。

みさき【御先・御前駆】[名]《「み」は接頭語》❶貴人の行列の先導をすること。先払い。❷神が使いとして遣わす動物。カラス・狐・猿など。

みさきがらす【御先烏】[名]《「み」は接頭語》山の神の使者としてのカラス。また、死者の近くにいて、供物などに群がって奪うというカラス。

みさきみ【岬回・岬廻】[名]岬の周辺。

みさ・く【見放く】[他カ下二]{け・け・く・くる・くれ・けよ}❶遠くから見やる。例「しばしばも見放けむ山を心なく雲の隠さふべしや」〈万葉・一・一七長歌〉訳→〔和歌〕うまさけ…。❷見て気持ちを晴らす。例「語り放け見放くる人目乏しみと」〈万葉・一九・四一五四長歌〉

みさ・ぐ【見下ぐ】[他ガ下二]{げ・げ・ぐ・ぐる・ぐれ・げよ}見下す。軽んじて見る。軽蔑する。

みさご【鶚・雎鳩】[名]鳥の名。海浜や川の近くに棲息し魚を捕食する猛禽。

みさごばら【鶚腹】[名]ミサゴに雄の鷹を交配させて、子を生ませること。また、その子。

みささぎ【陵】[名]《古くは「みさざき」》天皇や后妃などの墓。御陵。山陵。

みさ・す【見止す】[他サ四]{さ・し・す・す・せ・せ}見るのを途中でやめる。例「絵も見さして、うつぶしておはすれば」〈源氏・紅葉賀〉

みさだ・む【見定む】[他マ下二]{め・め・む・むる・むれ・めよ}見きわめる。見てそれときめる。

みさと【御里・京】[名]《「み」は接頭語。天皇が住む里の意》都。

みさとづかさ【京職】[名]「きょうしき」に同じ。

みさび【水銹・水錆】[名]水面に浮かぶ錆状のもの。水垢。＝水渋

みさぶらひ【御侍】[名]《「み」は接頭語》貴人のそば近くに仕える人の敬称。お付きの人。

〔和歌〕**みさぶらひ…**【みさぶらひ御笠と申せ宮城野の木の下露は雨にまされり】〈古今・東歌・一〇九一・よみ人しらず〉訳お供の方、御笠をどうぞとご主人に申されよ。この宮城野の木の下露は、雨以上に濡れるから。〈敬語〉「御笠と申せ」→「まうす」

みざま【見様】[名]見たようす。外見。容姿。

みざま【身様】[名]からだつき。身なり。

みさみさ[副]（多く「と」を伴って）水にぬれたさま。びしょびしょ。ぐしゃぐしゃ。例「〔背中ハ〕水に濡らして着せたるやうに、みさみさとなりて」〈宇治拾遺・三・四〉

みざめ【見醒め】[名]見ていて飽きること。

みさわ・ぐ【見騒ぐ】[自ガ四]{が・ぎ・ぐ・ぐ・げ・げ}見て騒ぐ。

みさを【水棹・水竿】[名]《「みざを」とも》船を動かすために、水中にさす棹。

みさを【[・なり]】【操】㊀[名]心を堅く守りとおすこと。節操。貞操。㊁[形動ナリ]{なら・なり(に)・なり・なる・なれ・なれ}❶心や気持ちを変えないさま。例「疎き人に見えば面伏せにや思はむと憚り恥ぢて、みさを・にもてつけて」〈源氏・帚木〉❷平然としているさま。我慢強いさま。例「あはれにもみさを・にもゆる蛍かな声たてつべきこの世と思ふに」〈千載・夏・二〇三〉

〔**操を作る**〕平静を装う。我慢する。例「恨み言ふべきことをも見知らぬさまに忍びて、上はつれなく**みさをづくり**」〈源氏・帚木〉

みじか［・なり］【短】［形動ナリ］{なら・なり(に)・なり・なる・なれ・なれ}短いさま。

みじかう【短う】形容詞「みじかし」の連用形「みじかく」のウ音便。

みじかうた【短歌】［名］和歌の歌体の一種。短歌。五・七・五・七・七の三十一音からなる。↔長歌㊀

みじかげ［・なり］【短げ】［形動ナリ］{なら・なり(に)・なり・なる・なれ・なれ}いかにも短いさま。例「行く末**短げ**・**なる**親ばかりを頼もしきものにて」〈源氏・明石〉

みじか・し【短し】［形ク］{から・く(かり)・し・き(かる)・けれ・かれ}❶**時間が少ない。距離が少ない。短い。**例「我妹子に恋ふるに我はたまきはる**短・き**命も惜しけくもなし」〈万葉・一五・三七四四〉❷**背が低い。高さが低い。**例「**短・き**几帳を、仏の御方にさし隔てて」〈源氏・総角〉❸**位が低い。身分が低い。**例「もとの品たかく生まれながら、身は沈み、位**みじか・く**て人げなき」〈源氏・帚木〉❹**足りない。劣っている。薄い。**例「さりとも、**短・き**心ばへつかはぬものを」〈源氏・末摘花〉❺**せっかちだ。気短だ。**例「さりとは**短・し**。さまざま分別こそあれ」〈浮・好色五人女〉

みじかやか［・なり］【短やか】［形動ナリ］{なら・なり(に)・なり・なる・なれ・なれ}《「やか」は接尾語》短いと感じられるさま。＝短らか。例「仏の御うしろには、御格子を**短やか・**にしわたして」〈栄花・三〉

みじかゆふ【短木綿】［名］丈の短い木綿。

みじかよ【短夜】［名］短い夜。とくに、夏の夜をいう。（季―夏）

みじからか［・なり］【短らか】［形動ナリ］{なら・なり(に)・なり・なる・なれ・なれ}「みじかやか」に同じ。

みじく・る【身動くる】［自ラ四］{ら・り・る・る・れ・れ}からだを動かす。身動きする。＝身動く

みしと【緊と】［副］力いっぱい押したり、抱きしめたりするさま。ぐっと。しっかりと。例「きぬごしに**みしと**いだきて」〈古今著聞・三三〉

みしね【御稲】［名］《「み」は美称の接頭語》稲。

〔和歌〕**みしひとの…**【見し人の松の千歳に見ましかば遠く悲しき別れせましや】〈土佐〉訳この家で見たあの子が、松が千年生きるようにいつまでも見られるのであれば、遠い地で悲しい別れをすることがあっただろうか、いやなかった。

みしぶ【水渋】［名］「みさび」に同じ。

みしほ【御修法】［名］「みずほふ」に同じ。

みしま【三島】［地名］伊豆国の地名。いまの静岡県三島市。伊豆国府があった。三島大社の門前町として栄えた。東海道五十三次のひとつ。

みしまえ【三島江】［歌枕］摂津国の地名。いまの大阪府高槻市から摂津市にかけての淀川西岸の湿地。古代は大阪湾が近かった。「蘆」「薦」が景物。「見し間」をかける。

〔和歌〕**みしまえに…**【三島江につのぐみわたる蘆の根のひとよのほどに春めきにけり】〈後拾遺・春上・四二・曾禰好忠〉訳この三島江一面に芽吹いている葦、その葦の一節ではないが、わずか一夜のうちに春めいたことよ。

〈参考〉「三島江」は、いまの大阪府高槻市付近の淀川沿いの地。上三句は、「ひとよ」を導く序詞。「ひとよ」は、「一節」と「一夜」をかける。

みしょういぜん【未生以前】《仏教語》❶《「父母未生以前」の略》両親さえまだ生まれていないときの姿。まったく区別のない状態。❷生まれるより前。前世。また、遠い昔。

みし・る【見知る】［他ラ四］{ら・り・る・る・れ・れ}❶**見て知る。見てそれと分かる。**例「右近ぞ（コノ犬ヲ）見知・りたる。呼べ」〈枕・上にさぶらふ御猫は〉《係結び》「ぞ」→見知りたる㊍。❷**面識がある。交際してよく知っている。**例「供なる人、**見知・る**べき者にもこそあれ」〈蜻蛉・中〉❸**経験がある。**例「見**知・り**たまはぬ世のうさに、〔人前ニ〕立ちまふべくも思ぼされず」〈源氏・賢木〉《敬語》「見知りたまはぬ」→「たまふ（四段）」、「思ぼされず」→「おぼす」

みしるし【御璽】［名］《「み」は接頭語》皇位を示す印。歴代天皇が継承した、八咫の鏡・八坂瓊曲玉・天叢雲剣の三種の神器を指す。

みじろき【身動き】［名］身動きすること。

みじろ・く【身動く】［自カ四］{か・き・く・く・け・け}からだを動かす。＝身動くる。例「人々おびえ騒ぎてそよそよと身じろきさまよふけはひども」〈源氏・若菜・上〉

みす【御簾】［名］《「み」は接頭語》「簾」の敬称。宮中や貴人の屋敷の簾。

〔**御簾の内**〕御簾の内側。部屋を御簾で仕切ってある上座の部分。例「（桐壺ノ帝ハ源氏ヲ）やがて**御簾の内**に入れたてまつりたまふ」〈源氏・桐壺〉

〈参考〉貴人の席であるため、そこにいる人物よりも上位の身分の者以外は、許可がなくては入れない。

〔**御簾の端**〕下げてある御簾の縁。とくに下部の縁をいう。例「（夕霧ハ）蘭の花のいとおもしろきを持たまへりけるを、**御簾のつま**よりさし入れて」〈源氏・藤袴〉

み・す【見す】［他サ四］［他サ下二］

> アプローチ
> ▼四段活用は、動詞「見る」の未然形に上代の尊敬の助動詞「す」が付いた語。「見る」の意の尊敬語で、主語を高める。
> ▼下二段活用は、動詞「見る」の使役形で、「見せる」「結婚させる」などの意。

㊀［他サ四］{さ・し・す・す・せ・せ}《上代語》「見る」の意の尊敬語。見る人（主語）を高める。**御覧になる。**↓「めす（見す）」。例「御諸が上に登り立ち我が**見・せ**ば」〈紀・継体・歌謡〉訳御諸山の上に登って立ち、私が**御覧になる**と。〔注〕この歌の作者（＝見る人）は春日皇女。自分を高める自敬表現。

㊁［他サ下二］{せ・せ・す・する・すれ・せよ}❶**見せる。**例「君ならで誰にか**見・せ**む梅の花色をも香をも知る人ぞ知る」〈古今・春上・三八〉訳→〔和歌〕きみならで…

❷**結婚させる。めあわせる。**例「わがむすめは、なのめならん人に**見・せ**んは惜しげなるさまを」〈源氏・東屋〉

訳自分の娘は並みの人に**めあわせる**のはもったいなさそうなさまであるのを。❸**占わせる**。例「忍びてよろしき日**み・せて**」〈源氏・明石〉訳ひそかにふさわしい日を占わせて。

みず…【水…・瑞…】歴史的かなづかい「みづ…」

みずいじん【御随身】[名]《「み」は接頭語》「随身」の敬称。貴人の従者。

みすがら[・なり]【身すがら】[名・形動ナリ]《近世語》❶身ひとつで何も持たないこと。また、そのさま。例「ただ**身すがら・に**と出で立ち侍るを」〈おくのほそ道・草加〉❷係累がなくひとりきりであること。また、そのさま。例「親もなし、をぢ持たず、**身すがら**の太兵衛と名を取った男」〈浄・心中天の網島〉

みす・ぐ【見過ぐ】[自ガ上二]{ぎ・ぎ・ぐ・ぐる・ぐれ・ぎよ}見てそのまま通り過ぎる。例「女郎花をみなへしをば**見過・ぎ**てぞ出でたまひぬる」〈源氏・宿木〉

みすぐ・す【見過ぐす】[他サ四]{さ・し・す・す・せ・せ}❶見のがす。素知らぬ振りで過ごす。例「かからむきざみをも、**見過ぐ・し**たらむ仲こそ、契り深くあはれならめ」〈源氏・帚木〉❷見落とす。例「庭に散りしをれたる花、**見過ぐ・し**がたきを」〈徒然・四三〉

みずし【御厨子】歴史的かなづかい「みづし」

みすずかる【水篶刈る・三篶刈る】[枕詞]《「篶すず」は篠竹すずたけの意》「信濃しなの」にかかる。例「**みすず刈る**しなのの不自由なる我が里は」〈父の終焉日記〉

〈参考〉近世、賀茂真淵かものまぶちが『万葉集』にある「みこもかる」の表記「水薦刈・三薦刈」を訓読したもの。

みす・つ【見捨つ】[他タ下二]{て・て・つ・つる・つれ・てよ}見捨てる。あとに残して死ぬ。例「かくながら**見す・て**はべりなば、浪みなの中にもまじり失せね」〈源氏・明石〉

みすほふ【御修法】[名]《「みしほ」とも》「修法すほふ」の敬称。とくに陰暦正月八日から行われた仏事、「後七日ごしちにちの御修法」のこと。（季－春）

みすまる【御統】[名]《「み」は接頭語》多くの玉を緒で貫いて環状にし、首や腕に巻いて飾りとしたもの。

みすみす【見す見す】[副]（多く「目に見す見す」の形で）目の前で事態が進行していくのを、どうにもできないさま。見ているうちに。例「目に**みすみす**あさましきものは、人の心なりければ」〈紫式部日記〉

みずら【髻・角髪・角子】歴史的かなづかい「みづら」

みせざや【見せ鞘】[名]腰刀こしがたなの鞘さやにかぶせて、鐺こじりより長く折れ下がる布製の袋。

みせぜい【見せ勢】[名]敵をだますための見せかけの軍勢。

〔和歌〕**みせばやな…**【見せばやな雄島をじまの海人あまの袖そでだにも濡ぬれにぞ濡れし色はかはらず】〈千載・恋四・八八六・殷富門院大輔〉（百人一首）訳血の涙で色が変わった袖をお見せしたいものですよ。雄島の海人の袖でさえも、濡れに濡れてはいても色までは変わっておりませんのに。

〈係結び〉「ぞ→濡れし体」

みせん【味煎・蜜煎】[名]「あまづら②」に同じ。

みぜん【未然】[名]まだ物事が起こらないこと。まだそうならないこと。また、未来。

みそ【三十】[名]《「そ」は十の意》数字の三十さんじゅう。

みそ【御衣】[名]《「み」は接頭語。「みぞ」「おほんぞ」「みけし」とも》貴人の衣服の敬称。お召し物。

みぞう【御族】[名]《「み」は接頭語。「ぞう」は「ぞく」のウ音便》貴人の一族の敬称。ご一族。ご一門。

みぞう【未曾有】[名]いまだかつてないこと。

みそうづ【味噌水】[名]味噌を加えて煮込んだ粥かゆ。雑炊ぞうすい。

みそか[名]一【三十日】三十日の間。二【晦日】月の三十日目。月末。つごもり。

みそか[・なり]【密か】[形動ナリ]{なら・なり（に）・なり・なる・なれ・なれ}こっそりとするさま。人目をさけてするさま。例「手洗ひなどして、人まに**みそか・に**入りつつ」〈更級〉

発展学習ファイル「みそか」は和文に用いられ、漢文訓読体では「**ひそか**」が用いられた。

みそかけ【御衣掛け】[名]《後世には「みぞかけ」とも》着物をかけておく家具。衣桁いこう。

みそかごころ【密か心】[名]人に隠す心。ひそかに異性を慕う心。

みそかごと【密か事】[名]❶秘めて人に知らせないこと。隠し事。❷人目を忍んだ情事。密通。

みそかぬすびと【密か盗人】[名]他人に気付かれないようにこっそり盗みをする人。こそ泥。

みぞがひ【溝貝】[名]貝の名。カラスガイの別称ともいわれるが未詳。

みそかをとこ【密か男】[名]ひそかに夫のある女性のもとへ通う男。また、女性がそのような男を通わせること。間男まおとこ。

みそぎ【禊ぎ】[名]❶罪やけがれを水で洗い清めること。例「恋せじと御手洗みたらし川にせし**禊ぎ**」〈古今・恋一・五〇一〉訳→〔和歌〕こひせじと…。❷賀茂かも祭りの前に、斎院が賀茂川で行う禊ぎの行事。（季－夏）

古典の世界　身に罪やけがれがあるとき、また神事の前、服喪の終わり、季節の節句などに、川原や海辺に出て身を清める風習。同時に神に誓いや願いごとをすることもあり、①の用例はそれにあたる。

〔禊みそぎの日ひ〕みそぎをする日。とくに、賀茂の祭りに先立って斎院が賀茂川でみそぎを行う日。祭りの前の四月午うまの日、または、未ひつじの日に行われた。

みそぎがは【禊ぎ川】[名]禊ぎをする川。また、夏越なごしの祓はらえの神事で川岸に幣ぬさを立てて祭りを行う川。（季－夏）

みそ・ぐ【禊ぐ】[自ガ四]{が・ぎ・ぐ・ぐ・げ・げ}禊ぎをする。例「ひさかたの天あまの河原に出で立ちて**みそ・ぎ**てましを」〈万葉・三・四二〇長歌〉

みそ・す【見過す】[他サ四]{さ・し・す・す・せ・せ}《「そす」は接尾語》世話を焼き過ぎる。注意しすぎる。例「『あまり、**見そ・す**』などいふも、人わろきなるべし」〈枕・文言葉なめき人こそ〉

みそぢ【三十】[名]❶数字の三十さんじゅう。❷三十歳。三十年。

みそぢひともじ【三十一文字】[名]「みそひともじ」に同じ。

みそなは・す【見行はす・見看はす】[他サ四]{さ・し・す・す・せ・せ}《「見る」の尊敬語》ご覧になる。例「今も**みそなは・し**、後のちの世にも伝はれとて」〈古今・仮名序〉＝見行みそなふ。

みそな・ふ【見行ふ】[他ハ四]{は・ひ・ふ・ふ・へ・へ}「みそなはす」に同じ。

みそのふ【御園生】[名]《「み」は接頭語》「園生」の尊敬語。お庭。

みそびつ【御衣櫃】［名］〈「み」は接頭語。後世「みぞびつ」とも〉衣類をいれておく櫃。

みそひともじ【三十一文字】［名］〈五・七・五・七・七の三十一字であることから〉短歌。＝三十一字・三十一文字・三十文字余り一文字。

みそひめ【御衣姫】［名］〈「ひめ」は姫糊の略〉飯を練りつぶして作った、衣の洗い張りに用いるのり。

みそみそ［副］破れ崩れるさま。めちゃめちゃ。例「一口づつ噛みて、みそみそとかみなして」〈沙石集〉

みそ・む【見初む】［他マ下二］{め・め・む・むる・むれ・めよ}❶初めて見る。例「故親王の御山住みを見そ・めたまひしより」〈源氏・宿木〉❷恋心を抱き始める。初めて契りを結ぶ。例「いまだ少将なりし時、みそ・めたりし女房なり」〈平家・六・小督〉

みそもじあまりひともじ【三十文字余り一文字】［名］「みそひともじ」に同じ。

みぞ・る【霙る】［自ラ下二］{れ・れ・る・るる・るれ・れよ}みぞれが降る。例「みぞ・れし空の心地こそすれ」〈千載・春下・八二〉

みぞれ【霙】［名］雪交じりの雨。

みそをあ・げる【味噌を上げる】〈近世語〉自分で自分のことを褒める。

みだ【弥陀】［名］〈仏教語〉「阿弥陀①」の略。

〔**弥陀の御国**〕極楽浄土。

みだい【御台】［名］〈「み」は接頭語〉❶食物を盛った皿などを載せる台の敬称。お膳。❷食物の敬称。お食事。❸「御台所」の略。

みだいどころ【御台所】［名］〈「み」は接頭語〉大臣・大将・将軍などの正妻に対する敬称。北の方。＝御台③

みだう【御堂】［名］〈「み」は接頭語〉❶寺院または仏堂の敬称。❷法成寺の別名。また、法成寺を建立したことから、藤原道長のこと。

みだうくゎんぱく【御堂関白】［人名］藤原道長のこと。法成寺を造営したことから、この呼び名がある。→「ふぢはらのみちなが」

みだうくゎんぱくき【御堂関白記】［作品名］平安中期の日記。藤原道長著。長徳四年(九九八)から寛仁五年(一〇二一)までの、具注暦に書き入れられた道長自筆本が陽明文庫に残る。

みだうどの【御堂殿】［人名］藤原道長の敬称。法成寺を建立し、出家後そこに住んだため。→「ふぢはらのみちなが」

みたけ【御嶽・御岳】［地名］大和国の山。いまの奈良県吉野郡にある金峰山の別称。修験道の霊地として知られる。

みたけさうじ【御嶽精進】［名］「御嶽」に参拝する人が、それに先立って二十一日、五十日、または百日の間行う精進。

みた・す［自サ変］{せ・し・す・する・すれ・せよ}〈「行く」「来」の尊敬語〉いらっしゃる。おいでになる。例「山暗くしてみた・することも能はず」〈紀・天武・上〉

みたち【御館】［名］〈「み」は接頭語〉「館」の尊敬語。お屋敷。とくに、国司の庁舎や領主の居所。

みた・つ【見立つ】［他タ下二］{て・て・つ・つる・つれ・てよ}❶見定めて立てる。例「天の御柱を見立・て」〈記・上〉❷見て選び定める。例「これらをも御見立・て候うて給はり候へ」〈伽・猿源氏草紙〉❸旅立ちを見送る。送別する。例「赤駒が門出をしつつ出でかてにせしを見立・てし家の児らはも」〈万葉・一四・三五三四〉❹世話をする。後見する。例「せめて三十一、二まで、とっくと見た・て、人になして」〈浄・生玉心中〉❺診断する。診察する。例「少し見立・ておそけれどもいまだよい所あるは」〈浮・日本永代蔵〉❻見くびる。ばかにする。例「さても人を見立・つるやつかな」〈浮・好色一代男〉

みたて【御楯】［名］〈「み」は接頭語〉「楯」の尊敬語。身を挺して主君をお守りするもの。

みたて【見立て】［名］〈近世語〉❶見て選択すること。例「呉服屋へは夫婦連れで見立てにいく」〈浮世風呂〉❷考え。予測。分別。❸病気の診断。❹見送り。

みだて【見立て】［名］見た感じ。見た目。見ばえ。

みだてな・し【見立て無し】［形ク］{から・く(かり)・し・き(かる)・けれ・かれ}見栄えがしない。ぱっとしない。例「よろづに見だてな・くものげなきほどを見過ぐして」〈源氏・帚木〉

みたふしや【見倒し屋】［名］〈近世語。品物に安く値をつける人の意〉古道具屋。古着屋。

みだぶつ【弥陀仏】［名］〈仏教語〉「阿弥陀仏」の略。

みたま【御霊】［名］〈「み」は接頭語〉❶「霊」の尊敬語。死んだ人の霊を神として敬っていう語。神霊。❷ご恩。おかげ。ご慈悲。

〔**御霊の恩頼**〕神や天皇のご加護・ご恩徳。

みたまや【御霊屋】［名］「霊屋」の尊敬語。貴人の霊を祭った建物。霊廟。おたまや。

みたみ【御民】［名］〈「み」は接頭語〉天皇を尊敬して、人民が自らを指していう語。天皇の民。

〈和歌〉**みたみわれ…**【御民我生ける験あり天地の栄ゆる時にあへらく思へば】〈万葉・六・九九六・海犬養岡麻呂〉訳 天皇の御民である私には生きているかいがあります。天と地とがともに栄える御時に生まれ合わせている幸福を思いますと。

みたや【御田屋】［名］〈「み」は接頭語〉神領の田を管理するための小屋。

みたやもり【御田屋守】［名］神領の田の管理人。

みたらし【御手洗】［名］〈「み」は接頭語〉神を拝む前に手や口を洗い清める所。また、その水。

みたらし【御執らし】［名］〈「み」は接頭語。「みとらし」の変化形〉「みとらし」に同じ。

みたらしがは【御手洗川】一［名］神社の近くを流れていて、参拝する人が手を洗ったり口をすすいだりする川。二［歌枕］山城国の川。いまの京都市北区の上賀茂神社境内を流れる。「見」をかけ、「神」「禊ぎ」「清し」などの語とともに詠まれる。

みだり［・なり］【漫り・濫り・猥り・妄り】［形動ナリ］{なら・なり(に)・なり・なる・なれ・なれ}秩序がないさま。だらしないさま。

みだりあし【乱り足・乱り脚】［名］歩き回って疲れたり、病気などのために歩行困難になったりした足。

みだりあしのけ【乱り足の気】脚気。＝乱れ足①

みだりかくびゃう【乱り脚病】［名］脚気。＝乱り足の気。

みだりかぜ【乱り風】［名］風邪。感冒。

みだりがは・し【濫りがはし・猥りがはし】[形シク]{しから・しく(しかり)・し・しき(しかる)・しけれ・しかれ}(「がはし」は接尾語)❶入り乱れている。乱雑だ。例「花みだりがはしく散るめりや」〈源氏・若菜・上〉❷不作法だ。好き勝手だ。濫りがはしく嫁ぎ」〈霊異記〉❸好色めいている。例「我、齢さかりなりし時に、濫りがはしき事をも聞こえ出ぃでつつ」〈源氏・葵〉例「また例のみだりがはしきことをも聞こえ出ぃでつつ」〈源氏・葵〉

みだりがはしう【濫りがはしう・猥りがはしう】形容詞「みだりがはし」の連用形「みだりがはしく」のウ音便。

みだりがほ[・なり]【乱り顔】[名・形動ナリ]取り乱した表情。

みだりごこち【乱り心地】[名]取り乱した状態。気分がすぐれないこと。病気。=乱れ心地。例「乱り心地のあしうはべれば、うつ伏し臥ふしてはべるや」〈源氏・夕顔〉

みだりごと【乱り言】[名]「みだれごと」に同じ。

みだりごと【漫り言・濫り言】[名]いい加減なことば。

みだりに【濫りに・猥りに・妄りに】[副]むやみやたらに。自分勝手に。

みだ・る【乱る】㊀[自ラ下二]{れ・れ・る・るる・るれ・れよ}❶散乱する。入り交じる。例「竜田川紅葉ぢ乱れて流るめり渡らば錦なかや絶えなむ」〈大和・一五一〉❷(「心乱る」の形で)思い乱れる。あれこれと思い悩む。例「中宮は涙に沈みたまへるを、見たてまつらせたまふも、さまざま御心乱れて思しめさる」〈源氏・賢木〉《敬語》「見たてまつらせたまふ」→「たてまつらせたまふ」、「思しめさる」→「おぼしめす」。❸乱雑になる。形が崩れる。例「立蔀・透垣などの乱れたるに、前栽どもいと心苦しげなり」〈枕・野分のまたの日こそ〉❹雰囲気が崩れる。くだける。例「戯れ言などのたまひつつ、暑さに乱れたまへる御有り様を」〈源氏・帚木〉《敬語》「のたまひつつ」→「のたまふ」。❺騒ぎが起こる。乱れる。例「天下の乱れむ事をさとらずして、民間の愁ふる所を知らざっしかば、久しからずして亡じにし者どもなり」〈平家・一・祇園精舎〉《音便》「ざっ」は「ざり」の促音便。㊁[他ラ四]{ら・り・る・る・れ・れ}❶散乱させる。入り交じるようにする。例「滝つ瀬に誰白玉を乱りけむ拾ふとせしに袖ではひちにき」〈後撰・雑三・一二三五〉❷乱雑にする。形を崩す。例「念仏をとどめ、合掌を乱り」〈平家・一〇・維盛入水〉❸騒ぎを起こす。乱す。例「近習の人々、この一門を滅ぼして、天下を乱らんとする企てあり」〈平家・二・西光被斬〉

みだれ【乱れ】[名]❶入り乱れること。散乱。❷思い悩むこと。例「我も人も安からぬ乱れ出ぃで来る」〈源氏・柏木〉❸騒ぎ。❹雨・風などが激しいこと。荒れ模様。例「空の乱れに、出ぃで立ち参る人もなし」〈源氏・明石〉❺能の舞の一種。緩急の変化の激しい舞。❻(近世語)こじき。上方で用いられた。

みだれあし【乱れ足・乱れ脚】[名]❶「みだりあし」に同じ。❷足並みがそろわないこと。足取りが激しく乱れること。

みだれあそ・ぶ【乱れ遊ぶ】[自バ四]{ば・び・ぶ・ぶ・べ・べ}ふざけて遊ぶ。羽目を外して遊ぶ。例「うちとけて、戯れ言をも言ひ乱れ遊べば」〈源氏・若菜・上〉

みだれあ・ふ【乱れ合ふ】[自ハ四]{は・ひ・ふ・ふ・へ・へ}互いに乱れる。入り交じる。例「掻い練りのつや、下襲などの乱れ合ひて」〈枕・なほめでたきこと〉

みだれお・つ【乱れ落つ】[自タ上二]{ち・ち・つ・つる・つれ・ちよ}ぼろぼろと落ちる。例「風荒らかに吹きたる夕つ方、〔花ノ〕乱れ落つるが」〈源氏・竹河〉

みだれおも・ふ【乱れ思ふ】[他ハ四]{は・ひ・ふ・ふ・へ・へ}あれこれと思い乱れる。例「恥づかしきことどもに乱れ思ふべろうは」〈源氏・総角〉

みだれお・る【乱れ織る】[他ラ四]{ら・り・る・る・れ・れ}❶乱れ模様を織り出す。例「よしある唐草を乱れ織れるも、いとなまめきたれば」〈源氏・玉鬘〉❷入り乱れてあちこちで織る。例「野辺ごとに乱れ織るなる虫のころもも」〈右京大夫集〉

みだれか・く【乱れ書く】[他カ四]{か・き・く・く・け・け}❶順序だてずに書く。書き散らす。例「筆にまかせて乱れ書きたまへる」〈源氏・梅枝〉❷心の乱れを表して整わない書き方をする。例「御手もうちわななかるるに、乱れ書きたまへる」〈源氏・夕顔〉

みだれ・きる【乱れ着る】[他カ上一]{き・き・きる・きる・きれ・きよ}無造作に着る。しどけなく着る。例「さまざまの袙乱れ着」〈源氏・朝顔〉

みだれごこち【乱れ心地】[名]「みだりごこち」に同じ。

みだれごと【乱れ言】[名]いい加減なことば。冗談。=乱り言

みだれごと【乱れ事】[名]入り乱れてやかましいこと。戯れごと。

みだれごひ【乱れ恋】[名]思い乱れる恋。

みだれそ・む【乱れ初む】[自マ下二]{め・め・む・むる・むれ・めよ}❶物が乱れ始める。例「青柳の糸はなかなか乱れそめける」〈拾遺・春・三二〉❷心が乱れ始める。多く恋心についていう。例「伊豆の海に白雲の絶えつつも継がむと思へや乱れそめけむ」〈万葉・一四・三三六〇〉

みだれた・つ【乱れ立つ】[自タ四]{た・ち・つ・つ・て・て}男女間のことで、浮わついた行動をとる。例「かばかりに乱れた・ちにたる人の心どもは」〈源氏・夕霧〉

みだれち・る【乱れ散る】[自ラ四]{ら・り・る・る・れ・れ}散り散りになる。例「人々おのがじし、はかなき物どもなど里に払ひやりつつ、乱れ散るべし」〈源氏・真木柱〉

みだればこ【乱れ箱】[名]「うちみだりのはこ」に同じ。

みだれふ・す【乱れ伏す】[自サ四]{さ・し・す・す・せ・せ}入り乱れて倒れる。例「柳もいたうしだりて、築地もさはらねば乱れ伏したり」〈源氏・蓬生〉

みだれまさ・る【乱れ増さる】[自ラ四]{ら・り・る・る・れ・れ}いちだんと思い乱れる。例「御心も乱れまさりたまへど」〈源氏・蜻蛉〉

みだれを【乱れ緒】[名]❶もつれたひも。❷(「乱れ緒の沓くつ」の略)編み上げた余りを爪先のところで房のように出したわらぐつ。衛府の役人が履いた。

みち【道・路】[名](「み」は、霊威をもつものに付く接頭語。「ち」は、道・地方の意)❶道路。航路。❷地方。土地。例「大毘古命を高志道の(=いまの北陸地方)に遣はし」〈記・中〉❸旅。旅行。例「人やりの道ならなくに」〈古今・離別・三八八〉❹途中。道中。例「上よりおるる道に、弁宰相の

の君の戸口をさしのぞきたれば」〈紫式部日記〉❺道のり。旅程。例「時は八つになりぬ。道はいとはるかなり」〈蜻蛉・中〉❻道理。ことわり。例「かくばかりすべなきものか世の中の道」〈万葉・五・八九二長歌〉訳→〔和歌〕かぜまじり…。❼（社会の）政道。秩序。例「奥山のおどろが下も踏み分けて道ある世ぞと人に知らせん」〈新古今・雑中・一六三五〉訳→〔和歌〕おくやまの…。❽儒仏の教え。とくに、仏道。例「世を遁れて山林に交はるは、心を修めて道を行はむとなり」〈方丈記〉❾学問・武芸・芸能などの専門。分野。方面。例「ありたき事は、まことしき文の道、作文・和歌・管弦の道」〈徒然・一〉❿手段。方法。手だて。例「馬に乗っつれば、おつる道を知らず」〈平家・五・富士川〉〔注〕落ちる方法を知らない、というのは、東国武士は騎馬に非常に巧みで、落馬などしない、ということ。《音便》「乗っ」は「乗り」の促音便。

〔道異になる〕この世を去り、別の世界のものになる。他界する。例「道異にな・りぬれば、子の上までも深くおぼえぬにやあらん」〈源氏・若菜・下〉

〔道たどたどし〕（日が暮れて）道がはっきり見えず心もとない。道を歩く足もとがおぼつかない。和歌においてもよく用いられる表現。例「『さらば、道たどたどしからぬほどに』とて」〈源氏・若菜・下〉

〔道閉づ〕道が閉ざされる。人の往来が途絶える。例「道と・ぢてけり深山辺の里」〈山家集・上〉

〔道の口〕❶その国へ入る道の入り口の地域。❷京都から下る道筋にある国の中で、最も京都に近い地域。↕道の後・道の中

〔道の後・道の尻〕京都から下る道筋にある国で、京都から遠い地域。↕道の口②・道の中

〔道の導〕道案内。また、仏道に入る導き。

〔道の空〕道の途中。道中。＝道の空路

〔道の空路〕「みちのそら」に同じ。

〔道のちまた〕《「ちまた」は分岐点の意》道の分かれる所。

〔道の中〕都から下る道筋を三分した場合、その中間部にあたる地域。↕道の口②・道の後

〔道の人〕その道に通達した人。専門家。

〔道の辺〕道ばた。道のほとり。＝道辺

〔道の程〕❶道のり。❷道の途中。

〔道のまま〕道を行きながら。例「道のままに、かひある逍遥遊びののしりたまへど」〈源氏・澪標〉

〔道の者〕❶一芸に秀でた者。その道の達人。専門家。❷遊女。妓女。

〔道も狭に〕道いっぱいに。道をふさぐほどに。例「吹く風をなこその関と思へども道もせに散る山桜かな」〈千載・春下・一〇三〉訳→〔和歌〕ふくかぜを…。

〔道を行ふ〕仏道修行をする。例「世を遁れて、山林に交はるは、心ををさめて道を行・はむとなり」〈方丈記〉

みち【蜜】［名］みつ。蜂蜜。

みち【満ち】［名］（潮や月などが）満ちること。

みち【海驢】［名］アシカ科の海獣。アシカの別称。

みちあへのまつり【道饗の祭り】［名］陰暦六月と十二月、都の四隅の道で行った祭り。道の神である八衢比古・八衢比売・久那斗の三神を祭って、悪鬼・悪霊が都に入るのを防ごうとした。

みちかひ【道交ひ】［名］❶路上を行き来すること。往来。❷道中ですれ違うこと。

みち・く【満ち来】［自カ変］｛こ・き・く・くる・くれ・こ（こよ）｝潮が満ちてくる。満潮になる。例「若の浦に潮満ち・来れば潟をなみ葦辺をさして鶴鳴き渡る」〈万葉・六・九一九〉訳→〔和歌〕わかのうらに…。

みちさまたげ【道妨げ】［名］❶通行の障害。❷悟りの道への障害。成仏の妨げ。

みちしば【道芝・路芝】［名］❶道端に生えている芝草。❷道案内をする人。例「そのほどは、宣旨の君ぞ、詳しうは、道芝にて知りたまひつれ」〈夜の寝覚〉

みちしるべ【道標・道導・路導】［名］道案内。また、案内者。

みちすがら【道すがら・途次】［副］《「すがら」は接尾語》道を行きながら。道々。

みちつなのはは【道綱母】［人名］「ふぢはらのみちつなのはは」に同じ。

みちづら【道面】［名］道端。路上。道筋。

みちとせ【三千年】［名］❶三千年。❷「三千年の桃」の略。

〔三千年の桃〕仙界の桃。中国の伝説で、西王母の庭の桃は、三千年に一度花を開き実を結ぶという。（季－春）

みちのおく【陸奥】［地名］「みちのく」に同じ。

みちのき【道の記】［名］旅日記。紀行文。

みちのく【陸奥】［地名］《「みちのおく」の変化形》旧国名。東山道十三か国のひとつ。いまの青森・岩手・宮城・福島県と秋田県の一部。むつ。奥州。

みちのくうた【陸奥歌】［名］「東歌」のひとつ。東北地方でうたわれた歌。

みちのくがみ【陸奥紙】［名］「陸奥」で産したという上質の和紙。厚手で白く、表面に細かいしわがある。手紙用・包装用・表具用として用いられた。＝陸奥国紙・檀紙

みちのくに【陸奥国】［名］「むつ（陸奥）①」に同じ。

みちのくにがみ【陸奥国紙】［名］「みちのくがみ」に同じ。

〔和歌〕**みちのくのあさかのぬまの…【陸奥の安積の沼の花かつみかつ見る人に恋ひやわたらむ】**〈古今・恋四・六七七・よみ人しらず〉訳陸奥の安積の沼の花かつみではないが、一方では会っていながら、一方ではこうして恋い慕い続けるのであろうか。《係結び》「や↓わたらむ㊍」《参考》上三句は、同音反復で「かつ見」を導く序詞。「安積の沼」は、いまの福島県郡山市日和田の安積山公園の近くにあったという沼。

〔和歌〕**みちのくのしのぶもぢずり…【陸奥のしのぶもぢずり誰ゆゑに乱れそめにし我ならなくに】**〈古今・恋四・七二四・源融〉《百人一首・河原左大臣》訳陸奥の信夫のしのぶ草ですり染めした模様が乱れているように、あなた以外のだれのせいで心が乱れはじめた私ではないことですのに。《参考》上二句は、「乱れ」を導く序詞。『古今和歌集』では、下の句が「乱れむと思ふ我ならなくに」となっており、これだと、「…心乱れようと思う私ではありませんのに…」となる。

〔和歌〕**みちのくのまののかやはら…**【陸奥の真野の草原遠けども面影にして見ゆといふものを】〈万葉・三・三九六・笠女郎〉訳みちのくの真野の萱原、そこは遠くにあるのですが、思えばまぼろしとして目の前に見えるといいますのに(近くにいるあなたは夢にさえ姿を見せてくれないのですね)。〈参考〉「真野の草(萱)原」はいまの福島県相馬郡鹿島町あたりの原。

〔和歌〕**みちのくは…**【陸奥はいづくはあれど塩釜の浦漕ぐ舟の綱手かなしも】〈古今・東歌・一〇八八・よみ人しらず〉訳陸奥では、ほかの所はともかく、この塩釜の浦を漕ぐ舟を引き綱で引いてゆく光景が心にしみじみと感じられる。〈参考〉「いづくはあれど」は、他のどこかはともかくの意。「かなし」は、心にしみて風情がある意。

みちのし【道師】[名]天武天皇十三年(六八四)に定められた「八色の姓」の第五位。

〔和歌〕**みちのべに…**【道のべに清水流るる柳陰しばしとてこそ立ちどまりつれ】〈新古今・夏・二六二・西行〉訳道のほとりに清水が流れている柳の木陰よ。ほんの少しと思って立ち止まったのだが(ついつい長居をしてしまった)。《係結び》「こそ→立ちどまりつれ㊁」

〔俳句〕**みちのべの…**【道のべの木槿は馬に食はれけり】〈野ざらし紀行・芭蕉〉訳馬に乗って道を行く。道ばたに咲く木槿に目が止まった。その瞬間、木槿の花は私の乗った馬に食われてしまったことよ。(季-木槿-秋)〈参考〉木槿は、朝に咲き夕方にはしぼんでしまう花で、はかないもののたとえとされてきた。

みちび・く【導く】[他カ四]{か・き・く・く・け・け}❶道案内する。例「諸の大御神たち船舳に導きをし」〈万葉・五・八九四長歌〉❷手引きをする。男女の仲立ちをする。例「あがおもと、はや、よきさまに導ききこえたまへ」〈源氏・玉鬘〉❸教え示す。指導する。

みちべ【道辺】[名]「みちのべ」に同じ。

みちまどひ【道惑ひ】[名]道に迷うこと。

みちみち【道道】㊀[名]❶あちこちの道。❷さまざまな方面。例「みなおのおの思ふことの道々あらんかし」〈源氏・初音〉❸学問・芸能などの諸道。㊁[副]道の途中で。道すがら。例「京へ出づる道々」〈宇治拾遺・二・一〉

〔**道道の才**〕(「ざえ」は学問、とくに漢学)政治家として不可欠な多方面にわたる学問。漢学全般。

みちみち・し【道道し】[形シク]{しから・しく(しかり)・し・しき(しかる)・しけれ・しかれ}❶理にかなっている。真実である。例「これらにこそ、道々しくはしきことはあらめ」〈源氏・蛍〉❷学問的だ。理屈っぽい。例「三史五経、道々・しき方を明らかに悟り明かさむ」〈源氏・帚木〉

古典の世界 三史は『史記』『漢書』『後漢書』、五経は『易経』『書経』『詩経』『春秋』『礼記』。平安時代、漢学で必修の文献とされた。

〔**道道しき方**〕正統で本格的な学問。とくに漢学を指すことが多い。→「みちみちしきこと」

〔**道道しき事**〕政を行う上で正統的に大切な知識・教養。公務に役立つ専門知識として、漢学を指すことが多い。→「みちみちしきかた」

みちみ・つ【充ち満つ】[自タ四]{た・ち・つ・つ・て・て}満ちあふれる。いっぱいになる。

みちもり【道守】[名]道路や駅路を管理する人。

みちゃう【御帳】[名](「み」は接頭語)「帳」または「帳台」の敬称。

みちゆき【道行き】[名]❶道を行くこと。道中。❷文体の一種。軍記物語・謡曲・浄瑠璃などで、旅して行く道中の光景や旅情を記した文章。七五調を基本とし、縁語・序詞・掛詞などの技巧を多用する。道行き文。❸雅楽で、舞人が楽屋から舞台に登るまでの間に演奏される音楽。❹歌舞伎・浄瑠璃などで、旅や駆け落ち・心中行の場面。転じて、男女が連れ立って駆け落ちすること。または、情死の場へ行くこと。❺事の経過。途中。また、前置き。

みちゆきうら【道行き占】[名]道を行く人のことばによって吉凶をうらなうこと。＝辻占

みちゆきごろも【道行き衣】[名]旅行用の衣服。旅衣。

みちゆきつと【道行き苞】[名](「みちゆきづと」とも)旅行のみやげ物。

みちゆきびと【道行き人】[名]通行人。旅人。

みちゆきぶり【道行き触り・道行き振り】[名]❶道の途中ですれ違うこと。❷旅日記。紀行。

みぢん【微塵】[名]細かいちり。ごくわずかなことのたとえに用いる。

みつ【密】[名]❶透き間がなく、詰まっていること。❷他にもらさないこと。秘密。❸密教。

みつ【三つ】[名]❶数の名。さん。みっつ。❷三歳。❸時刻の呼び名。「一時(二時間)」を四分した三番目の時刻。

〔**三つが一つ**〕三分の一。例「(餅ノ数ハ)三つが一つにてもあらむかし」〈源氏・葵〉

〔**三つに従ふ**〕婦人が「三従」の教えを守る。→「さんじゅう」。例「女は三つに従ふものにこそあなれど」〈源氏・藤袴〉語構成「ものにこそあなれど」→「あなり」

〔**三つの車**〕(仏教語)羊車・鹿車・牛車の三種の車。仏が知恵の方便によって、衆生を現世の苦しみから救うたとえ。家が火事になったとき、三種の車があるといって、長者が家の中の子供を連れ出して救ったという法華経の故事による。

〔**三つの宝**〕❶「さんじゅのしんぎ」に同じ。❷「さんぼう(三宝)①」に同じ。

〔**三つの宝の鳥**〕「仏法僧②」の別称。

〔**三つの友**〕(白楽天の詩「北窓三友」から)琴・酒・詩のこと。三友。

〔**三つの舟**〕漢詩・和歌・管弦の才のある者を、それぞれに乗せて遊ぶための舟。

〔**三つの道**〕❶「さんさい」に同じ。❷(「三途」の訓読語)地獄道・畜生道・餓鬼道の三悪道。❸(「三径」の訓読語)(漢の蔣詡が幽居の庭に松・菊・竹を植えた三つの道をつくった故事から)どこの家にもある三つの道。井戸・門・厠へ行く道。隠者の家の庭についてもいう。

〔**三つの山**〕熊野の三山。本宮・新宮・那智大社の称。

み・つ【満つ・充つ・盈つ】㊀［自タ四］❶（ある空間に人・物・光・においなどが）いっぱいになる。あふれる。❷満潮になる。潮が満ちる。❸満月になる。❹世の中に広まる。広く知れ渡る。例「かく〔紫ノ上ガ〕亡せたまひにけりといふこと世の中に満ちて」〈源氏・若菜・下〉❺期限がくる。例「道範精進を始めて毎日に水を浴みて浄まはる。七日に満つ日」〈今昔・二〇・一〇〉❻（ある数量に）達する。例「汝を加へて千人に満ちぬ」〈今昔・一二・二八〉❼（願いなどが）かなう。成就する。完成する。例「若君、国の母となりたまひて、願ひ満ちたまはむ世に」〈源氏・若菜・上〉㊁［他タ下二］❶いっぱいにする。充満させる。例「かくのごとく室ごとに満てて」〈今昔・七・四五〉❷（願いなどを）かなえる。満足させる。例「衆生の所願をみ・て給へり」〈平家・二・康頼祝言〉❸完全にやり遂げる。成し遂げる。例「尊勝陀羅尼にみ・てて」〈宝物集〉

みつ【御津】［歌枕］❶摂津国の港。いまの大阪市中央区の三津寺付近か。「大伴の御津」「難波の御津」ともいう。「浜松」が景物。「見つ」をかける。❷近江国の地名。いまの滋賀県大津市坂本の琵琶湖岸。付近の日吉神社とのかかわりで詠まれる。

みづ【水】［名］飲み水や、川・池・湖・海などの水。

〔**水飼ふ**〕馬などに水を飲ませる。

〔**水括る**〕川の水を絞り染めにする。川の流れを布に見立て、そこに浮かぶ紅葉を布の模様に見立てていう。例「竜田川韓紅に水くく・るとは」〈古今・秋下・二九四〉訳→〔和歌〕ちはやぶる…

〔**水の面**〕水のほとり。水辺。

〔**水の戦慄**〕恐怖のために、冷や汗を流して震えること。例「水のわななきして、汗にしとどに濡れて」〈宇津保・蔵開・下〉

〔**水の尾**〕水の流れ。水脈。また、船が水上を通った跡。

〔**水も狭に**〕水面をふさぐほどいっぱいに。例「水もせに浮きぬる時は」〈後撰・羈旅・一三五九〉

〔**水も漏らさず**〕男女の仲が極めて親しいさま。

みづ【瑞】［名］❶若々しく生気に満ちて美しいこと。熟語として用いられることが多い。「瑞枝」「瑞穂」「瑞山」など。❷めでたいしるし。瑞祥。

みづ【美豆】［歌枕］山城国の地名。いまの京都市伏見区淀美豆町から久世郡久御山町にかけての地域。皇室の馬の牧場があった。＝美豆の御牧

みづあげ【水揚げ】［名］《近世語》❶船荷を陸に上げること。❷遊里で、遊女が初めて客をとること。

みつあひ【三つ合ひ】［名］三本のひもや糸をより合わせること。

みづうまや【水駅】［名］《「みづむまや」とも》❶古代の駅制で、水路にある宿駅。船着き場。❷平安時代、「男踏歌」で、舞人の一行が踊り歩くとき、途中で酒や湯漬けを振る舞った場所。❸ちょっと立ち寄る所。❹街道の茶店。

みづうみ【湖】［名］《「塩海」に対して淡水の海の意》湖。湖水。

〔俳句〕**みづうみの…**【湖の水増さりけり五月雨】〈あら野・去来〉訳 小やみなく降り続ける五月雨に琵琶湖も水かさを増し、満々と水をたたえていることだ。（季－五月雨－夏）

みづえ【瑞枝】［名］みずみずしく若々しい枝。

みづかがみ【水鏡】［名］澄んだ水面に、物の影が映って見えること。

みづかがみ【水鏡】［作品名］平安後期・鎌倉前期の歴史物語。藤原（中山）忠親作か。『大鏡』にならって、神武から仁明天皇までの歴史を叙述する。「四鏡」のひとつ。

みづがき【瑞垣・瑞籬】［名］《上代は「みづかき」とも》神社の周囲にめぐらした垣。＝斎垣・玉垣

みづがきの【瑞垣の・瑞籬の】［枕詞］（神社の生け垣の意から、また、それが太古から久しく続くことから）「神」「久し」にかかる。例「瑞垣の久しき時ゆ」〈万葉・一三・三二六二〉

みづかげ【水影】［名］水面に映る物の影。また、物の影を映す水面。

みづかげぐさ【水陰草】［名］水辺に生えている草。和歌では「天の川」に続けて詠まれることが多い。例「天の川水陰草の秋風に」〈万葉・一〇・二〇一三〉

みづかね【水銀】［名］水銀。

みづから【自ら】《名詞「身」＋上代の格助詞「つ」＋「から」か。自分の意思で物事を起こす意》㊀［副］自分から。自分自身で。例「もし歩くべき事あれば、みづから歩む」〈方丈記〉㊁［代名］❶《自称の人称代名詞》私。例「みづからが小童にてありし時」〈大鏡・序〉❷《反照代名詞》自分自身。その人自身。例「人（＝寄リマシ）にさらに移らず、ただみづからの御身につと添ひたるさまにて」〈源氏・葵〉

みつぎ【貢・調】［名］《「み」は接頭語。のちに「みつぎ」》租税の総称。また、朝廷への献上物。

みつぎ【見継ぎ】［名］《近世語》金品を送って生活の助けとすること。

みづき【水城】［名］堤を築き、堀に水をたたえた城郭。外敵の侵入を防ぐために、「大宰府」の周囲に設けられた。

みつぎもの【貢物・調物】［名］朝廷に「貢」として献上するものの総称。

み・つ・く【見付く】㊀［自カ四］見てなれ親しむ。なじむ。例「幼き人は、見つ・いたまふままに、いとよき心ざま、かたちにて」〈源氏・紅葉賀〉《音便》「見つい」は「見つき」のイ音便。㊁［他カ下二］見つけ出す。発見する。例「たれもいまだ都なれぬほどにて〔物語ヲ〕え見つ・けず」〈更級〉

み・つ・ぐ【見継ぐ】［他ガ四］❶見続ける。また、次々に見る。例「人さへや見継・がずあるらむ」〈万葉・一〇・一〇七五〉❷助ける。後援する。例「いづかたをもみつ・ぎ給ふな」〈徒然・一二五〉

みづ・く【水漬く】［自カ四］《「みづつく」とも》水に浸る。水につかる。例「海行かば水漬・く屍山行かば草生す屍」〈万葉・一八・四〇九四長歌〉

みづぐき【水茎】［名］《「みづくき」とも》❶筆。❷筆跡。❸手紙。

〔**水茎の跡**〕筆跡。

み

み

みづくきの【水茎の】[枕詞]（「みづぐきの」とも）❶「岡」にかかる。例「**水茎の岡の木の葉**も色付きにけり」〈万葉・一〇・二一九三〉 ❷（同音の繰り返しから）「水城」にかかる。例「**水茎の水城の上に涙**拭はむ」〈万葉・六・九六八〉

みづぐし【水櫛】[名]《近世語》洗い髪や水を付けて髪をすくときに使う、歯のあらい櫛。

みつく・す【見尽くす】[他サ四]{さ・し・す・す・せ・せ}十分に見る。残らず見る。

みつくはがた【三つ鍬形】[名]兜の前立てのひとつ。二本の鍬形の間に剣形のものを立てたもの。

みつぐりの【三つ栗の】[枕詞]（栗のイガの中の三つの実の中央の意から）「なか」にかかる。例「**三つ栗の**那賀に向かへる」〈万葉・九・一七四五〉

みづぐるま【水車】[名]❶すいしゃ。❷武器を激しく振り回して敵に攻めかかること。

みづくろひ【身繕ひ】[名]身支度。

みつくろ・ふ【見繕ふ】[他ハ四]{は・ひ・ふ・ふ・へ・へ}見計らう。見定める。例「あへて敵の体をも**見つくろ・は**ざりけるところに」〈古活字本平治・中〉

みっけう【密教】[名]《仏教語》仏教の教説のひとつ。大日如来を信仰の中心にすえる。教えが深遠で理解しにくいことからその名がある。日本では、平安時代の初めに最澄・空海によって伝えられ、貴族に支持されて栄えた。東密（真言宗）と台密（天台宗）の二大系統がある。↔顕教

みづごころ【水心】[名]❶水泳の心得。❷「魚心あれば水心」の略。

みづこひどり【水恋鳥・水乞鳥】[名]アカショウビンの別称。名の由来には諸説ある。（季－夏）

みづし【御厨子】[名]《「み」は接頭語》❶「厨子」の尊敬語。❷「御厨子所」に勤める女官。❸貴人の家の台所で水仕事をする女性。

みづしだな【御厨子棚】[名]「御厨子所」にある食べ物を納める棚。のちには座敷に置き、書画などを納めた。

みづしどころ【御厨子所】[名]❶宮中で食事をつかさどる所。後涼殿の西廂にある。内膳司に属する。❷貴人の家で食事を調える所。台所。

みっしゅう【密宗】[名]《仏教語》真言宗の別称。

みづせがき【水施餓鬼】[名]「ながれくゎんぢゃう」に同じ。

みつせがは【三瀬川】[名]「さんづのかは」に同じ。

みづぜめ[名]━【水攻め】❶城攻めの際、敵城の用水路を断って、城内の敵を渇水で苦しめること。❷城攻めの際、敵城の周囲に堤防を築いて、川水などを流し込み、水浸しにすること。━【水責め】容疑者を縛ったまま水をかけたり、無理に水を飲ませるなどする拷問法。

みづたで【水蓼】[名]水辺や湿地に生えるタデ。辛みがあり、食用。和歌では、「穂」や「からし」とかかわって用いられる。＝柳蓼・川蓼。（季－夏）

みづたまうき【瑞玉盃・瑞玉盞】[名]杯の美称。美しく立派な杯。

みつだゑ【密陀絵】[名]中国伝来の油絵の一種。顔料に油と密陀僧（酸化鉛）を混ぜて漆地に描いたもの。法隆寺の玉虫厨子の絵は代表作。

みづち【蛟・虬・虯】[名]《古くは「みつち」》水中にすむ、竜に似た想像上の動物。毒気を吐いて人を害するという。

みづつき【承鞚】[名]轡の一部で、手綱を結びつける穴。

みづつ・く【水漬く】[自カ四]{か・き・く・く・け・け}《「みづづく」とも》水に浸る。水につかる。例「池めいてくぼまり、**水つ・け**るところあり」〈土佐〉

みづて【水手】[名]文字の書き方の一種。文字の末尾を水の流れるように長く引いて書く。

みづとり【水鳥】[名]水上や水辺で生活する鳥の総称。（季－冬）

みづとり【水取り】[名]「おみづとり」に同じ。（季－春）

みづとりの【水鳥の】[枕詞]（水鳥の羽色・生態・動作から、また、代表的な水鳥であることから）「鴨」「賀茂」「青葉」「たつ」「うく」「はがひ」などにかかる。例「**水鳥の立たむ装ひに**」〈万葉・一四・三五二八〉

〈俳句〉**みづとりや こほりのそうの…**【水取りや氷の僧の沓の音】〈野ざらし紀行・芭蕉〉訳お水取りの夜、厳しい余寒の中で行をする、まるで氷の化身かと思われるおごそかな僧の沓の音が堂内に響きわたっている。（季－水取り－春）

〈俳句〉**みづとりや むかうのきしへ…**【水鳥や向かうの岸へつういつい】〈惟然坊句集・惟然〉訳水面に浮かんだ水鳥が、すべるようにすういすういと向こう岸へ渡っていく。（季－水鳥－冬）

〈和歌〉**みづとりを…**【水鳥を水の上とやよそに見むわれもうきたる世をすぐしつつ】〈千載・冬・四三〇・紫式部〉訳水鳥を、水の上に浮かんで暮らすはかないものと、よそごとに見ることができようか。私も水鳥と同じように、不安定な生活を送っているのだから。〈参考〉「浮きたる」は、「憂き」をかける。「浮き」は、「水鳥」の縁語。

みつながしは【御綱柏】[名]「みつのがしは」に同じ。

みつな・し[形ク]{から・く(かり)・し・き(かる)・けれ・かれ}才能がない。例「おのれみつな・くして称ぐるに足らず」〈紀・継体〉

みつなのすけ【御綱の助】[名]《「み」は接頭語》行幸のとき、天皇の御輿の綱のもとを持つ役。多く、近衛府の次官である中将・少将が任ぜられた。

みづなみ【水波】[名]水面に立つ波。

みづのえ【壬】[名]《「水の兄」の意》「十干」のひとつで、その九番目。音は「じん」。

〈和歌〉**みづのおもに…**【水の面に照る月なみを数ふれば今宵ぞ秋の最中なりける】〈拾遺・秋・一七一・源順〉訳水面に映る月を見て、月日をかぞえてみると、今宵こそが秋の真中の八月十五夜であったよ。〈参考〉「月なみ」は、「月波（水面に映る月）」と「月次（月の数）」をかける。

みつのがしは【三角柏】[名]先端が三つに分かれた大きな柏葉。宮中の豊の明かりの節会などで、食物や酒などを盛るのに用いた。また、伊勢神宮では占いに用いた。＝御綱柏

みづのと【癸】[名]《「水の弟」の意》「十干」

のひとつで、その十番目。音は「き」。

みつのはままつ【みつの浜松】［作品名］「はままつちゅうなごんものがたり」に同じ。

みづは【罔象】ミズハ［名］（「みつは」とも）水の神。水の精。

みづは【瑞歯・稚歯】ミズハ［名］❶みずみずしい歯。立派な歯。❷年老いて一度抜けてから生える歯。長寿のしるしとしてめでたいものとされた。❸老人。

みづばかり【水準り】ミズバカリ［名］水を入れて、物の面が水平かどうかを測る道具。水準器。

みづはぐ・む【瑞歯含む】ミズハグム［自マ四］{ま・み・む・む・め・め}（「ぐむ」は、その状態になるの意の接尾語）長生きする。非常に年をとる。＝瑞歯さす。例「**みづはぐ・み**て住みはべる（所）なり」〈源氏・夕顔〉

みづはさ・す【瑞歯さす】ミズハサス［自サ四］{さ・し・す・す・せ・せ}「みづはぐむ」に同じ。

みづはじき【水弾き】ミズハジキ［名］空気の圧力を利用して水を遠くへ飛ばす器具。水鉄砲・ポンプの類。

みづはな【水端】ミズハナ［名］❶水が流れ出すとき。水の出ばな。例「卯の花を腐たす霖雨の**水はな**に」〈万葉・一九・四二一七〉❷（転じて）物事の出だし。最初。

みつばよつば【三つば四つば】［名］（「つば」は軒端の意か）殿舎がいく棟も立ち並んだすばらしい邸宅。また、そのさま。

みづひき【水引き】ミズヒキ［名］❶（麻を水で浸して、その皮を引きはいで作ることから）麻糸の別称。❷神前・仏前・神輿などの上部に張り渡す細長い幕。❸細長い紙を縒って糊で固めたひも状のもの。髪を結ったり、紅・黒・金・銀に染めて、祝儀・不祝儀の進物を結んだりするのに用いた。❹鎧の化粧板につけた、紅白の皮や綾の飾り。➡［古典参考図］武装・武具〈1〉

みつひきりゃう【三つ引き両】ミツヒキリョウ［名］紋所の名。白地の丸の中に、黒く三本の横線を引いたもの。

みづふぶき【水蕗・芡】ミズフブキ［名］（「みづぶき」とも）オニバスの別称。葉や茎、がくなどがとげでおおわれている。実は食用。（季-夏）

みつぼ【泡沫】［名］水の泡。はかないもののたとえ。

みづほ【瑞穂】ミズホ［名］みずみずしい稲の穂。

みづほのくに【瑞穂の国】ミズホノクニ（よい稲の多く実る国の意）日本国の美称。

みつぼし【三つ星】［名］❶オリオン座の中央に並ぶ三つの恒星の称。からすき星。❷紋所の名。三つの円を山形に重ね並べて描いたもの。

みづまり【水鞠】ミズマリ［名］飛び散る水のしぶき。

みつみつし［枕詞］氏族名「久米」にかかる。例「**みつみつし**久米の若子が」〈万葉・三・四三五〉

みづむけ【水向け】ミズムケ［名］仏前に水を供えること。

みつもの【三つ物】［名］❶鎧の胴・袖・兜の三種。❷騎射の三様式。流鏑馬・笠懸・犬追物の称。❸連歌・俳諧で、発句・脇句・第三の句の称。❹料理で、口取り・刺身・焼き魚の三品。

みづやま【瑞山】ミズヤマ［名］みずみずしく美しい山。

みづら【鬟・角髪・角子】ミズラ［名］古代の男子の髪の結い方。髪を頭の中央から左右に分けて、その先を両耳のところで束ねたもの。もとは成人男子の髪型だったが、のちに元服前の少年の髪型となり、「総角」とも呼ばれた。＝鬢頬①

みつ・る【羸る】［自ラ下二］{れ・れ・る・るる・るれ・れよ}疲れ果てる。例「**みつ・れにみつ・れ**片思ひをせむ」〈万葉・四・七一九〉

みづろん【水論】ミズロン［名］田の用水の配分をめぐっての争い。

みつゑしろ【御杖代】ミツエシロ［名］（「み」は接頭語）神や天皇の杖となって仕える者。転じて、伊勢神宮の「斎宮」の称。

みづを【水緒・鐙靼】ミズオ［名］馬具のひとつ。鐙を吊る革製のひも。

みづをさ【水長】ミズオサ［名］船頭。水夫。

みてぐら【幣・幣帛】［名］神前に供えるものの総称。＝幣・幣帛

みてぐらを【幣を】［枕詞］（「幣」を神前に並べることから）「並ぶ」と同音を含む地名「奈良」にかかる。例「**みてぐらを**奈良より出でて」〈万葉・一三・三二三〇長歌〉

みと【水門】［名］「みなと①」に同じ。

みとあたは・す ミトアタワス［自サ変］{せ・し・す・する・すれ・せよ}（上代語。「みと」は陰部の意の尊敬語）男女の交わりをなさる。例「先のちぎりのごとく**みとあたは・しつ**」〈記・上〉

みとが・む【見咎む】［他マ下二］{め・め・む・むる・むれ・めよ}❶見て怪しむ。見て非難する。例「人**見咎・む**ばかりおほきなるわざはえしたまはず」〈源氏・蜻蛉〉❷見てそれと知る。見て感心する。例「左府**見とが・め**て、しきりに感歎のけしきありけり」〈古今著聞・九〉

みときのねんぶつ【三時の念仏】［名］一日に、朝・昼・夜と三度行う念仏。

みと・く【見解く】［他カ四］{か・き・く・く・け・け}見て理解する。見て悟る。例「とみにも**見解・き**たまはで」〈源氏・夕霧〉

みどころ【見所】［名］❶見る価値があるところ。見るべきところ。要点。❷将来の見込み。先の望み。

みところどう【三所籐】［名］弓の籐の巻き方のひとつ。上下の鏑籐と矢摺籐の三か所を籐で巻くこと。また、その弓。

みとしろ【御戸代】［名］（「み」は接頭語）神に供える稲を作るための田。神田。

みとせご【三歳児】［名］三歳くらいの子供。

みとのまぐはひ【みとの目合ひ】ミトノマグワイ［名］（上代語。「みと」は陰部の意の尊敬語）男女の神の交わり。婚姻。

みとぶら・ふ【見訪ふ】ミトブラウ［他ハ四］{は・ひ・ふ・ふ・へ・へ}世話をする。例「**見訪・ひ**きこゆる人はなき御身なり」〈源氏・蓬生〉

みとほし【見通し】ミトオシ［名］❶こちらから向こうまで見通すこと。また、それができる場所。❷将来のことや心中を見抜くこと。❸遊女屋で、いちばん見晴らしのよい上等の部屋。

みとほ・す【見通す】ミトオス［他サ四］{さ・し・す・す・せ・せ}❶見続ける。例「すこし引き出でて、牛かくるほどに**見通・せ**ば」〈蜻蛉・上〉❷こちらからあちらを一目で見渡す。例「御目とどめて**見通・し**たまへれば」〈源氏・澪標〉

みとみつくに【水戸光圀】［人名］「とくがはみつくに」に同じ。

みども【身共】［代名］（自称の人称代名詞。「ども」は接尾語。対等または目下の者に対して用いる語）わたし。おれ。例「**みども**があやまった」〈狂・末広がり〉

みとらし【御執らし】［名］（「みたらし」とも。「み」は接頭語。「執らし」は、動詞「執る」の未然形＋上代の尊敬の助動詞「す」＝「執らす」の連用形の名詞化）手にお取りになるもの。転じて、貴人の弓の尊敬語。

みどり【緑・翠】［名］❶緑色、ときに青色も含める色の名。❷草木の新芽。

〔**緑の糸**〕柳の緑色で細い枝を糸に見立てたもの。「縹の糸」という言い方もある。例「青柳の緑の糸を繰り返し」〈拾遺・賀・二七八〉

〔**緑の髪**〕（「翠髪」「緑髪」の訓読語）黒くてつやつやした髪。

〔**緑の衣**〕六位の人が着る緑色の袍。また、六位の別称。＝緑の袖・緑衣・緑衫

〔**緑の袖**〕「みどりのころも」に同じ。

〔**緑の洞**〕（仙人の住む所の意から）院（上皇）の御所。仙洞。

みどりこ【嬰児・緑子】［名］（後世は「みどりご」）三歳くらいまでの子供。乳児。幼児。

みと・る【見取る】［他ラ四］{ら・り・る・る・れ・れ}見て知る。見てそれと認める。例「御心とどめて思ほさるることなめりと見と・りて」〈源氏・蓬生〉語構成「ことなめり」→「なめり」

みどろ・し［形ク］{から・く(かり)・し・き(かる)・けれ・かれ}ゆっくりだ。のろのろしている。もどかしい。例「かぢもみどろ・し心せよ波」〈散木集〉

みな【皆】㊀［名］すべての人やもの。全部。㊁［副］すっかり。残らず。例「世をもてしづめたまふ御心みな乱れて、うつしざまにもあらず」〈源氏・賢木〉

〔**皆にす**〕（近世語）すべてなくす。例「わらはが持てきた道具、小袖を、代なせ（＝売レ）代なせと言ふて、皆に・さしました」〈狂言記・箕潜〉

〔**皆に成る**〕全部なくなる。尽きる。例「その銭みなに成・りにけり」〈徒然・六〇〉

みな【蜷】［名］（「にな」とも）小さな巻き貝、カワニナの古名。（季－春）

みなうら【水占】［名］（「な」は上代の格助詞）水によって吉凶を占うこと。具体的な方法は不明。

みなか【み中】［名］（「み」は接頭語）真ん中。

みなかみ【水上】［名］（「な」は上代の格助詞）❶水の流れの上の方。川上。上流。また、水源。↔水下。❷物事の起こり。起源。

みなかみ【水神】［名］（「な」は上代の格助詞）水の神。

みながら【皆がら】［副］（「みなながら」の変化形）すべて。全部。例「草はみながらあはれとぞ見る」〈古今・雑上・八六七〉訳→〈和歌〉むらさきのひともとゆゑに…

みながら【身ながら】❶…の身のまま。例「かかるわびしき身ながらに積もれる年を記せれば」〈古今・雑躰・一〇〇三長歌〉❷われながら。例「身ながら心にもえまかすまじくなんありける」〈源氏・空蟬〉

みなぎは【水際】（ミナギワ）［名］（「みなきは」とも。「な」は上代の格助詞）水ぎわ。水のほとり。

みなぎら・ふ【漲らふ】（ミナギラ(ロ)ウ）（上代語。動詞「漲る」の未然形＋上代の反復・継続の助動詞「ふ」）水が満ちあふれている。例「飛鳥川漲ら・ひつつ行く水の間もなくも思ほゆるかも」〈紀・斉明・歌謡〉

みなぎ・る【漲る】［自ラ四］{ら・り・る・る・れ・れ}❶水が満ちあふれる。水の勢いが盛んになる。例「白浪おびたたしうみなぎ・りおち」〈平家・九・宇治川先陣〉❷（ある感情が心の中に）満ち広がる。

みな・ぐ【見和ぐ】［自ガ上二］{ぎ・ぎ・ぐ・ぐる・ぐれ・ぎよ}見て心がなごむ。見て心が慰められる。例「夕されば振りさけ見つつ思ひ延べ見和・ぎし山に」〈万葉・一九・四一七七長歌〉

みなくち【水口】［名］（「な」は上代の格助詞）川をせきとめて田へ水を引き入れる口。

みなぐれなゐ【皆紅】（ミナグレナイ）［名・形動ナリ］すべてが紅色であるさま。また、そのもの。

みなし【看做し】［名］思い込みから、そのように見てしまうこと。気のせい。

みなしがは【水無し川】（ミナシガワ）㊀［名］（水がない川の意から）天の川。㊁［枕詞］（水が絶えた川の意から）「絶ゆ」にかかる。例「水無し川絶ゆといふことを」〈万葉・一一・二七一二〉

みなしぐり【虚栗】［作品名］江戸前期（一六八三刊行）の俳諧撰集。其角編。作者は、其角・杉風・芭蕉・素堂ら。天和調を代表する作風で、漢詩文調と、破調を特色とする。談林調を脱し、新しい蕉風確立に至る過渡期の作品群として大きな意義を有する。

みなしも【水下】［名］（「な」は上代の格助詞）水の流れの下の方。川下。下流。↔水上①

みなしろ【御名代】［名］（「み」は接頭語）大化の改新以前、天皇・皇后・皇子・皇女などの名を後世に伝えるために、その名または居所の名などをつけて設けた皇室私有の「部」。

みな・す【看做す】［他サ四］{さ・し・す・す・せ・せ}❶（実際にはそうでないものを）そのように思ってみる。見てそれと思う。例「大殿腹の君（＝夕霧）をうつくしげなりと世人もて騒ぐは、なほ時世によれば、人の見な・すなりけり」〈源氏・松風〉❷見届ける。例「命長くて、なほ位高くなども見な・したまへ」〈源氏・夕顔〉❸世話をして育てあげる。面倒を見る。例「この君（＝雲居雁）をだに、いかで（＝ナントカシテ）思ふさまに見な・しはべらん」〈源氏・少女〉（副詞の呼応）「いかで」→「見なしはべらん」。（敬語）「見なしはべらん」→「はべり」

みなせ【水無瀬】［地名］摂津国の地名。いまの大阪府三島郡島本町広瀬。平安時代は狩猟地で、惟喬親王や後鳥羽上皇の離宮があった。

みなせがは【水無瀬川】（ミナセガワ）㊀［名］川底につもった砂の下を水が流れていて、表面上は水が見えない川。㊁［枕詞］（㊀が川底の下を流れるところから）「下」にかかる。例「言に出でて言はぬばかりぞ水無瀬川下に通ひて恋しきものを」〈古今・恋二・六〇七〉㊂［歌枕］摂津国の川。いまの大阪府三島郡島本町を流れる。心の奥に秘めた思いや、関係の絶えてしまうことの比喩に用いられる。

みなせさんぎんひゃくゐん【水無瀬三吟百韻】（ミナセサンギンヒャクイン）［作品名］室町時代の連歌。宗祇・肖柏・宗長の三吟で、長享二年（一四八八）正月二十二日、後鳥羽院の月忌に興行。「雪ながら山もとかすむ夕べかな」の宗祇の発句で始まる本作は古来連歌の規範的作品とされる。

みなそこ【水底】［名］《「な」は上代の格助詞》水の底。

みなそこふ【水底ふ】［枕詞］「臣」にかかる。例「水底ふ臣の少女を」〈紀・仁徳・歌謡〉

〈俳句〉**みなそこを…【水底を見て来た貌の小鴨かな】**〈猿蓑・丈草〉訳一羽の小鴨が水中にもぐって、やがて水面に顔を出した。その顔はまるで水底をすっかり見てきたといいたげな表情であることだ。（季―小鴨―冬）

みなそそく【水注く】［枕詞］水の勢いから、勢いよく泳ぐ「鮪」に、また水が注ぎ込む「大海」の類音から、「臣」にかかる。例「みなそそく臣の嬢子」〈記・下・歌謡〉

みなづき【水無月・六月】［名］《「みなつき」とも》陰暦六月の別称。（季―夏）

みなづきばらへ【水無月祓へ・六月祓へ】［名］「なごしのはらへ」に同じ。

みなと【水門・湊】［名］《「な」は上代の格助詞》❶川・海などの出入り口。河口・入り江など。また、そこに設けられた船着き場。＝水門。❷行き着く所。とどまる所。例「暮れてゆく春のみなとは知らねども」〈新古今・春下・一六九〉訳→〈和歌〉くれてゆく…

みなとえ【港江】［名］港になっている入り江。

〈和歌〉**みなとえの…【みなとえの氷にたてる葦の葉に夕霜さやぎ浦風ぞ吹く】**〈風雅・雑上・一五九八・よみ人しらず〉訳港になっている入り江が凍った氷の中に立つ葦の葉に夕霜が降り、さやさやと音を立てて入り江の風が吹き渡ることだ。

みなとがは【湊川】［地名］摂津国の川。いまの六甲山に発し、神戸市の中央を流れ大阪湾に注ぐ。楠木正成と足利尊氏との合戦、湊川の戦いで知られる。「鹿」が景物。

〈和歌〉**みなとの…【水門の葦の末葉を誰か手折りし我が背子が振る手を見むと我ぞ手折りし】**〈万葉・七・一二八八旋頭歌・柿本人麻呂歌集〉訳港の葦の葉先をだれが手折ったのか。私のいとしいあの方の振る手を見ようと私が手折ったのです。《係結び》「か」↓手折りし(体)」、「ぞ」↓手折りし(体)」

みなながら【皆ながら】［副］残らず全部。すべて。ことごとく。＝皆がら。例「ある人みなながらすずろにあつぼに入りにけり」〈宇治拾遺・一四・一二〉

みなぬか【三七日】［名］人の死後、二十一日目。＝三七日。

みなのがは【水無川】［歌枕］《「美那川」「男女川」とも書く》常陸国の川。いまの筑波山に発し桜川に合流して霞ヶ浦に注ぐ。

みなのわた【蜷の腸】［枕詞］《「蜷（小さな巻き貝）」の肉を焼いた色が黒いところから》「か黒し」にかかる。例「蜷の腸か黒き髪に」〈万葉・五・八〇四長歌〉

みなひと【皆人】［名］その場所にいるすべての人。全員。＝皆人々。例「みな人、かれいひの上に涙おとしてほとびにけり」〈伊勢・九〉

〈和歌〉**みなひとは…【みな人は花の衣になりぬなり苔の袂よかわきだにせよ】**〈古今・哀傷・八四七・遍昭〉訳世の人は、喪服を脱いで華やかな着物に変わったようだ。変わることのない私の僧衣よ、せめて涙が乾くだけでもしておくれ。

みなひとびと【皆人々】［名］「みなひと」に同じ。

〈和歌〉**みなひとを…【皆人を寝よとの鐘は打つなれど君をし思へば寝ねかてぬかも】**〈万葉・四・六〇七・笠女郎〉訳世の皆の者よ寝静まれ、という亥の刻の鐘を打つのが聞こえますが、あなたを思うと寝られないことです。

みなほ・す【見直す】■［他サ四］見て思いなおす。考え直す。また、改めて見てその価値を認識する。■［自サ四］病気などがいくらか回復する。

みなみ【南】［名］❶《「みんなみ」とも》方角の名。南方。❷南から吹く風。南風。

みなみおもて【南面】［名］❶南向き。南側。❷殿舎の南向きの正面の部屋。また、正殿。↓図版「竜頭鷁首」

みなみまつり【南祭り】［名］陰暦三月の中の午の日に行われた石清水八幡宮の臨時の祭り。また、八月十五日の石清水の放生会をいう。↕北祭り

みなむしろ【水席・水筵】［名］《「な」は上代の格助詞》水面をむしろにたとえた語。例「谷川のみなむしろにも月ぞすみける」〈夫木・雑一四〉

みなむすび【蜷結び】［名］《「になむすび」とも》ひもの飾り結びのひとつ。「鮑結び」に似て、長く小さく結ぶもの。袴や几帳の装飾に用いられた。

みなもと【源】［名］《「な」は上代の格助詞》❶水源。❷物事の起こり始め。起源。

みなもとのいへなが【源家長】［人名］（？―一二三四）鎌倉前期の歌人。『源家長日記』は当時の歌壇の動静を知る上でも貴重。

みなもとのいへながにっき【源家長日記】［作品名］鎌倉前期の日記。源家長作。和歌所の次官であった家長の仮名日記で、『新古今和歌集』成立時の歌壇史を知る上で貴重な記録。

みなもとのかねまさ【源兼昌】［人名］（生没年未詳）平安後期の歌人。『金葉和歌集』以降の勅撰集に七首入集。百人一首にも選ばれた。

みなもとのきんただ【源公忠】［人名］（八八九―九四八）平安中期の歌人。三十六歌仙のひとり。宮廷歌人として活躍した。『後撰和歌集』以降の勅撰集に二十一首入集。家集『公忠集』。

みなもとのさねあきら【源信明】［人名］（九一〇―九七〇）平安中期の歌人。三十六歌仙のひとり。中務との恋愛は有名。『後撰和歌集』以降の勅撰集に二十一首入集。家集『信明集』。

みなもとのさねとも【源実朝】［人名］（一一九二―一二一九）鎌倉幕府第三代将軍。「鎌倉右大臣」ともいう。父頼朝、母北条政子の二男。兄頼家の三男公暁に暗殺される。藤原定家から直接和歌の手ほどきを受けた。家集『金槐和歌集』。

みなもとのしげゆき【源重之】［人名］（？―一〇〇〇）平安中期の歌人。三十六歌仙のひとり。陸奥や大宰府にも赴任したといわれ、旅の歌を多く詠む。家集『重之集』があり、『拾遺和歌集』以降の勅撰集に七十首ほど入集。

みなもとのしたがふ【源順】［人名］（九一一―九八三）平安中期の歌人。三十六歌仙のひとり。また「梨壺の五人」のひとりとして勅撰集『後撰和歌集』

の編纂を務めた。醍醐天皇皇女の命によって『和名類聚抄』を撰進した。『拾遺和歌集』以降の勅撰集には五十余首入集。家集『源順集』。

みなもとのたかあきら【源高明】[人名](九一四—九八二)平安中期の歌人。「西宮左大臣」ともいう。朝廷内の行事などに詳しく、公事典礼の基本となる『西宮記』を著す。家集『西宮左大臣御集』。

みなもとのたかくに【源隆国】[人名](一〇〇四—一〇七七)平安中期の説話集編者。「宇治大納言」ともいう。『宇治大納言物語』は散逸して現存しないが、隆国が昔物語を収集採録したものとされ、『宇治拾遺物語』序文でその存在が確認できる。

みなもとのためとも【源為朝】[人名](一一三九—一一七六?)平安後期の武将。通称、鎮西八郎。保元の乱で崇徳上皇側に加担。敗走後大島へ流され、工藤茂光に攻められて自害。その活躍は『保元物語』に詳しい。

みなもとのためのり【源為憲】[人名](?—一〇一一)平安中期の漢詩人・歌人。源順に師事。著書に、『口遊』『三宝絵』『世俗諺文』など。

みなもとのためよし【源為義】[人名](一〇九六—一一五六)平安後期の武将。源義家の孫。検非違使に任官し、六条堀河に住んだので「六条判官」とも。保元の乱で崇徳上皇側につき、船岡で殺された。

みなもとのちかゆき【源親行】[人名](生没年未詳)鎌倉中期の歌人・和学者。藤原定家に師事し、『源氏物語』の本文校訂を行い、注釈書の『水原抄』を著したが散逸。『続後撰和歌集』以降の勅撰集に六首入集。

みなもとのつねのぶ【源経信】[人名](一〇一六—一〇九七)平安中・後期の歌人・漢詩人。また管絃の才も伝えられ、自筆の『琵琶譜』が現存。『後拾遺和歌集』以降の勅撰集に八十五首入集したが、勅撰集を最初に非難した『難後拾遺』は注目をあびた。

みなもとのとしより【源俊頼】[人名](一〇五五?—一一二九)平安後期の歌人。父は源経信。父から和歌および管絃の才能を継承したとみえ、とくに和歌に関しては著名な歌論書『俊頼髄脳』がある。

みなもとのとほる【源融】ミナモトノトオル[人名](八二二—八九五)平安前期の歌人。「河原左大臣」ともいう。父は嵯峨天皇。応天門の変に共謀したという密告もあったが無実となり、左大臣にまで昇った。

みなもとののりより【源範頼】[人名](生没年未詳)平安後期から鎌倉前期の武将。「蒲冠者」ともいう。父は源義朝。異母兄に源頼朝がいる。弟の義経とともに木曾義仲追討に参加したが、謀反の疑いをかけられ、伊豆配流となった。

みなもとのひろまさ【源博雅】[人名](九一八—九八〇)平安中期の雅楽家。『博雅楽譜』の撰者。盗人を感嘆させるほどの楽才を賛える説話が『古今著聞集』や『江談抄』『古事談』に残っている。

みなもとのみちちか【源通親】[人名](一一四九—一二〇二)平安後期から鎌倉前期の歌人。後鳥羽天皇の乳母藤原範子を妻としたため、土御門内大臣と称されるまでの栄達をとげる。『千載和歌集』以降の勅撰集に三十二首入集した。

みなもとのみちとも【源通具】[人名](一一七一—一二二七)鎌倉前期の歌人。歌人藤原俊成女の夫。『新古今和歌集』の撰者のひとり。『新古今和歌集』以降の勅撰集に三十七首入集。

みなもとのみつゆき【源光行】[人名](一一六三—一二四四)鎌倉前期の和学者。和歌を藤原俊成に、漢学を藤原孝範に学ぶ。源頼朝・頼家・実朝に仕え、『蒙求和歌』『百詠和歌』『楽府和歌』の句題和歌三部作は実朝に献上したとされる。

みなもとのむねゆき【源宗于】[人名](?—九三九)平安前期の歌人。三十六歌仙のひとり。紀貫之とも親交があり、『古今和歌集』以降の勅撰集に十五首入集。

みなもとのゆきいへ【源行家】ミナモトノユキイエ[人名](?—一一八六)平安後期から鎌倉前期の武将。源氏挙兵に奉じ、源頼朝とともに挙兵したが、のちに決別。木曾義仲との平家追討に失敗、その後は源義経とともに頼朝に対抗しようとしたがこれも失敗。和泉で殺された。

みなもとのよしいへ【源義家】ミナモトノヨシイエ[人名](一〇三九—一一〇六)平安後期の武将。石清水八幡宮で元服したため、八幡太郎と称した。貴族階級でありながら中央政府を支える武力をもち、国守を歴任する有力な武者であった。前九年の役で勝利を得、また後三年の役を起こす。

みなもとのよしつね【源義経】[人名](一一五九—一一八九)平安後期の武将。源頼朝の異母弟。幼名は牛若丸。通称、「九郎判官」。奥州藤原秀衡の庇護を受け、頼朝挙兵に参加。京中で狼藉を繰り返していた木曾義仲を討ち、平家追討に赴く。しかし上皇の奸計で頼朝に警戒され、戦功が多くあったにもかかわらず、ついには頼朝の追捕を受けるにいたる。奥州に逃れるが、衣川で襲撃を受け、命を断った。

みなもとのよしとも【源義朝】[人名](一一二三—一一六〇)平安後期の武将。保元の乱では平清盛とともに後白河天皇方について勝利を得た。のち清盛と対立し、平治の乱を起こすが敗れ、東国に逃れる途次尾張で家人に討たれた。

みなもとのよしなか【源義仲】[人名](一一五四—一一八四)平安後期の武将。俗に「木曾義仲」といわれる。以仁王の挙兵令旨で上洛。しかし政治性の低さから内紛も多く、結局義仲追討の命を受けた源範頼・義経軍に近江国粟津で討たれた。

みなもとのよしひら【源義平】[人名](一一四一—一一六〇)平安後期の武将。木曾義仲の父である義賢を十五歳で敗死させたことから「悪源太」と称された(『平治物語』)。父、義朝をよく助け活躍したが、平清盛暗殺に失敗、二十歳で斬首された。

みなもとのよりとも【源頼朝】[人名](一一四七—一一九九)鎌倉幕府の創始者であり初代将軍。父は源義朝。平治の乱で平清盛に敗れ、一命を助けられ伊豆に配流。北条政子と結婚。以仁王の挙兵に賛同し、平家打倒を目指す。木曾義仲・源義経らの犠牲もあって建久三年(一一九二)征夷大将軍を朝廷より命ぜられた。

みなもとのよりまさ【源頼政】[人名](一一〇四—一一八〇)平安後期の歌人・武将。鳥羽院の北面武士を務めたり、保元の乱や平治の乱にも参加。明るく自由な歌風、数奇ぶりは藤原俊成に賞賛された。自撰の家集『源三位頼政集』を残し、『詞花和歌集』以降の勅撰集に六十一首入集。

みなもとのよりみつ【源頼光】［人名］（九四八―一〇二一）平安中期の武将。摂津源氏の祖。四天王や酒呑童子の話は有名だが実像は定かではない。

みなら・す【見慣らす・見馴らす】［他サ四］{さ・し・す・す・せ・せ}見慣れるようにする。なじむ。例「かく幼きほどより**見馴らし**て後ろ見思ぼせ」〈源氏・少女〉

みなら・ふ【見習ふ】（ミナラ（ロ）ウ）［他ハ四］{は・ひ・ふ・ふ・へ・へ}見て学ぶ。見てまねる。

みなら・ふ【見慣らふ・見馴らふ】（ミナラ（ロ）ウ）［他ハ四］{は・ひ・ふ・ふ・へ・へ}見慣れる。いつも見てなれ親しむ。なじむ。例「花紅葉の折は、四方の山辺も何ならぬを**見ならひたる**に」〈更級〉

みな・る【水馴る】［自ラ下二］{れ・れ・る・るる・るれ・れよ}水に浸りなれる。和歌では、多く「見馴る」にかけて用いられる。例「音羽川渡るとなしに**みな・れ**初めけむ」〈古今・恋五・七四九〉

みな・る【見馴る・見慣る】［自ラ下二］{れ・れ・る・るる・るれ・れよ}見なれる。しばしば会ってなれ親しむ。例「人（＝夫）はまだ**見馴・る**といふべきほどにもあらず」〈蜻蛉・上〉

みなれごろも【身馴れ衣】［名］着なれた衣服。

みなれざを【水馴れ棹】（ミナレザオ）［名］水に浸し使いなれた棹。和歌では、多く、「見馴る」「さす」を導く序詞として用いられる。例「大井河くだす筏のみなれざを見なれぬ人も恋しかりけり」〈拾遺・恋一・六三九〉

みなわ【水泡・水沫】［名］《「みなあわ」の変化形。「な」は上代の格助詞》水のあわ。

みにく・し【見悪し・醜し】［形ク］{から・く（かり）・し・き（かる）・けれ・かれ}（見ていて嫌な感じがする意から）❶見苦しい。例「かぐや姫据ゑむには、例のやうには**見にく・し**」〈竹取・竜の頸の玉〉❷顔かたちが整っていない。醜い。

みにくやか［・なり］【醜やか】［形動ナリ］{なら・なり（に）・なり・なる・なれ・なれ}《形容詞「醜し」の語幹＋接尾語「やか」》いかにも醜い感じがするさま。例「例は、ことに思ひ出でぬはらからの、**醜やか・なる**も恋し」〈源氏・浮舟〉

みにしふ【壬二集】（ミニシュウ）［作品名］鎌倉中期（一二四五成立）の私家和歌集。藤原家隆の詠を藤原基家が編纂。『玉吟集』ともいう。二千八百五十七首を収める。六家集のひとつ。

みぬけ［・す］【身抜け】［名・自サ変］《近世語》❶事件や境遇から関係を断つこと。責任を逃れること。❷遊女が身請けされること。

みぬま【水沼】［名］水をたたえた沼。

みぬよのひと【見ぬ世の人】見たことのない古人。昔の人。

みね【峰・峯・嶺】［名］《「み」は接頭語》❶山のいただき。❷物の高くなっている所。❸刀剣や刃物の背。＝刀背。❹烏帽子のいただき。

みねいり【峰入り】［名］「おほみねいり」に同じ。

みねべ【峰辺】［名］峰の辺り。

みの【蓑】［名］雨具の一種。スゲやカヤなどを編んで作り、肩から羽織って前で結ぶ。

みの【美濃】［地名］旧国名。東山道十三か国のひとつ。いまの岐阜県の南部にあたる。＝濃州。

みのがめ【蓑亀】［名］背の甲に緑藻が付着して、蓑をまとい着たように見えるカメ。イシガメやクサガメに多い。古来、めでたいものとされてきた。

みのげ【蓑毛】［名］❶スゲやカヤで編んだ蓑の端が乱れて毛羽立ったもの。❷サギの首に蓑のように垂れている羽毛。

みのしろごろも【蓑代衣】［名］蓑の代わりの雨具。雨衣。

みのとも・し【見のともし】見ると珍しくて飽きない。心がひかれる。例「山見れば**見のとも・しく**川見れば見のさやけく」〈万葉・二〇・四三六〇長歌〉

みの・ぶ【見延ぶ】［他バ下二］{べ・べ・ぶ・ぶる・ぶれ・べよ}遠くをじっと見る。流し目で見る。例「見かへりたるまみ、いたう**見延・べ**たれど」〈源氏・紅葉賀〉

みのぶさん【身延山】［地名］甲斐国の山。いまの山梨県南巨摩郡身延町にある。日蓮宗の総本山の久遠寺で知られる。

みのむし【蓑虫】［名］ミノガの幼虫。春先に雄は羽化して蓑から出るが、雌は蓑の中で一生を送る。（季‐秋）

〔俳句〕**みのむしのねをききにこよ…**【蓑虫の音を聞きに来よ草の庵】〈続虚栗・芭蕉〉訳 庭の枝に秋風に揺られながら垂れ下がっているミノムシの、哀れな鳴き声を聞きに来てくださいよ。私の侘しい草庵に。（季‐蓑虫‐秋）

〈参考〉ミノムシは、『枕草子』に、秋風が吹くと「ちちよ、ちちよとはかなげに鳴く」とあるように、鳴く虫とされてきた。

〔俳句〕**みのむしのぶらとよにふる…**【みのむしのぶらと世にふる時雨かな】〈自筆句帳・蕪村〉訳 木の枝にぶら下がったミノムシは、ぶらりぶらりと世を送り、折からの時雨にもお構いなしといった様子であることだ。（季‐時雨‐冬）

〈参考〉「ふる」には「経る」と「降る」をかける。

みのも【水の面】［名］《「みのおも」の変化形》水面。

みのり【御法】［名］《「み」は接頭語》❶仏法・仏事などの敬称。❷法律の敬称。

〔**御法の花**〕仏法の花。天台宗などで聖典とする法華経を指す。

みのり【御法】［作品名］『源氏物語』の四十番目の巻名。

みはかし【御佩刀】［名］《「み」は接頭語。「佩刀」は、動詞「佩く」の未然形＋上代の尊敬の助動詞「す」＝「佩かす」の連用形の名詞化》「佩刀」の尊敬語。貴人が腰につける刀。

みはかしを【御佩刀を】［枕詞］（刀の意から）「剣」にかかる。例「**みはかしを**剣の池の」〈万葉・一三・三二八九長歌〉

みはし【御階】［名］《「み」は接頭語》神社・宮中などの階段の敬称。とくに、紫宸殿の南階段。

〔**御階の間**〕《「み」は接頭語》建物から庭に下りる階段手前にある簀の子の一間。階段を上り、簀の子を通って廂に入る柱間の一間。寝殿では南面中央にある。＝階の間・日隠しの間

みは・つ【見果つ】［他タ下二］{て・て・つ・つる・つれ・てよ}❶終わりまで見る。見終わる。例「出でむままに、この物語**見は・て**むと思へど見えず」〈更級〉❷最後まで見届け

る。すっかり理解する。例「かく心憂き宿世、今は見は・てつれば」〈源氏・真木柱〉

みはなだ【水縹】［名］薄い藍色。水色。

みはな・つ【見放つ】［他タ四］{た・ち・つ・つ・て・て}見捨てる。ほうっておく。例「かく憎みがたげなめるほどを、おろかには見放・つまじき心ばへに」〈源氏・薄雲〉《音便》「憎みがたげなめる」は「憎みがたげなるめる」の撥音便「憎みがたげなんめる」の撥音無表記。

みはや・す【見栄やす】［他サ四］{さ・し・す・す・せ・せ}見て賞美する。うまく褒めそやす。例「山高み人もすさめぬ桜花いたくなわびそ我見はや・さむ」〈古今・春上・五〇〉

みはるか・す【見晴るかす・見霽かす】［他サ四］{さ・し・す・す・せ・せ}遠くを見渡す。はるかに眺めやる。例「皇神の見霽か・します四方の国は」〈祝詞〉

みばれ【身晴れ】［名］《近世語》疑いが晴れること。

みふ【御封】［名］《「みぶ」とも。「み」は接頭語。「封」は「封戸」の略》「封」の尊敬語。

みふ・す【見伏す】［他サ下二］{せ・せ・す・する・すれ・せよ}見おおせる。見きわめる。例「『事にもあらず』と返す返す思ひ見ふ・せて」〈宇治拾遺・三・一〉

みふだ【御簡】［名］《「み」は接頭語》「日給の簡」の尊敬語。

みぶのただみ【壬生忠見】［人名］（生没年未詳）平安中期の歌人。三十六歌仙のひとり。父は壬生忠岑。平兼盛と歌競べをして村上天皇の口ずさみから敗者となった忠見は、その後悶々として病死したといわれ、歌道執心の話として有名。

みぶのただみね【壬生忠岑】［人名］（生没年未詳）平安中期の歌人。三十六歌仙のひとり。歌風は叙情的で、紀貫之や凡河内躬恒に比べると華やかさに欠けるが、藤原公任に高く評価された。『古今和歌集』以降の勅撰集に八十二首入集。家集『忠岑集』。

みふみはじめ【御書始め】［名］《「み」は接頭語》「書始め」の敬称。御書始め。

みふゆ【み冬】［名］《「み」は接頭語》冬の美称。

みふゆ【三冬】［名］陰暦の神無月（十月）、霜月（十一月）、師走（十二月）の総称。

みふゆづき【三冬月】［名］陰暦十二月の別称。

みへがさね【三重襲】［名］❶布を三枚重ねること。とくに、袿・唐衣・裳などで、表と裏の間に中倍という布を入れて三重にしたもの。❷「三重襲の扇」の略。

〔**三重襲の扇**〕檜の薄板八枚で一重とし、板数二十四枚の扇。ふつう。四の数を嫌って二十三枚か二十五枚とする。＝三重襲②

みほ【三保】［歌枕］駿河国の地名。いまの静岡県清水市三保。海岸に連なる松林は「三保の松原」と呼ばれ、天女が降りたとする羽衣伝説で有名。

みほどり【鳰鳥】［名］「にほ」に同じ。

みほのせき【美保の関】［地名］出雲国の地名。いまの島根県八束郡美保関。隠岐への渡航地で関所が設けられていた。関の五本松、景勝地の美保の北浦で知られる。

みぼめ【身褒め】［名］自慢。

みま【御孫】［名］《「み」は接頭語》貴人の子孫の敬称。

み・まうし【見まうし】《動詞「見る」の未然形＋助動詞「まうし」》見るのも嫌だ。見ているとつらい。例「数ならぬ身を見・まうくおぼし棄てむも」〈源氏・葵〉

みまが・ふ【見紛ふ】［他ハ下二］{へ・へ・ふ・ふる・ふれ・へよ}見間違える。例「〔白樫ノ木ハ〕いづくともなく雪の降り置きたるに見紛・へられ」〈枕・花の木ならぬは〉

みまか・る【身罷る】［自ラ四］{ら・り・る・る・れ・れ}《身が現世からあの世へ去るの意》死ぬ。亡くなる。例「妹の身まか・りける時よみける」〈古今・哀傷・八二九詞書〉

みまき【御牧】［名］《「み」は接頭語》「牧」の尊敬語。平安時代、朝廷が所有していた牧場。

みまく【見まく】《動詞「見る」の未然形＋推量の助動詞「む」の名詞化したもの》見ること。見るであろうこと。例「なでしこが花取り持ちてうつらうつら見まくの欲しき君にあるかも」〈万葉・二〇・四四四九〉

みまくさ［名］《「み」は美称の接頭語、「まくさ」は真草の意で稲》稲の美称。

みまくさ【御馬草】［名］《「み」は接頭語》「馬草」の美称。

みまくほ・し【見まく欲し】見たいと思う。会いたいと思う。例「ねもころ見まく欲・しき君かも」〈万葉・四・五八〇〉

みまさか【美作】［地名］旧国名。山陽道八か国のひとつ。いまの岡山県の北東部にあたる。＝作州

みまさり【見勝り】［名］実際のほうが、想像・予想よりもすぐれていること。また、以前よりすぐれて見えること。↔見劣り

みまさり［・す］【見優り】［名・自サ変］以前よりすぐれて見えること。前の予想よりまさって見えること。↔見劣り。例「見まさりは難き世なめるを」〈源氏・葵〉 語構成「世なめるを」→「なめり」

みまし【御座・御席】［名］《「み」は接頭語》貴人が座る席。また、そこに敷く敷物。

みまし【汝】［代名］《上代語。対称の人称代名詞》「汝」の尊敬語。あなた。あなたさま。例「汝の父藤原大臣の仕へ奉りけるさまをば」〈続日本紀〉

発展学習ファイル 「いまし」「まし」より敬意が強い。宣命や詔勅などで多く用いられた。

みま・す【見増す】［自サ四］{さ・し・す・す・せ・せ}❶想像や評判より実際の方がすぐれて見える。例「聞きしより見ま・して覚ゆるものかな」〈曾我・一〉❷他よりすぐれて見える。例「風儀（＝姿態）は一文字屋の金太夫に見ま・すべし」〈浮・好色一代男〉

みまそが・り［自ラ変］{ら・り・り・る・れ・れ}《「みまそかり」とも》「いる」の意の尊敬語。いる人（主語）を高める。いらっしゃる。おいでになる。次の第二の例は補助動詞用法と見られる。例「女御、多賀幾子と申すみまそが・りけり」〈伊勢・七七〉例「おほきおとどの栄花の盛りにみまそが・りて」〈伊勢・一〇一〉

みまな【任那】［名］四世紀から六世紀ごろ、朝鮮半島南部にあったといわれる小国家群。日本府が置かれ、大和朝廷の勢力下にあったとされるが、未詳。欽明天皇二十三年（五六二）に新羅に滅ぼされた。

みまは・す【見廻す】［他サ四］{さ・し・す・す・せ・せ}あちらこちらを見る。

みまへ【御前】［名］《「み」は接頭語》神仏や貴人の

前の敬称。お前。ごぜん。＝御前

みまや【御馬屋・御厩】[名]《「み」は接頭語。「みうまや」の変化形》「馬屋」の尊敬語。

みみ【耳】[名]❶聴覚器官の耳。❷聞くこと。聞く能力。例「言に言へば耳にたやすし」〈万葉・一二・二五八一〉❸聞いた話。うわさ。評判。例「我が聞きし耳によく似る葦のうれの足ひく我が背つとめたぶべし」〈万葉・二・一二八〉❹(場所や形の類推から)針の穴。鍋などの取っ手。例「いと使ひよき手作りの針の、耳いと明らかなるに」〈宇津保・俊蔭〉

〔耳に当たる〕聞いて不愉快になる。耳障りだ。例「耳にあた・るとも、こらへて」〈中華若木詩抄〉

〔耳に逆ふ〕聞いて不愉快に感じる。耳障りだ。例「片言耳にさか・ふれば、公卿といへども、これをからむ」〈平家・四・南都牒状〉

〔耳に立つ〕❶「みみたつ」に同じ。❷(和歌で)ことばの続き方が不自然だ。耳ざわりである。例「かへりて耳にた・つ一ふしとなるなり」〈無名抄〉

〔耳に付く〕❶物音や声などが耳に残って、忘れられなくなる。例「箏の琴の変はりていみじかりつる音も耳につ・きて、恋しくおぼえたまふ」〈源氏・若菜・下〉❷何度も聞かされて耳に残る。聞き飽きている。例「かの砧の音も、耳につ・きて聞きにくかりしさへ、恋しう思ひ出でらるるままに」〈源氏・末摘花〉

〔耳を傾く〕注意して聞く。

〔耳を聞く〕話を聞く。うわさや評判が耳にはいる。例「中に、らうたしと思ひし者をしも出だし立てて、かかる耳を聞・くこと」〈宇津保・蔵開・下〉

みみ【身身】[名]それぞれの身。各人。例「おのが身々につけたるたよりども思ひ出でて」〈源氏・蓬生〉

〔身身となる〕身が二つになる。出産する。

みみおどろ・く【耳驚く】[自カ四]{か・き・く・く・け・け}耳にして驚く。聞いて驚く。例「下ざまの人の物語は、耳おどろ・く事のみあり」〈徒然・七三〉

みみかしがま・し【耳囂し】[形シク]{(しから)・しく(しかり)・し・しき(しかる)・しけれ・しかれ}《「みみがまし」とも》耳にやかましく聞こえるさま。うるさい。例「網代の波もこのごろはいとど耳かしがま・しく静かならぬを」〈源氏・橋姫〉

みみかしがましさ【耳囂しさ】[名]やかましいこと。騒々しいこと。

みみき・く【耳聞く】[自カ四]{か・き・く・く・け・け}耳を傾けて聞く。聞く。例「耳聞・かぬ者(＝耳ノ聞コエナイ者)はえ聞かねども、光を尋ねて参り」〈栄花・一九〉

みみこすり【耳擦り】[名]《近世語》❶ささやき。耳打ち。❷皮肉。あてこすり。

みみしひ【聾】[名]耳が聞こえないこと。耳が遠いこと。また、その人。

みみた・つ【耳立つ】㊀[自タ四]{た・ち・つ・つ・て・て}耳にとまる。聞いてみる気になる。例「下のきざみといふ際になれば、ことに耳立・たずかし」〈源氏・帚木〉㊁[他タ下二]{て・て・つ・つる・つれ・てよ}聞き耳を立てる。注意して聞く。例「おしなべたる世の常の人をば目とどめ耳た・てたまはず」〈源氏・蓬生〉㊀㊁＝耳に立つ①

みみだんかふ【耳談合】[名]耳打ちをして話し合うこと。内緒で話すこと。ささやくこと。

みみぢか・し【耳近し】[形ク]{(から)・く(かり)・し・き(かる)・けれ・かれ}《「みみちかし」とも》❶近くに聞こえるさま。音などが近いさま。例「南は、双の岡の松風、いと耳近・う心ぼそく聞こえて」〈更級〉《音便》「耳近う」は「耳近く」のウ音便。❷聞きなれていて理解しやすい。身近で分かりやすい。例「同じ仏の御教へをも、耳近・きたとひにひきまぜ」〈源氏・橋姫〉①②↕耳遠し

みみと・し【耳疾し】[形ク]{(から)・く(かり)・し・き(かる)・けれ・かれ}よく聞こえるさま。耳ざとい。例「大蔵卿ばかり、耳と・き人はなし」〈枕・大蔵卿ばかり〉

みみとどま・る【耳留まる】[自ラ四]{ら・り・る・る・れ・れ}《「みみとまる」とも》聞いてそのことに注意が向く。耳にとまる。例「なべてならずもてひがみたること好みたまふ御心なれば、御耳とどま・らむ」〈源氏・若紫〉

みみとど・む【耳留む】[他マ下二]{め・め・む・むる・むれ・めよ}注意して聞く。聞き耳を立てる。耳をとめる。例「ゆかしくて、耳とど・めたまへるに」〈源氏・帚木〉

みみどほ・し【耳遠し】[形ク]{(から)・く(かり)・し・き(かる)・けれ・かれ}❶よく聞こえない。❷聞きなれない。理解しにくい。例「人もいと知らず耳遠・き限り二十首撰出して」〈無名抄〉①②↕耳近し

みみとま・る【耳留まる】[自ラ四]{ら・り・る・る・れ・れ}「みみとどまる」に同じ。

みみなぐさ【耳無草・耳菜草】[名]ナデシコ科の多年草。巻耳。

みみなしやま【耳梨山・耳成山】[歌枕]大和国の山。いまの奈良県橿原市にある。畝傍山・香具山とともに大和三山のひとつ。

みみなら・す【耳馴らす】[他サ四]{さ・し・す・す・せ・せ}耳になれるようにする。聞きならす。例「梟の声も朝夕に耳馴ら・しつつ」〈源氏・蓬生〉

みみな・る【耳馴る】[自ラ下二]{れ・れ・る・るる・るれ・れよ}聞きなれる。聞き古す。例「常にきくことなれば、耳馴・れて、めづらしうもあらぬ」〈枕・説経の講師は〉

みみはさみ【耳挟み】[名]女性が、顔に垂れ下がる額髪を左右の耳の後ろにかき上げて挟むこと。〈参考〉忙しく動き回るときにするものだが、貴族社会では品のないこととされた。

みみはさみがち【耳挟み勝ち】[形動ナリ]{なら・なり(に)・なり・なる・なれ・なれ}《「がち」は接尾語》髪を耳の後ろへかき上げがちなさま。なりふりかまわず働くさま。例「耳はさみがち・に美相なき家刀自の」〈源氏・帚木〉

みみはゆ・し【耳映ゆし】[形ク]{(から)・く(かり)・し・き(かる)・けれ・かれ}耳障りだ。聞くにたえない。例「汝が罵り立て耳はゆ・し」〈盛衰記・四〉

みみふ・る【耳旧る】[自ラ上二]{り・り・る・るる・るれ・りよ}しばしば聞いて聞き飽きる。例「興ある朝夕の遊びに耳ふ・り目馴れたまひけれ」〈源氏・若菜・下〉

みみやす・し【耳安し・耳易し】[形ク]{(から)・く(かり)・し・き(かる)・けれ・かれ}安心して聞ける。耳にして安心する。例「年ごろ心得ぬさまに聞きしがいとほしかりしを、耳やす・きものから」〈源氏・若菜・上〉

みむろ【御室】[名]《「み」は接頭語》❶《「みもろ」とも》神が降臨する所。神をまつる神座や神社。❷貴人の住まいの敬称。お住まい。とくに、庵室。

みむろやま【三室山・御室山】[歌枕]大和国の山。いまの奈良県生駒郡斑鳩町にある神奈備山の別称。紅葉の名所。本来は、「神の鎮座する山」を指す語。

みめ【見目・眉目】［名］❶見た感じ。見た目。❷顔かたち。容貌。❸面目。名誉。ほまれ。

〔**見目は幸ひの花**〕容貌の美しいのは幸福のもとであるということ。

みめ【御妻・妃】［名］《「み」は接頭語》神・天皇・貴人の妻の敬称。

みめう［・なり］【微妙】［名・形動ナリ］この上なくすぐれているさま。たとえようもなく美しいさま。例「菓子、食物など儲けたるさま、**微妙・なり**」〈今昔・二六・一七〉

みめかたち【見目形・眉目形】［名］顔かたち。容姿。

みめ・づ【見愛づ】［他ダ下二］{で・で・づ・づる・づれ・でよ}見て褒める。感心して見る。例「御返り奉りたれば、宮には女房つどひて**見め・でけり**」〈源氏・末摘花〉

みめよし【眉目佳し・見目好し】［名］顔かたちが美しいこと。器量よし。美人。

みめよ・し【眉目佳し・見目好し】［形ク］{から・く(かり)・し・き(かる)・けれ・かれ}容貌が美しくすぐれているさま。器量がよい。例「この僧都はみめよ・く、力強く」〈徒然・六〇〉

みもすそがは【御裳濯川】［歌枕］伊勢国の川。いまの三重県伊勢市伊勢神宮の内宮を流れる五十鈴川の別称。禊ぎをする場であった。

みもの【見物】［名］❶(すばらしくて)見る価値のあるもの。❷見物をすること。また、見物人。

みもの【御食】［名］《「み」は接頭語》天皇や貴人の召し上がる物。

みものがたり［名］語義未詳。「み」を尊称を表す接頭語と解し、御物語とする説、また、「み」を「身」と解し、一身上の物語、身の上話とする説がある。

みもひ【御水】［名］《「み」は接頭語。「もひ」は水を入れる器。転じて、水の意》水の美称。

みもら・す【見漏らす】［他サ四］{さ・し・す・す・せ・せ}見落とす。例「一事とも**見もら・さじ**と」〈徒然・一三七〉

みもろ【御諸・御室】［名］「みむろ①」に同じ。

みや【宮】［名］❶最も尊い方の住居の敬称。**御殿**。**宮殿**。例「速須佐乃男命、**宮**造作るべき地を出雲国に求ぎたまひき」〈記・上〉❷**神宮**。**神社**。とくに、天皇家にかかわる神を祭る伊勢神宮・熱田神宮などを指すことがある。例「神風や玉串の葉をとりかざし内外の**宮**に君をこそ祈れ」〈新古今・神祇・一八八三〉〔注〕伊勢の枕詞「神風や」で伊勢の地を暗示。❸**皇居**。**皇族の住居**。**御殿**。例「むかし、惟喬の親王と申すみこおはしましけり。山崎のあなたに、水無瀬といふ所に、**宮**ありけり」〈伊勢・八二〉《**敬語**》「申すみこおはしましけり」→「まうす」「おはします」。❹**皇族の敬称**。例「その**宮**は、いとあてにけけしうおはしますなるは」〈和泉式部日記〉

〔**宮の上**〕「宮④」の敬称。宮さま。

〔**宮の宣旨**〕平安時代、皇后・中宮などに伺候した上﨟の女官の呼称のひとつ。立后の際に、その宣旨を伝えた女官が呼ばれる。

〔**宮の大饗**〕中宮、または東宮から、正月二日に親王や公卿たちに賜る饗宴。

みゃう【冥】［名］《仏教語》❶目に見えない存在としての神仏。❷冥界。あの世。

みゃうおう【冥応】［名］《仏教語》知らないうちに神仏が信仰心を感じとり、そのために利益を授けられること。＝冥感

みゃうおん【冥恩】［名］《仏教語》人々が気づかないうちに神仏が与える恵み。＝冥加・冥助

みゃうが【冥加】［名］❶《仏教語》知らないうちに神仏から授かる加護。目に見えない恵み。❷《①に対するお礼という意から》御礼。謝礼。❸《「冥加銭」の略》寺社、または領主におさめた金銭。税金。

〔**冥加なし**〕❶神仏から見放され、加護を得られない。例「兄に向かって弓をひかんが**冥加な・き**ことは理なり」〈古活字本保元・中〉❷神仏からあり余る加護を授かる。もったいない。例「さやうに**冥加な・き**こと、何とてか申すぞ」〈伽・文正草子〉

みゃうがう【名号】［名］《仏教語》仏や菩薩の名。とくに、阿弥陀仏の名。また、念仏として唱える「南無阿弥陀仏」の六字。＝名字③

みゃうがう【名香】［名］仏前にたく香。

みゃうかん【冥感】［名］「みゃうおう」に同じ。

みゃうきゃう【明鏡】［名］《「めいきゃう」とも》曇りのない、よく澄んだ鏡。

みゃうぎゃう【明経】［名］「明経道」の略。

みゃうぎゃうだう【明経道】［名］経書(＝周易・尚書・三礼・詩経・左伝・論語・孝経)を学ぶこと。「大学寮」で学ぶ学科。＝明経

みゃうぎゃうはかせ【明経博士】［名］「大学寮」で明経を学生に対して教授した博士。

みゃうくゎ【猛火】［名］《「みゃう」は呉音》激しく燃え上がる火。

みゃうくゎん【冥官】［名］《仏教語》地獄の閻魔庁の役人。

みゃうけん【冥顕】［名］《「みゃうげん」とも》冥途と現世。冥界と顕界。あの世とこの世。

みゃうじ【名字】［名］❶古代の「氏」の名。また、「氏」と「姓」の総称。❷同じ「氏」から分かれた家の名。また、姓名。苗字。❸「みゃうがう(名号)」に同じ。

みゃうしゅ【名主】［名］平安末期から室町末期まで、「名田」を管理し、年貢や公事の徴収に当たった者。

みゃうしゅ【冥衆】［名］《仏教語》人の目には見えない、梵天・帝釈天・閻魔・鬼神などの諸神。＝冥道③

みゃうじょ【冥助】［名］《仏教語》「みゃうおん」に同じ。

みゃうじん［名］㊀【名神】歴史の古い由緒ある神社。㊁【明神】《名神から転じた語か》神の敬称。霊験あらたかな神。〈参考〉のちに㊀と㊁の区別があいまいになり、鎌倉以降は多く「明神」が用いられた。

みゃうせんじしゃう【名詮自性】［名］《仏教語》名がその物の性質や本性を表すということ。名と実が一致すること。

みゃうだい【名代】［名］人の代わりをすること。また、その人。代理。代理人。

みゃうだう【冥道】［名］《仏教語》❶死者の行く場所。冥界。あの世。とくに、地獄。❷冥界の

鬼神。地獄の閻魔庁の役人。❸「みゃうしゅ（冥衆）」に同じ。

みゃうでん【名田】[名]平安中期から室町末期まで、開墾したり買い取ったりして取得した田地に所有者の名を付けて私有権を示したもの。荘園や国衙領における租税の収取の基礎単位となった。

みゃうばつ【冥罰】[名]《仏教語》神仏が人の知らない間に下す罰。↔冥利

みゃうばふ【明法】[名]「明法道」の学問。また、その専門家。明法博士。

みゃうばふけ【明法家】[名]律令の研究に従事する者。平安中期以降「明法道」は次第に衰え、坂上・中原両家の家学となり、その家筋の者をいうようになった。

みゃうばふだう【明法道】[名]令制の大学寮における学科のひとつ。律令・格式を学び、研究する学科。

みゃうばふはかせ【明法博士】[名]「大学寮」で、学生に明法道を教授した博士。＝明法

みゃうぶ【名簿・名符】[名]**自分の官職・姓名・年月日を記した名札。**家人や門弟などになるとき、主人や師匠に差し出した。＝名付き

みゃうぶ【命婦】[名]❶女官の呼び名のひとつ。令制では五位以上の女性を内命婦、五位以上の男性の妻の場合を外命婦とした。平安中期より、五位程度の女官の名称となり、父や夫の官名を付して呼ばれた。❷稲荷明神の使いである狐の別称。

みゃうみゃう【冥冥】[・たり]【冥冥】[形動タリ]{たら・たり(と)・たり・たる・たれ・たれ}（「めいめい」とも）暗くてはっきり見えないさま。例「冥々として人もなく、行歩に前途まよひ」〈平家・三・一行阿闍梨之沙汰〉

みゃうもん[・なり]**【名聞】**㊀[名]名声が世に知れ渡ること。名誉。評判。㊁[形動ナリ]{なら・なり(に)・なり・なる・なれ・なれ}名声を得ようとして、見栄をはるさま。偽善をなすさま。例「くせぐせしきおぼえまさりて、**名聞に**などぞおはせし」〈大鏡・師尹〉

みゃうもんぐる・し【名聞苦し】[形シク]{しから・しく(しかり)・し・しき(しかる)・しけれ・しかれ}（「みゃうもんくるし」とも）名声や名誉を得ようとしてあくせくしている。例「**名聞くるしく**、仏の御教へに違ふらんとぞおぼゆる」〈徒然・一〉

みゃうり【名利】[名]名誉と利益。

みゃうり【冥利】[名]《仏教語》神仏が与える利益。転じて、知らず知らずに人から与えられている恩恵。↔冥罰

みゃうりょ【冥慮】[名]《仏教語》神仏のおぼしめし。神仏の心。

みゃうわう【明王】[名]《仏教語》❶密教で仏法守護のため、大日如来の命を受けて一切の悪を降伏する諸尊の称。五大明王・八大明王など。❷五大明王の中でとくに、不動明王の称。

みゃうゑ【明恵】[人名]（一一七三〜一二三二）鎌倉前期の歌人・華厳宗の僧。諱は高弁。建永元年（一二〇六）後鳥羽上皇より栂尾高山寺が下賜され、明恵を開祖とする華厳・密教兼修の新しい教団を形成。貴賤の別なく信望されたようすは藤原定家の『明月記』に記されている。自然発露の詠歌は『明恵上人歌集』に残る。

みやがた【宮方】[名]南北朝時代の、南朝（吉野の朝廷）方を指す語。

みやぎ【宮木】[名]《「みやき」とも》宮殿を造営するための木材。

みやぎの【宮城野】[歌枕]陸奥国の地名。いまの宮城県仙台市東方一帯の野。萩の名所。

〈和歌〉**みやぎのの…【宮城野の露吹きむすぶ風の音に小萩がもとを思ひこそやれ】**〈源氏・桐壺〉訳宮中に吹き渡って露を結ばせる風の音を聞くにつけても、小さい萩のことを思いやることです。《係結び》「こそ→やれ㊀」

〈参考〉「宮城野」は歌枕。萩の名所。「宮城野」の「宮」から「宮中」の意をもたせる。「露」は帝の涙、「小萩」は若宮（源氏）の意をかける。

みやぎもり【宮木守】[名]《「みやきもり」とも》宮殿を造営する用材や宮廷の樹木を守る人。

みやけ【屯倉・屯家】[名]《「み」は接頭語。「みやか」の変化形》古代に、天皇の直轄地から収穫した穀物を納めた倉庫および役所。転じて、その直轄地。

みやこ【都・京・京師】[名]《宮処の意》**皇居のある土地。**平安以降、多く平安京を指す。後世では単に**都会**の意でも用いられる。例「天離る鄙に五年住まひつつ**都の**てぶり忘らえにけり」〈万葉・五・八八〇〉訳→〈和歌〉あまざかるひなにいつとせ…

【都の苞】都へのみやげ。

【都の手振り】あか抜けた都の生活習慣。

〈和歌〉**みやこいでて…【都出でて今日みかの原泉川川風寒し衣かせ山】**〈古今・羇旅・四〇八・よみ人しらず〉訳都を出て今日は三日目、瓶の原にやって来た。泉川の川風が寒い。衣を貸しておくれ、鹿背山よ。

〈参考〉「みかの原」に「三日」、「衣かせ」に「鹿背山」をかける。

みやこうつり【都移り・都遷り】[名]都を他の土地へ移転すること。遷都。

みやこおち【都落ち】[名]戦いなどに負けて、都から逃げ出して地方へ行くこと。

みやこかたびと【都方人】[名]都に住む人。＝都人

〈和歌〉**みやこだに…【都だにさびしかりしを雲晴れぬ吉野の奥の五月雨のころ】**〈新葉・夏・二一七・後醍醐天皇〉訳都にいるときでさえも寂しかったのに、雲の晴れ間もない吉野の奥にいる五月雨のころはなおさら寂しい。

みやこぢ【都路・都道】[名]都へ行く道。

みやこどり【都鳥】[名]❶日本に渡来する冬鳥で、紅色のあしと朱色のくちばしが長い。❷ユリカモメの別称。（季-冬）

みやこな・る【都馴る】[自ラ下二]{れ・れ・る・るる・るれ・れよ}都の習慣などになじむ。

〈和歌〉**みやこには…【都にはまだ青葉にて見しかども紅葉散りしく白河の関】**〈千載・秋・三六五・源頼政〉訳都にいるときは、まだ青葉として見ていたけれども、紅葉となって一面に散っているよ、ここ白河の関では。

みやこのにしき【都の錦】[人名]（一六七五〜?）江戸中

期の浮世草子作者。没年は一七二六年とする説もある。『諸芸大平記』や『沖津白波』などを執筆。和漢の書を通俗的に和らげ、教訓を加えた作品が多い。

みやこのよしか【都良香】〔人名〕(八三四―八七九)平安前期の漢詩人。『日本文徳天皇実録』の編纂を行う。『本朝文粋』に多く所収され後世の模範となる文章を残した。和歌も詠み、『古今和歌集』に入集。家集『都氏文集』が一部現存。

みやこびと【都人】〔名〕「みやこかたびと」に同じ。

みやこ・ぶ【都ぶ】〔自バ上二〕{び・び・ぶ・ぶる・ぶれ・びよ}(「ぶ」は接尾語)都らしくなる。↕田舎ぶ。例「昔こそ難波田舎と言はれけめ今は都引き(=都ヲ移シテ)都びにけり」〈万葉・三・三一二〉

みやこへ【都辺】〔名〕(「みやこべ」とも)都の方。都のかた。

〔和歌〕**みやこへと…**【都へと思ふをものの悲しきはかへらぬ人のあればなりけり】〈土佐〉訳都へ(帰るのだ)と思うのに、なんとなく悲しく思うのは、(この土佐で)死に、いっしょに帰らない人がいるからだ。

〈参考〉「かへらぬ」は、死んで「帰らぬ」と都へいっしょに「帰らぬ」の意をかける。

みやこぼこり【都誇り】〔名〕都に住むことを誇りに思うこと。また、都が近くなったうれしさに心がはずむこと。

みやこほとり【都辺】〔名〕❶都の近辺。都に近い所。❷都の近くに住む者は、自然と見聞が広くなり、物知りであること。

みやごもり【宮籠り】〔名〕祈願などのために神社にこもること。また、その人。

〔和歌〕**みやこをば…**【都をば霞とともに立ちしかど秋風ぞ吹く白河の関】〈後拾遺・羇旅・五一八・能因〉訳都を春霞が立つのとともに出発したけれど、いつのまにか秋風が吹く季節になってしまった。ここ白河の関では。

〈参考〉「立ちしかど」の「立つ」は、「霞が立つ」意と「旅立つ」意とをかける。「白河の関」は、陸奥にあった関所。

みやじ【宮仕】〔名〕中古、神社に付属した寺院の下級の僧で、清掃などの雑役に従事した者。

みやじま【宮島】〔地名〕安芸国の地名。いまの広島県佐伯郡宮島町。厳島神社があり、松島・天の橋立とともに日本三景のひとつ。＝安芸の宮島

みやす・し【見易し】〔形ク〕{から・く(かり)・し・き(かる)・けれ・かれ}見て感じがよいさま。見苦しくない。

みやすどころ【御息所】〔名〕(「みやすんどころ」の撥音無表記)「みやすんどころ」に同じ。

みやすんどころ【御息所】〔名〕(「みやすみどころ」の撥音便)❶天皇の御寝所に仕える、寵愛を得て御子をもうけた女御、更衣などの妃をいうことが多い。しだいに更衣に限って用いられるようになった。❷東宮・親王の妃。

みやたき【宮滝】〔歌枕〕大和国の地名。いまの奈良県吉野郡吉野町。吉野川の右岸にあたり、古代の吉野離宮跡とされる宮滝遺跡がある。

みやぢ【宮路・宮道】〔名〕❶宮殿に通じる道。❷神社に参拝する道。参道。

みやづかさ【宮司】〔名〕❶中宮職・春宮坊・斎宮・斎院などに仕える役人。❷神社に仕える職員。神官。宮司。

みやづかひ【宮仕ひ】〔名〕「みやづかへ」に同じ。

みやづか・ふ【宮仕ふ】㊀〔自ハ四〕{は・ひ・ふ・ふ・へ・へ}❶宮中や貴人に仕える。例「その御方に宮づか・ひ給ひしを」〈平家・八・山門御幸〉❷神仏に奉仕する。例「平家安楽寺へ参って、歌よみ連歌して宮づか・ひ給ひしに」〈平家・八・名虎〉㊁〔自ハ下二〕{へ・へ・ふ・ふる・ふれ・へよ}❶宮殿の造営に奉仕する。宮殿を造営する。例「田跡川の滝を清みか古ゆ宮仕・へけむ多芸の野の上に」〈万葉・六・一〇三五〉❷㊀①に同じ。例「さるべき所に宮仕・へける女房をかたらひて」〈宇治拾遺・二・一〉㊂〔他ハ四〕{は・ひ・ふ・ふ・へ・へ}召し使う。例「さてみやづか・ふに、かひがひしくまめにて」〈古今著聞・五三一〉

みやづかへ【宮仕へ】〔名〕❶宮中に仕えること。例「朝夕の宮仕へにつけても、人の心をのみ動かし」〈源氏・桐壺〉❷貴人の家、または貴人に仕えること。奉公。例「この童ばかりこそ、時々参って宮仕へ仕り候ひしか」〈平家・三・僧都死去〉(音便)「参っ」は「参り」の促音便。(係結び)「こそ→宮仕へ仕り候ひしか㊀」。(敬語)「参って宮仕へ仕り候ひ」→「まゐる(四段)」「つかまつる」「さうらふ」。❸神仏に奉仕すること。例「三時の花の宮仕へを仕うまつる」〈栄花・一八〉①②③＝宮仕ひ

みやづかへざま【宮仕へ様】〔名〕❶宮仕えをするという方向。宮仕えの方面。❷義務的に、とおりいっぺんに奉仕するさま。❸宮仕えのありさま。宮仕えのようす。

みやづかへどころ【宮仕へ所】〔名〕宮仕えをする場所。奉公先。

みやづかへびと【宮仕へ人】〔名〕宮仕えをしている人。とくに、宮中に仕える女房。

みやづくり【宮造り】〔名〕(「みやつくり」とも)宮殿・神社を造営すること。

みやつこ〔名〕㊀【御奴】(「み」は接頭語)朝廷に仕える奴婢。㊁【造】古代の姓のひとつ。部民を統率した伴造の姓。また、その氏族。

みやつこ【宮つ子】〔名〕(「つ」は上代の格助詞)神主。神官。

みやで【宮出】〔名〕宮中に出て仕えること。

みやでら【宮寺】〔名〕(神仏習合の思想によって)神と仏とが合わせ祭られた寺。

みやどころ【宮処・宮所】〔名〕(「みやとところ」とも)❶皇居のある所。また、皇居。❷神社のある所。神が鎮座する所。

みやのだいぶ【宮大夫】〔名〕令制で「中宮職」の長官。中宮大夫。

みやのめ【宮咩】〔名〕(「みやのべ」とも。「宮咩の祭り」の略)平安以降、不吉を避け幸福を求めて陰暦正月・十二月の初午の日に、高御魂命など六柱の神をまつった祭り。

みやはじめ【宮始め】〔名〕❶皇居や神社を新しく造営すること。❷初めて后の位につくこと。

みやばしら【宮柱】〔名〕皇居や宮殿の柱。

みやばら【宮腹】[名]皇女の子として生まれること。また、その子。＝皇女腹

みやばら【宮ばら】[名]《「ばら」は複数を表す接尾語》宮のかたがた。宮様がた。

みやび【雅び】[名]**宮廷風であること。上品なこと。優美なこと。優雅なこと。**↔俚び・俗③。例「世になく響きこちたきほどに、内々のなまめかしくこまかなる**みやび**の、まねび伝ふべきふしは目もとまらずなりにけり」〈源氏・若菜・上〉

発展学習ファイル　中国をまねて皇居として巨大な都市が形成される中で、「**鄙ぶ**」「**里ぶ**」といったことばと対にして用いられるようになった動詞「**みやぶ**」から派生したことば。洗練された優美な感じをいうために現代語ではよく用いられるが、古文での「雅び」の使用例は少なく、かなり具象的に宮廷風なさまをいうことばであったと思われる。

みやびか【・なり】【雅びか】[形動ナリ]{なら・なり(に)・なり・なる・なれ・なれ}《「か」は接尾語》優雅だ。洗練されている。＝雅びやか。例「わざとはなくて言ひ消つさま、**みやびか・に**よしと聞きたまふ」〈源氏・松風〉

みやびごと【雅び言】[名]優雅なことば。雅びなことば。↔俚び言

みやびと【宮人】[名]《古くは「みやひと」》❶宮仕えをする人。役人や女官。＝大宮人。↔里人。❷神に仕える人。神官。

みやびやか【・なり】【雅びやか】[形動ナリ]{なら・なり(に)・なり・なる・なれ・なれ}「みやびか」に同じ。

みやびを【雅び男】[名]風流な男。風流人。

みや・ぶ【雅ぶ】[自バ上二]{び・び・ぶ・ぶる・ぶれ・びよ}《宮廷の意の「宮」に接尾語「ぶ」が付いたもの》優雅である。上品である。↔俚ぶ①・鄙ぶ。例「梅の花夢に語らく**みや・び**たる花と我思ふ酒に浮かべこそ」〈万葉・五・八五二〉訳→〔和歌〕うめのはないめにかたらく…

みやま【み山・御山】[名]《「み」は接頭語》❶山の美称。❷貴人の墓の敬称。御陵。みささぎ。

みやま【深山・太山】[名]奥深い山。奥山。↔外山・端山

みやまおろし【深山颪】[名]奥深い山から吹き下ろす風。

みやまがくれ【深山隠れ】[名]山の奥深く隠れていること。また、その山の奥深い所。

みやまかぜ【深山風】[名]深山に吹きすさぶ風。深山から吹いてくる風。

みやまぎ【深山木】[名]山の奥深くに生えている木。

〔和歌〕**みやまぎの…**【**深山木のその梢とも見えざりし桜は花にあらはれにけり**】〈詞花・春・一七・源頼政〉訳 深山の木々に埋もれてこれがそれだとも見えなかった桜の梢は、いま花が咲いてはっきりとその姿を現した。

みやまざくら【深山桜】[名]山奥に咲く桜の花。(季―春)

みやまぢ【深山路】[名]山奥の道。

〔和歌〕**みやまにはあられふるらし…**【**深山には霰降るらし外山なるまさきの葛色づきにけり**】〈古今・神遊びの歌・一〇七七〉訳 奥深い山では、霰が降っているらしい。里近い山にあるマサキノカズラが色づいてきたことだ。〈参考〉「らし」は、根拠のある推量を表す助動詞の終止形。第三句以下がその根拠。

〔和歌〕**みやまにはまつのゆきだに…**【**深山には松の雪だに消えなくに都は野辺の若菜摘みけり**】〈古今・春上・一九・よみ人しらず〉訳 奥深い山では、松の雪でさえ消えていないというのに、都ではもう野辺の若菜を摘んでいるよ。

みやまべ【深山辺】[名]山の奥深い辺り。

みやめぐり【宮巡り】[名]各地の神社、または同じ境内の宮々を巡拝すること。とくに、伊勢の内宮・外宮・末社を参拝して回ること。

みやもり【宮守】[名]神社の見張りをすること。また、その人。番人。

みやり【見遣り】[名]遠く離れた方向を見ること。また、はるかに見渡される場所。

みや・る【見遣る】[他ラ四]{ら・り・る・る・れ・れ}**ある方向を見る。遠くの方を眺める。見渡す。**↔見遣す。例「おもしろき夕暮れに、海**見や・らるる**廊に出でたまひて」〈源氏・須磨〉

みやわたり【宮辺り】[名]「宮」とよばれる人(皇族)の屋敷のあたり。また、皇族の身辺。

みやゐ【・す】【宮居】[名・自サ変]❶神が鎮座していること。また、その神社。❷天皇が住むこと。また、皇居。

みやをみな【宮女】[名]宮廷に仕える女性。

みゆ【み湯・御湯】[名]《「み」は接頭語》湯、とくに温泉の美称。

み・ゆ【見ゆ】[自ヤ下二]{え・え・ゆ・ゆる・ゆれ・えよ}

アプローチ
▼「見る」の未然形に、上代の助動詞「ゆ」が付いた語。
▼自発の意が強いと、目に入る。現れるの意味になり、受身の意が強いと、他から見られる。見慣れる。人に会うの意味になる。
▼また、思われるなど、心の判断にも用いられたり、女性が男性に見られる意から、結婚する意味にも用いられた。

❶**しぜんに目に入る。目にうつる。見える。**例「今日は白馬を思へど、かひなし。ただ、波の白きのみぞ**見・ゆる**」〈土佐〉訳 今日は白馬の節会のことを思うけれど、そのかいもない。ただ、波の白いのだけが**見える**。(係結び)「ぞ→見ゆる(体)」

❷**他から見られる。**例「夕暮れに、にはかに御車を引き入れて下りさせたまへば、まだ**見・え**奉らねば、いと恥づかしう思へど、せむかたなく」〈和泉式部日記〉訳 夕暮れに、急に御車を引き入れてお下りになったので、(明るい時刻に)まだ**見られ**申し上げていないから、ひどく恥ずかしく思うけれど、しかたがなく。(音便)「恥づかしう」は「恥づかしく」のウ音便。(敬語)「下りさせたまへば」→「させたまふ」、「見え奉らねば」→「たてまつる」

❸**見ることができる。存在する。**例「まだものたしかにも**見・え**ぬほどに、遥かなる楫の音して」〈蜻蛉・

中〉訳まだ何もはっきりと見えないところに、はるか遠くの楫の音がして。

❹よく目に入る。見慣れる。例「世の中に見・えぬ皮衣のさまなれば、これを思ひたまひね」〈竹取・火鼠の皮衣〉訳この世に見慣れない皮衣のようすですから、これを(本物)とお思いなさい。(敬語)「思ひたまひね」→「たまふ(四段)」

❺現れる。姿を見せる。例「正月ばかりに、二、三日見・えぬほどに、ものへ渡らむとて」〈蜻蛉・上〉訳正月ごろに、(夫兼家が)二、三日姿を見せなかったときに、よそへ出かけようとして。

❻会う。対面する。例「何の用意もなく、軽らかに人に見・えたまひけむこそ、いといみじけれ」〈源氏・夕霧〉訳何の心づかいもなく、軽率に人にお会いになったとは、ほんとにとんでもないことです。(係結び)「こそ→いみじけれ(已)」

❼人に見られるように行動する。見せる。例「おはしましぬと、人には見・えたまひて、三日ばかりありて、漕ぎ帰りたまひぬ」〈竹取・蓬莱の玉の枝〉訳お出かけになったと、人にはお見せになって、三日ほどたって、漕ぎ帰りなさった。(敬語)「おはしましぬ」→「おはします」

❽(女が男に見られることから)結婚する。例「女は男に見・ゆるにつけてこそ、悔しげなることも、めざましき思ひも、おのづからうちまじるわざなめれ」〈源氏・若菜・上〉訳女は男と結婚することで、悔やまれるようなことも、腹立たしい思いも、しぜんと入りまじるものであるようだ。(係結び)「こそ→わざなめれ(已)」。語構成「わざなめれ」→「なめり」

❾思われる。感じられる。例「大きにおそろしげなるみやま木どものやうにて、都のうちとも見・えぬ所のさまなり」〈更級〉訳(都の家は)大きく恐ろしそうな深山の木々のようで、都の内とも思われない所のようだ。

〔見えぬ山路〕❶世間のつらさを知らずに住む環境。❷出家の境地。

みゆき[名]㊀【み雪】(「み」は接頭語)雪の美称。(季-冬)。㊁【深雪】深く降り積もった雪。(季-冬)

みゆき【行幸・御幸】[名](「み」は接頭語)天皇・上皇(法皇)・女院などの外出。天皇の場合は「行幸」、上皇(法皇)と女院の場合は「御幸」の漢字をあて、区別するために、「行幸」を「ぎゃうがう」、「御幸」を「ごかう」と音読もされた。また、皇太子と皇后などの外出は、「行啓」という。

みゆき【行幸】[作品名]『源氏物語』の二十九番目の巻名。

みゆづ・る【見譲る】〔他ラ四〕{ら・り・る・}面倒を見てくれるよう人に頼む。世話役を譲る。例「また見ゆづる人もなく」〈源氏・澪標〉

みゆる・す【見許す】〔他サ四〕{さ・し・す・せ}大目に見る。見逃す。例「さりとも鬼なども、我をば見ゆる・してん」〈源氏・夕顔〉

みよ【三世】[名](仏教語)前世・現世・来世のこと。＝三世

みよ【三夜】[名]三晩。例「十月つごもりがたに、三夜しきりて見えぬ時あり」〈蜻蛉・上〉

古典の世界 男が女のもとへ三晩続けて通うことで、婚姻の成立が認められることから、結婚成立を暗示する場合もある。

みよ【御代・御世】[名](「み」は接頭語)天皇の治世、また、その在位の期間の敬称。御治世。

みょう…【名…・命…・明…・冥…】歴史的かなづかい「みゃう…」

みょう…【妙…】歴史的かなづかい「めう…」

〔和歌〕**みよしののきさやまのまの…**【み吉野の象山の際の木末にはここだも騒く鳥の声かも】〈万葉・六・九二四・山部赤人〉訳吉野の象山の山あいの木々の梢には、こんなにも鳴き騒ぐ鳥たちの声であることよ。

〔和歌〕**みよしののたかねのさくら…**【み吉野の高嶺の桜散りにけり嵐も白き春のあけぼの】〈新古今・春下・一三三・後鳥羽院〉訳吉野山の高嶺の桜が散ったのだな。吹き下ろしてくる嵐までも花の吹雪で白く見える春のあけぼのであるよ。

〔和歌〕**みよしののやまかきくもり…**【み吉野の山かき曇り雪降れば麓の里はうちしぐれつつ】〈新古今・冬・五八八・俊恵〉訳吉野の山が一面に曇って雪が降ると麓の里はしきりに時雨が降ることだ。

〔和歌〕**みよしののやまのあきかぜ…**【み吉野の山の秋風さ夜更けて故郷寒く衣打つなり】〈新古今・秋下・四八三・藤原雅経〉〈百人一首・参議雅経〉訳吉野の山の秋風が吹きおろしてきて、夜も更けて、古京吉野の里は寒く、寒々と衣を打つ音が聞こえることよ。

〔和歌〕**みよしののやまのしらゆきつもるらし…**【み吉野の山の白雪積もるらし故里寒くなりまさるなり】〈古今・冬・三二五・坂上是則〉訳吉野の山では白雪が積もっているらしい。ここ、奈良の古京は、いちだんと寒く感じられるのだから。
〈参考〉「らし」は、根拠に基づく推量を表す助動詞の終止形。下二句がその根拠。

〔和歌〕**みよしののやまのしらゆきふみわけて…**【み吉野の山の白雪踏み分けて入りにし人の訪れもせぬ】〈古今・冬・三二七・壬生忠岑〉訳吉野の山の白雪を踏み分けて、山奥深く入ってしまったあの人は、帰って来ないばかりか便りさえもよこさないよ。
〈参考〉「も」は、類例を暗示する係助詞。帰ることもなく、便りもない意。

〔和歌〕**みよしのは…**【み吉野は山もかすみて白雪のふりにし里に春は来にけり】〈新古今・春上・一・藤原良経〉訳吉野は、里はもとより山もかすんで、ついこの間まで白雪が降り積もっていたこの古里にも、春が訪れたよ。
〈参考〉「ふりにし里」は、「降りにし」に「古りにし」をかける。

〔俳句〕**みよのはる…**【御代の春蚊帳の萌黄に極まりぬ】〈元禄四年歳旦帳・越人〉訳大君の御代は変わることなく、今年もこうしてめでたい春を迎えている。蚊帳の色が萌黄色と決まっているようにこの安泰は揺らぐものではないのだ。(季-御代の春-春)

みら【韮】[名]ニラの古名。(季-春)

みらい【未来】[名]❶(仏教語)「三世」のひとつ。来世。後世。❷将来。

みらいき【未来記】[名]未来の世のことを予言した

み

書。仏教の末法思想に基づく。

みる【海松】［名］《「うみまつ」とも》海藻の名。幹が房状になっている。濃緑色をして、食用とされた。＝俣海松・海松藻。（季―夏）

みる【回る・廻る】［自マ上一］{み・み・みる・みる・みれ・みよ}回る。めぐる。例「島伝ひ敏馬の崎を漕ぎ**廻れば**」〈万葉・三・三八九〉

みる【見る】［他マ上一］{み・み・みる・みる・みれ・みよ}

アプローチ
▼**視覚によって、認識したり判断したりするのが原義。**
▼**そこから、直接視覚とは関係のない、いろいろな意味を生じて広く用いられた。**
▼**とくに、男女が顔を合わせることから、結婚する意でも用いられる。**

❶**目にとめる。見る。** 例「我朝ごと夕ごとに**見る**竹の中におはするにて知りぬ」〈竹取・かぐや姫〉訳私が朝に夕に**見る**竹の中においでになることで分かった。《敬語》「おはするにて」→「おはす」

❷**観察する。よく見る。** 例「まことかと聞きて**見つれ**ば言の葉を飾れる玉の枝にぞありける」〈竹取・蓬萊の玉の枝〉訳ほんとかと思って聞いて**よく見た**ところ、偽りのことばの葉を飾ったにせものの玉の枝だったのですね。《係結び》「ぞ→ありける(体)」

❸**見物する。** 例「いざ、この山のかみにありといふ布引の滝**見**にのぼらむ」〈伊勢・八七〉訳さあ、この山の上にあるという布引の滝を**見物し**に上ろう。

❹**世話をする。見守る。** 例「若君をだにこそは、御形見に**見**たてまつらめ」〈源氏・玉鬘〉訳せめて若君（＝玉鬘）だけでも、（夕顔の）御形見としてお**世話**し申し上げよう。《敬語》「見たてまつらめ」→「たてまつる」《係結び》「こそ→見たてまつらめ(已)」。

❺**経験する。体験する。** 例「蔦かへでは茂り、もの心細く、すずろなるめを**見る**ことと思ふに」〈伊勢・九〉訳ツタやカエデは茂り、なんとなく心細く、思いがけないつらい目を**体験する**ことと思っていると。

❻**試みる。…してみる。** 例「男もすなる日記といふものを、女もして**み**むとてするなり」〈土佐〉訳男も書くという日記というものを、女（の私）も書いて**み**ようと思って書くのです。

❼**見て思う。判断する。理解する。思う。** 例「尼君を、もどかしと**見**つる子ども、みなうちしほたれけり」〈源氏・夕顔〉訳尼君を、じれったいと**思っ**ていた子供たちは、皆涙を流すのであった。

❽**占う。** 例「帝王の上なき位に上るべき相おはします人の、そなたにて**見れ**ば、乱れ憂ふることやあらむ」〈源氏・桐壺〉訳帝王という最高の位に上るはずの相がおありになる人で、そういう方として**占う**と、世が乱れ民が苦しむことがあるかもしれない。〔注〕「帝王の上なき位」の「の」は同格の用法。《係結び》「や→あらむ(体)」。《敬語》「相おはします」→「おはします」

❾**対面する。会う。** 例「いにしへはありもやしけむいまぞしるまだ**見**ぬ人を恋ふるものとは」〈伊勢・一一一〉訳昔はあったかもしれません。でも、いま分かりました。まだ**会っ**ていない人を恋い慕うものだなんて。《係結び》「や→しけむ(体)」、「ぞ→知る(体)」

❿**妻として見る。男女が結ばれる。結婚する。夫婦になる。** 例「いかで、このかぐや姫を得てしかな、**見**てしかな」〈竹取・かぐや姫〉訳なんとかして、このかぐや姫を手に入れたいものだ、**妻として見**たいものだ。《副詞の呼応》「いかで→得てしかな・見てしかな」

〔**見し人**〕❶以前見た人。また、前に知りあっていた人。❷かつて愛した人。また、夫婦の契りをかわした人。

〔**見し世**〕かつて見た世。過ぎ去った昔。とくに、かつて栄えていた昔の時、生存していた時をいう。

みるいろ【海松色】［名］❶染め色の名。黒みのある萌葱色。とくさ色。❷襲の色目の名。表が萌葱で裏が青。一説に、表が黒萌葱で裏が白。

みるひと【見る人】［名］連れ添う人。妻あるいは夫。

〔和歌〕**みるひとも…【見る人もなき山里の桜花ほかの散りなむのちぞ咲かまし】**〈古今・春上・六八・伊勢〉訳見に来る人もない山里の桜花よ、ほかの桜が散り尽くしてから咲けばよいのに。《係結び》「ぞ→咲かまし(体)」

みるぶさ【海松房】［名］房のような形状になった、海松の別称。（季―春）

〔和歌〕**みるほどぞ…【見るほどぞしばしなぐさむめぐりあはん月の都は遥かなれども】**〈源氏・須磨〉訳月を見ている間だけはしばらく心がなごむ。再びめぐり会う月の都、すなわち京の都ははるか遠くであるけれども。《係結び》「ぞ→なぐさむ(体)」〈参考〉「月の都」に京の都をたとえる。

みるみる【見る見る】《動詞「見る」の終止形を重ねた形》見ていながら。また、見ているうちに。例「むなしき御骸を**見る見る**、なほおはするものと思ふが」〈源氏・桐壺〉

みるめ【見る目】［名］❶人目。他の人が自分を見る目。例「しのぶの浦の蜑の**見るめ**も所せく」〈徒然・二四〇〉❷外見。容貌。例「**見る目**のいときたなげなきに」〈更級〉❸男女が会う機会。和歌で多く用いられる。例「しほしほとまづぞ泣かるるかりそめの**みるめ**は海人のすさびなれども」〈源氏・明石〉

〔**見る目の前**〕目の当たり。眼前。目前。

みるめ【海松藻・海松布】［名］《「め」は海藻の総称》「みる(海松)」に同じ。和歌では、「見る目(会う機会)」をかけて詠むのがふつう。

みるめな・し【見る目無し】［形ク］{から・く(かり)・し・き(かる)・けれ・かれ}❶会う機会がない。会えない。例「潮満たぬ海と聞けばや世とともに**みるめな・く**して年のへぬらん」〈後撰・恋一・五二八〉❷見どころがない。みすぼらしい。

〔和歌〕**みれどあかぬ…【見れど飽かぬ吉野の川の常滑の絶ゆることなくまたかへり見む】**〈万葉・一・三七・柿本人麻呂〉訳いくら見ても見飽きない吉野の川の常滑のように、絶えることなく、またやって来てこの滝の地を見よう。〈参考〉上三句は「絶ゆることなく」を導く実景による序詞。吉野の地を賛美する歌。

みれん【・なり】【未練】［名・形動ナリ］❶熟練していないこと。未熟なさま。例「**未練**の狐、化け損じ

けるにこそ」〈徒然・三〇〉❷あきらめきれないこと。また、そのようす。

みろく【弥勒】[名]《仏教語。梵語の音訳で、慈尊の意》菩薩のひとつ。釈迦の入滅後、五十六億七千万年たったときにこの世に現れ、衆生を救うという。弥勒菩薩。↓[古典参考図]主要仏像

〔弥勒の世〕《仏教語》「弥勒菩薩」がこの世に現れ、人々を救うと考えられている世。未来の世。

みろみろ[副]涙ぐむさま。めそめそ。例「みろみろと貝を作り給ふ(=泣キ顔ヲナサル)」〈盛衰記・四〉

みわ【神酒】[名]神に供える酒。みき。

みわ【三輪】[歌枕]大和国の地名。いまの奈良県桜井市。東方には三輪山があり、この山を御神体とした大神神社で知られる。

みわ・く【見分く】[他カ四]{か・き・く・く・け・け}見分ける。

みわた【水曲】[名]川の流れが曲がり、水のよどんでいる所。

みわたし【見渡し】[名]遠く見渡すこと。また、見渡せる所。はるかかなた。

みわた・す【見渡す】[他サ四]{さ・し・す・す・せ・せ}広く全体を見る。遠く広く眺める。

〔和歌〕**みわたせばはなももみぢも…【見わたせば花も紅葉もなかりけり浦の苫屋の秋の夕暮れ】**〈新古今・秋上・三六三・藤原定家〉訳遠く見渡すと、美しい春の花も秋の紅葉もないことだ。この海辺の苫屋のあたりの秋の夕暮れの景色は。
〈参考〉「三夕の歌」のひとつとして有名。

〔和歌〕**みわたせばやなぎさくらを…【見渡せば柳桜をこきまぜて都ぞ春の錦なりける】**〈古今・春上・五六・素性〉訳はるかに見渡すと、緑の柳と薄紅の桜を混ぜ合わせて、この都こそが、春の錦だったのだ。〔係結び〕「ぞ→なりける(体)」
〈参考〉柳が芽ぶき、桜が花開いた都の春景色を錦に見立てた。

〔和歌〕**みわたせばやまもとかすむ…【見わたせば山もとかすむ水無瀬川夕べは秋となに思ひけん】**〈新古今・春上・三六・後鳥羽院〉訳遠く眺め渡すと、山のふもとに霞がかかり、水無瀬川が流れている。夕暮れの眺めは秋に限ると、どうしていままで思っていたのであろう(春の夕暮れもこんなにすばらしいのに)。〔疑問語との呼応〕「なに→おもひけん(体)」
〈参考〉「夕べは秋」は、『枕草子』の「秋は夕暮れ」を意識した表現。

みわづら・ふ【見煩ふ】[自ハ四]{は・ひ・ふ・ふ・へ・へ}❶見て判断がつかず困る。見て思案にくれる。例「雨のふりぬべきになむ見わづらひはべる」〈伊勢・一〇七〉❷世話がしにくくて困る。扱いに困る。例「いと世づかぬ御ありさまかな、と見わづらひぬ」〈源氏・夢浮橋〉

〔和歌〕**みわのやま…【三輪の山いかに待ち見む年経ともたづぬる人もあらじと思へば】**〈古今・恋五・七八〇・伊勢〉訳「恋しくはとぶらひ来ませ」と詠まれた三輪山で、私はどのようにお待ちすればお会いできるでしょうか。何年経っても訪ねてくる人はあるまいと思いますので。〔疑問語との呼応〕「いかに→待ち見む(体)」
〈参考〉「我が庵は三輪の山もと恋しくはとぶらひ来ませ杉立てる門」〈古今・雑下・九八二〉訳→〔和歌〕わがいほはみわのやまもと…の歌をふまえている。

みわもり【酒盛り】[名]酒宴。酒盛り。

〔和歌〕**みわやまを…【三輪山を然も隠すか雲だにも心あらなも隠さふべしや】**〈万葉・一・一八・額田王〉訳三輪山を、なんでこんなにも隠すのか。せめて雲だけでも、私を思いやる心をもってほしいものだ。隠したりしてよいものであろうか。
〈参考〉住み慣れた大和の地を去るときに詠まれた歌。

〔俳句〕**みゐでらの…【三井寺の門たたかばやけふの月】**〈雑談集・芭蕉〉訳唐の詩人賈島は「僧ハ敲ク月下ノ門」と吟じたが、今日のみごとな名月に乗じて、私たちも三井寺の門をたたきたいものだ。(季-けふの月-秋)

〔俳句〕**みゐでらや…【三井寺や日は午にせまる若楓】**〈新華摘・蕪村〉訳眼下に琵琶湖を望む三井寺。その境内では、真昼に近づいた日の光を浴びて、あおあおとしたカエデの新緑がまぶしく輝いていることだ。(季-若楓-夏)

み・ゐる【見居る】[他ワ上一]{ゐ・ゐ・ゐる・ゐる・ゐれ・ゐよ}じっと見続ける。ずっと見ている。例「墨つきのいとことなる〔筆跡〕を取りて見ゐたまへり」〈源氏・若紫〉

みを【水脈・澪】[名]海や川で、船が往来するのに適した水が深く流れる筋。

みをし【御食し】[名]食事の尊敬語。お食事。

〔和歌〕**みをすつる…【身を捨つる人はまことに捨つるかは捨てぬ人こそ捨つるなりけれ】**〈詞花・雑下・三七二・よみ人しらず〉訳身を捨てて出家した人は、ほんとに捨てたことになるのだろうか、いやそうではない。出家せず身を捨てない人こそが、かえって身を捨てることになるのであった。

みをつくし【澪標】[名]《「みをじるし」とも。「水脈つ串」の意。「つ」は上代の格助詞》往来する船に水路を示すために、海や川に立ててある杭。和歌では、多く「身を尽くし」にかけて用いられる。

みをつくし【澪標】[作品名]『源氏物語』の十四番目の巻名。

みをびき【水脈引き・澪引き】[名]水脈に沿って船を進めること。水先案内をすること。

みをび・く【水脈引く・澪引く】[自カ四]{か・き・く・く・け・け}水脈に沿って船を進める。水先案内によって船を進める。例「敏馬をさして潮待ちて水脈引き行けば」〈万葉・一五・三六二七長歌〉

みんなみ【南】[名]《「みなみ」の変化形》みなみ。

みんぶ【民部】[名]「民部省」の略。またその役人。

みんぶきゃう【民部卿】[名]「民部省」の長官。

みんぶきゃうゆきひらうたあはせ【民部卿行平歌合】[作品名]「ざいみんぶきゃうけのうたあはせ」に同じ。

みんぶしゃう【民部省】[名]《「たみのつかさ」とも》令制で「八省」のひとつ。民政一般をつかさどった役所。諸国の戸籍・租税など。＝民部。↓[表見返し]大内裏俯瞰図

みんぶのたいふ【民部大夫】[名]「民部省」の三等官である六位相当の大丞・少丞の中から選ばれて、五位に叙せられた者。

-む［接尾マ四型］{ま・み・む・む・め・め}［接尾マ下二型］{め・め・む・むる・むれ・めよ}（名詞や形容詞シク活用の終止形、ク活用の語幹などに付いて）そういう状態になる（させる）、そのように振る舞う（振る舞わせる）の意の動詞を作る。「よどむ」「かなしむ」「苦にがむ」など。

む【身】［名］《上代語》からだ。多く、他の語と複合語を作る。「むかはり」「むくろ」「むざね」など。

む【務】［名］天武十四年（六八五）正月、および文武天皇の大宝元年（七〇一）三月に定められた諸臣の冠位の六階級（正・直・勤・務・追・進）のひとつ。

む［助動マ四型］
⇨二六八ページ「特別コーナー」

むあい［・なり］【無愛】［形動ナリ］{なら・なり（に）・なり・なる・なれ・なれ}不都合である。おもしろくない。

むいかのあやめ【六日の菖蒲】《「むいかのしゃうぶ」とも》（五月五日の端午の節句に用いた「しゃうぶ」は、翌六日には不必要となるところから）時機に遅れて役に立たない物事のたとえ。（季―夏）

むいき【無意気】［名・形動口語型］《近世語》❶思いやりがないこと。また、そのさま。例「**むいき・な**御勘当。つらい親御の心や」〈浄・持統天皇歌軍法〉❷強引なこと。また、そのさま。例「なく逃げ行きし無法**無意気**ぞ是非もなき」〈浄・仮名手本忠臣蔵〉

むいきりき【無意気力】［名］《近世語》ばか力。

むえ【無依】［名］《仏教語》何ものにも執着したり頼ったりすることのない悟りの境地。

むえん【無縁】［名］《仏教語》❶仏道に入る因縁のないこと。仏と結ぶ縁をもたないこと。↕有縁うえん。❷親族関係がないこと。また、死者の供養をする縁者がいないこと。❸とくに、だれと限った縁のないこと。平等で、分け隔てのないこと。

むえんほふかい【無縁法界】［名］❶《仏教語》差別のない平等な世界。❷縁もゆかりもないものすべて。

むか【無何】［名］《仏教語》自然のままで作為のないこと。無我無心の境地。

むが【無我】［名］《仏教語》この世の一切はすべて無常であるから、不変の存在としての我を否定すること。我執がしゅうをなくすこと。

むかうざま［・なり］【向かう様】［形動ナリ］{なら・なり（に）・なり・なる・なれ・なれ}正面から向かうさま。面と向かって。例「**むかう様・に**やあておとすと思ひけるが」〈平家・九・生ずきの沙汰〉

むがうのさと【無何有の郷】［名］《「無何有」は何もないところの意。「むかうのさと」とも》人為を加えない、自然のままの世界。架空の楽土。
〈参考〉『荘子そうじ』逍遥遊篇しょうようゆうへんに出ている語。神仙の住むという空想上の理想郷。

むかさ・く【向か放く・向か離く】［自カ下二］{け・け・く・くる・くれ・けよ}はるか遠くに離れる。

むかし【昔】［名］❶過去。以前。❷生前。亡くなった人。故人。❸前世。

発展学習ファイル　類義語に「**いにしへ**」がある。⇨「いにしへ」

〔**昔覚ゆ**〕❶昔がしのばれる。❷古風に思われる。〈古語深耕〉

〔**昔の跡**〕昔、物事のあった跡。昔の人を思い出させる跡。また、昔のこと。

〔**昔の今日**〕過ぎた年の今日に当たる日。

〔**昔の契り**〕前世からの宿縁。

〔**昔の人**〕❶昔、生きていた人。また、亡くなった人。故人。❷昔、親しかった人。昔なじみ。

〔**昔の世**〕❶過ぎ去った世。過去の世。❷生まれる前の世。前世。

むが・し［形シク］{しから・しく（しかり）・し・しき（しかる）・しけれ・しかれ}《「うむがし」の変化形》うれしい。喜ばしい。ありがたい。例「おこせむ海人あまは**むが・しく**もあるか」〈万葉・一八・四〇九五〉

むかしいま【昔今】昔と今と。こんじゃく。

むかしえん【昔縁】［名］前世からの因縁。宿縁。

〔和歌〕**むかしおもふ…**【むかし思ふ草の庵いほりの夜よるの雨に涙な添へそ山郭公やまほととぎす】〈新古今・夏・二〇一・藤原俊成〉訳昔のことを思っているこの草庵の夜の雨に、悲しげに鳴いて、さらに涙の雨を添えてくれるな、山ホトトギスよ。《副詞の呼応》「な→添へそ」

むかしがたり【昔語り】［名］昔話。思い出話。

むかしがたりいなづまべうし【昔話稲妻表紙】［作品名］江戸後期（一八〇六刊行）の読本よみほん。山東京伝さんとうきょうでん作、歌川豊国とよくに画。歌舞伎かぶきや浄瑠璃じょうるりで有名な不破伴左衛門ふわばんざえもんと名古屋山三郎さんざぶろうの話を、お家騒動物として脚色したもの。

むかしごこち【昔心地】［名］過去をしのぶこころ。懐旧の情。

むかしざま【昔様】［名］昔風。昔のありさま。

むかしびと【昔人】［名］「むかしのひと」に同じ。

むかし・ぶ【昔ぶ】［自バ上二］{び・び・ぶ・ぶる・ぶれ・びよ}《「ぶ」は接尾語》昔風である。古めかしい。例「深く**昔・び**たらむかたは、いみじきためしと申すべし」〈十訓抄・八〉

むかしへ【昔へ】［名］《「へ」は方向の意。「むかしべ」とも》昔の方。過去。

むかしへびと【昔へ人】［名］「むかしのひと」に同じ。

むかしものがたり【昔物語】［名］❶古くから伝わる物語。❷昔の出来事の話。思い出話。

むかつを【向かつ峰・向かつ丘】［名］《「つ」は上代の格助詞》向かい側にある山や丘。

むかば【向か歯】［名］《「むかうば」とも》上あごの前歯。

むかはぎ【向か脛】［名］脛すねの前面。向こう脛。

むかばき【行縢】［名］《「向か穿はき」の意》馬に乗る際、腰につけて前に垂らし、袴はかまや脚を覆って保護するもの。鹿しかや熊くまなどの毛皮で作った。

むかはり【身代はり・質】［名］身代わり。人質。

むかは・る【向かはる・迎はる】［自ラ四］{ら・り・る・る・れ・れ}報いがめぐって来る。例「この世にて、かく思ひかけぬことに**むかは・り**ぬれば」〈源氏・柏木〉

むかひ【向かひ】［名］正面。前面。また、相手。

むかひぢん【向かひ陣】［名］敵陣に向かい合って構えた味方の陣。

む［推量の助動詞］《「ん」とも》

アプローチ ▼ほぼ現代語の「う」「よう」「だろう」に相当する。
▼推量系の用法（①②）と、話し手の意向を表す用法（③④）とに大別できる。
▼現実の世界でまだ確認されていないことを述べるのが、この語の特徴だと見られる。未確認のことを推量したり、まだ実現していないことを実現させようとする意志を表したりする。

接続 活用語の未然形に付く。
活用 四段型

基本形	未然形	連用形	終止形	連体形	已然形	命令形
む（ん）	（ま）	○	む（ん）	む（ん）	め	○

意味	訳語	用例
❶**推量を表す。**	…だろう	例「惜しむから恋しきものを白雲の立ちなむのちはなに心地**せむ**」〈古今・離別・三七一〉 訳別れを惜しんでいるときからもう恋しいのに、白雲の立つかなたに旅立ってしまったあとはいったいどんな心持ちがする**だろう**か。
❷（連体形で）㋐**将来起こる事柄を表す。**	…であろう	例「これが花の咲か**む**折は来**む**よ」〈更級〉 訳これ（＝梅の木）の花が咲く**であろう**ときには来よう。〔注〕「来むよ」の「む」は③の用法。
㋑**仮定的に、あるいは婉曲に述べる。**	…ような	例「思は**む**子を法師になしたら**む**こそ、心苦しけれ」〈枕・思はむ子を法師に〉 訳かわいく思う子（**があったとして、その子**）を法師にした**ような**場合は、（その親の気持ちを思うと）心が痛むことだ。
❸**…しようという意志を表す。**	…う …よう	例「まろ、この歌の返しせ**む**」〈土佐〉 訳私がこの歌の返歌をよも**う**。
❹㋐**それが適当であることを表す。**	…のがよい …ほうがよい	例「子といふもの、なくてありな**む**」〈徒然・六〉 訳子というものは、ないままでいる**ほうがよい**。
㋑**そうするのがよいと勧誘する**（やわらかく要求する）。	…のがよい …ほうがよい	例「とくこそ試みさせたまは**め**」〈源氏・若紫〉 訳早くお試しになる**のがよい**でしょう。

発展学習ファイル (1)上代には未然形に「ま」という形があったとされる。「む」が名詞化したもの「まく」の一部としてあらわれる。例「難波潟潮干なありそね沈みにし妹が姿を見**まく**（＝見ルコトハ）苦しも」〈万葉・二・二二九〉
(2)「む」は「ん」と表記されることもある。さらに、平安末期には「う」と表記されることもある。現代語の「う」はこれである。
(3)②は、現代語には訳しにくいことも多い。その場合、無理に訳さなくてもよい。
(4)④は、一般的に言ってそれがよいと述べる場合㋐と、相手にそうするようにアドバイスする場合㋑とがあるが、どちらも、「な**む**」「て**む**」や「…こそ…**め**」の形で使うのがふつう。

むかひばら【向かひ腹・当腹】［名］現在の正妻の腹に生まれること。また、その子。＝当腹。↔外腹

むかひび【向かひ火】［名］❶燃え進んで来る火に向かって、こちらからも火をつけ、むこうの火の勢いを弱めること。❷（多く「向かひ火つくる」の形で）相手の怒りに対抗してこちらも怒り、相手の勢いを抑えること。❸敵陣のかがり火に対抗して、自分の陣でたくかがり火。

むかひめ【嫡妻・正妃】［名］正妻。本妻。

むかひ・ゐる【向かひ居る】［自ワ上一］{ゐ・ゐ・ゐる・ゐる・ゐれ・ゐよ}向かい合って座る。例「わが身は、**向かひ・ゐ**たらんも」〈徒然・二四〇〉

むか・ふ【向かふ・対ふ】一［自ハ四］{は・ひ・ふ・ふ・へ・へ}❶**人や物と向き合う。対面する。**例「中納言、額を合はせて**向か・ひ**たまへり」〈竹取・燕の子安貝〉❷**赴く。出かける。向かう。**例「淀、一口へや**むか・ひ**候ふべき」〈平家・四・橋合戦〉（係結び）「や」→「むかひ候ふべき(体)」。（敬語）「むかひ候ふ」→「さうらふ」。❸**近づく。傾く。**例「うち群れて天飛ぶ雁の翼まで夕べに**向か・ふ**色ぞ悲しき」〈風雅・秋中・五三二〉❹**匹敵する。肩を並べる。**例「千々の秋ひとつの春に**むか・は**めや」〈伊勢・九四〉❺**敵対する。逆らう。**例「浪風**むか・う**てかなはねば」〈平家・八・太宰府落〉（音便）「むかう」は「むかひ」のウ音便。二［他ハ下二］{へ・へ・ふ・ふる・ふれ・へよ}❶**人と物と向き合わせる。対面させる。**例「〔車十一台ヲ〕楼の西、東の階殿に**向か・へ**て立つ」〈宇津保・楼の上・上〉❷**向かわせる。赴かせる。差し向ける。**例「入道が許へ討っ手なんどや**むか・へ**んずらん」〈平家・

二・烽火之沙汰〉《係結び》「や→むかへんずらん㊍」。❸対抗させる。敵対させる。例「北京には興福寺にむか・へて、延暦寺の額をうつ」〈平家・一・額打論〉〔注〕「北京」は、奈良の平城京を「南京」というのに対して、京都の平安京をいう。

むか・ふ【迎ふ】［他ハ下二］{へ・へ・ふ・ふる・ふれ・へよ}❶(こちらに来るものを)待ち受ける。用意して待つ。例「桜の花は迎・へ来らしも」〈万葉・八・一四三〇〉❷(使いなどを遣わして)呼び寄せる。招く。例「罪の限りはてぬれば、かく迎・ふるを、翁は泣き嘆く」〈竹取・かぐや姫の昇天〉❸(妻として)家に入れる。引き取る。例「なほ誰となくて二条院に迎・へてん」〈源氏・夕顔〉

むかぶ・す【向か伏す】［自サ四］{さ・し・す・す・せ・せ}《多く「雲の向か伏す」の形で、見渡す限りの広大な土地を表す》向こうの方にはるかに低く伏したように横たわる。例「天雲の向か伏・す国の」〈万葉・三・四四三長歌〉

むかへ【迎へ】［名］迎えること。出迎えの人。

むかへ【向かへ】［名］向こう側。

むかへかう【迎へ講】［名］阿弥陀如来の来迎のさまになぞらえて行う法会。

むかへす・う【迎へ据う】［他ワ下二］{ゑ・ゑ・う・うる・うれ・ゑよ}呼び寄せて住まわせる。家に迎え入れる。例「ものものしげにてかの宮に迎へ据・ゑんも」〈源氏・東屋〉

むかへす・う【向かへ据う】［他ワ下二］{ゑ・ゑ・う・うる・うれ・ゑよ}自分と向き合わせに座らせる。例「例は無期にむかへ据・ゑて」〈源氏・柏木〉

むかへと・る【迎へ取る】［他ラ四］{ら・り・る・る・れ・れ}家に迎え入れる。自分のところに引き取る。

むかへぶね【迎へ船・迎へ舟】［名］人を迎えるための船。歓迎のための船。

むかへもて・く【迎へもて来】［他カ変］{こ・き・く・くる・くれ・こ(こよ)}(人を)迎えて家に連れて来る。例「知らぬ人を迎へもて・来たらんあいなさよ」〈徒然・二四〇〉

むかへゆ【迎へ湯】［名］「御湯殿の儀式」で、皇子に産湯をつかわせる女官を補佐して、産児を受け取ること。また、その役の人。

むかもも【向か股】［名］(左右が向き合っていることから)両方のもも。一説に、向こう脛の意とも。

むかゐきょらい【向井去来】［人名］(一六五一―一七〇四)江戸前期の俳人。有職家・儒家として摂関親王家、宮中に出入りしていたが、其角らの世話で松尾芭蕉と文通。その後直接芭蕉のもとで俳諧修行を行う。蕉門十哲のひとり。俳論に詳しい。俳論書『去来抄』。

むぎ【麦】［名］大麦・小麦の総称。(季―夏)

〔麦の秋〕「むぎあき」に同じ。(季―夏)

むぎあき【麦秋】［名］《「麦秋」の訓読語》麦を収穫する季節。初夏。＝麦の秋。(季―夏)

〔俳句〕**むぎあきや…【麦秋や子を負ひながらいわし売り】**〈おらが春・一茶〉訳麦が一面に黄色く熟した夏の日。背に子供を負いながらイワシ売りの行商人がやって来て、商いをしている。(季―麦秋―夏)

むぎなは【麦索・麦縄】［名］❶「さくべい」に同じ。❷うどん・ひやむぎの類。

〔俳句〕**むぎのほを…【麦の穂を便りにつかむ別れかな】**〈蕉翁句集草稿・芭蕉〉訳別離の悲しみと、これからの旅の心細さのあまり、足もともおぼつかない。道ばたの畑の麦の穂を頼りにつかみ、ようやく別れ旅立っていくことだ。(季―麦の穂―夏)

むきむき【向き向き】［名］各自が好みによって向く方向が違っていること。思い思い。それぞれ。

むく【椋・樸樹】［名］木の名。実は食用。材は器具などの用材にされる。＝椋の木

〔**椋の葉**〕［名］ムクノキの葉。その表面がざらざらしているため、木材などの研磨に用いる。

むく［・なり］【無垢】［名・形動ナリ］❶《仏教語》煩悩がなく、清浄な境地にあるさま。❷汚れのないさま。純粋。❸衣服の表裏、または上着から下着まで、同色無地のもの。多く、「白無垢」についていう。

む・く【向く】㊀［自カ四］{か・き・く・く・け・け}❶その方向に向かう。対する。❷その傾向になる。傾く。例「我が心恨みにむ・きて」〈風雅・恋四・一三〇七〉❸似合う。適する。例「廓様、今は向・かぬと」〈浄・ひぢりめん卯月の紅葉〉㊁［他カ下二］{け・け・く・くる・くれ・けよ}❶その方を向かせる。向ける。❷ささげる。供える。例「幣取り向・けてはや帰り来ね」〈万葉・一・六二〉❸服従させる。例「韓国を向・け平らげて」〈万葉・五・八一三長歌〉

む・く【平く】［他カ下二］{け・け・く・くる・くれ・けよ}平定する。

むくい［・す］【報い・酬い】㊀［名］❶ある行為の結果として身に受けるもの。❷前世の行いの結果。応報。㊁［名・自サ変］仕返しをすること。復讐。

むくげ【木槿・槿】［名］《「もくげ」とも》木の名。夏から秋にかけて、白・淡紅色・淡紫色の花を付ける。よく生け垣などにされた。＝木蓮。(季―秋)

むくさか［・なり］［形動ナリ］{なら・なり(に)・なり・なる・なれ・なれ}繁栄するさま。にぎわしくめでたいさま。

むくつけう形容詞「むくつけし」の連用形「むくつけく」のウ音便。

むくつけ・し

［形ク］{から・く(かり)・し・き(かる)・けれ・かれ}

> **アプローチ** ▼現実では理解できない事態に接したときに感じる畏怖・不快の心情を表す。▼そこから、対象を評価的にとらえて、無骨である、無風流だの意を表す。

❶**気味が悪い。ぞっとする。**例「昔物語などにこそかかることは聞け、といとめづらかにむくつけ・けれど」〈源氏・夕顔〉訳昔の物語などにこうしたことは聞いているが、じつに異様で気味が悪いけれど。《係結び》「こそ→聞け㊀」

❷**驚くべきである。恐るべきである。**例「まづ平茸を取りて上げけむ心こそ、いとむくつけ・けれ」〈今昔・二八・三八〉訳(あぶない目に会っても)先に平茸を取ってから上がって来たという心構えは、まことに驚くべきものだ。

❸**無骨である。無風流だ。品がない。**例「いみじう身の力強く、心猛く、むくつけ・き荒武者の」〈宇治拾遺・一〇・六〉訳とても体力が強く、勇猛で、無骨な荒々しい武者が。《音便》「いみじう」は「いみじく」のウ音便。①②③＝むくつけなし

む

むくつけな・し［形ク］{から・く(かり)・し・き(かる)・けれ・かれ}「むくつけし」に同じ。

むくどり【椋鳥】［名］❶鳥の名。椋の実を食べるのでこの名があるという。（季—秋）。❷《近世語》江戸に出稼ぎに来たいなか者。その人をあざけっていう。

〔俳句〕**むくどりと…**【椋鳥と人に呼ばるる寒さかな】〈おらが春・一茶〉訳江戸へと旅をしていると道ばたの者に「椋鳥（いなか者）」と馬鹿にされ、寒々とした気持ちになることだ。（季—寒さ—冬）

むくのかみ【木工頭】［名］「もくのかみ」に同じ。

むく・ふ【報ふ・酬ふ】［他ハ四］{は・ひ・ふ・ふ・へ・へ}「むくゆ」に同じ。

むくむく・し［形シク］{しから・しく(しかり)・し・しき(しかる)・しけれ・しかれ}非常に恐ろしい。気味が悪い。例「言ひあへるも、**むくむくし**く聞きならはぬ心地したまふ」〈源氏・東屋〉

むくめ・く【蠢く】［自カ四］{か・き・く・く・け・け}《「むぐめく」とも》（虫などが）むくむくと動く。うごめく。

むく・ゆ【報ゆ・酬ゆ】［他ヤ上二］{い・い・ゆ・ゆる・ゆれ・いよ}《「むくふ」とも》受けた行為に応じてやり返す。恩返しにも仕返しにもいう。例「心有らむ人は人の恩を蒙りなば必ず**酬・ゆ**べきなり」〈今昔・二九・三六〉

むぐら【葎】［名］つる草の総称。ヤエムグラなど。和歌では荒れた家や土地を象徴。（季—夏）

〔**葎の門**〕「葎」の生い茂る荒れ果てた家。貧しい家。＝葎の宿

〔**葎の宿**〕「むぐらのかど」に同じ。

むぐらふ【葎生】［名］「葎」の生えている所。

むくりこくり［名］《近世語》（「むくり」は蒙古、「こくり」は高句麗の意。両国軍の来襲を鬼が来ると恐れたことから）❶恐ろしいもののたとえ。子供を脅かすとき使う語。❷ひどいこと。無理非道。

むくろ【身・軀】［名］❶からだ。胴体。❷死骸。なきがら。とくに、首を切られた胴体だけの死体。

むくろごめ【軀籠め】［名］全身。からだぐるみ。

むくゎん【無官】［名］官職がないこと。

むくゎんのたいふ【無官の大夫】［名］四・五位で官職のない者。多くは公卿の子弟で、元服前に五位に叙せられていた。

むけ【向け・平け】［名］討って服従させること。

むけ【無卦】［名］陰陽道で、人の一生を干支に配して定めた年回りのうち、五年間不運な事が続くという年回り。↔有卦

むげ［・なり］【無下・無碍】［名・形動ナリ］

アプローチ ▼原義は、それより下がない意の「無下」とも、滞らない意の「無碍」ともされる。
▼はなはだひどい、最低だ、身分が低いなどの否定的な意や、そのものずばりだの意を表す。

❶最低だ。**たいへんひどいさま。**例「天下のものの上手といへども、始めは、不堪の聞こえもあり、**無下**の瑕瑾もありき」〈徒然・一五〇〉訳天下一の芸能の達人といっても、その初めには、未熟だという評判もあり、**たいへんひどい**欠点もあった。

❷**身分が低く無教養であること。**例「これを**無下**の者は、手をすりて拝む」〈宇治拾遺・一二・九〉訳このことを**身分が低く無教養な**者は、手をこすって拝む。

❸程度のはなはだしいさま。**度はずれている。論外だ。**例「**むげ**の末に参りたまへりし入道の宮に、しばしはおされたまひにきかし」〈源氏・若菜・上〉訳**論外**なほどの末に入内なさった入道の宮（藤壺中宮）に、（弘徽殿大后は）一時は圧倒されてしまわれたことだ。《敬語》「参りたまへり」→「まゐる（四段）」「たまふ（四段）」、「おされたまひ」→「たまふ（四段）」

❹他の何物でもなく、そのものずばりだ。**まさしく。まったく。**例「今は、**むげ**の親ざまにもてなして、扱ひきこえたまふ」〈源氏・薄雲〉訳いまは、**まさしく**親代わりの態度をなさって、お世話申し上げなさる。《敬語》「扱ひきこえたまふ」→「きこえたまふ」

発展学習ファイル 「**無下の**」の形で連体修飾に、「**無下に**」の形で連用修飾で用いられることが多い。

むげに【無下に・無碍に】［副］❶程度がはなはだしい。むやみに。やたらに。ひどく。例「**むげにはづかしとおもひたりつるに**」〈落窪・一〉❷ある状態になりきったさま。すっかり。完全に。例「かひなきもの懲りにこそ、**むげにくづほれにけれ**」〈源氏・賢木〉❸（下に打消の語を伴って）全然。まったく。例「**むげに答へきこえざらむも例ならぬ**」〈源氏・宿木〉

むけん【無間】［名］《仏教語。近世以降「むげん」とも》「無間地獄」の略。

〔**無間の底**〕「無間地獄」の底。

むげん【夢幻】［名］❶夢とまぼろし。❷《仏教語》この世の一切の事物のはかなさのたとえ。

むけんぢごく【無間地獄】［名］《仏教語。「むげんぢごく」とも》「八大地獄」のひとつ。五逆罪などの大罪を犯した者が落ち、絶え間ない責め苦を受けるという。＝阿鼻地獄・無間・無間奈落

むけんならく【無間奈落】［名］「むけんぢごく」に同じ。

むげんはうやう【夢幻泡影】［名］《仏教語》（夢と幻と泡と影の意から）人生のはかなさのたとえ。

むこ【婿】［名］夫として家に迎え入れる男。娘の夫。

むご［・なり］【無期】［名・形動ナリ］❶期限・際限のないこと。❷時間・期間の長いこと。

むこかしづき【婿傅き】［名］娘の婿を大切にすること。

むこがね【婿がね】［名］《「がね」は接尾語》やがて婿となるべき人。かねて婿にと思い定めた人。

むこのうら【武庫の浦】［地名］摂津国の地名。いまの兵庫県西宮市と尼崎市西部の地域、武庫川河口付近の海岸を指す。

むこひきでもの【婿引き出物】［名］婚礼のとき、舅から新郎に贈る品物。婿引き出。

むごん【無言】［名］❶話をしないこと。口をきかないこと。❷「無言の行」の略。

〔**無言の行**〕《仏教語》仏教の修行のひとつ。一定期間、無言でいる修行。＝無言②

むさ【武者】［名］「むしゃ」に同じ。

むさい【無才】［名］《「むざえ」「むざい」とも》才能のないこと。学問のないこと。

むざいがき【無財餓鬼】[名]《仏教語》非常に貧しくて、食べる物もない餓鬼。↔有財餓鬼

むさう【無相】[名]《仏教語》この世の一切の物事には形や姿はないということ。形や様相を超越した絶対的な状態(空)であること。↔有相

むさう【無想】[名]一切の執着から離れること。無心。

むさう【夢相】[名]夢で吉凶を判断すること。また、それを職業とする人。

むさう【夢想】[名]❶夢の中で思い見ること。❷夢の中で神仏のさとしを受けること。夢のお告げ。

むさう[・なり]【無双】[名・形動ナリ]「ぶさう」に同じ。

むざう[・なり]【無慙】[名・形動ナリ]《「むざん」の変化形》「むざん」に同じ。

むさうそせき【夢窓疎石】[人名](一二七五〜一三五一)鎌倉後期から南北朝時代の臨済宗の僧。宗教活動の主な面は『夢中問答集』や『夢窓国師語録』にみえるが、その他和歌や連歌も詠んだ。

むざえ【無才】[名]「むさい」に同じ。

むさし【武蔵】[地名]旧国名。東海道十五か国のひとつ。いまの埼玉県・東京都の大部分と神奈川県東部を含む地域。関八州のひとつ。＝武州

むさしあぶみ【武蔵鐙】[名]武蔵国特産の鐙。鐙に鉄板が連なり、その先端に「刺鉄」を付けたもの。和歌では「さすが」に、また、鐙は踏むところから「ふみ」などにかけて用いる。

むさしの【武蔵野】[歌枕]武蔵国の野。いまの埼玉県・東京都と神奈川県東部にまたがる広大な原野。「紫草」が景物。「若紫」「草のゆかり」などの語とともに詠まれることが多い。

むさしののこころ【武蔵野の心】[名]《「紫の一本ゆゑに武蔵野の草はみながらあはれとぞ見る」〈古今・雑上・八六七〉訳→(和歌)むらさきのひともとゆゑに…を背景とする》ひとりの愛しい人がいるために、その縁者みなに親しみが感じられること。

〔和歌〕**むさしのを…【武蔵野を人は広しといふ吾はただ尾花分け過ぐる道としおもひき】**〈悠然院様御詠草・田安宗武〉訳武蔵野を人は広いという。しかし、私はただ、ススキの花穂をかき分けて通り過ぎていく道とばかり思ったことだよ。

〔川柳〕**むさしばう…【武蔵坊とかく支度に手間がとれ】**〈柳多留・初〉訳武蔵坊弁慶は熊手・掛矢・大鋸などの七つ道具を背負っている。さぞかし支度には時間がかかったことであろう。

むざね【実】[名]《「身実」の意》そのもの。本体。

むさぼ・る【貪る】[他ラ四]{ら・り・る・る・れ・れ}《「むさぶる」とも》多くを望む。執着する。例「朝の露にことならぬ世を、何をむさぼる身の祈りにか」〈源氏・夕顔〉

むざん[・なり]【無慙・無慚・無惨】《「むざう」とも》一[名]❶《仏教語》罪を作りながら、恥じないこと。❷(①から転じて)凡俗なこと。愚かなこと。例「無慚の人は、たまはりて失ひ侍りなむ」〈宇津保・国譲・上〉二[名・形動ナリ]❶むごいさま。残酷なさま。❷いたましいさま。かわいそうなさま。例「心のうちこそむざん・なれ」〈平家・一・祇王〉

〔俳句〕**むざんやな…【むざんやな甲の下のきりぎりす】**〈おくのほそ道・太田神社・芭蕉〉訳白髪を墨で染め戦った斎藤実盛着用のかぶとを眼前にして、「何ともいたましいことだ」と嘆きの声をあげずにいられない。かぶとの下では、コオロギがはかなく鳴いている。(季-きりぎりす-秋)

むし【虫】[名]❶虫。主に昆虫類を指していう。❷美しい声で鳴く秋の虫の総称。鈴虫・松虫・コオロギなど。(季-秋)。❸人の体内にいるとされる虫。

〔**虫がかぶる**〕腹痛が起こる。また、産気づく。

〔**虫が知らす**〕なんとなくそのような感じがする。

〔**虫が納まる**〕腹立ちがなおる。

〔**虫に障る**〕しゃくにさわる。

〔**虫の殻**〕虫のぬけがら。はかなく、むなしいもののたとえに用いられる。

〔**虫の籠**〕虫を入れるかご。むしかご。むしこ。

〔**虫を殺す**〕じっと我慢する。

むし[名]一【苧】「苧」の略。二【帔】「枲の垂れ衣」の略。

む

むし【無始】[名]《仏教語》どこまでさかのぼっても、始めのない、限りなく遠い過去。

むしきかい【無色界】[名]《仏教語》三界(欲界・色界・無色界)のひとつ。肉体的・物質的なもの、すなわち色法の束縛から離れた観念の世界。

むしくひ【虫喰ひ】[名]鶯の別名。

むしくゎうごふ【無始曠劫】[名]《仏教語》始めのない、無限に遠い過去。

むしこ【虫籠】[名]❶虫かご。(季-秋)。❷「虫籠格子」の略。＝虫籠窓

むしこがうし【虫籠格子】[名]虫かごのように格子を細かく縦に組んだもの。

むしこまど【虫籠窓】[名]「むしこ②」に同じ。

むじつ【無実】[名]《古くは「むしつ」》❶実のないこと。❷罪がないのにあるとされること。ぬれぎぬ。偽り。

むしづくし【虫尽くし】[名]遊戯のひとつ。声・形のすぐれた虫を持ち寄って、その優劣を競う遊び。一説に、歌などに虫の名を多く並べ挙げて詠み込むこと。(季-秋)

むしのたれぎぬ【枲の垂れ衣・帔】[名]《「むし」は「苧」の略》女性が外出の際、顔やからだを隠すのに、「市女笠」の縁に縫いつけて垂らした薄い布。＝帔 ⬇【古典参考図】女子の服装〈3〉

むしば・む【虫食む】[自マ四]{ま・み・む・む・め・め}虫が食って物に穴があく。虫食いになる。例「月に昔を思ひ出でて、虫ばみたる蝙蝠(＝扇子)取り出でて」〈枕・成信の中将は、入道兵部卿宮の〉

むしぶすま【蒸し衾・苧衾】[名]語義未詳。掛けると蒸すように暖かい寝具の意か。一説に、カラムシ(草の名)の茎の繊維で作った寝具とも。

むしめづるひめぎみ【虫めづる姫君】[作品名]『堤中納言物語』所収の短編物語。

むしゃ【武者】[名]《「むさ」とも》武士。軍人。

むじゃう【無常】[名]❶《仏教語》この世の万物は、絶えず移り変わってゆき、一瞬もとどまることがないという考え方。↔常住三。例「祇園精舎の鐘の声、諸行**無常**の響きあり」〈平家・一・祇園精舎〉〔注〕「祇園精舎」は、中部インドにある寺院。須達長者が釈迦のために建てて

寄進したといふ。❷とくに、**人の死。最期。** 例「人はただ、無常の身に迫りぬる事を心にひしとかけて」〈徒然・四九〉
〔**無常の風**〕人の命が突然奪われることを、花を散らす風にたとえていう語。
〔**無常の敵**〕死。命を奪う敵にたとえていう。
〔**無常の殺鬼**〕死。命を奪う鬼にたとえていう。
むじゃうしょ【無常所】[名]墓場。墓地。
むしゃどころ【武者所】[名]院の御所を警固する北面の武士の詰め所。また、その武士。
むしょ【墓所】[名]墓場。墓地。
むじょう【無常】歴史的かなづかい「むじゃう」
むしろ【筵・蓆・席】[名]❶わら・イグサ・竹などを編んで作った敷物の総称。❷座席。場所。
〔**筵張りの車**〕牛車の一種。車箱をむしろで張ったもの。身分の低い者が乗用とした。
むしん[［・なり／・す］]【無心】（「むじん」とも）一[名・形動ナリ]❶**深い考えがないこと。浅はかなこと。** また、そのさま。↔有心①。例「この大臣の、さる**無心**の女房に心あはせて入り来たりけむにも」〈源氏・若菜・下〉❷**情趣を解する心がないこと。無粋なこと。** また、そのさま。↔有心③。例「〔私ノ息子タチハ〕人の遊びせむ所には草刈笛吹くばかりの心どもにて、いと**無心**にて侍り」〈宇津保・国譲・上〉〔注〕「草刈笛吹くばかり」とは、貴族が管弦の催しで演奏する主要な楽器（琴・笛など）や、唱歌などの才能がないことを卑下していったもの。❸《仏教語》**心中に雑念がないこと。すべてを超越していること。** 例「その上に、**無心**の感を持つ事、天下の名望を得る位なり」〈花鏡〉❹中世以後に発達した文学理念。伝統的な用語と優美繊細な和歌的情趣を重んじる「有心」に対して、口語表現をとりいれ、卑近なおもしろみをねらうもの。具体的には、狂歌・無心連歌についていわれることが多い。→「むしんれんが」。↔有心④。二[名・他サ変]**無理な頼みをすること。とくに、金品をねだること。** 例「ちと**無心**があるが、聞いてはおくりゃるまいか」〈狂・二人大名〉

古語深耕　**向上した「無心」の評価**

「**有心**」に対する語で、歌合わせの判詞などでは歌題に対する理解が浅いことを指した。中世に至り、後鳥羽院の周辺で流行した「有心無心連歌」では、通常の歌詞を用いた和歌的連歌を「**有心**」といったのに対して、滑稽・卑俗な狂句を「**無心**」と呼んでいるが、この無心連歌はのちの俳諧の原点となった。ただし、伝統的な「**有心**」に対する否定的評価としての意味合いからは抜け出せず、仏教的見地から「**無心**」を最上の境地とした世阿弥の能楽論に至って、ようやく美的理念としての到達をみた。

むじん【無尽】[名]❶尽きることのないこと。❷（「無尽講」の略）一定の金額を互いに出し合って、一定の順序で融通しあう組合。
むしんしょぢゃく【無心所着】[名]和歌で、一首の内容にまとまりがなく、意味の通じない歌。たとえば、「我妹子が額に生ふる双六の牡の牛の鞍の上の瘡」〈万葉・一六・三八三八〉など。
むしんれんが【無心連歌】[名]卑俗で滑稽な内容の連歌。和歌的な連歌に対していう。＝無心。↔有心連歌
む・す【生す・産す】[自サ四]{さ・し・す・す・せ・せ}生える。生じる。例「山行かば草**生**・**す**屍」〈万葉・一八・四〇九四長歌〉
む・す【噎す・咽す】[自サ下二]{せ・せ・す・する・すれ・せよ}❶物などがのどに詰まる。むせる。❷悲しみや感動などで胸がいっぱいになる。例「我妹子が植ゑし梅の木見るごとに心**む**・**せ**つつ涙し流る」〈万葉・三・四五三〉訳→〔和歌〕わぎもこがうゑしうめのき…
むず[助動サ変型]⇨一二七四ページ「特別コーナー」
むすこべや【令子洞房】[作品名]江戸後期（一七八五刊行）の洒落本。山東京伝作・画。遊里での遊びの心得について、「馴染の弁」など、十二の項目を立てて伝授の形式で説いたもの。
むずと[副]❶力を込めて、勢いよくするさま。がばっと。＝むんずと。例「うへに**むずと**乗りかかり」〈平家・九・越中前司最期〉❷強い意志をもって行うさま。堂々と。しっかりと。例「信頼の上〔座〕に**むずと**着き給ふ」〈平治・上〉
むすひ【産霊】[名]（「むす」は生む、「ひ」は神霊の意）万物を生み出す神聖な霊の力。
むすび【結び】[名]❶結ぶこと。❷物事を締めくくり終わること。❸握り飯。
むすびあ・ぐ【掬び上ぐ】[他ガ下二]{げ・げ・ぐ・ぐる・ぐれ・げよ}（水などを手で）すくい上げる。
むすびい・づ【結び出づ】[自ダ下二]{で・で・づ・づる・づれ・でよ}両手の指を組み合わせていろいろな形（の印）を作る。例「数珠おしすり、印ことことしく**結び出**・**で**などして」〈徒然・五四〉
むすびか・く【結び掛く】[他カ下二]{け・け・く・くる・くれ・けよ}結んでかける。
むすびがみ【結び髪】[名]女性の髪の結い方のひとつ。鬢や髱を出さずに頭の上で束ねて結ったもの。
むすびかりぎぬ【結び狩衣】[名]糸で作った花や模様を装飾として結び付けた狩衣。多く子供用。
むすびこ・む【結び込む・結び籠む】[他マ下二]{め・め・む・むる・むれ・めよ}ひもなどを結んで中に込める。中につなぎこめる。例「ちぎる心は**結びこ**・**め**つや」〈源氏・桐壺〉
むすびだい【結び題】[名]和歌の題で、二つ以上の事物・概念を結びつけたもの。「故郷の花」「初春の霞」など。
むすびつ・く【結び付く】[他カ下二]{け・け・く・くる・くれ・けよ}離れないように結んでくっつける。
むすびとうだい【結び灯台】[名]灯台の一種。細い丸木三本を結び、それを開いて台とし、その上に油皿をのせたもの。→[古典参考図]調度類〈2〉
むすびとど・む【結び留む】[他マ下二]{め・め・む・むる・むれ・めよ}結んで離れないようにする。結んでつなぎとめる。
むすびな・す【結び為す】[他サ四]{さ・し・す・す・せ・せ}ある状態になるように結ぶ。

むすびまつ【結び松】[名]誓いを立てたそのしるしに松の小枝を結ぶこと。また、その小枝。

むす・ぶ【掬ぶ】[他バ四]{ば・び・ぶ・ぶ・べ・べ}《「結ぶ」と同じ語源》**両手で水をすくう。**また、**そうして水を飲む。**例「山寺なる石井によりて、手に**むす・び**つつ飲みて」〈更級〉

むす・ぶ【結ぶ】{ば・び・ぶ・ぶ・べ・べ}■一[他バ四]❶**つなぐ。つなぎ合わせる。結ぶ。**例「ふたりして**結・び**し紐をひとりしてあひ見るまでは解かじとぞ思ふ」〈伊勢・三七〉《係結び》「ぞ→思ふ(体)」。❷**結び目を作る。結び文にする。**例「いとなつかしうしみ深う匂へるを、いと細く小さく**結・び**たるあり」〈源氏・胡蝶〉《音便》「なつかしう」は「なつかしく」、「深う」は「深く」のウ音便。❸**約束する。契る。誓う。**例「黒髪の白くるまでと**結・び**てし心一つを今解かめやも」〈万葉・一一・二六〇二〉〔注〕「結ぶ」と「解く」は縁語。❹**形を作る。構える。**例「この山の庵を**結・び**つつ、あまたの年月を送るよしを答ふ」〈東関紀行〉❺(比喩的に)**形を作る。ある関係になる。結集する。**例「当家はいまだ山門のためにあたを**むす・ば**ず」〈平家・七・平家山門連署〉❻(「印を結ぶ」の形で)仏教の悟りや誓願を表すために**指でいろいろな形を作る。**また、手指をいろいろな形に組み合わせて**呪文などを唱える。印形を結ぶ。**例「袖の内にて印を**結・び**て、ひそかに咒を唱ふ」〈宇治拾遺・一一・三〉■二[自バ四]**形作る。固まる。凝結する。**例「霜氷うちたて**むす・べ**る明けぐれの空かきくらし降る涙かな」〈源氏・少女〉

発展学習ファイル　「むすぶ」は、紐状のものなどを、互いに離れないようにからみ合わせる意が原義。それに対して、類義語「ゆふ(結ふ)」は、ある区域に印になるものをたて、他の立ち入りを禁止する意が原義。

〔和歌〕**むすぶての…**【**むすぶ手の雫に濁る山の井の飽かでも人に別れぬるかな**】〈古今・離別・四〇四・紀貫之〉訳すくいあげる手からしたたり落ちるしずくでたちまち濁ってしまうささやかな山の井の水は、十分に飲めないが、満ち足りない思いのままに、私はあなたとお別れしてしまうのですね。

〈参考〉上三句は、「飽かでも」を導く序詞。

むすぶのかみ【産霊の神・結ぶの神】[名]《「むすひのかみ」の変化形》万物を生み出す神秘的な霊力をもった神。のちには、男女の縁を結ぶ神になった。

むすぼほ・る【結ぼほる】[自ラ下二]{れ・れ・る・るる・るれ・れよ}《「むすぼる」とも》❶**結ばれたまま解けなくなる。**例「花すすき穂に出でて恋ひば名を惜しみ下結ふ紐の**結ぼほ・れ**つつ」〈古今・恋三・六五三〉〔注〕「結ぼほる」に、③の意をかける。❷**露や霜などができる。氷が張る。**例「などかつららの**むすぼほ・る**らむ」〈源氏・末摘花〉❸**悲しみや悩みのために心が晴れずにいる。思い悩む。**例「つひに心もとけず**むすぼほ・れ**てやみぬること、二つなむ侍る」〈源氏・薄雲〉❹**人と人が結ばれる。縁を結ぶ。**例「平家に**むすぼほ・れ**たる人々は」〈平家・一〇・首渡〉

むすぼ・る【結ぼる】[自ラ下二]{れ・れ・る・るる・るれ・れよ}「むすぼほる」に同じ。

むずむず[副]❶**遠慮なくするさま。無配慮にひたすら行うさま。**例「**むずむず**と折り食ふ」〈宇治拾遺・一・一〉❷**力を込めて。勢いよく。強く。**例「板にて桟敷を外より**むずむず**と打ってけり」〈愚管抄〉

むすめ【娘・女】[名]《「産す女」の意》❶**親から見たときの自分の女の子供。**❷**若い女性。おとめ。**

むすめがち[・なり]【娘がち】[形動ナリ]{なら・なり・(に)・なり・なる・なれ・なれ}《「がち」は接尾語》**女の子が多いさま。**例「類い(＝一族)ひろく、**むすめがち・に**て」〈源氏・須磨〉

むすめだうじゃうじ【娘道成寺】[作品名]「きゃうがのこむすめだうじゃうじ」に同じ。

むすめばら【娘腹・女腹】[名]母・娘両方を妻にした場合、その娘の方から生まれること。または、その子。↔親腹

むずる(「んずる」とも)推量の助動詞「むず」の連体形。例「『いは**むずる**』『里へ出で**むずる**』などいへば、やがていとわろし」〈枕・ふと心劣りとかするものは〉

むずれ(「んずれ」とも)推量の助動詞「むず」の已然形。例「神輿ヲ先頭ニシテ訴訟をいたさば、大勢の中をうち破ってこそ後代の聞こえもあら**むずれ**」〈平家・一・御輿振〉《音便》「うち破っ」は「うち破り」の促音便。

むせかへ・る【噎せ返る・咽せ返る】[自ラ四]{ら・り・る・る・れ・れ}**ひどくむせる。ひどく泣く。**例「はかばかしうものたまはせやらず、**むせかへ・ら**せたまひつつ」〈源氏・桐壺〉

むせ・ぶ【噎ぶ・咽ぶ】[自バ四]{ば・び・ぶ・ぶ・べ・べ}《上代は「むせふ」》❶**むせる。**❷**むせび泣く。**❸**むせび泣くような声や音を立てる。**❹**つまる。つかえる。**例「遣り水もいといたう**むせ・び**て」〈源氏・朝顔〉

むそ【六十】[名]数字の六十。

むそく[・す]【無足】[名・自サ変]❶**中世以降、武士が所領や俸禄を持たないこと。また、その人。**❷**無駄になること。**例「お志を**無足**にして、殺して義理が立ちますか」〈浄・摂州合邦辻〉

むそぢ【六十】[名]❶**六十。**❷**六十歳。**

むた【共・与】[名]《格助詞「の」「が」の後に付いて》…**とともに。…といっしょに。**例「君が**むた**行かましものを」〈万葉・一五・三七七三〉

むたい[・なり]【無代・無体・無台】[名・形動ナリ]《古くは「むだい」とも》❶**軽視したり無視したりすること。**❷**無理なこと。**

むだいき【無益委記】[作品名]江戸後期(一七七九刊行)の黄表紙。恋川春町作・画。書名は、聖徳太子の『未来記』のもじりで、未来の諸事の変転を空想し、滑稽に描いたもの。

むだう[・なり]【無道】[名・形動ナリ]《「ぶたう」とも》**道義や道理に逆らうこと。**

むだうしん[・なり]【無道心】[名・形動ナリ]❶**信仰心のないこと。**❷**無慈悲。**

むだ・く【抱く】[他カ四]{か・き・く・く・け・け}**だく。だきかかえる。**

むたまがは【武玉川】[作品名]江戸中期(一七五〇から一七七六刊行)の雑俳撰集。四時庵紀逸・二世四時楼紀逸編。紀逸が自評の前句付けから高点の付け句を選んで編集。短句(十四字句)が多いのが特色で、「武玉川調」と呼ばれる。

むたまがは【六玉川】[歌枕]山城国の「井手の玉川」・近江国の「野路の玉川」・陸奥国の「野田の玉川」・摂津国の「三島の玉川」・

むず ［推量の助動詞］（「んず」とも）

活用 サ変型

基本形	未然形	連用形	終止形	連体形	已然形	命令形
むず（んず）	○	○	むず（んず）	むずる（んずる）	むずれ（んずれ）	○

アプローチ ▼推量の助動詞「む」＋格助詞「と」＋サ変動詞「す」＝「むとす」が変化したもの。
▼右の成り立ちから、「…ようとする」の意が原義だが、さらに用法を広げて、「む」とほぼ同じように推量・意志・適当の各意味で、やや強調をこめて用いられる。

接続 活用語の未然形に付く。

意味	訳語	用例
❶推量を表す。	…だろう (きっと)…だろう	例「この月の十五日に、かの元の国より、迎へに人々まうで来**むず**」〈竹取・かぐや姫の昇天〉 訳今月の十五日に、あの以前いた国(＝月の国)から(私を)迎えに人々が**きっと**やって来る**だろう**。
❷…しようという意志を表す。	…う …よう …たい	例「あやしき有り様をもしたまはば、なき世なりとも、かならず恨み聞こえ**むずる**ぞ」〈大鏡・道隆〉 訳みっともない生活をなさるならば、(自分が)死んだあとであっても、必ずお恨み申し上げ**よう**ぞ。
❸それが適当であることを表す。	…よいだろう …べきだろう	例「この御格子はまゐらでやあら**むずる**」〈落窪・一〉 訳この御格子はお上げ申し上げないほうが**よいでしょう**か。

発展学習ファイル (1)平安中期ごろには多く会話文に用いられている。『枕草子』では悪いことばとされ、「なに言を言ひても、『その事させむとす』『言はむとす』『なにとせむとす』といふ『と』文字をうしなひて、ただ、『言は**むずる**』『里へ出で**むずる**』などいへば、やがていとわろし。まいて、文に書いては、いふべきにもあらず」〈枕・ふと心劣りとかするものは〉とある。鎌倉時代になると盛んに用いられ、地の文にも用いられるようになった。
(2)発音の変化に伴って、「んず」「うず」とも表記されるようになった。
(3)語源については、推量の助動詞「む」の連用形と想定される「み」に、サ変動詞「す」の付いた「みす」が変化したものとする説もある。

武蔵国の「調布の玉川」・紀伊国の「高野の玉川」の総称。→「たまがは」

むち【鞭】［名］（「ぶち」とも）馬を打って進ませるための、竹や革製の細長い道具。

〔**鞭鐙を合はす**〕馬を速く走らせるときに、鞭で打つと同時に鐙で馬の腹をける。

〔**鞭の加持**〕陰暦の五月五日の競べ馬の行事で勝つことを願い加持祈禱をしてもらうこと。

〔**鞭を揚ぐ**〕馬を速く走らせるために鞭を高く振り上げる。

〔**鞭を執る**〕鞭を手に持って馬を御する。転じて、思いどおりに扱う。

むちさし【鞭差し】［名］厩の舎人で、鞭をもって主人に従って行く者。

むぢゅう【無住】［人名］（一二二六～一三一二）鎌倉中・後期の臨済宗の僧・説話集編者。同時代ではほとんど顧みられなかったが、仏教説話集『沙石集』の普及とともに評価されるようになった。

むつ-【睦】［接頭］むつまじく親しいの意を表す。「睦言」「睦語り」など。

むつ【六つ】［名］❶数の名。六。❷第六番目。❸年齢の六歳。❹（「六つ時」の略）時刻の名。いまの午前と午後の六時ごろ。

〔**六つの巷**〕（仏教語）「ろくだう」に同じ。

〔**六つの花**〕（六角形の結晶の形が似ていることから）雪の別名。六花。（季－冬）

〔**六つの道**〕（仏教語。「六道」の訓読語）「ろくだう」に同じ。

むつ【陸奥】［地名］❶旧国名。東山道八か国のひとつ。いまの青森県・岩手県・宮城県・福島県と秋田県の一部。奥州。みちのく。＝陸奥国。❷旧国名。東山道十三か国のひとつ。①を明治元年（一八六八）に陸奥・陸中・陸前・磐城・岩代の五か国に分割したうちのひとつ。青森県と岩手県北部。

むつか・し【難し】

［形シク］{しから・しく(しかり)・し・しき(しかる)・しけれ・しかれ}

アプローチ ▼不快に思う意を表す動詞「憤る」と同じ語源の語。
▼好ましくない事態に対して感じる、うっとうしく、不愉快な心情を表す。

❶**不快である。うっとうしい。** 例「女君は、暑く**むつかし**とて、御髪すまして、すこしさはやかにもてなしたまへり」〈源氏・若菜・下〉訳女君(＝紫の上)は、暑く**うっとうしい**というので、御髪を洗って、少しすがすがしそうにしていらっしゃる。

❷**気味が悪い。いとわしい。** 例「右近は、ただあな**むつか・し**と思ひける心地みなさめて、泣きまどふさま

いといみじ」〈源氏・夕顔〉訳右近は、ただもう気味が悪いと思っていた気持ちがすっかり消えて、泣いて取り乱すさまは、まことにひとどおりではない。❸わずらわしい。面倒だ。例「用ありて行きたりとも、その事果てなば、とく帰るべし。久しく居たる、いとむつか・し」〈徒然・一七〇〉訳用があって(人の所へ)行ったとしても、その用事が済んだならば、早く帰るべきだ。長居をするのは、じつにわずらわしい。❹むさ苦しい。風情がない。例「竜胆(りんだう)は、枝ざしなどもむつか・しけれど」〈枕・草の花は〉訳リンドウは、枝ぶりなども風情がないが。

古語深耕　**「むつかし」と「うたてし」との違い**

「**むつかし**」は、現代語の「困難だ」の意とは違うので要注意。「**うたてし**」と同じく、不快な感じを表す。だが、何が不快というのでなく、何となくいやな気分の時や、相手が悪いわけではないのに自分の思い通りにならない時など、不快の基準に自己中心的な傾向がある。もちろん「**うたてし**」も、自己が不快と感ずるのだが、もとははなはだしい程度を表す副詞「**うたて**」からきており、対象のひどさが本人以外にもはっきり分かることが多い。

むつかしう【難しう】形容詞「むつかし」の連用形「むつかしく」のウ音便。

むつかしげ[・なり]【難しげ】[形動ナリ]{なら・なり(に)・なり・なる・なれ・なれ}(「げ」は接尾語)❶いかにも不快なさま。例「いと小家(こいへ)がちに、**むつかしげ・なる**わたりの」〈源氏・夕顔〉❷いかにも面倒なさま。例「**むつかしげ・に**おはするほどを、絶えず抱きとりたまへば」〈源氏・若菜・上〉❸いかにも気味の悪いさま。例「今宵(こよひ)こそいと**むつかしげ・なる**夜なめれ」〈大鏡・道長・上〉

語構成　「夜なめれ」→「なめり」

むつがたり【睦語り】[名]「むつごと」に同じ。

むつか・る【憤る】[自ラ四]{ら・り・る・る・れ・れ}(「むづかる」とも)❶不愉快に思う。不機嫌になる。例「『あなにく。この御癖(おほんくせ)ぞ』と見たてまつり**むつか・る**めり」〈源氏・明石〉❷小言をいう。例「『な頼まれそ』など、**むづか・り**ければ」〈枕・殿などのおはしまさで後〉❸(子供などが)だだをこねる。すねる。

むつき【睦月】[名]陰暦正月の別称。(季―春)

むつき【襁褓】[名]❶生まれたばかりの子に着せる産着(うぶぎ)。❷おしめ。おむつ。❸ふんどし。

むつ・く【憤く】[自カ下二]{け・け・く・くる・くれ・けよ}不愉快になる。機嫌を悪くする。むずかる。

むつごと【睦言】[名](とくに男女が)親しく語り合うことば。＝睦語り

むつたま【睦魂】[名]温和な霊魂。

むつび【睦び】[名]親しむこと。親しみ。

むつびかは・す【睦び交はす】[自サ四]互いに親しむ。むつみ合う。例「〔明石(あかし)ノ君(きみ)ト紫ノ上(うへ)ト〕**睦びかは・して**」〈源氏・若菜・上〉

むつ・ぶ【睦ぶ】[自バ上二]{び・び・ぶ・ぶる・ぶれ・びよ}仲むつまじくする。親しくする。例「常に見たてまつり**睦・びざり**し親なれど」〈源氏・竹河〉

むつま・し【睦まし】[形シク]{しから・しく(しかり)・し・しき(しかる)・しけれ・しかれ}(近世以降は「むつまじ」)❶**仲がよい**。**親密だ**。**親しい**。例「まことに**むつま・しき**ことこそなかりけれ、いまはとゆくを、いとあはれと思ひけれど」〈伊勢・一六〉《係結び》「こそ→なかりけれ㊁」。❷**懐かしい**。**慕わしい**。**心ひかれる**。例「何ばかりのものとも御覧ぜざりし人も、**睦ま・しく**あはれに思(おぼ)さるれば」〈源氏・蜻蛉〉《敬語》「御覧ぜざりし」→「ごらんず」、「思さるれば」→「おぼす」

むつましう【睦ましう】形容詞「むつまし」の連用形「むつましく」のウ音便。

むつ・る【睦る】[自ラ下二]{れ・れ・る・るる・るれ・れよ}なれ親しむ。例「小さき人は、ただ思ふ人に**むつ・るる**ものなり」〈宇津保・楼の上・上〉

むつわき【陸奥話記】[作品名]平安中期の軍記物語。作者・成立年代未詳。前九年の役(一〇五一〜一〇六二)の顚末(てんまつ)を源頼義(よりよし)軍の転戦を軸に描き出す。

むとく[・なり]【無徳】[形動ナリ]{なら・なり(に)・なり・なる・なれ・なれ}❶徳に欠けるさま。品位がないさま。例「いと**無徳・なる**をたちまじり見る人なきぞ心やすかりける」〈源氏・蓬生〉❷裕福でないさま。例「かく**無徳・に**侍(はべ)れば、従ふ人一人も侍らねば」〈宇津保・蔵開・下〉❸役に立たない。例「**無徳・なる**もの、潮干の潟にをる大船」〈枕・無徳なるもの〉

むとくしん[・なり]【無得心】[名・形動ナリ](近世語)思いやりのないこと。不人情。

む-と-す(「んとす」とも)…**ようとする**。→「なむとす」。例「宇津(うつ)の山にいたりて、わが入(い)らむとする道はいと暗う細きに」〈伊勢・九〉訳宇津の山に行き着いて、自分の進もうとする道は、たいそう暗く細いので。《音便》「暗う」は「暗く」のウ音便。

語構成
む	と	す
推「む」㊤	格助	サ変「す」

むな-【空・虚】[接頭](「実無(さねむ)」の意から)内容のない、むなしいの意を表す。「**空**車」「**空**言」など。

〈参考〉助動詞「むず」のもとになる形とされる。

むないた【胸板】[名]❶胸の平らなところ。❷鎧(よろい)の前胴の正面の最上部をいう。➡[古典参考図]武装・武具〈1〉

むながい【胸繫・鞅】[名](「むなかき」のイ音便)馬具の一種。馬や牛の胸から鞍(くら)に掛ける組み緒。➡[古典参考図]武装・武具〈1〉

むながいづくし【鞅尽くし】[名]「鞅(むながい)(馬具の一種)」をあてる馬や牛の胸のあたり。

むなぎ【鰻】[名]ウナギの古名。

むなぐるま【空車】[名]❶人の乗っていない車。❷荷物の積んでいない車。

むなこと【空言・虚言】[名]実(じつ)のないことば。

むな・し【空し・虚し】[形シク]{しから・しく(しかり)・し・しき(しかる)・しけれ・しかれ}

アプローチ　▼外側・容器だけあって中身がない、からである状態を表す。
▼そのことから、実質や実体がない状態を表すようになった。

❶中身がない。からである。例「人もなき空・しき家は草枕旅にまさりて苦しかりけり」〈万葉・三・四五一〉訳→〈和歌〉ひともなき…
❷はかない。無常だ。例「世の中は空・しきものと知る時しいよよますます悲しかりけり」〈万葉・五・七九三〉訳→〈和歌〉よのなかはむなしきものと…
❸かいがない。無益だ。例「ただ今の一念、むな・しく過ぐる事を惜しむべし」〈徒然・一〇八〉訳いまというこの一瞬の時が、かいがなく過ぎることを惜しむべきである。
❹事実無根だ。例「相人の言空・しからず、と御心の中に思しけり」〈源氏・澪標〉訳相人(占い師)の予言は事実無根ではない、と御心のうちにお思いになるのであった。〈敬語〉「思しけり」→「おぼす」
❺からだだけで魂がなくなっている。死んでいる。亡くなっている。例「恋しきにわびて魂惑ひなばむな・しきからの名にや残らむ」〈古今・恋二・五七一〉訳恋しさに困り果てて魂が身から離れ出たならば、魂がなくなったからだになったという評判が残るだろうか。〈係結び〉「や」→残らむ㊍

〔空しき骸〕死骸。なきがら。

〔空しき蟬〕セミのぬけがら。空蟬。

〔虚しき空〕(「虚空」の訓読語)大空。虚空。

〔空しき名〕かいのない名声。いたずらな評判。

〔空しき船〕(船を天皇にたとえ、位を去った天皇の意から)上皇の別称。

〔空しくなる〕(人が)死ぬ。亡くなる。

むなし・う【空しう】ムナシュウ 形容詞「むなし」の連用形「むなしく」のウ音便。

むなち【胸乳】〔名〕(「むなぢ」とも)乳房。ちち。

むなづくし【胸尽くし】〔名〕(近世語)胸ぐら。着物の左右の襟が交差する胸の上中央部。

むなづはら・し【胸づはらし】ムナズワラシ〔形シク〕{しから・しく(しかり)・し・しき(しかる)・しけれ・しかれ}(近世語)心配ごとや悲しみで胸がふさがるさま。

むなで【空手・徒手】〔名〕❶素手。手に何も持っていないこと。❷何もしないこと。

むなばせ【空馳せ】〔名〕「競べ馬」で負けること。

むなもん【棟門】〔名〕(「むねかど」「むねもん」とも)公卿・門跡などの家に設けられた門。二本の柱に切妻破風造りの屋根をつけ、棟を高く上げたもの。↓[古典参考図]門・塀・垣

むなわ・く【胸分く・胸別く】〔自カ下二〕{け・け・く・くる・くれ・けよ}鹿などの動物が胸で草を押し分ける。例「さ雄鹿の胸別・け行かむ秋野萩原」〈万葉・二〇・四三二〇〉

むなわけ【胸分け・胸別け】〔名〕❶鹿などの動物が胸で草を押し分けること。❷胸や胸幅のこと。

むにむさん【・なり】【無二無三】(「むにむざん」とも)㊀〔名〕❶(仏教語)成仏の道はただひとつだけで、二つとないこと。❷(①から転じて)ただひとつしかないこと。㊁〔形動ナリ〕{なら・なり(に)・なり・なる・なれ・なれ}わき目もふらず一心不乱なさま。例「朱に染んだ体をば無二無三に引きずり出し」〈浄・仮名手本忠臣蔵〉

むね【旨】〔名〕事がらの趣旨・内容。

むね【宗】〔名〕中心となるもの。主となるもの。

むね【胸】〔名〕❶胸部。転じて、心。❷胸の病気。❸短歌の第二句。

〔胸開く〕心が晴れ晴れとする。

〔胸合ふ〕ムネオウ 衣服の胸元の部分が合う。

〔胸痛し〕心が痛む。とてもつらい。

〔胸焦がる〕心の中で苦しみもだえる。例「人やりならぬ胸こが・るる夕べもあらむ」〈源氏・帚木〉

〔胸裂く〕苦しさや悲しさのあまり、胸が張り裂けそうになる。

〔胸騒ぐ〕心配や不安で心が落ち着かない。胸騒ぎがする。

〔胸潰らはし〕ムネツブラワシ 驚きや心配で胸がつぶれるようだ。はらはらする。

〔胸潰る〕(不安・驚愕・悲しみなどで)胸がどきりとする。心がいたむ。＝胸拉ぐ

〔胸に当たる〕思い当たる。

〔胸に釘打つ〕弱点をつかれて、嫌な思いがする。

〔胸に手を置く〕❶(胸に手を置いて寝たときのように)息苦しくなる。例「息もえせず、胸に手を置・きたらむやうにて」〈蜻蛉・中〉❷よく思案する。

〔胸の関路〕ムネノセキジ 胸に燃える思い。恋愛や嫉妬などの心を燃えたつ火にたとえていう。

〔胸の火〕胸に燃えたつ激しい思い。恋・嫉妬などで燃え上がる心を火にたとえたもの。

〔胸の隙〕もの思いのしばらく止むとき。少し心が安らぐとき。例「胸の隙なくやすからずものを思ほす」〈源氏・紅葉賀〉

〔胸の隙開く〕心が晴れる。

〔胸走る〕胸騒ぎがする。胸がどきどきする。例「胸はし・りて、いかで取りてしがなど」〈源氏・夕霧〉

〔胸拉ぐ〕「むねつぶる」に同じ。

〔胸塞がる〕(悲しみや感動などで)胸がいっぱいになる。

〔胸より余る〕胸におさめきれないほど思い悩む。例「もろともに聞こえましと思ひつづくるぞ、胸よりあま・る心地する」〈源氏・総角〉

〔胸を打つ〕悲しみや無念さから自分の胸をたたく。例「足すり叫び伏し仰ぎ胸打・ち嘆き」〈万葉・五・九〇四長歌〉

〔胸をせく〕胸がつまったようになり、吐き気をもよおす。例「をりをりは胸をせ・き上げつつ」〈源氏・葵〉

〔胸を潰す〕胸がつぶれそうなほど思い悩む。

〔胸を焼く〕思い焦がれる。思い煩う。

〔胸を病む〕胸を痛める。胸の病気を患う。

むね【棟】〔名〕❶屋根の中央の一番高い所。❷牛車の屋根の上に前後にさし渡した木。

むね【刀背】〔名〕「みね③」に同じ。

むねうち【刀背打ち・棟打ち】〔名〕刀のみねで打つこと。みねうち。

むねかど【棟門】〔名〕「むなもん」に同じ。

むねつき【胸付き】〔名〕山道や坂道などのけわしく急なところ。

むねと【宗徒】〔名〕(副詞「宗と」から派生した語)中心人物として信頼する者。主だった者。

むねと【宗と】〔副〕❶主として。第一に。例「一生のうち、むねとあらまほしからん事の中に」〈徒然・一八八〉❷中心として。例「宗とあると見ゆる鬼横座にゐたり」〈宇治拾遺・一・三〉

むねと・す【宗とす・旨とす】〔他サ変〕{せ・し・す・する・すれ・せよ}

❶主とする。重んじる。❷大将とする。例「渡辺の省、授をむねと・して」〈平家・一・御輿振〉

むねながしんわう【宗良親王】(ムネナガシンノウ)〔人名〕(一三一一〜?)(「むねよししんわう」とも)南北朝時代の歌人。父は後醍醐天皇。『新葉和歌集』を撰集。『宗良親王千首』、家集『李花集』を残す。

むねはしり【・す】【胸走り】〔名・自サ変〕胸騒ぎがすること。どきどきすること。

むねはしりび【胸走り火】〔名〕(「胸走り」と「走り火」とを重ねた語)心が騒ぎ落ち着かない気持ちを、ぱちぱちとはじける火にたとえたもの。

むねむね・し【宗宗し】〔形シク〕{しから・しく(しかり)・し・しき(しかる)・しけれ・しかれ}❶おもだった。中心となって働く。例「家司なども、**むねむね・しき**人もなかりければ」〈源氏・橋姫〉❷しっかりしている。例「**むねむね・しから**ぬ軒のつまなどに」〈源氏・夕顔〉

むねん【・なり】【無念】〔名・形動ナリ〕❶(仏教語)無我の境地に入って、何の雑念もなくなること。❷悔しい思いをすること。残念。

むば【姥】〔名〕年老いた女。老姿。うば。

むばたまの〔枕詞〕(平安以降「ぬばたまの」の表記が変化したもの)「ぬばたまの」に同じ。

〔和歌〕**むばたまの…【むばたまの闇のうつつはさだかなる夢にいくらもまさらざりけり】**〈古今・恋三・六四七・よみ人しらず〉訳(むばたまの)暗闇の中の逢瀬は、現実であっても、はっきりと見た夢の中の逢瀬にくらべて、いくらもまさっていないものだった。

むはふ【・なり】【無法】(ムホウ)〔名・形動ナリ〕非常識で道理に外れていること。粗雑で乱暴なこと。

むばら【茨・荊】〔名〕「いばら」に同じ。

むべ【宜】〔副〕「うべ(宜)」に同じ。

発展学習ファイル　平安時代に入ると、マ行・バ行音の前にくる「う」は発音がmに近づき、「む」「ん」と表記されることが多くなる。「**うめ**」と「**むめ**」、「**うま**」と「**むま**」などもこの例にあたる。

むべな・ふ【諾ふ】(ムベナウ)〔他ハ四〕{は・ひ・ふ・ふ・へ・へ}「うべなふ」に同じ。

むべむべ・し【宜宜し】〔形シク〕{しから・しく(しかり)・し・しき(しかる)・しけれ・しかれ}(平安以降、形容詞「うべうべし」の表記が変化したもの)❶もっともらしい。いかにもふさわしい。例「面もち、声づかひ、**むべむべ・しく**もてなしつつ」〈源氏・少女〉❷格式ばっている。堅苦しい。例「花の、きはやかに総なりて咲きたる、**むべむべ・しき**ところの前栽には、いとよし」〈枕・故殿の御服の頃〉

むへんくゎう【無辺光】(ムヘンコウ)〔名〕(仏教語)阿弥陀仏の光明を十二に分けたうちのひとつ。あまねく無辺な世界を永遠に照らし続ける。

むへんくゎうぶつ【無辺光仏】(ムヘンコウブツ)〔名〕(仏教語)無辺光の光をもつ阿弥陀仏の別名。

むへんせかい【無辺世界】〔名〕❶(仏教語)無限の世界。虚空。❷当てのない方向。

むほん【・す】【謀反・謀叛】〔名・自サ変〕自らの君主や為政者に背き、兵を挙げ、反乱を起こすこと。

むぽんしんわう【無品親王】(ムボンシンノウ)〔名〕(「むほんしんのう」とも)位階をもたない親王。

むま【今】〔名〕今。中古の和歌で、多く「むまや」の形で「駅」にかけ、「今や」の意で用いる。

むま【馬】〔名〕「うま(馬)」に同じ。

むまき【牧】〔名〕(「まき」とも)牧場。

むまご【孫】〔名〕「うまご」に同じ。

〔俳句〕**むまさうな…【むまさうな雪がふうはりふはりかな】**〈七番日記・一茶〉訳いかにもうまそうなぼたん雪が、空からふわりふわりと降ってくることだ。(季―雪―冬)

むまのつめ【馬の爪】〔枕詞〕(馬の爪がすりへるほど遠い意から)地名「筑紫」にかかる。

むまや【駅】〔名〕「うまや(駅)」に同じ。

むまや【馬屋・厩】〔名〕「うまや(馬屋)」に同じ。

むま・る【生まる】〔自ラ下二〕{れ・れ・る・るる・るれ・れよ}生まれる。

〔和歌〕**むまれしも…【生まれしも帰らぬものをわが宿に小松のあるを見るが悲しさ】**〈土佐〉訳この家で生まれたわが子が土佐で死にいっしょに帰って来ないのに、(土佐へ赴任中の留守に)わが家の庭には小さな松が生えているのを見るのが、悲しいよ。

むみゃう【無明】(ムミョウ)〔名〕(仏教語)煩悩にとらわれて、真理に到達することができないこと。

〔**無明の酒**〕(ムミョウノサケ)(「無明」を人の心を惑わす酒にたとえて)煩悩が人の心を乱すこと。

むみゃうざうし【無名草子】(ムミョウゾウシ)〔作品名〕鎌倉前期の物語評論。藤原俊成女著か。老尼と女房の座談の形式で、物語や女性についての評論を述べる。散逸物語研究の貴重な資料。

むみゃうせう【無名抄】(ムミョウショウ)〔作品名〕鎌倉前期の歌論書。『無名秘抄』ともいう。鴨長明著。歌論や逸話約八十段が連想で結ばれる。俊恵の歌論や歌林苑のようすを知る上でも貴重な資料。

むみゃうひせう【無名秘抄】(ムミョウヒショウ)〔作品名〕「むみゃうせう」に同じ。

むむ〔感〕❶口の中で含み笑いするときの語。例「ただ『**むむ**』と打ち笑ひて」〈源氏・末摘花〉❷承知したり納得したりするときに発する語。例「**むむ**そなたはつひに見ぬか」〈浄・生玉心中〉

むめ【梅】〔名〕「うめ」に同じ。

むめつぼ【梅壺】〔名〕「うめつぼ」に同じ。

むも・る【埋もる】〔自ラ下二〕{れ・れ・る・るる・るれ・れよ}「うもる」に同じ。

〔和歌〕**むもれぎの…【埋木の花咲くこともなかりしにみのなるはてぞ悲しかりける】**〈平家・四・宮御最期・源頼政〉訳土に埋もれた木が花咲くこともないように、埋木のような私は花を咲かせて栄えることがなく、そうしたわが身のなれの果てが悲しいことであるよ。〔係結び〕「ぞ→悲しかりける体」

〈参考〉「みのなるはてぞ」の「み」は「身」と「実」とをかける。「埋木」「花咲く」「実のなる」は縁語。

むもん【無文・無紋】〔名〕❶衣・帯・太刀などの地に、紋や模様のないこと。❷和歌・連歌・俳諧で、飾りのない平淡な表現の作品。↔有文①。❸能で、一見平凡に見えながら深い味わいをもち、人の心をうつ表現。

〔**無文の太刀・無紋の太刀**〕柄も鞘もすべて無地・無紋の太刀。凶事に用いる。

むやく【・なり】【無益】〔名・形動ナリ〕利益のないさま。むだなこと。

むやくし【無益し】〔形シク〕{しから・しく(しかり)・し・しき(しかる)・しけれ・しかれ}

〔近世語〕腹立たしい。悔しい。

むゆか【六日】〔名〕六日。六日目。また、六日間。

むよう【無用】〔名〕❶役に立たないこと。❷してはならないこと。禁止事項。

-むら【匹・疋】〔接尾〕(「ひき」とも)二反分を一巻きにした織物を数えるのに用いる。「疋布千匹」など。

むら【群・叢・聚】〔名〕同類のものが群がっていること。むれ。

むらい〔・なり〕【無礼】〔名・形動ナリ〕不作法で無礼なこと。ぶれい。例「今日の暑かはしさかな。無礼の罪はゆるされなむや」〈源氏・常夏〉

むらかみてんわう【村上天皇】〔人名〕(九二六〜九六七)第六十二代天皇。朱雀天皇の同母弟。和歌を好み、『万葉集』の訓釈および『後撰和歌集』の撰進を勅命。歌合わせもよく催し、『後撰和歌集』以降の勅撰集に五十七首入首。『村上御集』も現存する。

むらぎえ【斑消え】〔名〕(雪などが)まばらに消え残ること。

むらぎみ〔名〕一【村君・邑君】農民の長。村長。二【漁父・漁翁】漁夫の長。

むらきもの【村肝の・群肝の】〔枕詞〕(「むらぎもの」とも。人の心のはたらきは、「きも(=内臓)」にやどっていると考えられたためか)「こころ」にかかる。

〔和歌〕**むらぎもの…【むらぎもの心たのしも春の日に鳥のむらがり遊ぶを見れば】**〈良寛歌集・良寛〉訳〔むらぎもの〕心楽しいことだよ、春の日に鳥がたくさん群がって遊んでいるのを見ると。〈参考〉「むらぎもの」は「心」の枕詞。

むらぎ・ゆ【斑消ゆ】〔自ヤ下二〕(え・え・ゆ・ゆる・ゆれ・えよ)(雪などが)まだらに消えてゆく。例「垣のもとに雪むら消・えつつ、今もかき曇りて降る」〈源氏・浮舟〉

むらくも【群雲・叢雲】〔名〕群がっている雲。

むらご【斑濃・村濃】〔名〕染め色の名。同色で濃淡を染め分けたもの。紺村濃・紫村濃などがある。

むらさき【紫】〔名〕❶野草の名。夏、白い小さな花を付ける。根は赤紫色の染料とされた。古くより武蔵野の名草として知られる。(季‐夏)。❷染色の名。赤紫。①の根を用いて染める。高貴な色とされていた。単に「うす色」とか「濃き色」という場合は紫色か紅色をいった。❸〔女房詞〕「鰯」のこと。

〔**紫の雲**〕❶紫色に輝く雲。めでたいときにたなびき、仏や天人が乗る。❷「皇后」の別称。

〔**紫の雲路**〕(極楽には紫の雲がたなびいているとされることから)極楽の空。

〔**紫の雲の原**〕皇居。瑞雲のたなびく場所の意と、紫微宮(天帝の居所)の意をかけていう。

〔**紫の袖**〕平安時代、四位以上の人の着る袍のこと。のち、転じて立派な服装の意にも用いられる。

〔**紫の庭**〕宮中の庭。禁苑。「むらさき」は「紫微宮」で宮中の意。

〔**紫の縁**〕(「むらさきのゆゑ」とも)(「紫の一本ゆゑに武蔵野の草はみながらあはれとぞ見る」〈古今・雑上・八六七〉訳→〔和歌〕むらさきのひともとゆゑに…の歌から)❶いとしい人の縁者。❷(①から)『源氏物語』あるいは『源氏物語』の若紫の巻の別称。

〔**紫の故**〕「むらさきのゆかり」に同じ。

むらさきしきぶ【紫式部】〔人名〕(生没年未詳)平安中期の女流歌人・物語作者。中古三十六歌仙のひとり。本名未詳。歌人大弐三位の母。父は藤原為時。紫の由来は判然としないが式部は父が式部丞だったことによる。父の越前国赴任に際して同道したり、藤原宣孝との結婚および死別、中宮彰子への宮仕えなどの経験が、『源氏物語』に投影されたという指摘はかなり以前からあった。『後拾遺和歌集』以降の勅撰集に五十九首入集。家集『紫式部集』、『紫式部日記』。

むらさきしきぶしふ【紫式部集】〔作品名〕平安中期の私家和歌集。紫式部作、自撰。長和年間(一〇一二〜一〇一七)成立。式部研究の貴重な資料。

むらさきしきぶにっき【紫式部日記】〔作品名〕平安中期の日記文学。紫式部作。成立年未詳。成立事情には諸説ある。寛弘五年(一〇〇八)から同七年までの記事、書簡風の文章を収載。中宮彰子の皇子出産など主家の動静を女房日記として記録するほか、宮仕えや人生の憂愁、他の女房たちの人物批評など、多彩な記事を含む。『源氏物語』の成立や流布の事情を憶測させる記事もあり貴重。

むらさきしきぶにっきゑまき【紫式部日記絵巻】〔作品名〕鎌倉前期の絵巻。絵は藤原信実の画、詞書は藤原良経の筆と伝えられる。濃彩の作り絵で人物の目鼻立ちや表情は『源氏物語絵巻』などより幾分はっきりしており、似せ絵との接近も見られる。

むらさきすそご【紫裾濃】〔名〕染色の一種。上が白く下にいくに従って濃い紫色に染めたもの。

むらさきだ・つ【紫立つ】〔自タ四〕(た・ち・つ・つ・て・て)(「だつ」は接尾語)紫がかる。紫がかった色になる。例「紫だ・ちたる雲の、細くたなびきたる」〈枕・春は、あけぼの〉

むらさきにほひ【紫匂ひ】〔名〕❶襲の色目の名。上が濃い赤紫でしだいに下を薄くしたもの。❷鎧の縅の一種。上が紫色で下へいくほど薄い色にしたもの。

むらさきの【紫野】〔歌枕〕山城国の地名。いまの京都市北区紫野。紫草を栽培する、一般人の立ち入りを禁止した朝廷の所有地であった。

〔和歌〕**むらさきのいろこきときは…【紫の色濃き時はめもはるに野なる草木ぞわかれざりける】**〈古今・雑上・八六八・在原業平、伊勢・四一〉訳紫草が色濃いときには目もはるばると見渡す限り、同じ野に生えている草木すべてが、区別なく懐かしく思われる。(係結び)「ぞ→わかれざりける体」〈参考〉詞書によると、妻の妹と結婚していた人に袍を贈るときに詠んだ歌。妻への愛情が深いときには、その縁につながる人すべてが懐かしく思われるという意がこめられる。

むらさきのうへ【紫の上】〔人名〕『源氏物語』の女主人公。源氏の正妻として明石の君の娘、明石の中宮を育てるなどしたが、源氏がより高い身分の女性女三の宮と結婚したことから暗転。出家も許されず死霊の祟りに苦しみ、なお最愛の源氏の嘆きを見ながら息を引き取る。

〈和歌〉**むらさきのにほへるいもを…【紫草のにほへる妹を憎くあらば人妻故に我恋ひめやも】**〈万葉・一・二一・天武天皇〉訳むらさきのように美しいあなたを、もしも気に入らないと思っているならば、人妻であるのに、どうして私はあなたに心ひかれましょうか、いやひかれません。

〈参考〉「紫草の」は「にほふ」の枕詞。

〈和歌〉**むらさきのひともとゆゑに…【紫の一本ゆゑに武蔵野の草はみながらあはれとぞ見る】**〈古今・雑上・八六七・よみ人しらず〉訳なじみの紫草一本があるために、武蔵野の草はすべていとおしく思われるよ。《係結び》「ぞ→見る体」

〈参考〉愛する女性を一本の紫草にたとえる。

むらさめ【村雨・叢雨】[名]にわか雨。

〈和歌〉**むらさめの…【村雨の露もまだ干ぬ槙の葉に霧立ちのぼる秋の夕暮れ】**〈新古今・秋下・四九一・寂蓮法師〉〈百人一首〉訳村雨が残した露もまだ乾かない槙の葉の辺りに、早くも霧が立ちのぼっている寂しい秋の夕暮れよ。

むらじ【連】[名]上代における、姓のひとつ。もとは臣と並び、政治に参与する臣下の最高位にあったが、天武天皇時代の「八色の姓」では七位の位になった。その中で有力な者が「大連」に任ぜられた。

むらしぐれ【村時雨・叢時雨】[名]初冬のころ、ひとしきり激しく降ってはやみ、また降るのを繰り返す雨。（季―冬）

むらすすき【叢薄・群薄】[名]群がって生えているススキ。（季―秋）

むらすずめ【群雀】[名]群れをなして飛んでいる雀。

むらたけ【叢竹・群竹】[名]群がって生えている竹。

むらたじゅくゎう【村田珠光】[人名]（一四二三～一五〇二）室町中期の茶人。茶道の祖。一休に参禅、禅旨を茶の湯に加味させたことで茶道にまで高めた。

むらだち【群立ち・叢立ち】[名]（草木が）群がって立つこと。

むらだ・つ【群立つ・叢立つ】[自タ四]{た・ち・つ・つ・て・て}群がって立つ。例「〔左馬助八〕所々に**むら立ち**たる御方の勢を相招き」〈太平記・三九〉

むらたはるみ【村田春海】[人名]（一七四六～一八一一）江戸中・後期の国学者・歌人。賀茂真淵に入門して古学を学ぶ一方、和歌もよくした。『和学大概』『歌がたり』『琴後集』を著したほかに、『新撰字鏡』の発見と紹介に努めた。

むらたまの【群玉の】[枕詞]（多くの玉がくるくる回るところから）「くる」にかかる。例「**群玉の**くるにくぎ刺し固めとし」〈万葉・二〇・四三九〇〉

むらち・る【斑散る】[自ラ四]{ら・り・る・る・れ・れ}まばらに散る。例「風吹けば空に**むらち・る**雲よりも」〈忠岑集〉

むらとり【群鳥】[名]むらがっている鳥。

むらとりの【群鳥の】[枕詞]（「むらどりの」とも）（群鳥の習性から）「朝立つ」「立つ」「むれ」などにかかる。例「**群鳥の**立ちにし我が名」〈古今・恋三・六七四〉

むらなへ【群苗・占苗】[名]群がって生えている苗。一説に、「占苗」で、占いに用いる苗。

むらむら【叢叢・斑斑】[副]あちらこちらに群がっているさま。まだらに固まっているさま。例「庭の面に**むらむら**見ゆる冬草の」〈古今・雑躰・一〇〇五長歌〉

むらむら・し【斑斑し】[形シク]{しから・しく(しかり)・し・しき(しかる)・しけれ・しかれ}色の濃淡があり、まだらなさま。

むらめか・す【群めかす】[自サ四]{さ・し・す・す・せ・せ}（「めかす」は接尾語）群れをなす。例「寄せ手の兵ども**むらめか・して**引退く」〈義経記・八〉

むらやま【群山】[名]群がっている山。多くの山。

むりゃう【無量】[名・形動ナリ]（仏教語）はかり知れないさま。限りなく多いこと。

むりゃうおくごふ【無量億劫】[名]（仏教語。「劫」はきわめて長い時間の意）計り知れないほど長い時間。限りなく長い時間。

む・る【群る】[自ラ下二]{れ・れ・る・るる・るれ・れよ}群れをなす。群がる。ひとつの所に多く集まる。例「思ふどち**群・れ**て居ればうれしくもあるか」〈万葉・一九・四二八四〉

むれた・つ【群れ立つ】[自タ四]{た・ち・つ・つ・て・て}群がるようにして立つ。例「とまるものとは花すすき君なき庭に**群れ立・ちて**」〈古今・雑躰・一〇〇六長歌〉

むれらか[・なり]**【群れらか】**[形動ナリ]{なら・なり(に)・なり・なる・なれ・なれ}（「らか」は接尾語）群れをなしているさま。例「物は**群れらか**に得たるこそよけれ」〈宇治拾遺・九・四〉

むれ・ゐる【群れ居る】[自ワ上一]{ゐ・ゐ・ゐる・ゐる・ゐれ・ゐよ}数多く集まって座っている。群がっている。例「朝日照る佐田の岡辺に**群れ・居つ**つ」〈万葉・二・一七七〉

むろ【室】[名]❶洞窟や山中の岩屋。壁に囲まれた部屋。＝室屋。❷僧の住居。僧房。❸外気から遮断して物を保存し収納する部屋や建物。

むろ【無漏】[名]（仏教語）煩悩を断ち切り迷いの心を離れ解脱すること。↔有漏

むろきうさう【室鳩巣】[人名]（一六五八～一七三四）江戸中期の儒学者。加賀藩主の命によって木下順庵に師事。同門の新井白石の推挙で幕府の儒官に登用された。教訓書『駿台雑話』を残す。

むろぎみ【室君】[名]播磨国（いまの兵庫県）室津の遊女。転じて、遊女一般のこと。

むろぢ【無漏路】[名]（仏教語）「無漏」の境地。心身を悩ます、一切の欲望や迷いを断ち切った清浄な世界。↔有漏路

むろつ【室津】[地名]播磨国の地名。いまの兵庫県揖保郡御津町にある港。播磨灘に面する天然の良港で、瀬戸内海航路の要港として栄えた。

むろつみ【館】[名]上代の外国人を迎える宿舎。

むろのき【室の木・杜松】[名]ネズの古名。葉は針状で、実は食用、材は建築や器具に用いられる。

むろのやしま【室の八島】[名]占いのひとつ。除夜にかまどを払い清め、灰の残りのようすで翌年の吉凶を占った。

むろのやしま【室の八島】[歌枕]下野国の地名。いまの栃木県栃木市惣社にあった大神神社。境内に八つの人工島があり、池の水が蒸発して煙のように見えることから「室の八島の煙」と詠まれる。「やしま」は釜の意。

むろや【室屋】[名]「むろ(室)①」に同じ。

むゐ【無為】[名]（仏教語）因果関係で作られたものでない自然のままの真実。不変の真理。↔有為

むゐ【無畏】[名]（仏教語）仏が大衆に法を説くときの、泰然として何にも恐れない態度。

-め【奴】［接尾］❶人をののしる意を表す。例「その法師め、からめとって死罪におこなへ」〈平家・七・願書〉❷自分や身内の者を卑下する意を表す。「祖母奴」「私奴」など。

め【目・眼】［名］❶眼球。視覚器官。まなこ。目。例「このことを嘆くに、鬚も白く、腰もかがまり、目もただれにけり」〈竹取・かぐや姫の昇天〉❷見ること。見分けること。会うこと。例「落ちまどひ、木伝ひて、寝起きたる声に鳴きたるこそ、昼の目にたがひてをかしけれ」〈枕・たとしへなきもの〉（係結び）「こそ→をかしけれ(已)」。❸（見る対象である）顔。姿。例「君が目の見まく欲しけくこの二夜千年のごとも我は恋ふるかも」〈万葉・一一・二三八一〉❹ある事柄に遭遇すること。事態。境遇。例「頭弁の、柳蘰せさせ、桃の花を挿頭に刺させ、桜腰に差しなどして、ありかせたまひしをり、『かかる目見む』とは思はざりけむ」〈枕・上にさぶらふ御猫は〉（敬語）「ありかせたまひし」→「たまふ（四段）」。❺もののすきま。すきまの部分。また、編み目。例「まだいと多うも降らぬが、瓦の目毎に入りて、黒う丸に見えたる、いとをかし」〈枕・雪は〉《音便》「多う」は「多く」、「黒う」は「黒く」のウ音便。

〔目移る〕他の物事を見て心が動く。例「いまめかしきに目移りて、をかしきもあり」〈源氏・帚木〉

〔目驚く〕見ておどろく。

〔目覚む〕（「めざむ」とも）❶眠りからさめる。目が覚める。❷目新しさに驚く。例「しばし旅だちたるこそ、目さむる心地すれ」〈徒然・一五〉

〔目潰る〕目が見えなくなる。高貴なものを直視することをはばかっていう。例「天下に、目つぶれ、足折れたまへりとも」〈源氏・玉鬘〉

〔目に余る〕❶あまりに数が多くてすべてを見渡しきれない。例「目に余る程の大勢なり」〈太平記・三〉❷あまりにもひどくて、だまって見ていられない。

〔目に懸く〕❶目の前に見る。目に留める。例「目にかけたるかたきをうたずして」〈平家・四・橋合戦〉❷量をはかる。例「きざみ昆布して目にかけて売り出し」〈浮・日本永代蔵〉❸人に見せる。

〔目に角立てる〕❶怒ってにらみつける。❷目を皿にする。血眼になる。例「銭を一文いかないかな、目に角立てても拾ひがたし」〈浮・日本永代蔵〉

〔目に立つ〕[一]（「立つ」が自動詞四段活用の場合）目につく。例「過ぎ行く道に目に立つ社あり」〈十六夜〉[二]（「立つ」が他動詞下二段活用の場合）注目する。例「『上手出で来たり』とて、人も目に立つるなり」〈風姿花伝〉

〔目に近し〕目の前にいつも見ている。例「目に近く移ればかはる世の中を」〈源氏・若菜・上〉

〔目に付く〕❶（見たものの形や色などが）目に焼きついて残る。例「衣に付くなす目に付く我が背」〈万葉・一・一九〉❷見て気に入る。好ましく見える。例「院はいと目につかず見たまふ」〈源氏・若菜・上〉

〔目に留まる〕心がひかれる。例「若き人の御目にとどまるばかり」〈源氏・澪標〉

〔目に留む〕注意してじっと見る。心にとめて見る。例「いみじくきよらなるを、御目にとどめて」〈源氏・若菜・上〉

〔目に留まる〕心がひかれる。例「そのをりにつきなく目にとまらぬなどを、おしはからず詠み出でたる」〈源氏・帚木〉

〔目に見す見す〕まざまざと目の前に見て。眼前に見せつけられながら。例「目に見す見す、生ける人を、かかる雨にうち失はせんは」〈源氏・手習〉

〔目のうちつけ〕ちょっと見ただけであること。ふと見た感じ。例「心のなし（＝気ノセイカ）、目のうちつけに、例の猫にはあらず」〈更級〉

〔目は空〕他のことに気をとられ、その物が目に入らないようす。うわの空。例「『御硯の墨すれ』と仰せらるるに、目は空にて」〈枕・清涼殿の丑寅の角の〉

〔目引き鼻引き〕目つきや鼻先でひそかに合図し合うこと。目立たぬように知らせ合うこと。

〔目見入る〕❶心をとめて見る。見入る。例「あまねく人に目見入れつつ、いとなつかしうもてなしたまひて」〈とりかへばや〉❷注視して、自分の霊が相手に取りつく。物の怪がのり移る。例「きと目見入れ奉るによりてかくおはしますなり」〈宇治拾遺・一・九〉

〔目見立つ〕注意して見る。目をとめる。例「さらに目見立つる人なし」〈方丈記〉

〔目も当てられず〕あまりにひどくて正視できない。悲惨で見るに堪えない。

〔目も合はず〕よく眠れない。例「夜、目も合はぬままに、嘆き明かしつつ」〈蜻蛉・上〉

〔目もあやなり〕❶華やかできらきらと輝いていてまぶしいさま。例「目もあやなりし御さま、容貌に」〈源氏・紅葉賀〉❷正視できないほどひどいさま。例「目もあやに、あさましきまであいなう」〈枕・宮にはじめてまゐりたる頃〉

〔目も及ばず〕いくら見ても見つくせないほどすばらしい。例「目も及ばぬ御書きざまも」〈源氏・帚木〉

〔目も霧る〕涙で目がくもる。目がかすむ。涙ぐむ。例「（御髪ヲ）下ろしたてまつりたまひしを思ひ出づるに目も霧りていみじ」〈源氏・夕霧〉

〔目も口も一つになる〕ひどく驚いた状態をいう語。驚きあきれたようす。＝目口はだかる。例「かたりつづくるを聞き給ふに、目も口もひとつにな・る心地して」〈夜の寝覚〉

〔目も眩る〕目の前が真っ暗になる。

〔目も立たず〕目立ちもしない。目につかない。例「織女、彦星といふことどもあまたあれど、目も立た・ず」〈和泉式部日記〉

〔目も遥に〕目の届く限り。多く和歌で「春」「芽も張る」にかける。例「紫の色濃き時はめもはるに野なる草木ぞわかれざりける」〈古今・雑上・八六八〉訳→〔和歌〕むらさきのいろこきときは…

〔目を入る〕目をかける。ひいきする。例「源氏に目を入るる侍なれば」〈狂言記・七騎落〉

〔目を驚かす〕驚いて目を見張る。例「あさましきまで目をおどろか・したまふ」〈源氏・桐壺〉

〔目を懸く〕❶注意する。気にとめて心待ちにする。例「目をか・けて待ちわたるに、花もみな咲きぬれど、音もせず」〈更級〉❷ひいきにする。面倒を見る。

〔目をくはす〕目くばせをする。目つきで知らせる。例「はやるざふしきどもに目をくは・すれば、走り寄るに」〈落窪・二〉

〔目を配る・眼を配る〕注意してあちらこちらを見る。目くばりをする。

〔目を肥やす〕よい物を見て目を楽しませる。よい物を見て知識を豊かにする。

〔目を覚ます・眼を覚ます〕❶目覚める。また、眠らないでいる。❷びっくりする。意外なことに驚く。

〔目を澄ます〕じっと見守る。例「群臣興に入りて、目をすま・しけるとぞ」〈古今著聞・六六〉

〔目を側む〕目をそらす。例「上達部、上人などもあいなく目を側・めつつ」〈源氏・桐壺〉

〔目を立つ〕注意して見る。例「若やかなる殿上人などは、目をた・てつつ気色ばむ」〈源氏・蛍〉

〔目を付く・眼を付く〕じっとようすを見る。注視する。例「わが父大臣を、人知れず目をつ・けたてまつりたまへど」〈源氏・行幸〉

〔目を磨ぐ〕目を鋭くして見る。例「目をと・ぎて、皆まもり給ふ」〈宇津保・蔵開・上〉

〔目を抜く〕(近世語)人の目をごまかし、だます。例「ええ口惜しい目を抜・かれた」〈浄・女殺油地獄〉

〔目を放つ・眼を放つ〕目を離す。例「目を放・ち給はずまもらへておはする」〈宇津保・国譲・下〉

〔目を引く〕注意を引くために目で合図する。例「兄弟目を引・き」〈謡・小袖曾我〉

〔目を欲る〕顔を見たいと思う。会いたいと思う。例「我は恋ひむな君が目を欲・り」〈万葉・一一・二六七四〉

〔目を見合はす・眼を見合はす〕❶対面する。例「いかでかは目をも見あは・せたてまつらむ」〈源氏・若菜・下〉❷目くばせをする。例「この男、ふと来て守に目を見合は・せたりければ」〈宇治拾遺・四・二〉

〔目を見す〕❶ある境遇に合わせる。ある体験をさせる。例「心憂き目を見・せたまふかな」〈源氏・葵〉❷気持ちを目に表す。また、目くばせをする。

〔目を見る〕❶ある体験をする。例「もの心細く、すずろなるめを・見ることと思ふに」〈伊勢・九〉❷文字の読み書きができる。

〔目を喜ばしむ・眼を喜ばしむ〕見て楽しい気持ちになる。例「何によりてか目を喜ば・しむる」〈方丈記〉

め【牝・雌・女・妻】[名]❶めす。例「尾はたらかざらむを雌と知れ」〈枕・社は〉❷(「男」に対して)おんな。女性。例「我はもよ女にしあれば汝を除きて夫はなし」〈記・上・歌謡〉❸つま。夫人。例「妻の嫗にあづけてやしなはす」〈竹取・かぐや姫〉

め【海布・海藻】[名]食用となる海藻類の総称。「にきめ」「あらめ」など、語の一部となることが多い。

め 推量の助動詞「む」の已然形。例「大君の辺にこそ死なめ(=オソバデ死ノウ)顧みはせじ」〈万葉・一八・四〇九四長歌〉(係結び)「こそ→死なめ(已)」

めあかし【目明かし】[名]「をかっぴき」に同じ。

めあはす【目合はす】[自サ下二]{せ・せ・す・する・すれ・せよ}目と目を見交わす。目くばせする。

めあはす【妻合はす・娶す】[他サ下二]{せ・せ・す・する・すれ・せよ}(「女合はす」の意)妻として添わせる。結婚させる。

めあ・ふ【目合ふ】眠る。例「目さへあ・はでぞこころも経にける」〈源氏・帚木〉

めい【命】[名]❶生命。いのち。❷命令。仰せ。❸運命。めぐり合わせ。

めい【銘】[名]❶漢文の文体のひとつ。四字一句で韻を踏み、功績をたたえたり、事物の由来を述べたりする。金石などに刻まれ、多く墓碑に用いられる。❷器物に刻まれた製作者の名。❸器物・茶・酒などに、とくに付ける名。

〔銘を切る〕製作者の名まえをきざむ。例「つひに刀の柄に『月山』と銘を切・って世に賞せらる」〈おくのほそ道・出羽三山〉(音便)「銘を切っ」は「銘を切り」の促音便。

めいあん【冥暗・冥闇】[名](「みゃうあん」とも)❶暗やみ。❷冥途での迷い。

めいい【明衣】[名]「あかは」に同じ。

めいか【名家】[名]❶名望のある家柄。名門。❷公卿の家格のひとつ。羽林家の次、諸大夫の家の上。文筆を主とし、蔵人を兼ね、大納言まで昇進できる家柄で、勧修寺・万里小路・日野・烏丸・広橋などの十四の諸家をいう。

めいがうわうらい【明衡往来】[作品名]平安時代の往来物。『雲州消息』『雲州往来』ともいう。藤原明衡撰。漢文の手紙の模範例集。

めいかのとくみますのたまがき【名歌徳三升玉垣】[作品名]江戸後期(一八〇一初演)の歌舞伎。初世桜田治助作。惟喬・惟仁両親王の皇位争いの筋立てに、小野小町の雨乞い説話などの題材を組み入れた顔見世狂言。

めいげつ【名月】[名]陰暦八月十五夜の月。十五夜。=明月②。(季-秋)

めいげつ【明月】[名]❶明るく澄みわたった月。❷「めいげつ(名月)」に同じ。(季-秋)

めいげつき【明月記】[作品名]鎌倉前期の日記。藤原定家著。治承四年(一一八〇)から嘉禎元年(一二三五)までの分が残る。源平争乱から鎌倉初期に至る重要な歴史資料であると同時に、歌人としての活動の記録でもある。

〔俳句〕めいげつやいけをめぐりて…【名月や池をめぐりて夜もすがら】〈孤松・芭蕉〉訳中秋の名月の清らかな光の下、月を賞でつつ池の周囲をめぐり歩いているうちに、一夜を明かしてしまった。(季-名月-秋)

〔俳句〕めいげつやけぶりはひゆく…【名月や煙這ひゆく水の上】〈萩の露・嵐雪〉訳中秋の名月の夜、眼前の池の水面を煙のような霧が音もなく這うように流れていく。(季-名月-秋)

〔俳句〕めいげつやたたみのうへに…【名月や畳の上に松の影】〈雑談集・其角〉訳中秋の名月が部屋の中に明るい光を注いでいる。畳の上には庭の松の影がくっきりと映し出されていることだ。(季-名月-秋)

鳴弦　簀の子では出産の魔除けの鳴弦、庭では陰陽師がお祓いをする。(北野天神縁起)

〈俳句〉**めいげつやほっこくびより…**【**名月や北国日和定めなき**】〈おくのほそ道・敦賀・芭蕉〉訳今宵は中秋の名月。だが、昨夜はあれほどよい天気だったのに雨になってしまった。まったく北陸地方の空模様は変わりやすいものだ。(季―名月―秋)

〈俳句〉**めいげつを…**【**名月を取ってくれろと泣く子かな**】〈おらが春・一茶〉訳背中に背負った幼子が大空の満月を指差して、あの月を取ってくれとせがんで泣くことだ。(季―名月―秋)

めいげん［・す］【**鳴弦**】［名・自サ変］弓の神秘的な威力によって、物の怪を追い払うこと。矢をつがえずに弓の弦を鳴らす。出産や病気などの際にも行われた。＝弦打ち

めいしょき【**名所記**】［名］江戸前期に出版された地誌の一種。神社・仏閣・景勝地などの名所を案内する目的で書かれたが、文芸的な色彩が強い。浅井了意の『東海道名所記』『江戸名所記』など。

めい・ず【**銘ず**】［他サ変］{ぜ・じ・ず・ずる・ずれ・ぜよ}❶金属・石などに刻みつける。❷心に記憶する。例「令旨の趣肝に銘じ」〈平家・七・木曾山門牒状〉

めいせき【**名籍・銘跡**】［名］姓名・位階などを書いた名札。名簿。

めいぢょなさけくらべ【**名女情比**】［作品名］江戸前期(一六八一刊行)の仮名草子。作者未詳。三十四話の名女物語を収め、衣通姫や猿沢の采女など王朝時代の女性や、当代を含めた愛を貫く女性を描く。

めいど【**冥途・冥土**】［名］《仏教語》死者の霊魂がさまよう暗黒の世界。あの世。＝冥路

めいどのひきゃく【**冥途の飛脚**】［作品名］江戸中期(一七一一初演)の浄瑠璃。世話物。近松門左衛門作。大坂の飛脚宿の養子忠兵衛は、女郎梅川を身請けするために三百両を使い込み、ふたりで身を隠しつつ逃げるが、捕らえられる。梅忠物の原拠となる高名な作品で、近松世話物中の傑作。

めいぼく【**面目**】［名］「めんぼく」に同じ。

めいぼくせんだいはぎ【**伽羅先代萩**】［作品名］江戸中期(一七七七初演)の歌舞伎。奈河亀輔作。万治・寛文年間(一六五八〜一六七三)の、「伊達騒動」を脚色した作品。略称「先代萩」。のちの先代萩物の基礎となった作品。同名の浄瑠璃もこの歌舞伎の影響を受けて作られたが、別の場を採り入れ脚色されている。

めいめい【**銘銘**】［名］❶各自。おのおの。❷《接頭語的に用いて》各自がひとりひとりする意を表す。

めいよ【**名誉**】［副］《「めいよう」とも》不思議に。奇妙に。例「名誉悪心かはりて」〈浮・西鶴置土産〉

めいよ［・す／・なり］【**名誉**】㊀［名・自サ変］有名。評判になること。例「それより『後の千金』といふ事名誉せり」〈宇治拾遺・一五・一一〉㊁［名・形動ナリ］❶名声。評判が高いこと。例「道の**名誉**ゆゆしくおはしましけり」〈古今著聞・六〉❷《「めいよう」とも》不思議。奇怪。＝面妖

めいらん［・す］【**迷乱**】［名・自サ変］心が迷い乱れること。

めいろ【**迷廬**】［名］「しゅみせん」に同じ。

めいろ【**冥路**】［名］「めいど」に同じ。

めいわう【**明王**】［名］明君。賢明な君主。

めいわく［・す／・なり］【**迷惑**】［名・自サ変・形動ナリ］どうしたらよいか迷うこと。困惑すること。

めう【**妙**】［名・形動口語型］❶非常にすぐれていること。絶妙。❷とても不思議なこと。奇妙。

めうおん【**妙音**】［名］とても美しい音声。音楽。

めうおんてん【**妙音天**】［名］《仏教語》「弁才天」の別称。

めうおんぼさつ【**妙音菩薩**】［名］《仏教語》『法華経』「妙音菩薩品」に説かれている菩薩。東方の浄光荘厳国から霊鷲山に来て、美声(妙音)で十方世界に教えを広めるという。

めうが【**茗荷**】［名］❶草の名。若芽は「茗荷竹」、花穂は「茗荷の子」と称し、いずれも香気が高く、薬味などとして食する。(季＝茗荷竹―春・花―秋)。❷愚かな人。ミョウガの食べ過ぎにより物覚えが悪くなるという俗説から。❸①を図案化した紋所の名。

めうかく【**妙覚**】［名］《仏教語。「めうがく」とも》真の悟り。最高のすぐれた悟り。

めうけん【**妙見**】［名］「めうけんぼさつ」に同じ。

めうけんぼさつ【**妙見菩薩**】［名］《仏教語》北斗七星を神格化したもので、国土を守護し、災厄を除き、人の福寿を増すという菩薩。＝妙見

めうつし【**目移し**】［名］あるものを見なれた目で、別のものを見ること。例「頭中将人の**目移し**もただならずおぼゆべかめれど」〈源氏・花宴〉語構成「おぼゆべかめれど」→「べかめり」

めうつり【**目移り**】［名］見る目が、種々の物に移り変わること。他のものを見てそれに心がひかれること。

めうでん【**妙典**】［名］不可思議で微妙な教えを説いた経典。「法華経」を指すことが多い。

めうと【**夫婦**】［名］《「めをと」の変化形》ふうふ。妻と夫。

めうほふ【**妙法**】［名］《仏教語》不可思議で微妙な、意味の深い教え。とくに、「法華経」の敬称としても用いる語。

めうほふれんげきゃう【**妙法蓮華経**】

［名］❶「ほけきゃう」に同じ。❷「南無妙法蓮華経」の略。

めうもん【妙文】［名］《すぐれた文章の意》「妙法」を説いた経文。とくに、「法華経」の称。

めおとこ【女男】歴史的かなづかい「めをとこ」

めおや【女親】［名］女親。母親。

めかかう【・す】［名・自サ変］《「めがかう」とも》あかんべえ。例「目がかう・して児をおどせば」〈大鏡・伊尹〉

めがき【女餓鬼】［名］女の「餓鬼」。↕男餓鬼

‐めか・し［接尾シク型］{しから・しく(しかり)・し・しき(しかる)・しけれ・しかれ}（名詞・形容詞・形容動詞の語幹に付いて）…のようである、…らしい、…めいているの意を表す。「今めか・し」「上衆めか・し」「なまめか・し」など。

めがしこ・し【目賢し】［形ク］{から・く(かり)・し・き(かる)・けれ・かれ}目ざとい。早くものを見つけるさま。例「秀郷目かしこ・く見咎めて」〈盛衰記・三〉

‐めか・す［接尾サ四型］{さ・し・す・す・せ・せ}（名詞などに付いて）…らしく振る舞う。…であるようにする。例「はかなく見たまひけむ人をものめか・したまひて」〈源氏・紅葉賀〉

めかすげ【目糟毛】［名］馬の毛色の名。目のあたりに、灰色に白の混じった毛のあるもの。

めかど【目角】［名］❶目じり。目のはし。❷眼識。

めかり【目かり】［名］《近世語》場に応じて気を利かせること。

めかりう・つ【睇つ】［自タ四］{た・ち・つ・つ・て・て}媚びた目つきをする。色目をつかう。

めか・る【目離る】［自ラ下二］{れ・れ・る・るる・るれ・れよ}目から離れる。遠く離れて会うことが少なくなる。例「目離・るとも思ほえなくに忘らるる時しなければ」〈伊勢・四六〉

めかれ【・す】【目離れ】［名・自サ変］目から離れること。とくに、男女の仲が疎遠になることをいう。例「思へども身をしわけねば目離れ・せぬ」〈伊勢・八五〉

めぎみ【女君】［名］「をんなぎみ」に同じ。

めぎみ【妻君】［名］他人の妻の敬称。奥様。

‐め・く［接尾カ四型］{か・き・く・く・け・け}❶（名詞・形容詞の語幹・副詞に付いて）…らしく見える。…のようになる。…らしくなる。例「鳥の声なども、ことのほかに春め・きて」〈徒然・一九〉❷（擬声語・擬態語に付いて）…という音を立てる。「そよめ・く」「ひしめ・く」など。

めくさりがね【目腐り金】［名］《近世語》わずかな金をののしっていう語。はした金。

めぐ・し【愛し】［形ク］{から・く(かり)・し・き(かる)・けれ・かれ}❶見るのがつらい。かわいそうだ。例「人もなき古りにし里にある人をめぐ・くや君が恋に死なせむ」〈万葉・一一・二五六〇〉❷せつないほどいとしい。痛いほどかわいい。例「妻子見ればめぐ・し愛し」〈万葉・五・八〇〇長歌〉

めくちかわき【目口乾き】［名］《近世語》よく気がつき他人の事に口やかましいこと。また、その人。世話焼き。

めくは・す【目くはす】［自サ下二］{せ・せ・す・する・すれ・せよ}目くばせする。例「あなかたはらいた、と目くは・すれど聞きも入れず」〈源氏・若菜・上〉

めぐみ【恵み】［名］情けをかけること。恩恵。

めぐみつか・ふ【恵み使ふ】［他ハ四］{は・ひ・ふ・ふ・へ・へ}目をかけて召し使う。例「いとかしこう恵みつか・うたまひけるを」〈伊勢・四三〉《音便》「恵みつかう」は「恵みつかひ」のウ音便。

めぐ・む【芽ぐむ】［自マ四］{ま・み・む・む・め・め}植物が芽を出し始める。（季―春）

めぐ・む【恵む・恤む】［他マ四］{ま・み・む・む・め・め}❶情けをかける。哀れむ。例「旅行きもし知らぬ君を恵・みたまはな」〈万葉・一七・三九三〇〉❷あわれんで物を与える。施しをする。

めくら【盲】［名］❶目が見えないこと。また、その人。❷物の道理や価値をわきまえないこと。また、その人。

めくらごぜ【盲御前】［名］盲目の女芸人。三味線を弾き、歌をうたって、米や銭などを請いながら旅をした。＝瞽女

めぐらしぶみ【回らし文・廻らし文】［名］「くゎいじゃう」に同じ。

めぐら・す【回らす・廻らす・巡らす】［他サ四］{さ・し・す・す・せ・せ}❶回す。回らせる。例「人は顧みる事をえず、車は輪をめぐら・す事あたはず」〈平家・二・一門大路渡〉❷あれこれ考える。思いめぐらす。企てる。❸文書を回し知らせる。触れ回す。例「〔御車ヲ出スベキヨシ〕めぐら・し仰せたまひて」〈源氏・葵〉

めぐら・ふ【回らふ・廻らふ・巡らふ】［自ハ四］{は・ひ・ふ・ふ・へ・へ}（「回る」の未然形＋上代の反復・継続の助動詞「ふ」）❶暮らし続ける。人の世に生き続ける。例「これに悪しくせられては、この近き世界にはめぐら・ひなむや」〈源氏・玉鬘〉❷ためらう。例「入鹿が威ひに畏りてめぐら・ひて進まざるを」〈紀・皇極〉

めくらべ【・す】【目比べ】［名・自サ変］❶にらみ合うこと。例「かやうに目くらべ・して、鎌倉に集まり居ては叶ふまじ」〈太平記・一四〉❷にらめっこ。

めくらほふし【盲法師】［名］盲目の琵琶法師。座頭。

めぐり【回り・廻り・巡り】［名］❶回ること。回転。循環。❷囲い。塀。❸周囲。辺り。

めぐりあひて…【めぐり逢ひて見しやそれとも分かぬ間に雲隠れにし夜半の月かな】〔和歌〕〈新古今・雑上・一四九九・紫式部〉《百人一首》訳久しぶりにめぐり会って、見たのが同じ月であったかどうかも分からないうちに、雲に隠れてしまった夜中の月であることよ――久しぶりにめぐり会って見た人が、その人かどうかも分からないうちに、夜中の月のように姿を隠してしまったことよ。〈参考〉『新古今和歌集』では結句は「夜半の月影」。

めぐりあ・ふ【回り合ふ・巡り合ふ】［自ハ四］{は・ひ・ふ・ふ・へ・へ}めぐりめぐって出会う。思いがけなく会う。

めく・る【目眩る・目昏る】［自ラ下二］{れ・れ・る・るる・るれ・れよ}（悲しみや驚きで）目がくらむ。例「見るに目く・るるここちぞする」〈蜻蛉・上〉

めぐ・る【回る・廻る・巡る】［自ラ四］{ら・り・る・る・れ・れ}❶まわりを回る。また、回転する。❷取り囲む。❸歩き回る。あちこち行く。❹一巡する。また、離れて戻ってくる。❺時が移る。時節が順を追って変わる。❻生きてさまざまな目に合う。例「われかくてうき世の中にめぐ・るとも」〈源氏・手習〉❼生まれ変わる。例「深き契りある仲は、行きめぐ・りても絶えざなれば」〈源氏・葵〉語構成「絶えざなれば」→「ざなり」

めくるめ・く【目眩く】［自カ四］{か・き・く・く・け・け}目がくら

む。目の前がくらくらする。

めぐろ【目黒】[名]（近世語）マグロの小さなもの。

めこ【妻子】[名]❶妻と子。❷（「こ」は接尾語）妻。

めこと【目言】[名]目で見て、話すこと。会って話すこと。

めさきさざ・む【黥む】[他マ四]{ま・み・む・む・め・め}（刑罰として、または「賤民(せんみん)」を区別する目印として）目の近くに入れ墨をする。

めさ・ぐ【召上ぐ】[他ガ下二]{げ・げ・ぐ・ぐる・ぐれ・げよ}《動詞「召す」の連用形＋動詞「上(あ)ぐ」＝「めしあぐ」の変化形》「呼び出す」の意の尊敬語。呼び出す人（主語）を高める。お呼び出しになる。例「我(あ)が主の御霊(みたま)賜(たま)ひて春さらば奈良の都に**召上げ**たまはね」〈万葉・五・八八二〉

めざし【目刺し】[名]❶子供の髪型のひとつ。前髪を目を刺すほどの長さに垂らして切りそろえたもの。❷（転じて）子供。

めざ・す【目差す・目指す・目刺す】[他サ四]{さ・し・す・す・せ・せ}目当てとして見る。目がける。

めざと【[・なり]【目敏】[形動ナリ]{なら・なり(に)・なり・なる・なれ・なれ}見つけるのが速いさま。目ざとい。例「いと小さき塵(ちり)のありけるを、**目ざとに**見つけて」〈枕・愛しきもの〉

めざと・し【目敏し】[形ク]{(から)・く(かり)・し・き(かる)・けれ・かれ}見つけるのが速い。例「ひき隠し給ふを、例の**目ざとく**見てけり」〈狭衣・四〉

めざま・し【目覚まし】[形シク]{(しから)・しく(しかり)・し・しき(しかる)・しけれ・しかれ}

アプローチ
▼動詞「目覚む」が形容詞化した語。「めさまし」ともいう。
▼いい意味でも、悪い意味でも目が覚めるほど意外に思う気持ちを表す。
▼平安時代では、ふつう、身分・立場の上位者が下位者の言動をとがめる意で用いるが、身分のわりに立派である意でも用いられる。

❶**目にあまることだ。不愉快だ。失礼だ。**例「はじめより我はと思ひあがりたまへる御方々(がた)、**めざまし**きものにおとしめ、そねみたまふ」〈源氏・桐壺〉訳初めから我こそはと自負しておられた方々は、（桐壺更衣(きりつぼのこうい)を）**目にあまる**者とさげすみ、憎みなさる。❷**意外に立派だ。思いのほかすばらしい。**例「やむごとなくおはします殿の、貫之(つらゆき)のぬしが家におはしましたりしこそ、なほ和歌は**めざましき**ことなりかしと、おぼえはべりしか」〈大鏡・師輔〉訳高貴なご身分でいらっしゃる殿（＝師輔(もろすけ)）が、紀貫之殿の家にお出かけになったことで、やはり和歌は**思いのほかすばらしい**ものであったよと、感じられたことだ。（係結び）「こそ→おぼえはべりしか(已)」。（敬語）「やむごとなくおはします」「おはしましたりし」→「おはします」、「おぼえはべり」→「はべり」

めざまし・う【目覚ましう】(メザマシュウ)形容詞「めざまし」の連用形「めざましく」のウ音便。

めざましぐさ【目覚まし草】[名]（「めさましぐさ」とも。「草」は「種(くさ)」（品物）の意）目を覚ますきっかけとなるもの。

めさ・る【召さる】■一《動詞「召す」の未然形＋受身の助動詞「る」》「呼び出される」「任命される」の意で、「（AがBに）めさる」のB（呼び出す人、任命する人）を尊敬語「めす」が高める。お呼び出しいただく。任命していただく。例「助(すけ)、にはかに〈賀茂ノ臨時ノ祭リノ〉舞人に**めされ**たり」〈蜻蛉・下〉■二[他ラ下二]{れ・れ・る・るる・るれ・れよ}《動詞「召す」の未然形＋尊敬の助動詞「る」》「めす」は「呼び出す・食べる・飲む・着る・乗る」などの意の尊敬語。これにさらに尊敬の助動詞「る」を添え、これらの動作の主語を高める。さらに、このような「めす」本来の意が薄れて、文脈に応じていろいろな動作の尊敬語として使われる場合もある。例「〈法皇ハ〉山、三井寺の悪僧どもを**めされ**けり（＝オ呼ビ寄セニナッタ）」〈平家・八・鼓判官〉■三[補動ラ下二]{れ・れ・る・るる・るれ・れよ}（動詞の連用形に付いて）その主語を高める尊敬語。お（ご）…になる。…なさる。例「おとなしうござるよ。（アナタモ）おっつけ殿の御用に立ち**めされう**」〈浄・夕霧阿波鳴渡〉

めし【召し】[名]呼ぶことの尊敬語。お呼び。

めじ【目路】歴史的かなづかい「めぢ」

めしあ・ぐ【召し上ぐ】[他ガ下二]{げ・げ・ぐ・ぐる・ぐれ・げよ}❶《「呼び上ぐ」の尊敬語》お呼び出しになる。お呼び寄せになる。例「『さば、入(い)れ』とて、（私ヲ）**召し上ぐる**を」〈枕・関白殿、二月二十一日に〉❷《「取り上ぐ」の尊敬語》官人が所有物などを没収する。

めしあは・す【召し合はす】(メシアワス)[他サ下二]{せ・せ・す・する・すれ・せよ}《「召し」は呼び寄せるの意の尊敬語》お呼び寄せになって対面させる。例「御前(ごぜん)にて〈二人ヲ〉**召し合はせられ**たりけるに」〈徒然・一三五〉

めしあはせ【召し合はせ】(メシアワセ)[名]❶平安時代、陰暦七月の「相撲(すまひ)の節(せち)」の行事のうち、二十八日に紫宸殿(ししんでん)の前で行われる相撲(すもう)の手合わせ。❷両側から引いて合わせる戸や障子。その合わさる所。

めしい【盲】歴史的かなづかい「めしひ」

めしいだ・す【召し出だす】[他サ四]{さ・し・す・す・せ・せ}《「召し」は呼び寄せる・取り寄せるの意の尊敬語》❶（人を）お呼び出しになる。（物を）お取り寄せになる。＝召し出(い)づ。例「年老いたる法師**召し出だされ**て」〈徒然・一七五〉❷呼び出して官職や禄(ろく)をお授けになる。例「臨時の祭りに四位陪従(べいじゅう)といふことに**召し出だされ**て」〈清輔集〉

めしい・づ【召し出づ】(メシイズ)[他ダ下二]{で・で・づ・づる・づれ・でよ}「めしいだす①」に同じ。

めしい・る【召し入る】[他ラ下二]{れ・れ・る・るる・るれ・れよ}《「呼び入る」の尊敬語》中にお呼び入れになる。例「御簾(みす)のうちに**召し入れ**て」〈源氏・若菜・上〉

めしうと【召人】(メシュウト)[名]《「めしひと」のウ音便》❶舞楽に奉仕するために召された人。❷和歌所の「寄人(よりうど)」の別称。❸平安時代、貴族の私邸に仕えて、主人と寝所を共にした女房。侍妾(じしょう)。❹（「囚人」とも書く）捕らわれ人。囚人。

めしお・く【召し置く】[他カ四]{か・き・く・く・け・け}《「召し」は呼び寄せるの意の尊敬語》お呼び寄せになっておそばに居させる。召し抱える。

めしおほせ【召し仰せ】(メシオオセ)[名]天皇が臣下を呼び寄せて命令なさること。行幸・除目(じもく)・叙位のときなどにいう。

めしか・ふ【召し替ふ】(メシカウ)[他ハ下二]{へ・へ・ふ・ふる・ふれ・へよ}

《「召し」は着る・乗るの意の尊敬語》衣服や車馬を他のものとお取り替えになる。例「御浄衣の、よにいまはしきやうに見えさせおはしまし候ふ。召しか・へらるべうや候ふらん」〈平家・三・医師問答〉

めしかへ・す【召し返す】[他サ四]{さ・し・す・す・せ・せ}《「召し」は呼び寄せる・取り寄せるの意の尊敬語》(人を)お呼び戻しになる。(物を)お取り戻しになる。例「召しかへ・して御対面さぶらへ」〈平家・一・祇王〉

めしぐ・す【召し具す】[他サ変]{せ・し・す・する・すれ・せよ}《「呼び具す」の尊敬語》呼び寄せてお連れになる。呼んでお供をおさせになる。例「たのもしく覚えて召し具・して行くほどに」〈徒然・八七〉

めしこ・む【召し籠む】[他マ下二]{め・め・む・むる・むれ・めよ}《「呼び籠む」の尊敬語》お呼び寄せになって押し込める。例「返す返す奇怪なり。たしかに召し籠・めよ」〈宇治拾遺・二・五〉

めしじゃう【召し状】[名]「めしぶみ」に同じ。

めしつかひ【召し使ひ】[名]❶宮中で召し使われた身分の低い官人。❷雑用をさせる奉公人。下男や下女。

めしつか・ふ【召し使ふ】[他ハ四]{は・ひ・ふ・ふ・へ・へ}《「召し」は呼び寄せるの意の尊敬語》お呼び寄せになって用をおさせになる。召し使う。例「大納言法印の召し使・ひし乙鶴丸」〈徒然・九〇〉

めしつぎ【召し次ぎ・召し継ぎ】[名・他サ変]❶取り次ぐこと。また、その人。❷院の庁や東宮などで、取り次ぎなどの雑事を勤めた下級の役人。

めしつぎどころ【召し次ぎ所】[名]院の庁・東宮などの召し次ぎたちの詰め所。

めしつど・ふ【召し集ふ】[他ハ下二]{へ・へ・ふ・ふる・ふれ・へよ}《「呼び集ふ」の尊敬語》お呼び集めになる。例「八十伴の男を召し集・へ」〈万葉・三・四七八長歌〉

めしとど・む【召し留む】[他マ下二]{め・め・む・むる・むれ・めよ}《「召し」は呼び寄せるの意の尊敬語》呼んでお引きとどめになる。お呼び寄せになっておそばに居させる。例「やをらかしこまりてまかづるを、召しとど・めて」〈源氏・薄雲〉

めしと・る【召し取る・召し捕る】[他ラ四]{ら・り・る・る・れ・れ}《「召し」は呼び寄せるの意の尊敬語》❶お呼び寄せになる。例「鍛冶匠六人を召しと・りて」〈竹取・蓬莱の玉の枝〉❷官命によって罪人を捕らえる。

めしはな・つ【召し放つ】[他タ四]{た・ち・つ・つ・て・て}《「呼び放つ」の尊敬語》大勢の中からその人だけをお呼び寄せになる。例「(匂宮は)この君召し放・ちて語らひたまへば」〈源氏・紅梅〉

めしひ【盲】[名]《「目廃ひ」の意》視力を失うこと。また、その人。盲人。

めしぶみ【召し文】[名]鎌倉・室町時代に、幕府が御家人や裁判の被告を呼び出すときなどに出した書状。＝召し状

めしもの【召し物】[名]貴人の衣服・飲食物などの尊敬語。お召し物。召し上がり物。

めしもり【飯盛り】[名]「おぢゃれ」に同じ。

めしよ・す【召し寄す】[他サ下二]{せ・せ・す・する・すれ・せよ}《「召し」は呼び寄せる・取り寄せるの意の尊敬語》自分の近くに(人を)お呼び寄せになる。(物を)お取り寄せになる。例「由ある御菓物召し寄・せ」〈源氏・宿木〉

-め・す【召す】[接尾サ四型]{さ・し・す・す・せ・せ}(他の尊敬語の動詞の連用形に付いて)さらに尊敬の意を強める。「思し召・す」「聞こし召・す」「知ろし召・す」など。

め・す【見す・看す・召す】[他サ四][自サ四]{さ・し・す・す・せ・せ}

> **アプローチ**
> ▼尊敬語。主語を高める。
> ▼本来は「見る」の意(一①)。
> ▼平安以降、「呼び寄せる」「取り寄せる」の意(二①②)や、「呼び寄せて…する」「取り寄せて…する」の意から生じた「任命する」「食べる」「飲む」「着る」「乗る」などの意(二③〜⑥)、(三)として用いられるようになった。

《動詞「みす」の変化形》一【見す・看す】[他サ四]❶「見る」の意の尊敬語。見る人(主語)を高める。ご覧になる。例「時の花いやめづらしもかくしこそめ・し明らめめ秋立つごとに」〈万葉・二〇・四四八五〉訳四季折々の花は、いやあすばらしいなあ。このようにご覧になって心を晴らしませんか。秋になるたびに。(係結び)「こそ→明らめめ(已)」

❷「治める」の意の尊敬語。治める人(主語)を高める。お治めになる。例「やすみしし我が大君の見・したまふ吉野の宮は」〈万葉・六・一〇〇五長歌〉訳(やすみしし)天皇のお治めになる吉野の宮は。(注)「やすみしし」は「我が大君」の枕詞。(敬語)「見したまふ」→「たまふ 四段」」

二【召す】[他サ四]❶「呼び寄せる」の意の尊敬語。呼び寄せる人(主語)を高める。お呼び寄せになる。例「御簾をおしあげて、『あのをのこ、こち寄れ』とめ・しければ」〈更級〉訳御簾を押し上げて、「あの男、こちらへ寄れ」と(皇女が)お呼び寄せになったので。

❷「取り寄せる」「差し出させる」の意の尊敬語。取り寄せる人、差し出させる人(主語)を高める。お取り寄せになる。差し出させなさる。例「氷め・して、人々に割らせたまふ」〈源氏・蜻蛉〉訳(薫は)氷をお取り寄せになって、女房らにお割らせになる。(敬語)「割らせたまふ」→「たまふ(四段)」

❸「任命する」の意の尊敬語。任命する人(主語)を高める。任命なさる。例「この女房、琵琶の役にめ・され」〈太平記・四〉訳この女房が(天皇に)琵琶を弾く役目に任命していただき。(注)ここでは「めす」に受身の助動詞「る」の連用形が付いた「めされ」の形になっており、「めされ」全体で「任命していただき」という訳になる。「めす」で高められるのは任命する人で、この例文では天皇。→「めさる」一

❹「食べる」「飲む」の意の尊敬語。食べる人、飲む人(主語)を高める。召し上がる。お飲みになる。例「水をばめ・して、糒をばめ・さず」〈平家・一二・泊瀬六代〉訳水をお飲みになって、干した飯は召し上がらない。

❺「着る」「身につける」の意の尊敬語。着る人、身につける人(主語)を高める。お召しになる。身におつけになる。例「帝ばかりは御衣をめ・す」〈沙石集〉訳帝だけは御衣をお召しになる。

❻その他、いろいろな動作を表す尊敬語。主語を高

める。文脈に応じて、いろいろな意味になる。[例]「次々の殿上人は、簀の子に円座め・して」〈源氏・若菜・上〉[訳]それに続く殿上人は、簀の子縁で円座にお座りになって。

[三]【召す】[自サ四]《中世以降の用法》「乗る」の意の尊敬語。乗る人(主語)を高める。お乗りになる。[例]「御馬にめ・して急ぎ川原へ出でさせ給ふ」〈平家・八・鼓判官〉[訳](大僧正・法親王は)御馬にお乗りになって急いで河原へお出になる。《敬語》「出でさせ給ふ」→「させたまふ」

[発展学習ファイル] [一]②・[二]は、平安末期から、尊敬の助動詞「る」の付いた「めさる」の形でも用いられるようになる。→「めさる」

めず【馬頭・愛ず】歴史的かなづかい「めづ」

めずらし【珍し】歴史的かなづかい「めづらし」

めせきあみがさ【目塞き編み笠】[名]竹の皮や藺で編んだ、目が細かく、深い笠。目の所に透き間があり、人目を忍ぶ者が用いた。＝目塞き笠

めせきがさ【目塞き笠】[名]「めせきあみがさ」に同じ。

〈和歌〉**めせやめせ…**【めせやめせゆふけの妻木はやくめせ帰るさ遠し大原の里】〈桂園一枝・香川景樹〉[訳]お買いください、お買いください。夕飯を炊く薪を早くお買いください。私の帰り道は遠い、大原の里なのですよ。

めぞめ【目染め】[名]絞り染めの一種。くくり染め。染め残しの部分が目の形の模様となることから。

めだう【馬道】[名]《「めど」「めんだう」とも》❶建物間に厚板をかけた廊下。必要なとき板をはずし馬などを通す。❷建物内を貫通している板敷きの廊下。

めだか【目高】[名・形動口語型]《近世語》物を見る目がすぐれていること。また、その人。目利き。

めだ・し【愛だし】[形シク]{しから・しく(しかり)・し・しき(しかる)・しけれ・しかれ}愛すべきだ。褒めるべきだ。[例]「賓客の今の薬師貴かりけりめだ・しかりけり」〈仏足石歌〉

めたた・く【目叩く】[自カ四]{か・き・く・く・け・け}まばたきをする。[例]「首打ち落とせし早業は、めたた・く間の稲妻なりき」〈浄・丹波与作待夜の小室節〉

めたた・し【目立たし】[形シク]{しから・しく(しかり)・し・しき(しかる)・しけれ・しかれ}《「めだたし」とも》目立って見える。顕著だ。[例]「その気色、世の常の事にあらず。目立た・しき程に見えければ」〈発心集〉

めた・つ【目立つ】[自タ下二]{て・て・つ・つる・つれ・てよ}人目を引く。[例]「親などのかなしうする子は、目立・て」〈枕・世の中に〉

めだりがほ【目垂り顔】[名]にんまりする顔。卑怯なたくらみのある顔。また、人の弱みにつけ込んで勝ち誇った顔。＝目垂れ顔

めだれがほ【目垂れ顔】[名・形動ナリ]「めだりがほ」に同じ。

めぢ【目路】[名]目で見通せる範囲。視界。

めぢか・し【目近し】[形ク]{から・く(かり)・し・き(かる)・けれ・かれ}いつも目の近くにあるさま。見慣れている。[例]「例はさしもさるもの目近・からぬところに、持てさわぎたる」〈枕・ころは、正月、三月〉

めぢゃもの【妻ぢゃ者】[名]《「ぢゃ」は断定の助動詞》自分の妻。

めづ【馬頭】[名]《仏教語》からだは人、頭は馬の形をしているという地獄の獄卒。→「ごづ」

め・づ【愛づ】{で・で・づ・づる・づれ・でよ}[一][他ダ下二]❶いとしく思う。かわいがる。愛する。[例]「人々の、花、蝶やと愛・づるこそ、はかなくあやしけれ」〈堤中納言・虫めづる姫君〉❷賞美する。ほめる。感心する。[例]「男、いといたう愛・でて、今まで、巻きて文箱に入れてありとなむいふなる」〈伊勢・一〇七〉《音便》「いたう」は「いたく」のウ音便。《係結び》「なむ」→いふなる(体)」[二][自ダ下二]心がひかれる。[例]「黄葉の散らふ山辺ゆ漕ぐ船の匂ひに愛・でて出でて来にけり」〈万葉・一五・三七〇四〉

めっきゃく【滅却】[名・自サ変・他サ変]滅びること。また、滅ぼすこと。なくなること。

めつけ【目付】[名]❶室町以降の武家の職名。家臣の動静を探る役。＝横目付。❷監視役。見張り。密偵。❸目印。目当て。

めつご【滅後】[名]《仏教語》入滅後。死後。とくに、釈迦の死後をいう。

めづこ【愛づ児】[名]かわいい子。いとしい人。

めつざいしゃうぜん【滅罪生善】[名]《仏教語》仏の力によって現世の罪障を滅ぼし、来世(死後)でのよい報いを得ようとすること。

めっさう【・なり】【滅相】[一][名]《仏教語》「四相」のひとつ。この世に存在する一切のものが滅びてゆくすがた。[二][形動ナリ]{なら・なり(に)・なり・なる・なれ・なれ}とんでもないさま。無茶なさま。

めっ・す【滅す】{せ・し・す・する・すれ・せよ}[一][自サ変]滅びる。死ぬ。なくなる。[二][他サ変]滅ぼす。消す。

めったむしゃう【滅多無性】[副]《近世語》めちゃくちゃに。[例]「滅多無性に走っても、暗さは暗し勝手は知らず」〈浄・ひらかな盛衰記〉

めつど【滅度】[名]《仏教語》❶煩悩をすべて超越し、完全な悟りの状態を実現すること。❷入滅。とくに、釈迦が涅槃に入ること。寂滅。

めっぽふ【滅法】[一][名]《仏教語》真理を悟り、煩悩をなくすこと。涅槃。転じて、死。[二][副]むやみに。

めづらか【・なり】【珍か】[形動ナリ]{なら・なり(に)・なり・なる・なれ・なれ}《「か」は接尾語》よくも悪くも、めったにないほどふつうと違っているさま。風変わりだ。もの珍しい。めったにないほどすばらしい。[例]「さやうの人の祭り見しさま、いとめづらか・なりき」〈徒然・一三七〉

めづら・し【珍し】[形シク]{しから・しく(しかり)・し・しき(しかる)・しけれ・しかれ}

> **アプローチ**
> ▼動詞「愛づ」から派生した語。
> ▼ふつうとは違っていて、賞美する価値があると評価する意が原義。
> ▼そこから、類を見ない、めったにないの意でも用いるが、この場合も積極的に評価する意を含むことが多い。

❶賞美する価値がある。すばらしい。好ましい。[例]「人ごとに折りかざしつつ遊べどもいやめづら・しき

梅の花かも」〈万葉・五・八二八〉訳だれもそれぞれ(梅の花を)手折り頭に挿して興じているが、ますますすばらしい梅の花であることよ。

❷**類を見ない。例がない。めったにない。めずらしい。**例「常に聞くことなれば、耳馴れて**めづら・しう**もあらぬ」〈枕・説経の講師は〉訳いつも聞いていることだから、聞き慣れて**めずらしく**もない。〈音便〉「めづらしう」は「めづらしく」のウ音便。

❸**見慣れないので新鮮だ。清新だ。目新しい。**例「かくて明けゆく空のけしき、昨日に変はりたりとは見えねど、ひきかへ**めづら・しき**心地ぞする」〈徒然・一九〉訳こうして(新年が)明けてゆく空のようすは、昨日と変わっているとは見えないが、打って変わって**清新**な気持ちがすることだ。〈係結び〉「ぞ→する(体)」

発展学習ファイル　「めづらし」は、賞美するべき価値があることをいう語で、希少価値を表す語は「**ありがたし**」であった。中古以降、②の意から、さらに③の意が派生した。

めづらしう【珍しう】形容詞「めづらし」の連用形「めづらしく」のウ音便。

めづらしげ【珍しげ】[名]〈「げ」は接尾語〉❶賞美する価値があること。例「きらきらしう**めづらしげ**あるあたりに」〈源氏・少女〉❷めったにないこと。ふつうとちがったようす。

めて【馬手・右手】[名]〈馬に騎乗するとき、手綱を握るほうの手の意から〉右側。右の方。右手。↔弓手。例「うるはしく取りつけて、肩脱ぎて、**馬手**、後ろ見まはして」〈宇治拾遺・一五・四〉

めでくつがへ・る【愛で覆る】[他ラ四]{ら・り・る・る・れ・れ}大いに賛嘆する。例「なごりさへとまりたるかうばしさを、人々は**めでくつがへ・る**」〈源氏・竹河〉

めでたう　形容詞「めでたし」の連用形「めでたく」のウ音便。

めでたげ[・なり]【愛でたげ】[形動ナリ]{なら・なり(に)・なり・なる・なれ・なれ}〈「げ」は接尾語〉❶素晴らしい。見事だ。例「思ふこともなく、**めでたげ・に**てゐたるに」〈大和・一四八〉
❷喜ばしい。祝うべきだ。例「かばかり**めでたげ・なる**ことどもにも慰まず」〈源氏・宿木〉

〈俳句〉**めでたさも…【めでたさも中位なりおらが春】**〈おらが春・一茶〉訳新年といっても特別めでたいわけでも、まったくめでたくないわけでもない。私にとっては、ちょうど中位のめでたさであることよ。(季―春―春)

めでた・し

[形ク]{から・く(かり)・し・き(かる)・けれ・かれ}

アプローチ
▼動詞「愛づ」の連用形に、**はなはだしい意を表す形容詞「いたし」**が付いた、「めでいたし」から変化した語。
▼対象について、**申し分なくすばらしいと賛嘆し、賞美する意を表す。**
▼**中世以降、現代語「めでたい」に見られる喜ばしく祝うべきだの意で用いられるようになった。**

❶**すばらしい。すぐれている。見事だ。立派だ。**例「藤の花は、しなひ長く、色濃く咲きたる、いと**めでた・し**」〈枕・木の花は〉訳藤の花は、花房が長く、濃い色で咲いているのが、まことに**すばらしい**。

❷**祝うべきだ。喜ばしい。**例「今度さしも**めでた・き**御産に、大赦はおこなはれたりといへども、俊寛僧都一人赦免なかりけるこそうたてけれ」〈平家・三・頼豪〉訳この度あれほど**喜ばしい**御産に、大赦は行われたといっても、俊寛僧都ひとりに、赦免なかったのは嘆かわしいことだ。〈係結び〉「こそ→うたてけれ(已)」

古語深耕　「めでたし」の意味と用例

「新年おめでとう」のような、現代語での祝賀の意は、中世以降に発生したものである。平安時代には、対象の美や優秀さを評価する、代表的な語であった。もとになったのは、ほめ愛するの意の動詞「**めづ**」である。「めづ」の連用形に、程度のはなはだしいことを表す形容詞「**いたし**」がついた「**めでいたし**」、つまり「ほめ尊ぶことこの上ない」の意がもとになっている。といっても、そう評価している主体の状況をいうのではない。事物の、人をして賞賛せずにはいられなくさせる性質を、客観的に表すことばである。このように、圧倒的ともいうべき美質をほめる語なので、「**めでたし**」といわれる対象はいきおい、誰が見てもすばらしいと認められるものに傾いてくる。『枕草子』は高貴な色である紫や上達部の位、また娘を后に立てることを「**めでたし**」といっている。また、在原業平は「散ればこそいとど桜はめでたけれ」〈伊勢・八二〉と、桜が誰からも愛されほめそやされるものであることの了解の上にたった歌を詠んだ。万人がほめることは、万人が憧れることでもあり、それは例えば高価な品物など金銭的豊かさ、高い位など社会的権力といった、俗っぽいものに向けられることも多い。またそれらのすばらしさを痛切に感じるのは、多くそれを持たない者である。身分の下の者が上の者を見て発することが多いのは、自然なことなのである。「**めでたし**」はこのように、洗練や繊細とは対極にある、際立って分かりやすく、当然ほめられるべき良さをいう。「すばらしい」「立派」「賛嘆すべき」といった、大づかみで大げさな訳語が、この語には合っている。

〈めでたき身〉仏。仏身。

めでのさかり【愛での盛り】格別深く愛すること。例「大朝廷神ながら**愛での盛り**に天の下奏したまひし」〈万葉・五・八九四長歌〉

めでのの・し・る【愛で罵る】[他ラ四]{ら・り・る・る・れ・れ}褒め立てる。褒めそやす。例「舞姫の容貌、大殿の大納言殿とはすぐれたりと**めでのの・し・る**」〈源氏・少女〉

めでまど・ふ【愛で惑ふ】[自ハ四]{は・ひ・ふ・ふ・へ・へ}大騒ぎして褒める。例「女と言ふかぎりは交野の少将**めでまど・は**ぬなきこそいとうらやましけれ」〈落窪・一〉

めでゆす・る【愛で揺する】[他ラ四]{ら・り・る・る・れ・れ}大騒ぎして褒める。多くの人がこぞって褒める。例「そのころ世に**めでゆす・り**ける」〈源氏・少女〉

めど【蓍】[名]❶草の名。メドハギの別称か。❷「筮(めどき)」の略。材料にメドハギを用いていたので。❸占い。「筮」を用いることによる。

〔**蓍に削り花**(メドニケズリバナ)〕「古今伝授」のひとつで、「蓍木」につけた削り花。「川菜草」「下がり苔」とともに三草とされる。

めど【馬道】[名]「めだう」に同じ。

めどう【馬道】歴史的かなづかい「めだう」

めどぎ【筮・蓍】[名]（「めどき」とも）占いに用いる五十本の細い棒。古くは「蓍」の茎で作ったことからいう。のちには竹で作るようになり、筮竹と呼ばれるようになった。

めとどま・る【目留まる】[自ラ四]{ら・り・る・る・れ・れ}目につく。目にとまる。例「(悲シミノアマリ)何ごとも御**目とどま・ら**ぬところなれど」〈源氏・薄雲〉

めとど・む【目止む】[自マ下二]{め・め・む・むる・むれ・めよ}気を付けて見る。注目する。例「このまされる人よりは心あらむと**目とど・め**つべきさましたり」〈源氏・空蟬〉

めとま・る【目止まる】[自ラ四]{ら・り・る・る・れ・れ}注目される。目立つ。例「榻(=支エノ台)に立てたる車の見ゆるも、都よりは**目とま・る**心地して」〈徒然・四四〉

めと・む【目止む】[他マ下二]{め・め・む・むる・むれ・めよ}注意して見る。目をつける。

めとりくくり【目取り括り】[名]絞り染めのひとつ。布の糸筋を針で小さくつまみ上げ、それを糸でくくって染めたもの。

めどりば【雌鳥羽】[名]（「めんどりば」とも）（雌鳥は左翼で右翼を覆うといわれることから）左を上、右を下にして物を重ねること。

めと・る【妻取る・娶る】[他ラ四]{ら・り・る・る・れ・れ}妻として迎える。

めなみ【女波】[名]「男波」の前に低く寄せてくる波。↔男波

めなら・す【目馴らす】[他サ四]{さ・し・す・す・せ・せ}見なれるようにする。親しみをもたせる。例「ありしよりけに**目馴ら・す**人々の今はとて行き別れんほどこそ、いまひときはの心乱れぬべけれ」〈源氏・幻〉

めなら・ぶ【目並ぶ】一[他バ下二]{べ・べ・ぶ・ぶる・ぶれ・べよ}多くの人の目でよく見定める。よく見る。例「西の市にただひとり出でて**目並・べ**ず」〈万葉・七・一二六四〉 二[自バ四]{ば・び・ぶ・ぶ・べ・べ}見比べる。例「**目並・ぶ**人のあまたあれば忘られぬらむ数ならぬ身は」〈古今・恋五・七五四〉

めな・る【目馴る】[自ラ下二]{れ・れ・る・るる・るれ・れよ}見慣れる。慣れる。例「〔源氏ハ〕世に**目馴・れ**ぬ御さまなれば」〈源氏・花散里〉

〔俳句〕**めにうれし…**【目にうれし恋君の扇真白なる】〈自筆句帳・蕪村〉訳 恋い慕うお方の手にした扇の色の真っ白なこと。それを目にすると、うれしくてならないわ。（季―扇―夏）

〈参考〉女の立場に立って、その恋心を詠んだ句。扇の白さは、恋に染まっていないことを暗示する。

〔俳句〕**めにはあをば…**【目には青葉山ほととぎす初鰹】〈素堂家集・素堂〉訳 目には木々の新緑を見、耳には山ホトトギスの声を聞き、そして口には今年の鰹の初物を味わう。ここ(鎌倉)の初夏は、まことにすばらしいことだ。（季―青葉・山ほととぎす・初鰹―夏）

めぬき【目貫】[名]刀の柄から刀身が抜け落ちないように柄の上から差し込む金具。後世は、柄の外に現れる装飾の部分のみを指し、柄と刀身を貫く金具は目釘といった。

めのかみ【女の神】[名]女性の神。めがみ。

めのこ【女の子・婦女】[名]❶女性。婦女。❷おんなの子。①②↔男の子

発展学習ファイル 女性を表す語には、他に「**おうな**」「**をとめ**」「**をみな**」「**をんな**」などがある。

めのこ【目の子】[名]「目の子算用」の略。

めのこざん【目の子算】[名]「目の子算用」の略。

めのこざんよう【目の子算用】[名]（近世語）そろばんを使わずに、目で見て概算すること。暗算。＝目の子・目の子算

めのと[名]（「めのおと」の変化形）一【乳母】うば。貴族の子女などに付き添う、女性の養育係。もとは、母親にかわって乳を飲ませて赤子を育てる女性をいう。平安時代には、授乳するだけでなく、成長後も教育係・世話係として仕える場合が多い。例「**乳母**にさし寄りて、『いざかし、ねぶたきに』とのたまへば」〈源氏・若紫〉〈注〉「いざかし」は、「いざ給へかし」などの略。人に行動を促す語。(敬語)「のたまへば」→「のたまふ」。二【傅】おもり役。貴族や武士の子につく男性の養育係。身のまわりの世話が主となる「乳母」とは違って、教育や財政面の後見という性格が強い。例「**めのと**の兼遠を召して、のたまひけるは」〈平家・六・廻文〉(敬語)「召して」→「めす」「のたまひける」→「のたまふ」

古典の世界 **「乳母」と乳母子**

若君が生まれると、生母に代わって哺乳する乳母がすぐ決まる。一条天皇には乳母が四人いた。物語では、源氏にはふたりの乳母が確認される。乳母は、養い子に乳を与えるわけだから、当然自身も出産していて乳が出る状態にある。この養い子と同年の乳母自身の子を**乳母子**という。乳母を介して養い君と乳母子は、同年の兄弟のように深い関わりをもつ。源氏の「大弐の乳母」の乳母子である惟光は、源氏の須磨行きに同行したり、夕顔宅への手引きをするなど、源氏の影の力となって働く。

皇族や貴族の乳母は、貴人の子女を実質的に養育する存在であったから発言力も大きく、乳母子と共に政治的にも文学的にも重要な役割を果たしている。乳母は、一般の女房以上に特別に扱われ、勢力を得ていたのである。平安中期以降、天皇の乳母が典侍に任ぜられたのも、乳母の地位の高さを示すものである。

めのとご[名]一【乳母子】乳母の子。乳兄弟。二【傅子】後見役の子。もり役の子。

めのわらは【女の童】[名]❶少女。女の子。＝童女・女童。↔男の童。❷召し使いの少女。＝女の童部

めのわらはべ【女の童部】[名]「めのわらは②」に同じ。

めはじき【目弾き】［名］《近世語》まばたき。または、目くばせ。

めばしら【目柱】［名］鏑矢の「鏑」や「蟇目」にあけた、目(穴)と目の間の部分。

めはちぶ【目八分】［名］《「めはちぶん」とも》物をささげ持つときに、目より少し低い高さまで持ち上げること。礼儀正しい作法とされる。

めはづか・し【目恥づかし】［形シク］{しから・しく(しかり)・し・しき(しかる)・しけれ・しかれ}見られて気がひける。相手が立派で、見られるのが恥ずかしい。例「随分**目はづか・しき**者どもにてあるものを」〈保元・中〉

めひ【姪】［名］兄弟姉妹の娘。↕甥を

めぶ【馬部】［名］令制で左右の「馬寮」、「主馬署」の下役人。

めまうけ【妻儲け】［名］妻を得ること。嫁を取ること。

めまじろき【瞬き】［名］《後世には「めまじろぎ」とも》まばたき。目くばせ。

めめ・し【女女し】［形シク］{しから・しく(しかり)・し・しき(しかる)・しけれ・しかれ}女のようだ。未練がましい。意志が弱い。めめしい。↕雄雄をし。例「ただ**めめ・しく**心弱きとや見ゆらん」〈源氏・蜻蛉〉

めもじ【目文字】［名］「おめもじ」に同じ。

め‐や 反語の意が加わった推量を表す。…だろうか、いや…ではない。例「春まけてかく帰るとも秋風にもみたむ山を越え来ざらめや」〈万葉・一九・四一四五〉訳春になって(雁が)このように帰って行くが秋風が吹いて紅葉する山を越えて戻って来ないことがあろうか、いや絶対戻ってくる。

> 語構成
> め ‖ や
> 推「む」(已) ‖ 係助

めやす【目安】［名］❶文章を見やすくするために箇条書きにすること。また、その文書。❷鎌倉・室町時代、箇条書きにした訴状や陳状。江戸時代には訴状をいう。

〔**目安上げる**〕《近世語》訴状を奉行所(裁判所)へ提出する。

めやすがき【目安書き】［名］「目安」を書くこと。また、その代筆を業とすること。

めやす・し【目安し・目易し】［形ク］{から・く(かり)・し・き(かる)・けれ・かれ}

> アプローチ
> ▼「目」＋形容詞「やすし」で一語化したもの。
> ▼安心して見ていられる意から、見苦しくなく、感じがよいさまを表す。

感じがよい。見苦しくない。無難だ。例「さて、つとめてはとく起きぬる、いと**めやす・し**かし」〈枕・見苦しきもの〉訳そのように、(夜は寝て)翌朝は早く起きてしまうのが、まことに見苦しくないというものだ。例「兵部卿宮、人柄は**めやす・し**かし」〈源氏・若菜・上〉訳兵部卿宮は、人柄は無難だね。

めやつこ【女奴】［名］❶下女。❷女性をののしっていう語。

めゆひ【目結ひ】［名］❶絞り染めの文様。方形や円形のような形をいくつも並べたもの。❷紋所の名。①を図案化したもの。

めら【目ら】［名］(「ら」は接尾語)目。

めらは【女童】［名］《「めわらは」の変化形》少女。

めり［助動ラ変型］⇨一二九〇ページ「特別コーナー」

メリヤス【莫大小】［名］《近世語》❶(スペイン語medias ポルトガル語 meias から)江戸時代に伝来した織物。絹・麻・綿糸を使い、伸縮性に富むので「大小莫し」と書く。足袋などにする。❷歌舞伎で、下座音楽、長唄の一種。物思いや愁嘆などの場で使われるしんみりとした曲。

め・る【減る】［自ラ四］{ら・り・る・る・れ・れ}❶へる。少なくなる。❷(気分が)めいる。衰える。例「過言を申す者は、必ず奢り易く、**め・り**やすし」〈甲陽軍鑑〉❸(音や調子が)低くなる。

める 推量の助動詞「めり」の連体形。例「明日からは若菜摘まむと片岡の朝の原は今日ぞ焼く**める**」〈拾遺・春・一八〉

めれ 推量の助動詞「めり」の已然形。例「月・花はさらなり。風のみこそ人に心はつく**めれ**」〈徒然・二一〉《係結び》「こそ→つくめれ(已)」

めれう【馬料】［名］奈良・平安時代、馬の飼育料として役人に支給された銭。

めれう【馬寮】［名］《「うまれう」「うまづかさ」「うまのつかさ」とも》令制で「衛府」に属し、宮中の官馬の飼育・調教や諸国の牧馬の管理などをつかさどった役所。「左馬寮」「右馬寮」に分かれている。

めろよしに【目ろ寄しに】［副］《「ろ」は接尾語》魚網を引いて、網の目を一方に寄せるように。

めをと【女夫・夫婦・妻夫】［名］《「めうと」とも》妻と夫。夫婦。

めをとこ【女男・妻男】［名］《「めを」とも》❶女と男。❷妻と夫。夫婦。

‐めん【面】［接尾］❶鏡・硯・琵琶・能面など、平たいものを数えるのに用いる。「琵琶一**面**」など。❷建物の側面の柱と柱の間を数えるのに用いる。「五間四面の寝殿」など。

めんざう【眠蔵】［名］《仏教語》禅宗で、僧の寝室。また、一般に寝室や納戸をいう。

めんず【麺子】［名］麺類の称。

めん・ず【免ず】［他サ変］{ぜ・じ・ず・ずる・ずれ・ぜよ}許す。免除する。例「重科は遠流に**免・ず**」〈平家・三・足摺〉

めんだう【馬道・面道】［名］《「めだう」の撥音便》「めだう」に同じ。

めんどりば【雌鳥羽】［名］《「めどりば」の変化形》「めどりば」に同じ。

めんないちどり【めんない千鳥】［名］《近世語。「めんない」は目の無いの意》子供の遊び。目隠しをした鬼が、手をたたきながら逃げる者を捕まえる。

めんばく【・す】【面縛】［名・他サ変］両手を後ろに回して縛り、顔を前に差し出すこと。

めんばれ【面晴れ】［名］《近世語。「めんぱれ」とも》疑惑を晴らすこと。また、その証拠。

めんぼく【面目】［名］《「めいぼく」「めんもく」とも》世間に対しての顔向け。名誉。

めんぼほ【面頬】［名］❶鉄面の一種で、兜に付けて顔を覆うもの。❷剣道の防具で、面。

めり［推量の助動詞］

アプローチ ▼視覚を働かせて「…ようだ」と推量する。
▼語源については、「見えあり」「見あり」の変化したものとする説がある。

接続 活用語の終止形に付く。ただし、ラ変型活用語には連体形に付く。

活用 ラ変型

基本形	未然形	連用形	終止形	連体形	已然形	命令形
めり	○	めり	めり	める	めれ	○

意味	訳語	用例
❶**目に見える事態について推量する。**	…ように見える …(の)ようだ	例「子になりたまふべき人な**めり**」〈竹取・かぐや姫〉訳子になってくださるはずの人の**ようだ**。 例「契りおきしさせもが露を命にてあはれ今年の秋もいぬ**めり**」〈千載・雑上・一〇二六〉訳→〈和歌〉ちぎりおきし…
❷断定してもよいことを、はっきり断定することを避け、**婉曲に表現する。**	…ようだ …ように思われる	例「いでや、この世に生まれては、願はしかるべき事こそ多か**めれ**」〈徒然・一〉訳さて、この世に生まれたからには、こうあってほしいと望まれることが多い**ようだ**。 例「竜田川もみぢ乱れて流る**めり**渡らば錦中や絶えなむ」〈古今・秋下・二八三〉訳→〈和歌〉たつたがは…

発展学習ファイル (1)「なり」(伝聞・推定の助動詞)が聴覚的な推量を表すのに対して、「めり」は視覚に基づく推量を表す。
(2)平安時代の物語・日記などの散文に盛んに用いられた。和歌には用例が非常に少ない。とくに、会話・口語に多く用いられた。
(3)鎌倉時代に入ると急速に少なくなり、擬古文以外に用いられることはまれである。
(4)ラ変型活用語に付くときは、大半が「あんめり」「なんめり」と撥音便化するが、その際、撥音「ん」は表記されず、「あめり」「なめり」となることが多い。

めんめん【面面】㊀［名］各人。めいめい。㊁［代名］《対称の人称代名詞。同等以下の複数の相手を呼ぶ語》お前たち。みんな。

めんめんに【面面に】［副］めいめいに。それぞれに。例「三人して**面々に**写すべき由」〈宇治拾遺・九・二〉

めんもく【面目】［名］❶顔かたち。容貌。❷「めんぼく」に同じ。

めんよう［・なり］【面妖】［名・形動ナリ］「めいよう㊁②」に同じ。

めんらう【面廊】［名］母屋に通じる長い廊下。一説に、広い板敷きの縁。

も

も【妹】［名］《上代東国方言。「いも」の「い」が脱落した形》「いも」に同じ。

も【面】［名］《「おも」の「お」が脱落した形》表面。方角。

も【喪】［名］《「さう」とも》❶人の死後、その親族が何日間か家にこもり、死者をいたみ慎んで過ごすこと。❷災い。凶事。

も【裳】［名］❶奈良時代に、**女性が腰から下に巻きつけた衣服。**❷平安以降、**正装の際、女性が腰から下の後ろ側にまとった衣服。**襞が多く、刺繍などで装飾された。表着の上から着け、前をひもで結んで、後方に長く引く。唐衣とともに身に着けることが多かった。❸**男性が、礼服として、上の袴の上を前から覆った衣服。**❹**僧が腰に着けた衣服。**
↓［古典参考図］男子の服装〈4〉

〔**裳の腰**〕裳の腰のひも。

も【藻】［名］水の中に生える植物の総称。水藻や海藻。＝藻葉

も［助動特活］{○・○・も・も・○・○}《上代東国方言》推量の助動詞「む」に相当する。例「対馬の嶺は下雲あらなふ可牟の嶺にたなびく雲を見つつ偲は**も**」〈万葉・一四・三五一六〉訳対馬の峰は低い雲がない、可牟の峰にたなびく雲を見ながら(お前を)しのぼう。
〈接続〉動詞の未然形に付く。

も ⇨一二九二ページ「特別コーナー」
［係助］［終助］［接助］

もい【萌い】草木が芽をふく。

もう…【亡…・妄…・孟…・盲…・猛…・魍…】
歴史的かなづかい「まう…」

もう【思う】歴史的かなづかい「もふ」

もうき［・す］【濛気・朦気】［名・自サ変］心持ちが晴れないこと。気分がふさぐこと。

もうぎうせう【蒙求抄】［作品名］室町後期の抄物。清原宣賢の『蒙求』(唐の李瀚編の説話集的な幼学書)講義のノートで、宣賢自身の『蒙求聴塵』〈一五三三ごろ成立〉のほか、聴講者の聞き書きのものもある。

もうぎうわか【蒙求和歌】［作品名］鎌倉前期〈一二〇四成立〉の和歌集。源光行作。『蒙求』

（唐の李瀚編の説話集的な幼学書）の故事を抜粋して和訳し、和歌を付けたもの。源実朝に献上されたともいう。

もうけ【設け・儲け】歴史的かなづかい「まうけ」

もうさく【申さく・白さく】歴史的かなづかい「まうさく」

もうす【申す】歴史的かなづかい「まうす」

もうず【参ず・詣ず】歴史的かなづかい「まうづ」

もうちきみ【公卿】歴史的かなづかい「まうちきみ」

もうもう［・なり／・たり］【濛濛・朦朦】㊀［形動ナリ］{なら・なり(に)・なり・なる・なれ・なれ}意識や気持ちがぼんやりしているさま。例「**もうもう・に**耳もおぼおぼしかりければ」〈源氏・若菜・上〉㊁［形動タリ］{たら・たり(と)・たり・たる・たれ・たれ}❶霧や雨などのために、辺りがぼんやりと薄暗いさま。❷㊀に同じ。例「大庭の椋の木のもとに**朦々・と**してぞ立ちたりける」〈太平記・二七〉

もうろう［・たり］【朦朧】［形動タリ］{たら・たり(と)・たり・たる・たれ・たれ}かすんでぼうっとしているようす。物事がはっきりしないようす。例「雨**朦朧・と**して鳥海の山かくる」〈おくのほそ道・象潟〉

もえい・づ【萌え出づ】［自ダ下二］{で・で・づ・づる・づれ・でよ}芽を出す。生ずる。例「さわらびの**萌え出・づる**春に」〈万葉・八・一四一八〉訳→〔和歌〕いはばしる…

もえぎ【萌黄・萌葱】［名］《「もよぎ」とも》❶黄色と青色との中間色。薄緑。❷襲の色目の名。表裏とも薄緑。一説に、表は薄青、裏は縹色（薄い藍色）。陰暦十一月ごろから、二月ごろまで着用する。

もえぎ【萌え木】［名］若芽や若葉などが出始めた木。

もえぎにほひ【萌黄匂ひ】［名］鎧の縅の色目のひとつ。萌黄色の縅糸を順に濃い色から薄い色へと配色したもの。

もえぎをどし【萌黄縅】［名］《「もよぎをどし」とも》鎧の縅の名。萌黄色の糸を用いて縅したもの。＝萌黄②

もえくひ【燃え杙・燃え杭】［名］燃え残りの木。燃えさし。＝火燼

もえこが・る【燃え焦がる】［自ラ下二］{れ・れ・る・るる・るれ・れよ}❶焼けて黒く焦げる。❷（「思ひ」「恋ひ」の「ひ」を「火」にかけて）恋に苦しみもだえる。例「**もえこが・れ**身をきるばかりわびしきは」〈玉葉・恋三・一五三六〉

もえわた・る【萌え渡る】［自ラ四］{ら・り・る・る・れ・れ}（草木が）辺り一面に芽吹く。例「**萌えわた・る**草木もあらぬ春方には」〈宇津保・春日詣〉

もえわた・る【燃え渡る】［自ラ四］{ら・り・る・る・れ・れ}❶火が一面に燃える。燃え続ける。❷（「思ひ」「恋ひ」の「ひ」を「火」にかけて）恋などによる苦悩が絶えず続く。例「逢はぬ歎きや**燃えわた・るらん**」〈後撰・恋五・九八九〉

もが［終助］その物の存在やその状態の実現を望む意を表す。…**があればいいのになあ**。…**といいなあ**。例「住吉の岸に家**もが**沖に辺に寄する白波見つつしのはむ」〈万葉・七・一一五〇〉訳住吉の岸に家が**あればいいのになあ**。沖に岸辺に寄せる白波を飽きることなく眺めて賞美したいものだ。

発展学習ファイル 〈接続〉体言、形容詞の連用形、助詞などに付く。

終助詞「も」「な」を伴って、「**もがも**」「**もがな**」の形で用いられることが多い。

もかう【抹額・末額】［名］《「まっかく」の変化形》冠の付属具のひとつ。冠のへりに巻き付ける、赤い絹のはちまき。「賀茂の競べ馬」の騎手や、「射礼」の射手などが着けた。

もかう【帽額】［名］❶「御簾」「御帳」の上部や上長押に、横に幕のように長く張り渡した布。へりに「窠」の紋（卵を包んでいる鳥の巣の模様）を染め出す。➡［古典参考図］調度類〈1〉。❷「窠」の紋。

もがさ【疱瘡】［名］天然痘。ほうそう。＝木瓜

もがな［終助］《願望の終助詞「もが」＋感動の終助詞「な」》願望の意を表す。…**があればなあ**。…**といいのになあ**。例「世の中にさらぬ別れのなく**もがな**」〈古今・雑上・九〇一、伊勢・八四〉訳→〔和歌〕よのなかにさらぬわかれの…。例「正月なれば、京の子の日のこといひ出でて『小松**もがな**』といへど」〈土佐〉訳正月なので、京での子の日の行事のことを言い出して「小松**があればなあ**」というけれど。

発展学習ファイル 〈接続〉体言、形容詞の連用形、助詞などに付く。

上代の「**もがも**」に代わり中古以降に用いられる。本来「もが」＋「な」だが、「も」＋「がな」と意識され、「**がな**」の形でも用いられた。

もがみがは【最上川】［歌枕］出羽国の川。いまの山形県南部に発し県内を縦断して庄内平野で日本海に注ぐ。球磨川・富士川とともに日本三急流のひとつ。

〔和歌〕**もがみがは…**【最上川上れば下る稲舟のいなにはあらずこの月ばかり】〈古今・東歌・一〇九二・よみ人しらず〉訳最上川を上ったり下ったりしている稲舟ではないが、否とお断りしているわけではありません。この月だけはどうしてもお会いできないのです。

〈参考〉上三句は、同音反復で「いな」を導く序詞。四句切れ。

もがも［終助］《願望の終助詞「もが」＋詠嘆の終助詞「も」》願望の意を表す。…**があればいいなあ**。…**といいなあ**。例「雪の上に照れる月夜に梅の花折りて贈らむ愛しき児**もがも**」〈万葉・一八・四一三四〉訳雪の上に月が照る夜に、梅の花を折っておくるようないとしい娘**がいればいいなあ**。

発展学習ファイル 〈接続〉体言、形容詞の連用形、助詞などに付く。

上代に用いられ、中古以降は「**もがな**」に取って代わられる。

もがも-な 願望の意を表す。…**だといいなあ**。例「河上のゆつ岩群に草生さず常にも**がもな**常娘子にて」〈万葉・一・二二〉訳→〔和歌〕かはのへのゆついはむらに…

語構成　もがも（終助）＋な（終助）

もがも-や 願望の意を表す。…**であればなあ**。例「天飛ぶや鳥に**もがもや**都まで送りまをして飛び帰るもの」〈万葉・五・八七六〉訳（めまとぶや）鳥**であればなあ**。そうすれば都までお送り申し上げて飛んで帰るのになあ。〔注〕「天飛ぶや」は「鳥」の枕詞。「まをす」は「まうす」の古形。《敬語》「送りまをして」→「まをす」

語構成　もがも（終助）＋や（間助）

もがも-よ 願望の意を表す。…**であればいいなあ**。例「妹が寝る床のあたりに岩ぐくる水に**もがも****よ**入りて寝まくも」〈万

語構成　もがも（終助）＋よ（間助）

も［係助詞］［終助詞］［接続助詞］

アプローチ ▼係助詞「も」(一)は、文末の活用語に特別な活用形を要求しないが、意味的には述語と強く結びついていると考えられるので、係助詞とされる。
▼係助詞「は」が、他を切り離してひとつの事柄を取り立てる働きをするのとは対照的に、「も」は、他の類似の事柄を包み込んで提示することを基本とする。そのため、ある事柄を明確に断言する文よりも、推量・願望・打消などの文で用いられることが多い。
▼また、とくに主語に付く場合など、「これが(は)」と指定・限定して示すことを避け、「これも」と婉曲にやわらげて述べる働きをになうことが多い。
▼ほぼ、現代語の「も」と同じであると考えてよい。
▼終助詞「も」(二)は、文末に用いて強い詠嘆を表す。係助詞の文末用法であるとする説もある。
▼上代に盛んに用いられたが、平安時代になると「も」単独で詠嘆を表す用法は和歌に少数の例がみられるのみで、他の助詞と複合した形で用いられることが多くなった。
▼接続助詞「も」(三)は、終助詞あるいは係助詞から派生した用法であるとされる。鎌倉時代以降、定着した。

一［係助詞］ 接続 体言、副詞、各種の助詞、活用語の連用形・連体形などに付く。

意味	訳語	用例
❶同類の事柄を列挙したり、付け加えたりする。	…も…も そのうえ…も	例「このことを嘆くに、鬚も白く、腰もかがまり、目もただれにけり」〈竹取・かぐや姫の昇天〉訳このことを嘆いて、ひげも白くなり、腰も曲がり、目もただれてしまった。
❷ある事柄をとりあげ、例として示す。	(たとえば)…(で)も	例「歌の詞書にも、『花見にまかれりけるに、はやく散り過ぎにければ』とも『障る事ありてまからで』なども書けるは」〈徒然・一三七〉訳和歌の詞書にも、たとえば、「花見に出かけたのですが、もうすでに花が散ってしまっていたので」とも「都合が悪くて(花見には)行かれなくて」などとも書いてあるのは。
❸同類の事柄を取り上げ、他を暗示・類推させる。	…も(また)	例「去年の夏も世におこりて、人々まじなひわづらひしを、やがてとどむるたぐひあまたはべりき」〈源氏・若紫〉訳(その修行者は)去年の夏も(熱病が)世間に流行して、いろいろな人が祈禱しても効果がなく困っていたのを、すぐに治した例がたくさんございました。
❹極端な例を示して、それ以外のことはいうまでもないことを暗示・類推させる。	…(でさえ)も …までも	例「阿波の水門を渡る。夜中なれば、西東も見えず」〈土佐〉訳阿波の海峡を渡る。夜中なので西も東も見えない。

葉・一四・三五二四〉訳あの娘が寝ている寝床の辺りに、岩間を漏る水でであればいいなあ。忍び入って寝たいな。

もがり【殯】［名］「あらき(殯)」に同じ。

〔**殯の宮**〕「あらきのみや」に同じ。

もがり【虎落】［名］《近世語》❶枝を落とした竹を交差させ縄で縛った柵。竹矢来。❷枝付きの竹を立てて並べた物干し。紺屋が用いた。

もかりぶね【藻刈り船・藻刈り舟】［名］藻を刈り取るための小舟。(季-夏)

もが・る【強請る・虎落る】［自ラ四］{ら・り・る・る・れ・れ}《近世語》言いがかりをつけて金品を脅し取る。例「七十になる浄閑が、もがられたといふ外聞(=評判)悪さ」〈浄・山崎与次兵衛寿の門松〉

もぎ【裳着】［名］女子の成人の儀式。成人のしるしとして、初めて髫髪を結い上げ、裳を腰に着けた。結婚を前に、十二、三歳ごろに行うことが多かった。男子の元服である初冠に相当する。

古典の世界 裳の腰を結ぶ「腰結」は、男子の成人式「元服」の加冠に相当し、最も重要視された。その役は、おもに、父母と同等か、それより上の血族、または徳望ある高貴の人に依頼した。

もぎき【捥ぎ木】［名］(もぎ取られたり、枯れたりして)枝のない木。

もぎだう［・なり］【没義道・無義道】［名・形動ナリ］《近世語》むごいこと。非道。不人情。

もぎつけ【捥ぎ付け】［名］❶矢柄(矢の竹)の節を削り取らずに残しておくこと。❷兜を着けたままの首を取ること。

もぎぬ【喪衣】［名］喪服。

もく【木】［名］❶(「木目」の略)木目。年輪。❷「五行」のひとつ。季節では春、方位では東、五星では木星に当たる。

もく【目】［名］令制で国司の四等官。→「さくゎん(主典)」

もくあみ【黙阿弥】［人名］「かはたけもくあみ」に同じ。

もくかう【木瓜・帽額】［名］(「もかう」「もっかう」とも)紋所の名。卵を包んでいる鳥の巣、一説に、瓜

意味	訳語	用例
❺最小限の願望を表す。	(せめて)…だけでも	例「なほあなたに渡りて、ただひと声**も**もよほしきこえよ」〈源氏・末摘花〉訳まあ、あちらへ行って、一曲**だけでも**(弾いてくださるように)お勧め申し上げよ。
❻(動詞以外の活用語の連用形や、助詞、副詞などに付いて)詠嘆を表す。	…(まで)も(訳出しがたい場合もある)	例「身には、言ひ尽くすべく**も**あらず、悲しうあはれなり」〈蜻蛉・中〉訳私としては、ことばに表すこと**も**できないほど、悲しく、感慨深いことである。
二［終助詞］接続 文を言い切った形、体言、活用語の連体形に付く。		
詠嘆を表す。	…なあ …よ	例「ひさかたの天(あめ)の香具山(かぐやま)この夕(ゆふ)へ霞(かすみ)たなびく春立つらし**も**」〈万葉・一〇・一八一二〉訳天の香具山に、今宵、霞がたなびいている。春になったらしい**よ**。
三［接続助詞］接続 活用語の連体形に付く。		
❶逆接の仮定条件を表す。	(たとえ)…ても	例「打ち撒(ま)きのかはりばかり賜(たま)はりて、何にかはせん。わが山へ帰り登らん**も**、人目恥づかし」〈宇治拾遺・六・六〉訳打ち撒きの米(＝神を拝むときにまく米)のかわりほどのものをいただいて、何になろうか、何にもなりはしない。わが山(＝延暦寺)に帰り登ろうとして**も**、(これでは)人目が恥ずかしい。
❷逆接の確定条件を表す。	…けれども	例「心ひとつにいとど物思はしさ添ひて、内裏(うち)へ参らんと思(おぼ)しつる**も**出(い)で立たれず」〈源氏・橋姫〉訳自分の胸のうちにばかり、ますます物思いがつのり、参内しようとお思いになった**けれども**、どうしてもお出かけになれない。

発展学習ファイル
(1)係助詞「も」は、複合動詞の間に挿入されることもある。例「『これもわりなき心の闇(やみ)になむ』と言ひ**も**やらず」〈源氏・桐壺〉
(2)係助詞「も」が「だれ」「何」などの語に付く場合は、「だれもみな」「何もかも」のような意味になる。例「蓑(みの)もなに**も**涙のかかりたる所は」〈大和・一六八〉
(3)「ても」(接続助詞「て」＋係助詞「も」)という形は、「…てからも」という意味のほかに、現代語と同じように、逆接の仮定条件(次例)、逆接の確定条件を表すことがある。例「昔ならましかば、馬(むま)にはひ乗り**て****も**ものしなまし」〈蜻蛉・下〉
(4)「…も…に」の形で、次に続く句の状態を表す用法がある。例「五月雨の空**も**とどろに時鳥(ほととぎす)なにを憂しとか夜ただ鳴くらむ」〈古今・夏・一六〇〉訳五月雨の降る夜空をとどろかせて、ホトトギスは、何がかなしいといって、ひと晩中ひたすら鳴いているのであろうか。

を輪切りにしたものの図案化とされる。「窠(くわ)」の紋。

もくかう【木香】[モッコウ]［名］❶草の名。枝の先に暗紫色のノザミに似た花を付ける。根を乾燥させて健胃剤や香料とした。また、その薬品をもいう。❷木の名。モッコウバラ。近世に中国から渡来した。

もくじき【木食】［名］穀物以外の木の実や草を食べて生活・修行すること。また、その人。

もくだい【目代】［名］平安・鎌倉時代に地方官が私的に任命した代官。室町以降、広く代官のこと。

もくづ【藻屑】[モクズ]［名］水中を漂う藻の切れ端。

もくのかみ【木工頭】［名］《「こだくみのかみ」「むくのかみ」とも》令制で「木工寮(もくれう)」の長官。

もくば【木馬】［名］❶乗馬の練習用の木製の馬。❷拷問(ごうもん)に用いられた道具。背の部分はとがらせてあり、これに人をまたがらせ足に重りをつけて責める。

もくらんじき【木蘭色】［名］染め色の名。黄・赤・紅の雑色。＝香染(かうぞ)め・黄橡(きつるばみ)

もくらんぢ【木蘭地】[モクランジ]［名］《「むくらんぢ」とも》梅の根を煮出して作る梅谷渋(うめやしぶ)で染めた、狩衣(かりぎぬ)や直垂(ひたたれ)などの布地。黄色みを帯びた赤で、濃く染めたものはこげ茶色。

もくれう【木工寮】[モクリョウ]［名］《「こだくみのつかさ」とも》令制で「宮内省」に属し、宮殿の造営・修理や材木の準備などをつかさどった役所。

もくれんじ【木欒子】［名］モクゲンジの別称。種子は数珠玉(じゅずだま)、花は染料や目薬になる。(季－秋)

もくろく【目録】［名］❶書物や文書等の題目を書き並べたもの。❷進物の品名・金銀の額などを記した文書。❸芸道の免許や伝授の内容を記した文書。

もこ【婿・聟】［名］《「むこ」の母音交替形》❶仲間・相手。❷娘の夫として迎える男子。むこ。

も－こそ ❶将来のよくない出来事を予想し、そうなったら困るという懸念を表す。…**たら困る**。…**と大変だ**。例「あまりやつしけるかな。聞き**もこそ**すれ」〈源氏・若紫〉訳あまりにみすぼらしいかっこうをしてしまったものだ。聞きつけでもし**たら困る**。《係結び》「こそ→すれ㊁」。例「『酔(ゑ)ひ泣きのつ

語構成　も 係助　こそ 係助

いでに、忍ばぬこともこそ』とのたまへば」〈源氏・篝火〉訳「酔い泣きのついでに、我慢できないこともあると大変だ」と(源氏が)おっしゃるので。《係結び》「こそ→(省略)」。《敬語》「のたまへば」→「のたまふ」。❷「も」の付いた語句を強調する。…もきっと。例「おのづから思ひあはする世もこそあれ」〈源氏・胡蝶〉訳自然と思いあたるときもきっとあるだろう。《係結び》「こそ→あれ㊀」

発展学習ファイル (1)①の用法が多い。
(2)まれに、将来のよい出来事を予想し、そうなってほしいという気持ちを表す場合がある。例「夜泣きすとただもりたてよ末の代にきよくさかふることもこそあれ」〈平家・六・祇園女御〉訳夜泣きをしても、ただ大切に育てなさい。将来は(その子=平清盛は)清く盛えることがあるかもしれない。
(3)同じ意味を表す語に「もぞ」がある。→「もぞ」

もごよ・ふ[自ハ四]{は・ひ・ふ・ふ・へ・へ}(「もこよふ」とも)❶うねりながら移動する。のたくる。❷立つことができずに、はってゆく。例「逃げて、倒れもごよ・ひつつ行けば」〈宇津保・楼の上・上〉

もころ【如・若】[名]《上代語。連体修飾語を受けて副詞的に用いる》同じ状態。…のように。例「我が大君の立たせば玉藻のもころ」〈万葉・二・一九六長歌〉

もごろも【裳衣】[名]田植えなどのときに女性が腰にまとった、裳に似た衣。

もころを【如己男】[名]自分と匹敵する、競争相手の男。恋がたきの男。

もさ[終助]近世の関東方言で、詠嘆・念押しの気持ちを表す。…よ。…ぞ。例「えい手力雄尊だもさあ」〈滑・根無草〉訳えい手力雄尊だぞ。

も・し【茂し】[形ク]{(から)・く(かり)・し・き(かる)・けれ・かれ}草木が生い茂っているようす。

もし【若し】[副]❶(仮定の表現を伴って)かりに。もしも。例「君が行きもし久にあらば梅柳誰と共にか我がかづらかむ」〈万葉・一九・四二三八〉❷(疑問・推量の表現を伴って)あるいは。ひょっとしたら。例「もし、かのあはれに忘れざりし人にや」〈源氏・夕顔〉

もし【持し】《上代東国方言。動詞「持つ」の連用形「持ち」にあたる語》持ち。

-もじ【文字】[接尾](物の名の一部を省略した語に付いて)美しく品よく婉曲にいうのに用いる。女房詞から始まった。「そもじ」「湯もじ」など。

もじ【文字】[名](「もんじ」の撥音無表記)❶字。文字。例「同じ文字なき歌」〈古今・雑下・九五五詞書〉❷ことば。例「まことに、今はさる文字忌ませたまへよ」〈源氏・葵〉《敬語》「忌ませたまへよ」→「せたまふ」。❸音の数。音節。例「神世には、歌の文字も定まらず」〈古今・仮名序〉

もしお【藻塩】歴史的かなづかい「もしほ」

もじきなか【文字寸半】[名]《近世語。「文字」は銭、「寸半」は一文銭の直径一寸の半分を示す》わずかな金のこと。=文字片半

もじぐさり【文字鎖】[名]❶和歌などの修辞法のひとつ。前の句の終わりの文字を次の句の最初に置いて鎖のように続けてゆくこと。❷前の人が読んだ古歌の末尾の字で始まる古歌を次の人が読むなどして、しり取り遊びのように、古歌を続けてゆくこと。

もじづかひ【文字遣ひ】[名]❶文字の書きぶり。筆跡。❷文字のつかい方。仮名遣い。

もしは【若しは】[接]もしくは。あるいは。または。例「『おはしまさざりけり』もしは、『御物忌みとて取り入れず』といひて、持て帰りたる」〈枕・すさまじきもの〉

もじひらなか【文字片半】[名]「もじきなか」に同じ。

もしほ【藻塩】[名]❶海藻からとる塩。海水を注いで塩分を含ませた海藻を焼き、その灰を水に溶いた上澄みをさらに釜で煮つめて製する。❷①をつくるために海藻にかける海水。

〔藻塩の煙〕❶藻塩を焼く煙。塩を製するために、潮水を注いだ海藻を焼く煙。転じて、思わぬ方向へなびく意に用いられることもある。例「風吹けば藻塩の煙うちなびき我も思はぬかたにこそたて」〈後拾遺・羇旅・五三一〉❷火葬の煙。

もしほぐさ【藻塩草】[名]「藻塩」を製するための海藻。かき集めることから和歌では「書く」の縁語や序詞となる。詠草や手紙を指していうこともある。

もしほた・る【藻塩垂る】塩をとるために、海藻に海水を流しかける。和歌では、多く「しほたる(涙を流して泣く)」にかけて用いられる。例「わくらばに問ふ人あらば須磨の浦に藻塩た・れつつわぶと答へよ」〈古今・雑下・九六二〉訳→〔和歌〕わくらばに…

もしや【若しや】[副]《副詞「もし」+係助詞「や」》ひょっとして。もしかしたら。例「なぐさめおきしを、おろかにもしやとたのみつつ」〈平家・三・有王〉

もじやう【文字様】[名]文字の書きざま。手跡。

もず【鵙・百舌】[名]鳥の名。性質が荒く、虫・トカゲ・カエルなどを捕食する。(季-秋)

〔鵙の草潜き〕モズが春になると山に移り姿を見せなくなること。古くは草の中に姿を隠すと考えた。例「いづくなるらん鵙の草ぐき」〈千載・恋三・七九五〉

〔鵙の速贄〕モズが虫・トカゲ・カエルなどを捕らえ、えさとして木の枝などに刺しておくこと。また、そのもの。(季-秋)

もすそ【裳裾】[名]裳のすそ。また、着物のすそ。

もぞ《係助詞「も」+係助詞「ぞ」》❶将来の出来事を予想し、そうなったら困るという懸念を表す。…たら困る。…と大変だ。例「御文は、あまり人もぞ目立つるなど思ほして」〈源氏・真木柱〉訳お手紙は、あまりに人が目を立てたら困るなどとお思いになって。《係結び》「ぞ→目立つる㊍」。《敬語》「思ほして」→「おぼす」。例「内蔵寮、穀倉院など、公事に仕うまつれる、おろそかなることもぞ」〈源氏・桐壺〉訳内蔵寮や穀倉院などが公事にお仕えして、不十分なことでもあると大変だ。《係結び》「ぞ→(省略)」。《敬語》「仕うまつれる」→「つかうまつる」。❷「も」の付いた語句を強調する。…もきっと。例「なかなかいと目馴れて人侮られなることどももぞあらまし」〈源氏・薄雲〉訳かえって、ますます見なれて人に侮られることなどもきっとあるだろう。《係結び》「ぞ→あらまし㊍」

発展学習ファイル (1)①の用法が多い。
(2)まれに、将来のよい出来事を予想し、そうなってほしいという気持ちを表す場合がある。例「柴の戸の跡見ゆばかりしをりせよ忘れぬ人はかりにもぞ訪

ふ(＝忘レナイ人ガヒョットシタラ訪レテクレルカモシレナイ)」〈正治二年初度百首〉

(3)同じ意味を表す語に「もこそ」がある。→「もこそ」

もそっと【副】もうちょっと。もう少し。

もだ【黙】[名]何もせず、黙っていること。沈黙。

もた・ぐ【擡ぐ】[他ガ下二]{げ・げ・ぐ・ぐる・ぐれ・げよ}(「もちあぐ」の変化形)❶持ち上げる。例「をのこども軽らかにて(車ノ轅ヲ)もたげたれば」〈蜻蛉・下〉❷顔を上げる。頭を持ち上げる。例「(姫君ハ)顔ももたげたまはで、ただ泣きにのみ泣きたまふ」〈源氏・少女〉

もだ・す【黙す】[自サ変]{せ・し・す・する・すれ・せよ}❶黙る。口にしない。例「恥を忍び恥を黙して」〈万葉・一六・三七九五〉❷黙って見過ごす。しないで済ます。例「世俗の黙しがたきに随ひて」〈徒然・一二三〉

もたひ【瓮・甕】[名]酒や水などを入れる器。

もたま・ふ【持給ふ】(動詞「持つ」の連用形＋尊敬の補助動詞「給ふ」＝「もちたまふ」の変化形)お持ちになる。例「経を片手に持たまうて」〈源氏・橋姫〉《音便》「持たまう」は「持たまひ」のウ音便。

もだもだ[副](近世語)❶悩み苦しむさま。例「恋にやるせなくさいなまれて、もだもだとして悲しき有り様」〈浮・好色五人女〉❷ぼうっとのぼせるさま。例「もだもだと上気して」〈浮・好色五人女〉

もだ・ゆ【悶ゆ】[自ヤ下二]{え・え・ゆ・ゆる・ゆれ・えよ}思い煩う。苦しみもがく。悶絶する。例「書きつけたる物を見つけて、おとど、驚き悶え給ひて」〈宇津保・忠こそ〉

もた・り【持たり】[他ラ変]{ら・り・り・る・れ・れ}(「もてあり」の変化形。一説に「もちあり」の変化形とも)持っている。例「一人はあてなる男もたりけり」〈伊勢・四一〉

もち【望】[名]❶「望月」の略。❷陰暦の各月の十五日。＝望の日

〔**望の月**〕「もちづき㊀」に同じ。

〔**望の日**〕「もち(望)②」に同じ。

もち【餅】[名]「餅」の略。(季‐冬)

もち【黐】[名]とりもち。モチノキの皮などから作り、鳥や虫などを捕らえるのに用いる。

もぢ【綟・綟子】[名]麻糸で織った目の粗い布。夏用の着物や蚊帳などに用いる。

もちあ・ぐ【持ち上ぐ】[他ガ下二]{げ・げ・ぐ・ぐる・ぐれ・げよ}物などを持って上の方へ上げる。物を上の方へ起こす。

もちあそび【弄び・玩び・翫び】[名]「もてあそび」に同じ。

もちあつか・ふ【持ち扱ふ】[他ハ四]{は・ひ・ふ・ふ・へ・へ}取り扱いに困り、苦労する。もてあます。

もちあふぎ【持ち扇】[名](陣中で持つ軍配団扇に対して)日常、手に持って用いる扇。ふだん用いる扇。

もちいひ【餅飯】[名]「もちひ」に同じ。

もちがほ【持ち顔】[名]いかにも何かを持っているというようす、また態度。

もちがゆ【望粥】[名](望の日の粥の意)陰暦正月十五日(望の日)、上元の節句の日に食べる小豆など七種の穀物を煮込んだかゆ。後世、「餅粥」の意にとって、餅を入れたかゆをいう。(季‐春)

もちくた・つ【望降つ】[自タ四]{た・ち・つ・つ・て・て}(「望」は、十五夜の意。「もちぐたつ」とも)十五夜がふける。一説に、十五夜を過ぎる。例「望ぐたち清き月夜に」〈万葉・八・一五〇八〉

もちこ・す【持ち越す】[他サ四]{さ・し・す・す・せ・せ}❶持ち運ぶ。持って来る。例「泉の川に持ち越せる真木のつまで(＝角材)を」〈万葉・一・五〇長歌〉❷そのままの状態で時を過ごす。

もぢずり【捩摺り】[名]「しのぶずり」に同じ。

もちだて【持ち楯】[名](「もったて」とも)戦場で手に持って用いる楯。

もちづき【望月】㊀[名]陰暦の十五日の夜の月。満月。＝望①・望の月。(季‐秋)。例「望月の明さを十合はせたるばかりにて」〈竹取・かぐや姫の昇天〉㊁[地名]信濃国の地名。いまの長野県北佐久郡望月町。平安時代、陰暦八月十五日の満月(望月)の日に望月の御牧で育てられた馬が宮中で天皇に披露されたことによる。

〔**望月の駒**〕平安以降、信濃国の望月の牧場から、毎年陰暦八月の望月のころに宮中へ献上した馬。(季‐秋)

もちづきの【望月の】[枕詞](満月に欠けたところがなく美しいことから)「たたはし」「たれる」「めづらし」にかかる。例「望月のいやめづらしみ思ほしし」〈万葉・二・一九六長歌〉

もちて【以て】(「持ちて」の変化形)手段・材料などを表す。…で。…によって。例「世界の栄華にのみ戯れたまふべき御身をもちて、窓の蛍を睦び、枝の雪を馴らしたまふ」〈源氏・少女〉訳この世の栄華にだけ浸りなさることができる身で、窓の蛍と交わり、枝の雪に親しみなさっている。

発展学習ファイル　「をもちて」の形が多く、漢文系の文章に用いられるのが一般的。→「もて」

もちどりの【黐鳥の】[枕詞](鳥もちにかかっている鳥の意から)離れにくい意の「かからはし」にかかる。例「もち鳥のかからはしもよ」〈万葉・五・八〇〇長歌〉

もちなは【黐縄】[名]鳥もちを塗った、鳥を捕るための縄。

〔川柳〕**もちはつく…**【餅はつくこれから嘘をつくばかり】〈柳多留・初〉訳正月用の餅はついた。あとは、借金取りに「金がない」とうそをつくだけだ。

もちひ【餅】[名](「もちいひ」の変化形)餅。(季‐春)

もちひかがみ【餅鏡】[名]かがみもち。

もち・ふ【用ふ】[他ハ上二]{ひ・ひ・ふ・ふる・ふれ・ひよ}「もちゐる」に同じ。

もちまるちゃうじゃ【持丸長者】[名](近世語。「丸」は金銭の意)大金持ち。富豪。

もち・ゆ【用ゆ】[他ヤ上二]{い・い・ゆ・ゆる・ゆれ・いよ}「もちゐる」に同じ。

もぢ・る【捩る】[他ラ四]{ら・り・る・る・れ・れ}ねじる。よじる。例「すぢりもぢり、えい声を出だして一庭を走りまはり舞ふ」〈宇治拾遺・一・三〉

もち・ゐる【用ゐる】[他ワ上一]{ゐ・ゐ・ゐる・ゐる・ゐれ・ゐよ}❶人材を登用する。任用する。例「御子どもは、いづれともなく、人柄めやすく世に用ゐられし」〈源氏・賢木〉❷人の意見などを聞き入れる。採用する。例「諫めむにかなはじ、用ゐざらむものから」〈源氏・夕霧〉❸役立てて使う。使用する。例「この太刀は大臣葬の時用ゐる無文の太

刀なり」〈平家・三・無文〉❹信頼する。例「夢をも仏をも**用・ゐる**べしや、**用・ゐる**まじやと」〈蜻蛉・中〉❺**心を働かせる。心を配る。**例「心を**用・ゐる**事少しきにしてきびしき時は、物に逆ひ、争ひて破る」〈徒然・二二〉①～⑤＝用ふ・用ゆ

発展学習ファイル　「**持ち率ゐる**」の一語化したもの。平安中期以降「もちひる」とも書くようになり、さらには八行上二段活用「**もちふ**」ができた。中世以降「ゐ」と「い」の混同からヤ行上二段活用「**もちゆ**」も生じた。

もちゑ・ふ【持ち酔ふ】〔自ハ四〕{は・ひ・ふ・ふ・へ・へ}取り扱いに苦慮する。もてあます。＝持て酔ふ。例「上下いかがせんと**持ち酔・ひたり**」〈盛衰記・一八〉

も・つ【持つ】〔他タ四〕{た・ち・つ・つ・て・て}❶**手にする。身に着ける。所持する。**例「籠もよみ籠**持・ち**ふくしもよみぶくし**持・ち**」〈万葉・一・一長歌〉訳→〈和歌〉こもよみこもち…。❷**所有する。自分のものとする。**例「やむごとなき御妻どもいと多く**持・ちたまひて**」〈源氏・須磨〉❸**心に抱く。**例「さな葛後も逢はむと慰むる心を**持・ちて**」〈万葉・一三・三二八〇長歌〉❹（連用形で）**…を使って。…を用いて。**例「奈良の山なる黒木**も・ち**造れる室は」〈万葉・八・一六三八〉

もっかう【木瓜・帽額】〔名〕「もくかう」に同じ。

もっくゎん［・す］【没官】〔名・他サ変〕（「ぼっくゎん」とも）令制の刑罰のひとつ。謀反などの重罪を犯した人の財産を取り上げ、官に収めること。

もっけ［・なり］【物怪・勿怪】〔名・形動ナリ〕❶不吉なこと。異変。災害。❷意外なこと。予想もしないこと。また、そのようす。

もっさう【物相・盛相】〔名〕❶飯を盛ってその量をはかったり、飯を各人に供する器。❷「物相飯」の略。❸武家の下僕を卑しめののしっていう語。物相飯をあてがわれることからいう。例「貴様は、どこの物相殿ぢゃ」〈伎・韓人漢文手管始〉

もっさうめし【物相飯】〔名〕《近世語》物相（飯を盛って量をはかる器）に盛った飯。盛り切り飯。僧や囚人の粗末な飯。＝物相②

もっしゅ［・す］【没収・没取】〔名・他サ変〕刑罰のひとつ。不法を行った者の領地・官職・財産などを官に召し上げること。

もったいな・し【物体無し・勿体無し】〔形ク〕{から・く(かり)・し・き(かる)・けれ・かれ}❶**不都合だ。ふとどきだ。**例「あはれ、**もったいな・き**主かな」〈宇治拾遺・一・一五〉❷**おそれおおい。**例「これは**勿体な・ぎ**御諚（＝オコトバ）に候ふ」〈醒睡笑〉❸**惜しい。**

もったう［・す］【没倒】〔名・他サ変〕没収すること。没収し取りつぶすこと。

もって【以て】〔接〕〔接〕《「もて」とも。「もちて」の促音便》

一〔接〕**そして。それによって。それゆえ。**例「竜神はすなはち、千手の二十八部衆のその一つなれば、**もって**御納受こそたのもしけれ」〈平家・二・卒都婆流〉

二《助詞「を」に付いて、手段・方法や、原因・理由などを表す》**…で。…によって。**例「飛脚を**もって**、高倉宮の御謀反のよし、都へ申したりければ」〈平家・四・鼬之沙汰〉

もってのほか【以ての外】〔名〕**思いがけないこと。**意外なこと。言語道断。

もっとも【尤も・最も】〔副〕❶**いかにも。なるほど。**例「この訴へ申す事、**もっとも**ことわりに候ふ」〈宇治拾遺・六・一〉❷**非常に。とりわけ。**例「この事**もっとも**嘆くべしと言へども」〈今昔・四・三五〉❸（下に打消の語を伴って）**少しも。まったく。**例「をかしきことにもあるかな。**もっとも**え知らざりけり」〈竹取・燕の子安貝〉

もっとも［・なり］【尤も・最も】〔形動ナリ〕{なら・なり(に)・なり・なる・なれ・なれ}当然なさま。当たり前だ。例「先んずる時は人を制す、後にする時は人に制せらるといへば、今夜の発向**もっとも・なり**」〈古活字本保元・上〉

もっとものさうし【尤之双紙】〔作品名〕江戸前期（一六三二刊行）の仮名草子。斎藤徳元作。『枕草子』『犬枕』などにならい、「物は尽くし」の随筆を収める。和歌・俳諧・物語・漢籍からの引用が多く、当時の風俗資料として貴重。

もっともやく【尤役】〔名〕芝居で、「ごもっとも」というような簡単なせりふしかいわない役。端役。

もっぱら［・なり］【専ら】〔形動ナリ〕{なら・なり(に)・なり・なる・なれ・なれ}《「もはら」の変化形》ひたすらそのことだけに集中するようす。例「朝には朝政をすすめ、よるは夜を**専ら・にし**給へり」〈平家・灌頂・女院出家〉

もて-〔接頭〕《「持ちて」の縮まった形。動詞に付いて》強意を表す。また、語調を整える。「**もて**あがむ」「**もて**かしづく」「**もて**わづらふ」など。

もて【面】〔名〕《「おもて」の変化形。一説に上代東国方言とも》顔。

もて《「もちて（以て）」の促音便「もって」の促音無表記》体言、活用語の連体形、またはそれらに格助詞「を」の付いたものに接続して、格助詞的な働きをする。❶手段・方法・材料を表す。**…で。…でもって。…を用いて。**例「我妹子が形見の衣なかりせば何物**もて**か命継がまし」〈万葉・一五・三七三三〉訳いとしいあなたの形見の衣がもしなかったならば、何を**用いて**命をつないでゆくのだろうか。《係結び》「か↓継がまし体」。❷原因・理由・機縁を表す。**…によって。…のために。**例「かかづらふも、なかなか苦しうはべれば、心**もて**なむ、急ぎたつ心地しはべる」〈源氏・柏木〉訳この世に生きながらえているのも、かえって苦しく思いますので、自らの意志**によって**、（あの世へ）早く行きたいという気持ちがしています。《音便》「苦しう」は「苦しく」のウ音便。《敬語》「苦しうはべれば」「しはべる」。《係結び》「なむ↓心地しはべる体」。❸目的語を強調する。**…（を）もって。**例「おほやけの奉り物は、おろそかなるを**もて**よしとす」〈徒然・二〉訳天皇のお召し物は、質素であることを**もって**よいこととする。

もて【持て】《「もちて（持ちて）」の促音便「もって」の促音無表記》持って。例「火などいそぎおこして炭**もて**わたるも」〈枕・春は、あけぼの〉

もてあが・む【もて崇む】〔他マ下二〕{め・め・む・むる・むれ・めよ}《「もて」は接頭語》尊いものとして大切にする。また、寵愛する。例「親など立ち添ひ**もてあが・めて**」〈源氏・帚木〉

もてあ・ぐ【持て上ぐ】〔他ガ下二〕{げ・げ・ぐ・ぐる・ぐれ・げよ}持ち上げる。

もてあそば・す【弄ばす・玩ばす・翫ばす】〔他サ

四]{き・し・す・す・せ・せ}❶もてあそぶようにさせる。例「人々あまたして鞠もてあそばして」〈源氏・若菜・上〉❷(「もてあそぶ」の尊敬語)もてあそびなさる。例「宰相中将、うのちゅうじゃうの上、新大納言の御方なども、わたり給ひつつ、もてあそばし」〈夜の寝覚〉

もてあそび【弄び・玩び・翫び】[名](「もちあそび」とも)心をなぐさめること。また、その手段や道具。遊び相手。遊び道具。遊びごと。

もてあそびぐさ【弄び種】[名]「もてあそびもの」に同じ。

もてあそびもの【弄び物】[名]❶手近に置いて心を慰めるもの。また、そのような人。❷おもちゃ。①②=弄び種

もてあそ・ぶ【弄ぶ・玩ぶ・翫ぶ】[他バ四]{ば・び・ぶ・ぶ・べ・べ}❶手に取って遊ぶ。❷慰めとする。観賞する。愛しかわいがる。例「花をももて遊びたまふべきならねば」〈源氏・胡蝶〉❸そばにおいて大切に扱う。例「宗の法文を学び翫びし間に」〈今昔・一三・二〉

もてあつかひぐさ【持て扱ひ種】[名]うわさ話の材料。話題。

もてあつか・ふ【もて扱ふ】[他ハ四]{は・ひ・ふ・ふ・へ・へ}(「もて」は接頭語)❶世話をする。例「懐をさらに放たずもてあつかひつつ」〈源氏・若菜・上〉❷扱いに苦労する。もてあます。例「車よりもまろび落ちぬべきをぞ、もてあつかひける」〈源氏・御法〉

もてあ・ふ【もて会ふ】[自ハ四]{は・ひ・ふ・ふ・へ・へ}(「もってあふ」とも。「もて」は接頭語)会う。出会う。

もてあり・く【持て歩く】[他カ四]{か・き・く・く・け・け}持ってあちこち歩き回る。例「申し文持てありく」〈枕・ころは、正月、三月〉

もてい・く{か・き・く・く・け・け}(「もてゆく」とも)㊀【持て行く】[他カ四]持って行く。㊁【もて行く】[自カ四](「もて」は接頭語)(動詞の連用形に付いて)だんだん…になる。しだいに…してゆく。例「昼になりて、ぬるくゆるびもていけば」〈枕・春は、あけぼの〉

もてい・づ【持て出づ】[他ダ下二]{で・で・づ・づる・づれ・でよ}❶持って出る。持ち出す。❷人目にたたせる。例「もて出・でず、忍びやかに御消息なども聞こえかはしたまひければ」〈源氏・藤袴〉

もてかく・す【もて隠す】[他サ四]{さ・し・す・す・せ・せ}(「もて」は接頭語)そっと隠す。上手に取り繕う。例「いとよく〈欠点ヲ〉もて隠・すなりけり」〈源氏・帚木〉

もてかしづ・く【もて傅く】[他カ四]{か・き・く・く・け・け}(「もて」は接頭語)大切に扱う。仕える。例「疑ひなき儲けの君(=春宮)と、世にもてかしづ・き聞こゆれど」〈源氏・桐壺〉

もてきょう・ず【もて興ず】[自サ変]{ぜ・じ・ず・ずる・ずれ・ぜよ}(「もて」は接頭語)おもしろがる。興味を感じ楽しむ。例「〈遊女ヲ〉人々いみじうあはれがりて、けぢかくて(=身近ニ呼ンデ)人々もて興・ずるに」〈更級〉

もて・く【持て来】[他カ変]{こ・き・く・くる・くれ・こ(こよ)}持って来る。例「酒、よき物ども持て・来て」〈土佐〉

もてくだ・る【持て下る】[自ラ四]{ら・り・る・る・れ・れ}(都から地方へ)持って行く。

もてけ・つ【もて消つ】[他タ四]{た・ち・つ・つ・て・て}(「もて」は接頭語)❶事をうまくさばいて消す。荒立てずにすます。例「いとようなだらかにもて消・ちてむ」〈源氏・胡蝶〉❷面目を失わせるようにする。けなす。例「よしあしきけぢめもけざやかにもてはやし、また、もて消・ち軽むることも」〈源氏・常夏〉❸圧倒する。圧倒して、美点を消す。例「誇りかにはなやぎたる方は、弟の君たちにはもて消・たれて」〈源氏・若菜・下〉

もてさわ・ぐ【もて騒ぐ】[自ガ四]{が・ぎ・ぐ・ぐ・げ・げ}(「もて」は接頭語)騒ぎ立てる。もてはやす。例「心を悩まし、人にもて騒・がるべき身なめり」〈源氏・藤袴〉語構成「身なめり」→「なめり」

もてしづ・む【もて鎮む】[他マ下二]{め・め・む・むる・むれ・めよ}(「もて」は接頭語)なだめる。落ち着かせる。控えめにする。例「もて静・めたるうはべは、人よりけに用意あり」〈源氏・柏木〉

もてそこな・ふ【もて損なふ】[他ハ四]{は・ひ・ふ・ふ・へ・へ}(「もて」は接頭語)し損なう。しくじる。

もてたが・ふ【持て違ふ】(「もて」は接頭語)㊀[自ハ四]{は・ひ・ふ・ふ・へ・へ}基本から外れる。意向に背く。例「御心おきてにもて違・ふ事なく、いとめやすくぞありける」〈源氏・薄雲〉㊁[他ハ下二]{へ・へ・ふ・ふる・ふれ・へよ}❶人の意向に背く。例「昔の人の御心おきてをもて違・へて思ひ限なかりけん」〈源氏・宿木〉❷誤って届ける。間違って別の所に持ってくる。例「まらうどの御かたにと、おぼしかりけるふみを、もてたが・へたり」〈蜻蛉・上〉

もてちが・ふ【持て違ふ】[他ハ四]{は・ひ・ふ・ふ・へ・へ}持って行ったり来たりする。例「御帳のかたびらかけ、御座ども もてちが・ふほど」〈紫式部日記〉

もてつか・ふ【持て使ふ】[他ハ四]{は・ひ・ふ・ふ・へ・へ}持って使う。使い慣れる。

もてつ・く【もて付く】[他カ下二]{け・け・く・くる・くれ・けよ}(「もて」は接頭語)❶確かに身につける。備える。例「すこしたをやぎたる気色もてつ・けたまへり」〈源氏・末摘花〉❷装う。取り繕う。例「言ひたつればわろきによる容貌を、いといたうもてつ・けて」〈源氏・空蟬〉

もてつけ【もて付け】[名]もてなし。みだしなみ。

もてなし【もて成し】[名]❶待遇。取り扱い。例「世の例にもなりぬべき御もてなしなり」〈源氏・桐壺〉❷振る舞い。態度。例「ばうぞくなるもてなしなり」〈源氏・空蟬〉❸とりなし。とりつくろい。例「もてなしに隠されて口惜しうはあらざりきかし」〈源氏・末摘花〉《音便》「口惜しう」は「口惜しく」のウ音便。❹ごちそう。

もてなしかしづ・く【もて成し傅く】[他カ四]{か・き・く・く・け・け}大切に世話をする。大事に後見する。心を込めて仕える。例「おほかたには、いとあらまほしく、もてなしかしづ・ききこえて」〈源氏・柏木〉

もてな・す【もて成す】[他サ四]{さ・し・す・す・せ・せ}

> **アプローチ**
> ▼「なる」の他動詞形「なす」に、接頭語「もて」の付いた語。
> ▼ある対象に対して、意図的に働きかけて、ならしめる(=処置する)意が原義。
> ▼働きかける主体と対象との関係によって、語義が多様に分かれるので、文脈をよく見きわめて訳出する必要がある。

❶物事をとりはからう。行う。例「何ごとの儀式をももてな・したまひけれど」〈源氏・桐壺〉訳（桐壺更衣の母君は）どんな儀式（＝作法の決まっている公式行事）をも（更衣が恥をかかぬよう）とりはからいなさったが。❷自分の身を処す。振る舞う。行う。例「うらもなう罪なきさまにもてな・いたれば」〈蜻蛉・上〉訳（夫の藤原兼家は）悪びれもせず罪がないふうに振る舞っているので。《音便》「なう」は「なく」のウ音便、「もてない」は「もてなし」のイ音便。❸他人を処遇する。待遇する。世話をする。例「侍らざらむ世にさへ、うとうとしくもてな・したまふ人あらば、つらくなむおぼゆべき」〈蜻蛉・中〉訳亡くなりましたあとでさえ、（子の藤原道綱を）冷淡に待遇しなさる人がいたら、きっと恨めしく思うでしょう。《係結び》「なむ」→おぼゆべき㊍。《敬語》「侍らざらむ」→「はべり」❹もてはやす。優遇する。引き立てる。例「ただこの大臣の御光に、よろづもてな・されたまひて」〈源氏・澪標〉訳（太政大臣は）ただこの大臣（＝源氏）のご威光で、何もかも引き立てられなさって。《敬語》「もてなされたまひて」→「たまふ（四段）」❺饗応する。歓待する。ごちそうする。例「御前へ召され参らせて、御引き出物給はって、もてな・され給ひしありさま、めでたかりし儀式ぞかし」〈平家・一・一門大路渡〉訳（平時忠が後白河法皇の）御前へお呼び出しいただいて、御引き出物をいただいて、饗応されなさったようすは、すばらしい儀式であった。《音便》「給はっ」は「給はり」の促音便。《敬語》「召され参らせて」→「めす」「まゐらす」、「給はって」→「たまはる」、「もてなされ給ひし」→「たまふ（四段）」

もてなやみぐさ【もて悩み種】［名］悩みの種となるもの。取り扱いに困るもの。

もてなや・む【もて悩む】［他マ四］（「もて」は接頭語）扱いかねる。例「あまりまめにおはしまして、人にはもて悩・まれたまへ」〈源氏・総角〉

もてなら・す【持て馴らす】［他サ四］持ち慣らす。使い慣らす。例「もてなら・したまひし御調度ども」〈源氏・須磨〉

もてはな・る【もて離る】（「もて」は接頭語）［一］［自ラ下二］離れる。遠のく。疎くなる。例「もて離・れたるさまにのみ言ひなしたまふめれば」〈蜻蛉・中〉［二］［他ラ下二］遠ざける。疎んずる。かかわらないようにする。例「けざやかに〈男ヲ〉もて離・れたるさまを人にも見え知られ」〈源氏・若菜・下〉

もてはや・す【もて映す・もて囃す】［他サ四］（「もて」は接頭語）❶褒め立てる。賞賛する。例「何に菊色染めかへしにほふらん花もてはや・す君も来なくに」〈後撰・秋下・四〇〇〉❷映えさせる。ひきたてる。例「例にかはりたる〈御衣ノ〉色あひにしも、容貌はいとはなやかにもてはや・されておはするを」〈源氏・藤袴〉《敬語》「もてはや・されておはする」→「おはす」。❸もてなす。大切に扱う。歓待する。例「若き人々、御使ひもてはや・すさまどもをかし」〈源氏・少女〉

もてひが・む【もて僻む】（「もて」は接頭語）［一］［自マ四］ひねくれる。❶風変わりなさまをする。例「もてひが・めたる頭つき、心おきてこそ頼もしげなけれど」〈源氏・松風〉❷［二］［他マ下二］もてひが・めて」〈源氏・紅葉賀〉 ゆがめる。ふだんと異なるようにする。例「あらぬさまにもてひが・めて」〈源氏・紅葉賀〉

もてまぎらは・す【もて紛らはす】［他サ四］（「もて」は接頭語）紛れるようにする。

もてまゐ・る【持て参る】［他ラ四］（「持て来く」「持て行く」の謙譲語）持参する。持って参上する。例「紙燭持て参・れり」〈源氏・夕顔〉

もてやすら・ふ【もて休らふ】［自ハ四］（「もて」は接頭語）ぐずぐずする。

もてやつ・す【もて俏す・もて窶す】［他サ四］（「もて」は接頭語）姿を変えて見ばえのしないようにする。見すぼらしくする。例「なまめいたる容貌したまへるを、もてやつ・したまへれば」〈源氏・真木柱〉

もてゆ・く［一］【持て行く】［他カ四］「もていく［二］」に同じ。［二］【もて行く】［自カ四］「もていく［一］」に同じ。

もてわた・る【持て渡る】［自ラ四］持参する。持って行く。持って来る。例「火などいそぎおこして、炭もてわた・るも」〈枕・春は、あけぼの〉

もてわづら・ふ【もて煩ふ】［自ハ四］（「もて」は接頭語）扱いに困る。もてあます。→「もてあつかふ②」。例「車よりも落ちぬべうまろびたまへば、さは思ひつかしと、人々もてわづら・ひ聞こゆ」〈源氏・桐壺〉

もてをさ・む【もて収む・もて修む】［他マ下二］（「もて」は接頭語）心をおさえ、行動を慎む。例「あるまじくおほけなき心などはさらにものしたまはず、いとよくもてをさ・めたまへり」〈源氏・若菜・下〉

-もと【本・許】［接尾］草木を数えるの語。

もと［名］［一］【本・元】（ものの根幹の意）❶草木の根や根元。枝に対して幹や茎をもいう。↔末。例「その竹の中に、もと光る竹なむ一すぢありける」〈竹取・かぐや姫〉《係結び》「なむ」→ありける㊍。❷根本。物事のよりどころ。根幹。例「なほ、才をもととしてこそ、大和魂の世に用ゐらるる方も強うはべらめ」〈源氏・少女〉《音便》「強う」は「強く」のウ音便。《係結び》「こそ」→強うはべらめ㊁。《敬語》「強うはべらめ」→「はべり」。❸物事の起こり、起源。原因。例「誉れはまた毀りの本なり」〈徒然・三八〉❹短歌の五七五の部分。上の句。↔末。例「歌どもの本を仰せられて、『これが末、いかに』と、問はせたまふに」〈枕・清涼殿の丑寅の角の〉《敬語》「仰せられて」→「おほす」、「問はせたまふ」→「せたまふ」。❺元金。もとで。例「年々に利得を求めたれども、元すこしの事なれば」〈浮・日本永代蔵〉［二］【元・旧】（時間にかかわって）本来。もともと。以前。昔。副詞としても用いられる。例「夕されば道も見えねどふるさとはもと来し駒にまかせてぞゆく」〈大和・五六〉［三］【許・下】（空間にかかわって）❶人のいる所。例「京に、その人の御もとにとて、文かきてつく」〈伊勢・九〉❷そば。あたり。かたわら。例「むかし、ゐなかわたらひしける人の子ども、井のもとにいでて遊びけるを」〈伊勢・二三〉❸（立っているものの）下のあたり。例「夜ふくるままに、月いと明かし。『格子の

もと取りさけよ」とせめたまへど」〈紫式部日記〉
〔本の上〕《「上」は貴人の妻の敬称》別れたもとの奥様。また、昔から連れ添っている奥様。
〔本の国〕本国。故郷。＝本つ国
〔本の国辺〕本国の方。故国の辺り。
〔本の心〕はじめからもっていた心。また、人間としての本来の心。
〔本の雫〕草木の根もとから落ちる雫の意。人の寿命のはかなく短いことをたとえていう。
〔本の誓ひ〕仏菩薩が過去世に発起した衆生済度の誓願。

もとあら【本荒・本疎】[名]木がまばらに生えていること。一説に、木の根もとの方に葉などが少ないこと。
〔本荒の小萩〕根元の方の葉が散ってまばらになっている萩。和歌においても好まれる題材。

もとうた【本歌・元歌】[名]「ほんか」に同じ。

もどか・し [形シク]{しから・しく(しかり)・し・しき(しかる)・しけれ・しかれ}❶気に入らない。例「万づのことよりも、わびしげなる車に、装束わるくて物見る人、いともどか・し」〈枕・万づのことよりも、わびしげなる車に〉❷じれったい。

もどかしう 形容詞「もどかし」の連用形「もどかしく」のウ音便。

もとかしは【本柏】[名]《「もとがしは」とも》❶冬になっても落ちることなく枝についている柏の葉。大嘗祭では、この葉を浸した酒を神に供えた。❷古くからある、物事の元となっているもの。

もとかた【本方・元方】[名]神楽を奏するときに二組みに分かれた歌い手の一方。先に歌い、本歌を受けもつ方。↔末方

もとき【本木】[名]❶木の幹。根もとの部分。↔末木。❷能で、一曲の中心となる素材。

もどき【抵牾・牴牾】[名]❶非難。❷まがい。似せて作ること。

もどきい・ふ【擬き言ふ・抵牾き言ふ】[他ハ四]{は・ひ・ふ・ふ・へ・へ}非難する。とがめる。悪くいう。

もど・く【抵牾く・牴牾く】[他カ四]{か・き・く・く・け・け}❶**まねる。似せて作る。**例「この七歳なる子、父をもど・きて、高麗人と書を作り交はしければ」〈宇津保・俊蔭〉❷**非難する。批判する。**悪くいう。例「をさをさ人の上もど・きたまはぬ大臣の、このわたりのことは、耳とどめてぞおとしめたまふや」〈源氏・常夏〉《副詞の呼応》「をさをさ」→もどきたまはぬ」《係結び》「ぞ」→おとしめたまふ(体)」。

もとくた・つ【本降つ】[自タ四]{た・ち・つ・つ・て・て}《根元が衰える意》年老いて盛りを過ぎ、次第に衰える。

もとくび【元首・本頸】[名]首の根元。

もとこ【左右】[名]《上代語》かたわら。そば。

もとこびと【左右人・左右】[名]側近。侍者。

もとしげどう【本重籐】[名]弓の一種。弓束(弓の握る部分)から上は「二所籐」にし、下部を重籐にしたもの。

もとじろ【本白】[名]矢羽の名。羽の先の方が黒などの濃い色で、根元の方が白いもの。➡[古典参考図]武装・武具〈3〉

もとすゑ【本末】[名]❶(木などの)根元の方と先端の方。❷弓の上端と下端。❸和歌の上の句と下の句。❹「神楽歌」で本方と末方。❺物事の始めと終わり。

もとだち【本立ち】[名]草・木の根元。また、草木の立っているようす。

もとつか【元つ香・本つ香】[名]《「つ」は上代の格助詞》もともと身についている香り。

もとつくに【本つ国】[名]「もとのくに」に同じ。

もとつひと【元つ人・本つ人】[名]《「つ」は上代の格助詞》昔からよく知っている人。昔なじみ。以前からの妻や恋人。

もとどり【髻】[名]《本取りの意》髪を頭の上で束ねたところ。また、その髪。たぶさ。＝元結ひ②

古典の世界　髻を人目にさらすことは、裸頭といって無作法なこととされた。したがって男性は、人前では常に冠や烏帽子をかぶっていた。

〔髻切る〕髪を髻の所で切る。出家する。
〔髻放つ〕冠をつけずに、髻をあらわに出すこと。礼儀に外れる行為とされていた。

もとな [副]《「もと」は根本の意。「な」は形容詞「無し」の語幹》❶理由もなく。わけもなく。例「なにしかももとなとぶらふ」〈万葉・二・二三〇長歌〉❷むやみやたらに。しきりに。例「玉かぎるほのかに見えて別れなばもとなや恋ひむ逢ふ時までは」〈万葉・八・一五二六〉

もとのもくあみものがたり【元のもくあみ物語】[作品名]江戸前期(一六八〇刊行)の仮名草子。作者未詳。京に住む貧僧木阿弥が、東海道の名所をめぐって江戸へ下り、大金を拾って大金持ちとなるが自宅での夢であったと気付く。近世町人の趣向を採り入れた作品。仮名草子最後期に位置し、浮世草子風な要素が見られる。

もとは【本葉】[名]根元の方の葉。↔末葉

もとはず【本弭・本筈】[名]弓の、射るときに下になる方の「はず(弦をかける部分)」。↔末弭。➡[古典参考図]武装・武具〈3〉

もとへ【本方・本辺】[名]《「もとべ」とも》❶もとの方。下の方。❷山のふもと。①②↔末方

もとほし【廻し】[名]衣服の襟などのひもに通してある金具。または、そのひも。

もとほ・す【回す・廻す】[他サ四]{さ・し・す・す・せ・せ}めぐらす。回す。例「石立たす少御神の神寿き寿き狂ほし豊寿き寿き廻し」〈記・中・歌謡〉

もとほととぎす【本時鳥】[名]昔から来ているなじみのホトトギス。

もとほ・る【回る・廻る】[自ラ四]{ら・り・る・る・れ・れ}めぐる。歩き回る。徘徊する。例「鶉こそい這ひもとほ・れ」〈万葉・三・二三九長歌〉

もとほろ・ふ【回ろふ・廻ろふ】[自ハ四]{は・ひ・ふ・ふ・へ・へ}《「廻る」の未然形＋上代の反復・継続の助動詞「ふ」＝「もとほらふ」の変化形》這い回っている。→「もとほる」。例「大石に這ひ廻ろ・ふ細螺の(＝巻キ貝ノ一種)の」〈記・中・歌謡〉

もと・む【求む】[他マ下二]{め・め・む・むる・むれ・めよ}❶**手に入れようとして探す。**例「竜の馬も我れは求・めむ」〈万葉・五・八〇六〉❷**欲しいと望む。要求する。**例「所願を成ぜんがために、財を求・む」〈徒然・二一七〉❸自分から**招く。**例「薬を飲みて汗を求・むるには」〈徒然・一三九〉❹**買い求める。**例「六七間の山の家屋敷を求・めけるに」〈浮・好色一代女〉

もとめあ・ふ【求め会ふ】［自ハ四］｛は・ひ・ふ・ふ・へ・へ｝探して見出す。探し出して会う。例「同じさまなる大衆多くて、え求めあ・はず」〈徒然・二三八〉

もとめい・づ【求め出づ】［他ダ下二］｛で・で・づ・づる・づれ・でよ｝探し出す。探して見つける。例「この君たち(＝匂宮・薫)をおきて、ほかには(婿ニ)なずらひなるべき人を求め出・づべき世かは」〈源氏・匂宮〉

もとめいとな・む【求め営む】［他マ四］｛ま・み・む・む・め・め｝手に入れようと努める。例「(衣・食・住・薬ノ)外を求め営・むを驕りとす」〈徒然・一二三〉

もとめ・う【求め得】［他ア下二］｛え・え・う・うる・うれ・えよ｝望んで得られる。探し出す。

もとめご【求子】［名］「東遊」の歌曲のひとつ。

もとやま【本山】［名］高い山の麓にある小山。

もとゆひ【元結ひ】［名］❶(「もとひ」とも)「髻」を結ぶためのもの。麻糸や組み糸、こよりなどを用いた。❷「もとどり」に同じ。

〔**元結ひを切る**〕髪を切って僧となる。出家する。

もとゆひばえ【元結ひ栄え】［名］白い「元結ひ」によって、黒髪の美しさが一層ひきたつこと。

もとよししんわう【元良親王】［人名］(八九〇～九四三)平安前・中期の歌人。『後撰和歌集』以降の勅撰集に二十首入集。

もとより【固より・元より】［副］《名詞「元」＋格助詞「より」》❶**以前から。かねてから。**例「もとより友とする人、一人二人していきけり」〈伊勢・九〉〔注〕「して」は格助詞。いっしょに動作をする人数を示す。❷**もともと。そもそも。**例「もとよりわらはは推参の者にて」〈平家・一・祇王〉

もど・る【戻る】［自ラ四］｛ら・り・る・る・れ・れ｝❶もと来た方へ帰る。引き返す。❷もとの状態になる。❸もうけが帳消しになる。例「夜業さしょにもこの油の高さでは、儲けるほどみな戻・る」〈浄・長町女腹切〉

もどろか・す［他サ四］｛さ・し・す・す・せ・せ｝❶まだらにする。例「摺りもどろか・したる水干といふ袴を着せて」〈枕・あはれなるもの〉❷まどわす。例「国王より始めて民に至るまで心をもとろか・し」〈今昔・四・一三〉

もどろ・く㊀［自カ四］｛か・き・く・く・け・け｝まだらになる。乱れまぎれる。例「あまりなることは、目ももどろ・く心地なむしたまひける」〈大鏡・道長・上〉㊁［他カ下二］｛け・け・く・くる・くれ・けよ｝まだらにする。また、入れ墨をする。

もとをりおほひら【本居大平】［人名］(一七五六～一八三三)江戸後期の国学者。本居宣長に入門、後年眼疾の本居春庭に代わって本居家家督を継ぐ。宣長の学問を継承し、主に祖述者として活躍。

もとをりのりなが【本居宣長】［人名］(一七三〇～一八〇一)江戸中・後期の国学者。号は鈴屋。国学四大人のひとり。契沖や荻生徂徠の著書によって国学に目覚め、『万葉集』『古今和歌集』『伊勢物語』『源氏物語』を門人に講義する。『源氏物語』の本意を「もののあはれ」に帰結させ『源氏物語玉の小櫛』に論を展開する。賀茂真淵に入門、『古事記伝』執筆の着想を得る。宣長の特徴は古典文学の注釈に思想も反映させ、自らの学問を「古学」と規定したことにある。

もとをりはるには【本居春庭】［人名］(一七六三～一八二八)江戸後期の国学者。父は本居宣長。眼病のため家督は宣長の養子の大平にゆずるが、語学およびその活用研究に功績がうかがえる。後鈴屋の社を組織して門人の育成にあたった。

もなか【最中】［名］真ん中。中央。

〔**最中の月**〕陰暦十五夜の月。

もぬ・く【蛻く】［自カ下二］｛け・け・く・くる・くれ・けよ｝虫や蛇などが脱皮する。例「もぬ・けたる虫の殻などのやうに」〈源氏・若菜・下〉

もぬけ【蛻け】［名］❶虫や蛇が脱皮すること。また、その脱け殻。❷人が脱け出たあとの寝床や着物、住居。また、なきがら。

もの-［接頭］(形容詞・形容動詞に付いて)なんとなく。どことなく。「ものさびし」「ものあはれなり」など。

もの【物・者】［名］❶(実体をもつ物体を示す)**物。物体。**例「持て来たる物よりは、歌はいかがあらむ」〈土佐〉《疑問語との呼応》「いかが→あらむ㊍」。❷(「人」より低い意識で人間を指して用いる)**者。人。**例「今はむかし、たけとりの翁といふものありけり」〈竹取・かぐや姫〉❸(実体をもたない精神的・現象的な事柄を示す)**こと。事柄。**連体修飾語を受けて、漠然と事柄を示す場合もある。音楽・芸能・技術などにも用いる。例「よろづのことは、月見るにこそ、慰むものなれ」〈徒然・二一〉《係結び》「こそ→ものなれ㊁」。❹**ふつうのもの。世間一般の事物。**例「いと心細く悲しきこと、ものに似ず」〈蜻蛉・上〉❺(多く打消の語を伴って)**とりたてていうべきほどのもの。**例「右大臣の御勢ひは、ものにもあらずおされたまへり」〈源氏・桐壺〉❻(接頭語的に「言ふ・思ふ・語る」に付いてその内容を明示しないで)**ことば。思うこと。**例「などかものものたまはぬ」〈大和・一七三〉❼(行く先をぼかしていう)**ある所。**例「ものへまかりけるに、人の家に女郎花植ゑたりけるを見てよめる」〈古今・秋上・二三七詞書〉《敬語》「まかりける」→「まかる」。❽超人間的な存在。恐れの対象となる。**鬼神・霊。物の怪。**例「ここに、いとあやしう、物に襲はれたる人のなやましげなるを」〈源氏・夕顔〉《音便》「あやしう」は「あやしく」のウ音便。

〔**物言はぬ花**〕美人を「物言ふ花」というのに対して草木の花をいう。

〔**物思ひ知る**〕ものの道理をわきまえる。例「心ばせあり、**もの思ひ知・り**たらん人にこそ見せたてまつらまほしけれ」〈源氏・東屋〉

〔**物ともせず**〕まったく問題にもしない。何とも思わない。＝事ともせず。例「人の**物ともせ・ぬ**所に惑ひ歩りけども」〈竹取・石作の皇子〉

〔**物に当たる**〕驚きあわてる。あわてふためく。例「さぶらひたまふ人々は、ただ**物に当た・り**てなむまどひたまふ」〈源氏・蜻蛉〉

〔**物に魘はる**〕悪夢にうなされる。物の怪に取りつかれる。例「内外なる人の心ども、**物におそは・るる**やうにて、あひ戦はむ心もなかりけり」〈竹取・かぐや姫の昇天〉

〔**物に感ず**〕物事にふれて何かしら心に感じる。例「人、木石にあらねば、時にとりて、**ものに感・ずる**事なきにあらず」〈徒然・四一〉

〔物に似ず〕比べるものが他にない。例「いと心細く悲しきこと、ものに似ず」〈蜻蛉・上〉
〔物にもあらず〕問題にもならない。取るに足りない。例「右大臣の御勢ひは、ものにもあらず（左大臣二）おされたまへり」〈源氏・桐壺〉
〔物にも似ず〕（「物に似ず」を強めた形）他にくらべるものがない。例「立てる人どもは、装束のきよらなること物にも似ず」〈竹取・かぐや姫の昇天〉
〔物のあなた〕来世。例「物のあなた思ふたまへやらざりけるが」〈源氏・鈴虫〉
〔物の文目〕物の輪郭や色の区別。また、物事の筋道。分別。
〔物の色〕❶風景のありさま。あたりのようす。❷装束の色目。色あい。
〔物の数〕❶物や人の数量。❷（下に打消の語を伴って）とくに、それを数え立てるほどのもの。
〔物の聞こえ〕世間の評判やうわさ。例「ものの聞こえに憚りて常陸に下りしを」〈源氏・関屋〉
〔物の興〕物事にふれて感じる興趣。心を引かれるおもしろみ。
〔物の清ら〕物の美しさ。とくに、装束や調度などの華やかな美しさ。
〔物の隈〕人目に付かない所。物陰。
〔物の心〕物事の本当の意味、道理。また、物事の情趣。例「よき事知り、ものの心知りたらん人おしはかりて申せかし」〈落窪・四〉
〔物の諭し〕神仏の警告。例「（コノ辻風ハ）ただ事にあらず、さるべきもののさとしかなどぞ、疑ひ侍べりし」〈方丈記〉
〔物の師〕芸能の師。
〔物の上手〕芸能の達人。名人。とくに音楽の師。
〔物の調べ〕音楽の調子。曲の旋律。音律。
〔物の譬ひ〕物事のたとえ。引き合いに出される比喩。例「昔物語などに、ことさらにをこめきて作り出でたる物の譬ひにこそはなりぬべかめれ」〈源氏・総角〉語構成「なりぬべかめれ」→「べかめり」
〔物の例〕物事の前例。先例。手本として引用されるもの。
〔物の便り〕❶何かにつけ頼りにできるところ。縁故。❷「もののついで②」に同じ。
〔物の序で〕❶ものの順序。順番。また、系統や血筋。❷何かほかのことをする折。何かと同じ機会。ことのついで。＝物の便り
〔物の情け〕物事に備わった味わい深い趣。風情。
〔物の音〕楽器を奏でる音。音楽。例「心ことなる物の音を掻き鳴らし」〈源氏・桐壺〉
〔物の始め〕物事の始め。とくに、縁組みの始め。
〔物の節〕近衛の舎人のうち、「神楽歌」「催馬楽」の上手な者。春日大社・賀茂神社の祭りに奉仕した。
〔物の変化〕（「もののへんぐゑ」とも）人間以外のものが人間の姿に化けたもの。超人的な資質をもつ人や得体の知れない者に対しても用いられる。
〔物の程〕物事の程度。度合い。
〔物の紛れ〕❶取り込みなどの繁忙にまぎれること。物事にとりまぎれること。❷人目をまぎらわしてひそかに行うこと。とくに、密会をそれとなくいう表現。例「ものの紛れ多かりぬべきわざなり」〈源氏・若菜・下〉
〔物の報い〕（「物」は何か漠然とした対象、「報い」はある行為の結果として身にはね返ってくるもの。良い意味にも悪い意味にも用いられる）何かの応報。何かの報い。何かの罰。例「これはただいささかなる物の報いなり」〈源氏・明石〉
〔物のゆゑ〕❶物事の情趣。深みのある趣。❷物事の道理や由緒。
〔物の折〕何かの行事。何かの折。
〔物も覚えず〕（名詞「物」＋係助詞「も」＋動詞「覚ゆ」の未然形＋打消の助動詞「ず」）❶無我夢中だ。何がなんだか分からない。例「右近はものもおぼえず君につと添ひたてまつりて」〈源氏・夕顔〉❷物事の道理が分からない。正しい判断力がない。例「物もおぼえぬ官人どもが申しやうかな」〈平家・四・信連〉
〔物を尽くす〕贅をこらす。（豪華な）品々をありったけ用いる。例「（桐壺ノ帝ハ）内蔵寮・納殿の物を尽くして（源氏ノ御袴着ノ儀式ヲ）いみじうせさせたまふ」〈源氏・桐壺〉
〔物を召す〕（「召す」は「食ふ」「飲む」の尊敬語）召し上がる。食事をなさる。

もの【者】［名］人。
〔者のその者・物のその者〕物の数に入る者。取り立てていう身分の者。

もの［終助］《上代語》詠嘆を表す。…のになあ。例「天飛ぶや鳥にもがもや都まで送りまをして飛び帰るもの」〈万葉・五・八七六〉訳（あまとぶや）鳥であればなあ。そうすれば都までお送り申し上げて飛んで帰るのになあ。〔注〕「天飛ぶや」は「鳥」の枕詞。《敬語》「送りまをして」→「まをす」
〈接続〉活用語の連体形に付く。

ものあきら・む【物明らむ】［他マ下二］（め・め・む・むる・むれ・めよ）（「もの」は接頭語）何となく明るくする。例「すこし、もの明らむる心地してなん」〈源氏・橋姫〉

ものあつかひ【物扱ひ】［名］取り扱い。世話やき。おせっかい。

ものあはせ【物合はせ】［名］左右に分かれ、さまざまな物を出し合って優劣を競う遊び。判者がその優劣を判定した。絵合わせ・香合わせ・菊合わせ・根合わせ・物語合わせなどがあった。＝合はせ物

ものあはれ【物哀れ】［形動ナリ］（なら・なり(に)・なり／なる・なれ・なれ）（「もの」は接頭語）なんとなく心深く感動されるさま。なんとなくしみじみとしたさま。例「すずろなる人も所がらものあはれなり」〈源氏・若紫〉

ものあひ【物間】［名］❶物と物との間。透き間。❷物と物との距離。間隔。

ものあ・ふ【物合ふ】［自ハ四］（は・ひ・ふ・ふ・へ・へ）（物事が）思い通りになる。都合よく進む。例「明け暮れ思ほすさまにかしづきつつ見たまふは、ものあひたる心地したまふらむ」〈源氏・薄雲〉

ものあらがひ【物争ひ】［名］逆らうこと。争うこと。口争い。

〔和歌〕**ものいはぬ…**【ものいはぬ四方のけだも

のすらだにも**哀れなるかな親の子を思ふ**】〈金槐集・下・源実朝〉訳ものをいわない、いろいろの獣でさえも哀れに心動かされることよ。親の子を思う愛情は。

ものいひ【物言ひ】〔名〕❶話し方。ことばづかい。物の言い方。❷うわさ。❸口達者。論客。❹口論。口出し。

ものい・ふ【物言ふ】〔自ハ四〕{は・ひ・ふ・ふ・へ・へ}❶話す。口をきく。❷しゃれた口をきく。気のきいたことをいう。例「このことば、何とにはなけれども、**ものい・ふ**やうにぞ聞こえたる」〈土佐〉❸男女が情を通じる。男女が交際する。例「この男、『女、こと人に**ものい・ふ**』と聞きて」〈大和・一四一〉

〔俳句〕**ものいへば…【物言へば唇寒し秋の風】**〈芭蕉庵小文庫・芭蕉〉訳物をいえば秋風の冷気がしみて唇が寒く感じられる。ついいわずもがなの事をいい放ってしまった後のむなしさは、その寒さに似ていることであるよ。(季－秋の風－秋)

〈参考〉前書きに「座右之銘　人の短をいふ事なかれ、己が長をとく事なかれ」とある。

ものいみ［・す］【物忌み】〔名・自サ変〕❶神事などに先だち、一定期間籠もって、飲食などを慎み、沐浴して身を清めること。**潔斎。斎戒。**例「天皇、すなはち沐浴して、殿の内を潔浄まはりて」〈紀・崇神〉❷陰陽道で、天一神や一日回りが遊行する方角を犯すことによって起こる災いを避けるため、また悪夢を見たり、穢れに触れたりしたときに身を慎しむため、家などにこもること。例「**物忌み**なりけるを思ひたまへ出でてなん、今日明日ここにてつつしみはべるべき」〈源氏・東屋〉《敬語》「思ひたまへ出でて」→「たまふ(下二段)」〈発展学習ファイル(5)〉、「つつしみはべる」→「はべり」。《係結び》「なん→つつしみはべるべき㊍」。❸物忌みの最中であることのしるしの札。「物忌」の二字を書いて、冠や頭髪、簾などに下げた。例「母屋の簾はみな下ろしわたして、『**物忌み**』など書かせてつけたり」〈源氏・浮舟〉❹伊勢神宮をはじめとする諸大社で、神事に奉仕する男女の童。例「天つ祝詞の太祝詞を、神主部・**物忌み**ども、もろもろ聞こしめせ」〈祝詞〉

> **古典の世界　王朝人の慣習「物忌み」**
>
> 陰陽師が吉凶を占い、それにしたがって謹慎する。多くは年・月・日の暦や方角にかかわる禁忌だが、吉凶の占いはさまざまの種類に及ぶ。藤原道長の日記『御堂関白記』には、桓武天皇遷都の日や大将軍の方位忌避などがみえる。「物忌み」は多く行われたため、方角の忌避(方違え)と、暦で遠出を忌む日とがぶつかることさえも起きている。
>
> 「物忌み」には、陰陽道であらかじめ定められた忌日もある。**庚申**や**坎日**などである。暦で庚申にあたる夜は眠ってはいけないのであり、徹夜(「庚申待ち」という)して歌合わせなど種々の催事を行う。坎日は月によって外出を慎むなどの忌日が定まっているもの。その他、五月や季の終わり(三・六・九・十二月)は結婚を忌むとか、洗髪や爪切りを忌む日などがきめられていた。
>
> 「物忌み」は、行動が制約され不自由だが、かえって都合のよい場合もある。「物忌み」を口実に外出を控えたり、住まいを変えて身を隠すこともできたからである。吉凶を重んじることはもちろん、さまざまに王朝の日常に深く根付いた慣習だったのである。

ものい・む【物忌む】縁起をかつぐ。

ものうが・る【物憂がる】〔自ラ四〕{ら・り・る・る・れ・れ}《形容詞「物憂し」の語幹＋接尾語「がる」》おっくうがる。あまり気が進まないと思う。例「元服はものうが・りたまひけれど、すまひはてず」〈源氏・匂宮〉

ものうげ［・なり］【物憂げ】〔形動ナリ〕{なら・なり(に)・なり・なる・なれ・なれ}《形容詞「物憂し」の語幹＋接尾語「げ」》なんとなく気が進まないようす。なんとなく気が重い。例「御なやみにことつけても**ものうげ・に**すまひたまへりし」〈源氏・行幸〉

ものうけたまは・る【物承る】《「ものけたまはる」とも。「うけたまはる」は「聞く」の謙譲語》まず声をかけるときのことば。もしもし。お尋ねします。申し上げます。例「**ものうけたまは・る**。『かのこと一日も』のたまへりき」〈落窪・二〉

ものうさ【物憂さ】〔名〕《「さ」は接尾語》何となく心が晴れずだるいこと。

ものう・し【物憂し】〔形ク〕{から・く(かり)・し・き(かる)・けれ・かれ}《「もの」は接頭語》❶気が進まない。ゆううつだ。おっくうだ。例「鳴きとむる花しなければ鶯もはてはものう・くなりぬべらなり」〈古今・春下・一二八〉

〔注〕「べらなり」は、…するようだ、…であるように思われるの意を表す。おもに『古今和歌集』などの和歌に用いられた。❷つらい。苦しい。いやだ。例「脱ぎ棄ててはべらむことも、いと**ものう・く**はべるものを」〈源氏・藤袴〉《敬語》「脱ぎ棄ててはべらむ」「ものうくはべる」→「はべり」

ものうじ【物倦じ】〔名〕《「ものうんじ」の撥音無表記》いやけがさすこと。世をはかなむこと。

ものうたがひ【物疑ひ】〔名〕疑うこと。疑心暗鬼。不信から嫉妬すること。

ものうと・し【物疎し】〔形ク〕{から・く(かり)・し・き(かる)・けれ・かれ}《「もの」は接頭語》何となくうとましい。何となく心が離れる感じだ。例「冷え入りにたれば、けはひ**もの疎・く**なりゆく」〈源氏・夕顔〉

ものうらみ［・す］【物恨み】〔名・自サ変〕物事を恨むこと。不平に思うこと。嫉妬すること。例「あいなき**もの恨み・し**たまふな」〈源氏・若菜・上〉

ものうらめ・し【物怨めし】〔形シク〕{しから・しく(しかり)・し・しき(しかる)・しけれ・しかれ}《「もの」は接頭語》何となくうらめしい。例「ものうらめ・しう思ほしたる気色の」〈源氏・幻〉《音便》「ものうらめしう」は「ものうらめしく」のウ音便。

ものうらやみ【物羨み】〔名〕うらやましく思うこと。

ものうららか［・なり］【物麗らか】〔形動ナリ〕{なら・なり(に)・なり・なる・なれ・なれ}《「もの」は接頭語》何となくうららかだ。どことなくのどかだ。例「三月になれば、空のけしきもものうららか・にて」〈源氏・柏木〉

ものうるさが・る【物煩がる】〔他ラ四〕{ら・り・る・る・れ・れ}

《形容詞「物煩し」の語幹＋接尾語「がる」》何となくうるさく思う。また、その気持ちを表に出す。例「女こそものうるさがらず、人に欺かれむと生まれたるものなれ」〈源氏・蛍〉

ものうんじ【物倦んじ】[名]「ものうじ」に同じ。

ものおそろ・し【物恐ろし】[形シク]{しから・しく(しかり)・し・しき(しかる)・しけれ・しかれ}《「もの」は接頭語》何となく怖い。不気味だ。例「もの恐ろ・しき夜のさまなめるを」〈源氏・若紫〉語構成「夜のさまなめる」→「なめり」

ものおぢ【物怖ぢ】[名]物事におびえること。怖がること。

ものおぼえごゑ【物覚え声】[名]物知りぶった調子や声。何でもよく心得ているといった口調。

ものおぼ・ゆ【物覚ゆ】[自ヤ下二]{え・え・ゆ・ゆる・ゆれ・えよ}物が考えられる。分別がつく。例「ものおぼ・えざりしほどのことなればにや、おぼえず」〈蜻蛉・上〉

ものおもは・し【物思はし】[形シク]{しから・しく(しかり)・し・しき(しかる)・しけれ・しかれ}悩みごとが多いさま。もの思いばかりしている。例「もの思は・しき人は、寝こそ寝られざなれ、あやしう心よう寝らるる」〈蜻蛉・下〉

ものおもはしさ【物思はしさ】[名]《「さ」は接尾語》何となく悩みを感じていること。

ものおもひ【物思ひ】[名]《「ものもひ」とも》思い悩むこと。心配。悩み。

〔**物思ひにあくがるなる魂**〕《「あくがる」は、心や魂が肉体から離れてさまよう意》もの思いが原因でからだを抜け出してさまよう魂。たいていは、男の不実を恨み嘆いた女の霊魂とされた。例「身ひとつのうき嘆きよりほかに人をあしかれなど思ふ心もなけれど、**もの思ひにあくがるなる魂**は、さもやあらむ」〈源氏・葵〉

ものおもひがほ【もの思ひ顔】[名]もの思いにふけった顔。心配事に思い悩んでいる顔つきやようす。例「いと**もの思ひ顔**にて、荒れたる家の露しげきをながめて」〈源氏・帚木〉

ものおもひぐさ【物思ひ種】[名]もの思いの原因となるもの。もの思いのたね。

ものおも・ふ【物思ふ】[自ハ四]{は・ひ・ふ・ふ・へ・へ}《「ものもふ」とも》いろいろと思い悩む。案ずる。例「わればかり**もの思・ふ**人はまたもあらじと思へば水の下にもありけり」〈伊勢・二七〉

〈和歌〉**ものおもへば…**【もの思へば沢の蛍もわが身よりあくがれ出づるたまかとぞ見る】〈後拾遺・雑六・一一六二・和泉式部〉訳思いにふけっていると、沢に飛んでいる蛍の光も、(あの人が恋しくて)私のからだからさまよい出た魂ではないかと見ることです。

ものか[終助]《名詞「もの」＋終助詞「か」》❶強い詠嘆を表す。**なんと…ことではないか。全く…ことよ。**例「世の中は数なき**ものか**春花の散りのまがひに死ぬべき思へば」〈万葉・一七・三九六三〉訳世の中というものは**なんとはかないことではないか**。春の花が散り乱れるときに死ぬかと思うと。❷非難するような反問を表す。**…ことがあろうか。…なんて。**例「かかる夜の月に、心やすく夢みる人はある**ものか**。すこし出でたまへ」〈源氏・横笛〉訳このような夜の月なのに、のんきに夢を見ている人がある**なんて**。少しこちらへ出ていらっしゃい。

〈俳句〉**ものかきて…**【物書きて扇引きさく余波かな】〈おくのほそ道・天龍寺・芭蕉〉訳夏の間愛用した扇を手放す季節になった。ともに旅を続けたあなたとも、別れるべき時がきた。別れの唱和を、その扇に書きつけて二つに裂き、それぞれ持ちあって名残を惜しむことだよ。(季―扇引く―秋)

ものかき【物書き】[名]❶文書などを書くこと。また、その人。❷代筆をすること。また、その役。右筆。

ものがくし【物隠し】[名]物事を秘密にすること。包み隠すこと。

ものかず【物数】[名]❶品物の数。品数。❷数が多いこと。多数。❸口かず。ことばかず。

ものがたら・ふ【物語らふ】[他ハ四]{は・ひ・ふ・ふ・へ・へ}言い交わす。情を通わせる。男女が付き合う。例「かのまめ男、うち**物語ら・ひて**」〈伊勢・二〉

ものがたり[・す]【物語】[名・自サ変]❶**話をすること**。また、その内容。談話。例「例ならず御格子まゐりて、炭櫃に火熾して、**物語**などして、集まりさぶらふに」〈枕・雪のいと高う降りたるを〉《敬語》「御格子まゐりて」→「まゐる(四段)」、「集まりさぶらふ」→「さぶらふ」。❷**幼児のひとりごと**。例「いと小さき稚児の、**物語・し**、『誰が家』などいふわざしたる」〈枕・つれづれなぐさむもの〉❸**散文体の文学作品**。虚構や、史実に基づきながら、語り手を想定して物語る形で叙述されたもの。例「世の中に**物語**といふもののあんなるを、いかで見ばやと思ひつつ」〈更級〉語構成「あんなるを」→「あんなり」《副詞の呼応》「いかで」→「見ばや」。

〔**物語の出で来はじめの親**〕物語成立上、親と呼べるもの。最古の物語。『源氏物語』の記述から『竹取物語』のことを指すようになった。例「まづ、**物語の出で来はじめの親**なる竹取の翁に宇津保の俊蔭を合はせて争ふ」〈源氏・絵合〉

ものがたりあはせ【物語合はせ】[名]物合わせの一種。左右に分かれ、珍しい物語や新作の物語、あるいは物語中の和歌について優劣を競い合う文学的遊戯。

ものがたりどころ【物語所】[名]話をする場所。談話する所。

ものがたりにひゃくばんうたあはせ【物語二百番歌合】[作品名]鎌倉前期(一二〇六ごろ成立)の物語和歌集。藤原義経の命により藤原定家が撰。『源氏物語』と『狭衣物語』、その他十種の物語から和歌を抄出し歌合わせの形式にしたもの。

ものがたりめ・く【物語めく】[自カ四]{か・き・く・く・け・け}《「めく」は接尾語》物語の中の出来事のようである。例「よろづ**物語め・き**、いとあはれなることどもなり」〈栄花・一四〉

ものがたりゑ【物語絵】[名]物語の中の場面や人物を絵に描いたもの。

ものかづ・く【物被く】㊀[他カ四]{か・き・く・く・け・け}引き出物を賜る。例「大将も**物かづ・き**」〈大和・一二五〉㊁[他カ下二]{け・け・く・くる・くれ・けよ}祝儀の品などを与える。例「使ひに**物かづ・けて**遣りつ」〈落窪・二〉

ものかな《名詞「もの」＋終助詞「かな」》感動の意を

ものかは［終助詞］

アプローチ 名詞「もの」に係助詞「かは」が付いた「ものかは」とは別の語。

接続 活用語の連体形に付く。

意味	訳語	用例
❶反語を表す。	…ものだろうか、いや、そうではない	例「花はさかりに、月はくまなきをのみ見るものかは」〈徒然・一三七〉訳桜の花はまっ盛りに咲いているところだけを、月はかげりのないものだけを見るものだろうか、いや、そうではない。
❷信じられないというような驚きや強い感動を表す。	…ではないか	例「『この矢あたれ』と仰せらるるに、同じものを中心にはあたるものかは」〈大鏡・道長・上〉訳「この矢よ当たれ」とおっしゃったところ、同じ当たるといっても、まさしく的の真ん中に当たるではないか。

ものから［接続助詞］

アプローチ ▼形式名詞「もの」に格助詞「から」が付いたもの。

▼逆接・順接の確定条件を表すが、奈良時代から平安・鎌倉時代にかけては逆接の意で用いられ（①）、江戸以降は順接で用いられる（②）のが一般的である。

接続 活用語の連体形に付く。

意味	訳語	用例
❶逆接の確定条件を表す。	…けれども …のに	例「見渡せば近きものから岩隠りかがよふ玉を取らずは止まじ」〈万葉・六・九五一〉訳見渡すと近いけれども石に隠れて光っている玉を取らないではいられません。
❷順接の確定条件を表す。	…ので …から	例「度々の風波につき崩されしは、天造にたがへるものから、つひの世に益あるまじ」〈春雨物語〉訳たびたび風波につき崩されたのは、自然の地形にあっていないから、のちの世まで役立つことはないだろう。

表す。…ものだなあ。例「無下の事をも仰せらるるものかな」〈徒然・一八〇〉訳とんでもないことをおっしゃるものだなあ。《敬語》「仰せらるる」→「おほす」

ものがな・し【物悲し】［形シク］{しから・しく(しかり)・し・しき(しかる)・しけれ・しかれ}《「もの」は接頭語》なんとなく悲しい。うら悲しい。例「いみじうもの悲・しう思ふこと、類なし」〈蜻蛉・中〉《音便》「もの悲しう」は「もの悲しく」のウ音便。

ものがなしう【物悲しう】形容詞「ものがなし」の連用形「ものがなしく」のウ音便。

ものかは［終助］⇨一二〇四ページ「特別コーナー」

ものかは《名詞「もの」＋係助詞「かは」》ものの数ではない。問題にもならない。例「待つ宵に更けゆく鐘の声聞けばあかぬ別れの鳥はものかは」〈新古今・恋三・一一九一〉訳→〈和歌〉まつよひに…

ものから［接助］⇨一二〇四ページ「特別コーナー」

ものがら【物柄】［名］品質。体裁。

ものぎき【物聞き】［名］《「ものきき」とも》ようすを探り聞くこと。また、その人。

ものきこ・ゆ【物聞こゆ】［自ヤ下二］{え・え・ゆ・ゆる・ゆれ・えよ}《「物言ふ」の謙譲語》申し上げる。お話しする。例「人の御もとにしのびてもの聞こ・えて」〈伊勢・一二〇〉

ものきたな・し【物汚し・物穢し】［形ク］{から・く(かり)・し・き(かる)・けれ・かれ}《「ものぎたなし」とも。「もの」は接頭語》なんとなくきたなそうだ。卑しい感じだ。↕物清し

ものきよげ［・なり］【物清げ】［形動ナリ］{なら・なり(に)・なり・なる・なれ・なれ}《「もの」は接頭語。「げ」は接尾語》なんとなく美しいさま。清らかそうだ。例「さまざまに、ものきよげ・なる姿どもは」〈源氏・野分〉

ものきよ・し【物清し】［形ク］{から・く(かり)・し・き(かる)・けれ・かれ}《「もの」は接頭語》なんとなく清らかだ。すがすがしい。↕物汚し。例「をかしく物きよ・くいひつる人かな」〈落窪・一〉

ものぐさ【物種】［名］物事のもととなるもの。

ものくさ・し［形ク］{から・く(かり)・し・き(かる)・けれ・かれ}《中世以降「ものぐさし」とも。「もの」は接頭語》㊀【物臭し】❶なんとなく臭い。うすよごれている。例「物臭・き部屋に臥し

て」〈落窪・一〉❷どことなく怪しい。うさんくさい。㊁【懶し】❶面倒臭い。おっくうだ。例「世間にあれほどものくさき人の、いかにして所知所領をしるらん」〈伽・ものくさ太郎〉❷からだの具合が悪い。病気だ。

ものくさたらう【物くさ太郎】［作品名］室町時代の御伽草子。作者・成立年未詳。信濃国の物くさ太郎ひぢかすという怠け者が、立派な若者となり、和歌の才能で帝から認められ、のちには明神となる。「三年寝太郎」型の民話的な立身出世譚を骨子に、貴種流離と本地物の要素を加味した作品。

ものぐら・し【物暗し】［形ク］{から・く(かり)・し・き(かる)・けれ・かれ}《「もの」は接頭語》うす暗い。

ものぐるは・し【物狂はし】［形シク］{しから・しく(しかり)・し・しき(しかる)・しけれ・しかれ}「ものぐるほし」に同じ。

ものぐるひ【物狂ひ】［名］❶狂気。また、乱心した人。❷神が乗り移ること。神がかり。また、その人。❸能などの所作。愛する夫や子を失った人が、心の安定を失い狂乱する。また、その所作をする人。

ものぐるほ・し【物狂ほし】［形シク］{しから・しく(しかり)・し・しき(しかる)・しけれ・しかれ}《「ものぐるはし」とも。「もの」は接頭語》**正気を失ったようだ。狂気じみている。見苦しい。**＝狂ほし。例「心にうつりゆくよしなし事を、そこはかとなく書きつくれば、あやしうこそ**ものぐるほ・しけれ**」〈徒然・序〉《音便》「あやしう」は「あやしく」のウ音便。《係結び》「こそ→ものぐるほしけれ㊀」

ものげ【物気】［名］物らしい感じ。それらしい気配。

ものけたまは・る【物承る】「ものうけたまはる」に同じ。

ものげな・し【物げ無し】［形ク］{から・く(かり)・し・き(かる)・けれ・かれ}認めるに足らない。一人前でない。たいしたことがない。例「よろづに見だてなく、**ものげな・き**ほどを見過ぐして」〈源氏・帚木〉

ものこころぼそ・し【物心細し】［形ク］{から・く(かり)・し・き(かる)・けれ・かれ}《「もの」は接頭語》なんとなく心細い。例「御目の悩みさへこのごろ重くならせたまひて、**もの心細・く**思さ**れければ**」〈源氏・明石〉

ものごし【物越し】［名］間を几帳・簾などの物で隔てていること。

ものごのみ【物好み】［名］物好き。また、えり好みをすること。

ものごは・し【物強し】［形ク］{から・く(かり)・し・き(かる)・けれ・かれ}《「もの」は接頭語》なんとなく堅苦しい。どこか頑固だ。例「すくよかに言ひて、**ものごは・き**さましたまへれば」〈源氏・若紫〉

ものこほ・し【物恋し】［形シク］{しから・しく(しかり)・し・しき(しかる)・しけれ・しかれ}《「もの」は接頭語》なんとなく恋しい。例「旅にしても**もの恋・しき**に山下の赤のそほ船沖を漕ぐ見ゆ」〈万葉・三・二七〇〉訳→〈和歌〉たびにして…

ものごり【物懲り】［名］物事に懲りること。こりごりすること。

ものさだめ【物定め】［名］物の品定めをすること。よしあしを判定すること。

ものざね【物実】［名］物の起源。物事の根元。＝物種①

ものさび・し【もの淋し・もの寂し】［形シク］{しから・しく(しかり)・し・しき(しかる)・しけれ・しかれ}《「もの」は接頭語》なんとなく寂しい。例「**ものさび・しく**、心細き世を経るは例のことなり」〈源氏・椎本〉

ものさ・ぶ【物さぶ】［自バ上二］{び・び・ぶ・ぶる・ぶれ・びよ}《「もの」は接頭語》❶何となくさびれている。例「夕暮れはみねの柴屋も**物さ・びて**」〈壬二集〉❷古びて趣がある。例「いと**ものさ・びたる**家の」〈十訓抄・一〉

ものさわが・し【物騒がし】［形シク］{しから・しく(しかり)・し・しき(しかる)・しけれ・しかれ}《「もの」は接頭語》❶なんとなく騒がしい。ざわざわしている。例「わが御殿の、明け暮れ人繁くて**もの騒が・しく**」〈源氏・横笛〉❷あわただしい。気が早い。せっかちだ。例「**物さわが・し**ともおろかなり」〈平家・一・額打論〉❸不穏だ。ぶっそうだ。例「余りに雨風烈しくして、**物騒が・しく**候ふ間」〈太平記・三〉

ものさわがしう【物騒がしう】形容詞「ものさわがし」の連用形「ものさわがしく」のウ音便。

ものし【物仕・物師】［名］❶ある技術・仕事に熟練した人。職人。❷世慣れた人。やりて。❸縫い物師。御物師。

もの・し【物し】［形シク］{しから・しく(しかり)・し・しき(しかる)・しけれ・しかれ}❶不気味だ。不吉だ。例「『夢に**もの・しく**見えし』などいひて、あなたにまかでたまへり」〈蜻蛉・上〉❷不快だ。嫌だ。例「『これも、かのいはせたまふならむ』とて、『いと**もの・し**』と思ひたまへり」〈枕・弘徽殿とは〉

ものしう【物しう】形容詞「ものし」の連用形「ものしく」のウ音便。

ものしげ【・なり】【物しげ】［形動ナリ］{なら・なり(に)・なり・なる・なれ・なれ}不快そうに。不機嫌に。例「いと**ものしげ・なる**御気色なるを」〈源氏・宿木〉

ものしのび【物忍び】［名］物事を堪え忍ぶこと。

ものしりがほ【・なり】【物知り顔】［名・形動ナリ］いかにも物事を知っているというようす・顔つき。知ったかぶった顔。

もの・す【物す】［自サ変］［他サ変］［補動サ変］{せ・し・す・する・すれ・せよ}

> **アプローチ**
> ▼物事を漠然と表現する名詞「もの」にサ変動詞「す」が接続した語。
> ▼人物の動作や行為を具体的な表現を用いずに、婉曲に指示する。
> ▼中古以降、日記文学や物語に多くの用例が見られる。

㊀［自サ変］❶**ある。いる。**例「何がし阿闍梨そこにも**の・する**ほどならば」〈源氏・夕顔〉訳何々阿闍梨がそこにいるころならば。❷**行く。来る。**例「『この人につきて、いと忍びても**の・したま**へ』と言へば、来たり」〈平中・二九〉訳「この人(＝文使い)について、そっと人目につかないようにして来てください」というので、やって来た。❸**生まれる。**例「御子どももあまた、腹々に**もの・し**たまふ」〈源氏・桐壺〉訳御子さまたちが大勢、それぞれの夫人の腹にお**生まれ**になる。㊁［他サ変］「言ふ」「食ふ」「作る」など動作を表す動詞の代わりに用いる。例「『心地悪しきほどにて、え聞こえず』と**もの・し**て、思ひ絶えぬるに、つれなく見え

たり」〈蜻蛉・中〉訳「気分がすぐれないときで、ご返事申し上げられません」といって、(夫の訪れを)あきらめていたのに、何くわぬ顔で現れた。《副詞の呼応》「え→聞こえず」。《敬語》「聞こえず」→「きこゆ」

三［補動サ変］❶(尊敬の補助動詞「たまふ」を伴って)補助動詞「あり」の代わりに用いる。…(で)ある。…(て)いる。例「めやすくもの・したまふを、うれしく思して、上にも語り聞こえたまふ」〈源氏・玉鬘〉訳(源氏は玉鬘が)無難でいらっしゃるのを、うれしくお思いになって、紫の上にもお話し申し上げなさる。《敬語》「思して」→「おぼす」、「語り聞こえたまふ」→「きこえたまふ」

❷(動詞の連用形に付いて)その動作をしたり、その状態になったりする意を示す。……(て)いる。例「前斎宮の大人びもの・したまふをだにこそ、あながちに扱ひ聞こゆめれば」〈源氏・薄雲〉訳(紫の上は)前斎宮が大人びていらっしゃるのをさえ、無理にもお世話申し上げているようですから。《係結び》「こそ→(流れ)」。《敬語》「扱ひ聞こゆ」→「きこゆ」

ものずきしゃ【物好き者・物数寄者】［名］特別な趣向を愛好する人。好事家。風流人。

ものすさま・じ【物凄じ】［形シク］{じから・じく(じかり)・じ・じき(じかる)・じけれ・じかれ}(「もの」は接頭語)何となく殺風景だ。どこか風情に欠ける。例「公ざまの心ばへばかりにて宮仕へのほどもものすさまじ・きに」〈源氏・若菜・下〉

ものぞ《上代は「ものそ」。名詞「もの」＋係助詞「ぞ」》❶断定を表す。…ものである。例「古衣打棄つる人は秋風の立ち来る時に物思ふものそ」〈万葉・一二・二六二六〉訳古衣(＝古女房のたとえ)を打ち捨てるような人は秋風の立ち始めるころに後悔して思い悩むものである。❷(推量を表す助動詞に付いて)強意を示す。きっと…にちがいない。例「道のほど騒がしかりなむものぞとて、まだ暁より急ぎけるを」〈源氏・関屋〉訳道中がきっと混雑するにちがいないといって、まだ夜が明ける前から急いで出かけたが。

ものそこなひ【物損なひ】［名］物事の興趣を損なうこと。興ざめであること。

ものたち【物裁ち】［名］布を裁つこと。裁縫。

ものだね【物種】［名］❶もととなる物。＝物実。❷作物や花の種。

ものぢか・し【物近し】［形ク］{から・く(かり)・し・き(かる)・けれ・かれ}(「もの」は接頭語)間近い。すぐそばである。例「御簾の前にだに、もの近・うもてなしたまはず」〈源氏・少女〉《音便》「もの近う」は「もの近く」のウ音便。

ものつき【物憑き・物付き】［名］❶物の怪に取りつかれること。また、その人。❷「よりまし」に同じ。

ものつくり【物作り】［名］(近世語)耕作をすること。農業に従事すること。また、その人。農民。

ものづけ【物付け】［名］連歌や俳諧で、前句の中の物もしくは詞の縁によって句を付けること。連歌では物の縁による寄り合い付けと、詞の縁による詞付けとに区別される。→「つけあひ」

ものつつま・し【物慎まし】［形シク］{しから・しく(しかり)・し・しき(しかる)・しけれ・しかれ}(「もの」は接頭語)何となく気がひける。気恥ずかしい。例「いとものつつま・しくて、また鄙びたる心に、答へきこえんこともなくて」〈源氏・東屋〉

ものづつみ【物慎み】［名］遠慮。隠し立て。

ものとがめ【物咎め】［名］批判。非難。注意。

ものとひ【物問ひ】［名］占い。

ものと・ふ【物問ふ】［他ハ四］{は・ひ・ふ・ふ・へ・へ}吉凶を占う。例「さかしき人の心の占どもにも、もの問・はせなどするにも」〈源氏・薄雲〉

ものどほ・し【物遠し】［形ク］{から・く(かり)・し・き(かる)・けれ・かれ}(「もの」は接頭語)❶遠い。距離が離れている。例「かくもの遠・くては、いかが(消息ヲ)聞こえさすべからむ」〈源氏・藤袴〉❷疎遠だ。よそよそしい。打ち解けない。例「いと静かに、もの遠・きさましておはするに」〈源氏・紅葉賀〉

ものども【者共】［代名］(対称の人称代名詞。複数の目下の者に対していう語)おまえたち。例「あますな者ども、もらすな若党」〈平家・九・木曾最期〉

ものとり【物取り】［名］他人の物を奪うこと。盗人。

ものなげか・し【物嘆かし】［形シク］{しから・しく(しかり)・し・しき(しかる)・しけれ・しかれ}(「もの」は接頭語)何となく意に沿わず気がふさぐ。ゆううつだ。例「いみじく物なげか・しかりしに」〈夜の寝覚〉

ものなげかしさ【物嘆かしさ】［名］(「さ」は接尾語)何となく嘆かわしいこと。何となく悲しいこと。

ものなげき【物嘆き】［名］心配。苦労。悲しみ。

ものならはし【物習はし】［名］学問などを身につけさせること。

ものなら・ふ【物習ふ】［自ハ四］{は・ひ・ふ・ふ・へ・へ}学問する。物事を習う。例「ついでに物習・ひ侍らん」〈徒然・一三六〉

ものな・る【物馴る・物慣る】［自ラ下二］{れ・れ・る・るる・るれ・れよ}❶物事に慣れ、よく通じている。熟達する。例「年ごろいともかしこくて物馴・れたるやうに御覧ぜられつるを」〈宇津保・あて宮〉❷なれなれしくする。例「したり顔にもの馴・れて言へるかな」〈源氏・夕顔〉

ものなれ【物馴れ・物慣れ】［名］物事になれていること。世にたけていること。また、その人。

ものなれよ・る【物馴れ寄る】［自ラ四］{ら・り・る・る・れ・れ}なれなれしく近寄る。なじみ近づく。例「我も人もいとあしかるべきことと思ひ知りて、もの馴れ寄・ることもなかりけり」〈源氏・匂宮〉

ものにくみ【物憎み】［名］憎みきらうこと。恨むこと。嫉妬すること。

ものねたみ【物妬み】［名・他サ変］何かとやきもちをやくこと。嫉妬すること。

ものねぢ・く【物拗く】［自カ下二］{け・け・く・くる・くれ・けよ}心がどことなくひねくれている。

ものねんじ【物念じ】［名・自サ変］堪え忍ぶこと。辛抱。例「昔も今も、もの念じ・してのどかなる人こそ、幸ひは見はてたまふなれ」〈源氏・浮舟〉

ものの［接助］⇨一三〇八ページ「特別コーナー」

もののあはれ【物のあはれ】［名］❶自然の風物や人生の諸相にふれて起こる、しみじみとした情趣や人間らしい情愛。調和のとれた情緒や優美・繊細な味わい。例「楫取りもののあはれも知らで、おのれし(＝自分ハ)酒をくらひつれば」〈土佐〉❷本居宣長が『源氏物語』の文学精神の本質として提唱した文学理念。四季

も

折々の風物や親子・男女間の愛情に接して触発される感情や情趣をいう。平安時代の文学や美意識の基調をなすものと考えられている。

古語深耕　**「もののあはれ」論**

江戸中期の国学者本居宣長は、その著書『安波礼弁』において、和歌や物語は「人に物のあはれを知らしむるもの」であるとし、『排蘆小船』では、和歌について「歌の本体、政治をたすくるためにもあらず、身を修むるためにもあらず、ただ心に思ふ事をいふより他なし」と述べている。こうした観点から、『紫文要領』『源氏物語玉の小櫛』を著し、『源氏物語』の本質を「恋の物のあはれのかぎりを、深くきはめつくして見せむためなり」と主張したのである。

それまで『源氏物語』は、「誨淫の書」「好色淫乱の書」として儒教・仏教的な読み方をされてきたが、宣長の「**もののあはれ**」論によって、思想や宗教の価値観から解放されることになる。物語の価値をそれ自体の中に見出すという、文芸の自律性を説いた宣長の考えは、その後、坪内逍遥の『小説神髄』などから始まる近代の文芸思想の先駆けともなった。

もっとも、『源氏物語』の主題を「**もののあはれ**」の一語でとらえることは不可能であり、むしろ、平安時代の物語や和歌などの文学の根底にある、その時代の思想・思潮を表現したものと考えた方がよいだろう。

もののぐ【物の具】[名]❶道具。調度。❷武具。とくに、鎧と兜、刀・弓矢・槍などをいう。❸女性の装束。とくに、裳・唐衣などの礼装。

もののけ【物の怪・物の気】[名]人に取り付いて悩ませたり、病気にさせたり、時には死にいたらせる**死霊・生き霊**の類。例「大殿には、御**物の怪**いたう起こりていみじうわづらひたまふ」〈源氏・葵〉《音便》「いたう」は「いたく」、「いみじう」は「いみじく」のウ音便。例「西には、御**物の怪**うつりたる人々、御屏風一よろひを引きつぼね、つぼねぐちには几帳を立てつつ、験者あづかりあづかりののしりゐたり」〈紫式部日記〉

古典の世界　**災厄をもたらす「物の怪」**

用例の二例目は、藤原道長の娘彰子の出産の場面のもの。当時の人々の現実生活に「物の怪」が息づいていたことが知られる。現実性に即した『源氏物語』にも六条御息所の「物の怪」が登場するのは、それが日常的なものであったからである。病気や出産にかかわる災厄など、得体の知れない災いは「物の怪」がもたらすものと考えられ、僧や修験者に修法・加持祈禱を行わせ、取り付かれている本人から「物の怪」を追い出して、「憑坐」という別の人にのり移らせた上で、懲らしめ「調伏」することが行われていた。

もののけだ・つ【物の怪だつ】[自タ四]{た・ち・つ・つ・て・て}(「だつ」は接尾語)物の怪に取りつかれたようになる。例「**物の怪だ**ちてなやみはべれば」〈源氏・浮舟〉

もののけやみ【物の怪病み】[名]「物の怪」にとりつかれて苦しみわずらうこと。

もののぞき【物覗き】[名]物事をそっと垣間見ること。のぞき見すること。

もののぞみ【物望み】[名]物事を希望すること。願うこと。また、その願い事。

もののな【物の名】[名]和歌や俳諧で、一首・一句の中に、ある事物の名を詠み入れること。また、その歌や句。たとえば、「来べきほど時過ぎぬれや待ちわびて鳴くなる声の人をとよむる」〈古今・物名・四二三〉では、初句から第二句にかけて「ほととぎす(鳥の名)」を詠み込んでいる。＝隠し題

もののふ【物部・武士】[名]❶上代、朝廷につかえる文武の官人たち。**文武百官**。例「もののふの臣の壮士は大君の任けのまにまに聞くといふものぞ」〈万葉・三・三六九〉❷中古以降、**武士**。**さむらい**。例「たけき**武士**の心をも慰むるは歌なり」〈古今・仮名序〉

もののふの【物部の・武士の】[枕詞](「もののふ」に多くの「氏」があることから)「八十」「やそ」を含む語、「宇治」に、また「石瀬」にかかる。

〈和歌〉**もののふのやそうぢかはの…**【**もののふの八十宇治川の網代木にいさよふ波の行く知らずも**】〈万葉・三・二六四・柿本人麻呂〉訳(もののふの)宮中の百官のたくさんの氏ではないが、宇治川の網代木に漂う波の行く先が分からないことだ。

参考「もののふの」は「八十」の枕詞。

〈和歌〉**もののふのやそをとめらが…**【**もののふの八十娘子らが汲みまがふ寺井の上の堅香子の花**】〈万葉・一九・四一四三・大伴家持〉訳(もののふの)たくさんの少女たちがさざめき入り乱れ水を汲む、寺の井のほとりの可憐なカタカゴの花よ。

参考「もののふの」は「八十」の枕詞。

〈和歌〉**もののふのやなみつくろふ…**【**もののふの矢並みつくろふ籠手の上に霰たばしる那須の篠原**】〈金槐集・上・源実朝〉訳武士が箙に入れた矢の並びを整えている籠手の上にあられがたたきつけて飛び散る、那須の篠原よ。

もののべ【物部】[名]❶古代の有力な氏族のひとつ。姓は連、のちに大連。軍事・刑罰をつかさどった。❷刑部省の囚獄司、衛門府などの下級職員。罪人の処罰に当たった。

ものは【物は】(名詞「物」＋係助詞「は」)(活用語の連体形に付いて)…て何があったのか。…するものの、なんとまあ。例「月夜に出でて、行道する**ものは**、遣り水に倒れ入りにけり」〈源氏・明石〉

ものはかな・し【物はかなし】[形ク]{から・く(かり)・し・き(かる)・けれ・かれ}(「もの」は接頭語)❶何となくしっかりしない。どこか頼りない。例「いと**ものはかな**くぞおはしける御心なれ」〈源氏・手習〉❷他愛ない。とりとめがない。例「いと**ものはかな**き空言を」〈平中・三五〉

ものはかばか・し[形シク]{しから・しく(しかり)・し・しき(しかる)・しけれ・しかれ}(「もの」は接頭語)なんとなくてきぱきとしているさま。例

ものの［接続助詞］

アプローチ 形式名詞「もの」に格助詞「の」が付いたもの。おもに平安時代において用いられた。

接続 活用語の連体形に付く。

意味	訳語	用例
逆接の確定条件を表す。	…けれども …のに	例「つれなくねたき**ものの**、忘れがたきに思す」〈源氏・夕顔〉 訳（空蟬は）無情で憎い**けれども**、忘れることができない人だと（源氏は）お思いになる。 例「をかしき**ものの**、さすがにあはれと聞きたまふ節もあり」〈源氏・明石〉訳おかしく感じる**けれども**、そうは言ってもやはりしみじみとお聞きになる箇所もある。

「**ものはかばか・しく**後ろやすき思ひやりもなく」〈夜の寝覚〉

ものはじめ【物始め】［名］物事をし始めること。事始め。

ものはぢ【物恥ぢ】［名］恥ずかしがること。

ものはづか・し【物恥づかし】［形シク］〔しから・しく(しかり)・し・しき(しかる)・しけれ・しかれ〕《「もの」は接頭語》何となく気恥ずかしい。妙にきまりが悪い。例「かたみに**もの恥づか・しく**胸つぶれて、ものも言はで泣きたまふ」〈源氏・少女〉

ものはづくし【物は尽くし】［名］同じ種類の物を列挙すること。また、歌謡などで、国名や同じ種類の事物を列挙して歌いこんだ形式。国づくし、山づくし、花づくしなどがある。＝物尽くし

ものはづけ【物は付け】［名］雑俳の一形式。「…のものは」という題に対して、付け句をするもの。五文字の題に対して、七・五を付ける形式が多かった。

ものはゆげ［・なり］【物映ゆげ】［形動ナリ］〔なら・なり(に)・なり・なる・なれ・なれ〕《形容詞「物映ゆし」の語幹＋接尾語「げ」》まばゆいようす。きまり悪そうなようす。例「少し**物はゆげ・に**覚して」〈盛衰記・四六〉

ものはり【物張り】［名］洗い張りや染め物・裁縫などの雑用に使用された人。

ものび【物日】［名］《近世語》❶五節句など特別な行事のある祝日。また、商家の決算日。❷遊里の特定の日。遊女の揚げ代が高い。＝紋日

ものふか・し【物深し】［形ク］〔から・く(かり)・し・き(かる)・けれ・かれ〕《「もの」は接頭語》❶奥まっている。深い。例「ひろびろと**もの深・き**み山のやうにはありながら」〈更級〉❷考え深い。軽率でない。例「あまり世のことわりを思ひ知り、**もの深・う**なりぬる人の」〈源氏・柏木〉（音便）「もの深う」は「もの深く」のウ音便。❸奥ゆかしい。趣がある。例「まだ〔腕前八〕聞こしめしどころある**もの深・き**手には及ばぬを」〈源氏・若菜・下〉

ものふ・る【物旧る】［自ラ上二］〔り・り・る・るる・るれ・りよ〕《「もの」は接頭語》何となく古くなる。古びる。年をとる。例「木立などのはるかに、**もの旧・り**」〈枕・職の御曹司におはしますころ〉

ものへだた・る【物隔たる】［自ラ四］〔ら・り・る・る・れ・れ〕間に何物かがあって隔たる。間が離れる。

ものへだ・つ【物隔つ】［自タ下二］〔て・て・つ・つる・つれ・てよ〕間に何物かを置いて隔てる。物越しにする。

ものまう【物申】［感］《「物申す」の略》おもに男性が、他人の家を訪問して案内を請うときのことば。ごめんください。⇔どうれ

ものまうさう【物申さう】《動詞「物申す」の未然形＋助動詞「う」》おもに男性が、他人の家などを訪れて、戸口で案内を請うときにいうことば。ごめんください。

ものまう・す【物申す】［自サ四］〔さ・し・す・す・せ・せ〕《「物言ふ」の謙譲語》❶ものを申し上げる。例「うちわたす遠方人に**もの申・す**」〈古今・雑躰・一〇〇七旋頭歌〉訳→〔和歌〕うちわたす…。❷（神仏に）願い事を申し上げる。例「神・寺などに詣でて、**もの申・さする**に」〈枕・心ゆくもの〉

ものまうで【物詣で】［名］神社・寺などに参ること。参詣。参拝。

ものまぎ・る【物紛る】［自ラ下二］〔れ・れ・る・るる・るれ・れよ〕❶他の物事に交じって目立たなくなる。例「山寺こそなほかやうのことおのづから行きまじり、**物紛・るる**ことはべらめ」〈源氏・夕顔〉❷気持ちが紛れる。例「病み臥したるほどになん、すこし**もの紛・れける**」〈源氏・明石〉

ものまね【物真似】［名］❶人や動物の音声や動作などをまねること。❷能・狂言などで、実際の姿をまねてほんとうらしく見せる芸。❸（歌舞伎などの）役者の声色などをまねること。また、その芸。

ものまねび【物学び】［名］まねをすること。物まね。

ものまへ【物前】［名］《近世語》❶「物日①」の前日。祝いの品の準備や勘定決算で一年の中でも多忙なとき。❷戦いの始まる直前。合戦前夜。

ものまめやか［・なり］［形動ナリ］〔なら・なり(に)・なり・なる・なれ・なれ〕《「もの」は接頭語》まじめなさま。誠実なさま。例「ことなるかほかたちなき人は、**物まめやか・に**習ひたるぞよき」〈落窪・一〉

ものまを・す【物申す】［自サ四］〔さ・し・す・す・せ・せ〕《上代語》「ものまうす」に同じ。

ものみ［・なり］【物見】㊀［名］❶見物。❷戦場で敵のようすを探ること。また、その人。❸邸宅などで、外のようすを見るために設けた所。物見台。物見窓。❹牛車の左右の立て板に設けられた窓。㊁［形動ナリ］〔なら・なり(に)・なり・なる・なれ・なれ〕立派なさま。みものだ。

ものみぐるま【物見車】［名］祭礼などを見物するために乗る牛車。

ものゆゑ(モノユヱ)［接続助詞］

アプローチ ▼形式名詞「もの」に形式名詞「ゆゑ」が付いたもの。
▼逆接・順接の両方を表すので注意する。

接続 活用語の連体形に付く。

意味	訳語	用例
❶逆接の確定条件を表す。	…のに …けれども	例「波の間ゆ雲居に見ゆる粟島の逢はぬ**ものゆゑ**我に寄そる児ら」〈万葉・一二・三一六七〉訳 波間からはるかに見える粟島ではないが、会わない**のに**私とうわさされる娘よ。 例「かなはぬ**ものゆゑ**、なほもただ宰相の申されよかし」〈平家・二・阿古屋之松〉訳 かなわない**けれども**、さらにただ宰相殿が申し上げてください。
❷順接の確定条件を表す。	…ので …から	例「人数にも思されざらん**ものゆゑ**、我はいみじきもの思ひをや添へん」〈源氏・明石〉訳（私のことを）人数にもお入れになることはないだろう**から**、私の身にはひどいもの思いの種を添えることになるだろうか。

もの・みる【物見る】見物する。

ものむつか・し【物難し】［形シク］{しから・しく(しかり)・し・しき(しかる)・しけれ・しかれ}《「もの」は接頭語》❶なんとなく気がふさぐ。ゆううつだ。例「例の、女君、とみにも対面したまはず。**ものむつか・しく**おぼえたまひて」〈源氏・若紫〉❷薄気味悪い。むさくるしい。例「いかでさる**ものむつか・しき**住まひに、年経たまひつらむ」〈源氏・明石〉

ものむつかしう【物難しう】(モノムツカシユウ)形容詞「ものむつかし」の連用形「ものむつかしく」のウ音便。

ものむつかしげ［・なり］【物難しげ】［形動ナリ］{なら・なり(に)・なり・なる・なれ・なれ}《「げ」は接尾語》なんとなく感じが悪い。うっとうしい。例「父の年老い**ものむつかしげ・に**ふとりすぎ」〈源氏・帚木〉

ものむつかり【物むつかり】［名］機嫌を悪くすること。へそを曲げること。

ものめか・し【物めかし】［形シク］{しから・しく(しかり)・し・しき(しかる)・しけれ・しかれ}《「めかし」は接尾語》一人前らしい。ちゃんとしている。立派だ。例「位など、いますこし**ものめか・しき**ほどになりなば」〈源氏・若菜・上〉

ものめか・す【物めかす】［他サ四］{さ・し・す・す・せ・せ}《「めかす」は接尾語》それらしく形をつける。一人前らしく扱う。重んずる。例「契り浅くも見えぬを、さりとても**ものめか・さ**むほども憚り多かるに」〈源氏・松風〉

ものめで［・す］【物愛で】［名・自サ変］感心して褒めること。賛嘆。

ものもどき［名］難くせをつけること。不平不満を口にすること。反抗。

ものもの・し【物物し】［形シク］{しから・しく(しかり)・し・しき(しかる)・しけれ・しかれ}❶威厳があって立派だ。重々しい。おごそかだ。例「声づかひなども**ものもの・しく**すぐれたり」〈源氏・花宴〉❷おおげさだ。身のほど知らずだ。例「あらものもの・しやおのれらよ」〈謡・烏帽子折〉

ものものしう【物物しう】(モノモノシユウ)形容詞「ものものし」の連用形「ものものしく」のウ音便。

ものもひ【物思ひ】(モノオモイ)［名］「ものおもひ」に同じ。

ものも・ふ【物思ふ】(モノモウ)［自ハ四］{は・ひ・ふ・ふ・へ・へ}「ものおもふ」に同じ。

ものやみ【物病み】［名］病気。

ものゆか・し【物ゆかし】［形シク］{しから・しく(しかり)・し・しき(しかる)・しけれ・しかれ}《「もの」は接頭語》なんとなく心ひかれるさま。例「例は**ものゆか・しから**ぬ心地に」〈源氏・野分〉

ものゆかしが・る【物ゆかしがる】［自ラ四］{ら・り・る・る・れ・れ}《「がる」は接尾語》何となくしきりに心がひかれる。例「かつがつ**物ゆかしが・り**て慕ひ参りたまふなりけり」〈源氏・若菜・下〉

ものゆゑ［接助］
⇨ 一二〇九ページ「特別コーナー」

ものゆゑに(モノユエニ)［接助］《接続助詞「ものゆゑ」＋格助詞「に」》❶逆接の確定条件を表す。…のに。…けれども。例「天雲の行き帰りなむ**ものゆゑに**思ひぞ我がする別れ悲しみ」〈万葉・一九・四二四二〉訳（あなたは）雲のように去ってはまた帰ってくる**のに**、物思いにふけって私は別れを悲しみます。《係結び》「ぞ→する休」。❷順接の確定条件を表す。…ので。…から。例「幾程ものびざらむ**ものゆゑに**、こよひばかりは、都のうちにてあかさばや」〈平家・二・阿古屋之松〉訳どれほども（命は）延びないから、今夜だけは都の中で夜を明かしたい。

〈接続〉活用語の連体形に付く。

ものわすれ【物忘れ】［名］物事を忘れること。とくに、心配や悲しみなどを忘れること。

ものわび・し【物侘びし】［形シク］{しから・しく(しかり)・し・しき(しかる)・しけれ・しかれ}《「もの」は接頭語》どこか寂しい。例「独り寝もまめやかに**ものわび・しう**て」〈源氏・明石〉《音便》「ものわびしう」は「ものわびしく」のウ音便。

ものわらひ【物笑ひ】(モノワライ)［名］❶笑うこと。❷嘲笑。ばかにして笑うこと。また、その対象。

ものゑんじ［・す］【物怨じ】(モノエンジ)［名・自サ変］恨み。ねたみ。焼きもち焼き。例「（女ガ）**もの怨じ**をいたくしはべりしかば、心づきなく」〈源氏・帚木〉

ものを［接助］［終助］
⇨ 一二一〇ページ「特別コーナー」

ものを［接続助詞］［終助詞］

アプローチ ▼形式名詞「もの」に終助詞「を」が付いたもの。
▼接続助詞と判断される場合と終助詞と判断される場合があるが、『万葉集』などでは第五句の句末に用いられ、感動・詠嘆を表す場合がほとんどで、もともとは終助詞として用いられていたと考えられる。
▼平安時代に入ると、接続助詞とみられる例が多くなるが、終助詞としての用法とはっきり区別ができない例も多い。

接続 一二とも活用語の連体形に付く。

意味	訳語	用例
一［接続助詞］		
❶逆接の確定条件を表す。	…のに …けれども	例「しばし見ぬだに恋しき**ものを**、遠くはましていかに」〈源氏・須磨〉 訳しばらく会わないでいてさえ恋しい**のに**、遠くへ行ってしまったら、ましてどんなに(恋しいことか)。
❷《近世以降の用法》順接の確定条件を表す。	…ので …から	例「日和はかばかりよかりし**ものを**、明石より船もとめなば、この朝びらきに牛窓の門の泊まりは追ふべき」〈雨月・菊花の約〉 訳日和はこれほどよかった**ので**、明石から船を探したならば、この朝早く出た船で牛窓の港をめざせるだろう。
二［終助詞］		
感動・詠嘆を表す。	…のになあ …のにねえ	例「雀の子を犬君が逃がしつる。伏せ籠の中に籠めたりつる**ものを**」〈源氏・若紫〉 訳雀の子を犬君(＝人名)が逃がしてしまった。伏せ籠のなかに閉じ込めておいた**のになあ**。

もは【藻葉】［名］「も(藻)」に同じ。

もはゆ【思はゆ】《「おもはゆ」の変化形。「ゆ」は上代の受身・自発の助動詞》思われる。→「おもはゆ」

もはら［副］❶まったく。ひたすら。例「逢ふことの**もはら**絶えぬる時にこそ」〈古今・恋五・八一二〉 ❷(下に打消の表現を伴って)決して。全然。例「**もはら**、さやうの宮仕へつかうまつらじ」〈竹取・かぐや姫の昇天〉

もひ［名］一【盌・椀】水を入れる器。お椀。例「玉盌に水さへ盛り」〈紀・武烈〉 二【水】飲料水。

もびき【裳引き】［名］(女性が)裳の裾を後ろへ引きずること。

もひとり【水取り・主水】［名］《「もんどり」「もんど」とも。「水」を取る者の意》❶令制以前、宮中の飲料水の供給を担当した部民。❷令制で「主水司」の役人。❸令制で「水司」の女官。

もひとりのつかさ［名］一【主水司】《「もんどのつかさ」「もんどづかさ」「もとりつかさ」「しゅすいし」とも》令制で「宮内省」に属し、宮中の飲料水・粥・氷室のことなどをつかさどった役所。二【水司】《「すいし」とも》令制で「後宮十二司」のひとつ。飲料水や食事などをつかさどった役所。

も・ふ【思ふ】［他ハ四］{は・ひ・ふ・ふ・へ・へ}《「おもふ」の変化形》思う。例「祈り来る風間と**思・ふ**をあやなくもかもめさへだに波と見ゆらむ」〈土佐〉

発展学習ファイル 「**おもふ**」の「お」が脱落した形で、和歌の字余りを避けるために用いられた。そのため散文にはほとんど見られない。

もみえぼし【揉み烏帽子】［名］もんで柔らかく作った烏帽子。兜の下にかぶることが多い。→［古典参考図］武装・武具〈2〉

もみくじ【揉み鬮】［名］「ひねりぶみ①」に同じ。

もみず【紅葉ず・黄葉ず】歴史的かなづかい「もみづ」

もみだ・す【紅葉だす・黄葉だす】［他サ四］{さ・し・す・す・せ・せ}《動詞「もみつ」の未然形＋使役の助動詞「す」の一語化。上代は「もみたす」》紅葉させる。例「竜田の山を**もみだ・す**物は」〈後撰・秋下・三七七〉

もみた・つ【揉み立つ】［他タ下二］{て・て・つ・つる・つれ・てよ}❶激しく攻め立てる。例「五百余騎に**揉み立・てられて**」〈太平記・一五〉 ❷せき立てる。急がせる。いらだたせる。例「その夜、俄に**揉み立・て**、吉野(＝遊女)を請け出し」〈浮・好色一代男〉

もみた・ふ【紅葉たふ・黄葉たふ】《動詞「もみつ」の未然形＋上代の反復・継続の助動詞「ふ」》紅葉している。例「しぐれの雨に**もみた・ひ**にけり」〈万葉・一五・三六九七〉

もみち【紅葉】［名］(上代語)「もみぢ」に同じ。

もみぢ【紅葉・黄葉】［名］《上代は「もみち」とも》❶**草や木の葉が、秋になって赤や黄色に色づくこと。**また、**色の変わった葉。**中古以降は「紅葉」という表記が通常であるが、『万葉集』では「黄葉」「黄変」などと表記された。(季―秋)。例「明日よりは**黄葉**かざさむ高円の山」〈万葉・八・一五七一〉 ❷**襲の色目の名。**表は紅色で裏は青色。一説に表は赤色で裏は濃赤色。❸①**を図案化した紋所の名。**

❹《近世語》鹿の肉の別称。

〔紅葉の賀〕紅葉の季節に催す祝いの宴。（季―秋）

〔紅葉の笠・黄葉の笠・栬の笠〕一面の見事な紅葉を笠に見立てていう語。例「竜田姫紅葉の笠を縫ふことは」〈宇津保・吹上・下〉

〔紅葉の錦〕紅葉の美しさを錦に見立てていう語。

〔紅葉の橋・黄葉の橋・栬の橋〕❶天の川に紅葉をかけ渡してできたという橋。「天の川もみぢを橋に渡せばや」〈古今・秋上・一七五〉による。（季―秋）。❷散り敷いた紅葉に彩られた橋。

もみぢがさね【紅葉襲】［名］襲の色目の名。表は紅、裏は青。＝紅葉

もみぢがり【紅葉狩り】［名］山や野に紅葉を見に出かけること。（季―秋）

もみぢがり【紅葉狩】［作品名］室町時代（一五一六ごろ成立）の謡曲。『維茂』『金五将軍』ともいう。切能物。観世信光の作。高貴な女房たちの酒宴の場に、鹿狩りに来た平維茂が誘い込まれ、鬼神が維茂に襲いかかるが、神助を得て退治する。美女に化ける鬼、維茂の鬼退治などの説話をもとに、前後対照的な場面構成をとる。

もみぢのが【紅葉賀】［作品名］『源氏物語』の七番目の巻名。

もみぢば【紅葉葉・黄葉葉】［名］《上代は「もみちば」》秋の末、黄や紅色に色付いた葉。（季―秋）

もみぢばの【紅葉の】［枕詞］紅葉した草木の葉が散り過ぎるところから「過ぐ」「移る」に、また葉の色から「朱」にかかる。例「もみち葉の過ぎて去にきと」〈万葉・二・二〇七長歌〉訳→〈和歌〉あまとぶや…

〈和歌〉**もみちばのちりゆくなへに玉梓の使ひを見れば逢ひし日思ほゆ**【もみち葉の散り行くなへに玉梓の使ひを見れば逢ひし日思ほゆ】〈万葉・二・二〇九・柿本人麻呂〉訳紅葉の葉がはかなく散ってゆくときに、よその恋人の手紙を運ぶ〔たまずさの〕使いが行くのを見ると、いとしい妻に会った日々が思い出される。

〈参考〉「玉梓の」は「使ひ」の枕詞。

〈和歌〉**もみぢばのながれてとまる…**【もみぢ葉の流れてとまるみなとには紅深き波やたつらむ】〈古今・秋下・二九三・素性〉訳この川面のもみじ葉が流れていってたどり着く河口には、深い紅色の波が立っているのだろうか。《係結び》「や→たつらむ(体)」

もみぢぶな【紅葉鮒】［名］秋の末に、ひれが紅色になった鮒。琵琶湖産が有名。（季―秋）

もみぢむしろ【紅葉蓆】［名］紅葉が地面に散り敷いたさまをむしろにたとえていう語。

もみ・つ【紅葉つ・黄葉つ】［自タ四］〔た・ち・つ・つ・て・て〕《上代語》「もみづ」に同じ。

もみ・づ【紅葉づ・黄葉づ】［自ダ上二］〔ぢ・ぢ・づ・づる・づれ・ぢよ〕木の葉が赤や黄に色づく。紅葉する。＝紅葉つ。例「時雨つつもみ・づるよりも言の葉の心のあきにあふぞわびしき」〈古今・恋五・八二〇〉

もみふ・す【揉み伏す】［他サ下二］〔せ・せ・す・する・すれ・せよ〕（馬などを激しく走らせて）疲れさせる。例「もみふ・せたる馬ども、〔名馬二八〕おっつくべしともおぼえず」〈平家・九・重衡生捕〉

もみもみと［副］和歌に対する評語。心を砕き、細やかに修辞を工夫するさま。

も・む【揉む】［他マ四］〔ま・み・む・む・め・め〕❶両手で擦する。柔らかにする。❷入り乱れて押し合う。例「平家三万余騎が中へをめいてかけ入り、も・みにも・うで」〈平家・七・倶梨迦羅落〉❸（馬を）急がせる。例「一もみも・うでおっついて」〈平家・九・一二之懸〉❹鍛える。

②③《音便》「もうで」は「もみて」のウ音便。

もむにれ【もむ楡】［名］語義未詳。「楡楡(楡に似た楡)」「百楡(たくさんの楡)」など、諸説があって、いずれとも定められない。

もも-【百】［接頭］「百」。転じて、数の多い意を表す。「百草」「百鳥」「百船」「百重」など。

もも【百】［名］ひゃく。また、数が多いこと。また、もろもろの役人。

〔百の官〕（「百官」の訓読語）数多くの官。

もも【桃】［名］❶木の名。春花を付け、夏の終わりから秋にかけて、果実を実らせる。桃の木には邪気をはらう力があると信じられており、宮中の年中行事ではよく用いられた。（季＝花―春・実―秋）。❷襲の色目の名。表は紅で裏は紅梅。また、表は白で裏は紅とも、表裏ともに紅梅とも。三月の着用。❸①を図案化した紋所の名。

〔桃の節句〕陰暦三月三日の「上巳の節句」の別称。五節句のひとつ。＝上巳。（季―春）

〔桃の弓〕追儺の時に鬼を射るのに用いた、桃の木で作った弓。

ももえ【百枝】［名］たくさんの繁茂した枝。

ももか【百日】［名］❶ひゃくにち。また、多くの日。❷子供が生まれて百日目。餅をついて祝う。

〔百日の祝ひ〕子供の誕生後百日目を祝う儀式。「五十日の祝ひ」と同様、父親や祖父などが子供の口に餅を含ませた。＝百日

ももきね［枕詞］地名「美濃」にかかる。例「ももきね美濃の国の」〈万葉・一三・三二四二長歌〉

ももくさ【百草】［名］多くの草。種々の草。例「百草の花の紐解く秋の野に」〈古今・秋上・二四六〉

ももくさ【百種】［名］多くの種類。いろいろ。

ももくま【百隈】［名］数多くの曲がり角。

〈和歌〉**ももくまの…**【百隈の道は来にしをまた更に八十島過ぎて別れか行かむ】〈万葉・二〇・四三四九・防人歌・刑部三野〉訳いくつもの曲がり角のある長い道のりをやって来たのに、この上また、いくつもの島々を漕ぎ過ぎて、故郷から遠く別れて行くのだろうか。《係結び》「か→行かむ(体)」

ももさかのふね【百積の船】［名］《「さか」は斛で石に同じ》大きな船。

ももしき【百敷・百石城】［名］《「ももしぎ」とも。枕詞「ももしきの」の変化形》皇后。宮中。

ももしきの【百敷の・百石城の】［枕詞］「おほみや(大宮)」にかかる。例「春日の霧れるももしきの大宮所見れば悲しも」〈万葉・一・二九長歌〉訳→〈和歌〉たまだすき…

発展学習ファイル　「もも」は「百」で、数が多いことを表す美称。「し」は「いし(石)」の母音が脱落したもの。「き」は「城(き)」または「木」の意か。奈良時代には「大宮人」「大宮所」にかかる例が大半である。

〈和歌〉**ももしきのおほみやひとは…**【ももしきの大宮人は暇あれや梅をかざしてここに集へる】〈万葉・一〇・一八八三・作者未詳〉訳〈ももしきの〉大宮人たちには暇があるのだろうか。梅を髪飾りにしてここに集まっている。

〈参考〉「ももしきの」は、「大宮」の枕詞。

〈和歌〉**ももしきのおほみやびとは…**【ももしきの大宮人はいとまあれや桜かざして今日も暮らしつ】〈新古今・春下・一〇四・山部赤人〉訳〈ももしきの〉宮中に仕える人はひまがあるのだろうか。桜の花を頭にさして今日も一日過ごされたことだ。

〈参考〉「ももしきの」は、「大宮」の枕詞。

〈和歌〉**ももしきや…**【ももしきや古き軒端のしのぶにもなほあまりある昔なりけり】〈続後撰・雑下・一二〇五・順徳院〉〈百人一首〉訳宮中の古い軒端に生えている忍ぶ草を見るにつけても、いくらしのんでもしのび尽くせない昔の御代であることよ。

〈参考〉「ももしき」は宮中のこと。「しのぶ」は「忍ぶ草」と「昔をしのぶ」とをかける。

ももしのの【百小竹の】［枕詞］〔「百小竹」はたくさんの篠の意〕類音の「三野」にかかる。例「百小竹の三野の王」〈万葉・一三・三三二七長歌〉

ももじり【桃尻】［名］〔桃の実は尻が丸くて座りが悪いことから〕馬に乗るのが下手で鞍に尻が落ち着かないこと。

ももぞめ【桃染め】［名］桃色に染めること。

ももだち【股立ち】［名］袴の左右、腰の側面のあきを縫い止めてある部分。→［古典参考図］男子の服装〈2〉

ももたび【百度】［名］百回。度数の多いこと。

ももたらず【百足らず】［枕詞］百に足りない意から「八十」「五十」に、また同音の「い」「や」を含む「筏」「山田」にかかる。例「百足らず八十の衢に」〈万葉・一六・三八一一長歌〉

ももだ・る【百足る】［自ラ四］{ら・り・る・る・れ・れ}満ち足りている。充実している。＝百千足る

ももち【百千】［名］百千。また、数の多いこと。

ももち【百箇】［名］〔「ち」は接尾語〕百。また、数の多いこと。

ももちだ・る【百千足る】［自ラ四］{ら・り・る・る・れ・れ}「ももだる」に同じ。

ももちどり【百千鳥】［名］❶いろいろな鳥。多くの鳥。＝百鳥。（季―春）。❷千鳥の別称。❸ウグイスの別称。（季―春）

ももづたふ【百伝ふ】［枕詞］数えていって百に至る意から「八十」に、また「五十」の音をもつ地名「磐余」にかかる。

〈和歌〉**ももづたふ…**【百伝ふ磐余の池に鳴く鴨を今日のみ見てや雲隠りなむ】〈万葉・三・四一六・大津皇子〉訳〈ももづたふ〉磐余の池に鳴いている鴨を、今日を限りとして見て、私は雲のかなたに去って行ってしまうのか。（係結び）「や→雲隠りなむ体」

〈参考〉「百伝ふ」は「磐余」の枕詞。草壁皇子との皇位継承争いに破れて刑死した大津皇子の辞世の歌。

ももとせ【百歳・百年】［名］百年。また、多くの年月。

ももとり【百鳥】［名］いろいろな鳥。多くの鳥。＝百千鳥

ももなが【・なり】【股長】［名・形動ナリ］足を伸ばすさま。一説に「百長」で、いつまでもの意とも。

ももぬき【股貫】［名］〔「股貫沓」の略〕股まで入る、革製の靴。

もものゐなほあき【桃井直詮】［人名］（一四〇三〜一四八〇）室町中期の舞人。幼名を幸若丸という。天性の音曲にすぐれ、幸若舞の始祖。

ももはがき【百羽掻き】［名］「しぎのはねがき」に同じ。

ももふね【百船】［名］数多くの船。

ももへ【百重】［名］数多く重なること。幾重にも重なること。

ももよ【百世・百代】［名］長い年月。多くの歳月。

ももよ【百夜】［名］多くの夜。

ももよぐさ【百代草】［名］語義未詳。キク、ヨモギ、ツユクサ、あるいは花弁の多い草など諸説は多いが、いずれとも定められない。

ももよせ【股寄せ】［名］太刀の峰の方の鞘を覆っている金具。

もや【母屋】［名］〔「おもや」の変化形〕寝殿造りの建物で、廂の内にある中央の部屋。

〔**母屋の大饗**〕（寝殿の母屋で行われたことから）毎年正月に行われた「大臣の大饗」の別称。

もや【喪屋】［名］埋葬するまで遺体を安置して葬儀を行う所。

も-や 詠嘆を表す。…なあ。なんと…なことよ。例「白玉を手に取り持して見るのすも家なる妹をまた見てももや」〈万葉・二〇・四四一五〉訳白玉を手に取って見るにつけ家にいる妻にまた会いたいものだなあ。

語構成　も 係助　や 間助

も-や 軽い疑問を表す。…も…のか。…のだろうか。例「聖教のこまやかなることわり、いとわきまへずもやと思ひしに」〈徒然・一四一〉訳仏典の正確な教理もきちんとわきまえていないのだろうかと思ったが。（係結び）「や→（省略）」

語構成　も 係助　や 係助

もやくや［名・副］（近世語）❶気分が晴れないさま。むしゃくしゃ。例「胸ももやくやさっぱりと」〈浄・関取千両幟〉❷紛争。ごたごたするさま。例「さっきにからのもやくや寝られはせまい」〈浄・ひらかな盛衰記〉

もやく・る［自ラ四］{ら・り・る・る・れ・れ}（近世語）❶むしゃくしゃした気持ちになる。例「気ももやくって蒸し暑き、材木納屋に立ち隠れ」〈浄・今宮の心中〉（音便）「もやくっ」は「もやくり」の促音便。❷ごたごたする。例「後の月（＝先月）からもやくり出し、押して祝言させるとある」〈浄・曾根崎心中〉

もやひ【舫ひ】［名］船と船とをつなぐこと。船をつなぎとめること。また、その綱。

もや・ふ【舫ふ】［他ハ四］{は・ひ・ふ・ふ・へ・へ}船と船とをつなぐ。船をつなぎとめる。例「船をぞもやふ五月雨のころ」〈夫木・夏三〉

もやもや（近世語）■［名］ごたごた。もめごと。例「親子主従やっかいのうちのもやもや気もつかず」〈浄・八百屋お七〉■［副］❶のぼせてぼうっとするさま。例

「もやもやと上気して」〈浮・好色一代女〉❷気分が晴れず、むしゃくしゃするさま。例「お染と悋気の初物胸はもやもやかきまぜ鱠」〈浄・新版歌祭文〉

も・ゆ【萌ゆ】[自ヤ下二]{え・え・ゆ・ゆる・ゆれ・えよ}芽が出る。例「焼かずとも草はもえなん」〈新古今・春上・七八〉

も・ゆ・る。【燃ゆ】[自ヤ下二]{え・え・ゆ・ゆる・ゆれ・えよ}❶火が燃える。例「燃ゆる火も取りて包みて袋には入るといはずやも智男雲」〈万葉・二・一六〇〉❷光を放つ。光る。例「鳴く蟬も燃ゆる蛍も身にしあれば夜昼物ぞ悲しかりける」〈宇津保・祭の使〉❸感情や情熱が激しく起こる。例「篝火にあらぬ我が身のなぞもかく涙の川に浮きて燃ゆらむ」〈古今・恋一・五二九〉

もゆら[・なり][形動ナリ]{なら・なり(に)・なり・なる・なれ・なれ}《「も」は接頭語》玉が触れ合って鳴るさま。例「御頸珠の玉の緒もゆらに取りゆらかして」〈記・上〉

もよ[間助]《上代語。係助詞「も」＋間投助詞「よ」》感動、詠嘆を表す。…なあ。…よ。例「足柄の安伎奈の山に引こ舟の後引かしもよここば児がたに」〈万葉・一四・三四三一〉訳足柄の安伎奈の山で引く船のように、(あの人の)後ろを引っぱりたいなあ、非常に(ここへ)来るのがむずかしいから。

もよぎ【萌黄・萌葱】[名]《「もえぎ」の変化形》❶「もえぎ①」に同じ。❷「萌黄縅」の略。

もよひ【催ひ】(モヨイ)[名]準備すること。用意すること。

もよほし【催し】(モヨオシ)[名]❶促し。催促。勧め。例「おほくは殿の御催しにてなむ、まうで来つる」〈蜻蛉・中〉❷兆し。原因。たね。例「なかなか涙の催しともなりぬべう」〈狭衣・四〉❸企て。計らい。用意。例「かかるしもこそ心とまらぬもよほしならめ」〈源氏・橋姫〉

もよほしがほ[・なり]【催し顔】(モヨオシガオ)[形動ナリ]{なら・なり(に)・なり・なる・なれ・なれ}勧めるようなようす。促す風情。

もよほしぐさ【催し種】(モヨオシグサ)[名]もと。原因。誘うたね。

もよほした・つ【催し立つ】(モヨオシタツ)[他タ下二]{て・て・つ・つる・つれ・てよ}人々をすっかり駆り集める。召集する。また、強く駆り立てる。例「殿の内にあるかぎりの人もよほした・て」〈夜の寝覚〉

もよほ・す【催す】(モヨオス)[他サ四]{さ・し・す・す・せ・せ}❶促す。催促する。せき立てる。例「夜を徹ほして、昔物語も聞こえ明かさむとせしを、鶏の声に催・されてなむ」〈枕・頭弁の、職にまゐりたまひて〉《係結び》「なむ」→(省略)」。《敬語》「聞こえ明かさむ」→「きこゆ」。❷誘う。引き起こす。例「空飛ぶ鳥の鳴きわたるにも、催・されてこそ悲しけれ」〈源氏・蜻蛉〉《係結び》「こそ→悲しけれ(已)」。❸人が来るように促す。呼び集める。例「重能が沙汰として、四国の内を催・して、讃岐の八島にかたのやうなる板屋の内裏や御所をぞ造らせける」〈平家・八・太宰府落〉《係結び》「ぞ→造らせける(体)」。❹行う。設ける。例「去年の冬早世したりとて、その兄追善を催・すに」〈おくのほそ道・金沢〉❺準備する。用意する。例「絹あまた買ひ積みて、京に行く日を催・しける」〈雨月・浅茅が宿〉

もら・す【漏らす・洩らす】[他サ四]{さ・し・す・す・せ・せ}(いずれも過失または隠れて)❶こぼす。透き間から落とす。例「水もら・さじとむすびしものを」〈伊勢・二八〉❷秘密を他に教える。❸心中のことを外に見せる。例「恨み遣したまへる気色をなむ漏ら・したまはぬ」〈源氏・若菜・上〉❹落とす。省く。例「多くのことどもを記しもら・せり」〈徒然・二三六〉❺逃がす。例「一人ももら・さず、三十人ばかりからめて」〈平家・六・築島〉

もら・ふ【貰ふ】(モラウ)[一][他ハ四]{は・ひ・ふ・ふ・へ・へ}❶請い求める。例「手をすりひざをかがめて魚をもら・ひ」〈平家・三・有王〉❷人から物を受け取る。❸人から食事の世話を受ける。例「餓へに苦しみ、口ひとつをもら・ひかねて」〈椿説弓張月・続〉❹《近世語》遊里ことばで、先約のある遊女を譲り受ける。❺仲裁をする。[二][補動ハ四]《多く動詞の連用形＋「て」の下に付いて》他に依頼してそのことをさせる。例「仏師殿を頼み、お地蔵を作ってもら・はうと存ずる」〈狂・六地蔵〉

もら・ふ【守らふ】(モラウ)[他ハ四]{は・ひ・ふ・ふ・へ・へ}《動詞「守る」の未然形＋接尾語化した上代の反復・継続の助動詞「ふ」》見守り続ける。例「[翁]ハ下衆ドモガこの瓜食ふをもら・ひ居たり」〈今昔・二八・四〇〉

もり【森・杜】[名]❶木の茂った所。❷神霊の寄りつく樹木のある霊域。

もりい・づ【漏り出づ】(モリイズ)[自ダ下二]{で・で・づ・づる・づれ・でよ}❶漏れ出る。透き間からこぼれ出る。例「袖口、物の色あひなども漏り出・でて見えたる」〈源氏・関屋〉❷(隠し事が)世間に知られる。例「すべてかへりてよからぬことにや漏り出・ではべらむ」〈源氏・薄雲〉

もりかはきょりく【森川許六】(モリカワキョリク)[人名](一六五六〜一七一五)江戸前・中期の俳人。蕉門十哲のひとり。初め北村季吟の流れをくみ、のちに芭蕉に対面、門下となる。芭蕉没後は去来とともに蕉風理念を明解にすることに努め、また蕉門における俳文集・俳諧史論の嚆矢となった『本朝文選』『歴代滑稽伝』の撰述を行った。

もりき・く【漏り聞く】[他カ四]{か・き・く・く・け・け}うわさに聞く。耳にする。ひそかに聞く。例「『人もや漏り聞・かむ』など、つつましければ」〈源氏・若紫〉

もりきこ・ゆ【漏り聞こゆ】[自ヤ下二]{え・え・ゆ・ゆる・ゆれ・えよ}(うわさなどが)漏れ伝わって知られる。おのずと人々の耳に入る。例「をこがましく思ひむすぼほるるさま世人に漏りきこ・えじ」〈源氏・若菜・上〉

もり・く【漏り来】[自カ変]{こ・き・く・くる・くれ・こ(こよ)}(光などが)透き間から差し込んでくる。漏れてくる。例「木の間より漏り・くる月の影見れば心尽くしの秋は来にけり」〈古今・秋上・一八四〉訳→(和歌)このまより…

もりさだまんかう【守貞謾稿・守貞漫稿】(モリサダマンコウ)[作品名]江戸後期(一八五三ごろ成立)の風俗書。喜多川守貞著。著者守貞が自身で見聞した風俗を広く集めて分類整理し、絵入りで詳しく解説したもの。江戸・大坂の世態風俗の貴重な資料。

もりたけ【守武】[人名]「あらきだもりたけ」に同じ。

もりたけせんく【守武千句】[作品名]室町後期(一五四〇ごろ成立)の俳諧撰集。『飛梅千句』『誹諧之連歌独吟千句』ともいう。荒木田守武作・編。千句という俳諧の形式を確立し、後世俳諧の基盤を築いた。

もりた・つ【守り立つ】[他タ下二]{て・て・つ・つる・つれ・てよ}大切に育てる。例「夜泣きすとただもりた・てよ末の代にきよくさかふることもこそあれ」〈平家・六・祇園女御〉

もりながしんわう【護良親王】〔人名〕(一三〇八～三五)《「もりよししんわう」とも》父は後醍醐天皇、母は北畠師親の娘親子。天台座主になり大塔宮と号せられた。元弘の乱には僧兵を率いて活躍、建武の新政府では兵権の中枢にいたが、足利尊氏と反目。のちに直義に殺された。

もりは・む【もり食む】〔他マ四〕{ま・み・む・む・め・め}語義未詳。もぎ取って食べる意か。例「我が門の榎の実**もり食・む**百千鳥」〈万葉・一六・三八七二〉

もりべ【守部】〔名〕守る人。とくに、山野・河川・陵墓などの番人。

もり・みる【漏り見る】〔他マ上一〕{み・み・みる・みる・みれ・みよ}漏れてくるのを見る。それとなく見る。例「いと若ううつくしげにて、切に隠れたまへど、おのづから**漏り・見**たてまつる」〈源氏・桐壺〉

もりもの【盛り物】〔名〕❶食物を盛って膳に供える物。❷神仏や仏前の供え物。

も・る【漏る・洩る】〔自ラ四〕{ら・り・る・る・れ・れ}〔自ラ下二〕{れ・れ・る・るる・るれ・れよ}❶透き間から外に出る。例「秋風にたなびく雲の絶え間より**漏・れ**出づる月の影のさやけさ」〈新古今・秋上・四一三〉訳→〔和歌〕あきかぜにたなびくもの…。❷隠し事が他に知られる。例「忍ぶとすれど、内々の事あやまりも、世に**漏・り**にたるべし」〈源氏・藤裏葉〉❸外される。取り残される。例「今度こそ**も・れ**させ給ふとも」〈平家・三・足摺〉

発展学習ファイル 下二段活用は平安中期以降に用いられるようになった。

も・る〔他ラ四〕{ら・り・る・る・れ・れ}もぐ。もぎ取る。例「岩梨をとり、零余子を**も・り**、芹をつむ」〈方丈記〉

も・る【守る】〔他ラ四〕{ら・り・る・る・れ・れ}❶見張りをする。番をする。例「浅けれど石間の水はすみはてて宿**も・る**君やかけはなるべき」〈源氏・真木柱〉❷(人目につかないように)気をつける。人目をはばかる。例「人目**守・る**乏しき妹に今日だに逢はむを」〈万葉・一二・三一二三〉

も・る【盛る】〔他ラ四〕{ら・り・る・る・れ・れ}❶高く積む。食べ物などを器に移し入れる。❷薬・酒などを飲ませる。

もるめ【守る目】見守る人の目。また、その人。

もるやま【守山】〔歌枕〕近江国の地名。いまの滋賀県守山市守山町。「漏る」をかける。一説に、大和国の地名ともいう。

もろ-【諸】〔接頭〕(名詞に付いて)❶二つそろって、両方のの意を表す。「**諸**矢」「**諸**手」など。❷多くの、めいめいのの意を表す。「**諸**人」「**諸**神」など。❸いっしょに…する、互いにの意を表す。「**諸**声」「**諸**恋」など。

もろあげ【諸挙げ】〔名〕古代歌謡で、歌の本と末とを、ともに高い調子で歌うこと。↔片下ろし

もろあぶみ【諸鐙】〔名〕左右一対の鐙。

〔**諸鐙を合はす**〕馬を速く走らせるために、左右の鐙で同時に馬の腹を蹴る。

もろうた【諸歌】〔名〕本・末ともに備えた歌。また、その末句。

もろおり【諸織り】〔名〕諸糸(二本以上を一本により合わせた糸)で織った布。最高級の羽二重。

もろかづら【諸葛】〔名〕❶「賀茂の祭り」で、桂の枝に葵を付けて簾や柱にかけたり、頭にかざしたりするもの。(季―夏)。❷フタバアオイの別名。

もろがみ【諸神】〔名〕もろもろの神。多くの神。

もろぐそく【諸具足】〔名〕弓矢に関する装備一式。箙や弓懸などを完備した姿。

もろくち【諸口】〔名〕❶多くの人々のいうこと。世評。❷左右から手綱を取って馬を引くこと。↔片口③・乗り口

もろごころ【諸心】〔名〕ともに心を合わせること。例「仏を**諸心**に念じ聞こえたまふ」〈源氏・若菜・下〉

もろこし【唐土】〔名〕《「諸越(中国の越の国)」の訓読語》日本から中国を指して呼んだことば。＝唐土。例「**もろこし**とこの国とは、言異なるものなれど」〈土佐〉

〔**唐土のうた**〕《「もろこし」は中国の呼び名》漢詩。日本の和歌と対比された言い方。

〔**唐土の判官**〕遣唐使に従う役人。大使・副使に次ぐ第三等官。

もろこしがはら【唐土が原】〔地名〕相模国の地名。いまの神奈川県中郡大磯町の海辺の地域。また、藤沢市を流れる片瀬川流域の原ともいう。高麗人が渡来し居住した地であったことによる名称。

もろこしだ・つ【唐土立つ】〔自タ四〕{た・ち・つ・つ・て・て}《「だつ」は接尾語》唐風である。中国風である。

もろこしぶね【唐土船】〔名〕❶中国から来る船。＝唐船。❷中国へ行く船。

〔和歌〕**もろこしも…【もろこしも天の下にぞありと聞く照る日の本を忘れざらなん】**〈新古今・離別・八七一・成尋阿闍梨母〉訳唐土も、雨が降る天の下にあると聞いています。唐土へ行っても、照る日が昇る空の下にある日本のことを忘れないでいてください。

〈参考〉「天の下」の「天」は空の意で、「雨」の意をも響かせる。「天の下」の縁語となる。

もろごひ【諸恋】〔名〕互いに恋し合うこと。相思相愛。↔片恋

もろごゑ【諸声】〔名〕大勢が同時に声を出すこと。また、その声。

もろ・し【脆し】〔形ク〕{から・く(かり)・し・き(かる)・けれ・かれ}❶壊れやすい。はかない。例「あまりに平家の**もろ・く**ほろびてましまし候ふ間」〈平家・一二・六代被斬〉❷涙もろい。敏感で涙がちである。例「あやなく**もろ・き**わが涙かな」〈源氏・橋姫〉

もろたぶね【諸手船】〔名〕たくさんの櫓のついた早船。また、二挺櫓の早船ともいう。

もろて【諸手・双手・二手】〔名〕両手。左右の手。↔片手①

もろともに【諸共に】〔副〕いっしょに。そろって。

〔和歌〕**もろともに…【もろともにあはれと思へ山ざくら花よりほかに知る人もなし】**〈金葉・雑上・五二一・僧正行尊〉《百人一首・大僧正行尊》訳私がおまえを懐かしいと思うのと同じように、おまえも私を懐かしいと思っておくれ、山桜よ。こんな山奥では、おまえのほかには知った人もいないのだ。

〈参考〉初・二句と三句は倒置。

もろは【諸刃・両刃】〔名〕両側に刃のある刀剣。

もろはく【諸白】〔名〕よく精白した米や麹で造った上等の酒。清酒。↔片白。(季―秋)

もろひと【諸人】〔名〕《「もろびと」とも》多くの人々。

もろほ【諸穂】〔名〕稲などが多くそろって穂を出すこ

と。また、その穂。

もろまひ【諸舞】[名]「東遊び」の舞いで、駿河舞と求子の舞との両方を舞うこと。

もろむき【諸向き】[名]いっしょに同じ方向を向くこと。一説に、ばらばらの方向を向くことも。

もろもち【諸持ち】[名]大人数でいっしょに持つこと。共同で物事に当たること。

もろもろ【諸諸・諸】[名]多くのもの。多くの人。また、すべてのもの。

もろや[・す]【諸矢】㊀[名]二本一組の対の矢。先に射る矢は甲矢、あとに射る矢は乙矢。㊁[名・他サ変]二本一対の矢をともに的中させること。

もろをりど【諸折り戸】[名]左右に開く折り戸。↔片折り戸

-もん【文】[接尾]❶貨幣の単位。「貫」の千分の一。穴あき銭一枚。❷足袋の大きさの単位。八分(約二・四センチメートル)を一文とする。

もん【文】[名]❶文字。文章。例「史書の**文**を引きたりし」〈徒然・二三〉❷「呪文」「経文」の略。

もん【門】[名]❶建物の外部の出入り口。かど。❷町境の木戸。❸(「門限」の略)夜、閉門の時刻。

もん【紋・文】[名]❶模様。あや。❷家紋。

もんえふ【門葉】[名]一族。一門。同族。

もんかく【門客】[名]昔からの家臣ではない、一時的な家臣。

もんがく【文覚】[人名](生没年未詳)平安後期から鎌倉前期の真言宗の僧。俗名は遠藤盛遠と名乗り、人妻袈裟御前に横恋慕、夫の渡辺渡を殺そうとして袈裟の首をはねたことを契機として仏門に入る。文覚の話は『源平盛衰記』や『文覚上人行略鈔』に残る。

もんざい【文才】[名]学問。とくに、漢学の才。↔本才

もんざうはかせ【文章博士】[名]「もんじゃうはかせ」に同じ。

もんさく【文作】[名]おもしろい文句を即興で作ること。また、その文句。即興の軽口。

もんじのほふし【文字の法師】経論・教理の研究ばかりで、真の修行を忘れている僧をあざけっていう語。↔暗証の禅師

もんじふ【文集】[作品名]「はくしもんじふ」に同じ。

もんじゃ【文者】[名]文筆に長じた者。学者。

もんじゃう【文章】[名](「ぶんしゃう」「もんざう」とも)❶表にあらわれた文辞。❷「文章道」の略。

もんじゃう【問状】[名]鎌倉・室町時代、訴訟で、被告の答弁を求める文書。＝問ひ状

もんじゃうしゃう【文章生】[名]大学寮で「文章道」を学ぶ者のうち、式部省の試験に合格した学生。文人。＝進士

もんじゃうだう【文章道】[名]「大学寮」の四学科のひとつ。平安初期から「紀伝道」とも呼ばれた。＝文章②

もんじゃうとくごふしゃう【文章得業生】[名]「文章生」からの選抜者。＝秀才②

もんじゃうはかせ【文章博士】[名](「もんざうはかせ」とも)「大学寮」で文章道を教授した教官。平安時代には東宮の学士として講義にあたるなど重んぜられた。菅原・大江家から任ぜられた。

もんじゃうゐん【文章院】[名]平安時代の「大学寮」の構成機関のひとつ。「文章道」を学ぶ学徒を収容し、講義した。

もんじゃく【文籍】[名](「ぶんせき」とも)書籍。

もんじゃく【問籍】[名]「なだいめん①」に同じ。

もんしゅ【門主】[名]門跡寺院の住職。

もんじゅ【文殊・文珠】[名]《仏教語》「文殊師利菩薩」の略》釈迦如来の左にいて知恵をつかさどる菩薩。獅子に乗り、右手に知恵の剣、左手に青蓮華を持つ。＝文殊菩薩

もんじゅぼさつ【文殊菩薩】[名]「もんじゅ」に同じ。

もんじょ【文書】[名](「もんぞ」とも)書物。書類。

もんじん[・す]【問訊】[名・自サ変]❶問い尋ねること。❷問い詰められて閉口すること。降参すること。

もんぜき【門跡】[名]❶開祖・祖師の教えを伝え法統を守る寺院や僧。❷皇族・貴族などが出家して住む特定の寺院。❸東・西本願寺の俗称。その管長。

もんぜつ[・す]【悶絶】[名・自サ変]苦しみもだえること。苦しみのあまり正気を失うこと。

もんぜつびゃくぢ[・す]【悶絶躄地】[名・自サ変]苦しみもだえ、転げ回って気を失うこと。

もんだふ【問答ふ】[他八四]{は・ひ・ふ・ふ・へ・へ}問答する。

もんだん[・す]【文談】[名・自サ変](「ぶんだん」とも)学問などについて語ること。また、その話。

もんぢゅう[・す]【問注・問註】[名・自サ変](「もんちゅう」とも)訴訟の原告や被告を取り調べて、その陳述を筆記すること。また訴訟の対決。

もんぢゅうしょ【問注所・問註所】[名]❶鎌倉時代の役所名。訴訟・裁判をつかさどった。長官を執事という。❷室町時代の役所名。文書記録の管理や調査がおもな仕事。

もんと【門徒】[名]❶門人。門弟。❷《仏教語》同じ宗門の弟子や信者。❸「門徒宗」の略。その信者。

もんど【主水】[名](「もひとり」の撥音便「もんどり」の変化形)「もひとり」に同じ。

もんとくじつろく【文徳実録】[作品名]「にほんもんとくてんわうじつろく」に同じ。

もんどころ【紋所】[名]家ごとに決まっている紋章。

もんとしゅう【門徒宗】[名](信者を「門徒」と呼ぶことから)浄土真宗の俗称。＝門徒③

もんどのつかさ【主水司】[名]「もひとりのつかさ㊀」に同じ。

もんどり【主水】[名](「もひとり」の撥音便)「もひとり」に同じ。

もんにん【文人】[名]作文の会で漢詩文を作る人。とくに、「文章生」をいう。

もんのくるま【文の車・紋の車】[名]牛車の形態のひとつ。網代車の屋形に、さまざまな模様を描いたもの。四位・五位の人が用いた。

もんび【紋日】[名]《近世語》江戸時代、遊里で五節句など特別な行事のある日。遊女は必ず客を取らなければならず、揚げ代は高く、その他に客からの祝儀も必要とした。＝物日・売り日・役日

もんぼふ【聞法】[名]《仏教語》仏法を聴聞する

こと。

もんむてんわう【文武天皇】[人名]（六八三〜七〇七）第四十二代天皇。父は草壁皇子、母は元明天皇。元正天皇の弟。聖武天皇の父。『大宝律令』を撰定させたほか、文学では『懐風藻』に詩三首、『万葉集』に短歌一首を残す。

もんめ【匁】[名]❶尺貫法の重さの単位。千分の一貫。約三・七五グラム。❷《近世語》江戸時代の銀貨の単位。秤量貨幣で金一両は銀五十〜八十匁。

もんゐき【門閾】[名]門の敷居。

もんゐん【門院】[名]天皇の生母・準母・三后・内親王などに与えられた称号。後一条天皇の生母彰子が上東門院と称したのを始めとする。

や

や‐【八・弥】[接頭]八。転じて、数の多い意を表す。「八占」「八雲」「八十」など。

‐や[接尾]（人を表す名詞や人名などに付いて）親しみを表す。「爺や」「坊や」など。

‐や【屋・家・舎】[接尾]❶商工業者などの職種を表す語に付ける。「米屋」「旅籠屋」「八百屋」など。❷商店や役者の屋号に付ける。「越後屋」「紀伊国屋」「音羽屋」など。❸書斎や雅号に付ける。「鈴の屋」など。❹人の性質・姿などを呼ぶときに付ける。「気取り屋」「分からず屋」など。

や【八・弥】[名]はち。やっつ。また、数や量の多いことを表す。「八雲」「八重垣」「八歳」など。

や【矢・箭】[名]武器の一種。弓につがえて射るもの。⇩[古典参考図]男子の服装〈1〉

〔**矢刺す**〕矢をつがえる。

〔**矢を矧ぐ**〕㊀（「矧ぐ」が四段活用の場合）（羽を矢竹に付けて）矢を作る。例「竹を剪りて**矢をはがし**」〈椿説弓張月・残〉㊁（「矧ぐ」が下二段活用の場合）矢をつがえる。例「**矢をはげ**て走らせけれども」〈宇治拾遺・三・二〇〉

や【屋・家・舎】[名]❶家。建物。部屋。❷屋根。

や【輻】[名]車輪の車軸と周囲の輪とをつなぐ、放射状の多くの細い棒。

や[感]❶呼びかけの語。おい。もしもし。例「『**や**、大臣こそ』と申させたまへば」〈栄花・三〉❷驚いたとき、何かを思い出したときの語。あっ。例「**や**、こはいかにするわざぞや」〈栄花・一六〉❸かけ声。はやし声。

〔**や給へ**〕（感動詞「や」＋尊敬の補助動詞「給ふ」の命令形）もしもし。

や[係助][間助]⇨三ハページ「特別コーナー」

やあ[感]❶驚いたり、呼びかけたりなどするときの語。例「**やあ**、これはまんまと水をしかけておいたが、身共の水口を止めて隣の田へ水を取る」〈狂・水論聟〉❷返事の語。はい。例「**ややあ**こち(=私)のことでござるか」〈狂・察化〉

やあはせ【矢合はせ】[名]開戦の合図として、両軍から矢を射かわして、気勢を上げること。

やあら[感]驚いたときや相手を問いつめるときなどの語。やあ。やい。例「**やあら**、おのれは憎いやつの」〈狂・鐘の音〉

やい（間投助詞「や」＋終助詞「い」）念を押したり、強く呼びかける意。…**よ**。例「誰そ居るか**やい**」〈狂・蚊相撲〉訳だれかいるか**よ**。

やいう【也有】[人名]「よこゐやいう」に同じ。

やいくさ【矢軍】[名]両軍が矢を射合って戦うこと。

やいごめ【焼い米】[名]（「やきごめ」のイ音便）「やきごめ」に同じ。

やいじるし【焼い印】[名]（「やきじるし」のイ音便）焼き印。

やいづ【焼津】[地名]駿河国の地名。いまの静岡県焼津市。日本武尊が野火に攻められたとき、天叢雲剣で草を薙ぎ向かい火を放って賊を討ったという神話「やきつ」に由来する地名。

やいと【灸】[名]「やくと」に同じ。

やいば【刃】[名]（「やきば」のイ音便）❶焼き入れをした刀の刃。刃についている波状の模様。❷刀剣・刃物の総称。❸鋭いもの、力あるもののたとえ。

〔**刃に伏す**〕刃物で自害する。自刃する。

〔**刃の験者**〕霊験あらたかで、刃のように鋭い効き目のある修験者。

やいろ【矢色】[名]飛んでいく矢の勢いやようす。

やいん【夜陰】[名]夜の暗いうち。夜中。

‐やう【様】[接尾]❶（名詞に付いて）あるものと同類・類似していることを表す。…のよう。…のふう。例「あてやかなる人ばかり、御佩刀、天児**やう**の物取りて乗る」〈源氏・薄雲〉❷（動詞・助動詞の連用形に付いて）動作などの仕方、ぐあいなどを表す。例「この獅子の立ち**やう**、いとめづらし」〈徒然・二三六〉

やう【益】[名]（「やく」のウ音便）利益。甲斐。

やう【陽】[名]易で、天・日・男・夏・南など、積極的・活動的なものを表す語。↔陰

〔**陽に開く**〕積極的に展開する。

やう【様】[名]❶**ようす**。**ありさま**。例「いかなる者の集へるならむと、様変はりて思さる」〈源氏・夕顔〉《敬語》「思さる」→「おぼす」。❷**外見**。**形**。**姿**。例「真名の**様**、文字の、世に知らずあやしきを」〈枕・雨のうちはへ降るころ〉❸**型**。**様式**。**形式**。例「うるはしき人の調度の、飾りとする定まれる**やう**ある物を」〈源氏・帚木〉❹**理由**。**事情**。例「死にたまふべき**やう**やあるべき」〈竹取・かぐや姫の昇天〉《係結び》「や→あるべき(体)」。❺**方法**。**手段**。例「ことに人多く立ちこみて、分け入りぬべき**やう**もなし」〈徒然・四一〉❻**気風**。**あり方**。例「宮の**やう**として色めかしきをば、いとあはあはしとおぼしめいたれば」〈紫式部日記〉❼《形式名詞の用法》㋐（連体修飾語を受けて）…**こと**。例「夜べありし**やう**、頭中将の宿直所に」〈枕・頭の中将の〉㋑（「思ふ」「言ふ」などを受けて）…**ことには**。例「翁いらふる**やう**、『なしたまひそ』」〈竹取・かぐや姫の昇天〉《副詞の呼応》「な→したまひそ」

〔**様変はる**〕ようすがふつうと違っている。風変わりだ。勝手が違う。

〔**様の物**〕同じようなもの。似たようなもの。

〔**様離る**〕一風変わっている。

やうがう［・す］【影向】ヨウゴウ［名・自サ変］《仏教語》神仏が仮の姿を現すこと。

やうがま・し【様がまし】ヨウガマシ［形シク］{しから・しく(しかり)・し・しき(しかる)・しけれ・しかれ}《「がまし」は接尾語》❶わけがありそうだ。例「御下向なからんも、なかなか**様がま・しかる**べし」〈盛衰記・四〉❷注文が多くてわずらわしい。例「こなたは名にやうがま・しい人でござる」〈狂・呂蓮〉《音便》「やうがましい」は「やうがましき」のイ音便。

やうが・り【様がり】ヨウガリ［自ラ変］{ら・り・り・る・れ・れ}《「やうがあり」の変化形》わけありげである。一風変わっている。例「**やうが・る**暦かなとは思へども」〈宇治拾遺・五・七〉

やうき【陽気】ヨウキ［名］万物が生じ、動き出そうとする気。陽の気。

やうき【様器・楊器】ヨウキ［名］語義未詳。儀式用の食器、あるいは食器を載せる台など諸説がある。

やうきゅう【楊弓】ヨウキュウ［名］《近世語》座敷遊戯用の小弓で約二尺八寸(約八五センチメートル)。または、それを使った遊戯。的から約七間半(約一四メートル)離れて座って二百本の矢を射、的中数で競った。

やうくん【養君】ヨウクン［名］養い育てる主君。

やうげつ【陽月】ヨウゲツ［名］陰暦十月の別称。陰が尽きて陽の生じる月という。(季―冬)

やうごとな・し ヨウゴトナシ［形ク］{から・く(かり)・し・き(かる)・けれ・かれ}《「やむごとなし」のウ音便》「やむごとなし」に同じ。

やうじか・く【瑩じ掛く】ヨウジカク［他カ下二］{け・け・く・くる・くれ・けよ}絹などで光沢を出したものをかける。転じて、髪がつややかなさまをたとえていう。

やうじゃう【養生・養性】ヨウジョウ［名］❶健康を保つこと。摂生。❷病気やけがの療養にあたること。治療。

やう・ず【養ず】ヨウズ［他サ変］{ぜ・じ・ず・ずる・ずれ・ぜよ}養い育てる。養育する。例「君を**養・じ**奉るに」〈曾我・一〉

やう・ず【瑩ず】ヨウズ［他サ変］{ぜ・じ・ず・ずる・ずれ・ぜよ}《「えうず」とも》絹などを瑩貝(貝がらや金属などで作った道具)で磨いてつやを出す。すり磨いて光沢を出す。

やうぜいてんわう【陽成天皇】ヨウゼイテンノウ［人名］(八六八〜九四九)第五十七代天皇。父は清和天皇、母は藤原高子。関白藤原基経から廃立されたのちは奔放な生活を送る。『後撰和歌集』に一首のみ入集。

やうだい［・なり］【様体・容態】ヨウダイ《「やうたい」とも》■一［名］❶人の姿。容姿。❷物事のありさま。状態。例「物の**様体**も知らせ給はざりけり」〈宇治拾遺・九・五〉❸手段。方法。例「わが家の裏なる草花見るさへかく**やうだい・なり**」〈浮・好色五人女〉❹病状。■二［名・形動ナリ］もったいをつけること。

やうちゃう［・たり］【羊腸】ヨウチョウ［名・形動タリ］(羊の腸のように)山道が曲がりくねっていること。九十九折り。

やうでう【横笛】ヨウジョウ［名］《「横笛」の音読み「わうてき」が「王敵」に通じるのを避けて読み替えたものという》よこぶえ。高麗笛・竜笛などの類。

やうな・し【益無し】ヨウナシ［形ク］{から・く(かり)・し・き(かる)・けれ・かれ}《「やくなし」のウ音便》「やくなし①」に同じ。

やうなり ヨウナリ［助動ナリ型］{やうなら・やうなり(やうに)・やうなり・やうなる・やうなれ・○}《名詞「様」＋断定の助動詞「なり」》❶状態を表す。…**ようだ**。…**ありさまである**。例「いとど心苦しう、心肝も尽くる**やうに**なん」〈源氏・桐壺〉訳ますますかわいそうで、魂も尽き果ててしまう**ようで**。《音便》「心苦しう」は「心苦しく」のウ音便。《係結び》「なん」→(省略)」。❷比喩を表す。**まるで…のようだ**。…**と同じようだ**。例「夢の**やうなる**ことを、心に離るるをりなきころにて」〈源氏・空蟬〉訳**まるで夢のようなこと**が、心から離れるときがないころで。❸例を示す。**たとえば…ようだ**。例「長恨歌、王昭君などの**やうなる**絵は、おもしろくあはれなれど」〈源氏・絵合〉訳**たとえば**長恨歌、王昭君などの**ような**絵は、おもしろくしみじみとするけれど。❹遠回しにいう。…**ような**。例「聞き知らぬ**やうなる**御すさび言どもこそ時々出で来れ」〈源氏・若菜・上〉訳わけの分からない**ような**御冗談が時々出てくるのですね。《係結び》「こそ→出で来れ㊁」。❺同じであることを表す。…**とおり**。…**まま**。例「かかる所に、思ふ**やうならむ**人を据ゑて住まばや」〈源氏・桐壺〉訳このような所に、思った**とおり**の人を置いて住みたい。❻(「やうに」の形で)願望や意図を表す。…**ように**。例「世の人の飢ゑず、寒からぬ**やうに**、世をば行はまほしきなり」〈徒然・一四二〉訳世間の人が飢えずに寒い思いをしない**ように**、この世を治めてほしいものだ。

発展学習ファイル 〈接続〉活用語の連体形、格助詞「の」などに付く。似た意味を表す語に「**ごとし**」がある。おもに「やうなり」は和文で、「**ごとし**」は漢文訓読文で用いられた。

やうめい【揚名】ヨウメイ［名］平安以降、名目だけで職務も俸禄もない官職。国司の次官以下に多い。

〔**揚名の介**〕ヨウメイノスケ 名目だけの国司の次官。

やうめいがく【陽明学】ヨウメイガク［名］儒学の一系統。中国の明の儒者、王陽明の主張に基づく。私欲に妨げられない行為と良知との一致をはかるべきであるとする「知行合一」を説く。日本では中江藤樹・熊沢蕃山らが唱えた。

やうめいもん【陽明門】ヨウメイモン［名］大内裏の外郭門のひとつ。東に面し、上東門の南、待賢門の北にある門で、衛門府が守る。＝近衛の御門

➡［表見返し］大内裏俯瞰図

やうやう［・なり］【様様】ヨウヨウ［名・形動ナリ］《「さまざま」とも》いろいろ。さまざま。例「をかしき**やうやう**の見ものなりける」〈源氏・葵〉

やうやう【漸う】ヨウヨウ［副］《副詞「やうやく」のウ音便》❶**だんだん**。**しだいに**。例「春は、あけぼの。**やうやう**白くなりゆく山ぎは、すこしあかりて」〈枕・春は、あけぼの〉❷**かろうじて**。**やっとのことで**。**どうにか**。例「その日**漸う**草加といふ宿にたどり着きにけり」〈おくのほそ道・草加〉

やうやう【感】ヨウヨウ［感］《「やあやあ」の変化形》呼びかけるときや驚いたときに発する語。やあやあ。

やうやう・し【様様し】ヨウヨウシ［形シク］{しから・しく(しかり)・し・しき(しかる)・しけれ・しかれ}ゆえありげである。もったいぶるようである。

やうやく【漸く】ヨウヤク［副］「やうやう(漸う)」に同じ。

やうら【八占・弥占】［名］何度も占うこと。また、いろいろな占い。

やうらうのたき【養老の滝】ヨウロウノタキ［地名］美濃国の滝。いまの岐阜県養老郡養老町にある。酒好きの父に孝養を尽くす息子に感心した神が、泉の水を酒に変えたという養老伝説で知られる。

や

［係助詞］［間投助詞］

アプローチ ▼係助詞㊀は、話し手にとって不確かなことを聞き手に問いかけたり、自分の心の中に生じた疑いを不確かなまま表したりするのが基本である。
▼文中の語に付き、その語を疑問の対象とする場合と、文末に位置し、文全体を疑問表現とする場合とがあるが、この両者の違いを訳し分けることは困難である。
▼文中の語句に付いて、意味上の係り先にあたる文末の結びの活用語と呼応して活用語の活用形が変化する（「係り結び」）が、「や」の結びの活用語は連体形となる。ただし、そこで言い切らずにあとに続いていくために活用語が結びの形をとらなかったり（「結びの流れ」「結びの消滅」などという）、結びにあたる活用語が省略されたり（「結びの省略」）することもある。
▼また、話し手自身はすでにある判断をしていながら、あえて逆の判断を問いかけることで、結果的に自身の判断を確認・強調する「反語表現」といわれる用法もある。この場合、「いや、そうではない」というところまで訳出しなければならないので注意が必要。
▼間投助詞㊁は、感動・詠嘆の意を表したり、呼びかけや命令・禁止の意などを表す。

㊀［係助詞］接続 体言、副詞、助詞、活用語のいろいろな活用形などに付く。

意味	訳語	用例
❶**文中に用いられる場合。** ㋐**疑問を表す。**不確かなことを相手に問いかけたり、自分の中に生じた疑いを表したりする。	…か（どうか） …だろうか	例「大伴の大納言は、竜の頸の玉**や**取りておはしたる」〈竹取・竜の頸の玉〉 訳 大伴の大納言は、竜の頸の玉を取っていらっしゃったの**か**。（係結び）「や→おはしたる㊍」 例「腰折れたることや書きまぜたりけむ」〈紫式部日記〉 訳（私は手紙に）へたな歌でも書き添えたの**だろうか**。（係結び）「や→書きまぜたりけむ㊍」
㋑**反語を表す。**「Aだろうか」と問いかける形をとりながら、実際は「いや、Aではない」ということを主張する。	…か、いや、そうではない	例「世の常のあだごとのひきつくろひ飾れるにおされて、業平が名を**や**朽すべき」〈源氏・絵合〉 訳 世の中にありふれた作り物語の、もっともらしく飾りたてて書いてあるのに圧倒されて、業平（＝在原業平）の名を汚してよいものだろう**か**、**いいえ、よくはない**。（係結び）「や→朽すべき㊍」
㋒**複数の不確かな事柄を並べて、いずれかと問う。**	…か、（それとも）…か	例「契りおきし花の盛りを告げぬかな春**や**まだ来ぬ花**や**匂はぬ」〈更級〉 訳 お約束の花の盛りとなったことをお知らせくださいませんね。（山奥には）春がまだ来ないのでしょう**か**、**それとも**花が咲かないのでしょう**か**。（係結び）「春や→来ぬ㊍」、「花や→来ぬ㊍」

発展学習ファイル (1)係助詞「や」は複合動詞の間に挿入されることもある。例「秋霧のともに立ち出でて別れなば晴れぬ思ひに恋ひ**や**渡らむ」〈古今・離別・三八六〉 訳 秋の霧とともにあなたも旅立ちして、別れ別れになってしまうなら、私は晴れ晴れとしない思いであなたを恋い続けるのでしょう**か**。
(2)平安以降、係助詞「や」に係助詞「は」が付いた「やは」という形で疑問あるいは反語表現として用いられることもある。例「吹く風を鳴きて恨みよ鶯は我**やは**花に手だに触れたる」〈古今・春下・一〇六〉 訳 花を吹き散らす風を鳴いて恨みなさい、うぐいすよ。私は花に手さえも触れたであろう**か**、**いや、触れてはいない**（だから、私ではなく風を恨みなさい）。
(3)奈良時代には、係助詞「や」に係助詞「も」が付いた「やも」という形で疑問・反語表現として用いられることがあった。例「梅の花咲きて散りぬと人は言へど我が標結ひし枝なら**め****やも**」〈万葉・三・四〇〇〉 訳 梅の花が咲いて散ったと人は言うけれど、私が囲いをした枝であろう**か**、**いや、そんなはずはない**。
(4)奈良時代では、係助詞「や」の文末用法において、活用語の已然形に接続することがあった。例「見むと言はば否と言はめ**や**梅の花散り過ぐるまで君が来まさぬ」〈万葉・二〇・四四九七〉 訳（あなたが私の家の梅の花を）見たいとおっしゃったら、いやだと申しますでしょう**か**、**いいえ、そんなことはありません**。梅の花が散り果てるまで、あなたが来てくださらなかったのです。
〔**注**〕「言はめや」は、「言は」（「言ふ」の未然形）＋「め」（推量の助動詞「む」の已然形）＋係助詞「や」。平安時代には、活用語の已然形＋接続助詞「ば」＋係助詞「や」となるのがふつうであるが、和歌の世界にはこの用法の名残がみられる。
(5)平安時代でも「…なれや」（断定の助動詞「なり」の已然形＋係助詞「や」）という語法は多用され、かなり詠嘆性の強い表現となっている。例「秋の野に置く白露は玉**なれや**貫きかくる蜘蛛の糸すぢ」〈古今・秋上・二二五〉 訳 秋の野に置く白露は玉なのだろう**か**、**いや、そうではないのに**、まるで玉のように貫き通して

意味	訳語	用例
❷文末に用いられる場合。 ㋐①の結びにあたる活用語が省略される場合。	…か	例「源式部(げんしきぶ)は、濃きに、また紅梅の綾(あや)ぞ着てはべるめりし。織物ならぬをわろしとにや」〈紫式部日記〉訳源式部は、濃い紅の袿(うちき)の上に、さらに紅梅の綾織りの表着を着ていたようでした。（一番上に着る唐衣が）織物でなかったのがよくないとでも（いうのでしょうか）。《係結び》「や」→（省略）」。たとえば「や」→いはむ〔体〕」となるところ。
㋑文末用法。活用語の終止形に付いて文全体を疑問の対象とし、①の㋐～㋒の意を表す。終助詞的用法といわれることもある。	…か（どうか） …だろうか …か、いや、そうではない …か、（それとも）…か	例「さは、見せたてまつらむ。御子にしたまはむや」〈蜻蛉・下〉訳では、（養女を）お目にかけましょう。（ご自分の）お子さまになさいますか。 例「かばかり守る所に、天の人にも負けむや」〈竹取・かぐや姫の昇天〉訳これほど（しっかりと）守っているところなのだから、天人に負けるということがあるだろうか、いや、ありはしない。 例「名にしおはばいざ言問はむ都鳥我が思ふ人はありやなしやと」〈古今・羇旅・四一一〉訳→〔和歌〕なにしおはばいざこととはむ…
二［間投助詞］接続 文節の切れ目、体言、活用語などに付く。		
意味	**訳語**	**用例**
❶感動・詠嘆の意を表す。	…だなあ …であることよ	例「あな、憎(にく)のをのこや」など、かう惑ふ」〈枕・方弘は〉訳ああ、憎らしいやつだなあ、何をそうあわてる。
❷呼びかけ、命令・禁止などの意を表す。	…よ	例「声絶えず鳴けや鶯(うぐひす)一年(ひととせ)に二度(ふたたび)とだに来(く)べき春かは」〈古今・春下・一三一〉訳声を絶やさずに鳴いておくれよ、うぐいすよ。一年にもう一度だって来るはずの春だろうか、いや、春は一年に一度しか来ない。 例「あが君や、いづ方にかおはしましぬる」〈源氏・蜻蛉〉訳わが君よ、どちらへ行っておしまいになったのです。
❸複数のものを並立させる意を表す。	…やら…やら	例「破子(わりご)やなにやと、ふさにあり」〈蜻蛉・中〉訳弁当やら何やらと、たくさん持っている。 例「あまた国に行き、大弐(だいに)や四位(しゐ)、三位(さんみ)などになりぬれば」〈枕・位こそ、なほめでたきものは〉訳多くの国を歴任し、大弐やら四位、三位などになると。

草にかけているもの糸すじであるよ。

(6)係助詞「や」と、同類の係助詞「か」との違いについては、「か」の発展学習ファイル(1)を参照。

(7)形容詞が名詞を修飾し、その全体を間投助詞「や」が強調する場合には、形容詞語幹（シク活用の場合は終止形）＋格助詞「の」＋間投助詞「や」という構成になるのがふつうである。「をかしの御髪(みぐし)や」「言ふかひなの御さまや」のように用いられ、「をかしき御髪や」「言ふかひなき御さまや」とはならない（形容詞の連体形は用いられない）のが原則である。二①の例の「憎のをのこや」も、「憎」（形容詞「憎し」の語幹）＋格助詞「の」＋名詞「をのこ」＋間投助詞「や」であって、同じ構成である。

(8)間投助詞には、連体修飾語に付き、語調を整えたり、感動の意を表す用法もある。例「夕月夜(ゆふづくよ)さすや岡辺(をかべ)の松の葉のいつともわかぬ恋もするかな」〈古今・恋一・四九〇〉訳夕月が淡く照らしている丘のあたりの松の葉は、いつもかわらぬ緑である、その松の葉ではないが、いつという区別もなく、常に慕い続ける恋をしていることだ。

(9)二③の場合、列挙するもののそれぞれに「や」を付ける場合（第一例）と、最後のものには省略する場合（第二例）とがある。また、この用法については、係助詞・並立助詞・副助詞などとする説もある。

(10)間投助詞「や」が和歌の初句に付き、詠嘆を表す用法が、のちに俳句の「切れ字」といわれ、深い余情を表す用法に発展した。例「荒海や佐渡(さど)に横(よこ)たふ天(あま)の河(がは)」〈おくのほそ道・越後路〉訳→〔俳句〕あらうみや…

(11)江戸時代になると、「…（する）やいなや」のように、「や」を「…とすぐに」という意味で用いるようになった。このような「や」は、接続助詞であるとされる。

(12)係助詞「や」と間投助詞「や」との区別については、疑問・反語の意がないものは間投助詞であると考えてよい。文中用法の場合は、係り結びによって文末の活用語が連体形になっているかいないかも判別の手がかりになる。

やうらく【瓔珞】〔名〕〈仏教語〉仏像の頭・首・胸や仏殿などに垂れ下げる飾り。金銀・珠玉などを連ねて作った。もとは、古代インドの上流階級の装身具。

やうりう【楊柳】〔名〕〈「楊」はカワヤナギ、「柳」はシダレヤナギの意〉広くヤナギの類。〈季―春〉

やうりうくゎんぜおんぼさつ【楊柳観世音菩薩】〔名〕三十三観音のひとつ。右手に楊柳の枝を持ち、左手を乳の上に置いて、衆生救済の大慈悲を表す。楊柳観音。

やうれ〔感〕「やおれ」に同じ。

やえ【八重】歴史的かなづかい「やへ」

やお【八百】歴史的かなづかい「やほ」

やおもて【矢面】〔名〕矢の飛んでくる正面。敵軍の正面。陣頭。＝矢先

やおら 歴史的かなづかい「やをら」

やおれ〔感〕目下の人に呼びかける語。やい、おのれ。こら、おまえ。＝やうれ。例「あやしくおぼえて、『**やおれ**』といへば」〈十訓抄・七〉

-やか〔接尾〕〈「よか」とも〉〈名詞や形容詞の語幹に付いて、形容動詞の語幹を形成し〉いかにも…と感じられるさまである意を表す。「さは**やか**」「はな**やか**」など。

やか【宅】〔名〕〈「やけ」とも〉家。家屋敷。

やか【八日】〔名〕八日の古形。

やかう【夜行】〔名〕「やぎゃう①」に同じ。

やかうすがた【夜行姿】〔名〕検非違使などが、夜、見回りをするときの姿。

やがかり【矢懸かり】〔名〕矢を射て届く範囲。

やかげ【家陰・屋陰】〔名〕家のかげ。

やかす【舎屋・宇】〔名〕〈上代語〉邸宅。家屋。

やかず【矢数】〔名〕❶矢の数。❷射た矢の当たった数。❸射手が競って力の続く限り矢を射ること。とくに、京都の三十三間堂で行われたものが有名。〈季―夏〉。❹「矢数俳諧」の略。

やかずはいかい【矢数俳諧】〔名〕俳諧の一形式。一昼夜または一日の制限時間内に、ひとりでできるだけ多くの句を詠み、その数を競う。＝矢数④

やかぜ【矢風】〔名〕矢が飛ぶときに起こす風。

やかた【屋形・館】〔名〕❶仮に建てた家。仮家。例「鞍置馬三疋、越中前司が**屋形**のうへにおちついて」〈平家・九・坂落〉❷(貴人の)邸宅。宿所。❸牛車の屋根のある部分。車箱。例「月の明かきに、**屋形**なき車のあひたる」〈枕・似げなきもの〉❹船の上にしつらえた屋根のある部屋。例「月の夜心をすまし、舟の**屋形**にたちいでて」〈平家・八・太宰府落〉❺「屋形船」の略。

やかたがう【屋形号】〔名〕室町末期以降、大名などが将軍から許しを得て称した「屋形」の称号。これをもつ者のみが、家臣に烏帽子・直垂・素襖などを着用させることができた。

やかたぐち【屋形口】〔名〕牛車などの屋形の入り口。乗り込み口。

やがた・し【弥堅し】〔形ク〕{から・く(かり)・し・き(かる)・けれ・かれ}いよいよかたい。ますますしっかりしている。

やかたぶね【屋形船】〔名〕屋根を設けた川遊び用の船。＝屋形⑤

やかたを【矢形尾・屋形尾】〔名〕鷹の尾羽の模様。斑の形が矢の形のようになっているものをいう。

やがて【軈て・頓て】〔副〕

アプローチ ▼動作や状態が変化することなく、そのまま継続しているさまを表す。時間的には、すぐに、の意で用いられた。▼現代語と同様の、まもなくの意は、中世以降に見られるようになる。

❶**そのまま。引き続いて。**例「夜更けぬとにやありけむ、**やがて**いにけり」〈土佐〉訳夜がふけてしまったというのであろうか、**そのまま**帰ってしまった。〈係結び〉「や→ありけむ(体)」

❷**すぐに。ただちに。**例「名を聞くより、**やがて**面影はおしはからるる心地するを」〈徒然・七一〉訳名前を聞くと、**すぐに**その顔かたちが想像される気がするが。

❸**すなわち。ほかでもなく。取りも直さず。**例「いま二人は、女院・淑景舎の人、**やがて**はらからどちなり」〈枕・宮の、五節出ださせたまふに〉訳あとふたりは、女院・淑景舎の女房で、**ほかでもなく**姉妹たちである。

❹**さながら。そっくりそのまま。まったく。**例「白銀の衣筥、包みなども、**やがて**白きにや」〈紫式部日記〉訳銀製の衣箱やその包みなども、**まったく**白かったろうか。〈係結び〉「にや(→省略)」

❺**まもなく。そのうちに。**例「月まうでを始めて、祈り申されければ、中宮**やがて**御懐妊あって」〈平家・三・大塔建立〉訳毎月寺社に参詣することを始めて、祈願申し上げたところ、中宮は**まもなく**ご懐妊になって。〈音便〉「あっ」は「あり」の促音便。〈敬語〉「祈り申され」→「まうす」

発展学習ファイル 「ただちに」の意の類義語に「**すなはち**」がある。⇒「すなはち」〈発展学習ファイル〉

〔俳句〕**やがてしぬ…**【**やがて死ぬけしきは見えず蟬の声**】〈猿蓑・芭蕉〉訳すぐさま死んでしまうというようすはまったく見えないことだ。いまを盛りに鳴いている蟬の声を聞いていると。〈季―蟬の声―夏〉

やかもち【家持】〔人名〕「おほとものやかもち」に同じ。

やから【族】〔名〕❶一族。一門。＝親族。❷仲間。＝輩

やがら【矢柄・矢幹】〔名〕矢の竹の部分。＝箆

やかん【射干・野干】〔名〕❶中国の伝説上の獣。狐に似て木に登るという。転じて、狐の別名。❷能面の名。鬼畜面の一種。❸ヒオウギの別称。

やき【八寸】〔名〕馬の丈をいう。背の高さが四尺八寸(約一四五センチメートル)あること。丈の高い立派な馬。

やき【野記】〔作品名〕「せうりき」に同じ。

やぎ【柳】〔名〕ヤナギ。主に複合語となる際の形。例「垣内**柳**末摘み枯らし」〈万葉・一四・三四五五〉

やきあ・ぐ【焼き上ぐ】〔他ガ下二〕{げ・げ・ぐ・ぐる・ぐれ・げよ}焼いて燃え上がらせる。すっかり焼いてしまう。

やきいし【焼き石】〔名〕焼いた石を布や綿などで包んだもの。冬、からだを温めるのに用いた。＝温石。〈季―冬〉

やきうしな・ふ【焼き失ふ】[他ハ四]〔は・ひ・ふ・へ・へ〕❶焼いてなくする。焼き捨てる。❷火葬にする。例「女の身を焼き失ひつ」〈今昔・三〇・一〇〉

やきがね【焼き金・焼き鉄】[名]❶吹き分けて不純物を除いた金。純金。❷焼いた鉄を牛馬や罪人の皮膚に押し当て印をつけること。また、その焼きあと。

やきがり【焼き狩り】[名]野山の草木に火をつけ、鳥獣を追い立てて狩りをすること。

やきくさ【焼き草・焼き種】[名]❶物を焼くための枯れ草。また、火勢を助ける物。❷身を滅ぼすもと。

やきごめ【焼き米】[名]新米を籾のままで炒り、よくついて、籾殻をとり除いたもの。いりごめ。＝焼い米。（季－秋）

やきたち【焼き太刀・焼き大刀】[名]よく焼いて鍛えた太刀。

やきたちの【焼き太刀の・焼き大刀の】[枕詞]「焼き太刀」が鋭い意から「利」に、また、身に着けることから、そばに寄り添う意の「辺着く」にかかる。例「焼き大刀の利心も」〈万葉・二〇・四四七九〉

やきたちを【焼き太刀を・焼き大刀を】[枕詞]太刀を研ぐところから同音を含む地名「礪波」にかかる。例「焼き大刀を礪波の関に」〈万葉・一八・四〇八五〉

やきつ・く【焼き付く】[他カ下二]〔け・け・く・くる・くれ・けよ〕❶焼き印を押す。❷焼いて付着させる。めっきをする。

やきつけ【焼き漬け】[名]焼いてから醬油などに漬けること。また、その漬けたもの。

やきもの【焼き物】[名]❶魚・鳥肉などをあぶり焼いた食べ物。❷陶磁器・土器など、窯に入れて焼いて作ったものの総称。

やぎゃう【夜行】[名]❶(「やかう」とも)夜回り。夜歩き。❷「百鬼夜行」の略。

やぎり【矢切り】[名]❶飛んでくる矢を切り払うこと。❷塀の上に先のとがった物を並べて外敵を防ぐ仕掛け。＝忍び返し

やきゑ【焼き絵】[名]❶小さい焼き鏝で紙・皮革・木板などに絵や文字を焼き付けたもの。❷文字を焼き印で押したもの。また、その文字。

やく【厄】[名]❶災い。災難。❷「厄年」の略。❸(一度は経験する大難とされていたことから)疱瘡。

やく【役】[名]❶公用のために人民が徴用されること。夫役。❷役目。職務。❸それだけに専念する仕事。

やく【約】[名]約束。契り。契約。

やく【益】[名](「やう」とも)利益。効果。ききめ。

や・く【焼く】㊀[他カ四]〔か・き・く・く・け・け〕❶**火をつけて燃やす。**例「おもしろき野をばな焼きそ古草に」〈万葉・一四・三四五二〉❷**火であぶって加熱する。**例「志賀の海人の一日も落ちず焼く塩の」〈万葉・一五・三六五二〉❸**思いを焦がす。心を悩ます。**例「焼き足らねかも我が心焼く」〈万葉・七・一三三六〉㊁[自カ下二]〔け・け・く・くる・くれ・けよ〕❶**焼ける。**例「焼けは死ぬとも君をし待たむ」〈万葉・一七・三九四一〉❷**日照りで穀物が枯れる。**例「諸王等妨げて水を入れず。田焼くる時に」〈霊異記〉❸**心が乱れる。思い焦がれる。**例「人に逢はむつきのなきには思ひおきて胸走り火に心焼けをり」〈古今・雑躰・一〇三〇〉

-や・ぐ[接尾ガ四型]〔が・ぎ・ぐ・ぐ・げ・げ〕(名詞や形容詞・形容動詞の語幹などに付いて)そのような状態になったり、また、そのような動作・行動をいい表したりする動詞をつくる。「花やぐ」「若やぐ」「ほそやぐ」など。

やくおとし【厄落とし】[名]災厄を払い落とすこと。とくに、厄年の前年の節分の日に氏神に参拝した帰路、自分のふんどしや金品などを落とし、だれかに拾われると厄が落ちたとされた。厄払い。（季－冬）

やくがひ【夜久貝・屋久貝】[名]夜光貝の別名。殻を酒杯にしたり螺鈿に用いたりした。

やくさのかばね【八色の姓】[名]六八四年、天武天皇が新たに制定した八等級の「姓」。真人・朝臣・宿禰・忌寸・道師・臣・連・稲置の称。＝八姓

やくし【薬師】[名](仏教語。「薬師瑠璃光如来」の略)東方浄瑠璃光世界の教主で、衆生の病苦を救うという仏。右手に印を結び、左手に薬壺を持つ。＝薬師如来・薬師仏。⇩[古典参考図]主要仏像

やくしかう【薬師講】[名](仏教語)薬師如来の徳をたたえる法会。薬師経を講説する。

やくしにょらい【薬師如来】[名]「やくし」に同じ。

やくしほ【焼く塩】海水を加熱してつくる塩。

やくしほとけ【薬師仏】[名](仏教語。「やくしぶつ」とも)「やくし」に同じ。

やくしほの【焼く塩の】[枕詞]塩味から「辛し」に、また海草を焼いて塩を作ることから「けぶり」にかかる。例「焼く塩の辛き恋をも」〈万葉・一五・三六五二〉

やくしゃ【役者】[名]❶ある一定の役目に当たる人。❷能・歌舞伎などの俳優。囃子方などを指すこともある。

やくしゃくちじゃみせん【役者口三味線】[作品名]江戸中期(一六九九刊行)の役者評判記。江島其磧著。京都・江戸・大坂を各一巻の編成で、役柄別に各役者の芸評を述べたもの。以後幕末に至るまでの評判記の様式を規定する画期的な書。

やくしゃばなし【役者論語】[作品名](「やくしゃろんご」とも)江戸中期(一七七六刊行)の演劇書。『優家七部書』ともいう。三代八文字自笑編。七種の歌舞伎の芸論と元禄(一六八八〜一七〇四)から宝暦(一七五一〜一七六四)にかけて活躍した著名な役者たちの著述・芸談を収めた作品集。

やくしゃろんご【役者論語】[作品名]「やくしゃばなし」に同じ。

やくしゅ【薬種】[名]薬品。薬の材料の草木など。

やくしゅや【薬種屋】[名]薬を売る店。薬種商。

やくそう【役送・益送】[名・自サ変]神への供物・儀式の調度・宴会での膳を運び、陪膳に取り次ぐこと。また、その人。

やくたい【益体】[名・形動ナリ](近世語)❶役立つこと。また、そのさま。例「荷を締めるやら何やらやくたいのあることか」〈浄・曾我会稽山〉❷「益体無し」の略。

〔**益体も無し**〕(近世語)役に立たない。くだらない。とんでもない。例「三途河の姥とめをとになり、やくたいもなき浮き世狂ひや」〈醍醐笑〉

やくたいなし【益体無し】[名]（近世語）役に立たないこと。しまりがないこと。そういう人。＝益体②

やくだか【役高】[名]役職に応じて支給される一定の禄高。役扶持の高。

やくづき【厄月】[名]「陰陽道」で、災難に遭わないように、何事も慎まなければならないとする月。

やくと【灸】[名]（「やいと」とも。「焼く所」の意）灸。また灸をする場所。

やくと【役と】[副]❶それを役目として。もっぱら。＝役役と。例「ただ、碁を打つを役とする者なめりと見て」〈今昔・四・九〉❷たいそう。やたらと。

やくどし【厄年】[名]「陰陽道」で、災難に遭わないように、忌み慎まなければならないとする年齢。一般に、男子は数えの二十五歳と四十二歳、女子は十九歳と三十三歳。とくに、男子の四十二歳、女子の三十三歳を大厄という。また、その前後の年を前厄・後厄といい、同じく慎んだ。＝厄②

やくなう【益無う】ヤクノウ 形容詞「やくなし」の連用形「やくなく」のウ音便。

やくな・し【益無し】[形ク]{（から）・く（かり）・し・き（かる）・けれ・かれ}❶（「やうなし」とも）無駄だ。何の得にもならない。例「あはれ絶えざりしも、益なき片思ひなりけり」〈源氏・帚木〉❷困ったことだ。まずい。例「殿ばらは、御気色変はりて、益なしと思したるに」〈大鏡・道長・上〉

やくにん【役人】[名]❶特定の役目をもっている人。❷公の仕事に従事している人。官人。官吏。

〔川柳〕**やくにんの…【役人の子はにぎにぎをよく覚え】**〈柳多留・初〉訳役人の子は親の血をひいているのか、手をにぎったりひらいたりするしぐさを上手に覚えることだ。

〈参考〉「にぎにぎ」は、赤ん坊が手をにぎったりひらいたりすること。この句では、それに役人が賄賂をもらうしぐさがかけられている。

やくはらひ【厄払ひ・厄祓ひ】ヤクハライ[名]（近世語）❶神仏に祈願して身の厄（災難）や汚れを払うこと。厄落とし。❷大晦日や節分の夜に家々を回る物もらい。厄年に当たる人の家などで厄払いの文句を唱えて金銭をもらった。（季―冬）

やくび【役日】[名]「もんび」に同じ。

やくびゃう【疫病】ヤクビョウ[名]強い伝染性を持つ流行病。

やくみ【薬味】[名]❶薬の原料。薬剤の種類。❷食物に添えて使う香辛料。とうがらし・ネギの類。

やくも【八雲】[名]❶幾重にも重なっている雲。❷（「八雲立つ出雲八重垣妻籠みに八重垣作るその八重垣を」〈記・上・歌謡〉訳→〔歌謡〕やくもたつ…が和歌の最初とされていることから）和歌。

【八雲の道】和歌の道。歌道。

やくもくでん【八雲口伝】[作品名]「えいがいってい」に同じ。

やくもさす【八雲刺す】[枕詞]「やくもたつ」に同じ。例「やくもさす出雲の児らが」〈万葉・三・四三〇〉

やくもたつ【八雲立つ】[枕詞]（多くの雲がわき立つ意から）地名「出雲」にかかる。例「八雲立つ出雲八重垣」〈記・上・歌謡〉

〔歌謡〕**やくもたつ…【八雲立つ出雲八重垣妻籠みに八重垣作るその八重垣を】**〈記・上・須佐之男命〉訳幾重にも重なった雲が立ち上る、あの雲は出雲の八重の垣根、妻をこもらせるために八重の垣根を作る、ああその（見事な）雲の八重の垣根よ。

〈参考〉「八雲立つ」は「出雲」の枕詞。

やくもみせう【八雲御抄】ヤクモミショウ[作品名]鎌倉前期の歌学書。順徳院著。藤原俊頼・俊成を稽古の目標に置く歌論のほか、歌語・歌枕の集成に特色がある。

やくやく【漸漸】[副]ようやく。だんだん。徐々に。少しずつ。＝漸や

やくやくと【役役と】[副]「やくと（役と）①」に同じ。

やぐら【櫓・矢倉】[名]❶（矢を納めておく倉の意から）武器を納めておく倉庫。兵器庫。❷物見や指揮、または、矢・石などの発射の場所として城門・城壁などの上に設けた高楼。❸歌舞伎や人形浄瑠璃などの劇場で、興行公認のしるしとして、正面入り口の上に作り付け、幕で囲った床。❹相撲小屋で、太鼓を打つために設けた高い建物。❺一般に、材木を組んで作った塔。

やぐらもん【櫓門】[名]鎌倉・室町時代の武家住宅の門の一形式。上にやぐらを設けた門。

やぐるま【矢車】[名]❶矢を差しておく台。❷車の軸の周りに矢の形の輻を放射状にして取り付けたもの。風車などに用いる。（季―夏）❸紋所の名。

やくれい【薬礼】[名]医師に対して支払う謝礼。

やくわう【薬王】ヤクオウ[名]「薬王菩薩」の略。

やくわうぼさつ【薬王菩薩】ヤクオウボサツ[名]（仏教語）「二十五菩薩」のひとつ。医薬を施して衆生の心身の病苦を除くという。＝薬王

やくゐん【施薬院】ヤクイン[名]（「施」の字を読まないのが通例）古代、貧しい病人を無料で治療した施設。

やけ【宅】[名]（「やか」とも）家。家屋。

やけの【焼け野】[名]火に焼けた野。とくに、早春、野焼きをしたあとの野。（季―春）

〔焼け野の雉〕❶巣のある野を焼かれてしまったキジ。危険にさらされていることのたとえ。❷（巣のある野を焼かれたキジが、自分を犠牲にしてまでも子を救おうとする意から）子を思う親心の深さにたとえる。多く、下に「夜の鶴」を伴って用いる。

やけのつかひ【駅家の使ひ】ヤケノツカイ[名]駅家（令制下の駅）を管理する役人。駅長などの管理者。

やけふ【焼け生】ヤケウ[名]野焼きをしたあとに、新しく草の生えた所。

やげん【薬研】[名]（「やくげん」の変化形）薬種を砕いて粉末にする器具。銅製。細長い舟形で中の深くくぼんだ所に薬種を入れて軸の付いた円板形の車で押し砕くもの。

やげんぼり【薬研堀】[名]「薬研」のように、岸が高く底が狭いV字状の堀。

やごつな・し[形ク]{（から）・く（かり）・し・き（かる）・けれ・かれ}（「やごとなし」の変化形）「やむごとなし」に同じ。

やごとな・し[形ク]{（から）・く（かり）・し・き（かる）・けれ・かれ}（「やんごとなし」の撥音無表記）「やむごとなし」に同じ。

やごろ【矢比・矢頃】[名]矢を射当てるのに適当な距離。

やごゑ【や声】〔名〕「や」とか「えい」とかいうかけ声。

やこゑのとり【八声の鳥】〔名〕夜明け方にたびたび鳴く鳥。鶏。

やさか【八尺】〔名〕《「や」は多い意。「さか」は長さの単位》長いこと。また、大きいこと。

やさかどり【八尺鳥】〔枕詞〕（息の長い水鳥の意から）「息づく」にかかる。例「**八尺鳥**息づく妹を」〈万葉・一四・三五二七〉

やさかに【八尺瓊】〔名〕古代の装身具の一種。多くの玉を長い緒に貫いて輪にしたもの。

やさかにのまがたま【八尺瓊の曲玉・八尺瓊の勾玉】〔名〕❶古代の装身具の一種。多くの曲玉を緒に貫き通して輪にしたもの。❷「三種の神器」のひとつ。

やさか・む【痩かむ】〔自マ四〕{ま・み・む・む・め・め}やせさらばえる。やせて衰える。

やさき【矢先】〔名〕❶矢の先端。＝矢尻。❷矢の飛んで来る前方。＝矢面。❸弓矢で戦うこと。❹目当て。ねらい。❺物事が始まろうとする、ちょうどそのとき。

やさきはらひ【矢先払ひ・矢前払ひ】〔名〕戦場で、主君を守るために矢面に立つこと。

やさけび【矢叫び】〔名〕❶矢が命中したときに射手が叫び声を上げること。また、その声。❷戦いのはじめ、遠矢を射合うとき、両軍が高く叫ぶ声。

やさ・し【羞し・優し】〔形シク〕{しから・しく(しかり)・し・しき(しかる)・しけれ・しかれ}

アプローチ
▼動詞「痩す」を形容詞化した語。▼他の目が気になって、身もやせ細る思いがする意が原義。
▼転じて、遠慮しつつ、つつましく気を遣う意が生じた。
▼さらに、そうした気遣いするさまを、上品である、優美である、けなげである、と評価する意に用いられた。

❶**身がやせ細るようだ。肩身が狭い。耐え難い。つらい。**例「世の中を憂しと**やさ・し**と思へども飛び立ちかねつ鳥にしあらねば」〈万葉・五・八九三〉訳→〔和歌〕よのなかをうしとやさしと…

❷**気が引ける。恥ずかしい。**例「昨日今日、帝ののたまはむことにつかむ、人聞き**やさ・し**」〈竹取・かぐや姫の昇天〉訳すぐに、帝のおっしゃるようなこと（＝求婚）に従うのでは、外聞が**恥ずかしい**。《敬語》「のたまはむ」→「のたまふ」

❸**気を遣って控えめだ。つつましい。**例「繁樹は百八十におよびてこそさぶらふらめど、**やさ・しく**申すなり」〈大鏡・序〉訳繁樹は百八十歳にとどいておりましょうが、**つつましく**（覚えていないと）申しているのです。《係結び》「こそ」→（流れ）。《敬語》「およびてこそさぶらふ」→「さぶらふ」、「申すなり」→「まうす」

❹**優美だ。上品だ。風情がある。**例「人づてともなく言ひなしたまへる声、いと若やかに愛敬づき、**やさ・しき**ところ添ひたり」〈源氏・蜻蛉〉訳取り次ぎにというのでもなく言いつくろっていらっしゃる声は、じつに若々しく愛らしくて、**優美な**ところが付け加わっている。

❺**けなげだ。殊勝だ。感心だ。**例「あな**やさ・し**。いかなる人にてましませば、み方の御勢は皆落ちさうらふに」〈平家・七・実盛〉訳ああ、**感心な**ことだ。どういう人でいらっしゃるので、味方の軍勢は皆逃げましたのに（たった一騎残っていらっしゃるのか）。《敬語》「ましませば」→「まします」、「落ちさうらふ」→「さうらふ」

❻**思いやりがある。心遣いが細やかだ。**例「**やさ・し**の殿の心や、今の御法度は、盗人をとらへて切るこそは法といふものを」〈狂・盗人蜘蛛〉訳**思いやりのある**殿の心であることよ、いまの御法では、いまの御法では、盗人を捕まえて切り殺すのが法というものなのに。

❼**分かりやすい。平易だ。簡単だ。**例「まづ観音の音の字を見ねえ。**やさ・しく**書けば七百といふ字だが」〈浮世床〉訳はじめに、観音様の音の字を見なさい。**簡単に**書けば七百という字だが。

古語深耕　「やさし」の意味と用法
「**やさし**」は、①②など、情意的な意味を原義とするが、平安中期のころから中世にかけて、対象を評価する意（③〜⑥）で用いられることが多くなった。『平家物語』には、この語が多く用いられているが、そこでは、とりわけ上位の者から下位の者をほめる意⑤で用いられることが多い。なお、⑦の意は、上代のころから「**やすし**」によって表されており、「**やさし**」がこの意で用いられるのは、近世末期のことである。また、①②の類義語として、「**はづかし**」「**おもなし**」がある。➡「はづかし」〈古語深耕〉

やさしう【羞しう・優しう】形容詞「やさし」の連用形「やさしく」のウ音便。

やさしげもの【優しげ者】〔名〕人目を恥じるような者。みっともなくて気が引ける者。

やさしだ・つ【優し立つ】〔自タ四〕{た・ち・つ・つ・て・て}《「だつ」は接尾語》やさしそうに振る舞う。つつましげにする。例「くせぐせしく、**やさしだ・ち**、恥ぢられたてまつる人にも」〈紫式部日記〉

やさば・む【優ばむ】〔自マ四〕{ま・み・む・む・め・め}《「ばむ」は接尾語》優美なようすである。情趣ありげに見える。例「姿の**優ば・み**たるなり」〈ささめごと〉

やざま【矢狭間】〔名〕敵に矢を射たり外を見たりするため、城の櫓や塀などに設けた小窓。

やし〔間助〕上代語。間投助詞「や」＋副助詞「し」》感動・詠嘆を表す。…なあ。例「愛しけ**やし**我家の方よ雲居立ち来も」〈記・中・歌謡〉訳→〔歌謡〕はしけやし…

発展学習ファイル　「はしきやし」「はしけやし」「よしゑやし」の形でのみ見られる。

やしおおり【八塩折り】歴史的かなづかい「やしほをり」

やしおじ【八潮路】歴史的かなづかい「やしほぢ」

やしき【屋敷】〔名〕❶家の敷地。宅地。❷家がその上に建っている一区画の土地。また、その家。❸本

宅以外に別に設けた家。また、諸藩が本拠地以外に設けた藩邸。❹武家の邸宅。

やしなひ【養ひ】ヤシナイ［名］❶養うこと。養育すること。❷食物・金銭などを与えること。また、その食物・金銭。❸(「養ひ子」の略)養子。

やしなひぎみ【養ひ君】ヤシナイギミ［名］自分が後見人や乳母となって養育する貴人の子。

やしなひご【養ひ子】ヤシナイゴ［名］他人の子を引き取って養育すること。また、その子。＝養ひ③

やしなひた・つ【養ひ立つ】ヤシナイタツ［他タ下二］{て・て・つ・つる・つれ・てよ}養い育てる。養育する。例「かやうにこそ、子は養ひ立て給へ」〈宇津保・蔵開・上〉

やしなひはは【養ひ母】ヤシナイハハ［名］他人の子を引き取って養育している母親。

やしなひみや【養ひ宮】ヤシナイミヤ［名］自分が預かって養育している親王、または内親王。

やしな・ふ【養ふ】ヤシナウ［他ハ四］{は・ひ・ふ・ふ・へ・へ}❶育てる。養育する。❷気力・体力をつける。養生する。

やしはご【玄孫】ヤシワゴ［名］孫の孫。曾孫の子。やしゃご。

やしほ【八入】ヤシオ［名］(「しほ」は染料に浸す回数を数える接尾語)幾度も染め汁に浸してよく染めること。また、その染めた布や糸。

〔八入の色〕ヤシオノイロ 幾度も染め汁に浸して染め上げた濃い色。

〔八入の衣〕ヤシオノコロモ 幾度も染め汁に浸して濃く染めた着物。

やしほぢ【八潮路】ヤシオジ［名］多くの潮路。

やしほをり【八塩折り】ヤシオオリ［名］❶幾度も繰り返し醸造すること。❷幾度も繰り返し練り鍛えること。

やしほをりのさけ【八塩折りの酒】ヤシオオリノサケ 幾度も醸造を繰り返し、かおり高く仕上げた上等の強い酒。

やしま【八洲・八島】［名］(多くの島の意から)日本国の別称。＝八洲国

〔八島の鼎〕ヤシマノカナエ 宮中の「大炊寮」にあった八個の竈にかかっている鼎。八島国、すなわち日本全国の竈の神を祭ってある。

やしま【屋島】［地名］讃岐国の地名。いまの香川県高松市の北東部にある卓状地型の陸繋島(砂州によって陸とつながった島)。近世までは島であった。東部の壇ノ浦は源平屋島の戦いで知られる。

やしまくに【八洲国・八島国】［名］日本国の別称。＝大八州・八州

やしゃ【夜叉】［名］《梵語の音訳》古代インドで、人を害し、取って食うとされた猛悪な鬼神。のち仏法の守護神となり、羅刹とともに毘沙門天に仕えて北方を守護する。

やじり【矢尻・鏃】［名］❶矢柄の先端に付けた鉄製の部分。＝矢の根。❷矢を射当てる技量。

やじりきり【家尻切り】［名］《近世語》❶家や土蔵の裏を破って盗みに入ること。また、その盗人。❷人でなし。悪党。

やじりまき【矢尻巻き・鏃巻き】［名］「くつまき」に同じ。

やしろ【社】［名］❶古代、地を清め、壇を設置して神を祭った所。❷神を祭る建物。神社。

やしろひろかた【屋代弘賢】［人名］(一七五八～一八四一)江戸後期の国学者。国学を塙保己一に学び、『群書類従』の編纂を手伝う。

や・す【痩す】［自サ下二］{せ・せ・す・する・すれ・せよ}からだが細くなる。やせる。例「雑色、随身は、すこし痩・せて、細やかなるぞよき」〈枕・雑色、随身は〉

やす【安・易】《形容詞「やすし」の語幹。他の語に付いて形容動詞の語幹を作る》❶安らか。安泰。❷そのようになりがちであること。

やすい【安寝・安眠】［名］安らかな気持ちで眠ること。安眠。

やすう【安う・易う】形容詞「やすし」の連用形「やすく」のウ音便。

やすから・ず【安からず】《形容詞「安し」の未然形＋打消の助動詞「ず」》❶心が穏やかでなく、不安なさま。例「草枕旅寝のごとく思ふそら安から・ぬものを」〈万葉・三・三七三長歌〉❷しゃくにさわる。不快だ。例「法皇きこしめして、いとどやすから・ずぞおぼしめされける」〈平家・二・西光被斬〉

やすくに【安国】［名］平穏に治まっている国。

やずくみ【矢竦み】［名］激しく矢を射かけられ、からだがすくんで動けなくなること。

やすげ［・なり］【安げ・易げ】［形動ナリ］{なら・なり(に)・なり・なる・なれ・なれ}(「げ」は接尾語)❶気楽そうだ。例「何ごとも、人にもどきあつかはれぬ際は安げ・なり」〈源氏・賢木〉❷造作なく、たやすそうだ。例「〔稲ノ〕本を切るさまぞ、やすげ・に、せまほしげに見ゆるや」〈枕・八月晦、太秦に詣づとて〉

やすけく【安けく】《上代語。形容詞「安し」の名詞化したもの》心安らかなこと。心おだやかなこと。

やすげなう【安げなう】ヤスゲノウ 形容詞「やすげなし」の連用形「やすげなく」のウ音便。

やすげな・し【安げなし】［形ク］{から・く(かり)・し・き(かる)・けれ・かれ}安心できない。不安だ。苦労が多い。例「人に争ふ思ひの絶えぬもやすげな・きを」〈源氏・若菜・下〉

やす・し［形ク］{から・く(かり)・し・き(かる)・けれ・かれ}一【安し】❶安らかだ。気楽だ。例「いかばかりのことにてとだに聞かば、やす・かるべしと思ひ乱るるほどに」〈蜻蛉・中〉❷身分・位が低い。気軽だ。例「心にまかせて身をやす・くもふるまはれず」〈源氏・橋姫〉〈源氏・東屋〉《敬語》「奉らむ」→「たてまつる」。❷やさしい。例「仰せのごと奉らむはやす・きことなれど」二【易し】❶容易だ。手軽だ。簡単だ。↔難し①。例「昔の人の詠めるは、さらに同じものにあらず、やす・くすなほにして、姿もきよげに」〈徒然・一四〉❸(動詞の連用形に付いて)…しやすい。…しがちだ。例「天雲のたゆたひ易・き心あらば」〈万葉・一二・三〇三一〉

やすだ【安田】［名］《上代語》地味の肥えた田。雨の多い年でも日照りの年でもよく実る安らかな田。

やすだいじ【易大事】［名］なんでもないようで実は容易でない重大事。

やすのかは【安の河】ヤスノカワ［名］(「天の安の河」の略)天上にあるという川。また、天の川。銀河。

やすのかはら【安の河原・安の川原】ヤスノカワラ［名］「安の河」の川原。また、天の川の川原。

やすのわたり【安の渡り】［名］「安の河」の渡し場。天の川の渡し場。

やすはらていしつ【安原貞室】［人名］（一六一〇－一六七三）江戸前期の俳人。松永貞徳の私塾に入り、俳諧を学ぶ。『俳諧之註』を刊行するほか、方言研究書『片言』を出すなど、多くの活動をした。

やすまく【休幕】［名］儀式のときなどに、幕を張りめぐらして設けた臨時の休憩所。

やすま・る【休まる】［自ラ四］{ら・り・る・る・れ・れ}安らかになる。落ち着く。

やすみ【八隅】［名］《安らかに治めるの意の「安見」を『万葉集』に「八隅」と字を当てたものがあるために、誤って用いられるようになった語》四方八方の隅々。

やすみしし【八隅知し・安見知し】［枕詞］《上代語》「わが大君」「わご大君」にかかる。例「やすみしし我が大君の聞こし食す天の下に」〈万葉・一・三六長歌〉

〈参考〉「やすらかに(天下を)お治めになる」「すみずみまで(＝八隅)領有なさる」などの解釈があるが、語義は未詳。天皇・皇族を賛美する枕詞。

やすみし・る【八隅知る】［自ラ四］{ら・り・る・る・れ・れ}天下を治める。例「今は、**やすみし・る**名をのがれて」〈新古今・仮名序〉

やすみどころ【休み所】［名］休息する場所。休憩所。＝休め所①

やす・む【休む】一［自マ四］{ま・み・む・む・め・め}❶休息する。安心する。心身が安らかになる。例「民に心の**やす・む**間もなし」〈風雅・雑下・一七九七〉❸寝る。横になる。❷
二［他マ下二］{め・め・む・むる・むれ・めよ}❶休ませる。休息させる。例「夢路には足も**やす・め**ず通へども」〈古今・恋三・六五八〉❷安らかにする。緩める。例「恋しき心地しばし**やす・めて**」〈土佐〉

やすむしろ【安席】［名］座り心地のよい敷物。安穏な席。

やすめどころ【休め所】［名］❶「やすみどころ」に同じ。❷和歌の第三句。

やすやす【痩す痩す】［副］《動詞「痩す」を重ね、その状態の継続を示す》非常にやせているさま。例「**痩す痩す**も生けらばあらむをはたやはた鰻をとると川に流るな」〈万葉・一六・三八五四〉訳→〔和歌〕やすやすも…

〔和歌〕**やすやすも…【痩す痩すも生けらばあらむをはたやはた鰻をとると川に流るな】**〈万葉・一六・三八五四・大伴家持〉訳どんなにやせ細っても生きているならよいでしょうが、万が一にもウナギまで捕ろうとして川に流されなさるなよ。

やすらか【安らか】［形動ナリ］{なら・なり(に)・なり・なる・なれ・なれ}《「らか」は接尾語》❶心配や事故のない穏やかなさま。平穏無事だ。例「**やすらか・に**身をもてなしふるまひたる」〈源氏・帚木〉❷くつろいださま。気ままなさま。例「心にまかせて**やすらか・なる**御住まひにならひて」〈源氏・浮舟〉❸簡単であるさま。たやすい。容易だ。例「宇治の里人を召して、こしらへさせければ、**やすらか・に**結ひて参らせたりけるが」〈徒然・五一〉❹特別に装わず自然であるさま。構えず余裕のあるさま。例「振る舞ひて興あるよりも、興なくて**やすらか・なる**がまさりたる事なり」〈徒然・二三一〉

やすらけ・し【安らけし】［形ク］{から・く(かり)・し・き(かる)・けれ・かれ}安らかだ。平穏だ。例「平らけく**安らけ・く**仕へまつらしめますによりて」〈祝詞〉

〔和歌〕**やすらはで…【やすらはで寝なましものを小夜ふけてかたぶくまでの月を見しかな】**〈後拾遺・恋二・六八〇・赤染衛門〉《百人一首》訳ためらわずに寝てしまえばよかったのに。あなたをお待ちして、夜がふけて西に傾くまでの月をながめ続けたことです。

〈参考〉「まし」は、反実仮想の助動詞の連体形。「ものを」は、逆接の接続助詞。

やすらひ【休らひ】［名］❶ためらうこと。迷い。❷休むこと。休息。

やすらひくら・す【休らひ暮らす】［他サ四］{さ・し・す・す・せ・せ}ぐずぐずして一日を過ごす。例「物語などのどやかに聞こえまほしくて、**やすらひ暮ら・し**たまひつ」〈源氏・総角〉

やすら・ふ【休らふ】一［自ハ四］{は・ひ・ふ・ふ・へ・へ}❶**立ちどまる**。**たたずむ**。例「前栽の色々乱れたるを、過ぎがてに**やすら・ひ**たまへるさま、げにたぐひなし」〈源氏・夕顔〉❷**決心がつかずに迷う**。**ためらう**。例「ものや言ひ寄らましと思ほせど、うちつけにや思さむと心恥づかしくて、**やすら・ひ**たまふ」〈源氏・末摘花〉《係結び》「ものや→言ひ寄らまし体」、「うちつけにや→思さむ体」。《敬語》「思せど」「思さむ」→「おぼす」。❸**休む**。**休息する**。例「しばし他方に**やすら・ひ**て参り来む」〈源氏・葵〉《敬語》「参り来む」→「まゐる(四段)」。❹**しばらくとどまる**。**滞在する**。例「その頃宋朝より、すぐれたる名医わたって、本朝に**やすら・ふ**ことあり」〈平家・三・医師問答〉《音便》「わたっ」は「わたり」の促音便。
二［他ハ下二］{へ・へ・ふ・ふる・ふれ・へよ}**ぴんと張っていたものをゆるめる**。例「貞任、轡を**やすら・へ**」〈古今著聞・三三六〉

やすゐそくけん【安井息軒】［人名］（一七九九－一八七六）江戸後期の儒学者。昌平坂学問所や増上寺などで研鑽を積み、頼山陽以来の名文家といわれる。著書『読書余適』など。

やせがは【八瀬川】［名］たくさん瀬のある川。

〔俳句〕**やせがへる…【痩蛙負けるな一茶これに有り】**〈七番日記・一茶〉訳一匹の雌をめぐって戦う痩蛙よ、けっして負けるではない。ここにこうして一茶がついているぞ。（季－蛙－春）

やせからめ・く【痩せ乾めく】［自カ四］{か・き・く・く・け・け}やせ細って干からびて見える。油っ気がなく見える。

やせが・る【痩せ枯る】［自ラ下二］{れ・れ・る・るる・るれ・れよ}やせて干からびたようになる。やせ細る。例「色極めて青き者ども**痩せ枯・れ**たる、多く臥せり」〈今昔・一一・一一〉

やせさらぼ・ふ【痩せ曝ぼふ】［自ハ四］{は・ひ・ふ・ふ・へ・へ}やせこけて、骨と皮ばかりになる。例「物も食はず過ごしたれば、影のやうに**痩せさらぼ・ひ**つつ」〈宇治拾遺・六・五〉

やせとほ・る【痩せ通る】［自ラ四］{ら・り・る・る・れ・れ}ひどくやせる。例「恋すれば**やせとほ・り**ぬる物にぞありける」〈新続古今・雑下・二〇六九〉

やせほそ・る【痩せ細る】［自ラ四］{ら・り・る・る・れ・れ}やせて細くなる。例「こよなう**痩せほそ・り**たまへれど」〈源氏・御法〉

やせやせ【痩せ痩せ】［形動ナリ］{なら・なり(に)・なり・なる・なれ・なれ}非常にやせているさま。例「いたう酔ひ痴れてをる顔つき、いと**痩せ痩せ・なり**」〈源氏・少女〉

やぜん【夜前】[名]昨夜。ゆうべ。

やそ【八十】[名]はちじゅう。また、数の多いこと。

〔**八十の心**〕多くのありさまを見せる心。千々に乱れる心。

〔**八十の衢**〕多くの道が交わって四方八方へ通じる所。

や-ぞ 強い調子の反語を表す。…だろうか、いや、…決してない。例「年に有りて一夜妹に逢ふ彦星も我にまさりて思ふらん**やぞ**」〈拾遺・秋・一四〉訳年に一夜のみ織女星に会う彦星も、私以上に物思いする**だろうか、いや**、私以上なんてことは**決してない**。

語構成　や 係助　ぞ 係助

発展学習ファイル　『後撰和歌集』『拾遺和歌集』のころに現れた語で、和歌の末尾に用いられた。

やそうぢびと【八十氏人】[名]多くの氏人。また、さまざまな氏族に属する多くの人々。

やそか【八十楫】[名]多くの櫓や櫂。

やそかげ【八十陰】[名]《数多くの日陰をつくる所の意》広大な宮殿。

やそかしはで【八十膳夫】[名]おおぜいの料理人。

やそがみ【八十神】[名]多くの神々。

やそくに【八十国】[名]多くの国々。また、多くの国の人々。

やそくま【八十隈】[名]多くの曲がり角。

やそくまさか【八十隈坂】[名]《「やそすみさか」とも》何度も曲折している坂道。九十九折の坂道。

やそくまぢ【八十隈路】[名]多くの曲がり角を経て遠くまで続く道。

やそこだね【八十木種】[名]多数の果樹の種。たくさんの木の実。

やそことのへ【八十言のへ】[名]《「言のへ」は「言の葉」の上代東国方言》たくさんのことば。たくさんのうわさ。

やそさか【八十坂】[名]多くの坂。

やそじ【八十】歴史的かなづかい「やそぢ」

やそしま【八十島】[名]❶多くの島々。❷「八十島祭り」の略。

やそしまがく・る【八十島隠る】[自ラ四]〈ら・り・る・る・れ・れ〉多くの島陰に隠れる。

やそしまくだり【八十島下り】[名]「八十島祭り」の使者となって難波に下向すること。

やそしままつり【八十島祭り】[名]天皇が難波に使者を遣わして、住吉の神・大依羅の神・海の神などを祭り、国土の生成発展や皇室の安泰を祈った儀式。天皇の即位後、大嘗会の翌年に、吉日を選んで行われた。＝八十島②

やそせ【八十瀬】[名]多くの瀬。瀬々。

やそたける【八十梟師】[名]多くの部族の勇猛な長たち。

やそたまぐし【八十玉串】[名]《古くは「やそたまくし」とも》多数のたまぐし。

やそぢ【八十】[名]《「ぢ」は個数を表す接尾語》❶数の名。はちじゅう。❷年齢の八十歳。八十年。

やそとものを【八十伴の緒】[名]多くの部族の長。また、朝廷に仕える多くの役人たち。

やそば【八十葉】[名]《「やそは」とも》多くの葉の茂っていること。また、その葉。

やそよろづ【八十万】[名]数がきわめて多いこと。はなはだ多数。＝八百万

やそをとめ【八十少女】[名]おおぜいの娘たち。

やた【八咫】[名]《「やあた」の変化形》大きな寸法。一説に、「八頭」の意。

やだいじん【矢大神・矢大臣】[名]神社の随身門に安置してある二つの神像の俗称。そのうち、向かって左の弓矢を持つ像を指すこともある。

やだうな【・なり】【矢だうな】[形動ナリ]〈なら・なり(に)・なり・なる・なれ・なれ〉矢が無駄になるさま。無駄に矢を射るさま。例「**矢だうな**に遠矢な射そ」〈太平記・一四〉

やたかがみ【八咫鏡】[名]「やたのかがみ」に同じ。

やたがらす【八咫烏】[名]❶神武天皇の東征のとき、熊野から大和へぬける道案内として天照大御神が遣わしたという神話の中のカラス。＝八咫の烏。❷中国の伝説で、太陽の中にいるといわれた三本足のカラス。❸金銅製の②をかたどったカラスの像を先端につけた幟。

やたけ【・なり】【弥猛】[形動ナリ]〈なら・なり(に)・なり・なる・なれ・なれ〉いよいよ勇み立つさま。心のはやるさま。例「今は**やたけ**に思ふとも叶ふべからず候ふ」〈太平記・一〇〉

やたけごころ【弥猛心】[名]ますます勇み立つ心。

やたて【矢立て】[名]❶矢を入れる道具。「箙」「胡簶」などをいう。❷「矢立ての硯」の略。❸携帯用の筆記用具。筆入れの先に墨壺を付け、墨汁を含ませてあるもの。

〔**矢立ての硯**〕「箙」などの中に入れて陣中に携帯した小さな硯。＝矢立て②

やだね【矢種】[名]「矢立て①」に入れてある矢。手元にあるすべての矢。また、単に矢。

やたのかがみ【八咫の鏡】[名]❶大きな鏡。一説に、八角形の鏡。❷「三種の神器」のひとつ。神鏡。①②＝八咫鏡

やたのからす【八咫の烏】[名]「やたがらす①」に同じ。

やち【八千】[名]八千。数のきわめて多いこと。

やちかへり【八千返り】[名]八千回。また、きわめて多くの繰り返し。

やちくさ【八千種・八千草】[名]多くの種類。

やちたび【八千度】[名]八千回。また、きわめて多くの回数。

やちとせ【八千年・八千歳】[名]八千年。また、きわめて長い年数。＝八千代

やちまた【八衢】[名]道が四方八方に分かれている所。また、街や里のにぎやかな場所。

やちよ【八千代】[名]八千年。また、きわめて長い年代。

やつ【奴】[名]❶人や動物を軽蔑していう語。❷《近世語》もの。こと。わけ。

やつ【谷】[名]たに。とくに、鎌倉・上総・下総付近でいう。

やつ【八つ】[名]❶数の名。はち。また、数の多いこと。❷時刻の名。いまの午前および午後の二時ごろ。＝八つ時

やつか【八束・八拳】[名]《「つか」は握ったときの拳

や

の幅》八握りの長さ。また、丈の長いこと。

やづか【矢束】[名]《「やつか」とも》矢の長さ。

〔**矢束を引く**〕長い矢を射る。例「**矢づかを**引・く事世に越えたり(＝人ナミスグレテイタ)」〈古活字本保元・上〉

やつかひげ【八束鬚・八拳鬚】[名]八握りの長さのあごひげ。長いひげ。

やつかほ【八束穂】[名]稲などの実った長い穂。

やつかれ【僕】[代名]《「やつこあれ」の変化形。鎌倉以降「やつがれ」。自称の人称代名詞。自己をへりくだっていう語》わたくしめ。

やつぎ【矢継ぎ】[名]矢を射るとすぐに、次の矢を弓の弦につがえること。

やつぎばや[・なり]【矢継ぎ早】[名・形動ナリ]❶「矢継ぎ」の速いこと。また、その者。例「**矢つぎば**やの手きき、大力の剛の者」〈平家・四・競〉❷物事がす早く、続けざまに行われるさま。

やづくり【家作り・家造り】[名]家を造ること。また、家の造り方。

やつこ【奴・臣】一[名]《「つ」は上代の格助詞。「家つ子」の意》❶神・主君に仕える人。家来。❷召し使い。❸相手をののしっていう語。やつ。二[代名]《自称の人称代名詞。自己をへりくだっていう語》わたくしめ。

やっこ【奴】[名]《近世語。「やつこ」の変化形》❶武家の下男。中間。撥鬢の髪型に鎌ひげを生やし、主人の行列で槍や挟み箱を持ち歩いた。❷江戸初期の侠客。男伊達。旗本奴と町奴があった。❸遊女などが②の言動を好み、その風をすること。または、その遊女。❹婦女への刑罰。江戸の私娼、不義のあった素人を罰として吉原で一定期間遊女をさせること。

やっこあたま【奴頭】[名]《近世語》江戸時代、武家の奴や商家の丁稚の髪型。頭上の月代を広くそり、両側頭の鬢と後頭に少し残した毛で短く髷を結ったもの。また、幼児の髪型。両耳の上と後頭部だけに髪を残して他はそったもの。

やっことば【奴詞・奴言葉】[名]《近世語》江戸時代、関東方言を基に奴などが使った粗野なことば。「涙」を「なだ」、「事だ」を「こんだ」、「坊主」を「づくにふ」という類。＝六方詞

やっさもっさ[名]《近世語》大騒ぎ。

やつし【俏し・窶し】[名]《近世語》❶姿を変えること。身分のある者がみすぼらしい下賤な者に変装すること。❷歌舞伎の「俏し芸」「俏し方」「悄し事」の略。また、その役柄に使う鬘や衣装。

やつしがた【俏し方・俏し形】[名]《近世語》歌舞伎で、「俏し事」の演技を得意とした役者。二枚目。美男子・女たらしを指すこともある。＝俏し②

やつしげい【俏し芸】[名]「俏し事」の演技。＝俏し②

やつしごと【俏し事】[名]歌舞伎で、富貴な身分の若者が、恋や義理・放蕩などのために追放や勘当を受けて諸国を流浪し、下男や物売りなどの姿に身をやつすという筋書きの芝居。＝俏し②・和事

やつしす・つ【悄し捨つ・悄し棄つ】[他タ下二]{て・て・つ・つる・つれ・てよ}俗世を捨てて出家する。例「わが心と**やつし棄・て**たまはむ御ありさまを」〈源氏・若菜・下〉

やつ・す【俏す・窶す】{さ・し・す・す・せ・せ}一[他サ四]❶身なりを目立たなくする。みすぼらしくする。姿を変える。地味に装う。例「色は世の常なれど、ことさらに**やつ・し**て、無紋を奉れり」〈源氏・幻〉❷僧形に姿を変える。出家する。例「今はと**やつ・し**たまひし際にこそ、かの母宮(＝女三ノ宮)を得たてまつりたまひしか」〈源氏・宿木〉❸(多く「身をやつす」の形で)やせる思いをするほど物事に打ち込む。例「連歌に身を**やつ・し**」〈醒睡笑〉❹まねるために形を変える。ようすを似せる。まねる。例「玄宗の花軍を**やつ・し**、扇軍して」〈浮・日本永代蔵〉二[自サ四]物事を省略する。簡略にする。くつろぐ。例「ことすぎて跡は**やつ・し**て乱れ酒」〈浮・好色一代男〉

やっと[副]《近世語》❶たくさん。例「あないなえい男は、**やっと**はござりませんわいな」〈膝栗毛〉❷ずっと。例「横に寝てこける方が**やっと**速い」〈浮世風呂〉

やつどき【八つ時】[名]「やつ(八つ)②」に同じ。

やっとな[感]力を入れるときのかけ声。よいしょ。例「この所へ休んで参ろう。**やっとな**」〈狂言記・茶壺〉

やつはし一【八つ橋】[名]池や小川などに数枚の橋板を稲妻形につなぎ合わせてかけた橋。二【八橋】「歌枕」三河国の地名。いまの愛知県知立市八橋。八方に分流している川に、八つの小橋を渡してあったことによる名称。『伊勢物語』の「東下り」に登場することで知られる。

やつばち【八つ撥】[名]❶「羯鼓(雅楽の鼓の一種)」の別名。または、羯鼓を首から胸に下げ、打ちながら踊ること。❷太鼓の曲打ちをすること。

やつはながた【八つ花形】[名]円形の周囲に花弁のような八つの稜がある形。

やつばら【奴ばら】[名]《「ばら」は接尾語》複数の人を卑しんでいう言い方。やつら。

やっぴし[副]《近世語》やたらに。しきりに。例「あいさつがないと**やっぴし**杖を立て」〈川柳・柳多留〉

やつぼ【矢壺・矢坪】[名]矢を射るときにねらいを定める所。＝矢所

八つ橋　『伊勢物語』「東下り」の一場面。京に妻を残して東国に向かった男が、三河国八橋にたどり着く。画面中央に地名の由来となった八つ橋。(小野家本伊勢物語絵巻)

や

やづま【屋端】ヤズマ［名］❶家の軒先。軒端。軒。❷家。家の中。

やつめ【八つ目】［名］《「やめ」とも》編み目や刻み目が八つ、またはたくさんあること。

〔八つ目の草鞋〕ヤツメノワランヅ 乳といふ、ひもを通す輪が八つあるわらじ。修験者などが用い、八葉の蓮華にかたどったものという。

やつめさす［枕詞］地名「出雲」にかかる。例「やつめさす出雲建が佩ける大刀」〈記・中・歌謡〉

やつよ【弥つ世】［名］多くの年月。＝八千代

やつ・る【俏る・窶る】［自ラ下二］{れ・れ・る・るる・るれ・れよ}❶**目立たない姿になる。質素で地味な姿でいる。**例「いと忍びて、ただ舎人一二人、召し継ぎとして、**やつ・れ**たまひて」〈竹取・竜の頸の玉〉❷**喪服姿になる。**例「藤の御袂に**やつ・れ**たまへれば」〈源氏・賢木〉❸**容姿が衰える。みっともなくなる。**例「姫君の、いたく**やつ・れ**たまへるを恥づかしげに思ほしたるさま」〈源氏・玉鬘〉（敬語）「思したる」→「おぼす」

やつれ【俏れ・窶れ】［名］❶容姿が衰えること。みっともなくなること。❷質素な姿になること。忍び姿。

やつれすがた【俏れ姿】［名］質素で簡略にした姿。みすぼらしい姿。また、疲れきった姿。

やつを【八つ峰】ヤツオ［名］多くの峰々。重なり合った峰々。

やど【屋戸・宿】［名］❶**家の戸。家の入り口。**例「夕さらば**屋戸**開け設けて我待たむ」〈万葉・四・七四四〉❷**家。住居。**例「君待つと我が恋ひ居れば我が**屋戸**の簾動かし秋の風吹く」〈万葉・四・四八八〉訳→〔和歌〕きみまつと…。❸**庭先。家の庭。**例「我が**やど**の萩の下葉は色付きにけり」〈万葉・一〇・二一八二〉❹**旅先で泊まること。またその場所。**❺**あるじ。主人。夫。**他人に対して妻が夫を指していう語。例「女の子は金っ食ひだと申して、宿でも小ごとばかり申しております」〈浮世風呂〉

〔和歌〕**やどかさぬ…【宿かさぬ人のつらさをなさけにて朧月夜の花の下臥し】**〈海人の刈藻・大田垣蓮月〉訳私に一夜の宿を貸さない人の思いやりのなさを、かえって風流な心だとして、朧月の出ている夜、桜の花の下で寝ることだよ。

やどかしどり【宿貸し鳥】［名］樫鳥（カケス）の別称。また、一説にツバメ・ウグイスの別称とも。

やどころ【矢所】［名］「やつぼ」に同じ。

やど・す【宿す】［他サ四］{さ・し・す・す・せ・せ}❶宿を貸す。宿泊させる。例「心も知らぬ人を**宿・し**たてまつりて」〈更級〉❷とどめる。とどまらせる。❸妊娠する。

やとせご【八年児・八歳子】［名］八歳の子供。幼い子供。

やどばひり【宿這入り】ヤドバイリ［名］《近世語。「やどはひり」とも》自分の家をもつこと。奉公人が年季を勤め終わって独立し、一家を構えること。別家。分家。

やと・ふ【雇ふ・傭ふ】ヤトウ［他ハ四］{は・ひ・ふ・ふ・へ・へ}❶給料を支払って人を使う。❷借りて使う。利用する。例「舌根を**やと・ひ**て、不請の阿弥陀仏、両三遍申してやみぬ」〈方丈記〉

やどふだ【宿札】［名］❶宿所の名と宿泊する人の名を書き、宿所の前に掲げた札。❷門札。標札。

やどもり【宿守り】［名］家の番をすること。また、その者。留守番。

やどや【宿屋】［名］❶泊まっている家。宿泊所。❷遊里の揚げ屋。またはその主人。❸旅の客を宿泊させる家。旅籠。

やどやのめしもり【宿屋飯盛】［人名］「いしかはまさもち」に同じ。

やとり【矢取り】［名］矢場で射られた矢を拾い取ること。また、その役の人。

やどり【宿り】［名］❶**旅先で宿泊すること。**あるいはその宿泊所。例「海人娘子たななし小船漕ぎ出らし旅の**宿り**に楫の音聞こゆ」〈万葉・六・九三〇〉❷**住居。家。**例「家居のつきづきしく、あらまほしきこそ、仮の**宿り**とは思へど、興あるものなれ」〈徒然・一〇〉（係結び）「こそ→興あるものなれ（已）」。❸**とどまる所。**例「花散らす風の**宿り**は誰か知る我に教へよ行きて恨みむ」〈古今・春下・七六〉訳→〔和歌〕はなちらす…

〔宿りの官〕太政官の外記などが五位になっても欠員がなく、すぐに要職に任ぜられないとき、一時的に任ぜられる国司などの官。

やどりぎ【宿り木・寄生木】［名］《「やどりき」とも》他の植物に寄生する植物の総称。和歌では「やどりき」の「き」は過去の助動詞「き」をかけることが多い。＝寄生。例「**やどり木**と思ひいでずは木のもとの旅寝もいかにさびしからまし」〈源氏・宿木〉

やどりぎ【宿木】［作品名］『源氏物語』の四十九番目の巻名。

〔和歌〕**やどりして…【宿りして春の山辺に寝たる夜は夢のうちにも花ぞ散りける】**〈古今・春下・一一七・紀貫之〉訳宿をとり、春の山中に寝たその夜は、夢の中でも花が散っていたよ。（係結び）「ぞ→散りける（体）」

やど・る【宿る】［自ラ四］{ら・り・る・る・れ・れ}《「屋取る」の意》❶**旅先で宿泊する。泊まる。**例「この、のぞきたまへる人は、この南に**宿・り**たまへるか」〈平中・三六〉❷**一時的に住む。仮に住みつく。**例「下屋にぞ繕ひて**宿・り**はべるを」〈源氏・松風〉（係結び）「ぞ→（流れ）」。（敬語）「宿りはべる」→「はべり」。❸**一時的にとどまる。光や影が一時的に映る。**例「水底に**宿・る**月だに浮かべるを」〈拾遺・雑上・四四一〉❹**物に寄りつく。寄生する。**例「いとけしきある深山木に**やど・り**たる蔦の色ぞまだ残りたる」〈源氏・宿木〉（係結び）「ぞ→残りたる（体）」。❺**子供が母親の胎内に生じる。**例「初めて胎内に**宿・り**て、十月身を苦しめ」〈撰集抄〉

やな【梁】［名］川の瀬などに杭を打ち並べて水をせきとめ、一か所だけあけて斜めに簀を張り、そこに流れ込んでくる魚を捕らえる仕かけ。➡図版「網代」

〔梁打つ〕梁の仕かけを作る。梁を設ける。例「古に**梁打つ**人のなかりせば」〈万葉・三・三八七〉

やな《間投助詞「や」＋終助詞「な」》感動の意を表す。**…だなあ。…よ。**例「あらあら面白の地主の花の気色**やな**」〈謡・田村〉訳ああ何ともおもしろい地主権現の花のようす**だなあ**。

やないばこ【柳筥】［名］《「やなぎばこ」のイ音便》柳の細い枝で編んで作った箱。多く、硯・墨・筆・短冊などを入れ、ふたは物を載せる台としても用いた。

やなか【谷中】〔地名〕江戸の地名。いまの東京都台東区谷中。上野台と本郷台の谷間にある。

やなぎ【柳】〔名〕❶**木の名**。おもにシダレヤナギをいった。和歌では、芽ぶき始めた柳の色を「浅緑」ととらえ、細く柔らかな枝を「糸」に見立てる。（季―春）。例「春の日に萌れる柳を取り持ちて」〈万葉・一九・四一四二〉❷**襲の色目の名**。表は青で裏は白、また表裏ともに薄青など、諸説がある。春の着用。❸**織り色の名**。横糸は白で縦糸は萌黄。

〔柳の糸〕柳の枝の細く長いことを糸にたとえていう語。（季―春）

〔柳の営〕（「柳営」の訓読語）戦地における将軍の陣営。幕府。また、将軍。＝柳の庵

〔柳の蘰〕ヤナギノカズラ 葉がついたままの柳の枝を髪飾りにしたもの。三月三日の節句に用いた。（季―春）

〔柳の髪〕❶柳の枝が細く長いのを、女性の髪に見立てていう語。❷長く美しい髪。＝柳髪

〔柳の眉〕❶柳の若葉を眉に見立てていう語。❷（「柳眉」の訓読語）長く美しい眉。美人の眉。

やなぎかげ【柳陰】〔名〕柳の木のかげ。（季―春）

やなぎがさね【柳襲】〔名〕襲の色目の名。表が白、裏が青。冬から春に用いる。＝柳②

やなぎがみ【柳髪】〔名〕「やなぎのかみ②」に同じ。

やなぎさはきゑん【柳沢淇園】ヤナギサワキエン〔人名〕（一七〇四～一七五八）江戸中期の漢詩人・画家。荻生徂徠らの影響で、禅や俳諧など諸芸を体験、池大雅などと交流があった。

やなぎだる【柳多留】〔作品名〕「はいふうやなぎだる」に同じ。

〔俳句〕**やなぎちり…**【柳散り清水涸れ石処処】〈自筆句帳・蕪村〉訳かつて西行や芭蕉が訪れた遊行柳である。先人たちの詠んだ柳もいまは散り果て、そのかたわらの清水もかれ、ただ石がところどころに転がっているばかりである。（季―柳散る―秋）

〈参考〉西行の和歌「道のべに清水流るる柳陰」〈新古今・夏・二六二〉訳→〔和歌〕みちのべに…、芭蕉の句「田一枚植ゑて立ち去る柳かな」〈おくのほそ道・殺生石・蘆野〉訳→〔俳句〕たいちまい…をふまえる。

やなぎはら【柳原】ヤナギワラ〔名〕柳が多く生えている野原。（季―春）

やなぐひ【胡簶・胡籙】ヤナグイ〔名〕（「ころく」とも）矢を入れて背負う武具。儀式用に装飾を施した「平胡簶」や、衛府の武官の「壺胡簶」など、さまざまな種類があり、実用的なものに「狩り胡簶」がある。↓〔古典参考図〕男子の服装〈1〉、武装・武具〈3〉

やなみ【矢並み】〔名〕箙（矢を入れて持ち運ぶ用具）にさした矢の並び具合。

やには【矢庭・箭庭】ヤニワ〔名〕矢を射るその場所。矢の飛び交う戦場。

やには【家庭】ヤニワ〔名〕家のある土地・所。人里。

やにはに【矢庭に】ヤニワニ〔副〕いきなり。その場ですぐ。

やぬち【屋内】〔名〕（「やのうち」の変化形）屋内。

やのね【矢の根】〔名〕「やじり（矢尻）①」に同じ。

やのね【矢の根】〔作品名〕江戸中期（一七二九初演）の歌舞伎。時代物。村瀬源三郎作（現行の台本は藤本斗文による）。歌舞伎十八番のひとつ。曾我五郎時致が敵の工藤祐経を討とうと矢の根を研ぎ、その初夢に兄が祐経に捕らえられたことを見、大根売りの裸馬に乗って救出に向かう。正月吉例の矢の根研ぎの儀式を趣向とする曾我物。

やは〔副〕「やはか①」に同じ。

やは〔係助〕⇨一二三〇ページ「特別コーナー」

やば【野馬】〔名〕❶野飼いの馬。❷陽炎。（季―春）

やば【野坡】〔人名〕「しだやば」に同じ。

やはかヤワカ〔副〕❶反語の意を示す。どうして…か、いや、…ない。どうしてか。＝やは。例「いかなる新田殿とものたまへ、**やはか**こらへ候ふや」〈太平記・一七〉❷（下に打消の語を伴って）まさか。よもや。万が一にも。例「五十騎ばかり斬り伏すならば、**やはか**退かぬ事は候ふまじ」〈謡・烏帽子折〉

やはぎ【矢作ぎ・矢矧ぎ】〔名〕矢を作ること。また、それを職業とする人。

やはぎべ【矢作ぎ部・矢矧ぎ部】〔名〕矢を作ることを職業とする部（大和時代の職能集団）。

やは・す【和す】ヤワス〔他サ四〕和らげる。平和にする。帰順させる。例「ちはやぶる神を言向けまつろはぬ人をも**和し**」〈万葉・二〇・四四六五長歌〉

やはず【矢筈】〔名〕❶矢の末端にある弓弦を引きかける部分。❷紋所の名。①を図案化したもの。

やははだ【柔肌・柔膚】ヤワハダ〔名〕「にきはだ」に同じ。

やはやは【柔柔】ヤワヤワ〔副〕（多く「やはやはと」の形で）柔らかに。例「母君は、ただいと若やかにおほどかにて、**やはやは**とぞたをやぎたまへりし」〈源氏・玉鬘〉

やはら【柔ら】ヤワラ〔名〕（「ら」は接尾語）❶（他の語と複合して）しなやかなこと。柔らかなこと。例「海原の根**柔ら**小菅」〈万葉・一四・三四九八〉❷柔術。柔道。

やはらヤワラ〔副〕そっと。ゆっくりと。静かに。＝やをら。例「**やはら**立ち退かせたまひにけり」〈大鏡・道長・上〉

やはらか〔・なり〕【柔らか】ヤワラカ〔形動ナリ〕（「か」は接尾語）❶柔軟だ。柔らかい。例「浦吹く風も**やはらか**に」〈平家・九・生ずきの沙汰〉❷気性・物腰などが穏やかだ。素直だ。例「女は、**やはらか**に心うつくしきなんよきこと」〈源氏・帚木〉

〔俳句〕**やはらかに…**【やはらかに人分け行くや勝角力】〈井華集・几董〉訳相撲に勝った力士は、土俵とは対照的にやわらかな物腰で観客をかき分け、悠揚として引きあげていくことだ。（季―角力―秋）

やはら・ぐ【和らぐ・柔らぐ】ヤワラグ 一〔自ガ四〕❶感触が柔らかになる。❷態度や心持ちが軟化する。穏やかである。❸仲がよくなる。親しくなる。例「日本**やはらぎ**て、名天の下にほしきままなり」〈紀・継体〉二〔他ガ下二〕❶柔らかくする。態度や心持ちを軟化させる。❷親しくさせる。和合させる。例「男女の仲をも**やはらげ**」〈古今・仮名序〉❸簡単にする。平易にする。例「これをちと**和らげ**て、説いて」〈狂言記・布施無〉

やはらた【柔ら手】ヤワラタ〔名〕（「柔手枕」の略）やわらかな手枕。やわらかい腕枕。

やはら・ぶ【和らぶ・柔らぶ】ヤワラブ〔自バ四〕（「ぶ」は接尾語）穏やかに見える。和らぐ。例「なつかしく**やはらび**たる形などを」〈源氏・帚木〉

やは 〔係助詞〕

アプローチ ▼係助詞「や」に係助詞「は」が付いて一語になったもの。「や」の疑問表現が「は」によって強調され、感動・詠嘆をこめた疑問、反語を表す。
▼文中の語に付く場合は、意味上の係り先にあたる活用語は連体形となる(「係り結び」)。ただし、結びにあたる活用語が省略される場合もある(②㋐)。
▼上代語の「やも」に代わって用いられるようになった。
▼現代語にもあるように「…しませんか」と問いかける形によって、勧誘などの意を表す場合(①㋒)もある。

接続 係助詞「や」に同じ。

意味	訳語	用例
❶文中に用いられる場合。 ㋐詠嘆をこめた疑問を表す。	…なのかなあ …だろう(か)	例「世の中は昔より**やは**憂かりけむ我が身ひとつのためになれるか」〈古今・雑下・九四八〉 訳この世の中は、昔からつらいものだったのだろうか。それとも、ただ私ひとりのためにだけつらくなったのだ**ろうか**。《係結び》「やは→憂かりけむ体」
㋑反語を表す。	…か、いや、そうではない	例「門のことをこそきこえつれ、『障子あけたまへ』と**やは**きこえつる」〈枕・大進生昌が家に〉 訳確かに門のことを申し上げましたが、「障子をお開けください」と申し上げましたでしょう**か**、**いや**、**そうは申していません**。《係結び》「やは→きこえつる体」
㋒(打消の助動詞「ず」の連体形「ぬ」を伴って)勧誘・願望の意を表す。	…ませんか …ほうがよいのに	例「ここに**やは**立たせたまはぬ。所避りきこえむ」〈源氏・葵〉 訳ここに車をおとめになり**ませんか**。場所をお空け申し上げましょう。《係結び》「やは→立たせたまはぬ体」
❷文末に用いられる場合。 ㋐①の結びにあたる活用語が省略される場合。	…なのかなあ …だろう(か) …か、いや、そうではない	例「おいらかに召し入れて**やは**。目くはせたてまつらましかば、こよなからましものを」〈源氏・竹河〉 訳どうして素直に(私を碁の席に)お呼び入れにならなかったの**だろう**。(その場にいて)目配せをしてお教え申し上げていたら、圧勝なさっただろうに。《係結び》「やは→(省略)」。たとえば「やは→あらぬ体」となるところ。
㋑文末用法。①の㋐㋑の意を表すが、疑問表現となるのはまれで、ほとんどが反語表現である。	…なのかなあ …だろう(か) …か、いや、そうではない	例「いとをかしきことかな。詠みてむ**やは**」〈土佐〉 訳(子供が返歌とは)たいそう面白いことだね。本当に詠める**だろうか**。 例「そこらの燕子うまざらむ**やは**」〈竹取・燕の子安貝〉 訳たくさんの燕が子を生んでいないでしょう**か**、**いや**、**きっと生んでいるはずです**。

発展学習ファイル ①㋒の場合、打消の助動詞「ず」を伴っても、反語を表すこともある。例「さらば不用なめり。身をいたづらに**やは**なし果てぬ」〈源氏・若菜・下〉 訳それでは、(私は)生きているかいがないようだ。死んでしまわずにいるだろう**か**、**いや**、**死ぬほかない**。

やはん【夜半】〔名〕夜中。深夜。

やはんらく【夜半楽】〔名〕雅楽の曲名。舞のない平調の曲。唐の玄宗の作という。

やひらで【八枚手】〔名〕八枚、または数多くの柏の葉をとじて作った器。神楽に用いる。

やひろしろちどり【八尋白千鳥】〔名〕非常に大柄な白い千鳥。

やひろどの【八尋殿】〔名〕広さが幾ひろもある大きな殿舎。

やひろほこ【八尋矛】〔名〕きわめて長い矛。＝八尋矛根

やひろわに【八尋鰐】〔名〕巨大な鰐。

やふ【八節】〔名〕(「節」は垣などの編み目・結い目のこと)垣などの結い目・編み目が多いこと。

やぶ【藪】〔名〕❶雑草・雑木などが、手入れされず、生い茂った所。❷竹やぶ。

〔**藪に功の者**〕(「藪」は「野夫」、「功」は「剛」とも)草深いいなかにもすぐれて勇敢な者がいるということ。取るに足りないと思われている者の中にも立派な人物が交じっていること。

〔**藪に目**〕秘密がもれやすいことのたとえ。

やぶいり【藪入り】〔名〕(近世語)(藪の多い故郷へ帰る意から)陰暦の一月と七月の十六日前後に、奉公人が暇をもらって親元などに一日ほど帰ること。またはその日、その人。宿入り。七月の方は「後の藪入り」といって区別することが多い。(季-春)

〔俳句〕**やぶいりの…【やぶ入りの寝るやひとりの親の側】**〈太祇句選・太祇〉 訳やぶ入りで半年ぶりに実家に帰った子が、片親のそばに床を並べて、安らかに眠っている。(季-やぶ入り-春)

やふき【野府記】〔作品名〕「せうゆうき」に同じ。

やぶくすし【藪薬師】[名]下手な医者。藪医者。

やぶさめ【流鏑馬】[名]《「やはせめ(矢馳馬)」の変化形か》馬に乗って走りながら、三か所に立てられた的を弓で射る競技。もとは騎射の練習として行われたが、しだいに儀式化し、神事の際に奉納された。

やぶじまり【八節締まり】[名]垣などの編み目を幾段にもして結び固めること。

やぶすま【矢衾】[名]射手が透き間なく並んだ列。また、大勢の射手がいっせいに矢を射出すこと。

やふねた・く【弥船綰く】[自カ四]{か・き・く・く・け・け}より力を尽くして船を漕ぐ。また、多くの船を漕ぐ意とも。例「荒海に漕ぎ出で**や船た・け**」〈万葉・七・一二六六〉

やぶはら【藪原】[名]草木が生い茂ってやぶになっている原。

やぶみ【矢文】[名]矢に結び付けたり、「蟇目」の穴に入れたりして、射て送る文書。

やぶ・る【破る】一[自ラ下二]{れ・れ・る・るる・るれ・れよ}❶**壊れる。砕ける。裂ける。**例「地の動き、家の**破・るる**こと、雷に異ならず」〈方丈記〉❷**傷つく。損なう。**例「心を用ゐる事少しきにしてきびしき時は、物に逆ひ、争ひて**破・る**」〈徒然・二一一〉❸(物事が)**成り立たなくなる。だめになる。**例「一事を必ず成さんと思はば、他の事の**破・るる**をもいたむべからず」〈徒然・一八八〉❹**負ける。敗れる。**例「いくさ**やぶ・れ**にければ」〈平家・九・河原合戦〉二[他ラ四]{ら・り・る・る・れ・れ}❶**壊す。砕く。裂く。**例「木を折り、家を**破・る**風出で来ぬ」〈宇治拾遺・一三・八〉❷**傷つける。損なう。**例「なんぞ、仏の御身を**破・り**奉る」〈今昔・一六・四〉❸**気持ちを傷つける。気分を損わせる。**例「人の心**やぶ・り**、ものの過ちすまじき人は、難くこそありけれ」〈源氏・蛍〉《係結び》「こそ→ありけれ㊁」。❹**負かす。破る。**例「かの数万の兵を**破・り**をはんぬ」〈平家・七・木曾山門牒状〉❺(約束や規律などを)**犯す。だめにする。**例「いとすきたる者なれば、かの入道の遺言**破・り**つべき心はあらんかし」〈源氏・若紫〉

やぶれ【破れ】[名]❶破れること。また、破れたもの。❷成立しないこと。破綻。

やへ【八重】[名]幾重にも重なっていること。また、重なっているもの。

〔**八重の潮風**〕はるか遠くの潮路を吹き渡って来る風。

〔**八重の潮路**〕とても長い海路。

やへがき【八重垣】[名]幾重にも作りめぐらした垣根。

やへぐも【八重雲】[名]幾重にも重なり、わき立つ雲。

やへぐもがく・る【八重雲隠る】「八重雲」に隠れる。例「**やへ雲がく・れ**入る月の」〈続千載・恋四・一五一八〉

やへざくら【八重桜】[名]花びらが八重になっている桜の総称。(季―春)

やへだたみ【八重畳】《「やへたたみ」とも》一[名]敷物を幾重にも重ねること。また、その敷物。二[枕詞]「重」と同音の「へ」を含む地名「平群」にかかる。例「**八重畳**平群の山に」〈万葉・一六・三八八五長歌〉

やへた・つ【八重立つ】[自タ四]{た・ち・つ・つ・て・て}幾重にも立ち重なる。重なり立つ。例「しらくもの**やへた・つ**峰とみえつるは」〈風雅・春中・一五六〉

やへなみ【八重波・八重浪】[名]幾重にも重なり立つ波。

やへはたぐも【八重旗雲】[名]幾重にも重なって旗のようにたなびいている雲。

やへぶき【八重葺き】[名]屋根を幾重にも葺くこと。また、その葺かれた屋根。

やへむぐら【八重葎】[名]幾重にも茂っているムグラ。荒廃した邸宅のさまを表す。(季―夏)

やへむぐら【八重葎】[作品名]南北朝時代以後の擬古物語。作者未詳。ムグラの宿に暮らす女主人公と中納言の悲恋を『源氏物語』などの影響下に描き出した擬古物語。

〔和歌〕**やへむぐら…**【**八重葎茂れる宿のさびしきに人こそ見えね秋は来にけり**】〈拾遺・秋・一四〇・恵慶法師〉《百人一首》訳ムグラが幾重にも生い茂っているこの屋敷は荒れ果てて寂しいのに、訪れる人の姿は見えないで、秋が訪れて来たことだ。《係結び》「こそ→見えね㊁」

やへやへ【八重八重】[名]❶幾重にも重なっていること。❷はるか遠く隔たっていること。例「中納言殿を、**やへやへ**の御おとどにてこえたてまつり給ひける」〈大鏡・良相〉

やへやま【八重山】[名]峰が幾重にも重なり合っている山。

やへやまぶき【八重山吹】[名]八重咲きの山吹。実がならない。蓑を借りようとした太田道灌が「七重八重花は咲けども山吹のみのひとつだになきぞあやしき」〈後拾遺・雑五・一一五四〉訳→〔和歌〕ななへやへ…と断られた故事は有名。(季―春)

やほ【八百】[名]はっぴゃく。また、数が多いこと。名詞に付いて接頭語的に用いられることが多い。例「八百万の神共に咲ひき」〈記・上〉

やほ【弥帆・矢帆】[名]《「弥」は重なる意。本帆に重ねることからいう。「矢」は船首に張ることからいう》大きな船の舳に張る小さな帆。

やぼ[・なり]【野暮】[名・形動ナリ]《近世語》世の中の事が分からず、人の心の機微を理解しないこと。態度・趣味などが洗練されていないこと。とくに、遊里の事情に通じていないこと。↔粋②・粋・通②

やほあひ【八百会ひ】[名]多くのものが集まること。また、集まる場所。とくに、潮路の集まる場所。

やほか【八百日】[名]たいへん多くの日数。

やほこ【八矛】[名]多くの矛。多くの棒状のもの。

やほたでを【八穂蓼を】[枕詞]多くの穂の出たタデ(草の名)を摘む意から、「穂積」にかかる。例「**八穂蓼を**穂積の朝臣が」〈万葉・一六・三八四二〉

やほによし【八百丹よし・八百土よし】[枕詞]《多くの土を盛り上げて築く意から》「築き」にかかる。例「**八百土よし**い杵築きの宮」〈記・下・歌謡〉

やほへ【八百重】[名]幾重にも重なり合っていること。はるかに隔たっていること。また、その場所。

やほやおしち【八百屋お七】[作品名]江戸中期(一七一五ごろ初演)の浄瑠璃。『八百屋お七恋緋桜』ともいう。紀海音作。江戸本郷の八百屋の娘お七が、放火罪で火刑に処せられた事件の浄瑠璃化。火事を避けて逃げたお七は、吉三郎と契る。恋敵武兵衛から妻とされそうになり、半狂乱となったお七は吉三会いたさに自宅に放火。お七は火刑、吉三も切腹し後を追う。

やほやおしちこひのひざくら【八百屋お七恋の緋桜】[作品名]「やほやおしち」に同じ。

やほよろづ【八百万】[名]非常に数の多いこと。

やほよろづがみ【八百万神】[名]たくさんの神。ありとあらゆる神。

やま【山】[名]❶やま。「をか」よりも高くもりあがった地形。❷比叡山。とくに、比叡山延暦寺。例「山攻めらるべしとこそ聞け」〈平家・二・西光被斬〉《係結び》「こそ→聞け(已)」。❸（多く、山に築かれたことから）山陵。墓場。みささぎ。例「御山に参りはべるを、御言伝てや」〈源氏・須磨〉《敬語》「参りはべるを」→「まゐる（四段）」「はべり」。《係結び》「や→（省略）」。❹人工的につくられた小山。とくに、庭の築山。例「長慶子（=曲名）を退出音声に遊びて、山のさきの道をまふほど」〈紫式部日記〉❺（仏道修行などで）山ごもりをすること。例「深き山の本意は、みさをになんはべるべきを」〈源氏・東屋〉《敬語》「はべるべき」→「はべり」。《係結び》「なん→（流れ）」。❻（比喩的に）物事の山場。絶頂。❼《「山鉾」の略》祭礼の山車のひとつで、山形の上に鉾などを立てたもの。

〔山片づく〕山の方に片寄る。山に沿う。例「山片付づ・きて家居せる君」〈万葉・一〇・一八四二〉

〔山とし高し〕山のように高い。歳月・年齢を重ねることなどにいう。例「桜花山とし高・く成りはつるまで」〈増鏡・藤衣〉

〔山の峡〕山と山の間の狭い所。やまあい。

〔山の盛り〕山の景観が最もよいこと。山の草木が最も茂ること。また、そのころ。

〔山の崎・山の岬〕山の突き出ている箇所。尾根の先。

〔山の桜〕山に自生する桜。山桜。山間部は春が遅いので、平地の桜よりも遅咲きであることが多い。例「三月のつごもりなれば、京の花、盛りはみな過ぎにけり。山の桜はまだ盛りにて」〈源氏・若紫〉

〔山の座主〕比叡山延暦寺の長。天台座主。

〔山の猟男〕山で狩りをする人。かりゅうど。

〔山の雫〕山中で、樹木などから滴り落ちる水滴。

〔山の末〕山の頂上。また、山の奥。

〔山の佇まひ〕山の姿。山のようす。

〔山のたをり〕山の峰のくぼみ。山の鞍部。

〔山の司〕❶山を管理する人。❷山の最も高い所。山頂。

〔山の錦〕秋になって、山の草木が紅葉した美しさを錦にたとえていう言い方。例「山の錦の織ればかつ散る」〈古今・秋下・二九一〉

〔山の根〕山のふもと。

〔山のもの〕山に住んでいるもの。

やまあひ【山間】[名]山と山との間。=山峡

やまあらし【山嵐】[名]山から吹き下ろす強い風。

やまあららぎ【山蘭】[名]コブシの古名。春、葉に先立って、芳香の高い白い花を付ける。（季-春）

〔俳句〕**やまありの…**【山蟻のあからさまなり白牡丹】〈自筆句帳・蕪村〉訳 華麗に咲き誇る白牡丹の花。花びらの上を這っていく一匹の大きくて黒い山蟻がくっきりと浮かび上がってしまうほど、その白さは鮮やかであることだ。（季-白牡丹-夏）

やまあゐ【山藍】[名]（「やまゐ」とも）草の名。山野の日陰に生える。葉の汁を青の染料とした。

やまうつぼ【山靫】[名]狩猟の際に用いる作りの粗末な「靫」。

やまうど【山人】[名]（「やまびと」のウ音便）「やまびと」に同じ。

やまうば【山姥】[名]（「やまんば」とも）深山の奥に住むという鬼女。

やまうり【山売り】[名]❶山、とくに鉱山を売ること。また、それを業とする人。❷いんちきな物を売りつけること。また、その人。山師。

やまおくり[・す]【山送り】[名・自サ変]「野辺の送り」をすること。葬送。例「天皇、『行幸して山送り・せむ』と有りければ」〈今昔・三・一〉

やまおろし【山颪】[名]山から吹きおろす激しく強い風。=山嵐・山颪の風・山下風

〔山颪の風〕「やまおろし」に同じ。

やまが【山家】[名]山中にある家。山里の家。

やまがき【山柿】[名]果実の小さい柿の一品種。信濃柿。吉野柿。（季-秋）

やまがく・る【山隠る】㊀[自ラ四]{ら・り・る・る・れ・れ}山に隠れる。山に遮られて見えなくなる。㊁[自ラ下二]{れ・れ・る・るる・るれ・れよ}㊀に同じ。例「山隠・れ消えせぬ雪のわびしきは」〈後撰・恋六・一〇七三〉

やまがくれ【山隠れ】[名]山に隠れて見えないこと。また、その場所。

やまかげ【山陰】[名]山の陰になること。また、その場所。

〔和歌〕**やまかげの…**【山陰の岩間に伝ふ苔水のかすかにわれはすみ渡るかも】〈良寛歌集・良寛〉訳 山陰の岩の間を伝って苔を流れる清水のように、ひっそりと私は住み続けていることだよ。〈参考〉第三句までは「かすかに」を導くための序詞。「すみ渡るかも」の「すみ」は「住み」と「澄み」との掛詞、「澄み」は「水」の縁語。

やまかぜ【山風】[名]山の中の風。また、山から麓に吹き下ろす風。やまおろし。

やまがそかう【山鹿素行】[人名]（一六二二〜一六八五）江戸前期の儒学者・兵法家。林羅山に学び、また軍学・歌学・神道も修め、『兵法神武雄備集』で兵学者としての名声を得た。朱子学を批判した『聖教要録』などを著したのちは、古学に転じた。大名・旗本に多くの弟子を抱え、『山鹿語類』などを残した。

やまがた【山形】[名]❶馬の鞍で、前輪と後輪が山なりに高くなっている部分。➡[古典参考図]武装・武具〈1〉。❷紋所の名。山の形を図案化したもの。

やまがた【山県】[名]（「やまあがた」の変化形）山の「県」。転じて、山の田畑。

やまがつ【山賤】[名]❶きこりや猟師など、山里に住む身分の低い者。例「そのわたりの山がつまでさるべき物ども賜ひ」〈源氏・若紫〉（敬語）「物ども賜ひ」→「たまふ(四段)」。❷①が住む家。粗末な家。例「山がつの垣ほ荒るとも」〈源氏・帚木〉❸人あるいは自分をあざけっていう語。いなか者。例「山がつの子迎へ取りて」〈源氏・常夏〉

やまかづら【山鬘・山蔓】[名]❶ヒカゲノカズラの別名。神事の際、髪かざりとした。＝葛蘿・山鬘蘿。❷暁に山の端にかかる雲。

やまかづらかげ【山鬘蘿】[名]「やまかづら①」に同じ。

やまかは【山川】[名]❶山と川。❷山の神と川の神。例「小網さし渡す山川も依りて仕ふる神の御代かも」〈万葉・一・三八長歌〉

やまがは【山川】[名]山中を流れる川。山あいを流れる川。例「山川の清き川瀬に遊べども奈良の都は忘れかねつも」〈万葉・一五・三六一八〉

〈和歌〉**やまがはに…**【山川に風のかけたる柵は流れもあへぬ紅葉なりけり】〈古今・秋下・三〇三・春道列樹〉(百人一首) 訳 山の中を流れる川に風がかけたしがらみは、流れようにも流れきれずにとどこおっている紅葉だったよ。

やまがはの【山川の】[枕詞](山川の流れのようすから)「あさ」「音」「たぎつ」「早く」「流る」などにかかる。例「山川の音にのみ聞く百敷を」〈古今・雑下・一〇〇〇〉

やまがはみづ【山川水】[名]山中の川を流れる水。

やまがひ【山峡】[名](「やまかひ」とも)山と山の間。＝山間。

やまがへり【山回り】[名]鷹が山で過ごす間に羽毛が抜け替わること。また、その鷹。(季-秋)

やまから【山柄】[名]山がそなえている品格。山の品性。一説に、山のゆえにの意ともいう。例「吉野の宮は山からし貴くあらし」〈万葉・三・三一五長歌〉

やまきののり【八巻の法】[名]八巻から成る仏典。とくに法華経のことをいう。＝八巻

やまぎは【山際】[名]❶山の上端に接する空。山の稜線に近い空。例「やうやう白くなりゆく山ぎは」〈枕・春は、あけぼの〉❷山のわき。山の付近。

やまぐさ【山草】[名](「やまくさ」とも)❶山に生えている草。❷草の名。ウラジロの別称。葉の表は緑色で裏は白く、縁起ものとして、正月の飾りに用いた。(季-春)

やまぐち【山口】[名]❶山への入り口。登り口。❷鷹狩りで、狩り場に入ること。またその入り口。❸(猟師が山の入り口で獲物の有無を直感するということから)物事の始め。兆候。前兆。例「かくこそは、すぐれたる人の山口はしるかりけれ」〈源氏・松風〉〔山口著し〕はっきりした前兆が見える。例「この御祈りの折ふしも、喜び仕うまつりたること、『山口しるし』など、喜び申したまふ」〈栄花・二八〉

やまぐちそだう【山口素堂】[人名](一六四二〜一七一六)江戸前・中期の俳人。談林新風に迎合して『江戸三吟』などを刊行した。しかし俳諧はあくまでも趣味生活の一側面であるという姿勢に終始、与謝蕪村らの後人に評価された。

やまごえ【山越え】[名]❶山を越えること。また、その道。❷江戸時代、関所札のない者が間道をたどって山を越えること。

やまごと【山事】[名](近世語)山師がする投機的・冒険的な仕事。

やまごもり【山籠り】[名]山寺にこもって仏道の修行をすること。山中で隠遁生活をすること。

やまごもる【山籠る・山隠る】[自ラ四]{ら・り・る・る・れ・れ}周囲を山々に取り囲まれる。例「倭は国のまほろばたなづく青垣山隠れる倭しうるはし」〈記・中・歌謡〉訳→(歌謡)やまとはくにのまほろば…

やまざき【山崎】[地名]山城国の地名。いまの京都府乙訓郡大山崎町の南部。背後に天王山を配し、淀川や西国街道を一望できる水陸交通の要所。天正十年(一五八二)、羽柴(豊臣)秀吉が明智光秀を破った山崎の戦いで知られる。

やまざきあんさい【山崎闇斎】[人名](一六一八〜一六八二)江戸前期の儒学者・神道家。垂加神道を起こし、崎門学派を開く。

やまざきそうかん【山崎宗鑑】[人名](生没年未詳)室町中期の連歌師・俳人。足利義尚・義輝に仕えたといわれる。宗長と親しみ、俳諧に興じ、『犬筑波集』や『竹馬狂吟集』などを撰集。初期俳諧の主要人物。

やまざきよじべゑねびきのかどまつ【山崎与次兵衛寿の門松】[作品名]江戸中期(一七一八初演)の浄瑠璃。近松門左衛門作。遊女吾妻と与次兵衛との恋のいきさつを、義理人情に苦悩する与次兵衛の姿を中心に描いた世話物。

やまざくら【山桜】[名]山に生えている桜。＝山桜花。

〈和歌〉**やまざくらかすみのまより…**【山桜霞の間よりほのかにも見てし人こそ恋しかりけれ】〈古今・恋一・四七九・紀貫之〉訳 山桜を霞の切れ間から見るように、ちらっとお見かけしたあなたのことが恋しくてたまりません。〈参考〉初・二句は、「ほのかにも見てし」を導く序詞。(係結び)「こそ→恋しかりけれ(已)」

〈和歌〉**やまざくらさきそめしより…**【山桜咲きそめしより久方の雲居に見ゆる滝の白糸】〈金葉・春・五〇・源俊頼〉訳 遠くの山の桜が咲き始めてからは、その桜が(ひさかたの)はるかな空に滝の白糸のように見えるよ。〈参考〉「久方の」は「雲」の枕詞。

やまざくらど【山桜戸】[名](「やまざくらと」とも)❶山桜の木で作った戸。❷山桜の咲いている所。

やまざくらばな【山桜花】[名]「やまざくら」に同じ。

やまさち【山幸】[名]山でとれる獲物。鳥や獣。また、それらをとる道具。＝山の幸

やまざと【山里】[名]❶山の中にある村里。山村。例「山里は冬ぞさびしさ増さりける人目も草もかれぬと思へば」〈古今・冬・三一五〉訳→〈和歌〉やまざとはふゆぞさびしさ…。❷山里にある別荘。山荘。例「宇治といふ所によしある山里持たまへりけるに渡りたまふ」〈源氏・橋姫〉

やまざとずみ【山里住み】[名]山里に住むこと。

〔和歌〕**やまざとの…【山里の春の夕暮れ来てみれば入相の鐘に花ぞ散りける】**〈新古今・春下・一一六・能因〉訳山里の春の夕暮れに来て眺めて見ると、入相の鐘の音とともにはらはらと花が散っていたよ。（係結び）「ぞ→散りける(体)」

〔俳句〕**やまざとは…【山里は万歳遅し梅の花】**〈笈日記・芭蕉〉訳故郷伊賀の山里は、正月に回ってくる万歳が来るのも遅いことだ。春を迎えて梅の花はすっかり咲きにおっているのに。（季―万歳・梅の花―春）

〈参考〉「万歳」は正月に各戸をまわり、祝言の歌舞を演じた芸人をいう。

〔和歌〕**やまざとはあきこそことに…【山里は秋こそことにわびしけれ鹿の鳴く音に目をさましつつ】**〈古今・秋上・二一四・壬生忠岑〉訳山里は、いつも寂しいところだが、秋はとりわけもの寂しいものだ。鹿の鳴く声に何度も目をさまして。（係結び）「こそ→わびしけれ(已)」

〔和歌〕**やまざとはふゆぞさびしさ…【山里は冬ぞさびしさ増さりける人目も草もかれぬと思へば】**〈古今・冬・三一五・源宗于〉〈百人一首〉訳山里は、いつも寂しいが、冬はいちだんと寂しさが増さっていることだ。人の訪れも絶え、草も枯れてしまうと思うと。（係結び）「ぞ→増さりける(体)」

〈参考〉「かれぬ」は、人目が「離れぬ」と草が「枯れぬ」とをかける。

〔和歌〕**やまざとはゆきふりつみて…【山里は雪降りつみて道もなし今日来む人をあはれとは見む】**〈拾遺・冬・二五一・平兼盛〉訳山里は、雪が降り積もって、道もなくなってしまった。今日のような日にわざわざ訪れてくる人をこそ、ああ情けの厚い人よと思おう。

やまざとびと【山里人】[名]山里に住む人。

やまざと・ぶ【山里ぶ】[自バ上二]{び・び・ぶ・ぶる・ぶれ・びよ}（「ぶ」は接尾語）山里めく。山里に住む人のように見える。ひなびる。例「山里・びたる若人どもは、さしいらへ言の葉もおぼえで」〈源氏・橋姫〉

やまさなかづら【山真葛】[名]山に自生しているサネカズラ。

やまさはびと【山沢人】[名]山の沢辺に住んでいる人。

やまさ・ぶ【山さぶ】[自バ上二]{び・び・ぶ・ぶる・ぶれ・びよ}（「さぶ」は接尾語）山が古び、神々しくなる。山らしい姿になる。例「日の緯の大き御門に瑞山と山さ・びいます」〈万葉・一・五二長歌〉

やま・し【疚し・疾し】[形シク]{しから・しく(しかり)・し・しき(しかる)・しけれ・しかれ}**気分が悪い。不快だ。気が重い。**うしろめたい。例「なほ心解けず答へたまへるを、心やま・しと思ひたまへり」〈源氏・紅梅〉

発展学習ファイル 多く「心やまし」の形で用いられる。単独用例は平安末期以降。

やまじ[名]（「やまし」とも）草の名。ハナスゲの別称。＝山野老

やましう【山州】[名]（近世語）遊里で、下級の遊女。山衆。＝御山

やました【山下】[名]山の下方。山のふもと。また、山の茂みの陰。

やましたかぜ【山下風】[名]山からふもとへと吹き下ろす風。＝山颪

やましたかげ【山下陰】[名]山の下陰となる所。山の陰になっているふもと。

〔山下響む〕（物音が）山のふもとにとどろく。例「あしひきの山下とよみ行く水の」〈万葉・一一・二七〇四〉

やましたつゆ【山下露】[名]山の木々の枝葉よりこぼれ落ちる露。また、山の下草に宿る露。

やましたみち【山下道】[名]山の下にある道。ふもとを通っている道。

やましたみづ【山下水】[名]山のふもとを流れる水。山のふもとに湧き出る水。

やましな【山科】[地名]山城国の地名。いまの京都市山科区山科。都から東国へ通ずる交通の要所。天智天皇陵や多くの寺院がある。

やましなだうり【山階道理】[名]（「山階」は「山階寺」で、興福寺の旧称）（藤原不比等が移転・建立した山階寺が、藤原氏の氏寺として栄え、その権勢を笠に着て無理を通したことから）山階寺のすることなら非道な振る舞いも道理として通用してしまうことをいい表した語。

やましろ【山城】[地名]（古くは「山背」とも書く）旧国名。畿内五か国のひとつ。いまの京都府南部にあたる。大和国の背後にあたる意の国名という。＝山州・城州・雍州

〔和歌〕**やましろの…【山城の井出の玉川水清みさやにうつろふやまぶきのはな】**〈悠然院様御詠草・田安宗武〉訳山城の国にある井手の玉川の水が清らかなので、くっきりと映ることだ、山吹の花が。

やますが【山菅】[名]「やますげ」に同じ。

やますげ【山菅】[名]（「やますが」とも）❶山地に生えている野生のスゲ。❷草の名。ヤブランの古名。

やますげの【山菅の】[枕詞]（「山菅」の実や葉のようすから、また、同音の繰り返しから）「実」「乱る」「背向」「止まず」にかかる。例「山菅の止まずて君を思へかも」〈万葉・一二・三〇五五〉

やまずみ【山住み】[名]山寺や山里に住むこと。また、その人。↔里住み③

やまだ【山田】[名]山を切り開いて作った田。山あいにある田。

〔山田の沢〕「山田」の間にある沢。

〔山田の案内子〕「やまだのそほど」に同じ。

〔山田の案山子〕（「やまだのそほづ」とも）「山田」のかかし。

〔和歌〕**やまだかみ…【山高み白木綿花に落ち激つ滝の河内は見れど飽かぬかも】**〈万葉・六・九〇九・笠金村〉訳山が高いので白い木綿の花のように落ちほとばしる滝のあたりの土地は、すばらしくて何度見ても見飽きることがない。

やまだし【山出し】[名]（近世語）❶材木や薪炭などを山からふもとへ運び出すこと。また、その人足。❷いなかから出て来たばかりで都会に慣れないこと。また、その人。洗練されていない人。

やまだち【山立ち】[名]おいはぎ。山賊。

やまたちばな【山橘】[名]木の名。ヤブコウジの別称。（季―冬）

やまたづ【山たづ・接骨木】[名]スイカズラ科の落葉低木である接骨木の古名。

やまたづの【山たづの】[枕詞]（「山たづ」の枝や葉が向かい合っているところから）「迎ふ」にかかる。例「山たづの迎へ参ゐ出でむ」〈万葉・六・九七一長歌〉

やまぢ【山路】[名]山の道。

〔俳句〕**やまぢきてなにやらゆかし…**【山路来て何やらゆかしすみれ草】〈野ざらし紀行・芭蕉〉訳山路を歩いて来て、ふと目にとまった路傍のすみれの花に、何やら心ひかれるものを感じたことだ。（季―すみれ草―春）

〔俳句〕**やまぢきてむかふじゃうかや…**【山路来てむかふ城下や凧の数】〈太祇句選後篇・太祇〉訳山道を歩き続け、ようやく見晴らしのいい所に出ると、眼下にはこれから向かう城下町が広がっている。町の子供たちが揚げているのであろう、凧がいくつも空に上がり、その数の多さが町の繁栄ぶりを表しているようだ。（季―凧―春）

やまぢさ【山萵苣】[名]山に生えているチサ。エゴノキ、イワタバコ、チシャなど諸説あるが未詳。

やまぢのつゆ【山路の露】[作品名]擬古物語。作者・成立年未詳。『源氏物語』の薫と浮舟の話の続編を後人が創作したもの。

やまづと【山苞】[名]山からのみやげ。

やまつみ【山神・山祇】[名]（「つ」は上代の格助詞。「み」は神霊の意）山の霊。山を支配する神。↔海神①

やまづら【山面】[名]山の斜面。山の表面。

やまと【山処】[名]山の辺り。例「やまとの一本薄項傾し」〈記・上・歌謡〉

やまと【大和・倭】[地名]❶旧国名。畿内五か国のひとつ。いまの奈良県。倭州。和州。❷（①に奈良時代まで歴代天皇の都があったことから）日本国の称。

やまとうた【大和歌】[名]❶日本固有の歌。和歌。＝大和言の葉・大和言葉。↔唐歌。❷上代、大和地方の風俗歌。大和舞に用いられる。

やまとごころ【大和心】[名]「やまとだましひ②」に同じ。

やまとごと【大和琴・倭琴】[名]「わごん」に同じ。

やまとことのは【大和言の葉】[名]❶「やまとことば①」に同じ。❷「やまとうた①」に同じ。

やまとことば【大和言葉・大和詞】[名]❶日本語。＝大和言の葉。❷「やまとうた①」に同じ。

やまとさう【大和相】[名]日本流の観相。また、その観相をする人。

やまとさるがく【大和猿楽】[名]室町時代、大和に座をもち、春日神社の神事に奉仕した猿楽。外山（宝生）・結崎（観世）・円満井（金春）・坂戸（金剛）の四座。

やまとさんざん【大和三山】[地名]大和国の山。いまの奈良県橿原市にある畝傍山・耳成山・香具山の三山の総称。

やまとしま【大和島】[名]大和国（いまの奈良県）の山々。瀬戸内海から見える生駒・葛城の連山が島のように見えることから。

やまとしまね【大和島根】[名]❶日本国の称。❷（海上から見ると、連なる山が島のように見えることから）大和国（いまの奈良県）を中心とする地域。

やまとたけるのみこと【日本武尊】[人名]「倭建命」とも書く。『古事記』『日本書紀』における伝説上の英雄。父は景行天皇。兄を殺害する豪勇さを恐れた父天皇の命を受けて、東西征伐に赴く。英雄でありながら父からの疎外に悩む孤立した姿は哀切を呼び、その愛惜の叙情的世界が今もってオペラや歌舞伎に取り上げられる人気の源となっている。

やまとだましひ【大和魂】[名]❶日常的な処世の知恵・才能。↔漢才。例「才をもととしてこそ、大和魂の世に用ゐらるる方も、強うはべらめ」〈源氏・少女〉❷日本人固有の精神。＝大和心。↔漢心

やまとなでしこ【大和撫子】[名]ナデシコの別称。カラナデシコに対して、カワラナデシコをいう。古くから女性にたとえられるが、日本女性への賛辞として用いられるのは近世になってから。（季―秋）。例「山賤の垣ほに咲ける大和撫子」〈古今・恋四・六九五〉

やまとにしき【大和錦】[名]日本で織り出した錦。↔唐錦

〔和歌〕**やまとには…**【大和には　群山あれど　とりよろふ　天の香具山　登り立ち　国見をすれば　国原は　煙立ち立つ　海原は　かまめ立ち立つ　うまし国そ　あきづ島　大和の国は】〈万葉・一・二長歌・舒明天皇〉訳この大和の地にはたくさんの山々があるが、とりわけ立派である天の香具山、この山に登り立って国見をすると、国の平地には煙があちこちにのぼり立っている。海原にはカモメがあちこちに飛び立っている。ほんとに立派な国だ、この〔あきづしま〕大和の国は。

参考「あきづ島」は「大和」の枕詞。

〔歌謡〕**やまとはくにのまほろば…**【倭は国のまほろばたたなづく青垣山隠れる倭しうるはし】〈記・中・倭建命〉訳大和は、国の中でもすぐれたところだ。たたみ重ねた青い垣根のような山々、その中にこもっている大和の国こそ立派だ。

やまとひめのみこと【倭姫命】[人名]『古事記』『日本書紀』によれば、父は垂仁天皇。景行天皇の妹で日本武尊の叔母。天照大神を伊勢に鎮座させ、第二代斎宮を務めた。日本武尊に衣装や草薙剣など与え、その危窮を救うが、これは伊勢神宮の霊威を示したものと思われる。

やまとまひ【大和舞】[名]❶大嘗会や鎮魂祭に奉納する舞のひとつ。古代、大和地方で起こった大和歌による舞が、宮中や神社で行われるようになったもの。❷神楽のひとつ。春日神社などで八人の少女が榊の枝を持って舞う。

やまとみこと【大和御言】[名]「やまとことば」を尊んでいう語。

やまとみことうた【大和御言歌】[名]「やまとみこと」で作られた歌、すなわち和歌。やまとうた。

やまとめ【大和目】[名]薬種用の目方。一斤を百八十匁（六七五グラム）としたもの。↔唐目

やまとものがたり【大和物語】[作品名]平安中期（九五一ごろ成立）の歌物語。作者は未詳だが、宇多天皇周辺の女性によるか。多く実在の人物を主人

公とする、流布していた歌語りを百七十三段（数え方によって違う）にまとめたもの。

やまとよみ【大和訓み】〔名〕漢字を訓で読むこと。訓読み。

やまどり【山鳥】〔名〕鳥の名。雌雄が峰を隔てて寝るという言い伝えから、「独り寝」のたとえに用いる。また、尾が長いところから、長いこと、とくに夜の長いことの形容に用いる。

〔山鳥の秀尾の鏡〕山鳥の雄の光沢のある尾羽を鏡に見立てた語。峰を隔てた雌の影がうつるというところから、異性への慕情のたとえ。

〔山鳥の心地〕ひとり寝の寂しさに寝付くこともできず、夜を長く感じながら過ごす気持ち。

〔山鳥の尾〕（山鳥の尾が長いことから）長いものをたとえていう語。「長し」を導く序詞の一部となる。また、「尾」と同音の反復で、「一峰」を導く序詞の一部となることもある。

やまどりの【山鳥の】〔枕詞〕（「山鳥」は雌雄が別々に寝るという言い伝えから）「独り寝」にかかる。例「山鳥のひとりしぬれば」〈古今六帖・二〉

〔和歌〕**やまどりの…【山鳥のほろほろと鳴く声聞けば父かとぞ思ふ母かとぞ思ふ】**〈玉葉・釈教・二六二七・行基〉訳山鳥がほろほろ鳴く声を聞くと、亡き父ではないかと思い、また亡き母ではないかと思うよ。

やまとゑ【大和絵】〔名〕日本の風物・物語を題材にした絵。平安中期に起こった独自の筆法による日本画。技法は土佐派に継承された。↔唐絵

➡〔口絵〕王朝貴族邸の室礼

やまなかごえ【山中越】〔地名〕近江国と山城国を結ぶ道。いまの滋賀県大津市山中町から京都市左京区北白川へ出る。「志賀の山越」「白川越」ともいう。

〔俳句〕**やまなかや…【山中や菊は手折らぬ湯の匂ひ】**〈おくのほそ道・山中・芭蕉〉訳すぐれた効能があるという山中温泉。なるほど、芳しくたちこめる湯の匂いは、延命長寿の花といわれる菊を手折る必要もないと思われるほど、効能あらたかに思えることだ。（季―菊―秋）

〈参考〉菊の花は長寿の薬とする中国の伝説による。

やまなし【山梨】〔名〕木の名。イヌナシの別称。小さな斑点をもった実を付けるが、渋くて食用とはならない。＝山梨の花。（季―秋）

〔山梨の花〕「やまなし」に同じ。

やまなみ【山並み】〔名〕山が並び連なっていること。また、その山々。連峰。

やまのうへのおくら【山上憶良】〔人名〕（六六〇～七三三？）飛鳥から奈良前期、『万葉集』第三期に活躍した歌人。子への愛を歌った歌が多く、仏教思想の影響の濃さが特徴となっている。『万葉集』には長歌十一首、短歌五十三首が残るが、ほかに憶良の作、あるいは伝承歌の改作といわれる歌が多数残る。

やまのかみ【山の神】〔名〕❶山を守り支配する神。❷妻の俗称。多く、口やかましいのを戯れていう。

やまのは【山の端】山の稜線。空を背景にしている山の上部。↔「やまぎは」。例「夕日のさして、山のはいと近うなりたるに」〈枕・春は、あけぼの〉（音便）「近う」は「近く」のウ音便。

やまのべ【山の辺】（「やまのへ」とも）「やまべ（山辺）」に同じ。

やまのゐ【山の井】〔名〕「やまゐ（山井）」に同じ。

〔山の井の水〕「山の井」から汲んだ水。

やまのゐ【山の井】〔歌枕〕❶山城国の地名。いまの滋賀県大津市から京都市左京区北白川へ向かう「志賀の山越え」の途中にあった自然の湧き水を石でせき止めたところ。❷陸奥国の地名。いまの福島県郡山市日和田付近の安積山にあった清水。

〔俳句〕**やまはくれて…【山は暮れて野は黄昏の薄かな】**〈自筆句帳・蕪村〉訳遠くの山はすっかり暮れきってしまっているが、近くの野はまだ暮れきらず、たそがれの薄明かりの中に、ススキの穂が白くなびいている。（季―薄―秋）

〔和歌〕**やまはさけ…【山はさけ海はあせなむ世なりとも君に二心わがあらめやも】**〈金槐集・下・源実朝〉訳山は裂け、海は枯れてしまうような世になったとしても、わが君（＝後鳥羽上皇）に裏切りの心は私にありましょうか、いやありません。

やまばといろ【山鳩色】〔名〕染め色の名。青みがかった黄色。天皇の服の色。麹塵。

やまひ【病】〔名〕❶病むこと。病気。❷欠点。短所。また、詩歌・文章などの修辞上の欠点。例「和歌の髄脳いとところせう、病避るべきところ多かりしかば」〈源氏・玉鬘〉（音便）「ところせう」は「ところせく」のウ音便。❸気がかり。心配の種。例「（中納言ハ）それを病にて、いと弱くなりたまひにけり」〈竹取・燕の子安貝〉

〔病に沈む〕重病にかかる。病気で長く苦しむ。例「病に沈み返し申したまひける位を」〈源氏・澪標〉

やまび【山傍・山辺】〔名〕（上代語）山のほとり。山のまわり。＝山辺

やまびこ【山彦】〔名〕❶山の神。山にすむ妖怪。❷山などで出した声や音が反響する現象。こだま。

やまひづ・く【病づく】〔自カ四〕病気になる。例「世の中心細う思ひなりて、病づきぬ」〈源氏・柏木〉

やまびと【山人】〔名〕（「やまうど」とも）❶山に住む人。山で働く人。炭焼きやきこりなど。❷仙人。

やまひめ【山姫】〔名〕❶山を守り支配する女神。❷アケビの別名。

やま・ふ【病ふ】〔自ハ四〕（動詞「病む」の未然形＋上代の反復・継続の助動詞「ふ」）病気になる。例「しられぬ恋にやま・ふころかな」〈夫木・雑二〉

〔和歌〕**やまふかみ…【山深み春とも知らぬ松の戸にたえだえかかる雪の玉水】**〈新古今・春上・三・式子内親王〉訳山が深いので春になったとも気づかないわびしい住まいの松の戸に、とぎれとぎれにしたたり落ちる玉のような雪解けのしずくよ。

やまぶき【山吹】〔名〕❶木の名。晩春から初夏にかけて、一重または八重の黄色い花を付ける。「款冬」と表記するのはツワブキの漢名を誤解

や

したもの。〔季―夏〕。❷襲の色目の名。表は薄朽ち葉色で裏は黄色。また、表は黄色で裏は紅とも、表は黄色で裏は青色ともいう。❸「山吹色①②」の略。❹山吹の花や葉などを図案化した紋所の名。

やまぶきいろ【山吹色】〔名〕❶山吹の花の色。黄金色。❷（①に色が似ていることから）小判や大判などの金貨。①②＝山吹③

〔山吹の衣〕山吹色の着物。

〔和歌〕**やまぶきの…【山吹の花色衣主や誰問へど答へずくちなしにして】**〈古今・雑躰・一〇一二・素性〉訳山吹の花の色のような黄色い衣に、持ち主はだれかと尋ねても、答えてくれない。なるほどクチナシの実で染めた黄色だから、口無しだったのだ。〈参考〉「くちなし」は「梔子」と「口無し」をかける。

やまぶし【山伏・山臥】〔名〕❶山中に宿ること。野宿すること。また、その人。❷僧が野山で修行すること。また、その僧。山ごもりの僧。❸修験道の行者。修験者。

やまぶしごころ【山伏心】〔名〕仏道修行を志す心。山伏のような道心。

〔歌謡〕**やまぶしの…【山伏の腰につけたる法螺貝のちゃうと落ちていと割れ砕けてものを思ふころかな】**〈梁塵秘抄・二句神歌〉訳山伏が腰につけた法螺貝が、ちょうと落ち、ていと割れ砕けるように、私の心は千々に砕けてもの思いをする今日このごろであるよ。〈参考〉「ちゃう」「てい」は擬声語。「ていと割れ」までは「砕けて」を導く序詞。

やまふところ【山懐】〔名〕周囲を山に囲まれた奥深い所。

やまぶみ【山踏み】〔名・自サ変〕山を歩くこと。多く、修行のために寺詣でをすること。例「御ぐしおろしたまひて、ところどころ山ぶみ・したまひて」〈大和・二〉

やまべ【山辺】〔名〕《「やまへ」とも》山のほとり。山の周辺。＝山の辺

やまべ【山部】〔名〕古代、皇室直轄の山林を守ることを職とした部曲。また、その部の人。

やまべのあかひと【山部赤人】〔人名〕（生没年未詳）奈良時代の歌人。三十六歌仙のひとり。『古今和歌集』以来、柿本人麻呂と比べて論じられることが多い。清朗清和で端正な歌風は、人麻呂の模倣に終わることなく、その独自性を評価された。『万葉集』に長歌十三首、短歌三十七首入集。

やまほととぎす【山時鳥・山霍公鳥】〔名〕ホトトギスの別称。

やまぼふし【山法師】〔名〕比叡山延暦寺にいた僧兵。↔寺法師

やまみち【山道】〔名〕❶山の中の道。❷着物の裾の裏を表に出して、山道形（波形）に縫ったもの。

やまめぐり【山巡り・山回り】〔名〕山々をめぐること。とくに、山々の寺社を巡拝すること。例「もろともに山めぐりする時雨かな」〈詞花・冬・一四九〉

やまもと【山本・山元】〔名〕山のふもと。例「見わたせば山もとかすむ水無瀬川」〈新古今・春上・三六〉訳→〔和歌〕みわたせばやまもとかすむ…

やまもとかけい【山本荷兮】〔人名〕（一六四八―一七一六）江戸前・中期の俳人。『野ざらし紀行』の芭蕉を迎え、『冬の日』興行に参加。その後、古典にあこがれ趣味の世界にいる荷兮は芭蕉の「かるみ」と決別、芭蕉批判をもする。『橋守』『青葛葉』などを刊行。

〔和歌〕**やまもとの…【山もとの鳥の声々明けそめて花もむらむら色ぞ見え行く】**〈玉葉・春下・一九六・永福門院〉訳山のふもとの鳥たちのそれぞれの鳴き声で夜が明け始めて、花も一群、一群とその花の色が見えていくよ。〈参考〉「花」は桜の花を指す。

やまもり【山守】〔名〕山を守ること。山の番をすること。また、その人。

〔和歌〕**やまわかれ…【山別れ飛びゆく雲の帰り来る影見るときはなほ頼まれぬ】**〈新古今・雑下・一六九三・菅原道真〉訳山から別れて飛び去って、ふたたび戻って来る雲の姿を見るときは、自分も許されて都に帰れるのかと、頼みに思われることだ。

やまわけごろも【山分け衣】〔名〕山道などを歩くときに着る衣服。とくに、山伏の衣服をいう。

やまゐ【山井】〔名〕わき水などによって、山の中に自然にできた井戸。＝山の井

やまゐ【山居】〔名〕山に住むこと。

やまゐ【山藍】〔名〕《「やまあゐ」の変化形》「やまあゐ」に同じ。和歌では「山井」をかけて用いられることが多い。

やまをかげんりん【山岡元隣】〔人名〕（一六三一―一六七二）江戸前期の俳人・仮名草子作者。北村季吟に俳諧と古典注釈を学ぶ。『宝蔵』など俳諧とも仮名草子ともとれる作品を発表した。

やまをかづきん【山岡頭巾】〔名〕《近世語》カラムシの茎を編んで作った頭巾。切妻屋根の形で頭の左右を覆うようにかぶる。鷹匠・猟師・山賊などが用いた。＝苧屑頭巾

やみ【闇】

〔名〕❶光がさないこと。暗闇。例「春の夜の闇はあやなし梅の花色こそ見えね香やはかくるる」〈古今・春上・四一〉訳→〔和歌〕はるのよのやみはあやなし…。❷月のない夜。例「月のころは、さらなり。闇もなほ」〈枕・春は、あけぼの〉❸思慮分別がないこと。例「かきくらす心の闇に惑ひにき」〈古今・恋三・六四六〉❹迷い。心が乱れること。例「人の親の心は闇にあらねども子を思ふ道に惑ひぬるかな」〈後撰・雑一・一一〇二〉訳→〔和歌〕ひとのおやの…。❺《仏教語》現世。この世。例「夢覚めむそのあかつきを待つほどの闇をも照らせ法のともし火」〈千載・釈教・一二一〇〉❻文字が読めないこと。また、その人。例「文字け闇なる男」〈醒睡笑〉

〔闇に暮る〕❶日が暮れてやみ夜になる。例「月も出でで闇にく・れたる姨捨に」〈更級〉訳→〔和歌〕つきもいでで…。❷思慮分別を失う。理性を失う。＝闇に惑ふ。例「闇にく・れて臥ししづみたまへるほどに」〈源氏・桐壺〉

〔闇に惑ふ〕❶暗やみのために道に迷う。❷現世のことに惑わされる。例「闇にまど・へる人を照らさむ」〈詞花・雑下・四一四〉❸「やみにくる②」に同じ。

〔闇の現〕暗やみの中での現実。実際にあってもはっきりしないさま。例「むばたまの闇のうつつはさだかなる夢にいくらもまさらざりけり」〈古今・恋三・六四七〉

訳→〔和歌〕むばたまの…

〔闇の錦〕「やみのよのにしき」に同じ。

〔闇の夜〕❶やみ夜。❷「闇の夜の錦」の略。

〔闇の夜の錦〕（闇夜に錦の衣を着ても目立たず、無意味なことから）無駄なこと、やっても意味のないことのたとえ。＝闇の錦・闇の夜②・夜の錦

やみがた【止み方】［名］❶雨・雪などがやみそうになること。また、そのころ。❷病気が快方に向かうこと。また、回復期。

やみさか・る【病み離る】［自ラ四］{ら・り・る・る・れ・れ}流行病などの勢いが衰える。例「世の人すこし**病みさか・り**て上らせたまふ」〈栄花・五〉

やみしし【病み猪】［名］手負いの猪。

やみぢ【闇路】（ヤミジ）［名］❶闇夜の道。❷心が迷い思慮分別のないことのたとえ。また、煩悩に迷うこの世のたとえ。❸冥途への旅。冥途。

やみと【暗と・闇と】［副］《近世語》むやみに。やたらに。例「**やみと**かけてきやあがる」〈膝栗毛〉

やみのよの【闇の夜の】［枕詞］（闇夜は一寸先も見えないことから）「行く先知らず」にかかる。例「闇の夜の行く先知らず行く我を」〈万葉・二〇・四四三六〉訳→〔和歌〕やみのよの…

〔和歌〕**やみのよの…【闇の夜の行く先知らず行く我を何時来まさむと問ひし児らはも】**〈万葉・二〇・四四三六・防人歌・作者未詳〉訳〔やみのよの〕行く先も分からず出かけるおれなのに、そのおれに「いつお帰りになりますか」と尋ねたあの娘は、ああ。《敬語》「来まさむ」→「ます（座す）」〈参考〉「闇の夜の」は「行く先知らず」の枕詞。

やみやみ【闇闇】［副］❶無造作に。わけもなく。例「やみやみと敵に討ちとられ給はん事」〈古活字本平治・中〉❷分別もなく。

やみらみっちゃ［・なり］［名・形動ナリ］《近世語。「みっちゃ」はあばたの意》❶ひどいあばた。❷むちゃくちゃなこと。また、そのさま。例「三人**やみらみっちゃ・に**騒ぎたつる物音に」〈膝栗毛〉

や・む【止む・已む・罷む】一［自マ四］{ま・み・む・む・め・め}❶**続いていたことが止まる。中断する。絶える。**例「八月二十余日より降りそめにし雨、この月も**や・まず**」〈蜻蛉・下〉❷**中止になる。途中で終わる。**例「〔夫婦八〕はかなき仲なれば、かくて**や・む**やうもありなむかし」〈蜻蛉・上〉❸**おしまいになる。決着がつく。そのままになる。**例「帝、聞こしめして、『多くの人殺してける心ぞかし』とのたまひて、**止・み**にけれど」〈竹取・かぐや姫の昇天〉《敬語》「聞こしめして」→「きこしめす」、「のたまひて」→「のたまふ」。❹**苦痛などがおさまる。病気が治る。**例「我こそや見ぬ人恋ふる病すれあふひならでは**止・む**薬なし」〈拾遺・恋一・六六五〉〔注〕「あふひ」に「逢ふ日」と「葵」をかける。二［他マ下二］{め・め・む・むる・むれ・めよ}❶**続いていたことを中断する。途中で終わらせる。やめる。**例「心ばへある手（＝風情ノアル曲）ひとつばかりにて**や・め**たまひつ」〈源氏・橋姫〉❷**苦痛などをおさめる。病気を治す。**例「御子ども集まりて、願立てなどして、**や・め**奉りてけり」〈落窪・二〉

や・む【病む】一［自マ四］{ま・み・む・む・め・め}❶病気になる。❷傷などが痛む。例「しばしばこの疵のあと**や・む**由して」〈古今著聞・五四七〉二［他マ四］❶病気に冒される。❷心配する。悩む。例「いといたう心**や・み**けり」〈伊勢・五〉

やむごとなう（ヤムゴトノウ）形容詞「やむごとなし」の連用形「やむごとなく」のウ音便。

やむごとな・し（ヤンゴトナシ）［形ク］{から・く（かり）・し・き（かる）・けれ・かれ}

アプローチ
- ▼「止む事無し」が一語の形容詞に変化した語。
- ▼そのままとどめることができず、捨てておけない意が原義。
- ▼人や事物に用いられ、物では、貴重だ、重要だの意に、人では、多く、身分や家柄が高貴だの意に用いられる。
- ▼「やうごとなし」「やごつなし」「やごとなし」「やんごとなし」などともいう。

❶**捨てておけない。重大である。**例「『うちにも、**やんごとな・き**ことあり』とて、いでんとするに」〈蜻蛉・上〉訳「内裏に、**重大な**用事がある」といって、（夫が）出ようとするときに。❷**重んずべきである。並々でない。貴重だ。**例「いま出で来たる者の、心も知らぬに、**やむごとな・き**もの持たせて」〈枕・おぼつかなきもの〉訳新参の召し使いの、気心も知れない者に、**貴重な**物を持たせて。❸（身分・家柄が）**高貴だ。尊い。**例「いと**やむごとな・き**際にはあらぬが、すぐれて時めきたまふありけり」〈源氏・桐壺〉訳たいして**高貴な**家柄ではない方で、目立って帝のご寵愛を被っていらっしゃる方があった。

〔やむごとなき際〕（ヤンゴトナキキワ）高貴な身分。高い家柄の出。

やめ【矢目】［名］矢の当たった所。矢傷。

やめがた・し【止め難し】［形ク］{から・く（かり）・し・き（かる）・けれ・かれ}止めることができない。どうしようもない。例「ただ、かの〔愛欲ヘノ執着トイウ〕まどひのひとつ**やめがた・き**のみぞ、老いたるも若きも、智あるも愚かなるも、かはる所なしと見ゆる」〈徒然・九〉

やも【八面・八方】［名］《「やおも」の変化形》四方八方。あちらこちら。

やも［係助］《上代語。係助詞「や」＋係助詞「も」》❶文中に用いられる場合。結びは連体形となる。㋐詠嘆の気持ちをこめた疑問を表す。**…か。…だろうかなあ。**例「江林に伏せる猪**やも**求むるに良き白たへの袖巻き上げて猪待つ我が背」〈万葉・七・一二九二〉訳入り江のほとりの林に潜んでいるイノシシは探して捕らえやすいの**だろうかなあ**、〔しろたへの〕袖をまくり上げてイノシシを待っている我が夫よ。〔注〕「白たへの」は「袖」の枕詞。《係結び》「やも→良き㊍」。㋑詠嘆の気持ちをこめた反語を表す。**…だろうかなあ、いや…ではない。**例「士**やも**空しくあるべき万代に語り継ぐべき名は立てずして」〈万葉・六・九七八〉訳男子は何事も成さずにいてよい**だろうかなあ、いや、よくはない**、のちのちの世に語り伝えるのにふさわしい名声を立てないで。《係結び》「やも→あるべき㊍」。❷文

末に用いられる場合。㋐詠嘆の気持ちをこめた疑問を表す。**…か。…だろうかなあ。** 例「さす竹の大宮人の家と住む佐保の山をば思ふ**やも**君」〈万葉・六・九五五〉 訳〔さすたけの〕大宮人が家と〔定めて〕住む佐保の山辺をなつかしく思う**だろうかなあ**、あなた。〔注〕「さす竹の」は「大宮人」の枕詞。㋑詠嘆の気持ちをこめた反語を表す。**…だろうかなあ、いや…ではない。** 例「銀も金も玉もなにせむに優れる宝子に及しかめ**やも**」〈万葉・五・八〇三〉 訳→〔和歌〕しろかねも…

〈接続〉①は種々の語に付く。②は活用語の終止形・已然形に付く。

発展学習ファイル 平安以降は「**やは**」が用いられる。「**やは**」と同じく反語の意であることが多い。

やもめ［名］《「やまめ」とも》㊀【寡・寡婦】独身の女性。夫のいない女性。↔寡男。㊁【鰥】独身の男性。妻のいない男性。＝寡男

やもめずみ【寡住み】［名］夫または妻がいない生活。

やもを【寡男・鰥夫】［名］独身の男性。妻のいない男性。↔寡㊀

やや【漸・稍】［副］❶《物事の程度が他と比べて異なるさま。大小にかかわらず用いる》**いくらか。多少。少し。** 例「山里の人こそは、身のほどには**やや**うち過ぎものの心など得つべけれど」〈源氏・朝顔〉《係結び》「こそ→〔流れ〕」。❷《物事が進行して状態が変わっていくさま》**だんだん。少しずつ。** 例「仮の庵も**やや**ふるさととなりて」〈方丈記〉

やや［感］《感動詞「や」を重ねた語》❶呼びかけに発する語。これこれ。もしもし。例「『**やや**』とおどろかしたまへど」〈源氏・夕顔〉❷驚いたり、ふと思いついたりしたときなどに発する語。おやまあ。ああ。例「**やや**、大父がおはしたりけるを知らで、今まで来ざりけるは痴れたりけるわざかな」〈栄花・二七〉

ややありて【稍ありて】少し時間がたって。例「**やや**ありて、別当、涙をとどめて」〈曾我・一二〉

ややともすれば【動ともすれば】［副］「ややもすれば」に同じ。

ややま・し［形シク］{しから・しく(しかり)・し・しき(しかる)・しけれ・しかれ}さらに気になる。悩みが募る。いっそう気がとがめる。例「もの恐ろしく**ややま・しけれ**ど」〈源氏・浮舟〉

やや・む［自マ四］{ま・み・む・む・め・め}さらに思い悩む。いっそう苦しむ。例「いと苦しげに**やや・み**て」〈源氏・宿木〉

ややもすれば【動もすれば】［副］どうかすると。何かにつけて。＝動もせば・動ともすれば。例「**ややもす**れば、花の木に目をつけて」〈源氏・若菜・上〉

ややもせば【動もせば】［副］「ややもすれば」に同じ。

ややややに【稍稍に】［副］ようやく。だんだんと。

やよ［感］❶呼びかけに発する語。やあ。やい。例「**や**よ時雨もの思ふ袖のなかりせば木の葉ののちに何を染めまし」〈新古今・冬・五八〇〉❷囃子ことば、また、掛け声。やれ。例「**やよ**げにもさうよの」〈狂言記・烏帽子折〉

やよ・し［形ク］{から・く(かり)・し・き(かる)・けれ・かれ}ますます多い。例「私の老いの数さへ**やよ・けれ**ば」〈古今・雑躰・一〇〇三長歌〉

やよひ【弥生】［名］陰暦三月の称。

やよや［感］呼びかける語。やあやあ。おいおい。例「**やよや**待て山時鳥ことづてむ」〈古今・夏・一五二〉

やよろづ【八万】［名］はちまん。また、きわめて数の多いこと。

やら［感］感嘆したときに発する語。やあ。やれ。例「**やら**奇特や」〈狂・文蔵〉

やらう【遣らう】歴史的かなづかい「やらふ」

やら・ふ【遣らふ】［他ハ四］{は・ひ・ふ・ふ・へ・へ}《動詞「遣る」の未然形＋上代の反復・継続の助動詞「ふ」》追い払う。追放する。追いのける。例「霧の籬は立ちとまるべうもあらず**やら・は**せたまふ」〈源氏・夕霧〉

やらむかたな・し【遣らむ方無し】［形ク］{から・く(かり)・し・き(かる)・けれ・かれ}どうしようもない。＝遣る方無し。例「などてかくはかなき宿は取りつるぞと、くやしさも**やらむ方な・し**」〈源氏・夕顔〉

やらん《断定の助動詞「なり」の連用形「に」＋係助詞「や」＋ラ変動詞「あり」の未然形「あら」＋推量の助動詞「む」の連体形「む」＝「にやあらむ」の変化形》❶疑問、推量の意を表す。…のだろうか。例「あはれこれは、家に伝はれる小烏といふ太刀**やらん**（＝太刀デアロウカ）」〈平家・三・無文〉❷断定を避け遠回しにいう。…**とかいうようだ。** 例「鞠も、難き所を蹴出だしてのち、安く思へば、必ず落つと侍る**やらん**」〈徒然・一〇九〉 訳蹴鞠もむずかしいところを蹴り当てたのち、安心だと思うと、必ず〔鞠が地面に〕落ちる**とかいうようでございます。** ❸〔副助詞的に用いられて〕不確かな意を表す。**…とか。…やら。** 多く格助詞「と」を受ける。例「その浦島とか**やらん**は」〈伽・浦島太郎〉《敬語》「侍るやらん」→「はべり」。

やり【槍・鎗・鑓】［名］長い柄の先に細長い刃〔穂先〕をつけた武器。敵を突き刺すのに用いる。鎌倉末期以降流行した。

やりあか・つ【遣り頒つ】［他タ四］{た・ち・つ・つ・て・て}分けてあちこちに送る。例「〔捕レタ鮎ヲ〕さべきところどころに**やりあか・つ**めるも」〈蜻蛉・中〉

やりいだ・す【遣り出だす】［他サ四］{さ・し・す・す・せ・せ}〔牛車などを〕進め出す。例「七条の末に〔牛車ヲ〕**やり出だ・し**たれば」〈宇治拾遺・二・九〉

やりい・る【遣り入る】［他ラ下二］{れ・れ・る・るる・るれ・れよ}牛車などをある場所に進め入れる。例「女房の参ると思はせて、憚りなく**やり入・れ**させて」〈夜の寝覚〉

やりかへ・す【遣り返す】［他サ四］{さ・し・す・す・せ・せ}ある場所まで来た車などを元の所へ帰させる。例「やがて心得て御車を**やりかへ・し**、大宮をのぼりに、とぶがごとくに仕る」〈平家・七・主上都落〉

やりごゑ【槍声】［名］《近世語》怒り声。

やりすご・す【遣り過ごす】［他サ四］{さ・し・す・す・せ・せ}あとから来たものを先へ行かせる。行き過ぎさせる。例「〔若狭守ノ一行ヲ〕**やり過ご・し**て、いまは立ちてゆけば」〈蜻蛉・中〉

やりす・つ【破り捨つ・破り棄つ】［他タ下二］{て・て・つ・つる・つれ・てよ}破り捨てる。例「人の**破り棄・て**たる文を継ぎて見るに」〈枕・嬉しきもの〉

やりつづ・く【遣り続く】［他カ下二］{け・け・く・くる・くれ・けよ}車などを続けて進ませる。例「車**やり続・け**て」〈今鏡・敷島の打聞〉

やりて【遣り手】［名］❶牛使い。牛車を操る人。❷《近世語》遊里で、遊女の監督や遊客への取り持ちなど、諸事を行う年配の女性。

遣り戸　侍女が遣り戸から顔をのぞかせて、薫の不意の来訪を告げる。浮舟は動揺した。（源氏物語絵巻）

やりど【遣り戸】［名］鴨居と敷居のみぞにはめて、左右に開閉する戸。＝引き戸

やりどぐち【遣り戸口】［名］遣り戸のある出入り口。

やりなは【遣り縄】ヤリナワ［名］牛・馬などを引く縄。

やりのこ・す【破り残す】［他サ四］{さ・し・す・す・せ・せ}破らないで残す。破らずにおく。例「御文の、日頃**破り残・し**て御身も放たず御覧じけるを」〈大鏡・花山院〉

やりのごんざかさねかたびら【鑓の権三重帷子】［作品名］江戸中期（一七一七初演）の浄瑠璃。世話物。近松門左衛門作。同年に大坂で起きた妻敵討ち事件に取材し、俗謡で名高い伊達男の鑓の権三の名を借りて脚色した世話物。夫を愛し、夫の面目のために姦婦となり、夫に討たれる哀れな女の姿を描く。

やりほぐ【破り反故】［名］破り捨てた書き損じのいらない紙。

やりみづ【遣り水】ヤリミズ［名］寝殿造りなどで、庭に水を導き入れて小川のようにしたもの。（季―夏）。↓図版「夏越しの祓へ」

やりよ・す【遣り寄す】［他サ下二］{せ・せ・す・する・すれ・せよ}車などを進めて近寄らせる。例「車に乗りこぼれて、**やり寄・せ**て見れば」〈宇治拾遺・二・八〉

や・る【破る】㊀［他ラ四］{ら・り・る・る・れ・れ}破る。裂く。例「とまれかうまれ、とく**破・り**てむ」〈土佐〉㊁［自ラ下二］{れ・れ・る・るる・るれ・れよ}破れる。裂ける。例「我が裳も**破・れ**ぬ」〈万葉・七・一二六〇旋頭歌〉

〔**破ゃれば惜をし**〕ヤレバオシ《「破れ」は動詞「破る」の已然形》（手紙などを）破るのはいやである。「破れば惜し破らねば人に見えぬべし泣く泣くもなほ返すまされり」〈後撰・雑二・一一四三〉による。例「落ちとまりてかたはなるべき人の御文ども、『**破れば惜・し**』と思されけるにや、すこしづつ残したまへりけるを」〈源氏・幻〉

や・る【遣る】{ら・り・る・る・れ・れ}㊀［他ラ四］❶**人を行かせる。派遣する。**例「山々に人を**遣・り**つつ求めさすれど、さらになし」〈大和・一五三〉❷**物を送る。**例「文を書きて**や・れ**ども、返りごともせず」〈竹取・かぐや姫〉❸（「心を遣る」などの形で）**心を慰める。気晴らしをする。**例「思ひ慰めがてら、心も**遣・ら**むと思ひて」〈平中・三五〉❹**水を流れるようにする。水を流す。**例「水**遣・り**たる樋の上に折敷どもを据ゑて、物食ひて」〈蜻蛉・中〉❺**先に進める。走らせる。**例「おのれ、車**や・ら**ん事、賽王丸にまさりて、え知らじ」〈徒然・一一四〉《副詞の呼応》「え」→知らじ」。❻**与える。取らせる。**例「買ふ人、『明日その値を**や・り**て、牛を取らん』といふ」〈徒然・九三〉❼**逃がす。**例「あの横着者、どれへ行く。捕らへてくれい。**遣・る**まいぞ」〈狂・千鳥〉❽（動詞の連用形に付いて）㋐**その動作を遠くに及ばせる。遠くまで…する。**例「ただ目の前に見**や・らるる**は、淡路島なりけり」〈源氏・明石〉㋑**最後まで…し尽くす。…しきる。**例「一巻に言の葉を尽くして、えも言ひ**や・らず**」〈源氏・絵合〉《副詞の呼応》「え」→言ひやらず」。㊁［自ラ四］**失敗する。へまをする。**

やるかたな・し【遣る方無し】［形ク］{から・く(かり)・し・かる・けれ・かれ}❶どうしようもない。気の晴らしようがない。＝遣らむ方無し。例「いとど**やるかたな・く**」〈蜻蛉・上〉❷程度がふつうでない。とてつもない。

やるまいぞ【遣るまいぞ】逃がさないぞ。はなさないぞ。狂言などの終わりに追っ手がよくいうきまり文句。

〔俳句〕**やれうつな…**【やれ打つな蠅が手をすり足をする】〈八番日記・一茶〉訳おい、打つなよ。あのように蠅が手をすり、足をすって命乞いしているではないか。（季―蠅―夏）

やれぐるま【破れ車】［名］壊れた車。

やれやれ［・たり］【破れ破れ】［形動タリ］{たら・たり・(と)・たり・たる・たれ・たれ}ひどく破れているさま。ぼろぼろ。例「（僧服ヲ）破れ破れ・と着なしてありけり」〈宇治拾遺・八・三〉

やろう【薬籠】［名］《「やくろう」の変化形》❶薬を入れる箱。❷印籠に似た、三重か四重の長円形の重ね箱。薬などを入れて携帯した。

やわたり【家渡り】［名］引っ越し。転居。＝家移り

やわらぐ【和らぐ・柔らぐ】歴史的かなづかい「やはらぐ」

やをとめ【八少女】ヤオトメ［名］大嘗祭や新嘗祭の神事に奉仕する八人の少女。また、神社に奉仕して神楽を奏する八人の少女。

やをらヤオラ［副］《静かに動作するさま》そっと。おもむろに。例「御車を**やをら**引き入れさせて」〈源氏・若紫〉

やんごとな・し［形ク］{から・く(かり)・し・かる・けれ・かれ}「やむごとなし」に同じ。

やんや［形動口語型］立派だ。例「**やんや・な**沙汰ぢゃあねえ」〈浮世風呂〉

やんや［感］褒めるときに発する語。いいぞ。

ゆ

ゆ―【斎】［接頭］清らかな、神聖なの意を表す。「斎種」「斎槻」「斎庭」など。

ゆ【弓】［名］《他の語に冠して複合語を構成する》ゆみ。「弓柄」「弓弦」「弓杖」など。

ゆ【柚】［名］ユズの古名。黄色の果実は香りと酸味が強く、食用。（季＝花―夏・実―秋）

ゆ【湯】［名］❶水を熱くしたもの。❷入浴。温水を浴びること。また、その場所。❸温泉。❹薬湯。❺船

ゆ［格助詞］

アプローチ 上代語。似た意味を表す助詞に「よ」「ゆり」「より」がある。 **接続** 体言、活用語の連体形に付く。

意味	訳語	用例
❶動作・作用の起点を表す。	…から	例「芦北の野坂の浦ゆ船出して水島に行かむ波立つなゆめ」〈万葉・三・二四六〉 訳 芦北の野坂の浦から船出して水島へ行こう。波よ立たないでくれ、けっして。 例「天地の分かれし時ゆ神さびて高く貴き駿河なる富士の高嶺を」〈万葉・三・三一七長歌〉 訳→〔和歌〕あめつちの…
❷動作の経過する場所を表す。	…を通って	例「田子の浦ゆうち出でて見ればま白にそ富士の高嶺に雪は降りける」〈万葉・三・三一八〉 訳→〔和歌〕たごのうらゆ…
❸手段を表す。	…で …によって	例「小筑波の繁き木の間よ立つ鳥の目ゆか汝を見むさ寝ざらなくに」〈万葉・一四・三三九六〉 訳 筑波の茂った木の間から飛び立つ鳥のように、目であなたを見るだけなのか。共寝しなかったわけではないのに。
❹比較の基準を表す。	…よりも	例「衣手葦毛の馬のいなく声心あれかも常ゆ異に鳴く」〈万葉・一三・三三二八〉 訳〔ころもで〕葦毛の馬のいななく声は(人と同じく)心があるからなのか、ふだんよりも違った声で鳴いている。〔注〕「衣手」は「葦毛」の枕詞。

の中に染み込んでたまった水。

古典の世界 ②の入浴は、いまのシャワー風のものである。まずいくつもの桶に熱湯を入れ、その湯気でからだを温めたのち、ほどよい温度になった湯をからだにかけた。それがふつうの入浴法で、からだごと湯の中に浸るのは、温泉療法など特殊な場合だけであった。

〔**湯引く**〕湯を使う。入浴する。例「湯殿しつらひなんどして、御**湯ひ・か**せ奉る」〈平家・一〇・千手前〉

ゆ【揺】［名］琴の奏法のひとつ。音にうねりをつけるため、左の手で弦を揺り動かすこと。また、その音。

ゆ［格助］⇨一二四一ページ「特別コーナー」

ゆ［助動ヤ下二型］⇨一二四二ページ「特別コーナー」

ゆあさじょうざん【湯浅常山】［人名］(一七〇八〜一七八一)江戸中期の儒学者。服部南郭に入門し太宰春台らと交流があった。戦国時代の武将の逸話を集め『常山紀談』を著した。

ゆあみ【湯浴み】［名］湯につかってからだを暖め、洗うこと。入浴。温泉に入って病気をなおすこと。

ゆあ・む【湯浴む】湯を浴びる。入浴する。湯治する。例「**湯浴・み**むとてまかりける時に」〈古今・離別・三八七詞書〉

ゆいかい【遺戒・遺誡】［名］(「ゐかい」とも)後世の人のために書き残した戒め。

ゆいがとくそん【唯我独尊】［名］「てんじょうてんげゆいがどくそん」に同じ。

ゆいげう【遺教】［名］(「ゆいけう」とも)❶(仏教語)釈迦の説き残した教え。❷後世に残す教え。

ゆいしき【唯識】［名］(仏教語)外界の一切の事象は、人間が心を集中して物事をしっかり見ることによって存在するという考え。

ゆいせき【遺跡】［名］❶過去の人間や物事にゆかりの場所。古跡。旧跡。❷子孫に伝えられる領地。

ゆいま【維摩】［名］釈迦の高弟のひとり。古代インド毘耶離城の長者で、在家のまま菩薩道を修行したという。

ゆいまかう【維摩講】［名］「ゆいまゑ」に同じ。

ゆいまきゃう【維摩経】［名］維摩の教えを記した経典。大乗経典のひとつ。

ゆいまゑ【維摩会】［名］「維摩経」を講ずる法会。興福寺で陰暦十月十日から七日間行われた興福寺維摩会が名高い。＝維摩講。(季—冬)

ゆう…【友…・右…・有…・祐…・幽…・猶…・遊…・優…】歴史的かなづかい「いう…」

ゆう…【邑…】歴史的かなづかい「いふ…」

ゆう…【夕…・木綿…】歴史的かなづかい「ゆふ…」

ゆう【結う】歴史的かなづかい「ゆふ」

ゆうかしちぶのしょ【優家七部書】［作品名］「やくしゃばなし」に同じ。

ゆうげん【幽玄】歴史的かなづかい「いうげん」

ゆうそく【有識・有職】歴史的かなづかい「いうそく」

ゆうちょうろう【雄長老】［人名］(一五四七〜一六〇二)室町後期から安土桃山時代の臨済宗の僧・狂歌作者。本名は英甫永雄。中院通勝や細川幽斎らと交わり、近世狂歌の祖とされている。

ゆ［自発・受身・可能の助動詞］

アプローチ ▼上代語。「知る」「忘る」などの限られた動詞の未然形に付き、自発・受身・可能の意を表す。尊敬の意はない。
▼平安時代になると「ゆ」は用いられなくなる。

接続 四段・ナ変・ラ変動詞の未然形に付く。

活用 下二段型

基本形	未然形	連用形	終止形	連体形	已然形	命令形
ゆ	え	え	ゆ	ゆる	ゆれ	○

意味	訳語	用例
❶**自発**。意図にかかわらず、自然にある動作が行われてしまうことを表す。	(自然に)…れてしかたがない …ずにはいられない (自然に)…てしまった	例「あかねさす昼は物思ひぬばたまの夜はすがらに音のみし泣か**ゆ**」〈万葉・一五・三七三二〉 訳〔あかねさす〕昼の間はもの思いにふけり、〔ぬばたまの〕夜は夜通し声をあげて泣か**ずにはいられない**。〔注〕「あかねさす」は「昼」の、「ぬばたまの」は「夜」の枕詞。 例「秋津野に朝居る雲の失せ行けば昨日も今日も亡き人思ほ**ゆ**」〈万葉・七・一四〇六〉 訳秋津野に朝かかっていた雲が消えてしまうと、昨日も今日も亡くなった人が思わ**れてしかたがない**。〔注〕「思ほゆ」は「思はゆ」の音韻が変化した形。
❷**受身**。ほかからの動作・作用の影響を受ける意を表す。	…れる	例「あぢ群のとをよる海に船浮けて白玉採ると人に知ら**ゆ**な」〈万葉・七・一二九九〉 訳あじ鴨の群が波に揺られて漂う海に、船を浮かべて真珠を採ることを人に知ら**れる**な。
❸**可能**。ある動作をすることができることを表す。実際には、打消の語を伴い、不可能であることを表すことが多い。	…ことができる	例「湊廻に満ち来る潮のいや増しに恋は余れど忘ら**え**ぬかも」〈万葉・一三・三二五九〉 訳港のまわりに満ちてくる潮のように、ますます恋しさはあふれこそすれ、忘れる**ことができ**ないものだなあ。

発展学習ファイル (1)「射ゆ獣(＝射られた獣)」という例があることから、古くは上一段活用動詞の未然形にも接続したかと考えられる。
(2)また、連体修飾の用法であるのに、連体形「射ゆる獣」ではなく「射ゆ獣」となっている点も、古い語法を表すものかとされる。
(3)「思はゆ」は「思ほゆ」を経て、平安時代になると「おぼゆ」となった。
(4)現代語の「あらゆる」「いわゆる」の「ゆる」は「ゆ」の連体形の名残である。

ゆうづう【融通】[名]「ゆづう」に同じ。

ゆうづうねんぶつ【融通念仏】[名]《仏教語》融通念仏宗で唱える念仏。

ゆうづうねんぶつしゅう【融通念仏宗】[名]《仏教語》平安末期の良忍が開いた仏教の一派。念仏はすべてのものに融け合うとし、この念仏を唱えれば自他ともに浄土に往生すると説く。

ゆうみゃう［・なり］【勇猛】[名・形動ナリ]《仏教語。「ゆみゃう」とも》強く勇ましいこと。例「勇猛の行をくはたつ」〈平家・五・文覚荒行〉

ゆうりゃくてんわう【雄略天皇】[人名]（生没年未詳）五世紀後半の第二十一代天皇。父は允恭天皇とされ、『万葉集』一番歌の作者。

ゆえ【故・湯坐】歴史的かなづかい「ゆゑ」

ゆえんさいていりう【油煙斎貞柳】[人名]（一六五四～一七三四）江戸前・中期の狂歌作者。永田良因・永田貞柳ともいう。紀海音の兄。狂歌集『家づと』など。

ゆおびか 歴史的かなづかい「ゆほびか」

ゆか【床・牀】[名]❶家の中で一段高くなっていて、寝所などにする所。❷家の中で地面から一段高く根太を渡した板張りの所。❸劇場や寄席で、浄瑠璃太夫や三味線弾きが座る高座。

ゆか【斎瓮】[名]瓮の類の容器。上古、多く祭事に用いられた。

ゆが【瑜伽】[名]❶《仏教語》主観と客観とが相応融合してひとつとなった境地。❷(「瑜伽宗」の略)密教の総称。法相宗の別名。

〔**瑜伽の法水**〕《仏教語》真言秘密の教法があらゆる願望を満足させることを、水が万物を潤すのにたとえていうことば。

ゆかく【行かく】《動詞「行く」の名詞化したもの》行くこと。例「児ろが金門よ行かくし良しも」〈万葉・一四・三五三〇〉

ゆがけ【弓懸け・弽】[名]弓を射る際、弓を引く右の手指を痛めないように用いる皮の手袋。

ゆがさんみつ【瑜伽三密】[名]「さんみつゆが」に同じ。

ゆか・し［形シク］｛しから・しく(しかり)・し・しき(しかる)・しけれ・しかれ｝

アプローチ
▼動詞「行く」の形容詞化した語。
▼対象に好奇心を抱き、心が引きつけられるというのが原義。その対象によって、知りたい、見たい、聞きたい、読みたい、恋しいなどさまざまな意になる。
▼現代語「ゆかしい」の上品だ、の意はない。

❶**興味がある。知りたい。見たい。聞きたい。**［例］「この若草の生ひ出でむほどのなほ**ゆか・しきを**」〈源氏・若紫〉［訳］この若草の君（紫の上）が成長してゆくようすがやはり**知りたい**のだが。❷**手に入れたい。欲しい。**［例］「恋ひわびて死ぬるくすりの**ゆか・しき**に雪の山にや跡を消なまし」〈源氏・総角〉［訳］あの人に恋をする苦しさのあまり、いっそ死ぬ薬が**ほしい**ので、できることなら（薬のある）雪山に姿を消してしまおうか。《係結び》「や→消なまし(体)」❸**心ひかれる。慕わしい。**［例］「山路来て何やら**ゆか・し**すみれ草」〈野ざらし紀行〉［訳］→〔俳句〕やまぢきてなにやらゆかし…

ゆかしう【床しう】形容詞「ゆかし」の連用形「ゆかしく」のウ音便。

ゆかしが・る【床しがる】［他ラ四］｛ら・り・る・る・れ・れ｝《「がる」は接尾語》そうしたい思いにかられる。見たがる。聞きたがる。知りたがる。［例］「女房たち、何ごとならむと**ゆかしが・る**」〈源氏・末摘花〉

ゆかしさ【床しさ】［名］❶心が引きつけられるようなこと。［例］「嬉しく、**ゆかしさ**まさりて」〈枕・淑景舎〉❷懐かしいこと。恋しいこと。［例］「尚侍の家、昔見給へし**ゆかしさ**にまうで来て」〈宇津保・楼の上・下〉

ゆかたびら【湯帷子】［名］入浴時や入浴後に着る単衣の衣。いまのゆかたのもとの語。（季－夏）

ゆがみ【結髪】［名］《「ゆひがみ」の変化形》馬のたてがみをたばねて結んだもの。

ゆがみもじ【歪み文字】［名］（ゆがんだ文字の意から）平仮名の「く」の字。

ゆが・む【歪む】《「いがむ」とも》[一]［自マ四］｛ま・み・む・む・め・め｝❶形が正しくなくなる。曲がる。［例］「御車寄せたる中門の、いといたう**ゆが・み**よろぼひて」〈源氏・末摘花〉❷心や行いが公正でなくなる。よこしまである。［例］「わがため下の心**ゆが・み**たらむ人を、さも思ひよらず」〈源氏・若菜・上〉❸発音がなまる。［例］「この聖、声うち**ゆが・み**、あらあらしくて」〈徒然・一四一〉[二]［他マ下二］｛め・め・む・むる・むれ・めよ｝形などをねじまげる。ゆがめる。［例］「かたくなしく、直衣・狩衣など**ゆが・め**たりとも」〈枕・暁に帰らむ人は〉

ゆかり【縁】［名］❶**つながり。関係あるもの。**［例］「御衣どもをも、心ゆかず思されし**ゆかり**に、見入れたまはざりけるを」〈源氏・蓬生〉《敬語》「思されし」→「おぼす」。❷**縁者。血縁。**［例］「あこはらうたけれど、つらき**ゆかり**にこそ、え思ひはつまじけれ」〈源氏・空蟬〉《係結び》「こそ→思ひはつまじけれ(已)」。《副詞の呼応》「え→思ひはつまじけれ」

発展学習ファイル　類義語に、積極的に頼りを求める手段を表す「**よすが**」があり、また、すでによりどころのある意の「**よるべ**」がある。⇒「よすが」〈発展学習ファイル〉

〔**縁の色**〕《「紫の一本ゆゑに武蔵野の草はみながらあはれとぞ見る」〈古今・雑上・八六七〉［訳］→〔和歌〕むらさきのひともとゆゑに…による語》紫の色。

ゆかりむつび【縁睦び】［名］❶近親者同士が親しく付き合うこと。❷近親結婚。

ゆか・る【縁る】［自ラ四］｛ら・り・る・る・れ・れ｝血縁関係にある。親類縁者となる。ゆかりとなる。［例］「このすぢに満仲なんどもかたらはれけるにや、武士にて**ゆか・り**つつかはれて」〈愚管抄〉

ゆき【雪】［名］❶雪。（季－冬）。❷白い物のたとえ。とくに、白髪。❸紋所の名。雪の結晶の形を図案化したもの。

〔**雪の賀**〕雪の季節に催される賀の祝い。一説に、亥・子・丑の年の人が冬に行う祝い。

〔**雪の頭**〕白髪で白くなった頭。白髪まじりの頭。老いを嘆く場合に用いられることが多い。

〔**雪の玉水**〕《歌語。「玉水」は雨だれ》雪の雫を美しくいい表した語。雪どけの美しい雫。［例］「山深み春とも知らぬ松の戸にたえだえかかる**雪の玉水**」〈新古今・春上・三〉［訳］→〔和歌〕やまふかみ…

〔**雪の友**〕（白髪を雪にたとえて）ともに白髪である友人。［例］「年ごとに白髪の数をます鏡見るにぞ雪の**友**は知りける」〈後撰・冬・四七四〉

〔**雪のみ山**〕❶雪の降り積もった奥深い山。❷「雪の山」の敬称。

〔**雪のむら消え**〕雪が一度に消えず、所々に残っていること。まだら消え。

〔**雪の山**〕❶御殿の庭に雪を高く積み重ねたもの。インドの雪山をまねて作ったとされる。❷《「雪山」の訓読語》ヒマラヤ山脈のこと。［例］「恋ひわびて死ぬるくすりのゆかしきに**雪の山**にや跡を消なまし」〈源氏・総角〉❸雪をいただく山。また、白髪の頭にたとえる。［例］「老いはてて**雪の山**をばいただけど」〈拾遺・雑下・五六四〉

〔**雪もよに**〕語義未詳。雪の降る中にの意か。［例］「心さへ空にみだれし**雪もよに**」〈源氏・真木柱〉

〔**雪を廻らす**〕《「廻雪」の訓読語》舞の美しさを、風が雪を吹きめぐらすようすにたとえたもの。

ゆき【行き】［名］行くこと。進むこと。旅。［例］「君が**行き**日長くなりぬ」〈万葉・二・八五〉［訳］→〔和歌〕きみがゆき…

〔**行きの集ひ**〕人々が行き集まること。また、その場所。

ゆき【斎忌・悠紀・由基】［名］大嘗祭に供える新穀・酒料を献上する第一の国郡。都を中心に東の国から占いで定められた。↔主基

ゆぎ【靫】［名］《上代は「ゆき」とも》矢を入れて背負う箱状の武具。後世の「箙」「胡簶」の類。

ゆきあか・る【行き別る】［自ラ下二］｛れ・れ・る・るる・るれ・れよ｝離れ離れになる。散り散りになる。［例］「我かしこげに物ひさしたため、ちりぢりに**行きあか・れぬ**」〈徒然・三〇〉

ゆきあひ【行き合ひ・行き逢ひ】［名］❶出くわすこと。出会うこと。また、その時や場所。［例］「玉桙の道の**行き逢ひに**」〈万葉・四・五四六長歌〉❷季節の

変わり目。とくに、夏と秋の行き交うところ。

〔**行き合ひの空**〕ユキアイノソラ ❶二つの季節の変わり目の空。例「夏衣かたへすずしくなりぬなり夜やふけぬらん**行きあひの空**」〈新古今・夏・二八二〉❷牽牛と織女の二つの星が会う空。七夕の空。

〔**行き合ひの橋**〕ユキアイノハシ 七夕の夜、牽牛と織女の二つの星が会うとき、カササギが翼を並べて天の川に渡すという橋。＝鵲の橋。(季-秋)

〔**行き合ひの間**〕ユキアイノマ 接したものの透き間。例「片そぎ(＝神社ノ屋根ノ千木)の**ゆきあひのま**より霜やおくらむ」〈新古今・神祇・一八五五〉

ゆきあひあね【行き合ひ姉】ユキアイアネ [名]《近世語》異父または異母の姉。

ゆきあひきゃうだい【行き合ひ兄弟】ユキアイキョウダイ [名]《近世語》異父または異母の兄弟。

ゆきあ・ふ【行き合ふ・行き逢ふ】ユキアウ 一[自ハ四]{は・ひ・ふ・ふ・へ・へ}行って(偶然に)出会う。出くわす。例「玉桙の道に**行き逢・ひて**」〈万葉・一二・二九四六〉二[他ハ下二]{へ・へ・ふ・ふる・ふれ・へよ}交差させる。並び連ねる。例「鶺鴒尾**行き合・へ**」〈記・下・歌謡〉

ゆきかかづら・ふ【行きかかづらふ】ユキカカズラウ [自ハ四]{は・ひ・ふ・ふ・へ・へ}行ってかかわりをもつ。例「ここにもかしこにも**行きかかづら・ひて**」〈源氏・宿木〉

ゆきかか・る【行き掛かる】[自ラ四]{ら・り・る・る・れ・れ}❶行ってかかわりをもつ。めぐり合って関係をもつ。例「**行きかかり**て、空しく帰らむ後ろ手もをこなるべし」〈源氏・須磨〉❷行ってその場に差しかかる。行き合わせる。通りかかる。例「瀬多の橋の本、**ゆきかかる**ほどに」〈蜻蛉・中〉

ゆきか・く【靫懸く】[他カ下二]{け・け・く・くる・くれ・けよ}❶「靫」を背負う。❷勅命による譴責を受けたときに、その人の家の門の上に検非違使が「靫」をかけて、出入りを差し止める。

ゆきかぐ・る【行きかぐる】[自ラ下二]{れ・れ・る・るる・るれ・れよ}語義未詳。求婚する意とも、寄り集まる意ともいう。例「湊入りに船漕ぐごとく**行きかぐ・れ**」〈万葉・九・一八〇七長歌〉訳→〔和歌〕とりがなく…

ゆきがたしらず【行き方知らず】[名]ゆくえが分からないこと。ゆくえ知れず。

ゆきか・つ【行きかつ】[自タ下二]{て・て・つ・つる・つれ・てよ}行くことができる。例「橘の美袁利の里に父を置きて道の長道は**行きか・て**ぬかも」〈万葉・二〇・四三四一〉

ゆきがて【・なり】【雪糅て】[形動ナリ]{なら・なり(に)・なり・なる・なれ・なれ}雪の交じって降るさま。雪交じり。例「神なづきしぐればかりは降らずして**ゆきがて・に**のみなどかなるらん」〈伊勢集〉

ゆきかは・る【行き変はる】ユキカワル [自ラ四]{ら・り・る・る・れ・れ}時が経過して物事が変化する。例「世の中の**ゆきかはり**」〈栄花・三六〉

ゆきかひぢ【往き交ひ路・行き交ひ路】ユキカイジ [名]行き交う道。また、往来の途中。

ゆきか・ふ【行き交ふ】ユキカウ [自ハ四]{は・ひ・ふ・ふ・へ・へ}❶(人や車などが)行き来する。往来する。❷通う。出入りする。よく訪れる。例「ももしきに**行きか・ひ**はべらむことは」〈源氏・桐壺〉❸次のものに移り変わる。過ぎ来る。例「月日は百代の過客にして**行きか・ふ**年もまた旅人なり」〈おくのほそ道・出発まで〉

ゆきかへ・る【行き返る】ユキカエル [自ラ四]{ら・り・る・る・れ・れ}❶行って、また帰って来る。往復する。例「大宮二条のわたりを**行き返・り**つつ」〈狭衣・三〉❷次のものに移り変わる。改まる。例「あらたまの年**行きかへ・り**春花のうつろふまでに」〈万葉・一七・三九七八長歌〉

ゆきかよ・ふ【行き通ふ】ユキカヨウ [自ハ四]{は・ひ・ふ・ふ・へ・へ}行き来する。いつも通って行く。例「父君のもとを里にて(＝実家ニシテ)**行き通・ふ**」〈源氏・末摘花〉

ゆきぎえ【雪消え】[名]雪がとけて消えること。また、その時。

ゆき・く【往き来】[自カ変]{こ・き・く・くる・くれ・こ(こよ)}行ったり来たりする。往来する。例「真土山**行き・来**と見らむ紀人ともしも」〈万葉・一・五五〉

ゆきくら・す【行き暮らす】[他サ四]{さ・し・す・す・せ・せ}日の暮れるまでずっと行く。行く途中で日暮れになる。例「かく**行き暮ら・し**て、泊まりに至りて」〈土佐〉

ゆきく・る【行き暮る】[自ラ下二]{れ・れ・る・るる・るれ・れよ}行く間に日が暮れる。例「葛木の山の辺に**行きく・れ**て、ある山がつの家に立ちよりて」〈沙石集〉

〔和歌〕**ゆきくれて…**【ゆきくれて木のしたかげを宿とせば花やこよひの主ならまし】〈平家・九・忠度最期・平忠度〉訳旅の途中で日が暮れてしまったので、(桜の)木の下の陰を宿とすれば、(桜の)花が今夜の主となって、もてなしてくれるのであろうか。

〔係結び〕「や」→主ならまし(体)

〈参考〉「主」は「主人」と「もてなす」意とをかける。

ゆきげ【雪気】[名]雪が降り出しそうな空模様。

ゆきげ【・す】【雪消・雪解】[名・自サ変]《「ゆきぎえ」の変化形》❶雪が消えること。また、その時や場所。(季-春)例「**雪消・する**山道すらを」〈万葉・一三・三三八二長歌〉❷雪解けの水。

〔**雪消の水・雪解の水**〕ユキゲノミズ 雪がとけて生じた水。雪どけの水。

ゆきげた【行き桁】[名]橋などの、架けた方に沿って渡した桁。橋桁。

ゆきごひ【雪乞ひ・雪請ひ】ユキゴイ [名]雪が降るように、神仏に祈願すること。

ゆきじもの【雪じもの】[副]雪のように。雪めいて。例「ひさかたの天伝ひ来る**雪じもの**行き通ひつついや常世まで」〈万葉・三・二六一長歌〉

ゆぎしゃう【湯起請】ユギショウ [名]中世における裁判の一方法。起請文を書かせた上で熱湯に手を入れさせ、やけどをした者を有罪とした。また、その起請文。上代の遺風。

ゆきす・ぐ【行き過ぐ】[自ガ上二]{ぎ・ぎ・ぐ・ぐる・ぐれ・ぎよ}通過する。通り過ぎる。例「二人行けど**行き過・ぎ**難き秋山を」〈万葉・二・一〇六〉訳→〔和歌〕ふたりゆけど…

ゆきずり【行き摩り・行き摺り】[名]❶すれ違うこと。また、すれ違いざまに色や香りが移ること。❷通りすがり。❸かりそめ。例「君は世の中にありて、家妻子を具せるらむに、(私ノ事ハ)ただ**行きずり**の事にてこそあれ」〈今昔・一四・五〉

ゆきちが・ふ【行き違ふ】ユキチガウ [自ハ四]{は・ひ・ふ・ふ・へ・へ}(別の方向に進む者同士が)すれ違う。交差する。例「殿司・女官などの**行きちが・ひ**たるこそ、をかしけれ」〈枕・ころは、正月、三月〉

ゆきち・る【行き散る】[自ラ四]{ら・り・る・る・れ・れ}散り散りば

らばらになる。別れ別れになる。例「かかる人々もえしも〈邸(やしき)二〉ありはてでや行き散・らむ」〈源氏・須磨〉

ゆきつ・く【行き着く】［自カ四］{か・き・く・く・け・け}❶目的地に着く。追い付く。例「京に住む人、いそぎて東山に用ありて、すでに行きつ・きたりとも」〈徒然・一八八〉❷酔いつぶれる。

ゆきつ・る【行き連る】［自ラ下二］{れ・れ・る・るる・るれ・れよ}いっしょに行く。例「ある人、清水(きよみづ)へ参りけるに、老いたる尼の行きつ・れたりけるが」〈徒然・四七〉

〈俳句〉**ゆきとけて…**【雪解けて村(むら)一(いっ)ぱいの子(こ)どもかな】〈七番日記・一茶〉訳雪が解けて長い冬の生活が終わった。村じゅうどこもかしこも、春を待ちわびた子供たちが元気よく遊びまわっていることだ。（季－雪解け－春）

ゆきとぶら・ふ【行き訪ふ】ユキトブラ(ロ)ウ［自ハ四］{は・ひ・ふ・ふ・へ・へ}訪れる。行って見舞う。例「心ざしふかかりける人、ゆきとぶら・ひけるを」〈伊勢・四〉

ゆきとま・る【行き止まる】［自ラ四］{ら・り・る・る・れ・れ}❶途中で立ち止まる。例「まつ人はゆきとま・りつつあぢきなく」〈和泉式部集〉❷行き着く。行き当たる。例「行き止ま・るをぞ宿と定むる」〈古今・雑下・九八七〉

ゆきなや・む【行き悩む】［自マ四］{ま・み・む・む・め・め}（障害があって）進めない。進むことがむずかしい。例「こほりとぢ石間の水はゆきなや・み」〈源氏・朝顔〉

〈俳句〉**ゆきのあさ…**【雪の朝二(に)の字(じ)二(に)の字(じ)の下駄(たげ)のあと】〈続近世崎人伝・捨女〉訳一面真っ白に雪の降り積もった朝、表に出てみると、すでにだれかが歩いたのだろう、通りにまるで二の字を書いたような下駄の跡が、点々と続いている。（季－雪－冬）

〈和歌〉**ゆきのうちに…**【雪のうちに春は来にけり鶯(うぐひす)のこほれる涙今やとくらむ】〈古今・春上・四・藤原高子〉訳まだ雪が降っている冬景色の中に春はやって来たよ。厳しい冬の寒さで凍っていたウグイスの涙も、いまはもう解けていることだろうか。《係結び》「や→とくらむ㊍」

ゆきはな・る【行き離る】［自ラ下二］{れ・れ・る・るる・るれ・れよ}離れ行く。立ち去る。例「うき世を行き離・れむ」〈源氏・賢木〉

ゆきはばか・る【行き憚る】［自ラ四］{ら・り・る・る・れ・れ}（阻むものがあって）行きかねる。行くことをためらう。例「白雲は行きはばか・りてたなびけり見ゆ」〈万葉・三・三一七〉

ゆきぶり【行き触り】［名］行って触れること。途中で行き会うこと。行きずり。

ゆきふりがみ【雪降り髪】［名］馬の白いたてがみ。＝木綿髪(ゆふかみ)

ゆきふ・る【行き触る】［自ラ四］{ら・り・る・る・れ・れ}［自ラ下二］{れ・れ・る・るる・るれ・れよ}行って触れる。行くときさわる。例「大御袖(おほみそで)行き触・れし松を」〈万葉・一三・三三二四長歌〉

〈和歌〉**ゆきふればきごとにはなぞ…**【雪降ればき毎に花ぞ咲きにけるいづれを梅と分きて折らまし】〈古今・冬・三三七・紀友則〉訳雪が降ると、どの木にも白い花が咲いたように見える。どれを梅と区別して折ろうかしら。《係結び》「ぞ→咲きにける㊍」

〈和歌〉**ゆきふればふゆごもりせる…**【雪降れば冬ごもりせる草も木も春に知られぬ花ぞ咲きける】〈古今・冬・三二三・紀貫之〉訳雪が降ると、冬ごもりをしている草にも木にも、春にはかかわりのない花が咲いたよ。《係結び》「ぞ→咲きける㊍」

ゆきべ【靫部】［名］《後世「ゆぎべ」とも》「ゆげひべ」に同じ。

ゆぎへのじょう【靫負尉】ユギエノジョウ［名］《「ゆげひのじょう」の変化形》「ゆげひのじょう」に同じ。

ゆきぼとけ【雪仏】［名］雪で作った仏。雪だるま。（季－冬）

ゆきま【雪間】［名］❶積もった雪の解けた所。（季－春）。例「春日野の雪間を分けて生(お)ひ出(い)でくる草のはつかに見えし君かも」〈古今・恋一・四七八〉訳→〈和歌〉かすがののゆきまをわけて…。❷雪の晴れ間。

ゆきまぐさ【雪間草】［名］雪の消えたところから萌(も)え出た草。雪の中から生え出た草。（季－春）

ゆきまさ・る【行き増さる】［自ラ四］{ら・り・る・る・れ・れ}しだいに増して行く。だんだん増える。例「明日香川(あすかがは)水行き増さ・り」〈万葉・二・二〇二〉

ゆきまぜ【雪交ぜ・雪雑ぜ】［名］雨や風に雪が交じっていること。雪交じり。

ゆきまろげ【雪丸げ】［名］「ゆきまろばし」に同じ。

ゆきまろばし【雪転ばし】［名］雪を転がして大きな塊にすること。また、その塊。＝雪丸(ゆきまろげ)

ゆきみづき【雪見月】［名］陰暦十一月の別称。（季－冬）

ゆき・みる【行き廻る】［自マ上一］{み・み・みる・みる・みれ・みよ}めぐって行く。回って進む。例「軽(かる)の池の浦廻(うらみ)行き・廻る鴨すらに」〈万葉・三・三九〇〉

ゆきむか・ふ【行き向かふ】ユキムカ(コ)ウ［自ハ四］{は・ひ・ふ・ふ・へ・へ}❶順々に去っては来る。例「行き向か・ふ年の緒長く仕へ来(こ)し」〈万葉・一三・三三二四長歌〉❷出向く。出かけて行く。例「土肥次郎(とひのじらう)がもとにゆきむか・って」〈平家・一〇・内裏女房〉❸立ち向かって行く。例「ゆきむか・ってうばひ」〈平家・二・一行阿闍梨之沙汰〉②③《音便》「ゆきむかっ」は「ゆきむかひ」の促音便。

ゆきめぐ・る【行き廻る・行き巡る】［自ラ四］{ら・り・る・る・れ・れ}❶あちこち歩く。歩き回る。さまよう。例「誰(たれ)により世をうみやまに行きめぐ・り」〈源氏・澪標〉❷めぐりめぐる。運行・輪廻(りんね)・運命などが一巡して元に戻る。例「ながらふるほどはうけれどゆきめぐ・り今日はその世にあふ心地(ここち)して」〈源氏・賢木〉

ゆぎゃう【遊行】ユギョウ［名・自サ変］［・す］❶僧が、修行や教化のため諸国をめぐり歩くこと。＝行脚(あんぎゃ)。❷出歩くこと。散歩。❸《「遊行上人(しゃうにん)」の略》時宗(じしゅう)の住職。とくに開祖の一遍(いっぺん)上人。

〈和歌〉**ゆきやらで…**【行きやらで山路(やまぢ)暮らしつ郭公(ほととぎす)今一声(ひとこゑ)の聞かまほしさに】〈拾遺・夏・一〇六・源公忠〉訳そのまま先に進むことができずに山道で一日を過ごしてしまった。ホトトギスのもうひと声が聞きたいばかりに。

ゆきや・る【行き遣る】［自ラ四］{ら・り・る・る・れ・れ}（多く下に打消しの語を伴って）すんなり進む。障りなく行く。例「（私フ）うち棄(す)ててはえ行きや・らじ」〈源氏・桐壺〉

〈俳句〉**ゆきゆきて…**【行き行きて倒れ伏(ふ)すとも萩(はぎ)の原(はら)】〈おくのほそ道・山中・曾良〉訳同行二人(どうぎょうににん)よ、長い旅路をここまで師芭蕉とともに来たが、病となり、今ひとり先に行かなければならない。行けるだけ行き、力尽きて倒れることになったとしても、折か

らのハギの花の咲き乱れる野原に身を埋めるなら、風雅を愛する者の端くれとして、それこそ本望というものだ。（季‐萩‐秋）

ゆきゆ・く【行き行く】［自カ四］{か・き・く・く・け・け}どんどん行く。進みに進む。例「**ゆきゆ・き**て、駿河の国にいたりぬ」〈伊勢・九〉

ゆきわか・る【行き別る】［自ラ下二］{れ・れ・る・るる・るれ・れよ}別々の方向に別れて行く。例「今はとて**行き別・れ**んほどこそ、今一際の心乱れぬべけれ」〈源氏・幻〉

ゆきわた・る【行き渡る】［自ラ四］{ら・り・る・る・れ・れ}❶行って渡る。渡って行く。❷訪ねて行く。❸行き届く。隅々まで及ぶ。

ゆきをれ【雪折れ】［名］雪の重みで木や竹などが折れること。また、その折れたもの。（季‐冬）

ゆきをんなごまいはごいた【雪女五枚羽子板】［作品名］江戸中期（一七〇八初演）の浄瑠璃。時代物。近松門左衛門作。赤松満祐が足利義教を暗殺した嘉吉の乱に取材した。

ゆ・く【行く・往く】［自カ四］{か・き・く・く・け・け}❶**目的地に向かって移動する。進む。**例「〔住吉の明神ガ〕幣には御心のいかねば、御船も**行・か**ぬなり」〈土佐〉❷**通過する。通って行く。**例「ちっとも水にもおぼれず、平地を**行・く**ごとくして、むかへの岸へつきにけり」〈平家・五・咸陽宮〉❸**時が流れる。時間がたつ。**例「年月の**行・く**ままに、おのが弾く琴の音に、響き通へり」〈宇津保・俊蔭〉❹**水が流れる。**例「前より**行・く**水をば、初瀬川といふなりけり」〈源氏・玉鬘〉❺**死ぬ。亡くなる。**例「あしひきの山縵の児今日**行・く**と我に告げせば帰り来ましを」〈万葉・一六・三七八九〉❻（「心が行く」などの形で）**満足する。気がすすむ。**例「しばしのほども、心細くて立ちとまりたまふを見おくに、いとど心も**ゆ・か**ずなむ」〈源氏・早蕨〉（係結び）「なむ」→（省略）」。❼**物事が着実に進行する。はかどる。うまく治まる。**例「公卿僉議ありしかども、事**ゆ・く**べしとも見えざりけり」〈平家・五・都遷〉❽（動詞の連用形（＋て）＋「行く」の形で）だんだんその状態が進む。**だんだん…してゆく。**例「昔今のことども、年ごろの御物語に、日暮れ**ゆ・く**」〈源氏・行幸〉

〔**行く秋**〕暮れて行く秋。晩秋。（季‐秋）
〔**行く瀬**〕水が流れて行く瀬。
〔**行く春**〕暮れて行く春。晩春。（季‐春）
〔**行く人**〕道行く人。旅人。
〔**行く道**〕進んで行く道。

ゆぐ【湯具】［名］女子が身につける衣。入浴のときに用いることもある。

ゆくかた【行く方】［名］❶ゆくえ。行く方向。行く末。❷（多く「無し」を伴って）心を晴らす方法。やるかた。例「**行く方**なき悲しさは」〈源氏・東屋〉

ゆくかはの【行く川の】［枕詞］（流れる川の状態から）「過ぐ」にかかる。例「**行く川の**過ぎにし人の」〈万葉・七・一一一九〉

ゆくさ【行くさ】［名］（「さ」は接尾語）行く時。行きしな。↔来さ。例「**行くさ**には二人我が見しこの崎をひとり過ぐれば心悲しも」〈万葉・三・四五〇〉

〔**行くさ来さ**〕行く時と来る時と。行き帰り。例「白菅の真野の榛原**行くさ来さ**君こそ見らめ」〈万葉・三・二八一〉

ゆくさき【行く先】［名］❶行く手。目的地。❷将来。先々。また、余命。例「いにしへ、**ゆくさき**のことどもなどいひて」〈伊勢・三三〉

ゆくすゑ【行く末】［名］❶進んで行く先。例「**ゆく末**は空もひとつの武蔵野に草の原より出づる月影」〈新古今・秋上・四二二〉訳→（和歌）ゆくすゑは…。❷将来。前途。❸余命。老いさき。例「**行く末**短げなる親ばかりを頼もしきものにて」〈源氏・明石〉❹経歴。素性。例「かの女房の**行く末**をくわしく尋ねて候へば」〈太平記・一八〉

〔和歌〕**ゆくすゑは…**【ゆく末は空もひとつの武蔵野に草の原より出づる月影】〈新古今・秋上・四二二・藤原良経〉訳 分けゆく末は空もひと続きに見える武蔵野に、草の原から出る月の光よ。

ゆくて【行く手】［名］❶進む方向。前方。前途。❷行くついで。行きがけ。例「なほざりの**行く手**の一言葉も、『をかしくいみじ』と、心を尽くし」〈狭衣・一〉

〔**行く手の袖**〕道を行くときの衣の袖。行きずりの衣の袖。

ゆくとりの【行く鳥の】［枕詞］（鳥が先を争うように群れ飛ぶところから）「群がる」「争ふ」にかかる。例「**行く鳥の**群がりて待ち」〈万葉・一三・三三二六長歌〉

〔俳句〕**ゆくはるやおもたきびはの…**【ゆく春やおもたき琵琶の抱きごころ】〈五車反古・蕪村〉訳 春が過ぎ去ろうとしている名残惜しさに琵琶をかき鳴らそうとすると、抱きかかえた琵琶が常より重く感じられ、その重みに晩春の物憂い気分がさらに深まっていく。（季‐ゆく春‐春）

〔俳句〕**ゆくはるやしゅんじゅんとして…**【ゆく春や逡巡として遅ざくら】〈蕪村句集・蕪村〉訳 いま、春が過ぎ去って行こうとしている。その春をとどめようとするかのように、ためらいがちに遅咲きの桜が咲いている。（季‐ゆく春・遅ざくら‐春）

〔俳句〕**ゆくはるやせんじゃをうらむ…**【行く春や撰者を恨む歌の主】〈平安廿歌仙・蕪村〉訳 過ぎ行く春。その名残惜しくもの憂い気分の中で、自信作が勅撰集に選ばれなかった歌人が、撰者への恨みを綿々といだき続けている。（季‐行く春‐春）

〔俳句〕**ゆくはるやどうしゃのきみの…**【行く春や同車の君のささめ言】〈自筆句帳・蕪村〉訳 春も終わろうとしているころ、同じ牛車に乗りあわせた貴人が、相手に何やらひそひそと話しかけている。（季‐行く春‐春）

〔俳句〕**ゆくはるやとりなきうをの…**【行く春や鳥啼き魚の目は涙】〈おくのほそ道・旅立・芭蕉〉訳 春が過ぎ行こうとしている。惜春の情に堪えかねて、鳥は哀愁に満ちた声で鳴き、魚の目は涙にうるんでいる。そうした憂愁の中を、人々との惜別の涙にくれながら旅立って行く。（季‐行く春‐春）

〔俳句〕**ゆくはるを…**【行く春を近江の人と惜しみける】〈猿蓑・芭蕉〉訳 多くの古人が愛でてきた琵琶湖の過ぎ行く春を、いま、私は近江の親しい人々とともに惜しんだことだ。（季‐行く春‐春）

ゆくへ【行方】［名］❶**行った先。進む方向。**例「**ゆくへ**も知らず、少納言が率て隠しきこえたる」〈源氏・若紫〉（敬語）「隠しきこえ」→「きこゆ」。❷将来。先ゆき。例「宮は五月十五夜の雲間の月をながめさせ給ひ、なんのゆくへもおぼしめしよらざりけるに」〈平家・四・信連〉《敬語》「ながめさせ給ひ」→「させたまふ」、「おぼしめしよらざり」→「おぼしめす」

〔**行方も知らず**〕（名詞「行方」＋助詞「も」＋動詞「知る」の未然形＋打消の助動詞「ず」）❶どこに行ったのか分からない。行方不明だ。❷将来どうなるのか分からない。例「我が恋は行方も知らず果てもなし」〈古今・恋二・六一一〉❸行き着くところが分からないほど広々としている。果てしない。例「海の面うらうらとなぎわたりて、行方もしらぬに」〈源氏・須磨〉

ゆくへな・し【行方無し】[形ク]{から・く(かり)・し・き(かる)・けれ・かれ}❶目ざす所がない。あてもない。例「行くへな・くあり渡るとも」〈万葉・一八・四〇九〇〉❷行く先が分からない。例「行方な・き空の煙となりぬとも」〈源氏・柏木〉

〈和歌〉**ゆくほたる…**【ゆく蛍雲の上までいぬべくは秋風吹くと雁に告げこせ】〈後撰・秋上・二五二・在原業平、伊勢・四五〉訳飛んでゆく蛍よ。雲の上まで行くことができるのなら、こちらではもう秋風が吹いているので早くいらっしゃいと雁に告げておくれ。

ゆくみづ【行く水】流れ行く水。

〔**行く水に数書く**〕（流れる水に数を書いても跡が残らないことから）はかないこと、むなしいことのたとえ。例「行く水に数書くよりもはかなきは」〈古今・恋一・五二二〉訳→〈和歌〉ゆくみづに…

〈和歌〉**ゆくみづに…**【行く水に数書くよりもはかなきは思はぬ人を思ふなりけり】〈古今・恋一・五二二・よみ人しらず〉訳流れる水に数を書くことよりもはかないのは、思ってくれない人を思うことであったよ。

ゆくゆく[副]❶遠慮なく。ためらわず。例「ゆくゆくと宮にも愁へきこえたまふ」〈源氏・賢木〉❷時のままに進行するさま。どんどん。ずんずん。例「御腹はゆくゆくと高くなる」〈宇津保・国譲・下〉

ゆくゆく【行く行く】[副]❶歩きながら。行きながら。例「ゆくゆく飲み食ふ」〈土佐〉❷行く末。将来。やがて。

ゆくらか[・なり][形動ナリ]{なら・なり(に)・なり・なる・なれ・なれ}ゆったりと揺れ動くさま。心の落ち着かないさま。例「いざりする海人の梶の音ゆくらかに」〈万葉・一二・三一七四〉

ゆくらゆくら[・なり][形動ナリ]{なら・なり(に)・なり・なる・なれ・なれ}不安定に揺れ動くさま。例「天雲のゆくらゆくらに葦垣の思ひ乱れて」〈万葉・一三・三二七二長歌〉

ゆくりか[・なり][形動ナリ]{なら・なり(に)・なり・なる・なれ・なれ}（「か」は接尾語）❶思いがけないさま。突然だ。例「山里の御歩きもゆくりかに思したつなりけり」〈源氏・総角〉❷軽率だ。配慮がない。例「ゆくりかにあざれたることのまことにならはぬ御心地なれば」〈源氏・夕霧〉

ゆくりなう 形容詞「ゆくりなし」の連用形「ゆくりなく」のウ音便。

ゆくりな・し[形ク]{から・く(かり)・し・き(かる)・けれ・かれ}❶思いがけない。不意だ。突然だ。例「六条殿ぞ、いとゆくりな・く本意なしと思せど」〈源氏・真木柱〉《係結び》「ぞ」→（流れ）。《敬語》「思せど」→「おぼす」。❷不用意だ。軽はずみだ。例「さめたまふ（＝出家ヲ願イ出ル）人ありとて、入道殿の、いかでかは、ゆくりな・くうけひきたまふぞ」〈夜の寝覚〉

ゆげ【弓削】[名]弓を作ること。また、上代、弓作りを職業とした部。

ゆげ[・す]【遊戯】[名・自サ変]（古くは「ゆけ」）❶遊び楽しむこと。ゆうぎ。❷楽しがること。喜ぶこと。例「『命は、今日延びぬる心地しはべり』と、いたく遊戯・するを」〈大鏡・後一条院〉❸（仏教語）心に任せて自在に振る舞うこと。

ゆげた【湯桁】[名]湯舟の周りの桁。また、湯舟。

ゆげのだうきゃう【弓削道鏡】[人名]「だうきゃう」に同じ。

ゆげひ【靫負】[名]（「ゆぎおひ(靫負ひ)」の変化形）❶靫を背負う者。兵士。朝廷の兵として宮中諸門などの警備に当たった。❷「靫負尉」の略。

ゆげひのじょう【靫負尉】[名]（「ゆぎへのじょう」とも）左右の「衛門府」の三等官。＝靫負②・衛門の尉

ゆげひのすけ【靫負佐】[名]「衛門佐」の別称。

ゆげひのちゃう【靫負庁】[名]❶「衛門府」の別称。❷「検非違使」の別称。

ゆげひのつかさ【靫負司】[名]❶（靫を負って）宮中を守護する武官を管理する役所。左右の近衛・兵衛・衛門の「六衛府」の総称。❷「衛門府」の別称。

ゆげひのみゃうぶ【靫負命婦】[名]父・兄、または夫が「靫負」である女官。

ゆげひべ【靫負部】[名]大化の改新前、国造の子弟を貢上させ靫を負って宮中を守護させた、天皇の親衛軍を組織した部。＝靫負

ゆこ【行こ】（上代東国方言。動詞「行く」の連体形）ゆく。

ゆごて【弓籠手】[名]弓を射るとき、袖が弦に当たるのを防ぐために、左の肩から手首までを覆うもの。

ゆざさ【斎笹】[名]（「ゆささ」とも）神聖な笹。一説に、多くの笹とも。

ゆさん[・す]【遊山】[名・自サ変]❶山野に遊ぶこと。行楽。❷気ばらしに外出すること。

ゆじゅん【由旬】[名]（梵語の音訳）古代インドの距離の単位。帝王の一日の行程で、六町（＝約六五五メートル）を一里として、十六里、あるいは三十里とも四十里ともいう。

ゆ・す【揺す】[他サ変]{せ・し・す・する・すれ・せよ}琴を弾くとき、左の手で弦を押して音を上下させる。例「さしやりてゆ・したまふ御手つき」〈源氏・紅葉賀〉

ゆす・ふ【結ふ】[他ハ四]{は・ひ・ふ・ふ・へ・へ}（上代東国方言）むすぶ。例「結・ひしひもの解くらく思へば」〈万葉・二〇・四四二七〉

ゆずゑ【弓末・弓上】[名]弓の上端。

ゆすりみ・つ【揺すり満つ】[自タ四]{た・ち・つ・つ・て・て}その場にいる者すべてが騒ぎたてる。すべての者がざわめく。例「殿の内揺すり満・ちて」〈宇津保・忠こそ〉

ゆする【泔】[名]❶洗髪のとき、髪をすくのに用いた水。米のとぎ汁や強飯を蒸したあとの湯を用いた。❷①を用いて洗髪すること。

ゆす・る【揺する】{ら・り・る・る・れ・れ}[一][自ラ四]❶揺れ動く。例「山・野揺す・り、大空響きて」〈宇津保・俊蔭〉

❷大騒ぎする。例「おほかた世揺す・りて、ところせき御いそぎの勢ひなり」〈源氏・少女〉 ㊁[他ラ四]❶揺り動かす。例「大き海の磯本揺す・り立つ波の」〈万葉・七・一二三九〉❷おどして金銭などを取る。

ゆするあみ【沐浴み】[名]頭髪を洗うこと。

ゆするつき【泔坏】[名]「泔①」を入れる器。土器・漆器・銀器などのふたつきの器で、台に載せる。↓[古典参考図]調度類〈1〉

ゆするまうけ【泔設け】[名]洗髪してくしけずる準備のために、泔坏などを整えること。

ゆせぼさつ【勇施菩薩】[名]《仏教語》釈迦如来に従う菩薩のひとつ。出世の法を進んで衆生に施したという。

ゆそう【遊僧】[名]「いうそう」に同じ。

ゆた[・なり]【寛】[形動ナリ]{なら・なり(に)・なり・なる・なれ・なれ}ゆったりとしている。のどかである。例「その夜はゆた・にあらましものを」〈万葉・一二・二八六七〉

〔**寛にたゆたに**〕気持ちが揺れて定まらないさま。＝寛のたゆたに。例「我が心ゆたにたゆたに浮き蓴辺にも沖にも寄りかつましじ」〈万葉・七・一三五二〉

〔**寛のたゆたに**〕「ゆたにたゆたに」に同じ。

ゆたか[・なり]【豊か】[形動ナリ]{なら・なり(に)・なり・なる・なれ・なれ}❶物が多くてゆとりのあるさま。豊富だ。裕福だ。❷ゆったりしている。例「水の勢ひゆたか・に書きなし」〈源氏・梅枝〉

ゆだけ【弓丈】[名]「ゆんだけ」に同じ。

ゆだけ【裄丈】[名]着物の背縫いから袖口までの長さ。着物のゆきたけ。

ゆたけ・し【豊けし】[形ク]{から・く(かり)・し・き(かる)・けれ・かれ}❶広い。大きくて豊かである。例「胸別のゆたけ・き吾妹」〈万葉・九・一七三八長歌〉❷ゆったりしている。のびのびしている。例「ゆたけ・き君を思ふこのころ」〈万葉・八・一六一五〉❸盛大だ。立派だ。例「いとゆたけ・き御祈りなり」〈源氏・若菜・上〉❹収穫が多い。豊かだ。例「かくばかりゆたけ・き年に」〈夫木・雑三〉

ゆだち【弓立ち】[名]弓を射るための構え。

ゆだて【湯立て】[名]巫子が神前で行う神事のひとつ。熱湯に竹や笹の葉を浸し、それを身に振りかけて祈り、神の託宣を受けるもの。

ゆだ・ぬ【委ぬ】[他ナ下二]{ね・ね・ぬ・ぬる・ぬれ・ねよ}自分の仕事を他人に任せる。ゆだねる。

ゆだね【斎種】[名]《「ゆたね」とも》斎み清めた神聖な種。稲の種を指すことが多い。たくさんの種の意ともいう。

ゆた・ふ[自ハ四]{は・ひ・ふ・ふ・へ・へ}ゆるくなる。たるむ。例「つぎ目あらはれて、皮ゆた・ひ」〈平家・三・有王〉

ゆたん【油単】[名]《「ゆたと」とも》単衣の布や紙に油をひいたもの。濡れないためや湿気を防ぐために、器物の敷物や櫃・長持ちなどの覆いとして用いた。

ゆつ-【斎つ】[接頭]《「つ」は上代の格助詞》(名詞に付いて)清らかな、神聖なの意を表す。「斎つ桂」「斎つ爪櫛」など。→「ゆ(斎)」

〈参考〉一説に、「ゆ」は「五百」の変化形で、多数の意ともいう。

ゆ・づ【茹づ・煠づ】[他ダ下二]{で・で・づ・づる・づれ・でよ}❶ゆでる。❷入浴する。患部を湯に浸して湯治する。例「雪げに御足も腫れて、悩ましく思さるれば、茹・でつくろひなどして」〈狭衣・三〉

ゆついはむら【斎つ岩群】[名]《「ゆつ」は接頭語》神聖な岩石の集まり。一説に、多くの岩の集まりともいう。

ゆづう【融通】[名]《「ゆうづう」とも》❶《仏教語》とけ合って一体となること。❷金銭をやりくりすること。

ゆづか【弓柄・弓束】[名]《「ゆつか」とも》弓の中ほどの、左手で握る部分。また、そこに巻く革や布。

ゆつかつら【斎つ桂】[名]神聖なカツラ。一説に、枝葉の生い茂っているカツラの木とも。

ゆつき【斎槻】[名]神聖なツキの木。一説に、葉の生い茂ったツキの木とも。

ゆづけ【湯漬け】[名]湯をかけて食べる飯。

ゆっすり[副]揺れ動くさま。ゆらゆら。

ゆつつまぐし【斎つ爪櫛】[名]《「ゆつ」は接頭語》神聖な櫛。一説に、歯の多い櫛とも。

ゆつまつばき【斎つ真椿】[名]神聖なツバキ。一説に、枝葉が生い茂っているツバキ。

ゆづら・ふ【譲らふ】[他ハ四]{は・ひ・ふ・ふ・へ・へ}《「ゆづりあふ」の変化形》譲り合う。例「上は下に助けられ、下は上に靡きて、事広きにゆづら・ふらん」〈源氏・帚木〉

ゆづりじゃう【譲り状】[名]所領・財産などを譲り与える旨を記した文書。

ゆづりは【譲り葉・交譲木】[名]《古くは「ゆづるは」》木の名。新しい葉が出てから古い葉が落ちるところからこの名称がある。縁起ものとして正月などの飾り物として用いられる。(季－春)

ゆつ・る[自ラ四]{ら・り・る・る・れ・れ}(月や時が)移る。変わる。例「まそ鏡清き月夜のゆつ・りなば」〈万葉・一一・二六七〇〉

ゆづる【弓弦】[名]弓の弦。

〔**弓弦を鳴らす**〕(魔除けのまじないとして)弓の弦をはじいて音を出す。

ゆづ・る【譲る】[他ラ四]{ら・り・る・る・れ・れ}❶自分のものや地位などを他の人に与える。譲渡する。❷人に任せる。他にゆだねる。例「〔我ガ子ノコトヲ〕譲・りおきてなど思ひたまへつるも」〈蜻蛉・中〉❸他人を先にする。譲歩する。例「〔二人ハ〕かたみに(＝互イニ)譲・りて手触れぬに」〈源氏・竹河〉

ゆづるは【譲る葉・交譲木】[名]「譲り葉」の古名。

ゆづゑ【弓杖】[名]「ゆんづゑ①」に同じ。

ゆとうよみ【湯桶読み】[名]漢字の熟語の読み方のひとつ。「湯桶」のように上の字を訓読みし、下の字を音読みすること。

ゆとこ【夜床】[名]《上代東国方言》夜寝る床。よどこ。

ゆどの【湯殿】[名]❶浴室。風呂場。❷入浴すること。例「脱ぎ換へて御湯殿など、いたうつくろひたまふ」〈源氏・真木柱〉❸貴人の入浴時に奉仕すること。また、その人。

〔俳句〕**ゆどのやま…**【湯殿山銭ふむ道の涙かな】〈おくのほそ道・出羽三山・曾良〉訳神聖なる修験の地出羽三山の一つ湯殿山。所持した金銭をすべて奉納せねばならず、また地に落ちたものを拾ってはならないというこの地は参道に敷きつめたように銭がまかれており、それを踏み締めて歩くにつけても世俗を超越し

た霊山の尊さにうたれ、ただ感涙の落ちるばかりであることだ。（季-湯殿行-夏）

ゆなゆな［名］語義未詳。のちのちの意か。例「黒かりし髪も白けぬゆなゆなは息さへ絶へて後遂に命死にける」〈万葉・九・一七四〇長歌〉

ゆには【斎庭】［名］《「ゆ」は神聖なの意の接頭語》神事を行うためにはらい清められた場所。

ゆば【弓場】［名］《「ゆみば」とも》練習のために弓を射る場所。宮中には、内裏の紫宸殿の前庭の西隅に設けられた。＝矢場。➡図版「賭弓」

ゆはず【弓筈・弓弭】［名］《「ゆみはず」とも》弓の弦をかけるところ。

〔弓弭の騒き〕弓を射るときの弦の鳴る音。➡［古典参考図］武装・武具〈3〉

ゆはた【纈】［名］《「ゆひはた（結ひ機）」の変化形》しぼり染め。くくり染め。＝結ふ機

ゆばどの【弓場殿】［名］《「ゆみばどの」とも》❶（騎射が行われたことから）大内裏の「武徳殿」の別称。❷宮中で、天皇が賭弓を見る場所。紫宸殿と校書殿の北端の間に設けられた。

ゆばはじめ【弓場始め】［名］❶陰暦十月五日に、天皇が弓場殿に出て、公卿以下殿上人の「賭弓①」をご覧になる儀式。射場始め。（季-冬）。❷年の初めや弓場ができたときなどに、初めて弓を射る儀式。＝弓始め。（季-春）

ゆはら【弓腹】［名］《「ゆばら」とも》弓の両端の弦をかけるところ。一説に、弓の胴の部分。

ゆはらのおほきみ【湯原王】［人名］（生没年未詳）奈良時代の歌人。父は志貴皇子。『万葉集』に十九首入集。娘子との相聞贈答が有名。

ゆばり【尿】［名］「ゆまり」に同じ。

-ゆひ【結ひ】［接尾］（衣服・銭になど）ひもや縄で結い束ねたものを数える語。「ゆひくくり」「ゆひ束」など。

ゆひ【結ひ】［名］❶結うこと。結んだもの。❷田植えなどのときに互いに手伝いあうこと。また、その人。

ゆひ【由比】［地名］駿河国の地名。いまの静岡県庵原郡由比町。東海道の難所薩埵峠の東側にあたり、駿河湾に面した漁港。東海道五十三次のひとつ。

ゆひあ・ぐ【結ひ上ぐ】［他ガ下二］｛げ・げ・ぐ・ぐる・ぐれ・げよ｝結んで高くする。上の方に上げて結う。例「足座を結ひあ・げて、うかがはせんに」〈竹取・燕の子安貝〉

ゆひから・ぐ【結ひ紮ぐ】［他ガ下二］｛げ・げ・ぐ・ぐる・ぐれ・げよ｝結んで束ねる。縛り付ける。

ゆひから・む【結ひ搦む】［他マ下二］｛め・め・む・むる・むれ・めよ｝縛り上げて動けなくする。例「また頸枷（＝首カセ）などいふ物をはげられて（＝ハメラレテ）、結ひから・められて」〈宇治拾遺・八・四〉

ゆひぎは【結ひ際】［名］結んでいる箇所のそば。例「〔御髪ハ〕結ひ際の上より削がせたまへるなりけり」〈栄花・三九〉

ゆひくら【結ひ鞍】［名］《「ゆひぐら」とも》木を二本結び合わせて作った鞍。荷物用の粗末な鞍。

ゆひこ・む【結ひ込む】［他マ下二］｛め・め・む・むる・むれ・めよ｝結んで中に包み込む。例「袿一襲、同じき裳一襲、結ひ込・め給へり」〈宇津保・蔵開・上〉

ゆびさ・す【指差す】［他サ四］｛さ・し・す・す・せ・せ｝❶指でさし示す。❷非難する。後ろ指をさす。例「その大逆無道のはなはだしき事、世のにくむところ、人の指さ・すところなり」〈太平記・一九〉

ゆひそ・ふ【結ひ添ふ】［他ハ下二］｛へ・へ・ふ・ふる・ふれ・へよ｝添えて結う。例「櫛どもも、白きもの（＝オシロイ）、いみじくつまづまを結ひそ・へたり」〈紫式部日記〉

ゆひた・つ【結ひ立つ】［他タ下二］｛て・て・つ・つる・つれ・てよ｝結んで人目に立つようにする。例「山守がありける知らにその山に標結ひ立・てて」〈万葉・三・四〇一〉

ゆひつ・く【結ひ付く】［他カ下二］｛け・け・く・くる・くれ・けよ｝結びつける。例「〔歌ヲ〕ものの枝に結ひつ・けておきつ」〈源氏・浮舟〉

ゆひな・す【結ひ為す】［他サ四］｛さ・し・す・す・せ・せ｝結んで、ある状態にする。それらしく結い上げる。例「籬（＝低イ垣根）いとなつかしく結ひな・して」〈源氏・常夏〉

ゆひはた【結ひ機】［名］「ゆはた」に同じ。

ゆひめ【結ひ目】［名］結び合わせたところ。

ゆふ【夕】［名］夕方。夕暮れ。

〔夕片設く〕夕暮れになる。また、夕方になるのを待つ。例「夕かたま・けて鳴くかはづかも」〈万葉・一〇・二一六三〉

〔夕去らず〕《「去らず」は、離れて行かないの意から転じて、いつもの意》夕方ごとに。毎夕。例「夕去らずかはず鳴く瀬の」〈万葉・三・三五六〉

ゆふ【木綿】［名］コウゾの樹皮をはいで蒸し、裂いて糸としたもの。主に、祭事の際など、幣としてサカキなどにかけた。＝真木綿。例「木綿かけて斎ふこの社も越えぬべく」〈万葉・七・一三七八〉

ゆ・ふ【結ふ】［他ハ四］｛は・ひ・ふ・ふ・へ・へ｝❶結ぶ。結び合わせる。例「泣く泣くも今日はわが結・ふ下紐をいづれの世にかとけて見るべき」〈源氏・夕顔〉〔注〕「とけ」に、「（下ひもが）解ける」の意と「打ち解ける」の意をかける。古代に、男女が貞操を守るしるしとして、下ひもを互いに結ぶ風習があった。《係結び》「か→見るべき㊍」。❷髪を結んで整える。例「いとをかしげに装束き、角髪結・ひて」〈源氏・澪標〉〔注〕「角髪」は、頭の上部で分けて左右の耳もとで結んだ少年の髪型。❸組み立てる。構築する。作る。例「萱草といふ草を、笆（＝目ノアライ小サナ垣根）結・ひて、いと多く植ゑたりける」〈枕・故殿の御服の頃〉❹糸などで綴じる。縫い合わせる。例「几帳どものほころび結・ひつつ」〈枕・宮の、五節出ださせたまふに〉

ゆふあがり【夕上がり】［名］漁師のとってきた魚が、夕方に市場にあがること。また、その魚。

ゆふあらし【夕嵐】［名］夕方に吹く強い風。

ゆふうら【夕占・夕卜】［名］「ゆふけ」に同じ。

ゆふか・く【夕掛く】［自カ下二］｛け・け・く・くる・くれ・けよ｝夕方になる。日暮れ時になる。和歌では、多く「木綿かく」にかけて用いられる。例「夕か・けて、みな帰りたまふほど」〈源氏・藤裏葉〉

ゆふかげ【夕影・夕陰】［名］❶夕暮れの日の光り。例「この夕影にうぐひす鳴くも」〈万葉・一九・四二九〇〉訳→〔和歌〕はるののにかすみたなびき…。❷夕日の薄暗い光の中に映し出された人や物の姿。①②↕朝影

ゆふかげ【木綿鹿毛】［名］馬の毛色の一種。白毛の交じった鹿毛。全体が薄い褐色で黄を帯びており、四肢が黄ばんだ毛色のもの。

ゆふかげぐさ【夕影草・夕陰草】[名]夕方、物陰にある草やそこに咲いている花。また、夕方の薄明かりの中に見える草や花。

ゆふがすみ【夕霞】[名]夕方になって立つ霞。(季-春)

〔俳句〕**ゆふかぜや…**【夕風や水青鷺の脛を打つ】〈自筆句帳・蕪村〉[訳]夕暮れ時、水辺に涼しい風が吹き出した。風のつくったさざ波が、水の中にすっと立つ青鷺の細いすねを濡らすさまも、一服の涼味をもたらすことだ。(季-青鷺-夏)

ゆふかたぎぬ【木綿肩衣】[名]「木綿」で作った袖のない着物。

ゆふかづら【木綿鬘】[名]物忌みの印として頭部にかける木綿製の鬘。楮の皮の繊維を蒸して水に浸し、白くさらして細く裂いた糸を冠や榊などにかけたもの。平安時代ごろ、神事などに用いた。

ゆふがほ【夕顔】[名]草の名。夏の夕方、白く大きな花を開く。実を薄く帯状にむいて干したものはカンピョウと呼ばれ、食用。(季-夏)

ゆふがほ【夕顔】[人名]『源氏物語』の登場人物。頭中将の想い人で、玉鬘を生む。夕顔の花をきっかけに源氏と出会い、ふたりのときを過ごそうと某の院に赴くが、物の怪にとりつかれ命を落とす。

ゆふがほ【夕顔】[作品名]『源氏物語』の四番目の巻名。

ゆふかみ【木綿髪】[名]「ゆきふりがみ」に同じ。

ゆふかり【夕狩り】[名]《「ゆふがり」とも》夕方に行う狩り。↔朝狩り

ゆふぎり【夕霧】[名]夕方の霧。↔朝霧

ゆふぎり【夕霧】[人名]『源氏物語』の登場人物。源氏の子で、母は葵の上。初恋の雲居雁と結ばれる。左大臣になる。

ゆふぎり【夕霧】[作品名]『源氏物語』の三十九番目の巻名。

ゆふぎりあはのなると【夕霧阿波鳴渡】[作品名]江戸中期(一七一二初演)の浄瑠璃。近松門左衛門作。遊女夕霧と伊左衛門との恋を素材に描く。夕霧年忌追善として上演。

〔和歌〕**ゆふぐれは…**【夕暮れは雲のはたてにものぞ思ふ天つ空なる人を恋ふとて】〈古今・恋一・四八四・よみ人しらず〉[訳]夕方になると、雲の果てを眺めてもの思いにふけることだ。天上はるかにいるような高貴なお方を恋い慕って。《係結び》「ぞ→思ふ(体)」

ゆぶくろ【弓袋】[名]弓を入れる袋。ゆみぶくろ。

ゆふけ【夕占】[名]《「ゆふら」「ゆふげ」とも》夕方に道端に立って、往来する人のことばを聞いて吉凶禍福を占うこと。また、その占い。

〔夕占問ふ〕夕方、辻占で吉凶を占う。[例]「門に立ち夕占問ひつつ我を待つと」〈万葉・一七・三九七八長歌〉

ゆふけ【夕食】[名]《近世以降「ゆふげ」》夕飯。夕方の食事。

ゆふけぶり【夕煙】[名]夕方に立つ炊事などの煙。

ゆふこり【夕凝り】[名]夕方になって霜や雪が凍り固まること。[例]「夕凝りの霜置きにけり」〈万葉・一一・二六九二〉

ゆふざ【夕座】[名]《仏教語》法華八講・最勝講などの、朝夕の講座のうち、夕方のもの。↔朝座

ゆふさり【夕さり】[名]夕方になること。夕方。[例]「夕さりはかへりつつ」〈伊勢・六九〉

ゆふさりつかた【夕さりつ方】[名]《「つ」は上代の格助詞》「夕さり」のころ。夕方ごろ。

ゆふさ・る【夕さる】[自ラ四]{ら・り・る・る・れ・れ}《「さる」はその時が来る意》夕方になる。↔朝さる。[例]「夕さ・れば山を去らぬ布雲の」〈万葉・一四・三五一三〉

ゆふされ【夕され】[名]《「ゆふさり」の変化形。「ゆふざれ」とも》夕方。

〔和歌〕**ゆふさればかどたのいなば…**【夕されば門田の稲葉おとづれて葦のまろ屋に秋風ぞ吹く】〈金葉・秋・一七三・源経信〉〈百人一首・大納言経信〉[訳]夕暮れになると、門前の田の稲葉にそよそよと音を立てて、葦で葺いた粗末な小屋に秋風が吹くことよ。《係結び》「ぞ→吹く(体)」

〔和歌〕**ゆふさればのにもやまにも…**【夕されば野にも山にも立つ煙なげきよりこそ燃えまさりけれ】〈大鏡・時平・菅原道真〉[訳]夕方になると、野原にも山にも立ち上る煙、その煙は私の嘆きという木から燃え出して、いっそう燃えまさるのだ。《係結び》「こそ→燃えまさりけれ(已)」〈参考〉「なげき」の「き」に「木」の意をかける。「煙」「なげき」「燃え」は縁語。

〔和歌〕**ゆふさればのべのあきかぜ…**【夕されば野辺の秋風身にしみてうづら鳴くなり深草の里】〈千載・秋上・二五九・藤原俊成〉[訳]夕暮れになると、野辺を吹き渡る秋風がしみじみと身にしみてウズラが悲しげに鳴く声が聞こえる。この深草の里では。

〔和歌〕**ゆふさればものもひまさる…**【夕されば物思ひ増さる見し人の言問ふ姿面影にして】〈万葉・四・六〇二・笠女郎〉[訳]夕方になると、悩みがふえます。あのときお会いしたお方の、声を掛けてくださるお姿が目の前にちらついて。

〔和歌〕**ゆふさればをぐらのやまに…**【夕されば小倉の山に鳴く鹿は今夜は鳴かず寝ねにけらしも】〈万葉・八・一五一一・舒明天皇〉[訳]夕方になると小倉の山で鳴くあの鹿は、今夜は鳴かない。もう寝てしまったらしい。

ゆふしぐれ【夕時雨】[名]夕方に降る時雨。(季-冬)

ゆふしたかぜ【夕下風】[名]夕方、地上を低く吹く風。

ゆふしで【木綿四手・木綿垂】[名]「木綿」で作った「四手」。

ゆふしほ【夕潮・夕汐】[名]夕方満ちてくる潮。↔朝潮・朝潮満ち

ゆふぜち【夕節】[名]《「ゆふせち」とも》盆・正月などの節日の夕方にごちそうすること。(季-春)

ゆふだすき【木綿襷】一[名]木綿で作ったたすき。神事の際に用いた。二[枕詞]《「たすき」は、肩にかけたり、袖をからげて結んだりすることから》「掛く」「むすぶ」などにかかる。[例]「いそのかみ布留の社の木綿襷かけてのみやは恋ひむと思ひし」〈拾遺・恋四・八六七〉〔注〕「布留の社」は、奈良県にあり、古くから

信仰を集めた神社。

ゆふたたみ【木綿畳】《「ゆふだたみ」とも》㊀［名］「木綿」を折り畳むこと。また、畳んだもの。㊁［枕詞］㊀を神に手向けるところから「手向け」に、また同音の「た」を含む地名「田上」にかかる。例「木綿畳手向けの山を」〈万葉・六・一〇一七〉

〔俳句〕**ゆふだちや…**【夕立や田をみめぐりの神ならば】〈五元集・其角〉訳田を見巡るという名をもつ神であれば、どうか夕立を降らせて日照りから人々をお救いください。（季―夕立―夏）

ゆふだ・つ【夕立つ】［自タ四］｛た・ち・つ・つ・て・て｝❶風・雲・波などが、夕方起こる。例「かき曇り夕立つ波の荒ければ」〈新古今・羇旅・九一八〉❷夕立が降る。例「やがて夕立つ我が袂かな」〈山家集・下〉

ゆふつかた【夕つ方】［名］《「つ」は上代の格助詞》夕方。

ゆふづ・く【夕づく】［自カ下二］｛け・け・く・くる・くれ・けよ｝夕方になる。例「夕づけてこそは迎へさせたまはめ」〈源氏・若紫〉

ゆふづくひ【夕づく日】［名］夕方の日の光。夕日。↔朝づく日

〔和歌〕**ゆふづくひ…**【夕づく日さすや庵の柴の戸に寂しくもあるかひぐらしの声】〈新古今・夏・二六九・藤原忠良〉訳夕日がさす閉ざした庵の柴の戸に、なんと寂しく聞こえることか、ヒグラシの声は。〈参考〉「さす」は、「射す」と、戸を「鎖す」の意の掛詞。四句切れ。

ゆふづくよ【夕月夜】《「ゆふづきよ」とも》㊀［名］❶夕暮れの月。夕方に空にかかっている月。例「春霞たなびく今日の夕月夜」〈万葉・一〇・一八七四〉❷月がでている夕暮れ。（季―秋）。例「をかしき夕月夜。ゆゑある有り明け」〈紫式部日記〉①②↔暁月夜・朝月夜①②。㊁［枕詞］❶（夕方の月がでることは、ほの暗いことから）「をぐらし」また、それと同音を含む地名「小倉」にかかる。例「夕月夜小倉の山に鳴く鹿の」〈古今・秋下・三一二〉〔注〕「小倉山」は京都の北西にある山。古くから、鹿や紅葉の名所として有名。❷（月は「入る」ところから）「いる」また、同音を含む地名「いるさの山」「いる野」などにかかる。例「夕月夜いるさの山の木がくれに」〈千載・夏・一六三〉

〔和歌〕**ゆふづくよこころもしのに…**【夕月夜心もしのに白露の置くこの庭にこほろぎ鳴くも】〈万葉・八・一五五二・湯原王〉訳月の出ている夕方、心がしみじみとするほどに、白露の置いているこの庭にコオロギが鳴いている。

〔和歌〕**ゆふづくよしほみちくらし…**【夕月夜潮満ち来らし難波江の蘆の若葉を越ゆる白波】〈新古今・春上・二六・藤原秀能〉訳夕月の薄明りの中、潮が満ちて来るらしい。難波江の葦の若葉の上に波頭を見せて越えて来る白波よ。

ゆふつけ【木綿付け】［名］「木綿付け鳥」の略。

ゆふつけどり【木綿付け鳥】［名］鶏の別称。世が乱れた時、都の境界で、鶏に木綿を付けて祓えをしたところからいう。＝木綿付け・夕告げ鳥

ゆふつげどり【夕告げ鳥】［名］《「木綿付け鳥」の「木綿付け」を夕べを告げる意の「夕告げ」と解してできた語》「ゆふつけどり」に同じ。

ゆふつづ【長庚・夕星】［名］《近世以降「ゆふづつ」とも》夕方に西の空に見える金星。宵の明星。↔明星

ゆふつづの【長庚の・夕星の】［枕詞］❶「夕星」が夕暮れ西の空に見えるところから「夕べ」にかかる。例「夕星の夕へになれば」〈万葉・五・九〇四長歌〉❷金星が、明けの明星として東の空にも現れることから「か行きかく行き」にかかる。例「夕星のか行きかく行き大船のたゆたふ見れば」〈万葉・二・一九六長歌〉

ゆふでく［名］《近世語》江戸深川の遊里独特のことば。いなか者を軽蔑した語。

ゆふな【夕菜】［名］夕食のおかず。夕方に摘む菜。↔朝菜

ゆふなぎ【夕凪】［名］夕方、海風が陸風に変わるとき、しばらく無風状態になること。↔朝凪

ゆふなみちどり【夕波千鳥】［名］夕波の立つ間を鳴いて飛ぶ千鳥。例「近江の海夕波千鳥汝が鳴けば心もしのに古思ほゆ」〈万葉・三・二六六〉訳→〔和歌〕あふみのうみ…

ゆふには【夕庭】［名］夕方の庭。

ゆぶね【湯槽・湯船】［名］❶入浴用の湯を入れておくおけ。浴槽。❷江戸時代、水上生活者のための銭湯で、浴室を設けた小舟のこと。

ゆふばえ【夕映え】［名］夕方の辺りが薄暗くなるころ、夕日で物の色が美しく映えて見えること。

ゆふはた【結ふ機】［名］「ゆはた」に同じ。

ゆふはな【木綿花】［名］《「ゆふばな」とも》「木綿」で作った造花。

ゆふはなの【木綿花の】［枕詞］《「木綿花」は枯れないで白く美しく栄える意から》「栄ゆ」にかかる。例「木綿花の栄ゆる時に」〈万葉・二・一九九長歌〉

ゆふは・ふる【夕羽振る】（風や波が起こるさまをたとえて）夕方、鳥が羽ばたく。↔朝羽振る。例「朝はふる風こそ寄せめ夕はふる波こそ来寄れ」〈万葉・二・一三一長歌〉訳→〔和歌〕いはみのうみ…

ゆふひがくれ【夕日隠れ】［名］夕日が当たらないこと。また、その場所。

ゆふべ【夕べ】［名］《上代は「ゆふへ」》❶夕方。夕暮れ。例「朝に死に夕べに生まるるならひ、ただ水の泡にぞ似たりける」〈方丈記〉《係結び》「ぞ→似たりける㊍」。❷昨夜。例「都一見そのためにゆふべ夜をこめ立ち出づるが」〈伽・酒呑童子〉

夕べの陽に子孫を愛す（白楽天の「秦中吟」にある句から）沈もうとする夕日のように老いても子や孫をかわいがる。

ゆふまぐれ【夕間暮れ】［名］夕方の薄暗いこと。また、その時分。

ゆふまどひ【夕惑ひ】［名］夕方から眠くなること。また、その眠り。＝宵惑ひ

ゆふみや【夕宮】［名］夕方の御殿。↔朝宮

ゆふやみ【夕闇】［名］陰暦二十日前後の夕方、月が昇らない間の闇。また、その時刻。

ゆぶゆぶ［・たり］［形動タリ］｛たら・たり（と）・たり・たる・たれ・たれ｝《「ゆふゆふ」とも》水気でぶくぶくふくれたさま。例「一身ゆふゆふと腫れたる者」〈今昔・二四・七〉

ゆほびか［・なり］［形動ナリ］｛なら・なり（に）・なり・なる・なれ・なれ｝ゆっ

たりとして穏やかだ。豊かで広々している。例「〔明石ノ海ハ〕ゆほびか・なる所にはべる」〈源氏・若紫〉

ゆまき【湯巻き】[名]❶(「いまき」とも)貴人の入浴に奉仕する女性が、上から着た衣。のちに、一般の女性も入浴時や入浴後に着た。❷(転じて)腰巻き。

ゆまは・る【斎まはる】[自ラ四]{ら・り・る・る・れ・れ}心身の汚れを避けて慎む。身を清める。斎戒する。

ゆまり【尿】[名](「ゆばり」「いばり」とも)小便。

ゆみ【弓】[名]❶武器の一種。矢を射るためのもの。古代には櫨・槻・梓などの丸木で作ったが、のちに削った木弓・竹弓・ひご弓が現れ、進んだ弓になった。➡[古典参考図]男子の服装〈1〉。❷弓を射ること。また、その技術。

〔弓取る方〕弓を持つ方。左方。左手。

〔弓鳴らす〕悪霊退散のために、矢をつがえずに弓の弦を引き鳴らす。弦打ちをする。鳴弦する。例「弓鳴らし、沓音し」〈枕・殿上の名対面こそ〉

〔弓の結〕左右の射手を組み合わせて弓の技術を争う競技。

〔弓の師〕弓術の師匠。とくに、賭弓の際の射手の指導者。

〔弓の弦を切る〕(弓の弦を切って)降伏の意志を示す。例「かぶとをぬぎ弓の弦を切・りて、ひとへにかしこまりを申して」〈増鏡・新島守〉

〔弓の鳥打ち〕弓の上端と握りとの間の反りの大きくついた部分。鳥打ち。

〔弓(を)引く〕❶(魔除けのまじないとして)弓の弦を引いて鳴らす。=弓鳴らす。例「人々追ひ避けなどするに、弓ひ・き鳴らし」〈源氏・浮舟〉❷弓に矢をつがえて射る。❸たてつく。敵対する。手向かう。例「兄に向かって弓を引・くが」〈保元・中〉

〔弓を伏す〕弓を横にする。転じて、降伏する。例「弓を伏・せ逆木を引きのけて、泣く泣く道の傍らに畏まる」〈太平記・一七〉

ゆみとり【弓取り】[名]❶弓を用いること。また、その人。❷弓術にすぐれていること。また、その人。❸武士。=弓矢取り

ゆみはじめ【弓始め】[名]「ゆばはじめ②」に同じ。

ゆみはず【弓筈】[名]「ゆはず」に同じ。

ゆみばどの【弓場殿】[名]「ゆばどの」に同じ。

ゆみはり【弓張り】[名]❶弓に弦を張ること。また、その人。❷「弓張り月」の略。❸「弓張り提灯」の略。

ゆみはりぢゃうちん【弓張り提灯】[名]竹を弓のように曲げて、その両端にかけて張って開くようにした提灯。=弓張り③

ゆみはりづき【弓張り月】[名]弓を張ったような形の月。上弦または下弦の月。=弓張り②

ゆみふで【弓筆】[名]弓と筆。武芸と文事。

ゆみや【弓矢】[名]❶弓と矢。転じて、武器の称。❷弓矢の道。武道。❸弓矢を取る身。また、その家柄。武家。

〔弓矢取る身〕弓矢を取る人。武士。

〔弓矢の道〕弓術。また、武道。

〔弓矢の面目〕武士の名誉。武門の誉れ。

ゆみやがみ【弓矢神】[名]弓矢のことをつかさどる神。軍神。主として「八幡」の神のことをいう。

ゆみやとり【弓矢取り】[名]弓矢を用いること。また、その人。武士。=弓取り③

ゆみやはちまん【弓矢八幡】㊀[名]武神である八幡神。また、八幡大菩薩。㊁[副]神にかけて。誓って。必ず。例「弓矢八幡、成敗致す」〈狂・入間川〉㊂[感]感嘆したり、失敗して悔しく思ったときに用いる語。残念無念。まったくもって。例「弓矢八幡、面白い」〈狂言記・今参〉

ゆみを【弓雄】[名]弓の射術の上手な者。

ゆめ

ゆめ【夢】[名](上代は「いめ」。「いめ(寝目)」の変化形)❶眠っている間に出来事を見聞きするように感じる現象。夢。例「夢にいと清げなる僧の、黄なる地の袈裟着たるが来て」〈更級〉〔注〕「僧の」の「の」は同格の助詞。❷(現実とは思えず、夢のようにはかない)出来事。はかないこと。例「かの有り明けの君は、はかなかりし夢を思ほし出でて、いとものなげかしうながめたまふ」〈源氏・花宴〉〔音便〕「もの嘆かしう」は「もの嘆かしく」のウ音便。〔敬語〕「思し出でて」→「おぼす」

〔夢合はす〕夢を解いて吉凶を占う。例「夢合は・する人に合はさせ侍りしかば」〈宇津保・俊蔭〉

〔夢合ふ〕夢の内容がその後の現実にあてはまる。正夢になる。例「この夢合・ふまで、また人にまねぶな(=伝エルナ)」〈源氏・若紫〉

〔夢か現か〕夢のことか現実のことか。

〔夢通ふ〕互いに相手を夢に見る。例「夢通・ふ道さへ絶えぬ」〈新古今・冬・六七三〉

〔夢に富す〕(夢の中で金持ちになることから)はかないことのたとえ。

〔夢に夢見る〕夢の中で夢を見る。ぼんやりとはっきりしないことにいう。例「夢に夢・みる心地して、とかうの事も宣はず」〈平家・一〇・内裏女房〉

〔夢の心地〕夢の中にいるような気持ち。また、夢のようなはかない気持ち。例「〔紫ノ上ノ〕限り(=臨終)のほどの夢の心地せしなど」〈源氏・御法〉

〔夢の諭し〕神霊などが夢に出て諭しを告げること。また、その諭し。=夢の告げ

〔夢の徴〕何かの前兆を夢で見ること。

〔夢の直路〕夢の中に通うまっすぐな道。夢の近道。例「行き通ふ夢の直路はうつつならなむ」〈古今・恋二・五六八〉

〔夢の契り〕夢の中での出会い。例「うかりける夢の契りの身をさらで」〈右京大夫集〉

〔夢の告げ〕「ゆめのさとし」に同じ。

〔夢の名残〕夢からさめてからも、その気分が残ること。

〔夢の夢〕夢の中で見る夢。非常にはかないこと。

〔夢の世〕夢のようにはかない世。

〔夢のわたりの浮橋〕「ゆめのうきはし」に同じ。

〔夢を取る〕他人の幸運の夢を自分に幸運をもたらすものとしてもらう。例「夢をと・られざらましかば、大臣までもなりなまし」〈宇治拾遺・一三・五〉

〔夢を見る〕夢のようにはかない目にあう。例「よくぞ短くて(=短命デ)、かかる夢を・見ずなりにけると」〈源氏・須磨〉

〔夢を(も)結ぶ〕夢を見る。眠る。例「草の枕は夢もむす・ばず」〈源氏・明石〉

ゆめ【努・勤・謹】〔副〕

アプローチ ▼不吉な事態になるのを避けるために、忠告したり命令したりするのが原義。▼上代には、文末に用いられる場合も多い。▼中古になると、下に打消の語を伴う例も見られるようになる。

❶(下に禁止・命令の表現を伴って)**けっして。絶対に。必ず。** 例「我が行きは七日は過ぎじ竜田彦ゆめこの花を風にな散らし」〈万葉・九・一七四八〉訳私たちの旅は七日を過ぎることはないだろう。だから、竜田彦(=竜田の神)よ、けっしてこの花を風に散らすな。《副詞の呼応》「ゆめ→な散らし」
❷(下に打消の語を伴って)**まったく。少しも。** 例「御よろこびなど言ひおこする人も、かへりては弄ずるここちして、ゆめ嬉しからず」〈蜻蛉・下〉訳お祝いなどといってよこす人も、かえって愚弄しているように思われて、まったく嬉しくない。《副詞の呼応》「ゆめ→嬉しからず」

ゆめあはせ【夢合はせ】〔名〕「ゆめとき」に同じ。

ゆめうつつ【夢現】〔名〕夢と現実。また、夢か現実かはっきり分からないこと。例「(源氏ノ)君思ほしますに、夢現さまざま静かならず」〈源氏・明石〉

ゆめがたり【夢語り】〔名〕❶夢に見た内容を、起きてから人に語ること。また、その話。❷夢のようなはかない話。=夢物語。例「いかで、あさましかりし世の夢語りをだにと急がるる心の」〈源氏・夢浮橋〉

ゆめがま・し【夢がまし】〔形シク〕{しから・しく(しかり)・し・しかる・しけれ・しかれ}(「がまし」は接尾語)夢のようにはかなく、わずかなさま。きわめて少ない。例「一日の御家つと、夢がま・しく見え侍りしかば」〈発心集〉

ゆめさた【夢沙汰】〔名〕何かの前兆としての夢についてのうわさ。または、夢のような出来事。

ゆめぢ【夢路】〔名〕夢の中で往来する道。また、夢を見ること。

《**夢路に惑ふ**》(「まどふ」は「迷う」「途方にくれる」の意)夢の中の道を迷い歩く。現実とは思われない体験をしたときの気持ちのたとえとして用いられることが多い。例「御送りの(=御葬送ニ加ワッタ)女房は、まして夢路にまどふ心地して」〈源氏・御法〉

ゆめとき【夢解き】〔名〕夢の内容を解釈して吉凶を判断すること。また、その人。=夢合はせ

ゆめに【夢に】〔副〕(下に打消の語を伴って)決して。少しも。=夢にも。例「とひとぶらはぬ人ありとも夢につらくなど思ふべきならねば」〈蜻蛉・中〉

〔和歌〕**ゆめにだに…**【夢にだに見ゆとは見えじ朝な朝な我が面影に恥づる身なれば】〈古今・恋四・六八一・伊勢〉訳現実にはもちろん、あの人の夢の中でさえ姿を見られないようにしよう。毎朝毎朝、鏡に映る自分の顔を恥ずかしく思う私なのだから。

ゆめにも【夢にも】〔副〕「ゆめに」に同じ。

ゆめのうきはし【夢の浮き橋】夢のようにあやうい浮き橋。転じて、夢そのものや、夢のようにはかないもののたとえ。=夢のわたりの浮橋。例「春の夜の夢の浮き橋とだえして」〈新古今・春上・三八〉訳→〔和歌〕はるのよのゆめのうきはし…
〈参考〉『源氏物語』の最後の巻名であることをふまえて、夢の中の逢瀬のような、はかない恋のたとえとして用いられることが多い。

ゆめのうきはし【夢浮橋】〔作品名〕『源氏物語』の五十四番目の巻名。

ゆめのかよひぢ【夢の通ひ路】夢の中の通い路。多くは、恋人のもとへ通うことをいう。=夢路。例「夜さへや夢の通ひ路人目避くらむ」〈古今・恋二・五五九〉訳→〔和歌〕すみのえのきしによるなみ…

ゆめのかよひぢものがたり【夢の通ひ路物語】〔作品名〕室町時代の長編擬古物語。作者未詳。『源氏物語』などの王朝物語を摂取して書かれた。

ゆめばかり【夢許り】〔副〕(夢かと思われるほど)きわめてわずか。ほんの少し。例「などか、今は、夢ばかりの御返りもなき」〈宇津保・菊の宴〉

ゆめばかりも【夢ばかりも】ほんの少しも。例「夢ばかりも、身の上の事は知らざりけりな」〈十六夜〉

ゆめまくら【夢枕】〔名〕❶夢を見たときにしていた枕。❷夢の中で神仏などが枕元に出現して物事を告げ知らせること。

ゆめまぼろし【夢幻】〔名〕夢と幻。また、夢や幻のようにはかないこと。

ゆめみ【夢見】〔名〕夢を見ること。また、その夢の内容。

ゆめみぐさ【夢見草】〔名〕桜の別称。(季-春)

ゆめみさわが・し【夢見騒がし】〔形シク〕{しから・しく(しかり)・し・しかる・しけれ・しかれ}不吉な夢を見て胸騒ぎする。夢見が悪い。例「今宵、夢見騒がしく見えさせたまひつれば」〈源氏・浮舟〉

ゆめみづき【夢見月】〔名〕陰暦三月の別称。(季-春)

ゆめものがたり【夢物語】〔名〕「ゆめがたり②」に同じ。

ゆめゆめ【努努】〔副〕(副詞「ゆめ」を重ねた語)❶(下に禁止の表現を伴って)**決して…するな。決して…してはならない。** 例「ゆめゆめ軽々しくよからぬ方にもてなしきこゆな」〈源氏・椎本〉《副詞の呼応》「ゆめゆめ→きこゆな」。《敬語》「もてなしきこゆ」→「きこゆ」
❷(下に打消の表現を伴って)**まったく…ない。** 例「ゆめゆめ知り参らせず候ふ」〈平家・六・小督〉《副詞の呼応》「ゆめゆめ→参らせず」。《敬語》「知り参らせず候ふ」→「まゐらす」「さうらふ」。
❸(多く下に命令・当然などの表現を伴って)**必ず。きっと。** 例「ゆめゆめかくて居給ひたれ」〈今昔・一六・三二〉

ゆもじ【湯文字】〔名〕(女房詞。「もじ」は接尾語)❶湯具。浴衣。❷女性の腰巻きなどの下着。

ゆや【斎屋】〔名〕社寺に参籠するときに、斎戒するためにこもる付属の建物。

ゆや【湯屋】〔名〕❶湯殿。浴室。浴場のある建物。❷銭湯。風呂屋。

ゆや【熊野・湯屋】〔作品名〕(「遊屋」「湯谷」とも書く)室町時代の謡曲。一説に世阿弥作。熊野を

寵愛する平宗盛は、母の病のため帰国を願う熊野を許さず、花見に同行させる。熊野は母を思う歌を詠み、帰国を許される。

ゆやごんげん【熊野権現】[名]熊野神社の別称。

ゆやせ【湯瘦せ】[名]過度の入浴や湯あたりなどで、からだがやせ細ること。また、産湯で新生児のからだがやせること。

ゆゆ・し【由由し・忌忌し】[形シク]{しから・しく(しかり)・し・しき(しかる)・しけれ・しかれ}

アプローチ　▼神聖と禁忌の意を表す「斎」と同じ語源の「ゆ」を重ねて形容詞化した語。
▼禁忌に触れると災いを招くと考えられたことから、不吉の意を表すようになった。
▼そこから、よくも悪くも通常ではない状態を表し、程度がはなはだしい、立派だ、恐ろしいなどの意に用いられるようになった。

❶**神聖でおそれ多い。はばかられる。** 例「かけまくもあやに恐し言はまくも**ゆゆ・しき**かも」〈万葉・三・四七五長歌〉 訳心にかけて思うのもまことに畏れ多く、口に出していうのも**はばかられる**ことよ。
❷**不吉だ。忌まわしい。** 例「涙のとまらぬを、さすがに**ゆゆ・しけれ**ば、念じゐたり」〈源氏・若紫〉 訳(乳母は)涙が止まらないのだが、やはり**不吉である**ので、じっとこらえていた。
❸**程度がはなはだしい。大変だ。たいそう。** 例「おのおの拝みて、**ゆゆし・く**信おこしたり」〈徒然・二三六〉 訳それぞれ参拝して、**たいそう**信心をおこした。
❹**すばらしい。立派だ。みごとだ。** 例「ただ人も、舎人など賜るきはは、**ゆゆ・し**と見ゆ」〈徒然・一〉 訳ただの貴族も、舎人(=皇族・貴族の護衛に当たる者)などを朝廷から頂戴する身分の者は、**すばらしく**見える。(敬語)「舎人など賜る」→「たまはる」
❺**気味悪い。恐ろしい。悪い。** 例「地獄絵の御屏風とりわたして、宮に御覧ぜさせたてまつらせたまふ。**ゆゆ・しう**いみじきことかぎりなし」〈枕・御仏名のまたの日〉 訳(主上は)地獄絵の御屏風を運んでこさせて、中宮様に御覧にお入れになる。**気味が悪く**てたまらないこと、この上ない。(音便)「ゆゆしう」は「ゆゆしく」のウ音便。(敬語)「宮に御覧ぜさせたてまつらせたまふ」→「ごらんず」「たてまつらせたまふ」

発展学習ファイル　類義語に、良くも悪しくも程度がはなはだしいさまを表す「いみじ」、ぞっとするほどすばらしい、恐ろしいの意を表す「すごし」がある。 ⇨「いみじ」〈古語深耕〉

〔由由しき身〕不吉な身。死のけがれに触れた身。例「〔桐壺更衣ニ先立タレタ〕ゆゆしき身にはべれば、かくて〔源氏ガ〕おはしますも、いまいましうかたじけなく」〈源氏・桐壺〉

古典の世界　死のけがれは、最も不浄な「ゆゆし」とされ、忌み嫌われた。

ゆゆしう【由由しう・忌忌しう】形容詞「ゆゆし」の連用形「ゆゆしく」のウ音便。

ゆゆしげ[・なり]「形動ナリ」{なら・なり(に)・なり・なる・なれ・なれ}(「げ」は接尾語)❶忌まわしそうなようす。不吉そうな感じ。例「さてもかひあるべきならねば、みな急ぎたちて**ゆゆしげ・なる**ほどに」〈源氏・夕霧〉❷(よい意味、悪い意味の両方に用いて)程度がはなはだしいさま。例「一門の公卿殿上人、みな**ゆゆしげ・なる**礼儀にて侍ひしを」〈平家・灌頂・六道之沙汰〉

ゆゆで【湯茹で】[名]入浴。また、湯治。

ゆら[・なり]「形動ナリ」{なら・なり(に)・なり・なる・なれ・なれ}玉や鈴が触れ合って鳴る音。＝もゆら。例「足玉も手珠も**ゆら・に**織る服を」〈万葉・一〇・二〇六五〉

ゆら【由良】[歌枕]紀伊国の地名。いまの和歌山県日高郡由良町。由良湾に面する良港。

ゆらか・す【揺らかす】[他サ四]{さ・し・す・す・せ・せ}(「ゆらがす」とも)揺り動かす。揺り動かして鳴らす。例「御頸珠の玉の緒、もゆらに取り**ゆらか・して**」〈記・上〉

ゆら・く【揺らく】[自カ四]{か・き・く・く・け・け}(のちに「ゆらぐ」とも)玉や鈴などが触れ合って鳴る。例「手に取るからに揺ら・く玉の緒」〈万葉・二〇・四四九三〉

ゆらのと【由良の門】[歌枕]丹後国の地名。いまの京都府宮津市を流れる由良川が若狭湾に注ぐ河口付近。

〔和歌〕**ゆらのとを…**【由良の門を渡る舟人梶緒絶えゆくへも知らぬ恋の道かな】〈新古今・恋一・一〇七一・曾禰好忠〉(百人一首) 訳由良の瀬戸を渡る船頭が梶の綱が切れてあてどもなく漂うように、どうなるのかも分からないわが恋の道であるよ。
〈参考〉上三句、「ゆくへも知らぬ」を導く序詞。

ゆら・ふ【ユラ(ロ)ウ】{へ・へ・ふ・ふる・ふれ・へよ}一[自ハ下二]滞る。ためらう。控える。例「後陣はいまだ興福寺の南大門に**ゆら・へ**たり」〈平家・四・宮御最期〉二[他ハ下二]進行をとどめる。控えとどめる。例「守も、兵の等を**ゆら・へ**むがため責め討たず」〈今昔・二五・一三〉

ゆら・ゆ【揺らゆ】[自ヤ下二]{え・え・ゆ・ゆる・ゆれ・えよ}揺らぐ。よろめく。ひるむ。

ゆらら【揺らら】[副]❶玉や鈴が触れ合って鳴るさま。例「手に巻ける玉も**ゆらら・に**白たへの袖振る見えつ」〈万葉・一三・三二四三長歌〉❷ゆったりしているさま。例「神ならば**ゆらら**さららと降りたまへいかなる神かもの恥ぢはする」〈梁塵秘抄〉

ゆららか[・なり]【揺ららか】「形動ナリ」{なら・なり(に)・なり・なる・なれ・なれ}(「らか」は接尾語)揺れるさま。ゆらゆらとしているさま。

ゆらり[副]軽々と身を動かすさま。ひらりと。例「閾(=敷居)を**ゆらり**と越ゆるを」〈徒然・一八五〉

ゆり【後】[名]のち。後日。将来。例「さ百合花**ゆり**も逢はむと」〈万葉・一八・四〇八八〉

ゆり【百合】[名](「ゆる」とも)❶草の名。夏から秋にかけて茎の上部に大きな花を付ける。『万葉集』では花の美しさや美しい女性の比喩として、また、同音反復で「後」の序詞としてよく詠まれたが、中古に入ると、あまりかえりみられなくなる。(季―夏)。❷襲の色目の名。表は赤色で裏は朽ち葉色。夏の着用。

ゆり[格助](上代語)動作の起点を表す。…から。…より。例「おしてるや難波の津**ゆり**船装ひ我は漕ぎぬと妹に告ぎこそ」〈万葉・二〇・四三六五〉 訳〔おしてるや〕難波の津**から**舟出の準備を整えて私は漕いでいったと妻に告げてください。例「恐きや命被り明日ゆりや草がむた寝む妹なしにして」〈万葉・二〇・四三二一〉訳恐れ多くも勅命を授かって明日から萱といっしょに寝るのか、妻もいない中で。《係結び》「明日ゆりや→寝む体」

ゆりあ・ぐ【揺り上ぐ】[他ガ下二]{げ・げ・ぐ・ぐる・ぐれ・げよ}揺すぶり上げる。例「舟はゆりあ・げゆりすゑただよへば」〈平家・一一・那須与一〉

ゆりあは・す【揺り合はす】ユリアワス[他サ下二]{せ・せ・す・する・すれ・せよ}揺すって透き間がないようにする。例「射向けの袖をゆり合は・せ、しころを傾け」〈盛衰記・一五〉

ゆりか・く【揺り掛く】[他カ下二]{け・け・く・くる・くれ・けよ}ゆらゆらと垂らす。例「(髪ハ)白き御衣に隙なく揺りか・けられたり」〈宇津保・蔵開・上〉

ゆりす・う【揺り据う】[他ワ下二]{ゑ・ゑ・う・うる・うれ・ゑよ}揺り動かしてある位置に落ち着かせる。例「舟はゆりあげゆりす・ゑただよへば」〈平家・一一・那須与一〉

ゆりわかだいじん【百合若大臣】[作品名]室町時代(一五五一ごろ成立)の幸若舞曲。作者未詳。長谷観音の申し子である右大臣百合若は、逆臣別府兄弟によって玄海が島に置き去りにされ、苦難の末筑紫に帰り、別府兄弟に恨みをはらす。

ゆる【百合】[名]《上代東国方言》「ゆり(百合)」に同じ。

ゆ・る【揺る】{ら・り・る・る・れ・れ}一[自ラ四]❶《「よる」とも》揺れる。震え動く。❷ためらう。例「いらへばそれやなどひゆ・りて、とみにもいはねば」〈清少納言集〉二[他ラ四]揺さぶる。揺り動かす。例「(船ハ)うきぬ沈みぬゆ・られければ」〈平家・一一・那須与一〉

ゆ・る【許る】[自ラ上二]{り・り・る・るる・るれ・りよ}❶許可される。例「禁色雑袍(ノ略装)をゆ・り」〈平家・一・吾身栄花〉❷広く認められる。例「こたみ(=コノ度)は、みな世に許・りたる古き道の者どもなり」〈増鏡・おどろのした〉❸罪が免ぜられる。例「程なく大赦のありければ、法師もゆ・りにけり」〈宇治拾遺・一三・二〉

ゆる[・なり]【緩】[形動ナリ]{なら・なり(に)・なり・なる・なれ・なれ}❶ゆるやかなさま。締め方の弱いさま。例「琴の緒もいと緩・に張りて」〈源氏・若菜・上〉❷寛大なさま。大らか。甘い。例「ゆる・になむおはします」〈大鏡・道長・下〉❸いい加減なさま。怠慢だ。例「いかに者共、いくさをばゆる・に仕るぞ」〈平家・八・水島合戦〉

ゆる 受身・可能・自発の助動詞「ゆ」の連体形。例「あらたまの年反るまで相見ねば心もしのに思ほゆるかも」〈万葉・一七・三九七九〉

ゆるがしいだ・す【揺るがし出だす】[他サ四]{さ・し・す・す・せ・せ}(揺すって外へ出す意から)詩歌などを苦心して作り出す。苦吟する。例「みな、気色ばみ(歌ヲ)ゆるがし出だ・すも」〈枕・五月の御精進のほど〉

ゆるが・す【揺るがす】[他サ四]{さ・し・す・す・せ・せ}揺り動かす。揺らす。例「汚なげなる車に、えせ牛かけて、ゆるが・しいく者」〈枕・わびしげに見ゆるもの〉

ゆるかせ[・なり]【忽】[形動ナリ]{なら・なり(に)・なり・なる・なれ・なれ}《近世以降「ゆるがせ」。「いるかせ(忽)」の変化形》❶おろそかだ。いい加減だ。例「もし浄海があたりに意趣あらばゆるかせ・に言ふ者あるべし」〈盛衰記・一〉❷緩やかだ。寛大だ。例「惣じて親の子にゆるがせ・なるは、家を乱すのもとひなり」〈浮・日本永代蔵〉

ゆるぎあ・ふ【揺るぎ合ふ】ユルギアウ[自ハ四]{は・ひ・ふ・ふ・へ・へ}互いに揺れる。揺れ合う。例「中の御門の戸じきみ、曳き過ぐるほど、頭一ところにゆるぎあ・ひて」〈枕・ころは、正月、三月〉

ゆるぎあり・く【揺るぎ歩く】[自カ四]{か・き・く・く・け・け}からだをゆすって歩き回る。偉そうなさまにも、ふらふらと落ち着かぬさまにもいう。例「手を折りてうちかぞへなどして、ゆるぎあり・きたるも」〈枕・すさまじきもの〉

ゆるぎい・づ【揺るぎ出づ】ユルギイズ[自ダ下二]{で・で・づ・づる・づれ・でよ}❶震えよろめいて出て来る。例「恐ろしと思ひながら揺るぎ出・でたれば」〈宇治拾遺・一・三〉❷ゆっくりからだを揺すりながら悠々と出て来る。例「烏帽子ひきたてゆるぎい・でたる形勢は」〈保元・上〉

ゆるぎげ【揺るぎ気】[名]ゆれ動きそうな気配。とくに、心についていう。例「さらにゆるぎげなき女に、七月七日つかはしける」〈詞花・恋上・二〇八詞書〉

ゆるぎた・つ【揺るぎ立つ】[自タ四]{た・ち・つ・つ・て・て}ふらついて揺れながら立つ。例「あさましく恐ろしげにて、この山揺るぎ立・ちにけり」〈宇治拾遺・二・一三〉

ゆる・ぐ【揺るぐ】[自ガ四]{が・ぎ・ぐ・ぐ・げ・げ}❶揺れる。動く。例「天もひびき大地もゆる・ぐ程に」〈平家・五・富士川〉❷心がぐらつく。気が変わる。例「いまめきたる言の葉にゆる・ぎたまはぬこそ」〈源氏・玉鬘〉❸くつろぐ。ゆったりと構える。例「(兄殿ハ)ゆる・ぎたる所のおはしまさざりしなり」〈大鏡・道長・下〉

ゆるされ【許され】[名]許されること。許可。

ゆるし【許し・赦し】[名]❶許可。赦免。❷武道・茶道・華道などで、師から弟子に与える免許。

ゆる・し【緩し】[形ク]{から・く(かり)・し・き(かる)・けれ・かれ}❶締める力や動く力が弱い。例「氷解く風もゆる・く吹きて枝を鳴らさず」〈栄花・二一〉❷速度が遅い。ゆっくりしている。緩慢だ。例「元日の木の間の競馬足ゆる・し」〈春の日〉❸寛大だ。厳格でない。心にゆとりがある。例「ゆる・くしてやはらかなる時は、一毛も損せず」〈徒然・二一一〉❹たるんでいる。対応が甘い。例「警固のゆる・くありける隙を得て」〈太平記・一七〉

ゆるしいろ【許し色・聴し色】[名]だれでも自由に着用することを認められた衣服の色。紅や紫の淡い色。↔禁色①②③

ゆるしげ【許し気】[名]許しそうな気配。例「『はや、それをだにものせられずば、さらにきかじ』などゆるしげなくおほせらる」〈宇津保・内侍のかみ〉

ゆるしす・つ【許し捨つ】[他タ下二]{て・て・つ・つる・つれ・てよ}仕方なく人に与えることを許す。例「言ふかひなきにゆるしす・てたまふこともやと聞き侍りて」〈源氏・行幸〉

ゆるしぶみ【赦し文】[名]罪を許す旨を記した文書。赦免状。

ゆるしもの【許し物】[名]罪人を許すこと。赦免。

ゆる・す【許す・赦す・緩す】一[他サ四]{さ・し・す・す・せ・せ}❶縛っていたものをゆるめる。解く。例「猫の綱ゆる・しつれば、心にもあらずうち嘆かる」〈源氏・若菜・上〉❷手元から放つ。逃がす。放免する。例「(帝ハカグヤ姫ヲ)類なくめでたくおぼえさせたまひて、『ゆる・さじとす』とて率ておはしまさむとするに」〈竹取・かぐや姫の昇天〉《敬語》「おぼえさせたまひて」→「させたまふ」、「率ておはしまさむとする」→「おはします」。❸願いを認める。許可する。例「今年ばかりの暇を申しつれど、さらにゆる・されぬによりて」〈竹取・かぐや姫の昇天〉《敬語》「申しつれど」→「まうす」。❹(「色許す」の形で)禁色を認める。例「色ゆる・されたる〔女ガ〕ありけり」〈伊勢・六五〉❺罪や義務などを免じる。許す。例「無礼の罪はゆる・されなむや」〈源氏・常夏〉❻その人の才能や技量などを認める。一人前だと認める。例「才ありといふ方は人にゆる・されたれど」〈源氏・東屋〉❼(「心許す」などの形で)心を開いて相手を受け入れる。気を許す。例「御心ゆる・したまはずは、いつもいつもかくて過ぐさむ」〈源氏・総角〉二〔他サ下二〕{せ・せ・す・する・すれ・せよ}(一を誤って活用させたもの)許す。例「もはや許・するぞ」〈狂言記・二千石〉

ゆるびもてい・く【緩びもて行く】だんだんゆるやかになる。しだいにやわらいでいく。例「昼になりて、ぬるくゆるびもてい・けば、火桶の火も、白き灰がちになりて、わろし」〈枕・春は、あけぼの〉

ゆる・ぶ【緩ぶ・弛ぶ】(古くは「ゆるふ」とも)一〔自バ四〕{ば・び・ぶ・ぶ・べ・べ}❶ゆるむ。弱まる。例「少し〔琴ヲ〕調べたまふ。ゆる・びたりければ」〈源氏・宿木〉❷緊張感がなくなる。気がたるむ。例「今はと目馴るるに、心ゆる・びて」〈源氏・若菜・上〉❸寛大になる。おっとりする。例「高き身となりても、ゆたかにゆる・べる方は後れ」〈源氏・若菜・下〉二〔他バ下二〕{べ・べ・ぶ・ぶる・ぶれ・べよ}ゆるめる。弱める。気を許す。例「すこし〔祈禱ヲ〕ゆる・べたまへや」〈源氏・葵〉

ゆるゆる【緩緩】〔副〕❶ゆっくり。のろのろ。急がず遅いさま。例「〔網代車ガ〕ゆるゆると久しくゆくは、いとわろし」〈枕・檳榔毛は〉❷のんびり。ゆったり。くつろいださま。例「ゆるゆるとことさらびたる御もてなし」〈源氏・行幸〉❸柔らかいさま。とろとろ。例「かの堅かりける物、ゆるゆるとなりて、あとかたなくとけて失せにけり」〈沙石集〉

ゆるゆる【揺る揺る】〔副〕揺れ動くさま。ゆらゆらと。例「この家ゆるゆるとゆるぎて」〈発心集〉

ゆるらか［・なり］【緩らか】〔形動ナリ〕{なら・なり(に)・なり・なる・なれ・なれ}「ゆるるか」に同じ。

ゆるるか［・なり］【緩るか】〔形動ナリ〕{なら・なり(に)・なり・なる・なれ・なれ}❶ゆるやかだ。ゆったりしている。のんびりしている。例「ゆるるか・にうち吹く風に」〈源氏・若菜・下〉❷豊かなさま。たっぷり。ふさふさ。例「御髪のたまれるほど、こちたくゆるるか・に」〈源氏・若菜・下〉①②＝緩らか

ゆれ 受身・可能・自発の助動詞「ゆ」の已然形。例「馬柵越しに麦食む駒の罵らゆれどなほし恋しく思ひかねつも」〈万葉・三・三〇九六〉

ゆゑ【故】〔名〕❶原因。理由。事情。例「故宮つらせたまふゆゑなむはべりし」〈源氏・薄雲〉御祈禱の仕うまつらせたまふゆゑなむはべりし」〈源氏・薄雲〉《係結び》「なむ→はべりし㊍」。《敬語》「思し嘆く」→「おぼす」、「御祈禱仕うまつらせたまふ」→「つかうまつる」「たまふ(四段)」、「はべりし」→「はべり」。❷由緒。由来。縁故。血統。例「男はもとより故ありける人の末なりければ」〈宇治拾遺・一〇・六〉❸趣。風情。情趣。例「心ばせまことにゆゑありと見えぬべく」〈源氏・帚木〉❹たしなみ。教養。例「年は六十にすこし足らぬほどなれど、みやびかにゆゑあるけはひして」〈源氏・橋姫〉❺故障。さしさわり。災い。例「言の故もなくありこそと」〈万葉・一三・三二八八長歌〉❻(接続助詞的に用いて)㋐原因・理由を順接的に示す。…から。…のため。例「陸奥のしのぶもぢずり誰ゆゑに乱れむと思ふ我ならなくに」〈古今・恋四・七二四〉訳→〈和歌〉みちのくのしのぶもぢずり…。㋑原因・理由を逆接的に示す。…なのに。…であるのに。例「ひさかたの天知らしぬる君故に日月も知らず恋ひ渡るかも」〈万葉・二・二〇〇〉

発展学習ファイル　類義語に「よし(由)」があるが、「ゆゑ」が物事の本質的な原因・理由・事情・由来の意であるのに対し、「よし」は、「よ(寄)す」の名詞形で、物事の本質へ寄せて関係づけるものの意が原義。

ゆゑ【湯坐・湯人】〔名〕上代、貴人の産児に産湯をつかわせた女性。一説に、湯槽を置く場所。また、そこに奉仕した役人とも。

ゆゑだ・つ【故だつ】〔自タ四〕{た・ち・つ・つ・て・て}(「だつ」は接尾語)由緒やわけがありそうに見える。また、そのように振る舞う。例「人のかしづくむすめを、故だ・つ僧、忍びて語らひけるほどに」〈堤中納言・よしなしごと〉

ゆゑづ・く【故付く】一〔自カ四〕{か・き・く・く・け・け}いかにも由緒がある感じだ。身分が高そうだ。趣が身についている。＝故ぶ。例「故づ・きて物見知り顔にて」〈狭衣・一〉二〔他カ下二〕{け・け・く・くる・くれ・けよ}子細ありそうにする。趣を備える。例「はかなきすさびをも人まねに心を入るることもあるに、おのづから一つゆゑづ・けて出づることもあり」〈源氏・帚木〉

ゆゑな・し【故無し】〔形ク〕{から・く(かり)・し・き(かる)・けれ・かれ}❶理由がない。根拠がない。例「年ごろ持ちて候ふ物を故な・く召されん」〈宇治拾遺・一・三〉❷風情がない。趣がない。例「むげに故な・くは〔歌ヲ〕読み給はじ」〈今昔・二四・三三〉

ゆゑ・ぶ【故ぶ】〔自バ上二〕{び・び・ぶ・ぶる・ぶれ・びよ}「ゆゑづく一」に同じ。

ゆゑゆゑ・し【故故し】〔形シク〕{しから・しく(しかり)・し・しき(しかる)・しけれ・しかれ}由緒ありげだ。重々しい。風格がある。例「ことにやむごとなきほどならねど、まことにゆゑゆゑ・しく」〈紫式部日記〉

ゆゑよし【故由】〔名〕❶由来。いわれ。❷教養・才能のあるさま。情趣あるようす。例「あまりのゆゑよし心ばせうち添へたらむを」〈源氏・帚木〉

ゆゑん【所以】〔名〕(多く漢文訓読体の文章に用いる)理由。訳。いわれ。

ゆんぜい【弓勢】〔名〕(「ゆみせい」の撥音便)弓を引いて矢を射る力の強さ。弓を射当てる力量。

ゆんだけ【弓丈】〔名〕(「ゆだけ」とも。「ゆみだけ」の撥音便)一張りの弓の長さ。親指と人差し指を広げたときの長さを五寸(＝約一五センチメートル)とし、その十五倍の七尺五寸(＝約二・二七メートル)あるのを標準とした。＝弓杖・弓杖②

ゆんづゑ【弓杖】〔名〕(「ゆみづゑ」の撥音便)❶(「ゆづゑ」とも)弓を杖の代わりにしてもたれること。また、その弓。❷「ゆんだけ」に同じ。

ゆんで【弓手・左手】〔名〕(「ゆみて」の撥音便。弓矢を使うときに、弓を持つほうの手の意から)左側。左の方。左手。↔馬手

よ

よ【世・代】［名］

アプローチ ▼葦(あし)や竹などの節と節との間をいう「節(よ)」と同源とされ、区切られた範囲を指す。
▼このことから、比喩(ひゆ)的に、まず人間の生まれてから死ぬまでの期間を意味する用法が生まれた。また、ある統治者の治世の期間「代(よ)」の意が派生し、歴史的時代を指す用法も生じた。
▼さらに、人間社会をいう意味も多様に分化し、人間関係にかかわる用法としての、男女の仲、夫婦関係をもいうようになった。

❶**生涯。一生。寿命。** 例「なほ、いと苦しうこそあれ。世や尽きぬらむ」〈源氏・賢木〉 訳まだ、たいそう苦しいことです。寿命が尽きてしまうのでしょうか。《音便》「苦しう」は「苦しく」のウ音便。《係結び》「こそ→あれ(已)」、「や→尽きぬらむ(体)」

❷**時。時分。時期。** 例「つくづくとして起き上がる世もなく」〈源氏・手習〉 訳ぼんやりとして起き上がる時もなく。

❸統治者が国を治める期間。**治世。** 例「かの御時よりこのかた、年は百年(ももとせ)余り、代は十(と)つぎになむなりにける」〈古今・仮名序〉 訳その御代(みよ)から今日まで、年数は百年あまり、天皇の**治世**は十代になったのだった。《係結び》「なむ→なりにける(体)」

❹**時代。年代。** 例「遠き代にありけることを昨日(きのふ)しも見けむがごとも思ほゆるかも」〈万葉・九・一八〇七長歌〉 訳→〔和歌〕とりがなく…

❺**世の中。世間。俗世間。憂き世。** 例「世を遁(のが)れて山林に交はるは」〈方丈記〉 訳**世間**を避けて、山林に隠れ入ったのは。

❻**俗世間での利欲。世俗的な欲望。** 例「世をむさぼらざらんぞ、いみじかるべき」〈徒然・一八〉 訳**世俗的な欲望**にやたらと執着しないのは、とてもすばらしいことであろう。《係結び》「ぞ→いみじかるべき(体)」

❼《仏教語》前世・現世・来世(過去・現在・未来)の三世のひとつ。例「前(さき)の世にも御契(ちぎ)りや深かりけん」〈源氏・桐壺〉 訳前の**世**においても御宿縁が深かったのだろうか。《係結び》「や→深かりけん(体)」

❽**境遇。時勢。時流に恵まれること。** 例「時移り、世おとろふる末には」〈源氏・少女〉 訳時が変わり、**時勢**の衰える果てには。

❾**渡世。生活。家業。** 例「子ゆへに世の立たぬ事となり果て」〈浮・西鶴織留〉 訳子供のせいで**生活**が成り立たないこととなってしまって。

❿**男女の仲。夫婦関係。** 例「むげに世を思ひ知らぬやうに、おぼほれたまふなむ、いとつらき」〈源氏・帚木〉 訳まったく**男女の仲**のことを知らないように、悲しみに沈んでいらっしゃるのが、とてもつらい。《係結び》「なむ→つらき(体)」

発展学習ファイル 平安時代の貴族の女性にとって、日常生活で接する人間は召し使いを除くと家族か血縁者でしかなく、まったくの他人は、いい寄ってくる男性か夫として通ってくる男性しかいなかった。したがって、他人との人間関係を意味する「**世**」「**世の中**」ということばが、そのまま夫や恋人を意味することばとして、⑩のように用いられることが多い。

〔**世(よ)が世(よ)**〕世の中が自分の思うままであること。世が自分の栄える世であること。

〔**世(よ)下(くだ)る**〕時代がくだる。のちの世になる。例「世下・り、時衰へぬる末には」〈増鏡・久米のさら山〉

〔**世(よ)に合(あ)ふ**〕(ヨニアフ(オ)ウ)時勢に合って栄える。時流に乗り世に用いられる。時めく。例「世にあ・ひはなやかなる若人にて、思ふことなきなるべし」〈源氏・賢木〉

〔**世(よ)に余(あま)さる**〕《「る」は受身の助動詞》世間からはみ出る。取り残される。例「時を失ひ世にあまさ・れて、期(ご)する所なきものは」〈方丈記〉

〔**世(よ)に余(あま)る**〕❶身に余る。例「またかくこの世にあま・るまで、響かし営みたまふは」〈源氏・少女〉 ❷世間に満ちあふれる。例「**世にあま・る**までのしるし、さりともあるやうあらんと」〈とりかへばや〉 ❸この世からはみ出る。この世のものと思われないさまとなる。例「よにあま・りたる月の影かな」〈山家集・上〉

〔**世(よ)にあり**〕❶この世に生きている。例「わが世にあ・らん限りだに、この院荒らさず」〈源氏・匂宮〉 ❷世の中で認められる。世間でもてはやされる。例「世にあ・る僧どもの、参らぬはなし」〈宇治拾遺・一五・六〉

〔**世(よ)に出(い)づ**〕(ヨニイズ)❶仏がこの世に出現する。例「これ則(すなは)ち、本来の仏の**世に出・で**て人を化(け)するにあらずや」〈海道記〉 ❷世に出る。官職に就く。例「老いおとろへて世に出・で交らひしは、をこがましく見えしかば」〈雨級〉 ❸出世する。世に知られる。

〔**世(よ)に越(こ)ゆ**〕世間並みの水準を上回る。ふつうよりまさっている。例「才知才覚さへ**世にこ・え**たるべしやは」〈平家・二・烽火之沙汰〉

〔**世(よ)に従(したが)ふ**〕(ヨニシタガ(ゴ)ウ)世間一般の考え・習慣に従う。世間の大勢(たいせい)に順応する。例「などてすこしも世に従・ふ心をつかひけん」〈源氏・関屋〉

〔**世(よ)に知(し)らず**〕めったになくすぐれている。たぐいまれなすばらしさである。例「狩りの御衣(ぞ)にやつれたまへりしだに世に知ら・ぬ心地(ここち)せしを」〈源氏・松風〉

〔**世(よ)に仕(つか)ふ**〕(ヨニツカ(コ)ウ)朝廷に仕える。仕官する。例「この大臣(おとど)の君の、世に二つなき御ありさまながら世に仕・へたまふは」〈源氏・薄雲〉

〔**世(よ)に包(つつ)む**〕世間に対して遠慮する。世間の目をはばかる。例「鶏(とり)もしばしば鳴ければ、**世につつ・み**て急ぎ出でたまふ」〈源氏・須磨〉

〔**世(よ)にとまる**〕生き長らえる。例「**世にとま・る**べきほどは限りあるわざなりければ」〈源氏・早蕨〉

〔**世(よ)に無(な)し**〕❶この世に存在しない。生きていない。例「我**世にな・く**て年隔たりぬるを」〈源氏・手習〉 ❷たぐいまれである。例「灯影(ほかげ)の御姿**世にな・く**うつくしげなるに」〈源氏・若菜・下〉 ❸世間から認められな

い。例「**世にな・き**古めき人にて」〈源氏・蓬生〉

〔**世に靡く**〕権勢や時勢になびき従う。例「**世になび・か**ぬかぎりの人々」〈源氏・須磨〉

〔**世に慣る**〕世慣れる。世事に慣れる。例「まだ**世にな・れ**ぬは五六の君ならんかし」〈源氏・花宴〉

〔**世に似ず**〕たぐいまれである。例「〔香ノ〕**世に似・ず**なまめかしさをとり集めたる」〈源氏・梅枝〉

〔**世に響く**〕世間で評判になる。例「**世に響・き**たる御ありさまのはなやかさに」〈源氏・宿木〉

〔**世に経**〕❶この世に生き長らえる。例「**世に・経**たまはば、さもや尋ね出づる人もはべらん」〈源氏・手習〉❷男女の情が分かる。例「なよ竹の**世に・へ**ぬ物と思ひけるかな」〈後撰・恋五・九〇六〉❸在俗する。出家せず俗人として暮らす。例「うち絶えて**世に・経る**身にはあらねども」〈新古今・雑下・一七五六〉

〔**世に旧る**〕❶ありふれる。知れわたる。例「忘らるる名ぞ**世にふ・り**にける」〈金葉・恋下・四八九〉❷男女関係を経験する。例「**世にふ・り**にたるなどを持ちるるたぐひ多かり」〈源氏・蜻蛉〉

〔**世に紛る**〕世事に取り紛れる。例「宮仕への方にもたち馴れ、**世にまぎ・れ**たるも」〈更級〉

〔**世に見えず**〕他に例がない。比類ない。例「その山のさま、いと**世に見え・ぬ**さまなり」〈更級〉

〔**世に廻る**〕仮の世である現世に生きる。例「かばかりも**世にめぐ・ら**ざらまし」〈浜松中納言・三〉

〔**世に許さる**〕《「る」は受身の助動詞》❶朝廷に認可される。例「**世にゆるさ・るる**ほど、枯れたりし木の春にあへる心地して」〈源氏・明石〉❷世間で認められる。例「宝にあづかり、**世にゆるさ・るる**たぐひ多かりけり」〈源氏・若菜・下〉

〔**世の営み**〕世間向きのこと。世渡り。

〔**世の覚え**〕世間での評判。声望。＝世の聞こえ。例「親うち具し、さしあたりて**世のおぼえ**はなやかなる御方々にもいたう劣らず」〈源氏・桐壺〉

〔**世の重し**〕世の柱石。国家の重鎮。

〔**世の親**〕世間の人々の親。釈迦如来が世の人々を我が子同様に思ったということから、為政者が仏のように世の人をいつくしむことをたとえる。

〔**世の限り**〕❶命ある限りは。死ぬまで。＝世の悉。例「**世の限り**にや恋ひ渡りなむ」〈万葉・二〇・四四一〉❷命の終わり。最期。

〔**世の固め**〕治政。また、治政者。

〔**世の聞こえ**〕「よのおぼえ」に同じ。

〔**世の事**〕❶世間のならわし。例「うつせみの**世の事**なれば」〈万葉・三・四八三〉❷世間一般のこと。ふつうのこと。❸渡世のこと。生業。

〔**世の悉**〕「よのかぎり①」に同じ。

〔**世の理**〕❶世の中で従わなければならない道理。❷夫婦間の道理。男女間の道理。例「むげに**世のことわり**を知りたまはぬこそ、らうたきものからわりなけれ」〈源氏・宿木〉

〔**世の性**〕この世のならい。世間であたりまえのこと。＝世の習ひ

〔**世の沙汰**〕❶世間の評判。世の聞こえ。例「**世の沙汰**良くおはせしを」〈今鏡・梅の木の下〉❷政務を執り行うこと。例「成通の御心ばへは、**世の沙汰**をばいたくも好み給はで」〈今鏡・梅の木の下〉

〔**世の定め**〕世の人の批評。例「かかる**世の定め**をうちきき、大将殿は胸つぶれて」〈浜松中納言・四〉

〔**世の末**〕ヨノスエ❶のちの時代。後世。例「**よのするゑ**になるままに、まさる事のみいでまうでくるなり」〈大鏡・時平〉❷人の生涯の末。晩年。老年。また、不運な身の上。例「女子をなごうしろめたげなる**世の末にて**」〈源氏・宿木〉❸道義がすたれ人情の薄くなった世。末世。例「この**世の末**のために現れさせ給へる、第十六の釈迦牟尼仏」〈狭衣・一〉

〔**世の譬ひ**〕ヨノタトイ世間でよく引き合いに出される話。例「かく**世のたとひ**に言ひ集めたる昔語りどもにも」〈源氏・若菜・下〉

〔**世の例**〕❶先例。また、例として語り継がれる話。語りぐさ。❷世のならい。世のさだめ。例「〔祭ガ終ワリ〕目の前にさびしげになりゆくこそ、**世のためし**も思ひ知られて、あはれなれ」〈徒然・一三七〉

〔**世の常**〕❶ありふれたこと。ふつう。❷ありきたりすぎて十分表現できないこと。例「ただそれなる御ありさまに、あさましとは**世の常なり**」〈源氏・葵〉

〔**世のとぢめ**〕ヨノトジメ一生の終わるとき。また、俗世を離れるとき。例「思ひ離るる**世のとぢめ**に、文書きて、御方に奉れたまへり」〈源氏・若菜・上〉

〔**世の遠人**〕ヨノトオビト《「よのとほひと」とも》長生きしている人。＝世の長人

〔**世の灯火**〕闇夜を照らす灯火。世を治め導く人をたとえていう。世の光。例「**世の灯火**消えさせ給ひぬれば」〈栄花・三〇〉

〔**世の長人**〕「よのとほびと」に同じ。

〔**世の習ひ**〕ヨノナライ世の中でふつうに行われていること。世間のならわし。世の常。

〔**世の果て**〕人の生涯の終わりの時期。晩年。

〔**世の光**〕世にもてはやされ、尊ばれているもの。一国の長に立つ光栄を光にたとえていう。また、その人からうける余光。例「殿の内にはじめて**世の光**をとり出でさせ給ひしよりはじめ」〈栄花・三三〉

〔**世の人**〕現世に生きる人。一般の人。

〔**世の響き**〕世間での評判。世の人のとりざた。

〔**世の物語**〕世の中の出来事についての話。例「ありし人の**世の物語**すめりし中に」〈源氏・夢浮橋〉

〔**世揺する**〕世間が大騒ぎする。世間が動揺する。例「**世ゆす・り**て惜しみきこえ」〈源氏・須磨〉

〔**世を厭ふ**〕ヨヲイトウ俗世間との付き合いを嫌う。また、厭世観から俗世間を避ける。例「**世をいと・ふ**名をだにもさは留め置きて」〈山家集・中〉

〔**世を憂う**〕この世に生きることを辛く思う。歌で、多く「う」で始まる語にかけて用いる。例「我のみや**世をうぐひす**となきわびむ」〈古今・恋五・七九八〉

〔**世を倦む**〕この世に嫌気がさす。世の中をうとましく思う。和歌では多く「海」にかけて用いられる。例「浦ごとにこれやこの**世をう・み**渡る船」〈伊勢・六六〉

〔**世を行ふ**〕ヨヲオコナ(ノ)ウ世を治める。国の政治をつかさどる。例「世の人の飢ゑず、寒からぬやうに、**世をば行・は**まほしきなり」〈徒然・一四二〉

〔**世を変ふ**〕ヨヲカウ生まれ変わる。例「**世をか・へ**ても対面せまほしき心つきて」〈源氏・匂宮〉

〔**世を籠む**〕年齢が若くて将来性がある。例「**世**

をこ・めたる盛りにては」〈源氏・手習〉
〔世を去る〕❶死ぬ。例「うちつづき世を去・らんきざみ心苦しく」〈源氏・若菜・上〉❷俗世を逃れ隠遁する。出家する。例「今はと世を去・りたまふべきほどに」〈源氏・幻〉
〔世を知る〕❶世の中がどのようなものか分かる。❷男女の仲のことが分かる。例「世を知・りたる方の心やすきやうに、をりをりほのめかすも」〈源氏・夕霧〉❸国を治める。統治する。例「世を知・り初めさせ給ひて後の」〈栄花・一五〉
〔世を捨つ・世を棄つ〕出家する。穏遁する。＝世を背く・世を遁る・世を離る。例「世を棄・てたる法師の心地にも」〈源氏・若紫〉
〔世を背く〕「よをすつ」に同じ。
〔世を保つ〕天下を治める。統治する。例「世をたも・ちたまはむ御心づかひなど」〈源氏・若菜・上〉
〔世を尽くす〕生涯を過ごす。例「世をつく・し給ふべき御さまども、口惜しといふもおろかなり」〈増鏡・新島守〉
〔世を執る〕国政をつかさどる。天下取りをする。例「信西入道世をと・りてありければ」〈愚管抄〉
〔世を遁る〕「よをすつ」に同じ。
〔世を離る〕「よをすつ」に同じ。
〔世を憚る〕世間体を気にする。例「いといたく世を憚・り、まめだちたまひけるほど」〈源氏・帚木〉
〔世を響かす〕世間で評判になる。例「楽の声、鼓の音、世をひびか・す」〈源氏・紅葉賀〉
〔世を経〕❶長い年月を経る。例「君恋ひて世を・経る宿の梅の花」〈土佐〉❷一生を過ごす。例「世を・経て疎く恥づかしきものに思ひて」〈源氏・葵〉❸男女の関係を知る。例「むかし、男、女のまだ世を・経ずとおぼえたるが」〈伊勢・一二〇〉❹生活する。例「この母、世を・経て、筍(＝タケノコ)なければ飲食する事なし」〈今昔・九・二〉
〔世を貪る〕色欲・金銭欲・権勢欲など、現世の俗な欲望を満たすことに没頭する。例「〔人ハ〕世をむさぼ・らざらんぞいみじかるべき」〈徒然・一八〉
〔世を渡す〕❶(仏が)人々を救済する。例「仏の世に出で給ひて、世をわた・し給へる」〈栄花・三〇〉❷(隠居して)次の代に家を任す。跡目を継がせる。例「この家三十年仕来たったに、そちに世をわた・してから」〈浮・世間胸算用〉

よ【弁】[名]花弁。花びら。一説に、「枝」の変化した語で、枝の意とも。

よ【夜】[名]日没から日の出までの間。夜。↕日
④

発展学習ファイル　「夜」は「日」の対で、どちらも複合語になりやすい。一方、「夜」は「昼」の対で、どちらも単独で用いられる。

〔夜に隠る〕闇夜に紛れる。例「夜に隠・れて大殿に渡りたまへり」〈源氏・須磨〉
〔夜の悉〕夜通し。
〔夜のほどろ〕(「ほどろ」は明け方の意)夜がほのかに明け始めるころ。未明。
〔夜の間〕夜のあいだ。また、夜のあいだだけ。
〔夜を掛く〕一晩を費やす。例「夜をか・けてをちかためぐる夕立に」〈玉葉・雑一・一九三七〉
〔夜を籠めて〕夜が明けないうちに。例「夜をこめて鳥のそらねにはかるともよに逢坂の関はゆるさじ」〈後拾遺・雑二・九三九〉訳→(和歌)よをこめて…
〔夜を捨つ〕夜の風情に無関心である。＝世を背く・世を遁る・世を離る。例「など、さよを捨・て(＝「世」ト「夜」ヲカケル)て急ぎたまふ」〈枕・内裏の局〉
〔夜を徹す〕徹夜で行う。例「夜を徹・して、昔物語もきこえ明かさむとせしを」〈枕・頭弁の、職にまゐりたまひて〉
〔夜を残す〕夜の明け切らないうちに目が覚めてしまう。例「夜を残・す寝覚めに聞くぞ」〈山家集・上〉
〔夜を日に継ぐ〕昼も夜も休まないで物事を続行する。＝夜を昼になす。例「夜を日につ・ぎて、この事かの事、怠らず成じてんと」〈徒然・二四一〉
〔夜を隔つ〕次に会うまでに、幾晩かおく。いく夜かの間をはさむ。例「逢はぬ夜をへだ・つる中の衣手に」〈源氏・末摘花〉

よ【節】[名]❶竹や葦などの茎の、節と節との間の部分。例「よごとに、黄金ある竹を見つくること重なりぬ」〈竹取・かぐや姫〉❷(①から転じて)節。

発展学習ファイル　和歌では、「世」「夜」などの掛詞として用いられることが多い。

よ【余・予】[代名]《自称の人称代名詞。男性が用いる語》わたし。われ。自分。例「予もいづれの年よりか、片雲の風にさそはれて」〈おくのほそ道・出発まで〉

よ　一[格助]《上代語》❶動作・作用の起点を表す。…から。例「天地の遠き初めよ世の中は常なきものと語り継ぎ流らへ来たれ」〈万葉・一九・四一六〇長歌〉訳天地創造の遠い昔から世の中は無常なものと今まで語り伝えられて来ており。❷動作・作用の経過する地点を表す。…を通って。…を。例「ほととぎすこよ鳴き渡れ灯火を月夜になそへその影も見む」〈万葉・一八・四〇五四〉訳ホトトギスよ、この場所を鳴いて渡ってくれ。灯火を月に見立ててその姿でも見たいものだ。❸動作の手段・方法を表す。…で。…によって。例「鈴が音の駅家の堤井の水を飲へな妹が直手よ」〈万葉・一四・三四三九〉訳馬の鈴音のする駅宿にある井戸の水を飲ませていただきたいな。あなたの手でじかに。《敬語》「飲へな」→「たまふ(下二段)」。❹比較の基準を表す。…より。例「上毛野伊奈良の沼の大藺草外に見しよは今こそまされ」〈万葉・一四・三四一七〉訳上毛野の伊奈良の沼の大藺草を見るように遠くから見たときよりも近くで見るいまこそ恋しさが増したことよ。《係結び》「こそ→まされ(已)」。
二[間助]❶詠嘆を表す。…よ。例「絶え果つる物とは見つつささがにの糸をたのめる心細さよ」〈後撰・恋・五六九〉訳あの人とは結局絶えてしまうのだとは思いつつも、クモの糸のようにはかない望みを期待している心細さよ。❷呼びかけを表す。…よ。…や。例「少納言よ。直衣着たりつらむは、いづら」〈源氏・若紫〉訳少納言や。直衣を着ているという方はどこ。❸強く命令する。念を押す。…よ。…だぞ。例「あこはわが子にてをあれよ」〈源氏・帚木〉訳あなたは私の子でいておくれよ。❹断定の意を表す。…だよ。例「鸚鵡、いとあはれなり。人のいふらむ言をまねぶらむよ」〈枕・鳥は〉訳オウムとはたいへん興味深い鳥だ。人のいうことをまねするそうだよ。

よ

よあう【余殃】ヨォ[名]悪事を重ねた報いとして受ける災難。祖先の悪事の報いとして子孫にめぐってくる不幸。↕余慶(よけい)

よあらし【夜嵐】[名]夜吹き荒れる強風。夜の嵐。

よい【宵】歴史的かなづかい「よひ」

よいくさ【夜軍】[名]夜間の戦い。夜戦。

よいち【世一】[名]世の中で最もすぐれていること。当世第一。天下一。例「いけずきといふ**世一**の馬には乗ったりけり」〈平家・九・宇治川先陣〉

よう…【妖…・要…・窅…・遥…・腰…・瑩…・謡…】歴史的かなづかい「えう…」

よう【葉】歴史的かなづかい「えふ」

よう【羊…・益…・揚…・陽…・様…・養…】歴史的かなづかい「やう」

よう【用】[名]❶用事。用件。❷役に立つこと。必要。入用。目的。例「何の**用**にかあらん」〈竹取・燕の子安貝〉❸費用。経費。❹(「ゆう」とも)作用。はたらき。↕体(たい)③。例「今、一身をわかちて、二つの**用**をなす」〈方丈記〉

よう【庸】[名]令制の租税のひとつ。一年間に十日の労役の代わりとして国に納めた布・米・塩などの物品。→「そ(租)」「てう(調)」

よう【良う・善う・能う】[副](形容詞「よし」の連用形「よく」のウ音便の副詞化)❶「よく(良く)」に同じ。❷(下に打消の語を伴って)不可能の意を表す。とても(…できない)。例「これほどの所を**よう**飛ばいで」〈狂言記・飛越新発意〉

〔**良うせずは**〕(「よくせずは」のウ音便)悪くすると。もしかすると。例「坊(=皇太子)にも、**ようせずは**、この皇子(みこ)(=源氏)のゐたまふべきなめり」〈源氏・桐壺〉

語構成「ゐたまふべきなめり」→「なめり」

よう[助動特活]{○・○・よう・よう・○・○}❶推量の意を表す。…だろう。例「教(をせ)へたらちっとづつ縫物(ぬひもの)も出来**よう**と思ったが」〈浮世風呂〉訳教えたらちょっとずつ針仕事もできるようになる**だろう**と思ったが。❷意志を表す。…**よう**。例「鉄さんや、これをおまへに上げ**よう**」〈浮世風呂〉訳鉄さんよ、これをおまえにあげ**よう**。〈接続〉四段活用以外の動詞、動詞型活用の助動詞の未然形に付く。〈参考〉推量の助動詞「う」が上一段活用動詞の未然形に付いたときの音の変化(「見う」→「見ょう」→「見よう」)によって生じたとされる。

よう【好う・良う・善う】形容詞「よし」の連用形「よく」のウ音便。

ようい【‐す】【用意】[名・自サ変]❶**心づかい**。**用心**。**心構え**。例「ねびにたれど、飽くまで**用意**あり、あてにらうたげなり」〈源氏・花散里〉❷**前もって支度すること**。**準備**。例「**用意**したる白旗(しらはた)ざっとさしあげたり」〈平家・六・横田河原合戦〉

ようかん【‐なり】【勇敢】[名・形動ナリ](「よう」は「勇」の漢音)勇気があって気性が激しいこと。粗暴であること。また、そのさま。

ようがん【容顔】[名]顔だち。顔かたち。顔つき。

ようぎ【容儀】[名]❶礼儀にかなった態度・姿や身のこなし。❷容貌(ようぼう)。容姿。

ようごう【影向】歴史的かなづかい「やうがう」

ようさい【栄西】[人名]「えいさい」に同じ。

ようさつかた【夜さつ方】[名](「ようさりつかた」の変化形)夜になって間(ま)もないころ。晩がた。

ようさり【夜さり】[名](「よさり」の変化形。「よひさり」のウ音便とも)夜になって間(ま)もないころ。夕方。また、今夜の意でも用いる。

ようさりがた【夜さり方】[名]夜になるころ。晩がた。=夜さりつ方(かた)。

ようさりつかた【夜さりつ方】[名](「よさりつかた」の変化形)「ようさりがた」に同じ。

ようしゃ【‐す】【用捨】[名・他サ変]❶用いることと捨てること。❷人の扱い方。❸手加減すること。

ようじょう【横笛】歴史的かなづかい「やうでう」

よう・す【用す】[他サ変]{せ・し・す・する・すれ・せよ}用いる。役立てる。例「牛車(うしくるま)を**よう・する**人なし」〈方丈記〉

ようだい【容体・容態】[名](「ようたい」「ようてい」とも)姿かたち。容姿。からだつき。ようす。

ようち【夜討ち】[名]❶夜、不意に敵を攻めること。夜襲。=夜駆(よが)け。↕朝駆け①。❷夜、人家を襲って財宝を奪うこと。また、その盗賊。夜盗。

ようちそが【夜討曾我】[作品名]室町時代の謡曲。一説に宮増(みやます)(生没年未詳)作。成立年未詳。『曾我物語(そがものがたり)』に取材した曾我物。敵討(かたきうち)を目前にした曾我十郎祐成(すけなり)と五郎時致(ときむね)は、従者に頼み故郷の母への遺書を託す。事成ったのち、時致は祐成の死を知り自らも奮戦するが捕らえられてしまう。同名の幸若(こうわか)舞曲は同一素材。

ようどう【用途】[名](「ようとう」とも。「ようど」の変化形)銭。経費。費用。

ようなしごと【用無し事】[名]無用なこと。なくてもすむこと。

ようなり 歴史的かなづかい「やうなり」

ようにん【用人】[名]❶有用で働きのある人。❷武家の職名。江戸時代、幕府・大名・旗本などの家で、家老・年寄りの次に位し、日常生活一般の管理、金銭の出納事務を担当した重職。

ようべ【昨夜】[名](「よべ」「よひべ」の変化形とも)さくや。ゆうべ。

ようめい【容面】[名](「面(めん)」の字音を古くは「めい」と表記したことからできた語)顔かたち。

ようめいてんのうしょくにんかがみ【用明天王職人鑑】ヨウメイテンノウショクニンカガミ[作品名]江戸中期(一七〇五)初演の浄瑠璃(じょうるり)。近松門左衛門作。仏教を奉じ、諸職人への官位受領をはかる花人(はなひと)親王(後の用明天皇)と、外道(げどう)を信ずる山彦(やまひこ)皇子との争いを描く。多彩な内容をもつ近松の時代物の代表作。

ようよう【漸う・様様】歴史的かなづかい「やうやう」

よおぼえ【世覚え】[名]評判。信望。人望。例「いみじき心ある人と**世覚え**おはせし人の」〈大鏡・師尹〉

よおもて【四面】[名]四方の面。

‐よか[接尾](「やか」の変化形)「やか[接尾]」に同じ。

よか【良か・善か】一(上代東国方言。形容詞「よし」の上代の未然形「よけ」に相当)よい。例「ねもころに奥をなかねそまさかし**良かば**」〈万葉・一四・三四一〇〉二(形容詞「よし」の連体形「よかる」の撥音便「よかん」の撥音無表記)よい。例「**よか**めり、憎げにおし立ちたることなどはあるまじかめり」〈源氏・若菜・上〉〈音便〉

「まじかめり」は「まじかるめり」の撥音便「まじかんめり」の撥音無表記。

よがけ【夜駆け・夜懸け】[名]夜、不意に敵を攻撃すること。＝夜討ち。↕朝駆け①

よがたり【世語り】[名]世間の語りぐさ。世間の評判。うわさ。

よがたり【夜語り】[名]夜間に物語ること。また、その話。夜話。

よかなり《形容詞「よし」の連体形「よかる」＋伝聞・推定の助動詞「なり」＝「よかるなり」の撥音便「よかんなり」の撥音無表記》よいようだ。例「『**よかなり**』とは、たれかいはむ」〈枕・大進生昌が家に〉

よかは【横川】ヨカワ[歌枕]近江国の地名。いまの京都府と滋賀県の境、比叡連峰北端にあたる地域。比叡山延暦寺の三塔の一つ如法塔(北塔)がある。浄土思想をもたらした源信(恵心僧都)が住んだ地として知られる。

よかはた・つ【夜川立つ】ヨカワタツ 夜に篝火をともして鵜飼いをする。

よが・る【夜離る】[自ラ下二]{れ・れ・る・るる・るれ・れよ}男が女のもとに通わなくなる。男女の仲が絶える。例「おのづから**夜が・るる**ときのさ筵は涙のうき(＝涙ガタマッタ沼)になると知らずや」〈金葉・恋上・三九〇〉

よがれ【夜離れ】[名]夜、男性が女性のもとに通って来なくなること。男女の仲が絶えること。

よき【斧】[名]小形のおの。手おの。

よき【雪】[名]《上代東国方言》ゆき。

よぎ【夜着・夜著】[名]夜具の一種。掛け布団。のちには大きな着物の形で綿を入れたもの。

よきぢ【避き路】ヨキジ[名]「よきみち」に同じ。

よぎな・し【余儀無し】[形ク]{から・く(かり)・し・き(かる)・けれ・かれ}❶それ以外に方法がない。やむをえない。❷わけへだてがない。他のことを考えない。

〔和歌〕**よきひとの…**【よき人のよしとよく見てよしと言ひし吉野よく見よよき人よく見】〈万葉・一・二七・天武天皇〉訳昔のよい人が、よい所だとよくよく見て、よいといった、この吉野をよく見なさい。いまのよい人よ、よく見なさい。

〈参考〉初句の「よき人」は天武天皇とその妻持統天皇をほのめかし、結句「よき人」として周囲の諸皇子群臣に呼びかけている。

よきみち【避き道・避き路】[名]《「よきぢ」とも》本道に障害があったり、人目を避けたりするようなときに通る別の道。間道。わき道。

よきょう【余興】[名]あとあとまで残る感興。

よぎりがくり【夜霧隠り】[名]夜霧の中に隠れて見えないこと。また、その所。

よぎりごも・る【夜霧隠る・夜霧籠る】[自ラ四]{ら・り・る・る・れ・れ}夜霧に包まれる。＝夜霧隠る。例「**夜霧隠・れる**遠妻の手を」〈万葉・一〇・二〇三五〉

よぎ・る【過ぎる】[自ラ四]{ら・り・る・る・れ・れ}《古くは「よきる」》前を通り過ぎる。行き過ぎる。また、通りすがりに立ち寄る。訪れる。例「(源氏ガ当地ニ)**過ぎ・り**おはしましけるよし」〈源氏・若紫〉

よ・く【避く】㊀[他カ四]{か・き・く・く・け・け}さける。よける。例「かかる恋路に入りそめて**よ・く**方もなき」〈山家集・下〉㊁[他カ上二]{き・き・く・くる・くれ・きよ}㊀に同じ。例「君を思ひ我が恋ひまくはあらたまの立つ月ごとに**避・くる**日もあらじ」〈万葉・一五・三六八三〉㊂[他カ下二]{け・け・く・くる・くれ・けよ}㊀に同じ。例「花散れば道やは**避・け**ぬ志賀の山うたてこずゑを越ゆる春風」〈六百番歌合〉

発展学習ファイル　上代には上二段活用が、中古には上二段・四段活用が、中古末期以降には下二段活用が、それぞれ用いられた。

よく【良く・善く・能く】[副]《「よう」とも》❶《動作や行動が不足なく行われるさま》十分に。じっくりと。❷《動作や行動の結果が、すぐれているさま》立派に。うまく。例「(女ノ欠点ヲ)いと**よく**もて隠すなりけり」〈源氏・帚木〉❸ひどく。たいへん。例「天魔の**よく**あれたるにこそ」〈平家・六・横田河原合戦〉❹(並はずれた行為・行動に対して、あきれる気持ちをこめて)よくぞ。よくもまあ。例「汝ら、**よく**持て来ずなりぬ」〈竹取・竜の頸の玉〉❺たびたび。しばしば。

発展学習ファイル　形容詞「**よし**」の連用形、「よく」の連用修飾法との区別は、ほとんどつかない。③④は、よい意味にも悪い意味にも用いられる。

よくい【薏苡】[名]草の名。ハトムギ。実は「薏苡仁」といい、食用や薬用とされる。

よくかい【欲界】ヨッカイ[名]《仏教語》「三界」のひとつ。食欲・色欲・睡眠欲など、本能的な欲望に支配される衆生の住む世界。この世界の中に、地獄・餓鬼・畜生・修羅・人・天の六道がある。

よくしん【欲心】[名]❶欲深い心。物を欲しがる心。❷愛欲の情。性的欲望。

よくす【横臼】[名]《「よこうす」の変化形》丈が低く、横幅の広い臼。↕竪臼

よく・す【善くす・能くす】[他サ変]{せ・し・す・する・すれ・せよ}❶十分に行う。手落ちのないようにする。例「家思ふと心進むな風守り**よく・し**ていませ荒しその道」〈万葉・三・三八一〉❷うまく行う。巧みにする。例「偽りを**よく・す**る人を捕らふばかりを」〈万葉・一三・三二九三〉

よくぞ【良くぞ】《副詞「良く」＋係助詞「ぞ」。「良く」を強調していう語》よくもまあ。例「**よくぞ**短くて(＝短命デ)、かかる夢を見ずなりにける」〈源氏・須磨〉

よぐたち【夜降ち】[名]夜がふけること。夜ふけ。

よくた・つ【夜降つ】《「よぐたつ」とも》夜ふけになる。夜がふける。名詞「夜」＋動詞「降つ」。→「くたつ」。例「**夜くた・ち**て鳴く川千鳥」〈万葉・一九・四二四七〉

よくぢん【欲塵】ヨクジン[名]《仏教語》心を汚す種々の欲情を塵にたとえていう語。私欲。

よくとく【欲得】[名]貪欲と利得。利益を欲しがること。勘定づく。打算。

〔俳句〕**よくみれば…**【よく見れば薺花さく垣根かな】〈続虚栗・芭蕉〉訳よく見てみると、小さな白いナズナの花が咲いているよ、垣根のもとに。〈季―薺―春〉

よくよく[・なり]【良く良く・善く善く・能く能く】[形動ナリ]{なら・なり(に)・なり・なる・なれ・なれ}仕方なくするさま。よほどのことであるさま。例「**よくよく・なれ**ばこそ、目安書くやうなる様書きて、はるばる十三里の所を、無心は申しつかはしけるに」〈浮・好色一代女〉

よくよく【良く良く・善く善く・能く能く】[副]《副詞「よく」を重ねて意味を強めた語》❶十分に注意して。念には念を入れて。例「**よくよく**、たれもたれ

も聞こし召せ」〈大鏡・後一条院〉❷程度のはなはだしいさま。ひどく。十分に。例「我も食ひ、人にも**よくよく**食はせて、寝にけり」〈古本説話集〉

よくん【余薫】[名]❶時がたってもあとまで残っている香り。残り香。❷先人の残した徳。余徳。余光。

よげ[・**なり**]【好げ・善げ】[形動ナリ]{なら・なり(に)・なり・なる・なれ・なれ}《「げ」は接尾語》よさそうなさま。例「かたちも**よげ・なり**と聞きはべる」〈堤中納言・ほどほどの懸想〉

よけい【余慶】[名]《呉音で「よきゃう」とも》善行を重ねた報いとして受ける幸福。祖先の善行の報いとして子孫にめぐってくる幸福。↔余殃

よけう【余教】[名]それ以外の教え。他の教義。

よけく【善けく・良けく】《形容詞「善し」の名詞化したもの》よいこと。

よこ【横】[名]《近世語》不正。遊女が客に隠れて恋人などに会うこと。

よこあめ【横雨】[名]横なぐりに降る雨。よこさめ。

よこがみ【横上】[名]縦に長い旗を張るために、旗の上端に付けた横木。

よこがみをやぶ・る【横紙を破る】《「やぶる」は「やる」とも》(漉き目が縦の和紙をあえて破れにくい横から破るところから)無理を強引に押し通す。例「人の**横紙を破・る**になれば、さこそあれ」〈義経記・六〉

よこぐも【横雲】[名]横に細長くたなびく雲。ふつう、明け方に東の空にたなびく雲をいう。

よここち【世心地】[名]流行病。流行性の熱病。疫病。＝世の中心地

よこごと【横言】[名]わきから中傷することば。悪口。例「人の**横言**繁みかも」〈万葉・九・一七九三〉

よごころ【世心】[名]男女間の情愛を解する心。異性を恋い慕う心。例「**世心**つける女、いかで心なさけあらむ男にあひ得てしがなと思へど」〈伊勢・六三〉

よこさ【横さ】[名]《「さ」は名詞に付いて方向を表す接尾語》横。横ざま。＝横し。↔縦さ

よこざ【横座】[名]❶(正面の座所には敷物が横に敷いてあるところから)正面の座席。上座。❷横側にある座席。

よこさま[・**なり**]【横様】[名・形動ナリ]《「よこざま」とも》❶横向き。横の方。↔縦様①・縦様。例「雨の脚**横ざま・に**、騒がしう吹きたるに」〈枕・風は〉❷正常ではないようす。異常。例「**よこさま・なる**やうにて、つひにかくなり(＝亡クナッテ)はべりぬれば」〈源氏・桐壺〉

〔**横様の死に**〕《「横死」の訓読語》非業の最期。思いがけない災難などで死ぬこと。

〔**横様のそねみ**〕道理に合わない嫉妬。道に外れた邪念。

〔**横様の罪**〕いわれのない罪。無実の罪。冤罪。ぬれぎぬ。

よこさまあめ【横様雨】[名]横なぐりの雨。

よこさら・ふ【横去らふ】《上代語。動詞「横去る」の未然形＋反復・継続の助動詞「ふ」》横に移動する。横に歩く。横に走る。例「百伝ふ角鹿(＝敦賀)の蟹**横去ら・ふ**」〈記・中・歌謡〉

よこし【横し】[名]「よこさ」に同じ。

よこしごと【邪言】[名]正しい道から外れたことば。中傷。讒言。よこしまごと。

よこしま[・**なり**]【横しま・邪】[名・形動ナリ]❶横向きであること。また、そのさま。横さま。❷正しくないこと。心がねじけているさま。邪悪。非道。例「国を賊し政をかすむる者競ひ集まって、**よこしま・に**帝都を侵し奪へり」〈太平記・二〇〉

よこしまかぜ【横しま風・邪風】[名]横なぐりに吹く風。暴風。

よこ・す【讒す】[他サ四]{さ・し・す・す・せ・せ}うその告げ口をする。悪口をいう。中傷する。

よこたは・る【横たはる】一[自ラ四]{ら・り・る・る・れ・れ}横になる。横に寝る。例「暁、氷をきしる車の跡、遥かに門前に**よこたは・れ**り」〈平家・三・城南之離宮〉二[自ラ下二]{れ・れ・る・るる・るれ・れよ}一に同じ。例「大きなる木の、風に吹き倒されて、根をささげて(＝空ニ向ケテ)、**横たは・れ**臥せる」〈枕・無徳なるもの〉

よこた・ふ【横たふ】一[自ハ四]{は・ひ・ふ・ふ・へ・へ}横たわる。例「荒海や佐渡に**横た・ふ**天の河」〈おくのほそ道・越後路〉訳→〔俳句〕あらうみや…。二[他ハ下二]{へ・へ・ふ・ふる・ふれ・へよ}《「よこだふ」とも》❶横にする。例「物(＝調度品)もおびたたしく**よこた・へ**たり」〈太平記・三七〉❷横にして身に着ける。横にして持つ。例「或いは腰の刀を**横だ・へ**差いて」〈平家・一・殿上闇討〉

よこでをう・つ【横手を打つ】(感動したり、納得したりした時などに)思わず両手を打ち合わせる。

よごと【寿詞】[名]❶天皇の御代が長く栄えることを祝うことば。賀詞。❷祈りのことば。のりとごと。

よごと【善事・吉事】[名]よいこと。めでたいこと。↔禍事二

よこど・る【横取る】[他ラ四]{ら・り・る・る・れ・れ}横から他人の物を奪い取る。横取りする。

よこなば・る【横訛る】[自ラ四]{ら・り・る・る・れ・れ}「よこなまる」に同じ。

よこなま・る【横訛る】[自ラ四]{ら・り・る・る・れ・れ}《「よこなばる」とも》発音になまりがある。ことばがなまる。例「**横訛・り**たる声して言ふ」〈古本説話集〉

よこぬひ【横縫ひ】❶兜の鉢付けの板(「錏」の一枚目)と鉢をとじる糸、または革ひも。❷鎧の札をとじつける糸、または革ひも。

よごのうみ【余呉の湖】[歌枕]近江国の湖。いまの滋賀県伊香郡余呉町、琵琶湖の北端、賤ヶ岳北麓にある。羽衣伝説で知られる。

よこぶえ【横笛】[名]❶横に構えて吹く笛の総称。❷《「わうてき」「やうでう」とも》雅楽に用いる笛の一種。長さは約四〇センチほどで、歌口(吹き口)のほかに七つの穴があり、笛の首端を横にして吹く。

よこぶえ【横笛】[作品名]『源氏物語』の三十七番目の巻名。

よこぶえさうし【横笛草子】[作品名]室町時代の御伽草子。作者未詳。横笛との悲恋が原因で出家した滝口入道が、横笛の自殺を知り、高野山で修行に励む。

よこほ・る【横ほる】[自ラ四]{ら・り・る・る・れ・れ}横たわる。横になる。例「**横ほ・り**臥せる小夜の中山」〈古今・東歌・一〇九七〉訳→〔和歌〕かひがねを…

よこめ【横目】[名]❶目だけで横を見ること。その目つき。よそ見。わき目。❷ほかに心を移すこと。また、とくに、男がほかの女に心を奪われること。例「思ひか

はして、また**横目**することなくて」〈宇治拾遺・九・三〉❸監視すること。また、その役にある人。見張り。❹「横目付」の略。

よごめ【夜籠め】[名]夜がまだ深いうちに何かをすること。まだ夜の深いこと。

よこめつけ【横目付】[名]室町以降の武家の職名。敵国の内情の視察、また、自国内の政務や家臣の行動を監督して賞罰を定め、不正を摘発する役。＝目付・横目④・横目役

よこめやく【横目役】[名]「よこめつけ」に同じ。

よごもり【夜籠り】[名]❶夜がふけること。夜ふけ。深夜。❷社寺に参拝し、一晩じゅうこもってお祈りをすること。

よごも・る【世籠る】[自ラ四]{ら・り・る・る・れ・れ}世の中を知らない。年若い。例「少し**世籠・り**たる程にて深山隠れには心苦しく見えたまふ人の」〈源氏・総角〉

よこや【横矢】[名]❶敵が防戦しにくい側面から矢を射ること。また、その矢。❷城の出し塀の側面に設けた矢を射る所。矢狭間。

よこやまへろ【横山辺ろ】[名]《「ろ」は接尾語》長く連なっている丘陵の辺り。例「眉引きの**横山辺**ろの猪なす思へる」〈万葉・一四・三五三一〉

よごろ【夜来】[名]❶このところ毎晩。ここ数夜。幾夜。❷夜の間。夜のうち。

よころば・ふ【横ろ這ふ】（ヨコロバ(ボ)ウ）[自ハ四]{は・ひ・ふ・ふ・へ・へ}横たわる。例「〔倒レタ木ガ〕萩は、女郎花などの上に**横ろば・ひ**伏せる」〈枕・野分のまたの日こそ〉

よこゐやいう【横井也有】（ヨコイヤユウ）[人名]（一七〇二〜一七八三）江戸中期の俳人。尾張藩に仕官しつつ句や文に親しみ、俳諧・謡曲・書画など趣味人として活躍。俳文集『管見草』『鶉衣』。

よごゑ【夜声】（ヨゴエ）[名]夜中に聞こえる声。夜の高声。

よさ【夜さ】[名]「よさり」に同じ。

よざかり【世盛り】[名]❶栄華をきわめること。全盛期。❷若い盛り。

よさ・す【寄さす】《上代語。動詞「寄す」の未然形＋上代の尊敬の助動詞「す」》お任せになる。任務をお授けになる。例「皇親神魯岐・神魯美の命との、吾が孫の知らさむ食す国天の下と、**よさ・し**奉りしまにまに」〈続日本紀〉

よさのうみ【与謝の海】[歌枕]丹後国の地名。いまの京都府宮津市、若狭湾の最西端にある宮津湾の古称。天の橋立の内側にある阿蘇海を合わせた海。

よさぶそん【与謝蕪村】[人名]（一七一六〜一七八三）江戸中期の俳人・画家。谷口蕪村ともいう。夜半亭巴人に師事。絵は狩野派の絵師に手ほどきを受けた。狩野派、大津絵の技法さらには中国技法を取り入れ、画家として名を成すにつれて俳諧に凝り、俳諧結社三菓社を結成するに至る。代表作は『此ほとり』『新花摘』『ももすもも』など。

よざま【・なり】【善様】[形動ナリ]{なら・なり(に)・なり・なる・なれ・なれ}よいようすだ。↔悪し様。例「人の御名を**よざま・に**言ひなほす人は」〈源氏・夕霧〉《「よさま」とも》

よさむ【夜寒】[名]晩秋の夜の肌寒さ。また、その季節。↔朝寒。（季―秋）

よさり【夜さり】[名]《「ようさり」とも》夜になって間もないころ。夜になる時分。夜。また、今夜。＝夜さ。例「**夜さり**、『このありつる人たまへ（＝サッキノ女ヲヨコシテクダサイ）』とあるじにいひければ」〈伊勢・六三〉

よさりがた【夜さり方】[名]《「ようさりがた」とも》夜になるころ。＝夜さりつ方

よさりつかた【夜さりつ方】[名]「よさりがた」に同じ。

よさ・る【寄さる】[自ラ四]{ら・り・る・る・れ・れ}《上代東国方言》「よそる」に同じ。

よさん【余算】[名]残っている寿命。余命。

よさん【・す】【予参・預参】[名・自サ変]参加してその仲間に入ること。参加。参列。参会。例「怨敵巷に満ちて、〔源義仲八〕予参道を失ふ（＝手段ガナイ）」〈平家・七・木曾山門牒状〉

よし【由・因】[名]❶由緒。由来。いわれ。いきさつ。例「母北の方なむいにしへの人の**よし**あるにて」〈源氏・桐壺〉《係結び》「なむ→（流れ）」。❷理由。口実。わけ。例「月を弓はりといふは、なにの心ぞ。その**よし**つかうまつれ」〈大和・一三二〉❸方法。手段。例「嘆けどもせむすべ知らに恋ふれども逢ふ**よし**をなみ」〈万葉・二・二一〇長歌〉❹情趣。風情。奥ゆかしさ。例「いといみじく神さび、古めいたるけはひの、いと**よし**ふかく」〈更級〉《音便》「古めい」は「古めき」のイ音便。❺縁。縁故。つて。例「奈良の京春日の里に、しる**よし**して、狩りにいにけり」〈伊勢・一〉❻ふり。ようす。例「よく知らぬ**よし**して、さりながら、つまづまあはせて語るそらごとは、おそろしき事なり」〈徒然・七三〉❼ことのしだい。旨。…ということ。例「ことさらに感じ仰せ下されける**よし**、家長が日記には書けり」〈徒然・一四〉

発展学習ファイル　類義語に、物事の本質的な原因・理由などの意の「**ゆゑ**」がある。⇨「ゆゑ」〈発展学習ファイル〉

よし【由】〔**由**こそあるらめ〕《「よしこそあるらめ」の変化形》わけがあるのだろう。

よし【葦・蘆・葭】[名]葦の別称。葦が「悪し」に通ずるのを嫌い、「善し」の同音にいい換えたもの。

よ・し【好し・良し・善し・吉し】

[形ク]{から・く(かり)・し・き(かる)・けれ・かれ}

アプローチ
▼さまざまな面で、すぐれていると感じられる状態や事柄に対する積極的な評価を表す。
▼また、適当で、充足されている状態や、受け入れられる状態を表す。

❶**価値が高い**。**上等だ**。例「いはば、商人の**よ・き**衣着たらむがごとし」〈古今・仮名序〉訳（文屋康秀の歌は）いってみれば、商人が**上等な**衣服を着ているようなものだ。

❷**技量がすぐれている**。**上手だ**。**巧みだ**。例「この歌、**よ・し**とにはあらねど、げにと思ひて、人々忘れず」〈十佐〉訳この歌は、**上手だ**というわけではないが、なるほどと思って、人々は忘れない。

❸**美的にすぐれている**。**美しい**。例「髪いと長く、頷いと**よ・く**かかりて」〈更級〉訳「髪がとても長く、

額に髪が美しく垂れかかって。❹人格・人柄がすぐれている。善良だ。高潔だ。例「ただまことに心の癖なくよ・きことは」〈源氏・若菜・上〉訳ただ実に心がすなおで、人柄がすぐれているという点においては。❺身分・家柄がすぐれている。高貴である。例「よ・き人の御筋といふとも、親に数まへられたてまつらず」〈源氏・玉鬘〉訳高貴なお方の御血筋といっても、親に人並みに扱われなさらないで。《敬語》「数まへられたてまつらず」→「たてまつる」。❻知的・情操面ですぐれている。賢い。教養がある。情趣を解する。例「うとき人の、うちとけたる事など言ひたる、またよ・しと思ひつきぬべし」〈徒然・三七〉訳疎遠な人が、うち解けたことなどを言っているのは、また、教養があると心がひかれることだろう。❼社会的・経済的に栄えている。豊かだ。幸福だ。例「貧しく経へても、なほ、むかしよ・かりし時の心ながら、世の常のこともしらず」〈伊勢・一六〉訳貧乏に暮らしても、やはり、昔豊かであった時の気持ちのままで、世間の常識も知らない。❽縁起がよい。めでたい。例「あさてばかり、よ・き日なるを、御文たてまつらむ」〈蜻蛉・下〉訳明後日あたりが、縁起のよい日(＝吉日)ですから、お手紙をさしあげよう。《敬語》「たてまつらむ」→「たてまつる」。❾適当である。都合がよい。有効だ。例「三月ばかりになるほどに、よ・きほどなる人になりぬれば」〈竹取・かぐや姫〉訳(かぐや姫は)三か月ぐらい経たころ、(成人式をするのに)適当なくらいの人になったので。❿不足がない。十分だ。例「毛のよ・く抜くる銀の鑷子」〈枕・ありがたきもの〉訳毛が十分に抜ける銀の毛抜き。⓫こころよい。好ましい。好感がもてる。例「手のわろき人の、はばからず文書きちらすはよ・し」〈徒然・三五〉訳文字の下手な人が、遠慮なく手紙を無造作に書くのは好感がもてる。⓬正しい。例「おほやけの御政をも善・き悪しきよく知りて」〈宇治拾遺・一〇・七〉訳朝廷の政治について正しいことと正しくないことをよくわきまえて。⓭かまわない。よろしい。例「織女の袖つぐ夕の暁は川瀬の鶴は鳴かずともよ・し」〈万葉・八・一五四五〉訳織女が(彦星と)袖を交わして(寝る)夜の明け方は、(天の川の)川瀬の鶴は鳴かないでもかまわない。⓮(動詞の連用形を受けて)…しやすい。…するのが楽だ。例「山見れば山も見が欲し里見れば里も住み良・し」〈万葉・六・一〇四七長歌〉訳山を見ると山も見たいと思う。里を見ると里も住みやすい。

古語深耕　「よし」と「よろし」との違い
中古の評価を表す形容詞には、「よし」「よろし」「あし」「わろし」などがみられる。このうち、「よし」は、高い(よい)評価を示す語として広く用いられる語であるが、「よろし」は、ひととおりの基準を満たしている程度で、悪くない、まずまずという程度であり、評価的には、「よし」よりも劣る。「よし」の対義語には「あし」が対応し、「よろし」の対義語に「わろし」がある。

〔よき所〕望ましい所。また、大事なところ。急所。

〔よき日〕❶天気がよい日。❷物事をするのによいとされる日。また、めでたい日。縁起のよい日。

〔よき人〕❶身分や教養のある人。また、立派な人。❷美しい人。

〔よき程〕❶ちょうどよい程度。適度。例「灯よきほどにともさせたまへり」〈源氏・若菜・下〉❷相当な程度。よほど。例「よきほどの人も、直面の申楽は、年寄りては、見られぬものなり」〈風姿花伝〉

よし【縦し】〔副〕❶(多くは「…とも」の形の逆接の仮定条件を伴って)たとえ…としても。よしんば…としても。例「人はよし思ひ止むとも玉かづら影に見えつつ忘らえぬかも」〈万葉・二・一四九〉〔注〕「玉かづら」は、「影」の枕詞。❷(不都合な状況があっても、あえてそれを放任しているさま)(下に意志・希望・命令などの表現を伴って)それならそれでよい。ままよ。例「『さぶらふ人々苦しろはべるべし』と聞こゆれば、『よし、後にも人は参りなむ』とて」〈源氏・若紫〉《音便》「苦しろ」は「苦しく」のウ音便。《敬語》「さぶらふ人々」→「さぶらふ」、「苦しろはべる」→「はべり」、「聞こゆれば」→「きこゆ」、「参りなむ」→「まゐる(四段)」

〔縦しさば〕「よしさらば」に同じ。

〔縦しさらば〕仕方がない。やむを得まい。ままよ。＝縦しさば。例「よしさらば磯の苫屋に旅寝せむ」〈千載・羇旅・五三二〉

よし〔間助〕《上代語。間投助詞「よ」＋副助詞「し」》詠嘆を表す。「あをによし」「はしきよし」など慣用的な語句の中に残る。例「あをによし奈良の都は咲く花の薫ふがごとく今盛りなり」〈万葉・三・三二八〉訳→〈和歌〉あをによし…

よしあ・り【由有り】❶由緒がある。相当の格式がある。例「母北の方なむいにしへの人のよしあ・るにて」〈源氏・桐壺〉❷それなりに奥ゆかしい風情がある。例「几帳にはた隠れたるかたはら目、いみじうなまめいてよしあ・り」〈源氏・松風〉

よししげのやすたね【慶滋保胤】〔人名〕(？〜一〇〇二)平安中期の漢詩人。菅原文時の門人。『本朝文粋』に二十二編残り、『池亭記』を著す。

よしだ【吉田】〔地名〕❶山城国の地名。いまの京都市左京区の吉田山付近。❷三河国の地名。いまの愛知県豊橋市の古称。東海道五十三次のひとつ。

よしだけんかう【吉田兼好】〔人名〕(一二八三?〜一三五二??)鎌倉後期から南北朝時代の歌人・随筆家。俗名は卜部兼好。「けんこう」は法号。二条為世に和歌を学び、『続千載和歌集』以降の勅撰集に入集。家集『兼好法師集』。『徒然草』の著者。

よしだしょういん【吉田松陰】〔人名〕(一八三〇〜一八五九)江戸後期の思想家。長州藩士であったが藩主に従って佐久間象山に学ぶ。松下村塾を主宰した。討幕論・尊攘論を唱え、安政の大獄の際に処刑された。著者『講孟余話』。

よしただしふ【好忠集】[作品名]平安後期の私家和歌集。『曾丹集』ともいう。曾禰好忠の詠を後人がまとめたもの。成立年未詳。新奇なことばを多く使用した独自の和歌のほか、百首歌の嚆矢である「好忠百首」を含み形式面でも後世に影響を与えた。

よしづ・く【由付く】[自カ四]{か・き・く・く・け・け}奥ゆかしい風情がある。由緒がありそうに見える。風雅のたしなみをもつ。例「(藤壺ノ宮ハ)深う**よしづき**たるところの並びなくものしたまひしを」〈源氏・朝顔〉

よしつねせんぼんざくら【義経千本桜】[作品名]江戸中期(一七四七初演)の浄瑠璃。竹田出雲・三好松洛・並木宗輔合作。義経伝説を題材とするが、中心は壇の浦で敗れた平家の三武将(維盛・知盛・教経)の後日譚と狐忠信の伝奇的活躍。知盛の悲愴な最期や鮨屋の場での人情あふれる話は有名で、歌舞伎でもしばしば上演される。『菅原伝授手習鑑』『仮名手本忠臣蔵』とともに人形浄瑠璃の三大名作。

よしな・し【由無し】[形ク]{から・く(かり)・し・き(かる)・けれ・かれ}❶**理由がない。いわれがない。**例「斯太の浦を朝漕ぐ舟は**よしな・し**に漕ぐらめかもよしこさるらめ」〈万葉・一四・三四三〇〉〔注〕「よしこさるらめ」は「よしこそあるらめ」の変化形。❷**方法がない。手段がない。**例「出でて行かむ人をとどめむ**よしな・き**に隣の方に鼻もひぬかな」〈古今・雑躰・一〇四三〉❸**つまらない。取るに足りない。**例「**よしな・し**かし。物見で、かうこそ思ひ立つべかりけれ」〈更級〉《音便》「かう」は「かく」のウ音便。《係結び》「こそ→思ひ立つべかりけれ(已)」。❹**かいがない。利益にならない。無駄だ。**例「『用なき歩きは、**よしな・かりけり**』とて来ずなりにけり」〈竹取・石作の皇子〉

よしなしごころ【由無し心】[名]つまらない考え。とりとめのないことを考える心。例「今は、昔の**よしなし心**もくやしかりけりとのみ思ひ知りはて」〈更級〉

よしなしごと【由無し事】[名]とりとめもないこと。つまらないこと。例「心にうつりゆく**よしなし事**を、そこはかとなく書きつくれば」〈徒然・序〉

よしなしごと[作品名]『堤中納言物語』所収の短編物語。

よしなしもの【由無し物】[名]つまらないもの。役に立たないもの。例「女どもこそ**よしなし物**と思ひたれども」〈宇治拾遺・一三・一〉

よしなしものがたり【由無し物語】[名]つまらない物語。役に立たない話。

よしなしわざ【由無し業】[名]つまらないこと。無益な行為。例「などかくは(=ナゼコンナコトヲ)するぞ。**よしなしわざ**する」〈宇治拾遺・一〇・一〇〉

よしの【吉野】[地名]大和国の地名。いまの奈良県吉野郡、吉野川流域や金峰山寺を中心とする吉野山一帯。修験道の霊場で桜の名所としても知られる。=み吉野

よしのがは【吉野川】[歌枕]大和国の川。いまの奈良県と和歌山県を流れる紀ノ川の上・中流部、奈良県側の呼称。

よしのしふゐ【吉野拾遺】[作品名]説話集。隠士松翁の編とあるが、松翁がだれであるかは未詳。跋によると正平年間(一三四六〜一三七〇)の成立であるが、室町時代の偽作とする説もある。

〔和歌〕**よしのなる…【吉野なる夏実の川の川淀に鴨そ鳴くなる山影にして】**〈万葉・三・三七五・湯原王〉訳吉野にある、夏実の川の、その川の淀みの所で鴨の鳴く声が聞こえる。あの山の陰あたりで。《係結び》「そ→鳴くなる(体)」

〔俳句〕**よしのにて…【吉野にて桜見せうぞ檜の木笠】**〈笈の小文・芭蕉〉訳花の名所吉野で、桜を見せてやろうぞ、檜の木笠よ。(季—桜—春)

よしのものがたり【吉野物語】[作品名]「ほんてうすいこでん」に同じ。

よしのやま【吉野山】[歌枕]大和国の山。いまの奈良県吉野郡吉野町にある。大峰山脈北端から吉野川左岸に至る尾根一帯。修験道の霊場で桜の名所として知られる。

〔和歌〕**よしのやまこぞのしをりの…【吉野山去年のしをりの道かへてまだ見ぬかたの花を尋ねん】**〈新古今・春上・八六・西行〉訳吉野山では、去年、枝を折ってしるしをつけておいた道を今年は変えて、まだ見ていない方面の花を尋ねよう。

〔和歌〕**よしのやまやがていでじと…【吉野山やがて出でじと思ふ身を花散りなばと人や待つらん】**〈新古今・雑中・一六一九・西行〉訳吉野山に入り、このまま出るまいと思っているわが身を、桜の花が散ってしまったなら出てくると、人は待っていることであろうか。《係結び》「や→待つらん(体)」

よしばみ【由ばみ】[名]わけありげな振る舞い。上品ぶり。気取った態度。また、そう振る舞う人。

よしばみごと【由ばみ事】[名]風流ぶっていること。気取った振る舞い。

よしば・む【由ばむ】[自マ四]{ま・み・む・む・め・め}《「ばむ」は接尾語》❶趣ありそうなようすである。上品に見える。例「下簾のさまなど**よしば・める**に」〈源氏・葵〉❷気色ばむ。表情を変える。例「月ごろのつらさを恨みなどし給ひて、**よしば・み**給へれど」〈宇津保・忠こそ〉

よしはら【吉原】[地名]❶江戸の地名。いまの東京都台東区北東部にあった幕府公認の遊郭とその地区の名称。もと日本橋葺屋町にあったが、明暦の大火で浅草に移転されたので「新吉原」ともいう。❷駿河国の地名。いまの静岡県富士市東部を占める地区。港があり水運の拠点として栄えた。東海道五十三次のひとつ。

よしはらすずめ【葦原雀・吉原雀】[名]❶ヒタキ科の鳥。ヨシキリ。(季—夏)。❷《近世語》江戸の吉原遊郭の内部をよく知っている者。

よしふ【余執】[名]《仏教語》心から離れ去らない執着。死後もなおこの世に残る執着。

よしみ【好しみ・誼】[名]❶親しい交わり。親交。親しみ。❷縁故。関係。いわれ。

よしみねのむねさだ【良岑宗貞】[人名]「そうじやうへんぜう」に同じ。

よしみねのやすよ【良岑安世】[人名](七八五〜八三〇)平安前期の漢詩人。父は桓武天皇。同母兄に藤原冬嗣、子に僧正遍昭がいる。『日本後紀』や『経国集』の編纂にあたった。

よしめ・く【由めく】〔自カ四〕{か・き・く・く・け・け}《「めく」は接尾語》趣ありそうに見える。上品に見える。また、そのように振る舞う。例「あまりいたくなよびよしめ・くほどに、重き方おくれて」〈源氏・若菜・上〉

よしも【縦しも】〔副〕《副詞「縦ょし」+助詞「も」》(下に「とも」を伴って)たとえ。かりに。例「遠つ大浦に寄する波よしも寄すとも憎くあらなくに」〈万葉・一一・二七二九〉

よしや【縦しや】〔副〕《副詞「縦し」+間投助詞「や」》❶仕方がない。ままよ。例「かけても(=決シテ)思ひ寄らざりける恥づかしさもうらめしさも、よしやただ今はよろづ覚えず」〈浜松中納言・五〉❷(逆接の仮定条件を伴って)もしたとえ。仮に。例「家のため、よしやお気に障らふとも、言はねばならぬ女房の役」〈伎・小袖曽我薊色縫〉①②=縦しゑやし

よしよし【縦し縦し】〔副〕《副詞「縦し」を重ねて強めた語》ままよ。えい、ままよ。例「よしよし。さらに見えたてまつらじ」〈源氏・葵〉

よしよし・し【由由し】〔形シク〕{しから・しく(しかり)・し・しき(しかる)・しけれ・しかれ}由緒あるようす。趣深い。なかなか風情がある。例「御手いとよしよし・しくなまめきたるに」〈源氏・賢木〉

よしゑ【縦しゑ】ヨシエ〔副〕《上代語。副詞「縦し」+間投助詞「ゑ」》ままよ。えい、ままよ。例「心はよしゑ君がまにまに」〈万葉・一三・三二八五〉

よしゑやし【縦しゑやし】ヨシエヤシ《上代語。副詞「縦しゑ」+上代の間投助詞「やし」。「縦しゑ」を強めた語》❶「よしや①」に同じ。❷「よしや②」に同じ。

よ・す【寄す】㊀〔他サ四〕{さ・し・す・す・せ・せ}《上代語》近寄らせる。例「麻手小衾今夜だに夫寄せこせね」〈万葉・一四・三四五四〉㊁〔他サ下二〕{せ・せ・す・する・すれ・せよ}❶近づかせる。引き寄せる。例「西の対に御車寄・せて下りたまふ」〈源氏・若紫〉❷(「心を寄す」の形で)好意を寄せる。ひいきする。例「女御の、秋に心を寄・せたまへりしも」〈源氏・薄雲〉❸口実とする。かこつける。例「時々につけたる木草の花に寄・せても」〈源氏・薄雲〉❹譲る。贈る。与える。例「三番に数一つ勝ちたまはむ方に、花を寄・せてん」〈源氏・竹河〉❺寄進する。例「高雄の神護寺に庄一所寄・せられざらん程は、まったく文覚出づまじ」〈平家・五・文覚被流〉㊂〔自サ下二〕{せ・せ・す・する・すれ・せよ}❶近寄る。寄せる。例「興津白浪の、寄・せてはかへるたびごとに」〈平家・二・卒都婆流〉❷押し寄せる。攻め寄せる。例「今度三井寺へ寄・せたらんには」〈平家・四・競〉

よすが【縁・因・便】〔名〕《上代は「よすか」とも》❶ゆかり。よりどころ。例「郭公のよすがとさへ思へばにや、なほさらに、いふべうもあらず」〈枕・木の花は〉(係結び)「にや→(省略)」。(音便)「べう」は「べく」のウ音便。❷たよりとするもの。(夫・妻など、たよりとする)縁者。例「もとより妻子なければ、捨てがたきよすがもなし」〈方丈記〉❸手段。方法。例「餓ゑをたすけ、嵐をふせぐよすがなくてはあられぬわざなれば」〈徒然・五八〉

発展学習ファイル 類義語に「よるべ」「ゆかり」があるが、「よすが」は「よ(寄)す」+「か(処)」の意。「よすが」が積極的に頼りを求める手段を表すのに対し、「よるべ」は、すでに頼れるものがある場合に用いる。また、「ゆかり」は血縁や人のつながりを指す場合が多い。

よすがら【夜すがら】〔副〕《「すがら」は接尾語》夜通し。一晩じゅう。↔日すがら。例「長き夜すがら御寝もならず」〈平家・三・法皇被流〉

よすぎ【世過ぎ】〔名〕世を生きて行くこと。世渡り。渡世。生活。

よすてびと【世捨て人】〔名〕世の中を見捨てた人。俗世間を離れて僧や隠者になった人。隠遁者。

〈和歌〉**よするなみ…【寄する波うちも寄せなむわが恋ふる人忘れ貝下りて拾はむ】**〈土佐〉
訳 浜辺に打ち寄せる波よ、打ち寄せておくれよ、私が恋い慕う人を忘れる、その忘れ貝を。そうしたら船を降りて拾おう。

よせ【寄せ】〔名〕❶信望。期待。例「したり顔に、わが心ちもいと寄せありて」〈枕・かしこきものは〉❷後見。後ろだて。例「一の皇子は、右大臣の女御の御腹にて、寄せ重く」〈源氏・桐壺〉❸縁故。縁。ゆかり。例「させることのよせなけれども、女院の御所など借り申す、故実なり」〈徒然・一五六〉(敬語)「借り申す」→「まうす」。❹理由。いわれ。例「それもみな、一ふし二ふしの寄せはありけむ」〈増鏡・新島守〉

よせい【余勢】〔名〕❶残りの軍勢。余った勢い。❷満ちあふれる気力。活気。

よせい【・なり】【余情】《「せい」は漢音》㊀〔名〕言外に漂う情趣。余韻。風情。よじょう。㊁〔名・形動ナリ〕見栄をはること。外見をとりつくろうこと。また、そのさま。例「よせい・なる商ひばなし」〈浮・好色二代男〉

よせか・く【寄せ掛く】㊀〔自カ下二〕{け・け・く・くる・くれ・けよ}攻め寄せる。押し寄せる。例「七千余騎、大津・松本を経て、唐崎の松の辺まで寄せか・けたり」〈太平記・三〉㊁〔他カ下二〕もたせかける。寄せて立てかける。例「屏風の袋に入れこめたる所どころに寄せか・け」〈源氏・東屋〉

よせかへ・る【寄せ返る】ヨセカエル〔自ラ四〕{ら・り・る・る・れ・れ}(波や潮などが)寄せては戻る。

よせ・く【寄せ来】〔自カ変〕{こ・き・く・くる・くれ・こ(こよ)}(波が)寄せてくる。

よせつな【寄せ綱】〔名〕物を引き寄せるための綱。

よせて【寄せ手】〔名〕攻め寄せる軍勢。

よせばし【寄せばし】〔名〕馬などを寄せてつないでおく柱。寄せ柱。

よせぶみ【寄せ文】〔名〕寄進や寄託の旨を記して、その証拠とする文書。寄進状。

よせむねづくり【寄せ棟造り】〔名〕屋根の造り方のひとつ。大棟の両端から四隅に隅棟が降りているもの。中古の「寝殿造り」の寝殿の屋根はこの造り。四柱造りともいう。

よそ【四十】〔名〕数の名。しじゅう。=四十①

よそ【・なり】【余所】㊀〔名〕❶ほかの場所。かけ離れた所。例「よそに居て恋ひつつあらずは」〈万葉・四・七二六〉❷(内に対して)外。例「御涙に咽び給ふとばかりこそ、御車のよそへは聞こえけれ」〈保元・下〉㊁〔形動ナリ〕{なら・なり(に)・なり・なる・なれ・なれ}❶関係ないさま。例「鈴鹿山憂き世をよそに振り捨てて」〈新古今・雑中・一六一三〉訳→〈和歌〉すずかや

ま…。❷よそよそしいさま。打ち解けないさま。例「天雲のよそ・にも人のなりゆくか」〈古今・恋五・七八四〉

〔余所に聞く〕遠く離れた場所で聞く。無関係な者として聞く。例「皇后宮は、よそに聞・かせ給ふおぼつかなさを添へて」〈栄花・一三〉

〔余所の思ひ〕周囲の人の考え。他人の思惑。例「〔女三ノ宮八〕よその思ひは〔源氏ノ妻トシテ〕いとあらまほしきほどなりかし」〈源氏・若菜・上〉

よそう【装う・寄そう・比う】歴史的かなづかい「よそふ」

よそおう【装う】歴史的かなづかい「よそほふ」

よそか【四十日】〔名〕しじゅうにち。

よそげ〔・なり〕【余所げ】〔形動ナリ〕{なら・なり(に)・なり・なる・なれ・なれ}《「げ」は接尾語》よそよそしいさま。知っていても知らないふりをするさま。例「もみぢ葉はおのが染めたる色ぞかし〔ソレニモカカワラズ〕よそげ・に置ける今朝の霜かな」〈新古今・冬・六〇三〉

よそご【余所子】〔名〕他人の子。よその子。

よそぢ【四十】〔名〕《「ぢ」は接尾語》❶「よそ(四十)」に同じ。❷四十歳。

よそながら【余所ながら】〔副〕❶別の場所にいながら。例「遠き所へ行き別るるに、よそながら別れ惜しみて」〈紫式部集〉❷他人ごとではあるが。関係はないが。❸間接的に、それとなく。例「よそながらのむつび交はしつべき人は」〈源氏・若菜・下〉

〔和歌〕**よそにのみ…**【よそにのみ見てややみなん葛城や高間の山の峰の白雲】〈新古今・恋一・九九〇・よみ人しらず〉訳自分とはかかわりのないものと、遠くから見るだけで終わってしまうのだろうか。葛城の高間の山の峰にかかる白雲のようなあの人を。《係結び》「や→やみなん体」〈参考〉二句切れ。「葛城や高間の山」は、金剛山の別名。

-よそひ【装ひ】〔接尾〕❶衣服・調度などひとそろいのものを数えるのに用いる。例「〔舞人二〕女の装束一装ひづつ賜ふ」〈宇津保・春日詣〉❷器に盛りつけた飲食物を数えるのに用いる。

よそひ【装ひ】〔名〕❶用意を整えること。準備。支度。例「水鳥の立たむ装ひに妹のらに物いはず来にて思ひかねつも」〈万葉・一四・三五二八〉❷装束。服装。着物。よそおい。❸飾り。しつらい。装飾。例「舟のよそひを設けて待ちはべりしに」〈源氏・明石〉

よそびと【余所人】〔名〕他人。関係のない人。

よそ・ふ【装ふ】〔他ハ四〕{は・ひ・ふ・ふ・へ・へ}《「よそほふ」とも》❶準備する。整える。支度する。例「難波津に〔船ヲ〕装・ひ装・ひて」〈万葉・二〇・四三三〇〉❷服装を整える。飾り付けをする。例「白たへに舎人よそ・ひて」〈万葉・三・四七五長歌〉❸食物を盛る。盛り付ける。

よそ・ふ【寄そふ・比ふ】〔他ハ下二〕{へ・へ・ふ・ふる・ふれ・へよ}《動詞「寄す」の未然形＋上代の反復・継続の助動詞「ふ」＝「よさふ」の変化形》❶関係づける。かこつける。ことよせる。例「従兄弟なりける男によそ・へて」〈古今・雑躰・一〇五四詞書〉❷比較する。たとえる。例「〔絵二〕世の有り様書きたるを、〔自分ノ事情二〕よそ・へらるること多くて」〈源氏・総角〉

よそへ【寄そへ・比へ】〔名〕比較すること。たとえること。比喩。例「〔「朝顔」トハ私二〕似つかはしき御よそへにつけても、露けく」〈源氏・朝顔〉

よそへもの【比へ物】〔名〕なぞらえるもの。

よそほ・し【装ほし】〔形シク〕{しから・しく(しかり)・し・しき(しかる)・しけれ・しかれ}装いがきちんとしている。美しく整っている。重々しく華麗だ。例「出でたまふ儀式の、いとことによそほ・しく」〈源氏・藤裏葉〉

よそほしう【装ほしう】形容詞「よそほし」の連用形「よそほしく」のウ音便。

よそほひ【装ひ】〔名〕❶(衣装や道具などを)整えること。支度。例「旅のよそほひこまごまと沙汰し」〈平家・二・大納言流罪〉❷服装。装束。飾り付け。美しく整えた姿。❸ようす。姿。印象。ありさま。例「何となくところせき身のよそほひにて」〈源氏・若菜・上〉

よそほ・ふ【装ふ】〔他ハ四〕{は・ひ・ふ・ふ・へ・へ}《動詞「装ふ」の未然形＋上代の反復・継続の助動詞「ふ」＝「よそはふ」の変化形》「よそふ」に同じ。

よそめ【余所目・外目】〔名〕❶それとなく見ること。うかがい見ること。例「外目にも君が姿を見てばこそわが恋止まめ」〈万葉・一二・二八八三〉❷外見。はた目。例「この姫君は、御よそめいと警策なり(＝スバラシイ)」〈夜の寝覚〉❸自分には無関係なものとして見ること。傍観。❹わき見。よそ見。

よそよそ〔・なり〕〔形動ナリ〕{なら・なり(に)・なり・なる・なれ・なれ}姿態などが立派で威厳のあるさま。落ち着いているさま。例「行者の智恵のけしきよそよそ・にして」〈栄花・一八〉

よそよそ〔・なり〕【余所余所】〔形動ナリ〕{なら・なり(に)・なり・なる・なれ・なれ}❶離れ離れになっているさま。別れ別れであるさま。例「〔恋人ト〕よそよそ・にてはいとおぼつかなくはべらむを」〈源氏・真木柱〉❷縁者でないさま。無関係なさま。例「〔妻同士ガ〕よそよそ・にて、あしくもよくもあらむは」〈源氏・浮舟〉❸疎遠なさま。よそよそしいさま。

よそよそ・し【余所余所し】〔形シク〕{しから・しく(しかり)・し・しき(しかる)・しけれ・しかれ}❶関係がない。かけ離れている。例「いとよそよそ・しき事をも知らせ給ひにけるかな」〈狭衣・三〉❷そっけない。他人行儀だ。冷淡だ。例「よそよそ・しかりもてなしに、『いかでかは、限りあらん命もながらへやるべからん』と、心細くて」〈狭衣・一〉

よそりつま【寄そり妻】〔名〕自分に寄り添う妻。またけ自分が思いを寄せている妻。一説に、「寄そり夫」で、関係があるとうわさを立てられた男とも。

よそ・る【寄そる】〔自ラ四〕{ら・り・る・る・れ・れ}《「よさる」とも》❶自然に引き寄せられる。なびき従う。例「形をよろしみろべ寄そ・りけり」〈万葉・一六・三八二〇〉❷(波が)打ち寄せる。寄せる。例「白波の寄そ・る浜辺に別れなば」〈万葉・二〇・四三七九〉❸ある異性に心を寄せているとうわさを立てられる。例「山鳥の尾ろのはつをに鏡掛け唱ふべみこそ汝に寄そ・りけめ」〈万葉・一四・三四六八〉

よたか【夜鷹】〔名〕❶《近世語》夜歩き回る人のたとえ。❷《近世語》江戸時代、夜の町を歩き回って客を誘い売春をした下級遊女。

よだけ【節竹】〔名〕節(節)と節に挟まれた部分)のある竹。一説に、「吉竹」でよい竹、また「世竹」で世盛りの若い竹の意。

よだけ・し【弥猛し】〔形ク〕{から・く(かり)・し・き(かる)・けれ・かれ}❶大げさだ。仰々しい。例「御しつらひなどのことごとしく、よだけく、うるはしきに」〈源氏・若菜・上〉❷おっくう

だ。大儀だ。例「〔家ニ〕こもりはべれば、よろづうひうひしう、よだけ・くなりにてはべり」〈源氏・行幸〉

よただ【夜直】[副]《「よたた」とも》一晩じゅう。夜通し。夜もすがら。例「ほととぎす時ぞともなく夜ただ鳴くらむ」〈古今・恋二・五七八〉

よだち【夜立ち・夜発ち】[名]夜に旅立つこと。↔朝立ち。

よだ・つ【夜立つ】[自タ四]{た・ち・つ・つ・て・て}夜の間に出立する。夜に旅立つ。例「かなし妹が手枕離れ夜立ち来ぬかも」〈万葉・一四・三四八〇〉

よだれ【涎】[名]《中古までは「よだり」》いまの「よだれ」だけでなく、鼻汁や涙など垂れ流れるもの。

よだれかけ【涎掛け・涎懸け】[名]武具の一種。戦場でのどを守るためその部分を覆うもの。涎金。

よち[名]《上代語》同じ年ごろの子。おない年。＝よちこ。例「汝も我もよちをそ持てる」〈万葉・一四・三四四〇〉

よぢか・し【世近し】[形ク]{から・く(かり)・し・き(かる)・けれ・かれ}死期が近い。余命がいくらもない。晩年に近い。例「今はむげに世近・くなりぬる心地して」〈源氏・若菜・下〉

よちこ[名]《上代語》「よち」に同じ。

よぢと・る【攀ぢ取る】[他ラ四]{ら・り・る・る・れ・れ}引き寄せて折り取る。引きちぎる。例「青柳の上枝攀ぢ取・りかづらくは」〈万葉・一九・四二八九〉

よぢりすぢり【捩りすぢり】[副]《同義の動詞の連用形を重ねて意を強めた語》❶身をよじって苦しみもだえるさま。例「〔便意ヲガマンシテ〕『いかにせん、いかにせん』と、よぢりすぢりするほどに」〈宇治拾遺・五・七〉❷たいへんな苦労をして考えをひねり出すさま。

よぢりふどう【捩り不動】[名]背後に燃え上がる火炎がよじれている不動明王の像や図像。

よつ【四つ】[名]《「つ」は接尾語》❶数の名称。よっつ。また、四番目。❷四歳。❸奈良・平安時代、一日を十二(十二支)に分け、いまの二時間に当たる一時を、さらに四刻(三十分)に分けたときの四刻目。例「『子四つ』と奏して」〈大鏡・道長・上〉❹いまの午前、または午後の十時ごろ。＝四つ時。❺《「四つ宝銀」の略》江戸時代の貨幣の名。宝の字が四つ刻んであるところからいう。

〔四つの海〕《「四海」の訓読語》「しかい②」に同じ。

〔四つの枝〕両手と両足。四肢。

〔四つの巷〕卵生・胎生・湿生・化生の四種の生まれによって生じる生物界。

〔四つの時〕《「四時」の訓読語》春夏秋冬の四季。一年。

〔四つの船〕遣唐使船の別称。大使・副使・判官・主典の四人の遣唐使と、その随員たちが四隻の船に分乗していたことから呼んだ。

〔四つの蛇〕《仏教語。「四蛇」の訓読語》人間の身体を構成する地・水・火・風の「四大」を毒蛇にたとえていう語。

〔四つの緒〕《弦が四本であるところから》琵琶の別称。

よ・づ【攀づ・捩づ】[他ダ上二]{ぢ・ぢ・づ・づる・づれ・ぢよ}つかんで引き寄せる。また、ねじる。ひねる。例「二つの物を攀・ぢて」〈万葉・八・一六三七題詞〉

よつあし【四つ足・四脚】[名]❶「四つ足門」の略。❷四本の足があること。また、獣類。❸人をののしる語。畜生。

〔四つ足の門〕二本の主柱の前後に、二本ずつ袖柱のある門。＝四つ足・四つ足門

よつあしもん【四つ足門】[名]丸い二本の主柱の前後に二本ずつ袖柱を立て、切妻破風造りの屋根のある門。平安時代、大臣以上の身分の家に設けられた。＝四つ足①。➡[古典参考図]門・塀・垣

よづかは・し【世付かはし】[形シク]{しから・しく(しかり)・し・しき(しかる)・しけれ・しかれ}世間を知っている。恋愛について心得がある。例「世づかは・しう軽々しき名の立ちたまふべきを」〈源氏・夕霧〉《音便》「世づかはしう」は「世づかはしく」のウ音便。

よつぎ【世継ぎ】[名]❶天皇の位を相続すること。また、その人。❷宮廷を中心に歴代の天皇の治世のことを次々に語ること。また、それを記した歴史書。『栄花物語』『大鏡』『今鏡』『水鏡』『増鏡』などの歴史物語。❸家の跡目を相続すること。跡取り。

よつぎそが【世継曾我】[作品名]江戸前期(一六八三初演)の浄瑠璃。時代物。近松門左衛門作。曾我兄弟敵討ちの後日譚で、十郎の遺児が本領を安堵されるという内容。曾我物に郭場を取り入れ、新しい構想を試み、古浄瑠璃からの脱皮を成した。近松の浄瑠璃では最古の作で、浄瑠璃作者としての地位を確立した作品。

よつぎものがたり【世継物語】[作品名]「えいぐわものがたり」「おほかがみ」に同じ。

よづ・く【世付く】[自カ四]{か・き・く・く・け・け}❶**世情に通じている。世慣れる。**例「御几帳どもしどけなく引きやりつつ、人げ近く世づ・きてぞ見ゆるに」〈源氏・若菜・上〉《係結び》「ぞ→(流れ)」。❷**男女のことに通じている。人情が分かる。**例「かの君も、今は世づ・き給ひにければ」〈宇津保・蔵開・上〉❸**世間並みである。ふつうである。**例「世づ・かぬ御もてなしなれば、もの恐ろしくこそあれ」〈源氏・夕顔〉《係結び》「こそ→あれ㊁」。❹**俗世の濁りに染まる。俗化する。**例「なほ九重の神さびたるありさまこそ、世づ・かずめでたきものなれ」〈徒然・二三〉《係結び》「こそ→めでたきものなれ㊁」

よつじろ【四つ白】[名]馬の毛色の名。ひざから下の足が四本とも白いもの。

よつつじよしなり【四辻善成】[人名](一三二六—一四〇二)南北朝時代から室町前期の和学者。『源氏物語』の代表的注釈書『河海抄』を著した。

よって【因って・依って・仍って】[接]《「よりて」の促音便》だから。それゆえ。…なので。

よつでかご【四つ手駕籠】[名]《近世語》江戸時代に庶民が用いた駕籠。四本の竹柱の間を割り竹で簡単に編み、小さな垂れをかぶせた粗末なもの。

よつどき【四つ時】[名]「よつ④」に同じ。

よっぴ・く【能っ引く】[他カ四]{か・き・く・く・け・け}《「よくひく(能く引く)」の促音便》弓を十分に引きしぼる。例「与一鏑をとってつがひ、よっぴ・いてひゃうどはなつ」〈平家・一一・那須与一〉《音便》「よっぴい」は「よっぴき」のイ音便。

よづま【夜妻】[名]共に夜を過ごす女。忍び会う女性。隠し妻。

よつめ【四つ目】[名]❶鏑矢などに目が四つあること。また、そのもの。❷「四つ目結ひ」の略。❸方形を四つ組み合わせた図柄。紋所に多い。

よつめゆひ【四つ目結ひ】ヨツメユイ[名]紋所の名。「目結ひ」を四つ菱形に組み合わせた模様。宇多源氏の佐々木氏の紋として有名。＝四つ目②

よつもの【四つ物】[名]四種の武具。武士が戦場で装備した七つの道具の鉈・鎌・熊手・槌・鋸・金撮棒・鉞のうちの四つ。

よつやかいだん【四谷怪談】[作品名]「とうかいだうよつやくわいだん」に同じ。

よと【夜音】[名]《「よおと」の変化形》夜、聞こえる物音。

よど【淀・澱】[名]水の流れがよどむこと。また、よどんだ所。＝淀み

よど【淀】[歌枕]山城国の地名。いまの京都市伏見区淀町。木津川・宇治川・桂川の合流する地区で、古くから淀津の名で知られる水運の盛んな河港であった。

よどがは【淀川】ヨドガワ[歌枕]山城国・摂津国を流れる川。いまの琵琶湖に発し京都・大阪を流れ大阪湾に注ぐ川のうち、京都市伏見区淀町付近から下流の名称。京都と大阪を結ぶ水運で栄えた。「淀む」をかけ、「若薦」「川霧」が景物。

よどこ【夜床】[名]夜、寝る床。寝床。

よどせ【淀瀬】[名]流れのとどこおった浅瀬。よどんだ瀬。

よとで【夜戸出】[名]夜、戸外へ出ること。夜の外出。↔朝戸出

よとども【世とども】いつも。つねづね。[例]「宮もあさましかりしを思し出づるだに、**世とともの**御物思ひなるを」〈源氏・若紫〉

よどの【夜殿】[名]《「よとの」とも》夜寝る所。寝室。

よどみ【淀み・澱み】[名]「よど」に同じ。

よど・む【淀む・澱む】[自マ四]{ま・み・む・む・め・め}❶水の流れがとどこおる。❷物事が順調に進まない。停滞する。[例]「ねもころに思ふ我妹を人言の繁きによりて**淀む**ころかも」〈万葉・一二・三一〇九〉

よな《間投助詞「よ」＋終助詞「な」》❶詠嘆の意を表す。…な。[例]「『木立』とこそいへ、『木立』といふらむ**よな**」〈今昔・二六・八〉[訳]「木立」とはいうが、(法師は)「木立」といっているようだ**な**。❷念を入れて確かめる意を表す。…ね。…だね。[例]「四部の弟子は**よな**、比丘よりは比丘尼はおとり」〈徒然・一〇六〉[訳]仏の四種の弟子では**だね**、僧よりは尼は劣り。

よなう ヨノー《「よな」が長音化したもの》感動、または念を押す意を表す。…だなあ。…ね。[例]「親類とても尋ね来ず、まして母とても尋ねぬ**よなう**」〈謡・隅田川〉[訳]親類だって尋ねて来ない、ましてや母親だって尋ねもしない**ね**。

よなが【夜長】[名]秋の夜の長いこと。また、その季節。(季—秋)

よなかあかつき【夜中暁】[名]夜中と暁。日夜。

よなが・し【夜長し】[形ク]{から・く(かり)・し・き(かる)・けれ・かれ}夜が長い。また、夜が長く感じられる。和歌では、竹や葦の「節」が長い意にかけていうことがある。[例]「今夜に寄りて**夜長・からなむ**」〈万葉・七・一〇七二〉

よなみ【世並み】[名]《近世語》❶世間並み。❷物事の経過の状況。たち。性質。

よなよな【夜な夜な】《「な」は接尾語》㊀[名]毎晩。夜ごと。[例]「雁の鳴きこそ渡れ秋の**夜な夜な**」〈古今・秋上・二一三〉[訳]→〈和歌〉うきことを…。㊁[副]毎晩毎晩。夜ごとに。↔朝な朝な。[例]「月は**よなよな**さしいれど、詠めてあかすぬしもなし」〈平家・灌頂・女院出家〉

よならべて【夜並べて】[副]夜を重ねて。毎晩。[例]「**夜並べて**君を来ませと」〈万葉・一一・二六六〇〉

よな・る【世慣る・世馴る】[自ラ下二]{れ・れ・る・るる・るれ・れよ}❶世間を知る。常識を心得る。❷恋愛に心得がある。色恋になれる。[例]「**世馴・れ**たる人(＝女)こそ、あながちに、人(＝男)の心をも疑ふなれ、あはれと見たまふふし多かり」〈源氏・梅枝〉

よに【世に】[副]

アプローチ
▼名詞「世」に格助詞「に」が付いて副詞化した語。
▼程度が極めてはなはだしい意を表す。
▼副詞ではなく、名詞「世」に格助詞「に」が付いた形の「世に」は、世の中にの意に用いられる。

❶非常に。まことに。たいそう。[例]「かやうの事、おのれは**よに**うるさく覚ゆるなり」〈徒然・二三一〉[訳]このようなことは、自分には**非常に**わずらわしく思われる。

❷(下に打消の語を伴って)**決して**。**断じて**。[例]「夜をこめて鳥のそらねにはかるとも**よに**逢坂の関はゆるさじ」〈後拾遺・雑二・九三九〉[訳]→〈和歌〉よをこめて…

〈和歌〉**よにふるは…**【世に経るは苦しきものを槙の屋にやすくも過ぐる初時雨かな】〈新古今・冬・五九〇・二条院讃岐〉[訳]この世の中で暮らしてゆくのは苦しいものであるのに、真木の板で葺いたこの山家をたやすく降り過ぎてゆく初時雨であるよ。

〈参考〉「経る」は「降る」をかけ、「初時雨」の縁語。

〈俳句〉**よにふるも…**【世にふるもさらに宗祇の宿りかな】〈虚栗・芭蕉〉[訳]敬慕する漂泊の連歌師宗祇は、人がこの世を生きる時間というのは、時雨の雨宿りのように短くはかないものだと詠んだ。その宗祇の感じたわびしさを私もまた味わいたいものだ。

〈参考〉季語はないが、時雨を暗示させるので、季節は冬。宗祇の「世にふるもさらに時雨のやどりかな」を踏まえる。

よにも【世にも】[副]《副詞「世に」＋係助詞「も」。「世に」を強めた語》❶いかにも。実に。さも。[例]「為義は**世にも**辱き気色にて」〈椿説弓張月・後〉❷(下に打消の語を伴って)断じて。決して。[例]「**よにも**忘れじ妹が姿は」〈万葉・一三・三〇八四〉

よによに【世に世に】[副]《副詞「世に」を重ねて意味を強めた語》非常に。この上もなく。きわめて。[例]「郡司**よによに**悦びて」〈宇治拾遺・九・一〉

よにんばり【四人張り】[名] 四人がかりで弦を張るほどの強い弓。

よね【米】[名] ❶こめ。❷(「米」の字を分解すると「八十八」になるところから)八十八歳。米寿。

よねん【余念】[名] 他の考え。ほかの思い。

よの (「よなう」の変化形)感動や念を押す意を表す。…だね。…だな。例「片割れ月は、ハイヨ、宵の程よの、宵の程よの」〈狂・靭猿〉訳 半月は宵のころだな。宵のころだな。

よの【世の】 天下の。たぐいまれな。たいへんな。例「世のをこの者(=バカ者)にて」〈今昔・二六・四一〉

よのぎ【余の儀】[名] (多く下に打消の語を伴って)ほかの事。

よのなか【世の中】[名] ❶世間。人間社会。世の中。例「世の中は空しきものと知る時し」〈万葉・五・七九三〉訳→(和歌)よのなかはむなしきものと…。❷この世。現世。例「世の中にさらぬ別れのなくもがな」〈古今・雑上・九〇一〉訳→(和歌)よのなかにさらぬわかれの…。❸身の上。運命。例「世のなかは今はかうと見えて候ふ」〈平家・一一・先帝身投〉(音便)「かう」は「かく」のウ音便。(敬語)「見えて候ふ」→「さうらふ」。❹天皇の治世。御代。例「世の中変はりて後、よろづものうく思されて」〈源氏・葵〉(敬語)「思されて」→「おぼす」。❺日々の生活。世渡り。例「この後もこの金を取りて、世の中を過ぐべし」〈宇治拾遺・二・四〉❻世間並み。世の常。例「明け暮れ、世の中の人のやうならぬを嘆きつつ」〈蜻蛉・上〉❼男女の仲。夫婦の仲。例「夢よりもはかなき世の中を」〈和泉式部日記〉❽政治。政務。例「かく世の中のことをも思ほし棄てたるやうになりゆくは、いとたいだいしきわざなり」〈源氏・桐壺〉(敬語)「思ほし棄て」→「おもほす」。❾外界。自然のようす。例「九月になりて、世の中をかしからむ」〈蜻蛉・上〉

〔**世の中改まる**〕御代がわりする。治世が変わる。

〔**世の中心地**〕流行病。疫病。=世心地

〔**世の中騒がし**〕悪疫などが流行して、世の中が落ち着かない。

〔**世の中を捨つ**〕出家する。俗世を捨てる。例「すべて世の中をすてたる身にて」〈源氏・松風〉

〔**世の中を背く**〕出家する。俗世を捨てる。例「かたくなしく心弱きまどひにて、世の中をなん背きにける」〈源氏・御法〉

(狂歌)**よのなかに…【世の中に蚊ほどうるさきものはなしぶんぶといふて夜も寝られず】**〈甲子夜話・落書〉訳 世の中に蚊ほどうるさいものはない。「文武」「文武」とはやしたてて夜も寝られないことだ。

〈参考〉寛政の改革を推進した松平定信の文武奨励政策を皮肉ったもの。「ぶんぶ」に蚊の鳴き声と「文武」とがかけられている。

(和歌)**よのなかにさらぬわかれの…【世の中にさらぬ別れのなくもがな千代もとなげく人の子のため】**〈古今・雑上・九〇一・在原業平、伊勢・八四〉訳 この世の中に、どうしても避けることのできない死別というものがなければよいのに。親に千年も長生きしてほしいと切にこいねがっている子供のために。

(和歌)**よのなかにたえてさくらの…【世の中にたえて桜のなかりせば春の心はのどけからまし】**〈古今・春上・五三・在原業平、伊勢・八二〉訳 世の中にまったく桜というものがなかったなら、春の人の心はどんなにかのんびりしたものであろうに。

(俳句)**よのなかは…【世の中は三日見ぬ間に桜かな】**〈蓼太句集・蓼太〉訳 日々の生活にとりまぎれて三日見ない間に、外では桜が満開になっていることだ。(季─桜─春)

(和歌)**よのなかはかくてもへけり…【世の中はかくても経けり象潟の海士の苫屋をわが宿にして】**〈後拾遺・羇旅・五一九・能因〉訳 世の中はこのようにしても過ごせるものであったよ。象潟の漁師の粗末な小屋を自分の宿りにして。

(歌謡)**よのなかはちろりに…【世間はちろりに過ぐるちろりちろり】**〈閑吟集〉訳 世はまたたく間に過ぎていくよ、ちろりちろりとね。

(和歌)**よのなかはつねにもがもな…【世の中は常にもがもな渚漕ぐあまの小舟の綱手かなしも】**〈新勅撰・羇旅・五二五・源実朝〉〈百人一首・鎌倉右大臣〉訳 世の中は常に変わらないものであってほしいものだ。渚を漕いで行く漁師の小舟の引き綱を引いている姿に、しみじみと心打たれることよ。

(和歌)**よのなかはとてもかくても…【世の中はとてもかくても同じこと宮も藁屋も果てしなければ】**〈新古今・雑下・一八五一・蟬丸〉訳 世の中は、どうあろうとこうあろうと同じことだ。立派な宮殿も粗末な藁屋も住み果てることがないのだから。

(和歌)**よのなかはなにかつねなる…【世の中は何か常なる飛鳥川昨日の淵ぞ今日は瀬になる】**〈古今・雑下・九三三・よみ人しらず〉訳 この世の中は、いったい何が常住不変のものといえようか、そんなものは何ひとつない。明日という名をもつ飛鳥川で、昨日は淵だったのが、今日は浅い瀬になっている。(係結び)「か→常なる(体)」、「ぞ→瀬になる(体)」

(和歌)**よのなかはむなしきものと…【世の中は空しきものと知る時しいよよますます悲しかりけり】**〈万葉・五・七九三・大伴旅人〉訳 世の中はむなしいものだと理解した時には、以前にもましていっそう悲しく感じられることです。

(和歌)**よのなかよ…【世の中よ道こそなけれ思ひ入る山の奥にも鹿ぞ鳴くなる】**〈千載・雑中・一一五一・藤原俊成〉〈百人一首・皇太后宮大夫俊成〉訳 この世の中には、つらさから逃れる道はないのだな。深く思いつめて分け入った山の奥にも鹿が悲しげに鳴いているようだ。(係結び)「こそ→なけれ(已)」、「ぞ→鳴くなる(体)」

〈参考〉二句切れ。「思ひ入る」は、深く思い込む意に、世の中をのがれようとして山に入る意をかける。

(和歌)**よのなかをいとふまでこそ…【世の中をいとふまでこそ難からめ仮の宿をも惜しむ君かな】**〈新古今・羇旅・九七八・西行〉訳 この世の中を仮の宿りと嫌って捨てることまではむずかしいでしょうが、かりそめの宿を貸すことさえも惜しむあなたなのですね。(係結び)「こそ→難からめ(已)」

(和歌)**よのなかをうしとやさしと…【世の中を憂しとやさしと思へども飛び立ちかねつ鳥にしあらねば】**〈万葉・五・八九三・山上憶良〉訳 この

世の中を、つらいとも身も細るほどだとも思うけれど、飛び立ち去ることもできない。鳥ではないので。

〔和歌〕**よのなかをなににたとへむ…**【世の中を何にたとへむ朝ぼらけ漕ぎ行く舟の跡の白波】〈拾遺・哀傷・一三二七・満誓〉訳この無常な世の中を何にたとえようか。夜明け方、漕ぎ出して行く船の跡に立つ白波のようなものだ。

〔俳句〕**よのひとの…**【世の人の見つけぬ花や軒の栗】〈おくのほそ道・須賀川・芭蕉〉訳草庵の軒端に咲いている栗の花は、世の中の人々が見出すこともない地味な花であるが、その木陰に隠れ住むあるじの人柄を思わせて、したしく思われることだ。（季―栗の花―夏）

よは【夜半】[名]夜。夜中。例「風ふけば沖つ白波たつた山夜半にや君が一人越ゆらむ」〈古今・雑下・九九四〉訳→〔和歌〕かぜふけばおきつしらなみ…

〔夜半の嵐〕❶夜吹く強い風。❷（親鸞の「明日ありと思ふ心のあだ桜夜半に嵐の吹かぬものかは」の歌から）無常の風。一夜にして変化してしまうもののたとえ。

〔夜半の片敷き〕自分の衣の片袖だけを敷いて、夜にひとり寝すること。

〔夜半の煙〕夜立ちのぼる煙。とくに夜、火葬する煙。

〔夜半の下紐〕夜、共寝したとき結んだ下裳・下袴などのひも。

〔夜半の月〕夜更けの月。（季―秋）

よはう[・なり]【四方】[名・形動ナリ]《古くは「よほう」とも》四角。また、四角であるようす。例「えもいはず大きなる石の四方なる中に」〈更級〉

よばう【呼ばう】歴史的かなづかい「よばふ」

よばな・る【世離る】[自ラ下二]{れ・れ・る・るる・るれ・れよ}俗世間を離れる。人里から離れる。例「かう世離れたる所は、水の音もてはやして物の音澄みまさる心地して」〈源氏・椎本〉

よはのねざめ【夜半の寝覚】[作品名]「よるのねざめ」に同じ。

よばは・る【呼ばはる】[他ラ四]{ら・り・る・る・れ・れ}大声で呼ぶ。例「『まっさきかけてうたれ給ひぬるぞや』とよばはりければ」〈平家・九・二度之懸〉

よはひ【齢】[名]❶年齢。とし。❷年のほど。そのような年ごろ。例「かやうの中に厭はれぬべき齢にもなりにけりや」〈源氏・常夏〉❸寿命。例「しづくもて齢延ぶてふ花なれば」〈後撰・秋下・四三三〉

〔齢の末〕晩年。老後。

〔齢の積もり〕老年。老境。

よばひ【呼ばひ・婚ひ】[名]❶結婚を求めて呼びかけること。求婚。例「他国によばひに行きて」〈万葉・一二・二九〇六〉❷夜、男が女の寝所へ忍び入ること。❸（「婚ひ文」の略）求婚の手紙。

よばひののし・る【呼ばひののしる】[自ラ四]{ら・り・る・る・れ・れ}大声で叫び騒ぐ。

よはひの・ぶ【齢延ぶ】長生きする。

よばひびと【婚ひ人・夜這ひ人】[名]求婚してくる人。異性に言い寄る人。

よばひぼし【婚ひ星・夜這ひ星】[名]流れ星。（季―秋）

よばひわた・る【婚ひ渡る】[他ラ四]{ら・り・る・る・れ・れ}言い寄り続ける。女のもとに通い続ける。例「年を経てよばひわたりけるを」〈伊勢・六〉

よば・ふ【呼ばふ】[他ハ四]{は・ひ・ふ・ふ・へ・へ}《動詞「呼ぶ」の未然形＋上代の反復・継続の助動詞「ふ」》❶呼び続ける。何度も呼ぶ。呼びかける。例「舟呼ばふ声をちこち聞こゆ」〈万葉・七・一二三五〉❷結婚を申し込む。いい寄る。女性に会う。例「むかし、男、大和にある女を見て、よばひてあひにけり」〈伊勢・二〇〉

よばり【夜尿】[名]寝小便。

よばんめもの【四番目物】[名]能の分類のひとつ。演能で、四番目に演ずる曲目。狂乱物・現在物・人情物・執心物などに分類される。＝雑物

よひ【宵】[名]夜を「よひ」「よなか」「あかとき・あかつき」に分けた区分の最初の部分。日が暮れてから夜中まで。夜に入って間もないころ。宵の口。

〔宵の年〕大晦日の夜。除夜。

〔宵の間〕日が暮れて間もないころ。夜の、まだ更けない間。

よびあ・ぐ【呼び上ぐ】[他ガ下二]{げ・げ・ぐ・ぐる・ぐれ・げよ}呼び寄せる。退出している人を主人のもとに呼ぶ。例「局なる人々呼びあげなどせむも見ぐるし」〈更級〉

よびいだ・す【呼び出だす】[他サ四]{さ・し・す・す・せ・せ}呼び寄せる。呼んで来させる。例「時々通ふ源中将せめて呼び出ださせければ」〈源氏・若菜・下〉

よびい・づ【呼び出づ】[他ダ下二]{で・で・づ・づる・づれ・でよ}呼び出す。例「たけとりを呼びいでて『娘を我に賜べ』と」〈竹取・石作の皇子〉

よびい・る【呼び入る】[他ラ下二]{れ・れ・る・るる・るれ・れよ}呼んで中に招き寄せる。例「うれしくて呼び入れたまひて」〈源氏・東屋〉

よびおこ・す【呼び遣す】[他サ下二]{せ・せ・す・する・すれ・せよ}呼んでよこす。招き寄せる。例「やむごとなき僧など呼びおこせなどしつつ試みるに」〈蜻蛉・中〉

よびおろ・す【呼び下ろす】[他サ四]{さ・し・す・す・せ・せ}呼んで退出させる。（高貴な所にいる人を）呼び寄せる。例「かたらふ人の上にものしたまふをたびたび呼びおろすに」〈更級〉

よびかうしん【宵庚申】[名]《近世語。「よひかうしん」とも》「庚申待ち」を行う日の宵。

よびかは・す【呼び交はす】[自サ四]{さ・し・す・す・せ・せ}互いに呼び合う。

よびぐ・す【呼び具す】[他サ変]{せ・し・す・する・すれ・せよ}呼び寄せて引き連れる。例「『法師ばら、呼び具して来』とのたまひければ」〈宇治拾遺・一四・二〉

よびこ・す【呼び越す】[他サ四]{さ・し・す・す・せ・せ}近くへ呼び寄せる。例「垣越しに犬呼び越して鳥狩りする君」〈万葉・七・一二八九旋頭歌〉

よびす・う【呼び据う】[他ワ下二]{ゑ・ゑ・う・うる・うれ・ゑよ}呼び寄せて座らせる。例「〔オ子タチヲ〕母君みな呼びすゑたまひて」〈源氏・真木柱〉

よびた・つ【呼び立つ】[他タ下二]{て・て・つ・つる・つれ・てよ}❶大声で呼ぶ。声を張り上げて呼ぶ。例「秋萩の散りのまがひに呼び立てて鳴くなる鹿の」〈万葉・八・一五五〇〉❷呼び寄せる。わざわざ呼び出す。例「七左方より呼び立つれども帰らず」〈浮・好色一代男〉

よびづかひ【呼び使ひ】［名］人を呼びに来る使い。

よびつ・ぐ【呼び次ぐ】［自ガ四］｛が・ぎ・ぐ・ぐ・げ・げ｝続いて呼ぶ。取り次いで呼ぶ。例「『申し申し』と呼びつ・がるるもぜひなく」〈浮・好色一代男〉

よびつど・ふ【呼び集ふ】［他ハ下二］｛へ・へ・ふ・ふる・ふれ・へよ｝呼び集める。招き集める。例「男はうけきらはずよび集・へて」〈竹取・かぐや姫〉

よひと【世人】［名］この世の人。世間の人。

よひとよ【夜一夜】［名］一晩じゅう。夜通し。

よびとよ・む【呼び響む】㊀［自マ四］｛ま・み・む・む・め・め｝呼び声が響く。例「あしひきの山の山彦呼びとよ・むなり」〈古今・墨滅歌・一一〇一〉㊁［他マ下二］｛め・め・む・むる・むれ・めよ｝声をひびきとどろかせて呼ぶ。例「さ雄鹿は妻呼びとよ・め」〈万葉・六・一〇五〇長歌〉

よびと・る【呼び取る】［他ラ四］｛ら・り・る・る・れ・れ｝そば近くに呼び寄せる。例「用経、馬控へたる童を呼び取・りて」〈宇治拾遺・二・五〉

よびな【呼び名】［名］《他人が呼ぶ名の意》❶実名に対して通り名。通称。あざな。❷平安時代、女官に父兄の官名や任国名を付けて呼んだ名。紫式部・清少納言・伊勢など。

古典の世界 昔は実名で呼ぶのは失礼とされ、他人は通称で呼ぶ習慣があった。

よひねまどひ【宵寝惑ひ】［名］「よひまどひ」に同じ。

よびののし・る【呼びののしる】［自ラ四］｛ら・り・る・る・れ・れ｝大きな声で呼び寄せる。例「北の方、『あこき』と呼びののし・り給へば」〈落窪・一〉

よびのぼ・す【呼び上す】［他サ下二］｛せ・せ・す・する・すれ・せよ｝❶召し寄せて高座などに上げる。例「さてこの男、簀の子によびのぼ・せて」〈大和・付載三〉❷政治的な要職のある所や、重要な職場に召し寄せる。例「下なるをも呼びのぼ・せ」〈枕・職の御曹司の西面の〉

よびはな・つ【呼び放つ】［他タ四］｛た・ち・つ・つ・て・て｝呼んで人のいない所へ来させる。例「『いかならむ』とあやしび思ひて、隠れの方に呼び放・ちて」〈今昔・二九・六〉

よひまどひ【宵惑ひ】［名］宵のうちから眠たがること。また、その人。＝宵寝惑ひ・夕惑ひ

よひやみ【宵闇】［名］まだ月が出ていない宵の間の暗いこと。また、その時刻。また、陰暦十六日から二〇日ごろまでの宵の闇。↕暁闇。（季―秋）

よひよひ【宵宵】［名］宵ごとに。毎晩。

よひゐ【宵居】［名］夜、おそくまで起きていること。また、その時。

よ・ぶ【呼ぶ】｛ば・び・ぶ・ぶ・べ・べ｝㊀［自バ四］声が響く。例「朝なぎに水手の声呼・び」〈万葉・四・五〇九長歌〉㊁［他バ四］❶声を上げて、人の名などをいって気づかせる。例「すべをなみ妹が名呼・びて袖そ振りつる」〈万葉・二・二〇七長歌〉❷名前をつける。称する。例「五位になして大夫黒とよ・ばれし馬なり」〈平家・一一・嗣信最期〉〔注〕「大夫」は、五位の通称。❸招く。招いてもてなす。例「陰陽師、神巫よ・びて」〈伊勢・六五〉

よぶか［・なり］【夜深】［名・形動ナリ］夜更け。

よぶかう【夜深う】形容詞「よぶかし」の連用形「よぶかく」のウ音便。

よふかきとり【夜深き鳥】夜の更けるころに鳴く鶏。または、いちばん鶏。

よぶか・し【夜深し】［形ク］｛から・く（かり）・し・き（かる）・けれ・かれ｝未明だ。夜明けまでまだ間がある。夜中だ。例「有り明けの月のまだ夜深・くさし出づるほどに」〈源氏・橋姫〉

よぶこどり【呼ぶ子鳥】［名］カッコウの別称か。鳴き声が人を呼ぶように聞こえることからいう。「古今伝授」では「三鳥」のひとつ。（季―春）

よぶり【夜振り】［名］夜間、松明をともして魚を捕ること。火振り。（季―夏）

よべ【昨夜】［名］《「ようべ」「よんべ」とも》昨晩。ゆうべ。

よほう【四方】［名］四角。方形。

よほろ【丁】［名］《「よぼろ」とも》令制で公用の課役に服した成人男子。＝正丁

よほろ【膕】［名］《「よぼろ」とも》膝の後ろの、くぼむ部分。

よほろすぢ【膕筋】［名］「よほろ」にある筋肉。

よま【余間・四間】［名］正殿の隣の部屋。寺院では、内陣に隣接する左右二つの部屋。また、四坪の広さの部屋とも、柱と柱の間が四つある部屋とも。

よませ【夜交ぜ】［名］一夜おき。隔夜。

よみ【黄泉】［名］《「よみぢ」とも》死者の魂が行くと信じられていた地下の世界。あの世。黄泉の国。根の国。＝黄泉・黄泉つ国

よみあ・ぐ【読み上ぐ】［他ガ下二］｛げ・げ・ぐ・ぐる・ぐれ・げよ｝はっきり声に出して読む。朗読する。

よみあは・す【読み合はす】［他サ下二］｛せ・せ・す・する・すれ・せよ｝情景や絵などに合わせて詩歌を作る。例「屏風の絵によみ合は・せて」〈古今・雑上・九三三詞書〉

よみあ・ふ【詠み合ふ】［他ハ四］｛は・ひ・ふ・ふ・へ・へ｝おのおのが詩歌を作る。例「今も詠みあ・へる同じ詞・歌枕も」〈徒然・一四〉

よみいだ・す【詠み出だす】［他サ四］｛さ・し・す・す・せ・せ｝（詩歌などを）作る。詠歌する。例「みな人々詠み出だ・して、『よし』『あし』など定めらるるほどに」〈枕・五月の御精進のほど〉

よみい・る【読み入る】［自ラ四］｛ら・り・る・る・れ・れ｝読むことに没頭する。読みふける。例「殿いよいよ涙を流して読み入・りておはします」〈栄花・三〉

よみい・る【詠み入る】［他ラ下二］｛れ・れ・る・るる・るれ・れよ｝詩歌に物の名などを詠み込んで作る。例「のたまへるもの、あるかぎり詠み入・れて奉るを」〈蜻蛉・下〉

よみうり【読み売り】［名］《近世語》江戸時代、世間の事件などを瓦版にし、声を上げて読みながら売り歩いたもの。または、その人。のちに節を付けてうたい、唄本や長編事件物も扱った。

よみか・く【読み掛く・詠み掛く】［他カ下二］｛け・け・く・くる・くれ・けよ｝❶歌などを詠んで、相手の返答を待つ。例「宰相の君と聞こゆる上﨟の詠みか・けたまふ」〈源氏・竹河〉❷読んで聞かせる。例「海の上に物を書きて、物を（＝呪文ヲ）読みか・けて」〈今昔・二四・一九〉❸読みさす。読むのを中断する。

よみがへ・る【蘇る】［自ラ四］｛ら・り・る・る・れ・れ｝《黄泉から帰るの意》生き返る。息を吹き返す。

よみくち【詠み口】［名］❶詩歌などの詠みぶり。❷和歌を詠むことに上達した人。和歌の名人。

よみさ・す【読み止す】[他サ四]{さ・し・す・す・せ・せ}読みかけて中途でやめる。

よみ・す【好す・嘉す】[他サ変]{せ・し・す・する・すれ・せよ}《形容詞「好し」の語幹＋接尾語「み」＋サ変動詞「す」》よいと認める。褒める。例「摩理勢(＝人名)は素より聖皇の好したまふ所なり」〈紀・舒明〉

よみす・う【読み据う・詠み据う】[他ワ下二]{ゑ・ゑ・う・うる・うれ・ゑよ}❶読んでしっかりと理解する。例「書けりとも、え読み据ゑがたかるべし」〈土佐〉❷きちんと詠み込む。例「必ずしもよみす・ゑねども自ら知らるる文字あり」〈無名抄〉

よみぢ【黄泉】[名]❶「黄泉」へ行く道。あの世への道。❷「よみ」に同じ。

〔**黄泉の障り**〕冥途へ行くことを思いとどまらせるもの。成仏の妨げ。

よみちら・す【読み散らす・詠み散らす】[他サ四]{さ・し・す・す・せ・せ}《「ちらす」はむやみにする、粗雑にする意》興にまかせて歌を次々に詠む。例「歌詠みとて、よろづのことにつけて詠みちら・さねど」〈紫式部日記〉

よみつ・く【読み付く・詠み付く】[他カ四]{か・き・く・く・け・け}常に読んでいて内容に通じる。よみ慣れる。例「詠みつ・きたる筋こそ、強うは変はらざるべけれ」〈源氏・玉鬘〉

よみづと【黄泉苞苴】[名]冥途への土産。

よみと・る【読み取る】[他ラ四]{ら・り・る・る・れ・れ}読んで内容や意味を理解する。

よみなし【読み成し・読み為し】[名]そのように読むこと。また、無理に別の読み方をすること。

よみな・す【読み為す】[他サ四]{さ・し・す・す・せ・せ}意識的にふつうではない読み方をする。わざと作った読み方をする。例「おのづからこはごはしき声に読みな・されなどしつつ、ことさらびたり」〈源氏・帚木〉

よみびと【読み人・詠み人】[名]和歌などの作者。

〔**読み人知らず**〕『古今和歌集』以後の和歌の撰集などで、作者不詳であることを示す語。名を表すのをはばかる場合にも用いた。

よみほん【読本】[名]江戸後期小説の一種。草双紙の絵本に対して、読むことを主とした本の称。中国の口語体小説の影響を受け、伝奇的要素の強い作品群で、和漢混交文で記される。代表作品に『雨月物語』『南総里見八犬伝』がある。

よみや・る【読み遣る】[他ラ四]{ら・り・る・る・れ・れ}滞りなくすらすらと読み進める。流麗な音読で読み進める。一気に読む。例「講師もえ読みや・らず、句ごとに誦しののしる」〈源氏・花宴〉

よ・む[他マ四]{ま・み・む・む・め・め}㊀【読む】❶声を上げて数を数える。例「帰り来む月日をよ・みて」〈万葉・四・五一〇〉❷《経や詩歌などを》声を出して唱える。朗読する。例「陀羅尼読・む」〈大和・一六八〉❸漢字を訓読する。よむ。例「夫を想うて恋ふとよ・む、想夫恋といふ楽なり」〈平家・六・小督〉《音便》「想う」は「想ひ」のウ音便。㊁【詠む】声を出して詩歌を唱える。詩歌を作る。例「去年を思ひいでてよ・める〈歌〉」〈伊勢・四〉

よめ【夜目】[名]夜、物を見ること。また、夜、暗い中で見る目。例「春日山霞たなびく夜目に見れども」〈万葉・一〇・一八四五〉

よめあつかひ【嫁扱ひ】[名]嫁として扱うこと。また、嫁のように取り扱うこと。

よめつき【嫁突き】[名]《「よみつき〈読み付き〉」の変化形か》羽根突きで、「ひとごに、ふたご、みわたし、よめご」など数えながら羽根を突くこと。

よめな【嫁菜・鶏児腸】[名]草の名。夏から秋にかけて、淡紫色の花を付ける。若葉は食用とされる。＝薺蒿・・嫁萩。(季―春)

よも【四方】[名]❶東西南北。前後左右。四方。例「聞こし食す四方の国より奉る御調の舟は」〈万葉・二〇・四三六〇長歌〉❷あちらこちら。そこここ。例「一つ色なる四方の梢も、をかしう見えわたるを」〈源氏・柏木〉

〔**四方の嵐**〕辺りを吹き荒れる強い風。転じて、世間の風当たりが強いことのたとえ。

〔**四方の海**〕四方の海。四海のうち。国中。

〔**四方の神**〕諸方の神。多くの神々。

〔**四方の人**〕四方にいる人。天下の人々。

よも[副]《多く下に打消推量の助動詞「じ」を伴って》まさか。よもや。夢にも。決して。例「これよりあながちなる心は、よも見せたてまつらじ」〈源氏・胡蝶〉

〔**よもあらじ**〕《副詞「よも」＋動詞「あり」の未然形＋打消推量の助動詞「じ」》まさか、あるまい。万が一にも、そうではあるまい。例「あひ戦はむとすとも、かの国の人来なば、猛き心つかふ人も、よもあらじ」〈竹取・かぐや姫の昇天〉

よもぎ【蓬】[名]❶草の名。葉の裏の綿毛をモグサにするところから、「さしもぐさ」「させもぐさ」とも呼ばれる。芳香が高く、邪気をはらうものとして、五月五日の端午の節句には軒に葺いたり、男子の誕生の際には桑の弓でヨモギの矢を射たりした。また、ヨモギは「葎」や「浅茅」と並んで、荒廃しきった住居を象徴する代表的な雑草となっている。(季―春)。❷襲の色目の名。表は薄萌黄で裏は濃萌黄。一説に、表は白色で裏は青色とも。陰暦五月の着用。

〔**蓬が門**〕《「よもぎのかど」とも》屋根にヨモギが生い茂って荒れ果てている門。自分の家の謙称。

〔**蓬が杣**〕ヨモギが生い茂って杣山のようになった所。また、自分の家の謙称。

〔**蓬が庭**〕荒れ果てて、ヨモギなどの雑草が生い茂っている庭。

〔**蓬が洞**〕仙洞御所の別称。

〔**蓬が本**〕ヨモギなどの深く生い茂っている所。荒れ果てた宿。

〔**蓬の門**〕「よもぎがかど」に同じ。

〔**蓬の丸寝**〕ヨモギの生い茂った荒れた宿で、着物を着たままで寝ること。粗末な宿でごろ寝をすること。例「かかる**蓬のまろ寝**にならひたまはぬ心地もをかしくもありけり」〈源氏・東屋〉

〔**蓬の矢**〕ヨモギを用いて作った矢。男児生誕を祝う儀式に用いられた。

〔**蓬の宿**〕ヨモギなどが生い茂った宿。粗末な、荒れ果てた宿。＝蓬が宿

よもぎふ【蓬生】[名]ヨモギなどの雑草が生い茂った所。荒れはてた所。

〔**蓬生の露**〕ヨモギなど生い茂る雑草についた露。また、実際の露の意に、涙の意もかけられてい

より［格助詞］

アプローチ 起点・基準点を表すのが本来の用法。似た意味を表す助詞に「から」があるが、「から」は原因・理由を表すのが本来の用法である。

接続 体言、活用語の連体形などに付く。

意味	訳語	用例
❶動作・作用の起点を表す。 ㋐空間的なもの。	…から	例「この十五日になむ、月の都**より**、かぐや姫の迎へにまうで来なる」〈竹取・かぐや姫の昇天〉訳この十五日に、月の都**から**、かぐや姫を迎えに参り来るということです。
㋑時間的なもの。	…から	例「暁**より**雨降れば、同じ所に泊まれり」〈土佐〉訳夜明け前**から**雨が降っているので、同じ所に停泊している。
❷動作・作用の経過点を表す。	…を通って …から	例「木の間**より**漏りくる月の影見れば心尽くしの秋は来にけり」〈古今・秋上・一八四〉訳→〔和歌〕このまより…
❸手段・方法を表す。	…で …によって	例「ある時思ひ立ちて、ただひとりかち**より**詣でけり」〈徒然・五二〉訳ある時思い立って、たったひとり、徒歩**で**〔石清水八幡宮に〕参詣した。
❹原因・理由を表す。	…て …ので …のために	例「虫の音添へむ秋思ひやらるる**より**、いとものあはれに露けくて」〈源氏・柏木〉訳虫の音の添う秋が思いやられ**て**、無性にもの悲しく涙がちになってしまい。
❺即時であることを表す。	…やいなや	例「名を聞く**より**、やがて面影はおしはからるる心地するを」〈徒然・七一〉訳名前を聞く**やいなや**、すぐにその人の顔かたちが思い浮かんでくるような心持ちがするのに。
❻比較の基準を表す。	…より	例「にはかに肌寒き夕暮れのほど、常**より**も思し出づること多くて」〈源氏・桐壺〉訳急に肌寒くなった夕暮れのころ、ふだん**より**も思い出されることが多くて。
❼(下に「ほか」「のち」などを伴って)**一定の範囲を表す。**	…以外 …のほか	例「もろともにあはれと思へ山ざくら花**より**ほかに知る人もなし」〈金葉・雑上・五二一〉訳→〔和歌〕もろともに…

発展学習ファイル (1)形容詞には連用形にも付く。例「幼く**より**いみじくあはれと思ひわたるに」〈更級〉

(2)動作・作用の起点や経過点を表す用法(①②)は、上代には「から」も用いられたが、平安時代は「より」の方が優勢で、室町以降は再び「から」にとって替わられた。

る。例「かかる〔帝ノ〕御使ひの**蓬生の露**分け入りたまふにつけても、いと恥づかしうなん」〈源氏・桐壺〉

よもぎふ【蓬生】〔作品名〕『源氏物語』の十五番目の巻名。

よもすがら〔副〕(「すがら」は接尾語)一晩じゅう。夜通し。夜明けまで。↔終日。例「雨風やまず。日一日、**夜もすがら**、神仏を祈る」〈土佐〉

〔俳句〕**よもすがら…【終宵秋風聞くや裏の山】**〈おくのほそ道・全昌寺・曾良〉訳眠れぬままに一晩中、裏山に吹きわたる秋風の音を心さびしく聞くことだ。(季―秋風―秋)

〔和歌〕**よもすがらちぎりしことを…【夜もすがら契りしことを忘れずは恋ひむ涙の色ぞゆかしき】**〈後拾遺・哀傷・五三六・藤原定子〉訳一晩じゅう約束なさったことをお忘れでないのなら、私を恋しく思ってお流しになる涙の色が見たいものでございます。〈参考〉皇后定子の辞世の歌。「恋ひむ涙の色」は、血の涙の紅色。当時、人は深く悲しむと血の涙を流すという考えがあった。

〔和歌〕**よもすがらまつのほだびを…【夜もすがら松の榾火をたき明かし藁ぐつうたむ冬は来にけり】**〈浦の汐貝・熊谷直好〉訳一晩じゅう、松の薪で火をたき明かしてわらぐつを作る冬がやって来たことだなあ。

〔和歌〕**よもすがらものおもふころは…【夜もすがら物思ふころは明けやらで閨のひまさへつれなかりけり】**〈千載・恋三・七六六・俊恵法師〉(百人一首)訳一晩じゅうつれない人を恨んでもの思いに沈んでいるころは、なかなか夜が明けきらないで、白んでくれない寝室の隙間までがつれなく思われることよ。〈参考〉『千載和歌集』では、第三句が「明けやらぬ」。

よもつ【黄泉つ】(「よも」は「よみ」の変化形。「つ」は上代の格助詞)黄泉の。

よもつくに【黄泉つ国】〔名〕「よみ」に同じ。

よもつしこめ【黄泉つ醜女】〔名〕黄泉の国にいる強くて醜い女の鬼神。

よもつひらさか【黄泉つ平坂】[名]現世と黄泉(よみ)の国との境にあるという坂。

よもつへぐひ【黄泉つ竈食ひ】(ヨモツヘグイ)[名]黄泉(よみ)の国のかまどで煮炊きしたものを食べること。これを食べると現世に戻れないと信じられていた。＝竈食ひ

よものあから【四方赤良】[人名]「おほたなんぽ」に同じ。

よもやま【四方山】[名]❶四方(しほう)の山々。❷㋐《「よもやも(四方八方)」の変化形》諸方。あちこち。世の中すべて。例「**よもやま**の医師(くすし)を集めて」〈栄花・一六〉㋑雑多。さまざま。

よや[感]他人に強く呼びかける語。おおい。よう。例『助けよや、猫また、**よやよや**』と叫べば」〈徒然・八九〉

よよ【世世・代代】[名]❶代々(だいだい)。次々の御世(みよ)。❷男女が離別したのちの、おのおのの暮らし。例「おのが**世々**になりにければ、うとくなりにけり」〈伊勢・二一〉❸《仏教語》過去・現在・未来のそれぞれの世。前世・現世・来世。

〔**世世(よよ)の煙(けぶり)**〕別々に生きて、生計を立てていること。男女の仲が絶えて、離れ離れに暮らしていること。例「つれなさを思ひ消えにしむくいとて**世々の煙**にまたや焦がれむ」〈新千載・恋二・一三六二〉

よよ[副]❶声を上げて泣くさま。おいおい。❷液体が滴るさま。たらたら。例「雫(しづく)も**よよ**と食ひ濡(ぬ)らしたまへば」〈源氏・横笛〉❸酒・水などを勢いよく飲むさま。ごくごく。例「酒を出(い)だしたれば、さし受けさし受け、**よよ**と飲みぬ」〈徒然・八七〉

よよ・む[自マ四]{ま・み・む・む・め・め}腰が曲がる。よぼよぼになる。例「百年(ももとせ)に老い舌(じた)出(い)でて**よよ・む**とも」〈万葉・四・七六四〉

よら【夜ら】[名]《「ら」は接尾語》夜。

よら・し【宜し】[形シク]{(しから)・しく(しかり)・し・しき(しかる)・しけれ・しかれ}「よろし」に同じ。

〈和歌〉**よられつる…【よられつる野もせの草のかげろひて涼しく曇(くも)る夕立(ゆふだち)の空】**〈新古今・夏・二六三・西行〉訳夏の強い日ざしにしおれ、葉がよじれたようになった野原一面の草がかげり、涼しく曇ってきた夕立の来る空よ。

-より【度】[接尾]度数を表す。…ど。…回。例「ふた**より**み**より**逢(あ)ふとせしまに」〈千載・雑下・一一八三〉

より[格助]
⇨一二七四ページ「特別コーナー」

よりあは・す【寄り合はす】(ヨリアワス)[自サ下二]{せ・せ・す・する・すれ・せよ}寄り集まる。参会する。

よりあは・す【縒り合はす】(ヨリアワス)[他サ下二]{せ・せ・す・する・すれ・せよ}糸などをよって合わせる。

よりあひ【寄り合ひ】(ヨリアイ)[名]❶互いに寄り合うこと。接すること。❷集まること。会合。❸連歌や俳諧(はいかい)で、前句(まへく)と付け句を結びつける縁となることばや素材。また、前句に付け句を付けること。

よりあひしゅう【寄合衆】(ヨリアイシュウ)[名]鎌倉幕府の職名。執権・評定衆とともに政務を評議する役。

よりあ・ふ【寄り合ふ】(ヨリアウ)[自ハ四]{は・ひ・ふ・ふ・へ・へ}寄り集まる。例「うとからぬどちは、**寄りあ・ひ寄りあ・ひ**ささやきあへり」〈平家・一・殿下乗合〉

よりうど【寄人】(ヨリュウド)[名]《「よりびと」のウ音便》❶宮中の記録所などの職員。庶務や執筆に当たった。❷宮中の和歌所の職員。和歌の撰定などを行った。❸鎌倉・室町幕府の政所(まんどころ)・問注所・侍所の職員。執事の下で雑務や執筆に当たった。

よりおや【寄り親】[名]❶室町以降、大名に直属し、配下の「寄り子」を統率した有力家臣。❷奉公人の身元引き受け人。

よりか・く【縒り掛く】[他カ下二]{け・け・く・くる・くれ・けよ}糸などをよってかける。例「青柳の糸**よりか・くる**春しもぞ乱れて花のほころびにける」〈古今・春上・二六〉訳→〈和歌〉あをやぎのいとよりかくる…

よりき[・す]【与力】㊀[名・自サ変]加勢すること。例「北面の輩(ともがら)おほく**与力・し**たりけり」〈平家・一・鹿谷〉㊁[名]❶室町時代、大名や有力武将の配下の下級武士。❷江戸幕府の職名。諸奉行・所司代・城代などの下で同心を指揮し、上役を補佐した役。

より・く【寄り来】[自カ変]{こ・き・く・くる・くれ・こ(こよ)}近くへ寄ってくる。

よりこ【寄り子】[名]室町中期に「寄り親」に率いられた武士。家来。手下。奉公人。

より-して「より」の起点の意を強めた言い方。…からして。そもそも…から。例「入道相国(にふだうしやうこく)やまひつき給ひし日**よりして**、水をだにのどへも入れ給はず」〈平家・六・入道死去〉訳入道相国は病にかかられたその日**からして**、水さえのどを通されない。

語構成　より 格助　して 接助

よりたけ【寄り竹】[名]浜辺に流れ寄ってきた竹。これで笛を作ると美しい音色(ねいろ)を出すという。

よりつ・く【寄り付く】[自カ四]{か・き・く・く・け・け}❶近寄る。近づいてそばにいる。❷頼って身を寄せる。よすがとして近づく。例「いとどしくさびしく、**よりつ・か**ん方(かた)なきままに」〈源氏・橋姫〉

よりて【因りて・依りて・仍りて】[接]「よって」に同じ。

よりどころ【拠り所】[名]頼る所。寄る辺(べ)。また、根拠。基づくところ。

より・ぬ【寄り寝】[自ナ下二]{ね・ね・ぬ・ぬる・ぬれ・ねよ}寄り添って寝る。とも寝する。例「玉藻なす**寄り・寝**し妹(いも)を」〈万葉・二・一三一長歌〉訳→〈和歌〉いはみのうみ…

よりばのはし【寄り羽の橋】《「よりはのはし」とも》鳥が羽を寄せ合ってかけ渡す橋。とくに、陰暦七月七日の七夕(たなばた)の夜に牽牛(けんぎう)と織女が会うとき、カササギが羽を並べて天の川にかけるという橋。(季―秋)

よりびと【寄り人】[名]❶「よりうど」に同じ。❷「よりまし」に同じ。

よりふ・す【寄り臥す・凭り臥す】[自サ四]{さ・し・す・す・せ・せ}物にもたれて横たわる。例「心地(ここち)よげに酔(ゑ)ひ乱れて**寄り臥・し**ぬらんかし」〈源氏・宿木〉

よりまし【寄りまし】[名]《「憑(よ)り坐(ま)し」の意》修験者や巫女(みこ)が霊を呼び寄せるときに、その霊を乗り移らせる子供や人形。＝物憑(ものつ)き②・寄り人(びと)②

よりより【度度】[副]折々。ときどき。例「片糸の**よりより**に絶えずありける」〈古今・仮名序〉

より・ゐる【寄り居る】(ヨリイル)[自ワ上一]{ゐ・ゐ・ゐる・ゐる・ゐれ・ゐよ}❶寄りかかって座る。もたれている。例「柱に**寄り・ゐ**たまへる〔オ姿〕をも」〈源氏・椎本〉❷近寄って座る。寄り添って座る。例「枕上(まくらがみ)に**寄り・ゐ**て泣き悲し

めども」〈徒然・五三〉

よる【夜】［名］日没から日の出までの間。↕日④ [例]「**夜にな・して**、京には入らむと思へば」〈土佐〉

〔**夜の御殿**〕《「よんのおとど」とも》清涼殿にある天皇の寝室。＝夜の御座。➡［古典参考図］清涼殿

〔**夜の御座**〕「よるのおとど」に同じ。

〔**夜の衣**〕夜寝るときに着る着物。寝巻き。

〔**夜の衣を返す**〕ヨルノコロモヲカエス 夜着を裏返しに着て寝る。こうして寝ると恋しい人に夢で会えるという俗信から。[例]「恋しき時はむばたまの**夜の衣を返・して**ぞ着る」〈古今・恋二・五五四〉[訳]→〔和歌〕いとせめて…

〔**夜の装束**〕ヨルノシヨウゾク 夜に着用する衣服。夜、寝るための着衣や宿直するときの装束。

〔**夜の鶴**〕《『白氏文集』の「夜鶴子を憶ひて籠中に鳴く」の詩句から》子を思う親の愛情の深さをたとえていう。

〔**夜の宿直**〕ヨルノトノイ 夜間、天皇や貴人のそばに宿泊して、相手をしたり警護にあたったりすること。

〔**夜の錦**〕（夜、美しい錦の着物を着ても目立たず、見る人もないことから）無駄なこと。かいのないこと。＝闇の夜の錦

〔**夜の寝覚め**〕夜、寝ている間に目が覚めること。

〔**夜の衾**〕夜、寝る布団。夜具。

〔**夜の物**〕寝具。夜着。夜具。

〔**夜の食す国**〕ヨルノオスクニ《「食す」は治めるの意の尊敬語》月読みの命のお治めになる国。夜の世界。

〔**夜はすがらに**〕夜通し。一晩じゅう。[例]「むばたまの**夜はすがらに**夢に見えつつ」〈古今・恋一・五二六〉

〔**夜光る玉**〕暗夜も光る宝珠。夜光の玉。

〔**夜を昼になす**〕昼夜の別なく行う。＝夜を日に継ぐ。[例]「**夜を昼にな・し**て〔子安貝ヲ〕取らしめたまふ」〈竹取・燕の子安貝〉

よ・る ［一］［自ラ四］{ら・り・る・る・れ・れ}疲れる。[例]「〔平家ノ馬ハ〕**よ・り**きったる様なりけり」〈平家・九・一二之懸〉《音便》「よりきっ」は「よりきり」の促音便。［二］［自ラ下二］{れ・れ・る・るる・るれ・れよ}［一］に同じ。

よ・る【寄る・依る】［自ラ四］{ら・り・る・る・れ・れ}❶近づく。近寄る。❷集まる。寄り合う。❸立ち寄る。訪ねる。❹もたれる。寄りかかる。[例]「葦垣の外にも君が**寄・り**立たし」〈万葉・一七・三九七七〉❺思いを寄せる。味方する。好意をもつ。[例]「心は妹に**寄・り**にしものを」〈万葉・一五・三七五七〉❻服従する。つき従う。[例]「山川も**依・り**て仕ふる神ながら」〈万葉・一・三九〉❼頼る。[例]「伊勢の海人も舟流したる心地して**寄・ら**む方なく悲しきに」〈古今・雑躰・一〇〇六長歌〉❽落ち着く。決着がつく。定まる。[例]「〔議論ハ〕いづ方にか**寄・り**はつともなく」〈源氏・帚木〉❾積もる。多く重なる。[例]「入道も年こそ**よ・っ**て候ふとも」〈平家・四・源氏揃〉《音便》「よっ」は「より」の促音便。《敬語》「よって候ふ」→「さうらふ」。《係結び》「こそ→（流れ）」。❿寄進を受ける。もらう。[例]「かかる所に庄（＝荘園）など**寄・り**ぬれば」〈宇治拾遺・八・三〉⓫《「因る」「縁る」「由る」なども書く》基づく。原因する。[例]「君に**よ・り**我が名はすでに立田山のこと、人に**よ・り**てことごとなり」〈万葉・一七・三九三一〉⓬応じる。従う。[例]「よろづのこと、人に**よ・り**てことごとなり」〈紫式部日記〉

よ・る【揺る】［自ラ四］{ら・り・る・る・れ・れ}「ゆる（揺る）［一］①」に同じ。

よ・る【縒る・搓る・撚る】［一］［他ラ四］{ら・り・る・る・れ・れ}（糸などを）ねじり合わせる。よじる。［二］［自ラ四］{ら・り・る・る・れ・れ}しわがよる。よれよれになる。[例]「蟬の羽のひとへに薄き夏衣なれば**よ・り**なむものにやはあらぬ」〈古今・雑躰・一〇三五〉［三］［自ラ下二］{れ・れ・る・るる・るれ・れよ}ねじれる。しわになる。[例]「**縒・れ**たりし御裳に」〈宇津保・蔵開・上〉

よるせ【寄る瀬】［名］物が流れ寄る所。舟などを寄せる浅瀬。転じて、頼みとするところ。よりどころ。

よるのねざめ【夜の寝覚】［作品名］平安後期の物語。『よはのねざめ』『ねざめ』ともいう。作者未詳だが、藤原定家は菅原孝標女作との伝承を書き残す。長大な心理描写を伴う文章で、女主人公の人生を男君との「心尽くし」な仲を中心に描く。

よるひる【夜昼】［一］［名］夜と昼。［二］［副］夜も昼も。いつも。[例]「帝の御前に**夜昼**さぶらひたまひて」〈源氏・須磨〉

よるべ【依瓮】［名］神社の庭前に据えた水がめ。

よるべ【寄る辺】［名］《上代は「よるへ」》❶頼る所。身を寄せる所。落ち着く所。❷信頼する相手。とくに、配偶者。

[発展学習ファイル] 類義語に「ゆかり」「よすが」がある。➡「よすが」〈発展学習ファイル〉

よるよる【夜夜】［名］二晩以上続く夜。毎晩。

よろこび【喜び・悦び】［名］❶喜ぶこと。歓喜。嬉しく感じること。[例]「よろこびにたへで、また〔一首詠ム〕」〈伊勢・一六〉❷祝いごと。慶事。とくに、任官・昇進などの祝いごと。[例]「かかる世に、中将にや三位にやなど、**よろこび**をしきりたる人は」〈蜻蛉・上〉❸祝いのことば。祝辞。[例]「にはかに冠賜れりければ、喜び言ひ遣はすとて」〈古今・雑上・八七〇詞書〉❹お礼をいうこと。また、そのことば。[例]「女ばらも空を仰ぎてなむ、そなたに向きて、**よろこびきこえける**」〈源氏・蓬生〉《係結び》「なむ→きこえける体」。《敬語》「きこえける」→「きこゆ」

〔**喜びの鬨**〕戦いの勝利や事の成就を祝って、人々がいっせいにあげる喜びの叫び声。勝ちどき。

よろこびがほ【喜び顔】ヨロコビガオ［名・形動ナリ］喜んでいる表情。うれしそうなようす。

よろこびなき【喜び泣き】［名］喜びのあまりに涙を流して泣くこと。うれし泣き。

よろこびまうし【喜び申し・慶び申し】ヨロコビモウシ［名］叙位や任官のお礼を申し上げること。

よろこ・ぶ【喜ぶ・悦ぶ】［一］［自バ上二］{び・び・ぶ・ぶる・ぶれ・びよ}《上代語》うれしく感じる。また、慶事を祝う。慶事の礼を述べる。［二］［自バ四］{ば・び・ぶ・ぶ・べ・べ}［一］に同じ。

よろこぼ・し【喜ぼし・悦ぼし】［形シク］{しから・しく（しかり）・し・しき（しかる）・しけれ・しかれ}《「よろこばし」とも》喜ばしい。うれしく満足だ。[例]「思ふやうにもあらぬ身をし嘆けば、声あらたまるも**よろこぼ・しから**ず」〈蜻蛉・上〉

よろこぼ・ふ【喜ぼふ・悦ぼふ】ヨロコボウ［自ハ四］{は・ひ・ふ・ふ・へ・へ}《動詞「喜ぶ」の未然形＋上代の反復・継続の助動詞「ふ」の「よろこばふ」の変化形》うれしがる。[例]「〔女ハ〕**よろこぼ・ひ**て『思ひけらし』とぞいひをりける」〈伊勢・一四〉

よろ・し【宜し】［形シク］｛しから・しく(しかり)・し・しき(しかる)・しけれ・しかれ｝

> **アプローチ**
> ▼動詞「寄る」が形容詞化した「よらし」の変化形。
> ▼積極的な評価を表す「よし」に対して、ひととおりの水準に到達しているという程度の、消極的な評価を表す。
> ▼対義語に「わろし」がある。

❶**満足できる。好ましい。** 例「物皆は新しき良しただしくも人は古り行く**宜・しかる**べし」〈万葉・一〇・一八八五〉 訳物は何でも新しいのがよい。ただしかし人は年をとってゆく方が**好ましい**だろう。❷**ふつうである。平凡だ。** 例「春毎に咲くとて、桜を**よろ・しう**思ふ人やはある」〈枕・節は〉 訳春のたびに咲くからといって、桜を**平凡だ**と思う人がいるだろうか、いや、いない。《係結び》「やは→ある㊍」❸**安心できる状態である。悪くない。ましである。** 例「かの山寺の人は、**よろ・しう**なりて出でたまひにけり」〈源氏・若紫〉 訳あの山寺の人は(病状が)**安心できる状態に**なって(山を)お出になられた。❹**適当である。ふさわしい。** 例「女これかれ、沐浴などせむとて、あたりの**よろ・しき**ところに下りて行く」〈土佐〉 訳女たちは皆、水浴びでもしようというので、付近の**適当な**場所に降りていく。②③《音便》「よろしう」は「よろしく」のウ音便。

発展学習ファイル 「よろし」よりも高い評価を表す語に、「よし」がある。➡「よし(好し)」〈古語深耕〉

よろしき-ひと【宜しき人】❶身分や地位が中くらいの人。ふつうの人。❷美しい女性。佳人。

よろしう【宜しう】形容詞「よろし」の連用形「よろしく」のウ音便。

よろしなへ【宜しなへ】［副］《上代語》よい具合に。ふさわしく。例「神の御代より**宜しなへ**この橘を時じくの香菓と」〈万葉・一八・四一一一長歌〉

よろしめ【宜し女】［名］《上代語》好ましい女性。美しい女性。

よろづ【万】［名］❶**万。多数。いろいろ。多種多様。** 例「やまと歌は、人の心を種として、**よろづ**の言の葉とぞなれりける」〈古今・仮名序〉❷**すべてのこと。万事。** 例「御しつらひ、**よろづ**の儀式を、改めいそぎたまふ」〈源氏・真木柱〉

よろづ-の-あに【万の兄】いちばん年長の兄。長兄。

よろづ-の-おとうと【万の弟】いちばん年少の弟。末弟。

よろづたび【万度】［副］何度も。幾度となく。例「万度顧みしつつ」〈万葉・二〇・四四〇八長歌〉

よろづに【万に】［副］何かにつけて。万事に。例「御心ざしの**よろづに**かたじけなきに」〈源氏・桐壺〉

よろづのふみほうぐ【万の文反古】［作品名］江戸中期(一六九六刊行)の浮世草子。井原西鶴作。一通の手紙に評文を加えて一章とし書簡体で全体を統一。町人たちの日常や、身近な奇談・珍事をつづったもの。

よろづよ【万代】［名］限りなく続く世。永遠。

-よろひ【具】［接尾］(調度品・武具・衣服などの)揃いの物を数えるのに用いる。「硯箱ひと**具**」「螺鈿の御厨子ふた**具**」「弓矢二**具**」など。

よろひ【鎧・甲】［名］武具の一種。札(革または鉄製の小板)を糸や革ひもでつづり合わせて作り、刀槍や矢石から身を守るための防具。狭義では胴の部分だけを指すが、兜と合わせた「甲冑」の総称としてもいう。時代によりその形状は大きく変化した。「大鎧」「胴丸」「腹巻」などの種類がある。

よろひ-の-きぞめ【鎧の着初め】武家の男子が、七、八歳から十二、三歳ほどの間に、吉日を選んで、初めて鎧をつける儀式。＝具足初め

よろひおや【鎧親】［名］武家で、男子が元服して鎧の着初め式をするとき、鎧を着せる役をする人。＝具足親

よろひした【鎧下】［名］鎧の下に着用するもの。直垂や小袖の類。

よろひづき【鎧付き・鎧突き】［名］矢が突き通らないように、着ている鎧をゆすり上げること。

よろひひたたれ【鎧直垂】［名］(「よろひびたたれ」とも)直垂の一種で、鎧の下に着用するもの。袖は通常の直垂よりも短く、袖口も狭い。袴も裾が短く、袖と裾にはくくりひもがある。➡［古典参考図］武装・武具〈1〉

よろ・ふ【鎧ふ】［他ハ四］｛は・ひ・ふ・ふ・へ・へ｝鎧を着る。例「甲冑を**よろ・ふ**事しかるべからず」〈平家・八・鼓判官〉

よろぼひゆ・く【蹌踉ひ行く】［自カ四］｛か・き・く・く・け・け｝よろめきながらいく。

よろぼ・ふ【蹌踉ふ】［自ハ四］｛は・ひ・ふ・ふ・へ・へ｝《上代は「よろはふ」》❶よろける。よろめく。例「衣の裾を物にひきかけて、**よろぼ・ひ**倒れて」〈源氏・夕顔〉❷崩れかかる。傾きかかる。例「中門の、いといたうゆがみ**よろぼ・ひて**」〈源氏・末摘花〉

よわ【夜半】歴史的かなづかい「よは」

よわい【齢】歴史的かなづかい「よはひ」

よわげ［-・なり］【弱げ】［形動ナリ］｛なら・なり(に)・なり・なる・なれ・なれ｝(「げ」は接尾語)弱々しいようす。例「影のやうに**弱げ・なる**ものから」〈源氏・総角〉

よわごし【弱腰】腰の上部の細く、くびれた部分。

よわ・し【弱し】［形ク］｛から・く(かり)・し・き(かる)・けれ・かれ｝❶力がない。勢いがない。❷劣る。例「これ(＝矢)は篦のがすこし**よわ・う**候ふ」〈平家・一一・遠矢〉《音便》「よわう」は「よわく」のウ音便。❸体力がない。疲れている。例「身**よわ・けれ**ば斎屋にあり」〈蜻蛉・中〉❹気力がない。気弱だ。例「少し**弱・き**ところつきて、なよび過ぎたりしけぞかし」〈源氏・柏木〉①～④↔強し

よわたし【夜渡し】［副］夜通し。一晩じゅう。例「〔ホトトギスノ鳴キ声ヲ〕昼暮らし**夜渡し**聞けど」〈万葉・一八・四〇八九長歌〉

よわた・る【夜渡る】［自ラ四］｛ら・り・る・る・れ・れ｝夜中に渡り歩く。夜の間に通り過ぎる。例「ぬばたまの**夜渡・る**月ははやも出でぬかも」〈万葉・一五・三六五一旋頭歌〉

よわなさけうきなのよこぐし【与話情浮名横櫛】［作品名］江戸末期(一八五三初演)の歌舞伎。『切られ与三』『お富与三郎』ともいう。瀬川如皐作。江戸小間物屋の養子で放蕩にふける与三郎は、木更津で当地の親分源左衛門の妾であるお富と出会い見染め合う。その後のふたりの波乱に富む

半生を描いたもの。

よわめ【弱目】[名]からだの衰弱した折。弱り目。

よわ・る【弱る】[自ラ四]{ら・り・る・る・れ・れ}❶気力やからだが衰弱する。❷勢いがなくなる。かすかになる。

よゐ【夜居】[名]夜、寝ないで決まった場所に出仕していること。宿直。とくに、僧が夜中加持祈禱すること。また、その人。

〔**夜居の僧**〕宮中や貴人の家などで徹夜で加持修法を勧める僧。

〔和歌〕**よをこめて…**【夜をこめて鳥のそらねははかるともよに逢坂の関はゆるさじ】〈後拾遺・雑二・九三九・清少納言〉〈百人一首〉訳 まだ夜が深いうちに、鶏の鳴き声をまねてだまそうとしても、あの函谷関ならともかく、逢坂の関守はだまされず、通すことを許しませんよ。

〈参考〉「逢坂」に「逢ふ」をかける。藤原行成が作者の局に来て夜ふけまで話しこんで帰った翌朝、作者が行成の歌に答えたもの。『後拾遺和歌集』では第二句が「鳥のそらねに」となっている。

〔和歌〕**よをすてて…**【世を捨てて山に入る人山にてもなほ憂き時はいづち行くらむ】〈古今・雑下・九五六・凡河内躬恒〉訳 俗世を捨てて山へ入る人は、山でもまだつらいときには、どこへ行くのだろうか。

よをり【節折り】[名]〔「節」は竹のふしの意〕陰暦六月と十二月の晦日に、女蔵人が、天皇・皇后・東宮の身長を竹で測り、等身に折った竹で祓えをする儀式。紫宸殿または清涼殿で行われた。

よんのおとど【夜の御殿】[名]「よるのおとど」に同じ。

よんべ【昨夜】[名]〔「よべ」の変化形〕ゆうべ。昨夜。

ら

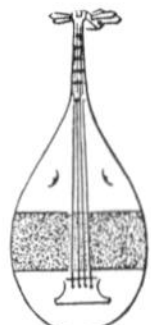

-ら【等】[接尾]❶〔名詞・代名詞に付いて〕㋐語調を整え、婉曲の意を添える。また、物事をおおよそに示すのに用いる。例「わが寝ぬる夜らは数よみもあへぬかも」〈万葉・一三・三二七四長歌〉㋑複数や同数のものを表すのに用いる。「八十少女等」「久米の子等」など。㋒相手や他人に対する親愛の情や自分へのへりくだりを表すのに用いる。例「憶良らは今は罷からむ」〈万葉・三・三三七〉訳→〔和歌〕おくららは…。㋓漠然とした場所・方向を表すのに用いる。「いづら」「ここら」「こちら」など。❷〔形容詞・形容動詞の語幹などに付いて〕その状態を表す名詞や形容語の語幹を作る。「赤ら」「うまら」「賢しら」など。

ら【羅】[名]薄く織った絹布。うすぎぬ。うすもの。

ら 完了の助動詞「り」の未然形。例「思ひ立つほどはいと心澄めるやうにて、世にかへり見すべくも思へらず」〈源氏・帚木〉

らいかう【来迎】[名]〔仏教語。近世以降「らいがう」とも〕臨終のときに、信心深い者を極楽浄土へ導くため、阿弥陀仏と菩薩が紫雲に乗って迎えに来ること。

〔**来迎の三尊**〕〔「らいがうのさんぞん」とも〕臨終時に、極楽浄土に導くために迎えに来た阿弥陀仏と観音・勢至の二菩薩。また、そのさまを現した三体の仏像。

らいかういんぜふ【来迎引接・来迎引摂】[名]〔仏教語〕阿弥陀仏・菩薩が天上からやって来て、信仰心の篤い仏教者を極楽浄土に導いて行くこと。

らいかうばしら【来迎柱】[名]寺の本堂で本尊を安置する須弥壇の四隅にある円柱。

らいくゎうあとめろん【頼光跡目論】[作品名]江戸前期(一六六一ごろ成立)の浄瑠璃。岡清兵衛作。将軍源頼光の跡目に実子が選ばれず、不満の実子頼親は越前で謀反を起こすが、坂田金時に攻められ落ちのびる。頼光の没後、四天王らは再挙を企てる頼親を討伐する。

らいさん【・す】【礼賛・礼讃】[名・他サ変]〔仏教語〕三宝(仏・法・僧)を敬い、その功徳(恵み)をほめたたえること。

らいさんやう【頼山陽】[人名](一七八〇〜一八三二)江戸後期の儒学者。京都に私塾を開く。『日本外史』の執筆のほか、『通議』『日本政記』三部作を著し、その尊王思想は幕末の志士に多くの影響を与えた。

らいし【礼紙】[名]本文を書いた書状に重ねて添える白紙。また、書状の上包みの紙。

らいし【檑子・畳子】[名]食器の一種。高坏に似ていて、菓子や果物などを盛る。

らい・す【礼す】[他サ変]{せ・し・す・する・すれ・せよ}敬意をもって礼をする。拝む。例「太子、王に向かひて首を傾けて礼し給ふ」〈今昔・一・四〉

らいせ【来世】[名]〔仏教語〕「前世」「現世」とともに「三世」のひとつ。死後生まれ変わる世。あの世。＝後世。↔前世

らいだう【礼堂】[名]寺院の建物のひとつ。本堂の前にあり、本尊を礼拝するための堂。

らいばん【礼盤】[名]〔仏教語。「らいはん」とも〕導師が着席して礼拝・読経を行う壇。本尊の正面にある。

らいふく【礼服】[名]即位・大嘗会・朝賀などの大礼の際に着た礼装。天皇をはじめ、五位以上の官人が着るもので、身分によりその形や色に区別があった。天皇のものは、「袞竜の御衣」という。

らいれき【来歴】[名]今まで経てきた筋道。由来。いわれ。

らう【労】[名]❶働き。功労。❷苦労。❸熟練すること。長年の経験。

〔**労有り**〕❶経験が豊富で熟練している。例「玉淵はいと労ありて、歌などいとよく詠みき」〈大鏡・道長・下〉❷心遣いが細やかである。例「気色いと労あり」〈源氏・胡蝶〉❸趣深い。例「年の内の節会ども、これをいづれと労ありて」〈宇津保・内侍のかみ〉

らう【廊】[名]❶建物と建物をつなぐ渡り廊下。渡殿。❷建物から突き出した細長い建物。

らう【領】[名]「りゃう(領)②」に同じ。

らう【霊】[名]「りゃう(霊)」に同じ。

らう［助動特活］｛○・○・らう・らう・○・○｝《室町以降の語。推量の助動詞「らむ」の変化形》現在の事実についての推量を表す。**…ているだろう。** 例「宇治の川瀬の水車何と憂き世をめぐるらう」〈閑吟集〉訳→〈歌謡〉うぢのかはせの…

〈接続〉ラ変型以外の活用語の終止形、ラ変型活用語の連体形に付く。

らうあん【諒闇】［名］「りゃうあん」に同じ。

らうえい【朗詠】［名］雅楽の一種。漢詩文中の名句や和歌に節をつけてうたうこと。平安時代に流行し、儀式や宴席などで行われた。のちに管弦の伴奏がつけられ、和歌をうたうことも朗詠というようになった。歌詞を集めたものに『和漢朗詠集』などがある。

らうえん【狼煙】［名］「のろし」に同じ。

らうがは・し【乱がはし】［形シク］｛しから・しく(しかり)・し・しき(しかる)・しけれ・しかれ｝❶**乱雑だ。乱れている。** 例「前栽をらうがは・しく焼きためるかな」〈蜻蛉・下〉❷**不作法だ。理不尽だ。** 例「ただ今の大殿になむさぶらひはべれば、かくかすかなる道にても、らうがは・しきことはべらじ」〈源氏・玉鬘〉《係結び》「なむ→(流れ)」。《敬語》「さぶらひはべれば」→「さぶらふ」「はべり」、「はべらじ」→「はべり」。❸**やかましい。うるさい。騒がしい。** 例「いとらうがは・しく泣きとよむ声、雷にもおとらず」〈源氏・明石〉

らうがはしう【乱がはしう】形容詞「らうがはし」の連用形「らうがはしく」のウ音便。

らうけ【労気】［名］疲労から起こる病気。

らうさ【老者】［名］《「らうざ」「らうしゃ」とも》老人。

らうじし・む【領じ占む】［他マ下二］｛め・め・む・むる・むれ・めよ｝占領して自分のものとする。領有する。例「入道の領じ占めたる所どころ」〈源氏・明石〉

らうじゃくにち【狼藉日】［名］陰陽道で、万事に凶である日。大禍日・滅門日とともに三悪日のひとつ。

らうじゅう【郎従】［名］「らうどう①」に同じ。

らう・ず【領ず】［他サ変］｛ぜ・じ・ず・ずる・ずれ・ぜよ｝❶「りゃうず①②」に同じ。❷「りゃうず③」に同じ。

らうせうふぢゃう【老少不定】［名］《仏教語》人の死期は老若とはかかわりのないこと。命のはかなさをいう語。

らうぜき【・なり】【狼藉】［名・形動ナリ］❶乱暴な振る舞い。無法なようす。乱行。❷物騒。不穏なようす。例「このごろは大路の狼藉に候ふに」〈平家・一〇・内裏女房〉❸乱雑なようす。例「落葉頗る狼藉・なり」〈平家・六・紅葉〉

らうそう［名］僧の姿をしたこじき。寺に住まない僧。また、破戒僧。

らうたう【郎党】［名］「らうどう」に同じ。

らうたう【労たう】形容詞「らうたし」の連用形「らうたく」のウ音便。

らうたが・る［他ラ四］｛ら・り・る・る・れ・れ｝《形容詞「らうたし」の語幹＋接尾語「がる」》かわいがる。例「子ども・童を、見入れらうたが・りて」〈枕・にくきもの〉

らうたく・す【労たくす】［他サ変］｛せ・し・す・する・すれ・せよ｝かわいがる。例「なめしと思ぼさで、〔源氏ヲ〕らうたく・したまへ」〈源氏・桐壺〉

らうたげ【・なり】［形動ナリ］｛なら・なり(に)・なり・なる・なれ・なれ｝《「げ」は接尾語》**愛らしい。可憐だ。かわいい。** 例「らうたげ・なるものを見しかば、契り浅くも見えぬを」〈源氏・松風〉

らうた・し【労たし】［形ク］｛から・く(かり)・し・き(かる)・けれ・かれ｝

アプローチ
▼「労甚し」から変化した語。
▼漢語「労」のもつ、いたわりの気持ちと、程度がはなはだしい意「甚し」とから、対象へのかばってやりたい心情を表す。
▼転じて、世話をしてやりたくなるようないじらしさ・かわいさの意にもなった。
▼女性や子供に用いられることが多い。

❶(小さく弱いものに対して)**いたわってやりたい。いじらしい。いとおしい。** 例「かいつきて寝たる、いとらうた・し」〈枕・愛しきもの〉訳すがりついて眠ってしまったのは、本当にいじらしい。❷(見たところ)**かわいらしい。かれんである。** 例「御目のしりの少しさがりたまへるが、いとどらうた・くおはするを」〈大鏡・師尹〉訳御目尻が少し下がっていらっしゃいますのが、ますますかわいらしくいらっしゃいますのを。《敬語》「らうたくおはする」→「おはす」

らうどう【郎等】［名］❶従者。家来。＝郎従・郎党。❷武家で、所領を持たない従者。また、主人と血縁関係のない従者。↔家の子②③

らうにん【浪人・牢人】［名］❶住みついた土地を捨てて他国を放浪する人。❷仕官していない武士。浪士。❸奉公先から暇を出されて職に就いていない者。失業者。

らうまい【粮米】［名］食糧にする米。飯米。

らうめ・く【廊めく】［自カ四］｛か・き・く・く・け・け｝《「めく」は接尾語》建物と建物をつなぐ渡り廊下のようである。例「屋のさまもはかなだち(＝簡素ナヨウスデ)、廊め・きて」〈枕・五月の御精進のほど〉

らうもつ【粮物】［名］《「らうぶつ」とも》食糧。

らうらう【・たり】【老老】［形動タリ］｛たら・たり(と)・たり・たる・たれ・たれ｝非常に年老いたさま。よぼよぼ。例「景家が母老々・として、庭に杖をつき」〈盛衰記・三〉

らうらう・じ【労労じ・良良じ】［形シク］｛じから・じく(じかり)・じ・じき(じかる)・じけれ・じかれ｝《「りゃうりゃうじ」とも》❶(見たところ)**上品でかわいい。すぐれてかわいらしい。** 例「声をかしうて、かしこまりてものなどいひたるぞ、らうらう・じき」〈枕・小舎人童〉《係結び》「ぞ→らうらうじき(体)」。《音便》「をかしう」は「をかしく」のウ音便。❷(心が)**洗練されていてゆきとどいている。もの慣れている。** 例「様態、もてなし、らうらう・しくをかし」〈紫式部日記〉❸**もの慣れて気転がきく。利発である。** 例「御魂の深くおはして、らうらう・じうしなしたまひける御根性にて」〈大鏡・伊尹〉《音便》「らうらうじう」は「らうらうじく」のウ音便。《敬語》「深くおはして」→「おはす」。

発展学習ファイル 年功の意の「労」を重ねた語で、教養を積んでそれが外に現れるさまを「労々じ」というようになった。平安中・後期の短い期間に流行した。

らうらうじう【労労じう・良良じう】形容詞「らうらうじ」の連用形「らうらうじく」のウ音便。

らうろう【・す】【牢籠】□一[名・自サ変]❶引きこもること。❷苦境に陥ること。例「伯父甥共に牢籠の身と罷りなる間」〈太平記・三三〉❸衰えること。例「仏法の衰微、王法の牢籠、まさにこの時にあたれり」〈平家・四・山門牒状〉□二[名・他サ変]自由に操ること。丸め込むこと。籠絡。例「国衙庄園牢籠・せり」〈盛衰記・三四〉

らえ 可能の助動詞「らゆ」の未然形。例「我が背子がかく恋ふれこそぬばたまの夢に見えつつ寝ねらえずけれ」〈万葉・四・六三九〉《係結び》「こそ→寝ねらえずけれ㊁」

-らか [接尾]（擬声語・擬態語、形容詞の語幹に付いて、形容動詞の語幹を形成し）そのような状態である意を表す。「清らか」「高らか」「安らか」など。

らがい【羅蓋】[名]薄い絹織物で張った傘。貴人の頭上に差しかける。

らかん【羅漢】[名]「阿羅漢」の略。

-らく [接尾]上に付く活用語を名詞化する。❶…こと。例「秋されば春日の山の黄葉見る奈良の都の荒るらく惜しも」〈万葉・八・一六〇四〉訳秋になると春日の山のもみじを見る奈良の都が荒れることが惜しいことだ。❷（文末に用いて）詠嘆の意を添える。…ことよ。例「草枕旅に久しくあらめやと妹に言ひしを年の経ぬらく」〈万葉・一五・三七一九〉訳〈くさまくら〉旅に長い間出ているだろうか、いや、すぐにでも帰ってこようと妻に言ったのに、年月が過ぎたことよ。〔注〕「草枕」は「旅」の枕詞。

〈接続〉上二段・下二段・カ変・サ変・ナ変の動詞および助動詞「つ」「ぬ」「しむ」などの終止形、上一段動詞の未然形に付く。

発展学習ファイル (1)②の用法には、下に助詞の「に」が付いて「…らくに」の形もある。
(2)上代に広く用いられた語法。同じ働きをする接尾語に「く」がある。

らく【洛】[名]（「洛陽」の略）都。京都。

らく（完了の助動詞「り」の名詞化したもの）…ていること。例「天の川渡り瀬ごとに思ひつつ来しくも著し逢へらく思へば」〈万葉・一〇・二〇七四〉訳天の川の渡り瀬ごとに思い続けて来たかいがあった。会っていることを思うと。

らくきょ【・す】【落居】[名・自サ変]（「落ち居る」の音読語。「らっきょ」とも）❶物事の収まりがつき、落ち着くこと。例「世間もいまだ落居・せず」〈平家・一・二代后〉❷事件・裁判などの決着がつくこと。例「言はば未だ落居・せぬ科人」〈浄・夏祭浪花鑑〉

らくく【落句】[名]❶漢詩の結びの句。律詩では最後の二句をいう。❷和歌の最後の句。❸連歌や俳諧で、句題の中心となる景物を詠まずに、それ以外の景物を主として詠んだ句。

らくくゎ【落花】[名]散り落ちる花。多く、桜の花にいう。（季―春）

落花枝に帰らず（散り落ちた花は再び元の枝には戻らない意から）死んだ者は二度と生き返らないことや、一度破れた男女の仲は元通りにならないことのたとえ。

らくぐゎい【洛外】[名]都の外。京都の町の外。↔洛中

らくくゎん【落款】[名]完成した書画に、作者が姓名・雅号などを署名したり、印を押したりすること。また、その署名や印。

らくしょ【落書】[名]時の権力者や社会に対し、匿名で批判したり風刺したりした文書や詩歌。人目につきやすい場所に張ったり、わざと道に落として人に拾わせたりしたもの。＝落とし文

らくしょく【落飾】[名]貴人が、髪を剃り落として仏門に入ること。

らくそん【落蹲】[名]舞楽の曲名。二人舞の「納蘇利」をひとりで舞う場合の称。相撲の節会や、競べ馬の節会で奏した。

らくぢゃく【・す】【落着】[名・自サ変]（のちに「らくちゃく」とも）❶物事の決まりがついて落ち着くこと。決着。❷裁判の決着がつくこと。

らくちゅう【洛中】[名]都の中。京都の町の中。↔洛外

らくちゅうづくし【洛中尽くし】[名]京都の町並みや名所などを絵や文章に書き並べたもの。

らくやう【洛陽】[名]❶京都の別称。とくに、平安京の左京。❷中国の河南省の古都。後漢・晋・北魏・隋・唐の都として栄えた。

らし [助動特殊型] ⇨一二八一ページ「特別コーナー」

らしき 推量の助動詞「らし」の連体形。例「古も然にあれこそうつせみも妻を争ふらしき」〈万葉・一・一三長歌〉訳→〈和歌〉かぐやまは…

らしゃうもん【羅城門・羅生門】[名]（「らじゃうもん」「らせいもん」とも。「羅城」は、都の周囲にめぐらした外郭の意）平城京・平安京の総門。朱雀大路の南端にあり、北端の朱雀門と相対する。この門内を洛中、門外を洛外という。➡古典参考図 平安京と条坊図

らしゃうもん【羅生門】[作品名]室町後期（一五六〇ごろ成立）の謡曲。『綱』ともいう。観世信光の作。源頼光の四天王のひとりである渡辺綱が、羅生門の鬼神の腕を切り落とす話。羅生門の鬼伝説により、武勇談を軸に構成。同名の御伽草子では、名剣説話などが加わる。

らせつ【羅刹】[名]（仏教語。梵語の音訳）黒いからだ・赤い髪で、足が速く、大力の悪鬼。きばを持ち、人を食うという。のち仏教の守護神となった。

らち【埒】[名]❶馬場の周囲の柵。❷転じて、物事のけじめ・始末。

埒明く（近世語）物事が進展し片付く。

埒を明く 物事に決着をつける。物事をはかどらせる。

らっきてい【拉鬼体】[名]藤原定家の和歌十体のひとつ。広大で、力強い調子の歌。

らっきょ【・す】【落居】[名・自サ変]「らくきょ」に同じ。

らっし【臈次】[名]（「らふし」の促音便）❶「臈①」を積んだ順序。❷転じて、物事の順序。けじめ。

らっちもな・い【埒も無い】（近世語）むちゃくちゃである。例「〔水風呂ニ〕下駄をはいてはいるといふ

ら

らし［推量の助動詞］

アプローチ　根拠のある推定を表す助動詞。

接続　活用語の終止形に付く。ただし、ラ変型活用語には、連体形に付く。

活用　特殊型

基本形	未然形	連用形	終止形	連体形	已然形	命令形
らし	○	○	らし	らし（らしき）	らし	○

意味	訳語	用例
❶**根拠や理由に基づき、現在の事態を確信をもって推量する。**	…にちがいない …らしい きっと…だろう	例「春過ぎて夏来たる**らし**白たへの衣(ころも)干(ほ)したり天の香具山」〈万葉・一・二八〉 訳→〈和歌〉はるすぎてなつきたるらし… 例「五月雨(さみだれ)に水の水かさまさる**らし**澪(みを)のしるしも見えずなりゆく」〈千載・夏・一八三〉 訳 五月雨が降って、水のかさが増している**らしい**。船の道を示す澪標(みおつくし)もしだいに見えなくなっていくことだ。
❷**根拠や理由は明示しないが、確信をもって推量する。**	…にちがいない …らしい きっと…だろう …ようだ	例「杉の板をまばらに葺(ふ)ける閨(やね)の上におどろくばかり霰(あられ)降る**らし**」〈後拾遺・冬・三九九〉 訳 杉の板をまばらに葺いた寝室(の屋根)の上に、はっとして目が覚めるばかりに霰が(音を立てて)降っている**らしい**。

発展学習ファイル　(1)助動詞「らむ」と比べて、推量・推定の根拠が確実であることから、疑問を表す語とともに用いられることは少なかったが、平安中期ごろから、疑問を表す語を伴うことが多くなった。その結果、「らむ」と同じような意味となり、徐々に「らむ」に吸収された。
(2)上代には多く用いられたが、平安時代にはしだいに衰退し、和歌以外にはほとんど用いられなくなった。
(3)連体形・已然形は、係り結びの結びになっている場合の用法しかない。なお、上代では「こそ」の結びとして「らしき」が用いられた。
(4)「らし」が「けり」「なり」といったラ変型活用語に付くときは、連体形の語尾「る」が省略されて、「けらし」「ならし」となることが多い。

事があるものでございますか。**埒もな・い**」〈膝栗毛〉

らっぱ【乱波】［名］「すっぱ①」に同じ。

らっぷ【乱舞】［名］《「らんぶ」の変化形》「らんぶ③」に同じ。

らてん【螺鈿】［名］《近世以降「らでん」》鮑貝(あわびがい)などの殻で、真珠の光沢のある部分を薄く切り取り、漆器(しっき)などの面にはめ込んで装飾とするもの。

らに【蘭】［名］《「蘭」の字音「らん」の末尾に母音 i を添えたもの》フジバカマの別称。（季-秋）

らふ【臈】ロウ［名］❶《仏教語》僧が出家受戒後、「安居(あんご)」の功を積んだ年数を数える語。また、その年数。❷一般に、年功を積むこと。また、それによる順位、身分の高低。

らふ【臘】ロウ［名］《「臘月(らふげつ)」の略》陰暦十二月の別称。（季-冬）

らふし【臈次】ロウシ［名］「らっし」に同じ。

らふた・く【臈闌く】ロウタク［自カ下二］{け・け・く・くる・くれ・けよ}❶年功を積む。❷上品で洗練された美しさがある。例「(顔ツキガ)いみじく**臈闌・けて**」〈太平記・一八〉

らふはつ【臘八】ロウハツ［名］《「らふはち」とも》陰暦十二月八日のこと。釈迦(しゃか)が悟りを開いた日とされ、寺院では法会が行われる。臘八会(ろうはつえ)・(ろうはちえ)。（季-冬）

らふはつゑ【臘八会】ロウハツエ［名］陰暦十二月八日に、釈迦(しゃか)が悟りを開いたのを記念して行う法会(ほうえ)。（季-冬）

らはにらじしょ【羅葡日辞書】［作品名］安土桃山時代（一五九五刊行）の辞書。イエズス会宣教師編。ラテン語の見出し語に、ポルトガル語と日本語の訳を付けた対訳辞書。『日葡(にっぽ)辞書』に先行し、同書に見られない語を含む。

-らま［接尾］《上代語。接尾語「ら」＋接尾語「ま」》（名詞・代名詞に付いて）そのものであることを強く表す。…なるべき者。…であるべき者。「大命(おほみこと)**らま**」「臣(やっこ)**らま**」など。

らむ［助動マ四型］⇨一二六二ページ「特別コーナー」

ら-む…ているだろう。例「たけしばのをのこに、生け**らむ**世のかぎり、武蔵(むさし)の国を預けとらせて」〈更級〉 訳 竹芝の男には、生きて**いるだろう**限り、武蔵国を預け与えて。

語構成　ら　む
完「り」㊍　推「む」

注意語《識別》→付録「まぎらわしい品詞の識別」〈接続〉四段動詞の命令形、サ変動詞の未然形に付く。

らめ推量の助動詞「らむ」の已然形。例「駒なめていざ見に行かむ故里(ふるさと)は雪とのみこそ花は散る**らめ**」〈古今・春下・一一一〉 訳→〈和歌〉こまなめて…

らもん【羅文・羅紋・羅門】［名］《「らんもん」とも》立蔀(たてじとみ)・切り懸り・透垣(すいがい)などの上部に、細い竹や木を二本ずつ菱形(ひしがた)に交差させて飾りとしたもの。

ら

らむ［推量の助動詞］（「らん」とも）

アプローチ ▼現在の事柄にかかわる推量を表す。
▼現代語の「ているだろう」「だろう」にほぼ相当する。
▼現在の事柄だが何らかの理由（目の前のことではないなど）により事柄自体が確認できない場合と、事柄にかかわる状況（原因・理由など）が不明なために結果的に事柄そのものを断定的に述べることができない場合とがある。

《識別注意語》→付録「まぎらわしい品詞の識別」

接続 活用語の終止形に付く。ただし、ラ変型活用語には、連体形に付く。

活用 四段型

基本形	未然形	連用形	終止形	連体形	已然形	命令形
らむ（らん）	○	○	らむ（らん）	らむ（らん）	らめ	○

意味	訳語	用例
❶**現在推量。**現在の、確認できない事柄を推量する。	（今ごろ）…ているだろう	例「今は懲りぬ**らむ**」〈平中・一〉 訳今は懲りて**いるだろう**。
❷**現在の事柄の原因・理由・時・所などを推量する。** ㋐原因などを表す句がある場合。	（こういうわけで）…のだろう	例「あさみこそ袖はひつ**らめ**涙河身さへながると聞かば頼まむ」〈伊勢・一〇七〉 訳涙の川が浅い、つまり、少ししか泣いていないからこそ袖がぬれている**のだろう**。涙の川に身が流されたと聞いたら、あなたの心を信用しよう。〔注〕疑問の語のない例。 例「久方の月の桂も秋はなほ紅葉すればや照りまさる**らむ**」〈古今・秋上・一九四〉 訳→〔和歌〕ひさかたのつきのかつらも…。〔注〕原因などを表す句に疑問の係助詞がある場合。
㋑疑問詞がある場合。	（どうして・いつ・どこで）…のだろう	例「いづくにかすむ**らむ**」〈大和・一二六〉 訳どこに住んでいる**のだろう**か。
㋒疑問詞はないが、「どうして」などを補って訳したほうがよい場合。	（どうして・いつ・どこで）…のだろう	例「久方の光のどけき春の日にしづ心なく花の散る**らむ**」〈古今・春下・八四〉 訳→〔和歌〕ひさかたのひかりのどけき…
❸（連体形で）**現在の事柄を婉曲に述べる。**	…であろう …ような	例「裳の裾、衣の袖、行く**らむ**方も知らず」〈紫式部日記〉 訳裳の裾や衣の袖が（人と人の間にはさまって）行っている**であろう**場所もわからない。
❹**伝聞を表す。**	…と（か）いう …そうだ	例「人のいふらむことをまねぶ**らむ**よ」〈枕・鳥は〉 訳人の言うことをまねる**そう**だよ。

発展学習ファイル (1)単なる推量を表していると見られる例もある。例「目をくばりて読みゐたるこそ、罪や得**らむ**とおぼゆれ」〈枕・八月ばかりに〉 訳（僧が見舞客の方に）目を配りながら（経を）読んでいるのは、（不謹慎で）仏罰をこうむる**だろう**と思われる。
(2)❷㋒の例は、多く「AのBらむ」という構文をとり、「AはどうしてBなのだろう」と訳せる。
(3)❸は、現代語には訳しにくいことも多い。その場合、無理に訳さなくてもよい。
(4)過去のことについて推量する「けむ」と対をなす。

らゆ［助動ヤ下二型］⇨一二六三ページ「特別コーナー」

らりょう【羅綾】［名］薄く織った絹と綾織物。美しく高級な衣服。

らる［助動ラ下二型］⇨一二六四ページ「特別コーナー」

らるる 自発・可能・受身・尊敬の助動詞「らる」の連体形。例「福原より数万騎の大勢をむけ**らるる**よし聞こえし程に」〈平家・九・六ヶ度軍〉

らるれ 自発・可能・受身・尊敬の助動詞「らる」の已然形。例「『少納言よ、香炉峰の雪、いかならむ』と、仰せ**らるれ**ば」〈枕・雪のいと高う降りたるを〉《敬語》「仰せらるれば」→「おほす」

られ 自発・可能・受身・尊敬の助動詞「らる」の未然形・連用形。例「男はた、寝**られ**ざりければ、外の方を見いだしてふせるに」〈伊勢・六九〉〔注〕未然形の例。

られ-たま・ふ【られ給ふ】（ラレタマ(モ)ウ）（四段・ナ変・ラ変活用以外の動詞の未然形に付いて）❶（「られ」が受身の意の場合）「…される」の意の尊敬語。…される人を高める。…（ら）れなさる。例「わりなの、人に恨み**られたまふ**御齢や」〈源氏・末摘花〉❷（「られ」が自発の意の場合）「自然に…される」の意の尊敬語。自然に…

語構成 られ 助動「らる」用 ＋ たまふ 補動ハ四「給ふ」

らゆ［可能の助動詞］

アプローチ ▼上代語。「寝ぬ」「寝ぬ」に付いた例しか見られない。とくに、慣用的に「寝の寝らえぬに」という形で用いられた例が多い。
▼可能を表すが、必ず打消を伴っているので、結局、全体では不可能を表すことになる。

接続 下二段動詞の未然形に付く。

活用 下二段型

基本形	未然形	連用形	終止形	連体形	已然形	命令形
らゆ	らえ	○	○	○	○	○

意味	訳語	用例
可能を表す。	…ことができる …できる	例「ほととぎすいたくな鳴きそひとり居て寝の寝**らえ**ぬに聞けば苦しも」〈万葉・八・一四八四〉 訳ホトトギスよ、ひどく鳴かないでおくれ、ひとり座って眠る**ことができ**ないでいるときにその声を聞くと苦しいものだ。

発展学習ファイル ラ行四段動詞「知る」の未然形に「ゆ」の付いた「知らえず」などの形と混同しないように注意すること。

される人を高める。**自然にお(ご)…になるようになる。** 例「〔玉鬘ノコトガ〕すべて御心にかからぬをりなく〔源氏ハ〕恋しう思ひ出で**られたま・ふ**」〈源氏・真木柱〉《音便》「恋しう」は「恋しく」のウ音便。❸《「られ」が可能の意の場合》「…することができる」の意の尊敬語。…することができる人を高める。**お(ご)…になることができる。…なさることができる。** 例「君はとけても寝**られ**たま・はず」〈源氏・帚木〉

られよ 自発・可能・受身・尊敬の助動詞「らる」の命令形。例「年に受領などありてあらまほしきを、いかなるべきことにかと、伝え聞こえ**られよ**」〈大鏡・師尹〉《係結び》「にか」→(省略)。《敬語》「伝え聞こえ」→「きこゆ」

らん【蘭】［名］(「らに」とも)草の名。フジバカマの別称。→「ふぢばかま」。(季-秋)

らん【襴】［名］縫腋の袍や直衣の左右の裾に、足さばきをよくするためにつけた横布。➡［古典参考図］男子の服装〈1〉

らん 推量の助動詞「らむ」の「む」が「ん」と発音されるようになり、「らん」と表記されたもの。

らんかう【蘭更】［人名］(一七二六〜一七九八)江戸中期の俳人。姓は高桑、名は正保・忠保。蕉風復古を主眼に置き、松尾芭蕉の書簡や連句を集めて『花の故事』を刊行、また逸話を『俳諧世説』にまとめている。

らんがくことはじめ【蘭学事始】［作品名］江戸後期(一八一五成立)の回想録。『蘭東事始』『和蘭事始』ともいう。杉田玄白著。分かりやすく蘭学の創始を伝えており、とくに、刑場での腑分けの実地見学や、『ターヘル・アナトミア』の翻訳苦心談は有名。

らんぐひ【乱杙・乱杭】［名］不規則に打ち並べた杭。道や川・濠の中などに打ち込み、これに縄を張りめぐらして、敵の進退の妨げとした。

らんけい【鸞鏡】［名］❶鸞鳥(中国の想像上の美しい鳥。鏡に映る自分の姿を見ると、鳴いて舞うという)の姿を裏面に刻んだ鏡。❷「鸞鏡調」の略。

らんけいでう【鸞鏡調】［名］日本の「十二律」のひとつ。基音である壱越から数えて九番目の音階。西洋音楽の変ロに近い。＝鸞鏡②

らんご【乱碁】［名］碁石を用いた遊戯の一種。並べた碁石を指先を用いて拾い取り、その数を争うとされるが、未詳。

らんざう【乱声】［名］「らんじゃう」に同じ。

らんじゃ【蘭麝】［名］蘭の花と麝香とを調合した香。よい香りの香。

らんしゃう【濫觴】［名］(揚子江もその水源にさかのぼれば、觴を濫べるほどの細流であったという意の、孔子のことばから)物事の始まり。起源。

らんしゃう【蘭省】［名］(「らんせい」とも)❶中国の役所の名。尚書省の別称。❷「太政官」の唐名。のちに「弁官」の別称。❸皇后の宮殿。

らんじゃう【乱声】［名］(「らんざう」とも)❶雅楽の舞楽で用いられる調べのひとつ。行幸の到着時、舞楽の始めや終わり、競べ馬・相撲の勝負が決まったときなどに奏される。笛に、太鼓・鉦鼓などを合わせて演奏する。❷鉦や太鼓を激しく打ち鳴らして、鬨の声をあげること。

らんじゃたい【蘭奢待】［名］奈良時代、聖武天皇のとき、中国から渡来した名香で、「伽羅」の最上のもの。東大寺の正倉院に蔵されている。「蘭」「奢」「待」の三文字の中に「東大寺」の三字が含まれているので、珍重された。

らんせつ【嵐雪】［人名］「はっとりらんせつ」に同じ。

らんたふ【卵塔・蘭塔】［名］❶墓石の一種。卵形をした、多くは禅僧のもの。❷(「卵塔場」の略)墓地。墓場。

らんとうことはじめ【蘭東事始】［作品名］「らんがくことはじめ」に同じ。

らんにゃ【蘭若】［名］(仏教語。梵語の音訳「阿蘭若」の略で、閑寂の意)仏道修行に適した閑静な場所。寺院。＝練若

らんばう【濫妨・乱妨】［名・他サ変］他人の物を暴力で奪い取ること。強奪。例「火を懸け物を乱妨し候ふ」〈太平記・一〇〉

らんばこ【覧箱】［名］身分の高い人に見せるための

らる［自発・可能・受身・尊敬の助動詞］

アプローチ ▼自発・可能・受身・尊敬の意を表す。ほぼ現代語の「（ら）れる」に相当するが、自発用法の一部には「…（ら）れる」と訳せない場合もあるので要注意。→「る［助動下二型］」〈発展学習ファイル(1)〉
▼この四種の意味は、ひとつの基本義（受身または自発とされる）から発生したものであるため、意味の識別のはっきりしない場合も多い。
▼同じ意味を表す助動詞「る」のほうが上に付く動詞の種類が少ないので、「らる」は「る」の付く動詞以外に接続すると覚えるとよい。

接続 カ変・サ変・上一段・上二段・下一段・下二段動詞、使役の助動詞「す」「さす」の未然形に付く。

活用 下二段型

基本形	未然形	連用形	終止形	連体形	已然形	命令形
らる	られ	られ	らる	らるる	らるれ	られよ

意味	訳語	用例
❶**自発**。こうしようと明確に意識してするのではなく、自然にある心情になったり、ある行為を行ってしまうことを表す。	（自然に）…（ら）れる （思わず）…てしまう （どうしても）…ずにはいられない	例「逢坂(あふさか)の関を見るにも、昔越えしも冬ぞかしと思ひ出(い)で**らるる**に」〈更級〉 訳（雪が降り道中の景色も趣深く）逢坂の関を見るにつけても、昔（この関を）越えたのも冬であったかと思い出さ**れる**と。
❷**可能**。平安時代までは、ふつう打消の語を伴い、全体として不可能の意を表す。	…できる …ことができる	例「いささか身じろきもせ**られ**ず、気(け)あがりて」〈紫式部日記〉 訳（狭い所に四十人もの人がいたので）ほんの少しの身じろぎも**でき**ずに、のぼせあがって。
❸**受身**。ほかから動作・作用の影響を受けることを表す。	…（ら）れる	例「われ、敵(かた)きに攻め**られ**て、わびにてはべり」〈大和・一四七〉 訳私は敵に攻め**られ**て困っております。
❹**尊敬**。ある動作をする人を敬う意を表す。	…（ら）れる お…なさる お…になる	例「さて、いかが定め**らる**なる。親王(みこ)こそまつはし得たまはむ」〈源氏・常夏〉 訳（玉鬘(たまかづら)の縁組みのことを源氏は）さて、どのように**お**決め**になる**というのであろうか。親王（＝兵部卿(ひやうぶきやう)の宮）こそが（姫君に）つきまとって、（自分の妻として）手に入れなさるのであろう。

発展学習ファイル 尊敬の用法については、「仰(おほ)せらる」（「仰す」単独では「命じる」という意味。「仰せらる」全体で「言ふ」の尊敬語に相当する。鎌倉時代になると「仰す」が「言ふ」の尊敬語として用いられるようになる）という語形で用いられることが多く、また、「御覧ぜらる」（「見る」の尊敬語「御覧ず」の未然形＋助動詞「らる」）のように、上に付く動詞自体が尊敬語である場合に多く見られる。「らる」単独で尊敬を表す場合は少なく、また、補助動詞「たまふ」などに比べて敬意は低い。

文書を入れておく箱。藤(ふぢ)の蔓(つる)で編み、ふたがある。

らんばつ【乱罰】［名］確かな理由なしに罰すること。

らんぶ【乱舞】［名］❶乱れて舞うこと。❷酒宴の席などで即興的に演じられる歌舞の総称。とくに、「五節(ごせち)」「豊(とよ)の明かりの節会(せちゑ)」などで殿上人などが興に乗じて今様(いまやう)などを歌いながら舞い踊るもの。❸（「らっぷ」とも）能楽で、演技の間に行う舞。また、能そのものをいう。

らんもん【羅文・羅門】［名］「らもん」に同じ。

らんよ【鸞輿】［名］天皇の乗る輿(こし)。鳳輦(ほうれん)。

り【里】［名］❶令制で、国・郡に次ぐ行政単位。五十戸を一里とした。霊亀元年（七一五）、郷と改められ、その下に二、三の里を置いた。❷条里制における、田地の面積の単位。六町四方（三十六町歩・約三五(ヘクタール)）で一区画。❸距離の単位。令制では五町（約五四五(メートル)）で一里。ただし、六町（約六五五(メートル)）で一里とする法もでき、中世以降には三十六町（約三・九(キロメートル)）で一里とするようになった。

り【理】［名］❶物事の筋道。道理。ことわり。❷正しいと思う信念。理性。

り［・なり］【利】㊀［名］❶利益。もうけ。得。❷利息。利子。❸都合のよいこと。有利なこと。㊁［名・形動ナリ］頭がよくて鋭いさま。鋭敏。例「利・なる者は名(みやう)と見(けん)とに著(ぢやく)す」〈沙石集〉

り［助動ラ変型］

⇨ 一二六六ページ「特別コーナー」

りう【流】[名]学芸・武芸などで、その人・家に昔から伝えられている様式・仕方。流儀。流派。

りうえい【柳営】[名](中国漢代の将軍周亜夫が細柳という地に陣営を構えたことから)❶将軍の居所。幕府。❷将軍。将軍家。

りうきう【琉球】[地名]旧国名。西海道十二か国のひとつ。いまの沖縄県。

りうくゎゑん【柳花苑】[名]舞楽の曲名。唐楽の一種。平安初期、遣唐使によって唐から伝えられたという。後世、舞は絶えて曲だけが伝わる。

りうじょ【柳絮】[名]風に飛び散る、綿毛をもった柳の種子。(季―春)

りうぞく【流俗】[名](「りうしょく」とも)世間一般の習わし。風俗。

りうたん【竜胆】[名]「りんだう」に同じ。

りうていこが・る【流涕焦がる】涙を流して激しく泣く。御伽草子や浄瑠璃でよく使われる表現。

りうていたねひこ【柳亭種彦】[人名](一七八三～一八四二)江戸後期の戯作者。唐衣橘洲に狂歌を学ぶ。その後文筆活動を開始し、歌川国貞の挿絵入りの歌舞伎趣味を取り入れた『正本製』で合巻の地位を確立。『偐紫田舎源氏』で第一人者となる。

りうでう【柳条】[名]柳の枝。

りうはつ【柳髪】[名]女性の髪の毛の、長くて美しいさまを風になびく柳にたとえた語。

りうもん【流紋・竜紋】[名]中国伝来の厚手の無文の綾の一種。のち、日本産の太糸の絹織物をも呼ぶ。帯・袴・裃などに用いる。＝竜紋①

りうん【利運・理運】[名]❶理屈に合って当然であること。例「今度山門の御訴訟、**理運**の条、勿論に候ふ」〈平家・一・御輿振〉❷当然なことであるという高慢な態度。勝手な行動。❸好運なこと。

りかた【利方】[名](近世語)ためになる考え。便利な方法。例「貧乏人にはいい**利方**だ」〈浮世風呂〉

りかん【利勘】[名](近世語)損得をよく考え、計算ずくであること。

り-き 自分が直接経験した過去のある時点で、その動作が続いていたことを表す。…**ていた**。例「かく口惜しき山がつとなりはべりけめ、親、大臣の位をたもちたまへり**き**」〈源氏・明石〉訳(自分は)このように不本意な山賤となったのでございましょうが、親は大臣の位を保っておられ**ていた**。(敬語)「なりはべり」→「はべり」

語構成　り　き　完「り」用　過「き」

りきし【力士】[名](のち「りきし」とも)❶勇者。❷(「金剛力士」の略)仁王。❸相撲取り。

りきじまひ【力士舞】[名]古代の舞の名。金剛力士の仮装をし、鉾などを持って舞ったもの。百済から伝わったといわれる。

りきしゃ【力車】[名]「ちからぐるま」に同じ。

りきしゃ【力者】[名]❶髪を剃って僧の姿をした中間のような役目の者。輿をかついだり、馬の口取りをしたり、長刀などを持って貴人の外出の供をしたりした者。＝力者法師。❷力士。相撲取り。

りきしゃほふし【力者法師】[名]「りきしゃ①」に同じ。

りきじん【力人】[名]力の強い者。相撲取り。

りぎょ【鯉魚】[名]鯉。

りくがふ【六合】[名](東西南北と上下の六つを合わせる意)上下四方。天地四方。宇宙。

りくぎ【六義】[名]❶古代の漢詩の六種の体。風(地方の民謡)・賦(物事をありのままに詠む)・比(ある物を別の物にたとえて詠む)・興(自然をうたい、人事との調和を目指す)・雅(正しい政治をたたえる)・頌(徳をほめる)の六種。❷和歌で、漢詩の六義になぞらえていった六種の体。『古今和歌集』仮名序には、「そへ歌(風)」・「かぞへ歌(賦)」・「なずらへ歌(比)」・「たとへ歌(興)」・「ただこと歌(雅)」・「いはひ歌(頌)」とある。❸物事の筋道・道理。

りくげい【六芸】[名]中国で士たる者が学ぶべき技芸。礼(作法)・楽(音楽)・射(弓術)・御(馬術)・書(書道)・数(数学)の六種。

りくこくし【六国史】[名]奈良時代から平安時代にかけて編さんされた漢文編年体による六部の勅撰国史。『日本書紀』『続日本紀』『日本後紀』『続日本後紀』『文徳実録』『三代実録』の総称。

りくじ【六事】[名]人として心がけるべき、慈・倹・勤・慎・誠・明の六つの事がら。

りくぜん【陸前】[地名]旧国名。東山道十三か国のひとつ。いまの岩手県南東部と宮城県。明治元年(一八六八)、陸奥国の分割によりできた国名。

りくだう【六道】[名]「ろくだう」に同じ。

りくだうのつじ【六道の辻】「ろくだうのつじ」に同じ。

りくちゅう【陸中】[地名]旧国名。東山道十三か国のひとつ。いまの岩手県のほぼ全域と秋田県東部にあたる。明治元年(一八六八)、陸奥国の分割によりできた国名。

りくゎしふ【李花集】[作品名]南北朝時代の私家和歌集。宗良親王作、自撰か。基本的には二条派風の平淡な歌風の歌が多いが、戦乱の中での実感を詠み込んだ作も混じる。

りくゑふ【六衛府】[名]「ろくゑふ」に同じ。

り-けり ❶過去に成立、存続した動作などを回想する意を表す。…**た(のだった)**。…**ていた**。例「大方めぐらざりければ、とかくなほしけれども、つひにまはらで、いたづらに立て**りけり**」〈徒然・五一〉訳(水車は)少しも回らなかったのであれこれ直したが、結局回らず無駄に立っ**ていた**。❷これまで存続していたある事実に初めて気づいた意を示す。…**ていたのだった**。例「数もしらぬほどに立て**りけり**」〈蜻蛉・下〉訳(驚いて目をとめてみると役人が)数えきれないほど立っ**ていたのだった**。

語構成　り　けり　完「り」用　過「けり」

りけん【利剣】[名]切れ味のするどい剣。鋭利な剣。

りげんしふらん【俚言集覧】[作品名]江戸後期の辞書。太田全斎編。寛政九年(一七九七)の『諺苑』(全斎著)の増修版で、方言・俗語を集成した点が意義深く、資料的価値も高い。五十音図の横列の配列を試みた点も特色。

りこう「―・す・―なり」【利口】[名・自サ変・形動ナリ]❶上手に話をすること。例「和君行きて**利口**にいひ聞かせよ」〈今昔・二八・四〉❷滑稽なことを

り〔完了の助動詞〕

アプローチ ①完了、②㋐存続、㋑継続と大別できるが、②の㋐㋑は近い。①は「…た」、②は「…てある・…ている」と訳すのが基本(②の場合、連体形なら「…た」と訳してもよい場合もある)。

接続 四段動詞の命令形(已然形)、サ変動詞の未然形に付く(類語「たり」は四段・サ変以外にも付く)。

活用 ラ変型

基本形	未然形	連用形	終止形	連体形	已然形	命令形
り	ら	り	り	る	れ	れ

意味	訳語	用例
❶**動作・作用が実現・完了したことを表す。**	…た	例「からくして、あやしき歌ひねり出だせ**り**」〈土佐〉 訳やっとのことで、変な歌を苦労して作っ**た**。
❷㋐**動作・作用が完了し、その結果が存続していることを表す。**	…てある …ている …た(連体形)	例「朝ぼらけ有り明けの月と見るまでに吉野の里に降れ**る**白雪」〈古今・冬・三三二〉 訳→〔和歌〕あさぼらけありあけのつきと…
㋑**動作・作用が継続・進行していることを表す。**	…てある …ている …た(連体形)	例「そのあたりに、照り輝く木ども立て**り**」〈竹取・蓬莱の玉の枝〉 訳そのあたりに、照り輝く木々が立って**いる**。

発展学習ファイル (1)四段・サ変動詞の連用形に「あり」が付いた「咲きあり」「しあり」などが「咲けり」「せり」などに転じ、ここから、「り」が存続・完了を表す語として成立するようになったもの(存続のほうが本来の用法とみられる)。
(2)四段活用の場合、(1)の「咲けり」の「咲け」は命令形と見ることも已然形と見ることもできる(上代の万葉仮名の使い方から判断すると命令形と見るほうが妥当だが、それは形だけのことで、命令の意味を持つわけではない。中古だけを考えれば、便宜的には已然形という説明でもかまわない)。
(3)②㋐の例文の場合、「降る」ことはすでに終わっていて、「降った」結果つまり「降り積もった様子」が残っている。㋑の例文の場合は、「立つ」ことが続いている。この違いにより、㋐は(結果の)存続、㋑は(動作の)継続と区別することがあるが、この違いはとくに重要ではなく、㋐㋑をまとめて「存続」の用法と呼んでもよい。
(4)なお、①の例文でも、歌をひねり出したあと、そこに歌(への関心)がしばらく残るわけであり、「完了」の用法といっても、その結果をとどめる一面がある。それは、「り」が前記(1)のように「あり」を起源に成立したためである。

いうこと。冗談。例「もとどり切られて、それにもこりず、なほ**利口**・しありきける程に」〈古今著聞・五七五〉 ❸賢いこと。

りこん〔・なり〕【利根】〔名・形動ナリ〕賢いさま。気転がきくこと。↔鈍根。例「読み書きよろづ**利根**・にて」〈伽・文正草子〉

りし【律師】〔名〕(「りっし」の促音無表記)「りっし」に同じ。

りしゃう【利生】〔名〕(仏教語)仏・菩薩が衆生に「利益」を施すこと。また、その利益。

りしゃうはうべん【利生方便】〔名〕(仏教語)仏・菩薩が衆生に「利益」を与えるために方法・便宜をめぐらすこと。また、その方法や便宜。

りち【律】〔名〕「りつ②」に同じ。

(**律の調べ**)音楽で、律と呼ばれる和様の旋律の調子。(季―秋)

りちぎ〔・なり〕【律儀・律義】〔名・形動ナリ〕❶(仏教語。「りつぎ」とも)戒律を守り、行いの正しいこと。また、守るべき戒律。❷実直なこと。義理堅いさま。❸丈夫で働くこと。元気なこと。壮健なさま。

りつ【律】〔名〕❶律令制下の刑罰に関する規定。=律令。❷(「りち」とも)音楽の調子のひとつ。律旋法。呂旋法より音調が高く、陽に属する。↔呂。❸漢詩の一体。八句から成り、五言と七言とがある。律詩。❹仏教の戒律。❺「律宗」の略。

りっこう【立后】〔名〕公式に皇后を立てること。

りっし【律師】〔名〕(仏教語。「りし」とも)❶戒律を理解し、よく守る僧。❷僧綱制度の僧官のひとつ。僧都の次位。正・権があり、五位に準じた。

りっしゃ【竪者・立者】〔名〕(仏教語。「りっ」は「竪」の慣用読み)❶法会の論議のとき、質問者の難問に対して条理を立てて答える役の僧。❷比叡山東塔の三十講、西塔の二十八講を行った僧。論議の試験に及第した僧。

りっしゃうあんこくろん【立正安国論】〔作品名〕鎌倉中期(一二六〇成立)の仏教書。日蓮著。北条時頼に建白された。旅客と主人の問答形式で、法華正法を信ずるべきことを説く。

りっしゅう【律宗】〔名〕仏教の一宗派。戒律・宗律を守ることを教義とする。日本には唐僧鑑真が伝え、唐招提寺を総本山とする。=律⑤

りっしゅんだいきち【立春大吉】〔名〕おもに曹洞宗の寺や信徒の家で、立春の日にその年の大吉を祈って入り口や門柱などにこの四字を書いてはった紙の札。もと中国宋代の諸寺の風習で、日本には道元が伝えたという。

りっそう【律僧】〔名〕「律宗」の僧。

りったいし【立太子】〔名〕皇太子を立てること。

＝立坊

りつりゃう【律令】［名］《「りつれい」とも》古代、日本の基本法典。「律」と「令」。

りつりゃうきゃくしき【律令格式】［名］奈良・平安時代の法律制度の総称。「律」は刑罰の規定、「令」は一般の法令、「格」は律令の増補・修正、「式」は施行規則。

りつりょ【律呂】［名］律と呂。雅楽の音階の総称。転じて、音楽の調子。＝呂律

りはつ【理髪】［名］❶「元服」や「裳着」の際に、童髪から成人の髪型に変えること。また、その役。❷僧が還俗して髪を伸ばすこと。

りひ【理非】［名］道理にかなうことと、背くこと。

りぶ【吏部・李部】［名］《「りほう」とも》「式部省」の唐名。また、その役人。

りふえい【立纓】［名］冠の「纓」を「巾子」よりも高く立てたもの。江戸時代に、天皇が用いた。➡［古典参考図］冠物・装具

りふぎ【竪義・立義】［名］《仏教語。「りふ」は「竪」の慣用読み》法会の際の論議で、質問者の難問に筋道立てて答えること。また、その役の僧。

りふぐゎん［・す］【立願】［名・自サ変］神仏に祈願を立てること。願立て。

りふほ【立圃】［人名］「ののぐちりふほ」に同じ。

りぶん【利分】［名］❶利益となる分。もうけ。❷利子。利息。

りほう【吏部・李部】［名］「りぶ」に同じ。

りもつ【利物】［名］《仏教語》仏が衆生に「利益」を授けること。

りやう【利養】［名］利益をむさぼり、利己的な行いをすること。

-りゃう【両】［接尾］❶対になっているものを数える。例「錦の襪一**両**」〈貞観儀式〉❷車の台数を数える。「御文車一**両**」など。

-りゃう【領】［接尾］《衣服の襟の意》装束・鎧・兜などを数える。「水干一**領**」など。

りゃう【令】［名］律令制の、刑罰の規定以外の基本的な一般の法令。→「りつりゃうきゃくしき」

りゃう【両】［名］❶重さの単位。一斤の十六分の一（約三七・五グラム）。二十四銖。❷薬の量目の単位。約四匁（約一五グラム）。❸近世の貨幣単位。金貨で一分の四倍。銀貨で四匁三分。

りゃう【領】［名］❶郡司の官職名。長官を大領、次官を少領といった。❷《「らう」とも》領地。領有物。

りゃう【霊】［名］《「らう」とも》たたりをする生霊・死霊。＝怨霊

りゃうあん【諒闇】［名］《「らうあん」とも。「諒」は「まことに闇し」の意》天皇が両親の喪に服する期間。その期間は、一年間。

りゃういき【霊異記】［作品名］「にほんこくげんぽうぜんあくりゃういき」に同じ。

りゃうかい【両界】［名］《仏教語。「りゃうがい」とも》❶密教で、「金剛界」と「胎蔵界」のこと。＝両部①。❷「金剛界」「胎蔵界」の曼荼羅に向かって行う修法。

りゃうくゎん【良寛】［人名］（一七五八～一八三一）江戸後期の漢詩人・歌人・禅僧。俗名は山本栄蔵。幼少より読書を好み、漢籍や漢詩、歌集などの古典に多く触れ、その真髄を会得して詩・歌・書三道の達人にまでなった。漢詩集『草堂詩集』、歌集『蓮の露』など。

りゃうけ【領家】［名］荘園の名義上の所有者。「本所」に対して、実際の荘園の支配者「領主」のうち、とくに、三位以上の公卿をいう語。鎌倉時代以降は名義だけとなった。

りゃうげのくゎん【令外の官】［名］律令制で、令に規定された以外の官職。内大臣・中納言・参議・蔵人・摂政・関白など。

りゃうげん【霊験】［名］「れいげん」に同じ。

りゃうげん【良源】［人名］（九一二～九八五）平安中期の天台宗の僧。「慈恵大師」「元三大師」ともいう。炎焼した延暦寺の再興に尽力、中興の祖として重く扱われた。著書『九品往生義』など。

りゃうごし【両腰】［名］二本の腰刀。刀と脇差し。

りゃうじ【令旨】［名］《「れいし」とも》皇太子、または三后（太皇太后・皇太后・皇后）の命令を記した文書。のちに親王・法親王・王・女院などの皇族から出したものにもいった。

りゃうじゃう［・す］【領状・領掌】［名・他サ変］仰せを受諾すること。例「維義かひがひしう**領状す**」〈平家・一二・判官都落〉

りゃうじゅせん【霊鷲山】［名］古代インドの山の名。釈迦が説法をした地という。＝霊山・鷲の峰・鷲の山

りゃうしょ【領所】［名］領地。領有する所。

りゃう・ず【領ず】［他サ変］｛ぜ・じ・ず・ずる・ずれ・ぜよ｝《「らうず」とも》❶自分のものにする。例「〔近衛の官人ヲ〕私の随身に**領・ぜむ**と」〈源氏・横笛〉❷領地とする。領有する。例「**領・じ**たまふ御庄、御牧より」〈源氏・須磨〉❸取り付く。とりこにする。例「身どもは附子に**領・じ**られたか」〈狂言記・附子〉

りゃうぜつ【両舌】［名］《仏教語》十悪の一つ。両方に対してそれぞれ違ったことをいい、仲たがいさせること。二枚舌。

りゃうぜん【霊山】［名］❶「りゃうじゅせん」に同じ。❷京都市東山区にある東山三十六峰のひとつ。光孝天皇の勅願になる正法寺がある。

りゃうそうし【領送使】［名］罪人を流罪地まで送り届ける警固の役人。

りゃうたう【裲襠】［名］「うちかけ①」に同じ。

りゃうぢんひせう【梁塵秘抄】［作品名］平安後期の歌謡集。後白河法皇撰。成立年未詳。現存するのは法文歌と神歌が主で、庶民の哀歓や信仰を今に伝える。後白河院が記した『梁塵秘抄口伝抄』は、今様の歴史を知るうえで重要。

りゃうのぎげ【令義解】［作品名］平安前期の法制書。淳和天皇の命により清原夏野・菅原清公らが撰進。養老令の公式注釈書。

りゃうはしげん【両巴巵言】［作品名］江戸中期（一七二八刊行）の洒落本。撃鉦先生作。大人先生なる人物の吉原での遊興のさまを漢文体でつづり、後半に遊里案内（吉原細見）を載せ、洒落本の祖というべき内容。

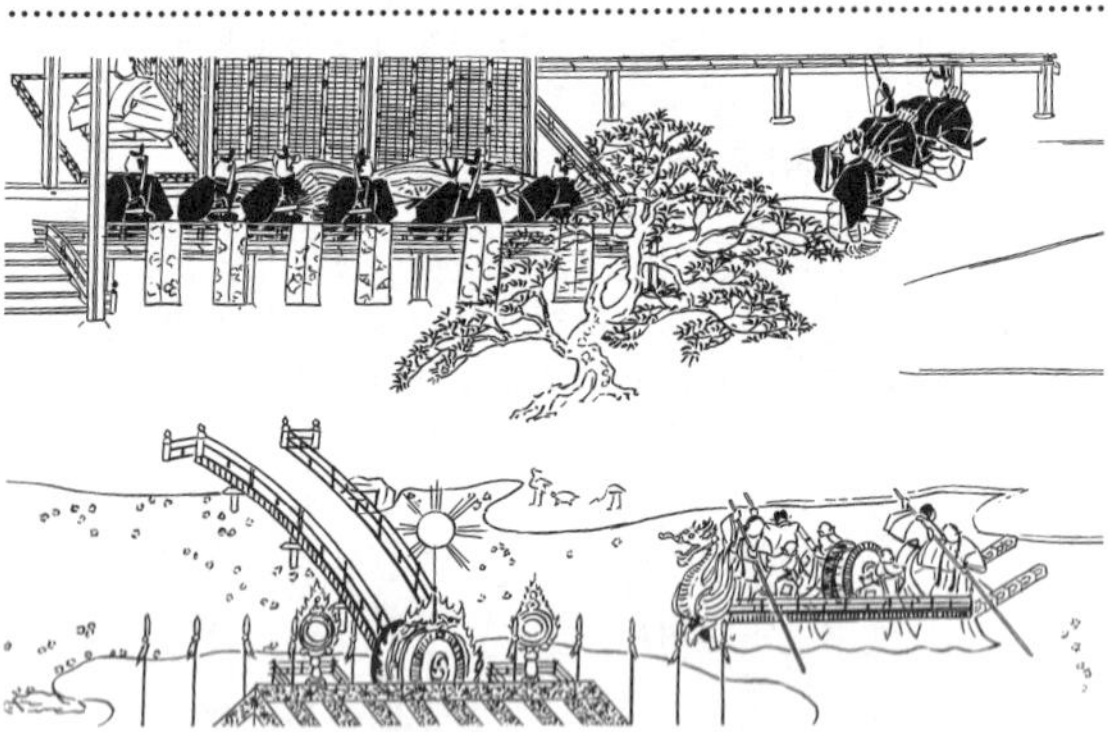

竜頭鷁首　関白藤原頼道邸の寝殿南面の庭でくりひろげられる船楽。池にかかる反り橋を挟んで、右手には竜頭、左手には鷁首の楽船が浮かぶ。橋の手前には楽屋が設けられ、中央に火炎太鼓、左右には鉦鼓と十本の矛が立ち並ぶ。寝殿の簀の子には下襲の裾を高欄にかけた公卿が居並び、中では大床子に天皇が座る。簾の下からは、美しい打ち出での衣がのぞく。（駒競行幸絵巻）

りゃうぶ【両部】リヨウブ［名］❶《仏教語》「りゃうかい①」に同じ。❷「両部神道」の略。

りゃうぶしんたう【両部神道】リヨウブシントウ［名］神道の一派。真言宗でいう金剛界・胎蔵界の仏・菩薩とわが国の神々とを合同し、「本地垂迹」の説を立て、神道と仏道を調和させたもの。＝両部②

りゃうりゃう・じリヨウリヨウジ［形シク］｛じから・じく（じかり）・じ・じき（じかる）・じけれ・じかれ｝「らうらうじ」に同じ。

りゃうろくはら【両六波羅】リヨウロクハラ［名］南北の「六波羅探題」の総称。

りゃうゑん【梁園】リヨウエン［名］（中国の梁の孝王が造った庭園を梁園と称した故事から）皇室の庭園。転じて、皇族や親王家のことをたとえていう。

りやく［・す］【利益】［名・他サ変］《仏教語》❶仏・菩薩などが衆生に恵みを与えること。＝利生。❷人のためになることをすること。好意。

りゅう…【柳…・竜…・流…・琉…・輪…】歴史的かなづかい「りう…」

りゅう…【立…】歴史的かなづかい「りふ…」

りゅう【竜】［名］（「たつ」「りょう」とも）想像上の動物。からだは大蛇に似て、頭には角と耳、四足に各五本の指をもつ。空を飛んで風雲を起こすという。中国では天子、インドでは仏法の守護神になぞらえる。

〔**竜の駒**〕竜のように早く駆ける馬。＝竜の馬

りゅうがん【竜眼】［名］（「りょうがん」とも）天皇の目。

りゅうがん【竜顔】［名］（「りょうがん」とも）天子の顔。天皇の顔。

りゅうげ【竜華】［名］《仏教語》❶「竜華三会」の略。❷（「竜華樹」の略）枝の形が竜のようで、宝の花をつけるという想像上の植物。

りゅうげさんゑ【竜華三会】リユウゲサンエ［名］《仏教語》弥勒菩薩が未来の世に現れ、竜華樹の下で開く三度の法会。＝竜華①

りゅうこしゃ【竜骨車】［名］「りゅうこつしゃ」に同じ。

りゅうこつしゃ【竜骨車】［名］（「りゅうこしゃ」とも。竜骨に形が似ていることから）水を田にくみ上げるための器械。長い箱状の樋の中にたくさんの横板を取り付け、回転させて水をくみ上げる。（季―夏）

りゅうじん【竜神】［名］《仏教語》「八部衆」のひとつ。雨と水をつかさどる神。八種あるので、「八大竜神」「八大竜王」ともいう。＝海竜王・竜王

りゅうじんはちぶ【竜神八部】［名］《仏教語》「八部衆」のうち、竜神がとくにすぐれているので竜神を代表とした、「八部衆」のいい方。→「はちぶしゅう」

りゅうたつこうた【隆達小歌】［名］「りゅうたつぶし」に同じ。

りゅうたつぶし【隆達節】［名］江戸初期の小歌。和泉国（いまの大阪府）堺の僧、隆達が始めた。近世小唄の祖といわれる。伴奏は扇拍子、一節切、鼓など。菅笠節。＝隆達小歌

りゅうづ【竜頭】リユウズ［名］❶「たつがしら」に同じ。❷梁に釣り鐘をつるすための竜の頭の形をした取っ手。

りゅうてい【竜蹄】［名］（「りょうてい」とも）すぐれた馬。駿馬。＝竜馬

りゅうていりぢゃう【滝亭鯉丈】リユウテイリジヨウ［人名］（？―一八四一）江戸後期の滑稽本作者。十返舎一九や式亭三馬の作風と独自の作風とを取りあわせて『花暦八笑人』などを著す。

りゅうとう【竜灯】［名］❶竜神が海でささげるという灯火。（季―秋）。❷神社でともす灯火。

りゅうどうげきしゅ【竜頭鷁首】［名］「りょうどうげきしゅ」に同じ。

りゅうにょ【竜女】［名］竜宮にいる竜王の娘。とくに、沙羯羅竜王の娘をいう。八歳で悟りを開き、釈迦の前で男子に変じ、成仏した。

〔**竜女が成仏**〕リユウニヨガジヨウブツ　沙羯羅竜王の八歳の娘が、諸法に熟達して悟りを開いたこと。法華経提婆品には、竜女が釈迦の前で身を変えて男子となり、成仏の姿を示したという。

りゅうびだん【竜尾壇】［名］平安京大極殿の南庭で、他所より一段高くて壇になっている所。

りゅうめ【竜馬】［名］（「りょうめ」とも）「たつのま」に同じ。

りゅうもん【竜紋・竜文】［名］❶「りうもん」に同

り

じ。❷竜をかたどった文様。

りゅうろう【竜楼】[名]立派な宮殿の楼門。

りゅうわう【竜王】[名]「りゅうじん」に同じ。

りょ【呂】[名]音楽の調子のひとつ。呂旋法。律旋法より音調が低く、陰に属する。↕律

りょう…【令…・両…・良…・梁…・裲…・領…・諒…・霊…】歴史的かなづかい「りゃう…」

りょう…【了…・料…・聊…・寮…】歴史的かなづかい「れう…」

りょう…【猟…】歴史的かなづかい「れふ…」

りょううんしふ【凌雲集】[作品名]平安前期(八一四成立)の最初の勅撰漢詩集。『凌雲新集』ともいう。嵯峨天皇の勅により、小野岑守らが撰。皇族・貴族の漢詩が官位順に並べられる。唐詩の影響から七言詩が多い。

りょううんしんしふ【凌雲新集】[作品名]「りょううんしふ」に同じ。

りょうが【竜駕】[名]天皇の乗る車。

りょうがん【竜顔】[名]「りゅうがん(竜顔)」に同じ。

りょうきでん【綾綺殿】[名]内裏の建物のひとつ。内宴や舞姫の座が設けられ、天皇の居所ともなった。➡[表見返し]内裏略図

りょう・ず【凌ず・陵ず・掕ず】[他サ変]{ぜ・じ・ず・ずる・ずれ・ぜよ}(「れうず」とも)ひどい目に遭わせる。例「かく**掕・ぜら**れては、何の益の有るべきぞ」〈今昔・二八・二〉

りょうてい【竜蹄】[名]「りゅうてい」に同じ。

りょうどうげきしゅ【竜頭鷁首】[名](「りょうとうげきしゅ」「りょうとうげいす」「りょうとうげきす」「りゅうどうげきしゅ」とも。「鷁」は想像上の水鳥)二隻を一対とし、一方の船首に竜の頭を、他方に鷁の首を彫刻して装飾とした船。平安時代、園遊などで貴人が乗ったり、楽人を乗せて音楽を奏させたりした。

りょうりゃく【凌轢・陵轢】[名](「れうりゃく」「りょうれき」とも)踏みつけること。乱暴すること。

りょがい【慮外】歴史的かなづかい「りょぐゎい」

りょくい【緑衣】[名]「みどりのころも」に同じ。

りょくら【緑蘿】[名]緑色をしたツタ。

りょぐゎい[・す／・なり]【慮外】[名・自サ変・形動ナリ]❶思いもかけないこと。意外。例「〔酒ヲ勧メラレテ〕これは度々お**慮外**でござる」〈狂・素襖落とし〉❷無礼。ぶしつけなことをすること。例「たびたび**慮外・して**罪作るこそ心得ね」〈義経記・六〉

りょりつ【呂律】[名]「りつりょ」に同じ。

りん【鈴】[名]❶「れい(鈴)」に同じ。❷仏具のひとつ。小さな鉢形で、そのふちを棒などで打ち音を出す。

りん【輪】[名]襟・袖・裾などに、別の布でへりをつけたもの。

りんかう[・す]【臨幸】[名・自サ変]天皇がその場所に臨まれること。臨御。

りんき[・す]【悋気】[名・自サ変]《近世語》物を惜しむこと。嫉妬。やきもち。

りんげん【綸言】[名]天皇のおことば。勅命。詔。＝綸命

〔**綸言汗の如し**〕からだから出た汗がふたたび体内に戻ることはないように、君主のことばも、一度口から出たら取り消すことはできないということ。

りんざいしゅう【臨済宗】[名]禅宗の一派。唐の臨済院の義玄禅師を祖とする。日本では、僧栄西が宋からの帰朝後、京都の建仁寺で広めた。

りんし【綸旨】[名](「りんじ」とも。綸言の旨の意)天皇のおことばを受けて蔵人が出す公文書。ふつう薄墨色の紙に書かれたので、「薄墨の綸旨」ともいう。

りんじ【臨時】[名]❶その時に臨んで行うこと。定例ではないこと。❷その場限りのこと。

〔**臨時の除目**〕「県召しの除目(春)」、「司召しの除目(秋)」以外の臨時に行われる除目。＝小除目

〔**臨時の祭り**〕(「りうじのまつり」とも)本祭り以外に、臨時に行われた祭り。ただし、そのまま恒例となった。賀茂神社では陰暦十一月の下の酉の日、石清水八幡宮では陰暦三月の中の午の日、八坂神社では陰暦六月十五日に行われた。

りんじきふ【臨時給】[名]平安末期から鎌倉時代にかけて、任官・叙位に当たって年官・年爵のほかに臨時に賜る年給。

りんじきゃく【臨時客】[名]陰暦正月の初めに、摂政・関白・大臣家で、親王や公卿以下の上達部を屋敷に招いて催した饗宴。また、その客。大臣大饗に比べて簡略で私的な宴で、「廂の間」で行われた。

りんじゅう【臨終】[名]死ぬ間際。まさに息を引きとろうとするとき。

りんじゅうしょうねん【臨終正念】[名]〔仏教語〕死に臨み、心を乱さず一心に念仏し、極楽往生を信じて疑わないこと。

りんしょう【林鐘】[名]❶中国の音楽の十二律のひとつ。日本の十二律の「黄鐘」に当たる。❷陰暦六月の別称。〈季-夏〉

りんず【綸子・綾子】[名]紋織りの絹織物の一種。地が厚くなめらかで、光沢がある最上級のもの。

りんだう【竜胆】[名]〔「りうたん」「りゅうたん」とも〕❶草の名。秋、青紫色の花を付ける。根は健胃剤となる。和歌では、「りうたん」の形で物名の題となることが多い。＝疫草・苦菜。〈季-秋〉。❷襲の色目の名。表は蘇芳で裏は青、あるいは黄。また、表は濃縹で裏は紫とも。❸①を図案化した紋所の名。

りんと【凜と】[副]〔近世語〕❶きちんと。正確に。例「秤の上目にて一匁二分**りんと**ある事をよろこび」〈浮・日本永代蔵〉❷〔姿や態度が〕きりっと。例「目の張り**りんとして**」〈浮・好色五人女〉

りんのて【輪の手】[名]雅楽の箏の奏法のひとつ。静掻きと早掻きを混用して装飾音を出す奏法。

りんぼう【輪宝】[名]❶〔仏教語〕転輪聖王の持つ宝器。車輪の形をし、八方に鉾の端が出ている。王が行く所に必ず先行して行く手を制し、山野に道を開くという。❷①を図案化した紋所の名。

りんめい【綸命】[名]「りんげん」に同じ。

りんゑ【輪廻・輪回】[名]〔「りんね」とも〕❶〔仏教語〕車輪が絶えず回るように、衆生が三界六道の迷いの世界に何度も生まれ変わること。＝流転。❷執念深いこと。❸連歌・俳諧で、付け句の内容が前々句に似て、堂々めぐりになること。

る

る【流】[名]「るざい①」に同じ。

る［助動ラ下二型］⇨一三九〇ページ「特別コーナー」

る 完了の助動詞「り」の連体形。例「次に生める神の名は、鳥之石楠船神」〈記・上〉〔識別注意語〕→付録「まぎらわしい品詞の識別」

るい【誄】[名]故人に対し、その死を悼み、生前の功績をたたえる文。弔辞。

るい【類】[名]❶仲間。同類。❷一家。一族。親類縁者。

〔類に触る〕縁故をたどる。

るいえふ【累葉】[名]「るいたい」に同じ。

るいか【累家】[名]〔「るいけ」とも〕代々続いた家柄。歴代の旧家。

るいじゅううたあはせ【類聚歌合】[作品名]平安時代（一一二七ごろ成立）の歌合わせを集成したもの。堀河朝から崇徳朝（一〇八六〜一一四二）にかけて編纂が行われ、主催者または主催場所を基準に、歌合わせが分類された。源雅実、藤原師房、藤原忠実などの名が編纂にかかわった人として挙げられている。平安時代歌合わせ史研究の最大の資料。

るいじゅうかりん【類聚歌林】[作品名]奈良前期の私撰和歌集。山上憶良編。成立年未詳。現存せず、『万葉集』中の引用により、内容を推測できるのみ。

るいじゅうこくし【類聚国史】[作品名]平安前期の歴史書。菅原道真の撰。宇多天皇の命を受けた道真が寛平四年（八九二）に奏上。六国史の記事を部類別に編纂したもの。

るいじゅうみゃうぎせう【類聚名義抄】[作品名]平安後期の字書。法相宗の僧の編か。漢字に漢音・注・和訓を付す。和訓につけられた声点はアクセント・清濁の研究の貴重な資料。

るいしん【類親】[名]同じ血統をひいた一族。親族。親類。

るい・す【類す】[自サ変]〔せ・し・す・する・すれ・せよ〕❶伴う。連れ立つ。例「院の人々**類・し**ていにけり」〈大和・一〇三〉❷似る。同類となる。例「百千倍に及ぶとも**類・す**べからず」〈今昔・一・八〉

るいたい【累代】[名]〔「るいだい」とも〕代を重ねること。代々。＝累葉。

るいはん【類伴】[名]〔「るいばん」とも〕同族。一族。

るけい【流刑】[名]「るざい①」に同じ。

るざい【流罪】[名]❶五刑のひとつ。罪人を辺地に追放し、他所への移動を禁止した刑。死罪に次いで重く、遠流・中流・近流の三段階に分けられていた。＝流・流刑。❷「ゑんたう②」に同じ。

るしゃなぶつ【盧遮那仏】[名]「びるしゃなぶつ」に同じ。

るす【留守・留主】[名]❶天皇、主君または主人などの外出時、とどまって宮中・城・家を守ること。また、その役。❷外出中で家などにいないこと。不在。❸あることに心を奪われて注意が他へ及ばないこと。

るすしょく【留守職】[名]国守の不在中、代わりに国の事務を行った役人。

るてん【流転】[名・自サ変]〔仏教語〕生と死を絶えず繰り返し、迷いの世界をさまようこと。

るてんさんがいちゅう【流転三界中】出家剃髪の際に唱える経文の最初の句。人間が「三界」を流転している限り、恩愛の情を絶つことはできないが、出家して無為に入ることで報恩ができるという意味。この偈を唱えてから、俗服を脱ぐ。

るにん【流人】[名]流罪にされた人。

るふ【流布】[名・自サ変]広く世間に行き渡ること。また、世間に知れ渡ること。

るらう【流浪】[名・自サ変]❶あてもなくさすらうこと。❷主家を失って禄を離れること。生計の道を失い、路頭に迷うこと。

るり【瑠璃・琉璃】[名]〔梵語の音訳。「吠瑠璃

る［自発・可能・受身・尊敬の助動詞］

アプローチ ▼自発・可能・受身・尊敬の意を表す。ほぼ現代語の「(ら)れる」に相当するが、自発用法の一部には「…(ら)れる」と訳せない場合もあるので要注意。→〈発展学習ファイル(1)〉
▼この四種の意味はひとつの基本義(受身または自発とされる)から発生したものであるため、意味の識別のはっきりしない場合も多い。意味を判別するためには、前後の文脈や、その文の主語が何であるかなどをよく考えることが大切である。

《識別注意語》→付録「まぎらわしい品詞の識別」

接続 四段・ナ変・ラ変動詞の未然形に付く。

活用 下二段型

基本形	未然形	連用形	終止形	連体形	已然形	命令形
る	れ	れ	る	るる	るれ	れよ

意味	訳語	用例
❶**自発**。こうしようと明確に意識してするのではなく、自然にある心情になったり、ある行為を行ってしまうことを表す。	(自然に)…(ら)れる (思わず)…てしまう (どうしても)…ずにはいられない	例「待つ人などのある夜、雨の音、風の吹き揺るがすも、ふとおどろか**る**」〈枕・心ときめきするもの〉訳訪れるのを待つ恋人などがある夜は、雨の音や風の吹き揺るがす音にも、(その人が来たかと)ついはっと**してしまう**。例「手習ひなどするにも、おのづから、古言(ふること)も、もの思はしき筋のみ書か**るる**を、さらばわが身には思ふことありけりとみづからぞ思(おぼ)し知ら**るる**」〈源氏・若菜・上〉訳(紫の上(うえ)は)あれこれ思いのままに書き散らすにも、ひとりでに、古歌などでも、もの思わしい内容のものばかり書い**てしまう**ので、それではわが身には思い悩むことがあるのであったかと、自分自身、身にしみてお感じになら**ずにはいられない**。
❷**可能**。平安時代までは、ふつう打消の語を伴い、全体として不可能の意を表す。	…できる …ことができる	例「いと心憂(こころう)き身なれば、死なむと思ふにも死な**れ**ず」〈大和・一〇三〉訳たいそう情けない身であるので、死にたいと思うけれど死ぬ**ことができ**ない。
❸**受身**。ほかから動作・作用の影響を受けることを表す。	…(ら)れる	例「日にあぶら**るる**が苦しければ、こなたざまに来るなりけり」〈堤中納言・虫めづる姫君〉訳(枝にいる毛虫は)日に照りつけ**られる**のがつらいので、こちらへ来るのね。
❹**尊敬**。ある動作をする人を敬う意を表す。	…(ら)れる お…なさる お…になる	例「今にても、申し文(ぶみ)を取りつくりて、美々(びび)しう書き出(い)ださ**れよ**」〈源氏・行幸〉訳(尚侍(ないしのかみ)になりたいのならば)いまからでも、申し文(=官職就任を願い出る文書)を作って、体裁よく整えて**お**書きあげ**なさい**。

発展学習ファイル (1)自発の用法として、「思ふ」「偲(しの)ぶ」「泣く」「驚く」など、心情の動きやそれに伴う動作を表す動詞に付くことが多い。しかし、「書く」「乗る」など、行為を表す動詞に付くこともあり、この点は現代語とは異なるので注意が必要。訳し方としては、「思はる」「偲ばる」などと用いられた場合は、「思われる」「偲ばれる」と訳すこともできるが、「驚かる」「書かる」のように現代語の「…れる」に置き換えることができない例もある。「意識してするのではなく」という基本の意味を押さえたうえで、文脈に応じて工夫するとよい。
(2)受身の用法について、平安時代までは無生物が主語となることはまれであるとされるが、実際はそうでもない。とくに、自然現象に関してはよく用いられている。例「夕暮れ・暁に、河竹(かはたけ)の風に吹か**れ**たる」〈枕・あはれなるもの〉訳夕暮れ時や夜明け前に、河竹が風に吹か**れ**て(鳴って)いるのを(きいていること)。
(3)尊敬の用法については、「思(おぼ)さる」(「思ふ」の尊敬語「思(おぼ)す」の未然形＋助動詞「る」)など、上に付く動詞自体が尊敬語である場合に多く見られる。「る」単独で尊敬を表す場合は少なく、また、補助動詞「たまふ」などに比べて敬意は低い。

(るり)」の略》❶七宝のひとつ。青色の宝石。他に赤・白・黒・緑・紺などの色がある。❷「瑠璃色(るりいろ)」の略。❸ガラスの古称。

るりいろ【瑠璃色】[名]紫がかった紺色。

るりくゎんおん【瑠璃観音】(ルリカンノン)[名]三十三観音のひとつ。水に浮かんだ蓮華(れんげ)の花に立って、手に香炉を持つ。香王観音。

るる 受身・尊敬・自発・可能の助動詞「る」の連体形。例「今日はみやこのみぞ思ひやら**るる**(体)」〈土佐〉《係結び》「ぞ」→思ひやらるる(体)」。《識別注意語》→付録「まぎらわしい品詞の識別」

るれ 受身・尊敬・自発・可能の助動詞「る」の已然形。例「吾妻人(あづまびと)こそ、言ひつる事は頼ま**るれ**、都の人は、ことうけのみよくて、実(まこと)なし」〈徒然・一四一〉《係結び》「こそ」→頼まるれ(已)」

れ

れ 受身・尊敬・自発・可能の助動詞「る」の未然形・連用形。例「御胸のみつとふたがりて、つゆまどろまれず、明かしかねさせたまふ」〈源氏・桐壺〉〔注〕未然形の例。《副詞の呼応》「つゆ→まどろまれず」。《敬語》「明かしかねさせたまふ」→「させたまふ」

れ 完了の助動詞「り」の已然形・命令形。例「天離る鄙にも月は照れれども妹そ遠くは別れ来にける」〈万葉・一五・三六九八〉〔注〕已然形の例。《係結び》「そ→別れ来にける体」

れい【礼】［名］儒教の「五常」のひとつ。社会生活上の秩序・作法。礼儀。

れい【例】［名］❶先例。故事。しきたり。例「親添ひて下りたまふ例もことになけれど」〈源氏・賢木〉❷常識的なやりかた。慣行。通例。例「世の中の例として、思ふをば思ひ、思はぬをば思はぬものを」〈伊勢・六三〉❸平素。ふだん。いつも。例「例よりはひきつくろひて書きて」〈蜻蛉・上〉❹並。一般。ふつう。例「見れば紙なども〔恋文トシテハ〕例のやうにもあらず」〈蜻蛉・上〉

れい【鈴】［名］《「りん」とも》仏具のひとつ。金属性で、形は鐘に似て小さく、上に柄が付いている。内側に舌があって、振って鳴らす。りん。

れい【霊】［名］たましい。霊魂。霊妙なもの。

れいきゃう【霊香】［名］何ともいえない不思議なよい香り。

れいけいでん【麗景殿】［名］内裏の後宮の建物のひとつ。宣耀殿の南にあり、西は弘徽殿と相対する。中宮や女御などの居所。➡［表見返し］内裏略図

れいげつ【令月】［名］❶物事をするのによい月。めでたい月。❷陰暦二月の別称。（季―春）

れいけん【霊剣】［名］不思議な威力をもっている剣。

れいげん【霊験】［名］《「りゃうげん」「れいけん」とも》❶祈りに対し、神仏が示す不思議なしるし。利益。❷①があらたかな所。霊地。

れいざま【例様】［名］いつもの状態。

れいし【令旨】［名］「りゃうじ」に同じ。

れいじ【例時】［名］《仏教語》寺で、夕方決まった時刻に勤行すること。また、その勤行。

れいしき【礼式】［名］❶儀式における決まった作法。礼儀作法。❷謝礼や儀礼の意を表すための贈り物。

れいじん【伶人】［名］「がくにん」に同じ。

れいじん【霊人】［名］天人。不思議な人。

れい・す【令す】［他サ変］{せ・し・す・する・すれ・せよ}命令する。

れいぜいためすけ【冷泉為相】［人名］「ふぢはらのためすけ」に同じ。

れいぜいてんわう【冷泉天皇】［人名］（九五〇～一〇一一）第六十三代天皇。『詞花和歌集』以降の勅撰集に四首入集。家集『冷泉院御集』。

れいち【霊地】［名］神仏の霊が宿っていると信じられている土地。神社仏閣のある所。＝霊場

れいぢゃう【霊場】［名］「れいち」に同じ。

れいでう【藜藋】［名］アカザの別称。

れいなら・ず【例ならず】❶いつもと違う。例「例ならず御格子まゐりて」〈枕・雪の、いと高う降りたるを〉❷（病気や妊娠などで）からだの調子がふつうではない。例「心地もすこし例ならず心細き時は」〈源氏・若菜・下〉

れいの【例の】❶（既述の事柄を指して）あの。すでに述べた。例「例の男、女にかはりてよみてやらす」〈伊勢・一〇七〉❷（体言を修飾して）いつもの。普段の。例「ある人、県の四年五年果てて、例のことども皆し終へて」〈土佐〉❸（用言を修飾して）いつものように。例によって。例「女君、例の、しぶしぶに心もとけずものしたまふ」〈源氏・若紫〉

れいぶ【礼部】［名］「治部省」の唐名。

れいぶしゃう【礼部省】［名］天平宝字二年（七五八）に、「治部省」を改名したときの称。まもなく旧名に戻った。

れいぶつ【霊仏】［名］霊験あらたかな仏寺。

れいみん【黎民】［名］《「黎」は黒い意》（一般人は冠をかぶらず、黒髪があらわに見えることから）万民。人民。

れいむ【霊夢】［名］神仏が見せ、お告げとなる不思議な夢。

れいもつ【霊物】［名］神秘的な働きをする不思議な力をもった物。また、神霊や死霊をも指す。

れう【料】［名］❶何かの用にあてるために用意する物品。用品。材料。例「たたむ月の法事の料に、白きものどもやあらむ」〈源氏・宿木〉《係結び》「や→あらむ体」。❷代金。費用。例「近き寺にも御誦経せさせたまへとて、その料の物、文など書き添へて持て来たり」〈源氏・浮舟〉《敬語》「せさせたまへ」→「させたまふ」。❸《形式名詞として用いて、目的・原因などを表す》ため。せい。例「燕の持たる子安貝を取らむ料なり」〈竹取・燕の子安貝〉

れう【寮】［名］❶令制で、省の下に属する役所。頭・助・允・属の四等官を置いた。中務省の図書寮、式部省の大学寮など。❷寺院内の僧の宿舎。❸《近世語》別宅。とくに、江戸の裕福な町人や遊女屋が造った別宅。

れうぐゎい【料外】［名］思いがけないこと。意外。

れうけん【料簡・了簡】［名・他サ変］❶考えをめぐらすこと。思慮分別。❷我慢。堪忍。

れうし【寮試】［名］大学寮が行う試験。合格すると擬文章生になれる。

れうじ【聊爾】［名・形動ナリ］❶軽率でいい加減であること。例「この法を伝受し給ひしより以来、相承聊爾・ならず」〈盛衰記・五〉❷失礼であること。例「山伏たちに聊爾を申してあまりに面目もなく候ふほどに」〈謡・安宅〉

れうしょ【料所】［名］そこからの収入を特定の所用の費用にあてるための領地。室町時代以後、大名の領地。とくに、江戸幕府の直轄領。

れう・ず【凌ず・捩ず】［他サ変］{ぜ・じ・ず・ずる・ずれ・ぜよ}「りょうず」に同じ。

れうそく【料足】［名］《「料」は物の代、「足」は

れ

銭の意》費用。料金。銭。

れうた【蓼太】[人名]「おほしまれうた」に同じ。

れうぢ【療治】[名]病気を治すこと。治療。

れうもん【寮門】[名]大学寮など「寮」の入り口に設けられた門。

れうり【料理】[名]❶物事をうまく処理すること。❷調理。また、調理した食べ物。

れきしものがたり【歴史物語】[名]物語文学の一形態。和文体で書かれた物語風の史書。『栄花物語』『大鏡』『今鏡』『水鏡』『増鏡』などをいう。

れきすう【暦数】[名]❶天体の運行を測り、暦を作る技術。❷めぐり合わせ。運命。❸年代。年数。

れきだいこっけいでん【歴代滑稽伝】[作品名]江戸中期(一七一五刊行)の俳諧史論。森川許六著。守武・宗鑑から芭蕉までの代表的な俳人の略伝、俳諧の史的展開を解説・論評した書。

れきはかせ【暦博士】[名](「こよみのはかせ」とも)令制の「陰陽寮」の職員。暦を作成し、学生である暦生たちに暦道の教育に当たった。

れきれき[-・たり]【歴歴】[名・形動タリ]❶物事がはっきりしているさま。歴然。例「三丈の紅蓮の淵」〈義経記・五〉❷身分や家柄・地位などが高貴なこと。また、その人。立派な人。

れこ[代名]《近世語。「これ」の倒語》情人や金銭などを暗に示す隠語。

れそ[代名]《近世語。「それ」の倒語》情人や金銭などを暗に示す隠語。

れ-たま・ふ【れ給ふ】(四段・ナ変・ラ変活用の動詞の未然形に付いて)❶(「れ」が受身の意の場合)「…される」の意の尊敬語。…される人を高める。…(ら)れなさる。例「光る源氏、名のみことごとしう、言ひ消たれたまふ咎多かなるに」〈源氏・帚木〉《音便》「ことごとしう」は「ことごとしく」のウ音便。「多かなる」は「多かるなる」の撥音便「多かんなる」の撥音無表記。❷(「れ」が自発の意の場合)「自然に…される」の意の尊敬語。

語構成　れ　助動「る」用　たまふ　補動ハ四「給ふ」

自然に…される人を高める。自然にお(ご)…になるようになる。例「思ひやりたまふにつけても、月の顔のみまもられたまふ」〈源氏・須磨〉

れっけん【列見】[名](「れけん」とも)官人を審査する儀式。毎年陰暦二月十一日に太政官で行われた。式部・兵部二省が選んだ、六位以下で、加階すべき候補者に対し公卿が面接をした。

れよ 受身・尊敬・自発・可能の助動詞「る」の命令形。例「何事ぞ、ことの子細を申されよ」〈平家・四・信連〉《敬語》「申されよ」→「まうす」

れんが【連歌】[名]詩歌の一体。初めは和歌の上の句と下の句とをふたりが唱和して一首とする短連歌が行われ、平安時代に広く流行した。院政期ごろには、長句(五・七・五)・短句(七・七)・長句と続ける長連歌(鎖連歌)が生まれ、鎌倉時代以降は三十六句(歌仙)、五十句(五十韻)、百句(百韻)、千句などの形式も行われた。室町時代には最盛期を迎え、二条良基・飯尾宗祇などのすぐれた連歌師も出た。→「ちゃうれんが」「たんれんが」。＝連ね歌

れんがし【連歌師】[名]連歌を詠んだり、指導したりする職の人。連歌の師匠。

れんがしんしき【連歌新式】[作品名]「おうあんしんしき」に同じ。

れんがのひせう【連歌之秘抄】[作品名]「あづまもんだふ」に同じ。

れんく【連句】[名](「れんぐ」とも)俳諧で、発句から挙げ句まで、五・七・五の長句と七・七の短句とを交互に付け進めて、三十六句・五十句・百句などで一巻とするもの。

れんく【聯句】[名](「れんぐ」とも)漢詩で、複数の人が交互に、一句または一聯を詠み、一編にまとめること。また、その詩。連歌に形式的影響を与え、連歌と組み合わせた、和漢聯句・漢和聯句も生まれた。

れんげ【蓮華】[名]ハスの花。極楽浄土に咲く花として、仏教で尊ばれた。(季-夏)
〔**蓮華の座**〕「はちすのうてな」に同じ。

れんげざ【蓮華座】[名]蓮の花の形に作った仏像の台座。＝蓮座・蓮台

れんげつ【蓮月】[人名]「おほたがきれんげつ」に同じ。

れんざ【蓮座】[名]「れんげざ」に同じ。

れんし【連枝】[名]高貴な人の兄弟姉妹。

れんじ【櫺子・連子】[名]窓などに取り付けた格子。また、その格子の窓。

れんしゃ【輦車】[名]「てぐるま①」に同じ。
〔**輦車の宣旨**〕「てぐるまのせんじ」に同じ。

れんじょ[-・す]【連署】[名・自サ変]❶一通の文書に数名が署名し判をすること。❷鎌倉時代の官職名。執権をたすけて政務につき、公文書に連署・連判する役職。❸鎌倉時代、勅撰集の撰者をたすけて業務を推進する者。

れん・ず【練ず】[自サ変]{ぜ・じ・ず・ずる・ずれ・ぜよ}慣れて上手になる。熟練する。例「宮などの〔恋ノ道ニ〕練じたまへる人にて、いと心深きあはれを尽くし」〈源氏・藤袴〉

れんぜん【連銭】[名]銭を並べた形を図案化した模様や紋所の名。

れんぜんあしげ【連銭葦毛】[名]馬の毛色の名。「葦毛」に灰色の丸いまだら模様のあるもの。

れんだい【蓮台】[名]「れんげざ」に同じ。

れんだい【輦台・連台】[名]近世、旅の客を乗せて川を渡るのに用いた台。二本の棒の上に板を渡し、人足が担いで客を乗せる。

れんだい【簾台】[名]❶一段高くして、前に御簾をかけるようにした座敷。❷高貴な方の訪問や婚礼のときなどに、床飾りに用いられる衝立。❸長押のない所に御簾をかけるときに使う衝立のようなもの。

れんだいの【蓮台野】[地名]山城国の地名。いまの京都市北区の南部、蓮台寺周辺の野。皇室・貴族の遊猟地で賀茂斎院があった紫野の一部にあたる。平安時代は、鳥辺野・化野とともに葬送の地であった。

れんぢゃく【連着】[名]「連着の鞦」の略。
〔**連着の鞦**〕間隔を置かずに房をたくさんつけた「鞦」。＝連着

れんちゅう【簾中】[名]❶簾の中。部屋の奥の方。❷(常に簾の奥で生活することから)貴婦人。❸

大名や公卿などの正妻に対する敬称。

れんにゃ【練若】[名]《梵語の音訳》「らんにゃ」に同じ。

れんにょ【蓮如】[人名]（一四一五〜一四九九）室町中・後期の浄土真宗の僧。本願寺第八世。比叡山の僧徒に本願寺を破却されると、根拠地をあちこちに移して布教活動を行い、のち山科に本願寺を再興した。

れんぱい【連俳】[名]❶連歌と俳諧。❷俳諧の連句。

れんぷ【蓮府】[名]（中国晋の大臣の王倹が自宅に蓮を植えたという故事から）大臣の邸宅。大臣。

れんぼ[・す]【恋慕】[名・他サ変]恋い慕うこと。

れんり【連理】[名]二本の木の枝と枝とが連なり、一本の木のように結びついて木理が通じていること。男女・夫婦の深い契りのたとえ。

〔**連理の枝**〕「連理」の状態になった木の枝。白楽天『長恨歌』の楊貴妃・玄宗皇帝の約束の語として、「比翼の鳥」とともに有名。↓「ひよくのとり」

〔**連理の契り**〕男女・夫婦の間の永遠に睦まじく変わることのない契り。

れんりひせう【連理秘抄】[作品名]南北朝時代（一三四九ごろ成立）の連歌学書。二条良基著。連歌史と連歌の学び方、詠み方などを説く。

〔俳句〕**れんれんとして…**【恋々として柳遠のく舟路かな】〈井華集・几董〉訳 舟が進むにつれて、見送りの人たちが立っていた岸の柳もしだいに遠ざかっていき、名残惜しい気持ちがいっそうつのってくる。（季―柳―春）

ろ

-ろ[接尾]《上代東国方言》（名詞に付いて）親愛の意を表したり、語調を整えたりする語。「児ろ」など。

ろ[間助]❶《上代語》感動・詠嘆を表す。…だなあ。例「荒雄らは妻子が産業をば思はずろ年の八年を待てど来まさず」〈万葉・一六・三八六五〉訳 わが夫は妻子のなりわいを思っていないのだなあ。長い間待っているけれどもおいでにならない。《敬語》「来まさず」↓「ます（座す）」。❷《上代語》（「ろかも」の形で、体言または形容詞の連体形に付いて）感動・詠嘆を表す。…だなあ。例「常なりし笑まひ振る舞ひいや日異に変はらふ見れば悲しきろかも」〈万葉・三・四七八長歌〉訳 いつもの笑顔や振る舞いが日々に変わってゆくのを見ると悲しいものだなあ。❸《上代東国方言》動詞の命令形語尾「よ」に相当する語。例「高麗錦紐解き放けて寝るが上にあどせろとかもあやにかなしき」〈万葉・一四・三四六五〉訳 紐を解き放していっしょに寝ているのに、その上どうしろというのだか。とにかくかわいいことよ。

ろう…【老…・牢…・労…・郎…・浪…・狼…・朗…・琅…・廊…・粮…】歴史的かなづかい「らう…」

ろう…【臈…・臘…】歴史的かなづかい「らふ…」

-ろう【楼】[接尾]高い建物や料亭・遊女屋などの名前の下に添える。「東西楼（＝藤原宮ノ宮殿）」など。

ろう【楼】[名]❶高く造った二階建て以上の建物。高殿。❷城の物見やぐら。

ろうがわし【乱がわし】歴史的かなづかい「らうがはし」

ろうきょ[・す]【籠居】[名・自サ変]謹慎・物忌み・修行などのために、自宅に閉じこもっていること。

ろうこく【漏刻・漏剋】[名]❶水時計。底に穴をあけた銅の容器から水が漏れ落ちるのに従って、その水を受ける容器の中に立てた矢に刻んだ目盛りが時を示すように作られた装置。❷時間。時刻。

ろうこくはかせ【漏刻博士】[名]「陰陽寮」の役人。時守を指揮し、漏刻を管理し、時を計り、時刻を知らせた。

ろうさう【緑衫】[名]（「ろくさん」の変化形）六位の者が着る緑色の袍。＝緑衫の袍

〔**緑衫の袍**〕「ろうさう」に同じ。

ろう・ず【弄ず】[他サ変]{ぜ・じ・ず・ずる・ずれ・ぜよ}もてあそぶ。からかう。例「軽め弄・ぜらるるにこそは」〈源氏・賢木〉

ろうたし 歴史的かなづかい「らうたし」

ろうのごしょ【籠の御所】[名]天皇や上皇が幽閉されている場所。とくに、平清盛によって福原に幽閉された後白河法皇の居所をいう。

ろうもん【楼門】[名]楼のある門。二階造りの門。

ろうろう[・たり]【朧朧】[形動タリ]{たら・たり（と）・たり・たる・たれ・たれ}ぼんやりとかすんでいるようす。薄明るいようす。例「明けぼのの空朧朧として」〈おくのほそ道・旅立〉

ろうろうじ 歴史的かなづかい「らうらうじ」

ろく【禄】[名]❶通常受ける給与。俸給。例「大臣禄を重んじて諫めず」〈本朝文粋〉❷臨時の褒美。祝儀。↓図版「被く」。例「大御酒たまひ、禄たまはむとて」〈伊勢・八三〉《敬語》「大御酒たまひ、禄たまはむ」↓「たまふ（四段）」

〔**禄の唐櫃**〕禄を入れた「唐櫃」。

ろくいのくろうど【六位の蔵人】歴史的かなづかい「ろくゐのくらうど」

ろくえふ【六衛府】歴史的かなづかい「ろくゑふ」

ろくかせん【六歌仙】[名]『古今和歌集』の序文に名を挙げられた六人の歌人。在原業平・僧正遍昭・喜撰法師・大伴黒主・文屋康秀・小野小町。

ろくぐ【六具】[名]武具、とくに鎧の具の一そろい。通説では、鎧の胴・籠手・袖・脇楯・脛楯・膝当ての六種のこと。異説も多い。

〔俳句〕**ろくぐゎつや…**【六月や峰に雲置く嵐山】〈杉風宛書簡・元禄七年六月二十四日・芭蕉〉訳 青く晴れわたった炎天の六月。鬱蒼と茂った嵐山の峰には、まっ白な入道雲がじっと居すわって、動かないでいる。（季―六月―夏）

〈参考〉「嵐山」は、京都西郊の景勝地で、歌枕。

ろくくゎんおん【六観音】[名]《仏教語》六道のそれぞれにいて、衆生を救うという六種の観世音菩薩。地獄道の千手・餓鬼道の聖・畜生道の馬頭・修羅道の十一面・人道の准胝・天道の如意輪の各観音の総称。

ろくこん【六根】[名]《仏教語》人間に迷いを生じさせる根源。眼・耳・鼻・舌・身・意の六つ。

ろくこんざいしゃう【六根罪障】《仏教

語」「六根」の迷いによって生じる罪障。

ろくこんしょうじょう【六根清浄】[名]《仏教語》六根の迷いを捨て、汚れのない身になること。霊山に登る者や寒参りの者などが唱えることば。

ろくさい【六斎】[名]❶「六斎日」の略。(季―秋)。❷「六斎日」に、または月に六度、日を定めて密会などの事を行うこと。

ろくさいにち【六斎日】[名]《仏教語》身を慎み、持戒を心がけ、清浄であるべきだとされた六日。八日・十四日・十五日・二十三日・二十九日・三十日。

ろくさん【緑衫】[名]「ろうさう」に同じ。

ろくじ【六字】[名]《仏教語》「南無阿弥陀仏」の六文字。＝六字の名号。

〔**六字の名号**〕「ろくじ(六字)」に同じ。

ろくじ【六時】[名]《仏教語》一昼夜を六つに分け、念仏・読誦などを行うべきとされた時刻。晨朝・日中・日没・初夜・中夜・後夜のこと。

〔**六時の勤め**〕《仏教語》「六時」に念仏・読誦などを行うこと。

ろくしき【六識】[名]《仏教語》「六根」から生じる六つの認識作用。眼識・耳識・鼻識・舌識・身識・意識の総称。

ろくじだう【六時堂】[名]《仏教語》「六時の勤め」を行う堂。

ろくじふよしう【六十余州】[名]日本全土の称。畿内・七道の六十六か国に、壱岐・対馬の二島を合わせたもの。

ろくじふろくぶ【六十六部】[名]❶法華経六十六部を、全国六十六所霊場に一部ずつ奉納して回る行脚僧。❷江戸時代に、仏像を入れた厨子を背負い、物乞いをして歩いた巡礼姿の者。①②＝六部

ろくしゃく【六尺・陸尺】[名]《近世語》❶雑用をする下男。❷駕籠や輿を担ぐ人足。

ろくしゅ【六趣】[名]「ろくだう」に同じ。

ろくじょう【鹿茸】[名]鹿の袋角。古い角が落ちたあと、新しく生え始めたもの。強壮薬として用いられた。(季―夏)

ろくじらいさん【六時礼賛】《仏教語》「六時」に阿弥陀仏を礼拝し、その功徳をたたえること。また、そのときに唱える経文。

ろくしん【六親】[名]六種の親族。父・母・兄・弟・妻・子、または父・子・兄・弟・夫・婦の総称。

ろくじん【六塵】歴史的かなづかい「ろくぢん」

ろくじんづう【六神通】[名]《仏教語》六つの神通力。天眼・天耳・他心・宿命・神足・漏尽のこと。＝六通

ろくたい【六体】[名]和歌の六種の形式。長歌・短歌・旋頭歌・混本歌・折り句・沓冠の称。

ろくだい【六大】[名]《仏教語》宇宙の万物を形づくるとされる六種の要素。地・水・火・風・空・識。

ろくだう【六道】[名]《仏教語。「りくだう」とも》生前の行為の報いにより、衆生が死後必ず行くという六つの迷いの世界。地獄・餓鬼・畜生・修羅・人間・天上の六つ。＝六趣・六つの巷・六つの道

〔**六道の巷**〕「ろくだうのつじ」に同じ。

〔**六道の辻**〕《「りくだうのつじ」とも》「六道」へ行く分かれ道。＝六道の巷

ろくだうししやう【六道四生】[名]《仏教語》「六道」における四つの生まれ方。胎生・卵生・湿生・化生をいう。

ろくだうのうげ【六道能化】[名]《仏教語。「ろくだうのうけ」とも》「六道の辻」にいて衆生を教え導く者。地蔵菩薩のこと。

ろくだうのつじ【六道の辻】[地名]山城国の地名。京都市東山区にある六道珍皇寺の門前一帯。鳥辺山の火葬場へ通じる辻。

ろくぢ【陸地】[名]《「りくぢ」とも》❶地上。陸地。❷《「ろく」は水平の意》平坦な土地。

ろくちく【六畜】[名]《「りくちく」とも》馬・牛・羊・犬・豕(豚)・鶏の六種類の家畜の総称。

ろくぢざう【六地蔵】[名]《仏教語》「六道」のそれぞれにあって衆生を救済するという六種類の地蔵菩薩。異説はあるが、一般に、地獄道の檀陀・餓鬼道の宝珠・畜生道の宝印・修羅道の持地・人道の除蓋障・天道の日光の各地蔵をいう。

ろくぢん【六塵】[名]《仏教語》「六根」を通して感受され、煩悩を起こさせ、本来人がもつ仏心を汚す六種の刺激。色・声・香・味・触・法。

ろくつう【六通】[名]「ろくじんづう」に同じ。

ろくてうし【六調子】[名]《「りくてうし」とも》雅楽で用いられる基本的な六種類の調子。「壱越調」「双調」「大食調」「平調」「黄鐘調」「盤渉調」の総称。

ろくでうのみやすどころ【六条御息所】[人名]『源氏物語』の登場人物。前東宮の后。秋好中宮の母。東宮と死別し、のち源氏の愛人となるが、生き霊となって葵の上をとり殺す。

ろくでうのゐん【六条院】[名]源氏が三十五歳の時に、六条御息所の旧邸を取り入れて完成させた邸宅。四町から成り、東南の春の町に紫の上、東北の夏の町に花散里、西南の秋の町に秋好中宮、西北の冬の町に明石の君を住まわせ、それぞれの季節の風情に合った庭を造営した。⇒[古典参考図]建築〈2〉

ろくでふえいさう【六帖詠草】[作品名]江戸後期(一八一一刊行)の私家和歌集。小沢蘆庵作。門人の勧めにより、蘆庵が自作の和歌から三分の一ほどを自撰し、それをもとに刊行した家集。蘆庵の主張する「ただごと歌」の実践を示す、自然で素朴な歌風。

ろくどう【六道】歴史的かなづかい「ろくだう」

ろくはら【六波羅】[地名]山城国の地名。いまの京都市東山区中部にある六波羅蜜寺の周辺地区。平家一門が邸宅を構え、鎌倉時代には幕府の役所、六波羅探題が置かれた。

ろくはらたんだい【六波羅探題】[名]鎌倉幕府が京都の六波羅に置いた役所および長官名。承久の乱後、朝廷の監視・京畿の警備に従事させるために設置した。北条氏がその長官として任ぜられた。

ろくはらみつ【六波羅蜜】[名]《仏教語。「ろっぱらみつ」とも》悟りを得るため、菩薩が行う六種類の修行。布施・持戒・忍辱・精進・禅定・知

恵のこと。＝六度

ろくはらやう【六波羅様】ロクハラヨウ［名］平家一門のような、しゃれた風俗。

ろくひゃくばんうたあはせ【六百番歌合】ロッピャクバンウタアワセ［作品名］鎌倉前期(一一九四ごろ成立)の歌合わせ。藤原良経主催、藤原俊成判。良経・寂蓮・藤原定家・藤原家隆・慈円・顕昭ら十二人の歌人が出詠。寂蓮ら新風歌人と顕昭ら旧派歌人が和歌の評価をめぐって対立した。

ろくふ【六府】［名］「ろくゑふ」に同じ。

ろくぶ【六部】［名］「六十六部」の略。

ろくやまち【六夜待ち】［名］「二十六夜待ち」の略。

ろくやをん【鹿野苑】ロクヤオン［名］中インドの波羅那国、いまのベナレス市の北サールナートにあった庭園。釈迦が悟りを開いたのち、最初に説法した所という。＝鹿苑・鹿林・鹿の苑

ろくゆ【六喩】［名］《仏教語》この世のすべてのものが無常であることを説くため、たとえに用いられる六つのもの。金剛般若経では、夢・幻・影・泡・電(稲妻)・露の六つを用いている。

ろくよく【六欲】［名］《仏教語》「六根」によって起こる六種類の欲。色欲・形貌欲・威儀姿態欲・語言音声欲・細滑欲(肌がきめ細かく滑らかであることを願うこと)・人相欲のこと。

ろくろく［・なり／・たり］【陸陸・碌碌】一［形動ナリ］{なら・なり(に)・なり・なる・なれ・なれ}十分なさま。満足なさま。例「せめて三日はろくろく・に寝物語もあれかし」〈浄・心中重井筒〉 二［形動タリ］{たら・たり(と)・たり・たる・たれ・たれ}(下に打消の語を伴って)役に立たないさま。例「その余(＝ソレ以外ノ)ろくろく・たる〈俳人ハ〉論に及ばず」〈鶉衣〉

ろくゐ【六位】ロクイ［名］❶令制で第六番目の位階。また、その人。六位の地位では「六位の蔵人」以外、昇殿を許されなかった。❷「六位の蔵人」の略。

ろくゐのくらうど【六位の蔵人】ロクイノクロウド［名］六位で「蔵人所」の職員である者。定員が四人で、六位ではこの職だけが殿上の出仕を許された。交替で天皇の食事などの雑事に従事した。＝六位②

ろくゑのつかさ【六衛の司】ロクエノツカサ［名］「ろくゑふ」に同じ。

ろくゑふ【六衛府】ロクエフ［名］《「りくゑふ」とも》「衛府」の総称。それぞれ左右の「近衛府」「衛門府」「兵衛府」をいう。＝六府・六衛・六衛の司

ろけん［・す］【露顕・露見】［名・自サ変］❶隠していたことが知れ渡ること。❷結婚して三日目に他人に披露すること。＝所顕し

ろざん【廬山】［地名］中国の山。いまの江西省の北部にある。仏教の霊跡で景勝地。香炉峰の古跡がある。

ろし【路次】［名］道すがら。旅をする間。道中。

ろせい【路生】［名］路上の人。通行人。

ろだい【露台】［名］❶屋根のない板敷きの見晴らし台。❷紫宸殿と仁寿殿の間の渡殿にある大床。節会の際、ここで乱舞を行った。＝台

ろだん【炉壇】［名］「ごまだん」に同じ。

ろぢ【露地・露路】ロジ［名］❶屋根などがない、むき出しの土地。❷門内や庭の通路。❸茶室に付属している庭。❹建物の間にある細い通路。

ろっぱうことば【六方詞】ロッポウコトバ［名］「やっこことば」に同じ。

ろっぷ【六腑】［名］漢方でいう人間の六種の内臓。大腸・小腸・胆・胃・三焦・膀胱の総称。

ろどりげすにほんだいぶんてん【ロドリゲス日本大文典】［作品名］「にほんだいぶんてん」に同じ。

ろなう【論無う】ロノウ［副］《「ろんなく」のウ音便「ろんなう」の撥音無表記》いうまでもなく。むろん。例「論なう通ひたまへるところあらんかし」〈源氏・若菜・下〉

〈俳句〉ろのこゑなみをうって…【櫓の声波ヲ打って腸氷ル夜や涙】〈武蔵曲・芭蕉〉訳 隅田川を行く舟の櫓のきしむ音が波の音とともに聞こえてくる。冬の夜の草庵でひとりその音に耳を傾けていると、腸まで凍りつくような思いがして、思わず涙がこぼれてしまうことだ。(季－氷る－冬)

ろばん【露盤・鑪盤】［名］仏教建築で、塔上にある相輪の最下部に位置する方形の台。伏盤。

ろんぎ［・す］【論議・論義】［名・自サ変］❶討論。議論。❷《仏教語》僧が経文の意味や教義などについて問答すること。法会に際しても儀式的に行われた。❸宮中で、「御斎会」の結願の日(陰暦一月十四日)に、大極殿で行われた。経文の要義を質問し議論する儀式。内論議。❹謡曲で、演者と地謡、または、シテと他の役が交互に謡う部分。

ろん・ず【論ず】［他サ変］{ぜ・じ・ず・ずる・ずれ・ぜよ}❶論争する。❷物事の道理を説く。論評する。

ろんなう【論無う】ロンノウ 形容詞「ろんなし」の連用形「ろんなく」のウ音便。

ろんな・し【論無し】［形ク］{から・く(かり)・し・き(かる)・けれ・かれ}《「ろなし」とも》いうまでもない。もちろんだ。例「ろんな・う、さやうにぞあらむと、おしはからるれど」〈蜻蛉・上〉《音便》「ろんなう」は「ろんなく」のウ音便。

わ－【我・吾・和】［接頭］(相手を示す語の上に付けて)親しみ、場合によっては軽視・蔑視の意を表す。「わ御前」「わ男」など。

わ【回・曲・廻】［名］山・川・海などの入り曲がっている所。多く、複合語を作る。「浦わ」「河わ」など。

わ【倭・和】［名］❶もと、中国での日本の呼称。日本。❷(語の上に付いて)日本のものである意を示す。「和歌」「和琴」「和書」など。

わ【我・吾】［代名］《自称の人称代名詞》私。われ。↔汝。例「朝開き我は漕ぎ出ぬと家に告げこそ」〈万葉・二〇・四四〇八長歌〉

わいかぢ【脇楫・脇梶】ワイカジ［名］《「わきかぢ」のイ音便》船の両側面に付けた櫓。

わいだて【脇楯】［名］《「わきだて」のイ音便》鎧の胴の右脇に当てる防具。騎馬戦用のもの。

わいだめ【弁別】［名］《近世語。「わいため」とも。「わきため」のイ音便》区別。けじめ。

わいて【別いて】[副]《「わきて」のイ音便》とりわけ。とくに。例「**わいて**も、里人を褒むるぞ空目(=見当違イ)なる」〈宇津保・蔵開・上〉

わいへ【我家・吾家】[名]《「わがいへ」の変化形》「わぎへ」に同じ。

わいら【汝等】[代名]《近世語。「われら」の変化形。対称の人称代名詞。相手を少し卑しんで呼ぶ語》おまえら。おのれら。

わいわい・し[形シク]{しから・しく(しかり)・し・しき(しかる)・しけれ・しかれ}《「わきわきし」のイ音便》「わきわきし」に同じ。

わう【王】[名]❶国の君主の称。❷天皇の子や孫で、親王宣下もなく、臣下としての姓も賜らない男子の称。

わうかう[・す]【横行】[名・自サ変]勝手に歩き回ること。また、勝手な振る舞いが盛んであること。例「一人天下に**横行・するをば**」〈太平記・二六〉

わうくゎん【往還】[名]❶行くことと帰ること。往復。❷行き来する道。道路。街道。

わうけ【王気】[名]《「わうげ」とも》王者としてふさわしい気品。例「**王気**さへつかせ給へる」〈狭衣・二〉

わうけづ・く【王気付く】[自カ四]{か・き・く・く・け・け}《「わうげづく」とも》王者の気品が備わる。例「**王気づき**て気高うこそおはしませ」〈源氏・柏木〉

わうし【王氏】[名]天皇の子孫で、姓を賜らず臣籍に下っていない者。皇族。

わうし[・す]【横死】[名・自サ変]殺害・災害などで死ぬこと。不慮の死。非業の死。

わうじ【皇子】[名]天皇の男の子。みこ。

わうしき【黄鐘】[名]雅楽の音階である「十二律」のうちの第八音。=黄鐘調②

わうしきでう【黄鐘調】[名]❶雅楽の「六調子」のひとつ。「黄鐘」の音を基音とする音階。❷「わうしき」に同じ。

わうじゃう[・す]【往生】[名・自サ変]❶《仏教語》死後、阿弥陀仏のいる極楽浄土へ生まれ変わること。❷死ぬこと。

わうじゃうえうしふ【往生要集】[作品名]平安中期(九八五)の仏教書。源信著。手段としての念仏と念仏の具体的方法などを説き、念仏による往生を勧める。後世への影響も大きい。

わうじゃうでん【往生伝】[名]極楽往生をとげた人々の伝記を集めた書物。平安中期成立の『日本往生極楽記』が最初の作品。

わうじゃく[・たり]【尫弱】[名・形動タリ]❶弱々しいこと。貧弱。例「**尫弱・たる**弓を」〈平家・一一・弓流〉❷貧乏なこと。

わうずい【黄水】[名]《「きみづ」とも》胃から吐き戻す黄色の液。へど。

わうだう【王道】[名]帝王が治世を行う正しい道。仁徳をもとにして国を治める政道。

わうだう[・なり]【横道】[名・形動ナリ]❶本道ではないわき道。❷人として正しい道に背くこと。

わうだうもの【横道者】[名]《近世語》正しくない行動をする者。ふとどき者。横着者。

わうぢ【王地】[名]帝王が統治する地。王土。

わうにょうご【王女御】[名]皇女あるいは王女で、「女御」となった人の称。

わうばくしゅう【黄檗宗】[名]禅宗の一派。明の黄檗山万福寺の僧隠元が、承応三年(一六五四)に渡来して伝えた。京都の宇治にある黄檗山万福寺を本山とする。

わうばん【椀飯・埦飯】[名]《「わんはん」の変化形》❶儀式の際に、椀に高く盛って出された飯。❷食事を出し饗応すること。❸鎌倉・室町時代、陰暦正月の初めに臣下たちが将軍を饗応する儀式。

わうばん[・す]【往反】[名・自サ変]《「わうへん」とも》行き帰り。往復すること。

わうばんぶぎゃう【埦飯奉行】[名]鎌倉・室町幕府の職名。年頭の恒例として、大名から将軍家へ「埦飯」を献上する儀式をつかさどった。

わうへん[・す]【往反】[名・自サ変]「わうばん(往反)」に同じ。

わうぼふ【王法】[名]《仏教語》仏教の立場から、王の定めた法令や政治を称する語。

わうまうにち【往亡日】[名]陰陽道の凶日のひとつ。一年に十二日あり、旅立ち・婚礼・出陣・移転などを避けた。

わうみゃうぶ【王命婦】[名]皇族の女性で、「命婦①」となった人の称。

わうらい【往来】[名]❶行き帰り。行き来。❷旅。回国行脚。❸手紙のやりとり。手紙。あいさつ。また、贈答。❹「往来物」の略。

わうらいもの【往来物】[名]手紙の文例を集めて手本としたもの。転じて、江戸時代、寺子屋で用いられた初等教育用の教科書や、実用的な語彙を集めて手本とした書物の総称。=往来④

わうろく【女王禄】[名]《「女」の字は習慣的に読まない》陰暦正月八日と十一月の中の巳の日に、天皇が紫宸殿で女王たちに絹・布などの禄を与える儀式。

わうわく【横惑・枉惑・誑惑】[名]不正を行って人を惑わすこと。

わうゐ【王威】[名]帝王としての威光・権威。

わおもと【我御許・和御許】[代名]《「わ」は接頭語。対称の人称代名詞。女性に対して親しんでいう語》あなた。おまえさん。

わか-【若】[接頭]❶若々しい、幼い、新しいの意を表す。「**若君**」「**若草**」など。❷年の初めの、正月のの意を表す。「**若菜**」「**若水**」など。❸(色あいの)淡い、みずみずしく新鮮なの意を表す。「**若緑**」「**若紫**」など。

-わか【若】[接尾]《男子の名に付け》幼い意を表す。

わか【若】[名]❶幼児。❷少年。❸「延年の舞」で、若音(=高音を出して歌舞する役)を務める稚児。

わか【和歌・倭歌】[名]❶《漢詩に対して》日本の歌。やまとうた。五・七音を基調とする定型詩。古代歌謡から発展したもので、『万葉集』では長歌・短歌・旋頭歌・片歌などの歌体が行われていた。のち、短歌以外の歌体は衰退し、多く短歌を指すようになった。❷能で、主として舞の前後にうたわれる謡物。短歌の形式が多い。

わが【我が・吾が】《代名詞「わ」+格助詞「が」》㊀《「が」が連体格の場合》❶私の。自分たちの。❷その人自身の。例「**わが**身はか弱く」〈源氏・桐壺〉㊁《「が」が主格の場合》私が。自分が。例「これや**我が**

わ

求むる山ならむと思ひて」〈竹取・蓬萊の玉の枝〉

〔**我が大君**〕当代の天皇の敬称。今上天皇。＝我ご大君

〔**我が御前**〕目上の相手を親しみ敬って呼ぶ語。あなた。

〔**我が御許**〕(「あがおもと」とも)女性、とくに貴人に仕える女房を親しみ敬って呼ぶ語。あなた。

〔**我が方様**〕自分の方。自分に近しい人々の側。自分の味方。

〔**我が子の仏**〕自分の信仰する仏のように大切に思う人を呼ぶ語。私の大切な人よ。

〔**我が背**〕「わがせこ」に同じ。↕吾妹

〔**我が背子・吾が背子**〕(「こ」は接尾語)女性が夫・恋人などの親しい男性を指していう語。＝我が背。↕吾妹子

〔**我が立つ杣**〕❶自分が住む山。❷(最澄が比叡山根本中堂建立のときに詠んだ「阿耨多羅三藐三菩提の仏たち**わが立つ杣**に冥加あらせたまへ」〈新古今・釈教・一九二〇〉訳→〔和歌〕あのくたらさんみゃくさんぼだいの…、の歌から)比叡山の別称。

〔**我が夫・我が妻**〕夫から妻を、また、妻から夫を呼ぶ語。

〔**我が人**〕召し使い。

〔**我が御門**〕❶自分の仕える人の御殿。自分の仕える朝廷。❷日本。我が国。

〔**我が身一つ**〕自分自身だけ。自分ひとり。

〔和歌〕**わがいほはみやこのたつみ…**【**我が庵は都の辰巳しかぞ住む世をうぢ山と人は言ふなり**】〈古今・雑下・九八三・喜撰法師〉(百人一首) 訳 私の庵は、都の東南にあって、このように心安らかに住んでいる。それなのに、世間を憂しと思って住む宇治山だと世の中の人はいっているようだ。(係結び)「ぞ→住む体」

〈参考〉「世をうぢ山」に「世を憂」をかける。歌中に、十二支の辰・巳・卯と鹿が詠み込まれているとする説がある。

〔和歌〕**わがいほはみわのやまもと…**【**我が庵は三輪の山もと恋しくはとぶらひ来ませ杉立てる門**】〈古今・雑下・九八二・よみ人しらず〉訳 私の庵は、三輪山のふもとです。恋しく思ったなら、尋ねて来てください。目印として杉の木が立っているこの門へ。(敬語)「とぶらひ来ませ」→「ます(座す)」

わかいもの【**若い者**】(近世語)❶年若い男。❷商家で、番頭と丁稚・小僧との間に位置づけられる使用人。手代。❸遊郭の男の使用人。若い衆。

わかう【**若う**】形容詞「わかし」の連用形「わかく」のウ音便。

わかうど【**若人**】[名](「わかびと」のウ音便)❶若い人。若者。❷貴族の家に仕える若い女房。

わかえびす【**若夷・若恵比須**】[名]元日の早朝に売り歩いた、えびす神の札。門などにはって福を祈った。また、その売り声。(季－春)

わかおもと【**若御許**】[名]年若い女房を親しみ敬って呼ぶ語。

〔和歌〕**わがかどの…**【**わが門の刈田の面にゐる鴫はこよひの雪にいかがあるらむ**】〈良寛〉訳 今晩私の庵の門前の、稲を刈った田にいるカモは、今晩の雪にどうしているのだろう。

わかかへで【**若楓**】[名]❶(「わかかへるで」とも)若葉が萌えだしたカエデ。(季－夏)。❷襲の色目の名。表は薄萌黄、裏は薄紅梅。初夏の着用。

わかかへるで【**若楓**】[名]「わかかへで①」の古名。葉がカエルの手に似ることからいう。(季－夏)

〔和歌〕**わがかみの…**【**わが髪の雪と磯辺の白波といづれまされり沖つ島守**】〈土佐〉訳 私の髪の雪のような白さと磯辺に寄せる白波の白さと、どちらがまさって白いかね、沖の島守よ(教えておくれ)。

わかぎみ【**若君**】[名]❶貴人の幼い子に対する敬称。男女ともにいう。❷貴人の娘で、姉を指す「姫君」に対して妹を指す敬称。

〔和歌〕**わがきみは…**【**我が君は千代に八千代にさざれ石の巌となりて苔のむすまで**】〈古今・賀・三四三・よみ人しらず〉訳 あなた様の寿命は、千年も八千年も長く続いてほしいものです。細かな石が大きな岩となって、その上に苔が生えるほどまでに。

〈参考〉『和漢朗詠集』にもとられ、中世には第一句が「君が代は」となった。

わかきんだち【**若公達・若君達**】[名]年若い、上流貴族の子息または女子。若い貴公子たち。

わかくさ【**若草**】[名]❶春、萌え出したばかりの草。若い女性や幼女の比喩に用いることも多い。(季－春)。❷襲の色目の名。表は薄青で裏は濃青。春の着用。

わかくさの【**若草の**】[枕詞](若草がみずみずしいところから)「新」「妻」「夫」などにかかる。例「**若草の**新手枕をまきそめて」〈万葉・一一・二五四二〉

わかくさやま【**若草山**】[地名]大和国の山。奈良市街地の東部にある。山腹はなだらかな草地で、早春の山焼きで知られる。＝鶯山

わかくほん【**和歌九品**】[作品名]平安中期(一〇〇九ごろ成立)の歌論書。藤原公任著。『九品和歌』ともいう。十八首の和歌を九段階に等級付けして評する。余情美を重視している。

わかくるすばら【**若栗栖原**】[名]栗の若木が生えている原。

わかご【**若子・若児・嬰児**】[名](「わかご」とも)幼児。おさなご。

〔和歌〕**わがこころ…**【**我が心慰めかねつ更級や姨捨山に照る月を見て**】〈古今・雑上・八七八・よみ人しらず〉訳 私の心は、なんとしても慰められずにいる。更級の、あの姨捨山に照る月を見ていると。

〈参考〉「更級」は、いまの長野県更埴市周辺。

〔和歌〕**わがこども…**【**わが子ども君に仕へんためならで渡らましやは関の藤川**】〈十六夜・阿仏尼〉訳 私の子供が(歌道をもって)帝に仕えるためでなかったら、関の藤川をどうして渡りましょうか、いえ、渡りはしません。

〈参考〉「渡らましやは」の「やは」は反語。「関の藤川」は、いまの岐阜県南西部を流れる川。

〔和歌〕**わがこひは…**【**わが恋は松を時雨の染めかねて真葛が原に風さわぐなり**】〈新古今・恋一・一〇三〇・慈円〉訳 私の恋は、時雨が松を染めることができずに、葛が生えている原で風が騒いでいるようなもの。つれないあの人の心を動かすことができずに、

胸の内は激しく騒ぎ、恨み続けるばかりだ。

わかごも【若菰】［名］若くてしなやかなマコモ（水草の名）。（季－春）

わかごもを【若菰を】［枕詞］（「若菰」を刈る意から）「刈る」と同音を含む地名「猟路」にかかる。例「若菰を猟路の小野に」〈万葉・三・二三九長歌〉

わかさ【若狭】［地名］旧国名。北陸道七か国のひとつ。いまの福井県の南西部にあたる。＝若州

わかざかり【若盛り】［名］年若く、容姿や気力が最もすぐれているころ。若い盛り。

〔和歌〕**わがさかり…【我が盛りまたをちめやもほとほとに奈良の都を見ずかなりなむ】**〈万葉・三・三三一・大伴旅人〉訳私の盛りの時期がまたよみがえることなどあろうか、いやあるまい。ひょっとするとこのまま奈良の都を見ないままになってしまうのか。（係結び）「か→なりなむ㊍」

〔和歌〕**わがさとに…【我が里に大雪降れり大原の古りにし里に降らまくは後】**〈万葉・二・一〇三・天武天皇〉訳わが里には大雪が降った。そなたの住む大原の古ぼけた里に降るのはもっとあとであろうよ。

わかさんじん【和歌三神】［名］和歌の守護神とされる三柱の神。住吉社・天満宮・玉津島社の神。また一説に、衣通姫・柿本人麻呂・山部赤人の三人の歌聖のこともいう。＝三神②

わか・し【若し】［形ク］〈(から)・く(かり)・し・き(かる)・けれ・かれ〉❶**幼い。年端がゆかない。**例「妹も兄も若き子どもはをちこちに騒き泣くらむ」〈万葉・一七・三九六二長歌〉❷**子供っぽい。あどけない。**例「いささか泣かせ給ふ御声いとわかし」〈紫式部日記〉❸（技術的に）**未熟だ。たどたどしい。**例「御手（＝ゴ筆跡）のいと若きを」〈源氏・若菜・上〉❹**若い。青年期だ。**例「殿上にさぶらひける在原なりける男の、まだいと若かりけるを」〈伊勢・六五〉（敬語）「さぶらひける」→「さぶらふ」。❺**若々しい。生命力がある。血気盛んだ。**例「若かりし肌も皺みぬ」〈万葉・九・一七四〇長歌〉

わかしき【和歌式】［名］和歌を詠む上での法則や作法を記した書物。『歌経標式（浜成式）』『喜撰式（和歌作式）』『孫姫式』『石見女式』の四書の総称。＝和歌四式・四家式

わかしゅ【若衆】［名］（近世語。「わかしゅう」とも）❶元服前の前髪のある男子。❷男色の相手をする美少年。弟分。↔念者②。❸歌舞伎で、年若い役者。男色を売っていた。または、一般に男色を売る者。＝色子・陰間

わかしゅかぶき【若衆歌舞伎】［名］江戸初期、若衆（美少年）を中心に演じられた歌舞伎の名称。寛永六年（一六二九）の女歌舞伎禁止に代わり登場したが、風俗を乱すとして承応元年（一六五二）に禁止された。

わかしゅだう【若衆道】［名］男色の道。＝若道・衆道

〔歌謡〕**わがせこが…【我が夫子が来べき宵なりささがねの蜘蛛の行ひ今宵著しも】**〈紀・允恭・衣通姫〉訳私の夫（＝允恭天皇）がきっとおいでになる夜です。（ささがねの）クモの（巣を張る）動作が今夜は目だちますもの。〈参考〉「ささがねの」は「蜘蛛」の枕詞。クモが巣を張ると親しい人が訪れるという俗信をふまえる。

〔和歌〕**わがせこはいづくゆくらむ…【我が背子はいづく行くらむ沖つ藻の名張の山を今日か越ゆらむ】**〈万葉・一・四三・当麻真人麻呂妻〉訳わたしのいとしいあの人は、どのあたりを旅しているだろう。（おきつもの）名張の山を、今日にも越えているだろうか。（係結び）「か→越ゆらむ㊍」〈参考〉「沖つ藻の」は「名張」の枕詞。「名張」は伊勢（三重県）・大和（奈良県）の国境。

〔和歌〕**わがせこはかりいほつくらす…【我が背子は仮廬作らす草なくは小松が下の草を刈らさね】**〈万葉・一・一一・中皇命〉訳わが君は仮小屋をお作りになる。よいカヤがないときには、小松の下の、カヤをお刈りなさい。

〔和歌〕**わがせこはものなおもひそ…【我が背子は物な思ひそ事しあらば火にも水にも我がなけなくに】**〈万葉・四・五〇六・安倍女郎〉訳私のいとしいあなたはもの思いなどなさいますな。ふたりへの障害がありましたら火の中でも水の中でも私がおそば近くにおりますものを。（副詞の呼応）「な→思ひそ」

〔和歌〕**わがせこを…【我が背子を大和へ遣るとさ夜ふけて暁露に我が立ち濡れし】**〈万葉・二・一〇五・大伯皇女〉訳私のいとしい弟を大和へ送り帰そうと、夜が更けて暁の露に私は立っていてすっかり濡れたことだ。

〔和歌〕**わがそでは…【わが袖は潮干に見えぬ沖の石の人こそ知らねかわく間もなし】**〈千載・恋二・七六〇・二条院讃岐〉〈百人一首〉訳私の袖は、潮が引いても海中に隠れて見えない沖の石のように、人は知らないでしょうが、あの人を恋い慕う涙に濡れて乾くひまもありません。（係結び）「こそ→知らね㊁」〈参考〉「潮干に見えぬ沖の石の」は「かわく間もなし」を導く序詞。『千載和歌集』では、五句が「かわく間もなき」。

〔和歌〕**わがそのに…【我が園に梅の花散るひさかたの天より雪の流れ来るかも】**〈万葉・五・八二二・大伴旅人〉訳わが家の庭に梅の花が散っている。（ひさかたの）天から雪が流れ落ちてくるのであろうか。〈参考〉「ひさかたの」は「天」の枕詞。

〔和歌〕**わがそのの…【我が苑の李の花か庭に散るはだれのいまだ残りたるかも】**〈万葉・一九・四一四〇・大伴家持〉訳わが庭園のスモモの花なのか、庭に散り敷いているのは。それとも薄雪のまだ消えずに残っているのか。

わかたいじっしゅ【和歌体十種】［作品名］平安中期の歌論書。『忠岑十体』ともいう。壬生忠岑著。天慶八年（九四五）と序にあるが偽作との説が強い。和歌を十種の歌体に分けて例歌を挙げる。

わかたう【若党】［名］❶若い郎等。❷若い侍。

わかたけ【若竹】［名］その年に新たに生えた竹。今年竹。（季－夏）

わかだち【若立ち】［名］草木の根株から芽や小枝が新しく生えること。また、その芽や小枝。

わかだ・つ【若立つ】［自タ四］〈た・ち・つ・つ・て・て〉新しい芽や若い枝が出る。また、若々しくなる。例「桃の木の若だちて」〈枕・正月十余日のほど〉

わか・つ【分かつ・別つ】〔他タ四〕{た・ち・つ・つ・て・て} ❶区別する。別々にする。❷配当する。分配する。例「この近き京の四十寺に絹四百疋を**分か・ちて**」〈源氏・若菜・上〉 ❸判断する。理解する。例「君御成人の後、清濁を**わか・たせ**給ひて」〈平家・六・紅葉〉

〔和歌〕**わがつまは…【我が妻はいたく恋ひらし飲む水に影さへ見えてよに忘られず】**〈万葉・二〇・四三二二・防人歌・若倭部身麻呂〉訳おれの妻はたいそうおれを恋い慕っているらしい。おれが飲む水の水面にその姿までもが見えて、少しも忘れられない。〈参考〉「恋ひらし」の「恋ひ」は「恋ふ」の、「影」は「影」の上代東国方言。

〔和歌〕**わがつまも…【我が妻も絵に描き取らむ暇もが旅行く我は見つつ偲はむ】**〈万葉・二〇・四三二七・防人歌・物部古麻呂〉訳おれの妻を絵に描き取るための時間がほしい。旅路を行く私はそれを見ては妻をしのべるだろう。〈参考〉「暇」は「暇」の上代東国方言。

わかてんじゃうびと【若殿上人】〔名〕年の若い、殿上を許された者。

わかどころ【和歌所】〔名〕宮中に設けられた和歌に関する役所。天暦五年(九五一)、『万葉集』の訓読と『後撰和歌集』の編集のため、宮中の梨壺に設けられたのを初めとする。職員を「寄人」という。

わかとのばら【若殿ばら】〔名〕(「ばら」は接尾語)若い人たち。若い侍たち。

わかな【若名】〔名〕幼少のころの名。幼名。

わかな【若菜】〔名〕春、野原などに生え出して、食用となる草。とくに、子の日や人日(一月七日)に食することで、その生命力が得られるとする。宮中では、正月初子の日、のちは一月七日に、その年の新菜の羹(水煮)が内蔵寮・内膳司から天皇に供じられた。(季-春)

わかな【若菜】〔作品名〕『源氏物語』の巻名。上下に分かれる。三十四、三十五番目。

わかなつみ【若菜摘み】〔名〕正月最初の「子の日」に、野に出て七種の若菜を摘む宮中の行事。もとは神事であったが、のちには春の行楽となった。

古典の世界　**邪気を払う「若菜摘み」**

正月、初の子の日には、野辺に出て小松を引くという風習がある。健康と長寿を祈るもので、「**子の日の小松**」という。同じ初の子の日に、邪気を払う意味をもつ若菜を供する行事がある。本来は別な行事であったが、平安中期ころから『源氏物語』若菜・上の玉鬘が催した源氏の「**四十の賀**」のように、初の子の日は、小松を引き若菜を供して、長寿を願い邪気を払うという子の日の宴になっていくのである。古くからわが国の民間でも行われていた春の「若菜摘み」は、王朝時代には年頭の祝儀の行事に発展したのである。

ところで、子の日とは別に、正月七日(人日)に若菜を供する行事がある。これは、元来中国伝来の行事であったらしい。この七日の若菜は、七種の若菜を用いることになっていて、現在でも「**七種粥**」として行われている。

わかなへいろ【若苗色】〔名〕青と緑の中間の色。苗色。または襲の色目の名。表も裏も萌黄色で、夏の衣装に用いられる。

わが・ぬ【綰ぬ】〔他ナ下二〕{ね・ね・ぬ・ぬる・ぬれ・ねよ}曲げて輪にする。たわめる。＝綰ぐ・綰ぐむ。例「袍の長くところせきを、**わが・ねかけたる**」〈枕・左右の衛門尉を〉

わかぬし【若主】〔名〕若い人に対する敬称。

わかのうら【和歌の浦・若の浦】〔歌枕〕紀伊国の地名。いまの和歌山市和歌浦、和歌川が注ぐ和歌浦湾一帯の海岸。

〔和歌〕**わかのうらに…【若の浦に潮満ち来れば潟をなみ葦辺をさして鶴鳴き渡る】**〈万葉・六・九一九・山部赤人〉訳若の浦に潮が満ちて来ると干潟がなくなるので、葦の生えている岸辺を指して鶴が鳴き渡って行く。

〔俳句〕**わかばして…【若葉して御目の雫ぬぐはばや】**〈笈の小文・芭蕉〉訳折からのみずみずしい若葉でもって、鑑真和上の像の御目の涙を、ぬぐってさしあげたいものだ。(季-若葉-夏)〈参考〉鑑真和上の像を拝しての作。

わがはるしふ【我春集】〔作品名〕江戸後期(一八一一成立)の俳諧句文集。小林一茶作。発句・連句・随想などを記したもの。のちの『おらが春』など同じ体裁の句文集として最初の作品。

わか・ぶ【若ぶ】〔自バ上二〕{び・び・ぶ・ぶる・ぶれ・びよ}(「ぶ」は接尾語)若々しく見える。子供っぽく振る舞う。例「御年よりも**若・びて**ならひたまへれば」〈源氏・若紫〉

〔和歌〕**わがふねは…【我が船は比良の湊に漕ぎ泊てむ沖辺な離りさ夜ふけにけり】**〈万葉・三・二七四・高市黒人〉訳われらの舟は比良の港に停泊することにしよう。もう岸から離れ沖へ漕ぎ出ないでおくれ。夜も更けてしまった。

わがまま【我が儘】〔・なり〕❶〔(代名詞「我」+助詞「が」+名詞「まま」)自分の思うとおりにするさま。例「故院の御世には**わがまま**におはせしを」〈源氏・賢木〉 ❷〔名・形動ナリ〕❶身勝手なこと。❷思いのままぜいたくをすること。例「金拵への大脇ざし、**我がまま・に見ゆる所**」〈浮・西鶴織留〉

わがみ【我が身】❶〔名〕自分のからだ。自分自身。❷〔代名〕❶(自称の人称代名詞)自分。私。多く女性が用いる。❷(対称の人称代名詞)目下の者に対して用いる。おまえ。例「**我が身**はこの国の者かと御尋ねありけれども」〈盛衰記・三〉

わがみさま【我が身様】自分の身の上。

わかみづ【若水】〔名〕立春の早朝に汲んだ水。それを飲むと、一年の邪気を払い、若返ると考えられた。宮中では、「主水司」が汲んで、天皇に奉った。のちに、民間では、元旦に行われた。(季-春)

わがみにたどるひめぎみ【我が身にたどる姫君】〔作品名〕鎌倉中期(一二七一ごろ成立)の擬古物語。作者未詳。女帝の登場、同性愛の斎宮の登場など注目すべきモチーフを含む。

わかみや【若宮】〔名〕❶幼い皇子・皇女。また、皇族の御子。❷本宮の祭神の子を祭る社。❸本宮を他に移し、祭った宮。新宮。

わかむらさき【若紫】[名]❶草の名。紫の別称。（季―春）。❷色の名。淡い紫。

わかむらさき【若紫】[作品名]『源氏物語』の五番目の巻名。

わかやか［・なり］【若やか】[形動ナリ]{なら・なり(に)・なり・なる・なれ・なれ}（「やか」は接尾語）若々しいようす。例「呉竹の、いと若やかに生ひたちて」〈源氏・胡蝶〉

わかやぎだ・つ【若やぎ立つ】[自タ四]{た・ち・つ・つ・て・て}（「だつ」は接尾語）若返ったようになる。若々しく装う。例「〔年輩ノ〕佐理の宰相なども、みな**若やぎだ・ち**て」〈枕・小白河といふところは〉

わかや・ぐ【若やぐ】[自ガ四]{が・ぎ・ぐ・ぐ・げ・げ}（「やぐ」は接尾語）若々しくなる。若々しく振る舞う。

〔和歌〕**わがやどと…**【わが宿と頼まずながら吉野山花になれぬる春もいくとせ】〈新葉・春下・一〇九・長慶天皇〉訳私の住む所と頼みにしていないが、この吉野山の桜に慣れ親しむ春を迎えるのも何年になることだろう。

〔和歌〕**わがやどのいけのふぢなみ…**【我が宿の池の藤波咲きにけり山時鳥いつか来鳴かむ】〈古今・夏・一三五・よみ人しらず〉訳わが家の池のほとりの藤の花が咲いたよ。山のホトトギスは、いつここに来て鳴くのだろうか。《係結び》「か→来鳴かむ体」

〔和歌〕**わがやどのいささむらたけ…**【我がやどのいささ群竹吹く風の音のかそけきこの夕べかも】〈万葉・一九・四二九一・大伴家持〉訳わが家の庭の清らかな笹の群竹を、吹き過ぎる風の音のかすかなこの夕べよ。

〔和歌〕**わがやどのこずゑのなつに…**【わが宿の梢の夏になるときは生駒の山ぞ見えずなりゆく】〈後拾遺・夏・一六七・能因〉訳私の家の木々の梢が、生い茂って夏木立になるときには、それまで見えていた生駒の山が見えなくなっていくことだ。

〔和歌〕**わがやどのはなみがてらに…**【わが宿の花見がてらに来る人は散りなむ後ぞ恋しかるべき】〈古今・春上・六七・凡河内躬恒〉訳私の家の桜の花を見るついでに立ち寄るような人は、花が散ってしまったあとにはもう来てくださらないでしょうから、そのときには他の人にもまして恋しく思われることでしょう。《係結び》「ぞ→恋しかるべき体」

わかや・る【若やる】[自ラ四]{ら・り・る・る・れ・れ}若々しく見える。例「沫雪の**若や・る**胸を」〈記・上・歌謡〉

わかゆ【若鮎】[名]（「わかあゆ」の略）若い鮎。（季―春）

わか・ゆ【若ゆ】[自ヤ下二]{え・え・ゆ・ゆる・ゆれ・えよ}若くなる。若返る。例「君が八千代を**若・え**つつ見む」〈古今・雑躰・一〇〇三・長歌〉

わがり【我許】[名]（「がり」は所の意の接尾語）私のもと。私のところ。

わか・る【分かる・別る】[自ラ下二]{れ・れ・る・るる・るれ・れよ}❶**分離する。別々になる。**例「〔楠ノ木ハ〕『千枝に**分か・れ**て』恋する人のためしにいはれたる」〈枕・花の木ならぬは〉❷**離別する。居所が離れる。**例「国々の防人集ひ船乗りて**別・る**を見ればいともすべなし」〈万葉・二〇・四三八一〉❸**死別する。**例「親は子におくれ、婦は夫に**わか・れ**」〈平家・七・玄昉〉

わかれ【別れ】[名]❶別れること。別離。死別。❷別れて出たもの。分家。支流。

【**別れの袖**】人と別れる際に、名残を惜しんで涙をふく袖。

【**別れの床**】男女がともに寝た翌朝、起きて別れる寝床。

【**別れの御櫛**】「斎宮」が伊勢へ下向するとき、天皇が別れのしるしに自ら斎宮の髪にさした櫛。

わかれぢ【別れ路】[名]❶人と別れて行く道。また、人と別れること。離別。❷死に別れて行く道。死別。

わかわか・し【若若し】[形シク]{しから・しく(しかり)・し・しき(しかる)・しけれ・しかれ}❶いかにも若い。若くて未熟である。例「さぶらふ人とても、**若々・しき**のみこそ多かれ」〈源氏・藤裏葉〉❷大人げない。子供っぽい。例「人の見聞かむも**若々・しき**を」〈源氏・夕霧〉

わかわかしう【若若しう】形容詞「わかわかし」の連用形「わかわかしく」のウ音便。

わかんこんかうぶん【和漢混交文】[名]→付録「国語・国文法用語事典」

わかんさんさいづゑ【和漢三才図会】[作品名]江戸中期（一七一五ごろ刊行）の百科事典。寺島良安著。中国明代の『三才図会』にならい、日本の事物を中心に、天・地・人の三才に分け、絵図・和文・漢文で解説を加えた図解百科事典。

わかんどほり[名]皇室の血統。皇族。

わかんどほりばら【わかんどほり腹】[名]皇族の女性から生まれたこと。また、その人。

わかんらうえいしふ【和漢朗詠集】[作品名]平安中期（一〇一二、一〇一三ごろ成立）の歌謡集。藤原公任撰。朗誦するのに適した漢詩・和歌の名句を選んだアンソロジー（詞華集）。白楽天の作を中心に漢詩句、和歌を収める。朗詠に用いられるほか、書道の手本となるなど、基本的な教養として享受され、日本文化史に与えた影響は極めて大きい。

わき【脇・腋・掖】[名]❶胴の側面で、腕の付け根の下の部分。わきの下。また、衣服でからだのわきの下に当たる部分。❷かたわら。横。そば。❸相撲の役名。「最手」に次ぐ位。❹二の次。後回し。邪魔者。❺能・狂言で、主役のシテの相手を演ずる役。「ワキ」と表記する。❻「脇句」の略。

【**脇を搔く**】からだのわきをかきなでる。得意げにものをいうさま。例「いみじくしたり顔に、**脇を搔・き**ていひけるをぞ」〈今昔・二五・五〉

わき【別き・分き】[名]❶区別。❷分別。

わきあけ【脇明け・腋明け】[名]❶「けってき」に同じ。❷脇の部分を縫いつけずにあけておくこと。また、その衣。年少の男女が用いた。

わきい・づ【湧き出づ・涌き出づ】[自ダ下二]{で・で・づ・づる・づれ・でよ}❶水が地中からわき出る。❷涙がとめどなく流れる。❸物が次々とあふれるように現れる。

わぎえ【吾家・我家】歴史的かなづかい「わぎへ」

わきかへ・る【湧き返る・沸き返る】[自ラ四]{ら・り・る・る・れ・れ}❶煮えたぎる。❷ほとばしる。勢いよくわき出る。例「たぎりて流れゆく水、水晶を散らすやうに**わきかへ・る**など」〈更級〉❸心が激しくかき乱れる。例「**わきかへ・る**心地したまへど」〈源氏・蜻蛉〉

わききゃうげん【脇狂言】[名]❶狂言の分

類のひとつ。能の「脇能物」に相当する祝言の狂言。❷江戸時代の歌舞伎で、顔見世興行の三番叟の次に演じた狂言。

わきく【脇句】［名］連歌・俳諧で、発句（五・七・五）を受けて詠む七・七の句。＝脇⑥

わきくさ【腋草】［名］わきの下の毛。一説に、「腋臭（わきが）」ともいう。

わきごし【脇輿】［名］輿のかたわらに従うこと。

わきざ【脇座】［名］能舞台で、ワキが着座する場所。正面に向かって右側の「脇柱」の後方。

わきさし【脇さし】［名］（「わきざし」とも）そばに付き添うこと。また、その人。従者。

わきざし【脇差し・脇指し】［名］❶絹を筒状に巻いたもの。禄（褒美）などに用いられ、拝領ののち、退出の際に腰に差した。腰差し。❷太刀の差し添えにするやや小型の刀。❸江戸時代、一尺から二尺（約三〇～六〇センチメートル）までの長さの刀。武士の大小のうちの小刀。町人も携行を許された。

わきじゃうめん【脇正面】［名］能・狂言で、ワキが定座に着いたとき、その正面にあたる所。能舞台で向かって左、仕手柱と目付け柱との間。

わきたぎ・る【沸き滾る】［自ラ四］{ら・り・る・る・れ・れ}❶水が煮え立つ。沸騰する。❷感情が激しくわき起こる。例「わきたぎる心をばかたはらにおきて」〈蜻蛉・中〉

わきだち【脇立ち】［名］「けふじぼさつ」に同じ。

わきだて【脇楯】［名］「わいだて」に同じ。

わきだて【脇立て】［名］兜の立て物のひとつ。兜の鉢の左右に立てて飾りとしたもの。

わきづき【脇几】［名］座る際にわきに置いてひじをのせ、からだをもたせかける台。脇息。

わきつぢ【脇築土】［名］（「わきついぢ」の変化形）門のわきにある土塀。

わきつぼ【脇壺】［名］わきの下のくぼみ。わきの下。

わきづれ【脇連れ】［名］（「わきつれ」とも）能・狂言で、ワキに連れ添う役。ふつう片かなで「ワキヅレ」と書く。→「つれ」「わき（脇）」

わきて【別きて・分きて】［副］（動詞「別く」の連用形＋接続助詞「て」）とくに。とりわけ。＝別けて。例「夕ぞわきて身にはしみける」〈源氏・蜻蛉〉

わきのう【脇能】［名］能の分類のひとつ。能を五番上演する正式の催しで、第一番目に演ぜられる曲目。おもに、神や天女が現れて、祝言を表すめでたい曲。名称の由来は、最初にワキが儀礼的な登場をするからとも、「翁」の次に演ぜられたことからともいう。

わきのうもの【脇能物】［名］能の分類のひとつ。五番立ての演能で、最初に上演される祝言の能。「高砂」「鶴亀」など。

わきのり【脇乗り】［名］主人のわきに騎馬で付き従う者。

わきばさ・む【脇挟む・腋挟む】［他マ四］{ま・み・む・む・め・め}（「わきはさむ」とも）わきの下に挟む。わきにかかえる。例「わき挟む子の泣くごとに」〈万葉・三・四八一長歌〉

わきばしら【脇柱】［名］能舞台で、正面の向かって右前方にある柱。そのそばにワキが定座する。

わきば・む【脇ばむ】［他マ四］{ま・み・む・む・め・め}かわいがる。大切にする。例「脇ばみ思ふ君に」〈落窪・一〉

わぎへ【吾家・我家】［名］（「わいへ」とも。「わがいへ」の変化形）自分の家。

わきま・ふ【弁ふ】［他ハ下二］{へ・へ・ふ・ふる・ふれ・へよ}❶見分ける。区別する。例「同じ直衣どもなれば、何ともわきま・へられぬに」〈源氏・常夏〉❷理解する。心得る。❸弁償する。償う。例「母の借れる所の稲を員のごとく弁・へて」〈今昔・二〇・三一〉

わきまへ【弁へ】［名］❶わきまえること。判別。弁別。識別。また、心得。❷弁償。償い。返済。

わきまへごころ【弁へ心】［名］物事の道理をわきまえる心。物事を分別する心。

わきまへし・る【弁へ知る】［他ラ四］{ら・り・る・る・れ・れ}物事をよく識別して知る。例「からだにわきまへ知・られはべる」〈枕・大進生昌が家に〉

わぎみ【吾君・我君】［代名］（対称の人称代名詞。「わ」は接頭語。相手を親しみ、または軽んじていう語）あなた。おまえさま。例「わ君、門を開けていひ誘へよ（＝ナダメヨ）」〈今昔・二六・八〉

わぎめこ【吾妹子】［名］（「吾妹子」の上代東国方言）「わぎもこ」に同じ。

わぎも【吾妹・我妹】［名］（上代語。「わがいも」の変化形）男性が妻や恋人などの親しい女性を呼ぶ語。私のいとしい、愛する女性。↔我が背

わぎもこ【吾妹子】［名］（「わぎめこ」とも。「わがいもこ」の縮まった形。「こ」は接尾語）私のいとしい妻・恋人。＝吾妹。↔吾が背子。例「出で来吾妹子相見て行かむ」〈万葉・一四・三五一九〉

〈和歌〉**わぎもこがうゑしうめのき…**【我妹子が植ゑし梅の木見るごとに心むせつつ涙し流る】〈万葉・三・四五三・大伴旅人〉訳いとしい妻が植えた梅の木を見るたびに、胸が一杯になって涙が流れる。

〈和歌〉**わぎもこがみしとものうらの…**【我妹子が見し鞆の浦のむろの木は常世にあれど見し人そなき】〈万葉・三・四四六・大伴旅人〉訳いとしい妻がかつて見た、鞆の浦のムロの木は永久に変わらずにあるが、かつてこの木を見たあの人がいまはいない。（係結び）「そ→なき体」

わぎもこに【吾妹子に・我妹子に】［枕詞］（「吾妹子」に「会ふ」意から）同音の「あふ」を含む「あふちの花」、地名「逢坂山」「近江」「淡路」などにかかる。

わぎもこを【吾妹子を】［枕詞］（「吾妹子」を「いざ見む」「早く見む」の意から）同音を含む地名「いざみの山」「早見の浜」にかかる。

わきわき・し【分き分きし・分明し】［形シク］{しから・しく(しかり)・し・しき(しかる)・しけれ・しかれ}際立っている。＝わいわいし。例「すでに分明・しくこの事あり」〈紀・舒明〉

わ・く【別く・分く】一［他カ四］{か・き・く・く・け・け}❶別々にする。区別する。例「大将は、宮をも誰をも分・かず、さまざまにこそ思ひ聞こえたれ」〈宇津保・楼の上・上〉❷判断する。識別する。例「白雲の立田の山の八重桜いづれを花と分・きて折りけん」〈新古今・春上・九〇〉〔注〕「白雲の立田の山」の「たつ」に「立つ」と「竜（田の山）」をかける。二［他カ下二］{け・け・く・くる・くれ・けよ}❶別々にする。区別する。仕切る。例「宮の御桟敷の一続きにて二間ありけるを分・けて」〈蜻蛉・上〉❷障害となるものをどける。かき分け

る。道を開いて進む。例「小さき子の、深き雪を分けて、足は海老(えび)のやうにて走り来る」〈宇津保・俊蔭〉❸分割する。分配する。例「日本は昔三十三ケ国にてありけるを、中ごろ六十六ケ国に分けられたんなり」〈平家・二・阿古屋之松〉語構成「分けられたんなり」→「たんなり」。❹仲裁する。裁定する。例「今度の公事日に両人ともに参りませい。その折に分けて取らせう」〈狂言記・内沙汰〉

わ・ぐ【綰ぐ】[他ガ下二]{げ・げ・ぐ・ぐる・ぐれ・げよ}「わがぬ」に同じ。

わくかせわ【枠桛輪】[名]糸を巻きとる糸繰り車の別称。糸車。

わくご【若子】[名]若い男子。また、年若い男子を褒めていう語。若君。

わぐ・む【綰む】[他マ四]{ま・み・む・む・め・め}「わがぬ」に同じ。

わくらば[名]一【嫩葉】木の若葉。二【病葉】夏、赤色や黄色に変色した葉。(季―夏)

わくらばに【邂逅に】[副](「わくらはに」とも)まれに。偶然に。例「わくらばに人とはあるを人並(ひとなみ)に」〈万葉・五・八九二長歌〉訳→〈和歌〉かぜまじり…

〈和歌〉**わくらばに…【わくらばに問ふ人あらば須磨(すま)の浦に藻塩(もしほ)たれつつわぶと答へよ】**〈古今・雑下・九六二・在原行平〉訳偶然にも私のことを尋ねる人がいたなら、須磨の浦で、藻の塩水が垂れるように、涙を流しながら、わびしく過ごしていると答えてよ。〈参考〉「藻塩たれつつ」は、塩をとるために海藻にかけた海水がしたたり落ちる意に、涙を流す意の「しほたる」をかけている。

わくゎう【和光】[名]「和光同塵(どうぢん)」の略。

わくゎうすいしゃく【和光垂迹】[名]「わくゎうどうぢん」に同じ。

わくゎうどうぢん【和光同塵】[名](仏教語。老子のことばを仏家が借用したもの)仏や菩薩(ぼさつ)が衆生(しゅじゃう)を救うために、威徳を柔らげ、姿を変えて人間世界に現れること。＝和光・和光垂迹(すいしゃく)

わくわく【別く別く・分く分く】[副]分けながら。区別しながら。例「紫草(むらさき)を草と別く別く伏す鹿(しか)の」〈万葉・一二・三〇九九〉

わくんかん【倭訓栞】[作品名]「わくんのしをり」に同じ。

わくんのしをり【倭訓栞】[作品名](「わくんかん」とも)江戸中期から明治前期(一七七七から一八八七ごろ刊行)の国語辞書。谷川士清(ことすが)著。前編は古語・雅語、中編は雅語、後編は俗語・方言を対象とし、五十音順に配列し、出典を示して語釈を施す。五十音引き辞書として最初のもの。

わけ【別】[名]上代の「姓(かばね)」のひとつ。天皇や皇族から分かれた子孫で、地方を治めた氏族。

わけ[名](近世語)一【分け・別け】❶違い。区別。差別。❷分配。分け前。❸食い残し。供物のおさがり。❹遊女が抱え主と稼ぎ高を半分に分けること。転じて、花代が五分(一匁の半分)の下級女郎。❺勘定。支払い。二【訳】❶意味。事情。理由。❷道理。筋道。❸情事。色事。また、それに通じていること。❹遊里の慣習。

〔分(わ)けを立(た)てる〕(近世語)❶支払う。話をつける。❷男女の情を通じる。

わけ【戯奴】[代名]❶(自称の人称代名詞。卑下していう語)わたくしめ。例「我(あ)が君に戯奴は恋ふらし」〈万葉・八・一四六二〉❷(対称の人称代名詞。目下の人に対していう語)おまえ。例「戯奴がため我(あ)が手もすまに春の野に抜ける茅花(つばな)そ」〈万葉・八・一四六〇〉

わげ【髷】[名](近世語)髪を集め頭上で結った髻(もとどり)の余りを曲げ束ねたもの。まげ。

わけい・づ【分け出づ】[自ダ下二]{で・で・づ・づる・づれ・でよ}(さえぎるものを)かき分けて出る。例「山路分け出でけんほど」〈源氏・宿木〉

わけ・く【分け来】[自カ変]{こ・き・く・くる・くれ・こ(こよ)}(草木などを)かき分けながら奥深く入ってくる。例「昨夜(よべ)(雪ヲ)分け来し道のわりなさなど」〈源氏・浮舟〉

わげさ【輪袈裟】[名]袈裟(けさ)の一種。略式のもので、輪の形に作って首に掛けて前に垂らす。天台・真言・浄土真宗などで用いた。

わけざと【分け里・訳里】[名](近世語)遊里。色里。

わけしり【分け知り・訳知り】[名](近世語)遊里で、男女の機微をよく承知していること。粋(すい)な人。

わけそほ・つ【分け濡つ】[自タ上二]{ち・ち・つ・つる・つれ・ちよ}草をかき分けて露にぬれる。例「朝露を分けそほちつつ花見むと」〈古今・物名・四三六〉

わけて【別けて・分けて】[副]「わきて」に同じ。

わけのきよまろ【和気清麻呂】[人名](七三三―七九九)奈良後期から平安前期の公卿(くぎょう)。藤原仲麻呂(なかまろ)の乱の活躍で和気姓を賜った。称徳天皇のとき、皇位を奪おうとする道鏡の企てを、宇佐八幡宮の託宣をもって阻止。桓武(かんむ)天皇の信任を得、また『民部省例』や『和気譜』を撰(せん)した。

わけ・みる【分け見る】[他マ上一]{み・み・みる・みる・みれ・みよ}分け入ってその中を見る。例「筑波山(つくばやま)を分け見まほしき御心はありながら」〈源氏・東屋〉

わこ【和子・若子】[名]貴人や目上の人の男児を親しんで呼ぶ語。若様。

わこう【倭寇】[名]鎌倉時代末期から室町時代にかけて、朝鮮・中国の沿岸を侵した日本人あるいは日本人と見なされた海賊を、朝鮮・中国側から呼んだ語。

わごおほきみ【我ご大君・吾ご大王】[名](「わがおほきみ」の変化形)「わがおほきみ」に同じ。

わごく【和国・倭国】[名]日本の国。また、中国から日本を呼んだ語。

わごくへん【倭玉篇】[作品名]字書。編者未詳。室町前期成立か。部首分類引きで、漢字に字音と和訓が、多く片仮名によって付される。

わごぜ【我御前】[代名](対称の人称代名詞。「わ」は接頭語。おもに、女性を親しんでいう語)そなた。あなた。例「わごぜは今様(いまやう)は上手(じゃうず)でありけるよ」〈平家・一・祇王〉

わごと【和事】[名](近世語)歌舞伎(かぶき)で、演目・役柄・演技・演出の一種。若い美男をめぐる恋愛を写実的に描く。↔荒事(あらごと)

わごとし【和事師】[名](近世語)❶「和事」を得意とする役者。↔荒事師(あらごとし)。❷女たらし。

わごばう【我御坊・和御房】[代名](対称の人称代名詞。「わ」は接頭語。僧を親しんでいう語)お坊さん。例「和御房は命惜しくは無きか」〈今昔・二三・一九〉

わごりょ【吾御寮・我御料】[代名](近世語。

「わごれ」とも。「わごれう」の変化形。対称の人称代名詞。同等またはそれ以下の相手に親しく呼びかける語。男女とも使う》あんた。おまえ。

わごれ [代名]《「わごりょ」の変化形》「わごりょ」に同じ。

わごれう【吾御寮・我御料】[代名]「わごりょ」に同じ。

わごん【和琴】[名]日本固有の六弦の琴で、雅楽や神楽などに用いられる。＝東琴・大和琴。↔唐琴。➡[古典参考図]楽器

わこんかんさい【和魂漢才】[名]日本固有の精神と中国伝来の学問。漢学の知識と、実際の事柄に対処する知恵・才覚を合わせもつことが、古代・中世の学者の理想とされた。

わさ【早稲・早】[名]他の語に冠して複合語を作り、植物などが早く成熟することを表す。＝早稲

わざ【業・態・技】[名]❶行い。**すること。しわざ。** 例「今のみのわざにはあらず」〈万葉・四・四九八〉❷**仕事。役目。勤め。** 例「さるいやしきわざも習はざりければ」〈伊勢・四一〉❸**方法。すべ。技術。芸。** 例「今宵餅いかで参るわざもがな」〈落窪・一〉❹**仏事。法事。** 例「さるは、跡とふわざも絶えぬれば」〈徒然・三〇〉❺**ようす。さま。こと。** 例「あはれなるわざかな」〈源氏・須磨〉❻**災い。たたり。** 例「蟬愁ひて言はく『…五穀にわざもなさず、人に障りすることなし』」〈仮・伊曾保物語〉

わさいひ【早稲飯】[名]「早稲」の米の飯。（季-秋）

わざうた【謡歌・童謡】[名]上代歌謡のひとつ。政治や世情を風刺し、だれともなく歌い始めて流行した歌。

わざくれ《近世語》㊀[名]❶やけくそ。自暴自棄。❷いたずら。冗談。㊁[感]どうにでもなれ。ええ、ままよ。例「ああ辛気や、わざくれ」〈仮・竹斎〉

わざくれごころ【わざくれ心】[名]《近世語》自暴自棄になった気持ち。やけっぱち。

わざごと【俳諧】[名]冗談。ざれ言。

わさだ【早稲田】[名]「早稲」を作る田。（季-秋）

わざと【態と】[副]❶**わざわざ。意識して。** 例「わざとかう立ち寄りたまへること」と言はせたれば」〈源氏・若紫〉《音便》「かう」は「かく」のウ音便。❷**とりわけ。特別に。** 例「わざとめでたき冊子ども」〈更級〉❸**改めて。ことさら。** 例「この度はおほやけの御使ひなり。すみやかに上り給ひて、またわざと下り給ひて」〈宇治拾遺・九・一〉❹《多く「わざとの」の形で》**公式に。本格的に。** 例「わざとの太政大臣はなりがたく」〈大鏡・後一条院〉

〈参考〉現代語の「わざと」は、よくないことと知りながら故意に行う意に用いられるが、古語では特別なことを意識して行うという意で、善悪の使い分けはない。

〔**態とならぬ匂ひ**〕わざとらしくない香の匂い。さりげなくただよう香り。

〔**態との学問**〕師について学ぶ正式な学問。おもに漢学。

わざとがま・し【態とがまし】[形シク]{(しく)・しから・しく(しかり)・し・しき(しかる)・しけれ・しかれ}《「がまし」は接尾語》いかにも意識的だ。わざとらしい。例「北の殿よりわざとがましくし集めたる鬚籠ども」〈源氏・初音〉

わざとがましう【態とがましう】形容詞「わざとがまし」の連用形「わざとがましく」のウ音便。

わざとな・し【態となし】[形ク]{(から)・く(かり)・し・き(かる)・けれ・かれ}わざとらしくない。自然である。例「わざとなく忍びやかにうちふるまひたまひて」〈源氏・花散里〉

わざとなら・ず【態とならず】さりげない。例「儀式もわざとならぬさまにて」〈源氏・葵〉

わざとめか・す【態とめかす】[他サ四]{さ・し・す・す・せ・せ}《「めかす」は接尾語》気を遣っているようすをする。

わざとめ・く【態とめく】[自カ四]{か・き・く・く・け・け}《「めく」は接尾語》気を遣ったように見える。例「わざとめきよしある火桶に」〈源氏・初音〉

わさはぎ【早萩】[名]《「わさ」は「わせ」の変化形。成長が早いの意》ほかの萩よりも早く咲く萩。

わざはひ【災ひ・禍】[名]❶災難。不幸。不運。❷《「や」「か」などの助詞を伴って》不愉快な気持ちを表す。嫌だ。例「あなわざはひや」〈大鏡・伊尹〉

わさほ【早稲穂】[名]早生の稲穂。（季-秋）

わざもの【業物・技物】[名]名工によって鍛えられた切れ味のよい刀剣。＝業良し

わざよし【業良し】[名]「わざもの」に同じ。

わさわさ [副]《近世語》生き生きとしてうれしそうなさま。うきうき。いそいそ。例「悲しい顔を見せまいと、わざとにこにこわさわさと」〈浄・淀鯉出世滝徳〉

わざわざ・し【態態し】[形シク]{(しく)・しから・しく(しかり)・し・しき(しかる)・しけれ・しかれ}ことさらに意図した感じだ。わざとらしい。例「さわざわざしう構へたまはずともありなむ」〈蜻蛉・中〉《音便》「わざわざしう」は「わざわざしく」のウ音便。

わざをぎ【俳優・倡優】[名]《上代は「わざをき」。「芸招き」の意》こっけいな歌舞や振る舞いをして、神や人々を慰め楽しませること。また、それをする人。演技者。役者。

わさん【和讃】[名]仏教歌謡の一種。仏・菩薩の徳や高僧の業績を和語でたたえたもの。多くは七五調四句を一節とするが、数十句に及ぶものもある。

わざん【和讒】[名]事実を偽ったり、悪口や不利なことをいって、人を陥れること。讒言。

わし【鷲】[名]鳥の名。イヌワシ・オオワシ・クマタカなどの猛禽の総称。（季-冬）

わし [感]《上代語》上代歌謡で、語調を整えるはやしことば。よいしょ。

わじしゃうらんせう【和字正濫鈔】[作品名]江戸前期（一六九五刊行）の国語学書。契沖著。仮名遣いの乱れを正した書。平安中期以前の文献によって用例を求め、基準を示した。「ゐ」「ゑ」「を」の使い分けなど、「歴史的仮名遣い」の基礎となった。

わし・す【走す】[他サ下二]{せ・せ・す・する・すれ・せよ}走らせる。通す。例「山高み下樋を走せ」〈紀・允恭〉

わしのやま【鷲の山】[地名]「霊鷲山」の日本での名称。＝鷲の峰

わじゃう【和尚・和上】[名]《仏教語》法相宗・律宗・真言宗で、授戒の師となる僧。また、高僧の敬称。

わしりで【走り出】[名]「はしりで」に同じ。

わし・る【走る】[自ラ四]{ら・り・る・る・れ・れ}❶はしる。走り回

る。❷あくせくする。せわしく暮らす。例「事を知り、世を知れれば、願はず、わし・らず」〈方丈記〉

わ・す【座す】［自サ四］{さ・し・す・す・せ・せ}［自サ下二］{せ・せ・す・する・すれ・せよ}《「おはす」の変化形。「あり」「居る」「来」の尊敬語》いらっしゃる。おいでになる。例「恋しくはとうてもわ・せよ」〈沙石集〉

〈和歌〉**わすらむて…【忘らむて野行き山行き我来れど我が父母は忘れせぬかも】**〈万葉・二〇・四三四四・防人歌・商長麻呂〉訳 忘れようとしてむやみやたらと野を行き山を行きしておれはやって来たが、父や母を忘れることができない。

〈参考〉「忘らむて」は「忘らむと」の上代東国方言。

〈和歌〉**わすらるる…【忘らるる身をば思はず誓ひてし人の命の惜しくもあるかな】**〈拾遺・恋四・八七〇・右近〉《百人一首》訳 忘れ去られる私の身のことなど何とも思いません。ただ、神かけてお誓いになったお人の命が、神の罰を受けて命を落とすのかと思うと、惜しくてならないのです。

わずらわし【煩わし】歴史的かなづかい「わづらはし」

わす・る【忘る】㊀［他ラ四］{ら・り・る・る・れ・れ}❶失念する。自然に記憶が薄れる。❷意図的に思い出さない。意識から追い払う。例「忘・らむて野の行き山行き我来れど」〈万葉・二〇・四三四四〉訳→〈和歌〉わすらむて…。㊁［他ラ下二］{れ・れ・る・るる・るれ・れよ}❶㊀①に同じ。❷㊀②に同じ。例「忘・れなむと思ふ心の」〈古今・恋四・七〇八〉

わするるくさ【忘るる草】［名］「わすれぐさ」に同じ。

わすれ【忘れ】［名］忘れること。

わすれがたみ【忘れ形見】［名］《「難み」と「形見」とをかけた語》❶忘れないようにあとに残して置く記念の品。❷親の死後に残された子。遺児。

わすれがひ【忘れ貝】［名］二枚貝の離れた一片。これを拾うと恋しい思いを忘れることができるという貝。＝恋忘れ貝

〈和歌〉**わすれがひ…【忘れ貝拾ひしもせじ白玉を恋ふるをだにもかたみと思はむ】**〈土佐〉訳 恋しい人を忘れるという忘れ貝を拾ったりはするまいよ。あの白玉のようないとしい娘を恋しく思うことだけでも形見と思おう。

わすれぐさ【忘れ草】［名］カンゾウの別称。身に持つと憂いを忘れるとされてつけられた名で、恋しい人を忘れる草ともされた。＝忘るる草。（季－夏）

〈和歌〉**わすれじな…【忘れじな難波の秋の夜半の空こと浦に澄む月は見るとも】**〈新古今・秋上・四〇〇・宜秋門院丹後〉訳 決して忘れまいよ。この難波の浦の秋の夜中の空の景色を。たとえこの先よその浦に住んで澄みきった月を見ることになろうとも。

〈参考〉「すむ」は、「澄む」と「住む」をかける。

〈和歌〉**わすれじの…【忘れじのゆく末まではかたければ今日を限りの命ともがな】**〈新古今・恋三・一一四九・儀同三司母〉《百人一首》訳 忘れまいとおっしゃる、遠い将来までは頼みにできないので、うれしいおことばをいただいた今日を最後とする命であってほしいものです。

〈和歌〉**わすれずよ…【忘れずよ清見が関の波間よりかすみて見えし三保の浦松】**〈続古今・羇旅・八五八・中務卿〉訳 忘れないよ。清見が関の波立つその間から、かすんで見えた美しい三保の海岸の松を。

〈和歌〉**わすれてはうちなげかるる…【忘れてはうち嘆かるる夕べかなわれのみ知りて過ぐる月日を】**〈新古今・恋一・一〇三五・式子内親王〉訳 つい忘れてはため息のもれる夕暮れであるよ。この思いはあの人は知らずに私ひとりが知って過ごしてきた月日なのに。

〈和歌〉**わすれてはゆめかとぞおもふ…【忘れては夢かとぞ思ふ思ひきや雪踏みわけて君を見むとは】**〈古今・雑下・九七〇・在原業平、伊勢・八三〉訳 あなた様がこうしていらっしゃるのをふと忘れては夢ではないかと思います。ご出家なさる以前には一度でも思ったことがあったでしょうか。深い雪を踏み分けてあなた様にお目にかかろうとは。《係結び》「ぞ→思ふ(体)」

〈参考〉出家して小野に住む惟喬親王を訪ねたあと、贈った歌。

わすれみづ【忘れ水】［名］野中や岩陰などを、人知れず流れる水。和歌では、多く「絶え絶え」などを導く序詞に用いる。例「忘れ水絶え間がちなるころにもあるかな」〈新古今・恋三・一二一一〉

わすれみづ【わすれ水】［作品名］「さんざうし」に同じ。

わすれわ・ぶ【忘れ侘ぶ】［自バ上二］{び・び・ぶ・ぶる・ぶれ・びよ}忘れたくても忘れられなくて嘆く。例「なき人を忘れわ・びなば忘れ草」〈兼輔集〉

わすれゐ【忘れ井】［名］捨てられた古井戸や泉。

わせ【早稲・早生】［名］❶早く熟する稲。↔奥手・中手・晩稲。（季－秋）。❷ふつうのものより成長の早いこと。早熟。

〈俳句〉**わせのかや…【早稲の香や分け入る右は有磯海】**〈おくのほそ道・黒部・芭蕉〉訳 一面に広がる早稲の田からよく実った稲の香りがただよってくる。その穂波の中をかき分けるようにして進み、加賀国（いまの石川県）に入っていく右手には、はるかかなたに有磯海が続いている。（季－早稲－秋）

わせんじゃう【我先生・和先生】［代名］《対称の人称代名詞。「わ」は接頭語。相手を親しんで、また侮っていう語》おまえさん。例「わ先生はいかでこの鮭を盗むぞ」〈宇治拾遺・一・一五〉

わそう【我僧・和僧】［代名］《対称の人称代名詞。「わ」は接頭語。僧を親しんで、また侮っていう語》坊さん。＝我院。例「わ僧の頭や腕に取り付きたりつる児どもは誰ぞ」〈宇治拾遺・一〇・一〇〉

わた【海】［名］《のち「わだ」とも》海。

わた【腸】［名］はらわた。

わだ【曲】［名］湾曲した地形。入り江などをいう。

わたう【我党・和党】［代名］《対称の人称代名詞。「わ」は接頭語。相手を親しんで、また侮っていう語》おまえ。おまえたち。例「わたうたちこそ、させる能もおはせねば」〈宇治拾遺・三・六〉

わだかま・る【蟠る】㊀［自ラ四］{ら・り・る・る・れ・れ}曲がりくねる。また、（蛇などが）とぐろを巻く。例「七曲にわだかまりたる玉の」〈枕・社は〉㊁［他ラ四］盗む。横領する。だます。例「誰人にてもこがれての状たまはるを、蟠りて届けずば」〈浮・男色大鑑〉

わたがみ【綿上・綿噛】［名］鎧の胴をつる両肩の

部分の名称。➡〔古典参考図〕武装・武具〈1〉

わたぎぬ【綿衣】〔名〕綿を入れた衣。冬に防寒用として用いた。綿入れ。(季—冬)

わたくし【私】㊀〔名〕❶(公的でない)**個人的なこと。私的なこと。**⇔公。例「殿上人どもも、私の別れ惜しむ多かり」〈源氏・賢木〉❷**利己心。私心。自分勝手。**例「昔は君は政理かしこく、摂籙の人は一念私無くてこそあれ」〈愚管抄〉㊁〔代名〕《自称の人称代名詞。中世後期以降の用法》かしこまったいい方。**私ども。私。**例「私は太郎冠者でござるが」〈狂・窪代〉

〔**私の後ろ見**〕(天皇の後見である摂政・関白を「公の後ろ見」というのに対して)将軍の後見職である、執権。

〔**私の君**〕自分の、かけがえのない大切な主君。また、自分の心の中で、主君のように思って、大切にお世話をする人。

〔**私の主**〕大切に思い、かしずく主人。

〔**私の寺**〕一族の冥福と現世の利益などを願って建立する寺。氏寺。

わたくしごと【私事】〔名〕個人的なこと。私的な事柄。⇔公事④

わたくしざま【私様】〔名〕私ごとの方面。内々のこと。⇔公様

わたくしだ【私田】令制で私有を許された田。

わたくしもの【私物】〔名〕自分の所有物として大切にするもの。秘蔵のもの。

わたくりぐるま【綿繰り車】〔名〕綿花から綿を取る道具。綿花を、回転する木製のローラーにかませ、綿だけを引き出し、種子を取り除くもの。＝綿繰り

わたし【器】〔名〕茶の葉などを入れる容器。茶入れ。

わたしもり【渡し守】〔名〕渡し舟の船頭。＝渡り守

わた・す【渡す】〔他サ四〕{さ・し・す・す・せ・せ}❶**湖や川で、人や物を向こう岸に運ぶ。**例「七人の人、音声楽して、孔雀の**渡・し**し川のほとりまで送る」〈宇津保・俊蔭〉❷**板などで両岸をつなぐ。橋を架ける。**例「かの河に**わた・せ**る橋をば、楚国の橋といへり」〈平家・五・咸陽宮〉❸**与える。譲る。**例「よき賭物はありぬべけれど、軽々しくはえ**渡・す**まじきを」〈源氏・宿木〉(副詞の呼応)「え」→渡すまじき」。❹**連れて行く。連れて来る。**例「御みづから渡・したてまつりつれば、帰りなむとあらば送りせむかし」〈源氏・若紫〉(敬語)「渡したてまつり」→「たてまつる」。❺(「川を渡す」の形で)**川を馬などで渡る。**例「いまは河を**わた・す**べきで候ふが」〈平家・四・橋合戦〉(敬語)「わたすべきで候ふ」→「さうらふ」。❻**道を通らせる。引き回す。**例「三位中将しも生けどりにせられて、大路を**わた・さ**るる事よ」〈平家・十・内裏女房〉❼(「済す」とも書く)(彼岸に渡すの意味で)**仏の力で人を救う。済度する。**例「人済すこともはべらぬに」〈源氏・東屋〉(敬語)「はべらぬに」→「はべり」。❽(動詞の連用形に付いて)**端から端まで…する。一面に…する。ずっと…する。**例「春の花の木をも植ゑ**わた・し**」〈源氏・薄雲〉

わたつうみ【わたつ海】〔名〕(「わたつみ」の変化形。「つ」は上代の格助詞)「わたつみ②」に同じ。

わたつみ【海神・海】〔名〕(「わだつみ」「わだづみ」とも。「海つ霊」の意。「つ」は上代の格助詞)❶**海の神。海神。**⇔山神。例「潜きする海人は告れども海神の心し得ねば」〈万葉・七・一三〇三〉❷**海。うなばら。大海。**＝わたつ海。例「わたつみの我が身越す波立ち返り」〈古今・恋五・八二六〉

〔和歌〕**わたつみのちふりのかみに…【わたつみのちふりの神に手向けする幣の追ひ風やまず吹かなむ】**〈土佐〉訳海を行く旅人を守る神にお供えする幣を吹きつける追い風よ、どうかやむことなく吹いておくれ。

〔和歌〕**わたつみのとよはたくもに…【わたつみの豊旗雲に入り日差し今夜の月夜さやけかりこそ】**〈万葉・一・一五・天智天皇〉訳海上の吹き流しのようなすばらしい雲に、いましも入日がさすのを見た、今宵の月は、明るく照ってほしい。

わたどの【渡殿】〔名〕寝殿造りなどで、建物をつなぐ、屋根のある渡り廊下。細殿。➡図版「被く」

わたなか【海中】〔名〕海の中。海の上。

わたなべくゎざん【渡辺崋山】〔人名〕(一七九三〜一八四一)江戸後期の画家・蘭学者。谷文晁に師事。『慎機論』を著し、攘夷論の非を唱えたため幽閉されたのち、自刃。

わたなべのつな【渡辺綱】〔人名〕(九五三〜一〇二五)平安中期の武将。源頼光の郎等。頼光とともに大江山の酒呑童子を退治したことで有名。

わたのかみ【海の神】〔名〕海を支配する神。

わたのはら【海の原】〔名〕大海。うなばら。

〔和歌〕**わたのはらこぎいでてみれば…【わたの原漕ぎ出でてみれば久方の雲居にまがふ沖つ白波】**〈詞花・雑下・三八二・藤原忠通〉《百人一首・法性寺入道前関白太政大臣》訳大海原に漕ぎ出してはるかに見渡すと、〔ひさかたの〕空の雲と見間違えるような沖の白波が立っているよ。

〈参考〉「久方の」は、「雲」の枕詞。

〔和歌〕**わたのはらやそしまかけて…【わたの原八十島かけて漕ぎ出でぬと人には告げよ海人の釣舟】**〈古今・羇旅・四〇七・小野篁〉《百人一首・参議篁》訳大海原の多くの島々を目指して漕ぎ出したと、都の人には告げておくれ、漁師の釣舟よ。

〈参考〉流罪になり、隠岐へ出発するときの歌。

わたばな【綿花】〔名〕綿で作った造花。「男踏歌」のときに、舞人が冠に付けた飾り。

わたまし【移徙・渡座】〔名〕(「わたりまし」の変化形)転居の尊敬語。御移転。のち、一般に、転居。

わたもち【腸持ち】〔名〕(近世語)(内臓をもっていることから)生き物。生身のもの。土像や木像などに対して用いる。

わたゆみ【綿弓】〔名〕繰り綿(種を除いただけの綿)を打って混じり物を除き、柔らかにして打ち綿を作る道具。弓に似て弦をはじいて綿を打つ。綿打ち弓。綿打ち。(季—秋)

わたら‐せ‐たま・ふ【渡らせ給ふ】ワタラセタマ(モ)ウ ❶「移動する」「行く」「来る」の意の尊敬語。いらっしゃる。おいでになる。例「〔伊周ガ〕弓あそばししに、この殿〔＝道長〕**わたらせたま・へ**れば」〈大鏡・道長・上〉❷

語構成　わたら　せ
ラ四「渡る」(未)　助動「す」(用)
たまふ
補動ハ四「給ふ」

「いる」の意の尊敬語。いらっしゃる。おいでになる。例「さがせども宮**わたらせ給・はず**」〈平家・四・信連〉❸「所有する」意の「あり」の尊敬語。おありになる。持っていらっしゃる。例「君、やすい御心も**わたらせ給・はざりし**に」〈平家・三・法印問答〉❹(いろいろな動詞・形容詞の連用形や、形容動詞・形容動詞型活用語の連用形などに付いて)「…て(で)いる」「…である」の意の尊敬語。…て(で)いる人、…である人(主語)を高める。…て(で)いらっしゃる。…て(で)おいでになる。例「主上をさなう**わたらせ給・ふ**時の御同輿(ごとうよ)には」〈平家・五・都遷〉

わたらひ【渡らひ】(ワタライ)[名]生計。暮らし向き。

わたらひごころ【渡らひ心】(ワタライゴコロ)[名]生活するための心掛け。

わたら・ふ【渡らふ】(ワタラ(ロ)ウ)《上代語。動詞「渡る」の未然形＋反復・継続の助動詞「ふ」》❶移動する。例「山の雲間より**渡ら・ふ**月の」〈万葉・二・一三五長歌〉❷暮らす。例「肉(しし)を食(くら)ひて**わたら・ふ**」〈紀・斉明〉

-わたり【渡り】[接尾](数詞に付いて)物事が全体に行きわたる回数を表す。「一**わたり**」など。

わたり【辺り】[名]❶**あたり**。**付近**。**辺**(へん)。例「温明殿(うんめいでん)の**わたり**をたたずみ歩(あり)きたまへば」〈源氏・紅葉賀〉❷(婉曲(えんきょく)に)**人**。**人々**。例「かく心おくべき**わたり**ぞ」〈源氏・真木柱〉

わたり【渡り】[名]❶**移ること**。**転居**。**外出**。また、**来訪**。例「御**渡り**のほどにも、参り仕うまつらざりけること」〈源氏・玉鬘〉《敬語》「参り仕うまつらざりける」→「まゐる(四段)」「つかうまつる」。❷**川や海などを渡ること**。**渡海**。**渡河**。例「木曾我が身は一万余騎で小矢部(をやべ)の**わたり**をして」〈平家・七・火打合戦〉❸**対岸へ渡るための場所**。**渡し場**。**舟着き場**。例「三河と尾張(をはり)となるしかすがの**渡り**」〈更級〉❹**外国からの輸入**。また、**輸入物**。**舶来品**。例「男のすべき帯一筋しかも流紋の**渡り**」〈浮・新色五巻書〉❺**交渉**。**掛け合い**。**相談**。例「大江山の親分が鉄棒(かなぼう)ひいて**わたり**にこようが」〈膝栗毛〉❻**物の両端間の長さ**。**差し渡し**。**直径**。❼職場・職種を渡り歩く人。渡り者。

わたりあ・ふ【渡り合ふ】(ワタリア(オ)ウ)[自ハ四]{は・ひ・ふ・ふ・へ・へ}相手になる。応戦する。切り合う。

わたりあり・く【渡り歩く】[自カ四]{か・き・く・く・け・け}あちこち歩き回る。

〈和歌〉**わたりかね…**【渡りかね雲も夕(ゆふ)べをなほたどる跡なき雪の嶺(みね)のかけはし】〈草根集・正徹〉訳渡りかねて、雲も夕暮れの空にまだ行き迷っている。足跡のない雪の積もった、峰にかかる掛け橋を。

わたりがは【渡り川】(ワタリガワ)[名]冥途(めいど)の三途(さんず)の川。多く、和歌で用いられる。

わたりかよ・ふ【渡り通ふ】(ワタリカヨウ)[自ハ四]{は・ひ・ふ・ふ・へ・へ}特定の場所を頻繁に往来する。行き来する。

わたりす・む【渡り住む】[自マ四]{ま・み・む・む・め・め}男が女の家に通い、そのまま移り住む。

わたりぜ【渡り瀬】[名]《「わたりせ」とも》歩いて渡れる川。浅瀬。

わたりで【渡りで】[名]川を渡れる場所。

わたりもの[名]㊀【渡り物】❶先祖伝来の品。❷外国から渡来した品。❸祭りで練り歩く行列。練り物。㊁【渡り者】何人も主人を替えては仕える者。

わたりもり【渡り守】[名]「わたしもり」に同じ。

わた・る【渡る】[自ラ四]{ら・り・る・る・れ・れ}

アプローチ
▼「海(わた)」と同じ語源の動詞ともいわれ、海や川を移動するが原義。
▼さらに、一定の空間・時間を経て移動するの意に広く用いられた。
▼中世以降、「あり」「をり」の尊敬語としても用いられた。

❶**海や川を移動する**。**渡る**。**対岸へ行く**。例「『はや船に乗れ、日も暮れぬ』といふに、乗りて**渡・ら**むとするに」〈伊勢・九〉訳「早く船に乗れ、日も暮れてしまう」というので、(船に)乗って**渡ろう**とするときに。❷(外国に)**行く**。(外国から)**来る**。例「唐土(もろこし)に三度(みたび)**渡・れ**る博士(はかせ)、中臣門人(なかとみのかどひと)といふを召して、難き題を出(いだ)させて試みさせ給ふ」〈宇津保・俊蔭〉訳中国に三度**行った**博士、中臣門人という人をお呼びになって、むずかしい題を出させて試験をおさせなさる。❸**空を移動する**。**横切る**。**渡る**。例「さ夜中と夜(よ)は更(ふ)けぬらし雁(かり)が音(ね)の聞こゆる空を月**渡・る**見ゆ」〈万葉・九・一七〇一〉訳ま夜中にまで夜は更けたらしい。雁の鳴き声が聞こえる空に月が**横切る**のが見える。❹**場所を移動する**。**移る**。**行く**。**来る**。例「初瀬(はつせ)へなどあれば、もろともにと、つつしむところに**渡・り**ぬ」〈蜻蛉・中〉訳初瀬へ参詣(さんけい)しようなどというので、いっしょにと思って、(父が)精進潔斎している所に**移った**。❺**場所を通過する**。**通り過ぎる**。例「粟田(あはだ)といふ所にいきけるに、その家の前を**わた・り**ければ、よみたりける」〈大和・一〇〉訳粟田という所に行ったときに、その家の前を**通り過ぎ**たので、詠んだ(歌)。❻(年月を)**過ごす**。**暮らす**。例「学問して因果の理(ことわり)をも知り、説経などして世**わた・る**たづきともせよ」〈徒然・一八八〉訳学問をして因果応報の道理をも知り、説経などして世を**過ごす**手段ともせよ。❼**通ずる**。**及ぶ**。例「この戒め、万事に**わた・る**べし」〈徒然・九二〉訳この戒めは、万事に**及ぶ**はずだ。❽《尊敬語とともに用いて、「あり」「居(ゐ)る」の尊敬語》**いらっしゃる**。例「この世に**わた・ら**せ給ふをも、見参らせて候(さうら)はばこそ、命のながきかひもあらめ」〈平家・二・少将都帰〉訳(父上が)この世に**生きていらっしゃる**のをも、見申し上げましたら、長生きしたかいもあるでしょう。《係結び》「こそ→あらめ(已)」。《敬語》「わたらせ給ふ」→「せたまふ」、「見参らせて候はば」→「まゐらす」「さうらふ」❾(ほかの動詞の連用形に付いて)**ずっと…する**。**…し続ける**。例「年を経(へ)てよばひ**わた・り**けるを」〈伊勢・六〉訳年月を経て求婚**し続け**ていたが。❿(ほかの動詞の連用形に付いて)**一面に…する**。**広**

く…する。例「霧は、来しかた見えずたちわた・りて」〈蜻蛉・上〉訳霧は、過ぎて来た方向が見えないほど一面に立って。

わちがひ【輪違ひ】ワチガイ［名］（「わちがへ」とも）❶輪をうち違えて重ねた形。❷紋所の名。①の図案化。

わづか【・なり】【僅か・纔か】ワズカ［形動ナリ］{なら・なり(に)・なり・なる・なれ・なれ}❶（数量や程度がごく少ないさま）ほんの少し。例「山のなからばかりの、木の下のわづか・なるに」〈更級〉❷かろうじて。やっと。例「わづか・に十三束こそ仕まつり候へ」〈平家・五・富士川〉（係結び）「こそ→仕り候へ㊁」。（敬語）「仕り候へ」→「つかまつる」、「さうらふ」。❸（①より転じて）粗末だ。貧しい。ささやかだ。例「わづか・なる草の庵のうちに一人の僧あり」〈東関紀行〉

わづかに【僅かに】ワズカニ［副］❶すこしばかり。❷かろうじて。

わづかの【僅かの】ワズカノ［連体］たかが。

わづきワズキ［名］語義未詳。区別・区分けの意か。

わっさり［副］（近世語）こだわらずさっぱりとしている。あっさり。例「畳の表替へ、竈の上塗り、万事わっさりと気を付け」〈浮・日本永代蔵〉

わっぱ【童】（「わらは」の変化形）㊀［名］子供や人をののしっていう語。子供。小僧。㊁［代名］（自称の人称代名詞）自分を卑下していう語。

わっぱ［副］大声でわめき立てるさま。わっと。わいわい。例「何事をわっぱと言ふぞ」〈狂・鍋八撥〉

わづらは・し【煩はし】ワズラワシ［形シク］{しから・しく(しかり)・し・しき(しかる)・しけれ・しかれ}

> **アプローチ**
> ▼動詞「煩ふ」の形容詞化した語。
> ▼複雑で面倒な事態に対して、不快な感じを表す。
> ▼中古に、心を悩ますようなことに対して、反発する心情的な意と、からだが病気に悩まされる意とに分化し、さらに、気がおけるなどの意にも用いられるようになった。

❶事情が複雑である。例「多くの調べ、わづらは・しき曲多かるを」〈源氏・若菜・下〉訳多くの調子や、複雑な曲がたくさんあるので。
❷面倒である。やっかいである。例「世の中いとわづらは・しく、はしたなきことのみまされば」〈源氏・須磨〉訳（源氏には）世間はじつにやっかいであり、間の悪いことばかりが増えてくるので。
❸嫌だ。いとわしい。例「『ひきもや開けたまはむ』と、心ときめきしてわづらは・しければ」〈枕・かへる年の〉訳「（遣り戸を）引き開けておしまいになるか」と、気が気でなくいとわしいので。（係結び）「や→開けたまはむ㊍」
❹気がねがある。気がおける。例「やむごとなく、わづらは・しきものにおぼえたまへりし大殿の君も」〈源氏・賢木〉訳身分が高く、気がおける人と思われなさった大殿の君（＝葵の上）も。
❺病気がひどい。病気が重い。例「さまざまにつくろひけれど、わづらは・しくなりて」〈徒然・四二〉訳いろいろと治療したけれど、病気がひどくなって。

わづらはしう【煩はしう】ワズラワシュウ　形容詞「わづらはし」の連用形「わづらはしく」のウ音便。

わづらは・す【煩はす】ワズラワス［他サ四］{さ・し・す・す・せ・せ}煩わしい思いをさせる。思い悩ませる。例「〔物ノ怪、生キ霊ガ〕ことにおどろおどろしくわづらは・しきこゆることもなけれど」〈源氏・葵〉

わづらひ【煩ひ】ワズライ［名］❶苦労。心配。面倒。❷気分がすぐれないこと。病気。悩み。

わづら・ふ【煩ふ】ワズラ(ロ)ウ{は・ひ・ふ・ふ・へ・へ}［自ハ四］［補動ハ四］

> **アプローチ**
> ▼思うようにならず悩む、苦しむの意が原義。
> ▼中古以降、病気になる意や、補助動詞の用法の…しかねるといった意が生じた。

㊀［自ハ四］❶思い悩む。苦しむ。困る。例「こなたかなた心を合はせて、はしたなめわづら・はせたまふ時も多かり」〈源氏・桐壺〉訳（桐壺更衣を）あちらこちらでしめし合わせて、辱めたり困らせたりなさるときも多い。（敬語）「わづらはせたまふ」→「たまふ（四段）」
❷苦労をする。難儀する。例「川のこなたなれば、舟などもわづら・はで、御馬にてなりけり」〈源氏・橋姫〉訳（八の宮邸は）川のこちらなので、舟などで行く苦労をすることもなく、御馬でであった。
❸病気にかかる。病む。例「御息所、はかなき心地にわづら・ひて、まかでなんとしたまふを、暇さらにゆるさせたまはず」〈源氏・桐壺〉訳御息所（＝桐壺更衣）は、ちょっとした病気にかかって、（宮中を）退出しようとなさるが、（帝は）暇をさらにお許しにならない。（敬語）「まかでなん」→「まかづ」、「ゆるさせたまはず」→「せたまふ」
㊁［補動ハ四］うまく（なかなか）…できずに困る。…しかねる。例「去年の夏も世におこりて、人々まじなひわづら・ひしを」〈源氏・若紫〉訳去年の夏も（瘧病が）世間で流行して、人々がうまく病気治療の術をすることができずに困っていたのを。

発展学習ファイル　類義語「なやむ」は、精神的・肉体的に苦しむ意が原義。⇩「なやむ」〈発展学習ファイル〉

わてう【和朝】ワチョウ［名］日本の朝廷。また、日本。

わどうかいほう【和同開珎】［名］（一説に、「珎」を「珍」の異体字として「わどうかいちん」とも読む）上代の銀銭・銅銭。元明天皇の和銅元年（七〇八）に鋳造され、表面に「和同開珎」の文字がある。

わどの【和殿・我殿】［代名］（対称の人称代名詞。「わとの」とも。「わ」は接頭語。対等またはそれ以下の者を親しんでいう語）おまえ。きみ。例「わ殿はのこりとどまって、後の証人にたて」〈平家・九・二度之懸〉

わな・く【絞く】［自カ四］{か・き・く・く・け・け}（上代語）首を絞める。例「自ら絞・きて、ともに死せましぬ」〈紀・皇極〉

わななかしい・づ【戦慄かし出づ】ワナナカシイズ［自ダ下二］{で・で・づ・づる・づれ・でよ}声を震わせながら読み上げる。例「『さへづる春は』とからうじてわななかしい・でたり」〈源氏・末摘花〉

わ

わななきい・づ【戦慄き出づ】〘ワナナキイズ〙（で・で・づ・づる・づれ・でよ）一〔自ダ下二〕震えながら出て来る。例「青き紙（=手紙）の、松につけたるを置きて、**わななき出でたり**」〈枕・職の御曹司におはしますころ、西の廂に〉 二〔他ダ下二〕震え声を出す。声を震わせて話す。例「古めかしきことどもを**わななき出でつつ**、語り聞こゆ」〈源氏・若菜・上〉

わななきごゑ【戦慄き声】〘ワナナキゴエ〙〔名〕恐怖や緊張などで、震わせながら出す声や音。

わなな・く【戦慄く】〔自カ四〕（か・き・く・く・け・け）❶**手やからだが震える。わなわなと動く。**例「御手も**わななき**て、え書きたまはず」〈源氏・若菜・下〉〘副詞の呼応〙「え→書きたまはず」。❷**声が震える。楽器の音が震える。**例「ただ泣きに泣きて、御声の**わななく**も」〈源氏・行幸〉❸**文字などが震える。ぶるぶると揺れる。**例「あやしう**わななき**たる手にて」〈蜻蛉・下〉❹**心が動揺する。**例「寝おびれて起きたる心地も**わななかれて**」〈源氏・浮舟〉

わなわな〔副〕がたがた。ぶるぶる。例「秦舞陽**わなわな**とふるひければ」〈平家・五・咸陽宮〉

わに【鰐】〔名〕鮫やその大形の種類のフカの古名。

わに【王仁】〔人名〕（生没年未詳）応神天皇の代に百済から来朝した漢学者。『論語』十巻、『千字文』一巻を献上したという。

わにふだう【我入道・吾入道】〘ワニュウドウ〙〔代名〕（対称の人称代名詞。「わ」は接頭語）出家した者を親しんで、また侮っていう語。

わぬ【吾・我】〔代名〕（「われ」の上代東国方言。自称の人称代名詞）わたし。例「うべ（=ナルホド）児なは**我**に恋ふなも」〈万葉・一四・三四七六〉

わぬし【吾主・和主】〔代名〕（対称の人称代名詞。「わ」は接頭語。対等またはそれ以下の者に対していう語）そなた。おまえ。例「**わぬし**の問はれんほどのこと」〈徒然・一三五〉

わび【侘び】〔名〕❶気落ちすること。思い悩むこと。例「今は我は**わび**ぞしにける息の緒に思ひし君を許さく思へば」〈万葉・四・六四四〉❷茶道や俳諧における美的理念のひとつ。閑寂・簡素な趣。

古語深耕　好まれた「わび」の心情

本来、忌避されるべき「**わび**」の心情の基調となる失意・落胆・窮乏の状態は、中世になると評価され、風流な生活にはむしろ好ましいものとして受け取られた。満たされた状況にいるよりも、嘆かわしい不如意な生活に身を置く方が、深い情趣を味わうことができるというのである。

たとえば、鎌倉初期に成立した説話集『発心集』には、平安後期の「いといみじき数奇人」源顕基という人物が、「罪なくして罪をかうぶりて、配所の月を見ばや」と願ったという話が紹介されている。無実の罪で配所にいる嘆きが、月をよりいっそう美しく見せると考えたのである。

こうした思潮は、千利休によって大成された「わび茶」に受け継がれ、質素な生活を営むことで精神の充実を図り、枯淡な境地に深い美を見出そうとした。さらに、江戸時代には松尾芭蕉が、利休や「わび茶」の影響を強く受け、自ら進んで草庵に暮らす隠者となり、質素な「**わび**」の生活に徹することにより、独自の俳諧を切り開いていったのである。

わびうた【侘び歌】〔名〕苦しい恋の悩みやわびしさを詠んだ歌。

わびこと〔名〕（「わびごと」とも）一【侘び言】悩みや嘆きのことば。恨みごと。ぐち。二【詫び言】❶辞退することば。ことわり。❷わびることば。謝罪。

わびこと〔名〕（「わびごと」とも）一【侘び事】❶思い悩む事がら。嘆きのたね。❷嘆願すること。二【詫び事】❶謝罪すること。わびること。❷ことわること。辞退すること。

わびごゑ【侘び声】〘ワビゴエ〙〔名〕思い嘆いて出す声。わびしく悲しげな声。

わびざれ【侘び戯れ】〔名〕困ったあげくの戯れごと。苦しまぎれのざれごと。

わび・し【侘びし】〔形シク〕（しから・しく（しかり）・し・しき（しかる）・しけれ・しかれ）

アプローチ ▼動詞「侘ぶ」の形容詞化した語。▼物事が思うようにならないことからくるつらさ、困惑を表すのが原義。▼主観的に苦しいという心情を表す場合と、客観的な事態に対する期待はずれや、貧困にある状態などを表す場合とがある。

❶**憂うつである。心が晴れない。**例「このあひだに、雨降りぬ。いと**わび・し**」〈土佐〉訳その間に、雨が降り出してしまった。とても**憂うつである。**

❷**困ったことだ。迷惑だ。**例「なほいと艶に恨みかくるを、**わび・し**と思ひありきたまふ」〈源氏・紅葉賀〉訳それでもたいへんなまめかしく恨み言をいいかけるので、（源氏は）**困ったことだ**と思い続けなさる。

❸**つらい。苦しい。**例「いまもなお、かかる**わび・しき**目、見ず」〈竹取・竜の頸の玉〉訳いまもなお、このような**つらい**目に、あったことはない。

❹**おもしろくない。つまらない。**例「童べの名は、例のやうなるは**わび・し**とて」〈堤中納言・虫めづる姫君〉訳童の呼び名は、ふつうのようでは**つまらない**というので。

❺**さびしい。心細い。頼りない。**例「波の底なるひさかたの空漕ぎわたるわれぞ**わび・しき**」〈土佐〉訳波の底にも空があり、その空を船で渡っている私は何とも**心細い**ことですよ。〔注〕「ひさかたの」は「空」の枕詞。〘係結び〙「ぞ→わびしき（体）」

❻**みすぼらしい。貧しい。**例「人にやとはれ、使はれもすることもなく、いと**わび・しかり**けるままに、思ひわびて」〈大和・一四八〉訳人に雇われたり、使われたりすることもなく、じつに**貧しかった**ので、思い悩んで。

発展学習ファイル　類義語「**さびし**」は、荒れすさんでいると感じる意。➡「さびし」〈古語深耕〉

わびしう【侘びしう】〘ワビシュウ〙形容詞「わびし」の連用形「わびしく」のウ音便。

わびしげ［・なり］【侘びしげ】［形動ナリ］｛なら・なり（に）・なり・なる・なれ・なれ｝（「げ」は接尾語）いかにもみすぼらしいさま。心細そうなさま。例「あさましげなる犬の、**わびしげ・なる**が」〈枕・上にさぶらふ御猫は〉

わびし・む【侘びしむ】［他マ下二］｛め・め・む・むる・むれ・めよ｝❶わびしい思いをさせる。例「寝覚めする人の心を**侘びし・め**て」〈山家集・上〉❷困らせる。閉口させる。例「人を**わびし・め**たる報いとや」〈発心集〉

わびしらに【侘びしらに】［副］わびしそうに。例「**わびしらに**猿な鳴きそ」〈古今・雑躰・一〇六七〉

わびし・る【侘び痴る】［自ラ下二］｛れ・れ・る・るる・るれ・れよ｝困り果てて呆然とする。例「かく**わびし・れ**たる者どもの、歩くかと見れば」〈方丈記〉

わひと【吾人】［代名］（対称の人称代名詞。「わ」は接頭語。目下の者に対していう語）おまえ。例「さて**わ人**どもは、砥浪山のいくさにおひおとされ」〈平家・二・嗣信最期〉

わびなき［・す］【侘び鳴き】［名・自サ変］｛せ・し・す・する・すれ・せよ｝わびしく悲しげに鳴くこと。

〔和歌〕**わびぬればいまはたおなじ…**【**わびぬれば今はた同じ難波なるみをつくしても逢はむとぞ思ふ**】〈後撰・恋五・九六〇・元良親王〉〈百人一首〉訳恋に苦しんでいますので、世間に知られてもいまはもう同じこと。難波の澪標ではありませんが、わが身を尽くしてもあなたにお逢いしたいと思います。

〈参考〉「今はた同じ」で切れる二句切れの歌。「みをつくし」は「澪標」と「身を尽くし」をかける。

（係結び）「ぞ→思ふ体」

〔和歌〕**わびぬればみをうきくさの…**【**わびぬれば身をうき草の根を絶えて誘ふ水あらば去なむとぞ思ふ**】〈古今・雑下・九三八・小野小町〉訳つらい思いで過ごしているので、わが身が嫌になってしまいました。いっそのこと浮き草のように根なしになって、誘ってくれる水があるなら、どこへなりとも流れていこうと思います。

〈参考〉「うき」は、「憂き」と「浮き」をかける。（係結び）「ぞ→思ふ体」

わびは・つ【侘び果つ】［自タ下二］｛て・て・つ・つる・つれ・てよ｝深く思い悩む。すっかりふさぎ込む。例「**わびは・つる**時さへものの悲しきは」〈古今・恋五・八一三〉

わびびと【侘び人】［名］（「わびひと」とも）❶俗世間から離れて寂しく暮らす人。❷時を得ないで失意の底にある人。❸貧しい人。落ちぶれた人。

わびまど・ふ【侘び惑ふ】［自ハ四］｛は・ひ・ふ・ふ・へ・へ｝つらさを共有する。困惑する。例「『え見奉らず』と**わび惑・ひ**給ふ」〈宇津保・国譲・下〉

わ・ぶ【侘ぶ】［自バ上二］｛び・び・ぶ・ぶる・ぶれ・びよ｝

アプローチ
▼思いどおりにならずに落胆し、困惑・苦悩するが原義。
▼また、そのような心情にひたりながら、時を過ごすという意味でも用いられた。
▼さらに、そのような状態を肯定的に積極的に享受する姿勢から、茶道や蕉風俳諧の「わび」の世界へと展開した。

❶**がっかりする。気落ちする。落胆する。**例「我が故にいたくな**わ・び**そ後つひに逢はじと言ひしこともあらなくに」〈万葉・一二・三一一六〉訳私のためにあまり落胆しないでください。これを最後に逢うまいといったこともありませんのに。（副詞の呼応）「な～わびそ」

❷**困惑する。途方にくれる。困る。**例「われ、かたきにせめられて、**わ・び**にてはべり」〈大和・一四七〉訳私は、敵に攻められて、困っています。

❸**つらく思う。嘆く。心細く思う。**例「国の司、『人民疲れ、国ほろびぬべし』となむ**わ・ぶる**と聞こしめして」〈大和・一七二〉訳国司が「人民が疲れ、国が滅びてしまいそうだ」と嘆くと（宇多天皇が）お聞きなさって。

❹**落ちぶれる。失意の状態になる。貧しくなる。**例「いにしへはおごれりしかど**わ・び**ぬれば舎人が衣も今は着つべし」〈拾遺・物名・三九四〉訳昔は権勢をほこっていたけれど、落ちぶれてしまったので、舎人（=下級の官人）の衣服もいまは着なければなるまい。

❺**俗世を離れて暮らす。わび住まいする。**例「わくらばに問ふ人あらば須磨の浦に藻塩たれつつ**わ・ぶ**と答へよ」〈古今・雑下・九六二〉訳→（和歌）わくらばに…

❻（ほかの動詞の連用形に付いて）**…しあぐむ。…しかねる。**例「あらたまの年の三年を待ち**わ・び**てただ今宵こそにひまくらすれ」〈伊勢・二四〉訳→（和歌）あらたまのとしのみとせを…

わぶ・る【侘ぶる】［自ラ下二］｛れ・れ・る・るる・るれ・れよ｝わびしく思う。例「思ひ**わぶ・れ**て寝る夜しぞ多き」〈万葉・一五・三七五九〉

わほふし【我法師・吾法師】［代名］（対称の人称代名詞。「わ」は接頭語）僧を親しんで、また侮っていう語。例「**わ法師**めが、人あなづりして」〈古今著聞・三八一〉

わみこと【我尊・吾尊】［代名］（対称の人称代名詞。「わ」は接頭語）対等または目下の者に対して親しんでいう語。おまえ。そなた。例「この立てる杉の木は、**わみこと**の目には見ゆや」〈今昔・二七・三七〉

わみゃうせう【和名抄・倭名抄】［作品名］「わみゃうるいじゅせう」に同じ。

わみゃうるいじゅせう【和名類聚抄・倭名類聚抄】［作品名］平安中期の辞書。源順編。承平年間（九三一～九三八）の成立。略称「和名抄」。項目を意義分類して漢字で記し、意味や解説を付し、さらに真仮名で和訓を加える。辞書としてばかりではなく、国語資料、史料としての価値も大きい。

わや［・なり］［名・形動ナリ］「わやく」に同じ。

わやく［・なり］［名・形動ナリ］（近世語）無理なこと。また、そのさま。悪ふざけ。=わや

わよ［・す］【和与】［名・自サ変］和解すること。仲直り。

わらうだ【藁蓋・円座】［名］「わらふだ」に同じ。

わらうづ【藁沓】［名］（「わらぐつ」の変化形）「わらぐつ」に同じ。

わらぐつ【藁沓】［名］（「わらうづ」とも）わらで編んだくつ。わらじ。

わらしべ【藁稭】［名］「わらすぢ」に同じ。

わらすぢ【藁筋】［名］わらの茎。また、稲穂の芯。=藁稭

わ

わらすべ【藁稭】[名]「わらすぢ」に同じ。

わらは【童】[名]❶子供。男の子は元服前、女の子は裳着以前。例「それも同じ程の童にて、わが甥なり」〈蜻蛉・中〉❷仕えている子供。幼い召し使い。例「この男の従者、まかぢと言ひける童」〈大和・一五七〉❸五節の舞姫づきの童女。例「御覧の日のわらはの心地どもはおろかならざるものと」〈紫式部日記〉❹寺院に仕えていた少年。稚児。例「内供が顔にも童の顔にも粥とばしりて」〈宇治拾遺・二・七〉❺童髪。子供の髪型で、束ねず垂らしたままで、肩あたりで切りそろえたもの。例「〔髪ヲ〕解き乱り童になしみ」〈万葉・一六・三七九一長歌〉

わらは【妾】[代名]《自称の人称代名詞。女性がへりくだっていう語》わたくし。例「わらはこそこれまでたづね参りたれ」〈平家・一〇・横笛〉

わらはあそび【童遊び】[名]子供の遊び。

わらはおひ【童生ひ】[名]子供の生い立ち。

わらは・ぐ【童ぐ】[自ガ下二]{げ・げ・ぐ・ぐる・ぐれ・げよ}子供っぽく振る舞う。例「小さきは、童げて喜び走るに」〈源氏・朝顔〉

わらはごこち【童心地】[名]子供心。=童心

わらはごころ【童心】[名]「わらはごこち」に同じ。

わらはごと【童言】[名]子供らしいことば。子供っぽい言い方。

わらはごらん【童御覧】[名]「五節①」の行事のひとつ。第三日目(陰暦十一月の中の卯の日)に、天皇が、五節の舞姫の世話をする童女とその女房を清涼殿に召してご覧になる儀式。

わらはさうぞく【童装束】[名]貴族の少年少女が着る装束。童直衣・汗衫など。

わらはずいじん【童随身】[名]「随身」をつとめる子供。

わらはすがた【童姿】[名]元服以前の子供の姿。子供のときの姿形。

わらはそんわう【童孫王】[名]天皇の孫に当たる子供。

わらはてんじゃう【童殿上】[名]平安時代、宮中の作法を見習うため、貴族の子供が昇殿を許されて殿上に奉仕すること。また、その子供。

わらはともだち【童友達】[名]子供のときの友だち。幼友だち。

わらはな【童名】[名]元服する前の名。幼名。

わらはなき【童泣き】[名]子供のように泣くこと。

わらはぬすびと【童盗人】[名]髪をおかっぱに振り乱した盗賊。

わらはべ【童部】[名]《「わらべ」「わらんべ」とも》❶子供。子供たち。例「わらはべの踏みあけたるついひぢの崩れより通ひけり」〈伊勢・五〉❷幼い召し使い。大人でも元服以前の童姿で仕えている者。例「童部、皆馬につきていにければ」〈平中・三〉❸若者たち。若者。子供じみた大人。例「よからぬ童べの口ずさび」〈源氏・夕顔〉❹自分の妻をへりくだっていう言い方。愚妻。例「頼明が童部にてなん侍る」〈宇津保・嵯峨の院〉

わらはまひ【童舞】[名]❶子供の舞う舞。❷「五節の童」の舞う舞。

わらはめ【童女】[名]少女。女の子。また、召し使いの童女。=女の童

わらはやみ【瘧・瘧病み】[名]《「童病み」で、子供に多い病気の意》高熱を発する病名。いまのマラリア性の熱病という。おこり。

わらはれぐさ【笑はれ種】[名]他人に笑われるたね。

わらび【蕨】[名]❶草の名。山野に自生。若葉は食用となる。和歌では多く、「藁火」をかけ、「燃ゆ」をかけた「萌ゆ」や「煙」を縁語として詠む。(季-春)。❷ワラビの若葉を図案化した紋所の名。

わらひい・る【笑ひ入る】[自ラ四]{ら・り・る・る・れ・れ}笑いこける。ひたすら笑う。例「人々逃げさりきて笑ひいれば」〈堤中納言・虫めづる姫君〉

わらひさか・ゆ【笑ひ栄ゆ】[自ヤ下二]{え・え・ゆ・ゆる・ゆれ・えよ}晴れやかに笑う。=笑み栄ゆ。例「〔カグヤ姫ハ、玉ノ枝ガ偽物ト分カリ〕笑ひさか・えて」〈竹取・蓬萊の玉の枝〉

わらひた・つ【笑ひ立つ】㊀[自タ四]{た・ち・つ・つ・て・て}勢いよく笑い出す。例「笑ひた・たせ給ひぬれば、すこぶることも乱れけるとか」〈大鏡・時平〉㊁[他タ下二]{て・て・つ・つる・つれ・てよ}周りの人間が特定の個人を嘲笑する。例「わらひ立・てられたるほどだに過ぎぬれば」〈落窪・二〉

わらひののし・る【笑ひ罵しる】[自ラ四]{ら・り・る・る・れ・れ}大笑いする。笑いさざめく。例「皆同じく笑ひののし・る、いとらうがはし」〈徒然・一七五〉

わら・ふ【笑ふ・咲ふ・嗤ふ】㊀[自ハ四]{は・ひ・ふ・ふ・へ・へ}❶(声を出して)おもしろがって笑う。❷(比喩的に)花が咲く。熟した実が裂ける。㊁[他ハ四]あざける。嘲笑する。

わらふだ【藁蓋・円座】[名]《「わらふた」「わらうだ」とも》わら・スゲ・マコモなどを編んで渦巻き状に巻いて作った円形の敷物。=円座

わらべ【童】[名]《「わらんべ」の撥音無表記》「わらはべ」に同じ。

わららか[・なり][形動ナリ]{なら・なり(に)・なり・なる・なれ・なれ}《「らか」は接尾語》陽気で明るいさま。にこやかだ。例「わららか・に愛敬づき給へる御心ざまにて」〈狭衣・三〉

わらわ【童・妾】歴史的かなづかい「わらは」

わらわやみ【瘧】歴史的かなづかい「わらはやみ」

わらわら[副]散り乱れたさま。散り散り。例「わらわらとあるは忘れ(=忘レ草)なり」〈八雲御抄〉

わらんべ【童部】[名]《「わらはべ」の撥音便》「わらはべ」に同じ。

わりくどき【割り口説き】[名]《近世語》筋道を立てて詳しく説明すること。

わりご【破子・破籠】[名]❶ヒノキの白木で作った、仕切りのある箱。弁当箱。❷①に入れた食べ物。

わりさま【わり様】[代名]《近世語。対称の人称代名詞。「われさま」の変化形。同等またはそれ以下の相手に対して使う》おまえさん。

わりざや【割り鞘】[名]刀の鞘で、表裏の色が異なるもの。

わりなう 形容詞「わりなし」の連用形「わりなく」のウ音便。

わりな・し [形ク] {から・く(かり)・し・き(かる)・けれ・かれ}

> **アプローチ** ▼「理(ことわり)」の「わり」と同じ種類の「わり」に「無し」が付いた語。道理に合わないさまをいう。
> ▼そこから来る苦しみや困惑の気持ちを表す。道理に合わないことは、程度をはずれることであり、はなはだしいさまも意味した。
> ▼中世には、すぐれている、すばらしいなどよい意味を表すようになった。

❶**筋の通らない。道理に合わない。** 例「上衆(じやうず)めかしけれど、**わりな・く**まつはさせたまふあまりに」〈源氏・桐壺〉 訳 (源氏の母君は)よい身分らしくはあったが、(帝(みかど)が)**道理に合わないほど**おそばに引きつけなさるあまりに。《敬語》「まつはさせたまふ」→「せたまふ」

❷**つらい。苦しい。やりきれない。** 例「夜一夜、知らぬことにより、うちひき給ひつるこそ、いと**わりな・かりつれ**」〈落窪・一〉 訳 一晩じゅう、知らないことで、私を責めさいなみなさったのは、とても**つらい**ことでしたよ。《係結び》「こそ→わりなかりつれ(已)」

❸**やむをえない。仕方がない。** 例「こよなう疎みたまへるも、つらろおぼゆるぞ**わりな・きや**」〈源氏・紅葉賀〉 訳 ひどくよそよそしくなさるのも、つらく思われるのであったが、それも**仕方がない**ことである。《音便》「こよなう」は「こよなく」、「つらろ」は「つらく」のウ音便。《係結び》「ぞ→わりなき(体)」

❹**格別である。はなはだしい。** 例「寒きこといと**わりな・く**、頤(おとがひ)などもみな落ちぬべきを」〈枕・節分違へなどして〉 訳 寒さがじつに**格別で**、あごなんか落ちてしまいそうなのを。

❺**すぐれている。すばらしい。** 例「みめ形、心ざま、優に**わりな・き**者で候ふとて」〈平家・一〇・千手前〉 訳 容姿も、気立ても、上品で**すばらしい**者でございますといって。《敬語》「者で候ふ」→「さうらふ」

わりふ【割り符】[名] ❶竹や木片などに文字を記し、それを二つに割って半分ずつ持ち、のちに合わせて証拠の印とするもの。❷後日の証拠となる文書や物品。

わりもの【割り物】[名] 割り算。または、割り算を用いる計算。

わる【悪】[名]《形容詞「悪(わる)し」の語幹》悪いこと。また、悪者。

わ・る【割る・破る】㊀[自ラ下二] {れ・れ・る・るる・るれ・れよ} ❶砕ける。やぶれる。われる。例「おほきなるあかがりひるなく**わ・れければ**」〈平家・八・緒環〉 ❷分かれる。分裂する。例「**わ・れ**ても末(すゑ)にあはむとぞ思ふ」〈詞花・恋上・二二九〉 訳 →〔和歌〕せをはやみ…。❸心乱れる。例「我(あ)が胸は**割・れ**て砕けて利心(とごころ)もなし」〈万葉・一二・二八九四〉 ❹秘密が明らかになる。例「奥様に知らせ、いっそ**わ・れ**て出ようか」〈浄・艶狩剣本地〉 ㊁[他ラ四] {ら・り・る・る・れ・れ} ❶砕く。やぶる。壊す。❷分ける。例「廊の巡りにしたるをなむ、**割・り**つつ賜(また)へりける」〈宇津保・藤原の君〉 ❸押し分ける。間を割る。例「大勢の中へ**割・っ**て入り」〈義経記・八〉 ❹かみ砕いて話す。例「**割・っ**つ砕いつ叱(しか)れども」〈浄・冥途の飛脚〉 ㊁③④《音便》「割っ」は「割り」の促音便。

わるがね【悪銀・悪金】[名] 品質の悪い貨幣。悪貨。またはにせ金。

わるごたち【悪御達】[名]《「御」は女性の敬称。「たち」は接尾語》性質の悪い女房たち。口の悪い女性たち。

わる・し【悪し】[形ク] {から・く(かり)・し・き(かる)・けれ・かれ}《「わろし」の変化形》「わろし」に同じ。

わるずい【悪推】[名]《近世語。「悪推量(わるずいりやう)」の略》悪いように推察すること。

われ【我】[代名] ❶《自称の人称代名詞。「あれ」とも》わたし。例「そらみつ大和の国はおしなべて我こそ居れ」〈万葉・一・一長歌〉 訳 →〔和歌〕こもよみこもち…。❷《反照の指示代名詞》その人自身。自分自身。自分。例「我も思(おぼ)しあはすることやあらむ、うちほほ笑みて」〈源氏・帚木〉《係結び》「や→あらむ(体)」。《敬語》「思しあはする」→「おぼす」。❸《転じて、対称の人称代名詞。対等または目下の者に用い、もと親しみを込めたが、やがて卑しめる表現ともなった》あなた。おまえ。きさま。例「我は京の人か。いづこへおはするぞ」〈宇治拾遺・一〇・一〇〉《敬語》「おはするぞ」→「おはす」

〔**我(われ)とはなしに**〕自分と同じ身の上ではないのに。例「時鳥(ほととぎす)我とはなしに」〈古今・夏・一六四〉

〔**我(われ)ならなくに**〕《代名詞「我」＋断定の助動詞「なり」の未然形＋打消の助動詞「ず」の名詞化したもの＋格助詞「に」》私ではないのに。私のせいではないことなのに。例「陸奥のしのぶもぢずり誰(たれ)ゆゑに乱れむと思ふ我ならなくに」〈古今・恋四・七二四〉 訳 →〔和歌〕みちのくのしのぶもぢずり…

〔**我(われ)にもあらず**〕❶自分が自分でない気がする。われを忘れる。例「なよなよとして、我にもあら・ぬさまなれば」〈源氏・夕顔〉 ❷不本意だ。

われか【我か】《「か」は係助詞》❶自分のことか。例「我かと行きていざとぶらはむ」〈古今・秋上・二〇二〉 訳 →〔和歌〕あきののにひとまつむしの…。❷「我(われ)か人(ひと)か」の略。

〔**我(われ)かの気色(けしき)**〕《「われか」は「我(われ)か人(ひと)か」の略》自分なのか他人なのか分からない状態。茫然自失(ばうぜんじしつ)し、意識のはっきりしないようす。→「われかひとか」。＝我かのさま。例「〈桐壺更衣(きりつぼのかうい)〉いとどなよなよとわれかの気色にて臥(ふ)したれば」〈源氏・桐壺〉

〔**我(われ)かのさま**〕「われかのけしき」に同じ。

〔**我(われ)か人(ひと)か**〕《「あれかひとか」とも》自他の区別がつかないほど茫然自失(ばうぜんじしつ)なさま。無我夢中のさま。＝我か②。例「我か人かと身をたどる世に」〈古今・雑下・九六三〉

われかしこ【・なり】【我賢】[形動ナリ] {なら・なり・なる・なれ・なれ}《「われがしこ」とも》自分こそ賢いと思っているさま。利口ぶるさま。例「われ賢・にうちあざ笑ひて語るを」〈源氏・手習〉

われかしこげに【我賢げに】自分こそ賢いというように振る舞うさま。例「我かしこげに物ひきしたため」〈徒然・三〇〉

われから[名] 海藻などに付着している節足動物の一種。「割れ殻」の意で、乾くとからだが割れるという。和歌では、「我から」にかけて詠まれる。(季-秋)。例

「われから身をもくだきつるかな」〈伊勢・五七〉

われから【我から】《「から」は、原因・理由を示す格助詞》自分から。自分のせいで。例「海人の刈る藻に住む虫の**われから**と音をこそ泣かめ世をばうらみじ」〈古今・恋五・八〇七〉訳↓〔和歌〕あまのかる…

〔和歌〕**われこそは…**【我こそは新島守よ隠岐の海の荒き波風心して吹け】〈増鏡・新島守・後鳥羽院〉訳自分こそは新しい島守なのだ。隠岐の海の荒い波風よ、気をつけてやさしく吹いてくれ。

われさか・し【我賢し】［形シク］〔しから・しく(しかり)・し・しき(しかる)・しけれ・しかれ〕自分こそは利口だと思っているさま。利口ぶるさま。例「我さか・しう思ひしづめたまふにはあらねど」〈源氏・椎本〉《音便》「我さかしう」は「我さかしく」のウ音便。

われさかしびと【我賢し人】自分で賢いと思っている人。利口ぶる人。

われ・じ【我じ】［形シク］〔じから・じく(じかり)・じ・じき(じかる)・じけれ・じかれ〕《「じ」は形容詞を作る接尾語》自分と同じようだ。例「磯城島の人は我・じく斎ひて待たむ」〈万葉・一九・四二八〇〉

われたけ・し【我猛し】［形ク］〔から・く(かり)・し・き(かる)・けれ・かれ〕《「われだけし」とも》偉ぶるさま。得意顔をするさま。例「**われたけ・う**、をこがましく思しはなれ」〈夜の寝覚〉《音便》「われたけう」は「われたけく」のウ音便。

われだのみ【我頼み】［名］自分を頼みにすること。うぬぼれ。

われて【破れて】［副］無理に。無理でも。強いて。和歌では、多く「割れて」とかけ、心が千々に裂けての意を表す。例「**割れて**もの思ふころにもあるかな」〈古今・雑躰・一〇五九〉

われと【我と】自分自身で。みずから。例「とられむよりは、**我とや退きなまし**」〈大鏡・師尹〉

〔俳句〕**われときて…**【我と来て遊べや親のない雀】〈おらが春・一茶〉訳こっちへ来て私といっしょに遊ぼうよ、親のない子雀よ。私も母親をなくして、友だちもなく、ひとりぼっちなのだ。（季－雀の子〔子雀〕－春）

〈参考〉一茶は三歳の時、実母が亡くなり、以後、祖母に養育され、八歳の時、継母が来た。この句は、そうした幼年時代を回想して作られたもの。

われどち【我どち】［名］自分たち同士。仲間同士。

〔和歌〕**われのみや…**【我のみやあはれと思はむきりぎりす鳴く夕影の大和なでしこ】〈古今・秋上・二四四・素性〉訳私だけが、ああ、いじらしいと思うのだろうか。コオロギが鳴く夕日に照らされているヤマトナデシコを。《係結び》「や→思はむ(体)」

〈参考〉「きりぎりす」は、現在のコオロギ。

われはがほ【我は顔】［・なり］［名・形動ナリ］自慢げなようす。得意顔。例「**我は顔**・にて家の内を飾り、人に劣らじと思へる」〈源氏・帚木〉

われぼめ【我褒め】［名］自分で自分のことを褒めること。自慢。例「『え書きならべじや（＝同程度ニ書ケナイコトハナイ）』と、**我ぼめ**をしたまふ」〈源氏・梅枝〉

〔和歌〕**われみても…**【我見ても久しくなりぬ住の江の岸の姫松幾世経ぬらむ】〈古今・雑上・九〇五・よみ人しらず〉訳私が見はじめてからでも長い年月がたっている。あの住の江の海岸の姫松は、いったいどれほどの時世を経ているのだろうか。

〈参考〉「姫松」は、背の低い松に対する愛称。

われもかう【地楡・割木瓜・吾亦紅】［名］❶草の名。山野に自生し、初秋、茎の先端に卵形で暗紅色の花穂を付ける。（季－秋）。❷①の花をかたどった織物の文様。一説に、襲の色目の名とも。

われら【我等・吾等】［代名］《「ら」は接尾語》❶《自称の人称代名詞》㋐《単数》わたくし。われ。㋑《複数》われわれ。私たち。例「御夢、**我ら**に取らせ給へ」〈宇治拾遺・一三・五〉❷《対称の人称代名詞。複数の対等または目下の者に対していう語》おまえたち。

われらしき【我等しき】［名］《「しき」は程度が低い意を表す接尾語》われわれ風情。（中世以後、対称として）お前らごとき。例「**われ等**は役に立たぬ」〈伎・姫蔵大黒柱〉

〔和歌〕**われをおもふ…**【我を思ふ人を思はぬむくいにや我が思ふ人の我を思はぬ】〈古今・雑躰・一〇四一・よみ人しらず〉訳私を思っている人を私が思わない報いなのだろうか。私が思っている人が、私のことを思ってくれないのは。《係結び》「にや→(省略)」

〔歌謡〕**われをたのめて…**【我を頼めて来ぬ男角三つ生ひたる鬼になれさて人に疎まれよ霜雪霰ふる水田の鳥となれさて足冷たかれ池の萍となりねかしと揺りかう揺り揺られ歩け】〈梁塵秘抄・四句神歌〉訳頼みに思わせておきながら通って来ない男よ。角が三本生えた鬼になってしまえ。そうして人に嫌がられなさい。霜や雪や霰の降る水田に立つ鳥となってしまえ。そうして足が冷たいままでいなさい。池の浮き草となってしまえ。あっちに揺られ、こっちに揺られ、ふらふら揺られて歩きなさい。

わろ【我ろ・吾ろ】［代名］《「われ」の上代東国方言。自称の人称代名詞》わたし。例「**我ろ**旅は旅と思ほど」〈万葉・二〇・四三四三〉訳↓〔和歌〕わろたびは…

わろうだ【藁蓋・円座】歴史的かなづかい「わらふだ」

わろ・し【悪し】［形ク］〔から・く(かり)・し・き(かる)・けれ・かれ〕

アプローチ
▼類義語の「あし」が本質的に悪いさまを表すのに対して、「わろし」はふつうよりは劣るさまを表す。
▼同時に、「わるし」の形も見られ、平行して用いられる。しかし、のちにこの「わるし」が「あし」の意味を表すようになった。
▼対義語に「よろし」がある。

❶見栄えがしない。みっともない。例「火桶の火も、白き灰がちになりて、**わろ・し**」〈枕・春は、あけぼの〉訳丸火鉢の火も、白く灰をかぶってしまって、みっともない。

❷美しくない。器量がよくない。例「われはこのごろ**わろ・き**ぞかし、盛りにならば、かたちもかぎりなくよく、髪もいみじく長くなりなむ」〈更級〉訳わたしはいまのところ器量もよくないことだ、年頃になったら、顔だちもとてもよくなり、髪もすばらしく長くなるにちがいない。

❸よくない。正しくない。例「この世にすこし恨み残るは、**わろ・き**わざとなむ聞く」〈源氏・夕顔〉訳（臨終に際し）この世に少しでも未練の残るのは、よくない

ことだと聞いています。劣っている。《係結び》「なむ→聞く㊍」❹へたである。劣っている。例「この国の人は兵の道わろ・きにこそはあめれ」〈宇治拾遺・三・一九〉訳この国の人は武芸の道に劣っているのであろうよ。《係結び》「こそ→あめれ㊁」。語構成「わろきにこそはあめれ」→「あめり」

わろたびは…【我ろ旅は旅と思ほど家にして子持ち痩すらむ我が妻かなしも】〈万葉・二〇・四三四三・防人歌・玉作部広目〉訳おれは旅は旅だとあきらめるけれど、家にいて子を抱えて痩せ細っているだろうおれの妻がいとしいことよ。〈参考〉「我ろ」は「我れ」、「思ほど」は「思へど」、「子持ち」は「子持ち」、「妻」は「妻」の上代東国方言。

わろどころ【悪所】[名]よくない所。卑しい所。

わろびと【悪人】[名]身分や地位の低い人。

わろび・る【悪びる】[自ラ下二]｛れ・れ・る・るる・るれ・れよ｝悪びれる。気おくれする。例「ちっとも色も変ぜず、わろびれたるけしきもなし」〈平家・二・西光被斬〉

わろ・ぶ【悪ぶ】[自バ上二]｛び・び・ぶ・ぶる・ぶれ・びよ｝《「ぶ」は接尾語》見た目が悪い。劣ったようすだ。例「袴のいとわろ・びすぎたるも思ふに」〈落窪・一〉

わろもの【悪者】[名]教養のない人。ふつつか者。

わわ・く[自カ下二]｛け・け・く・くる・くれ・けよ｝(衣服などが)ぼろぼろになる。例「わわ・け下がれるかかふのみ肩にうち掛け」〈万葉・五・八九二長歌〉訳→〔和歌〕かぜまじり…

わわけ[名]破れほつれること。また、そのもの。

わわ・し[形シク]｛しから・しく(しかり)・し・しき(しかる)・しけれ・しかれ｝《近世語》❶落ち着きがない。例「このごろの人は、よろづわわ・しき様にのみ連歌の道もなり行くなり」〈筑波問答〉❷騒がしい。例「わわ・しくののしれば」〈増鏡・秋のみ山〉

わわらば【散乱葉】語義未詳。名詞として、乱れちぎれた葉の意とする説、動詞「撓る」から派生したたわむばかりにの意の副詞「わわらばに」とみる説、また、「わくらば」の誤りとする説など諸説ある。例「秋萩の末わわらばに置ける白露」〈万葉・八・一六〇八〉

わゐん【我院・和院】[代名]《「わ」は接頭語。「院」は寺院の意》「わそう」に同じ。

わをとこ【我男・吾男・和男】[代名]《対称の人称代名詞。「わ」は接頭語。対等またはそれ以下の男性を親しんで、また軽んじていう語》おまえ。あんた。例「和男は『何事言はむ』と思ふぞ」〈今昔・二九・六〉

わをんな【我女・吾女・和女】[代名]《対称の人称代名詞。「わ」は接頭語。対等またはそれ以下の女性を親しんで、また軽んじていう語》おまえ。あんた。例「わ女は何の心によりて」〈宇治拾遺・二・一三〉

わんざくれ[感]《近世語。「わざくれ」の変化形》どうにでもしてくれ。例「その子だに助けて給はらばわんざくれ」〈浄・世継曾我〉

わんざん[・なり]【和讒】《近世語。「わさん」の変化形》一[名]つげ口をして他人を陥れること。悪口。二[名・形動ナリ]むちゃなことをいうこと。また、そのさま。例「これはわんざん・なる事を仰せられます」〈伎・傾城壬生大念仏〉

わんばう【緼袍】[名]《近世語。「わんぼ」とも。「おんばう」の変化形》木綿の衣類に綿を入れたもの。または、粗末な衣服。

ゐ

-ゐ【位】[接尾]官位の等級を表す。一位から初位(八位下の次)まで九等級あり、さらに細分されて、三位以上は正と従に、四位以下はさらに上と下に分かれている。初位は大・小、上・下に分かれている。「正一位」「従五位下」など。

ゐ【井】[名]❶泉や流水から飲み水をくむ所。❷穴を掘り、地下水をくみ上げる所。井戸。

ゐ【亥】[名]❶「十二支」の十二番目。猪。❷時刻の呼び名。現在の午後十時ごろ、および十時を中心とした前後二時間。一説に、その後約二時間とも。❸方角の呼び名。北北西。

ゐ【猪・豬・豕】[名]猪・豚の総称。とくに、猪。

ゐ【堰】[名]《「ゐせき」「ゐで」とも》川の水をせき止めて、用水をためておく所。

ゐ【藺】[名]草の名。イグサ。湿地に自生しているが、水田に栽培し、茎は畳表やむしろに、髄は灯心に用いる。灯心草。(季－花－夏)

ゐあいじ【遺愛寺】[名]白居易の詩で名高い、中国江西省九江県にある廬山の北峰香炉峰の麓にある寺。

ゐあか・す【居明かす】[他サ四]｛さ・し・す・す・せ・せ｝起きたまま夜を明かす。寝ずに朝を迎える。例「居明か・して君をば待たむ」〈万葉・二・八九〉

ゐあつま・る【居集まる】[自ラ四]｛ら・り・る・る・れ・れ｝集まって座り込む。居合わせる。例「うちしほたれつつゐ集ま・りたるを」〈源氏・葵〉

ゐあま・る【居余る】[自ラ四]｛ら・り・る・る・れ・れ｝その場所からあふれ出るほど人が大勢いる。例「上達部、殿上人はゐあま・るまで多かり」〈落窪・三〉

ゐい・づ【居出づ】[他ダ下二]｛で・で・づ・づる・づれ・でよ｝座ったところから、わざと衣をはみ出させる。例「御指貫少しゐ出・でさせたまひて」〈大鏡・道隆〉

ゐい・る【居入る】[自ラ四]｛ら・り・る・る・れ・れ｝入り込む。中へ入って座り込む。例「〔子供タチガ〕ゐ入・りて、調度やうち散らしぬる」〈枕・にくきもの〉

ゐかい【遺戒・遺誡】[名]「ゆいかい」に同じ。

ゐかか・る【居掛かる】[自ラ四]｛ら・り・る・る・れ・れ｝座って寄りかかる。例「膝に居かか・れば」〈徒然・二三八〉

ゐか・く【居懸く】[他カ下二]｛け・け・く・くる・くれ・けよ｝座るときに、自分の衣服の一部を隣の人の衣服の上にかける。一説に、隣の人の衣服の上に座るとも。例「右の袖の上にゐか・けられて」〈古活字本平治・上〉

ゐかく・る【居隠る】[自ラ下二]｛れ・れ・る・るる・るれ・れよ｝隠れて座る。例「柱隠れにゐ隠・れて」〈源氏・須磨〉

ゐかしこま・る【居畏まる】[自ラ四]｛ら・り・る・る・れ・れ｝恐縮して座る。かしこまって座る。例「木隠れにゐかしこま・りて過ぐしたてまつる」〈源氏・関屋〉

ゐかは・る【居替はる・居代はる】[自ラ四]｛ら・り・る・る・れ・れ｝❶交替して座につく。例「ゐかは・りたる〔僧ノ〕声のいと尊きに」〈源氏・総角〉❷場所を入れ替わる。例「かたみに居かは・りて、『羽の上の霜払ふ』ら

むほどなど」〈枕・鳥は〉

ゐき【位記】[名]令制における公文書で、位を授ける旨を記した辞令。

ゐぎ【威儀】[名]姿や動作が、礼・作法にかなって重々しくいかめしいこと。また、その立ち居振る舞い。

〔**威儀の御膳**〕儀式の際に天皇や上皇に供される食膳。

〔**威儀の親王**〕天皇の即位式で、威儀を整えるため、高御座の左右に並ぶ親王。

〔**威儀の命婦**〕儀式などで、玉座の前の左右に並び、威儀を整える役の命婦。

ゐぎし【威儀師】[名]《仏教語》僧の職名。授戒や法会のとき、儀式の進行をつかさどり、列席の僧の威儀を整える僧。＝威儀僧

ゐぎそう【威儀僧】[名]「ゐぎし」に同じ。

ゐぐつ【藺履】[名]藺草で編み、紙の緒を付けた、裏を付けない草履。

ゐくび【猪頸・猪首】[名]❶(猪の首のように)首が太く短いこと。また、その首。❷兜をあおむけ気味にかぶること。矢を恐れない、勇ましいかぶり方。

ゐぐひ【堰杙】[名]水をせき止めるため、堰に打ち並べた杙。

ゐくら・す【居暮らす】[他サ四]{さ・し・す・す・せ・せ}座って日が暮れるまでの時間を過ごす。例「すずろにゐ暮ら・さむもあやしかるべければ」〈源氏・夢浮橋〉

ゐこぼ・る【居溢る】[自ラ下二]{れ・れ・る・るる・るれ・れよ}込み合って座れない人が外にあふれ出る。例「縁に居こぼ・れ、庭にもひしとなみ居たり」〈平家・二・教訓状〉

ゐこ・む【居籠む・居込む】{め・め・む・むる・むれ・めよ}一[自マ下二]狭い所につめて座る。例「居こ・めたりつる人も、皆くづれ出づるほどに」〈大鏡・道長・下〉二[他マ下二]狭い所につめ込んで座らせる。例「里より参る人々は、なかなかゐこ・められず」〈紫式部日記〉

ゐこん【遺恨】[名]❶残念なこと。遺憾。心残り。❷忘れられない恨みや憎しみ。

ゐさい【委細】[名]詳しい事情。

〔川柳〕**ゐさうらふ…**【居候三杯目にはそっと出し】〈狐の茶袋・一〉訳居候もさすがに気を遣うのか三杯目のおかわりには茶碗をそっと差し出すことだ。

ゐざりい・づ【膝行り出づ】[自ダ下二]{で・で・づ・づる・づれ・でよ}膝をついて進み出る。また、座ったまま目立たないように退出する。例「ためらひてゐざり出・でたまへる」〈源氏・須磨〉

ゐざりい・る【膝行り入る】[自ラ四]{ら・り・る・る・れ・れ}膝立ちのまま進み入る。例「御消息つたへにゐざり入・りたるに」〈源氏・蛍〉

ゐざりの・く【膝行り退く】[自カ四]{か・き・く・く・け・け}座ったまま膝で退く。例「御衣をすべしおきてゐざり退・きたまふに」〈源氏・賢木〉

ゐざ・る【居ざる】[自ラ四]{ら・り・る・る・れ・れ}《「さる」は移動するの意》❶座ったまま膝で移動する。膝で進む。例「静かにゐざ・りおはする様、いとうつくしくゆゆしくおぼえ給ふ」〈宇津保・楼の上・上〉❷転じて、(船などが)のろのろと進む。なかなか進まない。例「川の水なければ、ゐざ・りにのみぞゐざ・る」〈土佐〉〔注〕「ゐざりにのみぞゐざる」は、同じ動詞の間に「に」をおいて、「動詞連用形＋に＋動詞」の形で強調の意を表し、ひたすら…する、などと訳す。〈係結び〉「ぞ→ゐざる(体)」

ゐしき【居敷】[名]❶座席。❷尻。臀部。

ゐし・く【居敷く】[自カ四]{か・き・く・く・け・け}座る。例「あまり長ろ居敷・いで居りまして」〈狂・素襖落とし〉〈音便〉「居敷いで」は「居敷きて」のイ音便。

ゐしづま・る【居鎮まる・居静まる】[自ラ四]{ら・り・る・る・れ・れ}席について静かになる。例「〔召シ使イタチハ〕ゐしづま・りなどしたるに」〈源氏・手習〉

ゐじゅん【違順】[名]《仏教語》逆境と順境。

ゐしょ【位署】[名]公文書に官位・姓名を連ねて記すこと。また、その書式。

ゐしょう[・す]【称唯】[名・自サ変]《「しょうゐ」と読むと「譲位」に通じるために、逆に読んだもの》貴人から呼ばれたときに、「をを」と答えること。

ゐすく・む【居竦む】[自マ四]{ま・み・む・む・め・め}からだがこわばり縮まって、動けなくなる。例「女房たちゐすく・みて、立つ心地いとわびし」〈栄花・二四〉

ゐずまひ【居住まひ】[名]座り方。座った姿勢。

ゐせき【堰】[名]「ゐ(堰)」に同じ。

ゐぜん【惟然】[人名]「ひろせゐぜん」に同じ。

ゐそ・む【居そむ】[他マ下二]{め・め・む・むる・むれ・めよ}腰を下ろす。例「円座かいたまへ。居そ・めむ」〈蜻蛉・下〉

ゐだけ【居丈】[名]《「ゐだけ」とも》座っているときの身の高さ。座高。

ゐたけだか[・なり]【居丈高】[名・形動ナリ]❶「居丈」が高いこと。胴長なさま。例「居丈高・に髪少なにて」〈栄花・三六〉❷背中をまっすぐに伸ばすこと。憤慨したり、相手を威圧したりする態度。

ゐた・つ【居立つ・居起つ】[自タ四]{た・ち・つ・つ・て・て}座ったり立ったりする。例「太政大臣ゐた・ちて、いかめしく、こまかに、ものの清ら、儀式を尽くしたまへりけり」〈源氏・若菜・下〉

ゐだてん【韋駄天】[名]《仏教語》仏法の守護神のひとつ。もとバラモン教の神。仏舎利の歯を盗んだ捷疾鬼を追って取り戻したといわれ、足の速い神とされる。像は甲冑を着け、宝棒を持つ。

ゐちょく[・す]【違勅】[名・自サ変]天皇の命令に背くこと。例「〔蘇我入鹿ハ〕天皇の御ためにも、ややもすれば違勅・す」〈今昔・二二・一〉

ゐつ・く【居着く】[自カ四]{か・き・く・く・け・け}❶長居する。例「やがてゐつ・きて、ものいふなり」〈枕・成信の中将は、入道兵部卿宮の〉❷住みつく。定住する。

ゐづつ【井筒】[名]井戸の地面より上の部分を、木や石などで囲んだもの。本来は円筒状のものをいうが、のちには方形のものもいう。＝井桁。例「筒井つの井筒にかけしまろがたけ」〈伊勢・二三〉訳→〈和歌〉つつゐつの…

ゐづつ【井筒】[作品名]室町前期(一四三〇ごろ成立)の謡曲。世阿弥作。『伊勢物語』二十三段「筒井筒」の話に、中世の伝承を肉付けした作品。

ゐで【堰・井手】[名]「ゐ(堰)」に同じ。

ゐで【井手】[歌枕]山城国の地名。いまの京都府綴喜郡井出町。木津川に注ぐ清流、玉川の扇状地。山吹の名所。→「たまがは」

〔**井手の下帯**〕別れた男女が、再会して契りを結ぶこと。山城国井手に行った内舎人

が別れ際に渡した帯を印として、のちに別れた少女と再会したという話(『大和物語』一六九段)から。

〔**井手の玉水**〕京都府南部の井出の里にあった清流。『伊勢物語』の故事で、男女間の契りの頼りなさにたとえられる。例「山城の**井手の玉水**手にむすび頼みしかひもなき世なりけり」〈伊勢・一二二〉

ゐてい・く【率て行く】連れて行く。持って行く。例「隠れたらむ所になほ**率て行・け**」〈源氏・帚木〉

ゐて・く【率て来】[自カ変]連れてくる。持ってくる。例「身のたすけと思ふ郎等どもは、みな**率て・来**にけり」〈源氏・玉鬘〉

ゐてたてまつ・る【率て奉る】《動詞「率る」の連用形＋接続助詞「て」＋補助動詞「奉る」》「連れる」の意の謙譲語。「(AがBを)ゐてたてまつる」で、B(連れる相手)を高める。お連れ申し上げる。例「ただこの姫君、京に**ゐてたてまつ・る**べきことを思へ」〈源氏・玉鬘〉

ゐでん【位田】[名]令制で、有品の親王と五位以上の臣下に、その位階に応じて支給された田地。↔功田・職田

〔俳句〕**ゐどばたの…**【井戸端の桜あぶなし酒の酔ひ】〈江戸砂子・秋色〉訳井戸端に桜がきれいに咲いている。花見酒に酔って浮かれる人が、花に見とれて井戸に落ちはしないかと気がかりなことだ。(季―桜―春)

ゐなか【田舎】[名]❶都から離れている地方。鄙。❷(接頭語的に用いて)野卑・粗暴・下品なさまを表す。「田舎武者」「田舎侍」など。

ゐなかうど【田舎人】[名]《「ゐなかびと」のウ音便》いなかに住む人。いなか者。

ゐなかがふし【田舎合子】[名]いなかで用いる、ふたの付いた椀。

ゐなかせうもん【田舎蕉門】[名]俳諧で、地方に勢力を張った美濃派や伊勢派の俳人たちを嘲笑的に呼んだ語。

ゐなかせかい【田舎世界】[名]都から遠く離れた地方。いなか。

ゐなかだち【田舎立ち】[名]いなかで育つこと。また、その人。＝田舎育ち

ゐなかだ・つ【田舎だつ】[自タ四]《「だつ」は接尾語》いなかじみている。例「**田舎だ・ち**たるところに住む者どもなど」〈枕・すさまじきもの〉

ゐなかびと【田舎人】[名]「ゐなかうど」に同じ。

ゐなか・ぶ【田舎ぶ】[自バ上二]《「ぶ」は接尾語》いなかじみる。↔都ぶ。例「**田舎・び**たる山賤どものみ」〈源氏・橋姫〉

ゐなかま【田舎間】[名]関東で部屋の広さを測る尺度の名。柱と柱の間を曲尺の六尺(約一・八二メートル)にとり、これを一間とするもの。↔京間

ゐながら【居ながら】[副]座ったままで。その場で。例「**居ながら**七枚の起請文を書いて」〈平家・三・土佐房被斬〉

ゐなが・る【居流る】[自ラ下二]並んで座る。＝居並む。例「二、三千もあるらんと覚えたるが左右に**居流・れて**」〈太平記・一三〉

ゐなかわざ【田舎業】[名]いなか風の作り。いなかじみた細工。

ゐなかわたらひ[・す]【田舎渡らひ】[名・自サ変]地方を回って生計を立てること。例「むかし、**ゐなかわたらひ・し**ける人の子ども」〈伊勢・二三〉

ゐなはしろけんさい【猪苗代兼載】[人名](一四五二〜一五一〇)室町中期の連歌師。心敬や宗祇に交わって連歌を作る。『新撰菟玖波集』を編纂。連歌式目『連歌本式』なども残している。

ゐなほ・る【居直る】[自ラ四]❶きちんと座り直す。居ずまいを正す。例「宮も、**ゐなほ・り**たまひて御物語したまふ」〈源氏・若菜・上〉❷(立場が不利となり)急に態度を変えて強く出る。

ゐな・む【居並む】[自マ四]ずらりと並んで座る。＝居流る。例「見証の人など、いと多く**居並・みて**」〈枕・殿などのおはしまさで後〉

ゐなら・ふ【居慣らふ・居習ふ】[自ハ四]座り慣れる。いつもいる。例「かかる物(＝遣り戸)の外には、まだ**ゐなら・はず**」〈源氏・東屋〉

ゐなり【居成り】[名]❶もとの状態のままであること。そのまま。❷家具・調度などが、住んでいるままの状態であること。家の売買・貸借の際に用いる語。

ゐ・ぬ【率寝】[他ナ下二]連れて行って寝る。共寝をする。例「我が**率・寝**し童女放りに髪上げつらむか」〈万葉・一六・三八二二〉

ゐねう[・す]【囲繞・囲遶】[名・他サ変]❶(尊敬する対象を)取り囲むこと。取り巻くこと。例「菩薩・声聞は仏を**囲遶・し**て前後にまします」〈今昔・六・一五〉❷(仏教語)法会で、衆僧が仏の回りをめぐり歩いて礼拝すること。

ゐの・く【居退く】[自カ四]立ちのく。例「聖人**居の・か**むとする時に」〈今昔・一九・一八〉

ゐのこ【亥の子】[名]❶陰暦十月の亥の日の別称。多産のイノシシにあやかって、この日の亥の刻に餅を食べると、健康になり、子孫が繁栄すると考えられた。(季―冬)。❷「亥子餅」の略。

ゐのこもち【亥子餅】[名]《「ゐのこもちひ」とも》「亥子」に食べる餅。＝亥子②。(季―冬)

ゐのししむしゃ【猪武者】[名]思慮分別もなく、ただ、がむしゃらに敵に突進していく武者。

ゐのめ【猪の目】[名](形が猪の目に似ていることから)器物の飾りとして彫った、ハート型の穴。額縁や飾り金具などに用いる。

ゐはいちぎゃう【位牌知行】[名]先祖の功によって与えられた知行・俸禄。世襲の知行・俸禄にしがみつく武士をさげすんでいう。

ゐはう【位袍】[名]位階によって色が定められていた朝服の袍。位衣。当色の袍。

ゐばく【帷幕】[名]《「帷」は引き幕、「幕」は垂れ幕の意》陣営。陣屋。

ゐはらさいかく【井原西鶴】

[人名](一六四二〜一六九三)江戸前期の俳人・浮世草子作者。本名・平山藤五。裕福な町人の家に生まれたが、家業を手代に譲り、俳諧師として母方の井原姓を名乗る。宗因に師事して西鶴と改めた。宗因の影響は大きく、西鶴一流の軽口・狂句は「阿蘭陀流」と軽侮異端視されもしたが、のちには世間からも認められた。矢数俳諧に才を発揮、一日一夜四千句独吟、一昼夜二

万三千五百句の記録がある。凶荒飢饉と将軍綱吉の倹約令によって俳諧が沈滞したのを契機に『好色一代男』を発表。以降『武家義理物語』『日本永代蔵』『世間胸算用』など色と金の世の中の人情を描き、浮世草子の地位を確立した。

ゐふ【位封】[名]令制で、三位以上の者に、位階に応じて支給された「食封」。正一位の三百戸から従三位の百戸までの等級があった。→「ゐろく」

ゐふたぎ【韻塞ぎ】[名]《「ゐんふたぎ」の撥音無表記》「ゐんふたぎ」に同じ。

ゐまちづき【居待ち月】一[名]《座って待っているうちに出てくる月の意》陰暦十八日の夜の月。とくに季語として八月のをいう。居待ちの月。→「たちまちのつき」・「ねまちのつき」。(季―秋)。二[枕詞]地名「明石」にかかる。例「**居待ち月**明石の門ゆは」〈万葉・三・三八八長歌〉

ゐまは・る【居回る・居廻る】[自ラ四]｛ら・り・る・る・れ・れ｝輪になって座る。車座になる。例「(鬼ガ)我がゐたるうつほ木の前に**ゐまは・り**ぬ」〈宇治拾遺・一・三〉

ゐや【礼・敬】[名]《「うや」とも》敬うこと。礼。

ゐや【居屋】[名]住むための家屋。住居。

ゐやな・し【礼無し】[形ク]｛から・く(かり)・し・き(かる)・けれ・かれ｝無礼だ。礼儀知らずだ。失敬だ。例「これ、伏したはず**礼無**き人どもぞ」〈記・中〉

ゐや・ぶ【礼ぶ・敬ぶ】[他バ上二]｛び・び・ぶ・ぶる・ぶれ・びよ｝《「ぶ」は接尾語》礼儀を尽くす。敬う。＝礼まふ。例「神祇を**礼・び**祭ひて」〈紀・神武〉

ゐやま・ふ【礼ふ・敬ふ】[他ハ四]｛は・ひ・ふ・ふ・へ・へ｝「ゐやぶ」に同じ。

ゐややか【[・なり]】【礼やか】[形動ナリ]｛なら・なり(に)・なり・なる・なれ・なれ｝《「やか」は接尾語》礼儀正しいようす。うやうやしいさま。例「家の人の出で入り、にくげならず、**ゐややか・なり**」〈土佐〉

ゐやゐや・し【礼礼し】[形シク]｛しから・しく(しかり)・し・しき(しかる)・しけれ・しかれ｝うやうやしい。礼儀正しい。例「『あなかしこ』と**ゐやゐや・しく**書きなしたまへり」〈源氏・真木柱〉

ゐよ・る【居寄る】[自ラ四]｛ら・り・る・る・れ・れ｝座ったまま近寄る。例「近う**ゐよ・り**」〈枕・説経の講師は〉

ゐる【居る】[自ワ上一]｛ゐ・ゐ・ゐる・ゐる・ゐれ・ゐよ｝

アプローチ
▼動きのあるものがある場所にじっと動かずにいるが原義。
▼広く生物・無生物・自然現象に対しても用いられる。
▼対義語に「立つ」がある。

❶**その場にじっと動かずにいる。とどまる。** 例「その事果てなば、とく帰るべし。久しく居たる、いとむつかし」〈徒然・一七〇〉 訳その用事が終わったならば、すぐに帰るべきだ。長く**とどまって**いるのは、まことにわずらわしい。

❷**その場にいる。滞在する。いる。** 例「初夜の時果てんほどに、かの**ゐ**たる方にものせむ」〈源氏・夕霧〉 訳初夜の勤行(＝戌の時に行う勤行)の時間が終わったころに、その**いる**所(＝律師の控所)に行こう。

❸**座る。** 例「皇子は、立つもはした、**ゐ**たまへり」〈竹取・蓬莱の玉の枝〉 訳(くらもちの)皇子は、立つのも落ち着かない思いで、**座って**いらっしゃる。

❹(塵などが)**浮かぶ。** (露などが)**つく。置く。** 例「出でし日使ひし泔坏の水は、さながらありけり。上に塵**ゐ**てあり」〈蜻蛉・上〉 訳(夫の兼家が)出て行った日に使った泔坏の水は、そのままあった。上に塵が**浮かん**でいる。

❺(風などが)**おさまる。** 例「立てば立つ**ゐれ**ばまた**ゐる**吹く風と波とは思ふどちにやあるらむ」〈土佐〉 訳(風が)立つと、(波が)立つ。(風が)**おさまる**と、また(波が)**おさまる**。吹く風と波とは仲のいい同士であるのだろうか。〔注〕初句・三句切れの歌。《係結び》「や→あるらむ体」

❻**住む。** 例「この男は、ここかしこ人の国がちにのみ歩きければ、ふたりのみなむ**ゐ**たりける」〈大和・一四一〉 訳この男は、あちらこちら地方の国に出歩きがちだったので、(妻たちは)二人だけで**住ん**でいた。

❼**ある地位につく。** 例「坊にも、ようせずは、この皇子の**ゐ**たまふべきなめり」〈源氏・桐壺〉 訳皇太子にも、悪くすると、この皇子が**おつき**になられるようだ。語構成「居たまふべきなめり」《音便》「よう」は「よく」のウ音便。「なめり」→「なめり」

❽(中や鳥などが)**とまる。** 例「後徳大寺大臣の、寝殿に鳶**ゐ**させじとて、縄を張られたりけるを」〈徒然・一〇〉 訳後徳大寺の大臣が、寝殿にトビを**とまら**せないようにしようとして、縄をお張りになったのを。

❾(氷やつららが)**生ずる。張る。** 例「つらら**ゐ**し細谷川のとけゆくは水上よりや春は立つらん」〈金葉・春・四〉 訳氷が**張っ**た細い流れの谷川が解けてゆくのは、上流から春になるのだろうか。〈参考〉「細谷川」は、備中国(いまの岡山県)の歌枕としての用法があるが、ここは普通名詞。

❿(水草などが)**生える。** 例「里人のくむだにいまはなかるべし岩井の清水みくさ**ゐ**にけり」〈後拾遺・雑四・一〇四三〉 訳里人がくむことさえいまはないに違いない。岩井の清水は水草が**生え**てしまったことよ。

⓫(「腹が居る」の形で、「腹が立つ」に対して)(怒りが)**おさまる。** 例「梶原、この詞に腹が**ゐ**て」〈平家・九・生ずきの沙汰〉 訳梶原は、このことばに怒りが**おさまっ**て。

⓬(動詞の連用形に付いて)**じっと…する。長い間…する。** 例「舞の師どもなど、世になべてならぬをとりつつ、おのおの籠り**ゐ**てなむ習ひける」〈源氏・紅葉賀〉 訳舞の師匠たちなど、世に並々ならぬすぐれている者を迎えては、おのおの**長い間**(家に)こもって習っていた。《係結び》「なむ→習ひける体」

ゐる【率る】[他ワ上一]｛ゐ・ゐ・ゐる・ゐる・ゐれ・ゐよ｝

❶**引き連れる。連れる。伴う。** 例「草枕旅には妻は率たれども」〈万葉・四・六三五〉 ❷**身に携える。持って行く。携帯する。** 例「先帝筑紫へ〔三種ノ神器ヲ〕率ておはしければ」〈増鏡・おどろのした〉

発展学習ファイル　平安以降は、つねに接続助詞「て」を伴って「率て」の形でほかの動詞とともに用いる。敬語の補助動詞を付ける場合も、「**率ておはします**」「**率て奉る**」などの形になる。

ゐ

ゐれい【違例】[名]❶恒例に反すること。いつもと異なること。❷(貴人の)病気。不例。

ゐろく【位禄】[名]令制で、正四位以下従五位の者に、その位階に応じて支給された綿・布などの「禄」。→「ゐふ(位封)」

ゐわか・る【居分かる・居別る】[自ラ下二]{れ・れ・る・るる・るれ・れよ}分かれて座る。別々に座る。例「男・女居分か・れて」〈枕・殿などのおはしまさで後〉

ゐわた・す【居渡す】[他サ四]{さ・し・す・す・せ・せ}ずらりと並んで座らせる。例「女房、二重三重づつゐわた・されたり」〈紫式部日記〉

ゐわた・る【居渡る】[自ラ四]{ら・り・る・る・れ・れ}居並ぶ。勢ぞろいする。例「さしむかひつつゐわた・りたりしは」〈紫式部日記〉

ゐわづら・ふ【居煩ふ】[自ハ四]{は・ひ・ふ・ふ・へ・へ}居づらい状態になる。居心地が悪い。例「居わづら・ひて、この文ばかりを取りて帰りにけり」〈蜻蛉・上〉

ゐん【尹】[名]❶「弾正台」の長官。従四位相当で、風俗を正し、不法を弾劾・奏聞することを職務とした。❷天平宝字五年(七六一)から八年(七六四)までの、左右「京職」の長官の称。この期間以外は「大夫」と呼んだ。

ゐん【院】[名]❶周囲を垣や塀で囲われた大きな建物。貴族の屋敷など。例「その院の桜、ことにおもしろし」〈伊勢・八二〉❷上皇・法皇・女院の御所。またはその別邸。例「院の殿上にてぞ御元服のさだめはありける」〈平家・一・鹿谷〉(係結び)「ぞ→ありける(体)」。❸上皇・法皇・女院の敬称。上皇が複数の場合は、本院・中院・新院など区別した。例「躬恒が院に詠みて奉りける」〈大和・三〉❹斎院、またはその御所。例「院はいと御心のゆゑおはして、所のさまはいと世離れ神さびたり」〈紫式部日記〉

〔院の上〕上皇の敬称。

〔院の御所〕上皇・法皇の御所。＝仙洞

〔院の庁〕上皇・法皇・女院に奉仕する役所。別当・執事・年預などが仕えた。

〔院の殿上〕上皇の御所の殿上の間。また、そこへの出入りを許されること。

〔院の殿上人〕上皇の御所への昇殿を許された者。

〔院の拝礼〕「小朝拝」に先立って、摂関・大臣の群臣が院の御所へ参賀すること。

〔院の別当〕「院の庁」の職員の長官。

〔院の帝〕上皇の敬称。

ゐん【韻】[名]漢字の字音のうち、語頭の子音を除いた残りの部分の称。

ゐんがう【院号】[名]退位した天皇・皇太后などに天皇が贈る称号。天皇では嵯峨院を初めとする。

ゐんきゅう【院宮】[名]「ゐんぐう」に同じ。

ゐんぐう【院宮】[名](「ゐんきゅう」とも)上皇・法皇・女院・三后(太皇太后・皇太后・皇后)・東宮の称。また、その御所。

ゐんぐゎい【員外】[名](「員」は数の意)❶数に入らないこと。また、その者。❷「員外官」の略。令制で定められた定員以外の官。

ゐんげ【院家】[名](仏教語)❶門跡の寺の別院で、本寺を補佐する寺。❷皇族・公卿の子弟で、出家して①の住職となった者。

ゐんざん[・す]【院参】[名・自サ変]院の御所に参上すること。

ゐんし【院司】[名](「ゐんじ」「ゐんづかさ」とも)「院の庁」で、職務に当たる者の総称。

ゐんじゅ【院主】[名]❶寺院の主人。住職。❷禅宗での「監主」(寺内の監督役)の古い呼び名。

ゐんぜん【院宣】[名]「院司」が、上皇または法皇の命を受けて出す文書。院の宣旨。

ゐんちゅう【院中】[名](「ゐんぢゅう」とも)院の御所。また、その中。

ゐんづかさ【院司】[名]「ゐんし」に同じ。

ゐんづくり【院造り】[名]上皇の御所の造営。

ゐんふたぎ【韻塞ぎ】[名](「ゐふたぎ」とも)漢詩の韻字を隠して、それを当てる貴族の文学遊戯。

ゐんふたぎ【韻塞】[作品名]江戸前期の俳諧撰集。李由・許六編。芭蕉の三回忌にあたり、後代に蕉風の範を示そうと編集したもの。

ゐんぶん【院分】[名]平安時代、上皇や女院など「院宮」に支給された年給。院宮給。

ゐんぽん【院本】[名]江戸時代、浄瑠璃の詞章を一冊にまとめて刊行した書物。＝丸本

ゐんもり【院守】[名]院の番人。

ゐんりつ【韻律】[名]和歌や俳諧など韻文の音声上の形式。音数の長短、音の高低や強弱、子音・母音の組み合わせによる音楽的な階調やリズム。

ゑ

ゑ【会】[名]人が多く集まって行う行事や会合。法会・節会など。

〔会に逢はぬ花〕(法会に間に合わない花の意)時期遅れで役に立たないもののたとえ。

ゑ【故】[名](「ゆゑ」の変化形)理由。ゆえ。

ゑ【恵・慧】[名](仏教語)仏道修行上の「三学」のひとつ。煩悩を断ち、物事の真理を見きわめ、判断する精神の働き。→「かい(戒)」「ぢゃう(定)」

ゑ[間助](上代語)感動・詠嘆を表す。…よ。例「山の端にあぢ群騒き行くなれど我はさぶしゑ君にしあらねば」〈万葉・四・四八六〉訳山の稜線をあじ鴨が群れて騒ぎ行くようだが、私は寂しいよ。あなたではないので。

〈接続〉活用語の終止形、副詞、一部の助詞に付く。

ゑ【飢】(動詞「飢う」の連用形「うゑ」の変化形)「うう(飢う)」に同じ。

ゑあはせ【絵合はせ】[名]競技者が左右に分かれ、絵を出し合って、その優劣を競う遊び。

ゑあはせ【絵合】[作品名]『源氏物語』の十七番目の巻名。

ゑうゑう[副]ものを吐き出す音を表す語。げえげえ。＝ゑっゑっ

ゑが【垣下】[名]「ゑんが」に同じ。

ゑかう[・す]【回向・廻向】[名・自サ変](仏教

語》❶自分の積んだ功徳や善行を他人に施して、ともに浄土に往生できるように願うこと。❷読経や布施などをして、死者の霊の冥福を祈ること。供養。❸法要の最後に「回向文」を読み上げること。❹「回向文」の略。

ゑかうぶみ【回向文・廻向文】[名]「ゑかうもん」に同じ。

ゑかうもん【回向文・廻向文】[名]《仏教語。「ゑかうぶみ」とも》法要や日々の勤行の最後に読み上げる経文のことば。法要などの功徳をすべての人に施したいと願って唱える文。＝回向

ゑがち【・なり】【笑がち】[形動ナリ]〈なら・なり(に)・なり・なる・なれ・なれ〉笑いがち。にこやかなさま。例「なでふことなき人の、**笑がち・にて**、ものいたういひたる」〈枕・にくきもの〉

ゑか・ふ【餌飼ふ】[自ハ四]〈は・ひ・ふ・ふ・へ・へ〉❶えさを求めて食う。❷えさを与えて育てる。

ゑぎゃう【恵慶】[人名]（生没年未詳）平安中期の僧・歌人。中古三十六歌仙のひとり。当時の歌壇の中心人物たちと交流があった。荒廃した河原院（源融の邸跡）を詠じた歌が多い。

ゑぐ[名]草の名。クロクワイ。水中に生え、地下茎は食用となる。一説に、セリの別称とも。

ゑぐし【笑酒・咲酒】[名]酒の美称。楽しい酒。

ゑげ【会下】[名]《仏教語。「ゑか」とも》❶禅宗や浄土宗などで、師のもとで修行する道場。❷（「会下僧」の略）①で修行する僧。

ゑげ【穢気】[名]死・出産・月経などによる汚れ。

ゑげん【慧眼・恵眼】[名]《仏教語》一切の煩悩に惑わされず、真理を見抜く力。知恵の眼。

ゑことば【絵詞】[名]❶絵の解説をした文章。また、絵巻物の詞書。❷詞書のある絵巻物。

ゑざ【会座】[名]《仏教語》説法・法会などの席。

ゑざうし【絵草子・絵双紙】[名]❶江戸時代、世間の出来事などを絵入りで速報した印刷物。瓦版。❷江戸時代に刊行された絵本類や、絵入り読み物の総称。❸江戸中期以降、「草双紙」の別称。赤本・黒本・青本・黄表紙・合巻をいう。

〈俳句〉**ゑざうしに…**【絵草紙に鎮おく店や春の風】〈井華集・几董〉訳暖かな春の風が吹く中、絵草紙屋では店頭に陳列した絵草紙がめくれないようおもしを置いていることだ。（季―春の風―春）

ゑし【絵師・画師】[名]絵かき。また、令制の「画工司」や、平安末期以後に院や幕府の「絵所」に属した画工をいう。江戸幕府では、とくに、狩野・土佐の両派がこの職に就いた。

ゑじ【衛士】[名]令制で諸国から選ばれ、毎年交替制で宮中の警備に当たった兵士。

ゑじかご【衛士籠】[名]香をたくための銀製のかご。衛士がたく篝火のかごに似ていることからいう。

ゑしき【会式】[名]《仏教語》❶法会の儀式。❷日蓮宗で、陰暦十月十三日の日蓮の忌日と、その前日に行われる法会。お会式。＝御命講。（季―冬）

ゑじふ【衛士府】[名]令制で「衛府」のひとつ。左右に分かれ、宮中の警護などをつかさどった。弘仁二年（八一一）、「衛門府」と改称。

ゑしゃく【・す】【会釈】[名・自サ変]❶《仏教語。「和会通釈」の略》法門の難解なところを理解し会得すること。また、説法などを理解して悟ること。❷《転じて》理解したうえで解釈を下すこと。例「予（＝私）心見にこれを**会釈・す**」〈無名抄〉❸あいさつすること。おじぎ。❹（相手に）配慮すること。思いやり。斟酌。例「人の心、なさけなく**ゑしゃくす**くなき所も」〈浜松中納言・一〉❺言い訳をすること。また、取りなすこと。❻愛想よくすること。愛敬。

ゑしゃぢゃうり【会者定離】[名]《仏教語》会うものは必ずいつかは別れる運命にあるというこの世の無常を表す語。

ゑしん【穢身】[名]《仏教語》汚れた身体。凡夫（人間）の身。

ゑしん【・す】【回心・廻心】[名・自サ変]《仏教語》仏法を信じて、よこしまな心を改めること。

ゑしんそうづ【恵心僧都】[人名]「げんしん」に同じ。

ゑ・ず【怨ず】[他サ変]〈ぜ・じ・ず・ずる・ずれ・ぜよ〉（「ゑんず」の撥音無表記）「ゑんず」に同じ。

ゑだくみ【画工】[名]令制の「画工司」。また、絵師。

ゑだくみのつかさ【画工司】[名]令制で「中務省」に属し、絵画・彩色をつかさどった役所。大同三年（八〇八）、「内匠寮」に併合された。

ゑちご【越後】[地名]旧国名。北陸道七か国のひとつ。いまの佐渡を除く新潟県全域。古く「越の道の後」と呼ばれ、天武天皇の時代に越の国が三分割されたひとつ。＝越州

ゑちごじし【越後獅子】[作品名]江戸後期（一八一一初演）の歌舞伎舞踊。本題名は『遅桜手爾葉七字』。同名の地唄を改曲したもので、同題の江戸長唄としても伝えられている。

〈俳句〉**ゑちごやに…**【越後屋にきぬさく音や衣更】〈五元集・其角〉訳綿入れを脱いで袷へと衣がえする時が来た。袷を新調する客が押しかけているのであろうか、越後屋からは絹布を裂く音がしきりに聞こえてくる。（季―衣更―夏）
〈参考〉「越後屋」は、江戸日本橋にあった呉服店。

ゑちぜん【越前】[地名]旧国名。北陸道七か国のひとつ。いまの福井県北東部。古く「越の道の前」と呼ばれ、天武天皇の時代に越の国が三分割されたひとつ。＝越州

ゑつじん【越人】[人名]「をちゑつじん」に同じ。

ゑっちゅう【越中】[地名]旧国名。北陸道七か国のひとつ。いまの富山県。古く「越の道の中」と呼ばれ、天武天皇の時代に越の国が三分割されたひとつ。＝越州

ゑつぼ【笑壺】[名]笑い興ずること。
【**笑壺に入る**】笑い興ずる。大いに喜ぶ。例「皆**ゑつぼに入りにけり**」〈今昔・二四・二三〉

ゑっゑっ[副]「ゑうゑう」に同じ。

ゑてんらく【越天楽】[名]雅楽の曲名。平調・盤渉調・黄鐘調の三種の曲があり、平調が一般的。早四拍子の小曲で、舞はない。

ゑど【穢土】[名]❶《仏教語》汚れたこの世。↔浄土①。❷糞の別称。

ゑ

ゑとき【絵解き】[名]仏画や絵巻などの内容を説き聞かせること。また、それを職業とした人。

ゑどころ【絵所】[名]❶平安時代、宮中での絵画をつかさどる役所。大宝令にあった画工司が廃されたあとに置かれた。また、そこに属する絵師。❷中世以降、東大寺・本願寺・春日神社などで、絵画を担当した部署。❸室町中期以降、幕府で絵画を担当した役所。

ゑどころのべったう【絵所の別当】[名]「絵所①」の長官。五位の蔵人をあてた。

ゑとり【餌取り】[名]鷹のえさにするために牛馬などを殺すことを業とする者。また、その皮や肉を売ることを業とする者。

ゑど・る【絵取る】[他ラ四]{ら・り・る・る・れ・れ}彩色を施す。いろどる。例「さらば**絵ど・らん**」〈狂言記・金岡〉

ゑぬ【狗】[名]《「ゑのこ」とも》犬の子。小犬。＝狗児

ゑのこ【狗】[名]「ゑぬ」に同じ。

ゑのこぐさ【狗児草・狗尾草】[名]《「ゑぬのこぐさ」の変化形》草の名。エノコログサの古名。夏から秋にかけて、茎の先端に緑色の穂を付ける。穂が犬の尾に似ていることからの名。（季－秋）

ゑのこしふ【犬子集】[作品名]江戸前期(一六三三刊行)の俳諧撰集。松江重頼編。山崎宗鑑の『犬筑波集』以降の発句・付け句を編集したもので、書名もこれにちなむ。俳諧が集大成され撰集として出版されたという史的意義は大きい。

ゑのころ【狗児】[名]「ゑぬ」に同じ。

ゑば【餌・餌ば・餌食】[名]鳥獣などのえさ。

ゑは・す【酔はす】[他サ四]{さ・し・す・す・せ・せ}酔わせる。例「御使ひとどめさせたまひて、いたう**酔は・し**たまふ」〈源氏・梅枝〉

ゑひ【酔ひ】[名]❶酒や乗り物などに酔うこと。❷物事に夢中になり、我を忘れること。

〔**酔ひの紛れ**〕酒に酔っていつもと違う気分になること。酒の酔いで気が紛れること。例「心やりたまへる旅寝の宿りは、**酔ひの紛れ**にいととう明けぬる心地して」〈源氏・椎本〉

ゑひあ・く【酔ひ飽く】[自カ四]{か・き・く・く・け・け}十分に飲みすっかり酔う。例「上、中、下、**酔ひ飽・き**て、いとあやしく」〈土佐〉

ゑひぐるひ【酔ひ狂ひ】[名]酒に酔って乱暴すること。また、その人。

ゑひごこち【酔ひ心地】[名]酒に酔った心地。

ゑひごと【酔ひ言】[名]酒に酔っていうことば。

ゑひざま【酔ひ様】[名]《「ゑひさま」とも》酒に酔ったようす。

ゑひさまた・る【酔ひさまたる】[自ラ下二]{れ・れ・る・るる・るれ・れよ}酒に酔って正体を失う。例「一人直しき者もなく、**酔ひさまた・れ**て」〈今昔・二八・四〉

ゑひし・ぬ【酔ひ死ぬ】[自ナ変]{な・に・ぬ・ぬる・ぬれ・ね}死ぬほど酔う。例「かく悲しくして**酔ひ死・に**たりける」〈今昔・二八・二〉

ゑひし・る【酔ひ痴る】[自ラ下二]{れ・れ・る・るる・るれ・れよ}酒に酔って正体を失う。例「ありとある上、下、童まで**酔ひ痴・れ**て」〈土佐〉

ゑひす・ぐ【酔ひ過ぐ】[自ガ上二]{ぎ・ぎ・ぐ・ぐる・ぐれ・ぎよ}酒を飲み過ぎてひどく酔う。例「人々いたく**酔ひ過・ぎ**たまひて」〈源氏・若菜・下〉

ゑひすす・む【酔ひ進む】[自マ四]{ま・み・む・む・め・め}酒を飲んでひどく酔う。例「翁いたう**酔ひすす・み**て無礼なれば」〈源氏・藤裏葉〉

ゑひなき【酔ひ泣き】[名]酒に酔って泣くこと。

ゑひなや・む【酔ひ悩む】[自マ四]{ま・み・む・む・め・め}酒を飲み過ぎて気分が悪くなる。悪酔いする。例「源氏の君、いたく**酔ひなや・める**さまにて」〈源氏・花宴〉

ゑひびと【酔ひ人】[名]酒に酔った人。酔っ払い。

ゑひまど・ふ【酔ひ惑ふ】[自ハ四]{は・ひ・ふ・ふ・へ・へ}酒に酔い過ぎて醜態をさらす。例「**酔ひ惑・ひ**て、うたひ帰るままに」〈蜻蛉・上〉

ゑひみだ・る【酔ひ乱る】[自ラ下二]{れ・れ・る・るる・るれ・れよ}酒に酔ってひどく乱れる。

ゑふ【衛府】[名]❶令制で宮中の護衛、行幸の供奉などをつかさどった役所の総称。弘仁二年(八一一)以降、左右の「近衛府」「衛門府」「兵衛府」の六衛府が置かれた。❷①に属する役人。

〔**衛府の太刀**〕六衛府の武官が使用した細身の太刀。のちに装飾用となり、公卿にも用いられた。＝野太刀①・平鞘の太刀

ゑ・ふ【酔ふ】[自ハ四]{は・ひ・ふ・ふ・へ・へ}❶酒を飲んだり車に揺られたりして酔う。❷中毒する。例「毒茸を食へども、つゆ**酔・は**ぬ人のありけるなりけり」〈今昔・二八・一〉❸心を奪われ、判断力を失う。例「物に**酔・ひ**たる心地して、うつぶしに伏せり」〈竹取・かぐや姫の昇天〉

ゑぶくろ【餌袋】[名]❶鷹狩りのとき、鷹のえさを入れる袋。❷菓子や乾飯などを携帯する袋。

ゑふづかさ【衛府司】[名]❶「衛府」の官庁。❷「衛府」の役人。

ゑぶっし【絵仏師】[名]仏画を描いたり、仏像の彩色、寺院内部の装飾などをしたりする専門家。

ゑふのかみ【衛府督】[名]令制で「六衛府」の長官の総称。近衛府では大将、兵衛府・衛門府では督という。

ゑふのくらうど【衛府の蔵人】[名]令制で「六衛府」の武官で、「蔵人」を兼任する者。

ゑふのすけ【衛府佐】[名]令制で「六衛府」の次官の総称。近衛府では中将・少将、兵衛府・衛門府では佐という。

ゑふのぞう【衛府尉】[名]令制で「六衛府」の三等官の総称。

ゑぼし【烏帽子】[名]「えぼし」に同じ。

ゑほん【絵本】[名]❶絵の手本。❷挿し絵を主とした通俗的な読み物。絵草子。

ゑほんたいこうき【絵本太功記】[作品名]江戸後期(一七九九初演)の浄瑠璃。近松柳・近松湖水軒・近松千葉軒合作。『真書太閤記』などをもとに描く時代物。とくに、信長を殺したのちに孤立していく光秀の苦悩を語る十段目は、「太十」の名で親しまれ有名。

ゑま【絵馬】[名]《「ゑうま」「ゑんま」とも》祈願やお礼などのために、馬などを描いて寺社に奉納した小額。

神馬を奉納することができないときの代用であったが、のちに種々の絵が描かれるようになった。

ゑまき【絵巻き】[名]「絵巻物」の略。

ゑまきもの【絵巻物】[名]物語・伝記・寺社の縁起など筋書きをもった内容を絵にした巻物。多く、内容を記した詞書と絵からなる。平安・鎌倉時代に盛んに制作された。＝絵巻き

ゑま・し【笑まし】[形シク]ほほえましい。見ると思わずにっこりしてしまう。＝笑まはし。例「もの思ひの慰めにしつべく、**笑ま・しき**顔のにほひにて」〈源氏・夕霧〉

ゑまは・し【笑まはし】[形シク]ほほえましい。＝笑まし。例「さ百合の花の笑**まは・しきかも**」〈万葉・一八・四〇八六〉

ゑまひ【笑まひ】[名]ほほえみ。

ゑま・ふ【笑まふ】《動詞「笑む」の未然形＋上代の反復・継続の助動詞「ふ」》ほほえむ。例「心には思ひ誇りて**笑ま・ひ**つつ渡る間に」〈万葉・一七・四〇一一長歌〉

ゑみ【笑み】[名]ほほえむこと。笑うこと。

〔**笑みの眉開く**〕相好を崩す。花が咲くようににこやかに微笑む。

ゑみがほ【笑み顔】[名]笑顔。笑い顔。

ゑみこだ・る【笑みこだる】[自ラ下二]大笑いする。笑い興ずる。例「盃を左の手に持ちて**笑みこだ・れ**たるさま」〈宇治拾遺・一・三〉

ゑみごゑ【笑み声】[名]笑いを含んだ声。

ゑみさか・ゆ【笑み栄ゆ】[自ヤ下二]満面に笑みを浮かべる。例「老忘れ齢のぶる心地して、**笑みさか・え**て」〈源氏・明石〉

ゑみひろ・ぐ【笑み広ぐ】[自ガ下二]快活に笑い飛ばす。例「めでたく見え給へば、ただ**笑み広・げ**て」〈狭衣・一〉

ゑみひろご・る【笑み広ごる】[自ラ四]笑い崩れる。例「女ばら物の背後に近づき参りて、**笑みひろご・り**てゐたり」〈源氏・宿木〉

ゑみほこ・る【笑み誇る】[自ラ四]満足そうな微笑を浮かべる。例「宮の大夫、ことさらにも**笑みほこ・り**たまはねど」〈紫式部日記〉

ゑみまが・る【笑み曲がる】[自ラ四]眉が曲がるほどにこにこ笑う。例「青柳の細き眉根を**笑み曲が・り**」〈万葉・一九・四一九二長歌〉

ゑみま・ぐ【笑み曲ぐ】[自ガ下二]にこにこ笑って顔をゆがめる。例「口は耳もとまで**笑みま・げ**てゐたり」〈落窪・一〉

ゑみゑみ【笑み笑み】[副]気持ちの悪い笑みを浮かべるさま。にやにや。例「としよりたるうばの、**ゑみゑみ**とした形をあらはして」〈古今著聞・六〇三〉

ゑ・む【笑む】[自マ四]❶ほほえむ。にっこりする。例「御歯のすこし朽ちて、口の中黒みて、**笑・み**たまへる」〈源氏・賢木〉❷（花のつぼみが）ほころぶ。（花が）咲く。例「花の**ゑ・める**を見ればなれもをかしと見るらめど」〈好忠集〉❸（果実などの）殻が割れる。例「いが栗の**笑・み**たるをさし出でたるを取りて」〈中務集〉

発展学習ファイル　類義語「わらふ」との語義の差は、それほどないが、「わらふ」の持つ嘲笑の意はない。

ゑもん【衛門】[名]❶「衛門府」の略。❷「右衛門府」の略。

ゑもんのかみ【衛門督】[名]令制で「衛門府」の長官。左右各一名。

ゑもんのすけ【衛門佐】[名]令制で「衛門府」の次官。左右各一名。

ゑもんのぢん【衛門の陣】[名]衛門府の官人の詰め所。左右衛門の陣のこと。左衛門の陣は建春門内に、右衛門の陣は宜秋門内にあった。

ゑもんふ【衛門府】[名]令制で「六衛府」のひとつ。大内裏外側の諸門の警備、行幸の供奉などをつかさどった。大同三年（八〇八）に左右の「衛士府」に統合されたのち、弘仁二年（八一一）、「左衛門府」「右衛門府」と改められた。＝衛門①・靫負司・靫負庁

ゑやう【絵様】[名]❶物のさまを写すこと。また、そのもの。絵の下書き。❷模様。図案。

ゑら・く[自カ四]喜び楽しむ。例「〈天照大神〉いかにぞ天鈿女命かく**ゑら・く**やとおもほして」〈紀・神代・上〉

ゑらゑら[副]にこにこ。例「**ゑらゑら**に仕へ奉るを」〈万葉・一九・四二六六長歌〉

ゑ・る【彫る・鐫る】[他ラ四]❶彫刻する。例「弥勒の像を**彫・り**奉らむと」〈今昔・一一・三〇〉❷くりぬく。例「松の木を伐りて、これを船の形に**彫・り**て」〈今昔・一六・二〉❸表面に刻み目をつけて、金銀・珠玉・貝などをはめこむ。例「白きには梅を**彫・り**て」〈源氏・梅枝〉

ゑわらひ【ゑ笑ひ】[名]声を出して笑うこと。

ゑわら・ふ【ゑ笑ふ】[自ハ四]声を出して笑う。

ゑんあう【鴛鴦】[名]《「をし」「をしどり」とも》オシドリの雌雄。「鴛」は雄、「鴦」は雌のオシドリの雌雄。いつもつがいでいることから、相愛の男女・夫婦のたとえ。

〔**鴛鴦の契り**〕夫婦仲のよさのたとえ。＝鴛鴦の結び

〔**鴛鴦の衾**〕夫婦共寝の夜具。

ゑんが【垣下】[名]《「ゑんか」「ゑが」「かいもと」とも》❶宮中や貴族の屋敷での饗宴で、正客以外の相伴の客。❷「垣下の座」の略。❸「垣下の舞」の略。

〔**垣下の座**〕宮中や貴族の屋敷で、饗宴の際、相伴の人や舞人・楽人などが座る場所。＝垣下②

〔**垣下の舞**〕「垣下の座」で演じられる舞。舞台で行われる舞に対していう。＝垣下③

ゑんきゃう【円鏡】[名]丸餅の別称。

ゑんこう【猿猴】[名]サル類の総称。古くは手長猿。

〔**猿猴が月**〕（猿が水に映った月を取ろうとして、溺れて死んだという故事から）身のほど知らずの愚かな人間が、大望を抱いて失敗することのたとえ。

ゑんごく【遠国】[名]「をんごく」に同じ。

ゑんざ【円座】[名]「わらふだ」に同じ。

ゑんじゃく【円寂】[名・自サ変]《仏教語》仏の死。転じて、僧が死ぬこと。入滅。入寂。

ゑんしゅう【円宗】[名]《仏教語。「円頓」の教えを旨とする宗派の意》天台宗の別称。

ゐん・ず【怨ず】〘他サ変〙{ぜ・じ・ず・ずる・ずれ・ぜよ}（「ゑず」とも）恨む。恨み言をいう。すねる。例「大臣の、ものの心（＝物事ノ道理）を深う知りたまひながら、我を怨じて、かく率ゐて渡したまふこと」〈源氏・少女〉

ゐんすい【淵酔】〘名〙（「ゑんずい」とも）❶深く酔うこと。❷宮中での節会や臨時の祭礼などのあとに、天皇が清涼殿の殿上の間に殿上人を召して催した酒宴。管弦や歌舞をして楽しんだ。

ゐんたいりゃく【園太暦】〘作品名〙鎌倉後期から南北朝時代にかけての日記。洞院公賢作。南北朝争乱時の貴族の動静を伝える。

ゐんたう【遠島】〘名〙❶陸地から遠い島。❷江戸時代の刑罰のひとつ。追放より重く、死罪より軽い。中古・中世の「遠流」に当たる。＝流罪②

ゐんどん【円頓】〘名〙〘仏教語〙天台宗の教義で、円満で速やかに悟りに入ること。

ゐんにん【円仁】〘人名〙（七九四〜八六四）平安前期の天台宗の僧。延暦寺座主。諡号は慈覚大師。承和五年（八三八）に入唐、五台山や長安で修行を積む。この間のことを『入唐求法巡礼行記』にまとめた。帰国後は円密一致の天台密教を確立。

ゐんりょ【遠慮】〘名〙❶先を見通して深く考えること。深い思慮。❷他人に対して、言動を控え目にすること。❸江戸時代、武士・僧に科した刑罰のひとつ。閉門し外出を禁じたが、夜間はくぐり戸からの出入りを許可した。

を

を-【小】〘接頭〙❶（名詞に付いて）㋐小さな、細かなの意を表す。また、親愛の情をこめる。「小国」「小舟」「小屋」など。㋑語調を整える。「小忌み」「小山田」など。❷（動詞・形容詞に付いて）わずかな、すこしのの意を表す。「小暗し」など。

を-【男・雄・夫】〘接頭〙雄々しい、勇ましい、いかめしいなどの意を表す。「をごころ」「をたけび」など。

を【牡・雄・男・夫】〘名〙❶（動植物などの）おす。❷男子。おとこ。❸夫。❹（陰陽の）陽。

を【尾】〘名〙❶動物のしっぽ。❷山すその長くのびたところ。例「春霞峰にも尾にも」〈古今・春上・五一〉

を【麻・苧】〘名〙❶麻や苧の別称。❷麻や苧の茎などの繊維でつくった糸。

を【緒】〘名〙❶**糸・ひもなど、細長いもの。**例「片糸もち貫きたる玉の緒を」〈万葉・一一・二七九一〉❷**楽器・弓などに張って用いる弦。**例「琴の緒もいと緩に張りて、いたう下して調べ」〈源氏・若菜・上〉《音便》「いたう」は「いたく」のウ音便。❸**長く続くもの。長く続くこと。**例「うちはへて年の緒長く恋ひやわたらむ」〈古今・秋上・一八〇〉❹**命。生命。玉の緒。**例「己がをを凡にな思ひそ」〈万葉・一四・三五三五〉

〔**緒に成る**〕織った薦が破れて、編みひもだけが残る。例「綾席緒になるまでに君をし待たむ」〈万葉・一一・二五三八〉

を〘名〙㊀【峰】みね。山の尾根。㊁【丘・岡】おか。

を〘感〙承諾・応答の声。はい。例「『こなたに』と召せば、『を』と、いとけざやかに聞こえて」〈源氏・行幸〉

を ⇨一三三三ページ「特別コーナー」〘間助〙〘格助〙〘終助〙〘接助〙

をい〘感〙（「おい」とも表記）❶何かにふと気づいたときや、思いがけない物事に出会ったときに発する語。おお。おやっ。例「おい、この君にこそ」〈枕・五月ばかり〉❷呼ばれたときに答える語。肯定・了解の気持ちでいう。例「『おい、然り、然り』とうなづきて」〈源氏・玉鬘〉❸呼びかけるときに発する語。おい。

をいや〘感〙（「おいや」とも表記）驚いたときや、思い当たることがあったときに発する語。おお（そうだ）。

をいをい〘感〙（「おいおい」とも表記）❶答えたり、承諾したりするときにいう語。はいはい。❷呼びかける語。おおい、おおい。❸大声で泣くときの声。

をう〘感〙（「おう」「あふ」「あう」「をを」などとも表記）驚いたり、ものに感じたりして発する語。おお。また、応答の語。はい。

をうご【・す】【擁護】〘名・他サ変〙「おうご」に同じ。

をうと【夫】〘名〙（「をひと」のウ音便）おっと。

をうな【女】〘名〙（「をみな」のウ音便）おんな。女性。

をうなご【女子】〘名〙女の子。娘。

をうをう〘感〙（「おうおう」とも表記）❶泣きわめく声。騒ぐ声。❷呼びかけの語。例「阿弥陀仏、我を殺す人ありや、**をうをう**」〈今昔・二〇・一二〉

をえ【小江】〘名〙（「を」は接頭語）小さな入り江。

をか【丘・岡】〘名〙土地が周囲より小高くなった所。

をか【陸】〘名〙❶（海に対して）陸地。❷（近世語）銭湯の流し場。

をがき【男餓鬼】〘名〙男の餓鬼。↔女餓鬼

をかきつ【小垣内】〘名〙（「を」は接頭語）垣根の内。

をかざき【岡崎】〘地名〙三河国の地名。いまの愛知県岡崎市。徳川家康生誕の地として知られる。東海道五十三次のひとつ。

をがさはらりう【小笠原流】〘名〙❶弓術・馬術の一流派。源頼朝の臣である小笠原長清に始まる。❷武家礼式の一流派。足利義満の臣である小笠原長秀が制定し、以後、武家の正式礼法となり、室町・江戸両幕府および諸侯はこれに従った。

をかし【犯し・侵し】〘名〙罪を犯すこと。その罪。

をか・し〘形シク〙{しから・しく（しかり）・し・しき（しかる）・しけれ・しかれ}

> **アプローチ**
> ▼滑稽の意の名詞「痴」の形容詞化とも、また、手もとに招く意の動詞「招く」の形容詞化ともいわれる。
> ▼前者の説だと滑稽なさま、後者の説だと興味を持って迎えたいさまが原義となる。
> ▼対象を客観的・知的に捉えて、明るく晴れやかな気分になるさまを表す。

❶**笑いたくなる。滑稽である。**例「中将、をかしきを念じて、引きたてたまへる屏風のもとに寄りて」

を

［間投助詞］［格助詞］［終助詞］［接続助詞］

アプローチ ▼間投助詞㊀は、おもに和歌や会話文に用いられ、強調を表す。とくに訳出する必要はない。命令・願望・意志・推量を表す文において文末用言の直前に投入されるのが基本的用法であるが、特殊な用法として、「命令形＋『を』＋『と』」という語法もみられる。
▼格助詞㊁は、述語に対する連用修飾語として働くのが基本の用法であり、さまざまな意味関係で用いられる。現代語「を」に比べて、やや広い範囲の意味を表すので注意する。訳出する際には、述語との関係を考えて、自然な訳をするように心がけるとよい。
▼終助詞㊂は、おもに和歌や会話文に用いられ、感動・詠嘆を表す。
▼接続助詞㊃は、平安時代には広く用いられ、基本的に、前の出来事とあとの出来事が共存することを表す。前後の文脈から、順接ならびに逆接の条件を表す場合もある。

㊀［間投助詞］接続 種々の語に付く。

意味	訳語	用例
強調を表す。	（とくに訳出する必要はない）	例「恋しくは下(した)に**を**思へ紫の根摺(ねず)りの衣(ころも)色に出(い)づなゆめ」〈古今・恋三・六五二〉訳恋しく思うなら、心の中でひっそりと思いなさい。紫草の根で染めた衣のように、目立って人目を引くようなことはしないでください、決して。 例「渡り守舟渡せ**を**と呼ぶ声の至らねばかも梶(かぢ)の音のせぬ」〈万葉・一〇・二〇七二〉訳「渡し守、船を渡せ」と呼ぶ声が届かないからであろうか、梶の音もしない。

㊁［格助詞］接続 体言、活用語の連体形に付く。

意味	訳語	用例
❶動作・作用の対象を表す。	…を	例「文(ふみ)**を**書きて、やれども、返りごともせず」〈竹取・石作の皇子〉訳（貴公子たちは）恋文**を**書いておくるのだが、（かぐや姫は）返事もしない。
❷動作・作用の経過点を表す。	…を（通って）	例「住吉(すみよし)の郡(こほり)、住吉の里、住吉の浜**を**ゆくに」〈伊勢・六八〉訳住吉の郡、住吉の里、住吉の浜**を通って**行くときに。

〈源氏・紅葉賀〉訳中将は、**笑いたくなる**のをこらえて、（源氏が）お広げなさった屏風のそばに寄って。
❷**おもしろい。興味がひかれる。**例「『まろ、この歌の返しせむ』といふ。おどろきて、『いと**をか・しき**ことかな。よみてむやは。よみつべくは、はやいへかし』といふ」〈土佐〉訳「わたしが、この歌の返しをしよう」という。びっくりして、「とても**おもしろい**ことだね。きちんと詠めるだろうか。詠めるのなら、早くいいなさい」という。
❸**趣がある。美しくて心がひかれる。**例「ただ一つ二つなど、ほのかにうち光りて行(ゆ)くも、**をか・し**」〈枕・春は、あけぼの〉訳（蛍が乱れ飛ぶのも）ほんのひとつふたつなど、かすかに光って飛ぶのも、**趣がある**。
❹**かわいらしい。**例「いづ方(かた)へかまかりぬる。いと**をか・しう**やうやうなりつるものを」〈源氏・若紫〉訳（スズメは）どこに行ったのでしょうね。ほんとに**かわいらしく**だんだんなってきてましたのに。
《音便》「をかしう」は「をかしく」のウ音便。《係結び》「か」→まかりぬる㊍」。《敬語》「まかりぬる」→「まかる」
❺**すぐれている。立派である。**例「容貌(かたち)いとよく、心も**をか・しき**人の」〈枕・男こそ、なほいとありがたく〉訳顔かたちがたいへんすばらしく、気立ても**すぐれている**（女の）人が。

発展学習ファイル (1)「をかし」は、「**あはれ**」とともに、平安朝文学の精神を代表することばとして比較されることが多いが、「をかし」は「**あはれ**」より余裕のある姿勢がみられ、また、明るい感じを伴う。➡「あはれ［・なり］」〈古語深耕〉
(2)①②③の類義語に「**おもしろし**」がある。➡「おもしろし」〈古語深耕〉

をかしう オカシュウ 形容詞「をかし」の連用形「をかしく」のウ音便。

をかしが・る オカシガル［自ラ四］｛ら・り・る・る・れ・れ｝《「がる」は接尾語》風流だと感じる。魅力があると思う。例「ものあはれなる気色(けしき)を、人々**をかしが・る**」〈源氏・竹河〉

をかしげ［・なり］【をかし気】オカシゲ［形動ナリ］｛なら・なり(に)・なり・なる・なれ・なれ｝《「げ」は接尾語。いかにも「をかし」と感じられるさま》**情趣がある**さま。**美しいさま。かわいらしいさま。**例「いとをか

意味	訳語	用例
❸動作・作用の起点を表す。	…を …から	例「巳の時ばかり、家を出づ」〈蜻蛉・中〉訳巳の時ごろ、家を出る。例「さりとて、都を遠ざからんも、古里おぼつかなかるべきを」〈源氏・須磨〉訳(人の多い所に住むのは本意ではないと思うのだが)そうかといって、都から遠く離れるのも、故郷のことが気がかりであろうということを。
❹経過する時間を表す。	…を	例「年を経て消えぬ思ひはありながら夜の袂はなほ凍りけり」〈古今・恋二・五九六〉訳年月を経ても決して消えない(恋の)火が燃えているのに、夜着のたもとはやはり(涙で濡れて)凍っていることだ。
❺動作の相手となる対象を表す。	…に	例「音羽山のほとりにて人を別るとてよめる」〈古今・離別・三八四詞書〉訳音羽山の付近で人に別れるといって詠んだ(歌)。例「天地と相栄えむと大宮を仕へ奉れば貴く嬉しき」〈万葉・一九・四二七三〉訳天地とともに長く栄えようと、大宮(＝神宮の尊称)にお仕え申し上げると、こんなにも貴くうれしいものだなあ。
❻自動詞を臨時に他動詞として用いた場合のその対象や、形容詞の対象を表す。	…が	例「わびぬれば身をうき草の根を絶えて誘ふ水あらば去なむとぞ思ふ」〈古今・雑下・九三八〉訳つらい思いで過ごしているので、わが身がいやになったので、浮き草の根が絶えているように、誘ってくれる水があるなら、どこへなりとも流れていこうと思います。例「この翁は、かぐや姫のやもめなるを嘆かしければ」〈竹取・火鼠の皮衣〉訳この老人は、かぐや姫が独身でいることが嘆かわしく思われたので。
❼使役構文での動作主を表す。	…を(して)	例「わがかなしと思ふむすめを仕うまつらせばや」〈源氏・夕顔〉訳(人々が思うには)自分の、かわいいと思う娘を(源氏に)お仕え申し上げさせたい。

三[終助詞]接続 体言、活用語の連体形などに付く。

しげ・なる猫なり」〈更級〉

をかしさ[名](「さ」は接尾語)おもしろみや趣のあること。

をかしば・む[自マ四]{ま・み・む・む・め・め}(「ばむ」は接尾語)風流めいた振る舞いをする。例「なよらかにをかしば・めることを好ましからず思す人は」〈源氏・夕霧〉

をかしやか[・なり][形動ナリ]{なら・なり(に)・なり・なる・なれ・なれ}(「やか」は接尾語)いかにも風情のあるさま。実に趣深いさま。例「をかしやか・に気色ばめる御文などのあらば」〈源氏・少女〉

をかしら【尾頭】[名]❶尾と頭。❷尾から頭までの長さ。

をか・す【犯す・侵す・冒す】[他サ四]{さ・し・す・す・せ・せ}❶道徳や法律に従わない。悪事をはたらく。❷攻め込む。侵略する。例「もとよりその国を侵・し害はむとにはあらじ」〈紀・欽明〉❸病気や睡魔などがとりつく。例「陽成院狂病にをか・されさせましまして」〈平家・一・剣〉❹女性を暴行する。❺逆らう。押し切る。例「越王の前に来たり、面をか・して申しけるは」〈曾我・五〉

をがたくゎうりん【尾形光琳】[人名](一六五八～一七一六)江戸前期の画家。国宝の『燕子花図屏風』や『紅白梅図屏風』など多数の作品が現存する。狩野派や土佐派の武家絵画に対して、町民の生活感情を表現した。

をがたけんざん【尾形乾山】[人名](一六六三～一七四三)江戸中期の陶工・画家。尾形光琳の弟。野々村仁清に入門して陶法を修行。漢籍や古典にも通じ、書画一如の画賛陶器を得意とする。

をがたまのき【黄心樹】[名]木の名。山地に自生するが、神社の庭などにも植えられる。春、芳香のある黄色がかった白い花が咲く。『古今和歌集』で物名の題となっており、「古今伝授」の「三木」のひとつとされた。(季－春)。例「み吉野の吉野の滝に浮かび出づる泡をか玉の消ゆと見つらむ」(＝「をか玉の消」ニ「をがたまのき」ヲ隠ス)」〈古今・物名・四三一〉

をかぢ【小楫】[名](「を」は接頭語)かじ。

をかっぴき【岡っ引き】[名](近世語。「をか」

意味	訳語	用例
感動・詠嘆を表す。	…だが …のに	例「世にかかる光の出(い)でおはしたることと驚かれはべりしを」〈源氏・朝顔〉訳(初めて見たとき)世の中に、このような光り輝くばかりの方が現れていらっしゃるなんてと驚かずにいられませんでしたのに(いまはいっそうお美しい)。
四［接続助詞］接続 活用語の連体形に付く。		
意味	訳語	用例
❶単純接続。	…と …が	例「夏の夜はまだ宵(よひ)ながら明けぬるを雲のいづこに月宿るらむ」〈古今・夏・一六六〉訳→〈和歌〉なつのよは…
❷順接の確定条件を表す。	…ので …から	例「この女(め)の童(わらは)は、絶えて宮仕へつかうまつるべくもあらずはんべるを、もてわづらひはべり」〈竹取・かぐや姫の昇天〉訳この娘子(むすめご)は、まったく宮仕えいたしそうもございませんので、もてあまして悩んでおります。
❸逆接の確定条件を表す。	…けれども …のに	例「参りたまふべき由(よし)ありけるを、重く煩(わづら)ふ由申して参らず」〈源氏・若菜・下〉訳参上なさるようにと仰せがあったけれども、重く病み煩っているという理由を申し上げて参上しない。

発展学習ファイル

(1)間投助詞は、文末の用言が省略される場合もある。例「今宵(こよひ)は盃(さかづき)など心してを」〈源氏・篝火〉訳今夜は酒を控えるようにしよう。〔注〕「あらむ」などの述語が省略されている。

(2)形容詞の語幹(シク活用は終止形)、または形容詞型活用の助動詞の語幹相当部分に接尾語「み」の付く語法(形容詞性と動詞性を同時に表すとされる)において、前にくる名詞が「を」を伴うことが多い。この「を」を、間投助詞であるとする説もあるが、間投助詞「を」は命令・願望・意志・推量を表す文に限って用いられるため、格助詞とみるのが穏当である。この語法は、上代に盛んに用いられたが、平安以降は和歌や漢文訓読文などに特殊な用法を残すだけになった。例「草枕(くさまくら)旅行く君を愛(うるは)しみたぐひてそ来(こ)し志賀(しが)の浜辺(はまへ)を」〈万葉・四・五六六〉訳旅に出るあなたが慕わしいのでついてきました、志賀の浜辺を。

(3)格助詞は、「音(ね)を泣く」「寝(い)を寝(ぬ)」のように、慣用句として、動詞と同じ意味の名詞に付いて強意を表す場合がある。例「まして女は、船底に頭(かしら)を突き当てて、音をのみぞ泣く」〈土佐〉訳(船旅に慣れていないと、男でも心細いのに)まして女は船底に頭を押し当てて、声をあげて泣くばかりだ。

(4)終助詞の用法を、間投助詞に含める説もあるが、連用修飾語ではなく体言や体言に準じるものに付くなど、構文的にいくつか間投助詞「を」とは異なる点がある。また、意味的にも、間投助詞「を」は訳出しがたいのに対し、終助詞「を」は文全体の意味に関与し、基本的に「…のに」という意を含んでいると考えられるなど、異なる点がある。

(5)終助詞と接続助詞との区別は難しい場合もあるが、少なくとも体言に付く場合は終助詞とするのが適当である。

は「そは」の意。側(そば)から手引きするの意》江戸で犯罪者の捜査や逮捕にあたった、与力や同心の私的な手下。＝岡引(をかひ)き・目明かし

をかつら【男桂・楓】(オカツラ)［名］❶木の名。楓(ふう)の別称。❷木の名。カツラの別称。

をかにしゐちゅう【岡西惟中】(オカニシイチュウ)［人名］(一六三九〜一七一一)江戸前・中期の俳人。書道・儒学・歌道を学び、俳諧(はいかい)は貞門で学んだ。のちには宗因(そういん)に師事し、『俳諧蒙求(はいかいもうぎゅう)』『俳諧三部抄』『近来俳諧風体抄』を刊行した。

をかばしょ【岡場所】(オカバショ)［名］《近世語》江戸で官許の吉原(よしわら)以外の遊里の総称。深川・芝神明・品川・新宿・板橋・千住など私娼街(ししょうがい)。

をかび【岡傍・岡辺】(オカビ)［名］丘の辺り。

をかひき【岡引き】(オカヒキ)［名］「をかっぴき」に同じ。

をかべ【岡辺】(オカベ)［名］(「をかへ」とも)丘のほとり。

をかべにっき【岡部日記】(オカベニッキ)［作品名］江戸中期(一七四〇成立)の紀行文。賀茂真淵(かものまぶち)作。「岡部」は真淵の俗姓。江戸から浜松へ妻子に会うために帰郷した際の紀行を日記風に記したもの。典雅で整った擬古文でつづられ、近世第一級の名文のひとつ。

をかみ【尾髪】(オカミ)［名］(「をがみ」とも)馬の尾とたてがみ。一説に、尾。

をかみ【岡見・傍見】(オカミ)［名］民間習俗のひとつ。大晦日(おほみそか)の晩に、蓑(みの)を逆さに着て丘の木に登り、わが家を見て来年の吉凶を占うこと。(季-冬)

をがみいる【拝み入る】(オガミイル)［他ラ四］{ら・り・る・る・れ・れ}ひたすら拝む。熱心に祈る。例「手を〔額カラ〕ひき放たず拝み入りてをり」〈源氏・玉鬘〉

をがみうち【拝み打ち】(オガミウチ)［名］合掌して拝むように、刀の柄(つか)を両手でにぎり、頭上に振りかぶって切り下ろすこと。＝拝み切り

をがみぎり【拝み切り】(オガミギリ)［名］「をがみうち」に同じ。

をが・む【拝む】(オガム)［自マ四］{ま・み・む・む・め・め}❶手を合わせて神仏を礼拝(らいはい)する。❷《「見る」の謙譲語》(貴人に)お目にかかる。拝顔する。例「君達(きんだち)、御装束いとめでたくして、おとど拝み奉りに参り給へり」〈宇津

保・嵯峨の院〉❸嘆願する。懇願する。例「『娘を我に賜べ』と、伏し拝・み」〈竹取・石作の皇子〉

をがら【麻幹・苧殻】[名]《「あさがら」とも》麻の皮をはいだあとの茎。盂蘭盆などの魂祭りに、箸としたり、迎え火として焼く。火打ち石の火口にもする。弱いものや軽いものの喩えに用いられる。

をぎ【荻】[名]草の名。湿地や水辺などに自生し、ススキに似ているが、茎は太く、葉や秋に付く花穂も大きい。(季－秋)

をきびと【招き人】[名]《「をぎびと」とも》物の怪を招き寄せる祈禱者。

をぎふそらい【荻生徂徠】[人名](一六六六—一七二八)江戸中期の儒学者。父は徳川綱吉の侍医であった。増上寺付近に私塾を開設し、朱子学を教える。古文辞派の李攀龍らの文章に接し、擬古主義を儒書読解の方法として用いた。このため徂徠の学問を古文辞派と称する。『訓訳示蒙』『訳文筌蹄』を著し、『絶句解』などのほか『蘐園随筆』『弁道』『論語徴』などを編纂した。

をきゑ【招き餌】[名]鷹を招き寄せるためのえさ。

を・く【招く】[他カ四]〔か・き・く・く・け・け〕《「をぐ」とも》招き寄せる。呼び寄せる。例「三冬継ぎ春は来たれど梅の花君にしあらねば招・く人もなし」〈万葉・一七・三九〇一〉

をぐき[名]語義未詳。山の小さな洞穴の意か。例「武蔵野のをぐきが雉」〈万葉・一四・三三七五〉

をぐし【小櫛】[名]《「を」は接頭語》小さなくし。

をぐな【童男】[名]男の子。男児。

をくに【小国】[名]《「を」は接頭語》国。また、小さい国。

をぐらいけ【巨椋池】[地名]《「椋池」「小倉池」とも書く》山城国の池。いまの京都市伏見区淀町付近にあった湖沼。宇治川・木津川・桂川の合流点に位置し、古くは淀津や宇治津などの港のある河川交通の拠点であった。

をぐら・し【小暗し】[形ク]〔から・く(かり)・し・き(かる)・けれ・かれ〕《「を」は接頭語》ほの暗い。薄暗い。例「まだ夜ふかきほどの月さしくもり、木の下をぐら・きに」〈紫式部日記〉

をぐらひゃくにんいっしゅ【小倉百人一首】[作品名]鎌倉前期(一二三五ごろ成立)の秀歌撰。藤原定家撰。定家撰の「百人秀歌」をもとに蓮生の要請で嵯峨の別荘の障子の色紙に百人の和歌を書いたものが元とされる。定家晩年の美意識を知る資料であり、和歌修行のテキストとして広く享受された。

をぐらやま【小倉山・小椋山】[歌枕]❶山城国の山。いまの京都市右京区嵯峨亀ノ尾町にある。大堰川を挟んで嵐山と対する。紅葉の名所。❷大和国の山。いまの奈良県桜井市付近にあったとされるが未詳。

〔和歌〕**をぐらやまあらしのかぜの…**【小倉山嵐の風の寒ければ紅葉の錦着ぬ人ぞなき】〈大鏡・頼忠・藤原公任〉訳小倉山や嵐山から吹き下ろす激しい風が寒いので、紅葉の葉が散りかかって、錦の衣を着ない人はひとりもいないことだ。《係結び》「ぞ→なき(体)」

〈参考〉「嵐」は激しい風の「嵐」と、京都にある「嵐山」との掛詞。

〔和歌〕**をぐらやまみねのもみぢば…**【小倉山峰のもみぢ葉心あらば今一度のみゆき待たなむ】〈拾遺・雑秋・一一二八・藤原忠平〉《百人一首・貞信公》訳小倉山の峰のもみじ葉よ、もしおまえに情趣を解する心があるのなら、その美しさのまま散らずにいま一度の行幸を待っていてほしい。

をけ【麻笥】[名]細く裂いてつないだ麻を入れる円形の器。檜の薄板を曲げて作る。＝麻小笥

をけがはどう【桶側胴】[名](形が桶側に似ているところから)鎧の胴のひとつ。二枚の鉄板をはぎ合わせて円筒状に作り、左側に蝶番があり、右側で重ね合わせて着る。

をけざる【をけ猿】[名]大猿。

をけぶせ【桶伏せ】[名]《近世語》江戸時代、江戸吉原で行われた私刑。遊興費を支払えない客を、大桶に窓を開けて伏せた中に入れ、支払えるまで人目にさらして支払いを強制した。

をこ [・なり]

【痴・烏滸・尾籠・愚戯】[名・形動ナリ]**ばかげていること。おろかなこと。常識をはずれた行為。**＝愚。例「痴にも見え、人にも言ひ消たれ、禍をも招くは、ただ、この慢心なり」〈徒然・一六七〉

発展学習ファイル 漢語「烏滸」からできたという説もあるが、もともと和語と思われる。「をこ」に漢字を当てた「尾籠」は「びろう」と音読されて、中世以降、失礼・無礼の意の語となった。

をこがま・し

【痴がまし】[形シク]〔しから・しく(しかり)・し・しき(しかる)・しけれ・しかれ〕

アプローチ ▼滑稽の意の「痴」に、…らしい意の「がまし」の付いた語。▼愚かな行動に対する非難を表し、自分・他人いずれにも用いるが、多くは自分自身の言動についていう。

❶**ばかげている。みっともない。**例「世俗の虚言をねんごろに信じたるもをこがま・しく」〈徒然・七三〉訳世間のいつわりごとを心から信じているのもばかげていて。

❷**出過ぎている。差し出がましい。**例「老いおとろへて、世に出で交らひしは、をこがま・しく見えしかば」〈更級〉訳老いおとろえてから、官職についていたのは、出過ぎているように見えたので。

をこがましう【痴がましう】形容詞「をこがまし」の連用形「をこがましく」のウ音便。

をこが・る【痴がる・烏滸がる】[他ラ四]〔ら・り・る・る・れ・れ〕《「がる」は接尾語》ばかにする。ばかばかしいと思う。例「男ども、をこが・り嘲りて」〈宇治拾遺・二・一三〉

をごけ【麻小笥】[名]「をけ」に同じ。

をこごと【痴言】[名]ふざけたことば。冗談。

をごころ【雄心】[名]勇ましい心。雄々しい心。

をごし【峰越し】[名]山の峰を越すこと。また、越す尾根の辺り。

をこづ・く【痴づく・烏滸づく】〔か・き・く・く・け・け〕㊀[自カ四]おかしな振る舞いをする。不格好なさまをする。例「腰かがまりてをこづ・きてなむありし」〈今昔・二八・二六〉

㊁[他カ四]ばかにしてからかう。例「男ども、これを聞きて、をこづき嘲りて」〈今昔・一〇・三六〉

をこつ・る【誘る】[他ラ四]{ら・り・る・る・れ・れ}人をあざむき誘う。ご機嫌をとる。例「ここに、武諸木等、まづ麻剝が徒を誘る」〈紀・景行〉

をごと【小琴】[名]《「を」は接頭語》小さな琴。

をことてん【乎古止点】[名]→付録「国語・国文法用語事典」

をこ・ぶ【痴ぶ・烏滸ぶ】[自バ上二]{び・び・ぶ・ぶる・ぶれ・びよ}《「ぶ」は接尾語》ばかげている。ばからしく見える。

をこめ・く【痴めく・烏滸めく】[自カ四]{か・き・く・く・け・け}《「めく」は接尾語》ばかげたようすをする。ふざける。例「をこめ・いたまへる大臣にて」〈源氏・常夏〉《音便》「をごめい」は「をこめき」のイ音便。

をごめ・く【蠢く】[自カ四]{か・き・く・く・け・け}「おごめく」に同じ。

をこゑ【痴絵・烏滸絵】[名]滑稽なことを描いた絵。戯画。風刺画。

をさ【長】[名]人の上に立ち統率・支配する人。頭。

をさ【筬】[名]機織りの付属具のひとつ。竹の薄い小片を櫛の歯状に並べ、長方形の枠に入れたもの。縦糸をその目に通し、横糸を通すたびに動かして布の織り目を整える。

をさ【訳語】[名]外国語を翻訳すること。また、その人。通訳。通事。

をざかり【男盛り】[名]おとこざかり。男の血気盛んな時。

をさぎ【兎】[名]ウサギの別称。

をざき【尾崎】[名]《「をさき」とも》山や丘の突端で、小高く突き出たところ。

をざさ【小笹】[名]《「を」は接頭語》ササ。

をざさはら【小笹原】[名]《「を」は接頭語》ササが生い茂った原。

をさ・し【長し】[形シク]{しから・しく(しかり)・し・しき(しかる)・しけれ・しかれ}「をさをさし」に同じ。

をさな【幼】《形容詞「幼し」の語幹》子供っぽいこと。幼稚なさま。例「いで、あな幼や」〈源氏・若紫〉

をさない【幼児】[名]幼い子。幼児。子供。

をさなう【幼う】形容詞「をさなし」の連用形「をさなく」のウ音便。

をさなおひ【幼生ひ】[名]幼いころの生い立ちやようす。＝幼立ち

をさなげ[・なり]【幼げ】[形動ナリ]{なら・なり(に)・なり・なる・なれ・なれ}《「げ」は接尾語》幼いさま。子供っぽいさま。例「姫君は、いと幼げなる御さまにて」〈源氏・少女〉

をさなげさ【幼げさ】[名]あどけなさ。幼稚さ。例「いとさ言ふばかりの幼げさにはあらざめるを」〈源氏・東屋〉《語構成》「あらざめるを」→「ざめり」

をさなごこち【幼心地】[名]子供心。幼いときの心。＝幼心

をさな・し【幼し】[形ク]{から・く(かり)・し・き(かる)・けれ・かれ}《「長無し」の意》❶年端もいかない。年少である。例「幼・き子どももきき取りて、その人のあるに、いひ出でたる」〈枕・はしたなきもの〉❷未熟である。幼稚である。おろかだ。例「女子のためには、親、幼・くなりぬべし」〈土佐〉

をさなだち【幼立ち】[名]「をさなおひ」に同じ。

をさなな【幼名】[名]幼少時の名。元服以前の名。ようめい。

をさな・ぶ【幼ぶ】[自バ上二]{び・び・ぶ・ぶる・ぶれ・びよ}《「ぶ」は接尾語》幼く見える。子供っぽいさまに見える。例「幼・びて、ふくらかに愛敬づき」〈狭衣・二〉

をさなめ【幼目】[名]幼児の目。幼いときに見たこと。

をざはろあん【小沢蘆庵】[人名](一七二三〜一八〇一)江戸中・後期の歌人。冷泉為村に和歌を学ぶが、のちに破門。自然をそのまま詠む「ただごと歌」を提唱。歌論書『振分髪』『布留中道』、家集『六帖詠草』など。

をさま・る[自ラ四]{ら・り・る・る・れ・れ}㊀【治まる】❶世が落ち着く。平和になる。例「世もめでたくをさまって、民のわづらひもなかりしが」〈平家・五・富士川〉《音便》「をさまっ」は「をさまり」の促音便。❷病・心の乱れ、また気象などが静まる。落ち着く。例「多くは我が心(＝男ノ心)も、見る人から(＝妻ニヨッテ)をさま・りもすべし」〈源氏・帚木〉㊁【収まる・納まる】❶収納される。片付く。あるべき場所に入る。❷物事が終わる。済む。結着がつく。❸出ていたものが引っ込む。消える。なくなる。例「月は有り明けにて光をさま・れるものから、影さやかに見えて」〈源氏・帚木〉

をさ・む[他マ下二]{め・め・む・むる・むれ・めよ}㊀【治む・修む】❶平定する。鎮める。統治する。例「いにしへの賢き御世には、あはれみをもって国ををさ・め給ふ」〈方丈記〉❷穏やかにする。心を鎮める。例「世をのがれて山林に交はるは、心ををさ・めて道を行はむとなり」〈方丈記〉❸病気を治す。治療する。例「牟婁温湯に行きて、病ををさ・むるまねして」〈紀・斉明〉❹修理する。修繕する。例「大殿破れ壊れて、ことごとに雨漏れども、かつてをさ・めつくることなく」〈記・下〉❺行いや態度などを正しくする。例「身を治・め国を保たん道も、またしかなり」〈徒然・一二〇〉㊁【収む・蔵む・納む】❶しまっておく。収納する。片づける。例「孫晨(＝中国ノ賢人ノ名)は、冬の月に衾なくて、藁一束ありけるを、夕べにはこれに臥し、朝にはをさ・めけり」〈徒然・一八〉❷死体を葬る。埋葬する。例「(一条上皇ノゴ遺体ヲ)船岡山にをさ・め奉る」〈平家・一・額打論〉《敬語》「をさめ奉る」→「たてまつる」。❸(動詞の連用形に付いて)物事をうまくやってのける。物事を終える。例「『鶴の舞を見ばや』などはやされ、よき振りに舞ひをさ・めしを見」〈醒睡笑〉

をさむし【筬虫】[名]「あまびこ」に同じ。

をさむるつかさ【治部省】[名]「ぢぶしゃう」に同じ。

をさめ【納め】[名]物事をし終えること。終わり。【納めの装束】改まった場所に着る衣服。晴れ着。↔褻の装束

をさめ【長女】[名]雑用をする下級の女官。一説に、その長の老女、また老いた下女とも。

をさめつくるつかさ【修理職】[名]「しゅりしき」に同じ。

をさめどの【納め殿】[名]❶金銀・衣服・調度などを納めておく所。❷宮中で歴代の宝物を納める所。

をさをさ [副]

アプローチ
▼事柄や状態が十分に整っているさまを表すのが原義。
▼否定的な表現に用いられることが多いが、まれに肯定文の中に用いられる。

❶(下に打消の語を伴って)**ほとんど。なかなか。めったに。** 例「冬枯れの気色こそ、秋にはをさをさおとるまじけれ」〈徒然・一九〉 訳冬の草木の枯れた風景は、秋に**なかなか**劣るものではないだろう。《係結び》「こそ→おとるまじけれ㊁」。《副詞の呼応》「をさをさ→おとるまじけれ」
❷(肯定の表現で)**きちんと。しっかり。** 例「よろづの人の、『婿になり給へ』と、さもものし給はず」〈宇津保・藤原の君〉 訳さまざまな人が、「婿におなりなさいませ」と、**きちんと**申し上げなさるけれど、そのようになさらない。

をさをさ・し【長長し】[形シク]{しから・しく(しかり)・し・しき(しかる)・しけれ・しかれ}しっかりしている。きちんとつとめられる。おとなびて能力がある。＝長し。例「されど若ければ、文もをさをさ・しからず」〈伊勢・一〇七〉

をし【鴛鴦】[名](「ゑんあう」「をしどり」とも)オシドリ。いつも雌雄がつがいでいるので、夫婦仲のよさにたとえられる。和歌では、「惜し」「愛し」と掛詞になることも多い。(季―冬)。例「寝のをしのもろ声に鳴く」〈千載・冬・四三九〉

〔**鴛鴦の浮き寝**〕雌雄の鴛鴦が水面に浮いたまま寝ていること。また男女が共に寝ることのたとえ。和歌においてもよく詠まれる表現。例「あはれを添ふる鴛鴦のうきねか」〈源氏・朝顔〉

を・し【愛し・惜し】[形シク]{しから・しく(しかり)・し・しき(しかる)・しけれ・しかれ}《愛するあまり手放せない気持ちをいう》㊀【愛し】**いとおしい。** 例「人もを・し人もうらめしあぢきなく世を思ふゆゑにもの思ふ身は」〈続後撰・雑中・一二〇三〉 訳→〔和歌〕ひともをし…。㊁【惜し】**残念だ。手放したくない。もったいない。**＝惜しけし。例「〔葵ノ死後ハ、源氏ヲ〕他人に見たてまつりなさむが惜・しきなるべし」〈源氏・葵〉《敬語》「見たてまつりなさむ」→「たてまつる」

をし[感](「おし」とも)「警蹕」のときの声。また、天皇から杯をもらうときに唱える声。

をしう【愛しう・惜しう】形容詞「をし」の連用形「をしく」のウ音便。

をしか【牡鹿】[名]雄の鹿。＝小牡鹿。(季―秋)

をしき【折敷】[名](「をりしき」の変化形)杉やヒノキなどの薄板で作った角形の盆。また、沈香・浅香・紫檀などのものもある。食器を載せる。➡[古典参考図]調度類〈2〉

をしげ【[・なり]】【惜しげ】[形動ナリ]{なら・なり(に)・なり・なる・なれ・なれ}(「げ」は接尾語)もったいなさそうなさま。名残惜しそうなさま。例「さま変へたまはむこと惜しげ・なり」〈源氏・桐壺〉

をしけく【惜しけく】(形容詞「をし」の名詞化したもの)惜しいこと。

をしけ・し【惜しけし】[形ク]{から・く(かり)・し・き(かる)・けれ・かれ}(「惜しいことの意の「惜しけく」を形容詞と見て活用させた語)「をし(惜し)㊁」に同じ。

をしどり【鴛鴦】[名]「をし」に同じ。

をしどりの【鴛鴦の】[枕詞](「鴛鴦」が水に浮くことから)「浮き」に、また同音の「憂き」にかかる。例「をし鳥の憂き例にや」〈千載・雑下・一一六三長歌〉

をしね【小稲】[名](「を」は接頭語、「しね」は稲の意)稲。一説に、「食し稲」が縮まったものとも、「おしね(遅稲)」の変化形ともいう。

をし・ふ【教ふ】[他ハ下二]{へ・へ・ふ・ふる・ふれ・へよ}❶(知識や教養などを)教授する。教えさとす。❷知らせる。例「花散らす風の宿りは誰か知る我に教・へよ行きて恨みむ」〈古今・春下・七六〉 訳→〔和歌〕はなちらす…

をしへおこ・す【教へ遣す】[他サ下二]{せ・せ・す・する・すれ・せよ}教えたり、そそのかしてやって来させる。例「腹ぎたなきかたへの教へおこ・するぞかし」〈源氏・賢木〉

をしへた・つ【教へ立つ】[他タ下二]{て・て・つ・つる・つれ・てよ}念入りに教える。よくよく指導する。例「楽府といふ書二巻をぞ、しどけなながら教へた・てきこえさせてはべる」〈紫式部日記〉

をしへどり【教へ鳥】[名]「こひをしへどり」に同じ。

をしへな・す【教へ為す】[他サ四]{さ・し・す・す・せ・せ}(前の連用修飾語を受けて)そのように教える。教え込む。例「いと幼げにものしたまふめるを、うしろやすく教へな・したまへかし」〈源氏・若菜・上〉

をしへやう【教へ様】[名]教えるような動作をすること。

をしほやま【小塩山】[歌枕]山城国の山。いまの京都市西京区大原野にある。山麓には、藤原氏の氏神である奈良の春日大社を勧請した大原野神社がある。

をじま【雄島】[歌枕]陸奥国の島。いまの宮城県宮城郡松島町、松島湾内にある。

をし・む【惜しむ・愛しむ】[他マ四]{ま・み・む・む・め・め}❶**いとしく思う。大切に思う。慈しむ。** 例「惜し・むらむ人の心を知らぬまに秋の時雨と身ぞふりにける」〈古今・離別・三九八〉❷**失いたくないと思う。手放したがらない。残念に思う。もったいなく思う。** 例「惜し・めども常ならぬ世の花なれば今はこのみを西に求めん」〈新古今・雑上・一四六五〉

をしもの【食し物】[名]貴人の召し上がり物。

をしやう【和尚】[名]❶(仏教語)禅宗・浄土宗などで、高僧のこと。❷僧一般。❸剃髪した者。❹高技芸に秀でた者の称。茶道・武道などの師匠。❹高級な遊女の称。

〈参考〉①は宗派によって読み方が異なり、天台宗では「くゎしゃう」、法相宗・真言宗・律宗では「わじゃう」と呼ぶ。

をす【小簾】[名](「を」は接頭語)(小さい)すだれ。

を・す【食す】[他サ四]{さ・し・す・す・せ・せ}(上代語)❶「統治する」「治める」の意の尊敬語。統治する人、治める人(主語)を高める。**統治なさる。お治めになる。** 例「天皇の食・す国なれば」〈万葉・一七・四〇〇六長歌〉❷「食べる」「飲む」の意の尊敬語。食べる人、飲む人（主語）を高める。**召し上がる。** 例「奉り来し御酒乾さず**食・せ**」〈記・中・歌謡〉❸「着る」の意の尊敬語。着る人（主語）を高める。**お召しになる。** 例「臣の子は栲の袴を七重**を・し**」〈紀・雄略・歌謡〉

をすくに【食す国】《「食す」は治めるの意の尊敬語》天皇が統治なさる国。

をせぐ・む［自マ四］{ま・み・む・む・め・め}「おせぐむ」に同じ。

をせなが［・なり］【を背長】［名・形動ナリ］《「を」は接頭語》胴が長いさま。例「居丈の高く、を背長・に見えたまふに」〈源氏・末摘花〉

をぜほあん【小瀬甫庵】［人名］（一五六四〜一六四〇）安土桃山時代から江戸前期の医師・儒学者。書籍の編集や刊行に携わり、その代表作は『信長記』や『太閤記』など。

をそ［名］軽率なこと。一説に、うそ。＝をそろ

をそ【獺】［名］《「かはをそ」の略》カワウソ。

をそどり【をそ鳥】［名］《「をそ」は軽率の意》そそっかしい鳥。あわてものの鳥。一説に、うそをつく鳥。

をそね【小确】［名］《「を」は接頭語》石まじりのやせ地。

をそろ［名］《「ろ」は接尾語》軽はずみ。＝をそ

をだ【小田】［名］《「を」は接頭語》田。

をだえ【緒絶え】［名］緒が切れること。

をたけび【雄叫び】［名］雄々しく叫ぶこと。

をたち【小太刀】［名］《「をだち」とも。「を」は接頭語》短い太刀。小ぶりの太刀。こだち。

をだて【小楯】［名］《「を」は接頭語》（小さい）楯。

をだはら【小田原】［地名］相模国の地名。神奈川県小田原市。北条氏の城下町として繁栄。箱根を控えた宿場町で、東海道五十三次のひとつ。

をだはらぢゃうちん【小田原提灯】［名］細長い円筒状の提灯。折り畳みができる。

をだはらひゃうぢゃう【小田原評定】［名］長引いてなかなか結論が出ない相談。小田原談合。天正十八年（一五九〇）豊臣秀吉が小田原城の北条氏を攻めた際、小田原城内での北条方の和戦の評定が、長引いて決しなかったことからいう。

をだま【苧玉】［名］「をだまき①」に同じ。

をだまき【苧環】［名］❶紡いだ麻糸を、中が空洞になるように円形に巻いたもの。＝巻子・苧玉。❷枝も葉もない枯れ木。❸紋所の名。糸を枠にうち違えに巻きつけた形。

をち【復ち・変若】［名］元に戻ること。若返ること。

をち【彼方・遠】［名］《「をと」とも》❶遠く隔たった場所。遠方。かなた。❷遠く隔たった時。㋐それ以前。昔。例「昨日より**をち**をば知らず」〈拾遺・雑賀・一一五九〉㋑それ以後。将来。例「明けて**をち**よりすべなかるべし」〈万葉・一五・三七二六〉

をぢ【一】【小父】翁。老人。【二】【伯父・叔父】父・母の兄弟。また、伯母・叔母の夫。↔伯母

をちかた【彼方・遠方】［名］遠くの方。向こうの離れた方。↔此の方。例「月よ梢に**をちかた**の山」〈新古今・雑上・一五四八〉

をちかたのべ【彼方野辺】［名］遠方の野。

をちかたびと【彼方人】［名］❶遠くの方にいる人。向こう側にいる人。❷旅人。

をちかへ・る【復ち返る】［自ラ四］{ら・り・る・る・れ・れ}❶元にかえる。繰り返す。例「佐保の河原に**をちかへ・り**鳴く」〈拾遺・雑上・四八四〉❷よみがえる。若返る。例「朝露の消易き我が身老いぬともまた**をちかへ・り**君をし待たむ」〈万葉・一一・二六八九〉

をちこち【彼方此方・遠近】［名］❶遠くと近くと。あちらこちら。❷未来と現在。例「**をちこち**兼ねて言は言へど」〈万葉・四・六七四〉

〔和歌〕**をちこちの…**【をちこちのたづきも知らぬ山中におぼつかなくも呼子鳥かな】〈古今・春上・二九・よみ人しらず〉訳どこがどことも見当もつかない奥深い山中で、不安な感じで人を呼ぶように鳴く、呼子鳥であるよ。

をちこちびと【彼方此方人】［名］あちらこちらの人。遠方の人、近くの人。

をぢぢゃひと【伯父ぢゃ人・叔父ぢゃ人】［名］《「ぢゃ」は「である」の意》伯父・叔父にあたる人を親しんでいう語。おじさん。↔伯母ぢゃ人

をちど【越度】［名］《「をっど」とも》過ち。過失。手落ち。失敗。

をぢな・し［形ク］{から・く(かり)・し・き(かる)・けれ・かれ}❶おくびょうだ。意気地がない。例「**をぢな・き**ことする船人にもあるかな」〈竹取・竜の頸の玉〉❷下手だ。劣っている。例「**をぢな・き**や我に劣れる人を多み」〈仏足石歌〉

をちみづ【復ち水・変若水】［名］《「をち」は若返るの意》（月は欠けても満ちることから）月神が持つとされた、飲むと若返るという水。

をちゑつじん【越智越人】［人名］（一六五六〜？）江戸前・中期の俳人。『野ざらし紀行』のころの芭蕉に入門、芭蕉に従って『更科紀行』の旅に出る。以降の主だった芭蕉や芭蕉門人の句集に出詠。『みつのかは』『庭竈集』などの句集を刊行した。

を・つ【復つ・変若つ】［自タ上二］{ち・ち・つ・つる・つれ・ちよ}若返る。元に戻る。例「老人の**を・つ**とふ水ぞ名に負ふ滝の瀬」〈万葉・六・一〇三四〉

をっかい【越階】［名］位階の段階を踏まず、飛び越えて昇進すること。

をつかみ【小掴み】［名］《「を」は接頭語》つかめるほどに伸びた毛髪。＝をっ掴み

をっそ［・す］【越訴】［名・自サ変］所定の手続きや順序を経ないで、直接上級の官庁などに訴えること。古来、禁止されていた。

をつつ【現】［名］《「をつづ」とも》現在。現実。

をづつ【尾筒】［名］獣類の尾の、つけ根の丸くふくれている部分。

をっつかみ【をっ掴み】［名］《「をつかみ」の変化形》「をつかみ」に同じ。

をっど【越度】［名］「をちど」に同じ。

をづめ【小集楽】［名］《「を」は接頭語》橋のたもと。また、橋のたもとで野遊びや宴会をすること。

をてもこのも【彼面此面】［名］《「をちおもこのおも」の変化形》あちら側とこちら側。かなたこなた。例「足柄のをてもこのもに刺す罠の」〈万葉・一四・三三六一〉

をと【彼方・遠】［名］《「をち」の変化形》「をち（彼方）」に同じ。

をとこ【男】オトコ〔名〕

アプローチ ▼青年期の血気盛んな世代の男性をいうのが原義。
▼意味が広がって性差をいうために、女に対して男を意味するようになり、そこから夫や在俗の男性を意味するようになった。

❶青年。若い男性。例「少女らに男立ち添ひ踏み平らす西の都は万世の宮」〈続日本紀〉訳若い女性たちのそばに、若い男性が寄り添って土を踏みならして（舞って）いる、西の都は永遠の宮だ。
❷男性。おとこ。例「秋野には今こそ行かめもののふの男女の花にほひ見に」〈万葉・二〇・四三一七〉訳秋の野にはいまこそ出かけよう。宮仕えの着飾った男性女性が花に映える美しい姿を見に。（係結び）「こそ→行かめ㊁」
❸夫。例「この人々の男とてあるはみにくくこそあれ、我はかくをかしげに若き人をも持たりけるかな」〈源氏・紅葉賀〉訳この女房たちの夫であるという人たちは醜いけれども、私はこんなに美しくて若い人を夫にしたものだわ。（係結び）「こそ→あれ㊁」
❹出家していない男性。在俗の男。例「そのやすら殿は、男か法師か」〈徒然・九〇〉訳そのやすら殿は、在俗の男か、僧か。
❺召し使いの男。下人。例「うとき客人などの参るをりふしの方なりければ、男どもぞ御簾の外にありける」〈源氏・若紫〉訳たまの客人などが参上した際の建物だったので、召し使いの男たちが御簾の外（＝部屋の外）にいるのだった。（係結び）「ぞ→ありける㊃」。
❻男としての面目。例「踏まれて何か男がならうか」〈狂言記・文山立〉訳踏まれてどうして男としての面目が立とうか。

発展学習ファイル (1)平安時代には、夫婦や恋愛関係にある男女のことを、それぞれ「をとこ」「をんな」の語で表した。
(2)①に対義語「をとめ（少女）」、②に同義語「をのこ（男）」、対義語「をみな（女）」がある。

〔男が立つ〕ガタツ（近世語）男としての名誉を保つことができる。
〔男になる〕ニナル 元服して、一人前の男になる。
〔男の記録〕オトコノキロク 漢文で記された日記・記録。
〔男の手〕オトコノテ ❶男の筆跡。❷（おもに男が用いたことから）漢字。真名。男文字。

をとこあるじ【男主】オトコアルジ〔名〕一家の主人。亭主。おとこしゅう。
をとこかうぶり【男冠】オトコカウブリ〔名〕男性が五位に叙せられること。↔女冠
をとこがた【男方】オトコガタ〔名〕❶（女性に対して）男性の方。男性の側。↔女方①。❷男・女二組みに分けて行う遊戯の、男の方の組。
をとこぎみ【男君】オトコギミ〔名〕❶貴族の子息の敬称。↔女君。❷貴族の婿・夫の敬称。
をとこきんだち【男君達・男公達】オトコキンダチ〔名〕貴族の子息。↔女君達
をとこぐるま【男車】オトコグルマ〔名〕男性用の「牛車」。男性の乗っている牛車。↔女車
をとこさび【男さび】オトコサビ〔名〕男らしい振る舞い。男らしいようすを見せること。↔少女さび
をとこじもの【男じもの】オトコジモノ〔副〕（「じもの」は接尾語）男であるのに。男らしくもなく。例「子の泣くごとに男じもの負ひみ抱きみ」〈万葉・三・四八一長歌〉
をとこしゅう【男主】オトコシュウ〔名〕男の主人。亭主。
をとこ・す【男す】オトコス〔自サ変〕❶夫をもつ。例「この筑紫の妻しのびて男したりける」〈大和・一四一〉❷男らしくする。男としての面目を施す。
をとこずみ【男住み】オトコズミ〔名〕妻をもたず、男だけで暮らしている生活。男所帯。
をとこだて【男達・男伊達】オトコダテ〔名〕（近世語）男としての名誉を貫く生き方。仁義を重んじ、弱気を助け強きをくじく侠気をもつが、意地を張るあまり暴力に走ることもある。また、その人。侠客。
をとこたふか【男踏歌】オトコトウカ〔名〕男性が行った「踏歌②」。陰暦正月十四日に、宮中の清涼殿の東庭で行われた。↔女踏歌。（季‐春）
をとこづく【男尽く】オトコヅク〔名〕（近世語）男としての名誉を貫くこと。
をとこで【男手】オトコデ〔名〕（公式文書など、おもに男性の書くものに用いられたことから）漢字。真名。＝男文字。↔女手
をとこまひ【男舞】オトコマイ〔名〕❶女が男装して演ずる舞。鳥羽天皇のとき、白拍子（女芸能者）がはじめたものという。❷能の舞のひとつ。面を付けずに、武士や山伏などの姿で舞うもの。
をとこみこ【男神子・男巫】オトコミコ〔名〕神に仕える男のみこ。
をとこみこ【男御子】オトコミコ〔名〕（「をのこみこ」とも）皇子。男の御子。↔女御子
をとこみや【男宮】オトコミヤ〔名〕男子の皇族。皇子。親王。↔女宮
をとこもじ【男文字】オトコモジ〔名〕「をとこで」に同じ。↔女文字
をとこやま【男山】オトコヤマ〔歌枕〕山城国の山。いまの京都府八幡市にある。山上に石清水八幡宮がある。＝八幡山
をとこゑ【男絵】オトコエ〔名〕❶語義未詳。平安時代の線描を生かした唐絵から風の力強い絵のことか。❷男の姿を描いた絵。↔女絵②
をどし【縅・威】オドシ〔名〕鎧の札を糸または革でとじ合わせること。材料により糸縅・革縅・綾縅、つづり方により荒目・敷目、色により緋縅・黒革縅・卯の花縅・紫裾濃縅などの種類がある。
をどしげ【縅毛】オドシゲ〔名〕鎧の縅に用いる糸や革。
をど・す【縅す】オドス〔他サ四〕（さ・し・す・す・せ・せ）（緒を通すの意か）鎧の「札」を糸や革などのひもでとじ合わせる。
をとつひ【一昨日】オトツイ〔名〕（「遠つ日」の意。「つ」は上代の格助詞）いっさくじつ。おととい。
〔俳句〕**をととひは…**【一昨日はあの山越えつ花盛り】〈花摘・去来〉訳一昨日はあの山を越えて来たのだなあ。いま見ると桜が満開になっていることよ。（季‐花盛り‐春）

を

をとめ【少女・乙女】［名］❶成人した若い女性。未婚の女性。処女。＝少女子。↕男。❷「ごせちのまひめ」に同じ。

発展学習ファイル 女性を表す語には、他に「**おうな**」「**めのこ**」「**をみな**」「**をんな**」などがある。

をとめ【少女】［作品名］『源氏物語』の二十一番目の巻名。

をとめこ【少女子】［名］《「をとめご」とも》「をとめ①」に同じ。

をとめさび【少女さび】［名］若い女性らしい振る舞い。↕男さび

〔歌謡〕**をとめの…**【**嬢子の床の辺に我が置きし剣の大刀その大刀はや**】〈記・中・倭建命〉訳 乙女の床のあたりに、私が置いてきた大刀、ああその大刀よ。

をどりあり・く【踊り歩く】［自カ四］｛か・き・く・く・け・け｝跳ね回る。踊るようにして動き回る。

をどりねんぶつ【踊り念仏】［名］太鼓や鉦を打ち鳴らし踊りながら念仏を唱えること。空也上人に始まるとされており、一遍上人の時代に広まった。念仏踊り。＝空也念仏。（季―春）

をど・る【踊る】［自ラ四］｛ら・り・る・る・れ・れ｝❶はね上がる。跳躍する。例「雀の子の、鼠鳴きするにをどり来る」〈枕・愛しきもの〉❷（歌や音楽などに合わせて）手足・からだを動かす。舞踊をする。

をながどり【尾長鳥】［名］鶏の一品種。尾羽が長いことからいう。長尾鶏。

をなは【麻縄・苧縄】［名］麻糸をよって作った縄。

をなみ【男波・男浪】［名］低い「女波」の次に打ち寄せる、高く強い波。＝片男波。↕女波

をの【斧】［名］木を切ったり割ったりする道具。

〔**斧の柄の朽つ**〕（中国の晋の王質が山中で仙人の囲碁を見ているうちに、自分の斧の柄が腐っているのに驚き、村に帰ってみると知人は皆死んでいたとの故事から）少しの間と思っているうちに、長い年月を過ごすこと。また、久しい年月をいう。

をの【小野】［名］《「を」は接頭語》野。野原。

をの【小野】［歌枕］山城国の地名。いまの京都市左京区上高野から八瀬、大原にいたる一帯。

〔俳句〕**をのいれて…**【**斧入れて香におどろくや冬木立**】〈自筆句帳・蕪村〉訳 葉を落としきった冬の木々。その一本に斧を打ち込むと、思いも寄らぬみずみずしい芳香が流れ、脈打つ生命の営みに感じ入ってしまうことだ。（季―冬木立―冬）

をのこ【男子】［名］❶男性。例「をのこやも空しくあるべき万代に語り継ぐべき名は立てずして」〈万葉・六・九七八〉訳 →〔和歌〕をのこやも…。❷男の子。男児。息子。↕女の子。例「すべてをのこを、女に笑はれぬやうにおほしたつべしとぞ」〈徒然・一〇七〉《係結び》「とぞ→（省略）」。❸殿上の間にお仕えする男性。殿上人。例「をのこども召せば、蔵人忠隆・なりなか（＝人名）まゐりたれば」〈枕・上にさぶらふ御猫は〉《敬語》「召せば」→「めす」、「まゐりたれば」→「まゐる（四段）」。❹下男。召し使いの男。例「家に使はるるをのこどものもとに」〈竹取・燕の子安貝〉

発展学習ファイル 男女の性別を表すことばは多数あるが、元来は「をのこ」「**めのこ**」の語によって区別されていた。また平安時代には、夫婦や恋愛関係にある男女のことを、「**をとこ**」「**をんな**」の語で表した。

をのこご【男子】［名］❶男の子。息子。↕女子。❷男性。

をのこはらから【男同胞】［名］男兄弟。↕女同胞

をのこみこ【男御子】［名］「をとこみこ」に同じ。

〔和歌〕**をのこやも…**【**士やも空しくあるべき万代に語り継ぐべき名は立てずして**】〈万葉・六・九七八・山上憶良〉訳 男子たるもの、名を挙げることなくむなしく人生を過ごしてよいものか。遠い将来にまで語り継ぐに値する名をば立てないままで。《係結び》「やも→あるべき（体）」

をののいもこ【小野妹子】［人名］（生没年未詳）飛鳥時代の人。遣隋使。遣隋使派遣の際、隋国と対等に交渉し、中国文化摂取に果たした役割は大きい。以降の遣唐使派遣の先駆となった。

をののおゆ【小野老】［人名］（？―七三七）奈良時代の歌人。小野妹子の系流か。『万葉集』に三首残し、奈良の都の盛時を賛えた。

をのの・く【戦く】［自カ四］｛か・き・く・く・け・け｝《「わななく」の母音交替形》（恐怖のため）震える。恐怖で震える。

をののこまち【小野小町】［人名］（生没年未詳）平安前期の女流歌人。六歌仙・三十六歌仙のひとり。小野篁の孫か。王朝三美人のひとりであるが、晩年は衰え、果ては幽霊になるといった説話も残っている。『古今和歌集』以降の勅撰集に六十六首入集。家集『小町集』。

をののたうふう【小野道風】［人名］「をののみちかぜ」に同じ。

をののたかむら【小野篁】［人名］（八〇二―八五二）平安前期の歌人・漢詩人。野宰相・野相公ともいう。遣唐副使に任ぜられたが病と称して渡唐しなかったため、隠岐国に配流となる。この時の歌が『古今和歌集』などに残る。篁を主人公にした説話が『今昔物語集』『十訓抄』などに記され、『篁物語』も書かれた。

をののたかむらしふ【小野篁集】［作品名］「たかむらものがたり」に同じ。

をののみちかぜ【小野道風】［人名］（八九四―九六六）《「をののたうふう」とも》平安中期の書家。小野篁の孫で小野好古の弟にあたる。日本的な書の典型として在世中から重んじられた。小野の「野」を取って「野跡」と称し、「三跡」のひとり。

をののみねもり【小野岑守】［人名］（七七八―八三〇）平安前期の漢詩人。最初の勅撰詩集『凌雲集』編纂の中心人物であり、『日本後紀』編集にも関与した。

をのへ【尾の上】［名］《「をのうへ」の変化形》山の峰。山頂。

をのへ【尾上】［地名］播磨国の地名。いまの兵庫県加古川市、加古川河口の東岸。「尾上の松」の形で古歌に詠まれた。

をのわらは【男の童】［名］男の子。また、召し使いの男の子。↕女の童

をは【尾羽】［名］尾と羽。

〔**尾羽打ち枯らす**〕（近世語）貧乏になって、みじめな状態になる。

をば【伯母・叔母】［名］父・母の姉妹。また、伯父・叔父の妻。↕伯父

をば《格助詞「を」＋係助詞「は」＝「をは」の濁音化》動作の対象をとくに強調して示す。例「玉の枝をば長櫃に入れて、物おほひて持ちて参る」〈竹取・蓬萊の玉の枝〉《敬語》「持ちて参る」→「まゐる（四段）」

〈接続〉名詞や活用する語の連体形に付く。

をばすてやま【姨捨山】［歌枕］信濃国の山。いまの長野県埴科郡・更級郡・東筑摩郡の境にある冠着山の別称。姨捨伝説で知られる。月の名所。

〔**姨捨山の月**〕（月の名所である）姨捨山に照る月。

をばぢゃひと【伯母ぢゃ人・叔母ぢゃ人】［名］《「ぢゃ」は「である」の意》伯母・叔母にあたる人を親しんでいう語。おばさん。↕伯父ぢゃ人

をばな【尾花】［名］（花が尾に似ているところから）❶ススキの穂。「秋の七草」のひとつ。（季－秋）。❷襲の色目の名。表は白で裏は薄縹。秋用。

〔**尾花が袖**〕尾花が風になびくようすを、人を招くのに揺れる袖と見立てていう。（季－秋）

をばないろ【尾花色】［名］枯れた尾花（ススキ）のような色。白に薄い黒を混ぜたような色のこと。

をばながゆ【尾花粥】［名］ススキの花の黒焼きを混ぜた粥。宮中で、疫病よけのために八朔（八月一日）に食べた。（季－秋）

をはなり【小放り】［名］《「を」は接頭語。「放り」は結ばないで垂らしたままの髪》上代の少女の髪型。振り分け髪。

をはり【終はり】［名］❶最後。果て。しまい。❷一生の終わり。最期。臨終。

〔**終はりの宴**〕平安時代、宮中で書物の講義や勅撰集の編纂などが終わったときに開かれた宴会。その書物や歌集にちなんだ詩歌を作らせ、褒美を与えたりした。竟宴。

〔**終はりの行ひ**〕自らの後生安楽を願うための勤行。

〔**終はりの煙**〕火葬の煙。

〔**終はりを取る**〕（「をはりとる」とも）死ぬ。息を引き取る。

をはり【尾張】［地名］旧国名。東海道十五か国のひとつ。いまの愛知県西部にあたる。＝尾州

をはりだ［地名］㊀【小墾田】大和国の地名。いまの奈良県高市郡、飛鳥地方の古名。推古天皇・皇極天皇の皇居があった。㊁【小治田】尾張国の地名。いまの愛知県西部の古名。

〔歌謡〕**をはりに…**【尾張に直に向かへる尾津崎なる一つ松吾兄を一つ松人にありせば大刀佩けましを衣着せましを一つ松吾兄を】〈記・中・倭建命〉訳尾張の国にまっすぐ向いている尾津崎に生えている一本松よ。なあおまえよ、一本松。人であったならば、大刀を帯びさせようものを、着物を着せようものを、一本松よ、なあおまえよ。

をは・る【終はる】［自ラ四］❶しまいになる。終了する。❷死ぬ。往生する。例「心にむせびはべりつつ命終はりはべりなば」〈源氏・薄雲〉

をはんぬ【畢んぬ・了んぬ】（動詞「をはる」の連用形「をはり」＋完了の助動詞「ぬ」＝「をはりぬ」の撥音便）…てしまった。…た。例「通盛卿已下当家数輩は、摂州一谷にして既に誅せられをはんぬ」〈平家・一〇・請文〉訳通盛卿以下、われわれ当家（＝平家）の数人が、摂津国一の谷ですでに殺されてしまった。

をび・く【誘く】［他カ四］だまして誘う。

をふ【麻生】［名］麻の生えている地。麻原。

を・ふ【終ふ】㊀［自ハ下二］終わる。果てる。例「天地と共に終へむと思ひつつ」〈万葉・二・一七六〉㊁［他ハ下二］終える。果たす。遂げる。例「命を終ふる期、たちまちに至る」〈徒然・一〇八〉

をぶすまさぶらうことば【男衾三郎絵詞】［作品名］鎌倉時代の絵巻。作者・成立年未詳。武蔵国の吉見二郎と男衾三郎という兄弟の物語。現存本は未完らしく結末は不明。

をぶと【緒太】［名］草履の鼻緒が太いもの。↓

［古典参考図］男子の服装〈3〉

をふのうら【麻生の浦】［歌枕］伊勢国の地名。いまの三重県多気郡の「大淀の浦」といわれるが未詳。

をみ【小忌・小斎】［名］《「をいみ」の変化形》❶大嘗会や新嘗会のときに、斎戒を厳重にして神事に奉仕すること。↕大忌②。❷「小忌衣」の略。❸「小忌人」の略。

〔**小忌の君達**〕「小忌①」を行う君達。

をみ【麻績】［名］《「をうみ（麻績み）」の変化形》布を織るために麻を細く裂き、より合わせて糸を作ること。また、それを職業とする人。

をみごろも【小忌衣】［名］大嘗会・新嘗会などの際に、公卿・女官・舞人などが装束の上に着る単衣の衣。狩衣に似た白地の衣に、春草や小鳥などをヤマアイで摺りつけ、右肩（舞人は左肩）に二本の赤ひもを垂らし、左右の袖にこよりをつけた。＝小忌②

をみな【女】［名］若い女。古くは、美しい女。のちに、女性一般。↕男②。例「手弱き女にしあれば」〈万葉・三・四二九〉

をみなへし【女郎花・敗醤】［名］《「をみなべし」「をみなめし」とも》❶草の名。秋に黄色の小さい花を多数傘状に付ける。根は薬用。秋の七草のひとつ。和歌では、女性に見立てて詠むことがふつう。物名の題となることもあった。＝おほつち。（季－秋）。例「秋の野になまめきたてる女郎花」〈古今・雑躰・一〇一六〉訳→〔和歌〕あきののになまめきたてる…。❷襲の色目の名。表は黄で裏は萌黄。一説に、表は縦糸が青で横糸が黄、裏は青とも。秋の着用。

〔和歌〕**をみなへし…**【女郎花多かる野辺に宿りせばあやなくあだの名をや立ちなむ】〈古今・秋上・二二九・小野美材〉訳オミナエシがたくさん咲いている野原に宿ったなら、わけも分からず浮名を立ててしまうことだろう。《係結び》「や」→立ちなむ㊉」

をみなへしあはせ【女郎花合はせ】［名］「物合はせ」のひとつ。左右に分かれ、オミナエシの花

に和歌を添えて出し合って、その優劣を競う遊び。

をみなめし【女郎花】[名]（「をみなべし」の変化形）「をみなへし」に同じ。

をみね【小峰】[名]《「を」は接頭語》峰。

をみびと【小忌人】[名]大嘗会や新嘗会などで、神事に奉仕する役人。＝小忌③

をむかひ【峰向かひ】[名]峰と峰が、谷を隔てて向かい合っていること。また、その場所。

をむな【女】[名]「をんな」に同じ。

をめきい・る【喚き入る】[自ラ四]{ら・り・る・る・れ・れ}しきりに叫び声を上げる。例「『あら、あつやあつや』とをめきい・り」〈古今著聞・六九九〉

をめきさけ・ぶ【喚き叫ぶ】[自バ四]{ば・び・ぶ・ぶ・べ・べ}声をはり上げて泣き叫ぶ。例「御手をとらへてをめきさけ・びたまふ聞くぞ、たへがたき」〈讃岐典侍日記〉

をめ・く【喚く】[自カ四]{か・き・く・く・け・け}《「を」は擬声語。「めく」は接尾語》大声を出す。叫ぶ。わめく。例「猿のやうにかいつきてをめ・くも、をかし」〈枕・正月十余日のほど〉

をや【小家・小屋】[名]《「を」は接頭語》小さな家。

をや 一《格助詞「を」＋係助詞「や」》❶軽い疑問を含んだ詠嘆を表す。…を…だろうか。例「広瀬川袖漬くばかり浅きをや心深めて我が思へるらむ」〈万葉・七・一三八一〉訳広瀬川が袖がひたるくらい浅いように気持ちの浅い人を私は心を深くして思っているのだろうか。《係結び》「や→思へるらむ㊍」。❷反語を表す。…を…か、いや…ではない。例「心なげなるわざをやしおかむ」〈蜻蛉・中〉訳思慮がないと見られるような事をしておこうか、いやしない。《係結び》「や→しおかむ㊍」。二《間投助詞「を」＋間投助詞「や」》❶詠嘆を表す。…だもの。…ものなあ。例「かれ、はた、紅のおもおもしかりしをや」〈源氏・末摘花〉訳あの着物だってやはり、紅で重々しい感じでしたものなあ。❷「…いはんや…におい(き)てをや」の形で、一例をあげて他を推定する。まして…はなおさらだ。例「その道さへなほもって暗し。いはんや武道におきてをや」〈保元・上〉訳その（詩歌管弦の）道でさえ暗い。まして武道にいたってはなおさらだ。

をやまだ【小山田】[名]《「を」は接頭語》山あいの田。山田。

をやみ【小止み】[名]雨や雪などが少しの間やむこと。例「をやみせず雨さへ降れば」〈後撰・恋一・五三七〉

をやみがち[・なり]【小止みがち】[形動ナリ]{なら・なり(に)・なり・なる・なれ・なれ}《「がち」は接尾語》（声・音・雨・雪などが）ときどき途切れるさま。例「講師はあきれつつ〔説経ノ声モ〕をやみがち・なり」〈栄花・二九〉

をやみな・し【小止み無し】[形ク]{から・く(かり)・し・き(かる)・けれ・かれ}（声・音・雨・雪などが）少しもやむことがない。例「小止みな・かりし空のけしき、なごりなく澄みわたりて」〈源氏・明石〉

をや・む【小止む】[自マ四]{ま・み・む・む・め・め}（声・音・雨・雪などが）少しの間やむ。少しの間とだえる。例「雷鳴りやみ、雨すこしをや・みぬるほどに」〈源氏・賢木〉

を・ゆ【瘁ゆ・瘼ゆ】[自ヤ下二]{え・え・ゆ・ゆる・ゆれ・えよ}衰弱する。病み衰える。

をり【折】[名]❶季節。時節。時候。❷機会。時。場合。

〔折悪し〕都合が悪い。あいにくだ。

〔折しもあれ〕（「折しも」を強めた語）折も折。折はほかにもあろうに、ちょうどいま。例「折しもあれ嬉しく雪の埋むかな」〈山家集・下〉

〔折に付く〕折々の時節やその場に適応する。例「すべて、をりにつ・けつつ、一年ながら（＝一年ジュウ）をかし」〈枕・ころは、正月、三月〉

〔折に触る〕時機が合う。その時・その場において事情・状況にふさわしい。例「折にふ・れば、何かはあはれならざらむ」〈徒然・二一〉

〔折を過ぐす〕機会を逃す。例「折を過ぐ・したまはぬををかしと思ふ」〈和泉式部日記〉

を・り【居り】一[自ラ変]{ら・り・り・る・れ・れ}❶存在する。いる。ある。例「翁も、塗籠の戸鎖して、戸口にを・り」〈竹取・かぐや姫の昇天〉❷定着する。じっとしている。座っている。住んでいる。例「無徳なるもの。潮干の潟にを・る大船」〈枕・無徳なるもの〉二[補動ラ変]❶（動作や状態が継続・持続する意味を表す）じっと・する。ずっと…している。…したままでいる。例「えとどむまじければ、ただ…さし仰ぎて泣きを・り」〈竹取・かぐや姫の昇天〉《副詞の呼応》「え→とどむまじければ」。❷（動詞の連用形に付いて）その動作にののしりや卑しめの意味を添える。…していやがる。…しやがる。例「こいつは、わが方からぶつけておいて、おれがいふ事を先へぬかしを・る」〈浮世風呂〉

をりあか・す【居り明かす】[他サ四]{さ・し・す・す・せ・せ}起きたまま夜を明かす。その場にいて夜を明かす。例「居り明か・しも今夜は飲まむ」〈万葉・一八・四〇六八〉

をりい・る【折り入る】[他ラ下二]{れ・れ・る・るる・るれ・れよ}特定のことばを、歌などに詠み込む。折り込む。

をりえだ【折り枝】[名]折った木の枝。また、造花をつけた枝。

をりえぼし【折り烏帽子】[名]頂の部分を折り伏せた烏帽子。武士が用いた。↔立て烏帽子

をりか・く【折り掛く・折り懸く】{け・け・く・くる・くれ・けよ}一[自カ下二]波などが返しては寄せる。例「波折りか・くる岸の山吹」〈新古今・春下・一六〇〉二[他カ下二]❶折って物にかける。例「賤の男が篠の折り掛・けて干す衣」〈梁塵秘抄〉❷折ったままにする。例「高重籐が鎧に立つところの矢二十三筋、蓑毛のごとく折りか・けて」〈太平記・一〇〉

をりかけがき【折り掛け垣】[名]竹や柴などを折り曲げて作った垣。

をりかざ・す【折り挿頭す】[他サ四]{さ・し・す・す・せ・せ}木の枝や花などを折って、髪や車などに飾る。例「人ごとに折りかざ・しつつ遊べども」〈万葉・五・八二八〉

をりかさ・ぬ【折り重ぬ】[他ナ下二]{ね・ね・ぬ・ぬる・ぬれ・ねよ}布や紙などを、折って幾重にも折り重ねる。また、花・葉などがたくさん積み重なる。

をりかへ・す【折り返す】[他サ四]{さ・し・す・す・せ・せ}❶折って二重にする。折り重ねる。❷繰り返す。反復する。例「御笛二つして、『高砂』を折り返・して吹かせたまふは」〈枕・一条の院をば〉

をりかみ【折り紙】[名]《「をりがみ」とも》❶奉書紙・鳥の子紙などを横に二つ折りにしたもの。公式の文書や進物の目録、鑑定書などに用いる。❷「折り

紙道具」の略。

をりかみだうぐ【折り紙道具】[名]❶鑑定書付きの道具。❷保証付きの品物。最上の物。①②＝折り紙②

をりから【折柄】㊀[名]ちょうどその時。ふさわしい時。例「をりからの御文いとあはれなれば」〈源氏・須磨〉㊁[副]ちょうどその時に。折が折なので。例「をりからものあはれにて、大将の御袖いたう濡れぬ」〈源氏・賢木〉

をりく【折り句】[名]❶和歌の技巧のひとつ。各句の初めに五音の物の名や短文などを一音ずつ置いて詠むこと。また、その歌。たとえば、「から衣きつつなれにしつましあればはるばるきぬるたびをしぞ思ふ」〈古今・羇旅・四一〇〉訳→〈和歌〉からころも…は、「かきつばた」を折り句としたもの。❷俳諧で、五・七・五の各句の上に物の名などを一音ずつ置いて詠むこと。

をりごと【折り琴】[名]折りたたむことができるように作った琴。

をりし・く【折り頻く】[自カ四]{か・き・く・く・け・け}波などが繰り返し寄せる。和歌では「織り頻く」にかけることが多い。例「嵐吹く岸の柳のいなむしろをりし・く波にまかせてぞ見る」〈新古今・春上・七一〉

をりし・く【折り敷く】[他カ四]{か・き・く・く・け・け}〈木の枝や草などを〉折り取って敷きつめる。

をりし・く【織り敷く】[他カ四]{か・き・く・く・け・け}布を織ったように美しく散り敷く。例「秋風に散るもみぢ葉は女郎花やどに織り敷・く錦なりけり」〈後撰・秋下・四一〇〉

をりしも【折しも】[副]折も折。まさにその時。例「雪を御覧じて、(アナタガ)をりしもまかでたることをなむ、いみじくにくませたまふ」〈紫式部日記〉

をりしりがほ[・なり]【折知り顔】[名・形動ナリ]季節ごとのころ合いを心得たさま。時節の趣をわきまえたさま。例「御文あり。例の折り知り顔にのたまはせたるに」〈和泉式部日記〉

をりすけ【折助】[名]〈近世語〉武家に奉公する下男。中間や小者の別称。

をりた・く【折り焚く】[他カ四]{か・き・く・く・け・け}柴の木などを折って火にくべる。例「思ひ出づる折り焚・く柴の夕煙」〈新古今・哀傷・八〇一〉訳→〈和歌〉おもひいづる…

をりたくしばのき【折たく柴の記】[作品名]江戸中期(一七一六ごろ成立)の伝記。新井白石著。格調ある和文体で近世仮名交じり文の中でも第一級の文章として名高い。

をりちら・す【折り散らす】[他サ四]{さ・し・す・す・せ・せ}草花を折り、辺りに乱雑に散らかしておく。

をりつまど【折り妻戸】[名]折りたたむことができるように作った「妻戸」。

をりてみば…【折りて見ば落ちぞしぬべき秋萩の枝もたわわに置ける白露】〈古今・秋上・二二三・よみ人しらず〉訳折り取って見ようとしたら、みんな落ちてしまうに違いない。秋萩の枝もたわむほどにたくさん置いた白露は。(係結び)「ぞ→しぬべき(体)」

をりど【折り戸】[名]蝶番などで真ん中が折れるようになっている戸。片折り戸と諸折り戸がある。

をりと・る【折り取る】[他ラ四]{ら・り・る・る・れ・れ}草木などを手折って取り入れる。折って取る。

をりは【折り羽】[名]〈近世語〉盤双六遊戯の一種。双方が十二個ずつ駒を盤上に並べ、竹筒に入れた二個のさいころを振り、その目数だけ駒を取り合う。多く取った方が勝ちとなる。

をりは・ふ【折り延ふ】[他ハ下二]{へ・へ・ふ・ふる・ふれ・へよ}❶時を延長する。長引かせる。続ける。例「たがみそぎゆふつけどりか唐衣たつたの山にをりは・へてなく」〈大和・一五四〉❷長く延ばして広げる。例「川社しのにをりは・へ干す衣」〈新古今・神祇・一九一五〉

をりびつ【折り櫃】[名]ヒノキの薄板を折り曲げて作った、四角または六角の箱。肴や菓子などを盛るのに用いた。

をりびつもの【折り櫃物】[名]「折り櫃」に入れて盛られた食べ物。

をりふし【折節】㊀[名]❶場合場合。折々。**その時その時。**例「言の葉のをりふしごとに頼まるるかな」〈伊勢・五五〉❷場合。折。例「後に生まれたまひし君をば、さぶらふ人々も、『いでや、(母ノ死トイウ)をりふし心憂く』などうちつぶやきて」〈源氏・橋姫〉(敬語)「さぶらふ人々」→「さぶらふ」。❸季節。時節。時候。例「折節のうつりかはるこそ、ものごとにあはれなれ」〈徒然・一九〉(係結び)「こそ→あはれなれ(已)」。㊁[副]❶ちょうどその時。たまたま。例「折節但馬国のあきたりけるを給ひにけり」〈平家・一・殿上闇討〉(敬語)「給ひにけり」→「たまふ(四段)」。❷ときどき。時たま。例「折節あはれなる作意など聞こゆ」〈おくのほそ道・全昌寺〉

をりふ・す【折り伏す】㊀[自サ四]{さ・し・す・す・せ・せ}(からだを)折り曲げて横になる。例「膝折り伏・して」〈万葉・三・三八九長歌〉㊁[他サ下二]{せ・せ・す・する・すれ・せよ}折り曲げて横にする。例「伊勢の浜荻折り伏・せて」〈万葉・四・五〇〇〉

をりほん【折り本】[名]書物の一形態。長い紙を一定の幅で折りたたみ、綴じないで前後に表紙をつけたもの。経典や習字の手本などに多い。

をりまつ【折り松】[名]かがり火・薪などにするために、折り取った松の枝。また、それを燃やすこと。

をりまど・ふ【折り惑ふ】[自ハ四]{は・ひ・ふ・ふ・へ・へ}草木などを折り取ろうかどうしようかと迷う。どの枝を折り取ろうかと迷う。

をりまは・す【折り回す】[他サ四]{さ・し・す・す・せ・せ}(牛・馬などを)自在に乗り回す。乱暴に乗り回す。例「さばかりせばき壺(ノ庭)に(馬ヲ)折りまは・し」〈大鏡・伊尹〉

をりみまひ【折見舞ひ】[名]四季折々の見舞い。

をりめだか[・なり]【折り目高】[名・形動ナリ]〈近世語〉❶折り目がきちんとついていること。❷礼儀作法をきちんと守っていること。例「よろづに折り目だか・なる生まれつきながら」〈浮・武道伝来記〉

をりゆ【居り湯】[名]〈「おりゆ」とも〉別に沸かした湯を、釜のない風呂桶に入れて入浴すること。また、そのようにして入る風呂。

をりをり【折折】㊀[名]その時々。その都度。例「恋しからむをりをり、(手紙ヲ)取りいでて見たまへ」〈竹取・かぐや姫の昇天〉㊁[副]その度ごとに。だ

を

んだん。例「栖(すみ)は折々に狭(せば)し」〈方丈記〉

を・る【折る】(オル) 一［自ラ四］{ら・り・る・る・れ・れ}（波などが）折り目をつけたように立つ。例「今日もかも沖つ玉藻は白波の八重(へ)折るが上に乱れてあるらむ」〈万葉・七・一一六八〉 二［自ラ下二］{れ・れ・る・るる・るれ・れよ} ❶曲がって切り離れる。折れる。例「大きなる木の枝などの折るる音もいとうたてあり」〈源氏・野分〉❷曲がって行く。例「暗う出(い)でたまひて、二条より洞院(とうゐん)の大路を折れたまふほど」〈源氏・賢木〉《音便》「暗う」は「暗く」のウ音便。❸（相手に）従う。譲歩する。負ける。例「僧正理(ことわり)にをれていふ事なかりけり」〈古今著聞・三六〉❹（和歌に関して「腰折る」の形で）第三句（腰句）と第四句の続き具合が悪い。（歌が）つたない。例「腰折れたることや書きまぜたりけむ」〈紫式部日記〉 三［他ラ四］{ら・り・る・る・れ・れ} ❶曲げる。折り曲げる。例「秋の野に咲きたる花を指(およ)折りかき数ふれば七種(ななくさ)の花」〈万葉・八・一五三七〉❷曲げて切り放す。折り取る。例「花の中にまじりて朝顔折りてまゐるほどなど、絵に描(か)かまほしげなり」〈源氏・夕顔〉《敬語》「折りてまゐる」→「まゐる（四段）」。❸折り目をつける。折り畳む。例「女、こなたのかたに後ろを向けて、持たる物を折る」〈落窪・一〉

をれかか・る【折れ懸かる】(オレカカル)［自ラ四］{ら・り・る・る・れ・れ}（和歌の）前後のつながりがうまくいかない。→「こしをれ」。例「ややもせば、腰はなれぬばかり折れかかりたる歌を詠み出(い)で」〈紫式部日記〉

をれかへ・る【折れ返る】(オレカエル)［自ラ四］{ら・り・る・る・れ・れ}❶枝が折れそうになったり元に戻ったりする。例「［萩(はぎ)ガ］折れかへりとまるべうもあらぬ」〈源氏・御法〉❷（舞の動作で）からだをかがめたり伸ばしたりする。また、あちこち行きつ戻りつする。例「この君はありつる（＝前ニ舞ッタ者）よりも小さくおはするに、折れかへり舞ひたまふほど」〈栄花・三〇〉

をれこだ・る【折れこだる】(オレコダル)［自ラ下二］{れ・れ・る・るる・るれ・れよ}折れて傾く。からだが折れ曲がる。例「をれこだれ、をれこだれ、一時ばかり舞ひたりける」〈盛衰記・二〉

をれのこ・る【折れ残る】(オレノコル)［自ラ四］{ら・り・る・る・れ・れ}一部分が折れずに残る。また、折れた物の一部分が残っている。

をれふ・す【折れ伏す】(オレフス)［自サ四］{さ・し・す・す・せ・せ}草や木などが折れて地面に倒れる。からだを小さくかがめる。例「前栽(せんざい)どもの折れふしたるなど繕はせたまふ」〈源氏・松風〉

をれをれ(オレオレ)［感］そそのかすことば。それそれ。例「犬に、『噉(く)へ、をれをれ』と言へば」〈今昔・二六・七〉

をろ【尾ろ】(オロ)［名］（「ろ」は接尾語）尾。

〔**尾(を)ろの初麻(はつ)・尾(を)ろの端(は)つ尾(を)**〕(オロノハツオ) ❶（「はつを」は「初麻」）鳥の尾のような、その年に初めて収穫した麻(あさ)。一説に、②に同じとも。例「山鳥の尾ろのはつをに鏡掛け」〈万葉・一四・三四六八〉❷（「はつを」は「端つ尾」）鳥の尾の中で最も長い尾。

をろ【緒ろ】(オロ)［名］（「ろ」は接尾語）緒。

をろが・む【拝む】(オロガム)［自マ四］{ま・み・む・む・め・め}（上代語）おがむ。拝する。

をろた【峰ろ田・丘ろ田】(オロタ)［名］丘の上にある田。

をろち【大蛇】(オロチ)［名］きわめて大きな蛇(へび)。

をを・し【雄雄し】(オオシ)［形シク］{しから・しく(しかり)・し・しき(しかる)・しけれ・しかれ}男らしい。勇ましい。しっかりしている。↔女女(めめ)し。例「才(ざえ)の際(きは)もまさり、心用ゐる男々しく、すくよかに、足らひたり」〈源氏・藤裏葉〉

ををしう【雄雄しう】(オオシュウ) 形容詞「ををし」の連用形「ををしく」のウ音便。

ををり【撓り】(オオリ)［名］花が多く咲いて、そのために枝がたわみ曲がること。例「萩(はぎ)の花咲きのををりを見よとかも月夜(つくよ)の清き恋増さらくに」〈万葉・一〇・二二二八〉

をを・る【撓る】(オオル)［自ラ四］{ら・り・る・る・れ・れ}たわみ曲がる。花や葉などが多く、枝がしなう。例「春へには花咲きををり秋へには霧立ち渡る」〈万葉・六・九二三長歌〉

をんがい【怨害】(オンガイ)［名］怨霊のなす災い。たたり。

をんごく【遠国】(オンゴク)［名］（「ゑんごく」とも）❶遠く離れた国。辺鄙(へんぴ)な地。❷令制で都からの遠近で全国を遠国・中国・近国の三種に分けたもののひとつ。関東以北、越後(えちご)以北、石見(いわみ)・安芸(あき)以西、伊予(いよ)・土佐・西海道が含まれた。

をんこちしんしょ【温故知新書】(オンコチシンショ)［作品名］室町中期（一四八四刊行）の辞書。大伴広公(きみ)（三井寺新羅社神司、泰広(やす)との説も）著。現存の最古の五十音引きの国語辞書。

をんざ【穏座・穏坐】(オンザ)［名］（くつろいだ席の意）❶宮中の節会(せち)や大臣家の大饗(だいきょう)などの際、正式な「宴(うたげ)の座」のあとに、席を改めて行われた、管弦や歌舞などを伴う酒宴。↔宴の座。❷転じて、食事の最後に食べる物。❸盛りが過ぎたあとの食べ物。

をんじゃく【温石】(オンジャク)［名］「やきいし」に同じ。

をんぞうゑく【怨憎会苦】(オンゾウエク)［名］《仏教語》「八苦(はっ)」のうちのひとつ。自分が恨み憎む人や事物に会わなければならない苦しみ。

をんでき【怨敵】(オンデキ)［名］（「をんてき」とも）恨みをもっている敵。かたき。

をんな【女】(オンナ)［名］

> **アプローチ**
> ▼若く美しい女性の意の「をみな」が撥音便化した語。
> ▼中古以降、「をとこ」の対として成人した女性や妻を意味した。
> ▼「をむな」ともいう。

❶**女性**。とくに、**成人女性**。例「男もすなる日記(にき)といふものを、女もしてみむとてするなり」〈土佐〉訳男性も書くと聞いている日記というものを、**女性**もしてみようというので書くのである。

❷**妻**。**恋人である女性**。例「さりけれど、このもとの女、あしと思へるけしきもなくて、いだしやりければ」〈伊勢・二三〉訳しかしながら、この前からの**妻**は、（新しい女のもとへ通う夫を）憎いと思っているようすもなく、（夫を）送り出してやったので。

をんなのさうぞく【女の装束】(オンナノソウゾク) 中古に女性が着用した、唐衣(からぎぬ)・裳(も)・五つ衣(ぎぬ)などの礼服。女の装い。

をんないちのみや【女一の宮】(オンナイチノミヤ)［名］第一番目の皇女。最も年長の皇女。

をんなかうぶり【女冠】(オンナコウブリ)［名］宮中に仕える女房が位階を授けられること。↔男冠(をとこかうぶり)

をんながた【女方】[名]❶(男に対して)女。女の側。↕男方。❷女の居る所。宮中の女房の詰め所である台盤所。❸(近世語)歌舞伎で、女役の役者。初期の女歌舞伎が禁止され男だけで演じる野郎歌舞伎以降に生じた。おやま。女形。

をんなかぶき【女歌舞伎】[名]江戸初期、出雲の阿国が始めた歌舞伎踊りをまねて、女芸人が演じた歌舞伎。全国的に流行したが、寛永六年(一六二九)に禁止され、若衆歌舞伎に代わった。

をんなぎみ【女君】[名]《「めぎみ」とも》貴人の娘または妻の敬称。姫君。奥方。↕男君①

をんなきんだち【女君達・女公達】[名]貴族の娘。↕男君達

をんなぐるま【女車】[名]女性の乗る牛車。=女房車。↕男車

をんなご【女子】[名]《「をみなご」の変化形》女の子。娘。↕男子

をんなごこち【女心地】[名]女性の気持ち。女性の心理。

をんなごころ【女心】[名]❶女性の気持ち。❷女性を求める心。

をんなごと【女言】[名]女のことば。

をんなころしあぶらのぢごく【女殺油地獄】[作品名]江戸中期(一七二一初演)の浄瑠璃。世話物。近松門左衛門作。放蕩無頼な若者与兵衛を主人公とし、その不良青年ぶりを見事に描いている。近松作としては、やや異色の傑作。

をんなざま【女様】[名]女のようす。女の姿。

をんなさんのみや【女三の宮】[人名]『源氏物語』の登場人物。朱雀帝の娘。源氏に降嫁するが、柏木と密通し不義の子薫を出産。間もなく出家し、余生を三条宮で読経三昧で過ごす。

をんな・し【女し】[形シク]{しから・しく(しかり)・し・しき(しかる)・しけれ・しかれ}女らしい。例「いとあてに女・しう、なまめいたるけはひしたまへり」〈源氏・夕霧〉《音便》「女しう」は「女しく」のウ音便。

をんなしう【女しう】形容詞「をんなし」の連用形「をんなしく」のウ音便。

をんなずさ【女従者】[名]お供の女性。女性の召し使い。

をんなだいがく【女大学】[作品名]江戸中期の教訓書。作者未詳。最古の版本は、享保元年(一七一六)刊行『女大学宝箱』。貝原益軒『和俗童子訓』巻五「教女子法」をもとに、後人の著したもの。女子用の教訓書で、封建制度下での男女の別、妻の心得などを、平易な文章で解説する。成立以来、第二次世界大戦終了時まで、広く読みつがれた。

をんなたふか【女踏歌】[名]女性が行った「踏歌②」。陰暦正月十六日に、宮中の紫宸殿の南庭で行われた。↕男踏歌。(季―春)

をんなで【女手】[名](非公式の場に使われ、女性はおもにこれを用いたことから)ひらがな。=女文字。↕男手。例「おほどかなる女手の、うるはしう、心とどめて書きたまへる」〈源氏・梅枝〉

をんなてかき【女手書き】[名]女性で、字を上手に書く人。女性の能筆家。

をんなでら【女寺】[名]❶尼寺。❷女子だけに教える寺子屋。女性の師匠は男子を扱わなかった。

をんなどころ【女所】[名]女性ばかりが住むところ。とくに、宮中で女官のいたところ。

をんなどち【女どち】[名]《「どち」は接尾語》女性同士。女性仲間。

をんなにて【女にて】❶自分が女性の身になって。例「女にて〔匂宮に〕馴れ仕うまつらばや」〈源氏・手習〉❷相手を女性にして。例「〔源氏ノ〕御灯影いとめでたく、女にて見たてまつらまほし」〈源氏・帚木〉

をんなばら【女ばら】[名]《「ばら」は接尾語》女の人たち。

をんなはらから【女同胞】[名]姉妹。↕男同胞

をんなぶみ【女文】[名]女性が書いた手紙。平仮名で書かれることが多い。

をんなみこ【女御子】[名]皇女。内親王。=女宮。↕男御子

をんなみや【女宮】[名]女子の皇族。皇女。内親王。↕男宮

をんなめか・し【女めかし】[形シク]{しから・しく(しかり)・し・しき(しかる)・しけれ・しかれ}《「めかし」は接尾語》女らしい。女らしく見える。例「さこそ細やかに女めか・しくおはすれども」〈宇治拾遺・一三・六〉

をんなもじ【女文字】[名]「をんなで」に同じ。↕男文字

をんなわらは【女童】[名]女の子。少女。=女の童

をんなゑ【女絵】[名]❶語義未詳。平安時代の男女風流を描いた物語絵のことか。また大和絵のことか。❷女性を描いた絵。美人画。↕男絵②

をんびん【穏便】[名・形動ナリ]穏やかなこと。また、そのさま。例「穏便の政おこなふべかりしが」〈平家・一・俊寛沙汰 鵜川軍〉

をんりゃう【怨霊】[名]恨みを残してたたりをする死霊、または生き霊。

をんる【遠流】[名]律に定められた「流罪」のひとつで、最も重いもの。伊豆・隠岐・土佐・安房など、都から遠い国や島へ流すこと。遠島。島流し。→「きんる」「ちゅうる」

ん

ん 推量の助動詞「む」が「ん」と発音されるようになり、「ん」と表記されたもの。

ん 語中・連語間に挿入され、語調を強める。例「一条の大路より南へおひだしてんげり」〈平家・一・鹿谷〉

んず 推量の助動詞「むず」の「む」が「ん」と発音されるようになり、「ん」と表記されたもの。

んずる 推量の助動詞「んず」の連体形。

んずれ 推量の助動詞「んず」の已然形。

んとす 「むとす」の「む」が「ん」と発音されるようになり、「ん」と表記されたもの。

付録目次

付

国語・国文法用語事典

▼あ

アスペクト　→完了の助動詞

誂え　願望の中でも、他者の行為あるいは事態の実現の願望で、「…てほしい」「…てくれ」のような意味になるもの。終助詞の中でも、上代では「**ね**」「**なも**」、中古では「**なむ**」を持つ表現がこれにあたる。自己の行為の願望で「…たい」にあたる「ばや」などと対比される。

天草版　一六世紀後半から一七世紀前半にかけて、天草で出版された活字本。「**天草本**」とも。イエズス会宣教師らが、日本語の修得と布教のために、日本語の文典・辞書・読本そして教義書を活字印刷したもので、「キリシタン版」と称されるものの一つ。多くはラテン語・ポルトガル語原文だったり、文語だったりするが、中でも『平家物語』『伊曾保物語』などは、当時の口語で記されており、当時の日本語を知る資料としてとくに重要である。

天地の詞　→伊呂波歌

▼い

イ音便　→音便

意志の助動詞　推量の助動詞の中でも、話し手の、動作や状態を実現しよう（あるいは実現させせまい）とする気持ちを表す場合をとくに区別するときの呼称。古典語では「**む**」「**べし**」「**じ**」「**まじ**」にこの用法がある。

「む」「べし」はある動作や状態を実現しようという意志を、「じ」「まじ」はある動作や状態を実現させまいという打消の意志を表す。「む」の打消が「じ」で、「べし」の打消が「まじ」であるという対応関係がある。「む」「べし」「じ」「まじ」が意志用法で用いられる場合、その主語は基本的に一人称である。しかし一人称の主語をもつ「む」「べし」「じ」「まじ」が必ず意志を表しているわけではなく、前後の文脈から意志かどうかを判断する必要がある。

「散りぬとも香をだに残せ梅の花恋しきときの思ひ出にせむ（＝思イ出ニシヨウ）」〈古今・春上・四八〉、「毎度ただ得失なく、この一矢にて定むべし（＝決着ヲツケヨウ）と思へ」〈徒然・九二〉、「限りあらむ道にもおくれ先立たじ（＝オクレタリ先ニイッタリハスルマイ）」〈源氏・桐壺〉。

已然形　→活用形

一般条件　→条件法

異本　→本文「いほん」

忌み詞　→本文「いみことば」

伊呂波歌　発音の違うすべての仮名を一回ずつ使用して作られている手習い詞の一つ。一〇七九年書写の『金光明最勝王経音義』に初見で、四十七字の仮名から成る。

「いろはにほへとちりぬるを　わかよたれそつねならむ　うゐのおくやまけふこえて　あさきゆめみしゑひもせす」（色は匂へど散りぬるを　我が世誰ぞ常ならむ　有為の奥山今日越えて　浅き夢見じ酔ひもせず）

このほか、手習い詞としては、十世紀前半には、『宇津保物語』『源順集』にみえる四十八字の「**天地の詞**」がある。

「あめつちほしそらやまかはみねたにくもきりむろこけひといぬうへすゑゆわさるおふせよえのえをなれゐて」（天、地、星、空、山、河、峰、谷、雲、霧、室、苔、人、犬、上、末、硫黄、猿、生ふせよ、榎の枝を、馴れ居て）〔注〕「おふせよ」以下を「負ふ、為よ、良箆（江野）、愛男、汝、堰（率ゐて）」とする解もある。

また、九七〇年に成立した源為憲編の初学者用学習書『口遊』にみえる四十七字の「**大為爾**」もある。

「たゐにいで　なつむわれをそ　きみめすと　あさりおひゆく　やましろの　うちゑへるこら　もはほせよ　えふねかけぬ」（田居に出で　菜摘む我をぞ　君召すと　求食り追ひ行く　山城の　打ち酔へる子ら　藻は干せよ　え舟繋けぬ）

天地の詞には、「え」が二回現れているために四十八字となっているが、これはア行の「え(e)」とヤ行の「え(ye)」との区別が十世紀中ごろまで残存していたことによる。五十音図も一〇〇四～一〇二八年ごろ成立した『孔雀経音義』に初めて現れるが、いろは歌が最も普及し、仮名の字母表や、古辞書の見出し順などに広く用いられた。

韻　漢字音は、古い韻学では声母と韻母とに分析されていたが、近代の音韻論的解釈では、声母は頭子音に、韻母は介母・核母音・韻尾に相当し、それに声調が加わって一語の漢字音が構成される。たとえば「中」は

「ţiuŋ」で、ţ が頭子音、i が介母、u が核母音、ŋ が韻尾にあたる。このうち韻母の部分を「韻」とよび、古くから漢字の分類の基準のひとつとされてきた。漢詩で「韻を踏む」場合は、韻の部分が同じ(あるいは似ている)漢字をそろえることをいう。

▼う

ウ音便(うおんびん) →音便(おんびん)

受身の助動詞(うけみのじょどうし) ある動作・作用を、動作主の側からではなく、直接・間接にその動作・作用の影響を受ける対象の側から表現する助動詞。古典語では、「**る・らる**」「**ゆ**」(上代に用いられた)に受身の用法がある。

古典語のこれらの助動詞による受身表現では、生物の方が視点が置かれやすいために主語に立つことが多く、無生物が主語にたつこと(この場合を「**非情の受身**」と呼ぶ)はまれであった。「親・同胞(はらから)のうちにても、想はる想はれぬ(＝愛サレル者、愛サレナイ者)があるぞ」〈枕・世の中に〉、「ある時は、風につけて知らぬ国に吹き寄せられて」〈竹取・蓬萊の玉の枝〉。

現代語では、「生徒によって週一回新聞が発行されている」のような客観的出来事を表す非情の受身文(生産動詞の受身文、ニヨッテで動作主が表される)が用いられるが、これは漢文訓読で用いられた表現で、近世末に日常語に取り入れられた。また構造的に、直接・間接にその動作・作用の影響を受ける対象を主語とする受身文を「**直接受身**」、それとは異なった対象を主語とする受身文を「**間接受身**」と呼ぶことがあり、また意味的に、動作の主体から被害・迷惑を受ける対象を主語にした受身文を「**迷惑の受身**」文と呼ぶことがある。

打消の助動詞(うちけしのじょどうし) 肯定判断に対して「そうではない」という打消の意を表したり、事態を否定的事態(「…である」ということが成立しない事態)として表す助動詞。**否定の助動詞**ともいう。

古典語では「**ず**」がこれにあたる。打消推量や打消の意志を表す「**まじ**」「**じ**」をこれに含めることもある。

古典語の「ず」と現代語「ない」はともに打消の助動詞といわれるが、「ず」はラ変動詞「あり」に下接して「あらず」といえるが「ない」は「あらない」といえないなど助動詞の性質が異なる。

また、「ず」には打消以外の用法も存在する。一つは「ぬか」(「ず」の連体形＋係助詞「か」)で願望を表す場合、たとえば「雨も降らぬか心足(こころだ)らひに」〈万葉・一八・四一二三〉。もう一つは「ずは」(「ず」の連用形＋係助詞「は」)で「…するよりは」という意味を表す場合、たとえば「かくばかり恋ひつつあらずは高山(たかやま)の岩根(いはね)しまきて死なましものを」〈万葉・二・八六〉である。このような「ずは」は上代特殊語法の「ずは」と呼ばれる。

▼え

詠嘆の「けり」(えいたんのけり) →過去の助動詞(かこのじょどうし)

婉曲表現(えんきょくひょうげん) 直接的に表現することがはばかられることを、遠まわしな表現をしたり、断定を避けたりすることで、穏やかな表現で表すこと。ただし、古語の助動詞の意味で「婉曲」と分類されるものの中には、現代語ではうまく訳出できない(あるいは、とくに訳す必要がない)ために、「婉曲」とされているものもある。「**めり**」が眼前の事実であるにもかかわらず用いられるのが代表的。「竜田川(たつたがは)紅葉(もみぢ)乱れて流るめり渡らば錦(にしき)中や絶えなむ」〈古今・秋下・二八三〉。その他にも、「**む**」「**らむ**」「**けむ**」がとくに連体法で用いられ、「…ような」「…という」のような訳をする場合にもいう。「大事を思ひ立たむ人は、去りがたく、心にかからむ事の本意(ほい)を遂げずして」〈徒然・五九〉。また、「む」には、命令が強すぎる場合に、それを弱めるために用いて、「…したほうがよい」のような訳があたることもある。「疾(と)くこそこころみさせたまはめ」〈源氏・若紫〉。

延言(えんげん) 江戸時代の国学者賀茂真淵(かものまぶち)の説いた学説。元来一音のものを二音以上に延べ言うというもの。江戸時代には広く用いられた説で、たとえば、「呼ばふ」は「呼ぶ」の延言、「言はく」は「言ふ」の延言、「取らす」は「取る」の延言ととらえることになる。現在は、それぞれ助動詞や接尾語のついた形と考えられており、「延言」というとらえ方はしない。

縁語(えんご) 和歌や文章に用いられる修辞法の一つ。一つの語に意味が関連するような語をいくつか一連の句の中に織りこんでいくもの。「唐衣(からころも)きつつなれにしつましあればはるばるきぬる旅をしぞ思ふ」〈古今・羇旅・四一〇〉では「な(褻)る・つま(褄)・は(張)る・き(着)る」が「唐衣」の縁語である。万葉集にはほとんどなく、平安時代に現れた修辞技法で、とくに古今集に多用され、掛詞(かけことば)などとともに和歌を技巧的なものとしている。→付録「縁語便覧」

▼お

押韻（おういん）　詩などの韻文（とくに中国や西洋の詩）で句中の所定のところに同じ韻（あるいは似た音）を配置して、韻律を整えること。韻を踏むこと。句末・行末の語の（末尾の）音をそろえるのを**脚韻**、語頭に同じ音を持つ語をそろえるのを**頭韻**という。

漢詩では、五言絶句（ごごんぜっく）ならば第二・四句末で、七言絶句ならば初句および第二・四句末で韻を踏む。五言律詩では第二・四・六・八の偶数句末で、七言律詩ではそれに加えて初句末でも韻を踏む。日本の和歌においては、韻を踏むことは決して規則化はしていないが、音を引き出すために用いる枕詞（まくらことば）や、同音異義語を用いて一語に二つの意味を持たせる掛詞（かけことば）のように、音をそろえる修辞技巧は古くからあった。

また、次のように頭韻を踏んでいるものと見られる歌もある。「よき人のよしとよく見てよしと言ひし吉野（よしの）よく見よよき人よく見」〈万葉・一・二七〉

応答詞（おうとうし）　→感動詞（かんどうし）

置き字（おきじ）　→助字（じょじ）

送り仮名（おくりがな）　①日本語を漢字と仮名で表記する場合に、漢字の読みを明確にするために、漢字のあとに書き添えるかな。「見る」の「る」、「後ろ」の「ろ」の類。その表記の基準は、昭和四十八年六月十八日内閣告示（昭和五十六年一部改正）「送り仮名の付け方」に基づくものが多い。

②漢文を訓読する際に、漢字に書き添えるかな。活用語の語尾変化やテニヲハなどを片かなで示す。原則として、漢字の右下に添えるが、「未・将・当」などの再読文字に限って左右に書き分け、初めに読むかなは右下、再読の送りがなは左下に加える。

当㆓枕㆑石漱㆒流、誤曰㆓漱㆑石枕㆒流。

男手（おとこで）　→本文「をとこで」

踊り字（おどりじ）　直前の字や語句をくり返すことを示す符号。「ゝ・〱・々・ゞ」などの形がある。「ゝ」は直前の仮名一字のくり返しを、「〱」は「くの字点」といい、（おもに仮名書きの）「いろ〱」のように、直前の二字以上の語句のくり返しを、「々・ゞ」は「個々」「屢ゞ」のように漢字のくり返しを、それぞれ表す。

音（おん）　→音読み（おんよみ）

音韻（おんいん）　語の識別に役立つ最も小さな音の単位を「**音素**」と呼ぶが、日本語だけでなく諸外国語にも共通する普遍的で限られた数の音素の連なりとして記述される、一語一語の音が「音韻」である。ここで、実際の音は発話ごとに微妙に異なるが、そのような異なりも含めた物理的な響きを「**音声**」と呼び、人間の心の中で識別される音としての「音韻」と区別される。たとえば、「とんぼ」「トンネル」「とんがる」に含まれる「ん」の音は、音声としては概略[m][n][ŋ]と異なっているが、日本語ではこれらの「ん」を識別しないので、／ン／という単一の音韻である。

音声（おんせい）　→音韻（おんいん）

音節（おんせつ）　実際に発音する際、それ以上区切ることのできない音の最も小さな単位。一般的には、中核となる母音の前後に子音が付いてひとまとまりを作ったものを指し、母音で終わる音節を「**開音節**」、子音で終わる音節を「**閉音節**」と呼ぶ。

日本語は、「雨」がア[a]・メ[me]のように、母音および子音＋母音の二音節から成ることからもわかるように、基本的には開音節である。しかしながら、そのような音節の定義では、長音や二重母音も全体で一音節となり、撥音（はつおん）や促音は独立して一音節とはみなされないことになり、伝統的に和歌や俳句などで、仮名一字（ただし拗音（ようおん）のみ二字）に相当する音（子音＋母音、またそれと同等の時間的長さを持つ撥音・促音・長音）を一拍とする習慣とそぐわない。そこで、日本語の記述にはこの「**拍**」あるいは「**モーラ**」という単位を用いるが、近似的に「音節」で拍やモーラを指すこともある。

音素（おんそ）　→音韻（おんいん）

女手（おんなで）　→平仮名（ひらがな）　→本文「をんなで」

音便（おんびん）　語中・語尾の音節が、発音上の便宜から、もとの音とはちがう発音になる現象。本来は臨時的な現象で、体言にも用言にも見られたが、体言や用言でも形容詞などでは音便のまま語形が固定化し、現代語では活用語にのみ見られる現象である。

音便は、変化した結果あらわれる音によって、イ音便・ウ音便・促音便・撥音（はつおん）便の四種に分類される。

①**イ音便**…キ・ギ・シ・リの音節の頭子音が脱落してイという母音が残ったもの。活用語のイ音便は平安初期以降増加する。〈非活用語〉「まして」→「まいて」、「きさきのみや」→「きさいのみや」。〈活用語〉「若き」→「若い」（形容詞連体形の語尾キがイになる。はじめは連体用法にのみ見られるが、後に連体形全般に広がり固定化する）、「書きて」→「書いて」（カ・ガ・サ行四段活用動詞の連用形に「て」「たり」が付く場合、活用語

尾キ・ギ・シがイになる」、「ござりまする」→「ございまする」〔ラ行四段活用動詞に「ます」が付くとき、リがイになる〕、「べき」→「べい」〔形容詞型活用の助動詞「べし」「まじ」の連体形語尾キがイになる〕。

②**ウ音便**…ク・グ・ヒ・ビ・ミがウに変化するもの。平安時代以降増加する。〈非活用語〉「おとひと」→「おとうと(弟)」。〈活用語〉「悲しくて」→「悲しうて」〔形容詞連用形の語尾クがウになる。他の用言や「て」があとに付くときにあらわれる〕、「戦ひて」→「戦うて」〔ハ・バ・マ行四段活用動詞の連用形がウになる。「て」「たり」があとに付くときにあらわれる〕。

③**促音便**…(おもに活用語の語尾で)チ・ヒ・リが促音に変わるもの。平安後期以降増加する。「帰りて」→「帰って」、「立ちたり」→「立ったり」〔タ・ハ・ラ行四段およびラ行変格活用の動詞の連用形に「て」「たり」が続くときにあらわれる〕。

④**撥音便**…(おもに活用語の語尾で)ニ・ビ・ミ・リ・(ル)などの音が撥音に変わるもの。〈活用語〉「摘みたり」→「摘んだり」、「死にて」→「死んで」〔バ・マ行四段およびナ行変格活用の動詞の連用形に「て」「たり」などが続く場合にあらわれる。後続の語は連濁をおこす〕、「あるなり」→「あんなり(表記は「あなり」)」、「あるべかるめり」→「あんべかんめり(表記は「あべかめり」)」〔ラ行変格活用動詞およびラ変型の活用語の連体形(一説に連用形)に「べし」「めり」「なり(終止形接続)」が付くときにあらわれる〕。〈非活用語〉「残りの月」→「残んの月」、「盛りに」→「盛んに」。

ここで、平安・鎌倉時代には、促音・撥音の表記法がまだ確定していなかったために、促音便・撥音便も表記されていない場合もあるので注意が必要。

音読み(おんよみ)　漢字を中国語の発音に基づいた音で発音すること。**漢字音**あるいは字音ともいい、訓(くん)と対立する。実際には、日本語と中国語では音韻・音節構造が異なるため、元の中国語の音に対して日本語で最も近い音をあてている。

日本に伝えられた時期によって、古い方から呉音(ごおん)・漢音・唐音(宋音(そうおん))というように分けられ、漢字によっては複数の音を持つものがある。たとえば、「行」は呉音では「ギョウ」、漢音では「コウ」、唐音では「アン」と読む。→呉音(ごおん)　→漢音(かんおん)　→唐音(とうおん)　→宋音

▼か

開音節(かいおんせつ)　→音節(おんせつ)

開合(かいごう)　ハ行転呼音(てんこおん)・音便・漢字音などの影響で、日本語には多くの二重母音が生じたが、室町時代に、それが長音化するに際して、二種類のオ段長音となったが、現代語のオよりも口の開きの大きい[ou]を「開音」、現代語のオとほぼ同じ[eu]を「**合音**」と呼ぶ。

「開音」は、アウ・アフ等ア段の音にウ(フ)が続いたものから変化したもの、「合音」は、オウ・オフ等オ段の音にウ(フ)が続いたものと、エウ・エフ等エ段の音にウ(フ)が続くものが変化したものを、それぞれさす。古くは区別があったがしだいに混乱し、江戸時代には区別が失われていたと推定されている。

回想の助動詞(かいそうのじょどうし)　→過去の助動詞(かこのじょどうし)

開拗音(かいようおん)　→拗音(ようおん)

係助詞(かかりじょし)　助詞の下位分類の一つ。文中の種々の語について述語に係り、その活用形を定めるとともに、文の構造や種類にも影響を及ぼすもの。「けいじょし」とも。古典語では「**は**」「**も**」「**ぞ**」「**なむ**」「**や**」「**か**」「**こそ**」がこれに属する。このうち「ぞ」「なむ」「や」「か」は述語を連体形で結び、「こそ」は已然形で結ぶという特徴がある。「は」「も」は結びが終止形であって特別な形を取らないため外形上明確でないが、文の構造や種類に関わる点で他の係助詞と共通である。

係助詞には文中に位置する用法と文末を形成する用法とがある。文中に位置する用法を**係り用法**、文末を形成する用法を**結び用法**と呼ぶことがある。学説によっては結び用法のこれらの助詞を終助詞に分類することがある。また、文中にあってもかかり先の述語がさらに下に続いていくために結びが流れたり、一見文末にあるように見える場合でも結びが省略されている場合がある。→係り結び

係り結び(かかりむすび)　おもに古典語の文で、文中の係助詞「ぞ」「なむ(なん)」「や」「か」・「こそ」に対して、文末をそれぞれ連体形・已然形で結ぶ呼応の法則の一つ。「は」「も」とこれに対する終止形の結びをこれに含める場合もある。係助詞を「**係り**」、それに呼応する活用語を「**結び**」という。次の例では、傍線部が係り、二重傍線部が結びにあたる。

ぞ…「やまと歌は、人の心を種として、よろづの言(こと)の葉(は)とぞなれりける(体)」〈古今・仮名序〉

なむ…「この男、信夫摺(しのぶずり)の狩衣(かりぎぬ)をなむ着たりける(体)」〈伊勢・一〉

や…「月やあらぬ(体)春や昔の春ならぬ(体)我が身一つはもとの身にして」〈古今・恋五・七四七〉

か…「生きとし生けるもの、いづれか歌を詠まざりける(体)」〈古今・仮名序〉

こそ…「げにこそいと忍びがたうはべりけれ(已)」〈源氏・桐壺〉

次のように、係助詞があってもそれに対応する結びが言い表されない場合(かっこ内が結び)を「**結びの省略**」と呼ぶ。「やがて御参りもうちつづくべきにや(あらむ)」〈源氏・梅枝〉、「さればこそ(聞こえつれ)」。かう世づかぬ御ほどにてなむ」〈源氏・若紫〉。

係りを受ける部分が下に続いていく場合には、連体形・已然形で結ぶという原則が消滅する。これを「**結びの流れ**」「**結びの消滅**」などと呼ぶ。「人々なむ、別れがたく思ひて、日しきりにとかくしつつ、ののしるうちに夜更けぬ」〈土佐〉。

また、「こそ」の結びは逆接を表しつつそのまま下に続いて行くことがある。「さこそいへ(已)、まだ追ひやらず」〈伊勢・四〇〉、「中垣こそあれ(已)、一つ家のやうなれば、望みてあづかれるなり」〈土佐〉。

係り結びは、奈良時代には例外も多くまだ十分に規則として成立していなかったものと見られ、平安時代にもっともよく守られているが、鎌倉時代以降しだいに乱れ、今日ではほとんどみられない。

カ行変格活用(かぎょうへんかくかつよう)　動詞の活用の一つ。略して**カ変**ということもある。「こ・き・く・くる・くれ・こ(こよ)」(現代語では「こ・き・くる・くる・くれ・こい」)と活用するもの。「**来**」(現代語「来る」)の一語だけがこの活用に属する(ただし、「まうでく」など他の動詞と「来」が複合したカ変の複合動詞はある)。語幹と活用語尾の区別がない。古典語の命令形は平安時代までは「いと興あることかな。こち持て来こ」〈堤中納言・虫めづる姫君〉のように「こ」の形がおもに用いられたが、のちには「こよ」がもっぱら用いられるようになった。

確述(かくじゅつ)　→完了の助動詞(かんりょうのじょどうし)

格助詞(かくじょし)　助詞の下位分類の一つ。体言、または体言相当の語(用言や助動詞の連体形)に下接して、その文節が文中の他の文節に対してどのような関係に立つかを示す。言い換えれば、格助詞とは文の論理的骨格を構成する助詞だといえる。

格助詞には、用言文節に対する**連用格助詞**と、体言文節に対する**連体格助詞**とがある。たとえば、「雀の子を犬君が逃がしつる」〈源氏・若紫〉の「犬君が」という文節は「逃がしつる」という用言文節にかかってゆくので、この「が」は連用格助詞であり、「梅が枝に来ゐる鶯」〈古今・春上・五〉の「梅が」という文節は「枝」という体言文節にかかってゆくので、この「が」は連体格助詞である。古典語では**連用格助詞**としては「**が**」「**の**」「**を**」「**に**」「**へ**」「**と**」「**より**」「**から**」「**にて**」「**して**」があり、**連体格助詞**としては「**が**」「**の**」がある。

さらに、連用格助詞には、およそ「が」「の」が主格、「を」が目的格、「に」が与格というように格による区別があるが、連体格助詞にはない。また、「が」「の」には「前の守、今のも」〈土佐〉のように体言に準じる用法があり、「と」「の」には「たとしへなきもの。夏と冬と。夜と昼と」〈枕・たとしへなきもの〉のように対等のものを並べる用法があるが、前者を「**準体助詞**」、後者を「**並立助詞**」として別に立てることもある。

確定(かくてい)　→条件法(じょうけんほう)

確定条件(かくていじょうけん)　→条件法(じょうけんほう)

掛詞・懸詞(かけことば)　→本文「かけことば」

「掛詞便覧」　→付録

過去の助動詞(かこのじょどうし)　ある事態が時間軸上過去の時点に位置することを表し、またその事態を話し手の今から回想する助動詞。後者の点を重視して「**回想の助動詞**」とも呼ばれる。古典語では「**き**」「**けり**」がこれにあたる。

「き」と「けり」の違いについては、「き」は話し手が直接体験した過去の事実を表し、「けり」は伝聞・伝承された過去の事実を表すという説が通説となっているが、この区別は平安時代の物語に最もよくあてはまるものの、その平安時代の物語であっても必ずしもこの説の通りの使い分けにはなっていない。奈良時代の作品や平安時代の漢文訓読文ではむしろ、「き」は現在と切り離された過去の事態を表し、「けり」は何らかの意味で過去の事態が現在にまで影響を残していることを表すという区別の方がよくあてはまる。平安時代の物語も、物語の展開上の現在から過去を振り返る部分には「き」が、冒頭の導入部や終わりの終結部など物語の進展とは直接関わらず、語り方に重きのある部分には「けり」が用いられるとする説の方がうまくあてはまると思われる。

また、「けり」には、今まで気づかなかったことに今はじめて気づいたことを表す、「**気づきの『けり』**」と呼ばれるもの(「見渡せば柳桜をこきまぜて都ぞ春の錦なりけり」〈古今・春上・五六〉)や、眼前の事実に対する心の動きを表す「**詠嘆の『けり』**」と呼ばれるもの(「あ

付

る時はありのすさびに憎かりき、なしてぞ人は恋しかりける」〈源氏釈〉などもある。

片仮名（かたかな）　表音的に用いられた漢字(あるいはその草体)の一部分(たとえば偏や旁(つくり)など)をもって元の字の代わりにあてた一字一音節の表音文字。九世紀の前半ごろ、仏典を訓読するためにヲコト点とともに僧の手によって形作られた。仏典の漢字の間の狭い場所に、短時間に書き入れるために簡素な字体が要求された。平仮名同様、初めは一つの音節に多数の字体があったが、平仮名と異なり、院政期ごろにはほぼ現行に近いものに字体が整えられ、説話や軍記物語などの和漢混交文に広く用いられるようになった。

活用（かつよう）　用言および助動詞が、その語の用い方によって語形を規則的・体系的に変化させること。活用する語には、自立語に動詞・形容詞・形容動詞(以上、用言)、付属語に助動詞がある。

文語の用言および助動詞の活用形とその用法については「活用形」の項を、活用の種類・活用の型についてはそれぞれの項を参照。

活用形（かつようけい）　活用語が活用したそれぞれの形を活用形と言い、文語では、**未然**(みぜん)**形・連用形・終止形・連体形・已然**(いぜん)**形・命令形**の六活用形がある。これは、六活用形とも異なった形を持つ文語ナ行変格活用(「死ぬ」「往ぬ」の類)をもとに整理されたものである。それぞれの名称は、その活用形の持つ役目の一つによって名付けられたもので、活用形の用法の全部を表すものではない。また、活用語の中には、六つの活用形を完全には備えていないものもある。

〈活用形の用法〉

(一)未然形の用法(次の用法のみ)

未然形につづく助詞・助動詞を従える。『かかる目見む』とは**思は**ざりけむ」〈枕・上にさぶらふ御猫は〉

(二)連用形の用法(③④の用法は要注意。見分け方をマスターする)

①連用形につづく助詞・助動詞を従える。「日の**さし入り**たるに眠りてゐたるを」〈枕・上にさぶらふ御猫は〉

②㋐後続する用言の意義を限定する(連用修飾)。「なぞの犬の、かく**ひさしう**啼くにかあらむ」〈枕・上にさぶらふ御猫は〉。〔注〕犬の「鳴く」ようすを「ひさしう(いつまでも)」と限定修飾したもの。

㋑後続する用言が「思ふ・覚ゆ・聞く」などの判断動詞である場合、判断内容が連用形で示されることが多い。「…ト思ウ(感ジル・聞ク…)」の意。形容詞の連用形に見られる用法。「いとゆるらかにうち出だしたまへる、いと**をかしう**おぼゆるにぞ…」〈枕・清涼殿の丑寅の角の〉

③後続する用言との対等の関係を表す。a「いみじげに**腫れ**、あさましげなる犬の」〈枕・上にさぶらふ御猫は〉、b「世に知らず**をかしく**、あはれなりしか」〈枕・上にさぶらふ御猫は〉

《見分け方》③は対等の関係を表すので、次のように、後続の用言と前後を入れ替えることができるのが特徴。aは「あさましげに、いといみじげに**腫れ**たる犬の」、bは「世に知らずあはれに、**をかしかり**しか」。

④後続する表現内容への話し手(書き手)の評価を表す。形容詞の連用形に見られる用法。「**あさましう**、犬なども、かかる心あるものなりけり」〈枕・上にさぶらふ御猫は〉。〔注〕犬のような動物もこんな人間と同じ感情をもっているのだった(犬なども、かかる心あるものなりけり)ということを、あきれたことに(あさましう)と批評した表現。

《見分け方》先に「あさましう」と批評しておいて、それに先導させる形で「犬なども…ものなりけり」と批評される事実を言う表現法は、現代語では「まじめな彼が、**珍しく**無断欠席した」などの言い方以外、ほとんどなくなっていて、かわりに「**不思議なことに**若者の姿が一人も見当たらないので」など、「…なことに」という言い方を使うことになっている。その言い方に言い換えることができるかどうかが有効な見分け方となる(〔訳〕**あきれたことに**犬などもこんな心を持っているのだった)。なお、この④は古典では大切なところで、頻繁に使われるので、とくに注意を要する。

(三)終止形の用法

①終止形につづく助詞・助動詞を従える。「日のさし入りたるに眠りてゐたるを**おどす**とて」〈枕・上にさぶらふ御猫は〉

②文を断止する。上に「は・も」の係助詞がある場合でも、これに属する。「おびえまどひて、御簾のうちに入り**ぬ**」〈枕・上にさぶらふ御猫は〉

(四)連体形の用法(③⑤、とくに③の用法は大切)

①連体形につづく助詞・助動詞を従える。「『ひがおぼえをもし、わすれたる所もあらば**いみじかる**べきこと』と」〈枕・清涼殿の丑寅の角の〉

②後続する体言の意義を限定する(連体修飾)。「いみじげに腫れ、**あさましげなる**犬の」〈枕・上にさぶらふ御猫は〉

③そこまでの表現を一つの名詞句にまとめる（体言に準ずる句を作る）。「あさましげなる犬の、**わびしげなる**が、わななきありければ」〈枕・上にさぶらふ御猫は〉。〔注〕「あさましげなる犬の」が主語、「わびしげなり」が述語。その述語が「わびしげなる」と連体形をとることで、全体が一つの名詞句となる。現代語でも「ビールの冷たいのを飲んだ」と言うのと同じ言い方だが、古典では使用頻度がきわめて高く、そのまま口語訳しにくいケースが多い。訳の技術としては、「AのBなる（犬のわびしげなる）」を「BなるA（わびしげなる犬）」とひっくり返して訳す方法があるが、文章の構造としてはAは主語、Bは述語、AB全体で名詞句であることを忘れないように心がけたい。

④係り「ぞ・なむ・や・か」や疑問詞をうけて文を断止し、強勢や疑問の文を作る。「なぞの犬の、かくひさしう啼(な)くにかあらむ」〈枕・上にさぶらふ御猫は〉、「このごろかかる犬やはありく」〈枕・上にさぶらふ御猫は〉

⑤係りや疑問詞がなくても文を断止し、余情の文を作る。「『これに、ただ今おぼえむ古き言(こと)、一つづつ書け』と仰(おほ)**せらるる**」〈枕・清涼殿の丑寅の角の〉。〔注〕いわゆる「連体終止」で、余情表現として中古以降大いに好まれ、その愛用の度が過ぎて、あたりまえの表現法となり、肝心の余情を失ってふつうの終止形と区別がなくなり、遂に従来の終止形を亡ぼしてしまう。

(五)已然形の用法

①已然形につづく助詞・助動詞を従える。「死に**けれ**ば陣の外(と)にひき棄(す)てつ」〈枕・上にさぶらふ御猫は〉

②係り「こそ」をうけて文を断止し、強勢の文を作る。ただし、強い逆接であとにつづける場合もある。「さば、翁丸(おきなまろ)にこそはありけれ」〈枕・上にさぶらふ御猫は〉

(六)命令形の用法

①命令形につづく助詞・助動詞を従える。「ありつる花のもとに帰りゐ**たまへり**」〈枕・清涼殿の丑寅の角の〉。〔注〕完了「り」は本来は「あり」が連用形につづまった形。すなわち「たまひ＋あり」が「たまへり」となった結果、「命令形＋り」と分析するようになったもの。

②文を断止して命令文を作る。「これに、ただ今おぼえむ古き言(こと)、一つづつ**書け**」〈枕・清涼殿の丑寅の角の〉。〔注〕これは一条天皇の中宮定子(ていし)の発言。昔は貴族の女性が命令形で命令しても乱暴でも何でもなかったが、今は命令形を使い得る場面は極端に狭くなった。

活用語尾(かつようごび)　活用を持つ自立語すなわち用言（動詞・形容詞・形容動詞）の各活用形を通して、変化する部分のこと。したがって、付属語の助動詞は活用はするが、語幹と活用語尾との区別はない。たとえば、動詞「行く」は「行か・行き・行く・行く・行け・行け」と活用するが、変化しない語幹「行(ゆ)」に対して、変化する「か・き・く・く・け・け」の部分を活用語尾という。このように、一般には語幹と活用語尾との区別は拍単位で行い、「juk-u」のように音素単位で区別することはない。

また、一段活用の活用語尾には変化しない部分が含まれているが、活用語尾を空欄にしないために活用語尾に含める。そのため、「蹴る」「着る」「見る」のような二拍の一段活用動詞は、ほかの一拍動詞「得(う)」「経(ふ)」「来(く)」「為(す)」などとともに、語幹を持たないことになる。

仮定(かてい)　→条件法(じょうけんほう)

仮定条件(かていじょうけん)　→条件法(じょうけんほう)

可能動詞(かのうどうし)　四段活用動詞（現代語では五段活用動詞）から派生した下一段活用動詞で、可能の意味を表す動詞。たとえば、「書ける」（←「書く」）「話せる」（←「話す」）などがこれにあたる。古典語の「能(あた)ふ」や現代語の「できる」は可能の意味を表すが、四段（五段）派生の下二段動詞ではないから可能動詞とは呼ばない。また助動詞「**る・らる**」（現代語「れる・られる」）が付いて可能の意味を表す場合（「食べられる」など）も、同様の理由で可能動詞とは呼ばない。可能動詞は室町時代後期ごろに発生し、江戸時代中期以降その数を増加させたといわれている。

可能の助動詞(かのうのじょどうし)　主語または状況がある事態を成立させる力を有することを表す助動詞。古典語では「**る・らる**」にこの用法がある。「弓矢して射られじ」〈竹取・かぐや姫の昇天〉。上代には「**ゆ**」「**らゆ**」も用いられた。また、「べし」にも「その山見るに、さらに登るべきやうなし」〈竹取・蓬萊の玉の枝〉のような可能の用法があるが、通常「べし」を可能の助動詞と呼ぶことはない。

可能表現のうち、主体がある事態の成立を可能にする場合を「状況可能」として分ける場合もある。可能の助動詞は命令形に立つことはない。

また、これらの助動詞の使用は平安時代ごろまでは否定表現あるいは反語表現にほぼ限られており、肯定表現で可能の意味を読み込

付

むかどうかは文脈に委ねられていたといってよい。鎌倉時代以降は、「家の作りやうは夏をむねとすべし。冬はいかなる所にも住まる」〈徒然・五五〉のように肯定表現でも「る・らる」が用いられるようになる。

カ変（かへん）　→カ行変格活用

上一段活用（かみいちだんかつよう）　動詞の活用の一つで、「き・き・きる・きる・きれ・きよ」のように、五十音図のイ段の音とそれに「る」「れ」「よ」をつけた形に変化するもの。文語では「着る」「似る」「煮る」「干る」「嚔る」「簸る」「見る」「射る」「鋳る」「沃る」「居る」「率る」と、それらの複合語である「顧みる」「おもんみる」「試みる」「率ゐる」「用ゐる」など、十数語がこの活用に属する。上一段活用の語では、複合語を除くと語幹と活用語尾の区別がない語が多い。「射る」「鋳る」「沃る」の活用はア行と変わりないが、「射る」と「矢」との関わりなどから、ヤ行であるといわれる。なお、口語の上一段動詞には、文語の上二段活用に由来するものが数多くある。

上二段活用（かみにだんかつよう）　古典語における動詞の活用の一つで、語尾が「き・き・く・くる・くれ・きよ」のように五十音図のイ段・ウ段の音と、それに「る」「れ」「よ」をつけた形に変化するもの。「起く」「過ぐ」「落つ」「恥づ」「恋ふ」「ほころぶ」「恨む」「老ゆ」「降る」などがこれにあたる。四段活用・下二段活用の動詞に比べ、数はさほど多くない。

　これらの動詞のほとんどは江戸時代までに上一段活用に変化して、現代語では上一段活用動詞となっている。ただし、「恨む」のように江戸時代以降に四段動詞になり、現代語では五段動詞となっているものもある。

カリ活用（かりかつよう）　古典語の形容詞の活用のうち、語尾が「(し)から」「(し)かり」「(し)かる」「(し)かれ」となる系列だけを取り出したもの。これはもともと形容詞の連用形「…(し)く」に「あり」が結合してできたもので、助動詞が接続しにくいという、形容詞の接続上の不備を補うために発達した。補助活用ともいわれ、ふつうは形容詞の活用の中に含めて考えるが、これを形容動詞とする説もある。カリ活用は終止形と已然形を欠くが、これは形容詞本来の活用形「…し」「…(し)けれ」でまかなわれるためである。ただし「多かり」の一語だけは例外で、終止形「多かり」・已然形「多かれ」が広く用いられた。

　また連体形の連体用法に関して、平安時代に、「(し)き」が物語や和歌に用いられ、「(し)かる」が漢文訓読文に用いられるというように、文体差による使い分けが見られる。

漢音（かんおん）　日本に伝えられた字音(漢字音)のうち、奈良時代から平安時代初期にかけて、隋や唐との国交が開かれてから、朝廷によって中国北方(長安近辺)の音が伝えられたもの。それ以前に民間の交流によって伝えられた呉音に対し「正音」とも称され、公的な(官用の)文書や漢籍・一部の仏典を読むのに用いられた。「行コウ」「経ケイ」「下カ」「和カ」のような音を指す。

漢字音（かんじおん）　→音読み

間接受身（かんせつうけみ）　→受身の助動詞　→迷惑の受身

感嘆詞（かんたんし）　→感動詞

感嘆文（かんたんぶん）　文を性質の上から分類した場合の一種。感動の意味を表す文を指していう。感嘆文を、形の上から規定することはむずかしいが、文頭にしばしば感動詞を伴い、文末には感動の意を表す終助詞があらわれる事実を指摘することができる。また、和歌などに見られる活用語の連体形で終止する文(連体止めの文)は、多く感嘆文となる。「あはれ、さも寒き年かな」〈源氏・末摘花〉、「あな恐ろしや」〈源氏・桐壺〉、「さざなみや志賀の都はあれにしを昔ながらの山桜かな」〈千載・春上・六六〉、「合ひに合ひて物思ふ頃の我が袖に宿る月さへ濡るる顔なる」〈古今・恋五・七五六〉など。なお、感嘆文は、**感動文**と呼ばれる場合もある。

間投詞（かんとうし）　→感動詞

感動詞（かんどうし）　品詞の一つ。活用しない自立語で、主語・述語・修飾語になることがない。また他の語に修飾されることもなく、他の文節とは独立して用いられる。感動や呼びかけ・応答を表す。古典語では感動を表すものに「ああ」「あな」「あはれ」、呼びかけを表すものに「いざ」「いで」「やよ」「やよや」、応答を表すものに「いな」「いや」「おう」「を」などがある。**感嘆詞**、**間投詞**ともいう。「あはれ、いと寒しや」〈源氏・夕顔〉、「やよや待て山時鳥ことづてむ我世の中に住みわびぬとよ」〈古今・夏・一五二〉、「見むと言はば否と言はめや梅の花散り過ぐるまで君が来まさぬ」〈万葉・二〇・四四九七〉など。なお、感動詞のうち、右の第二例・第三例や「もし、ちょっとうかがいますが」や「はい、もうたべました」の「もし」「はい」のように応答に用いるものを**応答詞**として独立させることもある。

間投助詞（かんとうじょし）　助詞の下位分類の一つ。語調を整えたり、語勢を添えたり、感動を高めたりするために文節の終わりに自由に投入できる助詞。古典語では「い」「ろ」「ゑ」「や」「よ」「を」(前三つは上代に用い

付

られた)などがある。「我はさぶしゑ 君にしあらねば」〈万葉・四・四八六〉、「少納言よ、香炉峰の雪、いかならむ」〈枕・雪の、いと高う降りたるを〉。

なお、間投助詞と終助詞を区別しない説もある。

感動文(かんどうぶん) →感嘆文(かんたんぶん)

漢文訓読語(かんぶんくんどくご) →訓点語(くんてんご)

漢文訓読特有語(かんぶんくんどくとくゆうご) →訓点語(くんてんご)

願望の助動詞(がんぼうのじょどうし)

ある事態の実現を願い望む話し手の気持ちを表す助動詞。**希望の助動詞**ともいう。古典語では「**まほし**」「**たし**」がこれにあたる。「まほし」は上代の連語「まく欲し」から転じたといわれ平安時代に成立し、和文で多く用いられた。鎌倉時代に入ると新たに成立した「たし」にその位置をゆずり、擬古文などにしか用いられなくなった。「たし」は中古末期に成立し鎌倉時代以降和文で広く使われた。これらの助動詞は語源的にも意味的にも形容詞的であるので、学説によっては助動詞ではなく形容詞をつくる接尾語とみることもある。

また、「…したくない」の意を表す「まうし」も平安時代半ばから鎌倉時代までの和文を中心に用いられた。「まうし」は「ま憂し」であり、「まほし」が「ま欲し」と理解されその対義語として作られたといわれている。

完了の助動詞(かんりょうのじょどうし)

動詞の表す動作や変化が完成していることを表す助動詞。古典語では「**つ**」「**ぬ**」「**たり**」「**り**」がこれにあたる。時間表現の中でも、「過去」のように、現在時点に対して出来事全体がそれ以前か同時か以後かを表すものをテンス(時制)と言うが、「完了」のように、特定の時点においてその出来事のどの段階にあるのか(始発にあるのか、進行中であるのか、完了したのか、完了して結果が残った状態にあるのか)を表すものを**アスペクト**と言う。完了の助動詞は言うまでもなく、アスペクトを表すことになる。

「り」「たり」は、いずれも基本的に動作の進行か結果の存続を表すものであり、意味的な相違はない。両者は、上代には、「り」が四段動詞とサ変動詞に承接し、「たり」がそれ以外の動詞に承接するという、上接する動詞の活用形による区別があったが、平安時代も下るにつれて、「たり」がすべての動詞に承接するようになってくる。

「つ」「ぬ」には、意味の相違があることは古くから指摘があったが、従来は、「つ」は他動詞に承接し、「ぬ」は自動詞に承接するとか、「つ」は意志動詞に承接し、「ぬ」は無意志動詞に承接するなどというように、承接する動詞の特徴に帰される傾向があった。しかし、「あり」「鳴く」など、「つ」も「ぬ」も承接する動詞もあり、両者の使い分けは動詞の特徴によるものとは言い難い。現在では、たとえば「つ」は動作の完了を表し、「ぬ」は結果的状態の始発を表すというように、アスペクトという範囲の中で使い分けが議論されている。

ところで、「てむ」「なむ」のように推量の助動詞が下接したり、「てば」「なば」のように接続助詞が下接して仮定条件を表す場合の「つ」「ぬ」の意味は、一般的に「**確述**」と呼ばれるが、それはそれらの場合には現在時点ではその出来事が完了していないために「完了」とは言いにくいことからそのような呼称が要求されたものであった。しかし、推量された時間、仮定された時間の中に特定の時点を設定して、その時点において出来事がどの段階にあるかを表現すると考えれば、とくに「確述」の場合を別立てする必要はなくなる。

完了の助動詞「り」の承接(かんりょうのじょどうしりのしょうせつ)

完了の助動詞「り」は、サ変動詞の未然形か四段動詞の已然形あるいは命令形に付くといわれる。しかし、これは本来音韻の規則であるものを、強引に文法の活用に当てはめたために不自然な説明をしているにすぎない。すなわち、「り」はもともと存在を表す動詞「あり」であり、先行する動詞の連用形に付いて一種の複合動詞を構成して、サ変動詞に付く場合は本来「し—あり」、四段動詞に付く場合は、たとえば「はしり(走り)—あり」のような形であるはずである。ところが、上代の音韻の規則は母音が連続することを許さないので、サ変動詞と四段動詞の連用形活用語尾の母音i(甲類)と「あり」の語頭のaとが複合して、e(甲類)となった(母音の甲乙については上代特殊仮名遣いの項を参照)。これをあえて文法的に活用形を用いて説明しようとしたため、完了の助動詞として「り」という形を立てざるをえなくなり、「り」が付く動詞はe段の活用をする、サ変動詞の未然形、四段動詞の已然形ないし命令形ということになった。

ただし、四段活用の場合は、上代では已然形はeの乙類、命令形は甲類であるので、あえて甲乙をそろえれば命令形に付くといわざるをえないが、eの甲乙の区別がなくなった中古以降はあえて命令形に付くという必要もないので、助動詞が付くのに不自然に思われる命令形を避けて、已然形に付くとする場合もある。

▼き

基数詞 →数詞

気づきの「けり」 →過去の助動詞

希望の助動詞 →願望の助動詞

疑問文 文を性質の上から分類した場合の一種。疑問または反語の意味を表す文。事柄の正否を疑問するもの(**判定要求の疑問文**と呼ばれる)と、事柄の不明瞭な部分について疑問するもの(**説明要求の疑問文**と呼ばれる)の二つに大別される。また、古典語における疑問文を形式の上から見ると、おもに次のような場合がある。

①文中に不定称の代名詞・副詞や疑問の係助詞の「や」「か」が用いられる場合。このとき、文末の活用語は連体形で結ばれるのがふつうである。「月やあらぬ春や昔の春ならぬ我が身一つはもとの身にして」〈古今・恋五・七四七〉、「男を捨ててはいづちかいかむ」〈大和・一四八〉。

②「や」「か」で文が終わる場合。「名にしおはばいざ言問はむ都鳥我が思ふ人はありやなしやと」〈古今・羇旅・四一一〉。

脚韻 →押韻

逆接 →条件法

逆接確定条件 →条件法

逆接仮定条件 →条件法

切れ字 →本文「きれじ」

▼く

ク活用 古典語の形容詞の活用の一つで、「高し」などのように、その活用語尾が「〈から〉・〈かり〉・し・き〈かる〉・けれ・〈かれ〉」と変化するもの(〈 〉内をとくにク活用から独立させて**カリ活用**と呼ぶこともある)。「赤し」「重し」「白し」「遠し」「長し」「深し」などがこれにあたる。

ク活用の形容詞はシク活用の形容詞と比べて客観的な状態を表す語もある。

ク活用かシク活用かは語によってだいたい決まっているが、「いちじるし」や「かまびすし」のように古くはク活用であったものが後にシク活用に転じた場合もあった。なお、現代語ではク活用とシク活用の区別はない。

句切れ →本文「くぎれ」

ク語法 →接尾語「く」「らく」

廓言葉 江戸時代の遊郭の遊女らが用いていた特殊な言葉。「さとことば・さとなまり・遊里ことば・遊女語」などともいう。江戸初期に京都の島原で使われはじめ、大阪の新町や江戸の吉原などでも使われるようになるが、しだいに、遊里ごと、また時代の移り変わりとともにさまざまに異なるようになる。

発生については、遊女の出身地の訛りを隠すため、独特の情緒を出すためなどの説がある。一人称の「わちき」などの特殊な人称代名詞や、「ん」を入れる独特の文末の言い方(「しゃんす」「ありんす」)などがある。

訓 →訓読み

訓点 →ヲコト点

訓点語 漢文を日本語として読み下す(訓読する)ために漢文に付される返り点・ヲコト点の類を総称して「**訓点**」といい、漢文を訓点に従って読み下したときに用いられる表現を訓点語という。

漢文を訓読した文には、普通の和文(平安時代の物語などの文章)では用いられない語彙・語法がみられる。訓点語には漢語が多く、敬語が少ないという以外にも、同じような意味を表すのに、たとえば、和文では「く(来)」「やうなり」が用いられるが、漢文訓読では「きたる」「ごとし」が用いられるというような相違もある。

このような漢文訓読にのみ用いられる語を「**漢文訓読特有語**」あるいは「**漢文訓読語**」などといい、漢文訓読には訓点が用いられたので「訓点語」ともいうのである。

訓読み 漢字に、その漢字が表す中国語の意味と同様の意味を持つ和語をあてはめた読みが固定化したもの。**字訓**。

上代にすでにある程度固定化しているが、平安時代においても、漢字の意味の範囲内で、ある程度自由な読み方をしている場合もある。

▼け

敬語 →付録「古文の敬語を理解するために」

形式名詞 名詞の下位分類の一つ。実質名詞と対をなす概念。実質的な意味が乏しく、必ずその実質的意味を補う修飾語句を伴って用いられる名詞をいう。たとえば「水を汲み入るること、めでたかりけり」(水を汲みいれるのが、実に見事であった)〈徒然・五一〉の「こと」は実質的な意味に乏しく、「水を汲み入るる」という修飾句によってその実質的な意味が表されているので形式名詞だと考えられる。他に「すさまじきもの。昼吠ゆる犬」〈枕・すさまじきもの〉の「もの」、さらに「ひと」「かた」「よし」「ところ」「とき」「あひだ」「ゆゑ」「はず」「儀」「段」などが形式名詞に数えられる。また、「好きなのを選びなさい」のような「の」(通常、格助詞または準体助詞とされる)を形式名詞に含める説もある。

係助詞（けいじょし） →係助詞（かかりじょし）

形容詞（けいようし）　品詞の一つ。自立語で活用があり、単独で述語となることができ、言い切りの形が古典語では「し」(現代語では「い」)で終わるもの。

活用の面から古典語の形容詞は**ク活用**と**シク活用**の二種類に分けられる。これら形容詞本来の活用は助動詞がつかないなど制約が多いため、補助活用としてカリ活用が発達した。

また、意味の面から事物の性質・状態を表す**情態形容詞**と話し手の情意を表す**情意形容詞**の二つに分けられる。ク活用の形容詞には情態形容詞が多く、シク活用の形容詞には情意形容詞が多いという傾向が認められる。形容詞の語幹は独立性が強く、上代にはさまざまな用法をもっていた。たとえば、「京（みやこ）を遠み(=都ガ遠イノデ)」〈万葉・一・五一〉のように、語幹に「み」をつけて原因・理由を表す用法(ミ語法)があげられる。また、上代には未然形として「ー(し)け」という形があった。「恋しけば形見にせむと」〈万葉・八・一四七一〉。なお、形容詞の本質的な働きは修飾の機能を果たすことであり、そのことが形容詞には連用形で副詞法(連用修飾法)があるが、動詞にはないという差を生みだしている。

形容詞型活用の助動詞（けいようしがたかつようのじょどうし）　助動詞のうち活用の仕方が形容詞に準じているもの。古典語では、

①**ク活用型**…「たし」「べし」「ごとし」「まうし」

②**シク活用型**…「まほし」「まじ」などがこれに属する。このうち「まほし」は「まく欲し」、「まうし」は「ま憂し」、だといわれ、形容詞を含んでいる。また、「たし」は形容詞「いたし」に由来するとされる。また、「ごとし」は特殊な体言「ごと」に形容詞をつくる接尾辞「し」がついたものといわれる。このように多くのものが形容詞を含んでいたり、形容詞に由来するものであったりする。なお、助動詞によっては、活用形のうちいくつかを欠いていることもある。たとえば「まほし」は命令形を欠いている。

形容詞の仮定表現（けいようしのかていひょうげん）　形容詞(形容詞型活用の助動詞も含める)を用いて仮定条件を表す場合、「楽しくは」「べくは」のように形容詞の連用形＋係助詞「は」となり、他の用言のように未然形＋接続助詞「ば」(楽しくば、べくば)とはならない。このことは、万葉集の中の万葉仮名表記の歌を見ると、「は」が清音の仮名であることから明らかになった。ただし、中世になると撥音が介入してそのために直後の「は」が濁音化することがあり(楽しくンば、べくンば)、そこから撥音が消えて形の上で接続助詞と同じに見えるものが生じた。

このように、形容詞の未然形は、仮定表現の場合にも用いられないので、打消の助動詞「ず」、推量の助動詞「む」が付くときに用いられるカリ活用の「から」という形のみとなる。

形容動詞（けいようどうし）　品詞の一つ。自立語で活用があり、単独で述語となることができ、言い切りの形が古典語では「なり」または「たり」(現代語では「だ」)で終わるもの。活用の面から古典語の形容動詞は**ナリ活用**と**タリ活用**の二種類に分けられる。事物の性質・状態を表し、また連用形が副詞法になる点で形容詞に近いが、活用がラ変動詞に近いため形容動詞と呼ぶ。形容詞の不足を補うために発達したものとされる。

形容動詞の活用は、連用形の一つ「ーに」「ーと」(「静かに」「堂々と」)にラ変動詞「あり」が下接して他の活用形が生じたものと考えられる。ナリ活用の形容動詞は和語に多く、タリ活用の形容動詞は漢語に多い。

この品詞を立てることについては異論が多く、語幹と語尾に分けて、前者を体言、後者を指定の助動詞とするなど一品詞として認めない説も有力である。

謙譲語（けんじょうご）　敬語の一種。一般には、謙譲語は、(1)動作する人に関することを卑下謙譲の気持ちを含ませて表現することで動作の相手(対象)への敬意を表し、また、(2)動作する人に関することを卑下謙譲の気持ちを含ませて表現することによって聞き手への敬意を表すとされる。古典語では次のようなものがある。

①**接辞**…「ーども」「ーめ」「拙ー」など。

②**代名詞**…「まろ」「わらは」など。

③**動詞**…「聞こゆ」「奉る」「賜る」「申す」「まかる」「参る」など。

④**補助動詞**…「たまふ(下二段)」「聞こゆ」「奉る」「申す」「参らす」など。

謙譲語には前記(1)と(2)の大きく違う二つの機能があることに注意が必要である。ある人に「昨日先生にお会いしました」という場合は「先生」への敬意(1)だが、「昨日父親に相談いたしました」という場合は、「父親」ではなく「聞き手」への敬意(2)である。なお、本書の謙譲語の捉え方については、付録「古文の敬語を理解するために」参照。

▼こ

口語(こうご)　①書き言葉に対する話し言葉。②話し言葉に基づいて書かれる文体の言葉。古文(または擬古文)に対して広く現代語を指すことが多い。

合拗音(ごうようおん)　→拗音(ようおん)

呼応(こおう)　文中に特定の語句が用いられたとき、そのあとでそれを受ける述語部分にある決まった形が現れること。呼応を導く語句として、しばしば以下のものが挙げられる。

①**陳述副詞**。「もし・たとひ―仮定表現」「え―否定表現」など。

②**係助詞**。いわゆる係り結びのこと。「ぞ・なむ・や・か―連体形」「こそ―已然形」(「は・も―終止形」)。

③**疑問語**。係り結びに準じ、しばしば「や」「か」とともに現れる。「誰・何・何時・何処」など―連体形」など。

これ以外にも、「あな、おもしろ」などの場合、「あな」が形容詞・形容動詞語幹と呼応していると言われることもある。

呼応の副詞(こおうのふくし)　→陳述副詞(ちんじゅつふくし)

呉音(ごおん)　日本に伝えられた字音(漢字音)のうち、奈良時代以前に、民間の交流とともに中国南部(「呉」とよばれた地方)から伝えられた音。仏教関係の書物は、呉音を用いて読まれることが多い。後に伝えられた漢音に対し「和音」とされることもあった。「行(ギョウ)」「経(キョウ)」「下(ゲ)」「和(ワ)」のような音を指す。

語幹(ごかん)　活用形を持つ自立語すなわち用言(動詞・形容詞・形容動詞)の各活用形を通して、変化しない部分のこと。したがって、付属語の助動詞は活用はするが語幹と活用語尾との区別はしない。たとえば、動詞「行く」は「行か・行き・行く・行く・行け・行け」と活用するが、変化する活用語尾「か・き・く・く・け・け」に対して、変化しない「行(ゆ)」の部分を語幹という。

このように、一般には語幹と活用語尾との区別は拍単位で行い、「juk-u」のように音素単位で区別することはない。

また、一段活用の活用語尾には変化しない部分が含まれているが、これを語幹に含めず、活用語尾を空欄にしないために活用語尾に含める。そのため、「蹴る」「着る」「見る」のような二拍の一段活用動詞は、ほかの一拍動詞「得(う)」「経(ふ)」「来(く)」「為(す)」などとともに、語幹を持たないことになる。

固有名詞(こゆうめいし)　名詞の下位分類の一つ。普通名詞と対をなす概念。ある一つの事物だけにつけた名称を表す語で、その事物を同じ類に属する他の事物から区別するという働きをする。たとえば「紫式部」(人名)、「須磨」(地名)、「源氏物語」(書名)、「清涼殿」(建物名)などがこれにあたる。

英語などでは冠詞の有無、複数表現の可否などで普通名詞と異なるが、日本語の固有名詞は、普通名詞との間に文法上の差異はない。

古典語においては、表記の上で固有名詞が普通名詞と区別されていたこともあった。訓点語における地名・国名・人名・書名などの固有名詞の左右や中央に朱線を引くという習慣(これを朱引(しゅびき)という)がそれである。また、古語において「山」「寺」がそれぞれ「比叡山(ひえいざん)」「三井寺(みいでら)」を表したように普通名詞が固有名詞的に用いられることもある。

付

▼さ

再帰代名詞(さいきだいめいし)　代名詞の下位分類の一つ。**反照代名詞**とも呼ばれる。通常、主語のあとに出てきて、主語と同じ事物を表す。たとえば「楫取(かぢとり)もののあはれも知らで、おのれし酒をくらひつれば」〈土佐〉(楫取は「もののあはれ」というものを知らず、自分(=楫取)が酒を飲み終わったので)の「おのれ」や「おの」「われ」「みづから」「身」「自分」「自身」「自己」などが再帰代名詞とされる。再帰代名詞の特徴は、「私は自分(=私→自称)を信じている」「あなたは自分(=あなた→対称)を信じなさい」「彼は自分(=彼→他称)を信じていない」のように、すべての人称に用いることができることである。この点が通常の(人称)代名詞と異なる。

最高敬語(さいこうけいご)　→本文「たまふ(四段)」〈発展学習ファイル(1)(2)〉

サ行変格活用(さぎょうへんかくかつよう)　動詞の活用の一つ。「**サ変**」と略すことも。「せ・し・す・する・すれ・せよ」(現代語では「し(せ、さ)・し・する・する・すれ・しろ(せよ)」)と活用するもの。「す」(現代語「する」)と、これが名詞・副詞・形容詞・形容動詞などに結びついてできた複合サ変動詞(「もみぢす」「学問す」「全(まった)うす」「新たにす」など)がこの活用に属する。「案ず」などザ行に活用する複合動詞もこれに含む。

古典語のサ変動詞の命令形は通常「せよ」となっているが、上代には「せ」の形も使われていた。たとえば、「事計(ことはか)りよくせ我が背子逢(あ)へる時だに」〈万葉・一二・二九四九〉など。

サ変(さへん)　→サ行変格活用(さぎょうへんかくかつよう)

▼し

子音（しいん） のどや口の中(舌や歯など)や唇などを一時的に閉じたり、摩擦や振動などをおこして空気の抵抗を作ったりすることによって発音される音。声帯の振動を伴わないものを**無声子音**、伴うものを**有声子音**と呼ぶ。また、母音との境界にある半母音も子音に含まれる。日本語では、ふつう子音のあとに母音が合して一拍を構成している。

使役の助動詞（しえきのじょどうし） 他者に間接的に働きかけて、その他者の力で動作・作用を実現することを表す助動詞。古典語では「**す**」「**さす**」「**しむ**」にその用法がある。

上代には「す」「さす」は未発達で、もっぱら「しむ」が用いられたが、平安時代になると、「す」「さす」が現れて勢力を持った。「す」は四段・ナ変・ラ変動詞に、「さす」はそれ以外の動詞につくという区別があった。また、それ以後も「しむ」は漢文訓読文などに限られて用いられた。鎌倉時代には、「家子郎等おほくうたせ、馬の腹射させて引き退く」〈平家・三・判官都落〉のように、武者詞として、受身の内容を使役で表現することもあった。また、これらには尊敬の用法もあるが、他者を使役して動作・作用を実現できるような人物は、一般的に身分の高い人物であるところから、そのような用法が派生したものと考えられる。

字音（じおん） →唐音 →漢音 →呉音 →宋音

シク活用（しくかつよう） 古典語の形容詞の活用の一つで、「嬉し」などのように、その語尾が「〈しから〉・しく〈しかり〉・し・しき〈しかる〉・しけれ・〈しかれ〉」と変化するもの(〈 〉内をとくにシク活用から独立させて**カリ活用**と呼ぶこともある)。「恨めし」「悲し」「長々し」「なつかし」などがこれにあたる。シク活用の形容詞はク活用の形容詞と比べて情意的な意味の語であることが多いとされる。「いみじ」「むつまじ」などは、語尾が「じく・じ・じき・じけれ」などと変化するがこれもシク活用と呼ぶ。

字訓（じくん） →訓読み

自敬表現（じけいひょうげん） 敬語の特殊な用法で、特別に高貴な身分の者が、みずから自分に対して敬意を表す言葉を用いること。そのような敬語を**自己敬語**と呼ぶこともある。また、高貴な身分の者でもふつうの表現をするのだが、伝え手が相手を敬って言いかえたためにこのような表現となっているのだとする説もある。しかし、天皇の日記(宸記)にも自敬表現が用いられていることなどから、むしろ最初の説が正しいと考えられる。「食す国の遠の朝廷に汝等がかく罷りなば平けく我は遊ばむ手抱きて我はいまさむ」〈万葉・六・九七三長歌〉、「帝…仰せたまふ、『汝が持ちてはべるかぐや姫奉れ。顔かたちよしと聞こしめして、御使賜びしかど』」〈竹取・かぐや姫の昇天〉。

自己敬語（じこけいご） →自敬表現

指示代名詞（しじだいめいし） →代名詞

実質名詞（じっしつめいし） 名詞の下位分類の一つ。形式名詞と対をなす概念。具象的にしろ抽象的にしろある一つの実質的な意味を有する名詞をいう。

たとえば、「こと出できなむず。いみじきわざかな」〈大鏡・道隆〉(騒ぎがきっとおこるぞ。とんでもないことになった)の「こと」は「騒ぎ・事件」という実質的な意味を有しているので実質名詞である。一方、「人のしたがひつくこと、吹く風の草木をなびかすがごとし」〈平家・一・禿髪〉(人が従いつくことは、吹く風が草木をなびかすかのようである)の「こと」はそれ自身ほとんど実質的な意味を有していないので形式名詞だと考えられる。

指定の助動詞（していのじょどうし） →断定の助動詞

自動詞（じどうし） 動詞を意味的に分類したときの名称の一つ。他動詞と対立する概念で、主語の対象自身の動作や変化を表すもの。たとえば「鳥が飛ぶ」「戸が開く」などがこれにあたる。これに対して「太郎が凧を飛ばす」「花子が戸を開ける」のように動詞の表す動作や変化が他の対象に及ぶものである場合、その動詞を他動詞と呼ぶ。他動詞は目的語をとり、一般に「…を…する」という形をとるが、「…を…する」という形をとる動詞がすべて他動詞なわけではない。たとえば、古典語の「哭を泣く」「寝を寝」など同族目的語をとる場合(全体で「泣く」「寝る」などの意味になる)や、「道を歩く」「国を去る」などヲ格が場所を示す場合などは、自動詞であるとされる。

自発の助動詞（じはつのじょどうし） 動作主自身の動作・作用であるにもかかわらず、その意志とは無関係にある事態が成立することを表す助動詞。古典語では「**る**・**らる**」「**ゆ**(上代に用いられた)」に自発の用法があるので、これらの助動詞が自発の助動詞と呼ばれる。

自発と可能とは時として明確に分けられないことがある。たとえば、「いといたく荒れて、人目もなくはるばると見わたされて」〈源氏・夕顔〉は「荒れているために遠くまで見渡すことができる」のか「荒れているせいで見ようと思わなくても遠くまで見渡せてしまう」のか判断が付きにくい。

また、古典語の「る・らる」と現代語の「れる・られる」では下接して自発を表すことのできる動詞に違いがある。たとえば、「泣く」は古典語では「人知れずうち泣かれぬ」〈更級〉のように「る」を下接して自発を表すことができるが、現代語では「人知れず泣かれてきた」のように「れる」を下接して自発を表すことはできない。現代語では「人知れず泣けてきた」のように可能動詞「泣ける」を使う。

下一段活用（しもいちだんかつよう）　動詞の活用の一つで、語尾が五十音図のエ段の音とそれに「る」「れ」「よ」をつけた形に変化するもの。文語では「蹴る」の一語だけがこの活用に属する。語幹と活用語尾の区別がない。口語では、文語の下二段活用に由来するもののほか、五段活用動詞から作られる可能動詞（「書ける」「読める」）など、数が多い。

下二段活用（しもにだんかつよう）　古典語における動詞の活用の一つで、語尾が「え・え・ゆ・ゆる・ゆれ・えよ」のように五十音図のウ段・エ段の音と、それに「る」「れ」「よ」をつけた形に変化するもの。「越ゆ」「投ぐ」「出づ」「述ぶ」「流る」「植う」など。四段活用動詞に次いで数が多い。「得（う）」「寝（ぬ）」「経（ふ）」のような一音節の動詞では語幹と活用語尾との区別がない。

また、「隠る」「触る」「忘る」などのように、奈良時代には四段・下二段の両様の活用をしていたが、平安時代以降、下二段にのみ活用するようになった動詞もある。古典語の下二段動詞は江戸時代までにほとんど下一段活用に変化した。

終止形（しゅうしけい）　→活用形（かつようけい）

終止法（しゅうしほう）　単語の用法の一つで、単語が文末にあって、文を言い切る用法。狭義には、活用語の活用形が文末言い切りに立つ用法を指す。通常、終止法に立つ活用形は終止形・命令形であるが、古典語では係助詞の「ぞ」「なむ」「や」「か」「こそ」の結びとして連体形・已然形が立つ場合もある。

また、広義には、感動詞・終助詞も含まれるが、これらは常に終止法で用いられる。その他、活用を持たない名詞・形容詞・形容動詞語幹なども体言止めなどによって、終止法で用いられることがある。

修飾語（しゅうしょくご）　文の成分の一つ。他の語句に連なってその意味を限定し、説明する機能（修飾のはたらき）を持った文節あるいは連文節をいう。

一般に、修飾語は、修飾させる語句（被修飾語）の種類によって二つに分けられ、体言（名詞）を修飾する修飾語が**連体修飾語**、用言（動詞・形容詞・形容動詞）を修飾する修飾語が**連用修飾語**と呼ばれる。ただし、連用修飾語と呼ばれるものの中には用言を修飾するもののほか、情態副詞を修飾するもの（程度副詞の一種）、むしろ助動詞にかかっていると考えられるもの（打消や推量・比況と呼応する陳述副詞など）、文を修飾するもの（時や場所を表す要素など）が含まれている。

修飾の関係（しゅうしょくのかんけい）　文節相互の関係の一つ。修飾語と被修飾語の間に認められるもので、先行する文節（あるいは連文節）が後続の文節（あるいは連文節）の意味内容を詳しく説明し、限定するような関係をいう。たとえば、「かの白く咲けるをなむ、夕顔と申しはべる」〈源氏・夕顔〉、「いとやむごとなき際（きは）にはあらぬが、すぐれて時めきたまふありけり」〈源氏・桐壺〉、「梅が枝（え）に来（き）ゐるうぐひす」〈古今・春上・五〉の例において、傍線をほどこした文節の、傍点をほどこした文節に対する関係が、修飾の関係と呼ばれるものである。

終助詞（しゅうじょし）　助詞の下位分類の一つ。文末にあって文を終結させる助詞。古典語では「**な**」「**かも**」「**かな**」「**かし**」「**なむ**」「**もが**」「**てしか**」「**ばや**」など詠嘆・願望（希求）を表す助詞がこれにあたる。現代語の場合、「か（感動）」「か（疑問・反語）」「な（感動）」「な（禁止）」「ね」「よ」「ぞ」「とも」などさまざまな意味を表す助詞が含まれている。

古典語と現代語では、終助詞という名称で示される範囲が異なるので、注意が必要。たとえば、疑問や反語を表す「か」は、現代語の場合、文末にしか位置しないので終助詞とされるが、古典語の場合、文中に位置する場合もある（「あたみたる虎（とら）か吼（ほ）ゆると」〈万葉・二・一九九長歌〉）ので係助詞とされる。

重文（じゅうぶん）　→文の種類（ぶんのしゅるい）

熟語（じゅくご）　複合語の一種。二つ以上の語がまとまって固定した意味を表すようになったもの。「草木」「泣き顔」「落ち葉」の類。

主語（しゅご）　文の成分の一つ。「…がある」「…がどうする」「…がどんなだ」などという場合の、「何が」にあたる部分、つまり述語の表す存在・動き・状態・性質などが属する事物を表す文節（連文節）をいう。

古典語においては、多くの場合、体言相当の要素が格助詞を伴わない形であらわれるが、場合によっては係助詞や副助詞を伴った形、格助詞「の」「が」を伴った形でもあらわれる。たとえば、「むかし、男ありけり」〈伊勢・二〉、「御局は桐壺なり」〈源氏・桐壺〉、「雀の子を犬君が逃がしつる」〈源氏・若紫〉などの例における傍線部分が主語である。

主述の関係　文節相互の関係の一つ。主語文節(連文節)と述語文節(連文節)との間に認められる関係で、「…がある」「…がどうする」「…がどんなだ」「…が何だ」といった関係をいう。たとえば、「むかし、男ありけり」〈伊勢・二〉、「二十八日。夜もすがら、雨やまず」〈土佐〉において、傍線をほどこした二文節の関係が主述の関係と呼ばれる。

述語　文の成分の一つ。「…がある」「…がどうする」「…がどんなだ」などという場合の、「ある」「どうする」「どんなだ」にあたる部分、つまり主語が表す事物の、存否・動き・状態・性質を表現する文節あるいは連文節をいう。文の中心となる成分である。

述語は用言あるいは体言が、単独または助詞・助動詞を従えた形で構成される。たとえば、「むかし、男ありけり」〈伊勢・二〉、「御局は桐壺なり」〈源氏・桐壺〉、「雀の子を犬君が逃がしつる」〈源氏・若紫〉などの例における傍線部分が述語である。

順序数詞　→数詞

順接　→条件法

順接確定条件　→条件法

順接仮定条件　→条件法

準体　古文の語法の一つで、活用語の連体形を体言相当のものとして用いるもの。現代語にはこのような語法がないので、適当な名詞を補って訳すことになる。しばしば同格を表す格助詞「の」を伴って、「白き鳥の嘴と脚と赤き、鴫の大きさなる、水の上に遊びつつ魚を食ふ」〈伊勢・九〉のように用いるが、これは「の」がついた「白き鳥」と、その後の「嘴と脚と赤き、鴫の大きさなる(鳥)」とが同じものであることを表し、このような「の」は、現代語訳するときには、現代語で同格に用いられる「で」に訳する。

準体助詞　助詞の下位分類の一つ。用言や体言に付いて、全体として体言相当の文節をつくる助詞。古典語では、「**の**」「**が**」などがこれにあたる。「前の守の、今のも、もろともに下りて」〈土佐〉、「この歌、ある人のいはく、柿本人麻呂がなり」〈古今・夏・一三五左注〉。このような「の」「が」を格助詞に含める説もある。

情意形容詞　→形容詞

条件法　活用語の活用形の用法のうち、単独あるいは接続助詞を伴う形で、あとに述べられる事柄の条件を構成する用法。また、それによって表される二つの事柄の間の関係をもいう。

前の事柄が話し手にとって確かなものであるのか否かの区別(**確定**・**仮定**の区別)、前の事柄があとの事柄を引き起こしたととらえられるような関係であるのか、前の事柄とあとの事柄が何らかの意味で対立的にとらえられるような関係であるのかという区別(**順接**・**逆接**の区別)によれば、**順接確定条件**・**順接仮定条件**・**逆接確定条件**・**逆接仮定条件**の四つが区別される。ただし、順接確定条件が用いられるのは、前の事柄があとの事柄を引き起こす必然条件の場合に限られるわけではなく、そのような因果関係を伴わない二つの事柄の現実での継起を表す偶然条件や、二つの事柄がいつも続けて起こることを表す恒常条件(**一般条件**ともいう)の場合もある。整理すれば、次の表のようになる。

名称		活用形	接続助詞
順接仮定条件		未然形	ば
順接確定条件	必然条件	已然形	ば
	偶然条件		
	恒常条件		
逆接確定条件		已然形	ど・ども
逆接仮定条件		終止形	と・とも

なお、この表に示した以外に、係助詞「こそ」の結びの已然形がそのまま逆接を構成するような場合があり、また、奈良時代には、已然形が助詞を伴わず、単独で条件を構成したことが知られている。

畳語　複合語のうち、同一の語または語の一部が重なって一語となったもの。「人々」「青々」「一々」「ちかぢか」「ゆめゆめ」の類。「人々」「ちかぢか」のように連濁を起こすことも少なくない。

情態形容詞　→形容詞

上代特殊仮名遣い　上代の日本語文献の万葉仮名のうち、イ・エ・オ段の「キ・ヒ・ミ・ケ・へ・メ・コ・ソ・ト・ノ・(モ)・ヨ・ロ」の各音節(清濁の対立があれば濁音も含む)の仮名に見られる二群の仮名の使い分け(二群の仮名を、「甲類・乙類」と呼ぶ)。たとえば「き」の仮名は、万葉仮名では、「ゆき(雪)」の「き」にあてられた漢字と「つき(月)」の「き」にあてられた漢字とは別の字で、それぞれ何種類かずつあるが、重なることがない。「雪」の「き」を書くのに使われる漢字のグループは甲類、「月」の「き」の方は乙類と称される。他の音節でも同様の書き分けが見られる。この甲乙二類の字の書き分けは、音韻の違いに基づくものと考えられているが、そうするとi・e・oの母音には二種類あり、上代の母音は全部で八種類あったことになる。しかし、これらの母音同士が具体的にどのような音を区別していたのかは、資料が乏しく、諸説あって不明である。

また、近年、これらの母音の区別は音韻の区別ではなく、その母音が置かれた前後の音韻との関係で決まるとする説が有力である。

情態副詞（じょうたいふくし）　副詞のうち、主として動詞にかかり、その動作のありさまを詳しく表し分けるもの。**様態副詞**ともいう。「つくづく(と)」「ひらひら(と)」「ほのぼの(と)」「ふと」「やがて」「しばし」「かつて」「かく」「しか」など。擬態語・擬声語の類のほとんどがここに含まれる。「静かに」「堂々と」なども連用修飾語であるが、それぞれ「静かなり」「堂々たり」ともいえるので、形容動詞の連用形として区別される。「つくづくと思へば悲し」〈新古今・哀傷・八三九〉、「ほのぼのと明けゆく山ぎは」〈更級〉

また、情態副詞の中には助詞「の」が下に付いて体言を修飾するものがある。「しばしの程」「わざとの(=正式ノ)御学問」など。このような場合は体言とされることもある。

序詞（じょことば）　→本文「じょことば」　→付録「序詞便覧」

助詞（じょし）　品詞の一つ。付属語のなかで活用のない語をいう。下位分類として、「**格助詞**」「**接続助詞**」「**係助詞**」「**副助詞**」「**終助詞**」「**間投助詞**」の六つを立てることが多いが、この六種類の他に、格助詞・副助詞などのある用法(たとえば「君のはおいしそうだ」の「の」や「三つほどがちょうどいい」の「ほど」)を「**準体助詞**」として別に立てたり、格助詞あるいは副助詞から分けて「**並立助詞**」(「猫と犬と」の「と」や「君なり弟なりが来なさい」の「なり」など)を立てることもある。また、「係助詞」と「副助詞」を合わせて「副助詞」、「終助詞」と「間投助詞」を合わせて「終助詞」として下位分類を四つにすることもある。

このように、どのような下位分類を立てるかは学説によりさまざまだが、ごく大ざっぱに言えば、

①上接部分と他の部分との関係を表す働き
②文の部分あるいは文全体に対して一定の意味を与える働き

とがある。「格助詞」「接続助詞」は①の働きを、「係助詞」「副助詞」「終助詞」「間投助詞」は②の働きをする(「係助詞」には①の働きもある)と考えられる。

助字（じょじ）　漢文で、他の語に付属してその働きを助けたり、語調を整えたりする語。また、その文字。日本語の助詞・助動詞・接続詞、英語の前置詞にあたるもの。実字(名詞や動詞など実質的な内容をもつ字)と対になる概念。

助字には、文末に用いて断定・疑問・詠嘆などを表す「也」「哉」「乎」「耶」、英語の前置詞に類する「於」「自」「与」、受身・使役を表す「見」「被」「使」「令」(前二つが受身・後二つが使役)、接続を表す「而」、語調を整える「兮」などがある。

漢文訓読において、助字は日本語の助詞や助動詞にあたるものなので、重視された。助字のなかで訓読する習慣のない字を**置き字**と呼ぶ。上記の字では、接続を表す「而」や語調を整える「兮」が置き字とされている。

叙述副詞（じょじゅつふくし）　→陳述副詞（ちんじゅつふくし）

助数詞（じょすうし）　→数詞（すうし）

序数詞（じょすうし）　→数詞（すうし）

所動詞（しょどうし）　→動詞（どうし）

助動詞（じょどうし）　品詞の一つ。付属語で活用する語。助動詞は、体言または準体言(用言の連用形)に付いて断定・比況を表すもの(「なり」「たり」「ごとし」など)と、用言(基本的に動詞または他の助動詞)に付いて述語のさまざまなあり方を表すものとがある。そのうち後者を動詞語尾とする説もある。後者に属するものは、働きの上から、

①述語の表す事態内容に関わるもの
③述語の表す事態の話し手の把握の仕方を表すもの

とに分けられる。また、接続の上から、

未然形接続のもの、連用形接続のもの、終止形接続のもの

の二つに分けられる。おおよそ、未然形接続のものは事態を非現実のものとして把握することを表し(「ず」「む」「まし」など)、連用形接続のものは事態を既現実のものとして把握することを表す(「き」「けり」「つ」「ぬ」など)。終止形接続のものは未然形や連用形では表せないさまざまな把握の仕方を表している(「べし」「めり」「なり」「らし」など)。

自立語（じりつご）　単語を二大別した一つで、付属語の対立概念。ある概念を表し、それだけで文節を構成することが可能な単語を指す。

一つの文節には必ず一つの自立語が含まれている。たとえば、「野山にまじりて竹をとりつつ、よろづのことにつかひけり」〈竹取・かぐや姫〉という文では、「野山」「まじり(まじる)」「竹」「とり(とる)」「よろづ」「こと」「つ

かひ（つかふ）」が自立語である。
　自立語には、付属語である助詞・助動詞以外のすべての単語が含まれる。自立語に属する単語のうちで、活用を持つものは動詞・形容詞・形容動詞、活用を持たないものは名詞・副詞・連体詞・感動詞・接続詞である。

▼す

推定の助動詞（すいていのじょどうし）　→伝聞推定の助動詞（でんぶんすいていのじょどうし）

推量の助動詞（すいりょうのじょどうし）　話し手が何らかの根拠に基づいて推論した、未確認あるいは不確実な内容を提示する助動詞。古典語では「**む**」「**らむ**」「**けむ**」「**べし**」「**めり**」「**らし**」「**まし**」「**じ**」「**まじ**」など。現代語に比べ古典語は推量の助動詞がさまざまに分化している。
　「む」は、まだ起こっていない事柄をはじめとしてさまざまな事柄についての推量に用いられるが、「らむ」「けむ」は、それぞれ現在の事柄・過去の事柄についての推量におもに用いられる。「べし」は何らかの論理に基づく推論を表すことが多い。「めり」は個人的判断・主観的推量を表すもので、そこから婉曲（えんきょく）表現にも用いられる。「らし」は確かな根拠に基づく半ば確信的な推量を表す。「じ」「まじ」はそれぞれ「む」「べし」に対応する打消の推量にあたる。「まし」は現実とは違う条件を設定して、そのもとでの推量（**反実仮想**という）を表す。

数詞（すうし）　数によって数量または順序を表す語。数詞には、「ひとつ」「ふたり」「三冊」のように事物の数を表す**基数詞**（**数量数詞**）と、「第一」「二人目」「巻三」のように順序を表す**序数詞**（**順序数詞**）とがある。数詞において、数を表す部分（「ひと―」「三―」など）を**本数詞**、数えられるものの種類を表す部分（「―つ」「―冊」など）を**助数詞**と呼ぶ。
　数詞を品詞分類上どのように扱うかには、大きく二つの説がある。第一は、数詞を独立した品詞とみなし、名詞・代名詞とともに体言の一種とする立場である。この立場では、数詞に「梅の木が一本ある」のような副詞的用法があることを品詞的特徴として重視する。第二は、数詞を名詞の一部であるとする立場である。この立場では、数詞のもつ副詞的用法は「昨日」「来年」などの時を表す名詞にもあるから、数詞を品詞として独立させる根拠にはならないとする。

数量数詞（すうりょうすうし）　→数詞（すうし）

▼せ

清音（せいおん）　濁音の対。日本語では、無声の子音による音節をいう。にごらない音。狭義には、清濁の対立のあるカ行・サ行・タ行・ハ行の音をさすが、濁音以外すべての音をさすこともある。

接辞（せつじ）　語の構成要素の一つ。単独で用いられることがなく、常に他の語に付いて一つの語を形成する。語の上につく**接頭語**と下につく**接尾語**とがある。また、接辞には和語（「お―」「―ばむ」など）の他に漢語（「不―」「―化」）もあり、造語力は後者の方が大きいと言われている。
　接辞がついてできた語は**派生語**とよび、独立して用いられる語が組み合わさってできた**複合語**（「山桜」「旅立つ」など）とは区別する。

接続（せつぞく）　→条件法（じょうけんほう）

付

接続語（せつぞくご）　文の成分の一つ。文節と文節、および文と文の間にあって両者を連接する文節。
　たとえば、「あるいは主君師匠および財宝牛馬」〈方丈記〉、「むかし、男、ねむごろに、いかでと思ふ女ありけり。されどこの男を、あだなりと聞きて、つれなさのみまさりつついへる」〈伊勢・四七〉のように、典型的には接続詞によって構成される文節であるが、そのほかに、連文節の考え方をうけて、次の例のような、接続助詞によってまとめられる連文節も接続語として扱われる場合がある。「みそかなる所なれば、かどよりもえ入らで、わらはべの踏みあけたるついひぢの崩れより通ひけり」〈伊勢・五〉
　なお、接続語を立てず、独立語や修飾語に属するものと考える立場もある。

接続詞（せつぞくし）　品詞の一つ。単独で文節を構成する自立語。大きく、文中の複数の語句の間に入って両者を結び付けるものと、文と文あるいは段落と段落との間にあって前の内容をどのように受けてあとの内容が続くかを示すものとの二種類に分けられる。とくに後者は、接続助詞と働きが近く、実際に語源的には接続助詞を含む接続詞も多いが、接続助詞は文中で条件節に付いて主節に文法的に結び付ける付属語であるのに対して、接続詞は文と文あるいは段落と段落とを意味的に結び付ける自立語であるという相違がある。接続詞は上代・中古には未発達であったといわれ、数も少ない。

接続助詞（せつぞくじょし）　用言または助動詞に付いて従属節を作る付属語で、あとに続く主節に対して因果関係や時間関係など何らかの意味関係を表す。具体的には、以下のようなものがある。
①順接仮定条件―未然形に付く「**ば**」。
②順接確定条件―已然形に付く「**ば**」。
③逆接仮定条件―「**と**」「**とも**」。
④逆接確定条件―「**ど**」「**ども**」「**ものの**」「**ものから**」「**ものを**」。
⑤順接・逆接確定条件両用―「**が**」「**を**」「**に**」「**ものゆゑ**」。
⑥同時並行―「**つつ**」「**ながら**」。
⑦さまざまな接続―「**て**」「**して**」。
⑧さまざまな否定接続―「**で**」。

接頭語（せっとうご）　接辞の一種。それ自身で単独に用いられることなく、必ず他の語の上に付いて、特定の意味を添えたり、語調を整えたりするもの。**接頭辞**ともいう。名詞に付くもの（「み代」「おほん時」「さをとめ」「ま昼」など）のほか、形容詞に付くもの（「か弱し」「け近し」「たやすし」「もの遠し」「うそ寂し」など）、動詞に付くもの（「あひ見る」「い行く」「うち続く」「さまよふ」など）がある。接尾語には、品詞を転換してしまうもの（名詞「春」→動詞「春めく」など）があるが、接頭語にはそのようなものはなく、接頭語が付いてできた品詞と元の品詞とは同じである。

接頭辞（せっとうじ）　→接頭語（せっとうご）

接尾語（せつびご）　接辞の一種。それ自身で単独に用いられることなく、必ず他の語の下に付いて、特定の意味を添えたり、品詞を転換したりするもの。**接尾辞**ともいう。助数詞や、名詞に付いて意味を添える「君たち」「歌ども」「憶良ら」などのほか、他の品詞から名詞を作るもの（「赤さ」「うつくしげさ」）、動詞を作るもの（「春めく」「嬉（うれ）しがる」「鄙（ひな）ぶ」「赤む」）、形容詞を作るもの（「好まし」「をこがまし」「みだりがはし」）、形容動詞語幹を作るもの（「親しげ」「華（はな）やか」「赤らか」）、副詞を作るもの（「手づから」）などがある。

接尾語「く」「らく」（せつびごくらく）　上代において、動詞・形容詞および一部の助動詞に接尾語「く」「らく」（活用の種類によって異なる）が下接することによって体言化する語法があり、平安時代以降も漢文訓読文などに受け継がれた。「さ寝（ぬ）らくは玉の緒（を）ばかり恋ふらくは富士の高嶺（たかね）の鳴沢（なるさは）のごと」〈万葉・一四・三三五八〉のように、主語や連用修飾語として「…こと」「…ところ」「…とき」などを補って現代語訳するとあたる場合や、「言ふ」「思ふ」の動詞について「…ことには」と現代語訳して引用節を導く場合、また、「苦しくも暮れ行く日かも吉野川清き川原（かはら）を見れど飽（あ）かなくに」〈万葉・九・一七二一〉のように、「…くに」「…くも」の形で文を終わって、「…ことよ」と感動の表現を作る場合などがある。「思惑（おもわく）」「曰（いわ）く（言い難い）」などは、今日まで化石的に残存した言い回しである。「**ク語法**」とも言う。

接尾語「み」（せつびごみ）　上代において、形容詞および形容動詞の語幹に「み」が下接することによって、原因・理由を表す順接確定条件を作る語法があった。その際、形容詞や形容動詞の主語にあたる語は、「人目を多み」〈万葉・一四・三三九〇〉のように、助詞なしか、助詞「を」が付く。この語法は形容詞や形容動詞を動詞化するものであり、それに伴って、形容詞や形容動詞の主格を表す助詞「が」が、目的格を表す助詞「を」に変わったものだとする説が有力であるが、この語法が動詞であれば連用形の「み」のみしかなく、他の活用形が存在しないことが問題となる。
　この語法は平安時代以降も和歌に用いられる。「**ミ語法**」とも言う。

接尾辞（せつびじ）　→接尾語（せつびご）

説明要求の疑問文（せつめいようきゅうのぎもんぶん）　→疑問文（ぎもんぶん）

宣命書き（せんみょうがき）　『続日本紀（しょくにほんぎ）』の宣命（漢文体でなく国文体の詔勅）に代表的に見られる表現法。使用文字は漢字のみだが、ほぼ日本語の語順に従って書き下されていて、自立語（用言は語幹部分）を大字（ほとんどは訓読みする）で、付属語や用言の活用語尾などを右寄りに小字（万葉仮名）で割り行に書く方法。「宣命体」ともいう。「天下乃公民乎恵賜比撫賜牟止奈母」〈続日本紀〉

▼**そ**

宋音（そうおん・そういん）　日本に伝えられた字音（漢字音）のうち、従来「唐音」として一括されていたものの一部分で、宋から帰国あるいは来日した僧によって伝えられたとされる音。「行（アン）」「経（キン）」「清（シン）」「和（ヲ）」と読む類。

促音（そくおん）　つまる音。現代仮名遣いでは、小書きの「っ」により示される音。和語・漢語では、「がっかり」「どっさり」「ぐったり」「いっぱい」のように無声子音（カ・サ・タ・パ行）の前にあらわれるが、外来語の発音などはその限りでない。平安時代にはまだ表記の仕方が確立していなかったので、無表記である場合がほとんどである。また、日本語では促音も一拍（一音節）に相当する。

促音便（そくおんびん）　→音便（おんびん）

尊敬語（そんけいご）　敬語の一種。話題の人を敬うため、その人に関することに用いられる特別な言い方。古典語では次のようなものがある。
①**接辞**：おん―・み―・尊―・―どの・―う

付

ぢ・一上 など。
②**名詞・代名詞**…上・君・そこもと・貴殿・みまし など。
③**動詞**…あそばす・います・ます・おはす・おはします・おほとのごもる・のたまふ・おぼす・きこす・ごらんず・しろしめす・たぶ（四段）・たまふ（四段） など。
④**補助動詞**…おはす・おはします・たぶ（四段）・たうぶ（四段）・たまふ（四段） など。
⑤**助動詞**…す・さす・しむ・る・らる（ただし「す」「さす」「しむ」は単独では用いられず、「せたまふ」「させたまふ」「しめたまふ」などの形で用いられる）。→付録「古文の敬語を理解するために」

尊敬の助動詞（そんけいのじょどうし）　行為主体の行為について、行為者への尊敬を表す助動詞。古典語では「**る**」「**らる**」「**す**」「**さす**」「**しむ**」など。また、上代には四段活用「**す**」も尊敬の助動詞としてあった。たとえば、「この岡に菜摘ます児」〈万葉・一・一長歌〉など。このうち「す」「さす」「しむ」は尊敬の補助動詞「給ふ」「おはします」「らる」と重ねて用いられるのがふつうである。ただし、これらの形ならば常に尊敬を表すというわけではなく、「題出だして、女房も歌詠ませたまふ」〈枕・五月の御精進のほど〉の「せたまふ」のように使役の「す」＋尊敬の補助動詞「たまふ」の場合もあり、文脈によって判断する必要がある。

尊大語（そんだいご）　待遇表現の一つ。話し手が尊大意識をもって、自分自身を高く、相手や第三者を低く表現するもの。自分の動作に尊敬語を用いたり、相手や第三者の動作に謙譲語を用いたりする。ちょうど敬語の裏返しの表現であるといえる。「一段うい やつぢや、急いで取って参れ」〈狂言記・烏帽子折〉、「鞍馬へ今日は参らふと思ふほどに、供の用意を致しませい」〈狂言記・鈍根草〉のような表現。

尊大表現と自敬表現とは現象としては同じことであるので、厳密に区別することは難しい。その区別は、表現者に尊大意識があるか否かということ、聞き手がその表現を尊大な表現と受けとるか否かということである。その意味で、上代の天皇によって用いられたものは自敬表現、後世の狂言における大名などが虚勢をはって用いたものは尊大表現と一応分けることができる。

▼た

体言（たいげん）　単語を文法的性質によって分けた際の一種。「事物の実質、本体を指す語」という義からいう。用言と対立する概念。体言の要件は、
①実質的あるいは形式的概念を表す自立語で（したがって単独で文節を構成することができ）、
②活用がなく（したがって単独では述語になりえず）、
③格助詞を従えうる。
代名詞や数詞を名詞と区別しない通常の品詞分類（十品詞）に従う場合には、体言はすなわち名詞となる。また、より広く、副詞や連体詞までをふくめたものの総称として用いる立場もある。

対等の関係（たいとうのかんけい）　→並列の関係（へいれつのかんけい）

大為爾歌（たいにうた）　→伊呂波歌（いろはうた）

代名詞（だいめいし）　人・事物・方向・位置などを、個々の場面の特定の話し手からの関係において指示する語。通常、**人称代名詞**と**指示代名詞**に大別される。

（人称代名詞）

自称	対称	他称 近称	他称 中称	他称 遠称	不定称
あ あれ わ われ それがし まろ おのれ わらは 余・予	な なれ いまし みまし なむぢ そこ そち そなた	こ これ	そ それ	か かれ あ あれ	た たれ それがし なにがし

（指示代名詞）

	近称	中称	遠称	不定称
事物	こ これ	そ それ	か かれ あ あれ	いづれ なに
位置	ここ	そこ	あそこ あしこ かしこ	いづこ いづく いづら
方向	こち こなた	そち そなた	あち あなた かなた	いづち いづかた

人称代名詞は、話し手との関係により、**自称**（話し手・書き手）、**対称**（聞き手・読み手）、**他称**（聞き手・読み手以外の他者）、**不定称**（話し手にわからない者・指示する者が決まらない場合）に分けられる。さらに他称の中を近称・中称・遠称に分けることもある。

指示代名詞は、話し手との関係により、**近称**・**中称**・**遠称**・**不定称**に分けられる。それらが表す内容は、およそ、近称は話し手の領域を、中称は聞き手の領域を、遠称は話し手の領域でも聞き手の領域でもないところを指示すると言えるが、諸説ある。

代名詞は、自立語で活用せず、連用の諸格に立てるという点で名詞に近いが、名詞が特定の実質概念を表すのに対し、代名詞は個々の場面の特定の話し手からの関係を表すという点で異なっている。品詞分類上、名詞との近さに注目して代名詞を名詞の中に含めてしまう場合と、名詞との違いに注目して名詞と分ける場合とがある。

なお、指示代名詞は連体詞の「この」「その」や情態副詞の「こう」「そう」などとともに、いわゆるコソアドの体系に属している。

濁音（だくおん）　清音の対。日本語では有声の子音をもつ音節をいう。にごる音。ガ行・ザ行・ダ行・バ行の音およびその拗音（ようおん）。日本語では古く語頭に濁音が立つことはなかったといわれている。万葉仮名には濁音専用のものがあるが、平仮名・片仮名には濁音の仮名はない。

濁点の起源は古辞書などで漢字に付された声点と見られるが、付け方・形などは多様で、現在のような形が広まるのは江戸時代以降、表記として定着するのは戦後である。

他動詞（たどうし）　動詞を意味的に分類したときの名称の一つ。自動詞と対立する概念。動詞の表す動作や変化が主語以外の他の対象に及ぶものである場合、その動詞を他動詞と呼ぶ。

たとえば、「太郎が凧（たこ）を飛ばす」「花子が戸を開ける」などがこれにあたる。他動詞は目的語をとり、一般に「…を…する」という形をとる（奈良・平安時代には「を」が省略されることが多かった）。

動詞によっては、活用の種類と動詞の自他が対応することがある。たとえば、「満つ」という動詞には四段と下二段のものがある。四段は「満ちる」の意の自動詞であり、下二段は「満たす（いっぱいにする）」の意の他動詞である。また、「焼く」という動詞では、四段が「焼く」の意の他動詞で、下二段が「焼ける」の意の自動詞であり、「延ぶ」という動詞は、上二段が「長くなる」の意の自動詞で、下二段が「長くする」の意の他動詞である。

ただし、例からわかるように、どの活用が自動詞になってどの活用が他動詞になるのかは、動詞によってさまざまである。

タリ活用（たりかつよう）　古典語における形容動詞の活用の一つで、語尾が「たら・たり（と）・たり・たる・たれ・たれ」と変化するもの。形容動詞にはこの他にナリ活用のものがある。もともと「…と」という形の副詞にラ変動詞「あり」が結合してできたものなので、活用の仕方はラ行変格活用とほぼ一致するが、連用形が連用修飾にたつ場合には「…と」の形をとる点がラ行変格活用と違う。また、中止法にたつ場合は「…として」の形になるのがふつうである。

語幹は漢語であるものが多く、中古・中世の漢文訓読体の文章に盛んに用いられた。和文系の資料にはあまり現れないが、中世以降軍記物など漢文訓読の影響を受けた資料に現れるようになった。「蒼海（そうかい）漫々（まんまん）として岸うつ浪（なみ）も茫々（ぼうぼう）たり」〈平家・一〇・海道下〉。

単語（たんご）　語ともいう。言語単位の一つ。文や文節よりも小さく、接辞よりも大きい単位で、文法上の意味や機能を持った最小の言語単位である。それぞれ一定の意味を持ち、一定の音節から構成される。

単語は文節の直接の構成要素であって、一つまたは複数で文節を構成するが、単独で文節を構成しうるか否かという基準により、**自立語**と**付属語**の二つに分けられる。また、文法的な性質によっていくつかの品詞に分類され、あらゆる単語は品詞のどれかに属する。

断定の助動詞（だんていのじょどうし）　名詞を中心に体言相当の語句に付いて、全体で用言を構成する助動詞。**指定の助動詞**とも呼ばれる。古典語では「**なり**」「**たり**」がこれにあたる。「なり」は体言にも準体言（連体形）にも下接するが、「たり」は体言にのみ下接して、準体言（連体形）には下接しない。また、「たり」は、「志かなふ時は、胡越（こえつ）も昆弟（こんてい）たり」〈十訓抄・六〉のように、主として漢文訓読文や和漢混交文において漢語名詞を指示強調するために用いられる。

なお、「なり」には終止形に接続して伝聞・推定を表すもの、「たり」には連用形に接続して完了を表すものがあるが、これらは体言接続の「なり」「たり」とは別語だとされる。

単文（たんぶん）　→文の種類（ぶんのしゅるい）

▼ち

中止法（ちゅうしほう）　**連用中止法**とも呼ばれる。活用語の連用形の用法の一つ。単独の連用形が、文を一度途中でいいさす（中止する）意味で用いられることを指していう。

活用語の中止法によってまとまる連文節は、後続の文節あるいは連文節と並列の関係にあることが多い。たとえば、次に挙げる例で、傍線をほどこした活用語は中止法で用いられているといわれる。「二十七日。風吹き、波荒ければ、船出ださず」〈土佐〉、「神楽こそ、なまめかしく、おもしろけれ」〈徒然・一六〉、「御座のあたりもの清げに、けはひ香ばしう、心にくくぞ住みなしたまへる」〈源氏・柏木〉。なお、中止法に用いられる場合の連用形を、とくに区別して中止形と呼ぶ場合もある。

長音（ちょうおん） のばす音。たとえば「カ」に対する「カー」という音。「カー」の全体をさす場合と、全体を二拍(二音節)と見て後半の母音の部分をさす場合とがある。後半の母音は前半の音節の中に含まれるものと同じものである。現代仮名遣いで表記が発音から乖離するものの一つで、実際の音は「ケエヨオ」でも表記は「けいよう」となるように、エ段の長音を「い」、オ段の長音を「う」と、表記することが一般的である。

直音（ちょくおん） 拗音に対して、子音(ただし［ʃ］［ʒ］などの口蓋子音を除く)＋母音、あるいは母音で構成される音節のこと。要するに、小書きの「ヤ」「ユ」「ヨ」や「ワ」「ヱ」「エ」などを伴わない仮名一字で表される音節。上代には、日本語の音節は、このような拗音のほか、撥音や促音、長音などもなく、もっぱら直音のみで構成されていた。

直接受身（ちょくせつうけみ） →迷惑の受身 →受身の助動詞

陳述副詞（ちんじゅつふくし） 副詞のうち、修飾される文節に一定の言い方が来るように要求するもの。**叙述副詞**、**呼応の副詞**ともいう。この副詞を受けて一定の言い方で結ぶ関係を「**副詞の呼応**」と呼ぶ。主として次のような語がある。

要求される言い方	陳述副詞
打消	いさ、いまだ、え、さらに、たえて、つゆ、つやつや、をさをさ
疑問・反語	いかが、いかに、いづくんぞ、なぞ、など、なんぞ、いかで
推量	あるいは、いかばかり、おそらく、けだし
仮定	たとひ、もし、よし
願望	なにとぞ、ひとへに、いかで
比況	あたかも、さながら
禁止	な、ゆめ
助動詞「べし」	すべからく、まさに

▼て

定家仮名遣い（ていかかなづかい） 藤原定家が定めたとされる仮名遣い。中世から近世にかけて広く用いられた。定家の作といわれる『下官集』がもとだが、実際に行われたのは、それを補訂した行阿の『仮名文字遣』で示された仮名遣いである。

『下官集』では、平安中期以降、ハ行転呼音など発音が変化したために、区別ができなくなった「お・を」「え・へ・ゑ」「ひ・ゐ・い」の仮名の書き分けが示されている。定家自身は平安前期の正しい仮名遣いを回復したつもりであったが、実証的研究が欠落していたために、定家独特の仮名遣いとなってしまった。とくに、「お・を」の使い分けは、アクセントの違いによることが知られている。

程度副詞（ていどふくし） 副詞のうち、主として形容詞・形容動詞にかかり、その状態の程度を示すもの。「いと」「いささか」「いとど」「きはめて」「ただ」「はなはだ」「やや」などの語がある。「ただゆくへなきことをうち思ひすぐすに」〈更級〉、「夕されば いとど干がたき我が袖に」〈古今・恋一・五四五〉、「雲の気色はなはだ悪し」〈土佐〉。

形容詞・形容動詞にかかるほか、①「むすめただ一人はべりし」〈源氏・若紫〉の「ただ」のように方向・場所・時間・数量など空間・時間的なひろがりを表す体言を修飾する場合、②「いますこし」の「いま」のように情態副詞を修飾する場合、③「かなり努力した」の「かなり」のように動詞を修飾する場合、④「かなりの時間」「ちょっとの努力」のように助詞「の」を伴って体言を修飾する場合、などがある。

丁寧語（ていねいご） 敬語の一種。話し手(書き手)が丁寧な言葉を用いることによって、聞き手(読み手)に対して直接に敬意を表す言い方。古典語では「侍り」「候ふ・候ふ」などがある。

丁寧語は尊敬語または謙譲語からの転用によって生じたともいわれ、奈良時代にはその例を見ない。平安時代になって謙譲語からの転用の「侍り」があらわれ、鎌倉時代に「候ふ」(謙譲語から)、室町時代には「ござる」「おぢゃる」「おりゃる」(いずれも尊敬語から)などがあらわれた。このように後の時代になればなるほど丁寧語は発達したといえる。→付録「古文の敬語を理解するために」

テニハ →テニヲハ

テニヲハ 「弖爾乎波」「天仁遠波」「手爾尾葉」など、さまざまに表記され、また、「辞」と書いて「テニヲハ」と読ませることもある。漢文訓読のために用いられたヲコト点で、四隅にある点が、時計回りに「て」「に」「を」「は」と並ぶことが多かったことに由来する。ヲコト点によって評されるような種々の要素を指した語であり、とくに、中・近世期の歌学および語学研究で、現在の文法用語でいえば、自立語(体言・用言など)に付随してそれを助ける位置にあるような要素全般(助詞・助動詞・活用語尾・接尾語など)を指すものとして広く用いられた。明治以降は、このうち、助詞だけをさして使われるようになっている。また、**テニハ**ともいう。

伝聞推定の助動詞（でんぶんすいていのじょどうし）　一般に、古典語の終止形接続の「**なり**」を指していう。「なり」は「音(ね)＋あり」または「鳴(な)る」の「な」＋「あり」から成立し、聴覚に基づく判断を表すことが原義とされる。「なり」には、ある事物の存在を背後に予想させるものの音や声の存在を表す用法（「沖辺(おきへ)の方(かた)に楫(かぢ)の音(おと)すなり」〈万葉・一五・三六二四〉）、物音や気配から状況を推定する用法（「吉野なる夏実(なつみ)の川の川淀(かはよど)に鴨(かも)ぞ鳴くなる山影(やまかげ)にして」〈万葉・三・三七五〉）、ある事柄を他から聴いた情報として述べる伝聞用法（「この十五日になむ月の都より、かぐや姫の迎へにまうで来(く)なる」〈竹取・かぐや姫の昇天〉）とがある。ただし、聴覚に基づかない判断を表す場合もある（「台盤所(だいばんどころ)なる人々、『宰相中将こそ、参りたまふなれ。れいの御にほひ、いとしるく』など言ふほどに」〈堤中納言・このついで〉）。

伝聞(でんぶん)「なり」推量(すいりょう)「めり」の承接(しょうせつ)　伝聞推定の助動詞「なり」あるいは推量の助動詞「めり」の承接は、ラ変動詞の連体形あるいはラ変以外の動詞の終止形といわれている。しかしながら、ラ変動詞の連体形に伝聞推定の「なり」あるいは推量の「めり」が承接した「あるーなり」「あるーめり」という形は確例がなく、おそらく撥音便(はつおんびん)「ン」の無表記の形である「あ(ン)ーなり」「あ(ン)ーめり」しかない。したがって、伝聞推定の「なり」や推量の「めり」にラ変動詞の終止形の承接した例が見られ、伝聞推定の「なり」や推量の「めり」も終止形承接である可能性が高い。

ただし、従来それらがラ変動詞の場合には連体形承接であるといわれるのは、音韻的に、連体形活用語尾「ル」が撥音「ン」になることは容易に説明できるが、終止形活用語尾「リ」が撥音「ン」になることは説明が困難であることによる。

▼と

頭韻（とういん）　→押韻（おういん）

唐音（とうおん・とういん）　日本に伝えられた字音(漢字音)のうち、平安中期以降、江戸時代にかけて、宋から清までの広い時代に渡って中国南方(呉地方)から、禅宗(ぜんしゅう)や黄檗宗(おうばくしゅう)の僧、商人などの往来によって伝えられた音の総称。「行灯(あんどん)」や「閼伽(あか)」のように、仏教用語や、渡来した文物の名称に多い。「行(アン)」「経(キン)」「下(ア)」「和(ヲ)」のような音を指す。

動詞（どうし）　品詞の一つ。用言(すなわち自立語で活用があるもの)のうち、終止形がウ段の音で終わるもの(ただし、古典語ではラ行変格活用はイ段「リ」で終わる)をいう。事物の運動(動作・変化)・存在などを表し、述語となることを中心的機能としている。

動詞は、活用の種類によって、古典語の場合、**四段・上一段・上二段・下一段・下二段・カ行変格・サ行変格・ナ行変格・ラ行変格活用動詞**の九種類、現代語の場合、五段・上一段・下一段・カ行変格・サ行変格活用の五種類に分けることができる。

また、動詞の表す運動が主体自身の運動であるか、運動の影響が他の対象に及ぶかという意味上の違いによって**自動詞**と**他動詞**に分けることができる。他にも、受身になるかならないかで**能動詞**(受身になる)と**所動詞**(受身にならない)に分けるなど、さまざまな種類分けがなされている。

動詞型活用の助動詞（どうしがたかつようのじょどうし）　助動詞のうち活用の仕方が動詞に準じているもの。古典語には以下のようなものがある。

①**四段型**…「む」「けむ」「らむ」
②**下二段型**…「す・さす」「しむ」「る・らる」「つ」
③**ラ変型**…「たり(完了)」「り」「けり」「めり」「なり(伝聞推定)」
④**サ変型**…「むず」
⑤**ナ変型**…「ぬ」

ただし、助動詞によっては、活用形のうちいくつかを欠いていることもある(たとえば「らむ」は未然形・連用形・命令形を欠いている)。

特殊活用型の助動詞（とくしゅかつようがたのじょどうし）　助動詞のうち活用のしかたが特殊で、用言のいずれの活用にも似ていないもの。古典語では「ず」「き」「まし」「じ」「らし」がこれに属する。

特殊活用型のものには複数の行の活用が混合しているもの(「ず」はザ行とナ行、「き」はカ行とサ行)、一つの行の活用ではあるが活

付

用の仕方が特殊なもの(「まし」)、語形が変わらないもの(「じ」「らし」)とがある。このうち、「じ」と「らし」については語形が変わらないところから「**無変化の助動詞**」として別立てする場合もある。

独立語(どくりつご)　文の成分の一つ。主語・述語・修飾語などのいずれにも属さず、文中の他の文節ないし連文節と直接の係り受けの関係を持たない、孤立した文節を指していう。

孤立しているとはいえ、意味上では文の内容と関連を持っている。具体的には、たとえば、「あはれ今年の秋もいぬめり」〈千載・雑上・一〇二六〉、「北殿こそ、聞きたまふや」〈源氏・夕顔〉の、「あはれ」「北殿こそ」という要素が独立語である。独立語には、感動・呼びかけ・応答・提示などの種々のものが認められているが、その範囲については一定していない。

▼な行

ナ行変格活用(なぎょうへんかくかつよう)　古典語における動詞の活用の一つ。略して「**ナ変**」ともいう。語尾が「な・に・ぬ・ぬる・ぬれ・ね」と変化するもの。この活用に属する語は「死ぬ」と「往ぬ」の二語である。未然形から命令形まですべて違った語形を持つのはこのナ行変格活用だけである。

現代語では「死ぬ」は五段活用に、「往ぬ」は標準的には用いられなくなっている。なお、助動詞の「ぬ」もナ変型の活用をするところから「ぬ」の語源を「往ぬ」とする説がある。

ナ変(なへん)　→ナ行変格活用(なぎょうへんかくかつよう)

ナリ活用(なりかつよう)　古典語における形容動詞の活用の一つで、語尾が「なら・なり(に)・なり・なる・なれ・なれ」と変化するもの。形容動詞にはこの他にタリ活用のものがある。もともと「…に」という形にラ変動詞「あり」が結合してできたものなので、活用の仕方はラ行変格活用とほぼ一致するが、連用形が連用修飾や中止法にたつときに「…に」の形をとる点がラ行変格活用と違う。「いとうたておぼゆれど、おほどかなる(=オットリシタ)さまにてものしたまふ」〈源氏・胡蝶〉、「あはれなることどもを書きたる文をなむもて来たりける」〈大和・七〇〉

二方面敬語(にほうめんけいご)　→付録「古文の敬語を理解するために」

女房詞(にょうぼうことば)　室町時代ごろ、御所の女房社会あるいは天皇の死後彼女たちが出家した尼寺は、外界とは隔絶された閉鎖社会であり、そこでは周囲とは異なる特殊なことばが用いられたが、そのようなことばのことを女房詞という。おもに食物・服装・肢体に関するものが多い。「おひや(水)」「おこわ(こわ飯)」「おぐし(髪)」「おひろひ(歩行)」「おすもじ(すし)」「しゃもじ(杓子)」等々。のち、女房に限らず公家社会一般に広まり、江戸時代には、優雅で上品な言葉として武家の女性、さらには庶民の間にも広まった。

人称代名詞(にんしょうだいめいし)　→代名詞(だいめいし)

能動詞(のうどうし)　→動詞(どうし)

▼は

拍(はく)　→音節(おんせつ)

派生語(はせいご)　→接辞(せつじ)

撥音(はつおん)　はねる音。現代語では「ん」「ン」で表記する。上代にはまだ一拍(音節)としては独立していなかったが、漢字音が大量に日本語に流れ込んで来るにつれ、九世紀ごろから撥音化した音節が現れるようになる。ただし、そのころは、歯茎音[n]の撥音と、両唇音[m]の撥音とを区別していたようである。前者は「死にし子」→「ししこ」〈土佐〉のように無表記、後者は「摘みたる」→「つむたる」のように「む」で表記するのが一般的であった。その後、十一・十二世紀以降両者は合流して、表記も漢文訓読文では十一世紀以降「ン」に落ち着くが、和文で「ん」が用いられるのはさらに遅れる。

撥音便(はつおんびん)　→音便(おんびん)

反語(はんご)　前もって否定あるいは肯定の判断を行っているのにもかかわらず、それと反対の内容を疑問文の形で提示して、その判断を相手にも要求する修辞的表現。強調や婉曲・詠嘆などを表す。その際、疑問の副詞「いかで」「いかが」「なぞ」「などか」「なにかは」など、もしくは係助詞「か」「や」あるいはそれの複合した形「かも」「やも」「かは」「やは」などが用いられる。「いかで月を見ではあらむ(=ドウシテ月ヲ見ナイデイラレヨウカ、イヤ、イラレハシナイ)」〈竹取・かぐや姫の昇天〉、「生きとし生けるもの、いづれか歌をよまざりける(=ダレガ歌ヲ詠マナイデイヨウカ、イヤ、イナイ)」〈古今・仮名序〉、「さのみ知り顔にやはいふ(=ソウイウ物知リ顔デ言ウダロウカ、イヤ、言イハシナイ)」〈徒然・七九〉

反実仮想(はんじつかそう)　すでに存在する事実とは反対の事柄、あるいは、実現することがきわめて考えにくい事柄の実現・成立した状態を仮定して、その仮定のもとで成立する事柄を述べるような表現。「もし…なら…のに」と言い換えられる。仮定条件表現の一種に分類されるものであるが、古典語

付

では「**…ませば…まし**」「**…ましかば…まし**」「**…せば…まし**」「**…(未然形)＋ば…まし**」などの特別な文型を用いることが多い。

なお、助動詞「まし」は、**反実仮想の助動詞**と呼ばれることがある。「夢地にも宿貸す人のあらませば寝覚に露は払はざらまし」〈後撰・恋三・七七〇〉、「山里に散りなましかば桜花にほふさかりも知られざらまし」〈後撰・春中・六〇〉、「世の中にたえて桜のなかりせば春の心はのどけからまし」〈古今・春上・五三〉、「散る花の泣くにし止まるものならば我鶯に劣らましやは」〈古今・春下・一〇七〉

反実仮想の助動詞（はんじつかそうのじょどうし）　→反実仮想

反照代名詞（はんしょうだいめいし）　→再帰代名詞

半濁音（はんだくおん）　パ行の仮名によって表記される音とその拗音。パ行音は無声の子音をもつ音で「濁」の呼称はそぐわないともいわれるが、ハ行・パ行・バ行で一つのグループをつくり、パ行音は、擬音などではバ行音と対立して清音的に、連濁の現象などではハ行音に交替してあらわれるなど濁音的にふるまう。右肩の「゜」は半濁点という。

判定要求の疑問文（はんていようきゅうのぎもんぶん）　→疑問文

半母音（はんぼいん）　ごく弱い摩擦を伴う有声音。弱いながらも摩擦がある点では子音的だが、発音の仕方は狭母音と近く、母音と子音の中間的な音なので、「半母音」という。日本語では音節の核にはならないので、音韻論的には子音にあたる。ヤ行の「ヤ・ユ・ヨ」やワ行の「ワ」の頭の音がそれである。

▼ひ

比況の助動詞（ひきょうのじょどうし）　ある物事のようすを別の物事にたとえて表現する助動詞。なんらかの事物にたとえることで述べようとする事柄を具体化し、その理解を助けたり、たとえることで直接的表現を避けるために用いられる。古典語では「**ごとし**」がこれにあたる。

「ごとし」は奈良時代から用いられたが、平安時代に入ると、和歌・和文の世界ではだんだんと用いられなくなり、訓点語や和漢混交文においてのみ用いられた。

被修飾語（ひしゅうしょくご）　修飾語によって内容を限定され、詳説される語。具体的には「めでたき人」での「めでたき」に対する「人」、「しづ心なく散る」での「しづ心なく」に対する「散る」、「いと静かなり」での「いと」に対する「静かなり」がそれに当たる。

一般に、修飾語は被修飾語の種類によって**連体修飾語**(被修飾語が体言)と**連用修飾語**(被修飾語が用言)の二つに分類されている(ただし、連用修飾語における被修飾語は用言でない場合もある)。なお、日本語においては、特別な場合をのぞくと、語順の上で被修飾語は修飾語に対して後続するのが原則である。

非情の受身（ひじょうのうけみ）　→受身の助動詞

否定の助動詞（ひていのじょどうし）　→打消の助動詞

平仮名（ひらがな）　表音的に用いられた漢字の草体から作られた草仮名を、さらにもとの形がわからないほどくずして作られた表音文字。漢字を「真名」(「名」とは文字のこと)というのに対し正式な文字でないという意で「仮名」という。片仮名が漢字の一部を取り出して作られたのに対して、平仮名は漢字の字体全体をくずして作られた。また、片仮名は長く漢文訓読の補助的な記号として用いられたが、平仮名は最初からそれだけで文章を作った。和歌のほか、手紙文(消息)など私的な性格の強い文書に用いられた。もっぱら女性が用いたので「**女手**」ともいう。

「平仮名」というのは後年の呼称で、古くはただ「仮名」といった。現在の字形が定められたのは明治時代で、それ以前は各音節に複数の字源があり、字形も多様であった。

品詞（ひんし）　単語を文法的な性質にもとづいていくつかに分類した場合の種別をいう。その際、機能(文を構成する際のはたらき方)・形態(活用の仕方など)・意義(表される内容)といった基準が用いられるが、いずれか一つの基準だけに拠ることはむずかしく、いくつかの基準を併せ用いているのが普通である。

すべての単語は、それぞれ必ずいずれかの品詞に分類され、所属する品詞を知ることで、その単語の文法的な性質を知ることが可能である。また、単語を分類することを**品詞分類**といい、通常は、**動詞・形容詞・形容動詞・名詞・副詞・連体詞・接続詞・感動詞・助詞・助動詞の十品詞**に分類する。

ただし、名詞と区別して代名詞や数詞を立てる場合や、連体詞や接続詞、形容動詞を認めなかったりする場合もあって、立場により分類結果の細部にはしばしば違いが生ずる。

品詞の転成（ひんしのてんせい）　ある品詞に属する単語が、もとの形態をほぼ保持したまま、意味や用法を変え、他の品詞の性質を持つようになること。

(1)**名詞への転成**…[動詞から]かすみ、試み、光、をとめ　[形容詞から]遠く、すし(鮨)　[感動詞から]あはれ

(2)**代名詞への転成**…[名詞から]君、わらは、わたくし

付

(3) **動詞への転成**…［名詞から］さうぞく、れうる（料理）
(4) **副詞への転成**…［名詞から］つゆ、なに、ゆめ　［動詞から］あまり、はじめ、たとへ
(5) **接続詞への転成**…［副詞から］なほ、また　［動詞から］および　［助詞から］が、けれども、で
(6) **感動詞への転成**…［名詞から］ちくしゃう　［代名詞から］これ、それ、あれ、どれ　［形容詞から］よし　［副詞から］ちょっと、なるほど

品詞分類 →品詞

▼ふ

複合語　独立して用いられる二つ以上の語が結びついて、新たに別の一語となったもの。合成語ともいわれる。独立して用いられることのない接辞がついてできた派生語（「お山」（←「山」）など）とは区別される。複合名詞「山桜」「枯れ葉」、複合形容詞「心細し」「待ち遠し」、複合動詞「立ち聞く」「旅立つ」、複合副詞「いつしか」「などか」、複合接続詞「または」「されど」など、ほとんどあらゆる品詞に見られる。二つの語が複合語をつくる時には、後の語のはじめの音が濁る連濁（たとえば「ヤマ＋サクラ」→「ヤマザクラ」など）や、前の語の末尾の音が変わる転音（たとえば「アメ＋カサ」→「アマガサ」など）が起こることがある。

副詞　品詞の一つ。自立語で活用がなく、単独で主語になることができず、主として連用修飾語となるもの。その意味や機能から通常、**情態副詞**・**程度副詞**・**陳述副詞**の三種類に分けられる。程度副詞は連用修飾語となるほかに副詞や体言を修飾する場合がある。たとえば、「さらにいと心憂くなむ」〈源氏・賢木〉、「ただ五六日のほどに」〈源氏・桐壺〉など。なお、次の傍線部のような語は連用修飾語ではあるが、通例品詞上副詞に数えられていない。「むかし、男ありけり」〈伊勢・三〉（「むかし」は名詞）、「今様一つ歌へかし」〈平家・一・祇王〉（「一つ」は数詞）。

副詞の呼応 →陳述副詞

副助詞　助詞の下位分類の一つ。連用語に下接して何らかの量的な意味を加え、下の用言文節を修飾することをおもな機能とする。古典語では「**だに**」「**すら**」「**さへ**」「**のみ**」「**ばかり**」「**ほど**」「**まで**」「**など**」「**し**」「**しも**」、現代語では「だけ」「ばかり」「まで」「など」「ぐらい」などがこれにあたる。①「風吹き、浪激しけれども、雷さへ頂に落ちかかるやうなるは」〈竹取・竜の頸の玉〉。②「若君をだにこそは、御形見に見たてまつらめ」〈源氏・玉鬘〉。③「別るると人に見ゆばかりなり」〈古今・離別・三七八〉。④「三つほどがちょうどいい」

その他の特徴としては、②のように格助詞や係助詞とともに用いられることもあり、その場合、格助詞—副助詞—係助詞の順に承接する。また、用言や体言に下接して体言相当の文節をつくり、断定（指定）の助動詞を下接させたり（③）、格助詞を下接させる（④）こともある。③や④のような用法を準体助詞として分けることもある。

副体詞 →連体詞

複文 →文の種類

付属語　単語を二大別した一つで、自立語の対立概念。それだけでは文節を構成することが不可能で、自立語に付属してのみ文法的役割を果たしうる単語を指していう。たとえば、「野山にまじりて竹をとりつつ、よろづのことに使ひけり」〈竹取・かぐや姫〉というセンテンスでは、「に」「て」「を」「つつ」「の」「に」「けり」が付属語である。自立語は一つの文節に必ず一つ含まれるのに対して、付属語は文節中に含まれる必要もなく、一つとは限らず複数含まれてもよい。

付属語は、活用の有無によって二分され、活用を持たないものが助詞であり、活用を持つものが助動詞である。自立語のように概念を表すことはなく、事物相互の間の結合関係のあり方（格助詞や接続助詞の場合）や、事物に対する話し手のとらえ方（副助詞・係助詞・助動詞などの場合）、聞き手に対する話し手の態度（終助詞の場合）などを表す。

付属の関係 →補助の関係

普通名詞　名詞の下位分類の一つ。固有名詞と対をなす概念。ある類に属する人や事物のすべてに適用できる名称を表す語。たとえば、「犬」という語は「動物・哺乳類・ワンと鳴く」などの特徴でくくられるカテゴリーに属する成員のすべてに適用できる名称を表しているので普通名詞である。他にも、たとえば、「花」「鳥」「風」「月」「太陽」などが普通名詞に数えられる。これらのうち、「月」「太陽」についてはこの世に一つしかないので、固有名詞と呼びたくなるかもしれない。

しかし、これらは類を同じくする他の個物を排除するためにつけられた名称（これがまさに固有名詞ということである）ではなく、将来同類のものが発見されれば「月」「太陽」という名称が適用されるので、やはり普通名詞なのである。また、普通名詞の中には、「沢

庵」(漬物の名称←人名)のように、固有名詞由来のものもある。なお、日本語の場合、普通名詞と固有名詞との間には文法上の差異はない。

文(ぶん)　言語単位の一つ。言語による事柄の伝達は常に文の形でなされる。文がどのようなものであるかについての定義はきわめて困難であるが、内容面からは「ひとつのまとまった事柄を表すこと(内容的な統一性)」が、外形面からは「音連続であり、前後に必ず音の切れ目が存在すること(話し言葉の場合)」や「終わりに句点(。)が存在すること(とくに現代日本語の書き言葉の場合)」などが、特質として指摘される。文は、理念的には語や文節の上位の、文章よりは下位の概念であり、通常は複数の文節によって構成されるが、その構成はさまざまで、単文節(あるいは一語)がそのまま文になることもある。

文語(ぶんご)　①話し言葉に対する書き言葉、文章語。②いわゆる古文や、古文の書かれた平安時代の言語を基礎に、漢文訓読体の影響なども受けて成立した文体の言語。

文節(ぶんせつ)　言語単位の一つ。単語より大きく文より小さい単位であって、文を、実際に発話する際に不自然でない程度にできるだけ小さく区切った一区切りをいう。

外形的特徴として、実際の言語においては、つねに一つづきに発音される、すなわちその前後に切れ目をいれることができ、また切れ目ごとに「ね」や「さ」を挿入することもできる。文節には、一つの単語(自立語のみ)から構成されるものと、複数の単語(一つの自立語と一つまたは複数の付属語)から構成されるものとがある。「いまは｜むかし｜たけとりの｜翁(おきな)と｜いふ｜もの｜ありけり」〈竹取・かぐや姫〉

文節は文構成の単位であり、集まって文を構成するものであるが、個々の文節の相互関係だけでは意味のまとまりをとらえることがむずかしいことから、意味の上で強いまとまりをもった複数の文節のつらなりが一文節相当の働きを持った単位(**連文節**と呼ばれる)を構成し、それが徐々に拡張し、最終的には一つにまとまることで文を構成すると考えられている。

文の種類(ぶんのしゅるい)　文を、構造(具体的には、文中での主述関係のあり方)や、性質(具体的には、叙述の仕方、結果的に果たす機能および文末述語の形態的な特徴をあわせ考えたもの)を基準として分類した際の種別。

構造による分類としては、**単文**(主述関係が文中に一回だけあらわれる文)・**複文**(主従をなす主述関係が二回以上あらわれる文)・**重文**(対等な主述関係が二回以上あらわれる文)、性質による分類としては、**平叙文**(肯定・否定・推量・意志などを表す文)・**疑問文**(疑問・反語を表す文)・**命令文**(命令・願望・禁止を表す文)・**感嘆文**(感動を表す文)の四つに分けるのが一般的である。

ただし、これらの種別に用いられる主述関係や性質といった基準が、日本語において意味を持つものであるかという点には問題があり、種別そのものも明確な分類とは言いがたいものとなっているため、さらに別の分類が採られる場合もある。

▼へ

閉音節(へいおんせつ)　→音節(おんせつ)

平叙文(へいじょぶん)　文を性質から分類した場合の一種。肯定・否定・推量・意志などの意味を表す文をいう。古典語における平叙文の形式には次のような場合がある。

①用言あるいは助動詞の終止形で終わる場合…「名にしおはばいざ言(こと)問はむ都鳥わが思ふ人はありやなしやと」〈古今・羇旅・四一一〉。「一二日。雨降らず」〈土佐〉

②文中に係助詞(「ぞ」「なむ」および「こそ」)が存在し、それに応じた用言あるいは助動詞の活用形(連体形および已然形)で終わる場合…「かの白く咲けるをなむ、夕顔と申しはべる」〈源氏・夕顔〉

③終助詞を付属した体言または、用言あるいは助動詞で終わる場合…「式部卿宮(しきぶきゃうのみや)の左兵衛督(さひゃうゑのかみ)は、殿の上の御兄弟(はらから)ぞかし」〈源氏・藤袴〉

④体言止め、連体止めの場合…「雀(すずめ)の子を犬君(いぬき)が逃がしつる」〈源氏・若紫〉

並立語(へいりつご)　文の成分の一つ。後続の文節との間に並列の関係をもってつづいている文節。たとえば、「女御(にょうご)、更衣(かうい)あまたさぶらひたまひける中に」〈源氏・桐壺〉の「女御」、「人目も草もかれぬと思へば」〈古今・冬・三一五〉の「人目も」、「さうざうしくつれづれなる慰めに」〈源氏・橋姫〉の「さうざうしく」などの要素が並立語である。並立語とそれに続く文節との間には、接続語がはさまる場合もある。また、並立語に対して並列の関係で続く文の成分には主語・述語・修飾語の場合がある。

並立語とそれに続く語とは、通常、互いの位置を取り替えても(用語の語形は変化するものの)関係は大きく変わらないのが特徴である。

並立助詞（へいりつじょし） 助詞の下位分類の一つ。「**対立助詞**」、「**並列助詞**」とも言う。上接する種々の語を並列の関係(対等の関係)で下の語に接続する助詞(ただし並列の最後の語に付いたものは並列の関係で上の語を受けるのみで下には接続しない)。現代では「犬と猫」の「と」や「和食か洋食か」の「か」、他に「なり」「やら」「だの」「に」などがこれにあたる。古典語では「**と**」「**や**」「**か**」「**の**」などがこれにあたる。「夏と冬と。昼と夜と」〈枕・たとしへなきもの〉。「人々の花や蝶やと」〈堤中納言・虫めづる姫君〉。「村上か朱雀院かの」〈大鏡・醍醐天皇〉

これらの助詞を格助詞・係助詞・副助詞の一用法とし、並立助詞を立てない説もある。一方、並立助詞を立てる根拠は、「並列の関係」において「太郎と次郎とにあげる」のように、他の格助詞と重なる点で格助詞と異なること(通常格助詞は他の格助詞と重ならない)などが挙げられる。

並列助詞（へいれつじょし） →並立助詞

並列の関係（へいれつのかんけい） 文節相互の関係の一つ。二つ以上の文節(あるいは連文節)が互いに対等の資格をもって続いている場合に、それら文節(あるいは連文節)の間の関係をいう。たとえば、「かれこれ、知る知らぬ、送りす」〈土佐〉。「さうざうしくつれづれなる慰めに」〈源氏・橋姫〉の例で、傍線をほどこした文節は並列の関係にあるということができる。並列の関係にある文節(あるいは連文節)は、互いに位置を入れ替えても、その関係が大きく変わらない。なお、並列の関係は、**対等の関係**と呼ばれる場合もある。

変体仮名（へんたいがな） 現代活字などに普通に用いられている字体とは異なる字源・字体(くずし方)の仮名。平仮名・片仮名が現在のように一音節一字体に整理されたのは明治三十三年「小学校令施行規則」においてのこと。それ以前は、とくに平仮名では多くの字体が用いられていた。

▼ほ

母音（ぼいん） 発音する時に、声帯を振動させるだけで、喉や舌、歯、唇などを狭めたり閉じたりして空気の流れを妨げることのない音。音節の核となり、また、単独でも音節を構成する。口の開きの広狭、舌の前後、そして唇を丸めるかどうかによって区別されるが、現代日本語で、「ア・イ・ウ・エ・オ」の五つの母音が区別される。

補助形容詞（ほじょけいようし） →補助用言

補助動詞（ほじょどうし） 補助用言の一つ。動詞本来の実質的な意味を失い、他の用言文節との間に補助の関係を構成して付属的な意味を添える動詞。次のようなものが補助動詞とされる(説によって多少の出入りはある)。

①形容詞・形容動詞連用形に付いて「ある」の意味を表す動詞。「天も近くはべる」〈竹取・かぐや姫の昇天〉。「ことにほど遠くはさぶらはずなむ」〈源氏・浮舟〉

②「に・にて」とともに体言に付いて指定(「…である」)の意味を表す動詞。「いと口惜しかるべきものにはあらずや」〈源氏・夕霧〉。「これは諸国一見の僧にて候」〈謡・井筒〉

③動詞連用形について敬意を表す動詞。「かぐや姫、いといたく泣きたまふ」〈竹取・かぐや姫の昇天〉。「院の御墓拝みたてまつりたまふとて」〈源氏・須磨〉

④動詞連用形に係助詞・副助詞が付いたものに付く「す・する」。「思いもせぬこと」「涙を流しなどしない」

⑤動詞連用形＋「て」に付く動詞。「西行の庵室に着きて候」〈謡・西行桜〉。「走ってくる」

補助の関係（ほじょのかんけい） 文節相互の関係の一つ。**付属の関係**ともいう。用言文節とそれに付属する補助用言を中心とする文節との間にみられる関係であり、たとえば、「雪の降りたるは、いふべきにもあらず」〈枕・春は、あけぼの〉、「世になくきよらなる玉の男御子さへ生まれたまひぬ」〈源氏・桐壺〉の、傍点をほどこした文節と傍線をほどこした文節との関係がそれである。前の文節が実質的な意味を表し、後の文節はそれに補助的な意味を与える関係になっている。

補助の関係は、用言とそれに付属する助動詞との関係に似るが、補助用言として用いられる用言は自立語としての用法も一方で持っていて、付属語(助動詞)にはなりきっていないために、独立の二文節のあいだの関係とみなされる。

補助用言（ほじょようげん） 用言のうち、本来の実質的意味を失い、他の用言文節とのあいだに補助の関係を構成して付属的な意味を添えるだけの用法で、次のようなものがある。

①述語文節(「形容詞・形容動詞連用形」・「名詞＋に／にて」・「動詞＋て」)に付属して、「(で)ある」「いる」「する」「(で)ない」の意味を表すもの(これらは形式用言と呼ばれることもある)。

②動詞の連用形の下に付属して、敬意を表すもの。

これらのうち、とくに②は、上の文節との関係、意味や機能だけをみれば助動詞に近いものとも考えられるが、単独で文節を構成することが可能であるという点によって自立語としてあつかわれ、助動詞とは区別される。もとの用言の性質によって、**補助動詞**と**補助形容詞**(後者は①のみで「なし」一語である)とに分けられる。

本数詞(ほんすうし) →数詞(すうし)

▼ま行

枕詞(まくらことば) →本文「まくらことば」 →付録「主要枕詞便覧」

万葉仮名(まんようがな) 十世紀に仮名が成立する以前は、文字としては六世紀に渡来した漢字しかなかったわけだが、大和(やまと)ことばをまったく系統の異なる漢字で表記する手段として、本来、形(文字のかたち)・音(発音)・義(意味)という三つの側面を持つ漢字のうち、義を捨てて、形で音(原則として一音節)を表す表音文字として用いられたもの。ただし、音による音仮名と訓による訓仮名とがある。多くは一字一音節だが、場合によっては一字二音節のものも若干存在する(覧(らむ)・鴨(かも)など)。また、音の場合は呉音(『古事記』『万葉集』『風土記』など)や漢音(『日本書紀』)のものが多いが、呉音より以前のもの(奇(か)・意(お)など)もあると言われる。

ミ語法(みごほう) →接尾語(せつびご)「み」

未然形(みぜんけい) →活用形(かつようけい)

結びの消滅(むすびのしょうめつ) →係り結び(かかりむすび)

結びの省略(むすびのしょうりゃく) →係り結び(かかりむすび)

結びの流れ(むすびのながれ) →係り結び(かかりむすび)

無声子音(むせいしいん) →子音(しいん)

無変化の助動詞(むへんかのじょどうし) 各活用形の用法のうちのいくつかを備えているが、語形自体は変化しない助動詞。古典語では「**じ**」「**らし**」がこれにあたる。助動詞は「付属語のうち活用するもの」と定義されるが、この型の助動詞は語形として変化しないので、本当に活用しているのか(本当に助動詞であるのか)外見からは判断できない。しかし、たとえば「じ」では、「幾世(いくよ)しもあらじ我が身をなぞもかく海人(あま)の刈る藻(も)に思ひ乱るる」〈古今・雑下・九三四〉のように体言を修飾している用例があり、このような例があることから「じ」は語形こそ変わらないが連体形にも活用する助動詞だと認定されるのである。

なお、これらの助動詞を特殊型活用の助動詞に含めて考え、無変化の助動詞を別立てしない場合もある。

名詞(めいし) 品詞の一つ。具象的なものから抽象的なものまで、事物の名称を表す語。自立語であり、活用しない。文における名詞の役割は、次の二つである。

①断定の助動詞、あるいはそれに相当する終助詞を下接して述語を構成すること。「我はすきずきしき心などなき人ぞ」〈源氏・橋姫〉

②述語、あるいは他の名詞に対して何らかの位格にたつこと。「雀(すずめ)の子を犬君(いぬき)が逃がしつる」〈源氏・若紫〉

このうち、名詞の品詞的特徴は②の(とくに主語をはじめとする連用的な諸格に立つという)役割を果たすことである。

品詞分類においては、名詞を代名詞・数詞とともに体言の中に含める考え方と、名詞の中に代名詞・数詞を含め、名詞と体言を同一視する考え方とがある。また、名詞を、類的概念を表す普通名詞と特定の事物を他から区別して表す固有名詞に、またそれとは別に、実質的意味の乏しい形式名詞と実質的な意味を表す実質名詞に下位分類することもある。

命令形(めいれいけい) →活用形(かつようけい)

命令文(めいれいぶん) 文を性質の上から分類した場合の一種で、命令・禁止・願望などの意味を表す文をいう。形式の上から見ると、次のような場合がある。

①用言や助動詞の命令形で終止する場合。「はや船に乗れ」〈伊勢・九〉…命令

②文末に願望や禁止の終助詞がある場合(文中の副詞と呼応する場合もある)。「しのぶ山しのびてかよふ道もがな人の心のおくも見るべく」〈伊勢・一五〉。「いつしか、梅咲かなむ」〈更級〉…以上願望。「郭公(ほととぎす)いたくな鳴きそひとり居て寝(い)の寝(ね)られぬに聞けば苦しも」〈拾遺・夏・一三〇〉…禁止

迷惑の受身(めいわくのうけみ) 他動詞の表す動作・作用の直接の対象を表す語(対応する能動文で目的語の位置に置かれる語)を主語の位置に置くことによって作られる通常の受身文に対して、日本語では出来事(動作・作用・変化)から間接的な影響(利益・迷惑)を受けるだけの主体を主語に置くことによって受身文を作ることも可能である。そのような受身文をいう。したがって、「迷惑の受身」については、通常の受身文の場合とは異なり、他動詞だけでなく、自動詞から受身を作ることも可能である。「人に言ひ騒がれはべらんがいみじきこと」〈源氏・夕顔〉　また、「迷惑の受身」は、通常の受身文が「**直接受身文**」と呼ばれるのに対して、「**間接受身文**」と呼ばれることもある。

モーラ →音節

▼や行

有声子音（ゆうせいしいん） →子音

拗音（ようおん） 「キャ」「シュ」のようにイ段音の下に小書きのヤ・ユ・ヨを添える形で表される音節。また「クヮ・クェ」などクに小書きのワ行の仮名を添えて表される音を「**合拗音**」といい、先に示した類の音は、「**開拗音**」ともいう。その他、外来語や擬音の表記に見られる「シェ」「チェ」などの音も拗音である。

用言（ようげん） 単語を文法的性質によって分けた際の一類。事物の動き・変化・存在・性質・状態などを表す。体言と対立する概念。文法的には単独で文の述語となりうるという性質を持つ。自立語のうち活用のある語と定義され、活用の仕方などの基準によって、以下の三品詞に下位分類するのが一般的である。

①**動詞**…終止形がウ段の音で終わるもの(ただし、ラ行変格活用の動詞はイ段「り」で終わる)。事物の動きや変化・存在を表す。

②**形容詞**…終止形が「し」で終わるもの(「多かり」のみ例外)。事物の性質や状態を表す。

③**形容動詞**…終止形が「なり」「たり」で終わるもの。事物の性質や状態を表す。ただし、③の形容動詞を認めるか否かについては異論がある。

様態の助動詞（ようたいのじょどうし） 目の前の出来事や事物について「…の様子だ」「…のように見える」という自分にとっての外面的な見えを表す助動詞。一般には現代語の「そうだ(連用形接続)」さらに「ようだ」「みたいだ」「ふうだ」などを指していう。

古典語では推量の助動詞「めり」を様態の助動詞とする場合がある。「めり」は「見あり」あるいは「見えあり」から成立し、視覚に基づく判断を表すことが原義だとされる。「めり」には「かぐや姫の、皮衣を見て、いはく『うるはしき皮なめり』」〈竹取・火鼠の皮衣〉のように「外見は…の様子だ」ということを表す原義どおりの用法と、「竜田川もみぢ乱れて流るめり」〈古今・秋下・二八三〉のように実際に紅葉が流れていることを知っているのに断定的に言うのをさける用法とがある。後者はいわゆる婉曲の用法と呼ばれる。なお、古典語では比況の助動詞「ごとし」や「やうなり」を様態の助動詞に含める場合もある。

様態副詞（ようたいふくし） →情態副詞

四段活用（よだんかつよう） 古典語における動詞の活用の一つで、語尾が「か・き・く・く・け・け」のように五十音図のア・イ・ウ・エの四段にわたって活用するもの。終止形・連体形が同形、已然形・命令形が同形で、連用形に音便がある(たとえば「呼びて」→「呼んで」など)。「書く」「急ぐ」「指す」「待つ」「歌ふ」「遊ぶ」「住む」などがこれにあたる。

この活用に属する語はきわめて数が多い。奈良時代には已然形と命令形とは別音であったが、平安時代に同音となった(完了の助動詞「り」が命令形に接続するとされるのはこのためである)。また、現代語では助動詞「う」がつくときに未然形に「書こう」「急ごう」などオ段が加わるので「五段活用」と呼ばれる。

▼ら行

ラ行変格活用（らぎょうへんかくかつよう） 古典語における動詞の活用の一つ。略して「**ラ変**」と呼ばれる。語尾が「ら・り・り・る・れ・れ」と変化するもの。四段活用に似ているが、終止形はイ段で終わる。この活用に属する語は「あり」「をり」「はべり」「いまそがり(いますがり)」の四語。「いまそがり」は「いますがあり」→「いますがり」→「いまそがり」と転成したと考えられている。

奈良時代には例がなく、平安時代になってから用いられた。たとえば、「右大将藤原常行といふ人いまそがりけり」〈伊勢・七八〉。また、中世以降、ほとんど例が見られない。

ラ変（らへん） →ラ行変格活用

歴史的仮名遣い（れきしてきかなづかい） 発音と仮名とが一致していた古代の表記に基づく仮名遣い。江戸時代の僧契沖が当時一般的だったいわゆる「定家仮名遣い」を批判し、古代文献の表記に従うよう提唱したのが始まり。明治時代になって公式の仮名遣いとして採用され、学校教育を通じて広く行われるようになったが、当初から批判の声もあった。戦後一九四六年に「現代かなづかい」が施行されてからは、もっぱら古典の表記に用いられている。現代かなづかいを「新かなづかい」というのに対し「旧かなづかい」ともいう。

連声（れんじょう） —nや—m(まれに—tも)などでおわる音節のあとに母音の音節や半母音ではじまる音節が続く場合に、前の音節の末尾の子音が後の母音にかぶさって違う音になること。「カンオン(観音)」→「カンノン」、「サンヰ(三位)」→「サンミ」、「セツイン(雪隠)」→「セッチン」など。

連体形（れんたいけい） →活用形

連体詞（れんたいし） 品詞の一つ。活用しない自立語で、主語・述語にならず、常に体言の修飾だけを行うもの。**副体詞**ともいわれる。古典語では「あらゆる」「いはゆる」「さる」「させる」などがこれにあたる。もとは他の品詞であったものが体言を修飾する用法だけを持つようになり一つの品詞として独立したものである。「去ぬる十余日のほどより」〈源氏・若紫〉。「ある人、『住吉の浜とよめ』といふ」〈伊勢・六八〉。「させることなきかぎりは聞こえうけたまはらず」〈源氏・若菜・上〉

なお、「この」「その」は現代語では連体詞として扱われるが、古典語では名詞「こ」「そ」＋格助詞「の」として扱われるのが普通である（現代語には「こ」「そ」という名詞がないので古典語のような分析ができないのである）。

連体修飾語（れんたいしゅうしょくご）　修飾語のうち、修飾の対象（被修飾語）が体言であるもの。形式の上から、連体修飾語となる文節には次のようなものがふくまれる。

①名詞・副詞・形容詞および形容動詞語幹に格助詞がついたもの…「わが子」「梅の香」「しばしの程」「うたてのこと」「かりそめの萱屋」

②用言（動詞・形容詞・形容動詞）および用言に助動詞がついたものの連体形…「落つる紅葉」「めでたき人」「静かなる暁」「過ぎにしころ」

③連体詞…「いんじ年の秋」「ある人」

④副詞（被修飾語に制限がある）…「ただ一目」「わづか二人」

連濁（れんだく）　語が連接する際に、後ろの語の語頭の清音が濁音に変わること。「かさ」→「ひがさ（日傘）・あまがさ（雨傘）」、「し（師）」→「かうじ（講師）」等の類。

連文節（れんぶんせつ）　連続した二つの文節が、主述の関係・修飾の関係・並列の関係・補助の関係によって結びついて一つのまとまりをなし、主語・述語・修飾語・独立語など、文を構成する単位として一つの文節相当の機能を果たすもの。文節を用いて意味のまとまりを的確にとらえるために要請された概念である。

連文節にはいくつかの次元が考えられ、文節と連文節、連文節と連文節とがまとまったさらに大きい単位も連文節と呼ばれる。したがって、文は最大の連文節であるとも考えられることになる。

たとえば、次に挙げる例（伊勢・二）で、二重傍線部は文節、それ以外の傍線部分はすべて連文節である。

「いと　なまめいたる　女はらから　すみけり」

連用形（れんようけい）　→活用形（かつようけい）

連用修飾語（れんようしゅうしょくご）　一般には連体修飾語に対して修飾語のうち、修飾の対象（被修飾語）が用言であるものとされるが、用言のほか副詞などにかかるものもあって、その内容はさまざまである。通常連用修飾語と呼ばれるものの中には、次のようなものがふくまれている。

①主格以外の格成分…述語用言の必須成分であるような名詞項目（単独の名詞あるいは名詞に格助詞のついたものによる）

②情態修飾の語…動詞の表す動きや存在のあり方を具体的に説明する要素（情態副詞、形容詞・形容動詞の連用形、また動詞に「て」「つつ」などがついたものによる）

③程度修飾の語…用言や副詞で表される状態の程度を表す要素（程度副詞による）

④陳述副詞…述語文節のうち、助動詞の表す内容に関わる要素

⑤評価・注釈の語…文内容への評価・注釈を表す要素

⑥時や場所に関わる語…文で表される事柄の存在時点・場所を表す要素

連用中止法（れんようちゅうしほう）　→中止法（ちゅうしほう）

付

▼わ行

和漢混交文（わかんこんこうぶん）　和文（いわゆる古文）調の文と漢文訓読調の文とが入りまじって構成されている文章のこと。漢字仮名交りの表記で書かれる。具体的には、『平家物語』に代表される軍記物語等に見られる文体のことをいう。漢文訓読文と平安時代の和文の語法が基礎だが、変体漢文の要素も含まれ、また、語彙には俗語も混じる。また、広く、和文、漢文訓読文、両方の要素を含む文をさすこともある。

ヲコト点（をことてん）　漢文を読み下すために用いられる仮名や符号（**訓点**）の一種。漢字に点を付け、その点の位置と形によってその漢字の読みに関わる音を示すもの。ヲコト点によって表されるのは、助詞・助動詞・活用語尾のほか、漢字自体の音訓の一部など様々なものがある。どの部分のどんな形の点が何を表すかという点の付け方も多様で、仏僧か博士家かや、宗派・流派によっても異なる。そのうちの一つ、博士家点と呼ばれる点の付け方は、右上の星点（タダの点）がヲ、その直下の点がコトを表すことから「ヲコト点」と呼ばれた。

また、「テニヲハ」の語も四隅の点を左下から右まわりにつなげた読みから起こったものである。

主要文法事項表覧

(1) 動詞活用表

○「語幹」欄の○は語幹と語尾の区別がないことを示す。
○「活用語尾」欄の( )は音便を示す。

種類	行	基本形	語幹	未然形	連用形	終止形	連体形	已然形	命令形	おもな語例	現代語での活用
四段	カ	驚・く	おどろ	か	き(い)	く	く	け	け	飽・く 置・く 聞・く 咲・く 好・く 突・く…	五段
四段	ガ	漕(こ)・ぐ	こ	が	ぎ(い)	ぐ	ぐ	げ	げ	仰(あふ)・ぐ 稼・ぐ 凌(しの)・ぐ 濯(すす)・ぐ 戦(そよ)・ぐ…	五段
四段	サ	消・す	け	さ	し(い)	す	す	せ	せ	移・す 思(おぼ)・す 返(かへ)・す 聞こ・す 越・す…	五段
四段	タ	勝・つ	か	た	ち(っ)	つ	つ	て	て	誤・つ 降(くた)・つ 消・つ 断・つ 放・つ…	五段
四段	ハ	思・ふ	おも	は	ひ(う・っ)	ふ	ふ	へ	へ	移ろ・ふ おとな・ふ 通・ふ 漂・ふ 惑(まど)・ふ…	五段
四段	バ	呼・ぶ	よ	ば	び(う・ん)	ぶ	ぶ	べ	べ	選・ぶ 及・ぶ 宣(のた)・ぶ 学(まね)・ぶ 噎(むせ)・ぶ…	五段
四段	マ	望・む	のぞ	ま	み(う・ん)	む	む	め	め	愛(かな)し・む 嘖(さいな)・む 慎・む 悩・む 育(はぐく)・む…	五段
四段	ラ	成・る	な	ら	り(っ)	る	る	れ	れ	掠(かす)・る 語・る 下が・る 作・る 張・る…	五段
ラ変	ラ	あ・り	あ	ら	り(っ)	り	る(ん)	れ	れ	あ・り 居(を)・り 侍(はべ)・り います(そ)が・り(上の4語だけ)	五段
ナ変	ナ	死・ぬ	し	な	に(ん)	ぬ	ぬる	ぬれ	ね	死・ぬ 往(い)・ぬ(上の2語だけ)	五段
下一段	カ	蹴(け)る	○	け	け	ける	ける	けれ	けよ	蹴る(上の1語だけ)	五段
上一段	カ	着る	○	き	き	きる	きる	きれ	きよ	着る(上の1語だけ)	上一段
上一段	ナ	似る	○	に	に	にる	にる	にれ	によ	似る 煮る(上の2語だけ)	上一段

付

上一段	ハ	干る	○	ひ	ひ	ひる	ひる	ひれ	ひよ	干る　簸る　嚔る(上の3語だけ)	上一段
	マ	見る 顧・みる	○ かへり	み	み	みる	みる	みれ	みよ	後ろ・みる　おもん・みる　鑑・みる　試・みる…	
	ヤ	射る	○	い	い	いる	いる	いれ	いよ	射る　鋳る　沃る(上の3語だけ。ヤ行であることに注意)	
	ワ	居る 用・ゐる	○ もち	ゐ	ゐ	ゐる	ゐる	ゐれ	ゐよ	居る　用・ゐる　率る　率・ゐる(上の4語だけ。ワ行であることに注意、	
上二段	カ	生・く	い	き	き	く	くる	くれ	きよ	起・く　尽・く…	上一段
	ガ	過・ぐ	す	ぎ	ぎ	ぐ	ぐる	ぐれ	ぎよ	凪・ぐ…	
	タ	朽・つ	く	ち	ち	つ	つる	つれ	ちよ	落・つ…	
	ダ	閉・づ	と	ぢ	ぢ	づ	づる	づれ	ぢよ	怖・づ　恥・づ　紅葉・づ　攀・づ…	
	ハ	恋・ふ	こ	ひ	ひ	ふ	ふる	ふれ	ひよ	生・ふ　強・ふ　用・ふ…	
	バ	滅・ぶ	ほろ	び	び	ぶ	ぶる	ぶれ	びよ	帯・ぶ　媚・ぶ　延・ぶ　侘・ぶ…	
	マ	恨・む	うら	み	み	む	むる	むれ	みよ	凍・む…(「恨む」を四段と混同しないこと)	
	ヤ	老・ゆ	お	い	い	ゆ	ゆる	ゆれ	いよ	老・ゆ　悔・ゆ　報・ゆ(上の3語だけ)	
	ラ	懲・る	こ	り	り	る	るる	るれ	りよ	降・る　旧・る…	
下二段	ア	得	○	え	え	う	うる	うれ	えよ	得　心・得(上の2語だけ)	下一段
	カ	受・く	う	け	け	く	くる	くれ	けよ	明・く　預・く　掛・く　助・く…	
	ガ	告・ぐ	つ	げ	げ	ぐ	ぐる	ぐれ	げよ	上・ぐ　遂・ぐ　投・ぐ　逃・ぐ…	
	サ	任・す	まか	せ	せ	す	する	すれ	せよ	浅・す　失・す　似・す　乗・す　寄・す…	

付

活用形の用法		サ変		カ変	下二段									
		ザ	サ	カ	ワ	ラ	ヤ	マ	バ	ハ	ナ	ダ	タ	ザ
単独での用法	下に付くおもな語	案・ず	す	来(く)	植・う	生ま・る	消・ゆ	求・む	述・ぶ	経(ふ) 答・ふ	兼(か)・ぬ	出(い)・づ	隔(へだ)・つ	交・ず
		あん	○	○	う	うま	き	もと	の	○ こた	か	い	へだ	ま
—	ず む	ぜ	せ	こ	ゑ	れ	え	め	べ	へ	ね	で	て	ぜ
中止法	たり けり て	じ	し	き	ゑ	れ	え	め	べ	へ	ね	で	て	ぜ
通常の終止	(言い切る)	ず	す	く	う	る	ゆ	む	ぶ	ふ	ぬ	づ	つ	ず
準体法 ぞ・なむ・や・かの結び	こと とき	ずる	する	くる	うる	るる	ゆる	むる	ぶる	ふる	ぬる	づる	つる	ずる
こその結び	ども	ずれ	すれ	くれ	うれ	るれ	ゆれ	むれ	ぶれ	ふれ	ぬれ	づれ	つれ	ずれ
命令法	—	ぜよ	せよ	こ こよ	ゑよ	れよ	えよ	めよ	べよ	へよ	ねよ	でよ	てよ	ぜよ
		甘ん・ず 困(こう)・ず 請(しやう)・ず…	す おは・す(上の2語だけ。「す」には複合動詞が多い)	来(上の1語だけ。ただし、複合動詞は多い)	植・う 饑(う)・う 据(す)・う(上の3語だけ)	現・る 後(おく)・る 暮・る 晴・る 別(わか)・る…	怯(おび)・ゆ 覚・ゆ 栄・ゆ 冴(さ)・ゆ 瘁(を)・ゆ…	崇(あが)・む 咎(とが)・む 止(と)・む 眺・む…	浮か・ぶ 比・ぶ 調(しら)・ぶ 食(たう)・ぶ 並・ぶ…	考・ふ 数ま・ふ 教(をし)・ふ…	重・ぬ 尋(たづ)・ぬ 連(つら)・ぬ 跳(は)・ぬ…	撫(な)・づ 参(まう)・づ 罷(まか)・づ 愛(め)・づ…	当(あ)・つ 掟(おき)・つ 捨・つ 立・つ 満・つ…	交・ず(上の1語だけ)
		サ変		カ変	下一段									

○活用形の用法については、付録「国語・国文法用語事典」の「活用形」の項参照。

付

(2) 形容詞活用表

○「活用語尾」欄の（　）は音便を示す。

種類	基本形	語幹	未然形	連用形	終止形	連体形	已然形	命令形	おもな語例
ク活用	よ・し 高・し	よ たか	から	く（う） かり	し ○	き（い） かる（かん）	けれ ○	○ かれ	赤・し　憂(う)・し　おほけな・し　辱(かたじけな)・し　労(らう)た・し…
シク活用	をか・し 愛(うつく)・し	をか うつく	しから	しく（しう） しかり	し ○	しき（しい） しかる（しかん）	しけれ ○	○ しかれ	悪(あ)・し　囂(かしかま)・し　賢(さか)・し　寂・し　頼も・し　恥づか・し…
シク活用	いみ・じ	いみ	じから	じく（じう） じかり	じ ○	じき（じい） じかる（じかん）	じけれ ○	○ じかれ	凄(すさま)・じ　労々(らうらう)・じ…
活用形の用法：下に付くおもな語			む　ず　ば	き　けり　て　して　なる	（言い切る）	べし　らむ	ど　ども	―	
活用形の用法：単独での用法			―	副詞法 （連用法） 中止法	通常の終止	連体法 準体法 ぞ・なむ・や・かの結び	こその結び	命令法	

○形容詞本来の活用形には、原則として助動詞が直接接続できない。そこで、カリ活用（から・かり・かる・かれ、しから・しかり・しかる・しかれ）が生じてその不備を補ったが、これは、連用形「く」「しく」に動詞「あり」が融合したもの。

○上代には、未然形と已然形に「け」（ク活）「しけ」（シク活）があり、「む」が付いて推量表現、「ば」が付いて順接の仮定・確定表現に用いられた。「こそ」の係り結びも連体形で結んだ。

○鎌倉時代に、形容詞だけでなく用言はすべて、連体形が終止形の働きも兼ねるようになり、さらに室町時代には、終止形・連体形が「…い」（ク活）「…しい」（シク活）となった。このため、ク活用とシク活用の区別はなくなった。

○平安時代の和文と漢文訓読文では、仮定表現は、「…（し）くは」「…（し）からば」という使い分けがあった。

付

⑶形容動詞活用表

○「活用語尾」欄の（ ）は音便を示す。

種類	基本形	語幹	活用語尾 未然形	活用語尾 連用形	活用語尾 終止形	活用語尾 連体形	活用語尾 已然形	活用語尾 命令形	おもな語例
ナリ活用	静か・なり	しづか	なら	なり に	なり	（なん） なる	なれ	なれ	鮮(あざ)やか・なり　爽(さは)やか・なり　匂(にほ)ひやか・なり… 清げ・なり　憎げ・なり　惜(を)しげ・なり… 疎(おろ)か・なり　僅(はつ)か・なり　遥(はる)か・なり… 高らか・なり　なだらか・なり… あはれ・なり　異(け)・なり　さすが・なり…
タリ活用	堂々・たり	だうだう	たら	たり と	たり	たる	たれ	たれ	索索(さくさく)・たり　寂寂(せきせき)・たり　漫漫(まんまん)・たり…
活用形の用法　下に付くおもな語			む ず ば	き けり して	（言い切る）	とき こと べし	ど ども	―	
活用形の用法　単独での用法			―	副詞法 （連用法） 中止法	通常の終止	連体法 準体法 ぞ・なむ・や・か の結び	こその結び	命令法	

○形容動詞語幹は、ナリ活用には和語系のもの、タリ活用には漢語系のものが多い。

○形容動詞は、連用形の「…に」「…と」にそれぞれ「あり」が結び付いてできたもので、ナリ活用はすでに上代から存在するが、タリ活用は平安後期から用いられるようになった。

○ナリ活用は、室町時代ごろに「…に」に「て」が加わって「…で」となり、それに「あり」が重なって「…であ」「…ぢゃ」「…だ」が生じて、現代語の形容動詞に至る。

○タリ活用は、現代では文章語として、連用形「…と」、連体形「…たる」が残るのみで、前者は副詞、後者は連体詞に配されるようになった。

付

(4) 音便表

品詞	音便の種類	活用の種類	原形→音便形	備考
動詞	イ音便	カ行四段 ガ行四段 サ行四段	書き(て)→書い(て) 騒ぎ(て)→騒い(で) 消し(て)→消い(て)	四段・ナ変・ラ変の連用形が、「て」「たり」や他の用言などに連なるとき、また、ラ変の連体形が「なり」「めり」「べし」などに連なるときに起こる。そのとき、ガ行・バ行・ナ行・マ行の音便形では、下にくる「て」「たり」は濁音化する。
	ウ音便	ハ行四段 バ行四段 マ行四段	思ひ(て)→思う(て) 呼び(て)→呼う(で) 飲み(て)→飲う(で)	
	＊撥音便	バ行四段 マ行四段 ナ行変格 ラ行変格	飛び(て)→飛ん(で) 望み(て)→望ん(で) 死に(て)→死ん(で) ある(なり)→あん(なり)	
	＊促音便	タ行四段 ハ行四段 ラ行四段 ラ行変格	打ち(て)→打っ(て) 会ひ(て)→会っ(て) 成り(て)→成っ(て) あり(て)→あっ(て)	
形容詞	イ音便	ク活 シク活	高き(こと)→高い(こと) 寂しき(こと)→寂しい(こと)	連体形「(し)き」が体言や助詞の「かな」などに連なるとき起こる。
	ウ音便	ク活 シク活	高く(なる)→高う(なる) 寂しく(なる)→寂しう(なる)	連用形「(し)く」が他の用言などに連なるときに起こる。
	＊撥音便	カリ活	高かり(ぬ)→高かん(ぬ) 高かる(なり)→高かん(なり) 寂しかり(ぬ)→寂しかん(ぬ) 寂しかる(なり)→寂しかん(なり)	連用形「…かり」が「ぬ」に、連体形「…かる」が「なり」「めり」などに連なるときに起こる。

品詞	音便の種類	活用の種類	原形→音便形	備考
形容動詞	＊撥音便	ナリ活	静かなる(なり)→静かなん(なり)	連体形「なる」が助動詞「なり」「めり」「べし」などに連なるときに起こる。
助動詞	イ音便	形ク型 形シク型	[べし] べき(もの)→べい(もの) [まじ] まじき(もの)→まじい(もの)	形容詞型活用の助動詞の連体形に起こる。
	ウ音便	形ク型 形シク型	[べし] べく(なる)→べう(なる) [まじ] まじく(なる)→まじう(なる) [まほし] まほしく(なる)→まほしう(なる)	形容詞型活用の助動詞の連用形に起こる。
	＊撥音便	ラ変型 形ク カリ活型 形シク カリ活型 形動ナリ型 特殊型	[たり] たる(なり)→たん(なり) [べし] べかる(なり)→べかん(なり) [まじ] まじかる(なり)→まじかん(なり) [なり] なる(なり)→なん(なり) [ず] ざる(なり)→ざん(なり)	ラ変型活用の助動詞の連体形が「なり」「めり」などに連なるときに起こる。

○＊の撥音（はつおん）と促音（そくおん）は表記されないことがある。

(5) A. 主要助動詞活用表(承接による分類)

承接	語	未然形	連用形	終止形	連体形	已然形	命令形	活用の型	種類	おもな意味(訳し方)
未然形 四段・ナ変・ラ変	す	せ	せ	す	する	すれ	せよ	下二段型	使役	①使役(…セル・…サセル) ②尊敬(オ(ゴ)…ニナル・…ナサル) ③謙譲(…申シ上ゲル)
未然形 右以外	さす	させ	させ	さす	さする	さすれ	させよ			
未然形	しむ	しめ	しめ	しむ	しむる	しむれ	しめよ			
未然形 四段・ナ変・ラ変	る	れ	れ	る	るる	るれ	れよ	下二段型	自発 可能 受身 尊敬	①自発(自然ニ…レル・…ラレル) ②可能(…レル・…ラレル・…コトガデキル) ③受身(…レル・…ラレル) ④尊敬(…レル・…ラレル・オ(ゴ)…ニナル・…ナサル)
未然形 右以外	らる	られ	られ	らる	らるる	らるれ	られよ			
未然形	ず	ざら	ず ざり	ず	ぬ ざる	ね ざれ	ざれ	特殊型	打消	打消(…ナイ)
未然形	まほし	まほしから	まほしく まほしかり	まほし	まほしき まほしかる	まほしけれ	○	シク活用型	願望	願望(…タイ・…タガル・…テホシイ)
未然形	む(ん)	○	○	む(ん)	む(ん)	め	○	四段型	推量	①推量(…ダロウ) ②意志(…ウ・…ヨウ) ③適当・勧誘(…ノガヨイ・…ベキダロウ) ④仮定・婉曲(…トシタラ・…ヨウナ)
未然形	むず(んず)	○	○	むず(んず)	むずる(んずる)	むずれ(んずれ)	○	サ変型		
未然形	まし	ましか(ませ)	○	まし	まし	ましか	○	特殊型		①反実仮想(モシ…タラ…ダロウ) ②願望(…バヨイノニ…デアレバナア) ③ためらい(…(ヨ)ウカシラ)
未然形	じ	○	○	じ	じ	じ	○	特殊型	打消推量	①打消の推量(…ナイダロウ・…マイ) ②打消の意志(…ナイツモリダ・…マイ)
連用形	たし	たから	たく たかり	たし	たき たかる	たけれ	○	ク活用型	願望	願望(…タイ・…タガル・…テホシイ)
連用形	ぬ	な	に	ぬ	ぬる	ぬれ	ね	ナ変型	完了	①完了(…タ・…テシマッタ) ②確述(キット…(ダロウ)・…テシマオウ)
連用形	つ	て	て	つ	つる	つれ	てよ	下二段型		
連用形	たり	たら	たり	たり	たる	たれ	たれ	ラ変型		①完了(…タ) ②存続(…テアル・…テイル)
連用形 カ変・サ変は特殊	き	(せ)	○	き	し	しか	○	特殊型	過去	(経験)過去(…タ)
連用形	けり	(けら)	○	けり	ける	けれ	○	ラ変型		①(伝聞)過去(…タ(ソウダ)) ②詠嘆(…ダッタノダナア)

付

接続	接続の詳細	語	未然形	連用形	終止形	連体形	已然形	命令形	活用の型	意味	主な用法・訳語
連用形		けむ(けん)	○	○	けむ(けん)	けむ(けん)	けめ	○	四段型	推量	①過去推量(…タ(ノ)ダロウ) ②過去の原因推量(コウイウワケデ・ドウシテ)…タノダロウ) ③婉曲・伝聞(…タヨウナ…タトカイウ)
終止形	ラ変には連体形	べし	べから	べく べかり	べし	べき べかる	べけれ	○	ク活用型	推量	①推量(キット)…ニチガイナイ・…ダロウ) ②予定(…コトニナッテイル) ③当然・適当(…ハズダ・…トヨイ) ④命令(…ガヨイ・…ナサイ) ⑤必要・義務(…ナケレバナラナイ) ⑥意志(…ウ・…ツモリダ)
終止形	ラ変には連体形	らむ(らん)	○	○	らむ(らん)	らむ(らん)	らめ	○	四段型	推量	①現在推量(今ゴロ)…テイルダロウ) ②現在の原因推量(コウイウワケデ・ドウシテ)…ノダロウ)
終止形	ラ変には連体形	らし	○	○	らし	らし	らし	○	特殊型	推量	確実な根拠による推量(…ニチガイナイ・…ラシイ)
終止形	ラ変には連体形	めり	○	めり	めり	める	めれ	○	ラ変型	推量	①推量(…ヨウニ見エル・…(ノ)ヨウダ) ②婉曲(…ヨウダ・…ヨウニ思ワレル)
終止形	ラ変には連体形	まじ	まじから	まじく まじかり	まじ	まじき まじかる	まじけれ	○	シク活用型	打消推量	①打消の推量(…ナイダロウ) ②打消の当然(…ハズガナイ) ③打消の意志(…ナイツモリダ・…マイ) ④不適当・禁止(…ナイホウガヨイ・…テハイケナイ) ⑤不可能(…デキナイ)
終止形	ラ変には連体形	なり	○	なり	なり	なる	なれ	○	ラ変型	伝聞推定	①伝聞(…トイウ・…ソウダ) ②推定(…ラシイ・…ヨウダ)
連体形(体言)	体言・連体形	なり	なら	なり に	なり	なる	なれ	なれ	ナリ活用型	断定	断定(…ダ・…デアル)
連体形(体言)	体言	たり	たら	たり と	たり	たる	たれ	たれ	タリ活用型	断定	断定(…ダ・…デアル)
連体形(体言)	連体形、助詞「の」「が」	ごとし	○	ごとく	ごとし	ごとき	○	○	ク活用型	比況	①比況(…(ノ)ヨウダ・…ト同ジダ) ②例示(…(ノ)ヨウダ)
特殊	四段の命令形 サ変の未然形	り	ら	り	り	る	れ	れ	ラ変型	完了	①完了(…タ) ②存続(…テアル・…テイル)

付

(5) B・主要助動詞活用表（意味による分類）

種類	語	未然形	連用形	終止形	連体形	已然形	命令形	おもな意味（訳し方）	活用の型	承接
使役	す	せ	せ	す	する	すれ	せよ	①使役（…セル・…サセル）②尊敬（オ（ゴ）…ニナル・…ナサル）③謙譲（…申シ上ゲル）	下二段型	未然形 四段・ナ変・ラ変
	さす	させ	させ	さす	さする	さすれ	させよ			右以外
	しむ	しめ	しめ	しむ	しむる	しむれ	しめよ			
自発 可能 受身 尊敬	る	れ	れ	る	るる	るれ	れよ	①自発（自然ニ）…レル・…ラレル）②可能（…レル・…ラレル・…コトガデキル）③受身（…レル・…ラレル）④尊敬（…レル・…ラレル・オ（ゴ）…ニナル・…ナサル）		四段・ナ変・ラ変
	らる	られ	られ	らる	らるる	らるれ	られよ			右以外
打消	ず	ざら	ず ざり	ず	ぬ ざる	ね ざれ	ざれ	打消（…ナイ）	特殊型	
願望	まほし	まほしから	まほしく まほしかり	まほし	まほしき まほしかる	まほしけれ	○	願望（…タイ・…タガル・…テホシイ）	シク活用型	
	たし	たから	たく たかり	たし	たき たかる	たけれ	○		ク活用型	連用形
完了	ぬ	な	に	ぬ	ぬる	ぬれ	ね	①完了（…タ・…テシマッタ）②確述（キット…（ダロウ）・…テシマオウ）	ナ変型	
	つ	て	て	つ	つる	つれ	てよ		下二段型	
	たり	たら	たり	たり	たる	たれ	たれ	①完了（…タ）②存続（…テアル・…テイル）	ラ変型	
	り	ら	り	り	る	れ	れ			特殊 四段の命令形 サ変の未然形
過去	き	（せ）	○	き	し	しか	○	（経験）過去（…タ）	特殊型	連用形 カ変・サ変は特殊
	けり	（けら）	○	けり	ける	けれ	○	①（伝聞）過去（…タ（ソウダ））②詠嘆（…ダッタノダナア）	ラ変型	
推量	む（ん）	○	○	む（ん）	む（ん）	め	○	①推量（…ダロウ）②意志（…ウ・…ヨウ）③適当・勧誘（…ノガヨイ・…ベキダロウ）④仮定・婉曲（…トシタラ・…ヨウナ）	四段型	未然形
	むず（んず）	○	○	むず（んず）	むずる（んずる）	むずれ（んずれ）	○		サ変型	
	らむ（らん）	○	○	らむ（らん）	らむ（らん）	らめ	○	①現在推量（（今ゴロ）…テイルダロウ）②現在の原因推量（（コウイウワケデ・ドウシテ）…ノダロウ）	四段型	終止形 ラ変には連体形

付

推量					打消推量		伝聞推定	断定		比況
けむ (けん)	べし	まし	らし	めり	じ	まじ	なり	なり	たり	ごとし
○	べから	ましか (ませ)	○	○	○	まじから	○	なら	たら	○
○	べく べかり	○	○	めり	○	まじく まじかり	なり	なり に	たり と	ごとく
けむ (けん)	べし	まし	らし	めり	じ	まじ	なり	なり	たり	ごとし
けむ (けん)	べき べかる	まし	らし	める	じ	まじき まじかる	なる	なる	たる	ごとき
けめ	べけれ	ましか	らし	めれ	じ	まじけれ	なれ	なれ	たれ	○
○	○	○	○	○	○	○	○	なれ	たれ	○
①過去推量(…タ(ノ)ダロウ) ②過去の原因推量((コウイウワケデ・ドウシテ)…タノダロウ) ③婉曲・伝聞(…タヨウナ・…タトカイウ)	①推量(キット…ニチガイナイ・…ダロウ) ②予定(…コトニナッテイル) ③当然・適当(…ハズダ・…トヨイ) ④命令(…ガヨイ・…ナサイ) ⑤必要・義務(…ナケレバナラナイ) ⑥意志(…ウ・…ツモリダ)	①反実仮想(モシ…タラ…ダロウ) ②願望(…バヨイノニ・…デアレバナア) ③ためらい(…(ヨ)ウカシラ)	確実な根拠による推量(…ニチガイナイ・…ラシイ)	①推量(…ヨウニ見エル・…(ノ)ヨウダ) ②婉曲(…ヨウダ・…ヨウニ思ワレル)	①打消の推量(…ナイダロウ・…マイ) ②打消の意志(…ナイツモリダ・…マイ)	①打消の推量(…ナイダロウ) ②打消の当然(…ハズガナイ) ③打消の意志(…ナイツモリダ・…マイ) ④不適当・禁止(…ナイホウガヨイ・…テハイケナイ) ⑤不可能(…デキナイ)	①伝聞(…トイウ・…ソウダ) ②推定(…ラシイ・…ヨウダ)	断定(…ダ・…デアル)		①比況(…(ノ)ヨウダ・…ト同ジダ) ②例示(…(ノ)ヨウダ)
四段型	ク活用型	特殊型		ラ変型	特殊型	シク活用型	ラ変型	ナリ活用型	タリ活用型	ク活用型
連用形	終止形	未然形	終止形		未然形	終止形		連体形(体言)		
	ラ変には連体形		ラ変には連体形			ラ変には連体形		体言・連体形	体言	連体形、助詞「の」「が」

(6) 主要助詞一覧

種類	語	おもな接続	おもな意味・用法	訳語	用例
格助詞	が	体言 活用語の連体形	①連体修飾用法 ②同格 ③準体用法 ④主格	①…の ②…で(あって) ③…のもの ④…が	①大進生昌**が**家に、宮の出でさせたまふに〈枕・大進生昌が家に〉 ②いとやむごとなき際にはあらぬ**が**、すぐれて時めきたまふありけり〈源氏・桐壺〉 ③この歌、ある人のいはく、柿本人麻呂**が**なり〈古今・夏・一三五左注〉 ④雁などの列ねたる**が**、いと小さく見ゆるは、いとをかし〈枕・春は、あけぼの〉
	の	体言 助詞 活用語の連体形	①連体修飾用法 ②同格 ③準体用法 ④主格	①…の ②…で(あって) ③…のもの ④…が	①采女**の**袖吹き返す明日香風京を遠みいたづらに吹く〈万葉・一・五一〉 ②白き鳥**の**、嘴と脚と赤き、鴫の大きさなる〈伊勢・九〉 ③草の花は、瞿麦。唐**の**はさらなり〈枕・草の花は〉 ④かぐや姫**の**、皮衣を見ていはく「うるはしき皮なめり」〈竹取・火鼠の皮衣〉
	に	体言 活用語の連用形・連体形	①場所・時間 ②動作の到着点・方向 ③変化の結果 ④原因・理由 ⑤受身や使役表現での動作主	①…に ②…に ③…に ④…のために ⑤…に	①昔、男、片田舎**に**住みけり〈伊勢・二四〉 ②亭子の帝、鳥飼院**に**おはしましにけり〈大和・一四六〉 ③かたみに導きかはしたまふべき心を願文**に**作らせたまへり〈源氏・鈴虫〉 ④春の野に若菜摘まむと来しものを散りかふ花**に**道はまどひぬ〈古今・春下・一二六〉 ⑤盗人なりければ、国の守**に**からめられにけり〈伊勢・一二〉
	を	体言 活用語の連体形	①動作・作用の対象 ②動作・作用の起点 ③経過する時間 ④動作の相手となる対象	①…を ②…を、…から ③…を ④…に	①文**を**書きて、やれども、返りごともせず〈竹取・石作の皇子〉 ②さりとて、都**を**遠ざからんも、古里おぼつかなかるべきを〈源氏・須磨〉 ③年**を**経て消えぬ思ひはありながら夜の袂はなほ凍りけり〈古今・恋二・五九六〉 ④音羽山のほとりにて人**を**別るとてよめる〈古今・離別・三八四詞書〉
	へ	体言	動作・作用の方向・到着点	…の方へ	朝には海辺にあさりし夕されば大和**へ**越ゆる雁しともしも〈万葉・六・九五四〉
	まで	体言 活用語の連体形	到着点	…まで	今日**まで**ながらへはべりにけるよ〈源氏・葵〉

付

種類	助詞	接続	意味	訳語	用例
格助詞	と	体言 引用内容	①動作をともにする相手 ②引用 ③並立	①…と ②…と ③…と…と	①若宮も人に抱かれておはしまして、こなたの若君**と**走り遊び〈源氏・幻〉 ②無期の後に「えい」**と**いらへたりければ〈宇治拾遺・一・一三〉 ③唐土**と**この国**と**は、言異なるものなれど〈土佐〉
格助詞	より	体言 活用語の連体形	①動作・作用の起点・経過点 ②手段・方法 ③比較の基準	①…から ②…で ③…より	①この十五日になむ、月の都**より**、かぐや姫の迎へにまうで来なる〈竹取・かぐや姫の昇天〉 ②ある時思ひ立ちて、ただひとりかち**より**詣でけり〈徒然・五二〉 ③野分だちて、にはかに肌寒き夕暮れのほど、常**より**も思し出づること多くて〈源氏・桐壺〉
格助詞	から	体言 活用語の連体形	①動作・作用の起点 ②原因・理由	①…から ②…ゆえに	①ただ今**から**気高くきよらなる御さまを〈源氏・玉鬘〉 ②わが御ありさま**から**、さまざまもの嘆かしくてなむありける〈源氏・総角〉
格助詞	して	体言 活用語の連体形 助詞	①手段・方法・材料・道具 ②動作をともにする人数・範囲 ③使役の対象	①…で ②…で ③…に	①そこなりける岩に、およびの血**して**書きつけける〈伊勢・二四〉 ②大臣にも聞こえたまはず、御供にも睦ましき限り**して**おはしましぬ〈源氏・帚木〉 ③御使にも、女房**して**、土器さし出でさせたまひて、強ひさせたまふ〈源氏・若菜・上〉
格助詞	にて	体言 活用語の連体形	①場所・時間 ②状態 ③手段・方法・材料 ④原因・理由	①…で…において ②…で ③…で ④…によって	①千住といふ所**にて**船をあがれば〈おくのほそ道・旅立〉 ②あるかなきかの気色**にて**臥したまへるさま、いとらうたげに心苦しげなり〈源氏・葵〉 ③蛤の具**にて**髭を抜くもあり〈浮・西鶴諸国ばなし〉 ④我朝ごと夕ごとに見る竹の中におはする**にて**知りぬ〈竹取・かぐや姫〉
接続助詞	ば	①活用語の未然形 ②活用語の已然形	①順接の仮定条件 ②順接の確定条件	①…たら…なら ②…ので、…と	①かしこより人おこせ**ば**、これをやれ〈伊勢・九六〉 ②暁より雨降れ**ば**、同じ所に泊まれり〈土佐〉
接続助詞	と	動詞（型活用語）・形容動詞（型活用語）の終止形、形容詞（型活用語）の連用形	逆接の仮定条件	たとえ…ても	あらしのみ吹くめる宿に花薄穂に出でたり**と**かひやなからむ〈蜻蛉・上〉
接続助詞	とも	動詞（型活用語）の終止形、形容詞（型活用語）の連用形、助動詞「ず」の連用形	逆接の仮定条件	たとえ…としても	用ありて行きたり**とも**、その事果てなば、とく帰るべし〈徒然・一七〇〉

付

種類	語	おもな接続	おもな意味・用法	訳語	用例
接続助詞	ど ども	活用語の已然形	①逆接の確定条件 ②逆接の恒常条件	①…けれども …のに ②…ても、いつも	①翁、嫗血の涙を流して惑へ**ど**、かひなし〈竹取・かぐや姫の昇天〉。足ずりをして泣け**ども**かひなし〈伊勢・六〉 ②よき造紙などは、いみじう心して書け**ど**、かならずこそ、きたなげになるめれ〈枕・ありがたきもの〉。子孝せんと思へ**ども**、親待たず〈栄花・一五〉
	が	活用語の連体形	①単純接続 ②逆接の確定条件	①…が ②…けれども	①落ち入りけるとき、巳の時ばかりなりける**が**、日もやうやく暮れぬ〈今昔・一六・二四〉 ②声をあげ叫びける**が**、後には声もせざりけり〈保元・中〉
	に	活用語の連体形	①逆接の確定条件 ②順接の確定条件	①…けれども …のに ②…ので、…から	①翼をならべ、枝をかはさむと契らせたまひし**に**、かなはざりける命のほどぞ尽きせずうらめしき〈源氏・桐壺〉 ②涙のこぼるる**に**目も見えず、ものも言はれず〈伊勢・六二〉
	を	活用語の連体形	①順接の確定条件 ②逆接の確定条件	①…ので、…から ②…けれども …のに	①この女の童は、絶えて宮仕へつかうまつるべくもあらずはんべる**を**、もてわづらひはべり〈竹取・かぐや姫の昇天〉 ②参りたまふべき由ありける**を**、重く煩ふ由申して参らず〈源氏・若菜・下〉
	て	活用語の連用形	①時間的先後関係 ②同時 ③順接 ④状態	①…て ②…て ③…から …ので ④…て	①ゆかしければ、心の中に拝み**て**とりたまひつ〈源氏・若菜・上〉 ②言葉など教へ**て**書かせたてまつりたまふ〈源氏・若菜・下〉 ③いかなる罪を犯し**て**かく悲しき目を見るらむ〈源氏・明石〉 ④口々めづることどもを、すずろに笑み**て**聞きゐたり〈源氏・東屋〉
	して	形容詞・形容動詞（型活用語）の連用形、助動詞「ず」の連用形	①状態 ②並列 ③原因・理由 ④逆接	①…て、…で ②…て、…で ③…ので …から ④…けれども …のに	①かくばかりのしるしとあるなにがしを知らず**して**や、朝廷には仕うまつりたうぶ〈源氏・少女〉 ②ゆるく**して**やはらかなる時は、一毛も損ぜず〈徒然・二一一〉 ③法師は、せめてここに宿さまほしく**して**、頭搔き歩く〈源氏・玉鬘〉 ④病いと重く**して**おこたりたるころなり〈大和・一二九〉
	で	活用語の未然形	打ち消して下へ続ける	…ないで …なくて	かたちとても人にも似ず、心魂もあるにもあら**で**、かうものの要にもあら**で**あるも〈蜻蛉・上〉
	つつ	動詞・助動詞の連用形	①動作・作用の反復 ②動作・作用の継続 ③動作・作用の並列	①繰り返し…て ②…ながら ③…ながら	①はかなきことどもをうち語らひ**つつ**、明け暮らしたまふ〈源氏・椎本〉 ②かたはなるまで遊び戯れ**つつ**暮らしたまふ〈源氏・浮舟〉 ③母君、乳母などの、かやうに言ひ知らせ**つつ**、たびたび詣でさせしを、かひなきにこそあめれ〈源氏・手習〉

付

種類	語	接続	意味	訳語	用例
接続助詞	ながら	動詞(型活用語)の連用形 打消の助動詞「ず」の連用形	①逆接の確定条件 ②動作・状態の継続 ③二つの動作の並列	①…けれども …のに ②…(の)まま ③…ながら	①家司望みたまひし大納言も、やすからず思ひ**ながら**さぶらひたまふ〈源氏・若菜・上〉 ②定めてさならむとも知らず**ながら**、うち出でのたまはせむもつつましく〈源氏・手習〉 ③手に氷を持ち**ながら**、かくあらそふを〈源氏・蜻蛉〉
	ものから ものの ものゆゑ ものを	活用語の連体形	逆接の確定条件 〔注〕「ものゆゑ」は平安時代から順接の確定条件も表す。	…けれども …のに	見渡せば近き**ものから**岩隠りかがよふ玉を取らずは止まじ〈万葉・六・九五一〉 つれなくねたき**ものの**、忘れがたきに思す〈源氏・夕顔〉 波の間ゆ雲居に見ゆる粟島の逢はぬ**ものゆゑ**我に寄そる児ら〈万葉・一二・三一六七〉。しばし見ぬだに恋しき**ものを**、遠くはましていかに〈源氏・須磨〉
係助詞	は	種々の語	①主題 ②対比	①…は ②…(の方)は	①かぐや姫**は**、「あな、うれし」と喜びてゐたり〈竹取・火鼠の皮衣〉 ②黒崎の松原を経て行く。所の名**は**黒く、松の色**は**青く、磯の波**は**雪のごとくに〈土佐〉
	も	種々の語	①列挙 ②例示 ③最小限の願望	①…も…も ②(たとえば)…(で)も ③(せめて)…だけでも	①このことを嘆くに、鬚**も**白く、腰**も**かがまり、目**も**ただれにけり〈竹取・かぐや姫の昇天〉 ②歌の詞書にも、「花見にまかれりけるに、はやく散り過ぎにければ」と**も**、「障る事ありてまからで」など**も**書けるは〈徒然・一三七〉 ③ただひと声**も**もよほしきこえよ〈源氏・末摘花〉
	ぞ	種々の語	強調	(とくに訳出する必要はない)	聞きしよりもまして、言ふかひなく**ぞ**、こぼれ破れたる〈土佐〉
	なむ(なん)	種々の語	強調	(とくに訳出する必要はない)	燕の子産まむとするときは、尾を捧げて、七度めぐりて**なむ**産み落とすめる〈竹取・燕の子安貝〉
	や　か	種々の語	①疑問 ②反語	①…か ②…か、いや、そうではない	①大伴の大納言は、竜の頸の玉**や**取りておはしたる〈竹取・竜の頸の玉〉。煙立ち燃ゆとも見えぬ草の葉を誰**か**わらびと名づけそめけむ〈古今・物名・四五三〉 ②世の常のあだごとのひきつくろひ飾れるにおされて、業平が名を**や**朽たすべき〈源氏・絵合〉。誰**か**とまりて、悪しきことをも見、善きをも見思ふべき〈堤中納言・虫めづる姫君〉
	こそ	種々の語	強調	…こそ (とくに訳出する必要はない)	野分のまたの日**こそ**、いみじうあはれに、をかしけれ〈枕・野分のまたの日こそ〉

付

種類	語	おもな接続	おもな意味・用法	訳語	用例
副助詞	だに	体言、活用語の連体形、助詞	①最小限に限定 ②極端な事柄を示し、他の事柄を類推させる	①せめて…だけでも ②…さえ	①もとの御かたちとなりたまひね。それを見て**だに**帰りなむ〈竹取・かぐや姫の昇天〉 ②かぐや姫、光やあると見るに、蛍ばかりの光**だに**なし〈竹取・石作の皇子〉
	すら	体言、活用語の連体形、副詞、助詞	極端な事柄を示し、他の事柄を類推させる	…でさえ	聖など**すら**、前の世のこと夢に見るは、いと難かなるを〈更級〉
	さへ	体言、活用語の連体形、助詞	①添加 ②極端な事柄を示し、他の事柄を類推させる ③最小限の条件	①…までも ②…でさえ ③…さえ	①思ひやすぎにし人の悲しきに君**さへ**つらくならむものとは〈大和・一三〉 ②いかなる鳥獣**さへ**も子を思ふ心浅からず。いはんや人倫においてをや〈太平記・三四〉 ③頭丸めしとて、金**さへ**あれば、色里の太夫も、それにはかまはず自由になる〈浮・本朝二十不孝〉
	のみ	体言、活用語の連体形、副詞、助詞	①限定 ②強調	①…だけ ②(ただ)…ばかり	①その沼の底を見るに、ただ、人の屍**のみ**あり〈肥前国風土記〉 ②御胸**のみ**つとふたがりて、つゆまどろまれず〈源氏・桐壺〉
	ばかり	体言、活用語の終止形・連体形	①程度・範囲 ②限定	①…ほど …くらい ②…だけ	①八つ、九つ、十**ばかり**などの男児の、声はをさなげにて〈枕・愛しきもの〉 ②紅梅の織物の御衣に、たたなはりたる御髪の、すそ**ばかり**見えたるに〈堤中納言・このついで〉
	まで	体言、活用語の連体形	①程度 ②限界・範囲 ③限定	①…ほど …くらい ②…まで ③…だけ …のみ	①里人の聞き恋ふる**まで**山彦の相とよむ**まで**ほととぎす妻恋すらしさ夜中に鳴く〈万葉・一〇・一九三七長歌〉 ②はかなき旅の御座所は奥**まで**隈なし〈源氏・須磨〉 ③某**まで**にてもなし、今一人申し合はせて立たる人が御ざるが〈狂・腹立てず〉
	など	体言、活用語の連用形・連体形、引用内容	①例示 ②婉曲 ③引用	①…など ②…など ③…などと	①御送りの上達部、殿上人、六位**など**、言ふ限りなききよらを尽くさせたまへり〈源氏・宿木〉 ②童のをかしき宿直姿にて、二、三人出でて歩き**など**しけり〈源氏・蜻蛉〉 ③「あまりやつしけるかな。聞きもこそすれ」**など**のたまふ〈源氏・若紫〉
	し しも	体言、活用語の連用形・連体形、副詞、助詞	指示強調	(とくに訳出する必要はない)	大空の月の光**し**清ければ影見し水ぞまづこほりける〈古今・冬・三一六〉。旅に去にし君**しも**継ぎて夢に見ゆ我が片恋の繁ければかも〈万葉・一七・三九二九〉

付

種類	語	接続	意味	訳	用例
終助詞	な	活用語の終止形（ラ変型活用語には連体形）	禁止	…な …てはいけない	おどろおどろしく言ふな〈源氏・夕顔〉
	な	体言、活用語の終止形、助詞	感動・詠嘆・念押し	…なあ …ね	蟬の声聞けばかなしな夏衣うすくや人のならむと思へば〈古今・恋四・七一五〉
	そ	動詞・助動詞の連用形（カ変動詞・サ変動詞には未然形）	禁止	…てくれるな …ないでくれ	かく、ひたぶるに騒ぎそ〈源氏・若菜・下〉
	ばや	動詞（型活用語）の未然形	願望	…たい	思ひ知る人に見せばや山里の秋の夜ふかき有り明けの月〈更級〉
	なむ（なん）	動詞・助動詞の未然形	他にあつらえ望む	…てほしい …てもらいたい	入らせたまはぬさきに雪降らなむ、この御前の有り様、いかにをかしからむ〈紫式部日記〉
	がな	体言、助詞「を」	願望	…があ（い）ればいいなあ	かの君たちをがな〈源氏・橋姫〉
	てしか にしか	活用語の連用形	願望	…たいものだ	朝な朝な上がるひばりになりてしか都に行きてはや帰り来む〈万葉・二〇・四四三三〉。伊勢の海に遊ぶ海人ともなりにしか浪かきわけて見るめかづかむ〈後撰・恋五・八九一〉
	てしかな にしがな	活用語の連用形	願望	…たいものだなあ	いかでこのかぐや姫を得てしかな、見てしかなと〈竹取・かぐや姫〉。命をしむと人に見えずもありにしがな〈蜻蛉・中〉
	もがな	体言、形容詞の連用形	願望	…があればなあ	正月なれば、京の子の日のことといひ出でて「小松もがな」といへど〈土佐〉
	か	体言、活用語の連体形	感動・詠嘆	…だなあ …であることよ	つれなきを今は恋ひじと思へども心弱くも落つる涙か〈古今・恋五・八〇九〉
	かな	体言、活用語の連体形	感動・詠嘆	…なあ …であることよ	しるしなき音をも鳴くかな鶯の今年のみ散る花ならなくに〈古今・春下・一一〇〉
	かも	体言、活用語の連体形	感動・詠嘆	…だなあ	霞立つ長き春日をかざせれどいやなつかしき梅の花かも〈万葉・五・八四六〉
	かし	種々の語	確認・念押し	…よ、…ね	形見に見るばかりのなごりをだにとどめよかし〈源氏・横笛〉
	を	体言、活用語の連体形	感動・詠嘆	…だが …のに	世にかかる光の出でおはしたることと驚かれはべりしを〈源氏・朝顔〉
間投助詞	や	種々の語	感動・詠嘆	…だなあ	あな、憎のをのこや。など、かう惑ふ〈枕・方弘は〉
	よ	種々の語	詠嘆・呼びかけ	…よ	絶え果つる物とは見つつささがにの糸をたのめる心細さよ〈後撰・恋一・五六九〉
	を	種々の語	強調	（とくに訳出する必要はない）	恋しくは下にを思へ紫の根摺りの衣色に出づなゆめ〈古今・恋三・六五二〉

(7) 主要敬語動詞一覧

意味する動作	尊敬語 敬語動詞	尊敬語 現代語訳	謙譲語 敬語動詞	謙譲語 現代語訳	丁寧語に近い謙譲語 敬語動詞	丁寧語に近い謙譲語 現代語訳	丁寧語 敬語動詞	丁寧語 現代語訳
いる ある	いでます います(四段・サ変) いますがり いまそがり おはさうず おはさふ おはします おはしまさふ おはす ござる まします ます[座す](四段)	イラッシャル オイデニナル	さうらふ さぶらふ はべり	(オソバニ)オ控エ申シ上ゲル			ござる さうらふ さぶらふ はべり	オリマス ゴザイマス
行く 来る	いでます います(四段・サ変) いまそがり おはさうず おはします おはす ござる ます[座す](四段)	イラッシャル オイデニナル	さぶらふ まうづ まうでく まゐる まかづ まかる	参上スル ウカガウ オイトマ申シ上ゲル 退出サセテイタダク	まうでく まかづ まかる まゐる	参リマス		
与える くれる 贈る 渡す	くださる たうぶ(四段) たぶ(四段) たまはす たまはる たまふ(四段)	オ与エニナル クダサル	たてまつる(四段・下二段) まつる まゐらす(下二段) まゐる	サシアゲル 献上スル				
下げる			まかづ	オ下ゲスル				
もらう 受ける			いただく うけたまはる くださる	イタダク オ受ケスル				

付

もらう 受ける			たまはる たまふ(下二段)					
食べる 飲む	きこしめす たてまつる(四段) まつる めす をす	召シアガル オ飲ミニナル	いただく たぶ(下二段) たまふ(下二段)	イタダク	たうぶ(下二段) たぶ(下二段)	イタダキマス 食ベマス 飲ミマス		
言う	おほす きこす のたまはす のたまふ	オッシャル	きこえさす(下二段) きこゆ けいす そうす まうす まをす	申シ上ゲル	まうす	申シマス		
聞く	きこしめす きこす	オ聞キニナル	うけたまはる	ウカガウ 拝聴スル				
する	あそばす まゐる めす	ナサル	つかうまつる つかへまつる つかまつる まうす まゐる	(オ・ゴ)…申シ上ゲル シテサシアゲル	いたす つかうまつる つかまつる	イタシマス		
思う	おぼしめす おぼす おぼほす おもほす	オ思イニナル						
見る	ごらんず みす(四段) めす	ゴ覧ニナル						
呼び寄せる 取り寄せる	めす	オ呼ビ寄セニナル オ取リ寄セニナル						
着る 身につける	たてまつる(四段) めす をす	オ召シニナル 身ニオツケニナル						
乗る	たてまつる(四段) めす	オ乗リニナル						

意味する動作	尊敬語 敬語動詞	尊敬語 現代語訳	謙譲語 敬語動詞	謙譲語 現代語訳	丁寧語に近い謙譲語 敬語動詞	丁寧語に近い謙譲語 現代語訳	丁寧語 敬語動詞	丁寧語 現代語訳
統治する 治める	きこしめす きこしをす しらしめす しろしめす めす をす	統治ナサル オ治メニナル						
知る 知っている	しろしめす	ゴ存ジデイラッシャル						
寝る	おほとのごもる	オ眠リニナル オヤスミニナル						
仕える			さうらふ さぶらふ つかうまつる つかへまつる つかまつる	オ仕エスル				
補助動詞	あそばす います(四段・サ変) いますがり いまそがり おはさうず おはさふ おはします おはしまさふ おはす くださる ござる たうぶ(四段) たぶ(四段) たまはる たまふ(四段) まします ます[座す](四段)	オ(ゴ)…ニナル …ナサル …(テ・デ)イラッシャル …(テ・デ)オイデニナル …(テ)クダサル	いただく きこえさす(下二段) きこゆ たてまつる(四段) つかうまつる まうす まつる まゐらす(下二段) まをす	オ(ゴ)…スル オ(ゴ)…申シ上ゲル …(テ)イタダク	たまふ(下二段) つかうまつる	…マス …(テ)オリマス	ござる さうらふ さぶらふ はべり	…(テ)オリマス …(デ)ゴザイマス …マス …デス

付

古文の敬語を理解するために
—現代語の敬語と比較しながら—

現代語の敬語がよく理解できていれば、古文の敬語も、それほど難しくはない。ただ、若い世代には、そもそも現代語の敬語も苦手だという人がかなりいる。そこで、以下では、必要に応じて現代語の敬語に触れた上で、古文の敬語を理解するための要所を述べることにしよう。

一　敬語とその種類

まず、敬語とは、〈普通の述べ方と違った述べ方をすることによって、話し手が何らかの人物に対して敬意をあらわす表現〉だといえる。この「何らかの人物」というのが、「主語」であったり「行為の関係する方面（補語）」であったり「聞き手」であったり、いろいろな場合があり、それによって敬語の種類が区別されることになるのだが、それは追って見ていくことにしよう。

敬語の種類の分け方は、一般的には尊敬語・謙譲語・丁寧語に三分されているので、本稿でもこれに従う。

二　尊敬語

尊敬語は、話し手が主語（行為の主）に敬意を示す表現、簡単にいえば**主語を高める**表現である。現代語の次の二つの文を比べてみよう。

① 田中さんが帰る。
② 先生がお帰りになる。

①の「田中さん」が普通に扱われているのに対し、②の「先生」は「お……になる」という形によって高く扱われていると感じられるだろう。

もっと一般的に、主語をXとして（Xにいろいろな語が入る）「（Xガ）帰る」と「（Xガ）お帰りになる」とを比べると、前者ではXが普通の扱いを受けるが、後者ではXが普通より高い扱いを受ける。図1・2のようである。図の横線が基準面で、図1の普通扱いのときはXは基準面にあるが、図2のXは基準面より高められている。主語Xをこのように高める矢印の働きが、尊敬語の働きである。「（Xガ）お帰りになる」は、古文なら「（Xガ）帰りたまふ」である。（図の中に二つの語形がある場合は、右が現代語、左が古語。以下同様）

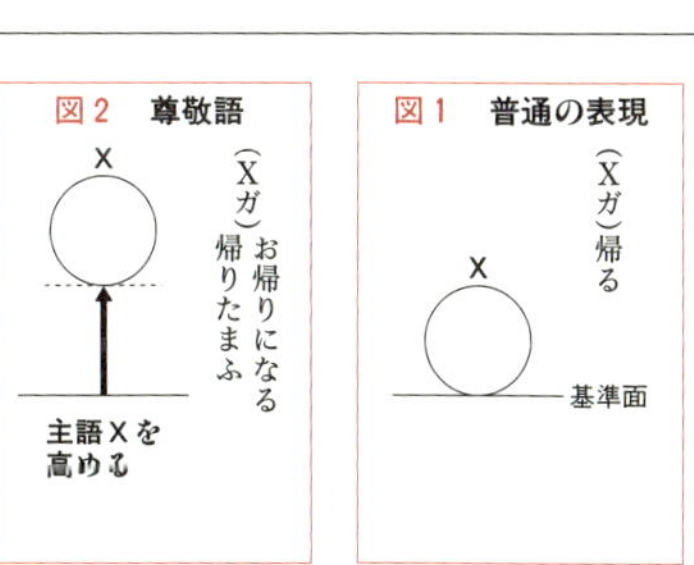

Xは、たまたま聞き手である場合（先生に向かって「先生は何時ごろお帰りになりますか」と言う場合）も、第三者である場合（「鈴木先生は五時にお帰りになるそうです」と別の人に言う場合）もあるが、**主語への敬意**の表現である点はどちらの場合も共通で、これが尊敬語の特徴である。

念のため、行為の相手がある場合として「（XガYニ）言う／おっしゃる」にも触れておこう。この場合も、「言う」ならXは基準面に位置するが（図は略）、

③ 先生（X）が私（Y）におっしゃる。

と言えば、尊敬語「おっしゃる」により、図3のようにXが基準面より高められる。古文なら「（XガYニ）のたまふ」である。

尊敬語は、現代語では「お（ご）……になる」「おっしゃる」のほか「いらっしゃる」「くださる」「なさる」「めしあがる」などがある。このうち「お（ご）……になる」は多くの語に使えるが、他の語は、「おっしゃる」は「言う」意というように、それぞれ特定の意味をあらわす。このように、敬語には、多くの語に使える一般形と、特定の意味に対応する特定形とがある。

平安時代を中心に、古文の主な尊敬語をあげておこう。一般形としては、「……たまふ」（補助動詞、四段）と、より敬度の高い「……（さ）せたまふ」（助動詞「（さ）す」＋補助動詞「たまふ」、四段）がある（現代

付

語訳としては、どちらも「お(ご)……になる」が代表的な訳になる」。特定形には、「のたまふ(おっしゃる意)」「おはす・おはします(いらっしゃる意)」「きこしめす(お聞きになる意・めしあがる意など)」「御覧ず(ごらんになる意)」「たまふ(くださる意、四段)」などがある。

尊敬語の簡単な例文をあげておく。

ア　仁和の帝、みこにおはしましける時に、布留の滝御覧じにおはしまして、帰りたまひけるによめる〔仁和の帝が親王でいらっしゃった時に、布留の滝をごらんになりにいらっしゃって、お帰りになったときによんだ歌〕〈古今・離別・三九六詞書〉

この歌は、仁和の帝ではなく、この時のご案内役をつとめた法師がよんだものである。そのため、「よめる」には尊敬語が使われていない。

三　謙譲語A

謙譲語には、実は大別して二種あり、これらをかりにA・Bとすると、**謙譲語A**は、話し手が**行為の関係する方面（補語）を高める**表現である。

先程「(XガYニ)言う」で、Xが高めるべき人物（たとえば「先生」）である場合には、尊敬語で「(XガYニ)おっしゃる」と言うことを見たが、今度は逆に、Yが高めるべき人物であり、たとえば「私が先生に言う」という内容を述べるとしよう。この場合は、「(XガYニ)申し上げる」、具体的には

④　私(X)が先生(Y)に申し上げる。

という表現になる。この「申し上げる」が謙譲語Aである。古文なら「(XガYニ)きこゆ」と言うところである。

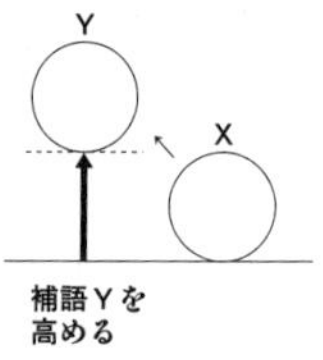

図4　謙譲語A

Y

X

(XガYニ)申し上げる
きこゆ

補語Yを
高める

このように、謙譲語Aとは、行為の相手Y、つまり「……ニ(ヲ・カラ等)」にあたる人物があるときに使い、それを高める表現である。「(先生ニ)お尋ねする」「(社長ヲ)ご案内する」「(奥様カラ)お預かりする」など、いずれも謙譲語Aである。こうした「……ニ（ヲ・カラ等）」、つまり行為の関係する方面Yを（主語Xに対して）補語と呼ぶことにすると（〈注〉英文法の補語とは違う）、謙譲語Aとは**補語への敬意**の表現であるとまとめられる。

以上の事情は、図4のようである（上向きの矢印が謙譲語Aの働き、細い矢印は行為を示す）。補語は、聞き手の場合（「申し上げたいことがあります」）も、第三者の場合（「きのう鈴木先生に申し上げました」）もある。

なお、謙譲語というと〈主語を低める〉というイメージがあろう。確かに例④では、主語Xは補語Yよりも低い。だが、謙譲語Aの本質は〈主語Xを低める〉ことではなく、むしろ〈補語Yを高める〉ことのほうにある。Xを基準面に置いたままYを高めるので、結果としてXがYより低く見える、というだけのことである。また、とくに古文では、後述のように「謙譲語AでYを高めつつ、一方で別にXのことも高める」という高等なテクニック（二方面敬語）も頻用され、その場合、Y＞Xとは限らないので、〈主語を低める〉という説明は当たらない。謙譲語Aを解説するにあたって、本稿では、〈主語を低める〉という説明はあえて避けておく。

語例をあげておこう。現代語の謙譲語Aには、一般形として「お(ご)……する」「お(ご)……申し上げる」、特定形として「申し上げる」「伺う」「さしあげる」「いただく」「お目にかかる」「存じ上げる」などがある。

古文の謙譲語Aの一般形には「……きこゆ」「……きこえさす」「……たてまつる」や、より敬度の高い「……たてまつらす」「……まゐらす」など（いずれも補助動詞用法）がある。たとえば「尋ねきこゆ」「迎へたてまつる」の現代語訳は「お尋ねする(お尋ね申し上げる)」「お迎えする(お迎え申し上げる)」というように、基本的には現代語「お……する」「お……申し上げる」が対応する。特定形（本動詞）には「きこゆ・きこえさす・申す（申し上げる）」「まゐる（参上する意）」「まかづ（貴所から退出する意）」「たてまつる・まゐらす（さしあげる意）」「たまはる（いただく意）」などがある。

イ　（藤壺女御ハ）あいなう、（帝ニ）御答へきこえにくくて〔どうにも、お答え申し上げにくくて〕〈源氏・紅葉賀〉

の場合、先の図4でX（主語）＝藤壺、Y（補語）＝帝であり、補語「帝」が高められているわけである。

なお、現代語と古文の謙譲語Aの細かな違いとして、現代語では先の

④のように一般に話し手自身か身内を主語として使うのに対し、古文ではイのように主語は話し手や身内に限らない、という点にも注意しておこう。

四　二方面敬語

右のイでは帝への敬意だけで藤壺女御は高められていないが、もし藤壺をも高めようとするなら、「きこゆ」の後に尊敬語「たまふ」を添えて「御答へきこえたまひにくくて」とすればよい。イはそうなっていないが、イのすぐ後では、実際、次のように「きこえたまふ」という表現が見られる。

ウ　（藤壺女御ハ帝ニ）「ことにはべりつ」とばかりきこえたまふ。［「格別でございました」とだけ申し上げなさる］

やはり、X（主語）＝藤壺、Y（補語）＝帝であり、「きこゆ」が補語「帝」を高めるところまではイと同じだが、ウでは、さらに「たまふ」によって主語「藤壺」も高められている。〈注〉イのように女御を高めずに放っておくほうがむしろ不自然なのだが、イで藤壺が高められていないのは、藤壺の内心語として書かれているか、あるいは、イの直後にウが来るので、ウの「たまふ」でまとめて藤壺への敬意を示そうとしたものであろう。）

二方面敬語とは、このように**謙譲語A＋尊敬語で補語も主語も高める、両者への敬意**の表現である。現代語訳は、しにくい場合もあるが、右の例ウでは「申し上げる」で帝への、「なさる」で藤壺への敬意をあらわしている。

図5　二方面敬語

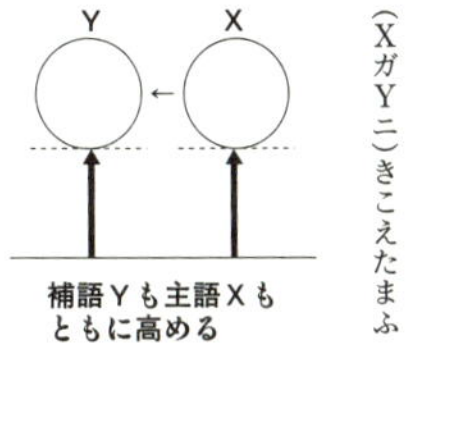

例ウの場合は主語（藤壺）よりも補語（帝）のほうが身分が上だが、二方面敬語の場合、いつも補語が上とは限らない。例イの直前には次のようにある。

エ　（帝ガ藤壺女御ニ）「（略）いかが見たまひつる」ときこえたまへば［「どのようにごらんになりましたか」と申し上げなさると］

ここではX（主語）＝帝、Y（補語）＝藤壺として二方面敬語を使っている。つまり、二方面敬語とはX・Yをともに基準面より高めるものであって、X・Yのどちらをより高く扱うかということは決まっていないのである。そこで、X・Yの高さには差をつけず、図5のように二方面敬語を捉えておこう。

なお、二方面敬語については、しばしば「まず、謙譲語Aによって、主語を低めて補語を高める。そうして一度低めた主語を、次に、尊敬語によって高め直す」という説明が行われてきたが、この説明は複雑すぎる上、とくに右のエのような場合は説得力をもちにくい。こうした従来の説明は、謙譲語は〈主語を低める〉ものという見方に基づくのだが、本稿のように、謙譲語Aはそもそも〈補語を高める〉敬語だと捉えれば、もっと簡明・合理的に説ける。つまり、二方面敬語とは〈**謙譲語Aが補語を高め、尊敬語が主語を高め、結果として補語も主語も高める**敬語〉とだけ説けばよいのである。「低めて高め直す」という複雑な説明は、本稿（本辞典）は採らない（ついでながら、本稿の図は、一般の参考書などのものとはだいぶ違い、すっきりと理解しやすいはずである）。

五　謙譲語B

⑤　私は中国を旅行したいと思います。

⑥　私は中国を旅行したいと存じます。

この二文を比べてみよう。どちらも、「ます」の部分は丁寧語（後述）だが、問題は「思う」と「存じる」の違いである。「思う」は普通の表現だが、「存じる」には主語を低める働きがある（図示すると、図6のように「（Xガ）存じる」の主語Xは基準面より低められる）。そのため、「私は……と存じます」は、「私」を低めるへり下った表現、結果として「思います」よりも聞き手に対する敬度の濃い表現になる。これに対して、普通の表現「（Xガ）思う」の主語Xは基準面にあるわけである（図1「（Xガ）帰る」の場合と同じ）。

図6　謙譲語B

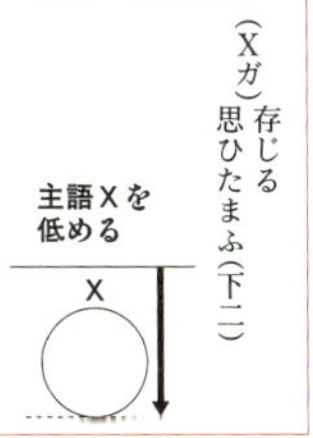

このように、「存じる」など**謙譲語B**（と本稿が呼ぶタイプの謙譲語）は、話し手が**主語を低める**表現である。主語は、最も普通には話し手やその身内であり、これを低めることで**聞き手への敬意**の表現となるわけである。

現代語の謙譲語Bには「存じる」「いたす」「まいる」「申す」などがある。

付

古文では、下二段の「たまふ」が謙譲語Bにあたる。

オ　（私ハ）今少しの齢重なりはべりなば、のどかなる行ひに籠りはべりなむと思ひたまふる。〔もう少し年齢を重ねましたならば、安楽な勤行に籠ってしまいましょうと存じております〕〈源氏・薄雲〉

右は源氏が帝に丁重に述べている場面で、「思ひたまふ」（下二段）は「存じる」にあたるといってよい〈注〉下二段の「たまふ」は多く連体形で使う）。

なお、古文とくに平安時代の語で一般に「謙譲語」と呼ばれるものは、本稿の謙譲語Aのことである。「たまふ」（下二段）は「他の謙譲語とは違う」とされてきたが、本稿ではこれを謙譲語Bと位置づけるわけである。

◆謙譲語Aと謙譲語B

右の⑥もオも、「中国」や「行ひ」を高めているわけではなく、ただ聞き手に丁重に述べているだけであることに注意しよう。この点が謙譲語Aとの違いなのだが、ここで謙譲語A・Bの違いを、現代語「伺う」（A）と「まいる」（B）を例に少し詳しく見ておこう。「伺う」の文を二つあげる。

⑦　○私はこれから先生のお宅に伺います。

⑧　×私はこれから公園に伺います。

⑦はよいが、⑧はおかしい。これは、「伺う」が補語（行為の関係する方面。この場合は行き先）を高める謙譲語Aだからである。「先生のお宅」は高めるのにふさわしいので⑦はよいが、⑧は、高める意味のない「公園」を高めることになってしまい、おかしいのである。一方、

⑨　○私はこれから公園にまいります。

は、おかしくない。「まいる」は聞き手への敬意をあらわす謙譲語Bなので、ふさわしい聞き手に話す場合でさえあれば、行き先はどこでも使えるのである。

以上（端的には、⑧が×で、⑨が○だという違い）が、**補語への敬語**である謙譲語Aと、**聞き手への敬語**である謙譲語Bの最も大きな違いである。

なお、謙譲語Aだった語が、時代が経つと謙譲語Bに変わるケースもある。平安時代の「まゐる」「申す」は謙譲語Aで、参上する場所・言上する相手を高めた（つまり現代なら「伺う」「申し上げる」のような用法だった）が、現代語の「まいる」「申す」は謙譲語Bに変化している。本辞典で、一部の謙譲語につき、その第一の用法として「……（＝補語にあたるもの）を高める」と述べ、第二（以下）の用法として「……を高める働きを失い、単に主語を低めるだけ」などと記してあるのは、このようにAからBの用法を派生した場合である。

六　丁寧語

丁寧語は話し手が**聞き手に丁寧に述べる**表現である。「東京です」は「東京だ」より、「帰ります」は「帰る」よりも聞き手に丁寧に述べているので、「です」「ます」は丁寧語である。「東京でございます」「時間がございます」のような「ございます」はさらに敬度の高い丁寧語である。丁寧語は、話題（主語や補語）が何であるかには関係なく、**聞き手への敬意**の表現として使われる敬語であり、図2〜6のような要領で図示できるような、話題の人物を高めたり低めたりする敬語とは性質の異なるものである。

なお、先の謙譲語Bも、聞き手への敬語であるという点では、丁寧語に近い性質をもつ。違いは、謙譲語Bは主語（普通は話し手自身や身内など）を低めるのに対し、丁寧語は主語を低める働きがなく、主語に制限がないという点である。先の「たまふ」（下二段）は、オのように話し手自身か身内にのみ使うという明白な制限があるので、丁寧語ではなく謙譲語Bだと見られる。

古文の代表的な丁寧語は「はべり」「さぶらふ（さうらふ）」（本動詞・補助動詞とも）である。先のオでは「はべり」を話し手自身のことに使っていたが、これらは、

カ　桜の花の散りはべりけるを見てよみける〔桜の花が散りましたのを見てよんだ歌〕〈古今・春下・七六詞書〉

キ　いかなるところにか、この木はさぶらひけむ。〔どのようなところに、この木はございましたのでしょうか〕〈竹取・蓬萊の玉の枝〉

のように話し手以外のことを述べる場合にも使うので（先のウの「はべり」もそうである）、丁寧語とされる。ただし、謙譲語Bと丁寧語の区別は微妙で、解釈・訳出上それほど重要なわけでもない。

以上のような基本的な大枠をおさえた上で次第に習熟していけば、古文の敬語はそれほど困難なく理解できるはずである。

（菊地康人）

まぎらわしい品詞の識別

語	例文	訳文	説明	識別のポイント
が	①いとやむごとなき際（きは）にはあらぬが、すぐれてときめきたまふありけり〈源氏・桐壺〉（あら：ラ変(未)／ぬ：打消(体)／が：格助） ②めでたくは書きて候ふが、難少々候ふ〈古今著聞・三九八〉（候ふ：ハ四(体)／が：接助）	①たいして高貴な家柄でない方で、目立ってご寵愛（ちょうあい）を受けていらっしゃる方があった。 ②立派には書いてありますが、難点が少々あります。	①格助詞（同格） ②接続助詞（逆接）	①体言・連体形に接続。連体形の下には体言が補える。 ②連体形に接続し、その下に体言が補えない。平安末期以降の用法。
けれ	①はやく散り過ぎにければ〈徒然・一三七〉（過ぎ：ガ上二(用)／に：完了(用)／けれ：過去(已)／ば：接助） ②万（よろづ）のことも、始め終はりこそをかしけれ〈徒然・一三七〉（をかしけれ：形（シク活）(已)） ③咲かざりし花も咲けれど〈万葉・一・一六長歌〉（咲け：カ四(命)／れ：完了(已)／ど：接助） ④冬枯れの気色（けしき）こそ、秋にはをさをさ劣るまじけれ〈徒然・一九〉（劣る：ラ四(止)／まじけれ：打消推量(已)） ⑤人はかたち、ありさまのすぐれたらんこそ、あらまほしかるべけれ〈徒然・一〉（あらまほしかる：形（シク活［カリ活］）(体)／べけれ：推量(已)）	①とうに散ってしまったので。 ②何事も始めと終わりが風情がある。 ③咲かなかった花も咲いているが。 ④冬枯れの景色は、秋にはほとんど劣らないだろう。 ⑤人は顔かたちや姿がすばらしいのが、望ましいだろう。	①過去の助動詞「けり」已然形 ②形容詞已然形活用語尾の一部 ③カ行四段動詞命令形（または已然形）活用語尾＋完了（存続）の助動詞「り」已然形 ④打消推量の助動詞「まじ」の已然形の一部 ⑤推量の助動詞「べし」の已然形の一部	①連用形接続。 ②「けれ」の上で切ると、形容詞の語幹や終止形になる。 ③「けれ」の上で切ると、動詞語幹になる。 ④終止形（ラ変には連体形）に接続。「まじけれ」で一語。 ⑤終止形（ラ変には連体形）に接続。「べけれ」で一語。
し	①飴（あめ）を治（ぢ）してただひとり食ひけり〈沙石集〉（し：サ変(用)／て：接助） ②下りしときの人の数足らねば〈土佐〉（下り：ラ四(用)／し：過去(体)／とき：名）	①飴を作って自分だけで食べた。 ②下向したときの人数に足りないので。	①サ変動詞連用形活用語尾 ②過去の助動詞「き」連体形	①「し」を「す」に直すとサ変動詞になる。 ②連用形接続。

語	例文	訳文	説明	識別のポイント
し	③京に思ふ人なきにしもあらず〈伊勢・九〉 （人＝形(ク活)(体)　なき　に＝断定(用)　し＝副助　も＝係助）	③京に(自分が)心を寄せる人がいないわけではなかった。	③副助詞	③「し」を除いても文意が変わらない。
しか	①しか思し召しけるに〈大鏡・兼家〉 （しか＝副）	①そのようにお思いになったところ。	①副詞	①一語で副詞。
	②かくこそ思ひしか〈伊勢・四五〉 （思ひ＝ハ四(用)　しか＝過去(已)）	②このように思っていた。	②過去の助動詞「き」已然形	②連用形接続。係助詞「こそ」の結び。
	③誰しかもとめて折りつる〈古今・春上・五八〉 （誰＝代名　し＝副助　か＝係助）	③だれが(山の桜を)探し求めて折ったのだろうか。	③副助詞「し」＋係助詞(疑問)「か」	③「し」を除いても文意が変わらない。
	④いつしか、梅咲かなむ〈更級〉 （いつしか＝副）	④早く梅が咲いてほしい。	④副詞の一部	④「いつしか」で一語。
	⑤優る宝子にしかめやも〈万葉・五・八〇三〉 （子＝名　に＝格助　しか＝カ四(未)　め＝推量(已)　やも＝係助）	⑤すぐれた宝も子に及ぶことなどあろうか、いや、及ばない。	⑤カ行四段動詞「しく」未然形	⑤(比較の対象)＋「に」が上に付くことが多い。
して	①あやまちすな。心してをりよ〈徒然・一〇九〉 （心し＝サ変(用)　て＝接助）	①しくじるな。注意して降りよ。	①サ変動詞連用形活用語尾＋接続助詞「て」	①「し」を「す」に直すとサ変動詞になる。
	②ある者、子を法師になして〈徒然・一八八〉 （なし＝サ四(用)　て＝接助）	②ある者がわが子を僧にして。	②サ行四段動詞連用形活用語尾＋接続助詞「て」	②「し」を「す」に直すとサ行四段動詞になる。
	③この姫君、左の手しては顔を塞ぎて泣く〈宇治拾遺・一三・六〉 （左＝名　の＝格助　手＝名　して＝格助　は＝係助）	③この姫君は、左の手では顔を(袖で)おおって泣く。	③格助詞	③体言に接続。
	④そのたらひの水をばこぼさずして〈今昔・二七・五〉 （こぼさ＝サ四(未)　ず＝打消(用)　して＝接助）	④そのたらいの水をこぼさないで。	④接続助詞	④連用形接続。
せ	①いと心やましくならせたまひて〈大鏡・師輔〉 （なら＝ラ四(未)　せ＝助動(用)　たまひ＝尊敬(補動)(用)　て＝接助）	①たいそうご気分が悪くおなりになって。	①使役の助動詞「す」連用形(尊敬の意を強める)	①未然形接続。尊敬の意を強めるのか使役の意かは文脈により判断する。
	②世の中にたえて桜のなかりせば〈古今・春上・五三〉 （なかり＝形(ク活［カリ活］)(用)　せ＝過去(未)　ば＝接助）	②世の中にまったく桜がなかったならば。	②過去の助動詞「き」未然形	②連用形接続。「せば」の形で用いられる。

せ	たり	て	と
③盗人をいましめ、僻事(ひがこと)をのみ罪せ[サ変(未)]ん[推量(体)]よりは〈徒然・一四二〉 ④見せ[サ下二(未)]ばや[終助(願望)]な[終助(詠嘆)]雄島(をじま)の海人(あま)の袖(そで)だにも濡(ぬ)れにぞ濡れし色はかはらず〈千載・恋四・八八六〉	①筒の中光り[ラ四(用)]たり[完了(止)]〈竹取・かぐや姫〉 ②古(いにしへ)清盛公いまだ安芸守(あきのかみ)[名]たり[断定(用)]し[過去(体)]時〈平家・一・鱸〉 ③岸うつ浪(なみ)も茫々(ばうばう)たり[形動(タリ活)(止)]〈平家・一〇・海道下〉	①住む館(たち)より出(い)で[ダ下二(用)]て[接助]、船に乗るべきところへわたる〈土佐〉 ②とく破(や)り[ラ四(用)]て[完了(未)]む[推量(止)]〈土佐〉 ③いかでこのかぐや姫を得[ア下二(用)]てしかな[終助]〈竹取・かぐや姫〉 ④馬は、ゐて上(のぼ)せにければ、頼信朝臣(よりのぶのあそん)の厩(うまや)に立て[タ下二(用)]つ[完了(止)]〈今昔・二五・一二〉	①誰(たれ)[代名]と[格助]ともにか昔を語らん〈方丈記〉 ②わざと[副]めでたき冊子(さうし)ども〈更級〉
③盗人を縛り、悪事だけをとがめて罰するようなことよりは。 ④見せたいものだ(涙で色変わりした私の袖を)、雄島の海人の袖でさえ濡れに濡れていても色は変わらないのに。	①筒の中が光っている。 ②昔、清盛公がまだ安芸守であったとき。 ③岸に打ち寄せる波もどうどうととどろいている。	①住んでいた官舎から出て、船に乗る予定の場所へ移動する。 ②早く破ってしまおう。 ③どうにかしてこのかぐや姫を手に入れたいものだなあ。 ④馬は引いて上ったので、頼信朝臣の馬小屋につないだ。	①だれといっしょに昔の思い出を語ろうか。 ②とりわけみごとな冊子類。
③サ変動詞未然形活用語尾 ④サ行下二段動詞未然形活用語尾	①完了(存続)の助動詞「たり」終止形 ②断定の助動詞「たり」連用形 ③形容動詞(タリ活用)終止形活用語尾	①接続助詞 ②完了(確述)の助動詞「つ」未然形 ③終助詞「てしかな」(願望)の一部 ④タ行下二段動詞の連用形活用語尾	①格助詞 ②副詞の一部
③④「せ」の上で切ったとき動詞の語幹になる。③には「何かはせむ」のように、「せ」が一語のサ変動詞の場合もある。	①連用形接続。 ②体言接続。 ③「たり」の上で切ったとき、体言として単独で用いられない。	①連用形接続。「て」で文意を切ることができる。 ②連用形接続。「て」で切ると文意が通らない。 ③連用形接続。「てしかな」で一語。 ④「て」の上で単語として切れない。	①体言接続。 ②「と」の上に「たり」を付けても活用しない。

語	例文	訳文	説明	識別のポイント
と	③雨朦朧(もうろう)と(形動(タリ活)(用)) して、鳥海の山かくる〈おくのほそ道・象潟〉 ④穂に出(い)で(ダ下二(用)) たり(完了(止)) と(接助) かひやなからむ〈蜻蛉・上〉	③雨が降ってあたりはぼんやりとかすみ、鳥海山の姿も隠れる。 ④穂に出たとしてもそのかいがないのではなかろうか。	③形容動詞(タリ活用)連用形活用語尾 ④接続助詞(逆接)	③「と」の上に「たり」を付けて活用する。 ④終止形接続。
な	①一生に男せでやみ(マ四(用)) な(完了(未)) む(推量(止))〈大和・一四三〉 ②子になりたまふべき人(名) な(断定(体)) めり(推量(止))〈竹取・かぐや姫〉 ③今日(けふ)、波な(副)立ちそ〈土佐〉 ④思はむ人に心隔つ(タ下二(止)) な(終助)〈古今・離別・三八〇〉 ⑤花の色は移り(ラ四(用)) に(完了(用)) けり(過去(止)) な(終助)〈古今・春下・一一三〉 ⑥四十(よそぢ)に足らぬほどにて死な(ナ変(未)) ん(推量(体)) こそ〈徒然・七〉	①一生夫をもたずに終わってしまおう。 ②(私の)子供におなりになるはずの人であるようだ。 ③今日は波よ立つな。 ④思いをかける人に心を隔てるな。 ⑤花の色はあせてしまったことよ。 ⑥四十歳にならないくらいで死ぬのが。	①完了(確述)の助動詞「ぬ」未然形 ②断定の助動詞「なり」連体形撥音無表記 ③副詞(禁止) ④終助詞(禁止) ⑤終助詞(感動・詠嘆) ⑥ナ変動詞未然形活用語尾	①連用形接続。 ②体言接続。撥音無表記の形。 ③「な…そ」の形で禁止の意。 ④終止形接続。 ⑤終止形接続。 ⑥ナ変動詞(「死ぬ」「往(い)ぬ」)か。
なむ	①髪もいみじく長くなり(ラ四(用)) な(完了(未)) む(推量(止))〈更級〉 ②惟光(これみつ)とく参ら(ラ四(未)) なむ(終助)とおぼす〈源氏・夕顔〉 ③母(名) なむ(係助)宮なりける〈伊勢・八四〉 ④とく往(い)な(ナ変(未)) む(推量(止)) こそ〈伊勢・八三〉	①髪もきっとたいそう長くなるだろう。 ②惟光に早く参上してほしいとお思いになる。 ③母は皇族の出身であった。 ④早く帰ろう。	①完了(確述)の助動詞「ぬ」未然形＋推量の助動詞「む」終止形 ②終助詞(他への願望) ③係助詞 ④ナ変動詞未然形活用語尾＋推量(意志)の助動詞「む」終止形	①連用形接続。 ②未然形接続。 ③「なむ」を除いても文意が変わらない。 ④ナ変動詞(「死ぬ」「往(い)ぬ」)か。

語	用例	口語訳	識別	識別のポイント
なり	①火桶(ひをけ)の火も、白き灰がちになりて、わろし〈枕・春は、あけぼの〉［なり：ラ四用／て：接助］	①火桶の火も白い灰が増えてよくない。	①ラ行四段動詞「なる」連用形	①「なる」の意。
	②昔ありし家はまれなり〈方丈記〉［まれなり：形動(ナリ活)止］	②昔からあった家はまれだ。	②形容動詞(ナリ活用)終止形活用語尾	②「なり」の上が形容動詞語幹。
	③このかぢとりは、日もえはからぬかたゐなりけり〈土佐〉［かたゐ：名／なり：断定用／けり：過去止］	③この船頭は天候も予測できない愚か者であることだ。	③断定の助動詞「なり」連用形	③体言・連体形に接続。
	④また聞けば、侍従の大納言の御むすめなくなり給ひぬなり〈更級〉［なくなり：ラ四用／給ひ：尊敬(補動)用／ぬ：完了止／なり：伝・推止］	④また聞くところによると、侍従の大納言の御むすめがお亡くなりになったそうだ。	④伝聞・推定の助動詞「なり」終止形	④終止形接続。
に	①垂れこめて春の行方知らぬも、なほあはれに情け深し〈徒然・一三七〉［あはれに：形動(ナリ活)用］	①家に閉じこもって春が過ぎてゆくのを知らないのも、やはりしみじみと感慨深い。	①形容動詞(ナリ活用)連用形活用語尾	①「に」の上が形容動詞語幹。
	②おのが身は、この国の人にもあらず〈竹取・かぐや姫の昇天〉［人：名／に：断定用／も：係助］	②私のからだは、この国の人間ではありません。	②断定の助動詞「なり」連用形	②体言・連体形に接続。「に」を「なり」に直すと、そこで文が切れる。
	③駿河(するが)の国に至りぬ〈伊勢・九〉［国：名／に：格助］	③駿河の国に着いた。	③格助詞	③体言・連体形に接続。「に」を「なり」に直すと、文意が通じない。
	④門に入るに、月明かければ、いとよくありさま見ゆ〈土佐〉［入る：ラ四体／に：接助］	④門に入ると、月が明るいので、たいそうよくようすが見える。	④接続助詞	④連体形接続。連体形の下に体言が補えない。
	⑤船こぞりて泣きにけり〈伊勢・九〉［泣き：カ四用／に：完了用／けり：過去止］	⑤船にいる全員が泣いてしまった。	⑤完了の助動詞「ぬ」連用形	⑤連用形接続。
	⑥男女(をとこをんな)の情けも、ひとへに逢(あ)ひ見るをば言ふものかは〈徒然・一三七〉［ひとへに：副］	⑥男女の情愛も、ただ会うことばかりをいうのか、いや、そうではない。	⑥副詞の一部	⑥「ひとへに」で一語。
にて	①浮き草、菖蒲(しやうぶ)生ひ茂りて、いとむつかしげにて恐ろしげなり〈今昔・二七・五〉［むつかしげに：形動(ナリ活)用／て：接助］	①浮き草や菖蒲が生い茂って、たいそううす気味悪いようすで恐ろしそうである。	①形容動詞(ナリ活用)連用形活用語尾―接続助詞「て」	①「に」の上が形容動詞語幹。

付

語	例文	訳文	説明	識別のポイント
にて	②皇子（みこ）は、我にもあらぬ気色（けしき）（名）に（断定㊊）て（接助）〈竹取・蓬萊の玉の枝〉 ③潮海のほとり（名）にて（格助）あざれあへり〈土佐〉	②皇子は自分が自分でないような顔色で。 ③潮海のほとりでふざけあった。	②断定の助動詞「なり」連用形＋接続助詞「て」 ③格助詞	②体言・連体形に接続。「に」を「なり」に直すと、そこで文が切れる。 ③体言に接続。「に」を「なり」に直すと、文意が通じない。
ぬ	①はや船に乗れ、日も暮れ（ラ下二㊊）ぬ（完了㊤）〈伊勢・九〉 ②京には見え（ヤ下二㊍）ぬ（打消㊥）鳥（名）なれば、みな人見知らず〈伊勢・九〉 ③炎にまぐれて、たちまちに死ぬ（ナ変㊤）〈方丈記〉	①早く船に乗れ、日が暮れてしまう。 ②都では見かけない鳥なので、だれも知らない。 ③炎に目がくらんで、あっという間に死ぬ。	①完了の助動詞「ぬ」終止形 ②打消の助動詞「ず」連体形 ③ナ変動詞「死ぬ」終止形活用語尾	①連用形接続。 ②未然形接続。 ③ナ変動詞（「死ぬ」「往（い）ぬ」）かどうか。
ね	①玉の緒よ絶えなば絶え（ヤ下二㊊）ね（完了㊌）〈新古今・恋一・一〇三四〉 ②人こそ見え（ヤ下二㊍）ね（打消㊎）秋は来（き）にけり〈拾遺・秋・一四〇〉 ③とく死ね（ナ変㊌）かし（終助）と思ふ〈落窪・四〉	①私の命よ、絶えるなら絶えてしまえ。 ②人の姿は見えないが秋はやって来たことだ。 ③早く死ねよと思う。	①完了（確述）の助動詞「ぬ」命令形 ②打消の助動詞「ず」已然形 ③ナ変動詞「死ぬ」命令形活用語尾	①連用形接続。 ②未然形接続。係助詞「こそ」の結び。 ③ナ変動詞（「死ぬ」「往（い）ぬ」）かどうか。
ばや	①別当入道の庖丁（はうちやう）を見（マ上一㊍）ばや（終助）〈徒然・二三一〉 ②心あてに折ら（ラ四㊍）ば（接助）や（係助）折らむ〈古今・秋下・二七七〉 ③思ひつつ寝（ぬ）れ（ナ下二㊎）ば（接助）や（係助）人の見えつらむ〈古今・恋二・五五二〉	①別当入道の庖丁さばきを見たいものだ。 ②あて推量に折るならば折ってみようか。 ③あの人のことを思いながら寝たから夢にあの人の姿が見えたのだろうか。	①終助詞（願望） ②接続助詞「ば」（仮定条件）＋係助詞「や」（疑問） ③接続助詞「ば」（確定条件）＋係助詞「や」（疑問）	①未然形接続。 ②未然形接続。 ③已然形接続。
や	①あはれ、いと寒し（形（ク活）㊤）や（間助）〈源氏・夕顔〉	①ああ、ひどく寒いなあ。	①間投助詞（詠嘆）	①疑問・反語の意がない。

付

語	用例	口語訳	品詞	識別
や	②近き火などに逃ぐる人は、「しばし」（副）と（格助）や（係助）言ふ（ハ四㊍）〈徒然・五九〉	②近所からの出火などで逃げる人は、「ちょっと待ってくれ」と言おうか、いや、言いはしない。	②係助詞（反語）	②疑問・反語の意がある。
らむ	①憶良(おくら)らは今は罷(まか)らａ（ラ四㊍）む（推量㊤）子泣く（カ四㊤）らむｂ（推量㊤）〈万葉・三・三三七〉	①この私、憶良はいまはもう退出しよう、家では子供が泣いているだろう。	①ａラ行四段動詞未然形活用語尾＋推量（意志）の助動詞「む」終止形 ①ｂ推量（現在推量）の助動詞「らむ」終止形	①ａ「らむ」の上が動詞語幹。 ①ｂ終止形接続。
	②生け（カ四㊍）ら（完了㊍）む（推量㊍）ほどは、武に誇るべからず〈徒然・八〇〉	②生きているうちは武勇に誇ってはいけない。	②完了（存続）の助動詞「り」未然形＋推量（婉曲）の助動詞「む」連体形	②「ら」は四段動詞の命令形に接続。
	③少納言よ、香炉峰(かうろほう)の雪、いかなら（形動（ナリ活）㊍）む（推量㊍）〈枕・雪の、いと高う降りたるを〉	③少納言よ、香炉峰の雪はどのようか。	③形容動詞（ナリ活用）未然形活用語尾の一部＋推量の助動詞「む」連体形	③「ら」を「り」に直すと形容動詞ができる。
	④恋しから（形（シク活［カリ活］）㊍）む（推量㊍）をり（名）をり、とりいでて見たまへ〈竹取・かぐや姫の昇天〉	④恋しく思うような折々、取り出してご覧ください。	④形容詞（カリ活用）未然形活用語尾の一部＋推量（婉曲）の助動詞「む」連体形	④「ら」を「り」に直すと形容詞カリ活用の活用形ができる。
	⑤これや鬼なら（名 断定㊍）む（推量㊍）〈今昔・二七・一三〉	⑤これが鬼だろうか。	⑤断定の助動詞「なり」未然形の一部＋推量の助動詞「む」連体形	⑤「ら」を「り」に直すと断定の助動詞「なり」となる。
	⑥そこらの燕(つばくらめ)子うまざら（打消㊍）む（推量㊤）やは（係助）〈竹取・燕の子安貝〉	⑥たくさんのつばめが子を生んでいないだろうか、いや、生んでいるはずだ。	⑥打消の助動詞「ず」未然形の一部＋推量の助動詞「む」終止形	⑥「ら」を「り」に直すと打消の助動詞「ず」の連用形「ざり」となる。

付

語	例文	訳文	説明	識別のポイント
らむ	⑦さいふとも田舎(ゐなか)びたら（完了(未)）む（推量(止)）〈源氏・若紫〉	⑦そうは言っても田舎じみているだろう。	⑦完了(存続)の助動詞「たり」未然形の一部＋推量の助動詞「む」終止形	⑦「ら」を「り」に直すと完了の助動詞「たり」となる。
る	①冬はいかなる所にも住ま（マ四(未)）る（可能(止)）〈徒然・五五〉	①冬はどんな所にも住める。	①可能の助動詞「る」終止形	①未然形接続。
	②この国の博士どもの書け（カ四(命)）る（完了(体)）もの（名）も、いにしへのは、あはれなること多かり〈徒然・一三〉	②この国の学者たちが書いた本も、昔のものは、しみじみと感慨深いことが多い。	②完了(存続)の助動詞「り」連体形	②四段動詞の命令形(サ変動詞には未然形)に接続。
	③かぎりとて別るる（ラ下二(体)）道（名）の悲しきに〈源氏・桐壺〉	③これが最後ということで別れる死出の道が悲しいにつけても。	③ラ行下二段動詞連体形活用語尾の一部	③「る」を含む動詞の活用が下二(上二)段活用。
るる	①海見やら（ラ四(未)）るる（自発(体)）廊(らう)（名）に出(い)でたまひて〈源氏・須磨〉	①海が自然と見渡される廊にお出になって。	①自発の助動詞「る」連体形	①未然形接続。
	②ありがたきもの。舅(しうと)にほめ（マ下二(未)）らるる（受身(体)）婿(むこ)（名）〈枕・ありがたきもの〉	②めったにないもの。舅(しゅうと)にほめられる婿。	②受身の助動詞「らる」の連体形の一部	②「るる」で切ると、上が動詞の未然形にならない。
	③木(こ)の葉に埋もるる（ラ下二(体)）懸樋(かけひ)のしづくならでは〈徒然・一一〉	③木の葉に埋もれた懸樋のしずく以外には。	③ラ行下二段活用動詞連体形活用語尾	③「るる」を含む動詞がラ行下二(上二)段活用。
を	①蓮(はちす)の浮き葉のいと小さき（形(ク活)(体)）を（格助）、池より取り上げたる〈枕・愛しきもの〉	①蓮の葉でたいそう小さい葉を、池から取り上げたの(はとてもかわいらしい)。	①格助詞	①体言・連体形に接続。連体形の下には体言が補える。
	②さざなみや志賀(しが)の都はあれ（ラ下二(用)）に（完了(用)）し（過去(体)）を（接助）昔ながらの山桜(やまざくら)かな〈千載・春上・六六〉	②志賀の都はすっかり荒廃してしまったが、昔と変わらず美しく咲いている山桜よ。	②接続助詞	②連体形に接続し、その下に体言が補えない。
	③惟仲(これなか)が声のし（サ変(用)）つる（完了(体)）を（間助）〈枕・二月、官の司に〉	③惟仲の声がしたわ。	③間投助詞	③「を」を除いても文意が変わらない。

古典文学史年表

○＊印はおよその成立年を表す。
○ふりがなは現代かなづかいとした。

上代文学の時代背景

上代文学は、**神話や歌謡という文学の誕生から七九四（延暦三）年の平安京遷都ごろまで**を時代区分としている。そしてその文学のありようは、大きく分けて漢字伝来以前と以後とに特徴づけられる。

現在の日本列島ができあがって以来、人々は狩猟と採集による生活を営み、自然環境の変化に対応しながら生活の技術を進歩させ、縄文土器を生み出していく。そしてこの縄文時代が約一万年続いた後、大陸から稲作農耕がもたらされた。弥生時代の始まりである。食料生産にともなって階級的な格差が生じ、家族的・血縁的な関係を基礎とする氏族制の小国家が次々にできてくる。さらにはそれらを連合させた勢力が生まれ、やがて四世紀には大和地方を中心とした大和朝廷が国家統一を果たしていった。

稲作の伝来によって日本の社会に劇的な変化がもたらされたわけだが、大陸からの渡来文化をより積極的に取り入れたのが、天皇中心の中央集権体制を推し進めたこの大和朝廷であった。六四五年の「大化改新」で確立する律令制といった国家体制はもちろんであるが、中でも文学史上注目すべきは漢字・漢籍（五世紀ころ）と仏教（六世紀半ば）の伝来である。

日本において漢字伝来以前の文学は「無文字」の文学、すなわち口伝えに語り継がれていった「**口承文学**」であった。古代社会に生きる人々は、絶えず自然環境の変化にさらされてきた。呪術によって禍を逃れ、自然の恵みを願うことが多く、自然や自然現象に神々が宿ることを信じ、畏れ、敬い、神を祭る神事が発達したのである。こうした神事で語られ歌われた詞章は、やがて**神話**や**歌謡**として伝承され、文学が誕生する。

のちに漢字が伝来し人々がそれに習熟するようになると、神話や歌謡は文字で書き留められるようになる。しかし異国の表意文字でそれらを表現することには限界があり、これらを克服するために、固有に伝承された国語を表音文字として表記する独自の工夫として「**万葉仮名**」が考案された。このことが集団生活を基盤とする古代歌謡の表現から、個人としての表現の道へと開いていったのである。八世紀の『**万葉集**』はそういった過程の中で成立していった。

一方、中央集権的律令体制を確立した古代国家は、国家意識の高まりとともに、天皇を中心とした国家の発展や歴史を説く『**古事記**』『**日本書紀**』などの史書の編纂が企てられ、諸国には地誌『**風土記**』の提出が命じられた。『古事記』には神話・伝承・歌謡などが諸資料として取り込まれていった。また『日本書紀』には中国の史書に倣った記述形式である編年体が採用され、以降の史書の規範となった。大陸文化の移入はさらにそれだけにとどまらず、漢詩の影響を受け漢詩集『**懐風藻**』が編まれた。

西暦	詩歌	散文（物語・説話・史書など）	散文（随筆・日記・評論など）	関連事項
300	（古代歌謡）	呪術・祝詞・神話・伝説が盛ん		
500				538　仏教伝来
600				604　十七条憲法制定 607　第一回遣隋使（小野妹子）派遣 618　隋が滅び、唐がおこる 630　第一回遣唐使の派遣

付

中古文学の時代背景

中古文学は、**平安京遷都の七九四（延暦一三）年から鎌倉幕府の成立した一一九二（建久三）年ごろまで**を時代区分とする。この約四〇〇年間は、藤原氏が政治の実権を握り、ほぼ文化の中心を担った時期に対応しているが、文学史的には九世紀中葉までの**唐風謳歌時代**とそれ以降の**国風文化の時代**に特徴づけられる。

奈良朝末期の寺院勢力の介入や、氏族相互の抗争などによる政治腐敗からの脱却を意図し、律令国家再建への機運の中で平安京は誕生した。九世紀の半ばまでは、文学はもちろん美術・音楽・芸能、年中行事や生活風俗にいたるまで徹底した唐風化が見られ、男性官僚たちは詩や歴史を学ぶこと（文章道）に熱中した。『日本書紀』の後を継いだ、『**続日本紀**』から『**日本三代実録**』までの官製国史としての**六国史**や、『**凌雲集**』『**文華秀麗集**』『**経国集**』といった三つの勅撰漢詩集は、唐風文化の影響を最も受けたこの時期に成立している。それらは、文学をする心はどこかで政治を行う心に結びつかなければならないとする文章経国の思想に裏打ちされ生み出されており、この思想は律令制を建前とする平安時代全体を通して、官人たちの精神的な基底であり続けた。のちに、実質的には仮名文学が中古文学の中心となっても、**漢詩文は公的文学**であったのである。また、漢詩文特有の発想は、和歌の表現などにも表れる日本の美意識に深く浸透していくことになる。

しかし日本が唐風化の最盛期を迎えていたころ、その手本であった唐が力を失い、菅原道真の進言によって長年続いてきた遣唐使が廃止されることになる。そうした中、九世紀の後半には貴族を中心として日本の風土や感性にふさわしい洗練された国風文化が復興してくる。政治的には、藤原氏が急速に力をつけて摂関体制がしかれ始め、詩文隆盛の背景にあった律令再編成の機運が薄れてきた時期に対応している。

国風化を代表するのは、奈良時代の末ごろより万葉仮名から発達した**片仮名と平仮名の成立**である。とくに、宮廷の女性たちが使いだした**女手**と呼ばれる平仮名の普及によって、文学の世界は日本人固有の感情を豊かに表現する内省的・自覚的な私的世界に開かれていった。

『万葉集』以降も私的な世界では脈々と息づいてきた和歌の世界では、優美繊細な和歌が多く詠まれるようになり、九〇五（延喜五）年紀貫之らによって最初の勅撰和歌集『**古今和歌集**』が撰集される。紀貫之は『古今和歌集』の仮名序で日本古来の和歌の伝統を強調し、漢詩に代わる宮廷詩としての和歌復権をはかったのだったが、以降、和歌は宮廷の宴席や社交の場でしきりに詠まれるようになり、『古今和歌集』を規範として勅撰和歌集が次々に編纂されていくことになる。『**古今和歌集**』から『**後撰和歌集**』『**拾遺和歌集**』を三代集、『**古今和歌集**』から鎌倉初め成立の『**新古今**

700

751　**懐風藻**
753　仏足石歌（文室真人智努）作か
782～783　**万葉集**　このころ成るか

712　**古事記**（太安万侶撰上）
713　**風土記**編纂を諸国に命ず
715＊播磨　国風土記
720　**日本書紀**
721＊常陸　国風土記
733　出雲　国風土記
789＊高橋氏文

772　歌経標式（藤原浜成撰）

645　大化改新
672　壬申の乱
694　藤原京遷都
701　大宝律令 制定
710　平城京遷都
718　養老律令 制定
※天平 文化の繁栄
752　東大寺大仏開眼供養
755　唐で安史の乱（～763）
784　長岡京遷都
794　平安京遷都

付

和歌集』までの八つの勅撰集を八代集と呼んでいる。また、個人の和歌集である私家集も多く作られた。九世紀後半から始まった歌合の判定のことばである判詞は、実作に即して和歌の理念や本質を説く歌論に結びつき、以降、歌論も多く登場してくる。

『古今和歌集』に前後して、作り物語の『**竹取物語**』や歌物語『**伊勢物語**』などの散文も作られた。紀貫之は仮名書きによる『**土佐日記**』を女性に仮託して表し、より自己の内面に即した心の文学を作り上げたが、さらに仮名を常用しはじめた宮廷の女性たちの中からも日記・物語などの文学作品が生み出される気運が高まっていく。これは藤原氏による摂関政治が確立し、藤原道長によって全盛期を迎えた時期に対応している。

摂関体制とは自家の子女を次々に天皇の后として入内させ、誕生した子を天皇とし、自らは摂政関白として政治の実権を握っていく形である。したがって後宮はにわかに政治的・文化的に重要な場となり、多くの才媛が女房として集められた。それぞれの后を中心とする女房サロンが魅力的であるかどうかは、天皇をひきつける場を作り出せるかどうかということでもあった。とくに十世紀末から十一世紀初めの一条天皇の後宮は激しい政治権力争いを背景に、中宮定子と中宮彰子のそれぞれの女房サロンが刺激し合う形で、文学史上特筆すべき王朝女流文学の黄金期を作り上げた。清少納言は、定子を中心とした宮廷生活での見聞を自由な形式で記録した『**枕草子**』を書き、彰子に仕えた紫式部は、壮大な虚構の世界である『**源氏物語**』を描いた。また、摂関政治期の女性の心のありようをより深く見つめていく女流仮名日記も『**蜻蛉日記**』以降、『**和泉式部日記**』『**紫式部日記**』などこの時期に書かれ、平安後期の『**更級日記**』に引き継がれていった。

藤原氏の摂関政治が長く続き、政治が形骸化していく十一世紀中ごろには世相も不安定となり、各地で受領階級と豪族、豪族同士などの衝突・内乱が起こる。寺社勢力も拡大し、また各地では特産品などの生産を基盤として社会の自立化が進んでいく。十一世紀後半には白河上皇が中流貴族の不満を背景に、院政を開始し摂関政治を圧倒していった。

『源氏物語』以降の物語は『源氏物語』の圧倒的な評価と影響のもとに作られた。『**夜の寝覚**』『**狭衣物語**』などである。多くの短編物語が女房サロンで作られたことが知られるが、散逸し、その中で十編の短編物語と一断章が『**堤中納言物語**』の形で残されている。しかし物語に全盛時の力はなく、過去の歴史を回顧する動きの中で『**栄花物語**』『**大鏡**』など歴史物語が生まれてきた。一方、貴族社会の周辺や外側の庶民生活を活写した仏教説話・世俗説話の集大成『**今昔物語集**』や、後白河院が撰んだ今様などの歌謡集『**梁塵秘抄**』が平安末期に登場してくるが、これらは文字化され、洗練されることによって庶民の手から離れていった物語や和歌に代わり、口承の形で脈々と続いていた説話・民謡が記録されたものである。貴族社会の凋落と新興勢力の台頭の中で、衰退していく物語文学に代わって登場してきたのが庶民の文学であった。

西暦	詩歌	散文（物語・説話・史書など）	散文（随筆・日記・評論など）	関連事項
800	810 琴歌譜　このころ成るか 814 凌雲集（小野岑守ら撰） 818 文華秀麗集（藤原冬嗣ら撰） 827 経国集（良岑安世ら撰） 835＊性霊集（空海） 879＊都氏文集（都良香）	797 続日本紀（菅野真道ら撰） 807 **古語拾遺**（斎部広成） 822＊日本霊異記（景戒） 840 日本後紀（藤原緒嗣ら編） 869 続日本後紀（藤原良房ら撰） 879 日本文徳天皇実録（藤原基経ら撰）	797 三教指帰（空海） 820 文鏡秘府論（空海）	794 平安京に遷都 809 嵯峨天皇即位 ※弘仁・貞観文化の発達 ※漢文学の隆盛 834＊白氏文集 渡来 879 摂関政治このころ確立 885＊在民部卿家歌合

900　1000

893 新撰万葉集（菅原道真）
900 菅家文草（菅原道真）
903 菅家後集（菅原道真）
905 **古今和歌集**（紀貫之ら撰）
923 新撰和歌集（紀貫之撰）
951＊**後撰和歌集**（源順ら撰）
976＊古今和歌六帖
1006 **拾遺和歌集**（花山院撰）
1012＊**和漢朗詠集**（藤原公任）
1027＊和泉式部集（和泉式部）
1058＊本朝文粋（藤原明衡）
1073＊成尋阿闍梨母集（成尋阿闍梨母）

892 類聚国史（菅原道真撰）
901 日本三代実録（藤原時平ら撰）
＊**竹取物語**
＊将門記
＊**伊勢物語**
951＊**大和物語**
＊**宇津保物語**
＊平中物語
＊多武峯少将物語
＊**落窪物語**
984 三宝絵（源為憲）
987＊日本往生極楽記（慶滋保胤）
1015＊**源氏物語**（紫式部・最終部）
1053＊浜松中納言物語（菅原孝標女）
1055＊**堤中納言物語**（小式部ら）
1057＊夜の寝覚（菅原孝標女）
＊陸奥話記
1070＊狭衣物語（六条斎院宣旨）

935＊**土佐日記**（紀貫之）
931～936 和名類聚抄（源順）
974＊**蜻蛉日記**（藤原道綱母）
982 池亭記（慶滋保胤）
985 **往生要集**（源信）
1001＊**枕草子**（清少納言）
1008＊**和泉式部日記**（和泉式部）
1010＊**紫式部日記**（紫式部）
1021＊御堂関白記（藤原道長）
1027＊権記（藤原行成）
1041＊新撰髄脳（藤原公任）
1059＊**更級日記**（菅原孝標女）

889＊寛平御時后宮歌合
894 遣唐使廃止 国風文学の復興
901 菅原道真大宰府に左遷
903 菅原道真没
905 延喜式制定 藤原文化の発達
907 唐の滅亡
913 亭子院歌合
935～941 承平・天慶の乱
※日記文学の発達
951 内裏梨壺に和歌所を置く
960 天徳四年内裏歌合・宋の成立
969 安和の変
990 藤原定子入内
993＊清少納言出仕
995 藤原道長、内覧ついで内大臣
999 藤原彰子入内
1005 紫式部出仕
※女流文学の隆盛
1016 道長摂政、道長の全盛期
1027 藤原道長没
1051 前九年の役（～62）

1086 **後拾遺和歌集**（藤原通俊撰）
1100
1105 堀河百首（源俊頼）
1123＊新撰朗詠集（藤原基俊）
1126＊**金葉和歌集**（源俊頼撰）
1128＊散木奇歌集（源俊頼）
1128 俊頼口伝（源俊頼）
1150＊**詞花和歌集**（～54、藤原顕輔撰）
1158＊好忠集（曾禰好忠）
1169＊**梁塵秘抄**（後白河院撰）
1178 長秋詠藻（藤原俊成）
1188 **千載和歌集**（藤原俊成撰）
1190＊**山家集**（西行）

1080＊とりかえばや物語
1092＊**栄花物語**（赤染衛門ら）
＊**今昔物語集**
1109＊江談抄（藤原実兼筆録）
＊**大鏡**
1130＊古本説話集
1134＊打聞集
1170＊今鏡（寂超）
1179＊宝物集（平康頼）

1108 讃岐典侍日記（藤原長子）
1115＊俊頼髄脳（源俊頼）
1144＊奥義抄（藤原清輔）
1157＊袋草紙（藤原清輔）
1186＊袖中抄（顕昭）

1083 後三年の役（～87）
1086 院政始まる
※説話文学の発達
1156 保元の乱
1159 平治の乱
1167 平清盛、太政大臣となる
1175 法然、浄土宗を開く
1185 平氏、壇の浦に滅亡
1191 栄西、臨済宗を広める

■中世文学の時代背景

中世文学は**源頼朝が鎌倉に幕府を開いた一一九二（建久三）年から、徳川家康が江戸に幕府を開いた一六〇三（慶長八）年**までの約四〇〇年間を時代区分とする。政治的には鎌倉時代、南北朝時代、室町時代、戦国時代、安土桃山時代に対応しているが、この期間を通じて武士階級が力をつけ、貴族階級との勢力の逆転は決定的となった。文学史的には、和歌・日記・擬古物語などのジャンルの王朝文化に憧れる貴族の復古的傾向と、連歌・軍記・諸芸能などのジャンルに表れる武士や庶民、出家者たちによる革新的傾向が特色である。

平安中期以降活発化した豪族や武将の自立化の動きは、各地で大小の動乱・反乱の形となって、しだいに中央である朝廷をも揺さぶりはじめる。一二世紀後半の保元・平治の乱に続く治承・寿永の乱、いわゆる源平合戦は院政の朝廷をも巻き込んで、貴族化した平家が滅亡し、東国鎌倉に源頼朝が幕府を開いて幕を閉じる。しかし、東国武士の「国家」である鎌倉幕府と西国「国家」である京の朝廷の間の政治的な緊張感はその後も続き、それぞれの「国家」の内部での分裂や対立が繰り返されることになった。貴族階級による政権回復をめざしての半世紀にも及ぶ南北朝の動乱もそのひとつであるが、室町時代以後は武士階級相互の闘いが主となり、貴族階級の没落は決定的になった。

『保元物語』『平治物語』などに続いて成立した**『平家物語』**は源平合戦を描いた軍記物語であるが、特徴的と言えるのはこれが仏教的無常観に貫かれていることと、琵琶法師によって平曲として語られて文字を読めない階層にも広く伝播したことである。続く**『義経記』『曾我物語』**や南北朝の動乱を描いた**『太平記』**も語られたり朗読されたりして民衆に受け入れられていくが、同様に動乱の世の不安な生活の中でしだいに人々の心をとらえたのが鎌倉新仏教の各宗派であった。旧仏教の修行による解脱や往生を絶対とする特権的なあり方ではなく、念仏の道が往生へと続くと説く法然や「悪人正機説」の親鸞などの教えは、末法の世で救いを求める文字の読めないさまざまな階層の人々にも熱狂的な信仰を呼び起こした。それらの教義を説く法語や**『発心集』**などの仏教説話集も宗教文学であり、中世はその意味で宗教の時代と言ってよい。中世の随筆を代表する鴨長明の**『方丈記』**と兼好法師の**『徒然草』**もそれぞれ源平合戦と打ち続く疫病・飢饉など災厄の混乱、南北朝の動乱の時代を背景に、無常観を基調に、世俗化した寺院を出て遁世した隠者の立場から書かれている。

鎌倉に幕府が置かれるようになると、京・鎌倉間の交通が頻繁になった。文学史の上で紀行文が誕生するのもこのころである。一三世紀には宋との交流が盛んになり、銅銭が流通して商業・交易が発達すると、商人や職人などの各地への移動も頻繁になって都市が活性化、発達する。これは戦国時代、安土桃山時代の基盤となった。また商業のみならず文化の伝播も促され、一三世紀後半に入ってからの社会への文字の浸透と相俟って、文学の庶民化・地方化が進んだ。多くの中世の説話は仏教説話・世俗説話の形で庶民の世界を描き、一三世紀初めに成立した『**宇治拾遺物語**』などには口語りの性質が残っているが、室町期の短編物語である**御伽草子**や語りによる**説経節**、語りと舞による**幸若舞**、謡い物としての**小歌**、能と能の間に上演された滑稽な**狂言**などの芸能には、当時の庶民の生活感情や心情がいきいきと表れている。

宋との交流の中で、積極的に宋風文化や禅宗を取り入れようとしたのはまず東国鎌倉であった。鎌倉の寿福寺・京の建仁寺をはじめ、宋の官寺制度に基づく五山が鎌倉・京のそれぞれに建立され、鎌倉末期から室町時代には五山の禅僧を中心とした漢詩や散文がさかんに作られ、五山文学が栄えていく。

一方、武士たちに政治的権力を奪われた中世貴族にとって、平安時代の王朝文化は心のよりどころであった。『とはずがたり』などの女流日記文学、王朝物語を模倣した擬古物語なども王朝文化への憧れを表しており、最も強くそれを反映しているのが和歌である。とくに鎌倉への対抗意識を燃やした後鳥羽院は芸能を奨励、中でも和歌については勅によって藤原定家らに『**新古今和歌集**』を撰ばせた。この『新古今和歌集』は王朝和歌の最後の花であって、その歌風は和歌だけでなく世阿弥によって完成された能楽や茶道・華道・香道などの中世芸能全体の幽玄の源流として大きな意味を持っている。物語・連歌・能などさまざまなジャンルで美の理念を追求する評論が盛んになるのもこれ以降のことである。和歌の世界では、歌壇の指導者藤原定家の後、その子為家が亡くなって歌壇の分裂・対立が激化する。『新古今和歌集』の後、室町期に成立した『新続古今和歌集』までの勅撰和歌集を**十三代集**と呼ぶが、撰者の派閥はそれを反映している。これは歌論上の対立ばかりでなく、南北朝時代を通じ、時の政権との結びつきによるものであった。室町期になると貴族に代わり武士や僧侶などの地下（昇殿を許されなかった位の低い役人）の歌人が活躍するようになるが、中央歌壇は秘伝の伝授「古今伝授」によって権威づけをはかり、その結果形式化、衰退していく。和歌に代わり中心になるのは、複数の作者（連衆）が短歌の上の句と下の句を同じ場（座）において共同で制作する**連歌**である。連歌は初め院政期から鎌倉時代にかけて和歌会の余興であったが、貴族や武士、庶民の間にまで大流行する。南北朝時代の一三五六（正平一一）年には、二条良基により連歌集『**菟玖波集**』が成立し、準勅撰となって和歌と並ぶ社会的地位を確立した。職業連歌師が活躍した室町時代には、宗祇が連歌の大成者として『**新撰菟玖波集**』を撰び、『**水無瀬三吟百韻**』が連歌の模範となった。連歌師たちは茶人らと同様戦国大名の求めに応じて各地に赴き、文化的サロンを形成する役割を担った。しかし、やがて宗祇が死ぬと連歌も形式化の道をたどっていく。

連歌・能など中世の文学は、前代には亜流であったものが将軍を中心とする武士や公家の庇護のもとに洗練されて達成を見、それが形式化するとまた庶民の意識を反映した文学や芸能が生まれ発達するというように、各地の新興庶民階級台頭の動きと連動するように展開していった。連歌衰退後はまた、滑稽・機知の再生をめざす中で、**俳諧**連歌が生まれ、近世俳諧につながっていく。

西暦	詩歌	散文 物語・説話・史書など	散文 随筆・日記・評論など	関連事項
1192				後白河院没。源頼朝、征夷大将軍となる
1194				＊六百番歌合
1195		＊水鏡（中山忠親） ＊松浦宮物語		

1200

1204 秋篠月清集（藤原良経）
1205 **新古今和歌集**（藤原定家ら撰）
1213＊**金槐和歌集**（源　実朝）
1216 拾遺愚草（藤原定家）
1232＊建礼門院右京大夫集
1235 新勅撰和歌集（藤原定家撰）
＊小倉百人一首（藤原定家撰）
1245 壬二集（藤原家隆）
1251 続後撰和歌集（藤原為家撰）
1265 続古今和歌集（藤原為家ら撰）
1271 風葉和歌集（藤原為家撰？）
1278 続拾遺和歌集（二条為氏撰）
1296＊宴曲集（明空）

1300

1212＊**発心集**（鴨　長明）
1215＊古事談（源　顕兼）
1220＊**愚管抄**（慈円）
＊**保元物語**
＊**平治物語**
1221＊**宇治拾遺物語**
1222 閑居友
1223＊住吉物語
1242＊**平家物語**
＊承久記
1252 **十訓抄**
＊撰集抄
1254 **古今著聞集**（橘　成季撰）
＊**源平盛衰記**
1266＊吾妻鏡
1271＊苔の衣
1283 沙石集（無住）

1201 **古来風躰抄**（藤原俊成）
1202 無名草子
1209 近代秀歌（藤原定家）
1210＊**無名抄**（鴨　長明）
1212 **方丈記**（鴨長明）
1219＊**毎月抄**（藤原定家）
1219 建春門院中納言日記（建春門院中納言）
1223＊海道記
1224 教行信証（親鸞）
1235＊**明月記**（藤原定家）
1238＊正法眼蔵随聞記
1239＊後鳥羽院御口伝（後鳥羽院）
1242＊八雲御抄（順徳院）
＊東関紀行
1247＊石清水物語
1253 **正法眼蔵**（道元）
1259＊弁内侍日記
1260 立正安国論（日蓮）
1279＊十六夜日記（阿仏尼）
1292＊歎異抄（唯円）
＊中務内侍日記（中務内侍）

1201 和歌所再興
1202 千五百番歌合
1206 物語二百番歌合
1219 源実朝没
※軍記物語の発達
1221 承久の乱
※擬古物語の発達・猿楽流行
1232 貞永式目成る
1234＊時代不同歌合
1239 後鳥羽院没
1241 藤原定家没
1253 日蓮、日蓮宗を広める
1274 文永の役
1275 藤原為家没
1281 弘安の役

1400 1500

1303 新後撰和歌集（二条為世撰）
1312 **玉葉和歌集**（京極為兼撰）
1320 続千載和歌集（二条為世撰）
1326 続後拾遺和歌集（二条為藤撰）
1346 拾玉集（尊円親王撰）
1349 **風雅和歌集**（光厳院撰）
1356 菟玖波集（二条良基ら）
1359 新千載和歌集（二条為定撰）
1364 新拾遺和歌集（二条為明ら撰）
1381 新葉和歌集（宗良親王撰）
1384 新後拾遺和歌集（二条為遠ら撰）
1439 新続古今和歌集（飛鳥井雅世撰）
1488 **水無瀬三吟百韻**（飯尾宗祇ら）
1495 **新撰菟玖波集**（飯尾宗祇ら）
1518 **閑吟集**
1528＊**犬筑波集**（山崎宗鑑）
1530 俳諧独吟百韻（荒木田守武）
1540＊守武千句（荒木田守武）

1305 雑談集（無住編）
1339 神皇正統記（北畠親房）
1358＊吉野拾遺
1372＊**太平記**
1375＊**増鏡**
1407＊三国伝記
1409＊**義経記**
＊曾我物語
1488＊応仁記

1306 とはずがたり（後深草院二条）
1322 元亨釈書（虎関師錬）
1330＊**徒然草**（吉田兼好）
1340 職原抄（北畠親房）
1349＊連理秘抄（二条良基）
1362＊井蛙抄（頓阿）
1368＊河海抄（四辻善成）
1371＊筑波問答（二条良基）
1372 応安新式（二条良基）
1402＊**風姿花伝**（世阿弥）
1423 三道（世阿弥）
1424＊花鏡（世阿弥）
1430＊**申楽談儀**（世阿弥）
1450＊**正徹物語**（正徹）
1463 **ささめごと**（心敬）
1467＊吾妻問答（飯尾宗祇）
1468 ひとりごと（心敬）
1472 花鳥余情（一条兼良）
1480 筑紫道記（飯尾宗祇）
1527 宗長手記（宗長）

※五山文学おこる
1333 鎌倉幕府滅びる。建武の新政
1336 後醍醐天皇、吉野に移る
1338 足利尊氏、征夷大将軍に成る
※五山文学の隆盛
1392 南北朝の合一
1397 金閣建立
※北山文化の発達
※謡曲・狂言流行
※能・狂言の隆盛
※連歌・茶の湯・生け花の流行
1467 応仁の乱（～77）
※御伽草子の流行
1489 銀閣建立
※東山文化の発達
※印刷・出版盛行
1549 キリスト教伝来
※南蛮文化の発達
1573 室町幕府滅びる

近世文学の時代背景

近世文学は、**関が原の合戦で中世の戦乱の時代を終わらせた徳川家康が、一六〇三（慶長八）年に江戸に幕府を開いてから、一八六七（慶応三）年、十五代将軍慶喜により大政奉還されるまでの約二六〇年間**を時代区分としている。政治的には幕府が全国を支配して幕藩体制を敷き、将軍を徳川氏の世襲とし、士農工商という封建的身分制度で体制を維持した時代である。文学史的には近世文学は**町人文学**といわれるが、学問・商業の中心地である京都と大坂を舞台にした前半の上方文学期と、政治の中心地江戸が舞台となった後半の江戸文学期に特徴づけられる。

上方文学期の全盛は元禄時代であり、江戸文学期はさらに安永・天明の前期と文化・文政の後期に分けられる。

江戸幕府は全国を支配、統制するためのさまざまな政策を行った。各地の大名には幕府への忠誠を示させるため、妻子を人質として江戸に置き、大名は参勤交代で一年おきに江戸と国元に住まわせた。このことによって全国の交通網が発達し、物資の流通も円滑になり、貨幣制度の確立にともなって商業が発達する。経済力をつけた商人・町人たちはやがて文学の中心にもなっていく。一方、対外的には戦国時代に伝来し、貿易の利を得るため諸大名によって保護され広まってきていたキリスト教を危険視し、鎖国を実施して社会秩序の安定に努めた。さらに一七世紀後半からは、思想面での秩序を維持するために、儒教を用いた文治政治を行っており、このことが教育水準を高めることとなった。

町人文学を広めるために大きな力を発揮したのは、渡来した**木版印刷**技術である。安価で大量の出版が可能になったことにより、物語は知識階級から町人の手に移っていく。中世の素朴な読み物の御伽草子を発展させた**仮名草子**が登場した後、上方では元禄時代に**井原西鶴**が**浮世草子**を創始し、武家物・好色物・町人物などの本格的小説が誕生、成熟する。また、**近松門左衛門**は中世末期以来の語りの芸能であった**浄瑠璃**を大成させる。義理人情を題材にした複雑な筋立ての悲劇は人気を呼び、さらに歌舞伎の坂田藤十郎と提携して脚本を手掛け、歌舞伎も劇として確立した。

詩歌の分野では同じ元禄期に、**松尾芭蕉**が中世の連歌から貞門俳諧・談林俳諧と発展してきた俳諧を、**蕉風俳諧**として芸術の領域にまで高めた。**『おくのほそ道』**などの紀行文は、旅に己の人生そのものをみる芭蕉の軌跡である。芭蕉以降は革新的な運動はなかったが、天明期には**与謝蕪村**が、幕末には**小林一茶**が登場する。和歌の世界では、儒学に対立してわが国古道への復古をめざした国学者たちの実証的な古典の研究が進み、彼らが研究とともに和歌を詠んだ。

こうした元禄文化爛熟の背景には、社会・経済のめざましい発展と大商人たちの成長があったが、その結果支配者である武家は財政的に弱化した。以降、享保・寛政・天保の改革などで何度も立て直しがはかられるが、度重なる大飢饉による打撃の上に百姓一揆・打ちこわしが頻発し、武家による支配体制は江戸時代後半には大きく揺らぎ始めた。幕末には、欧米の進出によって鎖国体制が揺さ振られる中で尊皇攘夷運動が盛んになり、幕府は衰退していくことになる。

浮世草子についで、江戸時代には怪異小説である**読本**が上方で登場するが、前期読本の**上田秋成**らが活躍した後、文学の中心は江戸に移った。後期読本や、**恋川春町**が平易な仮名入り絵本の草双紙を大人向きの読み物としていった**黄表紙**、さらに長編化して冊子を綴じあわせた**合巻**など、江戸の小説は写実性や笑い・風刺をきかせていく方向に向かっていく。これらの作家たちが、時に幕府の内情や当時幕府の行う改革を風刺しているとの疑いで内容の改変をせまられたり、捕らえられたりしていく一方で、遊里を描く**洒落本**、町人の恋愛を題材にした風俗小説である**人情本**、笑いを目的にした**滑稽本**が盛んになる。俳諧を機知や滑稽のほうに展開させた**川柳**や**狂歌**とともに、江戸を舞台とした文学はもっぱら笑いと風刺とを求めて軽妙を好む庶民のものとなっていった。

また浄瑠璃や歌舞伎の発達は、三味線の普及も相俟って庶民の中に**小歌**の流行も促した。

1592　天草本平家物語
1593　天草本伊曽保物語
1592　天草版ドチリナ・キリシタン
1590　豊臣秀吉、全国統一
※安土桃山文化の発達

付

西暦 1600〜1700

詩歌

1633 犬子集（松江重頼）
1643 淀川・油糟（松永貞徳）刊
1645 毛吹草（松江重頼）刊
1649 挙白集（木下長嘯子）刊
1670 林葉累塵集（下河辺長流）刊
1672 **貝おほひ**（松尾芭蕉）
1675 **談林十百韻**（田代松意）
1677 俳諧大句数（井原西鶴）刊
1681 西鶴大矢数（井原西鶴）刊
1683 虚栗（榎本其角編）刊
1685 **冬の日**（山本荷兮編）刊
1686 春の日（山本荷兮編）刊
1689 曠野（山本荷兮編）刊
1690 ひさご（浜田珍碩編）刊
1691 **猿蓑**（向井去来ら編）刊
1694 **炭俵**（志太野坡ら編）刊
1698 続猿蓑（各務支考ら編）刊

散文

物語・説話・史書など

1615＊伊曾保物語
1615 薄雪物語・恨の介
1621＊竹斎（烏丸光広？）刊
1623 **醒睡笑**（安楽庵策伝）
1632＊二人比丘尼（鈴木正三）
1636 可笑記（如儡子）刊
1660 浮世物語（浅井了意）刊
1661＊東海道名所記（浅井了意）刊
1666 御伽婢子（浅井了意）刊
1682 **好色一代男**（井原西鶴）刊
1684 諸艶大鏡（井原西鶴）刊
1685 西鶴諸国ばなし（井原西鶴）刊・**出世景清**（近松門左衛門）初演
1686 **好色五人女・好色一代女**・本朝二十不孝（井原西鶴）刊
1687 男色大鑑・武道伝来記（井原西鶴）刊
1688 **日本永代蔵**（井原西鶴）刊
1692 **世間胸算用**（井原西鶴）刊
1693 西鶴置土産（井原西鶴）刊
1696 **万の文反古**（井原西鶴）刊
1701 傾城色三味線（江島其磧）刊

随筆・日記・評論など

1651 **俳諧御傘**（松永貞徳）刊
＊万葉集管見（下河辺長流）
1673 湖月抄（北村季吟）
1674 **枕草子春曙抄**（北村季吟）
1687＊野ざらし紀行（松尾芭蕉）
1687＊鹿島紀行（松尾芭蕉）
1688 **笈の小文**・更科紀行（芭蕉）
＊万葉代匠記（契沖）
1690 幻住庵記（松尾芭蕉）
1694 **おくのほそ道**（松尾芭蕉）
1695 和字正濫抄（契沖）
1700 梨本集（戸田茂睡）
1702 **去来抄**（向井去来）

関連事項

1603 徳川家康、江戸幕府を開く
※阿国歌舞伎上演
1613 キリスト教禁制
※仮名草子の流行
1629 女歌舞伎禁止
1639 鎖国完成
1652 若衆歌舞伎禁止
1657 江戸、明暦の大火
1682 浮世草子の刊行始まる
1684 大坂に竹本座創設
1687 生類憐みの令
※元禄文化の発達
1691 江戸に湯島聖堂完成
※国学の発達
※浮世草子（八文字屋本）流行
1702 赤穂浪士討ち入り

付

1703　松の葉
1704　落葉集(大木扇徳編)
1729　狂歌家づと(永田貞柳)刊
1750　俳諧武玉川初編刊
1765　誹風柳多留初編刊
1773　あけ烏(几董編)刊
1777　夜半楽・新花摘(与謝蕪村)刊
1783　万載狂歌集(四方赤良ら)刊

1703　**曾根崎心中**(近松)初演
1711　冥途の飛脚(近松)初演
1715　世間子息気質(江島其磧)刊
1715　**国性爺合戦**(近松)初演
＊八百屋お七(紀海音)初演
1720　**心中天の網島**(近松)初演
1721　**女殺油地獄**(近松)初演
1722　心中宵庚申(近松)初演
1746　**菅原伝授手習鑑**(竹田出雲ら)初演
1747　義経千本桜(出雲ら)初演
1748　仮名手本忠臣蔵(出雲ら)初演
1749　英草紙(都賀庭鐘)刊
1751　一谷嫩軍記(並木宗輔ら)初演
1766　本朝廿四孝(近松半二ら)初演
1767　世間妾形気(上田秋成)刊
1768　西山物語(建部綾足)刊、傾城阿波の鳴門(半二ら)初演
1770　神霊矢口渡(平賀源内)初演
1770　遊士方言(田舎老人多田爺)
1771　妹背山婦女庭訓(半二ら)初演
1773　＊本朝水滸伝(綾足)前編刊
1775　金々先生栄花夢(恋川春町)刊
1776　**雨月物語**(上田秋成)刊
1777　伽羅先代萩(奈河亀輔)初演
1785　江戸生艶気樺焼(山東京伝)刊
1787　通言総籬(山東京伝)刊

1702　**三冊子**(服部土芳)
1706　風俗文選(森川許六)
1716　＊**折たく柴の記**(新井白石)
1717　弁道(荻生徂徠)成る
1718　独ごと(上島鬼貫)刊
1724　＊西洋紀聞(新井白石)
1738　難波土産(三木貞成)刊
1750　**駿台雑話**(室鳩巣)
1760　万葉考(賀茂真淵)総論・巻一成立
1774　解体新書(杉田玄白ら)
1787　**鶉衣**(横井也有)前編刊

1703　豊竹座創設
1704　初代団十郎没
1714　初代竹本義太夫没
1716　享保の改革(〜51)
※草双紙(赤本・黒本・青本など)の流行
1772　田沼意次、老中となる
※川柳の全盛
※蘭学の隆盛
※黄表紙・洒落本・読本の流行
1776　アメリカ独立宣言
1787　寛政の改革(〜93)
1789　フランス革命

1800

1811 六帖詠草（小沢蘆庵）
1813 琴後集（～14、村田春海）
1819 **おらが春**（小林一茶）
1828 **桂園一枝**（香川景樹）

1789 **鸚鵡返文武二道**（恋川春町）刊
1789 韓人漢文手管始（並木五瓶）
1801 忠臣水滸伝（京伝）刊了
1802 **東海道中膝栗毛**（～22、十返舎一九）刊
1806 雷太郎強悪物語（式亭三馬）
1807 **椿説弓張月**（～11、曲亭馬琴）刊
1808 **春雨物語**（上田秋成）
1809 **浮世風呂**（式亭三馬）前編刊
1813＊浮世床（式亭三馬）初編刊
1814 **南総里見八犬伝**（～42、曲亭馬琴）刊
1815 偐紫田舎源氏（～42、柳亭種彦）刊了
1825 **東海道四谷怪談**（鶴屋南北）初演
1827＊日本外史（頼山陽）
1832 春色梅児誉美（～33、為永春水）刊
1853 与話情浮名横櫛（瀬川如皐）初演
1857 七偏人（～63、梅亭金鵞）刊
1860 三人吉三廓初買（河竹黙阿弥）初演
1862 青砥稿花紅彩画（河竹黙阿弥）初演

1793 **玉勝間**（本居宣長）
1796 **源氏物語玉の小櫛**（宣長）
1798 古事記伝（本居宣長）完成
1809＊**父の終焉日記**（小林一茶）
1818 花月草紙（松平定信）
1818 七番日記（小林一茶）

1790 出版取り締まり強化
1791 京伝処罰される
※滑稽本の流行
※化政文化の発達
※合巻・人情本の流行
1841 天保の改革（～43）
1842 人情本出版禁止、春水・種彦処罰される
1853 ペリー来航
1867 大政奉還

付

主要枕詞(まくらことば)便覧

ある語句を言い起こすために、その前に置かれる語。五音以下で、かかる語との関係は固定的である。上段が枕詞、下段がかかる語。

▼あ行

あかねさす【茜さす】日・昼・紫・君
あきぎりの【秋霧の】晴る・おぼつかなし・籬(まがき)・立つ・立田山(たつたやま)
あきづしま【秋津島・秋津洲・蜻蛉島】大和(やまと)
あきやまの【秋山の】したふ・色なつかし
あさがすみ【朝霞】鹿火屋(かびや)・春日(はるひ)・ほのか・八重(やへ)
あさぎりの【朝霧の】おほ・惑ふ・乱る・八重(やへ)・消(け)やすし
あさぢはら【浅茅原】つばらつばら
あさぢふの【浅茅生の】野・小野(をの)
あさつゆの【朝露の】置く・消(け)やすし・命・わが身
あさもよし【朝裳よし・麻裳よし】紀・城上(きのへ)
あしかきの【葦垣の】乱る・古(ふ)る・外(ほか)・間近(まぢか)・吉野
あしたづの【葦鶴の・葦田鶴の】音(ね)泣く・たづたづし
あしねはふ【葦根はふ】下・憂(う)き
あしのねの【葦の根の】ねもころ・分く・夜・世・短し・憂(う)き
あしひきの 山・峰(を)
あぢさはふ 目・夜昼知らず
あぢむらの【鶴群の】騒く・通ふ
あづさゆみ【梓弓】引く・張る・射る・寄る・本(もと)・末(すゑ)・弦(つる)・矢・音(おと)
あまくもの【天雲の】たゆたふ・行く・別れ・よそ・奥・ゆくらゆくら・たどきも知らず
あまざかる【天離る】鄙(ひな)
あまとぶや【天飛ぶや】雁(かり)・軽(かる)
あまのはら【天の原】富士
あもりつく【天降りつく】天(あま)の香具山・神の香具山(かぐやま)
あらかねの【粗金の】つち
あらたへの【荒栲の・荒妙の】藤原・藤井・藤江
あらたまの【新玉の・荒玉の】年・月・来経(きへ)
あをによし【青丹よし】奈良
あをはたの【青旗の】木幡(こはた)・忍坂山(おさかのやま)・葛城山(かづらきやま)
あをやぎの【青柳の】いと・かつら
いさなとり【鯨取り】海・浜・灘(なだ)
いそのかみ【石上】布留(ふる)・古(ふ)る・降る・振る
いなむしろ【稲席・稲筵】しく・川
いはばしの【石橋の・岩橋の】間(ま)・近し・遠し
いはばしる【石走る】滝・垂水(たるみ)・淡海
いゆししの【射ゆ鹿の・射ゆ獣の】心を痛み・行き死ぬ
うたかたの【泡沫の】憂(う)き・消ゆ
うちなびく【打ち靡く】草・春
うちひさす 宮・都
うつせみの【空蟬の】世・人・命・身
うばたまの【烏羽玉の】黒・夜・夢
うまさけ【旨酒・味酒】三輪(みわ)・三室(みむろ)・三諸(みもろ)
おきつとり【沖つ鳥】鴨(かも)・味経(あぢふ)
おきつなみ【沖つ波】頻(し)く・撓(とを)む・たかし
おきつもの【沖つ藻の】靡(なび)く・名張(なばり)
おしてるや【押し照るや】難波(なには)
おほともの【大伴の】見つ
おほぶねの【大船の】ゆた・ゆくらゆくら・たゆたひ・頼む・思ひ頼む・渡り・香取(かとり)・津守(つもり)

▼か行

かがみなす【鏡なす】見る・御津(みつ)・思ふ妻
かきかぞふ【搔き数ふ】二(ふた)・四
かぎろひの【陽炎の】春・燃ゆ
かくれぬの【隠れ沼の】下・底
かしのみの【樫の実の】ひとり・ひとつ
かたいとの【片糸の】よる・あふ・くる
かむかぜの【神風の】伊勢(いせ)
からころも【唐衣・韓衣】きる・かへす・そで・たもと・ひも・たつ
からにしき【唐錦】裁つ・織る・縫ふ
かりこもの【刈り菰の・刈り薦の】乱る
かるかやの【刈萱の】束(つか)・穂・乱る
くさまくら【草枕】旅・夕(ゆふ)
くずのはの【葛の葉の】うら・うらみ
くれたけの【呉竹の】節(よ)・世・夜・節(ふし)
くれなゐの【紅の】色・浅・うつし
くれはとり【呉織・呉服】あや
ことさへく【言さへく】韓(から)・百済(くだら)
こもりくの【隠りくの】泊瀬(はつせ)
こもりぬの【隠り沼の】下
こゆるぎの【小余綾の】急ぎ
ころもでの【衣手の】田上(たなかみ)・別(わ)く・かへる・真若(まわか)・名木(なき)

▼さ行

さきくさの【三枝の】三つ・中
ささがにの【細蟹の】くも・いと・い・今・命・いとふ
ささなみの【楽浪の・細波の・小波の】志賀(しが)・大津(おほつ)・長等(ながら)・比良(ひら)・寄る・夜・あや・あやし
さすたけの【刺す竹の】大宮・大宮人(おほみやびと)・君・舎人(とねり)・皇子(みこ)・よ
さにつらふ【さ丹つらふ】妹(いも)・君
さねかづら【真葛】のちも逢(あ)ふ・さ寝ず・くる
さねさし 相模(さがむ)
さばへなす【五月蠅なす】騒く・荒ぶ
しきしまの【敷島の・磯城島の】大和(やまと)・日本
しきたへの【敷き妙の・敷き栲の】枕・床・袂(たもと)・袖(そで)・臥(ふ)す・衣・黒髪・家
しなざかる 越(こし)
しなてるや【級照るや】片(かた)・鳰(にほ)の海
しらくもの【白雲の】立つ・竜田(たつた)・絶ゆ
しらたまの【白玉の】わが子・君・緒絶

えの橋・姨捨(をばすて)山
しらつゆの【白露の】おく・消(け)・たま
しらなみの【白波の・白浪の】著(いちしろ)し・
立つ・寄す・うちしきる
しらぬひ　筑紫(つくし)
しらまゆみ【白真弓・白檀弓】春・い
しろたへの【白栲の・白妙の】衣・袖(そで)・
帯・雲・浪(なみ)・雪
すがのねの【菅の根の】長し・乱る・懇(ねもころ)
せみのはの【蟬の羽の】薄し・一重(ひとへ)
そらみつ　大和(やまと)

▼た行

たかてらす【高照らす】日
たかひかる【高光る】日
たくなはの【栲縄の】長き・千尋(ちひろ)
たくぶすま【栲衾】しら
たたみこも【畳薦】平群(へぐり)
たまかぎる【玉かぎる】夕(ゆふ)・ほのか
たまかつま【玉勝間・玉籠】逢(あ)ふ・安
倍島山(あへしまやま)・島熊山(しまくまやま)
たまかづら【玉鬘】かけ・かげ
たまきはる　いのち・うち
たまくしげ【玉櫛笥・玉匣】ひらく・あ
く・ふた・み
たまだすき【玉襷】かく・うな・うね・
うねび
たまだれの【玉垂れの】小簾(をす)・越智(をち)・
御簾(みす)・見ず
たまづさの【玉梓の・玉章の】使ひ・人・
妹(いも)
たまのをの【玉の緒の】絶ゆ・長し・短
し・乱る・継ぐ・うつし心
たまほこの【玉桙の・玉鉾の】道・里
たまもかる【玉藻刈る】敏馬(みぬめ)・沖・
をとめ
たまもよし【玉藻よし】讃岐(さぬき)
たらちねの【垂乳根の】母・親
ちはやぶる【千早振る】神・宇治(うぢ)
つがのきの【栂の木の・樛の木の】つぎ
つぎ
つきくさの【月草の】移ろふ・移し心・
消ゆ・仮なる命
つのくにの【津の国の】名には・来(こ)や・
此(こ)や・ながらふ・見つ
つのさはふ　いは
つゆしもの【露霜の】消(け)・過ぐ・置く・
秋
つるぎたち【剣太刀・剣大刀】身に添
ふ・名・己(な)・磨(と)ぐ
ところづら【野老葛】常(とこ)しく・尋(と)め
行く
とぶとりの【飛ぶ鳥の】あすか・はやく
とほつひと【遠つ人】松・雁(かり)
ともしびの【灯火の】明石(あかし)
とりがなく【鳥が鳴く・鶏が鳴く】あ
づま

▼な行

なつくさの【夏草の】あひね・野島・思
ひ萎(しな)ゆ・繁(しげ)し・深し・かりそめ
なつごろも【夏衣】ひとへ・薄し・裁つ・
着る・裾(すそ)
なよたけの【弱竹の】とをよる・夜・
世・齢(よ)
なるかみの【鳴る神の】音
にはたづみ【行潦・庭潦】流る・川
にほどりの【鳰鳥の】潜(かづ)く・葛飾(かづしか)・
息長川(おきながかは)・二人並び居(ゐ)・なづさふ
ぬえどりの【鵼鳥の・鵺鳥の】うらな
く・のどよふ
ぬばたまの【射干玉の】黒・夜・夢(いめ)・
月・髪・夕べ・宵(よひ)・妹(いも)

▼は行

はながたみ【花筐】目並(めなら)ぶ
はなすすき【花薄】ほに出(い)づ・ほのか
ははそはの【柞葉の】母
はふくずの【這ふ葛の】遠長し・絶え
ず・行くへなし・下・たづぬ
はるがすみ【春霞】春日(かすが)・立つ・竜田(たつた)・
よそ
ひさかたの【久方の】天(あま)・天(あめ)・雨・日・
光・月・雲
ふかみるの【深海松の】深む・見る
ふぢなみの【藤波の・藤浪の】まつは
る・寄る・立つ
ふゆごもり【冬籠もり】春・張る
ふるゆきの【降る雪の】白・行き・消(け)・
日

▼ま行

まかねふく【真金吹く】丹生(にふ)・吉備(きび)
まきはしら【真木柱】太し
まこもかる【真菰刈る】大野川原(おほのがはら)
淀(よど)・伊香保(いかほ)の沼
まそかがみ【真澄鏡】見る・敏馬(みぬめ)・
面影・磨(と)ぐ・掛く・床・清し・照る
まつがねの【松が根の】待つ・絶ゆるこ
となく
みこころを【御心を】吉野
みすずかる【水篶刈る・三篶刈る】信
濃(しなの)
みづくきの【水茎の】水城(みづき)・岡(をか)
みづとりの【水鳥の】うく・たつ・賀茂(かも)
・鴨(かも)・青葉
みつみつし　久米(くめ)
みなせがは【水無瀬川】下
むらきもの【村肝の・群肝の】こころ
むらとりの【群鳥の】むれ・立つ・朝立
つ
もちづきの【望月の】たたはし・たれ
る・めづらし
もののふの【物部の・武士の】宇治(うぢ)・
八十(やそ)・石瀬(いはせ)
ももしきの【百敷の・百石城の】大宮
ももづたふ【百伝ふ】八十(やそ)・磐余(いはれ)

▼や行

やくもさす【八雲刺す】出雲(いづも)
やくもたつ【八雲立つ】出雲(いづも)
やまがはの【山川の】たぎつ・音(おと)・あ
さ・早く・流る
やますげの【山菅の】実(み)・乱る・背向(そがひ)
・止(や)まず
ゆくとりの【行く鳥の】群がる・争ふ
ゆふだすき【木綿襷】掛く・むすぶ
ゆふづくよ【夕月夜】をぐらし・小倉(をぐら)
・いる・いるさの山・いる野

▼わ行

わかくさの【若草の】妻・夫(つま)・新(にひ)
わぎもこに【吾妹子に】あふちの花・
逢坂山(あふさかやま)・近江(あふみ)・淡路(あはぢ)
わぎもこを【吾妹子を】いざみの山・
早見の浜
をしどりの【鴛鴦の】浮き・憂(う)き

序詞便覧

和歌で、ある語句を導き出すための表現。通常は七音以上からなり、枕詞と違って、その表現は一回的である。序詞とそれのかかる語句との関係は、1比喩によるもの、2掛詞によるもの、3同音反復によるもの、と三つに分類される。

1比喩によるもの

序詞の部分が比喩の働きをするので、「…のように」と訳して、かかる語句にかかわらせる。

「　」が序詞、傍線がかかる語句。

- 「秋風にあへず散りぬるもみぢ葉の」行方定めぬ我ぞ悲しき〈古今・秋下・二八六〉
- 「秋の田の穂の上をてらす稲妻の」光の間にも我や忘るる〈古今・恋一・五四八〉
- 「秋の野の尾花にまじり咲く花の」色にや恋ひむ逢ふよしをなみ〈古今・恋一・四九七〉
- 「あしひきの山鳥の尾のしだり尾の」ながながし夜をひとりかも寝む〈拾遺・恋三・七七八／百人一首〉
- 「葦辺より満ち来る潮の」いや増しに思へか君が忘れかねつる〈万葉・四・六一七〉
- 「淡雪のたまればかてに」砕けつつ我がもの思ひのしげき頃かな〈古今・恋一・五五〇〉
- 「石間ゆく水の白波」立ち返りかくこそは見め飽かずもあるかな〈古今・恋四・六八二〉
- 「伊勢の海の海人の釣縄」うちはへて苦しとのみや思ひわたらむ〈古今・恋一・五一〇〉
- 「沖辺にも寄らぬ玉藻の波の上に」乱れてのみや恋ひわたりなむ〈古今・恋一・五三三〉
- 「奥山の菅の根しのぎ降る雪の」消ぬとかいはむ恋のしげきに〈古今・恋一・五五一〉
- 「おしてるや難波の御津に焼く塩の」からくも我は老いにけるかな〈古今・雑上・八九四〉
- 「かきくらし降る白雪の」下消えに消えてもの思ふ頃にもあるかな〈古今・恋二・五六六〉
- 「春日野の雪間を分けて生ひ出でくる草の」はつかに見えし君はも〈古今・恋一・四七八〉
- 「風をいたみ岩うつ波の」おのれのみ砕けてものを思ふころかな〈詞花・恋上・二一一／百人一首〉
- 「川の瀬になびく玉藻の水隠れて」人に知られぬ恋もするかな〈古今・恋二・五六五〉
- 「刈りて干す山田の稲の」こきたれてなきこそわたれ秋の憂ければ〈古今・雑上・九三二〉
- 「紅の初花染めの」色深く思ひし心我忘れめや〈古今・恋四・七二三〉
- 来ぬ人を「まつほの浦の夕なぎに焼くや藻塩の」身もこがれつつ〈新勅撰・恋三・八四九／百人一首〉
- 恋しくは下にを思へ「紫の根摺りの衣」色に出づなゆめ〈古今・恋三・六五二〉
- 「五月山梢を高み時鳥鳴く音」そらなる恋もするかな〈古今・恋二・五七九〉
- しのぶれど恋しき時は「あしひきの山より月の」出でてこそ来れ〈古今・恋三・六三三〉
- 「しもとゆふ葛城山に降る雪の」間なく時なく思ほゆるかな〈古今・大歌所御歌・一〇七〇〉
- 「瀬をはやみ岩にせかるる滝川の」われても末にあはむとぞ思ふ〈詞花・恋上・二二九／百人一首〉
- 「たぎつ瀬に根ざしとどめぬ浮草の」浮きたる恋も我はするかな〈古今・恋二・五九二〉
- 「ちはやぶる賀茂の社の木綿襷」一日も君をかけぬ日はなし〈古今・恋一・四八七〉
- 「津の国の難波の葦のめもはるに」しげき我が恋人知るらめや〈古今・恋二・六〇四〉
- 「飛ぶ鳥の声も聞えぬ奥山の」深き心を人は知らなむ〈古今・恋一・五三五〉
- 「夏なれば宿にふすぶる蚊遣火の」いつまでわが身下燃えをせむ〈古今・恋一・五〇〇〉
- 「名取川瀬々の埋もれ木」あらはればいかにせむとか逢ひ見そめけむ〈古今・恋三・六五〇〉
- 「春霞たなびく山の桜花」見れども飽かぬ君にもあるかな〈古今・恋四・六八四〉
- 人知れず思へば苦し「紅の末摘花の」色に出でなむ〈古今・恋一・四九六〉
- 「吹き迷ふ野風を寒み秋萩の」移りもゆくか人の心の〈古今・恋五・七八一〉
- 「真菰刈る淀の沢水雨降れば」常よりことに増さる我が恋〈古今・恋二・五八七〉
- 「御垣守衛士のたく火の」夜は燃え昼は消えつつものをこそ思へ〈詞花・恋上・二二五／百人一首〉
- 「陸奥のしのぶもぢずり」誰ゆゑに乱れむと思ふ我ならなくに〈古今・恋四・七二四〉
- 「夕月夜さすや岡辺の松の葉の」いつともわかぬ恋もするかな〈古今・恋一・四九〇〉
- 「由良の門を渡る舟人梶緒絶え」ゆくへも知らぬ恋の道かな〈新古今・恋一・一〇七一／百人一首〉
- 「吉野川岩切り通し行く水の」音には立てじ恋ひは死ぬとも〈古今・恋一・四九二〉
- 我が恋を忍びかねては「あしひきの山橘の」色に出でぬべし〈古今・恋三・六六八〉
- わが袖は「潮干に見えぬ沖の石の」人こそ知らねかわく間もなし〈千載・恋二・七六〇／百人一首〉
- 「我が園の梅のほつ枝に鶯の」音に泣きぬべき恋もするかな〈古今・恋一・四九八〉
- 「わたつ海の沖つ潮会に浮かぶ泡の」消えぬものから寄る方もなし〈古今・雑上・九一〇〉
- 「わたの原寄せくる波の」しばしばも見まくのほしき玉津島かも〈古今・雑上・九一二〉

②掛詞によるもの

序詞のかかる語句が掛詞になって、主題的部分が導き出される。「　」が序詞、傍線がかかる語句で掛詞を〔　〕に示した。

●「秋風の吹き裏返す葛の葉の」うらみ〔裏見／恨み〕てもなほ恨めしきかな〈古今・恋五・八二三〉
●「朝露のおくての山田」かりそめ〔刈り初め／仮そめ〕に憂き世の中を思ひぬるかな〈古今・哀傷・八四二〉
●「梓弓おして」はる〔張る／春〕さめ今日降りぬ明日さへ降らば若菜摘みてむ〈古今・春上・二〇〉
●「海人の刈る藻に住む虫の」われから〔割殻（虫名）／我から〕と音をこそ泣かめ世をばうらみじ〈古今・恋五・八〇七〉
●「有馬山猪名の笹原風吹けば」いでそよ〔そよ／そよ〕人を忘れやはする〈後拾遺・恋二・七〇九／百人一首〉
●「伊勢の海人の朝な夕なにかづくてふ」みるめ〔海松布／見る目〕に人を飽くよしもがな〈古今・恋四・六八三〉
●「霞立ち木の芽も」はる〔張る／春〕の雪降れば花なき里も花ぞ散りける〈古今・春上・九〉
●「笹の葉に置く初霜の夜を寒み」しみ〔凍み／染み〕はつくとも色に出でめや〈古今・恋三・六六三〉
●「蟬の羽のひとへに薄き夏衣」なればより〔萎れば（しわが）寄り／馴れば（人が）寄り〕なむものにやはあらぬ〈古今・雑躰・一〇三五〉
●立ち別れ「いなばの山の峰に生ふる」まつ〔松／待つ〕とし聞かば今帰り来む〈古今・離別・三六五／百人一首〉
●「名にし負はば逢坂山のさねかづら」人に知られでくる〔繰る／来る〕よしもがな〈後撰・恋三・七〇〇／百人一首〉
●「難波江の蘆の」かりね〔刈り根／仮り寝〕の一夜ゆゑ身をつくしてや恋ひわたるべき〈千載・恋三・八〇七／百人一首〉
●「難波潟短き蘆の」ふし〔節／節〕の間も逢はでこの世を過ぐしてよとや〈新古今・恋一・一〇四九〉
●「山賤の垣ほに這へる青つづら」人はくれ〔繰れ／来れ〕ども言伝てもなし〈古今・恋四・七四二〉
●「山城の淀の若菰」かり〔刈り／仮〕にだに来ぬ人頼む我ぞはかなき〈古今・恋五・七五九〉
●「吉野川岩波高く行く水の」はやく〔速く／早く〕ぞ人を思ひそめてし〈古今・恋一・四七一〉
●「我が背子が衣」はる〔張る／春〕さめ降るごとに野辺の緑ぞ色まさりける〈古今・春上・二五〉
●わびしらにましらな鳴きそ「あしひきの山の」かひ〔峡／甲斐〕ある今日にやはあらぬ〈古今・雑躰・一〇六七〉

③同音反復によるもの

序詞にある語句と同音の語句が導かれて、かかる語句となる。この場合かかる語句を掛詞とはしない。

●「浅茅生の小野の篠原」忍ぶとも人知るらめや言ふ人なしに〈古今・恋一・五〇五〉
●「浅茅生の小野の篠原」忍ぶれどあまりてなどか人の恋しき〈後撰・恋一・五七七／百人一首〉
●「東路の小夜の中山」なかなかになにしか人を思ひ初めけむ〈古今・恋二・五九四〉
●「逢坂の関に流るる岩清水」言はで心に思ひこそすれ〈古今・恋一・五三七〉
●「新小田をあら鋤き返し」返しても人の心を見てこそやまめ〈古今・恋五・八一七〉
●「石の上布留の中道」なかなかに見ずは恋しと思はましやは〈古今・恋四・六七九〉
●思ひ出づる「ときはの山の岩つつじ」言はねばこそあれ恋しきものを〈古今・恋一・四九五〉
●かくとだにえやは「いぶきのさしも草」さしもしらじな燃ゆる思ひを〈後拾遺・恋一・六一二／百人一首〉
●君を思ひ「興津の浜に鳴く鶴の」たづね来ればぞありとだに聞く〈古今・雑上・九一四〉
●「雲晴れぬ浅間の山の」あさましや人の心を見てこそやまめ〈古今・雑躰・一〇五〇〉
●「敷島の大和にはあらぬ唐衣」頃も経ずして逢ふよしもがな〈古今・恋四・六九七〉
●「住の江の岸に寄る波」夜さへや夢の通ひ路人目避くらむ〈古今・恋二・五五九／百人一首〉
●「多摩川にさらす手作り」さらさらに何そこの児のここだかなしき〈万葉・一四・三三七三〉
●「流れては妹背の山の中に落つる吉野の川の」よしや世の中〈古今・恋五・八二八〉
●「時鳥鳴くや五月の菖蒲草」あやめも知らぬ恋もするかな〈古今・恋一・四六九〉
●「みかの原わきて流るるいづみ川」いつ見きとてか恋しかるらん〈新古今・恋一・九九六／百人一首〉
●「陸奥にありといふなる名取川」なき名取りては苦しかりけり〈古今・恋三・六二八〉
●「陸奥の安積の沼の花かつみ」かつ見る人に恋ひやわたらむ〈古今・恋四・六七七〉
●「道の辺のいちしの花の」いちしろく人皆知りぬ我が恋妻は〈万葉・一一・二四八〇〉
●「美作や久米の皿山」さらさらに我が名は立てじ万代までに〈古今・神遊びの歌・一〇八三〉
●「み吉野の大川の辺の藤浪の」並みに思はば我が恋ひめやは〈古今・恋四・六九九〉
●「山科の音羽の山の」音にだに人の知るべく我が恋ひめかも〈古今・恋三・六六四〉

縁語便覧

軸となる語句と意味の上で関連する語句を意図的に用いる技巧。軸となる語を『　』で、関連する語句を「　」で示した。左の最初の歌でいえば、軸になるのが『秋霧』で、「立ち」「晴れぬ」がその縁語となる。掛詞と併用されることも多く、ここでは掛詞の関係にあるものについては〔　〕で示した。

●**あきぎり**【秋霧】　『秋霧』のともに「立ち」出でて別れなば「晴れぬ」思ひに恋ひやわたらむ〈古今・離別・三八六〉

●**あさぢ**【浅茅】　時過ぎてかれ〔「枯れ」／離れ〕ゆく小野の『浅茅』には今は思ひ〔「火」／思ひ〕ぞ絶えず燃えける〈古今・恋五・七九〇〉

●**あさつゆ**【朝露】　唐衣たつ日はきかじ『朝露』の「置き」てし行けば「消ぬ」べきものを〈古今・離別・三七五〉

●**あづさゆみ**【梓弓】　『梓弓』はる〔「張る」／春〕立ちしより年月の「射る」がごとくも思ほゆるかな〈古今・春下・一二七〉

●**あわ**【泡】　うき〔「浮き」／憂き〕ながら「消ぬる」『泡』ともなりななむ「流れて」とだに頼まれぬ身は〈古今・恋五・八二七〉

●**いと**【糸】　よそながら我が身に『糸』のよる〔「縒る」／寄る〕と言へばただいつはり〔「針」／偽り〕にすぐ〔「挿ぐ」／過ぐ〕ばかりなり〈古今・雑躰・一〇五四〉

●**うきめ**【浮き海布】　うきめ〔『浮き海布』／憂き目〕のみ生ひてながるる〔「流るる」／泣かるる〕「浦」なればかり〔「刈り」／仮〕にのみこそ「海人」は「寄る」らめ〈古今・恋五・七五五〉

●**うぢばし**【宇治橋】　忘らるる身をうぢ橋〔憂／『宇治橋』〕の「中絶え」て人も「通は」ぬ年ぞ経にける〈古今・恋五・八二五〉

●**かは**【川】　思へども人目づつみ〔慎み／「堤」〕の高ければかは〔彼は／『川』〕と見ながらえこそ「渡ら」ね〈古今・恋三・六五九〉

●**からころも**【唐衣】　『唐衣』着つつなれ〔「褻れ」／馴れ〕にしつま〔「褄」／妻〕しあればはるばる〔「張る」／はるばる〕き〔「着」／来〕ぬる旅をしぞ思ふ〈古今・羇旅・四一〇〉

●**こほり**【氷】　春立てば消ゆる『氷』の残りなく君が心は我に「解け」なむ〈古今・恋一・五四二〉

●**さしもぐさ**【さしも草】　かくとだにえやはいぶきの『さしも草』さしもしらじな燃ゆる思ひ〔思ひ／「火」〕を〈後拾遺・恋一・六一二／百人一首〉

●**しも**【霜】　今朝はしも〔しも［副助］／『霜』〕おき〔起き／「置き」〕けむ方も知らざりつ思ひ出づるぞ「消え」てかなしき〈古今・恋三・六四三〉

●**しらかは**【白川】　『白川』の知らずとも言はじ「底」清み「流れ」て世々にすま〔「澄ま」／住ま〕むと思へば〈古今・恋三・六六六〉

●**せ**【瀬】　たぎつ『瀬』の「はやき」心を何しかも人目づつみ〔慎み／「堤」〕の「堰き」とどむらむ〈古今・恋三・六六〇〉

●**たけのこ**【竹の子】　今さらになに生ひ出づらむ『竹の子』の憂き「節」しげきよ〔世／「節」〕とは知らずや〈古今・雑下・九五七〉

●**なつくさ**【夏草】　かれ〔離れ／「枯れ」〕はてむ後をば知らで『夏草』の「深く」も人の思ほゆるかな〈古今・恋四・六八六〉

●**なには**【難波】　我を君なには〔何は／『難波』〕のうら〔憂ら／「浦」〕にありしかばうきめ〔憂き目／「浮き海布」〕をみつ〔見つ／「御津」〕のあま〔尼／「海人」〕となりにき〈古今・雑下・九七三〉

●**なにはがた**【難波潟】　『難波潟』短き「蘆」の「ふし」の間も逢はでこのよ〔世／「節」〕を過ぐしてよとや〈新古今・恋一・一〇四九／百人一首〉

●**なみ**【波】　逢ふことのなぎさ〔無き／「渚」〕にし「寄る」『波』なればうらみ〔恨み／「浦廻」〕てのみぞ「立ちかへり」ける〈古今・恋三・六二六〉

●**ねぬなは**　「隠れ沼」の下より生ふる『ねぬなは』の寝ぬ名は立てじくる〔「来る」／「繰る」〕な厭ひそ〈古今・雑躰・一〇三六〉

●**はつかり**【初雁】　『初雁』のなき〔「鳴き」／泣き〕こそ渡れ世の中の人の心のあき〔「秋」／飽き〕し憂ければ〈古今・恋五・八〇四〉

●**はなすすき**【花すすき】　『花すすき』我こそ下に思ひしかほ〔「穂」／秀〕に出でて人に「結ば」れにけり〈古今・恋五・七四八〉

●**はるさめ**【春雨】　陽炎のそれかあらぬか『春雨』のふる〔「降る」／古る〕人なれば袖ぞ「濡れ」ける〈古今・恋四・七三一〉

●**ひ**【火】　人に逢はむつきのなきには思ひ〔思ひ／『火』〕おき〔起き／「熾」〕て胸走り火〔胸走り／「走り火」〕に心「焼け」をり〈古今・雑躰・一〇三〇〉

●**ふぢばかま**【藤袴】　秋風に「綻び」ぬらし『藤袴』つづりさせ〔つづりさせ（鳴き声）／「綴り刺せ」〕てふきりぎりす鳴く〈古今・雑躰・一〇二〇〉

●**はし**【星】　逢ひ見まくほし〔欲し／『星』〕は数なくありながら人につき〔手段（の意）／「月」〕なみ惑ひこそすれ〈古今・雑躰・一〇二九〉

●**みつしほ**【満つ潮】　『満つ潮』の「流れ」ひるま〔「干る」間／昼間〕を逢ひがたみみるめ〔「海松布」／見る目〕の「浦」によるを〔「寄る」／夜〕をこそ待て〈古今・恋三・六六五〉

●**みるめ**【海松布】　みるめ〔見る目／『海松布』〕なき我が身を「浦」と知らねばやかれ〔離れ／「刈れ」〕なで「海人」の足たゆく来る〈古今・恋三・六二三〉

●**やま**【山】　あしひきの『山』のまにまに隠れなむ憂き世の中はあるかひ〔甲斐／「峡」〕もなし〈古今・雑下・九五三〉

掛詞便覧

同音異義語を利用して、ある語句に多くは二つの意味を持たせ、文脈を重層させる表現技巧。

●**あかし**【明石―明かし】有り明けの月もあかしの浦風に波ばかりこそよると見えしか〈金葉・秋・二一六〉

●**あき**【秋―飽き】我が袖にまだき時雨の降りぬるは君が心にあきや来ぬらむ〈古今・恋五・七六三〉

●**あす**【飛鳥川―明日】昨日といひ今日と暮らしてあすか川流れて早き月日なりけり〈古今・冬・三四一〉

●**あふ**【逢坂山―逢ふ】名にし負はばあふ坂山のさねかづら人に知られでくるよしもがな〈後撰・恋三・七〇〇／百人一首〉

●**あふみ**【近江―逢ふ身】今日別れ明日はあふみと思へども夜や更けぬらむ袖の露けき〈古今・離別・三六九〉

●**あらし**【嵐―荒らし】吹くからに秋の草木のしをるればむべ山風をあらしといふらむ〈古今・秋下・二四九／百人一首〉

●**いなば**【因幡の山―往なば】立ち別れいなばの山の峰に生ふるまつとし聞かば今帰り来む〈古今・離別・三六五／百人一首〉

●**う**【宇治山―憂】我が庵は都の辰巳しかぞ住む世をうぢ山と人は言ふなり〈古今・雑下・九八三／百人一首〉

●**かひな**【腕―甲斐無く】春の夜の夢ばかりなる手枕にかひなく立たむ名こそをしけれ〈千載・雑上・九六四／百人一首〉

●**かりね**【刈り根―仮寝】難波江の蘆のかりねの一夜ゆゑ身をつくしてや恋ひわたるべき〈千載・恋三・八〇七／百人一首〉

●**かれ**【枯れ―離れ】山里は冬ぞさびしさ増さりける人目も草もかれぬと思へば〈古今・冬・三一五／百人一首〉

●**き**【木―嘆き】ねぎ言をさのみ聞きけむ社こそ果てはなげきの森となるらめ〈古今・雑躰・一〇五五〉

●**きく**【菊―聞く】音にのみきくの白露夜はおきて昼は思ひにあへず消ぬべし〈古今・恋一・四七〇〉

●**くちなし**【梔子―口なし】山吹の花色衣主や誰問へど答へずくちなしにして〈古今・雑躰・一〇一二〉

●**こし**【越路―思ひ来し】君をのみ思ひこし路の白山はいつかは雪の消ゆる時ある〈古今・雑下・九七九〉

●**さむしろ**【さ筵―寒し】きりぎりす鳴くや霜夜のさむしろに衣片敷きひとりかも寝む〈新古今・秋下・五一八／百人一首〉

●**すみよし**【住吉―住み良し】すみよしと海人は告ぐとも長居すな人忘れ草生ふといふなり〈古今・雑上・九一七〉

●**たつ**【竜田川―立つ】あやなくてまだきなき名のたつた川渡らでやまむものならなくに〈古今・恋三・六二九〉

●**たび**【旅―度】このたびは幣もとりあへず手向山紅葉の錦神のまにまに〈古今・羇旅・四二〇／百人一首〉

●**ときは**【常盤の山―時は】もみぢせぬときはの山は吹く風の音にや秋を聞きわたるらむ〈古今・秋下・二五一〉

●**とこ**【床―常夏】塵をだに据ゑじとぞ思ふ咲きしより妹と我が寝るとこなつの花〈古今・夏・一六七〉

●**ながれ**【流れ―泣かれ】篝火の影となる身のわびしきはながれて下に燃ゆるなりけり〈古今・恋一・五三〇〉

●**なげきこる**【投げ木樵る―嘆き凝る】なげきこる山とし高くなりぬれば頬杖のみぞまづつかれける〈古今・雑躰・一〇五六〉

●**はつか**【二十日―僅か】逢ふことの今ははつかになりぬれば夜深からではつきなかりけり〈古今・雑躰・一〇四八〉

●**ひ**【火―思ひ】人知れぬ思ひを常に駿河なる富士の山こそ我が身なりけれ〈古今・恋一・五三四〉

●**ふる**【降る―経る】花の色は移りにけりないたづらに我が身世にふるながめせしまに〈古今・春下・一一三／百人一首〉

●**まつ**【松虫―待つ】秋の野に人まつ虫の声すなり我かと行きていざとぶらはむ〈古今・秋上・二〇二〉

●**み**【実―身】梅の花咲きてののちのみなればやすきものとのみ人の言ふらむ〈古今・雑躰・一〇六六〉

●**みか**【みかの原―三日】都出でて今日みかの原泉川川風寒し衣かせ山〈古今・羇旅・四〇八〉

●**みるめ**【海松布―見る目】早き瀬にみるめ生ひせば我が袖の涙の川に植ゑましものを〈古今・恋一・五三一〉

●**みをつくし**【澪標―身を尽くし】わびぬれば今はた同じ難波なるみをつくしても逢はむとぞ思ふ〈後撰・恋五・九六〇／百人一首〉

●**やちよ**【八千代―ちよ（鳴き声）】しほの山さしでの磯に住む千鳥君が御代をばやちよとぞ鳴く〈古今・賀・三四五〉

●**ゆき**【雪―行き】よそにのみ恋ひやわたらむ白山のゆき見るべくもあらぬ我が身は〈古今・離別・三八三〉

●**わすれがたみ**【忘れ形見―忘れ難み】飽かでこそ思はむ仲は離れなめそをだに後のわすれがたみに〈古今・恋四・七一七〉

主要歌枕便覧

歌枕は、和歌の中によく詠みこまれる地名で、特定の景物（四季折々の自然の風物）やイメージと結びつく。以下、関連の深い景物を〔　〕の中に示した。

▼あ

● **あかしのうら【明石の浦】** 播磨国（兵庫県）明石市。「明かし」を掛ける。〔朝霧・舟〕例ほのぼのとあかしの浦の朝霧に島隠れ行く船をしぞ思ふ〈古今・羇旅・四〇九〉

● **あさかのぬま【安積の沼】** 陸奥国（福島県）郡山市にあったという沼。「浅し」を掛ける。〔花かつみ・菖蒲草〕例陸奥の安積の沼の花かつみかつ見る人に恋ひやわたらむ〈古今・恋四・六七七〉

● **あさかやま【安積山】** 陸奥国（福島県）郡山市の山。「浅し」を掛ける。〔山の井〕例安積山影さへ見ゆる山の井の浅き心を我が思はなくに〈万葉・一六・三八〇七〉

● **あさくら【朝倉】** 筑前国（福岡県）朝倉郡朝倉町。斉明天皇の行宮があった。都から遠いので「よそ」を導く。〔木の丸殿・鶯・ほととぎす〕例朝倉や木の丸殿にわれをれば名のりをしつつゆくはたが子ぞ〈新古今・雑中・一六八九〉

● **あさまやま【浅間山】** 信濃国（長野県）と上野国（群馬県）の境にある山。「あさまし」を導く。「浅間の岳」とも。〔火・煙〕例信濃なるあさまのたけに立つけぶりをちこち人の見やはとがめぬ〈伊勢・八〉

● **あしたのはら【朝の原】** 大和国（奈良県）北葛城郡王寺町から香芝町にかけての原。「明日」を掛ける。〔若菜・雪・霞・紅葉〕例霧立ちて雁ぞ鳴くなる片岡の朝の原はもみぢしぬらむ〈古今・秋下・二五二〉

● **あしのや【芦の屋】** 摂津国（兵庫県）芦屋市とその周辺。〔藻塩・塩焼き・煙・蛍〕例あしの屋の灘の塩焼きいとまなみ黄楊の小櫛もささず来にけり〈新古今・雑中・一五九〇〉

● **あすかがは【飛鳥川】** 大和国（奈良県）高市郡飛鳥村辺を流れ、大和川に流れ込む川。無常感と結びつく。「明日」を掛ける。例世の中は何か常なる飛鳥川昨日の淵ぞ今日は瀬になる〈古今・雑下・九三三〉

● **あはぢしま【淡路島】** 淡路国（兵庫県）の瀬戸内海東端の島。「あは」を導く。〔月・千鳥〕例淡路島かよふ千鳥の鳴く声に幾夜ねざめぬ須磨の関守〈金葉・冬・二七〇／百人一首〉

● **あぶくまがは【阿武隈川】** 陸奥国（福島県）甲子山から宮城県を通り太平洋に流れ込む川。「逢ふ」を掛ける。〔千鳥〕例世とともにあぶくまがはの遠ければそこなる影を見ぬぞわびしき〈後撰・恋一・五二〇〉

● **あふさか【逢坂】** 近江国（滋賀県）の地名。「逢ふ」を掛ける。〔関・清水・ゆふつけ鳥・別れ〕例これやこの行くも帰るも別れては知るも知らぬも逢坂の関〈後撰・雑一・一〇八九／百人一首〉

● **あふみ【近江】** 近江国（滋賀県）。「近江路・近江の海」の形でも詠まれる。「逢ふ・逢ふ身」を掛ける。例今日別れ明日はあふみと思へども夜や更けぬらむ袖の露けき〈古今・離別・三六九〉

● **あまのかぐやま【天の香具山】** 大和国（奈良県）橿原市にある山。大和三山のひとつ。〔衣・霞・月〕例春過ぎて夏来にけらし白妙の衣干すてふ天の香具山〈新古今・夏・一七五／百人一首〉

● **あまのはしだて【天の橋立】** 丹後国（京都府）宮津市宮津湾の砂州。〔松・月・霞〕例大江山生野の道の遠ければまだふみも見ず天の橋立〈金葉・雑上・五五〇／百人一首〉

● **あらしやま【嵐山】** 山城国（京都府）西京区、大堰川西岸の山。「嵐の山」とも。〔紅葉・月・ほととぎす〕例朝まだき嵐の山の寒ければ紅葉の錦着ぬ人ぞなき〈拾遺・秋・二一〇〉

● **ありまやま【有馬山】** 摂津国（兵庫県）神戸市。〔猪名野・雪・霧・霰〕例有馬山猪名の笹原風吹けばいでそよ人を忘れやはする〈後拾遺・恋二・七〇九／百人一首〉

▼い

● **いきのまつばら【生の松原】** 筑前国（福岡県）福岡市の博多湾に面した長垂海岸の松原。「生き・行き」を掛ける。例今日までは生の松原生きたれど我が身のうさに嘆きてぞ経る〈拾遺・雑賀・一二〇八〉

● **いせのうみ【伊勢の海】** 伊勢国（三重県）伊勢市周辺の海。〔海人・塩焼き・海松布・浜荻〕例伊勢の海に釣りする海人の浮子なれや心一つを定めかねつる〈古今・恋一・五〇九〉

● **いづみがは【泉川】** 山城国（京都府）相楽郡を流れる木津川。〔みかの原・柞の森〕

例みかの原わきて流るるいづみ川いつ見きとてか恋しかるらん〈新古今・恋一・九九六／百人一首〉

● **いなばのやま【因幡の山】** 因幡国（鳥取県）岩美郡国府町にある山。「去なば」を掛ける。〔松〕例立ち別れいなばの山の峰に生ふるまつとし聞かば今帰り来む〈古今・離別・三六五／百人一首〉

● **いなりやま【稲荷山】** 山城国（京都府）京都市伏見区と山科区にまたがる山。〔霞・杉〕例稲荷山社の数を人問はばつれなき人をみつと答へむ〈拾遺・雑恋・一二二一〉

● **いはしろ【岩代】** 紀伊国（和歌山県）日高郡南部町岩代。〔結び松・雪〕例岩代の浜松が枝を引き結びま幸くあらばまたかへり見む〈万葉・二・一四一〉

● **いはれのいけ【磐余の池】** 大和国（奈良県）桜井市。「言はれ」を掛ける。〔萩・女郎花・露・月・ぬなは〕例なき事をいはれの池のうきぬなはくるしき物はよにこそありけれ〈拾遺・恋二・七〇一〉

● **いぶきやま【伊吹山】** 近江国（滋賀県）と美濃国（岐阜県）の境にある山。〔風・さしも草〕例かくとだにえやはいぶきのさしも草さしもしらじな燃ゆる思ひを〈後拾遺・恋一・六一二／百人一首〉

● **いもせのやま【妹背の山】** 紀伊国（和歌山県）伊都郡を流れる紀ノ川をはさんで対する妹山と背山。または、奈良県吉野郡の吉野川の両岸で向かい合う妹山と背山。男女の関係を表す。例流れては妹背の山の中に落つる吉野の川のよしや世の中〈古今・恋五・八二八〉

▼う・お

● **うぢ【宇治】** 山城国（京都府）宇治市付近。「憂し」を掛ける。〔網代・氷魚・霧・橋・橋姫・川波・川長〕例我が庵は都の辰巳しかぞ住む世をうぢ山と人は言ふなり〈古今・雑下・九八三〉

● **うつのやま【宇津の山】** 駿河国（静岡県）静岡市と志田郡の境の宇津谷峠。〔夢・現・つた〕例駿河なる宇津の山べのうつつにも夢にも人に逢はぬなりけり〈新古今・羈旅・九〇四／伊勢・九〉

● **おとはがは【音羽川】** 山城国（京都府）京都市山科区音羽山に発する川。また、比叡山西麓を流れる川。「音」を掛ける。〔滝〕例音羽河せき入れておとす滝つ瀬に人の心の見えもするかな〈拾遺・雑上・四四五〉

● **おほあらきのもり【大荒木の森】** 山城国（京都府）京都市伏見区にある森。上代は、大和国（奈良県）五条市にあった荒木神社の森を指した。「嘆老」と結びつく。〔下草〕例大荒木の森の下草老いぬれば駒もすさめず刈る人もなし〈古今・雑上・八九二〉

● **おほうちやま【大内山】** 宮中、または、京都市右京区の御室山。例もろともに大内山は出でつれど入る方見せぬいさよひの月〈源氏・末摘花〉

● **おほはら【大原】** 山城国（京都府）京都市左京区の北東部。隠棲の地という印象がある。〔炭竈〕例大原やまだすみがまもならはねばわが宿のみぞけぶりたえける〈詞花・雑下・三六七〉

● **おほゐがは【大堰川】** 山城国（京都府）京都市右京区嵯峨嵐山付近を流れる川。〔堰・紅葉・筏〕例大井河浮かべる舟の篝火に小倉の山も名のみなりけり〈後撰・雑三・一二三一〉

▼か

● **かがみやま【鏡山】** 近江国（滋賀県）蒲生郡と野洲郡の境にある山。「鏡」を掛ける。〔花・紅葉・月〕例鏡山いざ立ち寄りて見てゆかむ年経ぬる身は老いやしぬると〈古今・雑上・八九九〉

● **かさとりやま【笠取山】** 山城国（京都府）宇治市笠取にある山。「笠とり」を掛ける。「笠取の山」とも。〔雨〕例雨降れど露ももらじを笠取の山はいかでかもみぢそめけむ〈古今・秋下・二六一〉

● **かすがの【春日野】** 大和国（奈良県）奈良市東方の春日山の麓に広がる野。藤原氏の氏神春日大社がある。〔若菜・小松引き・雪・霞・花・紅葉〕例春日野の若菜摘みにや白妙の袖ふりはへて人の行くらむ〈古今・春上・二二〉

● **かすがやま【春日山】** 大和国（奈良県）奈良市にある山。「春日の山」とも。〔松・藤・鹿〕例昨日こそ年は暮れしか春霞春日の山にはや立ちにけり〈拾遺・春・三〉

● **かたの【交野】** 河内国（大阪府）枚方市と交野市にまたがる野。「難」を掛ける。〔桜〕例またや見ん交野のみ野の桜狩り花の雪散る春のあけぼの〈新古今・春下・一一四〉

● **かづらきやま【葛城山】** 大和国（奈良県）と河内国（大阪府）の境にある山。一言主神伝説に基いて詠まれる。〔岩橋・雲・雪〕例あしひきの葛城山にゐる雲の立ちても居ても君をこそ思へ〈拾遺・恋三・七七九〉

● **かひがね【甲斐が嶺】** 甲斐国（山梨県）にある山。〔神・橋・中絶え・桜〕例甲斐が嶺を嶺越し山越し吹く風を人にもがもや言伝てやら

付

む〈古今・東歌・一〇九八〉

●**かへるやま**【帰山】 越前国（福井県）南条郡今庄町にある山。「帰る」を掛ける。〔雪・霞・雁〕例かへる山ありとは聞けど春霞立ち別れなば恋しかるべし〈古今・離別・三七〇〉

●**かむなびやま**【神奈備山】 大和国（奈良県）生駒郡斑鳩町あたりの山。〔紅葉・時雨・かはづ・山吹〕例竜田川もみぢ葉流る神奈備の三室の山に時雨降るらし〈古今・秋下・二八四〉

●**かめやま**【亀山】 山城国（京都府）京都市右京区にある山。「亀」を掛ける。〔松・長久〕例亀山にいく薬のみありければ留むる方もなき別れかな〈拾遺・別・三三一〉

●**かもがは**【賀茂川】 山城国（京都府）京都市の賀茂神社あたりを流れ、高野川と合流し、桂川へと流れ込む川。〔祓・千鳥・風・波〕例賀茂河の水底澄みて照る月をゆきて見むとや夏祓へする〈後撰・夏・二一五〉

▼き・く・こ

●**きぶねがは**【貴船川】 山城国（京都府）京都市左京区鞍馬貴船町を流れ、高野川に注ぐ川。貴船神社がある。「船」を掛ける。〔蛍・たま散る〕例貴船川玉ちる瀬々の岩波に氷をくだく秋の夜の月〈千載・神祇・一二七四〉

●**きよたき**【清滝】 山城国（京都府）京都市右京区清滝一帯の地名。〔白糸・白波・月・氷・いかだ〕例清滝の瀬々の白糸繰りためて山分け衣織りて着ましを〈古今・雑上・九二五〉

●**きよみがせき**【清見が関】 駿河国（静岡県）清水市にあった平安時代の関所。〔月・波・富士山〕例よもすがら富士の高嶺に雲きえて清見が関にすめる月かな〈詞花・雑上・三〇三〉

●**きよみがた**【清見潟】 駿河国（静岡県）清水市の海岸。〔月・波・関・富士山〕例契らねど一夜は過ぎぬ清見潟波に別るる暁の雲〈新古今・羇旅・九六九〉

●**くめぢのはし**【久米路の橋】 大和国（奈良県）葛城山で、役行者が一言主神に作らせたが未完成であったと伝えられる橋。岩橋・継橋とも。〔中絶え〕例葛木や久米地の橋にあらばこそ思ふ心を中空にせめ〈後撰・恋三・七七四〉

●**くらぶやま**【暗部山】 山城国（京都府）京都市左京区の鞍馬山の古名。暗い印象がある。「暗し」を掛ける。〔桜・梅・月・ほととぎす〕例梅の花にほふ春べはくらぶ山闇に越ゆれどしるくぞありける〈古今・春上・三九〉

●**くらゐやま**【位山】 飛騨国（岐阜県）大野郡と益田郡にまたがる山。「位」を掛ける。例位山峰までつける杖なれど今万代の坂のためなり〈拾遺・賀・二八一〉

●**こしぢ**【越路】 北陸地方に向かう道。〔雪〕例消えはつる時しなければ越路なる白山の名は雪にぞありける〈古今・羇旅・四一四〉

●**こや**【昆陽】 摂津国（兵庫県）伊丹市南部から尼崎市北部にかけての地。「小屋・此や・来や」を掛ける。〔葦〕例津の国の難波渡りに作るなるこやと言はなむ行きて見るべく〈拾遺・恋四・八八五〉

●**こゆるぎのいそ**【小余綾の磯】 相模国（神奈川県）小田原市にある海岸。古今集では「こよろぎの磯」。「越ゆ」を掛ける。〔海人・波・玉藻〕例こよろぎの磯立ちならし磯菜つむめざし濡らすな沖にをれ波〈古今・東歌・一〇九四〉

●**ころもがは**【衣川】 陸奥国（岩手県）西磐井郡平泉町あたりを流れる川。「衣」を掛ける。例袂より落つる涙は陸奥の衣河とぞ言ふべかりける〈拾遺・恋二・七六二〉

▼さ・し

●**さがの**【嵯峨野】 山城国（京都府）京都市左京区嵯峨一帯の野。寂しい地という印象。「性」を掛ける。〔女郎花・すすき・萩・露・鹿〕例悲しさは秋のさが野のきりぎりすなほ故郷に音をや鳴くらん〈新古今・哀傷・七八六〉

●**さののふなはし**【佐野の舟橋】 上野国（群馬県）高崎市上佐野の烏川に、船を並べて渡した橋。〔渡る・掛く〕例東路の佐野の舟橋かけてのみ思ひ渡るを知る人のなさ〈後撰・恋二・六一九〉

●**さののわたり**【佐野の渡り】 紀伊国（和歌山県）新宮市紀ノ川にあった渡し場。〔雨・雪〕例駒とめて袖うちはらふ陰もなし佐野の渡りの雪の夕暮れ〈新古今・冬・六七一〉

●**さほがは**【佐保川】 大和国（奈良県）奈良市北部の法蓮町、法華寺町あたりを流れ、初瀬川に注ぐ川。〔霧・千鳥・柳・柞の紅葉〕例佐保川の流れ久しき身なれどもうき瀬に逢ひて沈みぬるかな〈新古今・雑中・一六四七〉

●**さやのなかやま**【小夜の中山】 遠江国（静岡県）掛川市東部の日坂と菊川の間にある山。「なかなか・さやか」を導く。〔月・雪・嵐〕例東路の小夜の中山なかなかになにしか人を思ひ初めけむ〈古今・恋二・五九四〉

●**さるさはのいけ**【猿沢の池】 大和国（奈良県）奈良市興福寺の南にある池。采女が入水したという伝承がある。〔玉藻〕例我妹子が寝くたれ髪を猿沢の池の玉藻と見るぞ悲しさ〈拾遺・哀傷・一二八九〉

●**しかすがのわたり**【然菅の渡り】 三河国

付

（愛知県）宝飯郡小坂井町の吉田川（豊川）の河口にあった渡し場。「しかすが（副詞）」を掛ける。例惜しむともなき物ゆゑにしかすがの渡りと聞けばただならぬかな〈拾遺・別・三一六〉

●**しがのうら**【志賀の浦】　近江国（滋賀県）大津市の琵琶湖に面する湖岸一帯。〔桜・風・波〕例志賀の浦や遠ざかりゆく波間より凍りて出づる有り明けの月〈新古今・冬・六三九〉

●**しがのやまごえ**【志賀の山越え】　近江国（滋賀県）大津市の志賀山を越える道。京都北白川に通じる。〔桜・道〕例桜花道みえぬまで散りにけりいかがはすべき志賀の山越え〈後拾遺・春下・一三七〉

●**しのだのもり**【信太の森】　和泉国（大阪府）和泉市の葛の葉神社あたりの森。〔葛・裏見・千枝・ほととぎす〕例うつろはでしばし信太の森を見よかへりもぞする葛の裏風〈新古今・雑下・一八二〇〉

●**しのぶ**【信夫】　陸奥国（福島県）福島市の地名。〔乱れ・紅葉〕例君恋ふる涙しぐれと降りぬれば信夫の山も色づきにけり〈千載・恋一・六九〇〉

●**しほがまのうら**【塩釜の浦】　陸奥国（宮城県）塩竈市の松島湾一帯。〔海人・船・塩焼き〕例陸奥はいづくはあれど塩釜の浦漕ぐ舟の綱手かなしも〈古今・東歌・一〇八八〉

●**しらかはのせき**【白河の関】　陸奥国（福島県）白河市旗宿にあった関。「白」を掛ける。〔白・雪・卯の花・紅葉〕例都をば霞とともに立ちしかど秋風ぞ吹く白河の関〈後拾遺・羇旅・五一八〉

●**しらやま**【白山】　加賀国と越前国、福井・石川・岐阜県にまたがる白山。〔雪〕例白山に年ふる雪や積るらん夜半に片敷く袂冴ゆなり〈新古今・冬・六六六〉

▼す・そ

●**すずかやま**【鈴鹿山】　伊勢国（三重県）北部と近江国（滋賀県）南東部の境にある山。「鈴」を掛ける。〔時雨・雪〕例世にふればまたも越えけり鈴鹿山昔の今になるにやあるらん〈拾遺・雑上・四九五〉

●**すまのうら**【須磨の浦】　摂津国（兵庫県）神戸市須磨区の海岸。〔海人・塩焼き・月・千鳥〕例わくらばに問ふ人あらば須磨の浦に藻塩たれつつわぶと答へよ〈古今・雑下・九六二〉

●**すみのえ**【住江】　摂津国（大阪府）大阪市住吉区あたりの海岸。〔波・松・忘れ草〕例春深き色にもあるかなすみのえの底も緑に見ゆる浜松〈後撰・春下・一一一〉

●**すみよし**【住吉】　摂津国（大阪府）大阪市住吉区の住吉大社一帯の地。「住み良し」を掛ける。〔波・松・忘れ草・神〕例住吉と海人は告ぐとも長居すな人忘れ草生ふといふなり〈古今・雑上・九一七〉

●**すゑのまつやま**【末の松山】　陸奥国（宮城県）多賀城市八幡にあった山。ここを波が越えるのはありえないこととされ、多く例歌を踏まえる。〔波越す・あだし心〕例君をおきてあだし心を我が持たば末の松山波も越えなむ〈古今・東歌・一〇九三〉

●**そでのうら**【袖の浦】　出羽国（山形県）酒田市の海岸。「袖の裏」を掛ける。例袖の浦の波吹き返す秋風に雲の上まで涼しからなん〈新古今・雑上・一四九七〉

●**そのはら**【園原】　信濃国（長野県）下伊那郡阿智村にある野原。伝説上の「帚木」が生える地とされた。「その腹」を掛ける。〔帚木・伏屋〕例園原や伏屋に生ふる帚木のありとは見えて逢はぬ君かな〈新古今・恋一・九九七〉

▼た・つ・と

●**たかさご**【高砂】　播磨国（兵庫県）高砂市の加古川河口付近にあった砂山。本来は普通名詞。〔松・鹿・尾の上〕例誰をかも知る人にせむ高砂の松も昔の友ならなくに〈古今・雑上・九〇九〉

●**たかしのはま**【高師の浜】　和泉国（大阪府）高石市の海岸。「高し」を掛ける。〔波・名〕例音に聞く高師の浜のあだ波はかけじや袖の濡れもこそすれ〈金葉・恋下・四六九／百人一首〉

●**たけくま**【武隈】　陸奥国（宮城県）岩沼市あたりの地。〔松〕例武隈の松を見つつやなぐさめん君が千とせの影にならひて〈拾遺・別・三三八〉

●**たこのうら**【多祜の浦】　越中国（富山県）氷見市にあった布勢湖の湖畔。〔藤〕例たこの浦の底さへにほふ藤浪をかざして行かん見ぬ人のため〈拾遺・夏・八八〉

●**たごのうら**【田子の浦】　駿河国（静岡県）富士市田子の浦あたりの海岸。〔浦波・富士山〕例田子の浦にうち出でて見れば白妙の富士の高嶺に雪は降りつつ〈新古今・冬・六七五／百人一首〉

●**たつたがは**【竜田川】　大和国（奈良県）生駒郡を流れる川。〔紅葉〕例竜田川もみぢ乱れて流るめり渡らば錦中や絶えなむ〈古今・秋下・二八三〉

●**たつたやま**【竜田山】　大和国（奈良県）生駒郡三郷町にある山。〔紅葉〕例風吹けば沖つ白波たつた山夜半にや君が一人越ゆらむ〈古今・雑下・九九四／伊勢・二三〉

●**たまえ**【玉江】　越前国（福井県）福井市花

堂町の浅水川の岸辺。または、摂津国（大阪府）高槻市から摂津市にかけての淀川の岸。〔葦・菖蒲・夏刈り〕例玉江漕ぐ葦刈り小舟さし分けて誰を誰とか我は定めむ〈後撰・雑四・一三五一〉

●**たみののしま**【田蓑の島】　摂津国（大阪府）大阪市の淀川河口付近の中州。「蓑」を掛ける。〔雨・鶴〕例雨により田蓑の島を今日行けど名には隠れぬものにぞありける〈古今・雑上・九一八〉

●**たむけやま**【手向山】　大和国（奈良県）奈良市の若草山の西北にある手向山八幡宮あたりの山。本来は普通名詞。「手向け」を掛ける。〔紅葉・幣〕例このたびは幣もとりあへず手向山紅葉の錦神のまにまに〈古今・羇旅・四二〇／百人一首〉

●**つくばね**【筑波嶺】　常陸国（茨城県）新治郡にある筑波山。〔このもかのも・月〕例筑波嶺のこのもかのもに陰はあれど君が御陰にます陰はなし〈古今・東歌・一〇九五〉

●**ときは**【常盤】　山城国（京都府）京都市右京区常盤町あたりの土地。本来は普通名詞。不変の印象を持つ。例もみぢせぬ常盤の山は吹く風の音にや秋を聞きわたるらむ〈古今・秋下・二五一〉

●**とりべやま**【鳥辺山】　山城国（京都府）京都市東山区の東山山麓一帯。墓所・火葬の地として有名。〔煙〕例鳥辺山谷に煙の燃え立たばはかなく見えし我と知らなん〈拾遺・哀傷・一三二四〉

●**とをちのさと**【十市里】　大和国（奈良県）橿原市十市町。「遠」を掛ける。例暮ればとく行きて語らむ逢ふ事のとをちの里の住みうかりしも〈拾遺・雑賀・一二九七〉

▼**な・ぬ・の**

●**ながらのはし**【長柄の橋】　摂津国（大阪府）大阪市大淀区の淀川にかかる橋。古いもの、朽ちてしまったものとして詠まれる。「永らふ」を導く。〔橋柱・朽つ〕例難波なる長柄の橋も作るなり今は我が身をなににたとへむ〈古今・雑躰・一〇五二〉

●**なぐさのはま**【名草の浜】　紀伊国（和歌山県）和歌山市にある海岸。「慰さ・鳴く」を掛ける。〔千鳥・海人〕例跡見れば心なぐさの浜千鳥今は声こそ聞かまほしけれ〈後撰・恋二・六三五〉

●**なこそのせき**【勿来の関】　陸奥国（福島県）磐城市にあった関所。「な来そ」を掛ける。例立ち寄らば影踏むばかり近けれど誰かなこその関をするゑけん〈後撰・恋二・六八二〉

●**なとりがは**【名取川】　陸奥国（宮城県）名取市を流れる川。「名取る」を導く。〔埋もれ木〕例陸奥にありといふなる名取川なき名取りては苦しかりけり〈古今・恋三・六二八〉

●**ぬのびきのたき**【布引の滝】　摂津国（兵庫県）神戸市中央区の、生田川の上流の滝。布に見立てる。〔白糸・さらす〕例天の川これや流れのするゑならん空よりおつる布引の滝〈金葉・雑上・五四六〉

●**のなかのしみづ**【野中の清水】　播磨国（兵庫県）印南野にあったという清水。〔いにしへ・もとの心・ぬるし〕例いにしへの野中の清水ぬるけれどもとの心を知る人ぞ汲む〈古今・雑上・八八七〉

▼**は・ひ・ふ**

●**ははそのもり**【柞の森】　山城国（京都府）相楽郡精華町の祝園神社の森。〔時雨・紅葉〕例いかなれば同じ時雨に紅葉する柞の森のうすくこからん〈後拾遺・秋下・三四二〉

●**はりまがた**【播磨潟】　播磨国（兵庫県）明石市から西の播磨灘に面した海岸。〔月〕例播磨潟須磨の月よめ空さえて絵島が崎に雪ふりにけり〈千載・雑上・九八九〉

●**ひらのやま**【比良の山】　近江国（滋賀県）滋賀郡にある山。〔風・雪・時雨・霰・花〕例花さそふ比良の山風吹きにけり漕ぎゆく舟の跡見ゆるまで〈新古今・春下・一二八〉

●**ふかくさのさと**【深草の里】　山城国（京都府）京都市伏見区深草の辺り。草深いという印象を持つ。〔鶉〕例夕されば野辺の秋風身にしみてうづら鳴くなり深草の里〈千載・秋上・二五九〉

●**ふじのやま**【富士の山】　駿河国。山梨県と静岡県にまたがる山。〔雪・煙・火〕例人知れぬ思ひをつねに駿河なる富士の山こそ我が身なりけれ〈古今・恋一・五三四〉

●**ふしみ**【伏見】　大和国（奈良県）奈良市菅原町付近。または、山城国（京都府）京都市伏見。荒涼とした地という印象を持つ。「伏し見」を掛ける。例名に立ちてふしみの里といふ事は紅葉を床に敷けばなりけり〈後撰・雑四・一二九七〉

●**ふたみのうら**【二見の浦】　播磨国（兵庫県）明石市二見の海岸。または、伊勢国（三重県）度会郡の海岸。あるいは、但馬国（兵庫県）城崎町とも。「蓋・身」を掛ける。例夕月夜おぼつかなきを玉匣ふたみの浦はあけてこそ見め〈古今・羇旅・四一七〉

▼**ま・み・む・も**

●**まつしま**【松島】　陸奥国（宮城県）松島湾。「待つ」を掛ける。〔海人〕例松島や雄島の磯

にあさりせし海人の袖こそかくはぬれしか〈後拾遺・恋四・八二七〉

●**まつほのうら【松帆の浦】** 淡路国(兵庫県)淡路島最北端の海岸。「待つ」を掛ける。〔藻塩〕例来ぬ人をまつほの浦の夕なぎに焼くや藻塩の身もこがれつつ〈新勅撰・恋三・八四九/百人一首〉

●**みかさやま【三笠山】** 大和国(奈良県)奈良市東方、春日大社の後ろにある山。「三笠の山」とも。〔かげ・月〕例天の原ふりさけ見れば春日なる三笠の山に出でし月かも〈古今・羇旅・四〇六/百人一首〉

●**みくまの【み熊野】** 伊勢国(三重県)から紀伊国(和歌山県)にかけての熊野灘に面した海岸。〔浜木綿・百重〕例み熊野の浦の浜木綿百重なす心は思へど直に逢はぬかも〈万葉・四・四九六〉

●**みたらしがは【御手洗川】** 山城国(京都府)京都市北区の上賀茂神社境内を流れる川。禊が行われる。本来は普通名詞。〔神〕例恋せじと御手洗川にせし禊神は受けずもなりにけらしも〈古今・恋一・五〇一〉

●**みなせがは【水無瀬川】** 摂津国(大阪府)三島郡島本町を流れる川。本来は伏流する川をいう普通名詞。例見わたせば山もとかすむ水無瀬川夕べは秋となに思ひけん〈新古今・春上・三六〉

●**みもすそがは【御裳濯川】** 伊勢国(三重県)伊勢市の伊勢神宮境内を流れる五十鈴川の別称。尽きることのないものとされた。〔澄む・濯ぐ〕例君が代は尽きじとぞ思ふ神風や御裳濯川の澄まむかぎりは〈後拾遺・賀・四五〇〉

●**みやぎの【宮城野】** 陸奥国(宮城県)仙台市の東方の野。〔萩・露・月・鹿〕例宮城野のもとあらの小萩露を重み風を待つごと君をこそ待て〈古今・恋四・六九四〉

●**みわ【三輪】** 大和国(奈良県)桜井市三輪の地名。大神神社がある。〔杉・檜原〕例三輪の山いかに待ち見む年経ふともたづぬる人もあらじと思へば〈古今・恋五・七八〇〉

●**むさしの【武蔵野】** 武蔵国の野。東京都・埼玉県・神奈川県東部にわたる広大な野。〔紫草・ゆかり・うけらが花〕例紫の一本ゆゑに武蔵野の草はみながらあはれとぞ見る〈古今・雑上・八六七〉

●**むろのやしま【室の八島】** 下野国(栃木県)栃木市にあった大神神社。そこの池の水が蒸発して煙のようになったという。例いかでかは思ひありともしらすべき室の八島のけぶりならでは〈詞花・恋上・一八八〉

●**もがみがは【最上川】** 出羽国(山形県)を流れ、日本海に注ぐ川。〔稲舟〕例最上川上れば下る稲舟のいなにはあらずこの月ばかり〈古今・東歌・一〇九二〉

●**もるやま【守山】** 近江国(滋賀県)守山市にあった山。「漏る・守る」を掛ける。〔紅葉・露・時雨〕例白露も時雨もいたくもる山は下葉残らず色づきにけり〈古今・秋下・二六〇〉

▼や・よ・わ・ゐ・を

●**やつはし【八橋】** 三河国(愛知県)知立市東部の逢妻川にあった橋。〔蜘蛛手・杜若〕例うちわたし長き心は八橋の蜘蛛手に思ふ事は絶えせじ〈後撰・恋一・五七〇〉

●**よしのやま【吉野山】** 大和国(奈良県)吉野郡吉野町の山。都から離れた隠遁の地という印象を持つ。〔雪・霞・桜〕例み吉野の山の白雪積もるらし故里寒くなりまさるなり〈古今・冬・三二五〉

●**よどがは【淀川】** 山城国(京都府)京都市伏見区淀町や長岡京市あたりの淀川をとくに指す。「淀む」を導く。〔真薦・菖蒲・霧〕例淀川のよどむと人は見るらめど流れて深き心あるものを〈古今・恋一・七二一〉

●**わかのうら【和歌の浦】** 紀伊国(和歌山県)和歌山市の和歌浦湾。和歌三神のひとつ、玉津島神社があった。〔鶴・葦・海人〕例老いの波よせじと人はいとへども待つらんものを和歌の浦には〈後拾遺・雑五・一一三二〉

●**ゐで【井出】** 山城国(京都府)綴喜郡井手町。〔山吹・かはづ〕例蛙鳴く井出の山吹散りにけり花の盛りに逢はましものを〈古今・春下・一二五〉

●**をぐらやま【小倉山】** 山城国(京都府)京都市右京区嵯峨にある山。「を暗し」を掛け、暗いという印象を持つ。〔鹿・紅葉〕例小倉山峰のもみぢ葉心あらば今一度のみゆき待たなむ〈拾遺・雑秋・一一二八/百人一首〉

●**をしほやま【小塩山】** 山城国(京都府)京都市西京区大原野西方の山。藤原氏の氏神大原野神社がある。〔松〕例大原や小塩の山も今日こそは神代のことも思ひ出づらめ〈古今・雑上・八七一/伊勢・七六〉

●**をとこやま【男山】** 山城国(京都府)八幡市にある山。石清水八幡宮がある。「壮士」に見立てる。〔女郎花〕例今こそあれ我も昔は男山さかゆく時もあり来しものを〈古今・雑上・八八九〉

●**をばすてやま【姨捨山】** 信濃国(長野県)更級郡・埴科郡・東筑摩郡の境にある山。姨捨て伝説がある。心慰まぬ地という印象を持つ。〔月〕例我が心慰めかねつ更級や姨捨山に照る月を見て〈古今・雑上・八七八〉

付

重要系図

天皇系図

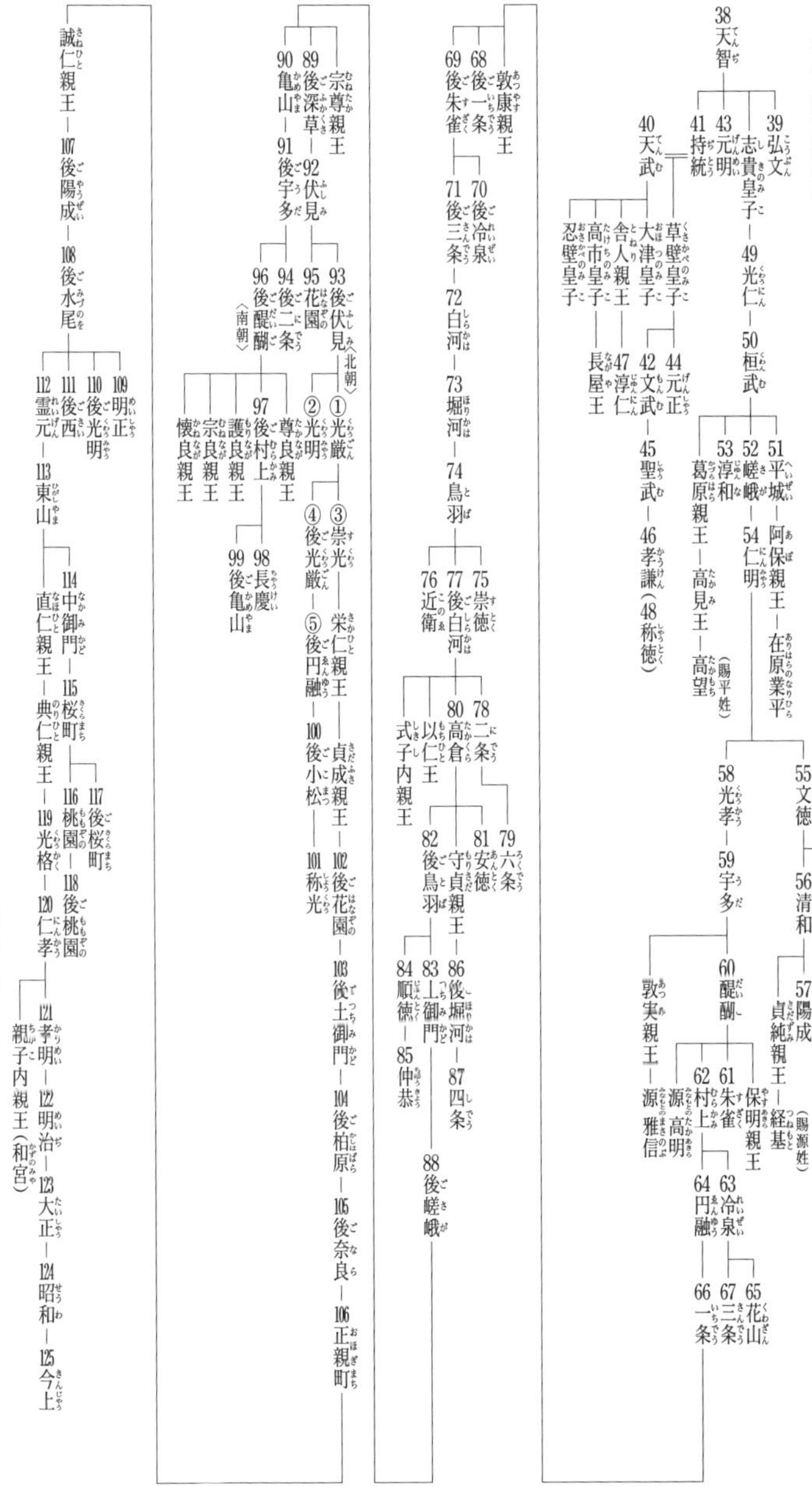

●ふりがなは歴史的かなづかいとした。
●数字は天皇の代を表す。

- 38 天智(てんぢ)：39 弘文(こうぶん)／志貴皇子(しきのみこ)／43 元明(げんめい)／41 持統(ぢとう)
- 40 天武(てんむ)＝41 持統
- 40 天武：草壁皇子(くさかべのみこ)／大津皇子(おほつのみこ)／舎人親王(とねりしんのう)／高市皇子(たけちのみこ)／忍壁皇子(おさかべのみこ)
- 草壁皇子：44 元正(げんしやう)／42 文武(もんむ)
- 42 文武 — 45 聖武(しやうむ) — 46 孝謙(かうけん)（48 称徳(しやうとく)）
- 舎人親王 — 47 淳仁(じゆんにん)
- 高市皇子 — 長屋王(ながやおう)
- 志貴皇子 — 49 光仁(くわうにん) — 50 桓武(くわんむ)
- 50 桓武：51 平城(へいぜい)／52 嵯峨(さが)／53 淳和(じゆんな)／葛原親王(かづらはらしんのう)
- 51 平城 — 阿保親王(あぼしんのう) — 在原業平(ありはらのなりひら)
- 葛原親王 — 高見王(たかみおう) — 高望(たかもち)（賜平姓）
- 52 嵯峨 — 54 仁明(にんみやう)
- 54 仁明：55 文徳(もんとく)／58 光孝(くわうかう)
- 55 文徳：56 清和(せいわ)／惟喬親王(これたかしんのう)
- 56 清和：57 陽成(やうぜい)／貞純親王(さだずみしんのう) — 経基(つねもと)（賜源姓）
- 58 光孝 — 59 宇多(うだ)
- 59 宇多：60 醍醐(だいご)／敦実親王(あつみしんのう) — 源雅信(みなもとのまさのぶ)
- 60 醍醐：保明親王(やすあきらしんのう)／61 朱雀(すざく)／62 村上(むらかみ)／源高明(みなもとのたかあきら)
- 62 村上：63 冷泉(れいぜい)／64 円融(ゑんゆう)
- 63 冷泉：65 花山(くわざん)／67 三条(さんでう)
- 64 円融 — 66 一条(いちでう)
- 66 一条：敦康親王(あつやすしんのう)／68 後一条(ごいちでう)／69 後朱雀(ごすざく)
- 69 後朱雀：70 後冷泉(ごれいぜい)／71 後三条(ごさんでう)
- 71 後三条 — 72 白河(しらかは) — 73 堀河(ほりかは) — 74 鳥羽(とば)
- 74 鳥羽：75 崇徳(すとく)／77 後白河(ごしらかは)／76 近衛(このゑ)
- 77 後白河：78 二条(にでう)／80 高倉(たかくら)／以仁王(もちひとおう)／式子内親王(しきしないしんのう)
- 78 二条 — 79 六条(ろくでう)
- 80 高倉：79 六条の左に 81 安徳(あんとく)／守貞親王(もりさだしんのう)／82 後鳥羽(ごとば)
- 守貞親王 — 86 後堀河(ごほりかは) — 87 四条(しでう)
- 82 後鳥羽：83 土御門(つちみかど)／84 順徳(じゆんとく)
- 84 順徳 — 85 仲恭(ちゆうきやう)
- 83 土御門 — 88 後嵯峨(ごさが)
- 88 後嵯峨：宗尊親王(むねたかしんのう)／89 後深草(ごふかくさ)／90 亀山(かめやま)
- 89 後深草 — 92 伏見(ふしみ)
- 90 亀山 — 91 後宇多(ごうだ)
- 92 伏見：93 後伏見(ごふしみ)／95 花園(はなぞの)
- 91 後宇多：94 後二条(ごにでう)／96 後醍醐(ごだいご)〈南朝〉
- 93 後伏見〈北朝〉：① 光厳(くわうごん)／② 光明(くわうみやう)
- ① 光厳：③ 崇光(すくわう)／④ 後光厳(ごくわうごん)
- ③ 崇光 — 栄仁親王(よしひとしんのう) — 貞成親王(さだふさしんのう) — 102 後花園(ごはなぞの)
- ④ 後光厳 — ⑤ 後円融(ごゑんゆう) — 100 後小松(ごこまつ) — 101 称光(しようくわう)
- 102 後花園 — 103 後土御門(ごつちみかど) — 104 後柏原(ごかしはばら) — 105 後奈良(ごなら) — 106 正親町(おほぎまち)
- 96 後醍醐：尊良親王(たかながしんのう)／97 後村上(ごむらかみ)／護良親王(もりながしんのう)／宗良親王(むねながしんのう)／懐良親王(かねながしんのう)
- 97 後村上：98 長慶(ちやうけい)／99 後亀山(ごかめやま)
- 106 正親町 — 誠仁親王(さねひとしんのう) — 107 後陽成(ごやうぜい) — 108 後水尾(ごみづのを)
- 108 後水尾：109 明正(めいしやう)／110 後光明(ごくわうみやう)／111 後西(ごさい)／112 霊元(れいげん)
- 112 霊元 — 113 東山(ひがしやま)
- 113 東山：114 中御門(なかみかど)／直仁親王(なほひとしんのう) — 典仁親王(のりひとしんのう) — 119 光格(くわうかく)
- 114 中御門 — 115 桜町(さくらまち)
- 115 桜町：116 桃園(ももぞの)／117 後桜町(ごさくらまち)
- 116 桃園 — 118 後桃園(ごももぞの)
- 119 光格 — 120 仁孝(にんかう)
- 120 仁孝：121 孝明(かうめい)／親子内親王(ちかこないしんのう)（和宮(かずのみや)）
- 121 孝明 — 122 明治(めいぢ) — 123 大正(たいしやう) — 124 昭和(せうわ) — 125 今上(きんじやう)

藤原氏系図

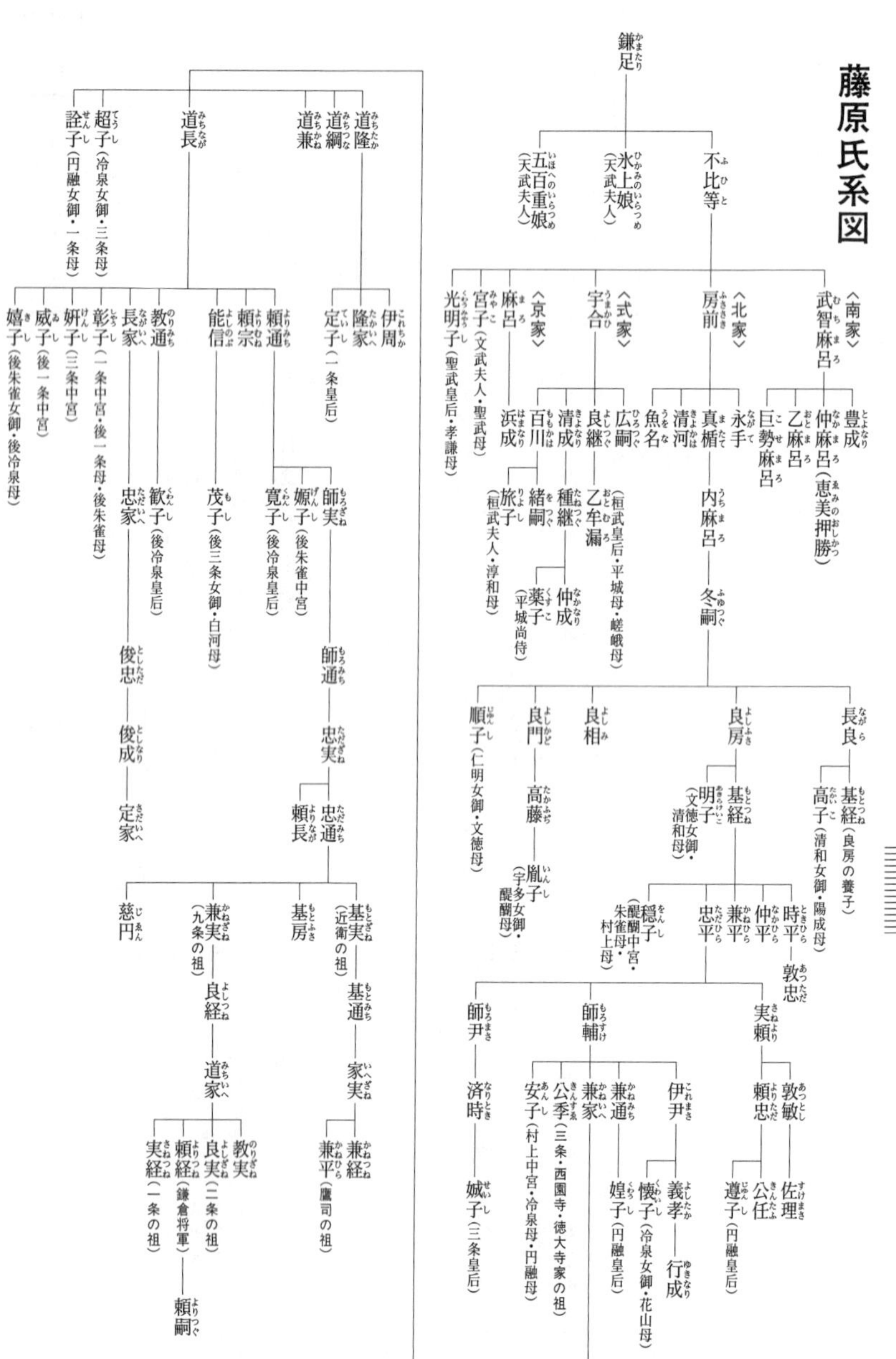
鎌足
不比等
氷上娘（天武夫人）
五百重娘（天武夫人）
〈南家〉武智麻呂
〈北家〉房前
〈式家〉宇合
〈京家〉麻呂
宮子（文武夫人・聖武母）
光明子（聖武皇后・孝謙母）
豊成
仲麻呂（恵美押勝）
乙麻呂
巨勢麻呂
永手
真楯
清河
魚名
内麻呂
冬嗣
広嗣
良継
乙牟漏（桓武皇后・平城母・嵯峨母）
清成
種継
仲成
薬子（平城尚侍）
百川
緒嗣
旅子（桓武夫人・淳和母）
浜成
長良
基経（良房の養子）
高子（清和女御・陽成母）
良房
明子（文徳女御・清和母）
良相
良門
高藤
胤子（宇多女御・醍醐母）
順子（仁明女御・文徳母）
時平
敦忠
仲平
兼平
忠平
穏子（醍醐中宮・朱雀母・村上母）
実頼
敦敏
佐理
頼忠
公任
遵子（円融皇后）
師輔
伊尹
義孝
行成
懐子（冷泉女御・花山母）
兼通
媓子（円融皇后）
兼家
公季（三条・西園寺・徳大寺家の祖）
安子（村上中宮・冷泉母・円融母）
師尹
済時
娍子（三条皇后）
道隆
伊周
隆家
定子（一条皇后）
道綱
道兼
道長
超子（冷泉女御・三条母）
詮子（円融女御・一条母）
頼通
師実
媄子（後朱雀中宮）
寛子（後冷泉皇后）
師通
忠実
忠通
頼長
基実（近衛の祖）
基通
家実
兼経
兼平（鷹司の祖）
基房
兼実（九条の祖）
良経
道家
教実
良実（二条の祖）
頼経（鎌倉将軍）
頼嗣
実経（一条の祖）
慈円
頼宗
能信
茂子（後三条女御・白河母）
教通
歓子（後冷泉皇后）
長家
忠家
俊忠
俊成
定家
彰子（一条中宮・後一条母・後朱雀母）
妍子（三条中宮）
威子（後一条中宮）
嬉子（後朱雀女御・後冷泉母）
付

王朝女流作家関係図

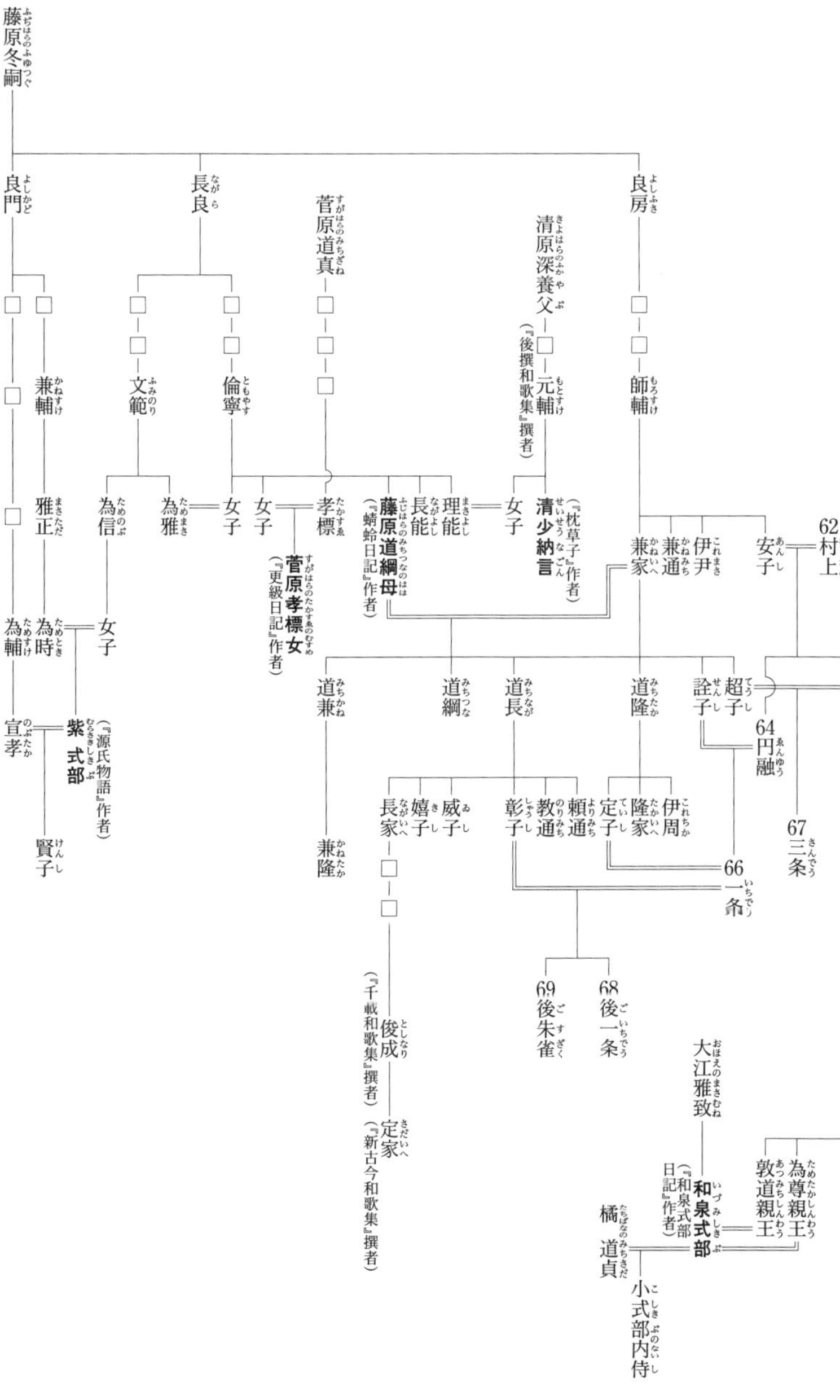

- 藤原冬嗣（ふじはらのふゆつぐ）
  - 良門（よしかど）
    - □ ― □ ― □ ― 為輔（ためすけ） ― 宣孝（のぶたか）
      - 宣孝＝紫式部 ― 賢子（けんし）
    - □ ― 兼輔（かねすけ） ― 雅正（まさただ） ― 為時（ためとき）
      - 為時＝女子 ― **紫式部**（むらさきしきぶ）（『源氏物語』作者）
  - 長良（ながら）
    - □ ― □ ― 文範（ふみのり）
      - 為信（ためのぶ） ― 女子（為時室）
      - 為雅（ためまさ）＝女子
    - □ ― □ ― 倫寧（ともやす）
      - 女子（為雅室）
      - 女子（孝標室）
      - **藤原道綱母**（ふじはらのみちつなのはは）（『蜻蛉日記』作者）
      - 長能（ながよし）
      - 理能（まさよし）＝女子
  - 良房（よしふさ） ― □ ― □ ― 師輔（もろすけ）
    - 兼家（かねいへ）
    - 兼通（かねみち）
    - 伊尹（これまさ）
    - 安子（あんし）＝62 村上（むらかみ）

- 菅原道真（すがはらのみちざね） ― □ ― □ ― □ ― 孝標（たかすゑ）
  - 孝標＝女子 ― **菅原孝標女**（すがはらのたかすゑのむすめ）（『更級日記』作者）

- 清原深養父（きよはらのふかやぶ） ― □ ― 元輔（もとすけ）（『後撰和歌集』撰者）
  - 女子（理能室）
  - **清少納言**（せいせうなごん）（『枕草子』作者）

- 兼家＝藤原道綱母 ― 道綱（みちつな）
- 兼家
  - 道兼（みちかね） ― 兼隆（かねたか）
  - 道綱（みちつな）
  - 道長（みちなが）
    - 長家（ながいへ） ― □ ― □ ― 俊成（としなり）（『千載和歌集』撰者） ― 定家（さだいへ）（『新古今和歌集』撰者）
    - 嬉子（きし）
    - 威子（ゐし）
    - 彰子（しやうし）
    - 教通（のりみち）
    - 頼通（よりみち）
  - 道隆（みちたか）
    - 伊周（これちか）
    - 隆家（たかいへ）
    - 定子（ていし）
  - 詮子（せんし）
  - 超子（てうし）

- 62 村上
  - 63 冷泉（れいぜい）＝超子 ― 67 三条（さんでう）
    - 65 花山（くわざん）
    - 為尊親王（ためたかしんわう）
    - 敦道親王（あつみちしんわう）
  - 64 円融（ゑんゆう）＝詮子 ― 66 一条（いちでう）
- 66 一条＝定子
- 66 一条＝彰子
  - 68 後一条（ごいちでう）
  - 69 後朱雀（ごすざく）

- 大江雅致（おほえのまさむね） ― **和泉式部**（いづみしきぶ）（『和泉式部日記』作者）
  - 和泉式部＝為尊親王
  - 和泉式部＝敦道親王
  - 和泉式部＝橘道貞（たちばなのみちさだ） ― 小式部内侍（こしきぶのないし）

源氏・平氏系図

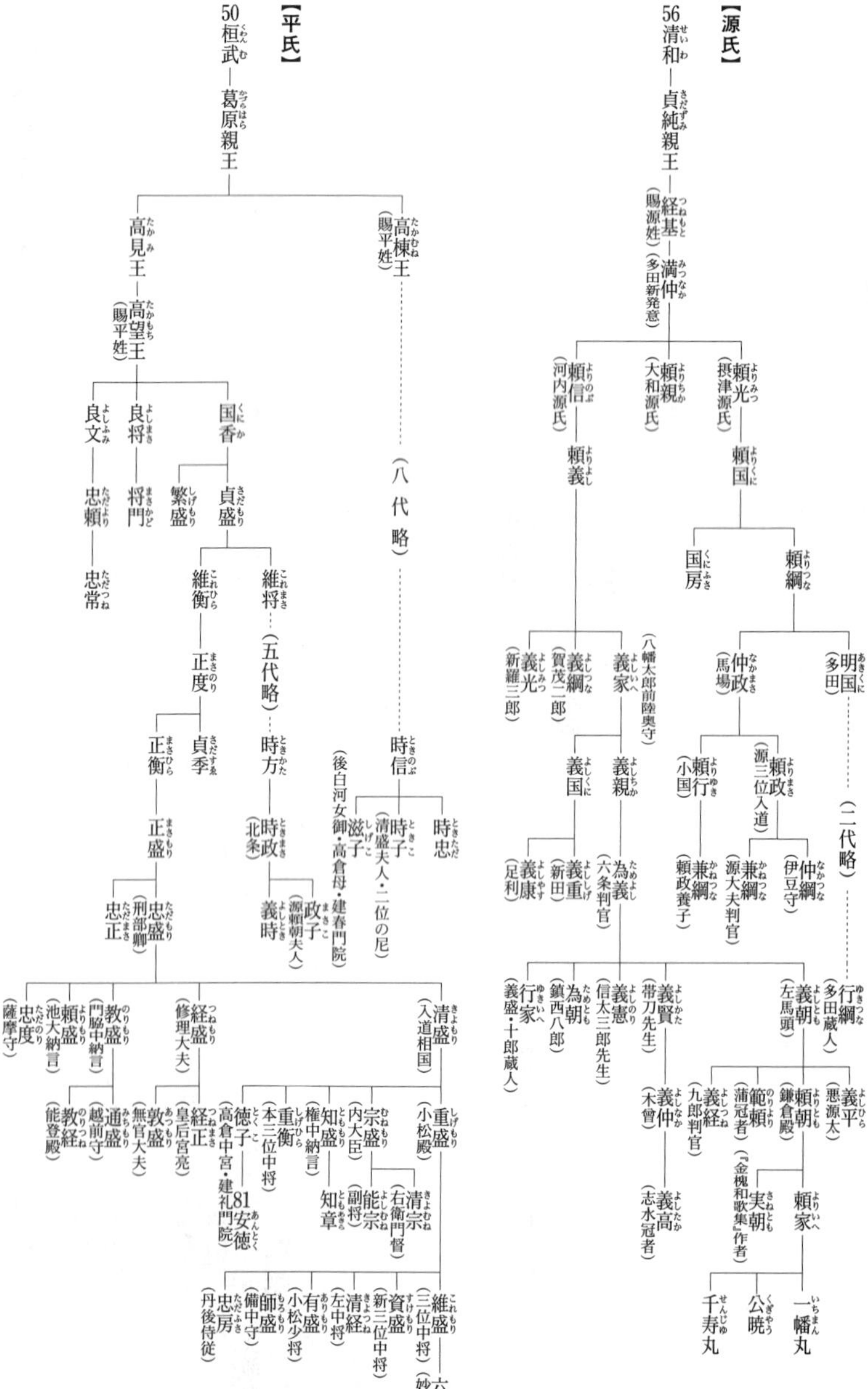

【源氏】

56清和—貞純親王—経基(賜源姓)—満仲(多田新発意)
- 頼光(摂津源氏)—頼国
  - 頼綱
    - 明国(多田)……(二代略)……行綱(多田蔵人)
    - 仲政(馬場)
      - 頼政(源三位入道)
        - 仲綱(伊豆守)
        - 兼綱(源大夫判官)
      - 頼行(小国)—兼綱(頼政養子)
  - 国房
- 頼親(大和源氏)
- 頼信(河内源氏)—頼義
  - 義家(八幡太郎前陸奥守)
    - 義親—為義(六条判官)
      - 義朝(左馬頭)
        - 義平(悪源太)
        - 頼朝(鎌倉殿)
          - 頼家
            - 一幡丸
            - 公暁
            - 千寿丸
          - 実朝(『金槐和歌集』作者)
        - 範頼(蒲冠者)
        - 義経(九郎判官)
      - 義賢(帯刀先生)—義仲(木曾)—義高(志水冠者)
      - 義憲(信太三郎先生)
      - 為朝(鎮西八郎)
      - 行家(義盛・十郎蔵人)
    - 義国
      - 義重(新田)
      - 義康(足利)
  - 義綱(賀茂二郎)
  - 義光(新羅三郎)

【平氏】

50桓武—葛原親王
- 高棟王(賜平姓)……(八代略)……時信
  - 時忠
  - 時子(清盛夫人・二位の尼)
  - 滋子(後白河女御・高倉母・建春門院)
- 高見王—高望王(賜平姓)
  - 国香
    - 貞盛
      - 維将……(五代略)……時方—時政(北条)
        - 政子(源頼朝夫人)
        - 義時
      - 維衡—正度
        - 貞季
        - 正衡—正盛
          - 忠盛(刑部卿)
            - 清盛(入道相国)
              - 重盛(小松殿)
                - 維盛(三位中将)—六代(妙覚)
                - 資盛(新三位中将)
                - 清経(左中将)
                - 有盛(小松少将)
                - 師盛(備中守)
                - 忠房(丹後侍従)
              - 宗盛(内大臣)
                - 清宗(右衛門督)
                - 能宗(副将)
              - 知盛(権中納言)—知章
              - 重衡(本三位中将)
              - 徳子(高倉中宮・建礼門院)—81安徳
            - 経盛(修理大夫)
              - 経正(皇后宮亮)
              - 敦盛(無官大夫)
            - 教盛(門脇中納言)
              - 通盛(越前守)
              - 教経(能登殿)
            - 頼盛(池大納言)
            - 忠度(薩摩守)
          - 忠正
    - 繁盛
  - 良将—将門
  - 良文—忠頼—忠常

俳諧系統図

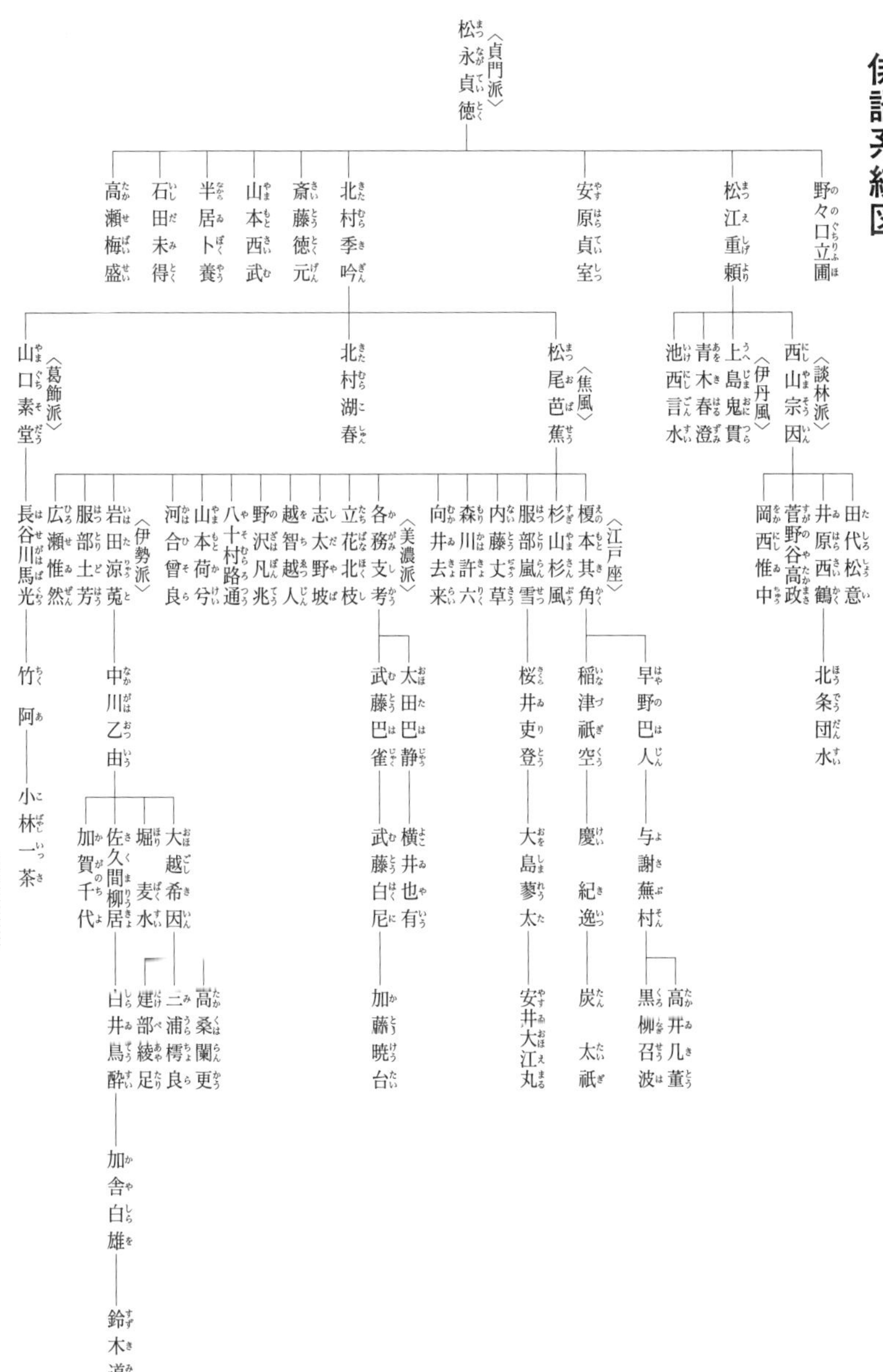
〈貞門派〉
松永貞徳
野々口立圃
松江重頼
安原貞室
北村季吟
斎藤徳元
山本西武
半居卜養
石田未得
高瀬梅盛
〈談林派〉
西山宗因
〈伊丹風〉
上島鬼貫
青木春澄
池西言水
〈焦風〉
松尾芭蕉
北村湖春
〈葛飾派〉
山口素堂
田代松意
井原西鶴
菅野谷高政
岡西惟中
北条団水
〈江戸座〉
榎本其角
杉山杉風
服部嵐雪
内藤丈草
森川許六
向井去来
〈美濃派〉
各務支考
立花北枝
志太野坡
越智越人
野沢凡兆
八十村路通
山本荷兮
河合曾良
〈伊勢派〉
岩田涼菟
服部土芳
広瀬惟然
長谷川馬光
早野巴人
稲津祇空
桜井吏登
太田巴静
武藤巴雀
中川乙由
竹阿
与謝蕪村
慶紀逸
大島蓼太
横井也有
武藤白尼
大越希因
堀麦水
佐久間柳居
加賀千代
小林一茶
高井几董
黒柳召波
炭太祇
安井大江丸
加藤暁台
高桑闌更
三浦樗良
建部綾足
白井鳥酔
加舎白雄
鈴木道彦

付

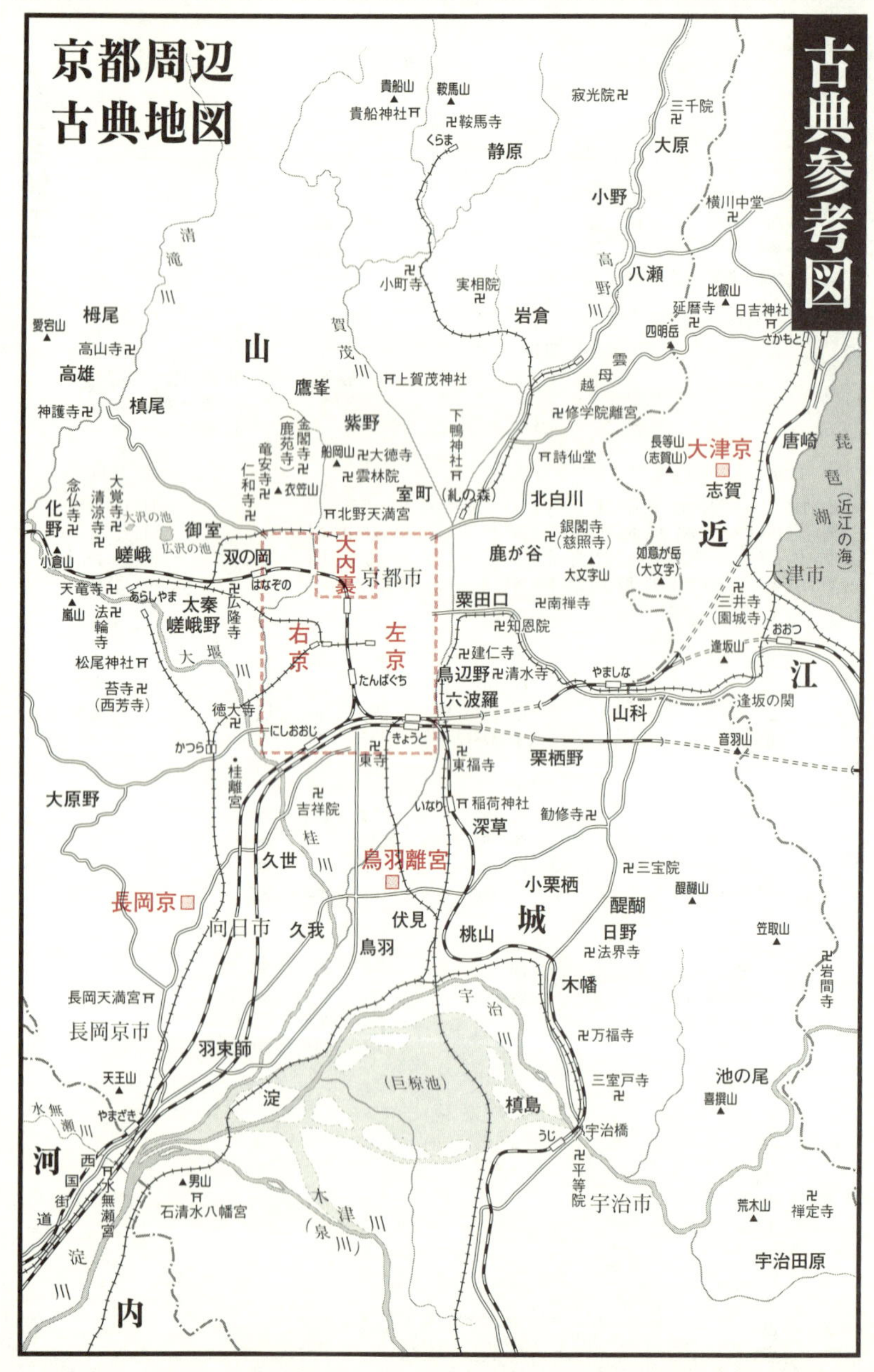
京都周辺古典地図
古典参考図
貴船山
鞍馬山
寂光院
三千院
貴船神社
鞍馬寺
くらま
静原
大原
小野
横川中堂
清滝川
高野川
八瀬
小町寺
実相院
比叡山
延暦寺
日吉神社
愛宕山
栂尾
賀茂川
岩倉
四明岳
さかもと
高山寺
山
雲母越
高雄
上賀茂神社
鷹峯
槙尾
神護寺
修学院離宮
下鴨神社
金閣寺（鹿苑寺）
紫野
長等山（志賀山）
大津京
唐崎
琵琶湖（近江の海）
竜安寺
船岡山
大徳寺
詩仙堂
仁和寺
雲林院
衣笠山
室町
糺の森
北白川
志賀
念仏寺
大覚寺
清涼寺
化野
大沢の池
北野天満宮
銀閣寺（慈照寺）
御室
広沢の池
近
小倉山
嵯峨
双の岡
大内裏
京都市
鹿が谷
如意が岳（大文字）
大文字山
大津市
天竜寺
はなぞの
粟田口
南禅寺
三井寺（園城寺）
嵐山
あらしやま
太秦
広隆寺
知恩院
おおつ
法輪寺
嵯峨野
右京
左京
建仁寺
逢坂山
松尾神社
大堰川
鳥辺野
清水寺
やましな
江
苔寺（西芳寺）
たんばぐち
六波羅
逢坂の関
徳大寺
山科
にしおおじ
きょうと
かつら
東寺
東福寺
栗栖野
音羽山
桂離宮
大原野
吉祥院
いなり
稲荷神社
深草
勧修寺
桂川
久世
鳥羽離宮
小栗栖
三宝院
醍醐山
長岡京
醍醐
向日市
久我
伏見
城
日野
笠取山
桃山
鳥羽
法界寺
岩間寺
木幡
長岡天満宮
宇治川
長岡京市
万福寺
羽束師
三室戸寺
池の尾
天王山
（巨椋池）
喜撰山
淀
槙島
水無瀬川
やまざき
宇治橋
うじ
河
西国街道
水無瀬宮
男山
平等院
宇治市
石清水八幡宮
木津川（泉川）
荒木山
禅定寺
淀川
宇治田原
内
付

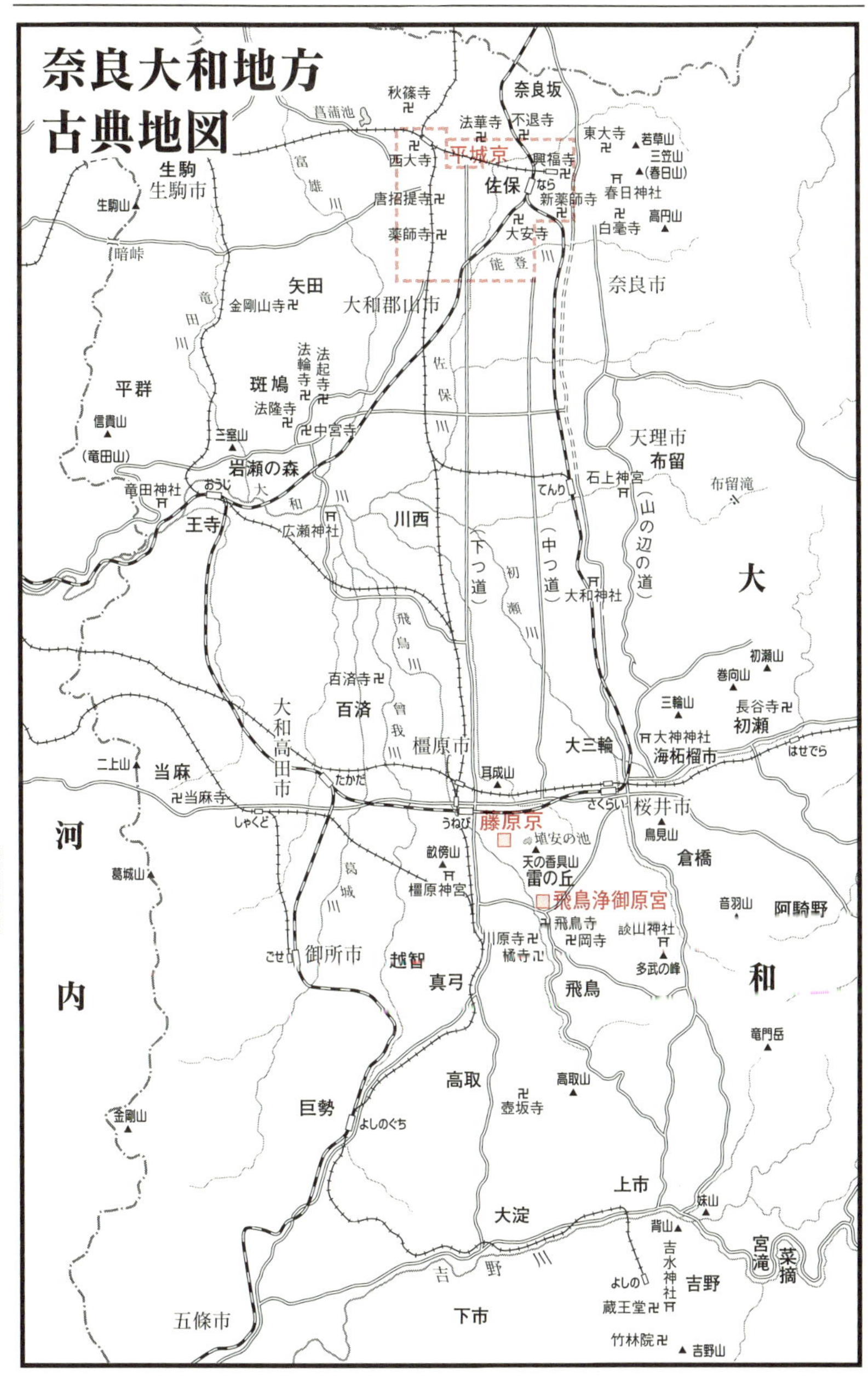

奈良大和地方
古典地図
秋篠寺
菖蒲池
奈良坂
法華寺
不退寺
東大寺
若草山
三笠山
(春日山)
西大寺
平城京
興福寺
なら
佐保
春日神社
唐招提寺
新薬師寺
高円山
白毫寺
薬師寺
大安寺
能登川
奈良市
生駒
生駒市
生駒山
暗峠
富雄川
矢田
金剛山寺
大和郡山市
竜田川
法輪寺
法起寺
斑鳩
法隆寺
中宮寺
平群
信貴山
(竜田山)
三室山
岩瀬の森
天理市
布留
石上神宮
布留滝
竜田神社
おうじ
大和川
てんり
(山の辺の道)
王寺
広瀬神社
川西
佐保川
(下つ道)
(中つ道)
初瀬川
大和神社
大
飛鳥川
初瀬山
巻向山
百済寺
三輪山
長谷寺
百済
曾我川
大神神社
初瀬
大和高田市
橿原市
大三輪
海柘榴市
はせでら
二上山
当麻
たかだ
耳成山
当麻寺
さくらい
桜井市
しゃくど
うねび
藤原京
鳥見山
河
埴安の池
倉橋
葛城山
畝傍山
天の香具山
葛城川
雷の丘
橿原神宮
飛鳥浄御原宮
音羽山
阿騎野
飛鳥寺
談山神社
川原寺
岡寺
ごせ
御所市
越智
橘寺
多武の峰
内
真弓
飛鳥
和
竜門岳
高取
高取山
壺坂寺
巨勢
金剛山
よしのぐち
上市
妹山
大淀
背山
宮滝
菜摘
吉野川
吉水神社
よしの
吉野
五條市
下市
蔵王堂
竹林院
吉野山

付

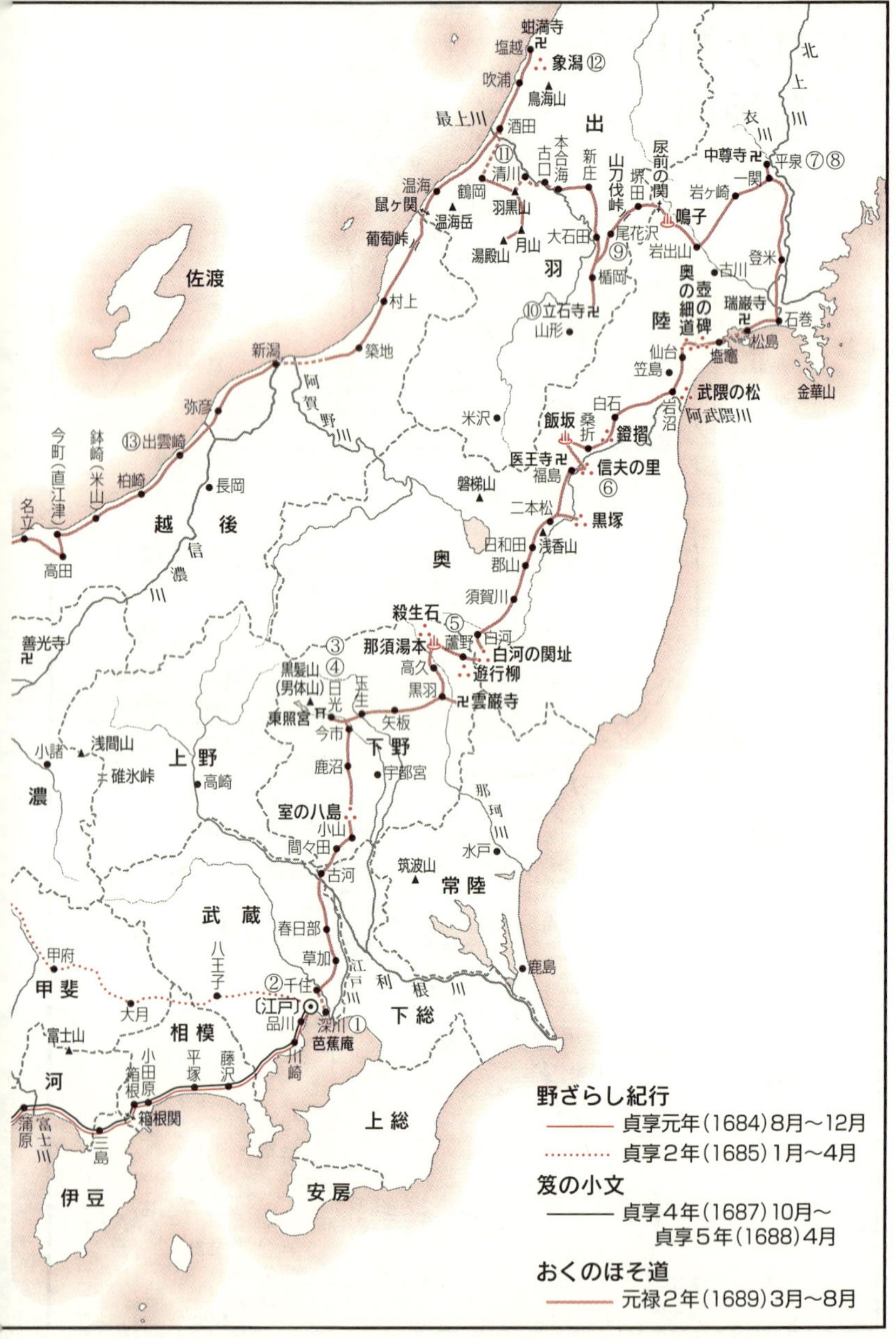

野ざらし紀行

——— 貞享元年（1684）8月～12月

……… 貞享２年（1685）1月～4月

笈の小文

——— 貞享４年（1687）10月～貞享５年（1688）4月

おくのほそ道

——— 元禄２年（1689）3月～8月

付

芭蕉紀行旅程図
①草の戸も住み替はる代ぞ雛の家（深川）
②行く春や鳥啼き魚の目は涙（千住）
③あらたふと青葉若葉の日の光（日光）
④暫時は滝に籠るや夏の初め（日光）
⑤田一枚植ゑて立ち去る柳かな（蘆野）
⑥早苗とる手もとや昔しのぶ摺り（信夫の里）
⑦夏草や兵どもが夢の跡（平泉）
⑧五月雨の降り残してや光堂（平泉）
⑨涼しさを我が宿にしてねまるなり（尾花沢）
⑩閑かさや岩にしみ入る蟬の声（立石寺）
⑪五月雨を集めて早し最上川（最上川）
⑫象潟や雨に西施がねぶの花（象潟）
⑬荒海や佐渡に横たふ天の河（出雲崎）
⑭秋涼し手毎にむけや瓜茄子（金沢）
⑮今日よりや書付消さん笠の露（山中）
⑯蛤のふたみに別れ行く秋ぞ（大垣）
能登
氷見
有磯海
擔籠
奈呉の浦
くりから峠
高岡
滑川
入善
市振
親不知
糸魚川
能生
金沢⑭
富山
越中
加賀
小松
大聖寺
汐越の松
那谷寺
山中
吉崎
松岡⑮
福井
白山
越前
永平寺
飛騨
長野
松本
武生
日野山
湯尾峠
今庄
帰山
色ノ浜
敦賀
若狭
但馬
丹後
丹波
播磨
木之本
伊吹山
美濃
大垣⑯
米原
不破関
信
塩尻
諏訪
奈良井
福島
桟
寝覚の床
妻籠
中津川
木曽川
尾張
名古屋
熱田
佐屋
多度
桑名
近江
草津
膳所
大津
京都
山崎
勝尾寺
摂津
明石
須磨
尼崎
大坂
河内
山城
伊賀上野
四日市
杖突坂
石薬師
七里の渡し
鳴海
岡崎
三河
赤坂
吉田
遠江
浜松
舞坂
天竜川
駿
府中
宇津谷峠
島田
小夜中山
金谷
大井川
淡路
和泉
二上山
当麻寺
竹内
八木
初瀬
長谷寺
奈良
伊賀
名張
久居
津
松坂
二見ヶ浦
宇治山田
伊勢神宮
朝熊山
志摩
伊良湖崎
保美
天津縄手
伊勢
和歌山
和歌浦
橋本
五條
西河
吉野山
紀三井寺
高野山
金剛峰寺
大和
紀伊

付

平安京と条坊図

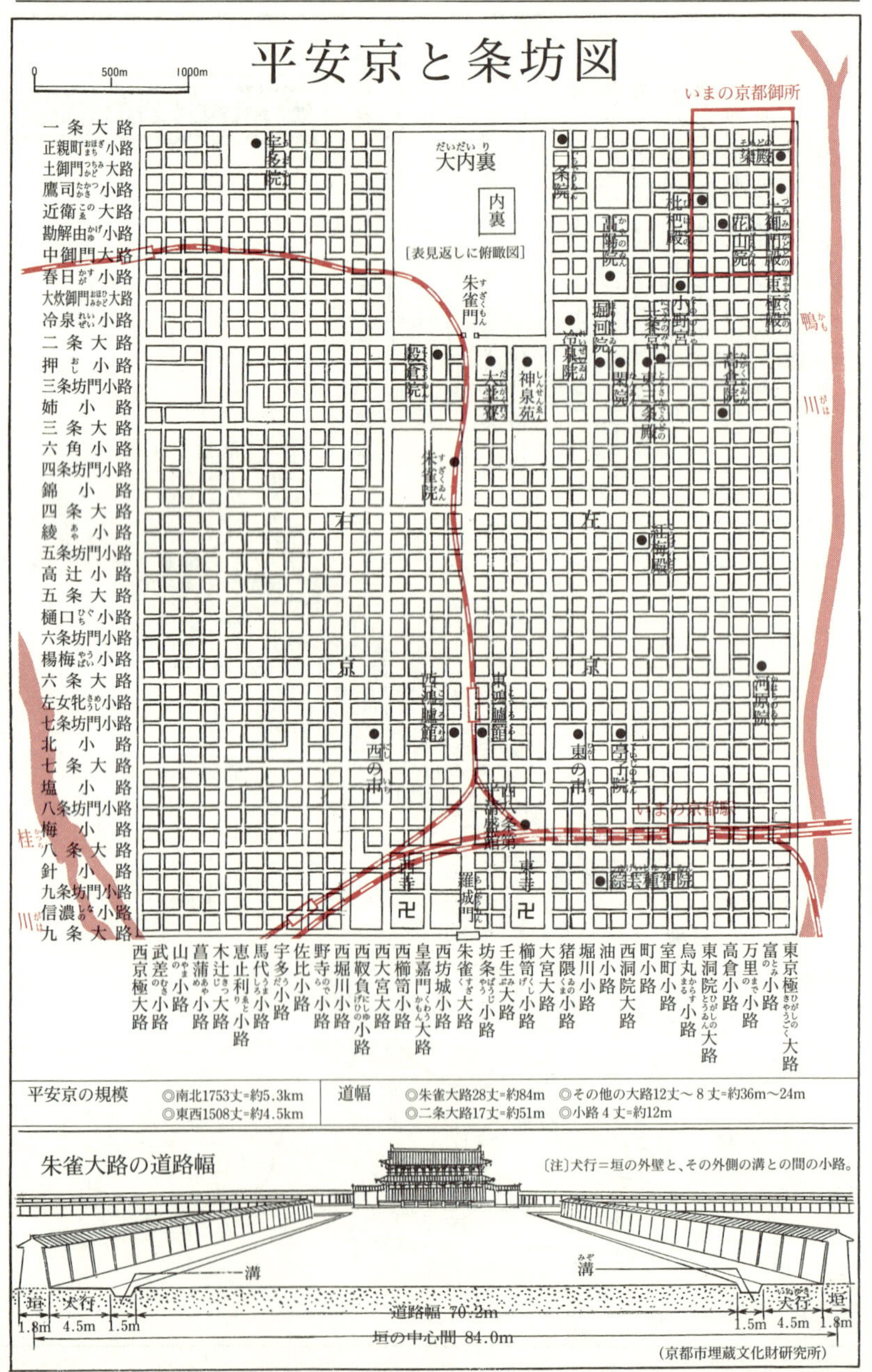

平安京の規模	◎南北1753丈=約5.3km ◎東西1508丈=約4.5km	道幅	◎朱雀大路28丈=約84m ◎その他の大路12丈～8丈=約36m～24m ◎二条大路17丈=約51m ◎小路4丈=約12m

朱雀大路の道路幅

〔注〕犬行＝垣の外壁と、その外側の溝との間の小路。

（京都市埋蔵文化財研究所）

付

紫宸殿・清涼殿図

現京都御所に見る平安京内裏のおもかげ

平安京内裏そのままではないが、主要な部分が再現されている。

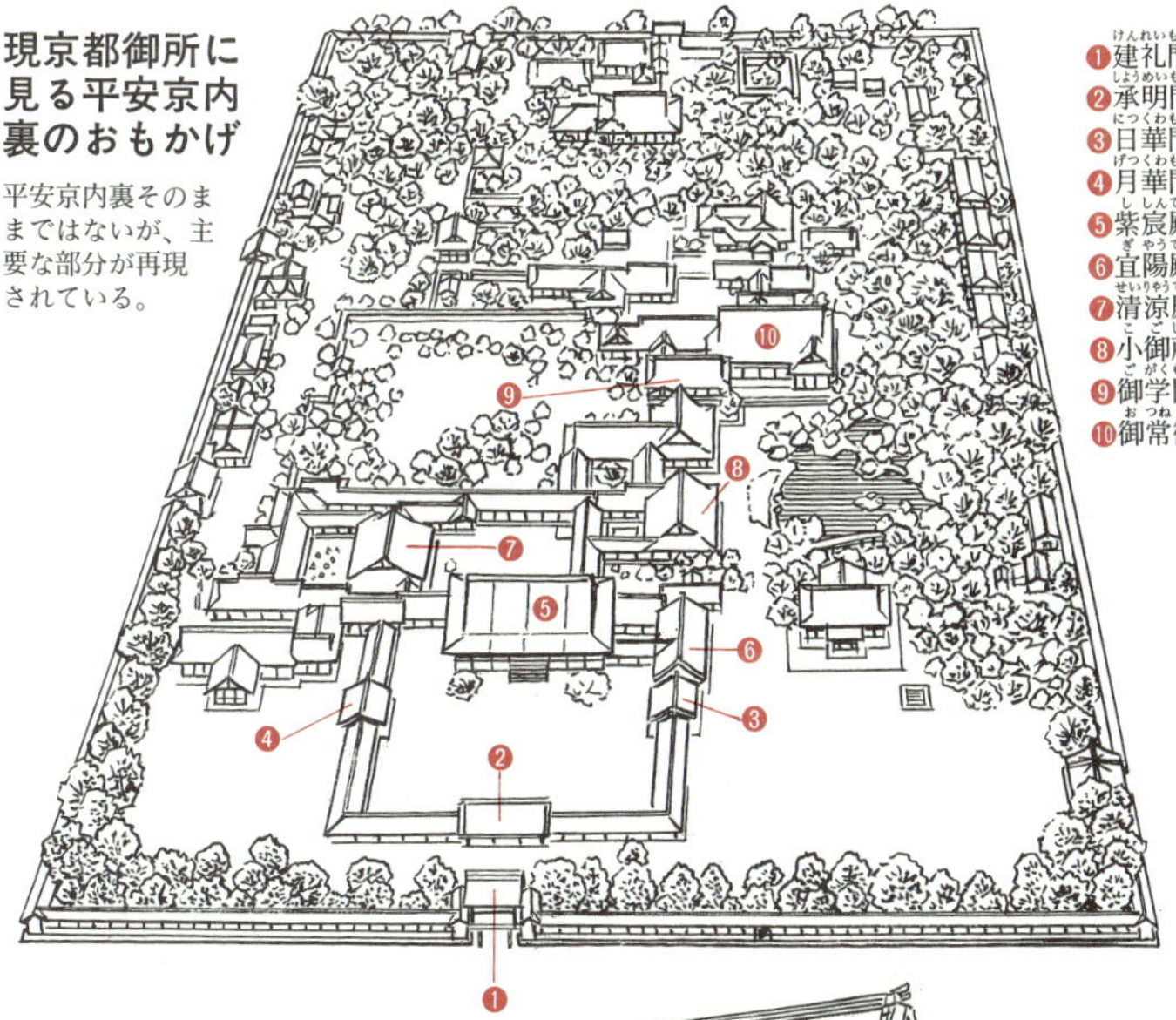

紫宸殿

紫宸殿平面図

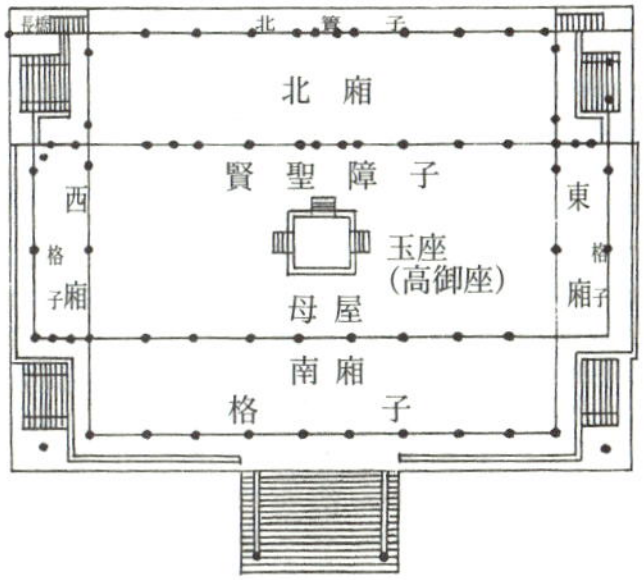

玉座（高御座）

清涼殿

清涼殿平面図

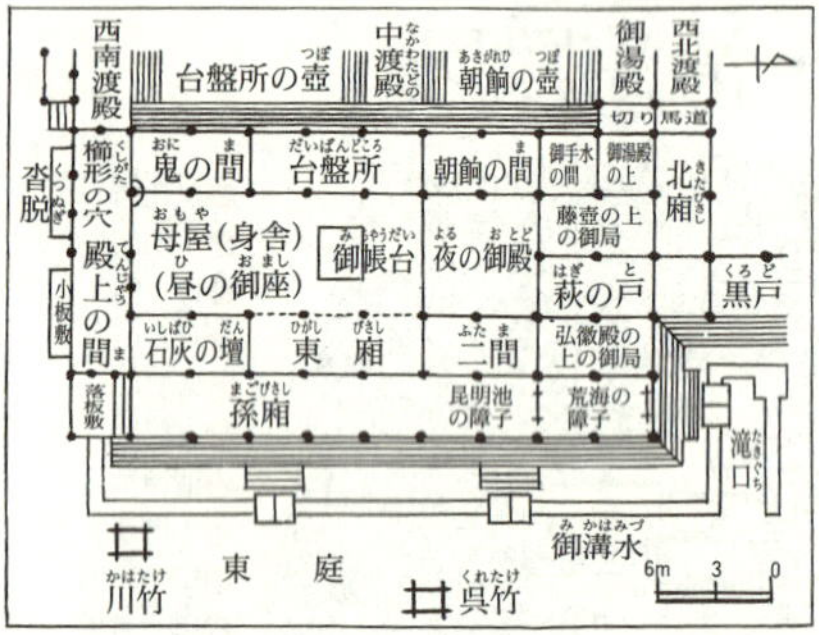

西南渡殿
台盤所の壺
中渡殿
朝餉の壺
御湯殿
西北渡殿
切り馬道
沓脱
櫛形の穴
鬼の間
台盤所
朝餉の間
御手水の間
御湯殿の上
北廂
殿上の間
母屋(身舎)
(昼の御座)
御帳台
夜の御殿
藤壺の上の御局
萩の戸
黒戸
小板敷
石灰の壇
東廂
二間
弘徽殿の上の御局
落板敷
孫廂
昆明池の障子
荒海の障子
滝口
御溝水
東庭
川竹
呉竹
6m 3 0

1. 御帳台
2. 昼の御座
3. 大床子の御座
4. 石灰の壇
5. 夜の御殿
6. 二間
7. 弘徽殿の上の御局
8. 萩の戸
9. 藤壺の上の御局
10. 御湯殿の上
11. 御手水の間
12. 朝餉の間
13. 台盤所
14. 鬼の間
15. 殿上の間
16. 年中行事の御障子
17. 孫廂
18. 簀の子
19. 昆明池の障子
20. 荒海の障子
21. 北廂

清涼殿俯瞰図

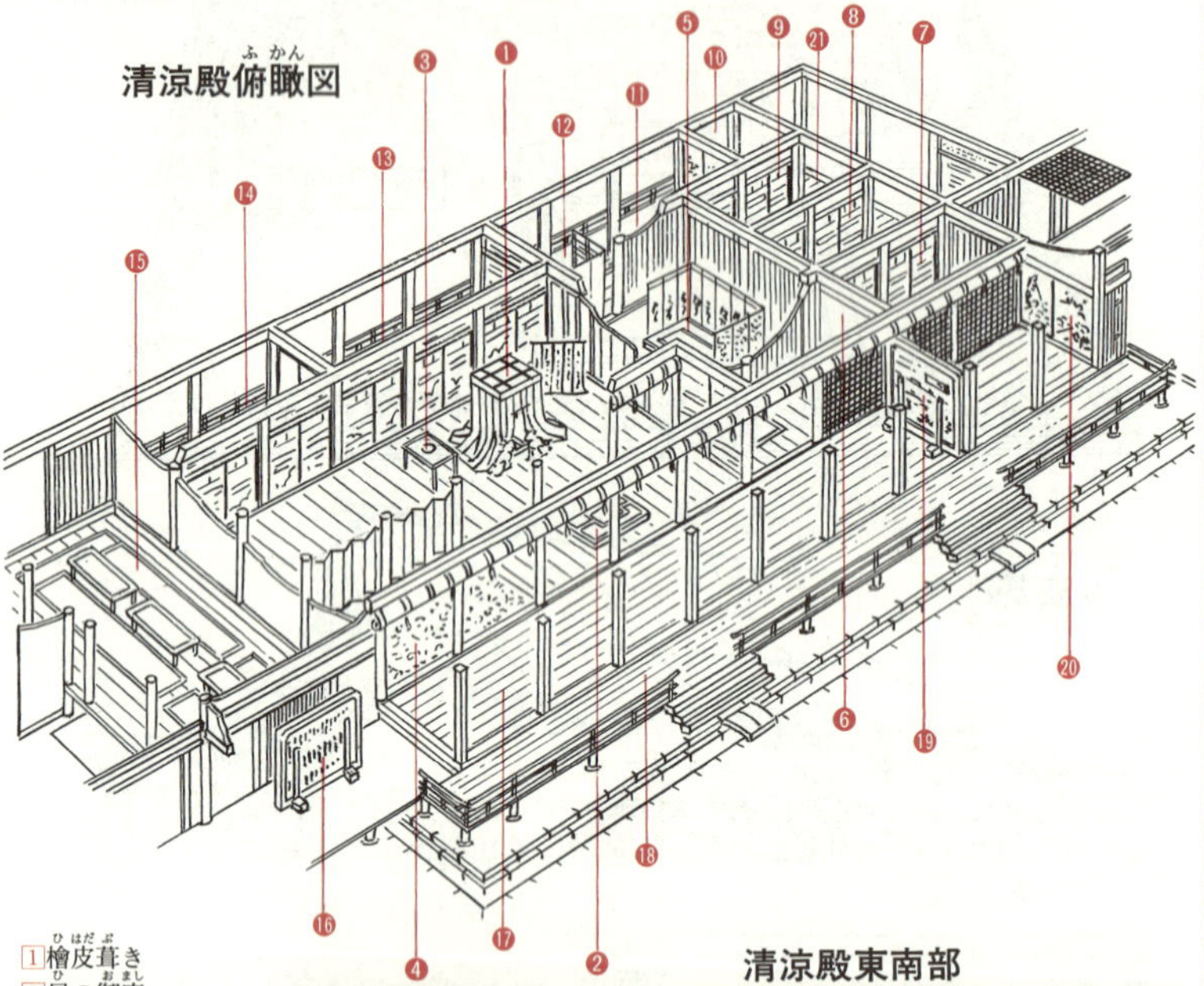

清涼殿東南部

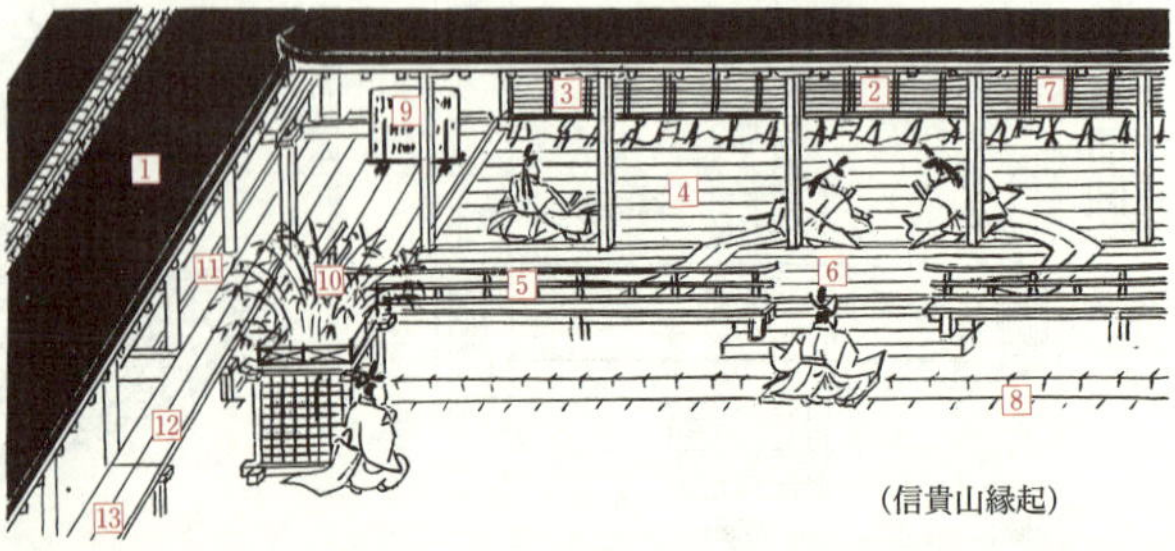

1. 檜皮葺き
2. 昼の御座
3. 石灰の壇
4. 孫廂
5. 高欄
6. 簀の子
7. 御簾
8. 御溝水
9. 年中行事の御障子
10. 川竹
11. 南廊
12. 長橋
13. 切り馬道

(信貴山縁起)

男子の服装〈1〉

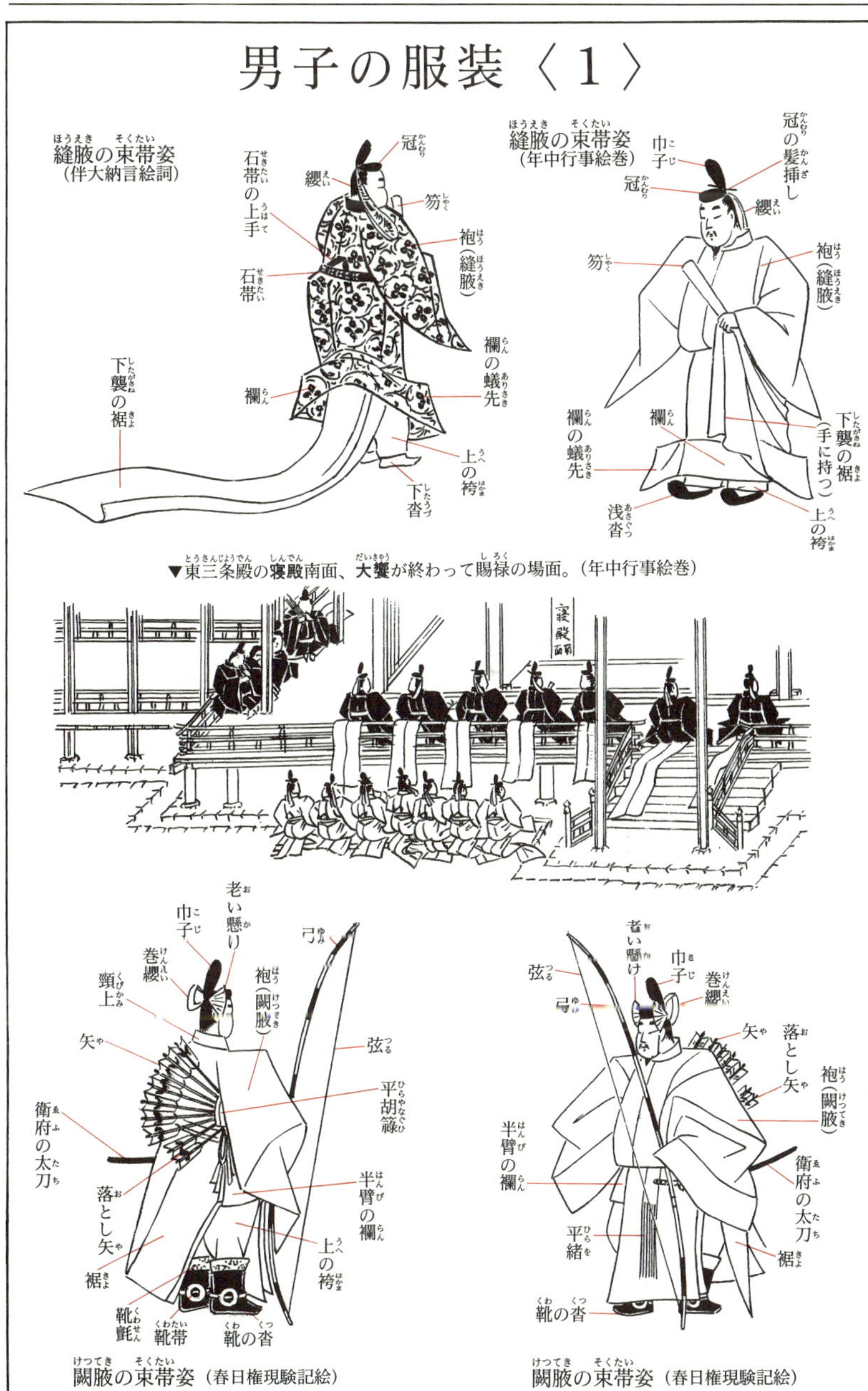

縫腋の束帯姿（伴大納言絵詞）

縫腋の束帯姿（年中行事絵巻）

▼東三条殿の**寝殿**南面、**大饗**が終わって賜禄の場面。（年中行事絵巻）

闕腋の束帯姿（春日権現験記絵）

闕腋の束帯姿（春日権現験記絵）

付

男子の服装〈2〉

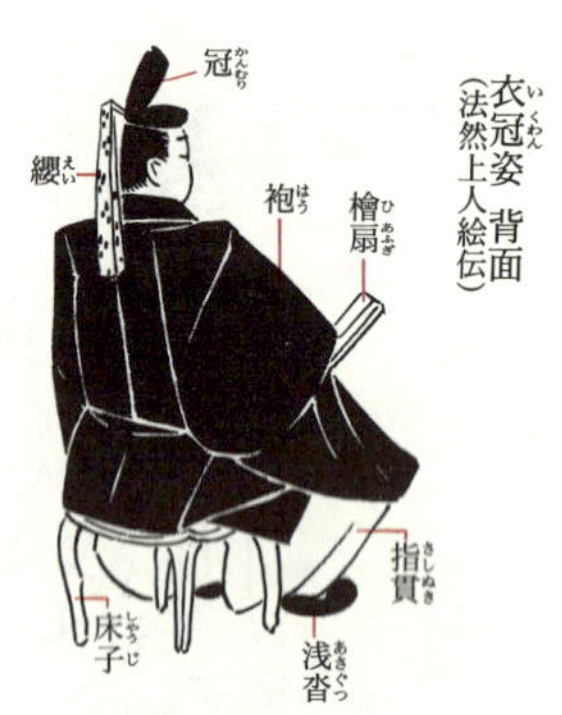

衣冠姿　背面（法然上人絵伝）

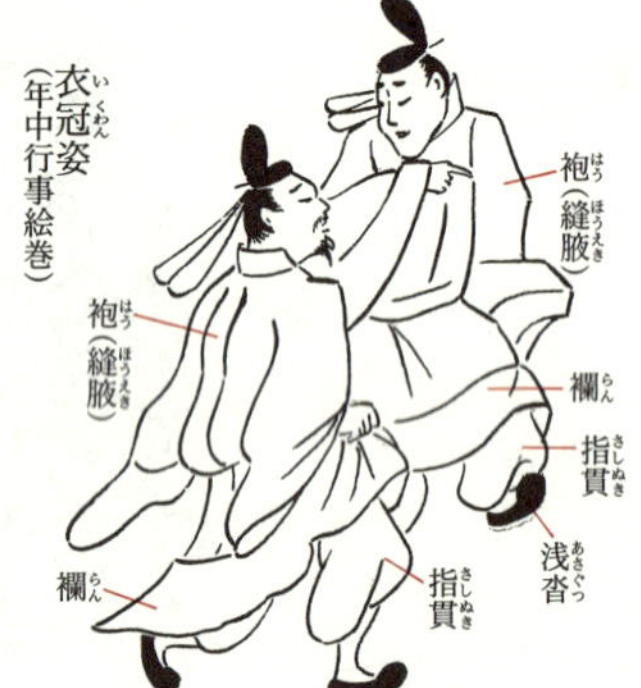

衣冠姿（年中行事絵巻）

直衣姿（年中行事絵巻）

直衣姿　正面（紫式部日記絵詞）

狩衣姿（伴大納言絵詞）

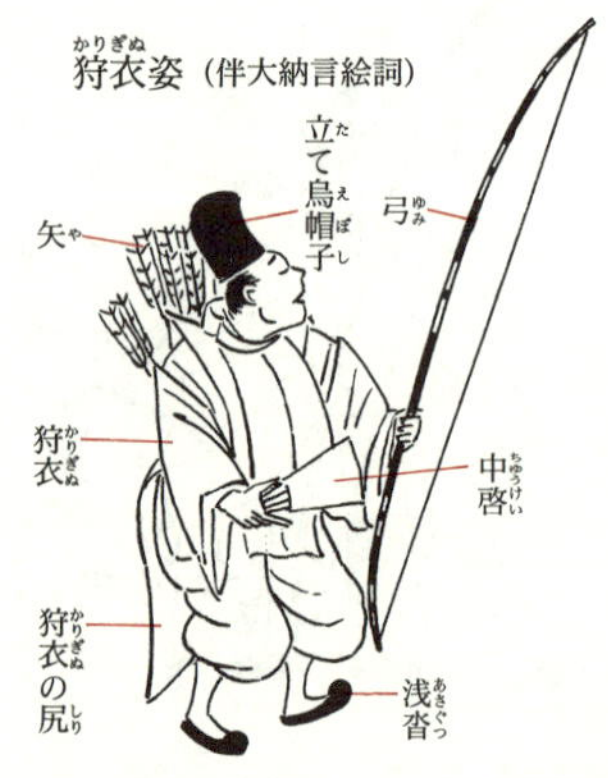

狩衣姿　前後（法然上人絵伝）

男子の服装〈3〉

折り烏帽子（をりえぼし）
狩衣（かりぎぬ）
胸紐（むなひも）
腰刀（こしがたな）
露（つゆ）
小袴（こばかま）
緒太（をぶと）

直垂姿（ひたたれすがた）（法然上人絵伝）

風折り烏帽子（かざをりえぼし）
頂頭掛け（ちやうづかけ）
胸紐（むなひも）
直垂（ひたたれ）
露（つゆ）
小袴（こばかま）

直垂姿（ひたたれすがた）（足利義教画像）

立て烏帽子（たてえぼし）
胸紐（むなひも）

水干姿（すいかんすがた）（法然上人絵伝）

水干（すいかん）
胸紐（むなひも）
小袴（こばかま）

童水干姿（わらはすいかんすがた）（法然上人絵伝）

侍烏帽子（さむらひえぼし）
素襖（すあを）
胸紐（むなひも）
袴（はかま）

素襖姿（すあをすがた）（酒飯論絵詞）

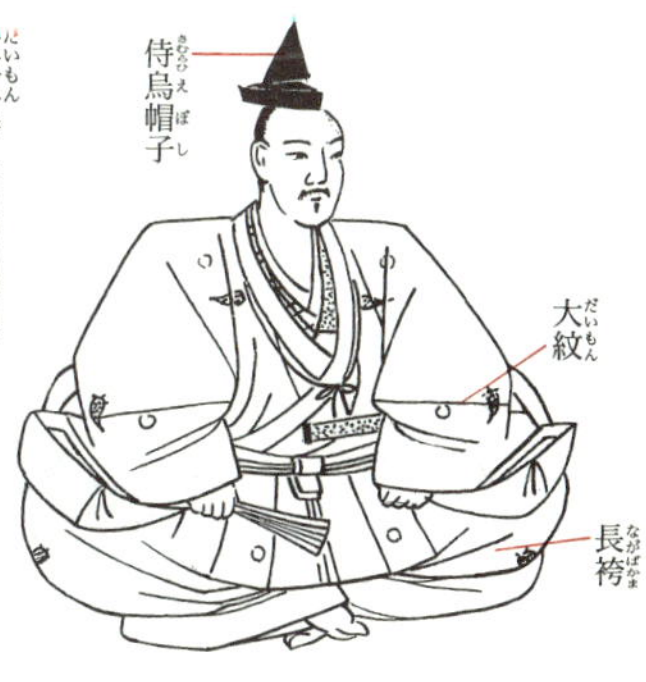

侍烏帽子（さむらひえぼし）
大紋（だいもん）
長袴（ながばかま）

大紋姿（だいもんすがた）（北条氏康像）

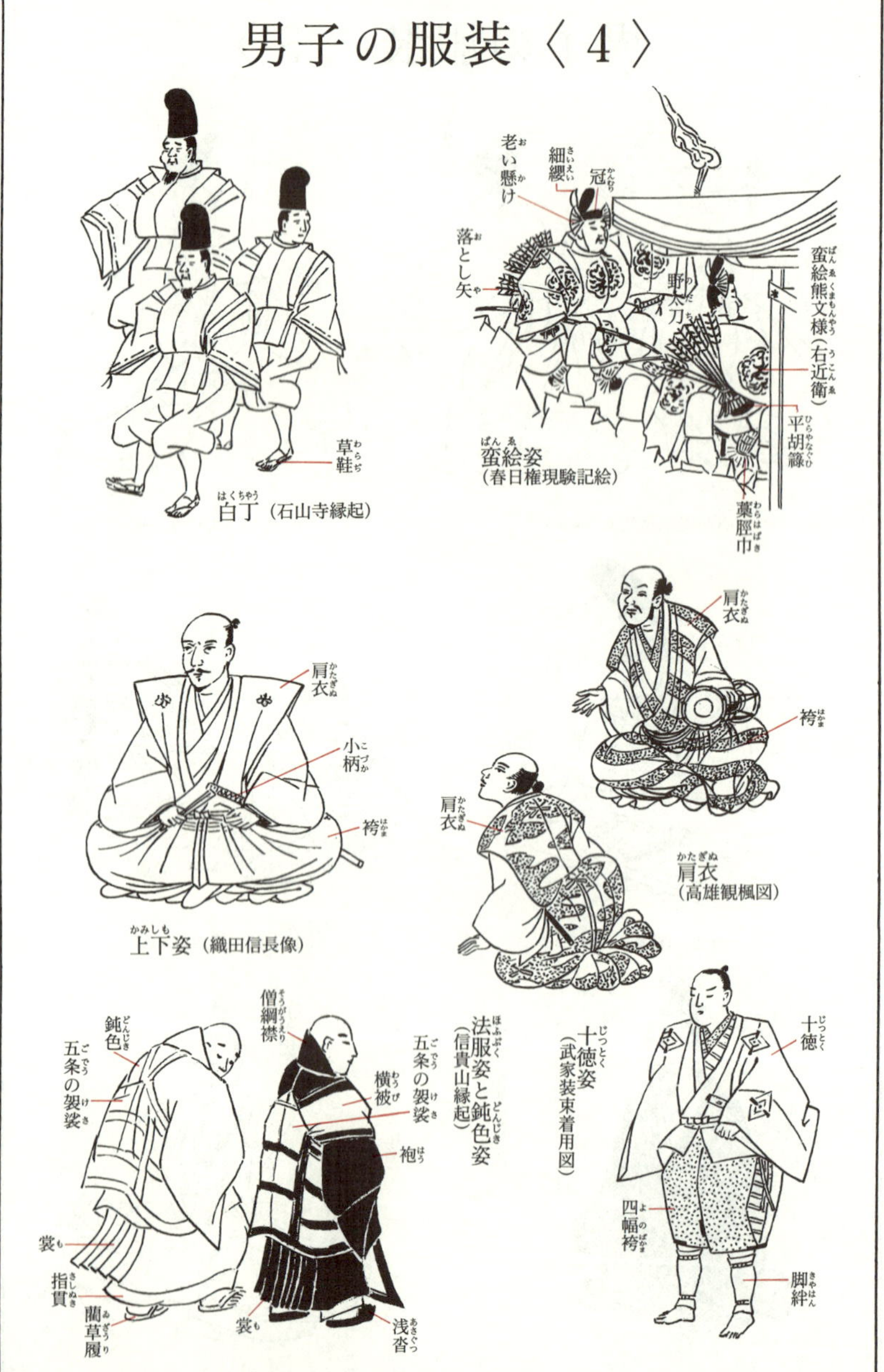
男子の服装〈4〉
草鞋
白丁（石山寺縁起）
老い懸け
細纓
冠
落とし矢
野太刀
蛮絵熊文様（右近衛）
平胡簶
藁脛巾
蛮絵姿（春日権現験記絵）
肩衣
小柄
袴
上下姿（織田信長像）
肩衣
袴
肩衣
肩衣（高雄観楓図）
鈍色
五条の袈裟
裳
指貫
藺草履
僧綱襟
横被
五条の袈裟
袍
裳
浅沓
法服姿と鈍色姿（信貴山縁起）
十徳姿（武家装束着用図）
十徳
四幅袴
脚絆

付

女子の服装〈1〉

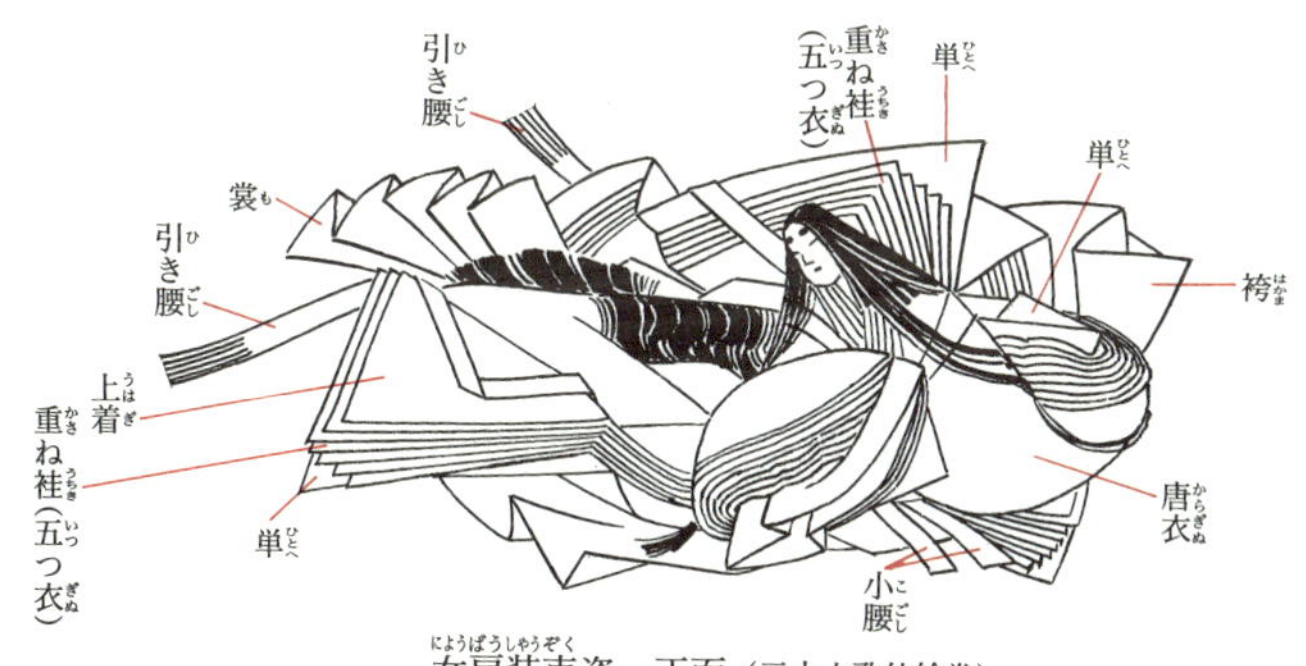

女房装束姿—正面（三十六歌仙絵巻）

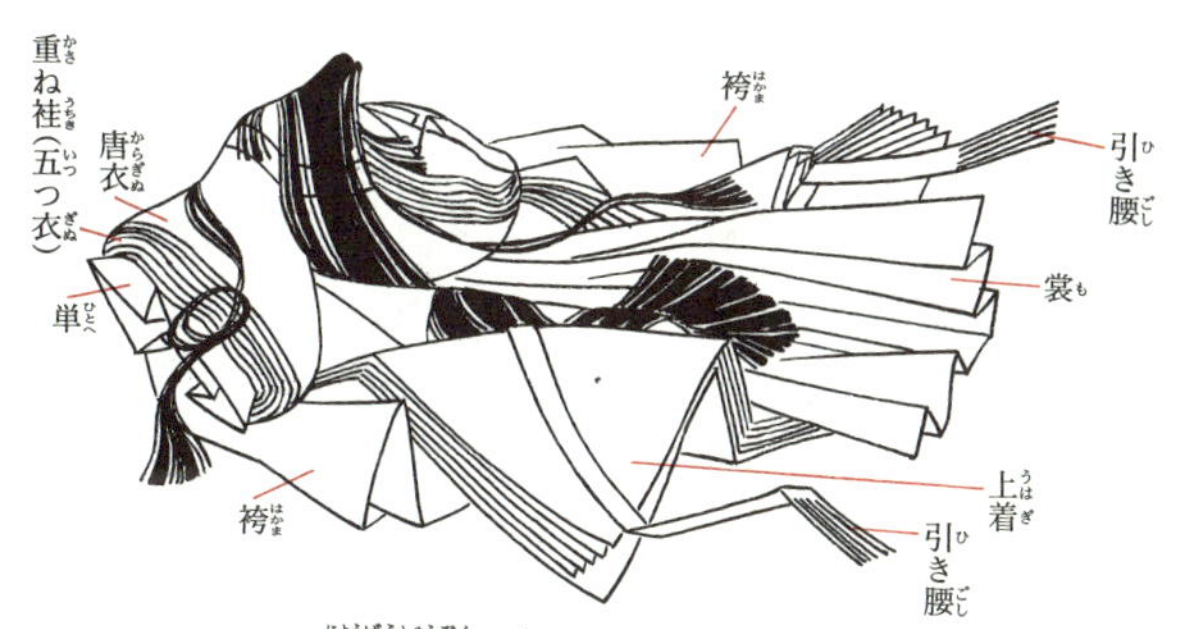

女房装束姿—背面（三十六歌仙絵巻）

小袿姿（紫式部日記絵巻）

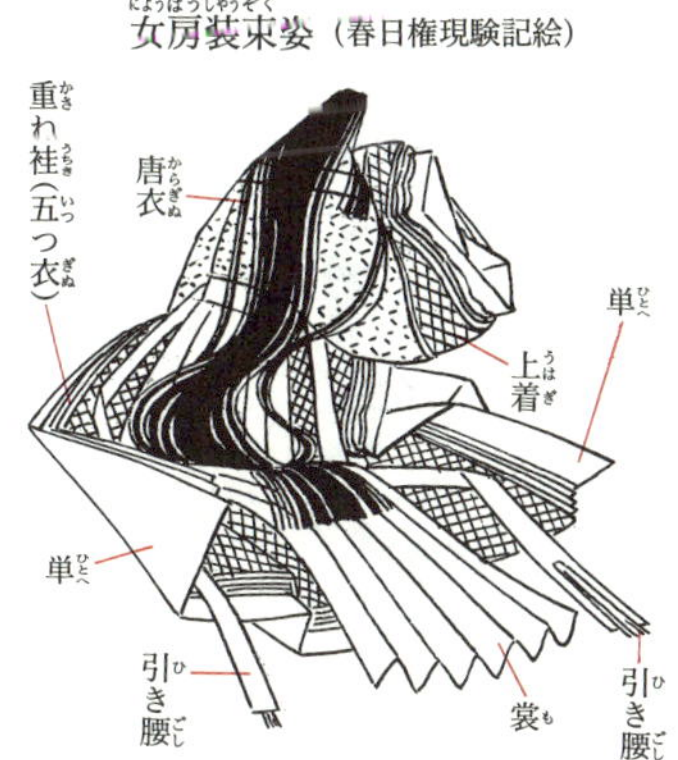

女房装束姿（春日権現験記絵）

付

女子の服装〈2〉

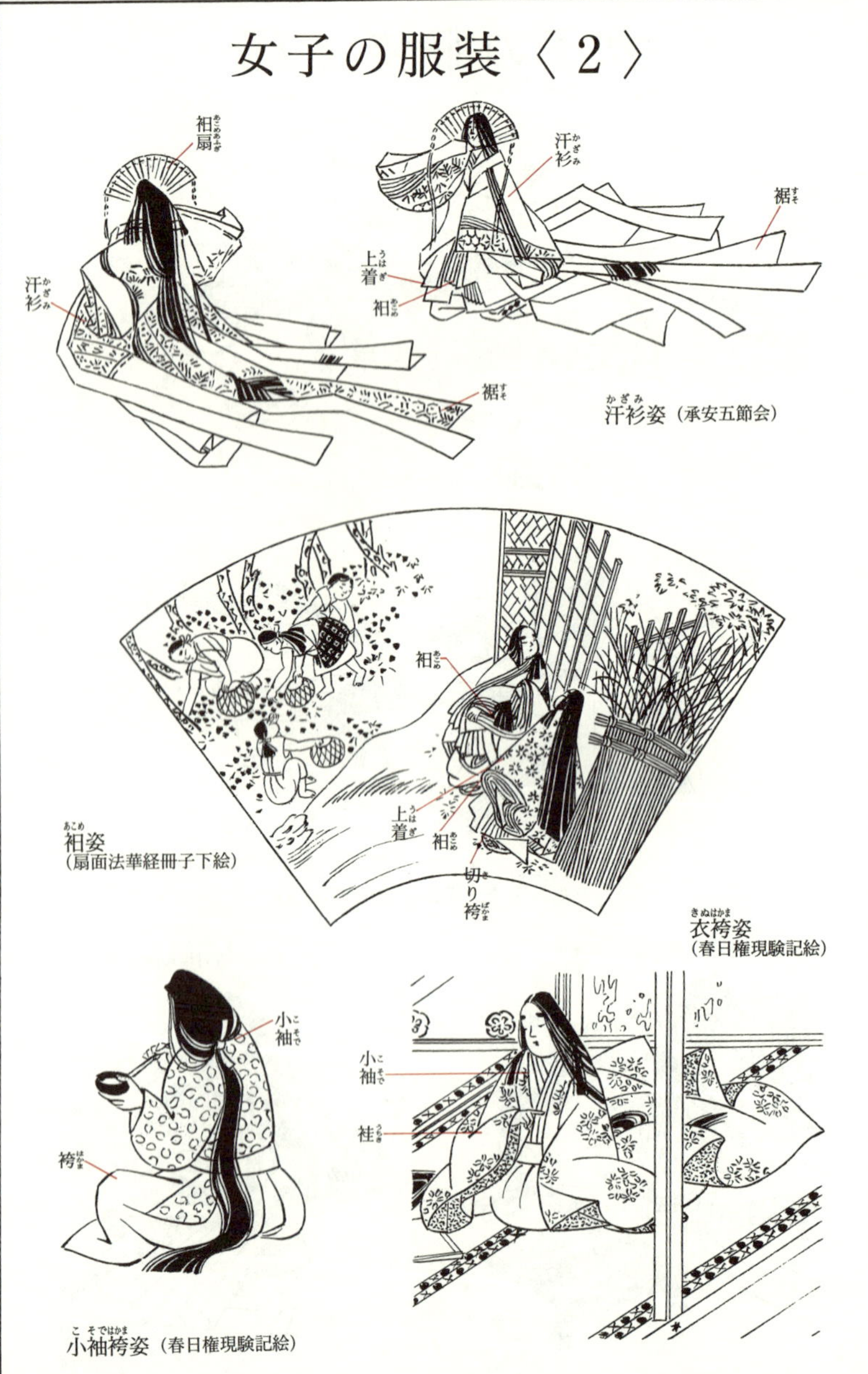

汗衫姿（承安五節会）

衵姿
（扇面法華経冊子下絵）

衣袴姿
（春日権現験記絵）

小袖袴姿（春日権現験記絵）

付

女子の服装〈3〉

市女笠
小袿
掛け帯
草鞋
市女笠
掛け帯
小袿

壺装束（石山寺縁起）

被衣
被衣
緒太
小袿

被衣姿
（法然上人絵伝）

枲の垂れ衣
（石山寺縁起）

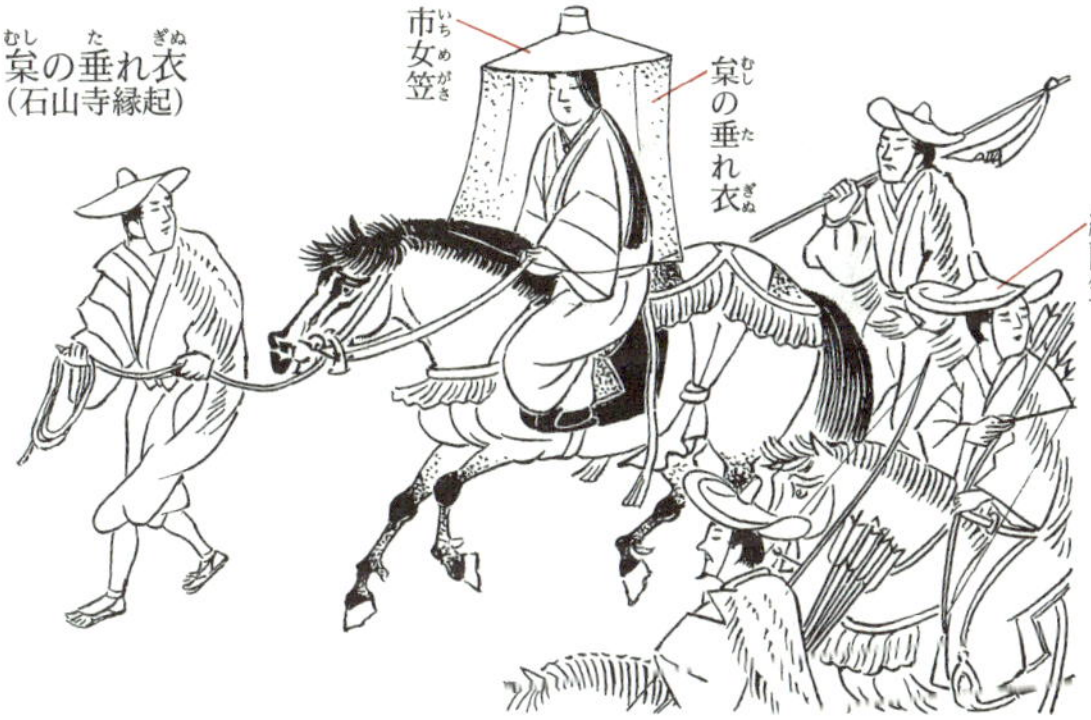

市女笠
枲の垂れ衣
綾藺笠

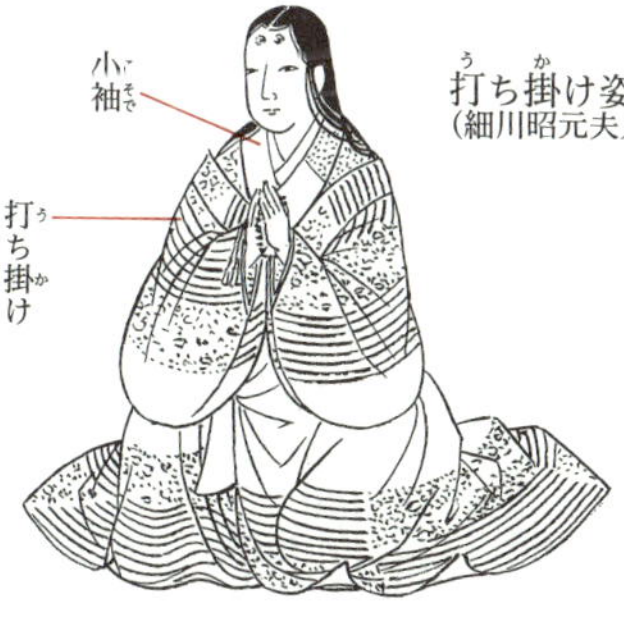

小袖
打ち掛け

打ち掛け姿
（細川昭元夫人像）

腰巻姿
（浅井長政夫人像）

小袖
腰巻

武装・武具〈1〉

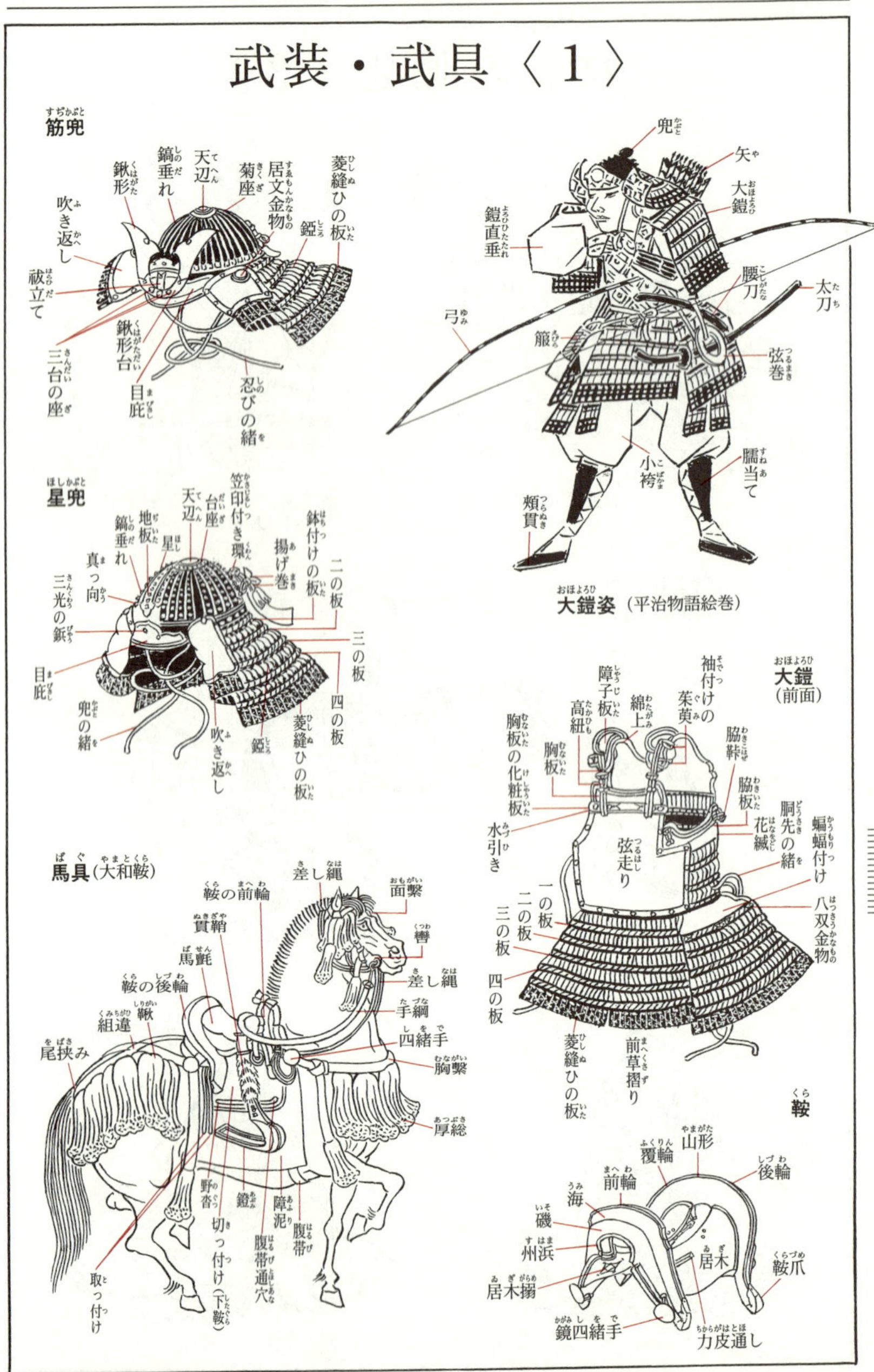
筋兜
鍬形
鎬垂れ
天辺
菊座
居文金物
菱縫ひの板
吹き返し
鞍
袱立て
鍬形台
三台の座
目庇
忍びの緒
兜
矢
大鎧
鎧直垂
腰刀
太刀
弓
箙
弦巻
小袴
臑当て
頬貫
大鎧姿（平治物語絵巻）
星兜
笠印付き環
天辺
台座
地板
鎬垂れ
星
真っ向
三光の鋲
鉢付けの板
揚げ巻
二の板
三の板
目庇
兜の緒
吹き返し
鞍
四の板
菱縫ひの板
大鎧（前面）
袖付けの茱萸
障子板
綿上
高紐
胸板の化粧板
胸板
脇鞐
脇板
水引き
弦走り
花緘
胴先の緒
蝙蝠付け
一の板
二の板
三の板
四の板
八双金物
菱縫ひの板
前草摺り
馬具（大和鞍）
差し縄
鞍の前輪
面繋
貫鞘
轡
馬氈
鞍の後輪
差し縄
手綱
組違
鞦
尾挟み
四緒手
胸繋
厚総
野沓
鐙
障泥
腹帯
切っ付け（下鞍）
腹帯通穴
取っ付け
鞍
山形
覆輪
後輪
前輪
海
磯
州浜
居木
鞍爪
居木搦
鏡四緒手
力皮通し

付

武装・武具〈２〉

胴丸(どうまる)姿（平治物語絵巻）

杏葉(ぎょうよう)
侍烏帽子(さむらいえぼし)
胴丸(どうまる)
小手(こて)

小手(こて)
胸板(むないた)
腹巻(はらまき)
箙(えびら)
脛巾(はばき)

腹巻(はらまき)姿（春日権現験記絵）

腹当(はらあ)て姿（六道絵）

侍烏帽子(さむらいえぼし)
腹当(はらあ)て
弦巻(つるまき)

小具足(こぐそく)姿（蒙古襲来絵詞）

揉(も)み烏帽子(えぼし)
小手(こて)
臑当(すねあ)て

僧兵(そうへい)ー下腹巻(したはらまき)姿（春日権現験記絵）

裹頭(かとう)
素絹(そけん)
腹巻(はらまき)

当世具足(とうせいぐそく)姿（榊原康政像）

前立(まえだ)て
波の模様
竜の模様
采配(さいはい)

武装・武具〈３〉

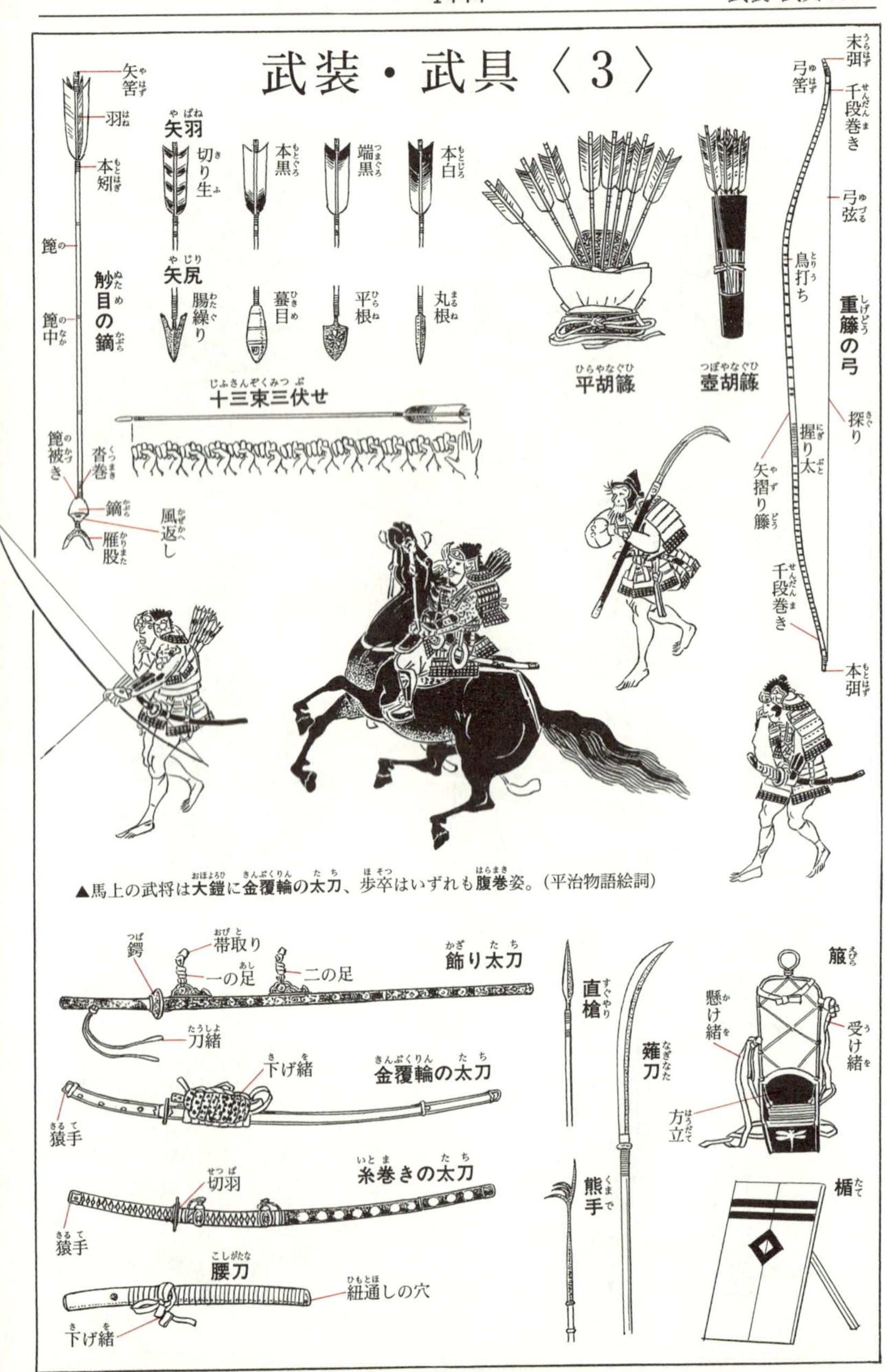

▲馬上の武将は大鎧に金覆輪の太刀、歩卒はいずれも腹巻姿。(平治物語絵詞)

冠物・装具

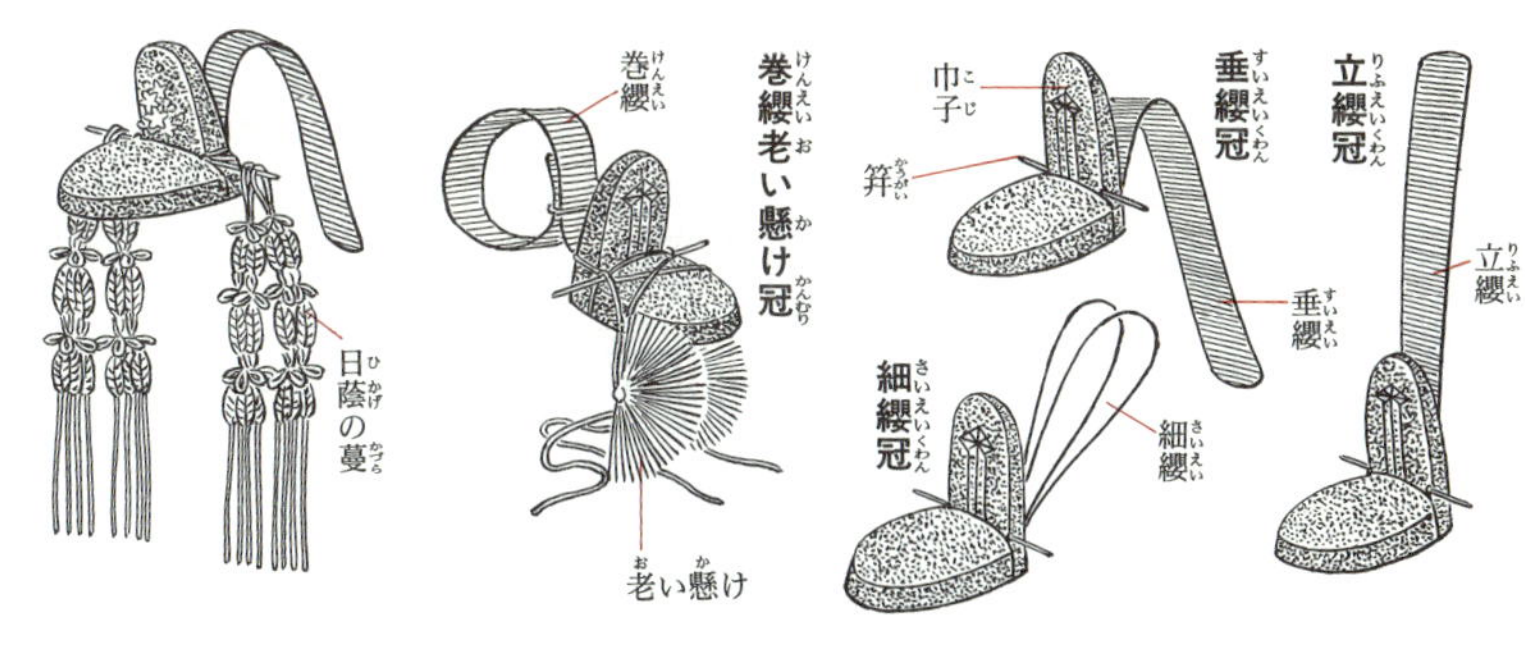

馬上の**公卿**3名は**垂纓冠**、供の者は**立て烏帽子**をかぶる。(石山寺縁起)

綾藺笠　侍烏帽子 　引き立て烏帽子 　風折り烏帽子 　立て烏帽子

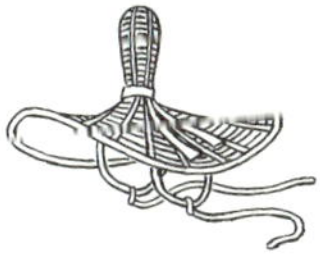

下沓 　深沓 　浅沓 　石帯

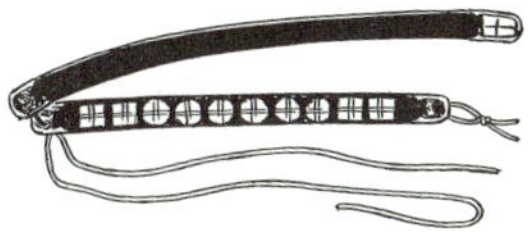

乗輿（牛車は口絵参照）

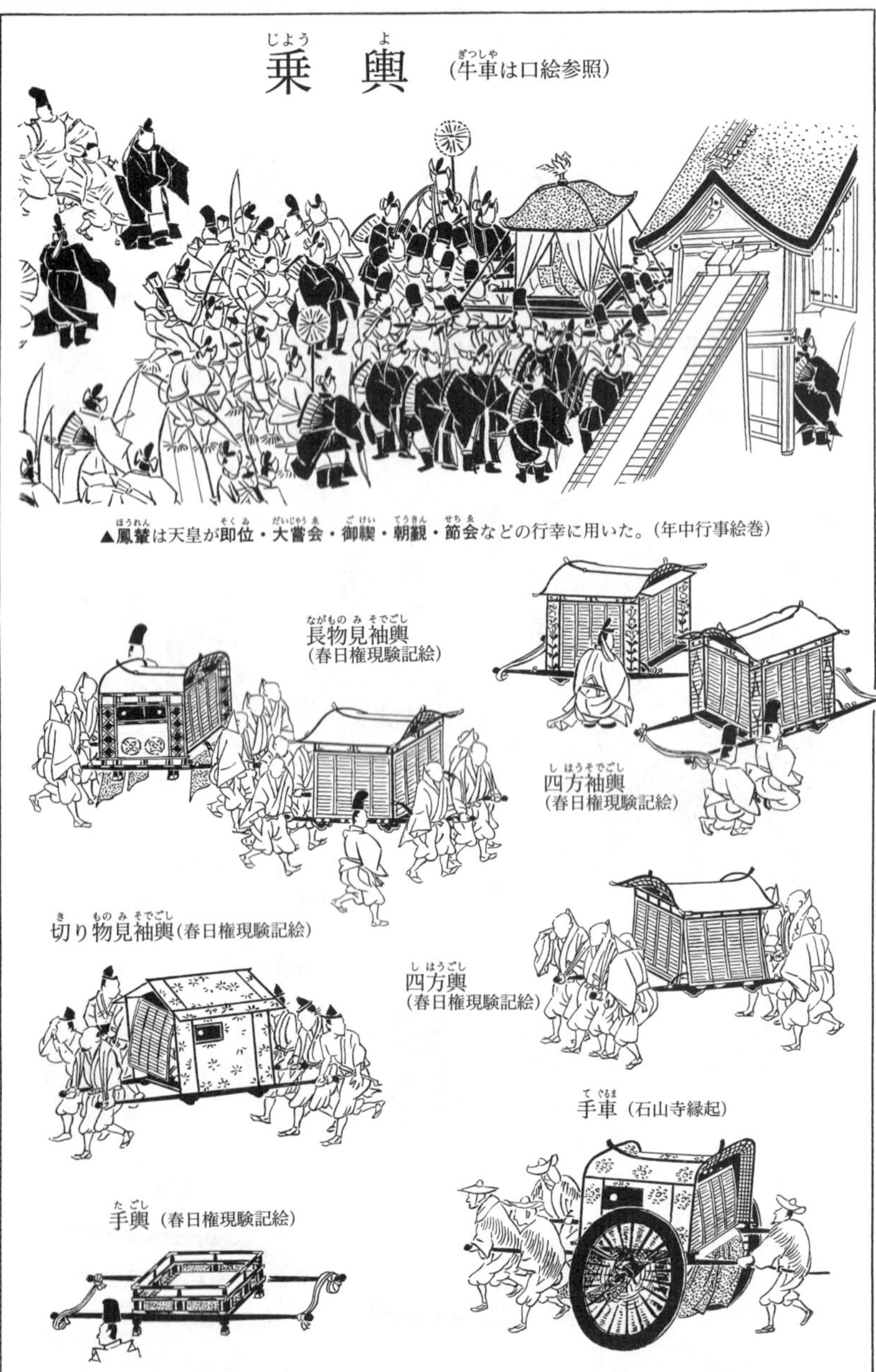

▲鳳輦は天皇が即位・大嘗会・御禊・朝覲・節会などの行幸に用いた。（年中行事絵巻）

長物見袖輿（春日権現験記絵）

四方袖輿（春日権現験記絵）

切り物見袖輿（春日権現験記絵）

四方輿（春日権現験記絵）

手車（石山寺縁起）

手輿（春日権現験記絵）

楽器

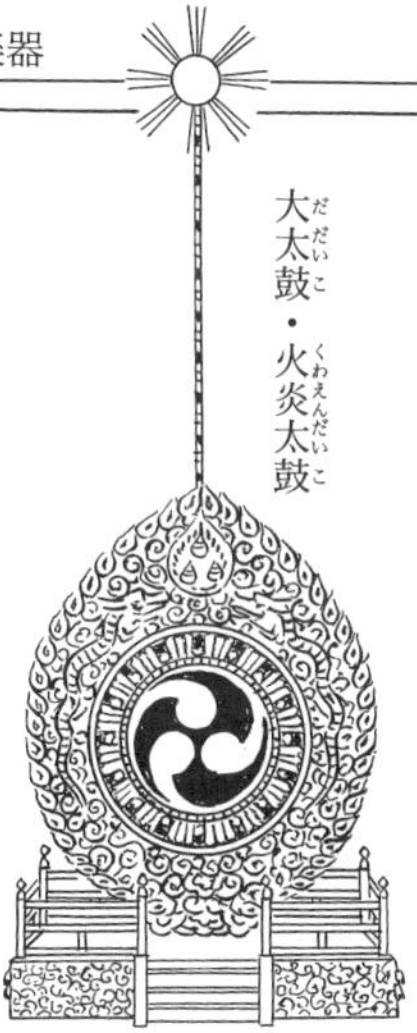

大太鼓（だだいこ）・火炎太鼓（くわえんだいこ）

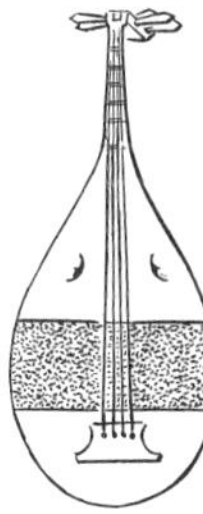

琵琶（びは）

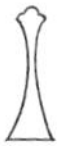

撥（ばち）

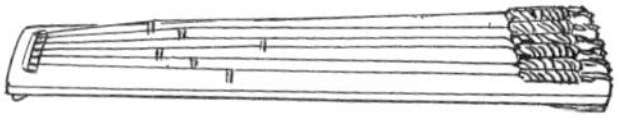

和琴（わごん）・東琴（あづまごと）

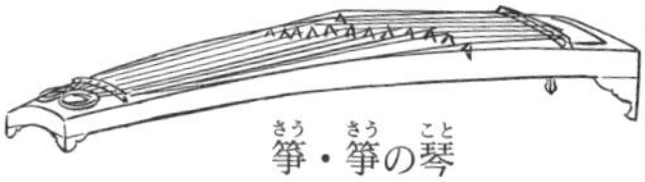

箏（さう）・箏の琴（さうのこと）

琴（きん）・琴の琴（きんのこと）

瑟（しつ）

▲『住吉物語絵巻』（東京国立博物館蔵）に描かれた公卿（くぎょう）の合奏。

鼓（つづみ）

羯鼓（かっこ）

鉦鼓（しやうこ）

高麗笛（こまぶえ）

笏拍子（しやくびやうし）

篳篥（ひちりき）

笙（しやう）

箜篌（くご）・百済琴（くだらごと）

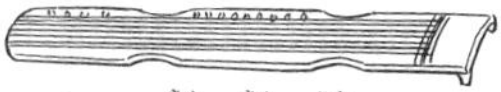

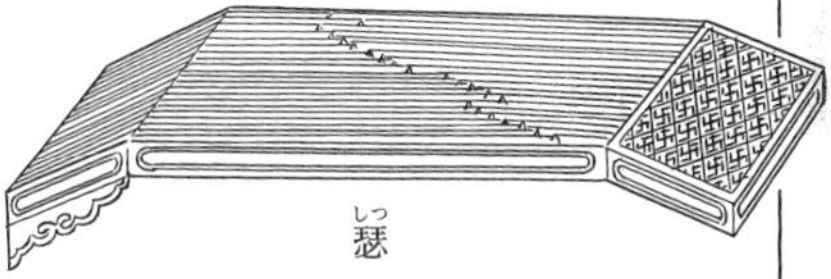

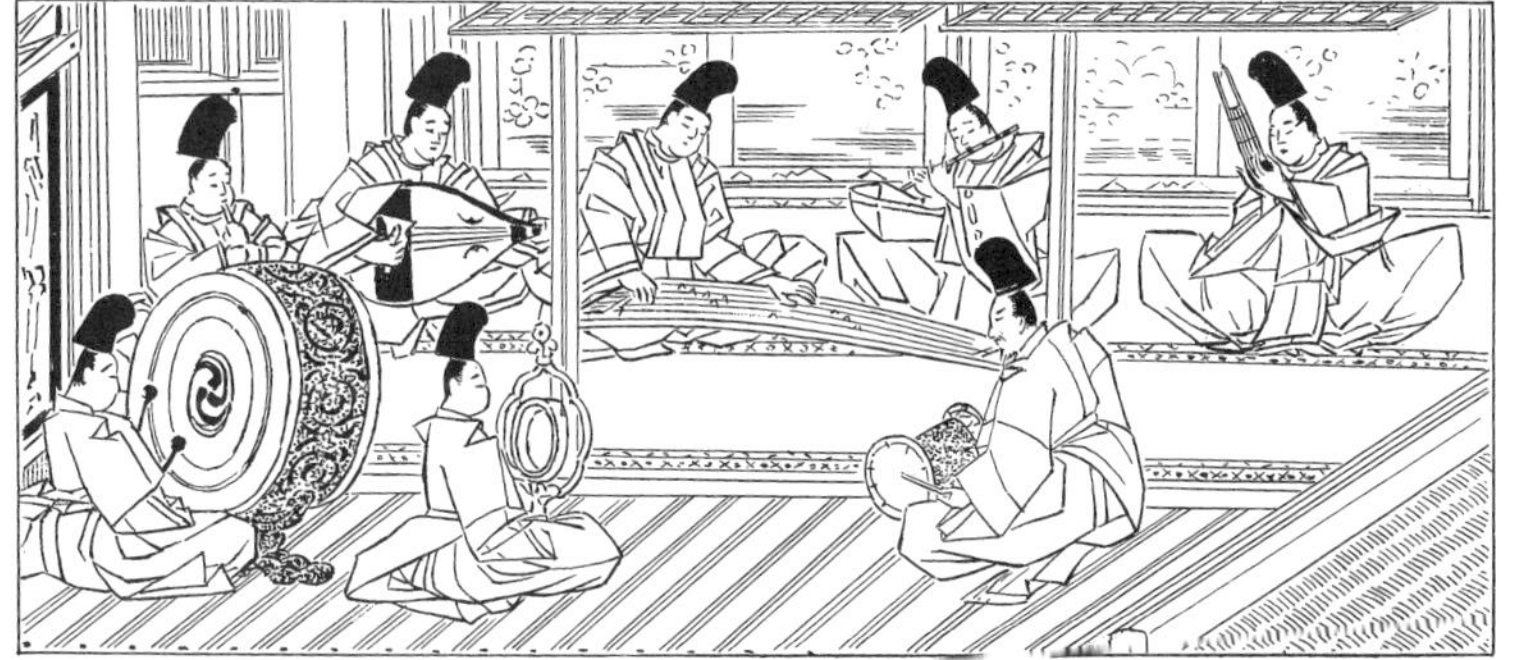

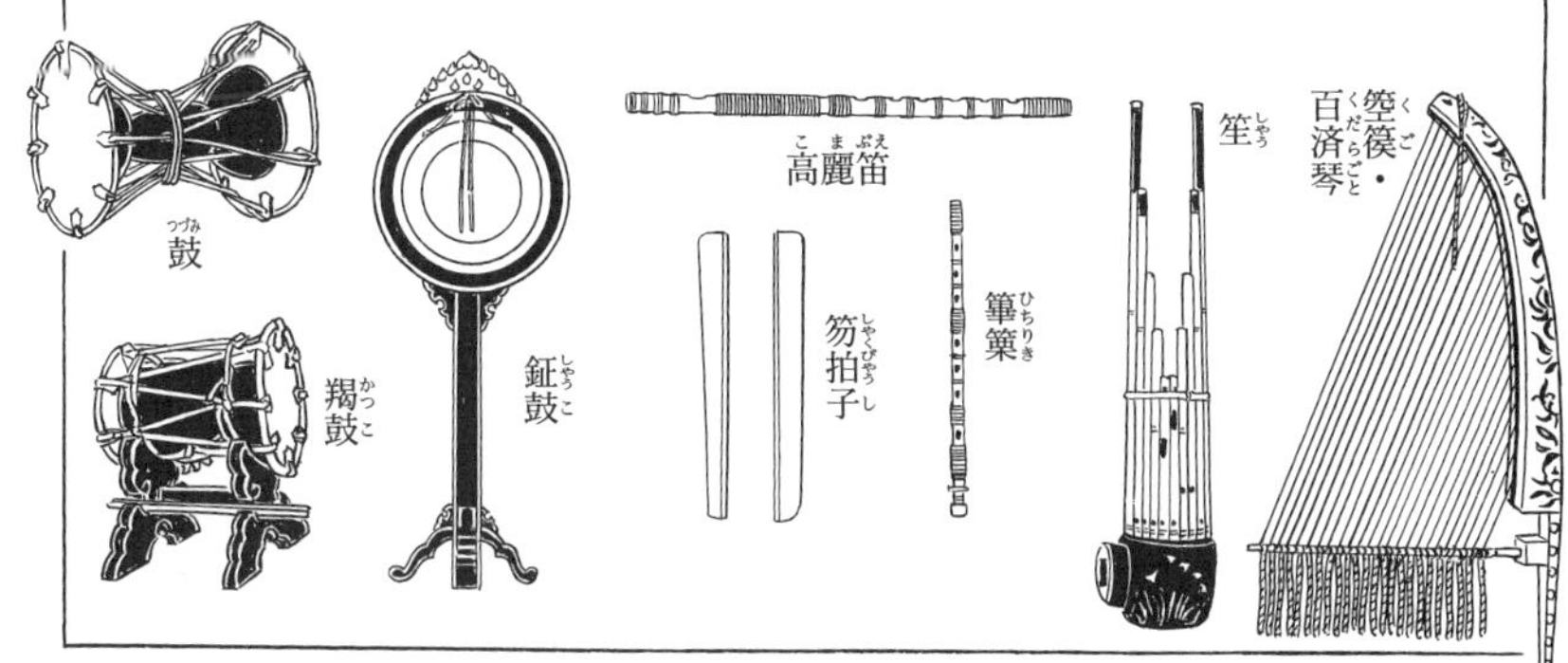

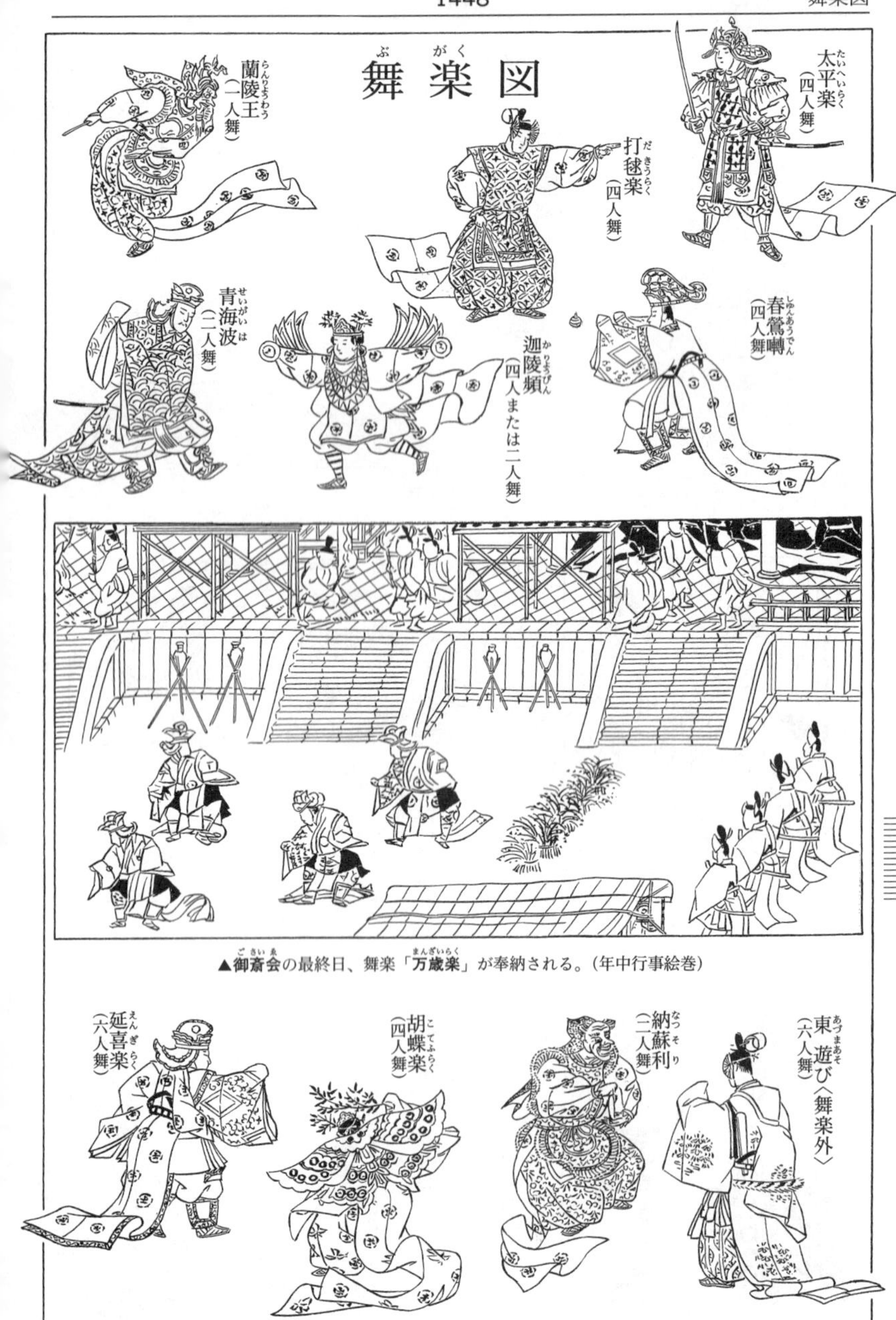

▲**御斎会**の最終日、舞楽「**万歳楽**」が奉納される。(年中行事絵巻)

建築〈１〉―寝殿造り

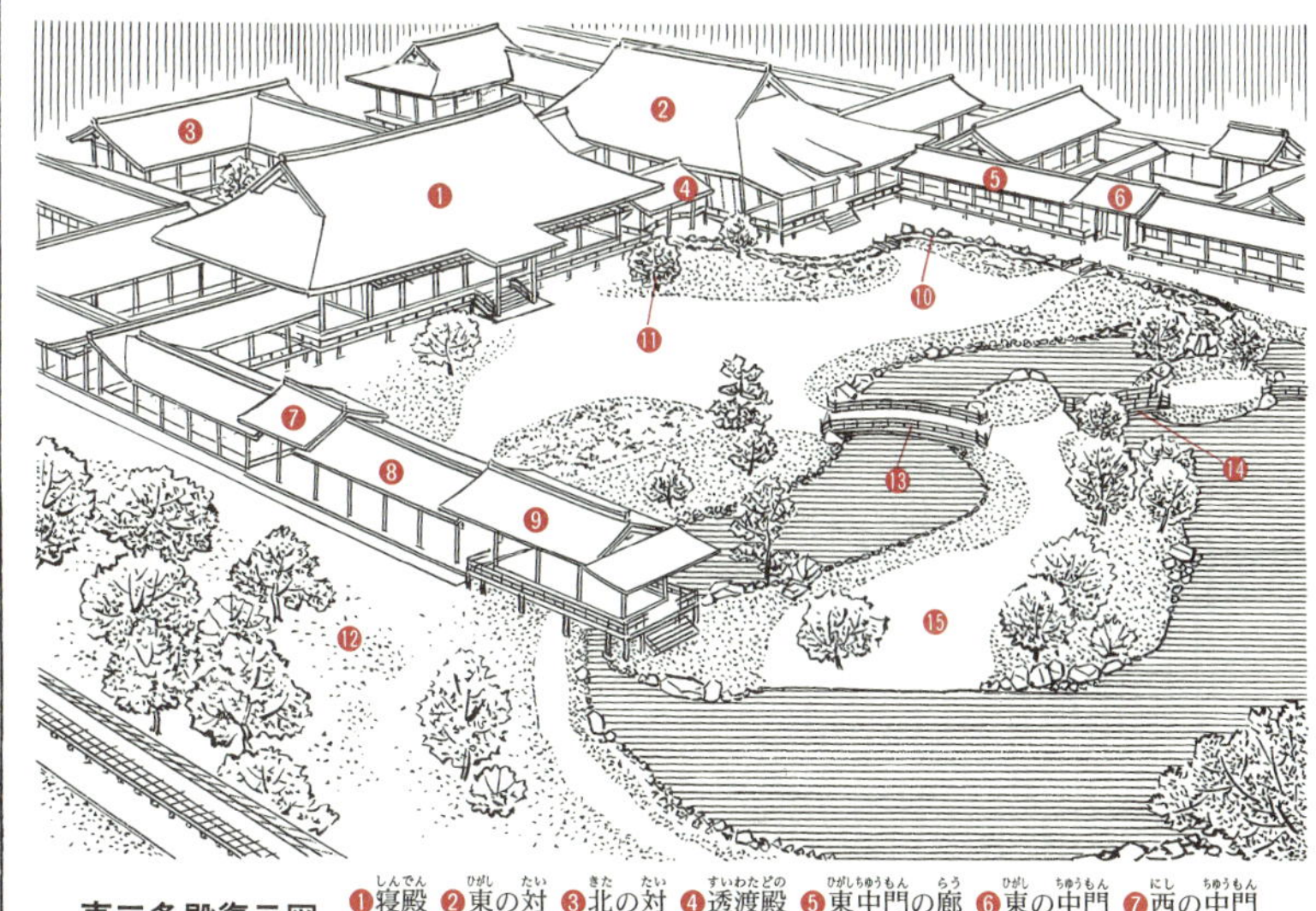
東三条殿復元図
❶寝殿 ❷東の対 ❸北の対 ❹透渡殿 ❺東中門の廊 ❻東の中門 ❼西の中門
❽透渡殿 ❾釣殿 ❿遣り水 ⓫前栽 ⓬築山 ⓭反り橋 ⓮平橋 ⓯中島

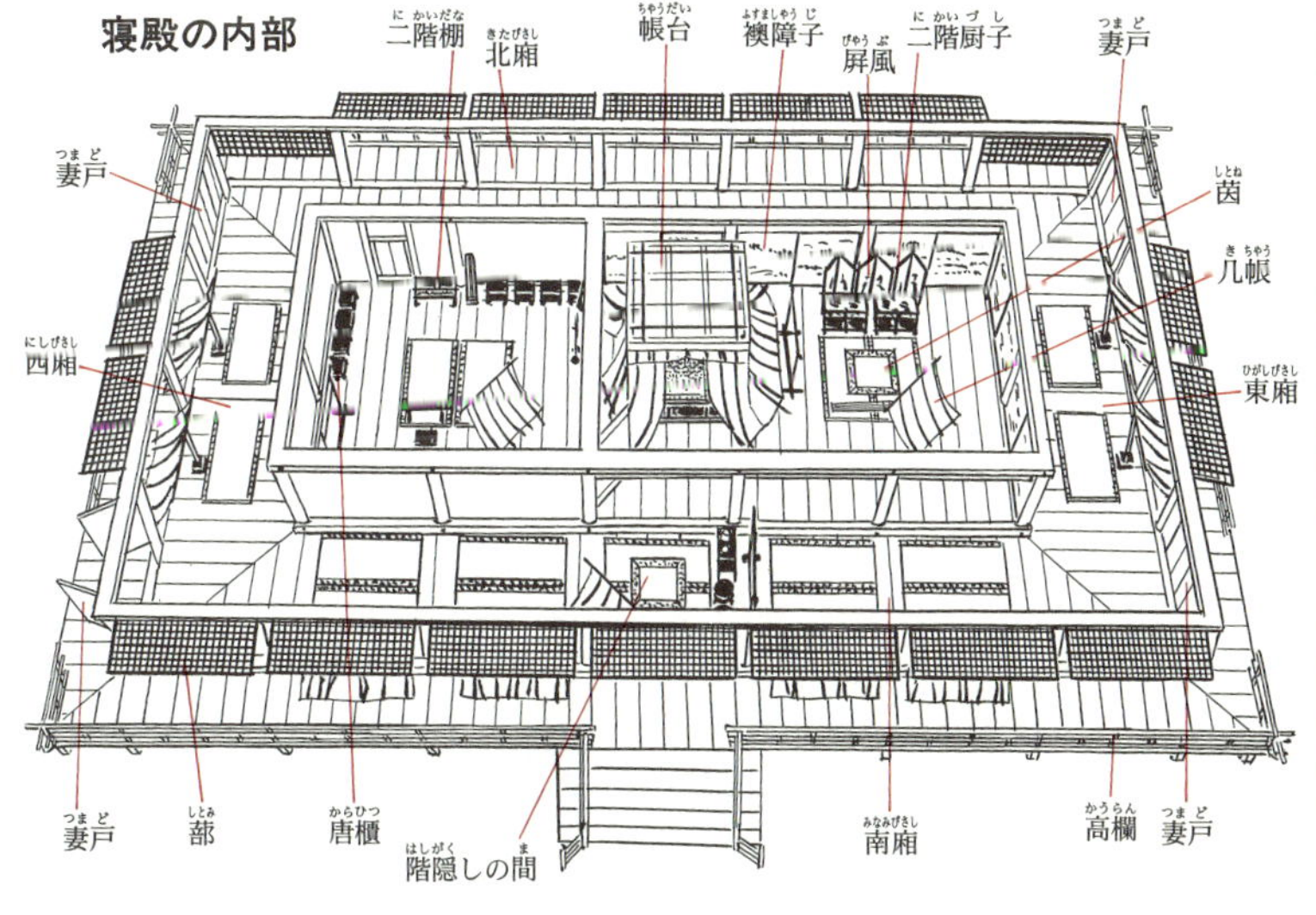
寝殿の内部
二階棚
北廂
帳台
襖障子
屏風
二階厨子
妻戸
妻戸
茵
几帳
西廂
東廂
妻戸
蔀
唐櫃
階隠しの間
南廂
高欄
妻戸

建築〈2〉—『源氏物語』六条院推定図

（監修　玉上琢彌）

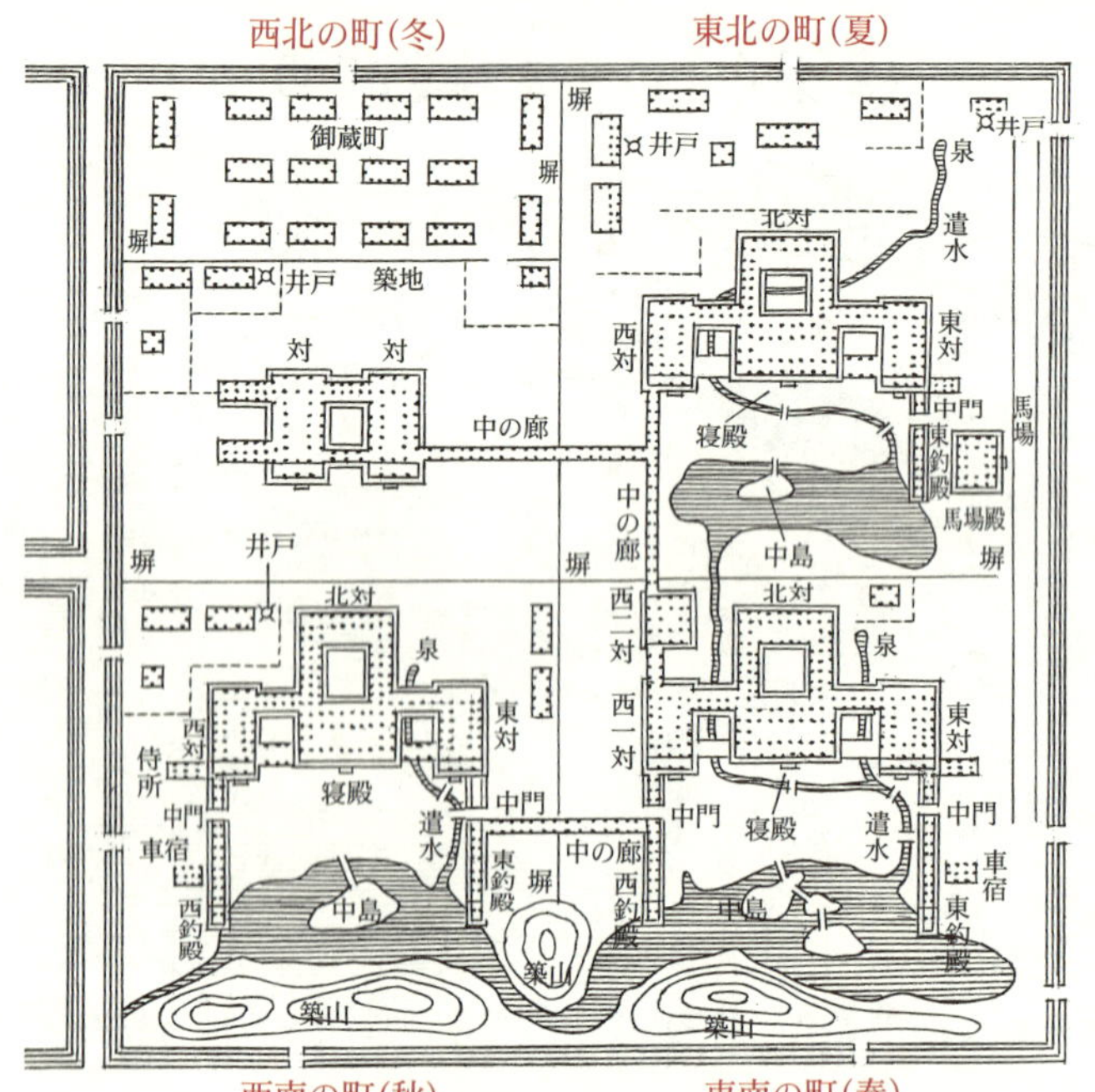

光源氏三十五歳のときに造営。四町を四季の町に分け、紫の上・秋好中宮・花散里・明石の方をそれぞれに住まわせた。各町の建築は寝殿造りの様式で、四季に応じた自然を配した。

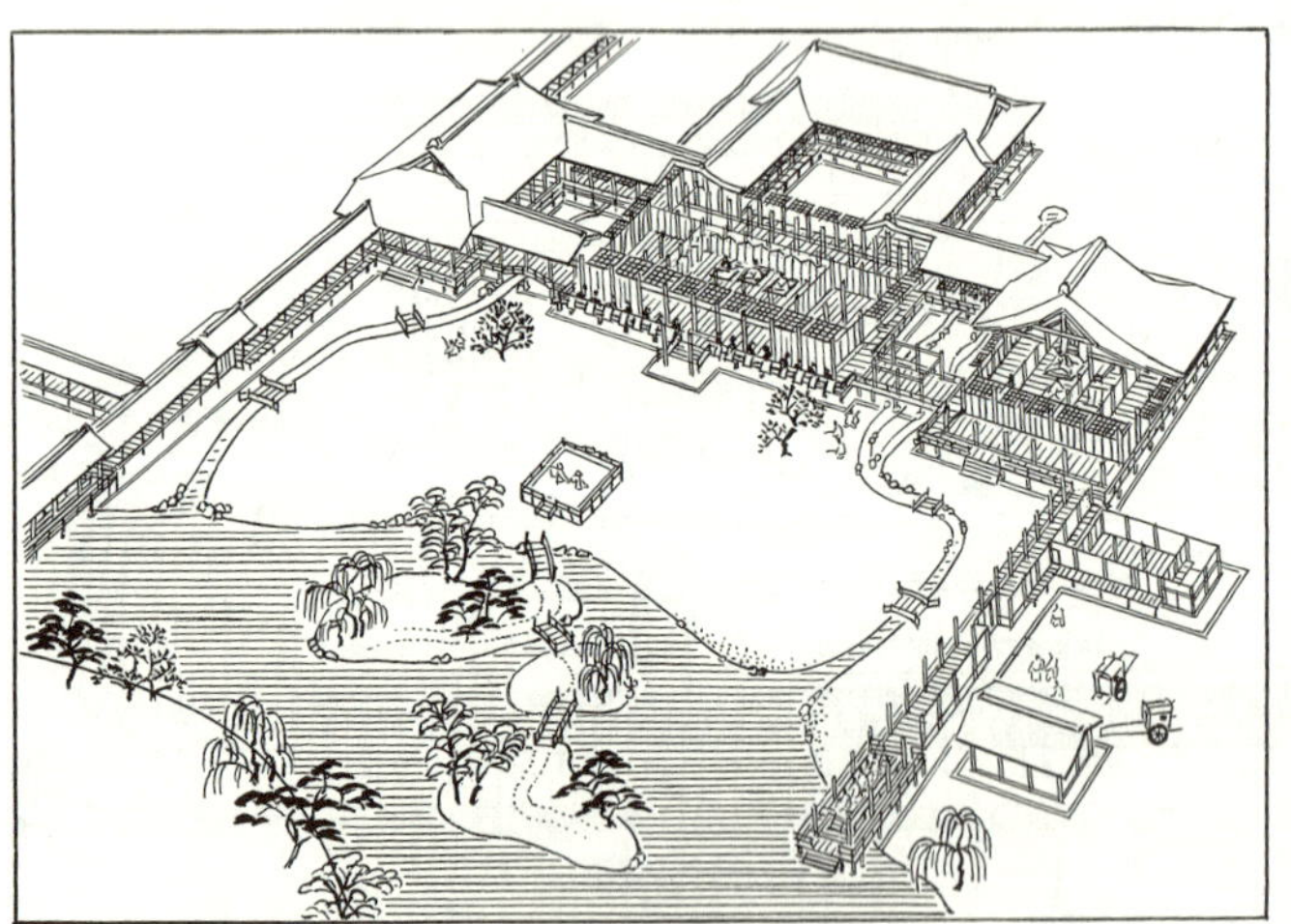

東南の町への冷泉帝・朱雀院行幸啓図

建築〈3〉ー造作（ぞうさく）

孫廂（まごびさし）
細殿（ほそどの）
廂（ひさし）
簀の子（すのこ）
半蔀（はじとみ）
立て蔀（たてじとみ）
妻戸（つまど）
（春日権現験記絵）

中門（ちゅうもん）（年中行事絵巻）

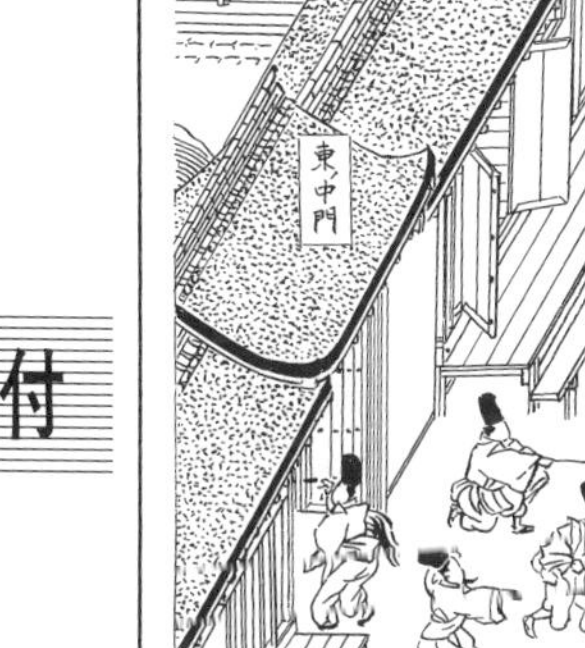

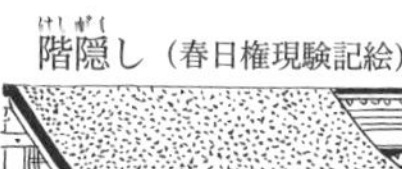

廂（ひさし）（枕草子絵詞）

透渡殿（すいわたどの）（年中行事絵巻）

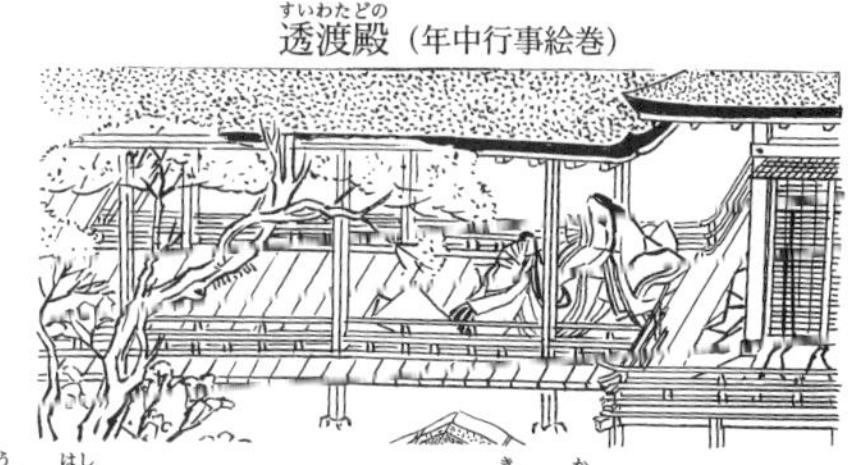

階隠し（はしがくし）（春日権現験記絵）

打ち橋（うちはし）（春日権現験記絵）

切り掛け（きりかけ）（春日権現験記絵）

門・塀・垣

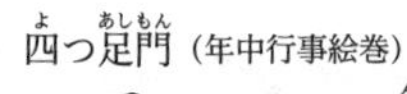

四つ足門（よつあしもん）（年中行事絵巻）

唐門（からもん）（法然上人絵伝）

向かふ棟門（むかふむなもん）（春日権現験記絵）

簀戸門（すどもん）（春日権現験記絵）

屏中門（へいちゅうもん）（春日権現験記絵）

築地（ついぢ）・棟門（むなもん）（春日権現験記絵）

透垣（すいがい）（源氏物語絵巻）

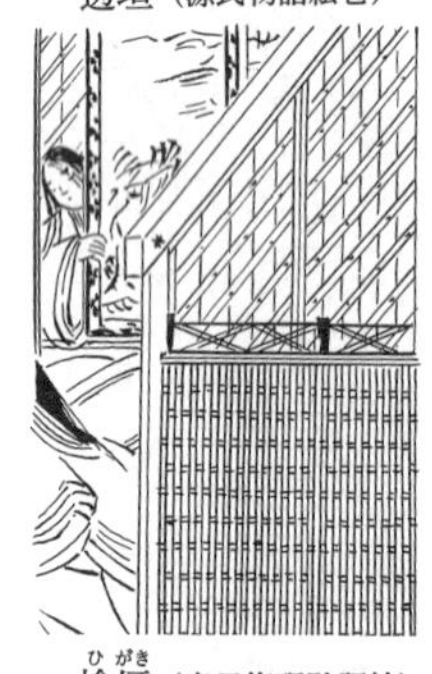

建仁寺垣（けんにんじがき）（慕帰絵詞）

小柴垣（こしばがき）（春日権現験記絵）

檜垣（ひがき）（春日権現験記絵）

調度類〈1〉

❶簾　❷壁代　❸几帳　❹屏風　（源氏物語絵巻）

唐櫃（法隆寺旧蔵）

手箱（東京国立博物館）

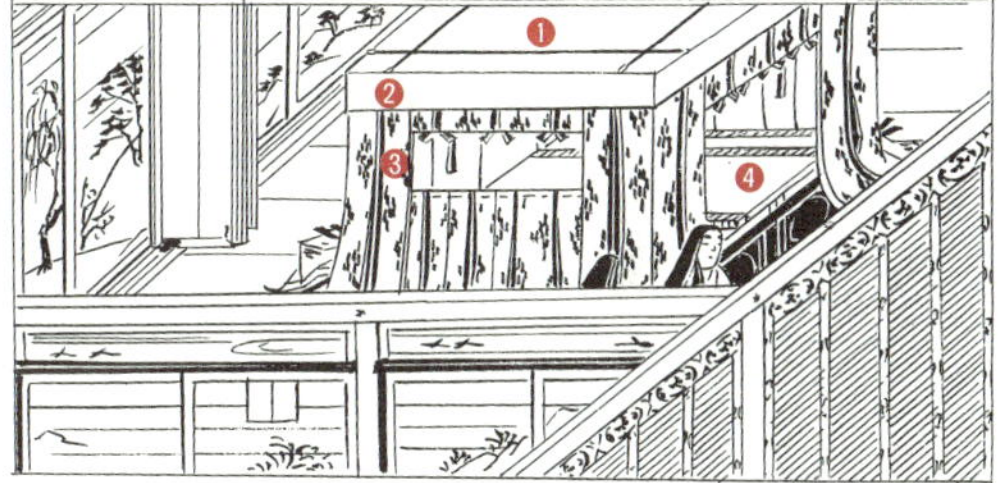

御帳台－❶天井の明かり障子　❷帽額　❸帳　❹畳
（春日権現験記絵）

文台（慕帰絵詞）

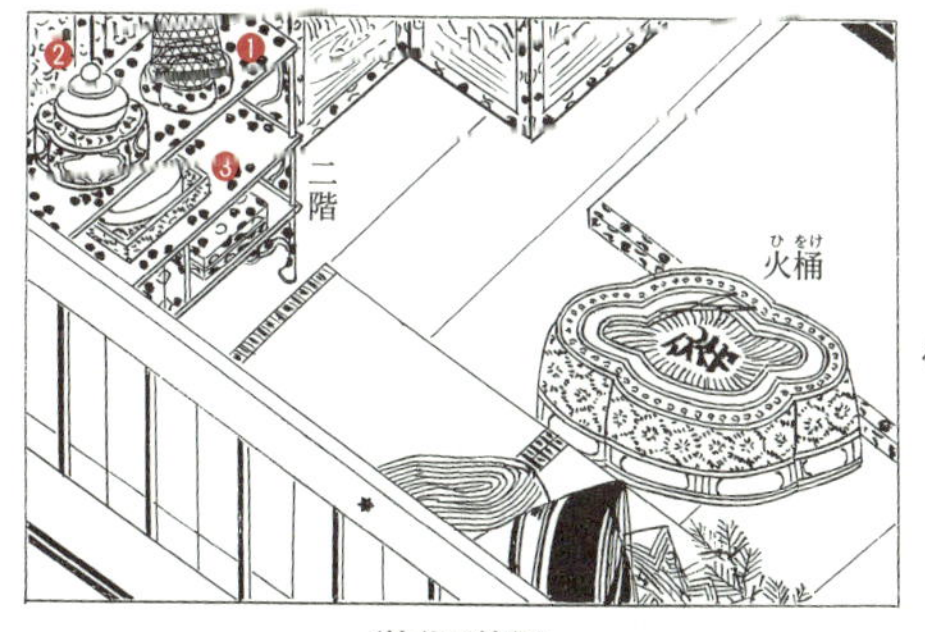

（枕草子絵詞）

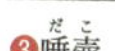

❸唾壺

調度類〈2〉

紙燭（しそく）（法然上人絵伝）

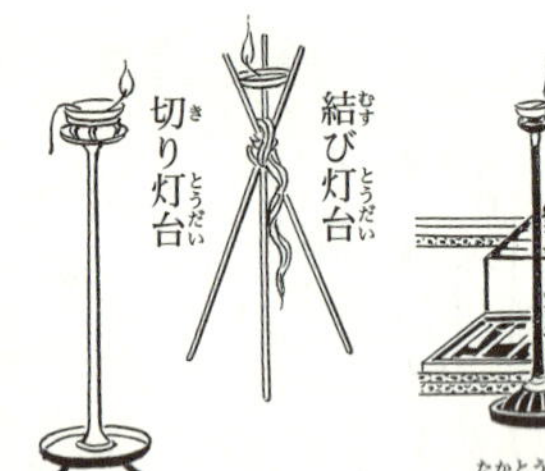

高灯台（たかとうだい）（春日権現験記絵）

衝重ね（ついがさね）（奈与竹物語絵巻）

衝重ね（ついがさね）

半挿（はんぞう）と角盥（つのだらい）（松崎天神縁起）

伴大納言家の調度

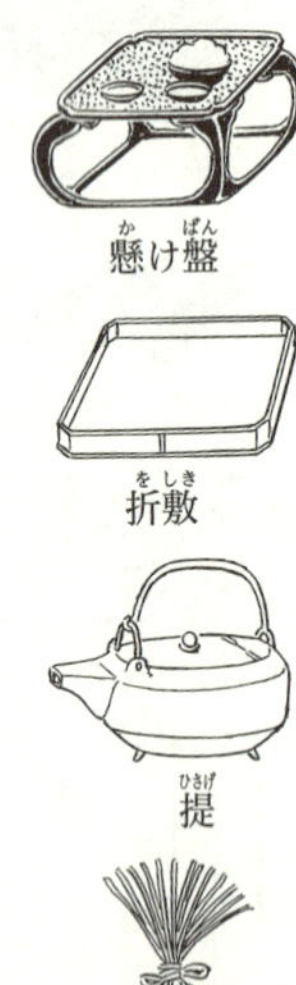

鬚籠（ひげこ）

付

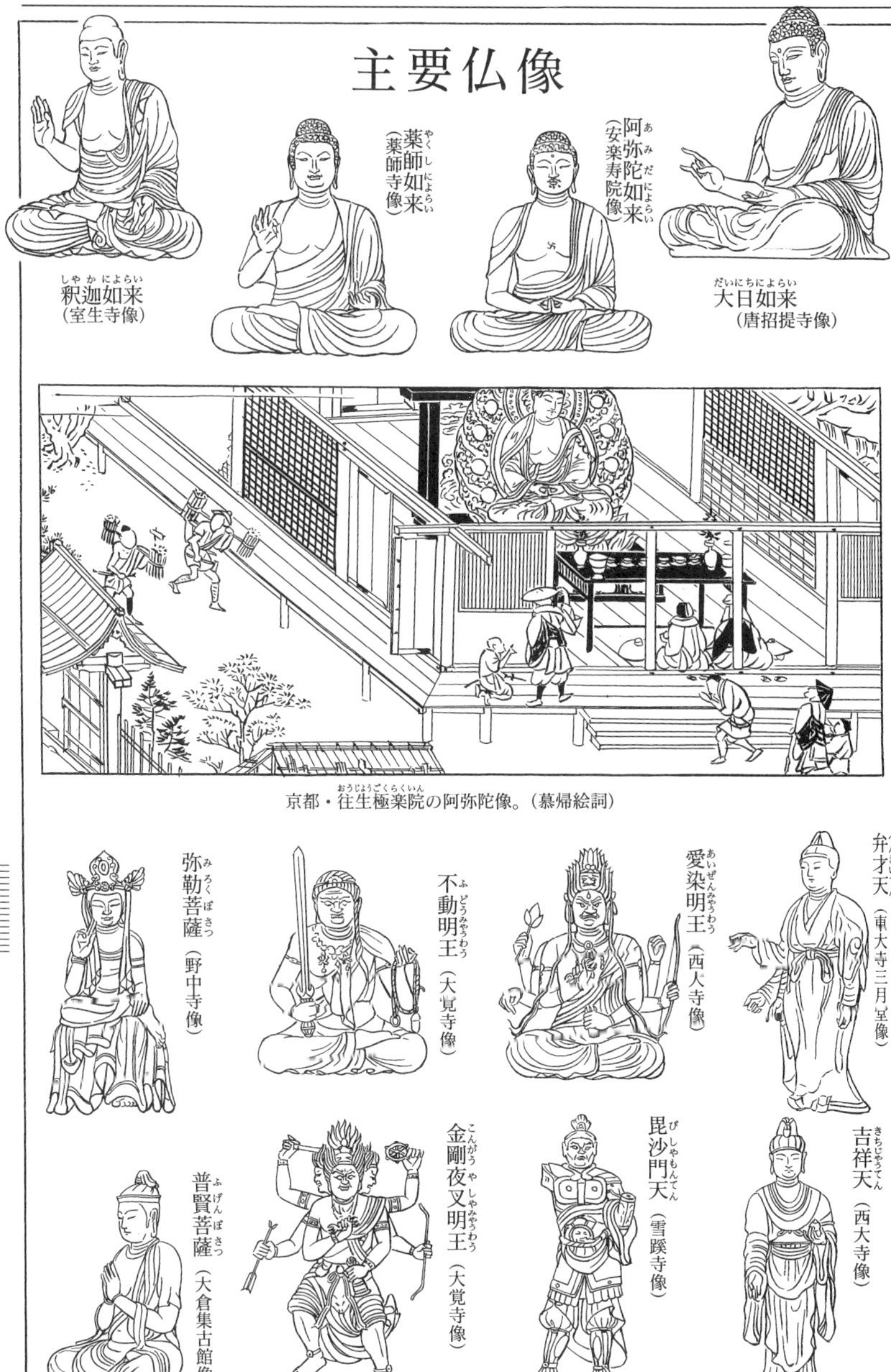

京都・往生極楽院の阿弥陀像。(慕帰絵詞)

時刻・方位

[時刻]

▼**定時法**…季節や昼夜を問わず、一日を等分して定めた時刻法で、奈良・平安時代の宮廷で用いられ、室町時代まで行われた。一昼夜(二十四時間)を十二等分した二時間を**一辰刻**(しんこく)、午後十一時から午前一時までを**子**(ね)**の刻**として、以下順に十二支を当てた。さらに一辰刻を一刻から四刻に四等分し、たとえば、正午を午(うま)の三刻とよんだ。

▼**不定時法**…昼と夜とをそれぞれ六等分して、その一等分を一時(いっとき)とした時刻法。古代から民間で行われ、江戸時代に公式の時刻制度として採用された。日の出を明け六つ、日暮れを暮れ六つとし、それを起点に五つ、四つ、九つ、八つ、七つとした。この時刻法では、季節によって昼夜の長さが違うので、昼と夜の一時の長短も異なる。

▼**更**(こう)…夜間のみに用いられた時刻表現。日暮れから夜明けまでを五等分し、順に初更、二更、…五更と呼んだ。各更の長さは、季節によって異なる。

また、甲夜、乙夜、…戊夜の五夜に分ける称もある。

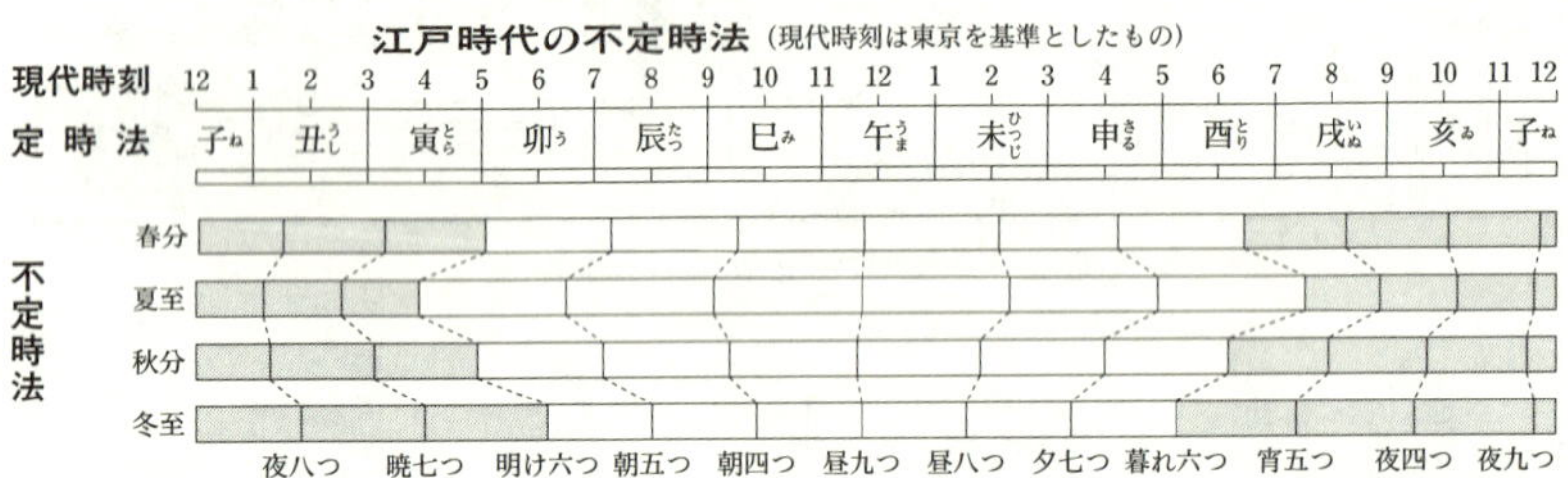

[方位]

▼**五行**(ごぎょう)**説による方位**…中国の陰陽五行説を用いたもの。中央に「**土**」を配し、北を「**水**」、南を「**火**」、東を「**木**」、西を「**金**」とする。

▼**八卦**(はっけ)**による方位**…中国の易学(えきがく)の八卦を用いたもの。北を「**坎**(カン)」、東を「**震**(シン)」、南を「**離**(リ)」、西を「**兌**(ダ)」とし、それぞれの中間である北東を「**艮**(ゴン)」、南東を「**巽**(ソン)」、南西を「**坤**(コン)」、北西を「**乾**(ケン)」とした。艮・巽・坤・乾は、それぞれ「うしとら」「たつみ」「ひつじさる」「いぬゐ」とも読んだ。

▼**十二支による方位**…全方位三六〇度を十二等分し、北を「**子**(ね)」として、東、南、西へと順に十二支を当てたもの。

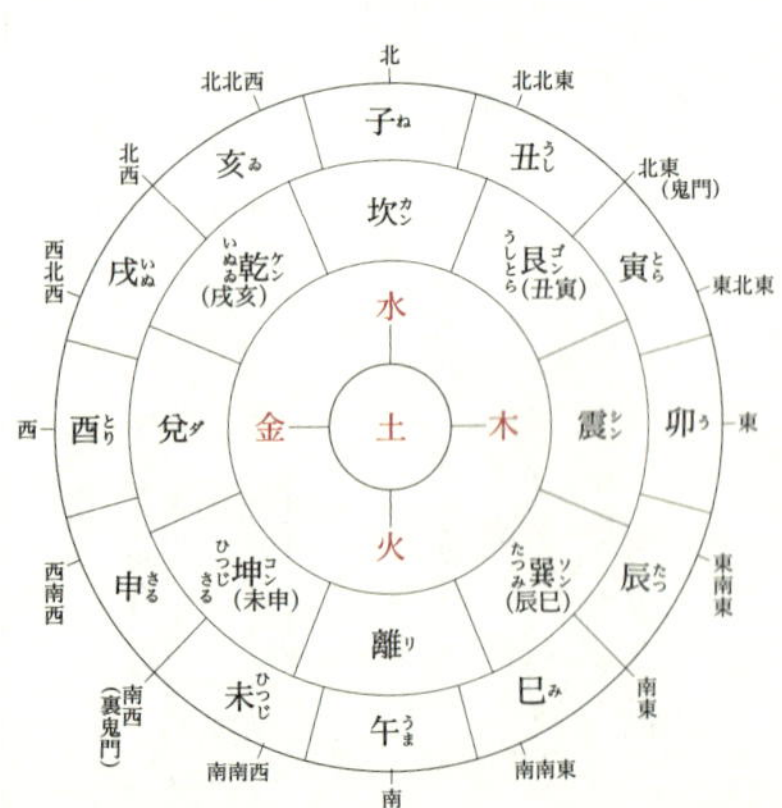

月齢と月の形

毎月第一日目の月は太陽と同じ方向にあって(この現象を**朔**という)、月は見えない。第三日目ごろ、夕方の西空に細い月(**三日月**)がかかり、しだいに満ちていきながら、位置を東へと移していく。第七、八日目ごろ、月は夕方に真南の空にかかり、右半分の光る**上弦の月**となる。第一五日目、月は地球を挟んで太陽と正反対の方向にあり(この現象を**望**という)、**満月**となる。その後、月の出は遅くなり、やがて、日の出のころに西空に残る(**有り明けの月・残月**)ようになり、第二二、二三日目ごろには、日の出のころに真南に見え、左半分の光る**下弦の月**となる。そして、しだいに月は日の出の太陽に近づき、第二九、三〇日目には見えなくなる。

[陰暦]

月の満ち欠けによって、一か月の日数を二九日(小の月)と三〇日(大の月)に定め、これを交互に繰り返して一年(約三五四日)としたもの。この場合、季節の循環する周期、つまり、一太陽年(約三六五日)とずれが生じるので、二、三年に一回、閏月を入れて、一三か月の年をつくり、調整した。

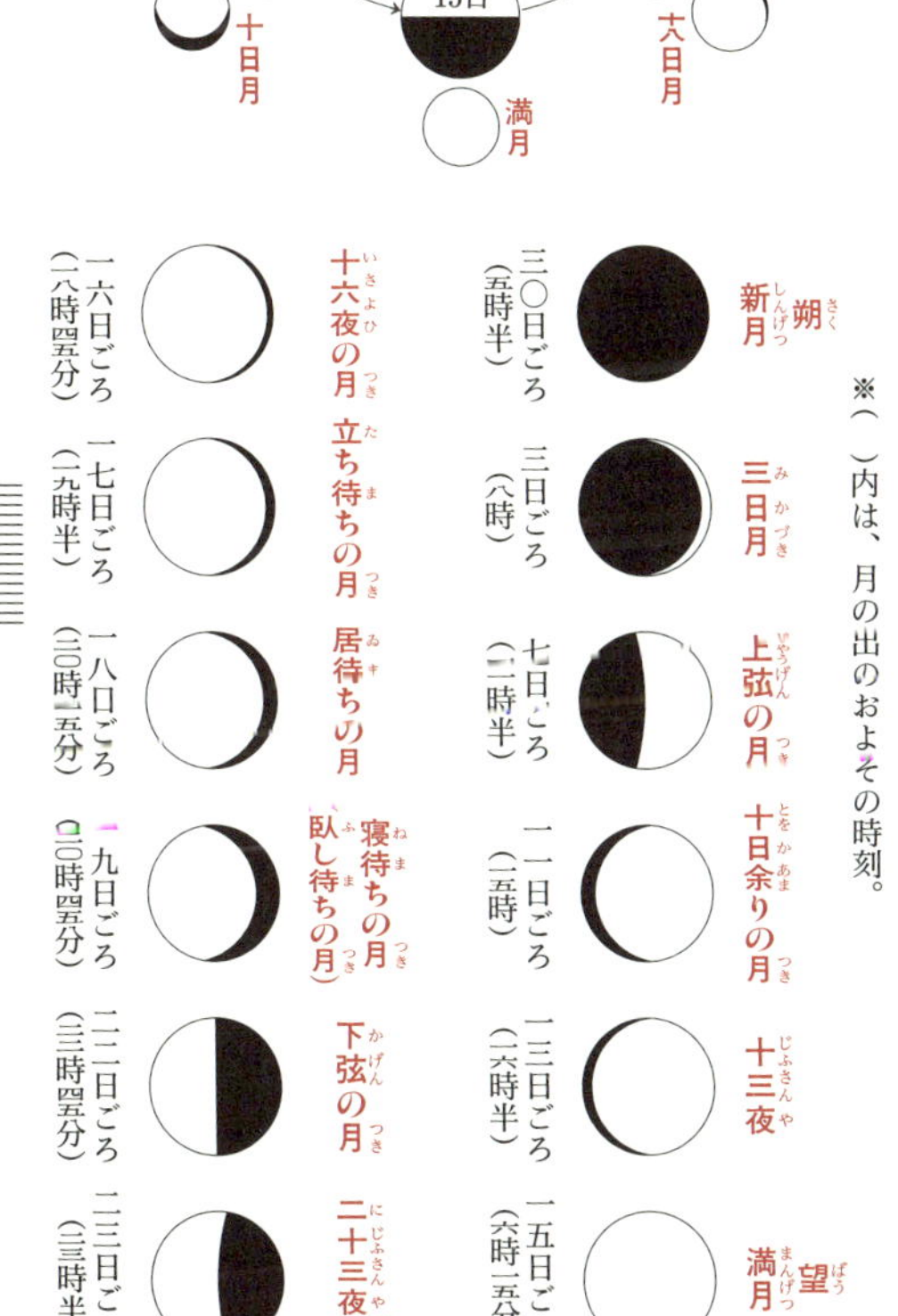

干支表（かんしひょう）・二十四節気表

［干支表］

十干（甲・乙…癸）と十二支を組み合わせて、年月日の順序を表すのに用いた。「甲子」から「癸亥」までの六十通りの組み合わせがあり、六十年で一巡する。このことから、生まれた年の干支に還（かえ）る数え年の六十一歳を還暦というようになった。

五行	十干	兄弟	干支					
木	甲（きのえ／カフ）	兄（え）	①甲子（きのえね／カフシ）	⑪甲戌（きのえいぬ／カフジュツ）	㉑甲申（きのえさる／カフシン）	㉛甲午（きのえうま／カフゴ）	㊶甲辰（きのえたつ／カフシン）	51甲寅（きのえとら／カフイン）
	乙（きのと／オツ（イツ））	弟（と）	②乙丑（きのとうし／イツチウ）	⑫乙亥（きのとゐ／イツガイ）	㉒乙酉（きのととり／イツイウ）	㉜乙未（きのとひつじ／イツビ）	㊷乙巳（きのとみ／イツシ）	52乙卯（きのとう／イツバウ）
火	丙（ひのえ／ヘイ）	兄（え）	③丙寅（ひのえとら／ヘイイン）	⑬丙子（ひのえね／ヘイシ）	㉓丙戌（ひのえいぬ／ヘイジュツ）	㉝丙申（ひのえさる／ヘイシン）	㊸丙午（ひのえうま／ヘイゴ）	53丙辰（ひのえたつ／ヘイシン）
	丁（ひのと／テイ）	弟（と）	④丁卯（ひのとう／テイバウ）	⑭丁丑（ひのとうし／テイチウ）	㉔丁亥（ひのとゐ／テイガイ）	㉞丁酉（ひのととり／テイイウ）	㊹丁未（ひのとひつじ／テイビ）	54丁巳（ひのとみ／テイシ）
土	戊（つちのえ／ボ）	兄（え）	⑤戊辰（つちのえたつ／ボシン）	⑮戊寅（つちのえとら／ボイン）	㉕戊子（つちのえね／ボシ）	㉟戊戌（つちのえいぬ／ボジュツ）	㊺戊申（つちのえさる／ボシン）	55戊午（つちのえうま／ボゴ）
	己（つちのと／キ）	弟（と）	⑥己巳（つちのとみ／キシ）	⑯己卯（つちのとう／キバウ）	㉖己丑（つちのとうし／キチウ）	㊱己亥（つちのとゐ／キガイ）	㊻己酉（つちのととり／キイウ）	56己未（つちのとひつじ／キビ）
金	庚（かのえ／カウ）	兄（え）	⑦庚午（かのえうま／カウゴ）	⑰庚辰（かのえたつ／カウシン）	㉗庚寅（かのえとら／カウイン）	㊲庚子（かのえね／カウシ）	㊼庚戌（かのえいぬ／カウジュツ）	57庚申（かのえさる／カウシン）
	辛（かのと／シン）	弟（と）	⑧辛未（かのとひつじ／シンビ）	⑱辛巳（かのとみ／シンシ）	㉘辛卯（かのとう／シンバウ）	㊳辛丑（かのとうし／シンチウ）	㊽辛亥（かのとゐ／シンガイ）	58辛酉（かのととり／シンイウ）
水	壬（みづのえ／ジン）	兄（え）	⑨壬申（みづのえさる／ジンシン）	⑲壬午（みづのえうま／ジンゴ）	㉙壬辰（みづのえたつ／ジンシン）	㊴壬寅（みづのえとら／ジンイン）	㊾壬子（みづのえね／ジンシ）	59壬戌（みづのえいぬ／ジンジュツ）
	癸（みづのと／キ）	弟（と）	⑩癸酉（みづのととり／キイウ）	⑳癸未（みづのとひつじ／キビ）	㉚癸巳（みづのとみ／キシ）	㊵癸卯（みづのとう／キバウ）	㊿癸丑（みづのとうし／キチウ）	60癸亥（みづのとゐ／キガイ）

十二支
子（ね／シ）
丑（うし／チウ）
寅（とら／イン）
卯（う／バウ）
辰（たつ／シン）
巳（み／シ）
午（うま／ゴ）
未（ひつじ／ビ）
申（さる／シン）
酉（とり／イウ）
戌（いぬ／ジュツ）
亥（ゐ／ガイ）

付

［二十四節気表］

暦と季節のずれを調節するために設けられたもの。太陽の軌道である黄道（こうどう）を二十四等分し、その分点を太陽が通過するときの時候に名称をつけた。

月	四季		二十四節気	旧暦の気節	いまの日付
一月	春	初春	立春（りっしゅん）	正月節	二月四日ごろ
			雨水（うすい）	正月中	二月二十日ごろ
二月		仲春	啓蟄（けいちつ）	二月節	三月六日ごろ
			春分（しゅんぶん）	二月中	三月二十一日ごろ
三月		晩春	清明（せいめい）	三月節	四月五日ごろ
			穀雨（こくう）	三月中	四月二十日ごろ
四月	夏	初夏	立夏（りっか）	四月節	五月五日ごろ
			小満（しょうまん）	四月中	五月二十一日ごろ
五月		仲夏	芒種（ぼうしゅ）	五月節	六月六日ごろ
			夏至（げし）	五月中	六月二十二日ごろ
六月		晩夏	小暑（しょうしょ）	六月節	七月七日ごろ
			大暑（たいしょ）	六月中	七月二十三日ごろ
七月	秋	初秋	立秋（りっしゅう）	七月節	八月七日ごろ
			処暑（しょしょ）	七月中	八月二十三日ごろ
八月		仲秋	白露（はくろ）	八月節	九月八日ごろ
			秋分（しゅうぶん）	八月中	九月二十三日ごろ
九月		晩秋	寒露（かんろ）	九月節	十月八日ごろ
			霜降（そうこう）	九月中	十月二十四日ごろ
十月	冬	初冬	立冬（りっとう）	十月節	十一月七日ごろ
			小雪（しょうせつ）	十月中	十一月二十二日ごろ
十一月		仲冬	大雪（たいせつ）	十一月節	十二月七日ごろ
			冬至（とうじ）	十一月中	十二月二十二日ごろ
十二月		晩冬	小寒（しょうかん）	十二月節	一月六日ごろ
			大寒（だいかん）	十二月中	一月二十一日ごろ

平安貴族の一生

平安貴族の一生には、節目ごとに行われるしきたり（これを通過儀礼という）が幾つかある。それらを解説しながら誕生から死にいたるまでをたどり、さらに、宮仕え・教養・娯楽・信仰などについて触れる。

誕生

誕生すると、**産養ひ**の儀になる。誕生の日を初夜とし、以下三夜・五夜・七夜・九夜と続いて行われる。湯殿で産湯を使い、初めて乳を飲ませる**乳つけ**、また、米をまき散らして邪気をはらう**散米**（**打ち撒き**）、弓の弦を鳴らして魔除けとする**鳴弦**、博士が漢籍の一部を読む**読書**などが行われ、親族・縁者が贈り物をして誕生を祝った。七夜に幼名が付けられ、八日目には産室や衣装などが白色で統一されていたのが解かれる。誕生五十日目と百日目には、**五十日の祝ひ**と**百日の祝ひ**があり、餅を食べるまねをさせた。

袴着

三歳から七歳のころに、幼児から子供への区切りとして、初めて袴を着ける**袴着**（**着袴**）の儀が行われる。これ以後、男子は成人式まで**童**と呼ばれ、服装や髪型が大人と異なり、公卿の子は、**童殿上**という作法見習いをする。女子は八歳くらいから髪を伸ばし始める。皇子の場合、文章博士が漢籍の読み方を教授する**書始め**を行う。

元服　左奥の童が、わずか十二歳で冠を戴く光源氏。（源氏物語図屛風）

成人式

男子の成人式を**元服**、女子は**裳着**と呼ぶ。元服の「元」は首、「服」はかぶるの意。大人の服を着て、角髪という子供の髪型もやめて初めて冠をつけるので、**初冠**ともいい、十一歳から十七歳くらいの間に行う。元服する男子を**冠者**、冠を着ける役を**引き入れの大臣**といい、皇子などの場合は、その夜に**添ひ臥し**という添い寝する女子が選ばれる。

裳着は、女子が初めて裳を着けて腰紐を結い、**髪上げ**をするもので、十二歳から十四歳くらいの間に行う。**腰結ひ**の役は、父親や格式ある人が行った。女性は、成人すると眉を抜いて**眉墨**を引き、歯を黒く染めた。裳着は、結婚してもいいという親の意志表明でもあった。

所顕し　几帳の陰に、新婚の匂宮・六の君夫妻の姿が見える。（源氏物語絵巻）

結婚

結婚に至る前には、懸想文の贈答が行われる。男性が贈り手になり、美しい薄様の鳥の子紙を使用して恋情を和歌に詠み、それを結び文にし、折々の花につけて贈った。女性側は、最初は親や女房などが代返しし、女性側が受け入れるようになると、本人が返事をし、やがて簾越しでの対面などが許されるようになり、結婚にこぎつけた。

結婚は、**新枕**（**新手枕**）・**三日の夜の餅**・**所顕し**（**露顕**）などの儀からなる。当時は、男性が女性の家に通って行く通い婚であり、夜に訪問し夜明け前に帰ることを三日間行って結婚が正式なものになった。夜明け前の別れを**衣衣**（**後朝**）といい、朝帰宅した婿から消息が贈られて贈答となるが、この文を**後朝の文**という。新枕は男女が初めて夜をともにすることで、三日目に披露宴に当たる**所顕し**が行われ、餅を食した。この間、女性の母親は、婿の足が遠のかないようにと願って、婿の沓（履き物）をだいて寝た。

所顕し以後は、朝も遅くまで妻の家にいることができ、妻の家からの出仕も可能となる。なお、天皇の后などになることはとくに**入内**といい、しかるべき儀式・作法があった。

結婚生活は、妻の親による経済的・物質的援助が必要であり、日用品や衣類、あるいは出仕に必要な費用を負担した。男性に経済的な余裕ができるようになると、妻を自邸に引き取ることになる。

出産

懐妊して三月から六月くらいで、帯を着ける**着帯**の儀が行われ、出産が近づくと産室や衣装などを白に統一して準備に入る。出産は穢れとされたので**産室**や**産屋**を設け、天皇の后などの場合は、神聖な宮中から実家にもどらなければならなかった。出産は、死をともなう危険性があるので、**加持祈禱**を行い安産を祈った。上流貴族の場合は、后になるのを願って女子の誕生が、后の場合は、帝になれる男子の誕生が望まれた。

算賀

当時、年齢は、数え年で計算するので、誕生と同時に一歳になり、新年で一つ歳をとる。

したがって、今日の誕生日の祝いという風習はないが、四十歳からは長寿を祝う儀式の算賀が行われた。これを**四十の賀**といい、以下十年ごとに**五十の賀**、**六十の賀**、**七十の賀**が行われる。平安時代の平均寿命は、三十代後半ともいわれ、四十歳は当時としては老年であった。

算賀には、法要を営んだり、若菜を調じてさしあげたり、賀の歌を、倭絵が描かれた屏風にはったものが新調された。この歌は、**屏風歌**といわれ、専門歌人に依頼されていた。

五十の賀　菅原道真が吉祥院で営んだ法会のようす。(松崎天神縁起)

死・服喪

息が絶えても、生き返ることがないかと、しばらく遺体をそのままにしておいたが、死が明確に確認されると、葬送の準備に入る。遺体は、沐浴されてから入棺し、夜になって葬式(**野辺の送り**)になる。棺は牛車に乗せ、近親者は徒歩で従い、愛宕(いまの京都市左京区)や鳥辺野(いまの京都市東山区)などで火葬や土葬にされた。

死後四十九日間は、**中陰**または**中有**といい、死者の魂は天空に漂っているとされて、七日ごとに供養をし、四十九日目には盛大な法会を催した。近親者は、**服喪**といって、一定の期間、喪服を着て、死者を悼んで慎んだ。期間は、父母や夫の場合は一番長く一年、妻や兄弟姉妹の場合は三か月と決められていた。喪が明けると、河原に出て禊をし、喪服を脱いだ。

宮仕え

男性官人は、基本的に位階(くらい)が与えられ、それに相当する官職(つかさ)について宮仕えに励んだ。日の出から約四十五分ごろから勤務が始まり、三時間半から四時間くらいが毎日の勤務時間であったらしく、午前中で仕事が終わっていた。しかし、これとは別に毎日ではないが、午後の勤務の「**直**」と夜勤の「**宿**」の「**宿直**」が割り当てられていた。休日は、だいたい六日に一日の割合だが、位階の高い官人は月に半月、低い場合は二十日強が勤務日であったらしい。

大臣以外の人事異動の儀式を**除目**といい、春は「**県召しの除目**」といって地方官の任命、秋は「**司召しの除目**」といって中央官庁の役人の任命が行われた。官人たちにとっては最も大事なものであり、申し文という官職を願い出る申請書を差し出して、少しでも高い地位につこうと努力した。

女性貴族の生き方は、大きく分けると、家にとどまって夫や子の面倒をみる、**女房**や**乳母**として宮仕えに出る、宮中に**官女**として仕える、の三つになるが、宮仕えなどをしてから家庭に引きこもったり、その逆の場合もあった。女性も宮仕えをしたわけであり、女性文学者の多くにも宮仕えの経験があって、その文学に大きな影響を与えている。

教養

男性の場合……平安時代は、唐の法体系を模範として作られた律令体制の時代であり、男性官人にとって何よりも**漢詩文**の教養（才）が重んじられた。朝廷の教育機関である**大学**（**大学寮**）では、紀伝（文学・歴史）、明経（儒教）・明法（法律）・算道（算術）などが教授されて官人が養成されたが、十世紀を過ぎると大学出身者が高い地位につくことはまれになった。**蔭位の制**によって、上流貴族の子や孫は、父祖のおかげで自動的に一定の位階が得られ、わざわざ大学で苦労する必要もなく昇進できたため、大学はしだいに衰え、中・下流貴族の子弟が入学するだけになった。

大学は衰えても**漢詩文**は第一級の教養であり、公式の記録や日記は漢文が使用され、儀式においても漢詩文がよまれていた。**音楽**も必須のものので、笛や琴に堪能であることが求められた。また、**年中行事や儀式における作法や先例などの知識**も必要となる。恋愛や結婚に際しては、和歌を含む懸想文で求愛表現を行ったため、和歌や書道の技量も求められた。趣味的なものでは、**作り絵**という素人が墨で線画し、専門家が彩色することが行われた。

女性の場合……将来の后をめざして上流貴族の姫君は、**音楽**（**琴**）・**書道**（**女手**とされた平仮名）・**和歌**を必須の教養として身につけた。和歌は、『**古今和歌集**』をよく理解し、自分でも歌が詠める必要があった。また、**香道**あるいは**裁縫**や**染色**も身につけたい技術であった。受領階級と呼ばれる中流貴族の女性も、后候補の姫君の家庭教師のような役割で宮仕えすることもあったので、とくに深い教養が求められた。

娯楽

年間を通して多くの年中行事が行われていたため、それを行うのが仕事であり生活であり娯楽でもあった。また、**歌合はせ**やさまざまな**物合はせ**（貝合わせや根合わせなど）も社交的な娯楽であり、遊びといわれる管弦の遊びも娯楽であった。**物詣で**も信仰であると同時に大きな楽しみになる。

男性貴族の戸外の娯楽として最大のものは鷹を使った狩り（**鷹狩り**）になり、貴族のみならず天皇なども好んで鷹狩りに出かけていた。その他、**競べ馬**や**賭弓**（物を賭けて弓を射る）や**蹴鞠**も運動を兼ねた娯楽になる。室内では、唐から伝えられた**碁**（囲碁）や**双六**（ともに現在のものとは違う）あるいは**韻塞ぎ**という遊びもあった。

女性の娯楽は、『枕草子』「つれづれなぐさむもの」の段に「碁、双六、物語」とあるように、女性も碁や双六を楽しみ、物語を読んだり批評しあったりした。また、**偏継ぎ**や**石投**（石取り）という遊びもあった。

信仰

平安時代の始めに、最澄（伝教大師）が天台宗、空海（弘法大師）が真言宗を唐から伝えて、現世利益的な面から人々にも信仰が広まった。病気は**物の怪**によると考えられていた当時、物の怪を退散させる僧侶の加持祈禱がもてはやされた。

生ある者は生死を繰り返すという輪廻思想に基づいた**宿世思想**が広く信じられ、前世の因が現世に及び、さらに来世を決定するとされた。十世紀の中ごろになると、空也や源信によって浄土教が広まった。「厭離穢土・欣求浄土」といって、この世は穢れており、それを厭い捨て、阿弥陀如来の住む極楽浄土に生まれることを欣い求めようという教えであり、**末法思想**と結びついて庶民の間にも広まっていった。

わが国固有の信仰である**神道**も仏教の教えに影響されながら神社を通して現世利益・現世安穏が祈られた。

また、古代中国に発達した道教が、わが国固有の信仰と結びついた**陰陽道**という思想があり、天文や暦をつかさどって物事の吉凶を占っていた。日時に関する吉凶は、とくに公私の儀式や日常生活などに大きな制約をもたらしていた。吉凶を支配する天一神（中神）が運行している方角を方塞がりといい、その方角に出かけてはならないという**方違へ**という風習があった。

古典主要年中行事便覧

●月日は旧暦。
●読みは歴史的かなづかいによる。

付

〈一月〉

元日

▽**四方拝**　天皇が清涼殿東庭で、天地四方の神々と代々の山陵を拝し、国家の平安を祈る儀式。

▽**朝賀**　「朝拝」とも。大極殿で百官が天皇に年賀を申し上げる儀式。

▽**小朝拝**　略式の朝拝。親王や殿上人が、清涼殿東庭で天皇に拝賀する儀式。

▽**元日の節会**　小朝拝の後、豊楽院（後に紫宸殿）において天皇が群臣のために開いた宴。

▽**屠蘇**　屠蘇散を飲み、一年の邪気を払って長寿を祈る行事。

▽**歯固め**　（〜三日）鏡餅・大根・猪や鹿の肉などを天皇に献上し、長寿を祝う儀式。

▽**椀飯進献**　（〜三日）鎌倉・室町時代に、重臣が将軍を招いて開いた宴。

▽**吉方詣で**　吉方にあたる方角の神社に参詣して、一年の幸福を祈る。

二日

▽**朝覲行幸**　（または吉日）天皇が上皇や皇太后の御所に行幸して拝賀する儀式。

▽**殿上淵酔**　（または三日）天皇が殿上人を召して清涼殿で行う宴。五節や臨時の大礼の後などにも。

▽**二宮の大饗**　群臣が中宮・東宮の二宮に拝礼し、宴を賜る儀式。

▽**臨時客**　摂政・関白および大臣家で親王や公卿らを招いて行う宴。

五日

▽**武家諸事始め**　乗馬始め、弓始め、鉄砲始めなど、武家ではじめて諸事を行うこと。

▽**叙位**　（または六日）清涼殿で、天皇が五位以上の位階を授ける儀式。

七日

▽**白馬の節会**　天皇御覧のもと、紫宸殿の南庭に左右の馬寮の白馬を引き回し、宴を賜る儀式。

▽**人日**　春の七種を粥にして食し、一年の邪気を払う風習。

八日

▽**御斎会**　（七日間）天皇が大極殿で金光明最勝王経を講じ、国家安泰と五穀豊穣を祈願する儀式。

▽**後七日の御修法**　（〜十四日）宮中の真言院で、東寺の長者を導師として玉体安穏・鎮護国家・五穀豊穣等を祈願する真言密教の儀式。

▽**女叙位**　中務省がとり行う女官に位を与える儀式。

十日

▽**十日恵比須**　恵比須神社の祭礼。江戸時代、商人が多く参詣して商売繁盛を祈った。

十四日

▽**男踏歌**　男のする踏歌。足を踏みならして歌舞し、宮中を回る行事。

十五日

▽**望粥の節供**　七種の穀物を煮こんだ粥を食して一年の邪気を払う行事。

▽**三毬杖**　（十八日も）火祭りの行事。宮中では清涼殿の東庭に青竹を束ねて立て、天皇の書き初めや扇子、短冊などを結びつけて焼く。民間でも行われた。

十六日

▽**御薪**　百官がその年の燃料とする薪を宮中に献上する儀式。

▽**女踏歌**　女のする踏歌。足を踏みならして歌舞し、宮中を回る行事。

▽**藪入り**　江戸以降、奉公人が一日ほど暇を許されて実家へ帰ること。七月にも。

十七日

▽**射礼**　官人などが、建礼門の前、または豊楽院で弓を射る儀式。

十八日

▽**賭弓**　賭け物を出して弓の技を競う儀式。

二十日

▽**内宴**　（〜二十三日）仁寿殿での天皇主催の私宴。詩会や舞がある。

上子日

▽**子の日の遊び**　郊外に出て小松や若菜を摘み、その若菜を食して長寿を祝う行事。

上卯日

▽**卯杖**　天皇・東宮などに、木を束にした杖を厄よけとして献上する儀式。

▽**卯槌**　五色の組糸を通した槌を糸所から朝廷へ献上し、柱などにかけて邪気を払う儀式。

不定日

▽**県召しの除目**　地方官を任命する儀式。

▽**戴き餅**　正月の吉日に、幼児の将来を祝福し、祝言を唱え、その頭上に餅を戴かせる儀式。

〈二月〉

四日

▽**祈年祭**　神祇官や国司の庁で、国家安泰や五穀豊穣を祈る祭儀。

八日

▽**針供養**　裁縫を休み、折れた針を供養する。十二月にも。

十一日

▽**列見**　六位以下の昇進候補者を公卿が接見する行事。

十五日

▽**涅槃会**　釈迦の入滅の日をし

のぶ法会。

上丁日　▽釈奠・釈奠　孔子その他の儒者を祭る祭儀。平安時代には、大学寮で行われた。八月にも。

上午日　▽初午　稲荷神社の祭礼。

上卯日　▽大原野祭り　大原神社の祭礼。

上申日　▽春日祭り　春日神社の祭礼。

不定日　▽季の御読経　（四日間）二月と八月の二季に僧を召して大般若経を講じ、国家安泰と天皇の健康を祈願する法会。

▽仁王会　（または三月）鎮護国家のため仁王経を講じる法会。秋にも。一代一度の大仁王会や臨時にも行われる。

▽若水　立春の早朝に、天皇が主水司から献上された水を飲み、一年の邪気を払う。

〈三月〉

三日　▽曲水・曲水の宴　水流に浮かべた酒杯が自分の前に流れつくまでに詠詩・詠歌する遊宴。

▽御灯　天皇が北斗星に灯明をささげる。九月にも。

上巳日　▽上巳の祓へ　水辺で人形にけがれを移して水に流し、災厄を除く行事。

中午日　▽石清水臨時祭り　石清水八幡宮の祭礼。「南祭り」とも。

晦日　▽花鎮めの祭り　（近世十八日）桜花の散る季節に、疫病を防ぐために催された祭礼。元は大神神社及び狭井神社で行われた。

〈四月〉

一日　▽衣更へ　衣装や装飾などを夏の装いに改める。

▽孟夏旬　「旬」の日に行われた宴のうち、恒例として残った四月の行事。

七日　▽擬階の奏　二月の「列見」で選考した者の位階を定めて奏上する行事。

八日　▽灌仏会　釈迦の誕生を祝う法会。

二十八日　▽駒牽き　馬寮の馬を天皇が武徳殿で御覧になる儀式。

中酉日　▽賀茂の祭り　「葵祭り」「北祭り」とも。上賀茂神社と下鴨神社の祭礼。

不定日　▽藤花の宴　宮中の飛香舎や貴族の私邸で、藤の花を賞して催される宴。

〈五月〉

三日　▽菖蒲献上　六衛府が菖蒲を盛った輿を献上し、紫宸殿の南庭に立てる儀式。

五日　▽端午の節会　菖蒲を軒などにふいたり、鬘にして邪気を払う行事。宮中では、群臣が菖蒲を献上して薬玉を賜る儀や、騎射の儀が行われる。

▽根合はせ　左右に分かれて菖蒲の根の長さを競う遊戯。

▽草合はせ　採集した草の優劣を競う遊戯。

不定日　▽賀茂の競べ馬　上賀茂神社で行われる競馬。

▽最勝講　清涼殿で高僧に金光明最勝王経を五日間にわたって講じさせ、国家安穏を祈る法会。

〈六月〉

一日　▽斎む火の御飯　神聖な火でたいた飯を天皇に奉る儀式。十一・十二月にも。

四日　▽六月会　伝教大師最澄の忌日に延暦寺で行われる法華十講の法会。

七日　▽祇園御霊会　京都八坂神社の祭礼。七日間行われた。

十日　▽御体の御占　九日までに中臣氏が神祇官に籠もって天皇の御体を占い、十日に奏上する儀式。十二月にも行われる。

十一日　▽月次の祭り　宮中と伊勢神宮などで行われた祭儀。十二月にも。

▽神今食　月次の祭りの夜、神嘉殿で天皇が神とともに米飯を食す神事。

晦日　▽夏越しの祓へ　「水無月祓へ」とも。半年間の罪やけがれを払い清める神事。

▽大祓へ　群臣が朱雀門に集まり、中臣氏の祝詞によって全国民の罪やけがれを祓う神事。十二月にも。

▽鎮火祭　火災を防ぐため、卜部氏が皇居の四隅においてきり火を切り、火を鎮めて祭る。十二月にも。

▽節折　天皇の祓へ。一般の大祓へに相当。十二月にも。

不定日　▽道饗の祭り　魔物が京内に入るのを防ぐための朝廷の祭り。十二月にも。

〈七月〉

七日　▽乞巧奠　「棚機」とも。牽牛と織女の二星が年に一度の逢ふ瀬を楽しむという中国の伝説と、日本古来の棚機つ女の信仰が結びついた行事。供え物をして裁縫の上達を祈る。

十五日　▽盂蘭盆会　祖先や死者の霊を迎え、祀る行事。

十六日　▽藪入り　→一月十六日

不定日 ▽**相撲の節** 天皇御覧のもと、諸国から集められた相撲人が相撲をとる行事。

▽**仁王会**（または八月）→二月不定日

〈八月〉

一日 ▽**八朔** 主家や知人と贈答して祝う行事。現在の「中元」のもと。

十一日 ▽**定考** 二月の「列見」、四月の「擬階の奏」で選出した者の加階・昇任を決定する行事。

十五日 ▽**石清水放生会** 石清水八幡宮の祭礼。殺生を禁ずる思想から、鳥魚を山や川に放す。

▽**月の宴** 中秋の名月を賞する宴。

▽**駒牽き**（のちに十六日）天皇が紫宸殿で、諸国から献上された馬を御覧になる儀式。

上丁日 ▽**釈奠** →二月上丁日

不定日 ▽**司召しの除目** 京官を任命する儀式。

▽**季の御読経** →二月不定日

〈九月〉

三日 ▽**御灯** →三月三日

七日 ▽**不堪田の奏** 諸国の耕作状況の悪化を国司から報告させ、免税措置を審議奏上する行事。

九日 ▽**重陽の宴** 「菊の宴」とも。観菊の宴。長寿を願って菊酒を飲んだり、菊の朝露を綿にしみこませて身をぬぐったりする行事。

十一日 ▽**伊勢例幣** 朝廷から「神嘗祭り」に幣帛を奉納する使いを送る儀式。

十三日 ▽**後の月見** 陰暦八月十五夜の月見に対して、九月十三日夜の月をめでて行う宴。

十六日 ▽**神嘗祭り**（〜十七日）天皇がその年の新穀でつくった神酒と神饌とを伊勢神宮に奉る儀式。

〈十月〉

一日 ▽**孟冬旬** 「旬」の日に行われた宴のうち、恒例として残った十月の行事。

▽**衣更へ** 衣装や装飾などを冬の装いに改める。

五日 ▽**弓場始め** 「射場始め」とも。天皇が弓場殿に出御し、諸臣の賭弓を御覧になる行事。

▽**残菊の宴** 宮中で、咲き残った菊を賞美する宴。

十日 ▽**維摩会** 興福寺で十六日まで維摩経を講ずる法会。

二十日 ▽**恵比須講** 商家で商売繁盛を祈って行われる恵比須神の祭り。

上亥日 ▽**亥子餅** 万病を除き、子孫繁栄を願って餅を食する行事。

〈十一月〉

一日 ▽**斎む火の御飯** →六月一日

▽**御暦の奏** 新暦を天皇に奏上する宮廷行事。

上卯日 ▽**相嘗の祭り** 「新嘗の祭り」に先立ち、新穀を神に供える祭り。

上申日 ▽**春日祭り** →二月上申日

中卯日 ▽**新嘗の祭り** 天皇が新穀を神々に献上し、自身も食して収穫を感謝する祭り。天皇即位の年はとくに「大嘗祭」という。

中辰日 ▽**豊の明かりの節会** 「新嘗の祭り」の翌日に行われる宴会。久米舞・五節の舞なども行われる。

中丑日 ▽**五節**（〜中辰日）「新嘗の祭り」「大嘗祭」に四日間にわたり行われた一連の行事。

中寅日 ▽**鎮魂の祭り** 「新嘗の祭り」の前日に宮中で行われる、天皇の魂を鎮め、健康を祈る祭り。

下酉日 ▽**賀茂の臨時の祭り** 賀茂神社の祭礼。四月の例祭に対していう。

〈十二月〉

一日 ▽**斎む火の御飯** →六月一日

▽**御事始め** 正月準備を始めること。

八日 ▽**針供養** →二月八日

十日 ▽**御体の御占** →六月十日

十一日 ▽**月次の祭り** →六月十一日

▽**神今食** →六月十一日

十九日 ▽**御仏名** 三日間、清涼殿で諸仏の名を唱えて懺悔し、罪の消滅を祈願する仏事。

晦日 ▽**大祓へ** →六月晦日

▽**追儺** 「鬼やらひ」とも。桃の弓と葦の矢を用いて疫病の鬼を追い払う儀式。近世以降は節分の行事となる。

▽**節折り** →六月晦日

▽**御霊祭り** 祖先や死者の霊を迎え、供養する仏事。

▽**鎮火祭** →六月晦日

▽**内侍所の御神楽** 宮中の内侍所で行われる神楽の儀式。

▽**荷前** 諸国の神社・山陵に、諸国からの初穂を献上する儀式。

不定日 ▽**道饗の祭り** →六月不定日

古典季語選

本文中の季語項目および俳句項目の季語を合わせて、そのおもなものを、歴史的かなづかいによる五十音順に配列した。

【あ】

- 藜　あかざ　夏
- 茜　あかね　秋
- 秋風　あきかぜ　秋
- 秋来ぬ　あききぬ　秋
- 秋涼し　あきすずし　秋
- 秋近し　あきちかし　夏
- 蜻蛉　あきづ　秋
- 秋の風　あきのかぜ　秋
- 秋の暮れ　あきのくれ　秋
- 秋の空　あきのそら　秋
- 秋萩　あきはぎ　秋
- 秋深し　あきふかし　秋
- 秋収め　あきをさめ　秋
- 朝顔　あさがほ　秋
- 朝霧　あさぎり　秋
- 朝東風　あさこち　春
- 朝寒　あささむ　秋
- 朝涼み　あさすずみ　夏
- 朝月夜　あさづくよ　秋
- 葦　あし　秋
- 葦鴨　あしがも　冬
- 葦刈り　あしかり　秋
- 葦の角　あしのつの　春
- 馬酔木　あしび　春
- 網代　あじろ　冬
- 網代木　あじろぎ　冬
- 網代人　あじろひと　冬
- 網代守り　あじろもり　冬
- 汗取り　あせとり　夏
- 䳑群　あぢむら　冬
- 小豆粥　あづきがゆ　春
- 暑き日　あつきひ　夏
- あなじ　冬
- 粟　あは　秋
- 鮑　あはび　夏
- 淡雪　あはゆき　春
- 扇　あふぎ　夏
- 葵　あふひ　夏
- 葵祭り　あふひまつり　夏
- 雨乞ひ　あまごひ　夏
- 雨乞ひの使ひ　あまごひのつかひ　夏
- 天の川　あまのがは　秋
- 雨彦　あまびこ　夏
- 編み笠　あみがさ　夏
- 虻　あむ　春
- 綾筵　あやむしろ　夏
- 菖蒲　あやめ・しゃうぶ　夏
- 菖蒲草　あやめぐさ　夏
- 菖蒲酒　あやめざけ　夏
- 菖蒲の節句　あやめのせっく　夏
- 鮎　あゆ　夏
- 新鷹　あらたか　秋
- 蘭　あららぎ　春
- 霰　あられ　冬
- 蟻　あり　夏
- 有り明け　ありあけ　秋
- 有りの実　ありのみ　秋
- 泡雪　あわゆき　冬
- 青嵐　あをあらし　夏
- 青鷺　あをさぎ　夏
- 青挿し　あをざし　夏
- 青葉　あをば　夏
- 青水無月　あをみなづき　夏
- 青柳　あをやぎ　春
- 安居　あんご　夏
- あんずの花　あんずのはな　春

【い】

- 烏賊　いか　夏
- 雷　いかづち　夏
- 紙鳶　いかのぼり　春
- 斑鳩　いかるが　秋
- 鯨　いさな　冬
- 石敲き　いしたたき　秋
- 石伏　いしぶし　秋
- 鶍　いすか　秋
- 鼬　いたち　冬
- 石櫧　いちひ　夏
- 一夜鮨　いちやずし　夏
- 糸薄　いとすすき　秋
- 蟋蟀　いとど　秋
- 糸遊　いとゆふ　春
- 稲負鳥　いなおほせどり　秋
- 稲茎　いなくき　秋
- 稲葉の雲　いなばのくも　秋
- 稲舟　いなぶね　秋
- 稲叢　いなむら　秋
- 犬飼ひ星　いぬかひぼし　秋
- 射遺し　いのこし　春
- 石清水　いはしみづ　夏
- 岩茸　いはたけ　秋
- 岩躑躅　いはつつじ　春
- 茨　いばら　夏
- 伊予簾　いよすだれ　夏
- 鰯　いわし　秋
- 印地　いんぢ　夏

【う】

- 鵜　う　夏
- 鵜川　うかは　夏
- 鵜飼ひ　うかひ　夏
- 浮き草　うきくさ　夏
- 浮き巣　うきす　夏
- 鶯　うぐひす　春
- 朮　うけら　夏
- 兎　うさぎ　冬
- 薄霞　うすがすみ　春
- 薄物　うすもの　夏
- 鷽　うそ　春
- 鷽姫　うそひめ　春
- 空木　うつぎ　夏
- 卯月　うづき　夏
- 空蟬　うつせみ　夏
- 卯槌　うづち　春
- 埋み火　うづみび　冬
- 鶉　うづら　秋
- 卯杖　うづゑ　春
- 卯浪　うなみ　夏
- 卯の花　うのはな　夏
- 薺蒿　うはき　春
- 姥桜　うばざくら　春
- 筌　うへ　冬
- 馬弓　うまゆみ　夏
- 梅　うめ　春
- 梅が香　うめがか　春
- 末枯れ　うらがれ　秋
- 浦千鳥　うらちどり　冬
- 盂蘭盆　うらぼん　秋
- 瓜　うり　夏

【え・お】

- 永日　えいじつ　春
- 御講　おかう　冬
- 置火燵　おきごたつ　冬
- 奥手　おくて　秋
- 晩稲　おしね　秋
- 遅桜　おそざくら　春
- 落ち草　おちぐさ　冬
- 落ち栗　おちぐり　秋
- 落ち葉　おちば　冬
- 乙子月　おとごづき　冬
- 驚かし　おどろかし　秋
- 鬼遣らひ　おにやらひ　冬
- 帯解き　おびとき　冬
- 御仏名　おぶつみやう　冬
- 狼　おほかみ　冬
- 大鷹　おほたか　冬
- 大晦日　おほつごもり・おほみそか　冬
- 大根　おほね　冬
- 朧月　おぼろづき　春
- 御身拭ひ　おみぬぐひ　春
- 沢瀉　おもだか　夏
- 親すずめ　おやすずめ　春

【か】

- 開帳　かいちゃう　春
- 柑子　かうじ　秋
- 寄居虫　がうな　春
- 鏡開き　かがみびらき　春
- 柿　かき　秋
- 杜若　かきつばた　夏
- 掛け取り　かけとり　冬
- 陽炎　かげろふ　春
- 蜻蛉　かげろふ　秋
- 鵲　かささぎ　秋
- 鵲の橋　かささぎのはし　秋
- 飾り粽　かざりちまき　夏
- 霞　かすみ　春
- 霞の衣　かすみのころも　春
- 霞の袖　かすみのそで　春
- 風薫る　かぜかをる　夏
- 堅香子　かたかご　春
- 蝸牛　かたつぶり　夏
- 酢漿草　かたばみ　夏
- 帷　かたびら　夏
- 梶の葉　かぢのは　秋
- 嘉定　かぢゃう　夏
- 鰹　かつを　夏
- 蟹　かに　夏
- 鹿の子　かのこ　夏
- 川狩り　かはがり　夏
- 皮鯨　かはくぢら　夏
- 蚊柱　かばしら　夏
- 蝙蝠　かはぼり　夏
- 蚊火　かび　夏
- 飼ひ屋　かひや　春
- 楓　かへで　秋
- 帰る雁　かへるかり　春
- 楓　かへるで　秋
- 貌鳥　かほどり　春

季語	読み	季
顔見世	かほみせ	冬
顔佳花	かほよばな	夏
神遊び	かみあそび	冬
髪置き	かみおき	冬
神送り	かみおくり	冬
紙子	かみこ	冬
神集ひ	かみつどひ	冬
雷鳴り	かみなり	夏
神の旅	かみのたび	冬
神の春	かみのはる	春
紙衾	かみぶすま	冬
神祭り	かみまつり	夏
鴨	かも	冬
冬瓜	かもうり	秋
唐葵	からあふひ	夏
乾鮭	からざけ	冬
烏扇	からすあふぎ	夏
唐撫子	からなでしこ	夏
唐萩	からはぎ	秋
苧	からむし	夏
唐桃	からもも	夏
雁	かり	秋
雁が音	かりがね	秋
狩り場	かりば	冬
刈安	かりやす	秋
刈萱	かるかや	秋
枯蘆	かれあし	冬
枯れ枯れ	かれがれ	冬
枯れ野	かれの	冬
枯れ尾花	かれをばな	冬
寒苦鳥	かんくてう	冬
閑古鳥	かんこどり	夏
甘草	かんざう	夏
寒食	かんしょく	春
神無月	かんなづき	冬
寒の内	かんのうち	冬
【き】		
葱	き	冬
乞巧奠	きかうでん	秋
黄菊	きぎく	秋
雉子	きぎし・きぎす	春
桔梗	ききやう	秋
菊	きく	秋
菊襲	きくがさね	秋
菊の宴	きくのえん	秋
菊の香	きくのか	秋
菊の節句	きくのせっく	秋
如月	きさらぎ	春
雉	きじ	春
毬杖	ぎっちゃう	春
狐	きつね	冬
砧	きぬた	秋
木の芽	きのめ・このめ	春
行水	ぎゃうずい	夏
経読む鳥	きゃうよむとり	春
御忌	ぎょき	春
曲水の宴	きょくすいのえん	春
御慶	ぎょけい	春
霧	きり	秋
蟋蟀	きりぎりす・こほろぎ	秋
霧しぐれ	きりしぐれ	秋
祇園囃子	ぎをんばやし	夏
祇園会	ぎをんゑ	夏
【く】		
空也	くうや	冬
空也念仏	くうやねんぶつ	冬
茎立ち	くくたち	春
鵠	くぐひ	冬
九月尽	くぐわつじん	秋
草合はせ	くさあはせ	夏
草枯れ	くさがれ	冬
嚔	くさめ	冬
草餅	くさもちひ	春
葛	くず	秋
薬玉	くすだま	夏
葛花	くずばな	秋
薬猟り	くすりがり	夏
薬食ひ	くすりぐひ	冬
薬子	くすりこ	春
下り簗	くだりやな	秋
口切り	くちきり	冬
蛇	くちなは	夏
蛇苺	くちなはいちご	夏
朽ち葉	くちば	冬
蝮	くちばみ	夏
くつくつぼふし		秋
沓手鳥	くつてどり	夏
轡虫	くつわむし	秋
桑	くは	春
桑子	くはこ	春
水鶏	くひな	夏
熊	くま	冬
熊鷹	くまたか	冬
茱萸袋	ぐみぶくろ	秋
蜘蛛	くも	夏
雲の峰	くものみね	夏
海月	くらげ	夏
栗	くり	秋
栗の花	くりのはな	夏
胡桃	くるみ	秋
暮れの秋	くれのあき	秋
暮れの春	くれのはる	春
霍乱	くわくらん	夏
勧進相撲	くわんじんずまう	秋
【け・こ】		
啓蟄	けいちつ	春
懸想文	けさうぶみ	春
芥子	けし	夏
夏至	げし	夏
芥子の花	けしのはな	夏
削り掛け	けづりかけ	春
夾鐘	けふしょう	春
今日の月	けふのつき	秋
毛見	けみ	秋
啄木鳥	けらつつき	秋
鳧	けり	夏
蚕	こ	春
紅梅	こうばい	春
蚕飼ひ	こがひ	春
小鴨	こがも	冬
木枯らし	こがらし	冬
胡鬼板	こぎいた	春
小菊	こぎく	秋
御形	ごぎゃう	春
九日の節句	ここぬかのせっく	秋
小桜	こざくら	春
濃酒	こさけ	夏
御所桜	ごしょざくら	春
五節	ごせち	冬
小袖幕	こそでまく	春
小鷹	こたか	秋
小鷹狩り	こたかがり	秋
東風	こち	春
胡蝶	こてふ	春
御灯	ごとう	春
事無し草	ことなしぐさ	夏
小水葱	こなぎ	秋
木の暗れ	このくれ	夏
木の下闇	このしたやみ	夏
木の葉	このは	冬
木の芽	このめ	春
小萩	こはぎ	秋
小春	こはる	冬
恋知り鳥	こひしりどり	秋
恋教へ鳥	こひをしへどり	秋
氷	こほり	冬
小町踊り	こまちをどり	秋
駒牽き	こまひき	秋
駒迎へ	こまむかへ	秋
菰	こも	夏
菰の子	こものこ	春
小安貝	こやすがひ	春
衣更へ	ころもがへ	夏
【さ】		
才蔵	さいざう	春
細布	さいみ	夏
薔薇	さうび	夏
榊	さかき	夏
坂鳥	さかどり	秋
三毬杖	さぎちゃう	春
朔旦冬至	さくたんとうじ	冬
索餅	さくべい	秋
桜	さくら	春
桜麻	さくらあさ	夏
桜人	さくらびと	春
酒を煮る	さけをにる	夏
雑魚寝	ざこね	冬
左近の桜	さこんのさくら	春
小栗	ささぐり	秋
刺し鯖	さしさば	秋
皐月	さつき	夏
五月晴れ	さつきばれ	夏
五月闇	さつきやみ	夏
早苗	さなへ	夏
早苗月	さなへづき	夏
早苗とる	さなへとる	夏
真葛	さねかづら・まくず	秋
爽やか	さはやか	秋
錆鮎	さびあゆ	秋
佐保姫	さほひめ	春
五月雨	さみだれ	夏
寒し	さむし	冬
鮫	さめ	冬
小夜時雨	さよしぐれ	冬
小夜千鳥	さよちどり	冬
猿引き	さるひき	春
早蕨	さわらび	春
小牡鹿	さをしか	秋
早乙女	さをとめ	夏
三箇日	さんがにち	春
三光	さんくわう	夏
三月尽	さんぐわつじん	春
三五の月	さんごのつき	秋
三伏	さんぷく	夏
【し】		
秋風楽	しうふうらく	秋
鹿	しか	秋
鴫	しぎ	秋
鴫の羽掻き	しぎのはねがき	秋
樒	しきみ	冬
時雨る	しぐる	冬
時雨	しぐれ	冬
時雨月	しぐれづき	冬
獅子頭	ししがしら	春

下萌え　したもえ　春
下紅葉　したもみぢ　秋
七五三　しちごさん　冬
垂り　しづり　冬
しで打つ　しでうつ　秋
鵐　しとと　秋
忍草　しのぶぐさ　秋
四方拝　しはうはい　春
師走　しはす　冬
咳き　しはぶき　冬
咳き病み　しはぶきやみ　冬
鮪　しび　冬
蕺　しぶき　夏
十五日粥　じふごにちがゆ　春
十五夜　じふごや　秋
塩釜桜　しほがまざくら　春
潮干　しほひ　春
潮干潟　しほひがた　春
風巻き　しまき　冬
四万六千日　しまんろくせんにち　秋
衣魚　しみ　夏
凍む　しむ　冬
鴲　しめ　秋
霜　しも　冬
霜枯れ　しもがれ　冬
霜朽ち　しもくち　冬
下野　しもつけ　夏
生薑　しやうが　秋
正月　しやうぐわつ　春
障子　しやうじ　冬
上巳　じやうし　春
浄土双六　じやうどすごろく　春
菖蒲刀　しやうぶがたな　夏
菖蒲兜　しやうぶかぶと　夏
菖蒲湯　しやうぶゆ　夏
常楽会　じやうらくゑ　春
精霊棚　しやうりやうだな　秋
聖霊会　しやうりやうゑ　春
積塔会　しやくたふゑ　春
鷓鴣　しやこ　秋

三味線草　しやみせんぐさ　春
勝鬘参り　しょうまんまゐり　夏
織女　しょくぢょ　秋
白魚　しらうを　春
白襲　しらがさね　夏
白菊　しらぎく　秋
白芥子　しらげし　夏
白露　しらつゆ　秋
紫苑　しをん　秋
人日　じんじつ　春

【す】

水飯　すいはん　夏
水練　すいれん　夏
巣隠る　すがくる　春
菅抜き　すがぬき　夏
末黒　すぐろ　春
巣籠る　すごもる　春
涼風　すずかぜ　夏
薄　すすき　秋
涼し　すずし　夏
涼しさ　すずしさ　夏
清白　すずしろ　春
菘　すずな　春
煤払ひ　すすはらひ　冬
鈴虫　すずむし　秋
雀隠れ　すずめがくれ　春
雀の子　すずめのこ　春
簾　すだれ　夏
忍冬　すひかづら　夏
炭櫃　すびつ　冬
相撲の節　すまひのせち　秋
炭　すみ　冬
墨染め桜　すみぞめざくら　春
菫　すみれ　春
酢文字　すもじ　夏
末摘花　すゑつむはな　夏

【せ・そ】

清明　せいめい　春
誓文払ひ　せいもんばらひ　冬
青嵐　せいらん　夏
節季候　せきぞろ　冬
銭貝　ぜぜがひ　春
節振る舞ひ　せちぶるまひ　春
施米　せまい　夏
蟬　せみ　夏
蟬の声　せみのこゑ　夏
芹　せり　春
千秋楽　せんしうらく　秋
奏賀　そうが　春
添水　そうづ　秋
承和菊　そがぎく　秋
漫ろ寒し　そぞろさむし　秋
鴗鳥　そにどり　夏

【た】

大根引き　だいこひき　冬
大文字の火　だいもんじのひ　秋
田歌　たうた　夏
道中双六　だうちゅうすごろく　春
当薬　たうやく　秋
蟷螂　たうらう　秋
田植ゑ　たうゑ　夏
鷹　たか　冬
筍　たかうな　夏
鷹狩り　たかがり　冬
誰が袖　たがそで　夏
高根　たかね　夏
沈鳧　たかべ　冬
滝　たき　夏
薪能　たきぎのう　春
巧み鳥　たくみどり　冬
茸　たけ　秋
凧　たこ　春
田芹　たぜり　春
多遅　たぢひ　春
立ち待ち月　たちまちづき　秋
竜田姫　たつたひめ　秋
蓼　たで　夏
棚機　たなばた　秋
棚機津女　たなばたつめ　秋
棚機祭り　たなばたまつり　秋
種井　たなゐ　春
狸　たぬき　冬

田の実　たのみ　秋
太布　たふ　夏
踏歌の節会　たふかのせちゑ　春
玉柏　たまがしは　夏
玉椿　たまつばき　春
魂祭り　たままつり　秋
玉柳　たまやなぎ　春
垂氷　たるひ　冬
達磨忌　だるまき　冬
端午　たんご　夏
丹前　たんぜん　冬
湯婆　たんぽ　冬

【ち】

茅　ち・ちがや　秋
千草　ちくさ　秋
地蔵会　ぢざうゑ　秋
ちちろ虫　ちちろむし　秋
千鳥　ちどり　冬
千鳥足　ちどりあし　冬
茅の輪　ちのわ　夏
茅花　ちばな・つばな　春
粽　ちまき　夏
帳綴ぢ　ちやうとぢ　春
茶立て虫　ちやたてむし　秋
茶山　ちややま　春
重三　ぢゆうさん　春
中秋　ちゆうしう　秋
重五　ちようご　夏
重陽　ちようやう　秋
千代の春　ちよのはる　春
散る花　ちるはな　春
散る松葉　ちるまつば　夏

【つ】

月　つき　秋
月影　つきかげ　秋
月代　つきしろ　秋
月の宴　つきのえん　秋
月の桂　つきのかつら　秋
月の顔　つきのかほ　秋
月の霜　つきのしも　秋
月見　つきみ　秋

木菟　つく　冬
土筆　つくづくし　春
筑摩の祭り　つくまのまつり　夏
蔦　つた　秋
蔦葛　つたかづら　秋
躑躅　つつじ　春
葛　つづら　夏
突入り　つといり　秋
綱貫　つなぬき　冬
椿餅　つばいもちひ　春
燕　つばめ・つばくら・つばくらめ　春
壺菫　つぼすみれ　春
妻迎へ舟　つまむかへぶね　秋
露　つゆ　秋
露草　つゆくさ　秋
露時雨　つゆしぐれ　秋
露霜　つゆしも　秋
氷　つらら　冬
釣殿　つりどの　夏

【て・と】

出替はり　でがはり　春
でで虫　ででむし　夏
蝶　てふ　春
冬至　とうじ　冬
灯籠　とうろう　秋
木賊　とくさ　秋
常夏　とこなつ　夏
野老　ところ　春
年木　としぎ　冬
年暮る　としくる　冬
年籠り　としごもり　冬
年立つ　としたつ　春
歳徳神　としとくじん　春
年取り　としとり　冬
年取り物　としとりもの　冬
年の暮れ　としのくれ　冬
年の夜　としのよ　冬
年の渡り　としのわたり　秋
年忘れ　としわすれ　冬
飛び梅　とびうめ　春
通し矢　とほしや　夏

季語	よみ	季
照射	ともし	夏
友千鳥	ともちどり	冬
土用	どよう	夏
虎が雨	とらがあめ	夏
鶏合はせ	とりあはせ	春
どんど		春
蜻蛉	とんばう	秋
【な】		
長月	ながつき	秋
中手	なかて	秋
夏越し	なごし	夏
夏越しの祓へ	なごしのはらへ	夏
茄子	なすび	夏
夏神楽	なつかぐら	夏
夏陰	なつかげ	夏
夏河	なつかは	夏
夏草	なつくさ	夏
夏木立	なつこだち	夏
夏衣	なつごろも	夏
薺	なづな	春
夏野	なつの	夏
夏の暮れ	なつのくれ	夏
夏の月	なつのつき	夏
夏萩	なつはぎ	夏
夏引き	なつびき	夏
撫子	なでしこ	秋
七種	ななくさ	春
七種の粥	ななくさのかゆ	春
菜の花	なのはな	春
苗代	なはしろ	春
苗代水	なはしろみづ	春
名吉	なよし	秋
楢	なら	秋
鳴る神	なるかみ	夏
【に・ぬ・ね・の】		
二宮の大饗	にぐうのだいきゃう	春
担ひ茶屋	になひぢゃや	春
にはくなぶり		秋
新草	にひくさ	春
鳰	にほ	冬
鳰の浮き巣	にほのうきす	夏
零余子	ぬかご	秋
額突き虫	ぬかづきむし	秋
蓴	ぬなは	夏
布子	ぬのこ	冬
根合はせ	ねあはせ	夏
願ひの糸	ねがひのいと	秋
猫の恋	ねこのこひ	春
根芹	ねぜり	春
根無し草	ねなしぐさ	夏
子の日	ねのひ	春
涅槃会	ねはんゑ	春
根深	ねぶか	冬
ねぶの花	ねぶのはな	夏
寝待ちの月	ねまちのつき	秋
子祭り	ねまつり	冬
練り供養	ねりくやう	夏
荷前の使ひ	のさきのつかひ	冬
後の月	のちのつき	秋
野火	のび	春
幟	のぼり	夏
海苔	のり	春
賭弓の節	のりゆみのせち	春
野分	のわき	秋
【は】		
放生会	はうじゃうゑ	秋
袴着	はかまぎ	冬
萩	はぎ	秋
萩の戸	はぎのと	秋
萩原	はぎはら	秋
爆竹	ばくちく	春
白梅	はくばい	春
白牡丹	はくぼたん	夏
箱鳥	はこどり	春
繁縷	はこべら	春
はじかみ		秋
柱餅	はしらもち	冬
端居	はしゐ	夏
はぜ		秋
芭蕉	ばせう	秋
機織り	はたおり	秋
旗薄	はたすすき	秋
霹靂神	はたたがみ	夏
斑霜	はだれしも	冬
斑雪	はだれゆき	冬
八十八夜	はちじふはちや	春
鉢叩き	はちたたき	冬
蜂の巣	はちのす	春
初卯	はつう	春
二十日正月	はつかしゃうぐゎつ	春
初鰹	はつがつを	夏
初雁	はつかり	秋
初雁が音	はつかりがね	秋
初草	はつくさ	春
八朔	はっさく	秋
初時雨	はつしぐれ	冬
初潮	はつしほ	秋
初霜	はつしも	冬
初空	はつぞら	春
初花	はつはな	春
初春	はつはる	春
初紅葉	はつもみぢ	秋
鳩吹く	はとふく	秋
花	はな	春
花合はせ	はなあはせ	春
花菖蒲	はなあやめ	夏
花茨	はないばら	夏
花曇り	はなぐもり	春
花供養	はなくやう	夏
花衣	はなごろも	春
花盛り	はなざかり	春
花鎮めの祭り	はなしづめのまつり	春
花薄	はなすすき	秋
花橘	はなたちばな	夏
放ち鳥	はなちどり	秋
花散る	はなちる	春
花鳥	はなとり	春
花野	はなの	秋
花の兄	はなのあに	春
花の弟	はなのおとと	秋
花の鏡	はなのかがみ	春
花の雲	はなのくも	春
花の宿	はなのやど	春
花守	はなもり	春
帚木	ははきぎ	夏
母子草	ははこぐさ	春
母子餅	ははこもちひ	春
柞	ははそ	秋
蝿	はへ	夏
蛤	はまぐり	春
浜千鳥	はまちどり	冬
破魔矢	はまや	春
浜木綿	はまゆふ	夏
茨の花	ばらのはな	夏
春霞	はるがすみ	春
春駒	はるごま	春
春雨	はるさめ	春
春告げ鳥	はるつげどり	春
春の海	はるのうみ	春
春の隣	はるのとなり	冬
春の夜	はるのよ	春
半夏	はんげ	夏
半夏生	はんげしゃう	夏
万春楽	ばんすらく	春
【ひ】		
鵯	ひえどり	秋
日蔭の蔓	ひかげのかづら	冬
日傘	ひがらかさ	夏
蟇	ひき	夏
引き板	ひきた・ひきいた	秋
孫枝	ひこえ	春
彦星	ひこぼし	秋
楸	ひさぎ	秋
瓠	ひさご・ふくべ	秋
氷雨	ひさめ	夏
未草	ひつじぐさ	夏
一霞	ひとかすみ	春
人来鳥	ひとくどり	春
人の日	ひとのひ	春
単衣	ひとへぎぬ	夏
一夜酒	ひとよざけ	夏
火取り虫	ひとりむし	夏
雛	ひな・ひひな	春
氷の様	ひのためし	春
日の春	ひのはる	春
雲雀	ひばり	春
氷水	ひみづ	夏
氷室	ひむろ	夏
姫瓜	ひめうり	夏
白散	びゃくさん	春
平茸	ひらたけ	秋
氷魚	ひを	冬
火桶	ひをけ	冬
【ふ】		
深見草	ふかみぐさ	夏
吹き上げ	ふきあげ	夏
ふくと汁	ふくとじる	冬
五倍子	ふし	秋
柴漬け	ふしづけ	冬
臥し待ちの月	ふしまちのつき	秋
藤	ふぢ	春
藤襲	ふぢがさね	春
藤波	ふぢなみ	春
藤袴	ふぢばかま	秋
仏生日	ぶっしゃうび	夏
仏法僧	ぶっぽふそう	夏
仏名会	ぶつみゃうゑ	冬
太箸	ふとばし	春
蒲団	ふとん	冬
鮒ずし	ふなずし	夏
文月	ふみづき	秋
冬鶯	ふゆうぐひす	冬
冬構へ	ふゆがまへ	冬
冬枯れ	ふゆがれ	冬
冬草	ふゆくさ	冬
冬木立	ふゆこだち	冬
冬籠り	ふゆごもり	冬
冬野	ふゆの	冬
冬の月	ふゆのつき	冬
冬の夜	ふゆのよ	冬

芙蓉　ふよう　秋
振り振り　ぶりぶり　春
旧年　ふるとし　春

【へ・ほ】

甲香　へたなり　夏
糸瓜　へちま　秋
紅粉の花　べにのはな　夏
紅花　べにばな　夏
蛇　へみ　夏
焙炉　ほいろ　春
報恩講　ほうおんかう　冬
牡丹　ぼうたん　夏
火串　ほぐし　夏
星合ひ　ほしあひ　秋
乾し飯　ほしいひ　夏
暮秋　ぼしう　秋
榾　ほた　冬
菩提子　ぼだいし　秋
蛍　ほたる　夏
蛍火　ほたるび　夏
時鳥　ほととぎす　夏
穂長　ほなが　春
穂麦　ほむぎ　夏
海鞘　ほや　夏
盆　ぼん　秋

【ま】

孟夏　まうか　夏
孟秋　まうしう　秋
孟春　まうしゅん　春
孟冬　まうとう　冬
真葛原　まくずはら　秋
まくなぎ　夏
真菰　まこも　夏
柾木の葛　まさきのかづら　秋
真清水　ましみづ　夏
松　まつ　春
松過ぎ　まつすぎ　春
松の雪　まつのゆき　冬
松囃子　まつばやし　春
松陰嚢　まつふぐり　秋
祭り　まつり　夏

豆名月　まめめいげつ　秋
万歳　まんざい　春
万年草　まんねんぐさ　夏

【み・む】

三日月　みかづき　秋
御薪　みかまぎ　春
みさごの巣　みさごのす　夏
短夜　みじかよ　夏
御修法　みすほふ　春
禊ぎ川　みそぎがは　夏
霙　みぞれ　冬
水涸る　みづかる　冬
水蓼　みづたで　夏
水鳥　みづとり　冬
水取り　みづとり　春
蜷　みな　春
水無月　みなづき　夏
南　みなみ　夏
身に沁む　みにしむ　秋
蓑虫　みのむし　秋
都鳥　みやこどり　冬
深山桜　みやまざくら　春
み雪　みゆき　冬
深雪　みゆき　冬
韮　みら　春
海松房　みるぶさ　春
麦　むぎ　夏
麦秋　むぎあき　夏
麦の穂　むぎのほ　夏
木槿　むくげ・もくげ　秋
椋鳥　むくどり　秋
葎　むぐら　夏
虫　むし　秋
虫尽くし　むしづくし　秋
虫の声　むしのこゑ　秋
六つの花　むつのはな　冬
村時雨　むらしぐれ　冬
叢薄　むらすすき　秋

【め・も】

名月　めいげつ　秋
茗荷竹　めうがたけ　春
芽ぐむ　めぐむ　春
藻刈り船　もかりぶね　夏
木欒子　もくれんじ　秋
鵙　もず　秋
餅　もち　冬
望粥　もちがゆ　春
望月　もちづき　秋
望月の駒　もちづきのこま　秋
餅鏡　もちひかがみ　春
物種　ものだね　春
紅葉狩り　もみぢがり　秋
紅葉の賀　もみぢのが　秋
紅葉の錦　もみぢのにしき　秋
紅葉鮒　もみぢぶな　秋
百千鳥　ももちどり　春
桃の花　もものはな　春
貰ひ湯　もらひゆ　春
諸葛　もろかづら　夏
諸白　もろはく　秋

【や】

焼き石　やきいし　冬
焼き米　やきごめ　秋
厄落とし　やくおとし　冬
厄払ひ　やくはらひ　冬
矢車　やぐるま　夏
焼け野　やけの　春
柳　やなぎ　春
柳の糸　やなぎのいと　春
野馬　やば　春
藪入り　やぶいり　春
八重葎　やへむぐら　夏
山際　やまぎは　春
山草　やまぐさ　春
山田　やまだ　秋
山橘　やまたちばな　冬
山萵苣　やまぢさ　夏
大和撫子　やまとなでしこ　秋
山鳥　やまどり　春
山梨　やまなし　秋
遣り水　やりみづ　夏

【ゆ・よ】

維摩会　ゆいまゑ　冬
湯帷子　ゆかたびら　夏
雪　ゆき　冬
雪消　ゆきげ　春
雪解け　ゆきとけ　春
雪仏　ゆきぼとけ　冬
雪間　ゆきま　春
雪見　ゆきみ　冬
雪折れ　ゆきをれ　冬
行く秋　ゆくあき　秋
行く春　ゆくはる　春
譲り葉　ゆづりは　春
夕顔　ゆふがほ　夏
夕時雨　ゆふしぐれ　冬
夕立　ゆふだち　夏
夕月夜　ゆふづくよ　秋
夜寒　よさむ　秋
葦原雀　よしはらすずめ　夏
夜長　よなが　秋
婚ひ星　よばひぼし　秋
宵の年　よひのとし　春
宵の春　よひのはる　春
宵闇　よひやみ　秋
呼ぶ子鳥　よぶこどり　春
夜振り　よぶり　夏
嫁菜　よめな　春
蓬　よもぎ　春

【ら・り・れ・ろ】

落葉　らくえふ　冬
落花　らくくゎ　春
蘭　らに　秋
臘　らふ　冬
臘八会　らふはつゑ　冬
竜骨車　りゅうこつしゃ　夏
竜灯　りゅうとう　秋
林鐘　りんしょう　夏
竜胆　りんだう　秋
令月　れいげつ　春
蓮華　れんげ　夏
六斎念仏　ろくさいねんぶつ　秋
鹿茸　ろくじょう　夏

【わ・ゐ・ゑ・を】

若夷　わかえびす　春
若楓　わかかへで・わかかへるで　夏
若草　わかくさ　春
若菰　わかごも　春
若竹　わかたけ　夏
若菜　わかな　春
若水　わかみづ　春
若鮎　わかゆ　春
病葉　わくらば　夏
早稲飯　わさいひ　秋
早稲田　わさだ　秋
鷲　わし　冬
忘れ貝　わすれがひ　夏
忘れ草　わすれぐさ　夏
早稲　わせ　秋
綿衣　わたぎぬ　冬
綿弓　わたゆみ　秋
蕨　わらび　春
地楡　われもかう　秋
藺　ゐ　夏
亥の子　ゐのこ　冬
亥の子餅　ゐのこもち　冬
居待ち月　ゐまちづき　秋
会式　ゑしき　冬
岡見　をかみ　冬
荻　をぎ　秋
鴛鴦　をし・えんあう・をしどり　冬
踊り念仏　をどりねんぶつ　春
尾花　をばな　秋
尾花粥　をばながゆ　秋
女郎花　をみなへし　秋

西暦順　年代対照表

時代	西暦	年号	読み
飛鳥	六四五～六五〇	大化	たいくゎ
	六五〇～六五五	白雉	はくち
	六八六	朱鳥	すてう
	七〇一～七〇四	大宝	たいほう
	七〇四～七〇八	慶雲	きゃううん
奈良	七〇八～七一五	和銅	わどう
	七一五～七一七	霊亀	れいき
	七一七～七二四	養老	やうらう
	七二四～七二九	神亀	じんき
	七二九～七四九	天平	てんぴゃう
	七四九	天平感宝	てんぴゃうかんぽう
	七四九～七五七	天平勝宝	てんぴゃうしょうほう
	七五七～七六五	天平宝字	てんぴゃうほうじ
	七六五～七六七	天平神護	てんぴゃうじんご
	七六七～七七〇	神護景雲	じんごけいうん
	七七〇～七八一	宝亀	ほうき
	七八一～七八二	天応	てんおう
平安	七八二～八〇六	延暦	えんりゃく
	八〇六～八一〇	大同	だいどう
	八一〇～八二四	弘仁	こうにん
	八二四～八三四	天長	てんちゃう
	八三四～八四八	承和	じょうわ
	八四八～八五一	嘉祥	かじゃう
	八五一～八五四	仁寿	にんじゅ
	八五四～八五七	斉衡	さいかう
	八五七～八五九	天安	てんあん
平安	八五九～八七七	貞観	ぢゃうぐゎん
	八七七～八八五	元慶	ぐゎんぎゃう
	八八五～八八九	仁和	にんな
	八八九～八九八	寛平	くゎんぴゃう
	八九八～九〇一	昌泰	しゃうたい
	九〇一～九二三	延喜	えんぎ
	九二三～九三一	延長	えんちゃう
	九三一～九三八	承平	しょうへい
	九三八～九四七	天慶	てんぎゃう
	九四七～九五七	天暦	てんりゃく
	九五七～九六一	天徳	てんとく
	九六一～九六四	応和	おうわ
	九六四～九六八	康保	かうほう
	九六八～九七〇	安和	あんな
	九七〇～九七三	天禄	てんろく
	九七三～九七六	天延	てんえん
	九七六～九七八	貞元	ぢゃうげん
	九七八～九八三	天元	てんげん
	九八三～九八五	永観	えいくゎん
	九八五～九八七	寛和	くゎんわ
	九八七～九八九	永延	えいえん
	九八九～九九〇	永祚	えいそ
	九九〇～九九五	正暦	しゃうれき
	九九五～九九九	長徳	ちゃうとく
	九九九～一〇〇四	長保	ちゃうほう
	一〇〇四～一〇一二	寛弘	くゎんこう
	一〇一二～一〇一七	長和	ちゃうわ
	一〇一七～一〇二一	寛仁	くゎんにん
平安	一〇二一～一〇二四	治安	ぢあん
	一〇二四～一〇二八	万寿	まんじゅ
	一〇二八～一〇三七	長元	ちゃうげん
	一〇三七～一〇四〇	長暦	ちゃうりゃく
	一〇四〇～一〇四四	長久	ちゃうきう
	一〇四四～一〇四六	寛徳	くゎんとく
	一〇四六～一〇五三	永承	えいじょう
	一〇五三～一〇五八	天喜	てんぎ
	一〇五八～一〇六五	康平	かうへい
	一〇六五～一〇六九	治暦	ぢりゃく
	一〇六九～一〇七四	延久	えんきう
	一〇七四～一〇七七	承保	じょうほう
	一〇七七～一〇八一	承暦	じょうりゃく
	一〇八一～一〇八四	永保	えいほう
	一〇八四～一〇八七	応徳	おうとく
	一〇八七～一〇九四	寛治	くゎんぢ
	一〇九四～一〇九六	嘉保	かほう
	一〇九六～一〇九七	永長	えいちゃう
	一〇九七～一〇九九	承徳	じょうとく
	一〇九九～一一〇四	康和	かうわ
	一一〇四～一一〇六	長治	ちゃうぢ
	一一〇六～一一〇八	嘉承	かじょう
	一一〇八～一一一〇	天仁	てんにん
	一一一〇～一一一三	天永	てんえい
	一一一三～一一一八	永久	えいきう
	一一一八～一一二〇	元永	げんえい
	一一二〇～一一二四	保安	ほうあん
	一一二四～一一二六	天治	てんぢ
	一一二六～一一三一	大治	だいぢ
	一一三一～一一三二	天承	てんじょう
	一一三二～一一三五	長承	ちゃうしょう
	一一三五～一一四一	保延	ほうえん
平安	一一四一～一一四二	永治	えいぢ
	一一四二～一一四四	康治	かうぢ
	一一四四～一一四五	天養	てんやう
	一一四五～一一五一	久安	きうあん
	一一五一～一一五四	仁平	にんぴゃう
	一一五四～一一五六	久寿	きうじゅ
	一一五六～一一五九	保元	ほうげん
	一一五九～一一六〇	平治	へいぢ
	一一六〇～一一六一	永暦	えいりゃく
	一一六一～一一六三	応保	おうほう
	一一六三～一一六五	長寛	ちゃうくゎん
	一一六五～一一六六	永万	えいまん
	一一六六～一一六九	仁安	にんあん
	一一六九～一一七一	嘉応	かおう
	一一七一～一一七五	承安	じょうあん
	一一七五～一一七七	安元	あんげん
	一一七七～一一八一	治承	ぢしょう
	一一八一～一一八二	養和	やうわ
	一一八二～一一八四	寿永	じゅえい
	一一八四～一一八五	元暦	げんりゃく
鎌倉	一一八五～一一九〇	文治	ぶんぢ
	一一九〇～一一九九	建久	けんきう
	一一九九～一二〇一	正治	しゃうぢ
	一二〇一～一二〇四	建仁	けんにん
	一二〇四～一二〇六	元久	げんきう
	一二〇六～一二〇七	建永	けんえい
	一二〇七～一二一一	承元	じょうげん
	一二一一～一二一三	建暦	けんりゃく
	一二一三～一二一九	建保	けんぽう
	一二一九～一二二二	承久	じょうきう
	一二二二～一二二四	貞応	ぢゃうおう
	一二二四～一二二五	元仁	げんにん

鎌倉

西暦	年号	読み
一二二五~一二二七	嘉禄	かろく
一二二七~一二二九	安貞	あんてい
一二二九~一二三二	寛喜	くゎんぎ
一二三二~一二三三	貞永	ぢゃうえい
一二三三~一二三四	天福	てんぷく
一二三四~一二三五	文暦	ぶんりゃく
一二三五~一二三八	嘉禎	かてい
一二三八~一二三九	暦仁	りゃくにん
一二三九~一二四〇	延応	えんおう
一二四〇~一二四三	仁治	にんぢ
一二四三~一二四七	寛元	くゎんげん
一二四七~一二四九	宝治	ほうぢ
一二四九~一二五六	建長	けんちゃう
一二五六~一二五七	康元	かうげん
一二五七~一二五九	正嘉	しゃうか
一二五九~一二六〇	正元	しゃうげん
一二六〇~一二六一	文応	ぶんおう
一二六一~一二六四	弘長	こうちゃう
一二六四~一二七五	文永	ぶんえい
一二七五~一二七八	建治	けんぢ
一二七八~一二八八	弘安	こうあん
一二八八~一二九三	正応	しゃうおう
一二九三~一二九九	永仁	えいにん
一二九九~一三〇二	正安	しゃうあん
一三〇二~一三〇三	乾元	けんげん
一三〇三~一三〇六	嘉元	かげん
一三〇六~一三〇八	徳治	とくぢ
一三〇八~一三一一	延慶	えんきゃう
一三一一~一三一二	応長	おうちゃう
一三一二~一三一七	正和	しゃうわ
一三一七~一三一九	文保	ぶんぽう
一三一九~一三二一	元応	げんおう

鎌倉

西暦	年号	読み
一三二一~一三二四	元亨	げんかう
一三二四~一三二六	正中	しゃうちゅう
一三二六~一三二九	嘉暦	かりゃく
一三二九~一三三一	元徳	げんとく

室町

西暦	年号	読み
一三三一~一三三四	元弘(南朝)	げんこう
一三三二~一三三三	正慶(北朝)	しゃうきゃう
一三三四~一三三六	建武(南朝)	けんむ
一三三四~一三三八	建武(北朝)	けんむ
一三三六~一三四〇	延元(南朝)	えんげん
一三三八~一三四二	暦応(北朝)	りゃくおう
一三四〇~一三四六	興国(南朝)	こうこく
一三四二~一三四五	康永(北朝)	かうえい
一三四五~一三五〇	貞和(北朝)	ぢゃうわ
一三四六~一三七〇	正平(南朝)	しゃうへい
一三五〇~一三五二	観応(北朝)	くゎんおう
一三五二~一三五六	文和(北朝)	ぶんわ
一三五六~一三六一	延文(北朝)	えんぶん
一三六一~一三六二	康安(北朝)	かうあん
一三六二~一三六八	貞治(北朝)	ぢゃうぢ
一三六八~一三七五	応安(北朝)	おうあん
一三七〇~一三七二	建徳(南朝)	けんとく
一三七二~一三七五	文中(南朝)	ぶんちゅう
一三七五~一三七九	永和(北朝)	えいわ
一三七五~一三八一	天授(南朝)	てんじゅ
一三七九~一三八一	康暦(北朝)	かうりゃく
一三八一~一三八四	永徳(北朝)	えいとく
一三八一~一三八四	弘和(南朝)	こうわ
一三八四~一三九二	元中(南朝)	げんちゅう
一三八四~一三八七	至徳(北朝)	しとく
一三八七~一三八九	嘉慶(北朝)	かきゃう
一三八九~一三九〇	康応(北朝)	かうおう
一三九〇~一三九四	明徳(北朝)	めいとく

室町

西暦	年号	読み
一三九四~一四二八	応永	おうえい
一四二八~一四二九	正長	しゃうちゃう
一四二九~一四四一	永享	えいきゃう
一四四一~一四四四	嘉吉	かきつ
一四四四~一四四九	文安	ぶんあん
一四四九~一四五二	宝徳	ほうとく
一四五二~一四五五	享徳	きゃうとく
一四五五~一四五七	康正	かうしゃう
一四五七~一四六〇	長禄	ちゃうろく
一四六〇~一四六六	寛正	くゎんしゃう
一四六六~一四六七	文正	ぶんしゃう
一四六七~一四六九	応仁	おうにん
一四六九~一四八七	文明	ぶんめい
一四八七~一四八九	長享	ちゃうきゃう
一四八九~一四九二	延徳	えんとく
一四九二~一五〇一	明応	めいおう
一五〇一~一五〇四	文亀	ぶんき
一五〇四~一五二一	永正	えいしゃう
一五二一~一五二八	大永	だいえい
一五二八~一五三二	享禄	きゃうろく
一五三二~一五五五	天文	てんぶん
一五五五~一五五八	弘治	こうぢ
一五五八~一五七〇	永禄	えいろく
一五七〇~一五七三	元亀	げんき

安土桃山

西暦	年号	読み
一五七三~一五九二	天正	てんしゃう
一五九二~一五九六	文禄	ぶんろく

江戸

西暦	年号	読み
一五九六~一六一五	慶長	けいちゃう
一六一五~一六二四	元和	げんわ
一六二四~一六四四	寛永	くゎんえい
一六四四~一六四八	正保	しゃうほう
一六四八~一六五二	慶安	けいあん
一六五二~一六五五	承応	じょうおう

江戸

西暦	年号	読み
一六五五~一六五八	明暦	めいれき
一六五八~一六六一	万治	まんぢ
一六六一~一六七三	寛文	くゎんぶん
一六七三~一六八一	延宝	えんぽう
一六八一~一六八四	天和	てんわ
一六八四~一六八八	貞享	ぢゃうきゃう
一六八八~一七〇四	元禄	げんろく
一七〇四~一七一一	宝永	ほうえい
一七一一~一七一六	正徳	しゃうとく
一七一六~一七三六	享保	きゃうほう
一七三六~一七四一	元文	げんぶん
一七四一~一七四四	寛保	くゎんぽう
一七四四~一七四八	延享	えんきゃう
一七四八~一七五一	寛延	くゎんえん
一七五一~一七六四	宝暦	ほうりゃく
一七六四~一七七二	明和	めいわ
一七七二~一七八一	安永	あんえい
一七八一~一七八九	天明	てんめい
一七八九~一八〇一	寛政	くゎんせい
一八〇一~一八〇四	享和	きゃうわ
一八〇四~一八一八	文化	ぶんくゎ
一八一八~一八三〇	文政	ぶんせい
一八三〇~一八四四	天保	てんぽう
一八四四~一八四八	弘化	こうくゎ
一八四八~一八五四	嘉永	かえい
一八五四~一八六〇	安政	あんせい
一八六〇~一八六一	万延	まんえん
一八六一~一八六四	文久	ぶんきう
一八六四~一八六五	元治	げんぢ
一八六五~一八六八	慶応	けいおう

官位相当表・官職解説

官名		解説	長官(かみ)	次官(すけ)	判官(じょう)	主典(さくゎん)
神祇官		祭礼をつかさどり、全国の神社を統括。被官はなし。次官以下は、中臣・斎部・卜部の三氏から選任する。	伯 従四位下	大副 従五位下 少副 正六位上	大祐 従六位上 少祐 従六位下	大史 正八位下 少史 従八位上
太政官		八省を統括して、国政を担う。現在の内閣に当たる。納言は、天皇への進言、天皇の意志を表す文書を作成。左大弁は、中務・式部・治部・民部の四省を統括。右大弁は、兵部・刑部・大蔵・宮内の四省を統括。	太政大臣 正従一位 左大臣 正従二位 右大臣 正従二位 内大臣 正従二位	大納言 正三位 中納言 従三位 参議 正四位下	少納言 従五位下 左大弁 右大弁 従四位上 左中弁 右中弁 正五位上 左少弁 右少弁 正五位下	大外記 正六位上 少外記 正七位上 左大史 右大史 正六位上 左少史 右少史 正七位上
八省	中務省	天皇の文書の案分作成など宮中の政務を担当。中宮職と大舎人・図書・内蔵・縫殿・陰陽・内匠の六寮と三司を管理。	卿 正四位上	大輔 正五位上 少輔 従五位上	大丞 正六位上 少丞 従六位上	大録 正七位上 少録 正八位上
	式部省	文官の人事や儀礼などを担当。大学寮を管理。	卿 正四位下	大輔 正五位下 少輔 従五位下	大丞 正六位下 少丞 従六位上	大録 正七位上 少録 正八位上
	治部省	姓氏や五位以上の官人の婚姻・葬儀や外交などを担当。雅楽・玄蕃・諸陵の三寮と二司を管理。				
	民部省	戸籍・租税などの民政を担当。主計・主税の二寮を管理。				
	兵部省	軍事の一切を担当。兵庫寮と軍事関係の六司を管理。				
	刑部省	刑罰・訴訟を担当。警察関係の二司を管理。				
	大蔵省	庸や調の出納・度量衡などを担当。五司を管理。				
	宮内省	宮中の一切の事務を担当。大膳職と木工・大炊・主殿・典薬・掃部の五寮と十三司を管理。				
被官	職	省の下に所属する役所。他に修理職がある。単に「職」といえば、中宮職(後宮を担当)を指す。	(中宮職の場合) 大夫 従四位下	亮 従五位下	大進 従六位上 少進 従六位下	大属 正八位下 少属 従八位上
	寮	省・職に次ぐ役所。 陰陽・大炊・主殿・典薬・掃部・斎宮の各寮。	頭 従五位下	助 従六位上	大允 従七位上 少允 従七位下	大属 大初位上 少属 従八位下
		省・職に次ぐ役所。 右以外の寮。	頭 従五位上	助 正六位下	大允 正七位下 少允 従七位上	大属 従八位上 少属 従八位下
		大学・陰陽・典薬の各寮に属する博士。	文章博士—従五位下、明経博士—正六位下、明法・典薬・陰陽・天文の各博士—正七位下、算・暦・針の各博士—従七位上、漏刻博士—従七位下			
	司	寮に次ぐ役所。 多くは統廃合。(宮内省の内膳司の場合)	奉膳 正六位上		典膳 従七位下	令史 大初位上

位階の序列

正	従
正一位	従一位
正二位	従二位
正三位	従三位
正四位 上・下	従四位 上・下
正五位 上・下	従五位 上・下
正六位 上・下	従六位 上・下
正七位 上・下	従七位 上・下
正八位 上・下	従八位 上・下
大初位 上・下	少初位 上・下

区分	官司	職掌	長官	次官	判官	主典
東宮	春宮坊	東宮(皇太子)に関する事務を担当。三監・六署を管理。坊の職員の他に、「東宮傅」「学士」を置く。	大夫　従四位下	亮　従五位下	大進　従六位上 少進　従六位下	大属　正八位下 少属　従八位上
東宮	被官（監）	（主膳監の場合）	正　従六位上		佑　正八位下	大令史　少初位上 少令史　少初位下
東宮	被官（署）	（主殿署・主馬署の場合）	首　従六位下		佑　正八位下	大令史　少初位上 少令史　少初位下
後宮	内侍司	後宮十二司の一つで、天皇への取り次ぎや宮中の礼式を担当。他の司は、廃絶。	尚侍　従三位	典侍　従四位上 従四位下	掌侍　従五位上 従五位下	
軍事・警察	弾正台	治安維持や風俗の取り締まりを担当。親王や官人の違法を太政官を経ずに奏上できる権限がある。	尹　従三位	大弼　従四位下 少弼　正五位下	大忠　正六位上 少忠　正六位下	大疏　正七位上 少疏　正八位上
軍事・警察（六衛府）	左近衛府・右近衛府	内裏の内郭諸門を警備する。行幸には警護の役をする。	大将　従三位	中将　従四位下 少将　正五位下	将監　従六位上	将曹　従七位下
軍事・警察（六衛府）	左衛門府・右衛門府	内裏の外郭諸門を警備する。行幸には先駆の役をする。	督　従四位下	佐　従五位上	大尉　従六位上 少尉　正七位上	大志　正八位下 少志　従八位上
軍事・警察（六衛府）	左兵衛府・右兵衛府	内裏の中重諸門を警備する。儀式には儀仗を持ち、行幸には行列の前後を守る。	督　従四位下	佐　従五位上	大尉　従六位下 少尉　正七位上	大志　従八位上 少志　従八位下
軍事・警察	左右馬寮	官馬の調教・飼育、馬具の管理をする。	頭　従五位上	助　正六位下	大允　正七位上 少允　従七位下	大属　従八位上 少属　従八位下
軍事・警察	鎮守府	東北の蝦夷防衛のために置かれた軍事組織。	将軍　従五位上		軍監　正七位下	軍曹　従八位上
令外の官	検非違使	京中の治安維持の役をする。裁判所と警察署を併せたような役で、大きな権限を持つ。衛門府の兼任。	別当　従四位上	佐　従五位上	大尉　従六位上 少尉　正七位上	大志　正八位下 少志　従八位上
令外の官	蔵人所	天皇の側近で、勅旨の伝達や奏上、公文書の書写などの事務を担当。別当は左右大臣が兼任。	別当　正二位 頭　正四位上下 従四位上下	五位	六位	
令外の官	勘解由使	国司交替の時の「解由状」を審査する。	長官　従四位下	次官　従五位下	判官　従六位下	主典　従七位下
地方官	左右京職	京の司法・行政・警察などを担当。	大夫　従四位下	亮　従五位下	大進　従六位上 少進　正七位上	大属　正八位下 少属　従八位上
地方官	大宰府	九州と壱岐・対馬の二島を統括し、外交・国防を担当。帥には、親王がなる。	帥　従三位	大弐　従四位下 少弐　従五位下	大監　正六位下 少監　従六位上	大典　正七位上 少典　正八位上
地方官（国司）	大国	朝廷から派遣されて、国々の政治をつかさどる。任期四年。面積・人口・産物などで、大・上・中・下の等級に区分。親王が任命された場合は、太守とも言う。国司などを歴任する貴族を、受領と言う。任命されても赴任しない場合を、遥任国司と言う。	守　従五位上	介　正六位下	大掾　正七位下 少掾　正七位上	大目　従八位上 少目　従八位下
地方官（国司）	上国	（同上）	守　従五位下	介　従六位上	掾　正七位上	目　従八位下
地方官（国司）	中国	（同上）	守　正六位下		掾　正八位上	目　大初位下
地方官（国司）	下国	（同上）	守　従六位下		掾　従八位下	目　少初位下
地方官	郡司	国司の下に位置して、郡を治める。地方の有力者を任命。	大領　従八位上	少領　従八位下	主政	主帳

古典名数要覧

●読みは歴史的かなづかいによる。

▼一

一の人 摂政・関白。「一の所」とも。

一の上 左大臣の別称。左大臣が欠員か摂政・関白兼任の場合は、右大臣を指す。「一の大臣」とも。

一の大臣 (筆頭の大臣、の意で)左大臣の別称。「一の上」とも。

一の后 (第一の后の意で)皇后の別称。

一の宮 ①第一皇子。「一の御子」とも。②その地域で、第一とされる神社。

一の院 上皇または法皇が複数いる場合、先になった上皇。以下、中院・新院という。「一院」「本院」とも。

一人 (天下にただひとり、の意で)天皇。

▼二

二の人 「一の人」(摂政・関白)に次ぐ地位にいる人。

二王 (仏教語)金剛力士の二神。

二世 ①(仏教語)現世と来世。②(「二世の縁」で)夫婦の縁。

二気 陰と陽。「二儀」とも。

二官 神祇官と太政官。

二星 牽牛星と織女星。「二つ星」とも。

二都 南都(奈良)と北都(京都)。

二聖 ①(和歌では)柿本人麻呂と山部赤人。②(書道では)嵯峨天皇と空海。

両界 (仏教語)密教の二大法門。金剛界と胎蔵界。「両部」とも。

両部 (仏教語)→「両界」

両朝 南朝と北朝。

両統 持明院統と大覚寺統。

▼三

三大門 平安京の羅城門・朱雀門・応天門。

三大集 万葉集・古今和歌集・新古今和歌集。

三山 ①大和三山。畝傍山・香具山・耳成山。②熊野三山。新宮・本宮・那智。③出羽三山。月山・羽黒山・湯殿山。

三夕の和歌 新古今和歌集にある、「秋の夕暮れ」を第五句においた三首。「三夕」とも。寂蓮の「寂しさはその色としもなかりけり槇立つ山の秋の夕暮れ」、西行の「心なき身にもあはれは知られけり鴫立つ沢の秋の夕暮れ」、藤原定家の「見わたせば花も紅葉もなかりけり浦の苫屋の秋の夕暮れ」。

三公 太政大臣・左大臣・右大臣(のち、左大臣・右大臣・内大臣)。「三台」「三槐」とも。

三冊子 白冊子・赤冊子・忘れ水(黒冊子)。

三代格式 弘仁格式・貞観格式・延喜格式。

三代集 古今和歌集・後撰和歌集・拾遺和歌集。

三史 中国古代の史書。史記・漢書・後漢書(または、東観漢記)。

三世 ①(仏教語)前世(過去)・現世(現在)・来世(未来)。②親・子・孫。

三曲 ①琵琶の秘曲。流泉・啄木・揚真操。②箏・三味線・胡弓(のちに尺八)の称。また、その合奏。

三舟の才 漢詩・和歌・管弦の三つの道に、優れた才能をもつこと。

三社 伊勢神宮・石清水八幡宮・賀茂神社(または、春日神社)。

三弦 和琴・箏・琵琶。

三国 本朝(日本)・震旦(中国)・天竺(インド)。

三宝 (仏教語)仏・法・僧。

三奉行 江戸幕府の寺社奉行・勘定奉行・町奉行。

三界 (仏教語)①欲界・色界・無色界。②(転じて)過去・現在・未来。

三神 ①日本神話において、天地創造後、最初に現れた神。天御中主神・高皇産霊神・神皇産霊神。②和歌の守護神。「和歌三神」とも。住吉社・天満宮・玉津島社の神。一説に、柿本人麻呂・山部赤人・衣通姫とも。

三宮 太皇太后・皇太后・皇后。「三后」とも。

三家 ①公家の三家。閑院・花山院・中院。別に中院に代わり久我。②徳川家康の子を祖とする三家。尾張・紀伊・水戸。

三都 江戸・京都・大坂。

三景 陸前(宮城県)の松島・安芸(広島県)の厳島(宮島)・丹後(京都府)の天の橋立。「日本三景」とも。

三尊 (仏教語)①中央の本尊と、左右の脇侍の総称。弥陀三尊(阿弥陀仏・観世音菩薩・勢至菩薩)・釈迦三尊(釈迦仏・普賢菩薩・文殊菩薩)・薬師三尊(薬師仏・月光菩薩・日光菩薩)など。②仏・法・僧のこと。「三宝」とも。

三筆 平安初期の能書家。嵯峨天皇・橘逸勢・空海。

三聖 ①古代中国の聖人。孔子・老子・顔回(または、尭・舜・禹)。②歌人で、柿本人麻呂・山部赤人・衣通姫。③書道で、空海・菅原道真・小野道風。④俳諧で、荒木田守武・山崎宗鑑・飯尾宗祇。⑤釈迦・孔子・キリスト。

三関 ①上代に、東国から侵入者を防ぐために設けられた関所。鈴鹿の関(伊勢=三重県)・不破の関(美濃=岐阜県)・愛発の関(越前=福井県)。のち、愛発に代わって逢坂の関(近江=滋賀県)が加えられた。②上代に、蝦夷対策として奥羽(今の東北六県)に設けられた関所。磐城国(福島県)の勿来の関と白河の関・羽前国(山形県)の念珠が関。

三種の神器 皇位継承のあかしとして、伝えられる宝物。八尺瓊曲玉・天の叢雲の剣(草薙の剣)・八咫の鏡。

三蹟・三跡 平安中期の能書家。小野道風・藤原佐理・藤原行成。

▼四

四天王 ①(仏教語)四方鎮護の神。東方の持国天王・西方の広目天王・南方の増長天王・北方の多聞天王。②源頼光の、武芸に秀でた家来。渡辺綱・坂田金時・碓井貞光・卜部季武。③中世の歌人。頓阿・吉田兼好・浄弁・慶運。

四民 ①一般の民。すべての人民。②江戸時代の身分。士・農・工・商。

四式 古代の歌学書。歌経標式(浜成式)・喜撰式・孫姫式・石見女式。

四苦 (仏教語)人生の苦痛。生・病・老・死。→「八苦」

四姓 代表的な姓。源氏・平氏・藤原氏・橘氏。

四海 ①(仏教語)須弥山の四方をとり囲む外海。②四方の海。転じて、世の中。世界。天下。「四つの海」とも。

四恩 (仏教語)この世で受けるという恩。三宝(仏・法・僧)の恩・父母の恩・国王の恩・衆生の恩。または、父母の恩・師長の恩・国王の恩・施主の恩。

四座 南北朝から室町時代にかけて、春日神社に奉仕した大和猿楽(能楽)の座。結崎・坂戸・外山・円満井。のち、観世・金剛・宝生・金春と称し、現在にいたる。また、喜多を加えて「四座一流」ともいう。

四時 ①四季。春・夏・秋・冬。②一日を四つに区分したもの。旦(朝)・昼・暮・夜。

四書 代表的な儒学古典。大学・中庸・論語・孟子。→「五経」

四箇の大事 平安時代、貴族たちに最重要視された行事。節会・官奏・叙位・除目。

四職 令制の職。左京職・右京職・大膳職・修理職。

四鏡 歴史物語の大鏡・今鏡・水鏡・増鏡。「鏡物」とも。

▼五

五人女 井原西鶴の浮世草子『好色五人女』の略称。また、その登場人物、お夏・おせん・おさん・お七・おまん。

五人男 歌舞伎「白浪五人男」の主役。日本駄右衛門・忠信利平・南郷力丸・赤星重(十)三郎・弁天小僧菊之助。

五大官寺 東大寺・興福寺・延暦寺・教王護国寺(東寺)・園城寺(三井寺)。

五山 (仏教語)禅宗の五大寺。①京都五山として、天竜寺・相国寺・建仁寺・東福寺・万寿寺。②鎌倉五山として、円覚寺・建長寺・浄智寺・寿福寺・浄妙寺。

五行 古代中国で考えられた、万物を構成する元素。木・火・土・金・水。

五戒 (仏教語)在家の信者の戒律。不殺生戒・不偸盗戒・不邪淫戒・不妄語戒・不飲酒戒。→「五悪」

五更 (「更」は一夜を五等分した時刻の単位)①初更・二更・三更・四更・五更の総称。②前項の意のうちの五番目。午前三時から午前五時ごろまでの二時間。

五体 ①頭・右手・左手・右足・左足。または、全身。②書体の、篆・隷・楷・行・草。

五舎 平安京の内裏の殿舎。昭陽舎・淑景舎・飛香舎・凝華舎・襲芳舎。

五家髄脳 平安時代の歌学書。新撰髄脳(藤原公任)・能因歌枕(能因)・俊頼髄脳(源俊頼)・奥儀抄(藤原清輔)・綺語抄(藤原仲実)。

五悪 (仏教語)仏の教えに反する悪行。殺生・偸盗・邪淫・妄語・飲酒。→「五戒」

五経 儒学で尊重される経典。詩経・書経・易経・春秋・礼記。→「四書」

五常 儒教の、人が守るべき徳目。仁・義・礼・智・信。

五街道 江戸幕府が重視した街道。東海道・中山道・甲州街道・奥州街道・日光街道。

五節句・五節供 人日(正月七日)・上巳(三月三日)・端午(五月五日)・七夕(七月七日)・重陽(九月九日)。「五節」とも。

五節会 古代の主要な節会(儀式・宴会)。元日・白馬・踏歌・端午・豊の明かり。

五摂家 摂政・関白となれる家。近衛家・鷹司家・一条家・二条家・九条家。

五穀 ①主要な穀物。米・麦・粟・黍・豆。②穀物の総称。

五衛府 衛門府・左衛士府・右衛士府・左兵衛府・右兵衛府。→「六衛府」

五臓・五蔵 人間の内臓。心・肺・肝・脾・腎。→「六腑」

▼六

六大 (仏教語)宇宙の万物を形づくるとされる、地・水・火・風・空・識。

六地蔵 (仏教語)檀陀・宝珠・宝印・持地・除蓋障・日光。

六体 ①和歌の形式。長歌・短歌・旋頭歌・混本歌・折り句・沓冠。②書体の形式。大篆・小篆・八分・隷書・行書・草書。

六国史 古代に編纂された史書。日本書紀・続日本紀・日本後紀・続日本後紀・文徳実録・三代実録。

六波羅蜜 ①(仏教語)悟りを得るため菩薩が行う修行。布施・持戒・忍辱・精進・禅定・知恵。②六波羅蜜寺の略。

六書 漢字の組み立て、字義に関する法則。象形・指事・会意・形声・転注・仮借。

六根 (仏教語)人間に迷いを生じさせる根源。眼・耳・鼻・舌・身・意。

六時 一昼夜を六等分したもの。晨朝・日中・日没・初夜・中夜・後夜。

六家集 長秋詠藻(藤原俊成)・秋篠月清集(藤原良経)・拾玉集(慈円)・拾遺愚草(藤原定家)・壬二集(藤原家隆)・山家集(西行)。

六道 (仏教語)衆生が輪廻する世界。地獄道・餓鬼道・畜生道・修羅道・人間道・天上道。

六腑 漢方でいう人間の六種の臓器。胃・大腸・小腸・胆・三焦・膀胱。→「五臓」

六義 ①漢詩の分類形式。風・雅・頌・賦・比・興。②和歌で、そへ歌・かぞへ歌・なずらへ歌・たとへ歌・ただこと歌・いはひ歌。

六歌仙 在原業平・大友黒主・小野小町・文屋康秀・僧正遍昭・喜撰。

六調子 雅楽で用いられる基本的な調子。壱越調・平調・双調・黄鐘調・盤渉調・大食調。

六衛府 古くは、衛門・左右の衛士府・左右の兵衛府・中衛府。弘仁二年(八一一)以降は、左右の近衛府・衛門府・兵衛府。「六衛」「六衛の司」とも。

六曜 先勝・友引・先負・仏滅・大安・赤口。

六観音 (仏教語)六道のそれぞれで、衆生の救済をする観世音菩薩。千手・聖・馬頭・十一面・准胝・如意輪。

▼七

七つ道具 具足・刀・太刀・弓・矢・母衣・兜。

七大寺 奈良の大寺。東大寺・興福寺・西大寺・元興寺・大安寺・薬師寺・法隆寺。南都七大寺とも。

七宝 (仏教語)七種の宝物。法華経では、金・銀・瑪瑙・瑠璃・硨磲・真珠・玫瑰。無量寿経では、金・銀・瑠璃・玻璃・硨磲・珊瑚・瑪瑙。

七種・七草 ①春の七草。芹・薺・御形・蘩蔞・仏座・菘(蕪)・蘿蔔(大根)。②秋の七草。萩・尾花・葛・撫子・女郎花・藤袴・桔梗(または朝顔)。

七堂伽藍 (仏教語)寺院の主要な建物。金堂・講堂・塔・鐘楼・経蔵・僧房・食堂。禅宗では、山門・仏殿・法堂・方丈・食堂・浴室・東司。

七部集 芭蕉七部集の略称。俳諧七部集とも。冬の日・春の日・あら野・ひさご・猿蓑・炭俵・続猿蓑。

七道 東海道・東山道・北陸道・山陰道・山陽道・南海道・西海道。

七福神 大黒天・恵比須・布袋・毘沙門天・弁財天・寿老人・福禄寿。

七曜 日・月・火星・水星・木星・金星・土星。

七難 (仏教語)法華経で、火難・水難・羅刹難・刀杖難・鬼難・枷鎖難・怨賊難。

▼八

八大地獄 (仏教語)等活地獄・黒縄地獄・衆合地獄・叫喚地獄・大叫喚地獄・焦熱地獄・大焦熱地獄・無間地獄。

八大家 韓愈・柳宗元・欧陽修・蘇洵・蘇軾・蘇轍・曾鞏・王安石。

八大竜神 (仏教語)仏法守護の竜神。難陀・跋難陀・沙羯羅・和修吉・徳叉迦・阿那婆達多・摩那斯・優鉢羅。「八大竜王」とも。

八方 東・西・南・北・北東・北西・南東・南西。

八代集 古今・後撰・拾遺・後拾遺・金葉・詞花・千載・新古今の各勅撰集。

八苦 (仏教語)人の受ける苦難。生・病・老・死・愛別離苦・怨憎会苦・求不得苦・五陰盛苦。→「四苦」

八姓 天武天皇十三年(六八四)に定められた姓。真人・朝臣・宿禰・忌寸・道師・臣・連・稲置。「八色の姓」とも。

八逆・八虐 律の規定で、最も重いとされた罪。謀反・謀大逆・謀叛・悪逆・不道・大不敬・不孝・不義。

八省 令制で、太政官の下に設置された省。中務省・式部省・治部省・民部省・兵部省・刑部省・大蔵省・宮内省。

八洲・八島 ①古代日本で国土とされた島。淡路洲・大日本豊秋津洲・伊予二名洲・隠岐洲・佐渡洲・筑紫洲・壱岐洲・対馬洲。「八島国」とも。②かまどの神の別称。

八景 ①中国の瀟湘八景。江天暮雪・瀟湘夜雨・山市晴嵐・遠浦帰帆・煙寺晩鐘・平沙落雁・漁村夕照・洞庭秋月。②近江八景。比良の暮雪・矢橋の帰帆・石山の秋月・瀬田の夕照・三井の晩鐘・堅田の落雁・粟津の晴嵐・唐崎の夜雨。

▼九

九州 筑前・筑後・肥前・肥後・豊前・豊後・日向・大隅・薩摩。

九星 一白・二黒・三碧・四緑・五黄・六白・七赤・八白・九紫。

九品 (仏教語)極楽浄土に往生する際の九つの階級。上品上生・上品中生・上品下生・中品上生・中品中生・中品下生・下品上生・下品中生・下品下生。

九族 高祖父母・曾祖父母・祖父母・父母・自分・子・孫・曾孫・玄孫。

九職 令制で、「省」に属した皇后宮職・皇太后宮職・太皇太后宮職・中宮職・春宮職・左京職・右京職・大膳職と、令外の官の修理職。

▼十

十干 甲・乙・丙・丁・戊・己・庚・辛・壬・癸。

十干十二支 「十干」と「十二支」。また、それらを組み合わせたもの。

十方 東・西・南・北・南東・南西・北東・北西・上・下。

十体 歌体の分類。定家で、幽玄体・事可然体・麗体・有心体・長高体・見体・面白体・有一節体・濃体・鬼拉体。「和歌十体」とも。

十界 (仏教語)十法界の略。六道(迷いの世界)と四聖(悟りの世界)。天上界・人間界・修羅界・畜生界・餓鬼界・地獄界・仏界・菩薩界・縁覚界・声聞界。

十哲 蕉門十哲の略。芭蕉の十大弟子。榎本其角・服部嵐雪・森川許六・向井去来・各務支考・内藤丈草・立花北枝・杉山杉風・志太野坡・越智越人。

十悪 (仏教語)仏教でいう十の悪行。殺生・偸盗・瞋恚・邪見・邪淫・妄語・両舌・悪口・綺語・貪欲。↔「十善」

十善 (仏教語)十悪を犯さないこと。↔「十悪」

▼十二

十二支 子・丑・寅・卯・辰・巳・午・未・申・酉・戌・亥の総称。

十二門 平安京大内裏の十二の門。北面の安嘉門・偉鑒門・達智門、南面の美福門・朱雀門・皇嘉門、東面の陽明門・待賢門・郁芳門、西面の談天門・藻壁門・殷富門。

十二単 女官の正装。唐衣装束の後世の俗称。

十二神将 (仏教語)仏法守護の神将。宮毘羅大将・伐折羅大将・迷企羅大将・安底羅大将・頞儞羅大将・珊底羅大将・因陀羅大将・波夷羅大将・摩虎羅大将・真達羅大将・招杜羅大将・毘羯羅大将。

十二時 一昼夜。昼の卯・辰・巳・午・未・申と、夜の酉・戌・亥・子・丑・寅を合わせたもの。「二六時」とも。

▼十三 以上

十三宗 華厳・天台・真言・法相・律・浄土・臨済・曹洞・黄檗・真・日蓮・融通念仏・時の各宗。

十三代集 「八代集」以後の勅撰集。新勅撰・続後撰・続古今・続拾遺・新後撰・玉葉・続千載・続後拾遺・風雅・新千載・新拾遺・新後拾遺・新続古今。

十五夜 ①陰暦の毎月十五日の夜。満月の夜。②陰暦八月十五日の夜。(季ー秋)

十六夜 ①陰暦十六日の夜。またはその月。②陰暦八月十六日の月。(季ー秋)

十七夜 陰暦八月十七日の夜の月。立ち待ち月。(季ー秋)

十七殿 平安京内裏の殿舎。紫宸殿・仁寿殿・承香殿・常寧殿・貞観殿・春興殿・宜陽殿・綾綺殿・温明殿・麗景殿・宣耀殿・安福殿・校書殿・清涼殿・後涼殿・弘徽殿・登花殿。

十八番 ①「歌舞伎十八番」の略。梨園の市川家に伝わる当たり狂言。外郎売・嫐・押戻し・景清・鎌髭・関羽・勧進帳・助六・解脱・毛抜・暫・蛇柳・象引・七つ面・鳴神・不動・不破・矢の根。②(前項から転じて)得意とする物事。おはこ。

二十一代集 勅撰和歌集の総称。八代集と十三代集。

二十四気 中国から伝えられた、一年を二十四に分けた季節区分。春を立春・雨水・啓蟄・春分・清明・穀雨、夏を立夏・小満・芒種・夏至・小暑・大暑、秋を立秋・処暑・白露・秋分・寒露・霜降、冬を立冬・小雪・大雪・冬至・小寒・大寒とする。「二十四節気」「二十四節」とも。

二十八宿 月の動きを識別するために、天の星を二十八に区分したもの。これを東西南北の青竜・白虎・朱雀・玄武の四宮に七宿ずつ配した。

三十六歌仙 藤原公任が選んだという歌人。柿本人麻呂・山部赤人・大伴家持・猿丸大夫・在原業平・小野小町・僧正遍昭・紀貫之・紀友則・凡河内躬恒・壬生忠岑・源順・清原元輔・大中臣能宣・素性法師・藤原兼輔・藤原敏行・坂上是則・藤原興風・源重之・大中臣頼基・源公忠・平兼盛・藤原元真・小大君・中務・伊勢・源宗于・斎宮女御・藤原敦忠・藤原高光・源信明・藤原仲文・藤原清正・壬生忠見・藤原朝忠。

五十三次 「次」は宿場の意。江戸日本橋から京都三条大橋までの、東海道の宿駅。「東海道五十三次」とも。品川・川崎・神奈川・保土谷・戸塚・藤沢・平塚・大磯・小田原・箱根・三島・沼津・原・吉原・蒲原・由比・興津・江尻・府中・丸子・岡部・藤枝・島田・金谷・日坂・掛川・袋井・見付・浜松・舞坂・新井・白須賀・二川・吉田・御油・赤坂・藤川・岡崎・池鯉鮒・鳴海・宮・桑名・四日市・石薬師・庄野・亀山・関・坂下・土山・水口・石部・草津・大津。

五十四帖 『源氏物語』の巻数。桐壺・帚木・空蟬・夕顔・若紫・末摘花・紅葉賀・花宴・葵・賢木・花散里・須磨・明石・澪標・蓬生・関屋・絵合・松風・薄雲・朝顔・少女・玉鬘・初音・胡蝶・蛍・常夏・篝火・野分・行幸・藤袴・真木柱・梅枝・藤裏葉・若菜上・若菜下・柏木・横笛・鈴虫・夕霧・御法・幻・匂宮・紅梅・竹河・橋姫・椎本・総角・早蕨・宿木・東屋・浮舟・蜻蛉・手習・夢浮橋。

百官 (中央・地方を問わず)もろもろの役人。

古典難読語の読み方

●この一覧は、古典に現れる難読語の読み方を、漢字の画数から検索して調べられるように配列した。送りがなの部分には傍線を付した。
●「くさかんむり」はすべて「三画」に数えた。「しんにょう」については、常用漢字・人名用漢字は「三画」、それ以外は「四画」とした。

【一画】

一入　ひとしほ
一向　ひたすら・ひたぶる
一昨昨年　さをととし
一叢　ひとむら
乙　おと・きのと

【二画】

七十　ななそ・ななそぢ
七宝　しっぽう
七種　ななくさ
丁　ひのと・よほろ
丁香　ちゃうじ
丁稚・丁児　でっち
九十九髪　つくもがみ
二十　はた・はたち・ふたそぢ
入内　じゅだい
入定　にふぢゃう
八入　やしほ
八十　やそ・やそぢ
八尺瓊　やさかに
八百万　やほよろづ
八重葎　やへむぐら
八咫の鏡　やたのかがみ
八衢　やちまた
几帳　きちゃう
刀自　とうじ・とじ
十二単　じふにひとへ
十六夜　いさよひ・いざよひ
卜　うら

【三画】

下人　げにん・しもうど
下枝　したえ・しづえ
下品　げぼん
下沓　したうづ・したぐつ
下種・下衆・下司　げす
下襲　したがさね
三十　みそ・みそぢ
三十一文字　みそひともじ
三昧　さんまい
三途　さんづ
三稜草　みくり
上巳　じゃうし
上枝　ほつえ
上品　じゃうぼん
上達部　かんだちめ・かんだちべ・かんだち
上衆・上種　じゃうず
丈夫　ますらを
乞巧奠　きかうでん
千尋　ちひろ
千歳・千年　ちとせ
口舌　くぜつ
土師　はじ・はにし
土器　かはらけ
夕星　ゆふつづ
大人　うし・おとな
大曲　おほわだ
大臣　おとど・おほいまうちぎみ・おほおみ・だいじん
大蛇　をろち
大殿　おとど・おほいどの・おほとの
大殿油　おほとなぶら
大嘗祭　おほなめまつり・だいじゃうさい
女　をうな・をみな・をんな
女官　にょうくゎん・にょくゎん
女郎花　をみなへし
子規　ほととぎす
小舎人童　こどねりわらは
山峡　やまがひ
山颪　やまおろし
山賤　やまがつ
己　おのれ・おれ・つちのと
已　すでに・やむ
巳　み
巾子　こじ
干支　えと・かんし
弓手　ゆんで
弓杖　ゆづゑ・ゆんづゑ
才　かど・ざえ

【四画】

中務　なかつかさ
乏し　ともし
五十　い・いそ・いそぢ
五月雨　さつきあめ・さみだれ
五倍子　ふし
仇敵　あたかたき
什宝　じふほう
公文所　くもんじょ
公達　きんだち
公卿　くぎゃう・まうちぎみ・まへつぎみ
六十　むそ・むそぢ
六義　りくぎ
六衛府　りくゑふ
円居　まとゐ
円座　わらふだ・ゑんざ
内外　うちと・ないげ
内匠寮　うちのたくみのつかさ・たくみれう
内府　だいふ
内舎人　うどねり
内侍　ないし
内裏　だいり
内蔵寮　くらづかさ・くらのつかさ・くられう
分明か　さやか
勾玉　まがたま
勾当　こうたう
勿来の関　なこそのせき
匹如身　するすみ
反古・反故　ほうご・ほぐ
反魂　はんごん
双六　すぐろく・すごろく
壬　みづのえ
太政大臣　おほきおとど・おほきおほいまうちぎみ・おほいまつりごとのおほ
太政官　つかさ
天一神　なかがみ
天気　ていけ・てけ・てんけ
天竺　てんぢく
天皇　すめらぎ・すめらみこと
天離る　あまざかる
天満つ月　あまみつつき
夫　せ・つま
少輔　せう・せふ
屯倉・屯家　みやけ
手末　たなすゑ
手弱女　たわやめ・たをやめ
手遊　てすさび・てずさみ
手爾遠波　てにをは
手輿　たごし・てごし
文目　あやめ
文章博士　もんざうはかせ・もんじゃうはかせ
方人　かたうど
方便　たづき・たどき
方違へ　かたたがへ
日吉　ひえ
日次み　ひなみ
日和見　ひよりみ
月代・月額　さかやき
月次み　つきなみ
木工　こだくみ
木末　こぬれ
木賊　とくさ
木綿　もめん・もんめん・ゆふ
木霊　こたま・こだま
比丘　びく
水夫　かこ
水分り　みくまり
水泡　みなわ
水門　みと・みなと
水脈　みを
水葱　なぎ
父母　かぞいろ・ぶも
片秀　かたほ
牛車　ぎっしゃ
牛頭　ごづ

【五画】

丙　ひのえ
主水　もひとり・もんど
主典　さうくゎん・さくゎん
他し　あだし
令外　りゃうげ
兄人　せうと
凧　いか・いかのぼり
出だし衣　いだしぎぬ
出挙　すこ・すいこ
加之・加以　しかのみならず
半首・半頭　はつぶり
半靴　はうくゎ
半蔀　はじとみ
卯の花腐し　うのはなくたし
去年　こぞ
史　ふびと・ふみひと
史生　いちぶ・ししゃう・ふみひと
只管　ひたすら
台　うてな
台詞　せりふ

右手 めて
四十 よそ・よそぢ
四方 よも
四阿 あづまや
外郎 ういらう
左見右見 とみかうみ
布衣 ほい・ほうい
布袴 ほうこ
幼宮 いとみや
弁別 わいだめ
弘徽殿 こうきでん・こきでん
戊 つちのえ
札 さね・ふだ
末 うら・うれ
末濃 すそご
未 いまだ・ひつじ
正身 さうじみ・しゃうじん・ただみ
母衣 ほろ
母屋 おもや・もや
民部 かきべ
永久 とは
氷柱 つらら
玉章・玉梓 たまづさ
玉葛・玉鬘 たまかづら
玉櫛笥・玉匣 たまくしげ
玉響 たまゆら
生血 のり
生直 きすぐ
生飯 さば
生業 すぎはひ・なりはひ
生絹 すずし
生き霊 いきすだま
田鶴 たづ
甲 かぶと・かん・きのえ・よろひ
甲矢 はや
申 さる・まうす・ます・まをす
白栲・白妙 しろたへ
白粉 はふに
白酒 しろき
白馬 あをうま
白眼 さめ
目交 まなかひ・めまぜ
目庇 まびさし
目離る めかる
矢比 やごろ
矢幹・矢柄 やがら
矢壺・矢籠 しこ
石花 せ

【六画】

争ふ すまふ
仮令 けりゃう・たとひ
仮初 かりそめ
仮寝 うたたね
凩 こがらし
凪 なぎ
刑部 ぎゃうぶ
吉方 えはう
吉事 よごと
向後 きゃうご
后 きさい・きさき
合歓 ねぶ・ねむ
同胞 はらから
回向 ゑかう
団扇 うちは
地下 ぢげ
地祇 くにつかみ・ちぎ
地震 なゐ
夙 まだき
夷 えびす
如月 きさらぎ
安居 あんご
安寝 やすい
尽日 ひねもす
弛し たゆし
戌亥 いぬゐ
早稲 わさ・わせ
早蕨 さわらび
曲尺 かねじゃく・まがりがね
曲水 きょくすい・ごくすい・めぐりみづ
曲玉 まがたま
曲者 くせもの
有心 うしん
有識・有職 いうそく
朱雀 すざく
次官 すけ
此方 こち・こちら・こなた
気障 きざ
気質 かたぎ
汗衫 かざみ
汝 いまし・な・なれ・まし・みまし
灰汁桶 あくをけ
当時 そのかみ
当腹 むかひばら
百舌 もず
百敷 ももしき
老女 おうな
肉 しし
自然 じねん
艮 うしとら
行宮 あんぐう
行脚 あんぎゃ
行器 ほかゐ
行潦 にはたづみ
行灯 あんどん
行縢 むかばき
衣魚 しみ

【七画】

何方 いづかた・いづち・どち
何処 いづく・いづこ・いどこ
何某 なにがし
伽 とぎ
伽羅 きゃら
伽藍 がらん
佐官 さうくわん
作物所 つくもどころ
似非 えせ
伯楽 ばくらう
伴天連 ばてれん
伴造 とものみやつこ
余所 よそ
余波 なごり
児 こ・ちご
兵 つはもの
判官 じょう・ぞう・はうぐわん・はんぐわん
判者 はんざ
努 ゆめ
労 いたづく・いたはる・ねぐ
含む くくむ・ふふむ
吾 あ・あれ・わ
吾妹子 わぎもこ
呉織・呉服 くれはとり
呂宋 るすん・るそん
呂律 りょりつ・ろれつ
吝し しわし
図書寮 ふみのつかさ
坐す います・ます
坏 つき
坎日 かんにち
寿詞 よごと
妖 およづれ
局 つぼね
尿 いばり・しし・しと・ゆばり・ゆまり
尾籠 びろう・をこ
岐 ちまた
岐神 くなどのかみ・ふなどのかみ
巫 かうなぎ・かみなぎ・かむなぎ・かんなぎ
序 ついで
床机・床几 しゃうぎ
庇 おほひ・ひさし
弟 いろせ・おと
役調 えつき
忌寸 いみき
忌忌し ゆゆし
忍冬 すひかづら
忍辱 にんにく
快楽 けらく
折敷 をしき
扶持 ふち
杜若 かきつばた
杜松 むろのき
杜鵑 ほととぎす
杙 くひ
杣人 そまびと
沙羅 さら
沢瀉 おもだか
私語 ささめごと
秀 ほ
秀句 すく
禿 かぶろ・かむろ
花車 きゃしゃ
花筐 はながたみ
花魁 おいらん
芹 せり
初冠 うひかうぶり
角髪 びづら・みづら
言痛し こちたし
言霊 ことだま
谷蟇 たにぐく
売僧 まいす
赤土 はに
赤熊 しゃぐま
辛 かのと・からし・つらし
辰巳 たつみ
辿る たどる
近衛 このゑ
邑 むら
酉 とり
防人 さきもり

【八画】

乳母 うば・めのと
事 わざ
事痛し こちたし
事業 ことわざ
京職 みさとづかさ
供奉 ぐぶ
供花 くうげ・くげ
使主 おみ
侍女・侍婢 まかだち
佩刀 はかし・はかせ
其方此方 そちこち
其処 そこ

具　そなふ・つぶさ・よろひ
典薬寮　くすりのつかさ
刺刀　さすが
刹那　せつな
卒塔婆　そとば
卓袱　しっぽく
参観　さんきん
参議　おほまつりごとびと
受領　ずりゃう
咎　とが
呪願　かしり
命婦　みゃうぶ
和　なぐ・なごし・にこ・やはらぐ
和布　にきめ
和尚　くわしゃう・わじゃう・をしゃう
和草　にこぐさ
和栲　にきたへ
和魂　にきたま
坤　ひつじさる
垂水　たるみ
垂氷　たるひ
垂乳根　たらちね
垂髪　すべしがみ
夜叉　やしゃ
夜半　よは
夜発　やほち・やほつ
奇し　あやし・くし
委曲　つばら・まつぶさ
妾　てかけ・わらは
姓　かばね・さう
盂蘭盆　うらぼん
官　つかさ
宝倉　ほくら
定考　かうぢゃう

尚侍　ないしのかみ
居士　こじ
岫　くき
岨　そは
帚木　ははきぎ
帙簀　ちす
帖　でふ
庚　かのえ
弥生　いやおひ・やよひ
弥勒　みろく
弩　おほゆみ
往ぬ　いぬ
彼某　かれがし
忽　いるかせ・ゆるかせ
忠実　まめ
忝し　かたじけなし
念誦　ねんじゅ・ねんず
怪し　けし
性　さが
抵牾く　もどく
担桶　たご
苧　からむし・むし・を
苧環　をだまき
茅花　つばな
放下　はうか・はうげ
放生会　はうじゃうゑ
放り　はなり
枝折り　しをり
枢　くる・くるる・とぼそ・とまら
杼　ひ
東風　あゆ・こち・こちかぜ
東雲　しののめ
杯　さかづき・つき・はた
柿　こけら

苫　とま
苞・苞苴　つと
欣求浄土　ごんぐじゃうど
武士　もののふ
沓　くつ
沓冠　くつかぶり
歩行　かち
注連　しめ・しりくめなは
泥　なづむ・ひぢ
泥梨　ないり
泥障　あふり
泡沫　うたかた
法度　はっと
法螺　ほら
物の怪　もののけ
物相　もっさう
狗　ゑぬ・ゑのこ
狛犬　こまいぬ
直人　ただびと・なほびと
直な文字　すぐなもじ
直衣　なほし
直垂　ひたたれ
直面　ひたおもて
直綴　ぢきとつ
祈年祭　としごひのまつり
空蝉　うつせみ
空薫き　そらだき
肩巾　ひれ
肩衣　かたぎぬ
肩衝き　かたつき
肴　さかな
肱　かひな
舎人　とねり
舎屋　やかす

舎利　さり・しゃり
若子　わくご
虎落　もがり
迫間　はさま・はざま
采女　うねべ・うねめ
采籠　さいろう
金毘羅　こんぴら
金椀　かなまり
長刀　なぎなた
長女　をさめ
長官　かう・かみ・かん
長押　なげし
長庚　ゆふつづ
長閑　のど・のどか
阜　つかさ
阿吽　あうん
阿闍梨　あざり・あじゃり
附子　ぶす
青鈍　あをにび
青黛　せいたい

［九画］

俄　にはか
便　たより・よすが
冑　かぶと
冠　かうぶり・かがふり・かむり・かんむり
冠木　かぶき
冠者　くわざ・くわじゃ・くわんじゃ
削ぎ尼　そぎあま
削り氷　けづりひ
前妻　こなみ
前途　せんど
前栽　せざい・せんざい
勅　みことのり

勇魚　いさな
南殿　なでん
単襲　ひとへがさね
咳　しはぶき・すはぶき・せく
垣下　ゑが・ゑんが
垣間見　かいまみ
垢離　こり
威　をどし
姥　うば
客人　まらうと・まらびと
専領　をさめ
峙つ　そばだつ
巷　ちまた
帥　そち・そつ
建立　こんりふ
建盞　けんざん
弭　はず
後方　しりへ
後う言　しりうごと
後取り　しんどり
後妻　うはなり
後朝　きぬぎぬ
後輪　しづわ・しりわ
律師　りし・りっし
単衣　ひとへ
怨霊　をんりゃう
恪勤　かくご・かくごん
按察使　あぜち
指　おゆび・および
指貫　さしぬき
挂け甲　かけよろひ
怒物作り　いかものづくり
政　まつりごと
政所　まんどころ

施餓鬼　せがき
昨夜　よべ・よんべ
昵近　ぢっきん
春宮　とうぐう・はるのみや・みこのみや
昼の御座　ひのおまし
昴　すばる・ばう
栄耀　ええう
枷　かし・かせ
柑子　かうじ
枯る草　かるも
枸橘　からたち
柵　き・くへ・しがらみ
柞葉　ははそは
洟　すすばな
某　くれがし・それがし・なにがし
殆　ほとど・ほとほと・ほとんど
段階　きだはし
海人　あま・あまびと
海人草　まくり
海中　わたなか
海布　め
海松　みる
海神　わたつみ
海原　うなはら・わたのはら
浅茅生　あさぢふ
浅葱　あさぎ・あさつき
為人　ひととなり
為体　ていたらく
為替　かはせ
牲　にへ
牴牾く　もどく
狭衣　さごろも
狭間　さま・はさま・はざま
狭筵　さむしろ

狩衣　かりぎぬ・かりごろも
独楽　こまつぶり
独鈷　とくこ・とこ
疫病　えやみ
癸　みづのと
皇　すべら・すべらぎ・すめ・すめら
皇女　みこ
皇太后宮　おほきさいのみや
皇神　すべがみ・すめがみ
看経　かんきん
相親家　あひやけ
眉目　みめ
眉庇　まびさし
眇　すがめ
砂　いさご
砌　みぎり・みぎん
祇園　ぎをん
祝詞　のっと・のりと
神楽　かぐら
神随　かむながら・かんながら
神漏岐　かむろき・かむろぎ
神籬　ひもろき・ひもろぎ
科　しな・とが
糾　あざなふ|・あざはる|・あざふ|
紅蓮　ぐれん
約む　つづむ|
県召し　あがためし|
美人局　つつもたせ
胡床　あぐら
胡乱　うろん
胡簶　やなぐひ
胡散　うさん
背向　そがひ
背き状　そむきざま

茶筅　ちゃせん
荒ぶ　すさぶ|
荒磯　ありそ
衵　あこめ
逆鱗　げきりん
追捕　ついぶ
追儺　おにやらひ・ついな
郎女　いらつめ
重一　でっち
重陽　ちょうやう
重籐　しげどう
面繫　おもがい
音声　おんじゃう
風俗　ふぞく
飛礫　つぶて
食封　じきふ
首　おびと・かうべ・しるし・つかさ
首長　ひとごのかみ
首途　かどで
香燃き　こりたき|
点　ちょぼ・とぼす|

［十画］

倶利迦羅　くりから
倶舎　くしゃ
修法　しゅほふ・ずほふ
修理職　しゅりしき・すりしき
倉稲魂　うかのみたま
俳優　わざをぎ
倭　やまと・わ
倭文　しづ
倭文布　しどり
冥加　みゃうが
冥途　めいど

冥路　よみぢ
准后　じゅごう
凄　すごし|・すさまじ|
凌ぐ　しのぐ
哮　たけぶ|・たける|
唐土　もろこし
唐櫃　からひつ
埆　そね
埒　らち
夏花　げばな
夏籠り　げごもり|
夏越し　なごし|
娑婆　しゃば
娘子　いらつめ
姫大夫　ひめまうちぎみ
家司　いへづかさ・けいし・けし
家苞　いへづと
宮儕　みやばら
宰　みこともち
容　かたち・かんばせ
射干　やかん
射干玉　ぬばたま
射翳　まぶし
将　はた
将監　しゃうげん
屐子　けいし
島廻　しまみ
峰向かひ　をむかひ|
師走　しはす
帯刀　たちはき・たてはき
庫裏・庫裡　くり
座主　ざす
庭訓　ていきん
弱竹　なよたけ

弱法師　よろぼし・よろぼふし
従者　ずさ・ずんざ
徒　あだ・いたづら・かち・ただ
徒手　むなで
徒名　あだな
徒事　ただごと
徒歩　かち
徒然　つれづれ
徒罪　づざい
恵方　ゑはう
恙　つつが
悍し　おずし|・おぞし|・おぞまし|
悋気　りんき
捗捗し　はかばかし|
挿頭　かざし
旅籠　はたご
晏駕　あんか
時雨　しぐる|・しぐれ
時鳥　ほととぎす
時化空　しけぞら
書司　ふみつかさ・ふみのつかさ・ふんのつかさ
朔日　ついたち
桜皮　かには
格子　かうし
格式　きゃくしき
栞　しをり
框　かまち
桔梗　ききゃう・きちかう
校倉　あぜくら
栲衾　たくぶすま
根蓴菜　ねぬなは
桟敷　さじき・さずき
栴檀　せんだん
梅花皮　かいらぎ・はなかいらぎ

殺生　せっしゃう
殺陣　たて
消息　せうそこ
涅槃　ねはん
流鏑馬　やぶさめ
烏羽玉　うばたま
烏帽子　えぼし
烏瑟　うしち・うしつ
烏滸　をこ
狼煙　のろし
狼藉　らうぜき
疾風　はやち・はやて
疱瘡　もがさ
病葉　わくらば
益体　やくたい
益無し　やうなし|
益荒男　ますらを
真字　まな・まんな
真実　まめ
真秀・真面　まほ
真砂　まなご・まさご
真魚　まな
真葛　さねかづら
真澄鏡　ますかがみ
真赭　ますほ・まそほ
矩　かね
砧　きぬた
破籠・破子　わりご
祥　さが
称唯　ゐしょう
租　たちから
秘色　ひそく
窄み笠　つぼみ|がさ
笏拍子　さくはうし・しゃくびゃうし

笑壺　ゑつぼ
粃　しひな
粉熟　ふずく
紙屋紙　かうやがみ
紙魚　しみ
紙鳶　いか・いかのぼり
素見騒き　すけんぞめき|
素面　しらふ・すめ
素襖　すあを
納所　なっしょ
紡錘　つむ
級照る　しなてる|
脇息　けふそく
脇楯　わいだて
舫　もやひ・もやふ|
荷前　のさき
華奢　きゃしゃ
華厳　けごん
華鬘　けまん
荼毘　だび
衾　ふすま
被風　ひふ
託言　かごと
辱号　ぞくがう
透垣　すいがい
連　つら・むらじ
連枷　からさを
途次　みちすがら
降魔　がうま・がま
除目　ぢもく
馬手　めて
馬喰　ばくらう
馬道　めだう
馬銜　くつばみ

馬酔木　あしび
高杯　たかつき
高御座　たかみくら
竜骨　かはら
竜頭鷁首　りょうどうげきしゅ

【十一画】

乾　いぬゐ・ひる
乾飯　かれいひ・ほしいひ
偶　たまさか・たまたま
偈　げ
健児　こでい・こんでい
健気　けなげ
偸盗　ちゅうたう
偏　かたほ
偏衫　へんざん
兜　かぶと
兜巾　ときん
剰へ　あまさへ・あまっさへ
勘文　かもん・かんがへぶみ・かんもん
勘事　かうじ
勘解由使　かげゆし
匙　かひ
厠　かはや
喝食　かしき・かつじき
執行　しゅぎゃう
埴　はに
眦　まじり・まなじり
寄人　よりうど
寄生木　やどりぎ
寇　あた
寂寞　じゃくまく
宿直　とのゐ
宿曜　すくえう
宿禰　すくね
尉　じょう
帳　とばり
帷　かたびら・とばり
帷子　かたびら
常滑　とこなめ
常盤・常磐　ときは
強盗　がんだう
強装束　こはさうぞく・こはしやうぞく
強飯　こはいひ
強請者　ねだれもの
御手洗　みたらし
御生れ　みあれ
御衣　おほんぞ・おんぞ・ぎょい・みけし・みぞ
御巫　みかうのこ
御法　みのり
御食　みけ
御修法　みしほ・みずほふ
御封　みふ
御息所　みやすどころ・みやすんどころ
御座　おはす・おまし・おます
御酒　みき
御族　みぞう
御厠人　みかはやうど
御髪　おぐし・みぐし
御霊　みたま
御駕　いでまし
御薪　みかまぎ
御簾　みす
悉　ことごと・つぶさ
悉曇　しったん
惟神　かむながら
惜　あたら
掬　すくふ・むすぶ
接骨木　やまたづ
掃部　かもん・かんもり
掃墨　はいずみ
探湯　くかたち
探韻　たうゐ
斜　かたぶく・なのめ
斛　こく・さか
旋毛　つじ・つむじ
旋風　つむじ
旋頭歌　せどうか
晦・晦日　つごもり
曹司　ざうし
梓　あづさ
梯立て　はしたて
梳り髪　けづりぐし
梵論字・梵論師　ぼろんじ
梁　うつばり・やな
毬杖　ぎっちゃう・ぎちゃう
深山・太山　みやま
淑景舎　しげいさ
清し女　すがしめ
清酒　すみざけ
清搔き　すががき
烽火　のろし
猪口　ちょこ
猛夫　たけを
猟人　さつひと
猟矢　さつや・ししや
現人神　あらひとがみ
現身　うつせみ・うつそみ
現つ神　あきつかみ
理　ことわり
産土　うぶすな
産霊の神　むすぶのかみ
眼間　まなかひ
眷属・眷族　けんぞく
砦　とりで
移徙・渡座　わたまし
笥籠　けご
笙　しゃう
粗栲　あらたへ
粘土　へなつち
粘葉　でってふ
経緯　たてぬき
細石　さざれいし
細枝　しもと
細男　せいなう
細波・小波　さざなみ
細流　せせなぎ・せせなげ・せせらぎ
細雪　ささめゆき
終　つひ
終日　ひすがら・ひねもす
終焉　しゅうえん
絆　きづな・ふもだし・ほだし
聊爾　れうじ
船首　みよし
船枻　せがい・ふなだな
虚木綿　うつゆふ
虚仮　こけ
蛇　くちなは
衒ふ　てらふ
袈裟　けさ
袿　うちき
袱紗　ふくさ
視告朔　かうさく
許　がり
許多　そこば
貶め言　おとしめごと
転　うたた・まろぶ
軟障　ぜじゃう・ぜんじゃう
軛　くびき
郭　くるわ
郭公　ほととぎす
部曲　かき・かきべ・ともべ
野老　ところ
野幇間　のだいこ
陰陽　おんみゃう・おんやう
陶　すゑ
陪従　べいじゅう
陪堂　ほいたう
陸　くが・くぬが・ろく・をか
雪消・雪解　ゆきげ
頃日　けいじつ
魚　いを・な
鳥総　とぶさ
鳥網　となみ
麻　そ・を
麻笥　をけ
麻績　をみ
鹿杖　かせづゑ
黄牛　あめうじ
黄泉　よみ・よみぢ
黄菜　さはやけ
黄楊　つげ
黄鐘調　わうしきでう
黄蘗　きはだ
斎　いつき・いはふ・いむ・とき・ゆ
斎部　いむべ

【十二画】

傀儡　くぐつ
傅く　かしづく
傍目　かたはらめ・をかめ
勤行　ごんぎゃう
博奕　ばくえう・ばくえき・ばくち・ばくやう
厨子　づし
善知鳥　うとう
堪能　かんのう
塔頭　たっちゅう
堡　をき
塁　とりで
屠蘇　とうそ・とそ
巽　たつみ
帽額　もかう・もくかう
幾　ほとほと・ほとんど
幾許　いくばく・こきばく・ここら
廂　ひさし
弑す　しす
弾正台　ただすつかさ
弾碁　たぎ
弼　ひつ
掌　たなごころ
提子　ひさげ
提灯　ちゃうちん
散る　あかる
散楽　さるがう・さるがく・さんがく
斑　はだら・はだれ・ふち・ほどろ
斑濃　むらご
朝　あした
朝臣　あそみ・あそん
朝食　あさけ
朝餉　あさがれひ
棘　おどろ
検見　けみ
検非違使　けびゐし
検校　けんげう

棚機　たなばた
温石　をんじゃく
温明殿　うんめいでん
渡座　わたまし
無言　しじま
無期　むご
琴　きん
畳紙　たたうがみ・たたんがみ
短檠　たんけい
税　ちから
童　わらは・わらはぐ・わっぱ
筐　かたみ
笄　かうがい
筍　たかうな・たかむな・たかんな
答ふ　いらふ
等閑　なほざり
結果　かくなわ
結願　けちぐゎん
絖　ぬめ
紫苑　しをに・しをん
統ぶ　すぶ
腕　かひな
葛　かづら・くず・くずかづら・つづら
葛袴　くずばかま
葛籠　つづら
菰　こも
葡萄染め　えびぞめ
葎　むぐら
葬　はぶり・はふる
蛟　みづち
象　かた・かたどる・きさ
貴　あて・たふとし
越天楽　ゑてんらく
越訴　をっそ

遊ぶ　すさぶ
遊行　ゆぎゃう
遊戯　ゆげ
軽服　きゃうぶく
軸　よこがみ
酣　たけなは
酣酔楽　かんすいらく
鈍　おそし・なまる・にび・にぶ・のろし
鈍色　どんじき・にびいろ
階　きざはし・はし
陽炎　かぎろひ・かげろふ
集く　すだく
靫　うつぼ
靫負　ゆげひ
項　うなじ・たてくび
歯朶　しだ

【十三画】

僅か　はつか・わづか
傾城　けいせい
催馬楽　さいばら
僉議　せんぎ
督の殿　かうのとの
勢子　せこ
塒　とぐら・ねぐら
塗師　ぬし
媼　おうな
嫋やか　たをやか
寝　い・いぬ・なす・ぬ
寝刃　ねたば
寝腐れ髪　ねくたれがみ
微温　ぬるし・ぬるむ
愛　うつくし・かなし・はし・めぐし・めづ・をし
愛子・愛児　まなご・めづこ

愛発の関　あらちのせき
愛敬　あいぎゃう
慄く　をののく
掻い練り　かいねり
数多　あまた
数珠　じゅず・ずず
数寄　すき
新発意　しぼち・しんぼち
新嘗　にひなへ・にひなめ・にふなみ
新墾　あらき
暖簾　なうれん・のうれん
楽車　だんじり
楽府　がふ
業　ごふ・なり・わざ
楚　すはえ
椽　たるき
毀つ　こほつ
殿守司・殿司　とのもりづかさ
漢意　からごころ
漢織　あやはとり
準へ　なずらへ・なぞへ
滔く　ひたたく
煌らか　きららか
煩悩　ぼんなう
獅子吼　ししく
瑕瑾　かきん
瑞歯　みづは
畷　なはて
痴　おる・しる・をこ
睥睨　へいげい
睦ぶ　むつぶ
睦月　むつき
碓　からうす
禁色　きんじき

禍事　まがごと
稜　そば
筵　むしろ
筧　かけひ
節　せち・ふ・よ
節会　せちゑ
節季候　せきぞろ・せきざうらふ・せっきぞろ
節供　せく・せちく
羨し　ともし
腸　はらわた・わた
蒔絵　まきゑ
蜑　あま
蜉蝣　かげろふ
裘　かはごろも
裏表　うらうへ
裾濃　すそご
褄　つま
豊の明かり　とよのあかり
解由　げゆ
賊　あた
賄ひ　まかなひ・まひなひ
逼塞　ひっそく
遠近　をちこち
遠流　をんる
鉄　くろがね
鉄漿　おはぐろ・かね
雉子　きぎし・きぎす・きじ
雷　いかづち
零　こぼす・こぼる
零余子　ぬかご・むかご
鳰鳥　にほどり
塩　ひしほ
塩梅　あんばい
鼎　かなへ

鼠鳴き　ねずなき
厩　うまや

【十四画】

厭離　えんり・おんり
嘖む　さいなむ
嫗　おうな・おみな・おんな
嫡妻　こなみ・むかひめ
寡　やまめ・やもめ
廓　くるわ
敲く　なたく
榻　しぢ
榊　さかき
漁る　あさる・いざる・すなどる
漁父　むらぎみ
漸　やうやう・やや
漫ろ　すずろ・そぞろ
漏斗　じゃうご
煽　あふち・あふつ・あおち
獄　ひとや
禊ぎ　みそぎ
稲荷　いなり
褌　ふどし
箏　さう
箙　えびら
算盤　そろばん
精進　さうじ・しゃうじん
維摩　ゆいま
綽名　あだな
総角　あげまき
総髪　そうがう・そうはつ
緋袍・緋衣　あけごろも
網代　あじろ
緑衫　ろうさう

綰ぬ　たがぬ・わがぬ
翠　みどり
翡翠　ひすい
腐す　くたす
蔀　しとみ
蓬生　よもぎふ
蜻蛉　あきつ・かげろふ・とんばう
誑　たぶらかす・たぶろかす・たらす
誦経　ずきゃう
読師　とくし
読経　どきゃう
認む　したたむ
誘ふ　いざなふ・さすふ・をこづる
跼まる　くぐまる・せぐくまる
鄙離る　ひなさかる
銜む　くくむ
銀子　ゐんつう
銀杏　いちゃう
閨所　ねやど
際　きは
障子　さうじ・しゃうじ
障泥　あふり
雑色　ざふしき
領巾　ひれ
駅　うまや
駅・駅馬　はゆま
髪状　かんざし
魁　さきがけ
鳳輦　ほうれん
鳳闕　ほうけつ

【十五画】

僻事　ひがこと
噎　むす・むせぶ

付

嘶 いばふ・いばゆ
幣 ぬさ・みてぐら
影向 やうがう
慰ふ こしらふ
戯る あざる・ざる
撞木 しゅもく
撓 しなふ・しをる・たわむ・とをむ・とをを
標 しめ・しるし
潜 かづく・くぐる
潮来 いたこ
熨斗 のし
熟寝 うまい
瘧 おこり・わらはやみ
瞋恚 しんい
緞帳 どんちゃう
編竹 ささら
縅 をどし
膠 にかは
蔵人 くらうど・くらんど
蝙蝠 かはほり
褥 しとね
諍ふ あらがふ・いさかふ
諾ふ うべなふ
調 つき・みつぎ
課役 えつき
諒闇 みものおもひ・りゃうあん
論ふ あげつらふ
賤 あやし・いやし・しづ
賓 まらうと・まらびと
賓頭盧 びんづる
踏歌 たふか
踏鞴 たたら
輩 ともがら
輪廻 りんね・りんゑ

輦車 てぐるま
頤 おとがひ
髫 うなゐ
麩 ふ・ふすま
黙す もだす

[十六画]

頼母子 たのもし
儕 ともがら・ばら
嘴 くちばし・はし
嘯 うそ・うそぶく
墾り道 はりみち
嶮し さがし
憖ひ なましひ
懈怠 けだい
濁世 ぢょくせ
澪標 みをつくし
橡 つるばみ
燕子花 かきつばた
篝火 かがりび
築泥 ついひぢ
縦 たて・たとひ・ほしいまま・よし
膳夫 かしはで
薬玉 くすだま
薬研 やげん
薬師 くすし
衛士 ゑじ
親族 うから・しぞく
諱 いみな
謀反・謀叛 むほん
豎子 じゅし
諷経 ふぎん
賭弓 のりゆみ
還向 げかう

還俗 げんぞく
錏 しころ
錫杖 しゃくぢゃう
閼伽 あか
閾 しきみ
鬨 とき
鞘巻 さうまき・さやまき
頭 かうべ・かぶり・かみ・つむり
頭巾 づきん・ときん
髻 たぶさ・もとどり
髻華 うず
髷 わげ
鴛鴦 ゑんあう・をし・をしどり
鴟尾 しび

[十七画]

優婆塞 うばそく
優曇華 うどんげ
厳物作り いかものづくり
懇 ねもころ・ねんごろ
檜皮 ひはだ
檀 まゆみ
檀越 だんをち・だんをつ
濡つ そぼつ
簀の子 すのこ
糠 ぬか
績み麻 うみを
縹 はなだ
蟋蟀 きりぎりす・こほろぎ
蟒蛇 うはばみ
螺鈿 らでん
瓢 ひさご
嬰児 みどりご
賺す すかす

轅 ながえ
醜 しこ
鍾馗 しょうき
鍛冶 かぢ・かぬち・たんや
闌 たく・たけなは
頻波 しきなみ
餞 うまのはなむけ・はなむけ
齢 よはひ

[十八画]

翻筋斗 もんどり
叢雨 むらさめ
叢祠 ほこら
檳榔毛 びらうげ
甕 かめ・みか
穢 きたなし・けがす
簪 かんざし
臍 ほぞ
贄 にへ
醤 ひしほ
鎬 しのぎ
鞦 しりがい
鞭 むち
顕証 けさう・けしょう・けんしょう
験 しるし
験者 げんざ
鼬 いたち

[十九画]

廬 いほ・いほり
櫛笥・櫛匣 くしげ
櫓 やぐら
瓊 に・ぬ
襪 したうづ・したぐつ

簾 す・すだれ
羹 あつもの
蘇芳・蘇枋 すはう
警策 かうざく・きゃうざく・けいさく
警蹕 けいひち・けいひつ
蹴鞠 けまり・しうきく
蹲ふ つくばふ
鏃 やじり
鏑矢 かぶらや
靡 なびく・なぶ
禰宜 ねぎ
韻塞ぎ ゐんふたぎ
鯨 いさな・くぢら
鵲 かささぎ
麒麟 きりん

[二十画]

懺悔 ざんげ
灌頂 くわんぢゃう
礫 たぶて・つぶて
競 きほふ・くらぶ
蘖 ひこばえ
襤褸 ぼろ・らんる
鐙 あぶみ
響 どよみ・どよむ

[二十一画]

儺火 なび
囈言 うはごと
囃子 はやし
囀る さへづる
櫺子 れんじ
竈 かま・かまど・へつひ
纈 ゆはた

蠢く むくめく・をごめく
鬘 かづら
魑魅 すだま・ちみ
麝香 じゃかう

[二十二画]

羇旅 きりょ
襲 かさね・くだり
襷 たすき・ちはや
籠手 こて
艫 とも
贖ふ あがなふ・あがふ
贖労 ぞくらう
轡 くつわ
鑓 やり
饗 あるじ

[二十三画]以上

籤 くじ
纓 えい
鑣 くつばみ
髑髏 されかうべ・どくろ
鬟 みづら
鱗 いろくづ・いろこ・うろくづ
讒訴 ざんそ・ざんぞう
鬢頬 びんづら
鱠 なます
籬 まがき・ませ
鬱金 うこん

全訳 和歌・歌謡・俳句索引

▽この索引は、本文に全訳つきで収めた和歌・歌謡・俳句を引くためのものである。
▽配列は、それぞれの区分の中で、歴史的仮名づかいによる五十音順とした。
▽各歌句には、出典あるいは作者名を〈 〉で示した。百人一首には、作者名のあとに［百］の表示をした。
▽それぞれの歌句の漢数字はページ数、その下の語句あるいは〔和歌〕〔俳句〕は、その歌句の項目名、❶❷❸…は語義番号を示す。

和歌・歌謡

［あ行］

付

付

付

[さ行]

付

[た行]

付

付

［わ行］

付

俳句

[あ行]

［か行］

［さ行］

付

付

小倉百人一首一覧

● 『小倉百人一首』の百首の歌を、初句の歴史的かなづかいによる五十音順に配列した。
● 丸囲み数字は本一覧の配列順を、その下の数字は歌番号を示す。

① 79 秋風にたなびく雲の絶え間より　漏れ出づる月の影のさやけさ　〈新古今・秋上・四一三・左京大夫顕輔〉（藤原顕輔）

② 1 秋の田のかりほの庵の苫を荒らみ　わが衣手は露に濡れつつ　〈後撰・秋中・三〇二・天智天皇〉

③ 52 明けぬれば暮るるものとは知りながら　なほうらめしき朝ぼらけかな　〈後拾遺・恋二・六七二・藤原道信朝臣〉

④ 39 浅茅生の小野の篠原忍ぶれど　あまりてなどか人の恋しき　〈後撰・恋一・五七七・参議等〉（源等）

⑤ 31 朝ぼらけ有り明けの月と見るまでに　吉野の里に降れる白雪　〈古今・冬・三三二・坂上是則〉

⑥ 64 朝ぼらけ宇治の川霧たえだえに　あらはれわたる瀬々の網代木　〈千載・冬・四二〇・権中納言定頼〉（藤原定頼）

⑦ 3 あしひきの山鳥の尾のしだり尾の　ながながし夜をひとりかも寝む　〈拾遺・恋三・七七八・柿本人麻呂〉

⑧ 78 淡路島かよふ千鳥のなく声に　幾夜ねざめぬ須磨の関守　〈金葉・冬・二七〇・源兼昌〉

⑨ 45 あはれとも言ふべき人は思ほえで　身のいたづらになりぬべきかな　〈拾遺・恋五・九五〇・謙徳公〉（藤原伊尹）

⑩ 43 逢ひ見ての後の心にくらぶれば　昔はものを思はざりけり　〈拾遺・恋二・七一〇・権中納言敦忠〉（藤原敦忠）

⑪ 44 逢ふことの絶えてしなくはなかなかに　人をも身をも恨みざらまし　〈拾遺・恋一・六七八・中納言朝忠〉（藤原朝忠）

⑫ 12 天つ風雲の通ひ路吹きとぢよ　をとめの姿しばしとどめむ　〈古今・雑上・八七二・僧正遍昭〉

⑬ 7 天の原ふりさけ見れば春日なる　三笠の山に出でし月かも　〈古今・羇旅・四〇六・安倍仲麻呂〉

⑭ 56 あらざらむこの世のほかの思ひ出に　いまひとたびの逢ふこともがな　〈後拾遺・恋三・七六三・和泉式部〉

⑮ 69 あらし吹く三室の山の紅葉ばは　竜田の川の錦なりけり　〈後拾遺・秋下・三六六・能因法師〉

⑯ 30 有り明けのつれなく見えし別れより　暁ばかり憂きものはなし　〈古今・恋三・六二五・壬生忠岑〉

⑰ 58 有馬山猪名の笹原風吹けば　いでそよ人を忘れやはする　〈後拾遺・恋二・七〇九・大弐三位〉

⑱ 61 いにしへの奈良の都の八重桜　けふ九重ににほひぬるかな　〈詞花・春・二九・伊勢大輔〉

⑲ 21 今来むと言ひしばかりに九月の　有り明けの月を待ち出でつるかな　〈古今・恋四・六九一・素性法師〉

⑳ 63 いまはただ思ひたえなむとばかりを　人づてならでいふよしもがな　〈後拾遺・恋三・七五〇・左京大夫道雅〉（藤原道雅）

㉑ 74 憂かりける人を初瀬の山おろしよ　はげしかれとは祈らぬものを　〈千載・恋二・七〇八・源俊頼朝臣〉

㉒ 65 恨みわびほさぬ袖だにあるものを　恋にくちなむ名こそをしけれ　〈後拾遺・恋四・八一五・相模〉

㉓ 5 奥山にもみぢ踏みわけ鳴く鹿の　声聞くときぞ秋は悲しき　〈古今・秋上・二一五・猿丸大夫〉

付

㉔ 72 音に聞く高師の浜のあだ波は　かけじや袖の濡れもこそすれ　〈金葉・恋下・四六九・祐子内親王家紀伊〉（一宮紀伊）

㉕ 60 大江山生野の道の遠ければ　まだふみも見ず天の橋立　〈金葉・雑上・五五〇・小式部内侍〉

㉖ 95 おほけなく憂き世の民におほふかな　わが立つ杣に墨染の袖　〈千載・雑中・一一三七・前大僧正慈円〉

㉗ 82 思ひわびさても命はあるものを　憂きに堪へぬは涙なりけり　〈千載・恋三・八一八・道因法師〉

㉘ 51 かくとだにえやはいぶきのさしも草　さしもしらじな燃ゆる思ひを　〈後拾遺・恋一・六一二・藤原実方朝臣〉

㉙ 6 鵲の渡せる橋に置く霜の　白きを見れば夜ぞ更けにける　〈新古今・冬・六二〇・中納言家持〉（大伴家持）

㉚ 98 風そよぐならの小川の夕暮れは　みそぎぞ夏のしるしなりける　〈新勅撰・夏・一九二・従二位家隆〉（藤原家隆）

㉛ 48 風をいたみ岩うつ波のおのれのみ　砕けてものを思ふころかな　〈詞花・恋上・二一一・源重之〉

㉜ 15 君がため春の野に出でて若菜摘む　わが衣手に雪は降りつつ　〈古今・春上・二一・光孝天皇〉

㉝ 50 君がため惜しからざりし命さへ　長くもがなと思ひぬるかな　〈後拾遺・恋二・六六九・藤原義孝〉

㉞ 91 きりぎりす鳴くや霜夜のさ筵に　衣片敷きひとりかも寝む　〈新古今・秋下・五一八・後京極摂政太政大臣〉（藤原良経）

㉟ 29 心あてに折らばや折らむ初霜の　置きまどはせる白菊の花　〈古今・秋下・二七七・凡河内躬恒〉

㊱ 68 心にもあらでうき世にながらへば　恋しかるべき夜半の月かな　〈後拾遺・雑一・八六〇・三条院〉

㊲ 97 来ぬ人をまつほの浦の夕なぎに　焼くや藻塩の身もこがれつつ　〈新勅撰・恋三・八四九・権中納言定家〉（藤原定家）

㊳ 24 このたびは幣もとりあへず手向山　紅葉の錦神のまにまに　〈古今・羇旅・四二〇・菅家〉（菅原道真）

㊴ 41 恋すてふ我が名はまだき立ちにけり　人知れずこそ思ひそめしか　〈拾遺・恋一・六二一・壬生忠見〉

㊵ 10 これやこの行くも帰るも別れては　知るも知らぬも逢坂の関　〈後撰・雑一・一〇八九・蟬丸〉

㊶ 70 さびしさに宿を立ち出でてながむれば　いづくも同じ秋の夕暮れ　〈後拾遺・秋上・三三三・良暹法師〉

㊷ 40 しのぶれど色に出でにけり我が恋は　物や思ふと人の問ふまで　〈拾遺・恋一・六二二・平兼盛〉

㊸ 37 白露に風の吹き敷く秋の野は　つらぬきとめぬ玉ぞ散りける　〈後撰・秋中・三〇八・文屋朝康〉

㊹ 18 住の江の岸に寄る波夜さへや　夢の通ひ路人目避くらむ　〈古今・恋二・五五九・藤原敏行朝臣〉

㊺ 77 瀬をはやみ岩にせかるる滝川の　われても末にあはむとぞ思ふ　〈詞花・恋上・二二九・崇徳院〉

㊻ 73 高砂の尾の上の桜咲きにけり　外山の霞たたずもあらなむ　〈後拾遺・春上・一二〇・権中納言匡房〉（大江匡房）

㊼ 55 滝の音は絶えて久しくなりぬれど　名こそ流れてなほ聞こえけれ　〈千載・雑上・一〇三五・大納言公任〉（藤原公任）

㊽ 4 田子の浦にうち出でて見れば白妙の　富士の高嶺に雪は降りつつ　〈新古今・冬・六七五・山部赤人〉

㊾ 16 立ち別れいなばの山の峰に生ふる　まつとし聞かば今帰り来む　〈古今・離別・三六五・中納言行平〉（在原行平）

㊿ 89 玉の緒よ絶えなば絶えねながらへば　忍ぶることの弱りもぞする
〈新古今・恋一・一〇三四・式子内親王〉

(51) 34 誰をかも知る人にせむ高砂の　松も昔の友ならなくに
〈古今・雑上・九〇九・藤原興風〉

(52) 75 契りおきしさせもが露を命にて　あはれ今年の秋もいぬめり
〈千載・雑上・一〇二六・藤原基俊〉

(53) 42 契りきなかたみに袖をしぼりつつ　末の松山波越さじとは
〈後拾遺・恋四・七七〇・清原元輔〉

(54) 17 ちはやぶる神代も聞かず竜田川　韓紅に水くくるとは
〈古今・秋下・二九四・在原業平朝臣〉

(55) 23 月見れば千ぢにものこそ悲しけれ　我が身一つの秋にはあらねど
〈古今・秋上・一九三・大江千里〉

(56) 13 筑波嶺の峰より落つるみなの河　恋ぞ積もりて淵となりぬる
〈後撰・恋三・七七六・陽成院〉

(57) 80 長からむ心も知らず黒髪の　乱れて今朝はものをこそ思へ
〈千載・恋三・八〇二・待賢門院堀河〉

(58) 84 長らへばまたこのごろやしのばれむ　憂しと見し世ぞ今は恋しき
〈新古今・雑下・一八四三・藤原清輔朝臣〉

(59) 53 嘆きつつひとり寝る夜のあくる間は　いかに久しきものとかは知る
〈拾遺・恋四・九一二・右大将道綱母〉(藤原道綱母)

(60) 86 なげけとて月やはものを思はする　かこち顔なるわが涙かな
〈千載・恋五・九二九・西行法師〉

(61) 36 夏の夜はまだ宵ながら明けぬるを　雲のいづこに月宿るらむ
〈古今・夏・一六六・清原深養父〉

(62) 25 名にし負はば逢坂山のさねかづら　人に知られでくるよしもがな
〈後撰・恋三・七〇〇・三条右大臣〉(藤原定方)

(63) 88 難波江の蘆のかりねの一夜ゆゑ　身をつくしてや恋ひわたるべき
〈千載・恋三・八〇七・皇嘉門院別当〉

(64) 19 難波潟短き蘆のふしの間も　逢はでこの世を過ぐしてよとや
〈新古今・恋一・一〇四九・伊勢〉

(65) 96 花さそふ嵐の庭の雪ならで　ふりゆくものは我が身なりけり
〈新勅撰・雑一・一〇五二・入道前太政大臣〉(藤原公経)

(66) 9 花の色は移りにけりないたづらに　我が身世にふるながめせしまに
〈古今・春下・一一三・小野小町〉

(67) 2 春過ぎて夏来にけらし白妙の　衣干すてふ天の香具山
〈新古今・夏・一七五・持統天皇〉

(68) 67 春の夜の夢ばかりなる手枕に　かひなく立たむ名こそをしけれ
〈千載・雑上・九六四・周防内侍〉

(69) 33 久方の光のどけき春の日に　しづ心なく花の散るらむ
〈古今・春下・八四・紀友則〉

(70) 35 人はいさ心も知らず故里は　花ぞ昔の香ににほひける
〈古今・春上・四二・紀貫之〉

(71) 99 人もをし人もうらめしあぢきなく　世を思ふゆゑにもの思ふ身は
〈続後撰・雑中・一二〇二・後鳥羽院〉

(72) 22 吹くからに秋の草木のしをるれば　むべ山風を嵐といふらむ
〈古今・秋下・二四九・文屋康秀〉

(73) 81 郭公鳴きつるかたを眺むれば　ただ有り明けの月ぞ残れる
〈千載・夏・一六一・後徳大寺左大臣〉(藤原実定)

(74) 49 御垣守衛士のたく火の夜は燃え　昼は消えつつものをこそ思へ
〈詞花・恋上・二二五・大中臣能宣〉

(75) 27 みかの原わきて流るるいづみ川　いつ見きとてか恋しかるらん
〈新古今・恋一・九九六・中納言兼輔〉(藤原兼輔)

付

- ⑯ 90 見せばやな雄島の海人の袖だにも　濡れにぞ濡れし色はかはらず　〈千載・恋四・八八六・殷富門院大輔〉
- ⑰ 14 陸奥のしのぶもぢずり誰ゆゑに　乱れそめにし我ならなくに　〈古今・恋四・七二四・河原左大臣〉（源融）
- ⑱ 94 み吉野の山の秋風さ夜更けて　故郷寒く衣打つなり　〈新古今・秋下・四八三・参議雅経〉（藤原雅経）
- ⑲ 87 村雨の露もまだ干ぬ槙の葉に　霧立ちのぼる秋の夕暮れ　〈新古今・秋下・四九一・寂蓮法師〉
- ⑳ 57 めぐり逢ひて見しやそれとも分かぬ間に　雲隠れにし夜半の月かな　〈新古今・雑上・一四九九・紫式部〉
- ㉑ 100 ももしきや古き軒端のしのぶにも　なほあまりある昔なりけり　〈続後撰・雑下・一二〇五・順徳院〉
- ㉒ 66 もろともにあはれと思へ山ざくら　花よりほかに知る人もなし　〈金葉・雑上・五二一・大僧正行尊〉（僧正行尊）
- ㉓ 59 やすらはで寝なましものを小夜ふけて　かたぶくまでの月を見しかな　〈後拾遺・恋二・六八〇・赤染衛門〉
- ㉔ 47 八重葎茂れる宿のさびしきに　人こそ見えね秋は来にけり　〈拾遺・秋・一四〇・恵慶法師〉
- ㉕ 32 山川に風のかけたる柵は　流れもあへぬ紅葉なりけり　〈古今・秋下・三〇三・春道列樹〉
- ㉖ 28 山里は冬ぞさびしさ増さりける　人目も草もかれぬと思へば　〈古今・冬・三一五・源宗于朝臣〉
- ㉗ 71 夕されば門田の稲葉おとづれて　葦のまろ屋に秋風ぞ吹く　〈金葉・秋・一七三・大納言経信〉（源経信）
- ㉘ 46 由良の門を渡る舟人梶緒絶え　ゆくへも知らぬ恋の道かな　〈新古今・恋一・一〇七一・曾禰好忠〉
- ㉙ 93 世の中は常にもがもな渚漕ぐ　あまの小舟の綱手かなしも　〈新勅撰・羇旅・五二五・鎌倉右大臣〉（源実朝）
- ㉚ 83 世の中よ道こそなけれ思ひ入る　山の奥にも鹿ぞ鳴くなる　〈千載・雑中・一一五一・皇太后宮大夫俊成〉（藤原俊成）
- ㉛ 85 夜もすがらもの思ふころは明けやらで　閨のひまさへつれなかりけり　〈千載・恋二・七六六・俊恵法師〉
- ㉜ 62 夜をこめて鳥のそらねははかるとも　よに逢坂の関はゆるさじ　〈後拾遺・雑二・九三九・清少納言〉
- ㉝ 8 我が庵は都の辰巳しかぞ住む　世をうぢ山と人は言ふなり　〈古今・雑下・九八三・喜撰法師〉
- ㉞ 92 わが袖は潮干に見えぬ沖の石の　人こそ知らねかわく間もなし　〈千載・恋二・七六〇・二条院讃岐〉
- ㉟ 38 忘らるる身をば思はず誓ひてし　人の命の惜しくもあるかな　〈拾遺・恋四・八七〇・右近〉
- ㊱ 54 忘れじのゆく末まではかたければ　今日を限りの命ともがな　〈新古今・恋三・一一四九・儀同三司母〉
- ㊲ 76 わたの原漕ぎ出でてみれば久方の　雲居にまがふ沖つ白波　〈詞花・雑下・三八二・法性寺入道前関白太政大臣〉（藤原忠通）
- ㊳ 11 わたの原八十島かけて漕ぎ出でぬと　人には告げよ海人の釣舟　〈古今・羇旅・四〇七・参議篁〉（小野篁）
- ㊴ 20 わびぬれば今はた同じ難波なる　みをつくしても逢はむとぞ思ふ　〈後撰・恋五・九六〇・元良親王〉
- ⑩ 26 小倉山峰のもみぢ葉心あらば　今一度のみゆき待たなむ　〈拾遺・雑秋・一一二八・貞信公〉（藤原忠平）

執筆協力者——青柳　隆志　坏　美奈子　朝野江利子　飯塚　浩　伊藤　一男　今村みゑ子
上尾　紀子　上野　英二　上野　辰義　上原　作和　海野　圭介　越後　敬子
大内　英範　大島　公恵　尾方　理恵　岡部　嘉幸　加藤　幸一　加藤　康子
川元ひとみ　君嶋　亜紀　久保　瑞代　黒石　陽子　小池　保則　甲田　直美
越野　優子　小島　聡子　小林　正夫　小林　由紀　近藤明日子　齊藤　真希
齋藤　正志　櫻井　優行　笹沢　佳代　佐藤　敬子　柴　佳世乃　嶋中　道則
尚樹あゆみ　鈴木麻由美　五月女肇志　高島　要　高橋　俊和　高橋　久子
高橋　由記　田上　稔　滝川　幸司　田口かおる　田村　俊介　丹　和浩
津島　知明　辻本　裕成　土屋　順子　中北美千子　中西　満義　新川　雅朋
西山　秀人　丹羽　哲也　原田　令子　日比野浩信　平賀　敬　平野　孝子
平山　三穂　北條　健　細谷　敦仁　本間　正幸　松岡　智之　松本　邦夫
宮崎　昌喜　室城　秀之　森井　信子　森友　徹　八木橋みち子　安田　吉人
山崎　淳　山田　昌裕　山本　淳子　吉川　泰弘　吉田　光浩　渡辺　純子
渡邉　道子　渡邉　由紀

編集協力——株式会社　日本レキシコ

校正協力者——愛須　幸江　浅井美耶子　榊原久仁子　櫻井　禮子　谷口　聡子　徳植　弘幸
中野真理子　林　千恵子　日笠山正治

写真提供——(財)宗教文化研究所風俗博物館　東京国立博物館

図版作成——木川　六秀　須貝　稔

写真植字——いなば写植

2000年 1月10日　初 版 発 行

三省堂 詳説古語辞典

二〇二一年一月一〇日　第一六刷発行

編　者　秋山　虔（あきやま・けん）
　　　　渡辺　実（わたなべ・みのる）

発行者　株式会社 三省堂　代表者 北口克彦

印刷者　三省堂印刷株式会社
（整版　共同印刷株式会社）

発行所　株式会社 三省堂
〒一〇一-八三七一
東京都千代田区神田三崎町二丁目二十二番十四号
電話　編集（〇三）三二三〇-九四一一
　　　営業（〇三）三二三〇-九四一二
https://www.sanseido.co.jp/

〈詳説古語・1,514 pp.〉

落丁本・乱丁本はお取り替えいたします。

ISBN978-4-385-13830-5

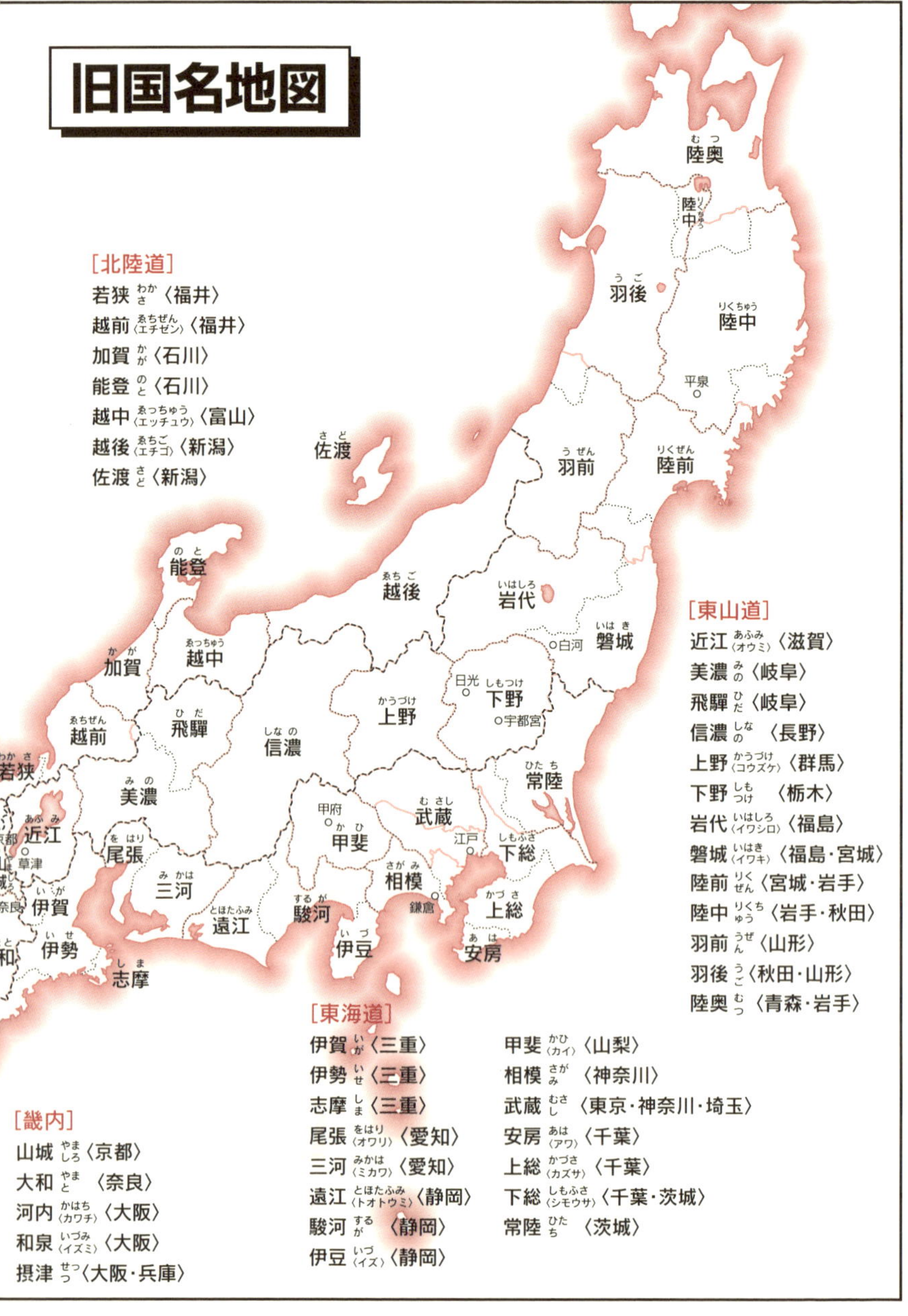

旧国名地図
陸奥
陸中
羽後
陸中
平泉
佐渡
羽前
陸前
能登
越後
岩代
白河
磐城
加賀
越中
日光
下野
宇都宮
越前
飛騨
信濃
上野
若狭
常陸
美濃
甲府
武蔵
近江
京都
山城
草津
尾張
甲斐
江戸
下総
三河
相模
奈良
伊賀
鎌倉
上総
遠江
駿河
伊勢
伊豆
和
安房
志摩
[北陸道]
若狭 わかさ〈福井〉
越前 ゑちぜん〈エチゼン〉〈福井〉
加賀 かが〈石川〉
能登 のと〈石川〉
越中 ゑっちゅう〈エッチュウ〉〈富山〉
越後 ゑちご〈エチゴ〉〈新潟〉
佐渡 さど〈新潟〉
[東山道]
近江 あふみ〈オウミ〉〈滋賀〉
美濃 みの〈岐阜〉
飛驒 ひだ〈岐阜〉
信濃 しなの〈長野〉
上野 かうづけ〈コウズケ〉〈群馬〉
下野 しもつけ〈栃木〉
岩代 いはしろ〈イワシロ〉〈福島〉
磐城 いはき〈イワキ〉〈福島・宮城〉
陸前 りくぜん〈宮城・岩手〉
陸中 りくちゅう〈岩手・秋田〉
羽前 うぜん〈山形〉
羽後 うご〈秋田・山形〉
陸奥 むつ〈青森・岩手〉
[東海道]
伊賀 いが〈三重〉
伊勢 いせ〈三重〉
志摩 しま〈三重〉
尾張 をはり〈オワリ〉〈愛知〉
三河 みかは〈ミカワ〉〈愛知〉
遠江 とほたふみ〈トオトウミ〉〈静岡〉
駿河 するが〈静岡〉
伊豆 いづ〈イズ〉〈静岡〉
甲斐 かひ〈カイ〉〈山梨〉
相模 さがみ〈神奈川〉
武蔵 むさし〈東京・神奈川・埼玉〉
安房 あは〈アワ〉〈千葉〉
上総 かづさ〈カズサ〉〈千葉〉
下総 しもふさ〈シモウサ〉〈千葉・茨城〉
常陸 ひたち〈茨城〉
[畿内]
山城 やましろ〈京都〉
大和 やまと〈奈良〉
河内 かはち〈カワチ〉〈大阪〉
和泉 いづみ〈イズミ〉〈大阪〉
摂津 せっつ〈大阪・兵庫〉